NomosKommentar

Dr. Werner Schulz | Jörn Hauß [Hrsg.]

Familienrecht

Handkommentar

3. Auflage

Rechtsanwalt **Dr. Ludwig Bergschneider**, Fachanwalt für Familienrecht | Notarin **Eva Maria Brandt** | Rechtsanwalt **Dr. Wolfgang Conradis**, Fachanwalt für Sozialrecht | Rechtsanwältin **Margret Diwell**, Fachanwältin für Familienrecht | Notar **Dr. Arne Everts** | Dipl.-Rechtspflegerin (FH) und Rechtspflegeamtfrau **Anja Forbriger** | Dipl.-Rechtspflegerin (FH) und Rechtspflegeamtsrätin a.D. **Ingrid Fuhrmann** | Rechtsanwalt **Alexander Ganz**, Fachanwalt für Familienrecht | Rechtsanwalt **Bernd Häcker**, Fachanwalt für Familienrecht | Rechtsanwältin **Dr. Ulrike Haibach**, Fachanwältin für Familienrecht | Rechtsanwalt **Jörn Hauß**, Fachanwalt für Familienrecht | Vorsitzender Richter am OLG a.D. **Wolfgang Helbig** | Rechtsanwalt **Dr. Thomas Herr**, Fachanwalt für Familienrecht | Oberverwaltungsrätin a.D. **Johanna Hüßtege** | **Dr. Rainer Kemper**, Hochschule Osnabrück | Richter am OLG **Joachim Maier** | Wirtschaftsprüfer und Steuerberater **Dr. Robert P. Maier** | Rechtsanwältin **Doris Morawe**, Fachanwältin für Familienrecht | Rechtsanwalt **Michael Nickel**, Fachanwalt für Familienrecht | Vorsitzender Richter am OLG a.D. **Dieter Pauling** | Rechtsanwalt **Jürgen Rieck** | Dipl.-Psychologe **Dr. Dr.** (Univ. Prag) **Josef Salzgeber** | Weiterer aufsichtführender Richter am AG **Dr. Jürgen Schmid** | Rechtsanwalt **Norbert Schneider** | Leitender Richter am AG a.D. **Dr. Werner Schulz** | Richterin am AG **Nicole Siebert** | Weiterer aufsichtführender Richter am AG **Dr. Norbert Sitzmann** | Rechtsanwalt **Michael Stern**, Fachanwalt für Familienrecht | Vizepräsident des LG a.D. **Martin Streicher** | Richter am AG **Thorsten Tanto** | Richter am OLG a.D. **Michael Triebs** | Richterin am BGH a.D. **Beatrix Weber-Monecke** | Rechtsanwalt **Klaus Weil**, Fachanwalt für Familienrecht | Richterin am OLG **Dorothea Wunderlin** | Richter am OLG a.D. **Herbert Zischka**

Nomos

Die Deutsche Nationalbibliothek verzeichnet diese Publikation in
der Deutschen Nationalbibliografie; detaillierte bibliografische
Daten sind im Internet über http://dnb.d-nb.de abrufbar.

ISBN 978-3-8487-3249-4

3. Auflage 2018
© Nomos Verlagsgesellschaft, Baden-Baden 2018. Gedruckt in Deutschland.

Vorwort

Im Vorwort zur ersten Auflage dieses Kommentars zitierten wir Albert Camus, der Sisyphos als „glücklichen Menschen" beschrieb. Die ihm zugefallene Arbeit, den stets den Berg hinabrollenden Stein neu heraufzuschaffen, ist vergleichbar mit der des juristischen Kommentators, dessen Arbeit fremdveranlasst, aber nicht fremdbestimmt ist. Ende letzten Jahres schien es geschafft. Unsere Lektorin hatte alle Beiträge zum Kommentar eingesammelt. April war als Erscheinungstermin avisiert.

Doch dann verabschiedete der Bundestag Anfang März 2017 noch ein ganzes Paket familienrechtlicher Vorschriften – so die Gesetze zur Bekämpfung von Kinderehen, zum Recht auf Kenntnis der Abstammung bei heterologer Verwendung von Samen, zur Verbesserung des Schutzes gegen Nachstellungen, zur Zulässigkeit von ärztlichen Zwangsmaßnahmen und zur Einführung eines familienrechtlichen Genehmigungsvorbehalts für freiheitsentziehende Maßnahmen bei Kindern. Diese aktuellen Gesetze mussten neu kommentiert und der Herausgabetermin auf August 2017 verschoben werden. Am 30. Juni beschloss der Bundestag dann die „Ehe für alle".

Bei den vom Gesetzgeber 2017 verabschiedeten Gesetzen stimmen – trotz mancher berechtigter Kritik – Rechtswirklichkeit und geschriebenes Gesetz überein. Das ist gut. Die „Ehe für alle" läutet den gesellschaftlich längst vollzogenen Wandel eines überlebten institutionellen Eheverständnisses ein. Allerdings konnten die Druckmaschinen für unseren Kommentar wieder nicht wie geplant anlaufen.

Doch nicht nur das gesetzliche Eheverständnis ändert sich, sondern auch der Autorenkreis. Wir verabschieden uns mit großem Dank von unseren geschätzten Mitautoren, die aus persönlichen Gründen ausgeschieden sind: Eva Maria Brandt, Ingrid Fuhrmann, Wolfgang Helbig, Dieter Pauling, Michael Triebs und Herbert Zischka. Auf ihren Beiträgen konnten unsere neuen Autoren – Dr. Thomas Herr, Joachim Maier, Nicole Siebert, Dr. Norbert Sitzmann, Michael Stern, Thorsten Tanto und Beatrix Weber-Monecke – aufbauen.

München/Duisburg, im September 2017

Werner Schulz   Jörn Hauß

Inhaltsverzeichnis

Grundgesetz für die Bundesrepublik Deutschland (GG)
– Auszug –

Bürgerliches Gesetzbuch (BGB)
– Auszug –

Buch 2 Recht der Schuldverhältnisse

Buch 4 Familienrecht

Verordnung (EG) Nr. 2201/2003 des Rates vom 27. November 2003 (EheVO 2003)

Verordnung (EU) Nr. 1259/2010 des Rates vom 20. Dezember 2010 (Rom III-VO)

Schwerpunktbeiträge

Bearbeiterverzeichnis

Dr. Ludwig Bergschneider, Rechtsanwalt, Fachanwalt für Familienrecht, München (§§ 1408–1414 BGB)

Eva Maria Brandt, Notarin, Friedberg (Schwerpunktbeiträge: „Ehebezogene Zuwendung", „Der familienrechtliche Kooperationsvertrag", „Ehegatteninnengesellschaft", „Schenkungen und Arbeitsleistungen von Schwiegereltern")

Dr. Wolfgang Conradis, Rechtsanwalt, Fachanwalt für Sozialrecht, Duisburg (Schwerpunktbeitrag: „Sozialrechtliche Bezüge im Familienrecht")

Margret Diwell, Rechtsanwältin, Fachanwältin für Familienrecht, Berlin (Art. 6 GG)

Dr. Arne Everts, Notar, Berchtesgaden (§§ 1415–1518, 1558–1563 BGB)

Anja Forbriger, Dipl.-Rechtspflegerin (FH), Rechtspflegeamtfrau, München (§§ 249–260 FamFG)

Ingrid Fuhrmann, Dipl.-Rechtspflegerin (FH), Rechtspflegeamtsrätin a.D., München (§§ 249–260 FamFG)

Alexander Ganz, Rechtsanwalt, Fachanwalt für Familienrecht, Mannheim (§§ 1297–1352, 1354–1359, 1564–1568, 1580–1586 b BGB)

Bernd Häcker, Rechtsanwalt, Fachanwalt für Familienrecht, München (§§ 1363–1390 BGB)

Dr. Ulrike Haibach, Rechtsanwältin, Fachanwältin für Familienrecht, Frankfurt/M. (LPartG)

Jörn Hauß, Rechtsanwalt, Fachanwalt für Familienrecht, Duisburg (§§ 1353, 1579 BGB, VersAusglG)

Wolfgang Helbig, Vorsitzender Richter am Oberlandesgericht a.D., München (§§ 1600–1600 d BGB)

Dr. Thomas Herr, Rechtsanwalt, Fachanwalt für Familienrecht, Kassel (Schwerpunktbeiträge: „Ehebezogene Zuwendung", „Der familienrechtliche Kooperationsvertrag", „Ehegatteninnengesellschaft", „Schenkungen und Arbeitsleistungen von Schwiegereltern")

Johanna Hüßtege, Oberverwaltungsrätin a.D., Kirchheim bei München (§§ 1712–1717 BGB)

Dr. Rainer Kemper, Hochschule Osnabrück, Fakultät MKT, Lingen (§§ 1741–1921 BGB; VBVG)

Joachim Maier, Richter am Oberlandesgericht, Stuttgart (§§ 1601–1615 BGB)

Dr. Robert P. Maier, Wirtschaftsprüfer, Steuerberater, München (Vor § 1360 BGB Rn. 1–44, Schwerpunktbeitrag: „Steuerrechtliche Bezüge im Familienrecht")

Doris Morawe, Rechtsanwältin, Fachanwältin für Familienrecht, Mediatorin (BM/BAfM), vom Bundesverband Mediation anerkannte Ausbilderin für Mediatoren, Freiburg (Schwerpunktbeitrag: „Mediation")

Michael Nickel, Rechtsanwalt, Fachanwalt für Familienrecht, Hagen
(Schwerpunktbeitrag: „Beratungshilfe und Verfahrenskostenhilfe")

Dieter Pauling, Vorsitzender Richter am Oberlandesgericht a.D., Grafing
(§§ 1601–1625 BGB)

Jürgen Rieck, Rechtsanwalt, München (EheVO 2003, VO (EG) Nr. 1259/2010)

Dr. Dr. (Univ. Prag) Josef Salzgeber, Dipl.-Psychologe, Fachpsychologe für
Rechtspsychologie, München (Schwerpunktbeitrag: „Sorgerechtsgutachten in
der gerichtlichen Praxis")

Dr. Jürgen Schmid, weiterer aufsichtführender Richter am Amtsgericht, München (§§ 1626–1698 b BGB)

Norbert Schneider, Rechtsanwalt, Neunkirchen-Seelscheid
(Schwerpunktbeitrag: „Kosten in Familiensachen")

Dr. Werner Schulz, Leitender Richter am Amtsgericht a.D., München (§§ 426,
1362, 1519 BGB; GewSchG; Schwerpunktbeitrag: „Nichteheliche Lebensgemeinschaft")

Nicole Siebert, Richterin am Amtsgericht, München
(Vor § 1360 BGB Rn. 45–154)

Dr. Norbert Sitzmann, weiterer aufsichtführender Richter am Amtsgericht, Ingolstadt (§§ 1360–1361 BGB)

Michael Stern, Rechtsanwalt, Fachanwalt für Familienrecht, Rödermark
(§§ 1589–1599, 1600, 1600 b, 1600 d BGB)

Martin Streicher, Vizepräsident des Landgerichts a.D., Walddorfhäslach
(§§ 1569–1577, 1615 a–n BGB)

Thorsten Tanto, Richter am Amtsgericht, Saarbrücken (§§ 1616–1625 BGB)

Michael Triebs, Richter am Oberlandesgericht a.D., Augsburg
(Vor § 1360 Rn. 1–22, 45–154, §§ 1360–1360 b BGB)

Beatrix Weber-Monecke, Richterin am Bundesgerichtshof a.D., Hachenburg
(§§ 1578–1578 b BGB)

Klaus Weil, Rechtsanwalt, Fachanwalt für Familienrecht, Marburg
(§ 27 VersAusglG)

Dorothea Wunderlin, Richterin am Oberlandesgericht, München
(§§ 1361 a–b, 1568 a–b, 1600–1600 d BGB)

Herbert Zischka, Richter am Oberlandesgericht a.D., München
(§§ 1578–1579 BGB)

§§ ohne Gesetzesangabe sind solche des BGB.

Zitiervorschlag: HK-FamR/Bearbeiter, § 1297 Rn 1

Abkürzungsverzeichnis

aA	anderer Ansicht
aaO	am angegebenen Ort
Abb.	Abbildung
abgedr.	abgedruckt
Abh.	Abhandlung
ABl.	Amtsblatt
abl.	ablehnend
ABl. EG	Amtsblatt der Europäischen Gemeinschaft
Abs.	Absatz
Abschl.	Abschluss
Abschn.	Abschnitt
Abschr.	Abschrift
Abt.	Abteilung
abw.	abweichend
abzgl.	abzüglich
AcP	Archiv für die civilistische Praxis (Zeitschrift)
AdoptG	Adoptionsgesetz
AdVermG	Adoptionsvermittlungsgesetz
AdWirkG	Adoptionswirkungsgesetz
AE	Arbeitsrechtliche Entscheidungen (Zeitschrift)
aE	am Ende
AEAO	Anwendungserlass zur AO
AEG	Alterseinkünftegesetz
aF	alte Fassung
AfA	Absetzung für Abnutzung
AG	Amtsgericht
AGB	Allgemeine Geschäftsbedingungen
AGS	Anwaltsgebühren Spezial (Zeitschrift)
AgrarR	Agrarrecht (Zeitschrift)
AK	Alternativ-Kommentar
AktG	Aktiengesetz
aktRW	aktueller Rentenwert
ALB	Allgemeine Lebensversicherungsbedingungen
ALG	Gesetz über die Alterssicherung der Landwirte
Alg II	Arbeitslosengeld II
Alg II-V	Arbeitslosengeld II/Sozialgeld-Verordnung
allg.	allgemein
allgM	allgemeine Meinung
Alt.	Alternative
AltZertG	Gesetz über die Zertifizierung von Altersvorsorgeverträgen
aM	anderer Meinung
AMG	Arzneimittelgesetz
amtl.	amtlich

Amtl. Anz.	Amtlicher Anzeiger
ÄndG	Änderungsgesetz
AnfG	Anfechtungsgesetz
Anh.	Anhang
Anl.	Anlage
Anm.	Anmerkung
AnO	Anordnung
AnwBl.	Anwaltsblatt (Zeitschrift)
AO	Abgabenordnung
AR	Allgemeines Register (am Bundesverfassungsgericht)
ARB	Allgemeine Bedingungen für die Rechtsschutzversicherung
arg.	Argumentum
Art.	Artikel
ArVNG	Arbeiterrentenversicherungs-Neuregelungsgesetz
ARW	aktueller Rentenwert
AsylbLG	Asylbewerberleistungsgesetz
AsylVfG	Asylverfahrensgesetz
AT	Allgemeiner Teil
AuAS	Schnelldienst Ausländer- und Asylrecht (Zeitschrift)
AV	Ausführungsverordnung
AVB	Allgemeine Versicherungsbedingungen
AVBl	Amts- und Verordnungsblatt
AufenthG	Aufenthaltsgesetz
Aufl.	Auflage
AUG	Auslandsunterhaltsgesetz
ausf.	ausführlich
AuslG	Ausländergesetz
Az	Aktenzeichen
BaFin	Bundesanstalt für Finanzdienstleistungsaufsicht
BAföG	Bundesausbildungsförderungsgesetz
BAnz	Bundesanzeiger
BarwertVO	Barwert-Verordnung
Bay.	Bayern/bayerisch
BayJMBl.	Justizministerialblatt für Bayern
BayObLG	Bayerisches Oberstes Landesgericht
BayObLGZ	Entscheidungen des Bayerischen Obersten Landesgerichts in Zivilsachen
BayRS	Bayerische Rechtssammlung
BayVBl	Bayerische Verwaltungsblätter
BayVGH	Bayerischer Verwaltungsgerichtshof
BB	Der Betriebsberater (Zeitschrift)
BBesG	Bundesbesoldungsgesetz
Bd.	Band
BEA-Freibetrag	Freibetrag für den Betreuuungs-, Erziehungs- und Ausbildungsbedarf

BeamtVG	Beamtenversorgungsgesetz
BeamtVÜV	Verordnung über beamtenversorgungsrechtliche Übergangsregelungen nach Herstellung der Einheit Deutschlands
Bearb.	Bearbeiter
BEEG	Bundeselterngeld- und Elternzeitgesetz
BEG	Bundesentschädigungsgesetz
Begr.	Begründung
Bekl.	Beklagte(r)
BerH	Beratungshilfe
BerHG	Beratungshilfegesetz
BErzGG	Bundeserziehungsgeldgesetz
ber.	berichtigt
bes.	besonders
Beschl.	Beschluss
BetrAVG	Gesetz zur Verbesserung der betrieblichen Altersversorgung (Betriebsrentengesetz)
BeurkG	Beurkundungsgesetz
BewG	Bewertungsgesetz
bez.	bezüglich
BezG	Bezirksgericht
BFD	Bundesfreiwilligendienst
BFH	Bundesfinanzhof
BFH/NV	Sammlung der Entscheidungen des Bundesfinanzhofs ab 1950 (Zeitschrift)
BFHE	Sammlung der Entscheidungen des Bundesfinanzhofs, hrsg. v. den Mitgliedern des BFH
BG	Berufsgenossenschaft
BGB	Bürgerliches Gesetzbuch
BGBl.	Bundesgesetzblatt
BGH	Bundesgerichtshof
BGH VGrS	Bundesgerichtshof, Vereinigter Großer Senat
BGHSt	Entscheidungen des Bundesgerichtshofs in Strafsachen
BGHZ	Entscheidungen des Bundesgerichtshofs in Zivilsachen
BilMoG	Bilanzrechtsmodernisierungsgesetz
BKGG	Bundeskindergeldgesetz
Bl.	Blatt
BMF	Bundesministerium der Finanzen
BNotO	Bundesnotarordnung
BORA	Berufsordnung für Rechtsanwälte
BR	Bundesrat
BRAGO	Bundesgebührenordnung für Rechtsanwälte
BRAK	Bundesrechtsanwaltskammer
BRAK-Mitt.	Bundesrechtsanwaltskammer-Mitteilungen
BRAO	Bundesrechtsanwaltsordnung
BR-Drs.	Bundesratsdrucksache
BReg.	Bundesregierung

Breithaupt	Sammlung von Entscheidungen aus dem Sozialrecht, begründet von Breithaupt
Brem.	Bremen/bremisch
BRep.	Bundesrepublik Deutschland
BRH	Bundesrechnungshof
BSG	Bundessozialgericht
BSGE	Entscheidungen des Bundessozialgerichts
BSHG	Bundessozialhilfegesetz
Bsp.	Beispiel
bspw	beispielsweise
BStBl.	Bundessteuerblatt
BT	Besonderer Teil; Bundestag
BtÄndG	Betreuungsrechtsänderungsgesetz
BT-Drs.	Bundestagsdrucksache
BtG	Betreuungsgesetz
BtBG	Betreuungsbehördengesetz
BtMG	Betäubungsmittelgesetz
BtPrax	Betreuungsrechtliche Praxis (Zeitschrift)
Buchst.	Buchstabe
BVerfG	Bundesverfassungsgericht
BVerfGE	Entscheidungen des Bundesverfassungsgerichts
BVerfGG	Gesetz über das Bundesverfassungsgericht
BVerfGK	Kammerentscheidungen des Bundesverfassungsgerichts
BVersG	Bundesversorgungsgesetz
BVersTG	Bundesversorgungsteilungsgesetz
BVerwG	Bundesverwaltungsgericht
BVG	Bundesvertriebenengesetz
BVormVG	Gesetz über die Vergütung von Berufsvormündern
BvR	Verfahrensregister (am Bundesverfassungsgericht)
BW	Baden-Württemberg
BWG	Bundeswahlgesetz
BWNotZ	Mitteilungen aus der Praxis Zeitschrift für das Notariat in Baden-Württemberg
bzgl.	bezüglich
BZRG	Bundeszentralregistergesetz
bzw.	beziehungsweise
ca.	circa
CC	Code Civil
DA	Dienstanweisung – hier: DA für die Standesbeamten und ihre Aufsichtsbehörde
DAVorm	Der Amtsvormund (Zeitschrift)
DDR	Deutsche Demokratische Republik
ders.	derselbe
DEuFamR	Deutsches und europäisches Familienrecht

DFG	Zeitschrift für Deutsche Freiwillige Gerichtsbarkeit
DFGT	Deutscher Familiengerichtstag
DGVZ	Deutsche Gerichtsvollzieherzeitung
dgl.	dergleichen
dh	das heißt
dies.	dieselbe
DIJuF	Deutsches Institut für Jugendhilfe und Familienrecht e.V.
Diss.	Dissertation
DJ	Deutsche Justiz (Zeitschrift)
djbZ	Zeitschrift des Deutschen Juristinnenbundes
DJT	Deutscher Juristentag
DJZ	Deutsche Juristen-Zeitung
DM	Deutsche Mark
DNotI	Deutsches Notarinstitut
DNotIR	DNotI-Report
DNotZ	Deutsche Notar-Zeitschrift
DONot	Dienstordnung für Notare
DRiG	Deutsches Richtergesetz
DRiZ	Deutsche Richterzeitung
Drs.	Drucksache
DRV	Deutsche Rentenversicherung
DStR	Deutsches Steuerrecht (Zeitschrift)
DStRE	DStR-Entscheidungsdienst (Zeitschrift)
DStZ	Deutsche Steuerzeitung
DT	Düsseldorfer Tabelle
dt.	deutsch
DV; DVO	Durchführungsverordnung
DVBl.	Deutsches Verwaltungsblatt
DZWiR	Deutsche Zeitschrift für Wirtschaftsrecht
E	Entwurf
ECU	European Currency Unit (Europäische Währungseinheit)
EFG	Entscheidungen der FG
EG	Europäische Gemeinschaft
EGBGB	Einführungsgesetz zum Bürgerlichen Gesetzbuch
EGGVG	Einführungsgesetz zum Gerichtsverfassungsgesetz
EGMR	Europäischer Gerichtshof für Menschenrechte
EG-PKHVV	EG-Prozesskostenhilfevordruckverordnung
EGRL	Richtlinie der Europäischen Gemeinschaft
Egrund	Erwägungsgrund
EGV	Vertrag zur Gründung der Europäischen Gemeinschaft
EheG	Ehegesetz
ehel.	ehelich
ehem.	ehemalig/ehemals

EheRG	Erstes Gesetz zur Reform des Ehe- und Familienrechts
EheVO 2000	EG-Verordnung Nr. 1347/2000 (Brüssel II-Verordnung)
EheVO 2003	EG-Verordnung Nr. 2201/2003 (Brüssel IIa-Verordnung)
Einf.	Einführung
eingetr.	eingetragen
EinigungsV	Einigungsvertrag
Einl.	Einleitung
einschl.	einschließlich
einschr.	Einschränkend
EKMR	Europäische Kommission für Menschenrechte
eLP	eingetragene Lebenspartnerschaft
ELStAM	Elektronische Lohnsteuer-Abzugsmerkmale
EMRK (G)	Europäische Menschenrechtskonvention (Gesetz)
Entsch.	Entscheidung
entspr.	entsprechend
Entw.	Entwurf
EP	Entgeltpunkt/e
ErbbRVO	Erbbaurechtsverordnung
ErbGleichG	Erbrechtsgleichstellungsgesetz
ErbSt.	Erbschaftsteuer
ErbStDV	Erbschaftsteuer-Durchführungsverordnung
ErbStG	Erbschaft- und Schenkungsteuergesetz
ErbStR	Erbschaftsteuerrichtlinien
ErbStRG	Gesetz zur Reform des Erbschaftsteuer- und Bewertungsrechts
Ergeb.	Ergebnis
Erkl.	Erklärung
Erl.	Erläuterung; Erlass
ES	Entscheidungssammlung
ESchG	Embryonenschutzgesetz
ESorgeÜ	s. ESÜ
ESt.	Einkommensteuer
EStDV	Einkommensteuer-Durchführungsverordnung
EStG	Einkommensteuergesetz
EStH	Einkommensteuerrichtlinien, Amtliche Hinweise
EStR	Einkommensteuerrichtlinien
EStRG	Einkommensteuerreformgesetz
etc	et cetera
EU	Europäische Union
EÜ	Einnahmeüberschuss
EuErbVO	Europäische Erbrechtsverordnung
EuGH	Gerichtshof der Europäischen Gemeinschaften
EuGRZ	Europäische Grundrechte Zeitschrift
EuGVVO	Verordnung über die gerichtliche Zuständigkeit und die Vollstreckung gerichtlicher Entscheidungen in Zivil- und Handelssachen

EuGVÜ	Übereinkommen über die gerichtliche Zuständigkeit und die Vollstreckung gerichtlicher Entscheidungen in Zivil- und Handelssachen
EuR	Europarecht
EUR	Euro
EuZustVO	Europäische Zustellungsverordnung
e.V.	eingetragener Verein
evtl.	eventuell
EW	Einheitswert
EwiR	Entscheidungen zum Wirtschaftsrecht (Zeitschrift)
EWS	Europäisches Wirtschafts- und Steuerrecht (Zeitschrift)
EZB	Europäische Zentralbank
EzFamR	Entscheidungssammlung zum Familienrecht
EzFamR-SD	Schnelldienst zur EzFamR
f., ff.	folgende, fortfolgende
FA	Finanzamt
FamFG	Gesetz über das Verfahren in Familiensachen und in den Angelegenheiten der freiwilligen Gerichtsbarkeit
FamG	Familiengericht
FamR	Familienrecht
FamRÄndG	Familienrechtänderungsgesetz
FamRB	Der Familienrechts-Berater (Zeitschrift)
FamRBint	Der Familienrechts-Berater international (Zeitschrift)
FamRZ	Zeitschrift für das gesamte Familienrecht
FD-RVG	Fachdienst Vergütungs- und Kostenrecht
FEVS	Fürsorgerechtliche Entscheidungen der Verwaltungs- u. Sozialgerichte
FF	Forum Familienrecht (bis 2004 Forum Familien- und Erbrecht) (Zeitschrift)
FG	Freiwillige Gerichtsbarkeit
FG	Finanzgericht
FGB	Familiengesetzbuch (DDR)
FGG	Gesetz über die Angelegenheiten der freiwilligen Gerichtsbarkeit
FGG-RG	Gesetz zur Reform des Verfahrens in Familiensachen und in den Angelegenheiten der freiwilligen Gerichtsbarkeit
FGPrax	Praxis der Freiwilligen Gerichtsbarkeit (Zeitschrift)
FiWi	Finanzwirtschaft (Zeitschrift)
FK	Familienrecht kompakt
FMBl.	Finanzministerialblatt
FPR	Familie, Partnerschaft, Recht (Zeitschrift)
FRG	Fremdrentengesetz
FS	Festschrift
FuR	Familie und Recht (Zeitschrift)
GB	Grundbuch
GBA	Grundbuchamt
GBl.	Gesetzesblatt

GBO	Grundbuchordnung
GbR	Gesellschaft des bürgerlichen Rechts
geänd.	geändert
gem.	gemäß
GenDG	Gendiagnostikgesetz
GewSchG	Gewaltschutzgesetz
GG	Grundgesetz
ggf.	gegebenenfalls
GKG	Gerichtskostengesetz
GKG-KV	Kostenverzeichnis zum GKG
GleichberG	Gesetz über die Gleichberichtigung von Mann und Frau auf dem Gebiet des bürgerlichen Rechts
GmbH	Gesellschaft mit beschränkter Haftung
GmbHG	GmbH-Gesetz
GMBl.	Gemeinsames Ministerialblatt
GoA	Geschäftsführung ohne Auftrag
GoB	Grundsätze ordnungsgemäßer Buchführung
grds.	grundsätzlich
GrEStG	Grunderwerbsteuergesetz
GRV	Gesetzliche Rentenversicherung
GRZS	Großer Senat in Zivilsachen
GS	Großer Senat
GV	Gebührenverzeichnis
GVBl.	Gesetz- und Verordnungsblatt
GVG	Gerichtsverfassungsgesetz
GVKostG	Gesetz über die Kosten der Gerichtsvollzieher
GVO	Grundstücksverkehrsordnung
hA	herrschende Auffassung
Hamb.	Hamburg/hamburgisch
HausratsV	Hausratsverordnung
HAÜ	Haager Übereinkommen über den Schutz von Kindern und die Zusammenarbeit auf dem Gebiet der internationalen Adoption
Hbd.	Halbband
HBÜ	Haager Übereinkommen über die Beweisaufnahme im Ausland in Zivil- u. Handelssachen
HeimG	Heimgesetz
Hess.	Hessen/hessisch
HFR	Höchstrichterliche Finanzrechtsprechung (Zeitschrift)
HGB	Handelsgesetzbuch
HintO	Hinterlegungsordnung
Hinw.	Hinweis
HJ	Halbjahr
HK	Handkommentar
HKÜ	Haager Übereinkommen über die zivilrechtlichen Aspekte internationaler Kindesentführung

hL	herrschende Lehre
hM	herrschende Meinung
HöfeO	Höfeordnung
Hrsg.	Herausgeber
hrsg.	herausgegeben
Hs.	Halbsatz
HUntProt	Haager Protokoll über das auf Unterhaltspflichten anzuwendende Recht
HZPÜ	Haager Übereinkommen v. 1.3.1954 über den Zivilprozess
HZÜ	Haager Übereinkommen v. 15.11.1965 über die Zustellung gerichtlicher und außergerichtlicher Schriftstücke im Ausland in Zivil- und Handelssachen
idF	in der Fassung
idR	in der Regel
idS	in diesem Sinne
IDW	Institut der Deutschen Wirtschaft
iE	im Ergebnis
ieS	im engeren Sinne
IGH	Internationaler Gerichtshof
IHK	Industrie und Handelskammer
iHv	in Höhe von
InfAuslR	Informationsbrief Ausländerrecht
info also	Informationen zum Arbeitslosen- und Sozialhilferecht (Zeitschrift)
inkl.	inklusive
insb.	insbesondere
insg.	insgesamt
IntFamRVG	Internationales Familienrechtsverfahrensgesetz
InsO	Insolvenzordnung
intern.	international
IPR	Internationales Privatrecht
IPRax	Praxis des Internationalen Privat- und Verfahrensrecht (Zeitschrift)
IStR	Internationales Steuerrecht (Zeitschrift)
iSd	im Sinne des/der
iSv	im Sinne von
iÜ	im Übrigen
iVm	in Verbindung mit
i. Vorb.	in Vorbereitung
IWB	Internationale Wirtschaftsbriefe
JA	Juristische Arbeitsblätter (Zeitschrift)
JAmt	Das Jugendamt (Zeitschrift)
JBl.	Justizblatt
JGG	Jugendgerichtsgesetz
Jhg.	Jahrgang
JKostG	Justizkostengesetz

JMBl.	Justizministerialblatt
JR	Juristische Rundschau (Zeitschrift)
JStG	Jahressteuergesetz
JurBüro	Juristisches Büro (Zeitschrift)
Juris-PRFamR	Juris Praxisreport Familienrecht
JuS	Juristische Schulung (Zeitschrift)
Justiz	Die Justiz (Zeitschrift)
JVBl.	Justizverwaltungsblatt
JVEG	Justizvergütungs- und -entschädigungsgesetz
JZ	Juristenzeitung
Kap.	Kapitel
KapESt	Kapitalertragsteuer
KastG	Kastrationsgesetz
KG	Kammergericht; Kapitalgesellschaft; Kommanditgesellschaft
KGReport	Rechtsprechungsreport des Kammergerichts Berlin
KiG	Kindergeld
KindPrax	Kindschaftsrechtliche Praxis (Zeitschrift)
KindRG	Kindschaftsrechtsreformgesetz
KindUG	Gesetz zur Vereinheitlichung des Unterhaltsrechts minderjähriger Kinder
KindUFV	Verordnung zur Einführung von Vordrucken für das vereinfachte Verfahren über den Unterhalt minderjähriger Kinder
KindVerbG	Kinderrechteverbesserungsgesetz
KiSt	Kirchensteuer
KiStG	Kirchensteuergesetz
KJ	Kritische Justiz (Zeitschrift)
KJHG	Gesetz zur Neuordnung des Kinder- und Jugendhilferechts
Komm.	Kommentar
KostO	Kostenordnung
KostRÄndG	Kostenrechtsänderungsgesetz
KostRMoG	Kostenrechtsmodernisierungsgesetz
KostRsp	Kostenrechtsprechung (Nachschlagewerk)
KRK	Kinderrechtskonvention
krit.	kritisch
KSt	Körperschaftsteuer
KStG	Körperschaftsteuergesetz
KSVG	Künstlersozialversicherungsgesetz
Kto.	Konto
KV	Kostenverzeichnis
KWG	Kreditwesengesetz
lfd.	laufend
Lfg.	Lieferung
LG	Landgericht
lit.	littera

Lit.	Literatur
Lkr.	Landkreis
LKRZ	Zeitschrift für Landes- und Kommunalrecht Hessen/Rheinland
LKV	Landes- und Kommunalverwaltung (Zeitschrift)
LL	(Unterhalts-)Leitlinien
LMK	Kommentierte BGH-Rechtsprechung Lindenmaier-Möhring
LPartG	Lebenspartnerschaftsgesetz
LPartGErgG	Lebenspartnerschaftsgesetzergänzungsgesetz
LPartÜG	Gesetz zur Überarbeitung des Lebenspartnerschaftsrechts
Ls.	Leitsatz
LSA	Sachsen-Anhalt
LSG	Landessozialgericht
LSt	Lohnsteuer
LStR	Lohnsteuer-Richtlinien
lt.	laut
LuganoÜ	Lugano-Übereinkommen über die gerichtliche Zuständigkeit und die Vollstreckung gerichtlicher Entscheidungen in Zivil- und Handelssachen
LVA	Landesversicherungsanstalt
m. Anm.	mit Anmerkung
MDR	Monatsschrift für Deutsches Recht (Zeitschrift)
mE	meines Erachtens
MiLoG	Mindestlohngesetz
MinBl.	Ministerialblatt
Mind.	mindestens
Mio.	Millionen
Mitt.	Mitteilung
MittBayNot	Mitteilungen des Bayerischen Notarvereins, der Notarkasse und der Landesnotarkammer Bayern (Zeitschrift)
MittRhNK	Mitteilungen der Rheinischen Notarkammer (Zeitschrift)
mN	mit Nachweisen
Mrd.	Milliarden
Mot.	Motive zum BGB
MPU	Medizinisch-psychologische Untersuchung
MRRG	Melderechtsrahmengesetz
MSA	Übereinkommen über die Zuständigkeit der Behörden und das anzuwendende Recht auf dem Gebiet des Schutzes von Minderjährigen (Haager Minderjährigenschutzabkommen)
mtl.	monatlich
MuSchG	Mutterschutzgesetz
MV	Mitteilungsverordnung
mwN	mit weiteren Nachweisen
mWv	mit Wirkung vom
MwSt.	Mehrwertsteuer

nachf.	nachfolgend
Nachw.	Nachweis/e
NamÄndG	Gesetz über die Änderung von Familiennamen und Vornamen
Nds.	Niedersachsen/niedersächsisch
NdsRpfl	Niedersächsische Rechtspflege (Zeitschrift)
NDV	Nachrichtendienst des Deutschen Vereins für private und öffentliche Fürsorge
NDV-RD	Rechtsprechungsdienst des deutschen Vereins für öffentliche und private Fürsorge e.V.
ne.	nichtehelich
NEheLG	Gesetz über die rechtliche Stellung der nichtehelichen Kinder
nF	neue Fassung
NJ	Neue Justiz (Zeitschrift)
NJOZ	Neue Juristische Online-Zeitschrift
NJW	Neue Juristische Wochenschrift (Zeitschrift)
NJWE-FER	NJW-Entscheidungsdienst Familien- u. Erbrecht
NJW-RR	NJW-Rechtsprechungsreport
NordÖR	Zeitschrift für Öffentliches Recht in Norddeutschland
not.	notariell
NotBZ	Zeitschrift für die notarielle Beratungs- und Beurkundungspraxis
Nov.	Novelle
n.r.	nicht rechtskräftig
Nr.	Nummer
NRW	Nordrhein-Westfalen
n.v.	nicht veröffentlicht
NVwZ	Neue Zeitschrift für Verwaltungsrecht (Zeitschrift)
NVwZ-RR	NVwZ-Rechtsprechungsreport
NWB	Neue Wirtschaftsbriefe (Zeitschrift)
NWVBl	Nordrhein-Westfälische Verwaltungsblätter (Zeitschrift)
NZS	Neue Zeitschrift für Sozialrecht
NZFam	Neue Zeitschrift für Familienrecht
o.a.	oben angegeben/angeführt
o.ä.	oder ähnlich
og	oben genannt
obj.	objektiv
od.	oder
OFD	Oberfinanzdirektion
OFH	Oberster Finanzgerichtshof
OHG	Offene Handelsgesellschaft
OLG	Oberlandesgericht
OLGE	Entscheidungssammlung der Oberlandesgerichte
OLG-NL	OLG-Rechtsprechung Neue Länder
OLGReport	(nicht offizieller) Rechtsprechungsdienst einiger Oberlandesgerichte
OLGRspr	Rechtsprechung der Oberlandesgerichte auf dem Gebiete des Zivilrechts

OLGZ	Entscheidungen der OLG in Zivilsachen
OpferschG	Opferschutzgesetz
OVG	Oberverwaltungsgericht
p.a.	pro anno (jährlich)
PflegeVG	Pflege-Versicherungsgesetz
PID	Präimplantationsdiagnostik
PKH	Prozesskostenhilfe
PKHBegrenzG	Prozesskostenhilfebegrenzungsgesetz
PKHG	Prozesskostenhilfegesetz
PKHVVO	Prozesskostenhilfevordruckverordnung
PKV	Prozesskostenvorschuss
Pkw	Personenkraftwagen
Prot.	Protokoll
PRV	Partnerschaftsregisterverordnung
PSV	Pensionssicherungsverein
PStG	Personenstandsgesetz
PStRG	Gesetz zur Reform des Personenstandsrechts
PsychKG	Psychischkrankengesetz
pVV	positive Vertragsverletzung
RA	Rechtsanwalt
RabelsZ	Zeitschrift für ausländisches u. internationales Privatrecht
RBEG	Gesetz zur Ermittlung der Regelbedarfe
RBerG	Rechtsberatungsgesetz
rd.	rund
RdErl.	Runderlass
RdJB	Recht der Jugend und des Bildungswesens (Zeitschrift)
RdLH	Rechtsdienst der Lebenshilfe (Zeitschrift)
RdSchr.	Rundschreiben
RdW	Das Recht der Wirtschaft (Zeitschrift)
Red.	Redaktion
Ref.	Reform
Reg.	Regierung
RegBl.	Regierungsblatt
RegEntw.	Regierungsentwurf
RegelbedVO	Regelbedarfs-Verordnung
RegelbetrVO	Regelbetrags-Verordnung
RFH	Reichsfinanzhof
RG	Reichsgericht
RGBl.	Reichsgesetzblatt
RGZ	Entscheidungen des Reichsgerichts in Zivilsachen
Rh.-Pf.	Rheinland-Pfalz/Rheinland-pfälzisch
RiA	Das Recht im Amt (Zeitschrift)
RiG	Richtergesetz

RIW	Recht der internationalen Wirtschaft (Zeitschrift)
rkr.	rechtskräftig
RL	Richtlinie
Rn.	Randnummer
RNotZ	Rheinische Notar-Zeitschrift
Rpfleger	Der Deutsche Rechtspfleger (Zeitschrift)
RPflG	Rechtspflegergesetz
RPflStud	Rechtspfleger-Studienhefte
RR	Rechtsprechungs-Report
RRG	Rentenreformgesetz
Rspr	Rechtsprechung
RStBl.	Reichssteuerblatt
RÜ	Rechtsprechungsübersicht
RÜG	Rentenüberleitungsgesetz
RuStAG	Reichs- und Staatsangehörigkeitsgesetz
RVaktuell	Rentenversicherung aktuell (Zeitschrift)
RVG	Rechtsanwaltsvergütungsgesetz
RVG-B	Der RVG-Berater (Zeitschrift)
RVO	Rechtsverordnung; Reichsversicherungsordnung
RW	Rentenwert
S.	Satz/Seite
s.	siehe
s.a.	siehe auch
SaRegG	Samenspenderregistergesetz
sächs.	sächsisch
SchlHA	Schleswig-Holsteinische Anzeigen
SchuldRÄndG	Schuldrechtsänderungsgesetz
SchuldRModG	Schuldrechtsmodernisierungsgesetz
SchwbG	Schwerbehindertengesetz
SG	Sozialgericht
SGb	Die Sozialgerichtsbarkeit (Zeitschrift)
SGB	Sozialgesetzbuch
SGB I	Sozialgesetzbuch 1. Buch – Allgemeiner Teil
SGB IV	Sozialgesetzbuch 4. Buch – Gemeinsame Vorschriften für die Sozialversicherung
SGB V	Sozialgesetzbuch 5. Buch – Ges. Krankenversicherung
SGB VI	Sozialgesetzbuch 6. Buch – Ges. Rentenversicherung
SGB VIII	Sozialgesetzbuch 8. Buch – Kinder- und Jugendhilfe
SGB IX	Sozialgesetzbuch 9. Buch – Rehabilitation und Teilhabe behinderter Menschen
SGB X	Sozialgesetzbuch 10. Buch – Sozialverwaltungsverfahren
SGB XI	Sozialgesetzbuch 11. Buch – Soziale Pflegeversicherung
SGG	Sozialgerichtsgesetz
s. o.	siehe oben
sog	sogenannte/r/s

SolzG	Solidaritätszuschlaggesetz
SorgeRG	Sorgerechtsreformgesetz
SorgeRÜbkAG	Ausführungsgesetz zum Europäischen Übereinkommen über die Anerkennung und Vollstreckung von Entscheidungen über das Sorgerecht für Kinder und die Wiederherstellung des Sorgerechtsverhältnisses
StAG	Staatsangehörigkeitsgesetz
StAnz	Staatsanzeiger
StAZ	Das Standesamt (Zeitschrift)
StGB	Strafgesetzbuch
Stkl.	Steuerklasse
staatl.	staatlich
StPO	Strafprozessordnung
StR	Steuerrecht
StraFo	Strafverteidiger-Forum (Zeitschrift)
str.	streitig/strittig
StrEG	Gesetz über die Entschädigung für Strafverfolgungsmaßnahmen
s. u.	siehe unten
subj.	subjektiv
SüdL	Unterhaltsrechtliche Leitlinien der Familiensenate in Süddeutschland
SVG	Soldatenversorgungsgesetz
tats.	tatsächlich
TDM	Tausend DM
teilw.	teilweise
thür.	thüringisch
TPG	Transplantationsgesetz
TSG	Transsexuellengesetz
u.	und
ua	unter anderem
u.Ä.	und Ähnliche(s)
UÄndG	Unterhaltsänderungsgesetz
Überbl.	Überblick
UBG	Unterbringungsgesetz
u.E.	unseres Erachtens
UmwG	Umwandlungsgesetz
UN	United Nations = Vereinte Nationen
unstr.	unstreitig
unzutr.	unzutreffend
UrhG	Urheberrechtsgesetz
Urt.	Urteil
USG	Unterhaltssicherungsgesetz
usw	und so weiter
uU	unter Umständen
u.v.a.	und vieles andere

UVG	Unterhaltsvorschussgesetz
UWG	Gesetz gegen den unlauteren Wettbewerb
v.	vom/von
VAG	Versicherungsaufsichtsgesetz
VAHRG	Gesetz zur Regelung von Härten im Versorgungsausgleich
VAÜG	Versorgungsausgleichsüberleitungsgesetz
VAWMG	Gesetz über weitere Maßnahmen auf dem Gebiet des Versorgungs-ausgleichs
VBL	Versorgungsanstalt des Bundes und der Länder
VBLS	Satzung der Versorgungsanstalt des Bundes und der Länder
VBVG	Vormünder- und Betreuervergütungsgesetz
VDR	Verband Deutscher Rentenversicherungsträger
Vereinb.	Vereinbarung
Verf.	Verfasser/Verfassung
VerfGH	Verfassungsgerichtshof
VermG	Vermögensgesetz
VersAusglG	Gesetz über den Versorgungsausgleich
VersAusglKassG	Gesetz über die Versorgungsausgleichskasse
VerschG	Verschollenheitsgesetz
VersR	Versicherungsrecht (Zeitschrift)
Vertr.	Vertrag
Verz.	Verzeichnis
VG	Verwaltungsgericht
VGH	Verwaltungsgerichtshof
vgl.	vergleiche
v.H.	vom Hundert
VIZ	Zeitschrift für Vermögens- und Immobilienrecht
VO	Verordnung
Vor	Vorbemerkung
Vor	Vorbemerkung
vorl.	vorläufig
VRegV	Vorsorgeregisterverordnung
VStG	Vermögenssteuergesetz
VStR	Vermögenssteuer-Richtlinien
VVG	Versicherungsvertragsgesetz
VVG-InfoV	Verordnung über Informationspflichten bei Versicherungsverträgen
VV	Vergütungsverzeichnis
VwGO	Verwaltungsgerichtsordnung
VWL	vermögenswirksame Leistungen
VwV	Verwaltungsvorschriften
VwVfG	Verwaltungsverfahrensgesetz
VwVG	Verwaltungsvollstreckungsgesetz
VwZG	Verwaltungszustellungsgesetz
VZ	Veranlagungszeitraum

WährG	Währungsgesetz
WahlZugAbk-F	Abkommen zwischen der Bundesrepublik Deutschland und der Republik Frankreich über den Gegenstand der Wahl-Zugewinngemeinschaft
WE	Wohnungseigentum
WEG	Wohnungseigentumsgesetz
WertErmVO	Wertermittlungsverordnung
WG	Wechselgesetz
wg.	wegen
WiVerw	Wirtschaft und Verwaltung (Zeitschrift)
WM	Wertpapiermitteilungen (Zeitschrift)
wN	weitere Nachweise
WoGG	Wohngeldgesetz
WoGVwV	Wohngeld-Verwaltungsvorschrift
WP	Wirtschaftsprüfer
WRV	Weimarer Reichsverfassung
WuM	Wohnungswirtschaft und Mietrecht (Zeitschrift)
ZAP	Zeitschrift für die Anwaltspraxis
ZAR	Zeitschrift für Ausländerrecht und Asylpolitik
zB	zum Beispiel
ZblJugR	Zentralblatt für Jugendrecht und Jugendwohlfahrt
ZErb	Zeitschrift für die Steuer- und Erbrechtspraxis
ZEV	Zeitschrift für Erbrecht und Vermögensnachfolge
ZFE	Zeitschrift für Familien- und Erbrecht
ZfJ	Zentralblatt für Jugendrecht
ZfL	Zeitschrift für Lebensrecht
zfs	Zeitschrift für Schadensrecht
ZfSH	Zeitschrift für Sozialhilfe
ZfSH/SGB	Zeitschrift für Sozialhilfe und Sozialgesetzbuch
ZGS	Zeitschrift für das gesamte Schuldrecht
Ziff.	Ziffer
ZInsO	Zeitschrift für das gesamte Insolvenzrecht
ZIP	Zeitschrift für Wirtschaftsrecht und Insolvenzpraxis
zit.	zitiert
ZKJ	Zeitschrift für Kindschaftsrecht und Jugendhilfe (seit 2006 Gesamtblatt von Kind-Prax und ZfJ)
ZNotP	Zeitschrift für die Notarpraxis
ZOV	Zeitschrift für Offene Vermögensfragen
ZPO	Zivilprozessordnung
ZRP	Zeitschrift für Rechtspolitik
ZS	Zivilsenat
ZSEG	Gesetz über die Entschädigung von Zeugen und Sachverständigen
zT	zum Teil
zul.	zulässig
zust.	zustimmend

31

zutr.	zutreffend
ZuVOJu	Zuständigkeitsverordnung Justiz
ZV	Zusatzversorgung
ZVG	Zwangsversteigerungsgesetz
ZVK	Zusatzversorgungskasse
ZWE	Zeitschrift für Wohnungseigentum
zzgl.	zuzüglich
zzt.	zurzeit

Allgemeines Literaturverzeichnis

(Spezielle Literatur findet sich jeweils vor den einzelnen Kommentierungen)

Andrae, Internationales Familienrecht, 3. Aufl. 2013 — Andrae

Bamberger/Roth (Hrsg.), Kommentar zum Bürgerlichen Gesetzbuch, 3. Aufl. 2012 — BR/Bearbeiter

Bassenge/Roth, Gesetz über die Angelegenheiten der freiwilligen Gerichtsbarkeit, Rechtspflegergesetz, Kommentar, 12. Aufl. 2009 — Bassenge/Roth/Bearbeiter

Bäumel/Bienwald/Häußermann, Familienrechtsreformkommentar, 1998 — FamRefK/Bearbeiter

Baumbach/Lauterbach/Albers/Hartmann, Zivilprozessordnung mit Gerichtsverfassungsgesetz und anderen Nebengesetzen, Kommentar, 74. Aufl. 2016 — BLAH/Bearbeiter

Bergmann/Ferid/Henrich (Hrsg.), Internationales Ehe- und Kindschaftsrecht mit Staatsangehörigkeitsrecht, Loseblatt, Stand 2016 — BFH/Bearbeiter

Bergerfurth/Rogner, Der Ehescheidungsprozess und die anderen Eheverfahren, 15. Aufl. 2006 — Bergerfurth/Rogner

Bergschneider, Die Ehescheidung und ihre Folgen, 5. Aufl. 2001 — Bergschneider, Ehescheidung

Bergschneider, Verträge in Familiensachen, 4. Aufl. 2010 — Bergschneider, Eheverträge

Börger/Engelsing, Eheliches Güterrecht, 2. Aufl. 2005 — Börger/Engelsing

Borth, Versorgungsausgleich in anwaltlicher und familiengerichtlicher Praxis, 7. Aufl. 2014 — Borth

Brudermüller/Schürmann, Tabellen zum Familienrecht, 29. Aufl. 2008 — TzFamR

Bumiller/Harders, FamFG, Freiwillige Gerichtsbarkeit, 8. Aufl. 2015 — Bumiller/Harders

Bäumel/Poppen/Menne, Unterhaltsrecht, Kommentar, 3. Aufl. 2015 — Büte/Poppen/Menne

Dolzer/Vogel/Graßhof (Hrsg.), Bonner Kommentar zum Grundgesetz, Loseblatt, Stand 2016 — BK-GG/Bearbeiter

Dose, Einstweiliger Rechtsschutz in Familiensachen, 3. Aufl. 2010 — Dose

Erman (Hrsg.), Handkommentar zum BGB, 14. Aufl. 2014 — Erman/Bearbeiter

Eschenbruch/Schürmann/Menne (Hrsg.), Der Unterhaltsprozess, 6. Aufl. 2013 — Eschenbruch/Klinkhammer/Bearbeiter

Finke/Garbe, Familienrecht in der anwaltlichen Praxis, 6. Aufl. 2007 — Finke/Garbe/Bearbeiter

Garbe/Oelkers, Praxishandbuch Familienrecht, Loseblatt, Stand April 2011 — Garbe/Oelkers

Garbe/Ullrich (Hrsg.), Prozesse in Familiensachen, 2. Aufl. 2009 — Garbe/Ullrich/Bearbeiter

Gerhardt/v. Heintschel-Heinegg/Klein (Hrsg.), Handbuch des Fachanwalts Familienrecht, 10. Aufl. 2015 — FA-FamR/Bearbeiter

Gernhuber/Coester-Waltjen, Lehrbuch des Familienrechts, 6. Aufl. 2010 — Gernhuber/Coester-Waltjen

Gerold/Schmidt, Rechtsanwaltsvergütungsgesetz, Kommentar, 22. Aufl. 2015 — Gerold/Schmidt/Bearbeiter

Gießler/Soyka, Vorläufiger Rechtsschutz in Familiensachen, 6. Aufl. 2015 — Gießler/Soyka

Göppinger/Wax (Hrsg.), Unterhaltsrecht, Kommentar, 9. Aufl. 2008 — Göppinger/Wax/Bearbeiter

Göttlich/Mümmler/Assenmacher/Mathias, Kostenordnung, Kommentar, 16. Aufl. 2008 — Göttlich/Mümmler-KostO/Bearbeiter

Göttlich/Mümmler/Rehberg/Xanke, RVG – Rechtsanwaltsvergütungsgesetz, Kommentar, 3. Aufl. 2010 — Göttlich/Mümmler-RVG/Bearbeiter

Götsche/Rehbein/Breuers, Versorgungsausgleichsrecht, Handkommentar, 2. Aufl. 2015 — HK-VersAusglR/Bearbeiter

Gottwald (Hrsg.), Münchener Prozessformularbuch, Bd. 3, 4. Aufl. 2013 — Gottwald/Bearbeiter

Grandel/Stockmann (Hrsg.), Stichwortkommentar Familienrecht, 2. Aufl. 2013 — SWK-FamR/Bearbeiter

Eckebrecht/Große-Boymann u.a., Verfahrenshandbuch Familiensachen, 2. Aufl. 2010 — FamVerf/Bearbeiter

Hartmann, Kostengesetze, 46. Aufl. 2016 — Hartmann

Hauß, Elternunterhalt, 5. Aufl. 2015 — Hauß, Elternunterhalt

Hauß/Eulering, Versorgungsausgleich und Verfahren in der Praxis, 2. Aufl. 2014 — Hauß/Eulering

Schulz/Hauß, Vermögensauseinandersetzung bei Trennung und Scheidung, 6. Aufl. 2015 — Schulz/Hauß, Vermögensauseinandersetzung

Heilmann (Hrsg.), Praxiskommentar Kindschaftsrecht, 2015 — Heilmann/Bearbeiter

Heiß, Das Mandat im Familienrecht, 2. Aufl. 2010 — Heiß

Heiß/Born, Unterhaltsrecht, Stand 07/2016 — Heiß/Born/Bearbeiter

Hoppenz (Hrsg.), Familiensachen, Kommentar, 9. Aufl. 2009 — Hoppenz/Bearbeiter

Johannsen/Henrich (Hrsg.), Eherecht – Trennung, Scheidung, Folgen, Kommentar, 6. Aufl. 2015 — JH/Bearbeiter

Jauernig (Hrsg.), Bürgerliches Gesetzbuch, Kommentar, 16. Aufl. 2015 — Jauernig/Bearbeiter

Jurgeleit (Hrsg.), Freiwillige Gerichtsbarkeit, 2010 — Jurgeleit/Bearbeiter

Jurgeleit (Hrsg.), Betreuungsrecht, Handkommentar, 3. Aufl. 2013 — HK-BetrR/Bearbeiter

Jürgens (Hrsg.), Betreuungsrecht, Kommentar, 5. Aufl. 2014 — Jürgens/Bearbeiter

Kaiser/Schnitzler/Friederici (Hrsg.), BGB, NomosKommentar, Bd. 4: Familienrecht, 3. Aufl. 2014 — NK-BGB/Bearbeiter

Kalthoener/Büttner/Wrobel-Sachs, Prozess- und Verfahrenskostenhilfe, Beratungshilfe, 5. Aufl. 2010 — Kalthoener/Büttner/Wrobel-Sachs

Keidel/Kuntze/Winkler, Freiwillige Gerichtsbarkeit, Kommentar, 16. Aufl. 2003 — KKW/Bearbeiter

Keidel, FamFG, Kommentar, 18. Aufl. 2014 — Keidel/Bearbeiter

Kemper/Schreiber (Hrsg.), Familienverfahrensrecht, Handkommentar, 3. Aufl. 2015 — HK-FamFG/Bearbeiter

Kersten/Bühling (Hrsg.), Formularbuch und Praxis der freiwilligen Gerichtsbarkeit, 25. Aufl. 2016 — Kersten/Bühling/Bearbeiter

Korintenberg (Hrsg.), Gerichts- und Notarkostengesetz: GNotKG, Kommentar, 19. Aufl. 2015 — Korintenberg/Bearbeiter

Korintenberg/Lappe/Bengel/Reimann (Hrsg.), Kostenordnung, Kommentar, 18. Aufl. 2010 — KLBR/Bearbeiter

Luthin (Hrsg.), Handbuch des Unterhaltsrechts, 10. Aufl. 2004 — Luthin/Bearbeiter

Luthin/Koch, Handbuch des Unterhaltsrechts, 11. Aufl. 2010 — LH/Bearbeiter

Mangoldt v./Klein/Starck (Hrsg.), Das Bonner Grundgesetz, Kommentar, 6. Aufl. 2010 — Bonner-Kommentar/Bearbeiter

Münchener Kommentar zum Bürgerlichen Gesetzbuch, 6. Aufl., Bd. 1: Allgemeiner Teil, 2012; 6. Aufl., Bd. 7: Familienrecht I, 2012; 6. Aufl., Bd. 8: Familienrecht II, 2012; 6. Aufl., Bd. 10: EGBGB und IPR, 2012 — MK/Bearbeiter

Münchener Kommentar zur Zivilprozessordnung, 4. Aufl. 2012 — MK-ZPO/Bearbeiter

Musielak/Voit (Hrsg.), Kommentar zur Zivilprozessordnung, 12. Aufl. 2015 — Musielak/Bearbeiter

Niepmann/Schwamb, Die Rechtsprechung zur Höhe des Unterhalts, 13. Aufl. 2016 — Niepmann/Schwamb

Palandt, Bürgerliches Gesetzbuch u.a., 75. Aufl. 2016 — Palandt/Bearbeiter

Peschel-Gutzeit, Unterhaltsrecht aktuell, 2008 — Peschel-Gutzeit

Prütting/Gehrlein (Hrsg.), ZPO, Kommentar, 6. Aufl. 2016 — PG/Bearbeiter

Rahm/Künkel (Hrsg.), Handbuch des Familiengerichtsverfahrens, Loseblatt, Stand April 2016 — Rahm/Künkel/Bearbeiter

RGRK, BGB-Kommentar, hrsg. von Reichsgerichtsräten und Bundesrichtern, 12. Aufl. 1983 ff — RGRK/Bearbeiter

Rühl/Greßmann, Kindesunterhaltsgesetz, 1998 — Rühl/Greßmann

Saenger (Hrsg.), Handkommentar Zivilprozessordnung, 6. Aufl. 2015 — HK-ZPO/Bearbeiter

Schnitzler (Hrsg.), Münchener Anwalts-Handbuch Familienrecht, 4. Aufl. 2014 — MAH/Bearbeiter

Scholz/Stein (Hrsg.), Praxishandbuch Familienrecht, 14. Aufl. 2007 — Scholz/Stein/Bearbeiter

Schulze u.a., Handkommentar Bürgerliches Gesetzbuch, 9. Aufl. 2016 — HK-BGB/Bearbeiter

Bergschneider (Hrsg.), Familienvermögensrecht, 3. Aufl. 2016 — Bergschneider/Bearbeiter

Schwab, Familienrecht, 24. Aufl. 2016 — Schwab, FamR

Schwab (Hrsg.), Handbuch des Scheidungsrechts, 7. Aufl. 2013 — Schwab/Bearbeiter

Soergel/Siebert, Kommentar zum Bürgerlichen Gesetzbuch mit Einführungsgesetz und Nebengesetzen, 13. Aufl. 1999 ff — Soergel/Bearbeiter

Staudinger, Kommentar zum Bürgerlichen Gesetzbuch, 14. Bearbeitung 2006 ff, Bd. IV: Familienrecht, Bearbeitung 2015 — Staudinger/Bearbeiter

Stein/Jonas, Kommentar zur Zivilprozessordnung, 22. Aufl. 2002 ff — Stein/Jonas/Bearbeiter

Strohal, Unterhaltsrechtlich relevantes Einkommen bei Selbstständigen, 4. Aufl. 2010 — Strohal

Thomas/Putzo, Zivilprozessordnung mit Gerichtsverfassungsgesetz und europarechtlichen Vorschriften, 37. Aufl. 2016 — Thomas/Putzo/Bearbeiter

Weinreich/Klein (Hrsg.), Familienrecht, Kommentar, 5. Aufl. 2013 — FAKomm-FamR/Bearbeiter

Wendl/Dose, Das Unterhaltsrecht in der familienrichterlichen Praxis, 9. Aufl. 2015 — Wendl/Dose/Bearbeiter

Wendl/Staudigl, Das Unterhaltsrecht in der familienrichterlichen Praxis, 7. Aufl. 2008 (gekennzeichnet) — Wendl/Staudigl/Bearbeiter

Wever, Vermögensauseinandersetzung der Ehegatten außerhalb des Güterrechts, 6. Aufl. 2014 — Wever

Zöller, Zivilprozessordnung, 31. Aufl. 2016 — Zöller/Bearbeiter

Grundgesetz für die Bundesrepublik Deutschland (GG)

Vom 23. Mai 1949 (BGBl. S. 1)

(FNA 100-1)

zuletzt geändert durch Art. 1 des Gesetzes vom 23. Dezember 2014

(BGBl. I S. 2438)

– Auszug –

Artikel 6 GG [Ehe, Familie, nichteheliche Kinder]

(1) Ehe und Familie stehen unter dem besonderen Schutze der staatlichen Ordnung.

(2) [1]Pflege und Erziehung der Kinder sind das natürliche Recht der Eltern und die zuvörderst ihnen obliegende Pflicht. [2]Über ihre Betätigung wacht die staatliche Gemeinschaft.

(3) Gegen den Willen der Erziehungsberechtigten dürfen Kinder nur auf Grund eines Gesetzes von der Familie getrennt werden, wenn die Erziehungsberechtigten versagen oder wenn die Kinder aus anderen Gründen zu verwahrlosen drohen.

(4) Jede Mutter hat Anspruch auf den Schutz und die Fürsorge der Gemeinschaft.

(5) Den unehelichen[1] Kindern sind durch die Gesetzgebung die gleichen Bedingungen für ihre leibliche und seelische Entwicklung und ihre Stellung in der Gesellschaft zu schaffen wie den ehelichen Kindern.

Literatur: *Badura* in Maunz/Dürig, Grundgesetz, Kommentar, 77. Aufl. 2016, Art. 6; *Britz*, Kindesgrundrechte und Elterngrundrecht: Fremdunterbringung von Kindern in der verfassungsgerichtlichen Kontrolle, FamRZ 2015, 793; *Britz*, Das Grundrecht des Kindes auf staatliche Gewährleistung elterlicher Pflege und Erziehung – jüngere Rechtsprechung des Bundesverfassungsgerichts, JZ 2014, 1069; dies., Kinderschutz - aktuelle verfassungsrechtliche Leitlinien, NZFam 2016, 1113–1208; *Dethloff,* Ehe für alle, FamRZ 2016, 351; *Büttner,* Ist das Bundesverfassungsgericht das oberste Amtsgericht der Bundesrepublik?, FF 2008, 235; *Otte,* Gilt noch der enge Familienbegriff?, FamRZ 2013, 585; *Schwab*, Familie und Staat, FamRZ, 2007, 1; *Seiler*, Freiheits- und gleichheitsgerechte Förderung der Vereinbarkeit von Familie und Beruf, FamRZ 2006, 1717; *Zuck*, Die verfassungsrechtliche Gewährleistung der Ehe im Wandel des Zeitgeistes, NJW 2009, 1449; *Zuck*, Die Kammerrechtsprechung des Bundesverfassungsgerichts zum elterlichen Sorge- und Umgangsrecht, FamRZ 2010, 1946.

---

1 Der Begriff „unehelich" ist durch Art. 9 § 2 G zur Neuregelung des Rechts der elterlichen Sorge v. 18.7.1979 (BGBl. I, 1061) in allen Bundesgesetzen mit Ausnahme des Grundgesetzes durch den Begriff „nicht ehelich" ersetzt worden.

I. Allgemeines

1 **1. Vorbemerkung.** Wozu benötigt der Familienrechtler vertieftere Kenntnisse des Verfassungs- oder gar des Verfassungsprozessrechts? Er ist es doch gewohnt, jedenfalls in den Kindschaftssachen seiner Erfahrung und seinem Gefühl zu folgen und die Subsumtion des Falles unter den Gesetzestext eher den Textbausteinen des Familiengerichts zu überlassen. Spätestens aber in der 2. Instanz muss er sich mit der Fülle der unbestimmten Rechtsbegriffe und rechtlich fundierten Bewertungen von Rechten und Pflichten der Beteiligten auseinandersetzen. Die Maßstäbe hierfür setzt das Bundesverfassungsgericht mit seiner Interpretation der berührten Grundrechte.

2 **2. Grundlagen.** Die facettenreiche Interpretation der Grundrechte durch die Entscheidungen des Bundesverfassungsgerichts stellt einen Fundus dar, von dem das Recht ewig zehren kann.[2] Die Gelegenheit zur Interpretation der Grundrechte auch im Lichte sich verändernder gesellschaftlicher Verhältnisse[3] erhalten nicht erst die Verfassungsgerichte bei der Entscheidung über Verfassungsbeschwerden. Die Grundrechte sind vielmehr bereits im fachgerichtlichen Verfahren zu beachten. Dies einzufordern ist die Aufgabe von Rechtsanwältinnen und Rechtsanwälten in ihrer Funktion als unabhängige Berater und Vertreter ihrer Mandanten.[4]

3 §§ 113 Abs. 1, 124 FamFG verweisen für das Verfahren in Ehesachen und Familienstreitsachen auf die allgemeinen Vorschriften der Zivilprozessordnung und die Vorschriften der Zivilprozessordnung über das Verfahren vor den Landgerichten und damit für die Antragstellung auf § 253 ZPO. Rechtliche Ausführun-

---

2 Lamprecht, Vom Untertan zum Bürger, NJW 2009, 1456.
3 Vgl. Dethloff FamRZ 2016, 351 (353) zum verfassungsrechtlichen Eheverständnis; Otte FamRZ 2013, 585 (587) zum verfassungsrechtlichen Familienbegriff.
4 Vgl. § 1 Abs. 3 BerufsO: „Als unabhängiger Berater und Vertreter in allen Rechtsangelegenheiten hat der Rechtsanwalt seinen Mandanten vor Rechtsverlusten zu schützen, rechtsgestaltend, konfliktvermeidend und streitschlichtend zu begleiten, vor Fehlentscheidungen durch Gerichte und Behörden ... zu bewahren und gegen verfassungswidrige Beeinträchtigung und staatliche Machtüberschreitung zu sichern." Und Abs. 2 S. 2: „Seine Tätigkeit dient der Verwirklichung des Rechtsstaats."

gen sind damit nicht notwendiger Inhalt der Antragsschrift.[5] Es reicht in einfachen Fällen sicher aus, lediglich den **Antrag** zu formulieren und den **Sachverhalt** vorzutragen. Der Blick in das BGB mag in den meisten Fällen für eine ausreichende Subsumtion auch genügen. Außerdem ermutigt die Praxis der Gerichte in Kindschaftssachen nicht gerade zu tatsächlichem und rechtlichem Vorbringen.[6] Verfahrensbeistände und Jugendämter werden lieber gehört als die betroffenen Eltern und Kinder. Ausführlicher, schriftlicher Sachvortrag der Eltern erfolgt eher in der Beschwerde(-erwiderung).

In schwierigeren Fällen dürften jedoch erst **rechtliche Ausführungen** dem Anliegen zum Erfolg verhelfen. Inhalt und Schranken der einfachrechtlichen Vorschriften gerade in Sorgerechts- und Umgangsrechtsfällen sind nur mit Kenntnis des Art. 6 GG und der dazu ergangenen verfassungsrechtlichen Rechtsprechung auszuloten. Dabei erlebt auch der kundige Familienrechtler immer wieder Überraschungen, die ihn veranlassen mögen, seine fundierten (Er-)Kenntnisse bereits im fachgerichtlichen Verfahren vorzutragen, um bereits hier eine verfassungsgemäße Entscheidung zu erzielen.[7] Zweifel daran, dass das Familiengericht die verfassungsrechtliche Bedeutung des Elternrechts erkennt und berücksichtigt, kann beispielsweise die Fragestellung an den Sachverständigen wecken.[8] Nachdem das Bundesverfassungsgericht[9] der Verfahrensbeistandschaft den „Ritterschlag" erteilt hat,[10] indem jetzt geklärt ist, dass Verfahrensbeistände (§ 158 FamFG) befugt sind, Verfassungsbeschwerde einzulegen und damit Rechte des Kindes auch im eigenen Namen geltend zu machen, ist die Anwaltschaft erst recht aufgefordert, das Feld nicht den juristischen Laien zu überlassen.   4

Es gehören Mut und Engagement dazu, sich im Interesse der betroffenen Kinder   5 der bestimmenden Rolle der „Helfer des Gerichts" zu widersetzen. Auch Verfahrensbeistände, Jugendämter und Sachverständige beschreiben und bewerten aber nur einen Ausschnitt aus der Lebenswirklichkeit der Familien auf dem Hintergrund ihrer eigenen Lebenserfahrung und Erkenntnisse. Es ist die Aufgabe der Gerichte, die Ergebnisse dieser Helfer mit Blick auf die Grundrechte der Beteiligten zu hinterfragen. Der Richter darf sich weder auf den Sachverständigen noch auf das Jugendamt „blind" verlassen.[11] Es ist Aufgabe der Anwaltschaft, Entscheidungen zu verhindern, die nicht nur einfachrechtlich und verfassungsrechtlich falsch sind, sondern die darüber hinaus eine abschreckende Wirkung

---

5 Zöller/Greger ZPO § 253 Rn. 12.
6 Aber: Wer nichts sagt, wird nicht gehört!
7 Zuck, FamRZ 2010, 1946 mwN (Kammerrechtsprechung der Jahre 2008–2010 sowie Verweisungen auf 2003–2007, zugleich eine Hommage an Bundesverfassungsrichterin a.D. Hohmann-Dennhardt, die diese Rechtsprechung wesentlich geprägt hat).
8 BVerfG FamRZ 2010, 713.
9 BVerfG FamRZ 2017, 524 ff.
10 Anm. Salgo FamRZ 2017, 531 zu BVerfG FamRZ 2017, 524 ff.
11 Heilmann, Zu den Auswirkungen der aktuellen Rechtsprechung des Bundesverfassungsgerichts auf die Praxis des Kinderschutzes, FamRZ 2015, 92; BVerfG FamRZ 2015, 112; BVerfG FamRZ 2014, 907 m. krit. Anm. Hammer FamRZ 2014, 1005 zur Sachverhaltsermittlung im fachgerichtlichen Eilverfahren.

entfalten können.[12] Erst wenn dieser „Kampf um's Recht"[13] in den fachgerichtlichen Verfahren verloren ist, kommt die Verfassungsbeschwerde zu den Landesverfassungsgerichten oder dem Bundesverfassungsgericht in Betracht. Es lohnt deshalb nicht nur wegen des Subsidiaritätsgrundsatzes und der notwendigen Rechtswegerschöpfung[14] bereits in den Vorinstanzen mit verfassungsrechtlichen Argumenten dem Auftrag aus § 1 BerufsO gerecht zu werden.

6   **3. Landesverfassungsrecht.** Auch die Länderverfassungen enthalten mehrheitlich Regelungen zum Schutz von Ehe, Familie und Kindern. Ist die Landesverfassungsbeschwerde insbesondere gegen gerichtliche Entscheidungen eröffnet,[15] ist mit der Verfassungsbeschwerde zum Landesverfassungsgericht die Verletzung des speziellen Landesverfassungsgrundrechts zu rügen. Eine nur auf die Verletzung des Grundgesetzes gestützte Rüge ist unzulässig, denn nur die in der jeweiligen Landesverfassung enthaltenen Rechte des Individuums sind Prüfungsmaßstab im (Landes-)Verfassungsbeschwerdeverfahren, nicht die Grundrechte des Grundgesetzes.[16]

7   Wenn die **Verfassungsbeschwerde zum Landesverfassungsgericht** erhoben werden soll, gilt nichts anderes als bei der Verfassungsbeschwerde zum Bundesverfassungsgericht: Der Rechtsweg zu den ordentlichen Gerichten muss erschöpft sein, wobei der Beschwerdeführer nicht nur alle statthaften Rechtsbehelfe eingelegt haben muss, sondern auch alle ihm bei den Fachgerichten zur Verfügung stehenden Möglichkeiten ergriffen haben muss, um eine Korrektur des geltend gemachten Verfassungsverstoßes durch die Fachgerichte zu erwirken oder eine Grundrechtsverletzung zu verhindern.[17] Darüber hinaus verlangt der Grundsatz der Subsidiarität der Verfassungsbeschwerde auch im landesverfassungsrechtlichen Verfahren die frühzeitige Rüge eines Verfassungsverstoßes im fachgerichtlichen Verfahren.[18] Wenn also im fachgerichtlichen Verfahren Grundrechtsverstöße drohen, hat der Rechtsanwalt diese möglichst frühzeitig zu rügen. Seine Rügen sollte er sowohl auf das Grundgesetz als auch auf die Landesgrundrechte stützen. Dies eröffnet den Weg zu den Verfassungsgerichten, aber vor allem verhindert es verfassungswidrige Entscheidungen der Instanzgerichte.[19]

8   Die Mehrzahl der Landesverfassungen enthält differenzierte Regelungen zum Schutz von Ehe, Familie und Kindern.[20] Es sollte für jeden Familienrechtler

---

12 BVerfG FamRZ 2006, 1593: „Hätte die angegriffene Entscheidung Bestand, so könnten Dritte vom Gebrauch ihres Elternrechts abgehalten werden." Es stünde zu besorgen, dass ausländische Eltern medizinische Hilfsangebote nicht mehr annehmen würden, wenn sie fürchten müssten, ihre Kinder dann nicht mehr zurückzuerhalten, weil sie hier eine soziale Familie gefunden haben.

13 Rudolf von Jhering, Der Kampf um's Recht, Wien, 1872.

14 BVerfG FamRZ 2009, 291.

15 ZB Art. 84 Abs. 2 Nr. 5 Verfassung von Berlin iVm §§ 14 Nr. 6, 49 ff. Gesetz über den Verfassungsgerichtshof.

16 VerfGH Berlin 30.8.2002 – 106A/02-Rn 22; st. Rspr; wie alle Entscheidungen des Berliner und des Brandenburgischen Verfassungsgerichtshofs abrufbar unter www.gerichtsentscheidungen.berlin-brandenburg.de.

17 VerfGH Berlin 23.10.2007 – 128A/07-Rn 5; st. Rspr.

18 VerfGH Berlin 19.2.2007 – 180A/06-Rn 19; st. Rspr; weniger streng: BVerfGE 112, 50, 60.

19 Zu den Zulässigkeitsvoraussetzungen einer Verfassungsbeschwerde im Land Berlin vgl. das vom Berliner Verfassungsgerichtshof auf seiner Internetseite herausgegebene „Merkblatt zur Verfassungsbeschwerde" www.berlin.de/sen/justiz/gerichte/lverfgh/grundlagen.html.

20 Vgl. Seiler in Bonner Kommentar zum Grundgesetz, 2014, GG Art. 6 Abs. 1 Rn. 31 (Texte).

selbstverständlich sein, die Verfassungsnormen des Familien- und Kinderschutzes des Bundeslandes, in dem er tätig ist, zu kennen und mit dieser Kenntnis auch die Instanzgerichte zu verblüffen. Darüber hinaus ist das angewandte Wissen um die Möglichkeit einer Landesverfassungsbeschwerde ebenfalls nicht von Nachteil.

Bayern: Art. 124–126; Berlin: Art. 12, 13; Brandenburg: Art. 26, 27; Bremen: **9** Art. 21–25; Hessen: Art. 4; Mecklenburg-Vorpommern: Art. 14; Nordrhein-Westfalen: Art. 5, 6; Rheinland-Pfalz: Art. 23–26; Saarland: Art. 22–25; Sachsen: Art. 22; Sachsen-Anhalt: Art. 11; Schleswig-Holstein: Art. 6 a; Thüringen: Art. 17–19.

4. Internationales Recht. Art. 8 EMRK schützt das Familienleben.[21] Die **EMRK** **10** und ihre Zusatzprotokolle sind völkerrechtliche Verträge, denen der Bundesgesetzgeber gem. Art. 59 Abs. 2 GG mit förmlichem Gesetz zugestimmt hat. Damit stehen die EMRK und die Zusatzprotokolle im Rang eines Bundesgesetzes. Deutsche Gerichte haben damit die Konvention wie anderes Gesetzesrecht des Bundes zu beachten und anzuwenden. Ihr kommt auch verfassungsrechtliche Bedeutung zu, da der Konventionstext und die Rechtsprechung des EGMR auf der Ebene des Verfassungsrechts als Auslegungshilfen für die Bestimmung von Inhalt und Reichweite von Grundrechten und rechtsstaatlichen Grundsätzen des Grundgesetzes dienen und das Bundesverfassungsgericht dazu berufen ist, Verletzungen des Völkerrechts nach Möglichkeit zu verhindern und zu beseitigen.[22] Ein Beschwerdeführer kann jedoch die Verletzung von Art. 8 EMRK nicht unmittelbar vor den Verfassungsgerichten mit der Verfassungsbeschwerde rügen.[23] Die Kenntnis und Anwendung der Rechtsprechung des EGMR dienen also im Verfahren der Auslegung des einfachen Rechts und des Verfassungsrechts. Dennoch entfalten die Urteile des EGMR nicht nur Wirkungen zwischen den unmittelbar am Verfahren Beteiligten. Sie wirken vielmehr mit ihrem Verständnis von Familie unmittelbar auf die deutsche Gesetzgebung wie Rechtsprechung ein[24]

II. Schutz von Ehe und Familie (Abs. 1)

1. Grundsätze. Art. 6 Abs. 1 GG ist ein klassisches Grundrecht zum Schutz der **11** spezifischen Privatsphäre von Ehe und Familie und eine Institutsgarantie. Er enthält eine Grundsatznorm, dh eine verbindliche Wertentscheidung für den gesamten Bereich des die Ehe und Familie betreffenden privaten und öffentlichen Rechts. Insoweit ist er den Gesetzgeber aktuell bindendes Verfassungsrecht, als er eine Beeinträchtigung von Ehe und Familie durch störende Eingriffe des Staates verbietet.[25] Die Generalnorm enthält ein Schutzgebot, das weder durch einen Gesetzesvorbehalt, noch auf andere Weise beschränkt ist.[26]

---

21 Pintens, Familienrecht und Rechtsvergleichung in der Rechtsprechung des Europäischen Gerichtshofes für Menschenrechte, FamRZ 2016, 341.
22 BVerfG 19.5.2015 – 2 BvR 1170/14, FamRZ 2015, 1263.
23 BVerfG FamRZ 2009, 291 (293).
24 Löhning/Preisner, Zur Reichweite des Einflusses der Rechtsprechung des EuGHMR auf das deutsche Kindschaftsrecht, FamRZ 2012, 489; BVerfG FamRZ 2006, 1661 nachfolgend EGMR FamRZ 2011,1715; Jarass, Das Grundrecht auf Achtung des Familienlebens, FamRZ 2012, 1181.
25 BVerfGE 6, 55 Ls. 5.
26 BVerfGE 24, 119.

12 Der Einzelne kann aus Art. 6 Abs. 1 GG ein Abwehrrecht gegen störende und schädigende Eingriffe des Staates in seine Ehe und Familie herleiten.[27] Die Norm stellt damit ein zentrales Freiheitsrecht dar, das die Familienmitglieder berechtigt, ihre Gemeinschaft nach innen in familiärer Verantwortlichkeit und Rücksicht frei zu gestalten.[28] Hieraus folgt aber auch ein striktes **Neutralitätsgebot des Staates**, das ihm jede unmittelbare und mittelbare Steuerung der rein familieninternen Aufteilung von Familienarbeit und Erwerbstätigkeit untersagt.[29]

13 Auch enthält Art. 6 Abs. 1 GG einen **besonderen Gleichheitssatz**. Er verbietet, Ehe und Familie gegenüber anderen Lebens- und Erziehungsgemeinschaften oder gegenüber Kinderlosen schlechter zu stellen. Dieses Benachteiligungsverbot steht jeder belastenden Differenzierung entgegen, die an die Existenz einer Ehe oder die Wahrnehmung des Elternrechts in ehelicher Erziehungsgemeinschaft anknüpft.[30] Der Grundgesetzgeber hatte die traditionelle Form des Zusammenlebens in Familien, nämlich die durch Ehe gestiftete und mit Kindern bereicherte Gemeinschaft[31] vor Augen. Diese hat er zu schützen und zu fördern. Aber auch dort, wo es um das Zusammenleben mit Kindern und deren Schutz und Wohlergehen geht, also dort, wo die traditionelle Ehe fehlt oder zerbrochen ist, ist der Kernbereich des Art. 6 Abs. 1 GG unmittelbar berührt und der Staat zum Schutz und zur Förderung aufgerufen. Dagegen hat der Staat zwar die Vielfalt neuer Formen des Zusammenlebens zu respektieren, es besteht aber keine Verpflichtung, diese Gemeinschaften zu fördern oder sie der Ehe und Familie verfassungsrechtlich gleichzustellen.

14 Art. 6 Abs. 1 GG enthält die Verpflichtung des Staates, **Ehe und Familie** durch geeignete Maßnahmen **zu fördern**.[32] Unmittelbare Ansprüche auf staatliche Leistungen erwachsen daraus allerdings nicht, die staatliche Familienförderung steht immer unter dem Vorbehalt des Möglichen.[33] So begründet Art. 6 Abs. 1 GG beispielsweise nicht die Pflicht des Gesetzgebers, die Entstehung einer Familie durch medizinische Maßnahmen der künstlichen Befruchtung mit den Mitteln der gesetzlichen Krankenversicherung zu fördern.[34] Der (bayrische) Landesgesetzgeber ist verfassungsrechtlich nicht verpflichtet, eine familienfördernde Leistung in Form eines Erziehungsgeldes zu gewähren.[35] Das Bundeselterngeld- und Elternzeitgesetz (BEEG) ist eine Maßnahme zur Familienförderung, schafft zugleich aber durch die „Vätermonate" einen Erwerbsanreiz für Mütter. Dagegen hat das Bundesverfassungsgericht zum Bundesbetreuungsgeldgesetz vom 15.2.2013 in seinem Urteil vom 21.7.2015 noch einmal betont, dass sich aus Art. 6 Abs. 1 und 2 GG, dem verfassungsrechtlichen Gebot auf Unterstützung der Pflege- und Erziehungsleistungen der Eltern, keine konkreten Ansprüche auf bestimmte staatliche Leistungen herleiten lassen. Bundes- und Landesgesetzgeber sind nicht verpflichtet, ein Betreuungsgeld zu gewähren. Auch Gleichheitsgründe gebieten dieses nicht. Das Angebot öffentlich geförderter Kinderbetreu-

---

27 BVerfGE 6, 386 Ls. 1.
28 BVerfGE 80, 81.
29 Seiler, FamRZ 2006, 1717.
30 BVerfGE 99, 216 Ls. 1.
31 Di Fabio, Der Schutz von Ehe und Familie, NJW 2003, 993 (997).
32 BVerfGE 6, 55 zur Ehegattenzusammenveranlagung.
33 BVerfG FamRZ 2011, 1209 zum Elterngeld (Pflicht des Staates zur Förderung der Eigenbetreuung von Kindern); BVerfG 2012, 91 zum Elterngeld.
34 BVerfG FamRZ 2009, 761.
35 BVerfG 7.2.2012 – 1 BvL 14/07, NJW 2012, 1711.

ung steht allen Eltern offen. Ein Verzicht der Eltern löst keine verfassungsrecht-liche Kompensationspflicht aus.[36]

Die Schutzfunktion umfasst aber positiv, die Familie vor Beeinträchtigungen durch Dritte zu schützen.

Über das **Verhältnis verschiedener Ehen** oder der Eheleute selbst zueinander sagt 15 Art. 6 GG nichts. Einander nachfolgende Ehen sind verfassungsrechtlich gleich-rangig und gleichwertig geschützt.[37]

2. Ehe. Der Schutz der Ehe setzt eine nach den Vorschriften des BGB 16 (§§ 1310 ff.) unter Mitwirkung des Staates in Person des Standesbeamten (**Zivil-ehe**) geschlossene Ehe voraus (siehe im Einzelnen die Kommentierung zu §§ 1310 ff.). Die Ehe hat das Bundesverfassungsgericht als „die Vereinigung ei-nes Mannes und einer Frau zur grundsätzlich unauflöslichen Lebensgemein-schaft" definiert[38] und daran seit dem Jahr 1959 trotz erheblicher gesellschaftli-cher Veränderungen festgehalten.[39] Allerdings konstatierte auch das Bundesver-fassungsgericht,[40] dass die familienrechtlichen Institute der Ehe und der Lebens-partnerschaft in vergleichbarer Weise rechtlich verbindlich verfasste Lebensfor-men darstellen. Strukturmerkmal der Ehe waren die grundsätzliche Unauflös-lichkeit und die Verschiedengeschlechtlichkeit. Am 30.6.2017 hat der Deutsche Bundestag mit 393 Abgeordneten bei 623 abgegebenen Stimmen das „Gesetz zur Einführung des Rechts auf Eheschließung für Personen gleichen Ge-schlechts" beschlossen.[41] Die Ehe wird ab 1.10.2017 von zwei Personen ver-schiedenen oder gleichen Geschlechts auf Lebenszeit geschlossen (→ § 1353 Rn. 1 ff.).

Ob dieses Gesetz bleibt, oder ob für die Einführung der „**Ehe für alle**" eine Grundgesetzänderung mit einer Zweidrittelmehrheit erforderlich wäre und das beschlossene Gesetz somit verfassungswidrig ist, wird das Bundesverfassungs-gericht zu klären haben – wenn es denn die Gelegenheit dazu erhält. Bayern prüft eine Klage. Nachdem das Bundesverfassungsgericht sich in den letzten Jahren immer wieder als Motor zur Gleichstellung der Lebenspartnerschaft er-wiesen hat, und das Grundgesetz selber keine Definition der Ehe enthält, dürf-ten die Chancen für eine erfolgreiche Verfassungsklage nur mäßig sein.

Die **nichteheliche Lebensgemeinschaft** ist nicht durch Art. 6 Abs. 1 GG ge- 17 schützt, was sich eigentlich bereits aus der oben wiedergegebenen Definition der Ehe ergibt, jedoch in der Literatur[42] immer wieder in Frage gestellt worden ist. Die Ehe ist definiert als Lebensgemeinschaft zwischen Mann und Frau (jetzt: zwei Personen gleichen oder verschiedenen Geschlechts, → Rn. 16), die auf Dauer angelegt ist, daneben keine weitere Lebensgemeinschaft weiterer Art zu-lässt und sich durch innere Bindungen auszeichnet, die gegenseitiges Eintreten füreinander begründen, also über die Beziehungen in einer reinen Haushalts- und Wirtschaftsgemeinschaft hinausgehen (Verantwortungs- und Einstehensge-

---

36 BVerfG FamRZ 2015, 1459 (1461) mAnm Ueppermann-Wittzack, 1465.
37 BVerfG FamRZ 2011, 437 mAnm Borth, unter Hinweis auf BVerfGE 108, 351; Bruder-müller/Götz NJW 2011, 801.
38 BVerfGE 10, 59, 66.
39 Kritisch Zuck, NJW 2009, 1449; Dethloff, FamRZ 2016, 353.
40 BVerfG FamRZ 2013, 1103 (1105).
41 BGBl. 2017 I 2787.
42 Nachweise bei Palandt/Brudermüller Vor § 1297 Rn. 10.

meinschaft).[43] Der Begriff der Ehe kann nicht in dem Sinne erweiternd ausgelegt werden, dass er auch nichteheliche Lebensgemeinschaften umfasst.[44] Schwab[45] weist auf die wesentlichen Unterschiede zwischen einer Ehe und einer nichtehelichen Lebensgemeinschaft hin: Der Unterschied liege darin, dass die **eheliche Solidarität** rechtlich eingefordert werden könne, und zwar auch noch nach dem Scheitern der Ehe und auch unabhängig von dem Willen der Eheleute, während sie in einer nichtehelichen Lebensgemeinschaft jederzeit einseitig beendet werden könne.

18   Die **Rechte und Pflichten**, die sich aus der Ehe ergeben, sind gesetzlich in allen Lebensbereichen, nicht nur hinsichtlich der Rechtsbeziehungen untereinander, sondern auch gegenüber Dritten und dem Staat geregelt. Die Lebensgefährten[46] können ihre wechselseitigen Rechte und Pflichten vertraglich regeln. Im Übrigen ist es Sache des Gesetzgebers, durch einfachrechtliche Regelungen die nichteheliche Lebensgemeinschaft zu schützen und ggf. in einzelnen Bereichen den rechtlichen Ausgestaltungen für die Ehe anzunähern oder gleichzustellen. Auch ist es Sache der Rechtsprechung, im Rahmen der Verhältnismäßigkeit und unter Beachtung des Gleichheitssatzes für Entscheidungen zu sorgen, die dem gesellschaftlichen Wandel und der Vielfalt der Lebensformen Rechnung tragen und den Schutz der Art. 2, 3 GG auch für Lebensgefährten gewährleistet.[47]

19   So ist die Beschränkung der Leistungen der gesetzlichen Krankenversicherung für **künstliche Befruchtung** auf Ehepaare verfassungsmäßig.[48] Es ist dem Gesetzgeber nicht verwehrt, die Ehe gegenüber anderen Lebensformen und insbesondere gegenüber der nichtehelichen Lebensgemeinschaft zu begünstigen. Deshalb verstehen die deutschen Gesetze unter „Witwe" nur die Überlebende einer zivilrechtlich wirksam geschlossenen Ehe. Die Hinterbliebene einer nichtehelichen Lebensgemeinschaft hat keinen Anspruch auf Hinterbliebenenversorgung,[49] die Mutter eines minderjährigen Kindes keinen Anspruch auf Erziehungsrente nach dem Tod ihres Lebenspartners.[50]

20   Mit dem am 30.6.2017 vom Deutschen Bundestag verabschiedeten Gesetz zur „Ehe für alle"[51] ist die **eingetragene Lebenspartnerschaft** demnächst (Rechts-)Geschichte. Neue Lebenspartnerschaften können nicht mehr begründet werden. Bestehende können in eine Ehe umgewandelt werden (→ LPartG § 20 a Rn. 1 ff.). Die Lebenspartnerschaft war keine Ehe und stand nicht unter dem Schutz des Art. 6 Abs. 1 GG. Eingetragene Lebenspartnerschaften waren keine Konkurrenz, sondern ein **Aliud zur Ehe**.[52]

43   BVerfG NJW 1993, 643 (645).
44   BVerfG FamRZ 2005, 590 (592) mwN.
45   Schwab, FamRZ 2007, 1 (3).
46   Terminologisch: im Unterschied zu den Lebenspartnern einer eingetragenen Lebenspartnerschaft.
47   Vgl. die Auflistung Palandt/Brudermüller Vor § 1297 Rn. 12; hier liegt ein weites Betätigungsfeld für kenntnisreiche und fantasievolle anwaltliche Tätigkeit, denn Gerichte entscheiden über das, was ihnen vorgetragen wird, und zwar auch in Verfahren mit Amtsermittlung!
48   BVerfG FamRZ 2007, 529.
49   BVerfG NJW 2011, 1663 zu § 46 SGB VI.
50   LSG Sachsen-Anhalt NZFam 2016, 1056.
51   BGBl. 2017 I 2787.
52   Grundlegend BVerfG FamRZ 2002, 1169 (1171).

Die **Scheinehe** steht nicht unter dem Schutz von Art. 6 Abs. 1 GG. Sie ist in 21
§ 1314 Abs. 2 Nr. 5 beschrieben. Es handelt sich um Ehegatten, die sich bei der
Eheschließung darüber einig waren, dass sie keine Verpflichtung gem. § 1353
Abs. 1, insbesondere keine eheliche Lebensgemeinschaft, begründen wollen. Es
ist Sache der Ehegatten, Zweifel am tatsächlich bestehenden Willen zur ehelichen Lebensgemeinschaft auszuräumen.[53]

Dagegen steht die „hinkende Ehe", eine nach ausländischem Recht wirksam,   22
nach deutschem Recht unwirksam geschlossene Ehe, unter dem Schutz des
Art. 6 Abs. 1 GG. Im Unterschied zur nichtehelichen Lebensgemeinschaft ist in
diesen Fällen eine Ehe gewollt und geschlossen.[54]

Art. 6 Abs. 1 GG schützt die **Eheschließungsfreiheit.** Das Grundrecht gewähr- 23
leistet jedem die Freiheit, die Ehe mit einem selbstgewählten Partner einzugehen.[55] Diese Freiheit und das daraus erwachsende Recht zur Abwehr staatlicher
Behinderungen gilt sowohl für Ausländer als auch für Staatenlose. Es entspricht
internationaler Rechtsüberzeugung, dass die Freiheit zur Eheschließung zu den
wesentlichen Menschenrechten gehört, und dafür nicht die allgemeinen Schranken, wie sie Art. 2 GG für die Handlungsfreiheit normiert, anwendbar sind. Dieses ist heute eine Selbstverständlichkeit, an der sich aus erbrechtlichen Gründen
nur noch der Hochadel gelegentlich stört.[56] Das Bundesverfassungsgericht hat
in seiner Entscheidung vom 22.3.2004 der Ebenbürtigkeitsklausel eine Absage
erteilt, da diese nicht mehr als zeitgemäß angesehen wird. Einen generellen Verstoß von Heiratsklauseln adeliger Häuser gegen die Eheschließungsfreiheit des
Art. 6 Abs. 1 GG hat das Gericht in dieser Entscheidung jedoch ausdrücklich offen gelassen.[57]

Die Eheschließungsfreiheit umfasst die **freie Wahl des Ehepartners und des Zeit-** 24
punkts der Eheschließung, die **Namenswahl,**[58] die Ausgestaltung der Ehe bis zur
Scheidung einschließlich der Wahl des Wohnorts und des jeweiligen Ehemodells
(Hausfrauenehe, Doppelverdienerehe, kinderlose oder kinderreiche Ehe) und
damit der Aufgabenverteilung in der Ehe. Auch die Folgewirkungen der Ehe bei
Trennung und Scheidung oder Tod unterfallen dem Schutz des Art. 6 Abs. 1 GG.
So kann die Nichtanerkennung einer im Ausland erfolgten Ehescheidung gegen
Art. 6 GG verstoßen, denn dem Ehemann ist damit die Freiheit genommen, eine
neue Ehe einzugehen.[59] Dabei umfasst Art. 6 Abs. 1 GG auch das Recht der
Ehegatten, Eheverträge zur Regelung ihrer höchstpersönlichen Beziehungen für
die Dauer der Ehe oder danach zu schließen. Es steht ihnen frei, ihre jeweilige
Gemeinschaft nach innen in ehelicher und familiärer Verantwortung und Rücksicht frei zu gestalten.[60] Dabei hat der Staat das Recht, der Freiheit der Ehegatten zur Regelung ihrer Verhältnisse in Eheverträgen dort Grenzen zu setzen, wo
der Vertrag nicht Ausdruck und Ergebnis gleichberechtigter Partnerschaft ist,
sondern auf der einseitigen Dominanz eines Ehepartners beruht. Die Ehe-

---

53 BVerfG FamRZ 2003, 1000; BVerfGE 76, 1.
54 BVerfGE 62, 323.
55 BVerfGE 31, 58.
56 Zuletzt BVerfG FamRZ 2004, 765 ff. mAnm Staudinger zur sogenannten Ebenbürtig-
    keitsklausel.
57 BVerfG FamRZ 2004, 768.
58 BVerfG FamRZ 2009, 939 (943).
59 BVerfG FamRZ 2007, 615.
60 BVerfGE 80, 81 (92); BVerfG FamRZ 2002, 527 zur Gleichwertigkeit von Familien- und
    Erwerbsarbeit.

schließungsfreiheit rechtfertigt nicht die Freiheit zu unbegrenzter Ehevertragsgestaltung und insbesondere nicht eine einseitige ehevertragliche Lastenverteilung.[61]

25 Die Freiheit, **keine Ehe** einzugehen, schützt dagegen Art. 2 Abs. 1 GG und nicht Art. 6 Abs. 1 GG.

26 **3. Familie.** „Familie ist, wo Kinder sind", so die heute nahezu unumstrittene politische und gesellschaftspolitische Meinung. Das Bundesverfassungsgericht begreift die Familie als Lebens- und Erziehungsgemeinschaft. Die Familie als verantwortliche Elternschaft wird von der prinzipiellen Schutzbedürftigkeit des heranwachsenden Kindes bestimmt.[62] Auch die **sozial-familiäre Beziehung** steht unter dem Schutz des Art. 6 Abs. 1 GG.[63] Der gesellschaftliche Wandel und ihm folgend (und gelegentlich vorauseilend) Rechtsetzung und Rechtsprechung beeinflussen das Verständnis von der grundgesetzlich geschützten Familie. War bei Inkrafttreten des Grundgesetzes die durch die Ehe begründete Familie der allein legitimierte Ort für die Aufzucht und das Zusammenleben mit Kindern, so wachsen diese heute in allen erdenklichen Lebensformen auf.[64] Diesem Umstand hat das Bundesverfassungsgericht in seinen Entscheidungen im Einzelfall Rechnung getragen, ohne allerdings den Familienbegriff abschließend zu definieren. Dem EGMR folgend, dass das Familienleben im Sinne des Art. 8 EMRK zumindest auch nahe Verwandte, zB Großeltern und Enkel umfasst, sind die Gerichte verpflichtet, bei der Auswahl eines Vormunds bestehende Familienbande zwischen Großeltern und Enkeln zu beachten.[65]

In seinen Entscheidungen zur Sukzessivadoption und zum Ehegattensplitting[66] hat sich das Bundesverfassungsgericht erneut mit dem Familienbegriff und der Reichweite des Art. 6 Abs. 1 GG befasst. Der Grundrechtsschutz setzt den Bestand rechtlicher Verwandtschaft nicht voraus, geschützt sind auch Familiengemeinschaften im weiteren Sinne, wie zB die Pflegefamilie und die Stieffamilie, die als „soziale Familie" vom Bestehen rechtlicher Elternschaft unabhängig sind. Damit ist auch eine aus gleichgeschlechtlichen Lebenspartnern und einem Kind bestehende, dauerhaft angelegte, sozial-familiäre Gemeinschaft, eine Familie im verfassungsrechtlichen Sinne.[67] Sie ist geeignet, Voraussetzung für die Begründung von Elternschaft zu sein.[68]

27 Der Schutz der Familie umfasst die **Freiheit der Familiengründung** sowie die Freiheit, die Belange der Familie nach innen und untereinander zu regeln. Dem Art. 6 Abs. 1 GG unterliegt jedoch nicht das Verhältnis der Familienmitglieder untereinander. So sind Geschwisterbeziehungen nicht nach Art. 6 Abs. 1 GG geschützt, selbstverständlich aber das Zusammenleben eines Elternteils mit einem Kind.[69] Dem Vater von nichtehelich geborenen Zwillingen, deren Mutter ge-

---

61 BVerfG FamRZ 2001, 343 (345): Grundsatzentscheidung zur Inhaltskontrolle von Eheverträgen.
62 BVerfGE 80, 81.
63 BVerfG FamRZ 2003, 816 (hier die Beziehung des biologischen, aber nicht rechtlichen Vaters zu seinem Kind).
64 Dazu ausführlich und kritisch: Schwab FamRZ 2007, 1.
65 BVerfG FamRZ 2009, 291 (293); zur Entwicklung des verfassungsrechtlichen Familienbegriffs: Otte, FamRZ 2013, 585.
66 BVerfG FamRZ 2013, 521 und FamRZ 2013, 1103.
67 BVerfG FamRZ 2013, 521 (525).
68 BVerfG FamRZ 2013, 1103 (1105).
69 BFHE 228, 480.

waltsam ums Leben gekommen ist, steht unter dem Gesichtspunkt des Familienschutzes eine Rente nach dem Opferentschädigungsgesetz zu.[70] Für die Anerkennung einer **Pflegefamilie** kommt es auf die Intensität der zwischen Kind und Pflegeeltern gewachsenen Bindung als Folge eines länger andauernden Pflegeverhältnisses an.[71] Allerdings hat das Bundesverfassungsgericht der Generationen-Großfamilie den Schutz des Art. 6 Abs. 1 GG grundsätzlich verweigert.[72]

4. Ausgesuchte neuere Entscheidungen. a) Ausländerrecht. Der Schutz von Ehe 28 und Familie hat eine hohe Bedeutung für die gesetzliche Regelung und die Rechtsprechung zum Nachzug für **ausländische Ehegatten**. Weder Art. 6 GG noch Art. 8 EMRK begründen einen grundrechtlichen Anspruch von ausländischen Ehegatten oder Familienangehörigen auf Nachzug zu ihren berechtigterweise in der Bundesrepublik Deutschland lebenden Ehegatten oder Familienangehörigen. Der staatlichen Schutzpflicht entspricht jedoch ein Anspruch darauf, dass die zuständigen Behörden und Gerichte bei ausländerrechtlichen Entscheidungen die bestehenden ehelichen und familiären Bindungen an hier lebende Personen in einer Weise berücksichtigen, die der Bedeutung des Art. 6 GG gerecht wird.[73] Dabei ist das öffentliche Interesse an der Einschränkung von Zwangsehen ebenso zulässig wie die Verbesserung der Integrationsvoraussetzungen nachziehender Ehegatten.[74] Dabei verfolgt die Obliegenheit zum Erwerb einfacher Kenntnisse der deutschen Sprache ein legitimes Ziel, indem sie die Integration von Ausländern fördern und Zwangsehen verhindern soll. Entscheidend ist die tatsächliche Verbundenheit zwischen den Familienmitgliedern, ohne dass es darauf ankommt, dass diese eine Haushaltsgemeinschaft bilden, wobei keine überzogenen Anforderungen an die Intensität des familiären Kontakts gestellt werden dürfen. Auf die nach früherer Rechtsprechung erforderlichen Beistandsleistungen, deren Fehlen familiäre Kontakte zur reinen Begegnungsgemeinschaft (ab-)qualifizierte, kommt es nach der aktuellen Rechtsprechung nicht mehr an. Erfüllt die Familie im Kern die Funktion einer **Beistandsgemeinschaft**, so drängt die Pflicht des Staates, die Familie zu schützen, regelmäßig einwanderungspolitische Belange zurück.[75]

In der grundlegenden Entscheidung zur Klärung des Schutzumfangs des Art. 6 29 Abs. 1 GG[76] hatte das Bundesverfassungsgericht 20 Jahre zuvor betreffend die **Erwachsenenadoption** eines Ausländers und dessen Aufenthaltsrecht judiziert, dass sich die Lebensgemeinschaft zwischen Eltern und volljährigen Kindern zur Hausgemeinschaft und bei Auflösung der Hausgemeinschaft zur bloßen Begegnungsgemeinschaft, die nicht mehr dem Schutz des Art. 6 Abs. 1 GG untersteht, wandeln kann. Etwas anderes sollte nach dieser Entscheidung gelten, wenn tatsächlich zwischen Eltern und volljährigem Adoptivkind eine Beistandsgemeinschaft besteht. Eine solche wiederum unter den Schutz fallende Gemeinschaft besteht dann, wenn eines der Familienmitglieder auf Lebenshilfe des anderen angewiesen ist, die nur in Deutschland erbracht werden kann.

---

70 BVerfG FamRZ 2005, 590.
71 BVerfGE 68, 176, 189; BVerfG FamRZ 2000, 1489.
72 BVerfGE 48, 327, 329.
73 BVerfGE 76, 1; BVerfG FamRZ 2016, 1341.
74 Hailbronner, Neuregelung des Ehegattennachzugs, FamRZ 2008, 1583 (1586); BVerfG 2012, 189.
75 BVerfGK 14, 458; BVerfG FamRZ 2009, 579; 2011, 1133: keine Abschiebung bei pflegebedürftiger Ehefrau.
76 BVerfGE 80, 81.

30 Art. 6 Abs. 1 GG verpflichtet die Ausländerbehörde, bei der Entscheidung über das **Aufenthaltsbegehren eines Ausländers die familiären Bindungen** an im Bundesgebiet lebende Personen angemessen zu berücksichtigen. Entscheidend ist hierbei die persönliche Verbundenheit der Familienmitglieder, auch wenn keine Lebensgemeinschaft besteht, sowie das Recht des Kindes auf persönlichen Umgang mit dem Vater.[77] Die Pflicht des Staates zum Schutz der Familie verdrängt regelmäßig einwanderungspolitische Belange. Es kommt nicht darauf an, dass die tatsächlich erbrachte Lebenshilfe auch von anderen Personen erbracht werden kann.[78] Der spezifische Erziehungsbeitrag des Vaters wird auch nicht durch Betreuungsleistungen der Mutter oder dritter Personen entbehrlich.[79]

31 Die in Art. 6 Abs. 1 GG enthaltene wertentscheidende Grundsatznorm, nach welcher der Staat die Familie zu schützen und zu fördern hat, verpflichtet die Ausländerbehörde, bei der Entscheidung über aufenthaltsbeendende Maßnahmen die familiären Bindungen des Ausländers zu berücksichtigen. Dabei verbietet es das Diskriminierungsverbot des Abs. 1, ein Aufenthaltsrecht allein deshalb zu versagen, weil eine geschützte eheliche Lebensgemeinschaft besteht. Hierfür kann es keinen Rechtfertigungsgrund geben.[80]

Bei Rückführungen von Ausländern in sichere Drittstaaten hat die rückführende Behörde angesichts der berührten hochrangigen Grundrechte aus Art. 2 Abs. 2 S. 1 GG und Art. 6 Abs. 1 GG und der bei der Durchführung von Überstellungen nach dem Dublin-System vorrangig zu berücksichtigenden Gesichtspunkte der uneingeschränkten Achtung des Grundsatzes der Einheit der Familie und der Gewährleistung des Kindeswohls jedenfalls bei der Abschiebung von Familien mit neugeborenen und Kleinstkindern bis zum Alter von drei Jahren in Abstimmung mit den Behörden des Zielstaates sicherzustellen, dass die Familie bei der Übergabe an diese eine gesicherte Unterkunft erhält, um erhebliche konkrete Gesundheitsgefahren für diese in besonderem Maße auf ihre Eltern angewiesenen Kinder auszuschließen.[81]

32 **b) Steuerrecht.** Der Schutz- und Förderungspflicht von Ehe und Familie kommt der Staat in wirtschaftlicher Hinsicht insbesondere durch Regelungen im **Einkommensteuergesetz** nach. Eine ganz wesentliche Förderung der Ehe liegt in dem System des **Ehegattensplittings** (§§ 26 Abs. 1, 26 b EStG), das nach der Entscheidung des Bundesverfassungsgerichts vom 7.5.2013[82] auch der eingetragenen Lebenspartnerschaft zugutekommt. Danach werden die Einkünfte der Ehegatten/Lebenspartner zusammengerechnet und jeweils nur nach der Hälfte des Gesamteinkommens besteuert, was zu einer geringeren **Steuerprogression** führt.

33 Damit trägt das **System der Ehegattenbesteuerung** vermeintlich auch dem Gleichheitsgrundsatz Rechnung. Allerdings knüpft das Steuerrecht an geschlechtsbezogene Erwerbsmuster und Arbeitsmarktstrukturen sowie an die traditionelle familiäre Rollenverteilung an und verfestigt damit bestehende Benach-

---

77 BVerfG FamRZ 2006, 187; EGMR InfAuslR 2010, 89; BVerfG FamRZ 2011, 384.
78 BVerfG FamRZ 2011, 1133.
79 BVerfG FamRZ 2006, 925.
80 BVerfGK 11, 179: Im Falle der Aufgabe seiner Ehe hätte der Beschwerdeführer Anspruch auf einen Aufenthaltstitel, bei Fortbestehen der Ehe nicht, so die Vorinstanzen.
81 BVerfG 17.9.2014 – 2 BvR 732/14, AuAS 2014, 244, sowie drei weitere Entscheidungen hierzu v. 17.9.2014; BVerfG 27.5.2015 – 2 BvR 3024/14 ua, BayVBl 2015, 744.
82 BVerfG FamRZ 2013, 1103.

teilungen der Frauen.[83] Den größten Vorteil aus dem Ehegattensplitting zieht die Einverdienerehe/-eingetragene Lebenspartnerschaft. Damit lohnt sich die Berufstätigkeit der verheirateten Frau erst dann, wenn der Splittingvorteil durch ihr eigenes Erwerbseinkommen ausgeglichen wird. Das Ehegattensplitting verfestigt die Hausfrauen- oder Hinzuverdienerehe oder -lebenspartnerschaft. Dies erweist sich aber spätestens bei Scheitern der Ehe/eingetragenen Lebenspartnerschaft als eine existentielle Falle für (nicht erwerbstätige, geringfügig beschäftigte, hinzuverdienende) Ehefrauen/Lebenspartner, die nicht erst seit der Unterhaltsrechtsreform von 2008 auf die eigene Erwerbstätigkeit verwiesen werden. Es ist deshalb jetzt erst recht Aufgabe des Gesetzgebers, jedenfalls durch **Abschaffung des Ehegattensplittings** die negativen Erwerbsanreize zu beseitigen.[84]

Der Gesetzgeber hat einen weiten Spielraum zur steuerlichen Förderung der Familie. Er kann anstelle des Ehegattensplittings ein **Familiensplitting** beschließen, das allein auf die Förderung einer kindererziehenden Gemeinschaft setzt. Dabei wäre zu klären, ob ein **Familiensplitting auch für nicht verheiratete Eltern** dem Benachteiligungsverbot des Art. 6 Abs. 1 GG für die traditionelle, auf Ehe begründete Familie widerspricht. Auch die grundsätzliche Frage, ob die **Familienförderung** überhaupt **durch das Steuerrecht** erfolgen soll und kann, ist nicht beantwortet. — 34

Art. 6 GG iVm Art. 3 GG gebietet es, die Aufwendungen für **doppelte Haushaltsführung** zu berücksichtigen, soweit es sich um zwangsläufigen Mehraufwand beiderseits berufstätiger Eheleute handelt, die an dem Beschäftigungsort des einen Ehegatten einen gemeinsamen Wohnsitz unterhalten, wenn ein weiterer Wohnsitz durch den Beschäftigungsort des anderen veranlasst ist. Dabei kommt es unter Berücksichtigung des **Schutzes der privaten Lebensgestaltung durch Art. 6 GG** nicht darauf an, aus welchen Gründen der andere Ehegatte von seiner Berufsfreiheit Gebrauch macht und einen anderen Beschäftigungsort wählt.[85] — 35

Dementsprechend verstößt auch die Erhebung einer **Zweitwohnungssteuer** für einen nicht dauernd getrennt lebenden Ehegatten, dessen eheliche Wohnung sich in einer anderen Gemeinde befindet, gegen Art. 6 Abs. 1 GG, wenn er die Zweitwohnung aus beruflichen Gründen unterhält.[86]Andererseits erlaubt der besondere Schutz von Ehe und Familie es, bei der Zweitwohnungssteuererhebung verheiratete, nicht dauernd getrenntlebende Ehegatten im Verhältnis zu ungebundenen Partnerbeziehungen durch Ausnahme von der Steuerpflicht besserzustellen.[87] — 36

Die **Steuerfreiheit des Existenzminimums** erstreckt sich auf alle Familienmitglieder. Auch der Betreuungsbedarf der Kinder ist als Bestandteil des **Familienexistenzminimums** zu verschonen, wobei nicht unterschieden werden darf, in wel- — 37

---

83 Maurer/Spangenberg, Der Grundsatz der Gleichberechtigung von Frauen und Männern im Einkommensteuerrecht, djbZ 2009, 102.

84 Hierzu bedarf es der erforderlichen Mehrheiten in Bundestag und Bundesrat. Diese zu gewinnen dürfte eine Aufgabe der nächsten Jahrzehnte sein, nachdem zuletzt die Grünen im Bundestagswahlkampf 2013 wegen ihrer Forderung nach Abschaffung des Ehegattensplittings schlecht abgeschnitten haben. Überblick über die Problemlage: Scherff, FAZ.net, 1.2.2016; Lott, Geld und Macht in Paarbeziehungen, NZFam 2015, 200 (203).

85 BVerfG FamRZ 2003, 826.

86 BVerfG FamRZ 2005, 2047.

87 BVerfG FamRZ 2017, 666 ff.

cher Weise das Kind betreut wird. Art. 6 Abs. 1 GG verbietet es, Eltern und allein erziehende Elternteile gegenüber Kinderlosen zu benachteiligen, und er gebietet, die durch erwerbsbedingte Kinderbetreuungskosten entstandene tatsächliche Minderung der finanziellen Leistungsfähigkeit zu berücksichtigen.[88] So sind die Kinderbetreuungskosten als zwangsläufige Aufwendungen der grundgesetzlich geschützten privaten Lebensführung abziehbar, dem Gesetzgeber allerdings bleibt insoweit ein Spielraum zur Berücksichtigung von Kinderbetreuungskosten, als eine Pauschalierung tatsächlich entstandener Kosten ebenso möglich ist wie eine Beschränkung der Höhe nach (vgl. § 9 c EStG).

38 Nur sekundäre steuerliche Funktion hat als eine der unmittelbar bemerkbaren Unterstützungsleistungen des Staates für Familien und Alleinerziehende das **staatliche Kindergeld.** Steuerrechtlich ist dieses nur eine monatliche Vorauszahlung auf eine Steuervergütung unter Berücksichtigung des Familienexistenzminimums. Entscheidend für die Frage, ob dieses steuerfrei bleibt, ist die Höhe des Kinderfreibetrages.

39 Die leistungsmindernde **Anrechnung von Kindergeld auf Sozialgeld** ist verfassungsgemäß. Das Grundrecht auf Gewährleistung eines menschenwürdigen Existenzminimums ist nicht verletzt, denn der Hilfsbedürftige erhält durch das Kindergeld und das gekürzte Sozialgeld staatliche Leistungen in gesetzlich bestimmter Höhe. Der Gesetzgeber ist nicht verpflichtet, auch demjenigen Steuervergünstigungen zu gewähren, der kein zu versteuerndes Einkommen erzielt (vgl. § 2 Abs. 2 UVG).[89]

40 Der Gesetzgeber ist verpflichtet, bei der Besteuerung einer Familie das **Existenzminimum sämtlicher Familienmitglieder** freizulassen. Er ist aber nicht verpflichtet, mehr als das Existenzminimum oder das Existenzminimum mehrfach freizustellen. So gebietet Art. 6 Abs. 1 GG nicht die Gewährung des Kindergeldes, wenn der Grenzbetrag – und sei es auch nur ganz geringfügig – überschritten ist.[90]

41 Das Prinzip der Steuerfreiheit des Existenzminimums gebietet, neben dem sog. sächlichen Existenzminimum (Aufwendungen für Nahrung, Kleidung, Hausrat, Wohnung und Heizung) auch **Aufwendungen für Kranken- und Pflegeversicherung,** insbesondere entsprechende Versicherungsbeträge, als Teil des einkommensteuerlichen Existenzminimums einkommensteuerlich freizustellen.[91]

42 Art. 6 Abs. 1 GG verbietet es, Ehe und Familie gegenüber anderen Lebensgemeinschaften schlechter zu stellen. Er schließt jedoch nicht aus, Verheiratete **steuerlich** anders zu behandeln als Ledige, wenn dafür sachliche Gründe vorliegen und sie nicht wegen ihrer Ehe von Steuerentlastungen ausgeschlossen werden. Deshalb ist es nicht verfassungswidrig, wenn der Steuerentlastungsbetrag für Alleinstehende verheirateten Eltern und anderen Steuerpflichtigen nicht zugutekommt.[92]

43 **c) Sozialrecht.** Der Schutz aus Art. 6 GG gebührt auch dem **Zusammenleben eines Vaters mit seinem Kind,** wenn das Kind trennungsbedingt nicht ständig bei ihm lebt, er aber im Rahmen des ihm rechtlich Möglichen Verantwortung für

---

88 BVerfG FamRZ 2005, 1058, vorgehend BVerfGE 99, 216.
89 BVerfG FamRZ 2010, 800 f. zu § 11 Abs. 1 SGB II.
90 BVerfG FamRZ 2010, 1534.
91 BVerfG NJW 2008, 1868, nachfolgend „Bürgerentlastungsgesetz".
92 BVerfG FamRZ 2009, 1295.

sein Kind übernimmt, häufig Umgang in seinem eigenen Haushalt ausübt und regelmäßig Unterhalt zahlt.[93]

d) Vaterschaftsfeststellung. Der leibliche, nichtrechtliche Vater eines Kindes hat 44 unter bestimmten Umständen ein Recht auf Umgang mit seinem Kind (§ 1686 a). Die Anordnung einer Abstammungsuntersuchung zur Aufklärung der leiblichen Vaterschaft greift in das geschützte Familienleben der bestehenden Familie ein.[94]

e) Großeltern als Vormund für Minderjährige. Großeltern haben ein eigenes 45 Recht aus Art. 6 Abs. 1 GG, bei der Auswahl eines Vormunds oder Ergänzungspflegers in Betracht gezogen zu werden. Sie haben Vorrang vor nicht mit dem Kind verwandten Personen, wenn tatsächlich von familiärer Verbundenheit geprägte engere Beziehungen bestehen.[95] Der Schutz familiärer Bindungen zwischen nahen Verwandten räumt den Eltern des rechtlichen Vaters jedoch kein Recht ein, ein von ihrem Sohn eingeleitetes Vaterschaftsanfechtungsverfahren nach dessen Tod fortzusetzen.[96]

f) Zivilrecht. In seiner grundsätzlichen Entscheidung zur richterlichen **Inhalts-** 46 **kontrolle von Eheverträgen** hat das Bundesverfassungsgericht[97] der Freiheit von Ehegatten, ihre ehelichen und rechtlichen Beziehungen durch Vertrag zu gestalten, dort Grenzen gesetzt, wo der Vertrag nicht Ausdruck und Ergebnis gleichberechtigter Lebenspartnerschaft ist, sondern eine einseitige Dominanz eines Ehepartners widerspiegelt (gestörte Vertragsparität) (→ § 1408 Rn. 19 ff. mwN zur daraus entwickelten Kernbereichslehre des Bundesgerichtshofs). Art. 6 Abs. 1 GG gibt den Eheleuten das Recht, ihre Gemeinschaft nach innen in ehelicher und familiärer Verantwortung selbst zu regeln.[98]

Der Schutz von Ehe und Familie setzt jedoch eine **gesetzliche Ausgestaltung der** 47 **Ehe** voraus. Verfassungsrechtlich geschützt ist die gleichberechtigte Partnerschaft von zwei Personen verschiedenen oder gleichen Geschlechts.

Die Eheschließungsfreiheit rechtfertigt nicht auch die unbegrenzte Vertragsfrei- 48 heit und insbesondere nicht eine einseitige Lastenverteilung.

Die Vorschriften zur Zuweisung der Ehewohnung bei Getrenntleben und Schei- 49 dung (§§ 1361 b, 1568 a iVm §§ 200–209 FamFG) dienen dem Schutz der Familie. Sie schränken dagegen die Rechte des Vermieters ein. Die Zivilgerichte haben dem durch Aussetzung einer Entscheidung bis zur familiengerichtlichen Entscheidung über die Ehewohnung Rechnung zu tragen oder ihrerseits die von Art. 6 Abs. 1 GG geschützten Belange der familiären Gemeinschaft und des Kindeswohls zu berücksichtigen. Eine stattgebende Räumungsklage gegen die nach der Trennung mit dem minderjährigen Kind in der Ehewohnung verbliebene Ehefrau hat das Bundesverfassungsgericht aufgehoben.[99]

---

93 BVerfG FamRZ 2010, 2050 zum Angehörigenprivileg des § 116 Abs. 6 SGB X.
94 BVerfG FamRZ 2015, 119 (120) zur Reihenfolge der Anspruchsvoraussetzungen.
95 BVerfG FamRZ 2014, 1841 (1843); Scherpe, Reichweite des verfassungsrechtlichen Schutzes der Verwandtenstellung im Vormundschaftsverfahren, FamRZ 2014, 1821.
96 BVerfG FamRZ 2016, 199: „aufgedrängtes Enkelkind".
97 BVerfG FamRZ 2001, 343 mAnm Schwab FamRZ 2001, 985.
98 BVerfGE 80, 81, 91.
99 BVerfG FamRZ 2006, 1596.

III. Pflege und Erziehung der Kinder (Abs. 2)

50 **1. Grundsätze.** Art. 6 Abs. 2 GG schützt das **Elternrecht**. Grundrechtsträger sind die Eltern. Das Bundesverfassungsgericht setzt sich in seiner Entscheidung zur Sukzessivadoption[100] eingehend mit Inhalt und Schranken des Elternrechts auseinander: So konstatiert es zutreffend, dass das Grundgesetz selbst nicht von Mutter und Vater spricht, sondern von geschlechtlich nicht spezifizierten Eltern. Träger des Elternrechts ist – unabhängig vom Geschlecht – jeder Elternteil für sich. Auch soweit Art. 6 Abs. 2 GG vom „natürlichen" Recht der Eltern spricht, sind zunächst die beiden Menschen gemeint, die dem Kind das Leben geben. Daneben kommen aber weitere Personen als Träger des Elternrechts in Frage. Beispielsweise wird das Auseinanderfallen von biologischer und rechtlicher Vaterschaft oder die Adoptivelternschaft benannt. Allerdings folgt der grundgesetzlich garantierte Schutz des Elternrechts nicht zwingend den einfachgesetzlichen Regelungen, verfassungsrechtliche Elternschaft wird nur dem nichtleiblichen Vater zugebilligt[101] Zwar können also Personen gleichen Geschlechts im verfassungsrechtlichen Sinne Eltern eines Kindes sein, Art. 6 Abs. 2 S. 1 GG gibt jedoch keinen Anspruch auf Sukzessivadoption. Auch die gelebte sozialfamiliäre Gemeinschaft begründet keine verfassungsrechtliche Elternschaft. Sie ist vielmehr durch Art. 6 Abs. 1 GG als Familie geschützt. Aber eine verfassungsrechtlich geschützte Elternschaft besteht bei einer durch Anerkennung begründeten rechtlichen Vaterschaft, und zwar auch dann, wenn der Anerkennende weder der biologische Vater des Kindes ist, noch eine sozial-familiäre Beziehung zum Kind besteht.[102]

51 Selbstverständlich steht das Elternrecht der **Mutter des nichtehelichen Kindes** ebenso zu wie dem mit dem nichtehelich geborenen Kind zusammenlebenden Vater. Träger des Elternrechts ist jedoch nicht der biologische (nicht rechtliche) Vater, wenn er keine tatsächliche Elternverantwortung ausübt. Inhaber des Elternrechts ist, wer zugleich die Elternverantwortung trägt, unabhängig davon, ob die Elternschaft auf Abstammung oder Rechtszuweisung beruht. Der Schutz des Art. 6 Abs. 2 GG setzt eine sozial-familiäre Beziehung und die tatsächliche Übernahme von Verantwortung voraus. Der rechtliche Vater des Kindes verliert sein Elternrecht nicht allein dadurch, dass sich ein anderer Mann als biologischer Vater des Kindes herausstellt. Fallen im Einzelfall rechtliche und leibliche Elternschaft auseinander, hat das Kind zwei Väter, die sich beide auf die durch Art. 6 Abs. 2 S. 1 GG geschützte Elternschaft berufen können, ohne dass die leibliche Elternschaft vorrangig wäre.

52 Träger des Elternrechts kann jedoch zusammen mit der Mutter nur ein Vater sein. Ein **Nebeneinander von zwei Vätern**, denen zusammen mit der Mutter jeweils die gleiche grundrechtlich zugewiesene Elternverantwortung für das Kind zukommt, konnte das Bundesverfassungsgericht sich jedenfalls im Jahr 2003 noch nicht vorstellen. Eine effektive Wahrnehmung der Elternverantwortung im Interesse des Kindes wäre in einer Gemeinschaft von einer Mutter und zwei Vätern wegen drohender Rollenstreitigkeiten und Kompetenzkonflikten nicht gewährleistet.[103] Diese Rechtsprechung hat das Bundesverfassungsgericht erneut

---

100 BVerfG FamRZ 2013, 521.
101 BVerfG FamRZ 2003, 816.
102 BVerfG FamRZ 2014, 449: Nichtigkeit der Behördenanfechtung (§ 1600 Abs. 1 Nr. 5).
103 BVerfG FamRZ 2006, 1661; 2008, 960; 2003, 816.

bestätigt und nicht beanstandet, den biologischen Vater zum Schutz der rechtlich-sozialen Familie von der Vaterschaftsanfechtung auszuschließen.[104]

Ob diese Ausführungen des Bundesverfassungsgerichts zum Träger des Eltern- 53 rechts allerdings heute noch tragen, muss bezweifelt werden. Es gibt Familien im Sinne von Verantwortungsgemeinschaften, in denen mehrere Väter Verantwortung für die von einer Mutter geborenen Kinder unabhängig von der biologischen Abstammung der Kinder übernehmen. Wenn eine solche Gemeinschaft zerbricht, wird man Sorge- und Umgangsrechte kaum an dem Kriterium der (fehlenden) Lebens- und Verantwortungsgemeinschaft festmachen können.[105] Der EGMR hat am 21.12.2010 entschieden,[106] dass der biologische Vater auch bei Fehlen einer sozial-familiären Bindung ein **Recht zum Umgang** mit seinem Kind hat. Der bestehenden familiären Beziehung zwischen dem Kind und seinen rechtlichen Eltern kommt kein Vorrang gegenüber der auf biologischer Abstammung beruhenden Vaterschaft zu. Auch eine erst beabsichtigte Beziehung zu seinem Kind kann von der Gewährleistung des Familienlebens gem. Art. 8 EMRK umfasst sein. Richtschnur der Prüfung ist das Kindeswohl. Diese Rechtsprechung hat der Gesetzgeber zwischenzeitlich mit dem Gesetz zur Stärkung des leiblichen nicht rechtlichen Vaters in § 1686 a umgesetzt, ohne dass aus dieser einfachgesetzlichen Regelung des Umgangsrechts aber eine verfassungsrechtliche Gleichstellung verschiedener Väter eines Kindes abzuleiten ist.

Art. 6 Abs. 2 und 3 GG grenzen den Freiheitsraum der elterlichen Betätigung im 54 Verhältnis zum Staat ab. Den Eltern ist der Vorrang garantiert, ihre Kinder in Eigenständigkeit und Selbstverantwortlichkeit zu pflegen und zu erziehen. Die staatliche Gemeinschaft ist jedoch zugleich zum Wächter über die Ausübung ihres Erziehungsrechts und der Erziehungspflicht bestellt. Es handelt sich um ein klassisches Grundrecht als Abwehrrecht gegen Eingriffe des Staates, soweit diese nicht durch das Wächteramt gedeckt sind. Es ist zugleich Grundrecht und Grundpflicht. Zugleich verleiht Art. 6 Abs. 2 S. 1 GG iVm Art. 2 Abs. 1 GG dem Kind ein Recht auf staatliche Gewährleistung elterlicher Pflege und Erziehung.[107]

Die **Erziehungspflicht** des Art. 6 Abs. 2 GG trifft die Eltern als höchstpersönliche 55 Verantwortung, muss aber nicht ausschließlich in eigener Person wahrgenommen werden. Die Eltern planen und verwirklichen ihr familiäres Leben und entscheiden in ihrer eigenen Erziehungsverantwortung, ob, wann und inwieweit sie Dritte zur Erfüllung ihres Erziehungsauftrags heranziehen wollen. Das staatliche Wächteramt berechtigt nicht dazu, Eltern zu einer bestimmten Art und Weise der Erziehung ihrer Kinder zu drängen. Das Grundgesetz überlässt die Entscheidung über das Leitbild der Erziehung den Eltern, die über die Art und Weise der Betreuung des Kindes, seine Begegnungs- und Erlebensmöglichkeiten sowie den Inhalt seiner Ausbildung bestimmen. Diese primäre Entscheidungsverantwortung der Eltern beruht auf der Erwägung, dass die Interessen des Kindes in aller Regel am besten von den Eltern wahrgenommen werden können.[108] **Konkrete**

---

104 BVerfG FamRZ 2015, 817.
105 Von der Sorge, dem Kind möglichst eine klare rechtliche und soziale Zuordnung zu erhalten, ist auch BVerfG FamRZ 2007, 441 getragen.
106 EGMR FamRZ 2011, 269 gegen BVerfG FamRZ 2003, 816.
107 BVerfG FamRZ 2013, 521 zur Sukzessivadoption – eine wahre Fundgrube nicht nur zur Interpretation des Art. 6 GG.
108 BVerfGE 99, 216 mwN.

Erziehungsziele sind ihnen dabei von Verfassungs wegen nicht vorgegeben.[109] Dabei gehört es umgekehrt zu dem von Art. 6 Abs. 2 GG geschützten Verantwortungsbereich der Eltern, die Rechte ihrer Kinder dem Staat oder Dritten gegenüber zu schützen.

56 Weder der Vormund noch die Großeltern sind dagegen Träger des Grundrechts des Art. 6 Abs. 2 GG. Allerdings kann sich ein Großelternteil, der zugleich Vormund des Kindes ist, auf Art. 6 Abs. 2 GG berufen.[110] Bei der Prüfung, unter welchen Voraussetzungen das Kind aus der Pflegefamilie herausgenommen werden und in die Obhut eines Großelternteils wechseln kann, ist dieser als Inhaber der zuvor auf ihn übertragenen elterlichen Sorge mit einem leiblichen Elternteil und nicht mit einer anderen Pflegeperson vergleichbar. Auch dem Kind steht das Grundrecht aus Art. 6 Abs. 2 GG nicht zu. Es enthält kein Kinderrecht, wohl aber ist das Kindeswohl Maßstab der verantwortungsvollen Ausübung des Elternrechts.[111]

57 **2. Elternrecht und Elternpflicht.** Die Eltern haben das Recht, die Pflege und Erziehung ihrer Kinder nach eigenen Vorstellungen frei zu gestalten. Sie haben – vorbehaltlich der aus Art. 7 GG folgenden Schulpflicht – Vorrang vor anderen Erziehungsträgern. Erziehungsziele, Erziehungsmethoden und Erziehungsinhalte liegen ebenso im Verantwortungsbereich der Eltern wie die Erziehung der Kinder in weltanschaulich-religiöser Hinsicht. In der Beziehung zum Kind ist allerdings das Kindeswohl oberste Richtschnur elterlicher Betätigung, denn das Elternrecht ist ein Recht im Interesse des Kindes.[112] Die den Eltern auferlegte Pflicht zur Pflege und Erziehung ihres Kindes besteht nicht allein zum Staat, sondern unmittelbar auch dem Kind gegenüber. Das **Kind ist** nicht Gegenstand elterlicher Rechtsausübung, es ist **Rechtssubjekt und Grundrechtsträger.** Ihm schulden die Eltern kindeswohlorientiertes Handeln. Pflege und Erziehung sind die den Eltern zuvörderst obliegende Pflicht. Daneben sind dem Staat aber eigene Pflichten gegenüber den Kindern auferlegt, die den elterlichen Pflege- und Erziehungsauftrag unterstützen und ergänzen. Darüber hinaus trifft den Staat eine grundrechtliche Gewährleistungspflicht, eine Kontroll- und Sicherungsverantwortung dafür, dass sich ein Kind in der Obhut seiner Eltern tatsächlich zu einer eigenverantwortlichen Persönlichkeit entwickeln kann.[113]

58 Das Elternrecht steht grundsätzlich beiden Eltern gemeinsam zu. Art. 6 Abs. 2 S. 1 GG geht davon aus, dass das Kind mit den (durch die Ehe verbundenen) Eltern in einer Familiengemeinschaft zusammenlebt. Wie die Elternrechte und -pflichten bei der Auflösung der elterlichen Beziehung zu verteilen sind, regelt Art. 6 Abs. 2 GG nicht.[114] Er besagt nichts darüber, wie die Elternrechte und Pflichten zu verteilen sind, wenn die Eltern nicht zusammenleben, die Ehe geschieden wird oder das Kind nichtehelich geboren ist. Erst wenn die Eltern nicht bereit oder nicht in der Lage sind, die elterliche Verantwortung gemeinsam auszuüben, hat der Staat in Wahrnehmung seines Wächteramts die Verpflichtung zum Einschreiten, bzw. die Eltern haben das Recht, die Gerichte zur Regelung von Sorgerecht und Umgangsrecht anzurufen. Bei ihrer Entscheidung haben die

---

109 BVerfG FamRZ 2003, 296.
110 BVerfG FamRZ 2004, 771.
111 Dreier/Gröschner GG Art. 6 Rn. 107 mwN.
112 BVerfG FamRZ 2001, 343.
113 BVerfG FamRZ 2013, 521 mwN; Britz JZ 2014, 1069.
114 BVerfGE 31, 194.

Gerichte nach den einfachgesetzlichen Vorschriften das Elternrecht beider Eltern zu berücksichtigen und unter der vorrangigen Beachtung des Kindeswohls zum Ausgleich zu bringen. Dabei setzt die Übertragung der alleinigen elterlichen Sorge anders als bei einer Trennung des Kindes von seinen Eltern keine Kindeswohlgefährdung voraus. Die Entscheidung muss lediglich am Kindeswohl ausgerichtet sein.[115] Das Verfassungsgericht prüft, ob das Fachgericht die Tragweite der Grundrechte aller nicht grundlegend verkannt hat. Gegenüber dem Prüfungsmaßstab in Konstellationen des Art. 6 Abs. 3 GG herrscht ein zurückgenommener Prüfungsmaßstab.[116]

3. Staatliches Wächteramt. Art. 6 Abs. 2 S. 2 GG verpflichtet die staatliche Gemeinschaft zum Eingreifen, wenn Eltern ihrem Erziehungsauftrag nicht gerecht werden. Dann ist der Staat nicht nur berechtigt, sondern verpflichtet, die Pflege und Erziehung der Kinder sicherzustellen. Die Verpflichtung zu staatlichem Handeln beruht in erster Linie darauf, dass das Kind selbst als Grundrechtsträger einen Anspruch auf den Schutz der Gemeinschaft hat (Art. 1 Abs. 1 und Art. 2 Abs. 1 GG). Der Staat ist gegenüber den Kindern verpflichtet, rechtliche Vorkehrungen dafür zu treffen, dass bei Versagen der Eltern deren elterliche Verantwortung von anderen Personen übernommen werden kann. Art. 2 Abs. 1 GG iVm Art. 6 Abs. 2 S. 1 GG begründet somit ein auf die tatsächliche Pflichtenwahrnehmung durch Eltern gerichtetes subjektives Gewährleistungsrecht des Kindes gegenüber dem Staat.[117] Das **Wohl des Kindes ist Richtschnur** für das Ob und Wie der staatlichen Intervention nach Art. 6 Abs. 2 S. 2 GG. Dabei hat nicht jede Nachlässigkeit oder jedes Versagen der Eltern staatliche Maßnahmen zur Folge. Ganz im Gegenteil: Weder darf der Staat in Wahrnehmung seines Wächteramtes gegen den Willen der Eltern eine optimale Förderung von Kindern, noch die Schaffung besserer Lebensverhältnisse anstreben. Insofern gehören Eltern zum Schicksal und Lebensrisiko eines Kindes.[118] Der Staat kann die Erziehungsaufgabe unter Ausschaltung der Eltern nicht ohne Weiteres ganz oder teilweise selbst übernehmen. Art und Ausmaß des Eingriffs stehen vielmehr unter dem **Gebot der Verhältnismäßigkeit** unter strikter Beachtung dessen, was im Interesse des Kindes liegt. So ist es immer zunächst erforderlich, helfende und unterstützende Maßnahmen zu prüfen, deren Ziel die Wiederherstellung der elterlichen Erziehungsfähigkeit ist. Die möglichen Maßnahmen und ihre Voraussetzungen finden sich in §§ 1666 ff.[119] (→ § 1666 Rn. 24–28).

Auch **Unterhaltsansprüche** sind durch Art. 6 Abs. 1 und 2 GG geschützt: Dem Kind kommt eine eigene Menschenwürde und ein Recht auf Entfaltung seiner Persönlichkeit zu, die der Staat zu gewährleisten hat.[120] Hieraus ergibt sich zum einen sein eigener Unterhaltsanspruch gegen die Eltern, die ihren minderjährigen unverheirateten Kindern gegenüber verpflichtet sind, alle verfügbaren Mittel zu ihrem Unterhalt und dem der Kinder gleichmäßig zu verwenden (§ 1603

59

60

---

115 BVerfG FF 2017, 249 f.: Übertragung der Gesundheitssorge auf die Kindesmutter.
116 BVerfG 16.4.2014 – 1BvR 3360/13; ZKJ 2014, 379; BVerfG 4.8.2015 – 1 BvR 1388/15, NZFam 2015, 1026; VerfGH Berlin FamRZ 2013, 1232; BVerfG FamRZ 2016, 304; BVerfG FamRZ 2016, 1917.
117 BVerfG FamRZ 2013, 521; Britz JZ 2014, 1069.
118 Heilmann FamRZ 2015, 92 (94) unter Bezugnahme auf BVerfG FamRZ 2015, 112.
119 BVerfG FamRZ 2014, 1005; zu den einzelnen im SGB VIII geregelten Maßnahmen der Kinder- und Jugendhilfe: Palandt/Götz Vor § 1626 Rn. 16 ff.
120 BVerfGE 57, 361, 381.

Abs. 2).[121] Das staatliche Wächteramt findet darüber hinaus Ausdruck in den Regelungen des Unterhaltsrechts der Mutter und des Vaters des nichtehelichen Kindes (§§ 1615 l ff.) und in dem Recht des kindererziehenden Elternteils auf Zahlung von Trennungs- und nachehelichen Unterhalt (§§ 1361, 1570 Abs. 1). Denn auch Kinder aus geschiedenen Ehen und **Kinder, die mit einem Elternteil aufwachsen, sollen gleiche Entwicklungschancen** haben. Die Unterhaltsansprüche des betreuenden Elternteils sind primär am Kindeswohl ausgerichtet. Die Frage, wie lange dem betreuenden Elternteil Unterhalt zu leisten ist, wirkt sich auch auf die Lebenssituation des Kindes aus. Der Betreuungsunterhaltsanspruch sichert die persönliche Betreuung des Kindes. Er ermöglicht dem Elternteil, sich persönlich dem Kind zuwenden zu können, soweit und solange das Kind der persönlichen Pflege und Erziehung bedarf. Die unterhaltsrechtliche Absicherung der persönlichen Betreuung durch einen Elternteil muss für eheliche und nicht-eheliche Kinder gleich geregelt sein.[122] Der durch das Unterhaltsänderungsgesetz von 2008 neu strukturierte § 1570 beruht auf dieser Entscheidung. Insbesondere die zeitliche Begrenzung des „Basisunterhalts" auf drei Jahre und die Verlängerung des Unterhaltsanspruchs aus kindbezogenen Gründen entsprechen jetzt der Regelung des § 1615 l Abs. 2; dagegen beruht die Verlängerungsmöglichkeit des § 1570 Abs. 2 auf elternbezogenen Gründen als Ausdruck der nachehelichen Solidarität, die der Schutz der Ehe gebietet.

61   Maßnahmen zur **Adoption** eines Kindes gegen den Willen der Eltern sind nach Art. 6 Abs. 2 S. 2 GG zu beurteilen. In Ausübung des staatlichen Wächteramtes hat der Gesetzgeber eine enge Regelung zur Ersetzung der Einwilligung geschaffen, die das Elternrecht in seinem Wesensgehalt nicht antastet.[123]

62   **4. Ausgesuchte neuere Entscheidungen. a) Umgangsrecht.** Das Umgangsrecht des nicht mit dem Kind zusammenlebenden Elternteils dient grundsätzlich der emotionalen und persönlichen Entwicklung des Kindes. Die **Verweigerung jeglichen Umgangs** mit dem Kind ist die Vernachlässigung eines wesentlichen Teils der den Eltern in Art. 6 Abs. 2 S. 1 GG auferlegten Verpflichtung. Diese Verpflichtung ist in § 1684 Abs. 1 einfachgesetzlich geregelt und auch in verfassungsrechtlich nicht zu beanstandender Weise sanktioniert. Die Androhung eines Zwangsgeldes zur Durchsetzung des Umgangs ist insoweit zulässig, als dem sich weigernden Vater Gelegenheit gegeben wird, seiner gesetzlichen Verpflichtung noch „freiwillig" nachzukommen. Dabei hat das Gericht aber zu prüfen, ob ein erzwungener Umgang dem Wohl des Kindes *dient*, was in der Regel bei erzwungenen Umgangskontakten zu verneinen ist. Ob dieser das Kindeswohl *gefährdet*, was das OLG verneint hat, ist nicht Prüfungsmaßstab.[124]

63   Das **Umgangsrecht des nichtsorgeberechtigten Elternteils** steht ebenso wie die elterliche Sorge unter dem Schutz des Art. 6 Abs. 2 GG. Beide Rechtspositionen

---

121   BVerfG FamRZ 2008, 1403; 2012, 1283: Zurechnung fiktiven Einkommens.
122   BVerfG FamRZ 2007, 965 (968); vgl. Palandt/Brudermüller § 1570 Rn. 2.
123   BVerfGE 24, 119; jetzt: § 1748.
124   BVerfG FamRZ 2008, 845 ff. mAnm Luthin. In der gebotenen Zurückhaltung verweist das Bundesverfassungsgericht am Ende der Entscheidung auf den offensichtlichen Interessenkonflikt. Die Interessen des sorgeberechtigten Elternteils und des Kindes dürften mE immer im Konflikt miteinander stehen. Deshalb dürfte die Bestellung eines Verfahrensbeistands erst recht unabdingbar sein. Ebenso für die Notwendigkeit eines Ergänzungspflegers: BVerfG FamRZ 2009, 944. Der anwaltliche Hinweis auf den möglichen Interessenkonflikt zwischen dem vertretenen Elternteil und dem Kind wird allerdings regelmäßig das Ende des Mandats zur Folge haben.

erwachsen aus dem Elternrecht und der damit verbundenen Elternverantwortung. Das Umgangsrecht ermöglicht dem berechtigten Elternteil, sich von dem körperlichen und geistigen Befinden des Kindes und seiner Entwicklung zu überzeugen, die verwandtschaftlichen Beziehungen zu ihm aufrechtzuerhalten und einer Entfremdung vorzubeugen sowie dem Liebesbedürfnis beider Teile Rechnung zu tragen.[125] Das Elternrecht gebietet auch unter dem Gesichtspunkt der Verhältnismäßigkeit die Prüfung, ob ein **begleiteter Umgang** als milderes Mittel im Vergleich zu einem Umgangsausschluss in Frage kommt.[126] Ein gegen den ernsthaften Willen des Kindes erzwungener Umgang kann durch die Erfahrung der Missachtung der eigenen Persönlichkeit mehr schaden als nutzen. Selbst ein auf Beeinflussung beruhender Kindeswille ist beachtlich, wenn er Ausdruck der tatsächlichen Bindungen ist.[127] Auch dann, wenn das Kind in einer Pflegefamilie lebt, muss grundsätzlich der persönliche Umgang des Kindes mit den nichtsorgeberechtigten Eltern ermöglicht werden, um die familiären Bindungen aufrechtzuerhalten.[128] Das Elternrecht des Art. 6 Abs. 2 GG verpflichtet den Gesetzgeber nicht, die Anordnung paritätischer Betreuung/paritätischen Umgangsrechts („Wechselmodell") getrennt lebender Eltern als gesetzlichen Regelfall vorzusehen. Dem Gesetzgeber obliegt es, den einzelnen Elternteilen bestimmte Rechte und Pflichten zuzuordnen, wenn die Voraussetzungen für eine gemeinsame Ausübung der Elternverantwortung fehlen.[129]

Der Grundrechtsschutz ist auch durch die Gestaltung des gerichtlichen Verfahrens sicherzustellen.[130] Auch im **Eilverfahren** müssen die dort zur Verfügung stehenden Aufklärungs- und Prüfungsmöglichkeiten ausgeschöpft werden.[131] Die Gerichte müssen ihr Verfahren deshalb so gestalten, dass sie möglichst zuverlässig die Grundlage einer am Kindeswohl orientierten Entscheidung erkennen können. So hat das Gericht das Kind in einem Umgangsrechtsstreit persönlich zu hören und bei Abweichung von fachkundigen Feststellungen und fachlichen Wertungen eines gerichtlich bestellten Sachverständigen anderweitig über eine zuverlässige Entscheidungsgrundlage zu verfügen. Hierzu gehört auch die (wiederholte) persönliche Anhörung der Eltern im Beschwerdeverfahren. Genügt die Ausgestaltung des Verfahrens diesen Anforderungen nicht, ist das Elternrecht verletzt.[132] Dieses gilt erst recht in Sorgerechtsverfahren, denn bereits der vorläufige Entzug der gesamten Personensorge stellt einen erheblichen Eingriff in das Elterngrundrecht da. Insbesondere muss die Maßnahme verhältnismäßig

64

---

125 BVerfG FamRZ 2010, 1622, auch wenn das Kind in einer Pflegefamilie lebt; BVerfG FamRZ 2009, 579 und BVerfGK 14, 458: Aufenthaltserlaubnis/Abschiebung von Ausländern, Berücksichtigung familiärer Bindungen.

126 Verneint wegen unzureichender Berücksichtigung der Gefährdung der Mutter als „Aussteigerin" aus der rechtsextremistischen Szene: BVerfG FamRZ 2013, 433.

127 BVerfG FamRZ 2015, 1093 mAnm Fischer, 1169; BVerfG FamRZ 2016, 1917 ff.

128 BVerfG FamRZ 2010,1622; 2013, 361 zum Prüfungsmaßstab für einen Ausschluss des Umgangsrechts.

129 BVerfG FamRZ 2015, 1585.

130 BVerfG aaO auch zur Verfahrensgestaltung und Prüfungspflicht der Fachgerichte; BVerfG FamRZ 2015, 112: mangelhaftes Sachverständigengutachten; BVerfG 20.1.2016 – 1 BvR 2742/15, FamRZ, 2016, 439.

131 BVerfG FamRZ 2008, 856; 2005, 1057; 2008, 246; zu den verfassungsrechtlichen Anforderungen an die Verfahrensgestaltung im Eilverfahren BVerfG FamRZ 2016, 22.

132 BVerfG FamRZ 2009, 399.

Diwell   57

und erforderlich sein, was zu verneinen war, nachdem die Kinder bereits (vorübergehend) fremduntergebracht waren.[133]

65   Auch dem leiblichen, aber nicht rechtlichen Vater steht ein Umgangsrecht mit
seinem Kind zu, wenn er ein ernsthaftes Interesse an dem Kind gezeigt hat und
der Umgang dem Kindeswohl dient (§ 1686 a). Allerdings hat der lediglich biologische, nicht rechtlich und soziale Vater den Erziehungsvorrang der rechtlichen Eltern zu respektieren und sich nicht in den Familienverband zu drängen.[134]

66   **b) Sorgerecht.** Es ist zwar verfassungsrechtlich nicht zu beanstanden, dass der
Gesetzgeber das elterliche Sorgerecht für ein nichteheliches Kind zunächst allein
seiner Mutter übertragen hat.[135] Nunmehr regelt § 1626 a die gemeinsame elterliche Sorge für nicht miteinander verheiratete Eltern auch für den Fall, dass ein
Elternteil (typischerweise die Mutter) nicht bereit ist, eine Sorgeerklärung abzugeben. Das Familiengericht überträgt die elterliche Sorge auf beide Eltern gemeinsam, wenn dies dem Kindeswohl nicht widerspricht (Abs. 2). Voraussetzung ist ein Antrag (§ 155 a FamFG – typischerweise des Vaters).

67   Der Wille des Kindes ist im Sorgerechtsverfahren zu berücksichtigen, soweit dieses mit seinem Wohl vereinbar ist, denn jede Sorgerechtsentscheidung hat entscheidenden Einfluss auf das weitere Leben des Kindes und betrifft es unmittelbar. Es verletzt das Recht des Vaters aus Art. 6 Abs. 2 GG, wenn das Gericht
den **Willen des Kindes zu einem Obhutswechsel** von der Mutter zum Vater nicht
ausreichend oder fehlerhaft berücksichtigt bzw. diesem nicht ausreichend Bedeutung zumisst.[136]

Eine Trennung des Kindes von seinen Eltern ist nur unter den Voraussetzungen
des Art. 6 Abs. 3 GG zulässig. Nicht jede mögliche Beeinträchtigung des Kindeswohls berechtigt den Staat, die Eltern von der Pflege und Erziehung ihres Kindes
auszuschalten oder gar selbst diese Aufgabe zu übernehmen.[137]

68   **c) Feststellung der Abstammung.** Die Verpflichtung zur Duldung eines körperlichen Eingriffs zur Feststellung der Abstammung eines Kindes kann ein Verstoß
gegen Art. 6 Abs. 2 GG sein, zumal dadurch die rechtlichen und darauf folgend
die sozialen Beziehungen des Vaters zu dem Kind gestört werden.[138] Die Anordnung und Durchführung einer Abstammungsuntersuchung, durch die gem.
§ 1686 a BGB iVm § 167 a FamFG die leibliche Vaterschaft geklärt wird, greifen
in das durch Art. 6 Abs. 1 GG geschützte Familienleben der bestehenden Familie
ein.[139]

69   **d) Schule (Art. 7 GG).** Art. 6 Abs. 2 GG enthält keinen ausschließlichen Erziehungsanspruch der Eltern. Eigenständig und gleichgeordnet neben den Eltern
übt der Staat in der Schulerziehung einen eigenen Erziehungsauftrag aus (Art. 7
GG). Daraus folgt, dass der Landesgesetzgeber grundsätzlich frei darin ist, in

---

133   BVerfG FamRZ 2015, 2120; 2015, 1466; 2012, 938: Auswahl eines Verwandten zum
      Vormund als milderes Mittel gegenüber der Sorgerechtsübertragung auf das Jugendamt.
134   BVerfG Nichtannahmebeschluss vom 9.3.2017 – 1 BvR 401/17.
135   BVerfG FamRZ 2003, 285.
136   BVerfG FamRZ 2008, 1737; dazu und zu EGMR FamRZ 2010, 103: Hohmann-
      Dennhardt, Eltern-Recht(s)-Ansichten, FF 2011, 181.
137   BVerfG FamRZ 2012, 433, BVerfGK 18, 27; BVerfG FamRZ 2014, 1772; 2014, 1270
      zur Fremdunterbringung.
138   Kieninger Juris-PR FamR 2011, Anm. 2; BVerfG FamRZ 2011, 787.
139   BVerfG FamRZ 2015, 119.

welcher Schulform er den staatlichen Erziehungsauftrag verwirklicht. Eltern haben keinen Anspruch auf Einrichtung von Schulen bestimmter weltanschaulicher oder religiöser Prägung. Sie haben aber grundsätzlich die Wahl zwischen den verschiedenen vom Staat angebotenen Bildungswegen. Aus der Verantwortung der Eltern für ihre Kinder folgt grundsätzlich auch das Recht, Einfluss auf Gegenstände des Schulunterrichts zu nehmen. Art. 6 Abs. 2 S. 1 GG gibt den Eltern allerdings keinen ausschließlichen Erziehungsanspruch. Im Bereich der Schule treffen Erziehungsrecht und Erziehungsverantwortung der Eltern auf den Erziehungsauftrag des Staates. Dieser Auftrag ist dem elterlichen Erziehungsrecht gleichgeordnet. Die **Erziehung von Kindern** ist deshalb im Bereich der Schule die **gemeinsame Aufgabe von Eltern und Schule**, wobei die Abgrenzung von elterlichem Erziehungsrecht und staatlichem Erziehungsauftrag Aufgabe des Gesetzgebers ist.[140]

e) **Jugendstrafverfahren.** Es gehört zu dem von Art. 6 Abs. 2 GG geschützten   70 Verantwortungsbereich der Eltern, ihre Kinder vor Übergriffen Dritter oder des Staates zu schützen. Hieraus folgt verfassungsrechtlich die Notwendigkeit einer **frühzeitigen Beteiligung der Eltern im Jugendstrafverfahren.** Auch im Jugendstrafverfahren haben die Eltern das Recht, eigene Erziehungsvorstellungen geltend zu machen. Die Frage, wie sich der Jugendliche gegen die Beschuldigungen mit den Mitteln des JGG und der StPO zur Wehr setzt, gehört zur Erziehung, die zuvörderst elterliches Recht und elterliche Pflicht ist. Eine Kollision zwischen dem Elternrecht und dem staatlichen Straf- oder Erziehungsauftrag führt nicht automatisch zum Nachrang des Elternrechts. Der Ausschluss von Eltern aus der gegen einen Jugendlichen geführten Hauptverhandlung ist ein schwerwiegender Eingriff, der den Jugendlichen weitgehend schutzlos stellen kann. Deshalb müssen die Voraussetzungen für diese Einschränkung des Elternrechts klar und vollständig gesetzlich geregelt sein (vgl. § 51 Abs. 2 JGG).[141]

IV. Trennung der Kinder von der Familie (Abs. 3)

1. Grundsätze. Art. 6 Abs. 2 S. 1 GG garantiert den Eltern das Recht auf Pflege   71 und Erziehung ihrer Kinder. Dieses „natürliche Recht" ist den Eltern nicht vom Staate verliehen, sondern wird von diesem als vorgegebenes Recht anerkannt. In der Beziehung zum Kind muss das Kindeswohl die oberste Richtschnur der elterlichen Pflege und Erziehung sein. Die Eltern können grundsätzlich frei von staatlichen Eingriffen nach eigenen Vorstellungen darüber entscheiden, wie sie ihrer Elternverantwortung in der Ausgestaltung von Pflege und Erziehung der Kinder gerecht werden. Diese Zuweisung der Entscheidungsverantwortung an die Eltern beruht auf der Erwägung, dass die Eltern am besten wissen, was dem Wohl ihres Kindes dient. Eltern sind die besten Sachwalter der Interessen ihres Kindes. Dabei wird sogar in Kauf genommen, dass das Kind durch einen Entschluss der Eltern Nachteile erleidet, die möglicherweise nach objektiven Maß-

---

140 BVerfGE 98, 245 zur Rechtschreibreform; BVerfG 19.8.2015 – 1 BvR 2388/11, NVwZ-RR 2016, 281: elterliche Erwartung, dass ein bestimmter Bildungsgang an einer Schule auch künftig angeboten wird, ist nicht geschützt; BVerfG FamRZ 2015, 27: Verpflichtung, die Kinder an dem Unterricht einer anerkannten Schule teilnehmen zu lassen, ist eine zulässige Beschränkung des elterlichen Erziehungsrechts.
141 BVerfG FamRZ 2003, 104.

stäben vermieden werden könnten.[142] Dieser **Alleinzuständigkeit der Eltern** setzt Abs. 3 Grenzen. In Ausübung des **staatlichen Wächteramtes** des Art. 6 Abs. 2 S. 2 GG regelt der Abs. 3 einen speziellen Eingriff des Staates in das Elternrecht. Zugleich begrenzt er das Eingriffsrecht des Staates. Abs. 3 gewährt ein Abwehrrecht gegen staatliche Maßnahmen, die ohne gesetzliche Grundlage und ohne Vorliegen bestimmter Voraussetzungen Kinder von ihrer Familie trennen. Vom Schutz des Elternrechts, das Vater und Mutter gleichermaßen zukommt,[143] sind auch die wesentlichen Elemente des Sorgerechts umfasst.[144] Die verfassungsgemäße Eingriffsnorm des § 1666 iVm § 1666 a ermöglicht es den Familiengerichten, Maßnahmen zum Schutz des Kindes gegen den Eingriff in das Elternrecht abzuwägen.[145]

72   **2. Trennung.** Unter der Trennung von der Familie wird die tatsächliche Trennung, die räumliche Herausnahme, die Wegnahme des Kindes aus der Familie bei gleichzeitigem Fortbestand der Eltern-Kind-Beziehung und der darauf beruhenden Rechte und Pflichten verstanden.[146] Die Trennung des Kindes von seinen Eltern ist der stärkste **Eingriff in das Elternrecht.** Dieser Eingriff ist deshalb nur unter den Voraussetzungen des Abs. 3 zulässig. Danach dürfen Kinder gegen den Willen des Sorgeberechtigten nur aufgrund eines Gesetzes von der Familie getrennt werden, wenn die Erziehungsberechtigten versagen oder die Kinder aus anderen Gründen zu verwahrlosen drohen.[147] Dabei muss das elterliche Fehlverhalten ein solches Ausmaß erreichen, dass das Kind bei einem Verbleib in der Familie in seinem körperlichen, geistigen oder seelischen Wohl nachhaltig gefährdet ist.[148] Nicht jede elterliche Nachlässigkeit oder jedes Versagen rechtfertigt also den Eingriff des Staates in Ausübung des Wächteramts.

73   **3. Prüfungsmaßstab.** Das Elternrecht sowie das staatliche Wächteramt wirken auch auf das Prozessrecht und seine Handhabung in Sorgerechtsverfahren ein.[149] Entscheidungen in Sorgerechtssachen müssen erkennen lassen, dass sich das Gericht der hohen verfassungsrechtlichen Voraussetzungen für die Trennung eines Kindes von den Eltern gegen deren Willen bewusst war. Das von den Fachgerichten gewählte Verfahren muss Gewähr für die erforderliche umfassende Sachaufklärung bieten. Wegen des tiefgreifenden Eingriffs in das Elternrecht durch den Entzug der elterlichen Sorge geht das Bundesverfassungsgericht bei der Überprüfung gerichtlicher Entscheidungen über seinen grundsätzlichen Prüfungsmaßstab hinaus. Grundsätzlich obliegt die Verfahrensgestaltung, die Feststellung und Würdigung des Sachverhalts und die Auslegung des einfachen Rechts den Fachgerichten. Das Bundesverfassungsgericht überprüft gerichtliche Entscheidungen nur darauf, ob sie Auslegungsfehler erkennen lassen, die auf einer grundsätzlich unrichtigen Auffassung von der Bedeutung eines Grundrechts oder vom Umfang seines Schutzbereiches beruhen. Dabei lassen sich die Eingriffsmöglichkeiten des Bundesverfassungsgerichts aber nicht starr und gleichbleibend ziehen, sie hängen namentlich von der Intensität der Grund-

---

142 BVerfGE 34, 165 (184); 60, 79, betr. jeweils die originäre Entscheidungsbefugnis der Eltern hinsichtlich der Schulwahl für ihre Kinder.
143 BVerfGE 84, 168 gemeinsame elterliche Sorge.
144 BVerfG FamRZ 2010, 528 ff.; 2010, 713.
145 BVerfGE 60, 79.
146 BVerfGE 24, 119.
147 BVerfGE 72, 122, 137 f.
148 BVerfG FamRZ 2010, 528 mwN; BVerfG FamRZ 2015, 112.
149 BVerfG FamRZ 2009, 1897; 2006, 1593.

rechtsbeeinträchtigung ab.[150] Bei der Beurteilung einer Sorgerechtsentscheidung überprüft das Bundesverfassungsgericht wegen der Intensität des Eingriffs in das Elternrecht deshalb neben der Frage, ob die angefochtene Entscheidung Fehler erkennen lässt, die auf der grundsätzlich unrichtigen Anschauung von der Bedeutung des Grundrechts, insbesondere vom Umfang seines Schutzbereichs, beruhen, **auch einzelne Auslegungsfehler.**[151]

Ein Entzug des Sorgerechts und die damit verbundene Sicherung der Trennung 74 der Eltern von ihren Kindern dürfen nur unter strikter Beachtung des Grundsatzes der **Verhältnismäßigkeit** erfolgen. Dazu gehört selbstverständlich auch die Prüfung, ob ein milderes Mittel (beispielsweise eine Erziehungshilfe) ausreicht, um die Kindeswohlgefährdung abzuwenden. Der Staat muss nach Möglichkeit versuchen, sein Ziel durch Maßnahmen zu erreichen, die helfend, unterstützend sowie auf die Herstellung eines verantwortungsgerechten Verhaltens der leiblichen Eltern gerichtet sind.[152]

Art und Ausmaß des Eingriffs bestimmen sich nach dem **Grund des elterlichen** 75 **Versagens** und danach, welche Maßnahmen im **Interesse des Kindes** geboten sind. § 1666 Abs. 1 iVm § 1666 a ermöglicht es den Familiengerichten, den Elternrechten bei Maßnahmen zum Schutz des Kindes ausreichend Rechnung zu tragen.[153] **Voraussetzung für den Entzug der elterlichen Sorge** ist gem. § 1666 eine Gefährdung des Kindeswohls, also ein bereits eingetretener Schaden oder eine gegenwärtige, in einem solchen Maße vorhandene Gefahr, dass sich bei seiner weiteren Entwicklung eine erhebliche Schädigung mit ziemlicher Sicherheit voraussehen lässt.[154] Die richterliche Entscheidung muss hierzu konkrete und (ggf. durch ein Sachverständigengutachten unterlegte) Aussagen treffen und darlegen, dass dieser Gefährdung nur mit der beabsichtigten Maßnahme abgeholfen werden kann. Die Gerichte haben alle Umstände des Einzelfalls zu prüfen und das Vorliegen der einzelnen Tatbestandsmerkmale des § 1666 Abs. 1 iVm § 1666 a konkret zu begründen. Allgemeine Ausführungen reichen dazu nicht aus.[155]

Die Gerichte haben in verfassungsrechtlich nachprüfbarer Weise eine ausrei- 76 chende Entscheidungsgrundlage zu schaffen. Zwar bestimmen sie selbst über Art und Umfang der Ermittlungen (**Amtsermittlung**). Sie haben dabei aber alle Erkenntnisquellen zu nutzen, die das FamFG in Ergänzung der allgemeinen Vorschriften in den §§ 158 ff. FamFG auflistet. Unterlässt das Gericht die Bestellung eines Sachverständigen oder die Nutzung anderer Erkenntnisquellen, muss es seine eigene Sachkunde, insbesondere seine psychologische Fachkunde, darle-

---

150 BVerfG FamRZ 2010, 713 st. Rspr.
151 BVerfGE 60, 79; dementsprechend finden sich in den Sorgerechtsentscheidungen des Bundesverfassungsgerichts immer ausführliche Erörterungen zur Verfahrensgestaltung und den einzelnen Begründungssätzen der Fachgerichte und umfangreiche, detailgenaue Würdigungen des jeweiligen Sachverhalts. Wird damit das Bundesverfassungsgericht jedenfalls in Kindschaftssachen zur „Superrevisionsinstanz" oder auch zum „obersten Amtsgericht der Bundesrepublik"? Verneinend Büttner FF 2008, 235; Britz FamRZ 2015, 793.
152 BVerfG FamRZ 2010, 528; BVerfG 30.9.2010 – 1 BvR 2414/10 und Hauptsacheentscheidung v. 2.12.2010; BVerfG FamRZ 2015, 208; 2016, 22.
153 BVerfG FamRZ 2010, 713 mwN; BVerfG 60, 79.
154 Palandt/Götz § 1666 Rn. 8; BVerfG FamRZ 2012, 1127 behandelt alle verfassungsrechtlichen Voraussetzungen zum Sorgerechtsentzug; VerfGH Berlin 20.9.2011 – 38/11.
155 Nachvollziehbar beispielhaft in BVerfG FamRZ 2010, 713

gen.[156] Liegen Anhaltspunkte für eine nachhaltige Kindeswohlgefährdung vor, so bedarf eine von der Einschätzung eines Sachverständigen und weiterer beteiligter Fachkräfte (Verfahrensbeistand, Jugendamt, Familienhilfe, Vormund) abweichende Beurteilung des Gerichts einer anderweitigen verlässlichen Grundlage und einer eingehenden Begründung.[157]

77 Das gerichtliche Verfahren muss in seiner Ausgestaltung dem Gebot des **effektiven Grundrechtsschutzes** entsprechen. Auch im Eilverfahren müssen die zur Verfügung stehenden Aufklärungs- und Prüfungsmöglichkeiten ausgeschöpft werden, insbesondere dann, wenn die vorläufigen Maßnahmen irreversible Folgen haben können. Schon die Frage, ob die geplante Maßnahme nicht bis zur Aufklärung des Sachverhalts aufgeschoben werden kann, ist am Maßstab des Grundsatzes der Verhältnismäßigkeit zu prüfen. Die Entscheidung muss erkennen lassen, weshalb die Herausnahme des Kindes aus dem Haushalt seiner Eltern derart dringlich ist, dass bis zur Hauptsachenentscheidung nicht gewartet werden kann.

78 **4. Ausgesuchte neuere Entscheidungen. a) Kindeswille.** Das Elternrecht ist im Wesentlichen ein Recht im Interesse des Kindes. Mit abnehmender Pflege- und Erziehungsbedürftigkeit sowie zunehmender Selbstbestimmungsfähigkeit des Kindes werden die im Elternrecht wurzelnden Rechtsbefugnisse zurückgedrängt, bis sie schließlich mit der Volljährigkeit des Kindes erlöschen. Deshalb ist die Entziehung der Personensorge für ein fast volljähriges Kind verfassungsrechtlich nicht zu beanstanden, wenn das Gericht unter Beachtung des Gebots der Verhältnismäßigkeit zur Abwendung einer Kindeswohlgefährdung dem begründeten Wunsch des Kindes den Vorrang vor dem Erziehungsrecht der Mutter eingeräumt hat.[158]

79 **b) Pflegeeltern.** Maßnahmen zur Adoption eines Kindes **gegen den Willen der natürlichen Eltern** sind nicht nach Abs. 3, sondern nach Abs. 2 zu beurteilen. Art. 6 Abs. 3 GG schützt grundsätzlich die Eltern, nicht die Pflegeeltern eines Kindes vor dessen Herausnahme aus der Familie. Befindet sich ein Kind aber länger in Pflege und sind deshalb enge Beziehungen zwischen Kind und Pflegeeltern gewachsen, darf bei einer Entscheidung über die Herausnahme des Kindes aus seiner „sozialen" Familie der Schutz des Art. 6 Abs. 2 GG auf Seiten der Pflegeeltern nicht gänzlich außer Acht bleiben. Bei der Entscheidung über eine Verbleibensanordnung (§ 1632 Abs. 4) hat das Gericht die verschiedenen Grundrechtspositionen gegeneinander abzuwägen, wobei bei der Interessenkollision zwischen Eltern und Pflegeeltern das Kindeswohl letztlich den Ausschlag gibt.[159]

80 Auch wenn die Grundrechte des Art. 6 Abs. 1 und Abs. 3 GG auch Pflegeeltern zugutekommen können, so ist ihnen eher zuzumuten, den mit der Herausnahme des Kindes aus der Pflegefamilie verbundenen Verlust zu ertragen, denn ihre Rechte müssen im Verhältnis zu dem Elternrecht des Art. 6 Abs. 2 GG beurteilt werden. Zwar kann eine Verbleibensanordnung getroffen werden, wenn durch die Herausgabe schwere Schäden des Kindes zu befürchten sind. Es ist auch

---

156 Unterblieben in BVerfG FamRZ 2009, 1897 (1898).
157 BVerfG FamRZ 2017, 524 ff. mAnm Salgo, der angesichts der Ausgangsentscheidung des OLG die gesetzlich zu regelnde Fortbildungsverpflichtung der Familienrichter anmahnt.
158 VerfGH Berlin 14.9.2010 – VerfGH 156/09; § 1626 Abs. 2.
159 BVerfGE 68, 176.

zweifellos so, dass jede Trennung des Kindes von seiner unmittelbaren Bezugsperson eine erhebliche psychische Belastung für das Kind darstellt. Dieses genügt allerdings nicht, um die Herausgabe des Kindes an seine Eltern zu verweigern, denn dann wäre eine Zusammenführung von Eltern und Kindern regelmäßig schon dann ausgeschlossen, wenn das Kind seine „sozialen Eltern" gefunden hat.[160]

V. Mutterschutz (Abs. 4)

1. Grundsätze. Art. 6 Abs. 4 GG verleiht jeder Mutter einen grundrechtlichen   81
Anspruch auf den **Schutz und die Fürsorge** der Gemeinschaft. Die Vorschrift erweitert damit den allgemeinen Familienschutz des Art. 6 Abs. 1 GG, indem sie den besonderen Belastungen von Schwangerschaft, Geburt und Stillzeit und den damit verbundenen unmittelbaren Folgen Rechnung trägt. Art. 6 Abs. 4 GG schützt in erster Linie die Mutter, andererseits kommt der Mutterschutz dem einzelnen Kind zugute und liegt daneben auch im Interesse der Gemeinschaft, die auf die Existenz einer nächsten Generation angewiesen ist.[161] Art. 6 Abs. 4 GG regelt die spezifischen Fragen der **Mutterschaft im biologischen Sinn**. Er erfasst alle Umstände der Schwangerschaft, Geburt und Stillzeit.[162] Neben dem verbindlichen Verfassungsauftrag an den Gesetzgeber, der vor allem die Gewährung einer Schonzeit vor und nach der Geburt fordert, ist die Norm Ausdruck einer verfassungsrechtlichen Wertentscheidung, die für den gesamten Bereich des öffentlichen und privaten Rechts verbindlich ist.[163]

2. Mutter. Den Schutz des Art. 6 Abs. 4 GG genießt die biologische Mutter   82
ihres Kindes. Adoptiv-, Stief- oder Pflegemüttern steht dieser spezifische Grundrechtsschutz nicht zu, selbst wenn sie ähnlichen Belastungen ausgesetzt sind und eine vergleichbar enge Beziehung zum Kind haben. Die soziale Mutterschaft ist durch Art. 6 Abs. 1 GG geschützt. Daraus folgt umgekehrt, dass eine Frau den Mutterschutz des Abs. 4 nicht verliert, wenn keine soziale Mutterschaft besteht, sie zB ihr Kind zur Adoption freigibt oder das Kind unmittelbar nach der Geburt bei Pflegeeltern untergebracht wird. Richtigerweise genießt auch die „**Leihmutter**" den Schutz des Abs. 4, während die „nur" genetische Mutter, die ihr Kind von einer anderen Frau austragen lässt, sich nicht darauf berufen kann.[164]

Der Schutz beginnt mit der **Schwangerschaft**. Das Ende ist zeitlich nicht festge-   83
legt. Solange sich die Frau auf die mit Schwangerschaft und Geburt verbundenen Belastungen und Nachteile berufen kann, steht ihr der Mutterschutz zu und wirkt auch noch beim Bezug von Rente, bei der die Kindererziehungszeiten rentenerhöhend berücksichtigt werden. Bei dieser weiten Betrachtungsweise führen weder die Volljährigkeit des Kindes noch sein Tod zum Ende der staatlichen Fürsorge, die mit zeitlichem Abstand zur Geburt des Kindes allerdings abnimmt. Auch ein vorzeitiges Ende der Schwangerschaft bei Tot- oder Fehlgeburt lässt

---

160 BVerfG FamRZ 2006, 1593 ff. mit dem Hinweis, dass die Grundrechtsverletzung besonders gewichtig sei, weil von der angegriffenen Entscheidung eine abschreckende Wirkung ausgehe, die Dritte vom Gebrauch ihrer Elternrechte abhalten könnte. BVerfG FamRZ 2010, 865: Herausgabe eines Kindes von den Pflegeeltern an die leiblichen Eltern, maßgeblich ist das Wohl des Kindes.
161 Bonner Kommentar/Seiler GG Art. 6 Abs. 4 Rn. 13 mwN.
162 BVerfG FamRZ 2004, 1270.
163 BVerfGE 32, 273.
164 Maunz-Dürig/Badura GG Art. 6 Abs. 4 Rn. 154; Funcke, Leihmutterschaftsfamilien, NZFam 2016, 207.

den Grundrechtsschutz nicht entfallen. Er besteht im Umfang der Fürsorgebe-
dürftigkeit der Mutter fort.

84 Der Mutterschutz ist abzugrenzen von Art. 6 Abs. 1 GG, dem Schutz der Elternschaft. Abs. 4 scheidet immer dann als Prüfungsmaßstab aus, wenn ein Sachverhalt nicht allein Mütter betrifft.[165] Dabei ist auch zu berücksichtigen, dass Art. 3
Abs. 2 GG eine Ungleichbehandlung von Frauen und Männern und damit Regelungen verbietet, die zur Festschreibung überkommener Rollenverteilungen führen. Alle Aspekte der **Beziehung zwischen Mutter und Kind**, Abstammungsfragen oder die Ausgestaltung der Mutterrolle sind nach den Abs. 1–3 zu beurteilen
und nicht nach Abs. 4. Dennoch überschneidet sich der Schutzzweck der Normen gelegentlich: Die Beschäftigungsverbote nach dem MuSchG schützen in geringem zeitlichen Umfang die Schwangere und Stillende während der Schwangerschaft und wenige Wochen nach der Geburt des Kindes. Die Möglichkeit der
anschließenden Elternzeit nach dem BEEG steht beiden Eltern und ggf. auch anderen tatsächlich betreuenden Personen (wie namentlich Großeltern) zu.

85 **3. Schutz und Fürsorge.** Art. 6 Abs. 4 GG verleiht der Mutter ein **Abwehrrecht
gegen Eingriffe des Staats.** Er hat alles zu unterlassen, was die körperliche und
seelische Gesundheit und die soziale Stellung der Mutter beeinträchtigt. Einen
direkten Leistungsanspruch gegen den Staat hat sie dagegen nicht. Alle staatlichen Leistungen stehen unter dem ungeschriebenen Vorbehalt des insbesondere
finanziell Möglichen. Abs. 4 enthält somit zunächst einen Auftrag an den Gesetzgeber zur Schaffung von mutterschützenden Normen. Als wertentscheidende
Grundsatznorm strahlt Abs. 4 auf alle Bereiche des privaten und öffentlichen
Lebens aus und enthält damit verbindliche Leitlinien für Gesetzgebung und Gesetzesanwendung.

86 Der Staat ist verpflichtet, die Mutter gegen Übergriffe privater Dritter zu schützen, was insbesondere im Arbeitsrecht und im Familienrecht seinen einfachgesetzlichen Ausdruck findet.[166] Darüber hinaus ist er verpflichtet, die spezifischen
Belastungen von Müttern auszugleichen. Das Schutzgebot aus Abs. 4 hat – auch
– das Ziel und die Tendenz, den Gesetzgeber zu verpflichten, wirtschaftliche Belastungen der Mütter, die im Zusammenhang mit ihrer Schwangerschaft und
Mutterschaft stehen, auszugleichen. Insoweit schützt Art. 6 Abs. 4 GG die Mutter in vergleichbarer Weise wie Art. 6 Abs. 1 GG Ehe und Familie. Allerdings bedeutet das nicht, dass der Gesetzgeber gehalten wäre, jede mit der Mutterschaft
zusammenhängende wirtschaftliche Belastung auszugleichen.[167] Der Gesetzgeber ist nicht verpflichtet, dem Förderungsgebot ohne Rücksicht auf sonstige Belange nachzukommen.[168] Das Förderungsgebot findet seinen Ausdruck insbesondere in der Sozialgesetzgebung.[169]

87 Art, Maß und die Wahl der Schutzinstrumente und Förderinstrumente sind Aufgabe des Gesetzgebers. Er hat dazu einen weiten Ermessens- und Gestaltungsspielraum, der andererseits insbesondere unter Beachtung des Gleichheitsgebots
und des Diskriminierungsgebots des Art. 3 Abs. 1 GG erheblich eingeengt ist.[170]

---

165 BVerfGE 87, 1: Berücksichtigung von Kindererziehungszeiten in der Rente.
166 Maunz-Dürig/Badura GG Art. 6 Abs. 4 Rn. 167.
167 BVerfGE 60, 68.
168 BVerfG FamRZ 2006, 680.
169 Vgl. Aufzählung bei Bonner Kommentar/Seiler Art. GG 6 Abs. 4 Rn. 66.
170 Bonner Kommentar/Seiler GG Art. 6 Abs. 4 Rn. 47, Besserstellungsgebot gegenüber
     Männern und Nichtmüttern?

4. Ausgesuchte neuere Entscheidungen. a) Familienrecht. Enthält ein **Eheer-** 88
trag eine erkennbar einseitige Lastenverteilung zu Ungunsten der Frau und ist er
vor der Ehe und im Zusammenhang mit einer Schwangerschaft geschlossen
worden, gebietet es auch der Anspruch auf Schutz und Fürsorge der werdenden
Mutter aus Art. 6 Abs. 4 GG, die ehevertragliche Vereinbarung einer besonderen
richterlichen Inhaltskontrolle zu unterziehen.[171]

b) Strafverfahren. Der Schutz des Art. 6 Abs. 4 GG erfasst Schwangerschaft, 89
Geburt und Stillzeit. Er enthält neben dem verbindlichen Verfassungsauftrag an
den Gesetzgeber, eine gewisse Schonzeit vor und nach der Geburt zu gewähren,
eine grundlegende verfassungsrechtliche Wertentscheidung, die für den gesamten
Bereich des öffentlichen und privaten Rechts verbindlich ist. Als Ausdruck dieser Wertentscheidung verlangt Art. 6 Abs. 4 GG Beachtung auch bei Auslegung
und Anwendung des einfachen Gesetzesrechts durch die Gerichte.[172] Im Rahmen der Beurteilung der Verhandlungsfähigkeit ist eine **Risikoschwangerschaft**
der Angeklagten zu berücksichtigen.

c) Zivilrecht. Der in Art. 6 Abs. 4 GG zum Ausdruck kommende Schutzauftrag, 90
der für den gesamten öffentlichen und privaten Bereich des Rechts verbindlich
ist, beruht mit darauf, dass die Mutterschaft auch im Interesse der Gemeinschaft
liegt und deren Anerkennung verlangt. Zwar ist die Auslegung und Anwendung
zivilrechtlicher Vorschriften Sache der ordentlichen Gerichte, diese müssen aber
Bedeutung und Tragweite der von ihren Entscheidungen berührten Grundrechte
interpretationsleitend berücksichtigen. Sie haben eine Abwägung zwischen den
widerstreitenden grundrechtlichen Schutzgütern vorzunehmen und dabei die besonderen Umstände des Falles zu berücksichtigen. Diese Abwägung hatte das
Amtsgericht in einem Schadensersatzprozess wegen der Fitness-Studios wegen der
Kündigung des Vertrages aufgrund einer Risikoschwangerschaft unterlassen und
damit das Grundrecht der Beschwerdeführerin aus Art. 6 Abs. 4 GG verletzt.[173]

d) Arbeitsrecht. Der gesetzliche Mutterschutz ist Ausdruck des Art. 6 Abs. 4 91
GG, der das Ziel hat, die im Arbeitsverhältnis stehende Mutter und ihr (ungebo-
renes) Kind vor arbeitsplatzbedingten Gefahren, Überforderungen und Gesund-
heitsschädigungen zu schützen. Aus Art. 6 Abs. 4 GG ergibt sich allerdings
nicht, dass die Kosten des Mutterschutzes allein vom Staat zu tragen sind. Vielmehr ist der Mutterschutz eine Verpflichtung der Gemeinschaft. Der Gesetzgeber kann sich bei seiner Aufgabe, den Mutterschutz zu gewährleisten, auch Dritter bedienen. Eine **Aufteilung der Kosten des Mutterschutzes** zwischen Bund,
Krankenkassen und Arbeitgebern ist deshalb verfassungsrechtlich zulässig. Der
Gesetzgeber hat bei der Ausgestaltung der Regelungen jedoch die Gefahr möglicher faktischer (mittelbarer) Diskriminierungen zu beachten, die von Schutzge-
setzen zugunsten von Frauen ausgehen können. Er kann zwar im Rahmen seines
Gestaltungsermessens entscheiden, wie er dem Gebot des Art. 3 Abs. 2 GG
nachkommt. Legt er aber in Erfüllung seines Schutzauftrags zugunsten der Mut-

---

171 BVerfG FamRZ 2001, 343; ob die Überlegungen des Bundesverfassungsgerichts zur
     Unterlegenheit der nichtverheirateten Schwangeren bei der Beurteilung eines nach dem
     Jahr 2008 abgeschlossenen Ehevertrages noch das gleiche Gewicht haben wie die Beur-
     teilung eines im Jahr 1976 abgeschlossenen und im Jahr 2001 vom Bundesverfassungs-
     gericht bewerteten Ehevertrages, mag dahinstehen. Die Ausführungen geben aber Anre-
     gungen zu anwaltlichem Vortrag bereits in der ersten Instanz.
172 BVerfG FamRZ 2004, 1270.
173 BVerfG NJW 2005, 2383.

ter dem Arbeitgeber (Zahlungs-)Pflichten auf, besteht die Gefahr zusätzlicher Beschäftigungshemmnisse für (alle) Frauen. Dem muss der Gesetzgeber durch Regelungen entgegenwirken, die dem aus der Verfassung folgenden Diskriminierungsverbot Rechnung tragen.[174]

92   e) **Arbeitslosenversicherung.** Art. 6 Abs. 4 GG verpflichtet den Gesetzgeber grundsätzlich auch, wirtschaftliche Belastungen der Mutter, die im Zusammenhang mit Schwangerschaft und Mutterschaft stehen, auszugleichen. Zwar ist er nicht verpflichtet, jede mit der Mutterschaft zusammenhängende wirtschaftliche Belastung auszugleichen. Untersagt er aber mit den Beschäftigungsverboten des Mutterschutzgesetzes die zeitweise Fortsetzung oder Wiederaufnahme einer versicherungspflichtigen Beschäftigung, so hat er die sich aus diesem Verbot unmittelbar ergebenden sozialrechtlichen Nachteile so weit wie möglich auszugleichen und die Zeiten dieser Beschäftigungsverbote bei der Berechnung der Anwartschaften in der gesetzlichen Arbeitslosenversicherung zu berücksichtigen.[175]

VI. Nichteheliche Kinder (Abs. 5)

93   **1. Grundsätze.** Art. 6 Abs. 5 GG ist eine Schutznorm zugunsten der nichtehelichen Kinder:[176] Er geht davon aus, dass nichtehelichen Kinder nach ihrer tatsächlichen und sozialen Situation, namentlich weil sie nicht in einer vollständigen Familiengemeinschaft aufwachsen, insgesamt ungünstigere Lebensverhältnisse vorfinden als die ehelichen Kinder. Deshalb schreibt Abs. 5 vor, den nichtehelichen Kindern die **gleichen Bedingungen** für ihre körperliche und seelische Entwicklung sowie für ihre Stellung in der Gesellschaft zu schaffen wie den ehelichen Kindern.[177] Er enthält damit einen Verfassungsauftrag zur Gleichstellung, der aber auch die subjektiven Wirkungen eines Individualrechts entfaltet, das heißt, dass sich das Kind auf eine Verletzung seines Rechts aus Abs. 5 berufen kann.

94   Die in dieser Norm ausgeprägte verfassungsrechtliche Wertentscheidung bindet alle öffentliche Gewalt. Verwaltung und Gerichte haben diesen Verfassungsauftrag bei allen Entscheidungen zu berücksichtigen und ihm Rechnung zu tragen. Die in Abs. 5 ausgeprägte **Wertauffassung des Grundgesetzes** ist bei der den Gerichten anvertrauten Interessenabwägung und vor allem bei der Interpretation der einfachen Gesetze zugrunde zu legen. Dabei gibt Art. 6 Abs. 5 GG eine Lösung im Einzelfall nicht vor.[178] Die Benachteiligung von nichtehelichen Kindern gegenüber ehelichen bedarf stets einer überzeugenden Begründung. Sind Abweichungen gegenüber dem Recht der ehelichen Kinder deshalb nur in eingeschränktem Umfang zulässig, so könnte dieses der Fall sein, wenn eine förmliche Gleichstellung in ebenso geschützte Rechtspositionen Dritter eingreifen würde.[179]

---

174   BVerfG NJW 2004, 146.
175   BVerfG FamRZ 2006, 680.
176   Terminologie: Der Begriff des „unehelichen" Kindes wurde 1969 mit dem NEhelG durch den weniger diskriminierenden Begriff des „nichtehelichen" Kindes in allen einfachgesetzlichen Vorschriften ersetzt.
177   BVerfGE 26, 44.
178   BVerfG FamRZ 2009, 492.
179   BVerfG FamRZ 2004, 433 zur unterschiedlichen erbrechtlichen Behandlung der vor dem 1.7.1949 geborenen nichtehelichen Kinder.

Art. 6 Abs. 5 GG begünstigt ausschließlich das nichteheliche Kind, nicht aber   95
dessen Eltern.[180] Dabei kann die verfassungsrechtliche Wertentscheidung nicht
nur dann verfehlt sein, wenn nichteheliche Kinder im Verhältnis zu ehelichen
Kindern schlechter gestellt werden, sondern auch, wenn einzelne Gruppen nichtehelicher Kinder im Verhältnis zu anderen Gruppen mittelbar schlechter gestellt
werden.[181] Der Schutz der Mutter folgt ggf. aus Abs. 4. Der Vater kann sich auf
Abs. 1 und 2 berufen.[182]

Der Verfassungsauftrag des Abs. 5 verpflichtet den Gesetzgeber, den nichtehe-   96
lichen Kindern durch positive Regelungen die **gleichen Lebensbedingungen** zu
schaffen wie den ehelichen Kindern. Dabei hat der Gesetzgeber einen gewissen
Spielraum bei der Auswahl der Mittel. Die Erfüllung des Verfassungsauftrags
verlangt keine schematische Übertragung der für ehelich geborene Kinder geltenden Rechtsvorschriften auf die nichtehelichen Kinder. Es kann gerechtfertigt
oder sogar geboten sein, das nichteheliche Kind in einzelnen Beziehungen anders
und besser zu stellen als das eheliche Kind.[183] Das **verbindliche Ziel des Verfassungsauftrags** ist die vollständige Gleichstellung ehelicher und nichtehelicher
Kinder, die Schaffung wirklich gleicher Bedingungen. Gestaltungsspielraum hat
der Gesetzgeber jedoch bei dem einzuschlagenden Weg, soweit verschiedene verfassungsmäßige Lösungen zur Verfügung stehen. Bei jeder Regelung ist also zu
prüfen, ob es für Ungleichbehandlung überzeugende sachliche Gründe gibt.

2. Nichteheliche Kinder. Art. 6 Abs. 5 GG schützt alle Kinder, deren Eltern zum   97
Zeitpunkt der Geburt nicht verheiratet waren. Für den Schutz dieses Grundrechts kommt es nicht darauf an, ob die Eltern später heiraten. Der Schutz steht
nur ihnen und nicht etwa Kindern aus geschiedenen Ehen zu, mag auch die soziale Situation vergleichbar sein. Ziel ist es allein, die vom Verfassungsgesetzge-
ber unterstellten **Nachteile der nichtehelichen Geburt** zu beseitigen.

Der Schutz des Abs. 5 steht allen nichtehelich geborenen Kindern zu. Gemeint   98
sind nicht nur minderjährige, sondern auch volljährige Kinder, nicht nur deutsche, sondern auch Kinder mit ausländischem Pass, sofern ein sachlich-
räumlicher Bezug zum Inland besteht.

Entscheidend ist aber immer die Prüfung, ob eine Norm tatsächlich zu einer   99
auch nur mittelbaren benachteiligenden Ungleichbehandlung nichtehelicher gegenüber ehelichen Kindern führt. Man kann heute nicht mehr davon ausgehen,
dass es in aller Regel nichteheliche Kinder sind, die nur mit einem Elternteil leben, und eheliche Kinder fast immer in häuslicher Gemeinschaft mit beiden Elternteilen aufwachsen. Deshalb berühren gesetzliche Regelungen, die nicht nach
dem Familienstand des Betroffenen bei seiner Geburt differenzieren, den Schutzbereich des Art. 6 Abs. 5 GG nicht.[184]

3. Gleiche Bedingungen. Art. 6 Abs. 5 GG enthält einen Verfassungsauftrag, der   100
die Gleichstellung und Gleichbehandlung aller Kinder ungeachtet ihres Famili-
enstandes zum Ziel hat, wobei der Gesetzgeber sich nicht mit einer bloßen Annäherung der Stellung des ehelichen und des nichtehelichen Kindes zufrieden ge-

---

180 BVerfG NJW 2011, 1663: keine Witwenrente für überlebende Partnerin einer nichtehe-
       lichen Lebensgemeinschaft.
181 BVerfG FamRZ 2009, 492: erbrechtliche Stellung eines vor dem 1.7.1949 nichtehelich
       geborenen Kindes.
182 BVerfGE 79, 203; 112, 50, 67; 17, 148.
183 So ausdrücklich BVerfGE 26, 44 Ls. 2.
184 BVerfG FamRZ 2010, 2050 zum Haftungsprivileg.

ben darf und auch eine mittelbare Schlechterstellung verboten ist.[185] Die Vorschrift untersagt nicht nur jede unmittelbare und mittelbare Diskriminierung, sondern sie enthält zugleich den Auftrag, **positive Regelungen zur Gleichstellung zu schaffen.**[186]

---

185   BVerfG FamRZ 2007, 965 zum Betreuungsunterhalt.
186   Bonner-Kommentar/Seiler Art. 6 Abs. 5 GG Rn. 39: kompensierende Förderung.

Bürgerliches Gesetzbuch (BGB)

In der Fassung der Bekanntmachung vom 2. Januar 2002
(BGBl. I S. 42, ber. S. 2909 und BGBl. 2003 I S. 738)
(FNA 400-2)
zuletzt geändert durch Art. 1 G zur Einführung des Rechts auf Eheschließung
für Personen gleichen Geschlechts vom 20. Juli 2017 (BGBl. I S. 2787)

– Auszug –

§ 426 BGB Ausgleichungspflicht, Forderungsübergang

(1) [1]Die Gesamtschuldner sind im Verhältnis zueinander zu gleichen Anteilen verpflichtet, soweit nicht ein anderes bestimmt ist. [2]Kann von einem Gesamtschuldner der auf ihn entfallende Beitrag nicht erlangt werden, so ist der Ausfall von den übrigen zur Ausgleichung verpflichteten Schuldnern zu tragen.

(2) [1]Soweit ein Gesamtschuldner den Gläubiger befriedigt und von den übrigen Schuldnern Ausgleichung verlangen kann, geht die Forderung des Gläubigers gegen die übrigen Schuldner auf ihn über. [2]Der Übergang kann nicht zum Nachteil des Gläubigers geltend gemacht werden.

I. Allgemeines

1 Die Vermögensauseinandersetzung zwischen Eheleuten erfolgt nur zum Teil über die güterrechtlichen Regelungen, die Verteilung der Haushaltsgegenstände und die Wohnungszuweisung. Daneben gibt es eine „zweite Spur" des Vermögensausgleichs.[1] Während ihres Zusammenlebens nehmen Eheleute oft Kredite auf, um ihr gemeinsames Leben zu finanzieren. So schaffen sie sich einen Pkw an, richten ihre Wohnung ein oder erwerben ein Eigenheim. Für die Rückzahlung der **Schulden** haften sie zumeist gemeinsam, denn die Banken geben einem Ehegatten regelmäßig nur dann ein Darlehen, wenn der Ehepartner die Mithaftung übernimmt. Viele der gesamtschuldnerisch eingegangenen Verbindlichkeiten sind, wenn die Eheleute auseinandergehen, noch nicht getilgt. Es stellt sich dann die Frage, wer **im Innenverhältnis** für die Schulden aufzukommen hat und ob ein Ehegatte für bereits geleistete **Schuldtilgungen** vom anderen – ab wann und in welcher Höhe – Ausgleich verlangen kann.

II. Rechtliche Grundlagen

2 **1. Gesetzliche Regel und anderweitige Bestimmung.** Nach § 426 Abs. 1 S. 1 sind Gesamtschuldner im Verhältnis zueinander zu gleichen Anteilen verpflichtet, soweit nicht etwas anderes bestimmt ist. Nach der gesetzlichen Grundregel hat jeder Ehegatte im Innenverhältnis die **Hälfte der Schulden** zu tragen. Die gesetzliche Regelung greift jedoch nur ein, wenn ein anderer Verteilungsmaßstab fehlt. Aus diesem Grund ist in jedem Einzelfall vorweg zu klären, ob nicht etwas anderes bestimmt ist.

3 Eine **anderweitige Bestimmung** kann sich nach ständiger Rechtsprechung des Bundesgerichtshofs[2] aus dem Gesetz, einer Vereinbarung, dem Inhalt und Zweck eines zwischen den Gesamtschuldnern bestehenden Rechtsverhältnisses oder der Natur der Sache, mithin der besonderen Gestaltung des tatsächlichen Geschehens, ergeben. Eheleute vereinbaren während des Zusammenlebens – zumeist stillschweigend – einen von der Halbteilung abweichenden Ausgleichsmaßstab. Aber auch aus der konkreten Aufgabenverteilung in der Ehe kann auf eine anderweitige Bestimmung geschlossen werden. Der Gesamtschuldnerausgleich wird, wie der Bundesgerichtshof[3] wiederholt ausgesprochen hat, durch die eheliche Lebensgemeinschaft in der Weise „überlagert", dass sich im Innenverhältnis eine andere Aufteilung ergibt.

4 **2. Gesetzlicher Forderungsübergang.** Befriedigt ein Ehegatte als Gesamtschuldner den Gläubiger, geht die Forderung auf ihn über, soweit er mehr als den von ihm im Innenverhältnis zu tragenden Anteil geleistet hat (§ 426 Abs. 2 S. 1). Mit der Forderung gehen auch Sicherungsrechte, die für die Forderung bestehen, sowie die Rechte aus einer für sie bestellten Bürgschaft auf den „neuen Gläubiger"

---

1 Schwab, 11. Dt. Familiengerichtstag, Brühler Schriften, S. 50.
2 BGH FamRZ 2006, 1178 (1179); 2005, 1236 (1237); 2002, 1025; 2002, 739 (740); 1997, 487.
3 BGH FamRZ 2005, 1236 (1237); 1995, 216 (217); 1993, 676 (678); 1988, 264 (265); 1984, 29 (30).

über (§§ 412, 401). Die übergegangene Forderung nach Abs. 2 und der Ausgleichsanspruch nach Abs. 1 bestehen nebeneinander.[4]

III. Darlegungs- und Beweislast für anderweitige Bestimmung

Nach der gesetzlichen Regel des § 426 Abs. 1 S. 1 haften Gesamtschuldner im 5 Innenverhältnis zu gleichen Teilen. Wer weniger als die Hälfte einer gesamtschuldnerischen Verbindlichkeit tragen will, muss also darlegen und beweisen, dass etwas anderes bestimmt ist.[5] Das Gleiche gilt für den, der die Schuld getilgt hat und mehr als die Hälfte als Ausgleich verlangt.

Beispiel: Ehemann M verlangt ab 1. März hälftigen Ausgleich für eine von ihm 6 bezahlte gemeinsame Schuld. Ehefrau F erwidert, sie hätten sich erst am 1. Mai getrennt.

M stützt seinen Anspruch auf die gesetzliche Regel „hälftiger Ausgleich". F muss nun als Ausnahme von der Regel darlegen, dass etwas anderes bestimmt ist. Sie müsste also nachweisen, dass zu dem Zeitpunkt, zu dem sie auf hälftige Erstattung in Anspruch genommen wird, die eheliche Lebensgemeinschaft noch bestand.[6]

IV. Sittenwidrigkeit der Mithaftung

1. Krasse finanzielle Überforderung. Wird ein Ehegatte von der Bank oder dem 7 anderen Ehegatten als Mitschuldner in Anspruch genommen, sollte er vorweg prüfen, ob die von ihm auf Verlangen des Kreditinstituts übernommene Mitverpflichtung wegen krasser finanzieller Überforderung **sittenwidrig und damit nichtig** ist. Dabei ist zwischen echter Mitschuldnerschaft und bloßer Mithaftung in Form des Schuldbeitritts oder der Schuldmitübernahme zu unterscheiden. Bei echter Mitschuldnerschaft führt allein der Umstand, dass der mitverpflichtete Ehegatte das Darlehen voraussichtlich nicht zurückzahlen kann, nicht schon zur Sittenwidrigkeit der Mithaftung.[7]

Echter Darlehensnehmer ist nach ständiger Rechtsprechung des Bundesgerichts- 8 hofs[8] nur, wer ein **eigenes sachliches oder persönliches Interesse** an der Kreditaufnahme hat und als im Wesentlichen **gleichberechtigter Partner** über Auszahlung und Verwendung der Darlehensvaluta mitentscheiden darf. Ob diese Voraussetzungen erfüllt sind, beurteilt sich ausschließlich nach den Verhältnissen auf Seiten der Mitdarlehensnehmer. Die kreditgebende Bank hat es daher nicht in der Hand, etwa durch eine im Darlehensvertrag gewählte Formulierung wie „Mitdarlehensnehmer", „Mitantragsteller" oder „Mitschuldner" einen bloß Mithaftenden zu einem gleichberechtigten Mitdarlehensnehmer zu machen und dadurch den Nichtigkeitsfolgen des § 138 zu entgehen. Maßgeblich ist vielmehr der wirkliche Parteiwille bei Abschluss des Vertrags und die Interessenlage der Parteien (§§ 133, 157).[9]

---

4 Palandt/Grüneberg § 426 Rn. 16.
5 BGH FamRZ 2005, 1236 (1237); 2001, 1442 (1443); 1988, 264 (265); 1987, 1239 (1241); Palandt/Grüneberg § 426 Rn. 8.
6 Schulz/Hauß, Vermögensauseinandersetzung, Rn. 1469.
7 BGH FamRZ 2004, 1016 (1018).
8 BGH NJW 2005, 973 (974) mAnm Krüger; BGH FamRZ 2004, 1016 (1017); 2002, 1694; NJW-RR 2004, 924.
9 BGH FamRZ 2004, 1016 (1017); 2002, 1694.

9   Ein **eigenes persönliches Interesse** einer mittellosen Ehefrau an einer Darlehens-
     aufnahme hat der Bundesgerichtshof[10] in folgendem Fall angenommen: Die
     Eheleute hatten mit dem Kredit den Kauf eines Pkw der unteren Mittelklasse fi-
     nanziert. Es handelte sich um das einzige Fahrzeug der Eheleute, das zur Gestal-
     tung und Bewältigung des täglichen Lebens, zB für Einkaufsfahrten, benutzt
     wurde. Der Umstand, dass der Kaufvertrag nur vom Ehemann unterzeichnet
     und der Wagen auch nur von ihm gesteuert wurde, weil die Ehefrau seinerzeit
     keinen Führerschein hatte, spricht nicht gegen das eigene Interesse der Ehefrau
     am Erwerb des Fahrzeugs und der Kreditaufnahme.

10   In einem vom OLG Frankfurt/M.[11] entschiedenen Fall hatten die Eheleute beste-
     hende Kreditverbindlichkeiten umgeschuldet, die sie allesamt im Rahmen ihres
     gemeinsamen Wirtschaftens eingegangen waren. So hatten die Ehepartner einen
     Pkw angeschafft, eine neue Wohnung eingerichtet und ihr Girokonto überzogen.
     Obwohl die Ehefrau kein eigenes Einkommen und Vermögen hatte und als
     Hausfrau die Kinder betreute, war die vertragliche Verpflichtung als „Mitdarle-
     hensnehmerin" wirksam, da sie ein eigenes Interesse an der Kreditgewährung
     hatte und auch **gleichberechtigte Vertragspartnerin** war.

11   Dagegen hat das OLG Düsseldorf[12] ein eigenes unmittelbares Interesse einer fi-
     nanziell krass überforderten Ehefrau in einem Fall verneint, in dem die Eheleute
     gemeinsam ein Darlehen zur Finanzierung eines Hausgrundstücks aufgenom-
     men hatten, das **allein dem Ehemann gehörte**. Der Umstand, dass damit ein
     Heim für die Eheleute und die Tochter geschaffen werden sollte, stellt nur einen
     – nicht einmal zuverlässig feststellbaren und häufig nur flüchtigen – mittelbaren
     Vorteil dar.

12   Ist ein Ehegatte **echter Mitdarlehensnehmer**, kommt ein Verstoß des Darlehens-
     vertrags gegen die guten Sitten (§ 138) wegen krasser finanzieller Überforderung
     von vornherein nicht in Betracht. Aufgrund der **Vertragsfreiheit** ist es grundsätz-
     lich jedem Volljährigen unbenommen, in eigener Verantwortung Geschäfte ab-
     zuschließen und sich zu Leistungen zu verpflichten, die ihn finanziell überfor-
     dern und von ihm notfalls nur unter dauernder Inanspruchnahme auch des
     pfändungsfreien Einkommens erbracht werden können.[13]

     Nur wenn der Ehepartner kein eigenes persönliches oder wirtschaftliches Inter-
     esse an der Kreditaufnahme hat, kann die von den Banken geforderte Mitver-
     pflichtung sittenwidrig sein.

13   Eine **Mithaftung oder Bürgschaft** verstößt nach dem Bundesgerichtshof gegen
     die **guten Sitten** und ist damit nichtig (§ 138 Abs. 1), wenn sie den verpflichteten
     Ehe- oder Lebenspartner finanziell krass überfordert und wenn er die ruinöse
     Haftung aus emotionaler Verbundenheit mit dem Hauptschuldner übernommen
     hat.[14] Eine **krasse finanzielle Überforderung** liegt nach der Rechtsprechung bei
     nicht ganz geringen Bankschulden grundsätzlich dann vor, wenn der Mithaften-

---

10 BGH FamRZ 2004, 1016 (1018).
11 OLG Frankfurt/M. FamRZ 2006, 334 mAnm Wever.
12 OLG Düsseldorf FamRZ 2007, 818; ebenso BGH FamRZ 2002, 1694 (1695); BGH
    NJW 2000, 1182 (1184).
13 BGH FamRZ 2004, 1016 (1018); 1999, 154.
14 BGH NJW 2005, 971 (973); BGH FamRZ 2002, 1694 (1695); 2002, 1253 (1254);
    2002, 314 (315); OLG Düsseldorf FamRZ 2007, 818 (819).

de voraussichtlich nicht einmal die laufenden Zinsen der Hauptschuld mit seinen eigenen finanziellen Mitteln auf Dauer aufbringen kann.[15]

Bei der Prüfung der finanziellen Überforderung sind **dingliche Sicherheiten** des 14 Kreditnehmers nur zu berücksichtigen, wenn sie das **Haftungsrisiko** des mitverpflichteten Ehepartners auf ein vertretbares Maß beschränken.[16] Diese engen Voraussetzungen sind nicht erfüllt, wenn eine Grundschuld nicht nur das Darlehen, sondern auch alle künftigen Forderungen der Bank gegen den Kreditnehmer sichern soll.

Das Interesse des Gläubigers, sich mithilfe von Bürgschaften und Mithaftungs- 15 abreden möglichst wirksam vor etwaigen Vermögensverschiebungen zwischen Eheleuten zu schützen, stellt allein keinen die Sittenwidrigkeit ausschließenden Umstand dar.[17] Jedoch können die Kreditgeber vertraglich festlegen, dass die vereinbarte Mitverpflichtung nur in dem Fall und nur in dem Umfang eintreten soll, in dem es zu Vermögensübertragungen auf den mithaftenden Ehepartner kommt.[18]

2. Beweislast für krasse finanzielle Überforderung. Den Kreditgeber trifft die 16 Darlegungs- und Beweislast, dass sich der krass überforderte Ehe- oder Lebenspartner bei Abgabe der Mithaftungserklärung von einer realistischen Einschätzung des wirtschaftlichen Risikos und nicht von fremdbestimmten Motiven hat leiten lassen. Der **Bundesgerichtshof**[19] hat dazu ausgeführt: „In einem Fall krasser finanzieller Überforderung wird **widerleglich vermutet**, dass die ruinöse Bürgschaft oder Mithaftung allein aus **emotionaler Verbundenheit** mit dem Hauptschuldner übernommen wurde und der Kreditgeber dies in sittlich anstößiger Weise **ausgenutzt** hat." Diese tatsächliche Vermutung eines sittlich anstößigen fremdbestimmten Handelns des Bürgen oder Mithaftenden muss das Kreditinstitut widerlegen oder entkräften.

Der Kreditgeber kann die Vermutung durch den **Nachweis seiner Unkenntnis** 17 von der krassen finanziellen Überforderung des Mitverpflichteten oder seiner emotionalen Verbundenheit mit dem Hauptschuldner widerlegen. Er kann die tatsächliche Vermutung aber auch dadurch ausräumen, dass er ein **persönliches oder wirtschaftliches Eigeninteresse des Mithaftenden** an der Kreditaufnahme nachweist.[20]

Der Umstand, dass eine finanziell krass überforderte Ehefrau geschäftlich nicht 18 unerfahren ist und für ihren Ehemann die Kreditgespräche geführt hat, fällt nach dem **Bundesgerichtshof**[21] als Beweisanzeichen nicht entscheidend ins Gewicht: „Auch erfahrene und **geschäftsgewandte Personen** können aus emotiona-

---

15 BGH NJW 2009, 2671 (2672) = FamRZ 2009, 1575 (Ls.); NJW 2005, 971 (972); BGH FamRZ 2006, 1024 (1025); FamRZ 2002, 1694 (1695); 2001, 1286 (1288); 2000, 736 (737); OLG Nürnberg NJW-RR 2011, 265 (ein Verbraucherdarlehen über 13.000 EUR ist nicht ganz geringfügig); eingehend Schnabl, Kehrtwende der Rechtsprechung zu sittenwidrigen Bürgschaftsverträgen, WM 2006, 706 ff.

16 BGH FamRZ 2002, 1694 (1695); 2001, 1286 (1288); OLG Düsseldorf FamRZ 2007, 818 (819).

17 BGH FamRZ 2006, 1024 (1025); 2002, 1550 (1552).

18 BGH NJW 2002, 2230 mAnm Schneider; OLG Frankfurt/M. NJW 2004, 2392 (2394); Wever Rn. 272.

19 BGH FamRZ 2002, 1253 (1254); ebenso 2002, 1694 (1695); 2002, 1550 (1551); 2002, 314 (315); BGH NJW 2005, 971 (972); 2005, 973 (975).

20 BGH FamRZ 2006, 1024 (1025); 2001, 1286.

21 BGH FamRZ 2003, 512 (513); BGH NJW 2002, 2230 (2231).

ler Verbundenheit zu ihrem Ehegatten Verbindlichkeiten eingehen, die sie finanziell krass überfordern."

19 **3. Unmittelbarer eigener Vorteil durch den Kredit.** Auch bei krasser finanzieller Überforderung des Mithaftenden oder Bürgen entfällt ein sittenwidriges Handeln, wenn dieser **unmittelbar eigene Interessen** mit der Darlehensaufnahme verfolgt.[22] Dies ist der Fall, wenn mit dem gewährten Darlehen ein **gemeinsamer Hausstand** gegründet werden soll. Einen eigenen geldwerten Vorteil erlangt der mithaftende Ehegatte auch, wenn der aufgenommene Kredit zum Kauf eines Wohngrundstücks verwendet wird, dessen Miteigentümer er wird.[23] Darf der Ehegatte oder Lebenspartner das mit dem Kredit erworbene oder ausgebaute Anwesen nur mitbewohnen, so stellt dies „keinen Vorteil dar, der vernünftigerweise eine hoffnungslose Überschuldung auszugleichen vermöchte".[24]

20 Ein **nur mittelbarer Vorteil** aus der Kreditgewährung reicht bei einer krassen finanziellen Überforderung des Bürgen oder Mithaftenden nicht aus, die Sittenwidrigkeit entfallen zu lassen.[25] So ergibt sich für den Mitverpflichteten kein unmittelbarer geldwerter Vorteil, wenn mit dem für den Betrieb des Hauptschuldners aufgenommenen Kredit auch sein künftiger Unterhalt gesichert werden soll. „Die **Unterhaltsbedürftigkeit** des einen Partners ist kein triftiger Grund, um ihm gegen seinen ausdrücklichen oder mutmaßlichen Willen das unternehmerische Risiko des anderen aufzubürden."[26]

21 **4. Zeitpunkt der finanziellen Überforderung.** Für die Feststellung einer krassen finanziellen Überforderung ist der **Zeitpunkt der Haftungsübernahme** oder des Abschlusses des Bürgschaftsvertrages maßgeblich.[27] Es ist eine **Prognose** zu erstellen, ob der Mithaftende innerhalb der Kreditlaufzeit voraussichtlich in der Lage sein wird, wenigstens die laufenden Zinsen aus dem pfändbaren Teil seines Einkommens oder Vermögens aufzubringen.[28] Vage und substanzlose Hoffnungen können nicht zur Grundlage einer seriösen und vernünftigen Zukunftsprognose gemacht werden.[29] Es muss eine begründete Aussicht auf eine alsbaldige wesentliche Verbesserung der finanziellen Leistungsfähigkeit bestehen.[30] Nimmt ein Gläubiger einen Mitverpflichteten in Anspruch, der zur Zeit der Haftungsübernahme finanziell krass überfordert war, so hat er **darzulegen und zu beweisen**, dass die Einbindung in die Haftung ausnahmsweise wegen einer zu erwartenden Verbesserung der finanziellen Lage dieses Mitschuldners wirtschaftlich sinnvoll war.[31]

22 **5. Aussicht auf künftige Vermögensmehrung.** Eine Bürgschaft oder ein Schuldbeitritt können trotz krasser finanzieller Überforderung des Mitverpflichteten wirksam sein, wenn die Parteien bei Vertragsabschluss davon ausgehen, dass der Mithaftende durch eine größere **Erbschaft** in absehbarer Zeit zu Vermögen

---

22 BGH FamRZ 2006, 1024 (1025); 2004, 1016 (1017); 2002, 1694 (1695); 2002, 1253 (1254); 2001, 1286 (1289).
23 BGH FamRZ 1993, 407 (408).
24 So BGH FamRZ 2000, 736 (738).
25 BGH FamRZ 2001, 1286 (1289); BGH NJW 1999, 2584 (2588).
26 So BGH FamRZ 2001, 1286 (1289).
27 BGH FamRZ 2006, 1024 (1025); 2002, 1694 (1695); 2002, 1253 (1254); BGH FuR 2000, 164 (169).
28 BGH FamRZ 2002, 1694 (1695); 2002, 314 (315).
29 BGH FamRZ 2002, 314 (315).
30 BGH FamRZ 2002, 1550 (1552); BGH NJW 1999, 2584 (2588).
31 BGH NJW 1999, 2584 (2588).

kommen werde. Der Schutz des Mitschuldners und Bürgen wird dadurch gewährleistet, dass die Verpflichtung erst mit Eintritt des Erbfalls fällig wird.[32] Die Sittenwidrigkeit bei krasser finanzieller Überforderung entfällt jedoch nur, wenn im Vertrag zwischen Bank und Mithaftendem eindeutig festgelegt ist, dass die Mitverpflichtung trotz Vermögenslosigkeit nur im Hinblick auf die zu erwartende Erbschaft eingegangen wird.[33] Schuldmitübernahme oder Bürgschaft sind jedoch dann sittenwidrig, wenn die Höhe der Mitverpflichtung das berechtigte Sicherungsinteresse der Bank weit übersteigt. So hat der Bundesgerichtshof[34] einen Verstoß gegen die guten Sitten in einem Fall angenommen, in dem eine Bürgschaft von 250.000 EUR im Hinblick auf eine zu erwartende Erbschaft von rund 160.000 EUR übernommen wurde.

6. Restschuldbefreiung bei Insolvenz des Mithaftenden. Auch wenn nach der 23 Insolvenzordnung die Möglichkeit besteht, Restschuldbefreiung zu erlangen (§§ 286 ff. InsO) und damit einer lebenslangen Überschuldung zu entgehen, ändert dies an der Sittenwidrigkeit einer Mithaftung bei krasser finanzieller Überforderung nichts.[35]

7. Weitere Fälle der Sittenwidrigkeit. Außer bei krasser finanzieller Überforderung des Mithaftenden oder Bürgen kann dem Kreditinstitut ein Verstoß gegen die guten Sitten auch angelastet werden, wenn der Vertreter der Bank das **Haftungsrisiko verharmlost oder verschleiert:** „Hier bitte unterschreiben Sie mal, Sie gehen dabei keine große Verpflichtung ein, ich brauche das für meine Akten."[36]

Verwerflich ist es auch, wenn eine Bank den Ehe- oder Lebenspartner durch 25 einen **Appell an seine Hilfsbereitschaft** und emotionale Verbundenheit dazu bewegt, eine möglicherweise ruinöse Mitverpflichtung zu übernehmen: „Jetzt können Sie mit Ihrer Unterschrift Ihre Liebe beweisen!"[37]

Schließlich kann sich ein verwerfliches Handeln des Kreditgebers bei einer **Über-** 26 **rumpelung des Mitverpflichteten** ergeben. Wird die Mitverpflichtung aufgrund eines Besuchs in der Wohnung oder am Arbeitsplatz oder anlässlich einer Freizeitveranstaltung eingegangen, wird zumeist eine Überrumpelung zu bejahen sein.[38]

V. Kein nachträglicher Ausgleich für Schuldtilgungen während bestehender Lebensgemeinschaft

1. Alleinverdiener-Ehe. Der Bundesgerichtshof hat in ständiger Rechtspre- 27 chung[39] bei einer Alleinverdiener-Ehe, in der der berufstätige Ehegatte während des Zusammenlebens gemeinsame Schulden allein getilgt hat, einen nachträglichen finanziellen **Ausgleich ausgeschlossen:** „Dem liegt die Anschauung zugrunde, dass die finanziellen Leistungen des einen und die Haushaltsführung des an-

---

32 BGH FamRZ 1999, 151 (153); 1997, 478 (480).
33 BGH FamRZ 1999, 151 (154).
34 BGH FamRZ 1999, 151.
35 BGH NJW 2009, 2671; OLG Düsseldorf FamRZ 2007, 818 (820); OLG Frankfurt/M. NJW 2004, 2392.
36 So BGH NJW 1994, 1341 (1343); vgl. BGH FamRZ 1999, 154 (155); 1993, 407.
37 So BGH FamRZ 1991, 667 (669); 1993, 407 (408).
38 BGH FamRZ 1991, 667; BGH NJW 1997, 1773 (1775).
39 BGH FamRZ 1983, 795 (796); 1984, 29 (30); 1986, 881; 1988, 264 (265); 1993, 676; 2001, 1442 (1443); 2002, 739; 2005, 1236 (1237).

deren Teils grundsätzlich gleichwertige Beiträge zur ehelichen Lebensgemeinschaft darstellen."[40]

28　2. **Doppelverdiener-Ehe.** Während der Bundesgerichtshof bei Alleinverdiener-Ehen einen nachträglichen Schuldenausgleich stets strikt abgelehnt hat, hat er bei Doppelverdiener-Ehen für die von einem Ehegatten während bestehender Lebensgemeinschaft allein geleisteten Schuldtilgungen einen **Ausgleich grundsätzlich zugelassen:** „Erzielen dagegen beide Ehegatten Einkünfte, so entspricht es den ehelichen Lebensverhältnissen mehr, dass beide entsprechend ihrem jeweiligen Einkommen für die Schulden mithaften."[41] Der Bundesgerichtshof hat nie näher dargelegt, in welcher Weise Ehegatten nachträglich einen Ausgleich „entsprechend ihrem jeweiligen Einkommen" verlangen können.

29　Eine grundsätzlich unterschiedliche Behandlung der **Allein- und Doppelverdiener-Ehe** ist nicht geboten. Vielmehr ist auch in den Fällen, in denen beide Ehegatten berufstätig sind, aber nur einer die Schulden tilgt, ein Ausgleichsanspruch zu verneinen. Während des Zusammenlebens teilen Eheleute die für ihren Lebensbedarf anfallenden Kosten üblicherweise nicht ihrem jeweiligen Einkommen entsprechend auf. Sie erbringen unterschiedliche Leistungen für ihre eheliche Lebensgemeinschaft, die sie nicht gegeneinander aufrechnen wollen. Der die Schulden allein tilgende Ehegatte profitiert von den Beiträgen seines Ehepartners in gleichwertiger Weise. So kann dieser beispielsweise die Kosten der Lebenshaltung und des Urlaubs bestreiten, die Miete bezahlen oder auch überwiegend den Haushalt führen. Gegen einen nachträglichen Gesamtschuldnerausgleich spricht auch die Regel des § 1360 b, nach der ein Ehegatte, der zu viel Unterhalt geleistet hat, vom anderen Ehegatten im Zweifel keinen Ersatz verlangen kann.[42]

30　In zwei neueren Entscheidungen[43] über einen **nachträglichen Steuerausgleich** hat der Bundesgerichtshof seine früheren Feststellungen zum Gesamtschuldnerausgleich bei Doppelverdienern nicht mehr wiederholt. In beiden Fällen hatten die Eheleute während des Zusammenlebens die Steuerklassen III/V und die gemeinsame Veranlagung gewählt. Das niedrigere Einkommen der Ehefrau wurde dadurch vergleichsweise höher besteuert als bei einer Steuerklassenwahl IV/IV. Der Bundesgerichtshof hat der Ehefrau für den geleisteten Mehrbetrag einen **nachträglichen Ausgleich versagt.**

31　Der nunmehrigen Begründung des Bundesgerichtshofs, warum es nach gescheiterter Ehe auch bei Doppelverdienern keinen Ausgleich gibt, kann vorbehaltlos zugestimmt werden: „Der ehelichen Lebensgemeinschaft liegt nämlich die Anschauung zugrunde, mit dem Einkommen der Ehegatten gemeinsam zu wirtschaften und finanzielle Mehrleistungen nicht auszugleichen … Solange die Ehe

---

40　BGH FamRZ 1983, 795; ebenso FamRZ 1986, 881; 1988, 264 (265); 2001, 1442 (1443).
41　So BGH FamRZ 2001, 1442 (1443); ebenso FamRZ 1984, 29 (30); 1988, 264 (265); 1989, 147.
42　Ebenso Staudinger/Looschelder § 426 Rn. 211, 214; Schulz/Hauß, Vermögensauseinandersetzung, Rn. 1475; Wever Rn. 287, 291; Münch, Die Scheidungsimmobilie, Rn. 356; Scholz/Stein/Ücker C Rn. 47; MAH/Maurer-Wildermann § 20 Rn. 69; Schulz, Ausgleich von Gesamtschulden bei Trennung und Scheidung (§ 426 BGB), FPR 2006, 472; Heimann, FPR 2006, 487 (488); Bosch, Die Schuldenverteilung zwischen Ehegatten bei Auflösung der Ehe, FamRZ 2002, 368 (369); Kleinle, Die Ehegattengesamtschuld bei Trennung und Scheidung, FamRZ 1997, 8 (10); vgl. OLG Bremen FamRZ 2000, 1152 (Ls.) = OLGReport 2000, 216.
43　BGH FamRZ 2002, 1024; 2002, 739.

besteht und intakt ist, entspricht es vielmehr natürlicher Betrachtungsweise und der regelmäßigen Absicht der Ehegatten, dass derjenige, der die Zahlung auf die gemeinsame Schuld bewirkt, nicht nur sich selbst, sondern auch den anderen von seiner Schuld befreien will, ohne von ihm Rückgriff zu nehmen."[44]

Als **Regelfall** ist somit festzuhalten: Für Schulden, die während des ehelichen Zusammenlebens getilgt wurden, gibt es keinen Gesamtschuldnerausgleich. 32

3. Ausnahmen von der Regel. Der Grund, warum Schuldtilgungen während intakter Ehe nachträglich nicht ausgeglichen werden, liegt darin, dass die Leistungen der Ehepartner als gleichwertige Beiträge angesehen werden. **Fehlt jedoch eine gleichwertige Gegenleistung** eines Ehegatten, so ist dem Ehepartner, der die Schulden zurückbezahlt hat, ein Ausgleichsanspruch nach § 426 Abs. 1 S. 1 zuzubilligen. Das ist der Fall, wenn der andere Ehegatte seine ihm gem. §§ 1360, 1360 a obliegende Pflicht, zum Unterhalt der Familie beizutragen, gröblich verletzt hat.[45] 33

VI. Ausgleich für Schuldtilgungen nach Scheitern der Ehe

1. Gesetzliche Regel. Mit dem Scheitern der Ehe entfallen die besonderen Umstände, die einen nachträglichen Schuldenausgleich ausgeschlossen haben. Nunmehr ergibt sich nach der gesetzlichen Regel des § 426 Abs. 1 S. 1 ein **hälftiger Ausgleichsanspruch.** Der Bundesgerichtshof[46] hat dazu festgestellt: „Nach Aufhebung der ehelichen Lebensgemeinschaft besteht im Allgemeinen kein Grund mehr für einen Ehegatten, dem anderen eine weitere Vermögensmehrung zukommen zu lassen." 34

An dieser Ausgleichsregel ist auch für den Fall festzuhalten, dass die **Ehefrau** nach der Trennung weiterhin die gemeinsamen Kinder betreut und deshalb nicht berufstätig ist. Der gegenteiligen Ansicht des OLG Köln,[47] die Ehefrau sei von einer Schuldenerstattung freigestellt, da die während des Zusammenlebens getroffene Aufgabenverteilung auch nach der Trennung fortgelte, kann nicht gefolgt werden. Denn die Ehefrau erbringt, da die Haushaltsführung für den Ehepartner entfallen ist, keine dem Schuldenabtrag gleichwertige Leistung zur ehelichen Lebensgemeinschaft mehr. Sie betreut zwar weiterhin die gemeinsamen Kinder, aber insoweit leistet der Ehemann seinen entsprechenden Beitrag durch Zahlung des Kinderunterhalts. Die Ehefrau muss sich daher **ab Trennung** am **Schuldenausgleich beteiligen.**[48] 35

2. Weitere Regeln. Zum Innenausgleich zwischen den Eheleuten hat der Bundesgerichtshof ergänzend festgehalten: 36

■ **Leistungsfähigkeit ist nicht Voraussetzung** für einen Schuldenausgleich. „Dass ein Schuldner nicht zahlen kann, ist kein ausreichender Grund, ihn von der Mithaftung freizustellen."[49]

---

44 BGH FamRZ 2007, 1229 m. zust. Anm. Engels; 2002, 1024 (1026); 2002, 739 (740) m. zust. Anm. Wever; ebenso Schulz/Hauß, Vermögensauseinandersetzung, Rn. 1477; Schulz FPR 2006, 472 (473).
45 Schulz/Hauß, Vermögensauseinandersetzung, Rn. 1488; Wever Rn. 291.
46 BGH FamRZ 1983, 795 (796); 1993, 676 (678); BGH FuR 2003, 374 (376).
47 OLG Köln FamRZ 2006, 1123 (Ls.) = FamRB 2006, 134 (mAnm Heinle).
48 So auch Wever FamRZ 2007, 857 (859).
49 BGH FamRZ 1983, 795 (796); ebenso OLG Bremen FamRZ 2002, 392 (393).

■ Der Ausgleichsanspruch kann **rückwirkend** ab dem Zeitpunkt des Scheiterns der Ehe geltend gemacht werden.[50] Eines vorherigen Hinweises oder einer Mahnung bedarf es nicht.

VII. Maßgeblicher Stichtag

37 Rechtsprechung und Literatur stimmen überein, dass sich ein Ausgleichsanspruch mit dem **Scheitern der Ehe** ergibt. Die Meinungen gehen auseinander, ab welchem Zeitpunkt eine Ehe als gescheitert anzusehen ist. Der Bundesgerichtshof[51] hat, ohne sich eindeutig festzulegen, drei mögliche Zeitpunkte genannt: die Trennung der Eheleute, die Rechtshängigkeit[52] und die Rechtskraft der Scheidung.

38 Das Scheitern der Ehe zeigt sich regelmäßig in der **endgültigen Trennung** der Eheleute. Als maßgebenden Zeitpunkt ist deshalb nach ganz überwiegender Meinung[53] auf den Tag abzustellen, an dem ein Ehegatte mit seinen persönlichen Sachen ausgezogen ist. Für diesen **Stichtag** spricht, dass der Ehegatte, der bisher von der Schuldentilgung freigestellt war, ab Trennung für den Ehepartner keine dem Schuldenabtrag vergleichbaren Leistungen mehr erbringt. Die Gleichwertigkeit beider Beiträge zur ehelichen Lebensgemeinschaft ist aber der Grund, warum ein nachträglicher Ausgleich ausgeschlossen ist.[54]

39 Leben Eheleute in der bisherigen Wohnung getrennt, ist darauf abzustellen, ob sie die Trennung „von Tisch und Bett" auch strikt und dauerhaft einhalten.[55] Erbringt ein Ehegatte für den anderen noch finanzielle Leistungen, so kann er hierfür keinen Ausgleich verlangen. Für die Zeit eines solchen Zusammenlebens, auf das man sich trotz des Zerbrechens der Ehe noch verständigen konnte, ist von einer stillschweigend getroffenen anderweitigen Bestimmung iSv § 426 Abs. 1 S. 1 weiterhin auszugehen.[56]

VIII. Ausgleich für Schuldtilgungen nach Scheitern der Ehe

40 Nach dem Scheitern der Ehe ist grundsätzlich von der gesetzlichen Regel (§ 426 Abs. 1 S. 1) auszugehen, wonach die Eheleute im Innenverhältnis zu gleichen Teilen haften. **Ausnahmen** können sich jedoch ergeben, soweit an die Stelle der Lebensgemeinschaft andere besondere Umstände treten, aus denen sich ein vom Regelfall abweichender Verteilungsmaßstab ergibt.[57] Eine **anderweitige Bestimmung** iSv § 426 Abs. 1 S. 1 Hs. 2 kann sich – so der Bundesgerichtshof[58] – auch ohne ausdrückliche oder stillschweigende Vereinbarung der Ehegatten aus der **besonderen Gestaltung des tatsächlichen Geschehens** ergeben.

---

50 BGH FamRZ 1995, 216.
51 BGH FamRZ 1983, 797 (799); 1987, 1239 (1240); 1988, 920; 1995, 216 (218); 1997, 487.
52 So OLG München FamRZ 2000, 672; Bosch FamRZ 2002, 366 (372).
53 So OLG Brandenburg FamRZ 2007, 1172; OLG Naumburg FamRZ 2005, 906 (907); OLG Bremen FamRB 2005, 162 (Heinle); LG Gießen NJW-RR 2000, 1387; Hahne FF 1999, 99 (103); Schulz/Hauß, Vermögensauseinandersetzung, Rn. 1531; Wever Rn. 368; MAH/Maurer-Wildermann § 20 Rn. 37; Schulz FPR 2006, 472 (473); Schürmann/Weinreich, Schulden bei Trennung und Scheidung, FuR 2003, 60 (61).
54 Schulz/Hauß, Vermögensauseinandersetzung, Rn. 1532; Wever Rn. 369.
55 Vgl. OLG Bamberg FamRZ 2001, 1074.
56 So LG Gießen FamRZ 2000, 1152 (Ls.).
57 BGH FamRZ 2005, 1236 (1237); 1995, 216 (217).
58 BGH FamRZ 2005, 1236 (1237); 2002, 1025.

1. Alleiniges Wohnen im gemeinsamen Haus. Der Bundesgerichtshof[59] hatte 41
1993 folgenden Fall zu entscheiden: Der Ehemann blieb nach der Trennung im
gemeinsamen Haus und leistete weiterhin die Zins- und Tilgungsraten. Nach einigen Jahren verlangte der Ehemann hierfür von seiner Ehefrau rückwirkend ab
deren Auszug einen hälftigen Ausgleich. Die Ehefrau forderte nunmehr als Mit-
eigentümerin Nutzungsentgelt.

Hier ergibt sich das Problem, dass der Ehemann auch für die Vergangenheit ab 42
der Trennung einen Schuldenausgleich nach § 426 (oder §§ 748, 755) verlangen
kann, während der Ehefrau ein **Nutzungsentgelt** gem. § 745 Abs. 2 (oder
§ 1361 b Abs. 3 S. 2) erst ab dem Zeitpunkt zusteht, ab dem sie ihren Anspruch
geltend macht.

Der Bundesgerichtshof[60] hat in diesem Fall entschieden: „Bewohnt der alleinver- 43
dienende Ehegatte nach der Trennung das im Miteigentum beider Ehegatten stehende Haus mit Duldung des anderen allein und trägt er wie bisher die hierfür
entstehenden Lasten und Finanzierungskosten, ohne zu erkennen zu geben, daß
er einen Ausgleichsanspruch geltend zu machen beabsichtigt, und verlangt der
andere Ehegatte deshalb von ihm kein Nutzungsentgelt, so kann in dieser tatsächlichen Ausgestaltung eine anderweitige Bestimmung im Sinne des § 426
Abs. 1 S. 1 Hs. 2 liegen, die einem **hälftigen Ausgleich entgegensteht.**"

Der in der Wohnung verbliebene Miteigentümer hat somit grundsätzlich **keinen** 44
Ausgleichsanspruch nach § 426 gegen den anderen Ehegatten, wenn dieser keine
Nutzungsvergütung gem. § 1361 b Abs. 3 S. 2 gefordert hat.

Ausnahmen: Ein Ausgleichsanspruch kann jedoch dann bestehen, wenn der 45
Wohnwert und die **Zins- und Tilgungsleistungen unterschiedlich hoch sind.**[61]

Beispiel: Der objektive **Wohnwert** des Hauses ist mit 2.000 EUR zu bewerten,
die Zins- und Tilgungsleistungen betragen monatlich

a) 3.000 EUR,

b) 1.000 EUR.

a) Ist der Nutzungswert (Wohnwert) des Hauses niedriger als die Zins- und Til- 46
gungsleistungen, kann der die Lasten und Kosten tragende Ehegatte die Hälfte
des übersteigenden Betrags rückwirkend verlangen.[62] Zahlt der im Haus verbliebene Ehegatte monatlich 3.000 EUR, so hat er gegen den anderen Ehegatten
einen Anspruch auf Zahlung von (1.000 EUR : 2) = 500 EUR.

b) Ist der objektive Wohnwert höher als die Lasten und Kosten des Hauses, so 47
kann der aus dem Haus ausgezogene Miteigentümer ein Nutzungsentgelt gem.
§ 1361 b Abs. 3 S. 2 in Höhe von 500 EUR ab dem Zeitpunkt verlangen, ab
dem er zur Zahlung aufgefordert hat.

2. Verbindlichkeiten im ausschließlichen Interesse eines Ehegatten. Wurden Ver- 48
bindlichkeiten gemeinsam, aber **ausschließlich im Interesse nur eines Ehegatten**
eingegangen, so hat sie dieser im Innenverhältnis auch **allein abzutragen** und

---

59 BGH FamRZ 1993, 676.
60 BGH FamRZ 1993, 676; ebenso 2008, 2015 (2019).
61 Vgl. Schulz/Hauß, Vermögensauseinandersetzung, Rn. 1493.
62 BGH FamRZ 1993, 676 (677).

kann dafür vom Ehepartner keinen Ausgleich verlangen.[63] Dies folgt „aus der besonderen Gestaltung des tatsächlichen Geschehens".

Beispielsfälle dafür sind:

49 ■ Der Ehegatte, in dessen **Alleineigentum** das Familienheim steht und der es nach dem Scheitern der Ehe allein nutzt, hat auch für die gesamtschuldnerisch eingegangenen Finanzierungsverbindlichkeiten allein aufzukommen.[64]

50 ■ Haben Eheleute für den **Gewerbebetrieb eines Ehegatten** gemeinsam ein Darlehen aufgenommen, so hat der begünstigte Ehegatte die Rückzahlung allein zu leisten.[65]

51 ■ Wurden Verbindlichkeiten eines Ehegatten **umgeschuldet** und hat der andere Ehegatte hierfür die Mithaftung übernommen, so hat der ursprüngliche Alleinschuldner die Verbindlichkeiten im Innenverhältnis auch allein zu tragen.[66]

52 **3. Konsumkredite.** Haben Eheleute Kredite für ihre Lebenshaltung aufgenommen, so sind die Schulden nach dem Scheitern der Ehe grundsätzlich **von beiden zur Hälfte** zu tragen.[67] Eine anderweitige Bestimmung iSv § 426 Abs. 1 ergibt sich nicht daraus, dass ein Ehegatte Alleinverdiener und der haushaltführende Ehepartner weiterhin keine Einkünfte erzielt. Mangelnde Zahlungsfähigkeit eines Ehegatten ist kein Grund, ihn von der internen Mithaftung freizustellen.[68] Allerdings wird ein mittelloser Ehegatte an der Schuldentilgung regelmäßig dadurch beteiligt, dass sein Unterhalt gekürzt wird. Der unterhaltspflichtige Ehegatte kann die monatlich bezahlten Kreditraten bei der Unterhaltsberechnung einkommensmindernd abziehen.

53 **4. Pkw-Kredit.** Wer den **Nutzen allein** hat, der hat auch die **Lasten allein** zu tragen. Diese Regel gilt auch, wenn Eheleute während des Zusammenlebens mit einem gemeinsamen Kredit einen Pkw finanziert haben, den nach ihrer Trennung nur ein Ehegatte fährt. Hier ergibt sich aus der „tatsächlichen Gestaltung", dass dieser auch allein für die Kreditraten aufzukommen hat.[69] Die Schuldentilgung wird auch unterhaltsrechtlich nicht berücksichtigt, da andernfalls der berechtigte Ehegatte durch Kürzung seines Unterhalts den Pkw mitfinanzieren würde.

54 **5. Mietschulden.** Zieht ein Ehegatte aus der gemeinsam gemieteten Wohnung aus, so hat der andere Ehegatte, wenn er mit dem Auszug einverstanden ist und auch weiterhin in der Wohnung bleiben will, im Innenverhältnis, wie sich aus (stillschweigender) Vereinbarung oder „aus der besonderen Gestaltung des tat-

---

63 BGH FamRZ 1986, 881; 1988, 596 (597); OLG Hamm FamRZ 1994, 960; OLG Celle FamRZ 1985, 710.
64 BGH FamRZ 1997, 487; OLG Köln FamRZ 1992, 318; LG Frankfurt/M. FamRZ 2002, 28 (29).
65 BGH FamRZ 1986, 881; OLG Karlsruhe FamRZ 2006, 488 (489); OLG Hamm FamRZ 1994, 960.
66 BGH FamRZ 1988, 596 (597); MAH/Maurer-Wildermann § 20 Rn. 85.
67 OLG Koblenz NJW-RR 1999, 1093; Schulz/Hauß, Vermögensauseinandersetzung, Rn. 1496; Wever Rn. 296; MAH/Maurer-Wildermann § 20 Rn. 83; aA: OLG Hamm FamRZ 1993, 710; 1990, 1359.
68 BGH FamRZ 1983, 795 (796).
69 KG FamRZ 1999, 1502; MAH/Maurer-Wildermann § 20 Rn. 84; Schulz/Hauß, Vermögensauseinandersetzung, Rn. 1498.

sächlichen Geschehens" ergibt, die **Miete allein** zu bezahlen.[70] Der weichende Ehegatte hat gegen den in der Wohnung verbliebenen Ehegatten einen **Freistellungsanspruch** (→ Rn. 97 ff.).

Ist der Ehegatte jedoch **ohne Einverständnis** des anderen ausgezogen, so hat er 55 sich „aus nachwirkender ehelicher Treuepflicht" an den Mietkosten bis zum Ablauf der gesetzlichen Kündigungsfrist (§ 573 c Abs. 1 S. 1) – also in der Regel drei Monate – zur Hälfte weiter zu beteiligen.[71] Eine Mithaftung ist insbesondere dann zu bejahen, wenn dem in der Wohnung gebliebenen Ehegatten die Alleinnutzung gegen seinen Willen aufgedrängt wurde.

6. Steuerschulden. Eheleute haften, wenn sie zusammen veranlagt werden, dem 56 Finanzamt gegenüber als **Gesamtschuldner** (§ 44 AO). Im Innenverhältnis richtet sich der Ausgleich nach § 426. Die Streitfrage, ob die Steuerschulden nach dem Verhältnis der beiderseitigen Einkünfte oder nach dem Verhältnis der Steuerbeträge, die bei getrennter Veranlagung anfielen, aufzuteilen sind, hat der Bundesgerichtshof[72] nunmehr entschieden: „Zusammenveranlagte Ehegatten haften im Innenverhältnis analog § 270 AO auf der Grundlage fiktiver getrennter Veranlagung für die nach Trennung fällige Steuerschuld" (→ Schwerpunktbeitrag 7: Steuerrechtliche Bezüge, Rn. 145).

Haben die Eheleute während des Zusammenlebens die Steuerklassen III/V ge- 57 wählt, so kann die Ehefrau, deren niedrigeres Einkommen dadurch höher besteuert wurde als bei Steuerklassen IV/IV, nach der Trennung keinen Ausgleich für den geleisteten Mehrbetrag verlangen[73] (→ Rn. 30).

IX. Gesamtschuld und Unterhalt

1. Abzug bei der Unterhaltsberechnung. Zu einem Gesamtschuldnerausgleich 58 kommt es regelmäßig nicht, wenn ein Ehegatte an den Partner Unterhalt leistet und die **Gesamtschuld als Abzugsposten** bei der Unterhaltsberechnung berücksichtigt wird.[74] Der unterhaltsberechtigte Ehegatte trägt durch die Kürzung seines Unterhalts mittelbar zur Schuldentilgung bei. Die anderweitige Bestimmung iSv § 426 Abs. 1 S. 1 Hs. 2 kann sich aus (stillschweigender) Vereinbarung oder „aus dem tatsächlichen Geschehen" ergeben.[75]

Zieht ein Ehegatte bei der Bemessung des **Kindesunterhalts** die von ihm allein 59 geleisteten Raten einer Gesamtschuld von seinem Einkommen ab, so wird dadurch sein **Ausgleichsanspruch** nach § 426 gegen den Ehepartner **nicht ausge-**

---

70 OLG Köln FamRZ 2003, 1664 (1665) m. zust. Anm. Wever; OLG München FamRZ 1996, 291.
71 LG Mönchengladbach FamRZ 2003, 1839 (Ls.); LG Hannover FamRZ 2002, 29 (30); OLG Dresden FamRZ 2003, 158 (159) und OLG Frankfurt/M. FamRZ 2002, 27 jeweils zu einem befristeten Mietverhältnis, das nicht gekündigt werden konnte.
72 BGH FamRZ 2006, 1179; vgl. Schulz/Hauß, Vermögensauseinandersetzung, Rn. 2018; Wever Rn. 764.
73 BGH FamRZ 2002, 1024 (1026); 2002, 739 (740) m. zust. Anm. Wever; OLG Bremen FamRZ 2005, 800; Wever Rn. 773; Schulz/Hauß, Vermögensauseinandersetzung, Rn. 2021; Bergschneider/Engels Rn. 9.72; s. auch Hauß, Entspannung im Steuerrecht – steuerliche Veranlagung von Ehegatten im Trennungsjahr, FamRB 2002, 346.
74 BGH FamRZ 2005, 1236 (1237); OLG Zweibrücken FamRZ 2002, 1341; OLG München FamRZ 1996, 292.
75 BGH FamRZ 2011, 622 Rn. 57 mAnm Koch; 2011, 25 Rn. 25 mAnm Koch.

schlossen.[76] Der Abzug der monatlichen Tilgungsrate wirkt sich auf die Höhe des Kindesunterhalts zumeist entweder gar nicht oder nur dadurch aus, dass der unterhaltspflichtige Elternteil in die nächste niedrigere Einkommensgruppe eingestuft wird. Er zahlt dann zwar einen etwas geringeren Kindesunterhalt, die gemeinsame Schuld zwischen den Eheleuten wird dadurch jedoch nicht zur Hälfte ausgeglichen.

60 **2. Nicht geltend gemachter Unterhalt und Gesamtschuldnerausgleich.** Probleme können sich ergeben, wenn der unterhaltspflichtige Ehegatte gemeinsame Verbindlichkeiten allein abträgt und der Ehepartner deshalb keinen Unterhalt verlangt. Der schuldentilgende Ehegatte kann später grundsätzlich noch rückwirkend seinen Ausgleichsanspruch nach § 426 geltend machen, während der unterhaltsberechtigte Ehegatte für die Vergangenheit keinen Unterhalt mehr fordern kann (§§ 1613 Abs. 1, 1361 Abs. 4, 1360 a Abs. 3, 1585 b Abs. 2).

61 **Beispiel:** Nach der Trennung der Eheleute zahlt M weiterhin die monatlichen Raten aus einem gemeinsam aufgenommenen Darlehen. F verlangt vom alleinverdienenden Ehemann keinen Trennungsunterhalt. Gegenüber M gibt sie dazu keinerlei Erklärungen ab. Nach Tilgung der Schuld fordert M von F einen hälftigen Ausgleich.

62 Das OLG Köln[77] hat in diesem Fall zunächst dargelegt, dass für gemeinsam eingegangene Darlehensverpflichtungen die Parteien gem. § 426 Abs. 1 S. 1 grundsätzlich nach Kopfteilen haften, sofern nicht eine abweichende Vereinbarung im Innenverhältnis getroffen wurde. Für eine vom gesetzlichen Maßstab abweichende Verteilung sei F darlegungs- und beweispflichtig. Sie habe jedoch keine Umstände vortragen können, die für eine anderweitige Bestimmung sprechen könnten.

63 Das OLG Köln[78] hat weiter festgestellt: „Aus dem bloßen Umstand, dass Ansprüche auf Trennungs- oder nachehelichen Unterhalt nicht geltend gemacht worden sind, kann nicht auf eine konkludente anderweitige Bestimmung iSd § 426 Abs. 1 geschlossen werden."

64 Die Feststellung des OLG Köln erscheint folgerichtig. F hat es unterlassen, ihren Anspruch ausdrücklich geltend zu machen. Eine Willenserklärung kann zwar auch durch schlüssiges Verhalten zum Ausdruck kommen, aber auch solche stillschweigend abgegebenen Willenserklärungen setzen eine Handlung voraus.[79] Die Nichtausübung eines Rechts kann in der Regel nicht als Willenserklärung angesehen werden.

65 Eine anderweitige Bestimmung kann auch nicht ohne Weiteres „aus der Natur der Sache oder der besonderen Gestaltung des tatsächlichen Geschehens" hergeleitet werden. Unterhaltszahlungen sollen den laufenden Lebensbedarf decken. Der Unterhaltspflichtige muss sich darauf einstellen können, welche Belastungen auf ihn zukommen. Im Unterhaltsrecht gilt daher die allgemeine Regel, dass ein Unterhaltsanspruch für vergangene Zeit grundsätzlich nicht besteht.[80] Der Un-

---

76 BGH FamRZ 2007, 1975; 2008, 602; OLG Köln FamRZ 1999, 1501 (1502); Wever Rn. 334; Schulz/Hauß, Vermögensauseinandersetzung, Rn. 1502; Schulz FPR 2006, 472 (474); aA OLG Celle FamRZ 2001, 1071.
77 OLG Köln FamRZ 1999, 1501 (1502).
78 OLG Köln FamRZ 1999, 1501 (1502).
79 Palandt/Grüneberg Vor § 116 Rn. 6.
80 Palandt/Brudermüller § 1613 Rn. 1.

terhaltsschuldner muss vor dem Anwachsen von Verpflichtungen, mit denen er nicht zu rechnen brauchte, geschützt werden. Ein bestehender Unterhaltsanspruch muss deshalb zeitnah geltend gemacht werden.[81] Er dauert nicht unbegrenzt fort, sondern erlischt, wenn der Unterhaltsberechtigte nicht besondere rechtswahrende Handlungen vornimmt.[82]

Es ist jedoch höchst fraglich, ob der Bundesgerichtshof – im Hinblick auf seine 66 Entscheidung vom 13.1.1993[83] – ebenso streng urteilen würde. In dem dortigen Fall blieb der Ehemann nach der Trennung in dem den Eheleuten gemeinsam gehörenden Haus und zahlte weiterhin die Zins- und Tilgungsraten, ohne zu erkennen zu geben, dass er einen Ausgleichsanspruch geltend zu machen beabsichtige (→ Rn. 43). Der Miteigentümer kann in diesem Fall, so der Bundesgerichtshof, für seine Zahlungen vom anderen nachträglich keinen Gesamtschuldnerausgleich verlangen, wenn dieser wegen der geleisteten Schuldentilgung davon abgesehen hat, eine Nutzungsvergütung nach § 745 Abs. 2 zu fordern. „In dieser tatsächlichen Ausgestaltung" kann eine anderweitige Bestimmung iSv § 426 Abs. 1 S. 1 liegen.[84]

Diese Entscheidung des Bundesgerichtshofs ist mit dem vom OLG Köln ent- 67 schiedenen Fall weitgehend vergleichbar. Der unterhaltspflichtige Ehegatte konnte die Zins- und Tilgungsleistungen bei der Unterhaltsberechnung einkommensmindernd abziehen, der berechtigte Ehegatte hat deshalb keinen Unterhalt geltend gemacht. „Aus der Gestaltung des tatsächlichen Geschehens" kann sich, folgt man dem Bundesgerichtshof, auch hier ergeben, dass der unterhaltsverpflichtete Ehegatte keinen Gesamtschuldnerausgleich verlangen kann, da „ein anderes bestimmt" ist (§ 426 Abs. 1 S. 1 Hs. 2). Diese Lösung erscheint rechtlich nicht unbedenklich, sie führt aber zu einem sachlich gerechten Ergebnis.[85]

Der Bundesgerichtshof[86] hat hierzu nur allgemein festgestellt, dass „nach den 68 Umständen des Einzelfalls" zu entscheiden ist, ob eine stillschweigende Vereinbarung angenommen werden kann, wenn der unterhaltspflichtige Ehegatte gemeinsam bestehende Schulden allein tilgt und der andere Ehegatte im Hinblick darauf an sich bestehende Unterhaltsansprüche nicht geltend macht. In dem zu entscheidenden Fall war aber strittig, ob ein Unterhaltsanspruch dem Grunde nach überhaupt bestand.

Hinweis: Um es zu einem Rechtsstreit gar nicht erst kommen zu lassen, ist dem 69 unterhaltsberechtigten Ehegatten zu raten, mit dem Ehepartner eine **Vereinbarung** zu treffen oder ihn mit dem Hinweis in Verzug zu setzen, dass der bestehende Unterhaltsanspruch nicht geltend gemacht wird, solange der unterhaltspflichtige Ehegatte die gemeinsame Schuld tilgt.[87] Der unterhaltsberechtigte Ehegatte darf nicht völlig untätig bleiben, denn grundsätzlich kann der Unterhaltsschuldner nur solche Unterhaltsforderungen erfüllen, von denen er Kennt-

---

81 BGH FamRZ 1991, 920; 1989, 150.
82 BGH FamRZ 1984, 775 (777).
83 BGH FamRZ 1993, 676.
84 So auch OLG München FamRB 2005, 349.
85 Ebenso Schulz/Hauß, Vermögensauseinandersetzung, Rn. 1507; Wever Rn. 343.
86 BGH FamRZ 2005, 1236.
87 So auch Wever Rn. 343; Schulz/Hauß, Vermögensauseinandersetzung, Rn. 1508.

nis hat. Vorsorglich sollte der berechtigte Ehegatte den Ehepartner hinsichtlich seiner Unterhaltsansprüche in Verzug setzen.[88]

70 Haben Eheleute vereinbart, dass ein Ehegatte so lange keinen Unterhalt verlangt, so lange der andere einen gemeinsamen Kredit abträgt, fällt später aber der Unterhaltsanspruch wegen Verwirkung weg, so fällt damit auch die Geschäftsgrundlage der Vereinbarung weg. Der schuldentilgende Ehegatte kann nunmehr rückwirkend einen Ausgleich nach § 426 verlangen.[89]

X. Gesamtschuld und Zugewinnausgleich

71 **1. Kein Vorrang des Zugewinnausgleichs.** Der Gesamtschuldnerausgleich zwischen Ehegatten wird durch den Zugewinnausgleich nicht verdrängt.[90] Es gibt – anders als beim Ausgleich ehebezogener (unbenannter) Zuwendungen – keinen Vorrang der güterrechtlichen Regelung. Beide Verfahren können **nebeneinander** geführt werden und für beide Ansprüche ist das Familiengericht zuständig (§ 266 Abs. 1 Nr. 3 FamFG, §§ 23 a Abs. 1 Nr. 1, 23 b Abs. 1 GVG).

72 **2. Ansatz der Gesamtschuldner in den Bilanzen des Zugewinnausgleichs.** Eheleute haften für die als Darlehen aufgenommenen Verbindlichkeiten im **Außenverhältnis** gem. § 421 jeweils in voller Höhe. Ist am Stichtag der Rechtshängigkeit des Scheidungsantrags eine gemeinsame Verbindlichkeit der Eheleute noch nicht getilgt, ist die Gesamtschuld – streng genommen – im Endvermögen beider Ehegatten jeweils in voller Höhe bei den Passiva einzustellen. Zugleich ist bei den Aktiva der jeweilige (hälftige) Ausgleichsanspruch gegen den Ehepartner (§ 426 Abs. 1) anzusetzen. Im Ergebnis hat das zur Folge, dass gesamtschuldnerisch haftende Ehegatten die gemeinsame Verbindlichkeit im Endvermögen jeweils mit der Quote ansetzen können, die im Innenverhältnis auf sie entfällt.[91] Eine am Stichtag bestehende Gesamtschuld von 100.000 EUR, für die die Eheleute im Innenverhältnis zu gleichen Teilen haften, kann somit jeder Ehegatte in Höhe von 50.000 EUR bei den Passiva seines Endvermögens einstellen.

73 Diese verkürzte Berechnung (jeweils hälftiger Ansatz der Schuld) setzt – nach Bundesgerichtshof[92] – aber voraus, dass der interne Ausgleichsanspruch (§ 426) gegen den Ehepartner **durchsetzbar** ist. Ist abzusehen, dass der Ehepartner den auf ihn fallenden (hälftigen) Anteil wegen totaler Überschuldung nie wird zahlen können, so ist die Ausgleichsforderung des anderen Ehegatten – wie alle uneinbringlichen Forderungen – wirtschaftlich wertlos. In diesem Fall kann der solvente Ehegatte die Gesamtschuld in voller Höhe bei seinem Endvermögen absetzen.

74 Diese Regelung gilt aber nur dann, wenn die Ausgleichsforderung dauerhaft uneinbringlich ist. Lässt sich absehen, dass der Ausgleichsschuldner später einmal zu Vermögen kommt, ist die Gesamtschuld bei beiden Ehegatten jeweils zur Hälfte als Passivposten anzusetzen. Die finanzielle Leistungsfähigkeit kann sich auch aus dem durchzuführenden Zugewinnausgleich ergeben.[93] Ist der Ehepartner überschuldet und hat er ein negatives Endvermögen, so ist die Ausgleichsfor-

---

88 Wever Rn. 343; Schulz/Hauß, Vermögensauseinandersetzung, Rn. 1508, Schulz FPR 2006, 472 (475).
89 OLG Bremen FamRZ 2007, 47 (48).
90 BGH FamRZ 1987, 1239; 1983, 795 (797).
91 BGH FamRZ 2015, 1272 Rn. 15; 2011, 622 Rn. 52; 2011, 25 Rn. 16.
92 BGH FamRZ 2011, 25 Rn. 28 mAnm Koch.
93 BGH FamRZ 2011, 25 Rn. 30 mAnm Koch; Wever Rn. 350.

derung nicht uneinbringbar, wenn der ausgleichspflichtige Ehegatte gegen den Anspruch auf Zugewinnausgleich aufrechnen kann.

Eine gesamtschuldnerische Verbindlichkeit, die ausschließlich im Interesse eines 75 Ehegatten eingegangen wurde, hat dieser im Innenverhältnis auch allein zu tragen (→ Rn. 48). In diesem Fall kann er die am Stichtag noch bestehende Darlehensschuld in voller Höhe zu seinen Passiva rechnen.

Setzt ein Ehegatte eine Gesamtschuld allein in seinem Endvermögen an und ak- 76 zeptiert der Ehepartner diese Berechnung, so liegt darin eine (stillschweigende) Abrede dahin gehend vor, dass diese Partei im Innenverhältnis die Verbindlichkeit allein zu tragen hat und keinen Ausgleich verlangen kann.[94] Die andere Partei hat in diesem Fall einen Freistellungsanspruch.

3. Auswirkungen einer bereits getilgten Gesamtschuld auf den Zugewinnaus- 77 **gleich.** Hat ein Ehegatte am Stichtag eine Gesamtschuld bereits bezahlt, hat er gegen seinen Ehepartner einen Anspruch aus § 426. Ausgleichs- oder Erstattungsansprüche zwischen den Eheleuten gehören zu den gegenseitigen Ansprüchen. Sie sind beim Ausgleichsgläubiger zu den Aktiva und beim Ausgleichsschuldner zu den Passiva zu rechnen.[95] Das Endvermögen des ausgleichsberechtigten Ehegatten erhöht sich grundsätzlich in gleicher Weise wie es sich beim ausgleichsverpflichteten Ehegatten mindert.

Ist über den Zugewinnausgleich noch nicht entschieden, sollten die Eheleute, be- 78 vor sie einen Streit über das Bestehen und die Höhe eines Ausgleichsanspruchs nach § 426 austragen, zuerst prüfen, ob es sich wirtschaftlich überhaupt auswirkt, diesen gegenseitigen Anspruch geltend zu machen. Was dem Gläubiger eines Anspruchs nach § 426 schuldrechtlich zusteht, muss er in der Regel **güterrechtlich wieder ausgleichen**.

Beispiel: M und F waren ohne Anfangsvermögen. Bei Rechtshängigkeit der 79 Scheidung hat M ein Guthaben von 100.000 EUR, F von 60.000 EUR. Außerdem hat M gegen F unstreitig noch einen Ausgleichsanspruch nach § 426. Die Eheleute sind sich jedoch nicht einig, ob der Ausgleichsanspruch in Höhe von 20.000 EUR oder von 40.000 EUR besteht.

Alternative 1: Anspruch von 20.000 EUR:

M hat einen Zugewinn von 100.000 EUR + 20.000 EUR = 120.000 EUR erzielt. Der Zugewinn von F beträgt 60.000 EUR – 20.000 EUR = 40.000 EUR. F hat einen Anspruch auf Zugewinnausgleich von (120.000 EUR – 40.000 EUR) : 2 = 40.000 EUR, gegen den M mit seiner Ausgleichsforderung von 20.000 EUR aufrechnen kann.

Ergebnis: F verbleiben 20.000 EUR.

Alternative 2: Anspruch von 40.000 EUR:

M hat einen Zugewinn von 100.000 EUR + 40.000 EUR = 140.000 EUR erzielt. Der Zugewinn von F beträgt 60.000 EUR – 40.000 EUR = 20.000 EUR. F hat einen Anspruch auf Zugewinnausgleich von (140.000 EUR – 20.000 EUR): 2 = 60.000 EUR, gegen den M mit seiner Ausgleichsforderung von 40.000 EUR aufrechnen kann.

---

94 OLG Karlsruhe FamRZ 1991, 1195; zustimmend OLG Hamm FamRZ 1997, 363; Wever Rn. 295.
95 BGH FamRZ 1987, 1239 (1240).

Ergebnis: F verbleiben ebenfalls 20.000 EUR.

Sind sich die Eheleute einig, dass der streitige Ausgleichsanspruch nicht geltend gemacht wird, erhält F ebenfalls 20.000 EUR.

Berechnung: (100.000 EUR – 60.000 EUR): 2 = 20.000 EUR.

80 Im Allgemeinen wirkt sich ein Gesamtschuldnerausgleich, wenn die Eheleute im gesetzlichen Güterstand leben, im Ergebnis wirtschaftlich nicht aus. Was der Gläubiger des Erstattungsanspruchs gem. § 426 vom anderen verlangen kann, muss er im Zugewinnausgleich wieder zurückgewähren.

81 Nur im Ausnahmefall, wenn der erzielte Zugewinn geringer als die Ausgleichsverpflichtung nach § 426 ist, muss der Gesamtschuldnerausgleich durchgeführt werden.

82 **Beispiel:** M und F waren ohne Anfangsvermögen. Bei Rechtshängigkeit der Scheidung hat Ehemann M ein Guthaben von 100.000 EUR. Ehefrau F, die keinen Zugewinn erzielt hat, schuldet M noch 20.000 EUR aus Gesamtschuldnerausgleich.

Wird die Gesamtschuld berücksichtigt, hat M einen Zugewinn von 100.000 EUR + 20.000 EUR = 120.000 EUR. Das Endvermögen von F bleibt Null, da es kein negatives Endvermögen gibt (§ 1374 Abs. 1 Hs. 2). F erhält somit 60.000 EUR Zugewinnausgleich. Hiergegen kann M mit seinem Anspruch aus § 426 aufrechnen, so dass F noch 40.000 EUR verbleiben.

83 Würden die Eheleute übereinkommen, den Gesamtschuldnerausgleich nicht durchzuführen, würde F als Zugewinnausgleich 100.000 EUR : 2 = 50.000 EUR erhalten. Da M den Ausgleich nach § 426 vereinbarungsgemäß nicht geltend machen kann, würde F somit 10.000 EUR mehr bekommen. In diesem Ausnahmefall darf M als Gläubiger des Erstattungsanspruchs aus § 426 daher nicht auf die Durchführung des Gesamtschuldnerausgleichs verzichten.

84 Als **Regel** gilt: Hat der – nach § 426 ausgleichspflichtige – Ehegatte einen Zugewinn erzielt, der wenigstens so hoch wie die Ausgleichsforderung ist, wirkt sich der gesamtschuldnerische Anspruch im Ergebnis wirtschaftlich nicht aus.

85 **Hinweis:** Auch wenn sich die Durchführung des Gesamtschuldnerausgleichs im Ergebnis wirtschaftlich nicht auswirken würde, darf die Ausgleichsforderung bei der Berechnung des beiderseitigen Zugewinns nicht „stillschweigend" unberücksichtigt bleiben. Es droht sonst die Gefahr, dass der ausgleichsberechtigte Ehegatte seinen Erstattungsanspruch aus § 426 nach rechtskräftigem Abschluss des Zugewinnausgleichs noch gerichtlich geltend macht.[96]

XI. Keine Doppelberücksichtigung von Schulden

86 Der Grundsatz des Bundesgerichtshofs[97] „keine zweifache Teilhabe" an Vermögenspositionen muss auch für die Aufteilung von Schulden bei der Unterhaltsberechnung und beim Zugewinnausgleich gelten.

Beispiel: Die Eheleute M und F hatten während der Ehe für eine im Alleineigentum des M stehende Immobilie ein Darlehen aufgenommen, das bei Rechtshängigkeit der Scheidung noch 30.000 EUR beträgt. Ehemann M zahlt den Kredit

---

96 Schulz/Hauß, Vermögensauseinandersetzung, Rn. 1523; Kogel Rn. 535.
97 BGH FamRZ 2003, 432 (433); 2003, 1544 (1546); 2004, 1352 (1353).

in monatlichen Raten von 1.000 EUR (600 EUR Tilgung und 400 EUR Zinsen) zurück. Ehefrau F hat kein Einkommen.

Ehemann M kann die am Stichtag (§ 1384) bestehende Gesamtschuld von 87 30.000 EUR bei den Passiva seines Endvermögens ansetzen, da er den Kredit im Innenverhältnis allein abtragen muss. Das Darlehen wurde ausschließlich in seinem Interesse aufgenommen und kam wirtschaftlich auch nur ihm zugute. Der Zugewinnausgleich der Ehefrau mindert sich somit um 15.000 EUR, dh Ehefrau F zahlt die Hälfte der Schuld über gekürzten Zugewinnausgleich.

Zahlt Ehemann M den Kredit von 30.000 EUR in 30 Raten von monatlich 88 1.000 EUR (600 EUR Tilgung und 400 EUR Zinsen) zurück, kann er die monatlichen Tilgungsleistungen von 600 EUR bei der Berechnung des **Trennungsunterhalts nicht als eheprägende Schulden von seinem Einkommen** abziehen. Andernfalls würde F dreißigmal monatlich 300 EUR (ohne Berücksichtigung des Erwerbstätigenbonus) weniger Unterhalt bekommen. Im Ergebnis würde F auf diese Weise den Tilgungsanteil der Darlehensraten allein – die eine Hälfte über die Kürzung ihres Zugewinnausgleichs, die andere Hälfte über die Minderung ihres Unterhalts – tragen. Dieses absolut unbillige Resultat entsprach der früheren Praxis.[98]

Der Bundesgerichtshof hat jedoch 2008 seine Rechtsprechung geändert: Die Im- 89 mobilie steht im **Alleineigentum** des Ehemannes. Die Tilgung der Schuld stellt ab Rechtshängigkeit des Scheidungsverfahrens als Stichtag für den Zugewinnausgleich (bei Gütertrennung ab Trennung) eine **einseitige Vermögensbildung** dar, die nach einem objektiven Maßstab nicht mehr berücksichtigungswürdig ist. Denn die Unterhaltspflicht geht der Vermögensbildung vor.

Nach der Rechtsprechung des Bundesgerichtshofs[99] kürzen bei Alleineigentum 90 ab **Rechtshängigkeit des Scheidungsverfahrens** nur noch die **Zinsen** den eheprägenden Wohnwert, **nicht** mehr die **Tilgung als einseitige Vermögensbildung.**

Ausnahmsweise sind Schuldtilgungen des ausgleichspflichtigen Ehegatten bei der 91 Unterhaltsberechnung zu berücksichtigen, soweit sie der **Altersvorsorge** dienen.[100] Eine Altersversorgung ist keine Vermögensbildung, die dem Zugewinnausgleich unterliegt.

Zinsleistungen sind als Geldbeschaffungskosten nicht beim Zugewinn, sondern 92 bei der **Unterhaltsberechnung** als Abzugsposten beim Wohnwert zu berücksichtigen – unabhängig davon, ob es sich um Allein- oder Miteigentum oder einen prägenden oder nichtprägenden Wohnwert handelt.[101] Zinszahlungen können auch bei Mieteinkünften als Werbungskosten vom Bruttoeinkommen abgezogen werden.[102]

Beim **Zugewinn** wird stets nur die am Stichtag bestehende Schuld angesetzt. Die 93 Höhe dieses negativen Kapitals wird durch die geleisteten **Tilgungen**, nicht aber

---

98 Vgl. Schulz FamRZ 2006, 1237 (1241); Gerhardt/Schulz FamRZ 2005, 317 (318); 2005, 1523.
99 BGH FamRZ 2007, 879; 2008, 963; 2009, 23; 2010, 1633; 2013, 191; 2014, 1098.
100 BGH FamRZ 2008, 963; 2012, 956; 2014, 1098.
101 BGH FamRZ 2000, 950; 2007, 879; 2008, 963; 2009, 23; 2014, 1098.
102 Wendl/Dose/Gerhardt § 1 Rn. 458; FA-FamR/Gerhardt Kap. 6 Rn. 48.

durch Zinszahlungen bestimmt.[103] Zinsleistungen führen nicht zu einer einseitigen Vermögensbildung.

94 **Hinweis:** Tilgungsleistungen zur einseitigen Vermögensbildung sind bei der unterhaltsrechtlichen Bedarfsermittlung nicht mehr als Abzugsposten zu berücksichtigen, wenn der bedürftige Ehegatte am Vermögenszuwachs über den Zugewinnausgleich nicht mehr partizipiert. Dies ist der Fall, sobald ein Scheidungsantrag rechtshängig ist. Ab diesem Zeitpunkt wird ein künftiger Vermögenszuwachs nach dem Stichtagsprinzip nicht mehr ausgeglichen.[104]

95 Haben die Eheleute **Gütertrennung** vereinbart, können Schuldtilgungen bei der Unterhaltsberechnung berücksichtigt werden, wenn der Ehepartner im konkreten Einzelfall von der Vermögensbildung (weiterhin) profitiert. Ist das nicht (mehr) der Fall, bleibt der Tilgungsanteil grundsätzlich als einseitige Vermögensbildung zulasten des anderen Ehegatten unberücksichtigt.[105]

XII. Befreiungsanspruch

96 **1. Anspruch auf Mitwirkung.** Nach dem Scheitern der Ehe hat ein Ehegatte Kredite, die ausschließlich in seinem Interesse aufgenommen wurden, im Innenverhältnis allein zu tilgen. Da aber der Ehepartner im Außenverhältnis als Gesamtschuldner ebenfalls haftet, besteht die Gefahr, dass die Banken ihn voll in Anspruch nehmen (§ 421), wenn der im Innenverhältnis verpflichtete Ehegatte die Verbindlichkeiten nicht mehr bedient.

97 Der Anspruch aus § 426 Abs. 1 entsteht – im Gegensatz zum Anspruch aus § 426 Abs. 2 – nicht erst mit der Befriedigung des Gläubigers, sondern bereits mit der Begründung der Gesamtschuld.[106] Der Anspruch ist auf Mitwirkung bei der Befriedigung des Gläubigers gerichtet. Er geht auf **Befreiung oder Freistellung** von dem Teil der Schuld, den der Mitschuldner im Innenverhältnis zu tragen hat.[107] Zahlung an sich selbst kann der Ausgleichsberechtigte nach § 426 Abs. 1 nicht verlangen, solange er nicht selbst den Gläubiger befriedigt hat.

98 Der Anspruch auf Befreiung oder Freistellung von der Verbindlichkeit im Außenverhältnis ist nach dem Bundesgerichtshof[108] „unter Heranziehung der **Regeln des Auftragsrechts** abzuwickeln": Die Mithaftung beruht auf einem Auftrag gem. § 662. Das Scheitern der Ehe stellt einen wichtigen Grund für eine Kündigung nach § 671 dar. Als Rechtsfolge der Kündigung kann der Beauftragte Ersatz seiner Aufwendungen gem. § 670 verlangen. Hat er für diesen Zweck Verbindlichkeiten übernommen, kann er Befreiung von diesen verlangen. Der Schuldner des Befreiungsanspruchs ist dann grundsätzlich verpflichtet, den Gläubiger so zu stellen, wie er ohne Belastung mit den Drittschulden stehen würde.[109]

103　BGH FamRZ 2007, 879 (881); FA-FamR/Gerhardt Kap. 6 Rn. 22; Wever Rn. 351; Gerhardt/Schulz FamRZ 2005, 317 (319); Schulz FamRZ 2006, 1237 (1241); Viefhues FuR 2013, 674 (675).
104　BGH FamRZ 2008, 963 Rn. 19; OLG Zweibrücken FamRZ 2014, 216 (218).
105　BGH FamRZ 2008, 963 (965).
106　BGH NJW 1986, 978 (979); Palandt/Grüneberg § 426 Rn. 4.
107　Vgl. Palandt/Grüneberg § 426 Rn. 4; Gerhards, Der Befreiungsanspruch zwischen Ehegatten „unter Heranziehung des Auftragsrechts", FamRZ 2006, 1793 (1794).
108　BGH FamRZ 1989, 835 (836 f.); ebenso OLG Hamm FamRZ 1992, 437.
109　BGH FamRZ 2015, 818 Rn. 22.

Freistellung kann sowohl von der persönlichen Haftung für ein Darlehen, als **99** auch von dinglichen Sicherheiten (Grundschuld, Hypothek, Sicherungsübereignung) beansprucht werden.[110]

2. Wahlrecht des Schuldners. Der Schuldner kann wählen, wie er die Freistel- **100** lung vornehmen will.[111] Die Befreiung kann durch vollständige Zahlung an den gemeinsamen Gläubiger, befreiende Schuldübernahme oder anderweitige Sicherung des Drittgläubigers erfolgen.[112]

3. Einschränkungen. Die Geltendmachung des Befreiungsanspruchs, die für den **101** Schuldner existenzgefährdende Folgen haben kann, unterliegt jedoch Einschränkungen, die sich **aus Treu und Glauben** (§ 242) und den Nachwirkungen der ehelichen Lebensgemeinschaft (§ 1353) ergeben.[113] So kann ein Ehegatte vom anderen nicht unter allen Umständen verlangen, ihn sofort von jeder persönlichen und dinglichen Haftung freizustellen. Das Gebot der Rücksichtnahme kann dazu führen, dass ein Ehepartner dem anderen die Tilgung der Schulden im Rahmen eines vernünftigen Tilgungsplanes ermöglichen muss.[114] Ist eine Umschuldung nicht zumutbar, kommt eine Rückzahlung der Schuld in Raten oder eine Stundung in Betracht.[115]

Der Befreiungsanspruch wird nicht dadurch ausgeschlossen, dass der Ehegatte **102** die Schulden bisher stets pünktlich und zuverlässig bezahlt hat und auch keine Anhaltspunkte vorliegen, dass sich dies künftig ändern wird. Nach dem Scheitern der Ehe kann dem anderen Ehegatten das Risiko, von der Bank wegen Zahlungsverzugs des bisherigen Ehepartners in Anspruch genommen zu werden, nicht länger zugemutet werden.[116]

4. Anträge. Wegen des Wahlrechts des Schuldners kann der Berechtigte nicht **103** (anteilige) Zahlung der Gesamtschuld an den gemeinsamen Gläubiger beantragen, sondern – in diesem Stadium – nur allgemein **Befreiung von der Verbindlichkeit** verlangen:

▶ Der Antragsgegner wird verpflichtet, die Antragstellerin von den Darlehensverbind- **104** lichkeiten in Höhe von ... gegenüber der ...-Bank, Konto-Nr. ..., freizustellen. ◀

Bei wiederkehrenden Leistungen ist auch ein Antrag auf **künftige Freistellung** **105** von den jeweils monatlich fällig werdenden Darlehensverbindlichkeiten gem. § 258 zulässig.[117]

Haften Eheleute für ein Darlehen im Innenverhältnis zu gleichen Teilen, wird **106** aber nur ein Ehegatte von der Bank auf monatliche Rückzahlung des Kredits in Anspruch genommen, kann er nur **Freistellung von der fälligen Verbindlichkeit „zur Hälfte"** verlangen:

▶ Die Antragsgegnerin wird verpflichtet, den Antragsteller von den monatlich fällig **107** werdenden Darlehensverbindlichkeiten aus ... (Bezeichnung der Schuld) zur Hälfte freizustellen. ◀

---

110 BGH FamRZ 1989, 835 (836); 1972, 362.
111 BGH NJW 1984, 2151; Palandt/Grüneberg § 257 Rn. 2.
112 BGH FamRZ 1989, 835 (837); BGH NJW 1984, 2151; vgl. Gerhards FamRZ 2006, 1793 (1795).
113 BGH FamRZ 1989, 835 (837); BGH NJW 1984, 2151.
114 BGH FamRZ 1989, 835 (838).
115 Gerhards FamRZ 2006, 1793 (1798); OLG Düsseldorf NJW-RR 1999, 444 (445).
116 Wever Rn. 383; Gerhards FamRZ 2006, 1793 (1798).
117 LG Marburg FamRZ 1998, 1234.

108   **5. Vollstreckung des Freistellungsanspruches.** Die Befreiung von der Verbindlichkeit ist eine vertretbare Handlung, sie wird daher nach § 887 ZPO vollstreckt.[118] Der Berechtigte muss dazu den Freistellungsbeschluss wieder beim Familiengericht vorlegen und einen Beschluss erwirken, dass er auf Kosten des Schuldners die Verbindlichkeit gegenüber dem Gläubiger selbst oder durch einen Dritten erfüllen kann (§ 887 Abs. 1 ZPO) und der Schuldner die hierfür anfallenden Kosten vorauszuzahlen hat (§ 887 Abs. 2 ZPO).[119]

109   ▶ I. Die Vollstreckungsgläubigerin wird ermächtigt, die mit Beschluss des Familiengerichts angeordnete Freistellung von den (monatlich fällig werdenden) Darlehensverbindlichkeiten in Höhe von ... gegenüber der ...-Bank, Konto-Nr. ..., auf Kosten des Vollstreckungsschuldners in der Weise vorzunehmen, dass sie die Darlehensschulden selbst zahlt.

II. Der Vollstreckungsschuldner wird verpflichtet, die hierfür anfallenden Kosten in Höhe von ... an die Vollstreckungsgläubigerin vorauszuzahlen.

Dieser Beschluss wird in Ziffer II wegen der Geldforderung gem. §§ 794 Abs. 1 Nr. 3, 803 ff. ZPO vollstreckt. ◀

XIII. Verfahren

110   Ansprüche zwischen Eheleuten aus Gesamtschuldnerausgleich nach § 426 und die sich hieraus ergebenden Freistellungsansprüche zählen zu den „sonstigen Ansprüchen" gem. § 266 Abs. 1 Nr. 3 FamFG. Sie sind Familiensachen (§ 111 Nr. 10 FamFG) und gehören zu den Familienstreitsachen (§ 112 Nr. 3 FamFG). Zuständig ist nach §§ 23 a Abs. 1 Nr. 1, 23 b Abs. 1 FamFG das Familiengericht.

---

118   Palandt/Grüneberg § 257 Rn. 3; Zöller/Stöber ZPO § 887 Rn. 3; Thomas/Putzo/Hüßtege ZPO § 887 Rn. 2 b.
119   Vgl. BGH NJW 1958, 497; OLG Hamburg FamRZ 1983, 213; Wilhelm FuR 2000, 353 (356); Kleinle FamRZ 1997, 8 (13); Wever Rn. 313; Zöller/Stöber ZPO § 887 Rn. 3 „Befreiung".

Buch 4 Familienrecht

Abschnitt 1 Bürgerliche Ehe

Titel 1 Verlöbnis

§ 1297 BGB Kein Antrag auf Eingehung der Ehe, Nichtigkeit eines Strafversprechens

(1) Aus einem Verlöbnis kann kein Antrag auf Eingehung der Ehe gestellt werden.

(2) Das Versprechen einer Strafe für den Fall, dass die Eingehung der Ehe unterbleibt, ist nichtig.

I. Rechtsnatur

Das Verlöbnis ist ein Vertrag, in dem sich zwei Personen unterschiedlichen Geschlechts versprechen, künftig miteinander die Ehe eingehen zu wollen.[1] Im Unterschied zur Eheschließung ist die Eingehung eines Verlöbnisses an **keine Form** gebunden, sondern kann auch auf schlüssige Weise erfolgen.

Eine analoge Anwendung auf gleichgeschlechtliche Partnerschaften und nichteheliche Lebensgemeinschaften scheidet aus.[2]

II. Wirkungen

Das Verlöbnis begründet die – **nicht erzwingbare** – Verpflichtung zur Eheschließung. Die Wirkungen des Verlöbnisses enden mit der Eheschließung, dem Tod, durch Aufhebungsvertrag oder Rücktritt.

III. Unklagbarkeit

Die Freiheit des Eheschließungswillens verbietet eine Klage auf Eingehung der Ehe oder Erzwingung der Eheschließung durch Vertragsstrafe. Eine Klage auf Feststellung des Bestehens oder Nichtbestehens eines Verlöbnisses ist hingegen zulässig.

§ 1298 BGB Ersatzpflicht bei Rücktritt

(1) [1]Tritt ein Verlobter von dem Verlöbnis zurück, so hat er dem anderen Verlobten und dessen Eltern sowie dritten Personen, welche anstelle der Eltern gehandelt haben, den Schaden zu ersetzen, der daraus entstanden ist, dass sie in Erwartung der Ehe Aufwendungen gemacht haben oder Verbindlichkeiten eingegangen sind. [2]Dem anderen Verlobten hat er auch den Schaden zu ersetzen, den dieser dadurch erleidet, dass er in Erwartung der Ehe sonstige sein Vermögen oder seine Erwerbsstellung berührende Maßnahmen getroffen hat.

(2) Der Schaden ist nur insoweit zu ersetzen, als die Aufwendungen, die Eingehung der Verbindlichkeiten und die sonstigen Maßnahmen den Umständen nach angemessen waren.

---

1 BGHZ 28, 376.
2 Palandt/Brudermüller Vor § 1297 Rn. 1.

(3) Die Ersatzpflicht tritt nicht ein, wenn ein wichtiger Grund für den Rücktritt vorliegt.

I. Allgemeines

1　**1. Regelungszweck.** § 1298 begründet eine **Schadensersatzpflicht** desjenigen Verlobten, der grundlos vom Verlöbnis zurücktritt. Rechtsgrund für die Verpflichtung zum Schadensersatz ist die Nichterfüllung des Eheversprechens.

2　**2. Verhältnis zu schuldrechtlichen Regelungen.** §§ 1297 ff. sind **Spezialregelungen gegenüber** §§ 346 ff. und den **Ansprüchen wegen allgemeiner Leistungsstörung.** Keine Spezialität liegt vor, wenn Zuwendungen ausgeglichen werden sollen, die sich die Ehegatten bereits während des Verlöbnisses gewährt haben.[1] Neben der in § 1298 normierten Schadensersatzpflicht können sich weitergehende Ersatzansprüche aus Deliktsrecht ergeben, zB bei arglistiger Täuschung über die Ernstlichkeit des Eheversprechens.

Der Bruch des Verlöbnisses stellt für sich keine unerlaubte Handlung dar.

II. Rücktritt vom Verlöbnis

3　**1. Ausübung des Rücktritts.** Der Rücktritt ist eine einseitige empfangsbedürftige Willenserklärung und führt zur vollständigen Aufhebung des Verlöbnisses. Der Rücktritt kann auch stillschweigend ausgeübt werden, zB durch einseitigen Kontaktabbruch.

4　**2. Schadensersatzpflicht des Zurücktretenden (Abs. 1).** Erfolgt der Rücktritt grundlos, so ist der aus der Nichterfüllung des Eheversprechens entstehende Schaden, begrenzt auf das negative Interesse, zu ersetzen. Die Ersatzpflicht besteht nicht, wenn die Aufhebung des Verlöbnisses einverständlich erfolgt.

5　**3. Umfang der Ersatzpflicht (Abs. 2).** Ersetzt wird der Schaden, der durch Aufwendungen oder eingegangene Verbindlichkeiten entstanden ist, die in Erwartung der Ehe gemacht wurden und vernünftigerweise nicht erfolgt wären, wenn der Bruch des Verlöbnisses vorausgesehen worden wäre. Die Ersatzpflicht entfällt, wenn keiner der Verlobten schuldhaft vom Verlöbnis zurückgetreten ist.[2]

Da das Verlöbnis **keine Gewähr** für eine künftige Heirat bietet, können in Folge des begrenzten Vertrauensschutzes nicht sämtliche Aufwendungen auf den zurücktretenden Verlobten abgewälzt werden. § 254 Abs. 2 ist heranzuziehen.[3]

Ersatzfähige Aufwendungen sind zB die Kosten für die Veranstaltung der Verlobungsfeier oder die Einrichtung eines Haushaltes. **Maßnahmen in Erwartung der Ehe**, die zum Schadensersatz führen, sind zB die Aufgabe einer beruflichen Stellung oder die Veräußerung von Vermögen, wobei Zurückhaltung geboten ist, wenn diese Maßnahmen nicht abgesprochen wurden.[4] **Nicht ersatzfähig** sind hingegen solche Aufwendungen, die nur anlässlich des Verlöbnisses erfolgten, wie allgemeine Gelegenheitsgeschenke, Bewirtungskosten, freiwillige Hilfeleis-

---

1　BGH NJW 1992, 427.
2　OLG Zweibrücken FamRZ 1986, 354.
3　Palandt/Brudermüller § 1298 Rn. 6.
4　Palandt/Brudermüller § 1298 Rn. 4; zur Aufgabe einer Steuerberaterpraxis vgl. FamRZ 2008, 1181.

tungen, sowie finanzielle Aufwendungen eines Verlobten, die angesichts einer in entfernter Zukunft geplanten Hochzeit nicht angemessen sind.[5]

4. Wegfall der Ersatzpflicht bei wichtigem Grund (Abs. 3). Die Ersatzpflicht 6 tritt nicht ein, wenn ein wichtiger Grund für den Rücktritt vorliegt. Wichtige Gründe sind solche, die zur **Anfechtung** wegen Irrtums oder arglistiger Täuschung berechtigen würden, wie zB Bruch der Verlöbnistreue.[6]

§ 1299 BGB Rücktritt aus Verschulden des anderen Teils

Veranlasst ein Verlobter den Rücktritt des anderen durch ein Verschulden, das einen wichtigen Grund für den Rücktritt bildet, so ist er nach Maßgabe des § 1298 Abs. 1, 2 zum Schadensersatz verpflichtet.

§ 1299 gibt dem Zurücktretenden einen Schadensersatzanspruch des in § 1298 1 normierten Umfanges, wenn der Rücktritt durch **schuldhaftes Handeln** des anderen Verlobten veranlasst ist.

§ 1300 BGB (weggefallen)

§ 1301 BGB Rückgabe der Geschenke

[1]Unterbleibt die Eheschließung, so kann jeder Verlobte von dem anderen die Herausgabe desjenigen, was er ihm geschenkt oder zum Zeichen des Verlöbnisses gegeben hat, nach den Vorschriften über die Herausgabe einer ungerechtfertigten Bereicherung fordern. [2]Im Zweifel ist anzunehmen, dass die Rückforderung ausgeschlossen sein soll, wenn das Verlöbnis durch den Tod eines der Verlobten aufgelöst wird.

I. Rechtsnatur

Es handelt sich um einen Bereicherungsanspruch gem. § 812 Abs. 1 S. 2 Alt. 2. 1 Bei Tod eines Verlobten ist im Zweifel von einem stillschweigenden Verzicht auf den Rückgabeanspruch auszugehen.

II. Voraussetzungen

Die Eheschließung muss unterbleiben. Wird diese treuwidrig verhindert, so sind 2 §§ 815, 818 ff. anwendbar, nicht aber §§ 819 Abs. 2, 820.[1]

Es können nur **Geschenke** herausverlangt werden. Der Begriff des Geschenkes ist jedoch weit auszulegen und umfasst grundsätzlich alle **Zuwendungen**, die mit der Auflösung des Verlöbnisses ihre Grundlage verlieren.[2]

Hierunter fallen allerdings nicht unterhaltsgleiche Leistungen zwischen den Verlobten, da diese nicht in Erwartung der Ehe, sondern zur Realisierung des gegenwärtigen Zusammenlebens vor der Ehe erbracht wurden.[3] Der Rückforderung sog Anstandsgeschenke steht § 814 entgegen.

---

5 Vgl. zB AG Oldenburg FamRZ 2009, 2004 zum Kauf einer Eigentumswohnung durch einen Verlobten.
6 Vgl. OLG Koblenz FamRZ 1995, 1068.
1 BGHZ 45, 258, 263.
2 BGH FamRZ 2005, 1151 (Erstattung von Zahnersatzkosten wegen Geldmangels).
3 BGH FamRZ 2005, 1151.

§ 1302 BGB Verjährung

Die Verjährungsfrist der in den §§ 1298 bis 1301 bestimmten Ansprüche beginnt mit der Auflösung des Verlöbnisses.

1　Bei einseitigem Rücktritt beginnt die Verjährung der Ansprüche aus §§ 1298 ff. mit Wirksamwerden der Rücktrittserklärung, sonst mit der Auflösung. Die kurze Verjährung soll eine rasche Abwicklung des gescheiterten Verlöbnisses ermöglichen. Die Verjährung von Deliktansprüchen bleibt unberührt.

Titel 2 Eingehung der Ehe

Untertitel 1 Ehefähigkeit

§ 1303 BGB Ehemündigkeit

Eine Ehe darf nicht vor Eintritt der Volljährigkeit eingegangen werden. Mit einer Person, die das 16. Lebensjahr nicht vollendet hat, kann eine Ehe nicht wirksam eingegangen werden.

I. Allgemeines

1　Die Ehemündigkeit ist sachliche Eheschließungsvoraussetzung iSv Art. 13 EGBGB. Mit Inkrafttreten des Gesetzes zur Bekämpfung von Kinderehen[1] am 22.7.2017 legt § 1303 nF im Interesse des Kindeswohls das Ehemündigkeitsalter ausnahmslos auf 18 Jahre fest. Die Ehefähigkeit entspricht damit der Geschäftsfähigkeit im deutschen Recht. Die Neuregelung stellt den Schutz des Minderjährigen, also das Kindeswohl, in den Vordergrund und erteilt Kinderehen eine generelle Absage. Die Neuregelung ist eine Reaktion auf die zunehmende Registrierung von verheirateten Minderjährigen im Zuge der Einreise von Flüchtlingen in den vergangenen zwei Jahren.[2]

Hat ein Ehegatte das 16. Lebensjahr nicht vollendet, besteht keine nur aufhebbare Ehe. Vielmehr liegt eine Nichtehe vor, die keine rechtlichen Wirkungen entfaltet. Eine erst 16 oder 17 Jahre alte Person darf nach der Neuregelung ebenfalls keine Ehe schließen. Eine dennoch geschlossene Ehe bleibt wie nach bisheriger Rechtslage wirksam, ist aber aufhebbar, was nach der Vorstellung des Gesetzgebers der Regelfall sein soll. Zum Wegfall der familiengerichtlichen Befreiungsmöglichkeit → Rn. 2.

II. Wegfall der familiengerichtlichen Befreiungsmöglichkeit

2　Die in § 1304 Abs. 2 bis 4 aF geregelte familiengerichtliche Befreiungsmöglichkeit für Minderjährige, die das 16. Lebensjahr vollendet haben, wenn der andere Ehegatte volljährig ist, wurde ersatzlos gestrichen, so dass es keine Befreiungsmöglichkeit vom gesetzlichen Ehemündigkeitsalter mehr gibt.

Der Gesetzgeber hält den Schutz Minderjähriger vor nichtehelicher Mutterschaft als einer der maßgebenden Erwägungen für die Einführung der Befrei-

---

1　BGBl. 2017 I 2429.
2　Zum 31.7.2016 waren im Ausländerzentralregister 1.475 Minderjährige mit dem Familienstand „verheiratet" registriert, wovon 120 zwischen 14 und 16 Jahren sowie 361 unter 14 Jahren alt waren; vgl. BT-Drs. 18/9595, Antwort auf Frage 29, S. 20 f.

ungsmöglichkeit vom Ehemündigkeitsalter nicht mehr für notwendig.[3] Durch die Abschaffung der Befreiungsmöglichkeit wird der Schutz des Minderjährigen und seiner Entwicklungschancen in den Vordergrund gestellt und gleichzeitig die Schließung von Zwangsehen/Minderjährigenehen im Inland unter Ausnutzung der familiengerichtlichen Befreiung verhindert. Minderjährige können die Tragweite einer Eheschließung, insbesondere der Rechtsfolgen von Trennung und Scheidung, Gott nicht überblicken. Eine mit Vollendung des 16. Lebensjahres geschlossene Ehe würde zudem in vielen Fällen zum Ausbildungsabbruch und damit zu einer nachhaltigen Störung der Zukunftschancen führen.

III. Auslandsbezug

Um ausländischen Minderjährigen, die verheiratet in der Bundesrepublik 3 Deutschland ankommen, denselben Schutz wie im Inland lebenden Minderjährigen zu bieten, bedurfte es einer der Neuregelung des § 1303 entsprechenden kollisionsrechtlichen Regelung. Um zu verhindern, dass eine Minderjährigenehe, die nach dem Heimatrecht der Eheleute und der darin geregelten Ehemündigkeit wirksam wäre, im Inland anerkannt wird,[4] bestimmt Art. 13 Abs. 3 Nr. 1 nF EGBGB, dass solche ausländischen Ehen nach deutschem Recht unwirksam sind (Nichtehe), wenn ein Verlobter im Zeitpunkt der Eheschließung das 16. Lebensjahr nicht vollendet hatte. Art. 13 Abs. 3 Nr. 2 nF EGBGB bestimmt, dass ausländische Ehen nach deutschem Recht aufhebbar sind, wenn der Verlobte im Zeitpunkt der Eheschließung das 16., aber nicht das 18. Lebensjahr vollendet hatte.

§ 1304 BGB Geschäftsunfähigkeit

Wer geschäftsunfähig ist, kann eine Ehe nicht eingehen.

I. Allgemeines

Während für in der Geschäftsfähigkeit Beschränkte § 1303 gilt, bezieht sich 1 § 1304 ausschließlich auf Geschäftsunfähige.

II. Praktische Bedeutung

Mit dem Wegfall der Entmündigung ist vom Standesbeamten – gegebenenfalls 2 durch Einholung eines Sachverständigengutachtens – zu ermitteln, ob der Heiratswillige geschäftsunfähig iSv § 104 Nr. 2 ist.

Für die Eheschließung kann aber **partielle Geschäftsfähigkeit** iSv § 104 Nr. 2 zB bei psychisch und geistig Behinderten zur Nichtanwendung des § 1304 führen.[1]

III. Rechtsfolgen

Eine von einem Geschäftsunfähigen geschlossene Ehe ist gem. § 1314 aufhebbar, 3 bleibt aber bis zur Aufhebung wirksam oder kann nach Wegfall der Geschäftsunfähigkeit gem. § 1315 Abs. 1 Nr. 2 bestätigt werden.

---

3 BT-Drs. 18/12086, 14.
4 Zur Anerkennung einer Kinderehe OLG Bamberg 12.5.2016 – 2 UF 58/16, FamRZ 2016, 1270.
1 BVerfG FamRZ 2003, 359.

§ 1305 BGB (weggefallen)

Untertitel 2 Eheverbote

§ 1306 BGB Bestehende Ehe oder Lebenspartnerschaft

Eine Ehe darf nicht geschlossen werden, wenn zwischen einer der Personen, die die Ehe miteinander eingehen wollen, und einer dritten Person eine Ehe oder eine Lebenspartnerschaft besteht.

I. Allgemeines

1 Das Gesetz kennt **drei Eheverbote**, die abschließend in den §§ 1306 bis 1308 aufgeführt sind. Es handelt sich um zweiseitige Verbote, das heißt sie verbieten die Eheschließung auch für denjenigen, in dessen Person kein Tatbestand der §§ 1306 bis 1308 verwirklicht ist.

II. Grundsatz der Einehe

2 Ein Verstoß gegen § 1306 liegt vor, wenn zum Zeitpunkt der zweiten Eheschließung die erste Ehe eines der Ehegatten mit einem Dritten noch besteht. Dies ist nicht der Fall, wenn die frühere Ehe eine Nichtehe ist, aufgehoben, geschieden oder für nichtig erklärt wurde. Das Eheverbot gilt auch bei Fortbestehen einer Lebenspartnerschaft.

Das Eheschließungsverbot gilt auch bei Bestehen einer Lebenspartnerschaft, so dass eine Eheschließung nicht zur Beendigung einer eingetragenen Lebenspartnerschaft führt.[1] Das Eheschließungsverbot gilt aber nicht, wenn bisher über die eingetragene Lebenspartnerschaft miteinander verbundene Personen nach Geschlechtsumwandlung die Ehe miteinander schließen wollen.[2] Für das Vorliegen des Eheschließungsverbotes aus § 1306 kommt es in zeitlicher Hinsicht darauf an, dass **zum Zeitpunkt der Eheschließung** die Ehe oder eingetragene Lebenspartnerschaft noch bestand.

III. Praktische Bedeutung

3 **Bigamiefälle** sind in reinen Inlandsfällen selten. Häufiger stellt sich die Frage nach einem Verstoß gegen § 1306 in **Fällen mit Auslandsberührung**, wenn zB ein Heiratswilliger eine Erstehe im Ausland geschlossen und und deren Scheidung nicht nachgewiesen werden kann. Liegen Anhaltspunkte für ein Fortbestehen der Erstehe vor und kann deren Scheidung nicht durch Legalisierungsurkunde gem. § 438 Abs. 2 ZPO nachgewiesen werden, wird das Vorliegen einer Doppelehe vermutet.[3]

In Fällen mit Auslandsberührung ist deshalb bei einer erneuten Eheschließung im Inland als Vorfrage zu prüfen, ob die Erstehe im Ausland geschieden ist und die Scheidung im Inland anerkannt wird.

---

1 KG FamRZ 2014, 1105.
2 AG Köln FamRZ 2015, 408.
3 AG Tempelhof-Kreuzberg FamRZ 2004, 1488 (1489).

IV. Rechtsfolgen

Eine entgegen § 1306 geschlossene Ehe ist **aufhebbar** (§ 1314 Abs. 1) und bleibt 4
bis zur Aufhebung wirksam. Wird die Erstehe nachträglich aufgelöst, bleibt die
Zweitehe weiterhin aufhebbar, kann aber durch eine Wiederholung der Eheschließung zwischen den bisher bigamisch lebenden Ehegatten mit Wirkung ex
nunc geheilt werden.[4]

§ 1307 BGB Verwandtschaft

[1]Eine Ehe darf nicht geschlossen werden zwischen Verwandten in gerader Linie
sowie zwischen vollbürtigen und halbbürtigen Geschwistern. [2]Dies gilt auch,
wenn das Verwandtschaftsverhältnis durch Annahme als Kind erloschen ist.

I. Allgemeines

Das in § 1307 ausgesprochene Eheverbot zwischen Verwandten[1] stellt Blutsver- 1
wandtschaft mit rechtlicher Verwandtschaft gleich.[2]

II. Blutsmäßige Abstammung

Zwischen Verwandten in gerader Linie und zwischen vollbürtigen und halbbür- 2
tigen Geschwistern ist die Ehe verboten. Entscheidend ist allein die **blutsmäßige
Abstammung** und nicht der Grad der Verwandtschaft. Unter blutsmäßige Abstammung fällt der genetische Erzeuger ebenso wie der Samenspender bzw. die
Eispenderin. Das Eheverbot entfällt gem. S. 2 nicht, wenn die rechtliche Verwandtschaft durch Adoption erlischt, da allein die blutsmäßige Abstammung
entscheidet.

III. Rechtliche Verwandtschaft

Auch wenn keine blutsmäßige Abstammung vorliegt, dürfen Personen, die gem. 3
§ 1591 Nr. 1 oder Nr. 2 als Vater bzw. gem. § 1592 als Mutter gelten, ihre Kinder nicht heiraten. Gründet sich die rechtliche Verwandtschaft auf Adoption,
gilt § 1308.

IV. Rechtsfolgen

Die Ausführungen zu § 1306 gelten entsprechend. 4

§ 1308 BGB Annahme als Kind

(1) [1]Eine Ehe soll nicht geschlossen werden zwischen Personen, deren Verwandtschaft im Sinne des § 1307 durch Annahme als Kind begründet worden ist.
[2]Dies gilt nicht, wenn das Annahmeverhältnis aufgelöst worden ist.

(2) [1]Das Familiengericht kann auf Antrag von dieser Vorschrift Befreiung erteilen, wenn zwischen dem Antragsteller und seinem künftigen Ehegatten durch die
Annahme als Kind eine Verwandtschaft in der Seitenlinie begründet worden ist.

---

4 Palandt/Brudermüller § 1306 Rn. 7.
1 Das zivilrechtliche Inzestverbot korrespondiert mit dem strafrechtlichen Verbot des § 173
StGB.
2 Vgl. zum Ganzen aber auch EGMR FamRZ 2012, 937 sowie Schroeder FamRZ 2014,
1745.

[2]Die Befreiung soll versagt werden, wenn wichtige Gründe der Eingehung der Ehe entgegenstehen.

1 Für Ehen zwischen Personen, deren Verwandtschaft durch Adoption begründet wurde, wird das Verbot des § 1307 abgemildert in ein **aufschiebendes Eheverbot.**

Eine entgegen § 1308 geschlossene Ehe löst zwar das Annahmeverhältnis zwischen den Eheschließenden gem. § 1766 auf, die Ehe selbst bleibt aber gültig.

2 Ist das Annahmeverhältnis aufgelöst, entfällt das Eheverbot nach Abs. 1 S. 2. Die Auflösung des Annahmeverhältnisses kann allerdings nur nach Maßgabe der §§ 1760, 1763 erfolgen.

3 Befreiung kann vom Familiengericht nur erteilt werden, wenn die Verwandtschaft der Eheschließenden **in der Seitenlinie** besteht (Abs. 2). Die Befreiung darf nur aus wichtigen Gründen abgelehnt werden, die nicht schon mit einer ungünstigen Eheprognose gegeben sind.[1]

Untertitel 3 Ehefähigkeitszeugnis

§ 1309 BGB   Ehefähigkeitszeugnis für Ausländer

(1) [1]Wer hinsichtlich der Voraussetzungen der Eheschließung vorbehaltlich des Artikels 13 Abs. 2 des Einführungsgesetzes zum Bürgerlichen Gesetzbuche ausländischem Recht unterliegt, soll eine Ehe nicht eingehen, bevor er ein Zeugnis der inneren Behörde seines Heimatstaats darüber beigebracht hat, dass der Eheschließung nach dem Recht dieses Staates kein Ehehindernis entgegensteht. [2]Als Zeugnis der inneren Behörde gilt auch eine Bescheinigung, die von einer anderen Stelle nach Maßgabe eines mit dem Heimatstaat des Betroffenen geschlossenen Vertrags erteilt ist. [3]Das Zeugnis verliert seine Kraft, wenn die Ehe nicht binnen sechs Monaten seit der Ausstellung geschlossen wird; ist in dem Zeugnis eine kürzere Geltungsdauer angegeben, ist diese maßgebend.

(2) [1]Von dem Erfordernis nach Absatz 1 Satz 1 kann der Präsident des Oberlandesgerichts, in dessen Bezirk das Standesamt, bei dem die Eheschließung angemeldet worden ist, seinen Sitz hat, Befreiung erteilen. [2]Die Befreiung soll nur Staatenlosen mit gewöhnlichem Aufenthalt im Ausland und Angehörigen solcher Staaten erteilt werden, deren Behörden keine Ehefähigkeitszeugnisse im Sinne des Absatzes 1 ausstellen. [3]In besonderen Fällen darf sie auch Angehörigen anderer Staaten erteilt werden. [4]Die Befreiung gilt nur für die Dauer von sechs Monaten.

(3) Absatz 1 gilt nicht für Personen, die eine gleichgeschlechtliche Ehe eingehen wollen und deren Heimatstaat die Eingehung einer gleichgeschlechtlichen Ehe nicht vorsieht.

I. Allgemeines

1 **1. Zweck.** Gem. Art. 13 Abs. 1 EGBGB richten sich die Eheschließungsvoraussetzungen bei Ausländern grundsätzlich nach deren Heimatrecht. Das Erfordernis der Vorlage eines Ehefähigkeitszeugnisses besteht für den Verlobten, der hin-

---

1 KG FamRZ 1986, 993.

sichtlich der Voraussetzungen der Eheschließung ausländischem Recht unterliegt,[1] und soll dem Standesbeamten die Prüfung der materiellen Eheschließungsvoraussetzungen nach dem jeweils maßgebenden Heimatrecht erleichtern. Hierdurch soll verhindert werden, dass in Deutschland eine Ehe geschlossen wird, die nach dem Heimatrecht eines Ehegatten gegen ein Eheverbot verstößt (sog **hinkende Ehe**).

2. Persönlicher Anwendungsbereich. Dem Erfordernis der Vorlage eines Ehefähigkeitszeugnisses unterliegen diejenigen Verlobten, deren Eheschließungsvoraussetzungen ausländischem Recht unterliegen. Hierunter fallen nicht: **Staatenlose** (Art. 5 Abs. 2 EGBGB), **Doppelstaater**, die auch die deutsche Staatsangehörigkeit besitzen (Art. 5 Abs. 1 S. 2 EGBGB), sowie **Deutsche iSv Art. 116 Abs. 1 GG.** Ebenso wenig werden **Asylberechtigte, ausländische Flüchtlinge** sowie **heimatlose Ausländer erfasst**, die ihren Wohnsitz oder gewöhnlichen Aufenthalt bzw. ihren einfachen Aufenthalt im Inland haben, weil diese ebenfalls dem deutschen Personalstatut unterliegen.[2] Die Pflicht zur Vorlage eines Ehefähigkeitszeugnisses gilt auch für Ausländer, deren Heimatrecht eine **Rückverweisung auf deutsches Recht** (Art. 4 Abs. 1 S. 2 EGBGB) ausspricht. Das von der zuständigen ausländischen Behörde zu erstellende Ehefähigkeitszeugnis muss in diesen Fällen die Rückverweisung des ausländischen Rechts bescheinigen.[3]

II. Anforderungen an das Ehefähigkeitszeugnis (Abs. 1)

1. Formelle Anforderungen. Das Ehefähigkeitszeugnis muss von der zuständigen inneren **Behörde des Heimatstaates** ausgestellt werden. Bescheinigungen diplomatischer oder konsularischer Vertretungen reichen nicht aus.

2. Inhaltliche Voraussetzungen. Das Ehefähigkeitszeugnis soll sich auf die Ehefähigkeit, Eheverbote sowie das Fehlen von Ehehindernissen nach dem ausländischen Heimatrecht beziehen und umfasst damit inhaltlich die aus deutscher Sicht gem. §§ 1303–1308 erfassten Themen. Gem. Abs. 1 S. 3 letzter Hs. verliert das Zeugnis seine Gültigkeit nach der im Ehefähigkeitszeugnis angegebenen Geltungsdauer, spätestens aber nach **sechs Monaten.**

III. Befreiung (Abs. 2)

1. Zuständigkeit des OLG-Präsidenten. Auf Antrag wird Befreiung durch den Präsidenten des Oberlandesgerichts erteilt, der für den Bezirk des Standesbeamten zuständig ist, bei dem die Eheschließung angemeldet worden ist. Die Befreiung ist keine Ermessensentscheidung, sondern zwingend zu erteilen, wenn die gesetzlichen Voraussetzungen vorliegen.[4]

2. Befreiungsvoraussetzungen. Die Befreiung wird nur für Staatenlose mit gewöhnlichem Aufenthalt im Ausland erteilt (Abs. 2 S. 2 Alt. 1) sowie Ausländern, deren Heimatstaat Ehefähigkeitszeugnisse allgemein nicht ausstellt.[5] Die Befreiung erfüllt nicht den Zweck, dem ausländischen Verlobten die nach seinem Heimatrecht erforderlichen Formalitäten zu ersparen. Ebenso wenig kann Befreiung

---

1 KG FamRZ 2013, 953.
2 Vgl. Palandt/Thorn EGBGB Anhang zu Art. 5 Rn. 3–32.
3 Hepting StAZ 1996, 257 (259).
4 BGHZ 56, 180 (192).
5 Vgl. zu den Staaten, die Ehefähigkeitszeugnisse ausstellen, DA 166 IV.

erteilt werden, wenn sich dem Standesbeamten bei Prüfung des Sachverhaltes die Eingehung einer Aufenthaltsehe regelrecht aufdrängt.[6]

7 **3. Befreiung in besonderen Fällen (Abs. 2 S. 3).** In Ausnahmefällen kann auch Ausländern, die nicht unter Abs. 2 S. 3 fallen, Befreiung erteilt werden, wenn die Beibringung des Ehefähigkeitszeugnisses nur unter **unzumutbaren Schwierigkeiten oder Nachteilen** (zB wegen politischer Gründe wie Krieg) möglich ist.

Die Befreiung verhindert nur, dass die Eheschließung an der Formalie des Ehefähigkeitszeugnisses scheitert, im Übrigen aber nach dem Heimatrecht des ausländischen Verlobten ein Ehehindernis nicht besteht oder aber die Voraussetzungen des Art. 13 Abs. 2 Nr. 1 EGBGB vorliegen.[7] Nach Art. 13 Abs. 2 EGBGB ist deutsches Recht anzuwenden, wenn ein Verlobter Deutscher ist oder seinen gewöhnlichen Aufenthalt in Deutschland hat (Art. 13 Abs. 2 Nr. 1 EGBGB), die Verlobten alle zumutbaren Schritte zur Behebung des Hindernisses unternommen haben (Art. 13 Abs. 2 Nr. 2 EGBGB) und die Versagung der Eheschließung mit der Eheschließungsfreiheit unvereinbar ist (Art. 13 Abs. 2 Nr. 3 EGBGB).[8]

8 **4. Verfahren.** Die Befreiung setzt einen Antrag des ausländischen Verlobten voraus, der beim zuständigen Standesamt zu stellen ist. Die Entscheidung über die Befreiung trifft der Präsident des Oberlandesgerichtes. Auf einen ablehnenden Bescheid ist ein Antrag auf gerichtliche Entscheidung an das zuständige Oberlandesgericht zulässig.

IV. Befreiung für gleichgeschlechtliche Ehen (Abs. 3)

9 Mit dem Gesetz zur Einführung des Rechts auf Eheschließung für Personen gleichen Geschlechts[9] ist § 1309 um Abs. 3 erweitert worden. Hiernach ist eine Befreiung vom Ehefähigkeitszeugnis für Ausländer vorgesehen, deren Heimatrechte die gleichgeschlechtliche Ehe nicht kennen. Gleichwohl müssen die Eheschließenden ihren Personenstand, also ihre Ledigkeit, nach § 12 Abs. 2 Nr. 1 PStG nachweisen.

Untertitel 4 Eheschließung

§ 1310 BGB Zuständigkeit des Standesbeamten, Heilung fehlerhafter Ehen

(1) [1]Die Ehe wird nur dadurch geschlossen, dass die Eheschließenden vor dem Standesbeamten erklären, die Ehe miteinander eingehen zu wollen. [2]Der Standesbeamte darf seine Mitwirkung an der Eheschließung nicht verweigern, wenn die Voraussetzungen der Eheschließung vorliegen. Der Standesbeamte muss seine Mitwirkung verweigern, wenn

1. offenkundig ist, dass die Ehe nach § 1314 Abs. 2 aufhebbar wäre, oder
2. nach Artikel 13 Absatz 3 des Einführungsgesetzes zum Bürgerlichen Gesetzbuche die beabsichtigte Ehe unwirksam wäre oder die Aufhebung der Ehe in Betracht kommt.

---

6 OLG Düsseldorf FamRZ 2008, 277.
7 BVerfGE 31, 58 (Spanier-Entscheidung des BGH) = NJW 1971, 1509.
8 BGHZ 56, 180 (192).
9 BGBl. 2017 I 2787; Inkrafttreten 1.10.2017.

(2) Als Standesbeamter gilt auch, wer, ohne Standesbeamter zu sein, das Amt eines Standesbeamten öffentlich ausgeübt und die Ehe in das Eheregister eingetragen hat.

(3) Eine Ehe gilt auch dann als geschlossen, wenn die Ehegatten erklärt haben, die Ehe miteinander eingehen zu wollen, und

1. der Standesbeamte die Ehe in das Eheregister eingetragen hat,
2. der Standesbeamte im Zusammenhang mit der Beurkundung der Geburt eines gemeinsamen Kindes der Ehegatten einen Hinweis auf die Eheschließung in das Geburtenregister eingetragen hat oder
3. der Standesbeamte von den Ehegatten eine familienrechtliche Erklärung, die zu ihrer Wirksamkeit eine bestehende Ehe voraussetzt, entgegengenommen hat und den Ehegatten hierüber eine in Rechtsvorschriften vorgesehene Bescheinigung erteilt worden ist

und die Ehegatten seitdem zehn Jahre oder bis zum Tode eines der Ehegatten, mindestens jedoch fünf Jahre, als Ehegatten miteinander gelebt haben.

I. Allgemeines (Abs. 1)

Die auf Eheschließung gerichteten wechselseitigen Erklärungen der Verlobten 1 müssen zwingend vor einem Standesbeamten abgegeben werden (obligatorische Zivilehe). Eine im Inland geschlossene Ehe unterliegt damit grundsätzlich dem Erfordernis der Inlandsform. Eine Ausnahme sieht nur Art. 13 Abs. 3 S. 3 EGBGB für Verlobte vor, von denen keiner Deutscher ist. Diese können in Deutschland **vor einer von der Regierung eines ihrer Heimatstaaten ordnungsgemäß ermächtigten Person** in einer nach dem Recht dieses Heimatstaates vorgeschriebenen Form die Ehe schließen.[1] Abgesehen von den in § 1310 Abs. 3 gerichteten Vertrauenstatbeständen führen auf Eheschließung gerichtete Erklärungen ohne Mitwirkung des Standesbeamten zur **Nichtehe.** Eine solche Ehe ist unwirksam und nicht lediglich aufhebbar.

Das Verbot der religiösen Voraustrauung ist durch das Personenstandrechtsreformgesetz (PStRG) abgeschafft worden.[2] Die **kirchliche Trauung** kann seit dem 1.1.2009 vor der standesamtlichen Trauung erfolgen, aber auch unabhängig von dieser. Allerdings begründet nur die Trauung durch einen Standesbeamten eine Ehe im Rechtssinne. Ein lediglich kirchlich getrautes Paar ist rechtlich gesehen eine nichteheliche Lebensgemeinschaft.

II. Standesbeamter

Standesbeamte sind gem. § 2 Abs. 1 PStG Urkundspersonen, die zur Beurkundung und Beglaubigung für Zwecke des Personenstandswesens im Standesamt bestellt sind. Ist der Standesbeamte außerhalb des Bezirks tätig, für den er bestellt ist, so hat er als **Nichtstandesbeamter** gehandelt.[3]

III. Scheinstandesbeamter (Abs. 2)

Die Eheschließung ist auch dann gültig, wenn sie nach den Voraussetzungen des 3 § 1310 Abs. 2 vor einem Nichtstandesbeamten zustande kommt, wenn die mit-

---

1 BGH FamRZ 2003, 838; zur Anwaltshaftung vgl. Borgmann, Anm. zu BGH aaO.
2 Personenstandsverordnung vom 22.11.2008, BGBl. I, 2262.
3 Hepting FamRZ 1998, 724.

wirkende Person das Amt eines Standesbeamten öffentlich ausübt wie zB der nicht oder nicht mehr bestellte Beamte sowie der Standesbeamte, der außerhalb seines Bezirks tätig wird und die Eheschließung anschließend gem. § 15 Abs. 1 PStG in das Eheregister (vormals Heiratsbuch) eingetragen hat.

IV. Mitwirkung des Standesbeamten

4 Die Bestimmung über die Mitwirkungspflichten ist durch das Gesetz zur Bekämpfung von Kinderehen[4] neu gefasst und ergänzt worden.

Liegen die Eheschließungsvoraussetzungen vor, so ist der Standesbeamte zur Mitwirkung verpflichtet. Wie bisher muss er seine Mitwirkung verweigern, wenn offenkundig ist, dass die Ehe nach § 1314 Abs. 2 aufhebbar wäre. Dies ist der Fall, wenn die Parteien offenkundig nicht deshalb heiraten, um eine eheliche Lebensgemeinschaft zu begründen, sondern nur um einem Partner das Aufenthaltsrecht zu ermöglichen (sog **Scheinehe**).[5] Neu ist, dass der Standesbeamte seine Mitwirkung bereits dann verweigern kann, wenn die Aufhebung der Ehe nach Art. 13 Abs. 3 EGBGB nF in Betracht kommt, weil das nach deutschem Recht vorgesehene Ehemündigkeitsalter unterschritten ist.[6] Gegen eine Verweigerung des Standesbeamten steht den Beteiligten der Rechtsweg nach § 49 PStG offen.

V. Heilung von Nichtehen (Abs. 3)

5 Eine Heilungsmöglichkeit ist gegeben, wenn die Verlobten erklärt haben, die Ehe miteinander eingehen zu wollen und der Standesbeamte mit Bezug auf die Nichtehe eine der in § 1310 Abs. 3 Nr. 1–3 beschriebenen urkundlichen Handlungen vorgenommen hat. **Kumulativ** muss hinzutreten, dass die Verlobten zehn Jahre oder bis zum Tod eines Partners mindestens fünf Jahre wie Ehegatten miteinander gelebt haben. Diese Frist beginnt mit der urkundlichen Handlung des Standesbeamten zu laufen. Die Heilung wirkt ex tunc, sie kann jedoch beschleunigt werden, indem die Verlobten ihre Nichtehe durch Wiederholung einer rechtsgültigen Eheschließung heilen.[7]

§ 1311 BGB Persönliche Erklärung

[1]Die Eheschließenden müssen die Erklärungen nach § 1310 Abs. 1 persönlich und bei gleichzeitiger Anwesenheit abgeben. [2]Die Erklärungen können nicht unter einer Bedingung oder Zeitbestimmung abgegeben werden.

I. Allgemeines

1 § 1311 sieht **zwingende Voraussetzungen** für eine gültige Eheschließung vor. Ein Verstoß macht die Ehe aufhebbar (§ 1314 Abs. 1), kann aber gem. § 1315 Abs. 2 Nr. 2 geheilt werden.

---

4 BGBl 2017 I 2429.
5 Vgl. hierzu Palandt/Brudermüller § 1310 Rn. 6–9.
6 Ein Gericht und nicht der Standesbeamte soll hingegen bewerten, ob die Härteklausel des § 1315 eingreift.
7 Vgl. zur Entstehungsgeschichte Hepting FamRZ 1998, 725 f.

II. Persönliche Erklärungen

Die Verlobten müssen **persönlich** erklären, die Ehe miteinander eingehen zu 2 wollen (**Konsensehe**).

III. Gleichzeitige Anwesenheit

Die Zwischenschaltung eines Vertreters oder Boten (**Handschuhehe**) ist im In- 3 land unzulässig. Gleichwohl kann eine im Ausland auch bei Beteiligung Deutscher durch einen Stellvertreter geschlossene Ehe wirksam sein, wenn das ausländische Recht die Handschuhehe zulässt und es sich nicht um eine Stellvertretung im Willen handelt.[1]

IV. Bedingung oder Zeitbestimmung

Eine unter einer Bedingung oder Zeitbestimmung abgegebene Eheschließungser- 4 klärung ist unzulässig, so dass der Standesbeamte die Eheschließung zu verweigern hat.

§1312 BGB Trauung

[1]Der Standesbeamte soll bei der Eheschließung die Eheschließenden einzeln befragen, ob sie die Ehe miteinander eingehen wollen, und, nachdem die Eheschließenden diese Frage bejaht haben, aussprechen, dass sie nunmehr kraft Gesetzes rechtmäßig verbundene Eheleute sind. [2]Die Eheschließung kann in Gegenwart von einem oder zwei Zeugen erfolgen, sofern die Eheschließenden dies wünschen.

Es handelt sich um eine bloße **Sollvorschrift**, so dass eine Verletzung die Ehe- 1 schließung in ihrer Wirksamkeit nicht berührt. Abs. 2 der früheren Fassung ist entfallen. Die Eintragung ins Eheregister ist keine Gültigkeitsvoraussetzung. Sie wird nur bedeutsam, wenn die Eheschließung vor einem Nichtstandesbeamten erfolgte bzw. im Rahmen der Heilungsvorschrift in § 1310 Abs. 3.

Titel 3 Aufhebung der Ehe

§1313 BGB Aufhebung durch richterliche Entscheidung

[1]Eine Ehe kann nur durch richterliche Entscheidung auf Antrag aufgehoben werden. [2]Die Ehe ist mit der Rechtskraft der Entscheidung aufgelöst. [3]Die Voraussetzungen, unter denen die Aufhebung begehrt werden kann, ergeben sich aus den folgenden Vorschriften.

I. Allgemeines

Die Eheaufhebung ist die einzige Sanktion gegen Mängel bei den Ehe- 1 schließungsvoraussetzungen oder Mängel im Eheschließungsvorgang, vorausgesetzt, ein Standesbeamter hat bei der Eheschließung mitgewirkt. Fehlt es bereits an der Mitwirkung eines Standesbeamten, so bleibt der Versuch der Eheschließung ohne jede familienrechtliche Wirkung. Es liegt eine **Nichtehe** vor. Die

---

1 BGHZ 29, 137; BayObLG StAZ 2001, 66 (67); Palandt/Thorn EGBGB Art. 13 Rn. 10.

Nichtehe ist schlichtweg nicht existent und braucht nicht durch gerichtliches Gestaltungsurteil aufgelöst werden.

Die Eheaufhebung nach § 1313 erfolgt durch gerichtliche Entscheidung mit Wirkung für die Zukunft.

Die Aufhebungsgründe des § 1314, auf die § 1313 S. 2 verweist, sind **abschließend** und **nicht analogiefähig**.[1]

Trotz Vorliegen eines Aufhebungsgrundes nach § 1314 kann die Aufhebung einer fehlerhaften Ehe ausgeschlossen sein, wenn die Voraussetzungen des § 1315 vorliegen.

Bis zur rechtskräftigen Aufhebung ist die Ehe voll gültig.

II. Verfahren

2 Das Eheaufhebungsverfahren ist Ehesache gem. § 121 Nr. 2 FamFG. Gem. § 113 Abs. 1 FamFG gelten weitgehend die Vorschriften der ZPO. Das Verbundprinzip gem. § 137 FamFG ist auch nicht entsprechend anwendbar, weil es einen Scheidungsantrag voraussetzt.[2]

III. Rechtsfolgen

3 Erst mit der Rechtskraft des Aufhebungsurteils treten die Rechtsfolgen des § 1318 ein.

Hat der verstorbene Ehegatte zur Zeit des Todes die Eheaufhebung beantragt und lag ein Aufhebungsgrund vor, treten die Rechtsfolgen des § 1933 S. 2 ein. Mit Rechtskraft des Aufhebungsurteils richten sich die Folgen für das Erbrecht nach § 1318.

§ 1314 BGB Aufhebungsgründe

(1) Eine Ehe kann aufgehoben werden, wenn sie

1. entgegen § 1303 Satz 1 mit einem Minderjährigen geschlossen worden ist, der im Zeitpunkt der Eheschließung das 16. Lebensjahr vollendet hatte, oder

2. entgegen den §§ 1304, 1306, 1307, 1311 geschlossen worden ist.

(2) Eine Ehe kann ferner aufgehoben werden, wenn

1. ein Ehegatte sich bei der Eheschließung im Zustand der Bewusstlosigkeit oder vorübergehender Störung der Geistestätigkeit befand;

2. ein Ehegatte bei der Eheschließung nicht gewusst hat, dass es sich um eine Eheschließung handelt;

3. ein Ehegatte zur Eingehung der Ehe durch arglistige Täuschung über solche Umstände bestimmt worden ist, die ihn bei Kenntnis der Sachlage und bei richtiger Würdigung des Wesens der Ehe von der Eingehung der Ehe abgehalten hätten; dies gilt nicht, wenn die Täuschung Vermögensverhältnisse betrifft oder von einem Dritten ohne Wissen des anderen Ehegatten verübt worden ist;

4. ein Ehegatte zur Eingehung der Ehe widerrechtlich durch Drohung bestimmt worden ist;

---

1 JH/Henrich § 1313 Rn. 13.
2 Palandt/Brudermüller § 1313 Rn. 4.

5. beide Ehegatten sich bei der Eheschließung darüber einig waren, dass sie keine Verpflichtung gemäß § 1353 Abs. 1 begründen wollen.

I. Allgemeines

Die Aufhebungsgründe sind **abschließend** aufgezählt. 1

Durch das Gesetz zur Bekämpfung von Kinderehen[1] wurde Abs. 1 neu gefasst. **Abs. 1 Nr. 1 nF** stellt durch Verweis auf § 1303 S. 1 indirekt klar, dass Ehen mit einem Minderjährigen, der das 16. Lebensjahr noch nicht vollendet hat, nicht nur lediglich aufhebbar sind, sondern von ihnen gar keine Wirkungen ausgehen (**Nichtehe**). Hat ein Minderjähriger hingegen das 16. Lebensjahr bereits vollendet, ist die Ehe **zunächst wirksam**, kann aber aufgehoben werden. Die Aufhebung hat in diesen Fällen aber grundsätzlich immer zu erfolgen.[2]

Durch Verweis des Abs. 1 Nr. 2 auf die §§ 1303, 1304, 1306, 1307 und 1311 wird Bezug auf diejenigen Eheschließungsvoraussetzungen genommen, deren Verletzung **im öffentlichen Interesse** eine Aufhebung erforderlich macht.

In **Abs. 2** werden Aufhebungsgründe abschließend aufgezählt, deren Ursache im **subjektiven Bereich der Eheschließenden** liegen.

Während die Aufhebungsgründe Nr. 1–4 die fehlerhafte Willensbildung betreffen, liegt dem Aufhebungsgrund in Nr. 5 die **Missbilligung des Eheschließungsmotivs** zugrunde.

II. Praktische Bedeutung

Die praktische Bedeutung der Eheaufhebung dürfte künftig wegen der zuneh- 2
menden Zahl minderjähriger Verheirateter, die als Flüchtlinge vor allem aus Syrien und anderen Ländern islamisch geprägter Familienrechtsordnungen in die Bundesrepublik gekommen sind, zunehmen. Art. 13 Abs. 3 nF EGBGB bestimmt die Anwendbarkeit deutschen Rechts in solchen Fällen, in denen sich die Ehemündigkeit eines Verlobten nach ausländischem Recht richtet und verweist in Abs. 3 Nr. 2 auf die Aufhebungsvorschriften des deutschen Rechts, wenn der Verlobte im Zeitpunkt der Eheschließung das 16., aber nicht das 18. Lebensjahr vollendet hatte.

Zudem setzte sich die Rechtsprechung vermehrt mit den **Scheinehen, insbesondere mit der** Frage nach der **Bewilligung von Verfahrenskostenhilfe** im Scheidungs- bzw. Aufhebungsverfahren einer Scheinehe auseinander.[3] Der Aufhebungsgrund der Scheinehe nach Abs. 2 Nr. 5 ist nach überwiegender Auffassung eng auszulegen und nicht als allgemeine Generalklausel gegen **Versorgungsehen** heranzuziehen.[4] Indiz für eine Scheinehe kann sein, dass sich die Ehegatten überhaupt nicht kennen.[5] Eine Scheinehe liegt nicht vor, wenn nur ein Ehegatte keine Verpflichtung zur Bildung einer ehelichen Lebensgemeinschaft begründen wollte.[6] Die **Darlegungs- und Beweislast** für das Vorliegen eines Auf-

---

1 BGBl. 2017 I 2429.
2 BT-Drs. 18/12086, 2.
3 BGH NJW 2011, 184; zur Definition vgl. Palandt/Brudermüller § 1314 Rn. 13 mwN.
4 Palandt/Brudermüller § 1314 Rn. 14; JH/Henrich § 1314 Rn. 78.
5 Nach OLG Naumburg FamRZ 2002, 955 ist eine persönliche Begegnung erforderlich; aA KG FamRZ 2013, 953 wonach Kontakt über digitale Kommunikationsmittel ausreichend sein kann.
6 OLG Düsseldorf FamRZ 2008, 277.

hebungsgrundes trägt derjenige, der sich auf die Aufhebbarkeit der Ehe beruft, was insbesondere in den Fällen des Abs. 2 Nr. 4 schwierig sein wird. Kann ein Aufhebungsgrund nicht bewiesen werden, kommt nur eine Scheidung in Betracht.

§ 1315 BGB Ausschluss der Aufhebung

(1) [1]Eine Aufhebung der Ehe ist ausgeschlossen
1. bei Verstoß gegen § 1303 Satz 1, wenn
   a) der minderjährige Ehegatte, nachdem er volljährig geworden ist, zu erkennen gegeben hat, dass er die Ehe fortsetzen will (Bestätigung) oder
   b) aufgrund außergewöhnlicher Umstände die Aufhebung der Ehe eine so schwere Härte für den minderjährigen Ehegatten darstellen würde, dass die Aufrechterhaltung der Ehe ausnahmsweise geboten erscheint,
2. bei Verstoß gegen § 1304, wenn der Ehegatte nach Wegfall der Geschäftsunfähigkeit zu erkennen gegeben hat, dass er die Ehe fortsetzen will (Bestätigung),
3. im Falle des § 1314 Abs. 2 Nr. 1, wenn der Ehegatte nach Wegfall der Bewusstlosigkeit oder der Störung der Geistestätigkeit zu erkennen gegeben hat, dass er die Ehe fortsetzen will (Bestätigung),
4. in den Fällen des § 1314 Abs. 2 Nr. 2 bis 4, wenn der Ehegatte nach Entdeckung des Irrtums oder der Täuschung oder nach Aufhören der Zwangslage zu erkennen gegeben hat, dass er die Ehe fortsetzen will (Bestätigung),
5. in den Fällen des § 1314 Abs. 2 Nr. 5, wenn die Ehegatten nach der Eheschließung als Ehegatten miteinander gelebt haben.
[2]Die Bestätigung eines Geschäftsunfähigen ist unwirksam.
(2) Eine Aufhebung der Ehe ist ferner ausgeschlossen
1. bei Verstoß gegen § 1306, wenn vor der Schließung der neuen Ehe die Scheidung oder Aufhebung der früheren Ehe oder die Aufhebung der Lebenspartnerschaft ausgesprochen ist und dieser Ausspruch nach der Schließung der neuen Ehe rechtskräftig wird;
2. bei Verstoß gegen § 1311, wenn die Ehegatten nach der Eheschließung fünf Jahre oder, falls einer von ihnen vorher verstorben ist, bis zu dessen Tode, jedoch mindestens drei Jahre als Ehegatten miteinander gelebt haben, es sei denn, dass bei Ablauf der fünf Jahre oder zur Zeit des Todes die Aufhebung beantragt ist.

I. Allgemeines

1 Der Regelungszweck der Vorschrift besteht darin, eine **tatsächlich gelebte** Ehe zwischen den Parteien auch dann aufrechtzuerhalten, wenn bei Eingehung der Ehe ein Aufhebungsgrund vorgelegen hat.

Mit Inkrafttreten des Gesetzes zur Bekämpfung von Kinderehen[1] zum 22.7.2017 erfährt die bisherige Regelung durch Neufassung des § 1315 Abs. 1 S. 1 Nr. 1 eine Einschränkung dahingehend, dass die bisherige Möglichkeit, die Befreiung vom Ehemündigkeitserfordernis nachzuholen, entfällt.

---

1 BGBl. 2017 I 2429.

Eine Bestätigung der Ehe ist – so die klarstellende Regelung in Nr. 1 a nF – nur möglich, wenn der minderjährige Ehegattte bei Eheschließung das 16. Lebensjahr vollendet hat und nach Erreichen der Volljährigkeit zu erkennen gegeben hat, die Ehe fortsetzen zu wollen.

Bei der neu hinzugekommenen Nr. 1 b nF handelt es sich um eine **Härteklausel**, die das Familiengericht im Aufhebungsverfahren indes auf besonders **gravierende Einzelfälle** beschränken und demnach sehr restriktiv ausüben sollte, um den Minderjährigenschutz nicht auszuhöhlen.[2] Die unzumutbare Härte, wie zB eine lebensbedrohliche Erkrankung oder Suizidgefahr, muss für den minderjährigen Ehegatten eintreten und nicht für den anderen, volljährigen Ehegatten. In der Gesetzesbegründung ist als weiterer Einzelfall unzumutbarer Härte die Aufhebung einer unter Beteiligung eines Unionsbürgers geschlossenen Ehe erwähnt und die mit der Aufhebung mögliche Verletzung seines Freizügigkeitsrechtes.[3]

Aufhebungsgründe, die die freie Willensentschließung schützen, verlieren ihren Zweck, wenn der schutzbedürftige Ehegatte aus freiem Willen zu verstehen gibt, dass er die Ehe trotz des Mangels fortsetzen will und sie dadurch **bestätigt**. Dies betrifft die Aufhebungsgründe der §§ 1304 (Geschäftsunfähigkeit), 1314 Abs. 2 Nr. 1, 1314 Abs. 2 Nr. 2–4.

In den Fällen des § 1314 Abs. 2 Nr. 5 (Scheinehe) ist die Aufhebung der Ehe gem. Abs. 1 Nr. 5 ausgeschlossen, wenn die Ehegatten den ursprünglichen Mangel, die eheliche Lebensgemeinschaft begründen zu wollen, durch **tatsächliche Durchführung der Ehe** beheben. Entscheidend ist der äußere Eindruck einer auf Dauer angelegten ehelichen Lebensgemeinschaft wie gemeinsames Leben in häuslicher Gemeinschaft oder wechselseitige finanzielle Unterstützung.[4] Leben in den Fällen des § 1314 Abs. 2 Nr. 5 die Ehegatten zusammen, so führt diese Tatsache zum Ausschluss der Aufhebbarkeit, so dass die Ehegatten nur den Weg der Scheidung wählen können, selbst wenn sie selbst davon ausgegangen sind, nie als Ehegatten gelebt zu haben.

Gem. Abs. 2 Nr. 1 kann auch das Verbot der Doppelehe geheilt werden, wenn vor Schließung der neuen Ehe die Scheidung oder Aufhebung der früheren Ehe ausgesprochen und nach Schließung der neuen Ehe rechtskräftig wird. Im Übrigen ist ein Ausschluss der Aufhebbarkeit bei Doppel- und Verwandtenehen wegen des öffentlichen Interesses nicht möglich.

Gem. Abs. 2 Nr. 2 ist eine Aufhebung trotz Formverstoßes gegen § 1311 ausgeschlossen, wenn die Ehe unter den Voraussetzungen des Abs. 2 Nr. 2 dauerhaft gelebt wurde.

II. Rechtsfolgen

Liegen die Voraussetzungen des § 1315 vor, ist ein Aufhebungsantrag, unabhängig davon, von wem dieser gestellt wurde, unbegründet. Die erbrechtlichen Wirkungen der Aufhebung entfallen.   2

---

2 BT-Drs. 18/12086, 22.
3 BT-Drs. 18/12086, 22.
4 AG Pankow Weißensee FamRZ 2009, 1325.

§ 1316 BGB Antragsberechtigung

(1) Antragsberechtigt

1. sind bei Verstoß gegen § 1303 Satz 1, die §§ 1304, 1306, 1307, 1311 sowie in den Fällen des § 1314 Abs. 2 Nr. 1 und 5 jeder Ehegatte, die zuständige Verwaltungsbehörde und in den Fällen des § 1306 auch die dritte Person. Die zuständige Verwaltungsbehörde wird durch Rechtsverordnung der Landesregierung bestimmt. Die Landesregierungen können die Ermächtigung nach Satz 2 durch Rechtsverordnung auf die zuständigen obersten Landesbehörden übertragen;

2. ist in den Fällen des § 1314 Abs. 2 Nr. 2 bis 4 der dort genannte Ehegatte.

(2) [1]Der Antrag kann für einen geschäftsunfähigen Ehegatten nur von seinem gesetzlichen Vertreter gestellt werden. [2]Bei einem Verstoß gegen § 1303 Satz 1 kann ein minderjähriger Ehegatte den Antrag nur selbst stellen; er bedarf dazu nicht der Zustimmung seines gesetzlichen Vertreters.

(3) [1]Bei Verstoß gegen die §§ 1304, 1306, 1307 sowie in den Fällen des § 1314 Abs. 2 Nr. 1 und 5 soll die zuständige Verwaltungsbehörde den Antrag stellen, wenn nicht die Aufhebung der Ehe für einen Ehegatten oder für die aus der Ehe hervorgegangenen Kinder eine so schwere Härte darstellen würde, dass die Aufrechterhaltung der Ehe ausnahmsweise geboten erscheint. [2]Bei einem Verstoß gegen § 1303 Satz 1 muss die zuständige Behörde den Antrag stellen, es sei denn, der minderjährige Ehegatte ist zwischenzeitlich volljährig geworden und hat zu erkennen gegeben, dass er die Ehe fortsetzen will.

1   Die Antragsberechtigung ist abschließend geregelt und durch das Gesetz zur Bekämpfung von Kinderehen,[1] in Kraft seit 23.7.2017, teilweise neu gefasst. Antragsberechtigt ist bei Verstößen gegen die §§ 1304, 1306, 1307, 1311 sowie § 1314 Abs. 2 Nr. 1 und 5 neben der zuständigen Verwaltungsbehörde jeder Ehegatte unabhängig davon, bei welchem Ehegatten der Verstoß bzw. Mangel vorliegt.

Bei Verstößen gegen § 1303 S. 1 **kann** ein Minderjähriger gemäß § 1316 Abs. 2 S. 2 nF den Antrag auf Aufhebung nur selbst stellen und bedarf hierzu nicht der Zustimmung des gesetzlichen Vertreters.

Die zuständige Behörde **muss** bei einem Verstoß gegen § 1303 S. 1 gemäß § 1303 Abs. 3 nF den Antrag auf Aufhebung der Ehe stellen, es sei denn, der minderjährige Ehegatte ist zwischenzeitlich volljährig geworden und gibt zu erkennen, die Ehe fortsetzen zu wollen (Bestätigung). Im Übrigen hat die Behörde im Falle eines Verstoßes gegen § 1303 S. 1 **keinen Entscheidungsspielraum** mehr. Die Bestimmung der zuständigen Behörde obliegt den Ländern,[2] sollte aber generell aus Effizienzgründen den Jugendämtern zugewiesen sein, da bei Verstößen gegen § 1303 S. 1 der Minderjährigenschutz im Vordergrund steht.

Bei Verstößen gegen § 1306 (Verbot der Doppelehe) ist neben den zuvor genannten Antragsberechtigten zusätzlich auch der Ehegatte der Erstehe antragsberechtigt.[3] Bei Verstößen gegen § 1314 Abs. 2 Nr. 2 bis 4 ist nur der Ehegatte antragsberechtigt, bei dem der Willensmangel vorliegt. Demnach entfällt in die-

---

1   BGBl. 2017 I 2429.
2   Teilweise sind Regierungspräsidien hierfür benannt.
3   Vgl. hierzu BGH NJW 2002, 1268.

sen Fällen die Antragsberechtigung für den anderen Ehegatten und die Verwaltungsbehörde.

Die Verwaltungsbehörde hat ein eigenes Ermessen, ob sie einen Antrag auf Aufhebung stellt. Die Antragstellung durch die Verwaltung kann vom Ehegatten oder von einem Dritten nicht erzwungen werden.[4] Bei Verstößen gegen §§ 1304, 1306, 1307 sowie § 1314 Abs. 2 Nr. 1 und 5 soll die Verwaltungsbehörde grundsätzlich einen Aufhebungsantrag stellen, es sei denn, aus den unter Abs. 3 Hs. 2 genannten Gründen ist die Aufrechterhaltung der Ehe geboten.

§ 1317 BGB Antragsfrist

(1) [1]Der Antrag kann in den Fällen des § 1314 Absatz 2 Nummer 2 und 3 nur binnen eines Jahres, im Falle des § 1314 Absatz 2 Nummer 4 nur binnen drei Jahren gestellt werden. [2]Die Frist beginnt mit der Entdeckung des Irrtums oder der Täuschung oder mit dem Aufhören der Zwangslage; für den gesetzlichen Vertreter eines geschäftsunfähigen Ehegatten beginnt die Frist jedoch nicht vor dem Zeitpunkt, in welchem ihm die den Fristbeginn begründenden Umstände bekannt werden. [3]Auf den Lauf der Frist sind die §§ 206, 210 Abs. 1 Satz 1 entsprechend anzuwenden.

(2) Hat der gesetzliche Vertreter eines geschäftsunfähigen Ehegatten den Antrag nicht rechtzeitig gestellt, so kann der Ehegatte selbst innerhalb von sechs Monaten nach dem Wegfall der Geschäftsunfähigkeit den Antrag stellen.

(3) Ist die Ehe bereits aufgelöst, so kann der Antrag nicht mehr gestellt werden.

I. Allgemeines (Abs. 1)

Für die Aufhebungsgründe in § 1314 Abs. 2 Nr. 2–4 sieht Abs. 1 eine Antrags-   1
frist vor, um schnellstmöglich die Frage des Fortbestandes der Ehe zu klären.

Für die sonstigen Aufhebungsgründe besteht mit Ausnahme des § 1320 Abs. 1 S. 2 (der für tot erklärte Ehegatte lebt noch) keine Antragsfrist. Es handelt sich um eine von Amts wegen zu beachtende materiellrechtliche Ausschlussfrist. Sie ist durch rechtzeitige Zustellung der Antragsschrift an den Antragsgegner gewahrt (§ 124 FamFG, § 253 ZPO). Innerhalb der Frist des Abs. 1 S. 1 muss auch eine nach § 125 Abs. 2 FamFG erforderliche Genehmigung des Familien- oder Betreuungsgerichts vorliegen.

Um der Ausnahmesituation des genötigten Ehegatten bei Zwangsheiraten Rechnung zu tragen, ist die Ausschlussfrist auf drei Jahre verlängert[1] und beginnt mit dem Ende der Zwangslage.

II. Bereits aufgelöste Ehe (Abs. 3)

Abs. 3 stellt das Verhältnis der Eheaufhebung zur sonstigen Eheauflösung klar.   2
Damit kann eine bereits aufgehobene Ehe nicht nochmals aufgrund eines neu hinzugekommenen Aufhebungsgrundes aufgehoben werden.

Ist die Ehe durch Scheidung aufgelöst, so kommt eine Aufhebung gleichfalls nicht in Betracht. Allerdings unterscheiden sich die **verschuldensunabhängigen Scheidungsfolgen** von den **verschuldensabhängigen Aufhebungsfolgen** des

---

4   OLG Düsseldorf FamRZ 1996, 109.
1   Vgl. zum Thema Zwangsheirat Kaiser FamRZ 2013, 77 ff.

§ 1318, so dass ein Ehegatte ein berechtigtes Interesse daran haben kann, die Aufhebung seiner Ehe zu erreichen. Für diesen Fall wird es als zulässig erachtet, bei **nachträglicher Aufdeckung** eines Aufhebungsgrundes eine Klage einzureichen, die auf **Ausschluss der vermögensrechtlichen Scheidungsfolgen durch ein Gestaltungsurteil für die Zukunft** gerichtet ist, soweit solche Folgen nach § 1318 nicht eintreten würden. Dem Aufhebungsberechtigten wird daher die Befugnis eingeräumt, die Scheidungsfolgen durch **Feststellungsantrag** auf die Regelung der Aufhebungsfolgen zu reduzieren.[2]

§ 1318 BGB   Folgen der Aufhebung

(1) Die Folgen der Aufhebung einer Ehe bestimmen sich nur in den nachfolgend genannten Fällen nach den Vorschriften über die Scheidung.

(2) [1]Die §§ 1569 bis 1586 b finden entsprechende Anwendung

1. zugunsten eines Ehegatten, der bei Verstoß gegen die §§ 1303, 1304, 1306, 1307 oder § 1311 oder in den Fällen des § 1314 Abs. 2 Nr. 1 oder 2 die Aufhebbarkeit der Ehe bei der Eheschließung nicht gekannt hat oder der in den Fällen des § 1314 Abs. 2 Nr. 3 oder 4 von dem anderen Ehegatten oder mit dessen Wissen getäuscht oder bedroht worden ist;

2. zugunsten beider Ehegatten bei Verstoß gegen die §§ 1306, 1307 oder § 1311, wenn beide Ehegatten die Aufhebbarkeit kannten; dies gilt nicht bei Verstoß gegen § 1306, soweit der Anspruch eines Ehegatten auf Unterhalt einen entsprechenden Anspruch der dritten Person beeinträchtigen würde.

[2]Die Vorschriften über den Unterhalt wegen der Pflege oder Erziehung eines gemeinschaftlichen Kindes finden auch insoweit entsprechende Anwendung, als eine Versagung des Unterhalts im Hinblick auf die Belange des Kindes grob unbillig wäre.

(3) Die §§ 1363 bis 1390 und 1587 finden entsprechende Anwendung, soweit dies nicht im Hinblick auf die Umstände bei der Eheschließung oder bei Verstoß gegen § 1306 im Hinblick auf die Belange der dritten Person grob unbillig wäre.

(4) Die §§ 1568 a und 1568 b finden entsprechende Anwendung; dabei sind die Umstände bei der Eheschließung und bei Verstoß gegen § 1306 die Belange der dritten Person besonders zu berücksichtigen.

(5) § 1931 findet zugunsten eines Ehegatten, der bei Verstoß gegen die §§ 1304, 1306, 1307 oder § 1311 oder im Falle des § 1314 Abs. 2 Nr. 1 die Aufhebbarkeit der Ehe bei der Eheschließung gekannt hat, keine Anwendung.

I. Allgemeines

1   Die Vorschrift regelt die Voraussetzungen und Modifikationen **scheidungstypischer Folgen**, wie Unterhalt, güterrechtlichen Ausgleich, Versorgungsausgleich, Zuteilung von Ehewohnung und Haushaltsgegenständen sowie Ehegattenerbrecht im Falle der Eheaufhebung.

II. Unterhaltsrechtliche Folgen der Aufhebung (Abs. 2)

2   Unterhalt kann nur der Ehegatte verlangen, der zum Zeitpunkt der Eheschließung gutgläubig war. Gutgläubig ist, wer die Aufhebbarkeit der Ehe zum Zeit-

---

2   BGHZ 133, 227 = NJW 1996, 2727 (2729); Palandt/Brudermüller § 1317 Rn. 10.

punkt der Eheschließung nicht gekannt hatte. Erst später eintretende Kenntnis ist unschädlich.

Kenntnis eines Ehegatten ist gegeben, wenn er **positive Kenntnis** der Tatsachen hat, die den Aufhebungstatbestand begründen. Umstritten ist, ob zu der Tatsachenkenntnis laienhafte Kenntnis der Rechtsfolgen hinzukommen muss.[1]

Die Unterhaltsberechtigung besteht trotz Kenntnis der die Aufhebung begründenden Tatsachen, wenn auch der andere Ehegatte Kenntnis hiervon hatte und die Voraussetzungen des Abs. 2 Nr. 2 vorliegen.

Von vornherein bestehen bei einer **Scheinehe** gem. § 1314 Abs. 2 Nr. 5 keine Unterhaltsansprüche. Ein entsprechender Anspruch auf Unterhalt, wie er im Falle der Scheidung kraft fortwirkender, nachehelicher Solidarität der Ehegatten zu begründen ist, besteht bei einer Scheinehe gerade nicht, da sich die Partner bei Eheschließung einig waren, die eheliche Lebensgemeinschaft im Sinne wechselseitiger Verantwortung füreinander nicht aufnehmen zu wollen.[2]

III. Güterrechtlicher Ausgleich und Versorgungsausgleich (Abs. 3)

Abs. 3 ergänzt das Leistungsverweigerungsrecht wegen grober Unbilligkeit gem. § 1381 sowie die Versagungsgründe des § 27 VersAusglG. Das **Ehezeitende** gem. § 3 Abs. 1 VersAusglG ergibt sich anstelle der Rechtshängigkeit des Scheidungsantrags aus der **Rechtshängigkeit des Aufhebungsantrags**.[3] Das Ehezeitende verlagert sich auch nicht dadurch, dass ein Ehegatte erst Aufhebungsantrag und im weiteren Verlauf stattdessen Scheidungsantrag stellt. Vielmehr bleibt es beim Ehezeitende aufgrund der Rechtshängigkeit des Aufhebungsantrages.[4]   3

IV. Ehewohnung und Haushaltsgegenstände

§§ 1568 a, b finden Anwendung, wobei die Umstände der Eheschließung sowie Belange dritter Personen bei Verstößen gegen § 1306 zu berücksichtigen sind.   4

V. Erbrechtsausschluss

Abs. 5 schließt eine Anwendung des § 1931 zugunsten des überlebenden Ehegatten, der von Anfang an Kenntnis der in Abs. 5 angeführten Aufhebungsgründe hatte, aus. Damit verliert der bösgläubige überlebende Ehegatte sein Ehegattenerbrecht nicht erst dann, wenn der verstorbene Ehegatte zuvor einen berechtigten Aufhebungsantrag gestellt hat.   5

VI. Name

Die Vorschrift enthält keine Regelung zum Namensrecht in Folge der Eheaufhebung. Umstritten ist, ob eine analoge Anwendung des § 1355 Abs. 5 in Betracht kommt.[5] Lehnt man eine Analogie ab, muss der Ehegatte, der den Namen des anderen mit der Eheschließung angenommen hat, mit rechtskräftiger Eheaufhebung wieder den vor Eheschließung von ihm geführten Familiennamen annehmen.   6

---

1   JH/Henrich § 1318 Rn. 3; MK/Müller-Gindullis § 1318 Rn. 4.
2   MK/Müller-Gindullis § 1318 Rn. 8; aA Wolf, Der Standesbeamte als Ausländerbehörde oder Das neue Eheverbot der pflichtenlosen Ehe, FamRZ 1998, 1477 (1487).
3   BGH FamRZ 1989, 153.
4   Palandt/Brudermüller § 1318 Rn. 13.
5   Zum Meinungsstand vgl. Palandt/Brudermüller § 1318 Rn. 16.

Titel 4 Wiederverheiratung nach Todeserklärung

§ 1319 BGB   Aufhebung der bisherigen Ehe

(1) Geht ein Ehegatte, nachdem der andere Ehegatte für tot erklärt worden ist, eine neue Ehe ein, so kann, wenn der für tot erklärte Ehegatte noch lebt, die neue Ehe nur dann wegen Verstoßes gegen § 1306 aufgehoben werden, wenn beide Ehegatten bei der Eheschließung wussten, dass der für tot erklärte Ehegatte im Zeitpunkt der Todeserklärung noch lebte.

(2) [1]Mit der Schließung der neuen Ehe wird die frühere Ehe aufgelöst, es sei denn, dass beide Ehegatten der neuen Ehe bei der Eheschließung wussten, dass der für tot erklärte Ehegatte im Zeitpunkt der Todeserklärung noch lebte. [2]Sie bleibt auch dann aufgelöst, wenn die Todeserklärung aufgehoben wird.

1   Hat der für tot Erklärte in Wahrheit die Todeserklärung überlebt, so soll das Nebeneinander zweier Ehen vermieden werden, indem die frühere Ehe zugunsten der neuen, im Vertrauen auf die staatliche Todeserklärung erfolgten Ehe aufgelöst wird. Voraussetzung ist gemäß Abs. 2, dass mindestens einer der Ehegatten aus der neuen Ehe nicht gewusst hat, dass der für tot Erklärte noch lebt.

Auf die Auflösung der früheren Ehe sind die Vorschriften über die Ehescheidungsfolgen entsprechend heranzuziehen.[1]

§ 1320 BGB   Aufhebung der neuen Ehe

(1) [1]Lebt der für tot erklärte Ehegatte noch, so kann unbeschadet des § 1319 sein früherer Ehegatte die Aufhebung der neuen Ehe begehren, es sei denn, dass er bei der Eheschließung wusste, dass der für tot erklärte Ehegatte zum Zeitpunkt der Todeserklärung noch gelebt hat. [2]Die Aufhebung kann nur binnen eines Jahres begehrt werden. [3]Die Frist beginnt mit dem Zeitpunkt, in dem der Ehegatte aus der früheren Ehe Kenntnis davon erlangt hat, dass der für tot erklärte Ehegatte noch lebt. [4]§ 1317 Abs. 1 Satz 3, Abs. 2 gilt entsprechend.

(2) Für die Folgen der Aufhebung gilt § 1318 entsprechend.

1   Stellt sich heraus, dass der für tot erklärte Ehegatte noch lebt, kann der zwischenzeitlich wiederverheiratete überlebende Ehegatte Aufhebung der neuen Ehe beantragen. Die Berechtigung zur Aufhebung der neuen Ehe ergibt sich nur für den zurückgebliebenen Ehegatten, der an die Richtigkeit der Todeserklärung geglaubt und sich wiederverheiratet hat.

Für die Folgen der Aufhebung verweist Abs. 2 auf § 1318. Demnach kann der neue Ehegatte aus der Zweitehe keinen Unterhalt verlangen, wenn er wusste, dass der für tot Erklärte zum Zeitpunkt der Eheschließung noch lebte.

§§ 1321 bis 1352 BGB   (weggefallen)

---

1   JH/Henrich § 1320 Rn. 4.

Titel 5 Wirkungen der Ehe im Allgemeinen

§ 1353 BGB Eheliche Lebensgemeinschaft

(1) ¹Die Ehe wird von zwei Personen verschiedenen oder gleichen Geschlechts auf Lebenszeit geschlossen. ²Die Ehegatten sind einander zur ehelichen Lebensgemeinschaft verpflichtet; sie tragen füreinander Verantwortung.

(2) Ein Ehegatte ist nicht verpflichtet, dem Verlangen des anderen Ehegatten nach Herstellung der Gemeinschaft Folge zu leisten, wenn sich das Verlangen als Missbrauch seines Rechts darstellt oder wenn die Ehe gescheitert ist.

I. Allgemeines

1. Allgemeine Ehewirkungen. In den §§ 1353 ff sind Personen und vermögens- 1 bezogene Wirkungen der Ehe allgemein geregelt. Weitere Rechtsfolgen werden in §§ 194 Abs. 2, 207 Abs. 1 S. 1 (Verjährung), §§ 1931 ff. (Ehegattenerbrecht), § 2303 Abs. 2 (Pflichtteilsrecht) sowie §§ 2275 Abs. 2, 2276 Abs. 2 (Privilegierung beim Erbvertrag) geregelt.

2. Definition der Ehe. a) Ausgestaltung durch den Gesetzgeber. Eine Definition 2 der Ehe findet sich **weder im BGB, noch in Art. 6 GG.** Die Rechtsordnung geht vielmehr insoweit von einem vorpositiven, überkommen und der sozialen Wirklichkeit angehörenden Lebensverhältnis aus, das seit jeher in der Rechtsordnung eine bestimmte Gestalt gefunden hat, und an das die verfassungsrechtliche Garantie anknüpft.[1] Ehe im Sinne des Gesetzes und der Verfassung war danach „die frei eingegangene Lebensgemeinschaft von Mann und Frau, die mit konstitutiver Mitwirkung des Staates und nach den Regeln des Gesetzes begründet wird und durch bestimmte gegenseitige Rechte und Pflichten personeller und wirtschaftlicher Art bestimmt ist".[2] Da eine verfassungsrechtliche Definition der Ehe fehlt, obliegt die Ausgestaltung des Rechtsinstituts dem Gesetzgeber, dem das Bundesverfassungsgericht dabei einen weiten Gestaltungsspielraum eingeräumt hat.[3]

Der Gesetzgeber hat das ihm zustehende **Gestaltungspotential** genutzt, um den 3 personalen Geltungsbereich der Ehe auf gleichgeschlechtliche Partnerschaften auszudehnen.[4] Ob die Erweiterung des Ehebegriffs auf gleichgeschlechtliche Partnerschaften gegen Art. 6 GG verstößt, ist vom Verfassungsgericht noch nicht entschieden (→ GG Art. 6 Rn. 16). Ob das Verfassungsgericht überhaupt die Gelegenheit zur Prüfung erhält, ist unklar.

Die Öffnung des Rechtsinstituts der Ehe für gleichgeschlechtliche Personen folgt 4 einem gesellschaftlichen und wirtschaftlichen Wandel des Eheverständnisses. Bereits im Jahr 2001 ist die gleichgeschlechtliche Ehe in den Niederlanden und bis 2017 in insgesamt 15 Staaten der EU eingeführt worden.[5] Dieser **europaweite Trend zur Öffnung der Ehe für gleichgeschlechtliche Paare** folgt einer wirtschaftlichen Logik, die eine ideengeschichtliche Trendwende eingeleitet hat.

---

1 Maunz/Dürig/Herzog/Badura, Grundgesetz, Art. 6 GG Rn. 4.
2 Maunz/Dürig/Herzog/Badura, Grundgesetz, Art. 6 GG Rn. 4.
3 BVerfGE 53, 224 (245 ff.) = FamRZ 1980, 319.
4 Gesetz zur Einführung des Rechts auf Eheschließung für Personen gleichen Geschlechts, BGBl. 2017 I 2787, in Kraft ab 1.10.2017.
5 Nunmehr auch einschließlich Malta.

5 **b) Wandlung des Eheverständnisses.** Das archaische Eheverständnis einer Sexualpartnerschaft unter Ausschluss anderer Sexualpartner mit dem Ziel der Aufzucht von Kindern ist schon länger obsolet. Noch in den fünfziger Jahren hat der Bundesgerichtshof die Ehe als „objektiv sittliche Ordnung" bezeichnet.[6] Über eine derartige Mystifizierung der Ehe[7] ist die gesellschaftliche Entwicklung hinweggegangen. Ehebruch ist seit 1969 nicht mehr strafbar,[8] seit 1977 ist der Ehebruch auch kein Scheidungsgrund mehr. Noch 1957 entschied das Bundesverfassungsgericht, gleichgeschlechtliche Betätigung (**Homosexualität**) verstieße eindeutig gegen das Sittengesetz.[9] 1969 wurde gleichgeschlechtlicher Sexualverkehr in der Bundesrepublik legalisiert, das Schutzalter wurde erst 1973 von 21 auf 18 Jahre reduziert. In der DDR wurde die gegen Homosexuelle gerichtete Sondergesetzgebung des Sexualstrafrechts erst 1989 aufgehoben. 2017 hob der Deutsche Bundestag die Verurteilungen wegen homosexueller Handlungen unter Erwachsenen in der Zeit nach dem 8.5.1945 auf und sprach den Verurteilten Entschädigung zu.[10]

6 Insbesondere vor dem Hintergrund des religiös indizierten Verbots außer- und vorehelichen Geschlechtsverkehrs[11] und des Ehebruchverbots erklärt sich, dass der Gesetzgeber mit der Ehe stets auch **bevölkerungspolitische Zwecke** verfolgte. Historisch hat dies auch wirtschaftliche Gründe. Bis zur Aufhebung der Leibeigenschaft durften Leibeigene nur mit Genehmigung des Leibherrn heiraten,[12] weil die Kinder der Leibeigenen in dessen Besitz übergingen. Erst im Zuge der Aufklärung und der in der französischen Revolution ausgerufenen Menschenrechte wurde zu Beginn des 19. Jahrhunderts die Leibeigenschaft in Deutschland flächendeckend aufgehoben.[13] Ein privatwirtschaftliches Interesse an ehelich geborenen Kindern Leibeigener bestand danach nicht mehr. Da aber außerehelicher Geschlechtsverkehr nach wie vor pönalisiert war und die aufkommende industrielle Revolution Arbeitskräfte sowie die sich ausbildenden Nationalstaaten Bürger benötigten, ist die bevölkerungspolitische Bedeutung der Ehe für die staatliche Ordnung nicht zu übersehen. Dies wirkt bis heute nach, auch wenn wegen der Liberalisierung des Sexualstrafrechts und der Sexualordnung und das reale Sexualverhalten der Bevölkerung die Ehe als Quelle bevölkerungspolitischer Strategien obsolet geworden ist.

7 **c) Ehezwecklehre.** Die Ehe war in der Vergangenheit stets auch ein Mittel, der Frau eine **gesicherte wirtschaftliche Perspektive** zu verschaffen. Die „Mitgift" in der europäischen Ehetradition, die vom Brautvater an den Bräutigam gezahlt wurde, und die „Morgengabe" in der islamischen Ehetradition, die vom Ehemann an die Braut „zur freien Verfügung" gezahlt wurde, sicherte im Fall der

---

6 BGHZ 18, 33, juris Rn. 24.

7 Zwischen Autonomie und Angewiesenheit, Eine Orientierungshilfe des Rats der EKD, 2013, S. 32.

8 1. StrRG, verkündet am 25.6.1969 (BGBl. I 645), in Kraft getreten am 1.9.1969 bzw. am 1.4.1970.

9 BVerfG 10.5.1957 – 1 BvR 550/52.

10 Gesetz zur strafrechtlichen Rehabilitierung der nach dem 8. Mai 1945 wegen einvernehmlicher homosexueller Handlungen verurteilten Personen und zur Änderung des Einkommensteuergesetzes, BGBl. 2017 I 2443.

11 7. Gebot.

12 Ullmann, Die rechtliche Behandlung holsteinischer Leibeigener um die Mitte des 18. Jahrhunderts, in: Rechtshistorische Reihe, Band 346, 125. Peter Lang, 2007.

13 Vereinzelte frühere Freilassungen wurden widersprüchlich praktiziert.

Scheidung oder Witwenschaft die wirtschaftliche Perspektive der Frau ab. Bis Mitte des 19. Jahrhunderts war die Mitgift im deutschen Rechtskreis als wirtschaftliche Absicherung gebräuchlich. In der zwischenzeitlich geschlechtsneutralen „Ausstattung" (§ 1624 BGB) findet sich noch ein Relikt des Mitgiftrechts. Der Ehezweck der wirtschaftlichen Absicherung der Frau durch die Verheiratung mit einem Mann ist indessen durch Gleichberechtigung, Rechts- und Bildungsemanzipation der Frauen obsolet geworden. Dementsprechend spielt die Mitgift in der deutschen Ehepraxis keine Rolle mehr.[14] Auch das Rechtsinstitut der Ausstattung hat keinerlei praktische Bedeutung mehr und ist lediglich in Randbereichen des Familienrechts noch beachtenswert.

Die Ehe war bei Schaffung des Grundgesetzes der **Nukleus der Familie**, in der   8
Kinder aufwuchsen und erzogen wurden. Auch heute scheint dieses Argument durch, wenn mit dem grundgesetzlichen Schutz der Familie die Fortexistenz des Gemeinwesens und seine kulturelle Identität insinuiert werden.[15] Dieses Familien- und Ehebild ist allerdings überlebt. Der immer noch expansive Arbeitskräftebedarf einer wachstumsorientierten Wirtschaft und die damit einhergehende rechtliche Gleichstellung der Frauen und ihre ideologische Emanzipation haben die Notwendigkeit geschaffen, Aufzucht, Erziehung und Bildung der Kinder stärker als noch vor 50 Jahren gesellschaftlich zu organisieren. Eine immer weiter wachsende Nachfrage nach Kinderkrippen- und Kindergärtenplätzen belegt dies ebenso wie die wachsenden Ganztagsschulangebote. Zwar existiert das Ideal einer Aufzucht und Bildung der Kinder im traditionellen Familienrahmen nach wie vor. Seine Realisierung scheitert jedoch meist an dem dafür zu entrichtenden Preis mangelnder Teilhabe an der Entwicklung des allgemeinen Lebensstandards. Auch hat sich die Erkenntnis durchgesetzt, dass durch die Kleinfamiliensozialisation wichtige Kernkompetenzen eines arbeitsteiligen Wirtschaftens nicht ausreichend entwickelt werden. Die aus dem 19. Jahrhundert stammende Idealisierung der Kleinfamilienerziehung beginnt sich auch in Deutschland zu überleben, so dass der Ehezweck, den Kindern durch die Ehe einen geschützten Entwicklungsraum zu schaffen, obsolet wird.

Neben diesen bevölkerungspolitischen Ehezwecken hat die Ehe in der Vergan-   9
genheit den Zweck der **gesicherten Vermögenserhaltung** erfüllt. Wenn die Kinder einer monogam verheirateten Frau als Kinder des mit der Mutter des Kindes verheirateten Mannes anzusehen waren, waren sie gesicherte Erben und Vermögensnachfolger. Abgesehen davon, dass diese „Sicherheit" nie sicher war, ist die Sicherung der Erbfolge spätestens seit Einführung des Erbrechts für nichtehelich geborene Kinder[16] eher dem DNA-Test als der Heirats- oder Abstammungsurkunde zugeordnet. Auch insoweit hat die Ehe als Garant für gesicherte Vermögensnachfolge ihre Bedeutung verloren.

Die obigen Ausführungen machen deutlich, dass die tradierten wirtschaftlichen   10
und kulturellen Ehezwecke durch wirtschaftliche, gesellschaftliche, rechtliche und wissenschaftliche Entwicklungen obsolet geworden sind. Aus der **Ehezwecklehre** ist daher einzig übrig geblieben der Ehezweck, dass zwei Menschen sich mit der Ehe versprechen, eine verrechtlichte Lebensgemeinschaft zu begrün-

---

14   Bei juris sind für den Zeitraum seit 1965 gerade einmal 13 zivilrechtliche Entscheidungen dokumentiert.
15   Di Fabio, Der Schutz von Ehe und Familie: Verfassungsentscheidung für die vitale Gesellschaft, NJW 2003, 993 (994).
16   Erbrechtsgleichstellungsgesetz vom Dezember 1997.

den. Dies kann als „**romantisches Eheverständnis**" definiert werden. Vor dem Hintergrund des Wegfalls aller übrigen Ehezwecke ist jedoch kein Grund mehr ersichtlich, Verschiedengeschlechtlichkeit als Alleinstellungsmerkmal der Ehe dogmatisch zu begründen. Dies hielte einer Prüfung vor Art. 3 GG im Zweifel nicht stand. Es ist bei Wegfall der wirtschaftlichen und gesellschaftlichen Ehezwecke auch im Hinblick auf Art. 1 GG nicht mehr zu begründen, homosexuellen Paaren den Zugang zum Rechtsinstitut der Ehe zu verweigern. Solange neben dem Ehezweck der liebevollen Zuneigung und Übernahme von wechselseitiger Verantwortung weitere wirtschaftliche und gesellschaftliche Zwecke für die Ehe konstitutiv waren, war das Dogma der Differenzgeschlechtlichkeit zu rechtfertigen. Die weitgehende Auflösung der Ehezwecke führt jedoch dazu, dass auch rechtsdogmatisch die Privilegierung heterologer Paare und die Diskriminierung homosexueller Paare in der Ehe nicht mehr aufrechtzuerhalten ist.

11　Dies gilt auch mit einem **geänderten gesellschaftlichen Verständnis** der Ehe einher. Einer Umfrage aus April 2017 zufolge billigen 75 % der Deutschen die Öffnung der Ehe für homosexuelle Paare, nur 20 % lehnen diese ab.[17] Eine so breite Zustimmung zu einem Paradigmenwechsel zeigt, dass sich ein nachhaltiger gesellschaftlicher Wandel eingestellt hat, der es rechtfertigt, das Rechtsinstitut der Ehe in § 1353 nunmehr neu und abweichend vom tradierten Verständnis zu definieren.

12　**d) Entinstitutionalisierung der Ehe.** Der Wegfall oder die Reduzierung staatlicher und gesellschaftlicher Ehezwecke[18] führt zu einer deutlichen Reduktion der staatlichen Regelungsdichte der Ehe. Ausdruck dieser wachsenden staatlichen Zurückhaltung ist die **Ausweitung der vertragsautonomen Gestaltungsbefugnis der Ehe** durch die Ehegatten. So ermöglicht § 6 VersAusglG den Ehegatten eine weitgehende Gestaltungsbefugnis des Versorgungsausgleichs, ohne dass es dazu – wie in dem bis zum 31.8.2009 geltenden Recht – einer richterlichen Genehmigung bedarf. Auch im Übrigen weitet die Rechtsprechung des Bundesgerichtshofs die Vertragsgestaltungsfreiheit der Ehegatten deutlich aus und reduziert die richterliche Kontrollbefugnis auf den Kernbereich der Ehefolgen.[19] Zu diesem Kernbereich rechnet der BGH den Betreuungsunterhalt (§ 1570), den Krankheits- und Altersunterhalt (§§ 1571, 1572) und auch – eingeschränkt – den Versorgungsausgleich. Allerdings räumt der Bundesgerichtshof den Ehegatten das Recht ein, Krankheits- und Altersunterhalt so lange zu begrenzen, solange eine Inanspruchnahme des Unterhalts nicht ansteht.[20] Die zunehmende Öffnung der Ehe zur freien Vertragsgestaltung durch die Ehegatten ist dabei Ausdruck der in Art. 1 GG garantierten Menschenwürde und des in Art. 2 GG garantierten allgemeinen Freiheitsrechts.

13　In diesem Sinne ist auch die Entscheidung des Gesetzgebers konsequent, die Ehe für homosexuelle Paare zu öffnen. Wenn die Ehe keine staatlichen Zwecke mehr erfüllt, ist sie allein dem privaten und damit weitgehend frei gestaltbaren Raum zuzuordnen. Dabei ist auch zu berücksichtigen, dass durch die Öffnung der Ehe für homosexuelle Paare niemandem etwas genommen wird. Die Erweiterung

---

17　Focus v. 2.4.2017, Ergebnis der Emnid-Umfrage. Nach einer Umfrage der Antidiskriminierungsstelle des Bundes stimmen sogar 83% der Deutschen der Öffnung der Ehe für homosexuelle Paare zu.
18　Vgl. dazu auch Brudermüller, Paarbeziehungen und Recht, 2017.
19　Seit BGH 11.2.2004 – XII ZR 265/02, FamRZ 2004, 601.
20　BGH FamRZ 2017, 884

des grundrechtlichen Schutzes aus Art. 6 GG auf homosexuelle Paare führt nicht zu einer Verschlechterung des Schutzes oder der gesellschaftlichen und rechtlichen Stellung heterosexueller Paare.

e) Verrechtlichung nichtehelicher Lebensverhältnisse. Die Entinstitutionalisierung der Ehe und die weitgehende freie Gestaltungsmöglichkeit des Ehefolgenrechts hat auch Konsequenzen in anderen Bereichen des Zivilrechts. Soweit teilweise eine „Verrechtlichung" der nichtehelichen **Lebensgemeinschaft** und unterhaltsähnliche Konsequenzen aus ihr gefordert werden,[21] widerspricht dies der Freiheit der Paare in, die Bedingungen Ihres Zusammenlebens zu gestalten. Dem kann – spätestens nach der Unterhaltsrechtreform 2008 – nicht entgegengehalten werden, die Freiheit der Gestaltung der Paarbeziehung gehe im Falle ihres Scheiterns zu Lasten des Steuerzahlers, der in Ermangelung eines Unterhaltsanspruchs des wirtschaftlich schwächeren Gatten diesen zu alimentieren habe. Über § 1615 l ist der Unterhalt in Schwangerschaft und in der Zeit der Kindererziehung gesichert. Eines darüber hinaus gehenden Schutzes bedarf der wirtschaftlich schwächere Partner der Beziehung nicht. Auch der Ehegatte hat keinen lebenslangen, an den ehelichen Lebensverhältnissen bemessenen Unterhaltsanspruch mehr. Lediglich der gegebenenfalls lebenslange Ausgleich ehebedingter Nachteile privilegiert den Unterhaltsberechtigten und diskriminiert den unterhaltspflichtigen Ehegatten. Auf bestehende nichteheliche Lebensgemeinschaft wirkte darüber hinaus die Einführung einer Unterhaltsverpflichtung als mögliche Störungsquelle, die zur Beendigung führen könnte. Gerade dies wäre indessen im Hinblick auf die in Art. 6 GG als Staatsziel definierte Förderung der Familie problematisch. Darüber hinaus erscheint es auch im Hinblick auf Art. 6 GG dogmatisch sinnvoll zu sein, der Ehe – ohne dass es besonderer Parteivereinbarungen bedarf – ökonomische Ausgleichsfunktionen im Güterrecht, Unterhaltsrecht und Versorgungsausgleichsrecht zuzuordnen und andere Lebensformen darauf zu verweisen, derartige Ausgleichssysteme vertraglich zu vereinbaren. 14

II. Eheliche Lebensgemeinschaft

Trotz einer weitgehenden Veränderung des Eheverständnisses in der Gesellschaft wird die Ehe nach wie vor als auf Lebenszeit geschlossene Lebensgemeinschaft verstanden, in der die Ehegatten füreinander Verantwortung tragen. 15

1. Lebenszeitprinzip. Erst mit dem 1. EheRG (1977) wurde das Lebenszeitprinzip in den Normwortlaut des § 1353 aufgenommen. Das Lebenszeitprinzip als **eheprägendes Merkmal** wird überwiegend als selbstverständlicher Bestandteil des Eheversprechens betrachtet. Seine Aufnahme in den Gesetzestext signalisiert jedoch insoweit möglicherweise gesellschaftliche Irritationen.[22] Trotz hoher Scheidungsquoten dürfte indessen nach wie vor das Lebenszeitprinzip für die Ehe gesellschaftlich akzeptiert sein. Ebenso wie der Gesetzgeber die Ehe für gleichgeschlechtliche Paare öffnen kann, stünde es ihm frei, vom Lebenszeitprinzip Abstand zu nehmen. 16

---

21 Wellenhofer, FamRZ 2015, 973; Empfehlungen des 57. Deutschen Juristentages 1988; Gesetzentwurf der BT-Fraktion Die Grünen, BT-Drs. 13/7228, 2; Dethloff, Unterhalt, Zugewinn, Versorgungsausgleich – Sind unsere familienrechtlichen Ausgleichssysteme noch zeitgemäß?, Gutachten zum 67. Dt. Juristentag 2008.

22 So auch MK/Wacke § 1353 Rn. 10.

17   Das Lebenszeitprinzip verhindert die Möglichkeit von Zeit- oder Probeehen, begründet die Bedingungsfeindlichkeit der Eheschließung und das Verbot von Scheidungsabreden. Ob sich der „Numerus clausus" der Scheidungsgründe langfristig aufrechterhalten lässt, ist fraglich. Wenn es zur Eheschließung keines Grundes bedarf, ist es dogmatisch kaum zu begründen, für die Scheidung einen Grund zu fordern (Zerrüttung, § 1565). Tatsächlich spielt der **Scheidungsgrund** in der Rechtswirklichkeit keine Rolle mehr. Bei übereinstimmendem Wunsch der Ehegatten geschieden zu werden, kommt es in der Rechtspraxis ausschließlich auf die Trennung und nicht die dauerhafte Zerrüttung als Scheidungsgrund an.

18   **2. Eheliche Pflichten.** Die in § 1353 Abs. 1 S. 2 normierte **Verpflichtung zur ehelichen Lebensgemeinschaft** orientiert sich am gesellschaftlichen Verständnis der Ehe und stellt gewissermaßen einen Generalsatz des Eherechts dar. Abs. 2 macht andererseits deutlich, dass die Aufgabe des Lebensgemeinschaftsprinzips durch einen Ehegatten sanktionslos bleibt.[23] Ohnehin bedeutet die Verpflichtung zur ehelichen Lebensgemeinschaft nicht notwendigerweise auch die Verpflichtung zu einem gemeinsamen Wohnsitz, wenn dies aufgrund der ehelichen Lebensverhältnisse oder einer abweichenden Vereinbarung von den Ehegatten anders gehandhabt wird.[24] Die grundlose Weigerung zur Herstellung der häuslichen Gemeinschaft kann unterhaltsrechtlich sanktioniert werden.[25] Konsequenz des Lebensgemeinschaftsprinzips ist die Verpflichtung, dem Ehegatten die Benutzung der Ehewohnung und des Hausrats zu ermöglichen. In der Praxis war daher umstritten, ab wann ein Anspruch eines Ehegatten gegen den anderen auf Zustimmung zur Kündigung der gemeinsamen Ehewohnung besteht.[26] Durch § 1568 a BGB ist dieser Streit nunmehr geklärt.

19   Aus dem Lebensgemeinschaftsprinzip folgt indessen nicht eine Rechtspflicht zur **Geschlechtsgemeinschaft.** Der gesamte Bereich des Intimlebens der Ehegatten ist diesen selbst überlassen. Dies schließt auch die Verpflichtung zur ehelichen Treue ein.[27] Aus dem Lebensgemeinschaftsprinzip folgt noch die Verpflichtung zur Abgabe einer gemeinsamen **Steuererklärung** für Zeiten des Zusammenlebens.[28] Auch vermögensrechtliche **Auskunftspflichten** werden aus § 1353 hergeleitet, sind jedoch auch gesetzlich normiert. Informationspflichten der Ehegatten untereinander sind ebenfalls aus § 1353 abzuleiten. Dazu zählt die Verpflichtung, dem anderen Ehegatten einen (zumindest groben) Vermögensüberblick zu ermöglichen.[29] Dass Ehegatten gegenseitig die Garantenstellung innehaben, Straftaten des anderen zu verhindern, wird zu Recht bestritten.[30] Die Erstattung von Strafanzeigen gegen den Ehegatten wegen vermeintlicher Straftaten kann, wenn kein berechtigtes Interesse des Anzeigeerstatters vorliegt, eine Verletzung der ehelichen Pflichten darstellen.[31]

---

23   Seit 1977 (1. EheRefG) ist keine einzige Eheherstellungsklage mehr dokumentiert, vgl auch Roth, FamRZ 2017, 1017 (1021).
24   OLG Brandenburg FamRZ 2008, 1534.
25   BGH FamRZ 1990, 492.
26   Vgl. die nur noch rechtshistorisch interessante Zusammenstellung in Palandt/Brudermüller § 1353 Rn. 6.
27   Palandt/Brudermüller § 1353 Rn. 7.
28   OLG Koblenz FamRZ 2016, 2013; BGH FamRZ 2011, 210.
29   BGH FamRZ 2015, 32 Rn. 27.
30   MK/Wacke § 1353 Rn. 8 mwN.
31   OLG Nürnberg FamRZ 1996, 32.

3. Schadenersatz wegen Pflichtverletzung. Die Verletzung von Ehepflichten aus 20
dem persönlichen und intimen Bereich löst grundsätzlich keine Schadensersatzverpflichtung aus. Der Bundesgerichtshof sieht die Verletzung solcher Pflichten
als innerehelichen Vorgang an, der deliktsrechtlich irrelevant ist.[32] Dies bedeutet, dass auch das bloße Verschweigen des Ehebruchs und der Nichtvaterschaft
des Ehemannes einen Schadensersatzanspruch nicht auslöst.[33] Das abredewidri-
ge Unterlassen von Empfängnisverhütung begründet keinen Schadenersatzanspruch des Vaters wegen der daraus entstehenden Unterhaltsverpflichtung.[34]
Auch wenn eine Schadensersatzverpflichtung wegen Verletzung persönlicher
ehelicher Pflichten in der Regel zu verneinen ist, können daraus **Verwirkungsgründe** nach § 1579 BGB entstehen.

Die Verletzung vermögensrechtlicher Ehepflichten kann allerdings Schadenser- 21
satzansprüche auslösen, was für die Verletzung der Pflicht zur Zustimmung
beim begrenzten **Realsplitting**[35] und bei der Übertragung des **Schadenfreiheitsra-
batts** entschieden ist.

§ 1354 BGB (weggefallen)

§ 1355 BGB Ehename

(1) ¹Die Ehegatten sollen einen gemeinsamen Familiennamen (Ehenamen) bestimmen. ²Die Ehegatten führen den von ihnen bestimmten Ehenamen. ³Bestim-
men die Ehegatten keinen Ehenamen, so führen sie ihren zur Zeit der Eheschließung geführten Namen auch nach der Eheschließung.

(2) Zum Ehenamen können die Ehegatten durch Erklärung gegenüber dem Standesamt den Geburtsnamen oder den zur Zeit der Erklärung über die Bestimmung des Ehenamens geführten Namen der Frau oder des Mannes bestimmen.

(3) ¹Die Erklärung über die Bestimmung des Ehenamens soll bei der Eheschließung erfolgen. ²Wird die Erklärung später abgegeben, so muss sie öffentlich beglaubigt werden.

(4) ¹Ein Ehegatte, dessen Name nicht Ehename wird, kann durch Erklärung gegenüber dem Standesamt dem Ehenamen seinen Geburtsnamen oder den zur
Zeit der Erklärung über die Bestimmung des Ehenamens geführten Namen voranstellen oder anfügen. ²Dies gilt nicht, wenn der Ehename aus mehreren Namen besteht. ³Besteht der Name eines Ehegatten aus mehreren Namen, so kann
nur einer dieser Namen hinzugefügt werden. ⁴Die Erklärung kann gegenüber
dem Standesamt widerrufen werden; in diesem Falle ist eine erneute Erklärung
nach Satz 1 nicht zulässig. ⁵Die Erklärung, wenn sie nicht bei der Eheschließung
gegenüber einem deutschen Standesamt abgegeben wird, und der Widerruf müssen öffentlich beglaubigt werden.

(5) ¹Der verwitwete oder geschiedene Ehegatte behält den Ehenamen. ²Er kann
durch Erklärung gegenüber dem Standesamt seinen Geburtsnamen oder den Namen wieder annehmen, den er bis zur Bestimmung des Ehenamens geführt hat,
oder dem Ehenamen seinen Geburtsnamen oder den zur Zeit der Bestimmung

---

32 BGH FamRZ 2013, 939.
33 BGH FamRZ 2013, 939.
34 BGH FamRZ 2001, 541.
35 BGH FamRZ 1993, 1304; OLG Hamm FamRZ 2012, 1734.

des Ehenamens geführten Namen voranstellen oder anfügen. [3]Absatz 4 gilt entsprechend.

(6) Geburtsname ist der Name, der in die Geburtsurkunde eines Ehegatten zum Zeitpunkt der Erklärung gegenüber dem Standesamt einzutragen ist.

I. Allgemeines (Abs. 1–3)

1 Die Zugehörigkeit zu einer durch Ehe gegründeten Familie muss nach außen nicht durch einen gemeinsamen Ehe- bzw. Familiennamen zum Ausdruck gebracht werden.[1] Das rechtspolitische Ziel der **Namenseinheit der Familie** besteht zwar auch weiterhin. Bei Abs. 1 S. 1 handelt es sich aber lediglich um eine Sollvorschrift. Ein Zwang zur Namenseinheit der Familie besteht nicht. Zum Namensrecht → Vor § 1616 Rn. 1 ff.

II. Ehename

2 Der Ehename wird nicht mit der Eheschließung automatisch erworben, sondern durch vorherige Wahl eines der Geburtsnamen der Ehegatten bei Eheschließung erklärt. Diesbezüglich hat der Standesbeamte eine Fragepflicht. Es ist jedoch auch eine spätere Erklärung möglich, die öffentlich beglaubigt werden muss (Abs. 3). Ist der Ehename einmal bestimmt, kann er nachträglich nicht mehr geändert werden (Ausnahme: Ehenamen nach ausländischem Recht aufgrund Statutenwechsels).

III. Hinzufügung eines Begleitnamens (Abs. 4)

3 Ein Ehegatte, dessen Geburtsname nicht Ehename wird, kann seinen Geburtsnamen oder den zur Zeit der Namensbestimmung geführten Namen dem Ehenamen voranstellen oder diesen anfügen. Die Hinzufügung mehrerer Namen ist nicht zulässig (Abs. 4 S. 3). Die gegenüber dem Standesbeamten zu erfolgende Erklärung kann diesem gegenüber widerrufen werden (Abs. 3 S. 4), dann kann jedoch nicht erneut ein Begleitname hinzugefügt werden.

IV. Auswirkungen von Tod oder Scheidung (Abs. 5)

4 Der Ehename wird nach dem Tod eines Ehegatten oder im Falle der Scheidung grundsätzlich beibehalten, jedoch kann durch Erklärung gegenüber dem Standesbeamten der Geburtsname oder der zuvor geführte Name wieder angenommen werden. Ein Anspruch des anderen Ehegatten darauf, dass der frühere Ehegatte auch von der in Abs. 5 S. 2 gewährten Möglichkeit Gebrauch macht, besteht nicht (anders noch § 57 EheG). Lediglich in besonders krassen Einzelfällen ist unter dem Gesichtspunkt des Rechtsmissbrauchs ein Anspruch des einen Ehegatten auf Aufgabe des fortgeführten Ehenamens durch den anderen Ehegatten nach Scheidung aus § 242 begründet.[2] Grundsätzlich ist aber der durch Eheschließung erworbene Familienname ein eigener und nicht nur geliehener Name, der denselben Schutz des allgemeinen Persönlichkeitsrechts genießt wie der Geburtsname.[3] Deshalb kann ein Anspruch eines Ehegatten, dessen Geburtsname zum Ehenamen bestimmt worden ist, dem früheren Ehegatten die Fortführung des Namens zu untersagen, nur auf krasse Einzelfälle beschränkt bleiben, die

---

1 BVerfGE 84, 9 (23) = NJW 1991, 1602 (1603).
2 BGH FamRZ 2005, 1658.
3 BVerfG FamRZ 2004, 515 (517).

auf ein missbilligenswertes Verhalten in Bezug auf den Namenserwerb oder die Namensführung begrenzt sind.[4] Die von einem Ehegatten durch Ehevertrag eingegangene Verpflichtung, den Namen des anderen Ehegatten im Scheidungsfalle nicht weiter fortzuführen bzw. wieder den Geburtsnamen anzunehmen, ist nicht generell sittenwidrig, es sei denn, es liegen Umstände vor, die das Rechtsgeschäft als sittenwidrig erscheinen lassen, zB wenn der Verzicht auf Fortführung des Ehenamens entgeltlich erfolgte.[5]

V. Auslandsbezug

Bei gemischten oder rein ausländischen Ehen besteht für die Ehegatten die Möglichkeit einer **Rechtswahl** (Art. 10 Abs. 2 EGBGB).[6] 5

§ 1356 BGB Haushaltsführung, Erwerbstätigkeit

(1) [1]Die Ehegatten regeln die Haushaltsführung im gegenseitigen Einvernehmen. [2]Ist die Haushaltsführung einem der Ehegatten überlassen, so leitet dieser den Haushalt in eigener Verantwortung.

(2) [1]Beide Ehegatten sind berechtigt, erwerbstätig zu sein. [2]Bei der Wahl und Ausübung einer Erwerbstätigkeit haben sie auf die Belange des anderen Ehegatten und der Familie die gebotene Rücksicht zu nehmen.

I. Allgemeines

Der Gesetzgeber schreibt **kein Leitbild für die Koordinierung von Haushaltsführung und Erwerbstätigkeit** vor. Die Bewältigung von Haushaltsführung und Erwerbstätigkeit ist von den Ehegatten eigenverantwortlich im Einvernehmen zu erzielen. Abs. 1 S. 1 stellt klar, dass das Gesetz auch von der Möglichkeit einer Haushaltsführung ausschließlich durch einen Ehegatten (**Hausfrauenehe**) ausgeht. Diese Funktionsteilung behindert jedoch nicht die Ehegatten in ihrem Recht, erwerbstätig zu sein, wie sich aus Abs. 2 S. 1 ergibt. Allerdings unterliegen beide Ehegatten bei der Wahl und Ausübung einer Erwerbstätigkeit den gleichen Einschränkungen (Abs. 2 S. 2). 1

II. Haushaltsführung durch einen Ehegatten (Abs. 1)

Grundsätzlich können die Ehegatten einvernehmlich regeln, dass ein Ehegatte die Haushaltsführung übernimmt, wobei diese Ausgestaltung jederzeit aufgegeben oder geändert werden kann. Der den Haushalt führende Ehegatte handelt eigenverantwortlich und ist nicht etwa Verrichtungsgehilfe des anderen Ehegatten. 2

III. Erwerbstätigkeit (Abs. 2)

Die Ehegatten können frei und unabhängig voneinander über die Aufnahme und Art einer Erwerbstätigkeit entscheiden. Allerdings sind sie gem. Abs. 2 S. 2 3

4 BGH FamRZ 2004, 515 (517); vgl. ferner OLG Celle FamRZ 1992, 817; BR/Lohmann § 1355 Rn. 23.
5 BGH FamRZ 2008, 859; MK/Wacke § 1355 Rn. 27; Staudinger/Vogel § 1355 Rn. 110; Palandt/Brudermüller § 1355 Rn. 5, 14.
6 Vgl. aus europarechtlicher Sicht EuGH FamRZ 2009, 2089 – Grunkin-Paul.

zur gegenseitigen Rücksichtnahme verpflichtet. Das Recht zur Aufnahme einer Erwerbstätigkeit unterliegt dem Vorbehalt der **Familienverträglichkeit.**[1]

Eine Verpflichtung zur Mitarbeit im Betrieb des anderen Ehegatten besteht nur in Ausnahmefällen, wenn sich aus der ehelichen Beistandspflicht eine Mitarbeitspflicht ergibt, wie zB in wirtschaftlichen Notsituationen.[2] Die aus der ehelichen Beistandspflicht abgeleitete Mitarbeitspflicht führt nicht automatisch zur Unentgeltlichkeit der Tätigkeit.

§ 1357 BGB   Geschäfte zur Deckung des Lebensbedarfs

(1) [1]Jeder Ehegatte ist berechtigt, Geschäfte zur angemessenen Deckung des Lebensbedarfs der Familie mit Wirkung auch für den anderen Ehegatten zu besorgen. [2]Durch solche Geschäfte werden beide Ehegatten berechtigt und verpflichtet, es sei denn, dass sich aus den Umständen etwas anderes ergibt.

(2) [1]Ein Ehegatte kann die Berechtigung des anderen Ehegatten, Geschäfte mit Wirkung für ihn zu besorgen, beschränken oder ausschließen; besteht für die Beschränkung oder Ausschließung kein ausreichender Grund, so hat das Familiengericht sie auf Antrag aufzuheben. [2]Dritten gegenüber wirkt die Beschränkung oder Ausschließung nur nach Maßgabe des § 1412.

(3) Absatz 1 gilt nicht, wenn die Ehegatten getrennt leben.

I. Allgemeines

1   Die sog **Schlüsselgewalt** ermächtigt den einen Ehegatten dazu, im eigenen Namen **auch mit Wirkung für und gegen den anderen Ehegatten** Rechtsgeschäfte abzuschließen. Hierdurch soll vor allem der den Haushalt führende Ehegatte in die Lage versetzt werden, im Rahmen der ehelichen Wirtschaftsgemeinschaft die für die Haushaltsführung notwendige wirtschaftliche Handlungsfreiheit zu entfalten. Die Vorschrift dient nicht dazu, den anderen Ehegatten vor vollendete Tatsachen in Angelegenheiten zu stellen, über die üblicherweise je nach Zuschnitt der wirtschaftlichen Verhältnisse in der Ehe eine Beratung oder Verständigung erfolgt.

Vielmehr bezieht sich die Schlüsselgewalt auf solche Geschäfte, die regelmäßig **ohne konkrete vorherige Absprache** abgeschlossen werden. § 1357 begründet **keine Vertretungsmacht** iSv § 164, da der handelnde Ehegatte nicht im fremden Namen auftreten muss.[1]

Umstritten ist, ob § 1357 nach dem Regelungszweck des Schutzes des den Haushalt führenden Ehegatten überhaupt auf eine **Doppelverdienerehe** Anwendung findet.[2]

II. Voraussetzungen (Abs. 1)

2   Die Verpflichtungsbefugnis bezieht sich nur auf solche Rechtsgeschäfte, die ihrer Art nach der Deckung des Lebensbedarfs dienen, weil sie einen Bezug zu den üblicherweise in einer Familie benötigten Konsumgütern aufweisen. Entschei-

---

1   Palandt/Brudermüller § 1356 Rn. 5.
2   Vgl. BGHZ 46, 385 = NJW 1967, 1077 (1078) (speziell zur Frage der Entgeltlichkeit für die Mitarbeit des Ehegatten).
1   Jauernig/Berger § 1357 Rn. 2.
2   Brudermüller NJW 2004, 2265.

dend ist auf den Lebenszuschnitt der Familie abzustellen, wie er nach außen in Erscheinung tritt.[3] Der Begriff „täglicher Lebensbedarf" ist umfassend danach auszulegen, was unterhaltsrechtlich gemäß den §§ 1360, 1360 a zum Lebensbedarf der Familie zu rechnen ist.[4] Unter Berücksichtigung der sozialen Lage der Familie wird ein Geschäft im vorgenannten Sinne als angemessen angesehen, wenn es unter Berücksichtigung seines Umfangs und seiner Dringlichkeit üblicherweise nicht vorher zwischen den Eheleuten besprochen wird.[5] Geschäfte zur Deckung des angemessenen Lebensbedarfs sind insbesondere: Erwerb von Nahrungsmitteln, Kleidung, Haushalts- und Einrichtungsgegenständen, Kinderspielzeug, Abschluss von Verträgen mit Energieversorgungsunternehmen und Telefondienstanbietern.[6]

Unter Geschäfte zur angemessenen Deckung des Lebensbedarfs fallen nicht sog **Grundlagen- oder Investitionsgeschäfte**, wie zB die Aufnahme eines Darlehens zur Finanzierung eines Hauses, Abschluss eines Mietvertrages, Abschluss eines Reisevertrages, wenn eine vorherige Rücksprache unter den Eheleuten je nach sozialem Zuschnitt der wirtschaftlichen Verhältnisse üblich ist.[7]

Arzt- und Krankenhausverträge fallen unter Abs. 1, soweit es um die ärztliche Behandlung der gemeinsamen Kinder geht. Handelt es sich um die ärztliche Behandlung des Ehegatten, kommt es darauf an, ob sich der Ehegatte nicht ausschließlich selbst verpflichten wollte und die Behandlung nach Art und Dringlichkeit angemessen ist. Angemessenheit wird in der Regel bei **medizinisch notwendigen und unaufschiebbaren Maßnahmen** anzunehmen sein.[8] Auch bei Arzt- und Krankenhausverträgen ist die Angemessenheit danach festzustellen, ob sich die Ehegatten üblicherweise vorher über die infrage kommenden ärztlichen Maßnahmen abstimmen. Dies gilt insbesondere für private und kostspielige Behandlungen (zB Zahnersatzleistungen, Schönheitsoperationen).

Auch wenn die Anmietung und Aufgabe einer Wohnung als Grundlagengeschäft nach überwiegender Meinung nicht unter § 1357 fällt,[9] kann grundsätzlich die Beauftragung eines Rechtsanwalts zur Abwehr einer Räumungsklage ein Geschäft zur Deckung des Lebensbedarfs sein, da sie der Aufrechterhaltung des ehelichen und familiären Haushalts dient.[10]

III. „Etwas anderes" (Abs. 1 S. 2 Hs. 2)

Die Mitverpflichtung des anderen Ehegatten entfällt, wenn sich aus den Umständen etwas anderes ergibt. Dies ist zB der Fall, wenn ein Ehegatte durch **ausdrückliche Erklärung** sich nur allein verpflichten möchte, obwohl es sich objektiv um ein Geschäft zur Deckung des angemessenen Familienbedarfs handelt. Ein **Ausschluss der Mithaftung** kann sich aber auch aus schlüssigem Verhalten

3

---

3 BGHZ 94, 1, 6 = NJW 1985, 1394 (1396).
4 BGHZ 94, 1 ff. = NJW 1985, 1394 (1396); BGH NJW 2004, 1593 ff.; MK/Wacke § 1357 Rn. 19.
5 Palandt/Brudermüller § 1357 Rn. 12.
6 BGH NJW 2004, 1593; vgl. im Übrigen zu weiteren Beispielen Palandt/Brudermüller § 1357 Rn. 13.
7 LG Mannheim FamRZ 1994, 445 (Mietvertrag).
8 BGH NJW 1992, 909; vgl. ebenso Palandt/Brudermüller § 1357 Rn. 17.
9 OLG Brandenburg NJW-RR 2007, 22 f.
10 OLG Düsseldorf FamRZ 2011, 35.

bei Vertragsschluss ergeben, wenn hierdurch zum Ausdruck kommt, dass der vertragsschließende Ehegatte kein Gewicht auf eine Mithaftung legt.[11]

IV. Rechtsfolgen

4   Im Außenverhältnis werden beide Ehegatten bei Geschäften zur Deckung des angemessenen Lebensbedarfs, die von einem Ehegatten abgeschlossen wurden, berechtigt und verpflichtet. Es entsteht eine **gesamtschuldnerische Haftung** (§ 421). Im Innenverhältnis sind anderweitige Abreden und Unterhaltsverpflichtungen zu berücksichtigen. Wenn beide Ehegatten aus einem Rechtsgeschäft gem. Abs. 1 S. 2 berechtigt sind, so ist umstritten, ob gem. § 432 die Leistung an beide Ehegatten zu richten oder nach Wahl des Schuldners an den einen oder anderen Ehegatten gem. § 428 zu leisten ist.[12]

Ferner ist umstritten, ob sog **Rechtsdurchsetzungshandlungen** wie zB Mahnungen und Fristsetzungen von jedem Ehegatten mit Wirkung auch für den anderen vorgenommen werden können oder aber nur vom kontrahierenden Ehegatten selbst. Nach hM gilt jedenfalls für Gestaltungsrechte wie Anfechtung, Rücktritt und Kündigung, dass diese auch vom anderen, nicht kontrahierenden Ehegatten geltend gemacht werden können.[13]

§ 1357 entfaltet **keine dingliche Wirkung**. Der andere, nicht kontrahierende Ehegatte wird nicht gem. § 1357 Eigentümer des vom kontrahierenden Ehegatten erworbenen Gegenstandes.[14] Bei Hausrat gilt, dass beide Ehegatten Miteigentümer werden sollen, wenn nichts anderes erklärt wurde.[15]

V. Ausschluss der Schlüsselgewalt (Abs. 2, 3)

5   Die Wirkungen der Schlüsselgewalt können durch einseitige empfangsbedürftige Willenserklärung beschränkt oder ausgeschlossen werden. Eine Außenwirkung wird jedoch nur dann erzielt, wenn diese Beschränkung im Güterrechtsregister eingetragen ist oder dem Vertragspartner bei Vertragsschluss bekannt war.

Im Übrigen entfällt die Schlüsselgewalt bei **Getrenntleben** (vgl. § 1567). Die Schlüsselgewalt entfällt damit nicht bei bloßem Auszug oder nur vorübergehender Trennung, wenn der Ehegatte nicht willentlich das Getrenntleben nach außen manifestiert.

VI. Verfahren

6   Das Verfahren nach Abs. 2 S. 1 ist **sonstige Familiensache** gem. § 266 Abs. 2 FamFG. Die Zuständigkeit richtet sich nach den §§ 267, 268 FamFG.

Die **Beweislast** für das Vorliegen der Schlüsselgewalt trägt derjenige Ehegatte, der eine Berechtigung aus einem Rechtsgeschäft geltend macht, das vom anderen Ehegatten abgeschlossen wurde. Für die Inanspruchnahme des anderen Ehegatten aus einem Rechtsgeschäft trägt der Geschäftsgegner die Darlegungs- und Beweislast. Wird ein Ehegatte aus der Vorschrift in Anspruch genommen, ist er wiederum beweispflichtig für Umstände im Sinne des Abs. 1 S. 2.

---

11   LG Aachen FamRZ 1989, 1177 f. (Kreditvertrag).
12   Wohl hM vgl. Palandt/Brudermüller § 1357 Rn. 21; MK/Wacke § 1357 Rn. 36.
13   Palandt/Brudermüller § 1357 Rn. 21; aA Jauernig/Berger § 1357 Rn. 6 sowie Berger FamRZ 2005, 1129 mwN.
14   BGHZ 114, 74, 76 = NJW 1991, 2283 (2284).
15   BGHZ 114, 74, 78 = NJW 1991, 2283 (2285).

§ 1358 BGB (weggefallen)

§ 1359 BGB Umfang der Sorgfaltspflicht

Die Ehegatten haben bei der Erfüllung der sich aus dem ehelichen Verhältnis ergebenden Verpflichtungen einander nur für diejenige Sorgfalt einzustehen, welche sie in eigenen Angelegenheiten anzuwenden pflegen.

I. Allgemeines

§ 1359 ist keine deliktische Anspruchsgrundlage, sondern eine besondere Regelung für den **Haftungsmaßstab** zwischen Eheleuten. Diese schulden einander nur die **eigenübliche Sorgfalt**.   1

II. Geltungsbereich

Der Haftungsmaßstab des § 1359 erstreckt sich auf alle Bereiche des ehelichen Lebens wie zB die Art der Haushaltsführung, Umgang mit Hausrat, Ausübung der Schlüsselgewalt, Pflege des anderen Ehegatten.   2

Bei **Schädigungen im Straßenverkehr** findet der Haftungsmaßstab des § 1359 **keine Anwendung**, da die Regeln des Straßenverkehrs keinen Raum für individuelle Sorgfalt ermöglichen.[1] Deliktsrechtliche Ansprüche aufgrund von Körperverletzungen und Sachbeschädigungen innerhalb des häuslichen Bereichs sind jedoch am Haftungsmaßstab des § 1359 zu messen, solange die Ehe besteht.

III. Abdingbarkeit

§ 1359 ist dispositives Recht. Haftungsverschärfungen bzw. Erleichterungen sind möglich. Ein Haftungsausschluss wirkt nur im Verhältnis der Ehegatten untereinander.[2] Die Grenze der Haftungsbeschränkung setzt § 277 (keine Befreiung von der Haftung wegen grober Fahrlässigkeit).   3

IV. Beweislast

Der Ehegatte, der sich auf das Haftungsprivileg des § 1359 beruft, muss beweisen, dass er in eigenen Angelegenheiten eine ähnliche Sorgfalt walten lässt wie bei dem konkreten schädigenden Ereignis.   4

Vorbemerkung zu § 1360 BGB: Unterhaltsrechtliche Einkommensermittlung

---

1 BGHZ 53, 352, 355 = NJW 1970, 1271 (1272); BGHZ 61, 101, 104 = NJW 1973, 1654 (1655) (zum Schmerzensgeld zwischen Ehegatten).
2 BGHZ 43, 72 = NJW 1965, 907.

A. Das unterhaltsrechtlich relevante Einkommen

I. Bedeutung des unterhaltsrechtlich relevanten Einkommens

Für die Rechtsanwendung und die Praxis ist die **Ermittlung des unterhaltsrechtlich** 1
relevanten Einkommens, häufig spricht man vom **bereinigten Nettoeinkommen**,
und des **einzusetzenden Vermögens** von großer Bedeutung. Selbst wenn ein
Unterhaltsanspruch dem Grunde nach vorliegt, folgt hieraus nicht zwangsläufig
für den Berechtigten die Zahlung einer Geldrente. Vielmehr können die Einkommensverhältnisse des Unterhaltsverpflichteten und des Unterhaltsberechtigten
oder sogar Dritter dazu führen, dass im Ergebnis keine Geldrente zu zahlen ist. Die
Grundsätze zur Einkommensermittlung und Vermögensverwertung gelten für alle
Unterhaltsansprüche. Für die Rechtsanwendung in der Praxis gestaltet sich die
Einkommensermittlung häufig schwierig. Mit ihr steht und fällt in vielen Fällen, ob
der Unterhaltsberechtigte eine werthaltige Geldrente erhält. Die Ermittlung des
Einkommens und des Vermögens ist für die Leistungsfähigkeit, die Bedürftigkeit,
den Bedarf und schließlich die Unterhaltshöhe von ausschlaggebender Bedeutung.
Dabei kann unterhaltsrechtlich beim gleichen Einkommen der Einsatz bei Bedarf,
Bedürftigkeit und Leistungsfähigkeit verschieden sein. Etwa wenn es um unterschiedliche Unterhaltstatbestände geht, zB beim Kindesunterhalt oder beim Ehegattenunterhalt. So ist beim Kindesunterhalt Minderjähriger prinzipiell alles
Einkommen heranzuziehen, während beim Ehegattenunterhalt das gemeinsam in
der Ehe angelegte bereinigte Nettoeinkommen der Eheleute[1] Berücksichtigung
findet, soweit es um die Bedarfsermittlung geht.

II. Konkrete Berechnung

Nur **ausnahmsweise** kann auf eine exakte Einkommensermittlung verzichtet 2
werden, wenn der Verpflichtete über ein hohes Einkommen verfügt und ohne
Weiteres leistungsfähig ist. In diesem Fall erfolgt die **Feststellung des Bedarfs**
konkret.[2] Der Begriff des Einkommens im unterhaltsrechtlichen Sinne ist überall
dort von Bedeutung, wo das Gesetz auf die Mittel zur Bedarfsbefriedigung abstellt. Das gilt gleichermaßen für beide Unterhaltsparteien.

---

1 BGH FamRZ 2006, 683; 2007, 793; 2008, 968.
2 BGH 10.11.2010 – XII ZR 197/08, FamRZ 2011, 192; FamRZ 1990, 280; 2004, 601;
   2007, 1532; 2010, 1637; Spangenberg, Unterhaltsbedarf jenseits von Tabelle und Quote,
   NZFam 2016, 625.

III. Prüfungsschema

3 Die Praxis nimmt eine Prüfung des Unterhaltsanspruchs herkömmlicherweise am folgenden Schema vor:

1. **Unterhaltstatbestand** als Anspruchsgrundlage (unterhaltsrechtliches Grundverhältnis)
2. **Bedürftigkeit** des Berechtigten
3. **Unterhaltshöhe (Bedarf)**
4. **Leistungsfähigkeit** des Verpflichteten
5. **Zusatzfragen** im Einzelfall

Bei den Ziffern 2 und 4 spielt das Einkommen die entscheidende Rolle und bestimmt damit wesentlich den Unterhaltsanspruch.

IV. Schätzung und Fiktion von Einkommen

4 Die Einkommensermittlung kann sich oft schwierig gestalten. Die Rechtsprechung kommt daher ohne **Schätzung** (§ 287 ZPO) und **Fiktionen (fiktives Einkommen)**[3] nicht aus. Entzieht sich jemand bewusst seiner Unterhaltsverpflichtung, indem er ohne Grund seine Arbeitstätigkeit aufgibt, um keinen Unterhalt zahlen zu müssen, so hat die Rechtsprechung frühzeitig ein Einkommen fingiert, damit nicht der Staat bzw. der Steuerzahler für den Unterhalt des Berechtigten aufkommen muss. Allerdings hat die obergerichtliche Rechtsprechung diesen Ausgangspunkt längst verlassen und arbeitet im größeren Umfang mit fiktivem Einkommen. Dies führt zu nicht unerheblichen Problemen, da fiktives Einkommen meist auch mit **Prognosen** verbunden ist. Prognosen können, müssen aber in der Zukunft nicht eintreffen. Daher wird im größeren Umfang eine **Abänderungsmöglichkeit** zu eröffnen sein (zB § 1578 b).[4]

B. Einzelne Einkommen

I. Unterhaltsrechtliches Einkommen allgemein

5 **1. Art des Einkommens.** Grundsätzlich sind für die Feststellung des Einkommens **alle Einkünfte** heranzuziehen, ohne Rücksicht auf Herkunft und Verwendungszweck, gleich welcher Art sie sind und aus welchem Anlass sie erzielt werden.[5]

Ausgangspunkt für die Bestimmung des unterhaltsrechtlichen Einkommens sind die **Einkunftsarten nach § 2 EStG:**

- Einkünfte aus Land- und Forstwirtschaft (§§ 2, 1 Nr. 1, 13 ff. EStG)
- Einkünfte aus Gewerbebetrieb (§§ 2, 1 Nr. 2, 15 ff. EStG)
- Einkünfte aus selbstständiger Arbeit (§§ 2, 1 Nr. 3, 18 ff. EStG)
- Einkünfte aus nichtselbstständiger Arbeit (§§ 2 Abs. 1 Nr. 4, 19 ff. EStG)
- Einkünfte aus Kapitalvermögen (§§ 2 Abs. 1 Nr. 5, 20 EStG)
- Einkünfte aus Vermietung und Verpachtung (§§ 2 Abs. 1 Nr. 6, 21 EStG)
- Sonstige Einkünfte (§§ 2 Abs. 1 Nr. 7, 22 EStG), zB Leibrenten.

6 **2. Korrektur des steuerrechtlichen Einkommens.** Auch wenn sich die Einkommensermittlung im Unterhalt an die steuerliche Einkommensermittlung anlehnt,

---

3 BGH FamRZ 1993, 1304; 2006, 683; 2008, 872.
4 BGH FamRZ 2007, 793; Dose, Ausgewählte Fragen der Unterhaltsreform, FamRZ 2007, 1289.
5 BGH FamRZ 2006, 99; 2007, 1158.

ist in den seltensten Fällen das steuerliche Einkommen mit dem unterhaltsrelevanten (bereinigten) Nettoeinkommen identisch. **Steuerrechtliches Einkommen ist häufig nach unterhaltsrechtlichen Kriterien zu korrigieren.** Die zu versteuernden Einkünfte können wegen der Vielzahl steuerlich zulässiger Gestaltungs- und Absetzungsmöglichkeiten geringer sein als das unterhaltsrechtlich relevante Einkommen. Da bspw. den steuerrechtlichen Abschreibungen nicht immer ein echter Wertverzehr im Abschreibungszeitraum gegenübersteht, ist das steuerrechtliche Einkommen für den Unterhalt zu korrigieren.[6] Maßgeblich ist das Gesamtbrutto-, nicht nur das Steuerbruttoeinkommen.[7]

3. Einkommen aus öffentlich-rechtlichen Mitteln/Freiwillige Zuwendungen Dritter. Auch Einkünfte, die der Unterhaltsverpflichtete aus **öffentlich-rechtlichen Mitteln** erhält, zählen **grundsätzlich unterhaltsrechtlich zum Einkommen**, auch trotz der öffentlich-rechtlichen Zweckbestimmung.[8] Solche Einkünfte sind nur dann nicht für den Unterhalt einzusetzen, wenn sich dies aus der gesetzlichen Regelung ausdrücklich ergibt, zB nach § 11 BEEG (in Höhe von 300 EUR), oder wenn sich dies aus dem Sinn des Gesetzes erschließt, zB der Sozialhilfe.[9] **Freiwillige Zuwendungen Dritter**[10] sind im Regelfall kein unterhaltsrechtliches Einkommen. Einkünfte aus **sozialstaatlichen Zuwendungen** sind unterhaltsrechtlich nur zu berücksichtigen, wenn ihnen eine Lohnersatzfunktion zukommt. Außerhalb der steuerrechtlichen Einkunftsarten finden dagegen Einnahmen, die tatsächlich nicht erzielt werden, aber zumutbar erzielt werden könnten, vor allem **fiktive Einkünfte** aus Erwerbstätigkeit[11] und/oder erzielbare Vermögenseinkünfte,[12] Berücksichtigung.

4. Einsatz des Einkommens. Sind unterhaltsrechtlich Einkünfte festgestellt, so bedeutet dies nicht ohne Weiteres, dass sie überhaupt und wenn ja, **in welcher Höhe sie Berücksichtigung** finden. Dabei ist zu differenzieren, an welcher Stelle der Prüfung eines Unterhaltsanspruchs das Einkommen einzusetzen ist und um welche Art von Unterhalt es sich handelt. So sind beim Kindesunterhalt die gesamten Nettoeinkünfte heranzuziehen. Beim Ehegattenunterhalt unterscheidet die Rechtsprechung bei der Bedarfsbestimmung zwischen eheprägenden und nichteheprägenden Einkünften.[13] So zählt Einkommen bei einem Karrieresprung im Regelfall nicht zum Einkommen bei der Bedarfsbestimmung[14] (§ 1578). Bei der Leistungsfähigkeit sind beim Ehegattenunterhalt alle Einkünfte von Bedeutung (§ 1361), bei Bedarf und Bedürftigkeit können Einkünfte anders zu beurteilen sein, so etwa, wenn Einkommen prägend oder nichtprägend ist (§ 1578). Das Bundesverfassungsgericht[15] fordert für die Änderungen des Einkommens und sonstiger Entwicklungen nach der Scheidung beim Bedarf einen Bezug zu

---

6 BGH FamRZ 1980, 773; 1984, 39; 2003, 741; 2009, 762.
7 BGH FamRZ 2008, 2104; 2009, 762.
8 BGH FamRZ 1986, 780; 1987, 259; 1997, 806.
9 BGH FamRZ 1984, 364; 2000, 1358; 2009, 307.
10 BGH FamRZ 2000, 154; OLG Schleswig 23.12.2013 – 15 UF 100/13, FamRZ 2014, 1643 (1644).
11 BGH FamRZ 1987, 372; 1994, 372; 1999, 843; 2000, 1358.
12 BGH FamRZ 1982, 996; 1986, 439; 1988, 604.
13 BVerfG 25.1.2011 – 1 BvR 918/10, FamRZ 2011, 437.
14 BGH FamRZ 2003, 590; 2003, 848; 2007, 793; 2007, 1232; 2008, 968; 2009, 411; 2009, 579.
15 BVerfG 25.1.2011 – 1 BvR 918/10, FamRZ 2011, 437.

den ehelichen Lebensverhältnissen. Nachträgliche Entwicklungen ohne Bezug zur Ehe bleiben danach außer Betracht (näher § 1360).

9   **5. Mangelfall.** Im Mangelfall können wiederum Einkünfte bei der Leistungsfähigkeit des Verpflichteten eine Rolle spielen, die bei ausreichender Leistungsfähigkeit des Unterhaltspflichtigen ohne Berücksichtigung bleiben.

II. Einkünfte aus nichtselbstständiger Tätigkeit

10   **1. Maßgeblicher Zeitraum.** Einkünfte aus nichtselbstständiger Tätigkeit spielen im Unterhalt eine große Rolle, da der überwiegende Teil der Bevölkerung in abhängiger Tätigkeit arbeitet. Alle Vergütungen für Leistungen aus einem Dienst- oder Arbeitsverhältnis zählen zu dieser Einkunftsart, unabhängig davon, aus welchem Anlass sie gezahlt und ob sie laufend oder unregelmäßig ausgezahlt werden.[16] Maßgeblicher **Zeitraum** für die Einkünfte ist das **Kalenderjahr.**[17] Für die Zukunft beruht die Ermittlung auf einer Prognose, für die Vergangenheit ist grundsätzlich von den tatsächlichen Einkünften auszugehen.[18] Steht eine Veränderung des Einkommens für die Gegenwart und Zukunft fest, kann nicht mehr auf das Einkommen in der Vergangenheit abgestellt werden. Bei einem Arbeitsplatzwechsel im Laufe eines Jahres ist für die Unterhaltsbemessung nicht der Durchschnittswert für das Kalenderjahr zugrunde zu legen. Vielmehr ist abschnittsweise das dann bei dem neuen Arbeitgeber erzielte höhere Einkommen maßgebend.[19]

2. Einkünfte aus regelmäßigen Bezügen (bar) in alphabetischer Reihenfolge

11 ■ **Abgeordnetenbezüge** sind normales Einkommen, auch die Kostenpauschale von Abgeordneten zählt zum Einkommen,[20] aber nur soweit sie nicht durch Aufwendungen im Rahmen der Tätigkeit eines Abgeordneten aufgezehrt wird.[21] In gleicher Weise gilt das für **Aufwandsentschädigungen** von Bürgermeistern, Kreisräten, Stadträten und Gemeinderäten;[22] sie bleiben nur insoweit außer Betracht, als der tatsächliche Mehraufwand, den der Empfänger einer derartigen Zulage hat, die Aufwandsentschädigung verbraucht.[23]

■ **Ausbildungsvergütungen**[24]

■ **Auslandsverwendungszuschläge (Soldatenbesoldung und Kriminalbeamte)** zählen grundsätzlich zum Einkommen, gemindert um einen konkreten Mehrbedarf.[25] Anders bei einem Einsatz in einem Krisen- oder Kriegsgebiet: In welchem Umfang der Zuschlag für den Unterhalt heranzuziehen ist, ist unter Würdigung der Umstände des Einzelfalls zu entscheiden. Die Abwä-

---

16 BGH FamRZ 1990, 172; 1990, 269; 2003, 590.
17 BGH FamRZ 1983, 996, ständige Rspr.
18 BGH FamRZ 2007, 1532; 2008, 1739.
19 OLG Brandenburg 2.9.2013 – 13 UF 136/12, juris Rn. 55.
20 BGH FamRZ 1986, 780; OLG Brandenburg FamRZ 1999, 1082; OLG Stuttgart FamRZ 1994, 1521.
21 OLG Bamberg FamRZ 1999, 1082.
22 OLG Bamberg FamRZ 1999, 1082.
23 BGH FamRZ 1980, 342; OLG Bamberg FamRZ 1999, 1082; OLG Koblenz FamRZ 2000, 1154.
24 BGH FamRZ 1981, 541; 1988, 159; 2001, 1364.
25 BGH FamRZ 1980, 342; OLG Schleswig FamRZ 2005, 369.

gung kann zu dem Ergebnis führen, dass nur ein Teilbetrag – etwa 1/3 bis 1/2 des Zuschlags – als Einkommen zu berücksichtigen ist.[26]

- **Auslandszulagen** (Auslandszuschlag, Kaufkraftausgleich, Krisenzulage, Aufwandsentschädigung, Sprachenzulage, Dienstwohnungsvergütung, Überstundenpauschalen, Härtezulagen[27] uÄ): Der konkret nachgewiesene Mehrbedarf ist vorweg abzusetzen; hierbei kann eine pauschalierte Betrachtungsweise zum Zuge kommen.[28]

- **Auslösungen** werden als Mehraufwendungsersatz bei auswärtiger Arbeit gezahlt.[29] Tatsächliche Aufwendungen, die im Zusammenhang mit den Auslösungen stehen, sind, vermindert um die häusliche Ersparnis, abzuziehen.[30] Die Aufwendungen sind konkret darzulegen. Bei Aufwendungspauschalen kann 1/3 als Einkommen wegen häuslicher Ersparnisse angesetzt werden.[31]

- **Besoldung:** Beamte, Richter, Soldaten erhalten eine Besoldung, die grundsätzlich in all ihren Bestandteilen zum Einkommen zählt, dh die gesamten familienneutralen und familienbezogenen Bestandteile der Bezüge ohne Rücksicht auf Benennung und Berechnungsart.[32] Wird der **Familienzuschlag** nach § 40 Abs. 1 Nr. 1 BBesG sowohl wegen der neuen Ehe, als auch nach § 40 Abs. 1 Nr. 3 BBesG wegen der fortdauernden Unterhaltspflicht aus der früheren Ehe gezahlt, ist er für den Unterhaltsanspruch der geschiedenen Frau und den Unterhaltsanspruch aus der neuen Ehe bei Gleichrang voll zu verwenden.[33] Diese Rechtsprechung des Bundesgerichtshofs ist nach der Entscheidung des Bundesverfassungsgerichts[34] kritisch zu prüfen. Der Familienzuschlag ist auf den Unterhaltsanspruch der geschiedenen Frau und den Unterhaltsanspruch aus der neuen Ehe hälftig aufzuteilen, wenn die erste Ehefrau vorrangig ist (§ 1609 Nr. 2).[35] Die **Beihilfeberechtigung** eines Beamten ist kein sich einkommenserhöhend auswirkender geldwerter Vorteil. Sie reduziert lediglich den aus dem Einkommen privat abzudeckenden Versicherungsschutz, woraus im Verhältnis zu einer Vollabsicherung bereits ein entsprechend höheres Nettoeinkommen resultiert.[36]

- **Direktversicherung:** Das Bruttoeinkommen kann Einkommensbestandteile enthalten, die einer betrieblichen Altersversorgung aufgrund einer Direktversicherung zuzurechnen sind.[37] Im Gegenzug sind nach der Rechtsprechung des Bundesgerichtshofs (weiter → Rn. 43, 136) freiwillige Einzahlungen für

---

26 BGH 18.4.2012 – XII ZR 73/10, FamRZ 2012, 1201 Rn. 23 und 26; OLG Dresden 10.10.2013 – 22 UF 818/12, FamRZ 2014, 1307 (Ls.); OLG Frankfurt/M. 7.12.2012 – 2 UF 223/09, NJW 2013, 1686; OLG Hamm 18.12.2009 – 5 UF 118/09, FamRZ 2010, 1085; OLG Schleswig FamRZ 2005, 369; OLG Stuttgart FamRZ 2002, 820 (Ls.).

27 OLG Hamm FamRZ 2010, 2009.

28 BGH FamRZ 1982, 887; OLG Schleswig FamRZ 2005, 369; OLG Stuttgart FamRZ 2002, 820; OLG Koblenz FamRZ 2008, 435; OLG Hamm FamRZ 2010, 1085.

29 Vgl. zB Unterhaltsrechtliche Leitlinien der Familiensenate in Süddeutschland 1.4.

30 BGH FamRZ 1980, 342; 1990, 266.

31 OLG Karlsruhe FamRZ 2004, 645.

32 BGH FamRZ 1980, 342; 1989, 172; 2007, 793; OLG München FamRZ 1980, 459; OLG Celle FamRZ 2006, 1126.

33 BGH FamRZ 2008, 1911.

34 BVerfG 25.1.2011 – 1 BvR 918/10, FamRZ 2011, 437.

35 Alte Rspr. des BGH FamRZ 2007, 793; 2007, 882; OLG Hamm FamRZ 2005, 1177; OLG Celle FamRZ 2005, 716; aA OLG Oldenburg FamRZ 2006, 1127.

36 OLG Karlsruhe 19.7.2013 – 18 UF 225/11.

37 OLG München FamRZ 1997, 613.

eine zusätzliche (private) Altersvorsorge im angemessenen Umfang (4–5 % des Gesamtbruttoeinkommens) einkommensmindernd zu berücksichtigten.[38]

- **Eigenheimzulage**[39]
- **Erschwerniszulage:** s. Zulagen
- **Essensgeldzuschuss:** s. Verpflegungszuschuss
- **Fahrtspesen:** s. Spesen
- **Fiktive Einkünfte:** → Rn. 109
- **Fliegeraufwandsentschädigung:** Es handelt sich um eine Aufwandsentschädigung für Kampfflieger der Bundeswehr. Sie zählt grundsätzlich zum unterhaltsrelevanten Einkommen. Allerdings sind Mehraufwendungen zur Erhaltung der fliegerischen Leistungsfähigkeit im angemessenen Umfang abzuziehen, ggf. ist der tatsächliche Aufwand nach § 287 ZPO zu schätzen. In diesem Rahmen können 2/3 der Fliegeraufwandsentschädigung als nicht durch tatsächlichen Mehraufwand verbraucht hinzugerechnet werden.[40] Der Empfänger einer solchen Aufwandsentschädigung muss seinen tatsächlichen Mehraufwand darlegen und beweisen.
- **Fliegerzulagen:** Hierbei handelt es sich um Zulagen für das fliegende Personal. Auch sie können nicht von vorneherein außer Ansatz bleiben. Den Empfänger einer solchen Zulage trifft die Darlegungs- und Beweislast, inwieweit der tatsächliche Mehrbedarf die Zulage aufzehrt.[41]
- **Freibeträge** nach § 32 Abs. 6 S. 1 EStG: Die Steuervorteile aus diesen Freibeträgen sind unterhaltsrechtlich zu berücksichtigen.[42]
- **Gerichtsvollziehereinkommen:** Grundsätzlich ist das gesamte Einkommen in Form der Vergütung und der Entschädigung umfasst. Allerdings sind berufsbedingte Kosten (zB Büro- und Personalkosten) von der Summe des gesamten Einkommens abzuziehen. Dies gilt auch für eine Aufwandsentschädigung. Übersteigt die Aufwandsentschädigung die tatsächlichen Ausgaben, so ist sie zum Einkommen in Höhe der Differenz heranzuziehen.[43]
- **Gehalt**
- **Grundrente:** s. Rente
- **Grundsicherung im Alter und bei Erwerbsminderung:** → Rn. 93
- **Hausgeld** für Strafgefangene stellt kein unterhaltsrelevantes Einkommen dar.[44] Vom Hausgeld kann der Strafgefangene notwendige Ausgaben, zB für Körperpflege und Nahrungsmittel bestreiten. Im Mangelfall werden aber auch Mittel des Hausgelds, soweit es tatsächliche Aufwendungen übersteigt, heranzuziehen sein.[45]
- **Jahreswagen** stellt unterhaltsrechtlich Einkommen dar.[46]
- **Jubiläumszuwendungen,** soweit nicht höchstpersönliche Zuwendungen, sind anteilig auf das durchschnittliche Nettoeinkommen eines Jahres zu verteilen;

---

38 BGH FamRZ 2004, 792; 2005, 1817; 2009, 1207.
39 OLG Koblenz FamRZ 2004, 1572; OLG Bremen FamRZ 2010, 1980; Leitlinien der Oberlandesgerichte unter 5. im Rahmen des Wohnwerts.
40 BGH FamRZ 1994, 21.
41 OLG Hamm FamRZ 1991, 576.
42 BGH FamRZ 2007, 882; zur Berücksichtigung beim Ehegattenunterhalt vgl. § 1578.
43 OLG Köln FamRZ 1987, 1257.
44 BGH 1.7.2015 – XII ZB 420/14, FamRZ 2015, 1473 (1474) Rn. 14; FamRZ 1982, 913; OLG München FamRZ 2010, 127.
45 Heiß/Born/Heiß Kap. 3 Rn. 243 a.
46 Strohal, Jahreswagen und Unterhalt, FamRZ 1995, 459.

bei einer besonders hohen Zuwendung eventuell auch auf mehr als ein Jahr.[47]

- **Gratifikationen, Prämien**[48]
- **Leistungszulagen** zählen ebenfalls zum unterhaltspflichtigen Einkommen. Ausnahmen kommen allenfalls bei höchstpersönlichen Sachzuwendungen in Betracht, die auch nicht das Einkommen und das Vermögen erhöhen.[49]
- **Kindergeld** wird bei keinem Elternteil einkommenserhöhend berücksichtigt. Es wird nach § 1612 b bedarfsdeckend für den Kindesunterhalt verwendet.[50] Einkommen aus einem **Behinderten-Pauschbetrag** nach § 33 b Abs. 5 EStG will das OLG Hamm wie Kindergeld behandeln.[51]
- **Kinderbezogene Teile** des **Familienzuschlags** und Kinderzuschläge gehören zu den Dienst- und Versorgungsbezügen, soweit sie ohne Rücksicht auf eine Ehe und darauf, ob das Kind mit dem Pflichtigen zusammenlebt, gewährt werden.[52] Sie zählen auch zum Einkommen, das die erste Ehe prägt.[53] Das Gleiche gilt, wenn sich das **Arbeitslosengeld** nach § 149 SGB III wegen der **Kinderzulage** von 60 % auf 67 % erhöht.[54] Bezieht der Pflichtige einen erhöhten Familienzuschlag wegen eines **Stiefkinds** aus zweiter Ehe, so zählt dieser Bestandteil nur zum Einkommen für die zweite Ehe.[55] Gleiches gilt, wenn der erhöhte Leistungsbezug beim Arbeitslosengeld nur wegen eines Stiefkinds aus der zweiten Ehe bezahlt wird.[56]
- **Kindergeldersetzende Leistungen** sind wie Kindergeld zu behandeln, § 1612 c. Es gibt verschiedene Arten von Kinderzulagen, die nicht zum Kindergeld zählen, so aus der gesetzlichen Unfallversicherung, aus Tarifverträgen; Kinderzuschüsse zum Altersruhegeld in der gesetzlichen Rentenversicherung (§§ 35 ff., 270 SGB VI); Kinderzuschläge nach dem LAG. Wie Beträge, die das Kindergeld übersteigen, unterhaltsrechtlich zu behandeln sind (als Einkommen), ist im Einzelnen strittig.[57] Der Bundesgerichtshof hat das für den Kinderzuschlag zum Arbeitseinkommen bejaht (s. kinderbezogene Teile des Familienzuschlags).
- **Krankenversicherungszuschüsse**, soweit die Krankenversicherungsbeiträge vom Einkommen abgezogen werden.[58]
- **Lohnfortzahlung im Krankheitsfall**[59]
- **Lohn** immer
- **Ministerialzulage**[60]

---

47 BGH FamRZ 1982, 250; 1987, 359; OLG Stuttgart 6.8.2013 – 17 WF 152/13, FamRZ 2014, 781 (Ls.); OLG Oldenburg FamRZ 2009, 1911.
48 BGH FamRZ 1970, 636.
49 Heiß/Born/Heiß Kap. 3 Rn. 263, 350.
50 Zu den Einzelheiten § 1612 b; BGH FamRZ 2008, 963.
51 OLG Hamm FamRZ 2008, 66.
52 BGH FamRZ 1984, 374; 1989, 172; 2007, 882.
53 BGH FamRZ 2007, 882.
54 BGH FamRZ 2007, 983.
55 BGH FamRZ 2007, 793.
56 BGH FamRZ 2007, 983.
57 Heiß/Born/Heiß Kap. 3 Rn. 293, Kap. 12 Rn. 68; Niepmann/Schwamb Rn. 628–630; BGH FamRZ 2007, 882; OLG Hamm FamRZ 2000, 370.
58 OLG Hamm FamRZ 2001, 370; OLG Karlsruhe FamRZ 2002, 1567.
59 OLG Hamburg FamRZ 1992, 1308.
60 OLG Köln FamRZ 1982, 706.

- **Montageprämien** (Montagezulagen):[61] Der Empfänger einer solchen Zulage trägt die Darlegungs- und Beweislast, soweit er einen Verbrauch durch tatsächliche Aufwendungen behauptet.
- **Nachtarbeitszuschläge:** s. Zulagen

12 ■ **Nebentätigkeit:** Es handelt sich um zusätzlich tatsächlich erzieltes Einkommen neben einer hauptberuflichen Arbeit oder neben sonstigen regulär erzielten Einkünften. Grundsätzlich sind zur Ermittlung des unterhaltsrechtlich relevanten Einkommens sowohl beim Unterhaltsverpflichteten als auch beim Unterhaltsberechtigten alle erzielten oder erzielbaren Einkünfte heranzuziehen.[62] Auch **überobligationsmäßig erzieltes Einkommen** aus einer Nebentätigkeit bleibt nicht schon deswegen vollständig unberücksichtigt, weil es überobligationsmäßig erzielt wird. Eine Berücksichtigung des unterhaltsrelevanten Anteils dieses Einkommens ist **nach Billigkeit** zu ermitteln und von den Umständen des Einzelfalls abhängig.[63] Zwar arbeitet die Rechtsprechung und Literatur mit Pauschalierungen (Anrechenbarkeit von 1/3, 1/2, 2/3). Der Bundesgerichtshof hat sich aber gegen eine schematische Beurteilung ausgesprochen. Der Tatrichter muss auf die konkreten Umstände des Einzelfalls abstellen.[64]
Allerdings ist in mehrfacher Hinsicht zu differenzieren: Ist die Nebentätigkeit eng mit dem Hauptberuf verbunden und fällt sie typischerweise bei dem Berufsbild an, so ist daraus erzieltes Einkommen voll zu berücksichtigen, wie zB bei Nebeneinkünften von Hochschullehrern aus einer Tätigkeit als Prüfer oder Gutachter;[65] Einnahmen eines Krankenhausarztes aus Gutachten, Arztberichten, Honorare aus Vorträgen oder Publikationen.[66] In den letztgenannten Fällen sind die Nebeneinkünfte quasi als ein Teil der hauptberuflichen Tätigkeit zu betrachten.[67] Insofern handelt es sich um keine Frage der Zumutbarkeit der Nebentätigkeit.[68]

  a) Ob eine Nebentätigkeit, die über eine „normale" Arbeitstätigkeit hinausgeht, vorliegt, richtet sich bei abhängiger Tätigkeit nach Tarifverträgen, Gesetz und eventuell auch nach dem Arbeitsvertrag selbst. Bei Einkünften aus selbstständiger Arbeit ist eine solche Bestimmung schwierig, da Selbstständige meist mehr arbeiten als abhängig Tätige nach Tarifvertrag. Die 40-Stunden-Woche, wie sie zurzeit häufig in Tarifverträgen als Obergrenze geregelt ist, kann bei Selbstständigen als Richtsatz dienen. Eine regelmäßige Arbeitszeit von 60 bis 80 Stunden pro Woche wird auf Dauer aus gesundheitlichen Gründen von niemandem verlangt werden können. Stammen danach Teile der Einkünfte aus einer Nebentätigkeit, so ist weiter danach abzugrenzen,
  b) ob diese Tätigkeit zumutbar ist, wobei als Maßstab der Rechtsgedanke des § 1577 Abs. 2 herangezogen werden kann.[69]

---

61 BGH FamRZ 1982, 887; Heiß/Born/Heiß Kap. 3 Rn. 367.
62 BGH FamRZ 2004, 186; 2007, 1158.
63 BGH 31.10.2012 – XII ZR 30/10, FamRZ 2013, 191; 12.1.2011 – XII ZR 83/08, FamRZ 2011, 454; BGH FamRZ 2005, 1154; 2006, 683.
64 BGH 31.10.2012 – XII ZR 30/10, FamRZ 2013, 191; FamRZ 2005, 967; 2005, 1154.
65 OLG Zweibrücken FamRZ 2001, 103.
66 BGH FamRZ 2007, 1232; OLG Köln FamRZ 1999, 113.
67 So wohl auch Niepmann/Schwamb Rn. 831.
68 So aber wohl Heiß/Born/Heiß Kap. 3 Rn. 375.
69 BGH FamRZ 1995, 475; vgl. auch BGH FamRZ 2005, 967; 2005, 1154; 2006, 683.

c) Als Ergebnis der Prüfung ist die Berücksichtigung dieser Einkünfte beim Unterhalt nach Billigkeit festzustellen.[70]

Grundsätzlich besteht unterhaltsrechtlich nur eine Verpflichtung zu einer vollschichtigen Erwerbstätigkeit, die im Einzelnen nach den Gesichtspunkten unter a) und b) zu bestimmen ist.[71] In der Tendenz sind Einkünfte aus Nebentätigkeit eher zurückhaltend zum Einkommen heranzuziehen, vor allem wenn der Unterhaltsverpflichtete bereits vollschichtig erwerbstätig und beim Unterhaltsberechtigten mehr als der Mindestbedarf gedeckt ist.[72]

Das Problem der Anrechnung von Einkünften aus Nebentätigkeit stellt sich häufig im Zusammenhang mit einer verschärften Haftung (§ 1603 Abs. 2 bei minderjährigen Kindern) und im Mangelfall. In diesen Fällen sind tatsächlich erzielte Einkünfte aus einer Nebentätigkeit heranzuziehen. Kommt der Unterhaltsverpflichtete der Obliegenheit zu einer Nebentätigkeit nicht nach, so sind ihm solche Einkünfte zuzurechnen, die er bei gutem Willen durch eine zumutbare Erwerbstätigkeit erreichen könnte, wenn eine reale Beschäftigungschance besteht.[73] Aber auch in diesen Fällen darf die Grenze der Zumutbarkeit, das ist die persönliche Belastungsgrenze des Unterhaltspflichtigen, nicht überschritten werden.[74] Dabei spielen die besonderen Arbeits- und Lebensumstände eine Rolle, etwa der zeitliche Umfang des Umgangs mit Kindern. Dem Unterhaltsverpflichteten muss es möglich sein, den Umgang mit den Kindern in zeitlich angemessenem Rahmen trotz der Erwerbstätigkeit zu pflegen.[75] Ob ein Umzug wegen der Verpflichtung zur bundesweiten Arbeitssuche zumutbar erscheint, ist im Hinblick auf das Umgangsrecht und den bestehenden Bindungen zu den Kindern besonders zu prüfen.[76] Maßgeblich sind ua die Grenzen der zeitlichen Belastung der Arbeitskraft, wie sie sich im Arbeitszeitgesetz niederschlagen (§§ 3 und 6 ArbZG). Grundsätzlich darf die werktägliche Arbeitszeit eines Arbeitnehmers acht Stunden nicht überschreiten, wobei die Arbeitszeiten bei verschiedenen Arbeitgebern nach § 2 ArbZG zusammenzurechnen sind.[77] Soweit Ausnahmen in Betracht kommen, ist ein Freizeitausgleich zu gewähren. Nach dieser Rechtsprechung wird eine Obliegenheit, Einkünfte aus einer Nebentätigkeit zu erzielen, nur noch in engen Grenzen in Betracht kommen. Viele Entscheidungen tragen diesen Anforderungen, auch bei einer verschärften Haftung, nicht Rechnung. Zu einer Gefährdung des Hauptarbeitsverhältnisses darf es nicht kommen.[78]

---

70   BGH FamRZ 1980, 984; 2005, 1154; 2006, 683.
71   BVerfG FamRZ 2003, 661; 2007, 273.
72   OLG Hamm FamRZ 1999, 43; OLG München FamRZ 1996, 196; OLG Bremen FamRZ 2010, 574; BGH FamRZ 2008, 872; 2009, 314.
73   BGH 9.11.2016 – XII ZB 227/15, FamRZ 2017, 109 (Geringverdiener-Tätigkeit bei Rente wegen voller Erwerbsminderung); 24.9.2014 – XII ZB 111/13, FamRZ 2014, 1992; 22.1.2014 – XII ZB 185/12, FamRZ 2014, 637; 19.6.2013 – XII ZB 39/11, FamRZ 2013, 1378; 4.5.2011 – XII ZR 70/09, FamRZ 2011, 1041.
74   BVerfG FamRZ 2003, 661; 2006, 469; 2010, 183; OLG Schleswig NJW-RR 2011, 7.
75   OLG Hamm 17.1.2013 – II-2 UF 53/12, juris Rn. 51.
76   BVerfG FamRZ 2003, 661; 2007, 273; 2008, 845; BGH FamRZ 2008, 1334.
77   BGH 4.5.2011 – XII ZR 70/09, FamRZ 2011, 1041; 3.12.2008 – XII ZR 182/06, FamRZ 2009, 314; FamRZ 2008, 872.
78   Christel, Minijobs – gesteigerte Zurechnung fiktiver Nebeneinkünfte nach § 1603 II BGB?, FamRZ 2003, 1235.

13   Den **Hausmann** bzw. die **Hausfrau** trifft eine Obliegenheit zur Nebentätigkeit, soweit die Rollenverteilung unterhaltsrechtlich zu billigen ist, um für den Unterhalt seiner minderjährigen Kinder aus anderen Verbindungen aufzukommen.[79] Einkünfte aus einer solchen Nebentätigkeit sind im Regelfall für den Unterhalt der minderjährigen Kinder einzusetzen.

14   **Rentner,** die nach Vollendung des 65./67. Lebensjahres einer Tätigkeit (auch neben ihrer Rente, soweit anrechnungsfrei, möglich) nachgehen, arbeiten überobligationsmäßig. Es handelt sich aber nach der Rechtsprechung des Bundesgerichtshofs dennoch um Einkünfte, die nicht von vornherein, weil sie überobligationsmäßig sind, außer Betracht bleiben können.[80] Allerdings besteht keine Verpflichtung von Rentnern zur Arbeit über das 65./67. Lebensjahr hinaus. Sie können, falls sie eine solche Tätigkeit nach dem 65./67. Lebensjahr ausüben, diese Erwerbstätigkeit jederzeit reduzieren oder vollständig aufgeben.[81] Auch von Selbstständigen kann bei einer sozialtypischen Betrachtungsweise nicht grundsätzlich davon ausgegangen werden, dass sie ihre Arbeitstätigkeit über das 65./67. Lebensjahr hinaus ausüben müssen.[82]

Einkünfte, das gilt auch für Einkünfte aus einer **Nebentätigkeit,** werden, soweit sie nur teilweise als Einkommen zu berücksichtigen sind, mit dem gleichen gekürzten Betrag in den Bedarf (zB nach § 1578) und bei der Bedürftigkeit (zB nach § 1577 Abs. 2) eingestellt.[83]

Ob Einkünfte aus einer Nebentätigkeit oder überobligatorischen Tätigkeit – und wenn ja, in welcher Höhe – als unterhaltsrechtliches Einkommen zu werten ist, richtet sich nach dem Einzelfall und einer umfassenden Würdigung der Einzelfallumstände.[84]

Sind Einkünfte aus einer Nebentätigkeit als unterhaltsrelevantes Einkommen zu berücksichtigen, so erfolgt die Einbeziehung nach Billigkeitsgesichtspunkten, die auf den konkreten Fall abstellen.[85]

▪   **Ortszuschlag bei Beamten:** Es handelt sich um den **Familienzuschlag** nach §§ 39, 40 BBesG. Er ist Einkommensbestandteil, nicht nur, soweit es um Kindesunterhalt geht, sondern auch im Falle von Ehegattenunterhalt (→ Rn. 11 Stichwort Besoldung).[86] Wird der Familienzuschlag wegen der bestehenden neuen Ehe und der fortdauernden Unterhaltspflicht aus der früheren Ehe gezahlt (§ 40 Abs. 1 Nr. 1 und Nr. 3 BBesG), ist er in vollem Umfang für

---

79 BGH FamRZ 2006, 1010; 2006, 1827.
80 BGH 12.1.2011 – XII ZR 83/08, FamRZ 2011, 454; FamRZ 2006, 683; 2006, 765; aA OLG Düsseldorf FamRZ 2007, 1817.
81 BGH 12.1.2011 – XII ZR 83/08, FamRZ 2011, 454; FamRZ 2006, 683; 2006, 765; OLG Düsseldorf FamRZ 2007, 1817.
82 BGH 12.1.2011 – XII ZR 83/08, FamRZ 2011, 454; OLG Koblenz 18.6.2014 – 9 UF 34/14, FamRZ 2014, 2005 (Ls.; selbstständiger Bauingenieur im 78. Lebensjahr); OLG Hamm 17.10.2013 – II-4 UF 161/11, FamRZ 2014, 777 (779); selbstständiger Steuerberater im 68. Lebensjahr); OLG Brandenburg 18.12.2012 – 10 UF 124/07, juris Rn. 49 (selbstständiger Apotheker vom 65. bis 72. Lebensjahr); OLG Karlsruhe 24.2.2011 – 2 UF 45/09, FamRZ 2011, 1303 (selbstständiger Arzt im 68. Lebensjahr).
83 BGH FamRZ 2005, 967; 2005, 1154.
84 BGH 31.10.2012 – XII ZR 30/10, FamRZ 2013, 191; 12.1.2011 – XII ZR 83/08, FamRZ 2011, 454.
85 BGH 31.10.2012 – XII ZR 30/10, FamRZ 2013, 191; 12.1.2011 – XII ZR 83/08, FamRZ 2011, 454; BGH FamRZ 2005, 967; 2005, 1154; 2006, 765.
86 BGH FamRZ 1989, 172; 1990, 981; 2007, 793; 2008, 1911; OLG Köln FamRZ 1983, 750; OLG Celle FamRZ 2005, 716; 2006, 1126.

den Unterhalt beider Ehegatten bei Gleichrang einzusetzen.[87] Der Familienzuschlag nach § 40 Abs. 2 BBesG, der dem Beamten wegen eines mit ihm in häuslicher Gemeinschaft lebenden Kindes der zweiten Ehefrau gezahlt wird, bleibt der neuen Ehe vorbehalten[88] (→ Rn. 11 Stichwort Besoldung).

- **Provisionen**[89]
- **Reisekosten**, soweit sie nicht tatsächliche Aufwendungen abdecken, was der Empfänger darzulegen und zu beweisen hat.[90]
- **Personalrabatt:** Soweit er in Anspruch genommen wird, wirkt er sich einkommenserhöhend aus.[91]
- **Sachbezüge:** → Rn. 21
- **Schwarzarbeit:** Nachdem grundsätzlich alle Einkünfte für den Unterhalt heranzuziehen sind,[92] zählt das Einkommen aus Schwarzarbeit zu den verfügbaren Mitteln im Rahmen des Unterhalts. Dies wird überwiegend damit begründet, dass der durch Schwarzarbeit verursachte Schaden noch weiter vergrößert würde, wenn das daraus erzielte Einkommen nicht zu Unterhaltszahlungen herangezogen werden könnte. Der Bundesgerichtshof[93] gibt dem Schwarzarbeiter zudem einen einklagbaren zivilrechtlichen Anspruch in Höhe des Wertes seiner geleisteten Arbeit.[94] Allerdings kann zur Schwarzarbeit unterhaltsrechtlich keine Obliegenheit bestehen, da der Schwarzarbeiter illegal handelt. Er kann diese Tätigkeit jederzeit folgenlos im Hinblick auf die Arbeitsverpflichtung im Unterhalt einstellen.[95] Im familiengerichtlichen Verfahren wird ein Nachweis für Einkommen aus Schwarzarbeit nur selten gelingen.
- **Sittenwidrigkeit:** Erzielte Einkünfte, etwa aus Dirnenlohn, Prostitution, Zuhälterei, stellen, solange sie tatsächlich erzielt werden, unterhaltsrechtlich Einkommen dar, da grundsätzlich alle tatsächlich vorhandenen Mittel als Einkommen einzusetzen sind. Die Tätigkeit kann jederzeit ohne Folgen für das unterhaltsrelevante Einkommen eingestellt werden, da eine Obliegenheit zur Ausübung einer sittenwidrigen Tätigkeit im Unterhalt nicht besteht.[96]
- **Steuererstattungen:** → Rn. 44, → Rn. 128
- **Straftaten:** Einkünfte aus Mitteln aus schweren Straftaten, vor allem bei Eigentumsdelikten wie Raub, Diebstahl, Unterschlagung, Hehlerei, Untreue, Erpressung, Betrug, können nicht als unterhaltsrelevantes Einkommen dienen, da sonst der Schutzzweck dieser Normen unterlaufen würde.[97]

---

87 BGH FamRZ 2008, 1911.
88 BGH FamRZ 2007, 793.
89 BGH FamRZ 1970, 636; 1982, 250.
90 OLG Brandenburg 16.10.2012 – 10 UF 10/12, FamRZ 2013, 1137 (1138 f.); OLG Köln FamRZ 2003, 602; OLG Brandenburg FamRZ 2004, 396; OLG Brandenburg ZFE 2007, 234; OLG Brandenburg FamRZ 2007, 1020; OLG Koblenz FamRZ 2005, 1006; BFH NJW 2007, 2720.
91 OLG Hamm FamRZ 1999, 166; OLG Köln FamRZ 2003, 602; OLG Oldenburg FamRZ 2006, 1842.
92 BGH FamRZ 2007, 1158.
93 BGH NJW 1990, 2542.
94 OLG Nürnberg FuR 1997, 292; aA AG Fichtach FamRZ 1990, 1139.
95 OLG Brandenburg 26.7.2012 – 9 UF 292/11, FamRZ 2013, 631 (632); OLG Hamm NJW-RR 2005, 515; zum Ganzen: Niepmann/Schwamb Rn. 673.
96 OLG Köln 6.5.2013 – II-12 WF 31/13, FamRZ 2013, 1745; Heiß/Born/Heiß Kap. 3 Rn. 121.
97 Niepmann/Schwamb Rn. 673; Heiß/Born/Heiß Kap. 3 Rn. 616.

- **Sitzungsgelder:** Beim Tätigwerden im öffentlichen Interesse, zB bei kommunalen Bezirksvertretungen oder im Gemeinderat etc.[98]
- **Schöffenentschädigung** ist grundsätzlich Einkommen,[99] soweit nicht die meist pauschale Entschädigung durch tatsächlichen Aufwand (auswärtiges Essen) aufgezehrt wird.
- **Schlechtwettergeld** (Winterausfallgeld) hat Lohnersatzfunktion.[100]
- **Streikgelder** haben Lohnersatzfunktion und sind mithin unterhaltsrechtlich als Einkommen zu berücksichtigen.[101]
- **Strafgefangene:** Es ist zu differenzieren. **Hausgeld** steht nicht für Unterhaltszwecke zur Verfügung.[102] Diese Mittel dienen dazu, den Mindestbedarf und -aufwand für Nahrungs-, Genuss- und Körpermittel abzudecken.[103] Ebenso für den Unterhalt nicht verfügbar ist das zum Bestreiten des notwendigen Lebensunterhalts in den ersten Wochen nach der Entlassung dienende **Überbrückungsgeld**.[104] Demgegenüber handelt es sich bei dem **Eigengeld** um für den Unterhalt einzusetzendes Einkommen.[105]
- **Spesen** dienen als Ersatz für Aufwendungen im Zusammenhang mit Geschäfts- oder Dienstreisen, etwa für Fahrtkosten, zusätzliche Verpflegung, Übernachtungskosten, Wochenendheimfahrten oder sonstige Nebenkosten. Sie sind unterhaltsrechtlich Einkommen.[106] Tatsächliche Ausgaben für die Tätigkeit im Außendienst sind als Mehraufwand abzuziehen.[107] Der tatsächliche Mehraufwand ist um die häusliche Ersparnis an privaten Lebenshaltungskosten zu verringern. Eine Ersparnis ergibt sich häufig bei auswärtiger Verköstigung, die auch zu Hause zu den Lebenshaltungskosten zählt. Spesen erhöhen, soweit ein entsprechender tatsächlicher Aufwand nicht gegenübersteht, das unterhaltsrechtliche Einkommen. Deshalb besteht häufig Streit zwischen den Parteien. Eine nicht unerhebliche Erhöhung des Einkommens stellen meist nur Spesen dar, die für Auslandsaufenthalte (Montage) bezahlt werden, da sie in diesen Fällen großzügig bemessen sind. Ähnliches gilt für Spesen, soweit bekannt ist, dass sie von vornherein (beispielsweise bei großen Konzernen) den tatsächlichen Aufwand erheblich übersteigen. Eine gerechte Lösung stellt eine konkrete Berechnung dar, die den Abzug von tatsächlichen Aufwendungen, gekürzt um die häusliche Ersparnis von Lebenshaltungskosten, berücksichtigt. Der Aufwand ist hoch und häufig (von den obigen Ausnahmen abgesehen) nicht lohnenswert. Die Leitlinien der Oberlandesgerichte behandeln Spesen und Reisekosten sowie Auslösungen in der Regel als Einkommen und sehen die Möglichkeit einer pauschalen Anrechnung in Höhe von 1/3 beim unterhaltsrechtlichen Einkommen vor (Nr. 1.4

---

98 BGH FamRZ 1986, 780; 1994, 21.
99 BGH FamRZ 1983, 670.
100 OLG Zweibrücken FamRZ 2000, 112.
101 Niepmann/Schwamb Rn. 878.
102 BGH 1.7.2015 – XII ZB 240/14, FamRZ 2015, 1473 (1474) Rn. 14; FamRZ 2002, 813; OLG Naumburg 27.8.2009 – 4 UF 24/08, FamRZ 2010, 572 (574).
103 BGH FamRZ 1982, 792; 1982, 913.
104 BGH 1.7.2015 – XII ZB 240/14, FamRZ 2015, 1473 (1474) Rn. 16; FamRZ 1982, 792; OLG Hamm 26.10.2010 – II-2 UF 55/10, FamRZ 2011, 732; OLG Naumburg 27.8.2009 – 4 UF 24/08, FamRZ 2010, 572 (574); OLG München 16.6.2009 – 4 UF 350/08, FamRZ 2010, 127 (128).
105 BGH 1.7.2015 – XII ZB 240/14, FamRZ 2015, 1473 (1474) Rn. 17 f.
106 BGH FamRZ 1980, 984; 1994, 21.
107 BGH FamRZ 1983, 670.

der einheitlichen Leitlinienstruktur; vgl. SüdL Nr. 1.4). Wer sich darauf beruft, Spesen seien nicht anzurechnen, muss darlegen und ggf. beweisen, dass ein entsprechender tatsächlicher Mehraufwand vorliegt.[108] Steuerfreie Spesen von vornherein nicht zum unterhaltsrechtlichen Einkommen zu zählen, wird den tatsächlichen Gegebenheiten nicht gerecht.

- **Tantiemen** zählen zum normalen Arbeitseinkommen.
- **Taschengeld** kann der Nichterwerbstätige oder zuverdienende Ehegatte von seinem erwerbstätigen Partner verlangen. Der Anspruch wird aus der Familienunterhaltspflicht nach §§ 1360, 1360 a hergeleitet. Taschengeld ist unterhaltsrechtlich Einkommen.[109] Allerdings besteht ein Anspruch auf Taschengeld nur, wenn der notwendige oder der angemessene (je nach Unterhaltstatbestand) Selbstbehalt des Pflichtigen gewahrt ist. Diese Rechtsprechung gilt auch für Unterhaltsansprüche der Eltern gegenüber den Kindern.[110] Die Höhe des Taschengeldes beträgt im Regelfall 5 % des Nettoeinkommens des Zahlungspflichtigen.[111] Der Anspruch ist ein auf Geld gerichteter Zahlungsanspruch und hängt nicht von dem Willen der Ehegatten ab. Er ist pfändbar.[112]
- **Trinkgelder**[113]
- **Überstundenvergütungen**, soweit sie tatsächlich geleistet werden, sind jedenfalls dann in voller Höhe dem unterhaltspflichtigen Einkommen zuzurechnen, wenn sie in geringem Umfang anfallen oder die abgeleisteten Überstunden das im Beruf des Unterhaltsschuldners übliche Maß nicht überschreiten.[114] Gleiches gilt für Mangelfälle.[115] Zur Frage, was als Überstunden in geringem Umfang anzusehen ist, und wo die Grenze für die Geringfügigkeit der Überstunden liegt, gibt es eine umfangreiche Kasuistik. Bis zu 10 % der Regelarbeitszeit sind danach noch Überstunden in geringem Umfang,[116] ebenso bei sieben Überstunden monatlich[117] sowie bei einer Stunde Arbeit täglich.[118] Anders wird die Lage beurteilt hinsichtlich bestimmter Berufsgruppen, bei denen Überstunden typisch und daher voll dem Einkommen zuzurechnen sind,[119] so etwa bei einem Cheffahrer,[120] einem Berufskraftfahrer,[121] einem Kranführer,[122] einem Schachtmeister[123] oder bei einem im

15

108 BGH 9.7.2014 – XII ZB 661/12, FamRZ 2014, 1536 (1538) Rn. 26–31; FamRZ 1990, 266; OLG Brandenburg 16.10.2012 – 10 UF 10/12, FamRZ 2013, 1137 (1138 f.); OLG Köln FamRZ 2003, 603; Heiß/Born/Heiß Kap. 3 Rn. 589.
109 BGH FamRZ 1998, 608; 2006, 1827.
110 BGH 15.10.2003 – XII ZR 122/00, FamRZ 2004, 366.
111 BGH 1.10.2014 – XII ZR 133/13, FamRZ 2014, 1990. In vorangegangenen Entscheidungen Bewertungsspielraum von 5 bis 7 %, vgl. BGH 23.7.2014 – XII ZB 489/13, FamRZ 2014, 1540; 12.12.2012 – XII ZR 43/11, FamRZ 2013, 363; 5.10.2006 – XII ZR 197/02, FamRZ 2006, 1827; 15.10.2003 – XII ZR 122/00, FamRZ 2004, 366.
112 Niepmann/Schwamb Rn. 816.
113 BGH FamRZ 1991, 182; 1998, 1501.
114 BGH FamRZ 1980, 984; 1995, 473; 2004, 186; OLG Brandenburg FamRZ 2007, 71.
115 OLGReport Hamm 2006, 361.
116 Niepmann/Schwamb Rn. 825; Wendl/Dose/Dose § 1 Rn. 86; BGH FamRZ 2004, 186 (187); OLG Köln FamRZ 1984, 1108.
117 BGH FamRZ 1980, 984.
118 OLG Düsseldorf FamRZ 1984, 1092.
119 BGH FamRZ 1980, 984.
120 BGH FamRZ 1983, 886; OLG Köln FamRZ 1984, 1108.
121 OLG Köln FamRZ 1984, 1108; OLG Hamm FamRZ 2000, 605.
122 BGH FamRZ 1981, 26.
123 BGH FamRZ 1982, 779.

Bergbau Beschäftigten,[124] bei einem Assistenzarzt während des Bereitschaftsdienstes im Krankenhaus[125] im Rahmen von 50 bis 88 Stunden; wobei allerdings – erst recht – eine volle Anrechnung seitens des Gerichts bedenklich ist.

Geringfügige Überstunden liegen nicht mehr vor, wenn sie 10 % des Einkommens ausmachen.[126]

Überschreiten die Überstunden das übliche Maß, so ist die Berücksichtigung des Arbeitsentgelts aus diesen Überstunden nach den Grundsätzen der Anrechenbarkeit von Einkünften aus einer nicht zumutbaren (überobligatorischen) Erwerbstätigkeit zu beurteilen. Es erfolgt eine zweistufige Prüfung. In der ersten Stufe ist zu prüfen, ob die Ableistung von Überstunden zumutbar ist. In der zweiten Stufe entscheidet sich, ob das Einkommen aus unzumutbarer Tätigkeit, also der Überstunden, ganz oder teilweise zum unterhaltsrelevanten Einkommen heranzuziehen ist. Die Berücksichtigung von Überstunden beurteilt sich nach den Umständen des Einzelfalls nach Treu und Glauben (vgl. die Grundsätze bei der Nebentätigkeit, → Rn. 12), wenn die Überstunden das zumutbare Maß übersteigen. Hierbei sind abzuwägen die Verhältnisse und Interessen des Verpflichteten und Berechtigten, die ehelichen Lebensverhältnisse,[127] die Höhe der Unterhaltsansprüche, eine gesteigerte Unterhaltspflicht (etwa bei Minderjährigen, § 1603 Abs. 2), die teilweise Leistungsunfähigkeit, wenn der Mindestunterhalt aus einem Normalverdienst nicht (teilweise oder vollständig) bezahlt werden kann,[128] die subjektive Leistungsfähigkeit des Unterhaltsschuldners nach Alter, Krankheit, Schwere der Arbeit[129] sowie Schuldentilgung, Erhöhung des eigenen Lebensstandards oder desjenigen der betreuenden Kinder, also nach Motiv und Zweck der Überstunden.[130]

Steht danach fest, dass es sich um erheblich über das Normale hinaus geleistete Überstunden handelt (überobligationsmäßige und unzumutbare Überstunden), findet, von Ausnahmen abgesehen, **nur eine teilweise Anrechnung** dieses Einkommens statt. Auch hier gibt es keine festen Regeln. Es hat wiederum nach den Umständen des Einzelfalls eine Billigkeitsprüfung zu erfolgen.[131] In der Rechtsprechung sind Quoten von 1/3 bis 1/2 angewendet worden.[132]

Die Grenze, ab der Überstunden (Mehrarbeit) nicht mehr zumutbar sind, ist dort zu ziehen, wo die zeitlichen und physischen Belastungen durch die überobligatorischen Überstunden (Mehrarbeit) auf Dauer zu einer Gesundheitsgefährdung und -schädigung führen können, und wenn ein Verstoß gegen gesetzliche Bestimmungen (Arbeitszeitgesetz) vorliegt.[133] Hiervon streng zu unterscheiden ist die Frage, ob und in welchem Umfang eine Obliegenheit besteht, Überstunden (Mehrarbeit) zu leisten, so etwa wegen einer verschärf-

---

124 BGH FamRZ 1982, 779; OLG Düsseldorf FamRZ 1981, 772.
125 OLG Hamburg FamRZ 1986, 1212.
126 OLG Düsseldorf DAVorm 1982, 285.
127 OLG Hamm 23.12.2013 – II-8 UF 117/13, FamRZ 2014, 1027 (1028).
128 OLG Hamm FamRZ 2000, 565.
129 OLG Schleswig SchlHA 1980, 44.
130 BGH FamRZ 1983, 146; OLG Köln NJW-RR 2003, 938.
131 BGH 31.10.2012 – XII ZR 30/10, FamRZ 2013, 191 (192) Rn. 16.
132 OLG München FamRZ 1982, 801.
133 OLG Bamberg FamRZ 2005, 1114; BGH FamRZ 2008, 872.

ten Haftung nach § 1603 Abs. 2, und ob dem so Verpflichteten ein fiktives Einkommen zuzurechnen ist (→ Rn. 12 Stichwort Nebentätigkeit).[134]

■ **Urlaubsgeld** gehört voll zum unterhaltsrelevanten Einkommen.[135]

■ **Urlaubsabgeltung:** Es handelt sich um Arbeitsentgelt, das der Arbeitgeber für nicht genommenen Urlaub, auf den also der Arbeitnehmer verzichtet hat, für die Arbeit während dieser Zeit bezahlt. Es stellt Einkommen aus unzumutbarer Tätigkeit dar.[136] Eine Anrechnung erfolgt nach Billigkeit.[137] Es findet keine Berücksichtigung beim Ehegattenunterhalt statt.

■ **Vermögenswirksame Leistungen:** Sie zählen zum Einkommen und vermindern daher das unterhaltsrelevante Einkommen nicht. Abzuziehen sind allerdings Sparzulagen, die vom Arbeitgeber freiwillig oder im Rahmen tariflicher Zusagen erbracht werden.[138] Die Sparzulagen des Arbeitgebers werden dem Arbeitnehmer zweckgebunden nur für eine Vermögensanlage zur Verfügung gestellt. Deshalb sind sie kein unterhaltsrelevantes Einkommen und von den vermögenswirksamen Leistungen abzuziehen.[139] Gleiches gilt für die staatliche Sparzulage.[140] Ob vermögenswirksame Leistungen beim Ehegattenunterhalt prägend sind, ist gesondert zu prüfen: Standen die vermögenswirksamen Leistungen während der Ehezeit dem Konsum nicht zur Verfügung, so sind sie unterhaltsrechtlich nicht zu berücksichtigen.[141]

■ **Weihnachtsgeld,**[142] **13. und 14. Monatsgehalt,**[143] jeweils umgelegt auf den Monat.

■ **Verpflegungsgeld, Essensgeld, Essenszuschuss,** soweit sie nicht unter Sachzuwendungen fallen und in Geld gezahlt werden, zählen ebenfalls zum unterhaltsrelevanten Einkommen.[144] Zum Einkommen zählt die Eigenersparnis, die durch den Zuschuss eintritt. Zu den Sachbezügen → Rn. 21.

■ **Zulagen** aller Art zählen grundsätzlich zum Einkommen. Sie sind um entsprechende Mehraufwendungen zu vermindern. Hierzu zählen Monatszulagen,[145] die Auslandszulage (vgl. oben), Erschwernis- und Schmutzzulagen sowie Schicht-, Sonntags-, Feiertags- und Nachtarbeitszuschläge.[146] Solche Zulagen sind voll anzurechnen, soweit sie berufstypisch sind und im geringen Umfang anfallen. Übersteigen sie allerdings das übliche Maß, ist besonders zu prüfen, ob sie in vollem Umfang Berücksichtigung finden können.

---

134 BGH FamRZ 2008, 872.
135 BGH FamRZ 2004, 254; OLG Koblenz FuR 2007, 44.
136 BGH FamRZ 1993, 182; OLG Köln FamRZ 1984, 1108.
137 BGH NJW-RR 1992, 1282; OLG Hamm OLGReport 2006, 361; OLG Hamm NJW 2005, 161.
138 BGH FamRZ 2005, 1154.
139 BGH FamRZ 2005, 1154.
140 BGH FamRZ 1980, 984; OLG Hamburg FamRZ 1997, 574; OLG Koblenz FuR 2007, 44.
141 BGH FamRZ 2005, 1154.
142 BGH FamRZ 1980, 555; 1982, 250; 1991, 416.
143 BGH FamRZ 1991, 416.
144 Vgl. Niepmann/Schwamb Rn. 807.
145 BGH FamRZ 1982, 887.
146 BGH 13.3.2013 – XII ZB 650/11, FamRZ 2013, 935 Rn. 27; OLG Naumburg DAVorm 1992, 1121; OLG Nürnberg FuR 2006, 139; OLG Karlsruhe OLGReport 2005, 195, das einen Teil des Einkommens aus Nachtarbeit unberücksichtigt lässt; OLG Nürnberg EzFamR aktuell 2000, 292; OLG Karlsruhe OLGReport 2000, 175; OLG Hamm 29.6.2009 – II-6 UF 225/08, FamRZ 2009, 2009 = FuR 2009, 702.

Insofern wird auf die Grundsätze verwiesen, wie sie für eine Nebentätigkeit (überobligatorische Einkünfte aus Nebentätigkeit) gelten (oben).

III. Unregelmäßige oder einmalige Barbezüge

16 **1. Unregelmäßige Einkünfte.** Zum unterhaltsrelevanten Einkommen zählen nicht nur regelmäßige, sondern auch unregelmäßige oder einmalig erzielte Einkünfte.

Den wichtigsten Fall der unregelmäßigen Einkünfte stellen **Abfindungen** dar. Sie haben Lohnersatzfunktion (→ Rn. 17).[147] Abfindungen bleiben bei der Bemessung des Bedarfs außer Betracht, wenn sie auf einer unerwarteten, vom Normalverlauf abweichenden Entwicklung beruhen, ebenso die daraus erzielten Erträge. Auch die Tilgung von unterhaltsmindernden Verbindlichkeiten aus der Abfindung kann dem Unterhaltsberechtigten nicht zu Gute kommen.[148] Dies gilt vor allem bei Abfindungen, die zusätzlich zum bisher in unveränderter Höhe bezogenen Einkommen gezahlt werden. Abfindungen können aus verschiedenen Gründen gezahlt werden, so bei Verlust eines Arbeitsplatzes aufgrund eines Sozialplanes nach § 112 Abs. 1 BetrVG[149] oder anlässlich der Auflösung eines Arbeitsverhältnisses im Kündigungsschutzverfahren durch gerichtlichen Vergleich oder Richterspruch nach §§ 9, 10 KSchG oder bei einer einvernehmlichen Auflösung bzw. Entlassung aus einem Arbeits- oder Dienstverhältnis. Zum unterhaltspflichtigen Einkommen zählt nur der Nettobetrag,[150] Steuerbelastungen sind abzusetzen. Steuerrechtlich gelten Abfindungen unter bestimmten Voraussetzungen als außerordentliche Einkünfte nach § 34 Abs. 2 Nr. 2 EStG, die mit der sogenannten Fünftel-Regelung tarifbegünstigt sind (§ 34 Abs. 1 EStG).[151] Ein Erwerbstätigenbonus und pauschale berufsbedingte Aufwendungen sind nicht abzuziehen.[152]

17 **2. Einmalzahlungen mit Lohnersatzfunktion.** Zu den Einmalzahlungen mit Lohnersatzfunktion gehören weiter:

- **Austrittsvergütungen**, die ein Arbeitnehmer bei vorzeitiger Beendigung seines Arbeitsverhältnisses aus gesundheitlichen Gründen von der Versorgungskasse seines Arbeitgebers erhält.[153]
- Eine **Ausbildungsversicherung** eines Auszubildenden.[154] Der Betrag aus der Ausbildungsversicherung ist regelmäßig auf einen längeren Zeitraum zu verteilen. Maßgeblich ist der Zeitraum, den die Ausbildung umfasst.
- **Entlassungsgeld.** Es dient Zivildienstleistenden zur Überbrückung bis zur Wiederaufnahme einer Erwerbstätigkeit und gilt als Einkommen.[155]
- **Gratifikationen**[156]

---

147 BGH FamRZ 1987, 359; 1990, 172; 1990, 269; 2007, 983; 2010, 1311; OLG Dresden FamRZ 2000, 1433; OLG Saarbrücken FuR 2004, 260.
148 BGH FamRZ 2010, 1311.
149 BGH FamRZ 1982, 250.
150 BGH FamRZ 1987, 359; 1990, 269.
151 Schmidt/Wacker in: Schmidt, Einkommensteuergesetz, Kommentar, 35. Aufl. 2016, EStG § 34 Rn. 35, 56.
152 BGH FamRZ 2007, 983; 2009, 307.
153 OLG Köln FamRZ 1998, 619.
154 Eschenbruch/Schürmann/Menne/Henjes Kap. 4 Rn. 218.
155 OLG München FamRZ 1992, 595.
156 LG Mainz DAVorm 1974, 42.

- **Jubiläumszuwendungen**[157]
- **Übergangsgelder,** Übergangsbeihilfen, die ein Zeitsoldat beim Ausscheiden aus der Bundeswehr erhält.[158] Dagegen gehören Übergangsgebührnisse nicht zu den Einmalzahlungen.[159]
- Sonstige **Abfindungen,** die den oben genannten Abfindungen vergleichbar sind.

3. Verteilung der Abfindung. Der **Abfindungsbetrag,** zB beim Ausscheiden aus   18
dem Erwerbsleben, ist auf eine längere Zeit **zu verteilen.**[160] Eine feste Regel, wie der Abfindungsbetrag zeitlich zu verteilen ist, gibt es nicht.[161] Maßgeblich können die Höhe der Abfindung, die Dauer der voraussichtlichen Arbeitslosigkeit, die Sicherstellung des angemessenen Bedarfs des Berechtigten und des Verpflichteten sein. Um die bisherigen wirtschaftlichen Verhältnisse aufrecht zu erhalten, ist die Abfindung meist für mehrere Jahre als Ersatz für das fortgefallene Arbeitseinkommen einzusetzen. Maßstab für die Verteilung ist das bisherige Einkommen unter Berücksichtigung des Arbeitslosengeldes oder anderer Einkünfte.

Die Abfindung ist nicht unabhängig von ihrer Höhe notwendigerweise zur kompletten Aufstockung zu verwenden und es muss nicht stets das frühere Einkommens- und Unterhaltsniveau erreicht werden. Vielmehr kann je nach den Umständen des Falles, insbesondere bei dauerhafter Arbeitslosigkeit oder aber bei nicht bestehenden Aussichten auf eine künftige Steigerung des Einkommens, auch eine nur teilweise Aufstockung angemessen sein, um die Abfindung auf einen längeren Zeitraum zu verteilen. Auf welchen Zeitraum die Abfindung im Einzelfall umzulegen ist, unterliegt der tatrichterlichen Angemessenheitsprüfung.[162] Diese vornehmlich für den Ehegattenunterhalt aufgestellten Grundsätze gelten entsprechend auch für die Bemessung des Unterhaltsbedarfs von Kindern nach der Düsseldorfer Tabelle.[163]

Nach Beendigung des Verteilungszeitraums erfolgt eine Anpassung des Unterhalts an die dann bestehenden (veränderten) Verhältnisse.[164] Dabei ist die Abfindungssumme selbst, nicht etwaige Zinseinkünfte (auch fiktiv), bei sparsamer Wirtschaftsführung zur Deckung des Unterhaltsbedarfs aller Berechtigten und des Verpflichteten nach den prägenden ehelichen Lebensverhältnissen einzusetzen.

Abfindungen, die ein Arbeitnehmer nach dem Ende einer überobligatorischen Tätigkeit erhält, sind mit dem vollen Betrag (verteilt auf einen angemessenen Zeitraum) normales Einkommen. Die Abfindung selbst ist nicht als überobligatorisches Einkommen anzusehen, da die überobligatorische Arbeit beendet ist.[165] Eine Abfindung, die ein Arbeitnehmer mit Eintritt in den **Vorruhestand** erhält, ist nach Möglichkeit auf die Zeit bis zur regulären Verrentung aufzutei-

---

157 BGH FamRZ 1970, 636; OLG München FamRZ 1980, 150.
158 BGH FamRZ 1987, 930; OLG Dresden FamRZ 2003, 4; OLG Naumburg FamRZ 2003, 474; OLG Hamm FuR 2004, 268.
159 OLG Naumburg FamRZ 2003, 474.
160 BGH FamRZ 1982, 250; 1987, 359; 1987, 930; 2007, 983.
161 Die unterhaltsrechtlichen Leitlinien gehen unter 1.2 von einem angemessenen Zeitraum, in der Regel von mehreren Jahren aus.
162 BGH 18.4.2012 – XII ZR 65/10, FamRZ 2012, 1040 Rn. 41.
163 BGH 18.4.2012 – XII ZR 66/10, FamRZ 2012, 1048 Rn. 13.
164 BGH FamRZ 1987, 359.
165 OLG Köln FamRZ 2006, 342; OLG Koblenz FamRZ 2002, 325.

len.[166] Besteht eine gesteigerte Unterhaltspflicht gegenüber **minderjährigen Kindern**, sind die Mittel für den eigenen Bedarf des Unterhaltsschuldners sparsam einzusetzen. Auf diese Weise soll der notwendige Unterhalt des minderjährigen Kindes nach Möglichkeit bis zur Volljährigkeit gesichert werden.[167] Gestalten sich die wirtschaftlichen Verhältnisse des Verpflichteten eng, so muss er die Abfindung nicht bis zum vollständigen Verbrauch für Unterhaltszwecke einsetzen, wenn dem Verpflichteten nur der „billige Selbstbehalt" verbleiben würde.[168]

19 **4. Verbrauch der Abfindung.** Ein Verbrauch für **Anschaffungen**, deren Finanzierung nicht aus dem laufenden Einkommen möglich ist,[169] ist ebenso unterhaltsrechtlich hinzunehmen, wie der Verbrauch der Abfindung zur **Schuldenrückführung**.[170] Dies gilt nicht, wenn der Verbrauch des Geldes sich als unterhaltsbezogenes leichtfertiges oder verantwortungsloses Verhalten darstellt.[171] In diesem Fall bleibt der verbrauchte Geldbetrag außer Betracht. Die volle Abfindung ist (teilweise dann fiktiv) unterhaltsrelevantes Einkommen. Soweit nicht beengte Verhältnisse oder ein Mangelfall vorliegen, ist der Abzug von Aufwendungen für die Altersversorgung (4 bis 5 %) – vor allem bei vorgerücktem Alter und mangelnder Aussicht auf eine neue Arbeitsstelle – zuzulassen.[172]

20 **5. Abfindung und neues Arbeitsverhältnis.** Einer Heranziehung der Abfindung bedarf es nicht, wenn der Unterhaltspflichtige im Anschluss an das beendete Arbeitsverhältnis sogleich eine neue Arbeitsstelle erlangt, die ihm ein der früheren Tätigkeit **vergleichbares Einkommen** einbringt. Für diesen Fall hat der BGH entschieden, dass eine nach Ehescheidung zusätzlich zu dem in unverändert Höhe bezogenen Einkommen erhaltene Abfindung bei der Bemessung des Unterhaltsbedarfs unberücksichtigt bleibt.[173] Das gilt auch, wenn die Abfindung zur Tilgung von unterhaltsmindernd berücksichtigten Verbindlichkeiten verwendet worden ist.[174]

Kann der Unterhaltspflichtige sein **früheres Einkommen nicht mehr erzielen**, so ist die Abfindung grundsätzlich zur Aufstockung des verringerten Einkommens einzusetzen. Das gilt zum einen, wenn der Unterhaltspflichtige nur noch **Lohnersatzleistungen** wie Arbeitslosengeld bezieht, die erheblich hinter dem bisherigen Einkommen zurückbleiben. Dementsprechend hat der BGH entschieden, dass die Abfindung als Ersatz des fortgefallenen Arbeitseinkommens in solchen Fällen dazu diene, die bisherigen wirtschaftlichen Verhältnisse bis zum Eintritt in das Rentenalter aufrechterhalten zu können.[175] Für den Fall, dass der Unter-

---

166 OLG Frankfurt/M. FamRZ 2000, 611; OLG Karlsruhe FamRZ 2001, 1615; OLG Hamm NJW-RR 2009, 508; vgl. BGH FamRZ 2007, 983.
167 BGH FamRZ 1987, 930; OLG Schleswig 13.4.2012 – 10 UF 324/11, FamRZ 2012, 1575 (Ls.); OLG Brandenburg FamRZ 1995, 1220; OLG Hamm FamRZ 1997, 1169.
168 BGH FamRZ 1990, 269.
169 OLG Koblenz FamRZ 1991, 573.
170 OLG Celle FamRZ 1992, 590.
171 Vgl. BGH FamRZ 2006, 683; OLG Celle FamRZ 1992, 590; OLG München FamRZ 1998, 559; OLG Karlsruhe FamRZ 2001, 1615.
172 Vgl. BGH FamRZ 2004, 792; 2005, 1817; 2006, 1511; 2007, 793.
173 BGH 18.4.2012 – XII ZR 65/10, FamRZ 2012, 1040 Rn. 38; 18.4.2012 – XII ZR 66/10, FamRZ 2012, 1048 Rn. 10; 2.6.2010 – XII ZR 138/08, FamRZ 2010, 1311 Rn. 28 f.
174 BGH 2.6.2010 – XII ZR 138/08, FamRZ 2010, 1311.
175 BGH 18.4.2012 – XII ZR 65/10, FamRZ 2012, 1040 Rn. 39; 28.3.2007 – XII ZR 163/04, FamRZ 2007, 983; OLG Hamm 20.11.2013 – II-2 WF 190/13, FamRZ 2014, 1034 (Ls.) Rn. 34; OLG Brandenburg 19.4.2011 – 10 UF 89/10, juris Rn. 33.

haltspflichtige zwar ein **neues Arbeitsverhältnis** erlangt hat, das daraus bezogene Einkommen aber hinter dem früheren zurückbleibt, ist eine Abfindung grundsätzlich für den Unterhalt zu verwenden und für den Ehegattenunterhalt bereits bei der Bedarfsermittlung zu berücksichtigen.[176]

Neben den genannten Grundsätzen ist schließlich noch zu beachten, dass sich Unterhalt und Zugewinnausgleich, soweit unter dem Gesichtspunkt der Halbteilung Berührungspunkte bestehen, nicht widersprechen dürfen. Es gilt das **Verbot der Doppelberücksichtigung**.[177]

IV. Sachbezüge

1. Allgemeines und einzelne Bezüge. Zum unterhaltsrelevanten Einkommen   21 zählen auch Sachbezüge.[178] Sachbezüge sind meist durch Schätzung (§ 287 ZPO) – unter Abzug der tatsächlichen Aufwendungen – zu bewerten. Maßgeblich ist die Höhe der Eigenersparnis.[179] Für Leistungen wie freie Kost und Wohnung stellen die Bewertungsrichtlinien des Steuer- und Sozialversicherungsrechts einen brauchbaren Maßstab dar (§ 17 Abs. 1 Nr. 4 SGB IV iVm der dazu ergangenen Sozialversicherungsentgeltverordnung (SvEV).[180] Die Bewertung erfolgt ansonsten mit dem üblichen Mittelpreis des Verbrauchsortes.

Unter Sachbezüge fallen ua:

- Sachdeputate, insbesondere in der Land- und Forstwirtschaft,
- freies oder verbilligtes Wohnen in einer Firmen- bzw. Dienstwohnung,[181]
- freie oder verbilligte Energiekosten,
- freie oder verbilligte Kost,
- Gewährung von Zuschüssen (zB Telefonkosten),[182]
- Einkaufsrabatte für Warenhausbedienstete,[183]
- Jahreswagenvorteile,[184]
- verbilligte oder freie Fahrten,[185] Flüge.[186]

2. Private Nutzung eines Firmenfahrzeugs. Die wichtigste Sachzuwendung stellt   22 die Überlassung eines Firmenfahrzeugs durch den Arbeitgeber zur privaten Nutzung dar. Die **Bewertung** bereitet in der Praxis erhebliche Probleme. Die Recht-

---

176 BGH 18.4.2012 – XII ZR 65/10, FamRZ 2012, 1040 Rn. 40; OLG Brandenburg 16.9.2013 – 15 UF 96/13, FF 2014, 27 Rn. 19; OLG Hamm 2.3.2012 – II-13 UF 169/11, FamRZ 2012, 1734 (Ls.).

177 BGH 18.4.2012 – XII ZR 65/10, FamRZ 2012, 1040 Rn. 42; 21.4.2004 – XII ZR 185/01, FamRZ 2004, 1352; FamRZ 2003, 432; OLG Karlsruhe 24.10.2013 – 2 UF 213/12, FamRZ 2014, 942 (943): Abfindung teilweise unterhaltsrechtlich Einkommen und teilweise güterrechtlich auszugleichen; OLG München FamRZ 2005, 71; vgl. Gerhardt/Schulz, Verbot der Doppelverwertung von Schulden beim Unterhalt und Zugewinn, FamRZ 2005, 317; dies., Die Berücksichtigung einseitig vermögensbildender Schulden beim Ehegattenunterhalt, FamRZ 2005, 1523.

178 BGH FamRZ 1983, 352; 2003, 590.

179 BGH FamRZ 1983, 352.

180 OLG Hamm FPR 2009, 61.

181 BGH FamRZ 1983, 352.

182 OLG Karlsruhe FamRZ 1990, 533; OLG Hamm FamRZ 1993, 1450; 1995, 1422; BGH FamRZ 1995, 343.

183 OLG Hamm FamRZ 1999, 167.

184 AG Essen FamRZ 1990, 195; AG Stuttgart FamRZ 1990, 195.

185 BFH NJW 2007, 2720.

186 Vgl. OLG Koblenz FamRZ 2000, 610 (kein geldwerter Nutzungswert für Segelflugzeuge).

sprechung ist von einer starken Kasuistik geprägt. Der Wert der Nutzung ist nach § 287 Abs. 1 ZPO zu schätzen.[187]

Ein einfacher und praktikabler Ansatz ist die Übernahme des steuerlichen Werts (der steuerlichen Schätzung) als Anhaltspunkt in das Unterhaltsrecht. Die Leitlinien zum Unterhaltsrecht des OLG Braunschweig formulieren (Nr. 4): „Die für Firmenwagen steuerlich in Ansatz gebrachten Beträge (Ein-Prozent-Regelung) können einen Anhaltspunkt für die Bewertung des geldwerten Vorteils bieten.“[188] Steuerrechtlich ist der private Nutzungswert nach § 8 Abs. 2 EStG iVm § 6 Abs. 1 Nr. 4 S. 2 und 3 EStG entweder pauschal nach der sog Ein-Prozent-Methode oder alternativ durch Führen eines ordnungsgemäßen Fahrtenbuchs zu ermitteln. Bei der pauschalen Methode, die in der steuerrechtlichen Praxis häufiger anzutreffen ist, wird **1 % des Brutto-Listenpreises** für jeden Kalendermonat der privaten Nutzung angesetzt.

Wenn der Firmenwagen zusätzlich für die **Fahrten zwischen Wohnung und Arbeitsstätte** genutzt wird (was keineswegs immer der Fall sein muss), ist dies gesondert zu versteuern. Auf der Verdienstbescheinigung wird dann ein zusätzlicher Posten ausgewiesen (0,03 % des Listenpreises für jeden Entfernungskilometer pro Kalendermonat). Der Arbeitnehmer muss zwar den Vorteil (Fahrten zwischen Wohnung und Arbeitsstätte) gesondert als Arbeitslohn versteuern, andererseits kann er jedoch im Rahmen seiner Werbungskosten die Entfernungspauschale (0,30 EUR je Entfernungskilometer) geltend machen. Die gesonderte Versteuerung der Fahrten zwischen Wohnung und Arbeitsstätte (sog Zuschlagsregelung) hat damit die Funktion eines Korrekturpostens für den pauschalen Werbungskostenabzug.[189]

Unterhaltsrechtlich hat das OLG Hamm den steuerrechtlichen Zuschlag für die Fahrten zwischen Wohnung und Arbeitsstätte als Einkommen übernommen und im Gegenzug berufsbedingte Aufwendungen nach den Regeln des Unterhaltsrechts abgesetzt (0,30 EUR je gefahrenem Kilometer).[190] Der Abzug berufsbedingter Aufwendungen erscheint mE nicht sachgerecht, da in der Regel tatsächlich kein berufsbedingter Aufwand vorliegt. Eine Ausnahme wäre, wenn der Arbeitnehmer nachweist, dass er den Treibstoff für die Fahrten von der Wohnung zur Arbeitsstätte selbst übernehmen muss. In diesem Sonderfall könnten bspw. 0,10 EUR je gefahrenen Kilometer als berufsbedingter Aufwand akzeptiert werden.

Eine mE sachgerechte alternative Lösung wäre, im Unterhaltsrecht den steuerrechtlichen Zuschlag für die Fahrten zwischen Wohnung und Arbeitsstätte nicht

---

187 OLG Bamberg 4.1.2007 – 2 UF 182/06, FamRZ 2007, 1818 (Ls.) = OLGReport 2007, 514; OLG Karlsruhe 2.8.2006 – 16 WF 80/06, FamRZ 2006, 1759; OLG Karlsruhe FamRZ 1990, 533; OLG Brandenburg 12.2.2006 – 10 UF 166/06, nv.; OLG Hamburg FamRZ 1987, 1044; 2003, 235; OLG Hamm FamRZ 1992, 1427; 2003, 179; OLG Hamburg EzFamR aktuell 2001, 45; OLG München FamRZ 1999, 1350; OLG Bamberg NJW-RR 1993, 66; FA-FamR/Gerhardt Kap. 6 Rn. 70; JH/Hammermann Vor § 1361 Rn. 12 f.

188 Ähnliche Formulierungen in den Leitlinien zum Unterhaltsrecht des OLG Düsseldorf, OLG Hamm, OLG Koblenz und OLG Schleswig, jeweils Nr. 4. Vgl. auch OLG Hamm 10.12.2013 – II-2 UF 216/12, FamRZ 2014, 847 (Ls.); 30.10.2008 – 2 UF 43/08, FamRZ 2009, 981 (984).

189 BFH 22.9.2010 – VI R 57/09, BStBl. II 2011, 359; 4.4.2008 – VI R 68/05, BStBl. II 2008, 890; 4.4.2008 – VI R 85/04, BStBl. II 2008, 887.

190 OLG Hamm 9.7.2015 – II-14 UF 70/15, FamRZ 2015, 1974 (1975).

als Einkommen zu übernehmen und regelmäßig keine pauschalen Beträge für die berufsbedingte Nutzung eines Kraftfahrzeugs abzusetzen. In diesem Fall könnte eine fiktive Steuerberechnung erwogen werden, also fiktive Berechnung der Lohnsteuer (zzgl. Zuschlagsteuern) ohne den genannten steuerrechtlichen Zuschlag für die Fahrten zwischen Wohnung und Arbeitsstätte. Hier müsste man dann wohl im Gegenzug auch für die spätere Einkommensteuer-Erstattung aufgrund der steuerrechtlichen Entfernungspauschale, die unterhaltsrechtlich nicht übernommen wird, eine fiktive Steuer ermitteln. Per Saldo könnten sich diese fiktiven Steuern zumindest teilweise ausgleichen, so dass im Einzelfall aus Vereinfachungsgründen auf die Ermittlung fiktiver Steuern verzichtet werden könnte.

Andere berufsbedingte Aufwendungen können unterhaltsrechtlich weiterhin berücksichtigt werden, entweder durch den substanziierten Vortrag konkreter Kosten (bspw. Fortbildung) oder bei (tatsächlich vorgetragenem) Vorliegen entsprechender Anhaltspunkte durch den Ansatz einer Pauschale von 5 % des Nettoeinkommens (soweit die jeweiligen Leitlinien zum Unterhaltsrecht die Pauschale zulassen).[191]

In der Rechtsprechung und Praxis wird der geldwerte Vorteil aus der privaten Nutzung eines Firmenwagens auch abweichend vom steuerrechtlichen Ansatz für unterhaltsrechtliche Zwecke nach § 287 ZPO geschätzt, bspw. mit Beträgen zwischen 150 bis 400 EUR monatlich.[192] Ferner werden ADAC-Tabellen als Grundlage für eine Schätzung gesehen.[193] Des Weiteren wird der Nutzungsvorteil eines Firmenwagens in Abhängigkeit von der Höhe des Erwerbseinkommens bemessen. Allen Methoden ist gemeinsam, dass sie die steuerrechtliche Schätzung (Ein-Prozent-Methode) durch eine unterhaltsrechtliche Schätzung ersetzen, mit dem Ziel, der unterhaltsrechtliche Wert ist für den zu entscheidenden Einzelfall sachgerechter als die steuerrechtliche Spielregel.

V. Einkommen bei Selbstständigen[194]

1. Gewinnermittlung im Unterhaltsrecht. Im Steuerrecht sind nach § 2 Abs. 2   23 EStG die Einkünfte bei Gewerbebetrieb, selbstständiger Arbeit (insbesondere Freiberufler) sowie Land- und Forstwirtschaft der Gewinn. Im Unterhaltsrecht hat es sich als Konvention entwickelt, bei diesen drei Gewinneinkunftsarten von Selbstständigen (im weiteren Sinn) zu sprechen. Steuerrechtlich wird der Gewinn in der Regel entweder durch Bilanzierung (mit Bilanz und Gewinn- und Verlustrechnung) oder durch Einnahmen-Überschussrechnung nach § 4 Abs. 3

---

191   AA OLG Stuttgart 11.12.2003 – 11 UF 240/02, FamRZ 2004, 1109; OLG München 19.2.1999 – 12 UF 1545/98, FamRZ 1999, 1350.

192   OLG Brandenburg 18.12.2014 – 9 UF 182/12, juris Rn. 28; 23.10.2014 – 15 UF 109/12, FamRZ 2015, 1118 (Ls.) Rn. 29; 7.5.2013 – 10 UF 1/13, FamRZ 2014, 219 = NJW 2014, 323; 16.8.2007 – 6 UF 42/07, FamRZ 2008, 281; FA-FamR/Gerhardt Kap. 6 Rn. 70.

193   OLG Karlsruhe 27.8.2015 – 2 UF 69/15, FamRZ 2016, 237 Rn. 48 (Nutzungsvorteil für ein den Verhältnissen des Unterhaltspflichtigen entsprechendes Fahrzeug); OLG Brandenburg 2.9.2013 – 13 UF 136/12, juris Rn. 57; OLG Zweibrücken 25.10.2007 – 6 UF 138/06, FamRZ 2008, 1655; OLG Bamberg 4.1.2007 – 2 UF 182/06, FamRZ 2007, 1818 (Ls.) = OLGReport 2007, 514.

194   Strohal, Unterhaltsrechtlich relevantes Einkommen bei Selbständigen, 4. Aufl. 2010; Maier, R., Das unterhaltsrechtliche Einkommen bei Selbständigen – Rechtliche, betriebswirtschaftliche und steuerliche Bestimmungsgründe, 1996.

EStG ermittelt. Für einen Betrieb der Land- und Forstwirtschaft kann der Gewinn unter bestimmten Voraussetzungen gem. § 13 a EStG nach Durchschnittssätzen ermittelt werden.

Der steuerrechtliche Gewinn ist nicht ohne Weiteres mit dem unterhaltsrelevanten Gewinn gleichzusetzen.[195] Bspw wegen der steuerrechtlich möglichen Sonderabschreibungen ist das steuerrechtliche Einkommen nicht mit dem unterhaltsrechtlichen identisch.[196] Vielmehr sind die Gewinnermittlungen nach unterhaltsrechtlichen Gesichtspunkten zu überprüfen. Der BGH hat formuliert, dass Einkünfte aus selbstständiger Tätigkeit so detailliert darzulegen sind, dass eine Trennung von unterhaltsrechtlich beachtlichen und – etwa im Unterschied zum Einkommensteuerrecht – unbeachtlichen Positionen möglich ist.[197]

24 **2. Einnahmen-Überschussrechnung.** Steuerpflichtige, die nicht pflichtgemäß oder freiwillig Bücher führen und Abschlüsse machen, können nach § 4 Abs. 3 EStG als Gewinn den Überschuss der Betriebseinnahmen über die Betriebsausgaben ansetzen. In der Praxis ermitteln die meisten freien Berufe (§ 18 EStG) ihren Gewinn durch Einnahmen-Überschussrechnung.

Des Weiteren können Kleingewerbetreibende sowie Land- und Forstwirte, die nicht bilanzierungspflichtig sind, eine Einnahmen-Überschussrechnung erstellen. Entscheidend sind nach § 141 AO die Größenmerkmale Gewinn (bis 60.000 EUR im Wirtschaftsjahr) oder Umsätze (bis 600.000 EUR im Kalenderjahr).

Die Gewinnermittlung durch Einnahmen-Überschussrechnung ist buchungstechnisch einfacher als die Gewinnermittlung durch Bilanzierung. Diese Gewinnermittlung orientiert sich im Wesentlichen am Zu- und Abflussprinzip, so dass die Differenz zwischen Einnahmen und Ausgaben einer Periode den Gewinn ergibt (allerdings mit Ausnahmen, so zB durch die Pflicht zur Verrechnung von Abschreibungen).

Aus unterhaltsrechtlicher Sicht ist das Zu- und Abflussprinzip bei Einnahmen-Überschussrechnungen für **Verzerrungen** anfällig. Ein Selbstständiger könnte bspw. im Jahr der Trennung, in dem er mit Unterhaltsansprüchen rechnet, einzelne Forderungen durch entsprechende Fakturierung erst im folgenden Jahr vereinnahmen. Gewinnermittlungen sind im Unterhaltsrecht für einen längeren Zeitraum vorzulegen, in der Regel für drei Jahre. Im Hinblick auf Verzerrungen bei den Betriebseinnahmen ist besonders das letzte der drei Jahre kritisch zu prüfen; ggf. sind unterhaltsrechtlich Korrekturen erforderlich.

Im Rahmen der Belegpflichten nach § 1605 Abs. 1 S. 2 sind neben den Gewinnermittlungen auch die Aufgliederungen der jeweiligen Posten der Einnahmen-Überschussrechnungen (zB sog Kontennachweise)[198] sowie die Anlageverzeichnisse (bzw. Abschreibungslisten) vorzulegen.

25 **3. Bilanz und Gewinn- und Verlustrechnung. a) Gewinnermittlung durch Bilanzierung.** Der Gewinn wird nach dem EStG grundsätzlich durch Bilanzierung ermittelt. In § 4 Abs. 1 EStG wird dies als „Gewinnermittlung durch Betriebsvermögensvergleich" beschrieben. Die Gewinnermittlung durch Bilanzierung müssen alle Steuerpflichtigen vornehmen, die entweder pflichtgemäß oder freiwillig Bücher führen und Abschlüsse machen. Eine Verpflichtung aufgrund gesetzli-

---

195 BGH 19.2.2003 – XII ZR 19/01, FamRZ 2003, 741.
196 BGH 19.2.2003 – XII ZR 19/01, FamRZ 2003, 741.
197 BGH 7.12.2011 – XII ZR 159/09, FamRZ 2012, 288 Rn. 28.
198 OLG Schleswig 6.1.2015 – 10 UF 75/14, FamRZ 2015, 1118 (Ls.).

cher Vorschriften ergibt sich insbesondere aus dem Handelsrecht (§ 140 AO iVm §§ 238 bis 241 a HGB) und aus der Abgabenordnung für bestimmte Gewerbetreibende sowie Land- und Forstwirte (§ 141 AO).

Falls sowohl eine Steuerbilanz (§§ 4 Abs. 1, 5 Abs. 1 EStG) als auch eine Handelsbilanz (§ 242 HGB) aufzustellen ist, wird in der Praxis bei (kleineren) Kaufleuten eine Einheitsbilanz erstellt, die sowohl steuerrechtlichen als auch handelsrechtlichen Anforderungen genügt. Bei kleineren Gewerbetreibenden werden eventuelle Abweichungen in einer Überleitung der Handelsbilanz auf die Steuerbilanz dargestellt. Falls Abweichungen zwischen Handels- und Steuerbilanz zu verzeichnen sind, wird im Unterhaltsrecht in der Regel von der Steuerbilanz und nicht von der Handelsbilanz ausgegangen.[199]

Die Bilanz und die Gewinn- und Verlustrechnung bilden den Jahresabschluss (§ 242 Abs. 3 HGB). Gewinnermittlung durch Bilanzierung bedeutet, dass der Gewinn nicht durch reine Einnahmen- und Ausgabenrechnung ermittelt wird; es werden vielmehr Abgrenzungen vorgenommen. Bei der Gewinnermittlung durch Bilanzierung ergibt sich der Gewinn aus der Differenz zwischen Erträgen und Aufwendungen (nicht Einnahmen und Ausgaben).

Im Rahmen der Belegpflichten nach § 1605 Abs. 1 S. 2 sind (ähnlich wie bei der Einnahmen-Überschussrechnung) auch die Aufgliederungen der jeweiligen Posten der Bilanzen und Gewinn- und Verlustrechnungen (zB sog Kontennachweise) sowie die Anlageverzeichnisse (bzw. Abschreibungslisten) vorzulegen.

b) Bilanz

Beispiel für eine Bilanz (in verkürzter Form)   26

Aktivseite	Passivseite
A. Anlagevermögen	A. Eigenkapital
Immaterielle Vermögensgegenstände	
Sachanlagen	
Finanzanlagen	
B. Umlaufvermögen	B. Rückstellungen
Vorräte	
Forderungen und sonstige Vermögensgegenstände	
Wertpapiere	C. Verbindlichkeiten
Kassenbestand, Guthaben bei Kreditinstituten	
C. Rechnungsabgrenzungsposten	D. Rechnungsabgrenzungsposten

Für Kapitalgesellschaften ist die Gliederung der Bilanz in § 266 HGB geregelt. In der Praxis orientieren sich auch andere Rechtsformen an dieser Gliederung, ggf. in verkürzter und angepasster Form.

---

199 Wendl/Dose/Spieker § 1 Rn. 178; Strohal Rn. 57.

27 **c) Gewinn- und Verlustrechnung.** Eine Gewinn- und Verlustrechnung besteht aus folgenden Einzelposten (in verkürzter Form):

- Umsatzerlöse
- Bestandsveränderungen (fertige und unfertige Erzeugnisse)
- Sonstige betriebliche Erträge (einschließlich private Nutzungen)
- Materialaufwand
- Personalaufwand
- Abschreibungen
- Sonstige betriebliche Aufwendungen
- Zinsen und ähnliche Erträge
- Zinsen und ähnliche Aufwendungen
- Steuern vom Einkommen und vom Ertrag (zB Gewerbesteuer)
- Sonstige Steuern (zB Grundsteuer, Kfz-Steuer)
- Jahresüberschuss/Jahresfehlbetrag (Gewinn/Verlust)

Für Kapitalgesellschaften ist die Gliederung der Gewinn- und Verlustrechnung in § 275 HGB geregelt. In der Praxis orientieren sich auch andere Rechtsformen an dieser Gliederung, ggf. in verkürzter und angepasster Form.

28 **4. Unterhaltsrechtlich relevanter Zeitraum: Prognose und Rückstand.** Für den unterhaltsrechtlich relevanten Zeitraum bei Selbstständigen ist zu unterscheiden, ob es um die Ermittlung eines zukünftigen Einkommens geht (also eine Prognose) oder ob ein Rückstand (für die Vergangenheit) zu berechnen ist. Für die **Prognose** des zukünftigen Einkommens wird in der Rechtsprechung, Literatur und Praxis grundsätzlich auf einen mehrjährigen Zeitraum abgestellt, in der Regel auf einen Dreijahresdurchschnitt.[200] Nach den Formulierungen des BGH darf diese Methode „jedoch nicht als Dogma missverstanden werden. Die Heranziehung der Ergebnisse der Vorjahre erscheint ausnahmsweise nicht gerechtfertigt, wenn sie keinen zuverlässigen Schluss auf die Höhe des laufenden Einkommens zulassen."[201]

Es gibt in der Praxis immer wieder Fallkonstellationen, bei denen es keinen Sinn macht, sklavisch an einer Heranziehung der letzten drei Jahre festzuhalten. Die Frage, ob von der Dreijahresregel nach unten oder nach oben (weniger oder mehr als drei Jahre, bspw. fünf Jahre[202]) abgewichen werden soll, ist jeweils im Einzelfall unter Berücksichtigung des Kriteriums der Nachhaltigkeit des Einkommens bzw. der Repräsentativität für den Alimentationszeitraum zu entscheiden. Klassische Fälle für einen Zeitraum von weniger als drei Jahren sind Neugründungen (ggf. mit einer Trennung in eine Anlaufphase und in eine Konsolidierungsphase) oder ähnliche Konstellationen (zB Betriebserweiterungen). So hat das OLG Köln für eine „im Aufbau befindliche Praxis" von der Bildung eines Drei-Jahres-Schnitts abgesehen.[203]

Für in der **Vergangenheit** liegende Unterhaltszeiträume (also Rückstände) hat der BGH bei Einkünften aus Vermietung formuliert, dass von den in dieser Zeit tatsächlich erzielten Einkünften auszugehen ist, „wobei zur Vereinfachung der

---

200 BGH 2.6.2004 – XII ZR 217/01, FamRZ 2004, 1177 (1178). Vgl. auch die Formulierungen in den unterhaltsrechtlichen Leitlinien der Oberlandesgerichte, Nr. 1.5.
201 BGH 2.6.2004 – XII ZR 217/01, FamRZ 2004, 1177 (1178).
202 Bspw. OLG Düsseldorf 29.1.2014 – II-8 UF 180/13, FamRZ 2014, 1466 (vier Jahre bei größeren Schwankungen der Umsätze).
203 OLG Köln 30.1.2002 – 27 UF 155/01, FamRZ 2002, 1627 (Ls.).

Berechnung von einem Jahresdurchschnitt ausgegangen werden kann. Von durchschnittlichen Einkünften aus mehreren Jahren darf das Gericht hingegen nur dann ausgehen, wenn es den rückständigen Unterhalt für diese Gesamtzeit ermittelt oder der laufende Unterhaltsanspruch auf der Grundlage einer Einkommensprognose ermittelt werden muss."[204] Die Formulierungen des BGH zu Einkünften aus Vermietung werden in der Praxis auch bei Selbstständigen angewendet.[205] Meines Erachtens ist die Aussage, dass für rückständigen Unterhalt auf den Jahresdurchschnitt abgestellt wird, speziell bei Selbstständigen nicht als absolutes Dogma zu verstehen.[206] Es ist nach den Umständen des Einzelfalls abzuwägen, ob die Beschränkung auf ein Jahr bzw. den rückständigen Zeitraum immer sachgerecht erscheint, bspw. bei erheblichen Schwankungen und bei einem ausnahmsweise sehr guten oder sehr schlechten Jahr.

5. Entnahmen und Einlagen. Der Ausgangspunkt für eine unterhaltsrechtliche   29
Einkommensermittlung eines Selbstständigen ist regelmäßig der Gewinn, grundsätzlich für einen mehrjährigen Zeitraum (soweit es um eine Prognose geht). In den unterhaltsrechtlichen Leitlinien, in der Rechtsprechung und in der Literatur zum Unterhaltsrecht wird in bestimmten Fallkonstellationen bei Selbstständigen auf die Entnahmen zurückgegriffen. Hier ist weiterhin manches strittig. Meines Erachtens handelt es sich bei den Entnahmen im Einzelfall um ein Hilfsmittel[207] bzw. um eine Vergleichsgröße. Bei diesem Vergleich sind neben den Entnahmen in der Regel auch die Einlagen zu berücksichtigen.

Bei Privatentnahmen nach § 4 Abs. 1 S. 2 EStG kann unterschieden werden zwischen Entnahmen für den allgemeinen Lebensbedarf, wie Essen, Kleidung, Urlaub (freie Entnahmen) und solchen mit zweckbestimmter Verwendung, wie privaten Versicherungsbeiträgen (zB Krankenversicherung, Altersvorsorge), privaten Steuern (zB Einkommensteuer, Solidaritätszuschlag, ggf. Kirchensteuer) und Unterhaltszahlungen (gebundene Entnahmen). Ein Rückgriff auf die Entnahmen wäre regelmäßig bei einer Gewinnermittlung durch Bilanzierung möglich, da hier die Entnahmen eines Einzelunternehmers unter dem Posten Eigenkapital aufgeführt werden. Bei einer Gewinnermittlung durch Einnahmen-Überschussrechnung sind Entnahmen nicht immer angegeben; ggf. sind sie nachrichtlich unter „Sonstige Konten" (Bestandskonten) oder als „Ergänzende Angaben" (bei Schuldzinsenabzug) ausgewiesen. Die vereinzelt in der Praxis oder sogar Literatur anzutreffende Meinung, die Entnahmen müssten zum Gewinn addiert werden, verbietet sich bei Kenntnis der steuerrechtlichen und buchhalterischen Zusammenhänge von selbst.[208] Ein stark vereinfachtes Beispiel: Wenn sich die Summe der Entnahmen (ggf. nach Abzug der Einlagen) in der Größenordnung des Gewinns bewegen, kann dies (je nach den tatsächlichen Buchungen auf den Sachkontenblättern) lediglich bedeuten, dass der Selbstständige sich den Gewinn entnommen hat, also eine unkritische Situation.

In einigen Leitlinien zum Unterhaltsrecht wird zu den Entnahmen nichts ausge-   30
führt (zB Süddeutsche Leitlinien), in anderen schon. In den Leitlinien zum Unterhalt des OLG Düsseldorf wird der Anwendungsbereich wie folgt umschrie-

204 BGH 4.7.2007 – XII ZR 141/05, FamRZ 2007, 1532 (1534) Rn. 23.
205 OLG Schleswig 21.12.2012 – 10 UF 81/12, FamRZ 2013, 1132; aA OLG Brandenburg 7.5.2013 – 10 UF 1/13, FamRZ 2014, 219 (220).
206 Vgl. auch die Anmerkung von Maurer zum Urteil des BGH, FamRZ 2007, 1538.
207 OLG Düsseldorf 29.6.2004 – II-1 UF 24/04, FamRZ 2005, 211 (212).
208 OLG Brandenburg 7.5.2013 – 10 UF 1/13, FamRZ 2014, 219 (220).

ben (Nr. 1.5): „Anstatt auf den Gewinn kann ausnahmsweise auf die Entnahmen abzüglich der Einlagen abgestellt werden, wenn eine zuverlässige Gewinnermittlung nicht möglich oder der Betriebsinhaber unterhaltsrechtlich zur Verwertung seines Vermögens verpflichtet ist". Die gleiche Formulierung findet sich in den Unterhaltsrechtlichen Leitlinien des OLG Hamburg und des OLG Koblenz. Die Entnahmen sind hier tendenziell nur eine Hilfsgröße und damit im Hinblick auf ihre praktische Relevanz nicht sehr hoch aufgehängt.

Die Variante „zuverlässige Gewinnermittlung nicht möglich" hat das OLG Hamm in einem Verfahren wie folgt umschrieben: Es kann von den Privatentnahmen ausgegangen werden, „wenn konkrete Hinweise auf Manipulation der steuerlichen Gewinnermittlung bestehen" und der Unterhaltsverpflichtete „dem lediglich unsubstanziiert mit pauschalem Bestreiten entgegengetreten" ist.[209] Die weitere Variante „Pflicht zur Vermögensverwertung" spielt in der Praxis insbesondere bei einer gesteigerten Unterhaltsverpflichtung gegenüber Minderjährigen nach § 1603 Abs. 2 eine Rolle. Soweit der **Mindestunterhalt** nicht gesichert ist, besteht unterhaltsrechtlich grundsätzlich die Pflicht zum Einsatz eines eventuell vorhandenen Vermögens. Reicht die Bezugsgröße Gewinn bzw. bereinigter Gewinn nicht aus, könnte hilfsweise von den Entnahmen (abzüglich der Einlagen) ausgegangen werden, soweit diese höher sind als der Gewinn. Vor diesem Hintergrund sind bspw. Formulierungen zu verstehen, wonach die Privatentnahmen als Anhaltspunkt zur Ermittlung des für Unterhaltszwecke zu verwendenden Einkommens herangezogen werden können, wenn sie den erzielten Gewinn übersteigen; Privateinlagen sind abzusetzen.[210]

31   Andere Leitlinien sehen die Entnahmen als Indiz für die Einkommenseinstufung: „Privatentnahmen haben Indizcharakter für die Feststellung der für den Lebensunterhalt tatsächlich verfügbaren Mittel" (Leitlinien OLG Bremen, Nr. 1.5). Ähnliche Formulierungen finden sich in den Unterhaltsrechtlichen Leitlinien des OLG Oldenburg, des OLG Schleswig, des OLG Braunschweig und des OLG Hamm. Hier ist der Grundgedanke bei einer Anknüpfung an die Entnahmen für unterhaltsrechtliche Zwecke, dass dem Selbstständigen die aus seinem Unternehmen entnommenen Beträge zur Verfügung stehen, mithin auch für die Alimentation. Die Verfahrensbeteiligten müssen sich stets bewusst sein, dass die Privatentnahmen kein Erwerbseinkommen sind, sondern lediglich die privaten Bewegungen darstellen.

In der Rechtsprechung wird eine Grenze für die hilfsweise Anknüpfung an die Entnahmen gesehen, wenn gar eine Überschuldung droht: Werden Privatentnahmen zulasten der Substanz des Betriebsvermögens getätigt und lebt der Unterhaltsschuldner von der Substanz des Betriebs, dann kann von ihm nicht verlangt werden, die nicht verdienten Entnahmen weiterhin zu tätigen und durch zusätzliche Darlehensaufnahmen zu finanzieren, weil dies zu einer Überschuldung des Betriebs und einem Verlust der aufgebauten Existenz führen würde.[211]

32   **6. Abschreibungen.** Zu den klassischen Posten, die im Rahmen einer unterhaltsrechtlichen Einkommensermittlung bei Selbstständigen aufgegriffen werden, gehören die Abschreibungen (Absetzungen für Abnutzung = AfA). Es wird in der

---

209   OLG Hamm 8.1.1993 – 5 UF 335/91, FamRZ 1993, 1088.
210   OLG Dresden 16.3.1998 – 20 WF 474/97, FamRZ 1999, 850.
211   OLG Frankfurt/M. 13.7.2004 – 2 UF 207/04, FamRZ 2005, 803.

Regel eine Differenzierung zwischen den einzelnen Abschreibungsarten vorgenommen.

a) Lineare Abschreibungen und Nutzungsdauer. Nach den Formulierungen des 33
BGH geben die zur **linearen Abschreibung** von der Finanzverwaltung herausgegebenen **AfA-Tabellen** regelmäßig den tatsächlichen Wertverzehr wieder. Es erscheint unbedenklich, diese Erfahrungswerte auch im Rahmen der Berechnung des unterhaltsrechtlich relevanten Einkommens zu übernehmen. Die AfA-Tabellen binden jedoch – wie im Steuerrecht – die Gerichte nicht und sind unbeachtlich, sofern sie erkennbar nicht auf Erfahrungswissen beruhen, also **offensichtlich unzutreffend** sind. In diesen Fällen hat das Gericht die **Nutzungsdauer** zu schätzen oder durch Erholung eines Sachverständigen-Gutachtens zu ermitteln.[212]

Trotz der grundsätzlichen Übernahme der linearen Abschreibungen erkennt der BGH mithin im Einzelfall die Verlängerung der steuerrechtlichen Nutzungsdauer oder die Überprüfung durch einen Sachverständigen an. Klassische Beispiele in der Praxis, bei denen für unterhaltsrechtliche Zwecke eine Verlängerung der steuerrechtlichen Abschreibungszeiträume im Einzelfall erwogen wird, sind Neugründungen[213] oder auch einzelne Wirtschaftsgüter, beispielsweise Kraftfahrzeuge. So hat das OLG Koblenz für unterhaltsrechtliche Zwecke die Nutzungsdauer für einen Pkw der gehobenen Klasse auf zehn Jahre verlängert;[214] dies macht insbesondere dann betrieblich bedingte Jahreskilometerleistung relativ gering ist. Man wird hier von Fall zu Fall entscheiden müssen; zwei Extreme sind der Handelsvertreter (mit womöglich sehr hoher Kilometerleistung) und der Zahnarzt (für den im Einzelfall der Ansatz einer Pauschale für berufliche Fahrten, zB zu Kongressen etc., in Höhe von zurzeit 0,30 EUR pro beruflich gefahrenen Kilometer angemessen sein kann). Im Rahmen einer gerichtlichen Auseinandersetzung greift man bei Schätzungen auf § 287 Abs. 2 ZPO zurück.

b) Abschreibungen Geschäfts- oder Praxiswert. Ein weiteres Beispiel, bei dem es 34
zur unterschiedlichen Beurteilung der linearen Abschreibung im Steuerrecht und im Unterhaltsrecht kommt, ist der **Geschäftswert** eines Gewerbebetriebs bzw. der **Praxiswert** einer freiberuflichen Praxis. So hat das OLG Stuttgart zur Abschreibung des Praxiswerts einer Arztpraxis unter anderem ausgeführt: „Zutreffend wurden zur Ermittlung des unterhaltsrechtlich relevanten Einkommens des Klägers seinen in den Steuerbescheiden (...) ausgewiesenen Gewinnen die **Abschreibungen des Praxiswerts** (...) **hinzugerechnet.** (...) Der good will einer Arztpraxis (...) gehört steuerrechtlich zu den abnutzbaren Wirtschaftsgütern des Anlagevermögens, die nach § 7 EStG der Abschreibung unterliegen. (...) Die (...) Erwägungen zur (...) Nutzungsdauer eines Praxiswerts sind unterhaltsrechtlich indessen nicht übertragbar. Während die (...) Abschreibung eines ideellen Geschäftswerts im Steuerrecht in den anfänglichen Anschaffungskosten ihre Rechtfertigung findet, muss unterhaltsrechtlich davon ausgegangen werden, dass der Pflichtige den Wertverzehr des good will des bisherigen Praxisinhabers durch eigene persönliche Leistungen nach und nach kompensieren wird und ein Ver-

---

212 BGH 19.2.2003 – XII ZR 19/01, FamRZ 2003, 741.
213 OLG Köln 15.11.1995 – 11 U 263/94, FamRZ 1996, 966 (967): „Ein ins Gewicht fallender Unterschied ergibt sich vor allem bei der meist vergleichsweise teuren Erstausstattung eines Betriebes (...)".
214 OLG Koblenz 17.10.2001 – 9 UF 140/01, FamRZ 2002, 887 (Ls.) = FPR 2002, 64.

brauch im Wortsinne nicht in Rede steht. Es werden über den persönlichen Einsatz des Klägers hinaus keine weiteren Investitionen zum Erhalt des geschaffenen Wertes nötig sein. Der Einwand des Klägers, die Abschreibung kompensiere seinen Zukunftsaufwand, trifft allenfalls auf künftige Anschaffungskosten zum Erhalt der organisatorischen Einheit zu, deren Abschreibungsvolumen aber nicht im Streit ist."[215]

Abschreibungen auf den Praxiswert einer freiberuflichen Praxis sind unterhaltsrechtlich kritisch zu sehen. Die relativ kurze steuerrechtliche Abschreibungszeit (bspw. sechs Jahre) ist darin begründet, dass der entgeltlich erworbene (derivative) Praxiswert des früheren Praxisinhabers sich relativ schnell verflüchtigt und der Erwerber einer freiberuflichen Praxis durch seinen persönlichen Einsatz, seine Tüchtigkeit und Leistungsfähigkeit zu den Patienten ein neues Vertrauensverhältnis und damit einen selbst geschaffenen (originären) Praxiswert aufbauen kann.

Die Abschreibungen auf den Praxiswert führen unterhaltsrechtlich grundsätzlich zu einer einseitigen Vermögensbildung, da der anteilige Preis für den Vermögensgegenstand „Praxiswert" das Einkommen mindern würde. Beim Trennungsunterhalt können bis zur Rechtshängigkeit der Scheidung im Rahmen der unterhaltsrechtlichen Einkommensermittlung die prägenden Tilgungsleistungen berücksichtigt werden, soweit der Praxiswert mit Darlehen finanziert wurde. Diese Frage ist davon abhängig ob und wenn ja zu welchem Stichtag eine Praxisbewertung vorgenommen wird; Voraussetzung ist, dass in die Bewertung der Schuldenstand zum Stichtag einfließt. Nach Rechtshängigkeit der Scheidung führt eine Berücksichtigung von Tilgungsleistungen im materiellen Ergebnis in der Regel zu einer einseitigen Vermögensbildung, außer der Praxiswert unterliegt einer tatsächlichen Wertminderung, die im Einzelfall substanziiert darzulegen wäre.

35 **c) Sonderabschreibungen und degressive Abschreibungen.** Der BGH hat Sonderabschreibungen, insbesondere zur „Förderung kleiner und mittlerer Betriebe" nach § 7 g Abs. 5 und Abs. 6 EStG, unterhaltsrechtlich ausdrücklich **nicht anerkannt**: „Richtig ist (...), dass wegen der Sonderabschreibung eine Korrektur des steuerrechtlich ermittelten Gewinns zu erfolgen hat, weil die Sonderabschreibung dem tatsächlichen Wertverzehr nicht entspricht."[216] Steuerrechtlich besteht für die Verrechnung von Sonderabschreibungen ein Wahlrecht. Unterhaltsrechtlich bewirkt der einheitliche Ansatz linearer Abschreibungen unter anderem, dass alle Fälle gleich behandelt werden.

Bei der Korrektur von Sonderabschreibungen ergeben sich in den **Folgejahren Umkehreffekte.** Soweit steuerlich Sonderabschreibungen neben der linearen Normalabschreibung in Anspruch genommen werden, fehlt entsprechend in den Folgejahren steuerlich das Abschreibungspotenzial. Wenn also unterhaltsrechtlich Sonderabschreibungen eliminiert werden, sind in späteren Wirtschaftsjahren fiktiv lineare Abschreibungen nachzuholen (wie wenn von Anfang an auf das Wahlrecht zur Verrechnung von Sonderabschreibungen verzichtet worden wäre). Dies ergibt sich aus dem Gebot der Gleichbehandlung mit Steuerpflichti-

---

215 OLG Stuttgart 1.6.2004 – 16 UF 99/04, nv. In den Ausführungen des Beschlusses werden die Begriffe „Goodwill", „Geschäftswert" und „Praxiswert" vermischt und nicht stringent getrennt.

216 BGH 19.2.2003 – XII ZR 19/01, FamRZ 2003, 741 (743).

gen / Unterhaltspflichtigen, die von Anfang an nur lineare Abschreibungen verrechnet und auf Sonderabschreibungen verzichtet haben. Damit wird auch der zitierten Rechtsprechung des BGH Rechnung getragen, dass lineare Abschreibungen nach den von der Finanzverwaltung herausgegebenen AfA-Tabellen in der Regel unterhaltsrechtlich anerkannt werden.

Steuerrechtlich ist die **degressive Abschreibung** nach § 7 Abs. 2 EStG für Investitionen (Anschaffung oder Herstellung beweglicher Wirtschaftsgüter des Anlagevermögens) ab 1.1.2011 nicht mehr zugelassen. Handelsrechtlich ist die degressive Abschreibung weiterhin möglich. Soweit handelsrechtlich oder noch steuerrechtlich (für Anschaffungen vor 2011) degressive Abschreibungen verrechnet werden, sind diese unterhaltsrechtlich im Einzelfall (insbesondere bei größeren Differenzen) durch lineare Abschreibungen zu ersetzen. Das OLG Koblenz hat zur Korrektur der degressiven Abschreibung ausgeführt: Die „degressive Abschreibung des Pkw kann in dieser Form unterhaltsrechtlich nicht anerkannt werden (...), weil sie nicht den tatsächlichen Wertverlust des Fahrzeugs widerspiegelt."[217]

d) Abschreibungen auf Gebäude. Die Nichtberücksichtigung von Abschreibungen auf Gebäude im Unterhaltsrecht ist allgemein anerkannt, soweit es um **Wohngebäude** geht,[218] auch um Wohngebäude im Betriebsvermögen.[219] Wegen der Besonderheit des Falles hat der BGH Abschreibungen bei **Vermietung eines Betriebsgebäudes** berücksichtigt (im Urteil beim Trennungsunterhalt). Hier hat sich der Wertverlust anhand konkreter Zahlen (Gebäudewert im Jahr der Anschaffung und Verkaufspreis im Jahr der Veräußerung) ausnahmsweise konkret feststellen lassen. Die Abschreibungen entsprachen in diesem Fall einem realen Wertverlust, der sich in dem geringeren Verkaufserlös niedergeschlagen hat.[220]

Abschreibungen auf reine **Betriebsgebäude**, die vom Selbstständigen nicht vermietet, sondern selbst genutzt werden, sind unterhaltsrechtlich mE nach den Umständen des Einzelfalls zu beurteilen. Zum einen wird die Abwägung vom Wirtschaftsgut abhängen. Wenn bspw. lediglich Außenanlagen oder Stallungen beim Landwirt abgeschrieben werden, wird es nicht sachgerecht sein, unterhaltsrechtlich einfach mechanisch eine Eliminierung vorzunehmen. Eine tatsächliche Wertminderung wird hier festzustellen sein.

Bei Betriebsgebäuden kann des Weiteren ein Aspekt sein, ob bzw. in welcher Höhe Betriebsschulden getilgt werden, die mit diesen Gebäuden im Zusammenhang stehen. So können bspw. beim Trennungsunterhalt bis zur Rechtshängigkeit der Scheidung im Rahmen der unterhaltsrechtlichen Einkommensermittlung statt der Abschreibungen die prägenden Tilgungsleistungen berücksichtigt werden.

Im Übrigen wird die unterhaltsrechtliche Einschätzung der Abschreibungen auf Betriebsgebäude vom Unterhaltsverhältnis abhängen. Bei minderjährigen Kin-

36

---

217 OLG Koblenz 17.10.2001 – 9 UF 140/01, FamRZ 2002, 887 (Ls.) = FPR 2002, 64.
218 Vgl. zu Wohngebäuden im Privatvermögen bei der Einkunftsart „Vermietung und Verpachtung" BGH 1.12.2004 – XII ZR 75/02, FamRZ 2005, 1159 (1160).
219 Vgl. zu Wohngebäuden im Betriebsvermögen OLG Hamm 25.4.1996 – 2 UF 293/95, FamRZ 1997, 308 (309).
220 BGH 18.1.2012 – XII ZR 177/09, FamRZ 2012, 514 (517) Rn. 33 f.

dern wird im Rahmen der gesteigerten Unterhaltsverpflichtung für den Mindestunterhalt ein strengerer Maßstab anzulegen sein als beim Elternunterhalt.

37 **7. Investitionsabzugsbetrag.** Nach § 7 g Abs. 1 EStG können Steuerpflichtige unter bestimmten Voraussetzungen für die künftige Anschaffung oder Herstellung eines abnutzbaren beweglichen Wirtschaftsguts des Anlagevermögens bis zu 40 % der voraussichtlichen Anschaffungs- oder Herstellungskosten gewinnmindernd abziehen. Steuerrechtlich handelt es sich um ein Wahlrecht, das der Förderung kleiner und mittlerer Betriebe dient (vgl. die Überschrift zu § 7 g EStG im Wortlaut des Gesetzes). Tatsächlich geht es um Wirtschaftsförderung und nicht um eine periodengerechte Einkommensermittlung. Es handelt sich hier lediglich um buchhalterische Vorgänge, die den Gewinn als Bemessungsgrundlage für die Besteuerung beeinflussen (und häufig auch verzerren). Die Vorschrift ist politisch motiviert und ermöglicht temporäre Ermessensreserven.

Die **Bildung** des Investitionsabzugsbetrags wird steuerrechtlich häufig außerhalb der Gewinnermittlung bzw. außerhalb der Bilanz (bspw. in einer gesonderten Beilage) oder am Ende der Gewinnermittlung (so im amtlichen Formular „Anlage EÜR") berücksichtigt. In einer Handelsbilanz dürfen Posten, die nur für steuerliche Zwecke zulässig sind, nicht gebildet werden. In einer nach dem HGB aufgestellten Handelsbilanz ist also das steuerliche Fördermodell „Investitionsabzugsbetrag" nicht zugelassen (unabhängig davon, ob die geplante Investition künftig durchgeführt wird oder nicht). Aus der Sicht des HGB verstößt der Posten gegen eine periodengerechte Gewinn- und Einkommensermittlung. Dies ist ein gewichtiges Indiz für die verzerrende Wirkung dieses steuerlichen Wahlrechts zur Wirtschaftsförderung.

In einer Entscheidung des BGH wurde die Bildung von Investitionsabzugsbeträgen (seinerzeit im EStG als Ansparabschreibungen bezeichnet) unterhaltsrechtlich nicht anerkannt.[221] Im Fall des BGH handelte es sich um die unterhaltsrechtliche Korrektur von Investitionsabzugsbeträgen, die der Steuerpflichtige mangels Verwirklichung der ursprünglich geplanten Investitionen später auflösen muss. Dabei ist es mE gleichgültig, ob die Investition getätigt wird oder nicht: Die Bildung ist unterhaltsrechtlich dem steuerrechtlichen Gewinn hinzuzurechnen.

Es wird die Auslegung vertreten, das steuerliche Fördermodell „Investitionsabzugsbetrag" unterhaltsrechtlich zuzulassen, wenn die geplante Investition künftig durchgeführt wird. Dies widerspricht mE unter anderem der zitierten Rechtsprechung des BGH zu den Abschreibungen. Danach sind lineare Abschreibungen nach den amtlichen AfA-Tabellen für eine bereits tatsächlich getätigte Investition unterhaltsrechtlich in der Regel anzuerkennen. Mit dem Investitionsabzugsbetrag wird dagegen eine Sofortabschreibung von 40 % für eine künftige Investition gebucht (dies ist weit weg von einer linearen Abschreibung). Selbst Sonderabschreibungen von 20 % auf bereits tatsächlich getätigte Investitionen hat der BGH bereits abgelehnt. Entsprechend ist es dann konsequent, eine wahlweise Sofortabschreibung von 40 % unterhaltsrechtlich nicht zu berücksichtigen. Der (steuerrechtliche) „Sinn und Zweck" der Vorschrift des § 7 g EStG wird mit eventuellen unterhaltsrechtlichen Korrekturen nicht durchkreuzt, denn es geht unterhaltsrechtlich unter anderem darum, eine zutreffende bzw. sachgerechte Bemessungsgrundlage für das Einkommen zu ermitteln, die nicht durch

---

221 BGH 2.6.2004 – XII ZR 217/01, FamRZ 2004, 1177 (1178).

steuerliche Wahlrechte verzerrt wird. Die unterhaltsrechtlich bereinigte Bemessungsgrundlage fließt in der Regel nicht eins zu eins in eine eventuelle Unterhaltszahlung.

Wenn tatsächlich innerhalb von drei Jahren die Anschaffung eines Wirtschaftsguts zu verzeichnen ist, geht es auf längere Sicht (mehrere Geschäftsjahre) immer um Gewinn- und Einkommensverschiebungen. Wenn also im Jahr der Bildung steuerlich Gewinnminderungen zu verzeichnen sind, wird in späteren Geschäftsjahren steuerlich ein höherer Gewinn (bzw. ein geringerer Verlust) zu verbuchen sein; es werden sich also in den **Folgejahren Umkehreffekte** einstellen. Bei konsequenter Anwendung sind diese Umkehreffekte auch unterhaltsrechtlich zu berücksichtigen und in späteren Geschäftsjahren vom steuerrechtlichen Gewinn abzusetzen.

Steuerrechtlich ist für die Auflösung des Abzugsbetrags im Fall der Anschaffung ein Wahlrecht vorgesehen: Die eine (in der Praxis häufiger angewandte) Variante ist die gewinnmindernde Herabsetzung der Anschaffungskosten des Wirtschaftsguts; die Bemessungsgrundlage für die Abschreibung des erworbenen Wirtschaftsguts verringert sich entsprechend. Bei dieser Variante verwirklicht sich die Auflösung (bzw. Umkehrung) durch ein vermindertes Abschreibungspotenzial in der Zukunft. Für unterhaltsrechtliche Zwecke sind fiktiv lineare Abschreibungen auf die gekürzten Anschaffungs- oder Herstellungskosten (Herabsetzungsbeträge nach § 7 g Abs. 2 EStG) zu verrechnen (wie wenn von Anfang an auf das steuerrechtliche Wahlrecht verzichtet worden wäre). Nach der zitierten Rechtsprechung des BGH sind lineare Abschreibungen nach den amtlichen AfA-Tabellen für eine tatsächlich getätigte Investition unterhaltsrechtlich in der Regel anzuerkennen. Des Weiteren führt dies zu einer Gleichbehandlung mit Steuerpflichtigen / Unterhaltspflichtigen, die von Anfang an nur lineare Abschreibungen verrechnet und auf § 7 g Abs. 2 EStG verzichtet haben.

Steuerrechtlich ist die andere Variante eine gewinnerhöhende Auflösung des Investitionsabzugsbetrags im Wirtschaftsjahr der Anschaffung, in der Regel außerhalb der Gewinnermittlung. In diesem Fall werden die Abschreibungen des erworbenen Wirtschaftsguts unverändert von den vollen Anschaffungskosten bemessen. Unterhaltsrechtlich ist der Auflösungsbetrag zu korrigieren und der steuerrechtliche Gewinn entsprechend zu vermindern.

8. Rückstellungen. Rückstellungen sind nur bei einer Gewinnermittlung durch Bilanzierung möglich. Bei Rückstellungen handelt es sich um Passivposten in der Bilanz zur Berücksichtigung bestimmter künftiger Auszahlungen oder Mindereinzahlungen. 38

Unterhaltsrechtlich sind einige Rückstellungen bei einer Betrachtung mehrerer Geschäftsjahre häufig unproblematisch, bspw. Rückstellungen für Abschlusskosten, für die Aufbewahrung von Geschäftsunterlagen oder für offenen Urlaub. Im Einzelfall können Verzerrungen des Gewinns zu verzeichnen und unterhaltsrechtliche Korrekturen erforderlich sein. Besonders das letzte der drei Jahre ist unterhaltsrechtlich kritisch zu prüfen. Wenn hier Rückstellungen (signifikant) erhöht bzw. neu gebildet werden, ist die Rechtfertigung des Erhöhungs- bzw. Zuführungsbetrags zum Zwecke der unterhaltsrechtlichen Berücksichtigung konkret nachzuweisen.[222] Namentlich können die Bildung von Rückstellungen

---

222 OLG Stuttgart 17.9.2015 – 11 UF 100/15, FamRZ 2016, 638 Rn. 22.

für Gewährleistungen, offene Rechnungen, Beratungskosten und unterlassene Instandhaltungen näher geprüft werden. Entscheidend ist aber, dass grundsätzlich nicht einfach der Bestand der Rückstellungen relevant ist, sondern die Veränderungen gegenüber dem Vorjahr zu hinterfragen sind.

39   **9. Private Nutzungsanteile.** Die Abgrenzung privater Nutzungsanteile betrifft häufig Kfz und Telefon. Die **private Kfz-Nutzung** im Steuerrecht ist in § 6 Abs. 1 Nr. 4 S. 2 bis 4 EStG geregelt. Wird ein zum Betriebsvermögen gehörendes Fahrzeug auch zu privaten Zwecken genutzt, ist der private Nutzungswert als Betriebseinnahme zu erfassen. Für Fahrzeuge, die zu mehr als 50 % betrieblich genutzt werden (sog notwendiges Betriebsvermögen), ist der private Nutzungswert entweder pauschal nach der sog „Ein-Prozent-Methode" oder alternativ durch Führen eines ordnungsgemäßen Fahrtenbuchs zu ermitteln. Bei der pauschalen Methode wird 1 % vom Brutto-Listenpreis pro Kalendermonat der privaten Nutzung verbucht (zB Brutto-Listenpreis 40.000 EUR x 1 % x 12 Kalendermonate = privater Nutzungswert 4.800 EUR p.a.). Die private Kfz-Nutzung ist steuerrechtlich als Betriebseinnahme zu erfassen.

Bei der unterhaltsrechtlichen Beurteilung der privaten Kfz-Nutzung ist stets zu berücksichtigen, dass bereits steuerrechtlich hierfür Beträge gebucht sind.[223] Der gesonderte zusätzliche unterhaltsrechtliche Ansatz einer Privatnutzung für Kfz führt (zumindest teilweise) zu einer Doppelzählung. Im Unterhaltsrecht wird diskutiert, den Vorteil der privaten Kfz-Nutzung anders als im Steuerrecht zu bewerten. Es kommt vor, dass unterhaltsrechtlich bei Gericht unter Berufung auf § 287 Abs. 2 ZPO (Schätzung) abweichende Lösungen gesucht werden, mit dem Ziel, für den zu entscheidenden Fall eine sachgerechte Lösung zu finden. So hat das OLG Brandenburg den privaten Nutzungsanteil unterhaltsrechtlich mit pauschal 50 % der gesamten Kfz-Kosten geschätzt (anstelle der steuerrechtlichen Ein-Prozent-Methode).[224]

Die **private Telefon-Nutzung** ist für Selbstständige im EStG nicht geregelt; die Bemessung ist steuerrechtlich eine Einzelfallentscheidung. Unterhaltsrechtlich kann eine Schätzung nach Maßgabe des § 287 Abs. 2 ZPO im Einzelfall erwogen werden.[225] Dabei ist stets zu prüfen, in welcher Höhe bereits steuerrechtlich Privatanteile als Betriebseinnahme erfasst sind und ob diese der Höhe nach ausreichend angesetzt wurden.

40   **10. Weitere Betriebsausgaben.** Je nach den Umständen des Einzelfalls können bspw. für die folgenden Betriebsausgaben weitere Darlegungen erforderlich sein, unter anderem im Hinblick auf die eindeutige Abgrenzung zur privaten Lebensführung und im Hinblick auf die Entwicklung im Vergleich der Geschäftsjahre:

- Beiträge (ggf. private Mitveranlassung)
- Beratungskosten, auch Rechtsberatungskosten
- Bewirtungskosten[226]

---

223   OLG Düsseldorf 28.2.2012 – II-1 UF 306/11, FamFR 2013, 83; OLG Celle 7.2.2008 – 17 UF 203/07, FamRZ 2008, 997 (nicht vollständig abgedruckt).
224   OLG Brandenburg 19.12.2006 – 10 UF 183/05, FamRZ 2007, 1020 (1021).
225   OLG Brandenburg 19.12.2006 – 10 UF 183/05, FamRZ 2007, 1020 (1021): Privatanteil Telefon mit einem Drittel angesetzt. In dieser Größenordnung bspw. bei einem häuslichen Arbeitszimmer denkbar.
226   BGH 19.2.2003 – XII ZR 19/01, FamRZ 2003, 741 (743).

- Fahrzeugkosten (Anzahl der Fahrzeuge im Hinblick auf die Art der Tätigkeit sowie Wagenklasse in Anbetracht der wirtschaftlichen Verhältnisse, bspw. wenn es um den Mindestunterhalt für minderjährige Kinder geht)
- Fortbildungskosten
- Geschenke (ggf. für private Zwecke)
- Leasinggebühren (siehe Fahrzeugkosten)
- Miete, Raumkosten, insbesondere wenn die Immobilie teilweise betrieblich, teilweise privat genutzt wird (bspw. häusliches Arbeitszimmer)
- Personalkosten, vor allem Gehälter im Zusammenhang mit einem Arbeitsverhältnis des Ehegatten oder einer nahestehenden Person
- Provisionen, bspw. wenn sie an Angehörige gezahlt werden
- Reisekosten Unternehmer: Die Regelung für Spesen in den unterhaltsrechtlichen Leitlinien, Nr. 1.4, kann ggf. auf Selbstständige analog angewendet und die Auffassung vertreten werden, dass mindestens 1/3 der in Ansatz gebrachten Spesen einkommenserhöhend zuzuschlagen sind
- Repräsentationskosten[227]
- Sonstige Kosten (evtl. ist eine weitere Aufschlüsselung erforderlich)
- Spenden
- Versicherungen
- Werbekosten (bspw. bei Berufsgruppen mit berufsrechtlichen Werbeeinschränkungen)
- Zinsaufwendungen

Der BGH hat formuliert, „dass Betriebskosten unterhaltsrechtlich grundsätzlich nur berücksichtigt werden können, wenn sie in einem angemessenen Verhältnis zu dem Betriebsergebnis stehen."[228] Die Höhe des angemessenen Verhältnisses ist nach den Umständen des Einzelfalls abzuwägen.

11. Steuern. Im Rahmen der unterhaltsrechtlichen Einkommensermittlung bei 41 Selbstständigen sind die Posten **Umsatzsteuer** und Vorsteuer grundsätzlich nicht gesondert zu beachten. Bei einer Gewinnermittlung durch Einnahmen-Überschussrechnung nach § 4 Abs. 3 EStG werden Umsatzsteuer und Vorsteuer über die Gewinnermittlung gebucht, und zwar über Betriebseinnahmen und Betriebsausgaben. Im Fall einer unterhaltsrechtlichen Einkommensermittlung über drei Jahre nivellieren sich in der Regel eventuelle Differenzen, so dass üblicherweise auf Korrekturen bzw. Periodisierungen verzichtet werden kann; in wenigen Ausnahmefällen sind Verzerrungen zu hinterfragen und ggf. zu korrigieren. Die Umsatzsteuer ist im Ergebnis ein durchlaufender Posten.

Die **Gewerbesteuer** ist nach § 4 Abs. 5 b EStG steuerlich keine Betriebsausgabe (Änderung mit Wirkung ab Geschäftsjahr 2008). Wenn im Rahmen der unterhaltsrechtlichen Einkommensermittlung vom steuerrechtlichen Gewinn lt. Einkommensteuer-Bescheid ausgegangen wird, ist die Gewerbesteuer grundsätzlich wieder abzusetzen.

In der Praxis wird die Gewerbesteuer in der Gewinnermittlung häufig zunächst als Betriebsausgabe gebucht (in einer Gewinn- und Verlustrechnung Posten „Steuern vom Einkommen und vom Ertrag"), um den betrieblichen (tatsächlichen) Gewinn zu ermitteln. Dann werden steuerrechtlich Gewinnkorrekturen

---

227 BGH 19.2.2003 – XII ZR 19/01, FamRZ 2003, 741 (743); 15.10.1986 – IVb ZR 79/85, FamRZ 1987, 46 (48), bei einem selbstständigen Handelsvertreter.
228 BGH 23.11.2005 – XII ZR 51/03, FamRZ 2006, 387 (389).

vorgenommen und (unter anderem) die Gewerbesteuer als Hinzurechnung ausgewiesen. Dadurch wird die Gewerbesteuer wieder eliminiert, um den (höheren) steuerlichen Gewinn zu erhalten, der dann auch im Einkommensteuer-Bescheid steht.

Für den Abzug der **Einkommensteuer** (einschließlich Solidaritätszuschlag und ggf. Kirchensteuer) werden in der Rechtsprechung, Literatur und Praxis unterschiedliche Konzepte angewendet: In-Prinzip (Abfluss-/Zufluss-Prinzip), Für-Prinzip unter Berücksichtigung der festgesetzten (veranlagten) Steuern und Für-Prinzip mit fiktiver Steuerberechnung. Das **In-Prinzip** ist durchaus geeignet bei klassischen Arbeitnehmern. Wenn ein Arbeitnehmer nur ein Arbeitsverhältnis hat, keine anderen Einkünfte (bspw. aus Vermietung) bezieht und in jedem Jahr eine Steuererstattung in einer bestimmten Größenordnung erhält (wegen der regelmäßigen steuerrechtlichen Geltendmachung von Werbungskosten, Sonderausgaben einschließlich Kirchensteuer etc) steht der Anwendung des In-Prinzips nichts im Weg. Soweit es bei Selbstständigen um die Berechnung des laufenden und künftigen Unterhalts geht, ist zu bedenken, dass das In-Prinzip häufig zu Verzerrungen führt und keine sachgerechte Prognose ermöglicht. Soweit der rückständige Unterhalt zu berechnen ist oder Einkommensteuer-Erstattungen ab der Trennung für die Jahre der Zusammenveranlagung zu berücksichtigen sind, kann auch bei Selbstständigen das In-Prinzip im Einzelfall zu angemessenen Ergebnissen führen.

Zur Anwendung des **Für-Prinzips** bei einem Selbstständigen (unter Berücksichtigung der festgesetzten Steuern) hat der BGH ausgeführt: „Grundsätzlich nicht zu beanstanden ist es, dass das Berufungsgericht (…) das Für-Prinzip angewendet hat und von dem zugrunde gelegten Gewinn (…) nur die hierfür (…) festgesetzte Einkommensteuer abgezogen hat. (…) Es ist (…) Aufgabe der Tatsacheninstanzen, unter den gegebenen Umständen des Einzelfalls eine geeignete Methode zur möglichst realitätsgerechten Ermittlung des Nettoeinkommens als Grundlage der Unterhaltsbemessung nach den ehelichen Lebensverhältnissen zu finden“.[229] In der Praxis hält sich immer noch hartnäckig die Auffassung, das Für-Prinzip sei höchstrichterlich untersagt. Der BGH formuliert vielmehr treffend, dass das In-Prinzip nicht als Dogma zu verstehen ist.

Wenn unterhaltsrechtliche Korrekturen vorgenommen werden, stellt sich die Frage, ob eine (teilweise) **fiktive Steuerberechnung** vorzunehmen ist. Dieser Komplex wird in der Rechtsprechung und Literatur unterschiedlich gehandhabt. Die Tendenz geht dahin, immer häufiger eine fiktive Steuer zu ermitteln. Nach den Formulierungen des BGH „mindern Aufwendungen des Unterhaltspflichtigen, die unterhaltsrechtlich nicht berücksichtigungsfähig sind, sein unterhaltsrelevantes Einkommen nicht, andererseits bleibt auch die aufgrund der Aufwendungen erzielte **Steuerersparnis außer Betracht**, weil sie ohne die Aufwendungen nicht einträte“.[230] Eine fiktive Steuerberechnung lässt sich bei Selbstständigen nur mit dem Für-Prinzip sachgerecht abbilden. Explizit sieht der BGH bspw. bei der unterhaltsrechtlichen Korrektur von Investitionsabzugsbeträgen (seinerzeit

---

229 BGH 21.9.2011 – XII ZR 121/09, FamRZ 2011, 1851 (1852) Rn. 19.
230 BGH 30.1.2013 – XII ZR 158/10, FamRZ 2013, 616 (617) Rn. 14, mit Verweis auf BGH 19.2.2003 – XII ZR 19/01, FamRZ 2003, 741 (743) und Verweis auf BGH 1.10.1986 – IVb ZR 68/85, FamRZ 1987, 36 (37).

im EStG als Ansparabschreibungen bezeichnet) die Notwendigkeit zur Berücksichtigung fiktiver Steuern.[231]

12. Vorsorgeaufwendungen. a) Kranken- und Pflegeversicherung. Für die   42
Kranken- und Pflegeversicherungen kommt es grundsätzlich auf die aktuelle
Höhe dieser Aufwendungen an, und zwar auch bei Selbstständigen. Die möglichst aktuellen Versicherungsbeiträge bilden einen besseren Indikator für die im
Alimentationszeitraum durchschnittlich zu entrichtenden Beiträge; ein Durchschnitt von mehreren Jahren ist hier in der Regel nicht sachgerecht. Ist der
Selbstständige in einer gesetzlichen Krankenkasse freiwillig versichert, ist eine
einkommensabhängige Einstufung möglich (anders als in der privaten Krankenversicherung). Bei schwankendem Einkommen könnte hier auch der Krankenkassenbeitrag sinken oder steigen. In einem solchen Fall kann ein durchschnittlicher Krankenkassenbeitrag sachgerecht sein, um den laufenden und künftigen
Unterhalt zu bestimmen.

Eine eventuelle **Selbstbeteiligung** in der privaten Krankenversicherung kann unterhaltsrechtlich als Vorsorgeaufwand berücksichtigt werden. Hierzu ist substanziiert vorzutragen, dass dieser Eigenanteil regelmäßig als zusätzlicher Vorsorgeaufwand anfällt.

Aufwendungen des gesteigert unterhaltspflichtigen Elternteils für eine **Zusatzkrankenversicherung** sind unterhaltsrechtlich nicht berücksichtigungsfähig,
wenn der Mindestunterhalt für ein minderjähriges Kind andernfalls nicht aufgebracht werden kann.[232] Soweit es nicht um den Mindestunterhalt geht, ist die
Berücksichtigung privater Krankenzusatzversicherungen bspw. möglich, soweit
diese die ehelichen Lebensverhältnisse geprägt haben.

b) Altersvorsorge. Als Aufwendungen für Altersvorsorge können bspw. Renten-   43
versicherungen, Kapitallebensversicherungen, Beiträge für einen Bausparvertrag[233] und Tilgungsleistungen für Immobilien[234] geltend gemacht werden. Dem
Unterhaltspflichtigen steht es grundsätzlich frei, in welcher Weise er Vorsorge
für sein Alter trifft. Im Einzelfall kann auch die Anlage eines bloßen Sparvermö-
gens als anzuerkennende Art der Altersvorsorge bewertet werden.[235] Die
Altersvorsorge-Produkte müssen geeignet erscheinen, den Zweck der Altersversorgung zu erreichen.

Bei der Frage, bis zu welcher **Höhe** eine Altersvorsorge als angemessen gilt, ist
zu differenzieren. Soweit es um den Mindestunterhalt für ein minderjähriges
Kind geht, ist maximal der Beitragssatz der gesetzlichen Rentenversicherung
möglich; eine zusätzliche Altersvorsorge ist unterhaltsrechtlich nicht berücksichtigungsfähig.[236] Somit sind beim Mindestunterhalt als Aufwendungen für die

---

231 BGH 2.6.2004 – XII ZR 217/01, FamRZ 2004, 1177 (1179). Kritisch zur fiktiven
     Steuerberechnung im Rahmen der unterhaltsrechtlichen Einkommensermittlung bei
     Selbstständigen OLG Brandenburg 19.12.2006 – 10 UF 183/05, FamRZ 2007, 1020
     (1021 f.).
232 BGH 30.1.2013 – XII ZR 158/10, FamRZ 2013, 616 (618) Rn. 22.
233 BGH 27.5.2009 – XII ZR 111/08, FamRZ 2009, 1207 (1209) Rn. 32; OLG Stuttgart
     17.9.2015 – 11 UF 100/15, FamRZ 2016, 638 Rn. 17.
234 BGH 5.3.2008 – XII ZR 22/06, FamRZ 2008, 963 (966) Rn. 22 ff.; OLG Brandenburg
     26.1.2010 – 10 UF 105/09, FamRZ 2011, 228.
235 BGH 29.4.2015 – XII ZB 236/14, FamRZ 2015, 1172 (1174) Rn. 26; OLG Stuttgart
     17.9.2015 – 11 UF 100/15, FamRZ 2016, 638 Rn. 17.
236 BGH 30.1.2013 – XII ZR 158/10, FamRZ 2013, 616 (617) Rn. 15.

Altersvorsorge derzeit maximal bis zu 18,7 %[237] oder (gerundet) 19 % oder (großzügig gerundet) 20 %[238] des Bruttoeinkommens möglich. Bei den anderen Unterhaltsverpflichtungen (ausgenommen Elternunterhalt) erhöhen sich die Sätze um die zusätzliche Altersvorsorge von maximal 4 %, also auf maximal 22,7 % oder (gerundet) 23 %[239] oder (großzügig gerundet) 24 %.[240] Beim Elternunterhalt ermitteln sich (bei einer zusätzlichen Altersvorsorge von maximal 5 %) Werte von maximal 23,7 % oder (gerundet) 24 % oder (großzügig gerundet) 25 %.

Wenn es bei den Prozentsätzen in den Leitlinien zum Unterhaltsrecht Unterschiede gibt, ist dies etwas unbefriedigend. Eine einfache bundeseinheitliche Formulierung könnte etwa in die Richtung gehen, dass Aufwendungen für die Altersvorsorge maximal in Höhe des jeweiligen Beitragssatzes der gesetzlichen Rentenversicherung möglich sind, derzeit 18,7 %. Soweit es nicht um den Mindestunterhalt für ein minderjähriges Kind geht, erhöht sich der Satz um maximal 4 %, beim Elternunterhalt um maximal 5 %. Damit müsste man bei Änderungen des Beitragssatzes zur gesetzlichen Rentenversicherung keine Überlegungen anstellen, wie man jetzt neu runden will (oftmals mit einer zeitlichen Verzögerung bis zur Anpassung der Leitlinien).

Die Frage, von welchem Bruttoeinkommen die vorgenannten Prozentsätze berechnet werden, wird in der Praxis nicht einheitlich gesehen. Meines Erachtens sollten die Sätze grundsätzlich auf das Brutto-Erwerbseinkommen bezogen werden (also bspw. ohne Vermietung, Kapitalerträge); Ausnahmen von der Regel sind nach den Umständen des Einzelfalls möglich.

Voraussetzung für eine Absetzbarkeit von Vorsorgeaufwendungen ist stets, dass derartige Aufwendungen **tatsächlich geleistet** werden. Fiktive Abzüge kommen insoweit nicht in Betracht.[241]

44 **c) Weitere Vorsorgeaufwendungen.** Eine **Berufsunfähigkeitsversicherung** kann grundsätzlich als Vorsorgeaufwand berücksichtigt werden.[242] Die Angemessenheit der Berufsunfähigkeitsversicherung der Höhe nach ist eine Wertungsfrage im Einzelfall.

Eine **Arbeitslosenversicherung**, die als freiwillige Weiterversicherung nach § 28 a Abs. 1 Nr. 2 SGB III nachgewiesen wird, ist als Vorsorgeaufwand zu berücksichtigen. Demgegenüber kann die Bildung von Rücklagen auf einem Sparkonto zur Absicherung für den Fall der Arbeitslosigkeit nicht als abzugsfähig angesehen werden.[243]

VI. Einkünfte aus Vermögen und Vermögensverwertung

45 **1. Einkünfte aus Vermögen.** Einkünfte aus Vermögen sind sowohl beim Verpflichteten als auch beim Berechtigten grundsätzlich als **unterhaltsrelevantes**

---

237 Vgl. Unterhaltsrechtliche Leitlinien des OLG Schleswig, Nr. 10.1.2.
238 Vgl. bspw. Leitlinien zum Unterhaltsrecht des OLG Hamm, Nr. 10.1.
239 Vgl. bspw. Unterhaltsrechtliche Leitlinien der Familiensenate in Süddeutschland und Unterhaltsgrundsätze des OLG Frankfurt/M., jeweils Nr. 10.1.
240 Vgl. bspw. Unterhaltsrechtliche Leitlinien des OLG Bremen, Nr. 10.1.
241 BGH 28.2.2007 – XII ZR 37/05, FamRZ 2007, 793 (795) Rn. 27; 19.2.2003 – XII ZR 67/00, FamRZ 2003, 860 (863).
242 BGH 27.5.2009 – XII ZR 111/08, FamRZ 2009, 1207 (1209) Rn. 28; 18.3.2009 – XII ZR 74/08, FamRZ 2009, 770 (774) Rn. 39.
243 BGH 19.2.2003 – XII ZR 67/00, FamRZ 2003, 860 (863).

Einkommen zu berücksichtigen, gleichgültig, woher sie stammen.[244] Inwieweit die Einkünfte aus Vermögen zu berücksichtigen sind, ist eine Frage der einzelnen Unterhaltstatbestände, etwa ob sie zum (eheprägenden) Bedarf gehören oder nur die Bedürftigkeit des Berechtigten mindern.

Die wichtigsten Vermögenseinkünfte sind die **Zinsen aus Kapitalvermögen**. Eine 46 geringere Rolle spielen die Einkünfte aus Kapitalbeteiligungen an Handelsgesellschaften, einer GmbH oder einer Aktiengesellschaft.

So zählen zu den Einkünften aus Kapitalvermögen alle Arten von Zinsen, wie Spar-, Bauspar-, Darlehens-, Hypothekenzinsen und Zinsen aus Anleihen. Des Weiteren zählen dazu Zinsen aus Einlagen und Konten bei Kreditinstituten, Diskonterträge bei Wechselgeschäften, Ausschüttungen von Investmentgesellschaften, Stückzinsen, Gewinnanteile aus der Beteiligung an Kapitalgesellschaften, Dividenden, Einkünfte aus einer stillen Gesellschaft, aus Wertpapieren sowie Einkünfte aus Spekulationsgewinnen.[245] Da es auf die Herkunft des Vermögens nicht ankommt, zählen auch Zinsen aus einem Erbteil an einem Baugrundstück[246] oder einem Sparguthaben,[247] einem Versteigerungserlös[248] aus einem Miteigentumsanteil an einem Haus,[249] aus einem Lottogewinn,[250] grundsätzlich auch aus Schmerzensgeldzahlungen,[251] aus Erlösen aus der Veräußerung eines Eigenheims[252] und aus Vermögenserträgen, die aus einem Kapital stammen, das aus laufendem Unterhalt angespart wurde,[253] sowie Zinsen aus einem erhaltenen Zugewinn, wenn entsprechende Zinsen schon während der Ehe (prägend) erzielt wurden.[254] Nicht bei der Unterhaltsberechnung zu berücksichtigen sind Kapitalerträge, die während der Ehe noch nicht erzielt wurden und damit die ehelichen Lebensverhältnisse nicht geprägt haben, da sie zB auf einer nach der Scheidung angefallenen Erbschaft beruhen.[255]

Nicht zu den Einkünften zählen Zinsen aus dem zum Zwecke der zusätzlichen **Altersvorsorge** (→ Rn. 43) gebildeten Vermögen, soweit diese Einkünfte auch in der Ehezeit nicht zum Lebensunterhalt zur Verfügung standen, sondern thesauriert wurden.[256]

Maßgeblich sind nur die **Nettobeträge**, dh die Einkünfte aus Kapitalvermögen 47 sind um Steuern, gesetzliche Abgaben und notwendige Aufwendungen, wie zB Depotgebühren, Bankspesen oder Auslagen für die Teilnahme an Gesellschafterversammlungen zu bereinigen. Ein Abzug zum Ausgleich für einen zukünftigen Kaufkraftverlust ist nicht zulässig.[257] Ist das Vermögen, aus dem Erträge fließen, durch Kredite finanziert, so sind Tilgungsleistungen, wenn sie bei gemeinsamem

244 BGH FamRZ 1985, 471; 1985, 582; 1994, 21; 1994, 228; 2007, 1232.
245 OLG Stuttgart FamRZ 2002, 635.
246 BGH FamRZ 1980, 143; OLG Hamm NJW-RR 1998, 6.
247 BGH FamRZ 1985, 360.
248 BGH FamRZ 1985, 582.
249 BGH FamRZ 1984, 662.
250 OLG Frankfurt/M. FamRZ 1995, 875.
251 BGH FamRZ 1988, 1031; 1989, 170; OLG Karlsruhe FamRZ 2002, 715.
252 BGH FamRZ 1985, 354; 2001, 986; 2001, 1140; 2002, 88; 2006, 387.
253 BGH FamRZ 1986, 441; 1985, 582.
254 BGH FamRZ 2007, 1532; 2008, 1325.
255 BGH FamRZ 2012, 1483.
256 BGH FamRZ 2006, 1511.
257 BGH FamRZ 1986, 441.

Eigentum eheprägend waren, abzugsfähig,[258] aber bei Alleineigentum nur bis zur Scheidung, danach nur noch die Zinsen.[259] Das Problem der Doppelverwertung bei Unterhalt und Zugewinn stellt sich dann jedenfalls nicht, wenn ab der Rechtshängigkeit des Scheidungsantrags nur die Zinsen abzugsfähig sind.[260]

48 Bei der Versteuerung von Kapitalerträgen berücksichtigt § 20 Abs. 9 EStG einen **Freibetrag** von 801 EUR für Alleinstehende und bei Zusammenveranlagung in Höhe von 1.602 EUR. Dies ist auch bei fiktiven Kapitalzinsen zu berücksichtigen. Wird vorhandenes Kapital nicht ertragreich angelegt, sind erzielbare Zinseinkünfte fiktiv anzusetzen.[261]

Auch Zinsen aus einem Zugewinnausgleich oder aus einer sonstigen Vermögensauseinandersetzung können grundsätzlich zum unterhaltsrelevanten Einkommen zählen.[262]

Im Elternunterhalt kann es dagegen gerechtfertigt sein, Einkünfte aus Kapital nicht dem unterhaltpflichtigen Einkommen des Unterhaltsschuldners zuzurechnen, sofern diese benötigt werden, eine angemessene Altersversorgung aufzubauen.[263] Wenn der Bundesgerichtshof ein aufgezinstes Vermögen von 5 % des Bruttoeinkommens als Schonvermögen betrachtet, wäre es möglich, Zinseinkünfte dem unterhaltpflichtigen Einkommen zuzurechnen, wenn die Obergrenze des Schonvermögens noch nicht erreicht ist.

49 **2. Vermögensverwertung.** Erträge aus Vermögen zählen zum Einkommen, das beim Unterhalt zu berücksichtigen ist.

50 Eine allgemeine Regelung zur **Verwertung des Vermögensstamms** (= der Vermögenssubstanz) besteht nicht. Ob eine Verwertung des Vermögensstamms in Betracht kommt, ist den Regelungen bzgl. der einzelnen Unterhaltsarten zu entnehmen (→ Rn. 51–56).

51 Beim **nachehelichen Unterhalt** besteht keine Verpflichtung, den Stamm des Vermögens zu verwerten, soweit die Verwertung unwirtschaftlich oder unter Berücksichtigung der beiderseitigen wirtschaftlichen Verhältnisse unbillig wäre (§§ 1577 Abs. 3, 1581 S. 2). Beim Bedürftigen wie beim Verpflichteten sind für die Obliegenheit zum Einsatz ihrer wirtschaftlichen Mittel dieselben Maßstäbe anzulegen.[264]

Besteht eine Obliegenheit zur Verwertung von Vermögen, so muss grundsätzlich eine Forderung eingezogen werden.[265] Erbrechtliche Ansprüche sind geltend zu machen bzw. Vermögen im Zusammenhang mit einem Erbfall ist wirtschaftlich zu verwerten, zB durch Beleihung eines Erbanteils,[266] durch Teilauseinanderset-

---

258 BGH FamRZ 1991, 1163.
259 BGH FamRZ 2007, 879.
260 Vgl. Gerhardt/Schulz, Die Berücksichtigung einseitig vermögensbildender Schulden beim Ehegattenunterhalt, FamRZ 2005, 1523; Gerhardt, Die Bereinigung des Nettoeinkommens beim Ehegattenunterhalt nach der geänderten Rechtsprechung des BGH, FamRZ 2007, 945; unklar bei BGH FamRZ 2007, 879.
261 BGH FamRZ 1986, 439; 1988, 604; 2013, 278; vgl. auch BGH FamRZ 2006, 387 und 2008, 1325.
262 BGH FamRZ 1985, 354 (357); 1986, 437; 1987, 912; 2006, 387; 2007, 1532 auch zur Eheprägung; 2008, 1325; 2010, 1637; OLG Bamberg FamRZ 1992, 1305.
263 BGH FamRZ 2006, 1511.
264 BGH FamRZ 1985, 354; OLG Hamm FamRZ 2006, 1680.
265 BGH FamRZ 1998, 367.
266 BGH FamRZ 1980, 43.

zung einer Erbengemeinschaft,[267] Realisierung von Erbansprüchen oder Vermächtnissen und Pflichtteilsansprüchen.[268] Das Gleiche gilt für einen Versteigerungserlös,[269] Vermögen aus Zugewinnausgleich,[270] Kapital aus einer ausbezahlten Lebensversicherung[271] wie Sparguthaben.[272] Bei ererbtem Vermögen ist die Verwendung eines Teils des Geldes zur Deckung sonstiger Bedürfnisse zuzubilligen.[273] Einzusetzen ist auch Fondsvermögen, ein Sparkassenbrief, eine Lebensversicherung[274] oder Geldvermögen, wobei nicht entgegensteht, dass das Geld aus einer Erbschaft stammt.[275] Nur bei einem unterhaltsrechtlich vorwerfbaren Verhalten kann verbrauchtes Vermögen fingiert werden.[276]

Bei der **Billigkeitsprüfung** sind die beiderseitigen wirtschaftlichen Verhältnisse zu berücksichtigen. Folgende Umstände können bei der Billigkeitsabwägung eine Rolle spielen:

- Lebensalter der Ehegatten,[277]
- günstige oder ungünstige Vermögensverhältnisse,[278]
- voraussichtliche Dauer der Unterhaltsbedürftigkeit,[279]
- Dauer der Möglichkeiten des Ertrags aus einem Vermögen.[280]

Für den **Trennungsunterhalt** enthält das Gesetz keine Regelung über eine Vermögensverwertung, was sie aber nicht ausschließt. Einen Anhaltspunkt bieten die Regelungen zum nachehelichen Unterhalt, so § 1581 S. 2.[281] Bei der Heranziehung dieser Grundsätze sind allerdings die Besonderheiten des Trennungsunterhalts im Verhältnis zum nachehelichen Unterhalt zu berücksichtigen.[282] Die Ehegatten tragen während der Ehe füreinander mehr Verantwortung als nach der Scheidung. Die besondere Verbundenheit noch während des Getrenntlebens legt den Ehegatten ein höheres Maß an Rücksichtnahme auf die Interessen des anderen auf, als dies nach der Scheidung der Fall ist.[283] Eine trennungsfördernde Verwertung von Vermögen sollte grundsätzlich vermieden werden.[284] Eine Verwertung des Vermögens kommt daher während der Trennung nur unter engeren Voraussetzungen infrage.[285] Die Verwertung der früheren Ehewohnung, die ein Ehegatte allein nach der Trennung bewohnt, scheidet grundsätzlich aus.[286] Gleiches gilt für ein Familienheim und ein Unternehmen, wenn es als

52

---

267 BGH FamRZ 1997, 281.
268 BGH FamRZ 1982, 996; 1997, 281;1998, 367; OLG Hamm FamRZ 1997, 1537.
269 BGH FamRZ 1985, 582.
270 BGH FamRZ 1985, 357.
271 OLG Hamm FamRZ 2000, 1286.
272 BGH FamRZ 1985, 582; OLG Schleswig FuR 2004, 279.
273 OLG Oldenburg FamRZ 2005, 718.
274 OLG Schleswig FuR 2004, 279.
275 BGH FamRZ 1980, 43; OLG Hamm FamRZ 2006, 1680.
276 BGH FamRZ 2010, 629.
277 BGH FamRZ 1984, 364.
278 BGH FamRZ 1984, 364; 1986, 560; 2007, 1532; OLG München FamRZ 1994, 1459; OLG Karlsruhe FamRZ 2010, 655; OLG Frankfurt/M. OLGReport 2009, 484.
279 OLG Saarbrücken FamRZ 2008, 698.
280 BGH FamRZ 1985, 354.
281 BGH FamRZ 1986, 556; 2005, 97.
282 BGH FamRZ 2005, 97.
283 BGH FamRZ 2005, 97; 2012, 514; Wendl/Dose § 1 Rn. 614 ff.
284 BGH FamRZ 1993, 1065.
285 OLG München FamRZ 1993, 62; OLG Koblenz FamRZ 2005, 1482.
286 BGH FamRZ 1989, 1160; 1998, 899; 2000, 351; 2003, 1179; 2007, 879.

Existenzgrundlage der Familie dient.[287] Eventuell kann eine Teilverwertung in Betracht kommen.[288]

53 Beim **Unterhalt minderjähriger Kinder** ist die Grenze zur Verwertung des Vermögensstamms weit zu ziehen. Eltern haften ihren minderjährigen Kindern nach § 1603 Abs. 2 S. 1 verschärft. Sie haben alle verfügbaren Mittel zum Unterhalt der minderjährigen Kinder einzusetzen. Dazu gehört auch die Verwertung des Vermögensstamms, sofern sie nicht unwirtschaftlich oder unbillig ist.[289] Unterste Grenze für den verpflichteten Elternteil ist der **notwendige Eigenbedarf unter Berücksichtigung der voraussichtlichen Lebensdauer.**[290] Ob eine Verwertung von Lebensversicherungen zumutbar ist, hängt insbesondere von der Werthaltigkeit der Forderung ab, und vor allem, ob sie der Elternteil zur Deckung des eigenen Lebensunterhalts oder zur Erfüllung anderer berücksichtigungsfähiger Verbindlichkeiten benötigt.[291] Die gleichen Grundsätze gelten für die privilegierten volljährigen Kinder nach § 1603 Abs. 2 S. 2. Eine Vermögensverwertung scheidet aus, wenn sie mit einem wirtschaftlich nicht vertretbaren Nachteil für den Unterhaltsverpflichteten verbunden wäre, so im Hinblick auf Verbindlichkeiten und den eigenen Unterhaltsbedarf.[292] Beim volljährigen Kind gelten dem Grunde nach die Regelungen des Verwandtenunterhalts nach §§ 1601 ff. Eine allgemeine Billigkeitsgrenze sieht das Gesetz beim Verwandtenunterhalt im Gegensatz zum nachehelichen Unterhalt nicht vor.[293] Grundsätzlich schließt **Vermögen beim volljährigen Kind** seine Bedürftigkeit aus. Einzusetzen ist grundsätzlich jegliches Vermögen, nicht nur das zu Ausbildungszwecken bestimmte. Wurde das Vermögen anderweitig verbraucht, muss sich das volljährige Kind so behandeln lassen, als wäre das Geld noch vorhanden.[294] Im Einzelfall kann aber die Vermögensverwertung unzumutbar sein, wobei die Grenze der Unzumutbarkeit etwas enger zu ziehen ist als bei § 1577 Abs. 3, angenähert etwa dem Begriff der groben Unbilligkeit.[295] Der Tatrichter hat bei der Ausübung des Ermessens im Einzelfall im Rahmen einer umfassenden Zumutbarkeitsabwägung alle bedeutsamen Umstände und insbesondere auch die Lage des Unterhaltsverpflichteten zu berücksichtigen.[296] Dabei ist dem Unterhaltsberechtigten ein **Notgroschen** (Sockelbetrag) für Fälle plötzlich auftretenden (Sonder-)Bedarfs zu belassen.[297]

54 Beim **Elternunterhalt,** der sich nach dem Verwandtenunterhalt (§§ 1601 ff.) richtet, kennt das Gesetz eine allgemeine Billigkeitsgrenze wie § 1577 Abs. 3 und § 1581 S. 2 beim nachehelichen Unterhalt, nicht.[298] Deshalb ist allein auf § 1603 Abs. 1 abzustellen. Danach ist nicht unterhaltspflichtig, wer bei Berücksichti-

---

287 BGH FamRZ 2000, 351.
288 BGH FamRZ 1986, 556.
289 OLG Hamm FamRZ 2006, 605; OLG Nürnberg FamRZ 2008, 436; OLG Frankfurt/M. FamRZ 2016, 1174.
290 BGH FamRZ 1989, 170.
291 OLG Hamm FamRZ 2007, 77; Wendl/Dose § 1 Rn. 613.
292 BGH FamRZ 1986, 48; 1988, 604.
293 BGH FamRZ 1986, 48.
294 OLG Zweibrücken FamRZ 2016, 726.
295 BGH FamRZ 1998, 367; OLG Koblenz NJW-RR 2005, 586; OLG Frankfurt/M. OLG-Report 2007, 285; OLG Hamm FamRZ 2007, 929.
296 BGH FamRZ 1998, 367.
297 Zum Umfang, der Art des einzusetzenden Vermögens und des Schonbetrags OLG München FamRZ 1996, 1433; OLG Bamberg FamRZ 1999, 876; OLG Köln FamRZ 1999, 1277; OLG Celle FamRZ 2001, 47.
298 BGH FamRZ 1998, 367; Wendl/Dose § 1 Rn. 619.

gung seiner sonstigen Verpflichtungen außerstande ist, ohne Gefährdung seines angemessenen Unterhalts den Unterhalt zu gewährleisten. **Außerstande zur Unterhaltsgewährung** ist jedoch nicht, wer über verwertbares Vermögen verfügt.[299] Die Obliegenheit zum Einsatz des Vermögensstamms besteht aber nicht unbegrenzt. Sie findet ihre Grenze dort, wo sonstige Verpflichtungen des Unterhaltsschuldners zu berücksichtigen sind. Er braucht seinen eigenen angemessenen Unterhalt nicht zu gefährden. Eine Verwertung scheidet danach aus, wenn sie den Unterhaltsschuldner von fortlaufenden Einkünften abschneiden würde, die er zur Erfüllung weiterer Unterhaltsansprüche oder anderer berücksichtigungswürdiger Verbindlichkeiten oder zur Bestreitung seines eigenen Unterhalts benötigt.[300] Zu dem eigenen Unterhalt sind auch Leistungen für eine angemessene, auch sekundäre, Altersvorsorge zu rechnen.[301] Der nicht erwerbstätige verheiratete Unterhaltpflichtige hat kein Bedürfnis zur Bildung eines Altersvorsorgevermögens, wenn er über seinen Ehegatten ausreichend abgesichert ist.[302]

Die Verwertung eines selbstgenutzten Immobilienbesitzes kann jedenfalls dann nicht verlangt werden, wenn dieser nach den Verhältnissen des Betreffenden angemessen ist.[303] Die Verwertung des Vermögensstamms kommt für den Fall nicht in Betracht, in dem dies für den Unterhaltsschuldner mit einem wirtschaftlich nicht mehr vertretbaren Nachteil verbunden wäre.[304] Soweit die Rechtsprechung beim Unterhaltsverpflichteten die Verwertung des Vermögensstamms bejaht, ist ihm aber ein großzügig bemessenes – abgestellt auf den Einzelfall – Schonvermögen zu belassen. So im Hinblick auf eine angemessene Altersversorgung.[305] Dem Unterhaltpflichtigen steht es grundsätzlich frei, in welcher Weise er über die gesetzliche Rentenversicherung hinaus Vorsorge für sein Alter trifft, etwa durch den Erwerb von Immobilien, Wertpapieren, Fondbeteiligungen, Sparvermögen oder zB eine Lebensversicherung.[306] Der Bundesgerichtshof hat hierbei in letzter Zeit eine **großzügige Grenze** im Einzelfall **für das Schonvermögen** angenommen, soweit eine relativ geringe Altersversorgung aus der gesetzlichen Rentenversicherung zu erwarten war, so einen Betrag in Höhe von 91.700 EUR für eine zusätzliche angemessene Alterssicherung. Er ließ einen Abzug von 5 % aus einem monatlichen Bruttoeinkommen von 2.143,85 EUR für die zusätzliche Altersversorgung während eines Berufslebens von 35 Jahren zu, der zu einem Kapitalbetrag von 100.000 EUR bei einer Rendite von 4 % führen soll.[307] Bei einem lang andauernden Berufsleben kann nach wie vor diese Rendite zugrunde gelegt werden, da sich der Renditerückgang erst in den letzten Jahren vollzogen hat.[308] So wie in anderen Fällen 75.000 EUR.[309] Der Bundesgerichtshof hat dabei feste Grenzen für das Schonvermögen abgelehnt.[310]

299   BGH FamRZ 2004, 1184; 2006, 1511; 2015, 1172 Rn. 23.
300   BGH FamRZ 1989, 170; 2006, 1511; 2013, 203; 2013, 1563.
301   BGH FamRZ 2013, 1563.
302   BGH FamRZ 2015, 1172 Rn. 36 f.
303   BGH FamRZ 2013, 1554.
304   BGH FamRZ 2004, 1184; 2006, 1511.
305   BGH FamRZ 2003, 860; 2004, 792; 2006, 1511; 2015, 1172 Rn. 25.
306   BGH FamRZ 2003, 860; 2005, 1817; 2006, 1511; 2007, 793.
307   BGH FamRZ 2006, 1511.
308   BGH FamRZ 2013, 1554 Rn. 30; 2015, 1172 Rn. 27.
309   BGH FamRZ 2002, 931; 2005, 1387; vgl. weiter BGH FamRZ 2002, 1698.
310   BGH FamRZ 2013, 1554.

55 Hat der Unterhaltspflichtige die Regelaltersgrenze erreicht, ist das von ihm für die Altersvorsorge angesparte Kapital unter Berücksichtigung seiner statistischen Lebenserwartung in eine Monatsrente umzurechnen. Seine Leistungsfähigkeit für den Elternunterhalt ist aus dem sich so ermittelten (Gesamt-) Einkommen zu bemessen.[311]

56 Die Vermögensverwertung beim Unterhalt nach § 1615 l Abs. 2 S. 2 richtet sich nach § 1577 Abs. 3 entsprechend. Der Gesetzgeber hat die Ansprüche nach § 1570 und § 1615 l Abs. 2 S. 2 weitgehend angeglichen.

VII. Einkünfte aus Vermietung und Verpachtung sowie Wohnvorteil

57 **1. Miet- und Pachteinnahmen.** Sie werden durch Abzug der Werbungskosten von den Bruttoeinnahmen ermittelt (§ 2 Abs. 2 S. 2 EStG).

Zu den Einnahmen aus Vermietung und Verpachtung zählen vor allem:

- **Miet- oder Pachtzinsen**, wobei für die Vergangenheit dem Grunde nach von den tatsächlich erzielten Einkünften auszugehen ist;[312]
- **Mietvorauszahlungen, Mietzuschüsse** und **Baukostenzuschüsse;**
- alle Nebenleistungen des Mieters für Strom, Wasser, Heizung, Müllabfuhr, Straßenreinigung uÄ sowie sonstige Erstattungen von Werbungskosten durch den Mieter;
- **Entschädigungen**, die der Mieter als Ersatz für entgangene Miet- oder Pachtzinsen zahlt;
- **Schadensersatzleistungen** des Mieters oder des Pächters, die auf einer Vertragsverletzung beruhen;
- Wert von **Sachleistungen** oder **Dienstleistungen** des Mieters anstelle eines Barzinses;
- **Bau- oder Reparaturaufwendungen** des Mieters, die mit der Miete verrechnet werden.[313]

58 **2. Abziehbare Ausgaben.** Für ein bestimmtes Objekt, für das Einnahmen erzielt werden, sind **Werbungskosten** abziehbar, soweit sie vom Vermieter bezahlt und nicht auf den Mieter umlegbar sind. Die meisten Kosten (Betriebskosten) kann der Vermieter auf den Mieter umlegen. Nur die wenigsten sind nicht absetzbar.

Allgemeine Hauskosten als Werbungskosten:

- Grundsteuer und öffentliche Gebühren für Müllabfuhr, Abwasser, Straßenreinigung, Kaminkehrer, Wasser, Strom, Gas uÄ, Kosten für Zentralheizung, Warmwasserbereitung, Fahrstuhl, Hauslicht, Hausmeister (vgl. im Einzelnen § 2 BetriebskostenVO/ BetrKV);
- Ausgaben für Hausverwaltung;
- notwendige Reisekosten zum Mietobjekt;
- notwendige Prozesskosten für Miet- und Räumungsprozesse;
- Beiträge zum Haus- und Grundbesitzerverein;
- Prämien für notwendige Hausversicherungen (Sach-, Haftpflicht-, Brand- und sonstige Schadensversicherungen).[314]

---

311 BGH FamRZ 2013, 203; 2015, 1172 Rn. 28.
312 BGH FamRZ 2007, 1532.
313 Vgl. Wendl/Dose/Gerhardt § 1 Rn. 453, 454.
314 Wendl/Dose/Gerhardt § 1 Rn. 455.

Notwendige **Erhaltungsaufwendungen,** das sind Kosten für Instandhaltungs- und Schönheitsreparaturen, können einkommensmindernd abgezogen werden, nicht dagegen, wenn es sich um Vermögensbildung handelt (Ausbau- und wertsteigernde Maßnahmen).[315]

Wer sich auf **Instandhaltungskosten** beruft, muss die aktuelle Notwendigkeit einer bestimmten unaufschiebbaren Instandhaltungsmaßnahme darlegen und beweisen. Nur in diesem Rahmen können (meist kurzfristige) Rücklagen für zu erwartende Instandhaltungskosten gebildet werden.[316]

Nicht absetzbar sind **Abschreibungen,** beispielsweise nach § 7 Abs. 4 Nr. 2 EStG (2 % der Anschaffungs- und Herstellungskosten für Gebäude, die nach dem 31.12.1924 fertiggestellt worden sind), aber auch andere Abschreibungen, zB nach §§ 7 Abs. 5, 7 b, 7 h, 7 c EStG.[317] Ein **tatsächlicher Wertverzehr** steht den Abschreibungen in der Regel nicht gegenüber. Nur wenn sich der Wertverzehr anhand konkreter Entwicklungen feststellen lässt, kann die Abschreibung Berücksichtigung finden.[318] Auch Abschreibungen nach § 10 e EStG wie für den alten § 7 b EStG sind nicht abzugsfähig.[319]

3. Verluste. Beruhen Verluste lediglich auf **Abschreibungen** (→ Rn. 32), sind sie   59
nicht zu berücksichtigen. Das steuerrechtliche Einkommen ist zu berichtigen (durch fiktive Steuerberechnung).[320] Beruhen dagegen kurzfristige Verluste, wie häufig, auf vorübergehenden **Mietausfällen,** sind sie im Regelfall unterhaltsrechtlich hinzunehmen. Allenfalls ist die Obliegenheit zur rechtzeitigen besseren Vermietung zu prüfen.

Bei Verlusten aus der Beteiligung an sog **Bauherrenmodellen** oder ähnlichen Ab-   60
schreibungsmodellen (nicht zu verwechseln mit den Problemen bei selbstgenutztem Wohneigentum, → Rn. 64 ff.) ist zu differenzieren:

Gehört das Objekt beiden Parteien zu **Miteigentum,** handelt es sich um eine gemeinsame Vermögensbildung, so dass Zins und Tilgung in voller Höhe abzugsfähig sind. Beiden Parteien kommen aber auch die daraus resultierenden Steuervorteile zugute.

Kommt dagegen die Vermögensbildung aufgrund eines Bauherrenmodells oder sonstigen Abschreibungsmodells nur einer Partei zugute, so handelt es sich um eine **einseitige Vermögensbildung,** die jedenfalls nach Rechtshängigkeit des Scheidungsantrags nicht abzugsfähig ist.[321] Liegt eine einseitige Vermögensbildung vor, so kann der andere Ehegatte verlangen, so gestellt zu werden, als hätten die vermögensbildenden Aufwendungen nicht stattgefunden. Dh die Steuervorteile aus den Verlusten verbleiben dem Ehegatten, der in dieser Weise Vermögensbildung betreibt, allein. Bei dieser Fallgestaltung ist eine **fiktive Steuerberechnung** durchzuführen. Das zu versteuernde Einkommen ist um den im Steuerbescheid ausgewiesenen Verlustabzug aus Vermietung und Verpachtung zu erhöhen. Anschließend errechnet sich die fiktive Steuer aus dem erhöhten Einkommen. Das unterhaltsrelevante Einkommen ergibt sich durch Abzug der fik-

---

315 BGH FamRZ 1997, 281; 2005, 1159.
316 BGH FamRZ 2000, 351; 2005, 1159.
317 BGH FamRZ 1997, 281; 2005, 1159.
318 BGH FamRZ 2012, 514.
319 BGH FamRZ 1986, 48.
320 BGH FamRZ 2005, 1159.
321 BGH FamRZ 2007, 879; vgl. auch 2007, 1532; 2008, 963.

tiv ermittelten Steuer vom Bruttoeinkommen (ohne Vorwegabzug des Verlustes).[322]

61 Auch bei **Kredit- und Finanzierungskosten** (meist Zinsen für Darlehen) ist zu differenzieren:

Gehört **beiden Parteien** ein Immobilienobjekt gemeinsam, so kommt die Vermögensbildung auch beiden zugute und Zins und Tilgung sind abzugsfähig.

Bei **Alleineigentum** handelt es sich um einseitige Vermögensbildung. Tilgungsbeiträge vermindern das Einkommen aus Vermietung und Verpachtung nach der Scheidung nicht, wohl aber der Zinsaufwand.[323] Ausnahmsweise kann auch die Tilgung nach Scheidung bei Alleineigentum Berücksichtigung finden, soweit sie sich im Rahmen einer angemessenen Altersvorsorge bewegt (→ Rn. 62).[324]

Handelt es sich um eine gemeinsame Vermögensbildung, erbringt nur einer der Eheleute Tilgungsleistungen auf Darlehensschulden und werden sie unterhaltsrechtlich berücksichtigt, so scheidet ein Gesamtschuldnerausgleich nach § 426 Abs. 1 S. 1 aus.

Besteht eine ausdrückliche oder nach den Umständen des Einzelfalls stillschweigende **Vereinbarung** zwischen den Eheleuten, dass kein Unterhalt verlangt wird, weil der Pflichtige die Eheschulden zurückzahlt, entfällt der Gesamtschuldnerausgleich.[325] Dies gilt aber nicht mehr, wenn der Unterhaltsanspruch entfallen ist.[326]

62 Nach der **Rechtsprechung des Bundesgerichtshofs**[327] sind Zins und Tilgung beim **Trennungsunterhalt** abzuziehen, wenn ein Eigenheim nur einem Ehegatten gehört und es die ehelichen Lebensverhältnisse geprägt hat. Der andere Ehegatte ist durch den Zugewinn weiter an der Vermögensbildung beteiligt. Auf der Bedürftigkeitsstufe können Zins und Tilgung nur bis zur Summe der eigenen Einkünfte und Gebrauchsvorteile berücksichtigt werden.[328] Tilgungsraten bleiben aber dann unberücksichtigt, wenn der andere Ehegatte an der mit der Tilgung einhergehenden Vermögensbildung keinen Anteil mehr hat, etwa wenn der Scheidungsantrag rechtshängig ist, oder die Ehegatten Gütertrennung vereinbart haben.[329]

Übernimmt ein Ehegatte die Haushälfte des Familienheims und nimmt deswegen ein Darlehen auf, so ist diese Schuld nicht eheprägend. Er kann nur die Zinsen vom Wohnwert abziehen, nicht die Tilgung, da es sich um einseitige Vermögensbildung handelt.[330] Zusätzlich können aber im Rahmen der Tilgung 4 % (Ehegattenunterhalt) bis 5 % (Elternunterhalt) vom Gesamtbruttoeinkommen als Altersvorsorge abgezogen werden, wenn der Ehegatte konkrete Aufwendungen für die Altersvorsorge tätigt.[331]

---

322 BGH FamRZ 2003, 741; 2005, 1159.
323 BGH FamRZ 2007, 879.
324 BGH FamRZ 2003, 860; 2007, 793; 2007, 879.
325 BGH FamRZ 2005, 1236; OLG München FamRZ 2006, 208; OLG Bremen FamRZ 2007, 47.
326 OLG München FamRZ 2005, 1236; 2006, 208 zur Berechnung in diesen Fällen.
327 BGH FamRZ 2000, 351; 2007, 879 Änderung der Rechtsprechung.
328 BGH FamRZ 2007, 879; 2008, 963; 2013, 191 Rn. 29.
329 BGH FamRZ 2008, 963; OLG Saarbrücken FamRZ 2010, 654.
330 BGH FamRZ 2005, 1159; Wendl/Dose/Gerhardt § 1 Rn. 568.
331 BGH FamRZ 2005, 1817 (1822); 2008, 963 Rn. 22 f.

Zur weiteren Berücksichtigung von Zins und Tilgung, insbesondere beim Wohnwert, → Rn. 74 und zur Eheprägung → § 1578 Rn. 11 ff.

Beim **Elternunterhalt**, der vergleichsweise schwach ausgestaltet ist, sind Zins- und Tilgungsleistungen regelmäßig zu berücksichtigen.[332] Gleiches gilt bei der Ersatzhaftung der Großeltern.[333]   **63**

4. Wohnvorteil. Mietfreies Wohnen zählt zum unterhaltsrelevanten Einkommen.[334] Es handelt sich um eine Vermögensnutzung nach § 100, wenn eine Unterhaltspartei (Verwandter, Ehegatte, Lebenspartner, Unterhaltsverpflichteter und Unterhaltsberechtigter) im eigenen Heim mietfrei wohnt und sich so die Miete erspart. Der Wert der Mietfreiheit ist den Einkünften hinzuzurechnen, soweit er die Belastungen etwa durch allgemeine Grundstückskosten und -lasten, Zins und Tilgung oder sonstige verbrauchsunabhängige Kosten übersteigt.[335] Bei den verbrauchsabhängigen Kosten sind **nur** solche abzugsfähig, die nicht auf einen Mieter umgelegt werden können, demnach auch nicht die Grundsteuer und Versicherungsbeiträge (§ 556 Abs. 1 BGB, § 2 BetrKV; → Rn. 58, 67).[336] Es ist ein fiktives Einkommen anzusetzen.[337]   **64**

Für das mietfreie Wohnen ist als Wohnwert von der **objektiven Marktmiete** auszugehen.[338] Die Ortslage, die Größe, der Zuschnitt und die Ausstattung eines Objekts mit einer vergleichbaren Kaltmiete bestimmen die fiktiv zu bildende objektive Marktmiete. Die Bestimmung des Wohnwerts führt in Unterhaltsprozessen häufig zu heftigem Streit. Im Regelfall kann ein ortsvertrauter Richter den Wohnwert **schätzen** (§ 287 ZPO), um teure Gutachten zu vermeiden. Die Möglichkeit der **Schätzung** in diesen Fällen hat der Bundesgerichtshof ausdrücklich bejaht.[339] Dem Richter müssen aber im Einzelnen die wertbildenden Faktoren durch den Vortrag der Parteien bekannt sein.[340]   **65**

Es können auch bei mehreren Wohnungen, die im Eigentum eines Ehegatten stehen, Wohnvorteile zugerechnet werden. Eine Kürzung nach dem Kriterium der Angemessenheit ist möglich.[341]

Es kommt nicht darauf an, ob die Immobilie im Allein- oder Miteigentum steht, ob Gütergemeinschaft, Nießbrauch oder ein unentgeltliches dingliches oder schuldrechtliches Wohnrecht vorliegt. Die **Herkunft der Mittel**, mit denen die Immobilie angeschafft wurde, ist **unerheblich**.[342] Bei freiwilligen Zuwendungen Dritter kommt es auf die Willensrichtung an. Stellen Eltern ihrem Kind während der Ehe und/oder nach der Trennung/Scheidung ohne Gegenleistung kostenlos   **66**

---

332 BGH FamRZ 2003, 1179; 2004, 1184.
333 BGH FamRZ 2006, 26.
334 BGH FamRZ 2003, 1179; 2007, 200; 2007, 879; 2008, 963; 2008, 968; 2009, 23; 2009, 1300; Gerhardt, Wohnwert und Abzahlungen beim Ehegattenunterhalt, FuR 2007, 393.
335 BGH FamRZ 2007, 879; 2008, 963; 2009, 1300.
336 BGH FamRZ 2009, 1300 unter Aufgabe der früheren Rechtsprechung.
337 Graba, Mietfreies Wohnen und Unterhalt, FamRZ 1985, 657; ders., Zur Mietersparnis im Unterhaltsrecht, FamRZ 1995, 385; ders., Fiktives Einkommen im Unterhaltsrecht, FamRZ 2001, 1257.
338 BGH FamRZ 2000, 950; 2009, 23; Finke, Der Wohnwert beim Ehegatten- und Kindesunterhalt unter besonderer Berücksichtigung unterschiedlicher Eigentumsverhältnisse am Familienheim, FPR 2008, 94.
339 BGH FamRZ 2000, 351; 2007, 1532; 2008, 963; 2008, 1325.
340 Wendl/Dose/Gerhardt § 1 Rn. 485; BGH FamRZ 2008, 1325.
341 BGH FamRZ 2009, 1300.
342 BGH FamRZ 1986, 560; 1988, 1031; 1998, 87.

eine Wohnung zur Verfügung, so ist ein Wohnwert nicht anzusetzen, da es sich um eine freiwillige Leistung ohne Einkommenscharakter handelt.[343] Das Gleiche gilt, wenn Eltern ihrem unterhaltspflichtigen Kind Geld schenken, mit dem es ein Eigenheim erwirbt,[344] oder bei der Schenkung eines Hauses, wenn sich auch die Eltern einen lebenslangen Nießbrauch vorbehalten.[345]

67 **Verbrauchsunabhängige Nebenkosten** (beispielsweise Grundsteuer, Hausversicherungen) kürzen nach dem Bundesgerichtshof – von Ausnahmen abgesehen – ebenso wie verbrauchsabhängige Nebenkosten (beispielsweise Heizung, Strom, Wasser, Gas, Müllabfuhr, Abwasser) den Wohnwert nicht.[346] Nur die nicht auf den Mieter umlegbaren verbrauchsunabhängigen Nebenkosten kürzen den Wohnwert (→ Rn. 58, 64, 68).[347]

68 Der **objektive Wohnwert (Marktmiete)** ist maßgeblich für den **nachehelichen Unterhalt**.[348] In Ausnahmefällen wird auch hier ein angemessener Wohnwert (→ Rn. 65, 69), etwa wenn der Verkauf des Objekts nicht zumutbar ist oder bereits konkrete Verkaufsbemühungen bestehen, angesetzt.[349] Der Wohnwert ist generell im Rahmen der Additionsmethode sowohl bei der Bedarfsermittlung als auch bei der Unterhaltshöhe mit dem gleichen Wert einzusetzen.[350]

69 Beim **Trennungsunterhalt** ist nur der **angemessene Wohnwert** anzusetzen, weil im Regelfall eine Vermietung des Eigenheims oder eine Veräußerung nicht zumutbar ist.[351] Der angemessene Wohnwert (angemessene Miete) gilt in der Regel für die Trennungszeit. Ist eine Wiederherstellung der ehelichen Lebensgemeinschaft allerdings nicht mehr zu erwarten, zB wenn der Scheidungsantrag rechtshängig ist oder die Ehegatten die vermögensrechtlichen Folgen von Trennung und Scheidung abschließend geregelt haben, ist der geringere Wohnwert nicht mehr gerechtfertigt; vielmehr ist auf die objektive Marktmiete abzustellen.[352] Gleiches gilt, wenn der Ehegatte nach der Trennung seinen Lebensgefährten in die Ehewohnung aufnimmt[353] oder Teile der Wohnung weitervermietet. Nach dem Bundesgerichtshof darf dieser Wert nicht pauschal nach der sog (früher üblichen) Drittel-Obergrenze berechnet werden, sondern richtet sich nach dem Mietzins für eine nach dem Auszug des Partners entsprechend den Lebensverhältnissen angemessene kleinere Wohnung, was häufig von einer Schätzung abhängt.[354] Die Miete des Ausziehenden bildet für die Schätzung einen Anhaltspunkt.[355] Das OLG Hamm hat den Wohnbedarf auf der Grundlage der aktuellen Wohnflächenstatistik des Statistischen Bundesamts ermittelt.[356]

---

343 OLG München FamRZ 1996, 169.
344 OLG Saarbrücken FamRZ 1999, 396.
345 OLG Koblenz FamRZ 2000, 534.
346 BGH FamRZ 1995, 869; 1998, 899; 2007, 879; 2008, 963; 2008, 1325.
347 BGH FamRZ 2009, 1300; SüdL Nr. 5; § 2 BetrKV.
348 BGH FamRZ 2000, 950; 2003, 1179; 2007, 879; 2007, 1532.
349 BGH FamRZ 2009, 1300; 2014, 923 Rn. 20; Wendl/Dose/Gerhardt § 1 Rn. 482.
350 BGH FamRZ 1998, 899; 2000, 950.
351 BGH FamRZ 1998, 899; 2003, 1179; 2007, 879; 2007, 1532; 2008, 963; 2012, 517; Wendl/Dose/Gerhardt § 1 Rn. 479.
352 BGH FamRZ 2008, 963; 2009, 23; 2012, 514 Rn. 29.
353 OLG Schleswig FamRZ 2003, 603.
354 BGH FamRZ 1998, 899; 2007, 879; Wendl/Dose/Gerhardt § 1 Rn. 486.
355 BGH FamRZ 1998, 899; 2000, 351 (s. dort Fn. 310).
356 OLG Hamm FamRZ 2015, 1974 (1975).

Beim **Kindesunterhalt** ist mietfreies Wohnen nur einkommenserhöhend zu be- 70
rücksichtigen, wenn der barunterhaltspflichtige Elternteil mietfrei wohnt.
Wohnt der betreuende Elternteil mit dem Kind mietfrei, erhöht dies nur den
Wohnvorteil des Elternteils bei der Berechnung des Ehegattenunterhalts. Eine
Verminderung des Kindesunterhalts wegen mietfreien Wohnens tritt aber nicht
ein.[357] Allerdings ist die Kürzung des Kindesunterhalts möglich, wenn der Unterhaltsverpflichtete die Kosten des Hauses trägt, in dem der betreuende Ehegatte mit dem Kind wohnt.[358]

Beim **Unterhalt minderjähriger Kinder** bestimmt sich der Wohnwert bei guten 71
Einkommensverhältnissen im Regelfall nach der objektiven Marktmiete, bei beengten Verhältnissen oder aus Billigkeitsgründen nach dem angemessenen
Wohnwert.[359] Soweit die Leistungsfähigkeit für ein minderjähriges Kind betroffen ist, ist stets der objektive Marktwert maßgebend.[360] Bewohnen mehrere Personen das Eigenheim, ist bei Erwachsenen eine anteilige Verrechnung nach Köpfen vorzunehmen.[361] Kinder sind vorab mit einem Anteil von 20 % ihres Anspruchs auf Barunterhalt zu berücksichtigen. Wohnt der Unterhaltspflichtige mit
einem gemeinsamen Kind, für das er auch Barunterhalt leistet, in einer Wohnung, ist der Wohnbedarf des Kindes vom Wohnwert in Abzug zu bringen.[362]

Beim **Elternunterhalt** ist der Wohnwert nicht nach dem tatsächlichen Mietwert, 72
sondern regelmäßig nur nach dem angemessenen Wohnwert zu bemessen,[363] vor
allem wenn das Eigenheim mit Eigenleistungen kostengünstig errichtet wurde.[364] Dasselbe gilt für den Enkelunterhalt.[365]

Abzugsfähig sind ferner die **notwendigen Instandhaltungskosten** für konkrete 73
unaufschiebbare Maßnahmen, wobei in diesem Fall auch Rücklagen gebildet
werden können.[366] Nicht abzugsfähig sind dagegen Kosten für wertsteigernde
Ausbauten und Modernisierungsaufwendungen sowie allgemeine Instandhal-
tungsrücklagen ohne konkreten Anlass.

Bei **Abzahlungen von Zins und Tilgung**[367] ist beim Ehegattenunterhalt zu diffe- 74
renzieren:

Abzahlungen für ein **gemeinsames** Familienheim (Zins und Tilgung) kürzen bei
der Ermittlung der ehelichen Lebensverhältnisse stets den prägenden Wohnwert.[368]

Nach der Rechtsprechung des Bundesgerichtshofs galt dies auch für Zins und
Tilgung, wenn das Eigenheim nur **einem Ehegatten** gehörte und die Vermögensbildung nach einem objektiven Maßstab wirtschaftlich vertretbar war.[369] Der
Bundesgerichtshof hat seine Rechtsprechung geändert. Nunmehr kürzen bei **Alleineigentum** ab Rechtshängigkeit des Scheidungsantrags nur noch die Zinsen

---

357 BGH FamRZ 1992, 423.
358 OLG Düsseldorf FamRZ 1994, 1049.
359 OLG München FamRZ 1999, 251; OLG Rostock FamRZ 2005, 645.
360 BGH FamRZ 2014, 923 Rn. 19.
361 OLG München FamRZ 1999, 251; SüdL Nr. 21.5.2.
362 BGH FamRZ 2013, 191 Rn. 26.
363 OLG Hamm FamRZ 2015, 1974.
364 BGH FamRZ 2003, 1179; 2014, 923 Rn. 18.
365 BGH FamRZ 2006, 26.
366 BGH FamRZ 1997, 281; 2000, 351; 2005, 1159.
367 Gerhardt FuR 2007, 393.
368 BGH FamRZ 2000, 950; 2010, 1633.
369 BGH FamRZ 2000, 351.

den eheprägenden Wohnwert, dagegen nicht mehr die Tilgung als einseitige Vermögensbildung, was generell auch für den Kindesunterhalt gilt.[370] Probleme des Verbots der Doppelverwertung beim Zugewinn im Hinblick auf die Tilgungsraten nach Rechtshängigkeit des Scheidungsverfahrens bestehen nicht mehr.[371] Die Tilgung kann im begrenzten Umfang dann abzugsfähig sein, wenn es sich um eine konkrete Altersvorsorge handelt (→ Rn. 43, 62).[372] Zins und Tilgung vermindern sich um eine gewährte Eigenheimzulage nach dem Eigenheimzulagengesetz.[373]

75 **Beim Trennungsunterhalt** verbleibt es beim Abzug von Zins und Tilgung beim Bedarf.[374] Bei Bedürftigkeit sind während der Trennungszeit Zins und Tilgung nur in Höhe der Eigeneinkünfte einschließlich des Wohnwerts abzugsfähig,[375] denn andernfalls würde der Bedarf durch die Kreditraten erhöht, die die Summe aus Eigeneinkommen und Gebrauchsvorteilen übersteigen.

76 Bei **Bedürftigkeit** (zB § 1577 Abs. 1) ist im Einzelnen zu prüfen, wer die Schulden tilgt.

Wenn der Bedürftige weiterhin im **gemeinsamen** Eigenheim lebt, ist bei der Unterhaltshöhe zu prüfen, ob es sich um berücksichtigungswürdige Schulden handelt (Allein- oder Miteigentum). Soweit der Bedürftige die Abzahlungen übernimmt, kürzen Zins- und Tilgungsleistungen den Wohnwert auch bei den nach § 1577 Abs. 1 auf den Bedarf anzurechnenden Eigeneinkommen des Berechtigten, wenn es sich um **Miteigentum** und Gesamtschuld handelt.[376] Wenn Pflichtiger und Bedürftiger die Schulden je zur Hälfte zahlen, werden sie beim Bedürftigen (wie beim Pflichtigen) nur insoweit wertmindernd zur Hälfte berücksichtigt.[377]

Zahlt dagegen der Verpflichtete Zins und Tilgung weiter, während der Bedürftige weiterhin im **gemeinsamen** Eigenheim lebt, ist bei der Unterhaltshöhe (Bedürftigkeitsstufe) der volle Wohnwert auf den Bedarf anzurechnen, da der Bedürftige nichts abzahlt.[378] Selbst wenn der Pflichtige nach der Trennung die Abzahlungen auf eine gemeinsame Schuld einstellt, kürzen sie in voller Höhe den Wohnwert des weiterhin im Familienheim lebenden Bedürftigen, weil er weiterhin als Gesamtschuldner haftet.[379]

---

370 BGH FamRZ 2007, 879; 2008, 963; 2010, 1633; 2013, 191; OLG Saarbrücken FamRZ 2010, 1344.
371 OLG München FamRZ 2005, 459; 2005, 713; Gerhardt/Schulz, Verbot der Doppelbewertung von Schulden beim Unterhalt und Zugewinn, FamRZ 2005, 317; dies., Die Berücksichtigung einseitig vermögensbildender Schulden beim Ehegattenunterhalt, FamRZ 2005, 1523; Koch, Die Entwicklung der Rechtsprechung zum Zugewinnausgleich, FamRZ 2005, 845; strittig: aA Wohlgemuth, Doppelverwertung von Schulden beim Zugewinn und Unterhalt, FamRZ 2007, 187.
372 BGH FamRZ 2005, 1817; 2007, 879; 2008, 963.
373 BGH FamRZ 2013, 868; OLG München FamRZ 1999, 251; Wendl/Dose/Gerhardt § 1 Rn. 519 ff.; SüdL Nr. 5.
374 BGH FamRZ 2007, 879.
375 BGH FamRZ 2007, 879.
376 Gerhardt, Wohnwert und „Drittelobergrenze" bei der Unterhaltsberechnung, FamRZ 1993, 1139; Wendl/Dose/Gerhardt § 1 Rn. 527.
377 BGH FamRZ 1994, 1100.
378 Wendl/Dose/Gerhardt § 1 Rn. 527.
379 BGH FamRZ 1995, 291.

Stellen aber beide Ehegatten sämtliche Zahlungen auf das Darlehen ein, so ist 77
weder ein Wohnwert, noch Zins und Tilgung zu berücksichtigen.[380] Der Fall ist
so zu beurteilen, als wenn Ehegatten, die zur Miete wohnen, ihre Mietzahlungen
einstellen.

Ist der **Wohnwert nicht prägend** (zB Erwerb einer Immobilie nach Rechtskraft 78
der Scheidung), sind nur die Zinsen abzugsfähig, nicht aber die Tilgungsraten
für die neuen Schulden, da ansonsten der Verpflichtete die Vermögensbildung
des Berechtigten mitfinanzieren würde.[381] Es ist aber die Möglichkeit eines fiktiven Wohnwerts zu prüfen, der beim Kauf einer Immobilie ohne Schulden entstanden wäre, oder ob fiktive Zinsen bei Anlage des eingesetzten Kapitals zu berücksichtigen wären (Vermögensumschichtung).[382] Verkauft ein Ehegatte seinen
Anteil am gemeinsamen Wohneigentum an den anderen Ehegatten und erwirbt
mit dem Erlös eine neue Wohnung, so tritt der neue Wohnvorteil an die Stelle
eines Zinses aus dem Erlös (→ Rn. 86).[383]

Beim **Verwandtenunterhalt** sind bei der **Leistungsfähigkeit** des Verpflichteten 79
(nicht bei der Bedarfsermittlung) Wohnwertschulden sowie Zins und Tilgung im
Einzelfall nicht zu berücksichtigen, soweit sie den Wohnkosten entsprechen, die
der Pflichtige ohne das Vorhandensein von Wohneigentum aufbringen müsste.
Zumindest im Mangelfall hat dies bei Minderjährigen und Volljährigen für die
im notwendigen bzw. angemessenen Selbstbehalt enthaltenen Wohnkosten,[384]
ferner bei der Haftungsverteilung bei Volljährigen zu gelten.[385]

Beim **Kindesunterhalt** ist zu prüfen, ob dem Pflichtigen unter Berücksichtigung 80
der Hausschulden und der Zahlbeträge für den Kindesunterhalt zumindest der
notwendige Selbstbehalt ohne Wohnkosten[386] verbleibt. Er wäre ansonsten gezwungen, seine Immobilie zu veräußern.

Beim **Elternunterhalt** werden Zins- und Tilgungsleistungen bzgl. der Leistungs- 81
fähigkeit regelmäßig zu berücksichtigen sein,[387] ebenso bei der Ersatzhaftung
der Großeltern.[388]

Im Übrigen ist bei Hausschulden immer eine **Einzelfallprüfung** nach dem Zweck 82
der Verbindlichkeit, Zeitpunkt und Art ihrer Entstehung sowie Kenntnis der Unterhaltsschuld vorzunehmen.[389] Wurden Hausschulden aufgenommen, bevor die
Barunterhaltpflicht bekannt war, werden sie regelmäßig zu berücksichtigen
sein.[390] Wurden in Kenntnis der Unterhaltsschuld Kredite aufgenommen, die
den Wohnwert übersteigen, sind sie in der Höhe nicht berücksichtigungsfähig,
vor allem dann, wenn nicht dargelegt wird, ob eine Finanzierung auch im angemessenen Rahmen zum Wohnwert möglich war, und inwieweit sich der erwerbstätige neue Ehegatte an der Abzahlung beteiligt.[391]

---

380 BGH FamRZ 1995, 291.
381 BGH FamRZ 1992, 423; 1998, 87.
382 BGH FamRZ 1998, 87; vgl. BGH NJW 2008, 2581.
383 BGH FamRZ 2014, 1098 (Rn. 11 ff.).
384 SüdL Nr. 21.2., 21.3.1, 380 bzw. 450 EUR.
385 BGH FamRZ 2002, 815; 2003, 1179.
386 SüdL Nr. 21.2; 1080/380 EUR
387 BGH FamRZ 2003, 1179.
388 BGH FamRZ 2006, 26.
389 BGH FamRZ 2002, 815.
390 BGH FamRZ 2003, 1179; 2006, 26.
391 BGH FamRZ 2003, 445.

83   **Übersteigen die Abzahlungen den Wohnwert,** entfällt für die Bedarfsermittlung die Zurechnung eines Wohnvorteils.[392] Steht die Immobilie im Miteigentum, sind die über den Wohnwert hinausgehenden Verbindlichkeiten beim Bedarf und bei der Bedürftigkeit/Leistungsfähigkeit als **negativer Wohnwert** zu berücksichtigen.[393] Wurde bei der Unterhaltsberechnung ein Wohnwert angesetzt, so kann daneben eine Nutzungsentschädigung nicht verlangt werden.[394]

84   Haben Parteien bei einem im gemeinsamen Eigentum stehenden Familienheim vereinbart, dass neben dem Anspruch auf Barunterhalt ein Ehegatte nach der Scheidung mit den Kindern weiterhin das Eigenheim bewohnen darf, handelt es sich insofern um **Naturalunterhalt.**[395] Veräußert der ausgezogene Ehegatte später seinen Miteigentumsanteil an einen Dritten, und verlangt dieser vom im Anwesen verbliebenen Ehegatten eine Nutzungsentschädigung, muss ihn der ausziehende Ehegatte insoweit freistellen.[396] Zahlt ein Ehegatte nach der Trennung für die Nutzung des gemeinsamen Eigenheims an den anderen Ehegatten eine Nutzungsentschädigung, so ist sie für den Empfänger der Zahlung Surrogat des früheren Wohnwerts.[397]

85   **5. Veräußerung des gemeinsamen Familienheims.** Der **Verkauf** eines **gemeinsamen** Eigenheims der Ehegatten **an Dritte** oder an den anderen Ehegatten hat erhebliche Probleme bereitet, die unterschiedlich gelöst wurden. Durch die Rechtsprechung des Bundesgerichtshofs sind aber die wesentlichen Probleme mittlerweile geklärt.[398] **Zinsen aus dem Verkaufserlös** des gemeinsamen Familienheims sind **Surrogat** des früheren Wohnwerts und als solche ehe(bedarfs-)prägend, selbst wenn die Zinsen den früheren Wohnwert übersteigen.[399] Stand die Immobilie im hälftigen Miteigentum, so sind die Zinsen aus dem Verkaufserlös bei beiden Parteien hälftig beim Bedarf einzusetzen. Verbraucht einer der Ehegatten die Zinsen aus dem Erlös ganz oder teilweise, so wird zu prüfen sein, ob dies unterhaltsrechtlich zu billigen ist, da er die Obliegenheit hat, Vermögen gewinnbringend anzulegen. Bei der Prüfung ist ein strenger Maßstab anzulegen, da es sonst zu erheblichen Einkommensunterschieden kommt. Nach aA ist in diesem Fall bei beiden Eheleuten nur der Zins aus dem niedrigeren Kapital in gleicher Höhe anzusetzen.[400] Verwendet ein Ehegatte den Verkaufserlös aus dem ehemaligen gemeinsamen Objekt zur **Anschaffung eines neuen Wohneigenheims,** so ist der neue (zu bildende) Wohnwert als **Surrogat** eheprägend („Surrogat vom Surrogat").[401] Nimmt der Ehegatte zusätzlich für den Kauf des neuen Eigenheims einen Kredit auf, so sind nur die Zinsen aber nicht die Tilgung abzugsfähig.[402] Allerdings ist dann eine Vermögensumschichtung zu prüfen. Zu vergleichen ist der neue Wohnwert unter Abzug von Zins- und Tilgung mit den Zinseinkünften

---

392   BGH FamRZ 1987, 572; 1995, 291.
393   BGH FamRZ 2007, 879; Wendl/Dose/Gerhardt § 1 Rn. 523 ff.
394   BGH FamRZ 2003, 432; OLG Nürnberg FamRZ 2009, 2090; OLG Bremen FamRZ 2014, 1299; KG FamRZ 2015, 1191.
395   BGH FamRZ 1997, 484.
396   BGH FamRZ 1997, 484.
397   BGH FamRZ 2005, 1817.
398   BGH FamRZ 2001, 986; 2005, 1159; 2005, 1817.
399   BGH FamRZ 2001, 986; 2001, 1140; 2002, 23.
400   OLG Koblenz FamRZ 2002, 1407; Gerhardt, Die Veräußerung des Eigenheims beim Ehegattenunterhalt, FamRZ 2003, 414.
401   BGH FamRZ 2001, 1140.
402   BGH FamRZ 2001, 1140.

aus dem Veräußerungserlös des ehemals gemeinsamen Wohneigentums. Ergibt sich bei diesem Vergleich eine wesentlich niedrigere Rendite des neuen Wohneigentums, so führt dies zu einer Vermögensumschichtung, wenn die tatsächliche Anlage eindeutig unwirtschaftlich ist.[403]

Verkauft ein Ehegatte statt an einen Dritten seinen Hälfteanteil bei **gemeinsamem Miteigentum** an den **anderen Ehegatten**, sind beim Veräußerer die Zinsen aus dem Erlös eheprägend, beim anderen (der die Immobilie weiter bewohnt) der volle Wohnwert abzüglich der Hausschulden von Zins und Tilgung (die aus der Ehe stammen) und zusätzlich die Zinsen des Darlehens, das er zur Finanzierung des Erwerbs (Hälfteanteil) vom anderen Ehegatten aufgenommen hat.[404] Die Tilgung des neu aufgenommenen nicht prägenden Darlehens kann als einseitige Vermögensbildung nicht abgezogen werden, es sei denn, der Ehegatte betreibt mit dem Wohneigentum Altersvorsorge (→ Rn. 43, 62). Fiktive Aufwendungen sind aber nicht abzugsfähig.[405] Der Abzug der Tilgungsraten, die aus der Ehezeit stammen, ist nach der Scheidung aufgrund der geänderten Rechtsprechung des Bundesgerichtshofs[406] nicht mehr möglich.

Das Gleiche gilt, wenn ein Ehegatte das Familienheim im Rahmen einer **Zwangsversteigerung** erwirbt.[407]

Ausnahmsweise besteht eine **Obliegenheit zur Vermögensumschichtung**, wenn keine angemessene wirtschaftliche Nutzung des für einen Ehegatten zu großen Familienheims erfolgt und sich deshalb die Übernahme der gesamten Immobilie als eindeutig unwirtschaftlich darstellt. Hiervon kann nicht bereits dann ausgegangen werden, wenn der Wohnwert abzüglich der Belastungen des Erwerbers und die Zinsen aus dem Erlös des Veräußerers sich nicht wertneutral verhalten.[408]

Ist der **Erlös** aus dem Verkauf des Eigenheims teilweise oder vollständig verbraucht worden, so ist zu prüfen, ob dies unterhaltsrechtlich zu billigen ist. Hat der Ehegatte Verfahrenskosten bezahlt, notwendige neue Einrichtungsgegenstände angeschafft oder bei unzureichender Altersversorgung Beiträge in die Rentenversicherung eingezahlt, so ist dies unterhaltsrechtlich hinzunehmen. Das Gleiche gilt, wenn bei Betreuung gemeinschaftlicher Kinder der Mindestbedarf nicht gesichert ist. Nur in Ausnahmefällen, wenn sich die Ausgaben als mutwillige Herbeiführung der Bedürftigkeit nach § 1579 Nr. 4 darstellen, können fiktive Zinseinkünfte anzusetzen sein.[409] Wurden mit dem Verkaufserlös Schulden getilgt, ist zu berücksichtigen, dass Verbindlichkeiten nur unter Wahrung der Unterhaltsinteressen getilgt werden dürfen. Insbesondere wenn der Mindestunterhalt nicht sichergestellt werden kann, ist daher eine umfassende Interessenabwägung geboten.[410]

Bei der **Anlage des Verkaufserlöses** für die Altersversorgung, beispielsweise in einem Rentenfonds, ist eine Zumutbarkeitsprüfung vorzunehmen, ob sich die

403 BGH FamRZ 1998, 87; 2001, 1140; 2006, 387; BGH NJW 2008, 2581.
404 BGH FamRZ 2005, 1159; 2005, 1817; BGH NJW 2008, 1946; FamRZ 2014, 1098 Rn. 11.
405 BGH FamRZ 2003, 860; 2007, 193; 2007, 793.
406 BGH FamRZ 2007, 879.
407 BGH FamRZ 2005, 1817.
408 BGH FamRZ 2005, 1159; 2008, 1325.
409 BGH FamRZ 1990, 989; 1997, 873.
410 OLG Brandenburg FamRZ 2013, 1139.

Anlage als eindeutig unwirtschaftlich erweist und anzusinnen ist, eine höher verzinsliche Anlage des Kapitals zu wählen.[411]

90 Veräußern Ehegatten das ursprünglich gemeinsame Familienheim, und führen sie zugleich den Zugewinnausgleich durch, so sind die **Zinsen aus dem Zugewinn** im Regelfall nach der Rechtsprechung des Bundesgerichtshofs prägend.[412] Erhält der Bedürftige den Zugewinn, sind die zusätzlichen Zinsen aus dem Zugewinn eheprägend. Dies gilt allgemein für Erträgnisse aus Zugewinn, wenn das Vermögen schon vor der Durchführung des Zugewinns vorhanden war.[413] Anderes kann nur bei nicht prägendem Vermögen gelten. Muss der Bedürftige in diesen Fällen an den Verpflichteten den Zugewinn ausgleichen, ist der Zugewinn als nichtprägende Schuld beim Bedarf nicht zu berücksichtigen, aber auch nicht bei der Bedürftigkeit des Berechtigten, da ansonsten der Verpflichtete über den Unterhalt den an ihn bezahlten Zugewinn mitfinanzieren würde.[414]

VIII. Renten, Pensionen, Sozialleistungen mit und ohne Lohnersatzfunktion

91 **1. Unterhaltsrelevantes Einkommen.** Alle laufenden Einkünfte aus Renten und Pensionen jeglicher Art zählen zum unterhaltsrelevanten Einkommen.[415] Dazu gehören auch andere Bezüge nebst Vorteilen und Zulagen, die wegen Erreichens der Altersgrenze, wegen vollständiger oder teilweiser Erwerbsminderung (vgl. § 43 SGB VI), für Witwen und Waisen (vgl. §§ 46, 48 SGB VI) gezahlt werden, sowie Leibrenten, sonstige private Rentenzahlungen aller Art aus Anlass von Vermögensübertragungen und private wie andere wiederkehrende Leistungen.

92 **2. Laufende Einkünfte.** Im Einzelnen gehören dazu: **Altersrenten der gesetzlichen Rentenversicherung:**[416]

Bei Rentenbezug wegen vorzeitigem Altersruhestand sind diese Einkünfte maßgeblich, wenn die Rente bereits während der Ehe bezogen wurde. Sie ist prägend und beruht im Regelfall auf dem gemeinsamen Entschluss der Ehegatten.[417] Das Gleiche gilt, wenn besondere Gründe, insbesondere gesundheitliche Beeinträchtigungen gegeben sind,[418] oder wenn der Bedarf des Berechtigten auf einem relativ hohen Niveau sichergestellt ist.[419]

Ausgleichsrenten nach § 32 BVG, Berufsschadensausgleichsrenten nach § 30 BVG und Erziehungsbeihilfe nach § 27 BVG:[420] Alle Arten **beamtenrechtlicher Pensionen** samt Familienzuschlag und kinderbezogenen Bestandteilen der Bezüge eines Beamten oder Ruhestandsbeamten,[421] Conterganrenten[422] sowie Blin-

---

411 BGH FamRZ 2005, 1159; vgl. im Übrigen BGH FamRZ 2005, 1817.
412 BGH FamRZ 1985, 357; 1986, 437; 2007, 1532; 2008, 963; 2008, 1325; aA OLG Zweibrücken FamRZ 2003, 685; OLG Zweibrücken NJW-Spezial 2005, 441.
413 BGH FamRZ 2007, 1532; 2008, 1325.
414 Gerhardt, Die Veräußerung des Eigenheims beim Ehegattenunterhalt, FamRZ 2003, 414; Wendl/Dose/Gerhardt § 1 Rn. 570 ff.
415 BGH FamRZ 2003, 848; zur Altersrente in der gesetzlichen Rentenversicherung § 35 SGB VI; für die Pensionen der Beamten §§ 2, 3, 4, 14 BeamtVG.
416 BGH FamRZ 2002, 88; 2003, 848; 2005, 1479; 2005, 1897; 2006, 683.
417 Vgl. zum ähnlich gelagerten Fall beim Versorgungsausgleich: BGH FamRZ 2005, 1455; OLG Celle FamRZ 1994, 517; vgl. auch LAG Köln 1.8.2006 – 9 Sa 303/06.
418 OLG Hamm FamRZ 1999, 1078; 2002, 1476; OLG Köln FamRZ 2003, 602.
419 OLG Koblenz FamRZ 2000, 610.
420 OLG Düsseldorf FamRZ 1982, 380.
421 BGH FamRZ 1989, 172; 2007, 793.
422 OLG Celle FamRZ 1983, 1156; OLG Hamm FamRZ 1986, 1101.

dengeld,[423] Rente wegen teilweiser oder voller Erwerbsminderung.[424] Betriebliche Altersvorsorge, auch wenn ausschließlich durch den Arbeitgeber begründet.[425]

3. Leistungen zur Grundsicherung. Leistungen zur Grundsicherung im Alter   93
und bei Erwerbsminderung nach § 41 SGB XII, beim Unterhalsberechtigten,[426]
auch wenn sie zu Unrecht bewilligt wurden, zählen zum unterhaltsrelevanten
Einkommen. Sind dem Grunde nach Ansprüche aus der Grundsicherung gegeben, so bleiben **Unterhaltsansprüche** des Leistungsberechtigten gegenüber Eltern
und Kindern unberücksichtigt, sofern deren jährliches Gesamteinkommen unter
100.000 EUR liegt (§ 43 Abs. 2 S. 1 SGB XII). Das gilt nicht für Unterhaltsansprüche gegen den Ehegatten. **Unterhaltsleistungen** dagegen mindern, anders als
Unterhaltsansprüche, den Unterhaltsbedarf des Leistungsempfängers.[427] Dagegen sind Leistungen zur Grundsicherung auf Seiten des Unterhaltpflichtigen
kein einzusetzendes Einkommen.[428]

4. Zulagen und Renten mit Entschädigungscharakter. Kinderzuschüsse und Kin-   94
derzulagen von Rentenleistungen beim Rentenempfänger;[429] Kleiderzulage nach
§ 15 BVG; Kriegsbeschädigtenrente; Renten nach dem Bundesentschädigungsgesetz wegen Schäden an Körper und Gesundheit (§§ 28 ff. BEG) und Schäden im
beruflichen Fortkommen (§§ 64 ff. BEG); grundsätzlich Schmerzensgeldrenten;[430] Schwerbeschädigtengrundrente (§ 31 BVG); Unfallrenten;[431] Verletztenrente und Versehrtenrente;[432] Waisen- und Halbwaisenrente;[433] Berufsunfähigkeitsversicherung,[434] Opferrente nach § 17 a StrRehaG.[435]

5. Schadensbedingte Mehraufwendungen. Soweit Leistungen für eine **Körperbe-   95
hinderung** erfolgen, ist der **Mehrbedarf** wegen der Behinderung vom Einkommen abzuziehen. Allerdings vermuten die gesetzlichen Sonderregelungen der
§§ 1610 a, 1578 a, 1361 Abs. 1 Hs. 2 den tatsächlichen Verbrauch in Höhe der
gewährten Einkünfte. Dies gilt sowohl für den Berechtigten wie für den Verpflichteten. Wer den tatsächlichen Verbrauch bestreitet, trägt nach den Sonderregelungen die Darlegungs- und Beweislast, wonach die Einkünfte wegen einer
körperlichen Behinderung nicht vollständig verbraucht werden. Ein solcher
Nachweis ist im Einzelfall wohl kaum zu führen. Wegen der Einzelheiten wird
auf § 1610 a verwiesen.

Soweit der Verbrauch wegen eines Körper- oder Gesundheitsschadens nach den
§§ 1610 a, 1578 a, 1361 Abs. 1 Hs. 2 gesetzlich nicht vermutet wird, da die bezogenen Leistungen nicht unter diese Vorschriften fallen, sind die Einkünfte nur

---

423 OLG Hamm FamRZ 1990, 405; 2003, 1771; Thüringer OLG FamRZ 1999, 1673.
424 BGH FamRZ 1981, 338.
425 KG FamRZ 2015, 1198.
426 Vgl. SüdL 2.9; Erman/Graba Vor §§ 1569 ff. Rn. 34; Klinkhammer, Pflegeversicherung,
     Grundsicherung und Elternunterhalt, FPR 2003, 640; BGH FamRZ 2007, 1158; 2015,
     1467.
427 BGH FamRZ 2007, 1158.
428 OLG Koblenz FamRZ 2015, 1970.
429 BGH FamRZ 1980, 1112; 1988, 604.
430 BGH FamRZ 1989, 170.
431 BGH FamRZ 1989, 1509; OLG Koblenz FamRZ 2003, 1106.
432 OLG Celle FamRZ 1994, 1324.
433 BGH FamRZ 1980, 1109.
434 OLG Brandenburg 3.2.2015 – 3 UF 76/14.
435 OLG Hamm FamRZ 2016, 64.

nach Abzug der tatsächlichen Mehraufwendungen durch die körperliche Behinderung zu berücksichtigen. Allerdings muss der behinderte Mensch den konkreten Mehrbedarf substantiiert darlegen und beweisen.

96 **6. Sozialleistungen.** Unabhängig von ihrer sozialpolitischen Zweckbestimmung gehören **sozialstaatliche Zuwendungen** grundsätzlich unterhaltsrechtlich zum Einkommen, soweit sie den allgemeinen Lebensunterhalt des Empfängers decken. Auf jeden Fall sind Sozialleistungen mit Lohnersatzfunktion unterhaltsrechtlich Einkommen. Im Einzelnen gehören dazu die Lohnfortzahlung im Krankheitsfall, wie das Kranken-,[436] Krankenhaustage-,[437] Kurzarbeiter-, Schlechtwetter-, Streik-, Warte- und Übergangsgeld sowie Übergangsgebührnisse. Auch die Berufsausbildungsbeihilfe nach § 57 SGB III ist als Einkommen auf den Unterhaltsanspruch anzurechnen.[438] Von größerer Bedeutung ist das **Arbeitslosengeld I**,[439] das Lohnersatzfunktion besitzt (§ 117 SGB III). Ein Abzug eines Erwerbstätigenbonus unterbleibt.[440]

97 **7. Arbeitslosengeld II.** Kein Einkommen ist das Arbeitslosengeld II (sog **Hartz IV**) nach §§ 19 ff. SGB II,[441] da es sich, soweit Leistungen zur Sicherung des Lebensunterhalts einschließlich der Kosten für Unterkunft und Heizung gewährt werden (§§ 20, 22 SGB II), um reine Sozialhilfe handelt (Subsidiarität der Sozialhilfe).[442] Sie wird im Regelfall den notwendigen Selbstbehalt nicht übersteigen. Leistungen nach dem SGB II, die über die reine Sozialhilfe hinausgehen (zB § 16 SGB II, Einkünfte aus Leistungen zur Eingliederung; § 16 b SGB II, Einstiegsgeld; § 16 c SGB II, Leistungen zur Eingliederung von Selbstständigen; § 16 d SGB II, Vergütung für Ein- und Zwei-Euro-Jobs),[443] zählen aber zum unterhaltsrelevanten Einkommen.

98 **8. Umschulungsgelder, BAföG.** Unterhaltsgeld (§§ 153 ff. SGB III),[444] Berufsausbildungsbeihilfen (§ 74 SGB III), Übergangsgelder von Arbeitslosen und Umschulungsgelder sind anrechenbares Einkommen. BAföG-Leistungen sind aufseiten des Berechtigten, auch wenn die Leistungen darlehensweise gewährt werden, einsetzbares Einkommen.[445] Vorausleistungen nach §§ 36, 37 BAföG zählen nicht dazu. Studiengebühren sind abzuziehen. Sie sind Mehrbedarf des unterhaltsberechtigten Kindes.[446]

99 **9. Subsidiarität der Sozialhilfe.** Ansonsten werden **Sozialleistungen**, auch wenn ihnen eine Unterhaltsfunktion zukommt, subsidiär gewährt. Sozialhilfe ist nach § 33 SGB II, § 2 SGB XII subsidiär. Das Gleiche gilt wegen § 7 UVG für Leistungen nach dem Unterhaltsvorschussgesetz.

---

436 BGH FamRZ 2009, 307.
437 BGH FamRZ 2013, 191 (193).
438 OLG Celle FamRZ 2016, 830.
439 BGH FamRZ 1996, 1067; 2008, 594.
440 BGH FamRZ 2009, 307.
441 BGH FamRZ 2009, 307.
442 BGH FamRZ 2009, 307.
443 OLG Celle FamRZ 2006, 1203.
444 OLG Karlsruhe FamRZ 1999, 1678.
445 BGH FamRZ 1985, 916; zu Studiengebühren und Unterhalt Waldeyer/Waldeyer-Gellmann, Kindesunterhalt und Studienbeiträge, NJW 2007, 2957; zur Frage des Forderungsübergangs bei streitigem Elterneinkommen: BGH FamRZ 2013, 1644.
446 OLG Koblenz FamRZ 2009, 1682.

10. Kindergeld für Minderjährige. Dieses ist bei minderjährigen Kindern nach   100
herrschender Gesetzeslage bis 1.7.2007 kein Einkommen gewesen.[447] Seit der
Unterhaltsreform mindert das Kindergeld den Bedarf des Kindes nach § 1612 b
Abs. 1 Nr. 1 hälftig, wenn ein Elternteil seine Unterhaltspflicht durch Betreuung
des Kindes erfüllt. Es ist beim Ehegattenunterhalt mit dem Zahlbetrag abzuziehen.[448]

11. Kindergeld für Volljährige. Beim volljährigen Kind mindert das Kindergeld   101
den Bedarf in voller Höhe (§ 1612 b Abs. 1 Nr. 2). Das gilt ebenso für das privilegierte Kind nach § 1603 Abs. 2 S. 2.

Auch im Rahmen des Ehegattenunterhalts ist das Kindergeld beim Bedarf des   102
Kindes als (teilweise) bedarfsdeckend mit dem vollen Zahlbetrag (selbst im
Mangelfall) anzusetzen.[449] Soweit das Kindergeld wegen Berücksichtigung eines
nicht gemeinschaftlichen Kindes erhöht ist, mindert es im Umfang der Erhöhung
den Bedarf nicht.

12. Elterngeld. Nach § 10 Abs. 1 BEEG und § 11 S. 1, 3 BEEG bleiben   103
300 EUR vom Elterngeld pro Monat bzw. 150 EUR bei verlängertem Bezugsrecht (§ 6 BEEG) beim Bezug von Sozialleistungen bzw. beim Unterhalt unberücksichtigt. Dies gilt auch im Rahmen der Unterhaltsberechnung nach Dreiteilung.[450] Einem gesteigert leistungsverpflichteten Unterhaltspflichtigen kann
nicht vorgeworfen werden, von der Möglichkeit, die Bezugsdauer des Elterngeldes zu verdoppeln, Gebrauch gemacht zu haben.[451] Der den Sockelbetrag übersteigende Betrag ist unterhaltsrechtliches Einkommen, weil Elterngeld Lohnersatzfunktion hat.[452] Bei Mehrlingsgeburten bleiben je Kind weitere 300 EUR
anrechnungsfrei. Das gesamte Elterngeld ist im Fall der verschärften Haftung
oder bei Unterhaltsverwirkung einzusetzen (§ 11 S. 4 BEEG).

13. Pflegegeld. Das nach § 37 Abs. 1 SGB XI gewährte Pflegegeld bleibt, wenn   104
es an eine Pflegeperson weitergeleitet wird, bei der Ermittlung von Unterhaltsansprüchen der Pflegeperson grundsätzlich unberücksichtigt (§ 13 Abs. 6 S. 1
SGB XI).[453] Nur in Ausnahmefällen ist es Einkommen (§ 13 Abs. 6 S. 2 SGB XI),
wie beim Elterngeld.

Pflegegeld, das der Pflegebedürftige als Anspruchsinhaber erhält, zählt bei ihm
zum Einkommen.[454] Allerdings gilt die Vermutung des Verbrauchs für seine
Aufwendungen nach §§ 1610 a, 1578 a. Diese Vermutung ist (Beweislastumkehr) durch den Gegner widerlegbar, wenn er nachweist, dass der Empfänger
der Sozialleistung keinen bzw. keinen so hohen Mehrbedarf hat.[455] Dieser
Nachweis dürfte aber kaum zu führen sein. Soweit Pflegegeld Einkommen dar-

---

447 BGH FamRZ 1997, 806; 2000, 1494; 2008, 963.
448 BGH FamRZ 2009, 1300; 2009, 1477; 2010, 1318.
449 BGH FamRZ 2009, 1300; 2009, 1477; 2010, 1318.
450 BGH FamRZ 2014, 1183.
451 BGH FamRZ 2015, 738.
452 BGH FamRZ 2011, 97; vgl. Leitlinien 2.5; kritisch nach der Neuregelung in § 10
     Abs. 5 BEEG; Justin, Nichtanrechnung des Sockelbetrags (§ 11 S. 4 BEEG) in Höhe von
     300 Euro?, FamRZ 2011, 433; diese Regelung ist verfassungskonform: BVerfG NJW
     2012, 214.
453 BGH FamRZ 2006, 846.
454 Offengelassen OLG Düsseldorf FamRZ 2010, 1252.
455 BGH FamRZ 1994, 21; OLG Koblenz FamRZ 2005, 1482; OLG Düsseldorf
     FamRZ 2010, 1252; Wendl/Dose § 1 Rn. 657.

stellt, ist die Höhe des Einsatzes umstritten.[456] Der Erziehungsbeitrag des Pflegegeldes (§ 39 Abs. 1 SGB VIII) ist grundsätzlich Einkommen für den, in dessen Haushalt das Kind lebt.[457]

105 **14. Wohngeld.** Es zählt zum Einkommen[458] und deckt im Regelfall den erhöhten Wohnkostenbedarf ab.[459] Im Ergebnis handelt es sich daher nicht immer um eine Leistung, die das Einkommen erhöht. Die Beweislast für den Verbrauch des Wohngeldes durch erhöhte Wohnkosten trägt der Wohngeldempfänger.[460]

106 **15. Rentennachzahlungen.** Sie erhöhen beim Unterhaltsverpflichteten seine **Leistungsfähigkeit** für die Zukunft, nicht für die Vergangenheit.[461] Erfolgt die Nachzahlung während eines laufenden Unterhaltsprozesses, kann sie für den rückständigen Betrag für die Vergangenheit Berücksichtigung finden.[462]

107 Beim Unterhaltsberechtigten gelten an sich die gleichen Grundsätze. Erweist sich die Rentennachzahlung für einen zurückliegenden Zeitraum als bedürftigkeitsmindernd, so dass eine volle Kompensation eintritt, so besitzt der Unterhaltsverpflichtete bezüglich des in der Vergangenheit gezahlten Unterhalts einen Erstattungsanspruch nach § 242, soweit ein Unterhalt wegen der Nachzahlung nicht geschuldet gewesen wäre. Für die Dauer des Rentenantragsverfahrens des Berechtigten kann daher in diesen Fällen der Verpflichtete den geschuldeten Unterhalt als zins- und tilgungsfreies Darlehen mit der Maßgabe zahlen, dass er auf die Rückzahlung des Darlehens bei Nichtgewährung der Rentennachzahlung verzichtet. Er kann sich zur Sicherung des Darlehens den Rentennachzahlungsanspruch abtreten lassen. Der Unterhaltsberechtigte ist zur Entgegennahme des Darlehens verpflichtet.[463] Die Rechtsprechung bejaht einen Erstattungsanspruch nach § 242 ua dann, wenn der Berechtigte eine Rentennachzahlung aus dem Versorgungsausgleich erhält, die zu einer Kürzung der Rente des Verpflichteten führt und die Bedürftigkeit des Berechtigten ganz oder teilweise entfallen lässt, auch für die Zukunft.[464]

108 Zu Nachzahlungen aufgrund des Unterhaltsprivilegs (§ 33 VersAusglG) im Versorgungsausgleich kann es nach der Reform nicht mehr kommen (§ 34 Abs. 3 VersAusglG), da die Anpassung ex nunc wirkt (im Gegensatz zum früheren Recht nach §§ 5, 6 VAHRG).[465]

IX. Fiktives Einkommen

109 **1. Allgemeine Grundsätze.** Unterhalt dient der Befriedigung des Lebensbedarfs. Grundsätzlich kann der Lebensbedarf nur durch tatsächliche Einkünfte gedeckt werden. Das Unterhaltsrecht kommt aber ohne fiktives Einkommen nicht aus. Fiktives Einkommen kann bei allen Einkommensarten eine Rolle spielen. Nachdem fiktive Einkünfte eine Ausnahme darstellen,[466] bedarf es einer besonderen

---

456 OLG Hamm FamRZ 1999, 852; OLG Braunschweig FamRZ 1996, 1216.
457 OLG Köln FamRZ 2010, 904.
458 BGH FamRZ 2003, 860; 2004, 1370; 2009, 311; SüdL 2.3.
459 BGH FamRZ 2003, 860; 2004, 1370; 2012, 1201 Rn. 15.
460 BGH FamRZ 1985, 374.
461 OLG Nürnberg FamRZ 1997, 961.
462 Wendl/Dose § 1 Rn. 660.
463 BGH FamRZ 1990, 269; 1998, 951; 2010, 1637 Rn. 56.
464 BGH FamRZ 1989, 718; 2005, 1974; Wendl/Dose § 1 Rn. 662.
465 BGH FamRZ 2003, 1086.
466 BGH FamRZ 2000, 813; 2002, 813.

Begründung. Die Rechtsprechung und Literatur bedient sich als Ausprägung des Grundsatzes von Treu und Glauben des Begriffs der **Obliegenheit** bzw. der Obliegenheitsverletzung. Den Unterhaltsverpflichteten wie den Unterhaltsberechtigten treffen wechselseitige Obliegenheiten. Der Unterhaltsverpflichtete hat sich leistungsfähig zu halten, der Unterhaltsberechtigte hat die Unterhaltslast soweit zumutbar zu verringern.[467] Die Leistungsfähigkeit des Unterhaltspflichtigen bestimmt sich nicht allein durch sein tatsächlich erzieltes Einkommen, sondern auch durch seine Erwerbsfähigkeit.[468] Beim Unterhaltsbedürftigen gilt dies entsprechend. Die Annahme eines fiktiven Einkommens setzt ferner ausreichende Bemühungen um einen Arbeitsplatz und eine reale Beschäftigungschance auf dem Arbeitsmarkt unter Beachtung der Erwerbsbiographie voraus.[469] Die bloße Tatsache des Bezugs von sog Hartz-IV-Leistungen (nach dem SGB II) reicht für die Erfüllung einer Erwerbsobliegenheit nicht aus.[470] Die Darlegungs- und Beweislast trägt der Bedürftige, der trotz seiner Obliegenheit Unterhalt verlangt.[471]

2. Anforderungen. Je nach Unterhaltsverhältnis (Kindesunterhalt Minderjähriger, Kindesunterhalt Volljähriger, Trennungsunterhalt, nachehelicher Unterhalt, Verwandtenunterhalt) sind die Anforderungen für die Zurechnung fiktiver Einkünfte unterschiedlich. 110

Allgemein gilt, dass die Leistungsfähigkeit des Unterhaltsschuldners nicht nur durch die tatsächlich vorhandenen,[472] sondern auch durch solche Einkünfte bestimmt wird, die er bei gutem Willen durch eine zumutbare Erwerbstätigkeit erzielen könnte.[473]

Die **schärfsten Anforderungen** stellt das Gesetz an den Unterhaltsschuldner nach § 1603 Abs. 2 (verschärfte Haftung) gegenüber minderjährigen Kindern und privilegierten volljährigen Kindern.[474] Dem Unterhaltsschuldner obliegt aufgrund seiner erweiterten Unterhaltsverpflichtung eine gesteigerte Ausnutzung seiner Arbeitskraft.[475] Dem barunterhaltspflichtigen Elternteil ist ein Berufs- oder Ortswechsel oder ein Arbeiten zu ungünstigen Bedingungen – etwa zur Nachtzeit oder mit Lärm oder mit Schmutz verbundene Tätigkeiten – zumutbar.[476] Das Recht auf freie Entfaltung der Persönlichkeit und der freien Berufswahl ist eingeschränkt.[477] Auch kann der Unterhaltspflichtige nicht die Barunterhaltspflicht durch persönliche Betreuung des Kindes „über das normale Maß hinaus" ersetzen. Jenseits des echten Wechselmodells ist der Barunterhaltspflichtige gehalten, seine Arbeitskraft derart einzusetzen, dass wenigstens der Mindestunter-

---

467 BGH FamRZ 1999, 2365; 2000, 1358; Hoppenz, Fiktive Einkommensverhältnisse im Unterhaltsrecht, NJW 1984, 2327; Graba, Fiktives Einkommen im Unterhaltsrecht, FamRZ 2001, 1257; FA-FamR/Gerhardt Kap. 6 Rn. 147 ff.
468 BVerfG FamRZ 2010, 626; 2012, 1283.
469 BGH FamRZ 1987, 912; 2007, 200; 2007, 1532; 2008, 594; 2008, 1325; 2008, 2104; BVerfG FamRZ 2005, 1893; 2007, 273; zu den Anforderungen OLG Naumburg FuR 2004, 316; OLG Stuttgart FamRZ 2006, 1757.
470 OLG Brandenburg NJW-RR 2008, 11.
471 BGH FamRZ 2007, 1532.
472 BGH FamRZ 1996, 160; 1998, 357; 2003, 1471; 2005, 23; BVerfG FamRZ 2007, 273; 2008, 1403.
473 BGH FamRZ 2000, 1358; 2003, 1471; 2007, 707; BVerfG FamRZ 2005, 1893; 2007, 273.
474 BGH FamRZ 2008, 594; 2009, 314.
475 BGH FamRZ 2000, 1358; 2003, 1471; 2007, 707; 2009, 314.
476 BGH FamRZ 1980, 1113; 2000, 1358; 2003, 1471.
477 BVerfG FamRZ 2005, 1893; 2007, 273; BGH FamRZ 1981, 341.

hat sichergestellt werden kann.[478] Allerdings müssen auch bei der verschärften Haftung die Grenzen der Zumutbarkeit und der Verhältnismäßigkeit eingehalten werden, vor allem im Hinblick auf die Bestimmungen zum Schutz der Arbeitskraft.[479] Dennoch kann auch die Ausübung einer Nebentätigkeit im Rahmen des Arbeitszeitgesetzes verlangt werden.[480]

Solche strengen Anforderungen bestehen aber bei **volljährigen Kindern,** die sich nicht in der Berufsausbildung befinden, nicht. Sie sind verpflichtet, in erster Linie selbst für ihren Lebensunterhalt zu sorgen (zu weiteren Fragen der Haftung iRd → § 1603 Rn. 41).[481]

Ähnliches gilt für den **Verwandtenunterhalt** und den **Unterhalt nach § 1615 l.**

111 **3. Sonstiger Verwandtenunterhalt.** Beim sonstigen Verwandtenunterhalt, vor allem dem Unterhaltsanspruch der Eltern gegen ihre Kinder, besteht für das (unterhaltsverpflichtete) Kind die Verpflichtung, einer zumutbaren Erwerbstätigkeit nachzugehen.[482]

112 **4. Maßstab Trennungsunterhalt.** Den Maßstab für den Getrenntlebensunterhalt (§ 1361) bildet für den Verpflichteten eine gesteigerte Obliegenheit Einkommen zu erzielen, nicht aber beim berechtigten Ehegatten, soweit er während der Ehe keiner oder nur einer geringen Arbeitstätigkeit nachgegangen ist, zumindest in der Regel bis zum Ablauf des Trennungsjahrs (im Einzelnen → § 1361 Rn. 21ff., 25ff.).

113 **5. Maßstab nachehelicher Unterhalt.** Beim nachehelichen Unterhalt besteht grundsätzlich die Obliegenheit, einer angemessenen Erwerbstätigkeit nachzugehen (§§ 1569, 1574 Abs. 1; vgl. näher § 1574) – die Anforderungen sind nach der Unterhaltsreform verschärft –, für den Unterhaltsberechtigten, der minderjährige Kinder betreut, erst ab der Vollendung des dritten Lebensjahrs des Kindes.

114 **6. Schätzung.** Kommt ein Ehegatte den aufgezeigten Anforderungen nicht nach, so ist ihm ein fiktives Einkommen zuzurechnen, dessen Höhe zu schätzen ist (§ 287 ZPO).[483] Dabei müssen persönliche Voraussetzungen (Gesundheit, Qualifikation) und der Arbeitsmarkt berücksichtigt werden. Anhaltspunkte geben die branchenüblichen Tariflöhne,[484] das Mindestlohngesetz oder ein in der Vergangenheit erzieltes Einkommen.[485]

115 **7. Kausalität.** Da fiktive Einkünfte nur ausnahmsweise zugerechnet werden können, muss die Obliegenheitsverletzung kausal sein für die Leistungsunfähigkeit, die eingeschränkte Leistungsfähigkeit oder die Bedürftigkeit.[486] Ferner muss ein Verstoß gegen Treu und Glauben (Verschuldensmaßstab) vorliegen, dh

---

478 KG FamRZ 2016, 832.
479 BVerfG FamRZ 2003, 661; 2005, 1893; 2007, 273; 2008, 1145; 2009, 162; 2010, 793; BGH FamRZ 2008, 872.
480 BGH FamRZ 2014, 637; 2014, 1992; dagegen OLG Rostock FamRZ 2015, 937: keine Nebentätigkeit bei hohem zeitlichen Aufwand für Fahrten zum Arbeitsplatz und Umgang; OLG Schleswig FamRZ 2015, 937: keine Nebentätigkeit bei Kinderbetreuung.
481 BGH FamRZ 1994, 372; 2006, 1100.
482 Günther, Unterhaltsansprüche der Eltern und ihre Berechnung, FuR 1995, 1 (7).
483 Gute Anhaltspunkte liefert die Hans-Böckler-Stiftung unter www.boeckler.de, WSI-Tarifarchiv.
484 OLG Schleswig FamRZ 2015, 937.
485 OLG Hamburg FamRZ 2015, 2067; OLG Dresden FamRZ 2016, 1172.
486 BGH FamRZ 1986, 668.

dem Pflichtigen kann ein verantwortungsloses – zumindest leichtfertiges – Verhalten zur Last gelegt werden.[487] Eine **selbst herbeigeführte Leistungsunfähigkeit** des Schuldners, zB durch die Aufnahme einer selbstständigen Erwerbstätigkeit mit erheblichen Einkommensbußen, ist danach grundsätzlich beachtlich, wenn nicht dem Verpflichteten im Einzelfall aus schwerwiegenden Gründen die Berufung auf seine eingeschränkte Leistungsfähigkeit verwehrt ist.[488] Liegt die Obliegenheitsverletzung in der **Vergangenheit**, so ist für die Zurechnung eines fiktiven Einkommens ein besonders strenger Maßstab anzulegen. Die Obliegenheitsverletzung muss mutwillig, dh grob schuldhaft sein. Es muss ein verantwortungsloses Handeln vorliegen.[489]

8. Vorgezogener Bezug von Rente. Um das Niveau des bisherigen Einkommens beizubehalten, besteht bei Berufen mit **vorgezogener Altersgrenze** (Soldaten, Polizeibeamte) die Obliegenheit zu einer entsprechenden Erwerbstätigkeit neben der Rente/Pension, die die Lücke zwischen Altersversorgung und bisherigem Einkommen auffüllt.[490] Bei **Altersteilzeit** liegt ein Verstoß gegen die Erwerbsobliegenheit nicht vor, wenn im Rahmen einer Gesamtabwägung aller Umstände dies als nicht mutwillig erscheint. Zu berücksichtigen sind etwa gesundheitliche Beeinträchtigungen,[491] oder eine Übereinstimmung zwischen den Ehegatten während des Zusammenlebens hinsichtlich des vorzeitigen Ruhestands,[492] sowie ob der Berechtigte bereits über hohe eigene Einkünfte oder der Verpflichtete noch über andere Einkommensquellen verfügt.[493]   116

9. Verlust des Arbeitsplatzes. Verliert der Unterhaltsschuldner verschuldet, aber unfreiwillig seinen Arbeitsplatz, kann er sich im Regelfall auf den Wegfall seiner Erwerbseinkünfte berufen. Nur wenn der **Arbeitsplatzverlust** auf eine unterhaltsbezogene Mutwilligkeit zurückgeht, muss der Unterhaltsverpflichtete sich an seinen früheren Einkünften festhalten lassen.[494] Bei Alkoholproblemen, Krankheit, Straftaten am Arbeitsplatz oder auffälligem Verhalten liegt dies nicht vor.[495] Allerdings muss sich derjenige, der freiwillig seinen Arbeitsplatz aufgibt, etwa durch Eigenkündigung, Aufhebungsvertrag oder Provozieren einer Arbeitgeberkündigung, an den früher erzielten Einkünften festhalten lassen. Beim Wechsel von einer abhängigen Beschäftigung in eine selbstständige Tätigkeit muss der Unterhaltsverpflichtete Rücklagen bilden oder durch eine Kreditaufnahme die voraussichtliche Einkommensminderung auffangen.[496]   117

---

487 BGH FamRZ 2003, 1471; OLG Hamm FuR 2007, 433.
488 BGH FamRZ 1987, 372; 2003, 1471.
489 BGH FamRZ 1985, 158; 1987, 372; 2000, 815; 2003, 1471; BVerfG FamRZ 2008, 131.
490 BGH FamRZ 2004, 254.
491 BGH Koblenz FamRZ 2000, 610; OLG Hamm FamRZ 2002, 1476; OLG Köln FamRZ 2003, 602; OLG Saarbrücken FamRZ 2007, 1019; AG Landau FamRZ 2007, 1018; OLG Bamberg FamRZ 2010, 981; vgl. auch BGH FamRZ 2006, 683.
492 Vgl. zum VA BGH FamRB 2011, 237.
493 BGH FamRZ 2012, 1483 Rn. 27 ff.
494 BGH FamRZ 2003, 1471; 2008, 872; 2008, 968; 2009, 579; OLG Hamburg FamRZ 2015, 2067.
495 BGH FamRZ 1994, 240; 2000, 815; 2002, 813; OLG Hamm NJW-RR 1996, 963.
496 BGH FamRZ 1988, 145.

X. Fiktive Einkünfte wegen Versorgungsleistungen/Haushaltsführung für einen neuen Lebensgefährten

118 **1. Grundsätze.** Nach der Trennung oder Scheidung leben der Unterhaltsberechtigte oder der Unterhaltsverpflichtete oder beide häufig in einer eheähnlichen Gemeinschaft, die von gegenseitigen Versorgungsleistungen (vor allem im Haushalt) geprägt ist.

Führt ein Ehegatte einem neuen leistungsfähigen Lebensgefährten **den Haushalt,** so stellen die vom neuen Partner erbrachten Bar- und Sachleistungen nach der Rechtsprechung des Bundesgerichtshofs eine Vergütung für die geleistete Versorgung wie bei einer bezahlten Haushälterin dar. Sie sind unterhaltsrechtliches Einkommen.[497] Eine solche Vergütung ist nach der Rechtsprechung des Bundesgerichtshofs eheprägend.[498] Eine Vergütung für Haushaltsführung kann unabhängig von einer bestehenden Erwerbsobliegenheit für den haushaltsführenden Partner zuzurechnen sein, zB bei einer Haushaltsführung neben der Kindererziehung.[499] Die Versorgungsleistungen müssen **tatsächlich erbracht** werden. Allerdings kommt eine Vergütung für Haushaltsführung beim Unterhaltsberechtigten nur in Betracht, wenn der neue Partner leistungsfähig ist.[500] Führt die Unterhaltsberechtigte ausschließlich den Haushalt oder nur teilweise, weil sie einer Arbeitstätigkeit nachgeht, so ist dies bei der Höhe der Vergütung zu berücksichtigen.[501] Bei der Haushaltsführung durch einen Nichterwerbstätigen sehen die Leitlinien der Oberlandesgerichte Richtsätze vor.[502] Behauptet der Verpflichtete substantiiert ein Zusammenleben mit einem neuen Lebensgefährten, so trägt der Bedürftige die Darlegungs- und Beweislast dafür, dass er kein Einkommen aus Haushaltsführung erzielt.[503] Der Unterhaltsberechtigte muss darlegen und beweisen, dass er aus der neuen Beziehung keine geldwerten Vorteile oder Entgelte ziehen kann und der neue Partner leistungsunfähig ist.[504]

Die aufgezeigten Gesichtspunkte gelten auch beim Verwandtenunterhalt.

Durch das Zusammenleben mit einem neuen leistungsfähigen Partner oder Ehegatten entstehen Synergieeffekte. Eine gemeinsame Haushaltsführung führt durch das Zusammenwirtschaften, gerade auch in einer gemeinsamen Wohnung, zu einer Ersparnis. Diese ist nach der Rechtsprechung des Bundesgerichtshofs[505] mit 10 % je Beteiligtem zu bemessen, dh der Bedarf/Selbstbehalt des Alleinlebenden ist um 10 % zu erhöhen[506] und der des in Partnerschaft Lebenden entsprechend zu senken. Hierdurch wird die Angleichung an das Sozialrecht erreicht, das die Ersparnis durch Zusammenleben mit 20 % bewertet (§ 20 Abs. 3 SGB II).

---

497 BGH FamRZ 1995, 343; 2004, 1170 (1173); 2008, 1739; 2012, 1202 Rn. 16.
498 BGH FamRZ 2004, 1170; 2004, 1173; 2012, 1202 Rn. 16; aA: FA-FamR/Gerhardt Kap. 6 Rn. 134.
499 BGH FamRZ 1995, 341.
500 BGH FamRZ 1985, 273; 1989, 487; 2004, 1170; OLG Koblenz FamRZ 2006, 440.
501 BGH FamRZ 1998, 487.
502 ZB SüdL 6., 200 bis 550 EUR; hierzu BGH FamRZ 1984, 662.
503 BGH FamRZ 1995, 343.
504 BGH FamRZ 1989, 487.
505 BGH FamRZ 2004, 24; 2004, 792; 2008, 504; 2008, 594; 2009, 314; 2010, 802; 2012, 281; 2014, 1183.
506 BVerfG FamRZ 2010, 429; 2011, 437; BGH FamRZ 2010, 1535; 2013, 616 Rn. 23; SüdL 21.5.3.

2. Abgrenzung zur Verwirkung. Die Frage einer Vergütung für eine Haushalts- 119
führung ist beim eheähnlichen Zusammenleben von der Problematik einer Verwirkung (zB § 1579 Nr. 2) zu unterscheiden sowie von der Frage, ob durch das
eheähnliche Zusammenleben die neuen Partner Aufwendungen ersparen. Dies
kann zu einer Herabsetzung der Selbstbehaltssätze – vor allem im Mangelfall –
führen.[507]

XI. Fiktives Einkommen bei der Übernahme einer Tätigkeit als Hausmann/Hausfrau in einer neuen Ehe

1. Hausmannrechtsprechung. Übernimmt in einer neuen Ehe der Unterhalts- 120
pflichtige die **Rolle als Hausmann oder Hausfrau**, so erfüllt er seine Unterhaltsverpflichtung gegenüber dem neuen Ehegatten und, soweit vorhanden, gegenüber den Kindern aus der neuen Ehe. Ein barunterhaltspflichtiger Ehegatte kann
sich aber nicht ohne Weiteres auf die Erfüllung seiner Unterhaltspflichten in der
zweiten Ehe beschränken, wenn gleichzeitig gleichrangige Unterhaltsansprüche
des ersten Ehegatten (§ 1570) und der Kinder aus erster Ehe bestehen
(§ 1609).[508] Der neue Ehegatte muss dem unterhaltspflichtigen Elternteil eine
Arbeit ermöglichen, mit deren Hilfe er sich die notwendigen Unterhaltsmittel
beschaffen kann.[509] Betreut der unterhaltspflichtige Elternteil in der neuen Ehe
keine Kinder, so ist er verpflichtet, einer Arbeitstätigkeit nachzugehen, um den
Unterhalt seiner minderjährigen, unverheirateten Kinder aus einer früheren Ehe
sicherzustellen.[510] Geht er einer solchen Arbeitstätigkeit nicht nach, ist ihm sein
früheres Einkommen fiktiv zuzurechnen.[511]

2. Ungerechtfertigte Rollenwahl. Ein seinen Kindern aus erster Ehe barunter- 121
haltspflichtiger Elternteil darf aus unterhaltsrechtlicher Sicht in einer neuen Ehe
nur dann die Haushaltsführung und Kindesbetreuung übernehmen, wenn wirtschaftliche Gesichtspunkte oder sonstige Gründe von gleichem Gewicht, die
einen erkennbaren Vorteil für die neue Familie mit sich bringen, im Einzelfall
den **Rollentausch** rechtfertigen.[512] Wenn die Rollenwahl unterhaltsrechtlich
nicht zu billigen ist, besteht die Verpflichtung des haushaltsführenden Ehegatten
in der neuen Ehe zu einer Erwerbstätigkeit fort; bzw. es ist ihm ein fiktives Einkommen aus seiner früheren Erwerbstätigkeit zuzurechnen.

3. Gerechtfertigte Rollenwahl. Ist die Rollenwahl aus unterhaltsrechtlicher Sicht 122
in der neuen Ehe nicht zu beanstanden, so trifft den Verpflichteten eine **Obliegenheit,** erforderlichenfalls durch Aufnahme eines **Nebenerwerbs,** zum Unterhalt von minderjährigen, unverheirateten Kindern aus der früheren Ehe beizutragen.[513] Das Einkommen, das der Unterhaltsschuldner aus seiner Nebentätigkeit erzielt, muss er in vollem Umfang den minderjährigen Kindern aus erster
Ehe zuwenden, wenn sein eigener Selbstbehalt durch seinen Anspruch auf Familienunterhalt (§§ 1360, 1360 a; → § 1360 a Rn. 3 ff.) in der neuen Ehe gewahrt
ist. Der Unterhaltspflichtige darf seine Einkünfte aus der Nebentätigkeit zu-

---

507 BGH FamRZ 2004, 24; 2004, 792; 2008, 594; 2009, 314; OLG Dresden
     FamRZ 2007, 1477; vgl. FA-FamR/Maier Kap. 6 Rn. 957; vgl. BGH FamRZ 2006, 26.
508 BGH FamRZ 1996, 796; 2006, 1827; 2008, 137; 2015, 738 Rn. 14 ff.
509 BGH FamRZ 1996, 796.
510 BGH FamRZ 1996, 796; 1998, 286; 2001, 544.
511 Wendl/Dose/Klinkhammer § 2 Rn. 284.
512 BGH FamRZ 1996, 796; 2006, 1827; 2015, 738 Rn. 17.
513 BGH FamRZ 2006, 1827; 2015, 738 Rn. 18.

nächst zur Sicherung des eigenen notwendigen Selbstbehalts verwenden, wenn der neue Ehegatte den Selbstbehalt des Unterhaltspflichtigen durch sein Einkommen nicht (vollständig) decken kann.[514] Allerdings besteht eine Obliegenheit zur Aufnahme einer Nebenerwerbstätigkeit nicht, solange der betreuende Elternteil Einkünfte aus Erziehungsgeld bzw. Elterngeld erzielt.[515] Er ist ferner berechtigt, den Bezug des Elterngeldes auf zwei Jahre auszudehnen.[516] Besitzt der Unterhaltsschuldner gegenüber seinem neuen Ehegatten einen Anspruch auf **Taschengeld**, so hat er das Taschengeld (§§ 1360, 1361 a; → § 1361 a Rn. 8, 12) für den Unterhalt der Unterhaltsberechtigten aus erster Ehe einzusetzen,[517] soweit der eigene Selbstbehalt des Unterhaltspflichtigen gewahrt ist.

123 **4. Höhe des Anspruchs.** Liegt ein **berechtigter Rollentausch** vor, ist die Unterhaltspflicht gegenüber den Kindern aus erster Ehe auf der Grundlage einer Nebenerwerbstätigkeit und/oder des Taschengeldanspruchs **nicht durch einen fiktiven Unterhaltsanspruch begrenzt**, der sich ergäbe, wenn der barunterhaltspflichtige Elternteil auch in seiner neuen Ehe vollzeiterwerbstätig wäre und von seinen Einkünften seinen eigenen Selbstbehalt sowie alle weiteren gleichrangigen Unterhaltsansprüche abdecken müsste.[518] Der Bundesgerichtshof hat seine Rechtsprechung zur Kontrollrechnung aufgegeben.[519] Insofern sind die bisherige Rechtsprechung des Bundesgerichtshofs und die Kommentierung kritisch zu prüfen. Beim Kindesunterhalt ist auf die realen Einkommensverhältnisse abzustellen. In gleicher Weise, wie sich die Wiederverheiratung einkommensmindernd auswirken kann, ist auch eine Einkommenserhöhung möglich.[520]

Zum Einsatz des Elterngeldes als Einkommen → Rn. 103.

XII. Freiwillige Leistungen Dritter

124 Freiwillige Leistungen Dritter stellen im Regelfall kein Einkommen dar, wenn auf sie kein Rechtsanspruch besteht, sie der Entlastung des Unterhaltspflichtigen nicht dienen sollen und der Wille des Zuwendenden nicht ausnahmsweise dahin geht, den Unterhaltspflichtigen zu entlasten (wie normalerweise nicht).[521] Die Zuwendungen können auch in **Naturalleistungen** bestehen, etwa bei mietfreiem Wohnen[522] oder in der Gewährung eines zinslosen Darlehens durch Dritte, für dessen Rückerstattung eine Zeit nicht bestimmt ist.[523] In Mangelfällen kommt aber zumindest teilweise die Berücksichtigung der Zuwendung als Einkommen in Betracht.[524]

---

514 BGH FamRZ 2006, 1010; 2006, 1827.
515 BGH FamRZ 2006, 1010; 2006, 1827.
516 BGH FamRZ 2015, 738 Rn. 20 f.
517 BGH FamRZ 2003, 366; 2006, 1827.
518 BGH FamRZ 2006, 1827.
519 BGH FamRZ 2006, 1827.
520 BGH FamRZ 2004, 364; 2006, 1827.
521 BGH FamRZ 1999, 843; 2000, 153; 2001, 1687; 2005, 1154; 2008, 594; ebenso in den unterhaltsrechtlichen Leitlinien der Oberlandesgerichte unter 8., zB SüdL 8.
522 BGH FamRZ 2001, 1687.
523 BGH FamRZ 2005, 967.
524 BGH FamRZ 2000, 153; FA-FamR/Maier Kap. 6 Rn. 954; OLG Dresden FamRZ 2007, 1477.

Bei persönlichen Beziehungen von Beteiligten spricht eine Vermutung dafür, dass der Zuwendende nur den Empfänger und nicht (mittelbar) auch den Dritten unterstützen (entlasten) will.[525]

XIII. Prägendes und nichtprägendes Einkommen

Das Unterhaltsrecht ist gekennzeichnet von einer wertenden Betrachtungsweise. 125
Tatsächlich vorhandenes Einkommen kann ganz oder teilweise außer Betracht bleiben (zum umgekehrten Fall der Fiktion eines nicht vorhandenen Einkommens → Rn. 109 ff.).

Nach der neuen Entscheidung des Bundesverfassungsgerichts[526] ist bei der Bestimmung der ehelichen Lebensverhältnisse wieder zwischen prägendem und nichtprägendem Einkommen zu unterscheiden. Wegen der Einzelheiten wird auf die Kommentierung zu → § 1361 Rn. 10 ff. und → § 1578 Rn. 19 ff., 35 ff., 40 verwiesen.

Einkünfte aus überobligatorischer oder unzumutbarer Tätigkeit können bei der Bestimmung von Bedarf, Bedürftigkeit und Leistungsfähigkeit ganz oder teilweise keine Berücksichtigung finden oder aber voll heranzuziehen sein. Es kommt auf die einzelnen Unterhaltstatbestände an. Werden Tätigkeiten ausgeübt, obwohl keine Erwerbsobliegenheit besteht, so sind sie unzumutbar (überobligatorisch). Wer einer solchen Tätigkeit nachgeht, kann sie jederzeit aufgeben.[527]
Wegen der Einzelheiten wird auf die Kommentierung zu → § 1361 Rn. 26 ff. verwiesen.

XIV. Bestimmung des bereinigten Nettoeinkommens

1. Bereinigtes Nettoeinkommen. Maßgeblich für die Unterhaltsberechnung ist 126
das bereinigte Nettoeinkommen; das ist die Ermittlung des Nettoeinkommens **unter unterhaltsrelevanten Gesichtspunkten**, vor allem der unterhaltsrechtlich anerkannten Abzüge vom Bruttoeinkommen. Der Unterhalt geht grundsätzlich nicht allen sonstigen Ausgaben der Parteien vor. Der Partei muss ihr eigener notwendiger Lebensbedarf verbleiben, der sich im Unterhaltsrecht im sog Selbstbehalt verkörpert. Was der Partei tatsächlich an Einkommen zum allgemeinen Lebensbedarf nicht zur Verfügung steht, kann auch im Regelfall im Unterhaltsrecht nicht als Einkommen gewertet werden.

2. Übersicht über die Abzüge.[528] Das Bruttoeinkommen ist um die folgenden 127
Positionen zu bereinigen:

- Einkommen- und Kirchensteuer,
- Vorsorgeaufwendungen für Alter und Krankheit,
- Berufsbedingte Aufwendungen bei Nichtselbstständigen,
- Kinderbetreuungskosten,
- Konkreter Mehrbedarf wegen Krankheit oder Alters,
- Berücksichtigungswürdige Schulden.

---

525 BGH FamRZ 2000, 153.
526 BVerfG FamRZ 2011, 437.
527 BGH FamRZ 1983, 146; 2006, 846, 2013, 1558 (Rn. 12).
528 Vgl. 10. der bundeseinheitlichen Leitlinienstruktur, zB 10. SüdL.

Und beim Ehegatten- und sonstigen Verwandtenunterhalt zusätzlich um:

- Kindesunterhalt und sonstige (vorrangige) Unterhaltslasten,
- Aufwendungen zur Vermögensbildung beim Verpflichteten, soweit ehepägend und im Einzelfall berücksichtigungsfähig.

Die Ermittlung des Nettoeinkommens erfolgt nach den oben dargelegten Grundsätzen.

128   **3. Trennungsbedingter Mehrbedarf.** Den Abzug eines pauschalen trennungsbedingten Mehrbedarfs erkennt der Bundesgerichtshof nach der Änderung seiner Rechtsprechung von der Anrechnungs- zur Differenzmethode (**Surrogatsrechtsprechung**) nicht mehr an.[529]

Ebenfalls nicht abzugsfähig sind die Kosten des laufenden Lebensbedarfs, wie Miete, Heizungskosten etc. Es handelt sich insofern um Lebenshaltungskosten, die im eigenen notwendigen Lebensbedarf, dem sog Selbstbehalt, enthalten sind, es sei denn die Kosten übersteigen die im Selbstbehalt enthaltenen Pauschalen und sind unterhaltsrechtlich zu billigen.

129   **4. Abzugspositionen im Einzelnen. Steuern,** vor allem Einkommens- und Kirchensteuer[530] sind nur insofern grundsätzlich absetzbar, als sie tatsächlich im unterhaltsrelevanten Zeitraum angefallen sind (Inprinzip).[531] Steuer(nach)zahlungen und Steuererstattungen, die einen zurückliegenden steuerrechtlichen Veranlagungszeitraum betreffen,[532] können nur im Jahr der tatsächlichen Leistung oder Erstattung berücksichtigt werden. Zukünftige Steuererstattungen können dem Einkommen nur zugrunde gelegt werden, wenn durch deren Anfall mit ausreichender Wahrscheinlichkeit gerechnet werden kann.[533]

130   Dennoch kann in verschiedenen Fällen eine fiktive Steuerberechnung notwendig werden, so bei einem **Wechsel der Steuerklasse** vor Schluss der mündlichen Verhandlung (beispielsweise Wechsel von der Steuerklasse III zu I) oder nach der Trennung (III zu I) – einem der häufigsten Fälle. Nach der Rechtsprechung des Bundesgerichtshofs gilt das Inprinzip auch bei Selbstständigen und Gewerbetreibenden.[534] Dies kann zu nicht unerheblichen Verzerrungen führen, beispielsweise wenn hohe Steuernachzahlungen in einem Jahr für Zeiträume, die vor dem unterhaltsrelevanten Zeitraum liegen, anfallen. In solchen Fällen ist zu prüfen, ob das Fürprinzip anzuwenden ist, um ausgeglichene Ergebnisse im Unterhalt zu erzielen.[535]

131   Eine fiktive Steuerberechnung ist bei Negativeinkünften notwendig, die der einseitigen Vermögensbildung eines Ehegatten dienen (→ Rn. 59),[536] ebenso bei Abzugsposten, die steuer- aber nicht unterhaltsrechtlich anzuerkennen sind (→ Rn. 33 ff., 59).[537] Die fiktive Steuerberechnung erfolgt dadurch, dass die Einkünfte um die nichtanerkennungswürdigen Abzugspositionen erhöht werden, und daraus (fiktiv) die Steuer errechnet wird. Dies gilt beispielsweise für

---

529 BGH FamRZ 2001, 986; 2004, 1357; 2007, 1305; 2010, 111.
530 BGH FamRZ 2007, 793.
531 St. Rechtsprechung des BGH FamRZ 1983, 152; 1990, 449; 1990, 503; 1991, 670.
532 BGH FamRZ 1980, 984.
533 OLG Bamberg OLGReport München 2007, 514.
534 BGH FamRZ 2003, 741.
535 FA-FamR/Gerhardt Kap. 6 Rn. 175; Wendl/Dose/Spieker § 1 Rn. 982.
536 BGH FamRZ 2003, 741; OLG Schleswig NZFam 2015, 370.
537 BGH FamRZ 2005, 1159; 2005, 1817; 2007, 882; 2007, 1232.

sog Bauherrenmodelle[538] oder bei Ansparabschreibungen,[539] Bewirtungs- und Repräsentationskosten[540] sowie außergewöhnlichen Belastungen oder Steuerberaterkosten uÄ.[541]

Der **Steuervorteil nach Wiederverheiratung** des Leistungsverpflichteten (Steuerklasse III anstatt I) kommt nur dem neuen Ehegatten und **allen** minderjährigen Kindern, also den Kindern aus der ersten und zweiten Ehe und sonstigen weiteren Kindern, zugute, nicht aber dem geschiedenen (meist ersten) Ehegatten.[542] Die frühere Rechtsprechung des Bundesgerichtshofs ist mit der Entscheidung des Bundesverfassungsgerichts vom 25.1.2011 obsolet.[543] Die („alte neue") Rechtsprechung zum Steuervorteil bei Wiederheirat wirkt sich nur aus, wenn der neue Ehepartner des Verpflichteten kein Einkommen oder ein geringes Einkommen hat, das er nach Steuerklasse V versteuert, da die Steuerklassen IV und I übereinstimmen. Bei der Einkommensberechnung für den Unterhalt des Geschiedenen (meist ersten) Ehegatten ist eine fiktive Steuerberechnung nach der Steuerklasse I (Grundtabelle) vorzunehmen.[544] Von diesem Einkommen des Verpflichteten ist der Kindesunterhalt für die Kinder aus erster Ehe nach diesem (fiktiv errechneten) Einkommen bei der Berechnung des nachehelichen Unterhalts abzuziehen,[545] also die niedrigeren Zahlbeträge und nicht die höheren aus dem höheren tatsächlichen Einkommen (nach Steuerklasse III), obwohl für den Unterhalt der Kinder selbst das tatsächlich höhere Einkommen maßgeblich ist.[546] Das fiktiv errechnete unterhaltsrelevante Einkommen des Verpflichteten ist um einen fiktiven Realsplittingvorteil nach der Grundtabelle zu erhöhen.[547] Die Berechnung des nachehelichen Unterhalts verkompliziert sich dadurch erheblich.[548]

Bei der fiktiven Steuerberechnung sind Freibeträge für ein Kind aus der zweiten Ehe des Pflichtigen nach § 32 Abs. 6 EStG nur einzubeziehen, wenn sie den Pflichtigen betreffen, nicht soweit sie seinem neuen Ehegatten zustehen.[549]

Kommt es für die Einkommensberechnung auf den **Splittingtarif** an (Unterhalt minderjähriger Kinder), weil der neue Ehegatte berufstätig ist, ist die Steuerschuld des Pflichtigen nach dem Verhältnis der Steuerbeträge aufzuteilen, den jeder Ehegatte nach dem Grundtarif auf seine Einkünfte zu entrichten hätte.[550] Im Rahmen der Leistungsfähigkeit ist der Splittingvorteil zu belassen, wenn der Un-

132

---

538 BGH FamRZ 1987, 36; 2003, 741.
539 BGH FamRZ 2004, 1177.
540 BGH FamRZ 2003, 741.
541 Wendl/Dose/Gerhardt § 1 Rn. 1018.
542 BVerfG FamRZ 2003, 1821; 2011, 437; BGH FamRZ 2005, 1154; 2005, 1817; 2007, 793; 2007, 882; 2007, 1232.
543 FamRZ 2011, 437.
544 BGH FamRZ 2003, 741; 2013, 1563; 2015, 1594 Rn. 50 ff.
545 BGH FamRZ 2007, 1232.
546 BGH FamRZ 2007, 1232; Gutdeutsch, Splittingvorteil in Bedarf, Leistungsfähigkeit und Selbstbehalt, FamRZ 2004, 501; Borth, Keine Berücksichtigung steuerlicher Splittingvorteile der neuen Ehe bei der Bestimmung des Unterhaltsanspruchs des geschiedenen Ehegatten, FamRB 2004, 18.
547 BGH FamRZ 2007, 1232.
548 AA BGH FamRZ 2007, 1232.
549 BGH FamRZ 2007, 983.
550 BGH FamRZ 2007, 882.

terhaltsanspruch wegen Hinzutreten eines weiteren unterhaltsberechtigten Partners nach der sog Drittelmethode zu reduzieren ist.[551]

133 Dem Unterhaltspflichtigen ist es im Fall der Wiederheirat nicht gestattet, im Verhältnis zu seinem neuen Ehegatten die ungünstigere Steuerklasse V zu wählen, um sein Einkommen zu schmälern. Dies trifft vor allem für die Fälle zu, in denen der Unterhaltpflichtige einem Elternteil oder einem minderjährigen Kind unterhaltsverpflichtet ist. Die Verschiebung der Steuerbelastung ist anhand der Steuerklasse IV durch einen tatrichterlich zu schätzenden Abschlag zu korrigieren.

134 **Zumutbar erzielbare Steuervorteile** sind wahrzunehmen.[552] Hierzu gehört es, mögliche Freibeträge in die Lohnsteuerkarte eintragen zu lassen oder das begrenzte Realsplitting nach § 10 Abs. 1 Nr. 1 EStG durchzuführen.[553] Allerdings besteht die Obliegenheit nur, soweit der Unterhalt aufgrund eines **Anerkenntnisses** oder einer **rechtskräftigen Verurteilung** feststeht oder der **Verpflichtete freiwillig** zahlt.[554] Die Obliegenheit besteht aber, wenn der Verpflichtete schuldhaft Unterhaltszahlungen nicht erbracht hat. Sie werden für das Realsplitting fingiert.[555] Kommt der Verpflichtete der Obliegenheit, das Realsplitting wahrzunehmen, nicht nach, so ist sein Einkommen fiktiv um den Vorteil zu erhöhen.[556] Dies ist auch dann der Fall, wenn der Unterhalt endgültig durch das Oberlandesgericht festgesetzt wird.[557]

Wird nur ein Teil des geforderten Unterhalts anerkannt, so ist ein Freibetrag für das Realsplitting hinsichtlich des **unstreitigen Teils** des Unterhalts einzutragen, wenn über die darüber hinausgehende Forderung gestritten wird.[558]

Eine fiktive Berechnung des Realsplittingvorteils scheidet bei einer streitigen Unterhaltsforderung (im Wege einer zweistufigen Berechnung anhand des errechneten Unterhalts) aus, weil die steuerliche Anerkennung des Realsplittings nur erfolgt, wenn der Unterhalt auch **tatsächlich im Jahr der Veranlagung bezahlt** wurde (§ 11 Abs. 2 S. 1 EStG).[559]

Die **Zustimmung zum Realsplitting** kann in der Regel nur Zug um Zug gegen eine bindende Erklärung über die Freistellung von daraus erwachsenden Nachteilen verlangt werden.[560] Die Zustimmung zum Realsplitting kann im Regelfall nicht von der Übernahme von Steuerberaterkosten abhängig gemacht werden, falls nicht ausnahmsweise die Zustimmung ohne Heranziehung eines Steuerberaters unzumutbar ist.[561] § 1585 b Abs. 3 ist auf die Forderung, Nachteile aus dem Realsplitting auszugleichen, nicht anwendbar.[562]

Dem Realsplitting ist auch zuzustimmen, wenn zweifelhaft ist, ob das Finanzamt die vom Pflichtigen steuerlich geltend gemachten Aufwendungen dem

551 BGH FamRZ 2012, 281 Rn. 52 ff.
552 BGH FamRZ 1999, 372; 2007, 793; 2007, 1232.
553 BGH FamRZ 1998, 953; 1999, 372; 2000, 1360; 2007, 1232.
554 BGH FamRZ 2007, 793; 2007, 882; 2007, 1232; 2008, 968.
555 BGH FamRZ 2007, 1232.
556 BGH FamRZ 2007, 793; 2007, 1232; 2008, 968.
557 OLG Hamm FamRZ 2010, 1452.
558 BGH FamRZ 2007, 882.
559 BGH FamRZ 2007, 793; 2007, 882; OLG Frankfurt/M. FuR 2007, 430.
560 BGH FamRZ 2005, 1162; zum Anspruch auf Erstattung bei Steuervorauszahlungen OLG Frankfurt/M. FuR 2007, 430.
561 BGH FamRZ 2002, 1024.
562 BGH FamRZ 2005, 1162.

Grunde und der Höhe nach als Unterhaltsleistungen nach § 10 Abs. 1 Nr. 1 EStG anerkennt.[563] Es besteht kein Anspruch darauf, dass der Bedürftige die „Anlage U" der Einkommensteuererklärung unterschreibt. Es genügt eine schriftliche oder zur Niederschrift des Finanzamts erklärte Zustimmung. Sie muss lediglich nachweisbar sein.[564]

5. Vorsorgeaufwendungen. Renten-, Arbeitslosen- und Krankenversicherungs-   135
beiträge sowie Beiträge zur Pflegeversicherung können der Unterhaltsverpflichtete und der berufstätige Unterhaltsberechtigte in nachgewiesener Höhe einkommensmindernd abziehen. Gewährt der Arbeitgeber einen Zuschuss zur Krankenversicherung, sind die Beiträge um diesen Zuschuss zu kürzen.

Bei der **Altersversorgung von Nichtselbstständigen** lässt sich die Höhe der Ren-   136
tenversicherung aus der Lohn- und Gehaltsabrechnung von einem Jahr ohne Weiteres entnehmen (Beitragssatz für das Jahr 2016: 18,7 %). Über diese primäre Altersversorgung hinaus lässt der Bundesgerichtshof sowohl beim Unterhaltsverpflichteten als auch beim Unterhaltsberechtigten für eine zusätzliche Altersversorgung Abzüge zu. Er hält die primären Altersversorgungssysteme (zB gesetzliche Rentenversicherung, Beamtenversorgung) in der Zukunft für nicht mehr ausreichend.[565] Zur primären Altersversorgung gesteht der Bundesgerichtshof beim Elternunterhalt Aufwendungen für eine zusätzliche (sekundäre) Altersversorgung in Höhe von 5 % des Gesamtbruttoeinkommens zu.[566] Beim Ehegattenunterhalt und sonstigen Unterhalt sind zusätzliche Aufwendungen von 4 % des jährlichen Gesamtbruttoeinkommens abzugsfähig.[567] Dies gilt auch im Fall **vorzeitiger Verrentung** bis zum Erreichen der Regelaltersgrenze.[568] Die zusätzlichen Aufwendungen müssen aber tatsächlich erbracht werden; fiktive Aufwendungen sind nicht abzugsfähig.[569] Im Bestreitensfall sind sie konkret vorzutragen und nachzuweisen.[570] Bei der Art der zusätzlichen Altersversorgung ist ein großzügiger Maßstab anzulegen.[571] In Betracht kommen Riester-Renten, auch nicht zertifizierte Produkte, eine Direktversicherung, private Altersversorgungen und an sich nach der Scheidung wegen Alleineigentums nicht anzuerkennende Tilgungsleistungen auf ein Darlehen wegen des Erwerbs einer Immobilie in obiger Höhe. Reine Sparverträge sollen eine hinreichende Gewähr bieten, als Alterssicherung erhalten zu bleiben.[572] Kann im Mangelfall allerdings der Elementarunterhalt nicht aufgebracht werden, so sind zusätzliche Aufwendungen für eine private Altersversorgung nicht berücksichtigungsfähig.[573] Das gilt in gleicher Weise, wenn das Einkommen nicht für den Mindestunterhalt bei minderjährigen Kindern ausreicht. Die Ausführungen gelten auch für Beamte[574] und Selbstständige.[575]

---

563 BGH FamRZ 1998, 953.
564 BGH FamRZ 1998, 953.
565 BGH FamRZ 2003, 860; 2003, 1179.
566 BGH FamRZ 2004, 792; 2006, 1511; 2007, 793; 2008, 963; 2010, 1535.
567 BGH FamRZ 2005, 1817; 2007, 793; 2007, 1232; 2008, 963.
568 BGH FamRZ 2010, 1535.
569 BGH FamRZ 2003, 860; 2007, 193; 2007, 793; 2008, 963.
570 BGH FamRZ 2005, 1817; zur fiktiven Steuerberechnung BGH FamRZ 2005, 1159; 2007, 193; 2007, 793.
571 BGH FamRZ 2006, 1511; 2007, 793; 2007, 1232; 2008, 963; 2009, 1665.
572 OLG Brandenburg FamRZ 2014, 219 (221).
573 BGH FamRZ 2003, 741; 2013, 616 Rn. 15 ff.; OLG Düsseldorf FamRZ 2006, 1685.
574 BGH FamRZ 2003, 1179; 2007, 793; 2009, 1207.
575 BGH FamRZ 2007, 793.

Auch Selbstständige können Vorsorge durch Beitragszahlung zur Kranken- und
Pflegeversicherung und (großzügig) Zusatzversorgungen und Versicherungen für
den Fall der Erwerbsunfähigkeit – nicht dagegen für den Fall der Kündigung
(Arbeitslosigkeit) – erbringen.[576]

137 **6. Berufungsbedingte Aufwendungen.** Es handelt sich um einen Aufwand, der
notwendigerweise mit der Ausübung einer Erwerbstätigkeit verbunden ist, und
sich eindeutig von allgemeinen und den Kosten der privaten Lebenshaltung abgrenzen lässt.[577]

Dazu zählen vor allem **Fahrtkosten, Arbeitsmittel, Berufskleidung, Beiträge zu
Berufsverbänden, Fortbildungskosten, die Steuerberatung und das Arbeitszimmer.**[578] Bei **Nichtselbstständigen** handelt es sich um Abzugsposten, soweit sie
konkret anfallen[579] und vom Arbeitgeber nicht erstattet werden. Pauschalen
sind nach der Rechtsprechung des Bundesgerichtshofs zulässig,[580] da es sich bei
Unterhaltsfällen um ein Massenphänomen handelt. Eine Reihe von Leitlinien
der Oberlandesgerichte sieht solche Pauschalierungen vor (meist 5 %).[581] Soweit
berufsbedingte Aufwendungen über eine Pauschale hinaus geltend gemacht werden, müssen sie konkret nachgewiesen und von den privaten Lebenshaltungskosten eindeutig abgrenzbar sein.[582] Bei Bestreiten trägt derjenige, der sich auf
den Abzug von pauschalen berufsbedingten Aufwendungen beruft, die
Darlegungs- und Beweislast. An sie dürfen keine zu strengen Anforderungen gestellt werden, beispielsweise wenn ein Arbeitnehmer als Leiharbeiter an unterschiedlichen Arbeitsstellen tätig ist.[583]

138 Als wichtigste berufsbedingte Aufwendungen kommen die **Fahrten zwischen
Wohnung und Arbeitsplatz** zum Tragen. Unterhaltsrechtlich besteht die Verpflichtung, soweit möglich, öffentliche Verkehrsmittel zu benutzen, zumal bei
„beengten" Verhältnissen (Mangelfall).[584] Berufsbedingte Aufwendungen für
einen Pkw sind zu bejahen, soweit der Pkw berufsbedingt benötigt wird, zB bei
einer Tätigkeit im Außendienst oder bei Krankheit, Körperbehinderung, vor allem auch bei ungünstigen Verbindungen mit öffentlichen Verkehrsmitteln. Die
wirtschaftlichen Verhältnisse und die Arbeitszeiten spielen eine wesentliche Rolle.[585] Dabei ist der private Kostenanteil für den Pkw herauszurechnen.[586] Die
Rechtsprechung des Bundesgerichtshofs hat es, wenn keine anderen konkreten
Anhaltspunkte vorliegen für angemessen gehalten, die Kilometerpauschale nach
§ 5 Abs. Nr. 2 JVEG zu bewerten.[587] Das sind zurzeit 0,30 EUR pro gefahrenem
Kilometer, bei langen Fahrtstrecken ab ca. 30 km (einfach) im Regelfall
0,20 EUR. In diesen Pauschalen sind die Anschaffungskosten (auch zB Kosten

---

576 BGH FamRZ 2003, 860.
577 BGH FamRZ 2007, 193; 2009, 762.
578 Ausführlich Wendl/Dose § 1 Rn. 141, 1045.
579 BGH FamRZ 1990, 979.
580 BGH FamRZ 2002, 536; 2006, 108; 2007, 983.
581 10.2.1 der bundeseinheitlichen Leitlinienstruktur; vgl. zB SüdL: 5 % des Nettoeinkom-
     mens.
582 BGH FamRZ 2007, 193; 2009, 404.
583 BGH FamRZ 2006, 108; 2009, 404.
584 BGH FamRZ 1982, 360; 1998, 1501.
585 OLG Naumburg FamRZ 1998, 558.
586 BGH FamRZ 1984, 988.
587 BGH FamRZ 1988, 1501; 2006, 846; unter Hinweis auf SüdL, nach der bundeseinheit-
     lichen Leitlinienstruktur 10.2.2.

für ein Darlehen) des Pkw mit erfasst.[588] Damit sind auch die sonstigen Kosten abgedeckt. Stellen die Pkw-Kosten im Vergleich zum Einkommen einen unverhältnismäßig hohen Aufwand dar, etwa wenn sie ein Drittel des Nettoeinkommens aufzehren, so dass angemessene Unterhaltsleistungen ausgeschlossen würden, können ein Wohnsitzwechsel oder Fahrten mit öffentlichen Verkehrsmitteln verlangt werden, um die Fahrtkosten abzusenken.[589] Die Fahrtkosten mit öffentlichen Verkehrsmitteln vom bisherigen Wohnort und vor allem die Fahrtkosten mit öffentlichen Verkehrsmitteln am Wohnort bleiben abzugsfähig.[590] Diese Grundsätze finden insbesondere im Fall der verschärften Haftung beim minderjährigen Kind (Mindestbedarf) Anwendung.[591] Der Unterhaltspflichtige hat sich bzgl. der Fahrtkosten ggf. einen Freibetrag in die Steuerkarte eintragen zu lassen.[592] Es kommt ggf. eine Schätzung nach § 287 ZPO in Betracht.[593]

Selbstständige können für berufsbedingte Aufwendungen keinen pauschalen Abzug von 5 % vornehmen, da diese Aufwendungen in den Ausgaben der Einnahmeüberschussrechnung bereits enthalten sind. Rentner, die im Regelfall nicht mehr arbeiten, können ebenfalls keine berufsbedingten Aufwendungen geltend machen; bei Arbeitslosen bedarf es eines konkreten Vortrags für die Ausgaben. Allerdings sind auch die Kosten für regelmäßige Fahrten zu einem im Pflegeheim lebenden Elternteil zu berücksichtigen.[594]   **139**

Die meisten Leitlinien sehen bei Lehrlingen für einen ausbildungsbedingten Mehrbedarf Pauschalabzüge vor.[595]

Die Aufwendungen für eine Hausratsversicherung sind schon wegen ihrer in der Regel geringen Höhe dem allgemeinen Lebensbedarf zuzuordnen und nicht als vorweg abziehbare Verbindlichkeiten zu behandeln. Das gilt gleichermaßen bezüglich der Prämien für eine private Haftpflichtversicherung.[596] Die geringen Prämien sind im Selbstbehalt enthalten. Dies wird auch für andere abzugsfähige Versicherungsprämien in geringer Höhe zu gelten haben. Eine Berufsunfähigkeitsversicherung ist vom unterhaltsrelevanten Einkommen absetzbar.[597]

7. Kinderbetreuungskosten und Betreuungsbonus. Der Abzug konkreter Kinderbetreuungskosten ist anzuerkennen, soweit sie bei der Ausübung einer Berufstätigkeit im angemessenen Umfang anfallen.[598] Sie sind von den pauschalen berufsbedingten Aufwendungen (→ Rn. 137) zu unterscheiden und können zusätzlich abgezogen werden, etwa für die Betreuung durch die zweite Ehefrau, eine Tagesmutter uÄ.[599] Allerdings rechnet der Bundesgerichtshof[600] die für den Kindergartenbesuch anfallenden Kosten abzüglich Verpflegungskosten zum   **140**

---

588   BGH FamRZ 2006, 846; 2014, 923 Rn. 29; SüdL 10.2.2.
589   BGH FamRZ 1998, 1501; KG FamRZ 2014, 949.
590   BGH FamRZ 1998, 1501.
591   BGH FamRZ 2002, 536.
592   OLG Hamburg FamRZ 1992, 1308.
593   BGH FamRZ 2009, 404.
594   BGH FamRZ 2013, 868; OLG Saarbrücken 10.9.2015 – 6 UF 51/15.
595   10.2.3 der bundeseinheitlichen Leitlinienstruktur; zB bei den SüdL 90 EUR.
596   BGH FamRZ 2010, 1535.
597   BGH FamRZ 2009, 1207; OLG Saarbrücken FamRB 2010, 322 = NJW-RR 2010, 1303.
598   BGH FamRZ 1982, 779; KG FamRZ 2006, 341.
599   10.3. der bundeseinheitlichen Leitlinienstruktur; BGH FamRZ 2001, 350.
600   BGH FamRZ 2008, 1152; 2009, 962; 2011, 454; auch OLG Dresden FamRZ 2010, 565.

(Mehr-)Bedarf des Kindes (§ 1610 Abs. 2), wofür die Eltern anteilig haften (§ 1606 Abs. 3 S. 1). Ob dies auch für andere Betreuungskosten gilt, ist ungeklärt.[601] Einige Leitlinien, wie zB die Süddeutschen Leitlinien, rechnen neben dem Kindergarten auch „vergleichbare Betreuungsformen" zum Mehrbedarf des Kindes.[602] Den Abzug eines pauschalen Betreuungsbonus hat der Bundesgerichtshof verneint.[603]

141 **8. Mehrbedarf wegen Krankheit, Alters und Ausbildung.** Erhöhte Aufwendungen durch Krankheit, Behinderung oder Alter, insbesondere bei Schwerbeschädigten sowie wegen einer Ausbildung, Fortbildung oder Umschulung gehören zum **Mehrbedarf.** Bei konkretem Nachweis ist beim Pflichtigen der Mehrbedarf abzugsfähig.[604] **Pauschalierungen sind nicht zulässig,** allerdings eine Schätzung nach § 287 ZPO. Pflegeleistungen eines Ehepartners für einen Schwerbehinderten können in Höhe der ersparten Fremdleistungen abgezogen werden.[605] Beim Berechtigten gelten diese Grundsätze nur, soweit er über eigenes Einkommen verfügt. Ist dies nicht der Fall, ist der Mehrbedarf ein unselbstständiger Bestandteil des konkret geltend zu machenden Unterhalts.[606] Werden in diesem Zusammenhang Sozialleistungen erbracht, gelten §§ 1610 a, 1361 Abs. 1 S. 1, 1578 a.

142 **9. Abzug von Verbindlichkeiten. a) Ehegattenunterhalt.** Schulden mindern das Einkommen, soweit sie berücksichtigungswürdig sind.[607] Unterhaltsansprüchen kommt kein allgemeiner Vorrang vor Forderungen anderer Gläubiger zu.[608] Eine Ausnahme stellt die Möglichkeit der **Verbraucherinsolvenz** (→ Rn. 149) dar, soweit es um die Leistungsfähigkeit beim Unterhalt **minderjähriger Kinder** geht.[609] Umgekehrt können Verbindlichkeiten nicht ohne Beachtung der Unterhaltsinteressen getilgt werden. Es bedarf einer umfassenden Interessensabwägung zwischen den Belangen von Unterhaltsgläubiger, Unterhaltsschuldner und Drittgläubiger.[610] Beim **Ehegattenunterhalt** hat der Bundesgerichtshof die Annahme einer Obliegenheit zur Verbraucherinsolvenz abgelehnt.[611] Wer sich auf Umstände beruft, die für die Berücksichtigung der Schulden sprechen, trägt die Darlegungs- und Beweislast, da er sich auf die Minderung seiner Einkünfte beruft.[612] Berücksichtigungswürdige Schulden sind im Rahmen eines vernünftigen Tilgungsplanes in angemessenen Raten abzuzahlen.[613]

---

601 Maurer, Fremdbetreuungskosten, FF 2009, 410.
602 SüdL Ziff. 12.4.
603 FamRZ 2010, 1050; 2013, 109 Rn. 27.
604 BGH FamRZ 1981, 338.
605 BGH FamRZ 1995, 537.
606 BGH FamRZ 1996, 160; 2002, 536; iE Wendl/Dose/Gerhardt § 1 Rn. 1070 ff.
607 BGH FamRZ 1991, 182; 1996, 160; 2002, 536; 2006, 683; 2010, 538; 10.4 der bundeseinheitlichen Leitlinienstruktur.
608 OLG Hamm FamRZ 1995, 1218; BGH FamRZ 2005, 608.
609 BGH FamRZ 2005, 608; 2008, 137; 2015, 1473 Rn. 35; Anm. Schürmann FamRZ 2003, 887; Melchers, Obliegenheit zur Privatinsolvenz in Mangellagen, FuR 2003, 145; Hoppenz, Insolvenzordnung und Unterhaltsrecht, FF 2003, 158.
610 BGH FamRZ 1990, 283; 1992, 797; 1996, 160; 2008, 137; OLG Karlsruhe FPR 2003, 28.
611 BGH FamRZ 2008, 497; 2010, 1311.
612 BGH FamRZ 1996, 160.
613 BGH FamRZ 1982, 23; OLG Bamberg FamRZ 1992, 1295.

Für luxuriöse Zwecke leichtfertig eingegangene Verbindlichkeiten (einseitige teure Hobbys, Kredite für Spielschulden) sind nicht abziehbar.[614] Das Gleiche gilt auch für Verbindlichkeiten ohne nachvollziehbaren Grund.

b) Trennungsunterhalt. Es können bei der Bedarfsermittlung die bis zur Trennung entstandenen Verbindlichkeiten auf jeden Fall Berücksichtigung finden, da sie die ehelichen Lebensverhältnisse der Parteien geprägt haben.[615] Die geänderte Rechtsprechung des Bundesgerichtshofs[616] zu den stets wandelbaren ehelichen Verhältnissen ist seit der Entscheidung des Bundesverfassungsgerichts v. 25.1.2011[617] obsolet, so dass die alte Rechtsprechung wieder maßgeblich ist. Bei Konsumkrediten ist nicht entscheidend, wer die damit angeschafften Gegenstände nach der Trennung behält.[618] Zins und Tilgung, soweit sie der **gemeinsamen Vermögensbildung** dienen – häufig Hausschulden – sind abzugsfähig (→ Rn. 60). Entscheidend für die Berücksichtigung ist, ob die Verbindlichkeit mit ausdrücklicher oder stillschweigender Billigung des Ehepartners begründet wurde oder aber, ob es sich um Schulden handelt, die ein Ehegatte mit in die Ehe gebracht hat, und die während der Ehe zurückgeführt wurden.[619] Typische Schulden, die die Ehe bis zur Trennung geprägt haben, sind danach **Konsum- und Immobilienkredite, Kredite wegen Überziehung** des Girokontos bis zur Trennung, Steuerschulden bis zur Trennung oder zB voreheliche Verbindlichkeiten, die in der Ehe bedient wurden.[620] Getilgte Schulden (auch vorzeitig), wirken sich bedarfserhöhend aus.[621] Den Abzug trennungsbedingter Verbindlichkeiten (Mehrbedarf) lässt der Bundesgerichtshof nach der Änderung seiner Rechtsprechung nicht mehr zu.[622]   143

Auch erst nach Trennung bzw. Scheidung aufgenommene **neue Verbindlichkeiten** können beider Bedarfsermittlung berücksichtigt werden, wenn sie sich als **unumgänglich** erwiesen haben und **nicht leichtfertig** aufgenommen wurden.[623] Hierbei ist ein strenger Maßstab anzulegen. Das BVerfG hat in seiner Entscheidung vom 25.1.2011[624] darauf abgestellt, dass eine unvorhersehbare nacheheliche Einkommensverringerung auf Seiten des Unterhaltsverpflichteten, die nicht vorwerfbar herbeigeführt wurde, auch bei Fortbestand der Ehe die Lebensverhältnisse der Ehegatten geprägt hätte. Hierunter können allerdings auch unvermeidbare, aber durch die Trennung erforderlich gewordene Kredite fallen.[625] Kosten des Umgangs sind beim barunterhaltspflichtigen Elternteil dann zu berücksichtigen, wenn er sie nicht aus Mitteln bestreiten kann, die ihm über den notwendigen Selbstbehalt hinaus verbleiben und ihm ganz oder teilweise das Kindergeld (vgl. § 1612 b) nicht zugutekommt (→ Rn. 154).[626] Kredite, die der Unterhaltsverpflichtete zur **Auszahlung des Zugewinns** aufnimmt, sind nicht ab-   144

---

614 BGH FamRZ 1984, 358; 2006, 683.
615 BGH FamRZ 1985, 911; 1993, 1163; 1996, 160; OLG Bamberg FamRZ 1992, 1295; vgl. für den nachehelichen Unterhalt BVerfG FamRZ 2011, 437.
616 ZB FamRZ 2006, 683; 2008, 160.
617 FamRZ 2011, 437.
618 BGH FamRZ 1996, 160; 1998, 899.
619 BGH FamRZ 1998, 899.
620 Vgl. iE ausführlich Wendl/Dose/Gerhardt § 1 Rn. 1083.
621 BGH FamRZ 1998, 899.
622 BGH FamRZ 2004, 1357; 2007, 1305; 2010, 111.
623 BGH FamRZ 2012, 281.
624 BVerfG FamRZ 2011, 437.
625 Gerhardt FamRZ 2012, 589.
626 BGH FamRZ 2005, 706; 2007, 707; 2008, 594.

zugsfähig, da sonst der Berechtigte den Zugewinn mitfinanzieren würde.[627] Für die Minderung seines Einkommens trifft den Unterhaltspflichtigen die **Darlegungs- und Beweislast.**[628]

145 Bezahlt der **Berechtigte** nach der Trennung **eheprägende Kredite** weiter ab und verfügt er über eigenes Einkommen, kürzt dies das Einkommen des Berechtigten beim Bedarf und auch auf der Bedürftigkeitsstufe. Nach der Trennung aufgenommene Schulden zur Finanzierung der Lebenshaltungskosten sind weder beim Bedarf noch auf der Bedürftigkeitsstufe beim Berechtigten abzuziehen. Durch die sich ergebende Unterhaltserhöhung würde der Pflichtige die nichtprägenden neuen Schulden des Berechtigten mitfinanzieren und den Lebensbedarf dadurch doppelt bezahlen.[629] Gleiches gilt für andere nach der Trennung oder Scheidung aufgenommene Schulden. Andernfalls würde der Verpflichtete Schulden des Berechtigten mit abtragen bzw. zur Vermögensbildung beitragen. Das widerspricht dem Sinn des Unterhalts, der der Befriedigung und Sicherung des Lebensbedarfs dient. Bei **einseitiger Vermögensbildung,** auch wenn die Schulden eheprägend waren, sind ab der Rechtshängigkeit des Scheidungsverfahrens nur noch die Zinsen, nicht aber die Tilgung berücksichtigungsfähig[630] (→ Rn. 60, 61, 74).

146 **c) Verwandtenunterhalt.** Beim Verwandtenunterhalt (Kindes- und sonstiger Verwandtenunterhalt) ist, anders als beim Ehegattenunterhalt, eine **Interessensabwägung nach billigem Ermessen** vorzunehmen. Ob Verbindlichkeiten unterhaltsrechtlich berücksichtigungsfähig sind, ist nach einer umfassenden Interessensabwägung zu beurteilen, wobei es insbesondere auf den **Zweck** der Verbindlichkeit, den **Zeitpunkt** und die **Art ihrer Entstehung,** die **Kenntnis** von der Unterhaltschuld und auf andere Umstände ankommt.[631] Die Stellung eines minderjährigen oder in Ausbildung befindlichen Kindes leitet sich von den verfügbaren Mitteln der Eltern ab. Haben sie während ihres Zusammenlebens Verbindlichkeiten aufgenommen, so sind sie beim Kindesunterhalt bei der Bedarfsermittlung und bei der Leistungsfähigkeit mindernd zu berücksichtigen.[632] **Neue Schulden,** die der Unterhaltsverpflichtete in Kenntnis seiner Unterhaltspflicht aufnimmt, können nur Berücksichtigung finden, wenn sie unumgänglich sind.[633]
Wegen der verschärften Haftung der Eltern (§ 1603 Abs. 2 S. 1) gegenüber minderjährigen Kindern muss zumindest der Mindestunterhalt, § 1612 a nF, sichergestellt sein.[634] Anderes gilt aber, wenn es sich um Eheschulden handelt[635] oder der Pflichtige seine Leistungsfähigkeit nur durch eine ständig weiter wachsende Verschuldung aufrechterhalten kann.[636]

147 **d) Elternunterhalt.** Auch beim Elternunterhalt (Unterhaltsanspruch **Eltern/Kind**) sind Schulden nach einer umfassenden Interessenabwägung, in der Regel aber großzügiger einkommensmindernd zu berücksichtigen.[637] Verbindlichkei-

---

627 BGH FamRZ 2000, 950.
628 BGH FamRZ 1998, 1501.
629 BGH FamRZ 2013, 191 Rn. 35.
630 BGH FamRZ 2009, 23; 2010, 1633.
631 BGH FamRZ 1991, 182; 2002, 536; 2014, 923 Rn. 25.
632 BGH FamRZ 2002, 536.
633 Wendl/Dose/Gerhardt § 1 Rn. 1109.
634 BGH FamRZ 2002, 536.
635 BGH FamRZ 2002, 536.
636 BGH FamRZ 1986, 254.
637 BGH FamRZ 2003, 860; 2014, 538.

ten, die einen unangemessenen Aufwand oder Luxusausgaben darstellen, ebenso Schuldverbindlichkeiten, die der Unterhaltspflichtige erst nach Bekanntwerden der Unterhaltsverpflichtung eingegangen ist, sind nur zu berücksichtigen, wenn sie nach Art und Umfang notwendig sind.[638] Hausschulden sind im Regelfall abzugsfähig, da sie den eigenen notwendigen Wohnbedürfnissen dienen.[639]

e) **Unterhalt von Mutter und Vater aus Anlass der Geburt.** Bei **Ansprüchen nach** 148 § 1615 l ist eine Abwägung der beiderseitigen Interessen vorzunehmen. Maßgeblich ist, ob der Verpflichtete bei Darlehensaufnahme die Schwangerschaft bereits kannte, oder der Kredit als unumgänglich notwendig einzustufen ist.

f) **Verbraucherinsolvenz.** Eine **Obliegenheit zur Einleitung einer Verbraucher-** 149 **insolvenz** kann im Mangelfall beim Unterhalt Minderjähriger wegen der gesteigerten Unterhaltsverpflichtung (§ 1603 Abs. 2) in Betracht kommen.[640] Ob eine solche Obliegenheit besteht, kann sich nur aus einer umfassenden Würdigung aller Umstände, vor allem der Interessen des Unterhaltsschuldners und des Unterhaltsgläubigers, ergeben. Darlegungspflichtig ist der Unterhaltsschuldner. Wenn er der Obliegenheit entgehen will, muss er Umstände vortragen, die eine Antragspflicht zur Einleitung eines Verbraucherinsolvenzverfahrens im konkreten Einzelfall als unzumutbar erscheinen lassen.[641] Dies kann zB der Fall sein, wenn lediglich ein kurzfristiger finanzieller Engpass besteht,[642] oder wenn ein Insolvenzantrag die berufliche Grundlage gefährden würde.[643] Eine Obliegenheit zur Berufung auf Pfändungsfreigrenzen und zur Einleitung einer Verbraucherinsolvenz[644] zugunsten des Elternunterhaltes lehnt der Bundesgerichtshof ab.[645] Wenn es dem Unterhaltsschuldner gelingt, alle Schulden in einen neuen Kredit mit Kreditraten aufzunehmen, der zur gleichen Leistungsfähigkeit wie bei der Verbraucherinsolvenz führt, so scheidet eine Verpflichtung zur Verbraucherinsolvenz aus.[646] Beim Unterhalt nach § 1615 l besteht keine Obliegenheit zur Einleitung einer Verbraucherinsolvenz.[647]

g) **Vorwegabzug vorrangiger Unterhaltslasten.** Der Kindesunterhalt ist mit dem 150 **Zahlbetrag** beim Ehegattenunterhalt einzustellen, da das Kindergeld bedarfsdeckend auf den Unterhalt des Kindes zu verwenden ist (§ 1612 b nF).[648] Ist der Kindesunterhalt anderweitig tituliert, so ist bei einer Berechnung des Ehegattenunterhalts der tatsächlich geschuldete Kindesunterhalt abzuziehen.[649] Es ist davon auszugehen, dass der anderweitige Unterhaltstitel abgeändert werden kann.[650] Lediglich für die Ermittlung der Unterhaltsrückstände ist der titulierte

---

638 BGH FamRZ 2002, 1698; 2014, 538 Rn. 445.
639 BGH FamRZ 2003, 1179.
640 BGH FamRZ 2005, 608; 2008, 497; 2008, 137 auch zur Berechnung bei Selbstständigen; 2015, 1473 Rn. 35; kritisch hierzu Wohlgemuth, Obliegenheit zur „Flucht in die Insolvenz"?, FF 2004, 9.
641 BGH FamRZ 2005, 608.
642 BGH FamRZ 2014, 923 Rn. 23.
643 OLG Dresden FamRZ 2016, 1172.
644 Allgemein Hauß, Unterhalt und Verbraucherinsolvenz, FamRZ 2006, 1496; Hoppenz FF 2003, 158.
645 BGH FamRZ 2008, 497.
646 OLG Hamm FuR 2007, 437.
647 OLG Koblenz FamRZ 2006, 440.
648 Leitlinien 15.2; BGH FamRZ 2008, 963; 2009, 311; 2009, 1300; 2009, 1477; 2010, 802; 2010, 1318.
649 BGH FamRZ 2003, 363.
650 BGH FamRZ 2003, 363.

Unterhalt maßgebend.[651] Nur beim Ehegattenunterhalt ist der Kindesunterhalt ein Vorwegabzugsposten, nicht beim Unterhalt für weitere minderjährige Kinder.[652] Der Vorwegabzug gilt für eheliche, voreheliche, nichteheliche und adoptierte Kinder,[653] soweit sie die Ehe geprägt haben,[654] nicht für Stiefkinder.[655] Nach der Scheidung geborene Kinder sind für die erste Ehe nicht eheprägend.[656] Sie sind daher, ebenso wie die Unterhaltsansprüche des betreuenden Elternteils, erst bei der Leistungsfähigkeit zu berücksichtigen.

151 Soweit kein Mangelfall vorliegt, sind beim Ehegattenunterhalt **auch volljährige Kinder** vorweg abzuziehen, wenn sie die ehelichen Lebensverhältnisse geprägt haben.[657] Im Mangelfall sind volljährige privilegierte Kinder seit Inkrafttreten der Unterhaltsreform ebenfalls im ersten Rang (§ 1609 Nr. 1).

152 **Weitere nachrangige Unterhaltslasten,** wie der Elternunterhalt (Anspruch der Eltern gegen ihr Kind) oder ein Unterhalt nach § 1615 l, stellen Abzugsposten dar, wenn sie die ehelichen Lebensverhältnisse geprägt haben und kein Missverhältnis zum verbleibenden Bedarf des Ehegatten entsteht.[658] Ein Vorwegabzug kommt auch bei latenten Unterhaltslasten in Betracht, das sind Unterhaltsverpflichtungen, die in der Ehe bereits voraussehbar waren, zB bei einer Krankheit mit Pflegebedürftigkeit.[659]

Beim Unterhalt minderjähriger Kinder ist der Unterhalt anderer minderjähriger Kinder kein Abzugsposten vom Nettoeinkommen des Verpflichteten. Generell gilt, dass beim **Unterhalt Gleichrangiger** kein gegenseitiger Abzug erfolgt. Probleme bestehen beim Zusammentreffen des Unterhalts von minderjährigen Kindern und privilegierten volljährigen Kindern, bei denen Gleichrang besteht, da bei letzteren beide Eltern anteilig haften (§ 1609 Nr. 1). Der Vorabzug des Unterhalts der minderjährigen Kinder vom Einkommen des Verpflichteten ist in diesem Fall strittig. Verschiedentlich wird vertreten, das Einkommen des Verpflichteten sei vorab um den Unterhalt des minderjährigen Kindes zu bereinigen.[660] Richtiger dürfte sein, das Problem über eine Herabstufung in der Düsseldorfer Tabelle zu lösen.[661]

Beim Elternunterhalt ist im Rahmen der Leistungsfähigkeit des Pflichtigen auch ein vorrangiger Betreuungsunterhaltsanspruch der Lebensgefährtin nach § 1615 l zu berücksichtigen.[662]

153 **h) Leistungen zur Vermögensbildung.** Aufwendungen für eine **gemeinsame Vermögensbildung**, die die Ehe geprägt haben, sind beim Ehegattenunterhalt, auch

---

651 OLG Karlsruhe FamRZ 2016, 237 (239).
652 BGH FamRZ 1992, 797.
653 BGH FamRZ 2009, 23.
654 BVerfG FamRZ 2011, 437.
655 BGH FamRZ 2005, 1817.
656 BGH FamRZ 2012, 281; 2014, 1183 Rn. 27.
657 BGH FamRZ 2003, 860.
658 BGH FamRZ 2003, 860; 2004, 186; 2004, 792; 2009, 762.
659 BGH FamRZ 2003, 860; 2004, 186.
660 OLG Hamburg FamRZ 2003, 181; OLG Stuttgart NJW-RR 2007, 439, auch für den Mangelfall.
661 OLG Hamm FamRZ 2010, 1346; siehe auch Wendl/Dose/Klinkhammer § 2 Rn. 598 f. mit Rechenbeispielen.
662 BGH FamRZ 2016, 887 Rn. 23.

nach Trennung und Scheidung, abzugsfähig;[663] vgl. bzgl. Eigenheim, Immobilien, Negativeinkünfte, Ausgaben für Altersvorsorgeaufwendungen → Rn. 59 ff.

Bei Aufwendungen, die der **einseitigen Vermögensbildung** dienen, ist zwischen Bedarf und Bedürftigkeit/Leistungsfähigkeit zu differenzieren. Beim Bedarf ist bei guten Einkommensverhältnissen davon auszugehen, dass ein Teil der Vermögensbildung dient.[664] Hat die Vermögensbildung in der Ehe nicht zu einem Konsumverzicht und einer Einschränkung des Lebensstandards geführt, so sind die Aufwendungen für die Vermögensbildung beim Bedarf einkommensmindernd abzusetzen. Maßgeblich ist ein objektiver Maßstab. Es kommt auf den Lebensstandard der Parteien an, der vom Standpunkt eines vernünftigen Beobachters unter Berücksichtigung der konkreten Einkommens- und Vermögensverhältnisse zu beurteilen ist. Eine aus dieser Sicht zu dürftige Lebensführung bleibt ebenso außer Betracht wie ein übertriebener Aufwand.[665] Leben die Parteien in sehr guten Einkommensverhältnissen, kann dies zur konkreten Bedarfsermittlung (etwa ab einem Bedarf von 5.000 EUR) führen.[666] Beim Mangelfall kann ein Abzug ganz entfallen.[667] Eine **einseitige Vermögensbildung des Pflichtigen** darf bei seiner Leistungsfähigkeit nicht zulasten des Unterhaltsberechtigten gehen. Umgekehrt können beim **Bedürftigen** niemals vermögensbildende Ausgaben abgezogen werden. Der Unterhalt dient nur zur Deckung der Lebenshaltungskosten, nicht aber zur Vermögensbildung.[668]

Einseitige Vermögensbildung bleibt bei durchschnittlichen Einkommensverhältnissen unberücksichtigt, wenn der andere Ehegatte an der Vermögensbildung keinen Anteil mehr hat, etwa wenn der Scheidungsantrag rechtshängig ist, oder die Ehegatten Gütertrennung vereinbart haben.[669] Zins und Tilgung können ausnahmsweise auch nach der Scheidung abzugsfähig sein, wenn eine Vermögensbildung beim Alleineigentümer damit nicht verbunden ist, weil das Haus über seinen Wert hinaus verschuldet ist und es als Familienheim angeschafft wurde.[670]

i) **Umgangskosten.** Die üblichen Umgangskosten sind nur dann ein Abzugsposten, wenn sie nicht durch den dem Pflichtigen verbleibenden Kindergeldanteil abgedeckt werden und **das übliche Maß übersteigen.**[671] Bei guten bis überdurchschnittlichen Einkommensverhältnissen kann der Verpflichtete Umgangskosten nicht mindernd vom Einkommen abziehen. 154

§ 1360 BGB Verpflichtung zum Familienunterhalt

[1]Die Ehegatten sind einander verpflichtet, durch ihre Arbeit und mit ihrem Vermögen die Familie angemessen zu unterhalten. [2]Ist einem Ehegatten die Haus-

---

663 BGH FamRZ 2008, 963; 2009, 23.
664 BGH FamRZ 2003, 848.
665 BGH FamRZ 1995, 869; 2004, 601.
666 BGH FamRZ 2010, 1637.
667 Vgl. 10.6. der bundeseinheitlichen Leitlinienstruktur.
668 BGH FamRZ 1992, 423.
669 BGH FamRZ 2008, 963; 2009, 23; 2010, 1633.
670 OLG Koblenz FamRZ 2015, 1901.
671 BGH FamRZ 2005, 706; 2007, 193; 2008, 594; 2009, 1391; OLG Bremen FamRZ 2008, 1274; OLG Hamm 30.7.2015 – 14 UF 119/15, das den Kindergeldanteil nicht anrechnet.

haltsführung überlassen, so erfüllt er seine Verpflichtung, durch Arbeit zum Unterhalt der Familie beizutragen, in der Regel durch die Führung des Haushalts.

I. Allgemeines

1 **1. Voraussetzungen.** Der Anspruch setzt eine **gültige Ehe** nach § 1353 Abs. 1 S. 1 und eine **Lebensgemeinschaft** iSv § 1353 Abs. 1 S. 2 voraus. „Lebensgemeinschaft" verlangt vorrangig eine wechselseitige innere Bindung, mit der meist eine häusliche Gemeinschaft einhergeht, aber nicht einhergehen muss.[1] Der Anspruch **endet mit der Trennung,** der Aufhebung der Lebensgemeinschaft. Der Begriff des Getrenntlebens iSv § 1361 Abs. 1 entspricht demjenigen des § 1567.[2] Der Anspruch auf Familienunterhalt ist vom Anspruch auf Trennungsunterhalt nach § 1361 und dem Unterhalt nach Scheidung nach §§ 1569 ff. zu unterscheiden. Diese Ansprüche sind verschieden ausgestaltet und haben unterschiedliche Voraussetzungen. Der Anspruch auf Familienunterhalt ist ein grundsätzlich **wechselseitiger** Anspruch; er beinhaltet gegenseitige Pflichten der Ehegatten.[3] Es handelt sich um **Ansprüche innerhalb eines bestehenden Familienverbandes,** wobei nicht Barzahlungen im Vordergrund stehen, sondern im Regelfall Naturalunterhalt. Solange eine häusliche Gemeinschaft besteht, selbst wenn eine erhebliche Krisensituation eingetreten ist, versuchen Ehegatten, Unterhaltsansprüche untereinander zu regeln. Sie rufen meist – wahrscheinlich auch aus Unkenntnis darüber, dass es solche Ansprüche gibt – nicht die Gerichte an, um ihre Unterhaltsansprüche durchzusetzen. Sind die Streitigkeiten zwischen den Ehegatten so stark, dass sie sich über Wirtschaftsgeld/Haushaltungsgeld uÄ nicht mehr einigen können, so wird es häufig zur Trennung und nachfolgend zur Scheidung kommen. Praktische Bedeutung hat die Bestimmung eines Anspruchs nach §§ 1360, 1360 a deshalb in folgenden Fällen: ein Ehegatte steht unter Betreuung und wird vom Partner nicht mit ausreichend Mitteln (Taschengeld oder Mittel zur Deckung von Heim- und Pflegekosten) versorgt, ein Dritter will in den Unterhaltsanspruch (Taschengeld) vollstrecken, ein Ehegatte will einen Kostenvorschuss nach § 1360 a Abs. 4 S. 1 oder Unterhaltsansprüche Dritter erfordern die Bestimmung bzw. Monetarisierung des Anspruchs auf bzw. der Verpflichtung zum Familienunterhalt.

2 **2. Bedeutung für Unterhaltsansprüche Dritter.** Der Familienunterhalt – als Anspruch oder als Verpflichtung – hat erhebliche Bedeutung, wenn **Dritte Unterhaltsansprüche gegen einen Ehegatten** geltend machen.[4]

3 **a) Anspruch auf Familienunterhalt.** Bei der Frage der Leistungsfähigkeit kann es eine Rolle spielen, ob ein Ehegatte, der einem minderjährigen Kind aus einer früheren Ehe oder Beziehung Unterhalt zu leisten hat, aber wegen Kinderbetreuung in der neuen Ehe[5] nur geringe (reale oder fiktive) Einkünfte hat, einen Anspruch auf Familienunterhalt gegen den mit ihm in Haushaltsgemeinschaft lebenden (zweiten) Ehegatten hat (**Hausmann-Rechtsprechung**).[6] Der Anspruch,

---

1 BGH 27.4.2016 – XII ZB 485/14, NJW 2016, 2122 Rn. 13.
2 BGH 27.4.2016 – XII ZB 485/14, NJW 2016, 2122 Rn. 12.
3 BGH 27.4.2016 – XII ZB 485/14, NJW 2016, 2122 Rn. 10.
4 BGH FamRZ 2003, 860; 2004, 366; 2004, 370; 2006, 1010; 2006, 1827; 2007, 1081 auch zum Mangelfall; 2008, 594; 2009, 762; 2010, 1535.
5 BGH 11.2.2015 – XII ZB 181/14, FamRZ 2015, 738 zur Rollenwahl in einer neuen Beziehung.
6 BGH 5.10.2006 – XII ZR 197/02, FamRZ 2006, 1827.

der in einem solchen Fall wie ein Trennungs- bzw. Geschiedenenunterhalt berechnet werden kann,[7] deckt den Eigenbedarf des kindesunterhaltspflichtigen Ehegatten und reduziert damit den notwendigen Selbstbehalt, so dass uU weitere Mittel für den Kindesunterhalt zur Verfügung stehen.[8]

b) Verpflichtung zum Familienunterhalt. Wird ein Ehegatte von einem früheren 4 Ehegatten oder einer Kindsmutter (§ 1615 l) auf Unterhalt in Anspruch genommen, so ist für die Bedarfsbestimmung und/oder die Frage der Leistungsfähigkeit der Umfang der Verpflichtung zum Familienunterhalt zu bestimmen (**konkurrierende Partnerunterhaltsansprüche** → § 1360 a Rn. 16).

c) Speziell beim Elternunterhalt. Eine ähnliche Problematik ergibt sich, wenn 5 ein Ehegatte einem Elternteil zum Unterhalt verpflichtet ist (**Elternunterhalt**) und sein Anteil am Familienunterhalt zu ermitteln ist, um aus der Differenz zwischen Eigeneinkommen[9] und dem gebotenen Beitrag Familienunterhalt das für den Elternunterhalt einsetzbare Einkommen zu ermitteln (→ § 1360 a Rn. 17).

aa) Unterhaltspflichtiges Kind mit Eigeneinkommen. Hat das unterhaltspflichti- 6 ge verheiratete Kind eigenes Einkommen, so ist sein zu leistender Beitrag zum **individuellen Familienbedarf (Familienselbstbehalt)** zu ermitteln. Sein darüber hinausgehendes Einkommen kann das Kind für Elternunterhalt einsetzen.[10] Dies gilt auch dann, wenn das unterhaltspflichtige Kind weniger als sein Ehegatte verdient.[11] Dass im letztgenannten Fall der Familienunterhalt zu einer mittelbaren Haftung des Schwiegerkindes für Elternunterhalt führen kann, wird vom BGH verneint.[12]

bb) Unterhaltspflichtiges Kind ohne Erwerbseinkommen. Hat das unterhalts- 7 pflichtige verheiratete Kind kein eigenes Einkommen bzw. es ist geringer als 5 % des Familieneinkommens, so ist lediglich das **Taschengeld** für den Elternunterhalt einzusetzen[13] – allerdings auch nur teilweise. Vom Taschengeld muss ihm als Selbstbehalt ein Betrag in Höhe von 5 % des Familienmindestselbstbehalts zuzüglich der Hälfte des darüber hinausgehenden Taschengeldes verbleiben.[14] Das Taschengeld beträgt 5 % des bereinigten Familieneinkommens.[15]

d) Veranschlagung in Geld. In all diesen Fällen der Konkurrenz mit anderen Un- 8 terhaltsansprüchen ist es notwendig, den Familienunterhalt trotz seiner individuellen Bemessung in Geld zu veranschlagen (**Monetarisierung**).[16] Dabei können als Orientierungshilfe die zu § 1578 entwickelten Maßstäbe herangezogen werden.[17]

---

7 BGH 12.4.2006 – XII ZR 31/04, FamRZ 2006, 1010 Rn. 34.
8 BGH 12.4.2006 – XII ZR 31/04, FamRZ 2006, 1010 Rn. 32.
9 BGH 29.4.2015 – XII ZB 269/12, FamRZ 2015, 1172 zur zusätzlichen Altersvorsorge als Abzugsposten.
10 BGH 5.2.2014 – XII ZB 25/13, FamRZ 2014, 636; 28.7.2010 – XII ZR 140/07, FamRZ 2010, 1535.
11 BGH 5.2.2014 – XII ZB 25/13, FamRZ 2014, 538.
12 BGH 5.2.2014 – XII ZB 25/13, FamRZ 2014, 636; 23.7.2014 – XII ZB 489/13, FamRZ 2014, 1540.
13 BGH 12.12.2012 – XII ZR 43/11, FamRZ 2013, 363.
14 BGH 5.2.2014 – XII ZB 25/13, FamRZ 2014, 538 Rn. 20.
15 BGH 1.10.2014 – XII 133/13, FamRZ 2014, 1990 Rn. 14.
16 BGH 12.12.2012 – XII ZR 43/11, FamRZ 2013, 363 Rn. 33; 21.1.2009 – XII ZR 54/06, FamRZ 2009, 762 Rn. 44.
17 BGH 7.5.2014 – XII ZB 258/13, FamRZ 2014, 1183 Rn. 46 f.; 12.12.2012 – XII ZR 43/11, FamRZ 2013, 363 Rn. 33.

9 **3. Ausgestaltung des Anspruchs. a) Innenverhältnis.** Der Anspruch auf Familienunterhalt ist seiner **Ausgestaltung** nach nicht auf die Gewährung einer frei verfügbaren laufenden Geldrente für den jeweils anderen Ehegatten gerichtet,[18] sondern vielmehr als gegenseitiger Anspruch der Ehegatten ausgestaltet, wonach jeder von ihnen seinen Beitrag zum Familienunterhalt entsprechend seiner nach dem individuellen Ehebild übernommenen Funktion leistet (§ 1360 a).[19] Der Familienunterhalt dient der Deckung des **Bedarfs des gesamten Familienverbandes** (Ehegatten und gemeinsame minderjährige Kinder).[20] Wird – in der Praxis eher selten – Familienunterhalt gerichtlich geltend gemacht, so kann nur der Geldanteil des Familienunterhalts, nämlich das Wirtschafts- oder das Taschengeld für den haushaltsführenden Ehegatten oder bspw. Heim- und Pflegekosten (→ § 1360 a Rn. 10), geltend gemacht werden.

10 **b) Außenverhältnis.** Wenn der Anspruch auf Familienunterhalt bzw. die Verpflichtung zum Familienunterhalt Bedeutung für den Unterhaltsanspruch Dritter haben (→ Rn. 2 ff.), ist der Grundsatz auf freie Ausgestaltung des Familienunterhalts uU eingeschränkt – im Bereich des Partnerunterhalts ist er uU als hypothetischer Geschiedenenunterhalt mit entsprechender Erwerbsobliegenheit zu berechnen[21] – und zudem ist der Unterhalt in Geld zu veranschlagen (**Monetarisierung**) (→ § 1360 a Rn. 16).

11 **4. Inhalt, Umfang und Höhe.** Der Familienunterhalt setzt sich zusammen aus Naturalunterhalt (Wohnung, Nahrung, Kleidung, medizinische Versorgung, Kultur, Kranken- und Altersvorsorge, Urlaub etc) und Barunterhalt in Form von Taschengeld (§ 1360 a).[22]

12 Leben die Ehegatten **nicht in häuslicher Gemeinschaft** (Pflegeheimaufenthalt), obwohl sie andererseits aber **nicht getrennt leben** iSd §§ 1567, 1361, so ist der besondere, in der Regel existenznotwendige Bedarf infolge der Heim- und Pflegekosten[23] durch eine Geldrente zu decken, was ausnahmsweise auch beim Familienunterhalt die Frage der Leistungsfähigkeit des Unterhaltsschuldners aufwirft (→ § 1360 a Rn. 20).[24]

II. Berechtigte und Verpflichtete

13 **1. Anspruchsberechtigter und -verpflichteter.** Beim Familienunterhalt ist jeder Ehegatte gegenüber dem anderen zugleich Unterhaltsberechtigter und -verpflichteter. Nur die Ehegatten sind berechtigt, den Unterhaltsbeitrag gerichtlich geltend zu machen, nicht aber andere Familienmitglieder, wie etwa Kinder. § 1360 verpflichtet die Ehegatten gegenseitig, die Familie angemessen zu unterhalten. Dazu gehört auch die Befriedigung des Lebensbedarfs der gemeinsamen unterhaltsberechtigten Kinder. Der Unterhaltsanspruch der ehelichen Kinder nach §§ 1601 ff. gegen ihre Eltern besteht neben den wechselseitigen Unterhaltsansprüchen der Eltern aus § 1360. Das Kind hat neben dem Anspruch aus §§ 1601 ff. keinen eigenen Anspruch aus § 1360, soweit ein Elternteil der Ver-

---

18 BGH 12.12.2012 – XII ZR 43/11, FamRZ 2013, 363 Rn. 22.
19 BGH 21.1.2009 – XII ZR 54/06, FamRZ 2009, 762 Rn. 44.
20 BGH 27.4.2016 – XII ZB 485/14, NJW 2016, 2122 Rn. 16.
21 BGH 7.11.2011 – XII ZR 151/09, FamRZ 2012, 281 Rn. 49.
22 BGH 12.12.2012 – XII ZR 43/11, FamRZ 2013, 363 Rn. 26.
23 BGH 7.10.2015 – XII ZB 26/15, FamRZ 2015, 2138 Rn. 22.
24 BGH 27.4.2016 – XII ZB 485/14, NJW 2016, 2122 Rn. 19.

pflichtung auf Leistung zum Familienunterhalt nicht nachkommt.[25] Die Eltern können bei Kindern, die im gemeinsamen Haushalt leben, nach § 1612 Abs. 1 S. 2, Abs. 2 bestimmen, dass sie den Unterhalt in Naturalien erbringen.[26] Die Eltern erfüllen diesen Anspruch, wenn sie mit ihrem Einkommen zum Gesamtunterhalt der Familie beitragen und auf diese Art und Weise auch den Anspruch der Kinder befriedigen.[27]

2. Geltendmachung des Anspruchs. Jeder Ehegatte kann Zahlung an sich verlangen und kann den Unterhalt zugunsten der gesamten Familie im eigenen Namen geltend machen. Die Ausgestaltung des Unterhaltsanspruchs folgt aus der individuellen Gestaltung der ehelichen Lebensgemeinschaft nach § 1360 a Abs. 2.[28]   14

III. Leistungsfähigkeit, Bedürftigkeit

Von der Leistungsfähigkeit und der Bedürftigkeit hängt der Anspruch grundsätzlich nicht ab. Auf einen Selbstbehalt kommt es grundsätzlich nicht an.[29] Eine Ausnahme von diesem Grundsatz – mit der Folge, dass die Frage der Leistungsfähigkeit Bedeutung erlangt – gilt dann, wenn wegen Heim- und Pflegekosten Familienunterhalt ausnahmsweise als Geldrente zu zahlen ist (→ § 1360 a Rn. 20).   15

Ansonsten, also bei häuslichem Zusammenleben, besteht der Anspruch auch bei erheblichem Einkommen oder Vermögen eines oder beider Ehegatten. Die Begriffe der Bedürftigkeit und Leistungsfähigkeit können nicht im gleichen Maße herangezogen werden, wie bei anderen Unterhaltsansprüchen, zB dem Getrenntlebensunterhalt nach § 1361 oder dem nachehelichen Unterhalt nach §§ 1569 ff. bei Ehegatten. Das hängt zum einen mit der individuellen Ausgestaltung des Anspruchs auf Familienunterhalt zusammen (§ 1360 S. 2; § 1360 a Abs. 2 S. 1) und zum anderen damit, dass der Anspruch häufig nicht auf Geld sondern auf Naturalleistung gerichtet ist. Zu welchen Anteilen die Ehegatten zum Familienunterhalt beizutragen verpflichtet sind, ergibt sich aus dem Gesetz nicht. Jedoch ist jeder der Ehegatten im Hinblick auf den Gesamtbedarf Unterhaltsberechtigter und -verpflichteter, solange die Ehegatten im Familienverband zusammenleben.[30] Nachdem jeder Ehegatte zur Bedarfsdeckung mit seinen vorhandenen Mitteln verpflichtet ist, bestimmt sich der **Anteil des Beitrags** zunächst nach dem **Verhältnis der Mittel aus Arbeit und Vermögen**, das jeder der Ehegatten aufzubringen in der Lage ist.[31] **Die Höhe des von jedem Ehegatten zu leistenden Familienunterhalts** richtet sich also nach dem Verhältnis der beiderseitigen unterhaltsrechtlich relevanten Nettoeinkommen.[32] Er ist nicht auf einen Mindestbedarf beschränkt.[33] Vorab ist das beiden Ehegatten zustehende Taschengeld (5 %)   16

25 BGH FamRZ 1997, 281.
26 BGH FamRZ 2009, 762.
27 BGH FamRZ 2000, 640.
28 BGH FamRZ 2007, 1081; 2010, 1535.
29 BGH FamRZ 2006, 1010; OLG Köln FamRZ 2010, 2076.
30 BGH FamRZ 1995, 537.
31 BGH FamRZ 1967, 380.
32 BGH FamRZ 2004, 366; 2004, 370; 2009, 762; 2010, 1535; Wendl/Dose/Bömelburg § 3 Rn. 39.
33 BGH FamRZ 2004, 186; 2010, 1535.

abzuziehen.[34] Die Haushaltsersparnis ist mit 10 % zu berücksichtigen.[35] Prägende Unterhaltslasten – auch nachrangige – sind zu berücksichtigen. Allerdings darf dadurch kein Missverhältnis hinsichtlich des verbleibenden Bedarfs entstehen (zur Konkurrenz mit anderen Ansprüchen wie Geschiedenenunterhalt, Unterhalt nach § 1615 l und Elternunterhalt → § 1360 a Rn. 16 f.).[36]

IV. Ehetypen

17 Wie die Ehegatten die Aufgabenverteilung vornehmen, **entspringt allein ihrer Vereinbarung** und Entscheidung (bei Konkurrenz mit anderen Ansprüchen wie Geschiedenenunterhalt, Unterhalt nach § 1615 l und Elternunterhalt → § 1360 a Rn. 16 f.).[37] Sie können Vereinbarungen über die Kinderbetreuung und Haushaltsführung durch einen Ehegatten auch dann treffen, wenn es sich um nicht gemeinschaftliche Kinder handelt. Ausnahmen bestehen nur bei Rechtsmissbrauch. Es bedarf aber keiner förmlichen Festlegung. Vielmehr genügt die faktische Arbeitsaufteilung zwischen den Ehegatten.

18 Wie die Beitragsverpflichtung sich im Einzelnen ausgestaltet, hängt ab von dem individuell gelebten **Ehetyp**, der auf einem **gemeinsamen Lebensplan** und der Vereinbarung der Ehegatten beruht.[38] Das Gesetz kennt kein bestimmtes Leitbild der Ehe. Herkömmlicherweise werden drei Ehetypen, nämlich die Haushaltsführungs-, die Doppelverdiener und die Zuverdienerehe unterschieden, womit die gesellschaftlichen Gegebenheiten im Großen und Ganzen abgedeckt sind.

V. Auskunft

19 Aus der Verpflichtung der Ehegatten zur ehelichen Lebensgemeinschaft folgt ihr wechselseitiger Anspruch, sich über die für die Höhe des Familienunterhalts maßgeblichen finanziellen Verhältnisse zu informieren. Geschuldet wird die **Erteilung von Auskunft** in einer Weise, wie sie zur Feststellung des Unterhaltsanspruchs erforderlich ist.[39] Die Vorlage von Belegen kann nicht verlangt werden.[40]

VI. Verfahren

20 Das Familiengericht ist für Anträge auf Familienunterhalt zuständig nach § 111 Nr. 8 FamFG, § 23 a Nr. 1 GVG.

§ 1360 a BGB Umfang der Unterhaltspflicht

(1) Der angemessene Unterhalt der Familie umfasst alles, was nach den Verhältnissen der Ehegatten erforderlich ist, um die Kosten des Haushalts zu bestreiten und die persönlichen Bedürfnisse der Ehegatten und den Lebensbedarf der gemeinsamen unterhaltsberechtigten Kinder zu befriedigen.

---

34 OLG Celle FamRZ 1999, 162; BGH FamRZ 2006, 1827.
35 BGH FamRZ 2010, 1535 auch zur Berechnung im Einzelnen.
36 BGH FamRZ 2004, 186.
37 BGH 18.11.2009 – XII ZR 65/09, FamRZ 2010, 111.
38 BGH FamRZ 2007, 10; 2007, 1081; 2010, 111; OLG Koblenz FamRZ 2004, 300.
39 BGH 2.6.2010 – XII ZR 124/08, FamRZ 2011, 21.
40 BGH 2.6.2010 – XII ZR 124/08, FamRZ 2011, 21.

(2) ¹Der Unterhalt ist in der Weise zu leisten, die durch die eheliche Lebensgemeinschaft geboten ist. ²Die Ehegatten sind einander verpflichtet, die zum gemeinsamen Unterhalt der Familie erforderlichen Mittel für einen angemessenen Zeitraum im Voraus zur Verfügung zu stellen.

(3) Die für die Unterhaltspflicht der Verwandten geltenden Vorschriften der §§ 1613 bis 1615 sind entsprechend anzuwenden.

(4) ¹Ist ein Ehegatte nicht in der Lage, die Kosten eines Rechtsstreits zu tragen, der eine persönliche Angelegenheit betrifft, so ist der andere Ehegatte verpflichtet, ihm diese Kosten vorzuschießen, soweit dies der Billigkeit entspricht. ²Das Gleiche gilt für die Kosten der Verteidigung in einem Strafverfahren, das gegen einen Ehegatten gerichtet ist.

I. Allgemeines

Die Vorschrift **konkretisiert die Verpflichtung zum Familienunterhalt** nach § 1360. In Abs. 1 regelt sie das Maß des Familienunterhalts, in Abs. 2 S. 1 die Art der Unterhaltsleistung, in Abs. 2 S. 2 den Leistungsverpflichteten. Abs. 3 stellt eine Verweisungsnorm dar, die die §§ 1613–1615 für entsprechend anwendbar erklärt. Abs. 4 enthält den Anspruch auf Prozess- bzw. Verfahrenskostenvorschuss.

In der Rechtsprechung spielt der Familienunterhalt nach §§ 1360, 1360 a als Verfahrensgegenstand keine große Rolle (→ § 1360 Rn. 1). Wesentliche Bedeutung hat aber seine inzidente Berücksichtigung **bei Unterhaltsansprüchen Dritter gegen einen Ehegatten** (→ § 1360 Rn. 2). Von großer praktischer Bedeutung ist auch der **Anspruch auf Verfahrens- bzw. Prozesskostenvorschuss** (Abs. 4), mit dem eine bedürftige Partei in die Lage versetzt wird, ein Verfahren bzw. einen

Prozess zu finanzieren. Der Kostenvorschuss geht der Verfahrenskostenhilfe vor.[1] Der Kostenvorschuss ist Vermögen nach § 115 Abs. 3 ZPO.[2]

II. Unterhaltsanspruch im Einzelnen

3 **1. Bedarf des Familienverbandes.** Der Unterhaltsanspruch umfasst den Lebensbedarf des gesamten Familienverbandes.[3] Zur Familie gehören neben den Ehegatten die unterhaltsberechtigten Kinder (§§ 1601 ff.), auch adoptierte (§ 1754 Abs. 1). Nicht zur Familie nach Abs. 1 zählen Stiefkinder.[4] Der Anspruch umfasst alles, was für die Haushaltsführung, die Deckung der persönlichen Bedürfnisse der Ehegatten und der gemeinsamen Kinder notwendig ist.[5] Er ist seiner Ausgestaltung nach **nicht auf die Gewährung einer laufenden Geldrente** für den jeweils anderen Ehegatten gerichtet (→ § 1360 Rn. 4),[6] die jedem von ihnen zur freien Verfügung stehen würde. Der Anspruch ist ein gegenseitiger Anspruch der Ehegatten, der sich darauf richtet, dass jeder von ihnen seinen Beitrag zum Familienunterhalt entsprechend seiner nach dem individuellen Ehebild übernommenen Funktion leistet.[7] Er richtet sich nicht unmittelbar nach § 1578. Jedoch hat der Bundesgerichtshof es gebilligt, wenn § 1578 als Orientierungshilfe im Zusammenhang mit anderen Unterhaltsansprüchen herangezogen wird (→ § 1360 Rn. 3).[8]

4 **2. Objektiver Maßstab.** Es ist ein objektiver Maßstab (Lebensstil gleichartiger Berufskreise) anzulegen.[9] Sowohl ein luxuriöser als auch ein zu sparsamer Lebensstil bleiben außer Betracht.[10] Der Anspruch nach §§ 1360, 1360 a kann auch unter Mindestsätzen (Selbstbehaltssätzen) liegen.[11] Was die Ehegatten für ihren Familienunterhalt benötigen, bestimmt sich nach dem im Einzelfall maßgebenden Verhältnissen, insbesondere unter Berücksichtigung der jeweiligen Lebensstellung, des **Einkommens, Vermögens** und **sozialen Rangs.** Es entspricht der Erfahrung, dass der Lebensstandard sich hieran ausrichtet. So ist bei durchschnittlichen Einkommensverhältnissen ein einfacherer Lebenszuschnitt anzutreffen als bei besseren Einkommensverhältnissen.[12] Den Einsatz des Vermögens sieht das Gesetz nach dem Wortlaut des § 1360 S. 1 ausdrücklich vor. Er entfällt nur, wenn die Verwertung unwirtschaftlich oder im Hinblick auf die beiderseitigen wirtschaftlichen Verhältnisse unbillig wäre.[13]

5 **3. Bedarfspositionen. a) Haushaltskosten, persönliche Bedürfnisse, Lebensbedarf der Kinder.** Zum Bedarf gehören **Kosten** für Wohnung, Nahrung, Kleidung, medizinische Versorgung, kulturelle Bedürfnisse, Kranken- und Altersvorsorge sowie Urlaub.[14] Weiter gehören dazu Versicherungen, wie Haftpflicht-,

---

1 BGH 2.4.2008 – XII ZB 266/03, FamRZ 2008, 1159.
2 BGH 2.4.2008 – XII ZB 266/03, FamRZ 2008, 1159.
3 BGH 27.4.2016 – XII ZB 485/14, NJW 2016, 2122 Rn. 16.
4 BGH FamRZ 2005, 1817; LG Mosbach FamRZ 2012, 1664.
5 BGH 27.4.2016 – XII ZB 485/14, NJW 2016, 2122 Rn. 16.
6 BGH 27.4.2016 – XII ZB 485/14, NJW 2016, 2122 Rn. 16.
7 BGH 21.1.2009 – XII ZR 54/06, FamRZ 2009, 762 Rn. 44.
8 BGH 27.4.2016 – XII ZB 485/14, NJW 2016, 2122 Rn. 17.
9 BGH 7.10.2015 – XII ZB 26/15, FamRZ 2015, 2138 Rn. 29.
10 BGH FamRZ 2007, 1532.
11 BGH FamRZ 1995, 537; 2004, 370.
12 BGH FamRZ 2002, 1698; 2004, 370.
13 OLG Nürnberg FamRZ 2008, 788.
14 BGH 12.12.2012 – XII ZR 43/11, FamRZ 2013, 363 Rn. 26.

Hausrat- oder Rechtsschutzversicherungen im angemessenen Rahmen der gemeinsamen Lebensführung, die Anschaffung und der Unterhalt eines Fahrzeugs,[15] der Aufwand für öffentliche Verkehrsmittel, Krankheitskosten, soweit sie nicht durch die Krankenversicherung abgedeckt sind, die Pflege eines kranken oder behinderten Familienmitglieds, wenn sie nicht von der Familie, sondern durch Dritte geleistet wird.[16] Ggf. gehören zum Bedarf auch die Kosten für Sport und Hobby,[17] für Tilgung und Verzinsung von Schulden, insbesondere soweit es um die Finanzierung des Familienheims geht,[18] und für einen Rechtsanwalt bei Rechtsberatung und Führung eines Verfahrens bzw. zur Verteidigung gegen Ansprüche Dritter.[19]

Bedarf in diesem Sinne sind auch **Heim- und Pflegekosten** für einen Ehegatten.[20] Der **Halbteilungsgrundsatz gilt** hier – Sondersituation eines kostenträchtigen Pflegeheimaufenthalts – bei der Bedarfsbestimmung **nicht** (Bedarfsebene).[21] Andererseits erlangt dann jedoch in einem solchen Fall der häuslichen Trennung auch beim Familienunterhalt die Frage der Leistungsfähigkeit des Unterhaltsschuldners Bedeutung. Es ist der **eheangemessene Selbstbehalt (Ebene der Leistungsfähigkeit)**[22] als Ausdruck der gleichen Teilhabe an den ehelichen Lebensverhältnissen (→ Rn. 20) zu wahren, und – als unterste Grenze – der **Ehegattenmindestselbstbehalt** (1.200 EUR).[23]   6

Zum Bedarf können auch Aufwendungen für die Ausbildung eines Ehepartners gehören, soweit sie auf dem gemeinsamen Lebensplan der Ehegatten beruhen.[24] Liegt ein solcher **gemeinsamer Lebensplan** vor, braucht der **studierende Ehegatte** für die Dauer des Studiums nicht durch Erwerbstätigkeit zum Familienunterhalt beizutragen. Ist der studierende Ehegatte nicht in der Lage, durch eigene Einkünfte oder Vermögen zum Familienunterhalt beizutragen, so muss der erwerbstätige Ehegatte die Mittel für den gesamten Familienunterhalt einschließlich der Kosten des Studierenden für Bücher, Lernmittel, Fahrtkosten uÄ aufbringen.[25]   7

b) Taschengeld. Jeder Ehegatte hat im Rahmen des Familienunterhalts Anspruch auf einen angemessenen Teil des Gesamteinkommens als Taschengeld, dh auf einen Geldbetrag, der ihm die Befriedigung seiner persönlichen Bedürfnisse nach eigenem Gutdünken und freier Wahl unabhängig von einer Mitsprache des anderen Ehegatten ermöglichen soll.[26] Er ist also auf eine **Geldzahlung** gerichtet.   8

Haben sich die Ehegatten auf die Haushaltsführungsehe geeinigt, besteht der Anspruch des einkommenslosen Ehegatten auch dann, wenn er eigenes Einkommen, zB durch Arbeit, erzielen könnte. Bei der sog **Zuverdienerehe** kann der   9

---

15 BGH FamRZ 1983, 351.
16 BGH FamRZ 1993, 411; OLG Düsseldorf NJW 2002, 1353.
17 BGH FamRZ 1983, 351.
18 BGH FamRZ 2003, 1179; 2007, 879.
19 KG KGR Berlin 2006, 257.
20 BGH 27.4.2016 – XII ZB 485/14, NJW 2016, 2122 Rn. 18; OLG Celle FamRB 2016, 133; OLG Köln FamRZ 2010, 2076; OLG Düsseldorf NJW 2002, 1353.
21 BGH 27.4.2016 – XII ZB 485/14, NJW 2016, 2122 Rn. 18; anders noch BGH 12.12.2012 – XII ZR 43/11, FamRZ 2013, 363 Rn. 40 zur Begründung der Ablehnung eines Erwerbstätigenbonus.
22 BGH 7.12.2011 – XII ZR 159/09, FamRZ 2012, 281 Rn. 33; 15.3.2006 – XII ZR 30/04, FamRZ 2006, 683 Rn. 16 ff.
23 BGH 27.4.2016 – XII ZB 485/14, NJW 2016, 2122 Rn. 22.
24 BGH FamRZ 1985, 353.
25 BGH FamRZ 1985, 353.
26 BGH 12.12.2012 – XII ZR 43/11, FamRZ 2013, 363 Rn. 26.

hinzuverdienende Ehegatte vom anderen Taschengeld verlangen, soweit sein eigenes Einkommen nicht ausreicht.[27] Deckt das Einkommen des Verdienenden den notwendigen Unterhalt der Familie nicht, besteht der Anspruch nicht.[28]

Er kann als eigenes Einkommen des Ehegatten, soweit der eigene notwendige Selbstbehalt gewahrt ist, für den Unterhalt minderjähriger und volljähriger Kinder eingesetzt werden.[29] Das gilt auch für den Elternunterhalt.[30]

10   **4. Ausgestaltung des Anspruchs.** Der Familienunterhalt wird in der Regel in Form des Naturalunterhalts gewährt (→ § 1360 Rn. 9). Der **Taschengeldanspruch** ist ein Anspruch auf einen **Geldbetrag.**[31]

Bei **Heim- und Pflegekosten,** die für einen Ehegatten anfallen, besteht – **ausnahmsweise** – ebenfalls ein **Anspruch auf eine Geldrente.**[32]

11   **5. Höhe des Unterhaltsanspruchs.** Bei der Bemessung des Unterhalts ist stets der Blick darauf zu richten, im Rahmen welcher Fragestellung sich überhaupt ein Bedürfnis für die Bemessung bzw. Bestimmung der Unterhaltshöhe ergibt.

12   **a) Taschengeld.** Die Höhe des Taschengeldanspruchs bestimmt sich nach den im Einzelfall bestehenden Einkommensverhältnissen, dem Lebensstil und der Zukunftsplanung der Ehegatten.[33] Er kann (pauschalierend) mit **5 % des bereinigten Familiennettoeinkommens** beziffert werden.[34]

In der Praxis besteht ein Interesse an einer isolierten Ermittlung des Taschengeldanspruchs in der Regel nur, wenn der unterhaltsberechtigte Ehegatte unter Betreuung steht und ein Betreuer diesen Anspruch geltend macht, wenn ein Ehegatte auf Elternunterhalt in Anspruch genommen wird[35] und hierfür mangels sonstigen Einkommens nur das Taschengeld zur Verfügung steht[36] oder wenn ein Gläubiger in den Anspruch vollstrecken will.

13   **b) Naturalunterhalt.** Im Verhältnis zwischen den Ehegatten ergibt sich kaum ein Bedürfnis für eine Bemessung oder gar Bezifferung dieses Unterhalts. Eine Bestimmung der Unterhaltshöhe ist erst dann erforderlich, wenn er als Anspruch oder als Verpflichtung Auswirkungen auf Unterhaltsansprüche Dritter hat und der Anspruch hierfür als Rechengröße benötigt wird.

14   **aa) Anspruch auf Familienunterhalt.** Bedeutung erlangt dieser Anspruch vor allem, wenn sich bei der Verpflichtung zu Kindesunterhalt wegen geringer Einkünfte die Frage stellt, inwieweit der notwendige Selbstbehalt durch Einkommen des Ehegatten, also durch Familienunterhalt gedeckt ist (Hausmann-Rechtsprechung).[37] Der **Anspruch** auf Familienunterhalt errechnet sich hierbei wie beim Trennungs- und Geschiedenenunterhalt nach dem Halbteilungsgrund-

---

27 BGH FamRZ 1998, 608.
28 BGH FamRZ 1998, 608; 2004, 366.
29 BGH 2.6.2010 – XII ZR 124/08, FamRZ 2011, 21 Rn. 25.
30 BGH FamRZ 2004, 366.
31 BGH 12.12.2012 – XII ZR 43/11, FamRZ 2013, 363 Rn. 26.
32 BGH 27.4.2016 – XII ZB 485/14, NJW 2016, 2122.
33 BGH 12.12.2012 – XII ZR 43/11, FamRZ 2013, 363 Rn. 26.
34 BGH 1.10.2014 – XII 133/13, FamRZ 2014, 1990.
35 BGH 1.10.2014 – XII 133/13, FamRZ 2014, 1990 zum Selbstbehalt am Taschengeld (5 % des Familienselbstbehalts plus die Hälfte des darüber hinausgehenden Taschengeldes).
36 BGH 12.12.2012 – XII ZR 43/11, FamRZ 2013, 363.
37 BGH 5.10.2006 – XII ZR 197/02, FamRZ 2006, 1827.

satz, allerdings ohne Abzug eines Erwerbstätigenbonus.[38] Dem familienunterhaltspflichtigen Ehegatten muss somit die Hälfte der Summe der bereinigten Nettoeinkommen verbleiben. Das darüber hinausgehende Einkommen steht (rechnerisch) dem anderen Ehegatten als Familienunterhalt zur Verfügung. Dieser Familienunterhalt erhöht zwar nicht das Einkommen des familienunterhaltsberechtigten Ehegatten, aber im Umfang des Familienunterhalts ist der notwendige Selbstbehalt gedeckt, wodurch uU Mittel für Kindesunterhalt frei werden.

bb) Verpflichtung zu Unterhalt. Die **Verpflichtung** zu Familienunterhalt hat vor   15
allem dann Bedeutung, wenn der familienunterhaltspflichtige Ehegatte auch einer geschiedenen Ehefrau oder einer Kindsmutter (§ 1615 l) zum Unterhalt verpflichtet ist oder wenn er zu Elternunterhalt verpflichtet ist.

(1) Konkurrenz mit „Partnerunterhalt". Auch in diesen Konkurrenzfällen kann   16
die Verpflichtung zum Familienunterhalt als Rechengröße in Anlehnung an § 1578 nach dem Halbteilungsgrundsatz ermittelt und in Geld veranschlagt werden.[39] Die Konkurrenz mit Partnerunterhalt (Ehegattenunterhaltsanspruch einer geschiedenen Ehefrau oder Unterhaltsanspruch einer Kindsmutter nach § 1615 l) führt zu dem auf der Ebene der Leistungsfähigkeit gebotenen Interessenausgleich, für den der BGH die Dreiteilung akzeptiert.[40] Hierbei wird zu Zwecken der Berechnung des konkurrierenden Unterhaltsanspruchs der Anspruch auf Familienunterhalt wie ein Anspruch auf Geschiedenenunterhalt behandelt (**hypothetischer Geschiedenenunterhalt**), damit durch die freie Rollenwahl in der intakten Ehe der konkurrierende Anspruch nicht über Gebühr geschmälert wird.[41]

(2) Konkurrenz mit Elternunterhalt. Bei der Verpflichtung zu Elternunterhalt   17
wird die Verpflichtung zum Familienunterhalt dadurch ermittelt, dass zunächst der gesamte, dh der **individuelle Familienbedarf (individueller Familienselbstbehalt)**,[42] bestehend aus dem Familiensockelselbstbehalt (aktuell 3.240 EUR) und 45 % des darüber hinausgehenden Familieneinkommens, festgestellt wird und sodann die Beteiligung bzw. der **Anteil des elternunterhaltspflichtigen Ehegatten** entsprechend dem Verhältnis der beiderseitigen Einkünfte der Ehegatten.[43] Das über den Anteil hinausgehende Einkommen kann für Elternunterhalt eingesetzt werden,[44] bei Einkommenslosigkeit das Taschengeld.[45] Bei der Anteilsberechnung dürfen nicht die tatsächlichen Nettoeinkommen zugrunde gelegt werden, sondern es ist die reale Steuerlast für den Unterhaltspflichtigen zu ermitteln.[46]

---

38   BGH 12.12.2012 – XII ZR 43/11, FamRZ 2013, 363 Rn. 40.
39   BGH 27.4.2016 – XII ZB 485/14, NJW 2016, 2122 Rn. 17; 12.12.2012 – XII ZR 43/11, FamRZ 2013, 363 Rn. 33.
40   BGH 19.3.2014 – XII ZB 19/13, FamRZ 2014, 912 Rn. 36 ff.; 7.5.2014 – XII ZB 258/13, FamRZ 2014, 1183.
41   BGH 7.5.2014 – XII ZB 258/13, FamRZ 2014, 1183.
42   BGH 5.2.2014 – XII ZB 25/13, FamRZ 2014, 636 Rn. 21; 28.7.2010 – XII ZR 140/07, FamRZ 2010, 1535.
43   BGH 5.2.2014 – XII ZB 25/13, FamRZ 2014, 636 Rn. 21; 28.7.2010 – XII ZR 140/07, FamRZ 2010, 1535.
44   BGH 5.2.2014 – XII ZB 25/13, FamRZ 2014, 636 Rn. 21; 28.7.2010 – XII ZR 140/07, FamRZ 2010, 1535.
45   BGH 23.7.2014 – XII ZB 489/13, FamRZ 2014, 1540 Rn. 13.
46   BGH 17.6.2015 – XII ZB 458/14, FamRZ 2015, 1594 Rn. 50 f.

18 c) **Geldanspruch bei besonderen Bedürfnislagen.** Bei besonderem persönlichen
Bedarf, insbesondere bei **Heim- und Pflegekosten**, ist der Familienunterhaltsan-
spruch ausnahmsweise auf Geld gerichtet.[47] Für einen solchen unabweisbaren
Bedarf gilt der Halbteilungsgrundsatz auf der Bedarfsebene (zur Leistungsfähigkeit → Rn. 20) nicht. Der Bedarf bestimmt sich nach den für den Lebensbedarf
des pflegebedürftigen Ehegatten konkret erforderlichen Kosten, also typischerweise wie beim Elternunterhalt nach den Heim- und Pflegekosten zuzüglich eines Barbetrages für die Bedürfnisse des täglichen Lebens.[48]

19 **6. Leistungsfähigkeit. a) Grundsätzlich keine Anspruchsvoraussetzung.** Grundsätzlich ist die Leistungsfähigkeit keine Anspruchsvoraussetzung. Die Verweigerung des Beitrags zum Familienunterhalt unter Hinweis auf die Wahrung eines
Selbstbehalts ist dem ehegemeinschaftlichen Prinzip grundsätzlich fremd.[49] Dieser Grundsatz ist eingeschränkt im Falle eines besonderen persönlichen Bedarfs
eines Ehegatten, wenn die Ehegatten nicht häuslich zusammenleben (Pflegeheimaufenthalt eines Ehegatten bei intakter Ehe → Rn. 20).[50]

20 **b) Leistungsfähigkeit als Anspruchsvoraussetzung.** Bei besonderem persönlichen
Bedarf, der uU das Einkommen der Ehegatten sogar übersteigt, ist, wenn die
Ehegatten **nicht in häuslicher Gemeinschaft** leben und demgemäß eine **Geldrente**
geschuldet ist (Heim- und Pflegekosten), die Leistungsfähigkeit Anspruchsvoraussetzung.[51] Es ist in solchen Fällen also der **eheangemessene Selbstbehalt** zu
wahren.[52] Andernfalls stünde der Ehegatte schlechter als im Falle seiner Trennung vom pflegebedürftigen Partner. Der eheangemessene Selbstbehalt ist Ausfluss des Halbteilungsgrundsatzes, er ist die „Kehrseite" des **Unterhaltsbedarfs
des Unterhaltsberechtigten.**[53] Einem unterhaltspflichtigen Ehegatten soll nicht
weniger verbleiben als dem Unterhaltsberechtigten.[54] **Untergrenze ist der Ehegattenmindestselbstbehalt** von aktuell 1200 EUR.

21 **7. Pfändbarkeit.** Unterhaltsansprüche sind an sich nach § 850 b Abs. 1 S. 1 Nr. 2
ZPO nicht pfändbar. Eine Pfändung kommt nur nach Abs. 2 als Ausnahme vom
Grundsatz des § 850 b Abs. 1 ZPO nach Billigkeit in Betracht (bedingte Pfändbarkeit von Unterhaltsansprüchen). Der Taschengeldanspruch als Teil des Unterhalts nach §§ 1360, 1360 a ist daher nach § 850 b Abs. 2 ZPO auch bei bestehender Ehe und gemeinsamem Haushalt bedingt pfändbar;[55] die Pfändbarkeit
ist verfassungskonform.[56] Die Billigkeitsprüfung erfordert[57] eine **umfassende**

---

47 BGH 27.4.2016 – XII ZB 485/14, NJW 2016, 2122.
48 BGH 27.4.2016 – XII ZB 485/14, NJW 2016, 2122 Rn. 18.
49 BGH 27.4.2016 – XII ZB 485/14, NJW 2016, 2122 Rn. 18.
50 BGH 27.4.2016 – XII ZB 485/14, NJW 2016, 2122; abweichend wohl BGH 12.12.2012
    – XII ZR 43/11, FamRZ 2013, 363 Rn. 40, allerdings nur zur Begründung, dass beim
    Familienunterhalt kein Erwerbstätigenbonus zu berücksichtigen ist.
51 BGH 27.4.2016 – XII ZB 485/14, NJW 2016, 2122 Rn. 22.
52 BGH 27.4.2016 – XII ZB 485/14, NJW 2016, 2122 Rn. 23, offen gelassen, ob dies auch
    für andere Bedarfe gelten kann.
53 BGH 7.12.2011 – XII ZR 159/09, FamRZ 2012, 288; 15.3.2006 – XII ZR 30/04,
    FamRZ 2006, 683.
54 Im Zweipersonenverhältnis wird durch die Halbteilung ohnehin sichergestellt, dass dem
    Unterhaltpflichtigen mindestens die Hälfte des gemeinsamen Einkommens verbleibt.
    Kommt ein weiterer Unterhaltsberechtigter dazu, gewinnt der individuelle Ehegatten-
    selbstbehalt Bedeutung.
55 BGH FamRZ 2004, 1784; ausführlich Zöller/Stöber ZPO § 850 b Rn. 18 ff.
56 BVerfG FamRZ 1986, 773.
57 BGH FamRZ 2004, 1784.

und nachvollziehbare **Würdigung** aller Umstände des Einzelfalls. Die Pfändbarkeit stellt die **Ausnahme** dar. Liegen durchschnittliche wirtschaftliche Verhältnisse vor, so entspricht die Pfändbarkeit des Taschengeldanspruchs regelmäßig nur dann der Billigkeit, wenn besondere Umstände vorliegen.[58] Es sind aber die Pfändungsfreigrenzen nach § 850 c ZPO zu beachten. Übersteigt der Unterhaltsanspruch insgesamt nach §§ 1360, 1360 a einschließlich des Anspruchs auf Taschengeld die Pfändungsfreigrenzen des § 850 c ZPO nicht, so unterliegt der Taschengeldanspruch des Schuldners gegenüber seinem unterhaltsverpflichteten Ehegatten nicht der Pfändung durch einen (nicht nach § 850 d ZPO bevorrechtigten) Gläubiger.[59] Es kommt für die Pfändbarkeit des Taschengeldanspruchs nur darauf an, dass der Anspruch tatsächlich besteht. Entscheidend ist nicht, ob das Taschengeld auch tatsächlich gezahlt wird.[60] Ein bestimmter Teil des Taschengeldes muss dem Schuldner aber für persönliche Bedürfnisse verbleiben.[61]

Die Darlegungs- und Beweislast für die **Pfändung** nach Billigkeitsgesichtspunkten und für das Bestehen des Taschengeldanspruchs trifft den Gläubiger.[62] Im **Drittschuldnerverfahren** – es handelt sich um eine Familiensache – ist nur zu prüfen, ob und in welcher Höhe der Taschengeldanspruch besteht.[63]   22

III. Verweisungen (Abs. 3)

Abs. 3 verweist hinsichtlich des Unterhalts für die Vergangenheit (Verzug), bezüglich Verzicht und bezüglich des Erlöschens des Unterhaltsanspruchs auf den Verwandtenunterhalt (§§ 1613–1615). Eine Abfindung für die Zukunft ist nicht möglich. **Vereinbarungen** zum Familienunterhalt sind **formlos** möglich, da § 1585 c S. 2 nur für den nachehelichen Unterhalt gilt. Allerdings ist § 1614 zu beachten. Abs. 3 verweist nicht auf § 1605 (Auskunftspflicht). Aus der Verpflichtung der Ehegatten zur ehelichen Lebensgemeinschaft folgt aber ein wechselseitiger Anspruch, sich über die für die Höhe des Familienunterhalts maßgeblichen finanziellen Verhältnisse zu informieren. Geschuldet wird die Erteilung von Auskunft in einer Weise, wie sie zur Feststellung des Unterhaltsanspruchs erforderlich ist. Die Vorlage von Belegen kann nicht verlangt werden.[64]   23

IV. Prozess- und Verfahrenskostenvorschuss (Abs. 4)

1. Begriff. Es handelt sich um einen Unterhaltsanspruch zur Deckung eines Sonderbedarfs.[65]   24

Je nachdem, in welchem Bereich der Bedürftige Rechtsschutz sucht (zB ZPO-Verfahren oder Verfahren nach dem FamFG), könnte zwischen den Begriffen „Prozesskosten" und „Verfahrenskosten" unterschieden werden. In der Praxis sind meist Familiensachen Gegenstand des Streits, für den Kostenvorschuss begehrt wird – freilich erst bei Getrenntleben (§ 1361 Abs. 4 S. 4). Da in Familien-

---

58 OLG Nürnberg FamRZ 1999, 505; LG Berlin JurBüro 2001, 269; LG Karlsruhe FamRZ 2003, 1484.
59 OLG Stuttgart FamRZ 2002, 185.
60 OLG Stuttgart FamRZ 1997, 1494; KG NJW 2000, 149; OLG Hamm Rpfleger 2002, 161.
61 BGH FamRZ 1998, 608; OLG Celle FamRZ 1991, 726; OLG Frankfurt/M. FamRZ 1991, 727; OLG Köln Rpfleger 1995, 76.
62 BGH FamRZ 2004, 1784; OLG München JurBüro 1999, 605.
63 OLG Bamberg FamRZ 1998, 948.
64 BGH 2.6.2010 – XII ZR 124/08, FamRZ 2011, 21.
65 BGH 9.12.2009 – XII ZB 79/06, FamRZ 2010, 452 Rn. 19.

sachen nicht nur in Verfahren der freiwilligen Gerichtsbarkeit, sondern auch in Ehe- und Familienstreitsachen trotz der Verweisung auf Teile der ZPO (§ 113 FamFG) statt der Begriffe „Prozess" und „Rechtsstreit" die Bezeichnung „Verfahren" zu verwenden ist (§ 113 Abs. 5 Nr. 1 FamFG), soll nachfolgend nur der Ausdruck „Verfahrenskostenvorschuss" verwendet werden.

25 **2. Abschließende Regelung.** Zum Familienunterhalt gehört nach Abs. 4 auch der **Anspruch auf Verfahrenskostenvorschuss.** Bei Abs. 4 handelt es sich um eine abschließende Regelung zwischen den Ehegatten.[66] Die Geltendmachung des Anspruchs ist eine Familiensache. Der Anspruch kann in einem Hauptsacheverfahren nach § 231 Abs. 1 FamFG oder durch Antrag auf einstweilige Anordnung (§§ 246, 49 FamFG) geltend gemacht werden. Im Verfahren der einstweiligen Anordnung ist der Verfahrenswert nicht nach § 41 FamGKG zu ermäßigen (str.).[67]

26 § 1353 und §§ 246, 49 ff. FamFG sind keine Anspruchsgrundlagen für einen Verfahrenskostenvorschuss. Bei den §§ 246, 49 ff. FamFG handelt es sich um Verfahrensvorschriften.

27 **3. Anwendungsbereich.** Bei **zusammenlebenden Ehegatten** besteht der Vorschussanspruch nach Abs. 4,[68] bei **getrennt lebenden Ehegatten** nach §§ 1361 Abs. 4 S. 4, 1360 a Abs. 4 bis zur Scheidung. Bei eingetragenen **Lebenspartnern** gelten die §§ 1360 a, 1361 entsprechend (§§ 5, 12 Abs. 2 S. 2 LPartG). **Kein Anspruch** auf Verfahrenskostenvorschuss besteht **zwischen geschiedenen Ehegatten,**[69] zwischen den Partnern einer nichtehelichen Lebensgemeinschaft[70] sowie zwischen Lebenspartnern nach Aufhebung ihrer Partnerschaft.

28 Der Anspruch auf Verfahrenskostenvorschuss ist nicht abtretbar und übertragbar (§ 399), außer im Verhältnis zu Rechtsanwalt und Gericht wegen der Kosten; nach § 851 Abs. 1 ZPO ist der Anspruch nicht pfändbar, eine Aufrechnungsmöglichkeit nach § 394 besteht nicht.[71]

29 Der Anspruch entfällt nicht dadurch, dass der Verpflichtete ein Darlehen in entsprechender Höhe gewährt.[72]

30 Der Verfahrenskostenvorschuss, auch **ratenweise,**[73] stellt zumutbar einsetzbares Vermögen nach § 115 Abs. 3 ZPO dar,[74] soweit er zeitnah durchsetzbar ist.[75]

31 **4. Bedürftigkeit.** Der Anspruch auf Verfahrenskostenvorschuss setzt die Bedürftigkeit des Anspruchstellers und die Leistungsfähigkeit des zum Vorschuss Verpflichteten in beiden Fällen nach Billigkeit voraus.[76] Der Maßstab der §§ 114 ff. ZPO ist durch das Merkmal der **Billigkeit** modifiziert. Bei der Beurteilung der Bedürftigkeit und der Leistungsfähigkeit sind die **Einkommens- und Vermögens-**

---

66 BGH NJW 1964, 1129.
67 KG NZFam 2017, 624.
68 BGH FamRZ 1985, 902; 2005, 883; 2010, 189.
69 BGH 12.4.2017 – XII ZB 254/16, NJW 2017, 1960 Rn. 12 f., offen gelassen für den Fall des Verzuges und für den Fall der Abtrennung nach rechtzeitigem Vorschussantrag.
70 OLG Köln FamRZ 1988, 306.
71 BGH FamRZ 1985, 802.
72 OLG Frankfurt/M. FuR 2014, 544.
73 BGH FamRZ 2004, 1633: PKV Eltern, minderjähriges Kind; OLG Saarbrücken FamRZ 2010, 749.
74 BGH FamRZ 2005, 883; 2008, 1842.
75 BGH FamRZ 2008, 1842; OLG Celle NJW-RR 2006, 1304.
76 BGH FamRZ 2004, 1633.

verhältnisse des Anspruchstellers und des zum Vorschuss Verpflichteten gegeneinander abzuwägen. Je leistungsfähiger der Unterhaltsverpflichtete ist, umso geringere Anforderungen sind an die Bedürftigkeit des Unterhaltsberechtigten zu stellen.[77] Der Unterhaltsberechtigte besitzt einen Anspruch auf Vorschuss, wenn er ansonsten seinen eigenen **angemessenen Unterhalt gefährden** würde, und kein einsatzpflichtiges Vermögen vorhanden ist. Denn auch bei intakter Ehe werden Verfahrenskosten häufig aus Ersparnissen bezahlt.[78] Allerdings muss dem Berechtigten eine angemessene **Rücklage für Not- und Krankheitsfälle** verbleiben.[79] Ein **Schonvermögen** nach dem gleichen Maßstab wie in § 115 Abs. 3 ZPO, § 90 Abs. 2 Nr. 9 SGB XII muss dem Berechtigten aber in jedem Fall verbleiben. Allerdings sind von diesem Grundsatz Abweichungen möglich. Ist der in Anspruch genommene Ehegatte nur in geringerem Maße leistungsfähig, dann kann es dem Berechtigten zumutbar sein, auch sein eigenes Schonvermögen anzugreifen und auch Einkommen bis zur Grenze des notwendigen Selbstbehalts einzusetzen. Ist der Verpflichtete gut leistungsfähig und/oder lebt er in guten Vermögensverhältnissen, so können sich die Grenzen für den Einsatz von Einkommen und Vermögen beim Berechtigten nach oben verschieben.

5. Leistungsfähigkeit. a) Allgemein. Bei direkter Anwendung des § 1360 a, also 32 bei intakter Ehe – anders nach Trennung – besteht keine Leistungsfähigkeit, wenn der Unterhaltsverpflichtete selbst Prozess- bzw. Verfahrenskostenhilfe **ohne Raten** erhalten würde. Soweit der Unterhaltsverpflichtete nach seinen Einkommensverhältnissen Prozess- bzw. Verfahrenskostenhilfe **mit Raten** erhalten könnte, ist er in der Lage, einen Verfahrenskostenvorschuss in Raten in gleicher Höhe, wie sie bei ihm festgesetzt würden (§ 115 Abs. 2 ZPO), zu leisten.[80] Dem Berechtigten ist bei dieser Fallgestaltung Verfahrenskostenhilfe mit Raten (§ 115 Abs. 2 ZPO) in gleicher Höhe zu gewähren, wie sie dem Verpflichteten aufzuerlegen wären.[81] **Sein Vermögen** braucht der Unterhaltsverpflichtete nur anzugreifen, wenn es das eigene Schonvermögen übersteigt und ihm nicht ausnahmsweise auch der Einsatz des Schonvermögens zumutbar ist.[82]

b) Eheangemessener Selbstbehalt (Halbteilungsgrundsatz). Bezüglich der Frage, 33 ob der eheangemessene Selbstbehalt (Halbteilungsgrundsatz) des Inanspruchgenommenen zu wahren ist, sollte unterschieden werden, ob § 1360 a Abs. 4 direkt zur Anwendung kommt (**Familienunterhalt**), oder lediglich über die Verweisung in § 1361 Abs. 4 S. 4 (**Trennungsunterhalt**).

aa) § 1360 a Abs. 4 (Familienunterhalt). Die Halbteilung ist hier, wenn der Vor- 34 schuss Teil des Familienunterhalts ist, grundsätzlich nicht zu wahren. Ein entsprechender Einwand wäre dem ehegemeinschaftlichen Prinzip bei intakter Ehe fremd.[83] Eine Ausnahme von diesem Grundsatz dürfte aber dann anzunehmen sein, wenn zwar eine intakte Ehe bzw. eheliche Lebensgemeinschaft besteht, die

---

77 OLG Köln FamRZ 2003, 97.
78 BGH FamRZ 1985, 360.
79 OLG Frankfurt/M. FamRZ 1986, 485.
80 BGH FamRZ 2004, 1633.
81 BGH FamRZ 2004, 1633; 2005, 883; OLG Dresden FamRZ 2002, 1412; OLG Köln FamRZ 2003, 102.
82 OLG Düsseldorf FamRZ 1999, 1673.
83 BGH 27.4.2016 – XII ZB 485/14, NJW 2016, 2122 Rn. 19.

Eheleute aber nicht in häuslicher Gemeinschaft leben und der Anspruchsteller selbst nicht mehr zu Familienunterhaltsleistungen in der Lage ist.[84]

35 **bb) § 1361 Abs. 4 S. 4 iVm § 1360 a Abs. 4 (Trennungsunterhalt).** Bei getrennt lebenden Ehegatten (**Trennungsunterhalt**) ist der eheangemessene Selbstbehalt (Halbteilungsgrundsatz) zu wahren. Schuldet ein Ehegatte ohnehin Trennungsunterhalt in Form von Quotenunterhalt (Halbteilung), ist ein Verfahrenskostenvorschuss mangels Leistungsfähigkeit bzw. mangels Billigkeit nicht geschuldet, da andernfalls der Halbteilungsgrundsatz verletzt würde.[85] Eine Ausnahme gilt dann, wenn der Inanspruchgenommene Vermögen hat oder über nicht prägende Einkünfte verfügt, also Einkünfte die nicht in die Trennungsunterhaltsberechnung, also in die Halbteilung eingeflossen sind.[86] Liegt dem Trennungsunterhalt eine konkrete Bedarfsbemessung zugrunde, kommt ein Kostenvorschuss in Betracht[87], soweit auf Seiten des Anspruchstellers wegen guter wirtschaftlicher Verhältnisse überhaupt noch ein finanzielles Bedürfnis besteht.

36 **6. Rechtsstreit/persönliche Angelegenheit.** Rechtsstreit ist jedes Gerichtsverfahren. Dazu zählen Zivilprozesse, FamFG-Verfahren, Strafsachen, arbeitsgerichtliche Streitigkeiten,[88] Rechtsstreitigkeiten im Verwaltungs- und Sozialrecht. Der Begriff ist weit auszulegen.

37 Es muss sich um eine **persönliche Angelegenheit** handeln, wofür es allerdings bisher keine allgemein anerkannte Definition gibt.[89] Die Rechtsprechung ist von einer starken Kasuistik geprägt.

38 **7. Hinreichende Erfolgsaussicht.** Für die Erfolgsaussicht und die Mutwilligkeit beim Anspruch auf Verfahrenskostenvorschuss ist der gleiche Maßstab anzulegen wie im Prozesskostenhilfeverfahren (§ 114 ZPO).[90]

39 **8. Umfang des Anspruchs.** Der Anspruch auf Verfahrenskostenvorschuss richtet sich nach den **notwendigen gerichtlichen und außergerichtlichen Kosten**, das sind die Gebühren und Auslagen nach dem GKG bzw. FamGKG und dem RVG. Dazu gehören auch die Kosten des einstweiligen Anordnungsverfahrens, in dem im Regelfall das Gericht den Anspruch auf Verfahrenskostenvorschuss festsetzt.

40 **9. Zeitraum.** Für **Rechtsanwaltsgebühren** kann eine Partei einen Verfahrenskostenvorschuss verlangen, solange sie ihrem Prozessbevollmächtigten **vorschusspflichtig** ist (vgl. §§ 8, 9 RVG). Für die Vergangenheit kann ein Verfahrenskostenvorschuss nicht verlangt werden, wenn der Rechtsstreit bzw. die betreffende Instanz abgeschlossen ist. Etwas anderes gilt, wenn der Verpflichtete rechtzeitig vor Abschluss der Instanz in Verzug gesetzt wurde.[91] Die Zwangsvollstreckung kann aber aus einer ergangenen einstweiligen Anordnung zur Zahlung eines Verfahrenskostenvorschusses auch nach Beendigung des Verfahrens (weiter) be-

---

84 BGH 27.4.2016 – XII ZB 485/14, NJW 2016, 2122 Rn. 20 ff im Zusammenhang mit Bedarf in Form von Heim- und Pflegekosten.
85 OLG Karlsruhe FamRZ 2016, 1279.
86 OLG Karlsruhe FamRZ 2016, 1279; OLG Hamm 19.3.2012 – II-5 WF 58, FamFR 2012, 392.
87 OLG Karlsruhe FamRZ 2016, 1279.
88 BAG 5.4.2006 – 3 AZB 61/04, NZA 2006, 694.
89 BGH 25.11.2009 – XII ZB 46/09, FamRZ 2010, 189 ausführlich zu den Schwierigkeiten der Definition.
90 BGH 7.2.2011 – XII ZB 2/01, FamRZ 2001, 1363.
91 OLG Karlsruhe FamRZ 2000, 431; aA OLG Schleswig FamRZ 2008, 614.

trieben werden.[92] Als Sonderbedarf können die entstandenen Verfahrenskosten nach Abschluss der Instanz nicht geltend gemacht werden.[93] Bezüglich der Gerichtskosten besteht ein Bedürfnis für einen Vorschuss nur, soweit die Gebühren und/oder Auslagen bereits – evtl. sogar als Vorschuss, §§ 14, 15 FamGKG bzw. § 12 GKG – zu entrichten sind.

10. Rückzahlugsanspruch. Es fehlt eine gesetzliche Regelung für einen Anspruch auf Rückzahlung eines bereits geleisteten Verfahrenskostenvorschusses. Er ist nach der Rechtsprechung unterhaltsrechtlicher Natur sui generis. Für die Rückforderung gilt der Rechtsgedanke, der den §§ 1360 ff. zugrunde liegt, unter Berücksichtigung des Vorschusscharakters.[94]   41

Eine Rückforderung ist nur in den folgenden **Fällen** möglich: 42

Wenn sich die wirtschaftlichen Verhältnisse des Vorschussempfängers wesentlich verbessert haben oder die Rückforderung aus anderen Gründen der Billigkeit entspricht[95] oder sich nachträglich herausstellt, dass die Voraussetzungen für die Gewährung des Vorschusses nicht gegeben waren, wobei der Empfänger des Vorschusses nicht Gutgläubigkeit einwenden kann.[96] Es handelt sich um keinen bereicherungsrechtlichen Anspruch, so dass §§ 814 und 818 Abs. 3 ebenso wie auch § 1360 b nicht anwendbar sind.[97] Eine Rückzahlung kommt insbesondere in Betracht, wenn sich die wirtschaftlichen Verhältnisse des Unterhaltsberechtigten wesentlich verbessert haben, so etwa bei einem **Vermögenszufluss nach abgeschlossenem Zugewinnausgleichsverfahren** oder Zufluss von sonstigem Vermögen.[98] Unterliegt der Empfänger des Verfahrenskostenvorschusses im Rechtsstreit, so stellt dies allein keinen Grund für eine Rückzahlung dar. Die Zwangsvollstreckung bleibt zulässig.[99] Der Anspruch auf Rückforderung kann mit der **Leistungsklage vor dem Familiengericht** geltend gemacht werden.[100]

Eine Aufrechnung ist zulässig.[101]

Die **Berücksichtigung eines geleisteten Verfahrenskostenvorschusses im Kostenfestsetzungsverfahren** ist im Einzelnen streitig.[102]   43

Grundsätzlich kann ein geleisteter Verfahrenskostenvorschuss im Kostenfestsetzungsverfahren mit Zustimmung des Vorschussempfängers immer Berücksichtigung finden. Fraglich ist, ob ein geleisteter Verfahrenskostenvorschuss ohne Zustimmung des Vorschussempfängers zu berücksichtigen ist, da sich der Anspruch auf Rückzahlung eines geleisteten Verfahrenskostenvorschusses an sich ausschließlich nach materiellem Recht richtet. Das Kostenfestsetzungsverfahren   44

---

92 BGH FamRZ 1985, 802.
93 OLG Nürnberg FamRZ 1998, 489; zum evtl. Schadensersatzanspruch OLG Köln FamRZ 1991, 842.
94 BGH FamRZ 1990, 491; OLG Hamm FamRZ 1992, 672.
95 BGH NJW 1971, 1262; BGH FamRZ 1990, 491; OLG Hamm FamRZ 1992, 672; KG FamRZ 2008, 2201.
96 BGH FamRZ 1991, 491.
97 BGH FamRZ 1990, 491.
98 BGH FamRZ 1985, 802; 1986, 40 für die Gütergemeinschaft.
99 BGH FamRZ 1985, 802; OLG Hamm FamRZ 1977, 466.
100 BGH FamRZ 1990, 491; 2010, 452; OLG Stuttgart FamRZ 1981, 36; OLG Köln FamRZ 2006, 218.
101 BGH FamRZ 2005, 1974, auch zur Zurückforderung und auch OLG Köln FamRZ 2006, 218; KG FamRZ 2008, 2201.
102 OLG Frankfurt/M. OLGReport 2005, 278; OLG Düsseldorf Rpfleger 2005, 483; OLG Köln FamRZ 2006, 218; vgl. weiter iE Palandt/Brudermüller § 1360 a Rn. 21.

berücksichtigt nicht das materielle Recht, insbesondere nicht materiellrechtliche Einwendungen.[103]

45 Ein geleisteter Verfahrenskostenvorschuss darf aber **in Ausnahmefällen** im Kostenfestsetzungsverfahren Berücksichtigung finden, soweit die gesamten Kosten des Vorschussempfängers, also auch diejenigen, die der Kostenerstattungsanspruch nicht erfasst, abgedeckt sind, und eine Kostenfestsetzung zu einer Überzahlung zugunsten des Vorschussempfängers führen würde. Der Verfahrenskostenvorschuss dient nur der Kostendeckung, darf aber nicht zu einem Gewinn des Vorschussempfängers führen. Ist die Sach- und Rechtslage eindeutig, so wäre es nicht gerechtfertigt, den Gläubiger auf ein (überflüssiges) Verfahren (Vollstreckungsgegenklage) zu verweisen. Ein geleisteter Verfahrenskostenvorschuss ist daher konsequenter Weise dann auf den Kostenerstattungsanspruch eines Vorschussempfängers anzurechnen, wenn die Summe aus Verfahrenskostenvorschuss und Erstattungsbetrag den Gesamtbetrag der Kosten übersteigt, die den Vorschussempfänger treffen. Nur in diesen Fällen kann im Kostenfestsetzungsverfahren ein Verfahrenskostenvorschuss Berücksichtigung finden.[104]

46 Eine Anrechnung erfolgt nur in der Instanz, für die der Vorschuss gezahlt wurde.[105] Hat der Verpflichtete den Vorschuss im erstinstanzlichen Verfahren geleistet, scheidet eine Anrechnung bei den Kosten der zweiten Instanz aus.

§ 1360 b BGB Zuvielleistung

Leistet ein Ehegatte zum Unterhalt der Familie einen höheren Beitrag als ihm obliegt, so ist im Zweifel anzunehmen, dass er nicht beabsichtigt, von dem anderen Ehegatten Ersatz zu verlangen.

I. Allgemeines

1 Die Vorschrift dient dazu, Streit zwischen Ehegatten über die Rückforderung eventuell zu viel gezahlten Unterhalts zu vermeiden und den Familienfrieden zu erhalten. Es entspricht der Lebenserfahrung, dass Zahlungen von Unterhalt, die über das gesetzliche Maß hinausgingen, von dem Ehegatten, der zu viel Unterhalt geleistet hat, nicht zurückgefordert werden. Eine Rückforderungsabsicht liegt zumeist nicht vor.[1] Die Vorschrift begründet keinen besonderen familienrechtlichen Ersatzanspruch. Sie begrenzt vielmehr nach allgemeinen Vorschriften bestehende Ersatzansprüche.[2]

II. Anwendungsbereich

2 Die Regelung geht vom geschuldeten angemessenen Familienunterhalt nach § 1360 a aus. Sie erweitert aber den Unterhaltsbegriff auf Leistungen, die das geschuldete Maß übersteigen, sich aber ihrem Wesen nach als Beitrag zum Familienunterhalt darstellen. Die Vorschrift gilt nach § 1361 Abs. 4 S. 4 auch **für den**

---

103 BGH 9.12.2009 – XII ZB 79/06, FamRZ 2010, 452.
104 BGH 9.12.2009 – XII ZB 79/06, FamRZ 2010, 452; vgl. auch Zöller/Herget ZPO § 104 Rn. 21, Stichwort „Prozesskostenvorschuss"; wie hier: Palandt/Brudermüller § 1360 a Rn. 21.
105 BGH 9.12.2009 – XII ZB 79/06, FamRZ 2010, 452.
  1 BGH FamRZ 2002, 739; OLG Karlsruhe FamRZ 1990, 744; OLG Oldenburg FamRZ 2006, 267.
  2 BGH FamRZ 1984, 767.

Trennungsunterhalt, nicht aber für den nachehelichen Unterhalt.[3] Sie gilt auch nicht für die nichteheliche Lebensgemeinschaft. Es spielt keine Rolle, ob es sich um laufende Unterhaltsleistungen oder um einmalige Zahlungen handelt, oder ob die Zahlungen aus dem Einkommen oder aus dem Vermögen erfolgt sind[4] (zB für einen Autokauf). Unter die Regelung fallen auch Leistungen eines Ehegatten aufgrund der Haushaltsführung, Kinderbetreuung, sonstiger Dienste, die Ehegatten auch über den reinen Unterhalt hinaus erbringen.[5] Dies gilt auch für überobligatorische Pflegeleistungen, für die keine laufende Vergütungspflicht besteht.[6] Das lässt sich auch auf eine vermehrte, unvergütete Mitarbeit eines Ehegatten im Beruf oder Geschäft des anderen Ehegatten ausdehnen, aber nur, wenn sich diese Tätigkeit als Beitrag zum Familienunterhalt darstellt.[7] Hiervon zu unterscheiden sind Zahlungen eines Ehegatten für voreheliche oder geschäftliche Schulden des anderen, also Leistungen, die sich deutlich vom Familienunterhalt abgrenzen lassen.

III. Gesetzliche Vermutung

Die Regelung normiert die gesetzliche Vermutung, wonach bei freiwilligen 3 Mehrleistungen eines Ehegatten zum Familienunterhalt im Zweifel nicht beabsichtigt ist, von dem anderen Ehegatten Ersatz zu verlangen.[8] Die **Vermutung ist widerlegbar,** wenn der Unterhaltsschuldner nachweist, dass er mehr geleistet hat als ihm oblag, und er zum Zeitpunkt der Unterhaltsleistung beabsichtigte, Ersatz zu verlangen.[9] Es genügt, dass sich das Ersatzverlangen aus den Umständen ergibt. Greift die Vermutung nach § 1360 b, so sind Regressansprüche aus sämtlichen Gesichtspunkten ausgeschlossen, so Ansprüche aus Geschäftsführung ohne Auftrag nach §§ 677 ff., aus ungerechtfertigter Bereicherung nach §§ 812 ff., aus Schenkungswiderruf nach §§ 530 ff., und auch ein familienrechtlicher Ausgleichsanspruch.[10] Allerdings können nicht zurückforderbare überschüssige Unterhaltsleistungen an den anderen Ehegatten auf die **Ausgleichsforderung nach § 1380** anzurechnen sein.[11]

Greift die Vermutung nicht ein, so ist Anspruchsgrundlage für den Erstattungs- 4 anspruch, vor allem nach der Scheidung, § 812 Abs. 1 S. 2 (vgl. §§ 818 Abs. 3, 819 Abs. 1). Sie kann bei übergegangenen Ansprüchen (Legalzession nach § 1607 Abs. 2 S. 2) Anwendung finden.[12]

Der Rechtsgedanke des § 1360 b findet beim Gesamtschuldnerausgleich nach 5 § 426 Abs. 1, soweit der Familienunterhalt bei bestehender Lebensgemeinschaft das Gesamtschuldverhältnis überlagert, entsprechende Anwendung.[13]

---

3 OLG Celle NJW 1974, 504; OLG Koblenz NJW-RR 1997, 514; OLG Oldenburg FamRZ 2006, 267.
4 BGH FamRZ 1983, 351; OLG Oldenburg FamRZ 2005, 1837; 2006, 267.
5 BGH FamRZ 1992, 300.
6 BGH FamRZ 1995, 537.
7 Palandt/Brudermüller § 1360 b Rn. 1.
8 BGH FamRZ 2002, 729; OLG Oldenburg FamRZ 2005, 1837.
9 BGH NJW 1968, 1780; BGH FamRZ 2002, 729.
10 BGH NJW 1968, 1780; OLG Karlsruhe FamRZ 1990, 744; OLG Düsseldorf OLGReport 1995, 70.
11 BGH FamRZ 1983, 351.
12 OLG Celle NJW 1974, 504.
13 OLG Oldenburg FamRZ 2005, 1837.

IV. Darlegungs- und Beweislast

6 Den Ehegatten, der den Ersatz von Leistungen (zu Unterhaltsleistungen im weitesten Sinne → Rn. 2) verlangt, trifft die Darlegungs- und Beweislast für

- die Unterhaltsleistung, die über das gesetzlich vorgeschriebene Maß hinausgeht,
- die bereits bei Leistung vorhandene Absicht, Ersatz verlangen zu wollen, und
- die Tatsachen, wonach dem anderen Ehegatten die Rückforderungsabsicht von vorneherein bekannt oder den Umständen nach erkennbar war.[14]

§ 1361 BGB Unterhalt bei Getrenntleben

(1) [1]Leben die Ehegatten getrennt, so kann ein Ehegatte von dem anderen den nach den Lebensverhältnissen und den Erwerbs- und Vermögensverhältnissen der Ehegatten angemessenen Unterhalt verlangen; für Aufwendungen infolge eines Körper- oder Gesundheitsschadens gilt § 1610 a. [2]Ist zwischen den getrennt lebenden Ehegatten ein Scheidungsverfahren rechtshängig, so gehören zum Unterhalt vom Eintritt der Rechtshängigkeit an auch die Kosten einer angemessenen Versicherung für den Fall des Alters sowie der verminderten Erwerbsfähigkeit.

(2) Der nicht erwerbstätige Ehegatte kann nur dann darauf verwiesen werden, seinen Unterhalt durch eine Erwerbstätigkeit selbst zu verdienen, wenn dies von ihm nach seinen persönlichen Verhältnissen, insbesondere wegen einer früheren Erwerbstätigkeit unter Berücksichtigung der Dauer der Ehe, und nach den wirtschaftlichen Verhältnissen beider Ehegatten erwartet werden kann.

(3) Die Vorschrift des § 1579 Nr. 2 bis 8 über die Beschränkung oder Versagung des Unterhalts wegen grober Unbilligkeit ist entsprechend anzuwenden.

(4) [1]Der laufende Unterhalt ist durch Zahlung einer Geldrente zu gewähren. [2]Die Rente ist monatlich im Voraus zu zahlen. [3]Der Verpflichtete schuldet den vollen Monatsbetrag auch dann, wenn der Berechtigte im Laufe des Monats stirbt. [4]§ 1360 a Abs. 3, 4 und die §§ 1360 b, 1605 sind entsprechend anzuwenden.

---

14 OLG Karlsruhe FamRZ 1990, 744; OLG Düsseldorf OLGReport 1995, 70; OLG Oldenburg FamRZ 2006, 267.

I. Allgemeines

1. Abgrenzung zum Familienunterhalt und zum Geschiedenenunterhalt. Mit der 1
Trennung wandelt sich der Familienunterhalt nach §§ 1360, 1360 a zum Trennungsunterhalt. Mit dem **Tag der Rechtskraft der Scheidung** erlischt der Trennungsunterhalt und beginnt (dem Grunde nach) der nacheheliche Unterhalt nach §§ 1569 ff. (Geschiedenenunterhalt). Nehmen die getrennt lebenden Ehegatten auf Dauer die eheliche Lebensgemeinschaft wieder auf, erlischt der Trennungsunterhalt.[1] Im Fall der erneuten Trennung bedarf es eines neuen Titels auf Trennungsunterhalt.[2]

Familienunterhalt, Trennungsunterhalt und Geschiedenenunterhalt sind **ver** 2 **schiedene Verfahrensgegenstände.** Wird aus einem Titel wegen Trennungsunterhalt für einen Unterhaltszeitraum nach Rechtskraft der Scheidung weiter vollstreckt, so ist hiergegen ein **Vollstreckungsabwehrantrag** möglich (§ 767 ZPO iVm § 120 Abs. 1 FamFG).[3]

---

1 OLG Hamm NJW-RR 2011, 1015.
2 OLG Hamm NJW-RR 2011, 1015.
3 OLG Köln FamRZ 1996, 1077; OLG Düsseldorf FamRZ 1992, 943.

Der Trennungsunterhalt kann **nicht im Verbund** geltend gemacht werden, da dieser „für den Fall der Scheidung" (§ 137 Abs. 2 S. 1 FamFG) gerade nicht mehr gegeben ist.

3 **2. Zweck.** Während der Trennung besteht die Ehe noch. Erst durch die Rechtskraft der Scheidung wird die Ehe aufgelöst und die Trennung beendet. Die Vorschrift des § 1361 soll den wirtschaftlich schwächeren Ehepartner in der Trennungsphase, zumindest für eine gewisse Zeit, vor wirtschaftlich nachteiligen Veränderungen schützen.[4] Die Chance einer Versöhnung soll nicht verringert werden.[5]

4 **3. Güterstand und Trennungsunterhalt.** Der Anspruch auf Trennungsunterhalt ist grundsätzlich unabhängig vom Güterstand gegeben,[6] also auch bei Gütergemeinschaft (§ 1420). Der Anspruch ist dabei nicht auf Zahlung einer Geldrente gegen den anderen Ehegatten gerichtet, sondern auf Mitwirkung zu den Maßregeln zur ordnungsgemäßen Verwendung des Gesamtguts für den Unterhalt, wenn die Parteien das Gesamtgut gemeinsam verwalten und es zum Unterhalt zu verwenden ist.[7] Besteht allerdings bei der **Gütergemeinschaft** ein Anspruch auf Mitwirkung an einer ordnungsgemäßen Verwaltung nach §§ 1420, 1457, sind die konkreten Verhältnisse einfach gelagert und lässt sich der Geldanspruch ohne Weiteres errechnen, kommt auch ein Antrag unmittelbar auf Geldzahlung in Betracht.[8]

II. Voraussetzungen

5 **1. Bestehen einer wirksam geschlossenen Ehe.** Erste Voraussetzung für den Anspruch ist eine (noch) **bestehende** Ehe. Ohne Bedeutung ist es für den Anspruch, wie die Ehegatten ihre Lebensgemeinschaft ausgestalten oder ausgestaltet haben, vor allem kommt es nicht darauf an, ob sie je zusammengelebt oder von Anfang an getrennt gelebt haben.[9] Es kommt auch nicht darauf an, inwieweit die Ehegatten die Lebensgemeinschaft verwirklicht und ihre beiderseitigen, auch wirtschaftlichen, Lebensdispositionen aufeinander abgestimmt haben.[10] Die Dauer des Getrenntlebens und die Dauer der Ehe spielen in der Praxis für den Anspruch nach § 1361 grundsätzlich keine Rolle.[11] Die Dauer der Ehe und die Dauer der Trennung sind allerdings Gesichtspunkte bei der Abwägung nach § 1361 Abs. 2, insbesondere im Hinblick auf die Frage der Erwerbsobliegenheit.[12]

6 **2. Getrenntleben.** Der **Begriff des Getrenntlebens** ist in § 1567 gesetzlich definiert. Er stimmt mit dem Getrenntlebensbegriff des § 1361 Abs. 1 überein.[13] Da-

---

4 BGH FamRZ 1981, 439.
5 BGH 18.4.2012 – XII ZR 73/10, FamRZ 2012, 1201 Rn. 18.
6 BGH FamRZ 1990, 851; OLG Zweibrücken FamRZ 1998, 239.
7 BGH FamRZ 1990, 851; OLG München FamRZ 1996, 557; OLG Oldenburg FamRZ 2010, 213; OLG Oldenburg FuR 2009, 594; Elden, Einfluss der Gütergemeinschaft auf den Unterhaltsanspruch NJW-Spezial 2010, 4; Weinreich, Unterhalt in der Gütergemeinschaft, FuR 1999, 49; Kleinle, Trennungsunterhalt und Gütergemeinschaft mit gemeinschaftlicher Gesamtgutverwaltung, FamRZ 1997, 1194.
8 OLG Düsseldorf FamRZ 1999, 1348.
9 BGH FamRZ 1982, 573; 1985, 376; 1994, 558.
10 BGH FamRZ 1985, 376.
11 BGH FamRZ 1985, 376.
12 BGH 18.4.2012 – XII ZR 73/10, FamRZ 2012, 1201 Rn. 18.
13 BGH 27.4.2016 – XII ZB 485/14, NJW 2016, 2122 Rn. 12.

nach leben die Ehegatten getrennt, wenn zwischen ihnen keine häusliche Gemeinschaft (mehr) besteht (**objektives** Element) und zumindest ein Ehegatte sie erkennbar nicht (mehr) herstellen will, weil er die eheliche Lebensgemeinschaft ablehnt (**subjektives** Element).[14]

Typischerweise kann eine Trennung der trennungswilligen Ehegatten bejaht werden, wenn beide Ehegatten **getrennte Wohnungen bezogen** haben.

Erfolgt die Trennung **innerhalb einer gemeinsamen Wohnung,** muss die Trennung nach außen sichtbar zutage treten. Hierzu gehört eine Wohnungsaufteilung, vor allem der Wohn- und Schlafbereiche. Ein gelegentliches Zusammentreffen muss sich als bloßes räumliches Nebeneinander darstellen.[15] Wenn Eheleute noch im gemeinsamen Schlafzimmer schlafen,[16] gemeinsam essen und sich gegenseitig versorgen, liegt keine Trennung vor. Zu Gemeinsamkeiten kann es aber wegen des Wohnungszuschnitts oder bei einer aufgedrängten Hilfe kommen,[17] ebenso bei der Kinderbetreuung.[18] Eine schriftliche Bekanntgabe des Trennungswillens kann ein hilfreiches Indiz für eine Trennung schaffen.

Will ein Ehegatte **bei ohnehin fehlender häuslicher Gemeinschaft** (Pflegeheimaufenthalt, Haft) die Trennung herbeiführen, erfordert dies eine entsprechende Äußerung oder ein sonstiges für den anderen Ehegatten erkennbares Verhalten, das unmissverständlich den Willen zum Ausdruck bringt, die eheliche Lebensgemeinschaft nicht weiterführen zu wollen.[19]

Eine gemeinsame Kinderbetreuung ist auch nach der Trennung wünschenswert, um die Kinder aus den Streitigkeiten herauszuhalten, so dass diese Gemeinsamkeit einer Trennung, wenn sie sich nur auf diesen Bereich beschränkt, nicht entgegensteht.

Versöhnungsversuche bis zu einer Dauer von etwa drei Monaten (vgl. § 1567 Abs. 2) unterbrechen das Getrenntleben nicht.[20] Wenn die Ehegatten ihre eheliche Lebensgemeinschaft bei einer Versöhnung endgültig wieder aufnehmen, endet das Getrenntleben und der Trennungsunterhaltsanspruch erlischt.[21] Bei einer weiteren Vollstreckung aus einem solchen Titel ist ein **Vollstreckungsabwehrantrag** (§ 767 ZPO iVm § 120 FamFG) möglich.[22]

3. Bedürftigkeit. Ein Unterhaltsanspruch erfordert stets eine Bedürftigkeit des Anspruchstellers. Ob und inwieweit eine Bedürftigkeit gegeben ist, kann idR jedoch erst nach Ermittlung des Bedarfs des Anspruchstellers (→ Rn. 9 ff.) beurteilt werden. 7

4. Leistungsfähigkeit. Ob der Unterhaltpflichtige in der Lage ist, einen Trennungsunterhalt im Umfang der Bedürftigkeit der Unterhaltsberechtigten zu leisten (Leistungsfähigkeit), ist am eheangemessenen Selbstbehalt („Kehrseite" des Unterhaltsbedarfs der Berechtigten nach dem Halbteilungsgrundsatz[23] → Rn. 36) 8

---

14 BGH 27.4.2016 – XII ZB 485/14, NJW 2016, 2122 Rn. 14.
15 OLG Jena OLGReport 2001, 343.
16 OLG Hamm FamRZ 1999, 723.
17 OLG Jena FamRZ 2002, 99.
18 OLG Stuttgart FamRZ 1992, 1435; OLG Köln FamRZ 2002, 1941.
19 BGH 27.4. 2016 – XII ZB 485/14, NJW 2016, 2122 Rn. 14.
20 OLG Hamm NJW-RR 1986, 554.
21 OLG Hamm NJW-RR 2011, 1015.
22 OLG Köln FamRZ 1996, 1077; OLG Düsseldorf FamRZ 1992, 943.
23 BGH 7.12.2011 – XII ZR 159/09, FamRZ 2012, 288.

bzw. – als Untergrenze – am Ehegattenmindestselbstbehalt (→ Rn. 37), der zzt. 1.200 EUR beträgt, zu messen.

III. Bedarf

9 **1. Bedarfsformen.** Der Bedarf ergibt sich gem. Abs. 1 aus dem **regelmäßigen Lebensbedarf** (Elementarunterhalt → Rn. 10 ff.), etwaigen **Altersvorsorgekosten** (→ Rn. 31 f.) sowie analog § 1578 Abs. 2 etwaigen **Krankenversicherungskosten** (→ Rn. 33) und **Ausbildungskosten** (→ Rn. 29). Bei diesen Bedarfspositionen handelt es sich um unselbstständige Teile des Gesamtunterhalts,[24] die jedoch in einem Unterhaltstitel getrennt auszuweisen, also gesondert zu beziffern sind.[25]

10 **2. Elementarunterhalt. a) Grundsatz.** Der Elementarunterhalt deckt den **normalen Lebensbedarf.** Er bestimmt sich gem. Abs. 1 S. 1 nach den Lebens-, Erwerbs- und Vermögensverhältnissen der Ehegatten. Der Unterhaltsbedarf bestimmt sich wegen des Maßstabs der ehelichen Lebensverhältnisse trotz des unterschiedlichen Wortlauts von § 1361 Abs. 1 S. 1 entsprechend den auch für den Geschiedenenunterhalt (§ 1578) geltenden Grundsätzen (→ § 1578 Rn. 3 ff.).[26] Es ist vor allem auf die von den Ehegatten erzielte Einkünfte abzustellen, die die ehelichen Lebensverhältnisse geprägt haben (→ Rn. 14, 16 ff.).[27]

Es gilt also der **Grundsatz der gleichen Teilhabe** an den ehelichen Lebensverhältnissen,[28] so dass der Bedarf grundsätzlich quotal, dh durch Halbteilung (→ Rn. 11) ermittelt wird.[29] Lediglich bei besonders guten wirtschaftlichen Verhältnissen, wenn also davon auszugehen ist, dass Teile der Einkünfte in die Vermögensbildung geflossen sind und somit nicht verbraucht wurden, ist der **Bedarf konkret** zu bestimmen → Rn. 13).[30]

Zu den prägenden Einkünften → § 1578 Rn. 3 ff., zu den Methoden der Unterhaltsberechnung → § 1578 Rn. 34, 41, 44–50; zum Vorwegabzug von Kindesunterhalt → § 1578 Rn. 32, zum Erwerbstätigenbonus[31] → § 1578 Rn. 45.

11 **b) Quotaler Bedarf (Halbteilung). aa) Halbteilung.** Die gleiche Teilhabe der Eheleute am gemeinsamen unterhaltsrelevanten bereinigten Einkommen (→ Rn. 15 ff) wird rechnerisch durch die **Additions- oder Differenzmethode** (→ Rn. § 1578 Rn. 46 ff.) erreicht.[32] Einkünfte aus Erwerbstätigkeit sind hierbei um den Erwerbstätigenbonus[33] zu kürzen. Die Bedarfsbestimmung durch Halbteilung beruht auf der Annahme, dass das vorhandene Einkommen der Eheleute in voller Höhe für den Lebensunterhalt der Ehegatten verwendet wurde.[34]

12 **bb) Mindestbedarf.** Beim Ehegattenunterhalt besteht ein Mindestbedarf (Nr. 15.1 der im Einzelfall anwendbaren Leitlinien) in Höhe des **Existenzminimums** bzw. des notwendigen Selbstbehalts für Nichterwerbstätige (aktuell

---

24 BGH 19.11.2014 – XII ZB 478/13, FamRZ 2015, 309 Rn. 15.
25 BGH 18.2.2015 – XII ZR 80/13, FamRZ 2015, 824 Rn. 36.
26 BGH 11.11.2015 – XII ZB 7/15, FamRZ 2016, 199 Rn. 12.
27 BGH 11.11.2015 – XII ZB 7/15, FamRZ 2016, 199 Rn. 12.
28 BGH 7.12.2011 – XII ZR 151/09, FamRZ 2012, 281 Rn. 16 ff.; 11.11.2015 – XII ZB 7/15, FamRZ 2016, 199 Rn. 11 ff.
29 BGH 11.11.2015 – XII ZB 7/15, FamRZ 2016, 199 Rn. 12.
30 BGH 11.11.2015 – XII ZB 7/15, FamRZ 2016, 199 Rn. 11 ff.
31 BGH 10.11.2010 – XII ZR 197/08, FamRZ 2011, 192 Rn. 25.
32 Wendl/Dose/Gutdeutsch § 4 Rn. 800 ff zu den verschiedenen Berechnungsmethoden.
33 BGH 10.11.2010 – XII ZR 197/08, FamRZ 2011, 192 Rn. 25.
34 BGH 30.11.2011 – XII ZR 34/09, FamRZ 2012, 947 Rn. 32.

880 EUR).[35] Dies ist jedoch kein Mindestbedarf vergleichbar dem von minderjährigen oder privilegierten volljährigen (§ 1603 Abs. 2 S. 2) Kindern, den der Unterhaltspflichtige stets – erforderlichenfalls durch erhöhte Erwerbsbemühungen – zu decken hätte.[36] Der Mindestbedarf ist aber bspw. dann von Bedeutung, wenn nichtprägendes Einkommen (→ Rn. 18) für die Leistung zur Verfügung steht. Zudem gibt es Mindestbedarfsbeträge, die in Fällen zu berücksichtigen sind, in denen der Unterhaltsanspruch mit Unterhaltsansprüchen Dritter konkurriert (vgl. Nr. 22 und 23 der im Einzelfall anwendbaren Leitlinien).

c) Konkreter Bedarf. Bei **besonders günstigen Einkommensverhältnissen** ist zu vermuten, dass die Einkünfte nicht vollständig für den Lebensunterhalt eingesetzt wurden, sondern ein Teil der Vermögensbildung zugeführt wurde.[37] In einem solchen Fall ist der Bedarf konkret zu ermitteln.[38] Wann eine solche konkrete Bedarfsbestimmung geboten ist, kann nicht generell gesagt werden. Schon allein aufgrund ganz erheblicher regionaler Unterschiede bei den Wohnkosten kann dem Begriff „besonders günstige Einkommensverhältnisse" kein bestimmter Betrag zugeordnet werden. Die Diskussion in Rechtsprechung und Literatur zu diesem Punkt wird etwas erschwert durch unterschiedliche Ansätze bzw. eine teilweise ungenaue Begriffsverwendung, bei der nicht zwischen „Gesamtbedarf" und „Einzelbedarf" unterschieden wird. So wird der Betrag von 5.100 EUR (Obergrenze der Einkommensgruppen der Düsseldorfer Tabelle) mit unterschiedlichen Folgen herangezogen. Während die einen diesen Betrag als Gesamtbedarf, also als gemeinsamen Bedarf der Eheleute heranziehen und somit ab einem Einzelbedarf (Elementarbedarf) von 2.500 EUR eine konkrete Bedarfsbemessung verlangen,[39] verwenden andere diesen Betrag von 5.100 EUR, um damit eine konkrete Bedarfsbestimmung ab einem Einzelbedarf von 5.100 EUR, mithin ab einem Gesamtbedarf (gemeinsames bereinigtes Einkommen der Eheleute) von 10.200 EUR zu fordern.[40] ME ist ab einem Einzelbedarf von **5.100 EUR** stets eine konkrete Bedarfsbestimmung erforderlich. Ob bereits bei einem Einzelbedarf zwischen **2.500 und 5.100 EUR** eine konkrete Bedarfsbestimmung geboten ist, ist einzelfallabhängig – insbesondere unter Berücksichtigung der regional unterschiedlichen Wohnkosten.

Bei der konkreten Bedarfsbemessung sind alle bei Aufrechterhaltung des bisherigen Lebensstandards nötigen Lebenshaltungskosten des Unterhaltsberechtigten (Haushaltsgeld, Wohnkosten mit Nebenkosten, Kleidung, Geschenke, Haushaltshilfe, Reisen, Urlaub, Sport, kulturelle Bedürfnisse, Pkw, Vorsorgeaufwendungen, Versicherungen und sonstige notwendige Lebenshaltungskosten) konkret zu ermitteln und erforderlichenfalls gem. § 113 Abs. 1 FamFG iVm § 287

13

---

35 BGH FamRZ 2010, 629; 2010, 357; Wendl/Dose/Gutdeutsch § 4 Rn. 838.
36 BGH 12.12.2007 – XII ZR 23/06, FamRZ 2008, 497 Rn. 21.
37 BGH 30.11.2011 – XII ZR 34/09, FamRZ 2012, 947 Rn. 32.
38 BGH 30.11.2011 – XII ZR 34/09, FamRZ 2012, 945 Rn. 32; 11.8.2010 – XII ZR 102/09, FamRZ 2010, 1637.
39 Nr. 15.3 der Leitlinien des OLG Jena und Nr. 15.3 der Leitlinien des OLG Frankfurt/M., allerdings unter missverständlicher Bezeichnung der Summe der Bedarfspositionen der Unterhaltsberechtigten als „Gesamtbedarf".
40 Nr. 15.3 der Leitlinien des OLG Koblenz: Bei sehr guten Einkommensverhältnissen (in der Regel mindestens das Doppelte des Höchstbetrages nach der Düsseldorfer Tabelle als frei verfügbares Einkommen) der Eheleute kommt eine konkrete Bedarfsberechnung in Betracht. Nach OLG Stuttgart NJW 2015, 575 soll ein (Einzel-)Bedarf von ca. 5.000 EUR als „Richtschnur" dienen.

ZPO zu schätzen.[41] Außer Betracht bleibt eine zu dürftige, aber auch eine zu aufwändige Lebensführung.[42]

Grundsätzlich gibt es **keine Sättigungsgrenze**[43] bei der konkreten Bedarfsermittlung. Obergrenze für den konkreten (Einzel-)Bedarf bildet aber der nach dem Halbteilungsgrundsatz ermittelte Einzelbedarf, da andernfalls der Grundsatz der gleichen Teilhabe an den ehelichen Lebensverhältnissen verletzt würde.[44] Ein Erwerbstätigenbonus ist bei der konkreten Bedarfsbemessung nicht zu berücksichtigen.[45]

14 **3. Unterhaltsrelevantes Einkommen.** Bei der Ermittlung der unterhaltsrelevanten tatsächlichen und/oder fiktiven Einkommen der Ehegatten ist zu unterscheiden, ob die Einkommen Grundlage für die **Bedarfsermittlung** sein sollen, oder ob sie – auf Seiten des Unterhaltsberechtigten – der Feststellung der **Bedürftigkeit** bzw. – auf Seiten des Unterhaltspflichtigen – der Feststellung der **Leistungsfähigkeit** dienen sollen. Für die Bedarfsermittlung sind nur die **eheprägenden Einkünfte** heranzuziehen.[46] Für die Ermittlung der Bedürftigkeit oder Leistungsfähigkeit sind **sämtliche Einkünfte** heranzuziehen.[47]

15 **4. Bedarfsbestimmendes Einkommen. a) Stichtag statt Wandelbarkeit.** Die mit Urteil des BGH vom 30.7.2008[48] begründete Rechtsprechung zu den **wandelbaren ehelichen Lebensverhältnissen** ist, wie beim nachehelichen Unterhalt, nach dem Beschluss des Bundesverfassungsgerichts vom 25.1.2011[49] **hinfällig.**[50] Der BGH ist bei der Ermittlung des bedarfsbestimmenden Einkommens zum Stichtagsprinzip zurückgekehrt.[51] Stichtag ist grundsätzlich die **Rechtskraft der Scheidung.**[52] Beim Trennungsunterhalt erfährt dieses Prinzip jedenfalls für nach der Trennung aufgenommene Konsumkredite eine Ausnahme (→ Rn. 16).

Die Dreiteilung (Gleichteilung)[53] bei konkurrierenden **Ehegattenunterhaltsansprüchen** auf der Ebene der Bedarfsbestimmung ist damit hinfällig. Solche Konkurrenzen sind erforderlichenfalls[54] auf der Ebene der Leistungsfähigkeit zum Ausgleich zu bringen (→ § 1578 Rn. 40 ff., → § 1581 Rn. 1 ff.). Bei einem während bestehender Ehe entstandenen konkurrierenden **Anspruch nach 1615 l** ist auch bei Anwendung des Stichtagsprinzips die Dreiteilung auf der Bedarfsebene noch von Bedeutung (→ Rn. 49).

16 **b) Maßgebender Zeitpunkt.** Es ist auf die von den Ehegatten erzielten **Einkünfte** abzustellen, die **die ehelichen Lebensverhältnisse geprägt** haben.[55] Obwohl die

---

41 OLG Bremen FamRZ 2015, 1495.
42 BGH FamRZ 2007, 1532; OLG Zweibrücken OLGReport 2008, 143.
43 BGH 11.8.2010 – XII ZR 102/09, FamRZ 2010, 1637 Rn. 27.
44 Wendl/Dose/Siebert § 4 Rn. 767.
45 BGH 8.8.2012 – XII ZR 97/10, FamRZ 2012, 1624 Rn. 33; 10.11.2010 – XII ZR 197/08, FamRZ 2011, 192 Rn. 26 ff.
46 Wendl/Dose/Siebert § 4 Rn. 551 ff.
47 FA-FamR/Maier Kap. 6 Rn. 692.
48 BGH 30.7.2008 – XII ZR 177/06, FamRZ 2008, 1911.
49 BVerfG 25.1.2011 – 1 BvR 918/10, FamRZ 2011, 437.
50 BGH 7.12.2011 – XII ZR 151/09, FamRZ 2012, 281.
51 BGH 7.12.2011 – XII ZR 151/09, FamRZ 2012, 281.
52 BVerfG 25.1.2011 – 1 BvR 918/10, FamRZ 2011, 871 Rn. 57; BGH 7.12.2011 – XII ZR 159/09, FamRZ 2012, 281 Rn. 17.
53 BGH 30.7.2008 – XII ZR 177/06, FamRZ 2008, 1911.
54 BGH 7.5.2014 – XII ZB 258/13, FamRZ 2014, 1183 Rn. 18 ff.
55 BGH 11.11.2015 – XII ZB 7/15, FamRZ 2016, 199 Rn. 12.

Ehe noch nicht geschieden ist – die Scheidung ist beim nachehelichen Unterhalt der entscheidende Stichtag –,[56] werden solche Einkommenssteigerungen nach der Trennung nicht berücksichtigt, die auf einer unerwarteten und vom Normalverlauf abweichenden Entwicklung beruhen.[57] An den Normalentwicklungen der ehelichen Lebensverhältnisse (wirtschaftliche/berufliche Verhältnisse) haben die Ehegatten weiter teil.

Vermögenseinkünfte, die erst **nach der Trennung entstanden** sind, und nicht auf der gemeinsamen Lebensplanung beruhen, so zB aus einer Erbschaft[58] oder aus Zugewinn,[59] zählen nicht zum prägenden Einkommen.

Schulden, die nicht der Vermögensbildung dienen, sind idR[60] berücksichtigungsfähig, wenn sie bereits vor der Trennung begründet wurden.[61] Wurden sie erst nach der Trennung begründet, hängt ihre Berücksichtigungsfähigkeit davon ab, ob die Schulden unumgänglich waren und auch ohne Trennung entstanden wären.[62]

c) Maßstab: eheliche Lebensverhältnisse. Aufgrund des Maßstabs „eheliche Lebensverhältnisse" bestimmt sich der Bedarf nach den **Grundsätzen des Geschiedenenunterhalts** (§ 1578 Abs. 1).[63] Es ist auf die Einkünfte der Ehegatten abzustellen, die die ehelichen Lebensverhältnisse **geprägt** haben.[64] Ausgangspunkt ist also das gemeinsam in der Ehe angelegte bereinigte Nettoeinkommen beider Eheleute.[65] Für die Bemessung von **künftigem Unterhalt** kann das Durchschnittsnettoeinkommen aus nichtselbstständiger Arbeit anhand der Bruttoeinkünfte des letzten Kalenderjahres oder der letzten zwölf Monate ermittelt werden.[66] Entscheidend ist, eine möglichst zuverlässige Prognose in Bezug auf das künftige Einkommen zu treffen. Gerade beim Trennungsunterhalt ist häufig der Steuerklassenwechsel in dem auf die Trennung folgenden Jahr zu berücksichtigen. Grundsätzlich sind für die Feststellung des Einkommens alle Einkünfte heranzuziehen, ohne Rücksicht auf Herkunft und Verwendungszweck, gleich welcher Art sie sind, und aus welchem Anlass sie erzielt werden (s. hierzu und zu den berücksichtigungsfähigen Abzugsposten Nr. 1 bis 10 der im Einzelfall anwendbaren Leitlinien). Lebt ein Beteiligter im Ausland, ist der **Kaufkraftunterschied** zu berücksichtigen.[67]

Beim Trennungsunterhalt ist jedoch zu sehen, dass die Ehe eben noch nicht rechtskräftig geschieden ist, weshalb grundsätzlich alle Umstände zu berücksichtigen sind, die das für Unterhaltszwecke verfügbare Einkommen beeinflussen (zB Barunterhaltspflicht für ein Kind aus einer anderen Beziehung).[68] Anders als

17

---

56 BGH 7.12.2011 – XII ZR 159/09, FamRZ 2012, 281 Rn. 17.
57 BGH 11.11.2015 – XII ZB 7/15, FamRZ 2016, 199 Rn. 13.
58 OLG Hamm FamRZ 1992, 1184.
59 BGH FamRZ 1995, 357.
60 Zu Ausnahmen Wendl/Dose/Gerhardt § 1 Rn. 1087.
61 Wendl/Dose/Gerhardt § 1 Rn. 1083.
62 Wendl/Dose/Gerhardt § 1 Rn. 1083 ff; BGH 9.11.2016 – XII ZB 227/15 zur gebotenen umfassenden Interessenabwägung.
63 BGH 11.11.2015 – XII ZB 7/15, FamRZ 2016, 199 Rn. 12.
64 BGH 11.11.2015 – XII ZB 7/15, FamRZ 2016, 199 Rn. 12.
65 BGH FamRZ 1997, 806; 2006, 683; 2007, 793; 2008, 968.
66 BGH 13.3.2013 – XII ZB 650/11, FamRZ 2013, 935 Rn. 22.
67 BGH 9.7.2014 – XII ZB 661/12, FamRZ 2014, 1536 Rn. 32 ff.
68 BGH 11.11.2015 – XII ZB 7/15, FamRZ 2016, 199 Rn. 14.

bei intakter Ehe sind **nach der Trennung aufgenommene Schulden** allerdings nur in engen Grenzen berücksichtigungsfähig (→ Rn. 16).

18   **aa) Prägende Einkünfte und Ausgaben. (1) Grundlagen.** Auch während der Trennungszeit werden die ehelichen Lebensverhältnisse durch **wirtschaftliche Entwicklungen geprägt**, die sich als **Surrogat** der bisherigen Lebensverhältnisse darstellen, so ein Erwerbseinkommen nach Haushaltsführung/Kinderbetreuung, Haushaltsführung für einen neuen Partner, Kapitalzinsen, Renten oder ein neuer Wohnwert nach Verkauf des gemeinsamen Eigenheims sowie Erträge aus einem im Zugewinn erworbenen Vermögen, wenn sie zuvor als Erträge des ausgleichspflichtigen Ehegatten die ehelichen Verhältnisse geprägt hatten.

19   **(2) Wohnwert.** Die wirtschaftliche Nutzung von Vermögen ist Einkommen. Dies sind bspw. neben Zinsen auch die Gebrauchsvorteile eines Eigenheims, weil hierdurch die Notwendigkeit einer Mietzahlung entfällt.[69]

Bei Immobilieneigentum ist bei Eigennutzung während der Trennungszeit zunächst nur der **angemessene Wohnwert** als Einkommen unterhaltsrechtlich anzusetzen.[70] Es ist nur die Mietersparnis für eine dem konkreten ehelichen Lebensstandard entsprechende **kleinere Wohnung** anzusetzen.[71]

IdR ab Rechtshängigkeit des Scheidungsantrags ist der **objektive Wohnwert** anzusetzen, also der Betrag, der als Miete für die konkrete Wohnung aufgebracht werden müsste. Entscheidend ist letztlich aber, ab wann es dem Nutzenden obliegt, die Immobilie zu verwerten.[72] Dies ist idR dann der Fall, wenn eine Wiederherstellung der ehelichen Lebensgemeinschaft nicht zu erwarten ist. Dies kann – neben dem Fall der Rechtshängigkeit des Scheidungsantrags - auch angenommen werden, wenn die Ehegatten die **vermögensrechtlichen Folgen ihrer Ehe abschließend** geregelt haben.[73]

Zins und Tilgung für regelmäßig gezahlte Raten auf einen Kredit für die Ehewohnung sind während der Trennungszeit in **voller Höhe** – und nicht nur beschränkt auf die Höhe des angemessenen Wohnvorteils – sowohl beim Bedarf als bei der Bedürftigkeit zu berücksichtigen, bei der Bedürftigkeit allerdings beschränkt auf die Summe aus eigenen Einkünften und Gebrauchsvorteilen dieses Ehegatten.[74] Ausnahmen gelten wiederum, wenn der Scheidungsantrag rechtshängig ist oder die Ehegatten die vermögensrechtlichen Folgen der Ehe abschließend geregelt haben (zB bei Gütertrennung). Dann sind nur noch die **Zinsen** abzugsfähig, weil der Ehegatte an der Vermögensbildung in Form der Schuldentilgung nicht mehr teilhat.

An **Nebenkosten** können nur die verbrauchsunabhängigen abgezogen werden und diese auch nur dann, wenn es sich um Kosten handelt, die nicht auf einen Mieter umgelegt werden könnten.[75]

---

69   BGH 29.4.2015 – XII ZB 236/14, FamRZ 2015, 1172 Rn. 19.
70   BGH 19.3.2014 – XII ZB 367/12, FamRZ 2014, 923 Rn. 17 und Rn. 19 zu den Besonderheiten beim Kindesunterhalt.
71   BGH 19.3.2014 – XII ZB 367/12 Rn. 17; 5.3.2008 – XII ZR 22/06, FamRZ 2008, 963 Rn. 14 ff; 31.10.2012 – XII ZR 30/10, FamRZ 2013, 191 zu dem Fall, dass auch ein unterhaltsberechtigtes Kind in der Wohnung lebt.
72   BGH 19.3.2014 – XII ZB 367/12, FamRZ 2014, 923 Rn. 17.
73   BGH 5.3.2008 – XII ZR 22/06, FamRZ 2008, 963.
74   BGH FamRZ 2007, 879.
75   BGH 27.5.2009 – XII ZR 78/08, FamRZ 2009, 1300.

bb) Einzelfälle zu Veränderungen. Übliche **Einkommenserhöhungen** oder **Ein-** **20** **kommensreduzierungen** durch einen unterhaltsbezogen nicht leichtfertigen Arbeitsplatzwechsel mit niedrigerem Einkommen,[76] unverschuldete Arbeitslosigkeit[77] oder eine Verrentung[78] sind grundsätzlich eheprägend. Eine **Regelbeförderung** oder der übliche **berufliche Aufstieg** sind eheprägend.[79] Beim Trennungsunterhalt wie beim nachehelichen Unterhalt sind unerwartete Einkommensentwicklungen ab Trennung bereits nicht eheprägend, wenn sie nicht auf dem Zusammenleben der Ehegatten beruhen.[80] Typischerweise gehört hierzu der sog **Karrieresprung.**[81]

Erzielbare Steuervorteile müssen genutzt werden.[82]

Vermögenseinkünfte, die erst **nach der Trennung entstanden** sind, und nicht auf der gemeinsamen Lebensplanung beruhen, so zB aus einer Erbschaft[83] oder aus Zugewinn,[84] zählen nicht zum prägenden Einkommen.

Veräußert ein Ehegatte oder veräußern beide Ehegatten das **Familienheim**, so sind die aus dem Verkaufserlös erzielten Zinsen prägendes Surrogat des früheren Wohnwerts, selbst wenn sie den Wohnwert übersteigen.[85] Dies gilt auch, wenn ein Ehegatte seinen Miteigentumsanteil auf den anderen Ehegatten überträgt.[86]

Abzugsfähig sind „als eheprägend" die **aktuelle Steuerlast**, gerade auch bei Änderung der Steuerklasse,[87] berufsbedingte Aufwendungen[88] und Vorsorgeaufwendungen[89] und insoweit auch die 4 bzw. 5 %ige zusätzliche Altersvorsorge, wenn sie tatsächlich betrieben wird[90] – jedoch nur bis zum Erreichen der Regelaltersgrenze.[91]

Die Berücksichtigung **(neuer) Schulden** erfordert eine umfassende Interessenabwägung.[92]

Die **Änderung der Steuerklasse durch Wiederverheiratung** des Pflichtigen prägt aber die ehelichen Lebensverhältnisse des ersten Ehegatten nicht. Der Steuervorteil muss in der neuen Ehe verbleiben. In diesem Fall ist beim Unterhalt des ersten Ehegatten fiktiv die Steuerklasse I zugrunde zu legen.[93]

Der **Wegfall von Kreditraten und von (Kindes-)Unterhaltspflichten** ist zu berücksichtigen.[94]

---

76 BGH FamRZ 2003, 519.
77 BGH 4.11.2015 – XII ZR 6/15, FamRZ 2016, 203 Rn. 19.
78 BGH FamRZ 2003, 848; 2004, 254.
79 BGH 11.11.2015 – XII ZB 7/15 Rn. 19; FamRZ 1991, 307.
80 BGH FamRZ 2003, 848.
81 BGH FamRZ 2001, 966; 2008, 986; BVerfG FamRZ 2011, 437.
82 BGH 7.10.2015 – XII ZB 26/15, FamRZ 2015, 2138 Rn. 33.
83 OLG Hamm FamRZ 1992, 1184.
84 BGH FamRZ 1995, 357.
85 BGH FamRZ 2002, 88.
86 BGH 9.4.2014 – XII ZB 721/12, FamRZ 2014, 1098 Rn. 11 f.
87 BGH FamRZ 1991, 304.
88 Zur Zweckrichtung von Spesen BGH 9.7.2014 – XII ZB 661/12, FamRZ 2014, 1536 Rn. 30.
89 BGH FamRZ 1991, 304.
90 BGH 9.3.2016 – XII ZB 693/14, FamRZ 2016, 887 Rn. 37.
91 BGH 7.10.2015 – XII ZB 26/15, FamRZ 2015, 2138 Rn. 28.
92 BGH 9.11.2016 – XII ZB 227/15; 10.7.2013 – XII ZB 297/12, FamRZ 2013, 1558 Rn. 19 zu § 1603.
93 BVerfG FamRZ 2003, 1821; 2011, 437.
94 BGH 4.11.2015 – XII ZR 6/15, FamRZ 2016, 203 Rn. 21.

21 **cc) Tatsächliche und fiktive Einkünfte. (1) Allgemeines.** Unterhaltsrelevant und eheprägend und sind nicht nur tatsächlich erzielte Einkünfte, sondern auch erzielbare[95] Einkünfte. Die größte praktische Bedeutung hat **fiktives Erwerbseinkommen.** Sein Ansatz ist in zwei Fällen gerechtfertigt: bei Verlust des Arbeitsplatzes wegen eines **unterhaltsbezogenen leichtfertigen Verhaltens** und – der in der Praxis häufigere Fall – wegen **Verstoßes gegen eine Erwerbsobliegenheit.**

Grundsätzlich obliegt es den Ehegatten, eine zuvor ausgeübte Erwerbstätigkeit auch nach der Trennung auszuüben. Beide Ehegatten müssen dem Grunde nach ihre bisherige Erwerbstätigkeit fortsetzen.[96]

22 Fiktive Einkünfte haben nicht nur im Zusammenhang mit selbstständiger oder nichtselbstständiger Erwerbstätigkeit Bedeutung, sondern bei allen Einkunftsarten, zB in Form von **fiktiven Einkünften aus Vermietung** und Verpachtung. Während aber die Erwerbsmöglichkeit grundsätzlich immer eheprägend ist, ist bei anderen Einkunftsmöglichkeiten stets die Frage der Eheprägung zu beachten. So können zB für das Ferienhaus oder die Auslandsimmobilie, die auch während der Ehe bzw. während des Zusammenlebens nicht vermietet war, keine fiktiven Mieteinkünfte angesetzt werden.

23 **(2) Fiktives Erwerbseinkommen.** Fiktives Einkommen, das realistischerweise erzielt werden kann,[97] kann sowohl beim Unterhaltsschuldner, als auch beim Unterhaltsberechtigten angesetzt werden.

Beim **Unterhaltsschuldner** beurteilt sich der Ansatz nach den beiden oben bereits genannten Kriterien (→ Rn. 22).[98] Er ist bis zum Erreichen des Rentenalters gehalten, eine Vollzeittätigkeit auszuüben, soweit nicht Krankheit oder Behinderung entgegenstehen.

Dies gilt grundsätzlich auch für den **Unterhaltsberechtigten.** Doch wird gerade beim Trennungsunterhalt die Frage nach einem Verstoß gegen die Erwerbsobliegenheit neben der Frage ausreichender Erwerbsbemühungen von der Frage des Umfangs der Erwerbsobliegenheit dominiert. Neben Krankheit, Behinderung und Rentenalter sind für die Erwerbsobliegenheit zwei Faktoren von entscheidender Bedeutung: der Umstand, dass eben nur eine Trennung (→ Rn. 24) und noch keine Scheidung vorliegt, und die Kinderbetreuung in (→ Rn. 25).

24 **d) Erwerbsobliegenheit der Unterhaltsgläubigerin. aa) Eingeschränkte Erwerbsobliegenheit wegen bloßer Trennung.** Bei der Frage der Erwerbsobliegenheit unterscheidet sich der Trennungsunterhalt in seinen Anspruchsvoraussetzungen markant vom nachehelichen Unterhalt (zur zeitlichen Abgrenzung → Rn. 1). Bei § 1361 Abs. 2 handelt es sich um eine Schutzvorschrift zugunsten des nicht erwerbstätigen Ehegatten.[99] Während der Trennungszeit kann der nicht erwerbstätige Ehegatte nur unter wesentlich engeren Voraussetzungen auf eine Erwerbstätigkeit verwiesen werden, um seinen Unterhalt selbst zu verdienen, als dies beim nachehelichen Unterhalt der Fall ist.

Der **Geschiedenenunterhalt** basiert auf dem Grundsatz der Eigenverantwortung (§ 1569) durch Ausübung einer angemessenen Erwerbstätigkeit (§ 1574). Es be-

---

95 BGH 28.11.2012 – XII ZR 19/10, FamRZ 2013, 278 Rn. 21 zum Begriff „Obliegenheit".
96 BGH FamRZ 1985, 782.
97 BGH 24.9.2014 – XII ZB 111/13, FamRZ 2014, 1992 Rn. 18 zu § 1603 mwN.
98 BGH 30.3.2010 – XII ZR 3/09, FamRZ 2011, 791 Rn. 33.
99 Wendl/Dose/Bömelburg § 4 Rn. 32.

steht grundsätzlich eine volle Erwerbsobliegenheit. Eine Ausnahme bzw. Einschränkung gilt nur in den im Gesetz ausdrücklich geregelten Fällen, wenn also einer der im Gesetz abschließend geregelten Unterhaltstatbestände erfüllt ist, die Erwerbsobliegenheit also eingeschränkt ist: aus Billigkeitsgründen (§ 1576), wegen Ausbildung (§ 1575) oder wegen der in der Praxis wichtigsten Erwerbshindernisse in Form von Kinderbetreuung (§ 1570), Alter (§ 1571), Krankheit oder Gebrechen (§ 1572) oder Erwerbslosigkeit (§ 1573).

Der **Trennungsunterhalt** beruht dagegen auf dem Grundsatz, dass die Trennung die Aufnahme oder Erweiterung einer Erwerbstätigkeit nicht gebietet, und eine Ausnahme hiervon nur in dem in Abs. 2 geregelten Fall zu machen ist. Die Chance auf eine Versöhnung der Ehegatten soll nicht dadurch verringert werden, dass der Unterhaltsberechtigte seine Lebensführung durch Aufnahme oder Erweiterung einer Erwerbstätigkeit umstellen muss – wenngleich in der Praxis gerade dieses bewahrende Element vom Unterhaltspflichtigen als besonders belastend empfunden wird und wohl auch ehezerrüttend wirkt.

Vom nicht erwerbstätigen Ehegatten kann nach Abs. 2 eine (vollschichtige oder teilweise) Erwerbstätigkeit verlangt werden, wenn ihm dies nach seinen persönlichen Verhältnissen, insbesondere wegen einer schon ausgeübten Tätigkeit oder einer früheren Erwerbstätigkeit unter Berücksichtigung der Dauer der Ehe und nach den wirtschaftlichen Verhältnissen beider Ehegatten zumutbar ist.[100]

Für den zeitlichen Beginn einer Erwerbsobliegenheit sind pauschalierte Zeitrahmen zu vermeiden.[101] Allerdings besteht für den im Zeitpunkt der Trennung längere Zeit nicht erwerbstätig gewesenen Ehegatten im **ersten Trennungsjahr** regelmäßig keine Erwerbsobliegenheit über das Maß der in der ehelichen Gemeinschaft erbrachten Erwerbstätigkeit hinaus.[102] Die **Aufnahme** einer Erwerbstätigkeit ist also nicht geboten. Das Gleiche gilt für die **Ausweitung** einer Erwerbstätigkeit. Bei besonderen Umständen, insbesondere beengten wirtschaftlichen Verhältnissen, kann eine Erwerbsobliegenheit aber schon **vor Ablauf des Trennungsjahres** für den Berechtigten einsetzen.[103]

Bei zunehmender Verfestigung der Trennung, zB wenn die Scheidung nur noch eine Frage der Zeit ist, nähern sich die Voraussetzungen für die Erwerbsobliegenheit den Maßstäben für den nachehelichen Unterhalt nach §§ 1569 ff. an.[104] In diesen Fällen gilt grundsätzlich der Maßstab des § 1574.[105] Zahlt der Verpflichtete jahrelang freiwillig Trennungsunterhalt, ohne den Berechtigten auf die Erwerbsobliegenheit hinzuweisen oder von ihm die Aufnahme einer Arbeit zu verlangen, so begründet dies im Regelfall einen **Vertrauenstatbestand**.[106] Die spätere Berufung auf eine früher einsetzende Erwerbsobliegenheit kann ausgeschlossen sein. Nach der Trennung dürfen Ehegatten nicht schlechter gestellt sein als nach der Scheidung.

---

100 BGH 18.4.2012 – XII ZR 73710, FamRZ 2012, 1201 Rn. 18; Wendl/Dose/Bömelburg § 4 Rn. 32 ff.
101 BGH FamRZ 2001, 350.
102 BGH FamRZ 2001, 350; 2008, 963; OLG Düsseldorf FamRZ 2010, 646; SüdL 17.2; OLG Brandenburg 24.5.2007 – 9 UF 148/06.
103 BGH FamRZ 2001, 350.
104 BGH 18.4.2012 – XII ZR 73/10, FamRZ 2012, 1201 Rn. 18.
105 BGH FamRZ 2005, 23.
106 OLG Hamm FamRZ 1995, 1580; OLG Köln FamRZ 1999, 853; BGH FamRZ 2006, 769 zu § 1587 c.

25 **bb) Erwerbsobliegenheit bei Kinderbetreuung.** Auch hier ist zu beachten, dass im ersten Jahr der Trennung idR ohnehin keine Obliegenheit zur Aufnahme oder Ausweitung einer Erwerbstätigkeit besteht. Ob und in welchem Umfang die Erwerbsobliegenheit – darüber hinaus – wegen Kinderbetreuung eingeschränkt ist, bestimmt sich auch beim Trennungsunterhalt nach den Grundsätzen, die für die Erwerbsobliegenheit nach § 1570 gelten.[107] Soweit nach § 1570 eine Erwerbsobliegenheit ausscheidet, trifft dies auch beim Trennungsunterhalt zu, wobei nur **bei langer Trennungszeit** die Rechtsprechung zu § 1570 ohne Abstriche Anwendung findet, während bei kürzerer Trennungszeit die Anforderungen an die Erwerbsobliegenheit großzügiger zu bemessen sind.[108]

Stets ist zu beachten, dass auch bei umfassender Fremdbetreuung eines Kindes die Erwerbsobliegenheit des betreuenden Elternteils noch teilweise eingeschränkt sein kann, nämlich soweit die daneben zu leistende Betreuung und Erziehung des Kindes zu einer überobligationsgemäßen Belastung führen würde.[109] Aus dem Umfang einer ausgeübten Erwerbstätigkeit kann nicht auf die Zumutbarkeit dieser Tätigkeit geschlossen werden. Die tatsächliche Tätigkeit kann lediglich ein Indiz für die Zumutbarkeit sein. Die Erwerbstätigkeit kann also (teilweise) überobligatorisch sein mit der Folge lediglich teilweiser Berücksichtigung.[110]

26 **cc) Überobligatorische Erwerbstätigkeit.** Die beiden Fragen, in welchem Umfang Einkommen aus überobligatorischer Tätigkeit vorliegt und welcher Anteil des überobligatorischen Einkommens bei der Unterhaltsberechnung angesetzt wird, sind zu trennen.

27 **(1) Überobligatorisches Einkommen.** Überobligatorisches Einkommen ist Einkommen aus einer unzumutbaren Erwerbstätigkeit.[111] Unzumutbar ist eine Erwerbstätigkeit, die – sei es ganz, sei es teilweise – ohne Verstoß gegen die Erwerbsobliegenheit (→ Rn. 24 f.) aufgegeben werden dürfte.[112]

28 **(2) Unterhaltsrelevanter Anteil am überobligatorischen Einkommen.** Aber auch überobligatorisches Einkommen ist grundsätzlich unterhaltsrelevantes Einkommen. Eine Besonderheit besteht lediglich insoweit, dass dieses Einkommen nach Billigkeit unter umfassender Würdigung aller Einzelfallumstände ganz oder teilweise unberücksichtigt bleiben kann.[113] Die Billigkeitsentscheidung darf nicht pauschal, sondern muss nach den Umständen des Einzelfalls entschieden werden. Nicht selten wird überobligatorisches Einkommen nur zu 1/3 bis 1/2 berücksichtigt.[114] Dieser verbleibende unterhaltsrelevante Anteil ist bei der Ermittlung von Bedarf und Bedürftigkeit in gleichem Maß zu berücksichtigen.[115]

29 **5. Ausbildungsunterhalt.** § 1361 gewährt keinen Anspruch auf Ausbildungsunterhalt. Der BGH verneint beim Getrenntleben grundsätzlich einen solchen An-

---

107 BGH 18.4.2012 – XII ZR 73/10, FamRZ 2012, 1201 Rn. 18 ff; 11.11.2015 – XII ZB 7/15, FamRZ 2016,199 Rn 17.
108 BGH 18.4.2012 – XII ZR 73/10, FamRZ 2012, 1201 Rn. 18.
109 BGH 10.6.2015 – XII ZB 251/14, FamRZ 2015, 1369 Rn. 30.
110 BGH 1.10.2014 – XII ZB 185/13, FamRZ 2014, 1987 Rn. 18.
111 BGH 10.7.2013 – XII ZB 297/12, FamRZ 2013, 1558 Rn. 13 zu den Darlegungsanforderungen bei krankheitsbedingter Unzumutbarkeit.
112 BGH 10.7.2013 – XII ZB 297/12, FamRZ 2013, 1558 Rn. 12.
113 BGH 10.7.2013 – XII ZB 297/12, FamRZ 2013, 1558 Rn. 12.
114 Exemplarisch BGH 18.4.2012 – XII ZR 73/10, FamRZ 2012, 1201 Rn. 26.
115 BGH FamRZ 2006, 846.

spruch entsprechend § 1575.[116] **Nur ausnahmsweise** kommt ein Anspruch entsprechend § 1575 in Betracht, etwa wenn ein Ehegatte während der Trennungszeit im Vorgriff auf die Voraussetzungen des § 1575 eine Ausbildung aufnimmt, nachdem das endgültige Scheitern der Ehe feststeht. Ansonsten kann sich ein Anspruch auf Ausbildungsunterhalt ausnahmsweise ergeben, wenn die Voraussetzungen nach §§ 1573 Abs. 1, 1574 Abs. 3 wie beim nachehelichen Unterhalt erfüllt sind. Dies trifft zB zu, wenn die Ehe zerrüttet und die Trennung endgültig ist, so dass sich der Ehegatte auf die neue Lage einstellen und nach seinen Möglichkeiten um eine Wiedereingliederung in das Erwerbsleben bemühen muss, was zu einer Verschärfung des Zumutbarkeitsmaßstabs nach § 1361 Abs. 2 führen kann.[117]

6. Vorsorgeunterhalt. Neben dem Elementarunterhalt (§ 1361 Abs. 1 S. 1) regelt 30 die Vorschrift den **Vorsorgeunterhalt wegen Alters und verminderter Erwerbsfähigkeit** (§ 1361 Abs. 1 S. 2). Der Unterhaltsberechtigte darf im Rahmen des Trennungsunterhalts nicht schlechter gestellt werden als beim nachehelichen Unterhalt, so dass in analoger Anwendung des § 1578 Abs. 2 auch ggf. ein Anspruch **auf Krankheits- und Pflegevorsorgeunterhalt** besteht. Es handelt sich nicht um eigenständige Ansprüche, sondern sie sind zusammen mit dem Elementarunterhalt unselbstständige Teile des einheitlichen, den gesamten Lebensbedarf umfassenden Unterhaltsanspruch (→ Rn. 30).[118]

a) Altersvorsorgeunterhalt. Der Altersvorsorgeunterhalt dient dazu, eine **lücken-** 31 **lose Altersvorsorge**[119] zu gewähren. Er beginnt mit dem Ersten des Monats der Rechtshängigkeit des Scheidungsantrags. Denn bis zum letzten Tag des Monats, der der Rechtshängigkeit des Scheidungsantrags vorausgeht (§ 3 Abs. 1 VersAusglG), hat der Unterhaltsberechtigte über den Versorgungsausgleich (§ 1587 Abs. 2) an der Altersversorgung des Unterhaltsverpflichteten teil. Altersvorsorgeunterhalt, obwohl Teil des einheitlichen Unterhaltsanspruchs auf Getrenntlebensunterhalt,[120] ist gesondert zu beantragen, darzustellen und im Endbeschluss oder Vergleich auch **gesondert auszuweisen**[121] – auch getrennt vom Krankenvorsorgeunterhalt.[122] Er kann **rückwirkend** ab dem Zeitpunkt des Verlangens nach Auskunft über Einkünfte und Vermögen geltend gemacht werden (Verzug, §§ 1361 Abs. 4, 1360 a Abs. 3, 1613 Abs. 1 S. 1), nicht erst ab seiner ausdrücklichen Geltendmachung.[123] Zu beachten ist aber, dass bei einem Antrag auf Zahlung von Trennungsunterhalt im Zweifel davon auszugehen ist, dass der Unterhalt im vollen Umfang geltend gemacht wird, und nicht etwa nur ein Teilantrag (ohne Altersvorsorgeunterhalt). Wird nicht klargestellt, dass nur ein **Teilantrag (auf Elementarunterhalt)** gestellt wird und wird die Nachforderung von Altersvorsorgeunterhalt auch nicht vorbehalten ("**vergessener**" **Altersvorsorgeunterhalt**), steht die Rechtskraft einer Entscheidung über den geltend gemachten Unterhalt idR einer späteren Nachforderung von Altersvorsorgeunterhalt entgegen.[124] Spätere Versorgungsnachteile, die durch – den allerdings "vergessenen"

116 BGH FamRZ 2001, 350.
117 BGH FamRZ 2001, 350; OLG Koblenz NJW-RR 2007, 729.
118 BGH 18.2.2015 – XII ZR 80/13, FamRZ 2015, 824 Rn. 36.
119 BGH FamRZ 2007, 193; 2007, 1532.
120 BGH FamRZ 2007, 117; 2007, 1532.
121 BGH 18.2.2015 – XII ZR 80/13, FamRZ 2015, 824 Rn. 36.
122 BGH 18.2.2015 – XII ZR 80/13, FamRZ 2015, 824 Rn. 38.
123 BGH 19.11.2014 – XII ZB 478/13, FamRZ 2015, 309 Rn. 22.
124 BGH 19.11.2014 – XII ZB 478/13, FamRZ 2015, 309 Rn. 12 ff.

– Altersvorsorgeunterhalt hätten kompensiert werden können, sind kein ehebedingter Nachteil iSv § 1578 b.[125]

32 Der Altersvorsorgeunterhalt ist wie beim nachehelichen Unterhalt **nachrangig**, soweit bei beengten wirtschaftlichen Verhältnissen das Einkommen des Verpflichteten nur eine Leistungsfähigkeit für den Elementarunterhalt hergibt (→ § 1578 Rn. 57). Die **Berechnung**[126] des Altersvorsorgeunterhalts während der Trennung ist in mehreren Schritten unter Anwendung der Bremer Tabelle vorzunehmen (→ § 1578 Rn. 54, 55).[127] Grundlage ist der gesamte Elementarunterhalt[128] – ggf. nach Abzug des Krankenvorsorgeunterhalts (→ Rn. 33). Bei sehr guten Einkommensverhältnissen ist die Höhe nicht auf den sich aus der Beitragsbemessungsgrenze der gesetzlichen Rentenversicherung ergebenden Betrag beschränkt.[129]

Beispiel: M verfügt über ein eheprägendes bereinigtes Nettoeinkommen nach Abzug des Kindesunterhalts in Höhe von 2.500 EUR. F geht wegen der Betreuung des gemeinsamen zwei Jahre alten Kindes keiner Arbeitstätigkeit nach. Sie verfügt über keinerlei weitere Einkünfte.

Vorläufiger Elementarunterhalt:

1/2 x (2.500 EUR x 90 %) = 1.125 EUR

Berechnung des Altersvorsorgeunterhalts:

Mithilfe der Bremer Tabelle – für das Jahr, für das der Unterhalt berechnet wird – wird der Elementarunterhalt (Nettobemessungsgrundlage) in einen (fiktiven) Bruttolohn (Bruttobemessungsgrundlage) umgerechnet. Bei 1.125 EUR Elementarunterhalt ist dieser Betrag gemäß der Tabelle (Stand 1.1.2017) um 16 % zu erhöhen.

1.125 EUR + (1.125 EUR x 16 %) =

1.125 EUR + 180 EUR = 1.305 EUR

Die so ermittelte Bruttobemessungsgrundlage wird mit dem für den Unterhaltszeitraum relevanten Beitragssatz der gesetzlichen Rentenversicherung multipliziert (2017: 18,7 %)

1.305 EUR x 18,7 % = 244 EUR

Berechnung des endgültigen Elementarunterhalts:

Zur Wahrung des Grundsatzes der gleichen Teilhabe an den ehelichen Lebensverhältnissen hat bei einer quotalen Berechnung (Halbteilung) des Elementarunterhalts – anders bspw. bei konkreter Bedarfsbemessung[130] – ein zweiter Rechenschritt zu erfolgen. Vom bereinigten Nettoeinkommen des M ist nunmehr der Altersvorsorgeunterhalt von 246 EUR abzuziehen. Und danach der Elementarunterhalt erneut zu ermitteln.

2.500 EUR – 244 EUR = 2.256 EUR;

1/2 x (2.256 EUR x 90 %) = 1.015 EUR;

---

125 BGH 14.3.2014 – XII ZB 301/12, FamRZ 2014, 1276 Rn. 36 ff.
126 BGH 30.11.2011 – XII ZR 35/09, FamRZ 2012, 945; 11.8.2010 – XII ZR 102/09, FamRZ 2010, 1637.
127 BGH FamRZ 2007, 117.
128 BGH 26.2.2014 – XII ZB 235/12, FamRZ 2014, 823 Rn. 18.
129 BGH FamRZ 2007, 117.
130 BGH 11.8.2010 – XII ZR 102/09, FamRZ 2010, 1637 Rn. 37.

Der Unterhaltsanspruch der F beträgt insgesamt 1.259 EUR. Dabei entfallen 1.015 EUR auf den Elementarunterhalt und 244 EUR auf den Altersvorsorgeunterhalt.

b) Krankenvorsorgeunterhalt. Auch nach der Trennung besteht eine gesetzliche **33** **Familienkrankenversicherung** fort. Der unterhaltsberechtigte Ehegatte und die Kinder sind unter den Voraussetzungen des § 10 Abs. 1 SGB V bis zur Rechtskraft der Scheidung weiterhin beitragsfrei mitversichert; bei Ersatzkassen und Privatkassen nach deren Satzung. Im Anschluss kann innerhalb einer Ausschlussfrist von drei Monaten (§ 9 Abs. 2 Nr. 2 SGB V) ein Beitritt zur gesetzlichen Krankenversicherung nach § 9 Abs. 1 Nr. 2 SGB V erfolgen. Bei anderen als den gesetzlichen Krankenversicherungen ist das Versicherungsende jeweils anhand der Versicherungsbedingungen zu überprüfen.

Im Fall der Familienkrankenversicherung entfällt ein Anspruch auf **Krankenvorsorgeunterhalt** ebenso wie in dem Fall, in dem der Unterhaltsberechtigte selbst in der gesetzlichen Krankenversicherung versichert ist (zB bei eigenem Einkommen). Besitzt der Unterhaltsberechtigte keine eigene Krankenversicherung oder entfällt beispielsweise die beitragsfreie Mitversicherung, so hat er einen Anspruch zusätzlich zum Elementarunterhalt auf die Krankenvorsorgekosten.[131] Krankenvorsorgeunterhalt ist **zusätzlich zur Unterhaltsquote** zu leisten. Bei der **Berechnung des Elementarunterhalts** ist vom Einkommen des Unterhaltspflichtigen neben seinen eigenen Krankenversicherungskosten der Krankenvorsorgeunterhalt des Berechtigten abzuziehen. Die **Höhe des Krankenvorsorgeunterhalts** richtet sich nach dem Beitragssatz der jeweiligen Krankenkasse. Berechnungsgrundlage sind der Elementarunterhalt zuzüglich sonstiger Einkünfte, aber auch der Altersvorsorgeunterhalt und der Krankenvorsorgeunterhalt selbst.[132] Hierdurch kommt es zu einer **schwierigen Verschränkung**, die – ähnlich wie beim begrenzten Realsplitting – mehrstufige Berechnungen erfordert.[133] Ein Vorrang des Elementarunterhalts, anders als beim Altersvorsorgeunterhalt, besteht beim Krankenvorsorgeunterhalt nicht.[134]

Bei einer **privaten Krankenversicherung** ist der Unterhaltsverpflichtete bis zur Rechtskraft der Scheidung verpflichtet, die Beiträge für den Berechtigten weiter zu bezahlen.[135] Ist der Unterhaltsverpflichtete im öffentlichen Dienst beschäftigt, besteht ein Beihilfeanspruch. In diesem Fall trifft den Unterhaltsschuldner die Verpflichtung, Arztrechnungen des Berechtigten der Beihilfe und der privaten Versicherung vorzulegen und die Erstattungsbeträge an den Berechtigten weiterzuleiten.[136] Falls die Krankenversicherung des Verpflichteten (durch eigene Kündigung oder durch Wechsel der Arbeit) endet, muss er den Berechtigten informieren. Der Verpflichtete kann sich **schadensersatzpflichtig** machen.[137] Die gleiche Verpflichtung ist auf Seiten des Berechtigten anzunehmen.

---

131 BGH FamRZ 1989, 483.
132 BSG 19.8.2015 – B 12 KR 11/14 R, FamRZ 2016, 304.
133 Weil, Die konkrete Berechnung des Krankenvorsorgeunterhalts FamRZ 2016, 684; Christl, Abtastverfahren zwischen Sozialrecht und Unterhaltsrecht NZS 2016, 499.
134 BGH NJW-RR 1989, 386.
135 BGH FamRZ 2007, 1532; vgl. für den Kindesunterhalt OLG Naumburg FuR 2007, 439.
136 OLG Düsseldorf FamRZ 1991, 437.
137 OLG Koblenz FamRZ 1989, 1111; OLG Köln FamRZ 1985, 926.

Scheidet eine gesetzliche Krankenversicherung aus, soweit der Berechtigte bisher privat oder nicht versichert war, so hat der Berechtigte grundsätzlich einen Anspruch auf eine private Krankenversicherung.[138] Bei einer unverhältnismäßig hohen Belastung in diesen Fällen braucht der Verpflichtete nur die Beiträge für den Basistarif nach § 12 Abs. 1 a VAG in die private Krankenversicherung zu bezahlen.[139] Der Tarif steht allen nicht gesetzlich Versicherten seit dem 1.1.2009 offen.

Der Anspruch auf Krankenvorsorgeunterhalt bildet, wie der Altersvorsorgeunterhalt, mit dem Elementarunterhalt einen **einheitlichen Unterhaltsanspruch**[140] (→ Rn. 31 zur Konkretisierung des Anspruchs neben dem Elementarunterhalt).

IV. Bedürftigkeit des Berechtigten

34   Ein Unterhaltsanspruch besteht nur in der Höhe, in der der Unterhaltsberechtigte auch bedürftig ist (§ 1361 Abs. 1 S. 1, Abs. 2), soweit er also seinen nach den ehelichen Lebensverhältnissen ermittelten Bedarf (→ Rn. 10 ff.) nicht durch **Eigeneinkommen** decken kann. Eine Bedürftigkeit des besserverdienenden Ehegatten kann sich auch durch den Vorwegabzug von Kindesunterhalt ergeben.[141]

Zur Ermittlung der Unterhaltshöhe ist also vom Bedarfsbetrag das Eigeneinkommen – ggf. gekürzt um den Erwerbstätigenbonus – abzuziehen. Hierbei ist jedoch nicht nur das eheprägende Einkommen(→ Rn. 15 ff.), sondern das **gesamte Einkommen** des Unterhaltsberechtigten zu berücksichtigen.[142] Bedarfsdeckend ist also auch Einkommen, das erstmals nach der Trennung erzielt wird (zB Mieteinnahmen aus einer nach der Trennung geerbten Immobilie). Einkommen aus unzumutbarer Erwerbstätigkeit ist nur in dem Umfang bedarfsdeckend zu berücksichtigen, in dem es auch bereits bei der Bedarfsermittlung angesetzt wurde.

Der **Einsatz des Vermögensstammes** zur Bedarfsdeckung kommt beim Trennungsunterhalt nur in noch engeren Grenzen als beim Geschiedenenunterhalt[143] (§ 1577 Abs. 3) in Betracht, er ist nur ausnahmsweise geboten.[144]

V. Leistungsfähigkeit

35   Ob der Unterhaltspflichtige in der Lage ist, einen Trennungsunterhalt im Umfang der Bedürftigkeit der Unterhaltsberechtigten zu leisten (Leistungsfähigkeit), ist am **eheangemessenen Selbstbehalt** („Kehrseite" des Unterhaltsbedarfs der Berechtigten[145] → Rn. 36) bzw. – als Untergrenze – am **Ehegattenmindestselbstbehalt** (→ Rn. 37) zu messen.

Der Selbstbehalt kann im Einzelfall durch die ersparten Kosten beim Zusammenleben mit einem neuen Partner (Synergieeffekt) zu senken sein.[146] Unterste Grenze ist aber das Existenzminimum nach sozialhilferechtlichen Grundsätzen.

---

138 BGH FamRZ 2005, 1897.
139 OLG Oldenburg FamRZ 2010, 567.
140 BGH FamRZ 2007, 1532.
141 BGH 11.11.2015 – XII ZB 7/15, FamRZ 2016, 199 Rn. 16.
142 BGH 14.5.2014 – XII ZB 301/12, FamRZ 2014, 1276 Rn. 23; 17.6.2015 – XII ZB 458/14, FamRZ 2015, 1594 Rn. 30 zu § 1602.
143 BGH 31.10.2012 – XII ZR 129/10, FamRZ 2013, 195 Rn. 54.
144 BGH 18.1.2012 – XII ZR 177/09, FamRZ 2012, 514 Rn. 36.
145 BGH 7.12.2011 – XII ZR 159/09, FamRZ 2012, 288.
146 BGH 9.1.2008 – XII ZR 170/05, FamRZ 2008, 594.

1. Eheangemessener Selbstbehalt. Der eheangemessene Selbstbehalt (**Grundsatz** 36 **der gleichen Teilhabe** an den ehelichen Lebensverhältnissen) ist dann, wenn mit dem Trennungsunterhaltsanspruch keine anderen Partnerunterhaltsansprüche konkurrieren, dadurch gewahrt, dass der Unterhalt bzw. Bedarf ohnehin nach dem **Halbteilungsgrundsatz** ermittelt wird, wodurch dem Unterhaltspflichtigen nicht weniger als die Hälfte der gemeinsamen Einkünfte verbleibt. Auch Kindesunterhalt stört dieses Gleichgewicht idR nicht, da der Bedarf des Ehegatten erst nach Vorwegabzug des Kindesunterhalts ermittelt wird.

Der Grundsatz der gleichen Teilhabe kann, wird jedoch uU dann nicht mehr allein durch die Halbteilung bei der Bedarfsbemessung gewahrt, wenn mit dem Trennungsunterhaltsanspruch **andere Partnerunterhaltsansprüche konkurrieren**, der Unterhaltsschuldner also zB auch einer geschiedenen Ehefrau oder einer Kindsmutter nach § 1615 l zum Unterhalt verpflichtet ist. Dann ist der Selbstbehalt des Unterhaltsschuldners in analoger Anwendung von § 1581 zu wahren (→ Rn. 48 f.).

2. Ehegattenmindestselbstbehalt. Unabhängig vom eheangemessenen Selbstbe- 37 halt als Ausdruck der gleichen Teilhabe an den ehelichen Lebensverhältnissen ist – als **Untergrenze** – stets der Ehegattenmindestselbstbehalt von aktuell 1.200 EUR (unter Nr. 21 der im Einzelfall anwendbaren Leitlinien) zu wahren.[147]

VI. Beschränkung oder Versagung (Abs. 3)

§ 1361 Abs. 3 bestimmt die entsprechende Anwendung des § 1579 Nr. 2–8. 38

Die Trennung als solche stellt kein mutwilliges Herbeiführen der Bedürftigkeit dar, was zum Ausschluss des Trennungsunterhalts führen könnte.[148]

§ 1361 Abs. 3 verweist ausdrücklich **nicht auf § 1579 Nr. 1**, der damit nicht anwendbar ist. Eine kurze Ehedauer ist kein Verwirkungsgrund beim Trennungsunterhalt.[149] Bei einer kurzen Ehedauer ist auch § 1579 Nr. 8 nicht anwendbar, da damit die Wertung des Gesetzgebers umgangen würde.[150] Die **kurze Ehedauer** kann aber im Rahmen der Gesamtbilligkeitsabwägung des § 1579 Berücksichtigung finden.[151] Sie ist ein Abwägungskriterium im Rahmen des § 1361 Abs. 2.

Einen der häufigsten Fälle für einen Verwirkungsgrund stellt die **verfestigte Lebensgemeinschaft**(§ 1579) mit einem anderen Partner dar (§ 1579 Nr. 2), wenn sich also die Beziehung zu einem eheähnlichen Zusammenleben verdichtet hat und an die Stelle einer Ehe getreten ist. Ein räumliches Zusammenleben der Partner ist ebenso wenig erforderlich wie intime Beziehungen. Ohne Bedeutung ist, dass eine Eheschließung mit dem neuen Partner während der Trennungszeit nicht möglich ist[152]

---

147 BGH 17.12.2008 – XII ZR 63/07, FamRZ 2009, 404 Rn. 10; 19.11.2008 – XII ZR 129/06, FamRZ 2009, 307 Rn. 27.
148 BGH FamRZ 1986, 434.
149 BGH FamRZ 1979, 569; OLG Hamm FamRZ 1997, 417.
150 OLG Köln FamRZ 1998, 1427; Büttner/Niepmann/Schwamb Rn. 1175.
151 OLG Celle FamRZ 1990, 519; OLG Köln FamRZ 1999, 93.
152 BGH FamRZ 2002, 810.

VII. Keine Begrenzung (Herabsetzung und Befristung)

39 Eine Begrenzung (**Befristung und/oder Herabsetzung auf den angemessenen Bedarf**) nach § 1578 b analog scheidet aus, da die Vorschrift nur für den nachehelichen Unterhalt gilt und eine analoge Anwendung auf den Trennungsunterhalt nicht in Betracht kommt, denn die amtliche Begründung verneint ausdrücklich die Notwendigkeit einer Begrenzung des Unterhalts beim Getrenntleben.[153]

VIII. Verzicht

40 Ein Verzicht auf den Trennungsunterhalt für die **Zukunft** ist ebenso wie beim Verwandtenunterhalt **unwirksam** (§ 1361 Abs. 4 S. 4 iVm § 1360 a Abs. 3, § 1614) und deshalb gem. § 134 nichtig. Auf **Rückstände** kann der Berechtigte verzichten.

Ein bloßes **pactum de non petendo** (Verpflichtung, den Unterhalt nicht geltend zu machen) ist ein unwirksames Umgehungsgeschäft.[154]

Ob ein Verzicht vorliegt, ist **objektiv und unabhängig von einem Verzichtswillen** zu beurteilen.[155] Eine objektive Unterhaltsverkürzung kann nicht durch Gegenleistungen kompensiert werden. Vertraglicher Gestaltungsspielraum besteht insoweit, als eine Verkürzung von bis zu 1/5 idR hinnehmbar ist, eine solche um 1/3 idR nicht mehr. Der Bereich dazwischen erfordert eine Einzelfallbetrachtung.[156]

IX. Verwirkung

41 Macht der Berechtigte den Trennungsunterhalt für einen Zeitraum von mehr als einem Jahr nach Vorliegen der Verzugsvoraussetzungen nicht geltend, so kann für den zurückliegenden Unterhalt **Verwirkung** (§ 242) vorliegen.[157] Das gilt auch für **titulierte Unterhaltsansprüche**.[158]

X. Art und Weise der Leistung (Abs. 4)

42 Der Unterhalt ist in Form einer monatlich im Voraus zu entrichtenden Geldrente zu leisten, soweit nichts anderes vereinbart ist.[159] Die Überweisung der Geldrente auf ein Konto des Unterhaltsberechtigten stellt heute die übliche Art der Erfüllung dar, wenn sich der Unterhaltsgläubiger – wie meist – mit der Überweisung auf sein Konto einverstanden erklärt hat. Ist das nicht der Fall, handelt es sich um eine Leistung an Erfüllung statt.[160] Ist der Unterhaltsberechtigte mit der Überweisung einverstanden, so erfolgt die Leistung rechtzeitig, wenn der Überweisungsauftrag rechtzeitig erteilt ist. Auf den Zeitpunkt der Gutschrift kommt

---

153 BT-Drs. 16/1830, 16; OLG Brandenburg FamRZ 2009, 699; OLG Bremen FamRZ 2009, 1415.
154 BGH 30.9.2015 – XII ZB 1/15, FamRZ 2015, 2131 Rn. 13; 29.1.2014 – XII ZB 303/13, FamRZ 2014, 629 Rn. 48.
155 BGH 30.9.2015 – XII ZB 1/15, FamRZ 2015, 2131 Rn. 15.
156 BGH 30.9.2015 – XII ZB 1/15, FamRZ 2015, 2131 Rn. 16.
157 BGH FamRZ 2002, 1698; 2007, 453.
158 BGH FamRZ 2004, 531.
159 BGH FamRZ 1997, 484.
160 OLG Hamm FamRZ 1988, 499.

es nicht an.[161] § 1612 gilt beim Ehegattenunterhalt nicht. Vorausleistungen sind nur für drei Monate wirksam (§§ 1360 a Abs. 3, 1614 Abs. 2, 760 Abs. 3).[162]

Zum Unterhalt für die Vergangenheit (§§ 1361 Abs. 4 S. 4, 1360 a Abs. 3, 1613) 43
→ § 1613. Zum Verfahrenskostenvorschuss → § 1360 a Rn. 24 ff. Zu Überzahlungen → § 1360 b Rn. 1. Zur Auskunftsverpflichtung[163] (§§ 1361 Abs. 4 S. 4, 1605) → § 1605.

XI. Darlegungs- und Beweislast

Der **Berechtigte** trägt die Darlegungs- und Beweislast[164] für die anspruchsbe- 44
gründenden Tatsachen, damit also für seinen **Bedarf** (→ Rn. 10 ff) – und damit für die prägenden Einkünfte beider Beteiligten – sowie für seine **Bedürftigkeit** (→ Rn. 34) – und damit auch dafür, dass sein gesamtes Einkommen den von ihm vorgetragenen Einkommensbetrag nicht übersteigt.[165] Soweit damit der Beweis negativer Tatsachen – kein höheres tatsächliches Einkommen als vorgetragen – einhergeht, ist eine sekundäre Darlegungslast des Unterhaltspflichtigen anzunehmen.[166] Der **Verpflichtete** dagegen muss seine **Leistungsunfähigkeit** als rechtshindernde Tatsache darlegen und beweisen.[167] Der Verpflichtete muss ferner darlegen und beweisen, dass Einkünfte, vor allem bei einem Karrieresprung, die ehelichen Lebensverhältnisse nicht geprägt haben.[168] Die Darlegungs- und Beweislast für die **Zumutbarkeit einer Aufnahme einer Erwerbstätigkeit** durch den nichterwerbstätigen Berechtigten trifft den Verpflichteten, da der Gesetzgeber die Arbeitsaufnahme als Ausnahmefall geregelt hat.[169] Besteht eine Erwerbsobliegenheit nach Abs. 2, trifft den Unterhaltsberechtigten die Darlegungs- und Beweislast dafür, dass er sich erfolglos im erforderlichen Umfang um eine Erwerbstätigkeit bemüht hat (**ausreichende Erwerbsbemühungen**).[170] Falls der Unterhaltsverpflichtete behauptet, der Unterhaltsberechtigte lebe mit einem neuen Partner zusammen und erziele Einkünfte, so muss der Unterhaltsverpflichtete das Zusammenleben beweisen, während der Berechtigte den Vortrag widerlegen muss, er erbringe dem neuen Partner Versorgungsleistungen und müsse sich eine Vergütung zurechnen lassen.[171] Ist der Anfangszeitpunkt des Zusammenlebens in der neuen Partnerschaft nicht aufklärbar, so gelten die allgemeinen Beweislastregeln.[172]

Die Darlegungs- und Beweislast für Verwirkungsgründe nach § 1361 Abs. 3 iVm § 1579 trifft als Einwendung den Verpflichteten.[173]

---

161 OLG Karlsruhe FamRZ 2003, 1763.
162 BGH FamRZ 1993, 1186.
163 BGH 22.10.2014 – XII ZB 385/13, FamRZ 2015, 127.
164 BGH 5.12.2012 – XII ZB 670/10, FamRZ 2013, 274 Rn. 20; Wendl/Dose § 6 Rn. 700 ff.
165 Wendl/Dose § 6 Rn. 717 ff.
166 Wendl/Dose § 6 Rn. 717 u 741 ff; BGH 26.10.2011 – XII ZR 162/09, FamRZ 2012, 93 Rn. 23 zum Beweis der negativen Tatsache des Nichtvorliegens eines ehebedingten Nachteils beim Geschiedenenunterhalt.
167 OLG Brandenburg FamFR 2011, 31.
168 BGH FamRZ 1983, 352; 1986, 245.
169 Wendl/Dose/Bömelburg § 4 Rn. 101.
170 BGH 5.12.2012 – XII ZB 670/10, FamRZ 2013, 274 Rn. 23.
171 BGH FamRZ 1995, 291.
172 OLG Hamm FamRZ 2002, 1627.
173 BGH FamRZ 1991, 670.

XII. Konkurrenzen

45 Konkurrenzprobleme können in zwei Formen auftreten und sogar in Kombination dieser beiden Formen: der Trennungsunterhaltsschuldner ist einer weiteren „Partnerin" (geschiedene Ehefrau oder Kindsmutter, § 1615 l) zum Unterhalt verpflichtet (Konkurrenz der Unterhaltsgläubiger → Rn. 46 ff) oder neben dem Trennungsunterhaltsschuldner ist ein weiterer Unterhaltsschuldner vorhanden (Konkurrenz der Unterhaltsgläubiger → Rn. 51)

46 **1. Konkurrenz der Unterhaltsgläubiger.** Neben der Verpflichtung zum Trennungsunterhalt können weitere Unterhaltspflichten bestehen wie – in der Praxis häufig – die Verpflichtung zum Kindesunterhalt, die Verpflichtung gegenüber einer geschiedenen Ehefrau, die Verpflichtung gegenüber einer Kindsmutter nach § 1615 l oder die Verpflichtung gegenüber einem Elternteil.

47 **a) Konkurrierende Kindesunterhaltsansprüche.** Konkurrierende Kindesunterhaltsansprüche sind beim Trennungsunterhalt – anders beim Geschiedenenunterhalt in Bezug auf nachehelich geborene Kinder[174] – relativ unproblematisch, weil diesen Ansprüchen durch den Vorwegabzug bereits vor der Bedarfsermittlung Rechnung getragen wird – sogar beim Volljährigenunterhalt, und zwar grundsätzlich auch beim nicht nach § 1603 Abs. 2 S. 2 privilegierten, mithin nach § 1609 Nr. 4 nachrangigen Volljährigen.[175] Der Vorwegabzug entfällt für nicht privilegierte Volljährige erst beim relativen Mangelfall, wobei dann allerdings für den (vorrangigen) Trennungsunterhaltsanspruch nur der Mindestbedarf (vgl. Nr. 22 der im Einzelfall anwendbaren Leitlinien) angesetzt wird.[176]

48 **b) Konkurrierender Unterhaltsanspruch einer geschiedenen Ehefrau.** Der konkurrierende Unterhaltsanspruch einer geschiedenen Ehefrau hat die aktuellen ehelichen Lebensverhältnisse der Ehegatten bereits geprägt, Er ist also bereits bei der Bedarfsbestimmung für den Trennungsunterhalt zu berücksichtigen, also vom Einkommen des Trennungsunterhaltspflichtigen abzuziehen.[177]

Wenn die aktuelle trennungsunterhaltsberechtigte Ehefrau gegenüber der geschiedenen Ehefrau **vorrangig oder zumindest gleichrangig**[178] ist (§ 1609), hat im Rahmen der Prüfung der Leistungsfähigkeit (§ 1581) des Unterhaltsschuldners eine Billigkeitsabwägung zu erfolgen.[179] Für die Auflösung dieses Konkurrenzverhältnisses auf der Ebene der Leistungsfähigkeit hat der BGH die Anwendung der Dreiteilungsmethode nicht beanstandet.[180] In einem solchen Fall ist beim Trennungsunterhaltsanspruch die Erwerbsobliegenheit wie beim nachehelichen Unterhalt zu beurteilen.[181]

Ist die aktuelle trennungsunterhaltsberechtigte Ehefrau hingegen **nachrangig**, lässt diese Unterhaltspflicht den Geschiedenenunterhalt grundsätzlich – eine

---

174 BGH 7.5.2014 – XII ZB 258/13, FamRZ 2014, 1183 Rn. 27.
175 BGH 31.10.2012 – XII ZR 30/10, FamRZ 2013, 191 Rn. 31; 21.1.2009 – XII ZR 54/06, FamRZ 2009, 762.
176 BGH 7.12.2011 – XII ZR 151/09, FamRZ 2012, 281; 21.1.2009 – XII ZR 54/06, NJW 2009, 1742.
177 BGH 7.12.2011 – XII ZR 151/09, FamRZ 2012, 281.
178 BGH 7.12.2011 – XII ZR 151/09, FamRZ 2012, 281.
179 BGH 7.5.2014 – XII ZB 258/13, FamRZ 2014, 1183 Rn. 28 ff.
180 BGH 7.5.2014 – XII ZB 258/13, FamRZ 2014, 1183; 19.3.2014 – XII ZB 19/13 FamRZ 2014, 912 Rn. 36 ff; 7.12.2011 – XII ZR 151/09, FamRZ 2012, 281.
181 BGH 7.12.2011 – XII ZR 151/09, FamRZ 2012, 281.

Ausnahme gilt uU dann, wenn es gilt, den Mindestbedarf der Trennungsunterhaltsberechtigten sicherzustellen – unberührt.[182]

c) Konkurrierender Unterhaltsanspruch einer Kindsmutter nach § 1615 l. Kon- 49
kurriert ein Unterhaltsanspruch einer Kindsmutter nach § 1615 l[183] mit dem
Trennungsunterhaltsanspruch – die Ehe ist also noch nicht geschieden –, so ist
diese Unterhaltspflicht – anders als beim Geschiedenenunterhalt,[184] bei dem zu
unterscheiden ist, ob der Anspruch nach § 1615 l vor oder nach Rechtskraft der
Scheidung entstanden ist – immer prägend. Deshalb ist dieser Anspruch nach
§ 1615 l bereits bei der Bemessung des Bedarfs der Trennungsunterhaltsberechtigten zu berücksichtigen. Der Bedarf der Kindsmutter und damit deren Unterhalt bestimmen sich nach der Lebensstellung der Kindsmutter, also danach, was
diese verdienen würde, wäre sie nicht durch Kinderbetreuung an einer Erwerbstätigkeit gehindert.[185] Diese Unterhaltspflicht wird jedoch in den meisten Fällen
wegen beschränkter finanzieller Mittel des Unterhaltsschuldners nicht allein
durch Vorwegabzug dieses Unterhalts beim Einkommen des Unterhaltsschuldners berücksichtigt werden können. Meist wird der Bedarf nach § 1615 l an seine Obergrenze stoßen, wonach die Unterhaltsberechtigte nach § 1615 l nicht
besser stehen darf, als sie im Falle einer Ehe mit dem Unterhaltsschuldner stünde.[186] Die Konkurrenz dieser Ehegattenunterhaltsansprüche – ein echter Trennungsunterhaltsanspruch und ein fiktiver Ehegattenunterhaltsanspruch – ist
durch eine Dreiteilung auf der Ebene der Bedarfsbemessung aufzulösen. Dies
stellt keinen Widerspruch zu den Vorgaben des BVerfG dar, da dort eine Bedarfsbemessung durch Dreiteilung für konkurrierende Ehefrauen – hier scheidet
eine wechselseitige Prägung aus, ein Unterhaltsanspruch einer zweiten Ehefrau
kann vor Rechtskraft der Scheidung der ersten Ehe nicht entstehen – abgelehnt
wurde.[187]

Wenn wegen unzureichender Leistungsfähigkeit des Unterhaltsschuldners der
Bedarf der konkurrierenden Unterhaltsberechtigten nicht gedeckt werden kann,
ist auf den Rang der Unterhaltsberechtigten abzustellen. Die Unterhaltsberechtigte nach § 1615 l hat den Rang des § 1609 Nr. 2. Bei der Trennungsunterhaltsberechtigten hängt es vom Einzelfall ab, ob sie ebenfalls diesen Rang hat oder
mangels Kinderbetreuung und mangels langer Ehedauer nur den Rang nach
§ 1609 Nr. 3.

d) Konkurrierender Anspruch auf Elternunterhalt. Konkurriert ein Anspruch 50
auf Elternunterhalt mit dem Trennungsunterhaltsanspruch, so sollte danach unterschieden werden, ob bzw. inwieweit die Verpflichtung zum Elternunterhalt
die ehelichen Lebensverhältnisse bereits geprägt hat. Bei **noch intakter Ehe** wird
der Konkurrenz dadurch Rechnung getragen, dass das für den Elternunterhalt

---

182 BGH 7.5.2014 – XII ZB 258/13, FamRZ 2014, 1183 Rn. 22; 7.12.2011 – XII ZR
     151/09, FamRZ 2012, 281.
183 BGH 10.6.2015 – XII ZB 251/14, FamRZ 2015, 1369 Rn. 12 ff zu den Voraussetzun-
     gen des § 1615 l.
184 BGH 7.12.2011 – XII ZR 159/09, FamRZ 2012, 281 19 ff.
185 BGH 10.6.2015 – XII ZB 251/14, FamRZ 2015, 1369 Rn. 34.
186 BGH 16.3.2016 – XII ZR 148/14, FamRZ 2016, 892 Rn. 21 lässt offen, ob die Ober-
     grenze nach dem Halbteilungsgrundsatz eine Frage des Bedarfs oder der Leistungsfähig-
     keit ist.
187 BVerfG 25.1.2011 – 1 BvR 918/10, FamRZ 2011, 437.

einzusetzende Einkommen mithilfe des **individuellen Familienbedarfs**[188] ermittelt wird. Der Unterhaltspflichtige hat nur das Einkommen für Elternunterhalt einzusetzen, das seinen Anteil bzw. Beitrag zum individuellen Familienbedarf übersteigt.[189] Der danach geschuldete Elternunterhalt kann bei der Berechnung eines **später einsetzenden Trennungsunterhalts** einkommensmindernd berücksichtigt werden, solange der Mindestbedarf der Trennungsunterhaltsberechtigten gewahrt wird. Setzt der Elternunterhalt erst ein, wenn die **Eheleute bereits getrennt leben**, setzt sich der Vorrang des Ehegattenunterhaltsanspruchs (§ 1609) durch.

51 **2. Konkurrenz der Unterhaltsschuldner.** Hat die getrennt lebende Ehefrau einen Anspruch nach § 1361 und bekommt sie während der Trennungszeit von einem Dritten ein Kind, so steht ihr nach wirksamer Feststellung oder Anerkennung der Vaterschaft auch ein Unterhaltsanspruch gegen den Kindsvater nach § 1615 l Abs. 1 und 2 zu. Die Unterhaltsansprüche bestehen nebeneinander. Der Bedarf richtet sich nach den ehelichen Lebensverhältnissen. Die Berechnung der Haftungsanteile der Väter erfolgt analog § 1606 Abs. 3 S. 1.[190] Die **Haftungsquote** richtet sich grundsätzlich nach den jeweiligen Erwerbs- und Vermögensverhältnissen der Unterhaltsschuldner. Die so ermittelten Haftungsanteile können nach den Umständen des Einzelfalls – zB Anzahl und Alter der Kinder, die sich auf die Erwerbsobliegenheit der Unterhaltsberechtigten auswirken – verringert bzw. erhöht werden.[191] Die **Darlegungs- und Beweislast** für die Einkommensverhältnisse des Kindsvaters trifft die Mutter.[192]

XIII. Verfahrensrecht

52 **1. Keine Geltendmachung im Verbund.** Der Trennungsunterhalt ist in einem **isolierten Unterhaltsverfahren** und nicht im Scheidungsverbundverfahren nach § 137 FamFG geltend zu machen. Falls der Trennungsunterhalt im Verbund anhängig ist, muss das Verfahren abgetrennt und als isoliertes Unterhaltsverfahren weitergeführt werden.[193]

53 **2. Verfahrensgegenstand und Antragstellung.** Bei der (gerichtlichen) Geltendmachung von (Trennungs-)Unterhalt ist auf die **Zeitbezogenheit von Unterhalt** zu achten.[194] Unabhängig davon, welche Zeiträume für die Ermittlung der Durchschnittseinkünfte herangezogen werden, ist für die Fragen nach Bedarf, Bedürftigkeit und Leistungsfähigkeit jeder Monat im Unterhaltszeitraum isoliert zu betrachten. Bei statischen Einkommensverhältnissen spielt dies keine große Rolle. Aber bei variierenden Einkommensverhältnissen, die gerade beim Trennungsunterhalt durch den Steuerklassenwechsel von 3 auf 1 nach dem Jahr der Trennung häufig vorkommen, ist die Monats- bzw. Zeitbezogenheit zu beachten. So können Zuvielforderungen für den einen Zeitraum nicht mit zu geringen Forderungen aus einem anderen Zeitraum verrechnet werden.[195]

---

188 BGH 9.3.2016 – XII ZB 693/14, FamRZ 2016, 887 Rn. 21; 28.7.2010 – XII ZR 140/07, FamRZ 2010, 1535 Rn. 40 ff.
189 BGH 9.3.2016 – XII ZB 693/14, FamRZ 2016, 887 Rn. 21.
190 BGH 16.7.2008 – XII ZR 109/05, FamRZ 2008, 1739 Rn. 48.
191 BGH 16.7.2008 – XII ZR 109/05, FamRZ 2008, 1739 Rn. 49; einschränkend BGH 9.3.2016 – XII ZB 693/14, NJW 2016, 1511 Rn. 30.
192 BGH FamRZ 1998, 541.
193 BGH FamRZ 1985, 578.
194 BGH 11.11.2015 – XII ZB 7/15, FamRZ 2016, 199 Rn. 24.
195 BGH 11.11.2015 – XII ZB 7/15, FamRZ 2016, 199 Rn. 24.

Bei der Antragstellung ist zu beachten, dass lediglich zur **Abwendung der Zwangsvollstreckung** – aus einer einstweiligen Anordnung oder einem sofort wirksamen, aber noch nicht rechtskräftigen Endbeschluss – erfolgte Unterhaltszahlungen zwar verzugsbeendend wirken, aber grundsätzlich keine Erfüllungswirkung haben.[196]

3. Vortrag. Anlagen und Belege ersetzen nicht entsprechenden **Sachvortrag** in 54 einer Antragsschrift oder Erwiderung. Das Gericht bzw. die Beteiligten müssen sich wesentlichen Vortrag nicht aus eingereichten Anlagen „zusammensuchen".[197]

4. Verfahrenswert. Der Verfahrenswert bestimmt sich nach § 51 FamGKG – im 55 Verfahren der einstweiligen Anordnung iVm § 41 FamGKG. Antrag iSd § 51 Abs. 2 S. 1 ist idR bereits der Verfahrenskostenhilfeantrag (§ 51 Abs. 2 S. 2 FamGKG). Mit einem Stufenantrag wird bereits der Leistungsantrag – wenngleich unbeziffert – eingereicht iSv § 51 Abs. 2 S. 1 FamGKG.

§ 1361 a BGB Verteilung der Haushaltsgegenstände bei Getrenntleben

(1) ¹Leben die Ehegatten getrennt, so kann jeder von ihnen die ihm gehörenden Haushaltsgegenstände von dem anderen Ehegatten herausverlangen. ²Er ist jedoch verpflichtet, sie dem anderen Ehegatten zum Gebrauch zu überlassen, soweit dieser sie zur Führung eines abgesonderten Haushalts benötigt und die Überlassung nach den Umständen des Falles der Billigkeit entspricht.

(2) Haushaltsgegenstände, die den Ehegatten gemeinsam gehören, werden zwischen ihnen nach den Grundsätzen der Billigkeit verteilt.

(3) ¹Können sich die Ehegatten nicht einigen, so entscheidet das zuständige Gericht. ²Dieses kann eine angemessene Vergütung für die Benutzung der Haushaltsgegenstände festsetzen.

(4) Die Eigentumsverhältnisse bleiben unberührt, sofern die Ehegatten nichts anderes vereinbaren.

---

196 BGH 12.3.2014 – XII ZB 234/13, FamRZ 2014, 917 Rn. 42 ff.
197 BGH 9.7.2014 – XII ZB 661/12, FamRZ 2014, 1536 Rn. 31.

I. Allgemeines

1 Die Benutzungsverhältnisse an den Haushaltsgegenständen sollen im Zusammenhang mit der **Trennung** geregelt werden können. Die jeweils gefundene Regelung gilt nur vorläufig bis zur Rechtskraft der Scheidung oder zur Wiederversöhnung. Wegen dieser Vorläufigkeit können die Eigentumsverhältnisse nicht verändert werden. Eine Einigung der Ehegatten über die Verteilung der Haushaltsgegenstände bei der Trennung ist im Zweifel nur als **Benutzungsregelung** anzusehen.[1] Im Gegensatz zur endgültigen Verteilung nach § 1568 b ist die **Beschränkung auf einzelne Gegenstände** auch dann möglich, wenn hinsichtlich der übrigen Gegenstände noch Uneinigkeit besteht.[2] Die Vorschrift kann nicht analog auf nichteheliche Lebensgemeinschaften angewandt werden. Für Lebenspartnerschaften gilt § 13 LPartG. Art. 17 a EGBGB stellt klar, dass die Vorschrift für alle im Inland befindlichen Haushaltsgegenstände gilt. Für im Ausland befindliche Haushaltsgegenstände wird nach hM an das Scheidungsstatut des Art. 17, 14 EGBGB angeknüpft.[3]

II. Haushaltsgegenstände

2 **1. Begriff.** Der Begriff **Haushaltsgegenstände** ist mit der Gesetzesänderung zum 1.9.2009 in den meisten Gesetzen an die Stelle des Begriffs Hausrat getreten, ohne dass damit eine sachliche Änderung verbunden ist. Der Begriff ist **weit auszulegen.**[4] Unabhängig von Wert, Anschaffungszeitpunkt[5] und Eigentumsverhältnissen fallen hierunter alle beweglichen Gegenstände, die nach den Vermögens- und Lebensverhältnissen der Familie für ihr Zusammenleben sowie für Wohn- und Hauswirtschaft bestimmt sind[6] und auch entsprechende Verwendung finden.[7] Hierzu gehört auch, was vor der Eheschließung im Hinblick auf den gemeinsamen Haushalt angeschafft wurde.[8] **Typischerweise** ist unter Haushaltsgegenständen zu verstehen: Möbel, Geschirr, Besteck, Wohnungsdekoration, Haushaltswäsche, Unterhaltungsgeräte wie Radio und Fernseher, auch Kunstgegenstände und Antiquitäten, soweit sie im Haushalt integriert sind, Einbaumöbel, soweit sie ohne Probleme ausgebaut werden können,[9] Sportgeräte, die dem Familiengebrauch dienen, wie Tischtennisplatten, Musikinstrumente (zB Klaviere), Segelboote, Computer, wenn sie nicht ausschließlich von einem Familienmitglied genutzt werden.

Kein Haushaltsgegenstand: Gegenstände für den persönlichen Gebrauch (Kleidung, Schmuck, insbesondere die Eheringe), Kinderspielzeug, Sportgeräte wie

---

1 OLG Köln FamRZ 2002, 322.
2 OLG Brandenburg FamRZ 2000, 1102.
3 JH/Henrich EGBGB Art. 17 a Rn. 4; Palandt/Thorn EGBGB Art. 17 a Rn. 4.
4 OLG Bamberg FamRZ 1997, 378.
5 OLG Karlsruhe FamRZ 2007, 59.
6 BGH FamRZ 1984, 144 und 575.
7 JH/Götz § 1361 a Rn. 9.
8 MK/Weber-Monecke § 1361 a Rn. 4; OLG Brandenburg FamRZ 2003, 532 differenzierend.
9 OLG Hamm FamRZ 1998, 1028; OLG Karlsruhe NJW-RR 1988, 459; BGH NJW 2009, 1078.

Tennisschläger, Briefe, Andenken, Gegenstände, die der Berufsausübung eines Ehegatten dienen (zB Fachbücher, Computer, Handwerkszeug, Photoausrüstung, Schreibtisch), und solche, die wegen ihres Wertes als Kapitalanlage angeschafft wurden, wie Sparbücher, aber auch wertvolle Antiquitäten und sonstige Kunstgegenstände,[10] sofern sie nicht ihrer eigentlichen Zweckbestimmung entsprechend als Haushaltsgegenstand genutzt werden, wobei auch der Lebenszuschnitt der Ehegatten ausschlaggebend zu berücksichtigen ist.

2. Einzelfälle. Ein **Wohnwagen** ist Haushaltsgegenstand, wenn er für Ausflugsfahrten der Familie bestimmt ist.[11] Dient er der Familie als Wohnung, findet § 1361 b Anwendung. Ein **Haustier** ist zwar grundsätzlich keine Sache. Die Vorschriften über den Hausrat sind jedoch sinngemäß anzuwenden, wobei die Bedeutung des Tieres als „Mitgeschöpf" im Rahmen der Billigkeitsabwägung zu berücksichtigen ist, § 90 a.[12] Ein Umgangsrecht mit dem Tier kann aus § 1361 a nach hM nicht hergeleitet werden.[13] Steht der Familie nur ein **Pkw** zur Verfügung, ist nach neuerer Sicht davon auszugehen, dass es sich um einen Haushaltsgegenstand handelt,[14] da dieser Pkw im Zweifel für familiäre Zwecke genutzt wird, wie für Familienausflüge und Einkaufsfahrten. Auch die Fahrten des Ehepartners zur Arbeit dienen im Ergebnis der Familie.[15] Besitzt dagegen jeder der Ehegatten einen Pkw, stellen beide Fahrzeuge nicht Haushaltsgegenstände dar. Sie unterfallen dann dem Zugewinnausgleich. Gibt es einen Zweitwagen, der von beiden gefahren wird, handelt es sich bei diesem wiederum um einen Haushaltsgegenstand.[16] Die Feststellungslast dafür, dass ein Gegenstand Haushaltsgegenstand ist, trägt derjenige, der sich darauf beruft.[17] Gegenstände, die ausschließlich der **Kapitalanlage** dienen, wie Wertpapiere, Sparbücher, Goldbarren, aber auch Briefmarken-, Münz- oder Weinsammlungen sind keine Haushaltsgegenstände. Sie unterfallen dem Zugewinnausgleich.[18] Als Vorrat allerdings kann der wertvolle Bestand im Weinkeller wiederum Haushaltsgegenstand sein.[19]

Mit Haushaltsgegenständen in Zusammenhang stehende **Rechte** und **Ansprüche** können mit § 1361 a geregelt werden: Schadenersatzansprüche[20] und Herausgabeansprüche gegenüber Dritten wohl nicht,[21] aber Benutzungsrechte und Anwartschaften aus Ratenverträgen, Ansprüche aus Sicherungsübereignung oder

10 OLG Brandenburg FamRZ 2003, 532, Ls. 3.
11 OLG Hamm MDR 1999, 615.
12 OLG Stuttgart FamRZ 2014, 1300; OLG Schleswig FamRZ 2013, 1984; OLG Zweibrücken FamRZ 1998, 1432; AG Bad Mergentheim FamRZ 1998, 1432; OLG Hamm FamRZ 2011, 893.
13 OLG Bamberg FamRZ 2004, 559; OLG Hamm MDR 2011, 104.
14 OLG Düsseldorf FamRZ 2007, 1325 (1326); OLG Koblenz FamRB 2006, 102 (103); OLG Naumburg FamRZ 2004, 889 (890); KG FamRZ 2003, 1927; Palandt/Brudermüller § 1361 a Rn. 5; FA-FamR/Klein Kap. 8 Rn. 100; Schulz/Hauß 5. Kap. Rn. 1243 ff. mwN; OLG Köln FamRZ 2010, 470.
15 OLG Düsseldorf FamRZ 2007, 1325.
16 Brudermüller, Regelungen der Nutzungs- und Rechtsverhältnisse an Ehewohnung und Hausrat, FamRZ 2006, 1161; Krumm, Familienfahrzeuge, wem „gehören" sie eigentlich?, FamRZ 2014, 1241.
17 OLG Bamberg FamRZ 1997, 379; OLG Köln FamRZ 2000, 305.
18 Schulz/Hauß 5. Kap. Rn. 1259.
19 AG München FamRZ 2012, 1304.
20 OLG Köln FamRZ 1993, 1462.
21 FA-FamR/Klein Kap. 8 Rn. 91 ff.; OLG Frankfurt/M. FamRZ 1981, 375 differenzierend für die Zeit vor und nach der Scheidung.

Leasingverträgen, Forderungen gegen Versicherungen wegen Beschädigung und Zerstörung.[22]

4 **3. Verschwundene Haushaltsgegenstände.** Haushaltsgegenstände, die im Zeitpunkt der gerichtlichen Entscheidung nicht mehr vorhanden sind, können nicht verteilt werden.[23] Sie gelten so lange als vorhanden, wie nicht das Gegenteil erwiesen ist. Bei **Veräußerung** eines Haushaltsgegenstandes ist § 1369 zu beachten.[24] Dies hat zur Folge, dass die Verfügung über einen Haushaltsgegenstand unwirksam ist, wenn der andere Ehegatte nicht einwilligt.

III. Getrenntleben

5 Der Begriff des Getrenntlebens entspricht § 1567.

IV. Die Ansprüche

6 **1. Herausgabeansprüche des Eigentümers (Abs. 1 S. 1).** Jeder Ehegatte kann die ihm **allein gehörenden** Haushaltsgegenstände von dem anderen herausverlangen. § 1361 a ist nach hM lex specialis gegenüber § 985.[25] Für Haushaltsgegenstände, die während der Ehe angeschafft wurden, gilt analog die Vermutung des 1568 b Abs. 2.[26] Somit kann bis zum Beweis des Gegenteils davon ausgegangen werden, dass es sich um **gemeinsames Eigentum** der Ehegatten handelt.

Alleineigentumserwerb liegt nur dann vor, wenn ein entsprechender Wille vorhanden war. Unerheblich ist es, mit welchen Mitteln der Gegenstand angeschafft wurde und wer Halter des Kraftfahrzeuges ist.

Nach hM kann das Kind seinen Herausgabeanspruch auf §§ 1601, 1610 stützen, nach aA auf § 1632 Abs. 1.[27]

7 Ein **Antrag auf Herausgabe** könnte lauten:

▶ Die Antragsgegnerin ist verpflichtet, an den Antragsteller die in seinem Alleineigentum stehende Kommode, Eiche, weiß lackiert, ausgestattet mit sieben Schubladen,[28] herauszugeben. ◀

8 **2. Herausgabeanspruch gegen den Eigentümer zur Gebrauchsüberlassung (Abs. 1 S. 2).** Der Anspruch besteht unter zwei Voraussetzungen:

9 **a) Der Gegenstand wird zur Führung eines abgesonderten Haushalts benötigt.** Was hierzu erforderlich ist, bestimmt sich nach den **ehelichen Lebensverhältnissen,**[29] es beschränkt sich nicht auf das Notwendigste. Der Ehegatte, der in einen anderen Haushalt zieht, wie zB zu den Eltern oder zu einem neuen Lebensgefährten, braucht in der Regel nur wenig Haushaltsgegenstände.

10 **b) Die Überlassung entspricht nach den Umständen des Falles der Billigkeit.** Hierbei sind insbesondere die **Bedürfnisse der Kinder** zu berücksichtigen.[30]

---

22 OLG Köln FamRZ 1993, 1462 (1463).
23 OLG Hamm FamRZ 1996, 1423; OLG Frankfurt/M. FamRZ 2004, 1105.
24 OLG Düsseldorf FamRB 2007, 97.
25 BGH FamRZ 1984, 575; OLG Düsseldorf FamRZ 1994, 390; OLG Hamm FamRZ 1988, 1303; OLG Zweibrücken FamRZ 1991, 848; aA OLG Bamberg FamRZ 1993, 335.
26 JH/Götz § 1361 a Rn. 36 und 53; FA-FamR/Klein Kap. 8 Rn. 147.
27 Götz FamRZ 2016, 519.
28 Eine Vollstreckung ist nur möglich, wenn der Gegenstand genau bezeichnet ist.
29 OLG Köln FamRZ 1986, 703.
30 OLG Karlsruhe FamRZ 2001, 760.

So kann es der Billigkeit entsprechen, wenn der im Alleineigentum des einen Ehegatten stehende Pkw Kombi an den herausgegeben wird, der die Kinder betreut.[31] Im Rahmen der Billigkeitsprüfung können auch Umstände der in § 1579 genannten Art Berücksichtigung finden.[32]

Ein **Antrag auf Herausgabe unter Billigkeitsgesichtspunkten** könnte lauten: 11

▶ 1. Der Antragsgegner ist verpflichtet, den in seinem Alleineigentum stehenden Pkw, Marke Kombi, Baujahr 2013, Kilometerstand 60.000, silbermetallic, der Antragstellerin vorläufig zur alleinigen Benutzung zu überlassen.

2. Der Antragsgegner ist verpflichtet, den Pkw Kombi einschließlich des Kfz-Scheines unverzüglich an die Antragstellerin herauszugeben. ◀

3. Verteilung der den Ehegatten gemeinsam gehörenden Haushaltsgegenstände 12 **(Abs. 2).** In analoger Anwendung von § 1568 b Abs. 2 gelten Haushaltsgegenstände, die während der Ehe für den gemeinsamen Haushalt angeschafft wurden, als gemeinsames Eigentum, sofern nicht das Alleineigentum eines Ehegatten feststeht.[33] Im Zweifel ist daher eine Verteilung nach Abs. 2 vorzunehmen. Die Verteilung kann sich, da sie nur vorläufigen Charakter hat, auf **einzelne Gegenstände** beschränken, dh es muss nicht der vollständige Hausrat aufgelistet und anschließend verteilt werden. Vereinbarungen der Ehegatten sind zu berücksichtigen.

Ein **Antrag auf Verteilung der gemeinsamen Haushaltsgegenstände** könnte lauten: 13

▶ 1. Dem Antragsteller werden folgende gemeinschaftlichen Gegenstände vorläufig zur alleinigen Nutzung zugeteilt: Waschmaschine Modell Allegro, Spülmaschine Marke Subito, Kaffeegeschirr Dekor Blümchen, bestehend aus 21 Teilen ...

2. Die Antragsgegnerin ist verpflichtet, die in Ziffer 1 bezeichneten Gegenstände unverzüglich an den Antragsteller herauszugeben. ◀

4. Anspruch auf Vergütung für die Benutzung (Abs. 3 S. 2). Eine Nutzungsvergütung 14 für Gegenstände, die nach Abs. 1 S. 2 oder nach Abs. 2 überlassen werden, ist nach Billigkeitsgrundsätzen festzusetzen, wobei neben dem Wert des Gegenstandes zum Zeitpunkt der Auseinandersetzung[34] insbesondere die beiderseitigen Einkommens- und Vermögensverhältnisse zu berücksichtigen sind. Der neue Fahrzeugbesitzer muss die **Haftpflichtversicherung** und die **Kfz-Steuer** übernehmen,[35] bei höherem Wert ist er unter Umständen verpflichtet, eine Vollkasko-Versicherung abzuschließen.[36] Etwaige **Transportkosten** hat der Empfänger zu tragen,[37] ebenso erforderliche Ausbesserungskosten. Die Haftung unter den Ehegatten ist in § 1359 geregelt.

Ein **Antrag auf Vergütung für die Benutzung** könnte lauten: 15

▶ 1. Der Antragsgegner ist verpflichtet, für den Pkw Kombi ... mit Wirkung ab dem 1.5.2017 eine monatliche Nutzungsentschädigung in Höhe von 150 EUR zu zahlen.

---

31 OLG Köln FamRZ 2010, 470.
32 JH/Götz § 1361 a Rn. 28.
33 JH/Götz § 1361 a Rn. 36; FA-FamR/Klein Kap. 8 Rn. 147; Schulz/Hauß 5. Kap. Rn. 1277.
34 OLG Stuttgart FamRZ 1993, 1461.
35 OLG München FamRZ 1998, 1230.
36 OLG Koblenz FamRZ 1991, 1302.
37 Palandt/Brudermüller § 1361 a Rn. 15.

2. Der Antragsgegner ist verpflichtet, mit Wirkung ab dem 1.5.2017 die Kosten für Kfz-Steuer und Haftpflichtversicherung in Höhe von derzeit ... zu tragen und monatlich an die XY-Versicherung zu zahlen.

3. Der Antragsgegner ist verpflichtet, mit Wirkung ab dem 1.5.2017 eine Vollkasko-Versicherung für den in Ziffer 1 genannten Pkw abzuschließen. ◄

16 **5. Rückschaffungsanspruch nach verbotener Eigenmacht.** Sehr strittig ist das Verhältnis zwischen § 861 und § 1361 a, wenn der Ehegatte, der die Ehewohnung verlassen hat, Haushaltsgegenstände mitgenommen hat bzw. die ganze Wohnung ausgeräumt hat.[38] Sachgerecht erscheint allein die im Vordringen befindliche Meinung, nach der § 861 von § 1361 a „überlagert" wird. Verlangt ein Ehegatte eigenmächtig entfernten Hausrat zurück, kann der andere Ehegatte aus § 1361 a Abs. 1 S. 2 oder Abs. 2 einwenden, dass er die Gegenstände selber zur Führung eines abgesonderten Haushalts benötigt.[39]

17 **6. Auskunftsanspruch.** Grundsätzlich besteht kein Auskunftsanspruch hinsichtlich der Haushaltsgegenstände. Dieser kann nur ganz ausnahmsweise aus den §§ 1353, 242 hergeleitet werden, wenn der Ehegatte, der die Ehewohnung verlassen hat, in entschuldbarer Weise keine Kenntnis von dem Bestand des Hausrats hat, zB wenn er sich in Strafhaft oder in einer Klinik befindet, und der andere Teil die Auskunft unschwer erteilen kann.[40]

V. Verfahren

18 Bei Verfahren, die vor dem 1.9.2009 eingeleitet wurden, ist Art. 111 Abs. 1 FGG-RG zu beachten. Mangels Übergangsregelung ist auf alle Verfahren das neue materielle Recht anwendbar.

19 **1. Zuständigkeit.** Haushaltssachen nach § 1361 a sind Familiensachen, §§ 111 Nr. 5, 200 Abs. 2 Nr. 1 FamFG. Die Verweisung auf die Vorschriften der ZPO in § 113 Abs. 1 FamFG ist somit nicht zu beachten. Zuständig ist das Familiengericht, §§ 23 a Abs. 1 Nr. 1, 23 b Abs. 1 GVG.

20 **2. Verfahrensweg.** Haushaltssachen nach § 1361 a können nur in einem **isolierten Verfahren** geltend gemacht werden. Da die Ansprüche die Trennungszeit betreffen, sind sie nicht verbundfähig, § 137 Abs. 2 S. 1 FamFG. Ein Antrag nach § 1361 a unterliegt nicht dem Anwaltszwang, § 114 FamFG.

21 **3. Antragsverfahren.** Das Verfahren wird eingeleitet durch eine Antragsschrift, §§ 23, 203 FamFG. Da am Ausgang des Verfahrens nicht wie im Kindschaftsverfahren ein gesteigertes öffentliches Interesse besteht und das Verfahren Ähnlichkeit mit einem Zivilprozess hat,[41] obliegt dem Antragsteller eine **erhöhte Darlegungslast.** Insbesondere muss er Anhaltspunkte für die Aufnahme der Amtsermittlung nach § 26 FamFG darlegen.[42]

Der Antrag bedarf **nicht einer Aufstellung sämtlicher Haushaltsgegenstände,** denn § 1361 a regelt nur die vorläufige Verteilung der Gegenstände, so dass zulässigerweise auch die Verteilung einzelner Gegenstände angestrebt werden

---

38 Zum Meinungsstand vgl. JH/Götz § 1361 a Rn. 43 ff.
39 OLG Koblenz NJW 2007, 2337 mAnm Caspary; OLG Nürnberg FamRZ 2006, 486; OLG Karlsruhe FamRZ 2007, 59; BGH NJW 2000, 284.
40 JH/Götz § 1361 a Rn. 42.
41 BT-Drs. 16/6308, 250.
42 Keidel/Giers FamFG § 203 Rn. 5.

kann. Die einzelnen Gegenstände müssen jedoch genau bezeichnet sein, damit eine Herausgabevollstreckung möglich ist.[43]

4. Tod eines Ehegatten. Mit dem Tod eines Ehegatten ist das Verfahren **erledigt**, 22 § 208 FamFG. Dies ist die Konsequenz daraus, dass die Ansprüche als höchstpersönliche Ansprüche ausgestaltet sind.[44] Das führt allerdings dazu, dass der Antragsteller im Falle des Todes seines ehemaligen Ehepartners alle familienrechtlichen Ansprüche auf die Haushaltsgegenstände verliert. Soweit die Gegenstände im Miteigentum standen, muss er sich nun mit den Erben nach §§ 741 ff. auseinandersetzen. Möglicherweise hilft § 1932, wobei aber § 1933 zu beachten ist.

5. Flankierende Anordnungen. Mit der Endentscheidung soll das Gericht die 23 Anordnungen treffen, die zu ihrer Wirksamkeit erforderlich sind, § 209 Abs. 1 FamFG. Da aufgrund der Zuweisungsentscheidung alleine eine Vollstreckung nicht möglich ist, empfiehlt sich zusätzlich eine Herausgabeanordnung:

▶ Der Laptop orange, Marke SN 3 D, Farbe silbern, einschließlich des Netzteils, wird der Antragstellerin zugewiesen.

Der Antragsgegner ist verpflichtet, den Laptop einschließlich des Netzteils an die Antragstellerin herauszugeben. ◀

6. Wirksamkeit. Die Endentscheidung wird mit Rechtskraft wirksam, § 209 24 Abs. 2 S. 1 FamFG.

7. Abänderung. Eine Abänderung der Entscheidung ist bei einer **nachträglichen** 25 **wesentlichen** Veränderung möglich nach § 48 Abs. 1 FamFG, da es sich bei der Verteilung der Haushaltsgegenstände um eine Entscheidung mit Dauerwirkung handelt.

8. Einstweilige Anordnung. Die Ansprüche aus § 1361 a können im Wege der 26 einstweiligen Anordnung durchgesetzt werden, §§ 49 ff. FamFG.

9. Rechtsmittel. Das Rechtsmittel gegen die **Hauptsacheentscheidung** ist die Be- 27 schwerde, § 58 FamFG. Gegen einen in einer **einstweiligen Anordnung** ergangenen Beschluss ist die Beschwerde nicht statthaft, § 57 Abs. 1 S. 1 FamFG. Eine Aufhebung oder Änderung ist aber nach § 54 FamFG durch das Ausgangsgericht möglich.

10. Vollstreckung. Die Vollstreckung erfolgt nach § 95 FamFG, §§ 883 ZPO ff. 28

VI. Kosten

Die **Kosten** werden nach §§ 80 ff. FamFG verteilt. 29

1. Hauptsacheverfahren. Verfahrenswert: 2.000 EUR, § 48 Abs. 2 FamGKG, 30 § 200 Abs. 2 Nr. 1 FamFG kann aber nach den Umständen des Einzelfalles erhöht oder verringert werden, § 48 Abs. 3 FamFG.

2. Einstweilige Anordnung. Verfahrenswert: 1.000 EUR, §§ 41, 48 Abs. 2 31 FamGKG, § 200 Abs. 2 Nr. 1 FamFG, kann aber nach den Umständen des Einzelfalles erhöht oder verringert werden, § 48 Abs. 3 FamFG.

---

43 OLG Brandenburg FamRZ 2003, 532 Ls. 4; BGH FamRZ 1988, 255.
44 FA-FamR/Klein Kap. 8 Rn. 19.

§ 1361 b BGB   Ehewohnung bei Getrenntleben

(1) [1]Leben die Ehegatten voneinander getrennt oder will einer von ihnen getrennt leben, so kann ein Ehegatte verlangen, dass ihm der andere die Ehewohnung oder einen Teil zur alleinigen Benutzung überlässt, soweit dies auch unter Berücksichtigung der Belange des anderen Ehegatten notwendig ist, um eine unbillige Härte zu vermeiden. [2]Eine unbillige Härte kann auch dann gegeben sein, wenn das Wohl von im Haushalt lebenden Kindern beeinträchtigt ist. [3]Steht einem Ehegatten allein oder gemeinsam mit einem Dritten das Eigentum, das Erbbaurecht oder der Nießbrauch an dem Grundstück zu, auf dem sich die Ehewohnung befindet, so ist dies besonders zu berücksichtigen; Entsprechendes gilt für das Wohnungseigentum, das Dauerwohnrecht und das dingliche Wohnrecht.

(2) [1]Hat der Ehegatte, gegen den sich der Antrag richtet, den anderen Ehegatten widerrechtlich und vorsätzlich am Körper, der Gesundheit oder der Freiheit verletzt oder mit einer solchen Verletzung oder der Verletzung des Lebens widerrechtlich gedroht, ist in der Regel die gesamte Wohnung zur alleinigen Benutzung zu überlassen. [2]Der Anspruch auf Wohnungsüberlassung ist nur dann ausgeschlossen, wenn keine weiteren Verletzungen und widerrechtlichen Drohungen zu besorgen sind, es sei denn, dass dem verletzten Ehegatten das weitere Zusammenleben mit dem anderen wegen der Schwere der Tat nicht zuzumuten ist.

(3) [1]Wurde einem Ehegatten die Ehewohnung ganz oder zum Teil überlassen, so hat der andere alles zu unterlassen, was geeignet ist, die Ausübung dieses Nutzungsrechts zu erschweren oder zu vereiteln. [2]Er kann von dem nutzungsberechtigten Ehegatten eine Vergütung für die Nutzung verlangen, soweit dies der Billigkeit entspricht.

(4) Ist nach der Trennung der Ehegatten im Sinne des § 1567 Abs. 1 ein Ehegatte aus der Ehewohnung ausgezogen und hat er binnen sechs Monaten nach seinem Auszug eine ernstliche Rückkehrabsicht dem anderen Ehegatten gegenüber nicht bekundet, so wird unwiderleglich vermutet, dass er dem in der Ehewohnung verbliebenen Ehegatten das alleinige Nutzungsrecht überlassen hat.

I. Allgemeines

Die Vorschrift regelt die Rechtsverhältnisse an der Ehewohnung in der Zeit zwi- **1** schen **Trennung** und Rechtskraft der Scheidung. Sie ist bereits anwendbar, wenn einer der Ehegatten **beabsichtigt**, sich zu trennen, weil damit die Voraussetzung für die Scheidung nach den §§ 1565, 1566, 1564 ermöglicht werden soll. Scheidungsabsicht ist dagegen nach hM nicht Voraussetzung.[1] Die Regelung ist nur vorläufig, weil sie mit Rechtskraft der Scheidung oder mit einer nachhaltigen Versöhnung der Ehegatten ihr Ende findet. Für eingetragene **Lebenspartnerschaften** gilt § 14 LPartG. Für **andere Gemeinschaften** ist auf die allgemeinen Besitzschutzvorschriften der §§ 858 ff. oder auf das Gewaltschutzgesetz zurückzugreifen. Art. 17 a EGBGB stellt klar, dass die Vorschrift für alle **im Inland befindlichen Ehewohnungen** gilt. Für **im Ausland belegene Wohnungen** wird nach der hM an das Ehewirkungsstatut des Art. 14 EGBGB angeknüpft.[2]

II. Konkurrenzen

1. Das Gewaltschutzgesetz. Die Überlassung der Wohnung zur alleinigen Nut- **2** zung kann auch nach § 2 GewSchG verlangt werden. Für Eheleute und Lebenspartner ist jedoch § 1361 b bzw. § 14 LPartG dann lex specialis, wenn sie auf Dauer im Sinne des § 1567 getrennt leben wollen.[3] Das Gewaltschutzgesetz gibt demgegenüber in der Regel nur die Berechtigung zur **vorübergehenden** alleinigen Nutzung der Wohnung ohne Trennungsabsicht,[4] denn die Maßnahmen sind zu befristen, § 2 Abs. 2 GewSchG.

Die nach § 1 GewSchG möglichen **Betretungs-, Näherungs-** und **Belästigungsverbote** können allerdings neben der eigentlichen Wohnungszuweisung in einem gesonderten Verfahren beantragt werden. Der Vorteil liegt darin, dass nach § 1 GewSchG verhängte Ver- und Gebote nach § 4 GewSchG strafbewehrt sind.

2. Besitzschutzansprüche. Solange die Ehegatten **nicht getrennt** leben und dies **3** auch nicht beabsichtigen, findet Besitzschutz nach den §§ 861 ff. statt. Dies ist dann der Fall, wenn der ausgesperrte Ehegatte Wiedereinräumung des Mitbesitzes ohne Trennungsabsicht verlangt. Stellt der andere Ehegatte unter Berufung auf seine Trennungsabsicht Antrag nach § 1361 b, so leitet er ein Verfahren nach den §§ 200 ff. FamFG ein, das anderen Verfahrensvorschriften unterliegt und nicht mit dem ZPO-Verfahren, in dem Ansprüche nach §§ 861 geltend gemacht werden, verbunden werden kann.[5] Zuständig ist jeweils das Familiengericht.

3. §§ 1666, 1666 a. Nach diesen Vorschriften kann einem Ehegatten die Woh- **4** nungsnutzung verboten werden, wenn das Wohl von **im Haushalt lebenden Kindern** in höchstem Maße gefährdet ist und auch andere familienunterstützende Maßnahmen der Kinder- und Jugendhilfe nicht ausreichen, die Gefahr zu besei-

---

1 Schulz/Hauß 5. Kap. Rn. 1102 mwN.
2 JH/Henrich EGBGB Art. 17 a Rn. 4; OLG Karlsruhe FamRZ 2001, 760.
3 JH/Götz GewSchG § 3 Rn. 10.
4 FA-FamR/Klein Kap. 8 Rn. 227.
5 JH/Götz § 1361 b Rn. 46; Palandt/Brudermüller § 1361 b Rn. 18.

tigen. Dieses Verfahren ist im Gegensatz zum Verfahren nach § 1361 b vom Familiengericht von Amts wegen einzuleiten.

III. Voraussetzungen für die Ansprüche aus § 1361 b

5 **1. Getrenntleben.** Die Streitigkeit muss im Zusammenhang mit dem Getrenntleben der Ehegatten stehen. Unerheblich ist dabei, ob die Ehegatten bereits getrennt leben oder dieses erst erreichen wollen. Streitig ist, ob eine Scheidungsabsicht erforderlich ist.[6] Dies dürfte jedoch abzulehnen sein, da die Trennungszeit dazu dienen soll, sich über die Scheidungsabsichten klar zu werden. Das Getrenntleben definiert sich wie in § 1567.

6 **2. Ehewohnung.** Unter einer Ehewohnung sind Räumlichkeiten zu verstehen, die den Ehegatten zur gemeinsamen privaten Nutzung dienen. Der Begriff ist weit auszulegen.[7] Hierzu gehören die eigentlichen **Wohnräume**, aber auch der dazugehörige **Garten**, die **Garage**, der **Keller** und die **Fitnessräume**.[8] Ausschließlich **beruflich genutzte Räume** gehören nicht dazu, auch wenn sie sich in räumlichem Zusammenhang mit der Ehewohnung befinden. Nach einer im Vordringen befindlichen Meinung kann eine **Ferienwohnung** Ehewohnung sein, da es nicht auf die Dauer der Nutzung, sondern auf die Zweckbestimmung ankommt.[9] Ehewohnung kann auch ein **Wohngemeinschaftszimmer** sein, ein Zelt und eine Gartenlaube,[10] ebenso wie ein Wohnwagen. Unerheblich ist, worauf sich die Nutzungsrechte gründen, sei es auf das Eigentum oder den Mietvertrag eines der Ehegatten oder beider, sei es aufgrund eines Verwaltungsaktes, eines Arbeits- oder Dienstverhältnisses oder der Zugehörigkeit zu einer Genossenschaft.[11] Der Charakter als Ehewohnung geht verloren, wenn einer der Ehegatten die Wohnung endgültig verlässt[12] und einen anderen Lebensmittelpunkt gefunden hat,[13] nicht aber, wenn dies aufgrund unerträglicher Spannungen geschieht.[14] Allerdings ist hier die zeitliche Grenze des § 1361 b Abs. 4 zu beachten. Es handelt sich selbst dann unverändert um eine Ehewohnung, wenn der Mietvertrag (durch den Vermieter) gekündigt ist und ein Räumungstitel vorliegt. Zur Durchführung des Wohnungszuweisungsverfahrens fehlt es dann jedoch am Regelungsbedürfnis.[15] Wenn beide Ehegatten ausgezogen sind und sich über den Verkauf der Wohnung einig sind, kann von einer Ehewohnung nicht mehr ausgegangen werden.[16] Gewährt ein Ehegatte, nachdem er nach der endgültigen Trennung wegen Gewalttätigkeit ausgezogen ist, dem anderen in seiner neuen Wohnung Obdach, so ist die neue Wohnung keine Ehewohnung.[17]

---

6 Einerseits OLG Naumburg FamRZ 2003, 1748, andererseits OLG Bamberg FamRZ 1992, 1299.
7 Schulz/Hauß 5. Kap. Rn. 1104.
8 OLG Jena NJW-RR 2004, 435.
9 BGH FamRZ 1990, 987; OLG Celle FamRZ 2015, 1193; Palandt/Brudermüller § 1361 b Rn. 6; Schulz/Hauß 5. Kap. Rn. 1109 mwN.
10 OLG Naumburg FamRZ 2005, 1269.
11 BVerfG FamRZ 1991, 1413.
12 BGH FamRZ 2013, 1280; OLG Köln FamRZ 2005, 1993; Frankfurt/M. FamFR 2013, 476.
13 OLG Hamm FamRZ 2015, 1196; OLG Koblenz FamRZ 2006, 1207.
14 OLG Jena FamRZ 2004, 877.
15 OLG Oldenburg FamRZ 1993, 1342.
16 OLG München FamRZ 2007, 836.
17 OLG Frankfurt/M. FamRZ 2015, 1898.

Die Ehewohnung behält diese Eigenschaft während der gesamten Trennungszeit.[18]

3. Unbillige Härte. Mit Einführung des GewSchG am 1.1.2002 wurde der Begriff „schwere Härte" durch den umfassenderen Begriff „unbillige Härte" ersetzt. Die Eingriffsschwelle sollte gesenkt werden, weil die Ehegatten nicht mehr um jeden Preis aneinander gebunden bleiben sollten. Der Begriff „unbillige Härte" ist daher weiter und einzelfallbezogen auszulegen. Wertend ist dabei zu berücksichtigen, wenn der Antragsteller sich erst nach sechs Monaten auf die schwere Härte beruft.[19] Unter unbilliger Härte sind alle Formen der **körperlichen Gewalt**, aber **auch Demütigungen, Herabsetzungen, andauernde Beschimpfungen** und **Psychoterror** zu verstehen.[20] Es kommt hierbei auf das subjektive Empfinden des verletzten Ehegatten an, die Fortsetzung der häuslichen Gemeinschaft nicht mehr fortführen zu können.[21] Es reicht allerdings nicht aus, sich nur allgemein auf „dauernde Tätlichkeiten und Vergewaltigungen" zu beziehen. Die Tatsachen, mit denen sich die „unbillige Härte" darstellt, müssen nach Zeitpunkt, Dauer, Ort und Ausführungsweise im Zusammenhang konkret beschrieben werden. Ebenso wenig reicht der Hinweis auf eine **Suchterkrankung** des Ehegatten aus. Vielmehr müssen die Begleiterscheinungen genau beschrieben werden. Durch Aggressivität, Tätlichkeiten, nächtliches Rumschreien, Vandalismus,[22] aber auch durch mangelnde körperliche Hygiene,[23] Suizidversuche oder deren Ankündigung kann das Zusammenleben zur „unbilligen Härte" werden. Ein **schuldhaftes Verhalten** ist nicht erforderlich.[24]

Das **Wohl der im Haushalt lebenden Kinder**, das nach Abs. 1 S. 2 besonders zu berücksichtigen ist, ist gefährdet, wenn diese in einer Umgebung aufwachsen müssen, die von ständigen tätlichen und verbalen Streitereien der Eltern geprägt ist.[25] Es ist auch dann beeinträchtigt, wenn der für sie sorgende Ehegatte aufgrund der Vorkommnisse gezwungen ist, aus der Wohnung auszuziehen oder trotz gravierender Auseinandersetzungen in der Wohnung zu leben.[26] Nicht als ausreichend anzusehen sind aber **Unstimmigkeiten und Reibereien**, wie sie in jeder Ehe, namentlich im Zusammenhang mit einer Trennung, immer vorkommen können.[27]

Je länger die Trennung andauert, desto geringer sind die Anforderungen an das Vorliegen einer „unbilligen Härte".[28] **Finanzielle Gesichtspunkte** können in der Regel eine unbillige Härte nicht begründen. Die Zuweisung der Ehewohnung kann daher nicht zu **Vermietungs- oder Verkaufszwecken** verlangt werden. Es kommt nur eine Zuweisung zur eigenen Nutzung in Betracht.[29]

7

---

18 BGH 28.9.2016 – XII ZB 487/15, NJW 2017, 260 mAnm Giers.
19 OLG Köln FamRZ 2011, 118.
20 AG Tempelhof FamRZ 2003, 532.
21 OLG Köln FamRZ 2006, 126.
22 OLG Brandenburg 21.8.2006 – 15 WF 183/06.
23 OLG Brandenburg 21.8.2006 – 15 WF 183/06.
24 JH/Götz § 1361 b Rn. 24 f.
25 FA-FamR/Klein Kap. 8 Rn. 264; OLG Brandenburg FamRZ 2010, 1983; OLG Stuttgart FamRZ 2015, 1189.
26 OLG Celle FamRZ 2006, 1143.
27 OLG Hamm NJW 2015, 2349; OLG Frankfurt/M. FamRZ 1996, 289.
28 OLG Bamberg FamRZ 1990, 1353.
29 OLG Frankfurt/M. FamRZ 2004, 875; JH/Götz § 1361 b Rn. 27; anders OLG Hamburg FamRZ 1992, 1298.

8   **4. Vorrang des Kindeswohls.** Im Hinblick auf das Wohl der im Haushalt lebenden Kinder, womit auch volljährige, noch in Ausbildung stehende Kinder und
solche, die nicht aus der Verbindung zwischen den Ehegatten stammen, gemeint
sind,[30] kommt es nicht entscheidend darauf an, wer die „unbillige Härte" zu
verantworten hat. Vielmehr ist es in der Regel erforderlich, dass die Ehewohnung demjenigen zugewiesen wird, der überwiegend für die Versorgung der Kinder verantwortlich ist. Denn zumeist ist es für das Kindeswohl nicht förderlich,
wenn sie aus ihrer angestammten Wohnsituation, die Freunde und Schule um-
schließt, herausgenommen werden.[31]

9   **5. Belange des anderen Ehegatten.** Die Berücksichtigung der Belange des anderen Ehegatten kann dazu führen, dass die Überlassung der Wohnung zur alleinigen Benutzung nicht verlangt werden kann, obwohl an sich eine „unbillige Härte" vorliegt. Solche Gesichtspunkte sind die Nähe zur Arbeitsstelle, Möglichkeiten, eine Ersatzwohnung zu finden, insbesondere für einen Ehegatten mit mehreren kleinen Kindern, insgesamt die finanziellen Verhältnisse, Alter, Krankheit,[32] evtl. Behindertenausstattung der Wohnung, Vorhandensein eines Lifts,
Größe der Wohnung. Unter ganz engen Voraussetzungen können auch die Interessen Dritter in die Abwägung miteinbezogen werden, wenn zB ein Ehepaar gemeinsam nahe Verwandte zur Pflege aufgenommen hat.[33] Auf keinen Fall sind
die Interessen des neuen Partners mit zu berücksichtigen.[34] Von Bedeutung kann
sein, wer die Wohnung bereits vor der Ehe bewohnt hat und wer Aufbau- und
Eigenleistungen erbracht hat.[35] In Abs. 1 S. 3 ausdrücklich erwähnt sind die
dinglichen Rechte an der Wohnung.

10 **6. Verschulden.** Eigenes Mitverschulden hindert die Wohnungszuweisung
nicht.[36] Gravierendes Fehlverhalten des anderen Teils kann im Rahmen der Gesamtabwägung berücksichtigt werden.[37]

IV. Die einzelnen Ansprüche

11 **1. Zuweisung der Ehewohnung (Abs. 1 S. 1). a) Gesamte Wohnung.** Während
es früher der Regelfall war, die Ehewohnung zwischen den Partnern aufzuteilen,
ist nunmehr **grundsätzlich die gesamte Wohnung** einem der Ehegatten zuzuweisen. Dies gilt insbesondere dann, wenn eine Gewalttat eine Rolle gespielt hat,
§ 1361 b Abs. 2 S. 1. Eine Wohnungsaufteilung kommt nur dann ausnahmsweise
in Betracht, wenn dies aufgrund besonderer Umstände möglich ist. Über § 209
Abs. 1 FamFG kann eine Räumungsfrist gewährt werden, die im Hinblick auf
die besonderen Umstände zu bemessen ist. Nach Ablauf der Räumungsfrist ist
der Ehegatte, dem die Wohnung zugewiesen wurde, berechtigt, das Schloss zur
Wohnung auszuwechseln.[38]

---

30 Schulz/Hauß 5. Kap. Rn. 1117.
31 OLG Celle FamRZ 2006, 1143.
32 OLG Jena FamRZ 1997, 559.
33 OLG Karlsruhe FamRZ 2002, 1716.
34 OLG Bamberg FamRZ 1996, 1293 (Nichtberücksichtigung der Interessen eines neuen
    Partners bei der Hausratsverteilung); OLG Hamm 1993, 1442.
35 KG FamRZ 1988, 182.
36 OLG Jena FamRZ 1997, 559.
37 OLG Naumburg FamRZ 2006, 1207.
38 JH/Götz FamFG § 209 Rn. 6.

b) Überlassungsvermutung (Abs. 4). Wenn allerdings der Ehegatte sechs Mona- 12
te, nachdem er die Ehewohnung verlassen hat, dem anderen Ehegatten gegenüber keine ernsthafte Rückkehrabsicht bekundet hat, besteht die **unwiderlegli-
che Überlassungsvermutung** des Abs. 4. Problematisch kann dies für den Ehegatten werden, der dem anderen die Wohnung aus Billigkeitsgründen ohne Nutzungsentschädigung zur Verfügung stellen musste. Liegen die Voraussetzungen
des § 48 FamFG nicht vor, kann er erst mit Rechtskraft der Scheidung eine andere Regelung herbeiführen. Wenn Härtegründe, die sich auf das Kindeswohl
beziehen, erstmals nach Ablauf der Sechsmonatsfrist eingetreten sind, steht die
Überlassungsvermutung einer Zuweisung nicht entgegen.[39]
Die Vermutungswirkung des § 1361 b Abs. 4 erschöpft sich in der Rechtstat-
sache, dass ein Überlassungsverhältnis begründet worden ist, auf das die Rechtsfolgen des § 1361 b Abs. 3 einstweilen gestützt werden können. Folge der Vermutungswirkung ist jedoch weder, dass die Ehewohnung ihren Charakter als
solche verliert, noch liegt in der gesetzlichen Vermutung für die Entstehung des
Überlassungsverhältnisses bereits eine Festlegung über dessen Endgültigkeit.
Eine Änderung der Überlassungsregelung kann daher trotz Vorliegen der Voraussetzungen des Abs. 4 bei einer wesentlichen Veränderung der zugrunde liegenden Umstände verlangt werden.[40]
Eventuell kann eine Wohnungszuweisung nach Ablauf der sechsmonatigen Frist
auf § 1666 gestützt werden, wenn sie das Kindeswohl betrifft.

c) Antragstellung. Der Ausspruch, mit dem die Wohnung zugewiesen wird, 13
stellt allein keinen Räumungstitel im Sinne des § 885 ZPO dar, vielmehr bedarf
es der **Räumungsverpflichtung**. Da sich die Verpflichtung zur Räumung nur auf
den Antragsgegner beziehen soll, nicht aber auf die Einrichtungsgegenstände, ist
zusätzlich § 885 Abs. 2 bis 4 ZPO auszuschließen.[41] Die Wohnung muss genau
nach Straße, Nummer, Lage im Haus **bezeichnet** werden, da ansonsten eine
Vollstreckung nicht möglich ist.
Ein **Antrag auf Zuweisung der Ehewohnung** könnte lauten:

▶ 1. Der Antragstellerin wird die Wohnung in der K-Straße Nr. 10 in München, 1.
   Rückgebäude, 3. Stock links mit der Nummer 32, bestehend aus drei Zimmern,
   Küche, Bad, Balkon einschließlich des dazugehörenden Kellerabteils mit der
   Nummer 02 vorläufig zur alleinigen Nutzung zugewiesen.
2. Der Antragsgegner ist verpflichtet, die Wohnung bis spätestens zwei Wochen
   nach Rechtskraft der Entscheidung zu räumen und einschließlich der Schlüssel
   (ein Haustürschlüssel, drei Wohnungsschlüssel und ein Kellerschlüssel) an die
   Antragstellerin herauszugeben.
3. § 885 Abs. 2 bis 4 ZPO ist bei der Räumung nicht anzuwenden.
4. Die sofortige Wirksamkeit des Beschlusses wird angeordnet (§ 209 Abs. 2 S. 2
   FamFG). ◀

2. Flankierende Maßnahmen (Abs. 3 S. 1 und § 209 Abs. 1 FamFG). Um die 14
Ausübung des Nutzungsrechts abzusichern, können nach Abs. 3 S. 1, § 209
Abs. 1 FamFG verschiedene **weitere Maßnahmen** angeordnet werden:

▶ Dem Antragsgegner wird aufgegeben, beim Auszug seine persönlichen Sachen mitzunehmen. Hausratsgegenstände darf er nicht mitnehmen.

---

39 OLG Nürnberg FuR 2005, 573.
40 BGH 28.9.2016 – XII ZB 487/115, NJW 2017, 260 mAnm Giers.
41 Schulz/Hauß 5. Kap. Rn. 1138.

Der Antragsgegner wird verpflichtet, der Antragstellerin am 3.8.2017 um 17 Uhr Zugang zur Ehewohnung zu gewähren.

Dem Antragsgegner wird verboten, sich im Umkreis von 75 m der Wohnung der Antragstellerin aufzuhalten.

Dem Antragsgegner wird verboten, das Mietverhältnis an der Ehewohnung zu kündigen oder in sonstiger Weise zu beenden. ◄

Nach ganz hM kann entgegen der gesetzgeberischen Intention[42] ein **Veräußerungsverbot** nicht auf § 1361 b gestützt werden.[43] Der verbliebene Ehegatte kann nur dadurch geschützt werden, dass ein Mietverhältnis zwischen ihm und dem Ehegatten, der Eigentümer der Immobilie ist, begründet wird. Dies kann auf Antrag durch das Familiengericht – auch im Wege der einstweiligen Anordnung – geschehen. Im Veräußerungsfall kann sich dann der in der Wohnung verbliebene Ehegatte auf Kündigungsschutz berufen. Sofern sich der Verkauf als Verfügung über das „Vermögen als Ganzes" im Sinne von § 1365 darstellt und zwischen den Ehegatten keine Gütertrennung vereinbart ist, kann beim Familiengericht ein Veräußerungsverbot erwirkt werden, das im Grundbuch eingetragen wird.[44]

15 **3. Nutzungsvergütung (Abs. 3 S. 2).** Eine Nutzungsvergütung kann der weichende Ehegatte gem. § 1361 b Abs. 3 S. 2 von dem Ehegatten, der in der Wohnung bleibt, verlangen. Unerheblich ist, ob er durch familiengerichtliche Entscheidung, aufgrund Vertrages zwischen den Ehegatten oder freiwillig ausgezogen ist. Einer Nutzungsvergütung steht nicht entgegen, dass dem in der Wohnung verbliebenen Ehegatten die Wohnung aufgedrängt wurde.[45] Dies ergibt sich nach der Gesetzesänderung nunmehr aus § 1361 b Abs. 3 S. 2. Nach hM ist § 745 Abs. 2 und damit das Gemeinschaftsrecht daneben nicht anwendbar, da § 1361 b Abs. 3 S. 2 insoweit lex specialis ist.[46]

16 **a) Verhältnis zum Unterhalt.** Wenn der weichende Ehegatte verpflichtet ist, dem in der Wohnung verbliebenen Ehegatten **Unterhalt** zu zahlen, ist der Wohnvorteil in der Regel dem verbliebenen Ehegatten im Rahmen der Unterhaltsberechnung bereits als fiktives Einkommen angerechnet worden. Eine gesonderte Nutzungsvergütung wird dann nicht mehr festgesetzt.[47] Verbleibt der unterhaltspflichtige Ehegatte in der Wohnung, wird ihm der Wohnvorteil als fiktives Einkommen zugerechnet und erhöht somit das zu Unterhaltszwecken zur Verfügung stehende Einkommen. Dies gilt sowohl für die Fälle des **Miteigentums** wie auch für die Fälle des **Volleigentums.**

17 **b) Mietwohnungen.** Wenn es sich um eine Mietwohnung handelt, kann vollständige oder partielle **Freistellung** von der Verpflichtung zur Zahlung des Mietzinses verlangt werden, soweit eine Freistellung der Billigkeit entspricht.[48] Problematisch ist diese Lösung dann, wenn der Verpflichtete die Mieten nicht mehr zahlt, denn der verbliebene Ehegatte kann sich gegenüber dem Vermieter nicht auf diese Freistellung berufen.

---

42 Schuhmacher FamRZ 2002, 645.
43 Palandt/Brudermüller § 1361 b Rn. 17 mwN; Schulz/Hauß 5. Kap. Rn. 1151.
44 Schulz/Hauß 5. Kap. Rn. 1154.
45 BGH FamRZ 2014, 460.
46 OLG München FamRZ 2007, 1655.
47 KG Berlin FamRZ 2015, 1191; Schulz/Hauß 5. Kap. Rn. 1162 mwN.
48 OLG Naumburg FamRZ 2003, 1748.

Daneben kann auch die Zustimmung des anderen Ehegatten zur Entlassung aus dem gemeinsamen Mietverhältnis während der Trennungszeit verlangt werden.[49]

c) Höhe der Nutzungsentschädigung. Der Höhe nach kann Nutzungsentschädi- 18 gung nur verlangt werden, soweit dies der Billigkeit entspricht, § 1361 b Abs. 3 S. 2. Nach oben ist sie durch die ortsübliche Marktmiete begrenzt.[50] **Während des ersten Jahres der Trennungszeit** ist in der Regel nur ein gekürzter Betrag anzusetzen.[51] Anhaltspunkt für die Höhe ist der Betrag, den der Ehegatte für Miete ausgeben würde, wenn er sich auf dem freien Markt eine für ihn passende – meist kleinere – Wohnung suchen würde. Insbesondere gilt dies, wenn die (große) Ehewohnung durch die Trennung und den damit verbundenen Auszug einem der Ehegatten alleine „aufgedrängt" wurde. Von Bedeutung kann weiter sein, in welchem Umfang der weichende Ehegatte durch den Verlust des Wohnungsbesitzes wirtschaftliche Nachteile erleidet und inwieweit es der Billigkeit entspricht, dieses durch eine Nutzungsentschädigung zu kompensieren.[52] Versorgt die in der Wohnung verbliebene Ehefrau gemeinsame Kinder und erhält sie keinen Unterhalt, kann es der Billigkeit entsprechen, jeglichen Nutzungsentgeltanspruch des Ehemannes zu versagen.[53] Ist der in der Wohnung verbliebene Ehegatte entgegen seiner unterhaltsrechtlichen Verpflichtung nicht erwerbstätig, so kann ihm fiktives Einkommen zugerechnet werden, aus dem er zur Zahlung von Nutzungsentschädigung verpflichtet werden kann.[54] Trägt der in der Ehewohnung verbliebene Ehegatte die Lasten der Wohnung, so ist die Nutzungsentschädigung um diese Beträge zu kürzen.[55] Trägt der in der Wohnung verbliebene Ehegatte die in § 1 Abs. 2 BetrKV aufgeführten **Verwaltungs-, Instandhaltungs-, Instandsetzungs- und Kapitalkosten,** ist die Nutzungsentschädigung in Höhe der ortsüblichen Miete, aber reduziert um diese Beträge festzusetzen, da sie auf den Mieter nicht umgelegt werden können, § 556 Abs. 1, und daher in der ortsüblichen Miete nicht enthalten sind. Dagegen können die Betriebskosten, die in § 1 Abs. 1 und § 2 BetrKV genannt sind, auf den Mieter umgelegt werden. Insoweit ist lediglich zu prüfen, ob sie in der ortsüblichen Vergleichsmiete enthalten sind. Für die Netto-Kaltmiete, die den Mietspiegeln zugrunde liegt, trifft dies jedoch regelmäßig nicht zu.[56]

Zu unterscheiden ist danach, ob es sich um Mietwohnungen oder andere Wohnungen handelt und ob Unterhalt gezahlt wird. Haben sich die Eltern im Hinblick auf das **mietfreie Wohnen der Kinder** darauf verständigt, dass der Unterhaltsverpflichtete, der die Ehewohnung verlassen hat, für die gemeinsamen Kinder nur einen reduzierten Kindesunterhalt zu zahlen hat, ist der objektive Mietwert um den auf die Kinder entfallenden Wohnkostenanteil zu reduzieren.[57]

---

49 OLG Hamburg FamRZ 2011, 481.
50 BGH FamRZ 1994, 822.
51 BGH NJW 2000, 284.
52 OLG Hamm FamRZ 1996, 1476; 2011, 892; BGH FamRZ 2014, 460.
53 OLG Köln FamRZ 1997, 943.
54 OLG Bamberg FamRZ 2015, 668.
55 OLG Düsseldorf FamRZ 1999, 1271; OLG Köln FamRZ 1999, 1272.
56 BGH FamRZ 2009, 1300.
57 OLG Bremen FamRZ 2011, 1980.

Billigem Ermessen dürfte es dagegen entsprechen, die volle Marktmiete anzusetzen, wenn der Ehegatte seinen **neuen Partner** mit in die Wohnung aufgenommen hat.

Nutzt der in der Wohnung verbliebene Ehepartner die ihm zugewiesene Wohnung **nur teilweise**, reduziert sich die Höhe der Nutzungsentschädigung nicht.[58] Dies gilt auch, wenn er die im Miteigentum beider Ehegatten stehende Ferienwohnung nicht nutzt.[59]

19 **d) Fälligkeit.** Fällig wird die Nutzungsentschädigung erst ab einer entsprechenden eindeutigen **Zahlungsaufforderung** (Zahlung oder Auszug) (Rechtsgedanke des § 1613 Abs. 1).[60] Unter Umständen kann es angebracht sein, dem zahlungspflichtigen Ehegatten eine Überlegungsfrist einzuräumen, damit dieser prüfen kann, ob er in der Ehewohnung verbleibt oder sich eine neue Wohnung sucht.[61]

V. Verfahren

20 Bei Verfahren, die vor dem 1.9.2009 eingeleitet wurden, ist Art. 111 Abs. 1 und 3 FGG-RG zu beachten. Mangels Übergangsregelung ist auf alle Verfahren das neue materielle Recht anzuwenden.

21 **1. Zuständigkeit.** Ehewohnungssachen nach § 1361 b sind Familiensachen, §§ 111 Nr. 5, 200 Abs. 1 Nr. 1 FamFG. Die Verweisung auf die Vorschriften der ZPO in § 113 Abs. 1 FamFG ist somit nicht zu beachten. Zuständig ist das Familiengericht, §§ 23 a Abs. 1 Nr. 1, 23 b Abs. 1 GVG.

22 **2. Verfahrensarten.** Ehewohnungssachen nach § 1361 b betreffen den Trennungszeitraum und nicht den Fall der Rechtskraft der Scheidung und sind deshalb nicht verbundfähig, § 137 Abs. 2 S. 1 FamFG. Ein Antrag nach § 1361 b unterliegt nicht dem Anwaltszwang, § 114 FamFG.

Ein während der Trennungszeit auf § 985 gestützter Antrag eines Ehegatten gegen den anderen auf Herausgabe der Ehewohnung ist unzulässig. Er kann nicht in einen Antrag auf Zuweisung der Ehewohnung im Ehewohnungsverfahren umgedeutet werden.[62]

23 **3. Antragsverfahren.** Das Verfahren wird eingeleitet durch eine Antragsschrift, §§ 23, 203 FamFG. Da am Ausgang des Verfahrens anders als im Kindschaftsverfahren kein gesteigertes öffentliches Interesse besteht und das Verfahren Ähnlichkeit mit einem Zivilprozess hat,[63] obliegt dem Antragsteller eine **erhöhte Darlegungslast.** Insbesondere muss er Anhaltspunkte für die Aufnahme der Amtsermittlung nach § 26 FamFG darlegen.[64] Reicht das Ergebnis der Ermittlungen zur Überzeugung des Gerichts nicht aus, so geht dies zulasten der Partei, die eine für sie günstige Rechtsfolge angestrebt hat.[65] Nach Gewaltanwendung oder Drohung mit Gewalt wird Wiederholungsgefahr vermutet, so dass sich die Beweislast umkehrt, § 1361 b Abs. 2 S. 1.

---

58 BGH FamRZ 2009, 1300.
59 OLG Celle FamRZ 2015, 1193.
60 OLG München FamRZ 1999, 1270; OLG Celle FamRZ 2015, 1193 Rn. 30; OLG Hamm FamRZ 2014, 1298.
61 Palandt/Brudermüller § 1361 b Rn. 23.
62 BGH 28.9.2016 – XII ZB 487/15, NJW 2017, 260 mAnm Giers.
63 BT-Drs. 16/6308, 250.
64 Keidel/Giers FamFG § 203 Rn. 5.
65 JH/Götz § 1361 b Rn. 48.

Der Antrag muss die Wohnung konkret bezeichnen, einschließlich der Benennung der Nebenräume. Der Antrag soll die Angabe enthalten, ob Kinder im Haushalt der Ehegatten leben, § 203 Abs. 3 FamFG, damit die nach § 205 FamFG erforderliche Anhörung des Jugendamts durchgeführt werden kann.

Auch wenn der Familienrichter nach § 209 FamFG von Amts wegen die zur Durchführung der Entscheidung erforderlichen Anordnungen treffen muss, empfiehlt es sich, die gewünschten Rechtsfolgen zu beantragen (→ Rn. 13 f., 26).

4. Beteiligung Dritter. Im Verfahren nach § 1361 b sind Dritte nicht zu beteili- 24 gen (mit Ausnahme des Jugendamtes, das auf Antrag zu beteiligen ist, wenn Kinder im Haushalt leben, § 204 FamFG). Auch ohne seinen Antrag ist das Jugendamt anzuhören, § 205 FamFG.

5. Tod eines Ehegatten. Mit dem Tod eines Ehegatten ist das Verfahren **erledigt,** 25 § 208 FamFG. Dies ist die Konsequenz daraus, dass die Ansprüche als höchstpersönliche Ansprüche ausgestaltet sind,[66] was allerdings nur für den Fall einen Sinn gibt, dass der anspruchstellende Ehepartner stirbt. Stirbt der Ehegatte, gegen den der Anspruch geltend gemacht wird, verliert der anspruchstellende Ehegatte alle familienrechtlichen Ansprüche auf die Ehewohnung. Handelt es sich bei der Ehewohnung um eine Mietwohnung und ist der überlebende Ehepartner nicht selbst Partei des Mietvertrags, hat er unter den dort genannten Voraussetzungen die Rechte aus § 563. Waren die Ehepartner Miteigentümer, muss er nach §§ 741 ff. vorgehen.

6. Flankierende Anordnungen. Mit der Endentscheidung soll das Gericht die 26 **Anordnungen** treffen, die zu ihrer Wirksamkeit erforderlich sind, § 209 Abs. 1 FamFG. In Betracht kommt zum Beispiel:

▶ Dem Antragsgegner wird verboten, die Wohnung und den dazugehörenden Garten noch einmal zu betreten.

Der Antragstellerin wird aufgegeben, dem Antragsgegner am Dienstag um 16 Uhr Zutritt zu den Kellerräumen zu verschaffen, damit er seine dort deponierten Musikinstrumente abholen kann. Der Antragsgegner ist berechtigt, in Begleitung einer weiteren Person zu erscheinen.

Dem Antragsgegner wird verboten, das Mietverhältnis durch Kündigung oder in sonstiger Weise zu beenden. ◀

7. Wirksamkeit. Die Endentscheidung wird mit Rechtskraft wirksam, § 209 27 Abs. 2 S. 1 FamFG, das Gericht soll die sofortige Wirksamkeit anordnen, § 209 Abs. 2 S. 2 FamFG.

8. Vollstreckung. Die Vollstreckung der Räumungsverpflichtung erfolgt nach 28 § 95 Abs. 1 Nr. 2 FamFG, § 885 ZPO. Die Vollstreckung der Verbote werden nach § 95 Abs. 1 Nr. 4 FamFG iVm § 890 ZPO, der Gebote nach § 95 Abs. 1 Nr. 3 FamFG iVm § 887 ZPO oder § 888 ZPO durchgesetzt.

9. Abänderung. Eine Abänderung der Entscheidung ist bei einer nachträglichen 29 wesentlichen Veränderung möglich nach § 48 Abs. 1 FamFG, da es sich bei der Zuweisung der Ehewohnung um eine Entscheidung mit Dauerwirkung handelt.[67]

---

66 FA-FamR/Klein Kap. 8 Rn. 19.
67 JH/Götz § 1361 b Rn. 58; OLG Stuttgart FamRZ 2011, 977.

30 **10. Einstweilige Anordnung.** Die Ansprüche aus § 1361 b können im Wege der einstweiligen Anordnung im selbstständigen Verfahren durchgesetzt werden, §§ 49 ff. FamFG.

31 **11. Rechtsmittel.** Das Rechtsmittel gegen die Hauptsacheentscheidung ist die Beschwerde, § 58 FamFG.

Gegen einen in einer einstweiligen Anordnung aufgrund mündlicher Verhandlung ergangenen Beschluss ist die Beschwerde statthaft, § 57 S. 1 Nr. 5 FamFG. Eine Aufhebung oder Änderung durch das Ausgangsgericht ist nach § 54 FamFG möglich.

VI. Kosten

32 Die **Kosten** werden nach §§ 80 ff. FamFG verteilt.

33 **1. Hauptsacheverfahren. Verfahrenswert:** 3.000 EUR, § 48 Abs. 1 FamGKG, § 200 Abs. 1 Nr. 1 FamFG, kann aber nach den Umständen des Einzelfalles erhöht oder verringert werden, § 48 Abs. 3 FamFG.

34 **2. Einstweilige Anordnung. Verfahrenswert:** 1.500 EUR, §§ 41, 48 Abs. 1 FamGKG, § 200 Abs. 1 Nr. 1 FamFG, kann aber nach den Umständen des Einzelfalles erhöht oder verringert werden, § 48 Abs. 3 FamFG.

§ 1362 BGB Eigentumsvermutung

(1) [1]Zugunsten der Gläubiger des Mannes und der Gläubiger der Frau wird vermutet, dass die im Besitz eines Ehegatten oder beider Ehegatten befindlichen beweglichen Sachen dem Schuldner gehören. [2]Diese Vermutung gilt nicht, wenn die Ehegatten getrennt leben und sich die Sachen im Besitz des Ehegatten befinden, der nicht Schuldner ist. [3]Inhaberpapiere und Orderpapiere, die mit Blankoindossament versehen sind, stehen den beweglichen Sachen gleich.

(2) Für die ausschließlich zum persönlichen Gebrauch eines Ehegatten bestimmten Sachen wird im Verhältnis der Ehegatten zueinander und zu den Gläubigern vermutet, dass sie dem Ehegatten gehören, für dessen Gebrauch sie bestimmt sind.

I. Allgemeines

1 Die gesetzliche Eigentumsvermutung nach Abs. 1 dient dem **Schutz der Gläubiger** eines Ehegatten. Die Vorschrift hat vor allem in Zwangsvollstreckungs- und Insolvenzverfahren Bedeutung.[1] Die Eheleute haben an den in der Wohnung befindlichen Sachen regelmäßig Mitbesitz. Nach § 1006 ist aus dem Mitbesitz auf Miteigentum zu schließen. Eine Zwangsvollstreckung würde scheitern, wenn der nicht schuldende Ehegatte unter Berufung auf sein Miteigentum Drittwiderspruchsklage (§ 771 ZPO) erheben würde. Im Insolvenzverfahren könnte er die Aussonderung (§ 47 InsO) verlangen. § 1362 verhindert den Beweisnotstand der Gläubiger, da zu ihren Gunsten vermutet wird, dass die im Besitz eines oder beider Ehegatten befindlichen Sachen allein dem Schuldner gehören.

---

1 MK/Weber-Monecke § 1362 Rn. 2, 19; NK-BGB/Gruber § 1362 Rn. 1.

§ 1362 gilt für **alle Güterstände**. Bei Gütergemeinschaft greift die Vorschrift je- 2
doch nur, wenn feststeht, dass der Gegenstand nicht zum Gesamtgut (§ 1416)
gehört.[2]

II. Voraussetzungen

Die Eigentumsvermutung nach Abs. 1 setzt eine Ehegemeinschaft mit einem ge- 3
meinsamen Haushalt voraus. Die Sachen müssen sich im **Besitz eines oder beider Ehegatten** befinden. Für die Pfändung des Herausgabeanspruchs des schuldenden Ehegatten genügt dessen mittelbarer Besitz.[3] Die Eigentumsvermutung
gilt nicht, wenn die Ehegatten **dauernd getrennt leben** (Abs. 1 S. 2).

Bei einer eingetragenen Lebenspartnerschaft wird nach § 8 LPartG zugunsten 4
der Gläubiger vermutet, dass die im Besitz eines Lebenspartners oder beider Lebenspartner befindlichen beweglichen Sachen dem Schuldner gehören. Dagegen
ist die Vorschrift für **nichteheliche Lebensgemeinschaften**, wie der Bundesgerichtshof nunmehr entschieden hat, nicht analog anzuwenden.[4]

Die Eigentumsvermutung bezieht sich auf **bewegliche Sachen**, nicht auf Grund- 5
stücke, Forderungen und andere Rechte. Zu den beweglichen Sachen zählen
Haushaltsgegenstände (Küchengeräte, Waschmaschine), **Bargeld**[5] sowie – nach
Abs. 1 S. 3 – Inhaber- und Orderpapiere, die mit einem Blankoindossament versehen sind.

III. Widerlegung der Vermutung

Die Eigentumsvermutung nach Abs. 1 kann der nicht schuldende Ehegatte **wi-** 6
derlegen, wenn er nachweist, dass er Eigentümer der gepfändeten Sache ist.
Nach Ansicht des Bundesgerichtshofs[6] reicht dazu aus, wenn er den Beweis erbringt, dass er die Sache schon vor der Ehe besaß. Nach § 1006 wird dann vermutet, dass der Besitzer mit der Erlangung des Besitzes Eigentümer geworden ist
und während der Dauer seines Besitzes geblieben ist. Den Fortbestand seines Eigentums muss er nicht mehr beweisen.[7] Eigentum des nicht schuldenden Ehegatten steht auch dann fest, wenn er den Gegenstand geerbt hat.[8]

Das **Eigentum am Pkw** wird nicht schon durch den Fahrzeugbrief (Zulassungs- 7
bescheinigung Teil II) nachgewiesen.[9] Eingetragen wird im Brief nicht der Eigentümer, sondern der Halter, der als „Verfügungsberechtigter" die Zulassung be-

---

2 Palandt/Brudermüller § 1362 Rn. 1; NK-BGB/Gruber § 1362 Rn. 29; MK/Weber-Monecke
  § 1362 Rn. 14; Staudinger/Voppel § 1362 Rn. 16; Erman/Gamillscheg § 1362 Rn. 5;
  Thomas/Putzo/Seiler ZPO § 739 Rn. 2; Zöller/Stöber ZPO § 739 Rn. 2; MK-ZPO/Heßler
  ZPO § 739 Rn. 3; HK-ZPO/Kindl ZPO § 739 Rn. 3.
3 BGH FamRZ 1993, 668 (669); Palandt/Brudermüller § 1362 Rn. 4; Erman/Gamillscheg
  § 1362 Rn. 8.
4 BGH FamRZ 2007, 457; zust. MK/Weber-Monecke § 1362 Rn. 10; NK-BGB/Gruber
  § 1362 Rn. 6.
5 BGH NJW 1955, 20; NK-BGB/Gruber § 1362 Rn. 7; MK/Weber-Monecke § 1362 Rn. 15;
  Palandt/Brudermüller § 1362 Rn. 2; Staudinger/Voppel § 1362 Rn. 16.
6 BGH FamRZ 1993, 668 (669); 1992, 409 (410).
7 MK/Weber-Monecke § 1362 Rn. 23; Palandt/Brudermüller § 1362 Rn. 7; NK-BGB/Gruber
  § 1362 Rn. 25; HK-BGB/Kemper § 1362 Rn. 4; Zöller/Stöber ZPO § 739 Rn. 10.
8 BGH FamRZ 1993, 668 (669); MK/Weber-Monecke § 1362 Rn. 23.
9 Schulz/Hauß, Vermögensauseinandersetzung, Rn. 1247; MK/Weber-Monecke § 1362
  Rn. 24; FAKomm-FamR/Weinreich § 1362 Rn. 5; Zöller/Stöber ZPO § 739 Rn. 5.

antragt und erhalten hat (§ 25 StVZO). Die Eintragung im Kfz-Brief ist nur ein Indiz, welchem Ehegatten das Eigentum am Pkw zuzuordnen ist.[10]

IV. Eigentumsvermutung (Abs. 2)

8 Für die **ausschließlich zum persönlichen Gebrauch** eines Ehegatten bestimmten Sachen wird im Verhältnis der Ehegatten zueinander und zu den Gläubigern vermutet, dass sie dem Ehegatten gehören, für dessen Gebrauch sie bestimmt sind (Abs. 2). Die Vorschrift gilt – im Gegensatz zu Abs. 1 – **auch bei Getrenntleben** der Eheleute und nach der Scheidung bis zur Beendigung der Vermögensauseinandersetzung.[11]

9 Der Ehegatte, der sich auf die Eigentumsvermutung nach Abs. 2 beruft, hat grundsätzlich zu beweisen, dass er die Sache allein persönlich gebraucht hat. Bei bestimmten Gegenständen spricht aber die **allgemeine Lebenserfahrung** für einen ausschließlich persönlichen Gebrauch durch nur einen Ehegatten, so bei Kleidung, Schmuck, Kosmetik, Rasierapparat, Damen- und Herrenfahrrädern.[12]

10 Bei **Damenschmuck** besteht nach Ansicht des Bundesgerichtshofs keine Vermutung für Alleineigentum der Ehefrau.[13] Die Ehefrau müsste den Nachweis erbringen, dass der Schmuck ihr allein gehört. Dagegen spricht der Beweis des ersten Anscheins, dass Damenschmuck ausschließlich von der Ehefrau getragen wird. Der Ehemann muss dann beweisen, dass er den von ihm erworbenen Schmuck seiner Ehepartnerin nicht geschenkt, sondern nur geliehen hat, oder dass er ihn als Kapitalanlage angeschafft oder geerbt hat.[14]

11 Für Sachen, die zu einem von einem Ehegatten erkennbar allein betriebenen **Erwerbsgeschäft** gehören (wie Betriebseinrichtung, Maschinen, Warenlager) und vom häuslichen Eheberich deutlich getrennt sind, ist § 1362 Abs. 2 analog anwendbar.[15]

V. Verfahren

12 Die Vermutung des § 1362 wird nochmals in § 739 ZPO aufgegriffen. Für die **Durchführung der Zwangsvollstreckung** wird, wenn die Eigentumsvermutung nach § 1362 eingreift, gem. § 739 ZPO vermutet, dass nur der Schuldner Gewahrsamsinhaber und Besitzer ist. Dessen Ehepartner müsste im Wege der Drittwiderspruchsklage (§ 771 ZPO) beweisen, dass er Eigentümer des gepfändeten Gegenstandes ist.[16] Gelingt ihm dieser Nachweis, wird die Vollstreckung für unzulässig erklärt. Hat zunächst ein Gläubiger des Ehemannes und anschließend

---

10 Schulz/Hauß, Vermögensauseinandersetzung, Rn. 1247.
11 MK/Weber-Monecke § 1362 Rn. 25; Staudinger/Voppel § 1362 Rn. 71; Erman/Gamillscheg § 1362 Rn. 16; Hoppenz/Müller § 1362 Rn. 8; FAKomm-FamR/Weinreich § 1362 Rn. 6.
12 MK/Weber-Monecke § 1362 Rn. 27; NK-BGB/Gruber § 1362 Rn. 14, 35; Staudinger/Voppel § 1362 Rn. 60.
13 BGH FamRZ 1971, 24 (25); ebenso OLG Nürnberg FamRZ 2000, 1220 (Damenhalskette) m. zust. Anm. Bergschneider; Palandt/Brudermüller § 1362 Rn. 8; FAKomm-FamR/Weinreich § 1362 Rn. 6; HK-BGB/Kemper § 1362 Rn. 5; Zöller/Stöber ZPO § 739 Rn. 5.
14 So MK/Weber-Monecke § 1362 Rn. 29; NK-BGB/Gruber § 1362 Rn. 14; Hoppenz/Müller § 1362 Rn. 11; Erman/Gamillscheg § 1362 Rn. 14.
15 MK/Weber-Monecke § 1362 Rn. 29; Zöller/Stöber ZPO § 739 Rn. 6; Thomas/Putzo/Seiler ZPO § 739 Rn. 6; HK-ZPO/Kindl § 739 Rn. 6.
16 Zöller/Stöber ZPO § 739 Rn. 10; HK-ZPO/Kindl ZPO § 739 Rn. 1, 8.

ein Gläubiger der Ehefrau gepfändet, kommt es analog § 804 Abs. 3 ZPO auf die Priorität der Pfändung an.[17]

Im **Insolvenzverfahren** spricht die Vermutung des § 1362 Abs. 1 für das Eigen- **13** tum des Gemeinschuldners und gegen dessen Ehegatten, somit für die Zugehörigkeit zur Masse. Sie gilt sowohl bei Herausgabeansprüchen des Verwalters an die Masse als auch bei Aussonderungsansprüchen des Ehepartners des Gemeinschuldners. Der aussondernde Ehegatte kann sich nicht auf die Besitzvermutung des § 1006 berufen, sondern muss sein Eigentum anderweitig beweisen.[18] Wird über beide Ehegatten das Insolvenzverfahren eröffnet, heben sich die widersprechenden Vermutungen gegenseitig auf. Es kommt dann wieder § 1006 zum Zuge.[19]

Titel 6 Eheliches Güterrecht

Untertitel 1 Gesetzliches Güterrecht

§ 1363 BGB Zugewinngemeinschaft

(1) Die Ehegatten leben im Güterstand der Zugewinngemeinschaft, wenn sie nicht durch Ehevertrag etwas anderes vereinbaren.

(2) [1]Das Vermögen des Mannes und das Vermögen der Frau werden nicht gemeinschaftliches Vermögen der Ehegatten; dies gilt auch für Vermögen, das ein Ehegatte nach der Eheschließung erwirbt. [2]Der Zugewinn, den die Ehegatten in der Ehe erzielen, wird jedoch ausgeglichen, wenn die Zugewinngemeinschaft endet.

I. Zugewinngemeinschaft

1. Hintergrund. Das am 1.7.1958 in Kraft getretene Gleichberechtigungsgesetz **1** bestimmt erstmals die Zugewinngemeinschaft zum gesetzlichen Güterstand. Haben die Ehegatten durch Ehevertrag keine andere Regelung getroffen, regeln sich ihre güterrechtlichen Beziehungen nach den Vorschriften der Zugewinngemeinschaft. Faktisch handelt es sich bei der Zugewinngemeinschaft um **Gütertrennung mit einem bei Auflösung des Güterstands bestehenden Anspruch auf Zugewinnausgleich.** Ziel des Gesetzgebers war es, einen gerechten Ausgleich dafür herbeizuführen, dass jeder Ehegatte an dem durch Berufstätigkeit bzw. Haushaltsführung gemeinsam Erarbeiteten in gleichem Maße partizipiert. Ferner sollte der Grundgedanke der Gleichberechtigung von Mann und Frau auch im ehelichen Vermögensrecht implementiert werden, um der Kritik an dem bis März 1953 gültigen gesetzlichen Güterstand der ehemännlichen Verwaltung und Nutznießung Rechnung zu tragen.

2. Grundgedanken der gesetzlichen Regelung. Im Güterstand der Zugewinnge- **2** meinschaft behält jeder Ehegatte sein Vermögen in seinem Eigentum und zieht auch selbst die Nutzungen hieraus. Es besteht **kein gemeinschaftliches Vermögen**

---

17 Zöller/Stöber ZPO § 739 Rn. 12; MK/Weber-Monecke § 1362 Rn. 21; Erman/Gamillscheg § 1362 Rn. 12; NK-BGB/Gruber § 1362 Rn. 17; Staudinger/Voppel § 1362 Rn. 42.
18 MK/Weber-Monecke § 1362 Rn. 19; NK-BGB/Gruber § 1362 Rn. 21.
19 Palandt/Brudermüller § 1362 Rn. 1; NK-BGB/Gruber § 1362 Rn. 21.

(Abs. 2). Entgegen der in der Praxis häufig geäußerten Ansicht besteht **keine gesetzliche Haftung für Schulden** des anderen Ehegatten.

3 Jeder Ehepartner verwaltet, wie bei der Gütertrennung, sein Vermögen selbstständig (Abs. 2, § 1364). Lediglich Verfügungen über das Vermögen im Ganzen und über Haushaltsgegenstände (§§ 1365 Abs. 1, 1369 Abs. 1) benötigen die **Einwilligung** des anderen Ehegatten.

4 Eine Obliegenheit, so zu wirtschaften, dass im Falle der Beendigung des Güterstands ein möglichst hoher Zugewinn erzielt wird, gibt es nicht. Ebenso wenig kommt es darauf an, wer in welchem Umfang zum Vermögenserwerb beigetragen hat.[1]

5 Bei Beendigung des Güterstands erhält der Ehegatte mit dem kleineren Zugewinn eine **Ausgleichsforderung** gegen den anderen Ehegatten **in Höhe des hälftigen Unterschiedsbetrags** zwischen den jeweiligen Zugewinnen. Diese errechnen sich aus dem Unterschiedsbetrag zwischen End- und Anfangsvermögen jedes Ehegatten. Der Ehegatte, der den höheren Zugewinn erwirtschaftet hat, muss die Hälfte der Differenz dem anderen ausbezahlen. Geschuldet ist ein Betrag in Geld.

6 **3. Übergangsregelung für DDR-Ehen.** Für Ehen, die in der früheren DDR nach den Vorschriften des FGB geschlossen wurden, gilt Art. 234 § 4 EGBGB. Danach wurden die nach dem Recht der früheren DDR bestehenden Eigentums- und Vermögensgemeinschaften nach §§ 13–16 FGB in den Güterstand der Zugewinngemeinschaft **übergeleitet.** Gem. Art. 234 § 4 Abs. 2 und 3 EGBGB kann hiervon nur abgewichen werden, wenn bis zum 2.10.1992 gegenüber dem Kammergericht Berlin eine entgegenstehende Erklärung abgegeben wurde.

7 **4. Wahl-Zugewinngemeinschaft.** Neben der Zugewinngemeinschaft (§§ 1363 ff.), der Gütertrennung (§ 1414) sowie der Gütergemeinschaft (§§ 1415 ff.) wird es künftig aufgrund des Abkommens vom 4.2.2010 zwischen der Bundesrepublik **Deutschland und Frankreich** den Güterstand der Wahl-Zugewinngemeinschaft geben.[2]

II. Gesetzliches Güterrecht (Abs. 1)

8 Ehegatten, die nichts oder vertraglich nichts anderes vereinbart haben, leben **kraft Gesetzes** im gesetzlichen Güterstand der Zugewinngemeinschaft. Dieser beginnt vorbehaltlich einer anderweitigen ehevertraglichen Regelung kraft Gesetzes mit der **Eheschließung.** In Fällen der Überleitung von Ehen, die in der früheren DDR geschlossen wurden, gem. Art. 234 § 4 Abs. 1 EGBGB am 3.10.1990.[3] Der gesetzliche Güterstand endet grundsätzlich bei Aufhebung bzw. Scheidung der Ehe (§§ 1313, 1564) sowie mit dem Tod eines der Ehepartner (§ 1371); in Fällen des vorzeitigen Zugewinnausgleichs endet die Zugewinngemeinschaft mit Rechtskraft der Entscheidung (§ 1388).

III. Grundsatz der Vermögenstrennung (Abs. 2)

9 Entgegen dem Wortlaut („Zugewinngemeinschaft") ist der gesetzliche Güterstand keine Vermögensgemeinschaft. Der Begriff „Gemeinschaft" ist irrefüh-

---

1 Schulz/Hauß, Vermögensauseinandersetzung, Kap. 1 Rn. 3.
2 Näher dazu Meyer, Der neue deutsch-französische Wahlgüterstand, FamRZ 2010, 612; Finger, Dt.-frz. Wahlgüterstand der Zugewinngemeinschaft, FuR 2010, 481.
3 BGH NJW 1999, 2520.

rend. Jeder Ehegatte **bleibt Eigentümer seines Vermögens**, auch wenn er dies nach der Eheschließung erworben hat. Eine Veränderung der Eigentumsverhältnisse findet durch die Begründung des gesetzlichen Güterstands nicht statt. Ebenso wenig eine dingliche Beteiligung des anderen Ehegatten während des Bestehens des Güterstands oder bei dessen Beendigung.[4] Eine Ausnahme gilt bei der Beendigung des Güterstands durch Tod eines Ehegatten (§ 1371).

IV. Verfahren

Ansprüche aus dem ehelichen Güterrecht sind Familiensachen iSv §§ 23 a Abs. 1 Nr. 1, 23 b Abs. 1 S. 1 GVG, § 111 Nr. 9 FamFG. Der Begriff Güterrechtssache ist in § 261 FamFG geregelt. Güterrechtssachen, die Ansprüche aus dem ehelichen Güterrecht betreffen (§ 261 Abs. 1 FamFG), zählen zu den Familienstreitsachen (§ 112 Nr. 2 FamFG). Das anzuwendende Verfahren richtet sich in der Regel nach den Vorschriften der ZPO (§ 113 Abs. 1 FamFG). Bei Güterrechtssachen nach § 261 Abs. 2 FamFG (§§ 1365 Abs. 2, 1369 Abs. 2, 1382, 1383) handelt es sich um Angelegenheiten der freiwilligen Gerichtsbarkeit. Güterrechtssachen können als isolierte Verfahren oder gem. § 137 Abs. 2 Nr. 4 FamFG im Scheidungsverbund geltend gemacht werden. Grundsätzlich besteht in Güterrechtsstreitsachen Anwaltszwang gem. § 114 Abs. 4 Nr. 1 FamFG. Hingegen bedarf es im Verfahren der einstweiligen Anordnung keiner Vertretung durch einen Rechtsanwalt. Eilverfahren sind sowohl als einstweilige Anordnung (§§ 49 ff., 119 Abs. 1 S. 1 FamFG) als auch bei Familienstreitsachen als Arrest zulässig. Gem. § 57 FamFG sind Entscheidungen im Verfahren der einstweiligen Anordnung in einer Güterrechtssache unanfechtbar. Entscheidungen in Güterrechtssachen ergehen durch Beschluss.

V. Steuern

1. Schenkungsteuer, Einkommensteuer, Grunderwerbsteuer. Gem. § 5 Abs. 2 ErbStG unterliegt der Ausgleichsanspruch, der bei Beendigung der Zugewinngemeinschaft entsteht, nicht der Schenkungsteuer. Die Zugewinnausgleichszahlung stellt weder eine Schenkung noch ein Erbe oder Einkommen dar. Im Gegenzug ist es dem ausgleichspflichtigen Ehegatten versagt, die Zugewinnausgleichsforderung als besondere Belastung nach § 33 EStG geltend zu machen. Dies gilt auch für zu zahlende Zinsen zur Finanzierung der Zugewinnausgleichsforderung. Diese sind nicht nach § 10 EStG als Sonderausgaben anzusetzen.

Auch wenn Vermögenszuwendungen eines Ehegatten im Familienrecht idR nicht als Schenkung, sondern als **unbenannte Zuwendung** qualifiziert werden, weil sie als Beitrag zur Verwirklichung der ehelichen Lebensgemeinschaft gedacht waren, so wird die Zuwendung im Steuerrecht als **Schenkung** bewertet. Die Finanzgerichte interpretieren damit die subjektiven Tatbestände des § 7 Abs. 1 Nr. 1 ErbStG einerseits und des § 516 andererseits unterschiedlich. Die Zugriffsmöglichkeiten des Fiskus bleiben damit im Falle der unbenannten Zuwendung bestehen. Während der Ehe bestehende Zugewinnausgleichsleistungen sind nur dann schenkungsteuerfrei, wenn sie auf die mit Beendigung des gesetzlichen Güterstands entstandene Ausgleichsforderung hin erfolgen. Ohne Beendigung des gesetzlichen Güterstands sind sie **schenkungsteuerpflichtige Zuwendungen**.[5]

---

4 Palandt/Brudermüller § 1363 Rn. 3.
5 BFH FamRZ 2006, 1670.

13 § 5 Abs. 2 ErbStG gibt dem Ehegatten aber die Möglichkeit, den gesetzlichen Güterstand durch Vereinbarung zu beenden. Der Zugewinnausgleich wird daraufhin schenkungsteuerfrei durchgeführt und anschließend der gesetzliche Güterstand erneut wieder begründet. Die erneute Vereinbarung des gesetzlichen Güterstands, wenn auch nur vorübergehend, ist zwingend notwendig.[6] Im Gegensatz zum Zugewinnausgleichsanspruch sind ehebezogene Zuwendungen grundsätzlich steuerpflichtig.

14 Wird zur Erfüllung des Zugewinnausgleichsanspruchs eine **Immobilie** ganz oder teilweise übertragen, so ist dieser Vorgang gem. § 3 Nr. 4 GrEStG nicht grunderwerbsteuerpflichtig.

15 **2. Spekulationssteuer.** Die Übertragung von Immobilienbesitz auf den anderen Ehegatten ist nicht nur steuerrechtlich problematisch, sondern auch für Anwälte haftungsrelevant. Die Eigentumsübertragung von Grundbesitz ist ein privates Veräußerungsgeschäft iSv § 23 Abs. S. 1 Nr. 1 EStG. Dies gilt auch, wenn die Eigentumsübertragung der Erfüllung von Zugewinnausgleichsansprüchen dient. Gewinne aus privaten Veräußerungsgeschäften sind nach § 23 Abs. 1 Nr. 1 EStG iVm §§ 2 Abs. 1 S. 1 Nr. 7, 22 Nr. 2 EStG einkommensteuerpflichtig. Anders als bei § 1376 lässt das Steuerrecht bei der Ermittlung des Veräußerungsgewinns eine Indexierung nicht zu.

16 In der Literatur werden diverse Wege zur **Vermeidung der Spekulationssteuer** diskutiert.[7] Eine Möglichkeit besteht darin, die Stundung der Zugewinnausgleichsforderung zu vereinbaren und die beabsichtigte Grundstücksübertragung bis zum Ablauf der zehnjährigen Spekulationsfrist hinauszuschieben.[8] Eine weitere Möglichkeit wird darin gesehen, die zwischen Ehegatten gewollte Eigentumsübertragung durch das Familiengericht gem. § 1383 anordnen zu lassen.[9]

17 Nach dem Gesetz (§ 23 Abs. 1 S. 1 Nr. 1 S. 3 EStG) ist ein Veräußerungsgewinn nicht steuerpflichtig, wenn das Grundstück zwischen Anschaffung und Veräußerung ausschließlich zu eigenen Wohnzwecken oder im Jahr der Veräußerung nicht in den beiden vorangegangenen Jahren zu eigenen Wohnzwecken genutzt wurde. Dieser Dreijahreszeitraum muss nicht volle Kalenderjahre umfassen. Es genügt, wenn die Immobilie in einem zusammenhängenden Zeitraum innerhalb der letzten drei Kalenderjahre genutzt wurde.[10]

VI. Kritische Würdigung des gesetzlichen Güterstands und Reform zum 1.9.2009

18 Die gesetzliche Regelung zielt darauf ab, bei der Vermögensauseinandersetzung im Interesse der Rechtsklarheit Streit zu vermeiden. Ob und in welchem Maße ein Ehegatte an dem Vermögenserwerb des anderen wirtschaftlich beteiligt war,

---

6 Palandt/Brudermüller § 1363 Rn. 5 mwN.
7 Näher dazu Schulz/Hauß, Vermögensauseinandersetzung, Kap. 7 Rn. 1964 ff.
8 Karsek, Die Veräußerung von Wohneigentum im Rahmen des Zugewinnausgleichs, FamRZ 2002, 590 (592); Hermanns, Strategien zur Vermeidung eines privaten Veräußerungsgeschäfts bei der Vermögensauseinandersetzung von Eheleuten, DStR 2002, 1065 (1068); Tietke-Wälzholz, Spekulationsgeschäfte nach § 23 EStG im Rahmen von Trennungs- und Scheidungsvereinbarungen, DStZ 2002, 9 (17).
9 Schröder, Eigentumsübertragungen beim Zugewinnausgleich und § 23 EStG, FamRZ 2002, 1010.
10 Vgl. Karsek FamRZ 2002, 590 (591).

spielt keine Rolle.[11] Der Schematismus der gesetzlichen Regelung muss zwangs-läufig zu gewissen Härten und Unbilligkeiten führen. Die Zugewinngemein-schaft wird aus diesem Grunde auch als „Güterstand mit Dissonanzen" und „systemimmanenten Unbilligkeiten" bezeichnet.[12]

Diese Dissonanzen und systemimmanenten Unbilligkeiten wurden mit punktuel- 19 len Änderungen durch das **Gesetz zur Änderung des Zugewinnausgleichs- und Vormundschaftsrechts**, in Kraft getreten am 1.9.2009, im Wesentlichen beho-ben. Die wichtigsten Änderungen seit 2009 sind:

- Negatives Anfangs- und negatives Endvermögen werden bei der Berechnung des Zugewinnausgleichs berücksichtigt (§§ 1374 Abs. 3, 1375 Abs. 1 S. 2).
- Das gesamte Endvermögen ist zur Begleichung der am Stichtag bestehenden Zugewinnausgleichsforderungen einzusetzen (§§ 1378 Abs. 2 S. 1, 1384).
- Für die Berechnung des Zugewinns und für die Höhe der Ausgleichsforde-rung wird einheitlich auf die Rechtshängigkeit der Scheidung abgestellt (§ 1384). Vermögensminderungen nach Zustellung des Scheidungsantrages können die Höhe des Anspruches nicht mehr beeinflussen.
- Unlautere Vermögensminderungen (§ 1375 Abs. 2) werden dem Endvermö-gen am Stichtag hinzugerechnet und ausnahmslos ausgeglichen (§§ 1378 Abs. 2 S. 2, 1384).
- Der Auskunftsanspruch wird auch auf das Anfangsvermögen und das Ver-mögen zum Zeitpunkt der Trennung erweitert. Auf Anforderung sind Belege vorzulegen (§ 1379 Abs. 1 S. 1, Abs. 2).
- Ist das Endvermögen eines Ehegatten bei Rechtshängigkeit der Ehescheidung geringer als bei Trennung, so hat dieser zu beweisen, dass die Vermögens-minderung nicht auf illoyalen Vermögensminderungen beruht (§ 1375 Abs. 2 S. 2).
- Der ausgleichsberechtigte Ehegatte kann seinen Anspruch auf vorzeitigen Zugewinnausgleich unmittelbar durch eine Leistungsklage geltend machen (§ 1385). Die Aufhebung der Zugewinngemeinschaft ohne Zahlungsklage kann nach § 1386 verlangt werden.
- Sowohl der im Scheidungsverbund geltend gemachte Anspruch auf Zuge-winnausgleich als auch der vorzeitige Zugewinnausgleich können stets durch gesonderten Arrest gesichert werden.
- Hat der ausgleichspflichtige Ehegatte einem Dritten illoyal Vermögen zuge-wendet, steht dem Ausgleichsberechtigten auch gegen den Dritten ein Zah-lungsanspruch zu (§ 1390).
- Die Vorschrift des § 1370 wurde ersatzlos gestrichen.

Gemäß den Übergangsvorschriften des Art. 229 § 20 Abs. 2 EGBGB ist für Ver-fahren über den Ausgleich des Zugewinns, die vor dem 1.9.2009 anhängig wur-den, § 1374 in der bis zu diesem Tag geltenden Fassung anzuwenden. Die Vor-schrift sieht bewusst „nur eine Übergangsregelung für § 1374 BGB vor, denn nur in Bezug auf die Einführung des negativen Anfangsvermögens besteht ein schutzwürdiges Interesse am Fortbestand der alten Rechtslage. Die übrigen Be-stimmungen dienen vor allem dem Schutz vor Manipulationen; das Vertrauen auf den Fortbestand einer Manipulationsmöglichkeit ist nicht schutzwürdig".[13]

---

11 BGHZ 65, 320 = NJW 1976, 328.
12 Gernhuber, Probleme der Zugewinngemeinschaft, NJW 1991, 2238; Gernhuber, Geld und Güter beim Zugewinnausgleich, FamRZ 1984, 1053.
13 BT-Drs. 16/10798, 39, 40; BT-Drs. 16/13027, 6.

Dies gilt auch, wenn bei Inkrafttreten des Gesetzes nur der Scheidungsantrag anhängig ist und der Anspruch auf Zugewinnausgleich erst nach Inkrafttreten des Reformgesetzes geltend gemacht wird.[14]

20 Kritisch betrachtet wird nach wie vor, dass echte Wertsteigerungen des Anfangsvermögens weiterhin ausgleichspflichtig sind, obwohl diese nicht gemeinsam erwirtschaftet wurden.[15]

§ 1364 BGB Vermögensverwaltung

Jeder Ehegatte verwaltet sein Vermögen selbständig; er ist jedoch in der Verwaltung seines Vermögens nach Maßgabe der folgenden Vorschriften beschränkt.

1 Jeder Ehegatte verwaltet sein Vermögen selbstständig. Ausgenommen hiervon sind **Verfügungen über sein Vermögen im Ganzen** (§ 1365) sowie über **Haushaltsgegenstände** (§ 1369 Abs. 1). Insoweit wird die Einwilligung des anderen Ehegatten benötigt. Damit ist jeder Ehegatte frei, ebenso in rechtsgeschäftliche Beziehungen mit seinem Partner zu treten wie mit jedem anderen Dritten auch.

2 Grundsätzlich handelt jeder Ehegatte auch **in eigenem Namen.** Hiervon ausgenommen ist die gesetzliche Regelung des § 1357 oder eine entsprechende Bevollmächtigung.

3 In der Praxis lässt sich aus dieser Vorschrift der Grundsatz ableiten, dass kein Ehegatte verpflichtet werden kann, so zu wirtschaften, dass er einen optimalen Zugewinn erzielt.[1] Jeder Ehegatte kann dem anderen die Verwaltung seines gesamten Vermögens oder eines Teils davon überlassen. Eine solche Überlassung ist formlos und kann jederzeit widerrufen werden.[2]

§ 1365 BGB Verfügung über Vermögen im Ganzen

(1) [1]Ein Ehegatte kann sich nur mit Einwilligung des anderen Ehegatten verpflichten, über sein Vermögen im Ganzen zu verfügen. [2]Hat er sich ohne Zustimmung des anderen Ehegatten verpflichtet, so kann er die Verpflichtung nur erfüllen, wenn der andere Ehegatte einwilligt.

(2) Entspricht das Rechtsgeschäft den Grundsätzen einer ordnungsmäßigen Verwaltung, so kann das Familiengericht auf Antrag des Ehegatten die Zustimmung des anderen Ehegatten ersetzen, wenn dieser sie ohne ausreichenden Grund verweigert oder durch Krankheit oder Abwesenheit an der Abgabe einer Erklärung verhindert und mit dem Aufschub Gefahr verbunden ist.

I. Normzweck

1 Zweck der Vorschrift ist es, die wirtschaftliche **Existenzgrundlage** der Familie zu erhalten und den anderen Ehegatten vor der Gefährdung seiner Anwartschaft auf Zugewinnausgleich zu schützen.[1] Der Schutzzweck der Vorschrift greift auch dann, wenn sich absehen lässt, dass keine Zugewinnausgleichsberechti-

---

14 BT-Drs. 16/10798, 48, 49.
15 Vgl. Battes, Echte Wertsteigerungen im Anfangsvermögen – immer Zugewinn?, FamRZ 2009, 261.
 1 Schulz/Hauß, Vermögensauseinandersetzung, Kap. 1 Rn. 3.
 2 Palandt/Brudermüller § 1364 Rn. 2.
 1 BGH NJW 1978, 1380; 1984, 609.

gung besteht.[2] Von der hM wird Abs. 1 als **absolutes Veräußerungsverbot** verstanden.[3] Verstößt ein Ehegatte gegen das Veräußerungsverbot, besteht ein Anspruch auf vorzeitigen Zugewinnausgleich gem. §§ 1385 Nr. 2, 1386.

II. Einwilligungsbedürftige Rechtsgeschäfte (Abs. 1)

1. Vermögen im Ganzen. Die Vorschrift umfasst Rechtsgeschäfte, in denen sich 2 ein Ehegatte verpflichtet, über sein Vermögen im Ganzen zu verfügen. Ob dies der Fall ist, ist im Wege eines **Wertvergleichs** zwischen dem veräußerten und dem verbliebenen Vermögen festzustellen.[4]

Die Frage des „ganzen Vermögens" entscheidet die Rechtsprechung mittels **fester Prozentsätze**.[5] Verbleiben dem verfügenden Ehegatten bei einem kleinen Vermögen nicht wenigstens 15 % seines Gesamtvermögens, so wurde über das Vermögen als Ganzes verfügt. Bei größeren Vermögen reicht es bereits aus, dass ein Restvermögen von mindestens 10 % verbleibt.[6] So haben das OLG Hamm und das OLG München festgestellt, dass ein Ehegatte für Verfügungen, bei denen ihm ein Restvermögen von mindestens 10 % bis 15 % verbleibt, keiner Zustimmung des Ehepartners bedarf.[7]

Ein **größeres Vermögen** ist nach dem Bundesgerichtshof[8] ab einem Vermögenswert von umgerechnet 250.000 EUR anzunehmen.[9] Besteht das Vermögen aus Immobilien, so sind bei der Wertermittlung die dinglichen Belastungen wertmindernd abzuziehen.[10] Ein mit der Grundstücksveräußerung gleichzeitig vorbehaltener Nießbrauch ist in Abzug zu bringen.[11]

Eine Verfügung über ein Grundstück als Ganzes liegt dann nicht vor, wenn sich 5 ein Ehegatte bei der Übertragung eines Grundstücks einen Anspruch auf Rückübertragung einer Teilfläche vorbehält und diesen Anspruch durch eine Vormerkung sichert. Da der Rückgabeanspruch bezüglich der Teilfläche dinglich gesichert ist, bleibt diese wirtschaftlich im Vermögen des verfügenden Ehegatten.[12]

Ein Gesamtvermögensgeschäft ist auch dann gegeben, wenn ein Ehegatte sein Vermögen aufgrund eines Gesamtplans in diversen Teilakten veräußert.[13]

Bei streitigen Wertangaben ist eine **Beweisaufnahme** erforderlich, wobei die einzelnen Wertangaben nicht näher substanziiert werden müssen.[14]

2. Einzeltheorie. Nach der sog Einzeltheorie ist die Vorschrift auch dann anzu- 6 wenden, wenn die Verfügung des Ehegatten nur einen **einzelnen Vermögensgegenstand** betrifft, der aber das ganze oder nahezu das ganze Vermögen darstellt.[15] Dies ist nicht der Fall, wenn lediglich der Bestand des Vermögens nach-

---

2 BGH FamRZ 2000, 744.
3 BGHZ 40, 218 = NJW 1964, 347.
4 BGH FamRZ 1987, 909; 1989, 1051; OLG Celle FamRZ 1987, 942; aA OLG Frankfurt/M. FamRZ 1984, 698.
5 BGH FamRZ 1980, 765 = NJW 1980, 2350.
6 OLG Köln NJW-RR 2005, 4.
7 OLG Hamm FamRZ 2004, 1648; OLG München FamRZ 2005, 272.
8 BGHZ 77, 293 = NJW 1980, 3250.
9 OLG München FamRZ 2005, 272.
10 OLG München FamRZ 2005, 272.
11 OLG Koblenz FamRZ 2008, 1078; aA OLG Celle FamRZ 1987, 942.
12 OLG München FamRZ 2005, 272.
13 OLG Köln NotBZ 2012, 461.
14 Palandt/Brudermüller § 1365 Rn. 4; aA OLG Celle FamRZ 2010, 562.
15 BGHZ 35, 135, (174); BGH NJW 1980, 2350; 1984, 609.

haltig gefährdet wird, zB wenn der Gläubiger in das gesamte Vermögen vollstrecken kann.[16] Ohnehin kann durch § 1365 die Zwangsvollstreckung durch Gläubiger eines Ehegatten nicht verhindert werden. Einwilligungsbedürftig sind lediglich Rechtsgeschäfte, nicht aber Vollstreckungsmaßnahmen.[17]

In der **Praxis** wirkt sich die Einzeltheorie insbesondere aus bei der Belastung einer Immobilie mit einem dinglichen Wohnrecht,[18] bei der Vereinbarung von Sicherungsrechten[19] sowie bei einem Antrag auf Teilungsversteigerung.[20]

7   **3. Wirtschaftliche Gesamtbetrachtung.** Entscheidend ist der objektive Wert aufgrund einer wirtschaftlichen Betrachtungsweise.[21] Ein individueller Wert oder gar ein Liebhaberwert finden keine Berücksichtigung.[22] Wird in einem einheitlichen Vertrag das Eigentum an einer Immobilie übertragen und ein dingliches Wohnrecht bestellt, ist eine wirtschaftliche Gesamtbetrachtung vorzunehmen.[23] Es ist nicht auf eine juristische Selbstständigkeit der beiden Rechtsgeschäfte abzustellen, sondern dingliche Teilrechte, die beim veräußernden Ehegatten verbleiben und demzufolge den Wert des übertragenen Vermögens mindern, sind mit zu berücksichtigen. Ebenso unpfändbare und unveräußerliche Rechte, da durch sie die wirtschaftlichen Grundlagen der Familie gesichert werden.[24]

8   **4. Positive Kenntnis.** Nach nunmehr hM ist die Vorschrift um das **ungeschriebene Tatbestandsmerkmal** der „positiven Kenntnis" zu ergänzen. Zum Schutz des Rechtsverkehrs wird verlangt, dass der Dritte zumindest von den Umständen und Verhältnissen weiß, aus denen sich die Bewertung einer Verfügung über das Vermögen als Ganzes ergibt.[25] Unerheblich ist, ob die Vermögensübertragung in verschiedene Einzelverträge aufgeteilt wird.[26] Maßgeblicher Zeitpunkt ist die Vollendung des Verpflichtungsgeschäfts.[27]

III. Rechtsgeschäfte ohne Einwilligung

9   **1. Nicht zustimmungsbedürftige Rechtsgeschäfte.** Ist das Grundgeschäft nicht zustimmungsbedürftig, beispielsweise weil das Vermögen nicht im Ganzen betroffen war oder mangels positiver Kenntnis des Geschäftspartners, ist auch das Erfüllungsgeschäft nicht zustimmungsbedürftig.[28]

Ebenfalls nicht zustimmungsbedürftig ist die Übernahme einer Zahlungsverpflichtung, die das gesamte Vermögen erschöpft.[29] Ebenso unterliegt eine Zwangsvollstreckungsunterwerfung in das gesamte Vermögen nicht dem Zu-

---

16   BGH FamRZ 2000, 744.
17   BGH NJW 2006, 849.
18   Hierzu BGH FamRZ 1989, 1051; 1993, 1302.
19   Hierzu BGH FamRZ 1996, 792.
20   BayObLG FamRZ 1979, 290; OLG Bamberg FamRZ 2000, 1167; OLG Hamburg FamRZ 2000, 1290; OLG München FamRZ 2000, 365; OLG Stuttgart NJW 1983, 634; OLG Köln NJW-RR 2005, 4; anders noch OLG Köln NJW-RR 1989, 325.
21   BGH FamRZ 2012, 116.
22   BGH FamRZ, 1980, 765; Palandt/Brudermüller § 1365 Rn. 5.
23   BGH FamRZ, 2013, 607.
24   BGH FamRZ, 2013, 607; Palandt/Brudermüller § 1365 Rn 7.
25   BGHZ 43, 177 = NJW 1965, 909; BGH NJW 1980, 2350; BGH FamRZ 1969, 323.
26   Palandt/Brudermüller § 1365 Rn. 9.
27   BGH NJW 1989, 1609; BGH FamRZ 1990, 970.
28   BGH NJW 1989, 1609.
29   BGH FamRZ 1983, 455.

stimmungserfordernis.[30] Zustimmungsfrei ist eine unwiderrufliche Vollmacht, die unter Befreiung der Beschränkung des § 181 erteilt wurde.[31]

2. Folgen fehlender Einwilligung. Wird das Rechtsgeschäft ohne die erforderliche Einwilligung eingegangen, hängt die Wirksamkeit des Geschäfts von der Genehmigung des anderen Ehegatten (§ 1366 Abs. 1) bzw. von ihrer Ersetzung ab. Erfüllt ein Ehegatte ohne die erforderliche Einwilligung, so ist die Verfügung unwirksam. Dies gilt auch, wenn die Verfügung in mehreren Teilakten nur über einzelne Bestandteile des Vermögens erfolgt.[32] Da es sich bei § 1365 um ein **absolutes Veräußerungsverbot**[33] handelt, findet der Rechtsscheinschutz gem. § 135 Abs. 2 keine Anwendung. Ein gutgläubiger Dritter muss sich also selbst informieren, ob sein Vertragspartner verheiratet ist und in welchem Güterstand er lebt.[34]

Ist die Verfügung eines Ehegatten unwirksam, so ist der Ehepartner berechtigt, die sich aus der Unwirksamkeit der Verfügung ergebenden Rechte geltend zu machen (§ 1368).[35]

Behauptet ein Ehegatte wahrheitswidrig, der andere verfüge über sein Vermögen im Ganzen, so sind Ersterem die Kosten des Verfahrens aufzuerlegen.[36]

3. Erteilung der Einwilligung. Die Erteilung der Einwilligung des anderen Ehegatten ist formfrei. Dies gilt auch, wenn das zugrunde liegende Rechtsgeschäft formbedürftig ist.[37] Die Einwilligung kann auch durch konkludentes Handeln erteilt werden.

4. Ersetzung der Zustimmung (Abs. 2). a) Ordnungsgemäße Vermögensverwaltung. Das Rechtsgeschäft muss den Grundsätzen einer ordnungsgemäßen Vermögensverwaltung entsprechen. Ob die Vermögensverwaltung ordnungsgemäß ist, bestimmt sich nach dem Interesse der Familie. Maßstab ist ein „sorgfältiger Wirtschafter mit ehelicher Gesinnung".[38] Nicht verlangt wird, dass das Geschäft zur ordnungsgemäßen Verwaltung erforderlich ist.[39] Die Ordnungsmäßigkeit der Vermögensverwaltung hat sich aufgrund einer Gesamtschau am Familieninteresse zu orientieren.[40]

b) Verweigerung ohne ausreichenden Grund. Die Zustimmung wird dann zu Recht verweigert, wenn das Rechtsgeschäft Interessen des zustimmungsberechtigten Ehegatten nicht berücksichtigt oder wenn es ihm sogar schadet. So verweigert der Ehepartner die Zustimmung zu Vermögensverfügungen des anderen mit ausreichendem Grund, solange der Ausgang eines streitigen Zugewinnausgleichsverfahrens noch ungewiss ist.[41] Begründet wird dies in überzeugender Weise mit dem Zweck der Vorschrift. Neben der Erhaltung der wirtschaftlichen

10

11

12

13

30 BGH FamRZ 2008, 1613.
31 BGH FamRZ 2013, 948.
32 Palandt/Brudermüller § 1365 Rn. 13.
33 BGHZ 40, 218 = NJW 1964, 347.
34 Reinicke, Verwaltungsbeschränkungen im gesetzlichen Güterstand der Zugewinngemeinschaft, BB 1957, 566; Palandt/Brudermüller § 1365 Rn. 14.
35 BGH FamRZ 1964, 25.
36 AG Nordenhamm FamRZ 2009, 46.
37 BGH NJW 1982, 1099.
38 Palandt/Brudermüller § 1365 Rn. 21.
39 BayObLG FamRZ 1963, 521.
40 OLG Köln NJW-RR 2008, 8.
41 OLG Köln NJW-RR 2005, 4.

Grundlage der Familie tritt der weitere Zweck, die Zugewinnausgleichsforderung vor Vermögensverschiebungen zu sichern.[42]

14 Nach allgemeiner Ansicht können auch **persönliche Gründe** ohne materiellen Hintergrund genügen. So reicht die Begründung, das Rechtsgeschäft drohe den Familienfrieden zu beeinträchtigen.[43] Nicht ausreichend hingegen sind unsachliche Gründe. In jedem Fall ist eine sorgfältige Interessenabwägung erforderlich. Bei dauerndem Getrenntleben der Ehegatten sind geringere Anforderungen an die Ersetzung der Genehmigung zu stellen.[44] In der Regel wird die Zustimmung des anderen Ehegatten ersetzt, wenn sich bei genauer Prüfung aller Umstände keine konkreten Anhaltspunkte dafür ergeben, dass ein Zugewinnausgleichsanspruch gegeben ist, der durch die Wirksamkeit der Vermögensverfügung gefährdet würde.[45]

Maßgeblicher Zeitpunkt für die Beurteilung des Merkmals „ohne ausreichenden Grund" ist die familiengerichtliche Entscheidung (Art. 50 FGG-Reformgesetz).

IV. Verfahren

15 **1. Rechtsschutzmöglichkeiten.** Der Ehegatte, der der Verfügung nicht zugestimmt hat, kann nach § 1368 mittels der gesetzlichen Prozessstandschaft die **Unwirksamkeit** gegen den Dritten geltend machen. Im Wege des vorläufigen Rechtsschutzes sind ein Verfügungsverbot sowie ein Widerspruch gem. § 899 gegen die Richtigkeit des Grundbuchs möglich. Stellt ein Ehegatte Antrag auf Teilungsversteigerung und besteht Streit über die Voraussetzungen des § 1365, ist gem. § 771 ZPO die Drittwiderspruchsklage zulässig.[46]

16 **2. Ersetzung der Zustimmung.** Das Gesetz sieht ein besonderes Verfahren zur Ersetzung der Zustimmung des anderen Ehegatten vor. Eine Klage auf Zustimmung gegen den anderen Ehegatten ist unzulässig. Zuständig für ein Verfahren zur Ersetzung einer Zustimmung ist das Familiengericht. Antragsberechtigt ist nur der das Rechtsgeschäft abschließende Ehegatte, nicht aber der Dritte. Stellt das Familiengericht fest, dass die Voraussetzungen des § 1365 nicht vorliegen und folglich ein Verfahren auf Ersetzung der Zustimmung gar nicht erforderlich war, erteilt das Gericht ein sog Negativattest. Dagegen kann der zustimmungsberechtigte Ehegatte Beschwerde einlegen und beantragen, den Ersetzungsantrag zurückzuweisen.[47]

17 Das Familiengericht kann die Ersetzung von **Bedingungen** und **Auflagen** abhängig machen. Eine lediglich teilweise Ersetzung der Zustimmung ist hingegen unzulässig.[48] Die Entscheidung des Familiengerichts wird mit Rechtskraft wirksam (§ 40 Abs. 3 S. 1 FamFG). Bei Fällen von Gefahr in Verzug hat das Familiengericht die Möglichkeit, die sofortige Wirksamkeit der Entscheidung anzuordnen. Die Wirksamkeit tritt dann mit Bekanntgabe an den Antragsteller ein (§ 40 Abs. 3 S. 2 und 3 FamFG). Das Familiengericht entscheidet durch Beschluss. Hiergegen ist gem. § 58 FamFG die Beschwerde zulässig. Das Verfahren auf Er-

---

42 OLG Köln NJW-RR 2005, 4.
43 OLG Hamm FamRZ 1967, 573.
44 BayObLG NJW 1975, 833.
45 BGH NJW 1978, 1380.
46 BayObLG FamRZ 1979, 290; 1988, 46.
47 LG Frankfurt/M. FamRZ 1992, 1079.
48 Palandt/Brudermüller § 1365 Rn. 27.

setzung der Zustimmung beim herausgegangenen Antrag auf Teilungsversteigerung hat sich mit Rechtskraft der Ehescheidung erledigt.[49]

Wurde ein genehmigungsbedürftiges Rechtsgeschäft ohne Genehmigung irrtümlich vom Grundbuchamt eingetragen, besteht unter den Voraussetzungen des § 53 Abs. 1 S. 1 GBO die Möglichkeit, einen Widerspruch von Amts wegen einzutragen. Ebenso kann der betroffene Ehegatte die Eintragung eines Widerspruchs erwirken.[50]

Das Grundbuchamt ist entsprechend dem Legalitätsprinzip nur dann zur Überprüfung der Zustimmungsbedürftigkeit eines Rechtsgeschäftes verpflichtet, wenn sich aus den Eintragungsunterlagen oder aus sonstigen Umständen konkrete Anhaltspunkte für das Vorliegen eines Gesamtvermögensgeschäftes ergeben.[51] Nur begründete und belegte Zweifel an der Verfügungsbefugnis eines Ehegatten lösen die Prüfungspflicht des Grundbuchamtes aus, nicht aber pauschale und nicht belegte Behauptungen.

§ 1366 BGB Genehmigung von Verträgen

(1) Ein Vertrag, den ein Ehegatte ohne die erforderliche Einwilligung des anderen Ehegatten schließt, ist wirksam, wenn dieser ihn genehmigt.

(2) [1]Bis zur Genehmigung kann der Dritte den Vertrag widerrufen. [2]Hat er gewusst, dass der Mann oder die Frau verheiratet ist, so kann er nur widerrufen, wenn der Mann oder die Frau wahrheitswidrig behauptet hat, der andere Ehegatte habe eingewilligt; er kann auch in diesem Falle nicht widerrufen, wenn ihm beim Abschluss des Vertrags bekannt war, dass der andere Ehegatte nicht eingewilligt hatte.

(3) [1]Fordert der Dritte den Ehegatten auf, die erforderliche Genehmigung des anderen Ehegatten zu beschaffen, so kann dieser sich nur dem Dritten gegenüber über die Genehmigung erklären; hat er sich bereits vor der Aufforderung seinem Ehegatten gegenüber erklärt, so wird die Erklärung unwirksam. [2]Die Genehmigung kann nur innerhalb von zwei Wochen seit dem Empfang der Aufforderung erklärt werden; wird sie nicht erklärt, so gilt sie als verweigert. [3]Ersetzt das Familiengericht die Genehmigung, so ist sein Beschluss nur wirksam, wenn der Ehegatte ihn dem Dritten innerhalb der zweiwöchigen Frist mitteilt; andernfalls gilt die Genehmigung als verweigert.

(4) Wird die Genehmigung verweigert, so ist der Vertrag unwirksam.

I. Allgemeines

Ohne Einwilligung geschlossene Verträge über das Vermögen im Ganzen sind 1 schwebend unwirksam. Dies bedeutet, dass aus diesen Verträgen bis zur Genehmigung oder Ersetzung keine Ansprüche hergeleitet werden können. Nach § 1369 Abs. 3 gilt diese Vorschrift auch bei Verfügungen über Haushaltsgegenstände.

---

49 OLG München NJW-RR 2006, 1518.
50 BayObLG FamRZ 1988, 503.
51 BGH FamRZ 2013, 948.

II. Genehmigung (Abs. 1)

2 Die Genehmigung des zustimmungsberechtigten Ehegatten hat **ex-tunc-Wirkung**. Die Verweigerung der Genehmigung hingegen macht den Vertrag endgültig unwirksam (Ausnahme: § 1365 Abs. 2). Sie setzt ferner voraus, dass der Ehegatte Kenntnis vom Inhalt des zu genehmigenden Geschäfts hat. Ferner hat die Verweigerung der Genehmigung zur Folge, dass auch der Ehegatte, der das Rechtsgeschäft abgeschlossen hat, nicht mehr an dieses gebunden ist. Da in einem solchen Fall bereits getroffene Verfügungen unwirksam sind, kann der das Rechtsgeschäft abschließende Ehegatte schon übergebene Gegenstände vom Dritten gem. § 985 zurückfordern. Der gutgläubige Erwerber ist insoweit nicht geschützt.[1]

III. Optionen des Dritten während des Schwebezustands (Abs. 2, 3)

3 **1. Widerruf (Abs. 2).** Der Dritte kann bis zur Genehmigung des Rechtsgeschäfts den Vertrag widerrufen. Insoweit ist er an keine Frist gebunden. Der Widerruf hat gegenüber dem Vertragspartner zu erfolgen. Voraussetzung ist, dass der Dritte nicht gewusst hat, dass sein Vertragspartner verheiratet ist, oder dieser wahrheitswidrig behauptet hat, der andere Ehegatte habe bereits eingewilligt. Hingegen entfällt das Widerrufsrecht, wenn der das Rechtsgeschäft abschließende Ehegatte wahrheitswidrig behauptet, er lebe in Gütertrennung. Der Dritte kann sich nämlich Klarheit durch Einsicht in das Güterrechtsregister verschaffen.[2]

4 **2. Aufforderung (Abs. 3).** Der Dritte kann den abschließenden Ehegatten auffordern, die erforderliche Genehmigung zu beschaffen. Diese Aufforderung dient dazu, den Schwebezustand zu beenden. Die Genehmigung kann der andere Ehegatte nur **innerhalb von zwei Wochen** nach Empfang der Aufforderung erteilen. Andernfalls gilt sie als verweigert. Eine vertragliche Verlängerung der Zweiwochenfrist ist möglich.[3] Ersetzt das Familiengericht die Genehmigung, so hat dieser Beschluss nur Wirksamkeit, wenn er vom abschließenden Ehegatten dem Dritten innerhalb der Zweiwochenfrist mitgeteilt wird (§ 1366 Abs. 3 S. 3).

Genehmigung, Widerruf, Verweigerung, Aufforderung sind empfangsbedürftige, aber nicht formbedürftige Willenserklärungen. Genehmigung und Verweigerung können nicht mehr widerrufen werden.[4]

§ 1367 BGB Einseitige Rechtsgeschäfte

Ein einseitiges Rechtsgeschäft, das ohne die erforderliche Einwilligung vorgenommen wird, ist unwirksam.

1 Einseitige Rechtsgeschäfte sind unter anderem Besitzaufgabe (Dereliktion), Anfechtung, Kündigung und Rücktritt. Diese Rechtsgeschäfte, die ohne Einwilligung des anderen Ehegatten vorgenommen wurden, sind unwirksam. Diese Rechtsfolge ist unheilbar und bleibt es auch nach Beendigung des Güterstands.

---

1 Palandt/Brudermüller § 1366 Rn. 4.
2 Palandt/Brudermüller § 1366 Rn. 7.
3 Knur, Zugewinngemeinschaft, Ehevertrag und Verfügung von Todes wegen, DNotZ 1957, 453.
4 BGH NJW 1994, 1785.

§ 1368 BGB Geltendmachung der Unwirksamkeit

Verfügt ein Ehegatte ohne die erforderliche Zustimmung des anderen Ehegatten über sein Vermögen, so ist auch der andere Ehegatte berechtigt, die sich aus der Unwirksamkeit der Verfügung ergebenden Rechte gegen den Dritten gerichtlich geltend zu machen.

I. Normzweck

Der Zweck der Vorschrift ist es, den Ehegatten, der nicht eingewilligt hat, zu 1 schützen. Nur so ist die Sicherung seines Interesses am Vermögen oder den Haushaltsgegenständen gewährleistet. Gem. § 1385 Nr. 2 kann der andere Ehegatte auch auf vorzeitigen Zugewinnausgleich klagen.

II. Der Dritte

Der Dritte muss sich bei den Geschäften über das Vermögen im Ganzen oder 2 Gegenstände des ehelichen Haushalts selbst vergewissern, ob sein Vertragspartner verheiratet ist und ob er im gesetzlichen Güterstand lebt. Der gute Glaube wird nicht geschützt, selbst dann nicht, wenn der verfügende Ehegatte wahrheitswidrige Angaben zum Güterstand macht.

III. Der nicht verfügende Ehegatte

Der Ehegatte, der der Verfügung nicht zugestimmt hat, kann im Wege der ge- 3 setzlichen Prozessstandschaft, also im eigenen Namen, die Rechte aus der Unwirksamkeit gegen den Dritten – auch durch Arrest oder einstweilige Verfügung[1] – geltend machen. Dies ist auch nach der Ehescheidung möglich.[2] Der nicht verfügende Ehegatte kann gem. § 256 ZPO auch die Nichtigkeit des Verpflichtungsgeschäfts feststellen lassen.[3] Der Dritte hat gegenüber dem nicht verfügenden Ehegatten kein Zurückbehaltungsrecht, auch nicht wegen des gezahlten Kaufpreises. Diesen kann er nur von seinem Vertragspartner zurückfordern, nicht aber von dessen Ehepartner.[4] Hingegen ist die Aufrechnung zulässig.[5] Nach hM wirkt ein Beschluss, den der nicht verfügende Ehegatte erwirkt hat (zB Grundbuchberichtigung oder Herausgabe von Gegenständen an den Ehegatten oder sich selbst), nicht für und gegen den anderen Ehegatten. Begründet wird dies damit, dass es sich bei dem Rückforderungsrecht des nicht verfügenden Ehegatten um einen selbstständigen Anspruch mit Schutzcharakter handelt.[6]

IV. Der verfügende Ehegatte

Die Rechte aus der Unwirksamkeit der Verfügung kann auch der verfügende 4 Ehegatte geltend machen, ohne dass dem Dritten ein Zurückbehaltungsrecht zusteht.[7]

---

1 OLG Brandenburg FamRZ 1996, 1015.
2 BGH NJW 1984, 609.
3 BGH FamRZ 1990, 970.
4 Palandt/Brudermüller § 1368 Rn. 3.
5 BGH NJW 2000, 1947; vgl. Tiedtke/Schmitt, Aufrechnung gegen revokatorische Zahlungsansprüche, FamRZ 2009, 1105.
6 Palandt/Brudermüller § 1368 Rn. 4.
7 Palandt/Brudermüller § 1367 Rn. 5.

V. Verfahren

5 Das Verfahren nach § 1368 ist eine Familiensache.

§ 1369 BGB Verfügungen über Haushaltsgegenstände

(1) Ein Ehegatte kann über ihm gehörende Gegenstände des ehelichen Haushalts nur verfügen und sich zu einer solchen Verfügung auch nur verpflichten, wenn der andere Ehegatte einwilligt.

(2) Das Familiengericht kann auf Antrag des Ehegatten die Zustimmung des anderen Ehegatten ersetzen, wenn dieser sie ohne ausreichenden Grund verweigert oder durch Krankheit oder Abwesenheit verhindert ist, eine Erklärung abzugeben.

(3) Die Vorschriften der §§ 1366 bis 1368 gelten entsprechend.

I. Normzweck

1 Primärer Zweck der Vorschrift ist es, den **Bestand der Gegenstände des familiären Zusammenlebens** zu schützen. Die Sicherung des Zugewinnausgleichsanspruchs ist hingegen von sekundärer Bedeutung. In Fällen von Miteigentum muss der andere Ehegatte ohnehin bei Verfügungen mitwirken. Nach hM ist die Vorschrift entsprechend auf die Veräußerung oder Belastung von Haushaltsgegenständen, die dem anderen Ehegatten gehören, anzuwenden.[1] Das Rechtsgeschäft bleibt auch über die Ehescheidung hinaus zustimmungsbedürftig. § 185 Abs. 2 gilt insoweit nicht.[2]

II. Gegenstände des ehelichen Haushalts (Abs. 1)

2 Gegenstände des ehelichen Haushalts sind alle Sachen, die dem ehelichen Haushalt und dem familiären Zusammenleben dienen: zB Wohnungseinrichtung, Haushaltswäsche, Stereoanlage, Fernsehgerät, Gartenmöbel und Wohnwagen.[3] Die Vorschrift gilt nicht nur für Einzelgegenstände, sondern auch für Sachgesamtheiten, nicht aber für die Wohnung oder das Haus selbst.[4] Da es auf die **Eigentumsverhältnisse** nicht ankommt, fallen auch unter Eigentumsvorbehalt gekaufte Gegenstände, zB Möbel, unter die Verfügungsbeschränkung, ebenso wie der Miteigentumsanteil an gemeinsamen Sachen.[5] Vom Schutzzweck der Norm nicht erfasst sind Gegenstände, die für den persönlichen Gebrauch nur eines Ehegatten bestimmt oder für dessen Berufsausübung erforderlich sind. Bei der Frage, ob ein **Pkw** als Gegenstand des ehelichen Haushalts angesehen werden kann, ist zu differenzieren. Entscheidendes Kriterium ist die Zweckbestimmung innerhalb der Ehe. Nach bisher ganz hM stellt ein Pkw keinen Haushaltsgegenstand dar. Ausnahmsweise ist dies doch der Fall, wenn der Pkw nach der gemeinsamen Zweckbestimmung der Ehegatten nicht überwiegend für berufliche Zwecke eines Ehegatten benutzt worden ist, sondern vorzugsweise für private Zwecke der gesamten Familie. Die bloße Mitbenutzung für familiäre Be-

---

1 LG Berlin FamRZ 1982, 803; aA Rittner FamRZ 1961, 193.
2 BayObLG FamRZ 1980, 571; aA OLG Saarbrücken OLGZ 1967, 6.
3 OLG Koblenz NJW-RR 1994, 516.
4 Weber, FamRZ 2015, 464.
5 OLG Saarbrücken OLGZ 1967, 4.

dürfnisse macht nach dieser Ansicht aus einem Pkw noch keinen Gegenstand des ehelichen Haushalts.[6]

Nach einer neuerdings im Vordringen befindlichen Ansicht gehört ein **Pkw** auch 3 bei nur gelegentlicher familiärer Nutzung zu den Gegenständen des ehelichen Haushalts.[7] Für diese modernere und zeitgemäße Ansicht spricht, dass ein Pkw in der heutigen Zeit im Allgemeinen ein gewöhnlicher Gebrauchsgegenstand ist, den beide Eheleute nutzen. Entscheidungskriterium darf nicht sein, ob ein Ehegatte den Pkw häufiger nutzt als der andere, nur weil er damit zur Arbeit fährt. Gegenstände verlieren ihre Charakterisierung als Haushaltsgegenstände nicht deshalb, weil sie fast ausschließlich von einem Ehegatten genutzt werden. Gibt es in einer Familie nur einen Pkw, gehört dieser zu den Gegenständen des ehelichen Haushalts. Dies gilt nicht, wenn jeder Ehegatte einen eigenen Pkw besitzt, mit dem ausschließlich er selbst fährt.[8] Ein **Zweitwagen** ist in jedem Fall dann als Gegenstand des ehelichen Haushalts zu qualifizieren, wenn er von beiden Ehegatten genutzt wird.

Nicht entscheidend ist, welcher Ehepartner als Halter im Fahrzeugbrief eingetragen ist.[9] Die Beweislast für die Behauptung, ein Pkw gehöre zu den Haushaltsgegenständen, trägt derjenige, der sich darauf beruft. Steht der Pkw im Alleineigentum eines Ehegatten, unterliegt er der Auseinandersetzung im Zugewinn, selbst wenn er als Haushaltsgegenstand qualifiziert wird. In diesem Fall erfolgt die Zuteilung nicht nach § 1568 b. Ebenso kommt es bei einer vorläufigen Nutzungsregelung nach § 1361 a nicht auf die Eigentumsverhältnisse, sondern ausschließlich darauf an, ob der Pkw als Haushaltsgegenstand qualifiziert wird.

§ 1369 ist auch auf **Luxusgüter** und überflüssige Gegenstände anzuwenden, 4 wenn diese nach der Zweckbestimmung der Eheleute dem familiären Zusammenleben dienen sollen. Hingegen dienen diese Gegenstände, die bereits mit Blick auf eine Trennung angeschafft wurden, nicht dem ehelichen Haushalt.[10]

III. Einwilligungsbedürftige Rechtsgeschäfte (Abs. 1)

Sowohl das Verpflichtungsgeschäft als auch die Verfügung selbst sind einwilli- 5 gungsbedürftig. Nach Sinn und Zweck der Vorschrift gilt dies auch, wenn das Verpflichtungsgeschäft, wie etwa bei einer Gebrauchsüberlassung nicht auf eine Verfügung gerichtet ist.[11] Trotz des nicht eindeutigen Wortlauts der Vorschrift ist grundsätzlich davon auszugehen, dass die Einwilligung zum Verpflichtungsgeschäft auch die Erfüllung mit umfasst.[12] Nach allgemeiner Ansicht kann ein längeres Zuwarten mit der Geltendmachung der Unwirksamkeit als Zustimmung angesehen werden. Entscheidend für die Ersetzung der Zustimmung eines anderen Ehegatten durch das Familiengericht (Abs. 2) sind die Gesamtumstände

---

6 BGH FamRZ 1992, 538; 1991, 43 (49); 1993, 794; OLG Zweibrücken FamRZ 2005, 902; OLG Frankfurt/M. FamRZ 2004, 1105; OLG Naumburg FamRZ 2004, 889.
7 Palandt/Brudermüller § 1361 a Rn. 5 unter Berufung auf KG FamRZ 2006, 1927 und Schulz/Hauß, Vermögensauseinandersetzung, Kap. 1 Rn. 559 ff.; einschränkend auch: OLG Naumburg FamRZ 2004, 889.
8 BGH FamRZ 1991, 43.
9 BGH FamRZ 1991, 43; OLG Köln FamRZ 2002, 322.
10 Palandt/Brudermüller § 1369 Rn. 6.
11 Palandt/Brudermüller § 1369 Rn. 7.
12 Knur DNotZ 1957, 452 Anm. 5.

des Einzelfalls. Es kommt nicht darauf an, ob das Geschäft dem Grunde nach einer ordnungsgemäßen Verwaltung entspricht. Zu Recht wird die Zustimmung verweigert, wenn durch die Veräußerung der Anspruch des anderen Ehegatten auf eine gerechte und zweckmäßige Teilung der Gegenstände nach Rechtskraft der Ehescheidung gefährdet würde.[13]

6　Wie schon bei § 1365 muss sich ein Dritter stets Gewissheit darüber verschaffen, ob der Vertragspartner verheiratet ist oder die behauptete Zustimmung des anderen Ehegatten tatsächlich vorliegt. Behauptet der verfügende Ehegatte, im Güterstand der Gütertrennung zu leben, muss dies vom Dritten im Güterrechtsregister nachgeprüft werden. Wie bei § 1365 wird der gute Glaube des Dritten nicht geschützt.

§ 1370 BGB　(aufgehoben)

§ 1371 BGB　Zugewinnausgleich im Todesfall

(1) Wird der Güterstand durch den Tod eines Ehegatten beendet, so wird der Ausgleich des Zugewinns dadurch verwirklicht, dass sich der gesetzliche Erbteil des überlebenden Ehegatten um ein Viertel der Erbschaft erhöht; hierbei ist unerheblich, ob die Ehegatten im einzelnen Falle einen Zugewinn erzielt haben.

(2) Wird der überlebende Ehegatte nicht Erbe und steht ihm auch kein Vermächtnis zu, so kann er Ausgleich des Zugewinns nach den Vorschriften der §§ 1373 bis 1383, 1390 verlangen; der Pflichtteil des überlebenden Ehegatten oder eines anderen Pflichtteilsberechtigten bestimmt sich in diesem Falle nach dem nicht erhöhten gesetzlichen Erbteil des Ehegatten.

(3) Schlägt der überlebende Ehegatte die Erbschaft aus, so kann er neben dem Ausgleich des Zugewinns den Pflichtteil auch dann verlangen, wenn dieser ihm nach den erbrechtlichen Bestimmungen nicht zustünde; dies gilt nicht, wenn er durch Vertrag mit seinem Ehegatten auf sein gesetzliches Erbrecht oder sein Pflichtteilsrecht verzichtet hat.

(4) Sind erbberechtigte Abkömmlinge des verstorbenen Ehegatten, welche nicht aus der durch den Tod dieses Ehegatten aufgelösten Ehe stammen, vorhanden, so ist der überlebende Ehegatte verpflichtet, diesen Abkömmlingen, wenn und soweit sie dessen bedürfen, die Mittel zu einer angemessenen Ausbildung aus dem nach Absatz 1 zusätzlich gewährten Viertel zu gewähren.

I. Normzweck

1　Die Vorschrift ist ein **Bindeglied zwischen ehelichem Güterrecht und Erbrecht**. Das Gesetz unterscheidet den Zugewinnausgleich bei Tod eines Ehegatten im Wege der dinglichen Beteiligung durch Erhöhung des gesetzlichen Erbteils des überlebenden Ehegatten um ein Viertel einerseits (**erbrechtliche Lösung**) und andererseits den bei sonstiger Beendigung des Güterstands gegebenen schuldrechtlichen Ausgleichsanspruch (§ 1378 Abs. 1; **güterrechtliche Lösung**). Der Gesetzgeber hat sich bei der Beendigung der Zugewinngemeinschaft durch Tod ganz bewusst für eine pauschale Regelung entschieden. Damit sollen im Interesse des Familienfriedens die Schwierigkeiten ausgeschlossen werden, die sich ansonsten

---

13　BayObLG FamRZ 1980, 1001.

bei der Ermittlung des Werts des Anfangs- und des Endvermögens ergeben können.

Diese gesetzliche Lösung kann dazu führen, dass die Abkömmlinge des verstorbenen Ehegatten benachteiligt werden und das Familienvermögen unter Umständen in familienfremde Hände gelangt.[1] Hingegen wird der überlebende Ehegatte, anders als bei Beendigung des gesetzlichen Güterstands durch Ehescheidung, dinglich am Nachlass beteiligt.

II. Erbrechtliche Lösung (Abs. 1)

1. Voraussetzungen. Wie sich aus Abs. 2 ergibt, kommt die erbrechtliche Lösung nur dann zur Anwendung, wenn der überlebende Ehegatte Erbe oder Vermächtnisnehmer geworden ist.[2] Da der Ausgleich durch Erhöhung des gesetzlichen Erbteils erfolgt, muss der überlebende Ehegatte auch gesetzlicher Erbe geworden sein. Hierfür genügt auch die Eintragung als Ersatzerbe oder die Einsetzung auf ein Vermächtnis; ferner bei Berufung zum Vorerben[3] oder zum Nacherben.

Ist das Vermächtnis hingegen so gering, dass ihm lediglich ein rein ideeller Wert zukommt, findet der Zugewinnausgleich gem. Abs. 2 und Abs. 3 statt.[4]

Abs. 1 ist im Falle einer **deutsch-österreichischen Ehe** nicht anwendbar, wenn dies zu einer in der Sache nicht gerechtfertigten erbrechtlichen Schlechterstellung der Kinder führt. Abs. 3 und § 1372 sind lediglich auf die deutschen, nicht aber auf die österreichischen Erbrechtsregeln abgestimmt.[5]

2. Folgen. Der Zugewinnausgleich erfolgt durch die Erhöhung des gesetzlichen Erbteils um pauschal **ein Viertel** der Erbschaft. Um dieses Viertel erhöht sich der gesetzliche Erbteil.

Damit fallen für den überlebenden Ehegatten folgende Erbteile an:

- Neben **Verwandten der ersten Ordnung** (Kindern, Enkeln usw) erhält der Ehegatte einen Erbteil von ein Viertel und ein Viertel als Zugewinnausgleich, insgesamt ein Halb der Erbschaft. Sind zB neben dem überlebenden Ehegatten noch zwei Kinder vorhanden, so erben diese die andere Hälfte, also je ein Viertel.
- Neben **Verwandten der zweiten Ordnung** (Eltern, Geschwistern und deren Abkömmlingen) erhält der überlebende Ehegatte außer seinem Erbteil von ein Halb noch ein Viertel als Zugewinnausgleich, also insgesamt drei Viertel. Das restliche Viertel geht an die Verwandten der zweiten Ordnung.
- Neben **Verwandten der dritten Ordnung** (Großeltern und deren Abkömmlingen) ist hinsichtlich des Erbteils zu differenzieren:
  - Sind nur noch Großeltern vorhanden, erhält der Ehegatte neben seinem Erbteil von ein Halb noch ein Viertel, insgesamt also drei Viertel. Das verbleibende Viertel erhalten die Großeltern jeweils zu gleichen Teilen.
  - Hinterlässt der Erblasser neben dem Ehegatten ein Großelternteil und einen Abkömmling eines vorverstorbenen Großelternteils, erbt der überlebende Ehegatte außer seinem Erbteil von ein Halb noch ein Viertel als

---

1 Palandt/Brudermüller § 1371 Rn. 1.
2 BGHZ 37, 58 = NJW 1962, 1719.
3 BGH FamRZ 1965, 604.
4 Schwab JuS 1965, 435; s. aber: BGHZ 42, 182 = NJW 1964, 2404.
5 OLG Stuttgart FamRZ 2005, 1711.

Ausgleich für den Zugewinn, zusammen drei Viertel. Zu addieren ist noch der Anteil, der an den Abkömmling des vorverstorbenen Großelternteils fallen würde, nämlich ein Achtel. Der überlebende Ehegatte erhält also sechs Achtel plus ein Achtel, also insgesamt sieben Achtel.

8 In allen Fällen des Abs. 1 erhält der überlebende Ehegatte den Anspruch auf den **Voraus** (§ 1932).

9 Anders als bei Beendigung des Güterstands durch Ehescheidung findet eine Anrechnung auf das zusätzliche Viertel nicht statt, wenn dem überlebenden Ehegatten von dem Verstorbenen **Zuwendungen zu Lebzeiten** gemacht worden sind. „Hat ein Ehegatte vom anderen Ehegatten bereits zu Lebzeiten eine Zuwendung erhalten, die den Zugewinnausgleich ganz oder zum Teil vorweg nimmt, so kann der Anfall des erhöhten Erbteils nur testamentarisch ausgeschlossen werden".[6] Das Viertel, um das der gesetzliche Erbteil erhöht wird, ist kein besonderer Erbteil, der beispielsweise wegen Abs. 4 gesondert ausgeschlagen werden kann (§ 1950).

10 **3. Ausbildungskosten der Stiefabkömmlinge (Abs. 4).** Der nach Abs. 1 zusätzlich erhöhte Erbteil ist gem. Abs. 4 mit den Ausbildungskosten der Stiefabkömmlinge belastet. Diese müssen gesetzlich erbberechtigt sein. Eine testamentarische Einsetzung genügt nicht. Andererseits haftet der überlebende Ehegatte nicht nur, wenn er seinerseits gesetzlicher Erbe geworden ist.[7] Nach allgemeiner Ansicht umfasst der Anspruch gem. Abs. 4 nicht nur die reinen Ausbildungskosten, sondern auch die allgemeinen Lebenshaltungskosten. Soweit der Abkömmling seinen Bedarf selbst decken kann, ist der überlebende Ehegatte nur zur Erstattung des Restbedarfs verpflichtet. Im Übrigen beschränkt sich die Zahlungsverpflichtung des Abs. 4 betragsmäßig von vornherein auf das nach Abs. 1 zusätzliche Viertel.

III. Güterrechtliche Lösung (Abs. 2)

11 Beim Pflichtteilsanspruch des überlebenden Ehegatten ist im gesetzlichen Güterstand der Zugewinngemeinschaft zu differenzieren, ob der Ehegatte vom Erbe komplett ausgeschlossen wurde oder testamentarisch bedacht worden ist.

12 **1. Stellung des enterbten Ehegatten.** Ist der überlebende Ehegatte weder durch eine letztwillige Verfügung noch mit einem Vermächtnis bedacht worden, so hat dieser nur die Ansprüche auf Zugewinnausgleich und den „kleinen Pflichtteil" (Abs. 2, § 2303 Abs. 2). Die Quote des „kleinen Pflichtteilsanspruchs" ist die Hälfte des gesetzlichen Erbteils des überlebenden Ehegatten. Anders als im Falle des Abs. 1 muss hier der Anspruch auf Zugewinnausgleich konkret berechnet werden und darf nicht pauschal in Höhe eines weiteren Erbteils von einem Viertel gewährt werden. Der kleine Pflichtteil bestimmt sich nach den erbrechtlichen Vorschriften (§ 1931 Abs. 1, 2) und ist wie folgt zu ermitteln:

- **Neben Verwandten der ersten Ordnung** (Kindern, Enkeln usw) ist von dem gesetzlichen Erbteil von einem Viertel auszugehen. Der überlebende Ehegatte erlangt einen Anspruch in Höhe von einem Achtel des Nachlasses.

---

6 Palandt/Brudermüller § 1371 Rn. 5.
7 Palandt/Brudermüller § 1371 Rn. 8.

Häcker

- **Neben Verwandten der zweiten Ordnung** (Eltern, Geschwistern und deren Abkömmlingen) beträgt der gesetzliche Erbteil ein Halb. Folglich beträgt der kleine Pflichtteil ein Viertel.
- **Neben Verwandten der dritten Ordnung** (Großeltern und deren Abkömmlingen) muss die Gesamtquote der verschiedenen gesetzlichen in Betracht kommenden Erbteile ermittelt werden. Der Ehegatte erhält demgemäß die Hälfte dieser Gesamtquote als kleinen Pflichtteil.

Die Zugewinnausgleichsforderung des überlebenden Ehegatten stellt eine Nachlassverbindlichkeit dar und ist folglich zur Erfüllung des kleinen Pflichtteils vom Nachlass abzuziehen.[8] 13

2. Stellung des überlebenden und testamentarisch bedachten Ehegatten. Wurde 14
der überlebende Ehegatte mit einem Erbteil oder Vermächtnis bedacht, selbst wenn dies nur geringwertig ist,[9] entfällt der Zugewinnausgleichsanspruch. Der überlebende Ehegatte kann in diesem Fall den Erbteil bzw. das Vermächtnis behalten und zusätzlich den **„großen Pflichtteil"** geltend machen. Dieser ist die Hälfte des gesetzlichen Erbteils und des pauschalen Zugewinnausgleichsanspruchs. Der große Pflichtteil errechnet sich wie folgt:

- **Neben Verwandten der ersten Ordnung** (Kindern, Enkeln usw) ist von dem gesetzlichen Erbteil von einem Halb auszugehen. Demgemäß erhält der überlebende Ehegatte einen Anspruch in Höhe von einem Viertel des Nachlasses.
- **Neben Verwandten der zweiten Ordnung** (Eltern, Geschwistern und deren Abkömmlingen) beträgt der gesetzliche Erbteil drei Viertel. Demgemäß beläuft sich der große Pflichtteil auf drei Achtel des Nachlasses.

Nach § 2305 kann die testamentarische Zuwendung an den überlebenden Ehe- 15
gatten bis zum Wert des großen Pflichtteils erhöht werden. Es handelt sich um den sog Pflichtteilsergänzungsanspruch.

IV. Ausschlagung der Erbschaft oder des Vermächtnisses (Abs. 3)

Dem überlebenden Ehegatten ist es gestattet, Erbteil und Vermächtnis auszu- 16
schlagen. Dies hat zur Folge, dass der überlebende Ehegatte weder Erbe noch Vermächtnisnehmer ist, ihm dafür aber ein Anspruch auf Zugewinnausgleich sowie auf den kleinen Pflichtteil zusteht.

Macht der überlebende Ehegatte von seinem Recht auf Ausschlagung keinen 17
Gebrauch, steht ihm neben dem Erbteil bzw. dem Vermächtnis lediglich die Aufstockung bis zum Wert des „großen Pflichtteils" zu. Dem überlebenden Ehegatten steht es frei, das Erbe anzunehmen oder durch **Ausschlagung** die güterrechtliche Lösung zu wählen. Ein Wahlrecht zwischen Verzicht auf Zugewinnausgleich und großen Pflichtteil besteht nicht.[10] Die Ausschlagung hat fristgerecht, das heißt, binnen einer Frist von sechs Wochen gegenüber dem Nachlassgericht zu erfolgen. Für die Ausschlagung eines Vermächtnisses hingegen gibt es keine gesetzliche Frist.[11]

Die Entscheidung, ob der überlebende Ehegatte die Ausschlagung erklären soll, 18
setzt immer eine umfassende **Interessenabwägung** voraus. Die Ausschlagung

---

8 Palandt/Brudermüller § 1371 Rn. 15.
9 AG Tecklenburg FamRZ 1979, 1013.
10 BGH NJW 1964, 2404.
11 Aber: OLG München FamRZ 1987, 752.

kann in der Regel nur dann empfohlen werden, wenn sie dazu führt, dass der Zugewinnausgleichsanspruch und der kleine Pflichtteil zusammen einen höheren Wert ergeben als der erhöhte Erbteil, der ein Halb des Nachlasses beträgt.[12]

19 Da der Anspruch auf Zugewinnausgleich gem. § 5 ErbStG nicht der Erbschaftsteuer unterliegt, kann die Ausschlagung einen zusätzlichen steuerlichen Vorteil bieten.

§ 1372 BGB   Zugewinnausgleich in anderen Fällen

Wird der Güterstand auf andere Weise als durch den Tod eines Ehegatten beendet, so wird der Zugewinn nach den Vorschriften der §§ 1373 bis 1390 ausgeglichen.

I. Normzweck

1 § 1371 regelt den Zugewinnausgleich bei Beendigung des gesetzlichen Güterstands durch den Tod eines Ehegatten. Im Gegensatz dazu gibt § 1372 die güterrechtliche Lösung für die sonstigen Beendigungsarten vor.

II. Verhältnis des Zugewinnausgleichs zu anderen Ausgleichsregelungen

2 **1. Versorgungsausgleich.** Der Versorgungsausgleich stellt eine die güterrechtlichen Vorschriften verdrängende Sonderregelung dar. Dies ergibt sich bereits aus § 2 Abs. 4 VersAusglG. Für diejenigen Anrechte, die im Versorgungsausgleichsgesetz geregelt sind, findet ein güterrechtlicher Ausgleich nicht statt. Dies gilt auch, wenn es ausnahmsweise zu keiner Durchführung des Versorgungsausgleichs kommt.

3 **2. Haushaltsgegenstände.** Auch § 1568 b stellt bezüglich der zu verteilenden Haushaltsgegenstände eine den Zugewinnausgleich verdrängende Sonderregelung dar.[1] Diejenigen Haushaltsgegenstände, die im Alleineigentum eines Ehegatten stehen, unterliegen ausschließlich der güterrechtlichen Auseinandersetzung und nicht einem Verfahren nach § 1568 b.[2]

III. Ausschließlichkeitsprinzip und seine Durchbrechungen

4 **1. Ausschließlichkeitsprinzip.** Da neben dem Haushalts- und Versorgungsausgleichsverfahren für den Ausgleich des sonstigen Vermögens der Zugewinnausgleich vorgesehen ist, kommen grundsätzlich neben dem Zugewinnausgleich andere vermögensrechtliche Ausgleichsansprüche nicht in Betracht.[3] Danach werden vor allem Ansprüche aus ungerechtfertigter Bereicherung verdrängt. Gerade durch die neue Rechtsprechung wird das Ausschließlichkeitsprinzip inzwischen **vielfach durchbrochen.** Soweit nämlich das Ergebnis des Zugewinnausgleichs durch gegeneinander erhobene Forderungen nicht verfälscht wird, sind gesonderte Prozesse darüber grundsätzlich möglich. Unberührt bleiben insbesondere

12 Massfeller, Güterrechtliche Fragen des Gleichberechtigungsgesetzes, DB 1958, 563.
 1 Palandt/Brudermüller § 1372 Rn. 2.
 2 Palandt/Brudermüller § 1372 Rn. 2; BGH NJW 1984, 484; BGH FamRZ 2011, 1039.
 3 BGHZ 89, 137 ff. = NJW 1989, 484; Palandt/Brudermüller § 1372 Rn. 2; BGH FamRZ 1992, 160.

auch ausgleichsfremde Ansprüche wie solche aus § 985[4] oder Ausgleichsansprüche, die außerhalb der Ehe entstanden sind.[5]

2. Verhältnis des Zugewinnausgleichs zu schuldrechtlichen Ausgleichsregelungen. Grundsätzlich sind schuldrechtliche Ansprüche zwischen den Ehegatten vom Ausschließlichkeitsprinzip des Zugewinns nicht berührt. Vielmehr sind die schuldrechtlichen Ansprüche in das Anfangs- bzw. Endvermögen als Aktiva bzw. Passiva einzustellen.[6]

Ist ohne vorwerfbares Handeln ein schuldrechtlicher Anspruch nicht **in die Vermögensbilanz eingestellt** worden, so muss sich der Forderungsgläubiger einer nachträglich geltend gemachten Einzelforderung die Vorteile entgegenhalten lassen, die er aus der Nichtberücksichtigung im Zugewinnausgleich erzielt hat.[7] Schuldrechtliche Ansprüche, die in einem umfassenden Vermögensauseinandersetzungsvertrag nicht erörtert wurden, fallen gegebenenfalls nicht unter eine vereinbarte Erledigungsklausel.[8]

a) Verhältnis zum Schenkungswiderruf. Soweit ausnahmsweise eine Schenkung unter Ehegatten angenommen wird, ist ein Schenkungswiderruf gem. § 531 Abs. 2 neben dem Zugewinnausgleich möglich.

b) Verhältnis zum Gesamtschuldnerausgleich. Die Vorschriften über den Zugewinnausgleich verdrängen nicht den Gesamtschuldnerausgleich zwischen Ehegatten.[9] Ein Gesamtschuldnerausgleich findet insbesondere dann statt, wenn gemeinsame Schulden beim Zugewinnausgleich bei beiden Ehegatten hälftig angesetzt werden, in der Folgezeit aber doch von einem Ehegatten allein getilgt werden.[10]

c) Verhältnis zum Gesamtgläubigerausgleich. Der Gesamtgläubigerausgleich wird durch den Zugewinnausgleich nicht verdrängt.[11]

d) Verhältnis zu gesellschaftsrechtlichen Ausgleichsansprüchen. Die Vorschriften über den Zugewinnausgleich verdrängen den gesellschaftsrechtlichen Auseinandersetzungsanspruch nicht.[12] Problematisch insoweit sind die Fälle der sog **Ehegatteninnengesellschaft** (→ Schwerpunktbeitrag 3: Ehegatteninnengesellschaft, Rn. 7, in diesem Buch). Die Rechtsprechung bejaht einen stillschweigenden Abschluss eines Gesellschaftsvertrags, wenn sich feststellen lässt, dass die Eheleute abredegemäß durch beiderseitige Leistungen einen über den typischen Rahmen der ehelichen Lebensgemeinschaft hinausgehenden Zweck verfolgen, indem sie etwa durch Einsatz von Vermögenswerten und Arbeitsleistungen ein Unternehmen aufbauen oder gewerbliche eine Tätigkeit ausüben und der Geschäftsbetrieb nach außen allein auf den Namen eines Ehegatten geführt wird.[13] Nach hM ist die Begründung einer Ehegatteninnengesellschaft bei gesetzlichem Güterstand nicht ausgeschlossen. Es werden in der Regel jedoch die Vorschriften über den Zugewinnausgleich zu sachgerechten Ergebnissen führen. Es muss zunächst

4 BGH FamRZ 1990, 1219.
5 BGH NJW 1992, 427.
6 BGH NJW 1991, 2553; BGH FamRZ 2009, 193.
7 Palandt/Brudermüller § 1372 Rn. 2; BGH FamRZ 2009, 193.
8 BGH FamRZ 2009, 193.
9 BGH FamRZ 1989, 835.
10 OLG Koblenz FamRZ 1997, 364.
11 BGH NJW 2000, 2347.
12 BGH FamRZ 2003, 1454; 2006, 607.
13 BGH FamRZ 1989, 147.

geklärt werden, ob die Durchführung des güterrechtlichen Verfahrens zu einem untragbaren Ergebnis führt.

10 **e) Verhältnis zu gemeinschaftlichen Auseinandersetzungsansprüchen.** Gemeinschaftsrechtliche Auseinandersetzungsansprüche werden durch den Zugewinnausgleich nicht ausgeschlossen.[14]

11 **f) Verhältnis zum Bereicherungsrecht.** Mangels Rechtsgrundlosigkeit kommen Rückgewähransprüche aus ungerechtfertigter Bereicherung nach ganz hM neben einem Zugewinnausgleich nicht in Betracht, soweit die Rückgewähr einer während der Ehe gemachten Zuwendung wegen des Scheiterns der Ehe verlangt wird.[15]

12 **g) Verhältnis zu Ausgleichsansprüchen aufgrund der Grundsätze über den Wegfall der Geschäftsgrundlage (§ 313).** Der Ausgleich von unbenannten Zuwendungen im Falle des Scheiterns einer Ehe erfolgt grundsätzlich nach den güterrechtlichen Vorschriften. Dem Zugewinnausgleich kommt der Vorrang zu. Nur zur Korrektur schlechthin **unangemessener und untragbarer Ergebnisse** kommt ein Rückgriff auf die Grundsätze über den Wegfall der Geschäftsgrundlage in Betracht.[16]

13 **h) Verhältnis zum Aufwendungsersatzanspruch kraft Auftrags.** Hat ein Ehegatte während intakter Ehe dem anderen die Aufnahme von Bankkrediten durch Übernahme einer persönlichen Haftung oder durch Einräumung von dinglichen Sicherheiten ermöglicht, kann er nach dem Scheitern der Ehe ausnahmsweise neben dem Zugewinnausgleich die Befreiung von solchen Verbindlichkeiten nach den Regeln des Auftragsrechts verlangen, wenn vertraglich nichts anderes bestimmt ist.[17]

14 **i) Verhältnis zu Oder-Konten und gemeinsamem Wertpapierdepot.** Gem. § 430 hat jeder Ehegatte einen eigenständigen Anspruch auf **hälftige Teilhabe** des jeweiligen Kontostands. Bei Verfügungen des anderen Ehegatten besteht ein eigenständiger Anspruch auf entsprechenden Ausgleich, der bei der endgültigen Trennung der Ehegatten entsteht und unabhängig vom Güterstand geltend gemacht werden kann.[18] Die jeweiligen Ansprüche beziehungsweise Valutabeträge fallen mit den stichtagsbezogenen Werten in den jeweiligen Zugewinn.

Hinsichtlich eines gemeinsamen Wertpapierdepots sind die Vorschriften des Gemeinschaftsrechts (§§ 741 ff.) anwendbar. § 430 ist nur auf den Depotverwahrungsvertrag anwendbar.[19] Die Einrichtung des Depots lässt keine Rückschlüsse auf die Eigentumslage zu.[20]

IV. Grundsatz des Verbots der zweifachen Teilhabe

15 Ein güterrechtlicher Ausgleich hat dann nicht stattzufinden, wenn eine Vermögensposition bereits auf andere Weise ausgeglichen wird.[21] Das Problem der

---

14 OLG Hamm FamRZ 1989, 749; Palandt/Brudermüller § 1372 Rn. 9.
15 BGH FamRZ 1982, 246.
16 BGH FamRZ 1991, 1169.
17 BGH FamRZ 1989, 835; OLG Hamm FamRZ 1992, 437; Palandt/Brudermüller § 1372 Rn. 10; BGH FamRZ 2015, 818; aA OLG Köln NJW-RR 1994, 52.
18 OLG Karlsruhe FamRZ 1990, 629; OLG Zweibrücken NJW 1991, 1835.
19 BGH FamRZ 1997, 607; OLG Frankfurt/M. FamRZ 2004, 1034; OLG Bremen FamRZ 2004, 1578; aA OLG Düsseldorf FamRZ 1998, 165.
20 BGH FamRZ 1997, 607.
21 BGH FamRZ 2003, 432; 2003, 1544; 2004, 1352.

Doppelberücksichtigung von Vermögenspositionen im Zugewinnausgleich und im Unterhalt wird aktuell verstärkt thematisiert. Im Fall der Nichtbeachtung kann dies zu erheblichen Benachteiligungen eines Ehegatten führen.[22] Auch wenn dem **Grundsatz „keine zweifache Teilhabe"** uneingeschränkt zuzustimmen ist, besteht in der familienrechtlichen Praxis Uneinigkeit über die Auswirkungen des Verbots der Doppelberücksichtigung. Zu Recht besteht weitgehend Einigkeit darüber, dass alle arbeitsrechtlichen Abfindungen Vorsorgecharakter haben und deshalb vorrangig zur Sicherung des eigenen bzw. des Unterhalts des Ehegatten einzusetzen sind.[23]

Trotz anders lautender Meinungen muss das Verbot der Doppelberücksichti- 16
gung auch für **Schulden** gelten, falls es zu einer zweifachen Benachteiligung eines Ehegatten kommt. Bei Alleinschulden und Gesamtschulden, für die ein Ehegatte im Innenverhältnis allein haftet, darf die Tilgung ab Rechtshängigkeit des Scheidungsantrags bei der Unterhaltsberechnung nicht mehr berücksichtigt werden.[24]

Dabei ist zu beachten, dass es zu dieser Problemstellung nur dann kommen 17
kann, wenn ein und dieselbe Vermögensposition ausgeglichen wird. Dies ist in der Praxis die Ausnahme. Denn über den Zugewinnausgleich wird nur das während der Ehezeit gemeinsam erworbene Vermögen, also der Vermögensstamm, auseinandergesetzt. Hingegen ist im Unterhaltsrecht der Vermögensstamm nur ausnahmsweise (§ 1577 Abs. 3) zu berücksichtigen. Entscheidend ist hier das laufende Einkommen. Es ist daher sehr sorgfältig zu prüfen, ob es überhaupt zu einer Ausgleichsgrenze zwischen Zugewinn und Unterhalt und damit zu einem Verstoß des Verbots der „doppelten Benachteiligung" kommen kann.[25]

So lehnt es das OLG Saarbrücken zu Recht ab, die von einem Ehegatten er- 18
brachten Tilgungsleistungen auf ein Darlehen bei der Berechnung des Unterhaltsanspruchs des anderen Ehegatten einkommensmindernd zu berücksichtigen, da die Darlehensverbindlichkeiten bereits im Zugewinn als Passivposition in das Endvermögen eingestellt worden seien. Die unterhaltsrechtliche Berücksichtigung der Rückzahlungsraten würde zu einer zweifachen Beteiligung des anderen Ehegatten an der Tilgung der Darlehensverbindlichkeit führen. Lediglich der Zinsanteil kann in der Unterhaltsberechnung Einkommen reduzierend angesetzt werden.[26]

In Abweichung zur früheren Rechtsprechung führt der Bundesgerichtshof in sei- 19
ner Entscheidung vom 5.3.2008[27] aus, dass Tilgungsleistungen des Unterhaltspflichtigen ab Rechtshängigkeit der Ehescheidung bei der Berechnung des Unterhalts nicht mehr zu berücksichtigen seien, wenn diese ausschließlich ihm zugutekommen und der andere Ehepartner am Vermögenszuwachs über den Zugewinnausgleich nicht mehr teilhaben kann. Danach stellt sich das Problem der

---

22 Eingehend: Kogel in Anm. zu BGH FamRZ 2003, 1645; Kogel, Doppelberücksichtigung von Abfindungen und Schulden im Unterhalt und Zugewinnausgleich, FamRZ 2004, 1614.
23 Näher hierzu Schulz, Zur Doppelberücksichtigung von Vermögenspositionen beim Unterhalt und Zugewinn, FamRZ 2006, 1237.
24 Schulz FamRZ 2006, 1237.
25 Näher hierzu: Schulz/Hauß, Vermögensauseinandersetzung, Kap. 1 Rn. 112 ff.
26 OLG Saarbrücken FamRZ 2006, 1038.
27 BGH FamRZ 2008, 963.

Häcker 285

Doppelverwertung nur noch in den Fällen, in denen die Schuldentilgung der Altersvorsorge dient.[28]

20 Das OLG Oldenburg führt den Gedanken der Doppelberücksichtigung sogar so weit, dass es eine vom unterhaltsverpflichteten Ehemann betriebene **Tierarztpraxis** im Zugewinnausgleich nicht berücksichtigt. Dies wird damit begründet, dass der Unterhaltsanspruch nach den laufenden Praxiseinnahmen berechnet worden sei und somit an den Erträgen der Praxis doppelt partizipiert werde. Der Wert der Praxis errechne sich nach dem Substanzwert und dem Goodwill, indem wiederum die künftigen und bereits unterhaltsrechtlich berücksichtigten Einnahmen einflössen.[29]

21 Wichtige Fragen für die **familienrechtliche Praxis**, wie in **Zukunft** andere Vermögenspositionen, wie Steuererstattungen, Kapitallebensversicherungen, Unternehmensbeteiligungen sowie freiberufliche Praxen und Kanzleien im Hinblick auf das Verbot der Doppelverwertung zu behandeln sind, sind noch nicht abschließend geklärt.[30]

§ 1373 BGB Zugewinn

Zugewinn ist der Betrag, um den das Endvermögen eines Ehegatten das Anfangsvermögen übersteigt.

I. Allgemeines

1 **1. Definition des Zugewinns.** Zugewinn ist der Betrag, um den das Endvermögen (§ 1375) eines Ehegatten das Anfangsvermögen (§ 1374) übersteigt, also der **Vermögensüberschuss** eines Ehegatten, der während der Ehe von ihm erworben wurde. Das Anfangsvermögen kann nunmehr entgegen dem bisherigen Recht gem. § 1374 Abs. 3 auch negativ sein.

2 **2. Rechnungsgröße.** Der Zugewinn ist keine Vermögensmasse, sondern eine reine Rechengröße, die in einem Geldbetrag ausgedrückt wird. Der Zugewinn beträgt stets mindestens Null.[1] Es gibt **keinen negativen Zugewinn**. Ist das Endvermögen geringer als das Anfangsvermögen, beträgt der Zugewinn Null. Haben beide Ehegatten jeweils ausschließlich Verlust erwirtschaftet, ist ein Zugewinn ausgeschlossen. Der gesetzliche Güterstand ist eine Zugewinn-, keine Verlustgemeinschaft.[2]

II. Ursache für Zugewinn unerheblich

3 Gleichgültig ist es, aufgrund welcher Umstände es zu einem Zugewinn gekommen ist, sei es durch die Verringerung von Verbindlichkeiten, durch den Erwerb neuen Aktivvermögens oder durch echte Wertsteigerungen bereits vorhandenen Vermögens.[3] Unerheblich ist auch, ob der Zugewinn erarbeitet wurde oder ob der andere Ehegatte zum Vermögenserwerb beigetragen hat.[4]

---

28 BGH FamRZ 2007, 879; Schulz/Hauß, Vermögensauseinandersetzung, Kap. 1 Rn. 116.
29 OLG Oldenburg FamRZ 2006, 1031.
30 Näheres bei Schulz FamRZ 2006, 1237.
1 BGH FamRZ 2011, 25 (28) mAnm Koch.
2 Schulz/Hauß, Vermögensauseinandersetzung, Kap. 1 Rn. 18.
3 BGH FamRZ 1984, 31.
4 BGHZ 68, 43 = NJW 1977, 377; BGH NJW 1995, 3113.

§ 1374 BGB Anfangsvermögen

(1) Anfangsvermögen ist das Vermögen, das einem Ehegatten nach Abzug der Verbindlichkeiten beim Eintritt des Güterstands gehört.

(2) Vermögen, das ein Ehegatte nach Eintritt des Güterstands von Todes wegen oder mit Rücksicht auf ein künftiges Erbrecht, durch Schenkung oder als Ausstattung erwirbt, wird nach Abzug der Verbindlichkeiten dem Anfangsvermögen hinzugerechnet, soweit es nicht den Umständen nach zu den Einkünften zu rechnen ist.

(3) Verbindlichkeiten sind über die Höhe des Vermögens hinaus abzuziehen.

I. Allgemeines

Die Vorschrift hat immer dann Gültigkeit, wenn der Güterstand der Zugewinn- **1** gemeinschaft nicht durch Tod beendet worden ist (§ 1372) sowie in Todesfällen, wenn es ausschließlich zur güterrechtlichen Lösung kommt (§ 1371 Abs. 2, 3).[1] Grundsätzlich ist daher der **Stichtag** für die Berechnung des Anfangsvermögens der Tag der Eheschließung (§ 1363 Abs. 1). Für Ehegatten, die vor der Einführung der Zugewinngemeinschaft als gesetzlicher Güterstand geheiratet haben, ist abweichend der 1.7.1958 maßgeblich. Für Ehegatten, die ihre Ehe in der früheren DDR nach den Vorschriften des FGB geschlossen haben und keine Güterstandserklärung abgegeben haben, ist Stichtag für die Berechnung des Anfangsvermögens der 3.10.1990.

II. Anfangsvermögen (Abs. 1, 3)

1. Begriff (Abs. 1). Das Anfangsvermögen ist die **Summe aller Vermögenswerte** **2** **abzüglich der bestehenden Verbindlichkeiten**, die einem Ehegatten beim Eintritt des Güterstands gehören. Das Anfangsvermögen ist eine reine Rechengröße, die in einem Geldbetrag zusammengefasst wird. Die einzelnen Vermögenspositionen sind reine Rechnungsposten.[2]

Das Anfangsvermögen umfasst alle am **Stichtag** bestehenden und von der **3** Rechtsordnung geschützten Positionen von wirtschaftlichem Wert eines Ehegatten.[3] Hierzu gehören auch Anwartschaften sowie Forderungen und Verbindlichkeiten. Diese müssen am Stichtag lediglich entstanden sein. Auf die Fälligkeit kommt es nicht an.[4] Auch künftig erst entstehende Ansprüche stellen eine Posi-

---

1 Palandt/Brudermüller § 1374 Rn. 2.
2 Schulz/Hauß, Vermögensauseinandersetzung, Kap. 1 Rn. 21.
3 BGH FamRZ 2001, 278; 2002, 88.
4 BGH FamRZ 2001, 278.

tion mit wirtschaftlichem Wert dar, wenn am Stichtag mehr als eine bloß ungewisse Erwerbsaussicht bestand.[5] Keinen gegenwärtigen Vermögenswert hingegen stellen künftige Ansprüche aus Dauerschuldverhältnissen dar. Dies gilt auch für Rechte, die sich in der Entwicklung befinden und noch nicht zur Anwartschaft erstarkt sind, also eine bloße Erwerbsaussicht darstellen.[6] **Voreheliche Leistungen** unter Verlobten haben grundsätzlich Auswirkungen auf die Höhe des Anfangsvermögens. Allerdings können diese Leistungen Ausgleichsansprüche auslösen, die das Anfangsvermögen nicht beeinflussen.[7] Wendet ein Verlobter einen Tag vor der Eheschließung der künftigen Ehefrau einen Geldbetrag zu, den diese für den Erwerb einer Immobilie aufwendet, so steht dem Ehemann unter Umständen nach dem Scheitern der Ehe ein ergänzender Ausgleichsanspruch zu.[8]

4 Nach dem OLG Koblenz mindert eine noch nicht valutierte **Grundschuld** den Wert eines nach Abs. 2 privilegiert erworbenen Grundstücks nicht. Zu Recht stellt das OLG Koblenz fest, dass erst eine später erfolgende Aufnahme eines Darlehens den Wert der Schenkung auch nicht nachträglich vermindert.[9]

5 **2. Negatives Anfangsvermögen (Abs. 3).** Nach Inkrafttreten des Gesetzes zur Änderung des Zugewinnausgleichs- und Vormundschaftsrechts zum 1.9.2009 und dem neu eingeführten Abs. 3 kann das Anfangsvermögen entgegen dem früheren Recht auch negativ sein. Nach der früheren Rechtslage konnten Verbindlichkeiten nur bis zur Höhe des Vermögens abgezogen werden. Dies hatte zur Folge, dass ein negatives Anfangsvermögen ausgeschlossen war. Auch bei hohen Schulden wurde das Anfangsvermögen mit Null angesetzt.

III. Hinzurechnung zum Anfangsvermögen (Abs. 2)

6 **1. Zweck der Vorschrift.** Dieser besteht darin, solche Vermögensbestandteile dem Zugewinnausgleich zu entziehen, die in keinem Zusammenhang mit der ehelichen Lebens- und Wirtschaftsgemeinschaft stehen, sondern einem Ehegatten **von dritter Seite** aufgrund persönlicher Beziehungen oder aufgrund ähnlicher Umstände zufließen und an denen der andere Ehegatte keinen Anteil hat.[10]

7 Wie in Abs. 1 ist der Wert ein reiner Rechnungsposten. Maßgeblicher Zeitpunkt für die Wertberechnung ist gem. § 1376 Abs. 1 der des Erwerbs.[11]

8 **2. Erwerb von Todes wegen.** Hierzu gehört, was ein Ehegatte durch gesetzliche, erbvertragliche oder testamentarische Erbfolge, durch Vermächtnis oder Erbersatzanspruch erwirbt. Ebenso die Befreiung von Verbindlichkeiten, wenn ein Ehegatte seinen Gläubiger beerbt.[12] Nach dem Bundesgerichtshof zählt auch der Auszahlungsbetrag einer **Lebensversicherung** zum privilegierten Vermögenserwerb nach Abs. 2, wenn aufgrund der besonderen persönlichen Beziehungen des

---

5 BGH FamRZ 2002, 88.
6 Schulz/Hauß, Vermögensauseinandersetzung, Kap. 1 Rn. 20.
7 BGH NJW 1992, 427.
8 OLG Köln FamRZ 2002, 1404.
9 OLG Koblenz FamRZ 2006, 624.
10 BGH NJW 1995, 3113; FamRZ 2014, 24.
11 Palandt/Brudermüller § 1374 Rn. 8.
12 BGH NJW 1995, 3113; OLG Düsseldorf FamRZ 1988, 287.

Begünstigten zum Versicherungsnehmer dieser in den Versicherungsvertrag aufgenommen wurde.[13]

Die Anforderungen, die die Rechtsprechung im Fall eines behaupteten Erwerbs 9
von Todes wegen an den Nachweis privilegierten Anfangsvermögens iSv Abs. 2
stellt, sind hoch.[14]

3. Erwerb mit Rücksicht auf künftiges Erbrecht. Entscheidendes Kriterium ist, 10
dass die Vertragsparteien mit Übergabe des privilegierten Vermögensgegenstands einen zukünftigen **Erbgang vorwegnehmen** wollen. Hingegen kommt es
nicht darauf an, ob der erwerbende Ehegatte gesetzlicher oder auch nur testamentarischer Erbe ist.[15] Ein „Erwerb mit Rücksicht auf ein künftiges Erbrecht"
ist in der Regel immer dann anzunehmen, wenn einem Abkömmling eine Immobilie, ein landwirtschaftliches Anwesen oder ein Unternehmen zu Lebzeiten
übergeben wird.[16] Selbst wenn der Erwerb in der Rechtsform eines Kaufvertrags
vollzogen wird, steht dies dem Erwerb mit Rücksicht auf ein künftiges Erbrecht
nicht entgegen.[17] Abs. 2 ist selbst dann noch anzuwenden, wenn der kapitalisierte Wert der Gegenleistung den Verkehrswert des übertragenen Objekts erreicht
oder gar übersteigt.[18]

Abs. 2 ist grundsätzlich dann gegeben, wenn der Erwerber **keine oder keine vollwertige Gegenleistung** erbringt.[19] Unter Umständen ist auch „ein Erwerb mit
Rücksicht auf ein künftiges Erbrecht" dann zu bejahen, wenn er in der Rechtsform eines Kaufvertrages ausgestaltet wurde.[20]

4. Schenkungen. Hierunter fallen unentgeltliche Zuwendungen wie Schenkun- 11
gen iSv § 516 Abs. 1, Ausstattungen iSv § 1624 sowie der Erlass von Zahlungsverpflichtungen.[21] Keine Schenkungen hingegen sind freiwillige Leistungen des
Arbeitgebers, da diese Entgeltcharakter haben.[22] Bei **gemischten Schenkungen**
ist nur die Differenz zwischen dem Verkehrswert und der Gegenleistung, also
der unentgeltliche Teil der Zuwendung, dem Anfangsvermögen hinzuzurechnen.[23]

Nach ganz hM gilt Abs. 2 nur für Schenkungen von dritter Seite. Auf **Zuwen-** 12
dungen zwischen Eheleuten findet die Vorschrift keine Anwendung.[24]

Hochzeitsgeschenke sowie Schenkungen an beide Ehegatten werden gemein- 13
schaftliches Vermögen und sind damit grundsätzlich hälftig bei den jeweiligen
Anfangsvermögen anzusetzen.[25] Nicht hingegen der Betrag, den die Eltern eines

---

13 BGH FamRZ 1995, 1562 und Schulz/Hauß, Vermögensauseinandersetzung, Kap. 1
Rn. 28.
14 BGH FamRZ 2005, 1660 = FuR 2006, 35.
15 BGH FamRZ 1990, 1083.
16 Schulz/Hauß, Vermögensauseinandersetzung, Kap. 1 Rn. 29; BGH FamRZ 1990, 1083;
Palandt/Brudermüller § 1374 Rn. 11.
17 BGH NJW 1978, 1809.
18 Schulz/Hauß, Vermögensauseinandersetzung, Kap. 1 Rn. 30; BGH FamRZ 1990, 1083.
19 OLG Bamberg FamRZ 1990, 408; OLG Düsseldorf MDR 1972, 728.
20 BGH FamRZ 2007, 978.
21 BGH NJW 1987, 2816.
22 OLG München FamRZ 1995, 1069.
23 BGH NJW 1992, 2566; OLG Bamberg FamRZ 1990, 408.
24 BGH NJW 1982, 1093; 1987, 2814; BGH FamRZ 1988, 373; Palandt/Brudermüller
§ 1374 Rn. 15; Schulz/Hauß, Vermögensauseinandersetzung, Kap. 1 Rn. 33.
25 Schulz/Hauß, Vermögensauseinandersetzung, Kap. 1 Rn. 34; Staudinger/Thiele § 1374
Rn. 27.

Ehegatten zur Finanzierung des Polterabends überweisen. Dieser dient der Deckung des laufenden Lebensbedarfes des Beschenkten und zählt damit zu den Einkünften.[26]

Werden einem Ehegatten vor Zustellung des Scheidungsantrages zweckgebundene Geldmittel von einer gemeinnützigen Einrichtung zur Anschaffung eines zum Transport des gemeinsamen schwerbehinderten Kindes der Ehegatten geeigneten Pkw schenkungsweise zugewandt, so stellt der Gesamtbetrag eine Zuwendung iSd § 1374 Abs. 2 dar.[27]

14 Finanzielle Zuwendungen der Schwiegereltern an das Schwiegerkind sind nach der geänderten Rechtsprechung des Bundesgerichtshofs, auch wenn sie um der Ehe des eigenen Kindes willen erfolgen, keine unbenannten Zuwendungen, sondern „echte" Schenkungen.[28] Damit sind schwiegerelterliche Schenkungen dem Anfangsvermögen zuzurechnen. Auch wenn der Bundesgerichtshof Zuwendungen der Schwiegereltern nicht mehr als unbenannte Zuwendungen, sondern als Schenkungen bewertet, wendet er auf sie dennoch bei Scheitern der Ehe die Grundsätze des **Wegfalls der Geschäftsgrundlage** (§ 313) an.[29] Denn Geschäftsgrundlage einer schwiegerelterlichen Schenkung ist regelmäßig die auch für das Schwiegerkind erkennbare Erwartung, die Ehe mit dem eigenen Kind werde Bestand haben und die Schenkung werde dem leiblichen Kind auf Dauer zugutekommen. Der Bundesgerichtshof spricht daher auch von einer „ehebezogenen Schenkung".[30]

15 Hat sich die Erwartung der Schwiegereltern, die eheliche Lebensgemeinschaft des von ihnen beschenkten Schwiegerkindes mit ihrem Kind werde Bestand haben, infolge des Scheiterns der Ehe nicht erfüllt, so ist die **Geschäftsgrundlage für die Schenkung entfallen.** Es ist – nach der neuen Rechtsprechung – nicht mehr vorrangig zu prüfen, ob der Zugewinnausgleich zwischen den Eheleuten zu einem angemessenen Ergebnis führt.[31] Die Schwiegereltern haben vielmehr einen unmittelbaren Anspruch gegen das Schwiegerkind auf Rückgewähr der Schenkung wegen Wegfalls der Geschäftsgrundlage(§ 313).[32] Gegen das eigene Kind haben die Eltern, wenn dessen Ehe scheitert, **keinen Rückforderungsanspruch** wegen Wegfalls der Geschäftsgrundlage, da die Zuwendung nicht um der Ehe des eigenen Kindes willen erfolgte, sondern aus echter Freigebigkeit und reiner Uneigennützigkeit. Nur bei Verarmung der Eltern (§ 528) oder grobem Undank (§ 530) können Ansprüche nach Schenkungsrecht bestehen.[33]

16 In den Vermögensbilanzen des Zugewinnausgleichs zwischen den Eheleuten wird die **Schenkung** beim leiblichen Kind und nunmehr **auch beim Schwiegerkind** als privilegierter Erwerb (§ 1374 Abs. 2) mit dem gleichen Wert **im Anfangsvermögen** eingestellt.[34] Die Schenkung erhöht somit nicht mehr den Zugewinn des Schwiegerkindes.

---

26 OLG Brandenburg 27.3.2014, MittBayNot 2014, 535.
27 OLG Celle 28.7.2015 – 17 UF 63/15, NJW-Spezial 2015, 582.
28 BGH FamRZ 2010, 958.
29 BGH FamRZ 2010, 958 (960); 2010, 1626 (1627).
30 BGH FamRZ 2010, 958 (961).
31 BGH FamRZ 2010, 958 (960); 2010, 1626 (1627).
32 Schulz/Hauß, Vermögensauseinandersetzung, Kap. 8 Rn. 2032 ff.
33 Schulz/Hauß, Vermögensauseinandersetzung, Kap. 8 Rn. 2047.
34 BGH FamRZ 2010, 958 (961); 2010, 1626 (1628).

Zusätzlich ist nach der neuen Rechtsprechung der **Rückforderungsanspruch** der **17** Schwiegereltern gegen das Schwiegerkind als **Passivposten beim Zugewinnausgleich** zu berücksichtigen. Denn das beschenkte Schwiegerkind – so der Bundesgerichtshof[35] – hat den zugewendeten Gegenstand nur mit der Belastung erworben, die Schenkung im Falle des späteren Scheiterns der Ehe schuldrechtlich auszugleichen zu müssen. Dieser Rückforderungsanspruch der Schwiegereltern (§ 313) ist nach dem Bundesgerichtshof[36] als Belastung im **Anfangs- und Endvermögen** des Schwiegerkindes mit dem gleichen Wert anzusetzen und kann deshalb im Zugewinnausgleichsverfahren regelmäßig vollständig unberücksichtigt bleiben.[37] Die Schenkung und der Rückforderungsanspruch der Schwiegereltern sind „zugewinnausgleichsneutral".[38]

Gleiches gilt für Arbeitsleistungen von Eltern/Schwiegereltern, beispielsweise die **18** Mithilfe beim Hausbau.[39] Hingegen mindert ein bereits durchgeführtes Zugewinnausgleichsverfahren den Rückgewähranspruch der Schwiegereltern.[40]

5. Einkünfte. Vermögenserwerb, der den „Umständen nach zu den Einkünften **19** zu rechnen" ist, wird nicht dem Anfangsvermögen zugerechnet (Abs. 2 letzter Hs.). Der Begriff „Einkünfte" im Sinne der Vorschrift ist nicht näher definiert. Nach der Ratio der Vorschrift sind Einkünfte einmalige oder regelmäßige Zuwendungen, die nicht zur Vermögensbildung, sondern zum laufenden Verbrauch bestimmt sind.[41] Weitere Kriterien sind im Einzelfall der Anlass der Zuwendung, die Willensrichtung des Zuwendenden und die wirtschaftlichen Verhältnisse des Zuwendungsempfängers.[42]

Den Einkünften zuzurechnen sind Zuwendungen für den Haushalt und für an- **20** dere laufende Lebensbedürfnisse, für einen Erholungsurlaub, einen Wohnungsumzug oder für den Erwerb des Führerscheins.[43] Ebenso ist die **unentgeltliche vorübergehende Überlassung einer Wohnung** zur Eigennutzung den Einkünften zuzurechnen, da sie der Deckung des laufenden Lebensbedarfs dient.[44] Eine Gebrauchsüberlassung auf Dauer, beispielsweise ein lebenslanges Wohnrecht, stellt einen Vermögenswert dar und ist den Einkünften nicht zuzurechnen.

In der Praxis problematisch ist die Charakterisierung **größerer Geld- und Sach-** **21** **zuwendungen.** Insoweit ist immer auf den Einzelfall abzustellen. Nach einer Ansicht sind auch größere Geldzuwendungen, beispielsweise für den Kauf eines Pkw oder einer Wohnungseinrichtung, zu den Einkünften zu rechnen.[45]

Nach Ansicht des OLG Karlsruhe ist die Schenkung eines gebrauchten Pkw im **22** Wert von rund 5.600 EUR den Einkünften zuzurechnen, da hierdurch der kon-

---

35 BGH FamRZ 2010, 958 (962); 2010, 1626 (1628).
36 BGH FamRZ 2010, 958 (962); 2010, 1626 (1628).
37 Kritisch hierzu Schulz/Hauß, Vermögensauseinandersetzung, Kap. 8 Rn. 2051; Schulz FF 2010, 273 (277) („Verstoß gegen das Stichtagsprinzip"); Kogel FF 2010, 319 (321); Wever, Anm. zu BGH 3.2.2010 – XII ZR 189/06, FamRZ 2010, 1047.
38 Schulz/Hauß, Vermögensauseinandersetzung, Kap. 8 Rn. 2060.
39 Vgl. Schulz/Hauß, Vermögensauseinandersetzung, Kap. 8 Rn. 2089 ff.
40 OLG Düsseldorf FamRZ 2014, 161.
41 OLG Zweibrücken FamRZ 1984, 910; BGH FamRZ 2014, 24.
42 BGHZ 101, 229 = NJW 1987, 2816.
43 Schulz/Hauß, Vermögensauseinandersetzung, Kap. 1 Rn. 40; Romeyko, Anm. zu OLG Karlsruhe, FamRZ 2002, 236.
44 OLG München FamRZ 1998, 825.
45 OLG Karlsruhe FamRZ 2002, 236; OLG Zweibrücken FamRZ 1984, 910.

krete Bedarf für einen Pkw gedeckt wurde.[46] Nach einer anderen Ansicht ist zwischen Verbrauch der Zuwendung, was wiederum für Einkünfte spricht, und Gebrauch, was Vermögensbildung indiziert, zu unterscheiden.[47]

23 Nach hM werden **Wohnungseinrichtungen** und deren Finanzierung zu den Einkünften gerechnet.[48] Nach anderer und überzeugender Ansicht sind Möbel und Haushaltsgeräte hingegen nicht zum alsbaldigen Verbrauch bestimmt. Es ist jeweils von einer langjährigen Nutzungsdauer auszugehen, und diese sind damit den Einkünften iSv Abs. 2 zuzurechnen.[49]

IV. Keine Analogie

24 Abs. 2 ist keiner Analogie zugänglich.[50] Die vier privilegierten Erwerbstatbestände der Vorschrift sind abschließend. Eine entsprechende Ausdehnung der Vorschrift auf andere Leistungen ist unzulässig.[51] Dies gilt insbesondere für Rechte aus einer Unfallabfindung,[52] für Rechte aus einer Witwenabfindung,[53] für einen **Lottogewinn**[54] sowie für das in der ehemaligen DDR enteignete Vermögen.[55]

25 Umstritten ist, ob **Schmerzensgeld** entsprechend dem Katalog des Abs. 2 zum Anfangsvermögen zu rechnen ist. Nach Ansicht des Bundesgerichtshofs gilt das Analogieverbot auch für eine Schmerzensgeldforderung.[56] Dies vermag nicht zu überzeugen. Vielmehr stellt Schmerzensgeld einen Ausgleich für persönliches Leiden dar und hat mit dem anderen Ehegatten bzw. dem gemeinsam Erarbeiteten nichts zu tun. Dies rechtfertige eine Ausnahme des Analogieverbots bzw. eine Aufnahme des Schmerzensgelds in den Katalog des § 1374 Abs. 2.[57]

V. Verrechnung des privilegierten Erwerbs mit negativem Anfangsvermögen

26 Nach früherer Rechtsprechung durfte ein negatives Anfangsvermögen nicht mit einem positiven privilegierten Erwerb verrechnet werden.[58] Nach der Reform des Zugewinnausgleichs findet bei einem überschuldeten Anfangsvermögen und einem späteren Vermögenserwerb nach § 1374 Abs. 2 sehr wohl eine Verrechnung statt. So wird nunmehr negatives Anfangsvermögen bei Eheschließung mit einem positiven privilegierten Erwerb verrechnet, ebenso ein positives Anfangsvermögen mit einem negativen privilegierten Erwerb gem. § 1374 Abs. 2.

---

46 OLG Karlsruhe FamRZ 2002, 236.
47 Romeyko FamRZ 2002, 236.
48 OLG Zweibrücken FamRZ 1994, 276; Palandt/Brudermüller § 1374 Rn. 18.
49 Schulz/Hauß, Vermögensauseinandersetzung, Kap. 1 Rn. 44.
50 BGH NJW 1995, 523; aA Schwab/Schwab VII Rn. 143 ff.; Schwab, Neue Rechtsprechung zum Zugewinnausgleich, FamRZ 1984, 429.
51 BGH NJW 1995, 3113.
52 BGH FamRZ 1982, 148.
53 BGH FamRZ 1982, 147.
54 BGH FamRZ 1977, 124; BGH FamRZ 2014, 24.
55 BGH FamRZ 2004, 781.
56 BGH FamRZ 1977, 124.
57 Schwab/Schwab VII Rn. 54; Schröder, Der Zugewinnausgleich auf dem Prüfstand, FamRZ 1997, 1 (3 f.); FA-FamR/v. Heintschel-Heinegg Kap. 9 Rn. 64; Schulz/Hauß, Vermögensauseinandersetzung, Kap. 1 Rn. 29.
58 BGH NJW 1995, 2165.

§ 1374 ist „nachgiebiges Recht". Es steht zur Disposition der Eheleute, durch notariellen Ehevertrag das Anfangsvermögen und den privilegierten Erwerb abweichend von der gesetzlichen Regelung zu bestimmen.[59]

VI. Indexierung des Anfangsvermögens

Aufgrund des bestehenden Kaufkraftschwundes ist das gesamte Anfangsvermögen zu indexieren. Für die Indexumrechnung ist der vom statistischen Bundesamt ermittelte Verbraucherpreisindex für Deutschland heranzuziehen (→ § 1376 Rn. 82). **27**

Auch negatives Anfangsvermögen ist zu indexieren.[60] Dies ist richtig, da die Indexierung nicht auf den individuellen Vermögensgegenstand abstellt, sondern den „wahren wirklichen Wert" des Vermögensgegenstandes zu den beiden Stichtagen vergleichbar macht.

VII. Darlegungs- und Beweislast

Jeder Ehegatte trägt die Darlegungs- und Beweislast für den Bestand und Wert seines Anfangsvermögens, werterhöhende Faktoren mit eingeschlossen.[61] Soweit ein Verzeichnis über das Anfangsvermögen besteht, gilt die Vermutung des § 1377 Abs. 1. **28**

Nach früherer Rechtslage hatte jeder Ehegatte das Fehlen von Verbindlichkeiten zum Tag der Eheschließung zu beweisen.[62] Mit Einführung des § 1374 Abs. 3 (negatives Anfangsvermögen) hat sich insoweit die Darlegungs- und Beweislast geändert. Der Ehegatte, der vortragen lässt, sein Ehepartner habe bei Eheschließung nur Schulden gehabt, ist für das **negative Anfangsvermögen** des Ehepartners darlegungs- und beweispflichtig.[63] Damit ist derjenige darlegungs- und beweispflichtig, der sich auf eine Abweichung zur Vermutung des § 1377 Abs. 3 beruft. **29**

Problematisch ist die Darlegungs- und Beweislast in Fällen, in denen am Tag der Eheschließung sowohl Aktiva als auch Passiva vorhanden sind und es vom Beweis einzelner Positionen abhängt, ob das Anfangsvermögen letztlich positiv oder negativ in die Zugewinnausgleichsberechnung mit einzustellen ist. Die Problematik löst sich, indem **jeder Ehegatte für seine Behauptungen darlegungs- und beweispflichtig** ist. Im Ergebnis bedeutet dies, dass der Inhaber der Vermögenspositionen für sein Aktivvermögen und der andere Ehegatte für das Bestehen der Verbindlichkeiten darlegungs- und beweispflichtig ist.[64] Kann nicht geklärt werden, ob eine streitige Position einen positiven oder negativen Wert hat und keine Partei den ihr obliegenden Beweis erbringt, bleibt diese Position bei der Berechnung des Anfangsvermögens unberücksichtigt.[65] Dieser Ansicht ist

---

59 Palandt/Brudermüller § 1374 Rn. 3.
60 Gutdeutsch, Negatives (privilegiertes) Anfangsvermögen und dessen Eingang in die Berechnung, FPR 2009, 277; Bütte NJW 2009, 2776; Schulz/Hauß, Vermögensauseinandersetzung, Kap. 1 Rn. 58; aA Klein, Die Indexierung von negativem Anfangsvermögen, FuR 2010, 122.
61 BGH NJW 1991, 1741.
62 OLG Karlsruhe FamRZ 1986; 1105.
63 Palandt/Brudermüller § 1374 Rn. 20; Brudermüller, Der reformierte Zugewinnausgleich, NJW 2010, 401; Schulz/Hauß, Vermögensauseinandersetzung, Kap. 1 Rn. 72.
64 Hoppenz FamRZ 2008, 1989; Palandt/Brudermüller § 1374 Rn. 20; Schulz/Hauß, Vermögensauseinandersetzung, Kap. 1 Rn. 74.
65 Schulz/Hauß, Vermögensauseinandersetzung, Kap. 1 Rn. 74.

nicht zu folgen, da in einem solchen Fall auf die allgemeinen Darlegungs- und Beweislastgrundsätze abgestellt werden muss, wonach der Anspruchsteller beweisbelastet bleibt.[66]

30　Jeder Ehegatte trägt auch die Darlegungs- und Beweislast für die Umstände, die einen privilegierten Erwerb gem. Abs. 2 begründen.[67] Nach der Rechtsprechung des Bundesgerichtshofs gibt es weder einen allgemeinen Erfahrungssatz noch eine tatsächliche Vermutung, dass eine Zuwendung iSv Abs. 2 nur an den verwandten oder näherstehenden Ehegatten erfolgt ist.[68]

31　Den begünstigten Ehegatten trifft auch die Darlegungs- und Beweislast, dass Zuwendungen keine Einkünfte darstellen.[69] In der Praxis kann gerade hier der Darlegungs- und Beweislast entscheidende Bedeutung zukommen.

Soweit ein **negativer Beweis** geführt werden muss, gelten die Grundsätze der sog sekundären Darlegungslast.[70]

§ 1375 BGB　Endvermögen

(1) [1]Endvermögen ist das Vermögen, das einem Ehegatten nach Abzug der Verbindlichkeiten bei der Beendigung des Güterstands gehört. [2]Verbindlichkeiten sind über die Höhe des Vermögens hinaus abzuziehen.

(2) [1]Dem Endvermögen eines Ehegatten wird der Betrag hinzugerechnet, um den dieses Vermögen dadurch vermindert ist, dass ein Ehegatte nach Eintritt des Güterstands

1. unentgeltliche Zuwendungen gemacht hat, durch die er nicht einer sittlichen Pflicht oder einer auf den Anstand zu nehmenden Rücksicht entsprochen hat,
2. Vermögen verschwendet hat oder
3. Handlungen in der Absicht vorgenommen hat, den anderen Ehegatten zu benachteiligen.

[2]Ist das Endvermögen eines Ehegatten geringer als das Vermögen, das er in der Auskunft zum Trennungszeitpunkt angegeben hat, so hat dieser Ehegatte darzulegen und zu beweisen, dass die Vermögensminderung nicht auf Handlungen im Sinne des Satzes 1 Nummer 1 bis 3 zurückzuführen ist.

(3) Der Betrag der Vermögensminderung wird dem Endvermögen nicht hinzugerechnet, wenn sie mindestens zehn Jahre vor Beendigung des Güterstands eingetreten ist oder wenn der andere Ehegatte mit der unentgeltlichen Zuwendung oder der Verschwendung einverstanden gewesen ist.

I. Allgemeines

1　Parallel zum Anfangsvermögen sind die einzelnen Vermögensgegenstände reine Rechnungsposten des Endvermögens in Geld.[1] Durch das Gesetz zur Änderung des Zugewinnausgleichs- und Vormundschaftsrechts, in Kraft getreten am 1.9.2009, wurde die Vorschrift wesentlich geändert.

66　Hoppenz FamRZ 2008, 1889.
67　BGH FamRZ 2005, 1660.
68　BGH NJW 1995, 1889.
69　Palandt/Brudermüller § 1374 Rn. 20.
70　Palandt/Brudermüller § 1374 Rn. 21; BGH NJW 1999, 1404.
　1　BGH NJW 1996, 2152.

II. Endvermögen (Abs. 1 S. 1)

Beim Endvermögen handelt es sich um das Vermögen, das einem Ehegatten **2** nach Abzug der Verbindlichkeiten bei Beendigung der Zugewinngemeinschaft gehört. Zum Endvermögen gehören alle dem Ehegatten zustehenden rechtlich geschützten Positionen mit wirtschaftlichem Wert.[2] Probleme bei einer ggf. erforderlichen Schätzung des anzusetzenden Werts rechtfertigen es nicht, diese Position außer Betracht zu lassen.[3] Ferner sind Rechte im Endvermögen zu berücksichtigen, die weder vererblich[4] noch fällig oder unbedingt[5] sind. Ist der monatliche Unterhalt auf dem Konto eines Ehegatten vor dem Stichtag gutgeschrieben und in dem stichtagsbezogenen Kontoguthabenbetrag enthalten, so kann dieser unter Vernachlässigung des Unterhaltszwecks angesetzt werden.[6]

1. Aktiva. a) Hälftiges Miteigentum. In der familienrechtlichen Praxis wird oft **3** der Fehler gemacht, Gegenstände oder Immobilien, die im hälftigen Miteigentum der Ehegatten stehen, aus Vereinfachungsgründen in der Zugewinnausgleichsbilanz zu vernachlässigen. Dieser Denkfehler mag sich in manchen Fällen nicht auswirken, kann aber dann, wenn das übrige Vermögen eines Ehegatten keinen positiven Wert hat, zu erheblichen Berechnungsfehlern führen.

b) Kein Bezug zur ehelichen Lebensgemeinschaft. Vermögenspositiven fallen **4** auch dann unter das Aktivvermögen, wenn sie keinen Bezug zur ehelichen Lebensgemeinschaft haben, beispielsweise der Lottogewinn.[7]

c) Haushaltsgegenstände. Haushaltsgegenstände zählen nicht zum Endvermö- **5** gen, da § 1568 b eine abschließende Sonderregelung darstellt und die Verteilung der Haushaltsgegenstände regelt. Haushaltsgegenstände, die im Alleineigentum eines Ehegatten stehen, sind im Aktivvermögen nunmehr ohne Ausnahme zu berücksichtigen, da deren Überlassung nach § 1568 b ausgeschlossen ist.

d) Künftige Ansprüche. Nicht zum Vermögen zählen auch künftige Ansprüche, **6** deren Entstehung ungewiss ist.[8]

e) Anwartschaft. Unter die Vermögensposition des Endvermögens fallen auch **7** Anwartschaften und vergleichbare Rechtsstellungen. Diese sind von bloßen Erwerbsaussichten abzugrenzen.

f) Treuhänder. Ebenso wenig zählt die Stellung als Treuhänder zum Endvermö- **8** gen.[9]

2. Passiva. Zu berücksichtigen sind alle am Stichtag existenten Verbindlichkei- **9** ten. Dies gilt auch für bedingte und betagte Verbindlichkeiten.

a) Negatives Endvermögen (Abs. 1 S. 2). Aufgrund des Gesetzes zur Änderung **10** des Zugewinnausgleichs- und Vormundschaftsrechts sind Verbindlichkeiten über die Höhe des Vermögens hinaus abzuziehen. Damit kann nicht nur das Anfangsvermögen, sondern auch das Endvermögen negativ sein.[10]

---

2 BGH NJW 1981, 1038.
3 BGH NJW 2001, 439.
4 BGH NJW 1987, 321.
5 BGH NJW 2001, 439.
6 BGH NJW 2003, 3339.
7 BGH FamRZ 1977, 124.
8 Palandt/Brudermüller § 1375 Rn. 6.
9 MK/Koch § 1375 Rn. 13; Palandt/Brudermüller § 1375 Rn. 10.
10 BT-Drs. 16/10798, Anl. 1, Art. 1 Nr. 6.

Trotz negativen Anfangs- und Endvermögens gibt es weiterhin **keinen „negativen Zugewinn".** Zugewinn ist der Betrag, um den das Endvermögen eines Ehegatten das Anfangsvermögen übersteigt (§ 1373). Damit kann der Rechnungsposten Zugewinn niemals mit einem negativen Wert in die Zugewinnausgleichsbilanz eingestellt werden.[11] Übersteigt das Anfangsvermögen das Endvermögen, so ist der Zugewinn schlicht und einfach Null. „Die Zugewinngemeinschaft ist keine Verlustgemeinschaft",[12] folglich gibt es auch keinen Ausgleich des Verlustes. Wurde während der Ehe von beiden nur ein negatives Endvermögen erwirtschaftet, findet keine Aufteilung der Verluste statt.

Ein Zugewinnausgleich findet auch dann nicht statt, wenn ein Ehegatte einen höheren Zugewinn als der andere erwirtschaftet hat, das Endvermögen aber negativ ausfällt. Die Lösung ergibt sich für den Ehepartner mit dem negativen Endvermögen aus § 1378 Abs. 2 S. 1 und für den Ehepartner, der einen positiven, aber niedrigeren Zugewinn erwirtschaftet hat, aus § 1378 Abs. 1.[13]

11 **b) Entstehung maßgeblich.** Maßgeblich für die Berücksichtigung einer Verbindlichkeit ist, bezogen auf den Stichtag, die Entstehung, nicht dagegen die Fälligkeit.[14]

12 **c) Sittliche Verpflichtung.** Im Endvermögen zu berücksichtigen sind auch diejenigen Verbindlichkeiten, die lediglich aus einer sittlichen Verpflichtung heraus entstanden sind.[15] Nach anderer Ansicht muss die Verbindlichkeit rechtlich begründet sein, weshalb eine bloße sittliche Verpflichtung nicht genüge.[16]

13 **d) Ansprüche der Ehegatten untereinander.** Der Anspruch eines Ehegatten gegen den anderen ist jeweils auf der Aktiv- bzw. Passivseite zum Vermögen des jeweiligen Ehegatten einzusetzen. Dies gilt insbesondere für den Anspruch auf Übertragung des hälftigen Miteigentums[17] und bei Zahlungsverpflichtungen aus Unterhaltsrückständen, selbst wenn es sich um Forderungen eines vom Zugewinnausgleich betroffenen Ehegatten handelt.[18]

14 **e) Sicherheiten.** Die Bestellung einer Sicherheit mindert das Endvermögen eines Ehegatten nicht.[19] Dies ist nur ausnahmsweise der Fall, wenn mit einer Verwertung gerechnet werden muss und ein entsprechender Regressanspruch nicht durchzusetzen ist.

Die persönliche Haftungsübernahme begründet für sich noch keine Verbindlichkeit. Im Innenverhältnis kann die Schuld allerdings den Ehegatten anteilig zur Last fallen und ist dann in dieser Höhe in die Ausgleichsbilanz mit einzustellen.[20]

15 **f) Sonstige Verbindlichkeiten.** Nach OLG Karlsruhe sind auch Verbindlichkeiten abzugsfähig, die aus einer Straftat herrühren. Nach dem eindeutigen Wort-

---

11 BT-Drs. 16/10798, 14; Brudermüller FamRZ 2009, 1185; Hoppenz FamRZ 2008, 1889; Schulz/Hauß, Vermögensauseinandersetzung, Kap. 1 Rn. 80.
12 Schulz/Hauß, Vermögensauseinandersetzung, Kap. 1 Rn. 80.
13 Näheres mit Fallbeispiel: Schulz/Hauß, Vermögensauseinandersetzung, Kap. 1 Rn. 82.
14 BGH NJW 1991, 1547.
15 OLG Frankfurt/M. FamRZ 1990, 998.
16 Palandt/Brudermüller § 1375 Rn. 14.
17 BGH FamRZ 2003, 230.
18 BGH NJW 2003, 3339; OLG Frankfurt/M. FamRZ 1990, 998.
19 OLG Hamm FamRZ 1996, 34.
20 Palandt/Brudermüller § 1375 Rn. 14; BGH FamRZ 1991, 1162; OLG Koblenz NJW-RR 2008, 1173.

laut des Abs. 1 spielt der Rechtsgrund der Verbindlichkeit keine Rolle. Ferner enthält Abs. 2 eine abschließende Aufzählung der nicht zu berücksichtigenden Passiva.[21]

Nach dem Bundesgerichtshof sind auch unveräußerliche bzw. unvererbliche Positionen bei den Passiva zu berücksichtigen, wenn sie einen objektiv ermittelbaren wirtschaftlichen Wert haben.[22] Negative Kapitalkonten der Gesellschafter einer Abschreibungsgesellschaft begründen keine Verbindlichkeiten iSd § 1375 Abs. 1 und sind bei der Vermögensbilanz unberücksichtigt zu lassen.[23] | 16

III. Illoyale Vermögensminderungen (Abs. 2)

Zweck der Vorschrift ist es zu verhindern, dass die Erzielung eines Zugewinns und damit ein Ausgleichsanspruch des anderen Ehegatten vereitelt wird. Abs. 2 schränkt die Freiheit eines Ehegatten ein, über sein Vermögen zu verfügen. Bei der Vorschrift handelt es sich um eine erschöpfende Aufzählung der illoyalen Vermögensminderungen. Eine analoge Anwendung auf andere Tatbestände ist ausgeschlossen.[24] | 17

Durch das Gesetz zur Änderung des Zugewinnausgleichs- und Vormundschaftsrechts und den damit verbundenen Änderungen der §§ 1384, 1378 Abs. 2 findet die Vorschrift in der familienrechtlichen Praxis wesentlich größere Anwendung. Der zum Endvermögen addierte Betrag wird nunmehr ohne Ausnahme zur Hälfte ausgeglichen, auch wenn der illoyale verfügende Ehegatte über kein Vermögen mehr verfügt.[25]

Der dem Endvermögen hinzuzurechnende Betrag ist nach den zum Anfangsvermögen entwickelten Grundsätzen gem. § 1376 Abs. 1 zu indexieren, um Kaufkraftveränderungen auszugleichen.[26]

Der nach § 1375 Abs. 2 S. 1 hinzuzurechnende Betrag ist mit einem negativen Endvermögen zu saldieren.[27]

1. Unentgeltliche Zuwendungen (Abs. 2 Nr. 1). Unentgeltlich ist eine Vermögensverfügung, wenn der durch sie bewirkten Minderung des Vermögens **keine Gegenleistung** gegenübersteht und sich die Parteien des Zuwendungsgeschäfts über die Unentgeltlichkeit der gesamten oder eines Teils der Zuwendung einig sind.[28] Eine Vermutung für gemischte Schenkungen besteht dann, wenn bei einem beidseitigen Verpflichtungsgeschäft ein grobes Missverhältnis zwischen Leistung und Gegenleistung vorliegt.[29] | 18

In der Praxis zählen vor allem **Schenkungen, Ausstattungen** für Kinder sowie **Spenden und Stiftungen** zu den häufigsten Fällen der unentgeltlichen Zuwendung.

Zuwendungen, die einer **sittlichen Pflicht** oder einer **auf den Anstand zu nehmenden Rücksicht** entsprechen, bleiben außer Betracht. Im Hinblick auf den | 19

---

21 OLG Karlsruhe FamRZ 2004, 461.
22 BGH FamRZ 2004, 527.
23 BGH FamRZ 1986, 37.
24 OLG Karlsruhe FamRZ 1986, 167.
25 BT-Drs. 16/10798, 27 (zu Nr. 9).
26 Palandt/Brudermüller § 1375 Rn. 23.
27 Palandt/Brudermüller § 1375 Rn. 23; Schulz/Hauß, Vermögensauseinandersetzung, Kap. 1 Rn. 91.
28 BGH FamRZ 1986, 565.
29 BGHZ 59, 132 = NJW 1972, 1709.

Ausnahmecharakter von Abs. 2 Nr. 1 und der Tatsache, dass jeder Ehegatte grundsätzlich über sein Vermögen frei verfügen kann, verbietet sich eine enge Auslegung.[30] Eine Pflicht- und Anstandszuwendung ist grundsätzlich anzunehmen bei Ausstattungen der Kinder, der Unterstützung bedürftiger Verwandter, Spenden an karitative Einrichtungen und der Errichtung gemeinnütziger Stiftungen.[31] In jedem Fall ist auf die Umstände des Einzelfalls abzustellen. Führen die Zuwendungen zu einer massiven Verschlechterung der güterrechtlichen Position des anderen Ehegatten, liegt die Vermutung einer illoyalen Vermögensverfügung nahe, selbst wenn die Schenkung an die Kinder erfolgt.

20　**2. Verschwendungen (Abs. 2 Nr. 2).** Verschwendungen sind solche Ausgaben, „bei denen ein Ehegatte weder Maß noch Ziel zu halten versteht, die unnütz und übermäßig sind, weil sie zu seinem Vermögen in keinem Verhältnis stehen".[32]

Der Begriff der Verschwendung ist grundsätzlich eng auszulegen. Nicht ausreichend ist ein „Leben über die Verhältnisse" oder ein „großzügiger Lebensstil".[33]

21　Nach hM sind rein wirtschaftliche Aspekte nicht allein entscheidend. Vielmehr sind auch **psychische Ursachen und Motive** wie Wut und Enttäuschung für das Walten des anderen Ehegatten mit einzubeziehen.[34] Nach anderer Ansicht kommt es auf Ursachen und Motive der Verschwendungshandlung nicht an.[35]

22　**3. Absichtliche Vermögensbenachteiligung (Abs. 2 Nr. 3).** Die Vorschrift umfasst Handlungen, bei denen die Benachteiligung des anderen Ehegatten das leitende, nicht notwendigerweise aber das einzige Motiv gewesen sein muss.[36] Ein dolus eventualis genügt hierfür nicht. Ebenso wird eine Kenntnis der Benachteiligungsabsicht des Empfängers der Zuwendung nicht vorausgesetzt.

23　Benachteiligungshandlungen können rechtsgeschäftliche Vermögensverschiebungen oder auch tatsächliches **Beschädigen** oder **Zerstören** von Vermögensgegenständen sein.[37] Die Rechtsprechung hat beim Verbrennen von Bargeld aus Wut und Enttäuschung über den anderen Ehegatten eine absichtliche Vermögensbenachteiligung bejaht.[38] Hingegen wurde Abs. 2 Nr. 3 verneint, wenn ein Ehegatte im Zusammenhang mit einem Suizidversuch diverse Vermögensgegenstände zerstört.[39] Nach hM sind an die Darlegung einer Benachteiligungsabsicht keine hohen Anforderungen zu stellen.

So hielt das OLG Düsseldorf die Erklärung, der Ehegatte habe das **Geld** für Geschäftsfreunde **treuhänderisch „geparkt"** und diese hätten das Geld zwischenzeitlich abgehoben, zu Recht für unglaubwürdig. Der Entscheidung lag ein Sachverhalt zugrunde, wonach 18 Monate vor dem Stichtag noch ein Wertpa-

---

30　BGH FamRZ 1998, 323.
31　Schulz/Hauß, Vermögensauseinandersetzung, Kap. 1 Rn. 95.
32　OLG Rostock FamRZ 2000, 228; OLG Karlsruhe FamRZ 1986, 167; OLG Düsseldorf FamRZ 1981, 806; Schulz/Hauß, Vermögensauseinandersetzung, Kap. 1 Rn. 97.
33　BGH NJW 2000, 2347.
34　OLG Schleswig FamRZ 1986, 1208; Schulz/Hauß, Vermögensauseinandersetzung, Kap. 1 Rn. 98 f.
35　OLG Rostock FamRZ 2000, 228.
36　BGH FamRZ 2000, 948; KG FamRZ 1988, 171; OLG Düsseldorf FamRZ 1981, 806.
37　Schulz/Hauß, Vermögensauseinandersetzung, Kap. 1 Rn. 102; BGH FamRZ 1986, 565.
38　OLG Rostock FamRZ 2000, 228.
39　OLG Frankfurt/M. 1984, 1097.

pierdepot im Wert von über 100.000 EUR vorhanden war, das in der Vermögensauskunft dann aber nicht mehr auftauchte.[40]

4. Keine Hinzurechnung zum Endvermögen. Nach Abs. 3 werden Vermögens- 24
minderungen dem Endvermögen nicht hinzugerechnet, wenn sie mindestens zehn Jahre vor Beendigung des Güterstandes eingetreten sind. In Fällen der Ehescheidung ist dabei auf die Rechtshängigkeit des Scheidungsantrages (§ 1384) abzustellen.[41] Die Hinzurechnung zum Endvermögen unterbleibt auch dann, wenn der andere Ehegatte mit der Vermögensminderung iSv § 1375 Abs. 2 einverstanden war. Unterlässt es der andere Ehegatte nachdrücklich zu widersprechen, so ist nicht bereits eine Billigung der Vermögensverfügung anzunehmen. „Bloßes Dulden oder resignierendes Schweigen kann auch aus Furcht vor einem Ehestreit geschehen."[42]

IV. Darlegungs- und Beweislast

Derjenige, der Zugewinn begehrt, trägt die Darlegungs- und Beweislast für das 25
Endvermögen beider Ehegatten und den Wert der einzelnen Gegenstände.[43] Der Antragsteller muss beim Endvermögen des anderen Ehegatten nicht nur das Vorhandensein der Aktiva, sondern auch das Fehlen von Passiva darlegen und beweisen. Die Darlegungs- und Beweislast des Antragstellers gilt auch für **Negativtatsachen**.[44] In diesen Fällen trifft den Antragsgegner eine verschärfte Darlegungslast.[45] Den Antragsgegner trifft eine sog „sekundäre Behauptungslast", wenn ihm nähere Angaben zumutbar sind und die darlegungsbelastete Partei keine näheren Kenntnisse der maßgebenden Tatsachen haben kann.[46]

Für die familienrechtliche Praxis bedeutet dies, dass jede Partei die Aktiva im Endvermögen des anderen Ehegatten sowie die Passiva im eigenen Endvermögen darlegen und beweisen muss.

Steht der prozessuale Sachvortrag eines Ehegatten im Widerspruch zu seinen 26
früheren Auskünften, führt dies nicht zu einer Umkehrung der Beweislast, sondern ist im Rahmen der Beweiswürdigung entsprechend zu berücksichtigen.[47] Nach Ansicht des OLG Koblenz kehrt sich die Beweislast um, wenn der Ausgleichsverpflichtete bei der Auskunftserteilung keine Schulden erwähnt, nachträglich aber Verbindlichkeiten behauptet.[48]

Die Darlegungs- und Beweislast für illoyale Vermögensminderungen iSv Abs. 2 27
trägt derjenige, der sich darauf beruft.[49] Dies gilt auch für die Behauptung der Benachteiligungsabsicht.[50] Für den Ablauf der Zehnjahresfrist (Abs. 3) sowie das Einverständnis des anderen Ehepartners ist derjenige darlegungs- und beweispflichtig, der sein Vermögen vermindert hat.[51]

---

40 OLG Düsseldorf FamRZ 2008, 1858.
41 Schulz/Hauß, Vermögensauseinandersetzung, Kap. 1 Rn. 103.
42 Schulz/Hauß, Vermögensauseinandersetzung, Kap. 1 Rn. 103.
43 BGH NJW 1987, 321.
44 OLG Stuttgart FamRZ 1993, 192; OLG Hamm FamRZ 1997, 87; OLG Köln NJW-RR 1999, 229.
45 OLG Düsseldorf FamRZ 2009, 1068.
46 BGH FamRZ 2009, 849.
47 BGH NJW 1987, 321.
48 OLG Koblenz FamRZ 1988, 1273.
49 OLG Düsseldorf FamRZ 1981, 806; BGH FamRZ 2014, 32.
50 BGH NJW-RR 1986, 1325; OLG Köln FamRZ 1988, 174.
51 OLG Düsseldorf FamRZ 2008, 1158; Palandt/Brudermüller § 1375 Rn. 33.

28 Die Darlegungs- und Beweislast **kehrt sich gem. § 1375 Abs. 2 S. 2 um**, wenn
das Endvermögen bei Rechtshängigkeit der Ehescheidung geringer ist als das
Vermögen, das der Ehegatte in der Auskunft über das Vermögen zum Trennungszeitpunkt (§ 1379 Abs. 1 S. 1 Nr. 1 und Abs. 2) angegeben hat. In diesem
Fall greift die Vermutung, dass der in der Trennungszeit eingetretene Vermögensverlust eine illoyale Vermögensverminderung iSv § 1375 Abs. 2 darstellt.
Der Vermögensträger hat nunmehr darzulegen und zu beweisen, dass die Vermögensminderung nicht auf illoyales Handeln zurückzuführen ist.[52] Hierzu
muss er sich substanziiert erklären.[53] **Gelingt der Nachweis nicht**, wird der Differenzbetrag zum Endvermögen addiert.

Wird von Beginn an nicht nur der Auskunftsanspruch, sondern auch der Wertermittlungsanspruch gem. § 1379 Abs. 2 S. 3 geltend gemacht, wird hierdurch in
der familienrechtlichen Praxis die Feststellung eines Vermögensdefizits wesentlich erleichtert.[54]

Die Beweislastumkehr des § 1375 Abs. 2 S. 2 gilt dann nicht, wenn sich zwar
keine Differenz zwischen Endvermögen und Vermögen zum Zeitpunkt der Trennung ergibt, in der Trennungszeit aber ein erheblicher Geldzufluss stattgefunden
hat, der sich im Endvermögen nicht realisiert hat. Ein solcher Fall ist vom Wortlaut des § 1375 Abs. 2 S. 2 nicht umfasst.

29 Hat allerdings ein Ehegatte in zeitlicher Nähe zum Stichtag einen Geldbetrag im
Vermögen des anderen nachgewiesen, so gehört es zur prozessualen Obliegenheit des Ausgleichsschuldners, sich plausibel über den Verbleib des Geldes zu erklären, falls dieses im Endvermögen nicht mehr vorhanden ist. Andernfalls gilt
der Sachvortrag des anderen Ehegatten zum Endvermögen als nicht substanziiert bestritten.[55]

§ 1376 BGB Wertermittlung des Anfangs- und Endvermögens

(1) Der Berechnung des Anfangsvermögens wird der Wert zugrunde gelegt, den
das beim Eintritt des Güterstands vorhandene Vermögen in diesem Zeitpunkt,
das dem Anfangsvermögen hinzuzurechnende Vermögen im Zeitpunkt des Erwerbs hatte.

(2) Der Berechnung des Endvermögens wird der Wert zugrunde gelegt, den das
bei Beendigung des Güterstands vorhandene Vermögen in diesem Zeitpunkt,
eine dem Endvermögen hinzuzurechnende Vermögensminderung in dem Zeitpunkt hatte, in dem sie eingetreten ist.

(3) Die vorstehenden Vorschriften gelten entsprechend für die Bewertung von
Verbindlichkeiten.

(4) Ein land- oder forstwirtschaftlicher Betrieb, der bei der Berechnung des Anfangsvermögens und des Endvermögens zu berücksichtigen ist, ist mit dem Ertragswert anzusetzen, wenn der Eigentümer nach § 1378 Abs. 1 in Anspruch genommen wird und eine Weiterführung oder Wiederaufnahme des Betriebs durch

---

52 Palandt/Brudermüller § 1375 Rn. 33; Brudermüller FamRZ 2009, 1185; Schulz/Hauß,
Vermögensauseinandersetzung, Kap. 1 Rn. 109.
53 BGH FamRZ 2015, 232; 2015, 1272.
54 Vgl. Hoppenz, Wertänderungen im Zugewinnausgleich, FamRZ 2010, 16.
55 OLG Frankfurt/M. FamRZ 2006, 416.

den Eigentümer oder einen Abkömmling erwartet werden kann; die Vorschrift des § 2049 Abs. 2 ist anzuwenden.

Literatur: *Kogel*, Strategien beim Zugewinnausgleich, 3. Aufl. 2009; *Schröder*, Bewertungen im Zugewinnausgleich, 4. Aufl. 2007.

I. Zeitpunkt (Abs. 1, 2)

Beim **Anfangsvermögen** wird nach Abs. 1 der Wert zugrunde gelegt, den das bei Beginn des Güterstands vorhandene Vermögen zu diesem Zeitpunkt hatte. Für **privilegiertes Vermögen** nach § 1374 Abs. 2, das dem Anfangsvermögen hinzugerechnet wird, ist der Zeitpunkt des Erwerbs maßgebend. Entscheidend kommt es dabei auf die Vollendung des Erwerbstatbestands im Rechtssinne und nicht auf die tatsächliche Sachherrschaft an. Bei Immobilienvermögen ist das Datum der Grundbucheintragung maßgebend. **1**

Beim **Endvermögen** ist gem. Abs. 2 der Wert maßgebend, den die Vermögensposition zum Zeitpunkt der Beendigung des Güterstands hat. Wird der Güterstand **2** durch Ehescheidung oder vorzeitigen Zugewinnausgleich beendet, so gelten kraft Gesetzes die vorverlagerten Berechnungszeitpunkte der §§ 1384, 1387.

3   § 1376 ist nachgiebiges Recht, so dass sowohl der Bewertungsstichtag als auch die Bewertung der einzelnen Vermögenspositionen der Dispositionsbefugnis der Ehegatten unterliegen.[1]

II. Grundsätze der Vermögensbewertung

4   Grundsätzlich ist der Wert aller Vermögenspositionen im Anfangs- und Endvermögen sachverhaltsspezifisch zu ermitteln. Nach der Rechtsprechung des Bundesgerichtshofs und des Bundesverfassungsgerichts ist der „wahre, wirkliche Wert" zu ermitteln.[2] Wie der wahre, wirkliche Wert allerdings zu bestimmen ist, ist in der familienrechtlichen Praxis heftig umstritten.

5   Überzeugend ist die Ansicht, die auf drei Grundmethoden abstellt, um den Wert eines Vermögensgegenstands zu ermitteln.[3] Danach basiert eine Wertermittlung auf drei Grundelementen, nämlich **Veräußerung**, **Wiederbeschaffung** und **Ertrag**. Grundsätzlich ist vom Veräußerungserlös auszugehen. Ist die Vermögensposition nicht veräußerbar, ist auf den Wiederbeschaffungswert abzustellen. Besteht hingegen der Wert eines Gegenstands in seiner Weiternutzung, so ist der Ertragswert maßgebend. Gegebenenfalls können zwei Bewertungsmethoden auch kombiniert werden.[4]

Im Einzelfall ist es die Aufgabe des – sachverständig beratenen – Familienrichters, eine geeignete Bewertungsmethode auszuwählen und anzuwenden.[5] Lässt sich die Werthaltigkeit einer Vermögensposition nicht hinreichend konkret bestimmen, hat der Familienrichter im Rahmen der gem. § 287 ZPO durchzuführenden Schätzung, die ihm im Zeitpunkt seiner Entscheidung zugänglichen Erkenntnismöglichkeiten zu nutzen.[6]

III. Verfahren der Wertermittlung

6   Die Wahl der anzuwendenden Bewertungsmethode richtet sich zudem nach der Art des zu bewertenden Vermögensgegenstands.

7   **1. Ertragswert.** Bei der Ertragswertmethode wird der Wert ermittelt, den der Käufer ausgeben muss, um seinen Kapitaleinsatz zukünftig verzinst zu erhalten. Diese Bewertungsmethode ist insbesondere bei der **Unternehmensbewertung** maßgeblich.[7] Die Ertragswertmethode wird in der Regel dann angewandt, wenn der Vermögensgegenstand, beispielsweise ein Unternehmen, fortgeführt werden soll.[8] Entscheidend sind daher nicht die Anlagegüter eines Unternehmens, sondern ausschließlich der zu erwartende Gewinn. Die Ertragswertmethode ist ins-

---

1 Palandt/Brudermüller § 1376 Rn. 1.
2 BVerfG FamRZ 1985, 256; BGH FamRZ 1991, 43; 1986, 37.
3 Schwab/Schwab VII Rn. 59; Schulz/Hauß, Vermögensauseinandersetzung, Kap. 1 Rn. 120 ff.
4 Schulz/Hauß, Vermögensauseinandersetzung, Kap. 1 Rn. 121.
5 BGH FamRZ 1995, 1270; BGH FuR 2002, 501.
6 BGH FamRZ 2011, 183.
7 Schulz/Hauß, Vermögensauseinandersetzung, Kap. 1 Rn. 125; Münch, Verbot der Doppelverwertung und Unternehmensbewertung im Zugewinnausgleich, FamRZ 2006, 1164; Kuckenburg, Zugewinn passé? Abschreibungsprobleme und In-Prinzip ade?, FuR 2005, 298 ff.
8 Zur Berechnung vgl. BGH FamRZ 1982, 54; OLG Düsseldorf FamRZ 1984, 699; OLG Hamm FamRZ 1998, 235; BGH FamRZ 2014, 98.

besondere dann anzuwenden, wenn ein Unternehmen, unabhängig von der Unternehmensführung, Aussicht auf Ertrag in der Zukunft bietet. Die Ertragswertmethode ist daher umso weniger geeignet, je mehr das Unternehmen einen starken personenbezogenen Einschlag aufweist, da die Bewertung nicht von der Person des Firmeninhabers zu trennen ist (beispielsweise bei Personengesellschaften, kleineren Handwerksbetrieben, freiberuflichen Praxen oder Ein-Personen-GmbHs).

Der Ertragswert errechnet sich nach der kaufmännischen Formel: 8

$$\text{Ertragswert} = \frac{\text{Durchschnittsgewinn}}{\text{Kapitalisierungszinsfuß (\%)}}$$

Der Durchschnittsgewinn errechnet sich aus einer Vergangenheitsanalyse der letzten drei bis fünf Wirtschaftsjahre, auf deren Basis eine Zukunftsprognose für den künftigen Erfolgswert bestimmt wird. Jahresabschlüsse, zeitnah zum Stichtag, gelten als repräsentativer und können im Vergleich zu zeitlich weiter zurückliegenden Jahresabschlüssen stärker gewichtet werden.[9]

Bei Einzelfirmen, Personengesellschaften und freiberuflichen Praxen war nach 9 bisheriger Rechtsprechung ein pauschal angesetzter **kalkulatorischer Unternehmerlohn** vom errechneten Durchschnittsgewinn abzuziehen. Nach neuerer Rechtsprechung des Bundesgerichtshofs war der kalkulatorische Unternehmerlohn nach den individuellen Verhältnissen zu bemessen.[10] Ferner stellte der Bundesgerichtshof fest, dass die Arbeitskraft des Inhabers auf einen Übernehmer nicht übertragbar ist.[11]

Im Urteil vom 9.2.2011 verlangt der Bundesgerichtshof, dass aufgrund des persönlichen Einsatzes des Inhabers der sog individuelle Unternehmerlohn in Abzug zu bringen ist. Wörtlich führt der Bundesgerichtshof aus: „Weil der Ertrag einer freiberuflichen Praxis nicht nur von dem vorhandenen **Goodwill**, sondern auch von dem persönlichen Einsatz des Inhabers bestimmt wird, muss die am Ertrag anknüpfende Bewertung des auf einen Übernehmer übertragenden Goodwills einen Unternehmerlohn absetzen, der sich an den individuellen Verhältnissen des Inhabers orientiert. Nur auf diese Weise kann der auf den derzeitigen Praxis(mit)inhaber bezogene Wert ausgeschieden werden, der auf dessen persönlichem Einsatz beruht und nicht auf einen Übernehmer übertragbar ist ... Auch für einen Erwerber kommt es bei der Wertermittlung wesentlich darauf an, mit welchem Einsatz der zugrundegelegte Ertrag zu erzielen ist. Einer freiberuflichen Praxis, deren Ertrag mit einem geringeren zeitlichen Aufwand des Inhabers aufrecht erhalten werden kann, kommt stets ein höherer Goodwill zu, als einer Praxis mit gleichem Ertrag, die einen erheblich höheren Einsatz des Inhabers erfordert. Der Abzug eines pauschal angesetzten kalkulatorischen Unternehmerlohns würde das Maß des individuellen Einsatzes des Inhabers bei der Erzielung der Erträge hingegen nicht im gebotenen Umfang berücksichtigen. Entsprechend gehen auch die überarbeiteten „Hinweise" der Bundesärztekammer zu der Bewertung von Arztpraxen seit 2008 mehr als die früheren Richtlinien zur Bewertung von Arztpraxen von dem individuellen Einsatz des Praxisinhabers aus."[12]

---

9 Ausführlich hierzu Schulz/Hauß, Vermögensauseinandersetzung, Kap. 1 Rn. 126 ff.
10 BGH FamRZ 2008, 761.
11 BGH FamRZ 2008, 761.
12 BGH FuR 2011, 281.

Der individuelle Unternehmerlohn entspricht dem Entgelt, das auf dem Arbeitsmarkt für eine vergleichbare Leistung gezahlt wird. Dieser fiktive Entgeltsbetrag ist um 20 % für fiktive Arbeitgeberanteile zur Sozialversicherung zu erhöhen.

10 Um den **Barwert** zu erhalten, muss der Gewinn mit einem bestimmten Faktor kapitalisiert werden. Als Basiszins wird dabei regelmäßig vom landesüblichen Zinssatz ausgegangen, beispielsweise von der Effektivverzinsung inländischer öffentlicher Anleihen.[13]

11 Üblicherweise wird der Kapitalisierungsfaktor durch Zuschläge wie allgemeines und spezielles Unternehmerrisiko sowie Abschläge wie künftige Geldentwertung korrigiert. Allgemein gilt: Je höher der Kapitalisierungszinssatz, desto niedriger der Ertragswert. Bei der Ertragswertmethode wird kein zusätzlicher Geschäftswert (sog Goodwill) angesetzt.

12 Zwingend zu prüfen ist immer, ob es für den bewerteten Vermögensgegenstand auch einen **Markt** gibt. Andernfalls ist nach der Sach- oder Substanzwertmethode vorzugehen (zB Architekturbüro). Nach OLG Dresden ist bei der Ertragswertmethode der Wert zu ermitteln, den ein potenzieller Erwerber für das Unternehmen am Markt bezahlt.[14] Entscheidend ist danach der Preis, den man zahlt, und nicht der Wert, den man dafür bekommt.

Als allgemeiner Standard bei Unternehmensbewertungen gilt die Ertragswertmethode nach IDW S. 1 (Grundsätze zur Durchführung von Unternehmensbewertungen, verabschiedet vom Hauptfachausschuss des Instituts der Wirtschaftsprüfer). Danach wird der Wert eines Unternehmens durch Diskontierung der den Unternehmenseignern zukünftig zufließenden finanziellen Überschüsse, die aus den künftigen handelsrechtlichen Erfolgen abgeleitet werden, ermittelt.[15]

13 **2. Sach- oder Substanzwert.** Dieser Wert ist abhängig vom finanziellen Aufwand, der erforderlich ist, um einen vergleichbaren Gegenstand zu beschaffen.[16] Der **Wiederbeschaffungswert** ist nicht mit den Buchwerten identisch, da diese nur steuerrechtliche Relevanz haben. Ebenso bleiben reine Erwerbschancen außer Betracht. Jeder einzelne Gegenstand ist mit dem am Markt üblichen Wiederbeschaffungswert anzusetzen. Nach der Rechtsprechung des Bundesgerichtshofs ist der Geschäftswert ggf. zusätzlich zu ermitteln und hinzuzurechnen.[17]

14 **3. Geschäftswert (Goodwill).** Der Geschäftswert ist der Betrag, den ein potenzieller Erwerber über den Sachwert eines Unternehmens hinaus im Hinblick auf künftige Gewinne zu zahlen bereit ist.[18] Der Geschäftswert ist identisch mit den Bezeichnungen „ideeller Wert", „Firmenwert" oder „Goodwill". Voraussetzung ist auch, dass ein bereits vorhandener Kundenstamm einen „Mehrwert" oder eine besondere Gewinnerwartung rechtfertigt.[19] Wie bei der Ertragswertmetho-

---

13 BGH FamRZ 1982, 54; OLG Hamm FamRZ 1998, 235.
14 OLG Dresden FamRZ 2008, 1857.
15 Schulz/Hauß, Vermögensauseinandersetzung, Kap. 1 Rn. 145; Münch FamRZ 2006, 1164.
16 BGHZ 68, 163 = NJW 1977, 949.
17 BGH FamRZ 1982, 54.
18 BGH FamRZ 1999, 361.
19 Schulz/Hauß, Vermögensauseinandersetzung, Kap. 1 Rn. 147.

de ist auch hier stets zu prüfen, ob es für den jeweiligen Betrieb einen entsprechenden Markt gibt.[20]

Problematisch ist, wie eine Unternehmensbeteiligung zu bewerten ist, wenn diese unveräußerlich oder an Klauseln für den Fall des Ausscheidens gebunden ist. Solche Klauseln können eine Abfindung ausschließen oder einen niedrigeren als den vollen Wert zusprechen, da zB stille Reserven oder der Goodwill nicht berücksichtigt werden.

4. Liquidationswert. Dieser ist in der Regel die unterste Grenze der Bewertung. 15 Er ist dann maßgebend, wenn das Unternehmen aufgelöst wird oder am maßgeblichen Bewertungsstichtag keinen positiven Ertragswert bzw. einen niedrigeren als den Liquidationswert (auch Zerschlagungswert genannt) aufweist und in einem absehbaren Zeitrahmen liquidiert wird.[21] Der Liquidationswert ist der Wert, der bei einer Veräußerung der einzelnen Vermögensgegenstände des Unternehmens nach Abzug der Verbindlichkeiten und der Liquidationskosten zu erzielen ist. Ausnahmsweise ist ein noch niedrigerer Ertragswert anzusetzen, wenn das nicht rentable Unternehmen fortgeführt wird und dies nach betriebswirtschaftlichen Grundsätzen vertretbar ist.[22] Die Bewertung erfolgt aufgrund einer nachträglichen Prognose, gestützt auf den Erkenntnisstand eines optimalen Betrachters.[23]

In seiner Entscheidung vom 17.11.2010 hat der Bundesgerichtshof es für zulässig erklärt, im Falle einer späteren Liquidation den zum maßgeblichen Stichtag bestehenden Wert eines Kommanditanteils an einem geschlossenen Immobilienfond unter Berücksichtigung des Veräußerungserlöses zu bestimmen.[24]

IV. Vermögensbewertung in der familienrechtlichen Praxis

Es gehört zu den Aufgaben des Rechtsanwalts, die Vermögenswerte in einem 16 Antrag zu beziffern. Der Antrag, ein Sachverständigengutachten einzuholen, ohne Angabe des Vermögenswerts, stellt einen unzulässigen Beweisermittlungsantrag dar. Hilfreich bei der Vorbereitung des Antrages auf Zugewinnausgleich kann der zusätzlich geltend zu machende Anspruch auf Wertermittlung gem. § 1379 Abs. 1 S. 2 Hs. 2 sein. Die Angaben zu den wertbildenden Faktoren und der **Wertermittlungsanspruch** gem. § 1379 Abs. 1 S. 2 bilden eine erste Basis für die Bewertung der einzelnen Vermögensgegenstände.

Bei jedem **Wertgutachten** gehört es zur Pflicht des Rechtsanwalts, zu prüfen, ob 17 die richtige Bewertungsmethode angewandt wurde. Ebenso sind die vom Sachverständigen zugrunde gelegten Daten zu kontrollieren. Bei der Bewertung von

---

20 Zur Bewertung freiberuflicher Praxen im Einzelfall: BGH NJW 1978, 884 (Bäckerei); 1977, 378 (Vermessungsingenieur); 1977, 949 (Handelsvertretung); 1991, 1547 (Arztpraxis); BGH FamRZ 1999, 361 (Steuerberaterkanzlei); OLG Hamm FamRZ 1992, 679 (Arztpraxis); OLG Koblenz FamRZ 1982, 280 (Zahnarztpraxis); OLG Koblenz FamRZ 1988, 950 (Arztpraxis); OLG Düsseldorf FamRZ 1984, 699 (Druckerei); OLG München FamRZ 1984, 1096 (Architekturbüro); OLG Stuttgart FamRZ 1995, 1586 (Versicherungsagentur); OLG Frankfurt/M. FamRZ 1987, 485 (Rechtsanwaltskanzlei); OLG München NJW-RR 1988, 262 (Anwaltskanzlei); OLG Saarbrücken FamRZ 1984, 794 (Rechtsanwaltskanzlei).
21 BGH NJW 1982, 2441; BGH FamRZ 1986, 776.
22 BGH FamRZ 1986, 776.
23 Palandt/Brudermüller § 1376 Rn. 8.
24 BGH FamRZ 2011, 183.

Immobilien ist insbesondere darauf zu achten, ob und in welcher Höhe die eingetragenen Belastungen zum Bewertungsstichtag valutiert waren.

Nach OLG Düsseldorf haftet ein Rechtsanwalt, wenn er die festgestellten Flächenangaben in einem Gebäudesachverständigengutachten nicht überprüft und die darin enthaltenen Fehler dadurch unentdeckt bleiben.[25] Dieser Rechtsansicht ist nicht zu folgen, da sie zu einer einseitigen Abwälzung des Haftungsrisikos auf den Rechtsanwalt führt und die Haftung des Sachverständigen unberührt lässt. Auch wenn sich ein Rechtsanwalt aus haftungsrechtlichen Gründen nicht darauf verlassen kann, dass andere Verfahrensbeteiligte Fehler bei der Begutachtung bemerken, kann dies im Ergebnis nicht zu einer Auffanghaftung des Rechtsanwalts führen.

Bis dato wurde von der Möglichkeit eines **selbstständigen Beweisverfahrens** nach § 485 Abs. 2 S. 1 Nr. 1 ZPO in der familienrechtlichen Praxis nur sehr zurückhaltend Gebrauch gemacht. Voraussetzung ist lediglich, dass ein Rechtsstreit noch nicht anhängig ist und ein rechtliches Interesse an der Wertfeststellung des Vermögensgegenstandes besteht. Nach OLG Koblenz ist ein rechtliches Interesse dann gegeben, wenn „diese Wertermittlung objektiv geeignet ist, eine einvernehmliche Streitbeilegung über die Höhe des Zugewinnausgleichs herbeizuführen."[26] Das selbstständige Beweisverfahren ist auch dann zulässig, wenn ein Scheidungsverfahren bereits rechtshängig ist, nicht aber, wenn die Ausgleichsforderung im Scheidungsverbund anhängig ist.

18   Bei einer **Unternehmensbewertung** ist die Höhe des Kapitalisierungszinssatzes, die Berücksichtigung des kalkulatorischen Unternehmerlohns, der Abzug der latenten Ertragsteuer sowie die Zeitdauer der Abschreibungen und die Gewichtung der Durchschnittsgewinne zu überprüfen.[27]

V. Einzelne Vermögensgegenstände

19   **1. Abfindungen.** Nach früher Rechtsprechung des Bundesgerichtshofs war der am Stichtag noch vorhandene Geldbetrag aus einer Abfindung als Vermögensposition in die Ausgleichsbilanz mit einzustellen.[28] Zudem genügte, dass am Stichtag bereits eine Anwartschaft auf die Abfindungszahlung, das heißt, eine rechtlich geschützte Position von wirtschaftlichem Wert bestand.[29] Dieser Ansicht kann heute nicht mehr gefolgt werden. Alle arbeitsrechtlichen Abfindungen haben Versorgungsfunktion und sind deshalb vorrangig zur Sicherung des eigenen und des Unterhalts des anderen Ehegatten einzusetzen.[30] Dagegen führt der vom Bundesgerichtshof aufgestellte Grundsatz des Verbots der zweifachen Teilhabe[31] in der Regel zu einer Nichtberücksichtigung einer arbeitsrechtlichen Abfindung im Zugewinnausgleich.

20   **2. Abschreibungsgesellschaften.** Diese sind in der Regel Kommanditgesellschaften, die bewusst Verluste erzielen, um diese den Kommanditisten zur Verringerung ihrer individuellen Steuerlast zuweisen zu können.[32] Die dadurch entste-

---

25 OLG Düsseldorf ZFE 2007, 36.
26 OLG Köln FamRZ 2009, 804.
27 Näher hierzu Schulz/Hauß, Vermögensauseinandersetzung, Kap. 1 Rn. 187.
28 BGH FamRZ 1982, 148.
29 BGH FamRZ 2001, 278; OLG Hamm FamRZ 1999, 1068.
30 Schulz FamRZ 2006, 1237.
31 BGH FamRZ 2003, 432.
32 BGH FamRZ 1986, 37.

henden negativen Kapitalkonten der Gesellschafter sind keine Verbindlichkeiten iSv § 1375 Abs. 1 S. 1 und somit nicht bei den Passiva der Vermögensbilanz zu berücksichtigen.[33] Etwas anderes gilt bei noch nicht einbezahlten Einlagen oder vertraglich vereinbarten Nachschusspflichten.[34] Grundsätzlich ist davon auszugehen, dass der Gesellschaftsanteil keinen Aktivwert hat, solange das Kapitalkonto negativ ist. Lediglich in Ausnahmefällen und unter Berücksichtigung der konkreten Marktverhältnisse ist ein Aktivwert anzusetzen.

3. Aktien und Aktienoptionsrechte. Börsennotierte Aktien sind stichtagsbezogen mit dem mittleren Tageskurs der dem Wohnsitz der Ehegatten nächstgelegenen Börse zu bewerten.[35] 21

Aktienoptionen sind anders als Anwartschaftsrechte „bereits entstandene rechtlich geschützte Positionen mit wirtschaftlichem Wert" und gehören zu den unsicheren Rechten.[36] Unsichere Ansprüche und Verpflichtungen sind mit einer Prognose bzw. einem Schätzwert in die Vermögensbilanz miteinzustellen.[37]

Aufgrund der zum Stichtag bestehenden zahlreichen Unwägbarkeiten mit nicht absehbaren Risiken, wie Arbeitsplatzverlust, Kursrisiko, Spekulationsabschlag oder Steuerproblematik, ist ein seriös feststellbarer Vermögenswert nicht möglich.[38] Es ist daher der Ansicht zu folgen, dass Aktienoptionen aufgrund ihres Anreizcharakters, vergleichbar mit Boni und Erfolgsprämien, wie Einkommen zu behandeln sind. Sind Aktienoptionen, wie in der Regel üblich, an den Fortbestand des Dienstverhältnisses geknüpft, spricht auch dies für den Entgeltcharakter und nicht für die Behandlung als Vermögensgegenstand.

4. Altenteile (Leibgedinge). Nach der neuen Rechtsprechung des Bundesgerichtshofs zur Leibrente[39] und zum Wohnrecht[40] ist zu folgern, dass auch die Verpflichtung, für den Altenteilsberechtigten lebenslange Kost, Wartung und Pflege zu leisten, als wertmindernde Belastung vom Wert der erworbenen Immobilie abzuziehen ist. Aufgrund der abnehmenden Lebenserwartung des Berechtigten sinken die Belastungen parallel. Dieser „gleitende Vermögenserwerb" muss ermittelt und dem Anfangsvermögen hinzugerechnet werden, um diesen Wertzuwachs vom Zugewinnausgleich auszunehmen.[41] 22

Das **Wohnrecht** als Teil des Leibgedings wird hingegen wie ein isoliert vereinbartes Wohnrecht oder ein Nießbrauchrecht behandelt.[42] 23

5. Apotheke. Nach einer Ansicht sind die für freiberufliche Praxen entwickelten Grundsätze anwendbar, wonach zunächst der Substanzwert ermittelt werden 24

---

33 BGH FamRZ 1986, 37; Näheres bei Schulz/Hauß, Vermögensauseinandersetzung, Kap. 1 Rn. 134.
34 Schulz/Hauß, Vermögensauseinandersetzung, Kap. 1 Rn. 424.
35 BGH FamRZ 2012, 1479.
36 Schulz/Hauß, Vermögensauseinandersetzung, Kap. 1 Rn. 213.
37 BGH FamRZ 1993, 83; FoR 2002, 501; Schulz/Hauß, Vermögensauseinandersetzung, Kap. 1 Rn. 215.
38 Schulz/Hauß, Vermögensauseinandersetzung, Kap. 1 Rn. 213 ff.; Kogel FamRZ 2007, 950; Palandt/Brudermüller § 1376 Rn. 89.
39 BGH FamRZ 2005, 1974.
40 BGH FamRZ 2007, 978.
41 Ausführlich zur Bewertung eines Leibgedings Schulz/Hauß, Vermögensauseinandersetzung, Kap. 1 Rn. 297 ff.
42 JH/Jaeger § 1374 Rn. 29.

muss und anschließend ein zusätzlicher Goodwill angesetzt wird.[43] Dies entspricht im Wesentlichen der sog Indexierten-Basis-Teilwert-Methode (ITB-Methode), wonach sich der Wert einer Apotheke nach dem Sachvermögen und dem Goodwill bestimmt.[44] Nach anderer Ansicht richtet sich der Wert einer Apotheke nach dem durchschnittlichen Jahresumsatz, abzüglich eines Abschlags für Struktur, Konkurrenz und Kostensituation.[45]

25 **6. Arztpraxis.** Die Bewertung einer Arztpraxis erfolgt nicht nach der Ertragswertmethode. Bei Freiberuflern wird der Wert der Praxis grundsätzlich nicht durch den reinen Sachwert, sondern zusätzlich durch einen Goodwill bestimmt, dessen Höhe von den individuellen Fähigkeiten des Inhabers abhängt.

26 Nach neuerer Ansicht des Bundesgerichtshofs empfiehlt es sich, eine Bewertungsmethode heranzuziehen, die in Form einer Richtlinie von einem Gremium der zuständigen standesörtlichen Organisation empfohlen und in der Praxis auch angewendet wird. Der Bundesgerichtshof verweist hierzu auf „Hinweise zur Bewertung von Arztpraxen", veröffentlicht im Deutschen Ärzteblatt.[46] Danach setzt sich der Wert einer Arztpraxis aus dem materiellen und immateriellen Praxiswert zusammen.

Zur Ermittlung des Substanzwertes müssen alle vorhandenen Gegenstände erfasst und mit dem Wiederbeschaffungswert angesetzt werden.[47] Der Sachwert umfasst auch alle am Stichtag noch offenen Honorarforderungen – sowohl gegen Privatpatienten als auch gegen die ärztliche Verrechnungsstelle.

Der Goodwill ist nach dem Bundesgerichtshof **in drei Schritten** zu ermitteln. Zunächst wird der mittlere Jahresbruttoumsatz anhand des Mittelwerts der Umsätze der vergangenen drei Jahre festgestellt. Dieser Durchschnittsumsatz wird um einen fiktiven kalkulatorischen Arztlohn bereinigt. Schließlich wird anhand einer Quote der Goodwill bestimmt. Dieser beträgt regelmäßig ein Drittel. Hiervon kann aber im Einzelfall abgewichen werden. Kriterien hierfür sind: moderne Praxiseinrichtung, Alter der Praxis, örtliche Lage, Arztdichte sowie Belegarzttätigkeit.[48] Da bei der Bewertung des Goodwills von einer fiktiven Praxisveräußerung ausgegangen wird, ist eine latente Ertragsteuer in Abzug zu bringen.[49] In der Regel empfiehlt es sich, ein **Gutachten** einzuholen. Sachverständige werden von den örtlichen Ärztekammern benannt.

27 **7. Aussteuer.** Aussteuer, die von einem Ehegatten in die Ehe eingebracht wird, ist dem Anfangsvermögen zuzurechnen.[50] Verspricht ein Ehegatte seinem Kind eine Aussteuer, so können die dafür erforderlichen Kosten auf der Passivseite des Endvermögens eingestellt werden, wenn das Versprechen nach dem Stichtag tatsächlich erfüllt wurde.[51] Nach dem strengen, starren Stichtagsprinzip kann nicht auf die nachträgliche Entwicklung abgestellt werden.

28 **8. Berlin-Darlehen.** Der Rückzahlungsanspruch aus dem Berlin-Darlehen (steuerlich begünstigte Berlin-Forderung) ist bei den Aktiva in die Vermögensbilanz

---

43 Schröder, Bewertungen im Zugewinnausgleich, Rn. 104.
44 Schulz/Hauß, Vermögensauseinandersetzung, Kap. 1 Rn. 435.
45 Schröder aaO Rn. 104.
46 Deutsches Ärzteblatt 2008, Heft 12.
47 Schulz/Hauß, Vermögensauseinandersetzung, Kap. 1 Rn. 162.
48 OLG Hamm FamRZ 1992, 679; OLG Koblenz FamRZ 1982, 280; 1988, 950.
49 BGH FamRZ 2008, 761; BGH FuR 2011, 281.
50 OLG Celle FamRZ 2000, 226.
51 OLG Frankfurt/M. FamRZ 1990, 998.

mit einzustellen. Wurde das Darlehen durch Kreditaufnahme finanziert, gehört der am Stichtag noch offene Darlehensbetrag zu den Passiva.[52]

9. Dauerschuldverhältnisse. Alle vor dem Stichtag entstandenen Ansprüche auf 29 künftig fällig werdende wiederkehrende Einzelleistungen (beispielsweise Arbeitsentgelt, Renten oder Unterhaltszahlungen) sind in der Vermögensbilanz nicht zu berücksichtigen. Sie stellen keinen gegenwärtigen Vermögenswert dar.[53] Lediglich am Stichtag bereits fällige Ansprüche aus einem Dauerschuldverhältnis sind in der Vermögensbilanz anzusetzen.[54]

10. Geldforderungen. Diese sind mit ihrem Nennwert in das Vermögensver- 30 zeichnis aufzunehmen.[55] Besteht hinsichtlich der Realisierung der Geldforderung Unsicherheit, ist ein Abschlag bis zur vollen Höhe der Forderung gerechtfertigt.

Bestehen zwischen Eheleuten schuldrechtliche Einzelansprüche, so sind diese Forderungen beim Zugewinnausgleich insoweit zu berücksichtigen, als die Forderungen beim Gläubiger zu den Aktiva und bei dem Schuldner zu den Passiva zu rechnen sind.[56] Unabhängig davon kann der gegenseitige Anspruch beispielsweise als Gesamtschuldnerausgleich, Darlehen etc unabhängig vom Zugewinnausgleich als schuldrechtlicher Einzelanspruch vor dem Familiengericht gem. § 266 Abs. 1 Nr. 3 FamFG geltend gemacht werden. Dies gilt auch nach Durchführung des Zugewinnausgleichs.[57] Der Bundesgerichtshof bezeichnet dies als „zulässige Zweigleisigkeit".[58]

Auch fragliche Forderungen gehören zum Vermögen. Die Uneinbringlichkeit der Forderung wirkt sich erst bei der Bewertung aus.[59]

11. Gesamtschuld. „Ist im Rahmen des Zugewinnausgleichs eine Gesamtschuld 31 der Ehegatten zu berücksichtigen, für die sie im Innenverhältnis anteilig haften, so kommt es für die Ermittlung des jeweiligen Endvermögens darauf an, ob die Ausgleichsforderung nach § 426 BGB realisierbar ist."[60] Dies gilt auch, wenn ein Ehegatte erst aufgrund der Durchführung des Zugewinnausgleichs in der Lage ist, die Ausgleichsforderung gem. § 426 zu erfüllen.

Wird während der Trennungszeit eine Vereinbarung getroffen, wonach ein Ehegatte die im Miteigentum stehende Immobilie zur Alleinnutzung erhält und zum Ausgleich dafür das gesamtschuldnerische Darlehen alleine trägt, führt dies nur dann zum vollständigen Entfallen des Gesamtschuldnerausgleichsanspruchs, wenn die Vereinbarung eine endgültige Freistellung von der Darlehensschuld beinhaltet. Zudem muss die Vereinbarung bereits vor der Zustellung des Scheidungsantrages geschlossen werden, um noch Einfluss auf den Bestand des Endvermögens nehmen zu können.[61]

---

52 BGH FamRZ 1992, 1155 (1160); vgl. Schulz/Hauß, Vermögensauseinandersetzung, Kap. 1 Rn. 291.
53 BGH FamRZ 2001, 278.
54 BGH FamRZ 1982, 147.
55 BGH NJW 1991, 1547.
56 BGH FamRZ 1989, 835.
57 BGH FamRZ 2009, 193.
58 BGH FamRZ 2009, 193.
59 BGH FamRZ 2009, 193.
60 BGH FamRZ 2011, 25.
61 BGH FamRZ 2015, 1272.

32 **12. Grundstücke.** Bei Grundstücken, die nicht Bestandteil eines Betriebsvermögens eines Unternehmens sind, ist in der Regel der Verkehrswert (Veräußerungswert) anzusetzen. Als Bewertungsmethoden kommen nach § 7 der WertErmVO vom 6.12.1988 das Vergleichswertverfahren (Heranziehung von Fällen des Verkaufs von Vergleichsgrundstücken), das Ertragswertverfahren (entscheidend ist der künftige Ertrag des Grundstücks) und das Sachwertverfahren (entscheidend ist der derzeitige Bau- und Bodenwert) in Betracht. Die Auswahl der richtigen Bewertungsmethode steht im pflichtgemäßen Ermessen des Tatrichters.[62]

33 Bei **Renditeobjekten** wie Mietshäusern wird in der Regel nach dem Ertragswertverfahren vorgegangen.[63] Bei eigengenutzten Ein- und Zweifamilienhäusern ist grundsätzlich das Sachwertverfahren anzuwenden.[64] Möglich ist auch eine Bewertung mit dem rechnerischen Mittel zwischen Sach- und Ertragswert (Mittelwertmethode).[65] Nicht zu berücksichtigen ist ein bereits am Stichtag erkennbarer, aber vorübergehender Preisrückgang bzw. Preisanstieg.[66] Wird ein Hausgrundstück nach dem nur für unbebaute Grundstücke geltenden Bodenwert bewertet, ist in der Regel ein Abschlag (bis zu 20 %) vorzunehmen, da das Grundstück durch die Bebauung nur eingeschränkt zu nutzen ist.

Ist ein Grundstück mit einem zeitlich befristeten und notariell gesicherten **Wiederverkaufsrecht** belastet, ist ein angemessener Wertabschlag gerechtfertigt, da die wirtschaftliche Verwertbarkeit des Grundstücks langfristig und nachhaltig eingeschränkt ist.[67] Ist das **Grundstück Teil eines Gewerbebetriebs**, erfolgt die Bewertung in der Regel innerhalb der Unternehmensbewertung.[68]

Eingetragene Belastungen sind stets auf ihre stichtagsbezogene Valutierung zu überprüfen. Zudem mindern Belastungen den Verkehrswert nicht, wenn schon die dadurch gesicherte Verbindlichkeit berücksichtigt wurde. Dies gilt auch bei der Sicherung einer Drittverbindlichkeit, wenn mit einer Verwertung der Sicherheit oder einem Ausfall des Regressanspruchs nicht zu rechnen ist.[69]

34 **13. Handelsvertretung.** Eine Handels- oder Versicherungsvertretung hat neben dem Substanzwert, also dem Wiederbeschaffungswert für Arbeitsgeräte, Einrichtungsgegenstände, Pkw oder Warenvorräte, keinen Goodwill.[70] Ein Handelsvertreter hat nach dem Handelsvertretervertrag seine Vermittlungsleistung in eigener Person zu leisten. Dies hat zur Folge, dass der Handelsvertreter seinen Betrieb nicht einseitig auf einen Nachfolger übertragen kann. Dies bedarf der Mitwirkung des Unternehmers und nicht nur dessen Zustimmung.[71] Demzufolge steht der Kundenstamm dem Unternehmer und nicht dem Handelsvertreter zu. Im Übrigen existiert für Handelsvertretungen kein Markt.[72] Der Ausgleichs-

---

62 BGH FamRZ 1986, 37.
63 OLG Frankfurt/M. FamRZ 1980, 576; OLG Düsseldorf FamRZ 1989, 280.
64 BGH FamRZ 1992, 918.
65 BGH FamRZ 1986, 37.
66 BGH FamRZ 1986, 37; 1992, 918; OLG Celle FamRZ 1992, 1300; aA Schwab/Schwab VII Rn. 98.
67 BGH FamRZ 1993, 1183; OLG München FamRZ 1992, 819.
68 Palandt/Brudermüller § 1376 Rn. 14.
69 Palandt/Brudermüller § 1376 Rn. 15.
70 BGH FamRZ 2014, 368.
71 BGH FamRZ 2014, 368 Rn. 13; Schulz/Hauß, Vermögensauseinandersetzung, Kap. 1 Rn. 530.
72 BGH FamRZ 1977, 386; AG Biedenkopf FamRZ 2005, 1909; Schulz/Hauß, Vermögensauseinandersetzung, Kap. 1 Rn. 531.

anspruch nach § 89 b HGB für den „Kundenstamm" stellt keinen Vermögenswert dar, sondern eine Erwerbsmöglichkeit.[73]

14. Haushaltsgegenstände. Gem. § 1568 b Abs. 1 werden ausschließlich Haushaltsgegenstände, die beiden Ehegatten gemeinsam gehören, im Hausratsverfahren verteilt. Haushaltsgegenstände, die im Alleineigentum eines Ehegatten stehen, können im Hausratsverfahren nicht mehr dem anderen Ehegatten zugewiesen werden und unterliegen dem Zugewinnausgleich.[74] Haushaltsgegenstände unterfallen auch dann dem Zugewinnausgleich, wenn die Hausratsverteilung noch nach der bis zum 31.8.2009 geltenden Hausratsverordnung durchgeführt wurde.[75] 35

Haben sich die Ehegatten über eine Einbeziehung von Gegenständen in die Hausratsverteilung geeinigt, so ist vom Grundsatz der Berücksichtigung im Zugewinnausgleich abzuweichen. Dies gilt auch, wenn der Gegenstand vom Familiengericht im Rahmen der Hausratsverteilung gem. § 9 Abs. 1 HausratsVO dem anderen Ehegatten zugewiesen worden ist.[76]

Haushaltsgegenstände, die von einem Ehegatten nach der Trennung erworben wurden, stehen in dessen Alleineigentum und sind daher ebenfalls im Zugewinn auszugleichen. Durch die Anwendung von § 1568 b fehlt es bereits am Tatbestandsmerkmal „für den gemeinsamen Haushalt angeschafft".

15. Hochzeitsgeschenke. Nach überzeugender und lebensnaher Ansicht werden Hochzeitsgeschenke grundsätzlich beiden Eheleuten gemeinsam gemacht, so dass der Wert bei beiden Ehegatten je zur Hälfte anzusetzen ist.[77] Nach Ansicht des OLG Köln können Hochzeitsgeschenke von größerem Umfang eine Ausstattung gem. § 1624 darstellen, die dann nur dem Anfangsvermögen des beschenkten Ehegatten zuzurechnen ist.[78] Nach dem Bundesgerichtshof gilt bei Auslegungsproblemen die Lebenserfahrung, wonach die Eltern in erster Linie ihre eigenen Kinder beschenken wollen.[79] 36

16. Kreditkarten. Verbindlichkeiten, die vor dem Stichtag mit der Kreditkarte bezahlt, aber am Stichtag vom Bankkonto noch nicht abgebucht waren, gehören zu den Passiva. 37

17. Kunstgegenstände. Zunächst ist festzustellen, ob es sich um gemeinsamen Hausrat handelt, der nach der Hausratsverordnung zu verteilen ist. In der Praxis ist die Bewertung von Kunstgegenständen äußerst schwierig. Nach einer Ansicht sind Kunstgegenstände mit dem Wiederbeschaffungswert anzusetzen.[80] Nach anderer Ansicht muss bei Kunstgegenständen auf den Veräußerungswert abgestellt werden, soweit hierfür ein Markt existiert.[81] Vermittelnd wird vorgeschlagen, einen Mittelwert zwischen den ursprünglichen Anschaffungskosten und dem möglichen Verkaufspreis am Stichtag zu bilden.[82] 38

---

73 BGH FamRZ 1977, 386, Schulz/Hauß, Vermögensauseinandersetzung, Kap. 1 Rn. 531.
74 BGH FamRZ 2011, 1039; 1984, 144.
75 BGH FamRZ 2011, 1039.
76 BGH FamRZ 2011, 1039.
77 Schulz/Hauß, Vermögensauseinandersetzung, Kap. 1 Rn. 541.
78 OLG Köln FamRZ 1986, 703.
79 BGH FamRZ 1987, 791.
80 Schwab/Schwab VII Rn. 63.
81 OLG Oldenburg FamRZ 1999, 1099; MK/Koch § 1376 Rn. 17.
82 Schulz/Hauß, Vermögensauseinandersetzung, Kap. 1 Rn. 573.

39 **18. Land- oder forstwirtschaftlicher Betrieb (Abs. 4). a) Zweck der Vorschrift.** Abs. 4 ist der einzige Fall, in dem die Bewertungsmethode vom Gesetz vorgegeben wird. Zweck der Vorschrift ist die Erhaltung landwirtschaftlicher Betriebe und der Schutz der Landwirte vor den Wertsteigerungen am Grundstücksmarkt. Diese Privilegierung hat zur Folge, dass in der Regel kein oder nur ein geringer Zugewinn errechnet werden kann.

40 **b) Voraussetzungen der Privilegierung.** Für diese Privilegierung müssen **drei Voraussetzungen** gegeben sein.

- Der Betrieb muss sowohl im Anfangsvermögen als auch im Endvermögen vorhanden sein. Zum Anfangsvermögen gehört ein Betrieb dann, wenn ihn der Ehegatte mit in die Ehe gebracht bzw. wenn er ihn während der Ehe durch Erbe oder Schenkung erworben hat. Die Privilegierung greift nicht, wenn der Betrieb während der Ehe aus Mitteln der Ehegatten erworben wurde. Wird während der Ehe auf dem landwirtschaftlichen Gelände ein Wohnhaus errichtet, ist dies mit dem Verkehrswert in die Vermögensbilanz einzustellen.[83]

- Der Zugewinnausgleichsanspruch muss sich gegen den Eigentümer des landwirtschaftlichen Betriebs richten. Für den nicht ausgleichspflichtigen Ehegatten gilt die Privilegierung der Ertragswertmethode nicht. In diesem Fall ist für den landwirtschaftlichen Betrieb der Verkehrswert maßgeblich.

- Eine Weiterführung oder Wiederaufnahme des Betriebs durch den Ehegatten oder einen Abkömmling ist zu erwarten. Die Beweislast hierfür trägt der Inhaber des landwirtschaftlichen Betriebs.[84] Ist davon auszugehen, dass der Betrieb in Zukunft nicht mehr weitergeführt werden kann, ist der Betrieb mit dem Verkehrswert in die Vermögensbilanz einzustellen. Gleiches gilt, wenn die Grundstücke verpachtet sind. Die Berücksichtigung ferner Verwandter genügt nicht, da hierdurch die verfassungsrechtlich zulässige Opfergrenze für den ausgleichsberechtigten Ehegatten überschritten würde.[85]

41 **c) Reinertrag.** Der Ertragswert bestimmt sich entsprechend § 2049 Abs. 2 nach dem zu kapitalisierenden Reinertrag, den der Betrieb nach seiner bisherigen wirtschaftlichen Bestimmung bei ordnungsgemäßer Bewirtschaftung gewähren kann. Zugrunde zu legen ist der tatsächlich erzielbare Reinertrag, der mithilfe betriebswirtschaftlicher Jahresabschlüsse ermittelt werden kann. Nicht maßgeblich ist der nach dem Bewertungsgesetz zu errechnende Reinertrag. Häufig ist der 25-fache Jahresertrag zugrunde zu legen, teilweise auch nur der 18-fache Jahreswert anzusetzen. Der Kapitalisierungsfaktor richtet sich gem. Art. 137 EGBGB nach dem jeweiligen Landesrecht.[86]

42 **d) Nebenerwerbslandwirtschaften.** Bei sog Nebenerwerbslandwirtschaften erscheint die Aufrechterhaltung des Privilegs der Ertragswertmethode nicht angemessen, da sie zu einer nicht hinnehmbaren Beeinträchtigung der Ausgleichsansprüche des anderen Ehegatten führt.[87]

43 **19. Leasingvertrag.** Grundsätzlich sind Ansprüche aus Leasingverträgen beim Zugewinnausgleich nicht zu berücksichtigen. Hingegen sind Leasingsonderzah-

---

83 BGH FamRZ 1991, 1166.
84 BGH FamRZ 1989, 1276.
85 BVerfG FamRZ 1989, 939.
86 Näher dazu Palandt/Edenhofer § 2049 Rn. 3 f.
87 Zu Kritik an der Ertragswertmethode: BVerfG FamRZ 1985, 256; 1989, 939.

lungen, die vom Leasingnehmer vorweg geleistet werden, den Aktiva in der Ausgleichsbilanz hinzuzurechnen.[88]

20. Lebensversicherungen. a) Kapitallebensversicherungen. Ist die Lebensversicherung auf Zahlung eines Kapitalbetrags gerichtet, so sind diese Anwartschaften in die Zugewinnausgleichsbilanz einzustellen.[89] Ein Anrecht aus einer Kapitallebensversicherung mit Rentenwahlrecht unterliegt dem Zugewinnausgleich, wenn der berechtigte Ehegatte erst nach dem Stichtag von seinem Wahlrecht Gebrauch macht.[90] Lediglich in den Fällen, in denen das Anrecht aus dem Versicherungsvertrag vor dem Stichtag zu einem reinen Rentenrecht wird, unterliegt die Lebensversicherung dem Versorgungsausgleich. 44

b) Lebensversicherung auf Rentenbasis. Lebensversicherungen auf Rentenbasis unterliegen gem. § 2 Abs. 1, Abs. 2 Nr. 3 VersAusglG dem Versorgungsausgleich und sind beim Zugewinnausgleich nicht zu berücksichtigen.[91] Dies gilt auch, wenn der Versorgungsausgleich durch notariellen Vertrag wirksam ausgeschlossen wurde.[92] 45

Gem. § 2 Abs. 2 Nr. 3 Hs. 2 VersAusglG unterliegen alle Anrechte nach dem **Betriebsrentengesetz**, unabhängig ob auf Renten- oder Kapitalzahlung gerichtet, dem Versorgungsausgleich. Damit unterliegt nunmehr eine vom Arbeitgeber als Direktversicherung zur betrieblichen Altersvorsorge abgeschlossene Kapitallebensversicherung dem Versorgungsausgleich. Gleiches gilt für Anrechte nach dem Altersvorsorgeverträge-Zertifizierungsgesetz. So fällt die Riesterrente mit sämtlichen Produkten ohne Ausnahme in den Versorgungsausgleich.[93]

Für den Ausgleich von Lebensversicherungen, die dem berechtigten Ehegatten für den Versicherungsfall ein **Wahlrecht** zwischen einer Kapital- und einer Rentenzahlung geben, ist zu unterscheiden:

Ein Anrecht aus einer **Kapitallebensversicherung mit Rentenwahlrecht** unterliegt dem Versorgungsausgleich, wenn das Wahlrecht bis zum Stichtag der Rechtshängigkeit des Scheidungsantrags ausgeübt wird. Das Anrecht aus dem Versicherungsvertrag wird damit vor dem Stichtag zu einem Rentenrecht, selbst wenn die Umwandlung des Rechts zwischen dem Eheende nach § 3 Abs. 1 VersAusglG und dem für den Zugewinnausgleich maßgeblichen Stichtag nach § 1384 stattfindet.[94] Umgekehrt bleibt ein solches Anrecht dem Zugewinnausgleich unterworfen, wenn der berechtigte Ehegatte erst nach der Zustellung des Scheidungsantrags von seinem Wahlrecht Gebrauch macht.[95] 46

Ein Anrecht aus einer **Rentenlebensversicherung mit Kapitalwahlrecht** unterliegt dem Versorgungsausgleich, wenn das Wahlrecht bis zur Rechtshängigkeit des Scheidungsantrags nicht ausgeübt wird. Hat der versicherte Ehegatte vor dem Stichtag die Kapitalleistung gewählt, wird das Anrecht aus dem Versicherungs- 47

---

88 OLG Bamberg FamRZ 1996, 549.
89 BGH FamRZ 1977, 41.
90 BGH FamRZ 2003, 664; 1992, 411.
91 BGH FamRZ 1984, 156.
92 Schwab/Schwab VII Rn. 20; Schulz/Hauß, Vermögensauseinandersetzung, Kap. 1 Rn. 273.
93 Bergschneider FamRZ 2003, 1609; Glockner, Bewertung von Betriebsrenten bis zur Strukturreform, FamRZ 2003, 1233.
94 Hauß/Eulering, Versorgungsausgleich und Verfahren in der Praxis, 2009, Rn. 81; Schulz/Hauß, Vermögensauseinandersetzung, Kap. 1 Rn. 276.
95 BGH FamRZ 2003, 664; 1992, 411 (412).

vertrag zu einem Kapitalanrecht und unterfällt dem Zugewinnausgleich.[96] Vor der Umwandlung einer privaten Rentenversicherung in eine auf eine Kapitalleistung gerichtete Versicherung oder ihre Auflösung durch Rückkauf während des Laufs eines Scheidungsverfahrens ist die ausgleichsberechtigte Person durch das Verfügungsverbot nach § 29 VersAusglG geschützt.

Eine Rentenversicherung mit Kapitalwahlrecht, die zur Sicherheit abgetreten wurde, gehört auch dann in den Zugewinnausgleich, wenn das Wahlrecht erst nach dem Stichtag ausgeübt worden ist und nicht auch die Ausübung des Wahlrechts abgetreten wurde.[97]

Reine Todesfallversicherungen, wie etwa eine **Unfallversicherung**, dienen weder der Altersvorsorge noch der Kapitalbildung. Sie sind daher sowohl für den Versorgungsausgleich als auch für den Zugewinnausgleich ohne Bedeutung.[98]

48 c) **Wertbestimmung.** Der **Rückkaufswert** ist für den Zugewinnausgleich nur dann der angemessene Wert, wenn zum Stichtag bei objektiver Betrachtung die Fortführung des Versicherungsverhältnisses nicht zu erwarten ist bzw. durch eine Stundung der Ausgleichsforderung gem. § 1382 auch nicht ermöglicht werden kann.[99] Der Rückkaufswert hat demgemäß nur noch bei Beendigung des Versicherungsverhältnisses, etwa durch Kündigung, Bedeutung.[100]

49 Bei positiver Fortführungsprognose bzw. einer Stundungsmöglichkeit ist auf den sog **Zeitwert** als wahren wirklichen Wert abzustellen. Für die Ermittlung des **Fortführungswerts** folgt die hM einem Vorschlag der Deutschen Aktuar-Vereinigung eV. Danach ist der Wert der Lebensversicherung der Rückkaufswert der individuell gutgeschriebenen Versicherungsleistungen ohne Stornoabzug; das heißt, das geschäftsplanmäßige Deckungskapital inkl. gutgeschriebener Gewinnanteile zuzüglich eines zum Bewertungsstichtag erreichten Anwartschaftsrechts auf Schlussgewinnanteile.[101]

Als Faustformel für die Berechnung des Zeit- bzw. Fortführungswertes gilt: „Rückkaufswert + 8 %".[102] Wird der Veräußerungswert als Bewertungsmaßstab angesetzt, so ist dieser um die Steuerlast bei fiktiver Veräußerung stichtagsbezogen zu bereinigen.[103]

50 d) **Gemischte Kapitallebensversicherung.** Bei einer gemischten Kapitallebensversicherung ist das Bezugsrecht gespalten. Dies bedeutet, dass die Versicherungsleistung im Erlebensfall an den Versicherungsnehmer und im Falle des Todes an den Ehegatten ausgezahlt wird. Nach dem Bundesgerichtshof fällt der Wert der Lebensversicherung grundsätzlich anteilig in das Vermögen beider Ehegatten.[104]

51 e) **Lebensversicherung mit Sicherungsabtretung.** Wird der Zahlungsanspruch aus der Lebensversicherung an einen Kreditgeber wegen einer eigenen Verbind-

---

96 BGH FamRZ 2003, 664; 1993, 793 (794); JH/Holzwarth VersAusglG § 2 Rn. 18.
97 BGH FamRZ 2013, 1715; BGH FamRZ 2014, 279.
98 Schulz/Hauß, Vermögensauseinandersetzung, Kap. 1 Rn. 281.
99 BGH FamRZ 1995, 1270.
100 Praxishinweise bei Schwolow FuR 1997, 17.
101 Raupe/Eitelberg, Die Bewertung von Kapitallebensversicherungen im Zugewinnausgleich, FamRZ 1997, 1322; Palandt/Brudermüller § 1376 Rn. 17; Schwab/Schwab VII Rn. 66; Schulz/Hauß, Vermögensauseinandersetzung, Kap. 1 Rn. 287.
102 Schulz/Hauß, Vermögensauseinandersetzung, Kap. 1 Rn. 287.
103 BGH FamRZ 2011, 1367; als obiter dictum.
104 BGH NJW 1992, 2154; näher dazu Schulz/Hauß, Vermögensauseinandersetzung, Kap. 1 Rn. 282.

lichkeit abgetreten, so ist dies unbeachtlich, soweit die Verbindlichkeit in die Zugewinnausgleichsberechnung mit eingestellt wird.[105]

21. Leibrente. Nach bisheriger Rechtsprechung des Bundesgerichtshofs bleiben 52 Belastungen mit einer Leibrente, einem Nießbrauch oder einem Leibgeding beim Zugewinnausgleich unberücksichtigt, auch wenn sich der Wert der Belastungen wegen der ständig abnehmenden Lebenserwartung des Berechtigten verringert.[106] Dieser Grundsatz galt auch dann, wenn der Berechtigte vor dem Ende des Güterstands verstorben ist, aber auch dann, wenn die Belastung bei Rechtshängigkeit des Scheidungsverfahrens noch fortbestand. Im Ergebnis blieben diese Belastungen bei der Berechnung des Zugewinns unberücksichtigt, da sie im Anfangs- und Endvermögen mit dem gleichen Wert eingesetzt wurden.

In einer neueren Entscheidung hält der Bundesgerichtshof an diesen Grundsät- 53 zen nicht mehr fest.[107] Hat ein Ehegatte im Zusammenhang mit einer Grundstücksübertragung Geld oder geldwerte Leistungen zu erbringen, mindert der Wert dieser Gegenleistung stets sein Anfangsvermögen. Sofern die Leistungspflicht bei Rechtshängigkeit der Ehescheidung noch fortbesteht, verringert deren Wert auch das Endvermögen. Der Wertzuwachs erfolgt nicht unentgeltlich iSv § 1374 Abs. 2. Ohne Belang ist, ob die Leistungspflicht dinglich gesichert ist oder nur schuldrechtlich vereinbart wurde. Der Wert ist bezogen auf den Zeitpunkt der Übertragung des Grundstücks, ggf. der Beendigung des Güterstands, zu kapitalisieren. Die Belastung durch die Leibrente ist im Anfangsvermögen stets höher als im Endvermögen. Sie kann künftig bei der Berechnung des Zugewinnausgleichs nicht mehr unberücksichtigt bleiben.

Nach dem starren und strengen Stichtagsprinzip gilt dies auch, wenn die Leib- 54 rente tatsächlich **nicht bezahlt** worden ist. Hat der Berechtigte auf die Zahlung ganz oder teilweise verzichtet, liegt insofern eine gesonderte Schenkung vor, die als privilegierter Erwerb gem. § 1374 Abs. 2 zum Anfangsvermögen zu rechnen ist.[108]

Ist die Leibrente als **dingliche Last** gesichert, ist sie bereits bei der Vermögensbe- 55 wertung des Grundstücks abzuziehen. Besteht nur eine schuldrechtliche Verpflichtung, ist der kapitalisierte Wert bei den Passiva des Anfangsvermögens ggf. auch des Endvermögens anzusetzen.

Gem. § 2 Abs. 2 Nr. 3, Abs. 4 VersAusglG unterliegt der Zahlungsanspruch auf eine lebenslang zu gewährende **Leibrente** dem Versorgungsausgleich. Voraussetzung ist, dass der Ehegatte am Stichtag unwiderruflich bezugsberechtigt ist.

22. Mietkaution. Der Anspruch auf Rückgewähr der Mietkaution ist ein unsi- 56 cheres Recht. Der Anspruch aus der Kaution ist, wenn beide Ehegatten Mietpartei sind, grundsätzlich bei jedem zur Hälfte anzusetzen, wenn sich aus § 430 nichts anderes ergibt. In der familienrechtlichen Praxis wird die Mietkaution zu Recht vernachlässigt, da sich ihr „wahrer, wirklicher Wert" meist nur mit unverhältnismäßig hohem Aufwand feststellen lässt.[109]

---

105 OLG Zweibrücken FamRZ 2004, 642; aA OLG Nürnberg FamRZ 2005, 1256.
106 BGH FamRZ 1990, 603.
107 BGH FamRZ 2005, 1974.
108 BGH FamRZ 2007, 978.
109 So auch Schulz/Hauß, Vermögensauseinandersetzung, Kap. 1 Rn. 587; zum Anspruch auf Rückzahlung der Mietkaution: OLG Karlsruhe FamRZ 2003, 682.

Häcker 315

57 **23. Nießbrauch. a) Als Grundstücksbelastung.** Bis 2006 sollte der Ehepartner
nach der Rechtsprechung des BGH nicht an dem Vermögenszuwachs teilhaben,
der dadurch entsteht, dass sich der Wert der Belastung wegen der abnehmenden
Lebenserwartung des Nießbrauchsberechtigten verringert. Die Wertsteigerung
beruht auf persönlichen Beziehungen des erwerbenden Ehegatten zu dem Zuwendenden und wurde von den Eheleuten nicht gemeinsam erwirtschaftet. Zum
Ausgleich des Vermögenszuwachses am Endvermögen wird der Vermögenszuwachs als privilegierter Erwerb gem. § 1374 Abs. 2 dem Anfangsvermögen zugerechnet. Wird die Grundstücksbelastung im Anfangs- und Endvermögen in gleicher Höhe angesetzt, ist dies im Ergebnis identisch, wenn die Grundstücksbelastung sowohl im Anfangs- als auch im Endvermögen komplett unberücksichtigt
bleibt.[110]

Der BGH änderte diese praxisfreundliche Rechtsprechung mit Entscheidung
vom 22.11.2006.[111] Danach ist die Belastung durch das Wohnrecht/Nießbrauch
sowohl bei der Ermittlung des Anfangs- als auch bei der Ermittlung des Endvermögens mit seinem jeweils aktuellen Wert wertmindernd zu berücksichtigen.
Darüber hinaus ist der fortlaufende Wertzuwachs der Zuwendung aufgrund des
abnehmenden Werts des Wohnrechts auch für den dazwischenliegenden Zeitraum zu bewerten, um den gleitenden Erwerbsvorgang zu erfassen und vom
Ausgleich ausnehmen zu können.[112] Im Ergebnis musste die Belastung durch
das Wohnrecht sowohl im Anfangs- als auch im Endvermögen wertmindernd
angesetzt werden. Ferner war der „gleitende Vermögenserwerb" gleichmäßig zu
bestimmen und dem Anfangsvermögen hinzuzurechnen.

Mit Entscheidung vom 6.5.2015[113] gibt der BGH seine bisherige Rechtsansicht
auf und greift die Rechtsprechung vor dem Jahr 2006 wieder auf. Nunmehr unterliegt der fortlaufende Wertzuwachs der Zuwendung aufgrund des abnehmenden Wertes des Nießbrauchs für die Zeit zwischen dem Erwerb des Grundstücks
und dem Erlöschen des Nießbrauchs nicht dem Zugewinnausgleich. „Um diesen
Wertzuwachs im Zugewinnausgleichsverfahren rechnerisch zu erfassen, ist eine
auf einzelne Zeitabschnitte aufgeteilte Bewertung des gleitenden Erwerbsvor-
gangs nicht erforderlich. Das gleiche Ergebnis kann vielmehr schon dadurch erreicht werden, dass bei der Berechnung des Zugewinns des Zuwendungsempfängers auf ein Einstellen des Wertes des Nießbrauches zum Anfangs- und End-
zeitpunktes in die Vermögensbilanz insgesamt verzichtet wird (Aufgabe von Se-
natsurteil, BGHZ 170, 324 = FamRZ 2007, 978)".[114]

Der BGH begründet den Wechsel seiner Rechtsprechung mit einem überzeugenden Aufsatz von Gutdeutsch in FamRZ 2015, 1083 ff., wonach „eine auf einzelne Zeitabschnitte aufgeteilte Bewertung des Nießbrauchs bei korrekter Indexierung sämtliche für die Berechnung des gleitenden Vermögenserwerbs maßgeblicher Werte zu keinem anderen Ergebnis als eine vollständige Nichtberücksichtigung der Grundstücksbelastung bei der Ermittlung des Zugewinns des Zuwendungsempfängers" führt.[115]

---

110 BGH FamRZ 1990, 603.
111 BGH FamRZ, 2007, 978.
112 BGH FamRZ, 2007, 978.
113 BGH FamRZ 2015, 1268.
114 BGH FamRZ 2015, 1268 (Ls. 1 und 2).
115 BGH FamRZ 2015, 1268.

Die praxisfreundliche Kehrtwende des BGH ist zu begrüßen und führt zu einer Beschleunigung der gerichtlichen Verfahren und zu einer nicht zu unterschätzenden Kostenersparnis. Die Erholung von drei Sachverständigengutachten, nämlich zum Wert des Wohnrechts als Grundstücksbelastung im Anfangs- und Endvermögen sowie der Höhe des „gleitenden Vermögenserwerbs", ist nunmehr obsolet.

Ist der Nießbrauchsberechtigte vor dem Stichtag (Zustellung des Scheidungsantrages) verstorben, hat dies nichts anderes zur Folge. Der Wert des Nießbrauchs wird auch in diesem Fall weder im Anfangs- noch im Endvermögen angesetzt.

Eine Ausnahme gilt jedoch für den Fall, dass der angestiegene Wert des Nießbrauchs allein auf einen außergewöhnlichen Wertzuwachs der Immobilie beruht. Wörtlich führt der BGH hierzu aus: „Ist hingegen der Wert des Nießbrauchs gestiegen, weil das belastete Grundstück im maßgeblichen Zeitraum einen Wertzuwachs (hier: in Folge gestiegener Grundstückspreise) erfahren hat, muss der Wert des Nießbrauchs im Anfangs- und Endvermögen eingestellt werden, ohne dass es weiterer Korrekturen des Anfangsvermögens bedarf".[116] Begründet wird dies damit, dass andernfalls der Zugewinn des Zuwendungsempfängers zu hoch ausfiele. „Der höhere Wert des Nießbrauchs ergibt sich in solchen Fällen aus der erheblichen Steigerung des Grundstückswertes und ist nicht Folge der Schenkung. Die Steigerung des Nießbrauchwertes begrenzt dann lediglich die in den Zugewinnausgleich einzubeziehende erhebliche Wertsteigerung des Grundstücks".[117]

Praxistipp: In solchen Fällen muss der nießbrauchsverpflichtete Ehegatte, also der Grundstückseigentümer, das Gutachten erholen, da es für ihn von Vorteil ist, wenn im Endvermögen ein höherer Abzug als im Anfangsvermögen erfolgt.

Nicht zu berücksichtigen ist ein „negativ gleitender Zuerwerb" gem. § 1374 Abs. 2 beim Anfangsvermögen.[118]

b) Aktivwert. Der Nießbrauch stellt ein Nutzungsrecht dar und ist weder vererblich noch übertragbar (§§ 1059, 1061). Dennoch handelt es sich um eine rechtlich geschützte Position von wirtschaftlichem Wert, die auf der Aktivseite der Vermögensbilanz miteinzustellen ist.[119] Die Berechnung des Nießbrauchs ist mit der Kapitalisierung einer Leibrente vergleichbar.[120] Ausgangspunkt ist die Ermittlung des Nettowertes der jährlich erzielbaren Nutzung. Anschließend wird dieser unter Berücksichtigung der statistischen Lebenserwartung des Nießbrauchsberechtigten und der Restnutzungsdauer des Gebäudes kapitalisiert.[121] **58**

24. Pkw. Der Wert eines Pkw richtet sich in der Regel nicht nach dem Verkaufspreis, sondern nach den **Kosten für die Wiederbeschaffung** eines gleichwertigen, gebrauchten Fahrzeugs.[122] Da ein Pkw anlässlich einer Ehescheidung regelmäßig nicht veräußert wird, ist deshalb nicht auf den Veräußerungswert abzustellen. Der „wahre, wirkliche Wert" ist daher der Wiederbeschaffungswert. Der Unter- **59**

---

116 BGH FamRZ 2015, 1268.
117 BGH FamRZ 2015, 1268 Rn. 25.
118 BGH FamRZ 2015, 1268 Rn. 25, 26, 27.
119 BGH FamRZ 2004, 527.
120 Schulz/Hauß, Vermögensauseinandersetzung, Kap. 1 Rn. 317.
121 BGH FamRZ 2004, 527; KG FamRZ 1988, 171; OLG Koblenz FamRZ 1988, 64.
122 Schulz/Hauß, Vermögensauseinandersetzung, Kap. 1 Rn. 562.

schied zwischen dem Verkaufs- und Anschaffungswert liegt wegen der Handelsspanne in der Regel zwischen 20 % und 25 %.

60   **25. Rechtsanwaltskanzlei.** Nach Ansicht des Bundesgerichtshofs sind die von der Bundesrechtsanwaltskammer herausgegebenen Richtlinien zur Bewertung von Anwaltskanzleien der Wertbestimmung zugrunde zu legen.[123] Danach setzt sich der Kanzleiwert aus einem Substanzwert und dem eigentlichen Kanzleiwert zusammen. Dies entspricht der Bewertungsmethode von Arzt- und Steuerberaterpraxen.

61   Zum **Substanzwert** (auch Sachwert genannt) gehören die Einzelwerte der Büroeinrichtung sowie Außenstände und noch nicht abgerechnete Vergütungsansprüche.[124] Der Sachwert richtet sich nach dem Wiederbeschaffungswert. Der **eigentliche Praxiswert** errechnet sich aus dem Durchschnittsumsatz der vergangenen drei Jahre vor dem Stichtag. Das letzte Jahr vor dem Stichtag kann doppelt oder auch dreifach gewichtet werden. Der Durchschnittsumsatz wird nach den Umständen des Einzelfalls mit einem Bewertungsfaktor zwischen 0,3 und 1,0 angesetzt.[125]

Nach den Richtlinien zur Bewertung von Anwaltskanzleien wird bei dieser Wertermittlungsmethode kein kalkulatorischer bzw. individueller Unternehmerlohn in Abzug gebracht. Dieser sei bei der Bewertung bereits berücksichtigt.[126] Hingegen hat der Bundesgerichtshof sowohl bei der Bewertung einer Arztpraxis als auch einer Zahnarztpraxis vom durchschnittlichen Jahresumsatz einen konkreten bzw. individuellen Unternehmerlohn in Abzug gebracht.[127] Demzufolge ist zu fordern, dass im Hinblick auf den persönlichen Einsatz jedes Kanzleiinhabers der individuelle Unternehmerlohn in Abzug zu bringen ist.

62   Sodann wird aus dem Substanzwert und dem eigentlichen Praxiswert die Summe gebildet und ein kalkulatorischer Anwaltslohn abgezogen.[128] Bei der Beantwortung der Frage, ob eine Rechtsanwaltskanzlei überhaupt einen Goodwill hat, ist stets auf den Einzelfall abzustellen.[129]

63   Nicht zu berücksichtigen ist der zusätzliche Umsatz aus einer **Notarpraxis**. Da der Notar Träger eines öffentlichen Amtes ist und ein Notariat als solches nicht an einen Dritten veräußert werden kann, ist ein über den Substanzwert hinausgehender Praxiswert nicht gegeben.[130]

64   **26. Rückfall bei Ehescheidung.** Die Bestimmung in einem notariellen Schenkungsvertrag, wonach ein Hausgrundstück im Falle der Ehescheidung an die Schenker zurückgegeben werden muss, hat zur Folge, dass der Wert des Grundstücks mit einer Rückgewährpflicht im Falle der rechtskräftigen Ehescheidung behaftet ist. Diese Rückgewährverpflichtung ist sowohl beim Anfangsvermögen als auch beim Endvermögen insoweit zu berücksichtigen, als sie den wirtschaftlichen Wert der Immobilie mindert. Am Stichtag gem. § 1384 besteht die künftige, aber sicher bestimmte Rückgabeverpflichtung. Auf die Frage, ob der Rück-

---

123 BGH FamRZ 2008, 761; BRAK-Mitteilungen 2009, 268–273.
124 Römermann/Schröder NJW 2003, 2709.
125 BRAK-Mitteilungen 2009, 268 ff.
126 BRAK-Mitteilungen 2009, 268.
127 BGH FamRZ 2008, 761; BGH FuR 2011, 281.
128 Römermann/Schröder NJW 2003, 2709.
129 Kotzur NJW 1988, 3239; OLG Frankfurt/M. FamRZ 1987, 485; OLG Hamm FamRZ 1983, 812; OLG München NJW-RR 1988, 262.
130 BGH FamRZ 1999, 361.

übereignungsanspruch tatsächlich geltend gemacht wird, kommt es wegen des strengen Stichtagsprinzips nicht an. Mit einem notariell vereinbarten Anspruch auf Rückauflassung des Grundstücks können die Schenker dem Schenkungsempfänger keinen wirtschaftlichen Vorteil verschaffen. Eine solche Bestimmung stellt lediglich sicher, dass der Schenkungsgegenstand im Besitz der Familie verbleibt.

Nicht zu folgen ist der Ansicht, wonach die kostenlose Nutzungsmöglichkeit, 65 die der Beschenkte mit der Grundstücksübertragung erhalten habe, im Anfangsvermögen als zusätzlicher Vermögenswert zu berücksichtigen sei.[131] Das erworbene Eigentum umfasst das Nutzungsrecht und kann nicht noch zusätzlich als Vermögenswert angesetzt werden.

Gem. §§ 133, 157 ist eine Rückauflassungsklausel für den Fall der Scheidung 66 auch bei einem vorzeitigen Zugewinnausgleich dahin gehend auszulegen, dass der Rückübertragungsanspruch ebenfalls beim Anfangs- und Endvermögen zu berücksichtigen ist.

27. Schmuck. Schmuck ist grundsätzlich mit dem Veräußerungswert anzuset- 67 zen. Liebhaberwerte sind nicht relevant. Die Wertuntergrenze bildet der Materialwert.

28. Steuerberaterpraxis. Nach dem Bundesgerichtshof sind die Grundsätze für 68 die Bewertung von freiberuflichen Praxen entsprechend anzuwenden.[132] Es ist zulässig, den Praxiswert anhand der Hinweise für die Ermittlung des Wertes einer Steuerberaterpraxis der Bundessteuerberaterkammer zu ermitteln.[133] Danach ist der durchschnittliche Umsatz der letzten drei Jahre maßgeblich und für die weitere Berechnung ein Hundertsatz zwischen 110 und 150 zugrunde zu legen.[134] Ferner sind der individuelle Unternehmerlohn sowie eine latente Ertragsteuer abzuziehen.[135]

Die **Ertragsschwäche** einer Steuerberaterkanzlei wird hinreichend dadurch be- 69 rücksichtigt, dass der Multiplikator bei der Ermittlung des nachhaltig erzielbaren Umsatzes wegen der geringen Rentabilitätserwartung niedrig angesetzt wird.[136] Nach dieser Ansicht ist es unangebracht, den rechnerisch ermittelten Umsatzwert im Hinblick darauf zusätzlich zu reduzieren, dass die Steuerberaterkanzlei von der ausgleichspflichtigen Ehefrau selbst betrieben wurde und für sie damit faktisch unveräußerlich war.[137]

29. Steuerschulden. a) Einkommen- und Kirchensteuer. Entscheidend für die 70 Berücksichtigung von Steuerschulden ist der Zeitpunkt der Entstehung und nicht der Fälligkeit. Gem. §§ 25, 36 Abs. 1, 51 a EStG entstehen Einkommen- und Kirchensteuerschulden mit Ablauf des Jahres, in dem die Einkünfte bezogen wurden. Fällig wird die Steuerschuld hingegen erst mit Bekanntgabe des Steuerbescheids. Damit sind lediglich Steuerschulden in die Zugewinnausgleichsberechnung mit einzustellen, die sich auf abgeschlossene Veranlagungszeiträume

---

131 Kogel, Strategien, Rn. 438.
132 BGH FamRZ 1999, 361.
133 Hinweise für die Ermittlung des Wertes einer Steuerberaterpraxis vom 25.1.2007, abgedruckt in: Berufsrechtliches Handbuch der Bundessteuerberaterkammer, II. Berufsfachlicher Teil, Abschnitt 4.2.1.
134 Schulz/Hauß, Vermögensauseinandersetzung, Kap. 1 Rn. 649.
135 BGH FamRZ 1999, 361.
136 OLG Düsseldorf FamRZ 2004, 1106.
137 OLG Düsseldorf FamRZ 2004, 1106; aA AG Duisburg-Hamborn FamRZ 2003, 1186.

beziehen, die vor dem Stichtag liegen. Steuernachforderungen für das Jahr, in das auch der Stichtag fällt, sind weder ganz noch teilweise zu berücksichtigen.[138] Hingegen sind Steuervorauszahlungen gem. § 37 Abs. 1 S. 2 EStG, die nicht fristgerecht geleistet wurden, als Verbindlichkeit in die Ausgleichsbilanz mit einzustellen.[139]

71 Steuerschulden aufgrund einer **Selbstanzeige** nach dem Stichtag sind als Verbindlichkeiten in die Vermögensbilanz einzustellen, da der Steuertatbestand im Ehezeitraum bereits angelegt ist.[140]

72 Berücksichtigungsfähige Steuerschulden, die erst nach dem rechtskräftigen Abschluss des Zugewinnausgleichsverfahrens bekannt werden, können nicht mehr nachträglich berücksichtigt werden.[141] Möglicherweise kommt ein Anspruch auf Abänderung nach den Grundsätzen des Wegfalls der Geschäftsgrundlage in Betracht, wenn das Zugewinnausgleichsverfahren durch gerichtlichen oder notariellen Vergleich beendet wurde.[142]

73 **b) Latente Ertragsteuer.** Soweit bei der Bewertung von Unternehmen und freiberuflichen Praxen von einer fiktiven Veräußerung ausgegangen wird, ist zu berücksichtigen, dass bei tatsächlicher Veräußerung erhebliche Ertragsteuern anfallen. Mit dem Verkauf ist die Auflösung von stillen Reserven verbunden, die gem. §§ 16 Abs. 3, 34 Abs. 1 S. 1 EStG Ertragsteuern auslösen. Diese fallen wertreduzierend ins Gewicht.[143] Die Ertragsteuer ist auch dann fiktiv zu berücksichtigen, wenn sie gar nicht anfällt, weil der Inhaber den Betrieb nicht veräußert.[144]

In seiner jüngsten Entscheidung bestätigt der Bundesgerichtshof, dass die stichtagsbezogene Bewertung einer Inhaberpraxis eine Verwertbarkeit dieser voraussetzt. Deswegen sind bereits bei der stichtagsbezogenen Bewertung dieses Endvermögens latente Ertragsteuern abzusetzen und zwar unabhängig davon, ob eine Veräußerung tatsächlich beabsichtigt ist. Wörtlich heißt es hierzu: „Die Berücksichtigung latenter Ertragssteuern folgt aus der Prämisse der Verwertbarkeit und ist somit auch eine Konsequenz der Bewertungsmethode."[145]

74 **c) Fiktive Spekulationssteuer.** Diese ist bei künftigen Veräußerungen von Immobilien als finanzielle Folge des Zugewinnausgleichs innerhalb der Spekulationsfrist des § 23 EStG zu berücksichtigen.[146] Nach anderer Ansicht ist ein nach § 287 ZPO zu schätzender Abschlag gerechtfertigt.[147] Nach wiederum anderer Ansicht ist stets ein Abschlag in voller Höhe der Spekulationssteuer vorzunehmen.[148]

75 **30. Unterhaltsrückstände.** Zum Stichtag bestehende Unterhaltsrückstände sind beim unterhaltsverpflichteten Ehegatten als Verbindlichkeit zu den Passiva zu

---

138 BGH FamRZ 1991, 43.
139 BGH FamRZ 1991, 43.
140 OLG München FamRZ 1984, 1096.
141 BGH FamRZ 1983, 882.
142 AG Euskirchen FamRZ 1986, 1092.
143 BGH FamRZ 1999, 361; 1991, 43; 1989, 1276.
144 BGH FamRZ 1991, 43; Fischer-Winkelmann, Die latente Steuerlast bei der Bewertung im Zugewinnausgleich, FuR 1993, 1; krit. hierzu Hoppenz FamRZ 2006, 449.
145 BGH FuR 2011, 281 ff.
146 Schulz/Hauß, Vermögensauseinandersetzung, Kap. 7 Rn. 1985 ff.
147 Palandt/Brudermüller § 1376 Rn. 11.
148 Kogel FamRZ 2003, 808.

rechnen. Beim unterhaltsberechtigten Ehegatten hingegen erhöht der Unterhaltsrückstand das Aktivvermögen als bestehende Forderung.[149] Dies gilt auch, wenn sich nachträglich herausstellt, dass der Unterhaltsrückstand nicht beigetrieben werden kann, obwohl der Zugewinnausgleich wegen der als Aktiva angesetzten Unterhaltsforderung geschmälert wurde.[150]

In seiner jüngsten Entscheidung hat der Bundesgerichtshof bestätigt, dass ein am Bewertungsstichtag bestehender Unterhaltsrückstand als Passivposten im Endvermögen des Unterhaltsschuldners anzusetzen ist und zwar unabhängig davon, ob sich die Unterhaltsforderung im Endvermögen des Unterhaltsgläubigers auswirkt.[151]

31. Unternehmen. Der Bundesgerichtshof legt der Bewertung von Betrieben keine bestimmte Bewertungsmethode zugrunde. Vielmehr orientiert er sich jeweils an der Art des zu bewertenden Unternehmens. Die richtige Methode muss durch den sachverständig beratenen Tatrichter bestimmt werden.[152] Nach überwiegender Auffassung ist der Unternehmenswert in der Regel durch eine Verbindung von Substanz und Ertrag zu ermitteln.[153] Vertretbar ist auch die Methode der Berichtigung des Substanzwerts nach Maßgabe der Ertragsfähigkeit eines Unternehmens. Gelegentlich wird unter Bezug auf die Betriebswirtschaftslehre die Ansicht vertreten, dass der richtige Wert des Unternehmens nur sein Ertragswert sei.[154] Eine allgemeine Praxis hat sich in der Rechtsprechung bisher nicht entwickelt.[155]   76

32. Wertpapiere. Diese sind am Stichtag zum amtlichen Tageskurs einzusetzen.[156] Umstritten ist das Problem der Kursschwankungen, insbesondere des Kursverfalls bei Aktien zwischen Stichtag und letzter mündlicher Verhandlung. Nach einer Ansicht kann dem Ehegatten gem. § 1381 ein Leistungsverweigerungsrecht zustehen, wenn Aktien zum Stichtag an der Börse hoch notiert wurden, aber bis zur letzten mündlichen Verhandlung wertlos geworden sind.[157] Nach einer konsequenten und damit vorzuziehenden Ansicht verbietet sich eine Korrektur des Kursverfalls über die Billigkeitsvorschrift des § 1381. Systemimmanente Ungerechtigkeiten sind im Interesse der Rechtssicherheit in Kauf zu nehmen,[158] zumal Kursgewinne zwischen Stichtag und letzter mündlicher Verhandlung stets unberücksichtigt bleiben.   77

33. Wohnrecht. Die Rechtsprechung des BGH zum Nießbrauch ist entsprechend anzuwenden.   78

34. Zahnarztpraxis. Der Bundesgerichtshof hat sich in einer Entscheidung vom 9.2.2011 ausführlich mit der Frage der sachgerechten Bewertungsmethoden einer Zahnarztpraxis auseinandergesetzt. Ein reines Umsatzwertverfahren wur   79

---

149 BGH FamRZ 2003, 1544; OLG Hamm FamRZ 1992, 679; OLG Celle FamRZ 1991, 944; OLG Frankfurt/M. FamRZ 1990, 998.
150 BGH FamRZ 2003, 1544.
151 BGH FamRZ 2011, 25.
152 BGH FamRZ 1986, 726.
153 BGH FamRZ 1977, 386.
154 Pieltz/Wissmann NJW 1985, 2673; krit. hierzu Ried NJW 1986, 1317.
155 Vgl. Michalski/Zeidler, Die Bewertung von Personengesellschaftsanteilen im Zugewinnausgleich, FamRZ 1997, 397 mit zutr. Kritik von Klenk/Schröder FamRZ 1997, 1133.
156 Schulz/Hauß, Vermögensauseinandersetzung, Kap. 1 Rn. 206; Palandt/Brudermüller § 1376 Rn. 24.
157 Schwab/Schwab VII Rn. 259.
158 Schulz/Hauß, Vermögensauseinandersetzung, Kap. 1 Rn. 209.

de mit dem Hinweis, dass der Umsatz keine sicheren Rückschlüsse auf die Gewinnerwartung und damit auch nicht auf den realisierbaren Wert zulässt, abgelehnt. Ebenso wurde das reine Ertragswertverfahren als nicht angemessen angesehen, da sich die Ertragsprognose kaum von der Person des Inhabers trennen lässt. Gebilligt wurde hingegen die **modifizierte Ertragswertmethode**, die sich an durchschnittlichen Beträgen orientiert und davon einen individuellen Unternehmerlohn absetzt.[159] Insoweit knüpft der Bundesgerichtshof zunächst am vorhandenen Substanzwert an und bezieht dann noch einen Geschäftswert bzw. Goodwill mit ein. Insbesondere weist der Bundesgerichtshof darauf hin, dass „die besondere Bedeutung des Inhabers" in solchen Fällen bei der Wertermittlung zu berücksichtigen sei.[160]

Nach dem OLG Koblenz sind lediglich 5 % bis 10 % des durchschnittlichen Jahresumsatzes als Goodwill zusätzlich zum Sachwert anzusetzen.[161] Es empfiehlt sich jedenfalls, die Bewertungsrichtlinien der zuständigen Standesvertretung einzuholen.

80 **35. Zeitwertpapiere.** Zeitwertpapiere sind Arbeitsentgelt und unterliegen demzufolge nicht dem Zugewinnausgleich, sondern sind unterhaltsrechtlich gegebenenfalls auch im Versorgungsausgleich zu berücksichtigen. Im Ergebnis handelt es sich um gestundetes Arbeitsentgelt, das bei Auszahlung in der Freistellungsphase steuer- und sozialversicherungspflichtig ist. Irrelevant ist, dass die Zeitwerte bis zu ihrer Auszahlung als Kapitalvermögen existieren.[162]

VI. Indexierung

81 Ein scheinbarer (unechter) Zugewinn beruht nach Ansicht des Bundesgerichtshofs darauf, dass das Anfangsvermögen und das Endvermögen nicht mit dem gleichen Wertmesser aufgrund des Kaufkraftschwundes von DM/Euro gemessen werden kann. Dieser unechte Zugewinn ist nicht auszugleichen.[163] Die Berechnung der Geldentwertung erfolgt durch Indexumrechnung des Anfangsvermögens. Die Formel hierzu lautet:[164]

$$\text{Wert des Anfangsvermögens bei Beginn des Güterstands} \times \frac{\text{Index Endstichtag}}{\text{Index Anfangsstichtag}} = \text{anzurechnendes Anfangsvermögen}$$

82 Maßeinheit für die Umrechnung ist der vom Statistischen Bundesamt ermittelte Verbraucherpreisindex für Deutschland. Aus Gründen der Praktikabilität und der für den Zugewinnausgleich typischen Pauschalisierung genügt es, den Jahresindex anzusetzen.[165]

---

159 BGH FuR 2011, 281.
160 BGH FuR 2011, 281.
161 OLG Koblenz FamRZ 1982, 280; 1988, 950.
162 OLG Celle FamRZ 2014, 1699.
163 BGH FamRZ 1984, 31; BGH NJW 1974, 137; Palandt/Brudermüller § 1376 Rn. 25.
164 Schulz/Hauß, Vermögensauseinandersetzung, Kap. 1 Rn. 55; Palandt/Brudermüller § 1376 Rn. 26.
165 Schulz/Hauß, Vermögensauseinandersetzung, Kap. 1 Rn. 56.

Jahresverbraucherpreisindex (Basisjahr 2010 = 100)									
1965	1966	1967	1968	1969	1970	1971	1972	1973	1974
28,2	29,2	29,7	30,2	30,8	31,8	33,5	35,3	37,8	40,4
1975	1976	1977	1978	1979	1980	1981	1982	1983	1984
42,8	44,7	46,3	47,6	49,5	52,2	55,5	58,4	60,3	61,8
1985	1986	1987	1988	1989	1990	1991	1992	1993	1994
63,1	63,0	63,1	63,9	65,7	67,5	70,2	73,8	77,1	79,4
1995	1996	1997	1998	1999	2000	2001	2002	2003	2004
80,5	81,6	83,2	84,0	84,5	85,7	87,4	88,6	89,6	91,0
2005	2006	2007	2008	2009	2010	2011	2012	2013	2014
92,5	93,9	96,1	98,6	98,9	100,0	102,1	104,1	105,7	106,6
2015	2016								
106,9	107,4								

Haben die Parteien während der Ehezeit ausschließlich **im Ausland gelebt** und 83
hat der Eigentümer dort auch seinen Lebensmittelpunkt, ist der deutsche Lebenshaltungskostenindex nicht anwendbar, sondern berücksichtigt werden muss der Kaufkraftschwund im betreffenden Ausland.[166]

Auch negatives Anfangsvermögen ist zu indexieren.[167]

VII. Verfahren

Besteht zwischen einem Ehegatten und einem Dritten Streit über den Bestand 84
und die Höhe einer Forderung, so ist hierüber als Vorfrage zu entscheiden. Eine
Aussetzung des Zugewinnausgleichsverfahrens ist gem. § 148 ZPO iVm § 113
Abs. 1 S. 2 FamFG möglich.[168]

§ 1377 BGB Verzeichnis des Anfangsvermögens

(1) Haben die Ehegatten den Bestand und den Wert des einem Ehegatten gehörenden Anfangsvermögens und der diesem Vermögen hinzuzurechnenden Gegenstände gemeinsam in einem Verzeichnis festgestellt, so wird im Verhältnis der Ehegatten zueinander vermutet, dass das Verzeichnis richtig ist.

(2) [1]Jeder Ehegatte kann verlangen, dass der andere Ehegatte bei der Aufnahme des Verzeichnisses mitwirkt. [2]Auf die Aufnahme des Verzeichnisses sind die für den Nießbrauch geltenden Vorschriften des § 1035 anzuwenden. [3]Jeder Ehegatte kann den Wert der Vermögensgegenstände und der Verbindlichkeiten auf seine Kosten durch Sachverständige feststellen lassen.

(3) Soweit kein Verzeichnis aufgenommen ist, wird vermutet, dass das Endvermögen eines Ehegatten seinen Zugewinn darstellt.

---

166 AG Bad Säckingen FamRZ 1997, 611.
167 Bütte, Die Reform des Zugewinnausgleichsrechts, NJW 2009, 2776; aA Klein, Die Indexierung von negativem Anfangsvermögen, FuR 2010, 122.
168 Palandt/Brudermüller § 1376 Rn. 32.

I. Allgemeines

1 Die Vorschrift erleichtert die Feststellung des Ausgangspunkts für die Berechnung des Zugewinns, da es Beweiserleichterungen an die Aufstellung eines Inventars knüpft.[1] Nach dem Wortlaut soll ein Verzeichnis iSv Abs. 1 den Bestand und den Wert des Anfangsvermögens, dies bedeutet auch die Angabe eventueller Verbindlichkeiten, enthalten.

II. Vermutung der Richtigkeit

2 Haben die Ehegatten den Bestand des Anfangsvermögens gemeinsam in einem Verzeichnis festgestellt, so wird im Verhältnis der Ehegatten zueinander seine Richtigkeit vermutet. Die Vermutung der Richtigkeit gilt nicht gegenüber Dritten. Weigert sich ein Ehegatte, die Richtigkeit des Verzeichnisses anzuerkennen, so muss er das Gegenteil beweisen (§ 292 ZPO). Einem Verzeichnis kann unter Umständen die Wirkung eines materiellrechtlichen Vergleichs gem. § 779 zukommen.[2]

III. Verfahren

3 Jeder Ehegatte, der sich hierauf beruft, trägt die **Darlegungs- und Beweislast** für Bestand und Wert seines Anfangsvermögens, also auch für negatives Anfangsvermögen.[3] An die Beweislast für das Fehlen von Verbindlichkeiten dürfen allerdings keine allzu hohen Anforderungen gestellt werden.

4 Der Anspruch auf Mitwirkung gem. Abs. 2 ist gem. § 888 ZPO vollstreckbar. Richtet sich der Anspruch lediglich auf die Mitunterzeichnung des Verzeichnisses, ist dieser gem. § 894 ZPO vollstreckbar.[4]

§ 1378 BGB Ausgleichsforderung

(1) Übersteigt der Zugewinn des einen Ehegatten den Zugewinn des anderen, so steht die Hälfte des Überschusses dem anderen Ehegatten als Ausgleichsforderung zu.

(2) [1]Die Höhe der Ausgleichsforderung wird durch den Wert des Vermögens begrenzt, das nach Abzug der Verbindlichkeiten bei Beendigung des Güterstands vorhanden ist. [2]Die sich nach Satz 1 ergebende Begrenzung der Ausgleichsforderung erhöht sich in den Fällen des § 1375 Absatz 2 Satz 1 um den dem Endvermögen hinzuzurechnenden Betrag.

(3) [1]Die Ausgleichsforderung entsteht mit der Beendigung des Güterstands und ist von diesem Zeitpunkt an vererblich und übertragbar. [2]Eine Vereinbarung, die die Ehegatten während eines Verfahrens, das auf die Auflösung der Ehe gerichtet ist, für den Fall der Auflösung der Ehe über den Ausgleich des Zugewinns treffen, bedarf der notariellen Beurkundung; § 127 a findet auch auf eine Vereinbarung Anwendung, die in einem Verfahren in Ehesachen vor dem Prozessgericht protokolliert wird. [3]Im Übrigen kann sich kein Ehegatte vor der Beendigung des Güterstands verpflichten, über die Ausgleichsforderung zu verfügen.

---

1 Palandt/Brudermüller § 1377 Rn. 1.
2 AG Säckingen FamRZ 1997, 611; Palandt/Brudermüller § 1377 Rn. 4.
3 Palandt/Brudermüller § 1377 Rn. 7.
4 Palandt/Brudermüller § 1377 Rn. 7.

I. Allgemeines (Abs. 1)

Abs. 1 ist die Anspruchsgrundlage für den Zugewinnausgleich und legt dessen 1
Höhe fest. Übersteigt der Zugewinn des einen Ehegatten den des anderen, so
steht die Hälfte des Überschusses dem anderen Ehegatten als Ausgleichsforderung zu. Die Feststellung der Ausgleichsforderung ist somit ein Bilanzierungs-
problem von Anfangs- und Endvermögen. Die Ausgleichsforderung ist auf Geld
gerichtet. Eine dingliche Beteiligung am Vermögen des anderen Ehegatten findet
im Gegensatz zur erbrechtlichen Lösung (§ 1371 Abs. 1) nicht statt.[1] Die **schuldrechtliche Ausgleichsforderung** entsteht mit der Beendigung des Güterstands und
ist von diesem Zeitpunkt an verzinslich, vererblich, übertragbar sowie pfändbar.
Die Zugewinnausgleichsforderung stellt kein Einkommen dar und ist gem. § 5
Abs. 2 ErbStG steuerfrei.[2] Der Zugewinnausgleichsanspruch bleibt auch bei
Wiederverheiratung bestehen. Ebenso besteht die Möglichkeit, sich bei einer fälligen Zugewinnausgleichsforderung auf ein Zurückbehaltungsrecht gem. § 242
zu berufen. Es verstößt nicht gegen Treu und Glauben, nur weil das Zugewinnausgleichsverfahren langwierig sein wird, ein Zurückbehaltungsrecht gegen
einen Anspruch aus rechtswidriger Verfügung über das gemeinschaftliche Konto
geltend zu machen.[3] Bei der Vermögensauseinandersetzung der Ehegatten ist
auch die Aufrechnung mit einem Zugewinnausgleichsanspruch zulässig.[4]

II. Begrenzung der Ausgleichsforderung (Abs. 2)

1. Ausgleich in Höhe des vorhandenen Vermögens. Konsequenz aus der Einfüh- 2
rung des negativen Anfangsvermögens war die Neuregelung, in welcher Höhe
das Endvermögen zur Erfüllung des Zugewinnausgleichsanspruches eingesetzt
werden muss. Zunächst war vorgesehen, die Ausgleichsforderung auf die Hälfte
des vorhandenen Vermögens zu begrenzen.[5]

Das Gesetz zur Änderung des Zugewinnausgleichs- und Vormundschaftsrechts
sieht hingegen vor, dass die bisherige Regelung des Abs. 2 unverändert übernommen wird. Die Zugewinnausgleichsforderung wird daher durch den Wert
des Vermögens des ausgleichspflichtigen Ehegatten nach Abzug der Verbindlichkeiten begrenzt. Der Wert illoyaler Vermögensminderung ist gem. § 1375 Abs. 2
hinzuzurechnen.

Entscheidend ist die Vorverlegung des Stichtags im Falle der Scheidung für die
Höhe der Ausgleichsforderung gem. § 1384 trotz unverändertem Wortlaut von
§ 1378 Abs. 2 S. 1.

2. Erhöhung des Ausgleichs bei illoyalen Vermögensminderungen (Abs. 2 S. 3
1). Die Begrenzung auf das tatsächlich vorhandene Vermögen gilt dann nicht,
wenn der Ausgleichsverpflichtete sein Vermögen durch illoyale Handlungen iSv
§ 1375 Abs. 2 reduziert hat. Nach § 1378 Abs. 2 S. 2 wird in diesen Fällen der
unlauter geminderte Vermögensbetrag dem noch vorhandenen Vermögen am
Stichtag der Rechtshängigkeit der Ehescheidung (§ 1384) hinzugerechnet. Eine

---

1 Palandt/Brudermüller § 1378 Rn. 1.
2 Gerhardt/Schulz, Verbot der Doppelverwertung von Abfindungen beim Unterhalt und Zugewinn, FamRZ 2005, 145.
3 OLG Düsseldorf FamRZ 1999, 1504.
4 BGH NJW 2000, 948.
5 BT-Drs. 16/13027 Art. 1 Nr. 7 S. 1.

Überschuldung des Ausgleichspflichtigen muss hingenommen werden, da der illoyal Handelnde keinen Schutz verdient.[6]

Im Ergebnis wird der illoyal verfügende Ehepartner so behandelt, als hätte er die Vermögensminderung gem. § 1375 Abs. 2 nicht getätigt.[7]

4 **3. Stichtag für die Höhe der Ausgleichsforderung.** Nach bisheriger Rechtslage entstand der Anspruch auf Zugewinnausgleich nur in Höhe des Vermögens, das bei Rechtskraft der Ehescheidung, also bei Beendigung des Güterstandes, noch vorhanden war. Diese Regelung öffnete **Vermögensmanipulationen** zwischen Rechtshängigkeit und Rechtskraft der Scheidung geradezu Tür und Tor. Durch das Gesetz zur Änderung des Zugewinnausgleichs- und Vormundschaftsrechts vom 6.7.2009 bestimmt § 1378 Abs. 2 iVm § 1384, dass im Fall der Ehescheidung der Stichtag „Rechtshängigkeit des Scheidungsantrages" nicht nur für die Berechnung des Zugewinns, sondern auch für die Höhe der Ausgleichsforderung Geltung hat. Vermögensminderungen nach Rechtshängigkeit des Scheidungsantrags haben, gleich aus welchem Grund, keinen Einfluss auf die Höhe des Ausgleichsanspruchs.[8]

Im Schrifttum kritisiert wird diese Regelung für den Fall, in dem ein redlich handelnder Ehepartner sein Vermögen unverschuldet ganz oder teilweise verliert.[9]

III. Entstehung der Ausgleichsforderung (Abs. 3 S. 1)

5 Die Ausgleichsforderung entsteht mit **Beendigung des Güterstands.** Dies ist der Fall, wenn die Ehescheidung rechtskräftig wird. § 1384 regelt lediglich den Stichtag für die Berechnung und die Höhe des Zugewinns. Der Zeitpunkt für die Entstehung der Ausgleichsforderung bleibt hiervon unberührt.

Ab Rechtskraft der Ehescheidung ist der Zugewinnausgleichsanspruch auch vererblich. Stirbt der ausgleichsberechtigte Ehegatte hingegen während des Scheidungsverfahrens, gehen seine Erben hinsichtlich des Zugewinnausgleichs leer aus.[10] Die Ausgleichsforderung wird zugleich mit ihrem Entstehen fällig.[11]

Erst mit Rechtskraft der Ehescheidung ist der Zugewinnausgleichsanspruch wirtschaftlich verwertbar. So ist eine vor Rechtskraft der Ehescheidung getroffene Abtretungsvereinbarung auch dann nichtig, wenn sie unter der aufschiebenden Bedingung der rechtskräftigen Ehescheidung geschlossen wurde.[12]

Umstritten ist, ob eine vor Entstehung des Zugewinnausgleichsanspruches erklärte Aufrechnung mit oder gegen den Zugewinnausgleichsanspruch auch dann unwirksam ist, wenn der Zugewinnausgleichsanspruch im Scheidungsverbund

---

6 Palandt/Brudermüller § 1378 Rn. 8.
7 Schwab, Übergangsprobleme der Reform des Zugewinnausgleichs, FamRZ 2009, 1961.
8 BT-Drs. 16/10798, 27 zu Nr. 9.
9 Brudermüller, Die Neuregelungen im Recht des Zugewinnausgleichs ab 1.9.2009, FamRZ 2009, 1185; Bütte, Die Reform des Zugewinnausgleichsrechts, NJW 2009, 2776; Born, Reform der familienrechtlichen Ausgleichssysteme – Kosmetik oder Kurskorrektur, NJW 2008, 2289.
10 BGH FamRZ 1995, 597.
11 Schulz/Hauß, Vermögensauseinandersetzung, Kap. 1 Rn. 706; OLG Zweibrücken FamRZ 2004, 1032.
12 BGH FamRZ 2008, 1435.

geltend gemacht wird.[13] Zu folgen ist der Ansicht, wonach gegen einen im Scheidungsverbund geltend gemachten Anspruch auf Zugewinnausgleich aufgerechnet werden kann, auch wenn die Ausgleichsforderung noch nicht entstanden ist. Dies wird mit Sinn und Zweck von § 1378 Abs. 3 S. 1 begründet, der einer Aufrechnung schon vor Beendigung des Güterstandes nicht entgegensteht.[14]

Bei **Beendigung des Güterstands durch Ehescheidung** sind hinsichtlich der anfal- 6 lenden Zinsen folgende Fallgestaltungen möglich:

- Wird der Zugewinnausgleich als Folgesache im Scheidungsverbund anhängig gemacht, sind Prozesszinsen nach § 291 zu beantragen. Für den Beginn der Verzinsung ist auf den Zeitpunkt der Beendigung des Güterstands, also für gewöhnlich auf die Rechtskraft des Scheidungsurteils abzustellen. Tritt die Rechtskraft erst nach Beendigung eines Rechtsmittelverfahrens ein, so sind nach OLG Zweibrücken Prozesszinsen gem. § 291 S. 1 mit dessen rechtskräftigem Abschluss zu zahlen.[15] Ab diesem Zeitpunkt ist die rechtshängige Forderung fällig, so dass die Voraussetzungen des § 291 S. 1 vorliegt.
- Wird der Ausgleichsanspruch nach Rechtskraft der Ehescheidung zunächst außergerichtlich geltend gemacht, fallen Verzugszinsen gem. § 288 an. Ab Rechtshängigkeit der isolierten Zugewinnausgleichsklage können alternativ Prozesszinsen gem. § 291 verlangt werden.
- Wird der Ausgleichsanspruch vor Rechtskraft der Ehescheidung nur außergerichtlich geltend gemacht, wird der Anspruch nicht fällig. Es werden daher keine Zinsen geschuldet. Wird das Scheidungsurteil rechtskräftig, muss erneut zur Zahlung aufgefordert werden, da Mahnungen, die vor Eintritt der Fälligkeit ergehen, wirkungslos sind.[16]

Die **Höhe der Zinsen** beträgt fünf Prozentpunkte über dem Basiszinssatz 7 (§§ 288 Abs. 1 S. 2, 291 Abs. 1 S. 2).

IV. Formerfordernis für Vereinbarungen (Abs. 3 S. 2)

Eine Vereinbarung, die die Ehegatten während des Scheidungsverfahrens über 8 den Zugewinnausgleich treffen, bedarf entweder der **notariellen Beurkundung** (Abs. 3 S. 2) oder einer **Protokollierung durch das Familiengericht** (§ 127 a). Formlose Vereinbarungen der Eheleute sind nichtig (§ 125). Zweck der Formvorschrift ist es, den sozial schwächeren Partner vor unüberlegten und voreiligen Vereinbarungen zu schützen.[17] Auch schriftliche Vereinbarungen unter Eheleuten, einzelne Gegenstände nicht in den Zugewinnausgleich miteinzubeziehen oder den Ausgleichsbetrag in Raten zu leisten, sind unwirksam.[18] Auch solche Vereinbarungen müssen notariell beurkundet oder gerichtlich protokolliert werden.

---

13 Hartmann, Aufrechnung gegen eine Zugewinnausgleichsforderung im Scheidungsverbund?, FamRZ 2007, 869; Palandt/Brudermüller § 1378 Rn. 6.
14 Schulz/Hauß, Vermögensauseinandersetzung, Kap. 1 Rn. 709; Kogel FamRZ 2007, 1710.
15 OLG Zweibrücken FamRZ 2004, 1032.
16 Schulz/Hauß, Vermögensauseinandersetzung, Kap. 1 Rn. 716.
17 BGH FamRZ 1993, 157.
18 OLG Hamburg FamRZ 1985, 290.

9 In der familienrechtlichen Praxis wird häufig vor der Anhängigkeit eines Scheidungsverfahrens der Zugewinnausgleich in einer **Scheidungsfolgenvereinbarung**
   geregelt. Eine solche Vereinbarung über den Zugewinn, die die Rechtsanwälte
   der Parteien vor Anhängigkeit des Scheidungsverfahrens geschlossen haben, ist
   gem. § 125 nichtig; der Formmangel ist auch nicht heilbar. In solchen Fällen
   muss die Vereinbarung zum Zugewinnausgleich nochmals vor dem Familiengericht geschlossen und gem. § 127 a protokolliert werden.

10 Nach Rechtskraft der Ehescheidung sind Vereinbarungen über den Zugewinnausgleich zwischen den ehemaligen Ehegatten nicht formbedürftig. Das Formerfordernis entfällt auch, wenn der Güterstand der Zugewinngemeinschaft bereits
   durch notariellen Ehevertrag aufgelöst war.[19]

11 Eine Vereinbarung eines Ehepartners mit seinem Schwiegervater über die vom
   anderen Ehegatten zu erbringende Zugewinnausgleichszahlung kann im Hinblick auf Abs. 3 S. 3 unwirksam sein. Dies ist dann der Fall, wenn die im laufenden Scheidungsverfahren getroffene Abfindungsabrede einen Verzicht eines Ehegatten auf seinen Ausgleichsanspruch enthält, soweit mit der Zahlung einer bestimmten Summe sämtliche Zugewinnausgleichsansprüche erledigt seien.[20] Dies
   entspricht der Schutzfunktion des Abs. 3 S. 3, wonach Ehegatten sich in der kritischen Phase der Scheidungsauseinandersetzung nicht vorschnell um ihre Zahlungsansprüche bringen können. Nicht ohne Weiteres nachvollziehbar ist hingegen die Ansicht des Bundesgerichtshofs, der auch eine Abrede gem. § 414, wonach der Schwiegervater die Zugewinnausgleichsschuld seiner Tochter übernimmt, für unwirksam hält. Mit der Schutzfunktion des Abs. 3 S. 3 lässt sich
   eine Unwirksamkeit eines solchen Schuldnertausches nicht begründen.

V. Verjährung

12 **1. Verjährungsfrist.** Mit Wirkung zum 1.1.2010 entfällt die frühere Sonderregelung des § 1378 Abs. 4, mit der Folge, dass für alle familienrechtlichen Ansprüche die regelmäßige **dreijährige Verjährungsfrist** des § 195 gilt.

   Der Verjährungsbeginn setzt sowohl die Rechtskraft der Ehescheidung als auch
   die Kenntnis hiervon voraus. Im Unterschied zu § 1378 Abs. 4 aF, der positive
   Kenntnis erforderte, setzt nunmehr auch **grob fahrlässige Unkenntnis** die Verjährungsfrist in Gang. „Grob fahrlässig handelt der Berechtigte, wenn seine Unkenntnis auf einer besonders schweren Vernachlässigung der verkehrsüblichen
   Sorgfalt beruht, weil nicht beachtet wurde, was im gegebenen Fall jedem einleuchten musste."[21] Gem. § 199 Abs. 1 beginnt die Verjährung am Jahresende.
   Gem. § 199 Abs. 4 beträgt die Höchstfrist zehn Jahre.

   Zuzustimmen ist der Ansicht, wonach der Verjährungsbeginn hinausgeschoben
   ist, wenn der Zugewinnausgleichsberechtigte erst nach Jahren erfährt, dass sein
   ehemaliger Partner entgegen seinen früheren Auskünften einen erheblichen Zugewinn erwirtschaftet hat.[22]

13 **2. Hemmung der Verjährung.** Es gelten insoweit die allgemeinen Vorschriften
   der §§ 203 ff. Die Verjährungshemmung greift, wenn der Ausgleichsberechtigte

---

19 OLG Düsseldorf FamRZ 1989, 181.
20 BGH FamRZ 2004, 1353.
21 Schulz/Hauß, Vermögensauseinandersetzung, Kap. 1 Rn. 746; Palandt/Ellenberger § 199
    Rn. 36.
22 Schulz/Hauß, Vermögensauseinandersetzung, Kap. 1 Rn. 746.

einen wirksamen und rechtzeitigen Antrag erhebt. Wirksam ist der Antrag, wenn die Erfordernisse des § 253 Abs. 2 Nr. 1 und 2 ZPO erfüllt sind. Rechtzeitig ist der Antrag erhoben, wenn er innerhalb der Verjährungsfrist oder „demnächst" iSv § 167 ZPO zugestellt wird. Es genügt auch, wenn der Zugewinnausgleichsantrag bei einem unzuständigen Gericht erhoben wurde und die Verweisung an das zuständige Gericht erfolgt.[23]

Ebenso hemmt die Erhebung eines **Stufenantrages** die Verjährung.[24] Hingegen 14 hemmt ein isolierter Auskunftsantrag iSv § 1379 die Verjährung nicht.[25] Es genügt auch nicht, wenn mit dem Auskunftsantrag angekündigt wird, dass nach vorliegender Auskunft Zahlungsantrag gestellt wird.[26]

Die Hemmung der Verjährung durch einen bezifferten Leistungsantrag erfasst 15 den Anspruch nur in Höhe des geltend gemachten Betrages.[27] Dies gilt auch, wenn in der Auskunftsstufe des Stufenantrages ein falscher Stichtag genannt ist.[28] Ein wirksamer Antrag setzt einen „bestimmten Antrag" iSv § 253 Abs. 2 Nr. 2 ZPO voraus. Unbestimmt und damit in der anwaltlichen Praxis haftungsrelevant ist, wenn Auskunft „zum Zeitpunkt der Zustellung des Scheidungsantrags" begehrt wird.[29]

Die Verjährung kann auch durch **Mahnbescheid** gehemmt werden (§ 204 Abs. 1 16 Nr. 3). Es genügt, wenn der Anspruch als Zugewinnausgleich bezeichnet wird. An die Individualisierung der Forderung sind keine hohen Anforderungen zu stellen.[30]

Gem. § 204 Abs. 1 Nr. 14 wird die Verjährung durch einen **Antrag auf Verfah-** 17 **renskostenhilfe** gehemmt. Der Antrag muss lediglich den Erfordernissen des § 117 Abs. 1 ZPO entsprechen. Der amtliche Vordruck über die persönlichen und wirtschaftlichen Verhältnisse kann nachgereicht werden. Nach dem OLG Stuttgart unterbricht ein ohne Antragsentwurf eingereichter VKH-Antrag die Verjährung des Zugewinnausgleichsanspruchs nicht.[31]

Die Verjährung wird gem. § 203 auch dann gehemmt, wenn zwischen den Ehe- 18 leuten **außergerichtliche Verhandlungen über den Zugewinnausgleich** geführt werden.[32] Dies gilt auch, wenn die Eheleute eine Vereinbarung zur Einholung eines Sachverständigengutachtens schließen.[33] Die Erteilung der Auskunft im Zugewinnausgleichsverfahren ist grundsätzlich kein Anerkenntnis iSv § 212 Abs. 1 Nr. 1.[34] Hingegen stellt die Erklärung, Auskunft über das Endvermögen zu erteilen und entsprechend den Zugewinnausgleichsanspruch zu befriedigen, bzw. die

---

23 BGH NJW 1978, 1058; OLG Naumburg FamRZ 2001, 831.
24 BGH FamRZ 1996, 1271; 1995, 797.
25 OLG Karlsruhe FamRZ 2001, 832.
26 BGH FamRZ 1999, 571; OLG Celle FamRZ 1996, 678.
27 BGH FamRZ 2008, 675; OLG Koblenz FamRB 2009, 301; Palandt/Brudermüller § 1378 Rn. 10.
28 BGH FamRZ 2012, 1296.
29 Schulz/Hauß, Vermögensauseinandersetzung, Kap. 1 Rn. 747.
30 BGH NJW 1996, 2152.
31 OLG Stuttgart FamRZ 2005, 526.
32 Anders nach altem Recht: BGH NJW 1999, 1101.
33 Palandt/Brudermüller § 1378 Rn. 12; anders nach altem Recht: OLG Zweibrücken NJW-RR 1995, 260.
34 BGH FamRZ 1999, 571; OLG Karlsruhe FamRZ 2001, 832; aA OLG Hamburg FamRZ 1984, 892; OLG Celle NJW-RR 1995, 1411.

Errechnung einer Zugewinnausgleichsforderung des anderen Ehegatten in außergerichtlicher anwaltlicher Korrespondenz ein Anerkenntnis dar.[35]

19 Die Verjährungsfrist wird wieder in Lauf gesetzt, auch wenn sie zunächst durch Erhebung eines Stufenantrags gem. § 204 Abs. 1 Nr. 1 gehemmt wurde, falls der Anspruchsteller sein Begehren **nicht innerhalb von sechs Monaten weiterverfolgt**, nachdem die erste Stufe des Verfahrens nach Auskunftserlangung erledigt war.[36] Allein die Ankündigung, den Zahlungsantrag alsbald zu beziffern, genügt nicht, um den gem. § 204 Abs. 2 S. 2 nach sechsmonatiger Untätigkeit der Partei eintretenden Verfahrensstillstand zu unterbrechen.

20 **3. Verstoß gegen Treu und Glauben.** Es ist zulässig, auf die Einrede der Verjährung vor Ablauf der Verjährungsfrist wechselseitig zu verzichten (§ 202). Die Erhebung der Verjährungseinrede verstößt dann gegen Treu und Glauben (§ 242), wenn der Zugewinnausgleichsberechtigte nach dem Gesamtverhalten des Ausgleichsverpflichteten darauf vertrauen durfte, dass dieser sich nicht auf die Verjährung berufen werde.[37] Die Rechtsprechung hat die Erhebung der Verjährungseinrede als treuwidrig angesehen, wenn die Eheleute nach ihrer Ehescheidung für nahezu drei Jahre wieder zusammengelebt haben.[38] Ebenso, wenn beide Ehegatten irrtümlich davon ausgehen, dass sie Miteigentümer eines Grundstücks seien.[39]

VI. Verfahrensrecht

21 **1. Antrag.** Ein Zugewinnausgleichsantrag erfordert grundsätzlich nur Angaben über das beiderseitige Endvermögen, falls kein Verzeichnis über das Anfangsvermögen erstellt wurde. Hinsichtlich des Anfangsvermögens gilt dann § 1377 Abs. 3. Dennoch empfiehlt sich zur Schlüssigkeit einer Zugewinnausgleichsklage der **Aufbau in drei Schritten**:

- Berechnung des Zugewinns eines jeden Ehegatten durch Abzug seines Anfangsvermögens von seinem Endvermögen.
- Berechnung des Zugewinnüberschusses durch Abzug des geringeren vom größeren Zugewinn.
- Die Ausgleichsforderung ist die Hälfte des Zugewinnüberschusses.

22 Beispiel für den **Zahlungsantrag**:

▶ Der Antragsgegner wird verpflichtet, an die Antragstellerin einen Zugewinnausgleich in Höhe von ... EUR zzgl. Zinsen in Höhe von 5 Prozentpunkten über dem Basiszinssatz seit ... zu zahlen. ◀

23 Bei Rücknahme des Scheidungsantrags kann die Folgesache Güterrecht als **isolierter Antrag** auf vorzeitigen Zugewinnausgleich fortgeführt werden.[40]

24 Ein Antrag auf Gewährung von **Verfahrenskostenhilfe** darf grundsätzlich nicht mit der Begründung versagt werden, die Geltendmachung des Zugewinnausgleichs mit einem isolierten Leistungsantrag, also außerhalb des Scheidungsverbunds, sei mutwillig iSd § 114 ZPO.[41]

---

35 BGH NJW 1975, 1409; Palandt/Brudermüller § 1378 Rn. 12.
36 OLG Jena FamRZ 2005, 1994.
37 BGH FamRZ 1999, 571; OLG Karlsruhe FamRZ 2001, 832.
38 AG Viechtach FamRZ 1991, 192; Palandt/Brudermüller § 1378 Rn. 12.
39 OLG Köln FamRZ 1982, 1071.
40 OLG Bamberg FamRZ 1997, 91; KG FamRZ 2004, 1044.
41 BGH FamRZ 2005, 786.

2. Teilantrag und Nachforderung. Ein Nachforderungsantrag nach rechtskräfti- 25
ger Entscheidung ist nur dann zulässig, wenn im Erstprozess eindeutig zu erkennen gegeben wurde, dass nur eine Teilforderung geltend gemacht wurde.[42] Auch
wenn der Bundesgerichtshof in seinen jüngsten Entscheidungen[43] eine nachträgliche Mehrforderung auch bei einem sog verdeckten Teilantrag (das heißt, weder
für den Antragsgegner noch für das Familiengericht war erkennbar, dass die bezifferte Ausgleichsforderung nicht den gesamten Zugewinnausgleich abdeckt)
für zulässig erklärt hat, empfiehlt es sich, bei einem beabsichtigten Teilantrag
stets deutlich zum Ausdruck zu bringen, dass lediglich ein Teil des Zugewinnausgleichsanspruchs gerichtlich geltend gemacht wird.

Keinesfalls zulässig ist es, weitere Zugewinnausgleichsansprüche einzuklagen,
wenn eine Klage auf Zugewinn bereits rechtskräftig abgewiesen wurde.[44]

Grundsätzlich ist nach ganz hM ein **offenkundiger Teilantrag** zulässig. Nach 26
Ansicht des Bundesgerichtshofs darf es dem Ausgleichsberechtigten nicht verwehrt sein, wenigstens schon den Teil des Zugewinnausgleichs vorab zu beanspruchen, der ihm unter Vernachlässigung der umstrittenen Vermögenspositionen in jedem Fall zusteht. Voraussetzung ist lediglich, dass kein Zweifel darüber
besteht, in welche Richtung sich der Zugewinnausgleich zu vollziehen hat.[45] Die
Rechtskraft erstreckt sich ausschließlich auf den durch den Antrag beschränkten
Anspruch, nicht aber auf den Restanspruch.[46]

3. Sicherung des Zugewinnausgleichsanspruchs. „Die verfahrensrechtliche Si- 27
cherung des Zugewinnausgleichsanspruchs erfolgt durch den dinglichen Arrest."[47] Ein Antrag auf dinglichen Arrest (§§ 916 ff. ZPO) ist bereits ab Rechtshängigkeit des Scheidungsantrages zulässig. Für die frühere Gegenansicht ist
durch die ersatzlose Aufhebung des § 1389 kein Raum mehr.[48]

4. Beweislast. Die Beweislast für die beiderseitigen Endvermögen trägt der An- 28
tragsteller. Dies gilt auch für das Fehlen von Verbindlichkeiten. Da der Antragsteller in diesen Fällen einen Negativbeweis zu führen hat und dies in der Regel
zu einer Beweisnot führt, trifft insoweit den Antragsgegner eine verschärfte Darlegungslast.[49] Die Beweislast für illoyale Vermögensminderungen gem. § 1375
Abs. 2 trifft denjenigen, der sich hierauf beruft. In Fällen des § 1375 Abs. 2 S. 2
kehrt sich die Darlegungs- und Beweislast um, wenn das Endvermögen eines
Ehegatten zum Stichtag geringer ist als das Vermögen, das in der Auskunft zum
Trennungszeitpunkt behauptet wurde.

Das Anfangsvermögen ist von der Partei, die es behauptet, darzulegen und zu
beweisen, sofern kein Verzeichnis nach § 1377 erstellt wurde.

---

42 Palandt/Brudermüller § 1378 Rn. 18; Schulz/Hauß, Vermögensauseinandersetzung, Kap.
   1 Rn. 749.
43 BGH FamRZ 2008, 675.
44 OLG Düsseldorf FamRZ 1998, 916.
45 BGH FamRZ 1996, 853; 1994, 1095.
46 OLG Düsseldorf FamRZ 1998, 916.
47 Palandt/Brudermüller § 1379 Rn. 16.
48 BT-Drs. 16/10798, 45; Palandt/Brudermüller § 1379 Rn. 16.
49 OLG Düsseldorf FamRZ 2009, 1068; OLG Stuttgart FamRZ 1993, 192.

§ 1379 BGB   Auskunftspflicht

(1) [1]Ist der Güterstand beendet oder hat ein Ehegatte die Scheidung, die Aufhebung der Ehe, den vorzeitigen Ausgleich des Zugewinns bei vorzeitiger Aufhebung der Zugewinngemeinschaft oder die vorzeitige Aufhebung der Zugewinngemeinschaft beantragt, kann jeder Ehegatte von dem anderen Ehegatten

1. Auskunft über das Vermögen zum Zeitpunkt der Trennung verlangen;
2. Auskunft über das Vermögen verlangen, soweit es für die Berechnung des Anfangs- und Endvermögens maßgeblich ist.

[2]Auf Anforderung sind Belege vorzulegen. [3]Jeder Ehegatte kann verlangen, dass er bei der Aufnahme des ihm nach § 260 vorzulegenden Verzeichnisses zugezogen und dass der Wert der Vermögensgegenstände und der Verbindlichkeiten ermittelt wird. [4]Er kann auch verlangen, dass das Verzeichnis auf seine Kosten durch die zuständige Behörde oder durch einen zuständigen Beamten oder Notar aufgenommen wird.

(2) [1]Leben die Ehegatten getrennt, kann jeder Ehegatte von dem anderen Ehegatten Auskunft über das Vermögen zum Zeitpunkt der Trennung verlangen. [2]Absatz 1 Satz 2 bis 4 gilt entsprechend.

I. Änderungen zum 1.9.2009

1   Das Gesetz zur Änderung des Zugewinnausgleichs- und Vormundschaftsrechts, in Kraft getreten am 1.9.2009, hat das Recht auf Auskunft grundlegend verbessert und erweitert. So hat jeder Ehegatte nicht nur Anspruch auf Auskunft über das Vermögen zum Zeitpunkt der Trennung und den Stichtagen zum Anfangs- und Endvermögen, sondern auch Anspruch auf Wertermittlung (§ 1379 Abs. 1 S. 1) und auf Belegvorlage (§ 1379 Abs. 1 S. 2). Zudem wurde die Auskunftspflicht auf relevante Umstände, wie privilegierter Erwerb und illoyale Vermögensminderung, erweitert. Der Auskunftsanspruch ist zwingendes Recht.[1]

---

1 Palandt/Brudermüller § 1379 Rn. 1.

II. Gegenstand der Auskunft

1. Auskunft über das Vermögen zum Zeitpunkt der Trennung (Abs. 1 S. 1 Nr. 1, 2 **Abs. 2).** Die neue Regelung der Auskunft über das Vermögen zum Trennungs-zeitpunkt war längst überfällig, da Vermögensverschiebungen und illoyale Ver-mögensverfügungen größtenteils in der Zeit zwischen Trennung und Zustellung des Scheidungsantrages erfolgten. Zweck der Reform war es, Vermögensmani-pulationen leichter aufzudecken, Vermögensverschiebungen zu erschweren und rechtswidrige Vermögensminderungen leichter nachweisen zu können.

Die Auskunft ist in Form eines schriftlichen Bestandsverzeichnisses unterteilt in Aktiva und Passiva zu erteilen. Gem. § 1379 Abs. 2 S. 2, Abs. 1 S. 2 besteht zu-dem ein Anspruch auf Vorlage von Belegen und gem. § 1379 Abs. 2 S. 2, Abs. 1 S. 3 Hs. 2 ein Anspruch auf Wertangaben.

Hingegen ist die Erläuterung einer etwaigen Differenz zum Endvermögen nicht geschuldet.[2] Allerdings obliegt es dem Auskunftsverpflichteten, die Vermutung des § 1375 Abs. 2 S. 2 zu widerlegen.

In der Praxis kommt es zu Problemen hinsichtlich des genauen Zeitpunktes, wenn sich die **Trennung über einen längeren Zeitraum** hinzieht. Der Auskunfts-antrag muss einen bestimmten Tag beinhalten. Hierfür ist der Auskunftsgläubi-ger darlegungs- und beweispflichtig. Einfaches Bestreiten genügt nicht. In der Praxis kann das Problem nur dadurch gelöst werden, dass an das substanziierte Bestreiten hohe Anforderungen gestellt werden.

2. Auskunft über das Anfangsvermögen (Abs. 1 S. 1 Nr. 2). Nach dieser Vor- 3 schrift kann Auskunft verlangt werden, soweit es für die Berechnung des An-fangsvermögens maßgeblich ist. Demzufolge muss der Auskunftsschuldner auch über das privilegierte Anfangsvermögen gem. § 1374 Abs. 2 Auskunft erteilen und „einen Vermögenserwerb von Todes wegen, mit Rücksicht auf ein künftiges Erbrecht, durch Schenkung oder als Ausstattung mitteilen."[3]

Ein Anspruch auf Auskunft über das Anfangsvermögen war zwingend erforder-lich, da nach der Reform des Zugewinnausgleichs auch negatives Vermögen zu berücksichtigen ist. Da jeder Ehegatte für das negative Anfangsvermögen des anderen darlegungs- und beweispflichtig ist, benötigt er hierfür einen entspre-chenden Auskunftsanspruch.

3. Auskunft über das Endvermögen (§ 1379 Abs. 1 S. 1 Nr. 2). a) Auskunft über 4 **Aktiva und Passiva.** Gem. § 1384 ist im Scheidungsfall Stichtag für die Berech-nung des Endvermögens die Rechtshängigkeit des Scheidungsantrages. Der Aus-kunftsanspruch bezieht sich sowohl auf das Aktivvermögen als auch auf die Passiva.[4]

b) Auskunft über illoyale Vermögensminderungen. Nach § 1379 Abs. 1 S. 1 5 Nr. 2 kann nunmehr allgemein über das Vermögen Auskunft verlangt werden, soweit es für die Berechnung des Endvermögens maßgeblich ist. Der Auskunfts-anspruch erstreckt sich damit auch auf illoyale Vermögensminderungen, die gem. § 1375 Abs. 2 S. 1 Nr. 1–3 hinzugerechnet werden.[5]

---

2 Palandt/Brudermüller § 1379 Rn. 3.
3 BT-Drs. 16/10798, 18.
4 BGH FamRZ 1984, 144; OLG Stuttgart FamRZ 1993, 192.
5 BT-Drs. 16/10798, 18; Palandt/Brudermüller § 1379 Rn. 2; Bergschneider FamRZ 2009, 1713 und Schulz/Hauß, Vermögensauseinandersetzung, Kap. 1 Rn. 763.

6   Grundsätzlich muss der Auskunftsberechtigte „keine konkreten Anhaltspunkte
    dafür angeben, dass der Ehepartner sein Vermögen illoyal vermindert hat".[6]
    Empfehlenswert ist es jedoch, dass der Auskunftsgläubiger konkrete Tatsachen
    vorträgt, die illoyale Vermögenshandlungen iSv § 1375 Abs. 2 nahelegen. An
    den Vortrag dürfen von Seiten des Gerichts keine allzu hohen Anforderungen
    gestellt werden. So kann die **Behauptung**, der andere Ehegatte habe Geld auf
    einem Sparkonto **beiseite geschafft**, genügen.[7] Ferner genügt die Schilderung von
    Umständen, aus denen sich ein nicht fernliegender Verdacht illoyaler Vermö-
    gensverschiebungen ergibt.[8] So hat beispielsweise das OLG Köln einen ausrei-
    chenden Verdacht bejaht, wenn ein Ehegatte kurz vor Zustellung des Schei-
    dungsantrages ein Grundstück veräußert und über die Verwendung des Ver-
    kaufserlöses keine Angaben macht.[9]

7   Wegweisend und äußerst begrüßenswert war insoweit die Entscheidung des
    OLG Frankfurt/M., die die Beweislast für den Auskunftsgläubiger einschränkt.
    Wörtlich heißt es: „War in zeitlicher Nähe zum Stichtag ein größerer Geldbetrag
    vorhanden, der in der Bilanz des Endvermögens nicht mehr enthalten ist, so ob-
    liegt es dem an sich hierfür nicht beweisbelasteten Auskunftsschuldner, sich über
    den Verbleib dieses Betrages nachvollziehbar und plausibel zu erklären. Dies ist
    eine Auswirkung der **prozessualen Obliegenheit** zum substanziierten Bestreiten.
    Geschieht dies nicht in ausreichender Weise, kann zugunsten des beweisbelaste-
    ten Ausgleichsgläubigers eine Behauptung als erwiesen angesehen werden, dass
    der Betrag im Endvermögen noch vorhanden ist oder – dem gleichbedeutend –
    verschenkt oder verschwendet worden ist."[10]

8   Steht auch der Auskunftsgläubiger im Verdacht illoyaler Vermögensverfügun-
    gen, so bleibt dennoch sein Auskunftsanspruch unberührt.[11]

9   Der Vortrag, der andere Ehegatte führe einen „großzügigen Lebensstil" oder
    „lebe über seine Verhältnisse", genügt hingegen nach bisheriger Rechtsprechung
    zum Auskunftsanspruch nach § 242 nicht.[12] Diese Rechtsprechung muss aller-
    dings im Lichte der Reform des Auskunftsanspruches und der Ansicht, wonach
    die Auskunftspflicht auch ohne Darlegung von Anhaltspunkten durch den Aus-
    kunftsgläubiger besteht, gesehen werden.

    Auskunft kann auch über den Verbleib eines konkreten Vermögensgegenstandes
    verlangt werden.[13] Danach muss der Auskunftsberechtigte konkrete Tatsachen
    vortragen, aus denen sich ein nicht abwegiger Verdacht auf benachteiligende
    Handlungen iSd § 1375 Abs. 2 S. 1 Nr. 1 bis 3 ergibt.[14]

10 **4. Auskunft über Vermögensverfügungen vor dem Trennungszeitpunkt. a) Aus-
    kunft in groben Zügen.** Aus § 1353 Abs. 1 S. 2 und den Grundgedanken der
    ehelichen Solidarität leitet die Rechtsprechung die Pflicht ab, den Ehepartner

---

6   Schulz/Hauß, Vermögensauseinandersetzung, Kap. 1 Rn. 764.
7   BGH FamRZ 2005, 689.
8   BGH FamRZ 1982, 27; OLG Bremen FamRZ 1999, 94.
9   OLG Köln FamRZ 1999, 1071.
10 OLG Frankfurt/ M. FamRZ 2006, 417.
11 OLG Düsseldorf FamRZ 2007, 8030.
12 BGH FamRZ 2000, 948.
13 BGH FamRZ 2012, 1785.
14 BGH FamRZ 2012, 1785.

über die Vermögensverhältnisse „in groben Zügen" zu unterrichten.[15] Nach § 1379 Abs. 2 S. 1 kann nunmehr nicht mehr erst ab Rechtshängigkeit der Scheidung, sondern bereits ab dem Zeitpunkt der Trennung Auskunft verlangt werden. Der Anspruch auf Unterrichtung „in groben Zügen" kann konsequenterweise nur bis zur Trennung der Ehepartner geltend gemacht werden, da ab diesem Zeitpunkt § 1379 Abs. 1 S. 1 Nr. 1 gilt.

b) Unterrichtung über illoyale Vermögensminderungen vor dem Trennungszeitpunkt. Nach früherer Rechtsprechung bestand ein Recht auf Unterrichtung über illoyale Vermögenshandlungen iSv § 1375 Abs. 2 aus Treu und Glauben (§ 242).[16] 11

Der Auskunftsanspruch nach § 1379 Abs. 1 S. 1 Nr. 2 bezieht sich auch auf illoyale Vermögensminderungen, soweit es für die Berechnung des Endvermögens maßgeblich ist. Es genügt nunmehr, wenn konkrete Tatsachen vorgetragen, aus denen sich ein nicht fernliegender Verdacht auf illoyale Vermögensminderungen ergibt. So kann Auskunft auch für die Zeit vor der Trennung begehrt werden.[17] Der Darlegungslast genügt bereits die Behauptung, der Ehepartner habe Geld auf einem bestimmten Konto beiseite geschafft.[18] An die Substanziierungspflicht dürfen keine übertriebenen Anforderungen gestellt werden.[19] Der Auskunftsverpflichtete muss daraufhin zu den Angaben begründet Stellung nehmen und Auskunft erteilen.

Die Auskunftspflicht besteht auch in den Fällen, in denen die Ehe vor dem 1.9.2009 rechtskräftig geschieden wurde.[20]

III. Umfang der Auskunft

1. Vermögensverzeichnis. Geschuldet wird die Vorlage eines Verzeichnisses der zum Endvermögen gehörenden Vermögensgegenstände, in dem **Aktiva und Passiva** übersichtlich zusammengestellt sind. Die Vermögensgegenstände sind nach Anzahl, Art und wertbildenden Merkmalen einzeln aufzuführen.[21] Sachgesamtheiten und Sammlungen können als solche angegeben werden, wenn dies üblich ist und eine ausreichende Bezeichnung vorliegt.[22] Gegenstände von größerem Wert sind jedoch einzeln aufzuführen.[23] Kleinigkeiten sind nicht aufzuführen und Kleinlichkeiten zu vermeiden.[24] 12

Das Verzeichnis muss **geordnet und übersichtlich** sein, so dass der Auskunftsberechtigte seinen Ausgleichsanspruch selbst oder mit sachverständiger Hilfe ermitteln kann. Streit besteht nach wie vor darüber, ob das **Verzeichnis persönlich unterzeichnet** werden muss oder ob Angaben in gerichtlichen bzw. außergerichtlichen Schriftsätzen des Rechtsanwalts genügen. Der Bundesgerichtshof hat nunmehr entschieden, dass für die Auskunft keine Form vorgeschrieben ist und der 13

---

15 BGH FamRZ 1976, 516; 1978, 677; OLG Köln FamRZ 2009, 605; OLG Karlsruhe FamRZ 1990, 161.
16 BGH FamRZ 1997, 800.
17 BGH FamRZ 2012, 1785; OLG Brandenburg FamRZ 2012, 1714.
18 OLG Brandenburg FamRZ 2012, 1714.
19 BGH FamRZ 2012, 1785; OLG Brandenburg FamRZ 2012, 1714; Schulz/Hauß, Vermögensauseinandersetzung, Kap. 1 Rn. 765.
20 BGH FamRZ 2013, 103; Palandt/Brudermüller § 1379 Rn. 3.
21 BGH NJW 1982, 1643.
22 BGH NJW 1984, 484.
23 BGH NJW 1984, 484.
24 Schulz/Hauß, Vermögensauseinandersetzung, Kap. 1 Rn. 773.

auskunftspflichtige Ehegatte das Verzeichnis nicht eigenhändig unterschreiben muss.[25] Der Bundesgerichtshof begründet dies damit, dass es sich bei der Auskunft zwar um keine Willens-, sondern um eine Wissenserklärung handelt, die auch von einem Rechtsanwalt übermittelt werden kann. Gewährleistet sein muss lediglich, dass die Erklärung vom Auskunftsschuldner selbst stammt. Der Rechtsanwalt handelt als Bote des Auskunftsschuldners und nicht als dessen Stellvertreter.

14   In der familienrechtlichen, insbesondere anwaltlichen Praxis erscheint hingegen eine andere Ansicht überzeugender und praktikabler. Danach ist die Auskunft persönlich zu erteilen. Eine Stellvertretung verbietet sich, da die Auskunft eine **Wissens- und keine Willenserklärung** ist. Zudem dokumentiert der Auskunftsverpflichtete seinen persönlichen Bezug zur Richtigkeit und Vollständigkeit der Angaben.[26]

15   Für Rechtsanwälte empfiehlt sich daher, das Bestandsverzeichnis von den Parteien selbst unterzeichnen zu lassen, um sich selbst nicht später dem Vorwurf auszusetzen, die Auskunft sei vom Rechtsanwalt falsch wiedergegeben worden.[27]

16   **2. Wertbildende Faktoren.** Regelmäßig wird übersehen, dass der Anspruch nach Abs. 1 S. 1 kein Recht auf Wertangaben in dem vorzulegenden Bestandsverzeichnis begründet.[28] Der Wertermittlungsanspruch muss gem. Abs. 1 S. 3 zusätzlich geltend gemacht werden. Der Anspruch auf Auskunft umfasst aber die Verpflichtung, zu jedem Gegenstand die wertbildenden Faktoren anzugeben.[29] Die einzelnen Vermögenspositionen sind so zu beschreiben, dass eine Wertermittlung möglich ist.[30] Bei **Unternehmen** sind Umsatz und Gewinn, bei Grundstücken Lage, Größe, Art der Bebauung, bei Fahrzeugen Fabrikat, Typ, Baujahr und Kilometerstand anzugeben.[31]

17   Bei einer **Arztpraxis** sind Umsätze, Anzahl der Krankenscheine und Privatpatienten sowie Praxiseinrichtung anzugeben.[32] Bei einer Rechtsanwaltskanzlei sind Umsätze, Gewinn- und Verlustrechnung sowie Sozietätsvertrag anzugeben bzw. vorzulegen.[33] Bei offenen Forderungen sind neben der Höhe auch der Verwendungszweck und der Name des Schuldners zu benennen.[34] Bei Kapitallebensversicherungen sind Abschlussjahr, Fälligkeitszeitpunkt, Prämienhöhe sowie Versicherungssumme anzugeben.[35] Nach anderer Ansicht genügen Angaben zum Rückkaufswert und den Überschussanteilen.[36] Nach dem OLG Brandenburg sind auch die von der Versicherung zugesagten Leistungen anzugeben.[37]

---

25 BGH NJW 2008, 917.
26 Schulz/Hauß, Vermögensauseinandersetzung, Kap. 1 Rn. 775.
27 Schulz/Hauß, Vermögensauseinandersetzung, Kap. 1 Rn. 776; so auch Kogel FamRB 2003, 303.
28 BGH FamRZ 2003, 597; 1989, 157.
29 BGH FamRZ 1989, 159; OLG München FamRZ 1995, 737.
30 OLG Naumburg FamRZ 2001, 1303.
31 Palandt/Brudermüller § 1379 Rn. 9; Schulz/Hauß, Vermögensauseinandersetzung, Kap. 1 Rn. 777.
32 BGH FamRZ 1989, 157.
33 OLG Hamm FamRZ 1983, 812; OLG Saarbrücken FamRZ 1984, 794.
34 OLG Düsseldorf FamRZ 1986, 168.
35 Schulz/Hauß, Vermögensauseinandersetzung, Kap. 1 Rn. 777; Palandt/Brudermüller § 1379 Rn. 9.
36 OLG Köln FuR 1998, 430; OLG Köln FamRZ 2002, 1406.
37 OLG Brandenburg FamRZ 2007, 1814.

3. Vorlage von Belegen. Bis zur Reform des Zugewinnausgleichs beinhaltete der 18
Auskunftsanspruch keinen Anspruch auf Vorlage von Belegen zu Kontrollzwecken.[38] Lediglich nach Ansicht des AG Tempelhof-Kreuzberg waren aus Praktikabilitätsgründen Kontoauszüge und Auskünfte von Versicherungen vorzulegen,
wie es im allgemeinen Rechtsverkehr üblich ist.[39]
Erfreulicherweise ergibt sich aus § 1379 Abs. 1 S. 2 seit dem 1.9.2009 ein Anspruch auf Vorlage von Belegen oder sonstigen Unterlagen zu Kontrollzwecken.
Der **Beleganspruch gilt für das Anfangs- und Endvermögen** sowie für den Zeitpunkt der Trennung. Von entscheidender Wichtigkeit ist, dass der Auskunftsberechtigte die Unterlagen, die er für die Berechnung des Zugewinns benötigt, **exakt bezeichnet.**[40] Andernfalls ist nicht gewährleistet, dass der Gerichtsvollzieher
im Fall der Vollstreckung die geforderten Unterlagen eindeutig bestimmen kann.
Ein Antrag, „die entsprechenden Belege" vorzulegen, ist unbestimmt, einer Vollstreckung nicht zugänglich und damit unzulässig.

In der Praxis wird häufig eingewandt, dass das Auskunftsrecht mit schutzwürdi- 19
gen Interessen der Mitgesellschafter bzw. Dritter kollidiere. § 1379 ist zwingendes Recht und kann durch Vereinbarungen mit Dritten nicht eingeschränkt werden.[41] Um auf das Geheimhaltungsinteresse von Dritten so weit wie möglich
Rücksicht zu nehmen, besteht die Möglichkeit des sog **Wirtschaftsprüfervorbe-
halts.** Danach steht es dem Auskunftsverpflichteten frei, auf seine Kosten einem
Wirtschaftsprüfer, den der Auskunftsberechtigte auswählt, Unterlagen zur Auskunftserteilung zu überlassen.[42]

Aufgrund dieser Möglichkeit ist der Rechtsansicht, wonach auf das **Daten-
schutzinteresse** Dritter so weit wie möglich Rücksicht zu nehmen sei und das
Schwärzen jener Bestandteile, die ausschließlich Dritte betreffen, zulässig sei,
nicht zu folgen.[43] Zudem ist nach hM die Vorlage des Originalbelegs geschuldet.[44]

IV. Anspruch auf Wertermittlung

Gem. Abs. 1 S. 3 Hs. 2 hat der Auskunftsberechtigte einen zusätzlichen, geson- 20
dert geltend zu machenden Anspruch auf Ermittlung des Wertes der Vermögensgegenstände und der Verbindlichkeiten. Dieser Anspruch kann gleichzeitig mit
dem Auskunftsanspruch im Wege der **Klagehäufung** geltend gemacht werden.[45]
Dem Auskunftsverpflichteten steht es frei, wie er die Wertermittlung durchführt.
Er ist lediglich zur Ermittlung und zur Wertangabe verpflichtet, soweit er dazu
imstande ist. Der Auskunftsverpflichtete ist grundsätzlich auch nicht verpflichtet, zur Wertermittlung einen Sachverständigen heranzuziehen.[46] Hierfür besteht
lediglich die Verpflichtung, den Wert zuverlässig zu ermitteln, ggf. auch durch

---

38 OLG Karlsruhe FamRZ 1986, 1106; 1998, 761; OLG Bremen MDR 2000, 360.
39 AG Tempelhof-Kreuzberg NJW-RR 2002, 794.
40 Palandt/Brudermüller § 1379 Rn. 12.
41 MK/Koch § 1379 Rn. 20; iE ebenfalls: OLG Hamm FamRZ 1983, 812 (für eine An-
    waltssozietät).
42 Ausf. hierzu JH/Jaeger § 1379 Rn. 9.
43 So Schulz/Hauß, Vermögensauseinandersetzung, Kap. 1 Rn. 780.
44 Palandt/Brudermüller § 1379 Rn. 12.
45 BGH NJW 1982, 1643; OLG Köln 2002, 1406.
46 BGH FamRZ 1991, 316; OLG Karlsruhe FamRZ 1995, 736.

Einholung von Auskünften oder Einschaltung von Hilfskräften.[47] Hierfür anfallende Kosten sind grundsätzlich vom Auskunftsverpflichteten zu tragen.

21 Ist es weder dem Auskunftsverpflichteten noch dem Berechtigten möglich, eine zuverlässige Wertermittlung durchzuführen, kann der Auskunftsberechtigte die Bewertung durch einen **Sachverständigen** verlangen. Die Kosten hierfür hat er selbst zu tragen. Der Auskunftsverpflichtete hat lediglich die Wertermittlung zu dulden.[48] Die Kosten der Wertermittlung hat der Auskunftspflichtige zu tragen, da er diese Leistung schuldet.[49] Der Auskunftsverpflichtete hat die Begutachtung zu dulden und die hierfür notwendigen Belege herauszugeben.[50]

22 Der titulierte Anspruch ist bei Nichterfüllung nach § 887 ZPO iVm § 95 FamFG zu vollstrecken.[51] Nach aA richtet sich die Vollstreckung des Anspruches auf Wertermittlung nach § 888 ZPO.[52]

Der Auskunftsberechtigte kann sich vom Prozessgericht ermächtigen lassen, die Wertermittlung durch einen Sachverständigen vornehmen zu lassen und die Kosten dem Auskunftsschuldner aufzuerlegen (§ 887 Abs. 1 ZPO). Zugleich kann er beantragen, den Anspruchsschuldner zur Vorauszahlung der Sachverständigenkosten zu verurteilen (§ 887 Abs. 2 ZPO).

V. Folgen einer fehlerhaften Auskunft

23 Besteht Grund zu der Annahme, dass das vorgelegte Vermögensverzeichnis in einigen Punkten unvollständig oder gar falsch ist, muss der Auskunftsverpflichtete gem. § 260 Abs. 2 die Richtigkeit und Vollständigkeit seiner Auskunft **an Eides statt versichern**. Dies ist das einzige vom Gesetzgeber vorgesehene Zwangsmittel. Das Gesetz sieht einen Anspruch auf Überprüfung durch einen Sachverständigen oder durch Belegeinsicht nicht vor.[53] In Ausnahmefällen besteht ein Anspruch auf Ergänzung der erteilten Auskunft.[54]

24 **1. Ergänzung der Auskunft.** Literatur und Rechtsprechung haben folgende Fälle eines Anspruchs auf ergänzende Auskunft anerkannt:

- Die Auskunft entspricht nicht den formalen Anforderungen, insbesondere wenn im Einzelnen nicht zwischen Aktiva und Passiva differenziert wird.[55]
- Der Auskunftsverpflichtete hat lediglich eine Teilauskunft über abgrenzbare Gegenstände erteilt.[56]
- Bestimmte Vermögenspositionen fehlen, da der Auskunftsverpflichtete irrtümlich davon ausgegangen ist, dass diese nicht dem Zugewinnausgleich unterliegen.[57]

---

47 BGH FamRZ 1991, 316; OLG Karlsruhe FamRZ 1995, 736; BGH FamRZ 2009, 595.
48 BGH FamRZ 1982, 682; OLG Zweibrücken FamRZ 2001, 763.
49 BGH FamRZ 1982, 683; 2009, 595.
50 BGH FamRZ 2007, 711; OLG Zweibrücken FamRZ 2001, 763.
51 OLG Bamberg FamRZ 1999, 312.
52 OLG Hamm FamRZ 2010, 222.
53 Palandt/Grüneberg § 261 Rn. 12.
54 BGH FamRZ 1984, 144; OLG Köln FamRZ 1997, 1336; Palandt/Brudermüller § 1379 Rn. 13.
55 MK/Koch § 1379 Rn. 30.
56 BGH NJW 1962, 245.
57 OLG Köln FamRZ 1985, 933; OLG Stuttgart FamRZ 1982, 282.

Schuldet der Auskunftsverpflichtete lediglich eine Ergänzung, so braucht kein 25 völlig neues Gesamtverzeichnis erstellt werden.[58]

2. Eidesstattliche Versicherung. Der Auskunftsschuldner ist verpflichtet, eine ei- 26 desstattliche Versicherung abzugeben, wenn Grund zu der Annahme besteht, dass das Verzeichnis für das Endvermögen nicht mit der erforderlichen Sorgfalt erstellt wurde (§ 260 Abs. 2). Weitere Voraussetzung ist, dass sich die inhaltlichen Mängel der Auskunft bei der gebotenen Sorgfalt hätten vermeiden lassen.[59] Ein **Indiz für den Sorgfaltsmangel** sind objektiv falsche Angaben. Ebenso mehrfach widersprüchliche Aussagen im Verlauf des Rechtsstreits.[60]

Die Besorgnis der Unvollständigkeit und Unrichtigkeit der Auskunft kann auch 27 begründet sein, wenn der Auskunftsverpflichtete sich beharrlich weigert, Angaben über zwischenzeitlich aufgelöste Konten zu machen.[61] Der Bundesgerichtshof begründet dies mit dem Verdacht, der Auskunftsverpflichtete habe etwas zu verbergen, um „seinen Ehepartner nicht in den vollen Genuss des ihm zustehenden Zugewinnausgleichs kommen zu lassen".[62]

Der Anspruch auf Abgabe der eidesstattlichen Versicherung dürfte auch dann 28 gegeben sein, wenn der Auskunftsverpflichtete erklärt, er habe „nichts". Dagegen besteht kein Anspruch, Wertangaben gem. Abs. 1 S. 3 an Eides statt zu versichern.[63]

VI. Auskunftsverweigerung

Der Auskunftsschuldner hat **kein Zurückbehaltungsrecht** gem. § 273 wegen des 29 ihm selbst zustehenden Auskunftsanspruches gegen den anderen Ehegatten.[64] Die Auskunftspflicht entfällt auch nicht bei einer Ehe von kurzer Dauer.[65] Gleiches gilt, wenn die eheliche Lebensgemeinschaft nicht vollumfänglich hergestellt werden konnte.[66] Ein Leistungsverweigerungsrecht gem. § 1381 schließt einen Auskunftsanspruch ebenfalls nicht aus.[67] Eine Auskunftspflicht entfällt lediglich dann, wenn klar erkennbar ist, dass kein Zugewinn erzielt wurde.[68]

VII. Verfahrensrecht

1. Antrag. Der Auskunftsanspruch kann sowohl als reiner Auskunftsantrag als 30 auch durch einen **Stufenantrag** gem. § 254 ZPO erhoben werden. Der reine Auskunftsantrag kann nicht als Folgesache im Scheidungsverfahren geltend gemacht werden.[69] Allerdings kann der Ausgleichsschuldner, wenn von ihm Zugewinnausgleich im Scheidungsausgleich verlangt wird, seinen eigenen Auskunftsanspruch im Wege des Widerantrages isoliert geltend machen.[70]

---

58 OLG Zweibrücken FamRZ 2001, 763.
59 BGH FamRZ 1984, 144.
60 OLG Düsseldorf FamRZ 1979, 808.
61 BGH FamRZ 1978, 677; 1976, 516.
62 BGH FamRZ 1978, 677.
63 OLG Karlsruhe FamRZ 1982, 277.
64 OLG Brandenburg FamRZ 2002, 1270; OLG Jena FamRZ 1997, 1335; Büte FuR 2004, 342; aA OLG Stuttgart FamRZ 1982, 282.
65 Palandt/Brudermüller § 1379 Rn. 5.
66 BGH NJW 1982, 433.
67 BGH FamRZ 1980, 37; OLG Koblenz FamRZ 2005, 902.
68 OLG Brandenburg FamRZ 1998, 174; Palandt/Brudermüller § 1379 Rn. 5.
69 BGH FamRZ 1997, 811; KG FamRZ 2000, 1292.
70 OLG Zweibrücken FamRZ 1996, 749.

Bei Notwendigkeit der Erteilung einer ergänzenden Auskunft kann der Auskunftsberechtigte dann auch nachträglich gem. § 113 Abs. 1 S. 2 FamFG iVm § 263 ZPO eine weitere Stufe im Stufenverfahren erreichen.[71]

31 Grundsätzlich ist der Stufenantrag dem reinen Auskunftsantrag vorzuziehen, da nur der Stufenantrag die **Verjährung unterbricht**. Zudem hat die Zustellung eines güterrechtlichen Stufenantrages nach Rechtskraft der Ehescheidung zur Folge, dass die Rechtshängigkeit des Zahlungsanspruchs und damit auch die Verpflichtung zur Zahlung von Zinsen eintritt.

32 Entgegen der hM kann nach Ansicht des Kammergerichts ein Auskunftsanspruch gem. § 1379 gleichzeitig mit einem Antrag auf vorzeitigen Zugewinnausgleich geltend gemacht werden.[72] Das Kammergericht nimmt dabei Bezug auf eine Entscheidung des OLG Celle.[73] Das Kammergericht begründet dies unter anderem damit, dass sich die Ehegatten gem. § 1353 ohnehin Auskunft über ihre Vermögensverhältnisse schulden. Dieser Überlegung ist nicht zu folgen, da der Umfang einer Auskunft gem. § 1379 wesentlich weiter geht als eine Auskunftsverpflichtung gem. § 1353, wonach lediglich eine Auskunft über das Vermögen im Wesentlichen geschuldet ist.

33 **2. Form und Inhalt.** Zwingend erforderlich ist ein konkreter Antrag, der bezüglich der Vorlage von Belegen und zur Wertermittlung einen vollstreckungsfähigen Inhalt hat.[74] Der Auskunftsantrag muss das Datum des Stichtags aufweisen (Zustellung des Scheidungsantrags gem. § 1384 oder der ehevertraglichen Beendigung des Güterstands). Auch sind die herausverlangten Unterlagen eindeutig zu bezeichnen. Unzulässig sind Formulierungen wie „die hierzu erforderlichen, oder entsprechenden Unterlagen vorzulegen".[75] Da eine umfassende Auskunft geschuldet wird, ist davon abzuraten, die Auskunft auf einzelne Gegenstände zu beschränken.

34 Der **Stufenantrag gem.** § 254 ZPO kann als Folgesache im Verbund oder nach rechtskräftiger Scheidung als selbstständige Familiensache geltend gemacht werden. Er hat folgenden **Aufbau**:

- 1. Stufe: Auskunft, Wertermittlung und Vorlage von Belegen;
- 2. Stufe: eidesstattliche Versicherung;
- 3. Stufe: unbezifferter Zahlungsantrag.

35 Jede Stufe bildet einen eigenen Anspruch, über den gesondert zu verhandeln und zu entscheiden ist. Liegen die Voraussetzungen für die Abgabe der eidesstattlichen Versicherung nicht vor, so kann die zweite Stufe übersprungen werden. Die beiden ersten Stufen werden durch Teilbeschluss abgeschlossen, die dritte Stufe durch Schlussbeschluss.

36 Wird das Verfahren nach erteilter Auskunft vom Antragsteller nicht weiterbetrieben, so kann vom Antragsgegner die Fortsetzung des Verfahrens und Termin zur mündlichen Verhandlung beantragt werden.[76] Beziffert die Antragstellerseite ihren Antrag nicht bis spätestens zur mündlichen Verhandlung, ist der Antrag

---

71 Palandt/Brudermüller § 1379 Rn. 20.
72 KG FamRZ 2005, 805.
73 OLG Celle FamRZ 2000, 1369.
74 OLG Karlsruhe FamRZ 1980, 1119; Büttner, Durchsetzung von Auskunfts- und Rechnungslegungstiteln, FamRZ 1992, 629.
75 OLG München NJW-RR 1994, 724; Büttner FamRZ 1992, 629.
76 OLG Frankfurt/M. FamRZ 2002, 21; OLG Karlsruhe FamRZ 1997, 1224.

durch Versäumnisbeschluss gem. §§ 333, 330 ZPO, § 113 Abs. 1 S. 2 FamFG abzuweisen.[77]

Formulierungsvorschlag für den Stufenantrag: 37

▶ I. Der Antragsgegner wird verpflichtet, der Antragstellerin

    1. persönlich Auskunft zu erteilen über den Bestand

      a) seines Anfangsvermögens am ...,

      b) seines Endvermögens am ...,

      jeweils durch Vorlage eines schriftlichen Bestandsverzeichnisses, gegliedert nach Aktiva und Passiva,

    2. den Wert aller Vermögensgegenstände und Verbindlichkeiten mitzuteilen,

    3. Belege vorzulegen, die nach Auskunftserteilung noch bezeichnet werden.

  II. Der Antragsgegner wird verpflichtet, die Vollständigkeit und Richtigkeit seines Vermögensverzeichnisses an Eides statt zu versichern.

  III. Der Antragsgegner wird verpflichtet, an die Antragstellerin Zugewinnausgleich nach Auskunftserteilung in noch zu beziffernder Höhe nebst Zinsen in Höhe von 5 Prozentpunkten über dem Basiszinssatz hieraus ab Rechtskraft der Ehescheidung zu bezahlen.[78] ◀

Für den Fall, dass der Zugewinn nach Rechtskraft der Ehescheidung eingeklagt 38 wird, können **Zinsen** in Höhe von 5 Prozentpunkten über dem Basiszinssatz ab Verzug bzw. ab Rechtshängigkeit des Antrages verlangt werden.

3. Vollstreckung. Der Auskunftsanspruch ist nach hM gem. § 888 ZPO, § 120 39 Abs. 1 FamFG durch Zwangsgeld bzw. Zwangshaft zu vollstrecken. Streit besteht, ob der Anspruch auf Vorlage von Belegen gem. § 888 ZPO vollstreckt wird[79] oder gem. § 883 ZPO.[80] Die Vollstreckung des Anspruchs auf Wertermittlung und Wertfeststellung durch einen Sachverständigen richtet sich nach § 887 ZPO, § 120 Abs. 1 FamFG.[81] Bei Herausgabe von Belegen ist gem. § 883 ZPO die Wegnahme mit dem Gerichtsvollzieher durchzusetzen.[82]

Bei einer Verurteilung zur Abgabe der eidesstattlichen Versicherung ist diese 40 gem. § 889 ZPO beim Vollstreckungsgericht am Wohnsitz des Schuldners abzulegen. Gem. § 20 Nr. 17 RPflG ist hierfür der Rechtspfleger zuständig.

Wird die eidesstattliche Versicherung vom Verpflichteten freiwillig abgegeben, so ist nach § 410 Nr. 1 FamFG, § 23 a Abs. 1 GVG das Amtsgericht sachlich zuständig.[83] Je nach Geschäftsverteilung ist dies in der Regel das Familiengericht. Gem. § 3 Nr. 1 b RPflG ist die eidesstattliche Versicherung vor dem Rechtspfleger abzugeben. Nach § 411 Abs. 1 FamFG ist das Gericht am Wohnsitz des Verpflichteten örtlich zuständig.[84]

Um Verzögerungen zu vermeiden, kann die eidesstattliche Versicherung auch im 41 Einverständnis beider Parteien vor dem Familienrichter abgegeben werden.[85]

---

77 OLG Frankfurt/M. FamRZ 2002, 31; OLG Karlsruhe FamRZ 1997, 1224.
78 Formulierungsvorschlag nach Schulz/Hauß, Vermögensauseinandersetzung, Kap. 1 Rn. 805.
79 Zöller/Stöber ZPO § 888 Rn. 3; Palandt/Brudermüller § 1379 Rn. 19.
80 Schulz/Hauß, Vermögensauseinandersetzung, Kap. 1 Rn. 810.
81 OLG Bamberg FamRZ 1999, 312.
82 Büttner FamRZ 1992, 629; aA Palandt/Brudermüller § 1379 Rn. 19. Danach ist der Beleganspruch gem. § 888 ZPO zu vollstrecken.
83 Keidel/Giers FamFG § 410 Nr. 1 Rn. 2.
84 So auch Schulz/Hauß, Vermögensauseinandersetzung, Kap. 1 Rn. 811.
85 Schulz/Hauß, Vermögensauseinandersetzung, Kap. 1 Rn. 811.

42 **4. Verfahrenswert und Beschwer. a) Interesse.** Der Verfahrenswert eines Aus-
kunftsantrages bestimmt sich nach dem Interesse des Antragstellers an der begehrten Information.[86] In der Regel wird der Wert gem. § 3 ZPO geschätzt, üblicherweise mit **1/10 bis 1/4 der Hauptsache.**[87] Dies gilt auch für den Verfahrenswert der Geltendmachung aus Wertangaben.[88]

43 Für die Beschwer bezüglich der Zulässigkeit der Beschwerde ist das Abwehrinteresse des Auskunftsschuldners maßgeblich, das sich nach dem Wert des Zeit-
und Arbeitsaufwands bemisst, den eine sorgfältige Erteilung der Auskunft verursacht.[89] Die Hinzuziehung eines Steuerberaters ist nicht erforderlich, da es sich
bei der Auskunft um eine persönliche Wissenserklärung handelt.[90] Damit sind
die Kosten eines Steuerberaters nicht als Wert der Beschwer anzusetzen. Die Beschwerdesumme gem. § 61 Abs. 1 FamFG in Höhe von 600 EUR wird in der
Praxis regelmäßig nicht erreicht.

Der persönliche Zeitaufwand des auskunftsverpflichteten Ehegatten richtet sich
nach den Bestimmungen über die Zeugenentschädigung und wird mit maximal
17 EUR pro Stunde angesetzt. Dies gilt auch bei einem sehr hohen Einkommen
des Ausgleichsverpflichteten.[91]

Im Rechtsbeschwerdeverfahren wird lediglich überprüft, ob das Gericht ermes-
sensfehlerfrei geurteilt hat.[92]

Muss ein Selbstständiger bzw. Gewerbetreibender Bilanzen mit Gewinn- und
Verlustrechnungen über einen Zeitraum von mehreren Jahren vorlegen, bedarf
es hierfür sachkundiger Hilfe durch einen Steuerberater oder Wirtschaftsprüfer.
Die hierfür anfallende Vergütung übersteigt die Beschwerdesumme von
600 EUR.[93] Mit Erteilung der Auskunft hat sich in der Regel ein Geheimhaltungsinteresse erledigt.[94]

44 **b) Eidesstattliche Versicherung.** Verfahrenswert und Beschwer bei eidesstattlicher Versicherung richten sich ebenfalls danach, welchen Aufwand an Zeit und
Kosten die Abgabe der eidesstattlichen Versicherung erfordert.[95] Auch insoweit
wird § 61 Abs. 1 FamFG in der Regel nicht erreicht. Beispielsweise beziffert das
OLG Köln Streitwert und Beschwer bei der eidesstattlichen Versicherung mit
„allenfalls 800 DM".[96]

45 **c) Stufenantrag.** Der Verfahrenswert einer Stufenklage richtet sich gem. § 38
FamGKG nach dem höchsten der verbundenen Ansprüche, also nach dem Zahlungsanspruch. Wird der Leistungsantrag nicht mehr beziffert, sind für die Bewertung die Vorstellungen der Antragstellerpartei bei Einleitung des Zugewinnausgleichsverfahrens maßgeblich.[97] Nach dem OLG Rostock beträgt der Wert
der Auskunftsstufe 1/3 des Gesamtverfahrenswertes.[98]

---

86 Palandt/Brudermüller § 1379 Rn. 18.
87 BGH FamRZ 2011, 1929.
88 BGH FamRZ 2007, 711.
89 BGH FamRZ 1986, 796; BGH NJW 1991, 1833; BGH FamRZ 2003, 1267.
90 BGH FamRZ 2003, 597.
91 BGH FamRZ 2014, 1012; 2013, 105.
92 BGH FamRZ 2014, 1012.
93 BGH FamRZ 2009, 594.
94 BGH FamRZ 2013, 105.
95 BGH FamRZ 2003, 1267; Schulz/Hauß, Vermögensauseinandersetzung, Kap. 1 Rn. 817.
96 OLG Köln FamRZ 1998, 1308.
97 OLG Karlsruhe FamRZ 2008, 1205.
98 OLG Rostock FamRZ 2008, 1202.

§ 1380 BGB Anrechnung von Vorausempfängen

(1) [1]Auf die Ausgleichsforderung eines Ehegatten wird angerechnet, was ihm von dem anderen Ehegatten durch Rechtsgeschäft unter Lebenden mit der Bestimmung zugewendet ist, dass es auf die Ausgleichsforderung angerechnet werden soll. [2]Im Zweifel ist anzunehmen, dass Zuwendungen angerechnet werden sollen, wenn ihr Wert den Wert von Gelegenheitsgeschenken übersteigt, die nach den Lebensverhältnissen der Ehegatten üblich sind.

(2) [1]Der Wert der Zuwendung wird bei der Berechnung der Ausgleichsforderung dem Zugewinn des Ehegatten hinzugerechnet, der die Zuwendung gemacht hat. [2]Der Wert bestimmt sich nach dem Zeitpunkt der Zuwendung.

Literatur: *Münch*, Ehebezogene Rechtsgeschäfte, 3. Aufl. 2011.

I. Allgemeines (Abs. 1)

Nach Abs. 1 wird auf die Ausgleichsforderung eines Ehegatten angerechnet, was   1
ihm von dem anderen Ehegatten durch Rechtsgeschäft mit der Bestimmung zugewendet wurde, dass es auf die Ausgleichsforderung angerechnet werden soll. Die Vorschrift soll verhindern, dass Zuwendungen, die ein Ehegatte zur Sicherstellung des anderen Ehegatten bereits vor dem Stichtag getätigt hat, bei der Ausgleichsforderung unberücksichtigt bleiben. Nach hM führt § 1380 im Regelfall zu keiner Änderung in der Ausgleichsrechnung.[1]

Bevor in die Prüfung des § 1380 eingestiegen wird, sind folgende **Grundregeln**   2
zu beachten:

- Die Vorschrift findet nur Anwendung, wenn derjenige, der die Zuwendung erhalten hat, auch der ausgleichsberechtigte Ehegatte ist.[2]
- Eine Berechnung nach § 1380 ist stets **entbehrlich**, wenn der indexierte Wert der Zuwendung in dieser Höhe im Zugewinn des Empfängers noch vorhanden ist.[3]
- Nach ganz hM[4] gilt § 1374 Abs. 2 nicht für Zuwendungen unter Eheleuten.

II. Zuwendungen unter Ehegatten

Eine Unterscheidung zwischen echten Schenkungen und ehebezogenen (unbe-   3
nannten) Zuwendungen erfolgt im Rahmen des § 1380 nicht.[5]

In der Praxis spielen vor allem Übertragungen von Miteigentum an Immobilien, Unternehmensbeteiligungen und Geldleistungen eine Rolle. Gelegenheitsgeschenke iSv Abs. 1 S. 2 sind vor allem Weihnachts- und Geburtstagsgeschenke. Bei großzügigem Lebenszuschnitt kann die Wertgrenze des Abs. 1 S. 2 bei bis zu 2.000 EUR liegen.[6]

§ 1380 gilt nur für Zuwendungen während des Güterstands. Bei Leistungen   4
während der **Verlobungszeit** ist keine Anrechnung gem. § 1380 möglich. Unter

---

1 Palandt/Brudermüller § 1380 Rn. 1.
2 BGH FamRZ 1982, 246 (248); 1982, 778 (779).
3 Schulz/Hauß, Vermögensauseinandersetzung, Kap. 1 Rn. 821.
4 BGH FamRZ 1988, 373; 1987, 910 (911); 1987, 791; 1982, 246 (248).
5 BGH FamRZ 2001, 413.
6 So OLG Köln FamRZ 1998, 1515.

Umständen kommt dabei ein ergänzender Ausgleichsanspruch nach den Regeln des Wegfalls der Geschäftsgrundlage in Betracht.[7]

III. Anrechnung (Abs. 1, 2)

5   In erster Linie erfolgt eine Anrechnung dann, wenn der Zuwendende dies ausdrücklich bestimmt. Die **Bestimmung** muss spätestens **bei der Zuwendung** erfolgen und stellt eine empfangsbedürftige, aber formlose Willenserklärung dar.[8] Die Bestimmung kann auch konkludent erfolgen.[9] Insoweit ist das gesamte Verhalten des Zuwendenden vom Empfängerhorizont gesehen maßgeblich.

Die Anrechnungsbestimmung muss vor oder gleichzeitig mit der Zuwendung getroffen werden. „Sie ist formlos, ausdrücklich oder schlüssig möglich, allein der Zuwendungszeitpunkt ist entscheidend."[10]

6   Eine einseitige Bestimmung **nach Vollendung der Zuwendung** ist **unzulässig.** Eine entsprechende Vereinbarung ist als Ehevertrag formbedürftig bzw. unterliegt der Formvorschrift des § 1378 Abs. 3 S. 2.[11]

7   Gem. Abs. 1 S. 2 ist „im Zweifel" anzunehmen, dass Zuwendungen angerechnet werden, wenn ihr Wert den Wert der eheüblichen Gelegenheitsgeschenke übersteigt. Die Auslegung dieser Bestimmung ist umstritten. Nach einer Ansicht handelt es sich insoweit um eine Beweislastregel, da sich der Wortlaut auf die Bestimmungsregel des Abs. 1 S. 1 bezieht und den Anwendungsbereich der Vorschrift nicht erweitert.[12] Nach anderer Ansicht handelt sich um eine Auslegungsregel.[13] Nach wiederum anderer Ansicht handelt es sich um einen den Abs. 1 S. 1 ergänzenden Rechtssatz, „der die gesetzliche Wertung zum Ausdruck bringt, dass bei größeren Zuwendungen eine Anrechnung sachgerecht ist".[14] Danach ist es der Regelfall, Zuwendungen, die den Wert von Gelegenheitsgeschenken übersteigen, anzurechnen. Behauptet der Zuwendungsempfänger eine die Anrechnung ausschließende Vereinbarung, ist er hierfür beweispflichtig.

IV. Durchführung der Anrechnung

8   Die Anrechnung von Vorausempfängen erfolgt in folgenden **Schritten:**

- ■ Die Ausgleichsberechnung ist zuerst ohne Berücksichtigung der Zuwendung durchzuführen, um den Ausgleichsverpflichteten zu ermitteln. Nur wenn dies der zuwendende Ehegatte ist, kann § 1380 eingreifen.

- ■ Der Wert der Zuwendung wird dem Zugewinn des ausgleichspflichtigen Zuwenders hinzugerechnet (zur Indexproblematik → Rn. 9 f.).

- ■ Die Zuwendung wird vom Zugewinn des ausgleichsberechtigten Zuwendungsempfängers abgezogen. Damit wird fiktiv die Situation geschaffen, die ohne die Zuwendung bestünde.

---

7   BGH FamRZ 1992, 160.
8   BGH NJW 2001, 2254.
9   BGH NJW 2001, 2254.
10 OLG Koblenz FamRZ 2010, 296.
11 Schulz/Hauß, Vermögensauseinandersetzung, Kap. 1 Rn. 825.
12 Palandt/Brudermüller § 1380 Rn. 8.
13 Schwab/Schwab VII Rn. 189.
14 Schulz/Hauß, Vermögensauseinandersetzung, Kap. 1 Rn. 825.

- Der fiktive Ausgleichsbetrag wird auf der Basis der korrigierten Zugewinne berechnet.
- Vom fiktiven Ausgleichsbetrag (= Ausgleichsforderung) wird die Zuwendung wertmäßig abgezogen.

V. Indexierung der Zuwendung (Abs. 2)

Kraft Gesetzes bestimmt sich der anzurechnende Wert nach dem **Zeitpunkt der** 9 **Zuwendung**. Nach früher hM ist kein Ausgleich des Geldwertschwundes vorzunehmen.[15] Begründet wird dies damit, dass der Kaufkraftausgleich durch die Anrechnung der Zuwendung beim Zuwender und durch den Abzug beim Zuwendungsempfänger neutralisiert wird. Dies trifft jedoch nur dann zu, wenn der Zugewinn mindestens so hoch ist wie die Zuwendung. In einem solchen Fall führt § 1380 ohnehin nicht zu einer Änderung der Ausgleichsberechnung.

Nach richtiger und nunmehr auch hM ist bei Abs. 2 S. 2 zum **Ausgleich des** 10 **Geldwertschwundes** eine Indexierung wie beim privilegierten Wert gem. § 1374 Abs. 2 vorzunehmen.[16] Auf eine Indexierung der Zuwendung kann dann nicht verzichtet werden, wenn der Zugewinn des Zugewinnempfängers niedriger ist als die hochgerechnete Zuwendung. Der Verzicht auf eine Indexierung führt andernfalls zu einer ungerechtfertigten Benachteiligung des Zuwenders. Dieser Ansicht hat sich das OLG Frankfurt/M. angeschlossen, auch wenn es noch vom Lebenshaltungskostenindex spricht anstatt vom Verbraucherpreisindex.[17]

VI. Überhöhte Zuwendung

Übersteigt der Wert der Zuwendung den gem. § 1380 errechneten Ausgleichsanspruch, so ist nach einer Mindermeinung § 1380 nicht in jedem Fall unanwendbar.[18] Hingegen muss nach Ansicht des Bundesgerichtshofs ein Ehegatte, der im Vorgriff mehr erhalten hat, als sein Zugewinnausgleichsanspruch ohne die Zuwendung ausmachen würde, seinen – dank der Zuwendung – höheren Zugewinn gem. § 1378 Abs. 1 zur Hälfte an den anderen Ehegatten ausgleichen.[19] Hat ein Ehegatte dem anderen eine Zuwendung aus seinem Anfangsvermögen gemacht und selbst keinen Zugewinn erzielt, so kann allerdings über § 1378 Abs. 1 lediglich die Hälfte des Wertes der Zuwendung zurückverlangt werden.[20] Übersteigt der Wert der Zuwendung den nach § 1380 errechneten Ausgleichsanspruch, muss eine Ausgleichsberechnung in umgekehrter Richtung mit dem ohne Anwendung des § 1380 errechneten Zugewinn beider Ehegatten vorgenommen werden.[21]

Auch das OLG Frankfurt/M. schließt die Anwendung von § 1380 aus, wenn ein 12 Ehegatte im Vorgriff mehr erhalten hat, als ihm als Ausgleichsforderung zu-

---

15 MK/Koch § 1380 Rn. 22; Staudinger/Thiele § 1380 Rn. 26; Soergel/Lange § 1380 Rn. 13.
16 So Schulz/Hauß, Vermögensauseinandersetzung, Kap. 1 Rn. 831; OLG Frankfurt/M. FamRZ 2006, 1543; Palandt/Brudermüller § 1380 Rn. 18; FA-FamR/v. Heintschel-Heinegg Kap. 9 Rn. 111; Schröder/Bergschneider/Bergschneider 4.298; Schwab/Schwab VII Rn. 186.
17 OLG Frankfurt/M. FamRZ 2006, 1543.
18 Palandt/Brudermüller § 1380 Rn. 17.
19 BGH FamRZ 1982, 246.
20 BGH FamRZ 1982, 246.
21 Schulz/Hauß, Vermögensauseinandersetzung, Kap. 1 Rn. 837 ff. mit Beispielsfall; vgl. Kleinle, Die Ehegattenzuwendung und ihre Rückabwicklung bei Scheitern der Ehe, FamRZ 1997, 1383.

steht.[22] Dies schließt allerdings nicht aus, dass der Zuwendungsempfänger seinerseits zum Zugewinnausgleich verpflichtet ist.

13 Höchstrichterlich nicht entschieden ist der Fall der **gegenseitigen Zuwendungen** der Ehegatten.[23]

VII. Verfahren

14 Die Darlegungs- und Beweislast für die Voraussetzungen des Abs. 1 S. 1 trägt der Zuwender. Bei einer die Anrechnung ausschließenden Vereinbarung iSv Abs. 1 S. 2 ist der Zuwendungsempfänger darlegungs- und beweispflichtig.[24]

§ 1381 BGB Leistungsverweigerung wegen grober Unbilligkeit

(1) Der Schuldner kann die Erfüllung der Ausgleichsforderung verweigern, soweit der Ausgleich des Zugewinns nach den Umständen des Falles grob unbillig wäre.

(2) Grobe Unbilligkeit kann insbesondere dann vorliegen, wenn der Ehegatte, der den geringeren Zugewinn erzielt hat, längere Zeit hindurch die wirtschaftlichen Verpflichtungen, die sich aus dem ehelichen Verhältnis ergeben, schuldhaft nicht erfüllt hat.

I. Allgemeines

1 Die Vorschrift ermöglicht die **Herabsetzung** oder den **Wegfall** der Ausgleichsforderung. Sie wirkt ausschließlich zugunsten des Zugewinnausgleichsschuldners. Eine analoge Anwendung der Vorschrift zur Begründung oder Erhöhung eines Zugewinnausgleichsanspruchs verbietet sich nach ganz hM.[1]

2 Das Leistungsverweigerungsrecht des Zugewinnausgleichsschuldners stellt eine **Einrede** dar, die spätestens bis zum Schluss der mündlichen Verhandlung geltend gemacht werden muss. Die Einrede steht auch dem Erben zu.[2]

3 Im Anwendungsbereich der Vorschrift ist die Anwendung des § 242 ausgeschlossen.[3] Umstritten ist, bis zu welchem Zeitpunkt die Umstände gegeben sein müssen, welche das Tatbestandsmerkmal grobe Unbilligkeit begründen.[4] Nach bisher hM beschränkt sich der Anwendungsbereich der Vorschrift grundsätzlich auf die bis zur Rechtskraft der Ehescheidung eingetretenen Faktoren.[5]

Das Gesetz zur Änderung des Zugewinnausgleichs- und Vormundschaftsrechts vom 6.7.2009 legt hingegen nahe, auf die Rechtshängigkeit des Scheidungsantrages abzustellen. Nach der Änderung des § 1384 wird zum Zeitpunkt der Rechtshängigkeit des Scheidungsantrages der Zugewinn berechnet und die Höhe der Ausgleichsforderung bestimmt. Vermögensveränderungen nach diesem Stichtag haben keinen Einfluss auf den festgestellten Ausgleichsanspruch. Auch

---

22 OLG Frankfurt/M. FamRZ 2006, 1543 = FuR 2006, 90.
23 Zum Diskussionsstand der Literatur s. Schulz/Hauß, Vermögensauseinandersetzung, Kap. 1 Rn. 841; Grünewald NJW 1988, 109; Schwab/Schwab VII Rn. 207 f.
24 JH/Jaeger § 1380 Rn. 8.
1 Palandt/Brudermüller § 1381 Rn. 1; aA Kogel, Anwendbarkeit des § 1381 BGB auch auf den ausgleichsberechtigten Ehegatten, MDR 1997, 1000.
2 Palandt/Brudermüller § 1381 Rn. 7.
3 BGH FamRZ 1989, 1276.
4 Übersicht: Schwab, Zugewinnausgleich und Wirtschaftskrise, FamRZ 2009, 1445.
5 Palandt/Brudermüller § 1381 Rn. 6.

wenn der gesetzliche Güterstand durch Rechtshängigkeit des Scheidungsantrages nicht beendet wird, so gibt es ab diesem Zeitpunkt kein gemeinsames Wirtschaften mehr. Faktisch besteht ab diesem Zeitpunkt Gütertrennung. Es ist daher der Ansicht zu folgen, wonach beim maßgeblichen Zeitpunkt auf die Rechtshängigkeit des Scheidungsantrages abzustellen ist.[6]

Nach hM ist ein Verzicht auf die Einrede des § 1381 vor Beendigung des Güterstands nur im Rahmen einer Vereinbarung über den Zugewinnausgleich gem. § 1378 Abs. 3 S. 2 zulässig. Ein isolierter Verzicht ist nicht möglich.[7] Nach Beendigung des Güterstands ist ein solcher Verzicht formlos möglich. § 1381 lässt den Anspruch auf Auskunft gem. § 1379 unberührt.[8]   4

II. Grobe Unbilligkeit

Die Gewährung des Ausgleichsanspruchs ist dann grob unbillig, wenn sie „in der vom Gesetz grundsätzlich vorgesehenen Weise **dem Gerechtigkeitsempfinden in unerträglicher Weise widerspricht**".[9] Nach dem Bundesgerichtshof setzt eine Unbilligkeit in der Regel ein schuldhaftes Verhalten aufseiten des ausgleichsberechtigten Ehegatten voraus, wobei das Fehlverhalten im Gegensatz zu Abs. 2 nicht notwendig wirtschaftlicher Natur sein muss.[10]   5

Der Begriff grobe Unbilligkeit wird von Rechtsprechung und Literatur **restriktiv** definiert. Es werden höhere Anforderungen als bei § 242 oder § 1579 gestellt.[11] Der Umstand der groben Unbilligkeit darf nicht nur vorübergehend gegeben sein. Vorrangig ist die Möglichkeit der Stundung der Ausgleichsforderung (§ 1382) zu prüfen.[12]   6

III. Fallgruppen

1. Grundsatz. Die Härteregelung des § 1381 rechtfertigt lediglich die Korrektur von Ungerechtigkeiten im Einzelfall und darf nicht dazu führen, den Schematismus der gesetzlichen Regelung des Zugewinnausgleichs abzufedern. Systemimmanente Unbilligkeiten allein rechtfertigen die Anwendungen der Vorschrift nicht. Nach ganz hM müssen **besondere Umstände des Einzelfalls** hinzutreten.[13] Dies gilt auch beim Vermögensverlust nach dem Stichtag, der in Folge der Änderung des § 1384 an Bedeutung verloren hat.[14]   7

Die äußerst restriktive Haltung der Rechtsprechung wird zunehmend kritisiert. Der 11. Deutsche Familiengerichtstag hat die Familiengerichte aufgefordert, in stärkerem Umfang als bisher von der Billigkeitsklausel des § 1381 Gebrauch zu machen.[15]   8

---

6 So auch Schulz/Hauß, Vermögensauseinandersetzung, Kap. 1 Rn. 843.
7 Palandt/Brudermüller § 1381 Rn. 8.
8 BGHZ 75, 195 = NJW 1980, 229.
9 BGH FamRZ 1980, 768; 2002, 606; OLG Koblenz FamRZ 2002, 1190.
10 BGH FamRZ 1980, 768.
11 Palandt/Brudermüller § 1381 Rn. 2.
12 BGH NJW 1970, 1600.
13 Palandt/Brudermüller § 1381 Rn. 4; Schulz/Hauß, Vermögensauseinandersetzung, Kap. 1 Rn. 847; BGH FamRZ 1992, 787; aA Schwab/Schwab VII Rn. 254; Schröder FamRZ 1997, 1 (6).
14 BGH FamRZ 2012, 1479; vgl. auch Schwab FamRZ 2009, 1445; Brudermüller NJW 2010, 401.
15 Näher hierzu Schulz/Hauß, Vermögensauseinandersetzung, Kap. 1 Rn. 844 ff.

9   **2. Eheliche Untreue.** Eheliche Verfehlungen dürfen sich grundsätzlich auf den Zugewinnausgleichsanspruch nicht auswirken. § 1381 ist keine Sanktionsnorm für eheliche Untreue. Insbesondere kann Ehebruch allein kein Leistungsverweigerungsrecht begründen.[16] Stets sind alle Umstände des Einzelfalls umfassend zu werten, wobei auch das Verhalten des anderen Ehegatten einzubeziehen ist.

10 Lediglich „exzessives ehezerstörendes Verhalten"[17] kann ein Leistungsverweigerungsrecht begründen. So hat das OLG Celle der Ehefrau einen Zugewinnausgleichsanspruch mit der Begründung versagt, sie habe eine besonders schwerwiegende und über Jahre hinweg dauernde ehebrecherische Ehebeziehung unterhalten. Die Ehefrau hatte in 22 Jahren Ehe sechs Kinder geboren, vier davon stammten nicht vom Ehemann, was dieser allerdings nicht wusste.[18] Das OLG Hamm kürzte die Zugewinnausgleichsforderung der Ehefrau um 1/3, da sie aus einer intakten Ehe ausgebrochen sei und intime Beziehungen zu diversen Männern unterhalten habe.[19]

11 **3. Existenzgefährdung.** Nur in extremen Ausnahmesituationen kann ein Leistungsverweigerungsrecht zum Schutz der wirtschaftlichen Existenz des Zugewinnausgleichsverpflichteten in Betracht kommen.[20] Die Notwendigkeit, den Gewerbebetrieb, also die Existenzgrundlage, zu veräußern, um den Zugewinnausgleichsanspruch erfüllen zu können, begründet grundsätzlich noch keine grobe Unbilligkeit. Der Ausgleichsverpflichtete wird durch die Möglichkeit der **Stundung** gem. § 1382 geschützt.[21]

12 Grobe Unbilligkeit kann aber gegeben sein, wenn durch Zahlung des Zugewinnausgleichs der Ausgleichsschuldner selbst unterhaltsberechtigt wird oder seine eigene Versorgungsfähigkeit auf Dauer gefährdet ist, während die Versorgungslage des Ausgleichsgläubigers auch bei Nichterfüllung der Ausgleichsforderung ungefährdet bleibt.[22]

13 **4. Kurzehe.** Ist die Ehe von kurzer Dauer, berührt dies den Zugewinnausgleichsanspruch grundsätzlich nicht.[23] Ohne Bedeutung ist auch, ob die Ehegatten während der Ehezeit zusammengelebt haben oder nicht.[24]

14 In der Literatur wird die Ansicht vertreten, dass ausnahmsweise eine kurze Ehe ein Leistungsverweigerungsrecht begründet, wenn der während der Ehe eingetretene außergewöhnliche Vermögenszuwachs auf Leistungen basiert, die bereits vor der Eheschließung erbracht wurden.[25]

15 **5. Lange Trennungszeit.** Eine lange Trennungszeit per se ohne nennenswerten Einfluss auf die Vermögensentwicklung rechtfertigt kein Leistungsverweigerungsrecht. Wird das Vermögen erst nach längerer Trennung gebildet, wirkt sich

---

16 BGH FamRZ 1966, 560.
17 Palandt/Brudermüller § 1381 Rn. 17.
18 OLG Celle FamRZ 1979, 431.
19 OLG Hamm FamRZ 1989, 1188; sehr krit.: Schulz/Hauß, Vermögensauseinandersetzung, Kap. 1 Rn. 854 ff.
20 BGH FamRZ 1973, 254.
21 BGH NJW 1970, 1600; Palandt/Brudermüller § 1381 Rn. 21.
22 BGH NJW 1973, 749; OLG Frankfurt/M. FamRZ 1983, 921; OLG Schleswig NJW-RR 1998, 1225; Palandt/Brudermüller § 1381 Rn. 21.
23 Palandt/Brudermüller § 1381 Rn. 18.
24 BGH FamRZ 1980, 768.
25 Schulz/Hauß, Vermögensauseinandersetzung, Kap. 1 Rn. 861; Schwab/Schwab VII Rn. 257.

dies mit Hinweis auf die starre und schematische Abrechnung im Zugewinnausgleich grundsätzlich nicht auf die Ausgleichsverpflichtung aus.[26]

Allerdings führt der Bundesgerichtshof in einer jüngeren Entscheidung aus, dass **16** im Rahmen einer Gesamtwürdigung auch „die ungewöhnlich lange Trennungszeit zu berücksichtigen" sei und ferner der Umstand, dass das Endvermögen erst nach der Trennung erwirtschaftet worden sei, so dass „jegliche innere Beziehung dieses Vermögens zur ehelichen Lebensgemeinschaft fehlt".[27] Es empfiehlt sich daher, bei Fällen von langer Trennung nicht nur die **Entwicklung des Vermögens** in dieser Zeit zu berücksichtigen, sondern auch den **Zusammenhang der Vermögensentwicklung mit der bisherigen Lebensgemeinschaft**.[28]

Wird längere Zeit nach der Trennung ein Lottogewinn erzielt, begründet dies für sich allein noch keine grobe Unbilligkeit.[29] Begründet wird dies mit der Möglichkeit der Ehegatten, die Zugewinngemeinschaft vorzeitig zu beenden (§§ 1385, 1386). Wird hiervon kein Gebrauch gemacht, gibt es keinen Grund, ihnen das hierdurch entstehende Risiko abzunehmen.

Leben die Eheleute drei Jahre zusammen und in Folge bis zur Scheidung 17 Jahre getrennt, begründet allein diese ungewöhnlich lange Trennungszeit kein Leistungsverweigerungsrecht.[30] Für die wirtschaftliche Verbundenheit der Ehegatten spricht, dass während der gesamten Zeit Unterhalt geleistet und trotz Trennung die Eheleute gemeinsam steuerlich veranlagt wurden.

Eine innere Beziehung des nach Trennung erworbenen Vermögens zur ehelichen Lebensgemeinschaft fehlt nicht, wenn der einzige Vermögensgegenstand, der eine außergewöhnliche Wertsteigerung erfahren hat, bereits während intakter Ehe angeschafft wurde, auch wenn die Wertsteigerung erst nach der Trennung erfolgte.[31]

6. Strafbare Handlungen. Das Vorliegen eines schwerwiegenden Straftatbe- **17** stands kann ein Leistungsverweigerungsrecht begründen.[32] Straftaten gegen den Ehegatten aus dem Bereich der Kleinkriminalität sind im Hinblick auf § 1381 bedeutungslos.[33]

Allerdings können jahrzehntelange Unterdrückung und Missachtung des Aus- **18** gleichsverpflichteten zur Versagung des Zugewinnausgleichs führen.[34] Massive körperliche Misshandlungen und fortgesetztes ehebrecherisches Verhalten (schwerwiegendes persönliches Fehlverhalten, das sich wirtschaftlich nicht ausgewirkt hat) können den Ausschluss des Zugewinnausgleichs rechtfertigen. § 1381 scheidet jedoch aus, wenn das Endvermögen des ausgleichspflichtigen Ehegatten von dem ausgleichsberechtigten Ehegatten erwirtschaftet wurde und dieser einseitig Vermögensbildung zugunsten des ausgleichspflichtigen Ehegatten betrieben hat, um eine Alterssicherung zu schaffen, die bei wirtschaftlichen Schwierigkeiten vor dem Zugriff von Gläubigern gesichert ist.[35] Der Ausschluss

26 Palandt/Brudermüller § 1381 Rn. 19.
27 BGH FamRZ 2002, 606.
28 Schwab/Schwab VII Rn. 264; vgl. auch OLG Celle FamRZ 1992, 1300.
29 BGH FamRZ 2014, 24.
30 BGH FamRZ 2013, 1954.
31 OLG München FamRZ 2013, 879.
32 OLG Karlsruhe FamRZ 1987, 823 (hier Tötung des Ehegatten).
33 Schulz/Hauß, Vermögensauseinandersetzung, Kap. 1 Rn. 880.
34 OLG Bamberg NJW-RR 1997, 1435.
35 OLG Düsseldorf FamRZ 2009, 1068.

des Zugewinnausgleichs ist auch bei mehrfacher Vergewaltigung und anschließender Anordnung der Sicherungsverwahrung gerechtfertigt.[36]

19   **7. Vermögensrückgang nach Stichtag.** Auch bei einem unverschuldeten Vermögensverlust nach Rechtshängigkeit der Ehescheidung ist am Stichtagsprinzip festzuhalten.[37] Abgelehnt wird eine einschränkende Auslegung des § 1384, wonach bei einem vom Ausgleichspflichtigen nicht zu vertretenden Vermögensverlust die Begrenzung des § 1378 Abs. 2 S. 1 an die Stelle derjenigen des § 1384 tritt. Grundsätzlich wird ein Leistungsverweigerungsrecht gem. § 1381 bei einem unverschuldeten Vermögensverlust nach dem Stichtag bejaht.[38] Der BGH führt hierzu wörtlich aus: „§ 1381 BGB ist in Fällen schuldlosen Vermögensverlustes nicht generell unanwendbar. Die Vorschrift ermöglicht eine Korrektur grob unbilliger Ergebnisse, die sich in besonders gelagerten Fällen aus der schematischen Anwendung der Vorschriften zur Berechnung des Ausgleichsanspruches ergeben können."[39]

20   **8. Pflichtverletzungen im wirtschaftlichen Bereich (Abs. 2).** Gesetzlich normierter Hauptanwendungsfall ist die schuldhafte und längere Zeit andauernde Nichterfüllung der sich aus der Ehe ergebenden wirtschaftlichen Verpflichtungen durch den Ausgleichsgläubiger. Verschulden ist dabei stets erforderlich.[40] Bei besonders schweren Pflichtverletzungen kann das Zeitmoment entfallen.[41]

21   In der Praxis spielt die Vorschrift eine lediglich untergeordnete Rolle. In erster Linie ist an die **Verletzung von Unterhaltspflichten** zu denken. Abs. 2 greift aber nur dann, wenn Unterhaltsberechtigter und Zugewinnausgleichsgläubiger nicht identisch sind.[42]

22   **9. Sonstige Fälle. Liquiditätsprobleme** des Ausgleichsschuldners genügen für ein Leistungsverweigerungsrecht niemals. Diese Fälle sind ggf. nach § 1382 zu lösen.[43]

Schmerzensgeld ist, soweit es am Stichtag noch vorhanden ist, im Endvermögen anzusetzen.[44] Auftretende Härten können im Einzelfall durch die Billigkeitsregelung des § 1381 korrigiert werden.[45] Dabei ist zu beachten, dass das Leistungsverweigerungsrecht nur dem Ausgleichsschuldner zusteht.

Das Amtsgericht Hersbruck stellt beim Kriterium der groben Unbilligkeit auf den Zeitpunkt des Entstehens des Anspruchs ab. Fand das schädigende Ereignis erst nach der Trennung der Eheleute statt, besteht nach Ansicht des Amtsgerichts kein Bezug zur ehelichen Lebensgemeinschaft, so dass es unbillig erscheint, dass der andere Ehegatte über den Zugewinnausgleich am Schmerzensgeld partizipiert.[46]

---

36   OLG Hamburg FamRB 2012, 70.
37   BGH FamRZ 2012, 1479.
38   BGH FamRZ 2012, 1479.
39   BGH FamRZ 2012, 1479 Rn. 32.
40   BGH FamRZ 1992, 787.
41   Palandt/Brudermüller § 1381 Rn. 11.
42   So auch Schulz/Hauß, Vermögensauseinandersetzung, Kap. 1 Rn. 889.
43   Schulz/Hauß, Vermögensauseinandersetzung, Kap. 1 Rn. 873.
44   BGH FamRZ 1981, 755.
45   BGH FamRZ 1981, 755.
46   AG Hersbruck FamRZ 2002, 1476.

Mangelhafte Vermögensverwaltung durch den Gläubiger begründet kein Leis- 23
tungsverweigerungsrecht.[47] Nach anderer Ansicht begründet die Misswirtschaft
des Gläubigers unter Umständen ein Leistungsverweigerungsrecht. „Wer stets
auf großem Fuß gelebt hat, hat keinen Anspruch auf Teilhabe am Sparbuch seines fleißigen und bescheidenen Ehepartners".[48]

Unerheblich ist auch, welcher Ehegatte den **größeren wirtschaftlichen Beitrag** 24
zum Vermögenserwerb erbracht hat.[49] Das Gesetz macht den Zugewinnausgleichsanspruch nicht von der Mitwirkung oder der Mitarbeit des Ehegatten abhängig, der keinen oder den geringeren Zugewinn erzielt hat. Der Zugewinn
rechtfertigt sich bereits im Hinblick auf die eheliche Lebensgemeinschaft und
den Grundsatz der Gleichberechtigung.[50] Ein teilweises Leistungsverweigerungsrecht ist jedoch zu bejahen, wenn der Zugewinnausgleichsschuldner über längere Zeit zu Unrecht erheblich erhöhten Unterhalt bezahlt hat und ihm ein Rückforderungsanspruch, beispielsweise wegen Entreicherung (§ 818 Abs. 3), nicht
zusteht.[51]

IV. Verfahren

Der Zugewinnausgleichsschuldner trägt die Darlegungs- und Beweislast für die 25
Tatsachen, aus denen sich ein Leistungsverweigerungsrecht ergibt.[52]

§ 1382 BGB Stundung

(1) [1]Das Familiengericht stundet auf Antrag eine Ausgleichsforderung, soweit sie
vom Schuldner nicht bestritten wird, wenn die sofortige Zahlung auch unter Berücksichtigung der Interessen des Gläubigers zur Unzeit erfolgen würde. [2]Die
sofortige Zahlung würde auch dann zur Unzeit erfolgen, wenn sie die Wohnverhältnisse oder sonstigen Lebensverhältnisse gemeinschaftlicher Kinder nachhaltig verschlechtern würde.

(2) Eine gestundete Forderung hat der Schuldner zu verzinsen.

(3) Das Familiengericht kann auf Antrag anordnen, dass der Schuldner für eine
gestundete Forderung Sicherheit zu leisten hat.

(4) Über Höhe und Fälligkeit der Zinsen und über Art und Umfang der Sicherheitsleistung entscheidet das Familiengericht nach billigem Ermessen.

(5) Soweit über die Ausgleichsforderung ein Rechtsstreit anhängig wird, kann
der Schuldner einen Antrag auf Stundung nur in diesem Verfahren stellen.

(6) Das Familiengericht kann eine rechtskräftige Entscheidung auf Antrag aufheben oder ändern, wenn sich die Verhältnisse nach der Entscheidung wesentlich
geändert haben.

---

47 Palandt/Brudermüller § 1381 Rn. 16.
48 Soergel/Lange § 1381 Rn. 10; ebenso: Schulz/Hauß, Vermögensauseinandersetzung, Kap.
   1 Rn. 874.
49 BGH FamRZ 1980, 877.
50 BGH FamRZ 1980, 877.
51 OLG Brandenburg FamRZ 2004, 106; OLG Köln FamRZ 1998, 1370; OLG Celle
   FamRZ 1981, 1066.
52 BGH FamRZ 1988, 593.

I. Allgemeines

1 Zugewinnausgleichsforderungen sind nach ihrer Entstehung sofort fällig. Nach Abs. 1 können sie jedoch gestundet werden, wenn die sofortige Zahlung auch unter Berücksichtigung der Interessen des Gläubigers zur Unzeit erfolgen würde.

II. Voraussetzungen (Abs. 1)

2 **1. Antrag.** Gem. Abs. 1 S. 1 muss ein Antrag des Ausgleichsschuldners vorliegen. Dieser ist außerhalb der Anhängigkeit eines Scheidungsverbundverfahrens erst nach Entstehen der Ausgleichsforderung (§ 1378 Abs. 3 S. 1) zulässig. Der Antrag ist nicht fristgebunden. Es besteht ferner die Möglichkeit, den Antrag in ein Scheidungsverbundverfahren mit aufzunehmen. In diesem Fall muss die Zugewinnausgleichsforderung noch nicht entstanden sein.[1]

3 Aus dem Wortlaut der Vorschrift ergibt sich, dass die Ausgleichsforderung selbst **unstreitig** sein muss. Ist die Ausgleichsforderung dem Grunde und der Höhe nach streitig, kann ein Stundungsantrag gem. **Abs. 5** ausschließlich im Hauptsacheverfahren gestellt werden.

4 Versäumt es der Schuldner, in diesem Verfahren einen Stundungsantrag zu stellen, ist eine nachträglich beantragte Stundung als unzulässig abzuweisen. Dies ergibt sich aus dem Wortlaut von Abs. 5 („nur"). Etwas anderes gilt, wenn sich die Verhältnisse erst nach der letzten mündlichen Verhandlung geändert haben (Abs. 6 analog).[2]

5 **2. Unzeit (Abs. 1).** Die Zahlung des Ausgleichsanspruchs darf nicht zur Unzeit erfolgen. Die Gründe für die Stundung müssen auf der aktuellen Lage des Ausgleichsschuldners beruhen, wobei eine positive Prognose abgegeben werden muss. In der familienrechtlichen Praxis stehen überwiegend wirtschaftliche Gründe im Vordergrund.

6 § 1382 verlangt insbesondere eine **Interessenabwägung** zwischen Ausgleichsschuldner und Gläubiger.[3] So darf der Geschäftsbetrieb des Ausgleichsschuldners nicht gefährdet werden, insbesondere dann nicht, wenn er auch die wirtschaftliche Grundlage der Unterhaltszahlung bildet.[4]

7 Die **Interessen Dritter** sind stets ohne Relevanz. Ebenso sind mit der Durchführung des Zugewinnausgleichs zwangsläufig verbundene Nachteile grundsätzlich in Kauf zu nehmen. So muss sich der Ausgleichsschuldner auch auf die Möglichkeit eines zumutbaren Finanzierungskredits verweisen lassen. Dies ergibt sich aus dem Ausnahmecharakter der Vorschrift.

8 Kraft Gesetzes liegt eine Zahlung zur Unzeit dann vor, wenn sie die Wohn- oder sonstigen Lebensverhältnisse gemeinschaftlicher Kinder nachhaltig verschlechtern würde (Abs. 1 S. 2). Zu beachten ist, dass bei Vorliegen dieser Voraussetzungen keine weitere Interessenabwägung mehr stattfindet. Die Vorschrift findet auch dann Anwendung, wenn volljährige Kinder im Hause des Ausgleichsschuldners leben.[5]

---

1 Palandt/Brudermüller § 1382 Rn. 5.
2 OLG Naumburg FamRZ 2003, 375; OLG Stuttgart FamRB 2013, 310.
3 Palandt/Brudermüller § 1382 Rn. 2.
4 Haußleiter/Schulz, Vermögensauseinandersetzung, Kap. 1 Rn. 903.
5 Palandt/Brudermüller § 1382 Rn. 3.

III. Verfahrensrecht

1. Verfahren. Für das Verfahren gelten §§ 264, 265 FamFG. Bei unstreitigen 9
Ausgleichsforderungen ist der Rechtspfleger (§ 25 Nr. 3 b RPflG) am Familiengericht (§§ 23 a Abs. 1 Nr. 1, 23 b Abs. 1 GVG, § 111 Nr. 9 FamFG) zuständig.
Gem. §§ 137 Abs. 2 Nr. 4, 261 Abs. 2 FamFG kann die Stundung einer unbestrittenen Ausgleichsforderung auch als Folgesache im Scheidungsverbund geltend gemacht werden. Bei streitigen Ausgleichsforderungen entscheidet der
Richter gem. § 165 FamFG durch Beschluss.

2. Antrag (Abs. 3). Ein Antrag gem. § 1382 ist ein Verfahrensantrag. Ein be- 10
stimmter Sachantrag ist nicht zwingend.[6] Der **Antrag bei bestrittener Zugewinnausgleichsforderung** könnte lauten:

▶ Der Antrag vom ... auf Zahlung eines Zugewinnausgleichs von ... EUR wird abgewiesen. Hilfsweise wird beantragt, die Forderung bis ... zu stunden oder Ratenzahlungen von ... EUR monatlich zu bewilligen.[7] ◀

3. Laufzeit, Verzinsung, Fälligkeit, Sicherheitsleistung (Abs. 4). Ordnet das Ge- 11
richt eine Stundung an, hat es gleichzeitig deren Laufzeit, die Höhe der Verzinsung sowie deren Fälligkeit festzusetzen. Die Entscheidung wird im Einzelfall
nach billigem Ermessen und ohne Bindung an den gesetzlichen Zinssatz getroffen. Darüber hinaus kann das Familiengericht auf Antrag eine Sicherheitsleistung anordnen (Abs. 3).

4. Entscheidung. Die Entscheidung ergeht gem. §§ 38, 116 Abs. 1 FamFG in al- 12
len Fällen durch Beschluss.

Der Antrag auf Erlass einer einstweiligen Anordnung ist gem. § 49 FamFG zu- 13
lässig. Die Vollstreckung erfolgt gem. § 95 Abs. 1 Nr. 1 FamFG nach den Vorschriften der ZPO.

5. Verfahrenswert. Maßgeblich ist das Stundungsinteresse des Ausgleichsschuld- 14
ners (§ 42 Abs. 1, Abs. 3 FamGKG). Dies wird in der Regel mit einem **Bruchteil
der Zugewinnausgleichsforderung** beziffert.[8]

§ 1383 BGB Übertragung von Vermögensgegenständen

(1) Das Familiengericht kann auf Antrag des Gläubigers anordnen, dass der
Schuldner bestimmte Gegenstände seines Vermögens dem Gläubiger unter Anrechnung auf die Ausgleichsforderung zu übertragen hat, wenn dies erforderlich
ist, um eine grobe Unbilligkeit für den Gläubiger zu vermeiden, und wenn dies
dem Schuldner zugemutet werden kann; in der Entscheidung ist der Betrag festzusetzen, der auf die Ausgleichsforderung angerechnet wird.

(2) Der Gläubiger muss die Gegenstände, deren Übertragung er begehrt, in dem
Antrag bezeichnen.

(3) § 1382 Abs. 5 gilt entsprechend.

I. Allgemeines (Abs. 1)

Die Vorschrift regelt ausschließlich die **Ersetzungsbefugnis** des Zugewinnaus- 1
gleichsgläubigers. Sie ermöglicht abweichend vom Grundsatz, dass die Zuge-

---

6 Palandt/Brudermüller § 1382 Rn. 6.
7 Formulierungsbeispiel nach Schulz/Hauß, Vermögensauseinandersetzung, Kap. 1 Rn. 897.
8 Palandt/Brudermüller § 1382 Rn. 8.

winnausgleichsforderung stets eine Geldforderung darstellt, ausnahmsweise einen **Ausgleich in Sachwerten**. Einzelne Vermögensgegenstände werden aus dem Vermögen des Schuldners auf den Gläubiger übertragen und auf die Zugewinnausgleichsforderung angerechnet.

2 Sinn und Zweck der Vorschrift ist es, die Härten des schematischen Geldausgleichs zu mildern.[1] Hingegen gibt die Vorschrift dem Ausgleichsschuldner keine Rechtsgrundlage dafür, den Zugewinnausgleichsanspruch mit Sachwerten zu erfüllen. Unzulässig ist die analoge Anwendung der Vorschrift auf den Zugewinnausgleichsschuldner.[2] Dies gilt auch nach neuem Recht.[3]

3 Die Anordnung des Familiengerichts führt zum Erlöschen des Zahlungsanspruchs, soweit die Anrechnung erfolgt. Die Vorschrift ist zulasten des Ausgleichsgläubigers nicht abdingbar.[4]

II. Voraussetzungen (Abs. 2)

4 **1. Antrag.** Der Antrag, der ausschließlich vom Ausgleichsgläubiger gestellt werden kann, muss die Gegenstände genau bezeichnen. Der Antrag ist auch noch nach rechtskräftiger Scheidung zum Zugewinnausgleich zulässig (Abs. 3 iVm § 1382 Abs. 5).

5 Der **Antrag** könnte lauten:[5]

▶ Der Antragsgegner wird verpflichtet, seinen Hälfteanteil am Grundstück in ..., Flurstück Nr. ..., eingetragen im Grundbuch des AG ..., Bd. ..., Blatt ..., zu Alleineigentum der Antragstellerin aufzulassen und die Eintragung im Grundbuch des AG zu bewilligen.

Für die Übertragung wird ein Betrag in Höhe von ... EUR festgesetzt, der auf die Ausgleichsforderung angerechnet wird.

Im Übrigen wird der Antragsgegner verpflichtet, an die Antragstellerin noch einen Zugewinnausgleich in Höhe von ... EUR nebst Zinsen in Höhe von 5 Prozentpunkten über dem Basiszinssatz ab ... zu bezahlen. ◀

6 **2. Übertragbare Gegenstände.** Der Gegenstand muss übertragbar und im Schuldnervermögen vorhanden sein und darf den Wert der Zugewinnausgleichsforderung einschließlich etwaiger Zinsen nicht übersteigen.

7 **3. Interessenabwägung.** Der Ausgleichsgläubiger kann bestimmte Vermögensgegenstände verlangen, wenn die Auszahlung in Geld eine grobe Unbilligkeit für ihn bedeutet und wenn die Übertragung dem Ausgleichsschuldner zugemutet werden kann. Die beiderseitigen Interessen sind gegeneinander abzuwägen. So kann eine besonders enge Sachbeziehung des Ausgleichsgläubigers zu dem beanspruchten Gegenstand für die Anwendung der Vorschrift sprechen.

8 Eine grobe Unbilligkeit kann auch dann gegeben sein, wenn die Zugewinnausgleichsforderung nur mit erheblichen Schwierigkeiten zu realisieren ist, weil der Schuldner zahlungsunfähig oder zahlungsunwillig ist.[6]

---

1 Schulz/Hauß, Vermögensauseinandersetzung, Kap. 1 Rn. 902.
2 Palandt/Brudermüller § 1383 Rn. 1.
3 AA Fischinger, Die Neuregelung des vorzeitigen Zugewinnausgleichs nach §§ 1385 ff. BGB, FamRZ 2009, 1718.
4 Palandt/Brudermüller § 1383 Rn. 1.
5 Nach Schulz/Hauß, Vermögensauseinandersetzung, Kap. 1 Rn. 906.
6 So Schulz/Hauß, Vermögensauseinandersetzung, Kap. 1 Rn. 904; MK/Koch § 1383 Rn. 16; aA Palandt/Brudermüller § 1384 Rn. 4.

III. Verfahrensrecht

1. Zuständigkeit. Ist ein Verfahren über den Zugewinnausgleich nicht anhängig, so entscheidet über den Antrag – wenn die Ausgleichsforderung in Höhe des anzurechnenden Betrags unstreitig ist – gem. § 25 Nr. 3 b RPflG der Rechtspfleger durch Beschluss.[7] Ist ein Rechtsstreit über die Zugewinnausgleichsforderung anhängig, kann der Antrag nur in diesem Verfahren gestellt werden. Der Familienrichter entscheidet dann einheitlich durch Beschluss gem. §§ 1378 Abs. 1, 1383 BGB, § 265 FamFG. 9

2. Verfahren. Für das Verfahren gilt § 264 FamFG. Der Antrag muss den zu übertragenden Gegenstand bezeichnen, nicht aber dessen Wert.[8] 10

3. Entscheidung. Das Gericht hat auch den Wert des zu übertragenden Gegenstands festzusetzen. Die richterliche Anordnung der Übertragung hat keine dingliche Wirkung und begründet nur eine Verpflichtung des Ausgleichsschuldners. Dieser schuldrechtliche Anspruch muss ggf. gerichtlich geltend gemacht werden, um die Wirkungen der §§ 894, 897 ZPO herbeizuführen. Nach hM kann der Ausgleichsschuldner zugleich zur Abgabe der Willenserklärung verurteilt werden.[9] 11

4. Verfahrenswert. Der Verfahrenswert richtet sich nach dem Interesse an der Sachabfindung.[10] Nach Ansicht des OLG Frankfurt/M. ist der Wert der übertragenen Sache maßgeblich.[11] 12

§ 1384 BGB Berechnungszeitpunkt des Zugewinns und Höhe der Ausgleichsforderung bei Scheidung

Wird die Ehe geschieden, so tritt für die Berechnung des Zugewinns und für die Höhe der Ausgleichsforderung an die Stelle der Beendigung des Güterstandes der Zeitpunkt der Rechtshängigkeit des Scheidungsantrags.

I. Allgemeines

Die Vorschrift verlegt den Stichtag für die **Berechnung** des Zugewinnausgleichs auf den Zeitpunkt der Rechtshängigkeit des Scheidungsantrags. Sinn und Zweck der Vorschrift ist es, Vermögensmanipulationen während der Rechtshängigkeit eines Scheidungsverfahrens vorzubeugen.[1] Im Übrigen wird es als vernünftig angesehen, den Ehegatten an Vermögensveränderungen nach Rechtshängigkeit des Scheidungsantrags nicht mehr partizipieren zu lassen. 1

Das Gesetz zur Änderung des Zugewinnausgleichs- und Vormundschaftsrechts vom 6.7.2009 erweiterte die Vorschrift in einem wesentlichen Punkt. So gilt nunmehr nicht nur für die Berechnung des Zugewinns, sondern auch für die Höhe der Ausgleichsforderung der Stichtag „Zustellung des Scheidungsantrages". Vermögenseinbußen nach Rechtshängigkeit des Scheidungsantrages beeinflussen die Höhe des Anspruchs daher nicht.[2] Sinn und Zweck der Gesetzesänderung ist es, Vermögensmanipulationen während der Rechtshängigkeit des

---

7 Schulz/Hauß, Vermögensauseinandersetzung, Kap. 1 Rn. 907.
8 Palandt/Brudermüller § 1383 Rn. 7.
9 Palandt/Brudermüller § 1383 Rn. 8.
10 Palandt/Brudermüller § 1383 Rn. 9.
11 OLG Frankfurt/M. MDR 1990, 58.
1 BGH NJW 1987, 1764.
2 BT-Drs. 16/10798, 27.

Scheidungsantrages zu verhindern. Im Ergebnis bedeutet dies, dass es auf die Höhe des bei Rechtskraft der Ehescheidung noch vorhandenen Vermögens des Ausgleichsverpflichteten nicht ankommt. Dies hat zur Folge, dass ganz oder teilweise unverschuldeter Vermögensverlust (zB Aktienkursverluste) den Zugewinnausgleichsanspruch unberührt lässt.[3] Eine Korrektur über § 1381 ist nicht möglich.

§ 1384 ist dispositives Recht, weshalb ein anderer Zeitpunkt unter Beachtung der Formvorschriften (§ 1378 Abs. 3 S. 2, § 1408) vereinbart werden kann.

Wird die Ehe vor dem 1.9.2009 rechtskräftig geschieden, verbleibt es für die Berechnung der Ausgleichsforderung bei der Beendigung des Güterstandes als maßgeblichen Zeitpunkt.[4]

II. Berechnungszeitpunkt

2 Die Rechtshängigkeit tritt mit der **Zustellung des Scheidungsantrags** ein (§ 261 Abs. 1, 2 ZPO). Nimmt der Antragsteller seinen Scheidungsantrag zurück, hat aber die Gegenseite ebenfalls die Scheidung beantragt, so bleibt der Stichtag maßgeblich, der das Scheidungsverfahren ursprünglich eingeleitet hat.[5]

3 Bei gleichzeitiger Rechtshängigkeit eines Scheidungsantrags und einer Klage auf vorzeitigen Zugewinnausgleich ist der Zeitpunkt des zuerst rechtshängig gewordenen Verfahrens maßgebend.[6] Auch bleibt es für die Ermittlung des Endvermögens bei dem gem. § 1384 bestimmten Stichtag, wenn ein Ehegatte während des rechtshängigen Scheidungsverfahrens verstirbt und die Ehe damit durch Tod aufgelöst wird.[7] Der Bundesgerichtshof begründet seine Entscheidung damit, dass die Gefahr der illoyalen Verminderung des Endvermögens während des Scheidungsprozesses nicht nachträglich dadurch entfallen ist, dass es wegen des Todes nicht zur Ehescheidung gekommen ist.

Sind mehrere Scheidungsverfahren rechtshängig, ist auf die Rechtshängigkeit des Verfahrens abzustellen, das zur Ehescheidung führt. Unerheblich ist, ob der Scheidungsantrag im anderen Verfahren zurückgenommen wurde.[8] Ein weiterer Scheidungsantrag ist als weiterer Antrag im bereits anhängigen Scheidungsverfahren auszulegen.[9]

III. Verfahren

4 Ein Feststellungs- oder Zwischenfeststellungsantrag, der den Stichtag als Verfahrensgegenstand hat, ist unzulässig.[10] Trägt ein Ehegatte vor, es sei ein anderer Stichtag vereinbart worden, so trägt er hierfür die Darlegungs- und Beweislast.

---

3 Palandt/Brudermüller § 1384 Rn. 1.
4 BGH FamRZ 2014, 1610.
5 BGH FamRZ 1996, 1142; aA Schröder, Berechnungszeitpunkt für den Zugewinn bei Scheidung, FamRZ 2003, 277.
6 Palandt/Brudermüller § 1384 Rn. 8; OLG Hamm FamRZ 1982, 609; OLG Karlsruhe FamRZ 2004, 466.
7 BGH FamRZ 2004, 527.
8 Palandt/Brudermüller § 1384 Rn. 7; BGH NJW 1979, 2099.
9 BGH FamRZ 2006, 260.
10 OLG Köln FamRZ 2003, 539.

§1385 BGB Vorzeitiger Zugewinnausgleich des ausgleichsberechtigten Ehegatten bei vorzeitiger Aufhebung der Zugewinngemeinschaft

Der ausgleichsberechtigte Ehegatte kann vorzeitigen Ausgleich des Zugewinns bei vorzeitiger Aufhebung der Zugewinngemeinschaft verlangen, wenn

1. die Ehegatten seit mindestens drei Jahren getrennt leben,
2. Handlungen der in § 1365 oder § 1375 Absatz 2 bezeichneten Art zu befürchten sind und dadurch eine erhebliche Gefährdung der Erfüllung der Ausgleichsforderung zu besorgen ist,
3. der andere Ehegatte längere Zeit hindurch die wirtschaftlichen Verpflichtungen, die sich aus dem ehelichen Verhältnis ergeben, schuldhaft nicht erfüllt hat und anzunehmen ist, dass er sie auch in Zukunft nicht erfüllen wird, oder
4. der andere Ehegatte sich ohne ausreichenden Grund beharrlich weigert oder sich ohne ausreichenden Grund bis zur Stellung des Antrags auf Auskunft beharrlich geweigert hat, ihn über den Bestand seines Vermögens zu unterrichten.

§1386 BGB Vorzeitige Aufhebung der Zugewinngemeinschaft

Jeder Ehegatte kann unter entsprechender Anwendung des § 1385 die vorzeitige Aufhebung der Zugewinngemeinschaft verlangen.

I. Allgemeines

Die §§ 1385, 1386 eröffnen die Möglichkeit, bei noch bestehender Ehe auf vorzeitigen Zugewinnausgleich zu klagen, hierdurch den gesetzlichen Güterstand zu beenden und die Gütertrennung für die weitere Ehezeit eintreten zu lassen (§ 1388). Durch das Gesetz zur Änderung des Zugewinnausgleichs- und Vormundschaftsrechts vom 6.7.2009 wurden die Vorschriften des vorzeitigen Zugewinnausgleichs komplett umgestaltet und die Tatbestandsvoraussetzungen gelockert. Obwohl der vorzeitige Zugewinnausgleich eine gute Gelegenheit bietet, die jeweiligen finanziellen Interessen der Eheleute zu schützen, wurde in der familienrechtlichen Praxis kaum davon Gebrauch gemacht.[1] Es ist zu befürchten, dass es trotz der Gesetzesreform hierbei bleibt. Positiv ist, dass nunmehr mit dem vorzeitigen Zugewinnausgleich auch der Leistungsanspruch geltend gemacht werden kann. Wünschenswert und in der familienrechtlichen Praxis notwendig ist eine Anspruchsgrundlage, den vorzeitigen Zugewinnausgleich bereits nach Ablauf des Trennungsjahres geltend machen zu können.[2]

Die gesetzlichen Regelungen sehen nunmehr vor, dass der zugewinnausgleichsberechtigte Ehegatte Aufhebung der Zugewinngemeinschaft und unmittelbar Zahlung des Zugewinnausgleichs (§ 1385) verlangen kann. Hingegen können beide Ehegatten, also auch der Ausgleichspflichtige, nur die Aufhebung der Zugewinngemeinschaft (§ 1386) verlangen.

§ 1386 führt zur Beendigung des Güterstandes durch Gestaltungsbeschluss, was wiederum gem. § 1388 Gütertrennung zur Folge hat. Hierbei wird es der Aus-

1

---

1 Kogel, Vorzeitiger Zugewinnausgleich und Scheidungsantrag durch Klageeinreichung beim Verwaltungsgericht, FamRZ 1999, 1252.
2 Vgl. Schulz/Hauß, Vermögensauseinandersetzung, Kap. 1 Rn. 913.

gleichsschuldner oder Ausgleichsgläubiger bewenden lassen, wenn er aus „sonstigen Gründen kein Interesse an der gerichtlichen Durchsetzung seines Ausgleichsanspruches hat".[3] Ferner besteht für den Ausgleichsgläubiger die Möglichkeit, den Fälligkeitszeitpunkt im Hinblick auf etwaige Verzugszinsen vorzuverlagern. Entgegen der früheren Reglung ist der Ausgleichsberechtigte nicht mehr darauf angewiesen, zuerst die Rechtskraft der Entscheidung über die Aufhebung der Zugewinngemeinschaft abzuwarten.

Das Recht, vorzeitigen Zugewinnausgleich zu beantragen, kann „**vertraglich** nicht im Voraus ausgeschlossen oder beschränkt" werden.[4] Es besteht aber die Möglichkeit der vertraglichen Erweiterung. Durch notariellen Ehevertrag oder Erklärung zu Protokoll bei Gericht kann sowohl die Beendigung des Güterstandes als auch der vorzeitige Zugewinnausgleich vereinbart werden.

II. Tatbestandsvoraussetzungen

2 Die Aufzählung der **vier Tatbestände** der §§ 1385, 1386 ist abschließend.

3 **1. § 1385 Nr. 1.** Diese Vorschrift setzt ein **dreijähriges Getrenntleben** iSd § 1567 voraus, wobei es genügt, wenn die Frist zum Zeitpunkt der letzten mündlichen Verhandlung abgelaufen ist. Das Antragsrecht steht beiden Ehegatten zu, unabhängig davon, wer die Trennung eingeleitet hat. Auf ein Verschulden kommt es insoweit nicht an.

4 **2. § 1385 Nr. 2.** Diese Bestimmung erfordert lediglich die Gefährdung des künftigen Zugewinnausgleichsanspruches. **Illoyale Vermögensverfügungen** nach § 1375 Abs. 2 und Verfügungen über das Gesamtvermögen iSv § 1365 müssen nur noch befürchtet werden. Die Anforderungen an die Erheblichkeit der Gefährdung beurteilen sich nach dem Umfang der Vermögensinteressen und der Gefährdung zum Zeitpunkt der letzten mündlichen Verhandlung.[5]

Verringert ein Ehegatte nach der Trennung innerhalb von nur 11 Monaten sein Bankguthaben in Höhe von rund 346.000 EUR um die Hälfte, rechtfertigt dies allein nicht die vorzeitige Aufhebung der Zugewinngemeinschaft gem. § 1385 Nr. 2.[6] Entscheidend ist, ob durch die illoyale Vermögensminderung eine erhebliche Gefährdung der Erfüllung des Ausgleichsanspruches eintritt. Der Ausgleichsberechtigte ist darlegungs- und beweispflichtig dafür, dass das verbleibende Vermögen das Zugewinnausgleichsinteresse nicht hinreichend sichert.[7]

Das bloße Verschweigen eines Sparguthabens, mit der Begründung, ein privilegierter Erwerb nach § 1374 Abs. 2 unterliege nicht der Auskunftsverpflichtung, stellt keine illoyale Maßnahme im Sinne des § 1385 Nr. 2 dar.[8]

5 **3. § 1385 Nr. 3.** Diese Bestimmung erfordert, dass der andere Ehegatte längere Zeit hindurch die **wirtschaftlichen Verpflichtungen**, die sich aus den ehelichen Verhältnissen ergeben, **schuldhaft nicht erfüllt** hat. Ferner ist eine tatsachengestützte Prognose erforderlich, wonach anzunehmen ist, dass der Ehegatte auch in Zukunft den wirtschaftlichen Verpflichtungen nicht nachkommen wird. Ein

---

3 Palandt/Brudermüller § 1386 Rn. 2.
4 Palandt/Brudermüller § 1386 Rn. 3.
5 OLG Köln FamRZ 2003, 539; OLG Frankfurt/M. FamRZ 1984, 895; Schulz/Hauß, Vermögensauseinandersetzung, Kap. 1 Rn. 916.
6 OLG München, FamRZ 2014, 1296.
7 OLG München, FamRZ 2014, 1296.
8 OLG Frankfurt/M. 9.10.2013 – 2 UF 100/13.

Verschulden ist erforderlich, nicht hingegen ein Einfluss auf die Höhe des Zugewinns.[9]

4. § 1385 Nr. 4. Danach ist ausreichend, dass sich der andere Ehegatte ohne ersichtlichen Grund beharrlich weigert, den Ehegatten über den Bestand seines Vermögens zu unterrichten. Der Tatbestand einer beharrlichen Verweigerung liegt vor, wenn der ausgleichspflichtige Ehegatte dreimal vergeblich zur Unterrichtung aufgefordert wurde.[10] 6

Mit der Güterrechtsreform im Jahr 2009 und der damit verbundenen Neuregelung des vorzeitigen Zugewinnausgleichs wurde problematisiert, ob § 1385 Nr. 4 auch dann greift, wenn der mehrmals zur Auskunft über das Trennungsvermögen gem. § 1379 Abs. 2 S. 1 aufgeforderte Ehegatte die Auskunft verweigert. Der Wortlaut bezieht sich auf den allgemeinen Unterrichtungsanspruch gem. § 242 bzw. § 1353 Abs. 1 S. 2. In der Literatur wurde vielfach eine analoge Anwendung des § 1385 Nr. 4 bei einer mehrfachen Verweigerung der Auskunft über das Trennungsvermögen gem. § 1379 Abs. 2 S. 1 bejaht. Wenn die Verweigerung des allgemeinen Unterrichtungsanspruchs bereits zur Geltendmachung des vorzeitigen Zugewinnausgleichs berechtigt, dann erst recht, wenn gegen die gesetzliche Auskunftsverpflichtung des § 1379 verstoßen wird (Argumentum a minori ad maius).[11]

Der Bundesgerichtshof stellt nunmehr klar, dass eine Auskunft nach § 1379 Abs. 2 im Rahmen des § 1385 Nr. 4 nicht geschuldet wird.[12] Es ist davon auszugehen, dass es sich um eine bewusste Entscheidung des Gesetzgebers handelt. Zwischen der Informationspflicht aus § 1353 Abs. 1 S. 2 und der Auskunftsverpflichtung nach § 1379 Abs. 2 bestehen grundlegende Unterschiede. Während des ehelichen Zusammenlebens besteht aus der ehelichen Lebensgemeinschaft eine Informationspflicht im Hinblick auf einen groben Vermögensüberblick. Diese Informationspflicht „in groben Zügen" besteht unabhängig vom Güterstand. Aufgrund ihrer unterschiedlichen Funktionen und Inhalte stehen der Unterrichtungsanspruch und der güterrechtliche Auskunftsanspruch in keinem maius/minus-Verhältnis.

III. Verfahrensrecht

1. Inhalt des Antrages. Der Antrag auf vorzeitige Aufhebung der Zugewinngemeinschaft (§ 1386) und ein Antrag nach § 1385 sind ausschließlich als **isolierte Anträge** und niemals als Folgesache im Scheidungsverbund geltend zu machen.[13] 7

Ein Antrag nach § 1385 beinhaltet einen Gestaltungsantrag (Aufhebung der Zugewinngemeinschaft) und einen Leistungsantrag (Zahlung des Zugewinnausgleichs). Hierüber ist mit Endbeschluss zu entscheiden.[14]

Nach hM fehlt einem Antrag auf vorzeitige Aufhebung der Zugewinngemeinschaft das Rechtsschutzbedürfnis, wenn der andere Ehegatte bereit war, den Gü-

---

9 Palandt/Brudermüller § 1386 Rn. 7.
10 OLG Frankfurt/M. 9.10.2013 – 2 UF 100/13.
11 Schulz/Hauß, Vermögensauseinandersetzung, Kap. 1 Rn. 918; Bergschneider FamRZ 2009, 1713; aA Götz FamRZ 2009, 1907 (Anm. zu OLG Bamberg FamRZ 2009, 1906).
12 BGH FamRZ 2015, 32; Koch, Rechtsprechungsübersicht Zugewinnausgleich, FamRZ 2015, 1073.
13 KG FamRZ 2001, 166.
14 Palandt/Brudermüller §§ 1385, 1386 Rn. 10.

terstand der Gütertrennung zu vereinbaren. Nach aA hat der andere Ehegatte gem. § 93 ZPO sofort anzuerkennen.[15]

Ab Rechtshängigkeit eines Antrages nach § 1385 kann der Zahlungsanspruch vor Entstehung der Ausgleichsforderung durch Arrest gesichert werden.[16]

8 **2. Form des Antrages.** In Fällen des § 1386 lautet die Beschlussformel wie folgt:

▶ Die Zugewinngemeinschaft wird vorzeitig aufgehoben. ◀[17]

Es empfiehlt sich, den **Leistungsantrag als Stufenantrag**, dh
1. Auskunft,
2. Eidesstattliche Versicherung,
3. Unbezifferter Zahlungsantrag

zu stellen.

Stellt sich nach Auskunftserteilung heraus, dass sich eine Zugewinnausgleichsforderung nicht ergibt, kann der Zahlungsantrag zurückgenommen werden.[18]

9 Ein entsprechender **Antrag** könnte wie folgt lauten:

▶ I. Die Zugewinngemeinschaft der Beteiligten wird vorzeitig aufgehoben.
  II. Der Antragsgegner wird verpflichtet, der Antragstellerin
  1. persönlich Auskunft zu erteilen über den Bestand
     a) seines Anfangsvermögens am ...,
     b) seines Endvermögens am ...,

     jeweils durch Vorlage eines schriftlichen Bestandsverzeichnisses, gegliedert nach Aktiva und Passiva,
  2. den Wert aller Vermögensgegenstände und Verbindlichkeiten mitzuteilen,
  3. Belege vorzulegen, die nach Auskunftserteilung noch beziffert werden.
  III. Der Antragsgegner wird verpflichtet, die Vollständigkeit und Richtigkeit seines Vermögensverzeichnisses an Eides statt zu versichern.
  IV. Der Antragsgegner wird verpflichtet, an die Antragstellerin einen Zugewinnausgleich in nach Auskunftserteilung noch zu beziffernder Höhe nebst Zinsen in Höhe von 5 Prozentpunkten über dem Basiszinssatz hieraus ab Rechtskraft dieses Beschlusses zu bezahlen. ◀[19]

10 **3. Verfahren.** Ist bereits der Scheidungsantrag bei Gericht anhängig, so kann dennoch der vorzeitige Zugewinnausgleich durchgeführt werden.[20] Maßgebend für die Berechnung des Zugewinns und der Höhe der Ausgleichsforderungen ist in diesem Fall der Stichtag der Rechtshängigkeit des Scheidungsantrages.[21] Ist im Scheidungsverbund bereits ein Güterrechtsantrag anhängig, so ist es dennoch zulässig, den vorzeitigen Zugewinnausgleich zu beantragen.[22] Bei Rücknahme des Scheidungsantrages kann die Folgesache Zugewinnausgleich „mit Umstellung des Antrages auf vorzeitigen Zugewinnausgleich gem. § 141 FamFG fortgeführt werden."[23]

---

15 Palandt/Brudermüller § 1386 Rn. 9.
16 Palandt/Brudermüller § 1386 Rn. 12.
17 Palandt/Brudermüller § 1386 Rn. 11.
18 Schulz/Hauß, Vermögensauseinandersetzung, Kap. 1 Rn. 921.
19 Formulierungsbeispiel nach Schulz/Hauß, Vermögensauseinandersetzung, Kap. 1 Rn. 921.
20 OLG Köln FamRZ 2009, 605; OLG Karlsruhe FamRZ 2004, 466.
21 OLG Karlsruhe FamRZ 2004, 466; KG FamRZ 2005, 805.
22 OLG Karlsruhe FamRZ 2004, 466; Palandt/Brudermüller § 1386 Rn. 14.
23 Schulz/Hauß, Vermögensauseinandersetzung, Kap. 1 Rn. 925.

Wird mit einem Gestaltungsantrag auf vorzeitige Beendigung der Zugewinngemeinschaft auch ein Auskunftsantrag gem. § 1379 Abs. 1 Nr. 2 gestellt, ist das Gericht nicht verpflichtet, vorab über den Auskunftsantrag zu entscheiden. Hat der Gestaltungsantrag keinen Erfolg, entfällt das Rechtsschutzbedürfnis für den Auskunftsantrag.[24]

4. Verfahrenswert. Der Verfahrenswert ist gem. § 42 Abs. 1, Abs. 3 FamFG zu 11 schätzen und richtet sich nach dem Interesse des Antragstellers an der vorzeitigen Beendigung des Güterstands.[25] In Fällen, in denen ein Scheidungsantrag nicht rechtshängig ist, wird der Verfahrenswert auf ¼ der zu erwartenden Ausgleichsforderung festgesetzt.[26] Ist der Scheidungsantrag bereits anhängig, so ist der Verfahrenswert identisch mit dem Zinsgewinn durch die frühere Fälligkeit. Beim Verfahren nach § 1385 ist dieser Wert dem des Zahlungsantrags hinzuzurechnen.[27] Bei Verbindung mit einem Antrag auf Zugewinnausgleich sind die Verfahrenswerte zu addieren.[28]

5. Kosten. Hier gilt § 91 ZPO. § 150 FamFG ist nicht entsprechend anwend 12 bar.[29] Die Kostentragung des Pflichtigen in voller Höhe kann der Antragsgegner mit einem entsprechenden Widerantrag vermeiden.

§ 1387 BGB Berechnungszeitpunkt des Zugewinns und Höhe der Ausgleichsforderung bei vorzeitigem Ausgleich oder vorzeitiger Aufhebung

In den Fällen der §§ 1385 und 1386 tritt für die Berechnung des Zugewinns und für die Höhe der Ausgleichsforderung an die Stelle der Beendigung des Güterstands der Zeitpunkt, in dem die entsprechenden Anträge gestellt sind.

§ 1387 stellt die entsprechende Vorschrift zu § 1384 in den Fällen des vorzeiti 1 gen Zugewinnausgleichs dar.[1] Identisch mit § 1384 sind auch der Zweck der Vorschrift sowie die Folgen. § 1387 ist dispositives Recht.

Sind Scheidungsantrag und Antrag auf vorzeitige Aufhebung der Zugewinnge 2 meinschaft gleichzeitig rechtshängig, entscheidet die Rechtshängigkeit des zuerst rechtshängig gewordenen Verfahrens, auch wenn dies nicht zur Beendigung des Güterstandes geführt hat.[2]

§ 1388 BGB Eintritt der Gütertrennung

Mit der Rechtskraft der Entscheidung, die die Zugewinngemeinschaft vorzeitig aufhebt, tritt Gütertrennung ein.

Die Rechtskraft des Beschlusses auf vorzeitigen Zugewinnausgleich führt einer 1 seits zur Gütertrennung und andererseits gem. § 1378 Abs. 3 S. 1 zur Entstehung der Zugewinnausgleichsforderung.

---

24 OLG Oldenburg FamRZ 2016, 723.
25 BGH NJW 1973, 369 (1/4 des zu erwartenden Zugewinnausgleichsanspruchs).
26 OLG Stuttgart FamRZ 2010, 1621.
27 Palandt/Brudermüller § 1686 Rn. 13.
28 Palandt/Brudermüller § 1386 Rn. 11.
29 Palandt/Brudermüller § 1386 Rn. 16; aA Fischinger FamRZ 2009, 1718.
 1 Palandt/Brudermüller § 1387 Rn. 1.
 2 OLG Hamm FamRZ 1982, 609; OLG Karlsruhe FamRZ 2004, 466.

2 Die Parteien eines Rechtsstreits können durch Verfahrensvergleich die vorzeitige
   Aufhebung der Zugewinngemeinschaft vereinbaren. Gem. §§ 1414 S. 1, 1410,
   127 a hat dies den Eintritt der Gütertrennung zur Folge, falls nichts Gegenteiliges geregelt ist.

§ 1389 BGB (aufgehoben)

§ 1390 BGB Ansprüche des Ausgleichsberechtigten gegen Dritte

(1) [1]Der ausgleichsberechtigte Ehegatte kann von einem Dritten Ersatz des Wertes einer unentgeltlichen Zuwendung des ausgleichspflichtigen Ehegatten an den Dritten verlangen, wenn

1. der ausgleichspflichtige Ehegatte die unentgeltliche Zuwendung an den Dritten in der Absicht gemacht hat, den ausgleichsberechtigten Ehegatten zu benachteiligen und
2. die Höhe der Ausgleichsforderung den Wert des nach Abzug der Verbindlichkeiten bei Beendigung des Güterstands vorhandenen Vermögens des ausgleichspflichtigen Ehegatten übersteigt.

[2]Der Ersatz des Wertes des Erlangten erfolgt nach den Vorschriften über die Herausgabe einer ungerechtfertigten Bereicherung. [3]Der Dritte kann die Zahlung durch Herausgabe des Erlangten abwenden. [4]Der ausgleichspflichtige Ehegatte und der Dritte haften als Gesamtschuldner.

(2) Das Gleiche gilt für andere Rechtshandlungen, wenn die Absicht, den Ehegatten zu benachteiligen, dem Dritten bekannt war.

(3) [1]Die Verjährungsfrist des Anspruchs beginnt mit der Beendigung des Güterstands. [2]Endet der Güterstand durch den Tod eines Ehegatten, so wird die Verjährung nicht dadurch gehemmt, dass der Anspruch erst geltend gemacht werden kann, wenn der Ehegatte die Erbschaft oder ein Vermächtnis ausgeschlagen hat.

I. Allgemeines

1 Vor dem 1.9.2009 hatte der ausgleichsberechtigte Ehegatte wegen seiner ausgefallenen Ausgleichsforderung einen Anspruch gegen den Dritten auf Duldung der Zwangsvollstreckung in die erlangten Gegenstände. Durch Zahlung des fehlenden Betrages konnte der Dritte die Zwangsvollstreckung abwenden. Durch die Neuregelung des § 1390 findet eine Risikoverlagerung, die Ausgleichsforderung zu realisieren, auf den Dritten statt. Der benachteiligte Ehegatte kann vom beschenkten Dritten Ersatz des Wertes der unentgeltlichen Zuwendung verlangen. Es handelt sich um einen Kompensationsanspruch des Ausfallrisikos.[1]

2 Der Dritte ist nach Treu und Glauben (§ 242) zur Auskunft verpflichtet, wenn die erforderlichen Kenntnisse nicht auf andere zumutbare Weise verschafft werden können.[2] Nach anderer Ansicht richtet sich der Auskunftsanspruch nach § 260.[3] § 1390 ist nicht abdingbar.

---

1 Palandt/Brudermüller § 1390 Rn. 1.
2 Staudinger/Thiele § 1390 Rn. 26.
3 Palandt/Brudermüller § 1390 Rn. 1.

II. Unentgeltliche Zuwendungen und andere Rechtshandlungen in Benachteiligungsabsicht (Abs. 1)

Der Begriff der Benachteiligungsabsicht entspricht dem in § 1375 Abs. 2 Nr. 3. 3
Eine Kenntnis des Dritten von der Benachteiligungsabsicht ist nicht erforderlich.
Pflicht- und Anstandsschenkungen bleiben unberücksichtigt.[4]

Bei anderen Rechtshandlungen (Abs. 2) muss dem Dritten die Benachteiligungs- 4
absicht im Zeitpunkt des Eintritts der Rechtswirkungen der Handlungen bekannt gewesen sein.[5] In der Praxis hat Abs. 2 kaum Relevanz.

III. Rechtsfolgenverweisung

Bei der Vorschrift handelt es sich um eine Rechtsfolgenverweisung auf die 5
§§ 818, 819. Die Haftung des Dritten entfällt, wenn dieser gem. § 818 Abs. 3
nicht mehr bereichert ist. Ist hingegen dem Dritten die Absicht der Benachteiligung bekannt (§ 819 Abs. 1), haftet er verschärft.

IV. Ersatz des Wertes des Erlangten (Abs. 1 S. 2)

Nach Meinung in der Literatur haftet der Dritte auch in voller Höhe dann, 6
wenn der ausgleichspflichtige Ehegatte auch über Vermögen verfügt, die Ausgleichsforderung sein Vermögen also nur teilweise übersteigt.[6] Dieser Ansicht
widersprechen Sinn und Zweck der Vorschrift. Ihr kann deshalb nicht gefolgt
werden. Auch wenn der Wortlaut des Gesetzes zu weit gefasst ist, soll der Dritte
nur in Höhe des „Ausfallrisikos" haften.[7] Diese Interpretation entspricht auch
der Rechtslage vor dem 1.9.2009. § 1390 Abs. 1 S. 1 aF lautete „soweit". Eine
Änderung insoweit war vom Gesetzgeber offensichtlich auch nicht beabsichtigt.
In der Gesetzesbegründung wird lediglich allgemein ausgeführt, dass der durch
eine illoyale Vermögensminderung benachteiligte Ehegatte auch weiterhin Ansprüche gegen den begünstigten Dritten haben soll.[8]

V. Verjährung (Abs. 3)

Seit dem 1.1.2010 gilt für den Anspruch des Ausgleichsberechtigten gegen den 7
Dritten die Verjährungsfrist nach § 195. Sie beginnt nicht wie in § 199 Abs. 1
S. 1 am Jahresende, sondern gem. § 1390 Abs. 3 S. 1 mit der Beendigung des
Güterstandes. Auf die Kenntnis vom Güterstandsende kommt es nicht an.[9]

VI. Verfahren

Die Ansprüche nach § 1390 Abs. 1 und Abs. 2 können durch Arrest gesichert 8
werden.

---

4 Palandt/Brudermüller § 1390 Rn. 2.
5 Palandt/Brudermüller § 1390 Rn. 3.
6 Bütte, Die Reform des Zugewinnausgleichsrechts, NJW 2009, 2776; Bütte, Die geplante Reform des Güterrechts, FuR 2008, 111.
7 Palandt/Brudermüller § 1390 Rn. 6; Schulz/Hauß, Vermögensauseinandersetzung, Kap. 1 Rn. 929.
8 BT-Drs. 16/10798, 21 Nr. 11.
9 Palandt/Brudermüller § 1390 Rn. 8.

§§ 1391–1407 BGB (weggefallen)

Untertitel 2 Vertragliches Güterrecht
Kapitel 1
Allgemeine Vorschriften

Vorbemerkung zu §§ 1408–1413

Literatur: *Bergschneider*, Verträge in Familiensachen, 5. Aufl. 2014; *Bergschneider*, Familienvermögensrecht, 3. Aufl. 2016; *Brambring*, Ehevertrag und Vermögenszuordnung unter Ehegatten, 7. Aufl. 2012; *Gernhuber/Coester-Waltjen*, Familienrecht, 6. Aufl. 2010; *Langenfeld/Milzer*, Handbuch der Eheverträge und Scheidungsvereinbarungen, 7. Aufl. 2015; *Münch*, Ehebezogene Rechtsgeschäfte, 4. Aufl. 2015; *Münch*, Familienrecht in der Notar- und Gestaltungspraxis, 2. Auf. 2016; *Schulz/Hauß*, Vermögensauseinandersetzung bei Trennung und Scheidung, 6. Aufl. 2015; *Schwab*, Handbuch des Scheidungsrechts, 7. Aufl. 2013; *ders.*, Familienrecht, 22. Aufl. 2014; *Wever*, Vermögensauseinandersetzung der Ehegatten außerhalb des Güterrechts, 6. Auf. 2014.

1   Unter Ehevertrag wird gemäß der Legaldefinition in § 1408 Abs. 1 die Regelung der „güterrechtlichen Verhältnisse durch Vertrag" durch die Ehegatten verstanden. Aber bereits § 1408 Abs. 2 bringt eine Erweiterung in dem Sinn, dass die Ehegatten in einem Ehevertrag auch Vereinbarungen über den Versorgungsausgleich schließen können.

Die Bestimmungen der §§ 1408 bis 1413 enthalten dazu die allgemeinen Vorschriften und regeln

- die Zulässigkeit von Eheverträgen (§ 1408 Abs. 1) und zusätzlich die Verweisung auf das VersAusglG (§ 1408 Abs. 2),
- die verbotene Verweisung auf ein nicht mehr geltendes oder ausländisches Recht (§ 1409),
- die Formvorschrift (§ 1410),
- die Eheverträge beschränkt Geschäftsfähiger, Geschäftsunfähiger und Betreuter (§ 1411),
- die Wirkung gegenüber Dritten und das Güterrechtsregister (§ 1412),
- den Widerruf der Überlassung der Vermögensverwaltung (§ 1413).

§ 1408 BGB Ehevertrag, Vertragsfreiheit

(1) Die Ehegatten können ihre güterrechtlichen Verhältnisse durch Vertrag (Ehevertrag) regeln, insbesondere auch nach der Eingehung der Ehe den Güterstand aufheben oder ändern.

(2) Schließen die Ehegatten in einem Ehevertrag Vereinbarungen über den Versorgungsausgleich, so sind insoweit die §§ 6 und 8 des Versorgungsausgleichsgesetzes anzuwenden.

I. Der Ehevertrag im weiteren Sinn

1. Allgemeiner Sprachgebrauch. Der Begriff Ehevertrag wird im Rechtsleben 1 mit unterschiedlichem Inhalt gebraucht. In der juristischen Umgangssprache wird er nämlich in einem weiteren, über § 1408 hinausgehenden Sinn verwendet. Darunter werden alle ehebezogenen familienrechtlichen Vereinbarungen zur Regelung der allgemeinen Ehewirkungen, des ehelichen Güterrechts, sonstiger schuld- und sachenrechtlicher Vermögensverhältnisse, des Unterhalts und der Scheidungsfolgen verstanden, wenn sie auch nur einen dieser Gegenstände betreffen.[1] So hat das Bundesverfassungsgericht[2] eine privatschriftliche Vereinbarung (nur) über Ehegatten- und Kindesunterhalt als Ehevertrag bezeichnet. Das unterschiedliche Verständnis hat damit dem Begriff Ehevertrag jede Kontur genommen. Es sollte deshalb sowohl bei der Vertragsgestaltung und Vertragsabwicklung als auch beim Studium von Gerichtsentscheidungen klargestellt bzw. ermittelt werden, was unter „Ehevertrag" oder „ehevertraglicher Regelung" oder „ehevertraglicher Abrede" und dergleichen zu verstehen ist.

2. Ehe- und Erbvertrag. In der Kautelarpraxis werden Eheverträge häufig um 2 erbrechtliche Regelungen ergänzt; § 2276 Abs. 2 sieht sie sogar ausdrücklich vor. Meist werden derartige Verträge auch dann als Ehe- und Erbvertrag bezeichnet, wenn der erbrechtliche Teil keinen Erbvertrag iSv §§ 2274 ff. darstellt, sondern eine andere Art von Verfügungen von Todes wegen.[3]

II. Der Ehevertrag im engeren Sinn

1. Abgrenzung. Der Ehevertrag im engeren Sinn entspricht der Legaldefinition 3 des § 1408 Abs. 1. Darunter fällt ein Vertrag, in dem Ehegatten oder künftige Ehegatten ihre güterrechtlichen Verhältnisse abweichend von den vom Gesetz zur Verfügung gestellten Typen regeln. In Betracht kommen dabei sowohl die Wahl eines anderen als des Regelgüterstands der Zugewinngemeinschaft, nämlich der Gütertrennung, der Wahl-Zugewinngemeinschaft (deutsch-französischer

---

1 S. dazu Bergschneider, Verträge in Familiensachen, Rn. 3 ff.; Langenfeld, Handbuch der Eheverträge und Scheidungsvereinbarungen, Rn. 5 ff.
2 Vgl. BVerfG FamRZ 2001, 343 (345).
3 Zu den wechselseitigen Auswirkungen von erbrechtlichen und familienrechtlichen Vereinbarungen s. Bergschneider Rn. 14 ff.

Güterstand) oder Gütergemeinschaft (genereller Ehevertrag), als auch etwaige Modifikationen innerhalb des Regelgüterstands oder eines der Wahlgüterstände (spezieller Ehevertrag). Der Ehevertrag muss die Regelung güterrechtlicher Verhältnisse im Ganzen oder wenigstens in einzelnen Punkten zum Gegenstand haben. Eine Vereinbarung über allgemeine vermögensrechtliche Beziehungen und Folgen der Ehe – wie Abreden über die Mitarbeit im Erwerbsgeschäft des einen Ehegatten, den Erwerb und das Halten gemeinschaftlichen Eigentums und den beiderseitigen Beitrag zum Familienunterhalt – stellen keinen Ehevertrag im engeren Sinne gem. § 1408 Abs. 1 dar.[4] Auch die neben dem Güterrecht herlaufende „zweite Spur" des ehelichen Vermögensausgleichs,[5] also die ehebezogenen Zuwendungen und die Ehegatteninnengesellschaft, fällt nicht unter § 1408 Abs. 1. Diese Unterscheidung ist ua für die Formbedürftigkeit nach § 1410 von Bedeutung.

Im Folgenden wird unter Ehevertrag stets ein Ehevertrag im engeren Sinn verstanden.

4 **2. Zeitpunkt des Vertragsabschlusses.** Aus dem Passus „auch nach Eingehung der Ehe" ergibt sich, dass ein Ehevertrag auch vor der Heirat abgeschlossen werden kann, also nicht nur von Ehegatten, sondern auch von zukünftigen Ehegatten (früher allgemein als Verlobte bezeichnet). Der Ehevertrag wird dann aber erst mit der Eheschließung wirksam, ist also bis dahin aufschiebend bedingt (§ 158 Abs. 1). Mit schuldrechtlicher Wirkung kann der Ehevertrag jedoch auf eine Zeit vor der Eheschließung vorverlegt werden.

Beispiel: Die Eheleute haben vor der Eheschließung mit finanziellen Mitteln in unterschiedlicher Höhe ein Grundstück erworben und darauf ein Haus gebaut. Die Berechnung des Anfangsvermögens iSd § 1374 soll deshalb auf einen bestimmten vor der Eheschließung liegenden Zeitpunkt vorverlegt werden.

Kommt es nicht zur Eheschließung, wird der Ehevertrag gegenstandslos. Wird im Beispielsfall der Ehevertrag vor der Heirat abgeschlossen, ist für den Fall, dass die Eheschließung – auch wegen des Todes – unterbleibt, Vorsorge zu treffen.

5 Während der Ehe gibt es **drei typische Phasen**, in denen Eheverträge abgeschlossen werden:

- Eheverträge, die zu Beginn der Ehe und Eheverträge, die – ohne dass eine Ehekrise Anlass böte – während der Ehe geschlossen werden, sog vorsorgende Eheverträge,
- Eheverträge, die in einer erheblichen Krisensituation geschlossen werden, sog Krisen-Eheverträge,
- Eheverträge, die im Hinblick auf eine in Aussicht stehende oder bevorstehende Scheidung geschlossen werden, die eigentlich verkappte Scheidungsvereinbarungen sind, sog Scheidungs-Eheverträge.[6]

6 **3. Gestaltungsmöglichkeiten.** Die einzelnen Güterstände sind unterschiedlich flexibel. Die meisten, fast **grenzenlosen Gestaltungsmöglichkeiten**, bietet der Güterstand der **Zugewinngemeinschaft.**

---

4 So nach Erman/Heinemann § 1408 Rn. 2.
5 So in der Bezeichnung bei D. Schwab, Brühler Schriften zum Familienrecht, 11. DFGT, S. 50.
6 S. Bergschneider Rn. 9 ff.

Beispiele:

- Alternativen zur Verfügungsbeschränkung,
- Abänderung des Anfangstermins,
- Abänderung des Endtermins,
- Wertfestlegung des Anfangsvermögens,
- Bewertungsmaßstab,
- Vorzeitiger Zugewinnausgleich,
- Beschränkung auf den Todesfall,
- Änderung der Ausgleichsquote,
- Festlegung eines Höchstbetrags,
- Ratenzahlung,
- Herausnahme von Vermögensgegenständen.[7]

Hingegen bietet die **Gütertrennung** nur sehr wenige Gestaltungsmöglichkeiten. Zudem führen Modifikationen bei der Gütertrennung häufig zu Problemen bei der Eintragung ins Güterrechtsregister.[8]   7

Beispiele:

- Geburt gemeinsamer Kinder als Bedingung,
- Befristung.

Da die **Gütergemeinschaft** nur noch sehr selten vorkommt, sind auch die Modifikationsmöglichkeiten von geringer praktischer Bedeutung.   8

Beispiele:

- Einbeziehung in das Vorbehaltsgut,
- Vertretung bei der Verwaltung des Gesamtguts,
- Auseinandersetzungsvereinbarung.[9]

4. Gläubiger- und Insolvenzanfechtung. Als Grundsatz gilt: Der Zweck, die güterrechtlichen Verhältnisse zu gestalten, gibt den eheverträglich begründeten Vermögensverschiebungen einen eigenständigen Rechtsgrund.   9

Es gilt aber auch: Ein Ehevertrag, durch den das Vermögen eines Ehegatten gemindert wird, kann gem. § 3 AnfG oder §§ 129 ff. InsO angefochten werden, wenn ein Missbrauch güterrechtlicher Vertragstypen oder Vertragsmodifizierungen vorliegt. Gemeint sind dabei eheverträglich verschleierte Schenkungen, wobei nach dem Zweck dieser Vorschriften der Begriff der unentgeltlichen Verfügung umfassender als derjenige der Schenkung nach § 516 ist.[10] In der Praxis kommen in erster Linie Manipulationen bei der Gütergemeinschaft infrage, insbesondere im Zusammenhang mit der Auseinandersetzung und Umwandlung von Gesamtgut in Vorbehaltsgut. Jedoch liegt selbst bei großer Verschiedenheit der beiderseitigen Vermögensverhältnisse in der Vereinbarung der Gütergemeinschaft grundsätzlich keine Schenkung vor.[11]   10

7 S. im Einzelnen Bergschneider Rn. 592 ff.; Münch, Ehebezogene Rechtsgeschäfte, Rn. 1141 ff.; Langenfeld/Milzer Rn. 255 ff.; jeweils mit Formulierungsbeispielen.
8 Vgl. OLG Schleswig FamRZ 1995, 1586; OLG Braunschweig FamRZ 2005, 903 m. Anm. Bergschneider.
9 S. im Einzelnen Bergschneider Rn. 770 ff.; Münch Rn. 938 ff.; Langenfeld/Milzer Rn. 399 ff., jeweils mit Formulierungsbeispielen.
10 Vgl. BGHZ 71, 61 = FamRZ 1978, 398 (400); BGH FamRZ 2010, 1548 mAnm Bergschneider.
11 Vgl. BGHZ 116, 178, 189 = FamRZ 1992, 304; BGHZ 65, 79 = FamRZ 1975, 572; s. zum Gesamtkomplex Staudinger/Thiele (2007) § 1408 Rn. 32, 40 ff.

Aber auch bei der Zugewinngemeinschaft können anfechtbare Manipulationen vorkommen, so etwa, wenn die Zugewinngemeinschaft bei Fortbestehen der Ehe aufgehoben wird und Zugewinnausgleichsansprüche geregelt und dadurch Insolvenzgläubiger unmittelbar benachteiligt werden.[12]

III. Vereinbarungen über den Versorgungsausgleich

11 **1. Neuregelung des § 1408 Abs. 2.** § 1408 Abs. 2 ist durch das VersAusglG neu geregelt und enthält nur noch den Hinweis auf die §§ 6 und 8 jenes Gesetzes. § 6 trägt die Überschrift „Regelungsbefugnisse der Ehegatten" und bestimmt in Abs. 1 S. 1, dass die Ehegatten Vereinbarungen über den Versorgungsausgleich schließen können. Damit wird die **Vertragsfreiheit** auf diesem Gebiet gestärkt. S. 2 nennt einige Gestaltungsbeispiele und Abs. 2 legt fest, dass das Familiengericht an die Vereinbarung der Ehegatten gebunden ist, wenn keine Wirksamkeits- und Durchführungshindernisse bestehen. § 8 des VersAusglG mit der Überschrift „Besondere materielle Wirksamkeitsvoraussetzungen" zieht in Abs. 1 insoweit eine inhaltliche Schranke, als Vereinbarungen über den Versorgungsausgleich einer **Inhalts- und Ausübungskontrolle** standhalten müssen und in Abs. 2 durch die Vereinbarung nur Anrechte übertragen und begründet werden können, wenn die maßgebenden Regelungen dies zulassen und die betroffenen Versorgungsträger zustimmen.

Das VersAusglG macht keinen Unterschied zwischen Eheverträgen und Scheidungsvereinbarungen, sondern spricht einheitlich von „Vereinbarungen". Damit gelten der Hinweis auf die Vertragsfreiheit und auf die Gestaltungsbeispiele wie auch die inhaltlichen Schranken gleichermaßen für Eheverträge und Scheidungsvereinbarungen.

Wie zum Güterrecht können ehevertragliche Vereinbarungen zum Versorgungsausgleich auch vor der Ehe geschlossen werden.

12 **2. Besondere materielle Wirksamkeitsvoraussetzungen.** Die Erwähnung der **Inhalts- und Ausübungskontrolle** in § 8 Abs. 1 VersAusglG bedeutet eigentlich nichts Neues. Damit wird lediglich die einschlägige Rechtsprechung des Bundesgerichtshofs kodifiziert. Auch bisher mussten Eheverträge und Scheidungsvereinbarungen diese Rechtsprechung beachten, wollten sie nicht als sittenwidrig (§ 138 Abs. 1) oder unzulässige Rechtsausübung (§ 242) beanstandet werden (→ Rn. 14 ff.). Die Neuregelung hat aber zur Folge, dass die in § 1408 Abs. 2 S. 2 aF enthaltene **Frist** von einem Jahr, die dann zur Unwirksamkeit der ehevertraglichen Regelung über den Versorgungsausgleich geführt hat, wenn innerhalb dieser Zeit ein Scheidungsantrag gestellt worden war, entfallen ist. Zudem bedürfen Scheidungsvereinbarungen auch nicht mehr der **Genehmigung** nach § 1587 o Abs. 2 S. 3 aF.

§ 8 Abs. 2 VersAusglG enthält eigentlich eine Selbstverständlichkeit, nämlich dass die Vertragsfreiheit der Ehegatten ihre Grenze an den Vorschriften der gesetzlichen Rentenversicherung, der Beamtenversorgung, der betrieblichen Altersversorgung, den Versorgungsordnungen, Versicherungsbedingungen usw findet.

13 **3. Gestaltungsmöglichkeiten.** In § 6 Abs. 1 S. 2 VersAusglG sind beispielhaft einige Gestaltungsmöglichkeiten vorgestellt, nämlich

---

12 Vgl. BGH FamRZ 2010, 1548 mAnm Bergschneider.

- die **Einbeziehung** einer Vereinbarung über den Versorgungsausgleich in die Regelung der ehelichen Vermögensverhältnisse,
- der **Ausschluss** des Versorgungsausgleichs,
- der Vorbehalt von Ausgleichsansprüchen nach der Scheidung gem. §§ 20–24 VersAusglG. Damit ist der sog **schuldrechtliche Versorgungsausgleich** mit seinen speziellen Gestaltungsmöglichkeiten gemeint.

Darüber hinaus gibt es eine Vielzahl **weiterer Gestaltungsmöglichkeiten** wie
- **Saldierung** von Anrechten,
- **Abfindung**,
- Herabsetzung der Quote,
- Reduzierung des Ausgleichsbetrags,
- verkürzte Anrechnungszeit,
- Ausklammerung von Randversorgungen,
- einseitiger Ausschluss,
- Lebensversicherung statt Versorgungsausgleich und
- Abfindung.[13]

Wie dort ausdrücklich erwähnt, kann über den Versorgungsausgleich insgesamt oder über einzelne Anrechte oder Teile von ihnen eine Vereinbarung abgeschlossen werden.

IV. Richterliche Inhaltskontrolle von Eheverträgen (Güterrecht und Versorgungsausgleich)

1. Die grundlegenden Entscheidungen des Bundesverfassungsgerichts und des Bundesgerichtshofs. In grundlegenden und über die konkreten Fälle weit hinausgehenden Entscheidungen haben das Bundesverfassungsgericht[14] und der Bundesgerichtshof[15] Ausführungen zur Unwirksamkeit von Eheverträgen gemacht. Damit hat die höchstrichterliche Rechtsprechung zu einer wesentlichen Einschränkung der Vertragsfreiheit auf dem Gebiet des Familienrechts geführt. Diese Rechtsprechung gilt auch für Verträge, die vor langer Zeit abgeschlossen worden sind; der in der ersten Entscheidung[16] des Bundesverfassungsgerichts beurteilte Vertrag stammte aus dem Jahr 1977.

14

Nach dieser Rechtsprechung ist im Wege einer besonderen richterlichen Inhaltskontrolle darauf zu achten, dass es nicht zu einer **unangemessenen Benachteiligung eines der Ehegatten** kommt und das Kindeswohl gewahrt wird. Die Prüfung, ob eine unangemessene Benachteiligung vorliegt, ist sowohl in objektiver als auch in subjektiver Hinsicht vorzunehmen. Auf der **objektiven Seite** geht es um eine besonders einseitige Aufbürdung von vertraglichen Lasten, die man (positiv und negativ) mit folgenden Stichworten charakterisieren kann: Krasses Ungleichgewicht, Ausdruck und Ergebnis gleichberechtigter Lebenspartnerschaft, Verbot einseitiger ehelicher Lastenverteilung. Die **subjektive Seite** ist durch eine erheblich ungleiche Verhandlungsposition der Vertragspartner gekennzeichnet. Die einschlägigen Stichworte lauten: strukturelle Unterlegenheit

15

---

13 S. im Einzelnen Bergschneider Rn. 886 ff.; Langenfeld/Milzer Rn. 706 ff.; Münch Rn. 3539 ff., jeweils mit Formulierungsbeispielen.
14 Vgl. FamRZ 2001, 343 m. Anm. Schwab; FamRZ 2001, 985.
15 Vgl. FamRZ 2004, 601 m. Anm. Borth; FamRZ 2005, 185 und FamRZ 2005, 691 jeweils m. Anm. Bergschneider.
16 Vgl. FamRZ 2001, 343.

beim Vertragsschluss, einseitige Dominanz, ungleiche Verhandlungsposition, Umkehrung der Selbstbestimmung in eine Fremdbestimmung, Unterlegenheitsposition.

Diese Rechtsprechung gilt fast ausschließlich zugunsten des berechtigten Ehegatten. In ganz extremen Fällen kann sie auch zugunsten des Verpflichteten eingreifen.[17]

16   **2. Die Kernbereichslehre des Bundesgerichtshofs.** Die richterliche Inhaltskontrolle ist gemäß der Rechtsprechung des Bundesgerichtshofs nach der Wertigkeit des Rechts, auf das verzichtet oder das sonst geschmälert wird, ausgerichtet.[18] Eine Beanstandung ist umso eher anzunehmen, je stärker die Vereinbarung in den **Kernbereich des Scheidungsfolgenrechts** eingreift (neu: Kernbereichslehre). Der Bundesgerichtshof kommt dabei zu einer bemerkenswerten **Rangabstufung**, die man in der juristischen Umgangssprache als Ranking bezeichnet. Gegenstand dieses Kernbereichs sind in erster Linie nacheheliche Unterhaltsansprüche mit dem Unterhaltsanspruch wegen Kindesbetreuung (§ 1570 aF; jetzt § 1570 Abs. 1) an der Spitze, gefolgt vom Alters- und Krankheitsunterhalt (§§ 1571, 1572) und gleichrangig mit dem Versorgungsausgleich. Abgestuft in drei weiteren Rängen folgen die übrigen Unterhaltatbestände.[19] Außerhalb des Kernbereichs befindet sich der Zugewinnausgleich, der regelmäßig keiner Beschränkung unterliegt.

17   **3. Sittenwidrigkeit und unzulässige Rechtsausübung.** Wiederum sehr ausführlich befasst sich der Bundesgerichtshof mit den Folgen eines beanstandeten Ehevertrages:

■ Als erster Schritt ist eine **Wirksamkeitskontrolle gem. § 138 Abs. 1** in Form einer Bestandskontrolle vorzunehmen, deren Gegenstand eine auf den Zeitpunkt des Vertragsabschlusses bezogene Gesamtwürdigung der individuellen Verhältnisse der Ehegatten ist.[20] Von besonderer Bedeutung sind die Einkommens- und Vermögensverhältnisse und der geplante oder bereits verwirklichte Lebenszuschnitt. Im Zusammenhang mit § 138 Abs. 1 geht der Bundesgerichtshof auf eine sehr restriktive Linie, an der er in einer späteren Entscheidung bekräftigt hat.[21] Sittenwidrigkeit wird nämlich regelmäßig nur dann in Betracht kommen, wenn Regelungen aus dem Kernbereich des gesetzlichen Scheidungsfolgenrechts ganz oder zu erheblichen Teilen abbedungen werden, ohne dass dieser Nachteil durch anderweitige Vorteile gemildert oder durch die besonderen Verhältnisse der Ehegatten gerechtfertigt wird. Ergibt diese Prüfung, dass der Ehevertrag sittenwidrig und damit nichtig ist, treten an dessen Stelle die gesetzlichen Regelungen. In einer späteren Entscheidung stellte der Bundesgerichtshof[22] klar, dass bei Sittenwidrigkeit einzelner Klauseln der gesamte Vertrag nichtig ist, ausgenommen aufgrund einer anderweitigen Parteivereinbarung käme man in einem Einzelfall zu

---

17 Vgl. BGH FamRZ 2009, 198 mAnm Bergschneider.
18 Vgl. BGH FamRZ 2004, 601, 605 ff.
19 S. im Einzelnen Bergschneider, Eheverträge und Scheidungsvereinbarungen – Wirksamkeit und richterliche Inhaltskontrolle, FamRZ 2004, 1757; ders., Richterliche Inhaltskontrolle von Eheverträgen und Scheidungsvereinbarungen, S. 14 ff.
20 Diesen Zeitpunkt hat der BGH in FamRZ 2005, 1449 m. Anm. Bergschneider noch einmal als maßgebend herausgestellt.
21 Vgl. BGH FamRZ 2013, 195 mAnm Bergschneider.
22 Vgl. BGH FamRZ 2005, 1444 (1447) m. Anm. Bergschneider.

einem anderen Ergebnis. Das bedeutet, dass eine Salvatorische Klausel trotz angenommener Teilnichtigkeit des Ehevertrages iSv § 139 die Gesamtnichtigkeit des Vertrages verhindern kann, allerdings nur dann, wenn eine auf ungleichen Verhandlungspositionen beruhende Störung der Vertragsparität nicht vorliegt.[23]

■ Ist der Ehevertrag zwar zu beanstanden, ist er jedoch nicht sittenwidrig, hat in einem zweiten Schritt die **Ausübungskontrolle gem. § 242** einzusetzen. Dabei kommt es sowohl auf den Zeitpunkt des Zustandekommens als auch des Scheiterns der Ehe an.[24] Insbesondere ist von Bedeutung, ob und inwieweit die Berufung auf den Ausschluss gesetzlicher Scheidungsfolgen angesichts der aktuellen Verhältnisse nunmehr missbräuchlich erscheint und deshalb das Vertrauen des Begünstigten in den Fortbestand des Vertrages nicht mehr schutzwürdig ist (**unzulässige Rechtsausübung**). Der Richter hat dann diejenige Rechtsfolge anzuordnen, die den jetzigen berechtigten Belangen beider Parteien in ausgewogener Weise Rechnung trägt; er hat also den Vertrag insbesondere an die aktuellen Verhältnisse anzupassen. 18

■ Als Lösungsansatz wird dabei oft ein Ausgleich ehebedingter Nachteile in Betracht kommen,[25] wobei auch ehebedingte Vorteile zu berücksichtigen sind.[26]

In der Praxis ist die Beurteilung, ob ein Vertrag wirksam oder unwirksam ist, ob er „kontrollfest" ist, außerordentlich schwierig. Die Grauzone ist einfach zu breit und die Einschätzungen sind individuell verschieden. Zwei Fragenkomplexe sind aber stets von Bedeutung: 19

■ **Objektive Seite:** Worauf wird verzichtet? Wie sieht ein Vergleich zwischen den gesetzlichen Ansprüchen und der vertraglichen Regelung aus? Welche Bedeutung haben die einzelnen Scheidungsfolgeregelungen für die Beteiligten unter Berücksichtigung des Kernbereichs innerhalb des Scheidungsfolgenrechts?

■ **Subjektive Seite:** Wird bei der Prüfung der objektiven Seite festgestellt, dass ein Ehegatte gravierend benachteiligt wurde, sind weitere Fragen zu stellen. Insbesondere: Wie ist der Vertrag zustande gekommen? Wie gleich oder ungleich sind bzw. waren die Verhandlungspositionen?[27] Welche Bedeutung hat der Verzicht für die Beteiligten?

In der weiteren Rechtsprechung hat der BGH der subjektiven Seite das ausschlaggebende Gewicht eingeräumt und darauf hingewiesen, ein Ehevertrag könne sich in seiner Gesamtwürdigung nur dann als sittenwidrig und daher als insgesamt nichtig erweisen, wenn konkrete Feststellungen zu einer unterlegenen Verhandlungsposition der benachteiligten Ehegatten getroffen worden sind. Allein aus der Unausgewogenheit des Vertragsinhalts ergäbe sich die Sittenwidrigkeit regelmäßig noch nicht.[28]

Soweit ersichtlich, erfasst diese Rechtsprechung – von Ausnahmen abgesehen – auch die früher unmittelbar auf § 138 Abs. 1 und § 242 gestützten Fälle; diese 20

---

23 Vgl. BGH FamRZ 2013, 269.
24 So noch einmal BGH FamRZ 2005, 1444.
25 Vgl. BGH FamRZ 2011, 1377; 2013, 195; 2013, 758 jeweils mAnm Bergschneider.
26 Vgl. BGH FamRZ 2014, 629 mAnm Bergschneider, FamRZ 2014, 727.
27 Zu einzelnen Kriterien s. Bergschneider Rn. 151 ff.
28 Vgl. BGH FamRZ 2013, 195 mAnm Bergschneider.

Bestimmungen haben damit – zumindest in der Praxis – nur noch Bedeutung im Zusammenhang mit der richterlichen Inhaltskontrolle.

21 **4. Zur richterlichen Inhaltskontrolle bei Güterrechtsverträgen.** Die Zugewinngemeinschaft liegt nach der Rechtsprechung des Bundesgerichtshofs zur richterlichen Inhaltskontrolle von Eheverträgen[29] außerhalb des Kernbereichs des Scheidungsfolgenrechts und erweist sich als ehevertraglicher Disposition am weitesten zugänglich, weshalb regelmäßig die volle Vertragsfreiheit besteht. Diesen Standpunkt hat der Bundesgerichtshof in einer weiteren Entscheidung nachhaltig bekräftigt.[30] Die Abwahl des Regelgüterstandes der Zugewinngemeinschaft und die Berufung auf eine formell wirksam vereinbarte Gütertrennung werden sich deshalb nur unter engsten Voraussetzungen als rechtsmissbräuchlich erweisen.

22 Diese Argumentation des Bundesgerichtshofs wird durch das Gegenüber der amtlichen Überschriften zu § 1408 („Ehevertrag, Vertragsfreiheit") und zu § 1409 („Beschränkung der Vertragsfreiheit") gestützt. Da sich die Beschränkung der Vertragsfreiheit in § 1409 auf die verbotene Verweisung auf ein nicht mehr geltendes oder ausländisches Recht, also auf Güterrecht bezieht, wird man wohl sagen können, dass es grundsätzlich bei der Beschränkung des § 1409 verbleibt und weitere Beschränkungen – auch aufgrund der richterlichen Inhaltskontrolle – keine Stütze im Gesetz finden. Diese Rechtsprechung ist auch für unsere Wirtschaftsordnung geboten. Insbesondere für Selbstständige und Gewerbetreibende ist nämlich das weiterhin im Wesentlichen ungeschmälert verbliebene Recht zur **freien Wahl des Güterstandes** von größter Bedeutung; nach einem Beschluss des Oberlandesgerichts München[31] ist die Gütertrennung für diesen Personenkreis vielfach sogar interessengerecht. Nach einem ausdrücklichen Hinweis des Bundesgerichtshofs[32] kann das Interesse eines Ehegatten an der wirtschaftlichen Substanz eines ihm von den Eltern zukünftig zufallenden Geschäfts durch Vereinbarung der Gütertrennung geschützt werden.

23 Das grundlegende Bundesgerichtshof-Urteil sollte – insbesondere im Hinblick auf die OLG-Rechtsprechung – nicht als Freibrief missverstanden werden. In diesem Bereich kann es sehr wesentlich auf die subjektive Seite ankommen. Exemplarisch ist eine Entscheidung des Oberlandesgerichts Oldenburg,[33] wonach ein ehevertraglich – neben dem Teilverzicht auf Unterhaltsansprüche sowie Versorgungsausgleichsansprüche – vereinbarter Ausschluss des Zugewinnausgleichs jedenfalls dann unwirksam ist, wenn die schwangere Braut erst kurze Zeit vor der beabsichtigten Eheschließung erstmalig mit dem Abschluss des Ehevertrags konfrontiert wurde („**Last-minute-Ehevertrag**"). Zum Sachverhalt: Der Hochzeitstermin war bestimmt, die Gäste waren geladen, als der spätere Ehemann unvermittelt wegen der Protokollierung des Vertrages an die Braut herantrat. Dazu führt das Oberlandesgericht aus, die Art des Zustandekommens des Vertrages lasse erkennen, dass die Interessen der im fünften Monat schwangeren Ehefrau keine hinreichende Berücksichtigung gefunden haben, auch wenn sie entsprechend belehrt worden ist.

---

29 Vgl. BGH FamRZ 2004, 601, 605.
30 Vgl. BGH FamRZ 2007, 1310 m. Anm. Bergschneider.
31 Vgl. OLG München FamRZ 2003, 378 m. Anm. Bergschneider.
32 BGH FamRZ 2007, 1310.
33 Vgl. OLG Oldenburg FamRZ 2004, 545 m. Anm. Bergschneider.

Wiederholt ist aber entschieden worden, dass eine Schwangerschaft allein einen Ehevertrag mit Gütertrennung nicht unwirksam macht.[34]

Zu bedenken ist zudem, dass ein Vertrag mit Verzicht auf Zugewinn und Versorgungsausgleich – ein sog **Totalverzicht/Globalverzicht** – oder auch allein mit einem besonders gravierenden Unterhaltsverzicht und zudem einem gravierenden Defekt auf der subjektiven Seite im Wege der Inhaltskontrolle zur Sittenwidrigkeit des Gesamtvertrages führen kann und damit auch zur Unwirksamkeit der Gütertrennung, die für sich allein gesehen nicht zum Kernbereich des Scheidungsfolgenrechts gehört.[35] In solchen Fällen reißt die Beanstandung des Unterhaltsverzichts und des Verzichts auf Versorgungsausgleich die vereinbarte Gütertrennung gleichsam mit ins Verderben. 24

Unter ganz besonderen Umständen kann auch ein Ehevertrag, der nur die **Gütertrennung** zum Inhalt hat, problematisch werden. Hat beispielsweise der Ehemann während der Ehe namhaftes Vermögen erworben, die kinderbetreuende Ehefrau jedoch nicht, und sind in der Ehe bei keinem der Ehegatten Versorgungsanrechte entstanden, kann das sich daraus ergebende Resultat, nämlich dass die Ehefrau ohne vermögensrechtliche Beteiligung und ohne Altersversorgung geschieden wird, so evident einseitig sein, dass ein solcher Vertrag zu beanstanden ist.[36]

Seine gegenteilige Auffassung hat der Bundesgerichtshof nunmehr revidiert und löst solche Fälle im Wege der sogenannten **Funktionsäquivalenz**, wenn es in besonderen Einzelfällen geboten erscheint, den haushaltführenden Ehegatten zum Ausgleich für die entgangenen Versorgungsanrechte einen begrenzten Zugewinnausgleich zu gewähren, also ein Hinübergreifen vom Versorgungsausgleich auf den Zugewinnausgleich zu gestatten.[37] Es ist aber zu beachten, dass diese Rechtsprechung nur für besonders asymmetrische Fälle gilt, wenn bei Gütertrennung der eine Ehegatte namhaftes Vermögen erwirbt und der andere weder Vermögen noch Versorgungsausgleich (zB weil keine ehezeitlichen Versorgungsanrechte entstanden sind) erhält.

In solch problematischen Fällen kann es deshalb für die Wirksamkeit der Gütertrennung entscheidend sein, ob **Leistungen zugunsten des verzichtenden Teils** vereinbart sind.[38] Beispielsweise wird sich mit einer Ausgleichszahlung, dem Erwerb gemeinsamen Eigentums oder auch einer modifizierten Zugewinngemeinschaft oft das Argument entkräften lassen, der eine Teil habe die schwächere Lage des anderen Teils bewusst zu seinem Vorteil ausgenutzt.[39] 25

Problematisch können Güterrechtsvereinbarungen auch dann werden, wenn sich die beiderseitigen Vermögensverhältnisse entgegen den ursprünglichen Planungen in einem besonders auffälligen Missverhältnis entwickeln. In solchen Fällen wird aber nur eine unzulässige Rechtsausübung gem. § 242 in Betracht kommen. 26

---

34 Vgl. OLG Hamm FamRZ 2006, 268 und FamRZ 2006, 1034, beide m. Anm. Bergschneider.

35 Vgl. BGH FamRZ 2008, 2011 mit Anm. Bergschneider; OLG Nürnberg FamRZ 2005, 454; OLG Celle FamRZ 2004, 1489.

36 AA BGH FamRZ 2008, 386; so aber Bergschneider, Güterrecht und richterliche Inhaltskontrolle, FamRZ 2010, 1857 (1859).

37 Vgl. BGH FamRZ 2014, 1978 mAnm Bergschneider.

38 Vgl. BGH FamRZ 2014, 727.

39 Vgl. OLG Celle FamRZ 2004, 1202 m. Anm. Bergschneider.

27 **Resümee:** Die Dispositionsfreiheit im ehelichen Güterrecht reicht sehr weit, ist
    aber nicht grenzenlos. Ihre Grenzen wird sie da finden, wo die subjektive Seite
    ganz besonders spektakulär zulasten des einen Ehegatten wirkt oder ein gravie-
    render Verzicht auf mehrere andere Rechte zu einer Beanstandung des Vertrages
    insgesamt und somit auch der güterrechtlichen Regelung führt.

28 **5. Zur richterlichen Inhaltskontrolle bei Vereinbarungen zum Versorgungsaus-
    gleich.** Die Verweisung von § 1408 Abs. 2 ua auf § 8 Abs. 2 VersAusglG bedeu-
    tet lediglich eine Kodifizierung der bisherigen Rechtsprechung des Bundesge-
    richtshofs, jedoch keine Änderung der Rechtslage. Es bleibt dabei, dass im Ge-
    gensatz zu Vereinbarungen über das Güterrecht die **Vertragsfreiheit** bei Regelun-
    gen über den Versorgungsausgleich **wesentlich stärker eingeschränkt** ist. Das er-
    gibt sich aus dem hohen Rang, den der Bundesgerichtshof in seinem grundlegen-
    den Urteil dem Versorgungsausgleich innerhalb des Kernbereichs des Schei-
    dungsfolgenrechts eingeräumt hat, nämlich gemeinsam mit dem Alters- und
    Krankenunterhalt (§§ 1571, 1572) den zweiten Rang, gleich nach dem Kindes-
    betreuungsunterhalt.[40] Weitere Entscheidungen haben gezeigt, wie ernst der
    Bundesgerichtshof[41] diese hochrangige Positionierung nimmt. Diese strengen
    Voraussetzungen werden allerdings in erster Linie für einen vollständigen Ver-
    zicht auf Versorgungsausgleich gelten. Für einen Teilverzicht, sei es in Form
    einer betragsmäßigen Beschränkung insbesondere auf den Ausgleich ehebeding-
    ter Nachteile, sei es als Verzicht auf sog Randversorgungen (Betriebsrenten, Zu-
    satzversorgungen, Lebensversicherungen usw), werden die Anforderungen wohl
    geringer sein.

29 Mit einer Beanstandung des ehevertraglichen Verzichts auf Versorgungsaus-
    gleich ist insbesondere dann zu rechnen, wenn ein Ehegatte sich während der
    Ehezeit einvernehmlich der Betreuung gemeinsamer Kinder oder ausschließlich
    der Haushaltsführung widmet, deshalb auf eine versorgungsbegründende Er-
    werbstätigkeit verzichtet und für den Verzicht keine Kompensation erhält. Da-
    bei ist aber auch zu berücksichtigen, in welchem Umfang er im Scheidungsfall
    voraussichtlich die eigene Altersversorgung durch künftige versicherungspflich-
    tige Tätigkeit oder in anderer Weise (zB Vermögenserwerb durch Erbschaft) aus-
    bauen kann.

30 Trotz der hohen Bedeutung, die der Bundesgerichtshof dem Versorgungsaus-
    gleich beimisst, wird ein Verzicht auf Versorgungsausgleich nur selten im Wege
    der Bestandskontrolle zur Sittenwidrigkeit des Ehevertrages (§ 138 Abs. 1) und
    damit zur Nichtigkeit führen.[42] Etwas anderes kann allerdings dann gelten,
    wenn der benachteiligte Ehegatte zusätzlich zum Verzicht auf Versorgungsaus-
    gleich auf weitere Rechte von sehr beachtlichem Gewicht verzichtet, insbesonde-
    re auf **hochrangige Unterhaltsrechte.** Die massive Beanstandung eines Verzichts
    auf Versorgungsausgleich kann auch zur Sittenwidrigkeit des gesamten Ehever-
    trages führen.[43] Statt der Bestandskontrolle wird bei einem auf den Versor-
    gungsausgleich (und eventuell weitere Rechte von nicht sehr beachtlichem Ge-
    wicht) beschränkten Verzicht die **Ausübungskontrolle** und damit die unzulässige
    Rechtsausübung (§ 242) das besser angemessene Ergebnis mit sich bringen. So

---

40 Vgl. BGH FamRZ 2004, 601 (605).
41 Vgl. BGH FamRZ 2005, 26 und 185, FamRZ 2008, 2011; sämtliche m. Anm. Berg-
    schneider.
42 Anders OLG Nürnberg FamRZ 2005, 454.
43 Vgl. BGH FamRZ 2008, 2011 mAnm Bergschneider.

hat denn auch der Bundesgerichtshof[44] einen Verzicht auf Versorgungsausgleich zwar als unwirksam angesehen, jedoch die Verfahrensweise des Oberlandesgerichts gebilligt, mithilfe eines Sachverständigen zu ermitteln, welche Versorgungsanrechte die Ehefrau hätte, wenn sie ihre Erwerbstätigkeit nicht aufgegeben, sondern weiter gearbeitet hätte. Die Ehefrau wurde also nicht so gestellt, wie wenn der Versorgungsausgleich nach den gesetzlichen Vorschriften durchgeführt worden wäre, sondern nur der durch Aufgabe der Erwerbstätigkeit eingetretene Nachteil wurde ausgeglichen. Es findet also keine Nivellierung der Anrechte aus dem Versorgungsausgleich statt, sondern nur ein Ausgleich der ehebedingten Nachteile. Zu einem Teilausgleich zugunsten des kinderbetreuenden Ehegatten werden dabei bereits die rentenrechtlichen Auswirkungen der Kindererziehungszeit führen.

In besonders gelagerten Ausnahmefällen kann auch ein Ausgleich im Wege der Funktionsäquivalenz stattfinden (→ Rn. 24).

§ 1409 BGB Beschränkung der Vertragsfreiheit

Der Güterstand kann nicht durch Verweisung auf nicht mehr geltendes oder ausländisches Recht bestimmt werden.

I. Anwendungsbereich

Das **Verweisungsverbot** des § 1409 dient der Rechtsklarheit und gilt für alle ausländischen güterrechtlichen Bestimmungen und für alle Regelungen, die in der derzeit geltenden Fassung des BGB nicht mehr enthalten sind.[1] Verstößt eine güterrechtliche Vereinbarung gegen das Verweisungsgebot, ist sie nach § 134 nichtig. Aus dieser Vorschrift ergibt sich auch, dass neben dem Regelgüterstand der Zugewinngemeinschaft nur die Wahlgüterstände der Gütertrennung, der Wahl-Zugewinngemeinschaft (deutsch-französischer Güterstand) und der Gütergemeinschaft existieren. Allerdings können diese Güterstände modifiziert werden, am stärksten die Zugewinngemeinschaft (→ § 1408 Rn. 6). Durch eine solche Modifikation kann im Ergebnis eine Annäherung an einen früheren oder ausländischen Güterstand erreicht werden. 1

Beispiel: Erklären die in Gütergemeinschaft lebenden Ehegatten Immobilien zum Vorbehaltsgut gem. § 1418 Abs. 2 Nr. 1, nähert sich die Gütergemeinschaft einer Fahrnisgemeinschaft an, wie sie früher in Deutschland galt und heute noch vielfach im Ausland gilt.

II. Rechtswahl nach Art. 15 Abs. 2 EGBGB

Das Verbot der Verweisung auf ausländisches Recht ist jedoch von verhältnismäßig geringer praktischer Auswirkung, weil Ehegatten für ihre güterrechtlichen Wirkungen das Recht des Staates wählen können, dem einer von ihnen angehört (Art. 15 Abs. 2 Nr. 1 EGBGB), aber auch das Recht des Staates, in dem einer von ihnen seinen gewöhnlichen Aufenthalt hat (Art. 15 Abs. 2 Nr. 2). 2

---

44 Vgl. BGH FamRZ 2005, 185 m. Anm. Bergschneider.
1 S. MK/Kanzleiter § 1409 Rn. 1 f. und dort auch zur Fortgeltung früherer Wahlgüterstände und des früheren gesetzlichen Güterstands der DDR.

Beispiel: Hat von Ehegatten mit beiderseits deutscher Staatsangehörigkeit der eine seinen gewöhnlichen Aufenthalt auf Mallorca, der andere in Deutschland, können sie spanisches Güterrecht wählen.

Die Rechtswahl bedarf grundsätzlich der **notariellen Beurkundung** (Art. 15 Abs. 3, 14 Abs. 4 EGBGB). Sollte das ausländische Recht einen der Ehegatten sehr stark benachteiligen und liegen die entsprechenden subjektiven Voraussetzungen vor, kann es im Weg der richterlichen Inhaltskontrolle zur Unwirksamkeit einer solchen Rechtswahl kommen.[2]

§ 1410 BGB Form

Der Ehevertrag muss bei gleichzeitiger Anwesenheit beider Teile zur Niederschrift eines Notars geschlossen werden.

I. Allgemeines

1 Die Formvorschrift des § 1410 gilt für güterrechtliche Regelungen iSv § 1408 Abs. 1, also für einen Ehevertrag entsprechend der Legaldefinition (Eheverträge im engeren Sinn) wie auch für eine Vereinbarung über den Versorgungsausgleich iSv § 1408 Abs. 2 (§ 7 VersAusglG). Formbedürftig sind in gleicher Weise Modifikationen zum Güterrecht und zum Versorgungsausgleich, aber auch die Aufhebung des Ehevertrages. Auch ein Vorvertrag bedarf dieser Form.[1]

Im Hinblick auf diese Formvorschriften gibt es nicht etwa die stillschweigende Vereinbarung eines bestimmten Güterstandes, auch dann nicht, wenn die Eheleute übereinstimmend, aber irrtümlich davon ausgegangen sind, zwischen ihnen gelte ein bestimmter Güterstand.[2] Wird die Form verletzt, ist der Vertrag gem. § 125 S. 1 nichtig.

II. Formbedürftigkeit kraft Zusammenhangs

2 Bei Eheverträgen im weiteren Sinn gilt die Formvorschrift des § 1410 zunächst **nur für den güterrechtlichen und versorgungsausgleichsrechtlichen Teil** der Regelung. An und für sich nicht formbedürftige Geschäfte (insbesondere Unterhaltsvereinbarungen, soweit sie nicht selbst formbedürftig sind, wie nach § 1585 c, aber auch Nutzungsregelungen) können formbedürftig werden, wenn sie in eine Gesamtregelung mit formbedürftigen Geschäften einbezogen – oder mit anderen Worten – zu einer rechtlichen Einheit verflochten werden (Formbedürftigkeit kraft Zusammenhangs), hier also mit Güterrecht oder Versorgungsausgleich.[3] Zumindest Teile der Rechtsprechung gehen in diesem Zusammenhang davon aus, dass eine Verflechtung im Zweifel bereits dann anzunehmen sei, wenn die nicht formbedürftigen Rechtsgeschäfte gemeinsam mit den formbedürftigen Rechtsgeschäften **in eine Urkunde aufgenommen** sind, woraus sich die Konsequenz ergebe, dass eine Abänderung solcher an und für sich nicht formbedürftiger, durch die Verflechtung jedoch formbedürftig gewordener Rege-

---

2 Siehe Bergschneider, Richterliche Inhaltskontrolle von Eheverträgen und Scheidungsvereinbarungen, S. 75.

1 Vgl. BGH FamRZ 1966, 492.

2 Vgl. OLG Frankfurt/M. FamRZ 2001, 1523; das Amtsgericht hatte noch eine wirksame stillschweigende Aufhebung des Gütertrennungsvertrages angenommen.

3 Vgl. BGH FamRZ 2002, 1179, 1180; Bergschneider Rn. 118 ff.; Palandt/Brudermüller § 1410 Rn. 3; Maier/Reimer, Die Form verbundener Verträge, NJW 2004, 3741.

lungen ebenfalls der notariellen oder gerichtlichen Form bedürfe.[4] Die praktischen Auswirkungen einer solchen Rechtsprechung sind sehr weitgehend.

Beispiel: Die Ehegatten schließen im Vorfeld der Scheidung eine notarielle Vereinbarung, in der sie die Zugewinngemeinschaft aufheben und eine Nutzungsregelung bezüglich des im gemeinsamen Eigentum stehenden Einfamilienhauses treffen. Die Abänderung der Nutzungsregelung bedarf nach dieser Rechtsprechung der notariellen Form.

III. Besonderheiten beim Zugewinnausgleich

Für den Zugewinnausgleich wird § 1410 durch § 1378 Abs. 3 S. 2 ergänzt, wonach Vereinbarungen über den Ausgleich des Zugewinns im Zusammenhang mit einer Ehescheidung bis zur Rechtskraft der Scheidung der notariellen Form oder der Form eines gerichtlichen Vergleichs bedürfen.[5] Dies gilt sowohl für Verpflichtungen als auch für entsprechende Verfügungen.[6] Diese Formbedürftigkeit gilt zudem für die Regelung von Einzelpunkten, insbesondere für die Vereinbarung von bindenden Schiedsgutachten über den Wert von Grundstücken, Unternehmen, Sammlungen usw, auf die man sich bei einvernehmlichen Zugewinnauseinandersetzungen oft einigt. Verbindlich werden die Ergebnisse derartiger Schiedsgutachten **nur bei Wahrung der Form.**[7]   3

Ob die Einwendung, der andere Ehegatte dürfe sich nach **Treu und Glauben**   4 nicht auf den Formmangel berufen, Erfolg hat, kommt auf den Einzelfall an; die Voraussetzungen sind jedoch sehr streng. Wie der Bundesgerichtshof[8] ausführt, kann das Rechtsgebot von Treu und Glauben gegenüber den gesetzlichen Formvorschriften nur in besonders liegenden Ausnahmefällen durchgreifen, nämlich wenn es nach den Beziehungen der Beteiligten und den sonstigen Umständen mit Treu und Glauben unvereinbar wäre, vertragliche Vereinbarungen wegen Formmangels unausgeführt zu lassen. Ein solcher Ausnahmefall ist nicht schon dann gegeben, wenn die Nichtausführung des Vertrages zu einem harten Ergebnis für den einen Vertragsteil führt; das Ergebnis muss schlechthin untragbar sein.

Das Zusammenwirken der Bestimmungen des § 1408 Abs. 1 mit der schwieri-   5 gen und unklar formulierten Vorschrift des § 1378 Abs. 3 S. 2 und 3 wirft zusätzliche Fragen auf, wird jedoch leichter verständlich, wenn man von folgenden **zeitlichen Abschnitten** ausgeht:

- ■ Vor Anhängigkeit des Ehescheidungsverfahrens sind Vereinbarungen über die Ausgleichsforderung grundsätzlich nicht zulässig. Dies ist die Regelung in § 1378 Abs. 3 S. 3. Selbstverständlich können bis dahin Vereinbarungen über den Zugewinn in der Form eines Ehevertrages geschlossen werden.
- ■ Der Bundesgerichtshof[9] geht jedoch weiter und lässt Vereinbarungen über den Ausgleich des Zugewinns für eine beabsichtigte Scheidung bereits vor Anhängigkeit des Scheidungsverfahrens zu, verlangt hierfür jedoch die notarielle Form.

---

4 Vgl. OLG Frankfurt/M. DNotZ 2004, 939 m. krit. Anm. Kanzleiter; Hinweisbeschluss des OLG Bremen MittBayNot 2010, 480 mAnm Bergschneider.
5 Vgl. BGH FamRZ 1983, 160.
6 Vgl. BGH FamRZ 1983, 160.
7 S. dazu im Einzelnen Bergschneider Rn. 594 ff.
8 Vgl. BGH FamRZ 1983, 160; s. auch OLG Celle NJW 2007, 1130.
9 Vgl. BGH FamRZ 1983, 157; 2005, 273.

- Gleiches gilt für Vereinbarungen, die während der Anhängigkeit eines Ehescheidungsverfahrens bis zur Beendigung des Güterstandes der Zugewinngemeinschaft (regelmäßig bis zur Rechtskraft des Ehescheidungsurteils) getroffen werden. Hier erwähnt das Gesetz neben der notariellen auch die gerichtliche Form. Dies ist die Regelung in § 1378 Abs. 3 S. 2.
- Nach Beendigung des Güterstandes können derartige Vereinbarungen formlos getroffen werden.[10]
- Erfasst werden sowohl Rechtsgeschäfte unter Ehegatten als auch mit Dritten.

Beispiel: Bevor die Eheleute geschieden sind, verpflichtet sich der Vater der Ehefrau gegenüber seinem Schwiegersohn zur Abgeltung sämtlicher Zugewinnausgleichsverpflichtungen seiner Tochter einen Betrag von 35.000 EUR an ihn zu bezahlen. Diese Vereinbarung ist wirksam, wenn die notarielle oder gerichtliche Form beachtet ist.[11]

IV. Die Bedeutung der gerichtlichen Form

6 **1. In Ehesachen.** Nach § 127 a wird die notarielle Beurkundung bei einem **gerichtlichen Vergleich** durch die Aufnahme der Erklärungen in ein nach den Vorschriften der ZPO errichtetes Protokoll ersetzt.

7 **2. Bei Eheverträgen.** Es schließt sich die Frage an: Gilt § **127 a** überhaupt, ggf. unter welchen Bedingungen, für einen Ehevertrag iSv § 1408?

Beispiel: In einem Ehescheidungsverfahren kommen die Eheleute überein, sich doch nicht scheiden zu lassen. Sie sind entschlossen, die beiderseitigen Scheidungsanträge zurückzunehmen, für die Zukunft Gütertrennung zu vereinbaren, den Zugewinnausgleichsanspruch der Ehefrau finanziell abzugelten und den Versorgungsausgleich auszuschließen. Frage: Können die Eheleute eine solche Vereinbarung im Wege eines gerichtlichen Vergleichs als Ehevertrag iSd § 1408 mit der Wirkung abschließen, dass von da an der Güterstand der Gütertrennung gilt und der Versorgungsausgleich ausgeschlossen ist?

8 Es ist kein Grund ersichtlich, eine solche Vereinbarung nicht als **wirksam** anzuerkennen.[12] Der Normzweck des § 1408, nämlich die Funktion des Schutzes vor Übereilung, die Warnfunktion und die Beweisfunktion,[13] ist durch eine gerichtliche Protokollierung ebenso gewahrt wie durch eine notarielle Beurkundung.

9 Ein solcherart zustande gekommener Ehevertrag kann während der Rechtshängigkeit eines Ehescheidungsverfahrens auch dann angezeigt sein, wenn damit der Güterstand der Zugewinngemeinschaft beendet werden soll. Mit der Rechtshängigkeit des Scheidungsantrags wird gem. § 1384 bekanntlich nur der Berechnungszeitpunkt bezüglich des Endvermögens festgelegt. Beendet wird die Zugewinngemeinschaft regelmäßig erst mit Rechtskraft der Scheidung. In einem konkreten Fall kann es im Hinblick auf §§ 1365 ff. und § 1378 Abs. 2 sinnvoll sein, die Zugewinngemeinschaft vor der Rechtskraft der Scheidung zu beenden.

---

10 Vgl. OLG Düsseldorf FamRZ 1989, 180.
11 In Anlehnung an den Fall des BGH in FamRZ 2004, 1354.
12 So auch Staudinger/Thiele (2007) § 1410 Rn. 12; Palandt/Brudermüller § 1410 Rn. 4; Erman/Heinemann § 1410 Rn. 5; MK/Kanzleiter § 1410 Rn. 7.
13 S. zu diesen Funktionen MK/Kanzleiter § 1410 Rn. 1 f.

V. Einzelheiten zur notariellen Beurkundung

Die Vorschriften für die notarielle Beurkundung sind im Wesentlichen in §§ 8 ff. 10 BeurkG enthalten.[14] In § 1410 ist ergänzend vorgeschrieben, dass – entgegen § 128 – die **gleichzeitige Anwesenheit beider Teile vor dem Notar** erforderlich ist, so dass die zeitlich gesonderte Abgabe von Angebot und Annahme entfällt. Der persönliche Abschluss wird nicht als erforderlich, vielmehr eine Stellvertretung als zulässig erachtet, und zwar sogar aufgrund einer widerruflichen, nicht notariell beurkundeten Bevollmächtigung.[15] Im Hinblick auf die Rechtsprechung zur richterlichen Inhaltskontrolle von Eheverträgen (→ § 1408 Rn. 19 ff.) wird eine solche Form des Zustandekommens eines Ehevertrages oft problematisch sein.[16]

§ 1411 BGB Eheverträge Betreuer

(1) Ein Betreuter kann einen Ehevertrag nur mit Zustimmung seines Betreuers schließen, soweit für diese Angelegenheit ein Einwilligungsvorbehalt angeordnet ist. Die Zustimmung des Betreuers bedarf der Genehmigung des Betreuungsgerichts, wenn der Ausgleich des Zugewinns ausgeschlossen oder eingeschränkt oder wenn Gütergemeinschaft vereinbart oder aufgehoben wird. Für einen geschäftsfähigen Betreuten kann der Betreuer keinen Ehevertrag schließen.

(2) Für einen geschäftsunfähigen Ehegatten schließt der Betreuer den Ehevertrag; Gütergemeinschaft kann er nicht vereinbaren oder aufheben. Der Betreuer kann den Ehevertrag nur mit Genehmigung des Betreuungsgerichts schließen.

I. Allgemeines

Die Vorschrift beschränkt die Vertretungsmacht des gesetzlichen Vertreters bzw. 1 des Betreuers für folgende Personen:

- Der Ehegatte steht als Geschäftsfähiger unter Betreuung mit Einwilligungsvorbehalt (§ 1903 S. 1).
- Der Geschäftsfähige wird betreut.
- Der Ehegatte ist geschäftsunfähig (§ 104 Nr. 2).
- Da ein Ehevertrag nach § 1408 Abs. 1 auch vor der Heirat abgeschlossen werden kann, gilt diese Vorschrift auch für Verlobte.

II. Begriff des Ehevertrages

Unter Ehevertrag versteht man einen Ehevertrag iSd Legaldefinition des § 1408 2 Abs. 1, nämlich der **Regelung güterrechtlicher Verhältnisse** (Ehevertrag im engeren Sinn). Wenn in § 1411 auch nicht ausdrücklich erwähnt, ist darunter aber auch die ehevertragliche Regelung des Versorgungsausgleichs iSv § 1408 Abs. 2 zu verstehen.

---

14 S.a. Münch/Bergschneider/Wolf, Familienrecht in der Notar- und Gestaltungspraxis, § 7 Rn. 27 ff.
15 Vgl. BGH FamRZ 1998, 902.
16 Zu den unter dem Gesichtspunkt der richterlichen Inhaltskontrolle zu beachtenden Umständen s. Bergschneider Rn. 151 f.

III. Abschluss von Eheverträgen durch geschäftsfähige Betreute

3 **1. Einigungsvorbehalt.** Ein geschäftsfähiger Betreuter kann einen Ehevertrag selbst schließen, bedarf hierfür jedoch der Zustimmung seines Betreuers, soweit für diese Gelegenheit ein Einigungsvorbehalt angeordnet ist. Für die Zustimmung gelten die §§ 182 bis 184 BGB. Die Zustimmung bedarf nicht der Form des § 1410 BGB.[1]

4 Ohne Einwilligungsvorbehalt kann der Betreuer für den geschäftsfähigen Betreuten keinen Ehevertrag schließen.

5 **2. Genehmigung des Familiengerichts bzw. des Betreuungsgerichts.** Ist die Zustimmung erforderlich, bedarf sie für bestimmte Modifikationen beim Zugewinn oder bei der Vereinbarung oder Aufhebung der Gütergemeinschaft zusätzlich der Genehmigung des Familiengerichts. Ist der gesetzliche Vertreter ein Betreuer, ist die Genehmigung des Betreuungsgerichts erforderlich.

6 Solche Eheverträge bzw. Modifikationen sind:
- Der Ausgleich des Zugewinns ist ausgeschlossen oder eingeschränkt.
- Es wird die Gütergemeinschaft vereinbart oder aufgehoben.

Zuständig ist der Rechtspfleger (§ 3 Nr. 2 a RPflG).

IV. Geschäftsunfähigkeit eines Ehegatten

7 Für einen geschäftsunfähigen Ehegatten schließt der Betreuer den Ehevertrag. Seine Vertretungsmacht ist jedoch dadurch begrenzt, dass er die Gütergemeinschaft weder vereinbaren noch aufheben darf.

§ 1412 BGB Wirkung gegenüber Dritten

(1) Haben die Ehegatten den gesetzlichen Güterstand ausgeschlossen oder geändert, so können sie hieraus einem Dritten gegenüber Einwendungen gegen ein Rechtsgeschäft, das zwischen einem von ihnen und dem Dritten vorgenommen worden ist, nur herleiten, wenn der Ehevertrag im Güterrechtsregister des zuständigen Amtsgerichts eingetragen oder dem Dritten bekannt war, als das Rechtsgeschäft vorgenommen wurde; Einwendungen gegen ein rechtskräftiges Urteil, das zwischen einem der Ehegatten und dem Dritten ergangen ist, sind nur zulässig, wenn der Ehevertrag eingetragen oder dem Dritten bekannt war, als der Rechtsstreit anhängig wurde.

(2) Das Gleiche gilt, wenn die Ehegatten eine im Güterrechtsregister eingetragene Regelung der güterrechtlichen Verhältnisse durch Ehevertrag aufheben oder ändern.

I. Allgemeines

1 Das Güterrechtsregister dient der Offenlegung der güterrechtlichen Verhältnisse der Eheleute zwecks Erleichterung des Rechts- und Geschäftsverkehrs,[1] allerdings beschränkt auf die Rechtswirkungen einer unterlassenen Eintragung des Ausschlusses bzw. der Änderung des gesetzlichen Güterstandes in das Güterrechtsregister. Ein Dritter soll sich im Falle einer unterlassenen Eintragung grundsätzlich darauf verlassen können, dass sein Vertragspartner im Regelgüter-

---

1 Palandt/Brudermüller § 1411 Rn. 3.
1 Vgl. BGH FamRZ 1976, 443.

stand der Zugewinngemeinschaft mit der typischen gesetzlichen Ausgestaltung lebt[2] (**negative Publizität**).

Die Wirkung des Güterrechtsregisters ist mit der des Grundbuchs in keiner Weise vergleichbar: Weder für das Bestehen des Regelgüterstandes der Zugewinngemeinschaft noch der Wahlgüterstände der Gütertrennung, der Wahl-Zugewinngemeinschaft (deutsch-französischer Güterstand) oder der Gütergemeinschaft ist die Eintragung ins Güterrechtsregister erforderlich. Für die Wirksamkeit eines Ehevertrages bedarf es keiner Eintragung ins Güterrechtsregister. Ein unwirksamer Ehevertrag wird durch die Eintragung auch nicht wirksam; dies gilt auch im Rahmen der richterlichen Inhaltskontrolle von Eheverträgen. Aufgrund seiner beschränkten Wirkung ist das Güterrechtsregister in der Praxis nur von geringer Bedeutung. 2

II. Verfahren

§ 1412 regelt die Rechtswirkungen des Güterrechtsregisters. Von den §§ 1558 bis 1563, die das Eintragungsverfahren betreffen, ist bedeutsam, dass gem. § 1558 Abs. 1 die Eintragung bei jedem Güterrechtsregister zu bewirken ist, in dessen Bezirk auch nur einer der Ehegatten seinen gewöhnlichen Aufenthalt hat, und gem. § 1559 bei einer Verlegung des gewöhnlichen Aufenthalts im Register dieses Bezirks zu wiederholen ist; andernfalls verliert sie ihre Wirkung. 3

III. Gegenstände der Eintragung

Für eine Eintragung in das Güterrechtsregister kommen insbesondere in Betracht: 4

1. Der Ausschluss und die Änderung des Regelgüterstandes der Zugewinngemeinschaft durch Ehevertrag (§ 1412 Abs. 1), sofern die Regelung die Rechtsstellung gegenüber Dritten zu beeinflussen vermag.[3] Darunter fallen zB:
   – Unter Aufrechterhaltung der Zugewinngemeinschaft werden die Verfügungsbeschränkungen der §§ 1365 generell oder bezüglich einzelner Gegenstände aufgehoben.[4]
   – Bei einer Auflösung der Ehe auf andere Weise als durch den Tod eines Ehegatten findet kein Zugewinnausgleich statt.[5]
   – Mit der Rechtskraft des Urteils auf vorzeitigen Zugewinnausgleich ist Gütertrennung eingetreten (§ 1388).[6]
2. Die Vereinbarung der Gütertrennung, wobei Modifikationen nur äußerst beschränkt eintragungsfähig sind (→ § 1408 Rn. 7).
3. Die meisten Eintragungsmöglichkeiten bestehen bei der Gütergemeinschaft (§§ 1418 Abs. 4, 1431 Abs. 3, 1449 Abs. 2, 1456 Abs. 3, 1470 Abs. 2).
4. Beschränkung oder Ausschließung der gesetzlichen Vertretungsbefugnis bei Geschäften zur Deckung des Lebensbedarfs (§ 1357 Abs. 2 S. 2).

---

2 S. JurisPK-BGB/Hausch § 1412 Rn. 1.
3 S. MK/Kanzleiter § 1412 Rn. 2.
4 Vgl. BGH FamRZ 1976, 443; s. Bergschneider Rn. 629.
5 Vgl. OLG Köln FamRZ 1994, 1256.
6 So KK-FamR/Weinreich § 1412 Rn. 6; aA Palandt/Brudermüller § 1412 Rn. 5.

Gemäß § 1412 Abs. 2 gilt das Gleiche, wenn die Ehegatten eine im Güterrechtsregister eingetragene Regelung der güterrechtlichen Verhältnisse durch Ehevertrag aufheben oder ändern.

IV. Zulässigkeit und Ausschluss von Einwendungen

5 **1. Rechtsgeschäft oder Urteil.** § 1412 schließt nur Einwendungen der Ehegatten bei Rechtsgeschäften und bei auf rechtsgeschäftlichem Verkehr beruhenden Urteilen aus. Für Ansprüche aufgrund Gesetzes ist § 1412 nicht anwendbar. Dies gilt insbesondere für Ansprüche aus unerlaubter Handlung oder gesetzlicher Unterhaltspflicht.[7]

6 **2. Zulässigkeit von Einwendungen.** Die Ehegatten können ihrem Geschäftspartner Einwendungen aus einer Änderung ihrer güterrechtlichen Verhältnisse nur entgegenhalten, wenn sie entweder im **Güterrechtsregister** des zuständigen Amtsgerichts eingetragen oder **dem Dritten bekannt** waren, wobei der Zeitpunkt der Vornahme des Geschäfts maßgebend ist. Ist das Geschäft schwebend unwirksam oder hängt seine Wirksamkeit vom Eintritt einer Bedingung ab, kommt es dennoch auf den Zeitpunkt der Vornahme an.[8] Bei Urteilen richtet sich der maßgebliche Zeitpunkt nach der Anhängigkeit[9] (§ 253 Abs. 5 ZPO). Wie sich aus dem Gesetzestext ergibt, genügt für die Geltendmachung der Einwendung die Eintragung im Güterrechtsregister, auf deren Bekanntmachung kommt es somit nicht an.

Ist keine Eintragung im Güterrechtsregister erfolgt, setzt die Kenntnis des Geschäftspartners voraus, dass er diejenigen Tatsachen, welche die Einwendungen der Eheleute begründen, positiv kennt. Er muss wissen, dass ein Ehevertrag abgeschlossen worden ist, und er muss dessen Inhalt kennen, soweit er für den konkreten Fall rechtlich von Bedeutung ist.[10]

7 **3. Ausschluss der Einwendung.** § 1412 beschränkt sich darauf, den Ehegatten Einwendungen abzuschneiden.[11] Wie sich aus dem Gesetzestext ergibt, können die Ehegatten aus eintragungsfähigen, aber nicht eingetragenen Regelungen gegen das mit dem Geschäftspartner abgeschlossene Rechtsgeschäft keine Einwendungen herleiten, ausgenommen der Geschäftspartner hat die entsprechende Kenntnis.

V. Weitere Vorschriften über den Schutz des guten Glaubens

8 Die Vorschriften über den gutgläubigen Erwerb vom Nichtberechtigten (§§ 892 f., 932 ff.) bleiben unberührt und gehen § 1412 vor.[12] Ausschlaggebend ist jeweils, worauf sich das Vertrauen des Dritten bezieht, ob auf das Alleineigentum des einen Ehegatten oder die negative Publizität des Güterrechtsregisters.

---

7 S. MK/Kanzleiter § 1412 Rn. 4.
8 S. Staudinger/Thiele (2007) § 1412 Rn. 41.
9 S. MK/Kanzleiter § 1412 Rn. 6.
10 S. Staudinger/Thiele (2007) § 1412 Rn. 39.
11 So in der Formulierung von Schwab, Familienrecht, Rn. 225.
12 S. Staudinger/Thiele (2007) § 1412 Rn. 47 ff. mit ausführlicher Darlegung der Gegenmeinung.

§ 1413 BGB Widerruf der Überlassung der Vermögensverwaltung

Überlässt ein Ehegatte sein Vermögen der Verwaltung des anderen Ehegatten, so kann das Recht, die Überlassung jederzeit zu widerrufen, nur durch Ehevertrag ausgeschlossen oder eingeschränkt werden; ein Widerruf aus wichtigem Grunde bleibt gleichwohl zulässig.

I. Allgemeines

In § 1413 ist das Erfordernis der ehevertraglichen Formbedürftigkeit für die spezielle Gestaltung eines schuldrechtlichen Vertrages geregelt. Die Vorschrift gilt für alle vier Güterstände. **1**

II. Vermögensverwaltungsvertrag

1. Voraussetzungen. Der Klarheit halber ist zunächst einmal festzustellen, dass **2** der Vermögensverwaltungsvertrag kein Ehevertrag ist. Für ihn gelten die allgemeinen Vorschriften, was ua bedeutet, dass er nicht formbedürftig ist. Er kann auch stillschweigend geschlossen werden. Bloßes Dulden von Verwaltungshandlungen eines Ehegatten genügt jedoch nicht, ebenso wenig die Erledigung aller finanziellen Angelegenheiten durch den einen Ehegatten mit Billigung des anderen.[1] Als Vertragstyp kommt meist ein Auftragsverhältnis gem. §§ 662 ff. in Betracht, bei Vorliegen der entsprechenden schuldrechtlichen Voraussetzungen auch eine entgeltliche Geschäftsbesorgung gem. § 675 ff.[2] In den Anwendungsbereich des § 1413 kann auch ein Gesellschaftsvertrag zwischen Ehegatten – eventuell in Form einer Ehegatteninnengesellschaft – fallen, der einen von ihnen verpflichtet, sein Vermögen in die Gesellschaft einzubringen, ihn aber von der Geschäftsführung ausschließt (Regelfall: Kommanditgesellschaft).[3] Entsprechend dem schuldrechtlichen Vertragstyp bestimmen sich auch die Widerrufsmöglichkeiten.

2. Haftungsmaßstab. Streitig ist, ob für die Verantwortlichkeit des verwaltenden Ehegatten der allgemeine Haftungsmaßstab des § 276 oder derjenige der eigenüblichen Sorgfalt des § 1359 gilt. Man wird unterscheiden müssen, um welches Vermögen es sich handelt: Geht es um Firmenvermögen und nimmt der verwaltende Ehegatte eine Organstellung oder eine Stellung ein, die der eines angestellten Geschäftsführers und dgl. entspricht, dann ist der Haftungsmaßstab des § 276 angebracht. Geht es hingegen um eine Verwaltung, die im Wesentlichen aus einem auf der ehelichen Lebensgemeinschaft beruhenden Vertrauensverhältnis resultiert, dann ist der Haftungsmaßstab des § 1359 zutreffend.[4] **3**

3. Vermögensbegriff. Als Vermögen iSd § 1413 ist nicht nur das Gesamtvermögen zu verstehen. Die Voraussetzungen für diese Vorschrift liegen auch dann vor, wenn ein **erheblicher Teil** des Vermögens zur Verwaltung übertragen ist. Dies kann auch bei einem einzelnen Gegenstand der Fall sein, wenn dieser einen wesentlichen Teil des Vermögens ausmacht, wie zB eine Immobilie oder eine Gesellschaftsbeteiligung. Der Vermögensbegriff ist damit weniger eng als in § 1365, da dort ausdrücklich das Vermögen „im Ganzen" erfasst sein muss.[5] **4**

---

1 S. Staudinger/Thiele (2007) § 1413 Rn. 5.
2 S. MK/Kanzleiter § 1413 Rn. 6.
3 S. dieses Beispiel bei Gernhuber/Coester-Waltjen § 32 IV.41.
4 Zum Meinungsstand s. Staudinger/Thiele (2007) § 1413 Rn. 13.
5 S. MK/Kanzleiter § 1413 Rn. 11 mit Fn. 11.

5 **4. Form.** Formbedürftig ist nicht der Vermögensverwaltungsvertrag allgemein, sondern nur die Bestimmung, die den jederzeitigen Widerruf ausschließt oder einschränkt. Nur diese Bestimmungen stellen einen Ehevertrag dar, weshalb auch nur für sie die ehevertraglichen Vorschriften gelten, insbesondere zur Form (§ 1410), aber auch zur Geschäftsfähigkeit oder Geschäftsunfähigkeit (§ 1411). In der Praxis ist es aber üblich, den gesamten Vertrag notariell zu beurkunden. Die Überlassung der Vermögensverwaltung kann nicht ins Güterrechtsregister eingetragen werden.[6] Als Ehevertrag iSd § 1413 gelten selbstverständlich auch Modifikationen, die im Ergebnis einen Ausschluss oder eine Einschränkung der jederzeitigen Widerrufsmöglichkeit bedeuten.

6 **5. Widerruf.** Auch wenn die ehevertragliche Form und die sonstigen von einem Ehevertrag verlangten Voraussetzungen vorliegen, bleibt das Recht vorbehalten, die Vermögensüberlassung jederzeit zu widerrufen, wenn ein wichtiger Grund vorliegt. Ein **wichtiger Grund** liegt vor, wenn dem Vermögensinhaber die weitere Überlassung der Verwaltung nicht mehr zugemutet werden kann. Der Grund kann in der Person des verwaltenden Ehegatten liegen, wobei ein Verschulden nicht erforderlich ist, aber auch in der Person des Vermögensinhabers oder in objektiven Umständen.[7]

Beispiele: Erhebliche Verstöße gegen die Grundsätze einer ordnungsgemäßen Verwaltung, Trennung der Eheleute, Scheidung.

7 Es dürften wohl auch schwere Differenzen der Eheleute im persönlichen Bereich, ohne dass es zur Trennung und Scheidung kommt, für einen Widerruf aus wichtigem Grund genügen, da die als unwiderruflich vereinbarte Vermögensverwaltung auf einem besonderen Vertrauensverhältnis der Eheleute beruht, das auch durch schwere Störungen im persönlichen Bereich erschüttert werden kann.

Kapitel 2
Gütertrennung

§ 1414 BGB   Eintritt der Gütertrennung

[1]Schließen die Ehegatten den gesetzlichen Güterstand aus oder heben sie ihn auf, so tritt Gütertrennung ein, falls sich nicht aus dem Ehevertrag etwas anderes ergibt. [2]Das Gleiche gilt, wenn der Ausgleich des Zugewinns ausgeschlossen oder die Gütergemeinschaft aufgehoben wird.

I. Allgemeines

1 Die Gütertrennung ist durch das **Fehlen jeglicher güterrechtlichen Beziehung** der Ehegatten gekennzeichnet. Die Gütertrennung kennt deshalb keine dingliche Beteiligung wie bei der Gütergemeinschaft (§ 1416) und keine schuldrechtliche wie bei der Beendigung der Zugewinngemeinschaft (§§ 1372, 1378).

Wenn auch zwischen den Ehegatten keine güterrechtlichen Verbindungen bestehen, so gibt es zwischen ihnen doch **ehespezifische Vermögensbeziehungen**. So gelten insbesondere:

---

6 S. MK/Kanzleiter § 1413 Rn. 11.
7 S. MK/Kanzleiter § 1413 Rn. 15.

- die Eigentums- und Besitzvermutung (§ 1362, § 739 ZPO),
- die allgemeinen Ehewirkungen (§ 1353),
- die allgemeine Auskunftpflicht (§ 1353 Abs. 1),[1]
- die Verpflichtungsbefugnis (§ 1357),[2]
- die Ehegatten-Innengesellschaft (§ 705),
- die ehebezogenen Zuwendungen,
- die Auseinandersetzung bei Miteigentum (§ 749),
- der Ausgleich gemeinsamer Schulden und Forderungen (§§ 426 ff., 430 ff.),
- die Ansprüche aus Ehegattenmitarbeit,
- die sonstigen familienrechtlichen Ausgleichsansprüche usw.[3]

II. Entstehen der Gütertrennung

Die Gütertrennung entsteht **durch Vertrag** oder **kraft Gesetzes**. 2

1. Entstehen durch Vertrag. Auf vertraglichem Wege entsteht der Güterstand 3
der Gütertrennung regelmäßig durch einen **Ehevertrag** iSv § 1408 Abs. 1, in dem
die Ehegatten den Güterstand ausdrücklich vereinbaren.

§ 1414 S. 2 steht im Widerspruch zur Rechtsprechung; es wird nämlich als zulässig erachtet, durch Ehevertrag den Zugewinn auszuschließen und dennoch
die Zugewinngemeinschaft aufrechtzuerhalten.[4]

Wird die Gütergemeinschaft aufgehoben, tritt Gütertrennung ein.

Zu beachten ist, dass § 1414 S. 2 mit Wirkung vom 1.9.2009 durch Art. 3
VAStrRefG geändert worden ist. Bis dahin hatte auch ein Ausschluss des Versorgungsausgleichs den Eintritt der Gütertrennung zur Folge. Für Eheverträge, die
vor diesem Zeitpunkt abgeschlossen worden sind, gilt noch das alte Recht.

2. Entstehen durch Gesetz. Gütertrennung tritt durch Gesetz ein: 4
- mit Rechtskraft des Urteils auf vorzeitigen Zugewinnausgleich (§ 1388),
- mit Rechtskraft des Urteils, das die Gütergemeinschaft aufhebt (§§ 1449,
  1470),
- durch Erklärung nach Art. 8 Abs. 1 Nr. 3 GleichberG im Zusammenhang
  mit der Einführung der Zugewinngemeinschaft im Jahre 1958.

III. Richterliche Inhaltskontrolle, abweichende Vereinbarungen

S. dazu die Anmerkungen zu → § 1408 Rn. 7, 19 ff. 5

Kapitel 3
Gütergemeinschaft

Unterkapitel 1 Allgemeine Vorschriften

§ 1415 BGB Vereinbarung durch Ehevertrag

Vereinbaren die Ehegatten durch Ehevertrag Gütergemeinschaft, so gelten die
nachstehenden Vorschriften.

---

1 Vgl. Staudinger/Thiele (2007) § 1414 Rn. 22.
2 Dazu Schulz/Hauß, 6. Kap. Rn. 1339 ff.; Wever, Rn. 31 ff.
3 S. Schulz/Hauß; 3. Kap. Rn. 1088; Wever Rn. 4, 14 f.
4 Vgl. BGH FamRZ 1997, 800.

Literatur: *Göppinger/Börger*, Vereinbarungen anlässlich der Ehescheidung, 10. Aufl. 2013; *Kappler*, Auseinandersetzung des Gesamtguts bei ehelicher und fortgesetzter Gütergemeinschaft, 2006; *Langenfeld/Milzer*, Handbuch der Eheverträge und Scheidungsvereinbarungen, 7. Aufl. 2015; *Münch*, Ehebezogene Rechtsgeschäfte, 4. Aufl. 2015; *Wittich*, Die Gütergemeinschaft und ihre Auseinandersetzung, 2000.

I. Würdigung des Güterstands

1   **1. Die heutige Bedeutung der Gütergemeinschaft.** Neben der Gütertrennung bietet das BGB die Gütergemeinschaft als **Vertragsgüterstand** an, und zwar in der Form der Vergemeinschaftung auch des vorehelichen Vermögens, jedoch mit zwingender Ausnahme der Vermögensgegenstände, die nicht durch Rechtsgeschäft übertragen werden können (**Sondergut**, § 1417), und möglicher Ausnahme anderer Gegenstände (**Vorbehaltsgut**, § 1418).

2   Die Gütergemeinschaft war verbreiteter, als das eheliche Zusammenleben im Blickpunkt des Interesses stand, das im Recht der Gütergemeinschaft ausführlich behandelt wird. Hinzu kamen heute nicht mehr entscheidende grunderwerbsteuerliche Aspekte (→ Rn. 5). Heute hingegen ist die **Abwicklung** des Güterstands in den Vordergrund getreten, welche in der Gütergemeinschaft detaillierte Regelung erfahren hat.[1] In der Praxis hat die Gütergemeinschaft im Übrigen eine stets **geringer werdende Bedeutung** und findet sich vor allem noch im landwirtschaftlichen Bereich und regional in Süddeutschland.[2] Selbst im landwirtschaftlichen Bereich, in dem die Gütergemeinschaft früher weit verbreitet war, wird die Gütergemeinschaft kaum noch neu vereinbart.[3]

3   **2. Nachteile der Gütergemeinschaft.** Die Nachteile der Gütergemeinschaft liegen in Folgendem:[4]

- Aufgrund der einerseits notwendigen, andererseits zweckmäßigen Abspaltung von Sondervermögen entstehen bis zu **fünf Vermögensmassen** mit dem Gesamtgut und dem jeweiligen Vorbehalts- und Sondergut. Dies schafft Abgrenzungs- und Verwaltungsprobleme.

- Es besteht eine **komplizierte Auseinandersetzungsregelung** mit grundsätzlicher Halbteilung, aber dem Recht auf Entnahme eingebrachten „Anfangsvermögens" gegen Wertersatz bzw. dem Anspruch auf Wertersatz eingebrachten „Anfangsvermögens" (§§ 1476 ff.).

- Problematisch ist insbesondere die **Haftung des Gesamtguts und der Ehegatten persönlich** für Verbindlichkeiten vor Eintritt in den Güterstand und für gesetzlich begründete Verbindlichkeiten (§ 1459). Für rechtsgeschäftliche Verbindlichkeiten besteht eine Haftung dagegen nur nach Zustimmung (§ 1460). Gem. § 1459 Abs. 2 haftet dann der andere Ehegatte für die Gesamtgutsverbindlichkeit auch persönlich.[5] Dabei würde sich insbesondere unter den gegenwärtigen, gewandelten gesellschaftlichen und demografischen Verhältnissen die gesetzliche **Mithaftung für gesetzliche Unterhalts-**

---

1   Hierzu eingehend Schröder/Bergschneider/Klüber Rn. 4 602 ff.; Kappler, passim.

2   Wobei die regionale Verbreitung stark mit der rechtsgeschichtlichen Entwicklung in den betreffenden Gebieten zusammenhängt, vgl. hierzu etwa Kappler S. 3 f.

3   Gesamtdarstellung etwa bei Wittich; s. ferner Schröder/Bergschneider/Klüber Rn. 4 602 ff.; Mai, Die Gütergemeinschaft als vertraglicher Wahlgüterstand und ihre Handhabung in der notariellen Praxis, BWNotZ 2003, 55 ff.

4   Vgl. Münch Rn. 407; Langenfeld/Milzer Rn. 423 ff.

5   Näher hierzu sowie zum vermeintlichen „Trick" einer Haftungsvermeidung durch Gütergemeinschaft → §§ 1422–1468 Rn. 10 ff.

Everts

pflichten des jeweils anderen Ehegatten in der Gütergemeinschaft auswirken.[6]

■ Beachtenswert ist ferner, dass der **Ehegattenpflichtteil** in der Gütergemeinschaft niedrig und dementsprechend der Pflichtteil der Kinder hoch ist, da keine gesetzliche Erbteilserhöhung eintritt.

■ Die Eingehung der Gütergemeinschaft kann schließlich zu **schenkungsteuerlichen Problemen** führen, da § 7 Abs. 1 Nr. 4 ErbStG diesen Vorgang der Schenkungsteuer unterwirft.

■ **Einkommensteuerlich** liegt beim Betrieb eines Gewerbes durch Ehegatten, die in Gütergemeinschaft verheiratet sind, regelmäßig Mitunternehmerschaft im Sinne des § 15 Abs. 1 Nr. 2 EStG vor, so dass Vergütungen an den Ehegatten immer zu den Einkünften aus Gewerbebetrieb rechnen. Für den Bereich der Land- und Forstwirtschaft, der nach § 13 a EStG einer Besteuerung nach Durchschnittssätzen unterliegt, ist diese Einschränkung allerdings irrelevant.

■ **Unternehmensrechte** in der Gütergemeinschaft führen neben gemeinschaftlichen Stimmrechten zu ganz erheblichen Abwicklungsproblemen,[7] so dass eine solche Konstruktion besser vermieden wird; auch sonst besteht regelmäßig eine Unvereinbarkeit der Gütergemeinschaft mit der Beteiligung der Ehegatten an sonstigen Gesamthandsverhältnissen.

3. Etwaige Vorteile der Gütergemeinschaft. Mit Blick auf ihre Vorteile finden 4 sich auch durchaus engagierte Verfechter der Gütergemeinschaft[8] vor allem für die Fälle beruflicher Zusammenarbeit von Ehegatten gerade in der Landwirtschaft, aber ebenso für die Fälle, in denen die Ehegatten sonst eine Gesellschaft gründen würden. Als solche Vorteile werden genannt:[9]

■ Das „**Wirtschaften aus einem Topf**" entspreche für viele Ehen dem Lebensgefühl der Beteiligten.[10] Die juristische Umsetzung dieses Verlangens kann jedoch auch in anderen Güterständen erreicht werden. Die Behauptung trifft zudem in weiten, häufig nicht bedachten, Teilen nicht zu, namentlich da es über die Gütergemeinschaft und der demografischen Entwicklung geschuldet zu einer unmittelbaren Unterhaltshaftung für die Schwiegereltern kommen kann.[11]

■ Die **gesamthänderische Bindung schütze** den einen Ehegatten bei gemeinsamer Verwaltung **vor einer Verfügung des anderen Ehegatten.** Dieser Schutz lässt sich jedoch auch bei anderen Güterständen erreichen und kann für die betroffenen Vermögenswerte etwa durch die Gründung einer Gesellschaft bürgerlichen Rechts flexibel und ohne die Nachteile der Gütergemeinschaft begründet werden.

---

6 Everts, Haftungsvermeidung durch Gütergemeinschaft?, ZFE 2004, 273 (276); näher hierzu → §§ 1422–1468 Rn. 12 f.

7 Hierzu instruktiv OLG Saarbrücken FamRZ 2002, 1034 mAnm Bergschneider; → §§ 1416–1421 Rn. 19 ff.

8 Behmer, Bruchteils- oder Gütergemeinschaft? – Überlegungen zur Wahl des Gemeinschaftsverhältnisses bei Ehegatten, MittBayNot 1994, 377 ff.; Schröder/Bergschneider/Klüber Rn. 4 566 ff.; hiergegen: Everts ZFE 2004, 273; J. Mayer, ZEV-Report Zivilrecht/Familienrecht, ZEV 2005, 40.

9 Vgl. die Darstellung von Münch Rn. 408.

10 MK/Kanzleiter Vor § 1415 Rn. 16.

11 Everts ZFE 2004, 273 (276).

- Die Gütergemeinschaft erreiche eine **angemessene Beteiligung des mitarbeitenden Ehegatten** gerade in der Landwirtschaft. Dem großen Nachteil des in eine Landwirtschaft Einheiratenden, dass nach dem gesetzlichen Güterstand – nicht hingegen bei der Gütergemeinschaft[12] – die Bewertung der Landwirtschaft gem. § 1376 Abs. 4 nur nach dem sehr niedrigen **Ertragswert** erfolgt, der sich zudem im Laufe der Ehe kaum steigert, lässt sich jedoch auch durch eine Modifikation des gesetzlichen Güterstands abhelfen (durch schlichte Abbedingung der Norm). Dennoch behält die Gütergemeinschaft hier einen wichtigen Anwendungsbereich.

- Bedenkenswert erscheint der Einsatz der Gütergemeinschaft noch in den Fällen, in denen sie für **bewusste Vermögensverschiebungen** eingesetzt werden kann. Als Anwendungsfall hierfür lässt sich das Interesse der Eheleute nennen, dass keine unterschiedlichen Pflichtteilsansprüche nach dem Tod des jeweiligen Ehegatten bestehen.

- Ferner ist die Gütergemeinschaft denkbar für einen Ehegatten, der **nach dem Tod seines ersten Ehepartners erneut heiratet**, aber durch einen Erbvertrag oder ein gemeinschaftliches Testament gebunden ist und zB nur an die Abkömmlinge vererben kann. Die Gütergemeinschaft könnte hier genutzt werden, um den zweiten Ehepartner zu bedenken.

5 Der Bundesgerichtshof hat in der Tat einmal einer Gestaltung unter Ausnutzung der Gütergemeinschaft die **Pflichtteilsfestigkeit** bescheinigt.[13] Steuerlich wird dagegen eine „Schenkung" aufgrund von § 7 Abs. 1 Nr. 4 ErbStG nicht zu vermeiden sein. Immerhin mag beim eigenbewohnten Objekt § 13 Abs. 1 Nr. 4 a ErbStG helfen. Auch sonst spielen steuerliche Erwägungen, die vormals zur Vereinbarung der Gütergemeinschaft geführt hatten, aufgrund der **Änderung von § 3 Nr. 4 und Nr. 6 GrEStG** keine Rolle mehr. Demgemäß war nach alter Rechtslage der Erwerb eines Grundstücks unter Ehegatten nur im Rahmen der Vereinbarung von Gütergemeinschaft von der Grunderwerbsteuer befreit. Auch der Erwerb eines Grundstücks durch ein Schwiegerkind war nur dann von der Grunderwerbsteuer befreit, wenn das Schwiegerkind mit dem eigenen Kind im Güterstand der Gütergemeinschaft lebte.[14]

6 Allein *de lege ferenda* zeigt ein Blick auf die modernen Errungenschaftsgemeinschaften in Europa, dass ein reformierter Güterstand der Gütergemeinschaft mit einer selbstständigen Verwaltungsbefugnis und einer vernünftigen Haftungsbegrenzung[15] durchaus interessant sein könnte.[16]

II. Entstehen und Beendigung der Gütergemeinschaft

7 **1. Begründung der Gütergemeinschaft.** Der Güterstand der Gütergemeinschaft kann nur durch **Ehevertrag** im Sinne des § 1408 in der Form des § 1410 vereinbart werden. Hierdurch unterscheidet er sich von dem gesetzlichen Güterstand der Zugewinngemeinschaft, der immer dann gilt, wenn die Ehegatten nichts anderes vereinbart haben, und dem Güterstand der Gütertrennung, der kraft Vereinbarung aber auch kraft Gesetzes eintreten kann, zB mit dem Ausschluss des

---

12 BGH 7.5.1986 – IV b ZR 42/85, FamRZ 1986, 776.
13 BGH 27.11.1991 – IV ZR 266/90, NJW 1992, 558 = DNotZ 1992, 503; hierzu Wegmann, Ehevertragliche Gestaltungen zur Pflichtteilsreduzierung, ZEV 1996, 201 ff.
14 Kappler S. 8 f. mwN.
15 Henrich, Die Zukunft des Güterrechts in Europa, FamRZ 2002, 1521 (1525).
16 Münch Rn. 404.

Zugewinnausgleichs ohne sonstige güterrechtliche Vereinbarungen oder mit Rechtskraft eines Urteils, mit dem der Klage auf vorzeitige Aufhebung der Zugewinngemeinschaft stattgegeben worden ist (§ 1414 bzw. § 1388).[17] Problematisch sind Fälle, in denen bei Eheschließung deutscher Staatsangehöriger im Ausland eine „Gütergemeinschaft" des ausländischen Rechts „gewählt" wird (zB auf einem vom dortigen Standesbeamten vorgelegten Formular nach dortigem Recht). Trotz formaler Wirksamkeit (Ortsform genügt, Art. 11 Abs. 1 Alt. 2 EGBGB)[18] wird man im Regelfall von einem Handeln unter falschem Recht ausgehen und dieses auslegen müssen[19] – dabei wird man eher davon ausgehen, dass in Wahrheit der gesetzliche deutsche Güterstand der Zugewinngemeinschaft „gemeint" war. Im Ergebnis wird man aber zur späteren Streitvermeidung zu einem notariell beurkundeten Ehevertrag in Deutschland raten müssen, in dem eine eindeutige Güterstandsbestimmung getroffen wird.[20]

2. Übergangsvorschriften.[21] Die **vor dem 1.7.1958 geschlossenen Ehen** wurden durch die Übergangsvorschriften des Gleichberechtigungsgesetzes nur dann in eine Gütergemeinschaft nach neuem Recht übergeleitet, wenn die Ehegatten bereits Gütergemeinschaft vereinbart hatten. Auch vor dem Inkrafttreten des Gleichberechtigungsgesetzes war die Gütergemeinschaft nämlich nur als Wahlgüterstand vorgesehen.[22]

Für **Gütergemeinschaften**, die **vor dem 1.4.1953** vereinbart wurden, gilt weiterhin die Verwaltung des Gesamtguts durch den Ehemann; wurde die Gütergemeinschaft **nach dem 1.4.1953** vereinbart, dem Zeitpunkt des Außerkrafttretens des alten Rechts nach Art. 117 Abs. 1 GG, gilt für die Verwaltungsbefugnis die Vereinbarung der Ehegatten; ohne ausdrückliche Vereinbarung und ohne zu ermittelnden entgegenstehenden Willen der Ehepartner gilt hilfsweise gemeinschaftliche Verwaltung. Die Fortsetzung der Gütergemeinschaft gilt bei Abschluss des Ehevertrags vor dem 1.7.1958 als vereinbart, sofern sie nicht – wie meistens – ausdrücklich ausgeschlossen wurde (vgl. im Einzelnen die Überleitungsvorschriften zu Art. 8 Abs. 1 Nr. 6 GleichberG).[23]

3. Das Ende des Güterstands. Die Gütergemeinschaft endet durch **aufhebenden Ehevertrag**, aufgrund **Auflösungsklage** durch gerichtliches Urteil (§§ 1447, 1469) sowie durch **Auflösung der Ehe durch Scheidung/Eheaufhebung oder Tod**, soweit nicht in letzterem Fall aufgrund ehevertraglicher Bestimmungen (praktisch nie vereinbart) eine Fortsetzung mit den Abkömmlingen stattfindet.[24] Die Eröffnung des **Insolvenzverfahrens** über das Gesamtgut der Gütergemeinschaft bei gemeinschaftlicher Verwaltung der Ehegatten[25] und bei fortgesetzter Gütergemeinschaft (§§ 332 ff. InsO) beendet die Gütergemeinschaft allerdings ebenso wenig wie die Insolvenz über das Vermögen eines Ehegatten (§ 37 Abs. 2 InsO) oder der Wegfall der Geschäftsgrundlage, zB bei Rücktritt von einem mit

---

17 Börger/Engelsing Rn. 660.
18 Vgl. BGH 13.7.2011 – XII ZR 48/09, NJW-RR 2011, 1225 = FamRZ 2011, 1495.
19 DNotI-Gutachten, DNotI-Report 2016, 44 (45).
20 DNotI-Gutachten, DNotI-Report 2016, 44 (45).
21 Vgl. zur Entwicklung der Gütergemeinschaft nach Inkrafttreten des BGB auch Kappler S. 4 ff.
22 Börger/Engelsing Rn. 661.
23 Börger/Engelsing Rn. 662.
24 Langenfeld/Milzer Rn. 397.
25 Vgl. hierzu Grziwotz, Güterstand, Insolvenz und Grundbuch, Rpfleger 2008, 289.

einem Ehevertrag verbundenen Erbvertrag, oder auch eine positive Vertragsverletzung.[26]

III. Regelungsmöglichkeiten

11 Wenn auch die Gütergemeinschaft somit – zu Recht – ein Güterstand auf dem Rückzug ist und jedenfalls aktiv nicht mehr empfohlen werden sollte, so sollen hier doch einige zumindest in sich sinnvolle **Regelungsmöglichkeiten** im Rahmen der Vereinbarung von Gütergemeinschaft betrachtet werden (gem. § 1410 ist notarielle Beurkundung erforderlich).

12 **1. Vertragliche Regelungen zur Bildung der Vermögensmassen.** Mit der Regelung, dass das jeweils bei Eheschließung vorhandene Vermögen **Vorbehaltsgut** sein soll, erreicht man praktisch eine der Errungenschaftsgemeinschaft ähnliche Modifikation der Gütergemeinschaft.[27] Die Ehegatten können ferner durch ehevertragliche Regelung eine dem „Anfangsvermögen" des § 1374 Abs. 2 vergleichbare Vermögensmasse vom Gesamtgut ausschließen und zu Vorbehaltsgut erklären („Elterngut als Vorbehaltsgut"). Sie können dies als ehevertragliche Regelung nach § 1418 Abs. 2 Nr. 1 gestalten und damit die Rechtsfolge unabhängig von der Bestimmung des Dritten im Sinne des § 1418 Abs. 2 Nr. 2 eintreten lassen.[28]

13 Aufgrund der geschilderten Mitwirkungspflichten und Gefahren werden in der Gütergemeinschaft häufig **Gewerbebetriebe** eines Ehegatten in Vorbehaltsgut behalten.[29] Schließlich kann dadurch, dass das **Immobilienvermögen** eines jeden Ehegatten zum Vorbehaltsgut erklärt wird und nur die beweglichen Gegenstände in das Gesamtgut fallen, eine Art **Fahrnisgemeinschaft** erreicht werden.[30]

14 **2. Vertragliche Regelungen zur Auseinandersetzung der Gütergemeinschaft.** Die Rechte auf Übernahme des persönlichen Gebrauchsvermögens, des eingebrachten sowie des privilegiert erworbenen Vermögens nach § 1477 Abs. 2 und der Wertersatzanspruch nach § 1478 werden häufig, wenn sie vom Notar dargestellt werden, so nicht gewünscht, wenn die Gütergemeinschaft gerade dazu vereinbart wird, den anderen Ehegatten am Vermögen zu beteiligen und dadurch abzusichern. In der Landwirtschaft geschieht dies häufig, weil der andere Ehegatte mitarbeitet, aber kein messbarer Vermögenszuwachs hinsichtlich des landwirtschaftlichen Ertragswertes erzielbar ist, so dass die Zugewinngemeinschaft wegen § 1376 Abs. 4 nicht zu Ansprüchen führen würde.[31] Bei der Gütergemeinschaft hingegen erfolgt die Auseinandersetzung nach §§ 1477 Abs. 2, 1478 durch Herausnahme des eingebrachten landwirtschaftlichen Betriebs gegen Erstattung des Verkehrswertzuwachses. Passt in solchen Fällen die gesetzliche Aus-

---

26 Palandt/Brudermüller § 1469 Rn. 1.
27 Münch Rn. 428, 1121 (Formulierungsvorschlag).
28 Formulierungsvorschlag bei Münch Rn. 1123.
29 Formulierungsvorschlag bei Münch Rn. 1125.
30 Formulierungsvorschlag bei Münch Rn. 1127.
31 BGH 7.5.1986 – IV b ZR 42/85, FamRZ 1986, 776; Bölling, Zur Bewertung eines landwirtschaftlichen Betriebs im Rahmen der Auseinandersetzung des Gesamtguts gemäß den §§ 1477, 1478 BGB, FamRZ 1980, 754 f.

einandersetzungsregelung einmal nicht,[32] so können die Vertragsparteien diese Bestimmungen **abbedingen.**[33]

Wenn die Ehegatten vor Vereinbarung der Gütergemeinschaft **zunächst** im ge- 15 setzlichen Güterstand der **Zugewinngemeinschaft** gelebt haben, so gehört der Zugewinnausgleichsanspruch zu den in das Gesamtgut der Gütergemeinschaft eingebrachten Vermögensgütern. Eine Vereinbarung der Ehegatten, dass dieser bis zur Eingehung der Gütergemeinschaft erzielte Zugewinn zusätzlich zum Wertersatz auszugleichen sei, versteht die Rechtsprechung[34] dahin gehend, dass der Zugewinnanspruch unabhängig von etwaigen Verlusten während der Gütergemeinschaft ungeschmälert erhalten bleiben soll.

3. Vollmachten. In der Kautelarpraxis haben sich zur **Ergänzung oder gar Über-** 16 **spielung der Verwaltungsregelungen** weitgehend Vollmachten eingebürgert, die in den Ehevertrag aufgenommen oder getrennt von ihm erteilt werden. So kann eine jeweilige Einzelverwaltung bei Befreiung von den gesetzlichen Beschränkungen des allein verwaltenden Ehegatten im Ergebnis durch eine gegenseitige, umfassende **Verwaltungsvollmacht** der Eheleute erreicht werden.[35] Dies kann im Ehevertrag geschehen, entsprechend ist aber auch eine **einseitige Bevollmächtigung** möglich. In der Kautelarpraxis wurden derartige Vollmachten bisweilen zur vollständigen Entrechtung des das Gesamtgut nicht verwaltenden Ehegatten missbraucht.[36]

4. Verfügungsbeschränkungen, Haftung. Die Verfügungsbeschränkung des 17 § 1419 ist als Essentialium der Gesamthandsgemeinschaft selbst nicht abdingbar. Ob die Verfügungsbeschränkungen der §§ 1423–1425 beim Einzelverwaltungsrecht eheverträglich abdingbar sind, ist höchst streitig; angesichts der Seltenheit der Einzelverwaltung und der oben (→ Rn. 16) genannten Möglichkeit von Vollmachten ist die Streitfrage ohne größere praktische Bedeutung. Die Notverwaltungsrechte der §§ 1429 und 1454 sind nach hL unabdingbar.[37]

Die Haftungsvorschriften der §§ 1437 ff., 1459 ff. können als **Gläubigerschutz-** 18 **vorschriften** eheverträglich nicht eingeschränkt, wohl aber erweitert werden. Die Vorschriften über die **Haftung und Ausgleichung im Innenverhältnis** der Ehegatten, also die §§ 1441–1446 und die §§ 1463–1468, können eheverträglich bis zur Grenze des § 138 beliebig modifiziert oder abbedungen werden.[38]

§ 1416 BGB Gesamtgut

(1) ¹Das Vermögen des Mannes und das Vermögen der Frau werden durch die Gütergemeinschaft gemeinschaftliches Vermögen beider Ehegatten (Gesamtgut). ²Zu dem Gesamtgut gehört auch das Vermögen, das der Mann oder die Frau während der Gütergemeinschaft erwirbt.

---

32 Stumpp, Ehevertragliche Vereinbarungen über die Auseinandersetzung des Gesamtguts, MittBayNot 1980, 107 f.; Langenfeld/Milzer Rn. 420.
33 Langenfeld/Milzer Rn. 42 mit Klauselmuster; Formulierungsvorschlag auch bei Münch Rn. 1130.
34 OLG Bamberg 8.8.2000 – 7 UF 202/99, FamRZ 2001, 1215 (1216).
35 Münch Rn. 419 f. (mit Formulierungsvorschlag); Langenfeld/Milzer Rn. 413 ff. mit Formulierungsvorschlag.
36 Langenfeld/Milzer Rn. 413.
37 AA MK/Kanzleiter § 1429 Rn. 8, mwN auch zur hL, die im Rückzug begriffen sein dürfte.
38 MK/Kanzleiter § 1441 Rn. 11.

(2) Die einzelnen Gegenstände werden gemeinschaftlich; sie brauchen nicht durch Rechtsgeschäft übertragen zu werden.

(3) [1]Wird ein Recht gemeinschaftlich, das im Grundbuch eingetragen ist oder in das Grundbuch eingetragen werden kann, so kann jeder Ehegatte von dem anderen verlangen, dass er zur Berichtigung des Grundbuchs mitwirke. [2]Entsprechendes gilt, wenn ein Recht gemeinschaftlich wird, das im Schiffsregister oder im Schiffsbauregister eingetragen ist.

§ 1417 BGB Sondergut

(1) Vom Gesamtgut ist das Sondergut ausgeschlossen.

(2) Sondergut sind die Gegenstände, die nicht durch Rechtsgeschäft übertragen werden können.

(3) [1]Jeder Ehegatte verwaltet sein Sondergut selbständig. [2]Er verwaltet es für Rechnung des Gesamtguts.

§ 1418 BGB Vorbehaltsgut

(1) Vom Gesamtgut ist das Vorbehaltsgut ausgeschlossen.

(2) Vorbehaltsgut sind die Gegenstände,
1. die durch Ehevertrag zum Vorbehaltsgut eines Ehegatten erklärt sind,
2. die ein Ehegatte von Todes wegen erwirbt oder die ihm von einem Dritten unentgeltlich zugewendet werden, wenn der Erblasser durch letztwillige Verfügung, der Dritte bei der Zuwendung bestimmt hat, dass der Erwerb Vorbehaltsgut sein soll,
3. die ein Ehegatte auf Grund eines zu seinem Vorbehaltsgut gehörenden Rechts oder als Ersatz für die Zerstörung, Beschädigung oder Entziehung eines zum Vorbehaltsgut gehörenden Gegenstands oder durch ein Rechtsgeschäft erwirbt, das sich auf das Vorbehaltsgut bezieht.

(3) [1]Jeder Ehegatte verwaltet das Vorbehaltsgut selbständig. [2]Er verwaltet es für eigene Rechnung.

(4) Gehören Vermögensgegenstände zum Vorbehaltsgut, so ist dies Dritten gegenüber nur nach Maßgabe des § 1412 wirksam.

§ 1419 BGB Gesamthandsgemeinschaft

(1) Ein Ehegatte kann nicht über seinen Anteil am Gesamtgut und an den einzelnen Gegenständen verfügen, die zum Gesamtgut gehören; er ist nicht berechtigt, Teilung zu verlangen.

(2) Gegen eine Forderung, die zum Gesamtgut gehört, kann der Schuldner nur mit einer Forderung aufrechnen, deren Berichtigung er aus dem Gesamtgut verlangen kann.

§ 1420 BGB Verwendung zum Unterhalt

Die Einkünfte, die in das Gesamtgut fallen, sind vor den Einkünften, die in das Vorbehaltsgut fallen, der Stamm des Gesamtguts ist vor dem Stamm des Vorbehaltsguts oder des Sonderguts für den Unterhalt der Familie zu verwenden.

§ 1421 BGB Verwaltung des Gesamtguts

[1]Die Ehegatten sollen in dem Ehevertrag, durch den sie die Gütergemeinschaft vereinbaren, bestimmen, ob das Gesamtgut von dem Mann oder der Frau oder von ihnen gemeinschaftlich verwaltet wird. [2]Enthält der Ehevertrag keine Bestimmung hierüber, so verwalten die Ehegatten das Gesamtgut gemeinschaftlich.

I. Die Gütergemeinschaft als Gesamthandsgemeinschaft

1. Allgemeines. In der Gütergemeinschaft wird das Vermögen der Ehegatten, 1 grundsätzlich gleich ob bei Begründung des Güterstands oder durch späteren Hinzuerwerb, deren gemeinschaftliches Vermögen, sofern es nicht Sonder- oder Vorbehaltsgut ist (§ 1416 Abs. 1). Die Vergemeinschaftung erfolgt „**zur gesamten Hand**"[1] zu einem spezifisch organisierten Sondervermögen ohne eigene Rechtssubjektivität.[2] Den Theorien um die Gesamthand kommt für die Gütergemeinschaft, anders als in anderen Rechtsgebieten, keine wesentliche Bedeutung zu. Die Gesamthand der Ehegatten hat keine eigene, von derjenigen der Ehegatten abgehobene Identität und ist auch **keine Handlungseinheit**; Träger des Gesamtguts sind die Ehegatten in ihrer gesamthänderischen Verbundenheit.

Die Gütergemeinschaft oder das Gesamtgut sind **weder aktiv noch passiv partei-** 2 **fähig**, weder als solche grundbuchfähig noch wechselfähig. Bei gemeinschaftlicher Verwaltung ist das Gesamtgut jedoch gesondert **insolvenzfähig**. Die Eröffnung des Insolvenzverfahrens über das Gesamtgut der Gütergemeinschaft bei gemeinschaftlicher Verwaltung der Ehegatten und bei fortgesetzter Gütergemeinschaft (§§ 332 ff. InsO) beendet die Gütergemeinschaft aber ebenso wenig wie die Insolvenz über das Vermögen eines Ehegatten (§ 37 Abs. 2 InsO).[3]

Die Gesamthand der in Gütergemeinschaft lebenden Ehegatten beschränkt sich 3 auf das Vermögen. Alle **nicht vermögensrechtlichen Positionen** bleiben getrennt bei den einzelnen Ehegatten.[4]

---

1 RGZ 21.5.1930 – V 136/29, Z 129, 119 f.; BayObLG 21.12.1967 – BReg. 2 Z 74/67, DNotZ 1968, 493 (495).
2 Staudinger/Thiele § 1416 Rn. 3.
3 Vgl. hierzu auch Grziwotz, Güterstand, Insolvenz und Grundbuch, Rpfleger 2008, 289.
4 Staudinger/Thiele § 1416 Rn. 4.

4 **2. Der Erwerb zum Gesamtgut.** Beim Erwerb eines Ehegatten zum Gesamtgut
ist streitig, ob das Eigentum für eine „logische Sekunde" durch das Vermögen
des erwerbenden Ehegatten hindurchgeht (Durchgangstheorie) oder ob ein unmittelbarer Erwerb des Gesamtguts stattfindet (Unmittelbarkeitstheorie).[5] Der
Bundesgerichtshof brauchte den Streit bisher nicht zu entscheiden.[6] Da die sonstigen rechtlichen Konsequenzen weitgehend geklärt sind, zB die Frage der Erb-
scheinserteilung nur für den als Erben berufenen Ehegatten,[7] bleibt der Streit
akademisch.

5 **3. Die Bindung des Gesamtguts.** Über ihre Anteile am Gesamthandsvermögen
können die Ehegatten unter Lebenden nicht verfügen (§ 1419 Abs. 1). Sie sind
folgerichtig auch der Pfändung nicht unterworfen (§ 860 Abs. 1 ZPO). Über die
Anteile kann auch nach Beendigung der Gütergemeinschaft nicht verfügt werden (§ 1471 Abs. 2; zur Pfändbarkeit in diesem Fall vgl. § 860 Abs. 2 ZPO).
Wenn keine Fortsetzung der Gütergemeinschaft vereinbart ist, kann jeder Ehegatte **von Todes wegen** über seinen Anteil am Gesamtgut **verfügen.** Der Erbe
tritt an seiner Stelle in die Auseinandersetzungsgemeinschaft ein (§ 1471 Abs. 1,
sa die dortige Kommentierung). Die Ehegatten können über Anteile an den einzelnen zum Gesamtgut gehörenden Gegenständen nicht verfügen (§ 1419
Abs. 1); kein Ehegatte kann während des Bestehens der Gütergemeinschaft die
Teilung des Gesamtguts verlangen.

II. Die Vermögensmassen

6 **1. Gesamtgut (§ 1416).** In das Gesamtgut fallen alle nicht zum Sonder- oder
Vorbehaltsgut gehörenden Vermögensgegenstände, aber auch nur diese. Die **Zugehörigkeit** eines Gegenstands zum Gesamtgut wird **vermutet.**[8] Die einzelnen
Gegenstände werden kraft Gesetzes gemeinschaftlich, es bedarf keiner rechtsgeschäftlichen Übertragung mehr (§ 1416 Abs. 2 Hs. 2). Durch Vereinbarung von
Gütergemeinschaft wird zB das **Grundbuch** hinsichtlich des schon erworbenen
Grundbesitzes der Ehegatten unrichtig und ist zu berichtigen. Zukünftiger Er-
werb erfolgt zum Gesamtgut, sofern nicht ausnahmsweise zum Vorbehaltsgut
erworben wird (gesonderte, auch kostenmäßige, ehevertragliche Vereinbarung
nötig). Auch bei einer Erbschaft, die in Gütergemeinschaft lebenden Eltern zB
als gesetzlichen Erben zweiter Ordnung anfällt, ist für eine rechtsgeschäftliche
Übertragung des Vermögens von der Erbengemeinschaft in das Gesamtgut der
Ehegatten kein Raum, weil die Erbschaft kraft Gesetzes in das Gesamtgut fällt.[9]
Wird die Auflassung an in Gütergemeinschaft lebende Ehegatten irrtümlich zu
hälftigem Miteigentum vorgenommen, so geht sie nicht etwa ins Leere, sondern
führt zum Erwerb des Gesamtguts. Das Grundbuch kann auf einfachen Antrag
hin berichtigt werden, eine Wiederholung der Auflassung ist nicht erforderlich.[10] Dies gilt auch für vergleichbare ausländische Güterstände – wenn stattdessen tatsächlich ideelle Miteigentumsanteile eingetragen werden oder bleiben
sollen, ist hierfür eine güterrechtliche Rechtswahl nach Art. 15 Abs. 2 Nr. 2

---

5 Zum Streitstand vgl. Staudinger/Thiele § 1416 Rn. 21 ff.
6 Vgl. etwa grundlegend BGH 10.12.1981 – V ZB 12/81, NJW 1982, 1097.
7 BayObLG 7.10.1952 – RReg 1 Z 15152, Z 2, 219.
8 RG 24.5.1917 – Rep. VI. 77/17, Z 90, 288.
9 OLG München 26.10.2015 – 34 Wx 233/15, FamRZ 2016, 580.
10 BGH 10.12.1981 – V ZB 12/81, NJW 1982, 1097.

oder 3 EGBGB nötig.[11] Der umgekehrte, aufgrund fehlerhafter Laienvorstellungen nicht seltene Fall, dass versehentlich Ehegatten in Gütergemeinschaft eingetragen werden, obwohl sie in Wahrheit im gesetzlichen Güterstand leben, führt regelmäßig zur Annahme hälftigen ideellen Bruchteils-Miteigentumserwerbs; dass bei Erkennen des Irrtums „in Wahrheit" nur an einen Ehepartner aufgelassen worden sei, ist regelmäßig mit den Mitteln des § 29 GBO nicht nachzuweisen.[12]

Probleme hinsichtlich der Gesamtgutsfähigkeit entstehen vor allem, wenn ein   7
Ehegatte oder beide Ehegatten an einer **weiteren Gesamthand** beteiligt sind oder untereinander eine weitere Gesamthand bilden wollen. Hierauf wird in einem gesonderten Abschnitt eingegangen (→ Rn. 19 ff.).

Zum Gesamtgut gehören nach alledem auch die ausschließlich zum persönli-   8
chen Gebrauch eines Ehegatten bestimmten Sachen; Gegenstände, die ein Ehegatte unter Eigentumsvorbehalt des Verkäufers erworben hat, selbst wenn die Restzahlung erst nach Beendigung der Gütergemeinschaft, aber vor Abschluss der Auseinandersetzung geleistet wird; die Ausgleichsforderung eines Ehegatten aus früherer Ehe; eine (ggf. erst durch die Vereinbarung der Gütergemeinschaft entstandene) Zugewinnausgleichsforderung; ein dem Höferecht unterliegender Bauernhof; der Erbanteil eines Ehegatten, wodurch allerdings der andere Ehegatte nicht Miterbe wird (einschließlich einer **Vorerbschaft**,[13] die Eintragung eines Nacherbenvermerks im Grundbuch ist in diesem Fall nicht zulässig[14] – selbst wenn der überlebende Teil von in Gütergemeinschaft lebenden Ehegatten nicht alleiniger Vollerbe, sondern (nur) alleiniger Vorerbe geworden ist, gehören nämlich zum Nachlass nicht die Grundstücke oder ein gütergemeinschaftlicher Anteil an den Grundstücken, sondern nur der Anteil des Verstorbenen am Gesamtgut);[15] Schadensersatzansprüche eines Ehegatten aus einem Unfall einschließlich der Schmerzensgeldansprüche. Ferner gehören zum Gesamtgut auch übertragbare gewerbliche Schutzrechte und Lizenzen, Nutzungsrechte an Urheberrechten, die Nutzungen des Sonderguts (§ 1417 Abs. 2); Ansprüche aus Leibgedings- oder Altenteilerrechten („Austrag"). Auch Ansprüche aus einem nur von dem Versicherungsnehmer/Ehegatten in seinem Namen abgeschlossenen Lebensversicherungsvertrag gehören zum Gesamtgut – das Recht zur Benennung eines Begünstigten ist kein höchstpersönliches Recht, so dass der Widerruf der Begünstigtenbenennung zustimmungsbedürftig ist.[16]

2. Sondergut (§ 1417). Sondergut sind alle einem Ehegatten zustehenden Ge-   9
genstände, die nicht durch Rechtsgeschäft übertragen werden können (§ 1417).
Zum Sondergut gehören zB der Nießbrauch, nicht übertragbare Vorkaufsrechte, beschränkte persönliche Dienstbarkeiten, insbes. das dingliche Wohnungsrecht

---

11 OLG Schleswig 19.8.2008 – 2 W 82/09, FamRZ 2010, 377; OLG München 16.2.2009 –
    34 Wx 095/08, DNotZ 2009, 683.
12 OLG München 20.11.2009 – 34 Wx 108/09, NJW-RR 2010, 673 = FamRZ 2010, 1736;
    ausf. hierzu Britz, Bewilligungsgrundsatz und familienrechtliche Gesamthandsgemein-
    schaften, RNotZ 2008, 333.
13 MK/Kanzleiter § 1417 Rn. 2; Börger/Engelsing § 3 Rn. 675.
14 BGH 10.3.1976 – V ZB 7/72, FamRZ 1976, 338; OLG München 14.3.2016 – 34 Wx
    239/15, ZEV 2016, 393.
15 OLG München 14.3.2016 – 34 Wx 239/15, ZEV 2016, 393.
16 Vgl. zu Vorstehendem die Aufzählungen etwa bei Börger/Engelsing § 3 Rn. 666;
    Staudinger/Thiele § 1416 Rn. 16 je mwN.

(gemeinsame Wohnungsrechte und Leibgedinge gehören zum Gesamtgut),[17] Urheberrechte. Ferner gehören zum Sondergut unpfändbare und daher regelmäßig nicht übertragbare Forderungen (§§ 400, 850 ff. ZPO), also zB der unpfändbare Teil des Arbeitseinkommens oder Unterhaltsansprüche; sind umgekehrt Ansprüche nach den gesetzlichen Vorschriften übertragbar, fallen sie auch dann nicht in das Sondergut (sondern in das Gesamtgut), wenn sie nicht oder nur beschränkt pfändbar sind, was zB für den Anspruch auf den Pflichtteil oder den Ausgleich des Zugewinns gilt.[18]

10 **Nicht in das Sondergut fallen** trotz des Wortlauts des § 1417 Abs. 2 solche Gegenstände, die nur deshalb unübertragbar sind, weil sie zu einem Sachinbegriff gehören, der selbst zum Gesamtgut gehört. Deshalb fallen auch die **Anteile des Miterben** an den einzelnen Nachlassgegenständen mit dem Erbfall in das Gesamtgut, obwohl der Miterbe über die einzelnen Nachlassgegenstände nach § 2033 Abs. 2 nicht verfügen kann. Aus den gleichen Gründen fällt außerdem die **Vorerbschaft** nicht in das Sondergut, sondern in das Gesamtgut.[19] Die Eintragung eines Nacherbenvermerks im Grundbuch ist in diesem Fall nicht zulässig.[20]

11 Jeder Ehegatte verwaltet sein Sondergut selbstständig, jedoch für Rechnung des Gesamtguts. Die Nutzungen des Sonderguts fallen in das Gesamtgut, seine Lasten sind aus dem Gesamtgut zu bestreiten. **Wirtschaftlich** gesehen **gehört das Sondergut** damit **zum Gesamtgut.** Es stellt wirtschaftlich kein nur dem betreffenden Ehegatten zustehendes Sondervermögen, keine Privilegierung dar und soll dem Ehegatten nicht wie das Vorbehaltsgut eine „Sphäre der Ungebundenheit" sichern.[21] Das Sondergut ist lediglich die rechtslogische Konsequenz aus der Höchstpersönlichkeit und Unübertragbarkeit gewisser Rechte, eine „Notgütermasse" zur Beseitigung dogmatischer Widersprüche.[22]

12 Sondergut entsteht nur **kraft Gesetzes**, nicht etwa auch durch rechtsgeschäftlich, etwa nach § 399 Alt. 2 begründete Unübertragbarkeit.[23] Selbst eheverträglich können die Ehegatten nicht Gesamtgut zu Sondergut oder Sondergut zu Gesamtgut machen. Da die Sonderzuständigkeit eines Ehegatten gewahrt bleibt, ist es jedoch möglich, Sondergut eheverträglich in Vorbehaltsgut umzuwandeln.[24]

13 **3. Vorbehaltsgut (§ 1418). a) Begriff, Wirkung.** Vorbehaltsgut ist grundsätzlich das für den Ehegatten zur Alleinzuständigkeit und zur selbstständigen Verwaltung für eigene Rechnung rechtsgeschäftlich (oder durch Surrogation) vorbehaltene Gut.[25] Vorbehaltsgut ist damit wirtschaftlich stärker der Teilhabe entzogen als das Anfangsvermögen der Zugewinngemeinschaft, da auch seine Erträge nicht in das Gesamtgut fallen.[26] Es gibt **grundsätzlich kein Vorbehaltsgut kraft**

---

17 BayObLG 21.12.1967 – Breg. 2 Z 74/67, DNotZ 1968, 493; OLG Frankfurt/M. 3.9.1973 – 20 W 641/73, Rpfleger 1973, 394.
18 Börger/Engelsing § 3 Rn. 674.
19 MK/Kanzleiter § 1417 Rn. 2; Börger/Engelsing § 3 Rn. 675.
20 BGH 10.3.1976 – V ZB 7/72, FamRZ 1976, 338; OLG München 14.3.2016 – 34 Wx 239/15.
21 Langenfeld/Milzer Rn. 389.
22 Langenfeld/Milzer Rn. 389.
23 Staudinger/Thiele § 1417 Rn. 8 f.; Börger/Engelsing § 3 Rn. 676.
24 BayObLG 24.10.1952 – BReg. 2 Z 157/52, NJW 1953, 224.
25 Gernhuber/Coester-Waltjen § 38 Rn. 37.
26 Rauscher Rn. 449.

Gesetzes,[27] mit einer Ausnahme: § 1 Abs. 4 VersAusglG entzieht alle Anwartschaften oder Aussichten, über die der **Versorgungsausgleich** stattfindet, den güterrechtlichen Vorschriften; dabei ist Vorbehaltsgut kraft Gesetzes als solches nur iRd § 2 Abs. 3 VersAusglG geläufig. Da es eine „zuordnungsfreie" Vermögensmasse nicht gibt, müssen diese Positionen letztlich dem Vorbehaltsgut zugewiesen werden.[28]

Vorbehaltsgut, auch und insbesondere solches, das nicht durch Rechtsgeschäft, sondern durch Surrogation entstanden ist, kann **zum Gesamtgut bestimmt** werden (mit Ausnahme der vorerwähnten Rechtspositionen, da diese dem Güterrecht entzogen sind); anders als für Sondergut besteht keine rechtliche Notwendigkeit der Ausklammerung aus dem Gesamtgut, so dass die Verfügungsfreiheit der Ehegatten über ihr Vermögen eingreift.[29]   14

b) Entstehung. Vorbehaltsgut entsteht durch **Rechtsgeschäft oder Surrogation**   15
(zur Entstehung kraft Gesetzes → Rn. 13). Zu Vorbehaltsgut können Gegenstände durch Ehevertrag (zusammen mit der Vereinbarung der Gütergemeinschaft oder danach) erklärt werden (§ 1418 Abs. 2 Nr. 1). Dies können nicht nur Einzelgegenstände sein, sondern auch Sachgesamtheiten;[30] durch Erklärung des gesamten gegenwärtigen Vermögens zu Vorbehaltsgut wird zB die Gütergemeinschaft zu einer **Errungenschaftsgemeinschaft**.[31] Allerdings muss dies mit ausreichender Bestimmtheit geschehen, insbesondere unter Nennung/Aufzählung der Gegenstände; problematisch wäre es daher, wenn allgemein das „Betriebsvermögen" zum Vorbehaltsgut erklärt wird.[32] Der Begriff des Erwerbsgeschäfts müsste aber angewandt werden können, da das Gesetz diesen selbst verwendet (§§ 1431, 1456).[33]

Dritte können als Erblasser durch Verfügung von Todes wegen oder als Schen-   16
ker bei der Zuwendung bestimmen, dass das einem Ehegatten unentgeltlich oder von Todes wegen Zugewendete in dessen Vorbehaltsgut fällt (§ 1418 Abs. 2 Nr. 2). Eine Schenkung liegt auch vor, wenn ein Ehegatte aus seinem Vorbehaltsgut dem anderen etwas unentgeltlich zuwendet, § 1374 Abs. 2 gilt nicht.

Unter die unentgeltlichen Zuwendungen fallen nicht nur Schenkungen (§ 516)   17
und Ausstattungen (§ 1624), sondern auch Zuwendungen im Wege **vorweggenommener Erbfolge** (bei denen Gegenleistungen/Auflagen vereinbart werden) und **gemischte Schenkungen**, und zwar zur Gänze; jedoch können unter Umständen Ausgleichsansprüche zwischen den Vermögensmassen entstehen.[34]

c) Surrogation. Vorbehaltsgut kann gem. § 1418 Abs. 2 Nr. 3 auch durch Surro-   18
gation entstehen. Die Surrogation kann aufgrund folgender Tatbestände eintreten:

---

27 Selbst die Gegenstände des ausschließlich persönlichen Gebrauchs gehören zum Gesamtgut.
28 Gernhuber/Coester-Waltjen § 38 Rn. 37 f.
29 Vgl. auch Rauscher Rn. 449.
30 RG 13.3.1916 – 196/15, JW 1916, 834.
31 Rauscher Rn. 449.
32 DNotI-Gutachten Nr. 96719 v. 3.9.2009.
33 Münch Rn. 430.
34 BR/Siede § 1418 Rn. 5; MK/Kanzleiter § 1418 Rn. 7 (allerdings str.).

■ Erwerb aufgrund eines zum Vorbehaltsgut gehörenden **Rechts**, der auf Gesetz oder Rechtsgeschäft beruhen kann (Früchte, Miet- und Pachteinnahmen, Lottogewinn),[35]

■ **Ersatz** für die Zerstörung, Beschädigung oder Entziehung eines Gegenstands des Vorbehaltsguts (Schadensersatzansprüche nach § 823, Versicherungsleistungen, Enteignungsentschädigung, Ansprüche nach § 812),[36]

■ Erwerb durch ein **Rechtsgeschäft**, das sich auf das Vorbehaltsgut bezieht, wobei ein wirtschaftlicher Zusammenhang genügt. Das Rechtsgeschäft muss sich sowohl objektiv (sachlicher Zusammenhang) wie auch subjektiv (Wille zum Handeln für das Vorbehaltsgut) auf das Vorbehaltsgut beziehen; eine **reine Mittelsurrogation genügt nicht**. Die für den Erwerb zu erbringende Gegenleistung muss allerdings nicht aus dem Vorbehaltsgut stammen.

III. Insbesondere: Gütergemeinschaft und Gesellschaftsrecht

19 Aufgrund der Gesamthandsstruktur der Gütergemeinschaft ergeben sich Normkollisionen, wenn ein in Gütergemeinschaft lebender Ehegatte **Gründer einer Personen- oder Kapitalgesellschaft** ist, der Ehegatte aber nicht automatisch aufgrund der Gütergemeinschaft Mitgesellschafter werden soll. Noch häufiger sind Fallgestaltungen, in denen bei Gründung der Gesellschaft keinerlei Feststellungen zum ehelichen Güterrecht getroffen wurden und erst anlässlich einer Anteilsabtretung, Gesellschafterversammlung oder sonstiger gesellschaftsrechtlicher Maßnahmen sich herausstellt, dass ein Gesellschafter in Gütergemeinschaft verheiratet ist. Offen tritt die Problematik zutage, wenn bereits miteinander verheiratete Ehegatten untereinander eine Personengesellschaft gründen möchten. Praxishäufig sind auch Probleme der **Beteiligungsübertragung** an Personen, die in Gütergemeinschaft leben.

Beispiel: Ein Kommanditanteil soll in vollem Umfang an einen dadurch neu in die Gesellschaft eintretenden Kommanditisten übertragen werden. Der Gesellschaftsvertrag enthält keine besonderen Regelungen zur Übertragung von Gesellschaftsanteilen, der Erwerber ist im Güterstand der Gütergemeinschaft verheiratet (die Verwaltung des Gesamtguts steht beiden Ehegatten gemeinschaftlich zu).

20 Vergleichbare Rechtsfragen wirft übrigens auch der international am meisten verbreitete Güterstand der **Errungenschaftsgemeinschaft** auf.[37] Damit können bei internationalen Gesellschaftstransaktionen unerwartete Probleme auftauchen! Hierauf kann in einer Kurzkommentierung der nationalen Gütergemeinschaft nicht näher eingegangen werden, auch fehlen im Übrigen vertiefte Stellungnahmen in der Literatur. Die für das Recht der deutschen Gütergemeinschaft dargestellten Lösungsansätze und Hintergründe können aber für die Behandlung von **Auslandssachverhalten** *mutatis mutandis* hilfreich sein.[38]

---

35 BR/Siede § 1418 Rn. 8; Staudinger/Thiele § 1418 Rn. 37 f.
36 BR/Siede § 1418 Rn. 8; Staudinger/Thiele § 1418 Rn. 41 f.
37 Apfelbaum, Gütergemeinschaft und Gesellschaftsrecht, MittBayNot 2006, 185; Schotten/ Schmellenkamp, Der Vorrang des Gesellschaftsrechts vor dem Güterrecht, DNotZ 2007, 729, 735 ff. Hiergegen offenbar Kanzleiter, Der Kommanditanteil, weiterhin ein möglicher Bestandteil des Gesamtguts von Ehegatten! Oder: Was ist eine sog „herrschende Meinung" wert?, DNotZ 2007, 884.
38 Apfelbaum MittBayNot 2006, 185.

1. Zum Erwerb einer Personengesellschaftsbeteiligung durch in Gütergemein- 21 schaft verheiratete Ehegatten. Gem. § 1416 Abs. 1 S. 1 werden das Vermögen des Mannes und das Vermögen der Frau durch die Vereinbarung der Gütergemeinschaft gemeinschaftliches Vermögen der Ehegatten (Gesamtgut). Zum Gesamtgut gehört auch das Vermögen, das der Mann oder die Frau während der Gütergemeinschaft erwirbt (§ 1416 Abs. 1 S. 2). Vom Gesamtgut ist allerdings das Sondergut ausgeschlossen (§ 1417 Abs. 1). Sondergut sind die Gegenstände, die nicht durch Rechtsgeschäfte übertragen werden können (§ 1417 Abs. 2).

a) Gesamtgut oder Sondergut? Fraglich ist nun, ob beim Erwerb einer Perso- 22 nengesellschaftsbeteiligung durch in Gütergemeinschaft verheiratete Eheleute dieser Anteil Gesamtgut oder aber Sondergut wird. Die **überwiegende Auffassung** geht davon aus, dass eine solche Beteiligung schlechthin nicht in das Gesamtgut, sondern stets in das **Sondergut** des erwerbenden Ehegatten fällt.[39] Nach der Gegenauffassung ist danach zu differenzieren, ob der Gesellschaftsanteil übertragbar gestellt worden ist. Bei Übertragbarkeit soll er dem Gesamtgut zuzurechnen sein.[40] Die höchstrichterliche Rechtsprechung hat sich zu dieser Frage – soweit ersichtlich – noch nicht geäußert.

Die letztgenannte Ansicht vermag nicht zu überzeugen. Denn nach ganz über- 23 wiegender Auffassung in Rechtsprechung und Literatur kann eine **Gütergemeinschaft als solche nicht Gesellschafterin einer Personengesellschaft sein.**[41] Zwar hat der Bundesgerichtshof mit Beschluss vom 16.7.2001 der GbR die Fähigkeit zugesprochen, sich als Kommanditistin an einer KG zu beteiligen,[42] jedoch folgt daraus nicht zwingend, dass auch der ehelichen Gütergemeinschaft die gleiche Fähigkeit zukommt. Im Übrigen hat der Gesetzgeber in § 162 Abs. 1 S. 2 HGB jetzt lediglich eine Regelung für die GbR getroffen. Folglich hat sich der Gesetzgeber dagegen entschieden, neben der Regelung für die GbR gleichzeitig eine Regelung hinsichtlich der anderen Gesamthandsgemeinschaften, also der Erbengemeinschaft und der Gütergemeinschaft, zu normieren.[43] Auch dies kann als Indiz dafür herangezogen werden, dass von den Gesamthandsgemeinschaften nur die GbR Gesellschafterin von Personenhandelsgesellschaften sein kann. Hat also die Gütergemeinschaft nicht die Fähigkeit, als Gesellschafterin in eine Personengesellschaft einzutreten, besteht ein **Konflikt zwischen dem Familien- und dem Gesellschaftsrecht.** Dieser Konflikt dürfte mit der hM zugunsten des Gesellschaftsrechts zu lösen sein.

Es spricht daher viel für die hM, wonach die Beteiligung an einer Personenge- 24 sellschaft eines in Gütergemeinschaft verheirateten Ehegatten stets zum Sondergut nach § 1417 gehört. Eine gesamthänderische Beteiligung der Ehegatten an einem Personengesellschaftsanteil ist nicht vereinbar mit der mangelnden Fähigkeit der Gütergemeinschaft, Gesellschafterin einer Personengesellschaft zu sein. Dies folgt aus der strukturellen Unfähigkeit der Gütergemeinschaft, das perso-

---

39 Palandt/Brudermüller § 1417 Rn. 2; Staudinger/Thiele § 1416 Rn. 14; Schotten/Schmellenkamp DNotZ 2007, 729 (731 ff., 738); vgl. auch die weiteren Nachw. bei Apfelbaum MittBayNot 2006, 185 (187, dort Fn. 17).
40 Vgl. Gernhuber/Coester-Waltjen § 38 Rn. 15; vgl. auch die weiteren Nachw. bei Apfelbaum MittBayNot 2006, 185 (187, dort Fn. 17).
41 So ausdrücklich BayObLG 22.1.2003 – 3Z BR 238/02, 239/02 und 240/02, DNotZ 2003, 454 = NJW-RR 2003, 900.
42 BGH 16.7.2001 – II ZB 23/00, NJW 2001, 3121.
43 Vgl. zum Normzweck BT-Drs. 14/7348, S. 29.

nenrechtliche Element der Mitgliedschaft zu integrieren, da bei dieser die Handlungsfähigkeit wie auch die Haftungsregelung den Regeln der Personengesellschaft zuwiderlaufen.

25 Die Kollision zwischen Familien- und Gesellschaftsrecht ist schon deswegen zugunsten des Gesellschaftsrechts zu lösen. Zudem wurden bei der Konzeption des § 1417 Abs. 2 die Anteile an Personengesellschaften noch als unübertragbar angesehen, was nach heutiger Auffassung so nicht mehr zutrifft.

26 **b) OHG-Gründung als Vorbehaltsgut?** Ergänzend ist noch auf das Urteil des Bundesgerichtshofs vom 10.7.1975[44] hinzuweisen, wonach **bereits in Gütergemeinschaft lebende Ehegatten** unter sich eine Offene Handelsgesellschaft rechtswirksam nur durch Begründung von Vorbehaltsgut sollen errichten können. Für die vorliegende Frage des Erwerbs einer Personengesellschaftsbeteiligung gibt diese Entscheidung allerdings nichts her, da es in dem vom Bundesgerichtshof entschiedenen Sachverhalt im Ergebnis um die (ohne Weiteres zu verneinende) Frage ging, ob eine rechtsgeschäftliche Erklärung bestimmter Vermögensgegenstände zum Sondergut zulässig ist. Hiervon ist der Fall, in dem ein Ehegatte zunächst eine Beteiligung an einer Personengesellschaft innehatte und die Ehe erst im Anschluss an den Beteiligungserwerb eingegangen bzw. der Güterstand geändert wurde, ebenso zu unterscheiden wie der spätere Erwerb einer Beteiligung an derselben Gesellschaft durch den anderen Ehegatten (mag auch, zB durch zwischenzeitlichen Austritt eines anderen Gesellschafters, die Gesellschaft gleichsam „zufällig" beteiligungsidentisch mit der Gütergemeinschaft sein).

27 Hiergegen ließe sich einwenden, dass es dann vom bloßen **Zufall** abhinge, ob die Ehegatten, solange sie im gesetzlichen Güterstand leben, zunächst eine Personengesellschaft untereinander gründen (was unproblematisch möglich ist) und im Anschluss hieran die Gütergemeinschaft, so dass die Beteiligungen jeweils in das Sondergut des betreffenden Ehegatten fielen, oder ob zunächst die Gütergemeinschaft und dann die Personengesellschaft (nur) unter den Ehegatten gründet wird (wie im vom Bundesgerichtshof entschiedenen Fall, → Rn. 26). Dies wird man vor dem Hintergrund der Funktionsweise des § 1417 hinnehmen müssen.

28 **2. Die Personengesellschaft unter Ehegatten.** Nach der bereits zuvor unter → Rn. 26 als Argumentationshilfe erwähnten Rechtsprechung des Bundesgerichtshofs können in Gütergemeinschaft lebende Ehegatten unter sich und ohne Beteiligung Dritter eine Personengesellschaft nur gründen, wenn sie die Gesellschaftsbeteiligungen dem **Vorbehaltsgut** zuweisen.[45] Im Schrifttum ist diese Ansicht umstritten.[46] Für die Praxis wird man aufgrund der vorliegenden BGH-Rechtsprechung davon ausgehen müssen, dass die formfreie Gründung einer Personengesellschaft unter ausschließlicher Beteiligung von in Gütergemeinschaft lebenden Ehegatten unmöglich ist. Auf die damit unter Umständen verbundenen Zufälligkeiten je nach Gründungs- und Beteiligungsreihenfolge wurde bereits hingewiesen (→ Rn. 27).

29 **3. Zur Beteiligung – auch – des anderen Ehegatten; vorsorgliche Vorbehaltsgutsvereinbarung.** Zu überlegen bleibt, wie Ehegatten insoweit eine Klärung der

---

44 BGH 10.7.1975 – II ZR 154/72, NJW 1975, 1774.
45 BGH 10.7.1975 – II ZR 154/72, NJW 1975, 1774.
46 Vgl. zum Streitstand Apfelbaum MittBayNot 2006, 185 (189, dort Fn. 35), der ebenfalls anderer Meinung ist.

Rechtsverhältnisse herbeiführen können. Geht man mit der Gegenauffassung davon aus, dass eine Personengesellschaftsbeteiligung auch zum Gesamtgut der Gütergemeinschaft erworben werden kann, bleibt es den Ehegatten unbenommen, Vorbehaltsgut zu vereinbaren (vgl. § 1418 Abs. 2 Nr. 1). Allerdings kennt das Gesetz nur die automatische Entstehung von Gesamtgut (§ 1416 Abs. 1, 2). Deshalb muss nach hM der bisher zum Sondervermögen „Gesamtgut" gehörende Gegenstand durch besonderes Verfügungsgeschäft auf den Ehegatten übertragen werden.[47]

Geht man mit der herrschenden Auffassung davon aus, dass der Erwerb einer 30 Personengesellschaftsbeteiligung zum Gesamtgut der Gütergemeinschaft nicht möglich ist, gehört der erworbene Anteil zum Sondergut des erwerbenden Ehepartners. Es ist allerdings ohne Weiteres zulässig, **Sondergut eines Ehegatten in das Vorbehaltsgut** desselben Ehegatten zu überführen.[48] Hierzu bedarf es eines Ehevertrags gem. § 1418 Abs. 2 Nr. 1.

Je nach beabsichtigtem **Regelungsziel** kann vorliegend also wie folgt vorgegan- 31 gen werden:

Soll (im Außenverhältnis) jedenfalls **ausschließlich ein Ehegatte Inhaber der Beteiligung** sein, gilt: Da sowohl die Umwandlung von Gesamt- in Vorbehaltsgut als auch die Umwandlung von Sonder- in Vorbehaltsgut möglich ist, kann daran gedacht werden, eine solche Umwandlung vorsorglich für beide Fälle vorzunehmen und hierdurch die Beteiligung dem Vorbehaltsgut des betreffenden Ehegatten zuzuordnen. Soll dann der andere Ehegatte im Innenverhältnis zwischen den Eheleuten an der Beteiligung wirtschaftlich partizipieren, kann überlegt werden, ihm eine auch nur im Innenverhältnis wirkende Teilhabe hieran einzuräumen, etwa in Form einer Unterbeteiligung. Diese Beteiligung müsste sodann durch Ehevertrag ebenfalls zum Vorbehaltsgut, des anderen Ehegatten, erklärt werden.

Eine solche **vorsorgliche Vorbehaltsgutsvereinbarung** wäre auch deshalb bzw. in 32 den Fällen anzuraten, in denen zwar bei Gesellschaftsgründung bzw. Beteiligungserwerb durch einen oder beide Ehegatten Dritte beteiligt sind, eine spätere ausschließliche Gesellschafterstellung der Ehegatten aber nicht ausgeschlossen werden kann; ebenso, wenn zwar rechtlich ein Dritter beteiligt ist, wirtschaftlich aber letztlich nur die Ehegatten wie bei der beteiligungsidentischen oder der Einheits-GmbH & Co. KG beteiligt sind.

Soll der andere Ehepartner auch im Außenverhältnis Mitinhaberin des Kom- 33 manditanteils sein, könnte ihm ein eigener Teil-Kommanditanteil zum Vorbehaltsgut übertragen werden. Alternativ wäre auch daran zu denken, den Kommanditanteil auf eine GbR, bestehend aus den Ehegatten, zu übertragen, wobei dann die jeweilige Beteiligung an dieser GbR zum Vorbehaltsgut zu erklären wäre.

4. Kapitalgesellschaftsanteile. Die Anteile an Kapitalgesellschaften fallen stets in 34 das **Gesamtgut**, außer es liegt eine **Vorbehaltsgutsvereinbarung** vor.[49] Damit ist umgekehrt auch die gesamthänderische Gründungsteilnahme beider Ehegatten

---

47 Staudinger/Thiele § 1416 Rn. 34 mwN; BR/Siede § 1416 Rn. 9; aA MK/Kanzleiter § 1418 Rn. 3.
48 BayObLG 24.10.1952 – BeschwReg. 2 Z 157/52, DNotZ 1953, 102 (103); Staudinger/Thiele § 1417 Rn. 12; MK/Kanzleiter § 1417 Rn. 5; BR/Siede § 1417 Rn. 6.
49 Staudinger/Thiele § 1416 Rn. 16; Everts, in: Kroiß/Everts/Poller, GmbH-Registerrecht, 2009, § 1 Rn. 242; Apfelbaum MittBayNot 2006, 485 (490) mwN (dort Fn. 44).

mit einer gemeinschaftlichen Einlage möglich, und zwar sowohl im Rahmen einer Mehrpersonengründung mit anderen Gesellschaftern als auch allein als Einpersonengründung.[50] Die Zugehörigkeit zum Gesamtgut ist dabei sowohl in der Gründungsurkunde als auch in der Gesellschafterliste nach § 40 Abs. 1 S. 1 GmbHG kenntlich zu machen.[51] Eine **Vinkulierungsklausel** in der Satzung der Kapitalgesellschaft begründet kein Sondergut am Kapitalgesellschaftsanteil, da dies die Begründung von Sondergut kraft Rechtsgeschäfts bedeutete, was nicht möglich ist (→ Rn. 12).[52]

35   **5. Gesellschaftsrechtliche Maßnahmen.** Insbesondere in Fällen einer **bislang unerkannten Gütergemeinschaft** stellt sich das Problem der Wirksamkeit bisher durchgeführter gesellschaftsrechtlicher Maßnahmen,[53] und zwar insbesondere dann, wenn bei Einzelverwaltung der nicht verwaltungsberechtigte Ehegatte handelt (selten) oder bei Gesamtverwaltung ein Ehegatte allein. Zusammenfassend lässt sich folgender **Überblick** geben:[54] Ein weitgehender Schutz besteht bei GmbH-Geschäftsanteilen und Aktien nach § 18 Abs. 3 GmbHG, § 69 Abs. 3 AktG nur bei Maßnahmen der Gesellschaft gegenüber dem Gesellschafter. Die Wirksamkeit gesellschaftsrechtlicher Maßnahmen oder der Verfügung über die Mitgliedschaft kann sich dabei aus § 1412 und über die Annahme einer konkludenten Vollmacht ergeben. § 16 GmbHG bietet nur Schutz im Sinne einer formalen Legitimation des Erwerbers, wenn der angemeldete Ehegatten-Gesellschafter über die Mitgliedschaft verfügt.[55] Die Anwendbarkeit des § 67 Abs. 2 AktG bei der Gütergemeinschaft ist zweifelhaft. Daneben greifen insbesondere bei der Inhaberaktie die Grundsätze zur Legitimationswirkung bei Innehabung eines Wertpapiers ein, sofern Aktienurkunden ausgegeben wurden.

36   **Kein Verkehrsschutz** wird über § 18 Abs. 1 GmbHG, § 69 Abs. 1 AktG erzielt sowie über die Regelungen der §§ 1431, 1456. Zu beachten ist daneben stets die Lehre über die Zurechnung des Wissens von Organwaltern. Bei Kommanditbeteiligungen an einer Publikums-Personengesellschaft führt die Nichtladung des Ehegatten-Gesellschafters bei fehlender Kausalität des Mangels für das Abstimmungsverhalten nicht zur Rechtsunwirksamkeit der Gesellschafterbeschlüsse. Der sicherste **Lösungsweg** besteht regelmäßig darin, wenn erkannt wird, dass eine Gütergemeinschaft vorliegt, sämtliche gesellschaftsrechtlichen Maßnahmen durch den anderen Ehegatten genehmigen zu lassen sowie bei künftigen Fällen gemeinsam zu handeln oder eine entsprechende Vollmacht ausdrücklich zu erteilen oder aber Vorbehaltsgut zu vereinbaren.

IV. Gütergemeinschaft und Unterhalt

37   Beim Einfluss der Gütergemeinschaft auf den nachehelichen Unterhalt ist wie folgt zu differenzieren:[56] Während der Trennungsphase beeinflusst die Gütergemeinschaft den **Trennungsunterhaltsanspruch** unmittelbar (sofern der Güter-

---

50 Apfelbaum MittBayNot 2006, 185 (191) mwN (dort Fn. 52).
51 Everts, in: Kroiß/Everts/Poller § 1 Rn. 242.
52 Everts, in: Kroiß/Everts/Poller § 1 Rn. 242.
53 Vgl. zum Folgenden sowie zur Verwaltung einer Gesellschaftsbeteiligung bei Gütergemeinschaft ausf. Apfelbaum MittBayNot 2006, 185 (192 ff.).
54 Folgend: Apfelbaum MittBayNot 2006, 185 (195).
55 Zum gutgläubigen Wegerwerb, wenn nur der „Listen"-Ehegatte verfügt, s. Everts, in: Kroiß/Everts/Poller § 1 Rn. 244.
56 Zum Folgenden Elden, Einfluss der Gütergemeinschaft auf den Unterhaltsanspruch, NJW-Spezial 2010, 4.

stand nicht vorzeitig durch Ehevertrag beendet wurde). Zu berücksichtigen sind jedoch nur die Einkünfte, die in das Gesamtgut fallen. Nur diese sind hälftig zwischen den Ehegatten aufzuteilen. Vor einer möglichen Einflussnahme der Gütergemeinschaft auf den Trennungsunterhaltsanspruch muss deswegen geklärt werden, welche Einkünfte der Ehegatten überhaupt in das Gesamtgut fallen. Gibt es solche Einkünfte nicht, beeinflusst die Gütergemeinschaft den Trennungsunterhalt nicht.[57]

Beim **Unterhalt nach der Scheidung** kann die Gütergemeinschaft nur bedingt weiter Einfluss nehmen. Die Aussage in der Rechtsprechung, nach der Ehescheidung anfallendes Einkommen solle nicht mehr in das Gesamtgut fallen,[58] ist kritisch zu betrachten.[59] Aufgrund der fortwirkenden Liquidationsgemeinschaft (→ §§ 1469 ff. Rn. 1 ff.) – sofern nicht final auseinandergesetzt – bleibt das Gesamtgut bestehen. Bei einem Gesamtgut, das Erträge wie zB Mieten oder Zinsen abwirft, fallen diese in die Liquidationsgemeinschaft, solange diese besteht und sind – folgerichtig – als Einkommen aus der Liquidationsgemeinschaft hälftig aufzuteilen. Lediglich nach der Scheidung anfallendes Erwerbseinkommen fällt nicht mehr in das Gesamtgut.

Unterkapitel 2 Verwaltung des Gesamtguts durch den Mann oder die Frau

§ 1422 BGB Inhalt des Verwaltungsrechts

[1]Der Ehegatte, der das Gesamtgut verwaltet, ist insbesondere berechtigt, die zum Gesamtgut gehörenden Sachen in Besitz zu nehmen und über das Gesamtgut zu verfügen; er führt Rechtsstreitigkeiten, die sich auf das Gesamtgut beziehen, im eigenen Namen. [2]Der andere Ehegatte wird durch die Verwaltungshandlungen nicht persönlich verpflichtet.

§ 1423 BGB Verfügung über das Gesamtgut im Ganzen

[1]Der Ehegatte, der das Gesamtgut verwaltet, kann sich nur mit Einwilligung des anderen Ehegatten verpflichten, über das Gesamtgut im Ganzen zu verfügen. [2]Hat er sich ohne Zustimmung des anderen Ehegatten verpflichtet, so kann er die Verpflichtung nur erfüllen, wenn der andere Ehegatte einwilligt.

§ 1424 BGB Verfügung über Grundstücke, Schiffe oder Schiffsbauwerke

[1]Der Ehegatte, der das Gesamtgut verwaltet, kann nur mit Einwilligung des anderen Ehegatten über ein zum Gesamtgut gehörendes Grundstück verfügen; er kann sich zu einer solchen Verfügung auch nur mit Einwilligung seines Ehegatten verpflichten. [2]Dasselbe gilt, wenn ein eingetragenes Schiff oder Schiffsbauwerk zum Gesamtgut gehört.

---

57 OLG Oldenburg 13.7.2009 – 13 UF 41/09, NJW-RR 2009, 1596.
58 OLG Oldenburg 13.7.2009 – 13 UF 52/09, NJW-RR 2009, 1593.
59 Elden NJW-Spezial 2010, 4.

§ 1425 BGB Schenkungen

(1) [1]Der Ehegatte, der das Gesamtgut verwaltet, kann nur mit Einwilligung des anderen Ehegatten Gegenstände aus dem Gesamtgut verschenken; hat er ohne Zustimmung des anderen Ehegatten versprochen, Gegenstände aus dem Gesamtgut zu verschenken, so kann er dieses Versprechen nur erfüllen, wenn der andere Ehegatte einwilligt. [2]Das Gleiche gilt von einem Schenkungsversprechen, das sich nicht auf das Gesamtgut bezieht.

(2) Ausgenommen sind Schenkungen, durch die einer sittlichen Pflicht oder einer auf den Anstand zu nehmenden Rücksicht entsprochen wird.

§ 1426 BGB Ersetzung der Zustimmung des anderen Ehegatten

Ist ein Rechtsgeschäft, das nach den §§ 1423, 1424 nur mit Einwilligung des anderen Ehegatten vorgenommen werden kann, zur ordnungsmäßigen Verwaltung des Gesamtguts erforderlich, so kann das Familiengericht auf Antrag die Zustimmung des anderen Ehegatten ersetzen, wenn dieser sie ohne ausreichenden Grund verweigert oder durch Krankheit oder Abwesenheit an der Abgabe einer Erklärung verhindert und mit dem Aufschub Gefahr verbunden ist.

§ 1427 BGB Rechtsfolgen fehlender Einwilligung

(1) Nimmt der Ehegatte, der das Gesamtgut verwaltet, ein Rechtsgeschäft ohne die erforderliche Einwilligung des anderen Ehegatten vor, so gelten die Vorschriften des § 1366 Abs. 1, 3, 4 und des § 1367 entsprechend.

(2) [1]Einen Vertrag kann der Dritte bis zur Genehmigung widerrufen. [2]Hat er gewusst, dass der Ehegatte in Gütergemeinschaft lebt, so kann er nur widerrufen, wenn dieser wahrheitswidrig behauptet hat, der andere Ehegatte habe eingewilligt; er kann auch in diesem Falle nicht widerrufen, wenn ihm beim Abschluss des Vertrags bekannt war, dass der andere Ehegatte nicht eingewilligt hatte.

§ 1428 BGB Verfügungen ohne Zustimmung

Verfügt der Ehegatte, der das Gesamtgut verwaltet, ohne die erforderliche Zustimmung des anderen Ehegatten über ein zum Gesamtgut gehörendes Recht, so kann dieser das Recht gegen Dritte gerichtlich geltend machen; der Ehegatte, der das Gesamtgut verwaltet, braucht hierzu nicht mitzuwirken.

§ 1429 BGB Notverwaltungsrecht

[1]Ist der Ehegatte, der das Gesamtgut verwaltet, durch Krankheit oder durch Abwesenheit verhindert, ein Rechtsgeschäft vorzunehmen, das sich auf das Gesamtgut bezieht, so kann der andere Ehegatte das Rechtsgeschäft vornehmen, wenn mit dem Aufschub Gefahr verbunden ist; er kann hierbei im eigenen Namen oder im Namen des verwaltenden Ehegatten handeln. [2]Das Gleiche gilt für die Führung eines Rechtsstreits, der sich auf das Gesamtgut bezieht.

§ 1430 BGB Ersetzung der Zustimmung des Verwalters

Verweigert der Ehegatte, der das Gesamtgut verwaltet, ohne ausreichenden Grund die Zustimmung zu einem Rechtsgeschäft, das der andere Ehegatte zur ordnungsmäßigen Besorgung seiner persönlichen Angelegenheiten vornehmen muss, aber ohne diese Zustimmung nicht mit Wirkung für das Gesamtgut vornehmen kann, so kann das Familiengericht die Zustimmung auf Antrag ersetzen.

§ 1431 BGB Selbständiges Erwerbsgeschäft

(1) [1]Hat der Ehegatte, der das Gesamtgut verwaltet, darin eingewilligt, dass der andere Ehegatte selbständig ein Erwerbsgeschäft betreibt, so ist seine Zustimmung zu solchen Rechtsgeschäften und Rechtsstreitigkeiten nicht erforderlich, die der Geschäftsbetrieb mit sich bringt. [2]Einseitige Rechtsgeschäfte, die sich auf das Erwerbsgeschäft beziehen, sind dem Ehegatten gegenüber vorzunehmen, der das Erwerbsgeschäft betreibt.

(2) Weiß der Ehegatte, der das Gesamtgut verwaltet, dass der andere Ehegatte ein Erwerbsgeschäft betreibt, und hat er hiergegen keinen Einspruch eingelegt, so steht dies einer Einwilligung gleich.

(3) Dritten gegenüber ist ein Einspruch und der Widerruf der Einwilligung nur nach Maßgabe des § 1412 wirksam.

§ 1432 BGB Annahme einer Erbschaft; Ablehnung von Vertragsantrag oder Schenkung

(1) [1]Ist dem Ehegatten, der das Gesamtgut nicht verwaltet, eine Erbschaft oder ein Vermächtnis angefallen, so ist nur er berechtigt, die Erbschaft oder das Vermächtnis anzunehmen oder auszuschlagen; die Zustimmung des anderen Ehegatten ist nicht erforderlich. [2]Das Gleiche gilt von dem Verzicht auf den Pflichtteil oder auf den Ausgleich eines Zugewinns sowie von der Ablehnung eines Vertragsantrags oder einer Schenkung.

(2) Der Ehegatte, der das Gesamtgut nicht verwaltet, kann ein Inventar über eine ihm angefallene Erbschaft ohne Zustimmung des anderen Ehegatten errichten.

§ 1433 BGB Fortsetzung eines Rechtsstreits

Der Ehegatte, der das Gesamtgut nicht verwaltet, kann ohne Zustimmung des anderen Ehegatten einen Rechtsstreit fortsetzen, der beim Eintritt der Gütergemeinschaft anhängig war.

§ 1434 BGB Ungerechtfertigte Bereicherung des Gesamtguts

Wird durch ein Rechtsgeschäft, das ein Ehegatte ohne die erforderliche Zustimmung des anderen Ehegatten vornimmt, das Gesamtgut bereichert, so ist die Bereicherung nach den Vorschriften über die ungerechtfertigte Bereicherung aus dem Gesamtgut herauszugeben.

§ 1435 BGB Pflichten des Verwalters

[1]Der Ehegatte hat das Gesamtgut ordnungsmäßig zu verwalten. [2]Er hat den anderen Ehegatten über die Verwaltung zu unterrichten und ihm auf Verlangen über den Stand der Verwaltung Auskunft zu erteilen. [3]Mindert sich das Gesamtgut, so muss er zu dem Gesamtgut Ersatz leisten, wenn er den Verlust verschul-

det oder durch ein Rechtsgeschäft herbeigeführt hat, das er ohne die erforderliche Zustimmung des anderen Ehegatten vorgenommen hat.

§ 1436 BGB Verwalter unter Vormundschaft oder Betreuung

[1]Steht der Ehegatte, der das Gesamtgut verwaltet, unter Vormundschaft oder fällt die Verwaltung des Gesamtguts in den Aufgabenkreis seines Betreuers, so hat ihn der Vormund oder Betreuer in den Rechten und Pflichten zu vertreten, die sich aus der Verwaltung des Gesamtguts ergeben. [2]Dies gilt auch dann, wenn der andere Ehegatte zum Vormund oder Betreuer bestellt ist.

§ 1437 BGB Gesamtgutsverbindlichkeiten; persönliche Haftung

(1) Aus dem Gesamtgut können die Gläubiger des Ehegatten, der das Gesamtgut verwaltet, und, soweit sich aus den §§ 1438 bis 1440 nichts anderes ergibt, auch die Gläubiger des anderen Ehegatten Befriedigung verlangen (Gesamtgutsverbindlichkeiten).

(2) [1]Der Ehegatte, der das Gesamtgut verwaltet, haftet für die Verbindlichkeiten des anderen Ehegatten, die Gesamtgutsverbindlichkeiten sind, auch persönlich als Gesamtschuldner. [2]Die Haftung erlischt mit der Beendigung der Gütergemeinschaft, wenn die Verbindlichkeiten im Verhältnis der Ehegatten zueinander dem anderen Ehegatten zur Last fallen.

§ 1438 BGB Haftung des Gesamtguts

(1) Das Gesamtgut haftet für eine Verbindlichkeit aus einem Rechtsgeschäft, das während der Gütergemeinschaft vorgenommen wird, nur dann, wenn der Ehegatte, der das Gesamtgut verwaltet, das Rechtsgeschäft vornimmt oder wenn er ihm zustimmt oder wenn das Rechtsgeschäft ohne seine Zustimmung für das Gesamtgut wirksam ist.

(2) Für die Kosten eines Rechtsstreits haftet das Gesamtgut auch dann, wenn das Urteil dem Gesamtgut gegenüber nicht wirksam ist.

§ 1439 BGB Keine Haftung bei Erwerb einer Erbschaft

Das Gesamtgut haftet nicht für Verbindlichkeiten, die durch den Erwerb einer Erbschaft entstehen, wenn der Ehegatte, der Erbe ist, das Gesamtgut nicht verwaltet und die Erbschaft während der Gütergemeinschaft als Vorbehaltsgut oder als Sondergut erwirbt; das Gleiche gilt beim Erwerb eines Vermächtnisses.

§ 1440 BGB Haftung für Vorbehalts- oder Sondergut

[1]Das Gesamtgut haftet nicht für eine Verbindlichkeit, die während der Gütergemeinschaft infolge eines zum Vorbehaltsgut oder Sondergut gehörenden Rechts oder des Besitzes einer dazu gehörenden Sache in der Person des Ehegatten entsteht, der das Gesamtgut nicht verwaltet. [2]Das Gesamtgut haftet jedoch, wenn das Recht oder die Sache zu einem Erwerbsgeschäft gehört, das der Ehegatte mit Einwilligung des anderen Ehegatten selbständig betreibt, oder wenn die Verbindlichkeit zu den Lasten des Sonderguts gehört, die aus den Einkünften beglichen zu werden pflegen.

§ 1441 BGB Haftung im Innenverhältnis

Im Verhältnis der Ehegatten zueinander fallen folgende Gesamtgutsverbindlichkeiten dem Ehegatten zur Last, in dessen Person sie entstehen:

1. die Verbindlichkeiten aus einer unerlaubten Handlung, die er nach Eintritt der Gütergemeinschaft begeht, oder aus einem Strafverfahren, das wegen einer solchen Handlung gegen ihn gerichtet wird;
2. die Verbindlichkeiten aus einem sich auf sein Vorbehaltsgut oder sein Sondergut beziehenden Rechtsverhältnis, auch wenn sie vor Eintritt der Gütergemeinschaft oder vor der Zeit entstanden sind, zu der das Gut Vorbehaltsgut oder Sondergut geworden ist;
3. die Kosten eines Rechtsstreits über eine der in den Nummern 1 und 2 bezeichneten Verbindlichkeiten.

§ 1442 BGB Verbindlichkeiten des Sonderguts und eines Erwerbsgeschäfts

¹Die Vorschrift des § 1441 Nr. 2, 3 gilt nicht, wenn die Verbindlichkeiten zu den Lasten des Sonderguts gehören, die aus den Einkünften beglichen zu werden pflegen. ²Die Vorschrift gilt auch dann nicht, wenn die Verbindlichkeiten durch den Betrieb eines für Rechnung des Gesamtguts geführten Erwerbsgeschäfts oder infolge eines zu einem solchen Erwerbsgeschäft gehörenden Rechts oder des Besitzes einer dazu gehörenden Sache entstehen.

§ 1443 BGB Prozesskosten

(1) Im Verhältnis der Ehegatten zueinander fallen die Kosten eines Rechtsstreits, den die Ehegatten miteinander führen, dem Ehegatten zur Last, der sie nach allgemeinen Vorschriften zu tragen hat.

(2) ¹Führt der Ehegatte, der das Gesamtgut nicht verwaltet, einen Rechtsstreit mit einem Dritten, so fallen die Kosten des Rechtsstreits im Verhältnis der Ehegatten zueinander diesem Ehegatten zur Last. ²Die Kosten fallen jedoch dem Gesamtgut zur Last, wenn das Urteil dem Gesamtgut gegenüber wirksam ist oder wenn der Rechtsstreit eine persönliche Angelegenheit oder eine Gesamtgutsverbindlichkeit des Ehegatten betrifft und die Aufwendung der Kosten den Umständen nach geboten ist; § 1441 Nr. 3 und § 1442 bleiben unberührt.

§ 1444 BGB Kosten der Ausstattung eines Kindes

(1) Verspricht oder gewährt der Ehegatte, der das Gesamtgut verwaltet, einem gemeinschaftlichen Kind aus dem Gesamtgut eine Ausstattung, so fällt ihm im Verhältnis der Ehegatten zueinander die Ausstattung zur Last, soweit sie das Maß übersteigt, das dem Gesamtgut entspricht.

(2) Verspricht oder gewährt der Ehegatte, der das Gesamtgut verwaltet, einem nicht gemeinschaftlichen Kind eine Ausstattung aus dem Gesamtgut, so fällt sie im Verhältnis der Ehegatten zueinander dem Vater oder der Mutter zur Last; für den Ehegatten, der das Gesamtgut nicht verwaltet, gilt dies jedoch nur insoweit, als er zustimmt oder die Ausstattung nicht das Maß übersteigt, das dem Gesamtgut entspricht.

§ 1445 BGB Ausgleichung zwischen Vorbehalts-, Sonder- und Gesamtgut

(1) Verwendet der Ehegatte, der das Gesamtgut verwaltet, Gesamtgut in sein Vorbehaltsgut oder in sein Sondergut, so hat er den Wert des Verwendeten zum Gesamtgut zu ersetzen.

(2) Verwendet er Vorbehaltsgut oder Sondergut in das Gesamtgut, so kann er Ersatz aus dem Gesamtgut verlangen.

§ 1446 BGB Fälligkeit des Ausgleichsanspruchs

(1) Was der Ehegatte, der das Gesamtgut verwaltet, zum Gesamtgut schuldet, braucht er erst nach der Beendigung der Gütergemeinschaft zu leisten; was er aus dem Gesamtgut zu fordern hat, kann er erst nach der Beendigung der Gütergemeinschaft fordern.

(2) Was der Ehegatte, der das Gesamtgut nicht verwaltet, zum Gesamtgut oder was er zum Vorbehaltsgut oder Sondergut des anderen Ehegatten schuldet, braucht er erst nach der Beendigung der Gütergemeinschaft zu leisten; er hat die Schuld jedoch schon vorher zu berichtigen, soweit sein Vorbehaltsgut und sein Sondergut hierzu ausreichen.

§ 1447 BGB Aufhebungsantrag des nicht verwaltenden Ehegatten

Der Ehegatte, der das Gesamtgut nicht verwaltet, kann die Aufhebung der Gütergemeinschaft beantragen,
1. wenn seine Rechte für die Zukunft dadurch erheblich gefährdet werden können, dass der andere Ehegatte zur Verwaltung des Gesamtguts unfähig ist oder sein Recht, das Gesamtgut zu verwalten, missbraucht,
2. wenn der andere Ehegatte seine Verpflichtung, zum Familienunterhalt beizutragen, verletzt hat und für die Zukunft eine erhebliche Gefährdung des Unterhalts zu besorgen ist,
3. wenn das Gesamtgut durch Verbindlichkeiten, die in der Person des anderen Ehegatten entstanden sind, in solchem Maße überschuldet ist, dass ein späterer Erwerb des Ehegatten, der das Gesamtgut nicht verwaltet, erheblich gefährdet wird,
4. wenn die Verwaltung des Gesamtguts in den Aufgabenkreis des Betreuers des anderen Ehegatten fällt.

§ 1448 BGB Aufhebungsantrag des Verwalters

Der Ehegatte, der das Gesamtgut verwaltet, kann die Aufhebung der Gütergemeinschaft beantragen, wenn das Gesamtgut infolge von Verbindlichkeiten des anderen Ehegatten, die diesem im Verhältnis der Ehegatten zueinander zur Last fallen, in solchem Maße überschuldet ist, dass ein späterer Erwerb erheblich gefährdet wird.

§ 1449 BGB Wirkung der richterlichen Aufhebungsentscheidung

(1) Mit der Rechtskraft der richterlichen Entscheidung ist die Gütergemeinschaft aufgehoben; für die Zukunft gilt Gütertrennung.

(2) Dritten gegenüber ist die Aufhebung der Gütergemeinschaft nur nach Maßgabe des § 1412 wirksam.

Unterkapitel 3 Gemeinschaftliche Verwaltung des Gesamtguts durch die Ehegatten

§ 1450 BGB Gemeinschaftliche Verwaltung durch die Ehegatten

(1) [1]Wird das Gesamtgut von den Ehegatten gemeinschaftlich verwaltet, so sind die Ehegatten insbesondere nur gemeinschaftlich berechtigt, über das Gesamtgut zu verfügen und Rechtsstreitigkeiten zu führen, die sich auf das Gesamtgut beziehen. [2]Der Besitz an den zum Gesamtgut gehörenden Sachen gebührt den Ehegatten gemeinschaftlich.

(2) Ist eine Willenserklärung den Ehegatten gegenüber abzugeben, so genügt die Abgabe gegenüber einem Ehegatten.

§ 1451 BGB Mitwirkungspflicht beider Ehegatten

Jeder Ehegatte ist dem anderen gegenüber verpflichtet, zu Maßregeln mitzuwirken, die zur ordnungsmäßigen Verwaltung des Gesamtguts erforderlich sind.

§ 1452 BGB Ersetzung der Zustimmung

(1) Ist zur ordnungsmäßigen Verwaltung des Gesamtguts die Vornahme eines Rechtsgeschäfts oder die Führung eines Rechtsstreits erforderlich, so kann das Familiengericht auf Antrag eines Ehegatten die Zustimmung des anderen Ehegatten ersetzen, wenn dieser sie ohne ausreichenden Grund verweigert.

(2) Die Vorschrift des Absatzes 1 gilt auch, wenn zur ordnungsmäßigen Besorgung der persönlichen Angelegenheiten eines Ehegatten ein Rechtsgeschäft erforderlich ist, das der Ehegatte mit Wirkung für das Gesamtgut nicht ohne Zustimmung des anderen Ehegatten vornehmen kann.

§ 1453 BGB Verfügung ohne Einwilligung

(1) Verfügt ein Ehegatte ohne die erforderliche Einwilligung des anderen Ehegatten über das Gesamtgut, so gelten die Vorschriften des § 1366 Abs. 1, 3, 4 und des § 1367 entsprechend.

(2) [1]Einen Vertrag kann der Dritte bis zur Genehmigung widerrufen. [2]Hat er gewusst, dass der Ehegatte in Gütergemeinschaft lebt, so kann er nur widerrufen, wenn dieser wahrheitswidrig behauptet hat, der andere Ehegatte habe eingewilligt; er kann auch in diesem Falle nicht widerrufen, wenn ihm beim Abschluss des Vertrags bekannt war, dass der andere Ehegatte nicht eingewilligt hatte.

§ 1454 BGB Notverwaltungsrecht

[1]Ist ein Ehegatte durch Krankheit oder Abwesenheit verhindert, bei einem Rechtsgeschäft mitzuwirken, das sich auf das Gesamtgut bezieht, so kann der andere Ehegatte das Rechtsgeschäft vornehmen, wenn mit dem Aufschub Gefahr verbunden ist; er kann hierbei im eigenen Namen oder im Namen beider Ehegatten handeln. [2]Das Gleiche gilt für die Führung eines Rechtsstreits, der sich auf das Gesamtgut bezieht.

§ 1455 BGB Verwaltungshandlungen ohne Mitwirkung des anderen Ehegatten

Jeder Ehegatte kann ohne Mitwirkung des anderen Ehegatten

1. eine ihm angefallene Erbschaft oder ein ihm angefallenes Vermächtnis annehmen oder ausschlagen,
2. auf seinen Pflichtteil oder auf den Ausgleich eines Zugewinns verzichten,
3. ein Inventar über eine ihm oder dem anderen Ehegatten angefallene Erbschaft errichten, es sei denn, dass die dem anderen Ehegatten angefallene Erbschaft zu dessen Vorbehaltsgut oder Sondergut gehört,
4. einen ihm gemachten Vertragsantrag oder eine ihm gemachte Schenkung ablehnen,
5. ein sich auf das Gesamtgut beziehendes Rechtsgeschäft gegenüber dem anderen Ehegatten vornehmen,
6. ein zum Gesamtgut gehörendes Recht gegen den anderen Ehegatten gerichtlich geltend machen,
7. einen Rechtsstreit fortsetzen, der beim Eintritt der Gütergemeinschaft anhängig war,
8. ein zum Gesamtgut gehörendes Recht gegen einen Dritten gerichtlich geltend machen, wenn der andere Ehegatte ohne die erforderliche Zustimmung über das Recht verfügt hat,
9. ein Widerspruchsrecht gegenüber einer Zwangsvollstreckung in das Gesamtgut gerichtlich geltend machen,
10. die zur Erhaltung des Gesamtguts notwendigen Maßnahmen treffen, wenn mit dem Aufschub Gefahr verbunden ist.

§ 1456 BGB Selbständiges Erwerbsgeschäft

(1) [1]Hat ein Ehegatte darin eingewilligt, dass der andere Ehegatte selbständig ein Erwerbsgeschäft betreibt, so ist seine Zustimmung zu solchen Rechtsgeschäften und Rechtsstreitigkeiten nicht erforderlich, die der Geschäftsbetrieb mit sich bringt. [2]Einseitige Rechtsgeschäfte, die sich auf das Erwerbsgeschäft beziehen, sind dem Ehegatten gegenüber vorzunehmen, der das Erwerbsgeschäft betreibt.

(2) Weiß ein Ehegatte, dass der andere ein Erwerbsgeschäft betreibt, und hat er hiergegen keinen Einspruch eingelegt, so steht dies einer Einwilligung gleich.

(3) Dritten gegenüber ist ein Einspruch und der Widerruf der Einwilligung nur nach Maßgabe des § 1412 wirksam.

§ 1457 BGB Ungerechtfertigte Bereicherung des Gesamtguts

Wird durch ein Rechtsgeschäft, das ein Ehegatte ohne die erforderliche Zustimmung des anderen Ehegatten vornimmt, das Gesamtgut bereichert, so ist die Bereicherung nach den Vorschriften über die ungerechtfertigte Bereicherung aus dem Gesamtgut herauszugeben.

§ 1458 BGB (aufgehoben)

§ 1459 BGB Gesamtgutsverbindlichkeiten; persönliche Haftung

(1) Die Gläubiger des Mannes und die Gläubiger der Frau können, soweit sich aus den §§ 1460 bis 1462 nichts anderes ergibt, aus dem Gesamtgut Befriedigung verlangen (Gesamtgutsverbindlichkeiten).

(2) [1]Für die Gesamtgutsverbindlichkeiten haften die Ehegatten auch persönlich als Gesamtschuldner. [2]Fallen die Verbindlichkeiten im Verhältnis der Ehegatten zueinander einem der Ehegatten zur Last, so erlischt die Verbindlichkeit des anderen Ehegatten mit der Beendigung der Gütergemeinschaft.

§ 1460 BGB Haftung des Gesamtguts

(1) Das Gesamtgut haftet für eine Verbindlichkeit aus einem Rechtsgeschäft, das ein Ehegatte während der Gütergemeinschaft vornimmt, nur dann, wenn der andere Ehegatte dem Rechtsgeschäft zustimmt oder wenn das Rechtsgeschäft ohne seine Zustimmung für das Gesamtgut wirksam ist.

(2) Für die Kosten eines Rechtsstreits haftet das Gesamtgut auch dann, wenn das Urteil dem Gesamtgut gegenüber nicht wirksam ist.

§ 1461 BGB Keine Haftung bei Erwerb einer Erbschaft

Das Gesamtgut haftet nicht für Verbindlichkeiten eines Ehegatten, die durch den Erwerb einer Erbschaft oder eines Vermächtnisses entstehen, wenn der Ehegatte die Erbschaft oder das Vermächtnis während der Gütergemeinschaft als Vorbehaltsgut oder als Sondergut erwirbt.

§ 1462 BGB Haftung für Vorbehalts- oder Sondergut

[1]Das Gesamtgut haftet nicht für eine Verbindlichkeit eines Ehegatten, die während der Gütergemeinschaft infolge eines zum Vorbehaltsgut oder zum Sondergut gehörenden Rechts oder des Besitzes einer dazu gehörenden Sache entsteht. [2]Das Gesamtgut haftet jedoch, wenn das Recht oder die Sache zu einem Erwerbsgeschäft gehört, das ein Ehegatte mit Einwilligung des anderen Ehegatten selbständig betreibt, oder wenn die Verbindlichkeit zu den Lasten des Sonderguts gehört, die aus den Einkünften beglichen zu werden pflegen.

§ 1463 BGB Haftung im Innenverhältnis

Im Verhältnis der Ehegatten zueinander fallen folgende Gesamtgutsverbindlichkeiten dem Ehegatten zur Last, in dessen Person sie entstehen:
1. die Verbindlichkeiten aus einer unerlaubten Handlung, die er nach Eintritt der Gütergemeinschaft begeht, oder aus einem Strafverfahren, das wegen einer solchen Handlung gegen ihn gerichtet wird,
2. die Verbindlichkeiten aus einem sich auf sein Vorbehaltsgut oder sein Sondergut beziehenden Rechtsverhältnis, auch wenn sie vor Eintritt der Gütergemeinschaft oder vor der Zeit entstanden sind, zu der das Gut Vorbehaltsgut oder Sondergut geworden ist,
3. die Kosten eines Rechtsstreits über eine der in den Nummern 1 und 2 bezeichneten Verbindlichkeiten.

§ 1464 BGB   Verbindlichkeiten des Sonderguts und eines Erwerbsgeschäfts

[1]Die Vorschrift des § 1463 Nr. 2, 3 gilt nicht, wenn die Verbindlichkeiten zu den Lasten des Sonderguts gehören, die aus den Einkünften beglichen zu werden pflegen. [2]Die Vorschrift gilt auch dann nicht, wenn die Verbindlichkeiten durch den Betrieb eines für Rechnung des Gesamtguts geführten Erwerbsgeschäfts oder infolge eines zu einem solchen Erwerbsgeschäft gehörenden Rechts oder des Besitzes einer dazu gehörenden Sache entstehen.

§ 1465 BGB   Prozesskosten

(1) Im Verhältnis der Ehegatten zueinander fallen die Kosten eines Rechtsstreits, den die Ehegatten miteinander führen, dem Ehegatten zur Last, der sie nach allgemeinen Vorschriften zu tragen hat.

(2) [1]Führt ein Ehegatte einen Rechtsstreit mit einem Dritten, so fallen die Kosten des Rechtsstreits im Verhältnis der Ehegatten zueinander dem Ehegatten zur Last, der den Rechtsstreit führt. [2]Die Kosten fallen jedoch dem Gesamtgut zur Last, wenn das Urteil dem Gesamtgut gegenüber wirksam ist oder wenn der Rechtsstreit eine persönliche Angelegenheit oder eine Gesamtgutsverbindlichkeit des Ehegatten betrifft und die Aufwendung der Kosten den Umständen nach geboten ist; § 1463 Nr. 3 und § 1464 bleiben unberührt.

§ 1466 BGB   Kosten der Ausstattung eines nicht gemeinschaftlichen Kindes

Im Verhältnis der Ehegatten zueinander fallen die Kosten der Ausstattung eines nicht gemeinschaftlichen Kindes dem Vater oder der Mutter des Kindes zur Last.

§ 1467 BGB   Ausgleichung zwischen Vorbehalts-, Sonder- und Gesamtgut

(1) Verwendet ein Ehegatte Gesamtgut in sein Vorbehaltsgut oder in sein Sondergut, so hat er den Wert des Verwendeten zum Gesamtgut zu ersetzen.

(2) Verwendet ein Ehegatte Vorbehaltsgut oder Sondergut in das Gesamtgut, so kann er Ersatz aus dem Gesamtgut verlangen.

§ 1468 BGB   Fälligkeit des Ausgleichsanspruchs

Was ein Ehegatte zum Gesamtgut oder was er zum Vorbehaltsgut oder Sondergut des anderen Ehegatten schuldet, braucht er erst nach Beendigung der Gütergemeinschaft zu leisten; soweit jedoch das Vorbehaltsgut und das Sondergut des Schuldners ausreichen, hat er die Schuld schon vorher zu berichtigen.

I. Verwaltung des Gesamtguts

1   Wird das Gesamtgut von den Ehegatten gemeinschaftlich verwaltet, so sind die Ehegatten insbesondere nur gemeinschaftlich berechtigt, über das Gesamtgut zu verfügen und Rechtsstreitigkeiten zu führen (§ 1450 Abs. 1 S. 1). Die gemeinschaftliche Verwaltung ist heute praktisch die Regel; sofern überhaupt noch Gütergemeinschaften mit Alleinverwaltungsbefugnis bestehen, werden diese regelmäßig abgeändert. Eine **fehlende Vereinbarung** führt automatisch zur gemeinschaftlichen Verwaltung (§ 1421 S. 2).

Für die Praxis von zunehmender Bedeutung ist allerdings das Problem, dass bei 2 Gütergemeinschaften älterer Eheleute eine Blockade dann droht, wenn und weil ein Ehegatte altersbedingt sein Verwaltungsrecht nicht mehr wahrnehmen kann (oder sonst **geschäftsunfähig** geworden ist). Ausnahmetatbestände, dh zustimmungsfreie Rechtsgeschäfte, werden in §§ 1454 ff. normiert. Nach § 1455 kann bei gemeinsamer Verwaltung des Gesamtguts ein Ehegatte bestimmte Verwaltungshandlungen ohne Mitwirkung des anderen vornehmen. Dazu zählt nach Auffassung des OLG München[1] der Antrag auf Eintragung eines Amtswiderspruchs gegen die Umschreibung des Eigentums an einem Grundstück des Gesamtguts (§ 1455 Nr. 10). Die Löschung einer Eigentumsvormerkung fällt dagegen weder unter § 1455 Nr. 9 noch unter § 1455 Nr. 10. Im Übrigen verwaltet der nicht betroffene Ehegatte bei gemeinschaftlicher Verwaltung das Gesamtgut nur dann allein, wenn der andere Ehegatte minderjährig ist oder unter Vormundschaft steht (§ 1458). Die Vorschrift ist nicht anwendbar, wenn dieser Ehegatte unter **Betreuung** steht, selbst dann nicht, wenn Betreuer der geschäftsfähige Ehegatte ist.[2] Es handelt dann der Betreuer, was auch dann, wenn der Betreuer der andere Ehegatte ist, zu verfahrensrechtlichen Problemen und Verzögerungen führen kann. Diese Erkenntnis spricht dafür, neben dem Ehevertrag zusätzliche **Verwaltungsvollmachten** zu erteilen.

Die Vorschriften über die Gesamtgutsverwaltung erklären sich in der Regel aus 3 sich selbst heraus und führen in der Praxis regelmäßig nicht zu besonderen Problemen, wenn sie dort überhaupt einmal relevant werden sollten. Sofern sie in Verbindung mit dem Haftungsregime in der Gütergemeinschaft Bedeutung erlangen, sind sie nachfolgend *en passant* mitkommentiert, um Redundanzen zu vermeiden.

II. Gesamtgutsverbindlichkeiten und persönliche Haftung

Wird unter Ehegatten der Güterstand der Gütergemeinschaft mit – regelmäßig – 4 gemeinschaftlichem Verwaltungsrecht beider Ehegatten vereinbart, so richtet sich gem. §§ 1459–1462 die Haftung gegenüber Dritten nach den gleichen Grundsätzen wie bei der Verwaltung des Gesamtguts durch einen Ehegatten entsprechend §§ 1437–1440. Nach dem Grundsatz des § 1459 sind sämtliche Schulden jedes der Ehegatten **Gesamtgutsverbindlichkeiten** (§ 1459 Abs. 1), und für diese wiederum **haften beide Ehegatten als Gesamtschuldner** (§ 1459 Abs. 2). Der Gläubiger eines Ehegatten könnte also nicht nur aus dem Gesamtgut und aus einem etwaigen Sonder- und Vorbehaltsgut seines unmittelbaren Schuldners Befriedigung verlangen, sondern auch aus dem etwa vorhandenen Sonder- und Vorbehaltsgut des anderen Ehegatten.[3] Gesamtgutsverbindlichkeiten sind grundsätzlich alle Schulden eines Ehegatten, gleichgültig, welcher Art (Geld, Sachen, sonstige Leistungen) und ob aus Vertrag oder Delikt herrührend.[4]

III. Ausnahmen von der „gütergemeinschaftlichen Zwangsmitverschuldung"

Uneingeschränkt durchgeführt würde dieses Prinzip allerdings dazu führen, dass 5 Ehegatten durch konkurrierende Verwaltungsrechte sich **wechselseitig unbe-**

---

1 OLG München 4.11.2010 – 34 Wx 121/10, NJW-RR 2011, 668.
2 BayObLG 13.10.2004 – 3Z BR 138/04, Rpfleger 2005, 140 = FamRZ 2005, 477 (nur Ls.).
3 Staudinger/Thiele § 1459 Rn. 11; MK/Kanzleiter § 1459 Rn. 4 f.; BR/Siede § 1459 Rn. 5.
4 Palandt/Brudermüller § 1459 Rn. 2; Staudinger/Thiele § 1459 Rn. 2 f.

schränkt verschulden könnten.[5] So wird denn auch die Schuldenhaftung als Standardeinwand gegen die Gütergemeinschaft ins Feld geführt.[6] Die in der Verknüpfung der Haftung des Gesamtguts mit der persönlichen Haftung der Ehegatten liegenden Gefahren werden jedoch durch bestimmte, auch für die Praxis interessante Ausnahmen abgeschwächt, wobei vorab danach zu differenzieren ist, ob es sich um Schulden bei Beginn der Gütergemeinschaft handelt oder um solche, die während der Gütergemeinschaft entstehen; im letzteren Fall ist weiter danach zu differenzieren, ob solche Verbindlichkeiten, die erst während des Bestehens der Gütergemeinschaft aufkommen, rechtsgeschäftliche oder gesetzliche Verbindlichkeiten sind.

6 **1. Voreheliche Verbindlichkeiten.** Die vor dem Eintritt der Gütergemeinschaft entstandenen Verbindlichkeiten beider Ehegatten sind Gesamtgutsverbindlichkeiten, gleichgültig, ob sie rechtsgeschäftlichen Ursprungs sind oder auf dem Gesetz beruhen, wie etwa Schulden aus unerlaubten Handlungen oder Unterhaltsverpflichtungen. Insoweit besteht kein Unterschied gegenüber der Alleinverwaltung durch einen Ehegatten.[7] Aus alleinigen Schulden werden deshalb durch Vereinbarung der Gütergemeinschaft gemeinsame Schulden und damit auch Schulden des an sich zunächst haftungsfreien Ehepartners, und zwar – auch – persönliche Schulden (§ 1459 Abs. 2!). Für den Fall also, dass bereits Verbindlichkeiten eines Ehepartners vorhanden sind, kann zur Gütergemeinschaft selbstverständlich von vornherein nicht geraten werden.[8]

7 **2. Verbindlichkeiten in der Ehe. a) Rechtsgeschäftliche Verbindlichkeiten.** Die nach Eintritt der Gütergemeinschaft entstandenen Verbindlichkeiten der Ehegatten sind ebenfalls grundsätzlich **Gesamtgutsverbindlichkeiten.** Aus dem Wesen der gemeinschaftlichen Verwaltung ergeben sich hier jedoch **Einschränkungen.** Rechtsgeschäftliche Verbindlichkeiten, die von den Ehegatten gemeinschaftlich eingegangen worden sind, fallen auf jeden Fall dem Gesamtgut zur Last. Rührt aber eine Verbindlichkeit aus einem Rechtsgeschäft her, das nur einer der Ehegatten vorgenommen hat, so ist sie nur dann eine Gesamtgutsverbindlichkeit, wenn der **andere Ehegatte dem Rechtsgeschäft zugestimmt** hat (§ 1460 Abs. 1) oder wenn es auch ohne Zustimmung des anderen Ehegatten dem Gesamtgut gegenüber wirksam ist, dh wenn einer der Ausnahmefälle der §§ 1357, 1452, 1454–1456 vorliegt (§ 1460 Abs. 1 aE).[9] Ansonsten kommt allenfalls die Bereicherungshaftung des Gesamtguts nach § 1457 in Betracht. Die Ausnahmen des § 1452 (Ersetzung der Zustimmung durch das Vormundschaftsgericht) und des § 1454 (Notverwaltungsrecht) dürften praktisch aber in aller Regel zu vernachlässigen sein,[10] die Ausnahme des § 1357 gilt ohnehin für alle Güterstände, könnte also selbst durch Gütertrennung nicht ausgeschaltet werden, und die Ausnahme des § 1455 schließlich erfasst nur einzelne Verwaltungshandlungen, die den handelnden Ehegatten ausschließlich persönlich betreffen oder dessen Schutz dienen.

---

5 Palandt/Brudermüller § 1459 Rn. 1.
6 Statt aller etwa Langenfeld/Milzer Rn. 424; vgl. auch Behmer FamRZ 1988, 339 (344) mwN.
7 Staudinger/Thiele § 1459 Rn. 5; Behmer FamRZ 1988, 339 (344).
8 Behmer MittBayNot 1994, 377 (382).
9 Staudinger/Thiele § 1459 Rn. 6; Behmer FamRZ 1988, 339 (344).
10 Behmer FamRZ 1988, 339 (344).

Besonderes Augenmerk ist bei der Vereinbarung von Gütergemeinschaft aller- **8**
dings auf den zur unbeschränkten Mithaftung des anderen Ehegatten führenden
Ausnahmetatbestand des § 1456 zu legen. Danach kann jeder Ehegatte ohne
Zustimmung des anderen Rechtsgeschäfte vornehmen, die der **Betrieb eines
selbstständigen Erwerbsgeschäfts** mit sich bringt, vorausgesetzt, der andere Ehe-
gatte hat in den Betrieb dieses Geschäftes eingewilligt (Abs. 1 S. 1) oder diesem
Betrieb jedenfalls nicht widersprochen (Abs. 2) – was in der Praxis immer der
Fall sein wird. § 1456 führt dazu, dass immer dann, wenn ein Ehegatte eine
selbstständige Erwerbstätigkeit ausübt, zB als Gewerbetreibender oder auch als
Freiberufler,[11] das von dem anderen Ehegatten in das Gesamtgut eingebrachte
oder während der Gütergemeinschaft zum Gesamtgut erworbene Vermögen und
Einkommen in vollem Umfang zur Befriedigung der Gläubiger aus der Ge-
schäftsverbindung herangezogen werden kann.[12] Dafür bedarf es in der
Zwangsvollstreckung sogar nur eines Titels gegen den das Erwerbsgeschäft betreibenden Ehegatten (§ 741 ZPO).

Hinweis: Da dies meistens den Interessen und dem Willen der Ehegatten wider- **9**
spricht, muss von der Vereinbarung der Gütergemeinschaft in aller Regel abgeraten werden, wenn einer der Ehegatten bereits ein selbstständiges Erwerbsgeschäft betreibt, aber auch dann, wenn die Beteiligten die Möglichkeit in Betracht ziehen, dass einer von ihnen sich selbstständig machen könnte.

Das gilt ebenso für die Land- und Forstwirtschaft; wenn hier dennoch von Gütergemeinschaft zumeist nicht abgeraten wird, dann höchstens deshalb, weil sich
für den einheiratenden Ehegatten erhebliche Bewertungsvorteile bei der Scheidung gegenüber dem gesetzlichen Güterstand ergeben[13] und im Übrigen ein
land- und/oder forstwirtschaftlicher Betrieb regelmäßig durch beide Ehegatten
gemeinsam betrieben wird, so dass häufig ohnehin eine Begründung von betrieblichen Verbindlichkeiten nur durch beide Ehegatten gemeinsam erfolgen
kann.[14]

Aus der Tatsache, dass für eine Verbindlichkeit aus einem Rechtsgeschäft, das **10**
während der Gütergemeinschaft vorgenommen wird, das Gesamtgut nur in den
genannten Fällen haftet, könnte aber umgekehrt auch gefolgert werden, dass
entgegen der verbreiteten, generalisierenden Meinung die Vereinbarung des Güterstands der Gütergemeinschaft durchaus ein taugliches **Mittel zur Verringerung von Haftungsgefahren** für den handelnden Ehegatten, ja sogar zur Schaffung haftungsfreien Vermögens darstellen kann.[15] Das gilt jedenfalls für die
Haftung aus rechtsgeschäftlichen **Verbindlichkeiten jenseits des Betriebs** eines
selbstständigen Erwerbsgeschäfts, so dass das Modell zB auch auf den abhängig
beschäftigten Bankdirektor zur Vermeidung einer Eigenhaftung mit seinem Privatvermögen bei seiner risikoreichen Tätigkeit durchaus zu passen scheint. Hinzu kommt, dass solches Vermögen wegen § 740 Abs. 2 ZPO auch rechtlich der

---

11 Vgl. BGH 4.2.1982 – IX ZR 96/80, NJW 1982, 1810 – Arztpraxis.
12 Behmer FamRZ 1988, 339 (344).
13 Vgl. §§ 1477 f. einerseits, § 1376 Abs. 4 andererseits.
14 Behmer MittBayNot 1994, 377 (383).
15 Da der Bundesgerichtshof in anderem Zusammenhang diese Möglichkeit durch seine
   Entscheidung zur Pfändbarkeit freier Rückforderungsrechte weiter beschnitten hat, vgl.
   BGH NJW 2003, 1858, könnte dies umso interessanter sein.

Zwangsvollstreckung entzogen ist.[16] Denn bei gemeinschaftlicher Verwaltung bedürfte es hierfür eines Leistungstitels gegen beide Ehegatten (der aber bei mangelnder Zustimmung des anderen Ehegatten gerade nicht zu erlangen ist); ein Leistungstitel nur gegen den Handelnden und ein bloßer Duldungstitel gegen den anderen Ehegatten genügen demgegenüber nicht.[17] Da durch eine solche Strategie lediglich die gesetzlichen Folgen eines *per se* zulässigen Wahlgüterstands ausgenutzt werden, wäre diese Vorgehensweise auch nicht als sittenwidrig zu qualifizieren, zumal für bereits entstandene Verbindlichkeiten, wie dargestellt (→ Rn. 6), das Modell ohnehin nicht funktionieren würde.[18] Ob vor diesem Hintergrund die Vereinbarung der Gütergemeinschaft gleichwohl zweckmäßig ist, ist eine andere Frage.[19]

11　**b) Gesetzliche Verbindlichkeiten.** Ohnehin stellt sich die Rechtslage bereits völlig anders dar, soweit es um gesetzliche Ansprüche gegen den handelnden Ehegatten geht, also insbesondere **Ansprüche aus unerlaubter Handlung, Gefährdungshaftung** oder (häufig übersehen!) **Unterhaltsverpflichtungen.** Derartige Verbindlichkeiten fallen immer dem **Gesamtgut** zur Last. Hier gibt es keine „Haftungsfreiheit", im Gegenteil: Daraus ergibt sich, dass jeder Ehegatte mit seinem „Anteil" am Gesamtgut und auch mit den von ihm eingebrachten Gegenständen haftet, und zwar auch persönlich,[20] wenn der andere Ehegatte zB durch eine unerlaubte Handlung einen Schaden verursacht. Während der Normalbürger Ansprüchen wegen unerlaubter Handlung oder aus Gefährdungshaftung kaum bzw. lediglich dem allgemeinen, in der Regel versicherten Lebensrisiko ausgesetzt ist,[21] könnte dies bei einer haftungsgeneigten beruflichen Situation des Ehepartners, zB eines Bankdirektors (selbst wenn dieser kein selbstständiges Erwerbsgeschäft betreibt) ausnahmsweise anders sein. Sofern es nämlich um die Vermeidung der Haftung mit dem Eigenvermögen für Regressansprüche aus Handlungen zB als Vorstandsmitglied einer Bank geht, ist ja durchaus denkbar, dass diese Regressmöglichkeiten gerade aus unerlaubten Handlungen bzw. Straftaten (Betrug, Untreue) resultieren. Die Folge wäre, dass dann nicht nur die Haftungsbeschränkung für den handelnden Ehegatten scheitert, sondern – insofern sogar entgegen den Prämissen des gesetzlichen Güterstands! – der **andere Ehegatte in eine entsprechende Haftung mit hineingezogen** würde, und zwar über § 1459 Abs. 2 auch mit etwaigem Sonder- und/oder Vorbehaltsgut! Die Vereinbarung der Gütergemeinschaft würde also bei (auch nur bedingt) vorsätzlichem Handeln des Ehegatten hier nicht helfen, im Gegenteil.

12　**c) Insbesondere: Mithaftung für Unterhalt.** Unter den gewandelten gesellschaftlichen und demografischen Verhältnissen besonders verheerend würde sich zudem die gesetzliche Mithaftung für gesetzliche Unterhaltspflichten des jeweils

---

16　Dies gilt auch für ausländische vergleichbare Güterstände, zB die Errungenschaftsgemeinschaft nach italienischem Recht, s. OLG Düsseldorf 18.6.2010 – 3 Wx 79/10, FamRZ 2010, 1593.

17　BR/Siede § 1459 Rn. 6; allerdings muss der Leistungstitel nicht in einer einzigen Urkunde enthalten sein – bei demselben Schuldgrund sind getrennte Titel zulässig, OLG Zweibrücken 4.3.2009 – 3 W 38/09, FamRZ 2009, 1910.

18　Zum Problem bei in Wahrheit nicht bestehenden Gütergemeinschaften s. Britz, Bewilligungsgrundsatz und familienrechtliche Gesamthandsgemeinschaften, RNotZ 2008, 333.

19　Hierzu ausf. Everts, Haftungsvermeidung durch Gütergemeinschaft?, ZFE 2004, 273 (275).

20　Staudinger/Thiele § 1459 Rn. 8, 11; Behmer FamRZ 1988, 339 (345).

21　Behmer FamRZ 1988, 339 (345).

anderen Ehegatten in der Gütergemeinschaft auswirken. Vielen heute in Gütergemeinschaft Lebenden dürfte nicht bekannt sein, dass sie (noch erschwert durch die Erweiterung der Leistungsfähigkeit gem. § 1604) allein infolge ihres Güterstands sowohl Kindern des jeweils anderen Ehegatten als auch ihren Schwiegereltern gegenüber mittelbar mit ihrem Vermögen, auch mit ihrem Eigenvermögen, unterhaltspflichtig geworden sind, namentlich für **Pflegeheimkosten** voll haften.[22] Die aktuelle Rechtsprechungslawine zum Aszendentenunterhalt und das Problem der „**Schwiegerkindhaftung**"[23] spielen für diesen Personenkreis hier also von vornherein keine Rolle – und zwar im negativen Sinn.

Vor allem wegen dieser Wirkungen könnte und sollte der Güterstand der **Gütergemeinschaft** durch Ehevertrag mithin **nicht nur nicht vereinbart, sondern aufgehoben** werden[24] (allerdings befreite dies den anderen Ehegatten erst von Unterhaltsschulden, die nach Beendigung der Gütergemeinschaft entstehen).[25] Dies dürfte indes nur für diejenigen Fälle Erfolg versprechen, in denen die „mittelbare" Unterhaltspflicht zum Zeitpunkt des Güterstandswechsels nur abstrakt besteht (dh als bloße Möglichkeit) oder aber der bereits konkret gewordene Unterhaltsbedarf auch im neuen Güterstand gedeckt wäre, nicht jedoch dann, wenn sich die Unterhaltspflicht bereits realisiert hat und – insbesondere durch den Wegfall der Wirkungen des § 1604 – der Unterhaltsgläubiger zumindest teilweise der Sozialhilfe anheim fällt (beispielsweise in Gestalt der Hilfe zur Pflege). Hier läge nämlich ein sittenwidriger **Vertrag zulasten Dritter** vor, vergleichbar den Unterhaltsverzichtsvereinbarungen zulasten des Sozialhilfeträgers.[26] Die Unwirksamkeit könnte nur vermieden werden, wenn zusätzliche Motive jenseits der beabsichtigten Haftungsvermeidung glaubhaft hinzuträten, etwa die Verminderung der Pflichtteilsquoten (zB auch zur Verringerung von Pflichtteilsergänzungsansprüchen) oder weil die Übernahme eines selbstständigen Erwerbsgeschäfts bevorsteht.

13

§ 1469 BGB Aufhebungsantrag

Jeder Ehegatte kann die Aufhebung der Gütergemeinschaft beantragen,

1. wenn seine Rechte für die Zukunft dadurch erheblich gefährdet werden können, dass der andere Ehegatte ohne seine Mitwirkung Verwaltungshandlungen vornimmt, die nur gemeinschaftlich vorgenommen werden dürfen,
2. wenn der andere Ehegatte sich ohne ausreichenden Grund beharrlich weigert, zur ordnungsmäßigen Verwaltung des Gesamtguts mitzuwirken,
3. wenn der andere Ehegatte seine Verpflichtung, zum Familienunterhalt beizutragen, verletzt hat und für die Zukunft eine erhebliche Gefährdung des Unterhalts zu besorgen ist,
4. wenn das Gesamtgut durch Verbindlichkeiten, die in der Person des anderen Ehegatten entstanden sind und diesem im Verhältnis der Ehegatten zueinan-

---

22 BR/Siede § 1415 Rn. 3; BR/Reinken § 1604 Rn. 1.
23 Vgl. die Übersicht zu Rspr. und Lit. bei Palandt/Brudermüller § 1601 Rn. 5 ff., sowie aus der Rspr. grundlegend etwa BGH 17.12.2003 – XII ZR 224/00, NJW 2004, 677 = FamRZ 2004, 370; BGH FamRZ 2004, 795.
24 BR/Reinken § 1604 Rn. 5.
25 MK/Born § 1604 Rn. 7.
26 Vgl. Palandt/Ellenberger § 138 Rn. 47 mwN, auch zur Rspr; diese Differenzierungsnotwendigkeit wird weitgehend übersehen, vgl. Staudinger/Engler § 1604 Rn. 21; JH/Graba/Maier § 1604 Rn. 4.

der zur Last fallen, in solchem Maße überschuldet ist, dass sein späterer Erwerb erheblich gefährdet wird,

5. wenn die Wahrnehmung eines Rechts des anderen Ehegatten, das sich aus der Gütergemeinschaft ergibt, vom Aufgabenkreis eines Betreuers erfasst wird.

§ 1470 BGB Wirkung der richterlichen Aufhebungsentscheidung

(1) Mit der Rechtskraft der richterlichen Entscheidung ist die Gütergemeinschaft aufgehoben; für die Zukunft gilt Gütertrennung.

(2) Dritten gegenüber ist die Aufhebung der Gütergemeinschaft nur nach Maßgabe des § 1412 wirksam.

Unterkapitel 4 Auseinandersetzung des Gesamtguts

§ 1471 BGB Beginn der Auseinandersetzung

(1) Nach der Beendigung der Gütergemeinschaft setzen sich die Ehegatten über das Gesamtgut auseinander.

(2) Bis zur Auseinandersetzung gilt für das Gesamtgut die Vorschrift des § 1419.

§ 1472 BGB Gemeinschaftliche Verwaltung des Gesamtguts

(1) Bis zur Auseinandersetzung verwalten die Ehegatten das Gesamtgut gemeinschaftlich.

(2) [1]Jeder Ehegatte darf das Gesamtgut in derselben Weise wie vor der Beendigung der Gütergemeinschaft verwalten, bis er von der Beendigung Kenntnis erlangt oder sie kennen muss. [2]Ein Dritter kann sich hierauf nicht berufen, wenn er bei der Vornahme eines Rechtsgeschäfts weiß oder wissen muss, dass die Gütergemeinschaft beendet ist.

(3) Jeder Ehegatte ist dem anderen gegenüber verpflichtet, zu Maßregeln mitzuwirken, die zur ordnungsmäßigen Verwaltung des Gesamtguts erforderlich sind; die zur Erhaltung notwendigen Maßregeln kann jeder Ehegatte allein treffen.

(4) [1]Endet die Gütergemeinschaft durch den Tod eines Ehegatten, so hat der überlebende Ehegatte die Geschäfte, die zur ordnungsmäßigen Verwaltung erforderlich sind und nicht ohne Gefahr aufgeschoben werden können, so lange zu führen, bis der Erbe anderweit Fürsorge treffen kann. [2]Diese Verpflichtung besteht nicht, wenn der verstorbene Ehegatte das Gesamtgut allein verwaltet hat.

§ 1473 BGB Unmittelbare Ersetzung

(1) Was auf Grund eines zum Gesamtgut gehörenden Rechts oder als Ersatz für die Zerstörung, Beschädigung oder Entziehung eines zum Gesamtgut gehörenden Gegenstands oder durch ein Rechtsgeschäft erworben wird, das sich auf das Gesamtgut bezieht, wird Gesamtgut.

(2) Gehört eine Forderung, die durch Rechtsgeschäft erworben ist, zum Gesamtgut, so braucht der Schuldner dies erst dann gegen sich gelten zu lassen, wenn er erfährt, dass die Forderung zum Gesamtgut gehört; die Vorschriften der §§ 406 bis 408 sind entsprechend anzuwenden.

Literatur: *Göppinger/Börger,* Vereinbarungen anlässlich der Ehescheidungen, 10. Aufl. 2013; *Kappler,* Auseinandersetzung des Gesamtguts bei ehelicher und fortgesetzter Gütergemeinschaft, 2006; *Münch,* Ehebezogene Rechtsgeschäfte, 4. Aufl. 2015; *Wittich,* Die Gütergemeinschaft und ihre Auseinandersetzung, 2000.

I. Die Liquidationsgemeinschaft

1. Kein Erlöschen der Gesamthand bei Güterstandsbeendigung. Der Güterstand 1
der Gütergemeinschaft wird beendet durch den Tod eines Ehegatten (falls nicht
fortgesetzte Gütergemeinschaft eintritt, wovon praktisch heutzutage nicht mehr
ausgegangen werden kann), Ehescheidung (§ 1564), die Auflösung einer Ehe
(§§ 1313, 1319 Abs. 2), Ehevertrag (§ 1408 Abs. 1), Eintritt einer auflösenden
Bedingung oder Befristung oder durch Aufhebungsurteil (§§ 1447–1449, 1469).

Die Eröffnung des **Insolvenzverfahrens** über das Gesamtgut der Gütergemein- 2
schaft[1] bei gemeinschaftlicher Verwaltung der Ehegatten und bei fortgesetzter
Gütergemeinschaft (§§ 332 ff. InsO) beendet die Gütergemeinschaft ebenso wenig wie die Insolvenz über das Vermögen eines Ehegatten (§ 37 Abs. 2 InsO)
oder der Wegfall der Geschäftsgrundlage, zB bei Rücktritt von einem mit einem
Ehevertrag verbundenen Erbvertrag, oder auch eine positive Vertragsverletzung.[2]

Ist die Gütergemeinschaft beendet, so setzen sich nach § 1471 Abs. 1 die Ehegat- 3
ten über das Gesamtgut auseinander. Durch § 1471 Abs. 2 ist zum Ausdruck gebracht, dass das Gesamthandsverhältnis für das Gesamtgut auch von der Beendigung der Gütergemeinschaft an bis zur Erledigung der Auseinandersetzung
fortdauert.[3] Mit Beendigung der Gütergemeinschaft erlischt die Gesamthand also nicht. Das Gesamtgut bleibt vielmehr zum Zwecke der geordneten Liquidation bis zur Auseinandersetzung eine gesamthänderisch gebundene Vermögensmasse.[4] Diese **Liquidationsgemeinschaft** ist bis auf den unterschiedlichen Zweck
mit der Gütergemeinschaft identisch.[5] Das Gesamtgut bleibt daher bis zur Auseinandersetzung im Verhältnis der Ehegatten zueinander eine geschlossene Vermögensmasse; § 1419 gilt weiterhin. Kein Ehegatte kann also vor der Auseinandersetzung über seinen Anteil am Gesamtgut verfügen.[6]

Nach allgemeiner Meinung können die Beendigung der Gütergemeinschaft und 4
ihre Fortsetzung als **Auseinandersetzungsgemeinschaft im Grundbuch** eingetragen werden.[7]

2. Tod eines Ehegatten. Nach § 1482 – der eigentlich von der Systematik her an 5
vorgezogener Stelle stehen müsste, inhaltlich aber ohnehin nur deklaratorischer
Natur sein dürfte – gehört laut dessen S. 1 der **Anteil des verstorbenen Ehegatten am Gesamtgut zum Nachlass,** wenn die Ehe durch den Tod eines Ehegatten
aufgelöst wird (und damit auch der Güterstand endet). Der Verstorbene wird
gem. § 1482 S. 2 nach den allgemeinen Vorschriften beerbt. Fraglich ist, welchen
Einfluss dies auf Art und Zusammensetzung der Liquidationsgemeinschaft hat
bzw. ob es eine solche dann überhaupt gibt:

---

1 Vgl. hierzu Grziwotz Rpfleger 2008, 289, zur Thematik Güterstand, Insolvenz und
   Grundbuch.
2 Palandt/Brudermüller § 1469 Rn. 1.
3 Staudinger/Thiele § 1471 Rn. 5.
4 BGH 5.6.1985 – IV b ZR 34/84, NJW 1985, 3066.
5 BR/Siede § 1471 Rn. 1.
6 Staudinger/Thiele § 1471 Rn. 6, 8.
7 Staudinger/Thiele § 1471 Rn. 7; Palandt/Brudermüller Vor § 1471 Rn. 1.

6 **a) Beerbung allein durch Überlebenden oder des Überlebenden durch denselben Erben.** Auszugehen ist von dem „Grundfall", dass dann, wenn der verstorbene Ehegatte durch den überlebenden Ehegatten allein beerbt wird (wie dies regelmäßig aufgrund entsprechend gestalteter Ehe- und Erbverträge geschieht), alle Gesamtgutsgegenstände auf den überlebenden Ehegatten kraft Gesetzes allein übergehen, ohne dass es einzelner Übertragungshandlungen bedürfte, weil der überlebende Ehegatte **alle Anteile an der Gesamthandsgemeinschaft in seiner Hand vereinigt**, die damit – ohne Gesamtgutsauseinandersetzung – in sich zusammenfällt.[8] Ein solches Zusammenfallen dürfte aber auch in den Fällen anzunehmen sein, in denen mangels Alleinerbeinsetzung nach dem Tod eines Ehegatten die Auseinandersetzungsgemeinschaft als Liquidationsgemeinschaft mit dessen Rechtsnachfolger fortbesteht und sodann der überlebende Ehegatte als „geborenes Mitglied" der Gütergemeinschaft durch dieselbe Person als deren eigener Rechtsnachfolger beerbt wird.[9] Dabei muss es sich aber um einen Alleinerben handeln, zB bei Ehegatten mit nur einem Kind.

7 **b) Beerbung in anderen Fällen – „doppelte Gesamthand".** Die Gütergemeinschaft in Gestalt der Auseinandersetzungsgemeinschaft wird nicht durch den Tod eines der geschiedenen Ehegatten beendet. Denn das gilt schon für die Gütergemeinschaft selbst, wenn nicht der „Grundfall" (→ Rn. 6: Beerbung durch den überlebenden Ehegatten allein) vorliegt. Vielmehr sind **zur Auseinandersetzung verpflichtet nunmehr auch die Erben** des betreffenden Ehegatten (sofern keine Fortsetzung der Gütergemeinschaft vereinbart wurde); denn dann bestehen zwei sich überlagernde Gesamthandsgemeinschaften, für die jeweils die für sie geltenden gesetzlichen Bestimmungen maßgeblich sind.[10] Dieses **doppelte Gesamthandsverhältnis** besteht einerseits aus der Erbengemeinschaft hinsichtlich des Nachlasses des verstorbenen Ehegatten, in den sein Anteil am Gesamtgut, nicht aber die einzelnen Gesamtgutsgegenstände, gefallen sind,[11] andererseits aus der zwischen dem überlebenden Ehegatten und den Erben des Verstorbenen eintretenden Gemeinschaft hinsichtlich des Gesamtguts (§ 1471 Abs. 2).[12]

8 Sofern keine Verfügung über das Gesamtgut im Ganzen nach Maßgabe des § 1423 in Betracht kommt, was grundsätzlich möglich wäre,[13] ist bei der **Auseinandersetzung der Gesamthandsgemeinschaften** mit der Gütergemeinschaft zu beginnen, da erst danach die Auseinandersetzung der Erben über den vorher unteilbaren Gesamtgutsanteil möglich ist.[14]

9 Über einen Gesamtgutsanteil kann jedoch mittelbar im Wege einer **Erbteilsübertragung** verfügt werden: Nach hM gestattet nämlich § 2033 Abs. 1, insofern abweichend von § 1419 Abs. 1, jedem Miterben die Verfügung über seinen Erbteil im Ganzen und damit mittelbar auch über den seinem Erbteil entsprechenden

---

8 BGH 26.2.1958 – IV ZR 245/57, Z 26, 378 (381) = FamRZ 1958, 172; MK/Kanzleiter § 1482 Rn. 4.
9 Vgl. KG 25.10.1923 – 1 X 368/28, JFG 1, 358 (360).
10 BR/Siede § 1471 Rn. 5 mN.
11 Vgl. hierzu RG 15.5.1912 – Rep.IV. 386/11, Z 79, 345 (355); RGZ 136, 19 (21).
12 Staudinger/Thiele § 1471 Rn. 9.
13 Staudinger/Thiele § 1471 Rn. 6.
14 BR/Siede § 1471 Rn. 5; Staudinger/Thiele § 1471 Rn. 11.

Anteil am Gesamtgut.[15] Dies gilt sogar dann, wenn der Nachlass lediglich aus dem Anteil des Erblassers am Gesamtgut bestehen sollte.[16]

3. Verfügung über das Liquidationsgut. Nach § 1471 Abs. 2 gilt bis zum Abschluss der Auseinandersetzung für das Gesamtgut die Vorschrift des § 1419. Kein Ehegatte (bzw. die Rechtsnachfolger) kann also vor der Auseinandersetzung über seinen Anteil am Gesamtgut verfügen; das Gesamtgut bleibt bis zur Auseinandersetzung im Verhältnis der Ehegatten zueinander eine geschlossene Vermögensmasse.[17]

4. Verfügung über das Auseinandersetzungsguthaben. Fraglich ist jedoch, ob nicht wenigstens der – künftige – Anspruch auf das Auseinandersetzungsguthaben, sprich das bei der Auseinandersetzung Erlangte isoliert übertragbar ist. Nach § 1497 Abs. 1 haben die Mitglieder der Auseinandersetzungsgemeinschaft einen klagbaren Anspruch darauf, dass das Gesamtgut der *fortgesetzten* Gütergemeinschaft nach deren Beendigung auseinandergesetzt wird. Dieser Auseinandersetzungsanspruch kann nicht übertragen werden, weil das einer nach § 1419 unzulässigen Verfügung über den Gesamtgutsanteil gleichkäme.[18] Ebenso wenig kann der Anteil an der Auseinandersetzungsgemeinschaft abgetreten werden.[19] Die unwirksame Verfügung über einen Anteil an einer beendeten fortgesetzten Gütergemeinschaft kann jedoch in die **zulässige Abtretung des Anspruchs auf das Auseinandersetzungsguthaben** umgedeutet werden.[20]

Anders als bei der fortgesetzten Gütergemeinschaft existiert zur **Abtretung des Auseinandersetzungsguthabens bei der allgemeinen Gütergemeinschaft** keine Rechtsprechung.[21] Laut Schrifttum[22] gibt es im Hinblick auf die Abtretbarkeit keinen Anlass, die Auseinandersetzungsgemeinschaft bei der allgemeinen Gütergemeinschaft anders zu behandeln als diejenige bei der fortgesetzten Gütergemeinschaft. Insofern tritt lediglich eine Phasenverschiebung im Hinblick auf den Beendigungszeitpunkt ein, im Übrigen sind die Rechtsverhältnisse jedoch strukturell identisch.[23]

5. Mitwirkungspflicht bei Verwaltungsmaßnahmen. Nach § 1472 Abs. 1 verwalten die Ehegatten bis zur Auseinandersetzung das Gesamtgut gemeinschaftlich. Dabei ist nach § 1472 Abs. 3 S. 1 jeder Ehegatte dem anderen gegenüber verpflichtet, an Maßnahmen mitzuwirken, die zur ordnungsgemäßen Verwaltung des Gesamtguts erforderlich sind; die zur Erhaltung notwendigen Maßnahmen kann jeder Ehegatte allein treffen. Ordnungsmäßig ist eine Verwaltung, die unter Beachtung der Grundsätze vernünftiger Wirtschaftsführung auf Erhaltung,

10

11

12

13

---

15 BayObLG 1.7.1960 – BReg. 1 Z 101/59, MDR 1960, 1014 = FamRZ 1961, 123 (nur Ls.); Staudinger/Thiele § 1471 Rn. 10; BR/Siede § 1471 Rn. 5.
16 OLG Hamburg 16.4.1904 – II. CS, OLGE 9, 152 f.; OLG Colmar 2.2.1966 – 2 ZS, OLGE 32, 408 f.
17 Staudinger/Thiele § 1471 Rn. 8; Palandt/Brudermüller § 1471 Rn. 2.
18 KG JW 1931, 1371; Staudinger/Thiele § 1497 Rn. 8; Palandt/Brudermüller § 1497 Rn. 2.
19 BGH 10.5.1966 – V ZR 174/63, FamRZ 1966, 443 (444); BayObLG 14.4.1951 – Beschw. Reg. Nr. II 35/50, MDR 1952, 41 (42).
20 BGH 10.5.1966 – V ZR 174/63, FamRZ 1966, 443 (444); Staudinger/Thiele § 1497 Rn. 13; Palandt/Brudermüller § 1497 Rn. 2.
21 Vgl. aber die Argumente im Urteil des BGH 19.6.2002 – IV ZR 270/00, FamRZ 2002, 1468 f. zur Auseinandersetzung der Gemeinschaft nach FGB-DDR.
22 MK/Kanzleiter § 1471 Rn. 7.
23 Ebenso und ausf. das Gutachten des Deutschen Notarinstituts Würzburg v. 12.1.2005 – ev/sc M/I/1 – § 1419 BGB – 55816, im Faxabruf veröffentlicht.

Sicherung und Vermehrung des Gesamtguts im Interesse der Ehegatten und etwaiger Kinder abzielt.[24] Was konkret als ordnungsgemäße Verwaltung angesehen wird, bestimmt sich jeweils nach den Umständen des Einzelfalls unter besonderer Berücksichtigung der wirtschaftlichen Verhältnisse der Familie.[25]

II. Abschichtung

14 Fraglich ist, ob sich das Zwischenstadium (und damit auch die komplizierte Auseinandersetzung gem. §§ 1475 ff.) dadurch umgehen und eine sofortige Vollbeendigung der Gütergemeinschaft erreichen lässt, dass der betreffende Ehegatte (oder auch der schon geschiedene Ehegatte und/oder Miterben eines Ehegatten) **aus der Liquidationsgemeinschaft austritt** und deren Gesamthandsanteile dem/den Verbleibenden anwachsen. Der Bundesgerichtshof hat im Rahmen der **Erbengemeinschaft** mit Grundsatzurteil vom 21.1.1998[26] entschieden, dass ein formfreies Ausscheiden eines Miterben im Wege der **Abschichtung** möglich ist. Bei dieser Abschichtung handelt es sich nach Ansicht des Bundesgerichtshofs um ein einverständliches Ausscheiden eines Miterben aus der Erbengemeinschaft durch Verzicht des ausscheidenden Miterben auf seine sämtlichen Rechte als Mitglied der Erbengemeinschaft.[27] Das Ausscheiden des Miterben führt nach Ansicht des Bundesgerichtshofs zur Anwachsung seines Erbteils bei den übrigen Mitgliedern der Erbengemeinschaft.[28]

15 Ob diese Grundsätze auch auf eine **beendete Errungenschaftsgemeinschaft/Gütergemeinschaft** anwendbar sind, hat der Bundesgerichtshof noch nicht entschieden. Auch in der Literatur finden sich zu dieser Problematik nur vereinzelte Stellungnahmen. Die Autoren, die sich mit der Frage des Verzichts eines Mitglieds einer beendeten Errungenschaftsgemeinschaft/Gütergemeinschaft befassen, verneinen diese Möglichkeit durchgehend.[29] Auch die Aussage bei v. Proff,[30] der ausführt, dass An- und Abwachsung bei der Bruchteilsgemeinschaft nicht anzuerkennen sind, kann in diese Richtung verstanden werden, da die §§ 741 ff. im Rahmen der Regelungen zur Auseinandersetzung der beendeten Gütergemeinschaft – soweit diese wie zB in § 1471 Abs. 2 iVm § 1419 keine Spezialregelungen enthalten – anwendbar sind.[31]

16 In der Rechtsprechung hat sich – soweit ersichtlich – nur das **Reichsgericht** in einer Entscheidung vom 15.5.1912 mit dem Verzicht auf die Beteiligung an einer beendeten Gütergemeinschaft beschäftigt.[32] Nach Ansicht des Reichsgerichts sind die Regelungen der §§ 1471 ff. zur Auseinandersetzung abschließend; ein Ausscheiden aus dem Gemeinschaftsverhältnis durch Verzichtserklärung ist

---

24 BayObLG 10.6.1983 – BReg. 3 Z 83/83, FamRZ 1983, 1127 (1128).
25 Vgl. zB BayObLG 21.4.2004 – 3Z BR 1/04, FamRZ 2005, 109 zum Bau einer Außentreppe am gütergemeinschaftlichen Anwesen zur – leerstehenden – Wohnung im 1. OG.
26 BGH 21.1.1998 – IV ZR 346/96, ZEV 1998, 141 f., bestätigt durch BGH 27.10.2004 – IV ZR 174/03, ZEV 2005, 22.
27 Vgl. BGH 21.1.1998 – IV ZR 346/96, ZEV 1998, 141 (142) unter II 1 bzw. II 2 a aE.
28 Vgl. BGH 21.1.1998 – IV ZR 346/96, ZEV 1998, 141.
29 BR/Siede § 1474 Rn. 8; Wittich § 2 III 1 c, S. 33 mwN.
30 Staudinger/v. Proff § 741 Rn. 257.
31 Palandt/Brudermüller Vor §§ 1471 ff. Rn. 1; MK/Kanzleiter Vor § 1471 Rn. 1; Staudinger/Thiele Vor §§ 1471–1482 Rn. 3.
32 RGZ 79, 345 ff.

dort – im Gegensatz zu einigen vor dem BGB geltenden Rechtsordnungen – gerade nicht vorgesehen.[33]

Der Entscheidung des Reichsgerichts kann auch nicht entgegengehalten werden, dass dieses von „einseitiger Verzichtserklärung" spricht, es sich bei der Abschichtung nach der Terminologie des Bundesgerichtshofs aber um einen „Vertrag zwischen den Erben" handelt. Zum einen kennt das BGB im Recht der Gütergemeinschaft einzelne Verzichtsmöglichkeiten (vgl. § 1491 Abs. 1 S. 1). Obwohl das Recht der Gütergemeinschaft seit Inkrafttreten des BGB und insbesondere seit der Entscheidung des Reichsgerichts mehrere Male überarbeitet und geändert wurde und frühere Rechtsordnungen den umfassenden Verzicht kannten, wurden diese Möglichkeiten nicht erweitert, was dafür spricht, sie als abschließend anzusehen. Weiter ist § 1419 zu berücksichtigen (der über § 1471 Abs. 2 auch im Rahmen der beendeten Gütergemeinschaft bis zu deren vollständigen Abwicklung gilt). Danach ist eine Verfügung über den Anteil am Gesamtgut und die einzelnen Gegenstände, die zum Gesamtgut gehören, nicht möglich. Nachdem es sich bei einer Verfügung um ein Rechtsgeschäft, das unmittelbar auf die Veränderung, Übertragung oder Aufhebung eines bestehenden Rechts gerichtet ist, handelt, ist auch der Verzicht (sei es als einseitige Erklärung, sei es als Verzichtsvertrag) als Verfügung anzusehen.

III. Surrogation

Bis zur Beendigung der Gütergemeinschaft fällt aller Erwerb der Ehegatten, soweit er nicht in das Sonder- oder Vorbehaltsgut eines Ehegatten fällt, in das Gesamtgut. Ab dem Zeitpunkt der Beendigung der Gütergemeinschaft ändert sich der Bestand des Gesamtguts grundsätzlich jedoch nicht mehr. Einkommen, Arbeitslosengeld, Renten und sonstiger Erwerb eines Ehegatten[34] sowie die Nutzungen seines Sonderguts kommen nicht mehr dem Gesamtgut zugute. Vielmehr erwirbt jeder Ehegatte (bzw. der/die Erben des Ehegatten) fortan für sich allein. Im Falle eines gemeinschaftlichen Erwerbs liegt nur noch ein rechtsgeschäftlicher Erwerb nach Bruchteilen vor mit der Folge des Entstehens einer **Gemeinschaft nach Bruchteilen** iSd §§ 741 ff., 1008 f.

Die in § 1473 Abs. 1 enthaltene **Surrogationsregelung** macht von dem Grundsatz des unveränderten Bestands des Gesamtguts ab dem Zeitpunkt der Beendigung der Gütergemeinschaft in drei Fällen eine Ausnahme. Ziel dieser Regelung ist, Vermögensmehrungen, die während der Liquidationszeit aus dem Gesamtgut kommen, diesem wieder zuzurechnen. Auf diese Weise sollen auch Mittel aufgestockt werden, die zur Berichtigung von Verbindlichkeiten erforderlich sind; was ein Ehegatte in dieser Weise erwirbt, wird ohne besondere Übertragungsakte Gesamtgut und unterliegt auch den Regelungen der §§ 1471, 1472.[35]

Für die Praxis von Interesse ist insbesondere die letzte Variante des § 1473 Abs. 1, nach der das, was **durch ein Rechtsgeschäft erworben wird, das sich auf das Gesamtgut bezieht**, ebenfalls Teil des Gesamtguts (der Auseinandersetzungsgemeinschaft) wird. Voraussetzung ist ein bestimmter Zusammenhang des Rechtsgeschäfts mit dem Gesamtgut, wobei aber ein wirtschaftlicher genügt –

33 RGZ 79, 345 (352).
34 OLG Karlsruhe 6.2.1996 – 18 UF 155/94, FamRZ 1996, 1415.
35 Kappler S. 153.

ein rechtlicher Zusammenhang ist nicht erforderlich.[36] Allerdings muss das Rechtsgeschäft **objektiv eine Beziehung zum Gesamtgut** haben.[37] Ob das Rechtsgeschäft daneben auch subjektiv auf den Erwerb für das Gesamtgut gerichtet sein muss, ist fraglich. Das ist zu verneinen, wenn sich das Rechtsgeschäft objektiv als eine typische Maßnahme der Verwaltung des Gesamtguts darstellt, da insoweit der Schutzzweck des § 1473 für eine restriktive Auslegung spricht.[38] Die hM im Schrifttum geht demgegenüber grundsätzlich davon aus, dass für den Surrogationserwerb nach § 1473 Abs. 1 aE erforderlich ist, dass sich das Rechtsgeschäft auf das Gesamtgut in objektiver wie subjektiver Hinsicht bezieht.[39]

21 Ebenso wie § 1418 Abs. 2 Nr. 3 knüpft § 1473 Abs. 1 die Surrogation nicht an einen Erwerb „mit Mitteln" des Gesamtguts.[40] Umgekehrt wird aber ein objektives Sichbeziehen auf das Gesamtgut häufig dann vorliegen, wenn der Erwerb **mit Mitteln des Gesamtguts** erfolgt. Das wäre zB dann der Fall, wenn die Geldmittel für den Kaufpreis noch aus dem Gesamtgut stammen. Allerdings ist dies nicht notwendig; die für den Erwerb zu erbringende **Gegenleistung** muss **nicht zwingend aus dem Gesamtgut** selbst stammen.[41] Entscheidend ist zudem immer der subjektive Bezug. Fehlt es daran, würde auch ein Erwerb mit Mitteln des Gesamtguts zur Surrogation nicht ausreichen, da §§ 1418, 1473 keine bloß objektive Mittelsurrogation vorsehen.[42]

22 Für den **Fall des § 1418 Abs. 2 Nr. 3** aE hat das RG in der vorzitierten Entscheidung geurteilt, dass, wenn die Ehefrau ein Grundstück mit von den Eltern geschenkten Geldmitteln erwirbt, und dies jedenfalls in der Absicht, Vorbehaltsgut zu erwerben, § 1418 Abs. 2 Nr. 3 aE einschlägig ist. *Mutatis mutandis* muss dies, nachdem § 1418 Abs. 2 Nr. 3 aE der Vorschrift des § 1473 Abs. 1 strukturell verwandt ist, entsprechend für den Fall gelten, dass der betreffende Ehegatte noch für das Gesamtgut erwerben will.

§ 1474 BGB Durchführung der Auseinandersetzung

Die Ehegatten setzen sich, soweit sie nichts anderes vereinbaren, nach den §§ 1475 bis 1481 auseinander.

§ 1475 BGB Berichtigung der Gesamtgutsverbindlichkeiten

(1) [1]Die Ehegatten haben zunächst die Gesamtgutsverbindlichkeiten zu berichtigen. [2]Ist eine Verbindlichkeit noch nicht fällig oder ist sie streitig, so müssen die Ehegatten zurückbehalten, was zur Berichtigung dieser Verbindlichkeit erforderlich ist.

---

36 Mot. IV 177 f.; RGZ 87, 100, 104; Staudinger/Thiele § 1473 Rn. 5.
37 Mot. IV 178.
38 Vgl. für ein auf den Nachlass bezügliches Rechtsgeschäft BGH 6.5.1968 – III ZR 63/66, NJW 1968, 1824.
39 BR/Siede § 1473 Rn. 2; Staudinger/Thiele § 1473 Rn. 5; MK/Kanzleiter § 1473 Rn. 2 iVm § 1418 Rn. 11.
40 Staudinger/Thiele § 1418 Rn. 48.
41 BR/Siede § 1418 Rn. 8 iVm § 1473 Rn. 2.
42 Vgl. statt aller RG 23.1.1918 – V. 301/17, Z 92, 139 ff.

(2) Fällt eine Gesamtgutsverbindlichkeit im Verhältnis der Ehegatten zueinander einem der Ehegatten allein zur Last, so kann dieser nicht verlangen, dass die Verbindlichkeit aus dem Gesamtgut berichtigt wird.

(3) Das Gesamtgut ist in Geld umzusetzen, soweit dies erforderlich ist, um die Gesamtgutsverbindlichkeiten zu berichtigen.

§ 1476 BGB Teilung des Überschusses

(1) Der Überschuss, der nach der Berichtigung der Gesamtgutsverbindlichkeiten verbleibt, gebührt den Ehegatten zu gleichen Teilen.

(2) [1]Was einer der Ehegatten zum Gesamtgut zu ersetzen hat, muss er sich auf seinen Teil anrechnen lassen. [2]Soweit er den Ersatz nicht auf diese Weise leistet, bleibt er dem anderen Ehegatten verpflichtet.

§ 1477 BGB Durchführung der Teilung

(1) Der Überschuss wird nach den Vorschriften über die Gemeinschaft geteilt.

(2) [1]Jeder Ehegatte kann gegen Ersatz des Wertes die Sachen übernehmen, die ausschließlich zu seinem persönlichen Gebrauch bestimmt sind, insbesondere Kleider, Schmucksachen und Arbeitsgeräte. [2]Das Gleiche gilt für die Gegenstände, die ein Ehegatte in die Gütergemeinschaft eingebracht oder während der Gütergemeinschaft durch Erbfolge, durch Vermächtnis oder mit Rücksicht auf ein künftiges Erbrecht, durch Schenkung oder als Ausstattung erworben hat.

§ 1478 BGB Auseinandersetzung nach Scheidung

(1) Ist die Ehe geschieden, bevor die Auseinandersetzung beendet ist, so ist auf Verlangen eines Ehegatten jedem von ihnen der Wert dessen zurückzuerstatten, was er in die Gütergemeinschaft eingebracht hat; reicht hierzu der Wert des Gesamtguts nicht aus, so ist der Fehlbetrag von den Ehegatten nach dem Verhältnis des Wertes des von ihnen Eingebrachten zu tragen.

(2) Als eingebracht sind anzusehen

1. die Gegenstände, die einem Ehegatten beim Eintritt der Gütergemeinschaft gehört haben,
2. die Gegenstände, die ein Ehegatte von Todes wegen oder mit Rücksicht auf ein künftiges Erbrecht, durch Schenkung oder als Ausstattung erworben hat, es sei denn, dass der Erwerb den Umständen nach zu den Einkünften zu rechnen war,
3. die Rechte, die mit dem Tode eines Ehegatten erlöschen oder deren Erwerb durch den Tod eines Ehegatten bedingt ist.

(3) Der Wert des Eingebrachten bestimmt sich nach der Zeit der Einbringung.

§ 1479 BGB Auseinandersetzung nach richterlicher Aufhebungsentscheidung

Wird die Gütergemeinschaft auf Grund der §§ 1447, 1448 oder des § 1469 durch richterliche Entscheidung aufgehoben, so kann der Ehegatte, der die richterliche Entscheidung erwirkt hat, verlangen, dass die Auseinandersetzung so erfolgt, wie wenn der Anspruch auf Auseinandersetzung in dem Zeitpunkt rechtshängig geworden wäre, in dem der Antrag auf Aufhebung der Gütergemeinschaft gestellt ist.

§ 1480 BGB Haftung nach der Teilung gegenüber Dritten

[1]Wird das Gesamtgut geteilt, bevor eine Gesamtgutsverbindlichkeit berichtigt ist, so haftet dem Gläubiger auch der Ehegatte persönlich als Gesamtschuldner, für den zur Zeit der Teilung eine solche Haftung nicht besteht. [2]Seine Haftung beschränkt sich auf die ihm zugeteilten Gegenstände; die für die Haftung des Erben geltenden Vorschriften der §§ 1990, 1991 sind entsprechend anzuwenden.

§ 1481 BGB Haftung der Ehegatten untereinander

(1) Wird das Gesamtgut geteilt, bevor eine Gesamtgutsverbindlichkeit berichtigt ist, die im Verhältnis der Ehegatten zueinander dem Gesamtgut zur Last fällt, so hat der Ehegatte, der das Gesamtgut während der Gütergemeinschaft allein verwaltet hat, dem anderen Ehegatten dafür einzustehen, dass dieser weder über die Hälfte der Verbindlichkeit noch über das aus dem Gesamtgut Erlangte hinaus in Anspruch genommen wird.

(2) Haben die Ehegatten das Gesamtgut während der Gütergemeinschaft gemeinschaftlich verwaltet, so hat jeder Ehegatte dem anderen dafür einzustehen, dass dieser von dem Gläubiger nicht über die Hälfte der Verbindlichkeit hinaus in Anspruch genommen wird.

(3) Fällt die Verbindlichkeit im Verhältnis der Ehegatten zueinander einem der Ehegatten zur Last, so hat dieser dem anderen dafür einzustehen, dass der andere Ehegatte von dem Gläubiger nicht in Anspruch genommen wird.

§ 1482 BGB Eheauflösung durch Tod

[1]Wird die Ehe durch den Tod eines Ehegatten aufgelöst, so gehört der Anteil des verstorbenen Ehegatten am Gesamtgut zum Nachlass. [2]Der verstorbene Ehegatte wird nach den allgemeinen Vorschriften beerbt.

I. Auseinandersetzung des Gesamtguts in der Liquidationsgemeinschaft gem. §§ 1474–1481

1   Die Auseinandersetzung des Gesamtguts in der Liquidationsgemeinschaft (→ §§ 1469–1473 Rn. 3 ff.) erfolgt gem. §§ 1474–1481, wenn bis zur Rechtskraft der Ehescheidung eine solche Auseinandersetzung nicht einvernehmlich erreicht oder durchgesetzt wurde. Das gesetzliche Leitbild ist dabei die Zerschlagung des Gesamtguts in zwei Stufen:[1] 1. durch die Berichtigung der Gesamtgutsverbindlichkeiten und 2. durch Verteilung des Überschusses, wobei die in Form des Übernahmerechts und des Werterstattungsanspruchs bestehenden Vorschussrechte zu beachten sind.[2]

Sind sich die Ehegatten über die Auseinandersetzung des Gesamtguts einig, können sie hierüber eine vertragliche Regelung treffen; die §§ 1475–1481 sind (mit

---

1 Vgl. FA-FamR/Weinreich Kap. 9 Rn. 196.
2 Ausf. Kappler S. 173 ff.; aus der Praxis s. etwa Schröder/Bergschneider/Klüber Rn. 4 602 ff.; Klein, Wegweiser zur Auseinandersetzung einer Gütergemeinschaft, FuR 1995, 165; ders., Fälle zur Auseinandersetzung einer Gütergemeinschaft, FuR 1995, 249.

Ausnahme der Gläubigerschutzvorschrift des § 1480) dispositiv.[3] Diese Möglichkeit ergibt sich aus § 1474 unmittelbar („soweit sie nichts anderes vereinbaren"). Andernfalls ist die **Auseinandersetzungsklage** zu führen.[4] Dabei ist nicht auf Zahlung des Auseinandersetzungsguthabens, sondern auf Zustimmung zu einem bestimmten Auseinandersetzungsplan zu klagen. In einem vom OLG Oldenburg[5] entschiedenen Fall hätte die Klage auch nach Umstellung des Klageantrags keinen Erfolg haben können, weil nach dem Vortrag des Klägers nicht schon sämtliche Gesamtgutsverbindlichkeiten berichtigt worden waren (vgl. § 1475 Abs. 1). Da die Beklagte eine Verbindlichkeit des Gesamtguts bestritten hatte, hätte der Kläger zuvor in einem gerichtlichen Verfahren die Verurteilung der Beklagten, der Zahlung zuzustimmen, herbeiführen müssen; die Pflicht zur Zustimmung folgt aus § 1472.

Die Voraussetzungen und das Verfahren der streitigen Auseinandersetzung sind mit die **größten Schwachpunkte** der Gütergemeinschaft. Unkooperative Ehegatten können die Sache aussitzen bzw. es droht ein „Windhundspiel": Vorgelegte Teilungspläne werden durch nachträglich neue Sachverhalte (insbes. neue Schulden, seien es nur veränderte Schuldenstände, und/oder notwendige Verwendungen, vgl. §§ 1855, 1860) ständig obsolet; bevor die Zugehörigkeit als Gesamtgutsverbindlichkeit ggf. gesondert geklärt ist, wird die nächste ins Feld geführt – das mit der Auseinandersetzung befasste Gericht kann aber eben nur den Plan bestätigen oder insgesamt die Klage abweisen. Dass die ganz hM – mit Recht – davon ausgeht, dass in der Liquidationsgemeinschaft Gesamtgutsverbindlichkeiten außer im Fall des § 1473 und/oder im Hinblick auf die laufenden Kosten des Gesamtguts nicht mehr begründet werden können,[6] ändert in der Praxis nichts, wenn zum Gesamtgut, wie meist, ein Betrieb mit Umlaufvermögen und laufenden Kosten gehört. Der die Teilung begehrende Ehegatte käme so, selbst bei noch so vielen Hilfsanträgen nie zum Ziel, insbesondere bekäme er nicht seine eingebrachten Vermögensgegenstände zurück.

In einer solchen Situation könnte – zumindest bedingt – eine **Teilungsversteigerung** helfen. § 1419 oder die Vorschriften über die Auseinandersetzung einer Gütergemeinschaft stehen der Teilungsversteigerung von Grundstücken des Gesamtguts nach § 753 iVm § 180 ZVG nicht nur nicht entgegen, sondern diese ist kraft Verweisung sogar gesetzlich als Bestandteil der Auseinandersetzung vorgesehen (§ 1477 Abs. 1). Ein Versteigerungserlös fiele wiederum in das Gesamtgut, so dass über die Teilungsversteigerung allein keine, auch keine teilweise, endgültige Auseinandersetzung zu erreichen ist. Die Versteigerung bewirkt also nicht die Teilung, sondern kann die Teilungsreife herstellen (→ Rn. 9).

Hinsichtlich einer etwaigen **Formbedürftigkeit** des Auseinandersetzungsvertrags ist zu unterscheiden: Ist der Güterstand der Gütergemeinschaft bereits beendet, bedarf die Auseinandersetzungsvereinbarung grundsätzlich keiner Form (außer, es sind formbedürftige Rechtsgeschäfte vorzunehmen, vgl. § 311 b, § 15 Abs. 3

---

3 BeckOGK-BGB/T. Kappler § 1474 Rn. 2.
4 Vgl. Münch Rn. 1140 (Muster einer vertraglichen Auseinandersetzung der Gütergemeinschaft); Göppinger/Börger Teil 6 Rn. 24 ff.; weiteres grundlegendes Muster bei Kappler, Die Aufhebungsklage bei Beendigung der Gütergemeinschaft, FamRZ 2007, 696 mwN.
5 OLG Oldenburg 14.12.2010 – 11 UF 1/10, FamRZ 2011, 1059.
6 Palandt/Brudermüller § 1471 Rn. 2; BR/Siede § 1471 Rn. 4.

und 4 GmbHG). Ist der Güterstand hingegen noch nicht beendet, bedarf es der Form eines Ehevertrags, mithin der notariellen Beurkundung (vgl. § 1410).[7]

2 Schwerpunkt der nachfolgenden Darstellung soll hier die **vertragliche Auseinandersetzung** sein. Das Gesetz sieht dabei keine zwingende, insbesondere zeitliche Rangfolge der Abarbeitung bei der Auseinandersetzung vor. Es geht vielmehr, wie bei der Auseinandersetzung eines Nachlasses, von der Auseinandersetzung mittels **Auseinandersetzungsplan** aus (zur Problematik der „Abschichtung" durch „Austritt" aus der Liquidationsgemeinschaft → §§ 1469–1473 Rn. 14 ff.). Im Vordergrund steht daher zunächst die Erstellung einer **Auseinandersetzungsbilanz** als Grundlage des Auseinandersetzungsplans.[8] Im Einzelnen lassen sich in der Praxis **sechs Schritte** herausarbeiten, die weder zwingend in einer bestimmten Reihenfolge zu vollziehen sind noch vor dem Ende der Auseinandersetzung als in sich abgeschlossen angesehen werden können.[9]

II. Reihenfolge der Auseinandersetzung

3 **1. Vermögensverzeichnis und Bewertung.** In einem **ersten Schritt** wird ein Vermögensverzeichnis mit Bewertung aller Gegenstände, Aktiva und Passiva, im Gesamtgut zum Stichtag erstellt. Eine **Stichtagsregelung** ähnlich § 1384 gibt es für die Auseinandersetzung des Gesamtguts nicht; der BGH hat auch die analoge Anwendung des § 1384 abgelehnt – allerdings kann die Auseinandersetzungsklage im Verbund geführt werden, wenn die Ehegatten eine **Vereinbarung** über die Bewertung des Gesamtguts treffen und sich auf einen zurückliegenden Stichtag für die Bewertung einigen.[10] Die Festlegung eines Stichtages ist nicht nur rechtlich möglich, sondern wird in der Literatur sogar vorgeschlagen, um die Abwicklung zu erleichtern[11] – insbsondere käme es dann nicht mehr zu dem hinderlichen „Windhundspiel" (→ Rn. 1).

4 **2. Bereinigung der Gesamtgutsverbindlichkeiten.** Im **zweiten Schritt** empfiehlt es sich, die Gesamtgutsverbindlichkeiten zu tilgen. Zwar ist die endgültige Berichtigung **aller Gesamtgutsverbindlichkeiten nicht Voraussetzung** einer einvernehmlichen Auseinandersetzung. Jedoch sollten alle Schulden beider Ehegatten erfasst und bezahlt werden, weil sonst auch für die Zukunft die Haftung beider Ehegatten dem jeweiligen Gläubiger gegenüber fortbesteht – und zwar wegen § 1480 auch desjenigen Ehegatten, persönlich als Gesamtschuldner, für den zur Zeit der Teilung eine solche Haftung nicht besteht. Seine Haftung beschränkt sich allerdings auf die ihm zugeteilten Gegenstände. Im Hinblick auf streitige oder noch nicht fällige Verbindlichkeiten müssen nach § 1475 Abs. 1 S. 2 **Rückstellungen** gebildet werden. Die Vorschrift ist auch einschlägig, wenn zwischen Ehegatten streitig ist, ob eine Verbindlichkeit Gesamtgutsverbindlichkeit ist.[12] Ist nicht genug Liquidität vorhanden, um alle Verbindlichkeiten ohne Verkauf einzelner Gegenstände des Gesamtguts zu tilgen, muss schon jetzt parallel da-

---

7 Kappler FamRZ 2007, 696.

8 Klüber, Die scheidungsbedingte Auseinandersetzung der Gütergemeinschaft, FPR 2001, 84.

9 Vgl. hierzu und zum Folgenden auch Haußleiter NJW-Spezial 2007, 103 f.; Klein FuR 1995, 165.

10 BGH 14.12.1983 – IV b ZR 62/82, FamRZ 1984, 254.

11 Klüber in: Schröder/Bergschneider, Familienvermögensrecht, 3. Aufl. 2016, Rn. 4.640 f.; BeckOGK-BGB/T. Kappler § 1474 Rn. 7-9.

12 BeckOGK-BGB/T. Kappler § 1474 Rn. 13.

rüber verhandelt werden, welche Gegenstände zu veräußern sind und welche von den Ehegatten übernommen werden sollen und können. Von einer Tilgung kann ausnahmsweise nur dann abgesehen werden, wenn einer der Ehegatten sich zur alleinigen Rückführung der jeweiligen Verbindlichkeiten verpflichtet und beispielsweise eine Haftungsfreistellung des Gläubigers für den anderen Ehegatten vorlegen kann. Freistellungserklärungen zwischen den Ehegatten wirken ohne eine Haftungsfreistellung des Gläubigers nur im Innenverhältnis und stellen damit keine ausreichende Absicherung, insbesondere vor dem Insolvenzrisiko des anderen Ehegatten, dar.

3. Übernahmerechte. Ist eine Einigung über die Tilgung der Gesamtgutsverbindlichkeiten erreicht bzw. wurden diese bereits getilgt, kann in einem **dritten Schritt** zur Ausübung der Übernahmerechte verhandelt werden. Nach § 1477 Abs. 2 kann jeder Ehegatte **gegen Wertersatz** aus dem Gesamtgut die Sachen übernehmen, die ausschließlich zu seinem persönlichen Gebrauch bestimmt sind. Das Gleiche gilt für das während der Gütergemeinschaft eingebrachte, ererbte oder durch Schenkung oder Ausstattung erworbene Vermögen. 5

Durch das Übernahmerecht werden nur die persönlichen Beziehungen eines Ehegatten zu bestimmten Gegenständen geschützt. Die Wertanteile am Gesamtgut werden wegen des Wertersatzes, der als Ausgleich geschuldet wird, nicht verändert. Das Übernahmerecht ist daher **wertneutral**. Wer etwas übernehmen möchte, muss diese Sachen aus dem Gesamtgut „ankaufen". Eine Verpflichtung zur Übernahme besteht dagegen nicht. 6

4. Wertersatz. Soweit die Verhandlungen zu den Übernahmerechten abgeschlossen wurden, sind also in einem **vierten Schritt** die Ersatzansprüche für das Eingebrachte, Ererbte und Geschenkte festzustellen. Gem. § 1478 Abs. 1 steht jedem Ehegatten für den Fall der Scheidung ein Anspruch auf Wertersatz für alles zu, was er in die Gütergemeinschaft eingebracht hat. Der **Anspruch** richtet sich **gegen das Gesamtgut** und gehört daher zu den Verbindlichkeiten, die vorab zu befriedigen sind. Das Recht auf Wertersatz für das Eingebrachte nach § 1478 Abs. 1 und das Recht auf Übernahme nach § 1477 Abs. 2 können **nebeneinander** geltend gemacht werden. 7

Was einer der Ehegatten nach Ausübung eines Übernahmerechts zum Gesamtgut zu ersetzen hat, muss er sich allerdings gem. § 1476 Abs. 2 S. 1 auf seinen Anteil am Überschuss **anrechnen** lassen. In einem Auseinandersetzungsplan ist daher auch die Verrechnung des Anteils am Überschuss mit der Verpflichtung zum Wertersatz fällig. Dabei ergibt sich ein **Koordinationsproblem:** Übernimmt ein Ehegatte eine in die Gütergemeinschaft eingebrachte Sache, ist der zu leistende Wertersatz an sich mit der Übernahme fällig, kann aber wegen der vorrangigen Verrechnung mit seinem Anteil an dem Auseinandersetzungsguthaben erst nach endgültiger Auseinandersetzung der Gütergemeinschaft als Zahlungsanspruch geltend gemacht werden.[13] Ist daher noch nicht absehbar, ob der Wert des restlichen Auseinandersetzungsguthabens den Wert der übernommenen Sache erreicht, kann der andere Ehegatte im Rahmen eines **Zurückbehaltungsrechts** Sicherheitsleistung bis zur Höhe des hälftigen Wertes der übernommenen Sache verlangen.[14] 8

---

13 BGH 31.1.2007 – XII ZR 131/04, NJW 2007, 1879.
14 BGH 31.1.2007 – XII ZR 131/04, NJW 2007, 1879 (1881); 2.4.2008 – XII ZR 44/06, NJW 2008, 2983.

9 **5. Herstellung der Teilungsreife.** In einem **fünften Schritt** muss sodann die Teilungsreife hergestellt werden durch Veräußerung aller Gegenstände, die zum einen keinem Übernahmerecht unterliegen und zum anderen nicht in Natur teilbar sind. Können sich die Ehegatten auf eine **Veräußerung** nicht einigen, sind die Gegenstände zu **versteigern** (§ 1477 Abs. 1 iVm § 753); der Versteigerungserlös fällt wiederum in das Gesamtgut zum Zweck der nachfolgenden Überschussverteilung. Da § 1475 Abs. 3 die Umsetzung des Gesamtguts in Geld zur Bereinigung der Gesamtgutsverbindlichkeiten verlangt, geht der Anspruch eines Ehegatten auf Versteigerung eines Gegenstands des Gesamtguts dem Übernahmerecht des anderen Ehegatten hinsichtlich des gleichen Gegenstands nach § 1477 Abs. 2 vor, wenn der Erlös für die Tilgung der Verbindlichkeiten benötigt wird,[15] somit liefert diese Vorschrift gerade keine Einwendung gegen eine Teilungsversteigerung nach § 180 ZVG. Ob andere Einwendungen, etwa die der unzulässigen Rechtsausübung nach § 242 erhoben werden können, wird in der Literatur diskutiert,[16] dürfte aber allenfalls in Ausnahmekonstellationen zum Tragen kommen. Zur Abwehr der Teilungsversteigerung soll der sein Übernahmerecht verfolgende Ehegatte jedoch die Drittwiderspruchsklage gem. § 772 ZPO erheben können.[17]

10 **6. Verteilung des Überschusses.** Zuletzt ist in einem **sechsten Schritt** die Teilungsmasse festzustellen und zu verteilen. Der Überschuss gebührt den Ehegatten zu gleichen Teilen (§ 1476 Abs. 1).

Unterkapitel 5 Fortgesetzte Gütergemeinschaft

§ 1483 BGB   Eintritt der fortgesetzten Gütergemeinschaft

(1) [1]Die Ehegatten können durch Ehevertrag vereinbaren, dass die Gütergemeinschaft nach dem Tod eines Ehegatten zwischen dem überlebenden Ehegatten und den gemeinschaftlichen Abkömmlingen fortgesetzt wird. [2]Treffen die Ehegatten eine solche Vereinbarung, so wird die Gütergemeinschaft mit den gemeinschaftlichen Abkömmlingen fortgesetzt, die bei gesetzlicher Erbfolge als Erben berufen sind. [3]Der Anteil des verstorbenen Ehegatten am Gesamtgut gehört nicht zum Nachlass; im Übrigen wird der Ehegatte nach den allgemeinen Vorschriften beerbt.

(2) Sind neben den gemeinschaftlichen Abkömmlingen andere Abkömmlinge vorhanden, so bestimmen sich ihr Erbrecht und ihre Erbteile so, wie wenn fortgesetzte Gütergemeinschaft nicht eingetreten wäre.

§ 1484 BGB   Ablehnung der fortgesetzten Gütergemeinschaft

(1) Der überlebende Ehegatte kann die Fortsetzung der Gütergemeinschaft ablehnen.

(2) [1]Auf die Ablehnung finden die für die Ausschlagung einer Erbschaft geltenden Vorschriften der §§ 1943 bis 1947, 1950, 1952, 1954 bis 1957, 1959 ent-

---

15 Palandt/Brudermüller § 1475 Rn. 2 mwN zur Rspr. des RG.
16 BR/Siede § 1474 Rn. 8, § 1471 Rn. 3; Böttcher, Teilungsversteigerung von Grundstücken, FPR 2012, 502 (503).
17 Vgl. BGH 22.3.1972 – IV ZR 25/71, FamRZ 1972, 363.

sprechende Anwendung. ²Bei einer Ablehnung durch den Betreuer des überlebenden Ehegatten ist die Genehmigung des Betreuungsgerichts erforderlich.

(3) Lehnt der Ehegatte die Fortsetzung der Gütergemeinschaft ab, so gilt das Gleiche wie im Falle des § 1482.

§ 1485 BGB Gesamtgut

(1) Das Gesamtgut der fortgesetzten Gütergemeinschaft besteht aus dem ehelichen Gesamtgut, soweit es nicht nach § 1483 Abs. 2 einem nicht anteilsberechtigten Abkömmling zufällt, und aus dem Vermögen, das der überlebende Ehegatte aus dem Nachlass des verstorbenen Ehegatten oder nach dem Eintritt der fortgesetzten Gütergemeinschaft erwirbt.

(2) Das Vermögen, das ein gemeinschaftlicher Abkömmling zur Zeit des Eintritts der fortgesetzten Gütergemeinschaft hat oder später erwirbt, gehört nicht zu dem Gesamtgut.

(3) Auf das Gesamtgut findet die für die eheliche Gütergemeinschaft geltende Vorschrift des § 1416 Abs. 2 und 3 entsprechende Anwendung.

§ 1486 BGB Vorbehaltsgut; Sondergut

(1) Vorbehaltsgut des überlebenden Ehegatten ist, was er bisher als Vorbehaltsgut gehabt hat oder was er nach § 1418 Abs. 2 Nr. 2, 3 als Vorbehaltsgut erwirbt.

(2) Sondergut des überlebenden Ehegatten ist, was er bisher als Sondergut gehabt hat oder was er als Sondergut erwirbt.

§ 1487 BGB Rechtsstellung des Ehegatten und der Abkömmlinge

(1) Die Rechte und Verbindlichkeiten des überlebenden Ehegatten sowie der anteilsberechtigten Abkömmlinge in Ansehung des Gesamtguts der fortgesetzten Gütergemeinschaft bestimmen sich nach den für die eheliche Gütergemeinschaft geltenden Vorschriften der §§ 1419, 1422 bis 1428, 1434, des § 1435 Satz 1, 3 und der §§ 1436, 1445; der überlebende Ehegatte hat die rechtliche Stellung des Ehegatten, der das Gesamtgut allein verwaltet, die anteilsberechtigten Abkömmlinge haben die rechtliche Stellung des anderen Ehegatten.

(2) Was der überlebende Ehegatte zu dem Gesamtgut schuldet oder aus dem Gesamtgut zu fordern hat, ist erst nach der Beendigung der fortgesetzten Gütergemeinschaft zu leisten.

§ 1488 BGB Gesamtgutsverbindlichkeiten

Gesamtgutsverbindlichkeiten der fortgesetzten Gütergemeinschaft sind die Verbindlichkeiten des überlebenden Ehegatten sowie solche Verbindlichkeiten des verstorbenen Ehegatten, die Gesamtgutsverbindlichkeiten der ehelichen Gütergemeinschaft waren.

§ 1489 BGB Persönliche Haftung für die Gesamtgutsverbindlichkeiten

(1) Für die Gesamtgutsverbindlichkeiten der fortgesetzten Gütergemeinschaft haftet der überlebende Ehegatte persönlich.

(2) Soweit die persönliche Haftung den überlebenden Ehegatten nur infolge des Eintritts der fortgesetzten Gütergemeinschaft trifft, finden die für die Haftung des Erben für die Nachlassverbindlichkeiten geltenden Vorschriften entsprechende Anwendung; an die Stelle des Nachlasses tritt das Gesamtgut in dem Bestand, den es zur Zeit des Eintritts der fortgesetzten Gütergemeinschaft hat.

(3) Eine persönliche Haftung der anteilsberechtigten Abkömmlinge für die Verbindlichkeiten des verstorbenen oder des überlebenden Ehegatten wird durch die fortgesetzte Gütergemeinschaft nicht begründet.

§ 1490 BGB   Tod eines Abkömmlings

[1]Stirbt ein anteilsberechtigter Abkömmling, so gehört sein Anteil an dem Gesamtgut nicht zu seinem Nachlass. [2]Hinterlässt er Abkömmlinge, die anteilsberechtigt sein würden, wenn er den verstorbenen Ehegatten nicht überlebt hätte, so treten die Abkömmlinge an seine Stelle. [3]Hinterlässt er solche Abkömmlinge nicht, so wächst sein Anteil den übrigen anteilsberechtigten Abkömmlingen und, wenn solche nicht vorhanden sind, dem überlebenden Ehegatten an.

§ 1491 BGB   Verzicht eines Abkömmlings

(1) [1]Ein anteilsberechtigter Abkömmling kann auf seinen Anteil an dem Gesamtgut verzichten. [2]Der Verzicht erfolgt durch Erklärung gegenüber dem für den Nachlass des verstorbenen Ehegatten zuständigen Gericht; die Erklärung ist in öffentlich beglaubigter Form abzugeben. [3]Das Nachlassgericht soll die Erklärung dem überlebenden Ehegatten und den übrigen anteilsberechtigten Abkömmlingen mitteilen.

(2) [1]Der Verzicht kann auch durch Vertrag mit dem überlebenden Ehegatten und den übrigen anteilsberechtigten Abkömmlingen erfolgen. [2]Der Vertrag bedarf der notariellen Beurkundung.

(3) [1]Steht der Abkömmling unter elterlicher Sorge oder unter Vormundschaft, so ist zu dem Verzicht die Genehmigung des Familiengerichts erforderlich. [2]Bei einem Verzicht durch den Betreuer des Abkömmlings ist die Genehmigung des Betreuungsgerichts erforderlich.

(4) Der Verzicht hat die gleichen Wirkungen, wie wenn der Verzichtende zur Zeit des Verzichts ohne Hinterlassung von Abkömmlingen gestorben wäre.

§ 1492 BGB   Aufhebung durch den überlebenden Ehegatten

(1) [1]Der überlebende Ehegatte kann die fortgesetzte Gütergemeinschaft jederzeit aufheben. [2]Die Aufhebung erfolgt durch Erklärung gegenüber dem für den Nachlass des verstorbenen Ehegatten zuständigen Gericht; die Erklärung ist in öffentlich beglaubigter Form abzugeben. [3]Das Nachlassgericht soll die Erklärung den anteilsberechtigten Abkömmlingen und, wenn der überlebende Ehegatte gesetzlicher Vertreter eines der Abkömmlinge ist, dem Familiengericht, wenn eine Betreuung besteht, dem Betreuungsgericht mitteilen.

(2) [1]Die Aufhebung kann auch durch Vertrag zwischen dem überlebenden Ehegatten und den anteilsberechtigten Abkömmlingen erfolgen. [2]Der Vertrag bedarf der notariellen Beurkundung.

(3) Bei einer Aufhebung durch den Betreuer des überlebenden Ehegatten ist die Genehmigung des Betreuungsgerichts erforderlich.

§ 1493 BGB Wiederverheiratung oder Begründung einer Lebenspartnerschaft des überlebenden Ehegatten

(1) Die fortgesetzte Gütergemeinschaft endet, wenn der überlebende Ehegatte wieder heiratet oder eine Lebenspartnerschaft begründet.

(2) [1]Der überlebende Ehegatte hat, wenn ein anteilsberechtigter Abkömmling minderjährig ist, die Absicht der Wiederverheiratung dem Familiengericht anzuzeigen, ein Verzeichnis des Gesamtguts einzureichen, die Gütergemeinschaft aufzuheben und die Auseinandersetzung herbeizuführen. [2]Das Familiengericht kann gestatten, dass die Aufhebung der Gütergemeinschaft bis zur Eheschließung unterbleibt und dass die Auseinandersetzung erst später erfolgt. [3]Die Sätze 1 und 2 gelten auch, wenn die Sorge für das Vermögen eines anteilsberechtigten Abkömmlings zum Aufgabenkreis eines Betreuers gehört; in diesem Fall tritt an die Stelle des Familiengerichts das Betreuungsgericht.

(3) Das Standesamt, bei dem die Eheschließung angemeldet worden ist, teilt dem Familiengericht die Anmeldung mit.

§ 1494 BGB Tod des überlebenden Ehegatten

(1) Die fortgesetzte Gütergemeinschaft endet mit dem Tode des überlebenden Ehegatten.

(2) Wird der überlebende Ehegatte für tot erklärt oder wird seine Todeszeit nach den Vorschriften des Verschollenheitsgesetzes festgestellt, so endet die fortgesetzte Gütergemeinschaft mit dem Zeitpunkt, der als Zeitpunkt des Todes gilt.

§ 1495 BGB Aufhebungsantrag eines Abkömmlings

Ein anteilsberechtigter Abkömmling kann gegen den überlebenden Ehegatten die Aufhebung der fortgesetzten Gütergemeinschaft beantragen,

1. wenn seine Rechte für die Zukunft dadurch erheblich gefährdet werden können, dass der überlebende Ehegatte zur Verwaltung des Gesamtguts unfähig ist oder sein Recht, das Gesamtgut zu verwalten, missbraucht,
2. wenn der überlebende Ehegatte seine Verpflichtung, dem Abkömmling Unterhalt zu gewähren, verletzt hat und für die Zukunft eine erhebliche Gefährdung des Unterhalts zu besorgen ist,
3. wenn die Verwaltung des Gesamtguts in den Aufgabenkreis des Betreuers des überlebenden Ehegatten fällt,
4. wenn der überlebende Ehegatte die elterliche Sorge für den Abkömmling verwirkt hat oder, falls sie ihm zugestanden hätte, verwirkt haben würde.

§ 1496 BGB Wirkung der richterlichen Aufhebungsentscheidung

[1]Die Aufhebung der fortgesetzten Gütergemeinschaft tritt in den Fällen des § 1495 mit der Rechtskraft der richterlichen Entscheidung ein. [2]Sie tritt für alle Abkömmlinge ein, auch wenn die richterliche Entscheidung auf den Antrag eines der Abkömmlinge ergangen ist.

§ 1497 BGB   Rechtsverhältnis bis zur Auseinandersetzung

(1) Nach der Beendigung der fortgesetzten Gütergemeinschaft setzen sich der überlebende Ehegatte und die Abkömmlinge über das Gesamtgut auseinander.

(2) Bis zur Auseinandersetzung bestimmt sich ihr Rechtsverhältnis am Gesamtgut nach den §§ 1419, 1472, 1473.

§ 1498 BGB   Durchführung der Auseinandersetzung

[1]Auf die Auseinandersetzung sind die Vorschriften der §§ 1475, 1476, des § 1477 Abs. 1, der §§ 1479, 1480 und des § 1481 Abs. 1, 3 anzuwenden; an die Stelle des Ehegatten, der das Gesamtgut allein verwaltet hat, tritt der überlebende Ehegatte, an die Stelle des anderen Ehegatten treten die anteilsberechtigten Abkömmlinge. [2]Die in § 1476 Abs. 2 Satz 2 bezeichnete Verpflichtung besteht nur für den überlebenden Ehegatten.

§ 1499 BGB   Verbindlichkeiten zu Lasten des überlebenden Ehegatten

Bei der Auseinandersetzung fallen dem überlebenden Ehegatten zur Last:

1. die ihm bei dem Eintritt der fortgesetzten Gütergemeinschaft obliegenden Gesamtgutsverbindlichkeiten, für die das eheliche Gesamtgut nicht haftete oder die im Verhältnis der Ehegatten zueinander ihm zur Last fielen;

2. die nach dem Eintritt der fortgesetzten Gütergemeinschaft entstandenen Gesamtgutsverbindlichkeiten, die, wenn sie während der ehelichen Gütergemeinschaft in seiner Person entstanden wären, im Verhältnis der Ehegatten zueinander ihm zur Last gefallen sein würden;

3. eine Ausstattung, die er einem anteilsberechtigten Abkömmling über das dem Gesamtgut entsprechende Maß hinaus oder die er einem nicht anteilsberechtigten Abkömmling versprochen oder gewährt hat.

§ 1500 BGB   Verbindlichkeiten zu Lasten der Abkömmlinge

(1) Die anteilsberechtigten Abkömmlinge müssen sich Verbindlichkeiten des verstorbenen Ehegatten, die diesem im Verhältnis der Ehegatten zueinander zur Last fielen, bei der Auseinandersetzung auf ihren Anteil insoweit anrechnen lassen, als der überlebende Ehegatte nicht von dem Erben des verstorbenen Ehegatten Deckung hat erlangen können.

(2) In gleicher Weise haben sich die anteilsberechtigten Abkömmlinge anrechnen zu lassen, was der verstorbene Ehegatte zu dem Gesamtgut zu ersetzen hatte.

§ 1501 BGB   Anrechnung von Abfindungen

(1) Ist einem anteilsberechtigten Abkömmling für den Verzicht auf seinen Anteil eine Abfindung aus dem Gesamtgut gewährt worden, so wird sie bei der Auseinandersetzung in das Gesamtgut eingerechnet und auf die den Abkömmlingen gebührende Hälfte angerechnet.

(2) [1]Der überlebende Ehegatte kann mit den übrigen anteilsberechtigten Abkömmlingen schon vor der Aufhebung der fortgesetzten Gütergemeinschaft eine abweichende Vereinbarung treffen. [2]Die Vereinbarung bedarf der notariellen Beurkundung; sie ist auch denjenigen Abkömmlingen gegenüber wirksam, welche erst später in die fortgesetzte Gütergemeinschaft eintreten.

§ 1502 BGB   Übernahmerecht des überlebenden Ehegatten

(1) [1]Der überlebende Ehegatte ist berechtigt, das Gesamtgut oder einzelne dazu gehörende Gegenstände gegen Ersatz des Wertes zu übernehmen. [2]Das Recht geht nicht auf den Erben über.

(2) [1]Wird die fortgesetzte Gütergemeinschaft auf Grund des § 1495 durch Urteil aufgehoben, so steht dem überlebenden Ehegatten das im Absatz 1 bestimmte Recht nicht zu. [2]Die anteilsberechtigten Abkömmlinge können in diesem Falle diejenigen Gegenstände gegen Ersatz des Wertes übernehmen, welche der verstorbene Ehegatte nach § 1477 Abs. 2 zu übernehmen berechtigt sein würde. [3]Das Recht kann von ihnen nur gemeinschaftlich ausgeübt werden.

§ 1503 BGB   Teilung unter den Abkömmlingen

(1) Mehrere anteilsberechtigte Abkömmlinge teilen die ihnen zufallende Hälfte des Gesamtguts nach dem Verhältnis der Anteile, zu denen sie im Falle der gesetzlichen Erbfolge als Erben des verstorbenen Ehegatten berufen sein würden, wenn dieser erst zur Zeit der Beendigung der fortgesetzten Gütergemeinschaft gestorben wäre.

(2) Das Vorempfangene kommt nach den für die Ausgleichung unter Abkömmlingen geltenden Vorschriften zur Ausgleichung, soweit nicht eine solche bereits bei der Teilung des Nachlasses des verstorbenen Ehegatten erfolgt ist.

(3) Ist einem Abkömmling, der auf seinen Anteil verzichtet hat, eine Abfindung aus dem Gesamtgut gewährt worden, so fällt sie den Abkömmlingen zur Last, denen der Verzicht zustatten kommt.

§ 1504 BGB   Haftungsausgleich unter Abkömmlingen

[1]Soweit die anteilsberechtigten Abkömmlinge nach § 1480 den Gesamtgutsgläubigern haften, sind sie im Verhältnis zueinander nach der Größe ihres Anteils an dem Gesamtgut verpflichtet. [2]Die Verpflichtung beschränkt sich auf die ihnen zugeteilten Gegenstände; die für die Haftung des Erben geltenden Vorschriften der §§ 1990, 1991 finden entsprechende Anwendung.

§ 1505 BGB   Ergänzung des Anteils des Abkömmlings

Die Vorschriften über das Recht auf Ergänzung des Pflichtteils finden zugunsten eines anteilsberechtigten Abkömmlings entsprechende Anwendung; an die Stelle des Erbfalls tritt die Beendigung der fortgesetzten Gütergemeinschaft; als gesetzlicher Erbteil gilt der dem Abkömmling zur Zeit der Beendigung gebührende Anteil an dem Gesamtgut, als Pflichtteil gilt die Hälfte des Wertes dieses Anteils.

§ 1506 BGB   Anteilsunwürdigkeit

[1]Ist ein gemeinschaftlicher Abkömmling erbunwürdig, so ist er auch des Anteils an dem Gesamtgut unwürdig. [2]Die Vorschriften über die Erbunwürdigkeit finden entsprechende Anwendung.

§ 1507 BGB Zeugnis über Fortsetzung der Gütergemeinschaft

[1]Das Nachlassgericht hat dem überlebenden Ehegatten auf Antrag ein Zeugnis über die Fortsetzung der Gütergemeinschaft zu erteilen. [2]Die Vorschriften über den Erbschein finden entsprechende Anwendung.

§ 1508 BGB (weggefallen)

§ 1509 BGB Ausschließung der fortgesetzten Gütergemeinschaft durch letztwillige Verfügung

[1]Jeder Ehegatte kann für den Fall, dass die Ehe durch seinen Tod aufgelöst wird, die Fortsetzung der Gütergemeinschaft durch letztwillige Verfügung ausschließen, wenn er berechtigt ist, dem anderen Ehegatten den Pflichtteil zu entziehen oder die Aufhebung der Gütergemeinschaft zu beantragen. [2]Das Gleiche gilt, wenn der Ehegatte berechtigt ist, die Aufhebung der Ehe zu beantragen, und den Antrag gestellt hat. [3]Auf die Ausschließung finden die Vorschriften über die Entziehung des Pflichtteils entsprechende Anwendung.

§ 1510 BGB Wirkung der Ausschließung

Wird die Fortsetzung der Gütergemeinschaft ausgeschlossen, so gilt das Gleiche wie im Falle des § 1482.

§ 1511 BGB Ausschließung eines Abkömmlings

(1) Jeder Ehegatte kann für den Fall, dass die Ehe durch seinen Tod aufgelöst wird, einen gemeinschaftlichen Abkömmling von der fortgesetzten Gütergemeinschaft durch letztwillige Verfügung ausschließen.

(2) [1]Der ausgeschlossene Abkömmling kann, unbeschadet seines Erbrechts, aus dem Gesamtgut der fortgesetzten Gütergemeinschaft die Zahlung des Betrags verlangen, der ihm von dem Gesamtgut der ehelichen Gütergemeinschaft als Pflichtteil gebühren würde, wenn die fortgesetzte Gütergemeinschaft nicht eingetreten wäre. [2]Die für den Pflichtteilsanspruch geltenden Vorschriften finden entsprechende Anwendung.

(3) [1]Der dem ausgeschlossenen Abkömmling gezahlte Betrag wird bei der Auseinandersetzung den anteilsberechtigten Abkömmlingen nach Maßgabe des § 1501 angerechnet. [2]Im Verhältnis der Abkömmlinge zueinander fällt er den Abkömmlingen zur Last, denen die Ausschließung zustatten kommt.

§ 1512 BGB Herabsetzung des Anteils

Jeder Ehegatte kann für den Fall, dass mit seinem Tode die fortgesetzte Gütergemeinschaft eintritt, den einem anteilsberechtigten Abkömmling nach der Beendigung der fortgesetzten Gütergemeinschaft gebührenden Anteil an dem Gesamtgut durch letztwillige Verfügung bis auf die Hälfte herabsetzen.

§ 1513 BGB Entziehung des Anteils

(1) [1]Jeder Ehegatte kann für den Fall, dass mit seinem Tode die fortgesetzte Gütergemeinschaft eintritt, einem anteilsberechtigten Abkömmling den diesem

nach der Beendigung der fortgesetzten Gütergemeinschaft gebührenden Anteil an dem Gesamtgut durch letztwillige Verfügung entziehen, wenn er berechtigt ist, dem Abkömmling den Pflichtteil zu entziehen. [2]Die Vorschrift des § 2336 Abs. 2 und 3 findet entsprechende Anwendung.

(2) Der Ehegatte kann, wenn er nach § 2338 berechtigt ist, das Pflichtteilsrecht des Abkömmlings zu beschränken, den Anteil des Abkömmlings am Gesamtgut einer entsprechenden Beschränkung unterwerfen.

§ 1514 BGB Zuwendung des entzogenen Betrags

Jeder Ehegatte kann den Betrag, den er nach § 1512 oder nach § 1513 Abs. 1 einem Abkömmling entzieht, auch einem Dritten durch letztwillige Verfügung zuwenden.

§ 1515 BGB Übernahmerecht eines Abkömmlings und des Ehegatten

(1) Jeder Ehegatte kann für den Fall, dass mit seinem Tode die fortgesetzte Gütergemeinschaft eintritt, durch letztwillige Verfügung anordnen, dass ein anteilsberechtigter Abkömmling das Recht haben soll, bei der Teilung das Gesamtgut oder einzelne dazu gehörende Gegenstände gegen Ersatz des Wertes zu übernehmen.

(2) [1]Gehört zu dem Gesamtgut ein Landgut, so kann angeordnet werden, dass das Landgut mit dem Ertragswert oder mit einem Preis, der den Ertragswert mindestens erreicht, angesetzt werden soll. [2]Die für die Erbfolge geltende Vorschrift des § 2049 findet Anwendung.

(3) Das Recht, das Landgut zu dem in Absatz 2 bezeichneten Werte oder Preis zu übernehmen, kann auch dem überlebenden Ehegatten eingeräumt werden.

§ 1516 BGB Zustimmung des anderen Ehegatten

(1) Zur Wirksamkeit der in den §§ 1511 bis 1515 bezeichneten Verfügungen eines Ehegatten ist die Zustimmung des anderen Ehegatten erforderlich.

(2) [1]Die Zustimmung kann nicht durch einen Vertreter erteilt werden. [2]Die Zustimmungserklärung bedarf der notariellen Beurkundung. [3]Die Zustimmung ist unwiderruflich.

(3) Die Ehegatten können die in den §§ 1511 bis 1515 bezeichneten Verfügungen auch in einem gemeinschaftlichen Testament treffen.

§ 1517 BGB Verzicht eines Abkömmlings auf seinen Anteil

(1) [1]Zur Wirksamkeit eines Vertrags, durch den ein gemeinschaftlicher Abkömmling einem der Ehegatten gegenüber für den Fall, dass die Ehe durch dessen Tod aufgelöst wird, auf seinen Anteil am Gesamtgut der fortgesetzten Gütergemeinschaft verzichtet oder durch den ein solcher Verzicht aufgehoben wird, ist die Zustimmung des anderen Ehegatten erforderlich. [2]Für die Zustimmung gilt die Vorschrift des § 1516 Abs. 2 Satz 3, 4.

(2) Die für den Erbverzicht geltenden Vorschriften finden entsprechende Anwendung.

§ 1518 BGB Zwingendes Recht

[1]Anordnungen, die mit den Vorschriften der §§ 1483 bis 1517 in Widerspruch stehen, können von den Ehegatten weder durch letztwillige Verfügung noch durch Vertrag getroffen werden. [2]Das Recht der Ehegatten, den Vertrag, durch den sie die Fortsetzung der Gütergemeinschaft vereinbart haben, durch Ehevertrag aufzuheben, bleibt unberührt.

I. Begriff der fortgesetzten Gütergemeinschaft

1 „Fortgesetzte Gütergemeinschaft" heißt nach dem Tod eines Ehegatten fortgesetzte Gütergemeinschaft. Der Nachlass des Verstorbenen wird auf sein Vorbehalts- und Sondergut beschränkt.[1] Der Anteil am Gesamtgut fällt nicht in die Erbmasse, er wird unter Kontinuitätswahrung der Gesamthand lediglich einem Mitgliederwechsel unterzogen.

II. Funktion der fortgesetzten Gütergemeinschaft

2 Mit fortgesetzter Gütergemeinschaft wird die ungeteilte Einheit des „Hausvermögens" über den Tod eines Ehegatten hinaus innerhalb der Familie beabsichtigt. Die praktische Bedeutung dieses Instituts geht heutzutage gegen null, weshalb aus Gründen inhaltlicher Ausgewogenheit auf eine weitere Kommentierung in diesem Werk verzichtet wird. Fortgesetzte Gütergemeinschaft ist nur *ein* Mittel zur Bewahrung des Hausvermögens und nicht einmal das beste oder gar einfachste. Vertragliche Regelungen (die meist Ehe- und Erbvertrag kombinieren, → §§ 1469–1473 Rn. 6 ff.) gestatten Lösungen, die der gesetzlichen in allen Belangen überlegen sind.[2]

Kapitel 4
Wahl-Zugewinngemeinschaft

§ 1519 Vereinbarung durch Ehevertrag

[1]Vereinbaren die Ehegatten durch Ehevertrag den Güterstand der Wahl-Zugewinngemeinschaft, so gelten die Vorschriften des Abkommens vom 4. Februar 2010 zwischen der Bundesrepublik Deutschland und der Französischen Republik über den Güterstand der Wahl-Zugewinngemeinschaft. [2]§ 1368 gilt entsprechend. [3]§ 1412 ist nicht anzuwenden.

1 Deutschland und Frankreich haben eine **Wahl-Zugewinngemeinschaft** als weiteren Wahlgüterstand geschaffen. Das entsprechende Gesetz ist am 1.5.2013 in Kraft getreten. Seit diesem Tag gilt § 1519, der die **Wahl-Zugewinngemeinschaft** im BGB durch Verweis auf das deutsch-französische Abkommen verankert.[1]

---

1 Gernhuber/Coester-Waltjen § 39 Rn. 1.
2 Gernhuber/Coester-Waltjen § 39 Rn. 2.
1 Ausführliche Kommentierung: HK-BGB/Kemper, § 1519 Rn. 1 ff.

Der neue Güterstand kann gewählt werden, wenn 2

■ deutsche Ehegatten in Frankreich oder französische Ehegatten in Deutschland leben,

■ deutsch-französische Ehegatten in Frankreich oder in Deutschland leben oder

■ ausländische Ehegatten ihren gewöhnlichen Aufenthalt entweder in Deutschland oder Frankreich haben.

Die Wahl-Zugewinngemeinschaft entspricht strukturell und inhaltlich weitge- 3 hend der deutschen Zugewinngemeinschaft. In zwei signifikanten Punkten weicht der neue Güterstand von der Zugewinngemeinschaft ab: **Schmerzensgeld** zählt – im Gegensatz zur Regelung des § 1374 Abs. 2 BGB – als privilegierter Erwerb zum **Anfangsvermögen** (Art. 8 Abs. 2 WahlZugAbk-F). **Grundstücke** werden im **Anfangsvermögen** mit dem **Wert** angesetzt, den sie im **Endvermögen** haben (Art. 9 Abs. 2 S. 1 WahlZugAbk-F). „Reine" Wertsteigerungen – wie durch Anstieg der Grundstückspreise – werden auf diese Weise nicht ausgeglichen. Dagegen wird ein Wertzuwachs, der auf Eigenleistungen der Eheleute beruht, im Anfangsvermögen nicht berücksichtigt. Wertsteigerungen der Immobilie durch Renovierungen, Um- und Ausbauten sind auszugleichen (Art. 9 Abs. 2 S. 3 WahlZugAbk-F).

Rechtsgeschäfte eines Ehegatten über Haushaltsgegenstände und die Familien- 4 wohnung sind ohne Zustimmung des Ehepartners absolut unwirksam (Art. 5 Abs. 1 WahlZugAbk-F). Der Ehegatte, der Eigentümer eines Hauses ist, das als Ehewohnung genutzt wird, kann seine Immobilie ohne Zustimmung des Ehepartners nicht wirksam verkaufen. Der Ehegatte, der allein Mieter einer Wohnung ist, in der die Familie lebt, kann den Mietvertrag allein nicht wirksam kündigen.

Die Wahl-Zugewinngemeinschaft hat bislang weder in Deutschland noch in 5 Frankreich Bedeutung erlangt.[2] Will man Schmerzensgeld und Wertveränderungen von Grundbesitz vom Zugewinn ausnehmen, muss man nicht den neuen Güterstand der Wahl-Zugewinngemeinschaft durch Ehevertrag begründen. Dieses Ziel kann man einfacher durch eine Modifizierung des gesetzlichen Güterstands der Zugewinngemeinschaft erreichen.[3]

§§ 1520 bis 1557 BGB (weggefallen)

Untertitel 3 Güterrechtsregister

§ 1558 BGB Zuständiges Registergericht

(1) Die Eintragungen in das Güterrechtsregister sind bei jedem Amtsgericht zu bewirken, in dessen Bezirk auch nur einer der Ehegatten seinen gewöhnlichen Aufenthalt hat.

(2) [1]**Die Landesregierungen werden ermächtigt, durch Rechtsverordnung einem Amtsgericht für die Bezirke mehrerer Amtsgerichte die Zuständigkeit für die Führung des Registers zu übertragen.** [2]**Die Landesregierungen können die Er-**

---

2 MK/Koch § 1519 Rn. 7.
3 Schulz/Hauß, Vermögensauseinandersetzung, Rn. 1097.

mächtigung durch Rechtsverordnung auf die Landesjustizverwaltungen übertragen.

§ 1559 BGB   Verlegung des gewöhnlichen Aufenthalts

[1]Verlegt ein Ehegatte nach der Eintragung seinen gewöhnlichen Aufenthalt in einen anderen Bezirk, so muss die Eintragung im Register dieses Bezirks wiederholt werden. [2]Die frühere Eintragung gilt als von neuem erfolgt, wenn ein Ehegatte den gewöhnlichen Aufenthalt in den früheren Bezirk zurückverlegt.

§ 1560 BGB   Antrag auf Eintragung

[1]Eine Eintragung in das Register soll nur auf Antrag und nur insoweit erfolgen, als sie beantragt ist. [2]Der Antrag ist in öffentlich beglaubigter Form zu stellen.

§ 1561 BGB   Antragserfordernisse

(1) Zur Eintragung ist der Antrag beider Ehegatten erforderlich; jeder Ehegatte ist dem anderen gegenüber zur Mitwirkung verpflichtet.

(2) Der Antrag eines Ehegatten genügt

1. zur Eintragung eines Ehevertrags oder einer auf gerichtlicher Entscheidung beruhenden Änderung der güterrechtlichen Verhältnisse der Ehegatten, wenn mit dem Antrag der Ehevertrag oder die mit dem Zeugnis der Rechtskraft versehene Entscheidung vorgelegt wird;

2. zur Wiederholung einer Eintragung in das Register eines anderen Bezirks, wenn mit dem Antrag eine nach der Aufhebung des bisherigen Wohnsitzes erteilte, öffentlich beglaubigte Abschrift der früheren Eintragung vorgelegt wird;

3. zur Eintragung des Einspruchs gegen den selbständigen Betrieb eines Erwerbsgeschäfts durch den anderen Ehegatten und zur Eintragung des Widerrufs der Einwilligung, wenn die Ehegatten in Gütergemeinschaft leben und der Ehegatte, der den Antrag stellt, das Gesamtgut allein oder mit dem anderen Ehegatten gemeinschaftlich verwaltet;

4. zur Eintragung der Beschränkung oder Ausschließung der Berechtigung des anderen Ehegatten, Geschäfte mit Wirkung für den Antragsteller zu besorgen (§ 1357 Abs. 2).

§ 1562 BGB   Öffentliche Bekanntmachung

(1) Das Amtsgericht hat die Eintragung durch das für seine Bekanntmachungen bestimmte Blatt zu veröffentlichen.

(2) Wird eine Änderung des Güterstands eingetragen, so hat sich die Bekanntmachung auf die Bezeichnung des Güterstands und, wenn dieser abweichend von dem Gesetz geregelt ist, auf eine allgemeine Bezeichnung der Abweichung zu beschränken.

§ 1563 BGB   Registereinsicht

[1]Die Einsicht des Registers ist jedem gestattet. [2]Von den Eintragungen kann eine Abschrift gefordert werden; die Abschrift ist auf Verlangen zu beglaubigen.

I. Einrichtung und Zweck des Güterrechtsregisters

Bei den Amtsgerichten werden Güterrechtsregister geführt (§§ 1558–1563 BGB, 1 §§ 374 Nr. 5, 377 Abs. 3 FamFG),[1] in die auf Antrag der Ehegatten Eintragungen über die güterrechtlichen Verhältnisse erfolgen. Das Güterrechtsregister ist **weitgehend funktionslos geworden** und sollte abgeschafft werden,[2] weil sein Zweck mit den im Einzelnen erzielten Wirkungen nicht übereinstimmt. Gerade gewünschte Rechtsfolgen können oftmals nicht herbeigeführt werden (vgl. im Einzelnen unter → Rn. 9 ff.). Eine – regelmäßig in der Praxis verkannte – Ausnahme kann im Bereich des IPR eintreten (→ Rn. 14 f.).

Zweck des Registers ist es, die güterrechtlichen Verhältnisse zur Erleichterung 2 des Rechts- und Geschäftsverkehrs offenzulegen und das für die Geschäftspartner der Ehegatten bestehende Risiko der Unkenntnis güterrechtlicher Regelungen klar abzugrenzen.[3]

Das **Recht zur Einsicht** in das Güterrechtsregister besteht für jedermann 3 (§ 1563). Die Eintragungen sind zu veröffentlichen (§ 1562). Der Eintragungsantrag bedarf der öffentlichen Beglaubigung (§ 1560 S. 2). In der Regel wird er dann mitbeurkundet werden, also im Ehevertrag, woraus folgt, dass er auch schon vor der Eheschließung gestellt werden kann.[4] Nur der beurkundende Notar gilt als zur Stellung des Eintragungsantrags ermächtigt (§ 378 FamFG).

II. Eintragungsfähigkeit

Eintragungsfähig sind[5] güterrechtliche Regelungen (Vereinbarungen, aber auch 4 durch gerichtliche Entscheidung eintretende Rechtslagen, nicht aber kraft Gesetzes oder in der Zwangsvollstreckung eintretende), durch der gesetzliche Güterstand ausgeschlossen oder geändert wird, ferner Ausgestaltungen der Wahlgüterstände (etwa die Bestimmung von Vorbehaltsgut, § 1418 Abs. 4) und schließlich die Beschränkung oder Ausschließung der Schlüsselgewalt. Auch für einen **Kaufmann** ist bei güterrechtlichen Verhältnissen allein das Güterrechtsregister einschlägig.[6]

Zuständig ist das Amtsgericht, in dessen Bezirk auch nur einer der Ehegatten 5 seinen gewöhnlichen Aufenthalt hat (§ 1558 Abs. 1); verlegt ein Ehegatte nach der Eintragung seinen gewöhnlichen Aufenthalt in einen anderen Bezirk, so muss die Eintragung in dem Register dieses Bezirks wiederholt werden (§ 1559 S. 1). Zuständig ist der Rechtspfleger (§ 3 Nr. 1 Buchst. e RPflG).

Maßgeblich ist der **gewöhnliche Aufenthalt eines von beiden Ehegatten**. Das ist 6 der Ort, in dem der Schwerpunkt der Bindungen der Person, ihr Daseins-Mittelpunkt, liegt.[7] Der Ort des gewöhnlichen oder ständigen Aufenthalts ist

---

1 Aus der Lit. vgl. etwa Gottschalg, Zur Eintragungsfähigkeit der Gütertrennung im Güterrechtsregister, DNotZ 1969, 339; ders., Zur Bedeutung des § 1412 Abs. 2 BGB im Hinblick auf das Güterrechtsregister, DNotZ 1970, 274; Kanzleiter, Zur Eintragungsfähigkeit in das Güterrechtsregister, DNotZ 1971, 453.
2 Reithmann DNotZ 1984, 459 f. (Buchrezension) mwN.
3 BGH 14.4.1976 – IV ZB 43/75, Z 66, 203 (207) = NJW 1976, 1258.
4 Palandt/Brudermüller § 1560 Rn. 2.
5 Vgl. zusammenfassend BGH 14.4.1976 – IV ZB 43/75, Z 66, 203 = NJW 1976, 1258.
6 Palandt/Brudermüller § 1558 Rn. 1 mwN.
7 Vgl. BGH 29.10.1980 – IV b ZB 586/80, NJW 1981, 520; 5.2.1975 – IV ZR 103/73, NJW 1975, 1068 (zum gewöhnlichen Aufenthalt Minderjähriger).

vom Ort des (Wohn-/Dienst-)Sitzes zu unterscheiden.[8] Der Begriff des „gewöhn-lichen Aufenthalts" ist tatsächlich geprägt, nicht rechtlich.[9] Er setzt einen länge-ren Aufenthalt an einem Ort – regelmäßig sechs Monate – voraus.[10] Es kommt also allein auf die faktischen Verhältnisse an. Dies ist insbesondere für Diplomaten-, Ingenieurs- oder Managerehen bedeutsam, aber auch sonst für Ehen Deutscher, die im Ausland leben, aber dies nur als vorübergehend betrach-ten oder sich in Deutschland für dienstansässig halten. Diese Eheleute dürften keinen gewöhnlichen Aufenthalt im Inland iSd § 1558 haben, da sich der Le-bensmittelpunkt zB von Angehörigen des Auswärtigen Amtes, auch bei häufigen Urlaubsreisen nach Deutschland, dort vorhandener Verwandtschaft und dort möglicherweise belegenem Vermögen, regelmäßig am jeweiligen ausländischen Dienstposten befindet.

7 Hat **keiner der Ehegatten einen gewöhnlichen Aufenthalt im Inland,** so ist ein für Eintragungen in das Güterrechtsregister zuständiges Gericht nicht vorhan-den (eine dem früheren § 15 Abs. 3 EheG entsprechende Regelung mit einer Zu-ständigkeitszuweisung für derartige Fälle fehlt). Die Ehegatten können sich da-her in diesem Falle die mit Eintragung in das Güterrechtsregister verbundenen Vorteile nicht sichern und demgemäß einem Dritten gegenüber aus der eintra-gungsfähigen Tatsache Einwendungen nur herleiten, wenn die Tatsache dem Dritten bekannt war.[11]

8 Diese Regelung ist zwar unter verfassungsrechtlichen Gesichtspunkten proble-matisch (Art. 3 Abs. 1 GG), aber wohl noch hinzunehmen, wenn man bedenkt, dass Deutsche ohne gewöhnlichen Aufenthalt im Inland dort idR auch nicht rechtsgeschäftlich tätig werden dürften, mit der ansonsten womöglich notwen-digen Folge, dass sie die Gutglaubenswirkungen des Güterrechtsregisters in An-spruch nehmen können. Denn das deutsche Güterrechtsregister schützt nur den Rechtsverkehr im Inland.

III. Wirkungen

9 Die Wirkungen des Güterrechtsregisters sind in §§ 1558 ff. selbst nicht geregelt. Zentrale Norm ist § 1412 (→ § 1412 Rn. 1 ff.), der allerdings nicht den Kreis der eintragungsfähigen Tatsachen selbst aufführt.

10 **1. Negative Publizität.** Dem Güterrechtsregister ist dabei **keine konstitutive Wir-kung** beigelegt: Die ehevertraglichen Regelungen sind auch dann wirksam, wenn sie nicht eingetragen sind. Für Dritte, die mit einem Ehegatten ein Rechtsge-schäft abschließen oder einen Rechtsstreit führen, entfaltet das Register eine bloß negative Publizität gem. § 1412. Das heißt, dass sich Dritte nicht allgemein auf die Richtigkeit von Eintragungen im Register verlassen können, sie wird nicht unterstellt. Ist etwa der eingetragene Ehevertrag nichtig, so können die Ehegatten diese Nichtigkeit trotz der Eintragung unbeschränkt geltend machen. Das Güterrechtsregister ist also auch kein „Trick", um die aktuelle Entwicklung zur Inhaltskontrolle von Eheverträgen zu umgehen. Wenn allerdings in diesen Fällen die Heranziehung allgemeiner **Grundsätze der Vertrauenshaftung** erwo-

---

8 Palandt/Ellenberger § 7 Rn. 3.
9 BGH 29.10.1980 – IV b ZB 586/80, NJW 1981, 520; 5.2.1975 – IV ZR 103/73, NJW 1975, 1068.
10 BGH 29.10.1980 – IV b ZB 586/80, NJW 1981, 520.
11 Staudinger/Thiele § 1558 Rn. 5; Palandt/Brudermüller Vor § 1558 Rn. 1.

gen werden sollte, wenn die Eintragung von den Ehegatten herbeigeführt oder schuldhaft nicht beseitigt wurde,[12] so wird man dem entgegenhalten müssen, dass dies die speziellen Regelungen des Güterrechtsregisterrechts unterläuft und gegen allgemeine Regeln der Gesetzessystematik verstößt. Für das Handelsregister wird, soweit ersichtlich, Vergleichbares nicht erwogen. Dem Popanz Güterrechtsregister mit der Keule allgemeiner Rechtsgrundsätze beikommen zu wollen, stellte die rechtsdogmatischen und rechtspraktischen Verhältnisse auf den Kopf; auch hier kann die ehrliche Antwort deshalb nur die Abschaffung dieses Registers sein.

Der Dritte kann sich nur auf die **Nichteintragung** berufen. Aus eintragungsfähigen, aber nicht eingetragenen Regelungen können die Ehegatten gegen das mit dem Dritten abgeschlossene Rechtsgeschäft keine Einwendung herleiten, es sei denn, dass die Regelung dem Dritten zur Zeit der Vornahme des Rechtsgeschäfts bekannt war. Die Rechtslage beurteilt sich also im Falle von § 1412 Abs. 1 nach den Regeln des gesetzlichen Güterstands, im Falle des § 1412 Abs. 2 nach denjenigen des eingetragenen Güterstands.[13] § 1412 beschränkt sich demnach darauf, den Ehegatten Einwendungen abzuschneiden. Die Vorschrift gestattet nicht etwa dem Dritten seinerseits, Einwendungen gegen das Rechtsgeschäft aus der unterbliebenen Eintragung herzuleiten.[14] Damit kann die Berufung auf die Eintragung im Güterrechtsregister auch nicht dazu dienen, sich von einem mit einem Ehegatten abgeschlossenen Rechtsgeschäft zu befreien.

11

2. Beispiele und Gegenbeispiele

- Der Mann hat die Schlüsselgewalt der Frau ausgeschlossen, ohne dies eintragen zu lassen. Er wird gleichwohl aus Geschäften der Frau im Rahmen des § 1357 verpflichtet, wenn der Geschäftspartner vom Ausschluss der Schlüsselgewalt nichts wusste (§§ 1412 Abs. 1, 1357 Abs. 2 S. 2).

12

- Die Ehegatten sind von der Gütertrennung, die sie in das Register haben eintragen lassen, zum gesetzlichen Güterstand übergegangen, ohne dies eintragen zu lassen. Wenn nun ein Ehegatte ohne Zustimmung des anderen über sein wesentliches Vermögen iSv § 1365 oder einen Haushaltsgegenstand gem. § 1369 verfügt, kann sich dem unwissenden Geschäftspartner gegenüber keiner der Ehegatten auf die Unwirksamkeit nach § 1366 berufen (§ 1412 Abs. 2).[15]

- Haben die Ehegatten die eingetragene Gütergemeinschaft aufgehoben und sind sie in den gesetzlichen Güterstand gewechselt, ohne dass dies im Güterrechtsregister eingetragen ist, so kann ein Dritter, der von einem Ehegatten einen diesem gehörenden, früheren Gesamtgutsgegenstand erworben hat, sich nicht darauf berufen, dass der Ehegatte nach dem Stand des Güterrechtsregisters zur alleinigen Verfügung über den Gegenstand nicht berechtigt gewesen sei.[16]

- Wenn im vorhergehenden (Gegen-)Beispiel die Verfügungsbeschränkungen der §§ 1365, 1369 anstelle derjenigen der Gütergemeinschaft treten, so ist dem Dritten die Berufung auf die fehlende Eintragung der Gütergemein-

---

12 Vgl. zB Börger/Engelsing Rn. 133 mwN.
13 Palandt/Brudermüller § 1412 Rn. 10.
14 Schwab, FamR, Rn. 225.
15 Bsp. nach Schwab, FamR, Rn. 225.
16 Börger/Engelsing Rn. 132.

schaftsaufhebung ebenfalls verwehrt und bleibt es ggf. bei der Unwirksamkeit nach diesen Vorschriften.[17]

13   **3. Güterrechtsregister und Grundbuch.** Da das Grundbuch im Gegensatz zum Güterrechtsregister öffentlichen Glauben genießt, wird ein gutgläubiger rechtsgeschäftlicher Erwerb von einer zu Unrecht im Grundbuch als berechtigt eingetragenen Person durch § 892 geschützt, auch wenn ein rechtswirksamer Ehevertrag im Güterrechtsregister eingetragen worden ist und danach die Verfügungsberechtigung über das Grundstück anders zu beurteilen ist, als sie sich aus dem Grundbuch ergibt. Lässt zB der das Grundbuch verwaltende Ehegatte ein allein auf seinen Namen im Grundbuch eingetragenes Grundstück einem gutgläubigen Dritten auf, so ist diese Verfügung gem. § 892 wirksam, auch wenn der Ehevertrag über die Gütergemeinschaft im Güterrechtsregister eingetragen ist und obwohl der veräußernde Ehegatte zu dieser Verfügung nicht allein berechtigt war.[18] Eine darüber hinausgehende Rechtsscheinshaftung ist abzulehnen (→ Rn. 10 f.).

IV. Güterrechtsregister und fremdes Güterrecht

14   Einen in der Praxis häufig unterbewerteten oder übersehenen Schutzaspekt im Zusammenhang mit dem Güterrechtsregister zeigt aber **Art. 16 Abs. 1 EGBGB** auf (für eingetragene Lebenspartnerschaften nachgebildet in Art. 17b Abs. 2 S. 2 EGBGB).[19] Gilt für die güterrechtlichen Wirkungen einer Ehe gem. Art. 14, 15 EGBGB fremdes Recht, so können sich die Ehegatten nach Art. 16 Abs. 1 EGBGB gegenüber Dritten entsprechend § 1412 bei einem Rechtsgeschäft oder im Rechtsstreit auf ihren fremden gesetzlichen oder vertraglichen Güterstand nur dann berufen, wenn dieser im deutschen Güterrechtsregister eingetragen ist oder der Dritte ihn kennt, dh positiv weiß, dass ein bestimmter ausländischer Güterstand zur Anwendung kommt. Detailkenntnisse der rechtlichen Ausgestaltung sind nicht erforderlich.[20] Die Übertragung des Tatbestandsmerkmals „positive Kenntnis" aus § 1412 auf Art. 16 Abs. 1 EGBGB ist allerdings umstritten. Da es sich um einen Ausnahmetatbestand handelt und Art. 16 Abs. 1 EGBGB als **Schutzvorschrift für den inländischen Rechtsverkehr** anzusehen ist, kann die bloße Kenntnis von der Ausländereigenschaft selbst oder der Anwendbarkeit irgendeines fremden Güterstands nicht ausreichen.[21]

15   Aus Art. 16 Abs. 1 EGBGB folgt, dass Dritte bei fehlender Eintragung im Güterrechtsregister darauf vertrauen können, dass Ehegatten im deutschen gesetzlichen Güterstand leben, sofern einer von ihnen sich gewöhnlich im Inland aufhält oder dort ein Gewerbe betreibt.[22] Dies gilt freilich nicht im **Rechtsverkehr mit Behörden und Gerichten**, namentlich wenn der Amtsermittlungsgrundsatz gilt. Ob bei Grundstücksgeschäften die Berechtigungsverhältnisse, wenn und soweit sie aus dem Güterstand resultieren oder von ihm beeinflusst werden, zutreffend ermittelt und wiedergegeben sind, prüft das Grundbuchamt eigenständig. Es darf dabei aber keine Zwischenverfügung des Inhalts erlassen, dass es

---

17 Palandt/Brudermüller § 1412 Rn. 10.
18 Börger/Engelsing Rn. 133.
19 Für den Grundstücksverkehr immer noch instruktiv Amann, Eigentumserwerb unabhängig von ausländischem Güterrecht?, MittBayNot 1986, 222 ff.
20 Palandt/Thorn EGBGB Art. 16 Rn. 2; Amann MittBayNot 1986, 222 (226).
21 Wie hier Palandt/Thorn EGBGB Art. 16 Rn. 2; aA Schotten, Der Schutz des Rechtsverkehrs im Internationalen Privatrecht, DNotZ 1994, 670 (677).
22 Palandt/Thorn EGBGB Art. 16 Rn. 2.

„Zweifel" hege, dass die Berechtigungsverhältnisse unter der Ägide eines fremden Güterstands richtig erfasst seien und dass diese durch den Beteiligten und/oder den Notar auszuräumen seien.[23]

Titel 7 Scheidung der Ehe

Untertitel 1 Scheidungsgründe

§ 1564 BGB Scheidung durch richterliche Entscheidung

[1]Eine Ehe kann nur durch richterliche Entscheidung auf Antrag eines oder beider Ehegatten geschieden werden. [2]Die Ehe ist mit der Rechtskraft der Entscheidung aufgelöst. [3]Die Voraussetzungen, unter denen die Scheidung begehrt werden kann, ergeben sich aus den folgenden Vorschriften.

I. Allgemeines

1. Wirkungen der Scheidung. Die Scheidung der Ehe erfolgt nicht mehr durch Urteil, sondern gem. § 116 Abs. 1 FamFG durch **Beschluss.** Mit dessen Rechtskraft ist die Ehe mit Wirkung für die Zukunft aufgelöst. Weitere wesentliche Wirkungen der Scheidung sind: nachehelicher Unterhalt (§§ 1569 ff.), Versorgungsausgleich (§ 1587 mit Verweis auf das VersAusglG), güterrechtliche Wirkungen (§§ 1363 ff.), elterliche Sorge und Umgangsrecht (§§ 1671, 1684) sowie Namensrecht (§ 1355 Abs. 4). 1

In der Regel entfallen auch die **allgemeinen Ehewirkungen,** soweit sich nicht aus dem Grundsatz der nachehelichen Solidarität etwas anderes ergibt,[1] sowie die Verjährungshemmung von Ansprüchen zwischen den Ehegatten (§ 207 Abs. 1 S. 1). 2

Bereits mit Stellung des Scheidungsantrages ergeben sich **erbrechtliche Folgen** nach §§ 1933, 2077, 2268, 2279, 2303 Abs. 2. 3

2. Verfahrensbesonderheiten. Die allgemeinen Verfahrensvorschriften für Ehesachen sind in §§ 121–131 FamFG geregelt (vormals §§ 606–620 g ZPO aF). Die für Scheidungs- und Folgesachen geltenden besonderen Bestimmungen finden sich in den §§ 133–150 FamFG (früher weitgehend in §§ 621–630 ZPO aF). Gem. § 113 Abs. 1 S. 2 FamFG gelten für Ehesachen die allgemeinen Vorschriften der Zivilprozessordnung und die Vorschriften der Zivilprozessordnung über das Verfahren vor den Landgerichten mit Ausnahme der in § 113 Abs. 4 FamFG genannten Regelungen entsprechend. Die §§ 2–37, 40–48 und 76–96 aus dem allgemeinen Teil des FamFG sind in Ehesachen nicht anwendbar. 4

Die **wesentlichen verfahrensrechtlichen Besonderheiten** in Ehesachen sind:

- **Verfahrensfähigkeit** beschränkt geschäftsfähiger Ehegatten gem. § 125 Abs. 1 FamFG;[2]
- Im Gegensatz zur früheren Rechtslage (vgl. § 632 Abs. 4 ZPO aF) führt die **Säumnis des Antragstellers** nach § 130 Abs. 1 FamFG dazu, dass der Antrag als zurückgenommen gilt. § 130 Abs. 2 FamFG verbietet eine Versäumnis-

---

23 Amann MittBayNot 1986, 222 (225).
1 Palandt/Brudermüller Vor § 1564 Rn. 3.
2 Gilt nur für Ehesachen und einstweilige Anordnungen nach § 119 Abs. 1 S. 1 FamFG, nicht für Scheidungsfolgesachen.

entscheidung gegen den Antragsgegner sowie eine Entscheidung nach Aktenlage gem. § 331 a ZPO;

■ Grundsatz der persönlichen Anhörung der Ehegatten gem. § 128 FamFG;

■ **Einschränkung der Parteiherrschaft** gem. §§ 113 Abs. 4 Nr. 1, Nr. 5–8 FamFG;

■ **Amtsermittlung** gem. § 127 FamFG;

■ Anwaltszwang in Ehe- und Folgesachen nach § 114 Abs. 1 FamFG.

5 **3. Scheidungsmonopol der Gerichte.** Im Inland kann eine Scheidung nur durch **richterliche Entscheidung/Beschluss** in einem Gerichtsverfahren ausgesprochen werden (§ 1564 S. 1).[3] Eine Ausländerehe unterliegt im Inland dem Scheidungsmonopol der Gerichte selbst dann, wenn ausländisches Sachrecht auf die Scheidung anzuwenden ist. Umgekehrt kann eine Ehe im Ausland, auf die deutsches Sachrecht Anwendung findet, nur durch gerichtliches Urteil geschieden werden, um im Inland anerkannt zu werden. Eine sog Privatscheidung (Scheidung als Rechtsgeschäft)[4] ist nach deutschem Recht ausgeschlossen, selbst wenn das anzuwendende ausländische Sachrecht eine Privatscheidung vorsieht.

II. Scheidung nur auf Antrag

6 Das Scheidungsverfahren wird nur auf Antrag eines oder beider Ehegatten eingeleitet.

7 Die Rücknahme eines Scheidungsantrages bewirkt keinen Verzicht auf die bereits eingetretenen Scheidungsgründe. Über die Scheidung und die damit zusammenhängenden Folgesachen (zB Ehegattenunterhalt nach § 1570) soll **im Verbund** zusammen mit der Scheidung entschieden werden (§§ 137, 142 FamFG).

III. Auslandsbezug

8 In Fällen mit Auslandsberührung bestimmt sich das auf die Ehescheidung anzuwendende Scheidungsrecht nach Art. 17 EGBGB. Seit 2012 richtet sich das auf die Ehescheidung und Trennungsentscheidungen von Tisch und Bett anzuwendende Recht nach der sog modifizierten Rom III-Verordnung, die das internationale Privatrecht für Ehescheidungen und Trennungsentscheidungen nicht in allen, sondern nur in den 14 teilnehmenden Mitgliedstaaten – darunter auch Deutschland – harmonisiert.[5] Die internationale Entscheidungszuständigkeit der deutschen Gerichte bei einem Scheidungsfall mit Auslandsberührung ergibt sich vorrangig nach der VO (EG) Nr. 2201/2003 des Rates vom 27.11.2003 (Brüssel IIa-VO; sa Rieck, EheVO 2003, in diesem Buch), hilfsweise aus § 98 Abs. 1 FamFG. Die Anerkennung ausländischer Scheidungen im Inland richtet sich ebenfalls vorrangig nach der Brüssel IIa-VO für Entscheidungen der EU-Mitgliedstaaten (mit Ausnahme Dänemark) bzw. für Drittstatten nach § 107 FamFG (ehemals Art. 7 § 1 Abs. 1 FamRÄndG).

---

3 BGH NJW 1990, 2194.
4 Vgl. Henrich, Internationales Scheidungsrecht, Rn. 38 (zur Verstoßung – talaq – im islamischen Recht).
5 Vorschlag KOM (2010) 104 v. 24.3.2010.

§ 1565 BGB Scheitern der Ehe

(1) [1]Eine Ehe kann geschieden werden, wenn sie gescheitert ist. [2]Die Ehe ist gescheitert, wenn die Lebensgemeinschaft der Ehegatten nicht mehr besteht und nicht erwartet werden kann, dass die Ehegatten sie wiederherstellen.

(2) Leben die Ehegatten noch nicht ein Jahr getrennt, so kann die Ehe nur geschieden werden, wenn die Fortsetzung der Ehe für den Antragsteller aus Gründen, die in der Person des anderen Ehegatten liegen, eine unzumutbare Härte darstellen würde.

I. Allgemeines

Einzige Voraussetzung für eine Ehescheidung ist, dass die Ehe **gescheitert** ist 1 (§ 1565 Abs. 1). Zusätzlich verlangt das Gesetz, um einer voreiligen Eheauflösung vorzubeugen, dass die Eheleute im Regelfall mindestens **ein Jahr getrennt leben** (§ 1565 Abs. 2). Fast alle Scheidungen werden in der heutigen Praxis allein auf den Grundtatbestand des § 1565 Abs. 1 gestützt. Die einvernehmliche Scheidung nach § 1566 Abs. 1 hat kaum noch Bedeutung.

II. Scheitern der Ehe (Abs. 1)

1. Nichtbestehen der Lebensgemeinschaft (Abs. 1 S. 2). Eine Ehe ist nach Abs. 1 2 S. 2 gescheitert, wenn die eheliche Lebensgemeinschaft nicht mehr besteht (**Eheanalyse**) und nicht erwartet werden kann, dass die Ehegatten sie wiederherstellen (**Eheprognose**). Unter ehelicher Lebensgemeinschaft ist „das Ganze der ehelichen Verhältnisse", primär die **wechselseitige innere Bindung der Eheleute**, zu verstehen.[1] In der Regel zeigt sich die eheliche Verbundenheit durch die häusliche Gemeinschaft. Leben die Eheleute räumlich getrennt, ist dies ein typisches Merkmal dafür, dass die Lebensgemeinschaft nicht mehr besteht. Auch ohne räumliche Trennung kann die eheliche Gemeinschaft jedoch aufgelöst sein, wenn zwischen den Ehegatten keine persönlichen Beziehungen mehr bestehen und auch kein gemeinsamer Haushalt geführt wird (→ § 1567 Rn. 5). Andererseits ist auch das Bestehen einer häuslichen Gemeinschaft nicht notwendiges Merkmal einer ehelichen Lebensgemeinschaft, solange die nicht bestehende häusliche Gemeinschaft nicht Ausdruck des Trennungswillens der Eheleute oder eines von ihnen ist (→ § 1567 Rn. 10). Der Begriff der ehelichen Lebensgemeinschaft ist damit im Verhältnis zur häuslichen Gemeinschaft der umfassendere Begriff.[2]

2. Unheilbare Zerrüttung. Die Feststellung, dass die Wiederherstellung der ehe- 3 lichen Lebensgemeinschaft nicht erwartet werden kann, ist als **tatrichterliche Prognose** unter Würdigung aller Umstände zu entscheiden.[3] Betrachten beide Ehegatten das eheliche Zusammenleben als endgültig zerstört und wollen sie nach über einjähriger Trennung übereinstimmend geschieden werden, ist es nicht geboten, Einzelheiten ihres Privat- und Intimlebens einer gerichtlichen In-

---

1 BGH FamRZ 2002, 317 (318); 1981, 127 (128); 1979, 422; 1978, 671.
2 Palandt/Brudermüller § 1565 Rn. 2.
3 BGH FamRZ 1978, 671.

dizienprüfung zu unterwerfen.[4] Der außenstehende Familienrichter kann den Grad der inneren Entfremdung nicht zutreffender beurteilen als die Eheleute selbst. Im Übrigen reicht die **einseitige Zerrüttung** bei dem die Scheidung beantragenden Ehegatten aus, wenn er glaubhaft vorträgt, dass er keinesfalls bereit ist, die eheliche Gemeinschaft fortzusetzen.

III. Trennungszeit

4 **1. Regelfall: einjähriges Getrenntleben.** Aus § 1565 Abs. 2 folgt, dass eine Ehe grundsätzlich erst geschieden werden kann, wenn die Eheleute mindestens ein Jahr getrennt leben. Sinn dieser Regelung ist es, Rechtsmissbräuchen sowie leichtfertigen und voreiligen Scheidungen vorzubeugen.[5] Das Trennungsjahr ist auch bei **Scheinehen** einzuhalten. Es beginnt erst zu dem Zeitpunkt, zu dem der scheidungswillige Ehegatte seinen Scheidungswillen kundtut.[6]

5 **2. Unzumutbare Härte (Abs. 2).** An das Vorliegen einer unzumutbaren Härte sind strenge Anforderungen zu stellen. Es muss eine **Ausnahmesituation** gegenüber der schlicht gescheiterten Ehe gegeben sein. Bloße Schwierigkeiten, Unstimmigkeiten oder ehetypische Zerwürfnisse begründen keine vorzeitige Scheidung.[7] Die unzumutbare Härte muss sich nicht nur auf die Fortsetzung des ehelichen Zusammenlebens beziehen, sondern gerade auch auf die Aufrechterhaltung des Ehebandes.[8] Die Gründe, die eine unzumutbare Härte für den die Scheidung beantragenden Ehegatten darstellen, müssen in der Person des anderen Ehegatten liegen. Auch die Härtefallscheidung setzt das Gescheitertsein der Ehe im Sinne von Abs. 1 voraus, bevor es zur Prüfung der unzumutbaren Härte kommt.[9]

6 **3. Einzelfälle. a) Unzumutbare Härte.** Ein Härtefall ist bei solchen Pflichtverletzungen gegeben, die sich nicht nur als Verstöße gegen die Ehemoral, sondern darüber hinaus gegen Mindestgebote menschlicher Achtung und Rücksichtnahme darstellen.[10] Die Rechtsprechung ist bei der Annahme einer unzumutbaren Härte eher zurückhaltend.[11] Hierzu zählen vor allem **körperliche Misshandlungen**[12] sowie strafbare Verletzungen der **sexuellen Selbstbestimmung**.[13]

7 **Weitere Härtegründe** sind schwere Beleidigungen, grobe Ehrverletzungen, demütigende Beschimpfungen,[14] gravierende Bedrohungen[15] sowie Trunksucht[16] und häufige Alkoholexzesse, die zumeist mit weiteren Unerträglichkeiten, wie Beschimpfungen und Tätlichkeiten, einhergehen. Die Unzumutbarkeit für den Ehe-

---

4 So JH/Jaeger, 5. Aufl. 2010, § 1565 Rn. 35; Staudinger/Rauscher § 1565 Rn. 40, 48; AK/BGB/Lange-Klein § 1565 Rn. 9; BR/Neumann § 1564 Rn. 26; § 1565 Rn. 30; anders jedoch die bisher noch vorherrschende Meinung, vgl. MK/Wolf § 1565 Rn. 49 mwN, wonach Angaben zum letzten Geschlechtsverkehr im Scheidungsantrag empfehlenswert sind.
5 BGH FamRZ 1981, 127.
6 Palandt/Brudermüller § 1565 Rn. 7 mwN.
7 OLG Hamm FamRZ 1979, 511 (512).
8 Palandt/Brudermüller § 1565 Rn. 9 mwN.
9 OLG Koblenz FamRZ 1978, 31.
10 Schwab/Schwab II Rn. 59.
11 Palandt/Brudermüller § 1565 Rn. 10; Kogel FPR 2007, 247 (250).
12 OLG Schleswig FamRB 2008, 67.
13 OLG Braunschweig FamRZ 2000, 287; JH/Jaeger, 5. Aufl. 2010, § 1565 Rn. 78
14 BGH FamRZ 1981, 127 (129).
15 OLG Brandenburg FamRZ 2011, 1458; OLG Dresden FamRZ 2013, 627.
16 OLG Bamberg FamRZ 1980, 577 (578).

partner, das Trennungsjahr abzuwarten, bleibt auch dann bestehen, wenn derartige Übergriffe nach dem Getrenntleben nicht mehr zu befürchten sind.[17] Denn die tiefgreifenden Auswirkungen der Persönlichkeitsverletzungen werden regelmäßig die räumliche Trennung überdauern, so dass die Bindung des verletzten Ehegatten an die Ehe weiterhin unzumutbar bleibt.

b) Keine unzumutbare Härte. Nach heutiger Anschauung[18] stellen **eheliche Untreue** oder das **Zusammenleben mit einem neuen Partner** für sich allein noch keinen Härtefall dar, denn solche Beziehungen gehören zum gewöhnlichen Verlauf, der zum Scheitern der Ehe führt. Es kommt im Einzelfall darauf an, ob die Begleitumstände so gravierend sind, dass dem betrogenen Ehegatten wegen tiefgreifender oder entwürdigender Persönlichkeitsverletzungen nicht zugemutet werden kann, das Trennungsjahr abzuwarten. 8

IV. Verfahren

1. Schlüssigkeit des Antrags. Der Scheidungsantrag ist schlüssig, wenn der Antragsteller darlegt, dass die Eheleute über ein Jahr getrennt leben, auch der andere Ehegatte die Ehe für unheilbar zerrüttet hält und ebenfalls geschieden werden möchte.[19] Nur wenn der Ehepartner der Scheidung nicht zustimmt, muss der Antragsteller zu den ehelichen Lebensverhältnissen, zu Ursachen und Anlass der Trennung so umfassend vortragen, dass der Familienrichter die unheilbare Zerrüttung der Ehe nachvollziehen kann. Angaben zum letzten Geschlechtsverkehr sind jedoch nicht erforderlich. Die Privat- und Intimsphäre ist nach dem Grundgedanken des Scheidungsrechts und auch aus Achtung vor der Persönlichkeit der Eheleute zu respektieren.[20] Im Übrigen enthält § 133 FamFG zwingende Vorgaben für den Inhalt der Scheidungsantragsschrift. § 133 Abs. 1 Nr. 2 FamFG greift den Rechtsgedanken des § 630 ZPO aF auf, wonach sich die Ehegatten vor der Verfahrenseinleitung Klarheit über die wesentlichen Scheidungsfolgen verschaffen sollen.[21] Unterbleiben in einem Scheidungsantrag Mitteilungen, die nach § 133 FamFG zwingender Inhalt der Scheidungsantragsschrift sind, muss das Gericht gem. § 113 Abs. 1 S. 2 FamFG in Verbindung mit § 139 Abs. 3 ZPO unter Fristsetzung hierauf hinweisen. 9

Werden die nach § 133 FamFG erforderlichen, aber fehlenden Angaben in der Antragsschrift nicht nachgeholt, ist der Scheidungsantrag nach mündlicher Verhandlung als unzulässig abzuweisen.[22] Die Regelung über den zwingenden Inhalt der Antragsschrift findet auch bei ausländischem Scheidungsstatut Anwendung.[23]

Für die sog einverständliche Scheidung (§ 1566 Abs. 1) sind in § 134 FamFG Sonderregeln aufgestellt.

---

17 BGH FamRZ 1981, 127 (130); JH/Jaeger, 5. Aufl. 2010, § 1565 Rn. 85 mwN.
18 OLG Stuttgart FamRZ 2002, 1342; OLG Braunschweig FamRZ 2000, 287; OLG Bremen FamRZ 1996, 489; OLG Köln FamRZ 1996, 108 (109); JH/Jaeger, 5. Aufl. 2010, § 1565 Rn. 70; Palandt/Brudermüller § 1565 Rn. 10; MK/Wolf § 1565 Rn. 102, 104.
19 JH/Jaeger, 5. Aufl. 2010, § 1565 Rn. 36; Staudinger/Rauscher § 1565 Rn. 66.
20 JH/Jaeger, 5. Aufl. 2010, § 1565 Rn. 30, 36.
21 Palandt/Brudermüller § 1566 Rn. 2.
22 Thomas/Putzo/Hüßtege § 133 FamFG Rn. 1; Löhnig, Das Scheidungsverfahren in erster Instanz nach dem FamFG, FamRZ 2009, 737 (738).
23 Thomas/Putzo/Hüßtege § 133 FamFG Rn. 1.

10 **2. Beweislast.** Der **Antragsteller** hat zu beweisen, dass die Eheleute seit einem
Jahr getrennt leben und die Merkmale einer gescheiterten Ehe vorliegen. Im Falle des Abs. 2 hat der Antragsteller insbesondere die Gründe für eine unzumutbare Härte zu beweisen. Der Richter muss die Überzeugung vom Gescheitertsein
der Ehe gewinnen und deren Scheitern aufgrund konkreter Umstände annehmen
können.[24]

11 **3. Verfrühter Scheidungsantrag.** Wird ein Scheidungsantrag mehr als drei Monate vor Ablauf des Trennungsjahres eingereicht und werden keine Härtegründe
dargelegt, sollte der Familienrichter, wenn der Antragsteller auf Anregung den
Antrag nicht zurücknimmt, schnell Termin bestimmen und den Scheidungsantrag abweisen. In der gerichtlichen Praxis hat sich weitgehend die Übung durchgesetzt, Scheidungsanträge bei einer vorgetragenen Trennungszeit von **neun bis
zehn Monaten** ohne Sanktionen zu behandeln.

12 Hat das Familiengericht einen Scheidungsantrag abgewiesen, weil die Eheleute
noch nicht ein Jahr getrennt lebten, und verstreicht das Trennungsjahr während
des Beschwerdeverfahrens, so hat das Oberlandesgericht den Rechtsstreit an das
Familiengericht zurückzuverweisen. Die Kosten des zweiten Rechtszugs können
dem Antragsteller nach § 113 Abs. 1 S. 2 FamFG iVm § 97 Abs. 2 ZPO analog
auferlegt werden, wenn in erster Instanz zu Recht das Vorliegen von Härtegründen verneint wurde und der Antragsteller in zweiter Instanz nur deshalb obsiegt,
weil zwischenzeitlich das Trennungsjahr abgelaufen ist und damit die Voraussetzungen nach Abs. 1 eingetreten sind.[25] Allerdings kann in der Beschwerdeinstanz die erstinstanzliche Entscheidung über den zurückgewiesenen Scheidungsantrag auch dann nicht bestätigt werden, wenn das Trennungsjahr zwischenzeitlich abgelaufen ist, obwohl nachgewiesen wurde, dass der verfrühte
Scheidungsantrag in der Absicht gestellt wurde, sich wirtschaftliche Vorteile zu
verschaffen.

13 In der Regel verfolgt der Antragsteller eines vorzeitigen Scheidungsantrages das
Ziel, durch frühere Festlegung des Stichtages für den Zugewinnausgleich
(§ 1384), den Versorgungsausgleich (§ 1587 Abs. 2) oder die Bestimmung der
ehelichen Lebensverhältnisse im Unterhalt einen Vorteil für sich zu erzielen. Die
häufig geübte Praxis, in Fällen eines vorzeitigen Scheidungsantrages das Ruhen
des Verfahrens bis zum Ablauf des Trennungsjahres anzuordnen, beseitigt den
Nachteil nicht;[26] Für Anwälte kann sich daher aus der Zustimmung zum Ruhen
des Verfahrens eine Schadensersatzpflicht ergeben.

14 **4. Verbund.** Auch bei einer begründeten Scheidung wegen unzumutbarer Härte
sind die Regeln über das Verbundverfahren der §§ 133–150 FamFG einzuhalten. Die **Ausschlussfrist** des § 137 Abs. 2 S. 1 FamFG für die Anhängigmachung
einer Folgesache ist zu beachten. Das Familiengericht muss von Amts wegen den
Versorgungsausgleich durchführen. Das **VA-Verfahren** dauert meistens so lange,
dass das Trennungsjahr bis zur letzten mündlichen Verhandlung oftmals abgelaufen ist. In diesem Fall ist die Scheidung allein nach Abs. 1 auszusprechen.[27]
Über eine Abtrennung ist gem. § 140 FamFG zu entscheiden.

---

24 Palandt/Brudermüller § 1565 Rn. 5; OLG Brandenburg FamFR 2010, 16.
25 OLG Köln FF 2014, 504; OLG Hamm FamRZ 2014, 208.
26 OLG Saarbrücken FamRB 2010, 1.
27 MK/Wolf § 1565 Rn. 64, 86; JH/Jaeger, 5. Aufl. 2010, § 1565 Rn. 90

5. Verfahrenskostenhilfe. Grundsätzlich kann Verfahrenskostenhilfe, wenn Här- 15
tegründe nicht vorgetragen werden, vor Ablauf des Trennungsjahres nicht bewilligt werden.[28] Werden Scheidungsanträge jedoch nach einer Trennungsdauer
von zehn Monaten regelmäßig als zulässig behandelt, so darf nach Ablauf dieser
Zeitspanne konsequenterweise auch Verfahrenskostenhilfe nicht versagt werden.[29]

Dem bedürftigen **Antragsgegner** ist Verfahrenskostenhilfe zu bewilligen und ein 16
Anwalt beizuordnen, auch wenn er dem Scheidungsantrag zustimmt.

Bei **Scheinehen** ist dem mittellosen Antragsteller in der Regel Verfahrenskosten- 17
hilfe zu bewilligen. Rechtsmissbräuchlich ist die Eingehung der Ehe, nicht aber
deren Scheidung.[30]

6. Verfahrenswert. Bei der Festsetzung des Verfahrenswertes ist zunächst auf 18
das in den letzten **drei Monaten** vor Einreichung des Scheidungsantrages erzielte
Nettoeinkommen gem. § 43 Abs. 2 iVm § 34 S. 1 FamGKG abzustellen.[31] Einkommenssteigerungen und Minderungen während des Verfahrens bleiben in der
Regel unberücksichtigt.[32]

Die teilweise zu beobachtende Praxis, den Verfahrenswert in Fällen einer **einverständlichen Scheidung** um einen pauschalen oder prozentualen Abschlag zu vermindern, ist im Gesetz nicht vorgesehen und wird von der oberlandesgerichtlichen Rechtsprechung zu Recht abgelehnt.

Die meisten Familiengerichte kürzen das monatliche Nettoeinkommen um einen 19
Pauschbetrag von 250 EUR für jedes unterhaltsberechtigte Kind.[33] Erhöhend
wird das Vermögen der Parteien berücksichtigt. Die Familiensenate des OLG
München ziehen für jeden Ehegatten einen **Freibetrag** in Höhe von 60.000 EUR
und für jedes Kind von 30.000 EUR ab.[34] Das dann noch verbleibende Vermögen wird vielfach mit 5 % (Privatvermögen) bis 10 % (Betriebsvermögen) angesetzt.[35] Die Familiensenate des OLG München berücksichtigen einheitlich 5 %
des bereinigten Vermögens.[36] Nach dem OLG Karlsruhe werden pro Ehegatten
nur 15.000 EUR und pro Kind 7.500 EUR abgezogen.[37]

---

28 OLG Köln FamRZ 2004, 1117; Palandt/Brudermüller § 1565 Rn. 13.
29 MK/Wolf § 1565 Rn. 76.
30 Sehr strittig; bejahend: OLG Karlsruhe FamRZ 2003, 1760; JH/Jaeger, 5. Aufl. 2010,
    § 1565 Rn. 18 mwN; ablehnend: OLG Koblenz FamRZ 2004, 548; OLG Naumburg
    FamRZ 2004, 548 (549); Schwab/Motzer I Rn. 158 mwN.
31 Zöller/Herget Anhang 3 „Ehesachen".
32 Hartmann § 43 FamGKG Rn. 24.
33 So nach gemeinsamer Vereinbarung die Familiensenate der Oberlandesgerichte München
    und Frankfurt/M.; vgl. FA-FamR/Keske Kap. 17 Rn. 22.
34 Ebenso OLG Koblenz FamRZ 2003, 1681 (1682); das OLG Frankfurt/M. berücksichtigt
    vom Gesamtvermögen beider Parteien nur 30 000 EUR; vgl. FA-FamR/Keske Kap. 17
    Rn. 25.
35 Vgl. Zöller/Herget § 3 ZPO Rn. 16 „Ehesachen".
36 Ebenso OLG Koblenz FamRZ 2003, 1681 (1682).
37 OLG Karlsruhe FamRZ 2008, 2050; so auch OLG Stuttgart FamRZ 2009, 1176.

§ 1566 BGB   Vermutung für das Scheitern

(1) Es wird unwiderlegbar vermutet, dass die Ehe gescheitert ist, wenn die Ehegatten seit einem Jahr getrennt leben und beide Ehegatten die Scheidung beantragen oder der Antragsgegner der Scheidung zustimmt.

(2) Es wird unwiderlegbar vermutet, dass die Ehe gescheitert ist, wenn die Ehegatten seit drei Jahren getrennt leben.

I. Allgemeines

1   Abs. 1 und Abs. 2 sind keine eigenständigen gesetzlichen Scheidungsgründe, sondern **zwingende Beweisregeln**.[1] Einziger gesetzlicher Scheidungsgrund bleibt das Gescheitertsein der Ehe iSd § 1565 Abs. 1 S. 1.

II. Beweisregel

2   Die Vorschrift des § 1566 enthält eine zwingende Beweisregel für das Scheitern der Ehe. Leben die Eheleute am Schluss der mündlichen Verhandlung ein Jahr (Abs. 1) oder drei Jahre (Abs. 2) getrennt, müssen sie die Zerrüttung ihrer Ehe nicht mehr ausführlich darlegen.

§ 1567 BGB   Getrenntleben

(1) [1]Die Ehegatten leben getrennt, wenn zwischen ihnen keine häusliche Gemeinschaft besteht und ein Ehegatte sie erkennbar nicht herstellen will, weil er die eheliche Lebensgemeinschaft ablehnt. [2]Die häusliche Gemeinschaft besteht auch dann nicht mehr, wenn die Ehegatten innerhalb der ehelichen Wohnung getrennt leben.

(2) Ein Zusammenleben über kürzere Zeit, das der Versöhnung der Ehegatten dienen soll, unterbricht oder hemmt die in § 1566 bestimmten Fristen nicht.

I. Allgemeines

1   **1. Nichtbestehen der häuslichen Gemeinschaft.** Die häusliche Gemeinschaft einer nicht gescheiterten Ehe umfasst alle Elemente des häuslichen Lebensmittelpunktes von Ehegatten wie gemeinsames Wohnen, Schlafen, Essen, Waschen, Kindererziehung und Freizeitveranstaltungen. Die Eheleute leben getrennt, wenn die **Aufhebung der häuslichen Gemeinschaft im weitestmöglichen Umfang herbeigeführt** wird. Die Aufhebung der häuslichen Gemeinschaft kann durch Auszug eines Ehegatten oder aber durch Trennung innerhalb der Ehewohnung (Abs. 1 S. 2) herbeigeführt werden.

2   **a) Aufhebung der häuslichen Gemeinschaft durch Auszug.** Unproblematisch sind die Fälle, in denen ein Ehegatte die eheliche Wohnung verlässt und sich eine andere Wohnung anmietet, die er zum alleinigen räumlichen Mittelpunkt seiner privaten, persönlichen Lebensführung macht und dabei keine Restgemeinsamkeiten mit dem anderen Ehegatten verbleiben.

3   In den Fällen, in denen ein Ehegatte zwar eine andere Wohnung bezogen hat, jedoch weiterhin Kontakte mit dem Ehepartner hat, müssen sich die **verbleibenden Restgemeinsamkeiten** in einer Gesamtwürdigung als unwesentlich darstellen.

---

1   BT-Drs. 7/4361, 11.

Unwesentlich in diesem Sinne sind zB gelegentliche Zusammentreffen (auch mit [4] möglicherweise regelmäßigem Geschlechtsverkehr),[1] gemeinsame berufliche Kontakte, gelegentlich gemeinsamer Besuch von Veranstaltungen, gemeinsame Betreuungstätigkeiten für gemeinschaftliche Kinder oder gemeinsame Urlaubsreisen.[2]

b) Trennung innerhalb der Ehewohnung (Abs. 1 S. 2). Eine vollkommene Tren- [5] nung sämtlicher Lebensbereiche ist praktisch nur bei Luxuswohnungen realisierbar. Bei beengten räumlichen Verhältnissen ist die Benutzung gemeinsamer Einrichtungen unumgänglich. Demnach ist die Nutzung nur einmal vorhandener Räume wie beispielsweise Badezimmer, Toilette, Küche und die damit zwangsläufig verbundene Kommunikation zwischen den Eheleuten, mit der Annahme des Getrenntlebens zu vereinbaren. Es darf jedoch **kein gemeinsamer Haushalt** mehr geführt werden, wenn ein Getrenntleben innerhalb der Ehewohnung festgestellt werden soll.[3] So ist selbst bei getrennten Schlafzimmern noch nicht von einem Getrenntleben auszugehen, wenn trotz des Trennungswillens der gemeinsame Haushalt wie bisher fortgeführt und im Interesse der Kinder der Schein der ehelichen Gemeinschaft aufrechterhalten wird.[4] Abgesehen von den lebensnotwendigen Wohnungseinrichtungen müssen die übrigen Zimmer der Wohnung strikt zum getrennten Wohnen und Schlafen aufgeteilt werden.[5] Nach der Anwendungsrichtlinie des BGH[6] muss die häusliche Gemeinschaft „**in dem nach den gegebenen Umständen weitest möglichen Umfang**" aufgehoben sein.

Von den Fällen verbleibender unvermeidbarer Restgemeinsamkeiten sind die [6] Fälle zu unterscheiden, in denen es zu **gelegentlichen Zusammentreffen** der Eheleute kommt, die vermeidbar sind, wie zB Sorgetätigkeiten, die aus Gutmütigkeit oder Hilfsbereitschaft erfolgen. Dies steht der Annahme des Getrenntlebens dann nicht entgegen, wenn sich die Gemeinsamkeiten nicht als elementarer Restbestand der häuslichen Gemeinschaft darstellen.[7]

Werden trotz Trennung innerhalb der Ehewohnung Gemeinsamkeiten (gemein- [7] same Mahlzeiten und Gespräche) zugunsten der Kinder fortgeführt, welche nur mit Rücksicht auf die minderjährigen Kinder erfolgen, ist von Getrenntleben auszugehen.[8]

Hilft der gesunde Ehegatte dem erkrankten oder pflegebedürftigen Ehegatten [8] aus **humanitären Gründen**, schließt dies ebenso wenig die Annahme des Getrenntlebens aus. Dies ergibt sich alleine schon aus dem in § 330 c StGB gezogenen Pflichtenkreis aus der Garantenstellung des gesunden Ehegatten.

Besteht hingegen nach wie vor eine – wenn auch eingeschränkte – häusliche Ge- [9] meinschaft, wie zB regelmäßig gemeinsam eingenommene Mahlzeiten sowie regelmäßige Wasch- und Putztätigkeiten des einen Ehegatten (es sei denn, diese werden dem anderen gegen dessen erklärten Willen aufgedrängt), ist eine tatsächliche Absonderung in allen Lebensbereichen noch nicht konsequent erfolgt.

---

1 OLG Düsseldorf FamRZ 2010, 116; OLG Köln FamRZ 2002, 239 f.
2 Vgl. auch OLG Köln FamRZ 2002, 1341 f. zum gemeinsamen Urlaub mit Kindern.
3 Palandt/Brudermüller § 1567 Rn. 3.
4 OLG Stuttgart FamRZ 2002, 239.
5 OLG Stuttgart FamRZ 2002, 239.
6 OLG Stuttgart FamRZ 2002, 239.
7 Vgl. aber OLG Brandenburg OLGR 2008, 577.
8 OLG Koblenz FamRZ 2015, 1116 (kein Getrenntleben, wenn der Schein der ehelichen Lebensgemeinschaft fortgeführt wird.).

Unbeachtlich ist, aus welchen Motiven (zB wirtschaftlich beengte Verhältnisse) eine eingeschränkte Haushaltsfortführung erfolgt.

10 **2. Trennungsabsicht.** Das objektiv festgestellte Getrenntleben muss von einem **nach außen erkennbaren Trennungswillen** getragen sein, die eheliche Lebensgemeinschaft eindeutig aufzugeben. Deshalb führt eine durch äußere Umstände aufgezwungene Trennung nicht zur Annahme des Getrenntlebens im Sinne des § 1567 (zB bei Strafhaft oder aus beruflichen Gründen).[9] Die durch äußere Umstände aufgezwungene Trennung kann aber zu einem Getrenntleben führen, wenn der Trennungswille hinzutritt und nach außen dokumentiert wird, wobei hier ein tatsächliches Verhalten wie zB das Wegräumen der dem abwesenden Ehegatten gehörenden Sachen ausreichen kann.[10] Bei Scheinehen erfordert die Feststellung des Beginns des Getrenntlebens die Kundgabe des Scheidungswillens nach außen.[11]

II. Zusammenleben über kürzere Zeit (Abs. 2)

11 **1. Normzweck.** § 1567 Abs. 2 verfolgt den Zweck, die Eheleute auch nach einer vollzogenen Trennung zu ermutigen, zum Zwecke eines **Versöhnungsversuches** die häusliche Gemeinschaft wiederherzustellen. Die in den gesetzlichen Trennungsfristen in gewissem Sinne auferlegte Prüfungs- und Bedenkzeit für die Eheleute könnte nicht zu einer Versöhnung genutzt werden, wenn die Eheleute befürchten müssten, dass bei einem vorübergehenden Zusammenleben die Trennungsfrist von vorne beginnt.[12]

12 **2. Zusammenleben zur Versöhnung.** Unter Zusammenleben über kürzere Zeit ist die **Wiederaufnahme einer mindestens eingeschränkten häuslichen Gemeinschaft** zu verstehen. Die Wiederaufnahme der häuslichen Gemeinschaft muss zum Zwecke der Versöhnung erfolgen, wobei diese nicht das einzige Motiv sein muss. Entscheidend ist die Willensrichtung desjenigen Ehegatten, der vorher die Wiederherstellung der häuslichen Gemeinschaft ablehnte. Stellt der Ehegatte die häusliche Gemeinschaft wieder her, nicht um sich mit dem anderen Ehegatten zu versöhnen, sondern um sich beispielsweise um das erkrankte Kind zu kümmern, so wird durch das vorübergehende Zusammenleben die Trennungsfrist unterbrochen. Die Trennungsfristen werden damit nur dann nicht unterbrochen, wenn das Zusammenleben im Sinne einer Wiederaufnahme einer mindestens eingeschränkten häuslichen Gemeinschaft zum Zwecke der Versöhnung erfolgt und der Versöhnungsversuch scheitert. Sofern dem Ehegatten während der kürzeren Zeit des Zusammenlebens eine Versöhnung gelingt und diese bald darauf wieder zerbricht, so beginnt ab der erneuten Trennung der Lauf einer neuen Frist.[13]

13 Die Wirkungen des Abs. 2 treten nicht ein, wenn der Wiederversöhnungsversuch die obere Grenze von drei Monaten überschreitet.[14] Die Obergrenze von drei

---

9 Vgl. Palandt/Brudermüller § 1567 Rn. 5 mwN.
10 Vgl. Palandt/Brudermüller § 1567 Rn. 5.
11 OLG Düsseldorf FamRZ 1981, 677; OLG Hamm FamRZ 1982, 1073; OLG Karlsruhe FamRZ 1986, 680.
12 BT-Drs. 7/650, 114.
13 OLG München FamRZ 1990, 885.
14 OLG Saarbrücken FamRZ 2010, 469; Palandt/Brudermüller § 1567 Rn. 8.

Monaten gilt auch für die Zusammenrechnung von wiederholten Versöhnungs-versuchen.[15]

Die Rücknahme wechselseitiger Scheidungsanträge gilt als Versöhnung, so dass bei Neueinreichung eines Scheidungsantrages das Trennungsjahr von vorne zu laufen beginnt.[16]

3. Beweislast. Behauptet der Antragsteller, dass das kurze Zusammenleben zur Versöhnung erfolglos war, so hat der Antragsgegner zu beweisen, dass das Zusammenleben nicht Versöhnungszwecken diente oder zu einer echten Versöhnung führte oder länger als drei Monate dauerte.[17] 14

§ 1568 BGB Härteklausel

(1) Die Ehe soll nicht geschieden werden, obwohl sie gescheitert ist, wenn und solange die Aufrechterhaltung der Ehe im Interesse der aus der Ehe hervorgegangenen minderjährigen Kinder aus besonderen Gründen ausnahmsweise notwendig ist oder wenn und solange die Scheidung für den Antragsgegner, der sie ablehnt, auf Grund außergewöhnlicher Umstände eine so schwere Härte darstellen würde, dass die Aufrechterhaltung der Ehe auch unter Berücksichtigung der Belange des Antragstellers ausnahmsweise geboten erscheint.

(2) (weggefallen)

I. Allgemeines

Aus Gründen der Einzelfallgerechtigkeit soll die **Scheidung zur „Unzeit"** verhindert werden, nicht jedoch die Scheidung schlechthin.[1] Eine allgemeine Rechtsmissbrauchsklausel hat der Gesetzgeber abgelehnt.[2] Die Formulierung „soll" ist nicht als Ermessensvorschrift für den Familienrichter zu verstehen. Vielmehr muss der Richter, wenn die Aufrechterhaltung der Ehe notwendig ist, den Scheidungsantrag zurückweisen. Entfällt die besondere Härte, kann erneut Scheidungsantrag gestellt werden.[3] 1

II. Kinderschutzklausel (Abs. 1 Alt. 1)

1. Anwendungsbereich. Unter den Schutz der Klausel fallen **alle gemeinschaftlichen minderjährigen Kinder**, das heißt auch Adoptivkinder, nicht aber Stiefkinder. Die Kinderschutzklausel findet auch dann Anwendung, wenn die Scheidung zwischen den Eheleuten einvernehmlich betrieben wird. 2

2. Feststellung des Scheiterns der Ehe. Die Anwendung der Kinderschutzklausel setzt voraus, dass das Scheitern der Ehe zunächst festgestellt wird. 3

3. Aufrechterhaltung der Ehe aus besonderen Gründen. Trennungs- und scheidungstypische Folgen sind keine besonderen Gründe, die die Aufrechterhaltung der Ehe im Interesse der Kinder rechtfertigen. Vielmehr sind besondere Gründe nur diejenigen schädlichen Folgen, die aufgrund der Scheidung zu den tren- 4

---

15 JH/Jaeger, 5. Aufl. 2010, § 1567 Rn. 34; MK/Wolf § 1567 Rn. 68; Staudinger/Rauscher
    § 1567 Rn. 116; aA Soergel/Heintzmann § 1567 Rn. 34 a.
16 OLG Bremen FamRZ 2012, 32.
17 OLG Brandenburg OLGR 2008, 577.
 1 BVerfG FamRZ 1981, 15; BGH FamRZ 1985, 912 (913); Schwab FamRZ 1984, 1171.
 2 BT-Drs. 7/650, 117.
 3 Palandt/Brudermüller § 1568 Rn. 1.

nungsbedingten Nachteilen hinzutreten.[4] Es muss sich um durch die Scheidung verursachte, **atypische, ungewöhnliche Folgen** handeln.[5] Diese Folgen müssen dem Kindeswohl so abträglich sein, dass die Aufrechterhaltung der Ehe im Kindesinteresse notwendig ist. An die Feststellung der Notwendigkeit ist ein strenger Maßstab anzulegen („ausnahmsweise"). Eine Abwägung wie im Falle der Ehegattenschutzklausel findet jedoch nicht statt.[6]

5 Der Wortlaut des § 1568 schließt zwar materielle Härten nicht aus. Seit dem 1.7.1977 ist allerdings aus der veröffentlichten Rechtsprechung kein Fall bekannt, in dem die Ehescheidung wegen wirtschaftlicher Interessen der Kinder versagt wurde. So sind beispielsweise die Wiederheirat eines Elternteils und damit verbundene unterhaltsrechtliche Mangelfälle häufig auftretende, und damit keine atypischen Folgen.

6 Im Vordergrund stehen **immaterielle, psychische Gründe** in der Person des Kindes, die aufgrund der Scheidungsfolgen zu einer **Gefährdung des Kindeswohls** führen könnten. Der einzige bisher bekannte Fall, bei dem unter Berufung auf die Kinderschutzklausel die Scheidung versagt wurde, betraf einen 13-jährigen Sohn, bei dem das Gericht mithilfe eines psychologischen Sachverständigen für den Fall der Scheidung die ernsthafte Gefahr einer Selbsttötung feststellte, wobei das betreffende Kind ohnehin bereits psychisch gestört und depressiv war. Die Kinderschutzklausel ist damit auf ganz seltene Fälle besonderer psychischer Störungen, die sich gerade im Falle der Scheidung dramatisch verschlimmern, beschränkt. Die Überprüfung mithilfe eines psychologischen Sachverständigengutachtens wird erforderlich sein.[7]

7 **4. Verfahren.** Die Kindesinteressen sind **von Amts wegen** zu beachten, es gilt der Untersuchungsgrundsatz.

III. Ehegattenschutzklausel (Abs. 1 Alt. 2)

8 **1. Allgemeines.** Die Ehegattenschutzklausel ist auf seltene Ausnahmefälle beschränkt, in denen die den Antragsgegner durch die Scheidung treffenden schweren Härten auf außergewöhnlichen Umständen beruhen. Diese besonders schweren Härten reichen jedoch nicht aus, um die Scheidung zu versagen, vielmehr werden diese Härten in eine **Abwägung der beiderseitigen Belange** einbezogen.

9 **2. Außergewöhnliche Umstände.** Außergewöhnliche Umstände sind diejenigen Umstände, die sich von den noch als normal anzusehenden Gegebenheiten einer gescheiterten Ehe abheben.[8] Diese Umstände können aus der Zerrüttungssituation oder aus der Ehe insgesamt erwachsen sein. Die Umstände müssen aber nicht notwendig ehebedingt sein. Es muss eine **Ausnahmesituation** vorliegen.[9]

---

4 JH/Jaeger, 5. Aufl. 2010, § 1568 Rn. 14
5 OLG Köln FamRZ 1998, 827; Palandt/Brudermüller § 1568 Rn. 2.
6 MK/Wolf § 1568 Rn. 23; Staudinger/Rauscher § 1568 Rn. 45; aA Soergel/Heintzmann § 1568 Rn. 17.
7 OLG Köln FamRZ 1998, 827 f.
8 BT-Drs. 7/650, 116; MK/Wolf § 1568 Rn. 43, 55.
9 BGH FamRZ 1979, 422 (423); 1981, 1161 (1162).

a) Beispiele für außergewöhnliche Umstände. Außergewöhnliche Umstände 10
können zB vorliegen im Spätstadium eines Krebsleidens mit einer Lebenserwartung von etwa einem Jahr[10] oder im Spätstadium einer multiplen Sklerose.[11]

Hinzu kommen die Fälle psychischer Ausnahmesituationen, in denen der An- 11
tragsgegner bei bereits vorhandener psychischer Störung sein eigenes Verhalten
nicht mehr selbst steuern kann und die Gefahr von Kurzschlusshandlungen, wie
beispielsweise Suizidversuchen, besteht.[12]

b) Verneinung außergewöhnlicher Umstände. Die lange Ehedauer, eine ange- 12
schlagene Gesundheit, hohes Alter, religiöse Überzeugung des Antragsgegners
über die Unauflöslichkeit der Ehe oder einseitiges Ausbrechen des Antragstellers
durch sofortige Aufnahme einer neuen Beziehung reichen nicht aus, wenn nicht
besondere weitere belastende Umstände hinzutreten.

Generell sind **Krankheitszustände**, die sich infolge der Scheidung intensivieren 13
können, so lange keine außergewöhnlichen Umstände, wie es nicht zur Verfestigung einer psychischen Ausnahmesituation führt. Verneint wurden die außergewöhnlichen Umstände auch im Falle eines ausländischen Ehemannes, der aufgrund der Scheidung mit dem faktischen Verlust seines Umgangsrechtes aufgrund seiner Ausweisung rechnen musste.[13]

3. Schwere Härte. Gerade der Scheidungsausspruch selbst muss das Härteemp- 14
finden erzeugen oder im wesentlichen Maße steigern. Härteempfindungen aufgrund der Tatsache, dass die Ehe gescheitert ist, sich der Partner abgekehrt hat
oder die mit der Trennung verbundenen Folgen unerträglich sind, bleiben außer
Betracht.[14] Der Richter muss feststellen, ob die (psychischen) Auswirkungen der
Scheidung aufgrund außergewöhnlicher Umstände „für den betroffenen Ehegatten die Intensität einer schweren, ihm ausnahmsweise nicht zumutbaren Härte
erreichen".[15] Da ein derartiges Empfinden objektiv kaum messbar sein wird,
muss sein Vorhandensein in der Regel mithilfe eines **psychologischen Sachverständigen** festgestellt werden.[16]

Bei der Feststellung einer schweren Härte spielt auch die **Dauer des Getrenntle-** 15
bens eine entscheidende Rolle. Da sich die endgültige Versagung der Scheidung
auch nach sehr langem Getrenntleben auf Ausnahmefälle beschränken muss, ist
sie nur dann einziges Mittel zur Vermeidung einer akuten Gefährdung des Antragsgegners, wenn dieser alle ihm zumutbaren psychischen Behandlungsmöglichkeiten erfolglos ausgeschöpft hat.[17]

4. Belange des Antragstellers. Die wohl wichtigsten Belange des Antragstellers 16
sind das Interesse an der Wiedergewinnung der **Eheschließungsfreiheit** und **wirtschaftliche Belange**, wie zB eine fortdauernde Unterhaltspflicht bei Aufrechterhaltung des Ehebandes. Die Anwendung der Härteklausel verstößt jedenfalls

---

10 OLG Karlsruhe FamRZ 1979, 512.
11 BGH FamRZ 1985, 905 (906).
12 BGH FamRZ 1981, 1161 (1163); OLG Hamm FamRZ 1990, 60; KG FamRZ 1983,
    1133 (1134).
13 Vgl. zum Ganzen mit weiteren Fallbeispielen JH/Jaeger, 5. Aufl. 2010, § 1568 Rn. 29 Palandt/Brudermüller § 1568 Rn. 5 und 6.
14 BGH FamRZ 1979, 422 (423).
15 BGH FamRZ 1979, 422 (423).
16 Vgl. BGH FamRZ 1985, 905 (906); KG FamRZ 1983, 1133.
17 BVerfG FamRZ 2001, 986; vgl. hierzu die zugrunde liegende Entscheidung OLG Hamm
    FamRZ 2000, 1418.

dann nicht gegen das Grundrecht der Eheschließungsfreiheit, wenn die Scheidung für den anderen Ehegatten aufgrund dessen Gesundheitszustandes eine **existenzbedrohende Wirkung** mit einhergehender Suizidgefahr haben könnte.[18] Allerdings ist davon auszugehen, dass bereits bei der Prüfung der Anforderungen an die Annahme außergewöhnlicher Umstände sowie die Feststellung einer schweren Härte auf Seiten des Antragsgegners, die Belange des Antragstellers einfließen. Derzeit sind aber kaum Fälle bekannt, bei denen die gerichtliche Überprüfung einerseits eine schwere Härte auf Seiten des Antragsgegners ergeben hätte, hierbei aber andererseits den Interessen des Antragstellers der Vorzug gegeben wurde.

17   **5. Verfahren.** Der die Scheidung ablehnende Antragsgegner muss die außergewöhnlichen Umstände sowie die hieraus folgenden subjektiven Auswirkungen konkret vortragen, damit die Feststellung eines schweren Härteempfindens für das Gericht überhaupt möglich ist. Der allgemeine Widerspruch gegen die Scheidung genügt nicht.

18   Aufgrund der prinzipiell unbegrenzten zeitlichen Reichweite des § 1568 muss dem Antragsteller großzügig die Möglichkeit eingeräumt werden, seinen Scheidungsantrag zu erneuern, wobei es genügt, dass der Antragsteller nachvollziehbar behauptet, dass trotz fortbestehender außergewöhnlicher Umstände das subjektive Empfinden des Antragsgegner so sehr abgemildert ist, dass die Härte nicht mehr als schwer gewertet werden kann.[19]

IV. Beweislast

19   Der **Antragsgegner** trägt die Beweislast für die außergewöhnlichen Umstände sowie das Vorhandensein der schweren Härte. Bleiben hier Zweifel, muss die Ehe geschieden werden.[20] Im Rahmen der Kinderschutzklausel erscheint es sachgerecht, dem scheidungswilligen Ehegatten die Beweislast aufzubürden für den Fall, dass die Möglichkeit einer akuten Selbstmordgefahr bei minderjährigen Kindern nicht ausgeräumt werden kann. Hier eine Beweislastentscheidung in Kauf zu nehmen, wäre mit dem Kindeswohl nicht zu vereinbaren.[21]

Untertitel 1 a Behandlung der Ehewohnung und der Haushaltsgegenstände anlässlich der Scheidung

§ 1568 a   Ehewohnung

(1) Ein Ehegatte kann verlangen, dass ihm der andere Ehegatte anlässlich der Scheidung die Ehewohnung überlässt, wenn er auf deren Nutzung unter Berücksichtigung des Wohls der im Haushalt lebenden Kinder und der Lebensverhältnisse der Ehegatten in stärkerem Maße angewiesen ist als der andere Ehegatte oder die Überlassung aus anderen Gründen der Billigkeit entspricht.

(2) [1]Ist einer der Ehegatten allein oder gemeinsam mit einem Dritten Eigentümer des Grundstücks, auf dem sich die Ehewohnung befindet, oder steht einem Ehegatten allein oder gemeinsam mit einem Dritten ein Nießbrauch, das Erbbau-

---

18 BVerfG NJW 2001, 2874.
19 Schwab, FamRZ 1984, 1171 (1174).
20 OLG Karlsruhe FamRZ 2000, 1418 f.
21 JH/Jaeger § 1568 Rn. 43

recht oder ein dingliches Wohnrecht an dem Grundstück zu, so kann der andere Ehegatte die Überlassung nur verlangen, wenn dies notwendig ist, um eine unbillige Härte zu vermeiden. ²Entsprechendes gilt für das Wohnungseigentum und das Dauerwohnrecht.

(3) ¹Der Ehegatte, dem die Wohnung überlassen wird, tritt

1. zum Zeitpunkt des Zugangs der Mitteilung der Ehegatten über die Überlassung an den Vermieter oder
2. mit Rechtskraft der Endentscheidung im Wohnungszuweisungsverfahren

an Stelle des zur Überlassung verpflichteten Ehegatten in ein von diesem eingegangenes Mietverhältnis ein oder setzt ein von beiden eingegangenes Mietverhältnis allein fort. ²§ 563 Absatz 4 gilt entsprechend.

(4) Ein Ehegatte kann die Begründung eines Mietverhältnisses über eine Wohnung, die die Ehegatten auf Grund eines Dienst- oder Arbeitsverhältnisses innehaben, das zwischen einem von ihnen und einem Dritten besteht, nur verlangen, wenn der Dritte einverstanden oder dies notwendig ist, um eine schwere Härte zu vermeiden.

(5) ¹Besteht kein Mietverhältnis über die Ehewohnung, so kann sowohl der Ehegatte, der Anspruch auf deren Überlassung hat, als auch die zur Vermietung berechtigte Person die Begründung eines Mietverhältnisses zu ortsüblichen Bedingungen verlangen. ²Unter den Voraussetzungen des § 575 Absatz 1 oder wenn die Begründung eines unbefristeten Mietverhältnisses unter Würdigung der berechtigten Interessen des Vermieters unbillig ist, kann der Vermieter eine angemessene Befristung des Mietverhältnisses verlangen. ³Kommt eine Einigung über die Höhe der Miete nicht zustande, kann der Vermieter eine angemessene Miete, im Zweifel die ortsübliche Vergleichsmiete, verlangen.

(6) In den Fällen der Absätze 3 und 5 erlischt der Anspruch auf Eintritt in ein Mietverhältnis oder auf seine Begründung ein Jahr nach Rechtskraft der Endentscheidung in der Scheidungssache, wenn er nicht vorher rechtshängig gemacht worden ist.

I. Allgemeines

§ 1568 a ist zum 1.9.2009 in Kraft getreten. Mangels Übergangsregelung ist die Vorschrift auch in vor diesem Zeitpunkt eingeleiteten Verfahren anzuwenden.[1]   1

Im Gegensatz zum vorangegangenen Recht ist die Vorschrift als **Anspruchsgrundlage** ausgestaltet. Die Ehewohnung kann daher nur noch dem Ehegatten zugewiesen werden, der einen entsprechenden **Antrag** gestellt hat.[2] Der Richter bleibt jedoch verpflichtet, ergänzend den Erlass von Annexentscheidungen zu prüfen, § 209 Abs. 1 FamFG.

§ 1568 a regelt die Rechtsverhältnisse **mit Wirkung ab Rechtskraft der Schei-   2 dung**. Bis dahin können die Rechtsverhältnisse nach § 1361 b geregelt werden. Der grundsätzliche Unterschied besteht darin, dass ab Rechtskraft der Scheidung eine **endgültige Regelung** herbeigeführt werden soll. Das Vorliegen einer unbilligen Härte für die Zuweisung der Wohnung ist nicht mehr erforderlich. Es kann in Rechte Dritter eingegriffen werden, die dann als Betroffene am Verfahren zu beteiligen sind. Die Ansprüche können im **isolierten Verfahren** nach den

---

1 OLG Schleswig FamRB 2010, 327; BGH FamRZ 2011, 183 zu § 1568 b.
2 JH/Götz § 1568 a Rn. 10.

§§ 200 ff. FamFG und auch gem. § 137 Abs. 1, Abs. 2 Nr. 3 FamFG im **Schei-dungsverbund** geltend gemacht werden. Bei einer **eingetragenen Lebenspartner-schaft** gelten die §§ 17–19 LPartG.

3   Art. 17 a EGBGB bestimmt, dass sich die **Nutzungsbefugnis** für die **im Inland befindliche Ehewohnung** nach den deutschen Sachvorschriften richtet. Dies gilt jetzt auch für die Rechtsverhältnisse nach Scheidung, denn § 1568 a spricht von Nutzung.[3] Befindet sich die Ehewohnung im **Ausland**, bestimmt sich das anzu-wendende Recht nach Art. 17, 14 EGBGB, also nach dem Scheidungsstatut.[4] Zur Feststellung des Eigentums gilt grundsätzlich das Güterrechtsstatut des Art. 15 EGBGB. Eigentumsübertragungen außerhalb des Güterrechts unterlie-gen der lex rei sitae, Art. 43 EGBGB.[5]

4   § 1568 a Abs. 1 und 5 stellen gegenüber den §§ 745 Abs. 2, 985 für den die Wohnungsbenutzung selbst begehrenden Ehegatten eine **abschließende Sonder-regelung** dar.

II. Ehewohnung

5   Der Begriff **Ehewohnung** ist weit auszulegen.[6] Es sind darunter die Räumlichkei-ten zu verstehen, die den Ehegatten zur **gemeinsamen privaten Nutzung** dienten. Die Eigenschaft als Ehewohnung kann auch noch längere Zeit nach Auszug ei-nes Ehegatten gegeben sein, wenn der Auszug erfolgte, um den Streitigkeiten zu entgehen.[7] Es wird Bezug genommen auf die Ausführungen unter → § 1361 b Rn. 6.

III. Überlassungsanspruch (Abs. 1)

6   Derjenige Ehegatte soll die Ehewohnung erhalten, der in stärkerem Maße auf sie angewiesen ist. Ist keiner der Ehegatten stärker auf die Wohnung angewiesen als der andere, sind die wechselseitigen Zuweisungsanträge abzuweisen und die Ehegatten auf die Auseinandersetzung nach den allgemeinen Vorschriften zu verweisen.[8] Eine **Wohnungsteilung** ist im Gegensatz zum früheren Recht nicht mehr vorgesehen.

7   **1. Wohl der im Haushalt lebenden Kinder.** Der Gesetzgeber nennt ausdrücklich als erstes Kriterium für die Überlassung das Wohl der im Haushalt lebenden Kinder, womit auch noch in Ausbildung befindliche **volljährige** Kinder und sol-che gemeint sind, die nicht aus der Verbindung der Ehegatten stammen.[9] Ihr Recht verdient absolute Priorität.[10] Das Wohl der Kinder ist gefährdet, wenn diese in einer Umgebung aufwachsen müssen, die von ständigen tätlichen und verbalen Streitereien der Eltern geprägt ist.[11] Ihr Wohl ist auch dann beeinträch-tigt, wenn der für sie sorgende Ehegatte aufgrund der Vorkommnisse gezwun-gen ist, aus der Wohnung auszuziehen oder trotz gravierender Auseinanderset-

---

3   JH/Henrich EGBGB § 17 a Rn. 3.
4   MK/Wellenhofer § 1568 a Rn. 61.
5   JH/Henrich EGBGB Art. 17 a Rn. 3.
6   Palandt/Brudermüller § 1568 ab Rn. 4.
7   Schulz/Hauß, Vermögensauseinandersetzung, Kap. 5 Rn. 1105.
8   OLG Saarbrücken FamRZ 2013, 1982.
9   OLG Brandenburg FamRZ 2001, 636.
10   OLG Brandenburg FamRZ 2010, 1983; 2011, 118.
11   OLG Brandenburg FamRZ 2010, 1983.

zungen in der Wohnung zu leben.[12] Infolgedessen ist das Ergebnis des Wohnungszuweisungsverfahrens häufig an den Ausgang des parallelen Sorgerechtsverfahrens geknüpft.

2. Lebensverhältnisse der Ehepartner. Als weiteres Kriterium nennt der Gesetzgeber die Lebensverhältnisse der Ehepartner. Hiermit sind zu berücksichtigen: die Nähe der Wohnung zur Arbeitsstelle; Möglichkeiten, eine Ersatzwohnung zu finden; die Möglichkeit, die finanzielle Belastung der Wohnung auf Dauer zu tragen, die Beteiligung an der Finanzierung der Wohnung in der Vergangenheit;[13] Alter, Krankheit;[14] die Behindertenausstattung der Wohnung; das Vorhandensein eines Lifts; die Größe der Wohnung. Unter ganz engen Voraussetzungen können auch die **Interessen Dritter** in die Abwägung mit einbezogen werden, wenn zB ein Ehepaar gemeinsam nahe Verwandte zur Pflege aufgenommen hat.[15] Auf keinen Fall sind die Interessen eines neuen Partners zu berücksichtigen.[16] In der Regel können die Gründe für die Scheidung nicht berücksichtigt werden, außer in besonders extrem gelagerten Fällen.[17] Die gesetzgeberische Wertung, die in § 1579 ihren Ausdruck gefunden hat, kann hier herangezogen werden. Wegen Werks- oder Dienstwohnungen → Rn. 13.

3. Andere Gründe der Billigkeit. Von Bedeutung kann sein, wer die Wohnung 9 bereits vor der Ehe bewohnt hat und wer **Aufbau- und Eigenleistungen** erbracht hat.[18]

4. Zeitpunkt der Beurteilung. Die Umstände sind auf den Zeitpunkt der Be-10 schlussfassung hin zu beurteilen, einschließlich der voraussehbaren Entwicklungen. Da die Wohnungszuweisung eine Entscheidung mit Dauerwirkung darstellt, kann sie nach § 48 Abs. 1 FamFG aufgehoben oder geändert werden.

5. Dingliche Rechte des anderen Ehegatten an der Ehewohnung (Abs. 2). Auf-11 grund der Eigentumsgarantie des Grundgesetzes kann eine Zuweisung der Ehewohnung an den nicht dinglich Berechtigten nur verlangt werden, wenn dies notwendig ist, um eine **unbillige Härte** zu vermeiden. Die dingliche Berechtigung kann sich aus Eigentum, Miteigentum mit einem Dritten, Nießbrauch, einem dinglichen Wohnrecht oder auch aus einem Erbbaurecht ergeben. Eine unbillige Härte könnte angenommen werden, wenn der Antragsteller in dem Anwesen ein **alteingesessenes Erwerbsgeschäft** betreibt und bei Aufgabe etwa seine berufliche Basis verlieren würde. Aber auch hier ist in jedem Fall das Kindeswohl zu berücksichtigen. Dies kann dann eine besondere Rolle spielen, wenn die Kinderbetreuung durch in der Nachbarschaft lebende Verwandte gesichert ist. Bei der Abwägung ist zu berücksichtigen, ob der dinglich Berechtigte das Anwesen selber nutzen will oder nur einer wirtschaftlichen Verwertung zuführen will.

Ist der eine Ehegatte Eigentümer und der andere Inhaber eines dinglichen Wohnrechts nach § 1093 „unter Ausschluss des Eigentümers", ist die Entscheidung nach Abs. 2 zu treffen, wobei der Wohnrechtsinhaber bevorrechtigt ist. Sind die

---

12 OLG Stuttgart FamRZ 2015, 1189; OLG Celle FamRZ 2006, 1143.
13 OLG Brandenburg FamRZ 2015, 1498.
14 OLG Jena FamRZ 1997, 559.
15 OLG Karlsruhe FamRZ 2002, 1716.
16 OLG Bamberg FamRZ 1996, 1293 (Nichtberücksichtigung der Interessen eines neuen Partners im Rahmen der Hausratsverteilung).
17 KG FamRZ 1988, 182.
18 KG FamRZ 1988, 182.

Ehegatten **Miteigentümer**, unterliegt die Entscheidung Abs. 1 und ist nach billigem Ermessen zu treffen. Unterschiedliche Anteile sind im Rahmen des Abs. 1 eventuell mit zu berücksichtigen.

IV. Umsetzung der Wohnungszuweisung

12 Durch die Zuweisung der Ehewohnung nach Abs. 1 iVm Abs. 2 ist zwischen den Ehegatten klargestellt, wer die Wohnung weiter benutzen kann. Wie diese Regelung **Außenwirkung** erlangt und wie sich das Verhältnis zwischen demjenigen gestaltet, der in der Wohnung bleibt, und demjenigen, der die Wohnung zur Verfügung stellt, wird in den Absätzen 3 bis 6 geregelt.

13 **1. Mietwohnungen (Abs. 3).** Bewohnen die Eheleute die Wohnung aufgrund eines **ungekündigten Mietvertrags**, reicht zur Umgestaltung des Mietverhältnisses eine – nicht notwendigerweise gemeinsame – nicht formgebundene Erklärung der Eheleute an den Vermieter über die erfolgte Überlassung nach Abs. 3 S. 1 Nr. 1 aus. Dadurch scheidet entweder der eine Ehegatte als Mieter aus oder der bleibende Ehegatte tritt anstelle des weichenden Ehegatten in den Mietvertrag ein, ohne dass sich der Vertrag im Übrigen verändert. Die Wirkung tritt mit Zugang der (letzten) Mitteilung ein, § 130 Abs. 1 S. 1, frühestens aber mit Rechtskraft der Scheidung. Wegen der weitreichenden Konsequenzen empfiehlt es sich, für einen **Zugangsnachweis** zu sorgen. Ein Anspruch unter den Ehegatten auf Mitwirkung an der Mitteilung wird §§ 1353 Abs. 1 S. 2, 749, 723 (nacheheliche Solidarität) entnommen und kann nicht vor Rechtskraft der Scheidung verlangt werden.[19] Er ist als eine sonstige Familiensache gem. § 266 Abs. 1 FamFG geltend zu machen.

Können sich die Ehegatten nicht über die Überlassung der Wohnung einigen und führen sie ein Wohnungszuweisungsverfahren nach den §§ 200 ff. FamFG durch, hat die Entscheidung **unmittelbar mit Rechtskraft vertragsändernde Wirkung.**

Obwohl **der Vermieter** gem. § 204 FamFG am Wohnungszuweisungsverfahren zu beteiligen ist, kann er sich gegen die Umgestaltung des Mietvertrags nicht wehren. Er hat lediglich das Sonderkündigungsrecht des § 563 Abs. 4. Bei der Kündigung ist § 574 b Abs. 2 mit dem Hinweis auf das Widerspruchsrecht zu beachten. Der Richter wird aber die Argumente des Vermieters in die Billigkeitsentscheidung mit einfließen lassen, denn es macht keinen Sinn, die Wohnung demjenigen Ehegatten zuzuweisen, dem mit Sicherheit sofort gekündigt wird. Dies gilt insbesondere im Hinblick auf Genossenschaftswohnungen, da diese häufig nur Genossen zur Verfügung gestellt werden dürfen.

14 **2. Dienst- und Werkswohnungen (Abs. 4).** Dienst- und Werkswohnungen sollen grundsätzlich nur von demjenigen bewohnt werden, der sie aufgrund **seines Dienst- oder Arbeitsverhältnisses** zur Verfügung gestellt bekommen hat. Abs. 4 findet auch Anwendung, wenn der Dienstherr nicht Vermieter ist, sondern nur ein Belegungsrecht hat. Eine Mitteilung der Ehegatten nach Abs. 3 S. 1 Nr. 1 führt nur zu einer Begründung eines Mietverhältnisses, wenn der Vermieter sein Einverständnis erklärt, Abs. 4, 1. Alternative. Erklärt er sein Einverständnis nicht, müssen die Ehegatten ein Wohnungszuweisungsverfahren nach Abs. 1 durchführen, wobei als zusätzliche Voraussetzung das Vorliegen einer schweren

---

19 OLG Hamm FamRZ 2015, 667.

Härte festzustellen ist. Die schwere Härte geht über die für Abs. 2 erforderliche unbillige Härte hinaus.[20] Von Bedeutung hierbei ist, ob es für den Dienstverpflichteten möglich ist, die Arbeit auch von einer anderen Wohnung aus zu verrichten.[21] In der Regel kommt nur die Begründung eines befristeten Mietvertrags in Betracht.[22] Stehen beide Ehegatten im Dienst- oder Arbeitsverhältnis, ist die Entscheidung nach Abs. 1 ohne diese Voraussetzung zu treffen. Dasselbe gilt, wenn die Wohnung ihren Charakter als Dienst- oder Werkswohnung aufgrund von Zeitablauf verloren hat.[23] Nicht anwendbar ist die Vorschrift auf Wohnungen mit genossenschaftlicher Bindung.[24]

Sollte die Wohnung aufgrund eines Dienst- oder Arbeitsverhältnisses, aber **mit Mietvertrag** überlassen worden sein, dürfte das Vorliegen der schweren Härte im Hinblick auf Abs. 3 Nr. 2 bereits im Rahmen des Abs. 1 zur Beurteilung des Überlassungsanspruchs geprüft werden müssen.

3. Wohnungen ohne mietvertragliche Bindungen (Abs. 5). Die Begründung eines 15 Mietvertrags zu ortsüblichen Bedingungen kann verlangt werden für eine Wohnung, über die ein Mietvertrag nicht besteht. Es sind dies etwa Wohnungen, die im Eigentum des einen oder beider Ehegatten stehen, die den Ehegatten im Zusammenhang mit sonstigen familiären Bindungen überlassen wurden oder Mietwohnungen mit gekündigtem Mietvertrag. Ist die Mietwohnung jedoch nach Kündigung an einen Dritten weitervermietet, scheidet die Anwendung von Abs. 5 aus.[25] Der Anspruch besteht unabhängig von einem Überlassungsanspruch nach Abs. 1, er kann sich auch aus einer einvernehmlichen Nutzungsregelung ergeben.[26] Abs. 5 ist als echte Anspruchsgrundlage ausgestaltet. Klargestellt ist, dass beide Seiten, also sowohl der Wohnungsnutzer als auch der Verfügungsberechtigte, den **Abschluss eines Mietvertrages verlangen können.**

Der Mietvertrag gibt dem Wohnungsnutzer mehr Sicherheit, sowohl beim Verkauf der Wohnung (§ 566) als auch bei einer Versteigerung (§§ 9 Nr. 2, 21, 57 ff. ZVG).

Der Abschluss des Mietvertrags kann zu den **ortsüblichen Bedingungen** verlangt werden. Es handelt sich um einen neu begründeten Mietvertrag. Dies ist wichtig im Hinblick auf den Beginn der Sperrfrist des § 558 Abs. 1 S. 1. Der Mietzins soll angemessen sein, im Zweifel in Höhe der ortsüblichen Vergleichsmiete. In der ortsüblichen Miete sind bereits die Lasten der Wohnung sowie die in § 2 BetrKVO aufgeführten Verwaltungs-, Instandhaltungs- und Kapitalkosten enthalten.

Problematisch erscheint, ob dabei auch **persönliche Umstände** berücksichtigt werden können, wie die Wechselwirkung zwischen Miethöhe und Unterhalt[27] und die Anzahl der unterhaltsbedürftigen Kinder. Zur Vermeidung zukünftiger Probleme – etwa beim Verkauf der Wohnung durch den anderen Ehegatten, der zugleich der Eigentümer ist – dürfte es sich jedoch empfehlen, nur objektive Umstände einfließen zu lassen. Denn ein Kaufinteressent wäre kaum bereit, den

---

20 BR-Drs. 635/08, 45.
21 OLG Frankfurt/M. FamRZ 1992, 695.
22 MK/Wellenhofer § 1568 a Rn. 43.
23 OLG Hamburg FamRZ 1982, 939.
24 KG FamRZ 1984, 1242.
25 AG Hamburg-Altona MDR 1994, 1125.
26 Palandt/Brudermüller § 1568 a Rn. 20.
27 BT-Drs. 16/10798, 35.

auf die Unterhaltszahlungen abgestimmten niedrigen Mietzins gem. § 566 Abs. 1 mit zu übernehmen. Schwierigkeiten ergäben sich auch, wenn sich die Höhe des Unterhalts ändern würde. Parallel dazu müsste auch immer der Mietzins geändert werden. Ist der bleibende Ehegatte auch dinglich berechtigt an der Wohnung, reduziert sich die festzusetzende Miete um den Anteil, der seiner dinglichen Berechtigung entspricht. Das Mietverhältnis kann unter den Umständen des § 575 Abs. 1 oder wenn die Begründung eines unbefristeten Mietverhältnisses unter Würdigung der berechtigten Interessen des Vermieters unbillig wäre, befristet werden, § 1568 a Abs. 5 S. 2. Damit ist klargestellt, dass die Befristungsmöglichkeiten über die in § 575 Abs. 1 genannten hinausgehen.[28] Ein Kriterium zur Bemessung der Frist wird der voraussichtliche Zeitraum sein, den der Wohnungsnutzer benötigt, um eine Ersatzwohnung zu finden. Der Richter legt den Inhalt des Mietvertrags durch eine rechtsgestaltende Entscheidung fest.[29] Zur Vereinfachung benutzt er hierzu die im Schreibwarenhandel erhältlichen Formulare.[30]

In jedem Fall regelt sich das **Verhältnis zwischen Vermieter und Mieter** nur noch nach den mietrechtlichen Vorschriften.

16 **4. Nutzungsentschädigung.** Einen Anspruch auf Nutzungsentschädigung lässt sich § 1568 a nicht entnehmen. Im Hinblick darauf, dass die Bundesregierung eine entsprechende Anregung abgelehnt hat unter Hinweis auf die Möglichkeit, einen Mietvertrag abzuschließen,[31] kommt auch eine analoge Anwendung nicht in Betracht. Da ein Mietvertrag aber frühestens ab dem Zeitpunkt laufen kann, ab dem der Abschluss verlangt wird, kann eine vertragslose Zeit entstehen. Auf den Abschluss eines Mietvertrages kann auch im Hinblick auf einen anstehenden Verkauf der Wohnung bewusst verzichtet worden sein. Nutzungsentschädigung kann dann nur nach den §§ 987 ff. oder bei Miteigentum nach § 745 Abs. 2 verlangt werden. Voraussetzung ist der Zugang einer Zahlungsaufforderung.[32]

17 **5. Ausschlussfristen (Abs. 6).** Nach dem Wortlaut von Abs. 6 erlischt sowohl für den Verfügungsberechtigten als auch für den Wohnungsnutzer nach Ablauf von einem Jahr nach Rechtskraft der Endentscheidung in der Scheidungssache in den Fällen der Absätze 3 und 5 der **Anspruch auf Eintritt in ein Mietverhältnis oder auf seine Begründung.**

Im Hinblick auf die besonders ausgestaltete Schutzfunktion des Abs. 4 geht die ganz herrschende Meinung davon aus, dass auch der Anspruch auf Begründung eines Mietverhältnisses über **Werk- oder Dienstwohnraum** nach Ablauf eines Jahres erlischt.[33]

Da mit der Vorschrift dem **Schutz des Vermieters** Rechnung getragen werden soll, der nach gewisser Zeit Klarheit haben soll, wer sein Mieter ist, geht die herrschende Meinung davon aus, dass nur die Ansprüche des Wohnungsnutzers auf Begründung eines Mietverhältnisses erlöschen sollen,[34] nicht aber die des

---

28 JH/Götz § 1568 a Rn. 58.
29 BR-Drs. 635/08; 46.
30 Schulz/Hauß, Vermögensauseinandersetzung, Kap. 5 Rn. 1229.
31 BT-Drs. 16/10798 Anlage 3 Ziffer 4; BT-Drs. 16/13027, 11; JH/Götz § 1568 a Rn. 65.
32 MK/Wellenhofer § 1568 a Rn. 52.
33 JH/Götz § 1568 a Rn. 68; Palandt/Brudermüller § 1568 a Rn. 24; MK/Wellenhofer § 1568 a Rn. 54.
34 JH/Götz § 1568 a Rn. 69; Palandt/Brudermüller § 1568 a Rn. 24.

Verfügungsberechtigten. Hierfür spricht, dass Abs. 5 erst nachträglich angefügt wurde und die Anpassung von Abs. 6 möglicherweise übersehen wurde.[35] Für diese Auffassung spricht auch, dass die Anwendbarkeit auf Ansprüche des Vermieters äußerst unpraktikabel wäre, da der Vermieter im Regelfall nicht erfährt, wann die Rechtskraft der Scheidungssache eintritt.

Die **automatische Koppelung des Eintritts in den Mietvertrag nach Abs. 3 Nr. 2 an die Zuweisung der Wohnung** nach Abs. 1 legt nahe, die Ausschlussfrist auch auf die Zuweisung nach Abs. 1 anzuwenden.[36] Die gesetzgeberische Absicht, die Beziehung zwischen Verfügungsberechtigtem und Nutzer nach Möglichkeit dem Mietrecht zu unterstellen, könnte sonst nach Ablauf eines Jahres durch den Nutzer unterlaufen werden.

V. Verfahren

1. Zuständigkeit. Ehewohnungssachen nach § 1568 a sind Familiensachen, §§ 111 Nr. 5, 200 Abs. 1 Nr. 2 FamFG. Die Verweisung auf die Vorschriften der ZPO in § 113 Abs. 1 FamFG ist nicht zu beachten. Zuständig ist das Familiengericht, §§ 23 a Abs. 1 Nr. 1, 23 b Abs. 1 GVG. **18**

2. Verfahrensarten. Ehewohnungssachen können **isoliert** geltend gemacht werden. Im **Verbund** müssen sie spätestens zwei Wochen vor der mündlichen Verhandlung im ersten Rechtszug in der Scheidungssache anhängig gemacht werden, § 137 Abs. 2 Nr. 3 FamFG. Nur im Verbund haben sich die Parteien durch einen Rechtsanwalt vertreten zu lassen, § 114 FamFG. **19**

3. Antrag. Das Verfahren wird eingeleitet durch eine Antragsschrift, §§ 23, 203 FamFG. Im Antrag müssen diejenigen Personen benannt werden, die als **Beteiligte** in Betracht kommen, § 23 Abs. 1 S. 2 FamFG. Dies können der Vermieter der Wohnung, der Grundstückseigentümer, der Dritte gem. § 1568 a Abs. 4 und solche Personen sein, mit denen die Ehegatten oder einer von ihnen hinsichtlich der Wohnung in Rechtsgemeinschaft stehen, § 204 Abs. 1 FamFG, wie der Mitmieter oder Untermieter. Dass jemand durch die Regelung unmittelbar betroffen ist, reicht nach dem Wortlaut nicht.[37] Das **Jugendamt** ist nicht von Amts wegen, sondern nur auf seinen Antrag zu beteiligen, wenn Kinder im Haushalt leben, § 204 Abs. 2 FamFG. Auf jeden Fall ist das Jugendamt anzuhören, wenn Kinder im Haushalt leben, § 205 Abs. 1 FamFG. Das Jugendamt hat ein Beschwerderecht, § 205 Abs. 2 S. 2 FamFG. Der **Insolvenzverwalter** ist nicht Beteiligter.[38] **20**

4. Tod eines Ehegatten. Mit dem Tod eines Ehegatten ist das Verfahren **erledigt,** § 208 FamFG. Dies ist die Konsequenz daraus, dass die Ansprüche als höchstpersönliche Ansprüche ausgestaltet sind.[39] Das führt allerdings dazu, dass der Antragsteller im Falle des Todes seines ehemaligen Ehepartners alle familienrechtlichen Ansprüche auf die Ehewohnung verliert. Sollte der Mietvertrag nur mit dem anderen Ehepartner bestanden haben und die Ehepartner zuletzt keinen gemeinsamen Haushalt mehr geführt haben, was im Zuge der Trennung der Regelfall sein dürfte, bestehen auch keine Ansprüche auf die Ehewohnung aus § 563. **21**

---

35 JH/Götz § 1568 a Rn. 69; Palandt/Brudermüller § 1568 a Rn. 24.
36 JH/Götz § 1568 a Rn. 70.
37 MK/Wellenhofer § 1568 a Rn. 58.
38 OLG Celle MDR 1962, 416.
39 FA-FamR/Klein Kap. 8 Rn. 19.

22 **5. Wirksamkeit.** Die Endentscheidung wird mit Rechtskraft wirksam, § 209 Abs. 2 S. 1 FamFG.

23 **6. Flankierende Anordnungen.** Mit der Endentscheidung soll das Gericht die **Anordnungen** treffen, die zu ihrer Wirksamkeit erforderlich sind, § 209 Abs. 1 FamFG.

Insbesondere ermöglicht die Zuweisungsentscheidung noch keine Räumungsvollstreckung. Folgende Anordnungen, die zweckmäßigerweise beantragt werden sollten, kommen in Betracht:

▶ Der Antragsgegner hat die Wohnung zu räumen und an die Antragstellerin herauszugeben. Der Antragsgegner erhält eine Räumungsfrist von zwei Monaten. Bei der Räumung ist § 885 Abs. 2 bis 4 ZPO nicht anzuwenden.

Dem Antragsgegner wird geboten, der Antragstellerin sämtliche Schlüssel zur Wohnung, zur Garage, zum Kellerabteil herauszugeben.[40]

Dem Antragsgegner wird aufgegeben, beim Auszug seine persönlichen Sachen mitzunehmen.

Der Antragsgegner wird verpflichtet, der Antragstellerin sofortigen Zugang zur Ehewohnung zu gewähren.

Dem Antragsgegner wird verboten, das Mietverhältnis an der Ehewohnung zu kündigen oder in sonstiger Weise zu beenden.[41] ◀

Nach herrschender Meinung kann ein Veräußerungs- oder Teilungsversteigerungsverbot nicht angeordnet werden.[42]

Sicherungsanordnungen zugunsten des Vermieters sind nicht möglich.[43]

In **Gewaltfällen** können Schutzmaßnahmen erforderlich werden. Werden sie auf das Gewaltschutzgesetz gestützt, müssen sie befristet werden, § 1 Abs. 1 S. 2 GewSchG. Andererseits sieht § 4 GewSchG für den Fall der Zuwiderhandlung eine Freiheitsstrafe von bis zu einem Jahr vor. Als Anordnung kommt der Katalog des § 1 Abs. 1 S. 3 GewSchG in Betracht.

24 **7. Abänderung.** Eine Abänderung der Entscheidung ist möglich nach § 48 Abs. 1 FamFG, da es sich bei der Wohnungszuweisung um eine Entscheidung mit Dauerwirkung handelt. Nach dieser Vorschrift kann auch die Räumungsfrist verlängert werden.[44] §§ 721, 765 a ZPO sind nicht anwendbar.[45]

25 **8. Einstweilige Anordnung.** Die Ansprüche aus § 1568 a können im Wege der einstweiligen Anordnung in einem selbstständigen Verfahren durchgesetzt werden, §§ 49 ff. FamFG.

26 **9. Rechtsmittel.** Das Rechtsmittel gegen die Hauptsacheentscheidung ist die Beschwerde, § 58 FamFG.

Gegen einen in einer einstweiligen Anordnung ergangenen Beschluss ist die Beschwerde nur zulässig, wenn das Gericht des ersten Rechtszugs aufgrund mündlicher Erörterung entschieden hat, § 57 S. 2 Nr. 5 FamFG. Ansonsten muss nach § 54 FamFG vorgegangen werden.

---

40 OLG Stuttgart FamRZ 2004, 876.
41 JH/Götz FamFG § 209 Rn. 7.
42 Palandt/Brudermüller § 1361 b Rn. 17; JH/Götz FamFG § 209 Rn. 8.
43 JH/Götz FamFG § 209 Rn. 13.
44 JH/Götz FamFG § 209 Rn. 19.
45 JH/Götz FamFG § 209 Rn. 19.

VI. Kosten

Die Kosten werden nach §§ 80 ff. FamFG verteilt. 27

1. Hauptsacheverfahren. Verfahrenswert: 4.000 EUR, § 48 Abs. 1 FamGKG, 28
§ 200 Abs. 1 Nr. 2 FamFG, kann aber nach den Umständen des Einzelfalles erhöht oder verringert werden, § 48 Abs. 3 FamFG.

Da der Anspruch auf Nutzungsentschädigung auf § 745 Abs. 2 beruht, wird die
Auffassung vertreten, der Verfahrenswert im Verfahren um die Nutzungsentschädigung sei entsprechend §§ 42, 48 GKG, § 9 ZPO zu bestimmen oder nach
§ 35 FamGKG.[46]

2. Einstweilige Anordnung. Verfahrenswert: 2.000 EUR, §§ 41, 48 Abs. 1 29
FamGKG, § 200 Abs. 1 Nr. 2 FamFG, kann aber nach den Umständen des Einzelfalles erhöht oder verringert werden, § 48 Abs. 3 FamFG.

§ 1568 b BGB Haushaltsgegenstände

(1) Jeder Ehegatte kann verlangen, dass ihm der andere Ehegatte anlässlich der
Scheidung die im gemeinsamen Eigentum stehenden Haushaltsgegenstände überlässt und übereignet, wenn er auf deren Nutzung unter Berücksichtigung des
Wohls der im Haushalt lebenden Kinder und der Lebensverhältnisse der Ehegatten in stärkerem Maße angewiesen ist als der andere Ehegatte oder dies aus anderen Gründen der Billigkeit entspricht.

(2) Haushaltsgegenstände, die während der Ehe für den gemeinsamen Haushalt
angeschafft wurden, gelten für die Verteilung als gemeinsames Eigentum der
Ehegatten, es sei denn, das Alleineigentum eines Ehegatten steht fest.

(3) Der Ehegatte, der sein Eigentum nach Absatz 1 überträgt, kann eine angemessene Ausgleichszahlung verlangen.

I. Allgemeines

§ 1568 b ist zum 1.9.2009 in Kraft getreten. Mangels Übergangsregelung ist die 1
Vorschrift auch in vor dem 1.9.2009 eingeleiteten Verfahren anwendbar.[1]

§ 1568 b regelt die Aufteilung der im gemeinsamen Eigentum der Ehegatten[2]
stehenden Haushaltsgegenstände mit Wirkung ab **Rechtskraft der Scheidung** an
Hand von Billigkeitskriterien. Bis dahin bestimmen sich die Rechtsverhältnisse
nach § 1361 a. Der grundsätzliche Unterschied besteht darin, dass ab Rechtskraft der Scheidung eine **endgültige Regelung** herbeigeführt werden soll.

Die Nutzungsbefugnis für **im Inland** befindliche Haushaltsgegenstände richtet 2
sich nach deutschem Recht, Art. 17 a EGBGB. Auf im **Ausland** befindliche
Haushaltsgegenstände ist das Scheidungsstatut der Art. 17, 14 EGBGB anzuwenden.[3] Dies kommt bei Inventar von Ferienwohnungen in Betracht. Für eingetragene Lebenspartnerschaften findet sich die Verweisung auf § 1568 b in § 17
LPartG, die Verweisung auf Art. 17 a EGBGB in Art. 17 b Abs. 2 EGBGB. Auf
nichteheliche Lebensgemeinschaften ist § 1568 b nach hM auch nicht analog anzuwenden.[4]

---

46 Kohlenberg, Der Gegenstandswert betreffend die Nutzungsvergütung, FuR 2015, 701.
1 BGH FamRZ 2011, 183.
2 BGH FamRZ 2011, 183.
3 Palandt/Thorn § 17 a EGBGB Rn. 4.
4 Palandt/Brudermüller § 1568 b Rn. 2.

3 § 1568 b ist als **echte Anspruchsgrundlage** ausgestaltet. Haushaltsgegenstände können daher nur dem zugewiesen werden, der einen entsprechenden **Antrag** gestellt hat.[5] Aus Gründen der Verfahrenswirtschaftlichkeit können die Ehegatten nicht verlangen, dass nur über einzelne Gegenstände entschieden wird, wenn sie sich über den Rest nicht geeinigt haben. Liegt jedoch eine Einigung hinsichtlich der anderen Gegenstände vor, darf das Gericht nicht mehr darüber entscheiden, da insoweit das Regelungsbedürfnis fehlt.[6] Das Ergebnis der Teileinigung ist im Rahmen der Billigkeitsabwägungen der Endentscheidung mit zu berücksichtigen. Eine Einigung liegt nicht vor, wenn über die Ausgleichszahlung weiter gestritten wird.

II. Haushaltsgegenstände

4 Zu den Haushaltsgegenständen zählen **alle beweglichen Gegenstände**, die üblicherweise nach den ehelichen Lebensverhältnissen für die Wohnung, den Haushalt und das Zusammenleben der Familie bestimmt sind und damit der gemeinsamen Lebensführung dienen.[7] Der Begriff ist weit auszulegen. Wegen der Einzelheiten wird verwiesen auf die Ausführungen unter → § 1361 a Rn. 2 ff. Gegenstände, die nicht mehr vorhanden sind, können nicht verteilt werden.[8] Trägt ein Ehegatte vor, ein Gegenstand, der zum Zeitpunkt der Trennung noch vorhanden gewesen sei, sei nunmehr nicht mehr da, trägt er für diesen Vortrag die Beweislast.[9] Bei Veräußerung eines Haushaltsgegenstandes ist § 1369 zu beachten.[10]

III. Eigentumsverhältnisse

5 Nur Gegenstände, die im **Miteigentum** der Ehegatten stehen, unterfallen § 1568 b.[11] Der Ausgleich der im Alleineigentum stehenden Gegenstände erfolgt nach den güterrechtlichen Vorschriften.[12] Der Richter hat die Eigentumsverhältnisse im Rahmen des § 26 FamFG zu ermitteln. Im Zweifel kann er bei Gegenständen, die während der Ehe angeschafft wurden, von Miteigentum ausgehen, Abs. 2. Die Vermutung gilt unabhängig vom Güterstand. Eine Einigungserklärung eines Ehegatten im Zusammenhang mit dem Erwerb eines Haushaltsgegenstandes ist dahin gehend auszulegen, dass beide Ehegatten Miteigentümer werden.[13] Auch bei Eigentumserwerb vor der Hochzeit im Hinblick auf den gemeinsamen Haushalt kann unter Umständen von gemeinsamem Eigentum ausgegangen werden.[14]

Gegenstände, die unter **Eigentumsvorbehalt** stehen, **geleaste** oder **gemietete** Gegenstände sind nach Abs. 1 zu behandeln, soweit nicht ein Ehegatte allein als Vertragspartner feststeht.[15]

---

5 Palandt/Brudermüller Vor § 1568 b Rn. 3.
6 OLG Naumburg FamRZ 2004, 889.
7 BGH FamRZ 1984, 144 und 575; OLG Karlsruhe FamRZ 2007, 59.
8 OLG Hamm FamRZ 1996, 1423; OLG Frankfurt/M. FamRZ 2004, 1105.
9 OLG Köln NJW-RR 1989, 646.
10 OLG Düsseldorf FamRB 2007, 1997.
11 BGH FamRZ 2011, 183.
12 BGH FamRZ 2011, 183; BT-Drs. 16/10798, 25; BGH FamRZ 2011, 1039.
13 BGH NJW 1991, 2283; OLG Köln FamRZ 2011, 975.
14 OLG Brandenburg FamRZ 2003, 532.
15 JH/Götz § 1568 § 1568 b Rn. 7.

Schulden, die auf Haushaltsgegenständen lasten, sind güterrechtlich auszugleichen.[16]

Zur Feststellung des Eigentums gilt grundsätzlich das Güterrechtsstatut des Art. 15 EGBGB. Eigentumsübertragungen außerhalb des Güterrechts unterliegen der lex rei sitae, Art. 43 EGBGB.[17]

IV. Die einzelnen Ansprüche

1. Überlassung und Eigentumserwerb (Abs. 1). Ein Ehegatte kann verlangen, 6 dass ihm der Haushaltsgegenstand überlassen wird. Der Anspruch aus Abs. 1 besteht unter der Voraussetzung, dass der anspruchstellende Ehegatte auf die Nutzung der Haushaltsgegenstände stärker angewiesen ist als der andere. In erster Linie nennt das Gesetz das **Wohl der im Haushalt lebenden Kinder.** Dieses Kriterium kann für die Zuweisung des Familienautos von ausschlaggebender Bedeutung sein.

Die Lebensverhältnisse der Ehegatten geben Aufschluss darüber, wer den Gegenstand üblicherweise benötigt. Hier können auch die Möglichkeiten der Ersatzbeschaffung eine Rolle spielen.

Aus **anderen Gründen** könnte es der Billigkeit entsprechen, einen als Ersatz angeschafften Gegenstand demjenigen zuzuweisen, der Eigentümer des nicht mehr vorhandenen Gegenstandes ist (Rechtsgedanke des seit dem 1.9.2009 aufgehobenen § 1370). Kein zu berücksichtigender Grund kann es sein, den anderen von der Nutzung auszuschließen.[18]

Mit der Überlassungsentscheidung erwirbt der begünstigte Ehegatte **Alleineigentum,**[19] ohne dass es einer Übergabe bedarf.[20] **Gutgläubiger Erwerb** ist nicht möglich.

2. Ausgleichszahlung (Abs. 3). Für die Eigentumsübertragung kann eine angemessene Ausgleichszahlung verlangt werden. Nach herrschender Meinung ist 7 hier vom **Wiederbeschaffungswert** auszugehen.[21] Billigkeitserwägungen sind zwar im Gesetz selbst nicht mehr erwähnt, dürften aber im Rahmen der Angemessenheitsprüfung mitberücksichtigt werden können.[22]

Die Ausgleichszahlung kann, anders als nach früherem Recht, isoliert und unabhängig von der richterlichen Entscheidung nach Abs. 1 verlangt werden.[23]

3. Auskunftsanspruch. Aus § 1568 b lässt sich ein Auskunftsanspruch **nicht** herleiten. Im Hinblick auf § 26 FamFG besteht in der Regel kein Rechtsschutzinteresse. **Ganz ausnahmsweise** kann ein Auskunftsanspruch aus den §§ 1353, 242, 260 hergeleitet werden, wenn der eine Ehegatte in entschuldbarer Weise keine Kenntnis vom Bestand des Hausrats hat, zB bei längeren Klinikaufenthalten oder Strafhaft,[24] und der andere die gewünschte Auskunft unschwer erteilen kann.[25]

---

16 Palandt/Brudermüller § 1568 b Rn. 8; BT-Drs. 16/10798, 37; BGH NJW-RR 1986, 1325.
17 JH/Henrich EGBGB Art. 17 a Rn. 3.
18 OLG Celle NJW-RR 2009, 1306.
19 Palandt/Brudermüller § 1568 b Rn. 10.
20 JH/Götz § 1568 b Rn. 22.
21 OLG Zweibrücken FamRZ 1993, 82.
22 JH/Götz § 1568 b Rn. 17.
23 Palandt/Brudermüller § 1568 b Rn. 12.
24 KG FamRZ 1982, 68.
25 OLG Bamberg FamRZ 1992, 332.

9 **4. Verwirkung.** Nach Verwirklichung des Zeit- und Umstandsmoments kann ein Anspruch auf Zuweisung von Haushaltsgegenständen verwirkt sein. In Anlehnung an § 1568 a Abs. 6 könnte etwa **ein Jahr** nach Rechtskraft der Scheidung von der Erfüllung des Zeitmoments ausgegangen werden. Wird über die anderen Scheidungsfolgen verhandelt, ein Anspruch nach § 1568 b aber nicht angesprochen, könnte darin das Umstandsmoment liegen.[26]

V. Verfahren

10 **1. Zuständigkeit.** Haushaltssachen nach § 1568 b sind Familiensachen, §§ 111 Nr. 5, 200 Abs. 2 Nr. 2 FamFG. Die Verweisung auf die Vorschriften der ZPO in § 113 Abs. 1 FamFG ist somit nicht zu beachten. Zuständig ist das Familiengericht, §§ 23 a Abs. 1 Nr. 1, 23 b Abs. 1 GVG.

11 **2. Verfahrenswege.** Haushaltssachen können im **isolierten Verfahren** geltend gemacht werden. Als Folgesache im **Verbund** nach § 137 Abs. 2 S. 1 Nr. 3 FamFG sind sie spätestens zwei Wochen vor der mündlichen Verhandlung im ersten Rechtszug in der Scheidungssache anhängig zu machen, § 137 Abs. 2 S. 1 FamFG. Nur im Verbund haben sich die Parteien durch einen Rechtsanwalt vertreten zu lassen, § 114 FamFG.

12 **3. Antragsverfahren.** Das Verfahren wird eingeleitet durch eine **Antragsschrift**, §§ 23, 203 FamFG. Da am Ausgang des Verfahrens – anders als im Kindschaftsverfahren – kein gesteigertes öffentliches Interesse besteht und das Verfahren Ähnlichkeit mit einem Zivilprozess hat,[27] obliegt dem Antragsteller eine **erhöhte Darlegungslast**. Er muss insbesondere Anhaltspunkte für die Aufnahme der Amtsermittlung nach § 26 FamFG darlegen.[28]

Der Antrag soll eine **Aufstellung sämtlicher Haushaltsgegenstände** enthalten, also auch derjenigen, über die die Eheleute sich bereits geeinigt haben, da nur dann eine sinnvolle Verteilung der Restgegenstände möglich ist. Die einzelnen Gegenstände müssen genau bezeichnet sein, damit eine Herausgabevollstreckung möglich ist.[29]

13 **4. Tod eines Ehegatten.** Mit dem Tod eines Ehegatten ist das Verfahren **erledigt**, § 208 FamFG. Dies ist die Konsequenz davon, dass die Ansprüche als höchstpersönliche Ansprüche ausgestaltet sind.[30] Das führt allerdings dazu, dass der Antragsteller im Falle des Todes seines ehemaligen Ehepartners alle familienrechtlichen Ansprüche auf die Haushaltsgegenstände verliert. Da die Gegenstände im Miteigentum standen, muss er sich nun mit den Erben nach §§ 741 ff. auseinandersetzen. Ein Eigentumserwerb nach § 1932 dürfte in den meisten Fällen an § 1933 scheitern.

14 **5. Flankierende Anordnungen.** Mit der Endentscheidung soll das Gericht die **Anordnungen** treffen, die zu ihrer Wirksamkeit erforderlich sind, § 209 Abs. 1 FamFG. Da aus der Zuweisungsentscheidung allein eine Herausgabevollstreckung nicht möglich ist, empfiehlt es sich, zusätzlich eine **Herausgabeanordnung** zu treffen:

---

26 OLG Koblenz EzFamR aktuell 2003, 137; OLG Naumburg FamRZ 2007, 1579.
27 BT-Drs. 16/6308, 250.
28 Keidel/Giers FamFG § 203 Rn. 5.
29 OLG Brandenburg FamRZ 2003, 532 Ls. 4; BGH FamRZ 1988, 255.
30 FA-FamR/Klein Kap. 8 Rn. 19.

▶ Der Laptop orange, Marke SN 3 D, Farbe silbern, einschließlich des Netzteils, wird der Antragstellerin zugewiesen.

Der Antragsgegner ist verpflichtet, den Laptop einschließlich des Netzteils an die Antragstellerin herauszugeben. ◀

6. Wirksamkeit. Die Endentscheidung wird mit Rechtskraft wirksam, § 209 Abs. 2 S. 1 FamFG.   15

7. Abänderung. Eine Abänderung der Entscheidung ist bei einer nachträglichen wesentlichen Veränderung möglich nach § 48 Abs. 1 FamFG, da es sich bei der Verteilung der Haushaltsgegenstände um eine **Entscheidung mit Dauerwirkung** handelt.   16

8. Einstweilige Anordnung. Die Ansprüche aus § 1568 b können im Wege der einstweiligen Anordnung durchgesetzt werden, §§ 49 ff. FamFG.   17

9. Rechtsmittel. Das Rechtsmittel gegen die Hauptsacheentscheidung ist die Beschwerde, § 58 FamFG. Gegen einen in einer einstweiligen Anordnung ergangenen Beschluss ist die Beschwerde nicht statthaft, § 57 Abs. 1 Nr. 1 FamFG.   18

10. Vollstreckung. Die Vollstreckung der zugewiesenen Gegenstände erfolgt gemäß § 95 Abs. 1 Nr. 2 und 4 FamFG nach den Vorschriften der ZPO.   19

Holt der Ehegatte die ihm zugewiesenen Gegenstände nicht ab, muss der andere, um die Gegenstände loszuwerden, ihn in Annahmeverzug setzen, §§ 293, 295, indem er ihm eine Möglichkeit nach Zeit und Ort benennt, die Gegenstände abzuholen. Bleibt diese Aktion erfolglos, kann er die Gegenstände, soweit sie als „Kostbarkeiten" zu bezeichnen sind, beim Amtsgericht hinterlegen, § 372, § 5 HintO. Die übrigen Gegenstände, die wahrscheinlich die größeren Probleme verursachen, kann er, soweit sie sich dazu eignen, nach Ankündigung versteigern lassen und den Erlös hinterlegen, §§ 383, 384 HintO. Soweit die Gegenstände nicht verkäuflich sind, kann er sie nach vorangegangener Benachrichtigung vernichten.

VI. Kosten

Die **Kosten** werden nach §§ 80 ff. FamFG verteilt.   20

1. Hauptsacheverfahren. Verfahrenswert: 3.000 EUR, § 48 Abs. 2 FamGKG, § 200 Abs. 2 Nr. 2 FamFG, kann aber nach den Umständen des Einzelfalles erhöht oder verringert werden, § 48 Abs. 3 FamFG.   21

2. Einstweilige Anordnung. Verfahrenswert: 1.500 EUR, § 41, § 48 Abs. 2 FamGKG, § 200 Abs. 2 Nr. 2 FamFG, kann aber nach den Umständen des Einzelfalles erhöht oder verringert werden, § 48 Abs. 3 FamFG.   22

Untertitel 2 Unterhalt des geschiedenen Ehegatten

Kapitel 1
Grundsatz

§ 1569 BGB Grundsatz der Eigenverantwortung

[1]Nach der Scheidung obliegt es jedem Ehegatten, selbst für seinen Unterhalt zu sorgen. [2]Ist er dazu außerstande, hat er gegen den anderen Ehegatten einen Anspruch auf Unterhalt nur nach den folgenden Vorschriften.

I. Allgemeines

1 Das Unterhaltsrecht wird seit 1.1.2008[1] noch deutlicher als früher durch den **Grundsatz der Eigenverantwortung** geprägt.[2]

Der geschiedene Ehegatte wird mit der **Obliegenheit** belastet, nach der Scheidung selbst für sein wirtschaftliches Auskommen zu sorgen („nur"), nach S. 2 der Vorschrift eingeschränkt durch den **Gedanken der nachehelichen Solidarität**. Dieser beruht auf dem Gedanken der nachwirkenden Mitverantwortung des wirtschaftlich stärkeren Ehegatten für den anderen. Allerdings bringt S. 2 zum Ausdruck, dass der Unterhaltsanspruch mit Blick auf den Grundsatz der Eigenverantwortung die Ausnahme, nicht aber die Regel ist.[3]

2 Daraus folgt, dass die Scheidung den wirtschaftlich stärkeren Ehegatten nicht grundsätzlich vor jeder Inanspruchnahme schützt. Es geht darum, eine **angemessene Risikoverteilung** für den Fall, dass ein Ehegatte nach der Scheidung einer nachteiligen wirtschaftlichen Entwicklung unterworfen ist und dies nicht durch Erfüllung seiner Erwerbsobliegenheit kompensieren kann, zu finden.[4] Hierzu normiert § 1574 erhöhte Anforderungen an die (Wieder-)Aufnahme einer Erwerbstätigkeit an den bedürftigen geschiedenen Ehegatten und verpflichtet ihn zu einer angemessenen Erwerbstätigkeit. Angemessen ist insoweit auch eine Tätigkeit nach Maßgabe eines **früher ausgeübten Berufs**, der als angemessen und zumutbar angesehen werden kann, soweit nicht aus Billigkeitsgründen ausnahmsweise eine Korrektur erfolgen muss, hin in Richtung der gelebten ehelichen Verhältnisse.[5] Der nacheheliche Unterhalt vermittelt keinen Anspruch auf eine die bisherigen Lebensverhältnisse unverändert fortschreibende Lebensstandardgarantie.

---

1 Reform des Unterhaltsrechts, BGBl. I 2007, 3189.
2 BT-Drs. 16/1830, 14.
3 BT-Drs. 16/1830, 16.
4 BGH 29.1.2003 – XII ZR 92/01, FamRZ 2003, 590.
5 BT-Drs. 16/1830, 17.

Bei der Bemessung des nachehelichen Unterhalts nach den ehelichen Lebensverhältnissen (§ 1578 Abs. 1 S. 1) sind daher **spätere Änderungen** des verfügbaren Einkommens grundsätzlich zu berücksichtigen, und zwar unabhängig davon, wann sie eingetreten sind, ob es sich um Minderungen oder Verbesserungen handelt oder ob die Veränderungen auf Seiten des Unterhaltspflichtigen oder des Unterhaltsberechtigten eingetreten sind. Das Unterhaltsrecht will den geschiedenen Ehegatten nicht besser stellen, als er während der Ehe stand oder aufgrund einer absehbaren Entwicklung ohne die Scheidung stehen würde. Daher sind nur solche **Steigerungen des verfügbaren Einkommens** zu berücksichtigen, die schon **in der Ehe angelegt** waren, nicht aber zB ein Einkommenszuwachs infolge eines Karrieresprungs. Die Berücksichtigung einer nachehelichen Verringerung des verfügbaren Einkommens findet ihre Grenze erst in der nachehelichen Solidarität. Nur bei unterhaltsrechtlich leichtfertigem Verhalten ist deswegen von einem fiktiven Einkommen auszugehen. Diese Voraussetzung liegt nicht vor, wenn ein Unterhaltsschuldner **Kinder** aus einer neuen Beziehung bekommt.[6] Daher ist in solchen Fällen von den tatsächlichen Verhältnissen auszugehen und auch die neue Unterhaltpflicht bei der Bemessung des nachehelichen Unterhalts auf der Ebene der Leistungsfähigkeit, nicht jedoch bei der Bedarfsermittlung zu berücksichtigen.[7] Ist der neue Ehegatte des Unterhaltspflichtigen gegenüber dem geschiedenen Ehegatten nach § 1609 Nr. 3 **nachrangig**, ist dessen Unterhaltsanspruch im Rahmen der Leistungsfähigkeit grundsätzlich nicht als sonstige Verpflichtung zu berücksichtigen; der unterhaltsrechtliche Vorrang des geschiedenen Ehegatten wirkt sich bei der Billigkeitsabwägung nach § 1581 vielmehr in Höhe des vollen Unterhaltsbedarfs nach den ehelichen Lebensverhältnissen aus, da die Rangvorschriften des § 1609 selbst Ausdruck einer gesetzlichen Billigkeitswertung sind.[8] Sind ein geschiedener und ein neuer Ehegatte nach § 1609 **gleichrangig**, ist im Rahmen der Leistungsfähigkeit des Unterhaltspflichtigen eine Billigkeitsabwägung in Form einer Dreiteilung des gesamten unterhaltsrelevanten Einkommens nicht zu beanstanden.[9]

Soweit der Unterhaltsbedarf des geschiedenen Ehegatten vom Bundesgerichtshof zunächst bei Wiederverheiratung des unterhaltspflichtigen Ehegatten zur gleichmäßigen Aufteilung des Einkommens der Beteiligten nach der sog **Dreiteilungsmethode** bemessen wurde,[10] hat das Bundesverfassungsgericht dies mit Beschluss vom 25.1.2011 als **verfassungswidrig** verworfen (dazu auch → § 1578 Rn. 18 und → § 1609 Rn. 4).[11] Auf dieser Rechtsprechung des Bundesgerichtshofs beruhende Unterhaltsvereinbarungen können nach den Grundsätzen über den Wegfall der Geschäftsgrundlage angepasst werden.[12] Allerdings ist aufgrund

---

6 BGH 1.10.2008 – XII ZR 62/07, FamRZ 2009, 23; 6.2.2008 – XII ZR 14/06, FamRZ 2008, 968; 30.7.2008 – XII ZR 177/06, FamRZ 2008, 1911.

7 BGH 7.12.2011 – XII ZR 151/09, FamRZ2012, 281 (288); 7.12.2011 – XII ZR 159/09, FamRZ 2012, 292; 7.3.2012 – XII ZR 145/09, FamRZ 2012, 951 (unter Aufgabe der vormaligen Rechtsprechung, vgl. etwa BGH 30.7.2008 – XII ZR 177/06, FamRZ 2008, 1911).

8 BGH 7.5.2014 – XII ZB 258/13, FamRZ 2014, 1183; 7.12.2011 – XII ZR 151/09, FamRZ 2012, 281.

9 BGH 7.12.2011 – XII ZR 151/09, FamRZ 2012, 281.

10 BGH 18.11.2009 – XII ZR 65/09, FamRZ 2010, 111; 1.10.2008 – XII ZR 62/07, FamRZ 2009, 23; 17.12.2008 – XII ZR 9/07, FamRZ 2009, 411; 30.7.2008 – XII ZR 177/06, FamRZ 2008, 1911.

11 BVerfG 25.1.2011 – 1 BvR 918/10, FamRZ 2011, 437.

12 BGH 20.3.2013 – XII ZR 72/11, FamRZ 2013, 853.

der Unterhaltsrechtsreform 2008 insbesondere bei Doppelverdienerehen, aber auch bei den erst mit fortgeschrittenem Alter geschlossenen Ehen stringenter zu untersuchen, ob das Maß der Verflechtung der ehelichen Lebensdispositionen und der Grad der wirtschaftlichen Abhängigkeit des Bedürftigen vom Pflichtigen das Verlangen auf Unterhalt rechtfertigen kann.[13] Die insbesondere für die Hausfrauenehe geltenden Grundsätze wurden zunehmend – auch bei Ehen von langer Dauer – mit Blick auf § 1578 b Abs. 1 modifiziert.[14] Der angemessene Lebensbedarf nach § 1578 b Abs. 1 bestimmt sich nach der Lebensstellung, die der Unterhaltsberechtigte ohne die Ehe und damit verbundene Erwerbsnachteile erlangt hätte. Die – besseren – Verhältnisse des anderen Ehegatten sind für den sich nach der eigenen Lebensstellung des Unterhaltsberechtigten bemessenden Bedarf ohne Bedeutung.

3 Fernwirkung hat die heutige Fassung von § 1569 vor allem bei der Auslegung von § 1570 (Dauer des Betreuungsunterhalts, Erwerbsobliegenheit neben Kinderbetreuung, Ablösung des Altersstufenmodells), § 1574 (angemessene Erwerbstätigkeit), § 1578 b (zeitliche Begrenzung/Herabsetzung) und § 1579 (Beschränkung oder Versagung wegen grober Unbilligkeit). Demzufolge hat das Gesetz den Betreuungsunterhalt vom **überkommenen Altersstufenmodell** (auch in modifizierter Form) losgelöst, um den bestehenden Betreuungsbedürfnissen und -möglichkeiten bei der Prüfung jedes **Einzelfalls** besser Rechnung zu tragen. § 1570 sieht mit Blick auf die gesetzgeberische Zielvorstellung einen dreijährigen Basisunterhalt (Abs. 1 S. 1) und zwei Verlängerungsmöglichkeiten aus kind- bzw. elternbezogenen Billigkeitsgründen (Abs. 1 S. 2, 3 und Abs. 2) vor.[15]

4 § 1578 b regelt die Herabsetzung auf den **angemessenen Bedarf** sowie die Möglichkeit **zeitlicher Befristung** (zur Anwendungsproblematik beim Betreuungsunterhalt → § 1570 Rn. 42; vgl. insgesamt → § 1578 b Rn. 18 ff.).[16] Der Maßstab des angemessenen Lebensbedarfs, der nach § 1578 b regelmäßig die Grenze für die Herabsetzung des nachehelichen Unterhalts bildet, bemisst sich nach dem Einkommen, das der unterhaltsberechtigte Ehegatte ohne Ehe und Kindererziehung aus eigenen Einkünften zur Verfügung hätte. Aus dem Begriff der Angemessenheit folgt aber zugleich, dass es sich grundsätzlich um einen Bedarf handeln muss, der das Existenzminimum wenigstens erreicht. Eine im Fall der Unterhaltsversagung eintretende oder erweiterte Sozialleistungsbedürftigkeit schließt eine Befristung nach der Vorschrift jedoch nicht notwendigerweise aus.[17]

Die Vorschrift des § 1578 b wird aber nur verständlich vor dem Hintergrund des Gedankens einer grundsätzlich möglichen lebenslangen Inanspruchnahme des

---

13 Schon BGH 10.12.1980 – IVb ZR 525/80, FamRZ 1981, 241; sa BGH 10.11.2010 – XII ZR 197/08, NJW 2011, 303.
14 BGH 20.3.2013 – XII ZR 72/11, FamRZ 2013, 853; 30.7.2008 – XII ZR 177/06, FamRZ 2008, 1911; 26.11.2008 – XII ZR 131/07, FamRZ 2009, 406; 27.5.2009 – XII ZR 111/08, FamRZ 2009, 1207; 14.10.2009 – XII ZR 146/08, FamRZ 2009, 1990.
15 BGH 17.3.2010 – XII ZR 204/08, FamRZ 2010, 802; 15.9.2010 – XII ZR 20/09, FamRZ 2010, 1880; 18.3.2009 – XII ZR 74/08, FamRZ 2009, 770; 6.5.2009 – XII ZR 114/08, FamRZ 2009, 1124; 17.6.2009 – XII ZR 102/08, FamRZ 2009, 1391; 16.7.2008 – XII ZR 109/05, FamRZ 2008, 1739.
16 BT-Drs. 16/1830, 16, 17.
17 BGH 28.4.2010 – XII ZR 141/08, FamRZ 2010, 1057; 4.8.2010 – XII ZR 7/09, FamRZ 2010, 1633; 26.11.2008 – XII ZR 131/07, FamRZ 2009, 406; 14.10.2009 – XII ZR 146/08, FamRZ 2009, 1990; 10.11.2010 – XII ZR 197/08, NJW 2011, 303.

Pflichtigen, weil die Vorschrift gerade voraussetzt, dass die unterhaltsrechtliche Solidarität nicht allein auf die Ehezeit beschränkt sein kann. Entscheidend kommt es insoweit auf das **Vorliegen ehebedingter Nachteile** aus der Übernahme der Haushaltsführung und Kinderbetreuung durch einen Ehegatten, durch sonstige Hinderungsgründe an einer Erwerbstätigkeit oder etwa durch eine betriebsbedingte Kündigung bzw. durch ehebedingten Arbeitsplatzverlust an, deren Ausgleich erforderlich ist.[18] Auch bei sehr langer Ehedauer kommt danach eine Befristung in Betracht, wobei eine Billigkeitsabwägung zusätzliche Kriterien wie das Lebensalter der Parteien bei Trennung bzw. Scheidung, die Erwerbsbiografie oder den Umstand, dass die Ehe kinderlos geblieben ist, einzubeziehen hat. Die Abwägung aller für die Billigkeitsentscheidung maßgeblichen Gesichtspunkte ist Aufgabe des **Tatrichters**. Sie kann vom Revisionsgericht nur daraufhin überprüft werden, ob dieser die im Rahmen der Billigkeitsprüfung abzuwägenden Rechtsbegriffe verkannt oder für die Einordnung unter diese Begriffe wesentliche Umstände unberücksichtigt gelassen hat. Der revisionsrechtlichen Überprüfung unterliegt insbesondere, ob der Tatrichter sich mit dem Verfahrensstoff und den Beweisergebnissen umfassend und widerspruchsfrei auseinandergesetzt hat, seine Würdigung also vollständig und rechtlich möglich ist und nicht gegen Denkgesetze oder Erfahrungssätze verstößt. Das setzt voraus, dass in dem Unterhaltsbeschluss die wesentlichen Gründe aufgeführt werden, die für die richterliche Überzeugungsbildung im Rahmen der Billigkeitsabwägung leitend gewesen sind. Nicht erforderlich ist hingegen die ausdrückliche Auseinandersetzung mit allen denkbaren und fern liegenden Gesichtspunkten, wenn sich nur ergibt, dass eine sachgerechte Beurteilung stattgefunden hat.[19] Eine Aufarbeitung ehelichen Fehlverhaltens innerhalb der Unterhaltsbedarfsbemessung oder zeitlichen Befristung findet dagegen nicht statt.[20] Insoweit verbleibt es bei § 1579. Die stärkere Hervorhebung des Grundsatzes der Eigenverantwortung lässt sich auch daran ablesen, dass der Gesetzgeber geschiedene bedürftige Ehegatten, auch soweit sie Kinder betreuen, für Fragen der Leistungsfähigkeit im Unterhaltsrang gegenüber Kindern im Vergleich zum vormaligen Rechtszustand schlechter stellt (§§ 1609, 1586) und eine Rangfolge nach den an erster Rangstelle stehenden Minderjährigen und ihnen gleichgestellten Kindern bestimmt hat, unabhängig von Mitgliedern der ersten oder zweiten Familie oder soweit nicht verheiratete Partner vorhanden sind.

§ 1569 enthält keine selbstständige Anspruchsgrundlage, beschreibt allerdings   5 eine **Obliegenheit** für den Bedürftigen. Trotz aller Bemühungen, die Erwerbsanforderungen für den geschiedenen Ehegatten zu verschärfen, ist im täglichen Leben mit der Schwierigkeit zu kämpfen, dass Frauen, die längere Zeit beruflich

---

18 BGH 26.3.2014 – XII ZB 214/13, FamRZ 2014, 1007; 20.2.2013 – XII ZB 214/13, FamRZ 2013, 860; 13.3.2013 – XII ZB 650/11, FamRZ 2013, 935; 7.3.2012 – XII ZR 25/10, FamRZ 2012, 776; 26.11.2008 – XII ZR 131/07, FamRZ 2009, 406; 27.5.2009 – XII ZR 111/08, FamRZ 2009, 1207; 14.10.2009 – XII ZR 146/08, FamRZ 2009, 1990; 14.11.2007 – XII ZR 16/07, FamRZ 2008, 134; 16.4.2008 – XII ZR 107/06, FamRZ 2008, 1325; 25.10.2006 – XII ZR 190/03, FamRZ 2007, 200; 28.2.2007 – XII ZR 37/05, FamRZ 2007, 793; 23.5.2007 – XII ZR 245/04, FamRZ 2007, 1232; 26.9.2007 – XII ZR 11/05, FamRZ 2007, 2049; 26.9.2007 – XII ZR 15/05, FamRZ 2007, 2052; 12.4.2006 – XII ZR 240/03, FamRZ 2006, 1007.
19 BGH 14.11.2007 – XII ZR 16/07, FamRZ 2008, 134; 28.2.2007 – XII ZR 37/05, FamRZ 2007, 793; 26.9.2007 – XII ZR 11/05, FamRZ 2007, 2049.
20 BGH 20.10.2010 – XII ZR 53/09, FamRZ 2010, 2059.

insbesondere wegen der Kinderbetreuung pausierten, über dem 40. Lebensjahr erhebliche Probleme haben, einen geeigneten und zumutbaren Arbeitsplatz zu erlangen. Jenseits der 50 wird eine Unterhaltsberechtigte, die jahrzehntelang aus dem beruflichen Leben ausgeschieden war, kaum noch eine reale Chance zur Ausübung einer Erwerbstätigkeit haben. In solchen Fällen ist daher stets die Frage des Bestehens einer objektiven Vermittlungsmöglichkeit eingehend zu prüfen.[21] Hierbei stellt sich konkret die Frage, wie viel Zeit der bedürftige Ehegatte benötigt, bis er sich auf die neue Situation eingestellt hat, und welche Zeitspanne zuzubilligen ist, um vorhandene ehebedingte berufliche Nachteile auszugleichen.[22] Von besonderem Gewicht ist dabei auch die Ehedauer, wenn die eigene Erwerbstätigkeit zugunsten von Kinderbetreuung und/oder Haushaltsführung aufgegeben wurde.[23]

6   Das **System** der Vorschriften des nachehelichen Unterhalts besteht in der enumerativen Aufzählung von **sieben Unterhaltstatbeständen** für die Zeit nach der Scheidung:

§ 1570 Betreuungsunterhalt, § 1571 Unterhalt wegen Alters, § 1572 Unterhalt wegen Krankheit oder Gebrechen, § 1573 Abs. 1 Unterhalt wegen Erwerbslosigkeit, § 1573 Abs. 2 Aufstockungsunterhalt, § 1575 Ausbildungsunterhalt und § 1576 Billigkeitsunterhalt.

Soweit möglich, ist bei den genannten Unterhaltstatbeständen zu berücksichtigen, dass eine Verpflichtung des Bedürftigen besteht, sich selbst zu versorgen und die nacheheliche Solidarität auf den Ausgleich ehebedingter Nachteile zu beschränken.[24] Damit entspricht eine lebenslange Lebensstandardgarantie nicht mehr dem Wesen des aktuellen Unterhaltsrechts (→ Rn. 2).

7   Grundsätzlich ist eine ehebedingte Bedürftigkeit nicht Anspruchsvoraussetzung für nachehelichen Unterhalt. Das Fehlen ehebedingter Nachteile hat jedoch wegen der gefestigten Rechtsprechung des Bundesgerichtshofs zunehmend Bedeutung erlangt, und zwar im Zusammenhang mit der Vorschrift des § 1578 b zur zeitlichen Begrenzung bzw. Herabsetzung des Unterhaltsanspruchs (→ Rn. 4).

8   Nachehelicher Unterhalt und Trennungsunterhalt sind nicht identisch.[25] Der Trennungsunterhaltsanspruch endet mit dem Eintritt der Rechtskraft der Ehescheidung (§ 148 FamFG).[26] Der nacheheliche Unterhalt entsteht. Davor ist der Anspruch nicht fällig. Eine vor der Fälligkeit ausgesprochene Mahnung geht ins Leere.[27] Keiner Mahnung bedarf es, wenn der Anspruch im Scheidungsverbundverfahren geltend gemacht wird. Rechtskraft tritt ein bei Rechtsmittelverzicht, bei Ablauf der Rechtsmittelfrist, ohne dass ein Rechtsmittel eingelegt worden ist, durch Zurückweisung der Beschwerde nach §§ 117 Abs. 3, 68 Abs. 3 S. 2 FamFG iVm § 522 ZPO[28] oder durch letztinstanzliche Entscheidung des Bundesgerichtshofs, die den Ehescheidungsausspruch aufrechterhält. Zu besonderen Problemen der (verlängerten) Fristberechnung führt die nicht leicht verständli-

---

21 BGH 30.7.2008 – XII ZR 126/06, FamRZ 2008, 2104.
22 BGH 14.11.2007 – XII ZR 16/07, FamRZ 2008, 134.
23 BGH 11.8.2010 – XII ZR 102/09, FamRZ 2010, 1637; 6.10.2010 – XII ZR 202/08, FamRZ 2010, 1971.
24 BGH 14.10.2009 – XII ZR 146/08, FamRZ 2009, 1990.
25 BGH 13.1.1988 – IVb ZR 7/87, FamRZ 1988, 370.
26 BGH 30.9.1987 – IVb ZR 7/86, FamRZ 1988, 46.
27 BGH 13.1.1988 – IVb ZR 7/87, FamRZ 1988, 370.
28 Keidel/Weber FamFG § 117 Rn. 10.

che Vorschrift des § 145 FamFG bei Anfechtung von Folgesachen und gegebenenfalls eingelegten Anschlussrechtsmitteln.[29]

Der Wille der geschiedenen Ehegatten kann darauf gerichtet sein, den Unterhalt 9 losgelöst von diesen gesetzlichen Anspruchsgrundlagen auf eine rein vertragliche Ebene zu stellen. Vor der Rechtskraft der Scheidung erfordert dies allerdings die Wahrung der Formvorschrift des § 1585 c S. 2 u 3.[30] Damit entfällt der Charakter eines gesetzlichen Anspruchs. Da dies eine krasse Ausnahme vom Regelsystem darstellt, bedarf es besonderer Hinweise auf einen derartigen Beteiligtenwillen, was nur in Ausnahmefällen anzunehmen ist.[31] Wenn lediglich die gesetzlichen Regelungen hinsichtlich der Voraussetzungen, des Umfangs oder des Erlöschens von Ansprüchen modifiziert werden, handelt es sich nicht um vertraglichen Unterhalt.[32]

II. Allgemeine Unterhaltsvoraussetzungen

1. Grundvoraussetzung. Nacheheliche Unterhaltstatbestände setzen die rechts- 10 kräftige Scheidung einer Ehe voraus (Tag des Eintritts der Rechtskraft des Scheidungsurteils/-beschlusses, § 1564 S. 2).[33] Dem Scheidungsbeschluss steht der Eheaufhebungsbeschluss im Fall des § 1318 Abs. 2 gleich.

Nachehelicher Unterhalt in Altehen, die vor dem 1.7.1977 geschlossen, aber nach diesem Datum geschieden worden sind, richtet sich ebenfalls nach den §§ 1569 ff.[34] Sonst verbleibt es bei den Unterhaltsregelungen nach dem EheG (Art. 12 Nr. 3 EheRG) auch nach der Unterhaltsrechtsreform (§ 36 Nr. 7 EGZPO).[35]

2. Einsatzzeitpunkte. Primärer Einsatzzeitpunkt für den nachehelichen Unter- 11 halt ist der Tag der **Rechtskraft der Ehescheidung**.[36] Für den Anspruch aus § 1570 ist das ausreichend. Für die sonstigen Unterhaltsanspruchsgrundlagen gilt: Sind bereits zu diesem Zeitpunkt alle weiteren Voraussetzungen eines Unterhaltstatbestandes erfüllt, liegt ein **originärer Unterhaltsanspruch** vor. In der Folgezeit haben die Einsatzzeitpunkte die Funktion, die einmal erreichte wirtschaftliche Selbstständigkeit des Bedürftigen wegen des Grundsatzes der Eigenverantwortung einerseits und des Vertrauensschutzes für den Pflichtigen andererseits auszugleichen. Dies geschieht dadurch, dass zum jeweiligen Einsatzzeitpunkt die Voraussetzungen der Anspruchsgrundlage tatsächlich noch vorliegen müssen. **Einsatzzeitpunkte** stellen somit **Anspruchsvoraussetzungen** dar, die grundsätzlich im Sinne einer **ununterbrochenen Unterhaltskette**, dh ohne zeitliche Lücken, gegeben sein müssen. Man spricht dann von **Anschlussunterhalt**. Solche Unterhaltsansprüche mit Einsatzzeitpunkten sind die Ansprüche nach

---

29 Dazu eingehend Zöller/Philippi FamFG § 145 Rn. 8, 11, 13, 14.
30 BGH 26.2.2014 – XII ZB 365/12, FamRZ 2014, 728 (möglich auch im Verfahren über Trennungsunterhalt zu gerichtlichem Protokoll, § 127 a ZPO).
31 BGH 25.1.2012 – XII ZR 139/09, FamRZ 2012, 525; 5.11.2008 – XII ZR 103/07, FamRZ 2009, 219; 28.6.1984 – IX ZR 143/84, FamRZ 1984, 874.
32 BGH 25.1.2012 – XII ZR 139/09, FamRZ 2012, 525; 5.11.2008 – XII ZR 103/07, FamRZ 2009, 219.
33 BGH 13.1.1988 – IVb ZR 7/87, FamRZ 1988, 370.
34 JH/Hammermann Vor § 1569 Rn. 2.
35 JH/Hammermann Vor § 1569 Rn. 8.
36 BGH 10.12.1980 – IVb ZR 534/80, FamRZ 1981, 242; 13.1.1988 – IVb ZR 7/87, FamRZ 1988, 370.

§§ 1571 bis 1573 und § 1576.[37] Dabei ist eine fortlaufende Unterhaltskette auch dann noch anzunehmen, wenn eine der enumerativen Unterhaltstatbestände dem Grunde nach vorlag, es lediglich an der Bedürftigkeit oder Leistungsfähigkeit fehlte.[38] Eine nur vorübergehende Arbeitslosigkeit des Unterhaltspflichtigen unterbricht dabei nicht die „Unterhaltskette" beim Aufstockungsunterhalt, auch dann nicht, wenn die Einkünfte des Unterhaltspflichtigen infolge der Arbeitslosigkeit soweit absinken, dass sich zeitweilig kein Unterschiedsbetrag mehr zwischen den beiderseitigen anrechenbaren Einkünften ergibt.[39]

Das hat zur Folge, dass der Pflichtige im Grundsatz – abgesehen vom Fall der Kinderbetreuung und des § 1576 im Anschluss an einen sonstigen Unterhaltsanspruch – von seiner Verantwortung nur bei schicksalhaften Entwicklungen und Ereignissen, die den Bedürftigen erst nach der Scheidung treffen, befreit ist. Daher kommt der einschränkenden Wirkung des § 1578 b entscheidende Bedeutung zu.[40]

12 **3. Anspruchsumfang.** Der nacheheliche Unterhalt ist ein einheitlicher Anspruch, dessen Maß sich gem. § 1578 nach den ehelichen Lebensverhältnissen richtet, so dass es auf die Frage der jeweiligen Anspruchsgrundlage insoweit nicht ankommt. Ist nachehelicher Unterhalt wirksam angemahnt, umfasst diese Mahnung, ohne dass es eines besonderen Hinweises hierauf bedürfte, auch den Altersvorsorgeunterhalt.[41]

Besteht ein Unterhaltsanspruch im Umfang eines Teilunterhaltsanspruchs, kann Anschlussunterhalt ebenfalls nur in dieser Höhe geltend gemacht werden.[42] Dies ist etwa dann der Fall, wenn bislang Aufstockungsunterhalt nach § 1573 Abs. 2 in Höhe der Hälfte der Differenz der beiderseitigen unterhaltsrelevanten Einkünfte geschuldet wurde und bei einem Ehegatten ein nachhaltig gesicherter Arbeitsplatz in Wegfall geraten ist und unverschuldet keine neue Arbeitsstelle gefunden werden kann. Der Unterhalt wegen Erwerbslosigkeit bleibt limitiert auf das Maß des vormaligen Aufstockungsunterhalts. Es ist in diesen Fällen nicht angängig, die (praktisch immer) höhere Quote aus dem alleinigen Einkommen des anderen Ehegatten zu verlangen. Denn dann hätte der erwerbstätige Ehegatte generell das **Arbeitsplatzrisiko** des anderen zu tragen. Dies soll, wie § 1573 Abs. 4 S. 1 zeigt, jedoch nur ausnahmsweise der Fall sein.

III. Sonstige Fragestellungen

13 **1. Prüfungsreihenfolge für nachehelichen Unterhalt. a) Anspruchsgrundlage (§§ 1570–1576).** Vgl. dazu die nachfolgenden Kommentierungen zu den Einzelvorschriften. In jedem Fall ist die maßgebliche Unterhaltsvorschrift, die den Unterhaltsanspruch vermittelt, konkret festzustellen und darf nicht offen bleiben. Dies kann Auswirkungen in der Zukunft bei Abänderungssituationen haben. Im Einzelfall kann auch eine Kombination mehrerer Unterhaltsanspruchsgrundla-

---

37 BGH 18.11.2009 – XII ZR 65/09, FamRZ 2010, 111; 17.12.2008 – XII ZR 9/07, FamRZ 2009, 411; 27.5.2009 – XII ZR 111/08, FamRZ 2009, 1207.
38 OLG München 28.9.1992 – 12 WF 991/92, FamRZ 1993, 564 (656); JH/Hammermann § 1569 Rn. 8.
39 BGH 4.11.2015 – XII ZR 6/15, FamRZ 2016, 203.
40 BGH 18.11.2009 – XII ZR 65/09, FamRZ 2010, 111.
41 BGH 22.11.2006 – XII ZR 24/04, FamRZ 2007, 193.
42 BGH 26.11.2008 – XII ZR 131/07, FamRZ 2009, 406; 11.2.2004 – XII ZR 265/02, FamRZ 2004, 601; 17.9.2003 – XII ZR 184/01, FamRZ 2003, 1734.

gen vorliegen. Trotz der einheitlichen Begrenzungsvorschrift des § 1578 b geht der Bundesgerichtshof davon aus, dass mit Blick auf mögliche Anschlussunterhaltstatbestände die einzelnen Ansprüche für den nachehelichen Unterhalt differenziert festgestellt werden müssen.[43] Denn immer ist bei Fragen des Anschlussunterhalts zu untersuchen, ob eine vollständige Hinderung an einer Erwerbstätigkeit oder nur eine teilweise Erwerbsminderung vorliegt. Nur die §§ 1570–1572 decken einen vollständigen Erwerbsausfall ab, während bei teilweiser Hinderung neben den §§ 1570–1572 noch § 1573 Abs. 2 in Betracht zu ziehen ist.[44]

b) Feststellung des Bedarfs nach den ehelichen Lebensverhältnissen (§ 1578). 14
Auf der Ebene der Bedarfsermittlung werden Maß und Höchstgrenze des Unterhalts unter Wahrung des **Halbteilungsgrundsatzes** (unbeschadet der grundsätzlich immer möglichen konkreten Bedarfsbemessung)[45] ermittelt. Bei der Bemessung des Maßes des Unterhaltsanspruchs des bedürftigen Ehegatten nach § 1578 Abs. 1 S. 1 ist nach inzwischen ständiger Rechtsprechung des Bundesgerichtshofs nicht mehr ein strikter Stichtag entscheidend. Es sind vielmehr spätere Änderungen des verfügbaren Einkommens grundsätzlich zu berücksichtigen, und zwar unabhängig davon, wann sie eingetreten sind und ob es sich um Minderungen oder Verbesserungen handelt. Die in § 1578 Abs. 1 S. 1 vorgegebene Anknüpfung an die **ehelichen Lebensverhältnisse** begrenzt deren grundsätzliche **Wandelbarkeit** lediglich nach dem Zweck des nachehelichen Unterhalts einerseits und der fortwirkenden ehelichen Solidarität andererseits. Nach der Scheidung neu hinzutretende Unterhaltsverpflichtungen gegenüber weiteren minderjährigen Kindern und Ehegatten beeinflussen daher die Ebene der Bedarfsbestimmung nicht nachteilig.[46] Herangezogen werden im Übrigen zur Bedarfsbestimmung sämtliche, die ehelichen Lebensverhältnisse **prägenden Einkünfte und Lasten,** soweit sie nicht im unterhaltsrechtlich relevanten Umfang nach der Scheidung durch nacheheliche Entwicklungen zu modifizieren sind.[47] Die hiernach gesetzten Grenzen bestimmen sich zum einen für die einkommensmindernden Umstände an der Verletzung der Erwerbsobliegenheit, zum anderen für einkommenserhöhende Umstände beim Vorliegen einer unerwarteten Entwicklung (Stichwort: „Karrieresprung").[48] So ist etwa bei der Berechnung des nachehelichen Unterhaltsbedarfs die Kürzung der Altersbezüge des Pflichtigen, die durch den zugunsten einer späteren Ehefrau durchgeführten Versorgungsausgleich erfolgt ist, als nicht prägend anzusehen, sodass sein Einkommen entsprechend zu erhöhen ist. Eine Berücksichtigung der Einkommensminderung erfolgt allein im Rahmen der Leistungsfähigkeit.[49]

c) Bedürftigkeit (§ 1577). Hier erfolgt die Anrechnung der unterhaltsrechtlich 15 relevanten Einkünfte des Bedürftigen (auch im Falle überobligatorischer Erwerbstätigkeit), die dieser in zumutbarer Weise zur eigenen Bedarfsdeckung einzusetzen und zur Entlastung des Unterhaltspflichtigen zu verwenden hat.

---

43 BGH 26.2.2014 – XII ZB 235/12, NJW 2014, 1302; 14.4.2010 – XII ZR 89/08, FamRZ 2010, 869; 26.11.2008 – XII ZR 131/07, FamRZ 2009, 406.
44 BGH 14.4.2010 – XII ZR 89/08, FamRZ 2010, 869.
45 Vgl. etwa zuletzt BGH 10.11.2010 – XII ZR 197/08, NJW 2011, 303.
46 BGH 7.5.2014 – XII ZB 258/13, FamRZ 2014, 1183 (1188).
47 BGH 7.11.2012 – XII ZR 151/09, FamRZ 2012, 281; 18.11.2009 – XII ZR 65/09, FamRZ 2010, 111; 17.12.2008 – XII ZR 9/07, FamRZ 2009, 411; BVerfG 25.1.2011 – 1 BvR 918/10, FamRZ 2011, 437.
48 BGH 17.12.2008 – XII ZR 9/07, FamRZ 2009, 411.
49 BGH 14.5.2014 – XII ZB 301/12, FamRZ 2014, 1276.

16 **d) Leistungsfähigkeit (§ 1581).** Diese Stufe dient der Sicherung des allgemeinen Grundsatzes, dass der Unterhaltpflichtige nur den Teil seines Einkommens für Unterhalt einzusetzen hat, der ihm selbst noch genügend Mittel für seinen eigenen Unterhalt iSd Lebensbedarfs nach sozialrechtlichen Grundsätzen belässt (**Selbstbehalt**). Reichen die vorhandenen Mittel dazu nicht aus, liegt ein Mangelfall vor, was zur Auskehrung – nach Abzug des dem Schuldner verbleibenden Selbstbehalts – der verbleibenden Verteilungsmasse an die Unterhaltsgläubiger unter Beachtung von ungedecktem Bedarf und Rang führt. Gegenüber dem Ehegattenunterhalt muss dem Unterhaltpflichtigen grundsätzlich ein Selbstbehalt verbleiben, der den notwendigen Selbstbehalt gegenüber einem Unterhaltsanspruch minderjähriger Kinder (§ 1603 Abs. 2) übersteigt und zwischen diesem und dem angemessenen Selbstbehalt (§ 1603 Abs. 1) liegt. Das gilt auch gegenüber dem Anspruch auf Betreuungsunterhalt.

17 **2. Herabsetzung/zeitliche Begrenzung/Ausschluss (§§ 1578 b, 1579).** Im Grundsatz kann der nacheheliche Unterhalt sich auf eine lebenslängliche Inanspruchnahme erstrecken. Allerdings geht die Entwicklung der gesellschaftlichen Verhältnisse dahin, eine auf Lebenszeit nachwirkende Verantwortung nur unter besonderen Voraussetzungen als gerecht und billig zu empfinden. Dies gilt umso mehr, als die ständige Rechtsprechung des Bundesgerichtshofs zur Frage der Bewertung von Haushaltsführung und Familienarbeit im Rahmen der Bedarfsbestimmung für den Bereich des Aufstockungsunterhaltsanspruchs zu einer unter der vormaligen Rechtspraxis nicht gekannten Ausdehnung der Unterhaltspflicht führt.[50] Dem trägt die jüngere Rechtsprechung durch strengere Auslegung der Befristungs- und Begrenzungsregel verstärkt Rechnung (§ 1578 b).[51]

18 **3. Zusatzprobleme. a) Vorfragen.** Neben der Prüfung, ob und in welcher Höhe ein Anspruch auf nachehelichen Unterhalt besteht, sind stets folgende Vorfragen zu untersuchen: Wirksamkeit der Mahnung, Verzugsfragen; Unterhalt für die Vergangenheit (§ 1585 b); Rückstände, allgemeine Verwirkung unter Berücksichtigung von Zeit- und Umstandsmoment; Zurückbehaltungsrecht;[52] Verjährung (regelmäßig 3 Jahre, §§ 195,196, 197 Abs. 2); Vollstreckungsverjährung (30 Jahre); Erlöschen durch Tod (§ 1586 Abs. 1); Erlöschen durch Wiederheirat (§ 1586 Abs. 1); das Wiederaufleben nach Scheidung einer Zweitehe (§ 1586 a).

19 **b) Erfüllung.** Besondere Probleme bergen in der Praxis Fragen der Erfüllung (§ 362). Erfolgt eine **Unterhaltsleistung unter Vorbehalt**, ist zu untersuchen, ob der Verpflichtete den Vorbehalt anbringt, um dem Leistungsempfänger mit Blick auf ein zukünftiges Rückforderungsverfahren die Beweislast für das Bestehen des Anspruchs aufzubürden. In diesem Fall bleibt die Tilgungswirkung der Zahlung offen und in der Schwebe, weshalb nicht von einer Erfüllung auszugehen ist. Diese Fallgestaltung liegt typischerweise bei Zahlungen zur Abwendung der Zwangsvollstreckung aus einem nur vorläufig vollstreckbaren Beschluss vor. Es

---

50 BGH 23.11.2007 – XII ZR 51/03, FamRZ 2006, 387; 7.9.2005 – XII ZR 311/02, FamRZ 2005, 1979; 5.5.2004 – XII ZR 10/03, FamRZ 2004, 1170; 5.5.2004 – XII ZR 132/02, FamRZ 2004, 1173; 13.6.2001 – XII ZR 343/99, FamRZ 2001, 986.
51 BGH 10.11.2010 – XII ZR 197/08, FamRZ 2011, 192; 18.11.2009 – XII ZR 65/09, FamRZ 2010, 111; 24.3.2010 – XII ZR 175/08, FamRZ 2010, 875; 28.4.2010 – XII ZR 141/08, FamRZ 2010, 1057; 4.8.2010 – XII ZR 7/09, FamRZ 2010, 1633 (1637); 15.9.2010 – XII ZR 20/09, FamRZ 2010, 1880; 6.10.2010 – XII ZR 202/08, FamRZ 2010, 1971; 20.10.2010 – XII ZR 53/09, FamRZ 2010, 2059.
52 BGH 17.11.1999 – XII ZR 281/97, FamRZ 2000, 355.

gibt aber keinen Erfahrungssatz, dass bei Zahlung unter Vorbehalt stets von dieser Sachlage auszugehen wäre. Vielmehr bedarf es hierzu besonderer Anhaltspunkte.[53] Im Allgemeinen will der unter Vorbehalt Leistende lediglich der Wertung seiner erbrachten Leistung als Anerkenntnis entgegentreten (§ 212 Abs. 1 Nr. 1), das Eingreifen des § 814 ausschließen und sich die Rückforderung nach § 812 vorbehalten. Solches ist jedoch nicht generell geeignet, den Eintritt der Erfüllungswirkung zu hindern.[54]

c) Tilgungsbestimmung. Von der Zahlung unter Vorbehalt ist die Frage der Tilgungsbestimmung (§ 366) zu unterscheiden. Grundsätzlich ist dem Schuldner anzuraten, bei Erfüllung mehrerer Unterhaltsansprüche (Ehegatte und Kinder) eine ausdrückliche Tilgungsbestimmung vorzunehmen. Fehlt eine solche, gelten die §§ 366 Abs. 2, 367. Durch das Unterhaltsrechtsänderungsgesetz entfällt nunmehr die Notwendigkeit der Tilgungsbestimmung zwischen Ehegatten und minderjährigen und diesen gleichstehenden Kindern, weil letztere nunmehr grundsätzlich Vorrang vor dem Unterhalt des betreuenden Elternteils genießen und bei Fehlen einer Tilgungsbestimmung Zahlungen in erster Linie auf den Kindesunterhalt zu verrechnen sind. 20

d) Aufrechnung. Bei der Aufrechnung im Zusammenhang mit Unterhaltsansprüchen sind zwei Fallgestaltungen zu unterscheiden: die Aufrechnung gegen oder mit Unterhaltsansprüchen. 21

Gegen Unterhaltsansprüche kann wegen der grundsätzlich gebotenen Sicherstellung des Existenzminimums des Unterhaltsbedürftigen nur unter erschwerten Voraussetzungen aufgerechnet werden, was praktisch einem **Aufrechnungsverbot** gleichkommt. Das Aufrechnungsverbot des § 394 iVm § 850 b Abs. 1 Nr. 2 ZPO gilt auch zugunsten von Trägern öffentlicher Sozialleistungen, soweit diese Leistungen der Sozialhilfe oder Leistungen zur Sicherung des Lebensunterhalts im Rahmen der Grundsicherung für Arbeitsuchende erbracht haben und der Unterhaltsanspruch des Hilfeempfängers auf sie übergegangen ist.[55] Denn abgesehen vom Fall des Arglisteinwands (etwa im Fall der Aufrechnung mit einer Schadensersatzforderung des Pflichtigen mit einer im Rahmen des Unterhaltsrechtsverhältnisses vom Berechtigten begangenen unerlaubten Handlung)[56] ist der Unterhaltsbedürftige dadurch geschützt, dass der Gegner, der aufrechnen will, den aufwendigen Weg des § 850 b Abs. 1 Nr. 2 ZPO beschreiten muss. Das bedeutet, dass die Gegenforderung, mit der aufgerechnet werden soll, tituliert sein muss und der Unterhaltspflichtige in diesem Fall einen Antrag auf Pfändung der Unterhaltsforderung gegen sich selbst herbeizuführen hat.[57] Dies gilt auch, soweit der Unterhaltspflichtige mit Rückzahlungsansprüchen wegen überzahltem Unterhalt aufrechnen will. Dagegen kommt es zu keiner Aufrechnungslage, wenn die Überzahlung lediglich als Schadensersatz als Folge einer vorläufigen Vollstreckung aus einer einstweiligen Anordnung oder aus einem für sofort wirksam erklärten Unterhaltsbeschluss (§ 116 Abs. 3 S. 3 FamFG) geltend gemacht wird.[58]

---

53 BGH 22.11.2006 – XII ZR 24/04, FamRZ 2007, 193.
54 BGH 2.2.2011 – XII ZB 133/08, FamRZ 2011, 706; 8.2.1984 – IVb ZR 52/82, FamRZ 1984, 470 (471).
55 BGH 8.5.2013 – XII ZB 192/11, FamRZ 2013, 1202.
56 BGH 16.6.1993 – XII ZR 6/92, FamRZ 1993, 1186.
57 Wendl/Dose/Dose § 6 Rn. 302, 304 kritisch zur hM.
58 BGH 27.10.1999 – XII ZR 239/97, FamRZ 2000, 751.

Dagegen ist die **Aufrechnung mit Unterhaltsansprüchen** zulässig.[59] Soweit allerdings mit künftigen Unterhaltsansprüchen aufgerechnet werden soll, gilt es zeitliche Grenzen zu beachten.

22 **4. Teilansprüche.** Bestehen mehrere Anspruchsgründe nebeneinander, kommt es zu mehreren Teilunterhaltsansprüchen.[60] Nicht mehr wegen der zeitlichen Begrenzung (dazu § 1578 b), sondern wegen der Fragen des Anschlussunterhalts und des Abänderungsverfahrens sind diese in der Regel betragsmäßig gegeneinander zu differenzieren und abzuschichten. Die Frage, wie der Teilanspruch im Einzelnen zu berechnen ist, hat der Bundesgerichtshof bislang noch nicht entschieden.[61] Ist dem betreuenden Elternteil lediglich eine teilschichtige Erwerbstätigkeit zuzumuten, gewährt § 1570 nur einen Anspruch im Umfang der verbleibenden Freistellung von der Erwerbsobliegenheit, also bis zur Höhe des Mehreinkommens, das bei voller Erwerbstätigkeit zu erzielen wäre. Reicht der Eigenverdienst zusammen mit dem Teilanspruch aus § 1570 zur Deckung des eheangemessenen Bedarfs (§ 1578) nicht aus, so kann hinsichtlich des ungedeckten Restbedarfs ein ergänzender Anspruch auf Aufstockungsunterhalt nach § 1573 Abs. 2 bestehen. Denkbar ist in einem solchen Fall also eine kumulative Begründung des Gesamtunterhaltsanspruchs aus §§ 1570, 1573 Abs. 2. Soweit Ansprüche aus §§ 1570 und 1573 nebeneinander bestehen und einander ergänzen, sind sie gegeneinander abzugrenzen und in der auf die jeweilige Anspruchsgrundlage entfallenden Höhe zu beziffern. Dies ist insbesondere darum erforderlich, weil Ansprüche aus § 1573 Abs. 2 einen Anschlussunterhalt lediglich in dem bestehenden (Teil-)Umfang (und damit regelmäßig limitiert) vermitteln können.[62] Zu unterscheiden von diesen Fallgestaltungen ist der Fall der mehreren Teile eines einheitlichen Unterhaltsanspruchs, wie etwa Elementar- und Vorsorgeunterhalt. Wurde insoweit lediglich Elementarunterhalt ohne Vorsorgeunterhalt geltend gemacht, hängt die spätere Forderung nach Vorsorgeunterhalt davon ab, ob sich der Unterhaltsberechtigte die Geltendmachung im früheren Verfahren vorbehalten hat.[63]

23 **5. Die Rückzahlung zu Unrecht gezahlten Unterhalts.** Zur Rückforderung geleisteten Unterhalts kann es kommen, wenn der Unterhaltspflichtige aufgrund einer nur vorläufigen Regelung des Unterhalts (einstweilige Anordnung) zahlt und sich später im Hauptsacheverfahren (Unterhaltsverfahren/negatives Feststellungsverfahren) herausstellt, dass der Pflichtige keinen oder jedenfalls nur einen geringeren Unterhalt schuldete. §§ 717 Abs. 2, 945 ZPO sind in diesen Fällen nicht anwendbar und begründen insoweit keinen Schadensersatzanspruch.[64] Die §§ 49, 246 bis 248 FamFG bilden insoweit eine abgeschlossene Sonderregelung, so dass dem Unterhaltspflichtigen allein bereicherungsrechtliche Ansprüche verbleiben können.

---

59 BGH 15.5.1996 – XII ZR 21/95, FamRZ 1996, 1067.
60 BGH 26.11.2008 – XII ZR 131/07, FamRZ 2009, 406.
61 BGH 5.9.2001 – XII ZR 108/00, FamRZ 2001, 1687; vgl. dazu Wendl/Dose/Bömelburg § 4 Rn. 271.
62 BGH 10.11.2010 – XII ZR 197/08, NJW 2011, 303; 14.4.2010 – XII ZR 89/08, FamRZ 2010, 869; BGH 26.11.2008 – XII ZR 131/07, FamRZ 2009, 406; Wendl/Dose/Bömelburg Rn. 371.
63 BGH 19.11.2014 – XII ZB 478/13, FamRZ 2015, 309; 3.4.1985 – IVb ZR 19/84, FamRZ 1985, 690 (691).
64 BGH 27.10.1999 – XII ZR 239/97, FamRZ 2000, 751.

Ebenfalls kann eine rückwirkende Abänderung eines Unterhaltstitels (§ 238 FamFG) einen Rückforderungsanspruch auslösen.

In beiden Fällen findet Bereicherungsrecht Anwendung. Insoweit erlangt grundsätzlich die Frage des **Wegfalls der Bereicherung** entscheidende Bedeutung, soweit der Bedürftige dem Unterhaltpflichtigen gegenüber kein einseitiges deklaratorisches Anerkenntnis abgegeben hatte.

Die Rechtsprechung des Bundesgerichtshofs entlastet in diesen Fällen den an 24 sich für den Wegfall der Bereicherung darlegungs- und beweispflichtigen Unterhaltsbedürftigen.[65] Grundsätzlich besteht eine **Vermutung** dafür, dass der Unterhaltsbedürftige den gezahlten Unterhalt für seinen laufenden Lebensunterhalt verwendet hat. Soweit der Bedürftige jedoch den erhaltenen Unterhaltsbetrag für Vermögensbildung oder sonst noch in seinem Vermögen befindliche Werte ausgegeben hat, liegt eine Entreicherung nicht vor.[66]

Praktisch bedeutsam ist in diesem Zusammenhang, dass die verschärfte Haftung des Unterhaltsbedürftigen nicht schon mit Rechtshängigkeit eines negativen Feststellungsantrags/Abänderungsantrags eintritt, sondern erst mit Rechtshängigkeit des Bereicherungsantrags oder des Antrags auf Wertersatz selbst. Daher ist in diesen Fällen zugleich hilfsweise mit den genannten Leistungsanträgen der Bereicherungsantrag geltend zu machen, der zunächst wegen der Natur der Sache noch nicht beziffert werden muss. Nur so kann bereits der Rückforderungsanspruch ab Rechtshängigkeit gegen die Entreicherungseinrede gesichert werden.

Eine weitere Möglichkeit für den Unterhaltsschuldner besteht darin, mit seinem 25 Hauptsacheantrag einen Antrag auf Vollstreckungsschutz nach § 120 FamFG zu stellen. Dies bietet jedoch in der Praxis wegen der durch das FamFG deutlich eingeschränkten Möglichkeit keinen vergleichbaren Schutz.[67]

IV. Verfahren

1. Verjährungsfragen. Da nur während bestehender Ehe die Verjährung von Un- 26 terhaltsansprüchen nach § 207 Abs. 1 Nr. 1 gehemmt ist und nacheheliche Unterhaltsansprüche erst mit dem Eintritt der Rechtskraft der Scheidung entstehen, ist in erster Linie die Hemmung der Verjährung durch Erhebung eines Leistungsantrags, auch als Stufenantrag, zu erreichen (§ 204 Abs. 1). Auch ein bloßes Auskunftsverlangen nach §§ 1587 b Abs. 2, 1613 Abs. 1 reicht aus.

2. Aktivlegitimation. Immer wieder können in der Praxis der Unterhaltsan- 27 spruch und seine Inhaberschaft auseinanderfallen.

Bezieht etwa der unterhaltsberechtigte Ehegatte Sozialleistungen nach SGB XII oder ALG II-Leistungen der Grundsicherung (SGB II), kommt es wegen des dadurch eintretenden gesetzlichen Forderungsübergangs (cessio legis) in Höhe der erbrachten Leistungen zum Übergang der Aktivlegitimation auf den Träger der Sozialleistung (§ 94 Abs. 1 SGB XII, § 33 SGB II). Zu einem gesetzlichen Forderungsübergang kann es ausnahmsweise im Einzelfall nur dann nicht kommen,

---

65 BGH 27.10.1999 – XII ZR 239/97, FamRZ 2000, 751.
66 BGH 17.6.1992 – XII ZR 119/91, FamRZ 1992, 1152, für den Fall, dass der Bedürftige zwar Schulden tilgt, aber dazu eine Geldbetrag als den rechtsgrundlos verbrauchten Unterhalt verwendet und im Übrigen den Unterhalt ersatzlos verbraucht hat.
67 Vgl. OLG Bremen 21.9.2010 – 4 UF 94/10, FamRZ 2011, 322; OLG Hamm 7.9.2010 – 11 UF 155/10, FamRZ 2011, 589.

wenn die Leistungsfähigkeit des Unterhaltspflichtigen lediglich auf dem Ansatz fiktiven, nicht tatsächlich erzielten Einkommens beruht.[68]

Macht der Unterhaltsberechtigte seinen vollen Unterhaltsanspruch gerichtlich geltend, fehlt es insoweit in Höhe der erbrachten Leistungen an seiner Verfahrensführungsbefugnis. Übersteigt die gewährte Sozialleistung seinen Unterhaltsanspruch, steht ihm keinerlei Verfahrensführungsbefugnis zu, bleibt die erbrachte Sozialleistung hinter seinem Unterhaltsanspruch zurück, steht ihm die Verfahrensführungsbefugnis lediglich noch in Höhe der Differenz zu.

Ein fremdes Recht kann nur dann im eigenen Namen geltend gemacht werden, wenn die Voraussetzungen der Verfahrensstandschaft entweder in gewillkürter oder gesetzlicher Form vorliegen.

Für eine **gewillkürte Verfahrensstandschaft** hat der Bundesgerichtshof schon unter Geltung des BSHG keinen Raum gesehen (fehlendes schutzwürdiges Interesse).[69]

Dem Empfänger von Sozialleistungen ist jedoch stets unbenommen, seinen künftigen Unterhaltsanspruch gerichtlich geltend zu machen, da dieser noch nicht vom gesetzlichen Forderungsübergang tangiert ist (§ 94 Abs. 1 SGB XII, § 33 SGB II).[70]

Werden bei dieser Sachlage vom Erbringer der Sozialleistung während eines laufenden Unterhaltsverfahrens fortlaufend Leistungen gewährt, kommt es zwar ebenfalls zum gesetzlichen Forderungsübergang, jedoch greift für die zwischen Rechtshängigkeit und dem Zeitpunkt der letzten mündlichen Verhandlung übergegangenen Ansprüche § 113 Abs. 1 FamFG iVm § 265 Abs. 2 ZPO als Fall der **gesetzlichen Verfahrensstandschaft** ein. Dem hat der Unterhaltsberechtigte dann durch entsprechende Umstellung seines Zahlungsantrags (Leistung im Umfang der übergegangenen Ansprüche an den Träger der Sozialleistung) Rechnung zu tragen.[71]

Rückstände aus der Zeit vor Rechtshängigkeit eines Unterhaltsverfahrens kann der Bedürftige in Höhe der auf den Sozialleistungsträger übergegangenen Ansprüche daher nur geltend machen, wenn ihm die Ansprüche zum Zwecke der gerichtlichen Geltendmachung zurückübertragen worden sind. Diese **Rückübertragung** stellt die uneingeschränkte Rechtsinhaberschaft des Unterhaltsberechtigten wieder her, so dass er in der Praxis neben dem künftigen Unterhalt auch die Rückstände aus der Zeit vor Rechtshängigkeit in **einem Verfahren** geltend machen und den vollen Unterhalt einfordern und Leistung an sich selbst verlangen kann. Lediglich im Innenverhältnis zum Träger der Sozialleistung hat er die Grundlagen und Abreden der Rückübertragungsvereinbarung zu beachten. Kosten der Verfahrensführung insoweit dürfen den Unterhaltsberechtigten nicht belasten (§ 94 Abs. 4 S. 2 SGB XII). Er kann insoweit jedoch nicht mit der Bewilligung von Verfahrenskostenhilfe rechnen. Der Bundesgerichtshof geht davon aus, dass für die gerichtliche Geltendmachung der von einem Sozialhilfeträger rückübertragenen Unterhaltsansprüche der Leistungsberechtigte grundsätzlich

---

68 BGH 19.2.1997 – XII ZR 236/95, FamRZ 1997, 608; 11.3.1998 – XII ZR 190/96, FamRZ 1998, 818.
69 BGH 19.2.1997 – XII ZR 236/95, FamRZ 1997, 608; 3.7.1996 – XII ZR 99/95, FamRZ 1996, 1203.
70 BGH 27.9.2000 – XII ZR 147/98, FamRZ 2001, 619.
71 BGH 27.9.2000 – XII ZR 147/98, FamRZ 2001, 619.

nicht als bedürftig iSv § 114 ZPO anzusehen ist, da ihm ein Anspruch auf Verfahrenskostenvorschuss gegen den Sozialhilfeträger zusteht. Auch unter dem Gesichtspunkt der Verfahrensökonomie besteht in der Regel kein zu berücksichtigendes Interesse des Unterhaltsberechtigten, der Sozialleistungen bezogen hat, an einer einheitlichen Geltendmachung bei ihm verbliebener und vom Sozialleistungsträger rückübertragener Unterhaltsansprüche. Lediglich dann, wenn der Leistungsberechtigte durch den Verweis auf den Vorschussanspruch eigene Nachteile erleiden würde oder wenn sich die Geltendmachung rückübertragener Ansprüche neben den beim Unterhaltsgläubiger verbliebenen Unterhaltsansprüchen kostenrechtlich nicht auswirkt, ist der Einsatz des Vorschusses nicht zumutbar und Verfahrenskostenhilfe zu bewilligen.[72]

3. Zuständigkeit. Nachehelicher Unterhalt zählt wie die sonst durch die Ehe begründeten Unterhaltspflichten (§§ 1360, 1360 a, 1361) zu den Familienstreitsachen nach § 23 a Abs. 1 Nr. 1 GVG, §§ 111 Nr. 8, 112 Nr. 1, 231 Abs. 1, 269 Abs. 1 Nr. 9 FamFG und führt zur sachlichen Zuständigkeit der Familiengerichte. Ohne unmittelbare Zuweisung unterfallen wegen bloßen **sachlichen Zusammenhangs** noch weitere Ansprüche dieser Zuständigkeit: Auskunftsansprüche, Rückforderungsansprüche, Unterhalt im Falle des gesetzlichen Übergangs (cessio legis, § 33 SGB II, § 94 SGB XII, § 37 BAföG, § 7 UVG), Verfahrenskostenvorschuss (§ 1360 a) und Streitigkeiten im Zusammenhang mit dem steuerlichen Realsplitting § 10 Abs. 1 Nr. 1 EStG). Gleiches gilt auch bei lediglich verfahrensmäßigem Zusammenhang mit einer Unterhaltssache (Eilverfahren, Arrestverfahren, Vollstreckungsgegenantrag und Drittwiderspruchsantrag). 28

Ausnahmsweise kann der nacheheliche Unterhalt bereits **im Scheidungsverbundverfahren** geltend gemacht werden, obwohl er erst nach Rechtskraft der Scheidung entstehen und wirksam angemahnt werden kann. Er kann bereits – also vor Fälligkeit – im Scheidungsverbundverfahren geltend gemacht werden (§ 137 Abs. 2 Nr. 2 FamFG). Dies hat beziffert oder im Wege des Stufenantrags zu erfolgen (§ 254 ZPO), als Auskunftsantrag und noch unbeziffertem Zahlungsantrag, wobei zunächst im Wege der Teilentscheidung vorab über die Auskunft zu entscheiden ist.[73] Ein isolierter Auskunftsantrag im Scheidungsverbund ist dagegen nicht zulässig und vom Verbundverfahren abzutrennen (§ 113 FamFG iVm § 145 ZPO).[74] 29

4. Leistungsantrag. Der nacheheliche Unterhalt ist ein einheitlicher Anspruch, bestehend aus den unselbstständigen Bestandteilen **Elementar- und Vorsorgeunterhalt,** daher umfasst eine vorprozessual ausgesprochene Mahnung auch den Vorsorgeunterhalt.[75] Im Unterhaltsverfahren erfolgt jedoch eine getrennte und gesonderte Bezifferung, weil die unselbstständigen Bestandteile des Unterhaltsanspruchs unterschiedlichen Zweckbestimmungen unterliegen. Im Rahmen des durch die Bezifferung vorgegebenen Gesamtbetrags ist eine Verschiebung von Elementar- zu Vorsorgeunterhalt und umgekehrt möglich, weil sich dies nicht als Verstoß gegen § 308 ZPO darstellt. Lediglich der Gesamtbetrag unterliegt 30

---

72 BGH 2.4.2008 – XII ZB 266/03, FamRZ 2008, 1159.
73 BGH 19.3.1997 – XII ZR 277/95; 16.4.1997 – XII ZR 233/95, FamRZ 1997, 811; 4.11.1981 – IVb ZR 624/80, FamRZ 1982, 151.
74 BGH 23.1.1985 – IVb ZB 145/84, FamRZ 1985, 578; 14.1.1981 – IVB ZR 575/80, FamRZ 1981, 242, zur Unzulässigkeit der Geltendmachung von Trennungsunterhalt im Scheidungsverbund.
75 BGH 22.11.2006 – XII ZR 24/04, FamRZ 2007, 193.

der Bindung an § 308 ZPO.[76] Für den Fall des Anerkenntnisses nach § 307 ZPO bedeutet dies, dass Anerkenntniswirkungen sich lediglich auf den Gesamtunterhalt erstrecken und die unselbstständigen Bestandteile nicht isoliert für sich Gegenstand eines Anerkenntnisses sind.

31 **Teilantrag** beim nachehelichen Unterhalt ist nach allgemeinen Grundsätzen zulässig. Allerdings läuft der Unterhaltsberechtigte Gefahr, wenn er seinen Unterhalt ohne Differenzierung als Gesamtbetrag geltend macht, dass ihm die Einrede der Rechtskraft entgegengehalten wird, denn im Zweifel ist über den Unterhaltsanspruch vollständig und insgesamt entschieden. Eine Nachforderung für die Vergangenheit scheidet aus. Eine spätere Geltendmachung und Differenzierung von Elementar- und Vorsorgeunterhalt ist möglich.[77]

Kommt es später zur Rentenzahlung an den Unterhaltsberechtigten und fällt die Berechtigung zum Bezug von Altersvorsorgeunterhalt weg, ist dies im Wege des Abänderungsantrags, nicht des Vollstreckungsabwehrantrags geltend zu machen.[78]

32 **Verfahrenszinsen** sind unabhängig vom Vorliegen des Verzugs jedenfalls ab Eintritt der Rechtshängigkeit nach §§ 247, 288, 291 geschuldet.[79] Sie müssen in dem Leistungsantrag gesondert beantragt werden.

33 **5. Antragsabweisung/Abänderungsantrag/Bindungswirkung.** Kommt es zur Antragsabweisung, stellt sich regelmäßig die Frage der Bindungswirkung eines derartigen Beschlusses. Im Grundsatz ist davon auszugehen, dass das Gericht nur dann zur Antragsabweisung kommen kann, wenn sämtliche Anspruchsgrundlagen geprüft und im Beschluss abgehandelt bzw. erörtert worden sind. Sind bei einem antragsabweisenden Beschluss Anspruchsgrundlagen unerörtert geblieben, kann ein unerörtert gebliebener Anspruchsgrund nicht im Wege des neuen Leistungsantrags, sondern nur unter den strengeren Voraussetzungen des Abänderungsantrags geltend gemacht werden.[80]

Entfällt eine Anspruchsgrundlage wegen veränderter Verhältnisse (Kind vollendet das Alter von drei Jahren und bedarf keiner Betreuung iSd § 1570 Abs. 1 S. 2, 3 mehr), kann der Bedürftige seinen Unterhaltsanspruch im Verfahren des Abänderungsantrags mit einer anderen Anspruchsgrundlage verteidigen (zB § 1572, Erkrankung), was zur Aufrechterhaltung des Unterhaltsanspruchs führen kann.[81]

34 **6. Grundzüge der Beweislast.** Für die Darlegungs- und Beweislast gelten die allgemeinen Grundsätze, dh jede Partei muss die tatsächlichen Voraussetzungen der ihr günstigen Rechtsnormen darlegen und im Bestreitensfalle beweisen.

35 Der Unterhaltsberechtigte trägt somit die Darlegungs- und Beweislast für Tatsachen, die seine Berechtigung dem Grunde nach betreffen (vgl. dazu die Ausführungen zu den einzelnen Vorschriften, insbesondere die Fragen der Erwerbsunfähigkeit bzw. Arbeitslosigkeit bei bestehender Erwerbsobliegenheit).

---

76 BGH 3.4.1985 – IVb ZR 19/84, FamRZ 1985, 690.
77 BGH 3.4.1985 – IVb ZR 19/84, FamRZ 1985, 690.
78 BGH 8.6.2005 – XII ZR 294/02, FamRZ 2005, 1479.
79 BGH 14.1.1987 – IVb ZR 3/86, FamRZ 1987, 352.
80 BGH 26.1.1983 – IVb ZR 347/81, FamRZ 1984, 353.
81 BGH 15.3.1995 – XII ZR 257/93, FamRZ 1995, 665; 31.1.1990 – XII ZR 36/89, FamRZ 1990, 496.

a) Die Höhe seines Bedarfs. Neben den eigenen Einkünften des Berechtigten ist 36 auch das prägende Einkommen des Pflichtigen in seinem unterhaltsrelevanten Teil darzulegen einschließlich der berücksichtigungswürdigen Verbindlichkeiten und sonstiger Abzüge. Hält der Pflichtige insoweit substantiierten Gegenvortrag, darf der Berechtigte nicht lediglich bestreiten, weil ihn sonst die verfahrensrechtliche Folge aus § 113 FamFG iVm §§ 138 Abs. 2, 286 ZPO trifft.[82] Entscheidend ist oftmals, in wessen Kenntnisbereich der zu beweisende Umstand liegt. Ist dies der Pflichtige, kann dies dazu führen, dass er nähere Angaben zu seiner Einkommenssituation zu machen hat. Ein besonders wichtiger Fall ist insoweit die Darlegungs- und Beweislast für Einkommen aus selbstständiger Tätigkeit. Fertigt der Selbstständige Bilanzen und erstellt Gewinn- und Verlustrechnungen, muss er für ein substantiiertes Bestreiten seiner Einkünfte die genannten Unterlagen für einen aussagekräftigen Zeitraum (in der Regel drei Jahre) vorlegen und bei Bestreiten bestimmter Positionen diese näher erläutern.[83] Keinesfalls reicht die bloße Vorlage von Steuerbescheiden, Bilanzen oder Gewinn- und Verlustrechnungen. Denn dort ist lediglich ein Ergebnis nach steuerrechtlichen Grundsätzen dokumentiert, nicht aber die Frage unterhaltsrechtlicher Wertungen, die sich von den steuerlichen unterscheiden. Der Pflichtige muss daher den Bedürftigen in die Lage versetzen, die steuerlich beachtlichen von den unterhaltsrechtlich relevanten Positionen abzugrenzen.[84] Diese **Substantiierungspflicht des Pflichtigen** wird in der Praxis häufig übersehen. Bevor daher die Beweiserhebung durch Vernehmung von Buchhalter oder Steuerberater als Zeugen bzw. auf Einholung eines Sachverständigengutachtens erfolgt, muss der Verpflichtete seiner substantiierten Darlegungsverpflichtung gerecht werden. Zeugen- und Sachverständigenbeweis ersetzen nicht substantiierten Vortrag. Sie setzen ihn vielmehr voraus. Verstößt der Verpflichtete gegen seine Verpflichtung insoweit, führt dies dazu, dass dann, wenn keine genügenden Anhaltspunkte für eine gerichtliche Schätzung für das Einkommen vorhanden sind, das vom Bedürftigen behauptete Einkommen zugrunde zu legen ist.[85]

b) Der Umfang seiner Bedürftigkeit. Insoweit hat der Bedürftige insbesondere 37 die Umstände für die Anrechnung von eigenem Einkommen, also auch hinsichtlich der Anrechnung einer Vergütung für Versorgungsleistungen für einen neuen Partner, darzulegen und notfalls die Nichtanrechenbarkeit zu beweisen. Da solche anrechenbaren Leistungen die Bedürftigkeit unmittelbar vermindern, genügt es nicht, dass der bedürftige Ehegatte den substantiierten Vortrag des Verpflichteten lediglich bestreitet. Er hat ihn vielmehr zu widerlegen. Dazu ist zunächst vor der Einholung eines Beweises ein substantiierter Gegenvortrag erforderlich.[86]

Den Unterhaltpflichtigen trifft die Darlegungs- und Beweislast für fehlende 38 Leistungsfähigkeit. Dies betrifft vor allem die Darlegung vorrangiger und gleichrangiger Unterhaltsverpflichtungen, berücksichtigungswürdiger Verbindlichkeiten und berufsbedingter Aufwendungen, soweit nicht zulässigerweise eine Pau-

---

82 BGH 26.4.1989 – IVb ZR 64/88, FamRZ 1990, 266.
83 BGH 1.10.1997 – XII ZR 49/96, FamRZ 1998, 99; 15.10.1986 – IVb ZR 78/85, FamRZ 1987, 259.
84 BGH 4.7.2007 – XII ZR 141/05, FamRZ 2007, 1532; 16.1.1985 – IVb ZR 59/83, FamRZ 1985, 357; BGH 23.4.1980 – IVB ZR 510/80, FamRZ 1980, 770.
85 OLG Hamm 19.3.1996 – 2 WF 56/96, FamRZ 1996, 1216.
86 BGH 30.11.1994 – XII ZR 226/93, FamRZ 1995, 291.

schale in Anspruch genommen wird.[87] Hinsichtlich der Fragen zur Feststellung des Einkommens Selbstständiger wird auf obige Ausführungen (Darlegungslast Unterhaltsbedürftiger → Rn. 36) verwiesen.

Sonstige Einreden, Einwendungen, auch §§ 1578 b, 1586 b und 1579: Hinsichtlich Befristung und Beschränkung trägt der Unterhaltsverpflichtete die Darlegungs- und Beweislast, weil die Vorschriften als Ausnahmetatbestände anzusehen sind. Dabei genügt der Pflichtige seiner Vortragslast, wenn er Tatsachen vorträgt, die – wie etwa die Aufnahme einer vollschichtigen Erwerbstätigkeit in dem vom Unterhaltsberechtigten erlernten oder vor der Ehe ausgeübten Beruf – einen Wegfall ehebedingter Nachteile und damit eine Begrenzung nahelegen. Dann obliegt es dem Unterhaltsberechtigten, Umstände darzulegen und zu beweisen, die gegen eine Unterhaltsbegrenzung oder für eine längere „Schonfrist" sprechen.[88]

39 **7. Besonderheit im Abänderungsverfahren.** Wer als Antragsteller im Abänderungsverfahren eine wesentliche Änderung der für die Festlegung des Unterhalts maßgeblichen Umstände und deren wesentliche Auswirkung auf die Unterhaltspflicht insgesamt behauptet, trägt dafür die Darlegungs- und Beweislast.[89] Im Übrigen verbleibt es in Abänderungsverfahren – unbeschadet der jeweiligen Beteiligtenstellung – bei den dargestellten Grundsätzen.

Kapitel 2
Unterhaltsberechtigung

§ 1570 BGB Unterhalt wegen Betreuung eines Kindes

(1) ¹Ein geschiedener Ehegatte kann von dem anderen wegen der Pflege oder Erziehung eines gemeinschaftlichen Kindes für mindestens drei Jahre nach der Geburt Unterhalt verlangen. ²Die Dauer des Unterhaltsanspruchs verlängert sich, solange und soweit dies der Billigkeit entspricht. ³Dabei sind die Belange des Kindes und die bestehenden Möglichkeiten der Kinderbetreuung zu berücksichtigen.

(2) Die Dauer des Unterhaltsanspruchs verlängert sich darüber hinaus, wenn dies unter Berücksichtigung der Gestaltung von Kinderbetreuung und Erwerbstätigkeit in der Ehe sowie der Dauer der Ehe der Billigkeit entspricht.

---

87 BGH 27.4.1988 – IVb ZR 58/87, FamRZ 1988, 930; vgl. Unterhaltsrechtliche Leitlinien der Familiensenate in Süddeutschland (SüdL) Nr. 10.2.1; Düsseldorfer Tabelle Anm. 3.
88 BGH 14.11.2007 – XII ZR 16/07, FamRZ 2008, 134.
89 BGH 1.10.1997 – XII ZR 49/96, FamRZ 1998, 99; 15.10.1986 – IVb ZR 78/85, FamRZ 1987, 259.

I. Allgemeines

Der Anspruch eines Elternteils, der ein gemeinschaftliches Kind betreut, wird so 1 lange und soweit gewährt, als er wegen der Erziehung und Versorgung an der Ausübung einer Erwerbstätigkeit gehindert ist. Die Vorschrift ist mit dem Unterhaltsrechtsänderungsgesetz[1] tiefgreifend unter vollständiger **Abkehr vom vormaligen Altersstufenmodell** umgestaltet worden, was der Bundesgerichtshof inzwischen mehrfach bestätigt hat.[2] Dies gilt auch, soweit solche Altersphasen lediglich als Regelfall behandelt werden, innerhalb dessen die Umstände des Einzelfalles zu berücksichtigen sind, die Begründung der Erwerbsobliegenheit des betreuenden Elternteils aber nicht auf individuelle Einzelumstände gestützt ist.[3]

Die Loslösung vom Altersstufenmodell zugunsten einer **einzelfallbezogenen Entscheidung**[4] betont die ab Vollendung des dritten Lebensjahres des Kindes besseren Möglichkeiten der Kinderbetreuung und verschärft dementsprechend die Anforderungen an die Erwerbsobliegenheit beim betreuenden Elternteil.[5] Die Vorschrift trägt dem gesellschaftlichen Wandel mit zunehmenden Möglichkeiten der Fremdbetreuung von Kindern bei Teilzeiterwerbstätigkeit des betreuenden Elternteils Rechnung. Sie enthält nunmehr, über den **Grundtatbestand** in Abs. 1 S. 1 hinausgehend, **zwei** unterschiedliche **eigenständige Verlängerungsmöglichkeiten** aus Billigkeitsgründen.[6]

Vor Vollendung des dritten Lebensjahres des Kindes ist der betreuende Elternteil 3 von einer Erwerbsobliegenheit vollständig befreit, um der Betreuung und Versorgung gerecht werden zu können.[7]

Die erste Alternative der Verlängerung, über das dritte Lebensjahr des Kindes hinaus, kommt in Betracht, wenn dies der **Billigkeit** entspricht. Die Regelung in Abs. 1 S. 2 und 3 ist eindeutig in ihren Voraussetzungen **kindbezogen** und macht deutlich, dass der Betreuungsunterhalt dem betreuenden Elternteil vor allem im Interesse des Kindes und zu seinem Wohl gewährt wird. Im Rahmen der **Billigkeitsabwägung** sind die **Belange des Kindes und die tatsächlich bestehenden und zumutbaren Möglichkeiten der Kinderbetreuung** zu berücksichtigen. Denn mit der Neugestaltung des nachehelichen Betreuungsunterhalts in § 1570 hat der Gesetzgeber für Kinder ab Vollendung des dritten Lebensjahres den Vorrang der persönlichen Betreuung aufgegeben. Ein Altersphasenmodell, das bei der Frage

---

1 BGBl. 2007 I 3189.
2 Siehe dazu etwa BGH 15.6.2011 – XII ZR 94/09, FamRZ 2011, 1375; 30.3.2011 – XII ZR 3/09, FamRZ 2011, 791; 1.3.2006 – XII ZR 157/03, FamRZ 2006, 846.
3 BGH 15.6.2011 – XII ZR 94/09, FamRZ 2001, 1375; 18.3.2009 – XII ZR 74/08, FamRZ 2009, 770.
4 BGBl. 2007 I 3189.
5 BT-Drs. 16/1830, 17.
6 Hauß, Der Betreuungsunterhalt im neuen Unterhaltsrecht, FamRB 2007, 367 ff.
7 BVerfG 28.2.2007 – 1 BvL 9/04, FamRZ 2007, 965.

der Verlängerung des Betreuungsunterhalts aus kindbezogenen Gründen allein oder wesentlich auf das Alter des Kindes abstellt, würde diesen Anforderungen nicht mehr gerecht.[8]

4   Abs. 2 sieht darüber hinaus eine Verlängerungsmöglichkeit – über den Zeitraum des dritten Lebensjahres des Kindes hinausgehend – vor, wobei diese Verlängerung einen **ehebezogenen** Anknüpfungspunkt hat. Die Verlängerung des Anspruchs rechtfertigt sich allein aus dem Grundsatz der nachehelichen Solidarität. Nach der tatsächlichen Gestaltung der Kinderbetreuung und der Erwerbstätigkeit durch die Ehegatten sowie mit Blick auf die Dauer der Ehe, kann im Einzelfall eine Verlängerung gerechtfertigt sein. Die Verlängerungsmöglichkeit führt zu keinem selbstständigen Anschlussunterhalt an den Betreuungsunterhalt nach Abs. 1, sondern zu einem „**Annexanspruch**". So soll der besondere Schutz der Ehe zum Ausdruck kommen, dessen Berücksichtigung das Bundesverfassungsgericht dem Gesetzgeber überlassen hat, um den besonderen Schutz der Ehe als zusätzliches Kriterium für die Zubilligung von Betreuungsunterhalt differenzierend zu wahren.

5   Nicht nur der **Basisunterhalt**, sondern auch beide Verlängerungsmöglichkeiten sind dem Kernbereich des Scheidungsfolgenrechts zuzuordnen und der freien Disposition der Ehegatten in ehevertraglichen und unterhaltsrechtlichen Vereinbarungen entzogen.[9] Sie genießen auch gegenüber den Ansprüchen nach § 1572 (Krankenunterhalt) und § 1571 (Unterhalt wegen Alters) Vorrang.

6   Eine **Herabsetzung und zeitliche Begrenzung** des Unterhalts wegen Unbilligkeit nach § 1578 b hat gegenüber den Ansprüchen aus § 1570 Abs. 1 und 2 keine eigenständige Bedeutung erlangt. Die Möglichkeiten der Billigkeitsabwägung nach § 1570 Abs. 1 und 2 gehen vor.

7   Nachdem sowohl bei der **kindbezogenen** als auch der **ehebezogenen Verlängerungsmöglichkeit** eine **umfassende Billigkeitsabwägung** bei Prüfung der Anspruchsvoraussetzungen zu erfolgen hat, kann eine weitere Beschränkung des Betreuungsunterhalts aus dem Blickwinkel des § 1578 b nicht mehr in Betracht kommen.[10] Vielmehr ist bereits bei der Billigkeitsprüfung der Anspruchsvoraussetzungen im Sinne des § 1570 auch die Höhe des Unterhaltsanspruchs unter Ausschöpfung aller Billigkeitskriterien zu bestimmen, wobei sicherzustellen ist, dass der Betreuungsunterhalt dem Berechtigten in einer Größenordnung erhalten bleibt, dass zwischen dem Lebensstandard des kinderbetreuenden Elternteils und demjenigen der Kinder, die ungeschmälert Kindesunterhalt erhalten, kein erheblicher Niveauunterschied entsteht.

Eine besondere Stellung genießen die Ansprüche wegen Kinderbetreuung nach wie vor in Fällen der Beschränkung oder Versagung des Unterhalts wegen grober Unbilligkeit nach § 1579 Nr. 1 im Falle einer **kurzen Ehe**[11] und als gleich-

---

8   BGH 15.9.2010 – XII ZR 20/09, FamRZ 2010, 1880; 18.3.2009 – XII ZR 74/08, FamRZ 2009, 770; 17.6.2009 – XII ZR 102/08, FamRZ 2009, 1391.
9   BGH 11.2.2004 – XII ZR 265/02, FamRZ 2004, 601.
10 Borth, Betreuungsunterhalt und Erwerbsobliegenheit nach dem UÄndG, FamRZ 2008, 2 (8).
11 BVerfG 4.7.1989 – 1 BVR 537/87, FamRZ 1989, 941, mit der Klarstellung, dass zur Vermeidung verfassungswidriger Ergebnisse zunächst allein von der tatsächlichen Ehedauer auszugehen ist und erst im Rahmen der sich anschließenden Abwägung erheblich wird, inwieweit die Inanspruchnahme des Verpflichteten auch unter Wahrung der Belange eines vom Berechtigten betreuten gemeinschaftlichen Kindes grob unbillig ist.

rangige Unterhaltsansprüche der zweiten Rangstufe iSv § 1609 Nr. 2, soweit Elternteile wegen der Betreuung des Kindes unterhaltsberechtigt sind oder für den Fall der Scheidung wären.

Haben die Ansprüche auf Betreuungsunterhalt wegen der Änderung der Regeln 8 über die Rangfolge in §§ 1582 Abs. 1 S. 2, 1609 gegenüber der früheren Rechtslage an Gewicht verloren, bleibt doch die Privilegierung sämtlicher Betreuungsunterhaltsansprüche des § 1570 nach § 1586 a erhalten. Danach kommt es zum Wiederaufleben des Unterhaltsanspruchs nach § 1570 eines geschiedenen Ehegatten, der eine neue Ehe oder Lebenspartnerschaft mit der Folge des Erlöschens des Unterhaltsanspruchs nach § 1586 eingegangen war, wenn diese wieder aufgelöst wurde. Allerdings ist nach dem eindeutigen Gesetzeswortlaut ein Anschlussunterhalt dann ausgeschlossen.

II. Anspruchsvoraussetzungen

1. Allgemeine Anspruchsvoraussetzungen. a) Gemeinschaftliches Kind. Voraus- 9 setzung für den Betreuungsunterhalt nach § 1570 ist, dass einem in der Ehe geborenen (§§ 1591, 1592) oder von den Ehegatten adoptierten Kind (§ 1574 Abs. 2) die unterhaltsberechtigende Betreuungsleistung erbracht wird. Die Ehe endet mit der **Rechtskraft der Scheidung**.[12] Dieser Zeitpunkt markiert die Zäsur für das Kindsein (**ehelich**) in Bezug auf beide Ehegatten. Wird ein Kind erst nach der Rechtskraft der Scheidung (**nichtehelich**) geboren, kann ein Anspruch der Betreuungsperson nur nach § 1615 l bestehen, was im sachlichen Gehalt nach geltender Rechtslage in den ersten drei Lebensjahren des Kindes keinen Unterschied mehr macht.

Vorehelich geborene Kinder werden durch Anerkennung der Vaterschaft ge- 10 meinschaftliche Kinder (§ 1592 Nr. 2). Dies gilt auch für den Fall der gerichtlichen Feststellung der Vaterschaft (§ 1592 Nr. 3).

Wird ein Kind vor der Eheschließung geboren und ist die Vaterschaft zweifelhaft, gilt es gleichwohl unterhaltsrechtlich bis zu dem Zeitpunkt als gemeinschaftliches Kind, bis die Vaterschaft wirksam angefochten worden ist. Für den Sonderfall des zwischen Anhängigkeit und rechtskräftigem Abschluss eines Scheidungsverfahrens geborenen Kindes sieht § 1599 Abs. 2 vor, dass die Stellung als gemeinschaftliches Kind dann verloren geht, wenn – bezogen auf das Scheidungsverfahren – ein Dritter innerhalb eines Jahres nach Eintritt der Rechtskraft die Vaterschaft wirksam anerkannt hat.

Pflegekinder und **Kinder aus einer früheren Ehe** scheiden dagegen als gemeinschaftliche Kinder für den Bereich des Betreuungsunterhalts aus. Sie können sich lediglich im Falle entsprechender familiärer Aufnahme bestimmend auf die ehelichen Lebensverhältnisse (§ 1578) der Ehegatten auswirken, lösen – abgesehen von einem ausnahmsweisen Anspruch nach § 1576[13] – selbst aber keinen Unterhaltstatbestand für den betreuenden Elternteil aus.

b) Betreuungsbedürftiges Kind. Der Betreuungsunterhalt leitet seine innere 11 Rechtfertigung aus der Betreuungsbedürftigkeit des Kindes ab. Diese nimmt bekanntermaßen mit zunehmendem Lebensalter des Kindes ab. Dem hat in der

---

12 BGH 30.9.1987 – IVb ZR 71/86, FamRZ 1988, 46; 13.1.1988 – IVb ZR 7/87, FamRZ 1988, 370.
13 OLG Koblenz 16.2.2005 – 7 WF 1224/04, FamRZ 2005, 1997.

Vergangenheit das sog **Altersstufenmodell** durch verschiedene zeitliche Abstufungen Rechnung getragen.

12 Versuche nach der Neufassung des § 1570 an das vormalige Altersphasenmodell anzuknüpfen und eine Verlängerung des Betreuungsunterhalts allein vom Kindesalter abhängig zu machen, sind im Hinblick auf den eindeutigen Willen des Gesetzgebers nicht haltbar.[14] Die Betreuungsbedürftigkeit ist vielmehr nach den individuellen Verhältnissen zu ermitteln. Nur wenn das betroffene Kind einen Entwicklungsstand erreicht hat, in dem es unter Berücksichtigung aller Umstände des Einzelfalles zeitweise sich selbst überlassen bleiben kann, kommt es aus kindbezogenen Gründen insoweit nicht mehr auf eine vorrangig zu prüfende Betreuungsmöglichkeit in einer kindgerechten Einrichtung an.[15]

Auch ein graduell modifiziertes Altersphasenmodell, das bei der Frage der Verlängerung des Betreuungsunterhalts aus kindbezogenen Gründen allein oder wesentlich auf das Alter des Kindes, etwa bis zum achten und zwölften Lebensjahr, abstellt, wird den gesetzlichen Anforderungen nicht gerecht. Ausgeschlossen hat der Bundesgerichtshof auch, dass solche Altersphasen als Regelfall behandelt werden, innerhalb dessen dann noch die Umstände des Einzelfalles berücksichtigt würden, die Begründung der Erwerbsobliegenheit des betreuenden Elternteils aber nicht auf individuelle Einzelumstände gestützt ist.[16]

13 Das geltende Recht unterscheidet bei der Frage des betreuungsbedürftigen Kindes danach, ob diese Betreuung durch den Elternteil (persönliche Betreuung) oder durch Dritte (Fremdbetreuung) erbracht wird oder zumutbarer Weise erbracht werden kann.

Dabei erfolgt der Einstieg in die Frage der Zumutbarkeit der Fremdbetreuung erst **mit Vollendung des dritten Lebensjahres** des Kindes. Soweit die Fremdbetreuung zumutbar ist und die tatsächlichen Möglichkeiten bestehen, sie wahrzunehmen, entfällt grundsätzlich die Befreiung des betreuenden Elternteils von der Erwerbsobliegenheit. Nur in Einzelfällen soll dies durch kind- oder ehebezogene Gründe modifiziert und damit der Anspruch verlängert werden können.

14 Unwiderleglich ist in jedem Falle ein Kind **in den ersten drei Lebensjahren grundsätzlich betreuungsbedürftig**. Es hat Anspruch auf Betreuung durch den Elternteil, der ein Recht hat, sich in dieser Zeit uneingeschränkt der Erziehung und Pflege seines Kindes zu widmen. Eheliche und nichteheliche Kinder werden, was ihre Betreuungsbedürftigkeit anbelangt, grundsätzlich gleich behandelt.

15 In dem sich daran anschließenden Zeitraum greift der **Gedanke der zumutbaren Fremdbetreuung** Platz, wobei im Einzelfall eine unterhaltsrechtlich fortdauernde persönliche Betreuung vorbehalten bleiben kann.

16 Im Bereich des nachehelichen Unterhalts besteht nach Abs. 2 die Möglichkeit, aus **ehebezogenen Gründen eine verlängerte Betreuungssituation** unterhaltsrechtlich abzufangen und verlängernd für einen über die ersten drei Lebensjahre hinausgehenden Zeitraum Billigkeitsunterhalt zuzusprechen. Das ist eine Privilegierung des ehelichen Kindes, die indessen im Einklang mit der Rechtsprechung

---

14 BGH 15.9.2010 – XII ZR 20/09, FamRZ 2010, 1880; 18.3.2009 – XII ZR 74/08, FamRZ 2009, 770.

15 BGH 15.9.2010 – XII ZR 20/09, FamRZ 2010, 1880; 6.5.2009 – XII ZR 114/08, FamRZ 2009, 1124.

16 BGH 15.6.2011 – XII ZR 94/09, FamRZ 2011, 1357; 30.3.2011 – XII ZR 3/09, FamRZ 2011, 791; 18.3.2009 – XII ZR 74/08, FamRZ 2009, 770.

des Bundesverfassungsgerichts steht. Diese Verlängerungsmöglichkeit entzieht sich wegen ihres konkreten Ehebezugs jeder Pauschalierung.

Betreuung und Versorgung eines Kindes, über das dritte Lebensjahr hinausgehend, kann eine Unterhaltsberechtigung nach § 1570 auslösen bzw. erhalten. Wegen eines für den Tatbestand fehlenden Einsatzzeitpunktes entscheidet die jeweilige konkrete Situation. Absolute **Grenze der Betreuungsbedürftigkeit** ist grundsätzlich das achtzehnte Lebensjahr des Kindes. Auch einem privilegierten volljährigen Kind werden keine Betreuungsleistungen mehr erbracht. Ihm schulden die Eltern grundsätzlich beide anteiligen Barunterhalt nach ihren jeweiligen Einkommensverhältnissen.[17] Jedoch wird wegen der mit steigendem Lebensalter des Kindes zunehmenden Zumutbarkeit der Fremdbetreuung diese Grenze bei weitem nicht mehr erreicht. Lediglich in dem selten gelagerten Einzelfall eines **kranken** oder **behinderten Kindes** kann eine über das achtzehnte Lebensjahr hinausgehende Betreuungsbedürftigkeit anerkannt werden, wenn etwa die Eltern sich entschlossen haben, der eigenen Betreuung des Kindes den Vorzug vor einer Heimunterbringung zu geben.[18]

c) **Pflege oder Erziehung durch den berechtigten Elternteil.** Unterhaltsberechtigt 17 ist derjenige Elternteil, der das Kind ständig im Bereich der Körper- und Gesundheitspflege und der geistig-seelischen Entwicklung versorgt oder erzieht. Mit der Verwendung des Wortes „oder" drückt das Gesetz aus, dass beide Elemente der Betreuung nicht kumulativ erbracht werden müssen, sondern es ausreichend ist, wenn eines dieser Elemente erbracht wird (etwa beim **volljährigen Kind**, wo es ausreicht, dass es pflegebedürftig ist).[19] Der Unterhaltsanspruch nach § 1570 ist daher nicht auf **minderjährige Kinder** beschränkt.

Betreuung durch einen Elternteil bedeutet zunächst die **persönliche Betreuung**, ohne dass die Inanspruchnahme Dritter, die zeitlich befristet bleibt, schadet. Eine vollständige **Fremdbetreuung** findet allerdings bei **dauerhafter Heim- oder Fremdunterbringung** statt. Sie ist keine persönliche Betreuung mehr.

Innerhalb des Zeitraums der ersten drei Lebensjahre des Kindes kann der betreuende Elternteil nicht darauf verwiesen werden, eine tatsächlich bestehende Fremdbetreuungsmöglichkeit durch Dritte wahrnehmen zu müssen. Eine gleichwohl in diesem Zeitraum erbrachte Betreuung durch nahe Familienangehörige, um dem betreuenden Elternteil eine Aus- oder Fortbildung zu ermöglichen, hat als freiwillige Leistung eines Dritten nicht die Funktion, den barunterhaltspflichtigen Elternteil zu entlasten und ihn stattdessen einer Erwerbsobliegenheit zu unterwerfen.[20]

Die Frage der **Berechtigung zur eigenen Betreuung** hat zunächst ihren Anknüpfungspunkt in den tatsächlichen Verhältnissen und beurteilt sich danach, wer das Kind in „**Obhut**" hat. Dieses tatsächliche Verhältnis kann jedoch im Einzelfall in Widerspruch zur rechtlichen Situation und der Regelung des Sorgerechts stehen. Das wird im Bereich des nachehelichen Unterhalts jedoch nur selten der

---

17 BGH 9.1.2002 – XII ZR 34/00, FamRZ 2002, 815.
18 BGH 17.3.2010 – XII ZR 204/08, FamRZ 2010, 802; 1.3.2006 – XII ZR 157/03, FamRZ 2006, 846; 19.6.1985 – IVb ZR 30/84, FamRZ 1985, 917.
19 BGH 10.6.2015 – XII ZB 251/14, FamRZ 2015, 1369 (wobei Verlängerung nur möglich ist, soweit dies nach den Umständen des Einzelfalls der Billigkeit entspricht); 16.12.2009 – XIII ZR 50/08, FamRZ 2010, 357; 13.1.2010 – XII ZR 123/08, FamRZ 2010, 444; 16.12.2009 – XII ZR 50/08, FamRZ 2010, 357.
20 BGH 26.2.2005 – XII ZR 34/03, FamRZ 2006, 99.

Fall sein. Denn über Scheidung und Folgesachen ist einheitlich zu entscheiden (§ 137 Abs. 1 FamFG). Dennoch kann es im Einzelfall, insbesondere bei fortbestehender gemeinsamer elterlicher Sorge, aber auch bei bestehender gerichtlicher Sorgerechtsregelung nach der erfolgten Scheidung, zu einer einseitigen Obhutsgestaltung eines Elternteils kommen, die der Rechtslage zwischen den Elternteilen nicht (mehr) entspricht. Maßgeblich bleibt insoweit jedoch die ursprüngliche sorgerechtliche Regelung, die sich aus der einseitigen Zuweisung durch das Gericht oder der einverständlichen Regelung zwischen den Elternteilen ergibt. Selbst bei einem anhängigen Sorgerechtsstreit kann nur dann auf die tatsächliche Ausübung der Obhut abgestellt werden, wenn diese keinen rechtswidrigen Zustand widerspiegelt. Das ist im Fall der Eigenmacht eines Elternteils auf den ersten Blick nicht der Fall. Entscheidend ist dann, ob die anschließend ergehende gerichtliche Entscheidung den ursprünglichen Zustand wiederherstellt oder ob sie den einseitig herbeigeführten Obhutszustand bestätigt. Die Sachlage ist während eines ungeregelten Schwebezustands zweifelhaft und unsicher. Maßgeblich wird man insoweit auf das **Wohl des beteiligten Kindes** abstellen müssen. Daher kann die Unterhaltsberechtigung des betreuenden Elternteils nicht in Zweifel gezogen werden, wenn die **einseitig herbeigeführte Änderung der Obhutssituation dem berechtigten Interesse des Kindes entsprach,** was bei tatsächlich bestehender Ungeeignetheit des anderen Elternteils der Fall ist. In einem derartigen Fall muss eine Rückwirkung der sorgerechtlichen Entscheidung für die Unterhaltsberechtigung anerkannt werden. Geht es im Streit der Eltern dagegen allgemein um die Frage der besseren Erziehungseignung, kann eine unterhaltsrechtliche Rückwirkung der Sorgerechtsregelung nicht stattfinden. In solchen Fällen muss daher dringend zur Herbeiführung rechtmäßiger Obhutsverhältnisse eine **vorläufige sorgerechtliche Maßnahme** beantragt werden. Fehlt eine solche Entscheidung, kann Betreuungsunterhalt frühestens vom Zeitpunkt des Wirksamwerdens der sorgerechtlichen Regelung (§ 49 FamFG) verlangt werden.

19   **d) Fremdbetreuung/Betreuung durch Dritte.** Beim Unterhaltsanspruch wegen Betreuung von Kindern ab der Altersgrenze von drei Jahren ist zunächst der individuelle Umstand zu prüfen, ob und in welchem Umfang die Kindesbetreuung auf andere Weise gesichert ist oder gesichert werden könnte.[21] Fremdbetreuung meint die Betreuung durch Private oder durch öffentliche Einrichtungen. Privat Betreuender ist zunächst auch der andere Elternteil, wenn die Eltern die Betreuung des Kindes anteilig erbringen (Wechselmodell). Weiter fallen darunter Tagesmütter, Elterninitiativen und Familienangehörige, auch der neue Lebenspartner. Auf das Alter des Kindes kann es demnach nur dann ankommen, wenn eine anderweitige Betreuung des Kindes nicht zur Verfügung steht und die Berufstätigkeit des betreuenden Elternteils davon abhängt, dass das Kind – vorübergehend – auch ohne Aufsicht bleiben kann. Letztlich ist – insbesondere zur Überbrückung von Betreuungsengpässen – grundsätzlich auch ein dem Kindeswohl nicht widersprechendes ernsthaftes und verlässliches Betreuungsangebot des Unterhaltspflichtigen wahrzunehmen.[22] Sind für die Betreuung mehrerer minderjähriger schulpflichtiger Kinder keine ganztägigen Betreuungseinrichtungen vor-

---

21 BGH 18.4.2012 – XII ZR 65/10, FamRZ 2012, 1040; 18.3.2009 – XII ZR 74/08, FamRZ 2009, 770.
22 BGH 18.4.2012 – XII ZR 65/10, FamRZ 2012, 1040; 1.6.2011 – XII ZR 45/09, FamRZ 2011, 1209; 15.9.2010 – XII ZR 20/09, FamRZ 2010, 1880.

handen, so besteht keine Obliegenheit des betreuenden Elternteils zur Ausübung einer ganztägigen Erwerbstätigkeit, da es den Kindern nach Betreuung durch die schulischen Betreuungseinrichtungen nicht zugemutet werden kann, sich hiernach allein in der elterlichen Wohnung aufzuhalten, bis die Erwerbstätigkeit des betreuenden Elternteils beendet ist.[23]

Öffentliche Einrichtungen stellen Kindergärten, -horte und schulische Einrichtungen mit verlässlicher Betreuungsform dar.

Voraussetzung für die unterhaltsrechtliche Berücksichtigungsfähigkeit einer der genannten Betreuungsmöglichkeiten ist, dass sie tatsächlich besteht, zumutbar ist und mit den Belangen des Kindes (Kindeswohl) vereinbar ist. Dazu muss sie verlässlich und dauerhaft gesichert erbracht werden, was bei Betreuungsangeboten durch Angehörige besonders genau zu prüfen ist, weil sie regelmäßig ohne rechtlichen Anspruch erbracht werden. Indiz kann sein, ob und über welchen Zeitraum solche Betreuungsleistungen in der Vergangenheit bereits störungsfrei erbracht worden sind.

Was mit den Belangen des Kindes **nach Vollendung des dritten Lebensjahres** vereinbar ist, definiert das Gesetz nicht. Grundlegend ist die Überlegung, dass eine Gefährdung der Erziehungsinteressen eines Kindes ausscheidet, wenn seine Betreuung in einer Tageseinrichtung oder in der Tagespflege sichergestellt ist. Allein die Argumentationskette „Betreuungsmöglichkeit = Erwerbsobliegenheit" würde in unzulässiger Weise die erforderliche Billigkeitsabwägung verkürzen. Im Rahmen der Feststellung der Betreuungsbedürftigkeit des Kindes stellt die Frage der gesicherten Betreuung nur eines von mehreren Kriterien in der Abwägung aller Umstände des Einzelfalles dar. **Fremdbetreuung** erzwingt nicht aus sich heraus eine Erwerbstätigkeit.[24] Aber sie hat im Ansatz zunächst **Vorrang** vor der persönlichen Betreuung. Die Neuregelung des Unterhaltsrechts verlangt überdies **keinen abrupten, übergangslosen Wechsel** von der elterlichen Betreuung zur Vollzeiterwerbstätigkeit. Im Interesse des Kindeswohls erfolgt ab Vollendung des dritten Lebensjahres ein gestufter, an den Kriterien von § 1570 Abs. 1 orientierter Übergang.[25] Dies ermöglicht jedoch keine Konzeption eines neu ausgerichteten (modifizierten) Altersphasenmodells, das sich an den Belangen des Kindes orientiert und sich danach ausrichtet, ob zu bestimmten Tageszeiten eine Betreuungs- und Erziehungstätigkeit erforderlich ist. Die Zumutbarkeit der Erwerbstätigkeit neben der Kinderbetreuung richtet sich nach den Umständen des Einzelfalls (bspw. Zahl und Alter der Kinder, Betreuungsbedürftigkeit, zumutbare Betreuungsmöglichkeit, Gestaltung der Ehe). Die Oberlandesgerichte haben dies unterschiedlich, teilweise außerordentlich differenziert, in ihren jeweiligen **Unterhaltsrechtlichen Leitlinien** herausgearbeitet.[26] Der Bundesgerichtshof nimmt eine Obliegenheit zur Inanspruchnahme von Betreuungsmöglichkeiten nach dem dritten Lebensjahr des Kindes an, es sei denn, eine solche ist mit dem Kindeswohl nicht vereinbar.[27]

---

23 OLG Düsseldorf 24.4.2015 – 3 UF 211/12, FamRZ 2016, 63 (64).
24 Schon Schwab, Zur Reform des Unterhaltsrechts, FamRZ 2005, 1417; auch Reinken, Die Änderung der Zumutbarkeitsanforderungen an die Aufnahme einer Erwerbstätigkeit im Reformgesetz, FPR 2005, 502.
25 Formulierungshilfe zum Entwurf eines Gesetzes zur Änderung des Unterhaltsrechts – BT-Drs. 16/1830, FamRZ 2007, 1947.
26 Siehe dazu jeweils die unterhaltsrechtlichen Leitlinien der Oberlandesgerichte unter 17.1.
27 BGH 18.3.2009 – XII ZR 74/08, FamRZ 2009, 770.

Streicher

20   **2. Besondere Anspruchsvoraussetzungen. a) Grundtatbestand (Abs. 1 S. 1).** Der
Gesetzgeber spricht von „**Basisunterhalt**".[28] Pflege und Erziehung eines Kindes
lösen in den ersten drei Jahren nach seiner Geburt grundsätzlich – unbeschadet
der Umstände des Einzelfalls – stets einen Unterhaltsanspruch aus. Der betreuende Elternteil wird in den ersten drei Lebensjahren des Kindes vollständig und
uneingeschränkt von jeder Erwerbsobliegenheit freigestellt. Weder tatsächliche
Möglichkeiten zur Fremdbetreuung noch ungünstige wirtschaftliche Verhältnisse vermögen daran etwas zu ändern. Den Anspruch auf Basisunterhalt vermittelt somit nur noch das jüngste von mehreren Kindern im genannten Zeitraum.
Auf das Vorhandensein weiterer Geschwister und deren Alter kommt es nicht
mehr an. Geschwister und die ehebezogenen Umstände des Einzelfalles können
allenfalls noch im Billigkeitsunterhalt nach Abs. 2 Bedeutung erlangen.

21   Die im Gesetz genannte Anspruchsdauer von mindestens drei Jahren nach der
Geburt ist mit dem Wohl des Kindes in der Regel vereinbar.[29] Insoweit kommen
im Grundsatz zivilrechtliche und sozialrechtliche Regelungen zur Deckung. Mit
Vollendung des dritten Lebensjahres erlangt jedes Kind einen **Anspruch auf
einen Kindergartenplatz** (§ 24 Abs. 1 SGB VIII). Im Sozialrecht wird eine Erwerbsfähigkeit bei Betreuung eines über drei Jahre alten Kindes angenommen
und eine Berufstätigkeit für zumutbar gehalten (§ 10 Abs. 1 Nr. 3 SGB II; § 11
Abs. 4 SGB XII), wenn die Betreuung des Kindes durch eine Tageseinrichtung,
Tagespflege oder auf sonstige Weise sichergestellt ist.[30]

22   **b) Kindbezogener Billigkeitsunterhalt (Abs. 1 S. 2 und 3).** Eine Verlängerung
des Betreuungsunterhalts im Anschluss an die Zeit des Basisunterhalts kann erfolgen, solange und soweit dies nach den Umständen des Einzelfalls der Billigkeit entspricht. Liegen die Voraussetzungen der Verlängerung vor, steht zugleich
auch fest, dass und in welchem Umfang vom betreuenden Elternteil eine Erwerbstätigkeit nicht erwartet werden kann. Dies ist keine eigenständige Anspruchsgrundlage, sondern ein **Annexanspruch** zu dem Basisunterhaltsanspruch
nach Abs. 1 S. 1. Es sind sowohl (in erster Linie) die **Belange des Kindes** als auch
bestehende Möglichkeiten der Kinderbetreuung zu berücksichtigen. Der Bundesgerichtshof stellt ausdrücklich klar, dass nur gemeinschaftliche Kinder die Anspruchsgrundlage vermitteln können.[31]

Für die kindbezogene Verlängerung des Unterhaltsanspruchs bedarf es eines **besonderen Maßes an Betreuungsbedürftigkeit** beim Kind. Zuvörderst bedürfen
behinderte Kinder, die dauerhaft auf Betreuung angewiesen sind, und **kranke
Kinder**, wenn es sich nicht nur um eine vorübergehende Erkrankung handelt,
des betreuenden Elternteils.[32]

In den übrigen Fällen ist zu untersuchen, ob und inwieweit die Belange des Kindes einer **Fremdbetreuung** entgegenstehen. Denn maßgeblich ist, dass – auch der

---

28 Formulierungshilfe zum Entwurf eines Gesetzes zur Änderung des Unterhaltsrechts – BT-
Drs. 16/1830, FamRZ 2007, 1947.
29 BVerfG 28.2.2007 – 1 BvL 9/04, FamRZ 2007, 965.
30 BT-Drs.16/1830, 17; Hauß, Neues Unterhaltsrecht – Worauf heute schon zu achten ist,
FamRB 2006, 180.
31 BGH 17.3.2010 – XII ZR 204/08, FamRZ 2010, 802.
32 OLG Hamm 4.11.2004 – 3 UF 555/01, NJW 2005, 297 (rheumatische Polyarthritis);
OLG Düsseldorf 28.6.2002 – 3 UF 2/02, FamRZ 2003, 184 (Langzeittherapie bei moto-
rischen Defiziten); OLG Celle 21.11.2001 – 21 UF 96/01, FamRZ 2002, 636 (Eingewöh-
nungszeit in den Kindergarten).

verlängerte Unterhalt – dem betreuenden Elternteil vor allem im Interesse des Kindes gewährt wird. Das kann etwa der Fall sein, wenn ein Kind unter der Trennung seiner Eltern besonders leidet und aus diesem Grunde der persönlichen Betreuung durch einen Elternteil bedarf. Ist dies nicht der Fall, widerspricht die Fremdbetreuung den Belangen des Kindes nicht und der betreuende Elternteil muss sich auf eine bestehende Fremdbetreuungsmöglichkeit verweisen lassen.

Soweit und solange die Billigkeit es erfordert, ist der Betreuungsunterhaltsanspruch zu verlängern. Die zu treffende Abwägung hat neben der **Betreuungsbedürftigkeit** des Kindes auch die bestehenden **Betreuungsmöglichkeiten** zu berücksichtigen. Dabei ist im Rahmen der Billigkeitsentscheidung über eine Verlängerung des Betreuungsunterhalts aus kindbezogenen Gründen nach § 1570 Abs. 1 S. 2 und 3 stets zunächst der individuelle Umstand zu prüfen, ob und in welchem Umfang die Kindesbetreuung auf andere Weise gesichert ist oder in kindgerechten Betreuungseinrichtungen gesichert werden könnte.[33]

Dabei ist auch zu fragen, ob und inwieweit das Kind noch nicht sich selbst überlassen werden kann.[34] Maßgeblich für die Abwägung sind auch die **wirtschaftlichen Verhältnisse** der Eltern. Somit ergibt sich in der Praxis ein ganzes Bündel an Abwägungskriterien. Eine Verkürzung der Abwägung alleine nach den Betreuungsmöglichkeiten ist verfehlt. Bedeutung erlangen auch Umstände der jeweiligen Arbeitszeiten, wobei der zeitliche Aufwand für An- und Abfahrt zu berücksichtigen ist, sowie die Erreichbarkeit der Fremdbetreuungseinrichtung. Sprechen die Belange des Kindes mit Blick auf die bestehenden Betreuungsmöglichkeiten nicht mehr für eine volle, sondern nur eine anteilige Verlängerung des Unterhaltsanspruchs, ist im Übrigen nach den Umständen des Einzelfalls festzustellen, inwieweit diese dem grundsätzlich beim nachehelichen Unterhalt verankerten Prinzip der Eigenverantwortung (§ 1569) vorgehen. Der Grundsatz gilt jedoch nicht uneingeschränkt, sondern nur insoweit, als ihm durch die Umstände, die den einzelnen Unterhaltstatbestand tragen, keine Grenzen gezogen sind. Dies bewirkt im Ergebnis in der Regel kein abruptes Ende des Betreuungsunterhaltsanspruchs. Vielmehr ist ein **gleitender (gestufter) Übergang** die Rechtsfolge. Die Neuregelung verlangt in der Regel keinen abrupten Wechsel.[35] Besonderes Augenmerk ist dabei auf das trotz der Fremdbetreuung gegebene ungedeckte Betreuungsbedürfnis des Kindes und die Vereinbarkeit von eigener Betreuung und Fremdbetreuung mit der Erwerbstätigkeit zu richten.[36]

Bei der Billigkeitsabwägung kann indiziell darauf abgestellt werden, dass bei tatsächlich bereits ausgeübter Fremdbetreuung diese regelmäßig auch mit dem Betreuungsbedürfnis des Kindes vereinbar ist.[37] Der festzustellende Umfang der Fremdbetreuung setzt dann im Einzelnen den zeitlichen Rahmen für eine Er-   23

---

33 BGH 30.3.2011 – XII ZR 3/09, FamRZ 2011, 791; 1.6.2011 – XII ZR 45/09, FamRZ 2011, 1209; 15.9.2010 – XII ZR 20/09, FamRZ 2010, 1880.

34 BGH 18.3.2009 – XII ZR 74/08, FamRZ 2009, 770; 6.5.2009 – XII ZR 114/08, FamRZ 2009, 1124 mAnm Borth.

35 BGH 18.3.2009 – XII ZR 74/08, FamRZ 2009, 770; 6.5.2009 – XII ZR 114/08, FamRZ 2009, 1124; 17.6.2009 – XII ZR 102/08, FamRZ 2009, 1391; 16.7.2008 – XII ZR 109/05, FamRZ 2008, 1739.

36 BGH 15.9.2010 – XII ZR 20/09, FamRZ 2010, 1880; 18.3.2009 – XII ZR 74/08, FamRZ 2009, 770; 6.5.2009 – XII ZR 114/08, FamRZ 2009, 1124; 17.6.2009 – XII ZR 102/08, FamRZ 2009, 1391.

37 BGH 15.12.2004 – XII ZR 121/03, FamRZ 2005, 442.

werbsfähigkeit des Ehegatten, innerhalb dessen dann weiter untersucht werden muss, ob für den bedürftigen Ehegatten eine passende Erwerbsmöglichkeit am Arbeitsmarkt besteht. Folge der abnehmenden Betreuungsbedürftigkeit ist eine gesteigerte Anspannung an die Erwerbsobliegenheit, wobei darauf zu achten ist, dass vom bedürftigen Ehegatten nur die Aufnahme einer angemessenen Erwerbstätigkeit nach § 1574 geschuldet wird (→ § 1574 Rn. 4–8) und eine reale Erwerbsmöglichkeit besteht (→ § 1569 Rn. 5).

24 Es ist zunächst im Rahmen der Verlängerung des Betreuungsunterhalts auch der Aspekt einer gerechten Lastenverteilung zwischen den beteiligten Elternteilen zu beachten. Eine überobligationsmäßige Belastung des betreuenden Elternteils ist zu vermeiden.[38] Nur soweit dem betreuenden Elternteil die Doppelbelastung von Betreuung und (teilweiser) Erwerbstätigkeit zugemutet werden kann, verliert er seinen Unterhaltsanspruch nach § 1570 Abs. 1 S. 2 und 3.[39] Dabei ist unter anderem zu berücksichtigen, dass am Morgen oder am späten Nachmittag und Abend regelmäßig weitere Erziehungs- und Betreuungsleistungen zu erbringen sind, die je nach dem individuellen Betreuungsbedarf des Kindes oder der Kinder in unterschiedlichem Umfang anfallen können. Dabei darf nicht übersehen werden, dass zwar die dem Kind zu leistende Betreuung nach der gesetzlichen Konzeption durch eine Entlastung des betreuenden Elternteils von der Barunterhaltspflicht Rechnung getragen wird (§ 1606 Abs. 3 S. 2). Diese Wirkung wird indessen bei der Bedarfsbemessung nach Quoten teilweise dadurch aufgehoben, dass der betreuende Elternteil bei Vorwegabzug des Kindesunterhalts über eine Reduzierung seines Unterhalts im wirtschaftlichen Ergebnis einen Teil des Barunterhalts mit zu tragen hat. Die vom Gesetz angeordnete Billigkeitsabwägung nach § 1570 Abs. 1 S. 2, 3 lässt daher Raum für eine Einbeziehung dieses Umstands unter dem Gesichtspunkt einer gerechten Lastenverteilung zwischen unterhaltsberechtigtem und unterhaltspflichtigem Elternteil im Einzelfall.[40] Eine überobligationsmäßige Belastung scheidet jedenfalls aus, wenn der betreuende Elternteil Ausbildung, Fortbildung oder berufliche Qualifikation betreibt, denn eine solche ergibt sich in der Kombination mit der Betreuungsleistung nicht aus Erwerbstätigkeit und Kinderbetreuung, sondern erst aus der Verfolgung der weiteren beruflichen Ziele.[41]

Dies führt im täglichen Leben jenseits der Altersgrenze von drei Jahren dazu, dass vom betreuenden Elternteil, jeweils abhängig von den konkreten Betreuungsmöglichkeiten, in der Regel zunächst bis zur Einschulung des Kindes keine und anschließend nur eine Teilzeittätigkeit erwartet werden kann, so dass er den Betreuungsunterhalt in Höhe der nach allgemeinen Regeln zu ermittelnden Bedürftigkeit behält. Dabei hat der Unterhaltsbedürftige die Umstände für seinen Anspruch darzulegen und zu beweisen. Sein Ziel, die Vereinfachung von Unterhaltsverfahren zu bewirken, hat der Gesetzgeber mit der gefundenen Neuregelung nicht erreicht.[42] Vielmehr führt das Abstellen auf die konkreten Umstände

---

38 BGH 18.4.2012 – XII ZR 65/10, FamRZ 2012, 1040; 21.4.2010 – XII ZR 134/08, FamRZ 2010, 1050; 18.3.2009 – XII ZR 74/08, FamRZ 2009, 770; 16.7.2008 – XII ZR 109/05, FamRZ 2008, 1739.
39 BGH 21.4.2010 – XII ZR 134/08, FamRZ 2010, 1050.
40 BGH 18.4.2012 – XII ZR 65/10, FamRZ 2012, 1040.
41 BGH 8.8.2012 – XII ZR 97/10, FamRZ 2012, 1624.
42 Kemper, Erste Erfahrungen mit dem neuen Unterhaltsrecht, FuR 2009, 518; Börger, Erfahrungen mit der Anwendung des neuen Rechts, FuR 2009, 71; Dose, Erste Rechtsprechung des BGH zum Unterhaltsrechtsreformgesetz, JAmt 2009, 51.

des Einzelfalles zu einer **Verlängerung der Verfahrensdauer** und zu zusätzlichen Streitpunkten zulasten der Kinder, ohne dass mehr Einzelfallgerechtigkeit erreicht wird.[43]

c) Ehebezogener Billigkeitsunterhalt (Abs. 2). Eine weitere Verlängerungsmöglichkeit des Betreuungsunterhalts sieht Abs. 2 vor, und zwar für den Fall, dass dies unter Berücksichtigung der Gestaltung von Kinderbetreuung und Erwerbstätigkeit in der Ehe sowie der Dauer der Ehe der Billigkeit entspricht. Diese Verlängerungsmöglichkeit entspringt dem Grundsatz der nachehelichen Solidarität und steht im Spannungsbogen zum Grundsatz der Eigenverantwortung. Im Bereich der Verlängerungsmöglichkeit des Abs. 2 wird die Ausfüllung des Begriffs der Billigkeit neben der gemeinsamen Verantwortung für das Kind stärker dem Grundsatz der Eigenverantwortung unterworfen. Die Möglichkeit der Verlängerung löst die Bestimmung der Dauer des Anspruchs vom Wohl des Kindes ab und ermöglicht unter diesem Blickwinkel eine **unabhängige ehebezogene Betrachtung.** Abs. 2 ist kein selbstständiger Unterhaltstatbestand, sondern eine ehespezifische Ausprägung des Betreuungsunterhaltsanspruchs in der Art eines „Annexanspruchs" zum Anspruch auf Basisunterhalt. Die Verlängerung des Unterhaltsanspruchs findet ihre Rechtfertigungsgründe allein in der Ehe. Maßgebliche Kriterien sind insoweit die Umstände des Einzelfalls, die sich aus der tatsächlichen Gestaltung der Kinderbetreuung und der Erwerbstätigkeit durch die Ehegatten sowie der Dauer der Ehe ergeben. 25

Diese Kriterien werden gemessen an dem in der Ehe gewachsenen **Vertrauen in die vereinbarte und praktizierte Rollenverteilung** und die gemeinsame Ausgestaltung der Kinderbetreuung. Danach ist zuallererst festzustellen, ob in der Ehe elterliche und persönliche Erziehung und nicht teilweise oder überwiegende Fremdbetreuung praktiziert wurde. In der Natur der Sache liegt es, dass im Rahmen der Billigkeitsabwägung **nur tatsächlich gelebte eheliche Verhältnisse, nicht dagegen hypothetische,** Berücksichtigung finden können. So kann der Zwang zur außerhäuslichen Tätigkeit zugunsten der Ausweitung der Fremdbetreuung entscheidend beschränkt werden. Durch die Möglichkeit einer ehebezogenen Verlängerungsmöglichkeit des Betreuungsunterhalts hat der Gesetzgeber sich deutlich dafür entschieden, die familienrechtliche Ausgestaltung gemeinsamer Elternverantwortung zum Maßstab zu machen und ermöglicht, auf elternbezogene Umstände abzustellen. Nach dem Wortlaut des Gesetzes muss es sich um Umstände handeln, die unter Berücksichtigung der Gestaltung von Kindererziehung und Erwerbstätigkeit in der Ehe von Bedeutung sind und mit Blick auf das Vertrauen in die vereinbarte und so auch gehandhabte Rollenverteilung hinsichtlich der Kinderbetreuung geschützt werden sollen. Eine zeitliche Inanspruchnahme des betreuenden Elternteils auch für eigene berufliche Interessen und nicht denjenigen des Kindes scheidet aus. Deshalb stellen Ausbildungs-, Fortbildungs- oder Qualifizierungsmaßnahmen keinen elternbezogenen Grund im Sinne des § 1570 Abs. 2 dar. Maßgebend können solche Umstände nur für

---

43 Gutdeutsch, Die Unterhaltsberechnung bei gleichrangigen Ehegatten unter Berücksichtigung der Entscheidung des BVerfG v. 25.1.2011 und der Unterhaltsreform 2008, FamRZ 2011, 772; Wellenhofer, Zur aktuellen Entwicklung des Ehegattenunterhaltsrechts, FamRZ 2011, 685; Gerhardt, Die Auswirkung der Unterhaltsreform auf den Begriff „eheliche Lebensverhältnisse", FamRZ 2011, 8; Weber-Monecke, Handlungsbedarf nach der Unterhaltsreform, FF 2010, 475.

die Frage einer angemessenen Erwerbstätigkeit im Sinne des § 1574 oder für die Gewährung von Ausbildungsunterhalt nach § 1575 sein.[44]

26 Werden die Voraussetzungen für die zeitliche Verlängerung des Basisunterhaltsanspruchs bejaht, schließt sich der verlängerte Unterhalt gleich einem Annexanspruch an den Betreuungsunterhalt nach Abs. 1 an. Darin kommt der besondere Schutz der Ehe, wie ihn das Bundesverfassungsgericht in seiner Entscheidung vom 28.2.2007 anerkannt hat, zum Ausdruck.[45]

27 So bewirken die konkreten ehelichen Verhältnisse und die nachwirkende eheliche Solidarität, dass einem geschiedenen Ehegatten, der im Interesse der Kindererziehung seine Erwerbstätigkeit dauerhaft aufgegeben oder zurückgestellt hat, ein längerer Anspruch auf Betreuungsunterhalt eingeräumt wird als einem Ehegatten, der von vornherein alsbald wieder in den Beruf zurückkehren wollte und dies auch freiwillig getan hat. Das Gesetz macht damit deutlich, dass eine während der aufrechten Ehe praktizierte Betreuungsregelung ohne Inanspruchnahme einer Betreuungseinrichtung oder Fremdbetreuung mit der Scheidung zunächst grundsätzlich weiter bestehen bleibt. Daher reicht allein das bloße Vorhandensein eines Kindergartenplatzes mit entsprechenden Öffnungsmöglichkeiten noch nicht aus, die eigenen Betreuungsmöglichkeiten des erziehenden Elternteils entscheidend zu schmälern.

28 Erst nach und nach gebietet der Grundsatz der Eigenverantwortung dem bedürftigen Ehegatten eine **Anpassung an die veränderten Umstände des Lebensalltags**. Hierbei spielen nach wie vor Umstände des Alters und die Zahl der Kinder eine wesentliche Rolle, weil in den ehelichen Betreuungsverhältnissen wegen höherer Kinderzahl von einer erhöhten Belastung auszugehen ist.

29 Es fallen damit die Fälle der freiwilligen Ausübung von Erwerbstätigkeit neben der Kinderbetreuung in der aufrechten Ehe, die ihre Ursache nicht in der Trennung oder gar der dadurch eintretenden wirtschaftlichen Not haben, etwa weil der andere Elternteil seiner Unterhaltsverpflichtung nur unzureichend nachgekommen ist, aus der ehebezogenen Verlängerungsmöglichkeit nach Billigkeitsgründen heraus.

30 Das Gesetz nennt als weiteres Billigkeitskriterium die **Dauer der Ehe**. Insoweit ist zunächst auf der Grundlage der Rechtsprechung des Bundesgerichtshofs davon auszugehen, dass allein die lange Dauer der Ehe die Versagung der Verlängerungsmöglichkeit nicht ausschließt. Andererseits ist zu fragen, inwieweit die konkrete Ausgestaltung der Betreuungsverhältnisse in der langjährigen Ehe für den kinderbetreuenden Elternteil eine **Vertrauenslage in deren Fortbestand** geschaffen hat.

In diesem Zusammenhang sind bei der Billigkeitsabwägung jedoch Fälle vorstellbar, in denen der kinderbetreuende Elternteil wegen einer **besonderen wirtschaftlichen oder persönlichen Situation** des Unterhaltspflichtigen eine Erwerbstätigkeit trotz Kinderbetreuung aufgrund des Gebots der Rücksichtnahme schuldet.

31 Im Sinne solcher Einzelfallprüfungen hat sich in der obergerichtlichen Rechtsprechung mit Blick auf **kindbezogene Gründe** für Verlängerungsansprüche nach Abs. 2 folgende **Kasuistik** entwickelt:

---

44 BGH 8.8.2012 – XII ZR 97/10, FamRZ 2012, 1624.
45 BVerfG 28.2.2007 – 1 BvL 9/04, FamRZ 2007, 965 (970).

Eine Teilzeitbeschäftigung kann während der **Kindergartenzeit** im Umfang einer geringfügigen bis ¾-Beschäftigung zumutbar sein.[46] Besucht das Kind die Grundschule, wird von verschärfter Erwerbsverpflichtung ausgegangen und es treten Fragen des krankheitsbedingten Betreuungsaufwands und auch mehrerer Geschwister hinzu.[47]

Hat das jüngste Kind das **dritte Lebensjahr vollendet**, ändert sich an der Betreuungsbedürftigkeit eines Kindes noch nichts entscheidend. Es wird dem Kind noch in hohem Maße Pflege und Erziehung geschuldet, die eine Fremdbetreuung noch nicht leisten kann. Insbesondere Krankheitszeiten beim Kind, urlaubsbedingte Schließungen des Kindergartens und davon abweichende eigene Urlaubsgestaltung, gegebenenfalls nach Vorgabe des Arbeitgebers, stellen für den alleine betreuenden Elternteil echte Krisenszenarien dar. Nur in besonders günstig gelagerten Einzelfällen kann bereits eine Verpflichtung zur Teilerwerbstätigkeit, zunächst aber allenfalls im Geringverdienerbereich, eintreten, die sich bis zum Beginn des Grundschulbesuchs zur teilschichtigen Tätigkeit ausweiten kann, ohne bereits einen halbschichtigen Umfang zu erreichen. Letzteres ist allenfalls denkbar bei einer verlässlichen ganztägigen schulischen Betreuungssituation und ansonsten vollständig gewahrten Belangen des Kindes. Dem unterhaltsberechtigten Elternteil ist anzuraten, ein exemplarisch konkretes **Betreuungstagebuch** über einen aussagekräftigen Zeitraum von drei bis vier Wochen zu führen.

Der Bundesgerichtshof bleibt dabei, dass im Grundsatz aus kindbezogenen Gründen dem betreuenden Elternteil eine Erwerbstätigkeit nicht zumutbar ist, soweit die Betreuung des Kindes unter Berücksichtigung aller Umstände des Einzelfalls nicht hinreichend gesichert ist und auch nicht in kindgerechten Einrichtungen sichergestellt werden könnte und wenn das Kind im Hinblick auf sein Alter auch noch nicht sich selbst überlassen bleiben kann.[48] 32

Liegen keine kindbezogenen Gründe für eine Verlängerung des Unterhaltsanspruches vor, prüft der Bundesgerichtshof in einem zweiten Schritt, ob **elternbezogene Gründe** (§ 1570 Abs. 2) als Folge der nachehelichen Solidarität einer Erwerbstätigkeit entgegenstehen und korrigiert gegebenenfalls mit Blick auf eine mögliche überproportionale Belastung des betreuenden Elternteils. Liegt der Kinderbetreuung eine in der aufrechten Ehe abgesprochene und praktizierte Rollenverteilung zugrunde und hat sich der betreuende Elternteil im Vertrauen 33

46 OLG Hamm 6.3.2008 – 2 UF 117/07, FamRZ 2008, 1937; ähnlich OLG Nürnberg 19.5.2008 – 10 UF 768/07, OLGReport 2008, 910; OLG Köln 26.5.2009 – 25 UF 162/08, FamRZ 2009, 2011 (halbschichtig); OLG Brandenburg 10.2.2009 – 10 UF65/08, FamRZ 2009, 1837 (30 Stunden); OLG Koblenz 16.3.2010 – 11 UF 532/07, NJW 2010, 1537 (bis ¾-Beschäftigung).
47 OLG Düsseldorf 7.10.2009 – 8 UF 32/09, FamRZ 2010, 301 (bis zu halbschichtig bei Atemwegserkrankung); OLG Düsseldorf 9.5.2008 – 2 WF 62/08, FamRZ 2008, 1861 (bis zu 25 Wochenstunden bei zwei Kindern im Grundschulalter); OLG Düsseldorf 15.12.2008 – 2 WF 222/08, OLGReport Düsseldorf 2009, 591 (zumutbare – bereits ausgeübte – Vollzeittätigkeit trotz 9 und 12 Jahre alten Kindern); OLG Celle 12.8.2008 – 10 UF 77/08, FamRZ 2009, 975 (halbschichtige Tätigkeit bei zwei Kindern im Grundschulalter); OLG Brandenburg 12.6.2008 – 9 UF 186/07, FamRZ 2008, 1947 (halbschichtig bei vorliegender ADH/ADHS-Erkrankung des Kindes); ebenso OLG Braunschweig 2.12.2008 – 2 UF 29/08, FamRZ 2009, 977 (jedenfalls bis zum 15. Lebensjahr); OLG Hamm 3.7.2009 – 7 UF 300/08, FamRZ 2009, 2093 (halbschichtig bei zwei Kindern von 11 und 14 Jahren).
48 BGH 21.4.2010 – XII ZR 134/08, FamRZ 2010, 1050; 17.6.2009 – XII ZR 102/08, FamRZ 2009, 1391; 18.3.2009 – XII ZR 74/08, FamRZ 2009, 770.

darauf eingerichtet und seine Erwerbstätigkeit aufgegeben, kann dies die Verlängerung des Betreuungsunterhalts rechtfertigen. Maßgeblich ist dann auch, für welche Zeitspanne diese Abrede gelten sollte. In der Regel gilt keine Vermutung für eine unbegrenzte Fortdauer der persönlichen Betreuung.[49]

III. Sonstige Fragestellungen

34   **1. Höhe des Anspruchs.** Das Maß des Unterhalts richtet sich grundsätzlich nach den ehelichen Lebensverhältnissen gem. § 1578 und damit vornehmlich nach den jeweiligen unterhaltsrelevanten Einkünften der geschiedenen Ehegatten.

Dabei bemessen sich in der Praxis die ehelichen Lebensverhältnisse, soweit der berechtigte Elternteil von seinem Recht, nicht erwerbstätig zu sein, Gebrauch macht, allein nach den Einkünften des nichtbetreuenden Elternteils. Denn der betreuende Elternteil ist von jeder Erwerbsobliegenheit freigestellt, so dass sich sein Unterhaltsanspruch nach dem gesamten eheangemessenen Bedarf bemisst, soweit nicht im Einzelfall anrechenbare Eigeneinkünfte in Abzug zu bringen sind (§§ 1578, 1577).

35   Wird dem betreuenden Elternteil im Bereich des verlängerten Unterhalts nur eine teilschichtige Erwerbsobliegenheit zugemutet, führt der Anspruch nach Abs. 1 S. 2 und 3, Abs. 2 nur dazu, dass der Teil der Bedürftigkeit aus der bestehen bleibenden Freistellung von der Erwerbstätigkeit über den Anspruch aus § 1570 abgedeckt werden kann. Dies führt in der Regel noch nicht dazu, dass der eheangemessene Bedarf als gedeckt angesehen werden kann. Daher kommt es in solchen Fällen zur Ergänzung des Unterhaltsanspruchs aus § 1570 durch eine Aufstockung mit einem **Teilunterhaltsanspruch** nach § 1573, soweit ein ungedeckter Restbedarf verbleibt.[50] Berechnet wird dieser Teilanspruch dadurch, dass in einem ersten Schritt fiktiv das Einkommen aus der teilschichtigen Tätigkeit auf eine Vollerwerbstätigkeit hochgerechnet wird. In einem weiteren Schritt wird sodann geprüft, ob der Eigenverdienst mit dem Teilanspruch nach § 1570 den vollen eheangemessenen Unterhaltsbedarf decken kann. Soweit dies nicht der Fall ist, kann Aufstockung unter den Voraussetzungen des § 1573 verlangt werden. Auch nach der Unterhaltsrechtsreform sind die Teilansprüche gegeneinander abzugrenzen, weil zum einen die Voraussetzungen eines Anschlussunterhalts zur Limitierung führen können und zum anderen die Beschränkungsvorschrift des § 1578 b den Billigkeitsunterhalt („soweit und solange") nach Abs. 1 S. 2 und 3, Abs. 2 kaum erfassen können, wohl aber den Teilunterhaltsanspruch nach § 1573.[51] Die Aufspaltung der Teilunterhaltsansprüche hat auch Auswirkungen auf die Rangfrage, weil Anschlussunterhalt am Privileg des Betreuungsunterhalts nicht teilnimmt (§ 1609 Nr. 2, → § 1609 Rn. 8). Basis- und Billigkeitsunterhalt nach § 1570 stellen sich jedoch für den Rang als einheitlicher Unterhaltsanspruch dar.[52]

Ob sich ein Anschlussunterhaltsanspruch nach den §§ 1571 bis 1576 ergeben kann, hängt von den jeweiligen Umständen des Einzelfalles ab.

36   **2. Behandlung von Eigeneinkünften des Berechtigten.** Weil der Berechtigte in den ersten drei Lebensjahren des Kindes regelmäßig von jeder Erwerbsobliegen-

---

49   BGH 15.9.2010 – XII ZR 20/09, FamRZ 2010, 1880.
50   BGH 15.9.2010 – XII ZR 20/09, FamRZ 2010, 1050.
51   BGH 15.9.2010 – XII ZR 20/09, FamRZ 2010, 1050.
52   BGH 18.3.2009 – XII ZR 74/08, FamRZ 2009, 770.

heit freigestellt ist, sind gleichwohl erzielte **Erwerbseinkünfte** nach § 1577 Abs. 2 nur nach Billigkeit anzurechnen. Auch wenn tatsächlich eine Erwerbstätigkeit ausgeübt werden kann, bedeutet das nicht, dass ein Erwerbshindernis in Form der Kinderbetreuung nicht besteht. Selbst wenn der betreuende Ehegatte etwa vollschichtig erwerbstätig ist, obwohl kind- oder elternbezogene Gründe (§ 1570 Abs. 1 S. 2 und 3, Abs. 2) vorliegen, die einen fortdauernden Unterhaltsanspruch rechtfertigen würden, ist die Tätigkeit als überobligationsmäßig zu bewerten. Ob und in welchem Umfang das Einkommen des unterhaltsberechtigten Ehegatten dann unterhaltsrechtlich zu berücksichtigen ist, hängt dann von den besonderen Umständen des Einzelfalls ab. Dabei kann die freiwillige Ausübung einer Berufstätigkeit ein maßgebendes Indiz für eine Vereinbarkeit von Kindererziehung und Arbeitsmöglichkeit im konkreten Einzelfall sein. Ein überobligatorisch erzieltes Einkommen ist bei der Unterhaltsbemessung deshalb nicht von vornherein unberücksichtigt zu lassen.[53] Über die Anrechnung ist vielmehr nach Treu und Glauben unter Beachtung der Umstände des Einzelfalls zu entscheiden.[54] Soweit das Einkommen danach außer Betracht zu bleiben hat, ergibt sich ein Unterhaltsanspruch des Ehegatten weiterhin aus § 1570 BGB, und zwar er ist insoweit wegen der Kinderbetreuung unterhaltsbedürftig. Denn es handelt sich insoweit um **überobligatorische** Einkünfte. Insoweit ist nach der Rechtsprechung des Bundesgerichtshofs der **unterhaltsrelevante Teil** des Einkommens zu bestimmen und dieser sodann in die Differenzberechnung (als prägendes Einkommen) einzustellen. Ein pauschaler Abzug eines Betreuungsbonus kommt nicht in Betracht.[55] Der nicht unterhaltsrelevante Teil des Einkommens bleibt für die Bedarfsbestimmung und die Frage der Bedürftigkeit dann vollständig außer Betracht.[56] Von dieser Sachlage wird beim Basisunterhalt in den ersten drei Lebensjahren des Kindes regelmäßig ausgegangen werden können. Denn der betreuende Elternteil kann jederzeit in diesem Zeitraum ohne unterhaltsrechtlich nachteilige Folgen seine Erwerbstätigkeit zugunsten der Betreuung des Kleinkindes einstellen. Daher kann insoweit eine bei Trennung zumutbare Tätigkeit im Interesse des zu betreuenden Kindes, nämlich um seine ordnungsgemäße Erziehung sicherzustellen, aufgegeben werden.

Außerhalb des Dreijahreszeitraums des Basisunterhalts sind Eigeneinkünfte des 37 berechtigt ein Kind betreuenden Elternteils zunächst darauf zu untersuchen, ob sie aus **zumutbarer oder unzumutbarer Tätigkeit** erzielt werden. In der Regel dürfte beim betreuenden Elternteil zunächst bis zur Einschulung regelmäßig davon auszugehen sein, dass noch eine unzumutbare Erwerbstätigkeit vorliegt und höchstens eine stundenweise Beschäftigung im Einzelfall als zumutbar erscheinen kann. Als Indiz für die Zumutbarkeit spricht, wenn eine bereits vor der Trennung ausgeübte Tätigkeit vorliegt, die nicht aus Gesichtspunkten der Not aufgenommen wurde, etwa wegen unzureichender Versorgung durch den Pflichtigen, sondern aus freien Stücken ohne wirtschaftliche Not.[57] Einkünfte aus einer tatsächlich neben der Kinderbetreuung ausgeübten Erwerbstätigkeit kön-

53 BGH 15.9.2010 – XII ZR 20/09, FamRZ 2010, 1050.
54 BGH 15.9.2010 – XII ZR 20/09, FamRZ 2010, 1050; 13.4.2005 – XII ZR 237/02, FamRZ 2005, 1154 (1156).
55 BGH 15.9.2010 – XII ZR 20/09, FamRZ 2010, 1050.
56 BGH 15.3.2006 – XII ZR 30/04, FamRZ 2006, 683.
57 BGH 15.12.2004 – XII ZR 121/03, FamRZ 2005, 442; 13.4.2005 – XII ZR 273/02, FamRZ 2005, 1154.

nen aus einer Voll- oder Teilzeitbeschäftigung erzielt werden. Die Bestimmung des unterhaltsrelevanten Einkommens orientiert sich an den Umständen des Einzelfalls. Hierbei sind besonders die tatsächlich bestehenden Möglichkeiten der Betreuung des Kindes durch Dritte in die Würdigung einzubeziehen (→ § 1577 Rn. 25).

38 Die **konkreten Kosten der Kinderbetreuung** sind bei der Unterhaltsbemessung angemessen zu berücksichtigen, dh sie mindern das unterhaltsrelevante Einkommen des betreuenden Elternteils.[58] Der Bundesgerichtshof hat sich in der Vergangenheit in dieser Frage stets gegen den Ansatz von Pauschalen oder eines Betreuungsbonus gewandt.[59]

Naturgemäß fallen in der Regel beim Vorschulkind Kindergartenbeiträge an. Nach der Rechtsprechung des Bundesgerichtshofs sind sie als Bestandteil des Kindesunterhalts nicht in den Tabellenbeträgen der Düsseldorfer Tabelle enthalten.[60]

39 Soweit **konkrete Kosten** für die **Kinderbetreuung** anfallen, entstehen in der Praxis keine Schwierigkeiten, weil der berechtigte Ehegatte dies unschwer im Verfahren vortragen und belegen kann. Problematischer gestaltet sich die Situation dann, wenn die **Leistungen der Fremdbetreuung unentgeltlich** erbracht werden, was im familiären Nahbereich regelmäßig der Fall sein wird (Großeltern, neuer Partner/Ehegatte, Bekannte). Dennoch müssen die Anrechnungsmöglichkeiten aus Gründen von Treu und Glauben angenommen werden. Dahinstehen kann im Einzelfall, ob dogmatisch von wirtschaftlich anzusehenden Vergütungsleistungen oder von ersparten Aufwendungen auszugehen ist. Als Leistungen Dritter, die den Unterhaltpflichtigen nicht entlasten sollen, sind sie unterhaltsrechtlich bei der Bereinigung des Einkommens des betreuenden Elternteils zu berücksichtigen.

Auch **Fahrtaufwendungen** zur Fremdbetreuungseinrichtung sind mindernd beim Einkommen des betreuenden Elternteils abzusetzen. Eine einseitige Belastung nur des betreuenden Elternteils würde die Gewichte zwischen den geschiedenen Ehegatten unbillig verschieben.

40 **3. Tatbestandliche Konkurrenzverhältnisse.** Im Bereich des Basisanspruchs kann ein Konkurrenzverhältnis nicht auftreten, weil insoweit der volle eheangemessene Bedarf gewährt werden kann.

Konkurrierende Ansprüche sind von der Systematik her bei den verlängerten Unterhaltsansprüchen nach Abs. 1 S. 2 und 3, Abs. 2 möglich, wenn diese Ansprüche nicht den vollen Unterhalt decken. Allerdings wird in der Praxis mit den übrigen Tatbeständen des nachehelichen Unterhalts – abgesehen von Teilansprüchen nach § 1573 Abs. 2 – kaum eine echte Konkurrenz vorliegen können. Allenfalls bei berechtigter Betreuung eines volljährigen pflegebedürftigen gemeinschaftlichen Kindes kann dies der Fall sein, wenn zugleich die Voraussetzungen des § 1571 vorliegen.

Für ein nach der Rechtskraft der Scheidung geborenes Kind, dessen Vater der geschiedene Ehegatte ist, gewährt § 1570 keinen Unterhaltsanspruch wegen der Betreuung des Kindes. Die Vorschrift wird insoweit durch die Spezialvorschrift

---

58 SüdL (Stand 1.1.2017) Nr. 10.3.
59 BGH 15.9.2010 – XII ZR 20/09, FamRZ 2010, 1050; 13.4.2005 – XII ZR 273/02, FamRZ 2005, 1154; 29.11.2000 – XII ZR 212/98, FamRZ 2001, 350.
60 BGH 18.3.2009 – XII ZR 74/08, FamRZ 2009, 962 mAnm Borth.

des § 1615 l verdrängt. Insoweit kommt auch keine Anwendung des Billigkeitsunterhalts nach § 1576 in Betracht.[61]

4. Befristung/Beschränkung des Anspruchs. Grundsätzlich sieht der Bundesgerichtshof **im Bereich des Basis- und des Billigkeitsunterhalts** keine Möglichkeit, den Unterhaltsanspruch nach § 1578 b gesondert zu befristen. Der Basisunterhalt wird uneingeschränkt geschuldet. Beim Billigkeitsunterhalt ist die Befristungsfrage bereits im Rahmen der Billigkeitsabwägung zu berücksichtigen und führt zu einem bestimmten Anspruch, der nicht erneut und abschließend noch an § 1578 b zu messen ist.

Der Basisunterhaltsanspruch kann auch zeitlich nicht auf die Vollendung des dritten Lebensjahres im Titel befristet werden.[62] Hierzu hat der Bundesgerichtshof entschieden, dass eine Befristung des Betreuungsunterhaltsanspruchs nach der Systematik des § 1570 für mindestens drei Jahre grundsätzlich nicht geboten ist. Nur dann, wenn im Zeitpunkt der Entscheidung für die Zeit nach Vollendung des dritten Lebensjahres bereits sicher absehbar keine kind- und elternbezogenen Verlängerungsgründe mehr vorliegen, kann ein Antrag auf künftigen Betreuungsunterhalt bereits vorab abgewiesen werden.[63]

Dagegen spricht, dass die maßgeblichen kindbezogenen Belange der Verlängerungsmöglichkeit nach § 1570 Abs. 1 S. 2 u. 3 sich im Sinne einer Prognose kaum zuverlässig vorhersagen lassen. Anders kann dies bei der Kürzung auf den angemessenen Bedarf im Rahmen der ehebezogenen Verlängerungsmöglichkeit sein. Für die Verlängerungsansprüche des § 1570 besteht dagegen ohne Weiteres die Möglichkeit, den Unterhalt unter den Voraussetzungen des § 1578 b herabzusetzen, soweit dies dem Kindeswohl nicht zuwiderläuft.[64] Insoweit fließt allerdings die Wertung aus § 1578 b bereits in die Beantwortung der Frage der Erwerbsobliegenheit des betreuenden Elternteils ein, so dass ein selbstständiger Anwendungsbereich für die Herabsetzungsregelung praktisch ausscheidet.

Daher hat § 1578 b keinen eigenständigen Anwendungsbereich. Da das Kriterium der Billigkeit im Tatbestand nicht nur den Grund des Anspruchs, sondern auch seine Höhe mit Blick auf eine Erwerbsobliegenheit bestimmt, ist insoweit eine eigenständige Anwendung von § 1578 b ausgeschlossen. Denn anders als bei den übrigen Ansprüchen nach §§ 1571 ff. hat das Vorhandensein ehebedingter Nachteile bereits im Rahmen der Billigkeitserwägungen beim Betreuungsunterhalt Berücksichtigung zu finden, so dass die vom Gesetzgeber beabsichtigte

41

42

---

61 BGH 17.12.1997 – XII ZR 38/96, FamRZ 1998, 426.
62 OLG Köln FamRZ 2008, 571; OLG Hamm FamRZ 2008, 347; vgl. auch Leitlinien OLG Düsseldorf Nr. 17.1; aA Meier, Betreuungsunterhalt gemäß §§ 1570 u. 1615 l BGB nach der Unterhaltsreform, FamRZ 2008, 101 (102); Wever, Unterhalt bei Betreuung nichtehelicher Kinder – der neu gestaltete § 1615 l BGB, FamRZ 2008, 553 (558); Schilling, § 1615 l BGB nach der Reform, FuR 2008, 27 (30); Peschel-Gutzeit, Der neue Betreuungsunterhalt – Ende des Altersphasenmodells?, FPR 2008, 24 (27); Schramm, Der Betreuungsunterhalt nach § 1570 BGB ab 1.1.2008, NJW-Spezial 2007, 596 (597); Hauß, Der Betreuungsunterhalt im neuen Unterhaltsrecht, FamRB 2007, 368; aA Borth, Der Betreuungsunterhalt geschiedener Ehegatten und die Erwerbsobliegenheit nach neuem Recht, FamRZ 2008, 2 (10); Borth, UÄndG Rn. 364.
63 BGH 18.3.2009 – XII ZR 74/08, FamRZ 2009, 770.
64 BGH 15.9.2010 – XII ZR 20/09, FamRZ 2010, 1050; 18.3.2009 – XII ZR 74/08, FamRZ 2009, 770; 6.5.2009 – XII ZR 114/08, FamRZ 2009, 1124.

begrenzende Funktion des § 1578 b im Rahmen der Billigkeitserwägungen statt-findet.[65]

43 **5. Verzicht.** Für die Frage des Verzichts auf nachehelichen Unterhalt bleibt die bisherige Rechtsprechung des Bundesgerichtshofs zur Sittenwidrigkeit von Ehe-verträgen maßgebend.[66]

Dies erfordert zunächst eine **Wirksamkeits-**, sodann eine **Ausübungskontrolle.**

Eine Vereinbarung, nach welcher der Betreuungsunterhalt bereits dann entfallen soll, wenn das jüngste Kind das 6. Lebensjahr vollendet hat, ist nicht schlecht-hin sittenwidrig; entscheidend sind vielmehr die Umstände des Einzelfalles (etwa bereits während der Ehe laufend zu erbringende Abfindungszahlungen, räumli-che Nähe von Arbeitsplatz und Wohnung, Betreuungsbereitschaft der Großel-tern).[67]

IV. Verfahren

44 **1. Darlegungs- und Beweislast.** Nach den allgemeinen Regeln hat derjenige, der Betreuungsunterhalt verlangt, die Darlegungs- und Beweislast für alle an-spruchsbegründenden Tatsachen.

Wird ein Kind betreut, das das dritte Lebensjahr noch nicht vollendet hat (**Ba-sisunterhalt**), genügt der Unterhalt fordernde Elternteil seiner Darlegungslast dadurch, dass er Bezug nimmt auf das **Alter des Kindes**, womit er zugleich dar-gelegt hat, dass von seiner fehlenden Erwerbsobliegenheit auszugehen ist. Nach der gesetzlichen Regelung wird eine Erwerbstätigkeit nicht geschuldet. Wendet der Antragsgegner ein, dass davon abweichend doch ein Fall der Erwerbsver-pflichtung vorliege, trägt er hierfür die Darlegungs- und Beweislast.

Im Bereich des **Billigkeitsunterhalts** (Verlängerung, weil das Kind über das dritte Lebensjahr hinausgehend betreut werden muss), hat der Unterhalt begehrende Elternteil im Falle des Abs. 1 S. 2 und 3 (kindbezogene Verlängerung) darzule-gen und zu beweisen, inwieweit und wie lange es der Billigkeit entspricht, ihn von einer Erwerbsverpflichtung zu entbinden. Er ist mit der Darlegungs- und Beweislast belastet.[68] Darzulegen sind insbesondere die **Belange des Kindes** und das Fehlen von zumutbaren **Möglichkeiten der Kinderbetreuung.** Eine allein kindbezogene Verlängerung kann in einer entsprechenden Fallgestaltung eine sachverständige Begutachtung der Problematik des Kindes erforderlich machen. An die für eine Verlängerung des Betreuungsunterhalts insbesondere aus kindbe-zogenen Gründen erforderlichen Darlegungen dürfen keine überzogenen Anfor-

65 BGH 15.9.2010 – XII ZR 20/09, FamRZ 2010, 1050; 18.3.2009 – XII ZR 74/08, FamRZ 2009, 770; 6.5.2009 – XII ZR 114/08, FamRZ 2009, 1124.
66 BGH 15.3.2017 – XII ZB 109/16, FamRZ 2017, 884; 29.1.2014 – XII ZB 303/13, FamRZ 2014, 629; 31.10.2012 – XII ZR 129/10, FamRZ 2013, 95; 18.3.2009 – XII ZR 94/06, FamRZ 2009, 1041; 17.10.2007 – XII ZR 96/05, FamRZ 2008, 386; 9.7.2008 – XII ZR 6/07, FamRZ 2008, 2011; 28.3.2007 – XII ZR 130/04, FamRZ 2007, 1310; 17.5.2006 – XII ZB 250/03, FamRZ 2006, 1097; 5.7.2006 – XII ZR 25/04, FamRZ 2006, 1359; 25.5.2005 – XII ZR 296/01, FamRZ 2005, 1444; 11.2.2004 – XII ZR 265/02, FamRZ 2004, 601.
67 BGH 28.3.2007 – XII ZR 130/04, FamRZ 2007, 1310.
68 BGH 10.6.2015 – XII ZB 251/14, FamRZ 2015, 1369; 5.12.2012 – XII ZB 670/10, FamRZ 2013, 274; 15.6.2011 – XII ZR 94/09, FamRZ 2011, 1375; 1.6.2011 – XII ZR 45/09, FamRZ 2011, 1209; 30.3.2011 – XII ZR 3/09, FamRZ 2011, 791; 15.9.2010 – XII ZR 20/09, FamRZ 2010, 1050; 6.2.2008 – XII ZR 14/06, FamRZ 2008, 968; Borth FamRZ 2006, 813.

derungen gestellt werden. Auch besondere Bedürfnisse des Kindes, die etwa sportliche, musische oder andere Beschäftigungen betreffen, sind hierbei zu beachten. Sofern diese vom Kind nicht selbstständig wahrgenommen werden können, sind vom Unterhaltsberechtigten etwa zu erbringende Fahr- und Betreuungsleistungen in Rechnung zu stellen. Die gesetzliche Regelung bietet nach Auffassung des Bundesgerichtshofs außerdem Raum für die Berücksichtigung schulischer Anforderungen an die Mitarbeit der Eltern (etwa Hausaufgabenbetreuung, Klassenpflegschaft usw.), deren Notwendigkeit und Üblichkeit vom Unterhaltsberechtigten konkret vorzutragen sind.[69] Bei der Frage, ob die Aktivitäten unverändert fortgesetzt werden können, ist im Ausgangspunkt darauf abzustellen, in welcher Form diese vom Kind und den Eltern schon zur Zeit des Zusammenlebens der Familie durchgeführt wurden. Dies wird allerdings dadurch begrenzt, dass die vom Elternteil zu erbringenden Betreuungsleistungen und sonstigen Tätigkeiten nicht außer Verhältnis zu der dadurch gehinderten Erwerbstätigkeit stehen dürfen. Gegebenenfalls ist vom betreuenden Elternteil (und vom Kind) in Kauf zu nehmen, dass die Abläufe abweichend organisiert oder Aktivitäten teilweise eingeschränkt werden, damit sie mit einer Erwerbstätigkeit des Elternteils in Einklang gebracht werden können.

Macht der Unterhalt begehrende Elternteil seinen Verlängerungsanspruch nach Abs. 2 wegen **ehebezogener Gründe** geltend, hat er vorzutragen und gegebenenfalls zu beweisen, dass die Umstände der Gestaltung der Kinderbetreuung in der aufrechten Ehe, seine Erwerbstätigkeit in der Ehe und die Dauer der Ehe eine Verlängerung des Unterhaltszeitraums billig erscheinen lassen. Dh die Gründe dafür, warum eine Fremdbetreuung nicht in Anspruch genommen werden kann oder muss, trägt der Anspruchsberechtigte. Im Ergebnis muss der Anspruchsberechtigte daher den Vortrag des Verpflichteten, es bestehe eine zumutbare Möglichkeit der Fremdbetreuung, **widerlegen**. Gelingt dieser Entlastungsbeweis nicht, wird der Berechtigte so behandelt, als erziele er das jeweilige, dem Umfang seiner Erwerbsobliegenheit erzielbare Einkommen, was zum **Ansatz eines fiktiven Einkommens** führt. Soweit der anspruchsberechtigte Elternteil bereits eine Erwerbstätigkeit ausübt, wird indiziert, dass dies mit dem Wohl des Kindes vereinbar ist.[70] Das Gegenteil hat der Anspruchsberechtigte daher zu beweisen.

Im Bereich des § 1570 ist also außerhalb des Basisanspruchs **konkret vorzutragen**, wie die Gestaltung von Betreuung und Erwerbstätigkeit während der Ehe gewesen ist, welche Lebensplanung die Ehegatten für die weitere Eigen- oder Fremdbetreuung ihres Kindes hatten, welche Gründe für einen gestuften Übergang von der Betreuung zur Erwerbstätigkeit bestehen, welchen aktuellen Entwicklungsstand das Kind aufweist, welche Möglichkeiten der realisierbaren Fremdbetreuung tatsächlich bestehen, welcher finanzielle und zeitliche Aufwand daraus resultiert und welche Motive einer ausgeübten Erwerbstätigkeit zugrunde lagen. In der Praxis ist daher dem Unterhalt begehrenden Elternteil anzuraten, sowohl die Aktivitäten und Probleme des einzelnen Kindes, aber auch die eigenen erbrachten Betreuungsleistungen genauestens aufzulisten und über einen aussagekräftigen Zeitraum hinweg zu belegen.

---

69 BGH 18.4.2012 – XII ZR 65/10, FamRZ 2012, 1040; 15.6.2011 – XII ZR 94/04, FamRZ 2011, 1375.
70 BGH 15.12.2004 – XII ZR 121/03, FamRZ 2005, 442; 13.4.2005 – XII ZR 273/02, FamRZ 2005, 1154.

45 **2. Abänderungsverfahren.** Der Abänderungsberechtigte, der sich auf eine Neubewertung der Erwerbsobliegenheit nach der Unterhaltsrechtsreform bezieht,
hat die Darlegungs- und Beweislast für alle Tatsachen, die eine Erwerbstätigkeit
zumutbar erscheinen lassen. Dazu gehören Ausführungen zum regelhaften Entwicklungsstand des Kindes und zur Zumutbarkeit und zum Umfang der Fremdbetreuungsmöglichkeit. Wendet der unterhaltsberechtigte Elternteil davon abweichend eine besondere Sachlage bei erhöhter Betreuungsbedürftigkeit des Kindes ein, trifft ihn dafür die Beweislast.

§ 1571 BGB   Unterhalt wegen Alters

Ein geschiedener Ehegatte kann von dem anderen Unterhalt verlangen, soweit
von ihm im Zeitpunkt
1. der Scheidung,
2. der Beendigung der Pflege oder Erziehung eines gemeinschaftlichen Kindes
   oder
3. des Wegfalls der Voraussetzungen für einen Unterhaltsanspruch nach den
   §§ 1572 und 1573
wegen seines Alters eine Erwerbstätigkeit nicht mehr erwartet werden kann.

I. Allgemeines

1 Der Anspruch gründet sich auf die auch nach der Scheidung **fortwirkende eheliche Solidarität im Falle altersbedingter Bedürftigkeit.** Er setzt voraus, dass der
Berechtigte aus Gründen seines Alters nicht in der Lage ist, den Bedarf nach den
ehelichen Lebensverhältnissen ganz oder teilweise selbst zu decken. Die Bedürftigkeit des Berechtigten muss lediglich alters-, nicht hingegen ehebedingt sein.
Dies ist der Fall, wenn vom Berechtigten wegen seines Alters eine Erwerbstätigkeit nicht mehr verlangt werden kann. Somit ist es im Grundsatz auch unschädlich, wenn eine Ehe erst im vorgerückten Alter geschlossen wurde.

Die Unterhaltspflicht setzt das Vorliegen von **Einsatzzeitpunkten** voraus.

2 Im Fall der Nr. 1 handelt es sich um einen **originären Anspruch**, der bereits bei
Scheidung der Ehe besteht. In den Fällen der Nrn. 2 und 3 schließt sich der Anspruch erst bei Wegfall eines vorausgegangenen nachehelichen Unterhaltsanspruchs nach den §§ 1570, 1572 oder 1573 zeitlich an. Dieser **Anschlussunterhalt** ist der Höhe nach stets auf das Maß des weggefallenen vorausgehenden Unterhaltsanspruchs beschränkt.[1] Damit ist eine Bedarfssteigerung wegen Alters-
eintritts und damit (teilweisen) Wegfalls eigener Einkünfte des Berechtigten ausgeschlossen. Die Aufzählung der Vorschriften für den Anschlussunterhalt ist
enumerativ. Die übrigen, in der Vorschrift nicht genannten Anspruchsgrundlagen des nachehelichen Unterhaltsrechts, vermitteln einen derartigen Anschlussunterhalt nicht.

3 Damit besteht grundsätzlich bei Bezug eigener Altersrente durch den Berechtigten, die seinen Bedarf nicht deckt, der Anspruch nach § 1571. Handelt es sich
insoweit um Anschlussunterhalt, ist jedoch weitere Voraussetzung, dass zu diesem Zeitpunkt noch die Voraussetzungen, an die § 1571 die Unterhaltsberechtigung knüpft, vorliegen. Lediglich zeitweiliges und vorübergehendes Fehlen der
Bedürftigkeit im zeitlichen Zusammenhang mit dem Einsatzzeitpunkt unter-

---

1 BGH 25.6.2008 – XII ZR 109/07, FamRZ 2008, 1508.

bricht die Unterhaltskette nicht.[2] Allerdings schließt eine zwischenzeitlich erreichte nachhaltige wirtschaftliche Selbstständigkeit des Berechtigten nach dem Grundsatz der Eigenverantwortung ein Wiederaufleben des Unterhaltsanspruchs aus.[3] Scheitert die Anknüpfung des Altersunterhalts am Einsatzzeitpunkt, kann allenfalls noch Billigkeitsunterhalt nach § 1576 in Betracht kommen. Ist ein Anspruch auf nachehelichen Unterhalt schon vor einem der genannten Einsatzzeitpunkte entfallen, etwa durch Befristung nach § 1578 b, kommt auch ein anschließender Altersunterhalt nach § 1571 nicht mehr in Betracht. Eine Befristung kann andererseits auch nicht allein mit der Erwägung abgelehnt werden, damit entfalle regelmäßig der Einsatzzeitpunkt für einen späteren Anspruch auf Altersunterhalt nach § 1573 Nr. 3.[4]

II. Anspruchsvoraussetzungen

1. Einsatzzeitpunkte. a) Scheidung (Nr. 1). Der Eintritt der **Rechtskraft der** 4
Scheidung (§ 148 FamFG) ist maßgeblich (→ § 1569 Rn. 8). Soweit der Anspruch als Folgesache im Verbund geltend gemacht wird, besteht kein Problem mit Blick auf die bereits zum Zeitpunkt der letzten mündlichen Verhandlung im Verbund vorliegende altersbedingte Entwicklung der Erwerbsobliegenheit. Macht der Bedürftige dagegen seinen Unterhaltsanspruch isoliert erst nach der Scheidung geltend und lässt er hierbei längere Zeit verstreichen, kann dies wegen der Frage des Einsatzzeitpunkts zu Problemen führen.

b) Beendigung der Pflege oder Erziehung eines gemeinschaftlichen Kindes (Nr. 2). 5
Während Nr. 3 als Einsatzzeitpunkt den Wegfall bestimmter Unterhaltsansprüche benennt, bleibt Nr. 2 in der Formulierung unscharf und stellt lediglich auf den Wegfall der Kinderbetreuung ab. Dies ist missverständlich, denn aus dem Vergleich mit Nr. 3 und der Dogmatik der Anschlussunterhaltstatbestände erschließt sich, dass auch insoweit ein bestehender Unterhaltsanspruch entfallen sein muss und nicht lediglich auf die tatsächliche Beendigung der Kinderbetreuung abgehoben werden darf.

2. Wegfall der Voraussetzungen für einen Unterhaltsanspruch nach §§ 1572 6
und 1573 (Nr. 3). Die Nr. 3 benennt abschließend drei Fälle des Anschlusses an entfallende Unterhaltsberechtigungen. Der Anspruch nach § 1572 fällt weg, wenn der bis zu diesem Zeitpunkt erwerbsunfähig kranke Bedürftige gesundet, jedoch wegen Alters keine Erwerbstätigkeit mehr schuldet. Entsprechend gilt § 1571 beim Bedürftigen, der trotz ausreichender Bemühungen eine Erwerbstätigkeit nicht finden konnte und dessen Anspruch nach § 1573 Abs. 1 endet, weil er wegen Alters nicht mehr zur Erwerbstätigkeit verpflichtet ist. Besteht ein Anspruch nach § 1573 Abs. 2 als Aufstockungsunterhaltsanspruch und entfällt dieser, weil wegen des Alters eine volle oder teilschichtige Erwerbstätigkeit nicht mehr geschuldet ist, ersetzt § 1571 diesen im Umfang der durch vormalige Eigeneinkünfte nicht gedeckten Teil des vollen eheangemessenen Unterhaltsbedarfs.

3. Wegfall der Erwartung einer Erwerbstätigkeit wegen Alters. Ein altersbeding- 7
ter Wegfall der Erwerbstätigkeit liegt vor, wenn **typischerweise** in diesem Alter

---

2 BGH 6.5.1987 – IVb ZR 61/86, FamRZ 1987, 689; OLG München 28.6.1992 – 12 WF 991/92, FamRZ 1993, 564.
3 OLG Koblenz 14.6.2012 – 11 UF 359/11, FamRZ 2013, 474.
4 BGH 25.6.2008 – XII ZR 109/07, FamRZ 2008, 1508.

und in der konkreten Berufssparte keine eheangemessene Arbeit mehr gefunden werden kann und den Bedürftigen hieran kein Vorwurf trifft. Der Wegfall einer Erwerbsverpflichtung für einen bestimmten Beruf kann auch in **objektiven Umständen** seine Ursache haben (Berufssportler, Tänzerin, Fotomodell). Daneben ist auf die **Gesamtentwicklung der Ehe** bis zum Einsatzzeitpunkt abzustellen.[5]

8 Scheitert dagegen die Aufnahme einer zumutbaren Erwerbstätigkeit wegen Alters an konkreten Umständen des Einzelfalls, ist auf § 1573 Abs. 1 zurückzugreifen.[6]

9 Das Gesetz selbst nennt keine bestimmte **Altersgrenze**. Durch die Anknüpfung an den Zeitpunkt, ab dem wegen Alters eine Erwerbstätigkeit nicht mehr erwartet, also zumutbarerweise auch nicht mehr abverlangt werden kann, ist auf den jeweiligen Einzelfall abzustellen. Hieraus hat sich eine gewisse Typisierung entwickelt, die dem Umstand Rechnung trägt, dass es neben der für abhängig Beschäftigte und Beamte (Richter) geltenden **Regelaltersgrenze** noch weitere **flexible Altersgrenzen** gibt, die teilweise auf gesundheitlichen, berufsbezogenen oder auch auf arbeitsmarktpolitischen Gründen beruhen können. Hinsichtlich der letzteren ist eine **einzelfallbezogene Abwägung** daraufhin vorzunehmen, ob auch im konkret erreichten Alter noch eine angemessene Erwerbstätigkeit im Rahmen der in Betracht kommenden Beschäftigungen vom Bedürftigen auszuüben ist. Die unterhaltsrechtliche Anspannung an den Berechtigten steht derjenigen des Verpflichteten gleich. Sobald die in der gesetzlichen Rentenversicherung und die für Beamte festgelegte **allgemeine Altersgrenze** erreicht ist, kann unterhaltsrechtlich eine Erwerbstätigkeit nicht mehr erwartet werden.[7]

Dies gilt grundsätzlich auch für die Berufstätigkeit des Freiberuflers, für den keine allgemeine Altersgrenze bestimmt ist. Dennoch tatsächlich weiterhin erzieltes Einkommen ist nach den Grundsätzen des § 1577 zu behandeln. Alleine der Umstand, dass ein Ehegatte sich in fortgeschrittenem Alter befindet, rechtfertigt noch nicht die Aufgabe einer bislang ausgeübten Erwerbstätigkeit.

Damit sind alle Fälle, in denen die gesetzlich geltende allgemeine Altersgrenze nicht gilt, einer **einzelfallbezogenen Wertung** zugänglich, wobei sich die Frage der weiteren Erwerbsobliegenheit konkretisierenden Umstände neben dem Alter aus dem Gesundheitszustand, den wirtschaftlichen Verhältnissen, der Art der in Betracht kommenden Tätigkeit und dem Umfang einer bereits bestehenden Altersversorgung ergeben können. Ob eine Tätigkeit als angemessene Erwerbstätigkeit angesehen werden kann, richtet sich nach den Kriterien des § 1574 Abs. 2. Insoweit gewinnt künftig an Bedeutung, dass der Gesetzgeber mit dem Unterhaltsrechtsreformgesetz nunmehr in § 1574 Abs. 2 auch einen **früher ausgeübten Beruf grundsätzlich immer als angemessen** ansieht.[8]

10 Verstößt der Berechtigte bei bestehender realer Arbeitsplatzchance gegen seine Erwerbsobliegenheit, wird insoweit fiktives Einkommen angesetzt. Bezieht er bereits vorgezogene Altersrente und kommt eine Teilerwerbsobliegenheit in Be-

---

5 BGH 8.12.1981 – IVb ZR 331/81, FamRZ 1983, 150.
6 BGH 17.3.1999 – XII ZR 139/97, FamRZ 1999, 843.
7 BGH 3.12.1999 – XII ZR 146/97, FamRZ 1999, 708; 23.9.1992 – XII ZR 157/91, FamRZ 1993, 43.
8 BGH 6.10.2004 – XII ZR 319/01, FamRZ 2005, 23.

tracht, beschränkt sich der Umfang der Fiktion auf die Größenordnung der geltenden Hinzuverdienstgrenze in der gesetzlichen Rentenversicherung.[9]

Einzelfälle: Tritt der Bedürftige aus gesundheitlichen Gründen in den **Ruhestand**, wird also insbesondere deswegen vorgezogene Rente wegen Erwerbsminderung bezogen, oder liegt ein Fall vorzeitiger Pensionierung vor, ist dies unterhaltsrechtlich hinzunehmen, wenn dem medizinisch begründete Entscheidungen privater oder öffentlicher Arbeitgeber zugrunde liegen. Dem Pflichtigen bleibt insoweit jedoch die Möglichkeit des Gegenbeweises. Wird vor dem Zeitpunkt der Regelaltersrente aufgrund einer **flexiblen Altersgrenze Altersrente** in Anspruch genommen, muss der Berechtigte dagegen im Einzelfall nachweisen, dass ihm keine weitere zusätzliche Erwerbstätigkeit abverlangt werden kann. Teilweise deutlich vor der allgemeinen Altersgrenze liegende **öffentlich-rechtliche oder berufsspezifische Altersgrenzen** bleiben unterhaltsrechtlich für sich allein zunächst unbeachtlich. Insoweit ist zu prüfen, ob die Aufnahme einer anderweitigen Erwerbstätigkeit durch zumutbare Bemühungen erreicht werden kann. Gleiches gilt für die Inanspruchnahme von **Altersteilzeit** durch den Berechtigten, die regelmäßig auf einer freiwilligen Entscheidung des Berechtigten beruht, vor Erreichen der Regelaltersgrenze aus dem Erwerbsleben auszuscheiden. Diese Entscheidung bedarf unterhaltsrechtlicher Überprüfung hinsichtlich der Frage, ob ein bestimmter – angemessener – Beruf im Alter noch ausgeübt werden kann und eine Gesamtentwicklung der Ehe bis zum Einsatzzeitpunkt eine Erwerbsverpflichtung entfallen lässt.[10]

Besondere Schwierigkeit bereiten in der Praxis die Fälle, in denen nicht eine bereits ausgeübte Tätigkeit aufgegeben wird, sondern nach langjähriger Berufspause durch Haushaltsführung und Kinderbetreuung eine **Berufstätigkeit erst gefunden werden muss.** Die hierzu vorliegende ober- und höchstrichterliche Rechtsprechung[11] muss mit Blick auf die Unterhaltsrechtsreform sorgfältig überprüft werden. Denn mit dem in seiner Bedeutung deutlich gesteigerten Grundsatz der Eigenverantwortung (vgl. § 1569) und der Zielrichtung des Unterhaltsanspruchs, ehebedingte Nachteile auszugleichen, kann eine lange Ehedauer bei Haushaltsführung und langer Kinderbetreuungszeit nicht mehr ausreichen, um einen Anspruch nach § 1571 zu begründen.[12]   11

III. Sonstige Fragestellungen

1. Höhe des Anspruchs. Das Maß des Unterhalts richtet sich grundsätzlich nach   12
den ehelichen Lebensverhältnissen gem. § 1578 und damit vornehmlich nach den jeweiligen unterhaltsrelevanten Einkünften der geschiedenen Ehegatten.

---

9 BGH 17.3.1999 – XII ZR 139/97, FamRZ 1999, 843.
10 BGH 8.12.1981 – IVb ZR 331/81, FamRZ 1983, 150; OLG Hamm 9.3.1995 – 4 UF 515/94, FamRZ 1995, 1416; OLG Hamm 3.11.1998 – 2 WF 418/98, FamRZ 1999, 1078.
11 Etwa BGH 30.1.1985 – IVb ZR 67/83, FamRZ 1985, 371 (53-jährige Ehefrau bei 20-jähriger Berufspause und sehr guten wirtschaftlichen Verhältnissen); eingehend Wendl/Dose/Bömelburg § 4 Rn. 216, 223.
12 BGH 4.8.2010 – XII ZR 7/09, FamRZ 2010, 1633; auch schon BGH 19.12.1990 – XII ZR 27/90, FamRZ 1991, 416 zur Angemessenheit einer Erwerbstätigkeit einer 50-jährigen Ehefrau als Verkäuferin, die rund 30 Jahre zuvor eine Ausbildung als Erzieherin erlangt hat, danach mehrere Jahre in diesem Beruf tätig gewesen ist und sich anschließend mehr als 20 Jahre lang in einer wirtschaftlich gut gestellten Ehe dem Haushalt und der Erziehung eines Kindes gewidmet hat.

Auch im Rahmen des Altersunterhalts bestimmt sich der Maßstab des angemessenen Lebensbedarfs, der nach § 1578 b regelmäßig die Grenze für die Herabsetzung des nachehelichen Unterhalts bildet, nach dem Einkommen, das der unterhaltsberechtigte Ehegatte ohne die Ehe und Kindererziehung aus eigenen Einkünften zur Verfügung hätte. Dabei ist auf die konkrete Lebenssituation des Unterhaltsberechtigten abzustellen. Aus dem Begriff der Angemessenheit folgt aber zugleich, dass der nach § 1578 b herabgesetzte Unterhaltsbedarf jedenfalls das Existenzminimum des Unterhaltsberechtigten erreichen muss.[13] Weil der Unterhaltspflichtige für den Fall des Alters – abgesehen von Ausnahmefällen – regelmäßig von jeder Erwerbsobliegenheit freigestellt ist, sind gleichwohl erzielte **Erwerbseinkünfte** – vergleichbar mit § 1577 Abs. 2 S. 2 – nur nach Billigkeit unter umfassender Würdigung der Einzelfallumstände anzurechnen. Denn es handelt sich insoweit auch beim Pflichtigen um **überobligatorische** Einkünfte. Der nicht unterhaltsrelevante Teil des Einkommens bleibt für die Bedarfsbestimmung vollständig außer Betracht. Besonderes Augenmerk ist bei der Ermittlung des unterhaltsrelevanten Einkommensteils darauf zu richten, in welchem Umfang die Fortsetzung der Erwerbstätigkeit vorwiegend dem Zweck dient, etwa die beim Unterhaltspflichtigen entstandene **Versorgungslücke** durch besondere Erwerbsanstrengungen wieder aufzufüllen, was im Einzelfall sogar einer Anrechnung gänzlich entgegenstehen kann.[14]

13 **2. Behandlung von Eigeneinkünften des Berechtigten.** Weil der Berechtigte für den Fall des Alters – abgesehen von Ausnahmefällen – regelmäßig von jeder Erwerbsobliegenheit freigestellt ist, sind gleichwohl erzielte **Erwerbseinkünfte** nach § 1577 Abs. 2 nur nach Billigkeit unter umfassender Würdigung der Einzelfallumstände anzurechnen. Denn es handelt sich insoweit regelmäßig um **überobligatorische** Einkünfte.[15] Insoweit ist nach der Rechtsprechung des Bundesgerichtshofs der **unterhaltsrelevante Teil** des Einkommens zu bestimmen und dieser sodann in die Differenzberechnung (als prägendes Einkommen) einzustellen. Der nicht unterhaltsrelevante Teil des Einkommens bleibt für die Bedarfsbestimmung und die Frage der Bedürftigkeit dann vollständig außer Betracht.[16]

14 **Eigene Renteneinkünfte** des Berechtigten sind in voller Höhe in die Unterhaltsberechnung einzustellen, weil sie an die Stelle des vormals bezogenen Erwerbseinkommens (**Surrogat**) treten.[17] Ob die zugrundeliegenden Anwartschaften vor, während oder nach der Ehe erworben worden sind, ist unerheblich. In gleicher Weise werden die **durch den Versorgungsausgleich erworbenen Renten** behandelt. Bei der Frage, ob ehebedingte Nachteile im Sinne des § 1578 b Abs. 1 vorliegen, ist der Ausgleich unterschiedlicher Vorsorgebeiträge vornehmlich Aufgabe des Versorgungsausgleichs, durch den die Interessen des Unterhaltsberechtigten regelmäßig ausreichend gewahrt werden.[18] Das gilt allerdings nicht, wenn

---

13 BGH 4.8.2010 – XII ZR 7/09, FamRZ 2010, 1633; 17.2.2010 – XII ZR 140/08, FamRZ 2010, 629.
14 BGH 12.1.2011 – XII ZR 83/08, FamRZ 2011, 454; 5.2.2003 – XII ZR 29/00, FamRZ 2003, 848 (851).
15 BGH 12.1.2011 – XII ZR 83/08, FamRZ 2011, 454 (ebenso beim Unterhaltspflichtigen).
16 BGH 15.3.2006 – XII ZR 30/04, FamRZ 2006, 683; 23.11.2005 – XII ZR 51/03, FamRZ 2006, 387.
17 BGH 23.11.2005 – XII ZR 51/03, FamRZ 2006, 387; 31.10.2001 – XII ZR 292/99, FamRZ 2002, 88.
18 BGH 4.8.2010 – XII ZR 7/09, FamRZ 2010, 1633; 25.6.2008 – XII ZR 109/07, FamRZ 2008, 1508; 16.4.2008 – XII ZR 107/06, FamRZ 2008, 1325.

die vom Unterhaltsberechtigten aufgrund der ehelichen Rollenverteilung erlittene Einbuße bei seiner Altersvorsorge durch den Versorgungsausgleich nicht vollständig erfasst wird, weil der Unterhaltspflichtige nur für einen geringen Teil der Ehezeit Rentenanwartschaften erworben hat.[19] Ein ehebedingter Nachteil, der darin besteht, dass der unterhaltsberechtigte Ehegatte nachehelich geringere Versorgungsanrechte erwirbt als dies bei hinweggedachter Ehe der Fall wäre, ist grundsätzlich als ausgeglichen anzusehen, wenn er **Altersvorsorgeunterhalt** hätte erlangen können.[20]

Dagegen bleibt der Bundesgerichtshof dabei, dass die durch den **Vorsorgeunter-** 15 **halt** erworbenen Renteneinkünfte nicht als prägend angesehen werden können.[21] Sie sind lediglich im Wege der Anrechnung zu berücksichtigen. Dem ist zuzustimmen, weil nur die Rente aus dem Versorgungsausgleich Surrogat für die Haushaltsführung und Kindererziehung darstellt und die ehelichen Lebensverhältnisse prägt. Dieser Rentenanteil wird nicht durch die Scheidung erworben. Er beruht auf dem Gedanken des Ausgleichs der vom Ausgleichspflichtigen in der Ehe erworbenen Anrechte, der dem anderen Ehegatten für gleichwertige Haushaltsführung und Kinderbetreuung zusteht. Insoweit findet die Differenzmethode bei der Unterhaltsberechnung auch Anwendung, wenn der unterhaltsberechtigte Ehegatte bereits Altersrente (einschließlich Anteils aus dem Versorgungsausgleich) bezieht, der Unterhaltspflichtige jedoch noch erwerbstätig ist.

Kommt es bei Vorliegen der Voraussetzungen für den Bezug einer Altersrente 16 beim Bedürftigen zu Verzögerungen in der Bewilligung, besteht dennoch seine Bedürftigkeit fort. Dem ist in der Praxis dadurch zu begegnen, dass der Verpflichtete dem Berechtigten zur Abwendung der Bedürftigkeit ein zins- und tilgungsfreies Darlehen anbietet und auf die Rückzahlung für den Fall der endgültigen Ablehnung des Rentenantrags verzichtet. Für den Fall der nachträglichen Bewilligung der beantragten Rente ist dem Verpflichteten zur Sicherung seines dann gegebenen Rückzahlungsanspruchs der Anspruch auf Rentennachzahlung abzutreten (§ 53 Abs. 2 SGB VI), denn in diesem Fall erwächst ihm ein Erstattungsanspruch. Für den Berechtigten besteht eine unterhaltsrechtliche Obliegenheit, diesem Verfahren zuzustimmen, widrigenfalls er sich so behandeln lassen muss.[22]

3. Tatbestandliche Konkurrenzverhältnisse. § 1571 tritt dann mit § 1572 in An- 17 spruchskonkurrenz, wenn eine Erwerbsunfähigkeit vorliegt, die sowohl auf Alters- als auch Krankheitsgründen beruht.[23] Ist im Einzelfall von einem Zusammenwirken der verschiedenen Ursachen auszugehen, kann die Festlegung der Anspruchsgrundlage offen bleiben. Mit § 1570 wird kaum eine echte Konkurrenz vorliegen, allenfalls in dem Fall der Betreuung eines volljährigen pflegebedürftigen gemeinschaftlichen Kindes durch einen schon betagten Elternteil.

Ist der Unterhaltsberechtigte durch sein Alter vollständig an einer Erwerbstätigkeit gehindert, ergibt sich der Anspruch auf nachehelichen Unterhalt allein aus

---

19 BGH 4.8.2010 – XII ZR 7/09, FamRZ 2010, 1633.
20 BGH 14.5.2014 – XII ZB 301/12, FamRZ 2014, 1276; 26.2.2014 – XII ZB 235/12, FamRZ 2014, 823; 7.11.2012 – XII ZB 229/11, FamRZ 2013, 109.
21 BGH 5.2.2003 – XII ZR 29/00, FamRZ 2003, 848 mit abl. Anm. Hoppenz.
22 BGH 19.12.1989 – IVb ZR 9/89, FamRZ 1990, 269; 23.3.1983 – IVb ZR 358/81, FamRZ 1983, 574, zur Bedürftigkeit bei laufendem Rentenantrag.
23 BGH 26.11.2008 – XII ZR 131/07, FamRZ 2009, 406 mAnm Schürmann zur Lehre von den Teilansprüchen.

§ 1571, und zwar auch für den Teil des Unterhaltsbedarfs, der nicht auf dem Erwerbshindernis, sondern auf dem den angemessenen Lebensbedarf übersteigenden Bedarf nach den ehelichen Lebensverhältnissen gem. § 1578 Abs. 1 S. 1 beruht.[24]

18 Besteht dagegen mit Blick auf das Alter noch eine Obliegenheit zur teilweisen
Erwerbstätigkeit, kann § 1571 neben § 1573 Abs. 1 vorliegen, wenn und soweit
wegen des Alters eine Teilzeiterwerbstätigkeit trotz ausreichender Bemühungen
nicht erlangt werden kann.[25]

Ist der Unterhaltsberechtigte hingegen durch sein Alter nur teilweise an einer Erwerbstätigkeit gehindert, ergibt sich der Unterhaltsanspruch wegen des allein
durch die Erwerbshinderung verursachten Einkommensausfalls aus § 1571 und
im Übrigen als Aufstockungsunterhalt aus § 1573 Abs. 2.[26] Wird noch eine zumutbare teilschichtige Beschäftigung ausgeübt und reicht das daraus erzielte
bzw. erzielbare Einkommen nicht aus, um den vollen eheangemessenen Unterhaltsbedarf zu decken, kommt daher daneben noch ein Aufstockungsunterhalt
nach § 1573 Abs. 2 in Betracht. In beiden Fällen war es bislang wegen der eingeschränkten Beschränkungsmöglichkeit nach § 1573 Abs. 5 erforderlich, die Anspruchsgrundlagen zu differenzieren und als sog **Teilunterhaltsansprüche** festzustellen. Diese Notwendigkeit besteht nach der Unterhaltsrechtsreform zwar mit
Blick auf die einheitliche Beschränkungsvorschrift § 1578 b nicht mehr, allerdings dann, wenn – bezogen auf die unterschiedlichen Anspruchsgrundlagen –
Anschlusstatbestände in Betracht kommen können. Dann ist für spätere Abänderungsverfahren eine Differenzierung erforderlich, weil Anschlussunterhalt im
Umfang nicht weiter gehen kann als der vorausgehende Unterhalt, an den er anschließt (→ § 1569 Rn. 12, 22).

19 **4. Begrenzung/Beschränkung des Anspruchs.** Grundsätzlich besteht die Möglichkeit, den Unterhalt nach § 1571 unter den Voraussetzungen des § 1579 ganz
oder teilweise zu versagen oder zeitlich zu begrenzen. Insoweit kann hier die
Nr. 1 bei Vorliegen einer Ehe von **kurzer Dauer** den Ausschluss oder eine Beschränkung rechtfertigen.

Von erheblicher praktischer Auswirkung ist § **1578 b,** der es wegen seiner allgemeinen Geltung für alle Unterhaltstatbestände ermöglicht, den Anspruch aus
Billigkeitsgründen entweder nur zeitlich begrenzt zu gewähren, auf den **angemessenen Lebensbedarf** herabzusetzen oder unter Kombination beider Möglichkeiten zu bemessen (s. § 1578 b). Die Anwendung von § 1578 b kommt gerade
bei kurzen Ehen wegen der naturgemäß geringeren wirtschaftlichen Abhängigkeit der Ehegatten in Betracht. Dass insoweit insbesondere das Vorhandensein
ehebedingter Nachteile im Rahmen der Billigkeitserwägungen Berücksichtigung
zu finden hat, dürfte der Anwendung jedoch engere Grenzen setzen. Alter an
sich ist kein ehebedingter Nachteil, zumal diese Situation auch durch ein am
Grundsatz der Eigenverantwortung ausgerichtetes Verhalten nicht aufgewogen
werden kann. In Fällen der sog **Altersehen** wird – abgesehen von besonders gelagerten Einzelfällen – kaum noch der volle eheangemessene Lebensbedarf vom

---

24 BGH 7.3.2012 – XII ZR 145/09, FamRZ 2012, 951; 14.4.2010 – XII ZR 89/08, FamRZ
    2010, 869.
25 BGH 1.4.1987 – IVb ZR 33/86, FamRZ 1987, 691.
26 BGH 14.4.2010 – XII ZR 89/08, FamRZ 2010, 869; 26.11.2008 – XII ZR 131/07,
    FamRZ 2009, 406.

Berechtigten unlimitiert beansprucht werden können.[27] Allein der Umstand, dass es sich um eine Altersehe handelt, lässt für sich betrachtet den Anspruch dem Grunde nach jedoch noch nicht entfallen.[28] Der Maßstab für den angemessenen Lebensbedarf, der nach § 1578 b regelmäßig die Grenze für die Herabsetzung des nachehelichen Unterhalts bildet, bestimmt sich nach dem Einkommen, das der unterhaltsberechtigte Ehegatte ohne die Ehe und die Kindererziehung aus eigenen Einkünften zur Verfügung hätte, wobei auf die konkrete Lebenssituation des Unterhaltsberechtigten abzustellen ist.[29] Ein dergestalt herabgesetzter Unterhaltsbedarf muss aber in jedem Falle das Existenzminimum des Unterhaltsberechtigten erreichen.[30]

IV. Verfahren

1. Beweislast. Ist im Unterhaltsrechtsstreit streitig, ob altersbedingte Erwerbsunfähigkeit oder arbeitsmarktbedingte Arbeitslosigkeit vorliegt, hat der bedürftige Ehegatte darzulegen und zu beweisen, dass eine Erwerbstätigkeit wegen Alters nicht mehr zumutbar ist. Wer vor Erreichen der Regelaltersgrenze in den Ruhestand tritt, trägt die Beweislast für das Fehlen einer Möglichkeit zu angemessener Erwerbstätigkeit. 20

2. Abänderungsverfahren. Bezieht der Berechtigte statt Erwerbseinkommens nunmehr Altersrente, berührt dies seinen Unterhaltsanspruch dem Grunde nach nicht. Jedoch wird regelmäßig wegen veränderter wirtschaftlicher Auswirkungen des Rentenbezugs eine Anpassung der Unterhaltsberechnung erforderlich werden. Besteht insoweit bereits ein Unterhaltstitel, ist dieser den geänderten wirtschaftlichen Verhältnissen gleichfalls anzupassen. Dies hat im Wege des Abänderungsverfahrens nach § 238 FamFG, nicht jedoch mit einem Vollstreckungsabwehrantrag zu erfolgen.[31] 21

§ 1572 BGB Unterhalt wegen Krankheit oder Gebrechen

Ein geschiedener Ehegatte kann von dem anderen Unterhalt verlangen, solange und soweit von ihm vom Zeitpunkt

1. der Scheidung,
2. der Beendigung der Pflege oder Erziehung eines gemeinschaftlichen Kindes,
3. der Beendigung der Ausbildung, Fortbildung oder Umschulung oder
4. des Wegfalls der Voraussetzungen für einen Unterhaltsanspruch nach § 1573

an wegen Krankheit oder anderer Gebrechen oder Schwäche seiner körperlichen oder geistigen Kräfte eine Erwerbstätigkeit nicht erwartet werden kann.

I. Allgemeines

Der Anspruch gründet sich auf die auch nach der Scheidung fortwirkende eheliche Solidarität im Falle einer **krankheitsbedingt verursachten Bedürftigkeit**. Er setzt voraus, dass der Berechtigte aus Gründen von Krankheit, Gebrechen oder Schwäche nicht in der Lage ist, den Bedarf nach den ehelichen Lebensverhältnis- 1

---

27 BGH 4.8.2010 – XII ZR 7/09, FamRZ 2010, 1633.
28 Palandt/Brudermüller § 1571 Rn. 1, 7.
29 BGH 4.8.2010 – XII ZR 7/09, FamRZ 2010, 1633.
30 BGH 17.2.2010 – XII ZR 140/08, FamRZ 2010, 629.
31 BGH 8.6.2005 – XII ZR 294/02, FamRZ 2005, 1479 unter Aufgabe der früher anderslautenden Ansicht.

sen ganz oder teilweise selbst zu decken. Die Bedürftigkeit des Berechtigten muss lediglich krankheits-, nicht hingegen ehebedingt sein. Die Krankheit stellt in der Regel keinen ehebedingten Nachteil dar, denn sie wird nicht auf der ehebedingten Rollenverteilung beruhen. Es genügt auch nicht, dass sie durch eine Ehekrise ausgelöst worden sein kann.[1] Krankheitsbedingte Bedürftigkeit liegt damit vor, wenn vom Berechtigten wegen seines krankhaften oder vergleichbaren Zustands eine Erwerbstätigkeit nicht mehr verlangt werden kann. Dabei ist es grundsätzlich auch unschädlich, wenn eine Erkrankung bei Eingehung der Ehe bereits vorlag. Ob die Ehegatten hiervon Kenntnis hatten, spielt keine Rolle.

Die Unterhaltspflicht setzt das Vorliegen von **Einsatzzeitpunkten** voraus. Insoweit muss der Anspruch einen Anknüpfungspunkt zur Ehe haben. Hierfür ist bereits ausreichend, dass eine bereits bei der Scheidung bestehende Erkrankung sich nach der Scheidung so verschlimmert, dass sie zur Erwerbsunfähigkeit führt.[2]

2   Im Fall der Nr. 1 handelt es sich um einen **originären Anspruch**, der bereits bei Scheidung der Ehe besteht. In den Fällen der Nrn. 2, 3 und 4 schließt sich der Anspruch erst bei Wegfall eines vorausgegangenen nachehelichen Unterhaltsanspruchs nach den §§ 1570, 1575 oder 1573 zeitlich an. Dieser **Anschlussunterhalt** ist der Höhe nach stets auf das Maß des weggefallenen vorausgehenden Unterhaltsanspruchs beschränkt. Eine Bedarfssteigerung wegen Krankheitseintritts und damit (teilweisen) Wegfalls eigener Einkünfte des Berechtigten ist ausgeschlossen. Die Aufzählung der Vorschriften für den Anschlussunterhalt ist **enumerativ**. Die übrigen nicht genannten Anspruchsgrundlagen des nachehelichen Unterhaltsrechts vermitteln einen derartigen Anschlussunterhalt nicht.

3   Damit besteht bei Wegfall oder Minderung der Erwerbsfähigkeit in Folge von Krankheit der Anspruch nach § 1572. Handelt es sich insoweit um Anschlussunterhalt, ist weitere Voraussetzung, dass zu diesem Zeitpunkt noch die Voraussetzungen, an die § 1572 die Unterhaltsberechtigung knüpft, vorliegen. Lediglich zeitweiliges und vorübergehendes Fehlen der Bedürftigkeit im zeitlichen Zusammenhang mit dem Einsatzzeitpunkt unterbricht die Unterhaltskette nicht. Eine zwischenzeitlich erreichte **nachhaltige wirtschaftliche Selbstständigkeit** des Berechtigten schließt nach dem Grundsatz der Eigenverantwortung ein Wiederaufleben des Unterhaltsanspruchs aus. Scheitert die Anknüpfung des Krankheitsunterhalts am Einsatzzeitpunkt, kann allenfalls noch Billigkeitsunterhalt nach § 1576 in Betracht kommen.[3]

Endet ein Anspruch nach § 1572 wegen Gesundung des Berechtigten, hat er seiner generellen Erwerbsobliegenheit wieder zu genügen. In der Folgezeit kann es daher zu weiteren Anschlusstatbeständen gerade im Hinblick auf § 1573 Abs. 1–3 kommen.

II. Anspruchsvoraussetzungen

4   **1. Einsatzzeitpunkte. a) Scheidung (Nr. 1).** Der Eintritt der **Rechtskraft der Scheidung** (§ 148 FamFG) ist maßgeblich (→ § 1569 Rn. 8). Soweit der An-

---

1   BGH 7.7.2010 – XII ZR 157/08, FamRZ 2011, 188; 30.6.2010 – XII ZR 9/09, FamRZ 2010, 1414.
2   BGH 25.3.1987 – IVb ZR 32/86, FamRZ 1987, 684.
3   BGH 17.9.2003 – XII ZR 184/01, FamRZ 2003, 1734.

spruch als Folgesache im Verbund geltend gemacht wird, bestehen kaum Probleme mit Blick auf die bereits zum Zeitpunkt der letzten mündlichen Verhandlung im Verbund bestehende gesundheitliche Situation. Denn eine Anknüpfung an den Zeitpunkt der Scheidung ist auch dann möglich, wenn der Bedürftige im Zeitpunkt der Scheidung wegen einer bereits ausgebrochenen und manifesten Erkrankung teilweise erwerbsunfähig war und sich im Wesentlichen dieses Leiden nach der Scheidung bis hin zur vollen Erwerbsunfähigkeit verschlimmert hat.

Macht der Bedürftige dagegen seinen Unterhaltsanspruch isoliert erst nach der Scheidung geltend und lässt er hierbei längere Zeit verstreichen, kann dies wegen der Frage des Einsatzzeitpunkts zu Beweisproblemen führen, obwohl es für ausreichend gehalten wird, wenn die gesundheitlichen Probleme, die im Zeitpunkt der Scheidung vorgelegen haben, erst später zur Erwerbsunfähigkeit führen. Insoweit ist die Fallgestaltung einer bei Scheidung latent vorhandenen Erkrankung, die erst nach der Scheidung ausbricht, nur in dem Fall anspruchsbegründend, wenn ein naher zeitlicher Zusammenhang zwischen Scheidung und Eintritt der Erwerbsunfähigkeit besteht.[4] Hierzu gibt es keine feste zeitliche Grenze. Die Rechtsprechung hat hier jeweils einzelfallbezogen entschieden. Als Faustregel für die Annahme noch bestehenden zeitlichen Zusammenhangs kann von einer Zeitspanne von einem Jahr ausgegangen werden.

b) Beendigung der Pflege oder Erziehung eines gemeinschaftlichen Kindes (Nr. 2). 5
Während die Nrn. 3 und 4 als Einsatzzeitpunkt den Wegfall bestimmter Unterhaltsansprüche benennen, bleibt Nr. 2 in der Formulierung unscharf und stellt lediglich auf den Wegfall der Kinderbetreuung ab. Dies ist missverständlich, denn aus dem Vergleich mit Nrn. 3 und 4 sowie der Dogmatik der Anschlussunterhaltstatbestände erschließt sich, dass auch insoweit ein bestehender Unterhaltsanspruch entfallen sein muss und nicht lediglich auf die tatsächliche Beendigung der Kinderbetreuung abgehoben werden darf.

2. Wegfall der Voraussetzungen für einen Unterhaltsanspruch nach § 1575 (Nr. 3). 6
Bestand bis zur Beendigung einer Ausbildungs-, Fortbildungs- oder Umschulungsmaßnahme ein Unterhaltsanspruch nach § 1575, reicht es aus, dass zum Ende dieser Berufsqualifizierung die krankheitsbedingte Erwerbsunfähigkeit eintritt.

3. Wegfall der Voraussetzungen für einen Unterhaltsanspruch nach § 1573 (Nr. 4). 7
Die Nr. 4 benennt abschließend zwei Fälle des Anschlusses an entfallende Unterhaltsberechtigungen. Der Anspruch nach § 1573 Abs. 1 fällt weg, wenn der bis zu diesem Zeitpunkt erwerbslose Bedürftige erkrankt und deswegen keine Erwerbstätigkeit mehr schuldet. Ob im Einzelfall dann, wenn der Berechtigte bei Auftreten der Erkrankung seiner Erwerbsobliegenheit längere Zeit schon nicht mehr nachgekommen ist, dem Verpflichteten nach Treu und Glauben die Berufung auf eine Verfehlung des Einsatzzeitpunktes verwehrt sein kann, hängt von den jeweiligen Umständen ab. Wurde der Berechtigte durch fortlaufend bezahlten Unterhalt bewusst von Erwerbsbemühungen abgehalten, kann dies der Fall sein.[5] Bestand ein Anspruch nach § 1573 Abs. 2 als Aufstockungsunterhaltsanspruch und entfällt dieser, weil wegen der Erkrankung eine volle Erwerbsunfähigkeit eingetreten ist,

---

4 BGH 27.6.2001 – XII ZR 135/99, FamRZ 2001, 1291 (23 Monate nicht mehr ausreichend).
5 BGH 31.1.1990 – XII ZR 36/89, FamRZ 1990, 496.

ersetzt § 1572 diesen im Umfang des durch vormalige Eigeneinkünfte nicht gedeckten Teils des vollen eheangemessenen Unterhaltsbedarfs umfassend.

8   **4. Wegfall der Erwartung einer Erwerbstätigkeit wegen Krankheit, Gebrechen oder Schwäche.** Eine **Krankheit** liegt vor, wenn beim Berechtigten aus einem objektiv fassbaren regelwidrigen Körper- oder Geisteszustand – mit oder ohne ärztliche Behandlung – eine Minderung bzw. ein Ausschluss der Erwerbsfähigkeit folgt. Die Begrifflichkeiten sind entsprechend dem im Sozialversicherungsrecht (SGB V) und Beamtenrecht (§ 42 Abs. 1 BBG) maßgeblichen Sinne auszulegen. **Andere Gebrechen oder Schwäche** sind dauerhafte körperliche oder geistige Beeinträchtigungen, die wie eine Krankheit objektiv eine Erwerbstätigkeit unzumutbar erscheinen lassen, wie etwa im Fall einer Minderintelligenz.[6] Eine genaue Abgrenzung wird zumeist entbehrlich sein, zumal bei entsprechend weiter Interpretation des Krankheitsbegriffs die Bedeutung der Tatbestandsmerkmale Gebrechen und Schwäche abnimmt.[7] Keinen Krankheitswert haben typischerweise und altersbedingt auftretende Abnutzungserscheinungen und Unpässlichkeiten.[8]

Durch einen solchermaßen bestehenden Krankheitszustand muss der Wegfall oder die Minderung der Erwerbsfähigkeit ursächlich bedingt sein. Dem Berechtigten darf die volle oder teilschichtige Erwerbstätigkeit nicht mehr abverlangt werden.[9] Fällt die Fähigkeit, einen bestimmten Beruf auszuüben, krankheitsbedingt weg, erfordert es die generell weiter bestehende Erwerbsobliegenheit, dass untersucht wird, ob gleichwohl eine andere nach § 1574 Abs. 2 angemessene Erwerbstätigkeit ausgeübt werden kann. Hierbei ist zu beachten, dass der Kreis der angemessenen Erwerbstätigkeiten durch § 1574 Abs. 2 ausgeweitet worden ist. Kommt dagegen lediglich noch eine nicht mehr als angemessen anzusehende Erwerbstätigkeit in Betracht, ist der Berechtigte dazu nicht verpflichtet. Die angemessene Erwerbstätigkeit bestimmt den Zumutbarkeitsmaßstab. Eine konkret bestehende Berufsunfähigkeit allein, bezogen auf einen bestimmten Beruf, ist damit unterhaltsrechtlich noch nicht ausreichend, um die Erwerbsobliegenheit entfallen zu lassen.

9   **Einzelfälle: Stoffgebundene Suchtabhängigkeit** (Alkohol-, Tabletten- oder Drogensucht) werden als Krankheit angesehen. Ob der krankhafte Zustand schuldhaft herbeigeführt worden ist, ist für die Anspruchsgrundlage zunächst unerheblich.[10] **Renten- oder Unterhaltsneurose** hat dann Krankheitswert, wenn sie auf einer seelischen Fehlhaltung beruht, in deren Folge der Berechtigte vor den Belastungen des Arbeitslebens in die Krankheit flüchtet. Die bestehende Fehlhaltung des Berechtigten muss so mächtig sein, dass sie auch durch die Aberkennung des Unterhaltsanspruchs nicht aus eigener Anstrengung, sondern nur durch ärztliche Behandlung und Hilfestellung überwindbar wird. Kurzfristige Erkrankungen, für die in der Regel noch Lohn- bzw. Lohnersatzleistungen bezogen werden können, scheiden dagegen aus. Depressionen können als psychische Erkrankung ausreichen. Allerdings sind solche Krankheitsbilder gegenüber den nicht ausreichenden psychischen Beschwerden, die im Zusammenhang mit Trennung und Scheidung häufig vorgebracht werden, abzugrenzen.

---

6   JH/Hammermann § 1572 Rn. 5.
7   MK/Maurer § 1572 Rn. 2.
8   BGH 26.1.1983 – IVb ZR 347/81, FamRZ 1984, 353.
9   BGH 26.1.1983 – IVb ZR 347/81, FamRZ 1984, 353.
10 Schwab/Borth IV Rn. 274.

III. Sonstige Fragestellungen

1. Höhe des Anspruchs. Das Maß des Unterhalts richtet sich grundsätzlich nach 10
den ehelichen Lebensverhältnissen gem. § 1578 und damit vornehmlich nach
den jeweiligen unterhaltsrelevanten Einkünften der geschiedenen Ehegatten.
Dies ist allerdings nicht im Sinne eines strikten Stichtagsprinzips auszulegen.
Spätere Veränderungen des verfügbaren Einkommens sind zu berücksichtigen
und zwar unabhängig davon, wann sie eingetreten sind und ob es sich um Minderungen[11] oder Verbesserungen handelt.[12] An die Stelle von vormals bezoge-
nem Erwerbseinkommen können Renten, Krankengeld, Krankentagegeld oder
Krankenhaustagegeld treten (**Surrogat**). Auch sonstiges Ersatzeinkommen, wie
etwa die Erbringung von Versorgungsleistungen für einen neuen Lebenspartner,
bestimmen die ehelichen Lebensverhältnisse.[13] Krankheitsbedingter Mehrbedarf
kann im Einzelfall in Betracht kommen.[14] Bei der Berechnung des nachehelichen
Unterhaltsbedarfs ist auch die Kürzung der Altersbezüge des Unterhaltspflichtigen, die durch den zugunsten einer späteren Ehefrau durchgeführten Versorgungsausgleich erfolgt ist, als nicht eheprägend anzusehen, so dass das Einkommen des Unterhaltspflichtigen entsprechend zu erhöhen ist. Die Einkommens-
verminderung ist allein im Rahmen der Leistungsfähigkeit von Bedeutung.[15]

2. Behandlung von Eigeneinkünften des Berechtigten. Weil der Berechtigte für 11
den Fall der Erkrankung regelmäßig von jeder Erwerbsobliegenheit freigestellt
ist, sind gleichwohl erzielte **Erwerbseinkünfte** lediglich nach § 1577 Abs. 2 der
Billigkeit entsprechend anzurechnen. Denn es handelt sich insoweit um **überobligatorische** Einkünfte.[16] Zunächst ist nach der Rechtsprechung des Bundesgerichtshofs der **unterhaltsrelevante Teil** des Einkommens zu bestimmen und dieser sodann in die Differenzberechnung (als prägendes Einkommen) einzustellen.
Der nicht unterhaltsrelevante Teil des Einkommens bleibt für die Bedarfsbestimmung und die Frage der Bedürftigkeit dann vollständig außer Betracht.[17]

Sonstige Eigeneinkünfte des Berechtigten (Einnahmen aus Vermietung und Verpachtung, Kapitaleinkünfte), die nicht auf Erwerbstätigkeit beruhen, sind nach
§ 1577 Abs. 1 stets bedürftigkeitsmindernd anzurechnen, lassen jedoch insbesondere die Anspruchsgrundlage unberührt.

Eigene Renteneinkünfte des Berechtigten sind in voller Höhe in die Unterhalts- 12
berechnung einzustellen, weil sie an die Stelle des vormals bezogenen Erwerbseinkommens (**Surrogat**) treten, ohne dass ein Erwerbstätigenbonus zu gewähren
ist. Sie sind gleichfalls in vollem Umfang bedürftigkeitsmindernd nach § 1577
Abs. 1 zu behandeln.

---

11 BGH 14.5.2014 – XII ZB 301/12, FamRZ 2014, 1276; 18.4.2012 – XII ZR 66/10,
FamRZ 2012, 1048; 17.12.2008 XII ZR 9/07, FamRZ 2009, 411; 6.2.2008 – XII ZR
14/06, FamRZ 2008, 968 (unter Beachtung der Grenzziehung durch die nacheheliche Solidarität bei unterhaltsrechtlich vorwerfbarem Verhalten; dann gegebenenfalls Ansatz eines fiktiven Einkommens).
12 BGH 27.5.2009 – XII ZR 111/08, FamRZ 2009, 1207; 17.12.2008 – XII ZR 9/07,
FamRZ 2009, 411.
13 BGH 5.5.2004 – XII ZR 132/02, FamRZ 2004, 1173; 9.6.2004 – XII ZR 308/01,
FamRZ 2004, 1357.
14 BGH 23.11.1983 – IVb ZR 15/82, FamRZ 1984, 151.
15 BGH 14.5.2014 – XII ZB 301/12, FamRZ 2014, 1276.
16 BGH 1.3.2006 – XII ZR 157/03, FamRZ 2006, 846.
17 BGH 13.4.2005 – XII ZR 273/02, FamRZ 2005, 1154.

Kommt es bei Vorliegen der Voraussetzungen für den Bezug einer Erwerbsunfähigkeitsrente beim Bedürftigen zu Verzögerungen in der Bewilligung, besteht seine Bedürftigkeit fort. Die nachträglich und rückwirkend auf den Zeitpunkt der Antragstellung bezogene Bewilligung von Erwerbsunfähigkeitsrente ändert daran nichts. Dem ist in der Praxis dadurch zu begegnen, dass der Verpflichtete dem Berechtigten zur Abwendung der Bedürftigkeit ein zins- und tilgungsfreies Darlehen anbietet und auf die Rückzahlung für den Fall der endgültigen Ablehnung des Rentenantrags verzichtet. Für den Fall der nachträglichen Bewilligung der beantragten Rente ist dem Verpflichteten zur Sicherung seines dann gegebenen Rückzahlungsanspruchs der Anspruch auf Rentennachzahlung abzutreten (§ 53 Abs. 2 SGB VI), denn in diesem Fall erwächst ihm ein Erstattungsanspruch. Für den Berechtigten besteht eine unterhaltsrechtliche Obliegenheit, diesem Verfahren zuzustimmen, widrigenfalls er sich so behandeln lassen muss.[18]

13 **3. Tatbestandliche Konkurrenzverhältnisse.** § 1572 kann mit § 1570 in Anspruchskonkurrenz treten. Mit § 1571 tritt § 1572 in Anspruchskonkurrenz auf, wenn eine Erwerbsunfähigkeit vorliegt, die sowohl auf Alters- als auch Krankheitsgründen beruht. Ist insoweit im Einzelfall von einem Zusammenwirken der verschiedenen Ursachen auszugehen, kann die Festlegung der Anspruchsgrundlage offen bleiben. Liegt nur eine Teilerwerbsunfähigkeit vor, kommt es zu einer Kombination der Ansprüche aus § 1572 und § 1573 Abs. 2. Nur für den durch die Erwerbshinderung verursachten Einkommensausfall gibt § 1572 einen Anspruch. Im Übrigen verbleibt ein Teilanspruch nach § 1573 Abs. 2.[19]

14 Besteht mit Blick auf die Erkrankung noch eine Obliegenheit zur teilweisen Erwerbstätigkeit, kann § 1572 neben § 1573 Abs. 1 vorliegen, wenn und soweit wegen der Erkrankung eine Teilzeiterwerbstätigkeit trotz ausreichender Bemühungen nicht erlangt werden kann. Wird dagegen eine zumutbare teilschichtige Beschäftigung ausgeübt und reicht das daraus erzielte bzw. erzielbare Einkommen nicht aus, um den vollen eheangemessenen Unterhaltsbedarf zu decken, kommt daneben noch ein Aufstockungsunterhalt nach § 1573 Abs. 2 in Betracht.[20] Damit kann Unterhalt bis zur Höhe des durch eine Vollerwerbstätigkeit erzielbaren Mehreinkommens verlangt werden. Eine Differenzierung nach Anspruchsgrundlagen (Teilunterhaltsansprüche) besteht für § 1578 b nicht mehr, weil die Norm Herabsetzungs- und Beschränkungsvorschriften in einer einheitlichen Vorschrift zusammenfasst und diese Geltung grundsätzlich für alle Unterhaltstatbestände beansprucht (→ § 1578 b Rn. 1). Lediglich soweit, bezogen auf die unterschiedlichen Anspruchsgrundlagen, Anschlusstatbestände in Betracht kommen können, ist für spätere Abänderungsklagen eine Differenzierung erforderlich, weil Anschlussunterhalt im Umfang nicht weiter gehen kann als der vorausgehende Unterhalt, an den er anschließt.

15 **4. Begrenzung/Beschränkung des Anspruchs.** Grundsätzlich besteht die Möglichkeit, den Unterhalt nach § 1572 unter den Voraussetzungen des § 1579 ganz oder teilweise zu versagen oder zeitlich zu begrenzen. Insoweit kann hier die Nr. 1 bei Vorliegen einer Ehe von kurzer Dauer den Ausschluss oder eine Beschränkung rechtfertigen.

---

18 BGH 23.3.1983 – IVb ZR 358/81, FamRZ 1983, 574.
19 BGH 26.11.2008 – XII ZR 131/07, FamRZ 2009, 406.
20 BGH 26.11.2008 – XII ZR 131/07, FamRZ 2009, 406.

Dagegen reicht der Umstand, dass bereits bei der Eheschließung die Krankheit entstanden war, nicht aus, um nach § 1579 Nr. 8 den Anspruch zu versagen oder zeitlich zu begrenzen, wenn der Berechtigte im Zeitpunkt der Eheschließung davon keine Kenntnis hatte.[21] Solche Fallgestaltungen können im Rahmen der Würdigung nach § 1578 b erfasst werden. Die Krankheit des unterhaltsbedürftigen Ehegatten stellt regelmäßig keinen ehebedingten Nachteil dar. Das gilt auch dann, wenn eine psychische Erkrankung durch die Ehekrise und Trennung ausgelöst worden ist.[22] Ehebedingt können vornehmlich nur solche Einbußen sein, die sich aus der Rollenverteilung in der Ehe ergeben, nicht dagegen solche, die aufgrund sonstiger persönlicher Umstände oder schicksalhafter Entwicklungen eingetreten sind.[23] Ein **ehebedingter Nachteil**, der darin besteht, dass der unterhaltsberechtigte Ehegatte **nachehelich geringere Versorgungsanrechte** erwirbt als dies bei hinweggedachter Ehe der Fall wäre, ist grundsätzlich als ausgeglichen anzusehen, wenn er Altersvorsorgeunterhalt hätte erlangen können.[24]

In diesem Zusammenhang ist eine weitergehende **Abwägung** möglich, die ergeben kann, dass der Unterhaltspflichtige durch die Eheschließung keine gesundheitliche, berufliche oder versorgungsrechtliche Nachteile erlitten hat. Ist eine derartige Ehe kinderlos geblieben und nicht als lang einzustufen, wird eine Herabsetzung oder zeitliche Beschränkung nahe liegen. Auch wenn keine ehebedingten Nachteile vorliegen, kann eine Herabsetzung oder zeitliche Begrenzung des nachehelichen Unterhalts nur bei Unbilligkeit eines fortdauernden Unterhaltsanspruchs nach den ehelichen Lebensverhältnissen begründet sein. Bei der insoweit gebotenen Billigkeitsabwägung hat das Familiengericht das im Einzelfall gebotene Maß der nachehelichen Solidarität festzulegen, wobei vor allem die in § 1578 b Abs. 1 S. 3 aufgeführten Gesichtspunkte zu berücksichtigen sind.[25] Befristung nach § 1578 b kann auch dem Sozialhilfeträger im Falle der Geltendmachung rückständigen und laufenden Unterhalts aus übergegangenem Recht entgegen gehalten werden.[26]

Für die Anwendung des § 1579 spielt die **Nr. 3** in der Praxis die bedeutendste   16
Rolle. Zwar kommt es für das Vorliegen des Anspruchsgrundes nicht auf ein schuldhaftes oder schuldloses Verhalten des Berechtigten an. Jedoch erlangt die Frage der Vorwerfbarkeit im Zusammenhang mit der Therapie von Krankheitszuständen, insbesondere bei Suchtabhängigkeit, Bedeutung. Der Bedürftige ist einer **Therapieobliegenheit** ausgesetzt.[27] Dies kann grundsätzlich zur Versagung des Anspruchs führen. Allerdings ist insoweit auf eine eventuelle krankheitsbedingte Beeinträchtigung der Einsichts- und Steuerungsfähigkeit Rücksicht zu nehmen. Wer krankheitseinsichts- und therapiesteuerungsfähig ist, führt bei

---

21 Demgegenüber hat es der Bundesgerichtshof ausdrücklich offen gelassen, ob dies auch gelten kann, wenn der Berechtigte die Erkrankung bei Eheschließung gekannt und dem anderen Ehegatten bewusst verschwiegen hatte, BGH 9.2.1994 – XII ZR 183/92, FamRZ 1994, 566; 23.9.1981 – IVb ZR 590/80, FamRZ 1981, 1163.
22 BGH 7.7.2010 – XII ZR 157/08, FamRZ 2011, 188; 30.6.2010 – XII ZR 9/09, FamRZ 2010, 1414.
23 BGH 30.3.2012 – XII ZR 63/09, FamRZ 2011, 875.
24 BGH 14.5.2014 – XII ZB 301/12, FamRZ 2014, 1276; 26.2.2014 – XII ZB 235/12, FamRZ 2014, 823; 7.11.2012 – XII ZB 229/11, FamRZ 2013, 109.
25 BGH 2.3.2011 – XII ZR 44/09, FamRZ 2011, 713.
26 BGH 28.4.2010 – XII ZR 141/08, FamRZ 2010, 1057.
27 Schwab/Borth IV Rn. 274, 276, eingehend auch zur Frage der Darlegungs- und Beweislast.

gleichwohl verweigerter Therapie seine Bedürftigkeit mutwillig herbei. Das ist bei Suchtkranken indessen nicht häufig der Fall. In der Regel liegt bei ihnen zusätzlich eine Persönlichkeitsstörung vor, die sich durch Willensschwäche und fehlenden Durchhaltewillen zeigt, was dazu führt, dass ein derart Erkrankter nicht einsichtsgemäß handelt und im unterhaltsrechtlichen Sinne seine Bedürftigkeit nicht zurechenbar zu vertreten hat.

Davon zu unterscheiden sind die übrigen Fälle körperlicher Erkrankung, in denen den Berechtigten gleichfalls eine Therapieobliegenheit trifft und an der er nicht durch das Vorliegen einer Persönlichkeitsstörung gehindert ist. Therapie ist grundsätzlich zur Beseitigung eines heilbaren körperlich abnormen Zustands zumutbar. Eine Verletzung der Therapieobliegenheit kann sich als unterhaltsbezogen mutwillig darstellen. Dies ist dann der Fall, wenn die Behandlung einfach und ohne Gefahr oder Schmerzen durchführbar ist und einen sicheren Heilungserfolg verspricht. Werden Operationen erforderlich, gelten dieselben Grundsätze, wobei dem Berechtigten nur einfache und gefahrlose Eingriffe zugemutet werden können.

17 Von erheblicher praktischer Auswirkung ist auch die Regelung in § 1578 b, die es wegen ihrer allgemeinen Geltung für alle Unterhaltatbestände ermöglicht, den Anspruch aus Billigkeitsgründen entweder nur zeitlich begrenzt zu gewähren, auf den angemessenen Lebensbedarf herabzusetzen oder unter Verbindung beider Möglichkeiten zu bemessen (s. § 1578 b).[28]

Eine **Befristung** erfordert eine zuverlässige zeitliche Prognose zur Dauer einer Krankheit oder der Zeit, in der eine fachgerechte und zumutbare Therapie die Wiederherstellung der Erwerbsfähigkeit bewirken kann. Noch spezieller ist die Fragestellung anhand einer konkreten Erkrankung, ob diese mit Blick auf das Krankheitsbild einer zeitlichen Befristung zugänglich ist, weil eine künftige Genesung in Betracht kommt. Mangels verlässlicher Prognose wird dies nicht häufig der Fall sein können.

Insoweit ist zwar das Vorhandensein ehebedingter Nachteile im Rahmen der Billigkeitserwägungen zu berücksichtigen. Jedoch dient der Unterhaltsanspruch wegen Krankheit nicht im strengen Sinne dem Ausgleich ehebedingter Nachteile. Die Vorschrift vermittelt einen Unterhaltsanspruch im Falle der Krankheit auch ganz unabhängig von der konkreten Ehe und ihrer Ausgestaltung durch die Ehegatten. Für die Inanspruchnahme des Verpflichteten reicht das Vorliegen eines zeitlichen Bezugs zur Ehe aus. Eine Krankheit wird schon im Ansatz kaum als ehebedingter Nachteil auftreten können. Bei einer schicksalhaften Erkrankung kann es nahe liegen, die dauerhafte und volle Inanspruchnahme des Unterhaltspflichtigen als unbillig anzusehen. Der Interessenausgleich zwischen der nachehelichen Solidarität, die der Berechtigte einfordert, und dem Verpflichteten könnte am ehesten in einer Herabsetzung nach § 1578 b erreicht werden.

18 Für das **Verhältnis der §§ 1579 und 1578 b** ist davon auszugehen, dass § 1579 die speziellere Norm ist, die – über § 1578 b hinausgehend – auch zum vollständigen Versagen des Unterhaltsanspruchs führen kann. Inhaltlich bezieht sich § 1579 auf **(subjektives) Fehlverhalten** des Unterhaltsberechtigten, während § 1578 b **objektive Kriterien** wie die Ehedauer, die wirtschaftlichen Verhältnisse und das Vorliegen ehebedingter Nachteile betrifft.

---

28 BGH 7.7.2010 – XII ZR 157/08, FamRZ 2011, 188.

IV. Verfahren

1. Beweislast. Ist im Unterhaltsverfahren streitig, ob krankheitsbedingte Erwerbsunfähigkeit vorliegt, hat der bedürftige Ehegatte darzulegen und zu beweisen, dass eine Erwerbstätigkeit wegen Erkrankung nicht mehr zumutbar ist. Ist eine Rente wegen Erwerbsunfähigkeit bewilligt, indiziert dies auch im Unterhaltsverfahren das Vorliegen einer erheblichen Erkrankung. Immer wieder wird in diesem Zusammenhang die Vorlage eines ärztlichen Attestes mit substantiiertem Sachvortrag verwechselt. Ein **Arzttest** ist kein Sachvortrag, es kann allenfalls den Beteiligtenvortrag stärken. Auch eine Vernehmung des Arztes als Zeuge, gegebenenfalls sogar als sachverständiger Zeuge, hilft dem Beteiligten in der Regel nicht weiter. Denn die Frage der aus dem Krankheitsbild abzuleitenden Schlussfolgerung und Bewertung ist dem Zeugenbeweis nicht zugänglich. Regelmäßig ist daher in Verfahren nach § 1572 die Hinzuziehung eines Sachverständigen erforderlich, um die Erkrankung mit unterhaltsrechtlicher Relevanz beweiskräftig feststellen zu können.

Will der Unterhaltspflichtige die Genesung eines zuvor kranken Bedürftigen geltend machen, trägt er insoweit die Darlegungs- und Beweislast. Streiten die Beteiligten darum, ob der Berechtigte der Therapieobliegenheit nachgekommen ist, obliegt die Beweislast hierfür nach hM dem Verpflichteten.[29]

Verteidigt sich der Bedürftige im **Abänderungsverfahren** mit der Behauptung, dass ein anderer Unterhaltstatbestand gegeben sei, trägt er für die Anspruchsvoraussetzungen, Bedarf und Bedürftigkeit die Beweislast.[30]

2. Abänderungsverfahren. Nachdem es bei schwerwiegenden Erkrankungen regelmäßig nicht möglich ist, von vornherein den Unterhaltsanspruch zeitlich zu befristen, bleibt dem Unterhaltspflichtigen lediglich der Weg des Abänderungsverfahrens, um die **Genesung** des Bedürftigen geltend zu machen.[31] Der Berechtigte hat eine Besserung seines Gesundheitszustandes dem Verpflichteten unaufgefordert mitzuteilen. Kommt der Berechtigte dem nicht nach, kann ihn der Verpflichtete in diesem Zusammenhang im Wege des Stufenantrags auf **Auskunftserteilung** in Anspruch nehmen, wobei der Anspruch aus dem allgemeinen familienrechtlichen Unterhaltsrechtsverhältnis mit seinen gegenseitigen Rechten und Pflichten und dem Gebot der gegenseitigen Rücksichtnahme herzuleiten ist.[32]

Wird während des laufenden Bezugs von Krankenunterhalt dem Berechtigten eine **Altersrente** bewilligt, wird regelmäßig wegen veränderter wirtschaftlicher Auswirkungen durch den Rentenbezug eine Anpassung der Unterhaltsberechnung erforderlich werden. Besteht insoweit bereits ein Unterhaltstitel, ist dieser den geänderten wirtschaftlichen Verhältnissen gleichfalls anzupassen. Dies hat im Wege des Abänderungsverfahrens nach § 238 FamFG, nicht jedoch mit einem Vollstreckungsabwehrantrag zu erfolgen.[33]

Ein Anspruch auf nachehelichen Unterhalt ist in einem Abänderungsverfahren betreffend einen Alttitel nach § 1578 b Abs. 1 S. 1 in der seit dem 1.3.2013 gel-

19

20

---

29 AA Schwab/Borth IV Rn. 276.
30 BGH 17.9.2003 – XII ZR 184/01, FamRZ 2003, 1734; 31.1.1990 – XII ZR 36/89, FamRZ 1990, 496.
31 OLG Hamm 2.11.1998 – 11 UF 224/97, FamRZ 1999, 917.
32 BGH 19.5.1999 – XII ZR 210/97, FamRZ 2000, 153; 29.1.1997 – XII ZR 257/95, FamRZ 1997, 483.
33 BGH 8.6.2005 – XII ZR 294/02, FamRZ 2005, 1479 (unter Aufgabe seiner früher anderslautenden Ansicht, BGH 19.10.1988 – IVb ZR 97/87, FamRZ 1989, 159).

tenden Fassung auf den angemessenen Lebensbedarf **herabzusetzen**, wenn eine an den ehelichen Lebensverhältnissen orientierte Bemessung des Unterhaltsanspruchs auch unter Wahrung der Belange eines dem Berechtigten zur Pflege oder Erziehung anvertrauten gemeinschaftlichen Kindes unbillig wäre. Auch kann nach § 1578 b Abs. 2 S. 1 ein Anspruch auf nachehelichen Unterhalt **zeitlich zu begrenzen** sein, wenn ein zeitlich unbegrenzter Unterhaltsanspruch unbillig wäre. Die Kriterien für die **Billigkeitsabwägung** sind aus § 1578 b Abs. 1 S. 2 und 3 zu entnehmen. Danach ist neben der Dauer der Ehe vorrangig zu berücksichtigen, inwieweit durch die Ehe Nachteile im Hinblick auf die Möglichkeit eingetreten sind, für den eigenen Unterhalt zu sorgen. Solche Nachteile können sich vor allem aus der Dauer der Pflege und Erziehung eines gemeinschaftlichen Kindes und aus der Gestaltung von Haushaltsführung oder Erwerbstätigkeit während der Ehe ergeben. Ein ehebedingter Nachteil äußert sich in der Regel darin, dass der unterhaltsberechtigte Ehegatte nachehelich nicht die Einkünfte erzielt, die er ohne Ehe und Kinderbetreuung erzielen würde.[34]

§ 1573 BGB   Unterhalt wegen Erwerbslosigkeit und Aufstockungsunterhalt

(1) Soweit ein geschiedener Ehegatte keinen Unterhaltsanspruch nach den §§ 1570 bis 1572 hat, kann er gleichwohl Unterhalt verlangen, solange und soweit er nach der Scheidung keine angemessene Erwerbstätigkeit zu finden vermag.

(2) Reichen die Einkünfte aus einer angemessenen Erwerbstätigkeit zum vollen Unterhalt (§ 1578) nicht aus, kann er, soweit er nicht bereits einen Unterhaltsanspruch nach den §§ 1570 bis 1572 hat, den Unterschiedsbetrag zwischen den Einkünften und dem vollen Unterhalt verlangen.

(3) Absätze 1 und 2 gelten entsprechend, wenn Unterhalt nach den §§ 1570 bis 1572, 1575 zu gewähren war, die Voraussetzungen dieser Vorschriften aber entfallen sind.

(4) [1]Der geschiedene Ehegatte kann auch dann Unterhalt verlangen, wenn die Einkünfte aus einer angemessenen Erwerbstätigkeit wegfallen, weil es ihm trotz seiner Bemühungen nicht gelungen war, den Unterhalt durch die Erwerbstätigkeit nach der Scheidung nachhaltig zu sichern. [2]War es ihm gelungen, den Unterhalt teilweise nachhaltig zu sichern, so kann er den Unterschiedsbetrag zwischen dem nachhaltig gesicherten und dem vollen Unterhalt verlangen.

---

34 BGH 19.6.2013 – XII ZB 309/11, FamRZ 2013, 1291.

I. Allgemeines

Die Vorschrift enthält zwei unterschiedliche Tatbestände. Zum einen gewährt 1
Abs. 1 einen Unterhaltsanspruch wegen **Arbeitslosigkeit**, zum anderen regelt
Abs. 2 den sog **Aufstockungsunterhalt**. Beide zielen darauf ab, dem geschiedenen
Ehegatten den **ehelichen Lebensstandard** zu erhalten. Insoweit unterscheidet sich
§ 1573 von den übrigen Anspruchsgrundlagen des nachehelichen Unterhalts, die
im Wesentlichen finanzielle Regelungen für den Fall einer nicht bestehenden Erwerbsobliegenheit schaffen. § 1573 setzt jedoch eine **bestehende Erwerbsobliegenheit** voraus. Ist der Bedürftige unverschuldet arbeitslos oder mit dem von
ihm aus einer angemessenen Erwerbstätigkeit erzielten Einkommen nicht in der
Lage, den vollen Unterhalt nach den ehelichen Lebensverhältnissen zu decken,
besteht ein Anspruch auf Deckung der offenen Differenz zum vollen eheangemessenen Bedarf. Die insoweit nachehelich bestehende Situation muss der leis-
tungsfähigere Ehegatte nach dem Grundsatz der nachehelichen Solidarität mit
tragen.

Diese Regelung gilt auch dann, wenn Unterhaltsansprüche nach §§ 1570–1572 2
weggefallen sind und im Anschluss daran keine angemessene Erwerbstätigkeit
gefunden werden kann oder lediglich eine Tätigkeit, die den Bedarf nicht voll
deckt (Abs. 3).

Darüber hinaus trägt der Unterhaltspflichtige das Risiko, dass eine bereits ausgeübte, aber **noch nicht nachhaltig gesicherte Berufstätigkeit** wegfällt (Abs. 4).
Der Sinn der Regelung besteht darin, den Bedürftigen möglichst früh in die Erwerbstätigkeit zu führen, ohne ihm deswegen bereits dauerhafte unterhaltsrechtliche Nachteile zuzumuten.

Mit dem Unterhaltsrechtsreformgesetz erfuhren die beiden Tatbestände des 3
§ 1573 keine Veränderungen. Eine Fernwirkung hat insoweit die Frage der Angemessenheit einer Erwerbstätigkeit nach § 1574, weil dort die Anforderungen
verschärft worden sind. Insoweit schuldet der Berechtigte verschärfte Bemühungen um die Aufnahme einer Erwerbstätigkeit, die sich auch auf eine vor der Ehe
ausgeübte frühere Tätigkeit erstreckt.

Auch nach der Reform bleibt es dabei, dass das in der Ehe erreichte Lebensniveau regelmäßig auf den Leistungen beider Ehegatten beruht, wobei dies im Fall
der **Doppelverdienerehe** durch beidseits erzielte Erwerbseinkünfte geschieht und
in der sog **Hausfrauenehe** durch Erwerbstätigkeit eines Ehegatten und durch
Haushaltsführung bzw. Kinderbetreuung (Familienarbeit) des anderen Ehegatten. Dabei tragen die jeweils erbrachten Anteile auch in der Haushaltsführungsehe gleichwertig zum Familienunterhalt bei, so dass auch die Familienarbeit den
Lebensstandard der Familie erhöht.[1] Voraussetzung für die Anwendung der Vorschrift ist, dass der Berechtigte **aus Gründen der Arbeitslosigkeit oder des zu-
rückbleibenden Einkommens** nicht in der Lage ist, den Bedarf nach den ehelichen Lebensverhältnissen ganz oder teilweise selbst zu decken. Die Bedürftigkeit
des Berechtigten muss nicht ehebedingt sein, wenngleich typischerweise ein Ehegatte mit Blick auf die ehelichen oder familiären Interessen auf eine berufliche
Entwicklung verzichtet hat. Diesen Nachteil soll der geschiedene Ehegatte nicht
allein tragen. Nach der Rechtsprechung des Bundesgerichtshofs ist eine dauerhafte Aufrechterhaltung des ehelichen Lebensstandards nicht stets gerechtfertigt,

---

1 BGH 13.6.2001 – XII ZR 343/99, FamRZ 2001, 986.

nämlich dann nicht, wenn keine dauerhaften Nachteile aus der ehelichen Lebensgestaltung für den bedürftigen Ehegatten bleiben. Jedoch ist dies keine Frage des Anspruchs an sich, sondern vielmehr seiner Begrenzung oder Beschränkung nach § 1578 b.

4 Die Unterhaltspflicht setzt das Vorliegen von **Einsatzzeitpunkten** voraus. Insoweit muss der Anspruch einen Anknüpfungspunkt zur Ehe haben.

5 Bei den Unterhaltsansprüchen des § 1573 kann es sich um einen **originären Anspruch** handeln, der bereits bei Scheidung der Ehe besteht. In den Fällen des Abs. 3 schließt sich der Anspruch erst bei Wegfall eines vorausgegangenen nachehelichen Unterhaltsanspruchs nach den §§ 1570–1572, 1575 zeitlich an (**Anschlussunterhalt**). Eine vorübergehende Arbeitslosigkeit des Unterhaltspflichtigen unterbricht die „Unterhaltskette" beim Aufstockungsunterhalt auch dann nicht, wenn die Einkünfte des Unterhaltspflichtigen infolge der Arbeitslosigkeit so weit absinken, dass sich zeitweilig kein Unterschiedsbetrag mehr zwischen dem – durch den Einkommensrückgang beeinflussten – vollen Unterhalt nach den ehelichen Lebensverhältnissen und den anrechenbaren Einkünften des Unterhaltsberechtigten ergibt.[2]

§ 1573 Abs. 4 stellt für sich keine gesonderte Anspruchsgrundlage dar. Die Bestimmung verlagert lediglich den Einsatzzeitpunkt.

II. Anspruchsvoraussetzungen

6 **1. Unterhalt wegen Erwerbslosigkeit (Abs. 1).** Wenn kein Unterhaltsanspruch nach den §§ 1570–1572 besteht, kann der Bedürftige gleichwohl Unterhalt verlangen, soweit er nach der Scheidung ohne Verletzung seiner Erwerbsobliegenheit keine angemessene Erwerbstätigkeit ausübt.[3] Geschützt wird der in der Ehe nicht oder nur teilweise erwerbstätig gewesene Bedürftige vor sozialem Abstieg. Erlangt er eine angemessene Erwerbstätigkeit (→ § 1574 Rn. 5 ff.), endet der Anspruch nach Abs. 1. Unter den Voraussetzungen des Abs. 4 kann er wieder aufleben.

7 **2. Einsatzzeitpunkt.** Das ansonsten strenge Einsatzzeitpunktprinzip erfährt eine gewisse zeitliche Lockerung, als die Arbeitslosigkeit nicht im Zeitpunkt der Rechtskraft der Scheidung vorliegen muss. Für den Einsatzzeitpunkt reicht es aus, dass noch ein zeitlicher Zusammenhang, den die Rechtsprechung erst bei einer Spanne von 1 ½ Jahren als abgebrochen ansieht, besteht.[4]

8 **3. Erwerbslosigkeit.** Erwerbslos ist, wer nach der Scheidung oder den in Abs. 3 genannten Zeitpunkten keine Erwerbstätigkeit ausübt. Wird eine **nicht angemessene Erwerbstätigkeit** vom Bedürftigen ausgeübt, ist der Tatbestand des § 1573 Abs. 1 ebenfalls (zumindest teilweise) erfüllt.[5] Hierbei erzieltes Einkommen ist solches als unzumutbarer Tätigkeit und der Rechtsprechung des Bundesgerichtshofs nach § 1577 Abs. 2 durch Ermittlung des unterhaltsrelevanten Teils des Einkommens für die Unterhaltsberechnung festzustellen.[6] Dabei darf der Be-

---

2 BGH 4.11.2015 – XII ZR 6/15, FamRZ 2016, 203.
3 BGH 10.11.2010 – XII ZR 197/08, FamRZ 2011, 192.
4 BGH 25.3.1987 – IVb ZR 32/86, FamRZ 1987, 684.
5 BGH 10.11.2010 – XII ZR 197/08, FamRZ 2011, 192; 23.12.1987 – IVb ZR 108/86, FamRZ 1988, 256; 16.3.1988 – IVb ZR 40/87, FamRZ 1988, 701.
6 BGH 13.4.2005 – XII ZR 48/02, FamRZ 2005, 967; 13.4.2005 – XII ZR 273/02, FamRZ 2005, 1154.

dürftige nicht schlechter gestellt werden, als er stünde, wenn das Einkommen aus obligater Tätigkeit erzielt würde. Die Ausübung einer teilschichtigen Erwerbstätigkeit im angemessenen Beruf, die lediglich aus Gründen des Arbeitsmarktes nicht auf eine vollschichtige Tätigkeit aufgestockt werden kann, vermittelt noch einen Anspruch nach Abs. 1 in Höhe des durch die Teilzeitbeschäftigung nicht voll gedeckten Bedarfs.[7]

4. Erwerbsobliegenheit. Die Obliegenheit zur Erwerbstätigkeit bedeutet, dass der Bedürftige **intensiv** auf **Arbeitsplatzsuche** gehen muss. Die Obliegenheit ist eingeschränkt bzw. ausgeschlossen, wenn eine Erkrankung, Alter oder Kinderbetreuung einer Beschäftigung entgegenstehen. 9

Der **Zeitpunkt**, ab dem die Arbeitsplatzsuche einzusetzen hat, kann schon vor der rechtskräftigen Scheidung liegen, wenn sich etwa absehen lässt, dass ein betreuungsbedürftiges Kind demnächst der persönlichen Betreuung durch einen Elternteil nicht mehr bedarf. Die gleiche Verpflichtung trifft den Bedürftigen gegen Ende des Anspruchs wegen Kinderbetreuung nach § 1570, wenn ein Anschlussunterhalt nach § 1573 Abs. 2 folgen soll. Der Wortlaut der Vorschrift ist insoweit missverständlich, als daraus jedenfalls nicht abzuleiten ist, dass mit den Erwerbsbemühungen erst nach der Scheidung oder den jeweiligen Einsatzzeitpunkten eingesetzt werden muss. Lässt der Bedürftige in diesem Zusammenhang die Dinge treiben, muss er sich unter Umständen dem Vorwurf stellen, er habe seine Bedürftigkeit mutwillig iSv § 1579 Nr. 3 herbeigeführt.[8] 10

Entschließt sich der Bedürftige zu einer Ausbildung in der Erwartung, im angestrebten Beruf eher eine Arbeitsstelle zu finden als im früher ausgeübten, kann ihm dies jedoch nicht vorgeworfen werden.[9] Wenn ohne eine Ausbildung keine angemessene Erwerbstätigkeit zu erlangen ist, kann die Erwerbsobliegenheit in Form der **Ausbildungsobliegenheit** (§ 1574 Abs. 3) vorliegen und einen Anspruch nach Abs. 1 rechtfertigen. Es handelt sich dabei nicht um einen Anspruch nach § 1575 (→ Rn. 27). 11

Bis zum Abschluss eines gerichtlichen Streits um die elterliche Sorge für ein gemeinschaftliches Kind besteht gleichfalls noch keine Erwerbsobliegenheit, soweit ein Betreuungsunterhaltsanspruch nach Maßgabe des § 1570 in Betracht kommt (→ § 1570 Rn. 11–16). 12

Die Zielrichtung der Bemühungen um einen Arbeitsplatz muss eine angemessene Erwerbstätigkeit sein, die auch eine frühere, vor der Eheschließung ausgeübte Tätigkeit sein kann (→ § 1574 Rn. 8). 13

Seiner Erwerbsobliegenheit genügt der Berechtigte nur, wenn er sich arbeitslos meldet und alle Möglichkeiten ausschöpft, die die **Agentur für Arbeit** ihm bietet. Jedoch darf sich sein Bemühen nicht darin erschöpfen. Gefordert wird zusätzliche **Eigeninitiative.** Er muss darüber hinaus selbst gezielt Stellengesuche in regionalen und überregionalen Zeitungen schalten, sich gezielt in qualifizierter Form auf ausgeschriebene Stellen bewerben und persönlich bei möglichen Arbeitgebern vorsprechen, wobei er einen zeitlichen Aufwand zu erbringen hat, der einer vollschichtigen Tätigkeit entspricht. Die Anforderungen nach der obergerichtli- 14

---

7 BGH 23.12.1987 – IVb ZR 108/86, FamRZ 1988, 265.
8 BGH 2.7.1986 – IVb ZR 37/85, FamRZ 1986, 1085.
9 BGH 2.7.1986 – IVb ZR 37/85, FamRZ 1986, 1085.

chen Rechtsprechung sind höchst unterschiedlich.[10] Bewerbungen ins Blaue hinein können zusätzlich erfolgen, genügen für sich allein jedoch nicht. Die Bewerbungsbemühungen sind zu dokumentieren und sowohl hinsichtlich Bewerbungsschreiben als auch hinsichtlich der erhaltenen Absagen vorzulegen (**Dokumentationsverpflichtung**). Letztlich verbietet sich insoweit eine schematische Betrachtungsweise. Die Anzahl der zum Unterhalt wegen Erwerbslosigkeit vom Anspruchsteller vorgetragenen Bewerbungen ist allerdings nur ein Indiz für seine dem Grundsatz der Eigenverantwortung entsprechenden Arbeitsbemühungen, nicht aber deren alleiniges Merkmal. Für ausreichende Erwerbsbemühungen kommt es vielmehr wie für das Bestehen einer realistischen Erwerbschance vorwiegend auf die individuellen Verhältnisse und die Erwerbsbiografie des Anspruchstellers an, die aufgrund des – ggf. beweisbedürftigen – Parteivortrags und der offenkundigen Umstände umfassend zu würdigen sind.[11] Die vom Bedürftigen nachzuweisenden Bemühungen müssen geeignet sein, eine ernsthafte Arbeitsplatzsuche erkennen zu lassen, die von einem **echten Arbeitswillen** getragen ist.

15   Wird die Erwerbsobliegenheit verletzt, muss dies kausal für die Erwerbslosigkeit sein. Das scheidet aus, wenn eine **reale Beschäftigungschance** für den Bedürftigen am Arbeitsmarkt nicht besteht.[12] Insoweit muss er die seine Vermittelbarkeit ausschließenden persönlichen Eigenschaften und Hinderungsgründe sowie entgegenstehende Verhältnisse des Arbeitsmarkts darlegen und beweisen. Scheidet eine vollschichtige Erwerbstätigkeit aus den genannten Gründen aus, besteht noch eine Verpflichtung zur **Nebentätigkeit**. Insoweit gelten für den Nachweis erfolgloser Bemühungen dieselben Kriterien.[13]

16   Die Verletzung der Obliegenheit hat den Ansatz eines **fiktiven Einkommens** zur Folge, das nach § 287 ZPO tatrichterlich nach den Fähigkeiten und der Qualifikation zu schätzen ist. Anknüpfungspunkte können tarifvertragliche Entgeltregelungen darstellen. Soweit bekannt, kann auch ein früher bereits erzieltes Einkommen angesetzt werden.

17   Wird erst im späteren Verlauf die gebotene Anstrengung um eine Erwerbstätigkeit unternommen, ist dies verspätet und kann die bereits verwirklichte Folge des Ansatzes fiktiven Einkommens nicht mehr beseitigen. Der Unterhaltsanspruch lebt nicht wieder auf, weil solche nachgeholten Bemühungen nicht auf den Einsatzzeitpunkt zurückwirken können.

18   **5. Aufstockungsunterhalt (Abs. 2).** Der Aufstockungsunterhalt gleicht den Unterschied zwischen den eigenen prägenden tatsächlichen oder fiktiven Einkünften des Berechtigten und dem vollen Unterhalt nach § 1578 Abs. 1 aus. Vorausgesetzt werden daher **unterschiedlich hohe Einkommen** der Ehegatten, die im Ergebnis einen Ausgleichsbetrag in Höhe von mindestens 10 % des eigenen

---

10   OLG Naumburg 18.9.1996 – 8 WF 61/96, FamRZ 1997, 311 (20–30 Stellengesuche pro Monat); OLG Hamm 23.10.2000 – 4 UF 125/00, FamRZ 2001, 565 (200 Stunden Aufwand pro Monat); OLG Hamm 6.10.1995 – 12 UF 91/95, OLGR 1996, 59 (Umfang einer angemessenen Arbeit); OLG Karlsruhe 28.5.2002 – 18 UF 163/01, FamRZ 2002, 1567 (40 Bewerbungen in zwei Monaten bei zwei eigenen Stellenanzeigen); 18.8.2000 – 18 UF 179/99, FamRZ 2002, 1566.
11   BGH 21.9.2011 – XII ZR 121/09, FamRZ 2011, 1851; 30.7.2008 – XII ZR 126/06, FamRZ 2008, 2104; 27.1.1993 – XII ZR 206/91, FamRZ 1993, 789.
12   BGH 27.1.1993 – XII ZR 206/91, FamRZ 1993, 789.
13   OLG Köln 26.9.2006 – 4 UF 70/06, OLGReport 2006, 276.

Einkommens des Bedürftigen rechtfertigen können. Geringere Einkommensdifferenzen sind gerade nach der Unterhaltsrechtsreform nicht mehr als ausgleichungswürdig und -bedürftig anzusehen.[14]

Kommt es erst **durch den Abzug von Kindesunterhalt** zur **Bedürftigkeit,** war 19 streitig, ob dies einen Aufstockungsunterhaltsanspruch rechtfertigen kann. Der Bundesgerichtshof hat dies bejaht.[15]

6. Anschlussunterhalt (Abs. 3). Der Anschlussunterhalt nach Abs. 3 bezieht sich 20 auf beide Alternativen des § 1573 und kommt dann zum Tragen, wenn Unterhaltsansprüche nach §§ 1570–1572, 1575 weggefallen sind. Dann wird die Sachlage so angesehen, als stünde die durch Wegfall eines der genannten Unterhaltsansprüche entstehende Bedürftigkeit in Folge Fehlens einer angemessenen Erwerbstätigkeit noch im Zusammenhang mit der Ehe.

7. Wegfall nachhaltig gesicherter Erwerbstätigkeit (Abs. 4). Hier erfolgt eine be- 21 sondere Abwägung der unterhaltsrechtlichen Vertrauenslagen. Hat der Bedürftige eine seinen Bedarf deckende wirtschaftliche Beschäftigung gefunden, muss er die Folgen aus dem Verlust dieser Tätigkeit alleine tragen, wenn die erlangte Erwerbstätigkeit bereits als nachhaltig gesichert angesehen werden musste.[16] Denn in diesen Fällen realisiert sich nicht ein nachwirkendes eheliches Risiko, sondern das den Bedürftigen allein treffende Arbeitsplatzrisiko, das keinen Bezug zur Ehe mehr hat. Fehlt es an einer derartigen Nachhaltigkeit der eigenen Sicherung, hilft Abs. 4 dem Bedürftigen, weil die Vorschrift ihm trotz der inzwischen verstrichenen Zeit den Einsatzzeitpunkt erhält.

Als nachhaltig gesichert ist der Unterhalt anzusehen, wenn aus objektiver Sicht 22 im Zeitpunkt der Rechtskraft der Scheidung ein dauerhafter Arbeitsplatz erreicht war, was bei einem bloßen Arbeitsverhältnis auf Probe nicht der Fall ist.[17] Der Bundesgerichtshof hat dies dahin gehend umschrieben, dass für die Beurteilung der **Nachhaltigkeit** maßgeblich ist, ob die Erwerbstätigkeit des geschiedenen Ehegatten im Zeitpunkt ihrer Aufnahme nach objektiven Maßstäben und der allgemeinen Lebenserfahrung mit einer gewissen Sicherheit als dauerhaft angesehen werden kann oder ob befürchtet werden muss, dass der Bedürftige sie durch außerhalb seiner Entscheidungsfreiheit liegende Umstände in absehbarer Zeit wieder verliert. Vom Standpunkt eines optimalen Betrachters aus sind dabei auch solche Umstände in die Beurteilung einzubeziehen, die zwar schon zu diesem Zeitpunkt bestanden, aber erst später zutage treten (latente Umstände).[18] Dabei hängt die Beurteilung wesentlich auch vom Zeitmoment ab. Nach einer Zeitdauer von 2 Jahren hat die Rechtsprechung spätestens eine nachhaltige Sicherung angenommen.[19]

III. Sonstige Fragestellungen

1. Höhe des Anspruchs. Das Maß des Unterhalts richtet sich grundsätzlich nach 23 den ehelichen Lebensverhältnissen gem. § 1578 und damit vornehmlich nach den jeweiligen unterhaltsrelevanten Einkünften der geschiedenen Ehegatten.

---

14 OLG Karlsruhe 10.12.2009 – 5 UF 11/09, FamRZ 2010, 1082.
15 BGH 11.11.2015 – XII ZB 7/15, FamRZ 2016, 199. Hinsichtlich
16 BGH 17.9.2003 – XII ZR 184/01, FamRZ 2003, 1734.
17 BGH 16.3.1988 – IVb ZR 40/87, FamRZ 1988, 701.
18 BGH 6.5.1987 – IVb ZR 61/86, FamRZ 1987, 689; 16.3.1988 – IVb ZR 40/87, FamRZ
    1988, 701; BGH 17.9.2003 – XII ZR 184/01, FamRZ 2003, 1734.
19 OLG Karlsruhe 19.3.1999 – 20 UF 94/98, FamRZ 2000, 233.

Hierbei ist zwischen prägenden und nicht prägenden Einkünften zu unterscheiden.

Wird Aufstockungsunterhalt nach Feststellung der Unwirksamkeit eines ehevertraglichen Verzichts geltend gemacht, kann in der Regel nicht der volle eheliche Unterhalt verlangt werden. Vielmehr hat sich die gegebenenfalls gebotene richterliche Anpassung des Vertrages grundsätzlich darauf zu beschränken, lediglich solche Nachteile auszugleichen, die als ehebedingt anzusehen sind. Das ist etwa dann der Fall, wenn der erkrankte Ehegatte in der Ehe auf eine eigene mögliche Erwerbstätigkeit verzichtet hatte und nunmehr eine Erwerbsunfähigkeitsrente bezieht, die niedriger ist als die Rente, die er bezöge, wenn er in der Ehe berufstätig geblieben wäre.[20]

24 **2. Behandlung von Eigeneinkünften des Berechtigten.** Erzielt der Bedürftige eigene Einkünfte, die die ehelichen Lebensverhältnisse prägten, ist nach der **Additions-/Differenzmethode** vorzugehen. Die ehelichen Lebensverhältnisse prägen neben den Erwerbseinkünften, die bereits in der Ehe erzielt worden sind auch die Einkünfte, die nach der Scheidung erzielt werden und an die Stelle der Familienarbeit getreten sind.[21] Ebenso prägen fiktive Einkünfte, die grundsätzlich als die ehelichen Lebensverhältnisse bestimmend anzusehen sind.[22]

Dagegen werden nicht prägende Einkünfte im Rahmen der **Anrechnungsmethode** berücksichtigt. Hierbei wird das erzielte Einkommen unmittelbar bedarfsdeckend vom festgestellten vollen Bedarf in Abzug gebracht.

Hat der Bedürftige sowohl prägende als auch nicht prägende Einkünfte, gelangt eine Kombination der beiden Methoden zur Anwendung.

25 Weil der Berechtigte für den Fall der Berufstätigkeit neben Kinderbetreuung ganz oder teilweise von einer Erwerbsobliegenheit freigestellt ist, kann es zur Erzielung überobligatorischer Einkünfte kommen. Im Rahmen der möglichen **Teilansprüche** nach §§ 1570, 1573 Abs. 2 sind gleichwohl erzielte **Erwerbseinkünfte** nach § 1577 Abs. 2 nur nach Billigkeit anzurechnen. Denn es handelt sich insoweit um überobligatorische Einkünfte. Hier ist nach der Rechtsprechung des Bundesgerichtshofs der unterhaltsrelevante Teil des Einkommens zu bestimmen und dieser sodann in die Differenzberechnung (als prägendes Einkommen) einzustellen. Der nicht unterhaltsrelevante Teil des Einkommens bleibt für die Bedarfsbestimmung und die Frage der Bedürftigkeit dann vollständig außer Betracht.[23]

26 **3. Tatbestandliche Konkurrenzverhältnisse.** Unterhaltsansprüche nach § 1573 Abs. 1 u. 2 sind gegenüber den Ansprüchen aus §§ 1570–1572 und § 1576 grundsätzlich subsidiär.[24] Die Unterscheidung erfolgt dahin gehend, dass § 1573 eine Erwerbsobliegenheit beim Bedürftigen voraussetzt, während die übrigen Anspruchsgrundlagen den Bedürftigen von der Erwerbsverpflichtung freistellen.

Beim **teilschichtig erwerbstätigen Ehegatten,** der noch minderjährige Kinder betreut, kann es zum Zusammentreffen von Ansprüchen nach §§ 1570, 1573 Abs. 2 kommen. Dies ist dann der Fall, wenn der ihm nach § 1570 zustehende

---

20 BGH 28.11.2007 – XII ZR 132/05, FamRZ 2008, 582.
21 BGH 13.6.2001 – XII ZR 343/99, FamRZ 2001, 986.
22 BGH 4.7.2007 – XII ZR 141/05, FamRZ 2007, 1532; 20.11.1996 – XII ZR 70/95, FamRZ 1997, 281.
23 BGH 15.3.2006 – XII ZR 30/04, FamRZ 2006, 683.
24 BGH 3.2.1999 – XII ZR 146/97, FamRZ 1999, 708.

Unterhalt zusammen mit seinen Einkünften aus Teilerwerbstätigkeit zu seinem vollen Unterhalt nach § 1578 Abs. 1 nicht ausreicht.

Gleiches gilt im Verhältnis zu § 1571 und § 1572 im Falle des Alters oder der Erkrankung. Der Bundesgerichtshof verlangt in diesen Fällen eine konkrete Berechnung der Teilansprüche ohne auszuführen, wie jeder Teilanspruch im Einzelnen zu berechnen ist.[25] Die Notwendigkeit der konkreten Darstellung der Teilunterhaltsansprüche ist wegen späterer Abänderungsverfahren von Bedeutung. Nachdem die Beschränkungsvorschrift nach § 1578 b nicht nur den Aufstockungsunterhalt, sondern alle Unterhaltstatbestände erfasst, ist im Hinblick auf spätere zeitliche Begrenzungen die Differenzierung entbehrlich und allenfalls noch wegen der möglichen Limitierung von Anschlussunterhaltstatbeständen erforderlich (→ § 1569 Rn. 22).

Abzugrenzen ist der Anspruch nach § 1573 Abs. 1 bei Ausbildungsobliegenheit 27 gegen § 1575 (Ausbildungsunterhalt). Im Rahmen des § 1573 geht es um die **Verbesserung der Chancen am Arbeitsmarkt**, die durch Fort- oder Weiterbildungsmaßnahmen erreicht werden kann, insbesondere, um den langjährig aus dem Berufsleben ausgeschiedenen Bedürftigen an die fortgeschrittenen Entwicklungen des Arbeitsmarktes heranzuführen. § 1575 sichert dagegen die Nachholung einer Ausbildung, die während der Ehe abgebrochen oder mit Blick auf die Ehe unterlassen wurde. Fallen Ausbildungsobliegenheit und Ausbildungsunterhalt zusammen, geht § 1575 vor. Die Abgrenzung ist deswegen wichtig, weil § 1575 keinen Altersvorsorgeunterhaltsanspruch vermittelt und grundsätzlich zeitlich auf die Ausbildungsdauer begrenzt ist.

4. Begrenzung/Beschränkung des Anspruchs. Grundsätzlich besteht die Mög- 28 lichkeit, den Unterhalt nach § 1573 unter den Voraussetzungen des § 1579 ganz oder teilweise zu versagen oder zeitlich zu begrenzen.

Daneben ermöglicht § 1578 b nach Billigkeitskriterien die Herabsetzung oder zeitliche Begrenzung des Unterhalts. Dabei sind die beiden Vorschriften danach gegeneinander abzugrenzen, dass es in § 1579 um **subjektives Fehlverhalten** des Bedürftigen geht, während § 1578 b alleine **objektive Kriterien** beinhaltet. Damit gehen die spezielleren Tatbestände des § 1579 als abschließende Regelungen der Begrenzungsvorschrift des § 1578 b vor, weil sie die weitergehenden Rechtsfolgen ermöglichen.

Von erheblicher praktischer Auswirkung ist § 1578 b, der es wegen seiner allge- 29 meinen Geltung für alle Unterhaltstatbestände ermöglicht, den Anspruch aus Billigkeitsgründen entweder nur zeitlich begrenzt zu gewähren, auf den angemessenen Lebensbedarf herabzusetzen oder unter Kombination beider Möglichkeiten zu bemessen (siehe § 1578 b). Insoweit ist insbesondere das **Fehlen ehebedingter Nachteile** im Rahmen der Billigkeitserwägungen zu berücksichtigen. Für das Bestehen ehebedingter Nachteile kommt es vor allem darauf an, ob aus der tatsächlichen, nicht notwendig einvernehmlichen Gestaltung von Kinderbetreuung und Haushaltsführung **Erwerbsnachteile** entstanden sind. Gab der unterhaltsberechtigte Ehegatte während des Bestehens der ehelichen Lebensgemeinschaft seinen Arbeitsplatz auf, ist es jedenfalls grundsätzlich nicht von Bedeutung, ob der unterhaltspflichtige Ehegatte damit einverstanden war oder nicht, so dass daraus entstandene Erwerbsnachteile ehebedingt sind. Etwas anderes

---

25 BGH 5.9.2001 – XII ZR 108/00, FamRZ 2001, 1687.

gilt, wenn die Aufgabe (oder der Verlust) der Arbeitsstelle ausschließlich auf Gründen beruhte, die außerhalb der Ehegestaltung liegen. Um den ehebedingten Nachteil der Höhe nach bemessen zu können, muss der Tatrichter Feststellungen zum angemessenen Lebensbedarf des Unterhaltsberechtigten im Sinne des § 1578 b Abs. 1 S. 1 und zum Einkommen treffen, das der Unterhaltsberechtigte tatsächlich erzielt bzw. gem. §§ 1574, 1577 erzielen könnte. Die Differenz aus den beiden Positionen ergibt grundsätzlich den ehebedingten Nachteil.[26]

IV. Verfahren

30 **1. Beweislast.** Für § 1573 Abs. 1 muss der Bedürftige darlegen und beweisen, dass er trotz hinreichender Bemühungen keine angemessene Arbeit finden kann bzw., bei fehlenden hinreichenden Bemühungen, dass er keine Arbeit gefunden hätte.[27] Ebenso muss der Bedürftige beweisen, dass er noch keine nachhaltige Sicherung des Unterhalts erlangt hatte. Auch das Fehlen einer realen Erwerbschance hat der Bedürftige nachzuweisen, wobei Zweifel zu seinen Lasten gehen.[28] Der unterhaltsberechtigte Ehegatte trägt im Rahmen des Unterhaltsanspruchs wegen Erwerbslosigkeit die Darlegungs- und Beweislast nicht nur dafür, dass er keine reale Chance auf eine Vollzeitarbeitsstelle hat, sondern auch dafür, dass dies in gleicher Weise für eine geringfügige Beschäftigung (sog Mini-Job) und auch für eine Erwerbstätigkeit im Rahmen der Gleitzone nach § 20 Abs. 2 SGB IV (sog Midi-Job) zutrifft.[29] Bei Wegfall einer Arbeitsstelle obliegt ihm der Nachweis, dass eine nachhaltige Sicherung des Unterhalts noch nicht erreicht war.

Obwohl grundsätzlich die Darlegungs- und Beweislast für Tatsachen, die zu einer Befristung oder Beschränkung des nachehelichen Unterhalts führen können (§ 1578 b), der Unterhaltsverpflichtete trägt, weil es sich um einen Ausnahmetatbestand handelt, kann die Beweislast ausnahmsweise den Unterhaltsberechtigten treffen. Hat der Unterhaltpflichtige Tatsachen vorgetragen, die – wie die Aufnahme einer vollzeitigen Erwerbstätigkeit in dem vom Unterhaltsberechtigten erlernten oder vor der Ehe ausgeübten Beruf – einen Wegfall ehebedingter Nachteile und damit eine Begrenzung des nachehelichen Unterhalts nahe legen, obliegt es dem Berechtigten, Umstände darzulegen und zu beweisen, die gegen eine Unterhaltsbegrenzung oder für eine längere „Schonfrist" sprechen.[30]

31 **2. Verfahrensart.** Eine zeitliche Begrenzung oder eine Herabsetzung nach § 1578 b ist bereits im **Ursprungsverfahren** vorzubringen, wenn die dafür maßgeblichen Gründe bereits vorliegen oder zuverlässig voraussehbar sind.[31] Für

---

26 BGH 12.1.2011 – XII ZR 83/08, FPR 2011, 172; 10.11.2010 – XII ZR 197/08, FamRZ 2011, 192; 16.2.2011 – XII ZR 108/09, FamRZ 2011, 628; 27.1.2010 – XII ZR 100/08, FamRZ 2010, 538; 18.11.2009 – XII ZR 65/09, FamRZ 2010, 111; 17.2.2010 – XII ZR 140/08, FamRZ 2010, 629; 28.4.2010 – XII ZR 141/08, 1057; 26.5.2010 – XII ZR 143/08, FamRZ 2010, 1238; 30.6.2010 – XII ZR 9/09, FamRZ 2010, 1414; 29.9.2010 – XII ZR 205/08, 1884; 20.10.2010 – XII ZR 53/09, FamRZ 2010, 2059; 26.11.2008 – XII ZR 131/07, FamRZ 2009, 406; 27.5.2009 – XII ZR 111/08, FamRZ 2009, 1207; 25.6.2008 – XII ZR 109/07, FamRZ 2008, 1508.
27 BGH 29.10.1986 – IVb ZR 82/85, FamRZ 1987, 144; OLG Köln 8.8.1997 – 4 WF 202/97, FamRZ 1998, 1434.
28 BGH 27.10.1993 – XII ZR 206/91, FamRZ 1993, 789.
29 BGH 18.1.2012 – XII ZR 178/09, FamRZ 2012, 517.
30 BGH 14.11.2007 – XII ZR 16/07, FamRZ 2008, 134.
31 BGH 5.7.2000 – XII ZR 104/98, FamRZ 2001, 905 (für § 1573 Abs. 5 aF).

den Fall, dass die Gründe im Ursprungsverfahren noch nicht abschließend beurteilt werden können, ist bei nachträglicher Klärung das Abänderungsverfahren (§ 238 FamFG) die zutreffende Verfahrensart.[32] Nach der Rechtsprechung des Bundesgerichtshofs ist dann, wenn nach dem alten Recht bereits die Möglichkeit einer zeitlichen Begrenzung oder einer Herabsetzung auf den angemessenen Bedarf gegeben war und lediglich nicht genutzt wurde, nicht allein unter Hinweis auf die neue Gesetzesbestimmung des § 1578 b ein Abänderungsverfahren eröffnet. Es müssen sich vielmehr auch mit Blick auf die Frage der Befristung die tatsächlichen und rechtlichen Verhältnisse wesentlich geändert haben.[33] Der Bundesgerichtshof hat bereits früher nach Änderung der zum Zeitpunkt der Ausgangsentscheidung geltenden höchstrichterlichen Rechtsprechung nur dann eine Präklusion verneint, wenn nach dem geltenden Rechtszustand ein Beteiligter zwar die Möglichkeit hatte, die Beschränkung/Befristung geltend zu machen, letztlich aber die tatsächlichen Umstände noch nicht zuverlässig beurteilt werden konnten.[34]

§ 1574 BGB Angemessene Erwerbstätigkeit

(1) Dem geschiedenen Ehegatten obliegt es, eine angemessene Erwerbstätigkeit auszuüben.

(2) [1]Angemessen ist eine Erwerbstätigkeit, die der Ausbildung, den Fähigkeiten, einer früheren Erwerbstätigkeit, dem Lebensalter und dem Gesundheitszustand des geschiedenen Ehegatten entspricht, soweit eine solche Tätigkeit nicht nach den ehelichen Lebensverhältnissen unbillig wäre. [2]Bei den ehelichen Lebensverhältnissen sind insbesondere die Dauer der Ehe sowie die Dauer der Pflege oder Erziehung eines gemeinschaftlichen Kindes zu berücksichtigen.

(3) Soweit es zur Aufnahme einer angemessenen Erwerbstätigkeit erforderlich ist, obliegt es dem geschiedenen Ehegatten, sich ausbilden, fortbilden oder umschulen zu lassen, wenn ein erfolgreicher Abschluss der Ausbildung zu erwarten ist.

I. Allgemeines

Die Vorschrift, die sich in der Systematik der §§ 1569 ff. dadurch abhebt, dass 1 sie selbst keine eigenständige Anspruchsgrundlage darstellt, konkretisiert die in § 1569 vorgegebene Verpflichtung des geschiedenen Ehegatten zur eigenen wirtschaftlichen Verantwortlichkeit. § 1574 will den unzumutbaren sozialen Abstieg eines geschiedenen Ehegatten verhindern und mutet dem bedürftigen Ehegatten insoweit nur die Aufnahme einer angemessenen Erwerbstätigkeit zu. Mit dem Unterhaltsrechtsreformgesetz[1] wurde der Grundsatz der Eigenverantwortung stärker zum Ausdruck gebracht. Das Gesetz bezeichnet es nunmehr ausdrücklich als **Obliegenheit** des geschiedenen Ehegatten, eine **angemessene Erwerbstätigkeit** aufzunehmen. Maßgeblich sind nicht mehr die ehelichen Lebensverhältnisse im Sinne einer lebenslangen Garantie des einmal erreichten ehelichen Stan-

---

32 BGH 5.7.2000 – XII ZR 104/98, FamRZ 2001, 905.
33 BGH 18.11.2009 – XII ZR 65/09, FamRZ 2010, 111; 29.9.2010 – XII ZR 205/08, FamRZ 2010, 1884; 9.6.2004 – XII ZR 308/01, FamRZ 2004, 1357; 5.7.2000 – XII ZR 104/98, FamRZ 2001, 905; 17.5.2000 – XII ZR 88/98, FamRZ 2000, 1499.
34 BGH 28.2.2007 – XII ZR 37/05, FamRZ 2007, 793.
1 BGBl. 2007 I 3189.

dards. Auch eine bereits **vor der Ehe ausgeübte frühere Tätigkeit** ist als angemessen anzusehen. Das weitet die in Betracht kommenden Tätigkeiten für den Bedürftigen erheblich aus. Die Begrenzung der Obliegenheit für einen konkreten Beruf erfolgt dann in einem zweiten Schritt. Dabei kommen die **ehelichen Lebensverhältnisse** dann nur noch als **Korrektiv** im Rahmen der **Billigkeitsabwägung** zum Tragen.

Abs. 3 der Vorschrift konkretisiert die Obliegenheit des Bedürftigen zu Aus- oder Fortbildung, soweit dies – ausgehend von einer bereits erlangten beruflichen Qualifikation – für die Aufnahme einer angemessenen Beschäftigung erforderlich ist. Abzugrenzen ist die Regelung in Abs. 3 gegen die Fälle, in denen in Erwartung der Ehe oder während der Ehe eine Ausbildung abgebrochen oder nicht aufgenommen wurde. Letzteres kann unmittelbar einen Anspruch nach § 1575 begründen.

2 Folge des Verstoßes gegen die Obliegenheit ist der Ansatz eines **fiktiven Einkommens** auf der Grundlage einer genauen Prüfung der Frage, welches Einkommen der Bedürftige nach seinen persönlichen Fähigkeiten auf dem Arbeitsmarkt erzielen kann.[2]

II. Tatbestandselemente

3 **1. Obliegenheit zur angemessenen Erwerbstätigkeit (Abs. 1).** Ist der Appell an den Unterhaltsberechtigten zur Aufnahme einer Erwerbstätigkeit nunmehr als **Obliegenheit** anzusehen, erhöht sich das Anforderungs- und Anspannungsverhältnis an die vom Bedürftigen darzulegenden und zu beweisenden **Erwerbsbemühungen.** Die Vorschrift ist daher stets im Zusammenhang mit den Anspruchsgrundlagen der §§ 1571, 1572 u. 1573 Abs. 1 zu lesen.

4 Wenn sich die Obliegenheit auf eine angemessene Erwerbstätigkeit bezieht, ist damit ausgesagt, dass dem Bedürftigen nicht jede beliebige Tätigkeit abverlangt werden kann. Allerdings wäre eine Interpretation dahin gehend, dass angemessen nur eine Tätigkeit sein kann, wenn die dadurch erzielten Einkünfte den vollen eheangemessenen Bedarf zu decken in der Lage sind, verfehlt.[3] Vielmehr kommt auch eine Tätigkeit in Betracht, mit der der Unterhaltsberechtigte sich unter dem bisher in der Ehe gefestigten Lebensstandard bewegt. Lediglich der im Einzelfall **unangemessene soziale Abstieg** soll verhindert werden. Insoweit hat der Bundesgerichtshof schon früher entschieden, dass nicht allein eine der Ausbildung des Unterhaltsberechtigten entsprechende Tätigkeit als angemessen in Betracht kommt, die Frage vielmehr von der Gesamtwürdigung aller in Betracht kommenden Lebensumstände abhängt, etwa auch davon, dass in der Ehe längere Zeit hindurch eine geringer qualifizierte Tätigkeit ausgeübt wurde, die den ausgebildeten Fähigkeiten nicht entsprochen hatte.[4] Insoweit erstreckt sich die Obliegenheit nicht nur auf die ausgebildete (höhere) Qualifikation, sondern auch auf die in der Ehe davon abweichend ausgeübte geringer qualifizierte Tätigkeit.

---

2 BGH 9.7.2003 – XII ZR 83/00, FamRZ 2003, 1471; 31.5.2000 – XII ZR 119/98, FamRZ 2000, 1358; 15.11.1995 – XII ZR 231/94, FamRZ 1996, 345.
3 BGH 24.10.1979 – IVb ZR171/78, FamRZ 1980, 126.
4 BGH 6.10.2004 – XII ZR 319/01, FamRZ 2005, 23; 8.2.1984 – IVb ZR 54/82, FamRZ 1984, 561.

2. Anforderungsmaßstab an die Angemessenheit im Einzelnen (Abs. 2 S. 1). 5
a) Ausbildung. Gemeint sind der Stand und die Entwicklung einer abgeschlossenen beruflichen Ausbildung, die der Bedürftige vor oder während der Ehe erlangt hat. Ein Kriterium von Gewicht stellt der **Ausbildungsstand** dann dar, wenn heute, bezogen auf den Einsatzzeitpunkt, eine Erwerbstätigkeit danach tatsächlich erreicht werden kann. Dies kann zweifelhaft sein und bedarf näherer Überprüfung in Fällen, in denen die beruflichen Anforderungen sich weiterentwickelt haben, höherwertige Kenntnisse abverlangt werden, der Bedürftige wegen Alters oder langer Berufspause die verlangten Fähigkeiten nicht mehr besitzt, gesundheitliche Gründe entgegenstehen oder mit dem vorhandenen Ausbildungsstand eine Erwerbstätigkeit heute in einem anderen Berufsfeld leichter gefunden werden kann als im erlernten Berufsbild. Damit gibt die berufliche Ausbildung nicht eigentlich das konkret angemessene Berufsbild vor. Vielmehr beschreibt das Kriterium ein **Ausbildungsniveau**, dem auch ein anderes als das erlernte Berufsfeld entsprechen kann.[5] Ist mit Blick auf die absolvierte Ausbildung eine **Fortbildungsmaßnahme** oder eine **Weiterbildung** erforderlich, muss dies unterhaltsrechtlich hingenommen werden.

Zur Angemessenheit einer beruflichen Tätigkeit hat der Bundesgerichtshof zuletzt auch entschieden, dass bei der Beurteilung die verschiedenen Elemente wie Ausbildung, Fähigkeiten, Lebensalter und Gesundheitszustand nicht getrennt voneinander, sondern nur in einer **Gesamtschau** gewürdigt werden können.[6] Daher sinkt ein nach der Ausbildung hohes Angemessenheitsniveau dadurch ab, dass in der Ehe über einen längeren Zeitraum hinweg – ohne dass ein Fall wirtschaftlicher Not vorgelegen hätte – eine geringer qualifizierte Tätigkeit ausgeübt wurde.[7] Im Übrigen kann von einem teilschichtig beschäftigten Ehegatten selbst dann, wenn er zur Aufgabe seines Teilzeitarbeitsplatzes nicht verpflichtet ist, grundsätzlich verlangt werden, dass er zur Sicherung seines Unterhalts eine weitere Teilzeittätigkeit aufnimmt. Denn auch die Übernahme von zwei Teilzeitbeschäftigungen kann grundsätzlich eine „angemessene" Erwerbstätigkeit im Sinne von §§ 1573 Abs. 1, 1574 sein.[8]

b) Fähigkeiten. Die subjektiven persönlichen Fähigkeiten eines Bedürftigen werden insbesondere durch seine **berufliche Biografie**, nicht allein durch seine Ausbildung bestimmt. Sie leiten sich aus der Gesamtheit der gesammelten Erfahrungen und des angelernten Wissens ab. Auch **Haushaltsführung und Kindererziehung** vermitteln Fähigkeiten, die zu Berufsfeldern mit sozialpflegerischem Einschlag befähigen können. Verfehlt wäre es daher anzunehmen, dass ein in der Ehe selbstständig geführter und organisierter Haushalt immer zu einfachen Hilfstätigkeiten wie Putzarbeiten und dergleichen verpflichten würde.[9]

c) Frühere Erwerbstätigkeit. Das Kriterium soll klarstellen, dass die Aufnahme 8 einer früheren Erwerbstätigkeit grundsätzlich immer als angemessen anzusehen ist. Dabei knüpft das Gesetz an die Überlegung des Bundesgerichtshofs an, dass es dem bedürftigen Ehegatten verwehrt ist, Unterhalt auf Grundlage einer höhe-

---

5 KG 7.3.1991 – 16 UF 6786/90, FamRZ 1991, 1188 (Einzelhandelskauffrau übt jetzt Büroarbeiten bzw. gehobene Dienstleistung aus); OLG Hamm 22.5.1997 – 1 UF 458/96, FamRZ 1998, 243 (Ärztin jetzt im Ausbildungsbereich).
6 BGH 6.10.2004 – XII ZR 319/01, FamRZ 2005, 23.
7 BGH 6.10.2004 – XII ZR 319/01, FamRZ 2005, 23.
8 BGH 11.7.2010 – XII ZR 72/10, FamRZ 2012, 1483 (1488).
9 MK/Maurer § 1574 Rn. 7.

ren beruflichen Qualifikation einzufordern, wenn im Verlauf der Ehe über einen mehrjährigen Zeitraum hinweg eine geringer qualifizierte Tätigkeit ausgeübt wurde, soweit diese Tätigkeit nach wie vor aus gesundheitlichen und körperlichen Gründen vom Berechtigten erbracht werden kann.[10] Eine aus subjektiven oder objektiven Gründen unzumutbare Erwerbstätigkeit kann nicht angemessen sein. Der Wortlaut der Vorschrift greift aber zu kurz. Im Gebrauch des Wortes „Erwerbstätigkeit" verbirgt sich ein qualitatives Moment. Nicht jede Gelegenheits- oder Aushilfsarbeit, die vor der Ehe ausgeübt wurde, kann schon als Erwerbstätigkeit angesehen werden. Vielmehr ist eine **gewisse Dauerhaftigkeit** im Sinne nachhaltiger Sicherung durch das vormals erzielte Einkommen vorauszusetzen.

9 **d) Lebensalter.** Erreicht das Alter des Bedürftigen einen Grad, in dem seine Erwerbsobliegenheit entfällt, kann ein Anspruch unmittelbar bereits nach §§ 1571, 1572 bestehen. Wo die Erwerbsverpflichtung dagegen noch nicht entfallen ist, kann gleichwohl mit Blick allein auf das Alter des Berechtigten seine **Leistungsfähigkeit beschränkt** sein. So ist einem mit 41 Jahren pensionierten Strahlflugzeugführer gleichwohl noch die Aufnahme einer andersartigen Tätigkeit abzuverlangen.[11] Im Übrigen können altersbedingte körperliche oder psychische Zustände die Leistungsfähigkeit für einen früher ausgeübten Beruf herabsetzen.[12] Auch Umstellungsschwierigkeiten kommen in Betracht. Scheidet eine vollschichtige Tätigkeit aus, kann noch eine Geringverdienertätigkeit angemessen sein.[13]

10 **e) Gesundheitszustand.** Erreicht eine Erkrankung des Bedürftigen ein Maß, in der seine Erwerbsobliegenheit entfällt, kann ein Anspruch unmittelbar bereits nach § 1572 bestehen. Wo die Erwerbsverpflichtung dagegen noch nicht entfallen ist, kann dennoch mit Blick allein auf den Gesundheitszustand des Berechtigten seine **Leistungsfähigkeit beschränkt** sein. In der Regel werden in der Praxis insoweit orthopädische Beeinträchtigungen angeführt. Dies führt dann zur Suche nach leichteren zumutbaren Tätigkeiten, die im Einzelfall auch unter der möglichen zeitlichen Beanspruchung betrachtet werden müssen.

11 **3. Billigkeitsprüfung als Gesamtabwägung/Eheliche Lebensverhältnisse (Abs. 2 S. 2).** Bislang waren die ehelichen Lebensverhältnisse und der sich daraus ableitende soziale Status und Lebensstandard ein gleichberechtigtes Kriterium zur Prüfung der Angemessenheit einer Erwerbstätigkeit. Nunmehr hindert der in der Ehe bestehende höhere Lebensstandard den geschiedenen Ehegatten nicht mehr, in einen bereits früher ausgeübten Beruf zurückzukehren. Erreicht wird dies dadurch, dass § 1574 Abs. 2 eine **zweistufige Prüfung** vorsieht. Zunächst ist anhand der oben beschriebenen Merkmale die **Angemessenheit** einer bestimmten beruflichen Tätigkeit zu bestimmen. In einem zweiten Schritt ist dann anhand der **ehelichen Lebensverhältnisse** eine dieses Ergebnis je nach Lage des Einzelfalls im Rahmen der **Billigkeitsabwägung** korrigierende Betrachtung vorzunehmen.

---

10 BGH 6.10.2004 – XII ZR 319/01, FamRZ 2005, 23.
11 BGH 15.3.2003 – XII ZR 65/01, FamRZ 2004, 254.
12 BGH 1.4.1987 – IVb ZR 33/86, FamRZ 1987, 691; OLG Zweibrücken 28.4.1983 – 6 UF 178/82, FamRZ 1983, 1138.
13 BGH 5.10.2006 – XII ZR 197/02, FamRZ 2006, 1827; OLG Hamm 5.11.2003 – 11UF 50/03, OLGR 2004, 138; OLG Karlsruhe 28.5.2002 – 18 UF 163/01, FamRZ 2002, 1567.

Dabei werden die ehelichen Lebensverhältnisse wie bisher insbesondere durch 12 die **Dauer der Ehe** sowie die **Dauer der Pflege oder Erziehung eines gemeinschaftlichen Kindes** bestimmt. Eine Definition der ehelichen Lebensverhältnisse enthält das Gesetz nicht. Die Aufzählung der genannten Kriterien ist nicht abschließend. Die ehelichen Lebensverhältnisse werden zum einen durch **wirtschaftliche Parameter** abgebildet, wie die Einkommens- und Vermögensverhältnisse sowie den erreichten sozialen Status. Im Grundsatz sind die ehelichen Lebensverhältnisse nach den konkreten Einkommens- und Vermögensverhältnissen individuell für jede Ehe angelegt.

Unter dem Gesichtspunkt der **wandelbaren Lebensverhältnisse** berücksichtigt der Bundesgerichtshof nunmehr auch **nacheheliche Entwicklungen**, die vormals lediglich die Leistungsfähigkeit des Unterhaltsschuldners tangieren konnten. Es bleibt im Grundsatz dabei, dass Entwicklungen, die bei Scheidung mit hoher Wahrscheinlichkeit zu erwarten waren (Regelbeförderungen, bevorstehende Pensionierung), die ehelichen Lebensverhältnisse prägen. Dies gilt für Einkommenssteigerungen (soweit sie nicht auf einem unerwarteten Karrieresprung beruhen) ebenso wie für unverschuldet hinzunehmende Einkommensreduzierungen oder Arbeitslosigkeit. Aber auch nach der Scheidung hinzutretende **unumgängliche Verbindlichkeiten** oder der vorrangige Unterhalt von nach der Scheidung geborenen **Kindern** sowie das Hinzutreten **gleichrangiger Unterhaltslasten** entsprechend dem geltenden Rangfolgesystem (Gleichrang aller kinderbetreuenden Ehegatten oder Anspruch wegen Ehe von langer Dauer) sind nunmehr bei der Bedarfsbestimmung zu berücksichtigen.[14]

Gehobene wirtschaftliche Verhältnisse, auf deren Fortbestand der Bedürftige vertrauen durfte, engen damit bei langer Ehedauer die in Betracht kommenden angemessenen Tätigkeiten ein, ohne sie völlig auszuschließen.[15] Dies ist nur dann nicht mehr der Fall, wenn sich der Bedürftige über einen mehrjährigen Zeitraum hinweg mit einer geringer qualifizierten Tätigkeit beschieden hat.[16]

Somit kann nur eine Feststellung der Unbilligkeit angesichts der ehelichen Lebensverhältnisse dazu führen, iS einer Einengung der Angemessenheit der in Betracht kommenden beruflichen Tätigkeiten den Bedürftigen von der Erwerbsobliegenheit ganz oder für bestimmte Tätigkeiten freizustellen. Entscheidend ist hierbei auf das **Vertrauen des Berechtigten** aufgrund der nachhaltigen gemeinsamen Ehegestaltung abzustellen und zu untersuchen, ob die Inanspruchnahme des Bedürftigen einen **unangemessenen sozialen Abstieg** darstellt. Dazu soll es nicht kommen. Dies kommt insbesondere bei langjährigen Ehen und guten Einkommensverhältnissen mit wirtschaftlicher Abhängigkeit in Betracht.[17]

Hinzu treten Kriterien wie die **Dauer der Ehe** und die **Zeiten der Pflege oder Erziehung eines Kindes,** die sich über die Ehezeit hinaus erstrecken kann. Naturgemäß führt eine lange Ehedauer und gemeinsame Kindererziehung zu einer nach-

13

14

---

14 BGH 6.2.2008 – XII ZR 14/06, FamRZ 2008, 968; 15.3.2006 – XII ZR 30/04, FamRZ 2006, 683.
15 BGH 19.12.1990 – XII ZR 27/90, FamRZ 1991, 416; KG 11.5.1984 – 17 UF 5779/83, FamRZ 1984, 898; OLG Koblenz 19.12.1989 – 11 UF 321/89, FamRZ 1990, 751; OLG Hamm 5.11.1992 – 4 UF 242/92, FamRZ 1993, 970.
16 BGH 6.10.2004 – XII ZR 319/01, FamRZ 2005, 23.
17 BT-Drs. 16/1830, 17; Borth, Der Gesetzentwurf der Bundesregierung zur Reform des Unterhaltsrechts, FamRZ 2006, 813; Gerhardt, Das Unterhaltsrechtsänderungsgesetz, FuR 2005, 529.

haltigen wirtschaftlichen Verbindung und Beeinflussung der Lebensposition. Das Gesetz bestimmt die notwendige Dauer der Ehe nicht zeitlich. Man hat sich insoweit im Lichte des Gedankens des Vertrauensschutzes auch eher am Grad der beiderseitigen **Abhängigkeit in wirtschaftlicher Hinsicht (Verflechtung)** zu orientieren.[18]

15 Der Gedanke der **ehebedingten Nachteile** stellt im Rahmen des § 1574 kein geeignetes Kriterium dar. Ob der nicht berufstätige Ehegatte im Lauf einer Ehe über einen längeren Zeitraum hinweg in seiner beruflichen Entwicklung Nachteile erlitten hat, kommt im Rahmen des § 1578 b bei der Frage der Begrenzung oder der zeitlichen Beschränkung des Unterhaltsanspruchs zum Tragen. Um den ehebedingten Nachteil der Höhe nach bemessen zu können, muss der angemessene Lebensbedarf nach § 1578 b Abs. 1 festgestellt werden. In einem zweiten Schritt ist zu prüfen, welches Einkommen der Unterhaltsberechtigte tatsächlich erzielt oder nach §§ 1574, 1577 erzielen könnte. Die **Differenz** aus diesen beiden Positionen ergibt den **ehebedingten Nachteil.**[19] Behauptet der Unterhaltsberechtigte einen beruflichen Aufstieg, muss er darlegen und beweisen, aufgrund welcher Umstände (Fortbildungsbereitschaft, bestimmte Befähigungen, Neigungen oder Talente) er eine entsprechende Karriere gemacht hätte. Bei feststehenden Nachteilen kann im Einzelfall eine Schätzung nach § 287 ZPO erfolgen, ohne dass eine exakte Feststellung des hypothetisch erzielbaren Einkommens erfolgen müsste.[20]

4. Zusammenfassung

16 ■ **1. Stufe:** Die in der Person des Unterhaltsbedürftigen liegenden Umstände führen im Ergebnis zu einer Erwerbsobliegenheit im konkreten Beruf.

■ **2. Stufe:** Verdrängen die ehelichen Lebensverhältnisse (gute wirtschaftliche Verhältnisse mit entsprechender Abhängigkeit, insbesondere bei langer Ehe bzw. Kinderbetreuung) den Grundsatz der Eigenverantwortung und engen die Erwerbsobliegenheit insoweit ein?

17 In besonderen Fällen kann ausnahmsweise auch das Vorliegen einer **Mangellage** beim Bedürftigen eine über § 1574 hinausgehende Erwerbsobliegenheit begründen. Dann muss der Bedürftige seine Erwerbsfähigkeit über das Maß des Angemessenen hinaus einsetzen.[21]

18 **5. Ausbildungsobliegenheit (Abs. 3).** Ist zur Aufnahme einer angemessenen Erwerbstätigkeit eine Fort- oder Ausbildung erforderlich, muss diese vom Bedürftigen absolviert werden. Die **Aufnahme** einer angemessenen Erwerbstätigkeit muss also daran scheitern, dass eine mangelnde berufliche Qualifikation besteht, die jedoch **behebbar** ist und die **Erwartung eines erfolgreichen Abschlusses** besteht. Die damit verbundene Obliegenheit zur Ausbildung tritt an die Stelle der Erwerbsobliegenheit.[22]

Im Rahmen der Befolgung dieser Ausbildungsobliegenheit sind die vom Bundesgerichtshof für den Ausbildungsunterhaltsanspruch von Kindern geltenden

---

18 BGH 26.9.2007 – XII ZR 11/05, FamRZ 2007, 2049 („untrennbare Verflechtung der Lebensverhältnisse").
19 BGH 20.10.2010 – XII ZR 53/09, FamRZ 2010, 2059.
20 BGH 4.8.2010 – XII ZR 7/09, FamRZ 2010, 1633.
21 BGH 26.1.1983 – IVb ZR 67/81, FamRZ 1983, 569.
22 BGH 2.7.1986 – IVb ZR 37/85, FamRZ 1986, 1085.

Maßstäbe und das Prinzip der gegenseitigen Rücksichtnahme unter Wahrung der Interessen und Belange des Unterhaltspflichtigen zu beachten.[23]

Für die Zeitdauer, in der der Unterhaltsberechtigte seiner Ausbildungsobliegen- 19 heit nachkommt, die zur Aufnahme einer angemessenen Erwerbstätigkeit erforderlich ist, hat er einen Unterhaltsanspruch nach §§ 1573 Abs. 1, 1574 Abs. 3.[24]

Sichert dagegen eine angemessene Erwerbstätigkeit lediglich nicht den eheange- 20 messenen Bedarf, besteht eine solche Ausbildungssituation nicht. Dann kommt allenfalls ein Aufstockungsunterhaltsanspruch nach § 1573 Abs. 2 in Betracht.

III. Sonstige Fragestellungen

1. Höhe des Anspruchs. Das Maß des Unterhalts richtet sich grundsätzlich nach 21 den ehelichen Lebensverhältnissen gem. § 1578 und damit vornehmlich nach den jeweiligen unterhaltsrelevanten Einkünften der geschiedenen Ehegatten. In Betracht kommt noch ein zusätzlicher Bedarf hinsichtlich der Kosten der Ausbildung. Dabei kann der Unterhaltsberechtigte seiner – sekundären – Darlegungslast dadurch genügen, dass er vorträgt, dass in dem von ihm erlernten Beruf Gehaltssteigerungen in einer bestimmten Höhe mit zunehmender Berufserfahrung bzw. Betriebszugehörigkeit üblich sind.[25]

2. Behandlung von Eigeneinkünften des Berechtigten. Weil der Berechtigte für 22 den Fall der Ausbildung – abgesehen von Ausnahmefällen – regelmäßig von jeder Erwerbsobliegenheit freigestellt ist, sind gleichwohl erzielte **Erwerbseinkünfte** nach § 1577 Abs. 2 nur nach Billigkeit anzurechnen. Denn es handelt sich insoweit um **überobligatorische** Einkünfte. Insoweit ist nach der Rechtsprechung des Bundesgerichtshofs der **unterhaltsrelevante Teil** des Einkommens zu bestimmen und dieser sodann in die Differenzberechnung (als prägendes Einkommen) einzustellen. Der nicht unterhaltsrelevante Teil des Einkommens bleibt für die Bedarfsbestimmung und die Frage der Bedürftigkeit dann vollständig außer Betracht.[26]

Verletzt der zur Ausbildung verpflichtete Bedürftige seine Obliegenheit, kommt es zur Anrechnung eines fiktiven Einkommens.[27]

3. Begrenzung/Beschränkung des Anspruchs. Mutwilliges Herbeiführen der Be- 23 dürftigkeit durch Verletzung der Ausbildungsobliegenheit führt zur Anwendung von § 1579 Nr. 4 und lässt die Ausbildungsberechtigung des Bedürftigen entfallen. Gleiches gilt, wenn der Bedürftige bereits in der Trennungszeit eine bereits bestehende Ausbildungsobliegenheit **schuldhaft verletzt** hat.[28] Nach der Unterhaltsrechtsreform ist zu beachten, dass gerade die Unterhaltsansprüche nach § 1573 einer Beschränkungsmöglichkeit nach § 1578 b zugeführt werden müssen. Insbesondere ist das der Fall, wenn der bedürftige Ehegatte eine angemesse-

---

23 BGH 4.3.1998 – XII ZR 173/96, FamRZ 1998, 671.
24 BGH 29.11.2000 – XII ZR 212/98, FamRZ 2001, 350; 8.2.1984 – IVb ZR 54/82, FamRZ 1984, 561; 23.10.1985 – IVb ZR 68/84, FamRZ 1986, 553.
25 BGH 20.10.2010 – XII ZR 53/09, FamRZ 2010, 2059.
26 BGH 13.4.2005 – XII ZR 48/02, FamRZ 2005, 967; 13.4.2005 – XII ZR 273/02, FamRZ 2005, 1154.
27 BGH 4.6.1986 – IVb ZR 45/85, FamRZ 1986, 885; OLG Dresden 14.3.1996 – 10 UF 263/95, FamRZ 1996, 1236.
28 BGH 23.10.1985 – IVb ZR 68/84, FamRZ 1986, 553; OLG Hamburg 26.4.1991 – 12 UF 152/89, FamRZ 1991, 1298; vgl. zur Darlegungs- und Beweislast Wendl/Dose/ Bömelburg § 4 Rn. 333.

ne Erwerbstätigkeit ausüben kann, die seinen vollen Unterhaltsbedarf lediglich nicht vollständig deckt. Denn die Verschärfung der Angemessenheitskriterien in § 1574 hat zwangsläufig eine vergrößerte Einkommensdifferenz zur Folge. Das kann nicht durch Ausweichen in einen Anspruch nach § 1573 Abs. 2 unterlaufen werden. Daher kann jedenfalls in der Regel die sich aus der gesteigerten Anforderung an die Angemessenheit iSv § 1574 ergebende zusätzliche Einkommensdifferenz nach dem Gedanken des § 1578 b nicht ausgeglichen werden. Kommt es zur Billigkeitsentscheidung nach § 1578 b, ist zu bedenken, dass es sich insoweit um objektive Kriterien handelt, denen kein Unwerturteil bzw. keine subjektive Vorwerfbarkeit anhaftet, so dass keine Aufarbeitung ehelichen Fehlverhaltens stattfindet.[29]

IV. Verfahren; Beweislast

24 Grundsätzlich trägt der **bedürftige Ehegatte** die Darlegungs- und Beweislast hinsichtlich der Anspruchsvoraussetzungen. Dh, ihn trifft die Pflicht, erfolglose persönliche Anstrengungen zur Aufnahme einer angemessenen Erwerbstätigkeit, um seiner Erwerbsobliegenheit nachzukommen, zu belegen. Macht er geltend, keine reale Beschäftigungschance am Arbeitsmarkt zu haben, hat er diesen Nachweis zu führen, was nur durch Vorlage aussagekräftiger Bewerbungsbemühungen geschehen kann (→ § 1573 Rn. 14).

Die Neufassung des Abs. 2 S. 2 Hs. 1 als Einwendung belastet den Unterhaltsbedürftigen mit der Darlegungs- und Beweislast dafür, dass eine an sich erreichbare Erwerbstätigkeit für ihn aufgrund der ehelichen Lebensverhältnisse unbillig ist. Der Grundsatz der Eigenverantwortung kann insoweit zulasten des Unterhaltsberechtigten zur Anwendung eines strengen Maßstabs führen.[30] Der Bedürftige hat zu konkreten Bemühungen und zur Angemessenheit der Erwerbstätigkeit vorzutragen. Dazu gehören vom Umfang her auch aussagekräftige Ausführungen zum früheren beruflichen Werdegang und evtl. den Umständen und Motiven einer davon abweichenden tatsächlichen beruflichen Tätigkeit.

Dass der Ausbildungsobliegenheit in ordnungsgemäßem Umfang nachgekommen wird, hat der Bedürftige darzulegen und zu beweisen.[31] Dass eine Ausbildungsobliegenheit besteht, muss dagegen der Pflichtige darlegen und beweisen.

Ist die Frage der Angemessenheit einer Erwerbstätigkeit geklärt, obliegt es dem Bedürftigen, die Unbilligkeit des Verweises hierauf darzulegen, wenn er die Ausübung für unzumutbar hält. Für die insoweit erheblichen Tatsachen (wirtschaftlicher und sozialer Status während der Ehe, Dauer der Ehe, Dauer der Pflege und Erziehung gemeinschaftlicher Kinder) ist der Bedürftige beweispflichtig.

§ 1575 BGB Ausbildung, Fortbildung oder Umschulung

(1) [1]**Ein geschiedener Ehegatte, der in Erwartung der Ehe oder während der Ehe eine Schul- oder Berufsausbildung nicht aufgenommen oder abgebrochen hat, kann von dem anderen Ehegatten Unterhalt verlangen, wenn er diese oder eine**

---

29 BGH 20.10.2010 – XII ZR 53/09, FamRZ 2010, 2059 (etwa der Vorwurf, schon in der Ehe immer wieder vergeblich zur Berufstätigkeit gedrängt zu haben).
30 BGH 19.12.1990 – XII ZR 27/90, FamRZ 1991, 416.
31 Wenn insoweit das Vorliegen der Voraussetzungen des § 1579 Nr. 3 verlangt wird, obliegt es allerdings dem Unterhaltspflichtigen, die Voraussetzungen darzulegen und zu beweisen.

entsprechende Ausbildung sobald wie möglich aufnimmt, um eine angemessene Erwerbstätigkeit, die den Unterhalt nachhaltig sichert, zu erlangen und der erfolgreiche Abschluss der Ausbildung zu erwarten ist. [2]Der Anspruch besteht längstens für die Zeit, in der eine solche Ausbildung im Allgemeinen abgeschlossen wird; dabei sind ehebedingte Verzögerungen der Ausbildung zu berücksichtigen.

(2) Entsprechendes gilt, wenn sich der geschiedene Ehegatte fortbilden oder umschulen lässt, um Nachteile auszugleichen, die durch die Ehe eingetreten sind.

(3) Verlangt der geschiedene Ehegatte nach Beendigung der Ausbildung, Fortbildung oder Umschulung Unterhalt nach § 1573, so bleibt bei der Bestimmung der ihm angemessenen Erwerbstätigkeit (§ 1574 Abs. 2) der erreichte höhere Ausbildungsstand außer Betracht.

I. Allgemeines

Der Anspruch sichert nach der Scheidung den Ausgleich ehebedingter Nachteile, indem er Voraussetzungen zum Erreichen wirtschaftlicher Selbstständigkeit auf einem **ehebedingt nicht erreichten** Niveau schafft.[1] Die **Bedürftigkeit** des Berechtigten muss ehebedingt sein. Dies ist der Fall, wenn vom Berechtigten wegen der Eheschließung eine **Ausbildung abgebrochen oder zurückgestellt** wurde. Ausnahmsweise besteht kein Anspruch auf Ausbildung oder Fortbildung, wenn eine ungelernte Tätigkeit zumutbar ist. Dies ist etwa der Fall, wenn auch der andere Ehegatte eine ungelernte Tätigkeit ausübt.[2] 1

Die Unterhaltspflicht knüpft an die Scheidung als **Einsatzzeitpunkt** an. Dies erfordert eine zeitnahe Aufnahme der Bildungsmaßnahme. Anschlussunterhalt ist möglich. Fraglich ist daher, ob der Unterhalt nach § 1575 hinsichtlich einer bereits während der Trennung der Ehegatten aufgenommenen Ausbildung geschuldet wird. 2

Grundsätzlich besteht ein Ausbildungsunterhaltsanspruch nach den Maßstäben des § 1575 Abs. 1 in der Trennungszeit nicht, wenn die Ausbildung erst in der Trennungszeit begonnen wurde.[3] Nachdem der getrennt lebende Ehegatte im Ergebnis jedoch nicht schlechter gestellt sein darf als der geschiedene, ist von dem Grundsatz auszugehen, dass während der Trennung ein Anspruch auf Ausbildungsunterhalt – in Ausnahmefällen – nur insoweit in Betracht kommt, als er sich nach den Kriterien des § 1573 Abs. 1 iVm § 1574 Abs. 3 begründen lässt. In besonders gelagerten Fällen kann daher auch ein solcher Anspruch infrage kommen, etwa wenn ein Ehegatte während der Trennungszeit **im Vorgriff** auf die nachehelichen Anspruchsvoraussetzungen des § 1575 eine Ausbildung aufnimmt, nachdem das endgültige Scheitern der Ehe feststeht.[4] 3

Es handelt sich stets um einen **originären Anspruch**, der bereits bei Scheidung der Ehe besteht oder in deren unmittelbaren zeitlichen Zusammenhang entsteht. Die praktische Bedeutung der Vorschrift ist als gering einzustufen. Der gesellschaftliche Wertewandel und der Anstieg des Eheschließungsalters haben der ur- 4

---

1 BGH 1.4.1987 – IVb ZR 35/86, FamRZ 1987, 795.
2 BGH 29.11.2000 – XII ZR 212/98, FamRZ 2001, 350.
3 BGH 8.2.1984 – IVb ZR 61/82, FamRZ 1984, 561; 29.11.2000 – XII ZR 212/98, 2001, 350.
4 BGH 24.4.1985 – IVb ZR 9/84, FamRZ 1985, 782; 29.11.2000 – XII ZR 212/98, FamRZ 2001, 350.

sprünglichen Überlegung des Gesetzgebers den Boden entzogen. Regelmäßig sind zu diesem Zeitpunkt bereits Ausbildungen abgeschlossen worden oder werden alsbald abgeschlossen. Die Vorstellung, mit Eingehung der Ehe trete eine Sicherung der Lebensstellung ein, die eine Ausbildung entbehrlich erscheinen lasse, schwindet. Erschwerend kommt hinzu, dass trotz Fort- und Weiterbildung die Situation älterer geschiedener Ehegatten nicht geeignet ist, deren Einstellungschancen am Arbeitsmarkt wegen der im vorgerückten Alter begonnenen bzw. ergänzten Ausbildung zu verbessern.

5 Die Vorschrift verlangt, dass die Ausbildungsmaßnahme sobald wie möglich angetreten wird, was aber nicht ausschließt, dass dem Berechtigten eine gewisse Überlegungsfrist eingeräumt wird, die jedoch einer Interessenabwägung der beiderseitigen Interessen des Bedürftigen und des Pflichtigen standhalten muss. Wer als Unterhaltspflichtiger hierbei eine Verzögerung mit zu vertreten hat, kann sich nicht darauf berufen, die Ausbildung sei nicht in angemessener Zeit aufgenommen worden. Dem Berechtigten steht zunächst auch der Versuch zu, beruflich Fuß zu fassen und bei Scheitern sodann die Wiederaufnahme einer abgebrochenen Ausbildung fortzusetzen.

6 **Anschlussunterhalt** ist insbesondere nach unverschuldeter Arbeitslosigkeit nach der Ausbildung möglich (§ 1573 Abs. 1), wobei der Einsatzzeitpunkt insoweit auf das Ende der Ausbildung verschoben ist.

7 Der Anspruch nach § 1575 vermittelt keinen Anspruch auf Altersvorsorgeunterhalt, unter Umständen jedoch einen Krankenvorsorgeunterhalt nach allgemeinen Regeln.

II. Anspruchsvoraussetzungen

8 **1. Ausbildungsunterhalt (Abs. 1).** Da die Vorschrift ehebedingte Nachteile ausgleichen will, erfordert sie einen **Kausalzusammenhang** zwischen der Ehe und der fehlenden Ausbildung. Hat der Berechtigte die Ausbildung in der Ehe abgebrochen, gar wegen der Geburt eines gemeinschaftlichen Kindes oder wegen Wegzugs, wird dieser Zusammenhang ohne Weiteres vermutet. Denn es reicht aus, dass die Eheschließung mit ursächlich gewesen ist.

Wird die Ausbildung dagegen **vor der Eheschließung** abgebrochen oder nicht aufgenommen, sind die Gründe dafür genauer zu prüfen. Hierbei ist maßgeblich, welche konkreten Ausbildungspläne bestanden und welche Gründe dann tatsächlich dazu geführt haben, diese nicht anzutreten bzw. fortzusetzen. Allein der Umstand, in der eingegangenen kinderlosen Ehe den Haushalt zu führen, wird im Lichte der Verschärfung der Eigenverantwortung (§ 1569) keinen triftigen Grund mehr darstellen, eine Ausbildung aufzugeben. Konkrete Ausbildungspläne bei Eheschließung kann an sich nur derjenige haben, der die für den Ausbildungsberuf erforderlichen Zugangsvoraussetzungen (Schulabschluss, Notenschnitt) damals erfüllt hat. Beim Berechtigten ist auch nur bei Einhaltung dieser Zugangsvoraussetzungen mit einem erfolgreichen Abschluss der Ausbildung zu rechnen. Insoweit ist die gesamte schulische und berufliche Biografie des Berechtigten zu beleuchten. Lässt sich erkennen, dass infolge des vorgerückten Alters trotz Ausbildungsmaßnahme der Berechtigte im zu erlernenden Beruf keine reale Beschäftigungschance haben wird, ist hierfür kein Ausbildungsunterhalt zu zahlen.

9 Die Finanzierung einer **Zweitausbildung** ist ausgeschlossen.

Im Zusammenhang mit der Zubilligung von Ausbildungsunterhalt sind vom Be- 10
rechtigten verschiedene **Obliegenheiten** zu wahren, die Abs. 1 näher umschreibt.
Zum einen muss der Ausbildungsgang in einem **anerkannten Ausbildungsver-
hältnis** absolviert werden. Daneben muss die mit der Ausbildung angestrebte
Qualifizierung eine **nachhaltige Sicherung des Unterhalts** ermöglichen, was bei
einem Studium zur bloßen Selbstverwirklichung ausscheidet. In der Prognose ergeben sich häufig Probleme, die sich in der Zukunft erst realisierenden Beschäf-
tigungschancen hinreichend sicher feststellen zu können. Zweifel hieran gehen
zulasten des Unterhaltspflichtigen, dem nur dann kein Ausbildungsunterhalt abverlangt werden kann, wenn sich erkennen lässt, dass die anschließende Aufnahme einer Erwerbstätigkeit äußerst unwahrscheinlich ist.[5]

Für die **zielstrebige Durchführung** der Ausbildungsmaßnahme gelten die Kriteri- 11
en, die die Rechtsprechung hierfür allgemein entwickelt hat.

2. Fortbildungs- bzw. Umschulungsunterhalt (Abs. 2). Für Fort- und Weiterbil- 12
dung gelten dieselben Maßstäbe wie für den Antritt einer Erstausbildung. Vorausgesetzt wird allerdings eine abgeschlossene Erstausbildung. Insoweit liegt es
bei entsprechender Ehedauer auf der Hand, dass Veränderungen in der Arbeitswelt oder bei der Umstellung des Berufsbildes eine Weiterbildung nahe legen.
Auch die persönliche Biografie des Berechtigten, sein Alter und Gesundheitszustand können eine Anpassung an die moderne Arbeitswelt erforderlich machen.
Fortbildung oder Umschulung müssen dazu beitragen, dass dem Berechtigten
eine angemessene Entfaltung seiner beruflichen Möglichkeiten eröffnet ist.

3. Fehlgeschlagene Erwerbsbemühungen nach der Ausbildung (Abs. 3). Hat der 13
Berechtigte seine Ausbildung abgeschlossen, ist er gehalten, auch unter Zubilligung einer gewissen **Übergangszeit**, eine Erwerbstätigkeit aufzunehmen. Eine
Aus-, Fort- oder Weiterbildung, die dem Berechtigten dieses anschließende Zeit-
fenster verweigern wollte, würde unterhaltrechtlich keinen Sinn machen. Allerdings kann sich der Berechtigte nach Ablauf dieser Übergangszeit nicht mehr
nur nach Maßgabe seines neu erreichten Niveaus um Erwerbstätigkeit bemühen. Daher kann ihm trotz Fortbildung dann nach § 1574 sogar die Aufnahme
einer unter diesem Niveau liegenden Tätigkeit, die einer vorehelich ausgeübten
entspricht, abverlangt werden.

III. Sonstige Fragestellungen

1. Höhe des Anspruchs. Das Maß des Unterhalts richtet sich grundsätzlich nach 14
den ehelichen Lebensverhältnissen, wobei im Einzelfall auch ausbildungsbedingter Mehrbedarf nach § 1578 Abs. 2 hinzutreten kann.

2. Behandlung von Eigeneinkünften des Berechtigten. Weil der Berechtigte für 15
den Fall der Ausbildung, Fortbildung oder Umschulung regelmäßig von jeder
Erwerbsobliegenheit freigestellt ist, sind gleichwohl erzielte **Erwerbseinkünfte**
nach § 1577 Abs. 2 nur nach Billigkeit anzurechnen. Denn es handelt sich insoweit um **überobligatorische** Einkünfte. Insoweit ist nach der entsprechend geltenden Rechtsprechung des Bundesgerichtshofs zur Frage der Erwerbstätigkeit
neben Kinderbetreuung der **unterhaltsrelevante Teil** des Einkommens zu bestim-

---

5 OLG Düsseldorf 28.6.1990 – 6 UF 188/89, FamRZ 1991, 76 für den Fall einer 50-
jährigen Frau, die lediglich eine abstrakte Chance hatte, nach dem Studium noch eine Erst-
anstellung im akademischen Beruf zu finden, falls es sich nicht um einen Mangelberuf handelt.

men und dieser sodann in die Differenzberechnung (als prägendes Einkommen) einzustellen. Der nicht unterhaltsrelevante Teil des Einkommens bleibt für die Bedarfsbestimmung und die Frage der Bedürftigkeit dann vollständig außer Betracht (→ § 1577 Rn. 23).[6]

16 **Öffentlich-rechtliche Ausbildungsförderung** muss der Berechtigte in Anspruch nehmen. Sie mindert – außer im Falle der Subsidiarität oder bei zweckgebundener Zuwendung – seine Bedürftigkeit und befreit den Pflichtigen im bezogenen Umfang, der dann unter Umständen noch einen offen bleibenden restlichen Bedarf zu decken hat.

17 **3. Tatbestandliche Konkurrenzverhältnisse.** Der Anspruch nach § 1575 geht den Ansprüchen nach §§ 1573 Abs. 1, 1574 Abs. 2 vor. Damit kann der Berechtigte in diesem Zusammenhang ausnahmsweise nicht auf die Verpflichtung zur Aufnahme einer angemessenen Tätigkeit verwiesen werden. Das hat zur Folge, dass auch bei Vorliegen einer angemessenen Erwerbsmöglichkeit zunächst Ausbildungsunterhalt geschuldet ist. Damit wird zwar theoretisch für den Berechtigten die Möglichkeit einer Höherstufung der ihm angemessenen Erwerbstätigkeit bewirkt, denn das Ziel der Ausbildung kann eine Erwerbstätigkeit zugänglich machen, die über dem eheangemessenen Niveau liegt.[7] Gleichwohl bestimmt nicht das nach Beendigung der Ausbildung erlangte Niveau die Angemessenheit nach § 1574 Abs. 2.

18 **4. Begrenzung/Beschränkung des Anspruchs.** Grundsätzlich besteht die Möglichkeit, den Unterhalt nach § 1575 unter den Voraussetzungen des § 1579 ganz oder teilweise zu versagen oder zeitlich zu begrenzen. Insoweit kann hier die Nr. 1 bei Vorliegen einer Ehe von kurzer Dauer den Ausschluss oder eine Beschränkung rechtfertigen.

19 Zu prüfen ist stets, ob § 1578 b anwendbar ist, der es wegen seiner allgemeinen Geltung für alle Unterhaltstatbestände ermöglicht, den Anspruch aus Billigkeitsgründen entweder nur zeitlich begrenzt zu gewähren, auf den angemessenen Lebensbedarf herabzusetzen oder unter Kombination beider Möglichkeiten zu bemessen (→ § 1578 b Rn. 18 ff.). Dies erfordert eine Prognose zur voraussichtlichen Dauer der Aus-, Fortbildung oder Umschulung, die dem Anspruch indessen immanent ist und vom Bedürftigen in der Regel leicht belegt werden kann. Soweit der Anspruch mit Blick auf die im Einzelfall eingeschränkte Leistungsfähigkeit des Verpflichteten in der Vergangenheit als limitiert bzw. ausgeschlossen (bei einer Sachlage des § 1581) angesehen wurde,[8] wird mit der Unterhaltsreform in § 1578 b im Einzelfall eine abgewogene und differenzierte Lösung eröffnet. Insoweit sind gerade die wirtschaftlichen Belange der beiden Ehegatten und die beiderseitigen Nachteile berücksichtigungsfähig.

IV. Verfahren

20 **1. Beweislast.** Ist im Unterhaltsverfahren streitig, ob eine Ausbildung angetreten oder fortgesetzt werden kann, hat der bedürftige Ehegatte darzulegen und zu beweisen, dass er im Hinblick auf die Eheschließung seine Ausbildung aufgegeben oder nicht begonnen hat. Wird, wie bei der Aufgabe der Ausbildung wäh-

---

6 BGH 13.4.2005 – XII ZR 273/02, FamRZ 2005, 1154; 22.1.2003 – XII ZR 186/01, FamRZ 2003, 518; 5.9.2001 – XII ZR 108/00, FamRZ 2001, 1687.
7 BGH 24.4.1985 – IVb ZR 9/84, FamRZ 1985, 782.
8 Schwab/Borth IV Rn. 363.

rend der Ehe, indiziert, dass der Ausbildungsabbruch ehebedingt ist, hat der Berechtigte in jedem Falle darzulegen und zu beweisen, dass ein erfolgreicher Abschluss nebst anschließender Aufnahme einer Erwerbstätigkeit zu erwarten ist.

2. Beschränkung im Unterhaltsverfahren. Im Unterhaltsverfahren kann und 21 muss bereits vom Verpflichteten der Einwand der zeitlichen Befristung erhoben werden, wenn sich erkennen lässt, dass der Unterhaltsanspruch auf eine bestimmbare voraussichtlich erforderliche Zeit begrenzen lässt (andernfalls droht Präklusion).

§ 1576 BGB Unterhalt aus Billigkeitsgründen

[1]Ein geschiedener Ehegatte kann von dem anderen Unterhalt verlangen, soweit und solange von ihm aus sonstigen schwerwiegenden Gründen eine Erwerbstätigkeit nicht erwartet werden kann und die Versagung von Unterhalt unter Berücksichtigung der Belange beider Ehegatten grob unbillig wäre. [2]Schwerwiegende Gründe dürfen nicht allein deswegen berücksichtigt werden, weil sie zum Scheitern der Ehe geführt haben.

I. Allgemeines

Zur **Vermeidung von Härten**, die sich aus der Systematik der enumerativen Auf- 1 zählung von Unterhaltsansprüchen in den §§ 1570 bis 1575 ergeben können, hat der Gesetzgeber die Vorschrift iS einer positiven Härteklausel formuliert.[1] Ihre Funktion besteht jedoch nicht darin, im Sinne einer **Auffangnorm** Lücken zu schließen, die mit Blick auf die Begrenzung der nachehelichen Mitverantwortung zugunsten der Eigenverantwortung gewollt sind.

Daher ist die Vorschrift **subsidiär** zu den übrigen Unterhaltstatbeständen. Sie erweitert die Unterhaltsverpflichtung des geschiedenen Ehegatten mit Blick auf eine im Einzelfall erforderliche **Korrektur** bei einer dem Gerechtigkeitsempfinden in nahezu unerträglicher Weise widersprechenden Versagung von nachehelichem Unterhalt.[2] Weil die Vorschrift **Ausnahmecharakter** hat, sind an die Befreiung von der Erwerbsobliegenheit strenge Anforderungen zu stellen. Ein etwaiges Verschulden des Verpflichteten am Scheitern der Ehe begründet keine ausnahmsweise Inanspruchnahme auf Unterhalt.

II. Anspruchsvoraussetzungen

1. Schwerwiegende Gründe. Schwerwiegend müssen Gründe sein, durch die 2 eine Erwerbstätigkeit nicht erwartet werden kann. Sie müssen dem Gewicht der übrigen unterhaltsrechtlichen Tatbestände entsprechen. Sie müssen jedoch **nicht ehebedingt** sein.[3] Gleichwohl werden sie nahezu regelmäßig einen konkreten Ehebezug aufweisen.

2. Grobe Unbilligkeit. Der Bundesgerichtshof hat das Kriterium der groben Un- 3 billigkeit dahin gehend umschrieben, dass die Versagung des Unterhalts dann grob unbillig erscheint, wenn dies **dem Gerechtigkeitsempfinden in nahezu unerträglicher Weise widersprechen** würde.[4]

---

1 BGH 11.5.1983 – IVb ZR 382/81, FamRZ 1983, 800.
2 BGH 17.9.2003 – XII ZR 184/01, FamRZ 2003, 1734.
3 BGH 17.9.2003 – XII ZR 184/01, FamRZ 2003, 1734.
4 BGH 11.5.1983 – IVb ZR 382/81, FamRZ 1983, 800.

4   **3. Einzelfälle. a) Kinderbetreuung.** Außerhalb der Betreuung von gemeinschaftlichen Kindern im Rahmen des § 1570 ist ein Anspruch denkbar, wenn **Pflegekinder** oder Stiefkinder des anderen Ehegatten nach der Scheidung betreut werden.[5] Allein der Umstand, dass insoweit ein Anspruch nach § 1570 nicht eröffnet ist, reicht jedoch noch nicht aus. Es müssen besondere Umstände hinzukommen, die die erbrachte Betreuungsleistung nach der Scheidung unterhaltsbegründend erscheinen lassen. Betreut der geschiedene Ehegatte nach der Scheidung die **Stiefkinder** des anderen weiter, ist darin eine besondere Leistung für den Unterhaltspflichtigen zu sehen.[6] Bei der Betreuung eines gemeinsam aufgenommenen Pflegekindes kann die Besonderheit darauf beruhen, dass die Begründung des Pflegeverhältnisses schon vor längerer Zeit erfolgte und dem Kindeswohl Vorrang vor der Nichtinanspruchnahme des Verpflichteten auf Unterhalt zukommt. Soweit die Rechtsprechung beim Pflegekind dazu neigt, Unterschiede zu machen, wenn das Kind aufgrund gemeinsamer Entscheidung aufgenommen wurde[7] oder der andere Ehegatte nur sein Einverständnis erklärt hatte[8] bzw. die Aufnahme nur kurze Zeit vor der Trennung der Ehegatten erfolgte,[9] überzeugt das nicht. Maßgeblich kann im Einzelfall allein der Grad des entgegengebrachten Vertrauens in den Fortbestand der dieser Entscheidung zugrunde liegenden Umstände sowie die Frage sein, ob das Kindeswohl den Fortbestand einer Unterhaltspflicht gebietet. Dies dürfte auch der neuesten Entscheidung des Bundesverfassungsgerichts entsprechen, das mit Blick auf das jeweilige Kind Differenzierungen von ehelichen und nichtehelichen Kindern, die über den Unterhalt der Betreuungsperson erfolgen, nicht gutgeheißen hat.[10] Dies dürfte auch für das Pflegschaftskindverhältnis zwischen den Ehegatten zutreffen.

Die Betreuung eines **Ehebruchskindes** kann dann einen Anspruch auslösen, wenn der Ehemann der Ehefrau verziehen hatte und das Kind längere Zeit wie ein gemeinsames in der Ehe aufgezogen wurde oder der Ehemann mit der Aufgabe der Erwerbstätigkeit der Ehefrau zugunsten der Kinderbetreuung einverstanden war.

Wird ein **nacheheliches Kind** betreut, das zwar vom Ehemann abstammt, aber nach der Scheidung geboren worden ist, kann an sich ein besonderes Vertrauen durch die betreuende Mutter nicht in Anspruch genommen werden. Das Kind ist kein eheliches Kind.[11] Dementsprechend hat seine Mutter (vorrangig) Unterhaltsansprüche nach § 1615 l, nicht nach §§ 1570 oder 1576.

5   **b) Besondere Leistungen für den Ehegatten.** Im Einzelfall können besondere Leistungen, die dem unterhaltspflichtigen Ehegatten erbracht werden, besonderes Gewicht erlangen. Solche ähnlich schwergewichtigen Gründe können in besonders **aufopferungsvoller Pflege** des Unterhaltspflichtigen oder seiner Familienangehörigen bestehen, aber auch im Erbringen von **erheblichen Vermögensopfern** (Unterhalt begehrender Ehegatte hat dem anderen Ehegatten das Studium

---

5   BGH 25.1.1984 – IVb ZR 28/82, FamRZ 1984, 361.
6   OLG Koblenz 16.2.2005 – 7 WF 1224/04, FamRZ 2005, 1997.
7   BGH 25.1.1984 – IVb ZR 28/82, FamRZ 1984, 361.
8   BGH 18.4.1984 – IVb ZR 80/82, FamRZ 1984, 769.
9   OLG Hamm 6.2.1006 – 2 UF 163/95, FamRZ 1996, 1417.
10 BVerfG 28.2.2007 – 1 BvL 9/04, FamRZ 2007, 965.
11 BGH 17.12.1997 – XII ZR 38/96, FamRZ 1998, 426.

finanziert oder mit seinem Vermögen die berufliche Existenzgründung ermöglicht).[12]

c) **Verfehlte Einsatzzeitpunkte.** Solche Fallgestaltungen können nicht generell 6 zur Bejahung des § 1576 führen.[13] Denn dies hätte eine nicht mehr zu rechtfertigende Ausdehnung der Vorschrift zur Folge. Der Ausnahmecharakter der Vorschrift will jedoch eine Begrenzung der nachehelichen Solidarität erreichen. Im Einzelfall erfordert daher die grobe Unbilligkeit umso strengere Prüfung, je weiter zeitlich der verfehlte Einsatzzeitpunkt zurückliegt. Der Bundesgerichtshof hat eine nur kurzzeitig nach der Scheidung aufgetretene Erkrankung ausreichen lassen.[14] Im Übrigen ist die obergerichtliche Rechtsprechung uneinheitlich und einzelfallbezogen.[15]

d) **Gesamtabwägung.** Im Einzelfall sind alle Gesichtspunkte gegeneinander abzuwägen, um zu überprüfen, ob eine Versagung des Unterhalts grob unbillig erscheint. Auch die **wirtschaftlichen Verhältnisse** spielen eine bedeutende Rolle, ebenso wie besonders schutzwürdige Belange eines in Pflege genommenen Kindes.[16]

III. Sonstige Fragestellungen

1. Höhe des Anspruchs. Besteht nach der vorgreiflichen Billigkeitsabwägung ein 8 Unterhaltsanspruch dem Grunde nach, ist der Anspruch der Höhe nach **nicht** unmittelbar an den ehelichen Lebensverhältnissen zur Deckung des **vollen eheangemessenen Bedarfs** auszurichten. Neben der Dauer des Anspruchs richtet sich auch die Höhe nach der Billigkeit. Insoweit kommt in Betracht, den angemessenen Selbstbehalt des Unterhaltspflichtigen maßvoll zu erhöhen und die Frage der Zumutbarkeit der Erzielung eigener Einkünfte durch den Berechtigten strenger zu beantworten.[17]

Wird Unterhalt wegen Billigkeit nach Feststellung der Unwirksamkeit eines ehevertraglichen Verzichts geltend gemacht, kann in der Regel nicht der volle eheliche Unterhalt verlangt werden. Vielmehr hat sich die gegebenenfalls gebotene richterliche Anpassung des Vertrages grundsätzlich darauf zu beschränken, lediglich solche Nachteile auszugleichen, die als ehebedingt anzusehen sind. Das ist etwa dann der Fall, wenn der erkrankte Ehegatte in der Ehe auf eine mögliche Erwerbstätigkeit verzichtet hatte und nunmehr eine Erwerbsunfähigkeitsrente bezieht, die niedriger ist als die Rente, die er bezöge, wenn er in der Ehe berufstätig geblieben wäre.[18]

2. Tatbestandliche Konkurrenzverhältnisse. Der Anspruch aus § 1576 ist gegen- 9 über Ansprüchen aus § 1570 subsidiär.[19] **Subsidiarität** gilt auch gegenüber Ansprüchen aus § 1572.[20] Im Übrigen wird zu beachten sein, dass die Subsidiarität

---

12 JH/Hammermann § 1576 Rn. 24.
13 BGH 17.9.2003 – XII ZR 184/01, FamRZ 2003, 1734.
14 BGH 17.9.2003 – XII ZR 184/01, FamRZ 2003, 1734.
15 OLG Koblenz 16.2.2005 – 7 WF 1224/05, FamRZ 2005, 1997; OLG Karlsruhe 17.12.1992 – 2 UF 195/91, FamRZ 1994, 104; OLG Zweibrücken 15.6.2001 – 2 UF 176/00, FamRZ 2002, 821.
16 BGH 25.1.1984 – IVb ZR 28/82, FamRZ 1984, 361.
17 BGH 26.1.1983 – IVb ZR 344/81, FamRZ 1983, 569.
18 BGH 28.11.2007 – XII ZR 132/05, FamRZ 2008, 582.
19 BGH 25.1.1984 – IVb ZR 28/82, FamRZ 1984, 361.
20 BGH 17.9.2003 – XII ZR 184/01, FamRZ 2003, 1734.

wohl nur gegenüber Ansprüchen (also auch §§ 1571 und 1575) und insoweit eingreift, als diese (ganz oder teilweise) keine Erwerbstätigkeit bzw. -verpflichtung des Unterhaltsberechtigten verlangen.[21]

10 **3. Begrenzung/Beschränkung des Anspruchs.** §§ 1579 und 1578 b kommen im Rahmen des § 1576 nicht als Begrenzungs- bzw. Beschränkungsvorschriften in Betracht. Im Rahmen der gebotenen Billigkeitsabwägung ist bereits immanent unter Heranziehung sämtlicher Umstände des gesamten Falles die entsprechende Abwägung bei der Frage des Vorliegens des Tatbestandes vorzunehmen.[22] Unterhalt wird von vorneherein nur in dem aus Billigkeitsgründen erforderlichen Umfang und Zeitraum geschuldet. Diese umfassende Billigkeitsabwägung erfordert bereits bei der Prüfung der tatbestandlichen Voraussetzungen die Einbeziehung aller in Betracht kommenden Umstände.

IV. Verfahren

11 Der Berechtigte trägt die volle Darlegungs- und Beweislast für die von ihm behaupteten schwerwiegenden Gründe, die seine Erwerbstätigkeit unzumutbar erscheinen lassen und dafür, dass diese weiterhin eine besonders schwere Härte bei Versagung des Unterhaltsanspruchs begründen. Dagegen muss der auf Unterhalt in Anspruch genommene Ehegatte die Gründe, die zu seinen Gunsten in die Abwägung einbezogen werden sollen, darlegen und beweisen.

§ 1577 BGB Bedürftigkeit

(1) Der geschiedene Ehegatte kann den Unterhalt nach den §§ 1570 bis 1573, 1575 und 1576 nicht verlangen, solange und soweit er sich aus seinen Einkünften und seinem Vermögen selbst unterhalten kann.

(2) [1]Einkünfte sind nicht anzurechnen, soweit der Verpflichtete nicht den vollen Unterhalt (§§ 1578 und 1578 b) leistet. [2]Einkünfte, die den vollen Unterhalt übersteigen, sind insoweit anzurechnen, als dies unter Berücksichtigung der beiderseitigen wirtschaftlichen Verhältnisse der Billigkeit entspricht.

(3) Den Stamm des Vermögens braucht der Berechtigte nicht zu verwerten, soweit die Verwertung unwirtschaftlich oder unter Berücksichtigung der beiderseitigen wirtschaftlichen Verhältnisse unbillig wäre.

(4) [1]War zum Zeitpunkt der Ehescheidung zu erwarten, dass der Unterhalt des Berechtigten aus seinem Vermögen nachhaltig gesichert sein würde, fällt das Vermögen aber später weg, so besteht kein Anspruch auf Unterhalt. [2]Dies gilt nicht, wenn im Zeitpunkt des Vermögenswegfalls von dem Ehegatten wegen der Pflege oder Erziehung eines gemeinschaftlichen Kindes eine Erwerbstätigkeit nicht erwartet werden kann.

---

21 Schwab/Borth IV Rn. 393.
22 BGH 25.1.1984 – IVb ZR 28/82, FamRZ 1984, 361.

I. Allgemeines

Gegenstand der Betrachtung der Bedürftigkeit ist grundsätzlich der **volle ehean-** 1 **gemessene Bedarf** des geschiedenen Ehegatten (§ 1578), der auch lediglich ein **nach § 1578 b aus Billigkeitsgründen herabgesetzter Bedarf** sein kann. Die Untersuchung auf Bedürftigkeit ist im Rahmen der Unterhaltsberechnung ein eigenständiger Prüfungspunkt, der der Bedarfsermittlung nachfolgt und der Leistungsfähigkeitsüberprüfung vorausgeht. Die Vorschrift regelt im System des nachehelichen Unterhalts die grundsätzliche Verpflichtung des geschiedenen Ehegatten, seinen Unterhaltsbedarf durch eigene Einkünfte und sein Vermögen zu decken (Abs. 1). Unzumutbar erzielte Einkünfte werden nach Billigkeit angerechnet (Abs. 2). Vor der Verpflichtung der Verwertung auch des Vermögensstamms ist der Bedürftige nach Maßgabe von Abs. 3 geschützt. Hat der Bedürftige bedarfsdeckendes Vermögen, schützt Abs. 4 den Unterhaltspflichtigen in seinem Vertrauen auf den Fortbestand dieser Situation auch bei nachträglichem Wegfall dieses Vermögens.

Die unterhaltsrechtliche Bedürftigkeit ist nicht mit der **sozialrechtlichen Bedürf-** 2 **tigkeit** zu vergleichen. Dort gelten andere Maßstäbe, die auf gesellschaftlichen Wertentscheidungen beruhen.[1] Sozialrechtliche Leistungen lassen in der Regel wegen des **Grundsatzes der Subsidiarität** solcher Leistungen die unterhaltsrechtliche Bedürftigkeit unberührt. Ein bestehender Unterhaltsanspruch geht höchstens in den Grenzen des § 33 SGB II, § 94 SGB XII kraft Gesetzes (cessio legis) auf den Leistungserbringer über, weil insoweit der Subsidiaritätsgrundsatz gilt, wonach die öffentliche Leistung den Unterhaltspflichtigen nicht entlasten soll. Damit sind die **subsidiären Leistungen** nach §§ 19 ff. SGB II, die der Sicherung des Lebensunterhalts dienen, kein Einkommen, es sei denn, die Nichtberücksichtigung der Leistungen wäre in Ausnahmefällen (Mangellage oder es sind hohe Unterhaltsrückstände betroffen) als treuwidrig anzusehen.[2] Dagegen sind die **nicht subsidiären Leistungen** des SGB II (insbesondere befristeter Zuschlag nach § 24 SGB II, Einstiegsgeld nach § 29 SGB II, Entschädigungen für Mehraufwendungen „Ein-Euro-Job" nach § 16 SGB II oder die Freibeträge nach § 30 SGB II) auch im Rahmen der Bedürftigkeit als berücksichtigungsfähiges Einkommen anzusehen.[3]

Problematisch ist die **Berücksichtigung von Verbindlichkeiten** des Berechtigten, 3 denn das Ziel der Unterhaltsgewährung ist die Deckung eines Unterhaltsbedürfnisses, nicht aber, durch Darlehensrückzahlung und Schuldentilgung zur Bildung von Vermögen beizutragen.[4] Damit steht jedoch nur fest, dass Verbindlichkeiten

---

1 BVerfG 5.3.2003 – 1 BvR 752/02, FamRZ 2003, 661.
2 BGH 17.3.1999 – XII ZR 139/97, FamRZ 1999, 843; 27.9.2000 – XII ZR 174/98, FamRZ 2001, 619; 14.3.2001 – XII ZR 57/99, FuR 2001, 320.
3 Vgl. etwa SüdL Nr. 2.2.
4 BGH 28.3.2007 – XII ZR 21/05, FamRZ 2007, 879; 10.7.1991 – XII ZR 166/90, FamRZ 1991, 1163.

des Berechtigten seine Bedürftigkeit im unterhaltsrechtlichen Verhältnis zum Pflichtigen nicht unbesehen erhöhen können. Ob der Berechtigte von seinem erzielten Einkommen, das grundsätzlich zur Deckung der Bedürftigkeit einzusetzen ist, solche Beträge vorab in Abzug bringen darf, ist damit noch nicht entschieden. Hierzu ist eine umfassende Interessenabwägung vorzunehmen. Denn eine Berücksichtigung von Zahlungsverpflichtungen kommt nur in Betracht, wenn der Bedürftige über Eigeneinkünfte verfügt und die umfassende Interessenabwägung nach Treu und Glauben insbesondere wegen des Zwecks, der Art und Weise sowie des Zeitpunkts der Entstehung der Verbindlichkeit deren Berücksichtigung unter Wahrung der Interessen auch des Unterhaltspflichtigen rechtfertigt. Insoweit kommen vor allem nicht leichtfertig aufgenommene Verbindlichkeiten, die nicht lediglich der einseitigen Vermögensbildung dienen, in Betracht.[5]

Typischerweise ist dies bei einer Belastung des Bedürftigen mit Unterhaltsansprüchen von Kindern aus einer vorangegangenen Ehe der Fall.

4   Hierzu hat der Bundesgerichtshof zuletzt entschieden, dass beim Trennungsunterhalt regelmäßig vom Bedürftigen gezahlte Raten für einen **Kredit für die Ehewohnung** in voller Höhe (Zins und Tilgung) und auch nicht nur beschränkt auf die Höhe des angemessenen Wohnvorteils beim Bedarf als eheprägend zu berücksichtigen sind. Im Rahmen der Bedürftigkeit sind diese gezahlten Kreditraten bei der Bemessung des geschuldeten Trennungsunterhalts ebenfalls – wie bei der Bedarfsermittlung – in voller Höhe zu berücksichtigen, allerdings **beschränkt auf die Summe der eigenen Einkünfte und Gebrauchsvorteile dieses Ehegatten**.[6] Daher bleibt es für die Bedürftigkeit ohne Auswirkungen, wenn die Verbindlichkeiten des Bedürftigen seine Einkünfte sogar noch übersteigen.[7] Im Übrigen bleibt es jedoch bei dem ansonsten für den nachehelichen Unterhalt geltenden allgemeinen Grundsatz, dass selbst berücksichtigungswürdige Verbindlichkeiten immer nur die Summe der eigenen Einkünfte und Gebrauchsvorteile kompensieren können, weil sie nur bis zu deren Höhe berücksichtigt werden dürfen und eine einseitige Vermögensbildung grundsätzlich ausscheidet.[8]

Darüber hinaus ist es weiterhin nicht zu beanstanden, wenn der Bedürftige als **zusätzliche Altersvorsorge** tatsächliche Ausgaben bis zu 4 % seines Gesamtjahresbruttoeinkommens aufwendet, wobei insoweit auch Tilgungsleistungen für eine in seinem Eigentum stehende Immobilie in Betracht kommen.[9]

5   Schränkt sich der Bedürftige durch eine sparsame Lebensführung ein, lässt dies die Bedürftigkeit im Verhältnis zum Pflichtigen unberührt.[10]

6   Lebt der Bedürftige im **Ausland**, bedarf es eines konkreten und substantiierten Vortrags des Berechtigten zu seiner Bedürftigkeit. Dabei sind die von ihm benö-

5   BGH 25.10.1995 – XII ZR 247/94, FamRZ 1996, 160; 18.12.1991 – XII ZR 2/91, FamRZ 1992, 423; 1.10.1986 – IVb ZR 68/85, FamRZ 1987, 36; 5.6.1985 – IVb ZR 27/84, FamRZ 1985, 902.
6   BGH 28.3.2007 – XII ZR 21/05, FamRZ 2007, 879.
7   BGH 28.3.2007 – XII ZR 21/05, FamRZ 2007, 879; 18.12.1991 – XII ZR 2/91, FamRZ 1992, 423.
8   BGH 5.4.2000 – XII ZR 96/98, FamRZ 2000, 950; 22.10.1997 – XII ZR 12/96, FamRZ 1998, 87.
9   BGH 11.5.2005 – XII ZR 211/02, FamRZ 2005, 1817; nicht dagegen beim Kindesunterhalt OLG Düsseldorf 2.5.2006 – 19 UF 19/06, FamRZ 2006, 1685.
10 BGH 29.3.1995 – XII ZR 45/94, FamRZ 1995, 869.

tigten Güter und Dienstleistungen an seinem Aufenthaltsort, ausgedrückt in der Heimatwährung, zu ermitteln und auf diese Weise der unterhaltsrechtliche Bedarf festzulegen. Dieser kann wahlweise in der Heimatwährung oder in Euro geltend gemacht werden. Diese Methode wird jedoch nur in Ausnahmefällen Anwendung finden, insbesondere wenn der Berechtigte an einem Ort lebt, wo die Preisverhältnisse deutlich über den deutschen liegen. In den übrigen Fällen hat eine Vergleichbarkeitsprüfung der im Inland ermittelten Bedürftigkeit zu erfolgen.[11] Das kann anhand der Devisenkurse unter Korrektur nach den Verbrauchergeldparitäten geschehen.[12] Teilweise wird hierbei von der obergerichtlichen Rechtsprechung auch auf die Ländergruppeneinteilung des Bundesfinanzministeriums zu §§ 32, 33 a EStG[13] zurückgegriffen.[14]

II. Tatbestandsvoraussetzungen

1. Anrechnung von Einkünften (Abs. 1). Soweit der Unterhaltsberechtigte seinen Bedarf durch eigene Einkünfte und sein Vermögen decken kann, entfällt seine Bedürftigkeit. 7

a) Einkünfte in Geld oder Geldeswert. Einkünfte in Geld oder Geldeswert werden grundsätzlich beim Bedürftigen bedürftigkeitsmindernd berücksichtigt, was sich unmittelbar aus dem den nachehelichen Unterhalt beherrschenden Grundsatz der Eigenverantwortung ergibt. Dabei stehen den tatsächlich erzielten Einkünften die **fiktiv anzurechnenden Einkünfte** gleich, die dann zu berücksichtigen sind, wenn der Bedürftige Einkünfte zwar nicht erzielt, aber bei zumutbaren Anspannungen erzielen könnte.[15] Ist im Vorverfahren die Anrechnung fiktiver Einkünfte unterblieben, ist damit zugleich entschieden, dass der Unterhaltsberechtigte seiner Erwerbstätigkeit genügt hat, so dass diese Feststellung auch in einem Abänderungsverfahren maßgebend ist. Dann obliegt es dem Unterhaltsverpflichteten darzulegen, dass sich die Verhältnisse wesentlich geändert haben und im Nachhinein eine solche Obliegenheit begründen können.[16] Die Frage der geschuldeten Erwerbsbemühungen richtet sich nach den allgemeinen Grundsätzen.[17] 8

Erwerbseinkünfte (einschließlich umgelegter Sonder- und Einmalzahlungen, berufstypische und das in diesem Beruf übliche Maß nicht überschreitende Überstundenvergütungen, um häusliche Ersparnis verminderte Spesen, Reisekosten sowie Auslösungen) sind hierbei nach den allgemein gängigen Grundsätzen hinsichtlich Steuern, Sozialabgaben, berufsbedingten Aufwendungen und um einen Erwerbstätigenbonus zu **bereinigen.** 9

---

11 BGH 8.4.1987 – IVb ZR 37/86, FamRZ 1987, 682 (Bedarfskorrektur); 13.4.1988 – IVb ZR 34/87, FamRZ 1988, 705 (708) (Selbstbehaltskorrektur).
12 Unter www.destatis.de, Preise, Fachserie 17, Reihe 10.
13 BStBl. I 2003, 637 = FamRBint 2005, 44.
14 OLG Hamm 10.5.1989 – 10 WF 140/89, FamRZ 1989, 1332; OLG Düsseldorf 16.6.1989 – 6 UF 266/88, FamRZ 1989, 1335; OLG Stuttgart 31.3.1998 – 17 UF 351/97, FamRZ 1999, 887; OLG Koblenz 9.6.2000 – 11 UF 499/99, FamRZ 2002, 56.
15 BGH 4.7.2007 – XII ZR 141/05, FamRZ 2007, 1532; 7.9.2005 – XII ZR 311/02, FamRZ 2005, 1979; 5.2.2003 – XII ZR 321/00, FamRZ 2003, 434.
16 BGH 27.1.2010 – XII ZR 100/08, FamRZ 2010, 538.
17 BGH 2.7.1986 – IVb ZR 37/85, FamRZ 1986, 1085; 15.12.1993 – XII ZR 172/92, FamRZ 1994, 372; 15.11.1995 – XII ZR 231/94, FamRZ 1996, 345; BVerfG 14.12.2006 – 1 BvR 2236/06, FamRZ 2007, 273 und BVerfG 29.12.2005 – 1 BvR 2076/03, FamRZ 2006, 469 (einschränkend).

10　Zu den berücksichtigungsfähigen Einkünften zählt auch das **Elterngeld**. Erwerbstätige Eltern, die ihr Berufsleben unterbrechen oder ihre Erwerbstätigkeit auf höchstens 30 Wochenstunden reduzieren, erhalten 12 Monate lang eine Elterngeldleistung in Höhe von mindestens zwei Drittel des vorherigen Nettoeinkommens, höchstens 1.800 EUR monatlich. Wenn vor der Geburt keine Erwerbstätigkeit bestanden hat, beträgt der Mindestbetrag 300 EUR. Unterhaltsverpflichtungen werden nach § 11 S. 1 BEEG nur durch den 300 EUR übersteigenden Betrag (bei verlängertem Bezugsrecht soweit über 150 EUR hinausgehend), berührt. Dh bis 300 EUR ist das Elterngeld grundsätzlich nicht als Einkommen zu berücksichtigen.[18]

Auch bestimmte Leistungen nach SGB II und XII können Einkommen sein (→ Rn. 2).

11　**Kindergeld** ist kein Einkommen der Eltern. Es wird nach § 1612 b bedarfsdeckend zur Deckung des Kindesunterhaltsanspruchs verwendet.

12　**Pflegegeld** scheidet gleichfalls als anrechenbares Einkommen aus, wenn es für die Pflege eines Verwandten in gerader Linie bezogen wird, es sei denn, es liegt ein Fall des § 13 Abs. 6 SGB XI vor.[19]

13　Geldwerte Zuwendungen in diesem Zusammenhang sind geldwerte Vorteile (Sachbezüge), die etwa aus der Zurverfügungstellung eines **Firmenwagens**[20] durch den Arbeitgeber, **freie Kost oder Logis** erwachsen. Gleichfalls Geldeswert verkörpern in der **Landwirtschaft Eigenprodukte**, die für den Lebensbedarf verwendet werden.[21]

14　Auch bezogenes **Renteneinkommen** ist im Rahmen der Bedürftigkeit als Einkommen beim Bedürftigen anzurechnen, wobei es auf Fragen der Rechtsprechung des Bundesgerichtshofs zu den eheprägenden Verhältnissen nicht ankommt, denn im Rahmen der Bedürftigkeitsprüfung nach Abs. 1 ist prägendes und nicht prägendes Einkommen gleichermaßen zu berücksichtigen.

15　**Freiwillige Zuwendungen Dritter**, die in Geld oder geldwerten Zuwendungen bestehen und auf die kein Rechtsanspruch besteht, sind kein Einkommen und mindern die Bedürftigkeit nicht. Anders kann das nur sein, wenn feststeht, dass der ausdrückliche Wille des Zuwendenden eine Entlastung gerade auch des Unterhaltspflichtigen erreichen wollte. Im Zweifel sind jedoch Zuwendungen Dritter, insbesondere wenn es sich um Zuwendungen im persönlichen, verwandtschaftlichen Verhältnis handelt, dahin gehend aufzufassen, dass die Zuwendung allein dem Familienangehörigen zugutekommen soll.[22]

Soweit durch das **Zusammenleben mit einem Dritten** eine Ersparnis eintritt, handelt es sich nicht um freiwillige Leistungen des Dritten, sondern um eine Folge der geringeren Kosten eines Doppelhaushalts gegenüber einem Einzelhaushalt. Dies bleibt bei der Bedürftigkeit ohne Auswirkungen, es sei denn, dem Dritten werden **Leistungen** erbracht, die üblicherweise vergütet werden. In die-

---

18　Elterngeld stellt dagegen in den Fällen der Herabsetzung des Unterhalts aus Billigkeitsgründen nach §§ 1361 Abs. 3, 1579 oder 1611 Abs. 1 sowie beim Unterhaltsanspruch eines minderjährigen Kindes nach § 1603 Abs. 2 Einkommen dar.
19　BGH 1.3.2006 – XII ZR 157/03, FamRZ 2006, 846.
20　BGH 1.3.2006 – XII ZR 157/03, FamRZ 2006, 846.
21　BGH 9.6.2004 – XII ZR 277/02, FamRZ 2005, 97.
22　BGH 13.4.2005 – XII ZR 48/02, FamRZ 2005, 967; 22.2.1995 – XII ZR 80/94, FamRZ 1995, 537.

sem Fall kann ein Betrag in Höhe einer **angemessenen Vergütung** (vgl. § 850 h ZPO) angerechnet werden.[23]

Eine Zurechnung von Einkünften kommt schließlich in Betracht, soweit **Haus-** 16 **haltsführung für einen neuen Partner** geleistet wird.[24] Dabei lässt das bloße Zusammenleben im Sinne einer Wohngemeinschaft mit einem Dritten die Bedürftigkeit noch nicht entfallen. Maßgeblich ist für die Frage der Anrechnung, dass nicht nur eine Wohn-, sondern eine **Wirtschaftsgemeinschaft** besteht, in der für einen leistungsfähigen Dritten tatsächlich Leistungen erbracht werden.[25] Angerechnet werden in der Praxis nach den unterhaltsrechtlichen Leitlinien der Oberlandesgerichte Beträge zwischen 250 EUR und 550 EUR. Haushaltsführung für einen neuen Partner stellt einen Vergütungsanspruch dar und führt zu einem deswegen anzusetzenden Einkommen.[26] Beim **Ehegattenunterhalt** handelt es sich folglich um **prägendes Einkommen**, wenn der **bisher den Haushalt führende Ehegatte einem neuen Partner den Haushalt führt.**[27] Die innere Rechtfertigung leitet sich daraus ab, dass es sich bei dem anrechenbaren Einkommen um einen Vergütungsanspruch für Leistungen aus der Haushaltsführung handelt. Arbeitet der Bedürftige ganztags und teilt sich mit seinem Partner die Haushaltstätigkeit, sind nach Bundesgerichtshof aber keine Einkünfte für eine haushälterische Tätigkeit anzusetzen, denn mit der vollschichtigen Tätigkeit wird regelmäßig der vollen Erwerbsverpflichtung genügt.[28]

b) Sonstige Vermögenserträge. Weitere Geldeinnahmen in diesem Zusammen- 17 hang stellen die Einkommen aus **Vermietung und Verpachtung** (ohne Abzug von AfA für Gebäude) sowie aus **Kapitalvermögen**,[29] soweit die Bruttoeinkünfte die Werbungskosten (Nettozuflussprinzip) übersteigen, sowie sonstige Einnahmen (etwa Trinkgelder) dar.

Vermögenserträge stellen auch die **Wohnvorteile** als Nutzung nach § 100 dar. 18 Denn mietfreies Wohnen im Eigenheim ist ein Gebrauchsvorteil, dessen Höhe sich nach Abzug der allgemeinen Grundstückskosten sowie Zins und Tilgung ergibt und der bereits bei der Bestimmung der ehelichen Lebensverhältnisse zu berücksichtigen ist.[30]

In der **Trennungszeit** ist der Wohnwert auch für die Bedarfsermittlung nur mit einem **angemessenen Wert der Wohnungsnutzung** unter Berücksichtigung des durch den Auszug des Ehepartners entstehenden „toten Kapitals" anzusetzen.[31] Der Bundesgerichtshof hat dies dahin konkretisiert, dass dabei auf den Mietzins abzustellen ist, den der in der Wohnung verbliebene Ehegatte auf dem örtlichen Wohnungsmarkt für eine dem ehelichen Lebensstandard entsprechende kleinere

---

23 BGH 25.6.1980 – IVb ZR 523/80, FamRZ 1980, 879; 20.5.1987 – IVb ZR 50/86, FamRZ 1987, 1011; 28.3.1984 – IVb ZR 64/82, FamRZ 1984, 662.
24 BGH 5.5.2004 – XII ZR 132/02, FamRZ 2004, 1173.
25 BGH 21.12.1988 – IVb ZR 18/88, FamRZ 1989, 487; 24.11.1982 – IVb ZR 310/81, FamRZ 1983, 146.
26 BGH 5.5.2004 – XII ZR 10/03, FamRZ 2004, 1170 (1173).
27 BGH 5.9.2001 – XII ZR 336/99, FamRZ 2001, 1693; 5.5.2004 – XII ZR 10/03, FamRZ 2004, 1170 (1173).
28 BGH 13.4.2005 – XII ZR 48/02, FamRZ 2005, 967.
29 BGH 19.2.1986 – IVb ZR 13/85, FamRZ 1986, 441, und zwar bereits ab dem Zeitpunkt der Kapitalanlage, nicht erst ab des Zinsflusses.
30 BGH 28.3.2007 – XII ZR 21/05, FamRZ 2007, 879; 19.3.2003 – XII ZR 123/00, FamRZ 2003, 1179; 22.4.1998 – XII ZR 161/96, FamRZ 1998, 899.
31 Vgl. etwa auch SüdL Nr. 5.

Wohnung zahlen müsste.[32] Hierbei sind die ersparten angemessenen Mietkosten individuell nach den jeweiligen Verhältnissen der Ehegatten zu bestimmen.[33] Der Bundesgerichtshof hat in der zuletzt genannten Entscheidung vom 28.3.2007 keine Veranlassung gesehen, nach Ablauf des Trennungsjahres und noch vor der Scheidung der Ehegatten den objektiven Wohnwert anzusetzen, so wie es vereinzelt in der obergerichtlichen Rechtsprechung vertreten wird.[34] Jedoch sind regelmäßig gezahlte Raten auf einen Kredit für die Ehewohnung während der Trennungszeit in voller Höhe (Zins und Tilgung) und auch nicht nur beschränkt auf die Höhe des angemessenen Wohnvorteils als eheprägend zu berücksichtigen. Im Rahmen der Bedürftigkeit dagegen sind diese Kreditraten bei der Bemessung des geschuldeten Trennungsunterhalts regelmäßig in voller Höhe (Zins und Tilgung) zu berücksichtigen, allerdings der Höhe nach beschränkt auf die Summe aus eigenen Einkünften und Gebrauchsvorteilen dieses Ehegatten.[35]

19   Beim **nachehelichen Unterhalt** bestimmt sich der Bedarf und die Bedürftigkeit beim mietfreien Wohnen regelmäßig nach der objektiven Marktmiete und stellt dann den vollen Wohnwert dar.[36]

Dieser wird durch Lage, Ausstattung, Größe, Zuschnitt und das Alter (Baujahr) entweder unter Hinzuziehung des örtlichen Mietspiegels, im Wege der gerichtlichen Schätzung (§ 287 ZPO) oder durch sachverständige Begutachtung ermittelt. In der Zeit nach der Scheidung ist mit dem Bundesgerichtshof davon auszugehen, dass grundsätzlich keine Veranlassung besteht, ein zu großes Haus oder eine zu große Wohnung mit den sich daraus ergebenden unterhaltsrechtlichen Konsequenzen im Eigentum eines Ehegatten zu belassen. So trifft den Eigentümer vielmehr eine **Obliegenheit** – unter Beachtung von Zumutbarkeitsgesichtspunkten und nach Abwägung der beiderseitigen Interessen –, eine **wirtschaftlich angemessene Nutzung** für ein für ihn zu großes Haus zu verwirklichen.[37] **Tilgungsanteile** sind nicht mehr zu berücksichtigen, weil die eintretende Wertsteigerung nicht mehr über den Zugewinn ausgeglichen werden kann und allein dem Eigentümer zugutekommt. Vermögensbildung durch Beteiligung des anderen Ehegatten ist insoweit über das Unterhaltsrecht nicht mehr geschuldet. Daher ist nunmehr dem objektiven Mietwert lediglich noch der bei der Bemessung des Unterhaltsbedarfs nach den ehelichen Lebensverhältnissen maßgebliche Zinsaufwand gegenüberzustellen (allerdings mit der Möglichkeit, Tilgungsanteile bis zu 4 % seines Gesamtjahresbruttoeinkommens als zusätzlich anzuerkennende angemessene Altersvorsorge zu berücksichtigen, → Rn. 4).

20   Hat der Bedürftige nach der Scheidung mit Mitteln aus dem Erlös aus der Veräußerung des Eigenheims **neues Wohnungseigentum** (als Surrogat) gebildet und muss er zu dessen Finanzierung neue, nicht prägende Verbindlichkeiten eingehen, darf er den neuen Mietvorteil nur um die Zinsbelastung aus dem neuen Kredit, nicht jedoch um die Tilgungsbeträge vermindern.[38] Dies führt unter Um-

32 BGH 28.3.2007 – XII ZR 21/05, FamRZ 2007, 879; 20.10.1999 – XII ZR 297/97, FamRZ 2000, 351; 22.4.1998 – XII ZR 161/96, FamRZ 1998, 899.
33 BGH 22.4.1998 – XII ZR 161/96, FamRZ 1998, 899 (902).
34 OLG Hamm 11.5.2004 – 3 UF 365/03, FamRZ 2005, 367.
35 BGH 28.3.2007 – XII ZR 21/05, FamRZ 2007, 879.
36 BGH 19.3.2003 – XII ZR 123/00, FamRZ 2003, 1179; 5.4.2000 – XII ZR 96/98, FamRZ 2000, 950; 21.1.1998 – XII ZR 117/96, FamRZ 1998, 87.
37 BGH 18.10.1989 – IVb ZR 89/88, FamRZ 1990, 260; 12.7.1989 – IVb ZR 66/88, FamRZ 1989, 1160; 27.4.1983 – IVb ZR 372/81, FamRZ 1983, 678.
38 BGH 11.5.2005 – XII ZR 211/02, FamRZ 2005, 1817.

ständen zur Verpflichtung einer **Vermögensumschichtung**, wenn bei entsprechender Vermögensumschichtung höhere Erträge zu erzielen gewesen wären. Denn eine Wiederanlage des Erlöses in Wohnungseigentum ist grundsätzlich nicht gerechtfertigt, wenn etwa durch eine verzinsliche Kapitalanlage deutlich höhere Erträge zu erwirtschaften wären, wobei eine Verpflichtung zu riskanten Geldanlagen nicht besteht. Kommt der Gedanke der Vermögensumschichtung zum Tragen, sind beim Bedürftigen **fiktive Erträge** anzusetzen.

Mittel aus dem Zugewinnausgleich sind – nach Zubilligung einer angemessenen 21 Frist – gleichfalls ertragreich anzulegen. Hierbei sind die in der bestehenden Ehe gezogenen wirtschaftlichen Nutzungen und Vermögenserträge zu ermitteln, soweit sie die ehelichen Lebensverhältnisse bestimmt haben, sowie die jetzt tatsächlich erzielten oder zumutbar erzielbaren Einkünfte aus seinem Kapital, weil diese die Bedürftigkeit mindern.[39]

Ist **Kapitalvermögen verbraucht** worden und werden tatsächlich keine Einkünfte 22 mehr daraus bezogen, kann der Bedürftige zunächst nicht so behandelt werden, als verfüge er noch über das Kapital. Vielmehr müssen insoweit die Voraussetzungen der Sondervorschrift des § 1579 Nr. 3 erfüllt sein, weshalb **fiktive Einkünfte** nur dann angesetzt werden dürfen, wenn der Kapitalverbrauch als **mutwillige Herbeiführung der Unterhaltsbedürftigkeit** angesehen werden kann.[40]

2. Anrechnung von Einkünften aus unzumutbarer Tätigkeit (Abs. 2). Der Unter- 23 haltsberechtigte soll durch die Vorschrift besser gestellt und durch die Privilegierung in Abs. 2 vor vollständiger Anrechnung seiner unzumutbar erzielten Einkünfte nach Abs. 1 geschützt werden.

In einem ersten Schritt ist dabei festzustellen, ob der Verpflichtete den vollen oder den nach § 1578 b herabgesetzten Unterhalt zahlt. Ist das nicht der Fall, bleiben die Einkünfte des Berechtigten bis zu diesem Maß des Unterhalts unangerechnet. Übersteigen sie dagegen dieses Maß, werden sie lediglich nach Billigkeit angerechnet.

Im Kern betrifft die Vorschrift heute die Frage der Anrechnung von Einkünften aus unzumutbarer und damit überobligatorischer Erwerbstätigkeit.

Unzumutbar ist eine Tätigkeit nach der ständigen Rechtsprechung des Bundesgerichtshofs, wenn sie ohne unterhaltsrechtlich nachteilige Folgen jederzeit wieder beendet werden dürfte.[41] Typische Fallgestaltung ist **Berufstätigkeit neben Kinderbetreuung.** Wurde in der Ehe eine Erwerbstätigkeit trotz Betreuung kleiner Kinder aus freien Stücken ausgeübt und wird diese Tätigkeit nach der Trennung fortgesetzt, handelt es sich nach der bisherigen – und fortgeführten – Rechtsprechung des Bundesgerichtshofs um eine zumutbare Erwerbstätigkeit. Die tatsächlich erbrachte Betreuungsleistung neben der Erwerbstätigkeit ist als Indiz für die Zumutbarkeit anzusehen.

39 BGH 29.1.1986 – IVB ZR 9/85, FamRZ 1986, 437.
40 BGH 11.4.1990 – XII ZR 42/89, FamRZ 1990, 989; 5.3.1986 – IVb ZR 12/85, FamRZ 1986, 560.
41 BGH 15.12.2004 – XII ZR 121/03, FamRZ 2005, 442; 29.12.2000 – XII ZR 212/98, FamRZ 2001, 350.

Wurde diese Erwerbstätigkeit dagegen nur **aus Not** wegen unzureichender Versorgung durch den Ehepartner aufgenommen und nach der Trennung fortgesetzt bzw. aufgenommen, liegt eine unzumutbare Tätigkeit vor.[42]

Zuletzt hat der Bundesgerichtshof bei der Frage zumutbarer oder unzumutbarer Erwerbstätigkeit erkennen lassen, dass er generell bei der **Betreuung kleiner Kinder** (jedenfalls bis 8 Jahre) die Berufstätigkeit des betreuenden Elternteils als **überobligatorisch** ansieht und auf die konkrete Situation nach Trennung/Scheidung abgestellt. Dies gilt insbesondere unter Berücksichtigung des Umstandes, dass die Mehrbelastung nicht mehr durch den Ehepartner aufgefangen werden kann, sondern der betreuende und zusätzlich noch berufstätige Elternteil auf sich alleine angewiesen ist.[43]

In Änderung seiner früheren Rechtsprechung hat der Bundesgerichtshof ergänzend entschieden, dass auch eine unzumutbare Tätigkeit die ehelichen Lebensverhältnisse prägt, das Einkommen aber **vorab nach § 1577 Abs. 2 aus Billigkeitsgründen zu kürzen** ist.[44] Der **anrechnungsfreie Teil** des Einkommens bleibt dann unterhaltsrechtlich gänzlich unberücksichtigt.

Erfolgt eine Kürzung des Einkommens nach § 1577 Abs. 2, können daneben keine Kinderbetreuungskosten und/oder ein Betreuungsbonus mehr zusätzlich abgezogen werden, da diese Beträge bereits im anrechnungsfreien Teil des Einkommens wegen der vorzunehmenden Billigkeitsabwägung nach § 1577 Abs. 2 enthalten sind. Die Höhe der Kürzung ist nach dem Bundesgerichtshof immer eine Frage des Einzelfalls.[45] Sie hängt insbesondere vom **Umfang der Tätigkeit und dem Betreuungsaufwand mit Blick auf Zahl und Alter der Kinder** ab.[46] Beim außergewöhnlichen Ausnahmefall einer ganztägigen Arbeit im Schichtdienst und der Betreuung zweier Kinder im Alter von 7 und 10 Jahren hat der Bundesgerichtshof es gebilligt, dass nur die Hälfte des Einkommens als prägend angerechnet wird, zugleich aber deutlich gemacht, dass die nur hälftige Berücksichtigung eher der Ausnahmefall bleiben wird.[47] Der Bundesgerichtshof hat somit unter Einschluss der Billigkeitskriterien des § 1577 Abs. 2 ein **nicht unterhaltsrelevantes Einkommen** ermittelt, aus der Unterhaltsberechnung gänzlich ausgeschieden und den dann noch verbleibenden **unterhaltsrelevanten Teil des Einkommens** nach der Differenz-/Additionsmethode in die Unterhaltsberechnung hinsichtlich Bedarf und Bedürftigkeit eingestellt.

24 Auch nach der Unterhaltsrechtsreform wird man bei Erwerbstätigkeit neben Kinderbetreuung im Einzelfall noch von einer überobligatorischen Tätigkeit ausgehen können (→ § 1570 Rn. 36). Vor dem Hintergrund des gesellschaftlichen Wandels, der zunehmenden Ausübung von Teilzeitbeschäftigung neben Kinderbetreuung und der weitergehenden Möglichkeiten der Fremdbetreuung wird die Erwerbstätigkeit für den geschiedenen Ehegatten deutlich stärker gefordert. Insoweit ist anstelle des verworfenen **Altersphasenmodells** auf den **konkre-**

---

42 BGH 21.1.1998 – XII ZR 117/96, FamRZ 1998, 1501; 24.11.1982 – IVb ZR 310/81, FamRZ 1983, 146.
43 BGH 1.3.2006 – XII ZR 157/03, FamRZ 2006, 846.
44 BGH 13.4.2005 – XII ZR 48/02, FamRZ 2005, 967; 13.4.2005 – XII ZR 273/02, FamRZ 2005, 1154.
45 BGH 13.4.2005 – XII ZR 273/02, FamRZ 2005, 1154.
46 BGH 13.4.2005 – XII ZR 48/02, FamRZ 2005, 967.
47 BGH 13.4.2005 – XII ZR 48/02, FamRZ 2005, 967.

ten Einzelfall und tatsächlich bestehende, **verlässliche Möglichkeiten der Kinderbetreuung** abzustellen (→ § 1570 Rn. 22).

Bestehende Kinderbetreuungsmöglichkeiten sind „verstärkt" zu nutzen. Maßgebend ist auf den **konkreten Einzelfall unter Berücksichtigung der Betreuungssituation vor Ort** abzustellen.[48] Tatsächlich bestehende, verlässliche Möglichkeiten für die Betreuung von Kindern über drei Jahren sind zu nutzen, wenn die Fremdbetreuung zumutbar und mit dem Kindeswohl vereinbar ist, wobei die Kosten der Kinderbetreuung bei der Unterhaltsberechnung angemessen zu berücksichtigen sind.[49] **25**

Im Einzelfall ist nunmehr eine Antwort zu suchen, ob oder warum eine während aufrechter Ehe praktizierte Betreuungsregelung ohne Inanspruchnahme einer Betreuungseinrichtung oder Fremdbetreuung mit der Scheidung nicht mehr weiter bestehen soll. Dann sind Gründe festzustellen, die es gebieten, die gelebten ehelichen Betreuungsverhältnisse den Änderungen im Lebensalltag unter Berücksichtigung der Interessen der geschiedenen Elternteile anzupassen. Auch wenn Fremdbetreuung ab einem gewissen Lebensalter des Kindes wegen der vermittelten Außenkontakte „unschädlich" sein mag und Außenkontakte als wünschenswert erscheinen, bleibt das grundsätzliche Ideal der elterlichen Erziehung die persönliche Erziehung und nicht die teilweise oder überwiegende Fremdbetreuung.

Ungeklärt ist, ob die Regelung schon für den Bereich des **Trennungsunterhalts** (oder spätestens bei Einreichung des Scheidungsantrags) durchschlagen kann. Denn immerhin steht zum letztgenannten Zeitpunkt das Scheitern der Ehe bereits fest und die Erwerbsverpflichtung des § 1361 Abs. 2 nähert sich derjenigen des nachehelichen Unterhalts an. Andererseits wollte der Gesetzgeber ausdrücklich lediglich den Bereich des nachehelichen Unterhalts an die geänderten Wertvorstellungen anpassen.

3. Verwertung des Vermögensstamms (Abs. 3). a) Allgemeine Verwertungsobliegenheit. Im Rahmen der primären Bedarfsdeckung durch den Bedürftigen selbst (vgl. Abs. 1 u. 2) durch Einkünfte, zu denen auch Vermögenserträge zählen, erweitert Abs. 3 diese Verpflichtung auf die Verwertungsverpflichtung auch des Stammes des Vermögens. Mit der Verpflichtung, Vermögen zur Unterhaltssicherung und -deckung einzusetzen, werden **Bedürftiger und Pflichtiger gleichermaßen belastet**.[50] Betrifft die Zeit des nachehelichen Unterhalts einen überschaubaren Zeitraum, muss zunächst bedacht werden, dass das Vermögen des Bedürftigen im Grundsatz seiner lebenslangen Versorgung und nicht nur einer eventuell kurzfristigen Zeit des nachehelichen Unterhalts dienen soll. Daher sind die **Ertragsmöglichkeiten des Vermögens** und die **voraussichtliche Zeitdauer der Bedürftigkeit** zu ermitteln, um abzuschichten, in welchem Maße das Vermögen aktuell für unterhaltsichernde Zwecke eingesetzt werden kann. Eine noch längere Lebenserwartung bedingt, dass dem Bedürftigen höheres Vermögen erhalten bleiben muss. Ist lediglich infolge einer besonderen Situation (Erkrankung, Arbeitslosigkeit, Ruhephase vor dem endgültigen Eintritt in den Ruhestand) eine Übergangzeit zu überbrücken, wird in der Regel eine (teilweise) Verwertung verpflichtend sein. Handelt es sich dagegen um ertragloses Vermögen, das ledig- **26**

---

48 BT-Drs. 16/1830, 17.
49 BT-Drs. 16/1830, 17.
50 BGH 16.1.1985 – IVb ZR 59/83, FamRZ 1985, 357.

lich ein Affektionsinteresse darstellt, ist Verwertung gegebenenfalls zur Vermögensumschichtung geboten.

27 Unter zwei Aspekten scheidet eine Verpflichtung zur Verwertung des Vermögensstamms aus. Das ist bei **Unwirtschaftlichkeit** und **Unbilligkeit der Fall.** Die Vorschrift darf nicht unbesehen beim Trennungsunterhalt angewandt werden. Auch eine entsprechende Anwendung begegnet systematischen Bedenken. Denn die Verpflichtung zur nachehelichen Verwertung von Vermögen ist Ausfluss auch des Grundsatzes der Eigenverantwortung. Dieser Gesichtspunkt trifft in der Zeit des Getrenntlebens gerade nicht zu. Auch darf in der Trennungszeit der fortbestehenden Ehe mit Blick auf die Vorläufigkeit der Trennung die wirtschaftliche Grundlage der Ehe nicht entzogen werden. Soweit daher § 1361 Abs. 1 S. 1 ausspricht, dass Vermögen herangezogen werden kann, muss dies dort die Ausnahme bleiben, und die Begrenzungsregeln des § 1577 Abs. 3 können als äußerste Grenze der Inanspruchnahme gelten.

28 **b) Verwertungssperre Unwirtschaftlichkeit.** Als unwirtschaftlich bezeichnet die Rechtsprechung eine Vermögensverwertung, wenn der Berechtigte damit die Basis für eine längerfristige teilweise Sicherung seines Unterhalts aus eigenen Mitteln aufgeben müsste, es sei denn, auch der Pflichtige stünde zugleich in dieser Verpflichtung.[51] Denn im Konfliktfall geht der Gedanke der Eigenverantwortung des Bedürftigen vor.[52]

Aus finanziellen Gründen ist eine Verwertung als unwirtschaftlich zu bezeichnen, wenn der zu **erwartende Veräußerungserlös** in keinem angemessenen **Verhältnis** zu dem in der Sache tatsächlich **verkörperten Wert** steht oder angesichts der Marktlage nur mit **erheblichen Verlusten** möglich wäre.[53] Dagegen schützt ein Affektionsinteresse nicht vor der Verwertungspflicht. Die Frage der Wirtschaftlichkeit der Verwertung eines Miteigentumsanteils und die Frage der Aufnahme eines Kredits durch den Bedürftigen, bis zur Veräußerung, hängen vom jeweiligen Einzelfall ab.[54]

29 **c) Verwertungssperre Unbilligkeit.** Unter zusätzlicher Berücksichtigung der beiderseitigen wirtschaftlichen Verhältnisse muss dem Bedürftigen jedenfalls eine Absicherung für **Notfälle und den Krankheitsfall** bleiben.[55] Daneben können als Kriterien für eine Unbilligkeit gesetzliche Wertungsmaßstäbe herangezogen werden. § 180 Abs. 3 ZVG bringt zum Ausdruck, dass **Unterhaltsbelange von gemeinschaftlichen Kindern** vorgehen. § 90 Abs. 2 Nr. 7 u. 8 SGB II beschreibt Grenzen des **sozialrechtlichen Schonvermögens**, die auch im privaten Unterhaltsrecht beachtlich sein müssen. Haben die geschiedenen Ehegatten das vormals gemeinsame Familienwohnheim unter Erlösteilung veräußert, kann vom Bedürf-

---

51 BGH 5.11.1997 – XII ZR 20/96, FamRZ 1998, 369 (beim volljährigen Kind); OLG Köln 14.8.1998 – 4 UF 251/97, FamRZ 1999, 1277; OLG München 2.3.1994 – 12 UF 1495/93, FamRZ 1994, 1459.
52 JH/Hammermann § 1577 Rn. 60.
53 OLG Frankfurt/M. 7.4.1987 – 3 UF 291/85, FamRZ 1987, 1179.
54 Vgl. dazu BGH 28.3.1984 – IVb ZR 64/82, FamRZ 1984, 662; 23.12.1987 – IVb ZR 108/86, FamRZ 1988, 259; 23.3.1983 – IVb ZR 358/81, FamRZ 1983, 574; 19.6.1985 – IVb ZR 30/84, FamRZ 1985, 916.
55 BGH 27.6.1984 – IVb ZR 20/83, FamRZ 1985, 354 (357); 19.2.1986 – IVb ZR 16/85, FamRZ 1986, 439.

tigen nicht der Einsatz des Vermögens abverlangt werden, wenn auf Seiten des Verpflichteten dieses unangetastet verbleiben würde.[56]

Keine Besonderheiten treten auf, wenn es sich um Vermögen handelt, das aus dem Zugewinnausgleich herrührt. Insoweit ist allerdings im Rahmen der Billigkeitsabwägung stets zu berücksichtigen, dass auch der Pflichtige einen entsprechenden Vermögenszufluss hat.

4. Vermögensverlust bei unterhaltssicherndem Vermögen (Abs. 4). Besitzt der 30 Bedürftige zum Einsatzzeitpunkt der Ehescheidung Vermögen, das ihn in die Lage versetzt, seinen Unterhaltsbedarf damit nachhaltig zu sichern, hat dies einen entsprechenden **Vertrauensschutz** beim Verpflichteten zur Folge. Letzterer darf darauf vertrauen, dass die Erträge und ggf. der nach und nach zu verwertende Stamm des Vermögens ihn zukünftig von seiner Unterhaltspflicht freistellen. Der Gedanke der Nachhaltigkeit rechtfertigt damit den endgültigen Wegfall des Unterhaltsanspruchs. Spätere Änderungen an dieser Situation durch Wegfall oder Verlust des Vermögens ändern daran grundsätzlich nichts mehr, denn solche Änderungen können typischerweise nicht mehr mit der Ehe in Zusammenhang gebracht werden. Daher ist es auch unerheblich, ob der Verlust des Vermögens verschuldet oder unverschuldet eingetreten ist.

Lagen jedoch bereits zum Wegfall führende Umstände vor, ohne dass dieselben offen zu Tage getreten waren, ist das Vertrauen des Verpflichteten zum Einsatzzeitpunkt bei objektiver Betrachtung nicht schützenswert. Denn es lag dann keine nachhaltige Sicherung vor.[57]

Ob § 1577 Abs. 4 S. 1 auch gilt, wenn zunächst ein Unterhaltsanspruch bestan- 31 den hat und erst nach der Ehescheidung ein bedarfsdeckendes Vermögen erworben wurde, das später in Wegfall gerät, hat der Bundesgerichtshof verneint.[58] Solche nachteiligen Veränderungen können nicht mehr der Risikosphäre des Unterhaltspflichtigen zugerechnet werden.

Dies gilt ausnahmsweise bei einem bestehenden und durch bedarfsdeckendes 32 Vermögen zunächst gesicherten Anspruch wegen Kinderbetreuung nach § 1570 nach dem Wegfall des Vermögens nicht (§ 1573 Abs. 4 S. 2). Der Anspruch lebt dann wieder auf und kann sogar Anschlusstatbestände nach sich ziehen.

III. Sonstige Fragestellungen

Für den Fall, dass im Einsatzzeitpunkt eine Bedürftigkeit nicht gegeben war, je- 33 doch später eintritt (etwa wegen Wegfalls einer Erwerbstätigkeit) und die übrigen Voraussetzungen eines Anspruchs noch vorliegen, ist streitig, ob ein Anspruch **wieder aufleben** kann. Richtig dürfte sein, hierzu eine strenge Auffassung zu vertreten, wie sich aus den gesetzlichen Sonderregelungen zu derartigen Fallgestaltungen in §§ 1577 Abs. 4 und 1373 Abs. 4 ergibt.[59] Teilweise wird hierzu

---

56 BGH 27.6.1984 – IVb ZR 20/83, FamRZ 1985, 354; OLG Hamm 20.11.1998 – 11 UF 224/97, FamRZ 1999, 917. Zur Unbilligkeit der Inanspruchnahme beim Bedürftigen bei Auszahlung von Lebensversicherungsleistungen an beide Ehegatten, wenn der Verpflichtete noch erhebliches Vermögen hat, OLG Hamm 25.2.2000 – 11 UF 93/99, FamRZ 2000, 1286.

57 Palandt/Brudermüller § 1577 Rn. 33.

58 BGH 12.1.1983 – IVb ZR 348/81, FamRZ 1983, 670.

59 Vgl. auch BGH 27.6.2001 – XII ZR 135/99, FamRZ 2001, 1291 zu § 1572; für ein Wiederaufleben OLG München 28.9.1992 – 12 WF 991/92, FamRZ 1993, 564; Schwab/Borth IV Rn. 1489–1491, 1494; Wendl/Dose/Bömelburg § 4 Rn. 118.

auch vertreten, dass es entsprechend der Rechtsprechung des Bundesgerichtshofs zu latenten Erkrankungen im Rahmen des § 1572 ausreicht, wenn die Bedürftigkeit in engem zeitlichen Zusammenhang mit dem Einsatzzeitpunkt auftritt, oder dass der Wiedereintritt der Bedürftigkeit schon jetzt feststeht.[60]

IV. Verfahren

34 **1. Beweislast.** Neben dem Bedarf hat der **Unterhaltsberechtigte** auch seine Bedürftigkeit darzulegen und zu beweisen, weil sie zu den Anspruchsvoraussetzungen zählt.[61] Ebenso trägt er die Darlegungs- und Beweislast für die Unzumutbarkeit einer Erwerbstätigkeit und die Nichtanrechnung von Einkünften (Abs. 2).
Dies betrifft auch die Frage, ob der Bedürftige einem neuen Partner geldwerte
Haushaltsführungs-/Versorgungsleistungen erbringt oder ersparte Aufwendungen vorliegen.[62] Die gleiche Belastung trifft ihn hinsichtlich der Darlegung, dass
der Einsatz seines Vermögensstamms unwirtschaftlich oder unbillig wäre
(Abs. 3) bzw. weggefallenes Vermögen seinen Unterhalt nicht nachhaltig gesichert hat (Abs. 4).

Dagegen muss der **Unterhaltspflichtige** darlegen und beweisen, dass freiwillige
Leistungen eines Dritten ihn entlasten sollen. Der Unterhaltspflichtige hat die
Voraussetzungen des § 850 i ZPO (Insolvenzverfahren) darzulegen und die Voraussetzungen seines Antrags als Gemeinschuldner, ihm von den pfändbaren Ansprüchen so viel als Einkommen zu belassen, wie er für den eigenen notwendigen Unterhalt und den seiner Unterhaltsberechtigten benötigt, höchstens aber so
viel, wie ihm verbleiben würde, wenn sein Einkommen aus laufendem Arbeits-
oder Dienstlohn bestünde (§ 36 Abs. 1 InsO iVm § 850 i Abs. 1 ZPO). Wurde
ein solcher Antrag gestellt, obliegt es nach allgemeinen Grundsätzen dem
Schuldner im Unterhaltsverfahren, die Voraussetzungen für die Gewährung des
geltend gemachten pfändungsfreien Anteils darzulegen.[63]

Im Rahmen einer vorzunehmenden Billigkeitsabwägung ist nach allgemeinen
Grundsätzen jeder Ehegatte für die aus seinem jeweiligen Bereich herrührenden
und zu seinen Gunsten wirkenden Umstände darlegungs- und beweispflichtig.

35 **2. Antragsprobleme im Unterhaltsverfahren.** Seit dem 1.8.2006 gilt auch im
SGB II für Leistungen im Rahmen der Grundsicherung nach §§ 19, 28 SGB II
(Grundsicherung und Sozialgeld) wieder der gesetzliche Forderungsübergang
(cessio legis) nach § 33 SGB II.[64] Im laufenden Unterhaltsverfahren ist daher wegen Wegfalls der Aktivlegitimation zum Zeitpunkt des Schlusses der mündlichen
Verhandlung der Antrag dem gesetzlichen Forderungsübergang anzupassen und
insoweit Zahlung an den Leistungserbringer zu beantragen (§ 113 FamFG iVm
§ 265 ZPO).

---

60 JH/Hammermann § 1577 Rn. 2.
61 BGH 24.10.1979 – IVb ZR 171/78, FamRZ 1980, 126; 16.3.1983 – IVb ZB 807/80,
    FamRZ 1983, 683.
62 BGH 11.1.1995 – XII ZR 236/93, FamRZ 1995, 343; 30.11.1994 – XII ZR 226/93,
    FamRZ 1995, 291.
63 BGH 31.10.2007 – XII ZR 112/05, FamRZ 2008, 137.
64 Gesetz zur Fortentwicklung der Grundsicherung für Arbeitsuchende, BGBl. 2006 I
    1706, 1711.

§ 1578 BGB Maß des Unterhalts

(1) ¹Das Maß des Unterhalts bestimmt sich nach den ehelichen Lebensverhältnissen. ²Der Unterhalt umfasst den gesamten Lebensbedarf.

(2) Zum Lebensbedarf gehören auch die Kosten einer angemessenen Versicherung für den Fall der Krankheit und der Pflegebedürftigkeit sowie die Kosten einer Schul- oder Berufsausbildung, einer Fortbildung oder einer Umschulung nach den §§ 1574, 1575.

(3) Hat der geschiedene Ehegatte einen Unterhaltsanspruch nach den §§ 1570 bis 1573 oder § 1576, so gehören zum Lebensbedarf auch die Kosten einer angemessenen Versicherung für den Fall des Alters sowie der verminderten Erwerbsfähigkeit.

I. Allgemeines

1 Maßstab für den nachehelichen Unterhalt der Ehegatten sind die ehelichen Lebensverhältnisse. Damit unterscheidet sich der nacheheliche Unterhalt grundlegend von dem Verwandtenunterhalt und dem Unterhaltsanspruch nach § 1615 l, bei denen sich das Maß des Unterhalts gem. § 1610 Abs. 1 nach der Lebensstellung des Bedürftigen (angemessener Unterhalt) bestimmt. Die Anknüpfung der Bemessung des Unterhalts an die **ehelichen Lebensverhältnisse** soll beiden Eheleuten den während der Ehe als Ergebnis der gemeinsamen Arbeit erreichten Lebensstandard auch nach der Scheidung möglichst erhalten und den bedürftigen Ehegatten vor einem sozialen Abstieg bewahren.[1] Der vom Einkommen des besser verdienenden Ehegatten abgeleitete Unterhaltsanspruch nach den ehelichen Lebensverhältnissen bietet dem geschiedenen Ehegatten jedoch **keine Lebensstandardgarantie.** Denn nachdem das Gesetz mit § 1573 Abs. 5 aF und § 1578 Abs. 1 S. 2 aF bereits seit 1986 Möglichkeiten zur Begrenzung und Befristung vorsah, regelt § 1578 b in der seit dem 1.1.2008 geltenden Fassung nunmehr generell die Möglichkeit einer Herabsetzung und zeitlichen Begrenzung des nachehelichen Unterhalts.[2] Der nach den ehelichen Lebensverhältnissen geschuldete Unterhalt ist in vielen Fällen im Hinblick auf das vorrangige Prinzip der Eigenverantwortung und aus Billigkeitsgründen auf den **angemessenen Lebensbedarf herabzusetzen** und/oder **zeitlich zu begrenzen** (zu den Voraussetzungen vgl. § 1578 b und die Kommentierung dort). Ferner hat der Unterhaltsberechtigte das **Risiko einer dauerhaften Verschlechterung der wirtschaftlichen Verhältnisse** des Verpflichteten nach Scheidung **mitzutragen,** so dass § 1578 nach seinem Zweck keine die früheren ehelichen Lebensverhältnisse unverändert fortschreibende Lebensstandardgarantie begründet.[3]

2 § 1578 dient der Bestimmung des **eheangemessenen** Unterhalts**bedarfs.** Einen Unterhalt, der diesem Bedarf entspricht, kann der Ehegatte aber nur insoweit verlangen, als er **bedürftig** ist, dh den Unterhaltsbedarf nicht aus seinen Einkünften und seinem Vermögen decken kann oder in zumutbarer Weise decken könnte (vgl. § 1577 Abs. 1).[4] Weitere Voraussetzung für einen Unterhaltsanspruch ist die **Leistungsfähigkeit** des verpflichteten Ehegatten, deren Fehlen zur Einschränkung oder zum Wegfall des Unterhalts führt (vgl. § 1581), → Rn. 25 f.[5]

II. Eheliche Lebensverhältnisse

3 **1. Grundsatz.** Diese für die Bemessung des Unterhalts maßgebenden Verhältnisse umfassen alles, was während der Ehe für den Lebenszuschnitt der Ehegatten nicht nur vorübergehend tatsächlich von Bedeutung war, insbesondere die den Lebensstandard **prägenden** wirtschaftlichen Verhältnisse, also vor allem Ein-

---

1 BGH FamRZ 1983, 678.
2 BGH FamRZ 2010, 1971 (1973).
3 BGH FamRZ 2008, 968 (973); 2007, 793 (795); 2006, 683 (685); 2003, 590 (591 f).
4 BGH FamRZ 1989, 487.
5 BGH FamRZ 2006, 683 (685); nach Ziff. 21.4 der Leitlinien derzeit 1.200 EUR.

kommen und **Vermögen**, soweit es der Bedarfsdeckung gedient hat, sowie auch **Belastungen**.[6] Mitbestimmend sind weiter alle sonstigen beruflichen, gesundheitlichen oder familiären für den Lebenszuschnitt maßgebenden Faktoren, wie insbesondere die **Haushaltsführung und Kinderbetreuung** des in der Ehe nicht berufstätigen Ehegatten.[7] **Nicht prägende** Umstände bleiben bei der Bestimmung der ehelichen Lebensverhältnisse und damit des eheangemessenen Unterhaltsbedarfs außer Ansatz. Der Begriff „Prägung" hat allerdings durch die **Rechtsprechung des Bundesgerichtshofs** eine erhebliche Wandlung erfahren (→ Rn. 25 f.).

Die ehelichen Lebensverhältnisse werden in erster Linie bestimmt durch das Einkommen der Eheleute, das zur Deckung des Lebensbedarfs eingesetzt worden ist und ihren Lebensstandard geprägt hat.[8] Darunter fallen alle Einkünfte gleich welcher Art und gleich aus welchem Anlass sie erzielt werden,[9] also insbesondere alle Einkünfte aus den sieben Einkunftsarten nach § 2 EStG und alle vermögenswerten Vorteile. Auch Sozialleistungen können unter bestimmten Voraussetzungen prägendes Einkommen darstellen. Zur Berechnung des sog **unterhaltsrechtlich relevanten Nettoeinkommens** im Einzelnen → Vor § 1360 Rn. 5 ff., 91 ff., 126 ff. **4**

2. Einkommen als Surrogat der Familienarbeit. Mit seiner Grundsatzentscheidung vom 13.6.2001[10] hat der Bundesgerichtshof seine frühere Rechtsprechung[11] grundlegend geändert und die **Haushaltsführung und Kinderbetreuung** in der Ehe – unabhängig von ihrer ökonomischen Bewertung – der Erwerbstätigkeit des anderen Ehegatten gleichgestellt und damit angemessen berücksichtigt. Nimmt der haushaltsführende Ehegatte nach der Trennung/Scheidung eine Erwerbstätigkeit auf oder erweitert sie über den bisherigen Umfang hinaus, so ist das hieraus erzielte **Einkommen als Surrogat** für seine bisherige Familienarbeit **eheprägend** in die Bedarfsbemessung einzustellen (sog **Surrogationslösung**).[12] Damit ist gewährleistet, dass – ebenso wie früher die Familienarbeit beiden Ehegatten zu gleichen Teilen zugutekam – nunmehr das beiderseitige Einkommen zwischen ihnen nach dem Grundsatz der gleichen Teilhabe geteilt wird.[13] Der Unterhalt ist in diesen Fällen nach der **Differenzmethode** (bzw. Additionsmethode, → Rn. 46) zu berechnen. Verletzt der Berechtigte seine Erwerbsobliegenheit, ist auch das dann **fiktiv anzusetzende Einkommen** als eheprägendes Surrogat zu behandeln (→ Rn. 7). **5**

Auf die **Art und den Umfang** der (früheren) Haushaltsführung, ob mit oder ohne Kinderbetreuung, kommt es insoweit nicht an. Selbst wenn der in der Ehe haushaltsführende Ehegatte nach Aufnahme einer Erwerbstätigkeit **mehr verdient** als der andere Ehegatte während der Ehe, ist auch dieses höhere Einkommen als Surrogat der Haushaltsführung in vollem Umfang bedarfsprägend, so dass es zu einer Unterhaltsverpflichtung des früher haushaltsführenden Ehegat- **6**

---

6 BGH FamRZ 1999, 367 (368).
7 BGH FamRZ 2001, 986 (989).
8 BGH in st. Rspr., vgl. zB BGH FamRZ 2001, 986; 1981, 539 (541).
9 BGH FamRZ 1986, 780 f.
10 BGH FamRZ 2001, 986.
11 Vgl. zB BGH FamRZ 1986, 783 (785), wonach Einkommen aus einer nach Trennung/ Scheidung aufgenommenen Erwerbstätigkeit als nicht prägend im Wege der Anrechnungsmethode zu berücksichtigen war.
12 BVerfG FamRZ 2002, 527 (530), wonach die frühere Rspr. des BGH verfassungswidrig und die Surrogationslösung zu billigen ist.
13 BGH FamRZ 2001, 986 (991).

ten kommen kann.[14] Soweit dieses Einkommen allerdings auf einem **Karriere-sprung** beruht (→ Rn. 26), bleibt es bei der Bedarfsbestimmung außer Betracht.

7 **3. Fiktive Einkünfte.** Der nacheheliche Unterhalts**bedarf** kann nicht aus **fiktiven Mitteln** hergeleitet werden, die den Ehegatten während des Zusammenlebens objektiv **nie** oder jedenfalls **nicht nachhaltig** zur Verfügung gestanden haben, etwa wenn ein Ehegatte nach seinen Möglichkeiten ein höheres Einkommen hätte erzielen können, dies aber – zB aus Bequemlichkeit – unterlassen hat und die Eheleute sich daher mit einem geringeren Lebensstandard begnügen mussten,[15] oder wenn Einkünfte erst aus der Verwertung von Vermögen nach Trennung/ Scheidung und anschließendem Verzehr des erzielten Kapitals stammen.[16] Aus der nachehelichen Solidarität der geschiedenen Ehegatten folgt aber im Rahmen der Unterhaltsansprüche nicht nur die Pflicht zum Einsatz eines vorhandenen Einkommens, sondern auch die **Verpflichtung zu einer angemessenen Erwerbstätigkeit**.[17] Gibt ein Ehegatte eine Berufstätigkeit, die er bereits während des ehelichen Zusammenlebens ausgeübt hat, ohne rechtfertigenden Grund auf, ist ihm **fiktiv ein Einkommen zuzurechnen,** das er bei Fortführung der Tätigkeit erzielen würde.[18] Entsprechendes gilt ganz allgemein für Einkommensminderungen nach der Scheidung, die auf einem unterhaltsrechtlich vorwerfbaren Verhalten des Ehegatten beruhen oder durch freiwillige berufliche oder wirtschaftliche Dispositionen veranlasst wurden und vom Ehegatten durch zumutbare Vorsorge hätten aufgefangen werden können.[19] Der **Unterhaltsverpflichtete** hat allgemein seine Arbeitskraft und seine sonstigen zu Gebote stehenden Einkommensquellen so gut wie möglich einzusetzen, um den zum Zeitpunkt der Scheidung erreichten Lebensstandard zu halten. Bei nicht vorwerfbarem Arbeitsplatzverlust muss er sich um eine **neue angemessene Erwerbstätigkeit** bemühen. **Verstößt** er gegen diese **Obliegenheit,** so muss er sich durch Ansatz eines eheprägenden fiktiven Einkommens so behandeln lassen, als würde er der Obliegenheit genügen.[20] Kommt der **Berechtigte** nach Trennung/Scheidung einer Obliegenheit zur Aufnahme einer Erwerbstätigkeit nicht nach, so sind die erzielbaren Einkünfte als Surrogat der (früheren) Haushaltsführung als eheprägend anzusetzen.[21] Dies gilt auch bei nur **kurzem Zusammenleben.**[22] Zu den Anforderungen an die Ernsthaftigkeit und Nachhaltigkeit der Erwerbsbemühungen des Berechtigten und die ihm insoweit obliegende Darlegungs- und Beweislast → § 1573 Rn. 14 ff. Die dortigen Ausführungen gelten sinngemäß auch für die erforderlichen Erwerbsbemühungen des Verpflichteten und die ihn insoweit treffende Darlegungs- und Beweislast im Rahmen der Prüfung seiner Leistungsfähigkeit.

8 **4. Einkommen aus unzumutbarer Tätigkeit.** Eine unzumutbare (**überobligatorische**) Tätigkeit auf Seiten des Unterhalts**schuldners** oder Unterhalts**gläubigers** liegt vor, wenn sie jederzeit ohne unterhaltsrechtliche Nachteile beendet werden kann, weil eine entsprechende **Erwerbsobliegenheit nicht gegeben** ist.[23] Die in

---

14 Wendl/Dose/Gerhardt § 4 Rn. 416.
15 BGH FamRZ 1997, 281 (283); 1992, 1045 (1047).
16 BGH FamRZ 1997, 281 (283).
17 BGH FamRZ 2009, 579 (583).
18 BGH FamRZ 2009, 579 (583); 2000, 1358.
19 BGH FamRZ 2008, 968 (972).
20 BGH FamRZ 2013, 274 (276); 2013, 109; 2009, 314.
21 BGH FamRZ 2004, 254.
22 BGH FamRZ 2005, 1979 (1981).
23 BGH in st. Rspr., zB BGH FamRZ 2006, 683 (684); 1998, 1501.

der Praxis bedeutsamsten Fälle sind Erwerbstätigkeit trotz Betreuung kleiner Kinder, zusätzliche Arbeiten neben einer vollschichtigen Erwerbstätigkeit und eine über das 65. Lebensjahr hinausgehende Erwerbstätigkeit.[24] Ob eine Erwerbstätigkeit ganz oder teilweise als überobligat anzusehen ist, hängt von den **besonderen Umständen** des Einzelfalls ab, lässt sich nicht allgemein beantworten und unterliegt der **tatrichterlichen Würdigung**. Der ohne finanzielle Not erfolgten Aufnahme einer Tätigkeit kann indizielle Bedeutung für ihre Zumutbarkeit zukommen.[25] Bei einer neben der Betreuung von Kindern ausgeübten Tätigkeit kommt es darauf an, wie sich diese im konkreten Fall in Hinblick auf die Betreuungsmöglichkeiten mit der Kindererziehung vereinbaren lässt.[26]

Eine vom Unterhaltspflichtigen wie Berechtigten über die Regelaltersgrenze für die gesetzliche Rente[27] hinaus ausgeübte Erwerbstätigkeit ist allerdings regelmäßig überobligatorisch, auch wenn sie als berufstypisch anzusehen ist, wie etwa die selbstständige Tätigkeit in bestimmten Berufen.[28] Seit Inkrafttreten der **Unterhaltsreform** zum 1.1.2008[29] wird nach der Neufassung des § 1570 eine Erwerbstätigkeit des Berechtigten allerdings unzweifelhaft nur als überobligatorisch anzusehen sein, solange das von ihm betreute Kind das **dritte Lebensjahr** noch nicht vollendet hat, und zwar unabhängig davon, ob der Berechtigte während des ehelichen Zusammenlebens neben der Betreuung des Kindes gearbeitet hat oder nicht.[30] In dem Umfang, in dem das Kind nach Vollendung des dritten Lebensjahres eine **kindgerechte Einrichtung** (Kindergarten, Hort, Tagespflege, Schule) besucht oder unter Berücksichtigung der individuellen Verhältnisse besuchen könnte, kann sich der betreuende Elternteil nicht mehr auf die Notwendigkeit einer persönlichen Betreuung des Kindes und somit nicht auf kindbezogene Verlängerungsgründe isv § 1570 Abs. 1 S. 3 berufen.[31] Für Kinder ab diesem Alter hat der Gesetzgeber den Vorrang der persönlichen Betreuung gegenüber anderen kindgerechten Betreuungsmöglichkeiten aufgegeben. Eine mit einer kindgerechten Unterbringung in diesem Sinne in Einklang stehende Erwerbstätigkeit ist dem betreuenden Elternteil zumutbar. Übt er eine Erwerbstätigkeit aus, ohne dass das Kind während der Arbeitszeit in einer entsprechenden Betreuungseinrichtung untergebracht werden kann, liegt regelmäßig eine überobligatorische Tätigkeit vor. Eine (unentgeltliche) Betreuung durch Großeltern, Verwandte, Nachbarn oder Freunde stellt eine **freiwillige Leistung Dritter** dar, die nicht dazu dienen soll, den Unterhaltspflichtigen zu entlasten.[32] Solange und soweit eine Erwerbstätigkeit nur durch die Betreuungsleistungen solcher Personen ermöglicht wird, weil eine kindgerechte Betreuungseinrichtung nicht zur Verfügung steht, ist die Tätigkeit als überobligatorisch zu bewerten. Das gilt allerdings nicht für eine Betreuung durch den **barunterhaltspflichtigen Elternteil**, die wahr-

---

24 Vgl. BGH FamRZ 2006, 683 (684); 1999, 708 (709 f.).
25 BGH FamRZ 2006, 846.
26 BGH FamRZ 2005, 1154 (1156); 2005, 442 (445); zur Berücksichtigung eines überdurchschnittlich hohen Betreuungsaufwandes bei sog Problemkindern vgl. BGH FamRZ 2006, 846.
27 Ab dem Jahr 2012 stufenweise Anhebung von 65 auf 67 Jahre, RV-Altersgrenzenanpassungsgesetz vom 20.4.2007 (BGBl. I, 554).
28 BGH FamRZ 2011, 454 ff.
29 BGBl. I, 3189.
30 BGH FamRZ 2009, 770 (772).
31 BGH FamRZ 2012, 1040 (1042); 2010, 1880 (1882); 2010, 1050 (1052); 2009, 1391 (1394); 2009, 770 (773).
32 BGH FamRZ 2012, 1040 (1043 f.); 2009, 1391 (1395).

zunehmen ist, wenn dieser eine solche ernsthaft und verlässlich anbietet und sie mit dem Kindeswohl in Einklang steht.[33] Im Rahmen der elternbezogenen Gründe iSv § 1570 Abs. 2 kann eine **vollschichtige Erwerbstätigkeit** aber zu einer **überobligationsmäßigen Belastung** führen, auch wenn die ganztägige Betreuung des Kindes in einer entsprechenden Einrichtung gesichert ist.[34] Nach der Rückkehr des Kindes in die Familienwohnung kann sich nämlich ein weiterer Betreuungsbedarf ergeben, dessen Umfang im Einzelfall unterschiedlich sein kann, abhängig etwa von Alter und Anzahl der Kinder, deren Entwicklungs- und Gesundheitszustand und deren Neigungen und Begabungen.[35] In diesem Fall kann eine vollschichtige Tätigkeit zumindest teilweise überobligatorisch sein.

9   Nach den Leitlinien der meisten Oberlandesgerichte konnte zum Ausgleich für die Doppelbelastung durch Kindererziehung und Berufstätigkeit ein **Betreuungsbonus** gewährt werden, unabhängig davon, ob eine Erwerbsobliegenheit (bereits) bestand oder nicht.[36] Für dessen Höhe sollten ua die Zahl und das Alter der Kinder, der Umfang der Berufstätigkeit sowie der Lebensstandard der Beteiligten von Bedeutung sein. Nach früher widersprüchlichen Entscheidungen[37] hat der Bundesgerichtshof mit seiner Entscheidung vom 13.4.2005[38] klargestellt, dass auf Seiten des **Berechtigten** der „unterhaltsrelevante Teil" des in Frage stehenden Einkommens als **prägend** bei der Bedarfsbemessung (wie dann auch bei der Bedarfsdeckung) zu berücksichtigen ist. Nur dieser Teil könne als **Surrogat** an die Stelle der eheprägenden früheren Haushaltstätigkeit oder Kinderbetreuung treten. Zunächst ist also festzustellen, ob und ggf. in welchem Umfang die Erwerbstätigkeit als **unzumutbar**, also als **überobligatorisch**, anzusehen ist. In einem zweiten Schritt ist zu prüfen, in welcher Höhe dieses überobligat erzielte Einkommen in die Bedarfsberechnung einzustellen ist. Die Bestimmung des anrechnungsfrei bleibenden Teils erfolgt nach **Billigkeit** gem. §§ 1577 Abs. 2, 242 und unterliegt tatrichterlicher Würdigung. Dieser Teil bleibt bei der Unterhaltsberechnung (also sowohl bei der Bestimmung des Bedarfs und der Bedürftigkeit als auch der Leistungsfähigkeit) gänzlich unberücksichtigt. Ob überhaupt und in welchem Umfang das **überobligatorische** Einkommen bei der **Bedarfsbestimmung** heranzuziehen ist, kann nicht pauschal festgestellt werden, sondern ist stets von den Umständen des Einzelfalls abhängig. Maßgebend sind ua die Anzahl und das Alter der Kinder, ihre Betreuungsbedürftigkeit, Art und Umfang der Erwerbstätigkeit, Betreuungsmöglichkeiten durch Dritte.[39] Neben einer solchen Anrechnung nach Billigkeit kann ein **Kinderbetreuungsbonus**, wie er in

---

33 BGH FamRZ 2010, 1880 (1883).
34 BGH FamRZ 2010, 1880 (1882); 2010, 1050 (1052 f.); 2009, 1391 (1395); 2009, 770 (773); 2008, 1739 (1748).
35 BGH FamRZ 2012, 1040 (1043 f.); 2009, 1391, 1395.
36 Vgl. 10.3 der Leitlinien; BGH FamRZ 2010, 1050 lehnt dagegen die Gewährung eines pauschalen Betreuungsbonus ab und wendet allein § 1577 Abs. 2 an.
37 BGH FamRZ 1998, 1501 (nicht prägend); 2002, 23 (24) (prägend).
38 BGH FamRZ 2005, 1154 (1157).
39 BGH FamRZ 2009, 1391: Nichtanrechnung des über eine halbschichtige Tätigkeit hinausgehenden Einkommensanteils bei Erziehung eines teilweise durch die Großeltern betreuten grundschulpflichtigen Kindes; FamRZ 2007, 882: Drittelanrechnung des Mehrverdienstes bei überobligater Ausweitung einer Halb- in eine Zweidritteltätigkeit; BGH FamRZ 2005, 967: hälftige Anrechnung des Einkommens bei vollschichtiger Tätigkeit trotz Betreuung von zwei Kindern, 7 und 10 Jahre alt; BGH FamRZ 1986, 790 (791).

verschiedenen Leitlinien vorgesehen war,[40] nicht zusätzlich berücksichtigt werden. Immer abgesetzt werden kann jedenfalls der Betrag, der konkret für die Betreuung des Kindes aufgewendet werden muss, um der Berufstätigkeit überhaupt nachgehen zu können (zB Kosten für Kinderkrippe, Hort, Tagesmutter usw). Dazu zählen aber im Hinblick auf seine pädagogische Bedeutung **nicht** die **Kosten des Kindergartens**, die einen (Mehr-)Bedarf des **Kindes** darstellen und für den die Eltern anteilig nach § 1606 Abs. 3 haften.[41] Inwieweit das auch für die Kosten ähnlicher Einrichtungen angenommen werden muss, ist derzeit höchstrichterlich noch nicht entschieden.[42] Für überobligat erzieltes Einkommen des **Verpflichteten**, für den § 1577 Abs. 2 an sich nicht zutrifft, gelten entsprechende Grundsätze. Der anrechnungsfrei bleibende Teil bestimmt sich nach **Treu und Glauben** unter Berücksichtigung der Umstände des Einzelfalls.[43] Bei einer Erwerbstätigkeit über die Altersgrenze hinaus kann es zB auf das Alter, den Gesundheitszustand, die ursprüngliche Planung der Eheleute und eine etwaige unzureichende Altersversorgung ankommen.[44] Damit wird überobligat erzieltes Einkommen beim Verpflichteten und Berechtigten **gleich behandelt.**

Leistet der Verpflichtete **sowohl Bar- als auch Betreuungsunterhalt** für ein gemeinschaftliches Kind, kann er neben einem Betrag in Höhe des Tabellenunterhalts für das Kind und den konkreten Betreuungskosten einen weiteren angemessenen Betrag wegen überobligatorischer Tätigkeit gem. § 242 von seinem Einkommen absetzen.[45] Die Anrechnung des Einkommens aus einer nach Verrentung fortgeführten, bereits in der Ehe ausgeübten Nebentätigkeit kann unter Umständen zur Gänze unterbleiben.[46] In der richterlichen Praxis werden eheprägende Einkünfte aus einer Zusatztätigkeit (neben einer vollschichtigen Erwerbstätigkeit) in der Regel mit einem Drittel oder mit der Hälfte angesetzt. Entsprechendes gilt für Überstundenvergütungen, soweit sie nicht berufstypisch sind und das übliche Maß in diesem Beruf nicht überschreiten.[47] **10**

5. Einkünfte aus Versorgungsleistungen für den neuen Partner. Führt der Unterhaltsberechtigte seinem neuen Lebenspartner den **Haushalt** oder erbringt er für diesen **sonstige Versorgungsleistungen**, wie etwa Wohnungsgewährung, ist dafür nach st. Rechtsprechung des Bundesgerichtshofs eine **fiktive Vergütung** anzusetzen.[48] Der **neue Partner** muss allerdings **leistungsfähig** sein.[49] Da es sich um eine Vergütung eigener Art handelt, die nicht mit einem Einkommen aus Erwerbstätigkeit gleichzusetzen ist, kommt eine – wenn auch möglicherweise nur teilweise Anrechnung aus Billigkeitsgesichtspunkten – auch dann in Betracht, wenn der **11**

---

40 Ziff. 10.3 der Leitlinien.
41 BGH FamRZ 2009, 962 ff.; 2008, 1152 (1154).
42 Vgl. Ziff. 12.4 SüdL: Kosten für Kindergarten und „vergleichbare Betreuungsformen" sind Mehrbedarf des Kindes.
43 BGH FamRZ 2011, 454 (456); 2003, 848 (851); 2001, 350; 1991, 182 (183); 1986, 790 (791).
44 BGH FamRZ 2011, 454 (456).
45 BGH FamRZ 2001, 350; 1991, 182 (183); dem entspricht, dass nach Ziff. 15.2 der meisten Leitlinien in diesen Fällen ein Betreuungsbonus angesetzt werden kann.
46 BGH FamRZ 2003, 848 (851).
47 Vgl. Ziff. 1.3 der Leitlinien.
48 BGH FamRZ 2008, 1739 (1744); 2004, 1170 (1173); 2001, 1693 (1694); 1995, 343; abweichend ua Wendl/Dose/Gerhardt § 4 Rn. 633 ff., wonach es sich um einen Vorteil in Form ersparter Aufwendungen handeln soll.
49 BGH FamRZ 1989, 487; 1987, 913; 1985, 273.

Berechtigte neben der Betreuung von Kindern vollschichtig erwerbstätig[50] oder seine Erwerbsfähigkeit – etwa aus gesundheitlichen Gründen – eingeschränkt ist.[51] Die tatsächliche Übernahme derartiger Versorgungsdienste stellt ein gewichtiges Indiz für deren Zumutbarkeit dar.[52] Die **Höhe** der anzusetzenden Vergütung richtet sich nach dem **objektiven Wert**, den die Versorgungsleistungen für den neuen Partner unter Berücksichtigung von dessen Einkommen haben.[53] Der Wert kann dabei gem. § 287 ZPO geschätzt werden.[54] In den Unterhaltsrechtlichen Leitlinien[55] werden die Versorgungsleistungen mit Beträgen zwischen 200 bis zu 550 EUR bewertet. **Betreuungsleistungen des neuen Partners** gegenüber Kindern der Ehegatten sind bei der Bewertung der Versorgungsleistungen des Berechtigten nicht gegenzurechnen, da der Verpflichtete nicht gehalten ist, dem Dritten Betreuungsleistungen zu entgelten.[56] Zusätzlich zum Ansatz einer Vergütung ist der Unterhaltsanspruch des Berechtigten grundsätzlich nicht um den **Wohnbedarf** zu kürzen, falls der neue Partner die Wohnkosten allein trägt; denn die Haushaltstätigkeit ist bereits durch das fiktive Entgelt abgegolten. Vielmehr stellt sich die Wohnungsgewährung dann als freiwillige Leistung eines Dritten dar.[57] Die Versorgungsleistungen des Berechtigten sind als **Surrogat** für die frühere Haushaltstätigkeit in der Familie anzusehen. Die Vergütung ist daher als **prägendes Einkommen** bei der Bedarfsbemessung anzusetzen.[58] Steht fest, dass der Berechtigte mit einem neuen Partner zusammenlebt, trägt er die **Darlegungs- und Beweislast** dafür, dass er keine Versorgungsleistungen für diesen erbringt.[59]

12 **6. Einkünfte aus Vermögen. a) Allgemeines.** Die ehelichen Lebensverhältnisse können auch durch Kapital- und andere Vermögenseinkünfte sowie sonstige wirtschaftliche Nutzungen geprägt werden, wobei es auf die **Herkunft des Vermögens** nicht ankommt. Entscheidend ist vielmehr nur, ob und in welcher Höhe Vermögenseinkünfte erzielt und sie den Eheleuten während des Zusammenlebens zur Bestreitung des Lebensunterhalts der Familie zur Verfügung gestanden haben.[60]

Beispiele: Erträge aus der Anlage von Schmerzensgeld,[61] Erträge aus einem durch Erbfall erworbenen Vermögen;[62] wenn diese erst nach der Scheidung anfallen, sind sie insoweit zu berücksichtigen, als der Ehegatte im Hinblick auf die zu erwartende Erbschaft während der Ehe keine angemessene Altersvorsorge betrieben hat.[63]

---

50 BGH FamRZ 1995, 343.
51 BGH FamRZ 2001, 1693 (1694).
52 BGH FamRZ 1995, 343; 1987, 1011 (1013).
53 BGH FamRZ 2001, 1693 (1696).
54 BGH FamRZ 2001, 1693 (1694).
55 Vgl. Ziff. 6 der Leitlinien.
56 BGH FamRZ 1983, 146 (148).
57 Wendl/Dose/Dose § 1 Rn. 719.
58 BGH FamRZ 2004, 1170.
59 Vgl. BGH FamRZ 1995, 343 (344).
60 BGH FamRZ 2006, 387 (390); 1988, 1145; 1986, 437, 438; 1985, 354, 356.
61 BGH FamRZ 1988, 1031 f.
62 BGH FamRZ 1988, 1145 f.; 1982, 996, 997; OLG Hamm FamRZ 1998, 620.
63 BGH FamRZ 2006, 387 (390).

Erträge aus einem im Zugewinnausgleich erworbenen Vermögen sind eheprägend, wenn sie zuvor als Erträge des ausgleichspflichtigen Ehegatten die ehelichen Lebensverhältnisse geprägt haben.[64]

b) Wohnvorteil. Haben die Ehegatten bereits während des ehelichen Zusammenlebens mietfrei in einem ihnen gemeinsam oder einem Ehegatten allein gehörenden Heim gewohnt, stellt dies einen vermögenswerten Gebrauchsvorteil dar. Denn wer keine Miete zu entrichten hat, verfügt über zusätzliche Mittel für seinen Lebensunterhalt, die seinen Lebensstandard und damit seinen Bedarf steigern und seine Bedürftigkeit mindern bzw. seine Leistungsfähigkeit erhöhen.[65] Für den **nachehelichen Unterhalt** ist bei der Bedarfsbemessung idR der tatsächliche **objektive Mietwert** (die objektive Marktmiete) des Eigenheims anzusetzen,[66] dh die sog Netto-Kaltmiete, die in der Gemeinde oder einer entsprechenden Gemeinde für Wohnraum vergleichbarer Art, Größe, Ausstattung, Beschaffenheit und Lage bezahlt wird (vgl. § 558 Abs. 2), also ohne Berücksichtigung etwaiger auf den Mieter umlegbarer Betriebskosten. Die erzielbare Marktmiete kann nach § 113 Abs. 1 S. 2 FamFG, § 287 ZPO tatrichterlich geschätzt werden.[67] Beim **Trennungsunterhalt** ist regelmäßig nur ein **angemessener Wohnvorteil** zu berücksichtigen, dh ein Vorteil in Höhe der ersparten Miete, die angesichts der wirtschaftlichen Verhältnisse angemessen wäre.[68] Nach Scheidung trifft den Eigentümer die Obliegenheit zur **wirtschaftlich angemessenen Nutzung** der Ehewohnung;[69] ggf. ist es ihm zuzumuten, die Immobilie durch Veräußerung oder (Teil-)Vermietung zu verwerten.[70] Nur ausnahmsweise ist nach der Scheidung – wie beim Trennungsunterhalt – der angemessene Wohnwert anzusetzen, wenn sich nach Abwägung aller maßgebenden Umstände und Interessen eine Teil- oder Vollvermietung oder eine Veräußerung des Eigenheims als nicht (oder noch nicht) möglich oder als nicht (oder noch nicht) zumutbar erweisen sollte.[71] Entsprechendes gilt, solange eine vereinbarte Veräußerung des im Miteigentum der Ehegatten stehenden Heims noch nicht vollzogen ist und die unterbliebene Veräußerung nicht auf dem (alleinigen) Verschulden des die Wohnung nutzenden Ehegatten beruht.[72]

Der Wohnwert wird gemindert durch die im Zuge der Finanzierung zu erbringenden **Zins-** und unter Umständen auch **Tilgungsleistungen.**[73] Ferner sind vom Wohnwert die **erforderlichen Instandhaltungs- und Instandsetzungskosten** abzuziehen, nicht dagegen Aufwendungen für wertsteigernde Um- oder Ausbauten, die eine Form der Vermögensbildung darstellen.[74] Muss zur Finanzierung notwendiger Instanthaltungsmaßnahmen ein Kredit aufgenommen werden, sind

---

64 BGH FamRZ 2007, 1532.
65 St. Rspr., vgl. etwa BGH FamRZ 2013, 1366; 2012, 514; 2008, 963.
66 BGH FamRZ 2003, 1179 (1180).
67 BGH FamRZ 2008, 1325 (1326).
68 BGH FamRZ 2007, 879; 2003, 1179; 2008, 963 (965): der Mietzins, der auf dem örtlichen Wohnungsmarkt für eine dem ehelichen Lebensstandard entsprechende angemessene kleinere Wohnung gezahlt werden müsste.
69 BGH FamRZ 2007, 879 (881).
70 BGH FamRZ 2000, 950 (951).
71 BGH FamRZ 2009, 1300 (1302); 2000, 950 (951); zB ein in die Ehe eingebrachtes Familienheim oder ein nur mit starken Verlusten veräußerbares Objekt, vgl. Wend/Dose/Gerhardt § 1 Rn. 482.
72 BGH FamRZ 2009, 1300 (1302 f.); 2014, 923 (zum Kindesunterhalt).
73 BGH FamRZ 2008, 963 (965); 2003, 1179 (1181).
74 BGH FamRZ 2009, 770 (774); 2005, 1159 (1161); 2000, 351 (354).

Zins- und Tilgungsleistungen wohnwertmindernd zu berücksichtigen.[75] **Rücklagen** für Instandhaltungsmaßnahmen können nur dann als Abzugsposten anerkannt werden, wenn sie für konkrete notwendige und unaufschiebbare Maßnahmen gebildet werden.[76] Der Wohnwert entspricht den Kosten, die der Eigentümer gegenüber einem Mieter erspart. Verbrauchsabhängige Nebenkosten, insbesondere Kosten für Strom, Heizung, Wasser, sind als allgemeine Lebenshaltungskosten schon deshalb nicht abzugsfähig, weil sie regelmäßig auch vom Mieter aufzubringen sind. Allgemein sind bei der Wohnwertbemessung alle die gem. **§ 2 Betriebskostenverordnung** auf den Mieter **umlegbaren Kosten** (Grundsteuer, Sach- und Haftpflichtversicherungen, Straßenreinigung, Müllbeseitigung, Gebäudereinigung, Schornsteinreinigung etc) **nicht** abzuziehen – bleiben also bei der Unterhaltsbemessung außer Ansatz, es sei denn, dass nach den örtlichen Gepflogenheiten bestimmte Betriebskosten ausnahmsweise vom Vermieter übernommen werden (vgl. § 556 Abs. 1).[77] Das bedeutet, dass neben den Finanzierungs-, Instandhaltungs- und Instandsetzungskosten praktisch nur noch die Verwaltungskosten (vgl. § 1 Abs. 2 Betriebskostenverordnung) wohnwertmindernd zu berücksichtigen sind.

14   Bis zur **Zustellung des Scheidungsantrags** nimmt jeder Ehegatte über den Zugewinn am Vermögenserwerb des anderen teil. Ab diesem Zeitpunkt sind bei **Alleineigentum** des Unterhaltsverpflichteten dessen **Tilgungsleistungen** als Form der einseitigen Vermögensbildung zulasten der Unterhaltsansprüche des anderen Ehegatten grundsätzlich nicht mehr wohnwertmindernd zu berücksichtigen.[78] Entsprechendes gilt auch für den Fall, dass die Ehegatten schon zuvor in einem Ehevertrag ihr Vermögen einschließlich der Ehewohnung auseinandergesetzt und Gütertrennung vereinbart haben.[79] Bei Alleineigentum des **Berechtigten** bleiben dessen Tilgungsleistungen schon deshalb außer Ansatz, weil der Pflichtige sonst über den Unterhalt die Vermögensbildung des Berechtigten mitfinanzieren würde (→ Rn. 18). Unabhängig davon können auf Seiten beider Ehegatten bei der Unterhaltsbemessung Tilgungsleistungen als Form der **zusätzlichen Altersvorsorge** berücksichtigt werden und zwar bis zur Höhe von 4 % des eigenen Gesamtbruttoeinkommens.[80] Solange **Miteigentum** besteht, sind Tilgungsleistungen wohnwertmindernd zu berücksichtigen, da sie beiden Eheleuten zugutekommen. Sind die Aufwendungen höher als der Wohnwert, entfällt ein Wohnvorteil.[81] Die den Wohnwert übersteigenden Aufwendungen können als Schulden einkommensmindernd berücksichtigt werden, bei der Bedarfsbemessung jedoch nur, soweit sie die ehelichen Lebensverhältnisse geprägt haben.[82]

15   Bei **Veräußerung** des Familienheims nach Trennung oder Scheidung treten die erzielten bzw. erzielbaren Zinsen aus dem Erlös oder ein mit dem Erlös geschaffe-

---

75 BGH FamRZ 2010, 1633; 2000, 351 (354).
76 BGH FamRZ 2000, 351 (354).
77 BGH FamRZ 2009, 1300 (1303) unter ausdrücklicher Aufgabe seiner früheren Rechtsprechung, wonach alle verbrauchsunabhängigen Kosten den Wohnwert mindern, vgl. etwa BGH FamRZ 2008, 963 (965).
78 BGH FamRZ 2007, 879 (881); 2000, 950 (952); abweichend davon BGH FamRZ 1995, 869 (870): wenn die Vermögensbildung nach einem objektiven Maßstab wirtschaftlich angemessen erscheint.
79 BGH FamRZ 2008, 963 (965).
80 BGH FamRZ 2008, 963 (966); 2007, 879 (882); 2005, 1817 (1822).
81 BGH FamRZ 1995, 291 (292).
82 BGH FamRZ 1987, 572 (575).

ner neuer Wohnwert als **eheprägendes Surrogat** an die Stelle des früheren Wohnvorteils,[83] auch wenn die Zinsen aus dem Erlös den früheren Wohnwert übersteigen.[84] Kommt ein mit dem Erlös neu geschaffener Wohnwert nicht in Betracht, weil die Zinsbelastung der zusätzlich aufgenommenen Kredite den objektiven Wohnwert übersteigt, ist zu prüfen, ob eine **Obliegenheit zur Vermögensumschichtung** besteht.[85] Dabei sind unter dem Gesichtspunkt der Zumutbarkeit alle Umstände des Einzelfalls, auch die beiderseitigen früheren wie jetzigen Wohnverhältnisse, die Belange des Unterhaltsberechtigten und die des Unterhaltspflichtigen gegeneinander abzuwägen. Die tatsächliche Anlage des Vermögens muss sich als eindeutig unwirtschaftlich darstellen, ehe der betreffende Ehegatte auf eine andere Anlageform verwiesen werden kann.[86] **Verbraucht** ein Ehegatte den **Verkaufserlös** oder einen Teil davon, sind nur dann entsprechende fiktive Zinsen anzusetzen, wenn ihm sein Verhalten unterhaltsrechtlich vorgeworfen werden kann.[87] Das ist nicht der Fall, wenn er den Erlös für gerechtfertigte Zwecke verwendet hat, wie etwa für Prozesskosten, umzugsbedingte Neuanschaffungen oder die Tilgung von Schulden.[88] Kauft ein Ehegatte dem anderen seinen Hälfteanteil ab, ist auf Seiten des Erwerbers der **volle Wohnvorteil** als prägend einzusetzen, vermindert um die unterhaltsrechtlich zu berücksichtigenden Belastungen, einschließlich der mit dem Erwerb verbundenen Belastungen, also nach Zustellung des Scheidungsantrags im Wesentlichen die bisherigen und die zur Finanzierung neu aufgenommenen Zinsen, nicht aber Tilgungsleistungen[89] (→ Rn. 13 f.). Auf Seiten des veräußernden Ehegatten treten die Zinsen aus dem Erlös als Surrogat an die Stelle seines früheren Wohnwertanteils.[90]

7. Vermögensbildung. Eine einseitige Vermögensbildung zulasten der Unterhaltsansprüche des anderen Ehegatten bleibt in der Regel unberücksichtigt.[91] Allerdings wird das verfügbare Einkommen der Ehegatten, nach dem sich die ehelichen Lebensverhältnisse richten, gerade bei gehobenen Einkünften häufig nicht in vollem Umfang für den allgemeinen Lebensbedarf verbraucht, sondern teilweise für die Vermögensbildung verwendet. Solche der Vermögensbildung vorbehaltene Einkommensteile dienen nicht der Befriedigung laufender Lebensbedürfnisse und bleiben daher bei der Unterhaltsbemessung außer Ansatz.[92] Ab welchem Einkommen dies der Fall ist, lässt sich nicht allgemein festlegen. Nach Ziff. 15. 3. der Leitlinien des OLG Oldenburg kann dies bei einem für den Ehegattenunterhalt verfügbaren Einkommen angenommen werden, das die höchste Einkommensgruppe der DT (derzeit 5.100 EUR) übersteigt. Der nach den ehelichen Lebensverhältnissen zu bemessene Unterhalt dient nämlich ausschließlich der Deckung des laufenden Lebensbedarfs und nicht der Teilhabe an der Vermö-

16

---

83 BGH FamRZ 2009, 23 f.; 2008, 963 (964 f.); 2005, 1159 (1161); 2001, 1140 (1143); 2001, 986 (991).
84 BGH FamRZ 2009, 23 (24); 2002, 88 (91).
85 BGH FamRZ 2009, 23 (24).
86 BGH FamRZ 2009, 23 (24); 2005, 1159 (1161).
87 BGH FamRZ 2010, 629 (631 f.).
88 BGH FamRZ 1986, 560 (562).
89 BGH FamRZ 2014, 1733.
90 BGH FamRZ 2008, 963 (964 f.); 2005, 1817 (1820 f.); 2005, 1159 (1161).
91 BGH FamRZ 2008, 963 (965): Tilgungsanteil der Kreditraten im Rahmen der Finanzierung einer Wohnimmobilie.
92 BGH FamRZ 2007, 1532 (1534 f.).

gensbildung.[93] Zur Vermögensbildung idS zählen Aufwendungen für die Finanzierung von Immobilien, für Lebensversicherungen, Kapitalanlagen und sonstige Vermögenswerte. Rücklagen zur Anschaffung von Konsumgütern (zB Pkw, Hausrat, Hobbys) stellen keine Vermögensbildung in diesem Sinne dar. Sie dienen der späteren Befriedigung aufgeschobener Unterhaltsbedürfnisse.[94]

17   In welcher Höhe vermögensbildende Aufwendungen zu berücksichtigen sind, beurteilt sich nach einem **objektiven Maßstab**. Entscheidend ist derjenige Lebensstandard, der nach dem vorhandenen Einkommen vom Standpunkt eines vernünftigen Betrachters aus als angemessen erscheint. Gemessen am Gesamteinkommen bleibt eine zu dürftige Lebensführung ebenso außer Betracht wie ein übertriebener Aufwand.[95] In diesem Rahmen kann das tatsächliche Konsumverhalten der Ehegatten während des Zusammenlebens berücksichtigt werden.[96] Der unterhaltsbedürftige Ehegatte braucht sich daher eine das verfügbare Einkommen unangemessen einschränkende Vermögensbildung nicht entgegenhalten lassen, auch wenn er sie während des Zusammenlebens der Ehegatten widerspruchslos hingenommen hat.[97] Die Korrektur einer unangemessenen Vermögensbildung darf aber nicht dazu führen, dass der Boden der ehelichen Lebensverhältnisse verlassen und Einkünfte des Unterhaltspflichtigen als bedarfsbestimmend zugrunde gelegt werden, die auch nach einem objektiven Maßstab nicht für die Kosten der allgemeinen Lebensführung verwendet werden. Insbesondere bei erheblichen Vermögensbeträgen ist der Unterhaltspflichtige nicht gehalten, sämtliche Vermögenseinkünfte dem Verbrauch zuzuführen.[98] Daran ändert nichts, dass sich der Umfang der zu berücksichtigenden Vermögensbildung aber grundsätzlich nach der individuellen Lebensgestaltung der Ehegatten richtet und nicht pauschal nach einer Vermögensbildungsrate zu bemessen ist.[99]

18   Im Rahmen der **Bedarfsdeckung** kann der **Unterhaltsbedürftige** aber keine vermögensbildenden Aufwendungen von seinem Einkommen abziehen, da der Unterhalt nur der Deckung des allgemeinen Lebensbedarfs dient und der Unterhaltspflichtige sonst über einen höheren Unterhalt die Vermögensbildung des Bedürftigen mitfinanzieren müsste.[100]

19   **8. Verbindlichkeiten.** Stammen **Verbindlichkeiten aus der Zeit des ehelichen Zusammenlebens,** sind die hierfür zu erbringenden Leistungen grds. als **eheprägend** anzusehen, unabhängig davon, ob sie von den Ehegatten gemeinsam, oder nur von einem Ehegatten mit oder ohne Einverständnis des anderen aufgenommen wurden. Das gilt auch für Schulden, die ein Ehegatte mit in die Ehe gebracht hat und die weiter von diesem bedient werden.[101] Es kommt grundsätzlich auch nicht darauf an, wer von den Schulden profitiert.[102] Wie schon während der Ehe vermindern die entsprechenden Belastungen die für den allgemeinen Lebensbedarf zur Verfügung stehenden Mittel, so dass sie vor der Bestimmung der Unter-

---

93   BGH FamRZ 1992, 423 (424); 1987, 36 (39).
94   BGH FamRZ 1984, 59 (61).
95   BGH FamRZ 2007, 1532 (1534 f.); 1993, 789 (792); 1989, 1160 (1161); 1987, 913 (916); 1984, 358 (360).
96   BGH FamRZ 2007, 1532 (1534 f.).
97   BGH FamRZ 1987, 36 (39).
98   BGH FamRZ 2007, 1532 (1534 f.).
99   BGH FamRZ 1987, 36 (39).
100   BGH FamRZ 1987, 36 (39).
101   OLG Koblenz FamRZ 1991, 459.
102   OLG München FamRZ 1995, 233; OLG Hamm FamRZ 1994, 446 (447).

haltsquote vom Nettoeinkommen abzuziehen sind[103] (zum Wegfall von Verbindlichkeiten nach Trennung/Scheidung → Rn. 30). **Nicht berücksichtigungsfähig** – weder bei der Bedarfsbestimmung noch bei der der Leistungsfähigkeit des Unterhaltschuldners – sind nach Treu und Glauben allerdings solche Verbindlichkeiten, die während der Ehe ohne Einverständnis des anderen Ehegatten leichtfertig, für luxuriöse Zwecke oder ohne verständigen Grund eingegangen worden sind[104] (zB Kredite für unangemessen teure Hobbys, Finanzierung eines Urlaubs oder Spielschulden).[105] Wurde während des Zusammenlebens ein nach **objektiven Maßstäben** unvertretbar geringer Teil des Einkommens zur Rückführung der Verbindlichkeiten aufgewendet, so muss sich der Unterhaltspflichtige nicht daran festhalten lassen. Ihm sind nunmehr angemessene Raten im Rahmen eines **vernünftigen Tilgungsplanes** zuzugestehen.[106] Wurden hingegen aus Sicht eines objektiven Betrachters unangemessen hohe Raten geleistet, so obliegt es dem Unterhaltsverpflichteten alle gebotenen Anstrengungen zu unternehmen, eine entsprechende Herabsetzung der Raten zu bewirken. Schulden, die zum Zwecke **einseitiger Vermögensbildung** begründet wurden, können hinsichtlich des Tilgungsanteils insoweit nicht als eheprägend berücksichtigt werden, als sie nach objektiven Maßstäben unangemessen hoch erscheinen (→ Rn. 17).

Nach der Trennung/Scheidung eingegangene Verbindlichkeiten haben nach herkömmlichem Verständnis die ehelichen Lebensverhältnisse nicht geprägt und blieben nach früherer Rechtsprechung des Bundesgerichtshofs[107] bei der **Bedarfsbemessung außer Ansatz**. Sie wurden auf Seiten des Pflichtigen im Rahmen seiner Leistungsfähigkeit berücksichtigt, aber nur dann, wenn ihre Eingehung unausweichlich war (zB trennungsbedingte Darlehen zur Finanzierung des Umzugs und neuer Möbel, finanzierter Kauf eines Pkw für Fahrten zum Arbeitsplatz, der sonst nicht erreichbar wäre, Verbindlichkeiten im Zusammenhang mit Krankheits- oder Unfallkosten). **Nach neuer Rechtsprechung** des Bundesgerichtshofs sind aber solche unvermeidbaren Schulden bereits bei der **Bedarfsbemessung** einkommensmindernd zu **berücksichtigen**, wie allgemein nicht vorwerfbare Einkommensminderungen vom Bedürftigen hinzunehmen sind.[108] Der Bundesgerichtshof spricht in diesem Zusammenhang auch von **nicht leichtfertig**[109] eingegangenen oder in **unterhaltsrechtlich nicht vorwerfbarer Weise**[110] aufgenommenen Verbindlichkeiten. Aus Gründen der Gleichbehandlung sind solche berücksichtigungsfähigen Schulden auch auf Seiten des **Unterhaltsberechtigten** zu berücksichtigen.

Andere nacheheliche Verbindlichkeiten bleiben bei der Unterhaltsberechnung außer Ansatz. **Prozesskosten** für Scheidung und Folgesachen sowie Kredite, die zur Auszahlung des **Zugewinns** aufgenommen wurden, sind grundsätzlich nicht zu berücksichtigen.[111] Die **Darlegungs- und Beweislast** für das Vorliegen einer berücksichtigungsfähigen Verbindlichkeit trägt der Ehegatte, der sie geltend

---

103 BGH FamRZ 1997, 806; 1989, 159.
104 BGH FamRZ 1996, 160 (162) mwN; 1984, 358 (360).
105 OLG Hamm FamRZ 1997, 1417; 1997, 1405; 1992, 1178.
106 BGH FamRZ 1982, 678 (679).
107 BGH FamRZ 1998, 1501 (1503); 1994, 824 (825).
108 BGH FamRZ 2010, 538 (540); 2010, 111 (113); 2009, 23 (25); 2007, 793 (795); 2006, 683 (685); 2003, 848; 2003, 590.
109 BGH FamRZ 2010, 538 (540).
110 BGH FamRZ 2009, 23 (25).
111 Vgl. Wendl/Dose/Gerhardt § 1 Rn. 1104.

macht.[112] Der Ansatz an sich berücksichtigungswürdiger Schulden **unterbleibt**, wenn sie aus zusätzlichen **nicht prägenden Mitteln** (etwa Einkommen nach einem Karrieresprung oder aus einer Erbschaft) bedient werden können, weil in diesem Fall der Grundsatz der gleichmäßigen Teilhabe der Ehegatten an den ehelichen Lebensverhältnissen nicht verletzt wird.[113] Das **Bundesverfassungsgericht** führt in den Gründen seiner Entscheidung vom 25.1.2011[114] aus, dass bei der Bedarfsermittlung nach den ehelichen Lebensverhältnissen nur solche Einkommensverringerungen berücksichtigt werden können, die bei Fortbestand der Ehe auch deren Verhältnisse geprägt hätten. Dies wird für die meisten berücksichtigungsfähigen Schulden gelten, nicht aber für solche, die erst durch die Scheidung bedingt sind. Diese sind auf Seiten des Unterhaltpflichtigen erst in die Beurteilung der Leistungsfähigkeit einzubeziehen, was unter Umständen gem. § 1581 zu einer Anrechnung nach Billigkeit führt.

III. Wandelbarkeit der ehelichen Lebensverhältnisse

21 **1. Allgemeines.** Nach früherer Rechtsprechung des Bundesgerichtshofs[115] waren für den nachehelichen Unterhaltsanspruch grundsätzlich die ehelichen Verhältnisse im **Zeitpunkt der Scheidung** maßgebend: Die Rechtskraft der Scheidung setze einen Endpunkt hinter die gemeinsame wirtschaftliche Entwicklung der Eheleute. Von diesem **Stichtagsprinzip** ist der Bundesgerichtshof in seiner **Rechtsprechung** zum **Surrogateinkommen** (→ Rn. 5, 9, 15) und zu den **wandelbaren ehelichen Lebensverhältnissen** zunehmend **abgerückt**. Danach sind bei der Bemessung des nachehelichen Unterhalts nach den ehelichen Lebensverhältnissen spätere Änderungen des verfügbaren Einkommens grundsätzlich zu berücksichtigen und zwar unabhängig davon, wann sie eingetreten sind, ob es sich um Minderungen oder Verbesserungen handelt oder ob die Veränderung aufseiten des Unterhaltpflichtigen oder des Unterhaltsberechtigten eingetreten ist.[116] Nach dieser Rechtsprechung ist die Anknüpfung an den Stichtag der Rechtskraft der Scheidung überholt.[117] Deshalb vermeidet der Bundesgerichtshof nunmehr den Begriff der „Prägung" (der ehelichen Lebensverhältnisse), weil dieser Begriff einen solchen Anknüpfungszeitpunkt suggeriert.[118] Zur Begründung seiner Auffassung weist der Bundesgerichtshof darauf hin, dass das Unterhaltsrecht den bedürftigen Ehegatten nach der Scheidung nicht wirtschaftlich besser stellen wolle, als er ohne die Scheidung stünde. Bei Fortbestehen der Ehe hätte ein Ehegatte die negative Einkommensentwicklung des anderen Ehegatten aber wirtschaftlich mitzutragen. Die Scheidung solle ihm nicht das Risiko einer solchen Entwicklung abnehmen. Dem Recht des nachehelichen Unterhalts könne keine die früheren ehelichen Verhältnisse unverändert fortschreibende Lebensstandardgarantie entnommen werden.[119] Die ehelichen Lebensverhältnisse sind

---

112 BGH FamRZ 1998, 1501 (1503).
113 BGH FamRZ 2010, 111 (114); 2009, 579 (583); 2009, 411 (415).
114 BVerfG FamRZ 2011, 437 (443 f.).
115 BGH FamRZ 2006, 683 (685); 2003, 590 (592); 1999, 367 (368).
116 BGH FamRZ 2010, 629 (631); 2010, 111 (112 f.); 2009, 411 (413 f.); 2008, 1911 (1913 f.); 2008, 968 (971 f.).
117 So ausdrücklich BGH FamRZ 2008, 968 (972).
118 Der Begriff muss mE nicht aufgegeben werden, weil es bei der Beurteilung verschiedener Sachverhalte immer noch auf den Zeitpunkt der Scheidung ankommt (zB für die Frage eines sog Karrieresprungs).
119 BGH FamRZ 2008, 968 (971 f.); 2007, 793 (795); 2006, 683 (685 f.).

somit wandelbar. Das bedeutet, dass schon bei der **Bestimmung des Unterhalts-bedarfs** (nicht erst bei der Frage der Leistungsfähigkeit des Unterhaltsschuldners) regelmäßig das **derzeitige** bzw. das **im maßgeblichen Unterhaltszeitraum** konkret verfügbare Einkommen beider Ehegatten zugrunde zu legen ist, mag die Ehescheidung auch schon Jahre zurückliegen. Der Unterhaltsbedarf entspricht damit zugleich der Leistungsfähigkeit des Verpflichteten. Es erübrigt sich daher in den meisten Fällen – entgegen der früheren Rechtsprechung – eine zusätzliche Überprüfung des Bedarfs anhand der Leistungsfähigkeit des Verpflichteten, wenn nicht der allgemein geltende Ehegattenmindestselbstbehalt von derzeit 1.200 EUR[120] unterschritten wird.

Die dargestellten Grundsätze bedürfen aber zweier wesentlicher **Einschränkungen:** 22

- Der zum Unterhalt Verpflichtete darf aus Gründen der nachehelichen Solidarität den Anspruch auf nachehelichen Unterhalt nicht unterhaltsrechtlich **leichtfertig gefährden.** Beruhen Einkommensminderungen daher auf einer Verletzung der Erwerbsobliegenheit des Pflichtigen oder sind sie durch freiwillige berufliche oder wirtschaftliche Dispositionen des Unterhaltspflichtigen veranlasst und hätten sie von diesem durch zumutbare Vorsorge aufgefangen werden können, bleiben sie unberücksichtigt, so dass stattdessen fiktive Einkünfte anzusetzen sind.[121] Entsprechendes gilt für eine Verletzung der Erwerbsobliegenheit des Berechtigten.

- Einkommenssteigerungen sind ausnahmsweise dann nicht zu berücksichtigen, wenn sie nicht schon in der Ehe angelegt waren, sondern auf einer **unerwarteten Entwicklung**, zB einen Karrieresprung, zurückzuführen sind.[122] Das Unterhaltsrecht will den geschiedenen Ehegatten nicht besser stellen, als er während der Ehezeit stand oder aufgrund einer schon absehbaren Entwicklung ohne die Scheidung stehen würde.

Auch **sonstige Veränderungen** der maßgeblichen Verhältnisse nach der Scheidung sind bereits bei der **Bedarfsbemessung** zu berücksichtigen, wenn sie Einfluss auf das verfügbare Einkommen haben und nicht auf einem unterhaltsrechtlich vorwerfbaren Verhalten beruhen, wie die Aufnahme unausweichlicher Schulden, der billigenswerte Verbrauch von Vermögen,[123] der Wegfall von Zahlungsverpflichtungen aufgrund absehbarer Entwicklungen oder der Eintritt in das Rentenalter.

In seiner **Entscheidung vom 25.1.2011**[124] hat das **Bundesverfassungsgericht** allerdings gefordert, dass im Falle der Einbeziehung von Entwicklungen nach Rechtskraft der Scheidung in die Bedarfsermittlung bei den berücksichtigten Änderungen zumindest ein gewisser Bezug zu den ehelichen Verhältnissen vorhanden sein müsse, damit die Rechtsauslegung noch vom Wortlaut des § 1578 Abs. 1 S. 1 gedeckt ist. Das sei dann nicht mehr gegeben, wenn Veränderungen gerade nicht auf die Ehe zurückzuführen sind, sondern nur und erst durch die Scheidung eintreten konnten. Danach sei die im Wege der sog Dreiteilungsmethode vorgenommene Einbeziehung der Unterhaltspflicht gegenüber einem neuen Ehegatten in die Bedarfsberechnung verfassungswidrig. Gebilligt hat das

---

120 S. Ziff. 21.4 der Leitlinien.
121 BGH FamRZ 2008, 1911 (1913 f.); 2008, 968 (972); 2007, 793 (795).
122 BGH FamRZ 2008, 968 (972); 2007, 793 (795).
123 BGH FamRZ 2010, 629 (631 f.).
124 BVerfG 25.1.2011 – 1 BvR 918/10, NJW 2011, 836.

Bundesverfassungsgericht jedoch die Rechtsprechung des Bundesgerichtshofs zum Surrogateinkommen und zur Berücksichtigung von Entwicklungen, die schon in der Ehe angelegt worden sind oder die – wie nicht vorwerfbare Einkommensverringerungen – bei Fortbestand der Ehe auch deren Verhältnisse geprägt hätten. Die Auswirkung der Entscheidung des Bundesverfassungsgerichts beschränkt sich daher im Wesentlichen auf die Bestimmung des Unterhaltsbedarfs bei Hinzutreten weiterer Unterhaltsberechtigter.

23   **2. Entwicklung der Verhältnisse bis zur Trennung.** Diese ist **stets prägend** für die ehelichen Lebensverhältnisse.[125] Einkünfte müssen aber **nachhaltig** und **dauerhaft** erzielt werden.[126] Eine nur vorübergehende Veränderung (Verbesserung oder Verschlechterung) vor Trennung kann die ehelichen Lebensverhältnisse nicht nachhaltig prägen.[127] Entwicklungen sind auch dann zu berücksichtigen, wenn sie letztlich zur Trennung führen, zB die Annahme einer besser bezahlten Stellung in einer anderen Stadt, nachdem die Ehe in die Krise geraten ist. Auch latente Belastungen, zB Haftung aus einer Bürgschaft sind zu berücksichtigen, auch wenn die Inanspruchnahme erst nach Trennung/Scheidung erfolgt.[128]

24   **3. Entwicklung der Verhältnisse zwischen Trennung und Scheidung.** Die Ehegatten nehmen auch während der Trennungsphase an der Entwicklung der wirtschaftlichen Verhältnisse teil, aber nur solcher, die einer **normalen Weiterentwicklung** entsprechen. Unerwartete, vom Normalverlauf erheblich abweichende Entwicklungen prägen die ehelichen Verhältnisse nicht mehr.[129] Entscheidend ist, ob die entsprechenden Verhältnisse bereits während des ehelichen Zusammenlebens angelegt und damit die Verhältnisse bereits dem Grunde nach geprägt worden sind. Die Teilhabe des bedürftigen Ehegatten am Lebensstandard des unterhaltpflichtigen Ehegatten ist nur gerechtfertigt, wenn und soweit er durch die gemeinsame Lebensleistung der Ehegatten erreicht worden ist.[130] So prägen Änderungen des Einkommens, das bereits während des gemeinsamen Zusammenlebens erzielt wurde oder seine Wurzeln bereits im ehelichen Zusammenleben hatte, die ehelichen Lebensverhältnisse, soweit sie einer normalen voraussehbaren Entwicklung entsprechen. Ein nicht vorhersehbarer **Karrieresprung** (→ Rn. 26) führt dagegen nicht zu eheprägendem Einkommen. Maßgebend ist dann das Einkommen, das zuletzt bei Trennung prägend erzielt wurde. Dieses Einkommen kann für spätere Zeiträume hochgerechnet werden unter Zugrundelegung einer üblichen Einkommenssteigerung, etwa entsprechend der Entwicklung vergleichbarer Tariflöhne oder mangels anderer Anknüpfungspunkte nach den Indexdaten der Jahrbücher des Statistischen Bundesamtes.[131] Die Aufnahme einer ertragreichen Arbeit anstatt einer bisher ertraglosen ist aber nicht einem Karrieresprung gleichzusetzen, wenn ein und dieselbe Arbeitskraft in ähnlicher Weise ausgenutzt wird.[132] Nach der geänderten Rechtsprechung des Bundesgerichtshofs[133] prägt auch das Einkommen aus der Aufnahme oder Ausweitung einer Erwerbstätigkeit durch den Unterhaltsbedürftigen nach Trennung/

---

125 BGH FamRZ 1988, 259 (262).
126 BGH FamRZ 2003, 590 (592).
127 BGH FamRZ 1992, 1045 (1047).
128 OLG Hamm NJW-RR 1998, 6.
129 BGH FamRZ 2003, 590 (592); 1982, 576 (578).
130 BGH FamRZ 2003, 848 (850).
131 BGH FamRZ 1982, 576 (578).
132 Büttner FamRZ 2003, 641 (643).
133 BGH FamRZ 2001, 986 ff.

Scheidung, die als **Surrogat der bisherigen Familienarbeit** anzusehen ist, die ehelichen Lebensverhältnisse (→ Rn. 5). Eheprägend sind auch Einkommensveränderungen bei Vermögenseinkünften nach der Trennung, wenn die Einkünfte bereits während der Ehe erzielt wurden oder ein Surrogat an die Stelle dieser Einkünfte getreten ist. **Zinseinkünfte**, die erstmals nach der Trennung entstanden sind, zB aus einer erst nach der Trennung angefallenen Erbschaft,[134] sind nicht prägend.

4. Entwicklung der Verhältnisse nach Rechtskraft der Scheidung. Der Zeitpunkt 25 der Rechtskraft der Scheidung als Stichtag für die Bemessung des Unterhaltsbedarfs hat durch die Rechtsprechung des Bundesgerichtshofs weitgehend an Bedeutung verloren (→ Rn. 21). Nichtvorhersehbare Entwicklungen (zB Karrieresprung, Anfall einer Erbschaft), die schon während der Trennungszeit die ehelichen Lebensverhältnisse nicht mehr bestimmt haben (→ Rn. 24), sind auch für die Zeit nach der Ehe nicht mehr zu berücksichtigen, erst recht, wenn sie erst nach der Scheidung eingetreten sind. Nach st. Rechtsprechung des Bundesgerichtshofs sind Entwicklungen zu berücksichtigen, die in der Ehe bereits angelegt oder aus der Sicht zum Zeitpunkt der Scheidung mit **hoher Wahrscheinlichkeit** zu erwarten waren, wenn diese Erwartung die ehelichen Lebensverhältnisse bereits **mitgeprägt** hat.[135] Die ehelichen Lebensverhältnisse sind mehr als die bloßen aktuellen Einkommensverhältnisse. Sie umfassen alles, was für den Lebensunterhalt der Ehegatten tatsächlich eine Rolle spielt. Dazu aber gehört auch die begründete Aussicht, dass sich die Lebensumstände in kalkulierbarer Weise künftig günstiger gestalten werden.[136] **Nicht erforderlich** ist, dass sich die prägende Erwartung einer Einkommensverbesserung schon in konkrete Dispositionen für die Zukunft niedergeschlagen hat.[137]

a) Einkommensverbesserungen. Prägend sind die üblichen Lohn- und Gehalts- 26 steigerungen im Rahmen tariflicher oder besoldungsrechtlicher Anpassungen oder Gehaltsverbesserungen im Rahmen eines üblichen beruflichen Aufstiegs oder wenn eine Ausbildung als Grundlage für den beruflichen Aufstieg bereits vor der Trennung/Scheidung absolviert wurde.[138] **Nach heutigem Verständnis** sind Einkommenssteigerungen sowohl auf Seiten des Verpflichteten als auch des Berechtigten grundsätzlich zu berücksichtigen, gleichgültig, ob sie vor oder nach Rechtskraft der Ehescheidung auftreten.[139] Nur Einkommenssteigerungen, die auf einer unerwarteten, vom Normalverlauf abweichenden Entwicklung beruhen[140] und daher die ehelichen Lebensverhältnisse **nicht geprägt** haben, bleiben außer Ansatz, wie beispielsweise Steigerungen infolge eines besonderen beruflichen Aufstiegs, eines sog **Karrieresprungs**,[141] einer Leistungsbeförderung, einer außergewöhnlich günstigen Einkommensentwicklung bei einem Selbstständigen, eine Abfindung zusätzlich zu dem in unveränderter Höhe bezogenen Einkommen[142] oder Erträge aus einer Erbschaft. Bei der Bedarfsbemessung ist dann das

---

134 OLG Hamm NJW-RR 1998, 6.
135 BGH FamRZ 2006, 683 (685); 2006, 387 (390); 2003, 848; 2003, 590.
136 BGH FamRZ 2006, 387 (390); 1987, 459.
137 Vgl. Palandt/Brudermüller § 1578 Rn. 20 unter Hinweis auf BGH NJW 1986, 720.
138 BGH FamRZ 1991, 307 (309).
139 BGH FamRZ 2010, 629 (631); 2010, 111 (112 f.); 2009, 411 (413 f.); 2008, 968 (972).
140 BGH FamRZ 2008, 968 (972); 2007, 793 (795).
141 BGH FamRZ 2009, 411 (414); 2008, 968 (972).
142 BGH FamRZ 2010, 1311 (1312 f.).

Einkommen zugrunde zu legen, das der Ehegatte vor dem Karrieresprung erzielt hat, ggf. unter Berücksichtung der üblichen Einkommenssteigerungen.

Beispiele für einen Normalverlauf: Aufstieg vom Betriebsratsvorsitzenden zum Gewerkschaftssekretär,[143] vom Werkstattleiter zum Gewerbelehrer,[144] vom Hauptmann (Besoldungsgruppe A 11) über Major zum Oberstleutnant (A 15),[145] vom Referatsleiter zum Ministerialrat,[146] vom Außendienstmitarbeiter zum Bezirksleiter,[147] vom Assistenzarzt zum Oberarzt,[148] vom Betriebsarzt zum Arbeitsmediziner,[149] vom angestellten Elektromeister zum selbstständigen Unternehmer eines Elektroinstallationsbetriebes;[150] Aufnahme einer Auslandstätigkeit wenige Stunden nach Trennung;[151] Einkommensverbesserung durch Aufnahme einer selbstständigen Tätigkeit, wenn Trennung/Scheidung und Aufnahme zeitlich zusammenfallen.[152]

Beispiele für eine außergewöhnliche Entwicklung: Beförderung vom Sonderschullehrer (Besoldungsgruppe A 13) zum Konrektor (A 14),[153] vom Oberstudienrat (A 14) zum Studiendirektor (A 15),[154] vom Oberarzt zum Chefarzt,[155] vom Angestellten in gehobener Position in die Geschäftsführung seines Unternehmens,[156] von einer R 2-Richterstelle auf eine R 3-Stelle im Zusammenhang mit der Wiedervereinigung,[157] vom angestellten Betriebsingenieur zum Geschäftsführer einer GmbH,[158] vom kaufmännischen Sachbearbeiter zum Abteilungsleiter,[159] vom Angestellten zum freien Handelsvertreter mit höherem Einkommen,[160] vom Geschäftsführer eines mittelständigen Unternehmens zum „Senior-Manager" eines international operierenden Konzerns,[161] vom wissenschaftlichen Angestellten einer Universität zum Systemprogrammierer in der freien Wirtschaft;[162] Einkommensverbesserungen durch Fortbildung nach Trennung unter Einsatz von jetzt zur Verfügung stehender Freizeit.[163]

27 **b) Einkommensminderungen.** Sofern diese nicht auf einer Verletzung der Erwerbsobliegenheit des Unterhaltpflichtigen beruhen oder durch freiwillige berufliche oder wirtschaftliche Dispositionen des Unterhaltpflichtigen veranlasst sind und von diesem durch zumutbare Vorsorge aufgefangen werden können,

---

143 BGH FamRZ 1991, 307 (308).
144 OLG Hamm FamRZ 1990, 1361 (1362).
145 BGH FamRZ 1982, 684 (686).
146 OLG Köln FamRZ 1993, 711.
147 BGH FamRZ 2000, 1492 (1493).
148 BGH FamRZ 1988, 145 (146).
149 BGH FamRZ 1988, 156 (159).
150 OLG Köln FamRZ 1995, 876.
151 OLG Karlsruhe FamRZ 1997, 1279 (1280).
152 BGH FamRZ 1998, 927 (929).
153 OLG Nürnberg FamRZ 2004, 1212.
154 BGH FamRZ 2007, 793 (794).
155 BGH FamRZ 2007, 1232.
156 OLG Düsseldorf FamRZ 1992, 1439.
157 OLG Celle FamRZ 1999, 858.
158 BGH FamRZ 1990, 1085 (1086).
159 OLG Hamm FamRZ 1990, 65 f.
160 OLG Stuttgart FamRZ 1991, 952.
161 OLG Hamm FamRZ 1994, 515.
162 BGH FamRZ 1985, 791.
163 OLG Koblenz FamRZ 2003, 1109 (1110).

sind sie bereits bei der **Bedarfsbestimmung stets** zu **berücksichtigen.**[164] Der Unterhaltsbedürftige soll nach der Scheidung nicht besser gestellt sein, als er ohne die Scheidung stünde. Eine durch Einkommensrückgang erzwungene Schmälerung des Bedarfs ist sachgerecht zu verteilen.[165]

Beispiele: Arbeitslosengeldbezug durch unverschuldete Arbeitslosigkeit,[166] Krankengeldbezug,[167] Rentenbezüge,[168] Einkommensminderung durch Altersteilzeit oder Vorruhestandsregelung je nach den Umständen des Einzelfalls,[169] Absinken des Gehalts, insbesondere nach nicht vorwerfbarem Arbeitsplatzwechsel,[170] unverschuldeter Einkommensrückgang nach nicht vorhersehbarem Verfall der Währung,[171] Kirchensteuerlast nach Kircheneintritt,[172] tatsächlich geleistete Aufwendungen für eine angemessene zusätzliche Altersvorsorge.[173]

Bei **voraussehbarer rückläufiger Entwicklung** seiner Einkünfte durch freiwilligen **Wechsel** in eine **selbstständige Tätigkeit** ist es dem Unterhaltsverpflichteten zuzumuten, seinen Plan erst dann zu verwirklichen, wenn er in geeigneter Weise, etwa durch Bildung von Rücklagen oder Aufnahme eines Kredits, sichergestellt hat, dass er seiner Unterhaltspflicht vorerst auch bei geringerem Einkommen nachkommen kann.[174] **28**

c) Änderung der Steuerlast. Die ehelichen Lebensverhältnisse werden durch die jeweils aktuelle Steuerlast bestimmt, unabhängig davon, ob diese im konkreten Fall seit der Trennung gestiegen oder gesunken ist und diese Entwicklung auf einem gesetzlich vorgeschriebenen Wechsel der Steuerklasse oder auf einer Änderung des Steuertarifs beruht.[175] Zur Berücksichtigung der Steuer als Abzugsposition im Einzelnen → Vor § 1360 Rn. 129 ff. **Berichtigungen** der tatsächlichen Steuerlast sind nur in besonders gelagerten Fällen vorzunehmen, etwa dann, wenn das Einkommen nicht prägende Einkünfte enthält oder erreichbare Steuervorteile entgegen einer insoweit bestehenden Obliegenheit nicht in Anspruch genommen worden sind.[176] Eine Obliegenheit zur Geltendmachung des **steuerlichen Realsplittings** nach § 10 Abs. 1 a Nr. 1 EStG trifft den Unterhaltsschuldner nur insoweit, als er den Unterhaltsanspruch anerkannt hat, dieser rechtskräftig festgestellt wurde oder soweit er den Unterhaltsanspruch freiwillig erfüllt. Die steuerlichen Voraussetzungen des Realsplittings erfordern nämlich eine tatsächliche Unterhaltszahlung in dem jeweiligen Steuerjahr.[177] Die mit **29**

---

164 BGH FamRZ 2010, 629 (631 f.); 2010, 111 (113); 2008, 968 (972); 2007, 793 (795); 2006, 683 (685); 2003, 590 (591).
165 BGH FamRZ 2003, 848 (849); 2003, 590 (592).
166 BGH FamRZ 1985, 374.
167 BGH FamRZ 1987, 913 f.
168 BGH FamRZ 2003, 848 (850); 1988, 259, (262); 1987, 913 (914).
169 OLG Köln FamRZ 2003, 602; OLG Hamm FamRZ 1999, 1078 (1079).
170 BGH FamRZ 2003, 590 (592), wonach eine Abfindung wegen Verlust des Arbeitsplatzes nicht zur Aufstockung des abgesunkenen Einkommens heranzuziehen ist.
171 BGH FamRZ 1988, 705.
172 BGH FamRZ 2007, 793 (795).
173 BGH FamRZ 2007, 793 (795); beim Elternunterhalt bis zu 5 % des Bruttoeinkommens, BGH FamRZ 2006, 1511 (1514); 2004, 792 (793); im Übrigen bis zu 4 % des Bruttoeinkommens, BGH FamRZ 2005, 1817 (1821 f.).
174 BGH FamRZ 1988, 145 (147).
175 BGH FamRZ 2008, 968 (971); 2007, 1232; 2007, 793 (797); 1990, 499 (501); 1988, 817.
176 BGH FamRZ 2008, 968 (971); 2007, 793 (797); 1999, 372 (375); 1990, 503 (504).
177 BGH FamRZ 2008, 968 (971); 2007, 793 (797).

einer **Wiederheirat** verbundenen Steuervorteile in Form des **Ehegattensplittings** haben die ehelichen Lebensverhältnisse der früheren Ehe nicht bestimmt und dürfen der neuen Ehe nicht entzogen und durch Annahme eines hierdurch erhöhten Unterhaltsbedarfs an die geschiedene Ehe weitergegeben werden.[178] Nachdem das Bundesverfassungsgericht die sog Dreiteilungsmethode für verfassungswidrig erklärt hat,[179] gilt dies auch für den Fall, dass der Pflichtige beiden Ehegatten Unterhalt leisten muss.[180] Demgemäß ist zur Ermittlung des Unterhaltsbedarfs des geschiedenen Ehegatten eine fiktive Steuerberechnung anhand der Grundtabelle (bzw. Steuerklasse I) vorzunehmen, wobei aber auch der Vorteil aus dem begrenzten Realsplitting – entsprechend den Verhältnissen nach Scheidung und vor Wiederheirat – fiktiv nach der Grundtabelle zu errechnen ist. Der frühere Ehegatte soll zwar nicht an den Steuervorteilen durch die neue Ehe teilhaben, aber auch keine Einbuße seines Unterhalts hinnehmen müssen.[181] Allen Kindern, auch denen aus der früheren Ehe, muss demgegenüber im Hinblick auf ihre Lebensstellung der Splittingvorteil aus der neuen Ehe zugutekommen, so dass der geschuldete Kindesunterhalt aus dem höheren Einkommen des Pflichtigen zu bemessen ist. Bei der Errechnung des Unterhalts der geschiedenen Ehefrau ist allerdings fiktiv ein geringerer Kindesunterhalt zugrunde zu legen, der sich aus dem niedrigeren Nettoeinkommen nach der Grundtabelle (Steuerklasse I) ergibt. Der Ehegattenunterhalt soll nicht zusätzlich durch die Berücksichtigung des höheren Kindesunterhalts reduziert werden[182] (→ Vor § 1360 Rn. 132). **Kirchensteuer** ist auch dann bei der Bedarfsbemessung zu berücksichtigen, wenn sie erst nach der Scheidung durch Kircheneintritt entstanden ist.[183]

30 **d) Wegfall von Verbindlichkeiten.** Prägend ist eine Erhöhung der Einkünfte, die darauf beruht, dass regelmäßig wiederkehrende **ehebedingte** Verbindlichkeiten, etwa Kreditraten, erwartungsgemäß zu einem bestimmten nach der Scheidung liegenden Zeitpunkt entfallen.[184] Auch die **vorzeitige Tilgung** eines Konsumkredits erhöht den Bedarf.[185] Bei der **Umschuldung** in Form der Erhöhung eines Kredites nach Trennung/Scheidung bleibt der ursprüngliche Kredit mit der ursprünglichen Laufzeit eheprägend.[186]

31 **e) Veränderungen von Unterhaltslasten.** Die ehelichen Lebensverhältnisse folgen den Veränderungen, die sich aus dem jeweiligen Unterhaltsbedarf gemeinschaftlicher Kinder ergeben. Fällt **Kindesunterhalt** auch erst Jahre nach Trennung/Scheidung weg, erhöht sich der Unterhaltsbedarf des geschiedenen Ehegatten, sofern nicht die freiwerdenden Mittel nach objektivem Urteil der Vermögensbildung oder anderen nicht dem Lebensbedarf zuzurechnenden Zwecken die-

---

178 BVerfG FamRZ 2003, 1821 (1823); ihm entgegen früherer Rechtsprechung folgend BGH FamRZ 2008, 968 (971); 2005, 1817 (1819).
179 BVerfG 25.1.2011, FamRZ 2011, 437 ff.
180 Anders noch BGH FamRZ 2009, 579 (583); 2009, 411 (415); 2008, 1911 (1916): Der Splittingvorteil aus der neuen Ehe kommt im Rahmen der Dreiteilung des Gesamteinkommens auch dem früheren Ehegatten zugute.
181 BGH FamRZ 2008, 968 (971); 2007, 1232(1234 f.); vgl. auch Gutdeutsch FamRZ 2004, 501; aA Borth FamRB 2004, 18 und FA-FamR/Gerhardt Kap. 6 Rn. 149: Berechnung des Realsplittingvorteils nach der Splittingtabelle bzw. nach Steuerklasse III.
182 BGH FamRZ 2008, 968 (973); 2007, 1232 (1234); Gutdeutsch FamRZ 2004, 501; Borth FamRB 2004, 18.
183 BGH FamRZ 2007, 793 (795).
184 BGH FamRZ 1995, 869 (871); 1988, 701 (703).
185 BGH NJW 1998, 2821 (2822).
186 BGH NJW 1998, 2821 (2822).

nen.[187] Letzteres wird in der Regel nur bei sehr günstigen wirtschaftlichen Verhältnissen in Betracht kommen.[188] Auch eine Erhöhung des Kindesunterhalts – etwa wegen alters- oder ausbildungsbedingter Steigerung des Bedarfs – prägt demnach regelmäßig die ehelichen Lebensverhältnisse. Andererseits kann sich auch eine Unterhaltsbedürftigkeit erst dadurch ergeben, dass das Einkommen des für Kinder barunterhaltspflichtigen Ehegatten unter dasjenige des betreuenden Ehegatten sinkt.[189] Treten **weitere Unterhaltsberechtigte** nach der Scheidung hinzu, kann sich dies **eheprägend** auf den Unterhaltsbedarf des geschiedenen Ehegatten auswirken (im Einzelnen → Rn. 40 f.).

f) Rentenbezug. Nach der neuen Rechtsprechung des Bundesgerichtshofs sind   32 Renteneinkünfte sowohl des Unterhaltsverpflichteten als auch des Unterhaltsberechtigten **eheprägend**, unabhängig davon, ob sie auf einer Erwerbstätigkeit vor,[190] in oder nach der Ehe oder auf dem Versorgungsausgleich beruhen[191] und ob sie bereits bei Trennung/Scheidung oder später bezogen werden.[192] Unerheblich ist auch, ob es sich um eine **Alters-** oder **Erwerbsminderungsrente** handelt.[193] Die Rente ist Surrogat der früheren Erwerbstätigkeit bzw. – soweit sie auf dem Versorgungsausgleich beruht – der Haushaltsführung in der Ehe.[194] Beruht die Rente eines Ehegatten allerdings auf Beiträgen, welche **aus dem Altersvorsorgeunterhalt** geleistet wurden, ist sie **nicht** prägend, da ansonsten der andere Ehegatte doppelt belastet würde. Er müsste mit Unterhaltsleistungen die Altersvorsorge seines geschiedenen Ehegatten aufbauen und sodann aufgrund der so erworbenen Versorgung erhöhten Elementarunterhalt befriedigen.[195] **Eheprägend** sind auch Renten aus einer **Lebensversicherung**, in die während der Ehe einbezahlt wurde, auch soweit die Beiträge nach der Scheidung im bisherigen Umfange fortgesetzt wurden. Dies gilt allgemein für **Vorsorgemaßnahmen,** die bei der Bildung des unterhaltsrelevanten Nettoeinkommens im Rahmen der Unterhaltsberechnung als Form der Altersvorsorge anerkannt worden sind.[196] Lässt sich der Unterhaltspflichtige ohne triftigen Grund seine Lebensversicherung nicht als Rente sondern **bar auszahlen,** um dann von dem Vermögensstamm zu leben, kann er fiktiv so behandelt werden, als hätte er das Rentenwahlrecht ausgeübt.[197]

IV. Unterhaltsbemessung

1. Grundsatz. Nach st. Rechtsprechung des Bundesgerichtshofs haben beide   33 Ehegatten Anspruch auf gleichmäßige Teilhabe am ehelichen Lebensstandard, so dass jedem die Hälfte des verteilungsfähigen Einkommens zuzubilligen ist (sog **Halbteilungsgrundsatz).**[198] Abweichungen vom Halbteilungsgrundsatz sind nur

---

187 BGH FamRZ 1990, 1085 in Änderung der früheren Rechtsprechung, vgl. zB FamRZ 1988, 817 (819).
188 BGH FamRZ 1990, 1085 (1087).
189 BGH FamRZ 2016, 199.
190 BGH FamRZ 2003, 849 (851); 2002, 88 (91).
191 BGH FamRZ 2002, 88 (91).
192 BGH FamRZ 2002, 88 (91).
193 Vgl. BVerfG FamRZ 2002, 527 (528).
194 BGH FamRZ 2002, 88 (91).
195 BGH FamRZ 2003, 849 (852) m. abl. Anm. Hoppenz.
196 FA-FamR/Gerhardt Kap. 6 Rn. 409 b.
197 So Wendl/Dose/Gutdeutsch § 4 Rn. 604.
198 ZB BGH FamRZ 2001, 986 (991); 1992, 539 (541); 1988, 265 (267).

aufgrund besonderer Umstände möglich,[199] etwa wenn ein Ehegatte im Ausland lebt und dort die Lebenshaltungskosten geringer als im Inland sind.[200] Die in der Praxis wichtigste Abweichung vom Halbteilungsgrundsatz stellt die Zubilligung eines **Erwerbstätigenbonus** dar (→ Rn. 45). Der Halbteilungsgrundsatz gilt in gleicher Weise für den Berechtigten als auch für den Verpflichteten, so dass dem Berechtigten kein höherer Unterhalt als die Hälfte des verteilungsfähigen Einkommens zugesprochen werden darf; der **hälftige Anteil** stellt demzufolge die Obergrenze für den Unterhaltsbedarf eines Ehegatten dar.[201] Der Unterhaltsbedarf bemisst sich nach den individuell ermittelten Lebens-, Einkommens- und Vermögensverhältnissen der Ehegatten, die den ehelichen Lebensstandard bestimmt haben bzw. den ehelichen Lebensverhältnissen zuzurechnen sind (→ Rn. 21 ff.).[202] Der Bedarf nach den ehelichen Lebensverhältnissen darf aber das **Existenzminimum** nicht unterschreiten. Selbst in den Fällen, in denen die geschiedenen Ehegatten von Sozialleistungen gelebt haben oder noch leben, ergibt sich jedenfalls eine Lebensstellung in Höhe der bezogenen Sozialleistung, die gesetzlich garantiert ist. Bei niedrigem Einkommen ist dem Berechtigten daher ein **Mindestbedarf** zuzubilligen, der pauschal in Höhe des notwendigen Selbstbehalts eines Nichterwerbstätigen mit derzeit 880 EUR[203] anzusetzen ist.[204]

34   **2. Konkrete Unterhaltsbemessung.** Bei überdurchschnittlich guten Einkommensverhältnissen ist der eheangemessene **Unterhaltsbedarf konkret** (also nicht nach einer Quote, → Rn. 35) **zu ermitteln.** Maßgebend sind die finanziellen Mittel, die zur Aufrechterhaltung des bis zur Scheidung erreichten Lebensstandards notwendig sind.[205] Dies findet seine Begründung darin, dass hohe Einkünfte nicht ausschließlich der Lebenshaltung der Ehegatten gedient und damit deren Lebensverhältnisse geprägt haben, sondern auch zur Vermögensbildung (→ Rn. 16) verwandt worden sind, Unterhaltsleistungen jedoch nicht der Vermögensbildung dienen.[206] In einigen Leitlinien werden Einkommensgrenzen benannt, ab denen eine konkrete Bedarfsberechnung in Betracht kommt.[207]

Bei der konkreten Bemessung hat der Unterhaltsberechtigte seinen sich aus den ehelichen Lebensverhältnissen ergebenden Lebensbedarf unter Benennung aller Bedürfnisse im Einzelnen darzulegen und ggf. zu beweisen, im Wesentlichen Kosten für die Wohnung, Nahrung, Kleidung, Gesundheit, Pkw, Hauspersonal, kulturelle Zwecke, Sport, Hobbys,[208] Unterhaltung, Urlaub.[209] Zu den **Vorsorgeaufwendungen** → Rn. 55, 59. Da die Eheleute normalerweise nicht über alle Ausgaben des täglichen Lebens Buch zu führen pflegen, dürfen an die **Darlegungs- und Beweislast** keine überspannten Anforderungen gestellt werden. Bei Darstellung ausreichender Anknüpfungspunkte kann die Höhe der Aufwen-

---

199 BGH FamRZ 1991, 1163 (1166); 1984, 988 (990).
200 BGH FamRZ 1988, 705 (709).
201 BGH NJW 1983, 933 f.
202 BGH FamRZ 2003, 363 (364).
203 Vgl. Ziff. 21.2 der Leitlinien.
204 BGH FamRZ 2010, 802 (803 f.); entgegen früherer Rspr. etwa BGH FamRZ 2003, 363 (364): kein Mindestbedarf.
205 BGH FamRZ 2010, 1637 (1639); 2005, 97 (98); 2003, 848 (851); 1990, 280; 1987, 691 (693).
206 BGH FamRZ 2010, 1637 (1639); 2003, 848 (850).
207 Vgl. Ziff. 15.3 der Leitlinien.
208 BGH FamRZ 2010, 1637 (1639): Reitpferd.
209 BGH FamRZ 1990, 280 (281).

dungen nach § 287 ZPO weitgehend geschätzt werden.[210] Hat der Berechtigte seiner Darlegungs- und Beweislast genügt, obliegt es dem Verpflichteten darzutun und ggf. zu beweisen, dass er nicht **leistungsfähig** ist, dh, dass ihm nicht die Hälfte des zur Verfügung stehenden Einkommens verbleibt. Denn auch bei der konkreten Bedarfsbemessung darf ist der **Halbteilungsgrundsatz zu wahren.** Der konkrete Unterhaltsbedarf kann allerdings nicht dadurch beeinflusst werden, dass der Berechtigte seine Lebensverhältnisse infolge unzureichender Unterhaltszahlungen vorübergehend einschränken muss.[211] Alle tatsächlichen oder bei Verstoß gegen eine Erwerbsobliegenheit fiktiv zurechenbaren **Einkünfte des Berechtigten** – ob in der Ehe angelegt oder nicht – sind immer auf den konkret ermittelten Bedarf anzurechnen und zwar **ohne** Berücksichtigung eines **Erwerbstätigenbonus** (→ Rn. 45), der nur für den Quotenunterhalt gilt.[212] Eine Obergrenze **(Sättigungsgrenze)** für den Ehegattenunterhalt lehnt der Bundesgerichtshof und mit ihm die hM ab.[213] Dies ändert aber nichts daran, dass bei der Bedarfsbestimmung ein **objektiver Maßstab** anzulegen ist (→ Rn. 17), dh der Unterhalt ist auf den Betrag zu begrenzen, der auch unter Berücksichtigung hoher Ansprüche für einen billigenswerten Lebensbedarf sinnvoll ausgegeben werden kann.[214] Ein übertriebener Aufwand ist nicht zu berücksichtigen und hat bei den einzelnen Bedarfspositionen außer Acht zu bleiben.[215]

Im **Abänderungsverfahren** kann der Unterhaltsberechtigte in einem solchen Fall nicht geltend machen, dass sich die Einkommensverhältnisse des Unterhaltsverpflichteten weiter verbessert hätten, da durch die konkrete Bedarfsermittlung die Unterhaltsbemessung nach oben begrenzt ist.[216] Der Unterhaltsberechtigte kann lediglich eine Anpassung des Unterhalts an die gestiegenen Lebenshaltungskosten verlangen. **Sinkt** dagegen das Einkommen des Unterhaltspflichtigen **nachhaltig** – etwa nach Verrentung –, so dass ihm weniger verbleibt als dem Berechtigten, kann der Unterhaltspflichtige eine entsprechende Abänderung des Unterhalts verlangen, unter Umständen kann auch zur Quotenbemessung übergegangen werden.[217]

3. Unterhaltsbemessung nach Quote. a) Allgemeines. In den weit überwiegenden Fällen wird in der Praxis der Unterhaltsbedarf eines Ehegatten pauschal nach einer Quote des für Unterhaltszwecke verteilbaren prägenden Einkommens **(Quotenunterhalt)** bestimmt. Diese Bedarfsberechnung beruht auf der Annahme, dass das gesamte vorhandene Einkommen für den Lebensunterhalt der Ehegatten verwendet wurde und wird.[218] Die Bemessung des Unterhalts nach Quoten dient dem Zweck, die für den allg. Lebensbedarf der Ehegatten verfügbaren Einkünfte angemessen zwischen ihnen aufzuteilen.[219] Zugrunde zu legen ist bei beiden Ehegatten das **unterhaltsrechtlich relevante Nettoeinkommen**, also das

35

---

210 Vgl. etwa OLG Köln FamRZ 2002, 326.
211 BGH FamRZ 2010, 1637 (1639).
212 BGH FamRZ 2011, 194.
213 ZB BGH FamRZ 1990, 280 (281); 1982, 680 (681).
214 BGH FamRZ 2007, 1532; 1985, 582 (583); 1983, 150 (151).
215 Die Grenze des Bedarfs haben zB angenommen OLG Hamm FamRZ 1999, 723 mit 15.000 DM bei Einkommen des Pflichtigen von mtl. mindestens 70.000 DM; OLG Frankfurt/M. FamRZ 1977, 353 mit 11.500 DM.
216 BGH FamRZ 2003, 848 (850); 1990, 280.
217 BGH FamRZ 2003, 848 (850).
218 BGH FamRZ 2010, 1637 (1639).
219 BGH FamRZ 1982, 890 (891).

Bruttoeinkommen abzüglich Steuern, Vorsorgeaufwendungen für Alter, Arbeitslosigkeit, Krankheit, Pflegebedürftigkeit und Invalidität, berufsbedingte Aufwendungen, ggf. in Form einer Pauschale von 5 % (im Einzelnen → Vor § 1360 Rn. 126 ff.), berücksichtigungsfähige eheliche Verbindlichkeiten (→ Rn. 19), ggf. ein regelmäßiger Mehrbedarf (→ Rn. 66) sowie Unterhaltszahlungen für Kinder (→ Rn. 36 f.) und weitere Unterhaltsberechtigte (→ Rn. 39 ff.). Schließlich ist ein **Erwerbstätigenbonus** zu berücksichtigen (→ Rn. 45).

36 **b) Vorwegabzug des Kindesunterhalts.** Unterhaltszahlungen eines Ehegatten für ein Kind, für das bereits **während bestehender Ehe** Unterhalt erbracht werden musste, sind wie Leistungen auf eheprägende Verbindlichkeiten von seinem Nettoeinkommen abzuziehen, bevor die Ehegattenquote ermittelt wird[220] (zu den Besonderheiten im **Mangelfall** → Rn. 38). Deshalb ist immer zunächst der Kindesunterhalt und dann erst der Ehegattenunterhalt zu berechnen. Dies gilt für gemeinschaftliche minderjährige und volljährige Kinder aber auch für ein vor- oder außereheliches minderjähriges oder volljähriges Kind eines Ehegatten,[221] wenn für dieses bereits während der Ehe aufzukommen war und die ehelichen Lebensverhältnisse dadurch mitgeprägt waren.[222] Ein Nachrang (§ 1609 Nr. 4) wirkt sich erst bei Vorliegen eines absoluten Mangelfalls im Rahmen der Leistungsfähigkeit aus. Der Vorwegabzug erfolgt auch auf Seiten des berechtigten Ehegatten, soweit dieser entsprechende Barleistungen erbringt.[223]

Auch ein **während der Trennungszeit** vor Scheidung geborenes nicht gemeinsames Kind ist als eheprägend zu berücksichtigen.[224] Nach der inzwischen aufgegebenen Rechtsprechung des Bundesgerichtshofs waren unter dem Gesichtspunkt der Wandelbarkeit der ehelichen Lebensverhältnisse selbst Unterhaltszahlungen gegenüber einem **nach Scheidung** geborenen nicht gemeinsamen – auch adoptierten[225] – **minderjährigen** oder gem. § 1603 Abs. 2 S. 2 **privilegierten volljährigen** Kind bei der Bedarfsbemessung als Abzugsposten zu berücksichtigen, da das Risiko für eine Entwicklung, wie das Absinken des Einkommens wegen Hinzutreten weiterer **Unterhaltsberechtigter**, vom anderen Ehegatten wirtschaftlich mitzutragen sei.[226] Nach der Entscheidung des Bundesverfassungsgerichts vom 25.1.2011[227] hat der Bundesgerichtshof seine frühere, auf dem Stichtagsprinzip beruhende Rechtsprechung[228] wieder aufgegriffen. Danach können die ehelichen Lebensverhältnisse zwar auch durch solche Umstände beeinflusst werden, die erst nach Rechtskraft der Scheidung eingetreten sind und mit der Ehe in Zusammenhang stehen. Dies setzt nach der Rechtsprechung des Bundesverfassungsgerichts einen gewissen Bezug zu den ehelichen Lebensverhältnissen voraus. Daran fehlt es aber bezüglich der Unterhaltspflicht für ein nachehelich geborenes Kind. Denn diese ist weder in der geschiedenen Ehe angelegt noch wäre sie bei fortbestehender Ehe mit hoher Wahrscheinlichkeit zu erwarten gewesen. Diese Beurteilung gilt unabhängig davon, ob das **nach Rechtskraft geborene**

---

220 BGH FamRZ 2012, 281 Rn. 18; 2003, 363 (365); Ziff. 15.2 der Leitlinien.
221 BGH FamRZ 1999, 367 (368); 1991, 1163 (1164); 1990, 979 (980).
222 BGH FamRZ 2012, 281 Rn. 19; 2003, 363 (365).
223 BGH FamRZ 1999, 367 (370); 1991, 1163 (1164).
224 BGH FamRZ 2012, 281 Rn. 18; 2000, 1492; 1999, 367 (368).
225 BGH FamRZ 2009, 23 (25).
226 BGH FamRZ 2009, 579 (582 f.); 2009, 23 (25); 2008, 1911 (1913 f.); 2008, 968 (971 f.); 2006, 683 (686).
227 BVerfG FamRZ 2011, 437.
228 BGH FamRZ 1990, 1091 (1094); 1987, 456 (458 f.).

Kind in einer neuen Ehe oder außerehelich geboren worden ist.[229] Aus Gründen der Gleichbehandlung muss dies auch für Unterhaltsleistungen des **Berechtigten** für sein nach der Scheidung geborenes Kind gelten.[230] Unterhaltsleistungen für ein **Stiefkind** in einer neuen Ehe bleiben unberücksichtigt, da ihnen gegenüber keine Unterhaltsverpflichtung besteht.[231]

Abzuziehen an Kindesunterhalt ist entgegen der Rechtslage bis zum 31.12.2007 **37** der **Zahlbetrag**, nicht mehr der Tabellenbetrag (str.).[232] Dies hat der Bundesgerichtshof in mehreren Entscheidungen sowohl für den Unterhalt gegenüber minderjährigen als auch gegenüber volljährigen Kindern bestätigt.[233] Der Zahlbetrag ist auch im Mangelfall[234] und bei der Beurteilung der Leistungsfähigkeit des Unterhaltsschuldners anzusetzen.[235] Das auf das Kind entfallende **Kindergeld** ist gem. § 1612 b Abs. 1 zur Deckung seines Barbedarfs zu verwenden. Da es in diesem Umfang auch seinen Barbedarf mindert, ist es wie Einkommen des Kindes zu behandeln, das zu einer Entlastung des Unterhaltsverpflichteten führt. Beim **minderjährigen Kind** entspricht der Zahlbetrag gem. § 1612 b Abs. 1 Nr. 1 dem Tabellenbetrag (DT) vermindert um das halbe Kindergeld. Dem Pflichtigen wird damit rechnerisch in Höhe der Quote sein Kindergeldanteil über einen entsprechenden höheren Ehegattenunterhalt wieder entzogen, während der betreuende Elternteil in den Genuss des vollen Kindergeldanteils kommt. Ob dieses Ergebnis vom Gesetzgeber ausdrücklich gewollt ist,[236] darf bezweifelt werden. Die Gesetzesbegründung weist an anderer Stelle[237] unter Berufung auf die Rechtsprechung des Bundesgerichtshofs[238] ausdrücklich darauf hin, dass in derartigen Fällen jedem Elternteil die Hälfte des Kindergeldes zugutekommen soll. Deshalb wird die Auffassung vertreten, zur Vermeidung einer Ungleichbehandlung sei auf Seiten des betreuenden Ehegatten der entsprechende Kindergeldanteil als Einkommen anzusetzen.[239]

Beim **volljährigen Kind** ist gem. § 1612 b Abs. 1 Nr. 2 das **Kindergeld** in vollem Umfang auf seinen Bedarf anzurechnen,[240] so dass nur der verbleibende Restbedarf bei der Berechnung des Ehegattenunterhalts zu berücksichtigen ist und zwar als Abzugsposten in Höhe des jeweiligen Haftungsanteils des Ehegatten (§ 1606 Abs. 3 S. 1). Das führt im Ergebnis dazu, dass das Kindergeld zwischen

229 BGH FamRZ 2014, 1183 (1185); 2012, 281 (285).
230 Vgl. BGH FamRZ 1999, 367 (370); 1991, 1163 (1164).
231 BGH FamRZ 2009, 23 (25); 2005, 1817 (1820).
232 Vgl. BT-Drs. 16/1830, 29; DT Anm.B III; die meisten Leitlinien unter Ziff.15.2; Klinkhammer FamRZ 2008, 193 (199); Scholz FamRZ 2007, 2021 (2023); Dose FamRZ 2007, 1289 (1292); Gerhardt FamRZ 2007, 945 (948); aA zB Maurer, Zum Maß des Unterhalts nach den ehelichen Lebensverhältnissen, FamRZ 2008, 1985 (1991 f.) mwN; Schürmann, Kinder – Eltern – Rang, FamRZ 2008, 313 (324).
233 Für den Minderjährigenunterhalt: BGH FamRZ 2010, 1318 (1320); 2010, 802 (803); 2009, 1477 (1478 f.); 2009, 1300 (1304 f.); für den Volljährigenunterhalt: BGH FamRZ 2008, 963 (966 f.); 2008, 2104 (2107).
234 BGH FamRZ 2010, 1318 (1320).
235 BGH FamRZ 2009, 1477 (1478 f.).
236 So Gerhardt FamRZ 2007, 945 (948) u. Dose FamRZ 2007, 1289 (1293) unter Hinweis auf die Begründung in BT-Drs. 16/1830, 29.
237 BT-Drs. 16/1830, 30.
238 BGH FamRZ 2006, 99 (101); 1997, 806 (808).
239 So auch Palandt/Brudermüller § 1578 Rn. 55; vgl. auch Schürmann FamRZ 2009, 1307; vom BGH wohl nicht gebilligt, vgl. BGH FamRZ 2009, 1300 (1305).
240 So bereits BGH FamRZ 2006, 774; 2006, 99 (101 ff.); ebenso BGH FamRZ 2009, 762 (765).

den Eltern entsprechend dem Verhältnis ihrer Unterhaltsbeiträge ausgeglichen wird. Der Bundesgerichtshof hat es bei einem gemeinschaftlichen volljährigen Kind allerdings gebilligt, wenn der Ehegattenunterhalt entsprechend der einvernehmlich geübten Praxis der Ehegatten so berechnet wird, dass nur der Ehegatte mit dem höheren Einkommen Kindesunterhalt zahlt und sich der Ehegattenunterhalt dadurch entsprechend verringert.[241]

Zu berücksichtigen ist der nach dem Einkommen des Verpflichteten **tatsächlich geschuldete Kindesunterhalt**, nicht ein bereits titulierter Unterhalt, soweit dieser im Wege der Abänderungsklage an die materielle Rechtslage angepasst werden kann.[242] Wurde allerdings aufgrund eines Titels bereits während der Ehe mehrere Jahre ein höherer Unterhalt bezahlt, als nach der materiellen Rechtslage geschuldet, so kann der titulierte Unterhalt als prägend in Abzug gebracht werden.[243] Leistete der Verpflichtete in der Vergangenheit weniger Kindesunterhalt als tituliert, sind für die Berechnung des Ehegattenunterhalts für diesen Zeitraum die titulierten Beträge maßgebend, es sei denn das Kind verzichtet auf eine Nachforderung.[244] Ist der Kindesunterhalt nach einem höheren **nicht** (mehr) **eheprägenden Einkommen** zu berechnen, wie zB infolge eines Karrieresprungs oder eines Splittingvorteils aus neuer Ehe (→ Rn. 29), ist für die Bestimmung des eheangemessenen Bedarfs **fiktiv** ein Kindesunterhalt anzusetzen, der dem für den Ehegattenunterhalt zugrunde zu legenden (niedrigeren) Einkommen entspricht.[245] Ansonsten würde der Berechtigte durch einen höheren Kindesunterhalt zusätzlich belastet.

38 Da nunmehr im **Mangelfall** der Unterhalt minderjähriger unverheirateter Kinder und der diesen gleichgestellten privilegierten volljährigen Kinder iSd § 1603 Abs. 2 S. 2 nach der seit dem 1.1. 2008 geltenden Rechtslage **Vorrang vor dem Ehegattenunterhalt** hat, § 1609 Nr. 1 u. 2 nF, ist eine Mangelfallberechnung zwischen Kindern und Ehegatten nicht mehr durchzuführen.[246] Nach dem Willen des Gesetzgebers ist aber auch unter Berücksichtigung der neuen Rangordnung im Verhältnis vorrangiger Kinder zu nachrangigen Unterhaltsberechtigten, namentlich dem betreuenden Elternteil, auf ein gerechtes Ergebnis zu achten und dieses im Wege einer Gesamtschau daraufhin zu überprüfen, ob im konkreten Einzelfall die Aufteilung des verfügbaren Einkommens auf die minderjährigen Kinder einerseits und den oder die unterhaltsberechtigten Ehegatten andererseits insgesamt billig und angemessen ist.[247] Deshalb erscheint es gerechtfertigt, den Kindesunterhalt ggf. bis zum Mindestkinderunterhalt (Einkommensgruppe 1 der DT) herabzusetzen, soweit die unter Berücksichtigung des eigenen angemessenen Selbstbehalts des Verpflichteten[248] verbleibenden Mittel nicht ausreichen, den eheangemessenen Bedarf des betreuenden Elternteils sicherzustellen.[249] Auch die Anwendung der Bedarfskontrollbeträge der DT führt in einem solchen

---

241 BGH FamRZ 2011, 454 (458).
242 BGH FamRZ 2003, 363 (367); 1992, 797 (798).
243 BGH FamRZ 1990, 1091 (1095).
244 BGH FamRZ 2000, 351.
245 BGH FamRZ 2008, 968 (971); 2007, 1232.
246 Vgl. BGH FamRZ 2003, 363 ff. zur Mangelfallberechnung bei Gleichrang von Kindes- und Ehegattenunterhalt nach früherer Rechtslage.
247 Begründung BT-Drs. 16/1830, 24.
248 Ziff. 21.4 der Leitlinien: 1.200 EUR gegenüber Ehegatten.
249 Scholz FamRZ 2007, 2021 (2028 f.); Gerhardt FamRZ 2007, 945 (948); Gerhardt/Gutdeutsch FamRZ 2007, 778 (779).

Fall zum Mindestkindesunterhalt.[250] Im Verhältnis zum betreuenden Elternteil im zweiten Rang dient der Erstrang des minderjährigen Kindes daher nur der Sicherung seines Mindestbedarfs. Ergibt sich nach Herabsetzung des Kindesunterhalts auf den Mindestunterhalt, dass auch der Quotenunterhalt für den Ehegatten vom Verpflichteten bezahlt werden kann, liegt schon gar kein Mangelfall vor.[251]

Beim **volljährigen, nicht privilegierten Kind** unterbleibt **im Mangelfall** im Hinblick auf seinen Nachrang gegenüber dem Ehegatten (§ 1609 Nr. 2, 3, 4) ein Vorwegabzug. Ein Mangelfall idS liegt vor, wenn die verbleibenden Einkünfte des Verpflichteten nicht ausreichen, um den **angemessenen Unterhalt** des Berechtigten zu gewährleisten.[252] Der angemessene Unterhalt entspricht dem angemessenen Selbstbehalt gegenüber volljährigen Kindern.[253]

c) Berücksichtigung sonstiger Unterhaltslasten. Sonstige Unterhaltsverpflichtun- 39
gen – unabhängig von ihrem Rang – können den Unterhaltsanspruch eines Ehegatten **einschränken**, wenn sie bereits während des ehelichen Zusammenlebens bestanden haben. Sie sind dann bei der Bedarfsermittlung als Abzugsposten zu berücksichtigen. Voraussetzung ist aber stets, dass es sich um den gesetzlich geschuldeten Unterhalt und nicht um einen freiwillig geleisteten Unterhalt handelt.[254] Als Unterhaltslast idS kommt insbesondere ein Elternunterhalt oder ein Unterhalt für einen früheren Ehegatten in Betracht. Ein solcher Unterhalt hat die ehelichen Lebensverhältnisse geprägt, wenn bereits während der Ehe entsprechende Zahlungen zu leisten waren. Auch eine **latente Unterhaltslast** kann die ehelichen Lebensverhältnisse mitbestimmt haben, etwa weil sich schon während der Ehe die Pflegebedürftigkeit eines Elternteils und die damit verbundenen nicht anderweitig zu deckenden Kosten abzeichneten oder der Elternteil sonst nicht über die zur Bestreitung seines Existenzminimums erforderlichen Mittel verfügte.[255] Zu berücksichtigen ist der tatsächlich geschuldete Unterhalt, nicht ein bereits titulierter Unterhalt, soweit dieser im Wege der Abänderungsklage gem. §§ 238, 239 FamFG an die materielle Rechtlage angepasst werden kann.[256] Das Bedürfnis einer Unterhaltsanpassung kann sich insbesondere dadurch ergeben, dass nach Trennung der Ehegatten die mit der gemeinsamen Haushaltsführung verbundene Ersparnis (Synergieeffekt) wegfällt und sich damit das für den Unterhalt Dritter zur Verfügung stehende Einkommen verringert.[257]

Nach der Rechtsprechung des Bundesgerichtshofs zur Wandelbarkeit der eheli- 40
chen Lebensverhältnisse sind auch erst **nach der Scheidung entstandene Unterhaltspflichten** – unabhängig von ihrem Rang – schon bei der Bemessung des **Bedarfs** (und nicht erst im Rahmen der Leistungsfähigkeit) zu berücksichtigen

---

250 Vgl. BGH FamRZ 2008, 968 (973); DT Anm. A 1 und 6; Klinkhammer FamRZ 2008, 193 (197 f., 200).
251 Vgl. Scholz FamRZ 2007, 2021 (2029).
252 BGH FamRZ 1991, 1163; 1986, 553 (555).
253 Derzeit 1.300 EUR, Ziff. 21.3.1 der Leitlinien.
254 OLG Koblenz NJW-RR 2007, 729.
255 BGH FamRZ 2004, 792 (794); 2004, 186 (188); 2003, 860 (865).
256 Vgl. BGH FamRZ 2003, 363 (367) zur Berücksichtigung eines titulierten Kindesunterhalts.
257 Vgl. zur Berechnung des Elternunterhalts und zur Berücksichtigung einer Haushaltsersparnis von 10 % in Anlehnung an die Regelung im Sozialrecht BGH FamRZ 2010, 1535 (1538 ff.).

(→ Rn. 21). Nach der **Entscheidung des Bundesverfassungsgerichts vom 25.1.2011**[258] können bei der Ermittlung des Bedarfs allerdings nur solche nachehelichen Entwicklungen Berücksichtigung finden, die auch bei einem Fortbestand der Ehe deren Verhältnisse geprägt hätten. Nicht vereinbar mit dem Begriff der ehelichen Lebensverhältnisse iSv § 1578 Abs. 1 S. 1 ist es danach, solche nachehelichen Veränderungen, die gerade die Auflösung der Ehe voraussetzen – wie die **Unterhaltspflicht gegenüber einem neuen Ehegatten** –, in die Bestimmung des Unterhaltsbedarfs des geschiedenen Ehegatten einzubeziehen.[259] Deshalb hat der Bundesgerichtshof seine Rechtsprechung zur sog Dreiteilungsmethode, die den Unterhaltsbedarf des Pflichtigen und beider Ehegatten durch Dreiteilung ihres Gesamteinkommens ermittelt, nach der Entscheidung des Bundesverfassungsgerichts aufgegeben. Er vertritt nunmehr die Auffassung, dass die Unterhaltpflicht gegenüber einem neuen Ehegatten, die erst aufgrund der Scheidung der ersten Ehe eintreten kann, ohne Auswirkung auf den Unterhaltsbedarf nach Maßgabe der ehelichen Lebensverhältnisse der geschiedenen Ehe bleibt.[260] Dagegen ist eine **Unterhaltspflicht dem geschiedenen Ehegatten gegenüber** bei der Bestimmung des Unterhaltsbedarfs des neuen Ehegatten regelmäßig zu berücksichtigen. Eine solche bereits bei Wiederheirat bestehende Pflicht bestimmt die Lebensverhältnisse der neuen Ehe wie jede sonstige Verbindlichkeit, die mit in die Ehe gebracht wird, und führt daher zu einer Minderung der für den Unterhalt des neuen Ehegatten zur Verfügung stehenden Mittel.[261] Ohne Korrektur führt dies im Falle des unterhaltsrechtlichen Gleichrangs beider Ehegatten wie auch im Falle des unterhaltsrechtlichen Vorrangs des neuen Ehegatten (vgl. § 1609 Abs. 2 und 3) zu dem Ergebnis, dass der **Halbteilungsgrundsatz** im Verhältnis des Unterhaltspflichtigen zum geschiedenen Ehegatten nicht gewahrt ist. Diesem Umstand ist im Rahmen der Beurteilung der Leistungsfähigkeit des Unterhaltspflichtigen nach § 1581 Rechnung zu tragen.[262] (s. im Einzelnen § 1581).

41 Lebt der Unterhaltspflichtige mit dem zweiten Ehegatten zusammen, ist bei der Bemessung des Unterhaltsbedarfs des geschiedenen Ehegatten eine **fiktive Steuerberechnung** anhand der Grundtabelle (bzw. Lohnsteuerklasse I) vorzunehmen, wobei auch der Vorteil aus dem begrenzten Realsplitting – entspr. den Verhältnissen nach Scheidung und Wiederheirat – fiktiv nach der Grundtabelle zu errechnen ist. Der frühere Ehegatte soll zwar nicht an den Steuervorteilen durch die neue Ehe teilhaben,[263] aber auch keine Einbuße seines Unterhalts hinnehmen müssen (→ Rn. 29). Im Rahmen der Prüfung der **Leistungsfähigkeit** sind die Steuervorteile aber ebenso zu berücksichtigen wie die Ersparnisse durch die gemeinsame Haushaltsführung, die in Höhe von 10 % zu veranschlagen sind.[264]

---

258 BVerfG FamRZ 2011, 437 ff.
259 BVerfG FamRZ 2011, 437 (443 f.).
260 BGH FamRZ 2012, 281 Rn. 26.
261 So auch Borth FamRZ 2011, 445 (447) und Gerhardt/Gutdeutsch FamRZ 2011, 597 (598); anders wohl Brudermüller/Götz, Grenzen richterlicher Rechtsfortbildung im nachehelichen Unterhaltsrecht, NJW 2011, 801 (806), die bei der Bemessung des Bedarfs beider Ehegatten ein gleich hohes Einkommen des Pflichtigen zugrunde legen.
262 BGH FamRZ 2012, 281 Rn. 32 ff.
263 BGH FamRZ 2012, 281 Rn. 26.
264 BGH FamRZ 2012, 281 Rn. 46; 2010, 1535 (1539 f.) in analoger Anwendung von § 20 Abs. 3 SGB II.

Die Leistungsfähigkeit des Unterhaltsschuldners wird nämlich auch durch nicht eheprägende Einkünfte und Vorteile bestimmt.

Ebensowenig wie die Unterhaltspflicht für ein nachehelich geborenes Kind ist **42** auch der **Betreuungsunterhalt** für dessen nicht mit dem Vater verheiratete Mutter **gem.** 1615 l bei der Bestimmung des Bedarfs des geschiedenen Ehegatten zu berücksichtigen (zur Berechnung des Anspruchs vgl. die Kommentierung zu § 1615 l). Auch insoweit fehlt es bezüglich der erst nachehelich entstanden Verhältnisse an der erforderilchen Anknüpfung an die geschiedene Ehe. Denn solche Unterhaltsansprüche sind weder in der Ehe angelegt noch bei fortbestehender Ehe mit hoher Wahrscheinlichkeit zu erwarten.[265]

Gerichtliche Entscheidungen, die auf der vom Bundesverfassungsgericht bean- **43** standeten Rechtsprechung des Bundesgerichtshofs zur Bedarfsermittlung durch Dreiteilung des zur Verfügung stehenden Gesamteinkommens beruhen, können gem. **§ 238 FamFG abgeändert** werden, da das Abänderungsbegehren auf eine Änderung der höchstrichterlichen Rechtsprechung gestützt werden kann.[266] Unterhaltsvereinbarungen, die auf der vorgenannten Dreiteilungsmethode zur Bedarfsermittlung beruhen, sind weder nach § 779 Abs. 1 unwirksam noch nach den §§ 119 ff. anfechtbar. Die Anpassung solcher Vereinbarungen richtet sich vielmehr nach den Grundsätzen des Wegfalls der Geschäftsgrundlage. Sie kann frühestens für solche Unterhaltszeiträume verlangt werden, die der Entscheidung des Bundesverfassungsgerichts vom 25.1.2011 nachfolgen.[267] Die Begründetheit des Abänderungsbegehrens setzt voraus, dass eine Neuberechnung des Unterhalts unter Beachtung der geänderten Rechtsprechung des Bundesgerichtshofs zu einer wesentlichen Änderung der Entscheidung oder der Vereinbarung führt.

Eine erstmals **nach Scheidung** entstandene Verpflichtung zur Leistung von El- **44** **ternunterhalt** ist bei der Bedarfsbemessung zu berücksichtigen. Eine solche Verpflichtung hätte auch bei einem Fortbestand der Ehe deren Verhältnisse mitbestimmt. Dabei wird regelmäßig zunächst der Umfang der **Leistungsfähigkeit des Verpflichteten** zur Zahlung von Elternunterhalt ermittelt werden müssen. Die Leistung von Elternunterhalt darf nämlich nicht dazu führen, dass der **eheangemessene Bedarf des bevorrechtigten Ehegatten** (vgl. § 1609 Nr. 2, 3 u. 6) beeinträchtigt wird. Auch im Fall der Konkurrenz mit anderen Unterhaltsansprüchen darf dieser Bedarf **nicht** auf einen bestimmten **Mindestbetrag** beschränkt werden, sondern ist nach den individuell ermittelten Lebens-, Einkommens- und Vermögensverhältnissen zu bemessen. Allerdings können sich auch Unterhaltsansprüche auf die Lebensverhältnisse der Ehegatten auswirken und deren Bedarf einschränken,[268] solange dies nicht zu einem Missverhältnis zum verbleibenden Bedarf des bevorrechtigten Ehegatten führt.[269] Der **eheangemessene Bedarf** idS muss nach dem Grundsatz der gleichen Teilhabe der Ehegatten dem **angemessenen Eigenbedarf** des Verpflichteten (§ 1603 Abs. 1) entsprechen, den dieser dem Unterhaltsanspruch seiner Eltern entgegen halten kann. Nach Ziff. 21.3.3 der Leitlinien wird dieser Eigenbedarf angesetzt mit einem Mindestbetrag von der-

---

265 BGH FamRZ 2012, 281 Rn. 27.
266 Vgl. BGH FamRZ 2013, 853 Rn. 26.
267 BGH FamRZ 2013, 853 Rn. 26.
268 BGH FamRZ 2010, 1535 (1538) für den Fall des Anspruchs auf Familienunterhalt.
269 BGH FamRZ 2009, 762 (766) hinsichtlich der nachrangigen Unterhaltsverpflichtung gegenüber einem volljährigen Kind.

zeit 1.800 EUR zuzüglich eines Betrags in Höhe der Hälfte des diesen Mindestbetrag übersteigenden bereinigten Einkommens des Verpflichteten. Diese pauschalierende Vorgehensweise hat der Bundesgerichtshof aus Gründen der Praktikabilität gebilligt (im Einzelnen → § 1603 Rn. 47). Hat der Verpflichtete auch Unterhalt für den geschiedenen vorrangigen Ehegatten zu leisten, so kann der **für den Elternunterhalt verbleibende Anteil** seines Einkommens dadurch ermittelt werden, dass von seinem Einkommen die Mindestselbstbehalte von zusammen 3.600 EUR (1.800 EUR für jeden Ehegatten) und die Hälfte des diese Mindestselbstbehalte übersteigenden Einkommens abgezogen werden. Verfügt auch der unterhaltsberechtigte Ehegatte über Einkommen, so ist bei dieser Berechnung vom Gesamteinkommen der Ehegatten auszugehen. Dabei ist von der verbleibenden Hälfte des Gesamteinkommens nur der auf den Pflichtigen entfallende Anteil heranzuziehen und zwar entsprechend dem Verhältnis seines Einkommens zum Gesamteinkommen. Ansonsten würde sich der berechtigte Ehegatte mit seinem Einkommen am Elternunterhalt beteiligen, obwohl ihn insoweit keine Unterhaltspflicht trifft.

Berechnungsbeispiel:[270]

(Bereinigtes) Einkommen des Pflichtigen	3.000 EUR
(Bereinigtes) Einkommen des Ehegatten	1.000 EUR
Summe der beiden Einkommen	4.000 EUR
Abzüglich Summe der Selbstbehalte von	3.600 EUR
Differenz	400 EUR
Davon ½	200 EUR
Auf den Verpflichteten entfallender Anteil	
(200 x 3.000 / 4.000)	150 EUR

Danach ist der Pflichtige bis zu einem Betrag in dieser Höhe zur Erbringung von Elternunterhalt leistungsfähig.

Zur Wahrung des Halbteilungsgrundsatzes ist der vom Verpflichteten geschuldete Elternunterhalt von seinem Einkommen vorweg abzuziehen, bevor der Ehegattenunterhalt nach der Quote errechnet wird. Schuldet der Pflichtige Elternunterhalt bis zur Grenze seiner Leistungsfähigkeit – beispielsweise 150 EUR, wie im vorstehenden Beispielsfall errechnet –, so ergibt sich folgender Ehegattenunterhalt: Bei einem Erwerbstätigenbonus von 1/7: 3/7 aus (3.000 EUR – 150 EUR – 1.000 EUR) = 793 EUR. Bei einem Erwerbstätigenbonus von 10 %: 45 % aus (3.000 EUR – 150 EUR – 1.000 EUR) = 833 EUR.

45   **d) Erwerbstätigenbonus.** Zu einer vom Halbteilungsgrundsatz abweichenden Quote kommt es, weil **Erwerbseinkommen** – also Einkünfte Nichtselbstständiger, Selbstständiger, Gewerbetreibender und Einkünfte von Land- und Forstwirten – **nicht** strikt **hälftig** geteilt, sondern zum Ausgleich des nichtquantifizierbaren berufsbedingten Mehraufwandes und als Arbeitsanreiz dem Erwerbstätigen ein **Erwerbstätigenbonus** belassen wird.[271] Der Bonus ist nicht zu verwechseln mit der Pauschale für berufsbedingte Aufwendungen, die mit 5 % des Nettoeinkommens angesetzt wird[272] und dem Erwerbstätigen aus Vereinfachungsgründen den Nachweis solcher Aufwendungen (Werbungskosten im steuerlichen Sin-

---

270 Nach BGH FamRZ 2010, 1535 (1539) u. Gutdeutsch FamRZ 2011, 77 (80).
271 BGH FamRZ 2000, 1492.
272 Ziff. 10.2.2 der Leitlinien.

ne) im Einzelnen ersparen soll. Der Bonus ist vom verteilungsfähigen (ggf. auch fiktiv anzusetzenden) Erwerbseinkommen des Ehegatten abzuziehen, also nach Bereinigung des Nettoeinkommens um die anzuerkennenden Verbindlichkeiten einschließlich des Kindesunterhalts.[273] Die meisten Oberlandesgerichte bemessen nach ihren Leitlinien in Anlehnung an die Düsseldorfer Tabelle den Bonus mit 1/7, die Süddeutschen Leitlinien sowie das OLG Naumburg mit 1/10 des bereinigten Nettoeinkommens.[274] Die Bemessung des Erwerbstätigenbonus, der für **beide Ehegatten** gleich hoch sein muss und der bereits bei der **Bedarfsbestimmung** und nicht erst bei der Bedarfsdeckung zu berücksichtigen ist,[275] obliegt dem Tatrichter.[276] Der Bundesgerichtshof hat allerdings mehrfach zu bedenken gegeben, ob neben einem pauschalen Abzug von 5 % für berufsbedingte Aufwendungen der Erwerbstätigenbonus nicht ggf. geringer als mit 1/7 bemessen werden sollte.[277] Diesen Bedenken haben die Süddeutschen Leitlinien mit dem Bonus von 1/10 Rechnung getragen. Bei **Mischeinkünften** (zB Erwerbseinkommen und Mietzinsen) darf der Erwerbstätigenbonus nur vom Erwerbseinkommen und nicht vom Gesamteinkommen abgezogen werden.[278] Dabei sind Verbindlichkeiten, die sich nicht eindeutig einer Einkunftsart zuordnen lassen, sowie der Kindesunterhalt von den Haupteinkünften abzuziehen, bevor aus dem (verbleibenden) Erwerbseinkommen der Erwerbstätigenbonus bestimmt wird.[279] In der Rechtsprechung des Bundesgerichtshofs wird der Erwerbstätigenbonus im Wesentlichen auf die Funktion beschränkt, dem Unterhaltsschuldner einen Erwerbsanreiz zu bieten.[280] Außer bei der Bedarfsermittlung nach Quoten hat der Bonus daher keine Rechtfertigung mehr.[281] So ist der Mindestbedarf des Unterhaltsberechtigten nicht nach dem in den Leitlinien ausgewiesenen notwendigen Selbstbehalt eines Erwerbtätigen (also mit Bonus), sondern nach dem eines Nichterwerbstätigen zu bemessen.[282] Auch bei der Bestimmung des angemessenen Lebensbedarfs des Berechtigten iSv § 1578 b Abs. 1 wird kein Erwerbstätigenbonus angesetzt.[283]

e) Berechnungsmethoden beim Quotenunterhalt. aa) Additionsmethode. Die   46
Leitlinien der meisten Oberlandesgerichte[284] wenden bei der Unterhaltsberechnung für alle Fallgestaltungen die sog **Additionsmethode** an.[285] Sie hat den Vorteil der besseren Verständlichkeit,[286] macht aber anders als die Differenzmethode (→ Rn. 47) eine zweistufige Berechnung erforderlich. In der **ersten Stufe** wird der **eheangemessene Bedarf** des Berechtigten ermittelt. Er entspricht der Hälfte des zusammengerechneten die ehelichen Lebensverhältnisse prägenden Einkom-

---

273 BGH FamRZ 1997, 806.
274 Vgl. jeweils Ziff. 15.2 der Leitlinien.
275 BGH FamRZ 1988, 265 (267).
276 BGH FamRZ 2002, 1687 (1691); BGH NJW 1998, 2821 (2822).
277 BGH NJW 1998, 2821 (2822) mwN.
278 BGH FamRZ 1991, 1163 (1166).
279 Str., aA Gutdeutsch FamRZ 1994, 346: Aufteilung der Verbindlichkeiten und des Kindesunterhalts auf die einzelnen Einkünfte im Verhältnis des Anteils der jeweiligen Einkunftsart zum Gesamteinkommen.
280 Schürmann FamRZ 2011, 196 mwN.
281 BGH FamRZ 2011, 192 (194).
282 BGH FamRZ 2011, 192,194; 2010, 802.
283 BGH FamRZ 2011, 192 (194); 2010, 2059.
284 Ziff. 15, 16 der bundeseinheitlichen Leitlinienstruktur.
285 Vgl. Wendl/Dose/Gutdeutsch § 4 Rn. 800.
286 BGH FamRZ 2001, 986 f.

mens beider Ehegatten (Halbteilungsgrundsatz!), wobei vorab das Erwerbseinkommen jeweils um den Erwerbstätigenbonus von 1/10 oder 1/7 zu bereinigen ist (→ Rn. 45). In der **zweiten Stufe** wird die **Höhe des Unterhalts** dadurch bestimmt, dass das gesamte prägende und nicht prägende Einkommen des Berechtigten – das Erwerbseinkommen wiederum um den Erwerbstätigenbonus bereinigt – gem. § 1577 Abs. 1 vom Bedarf abgezogen wird. Es gilt demnach folgende Formel:[287]

1. Stufe: 1/2 aus (prägendes Erwerbseinkommen zu 9/10 bzw. 6/7 + sonstiges prägendes Einkommen des Verpflichteten zzgl. prägendes Erwerbseinkommen zu 9/10 bzw. 6/7 + sonstiges Einkommen des Berechtigten) = **Unterhaltsbedarf.**

2. Stufe: Unterhaltsbedarf gemäß 1. Stufe abzüglich Einkommen des Berechtigten (prägendes + nicht prägendes Einkommen, davon Erwerbseinkommen zu 9/10 bzw. 6/7) = **Unterhaltshöhe.**

Verfügt der Berechtigte über keinerlei prägendes oder nicht prägendes Einkommen, entspricht der gemäß der 1. Stufe ermittelte Bedarf bereits dem geschuldeten Unterhalt.

47 **bb) Differenzmethode.** Verfügen **beide** Ehegatten **ausschließlich** über **eheprägendes** Erwerbseinkommen – was nach der geänderten Rechtsprechung des Bundesgerichtshofs zur Haushaltsführung (→ Rn. 5) in der Praxis die häufigsten Fälle darstellt –, wendet die Düsseldorfer Tabelle[288] die sog **Differenzmethode** an. Diese stellt lediglich eine rechnerische Verkürzung der Additionsmethode dar und gelangt zu denselben Ergebnissen. Sie verzichtet auf eine ausdrückliche Feststellung des Bedarfs nach den ehelichen Lebensverhältnissen. Die Höhe des Unterhalts entspricht dann bei einem Erwerbstätigenbonus von 1/7 einer **Quote von 3/7**, bzw. bei einem Bonus von 1/10 einer **Quote von 9/20 (45 %)** der **Differenz** der beiden prägenden Erwerbseinkommen. Der eheangemessene Bedarf entspricht demnach der Summe von Quotenbetrag und prägendem Einkommen des Berechtigten.[289]

48 **cc) Anrechnungsmethode.** In den Fällen, in denen die ehelichen Lebensverhältnisse **ausschließlich** durch das Einkommen des **Verpflichteten** geprägt wurden, während der **Berechtigte** nach Trennung/Scheidung **nur nicht prägende** Einkünfte erlangt, kommt die **Anrechnungsmethode** zur Anwendung, sofern nicht mit der umfassenden Additionsmethode gerechnet wird. Der Unterhaltsbedarf bestimmt sich allein nach dem Einkommen des Verpflichteten, auf das das Einkommen des Berechtigten gem. § 1577 Abs. 1 anzurechnen ist. Vom bereinigten Nettoeinkommen des Verpflichteten ist zunächst die **Bedarfsquote** zu bestimmen. Diese beträgt bei Erwerbseinkünften je nach Höhe des Erwerbstätigenbonus 3/7 (1/2 aus 6/7) bzw. 9/20 (1/2 aus 9/10), bei sonstigen Einkünften 1/2 des Einkommens. Auf diese Quote ist das bereinigte Nettoeinkommen des Bedürftigen **in voller Höhe anzurechnen,** Erwerbseinkommen allerdings gekürzt um den Erwerbstätigenbonus. Die Anrechnungsmethode hat der Bundesgerichtshof früher vor allem dann angewandt, wenn die ehelichen Lebensverhältnisse durch eine sog **Haushaltsführungsehe** geprägt waren.[290] Nach der Änderung seiner Rechtsprechung zur Bewertung der Haushaltsführung (→ Rn. 5) hat die An-

---

287 Vgl. Wendl/Dose/Gutdeutsch § 4 Rn. 801 f.
288 Vgl. Anm. I 1 b.
289 BGH FamRZ 1985, 161 (164); Wendl/Dose/Gutdeutsch § 4 Rn. 817.
290 Vgl. zB BGH FamRZ 1985, 161 (163).

rechnungsmethode an Bedeutung verloren, da Erwerbseinkommen des Berechtigten als Surrogat der Familienarbeit idR als prägend anzusehen ist. Sie findet aber noch Anwendung bei nicht prägenden Einkünften etwa aus Vermögen, Erbschaften und dem Zugewinn.

dd) Gemischte Differenz-/Anrechnungsmethode. Sofern nicht mit der umfassen- 49
den Additionsmethode gerechnet wird, kommt die **gemischte Differenz-/Anrechnungsmethode** zur Anwendung, wenn beide Eheleute über prägende Einkünfte verfügen, der Berechtigte darüber hinaus noch über nicht prägendes Einkommen. Dann ist zunächst nach der Differenzmethode aus den prägenden Einkommen der Ehegatten die Quote zu bilden und das nicht prägende Einkommen des Berechtigten gem. § 1577 Abs. 1 darauf anzurechnen.[291]

ee) Quoten-/Bedarfsmethode. Eine weitere Berechnungsmethode ist die 50
Quoten-/Bedarfsmethode, die die unterhaltsrechtlichen Leitlinien des OLG Düsseldorf verwenden.[292]

V. Lebensbedarf

1. Allgemeines. Der Unterhalt umfasst den gesamten Lebensbedarf (Abs. 1 S. 2). 51
Dieser setzt sich zusammen aus dem **Elementarbedarf**, einem darüber hinausgehenden regelmäßigen **Mehrbedarf** als unselbstständiger Teil des **Gesamtbedarfs** und einem unregelmäßigem **Sonderbedarf**. Zum regelmäßigen Mehrbedarf gehören die im Gesetz angeführten Fälle der Vorsorge für das Alter und einer verminderten Erwerbsfähigkeit (Abs. 3), die Krankheits- und Pflegevorsorge (Abs. 2 Alt. 1), ein ausbildungsbedingter Mehrbedarf (Abs. 2 Alt. 2) und die von der Rechtsprechung entwickelten Fälle des krankheits- oder altersbedingten Mehrbedarfs sowie des trennungsbedingten Mehrbedarfs (str.).

2. Elementarbedarf. Er umfasst alle regelmäßigen Aufwendungen für die allge- 52
meine Lebenshaltung, also insbesondere für Wohnung, Ernährung, Kleidung, Gesundheitsfürsorge, Urlaub, Pkw, Hobbys, geistige und kulturelle Interessen, unter Umständen auch für eine Haushaltshilfe.[293] Diese Aufwendungen sind aus der Unterhaltsquote zu bestreiten. Nicht zum Lebensbedarf gehören Aufwendungen für die Vermögensbildung (→ Rn. 16).

**3. Alters- und Erwerbsminderungsvorsorge (Abs. 3). a) Voraussetzung, Bestim- 53
mung und Dauer.** Der Lebensbedarf umfasst auch die Kosten einer angemessenen Alters- und Erwerbsminderungsversicherung (Abs. 3, für den Trennungsunterhalt s. § 1361 Abs. 1 S. 2). Ein entsprechender Vorsorgeunterhalt, der in der **Unterhaltsquote nicht enthalten** ist, setzt das Bestehen eines Unterhaltsanspruchs nach den §§ 1570–1573 oder nach § 1576 voraus. Nur im Rahmen des Ausbildungsunterhalts nach § 1575 gibt es keinen Vorsorgeunterhalt. Der geschuldete Vorsorgeunterhalt ist dazu bestimmt, als Teil des einheitlichen, den gesamten Lebensbedarf des Berechtigten umfassenden Unterhaltsanspruchs den Aufbau einer Altersvorsorge zu ermöglichen, die den Einkünften vor Renteneintritt entspricht.[294] Die zweckwidrige Verwendung des Altersvorsorgeunterhalts kann im Rentenfall zur Verwirkung des Unterhaltsanspruchs führen (→ § 1579 Rn. 31). Ein Anspruch auf Altersvorsorgeunterhalt besteht auch dann, wenn die

---

291 BGH FamRZ 1985, 908 (910).
292 Zu den Einzelheiten vgl. dort Ziff. 15.2.
293 OLG Bamberg FamRZ 1999, 1082 f.
294 BGH FamRZ 2010, 1637 (1640).

Ehegatten während der Ehe, etwa wegen erheblichen Vermögens, des Pflichtigen keine Altersvorsorge betrieben haben und der Berechtigte nach der Scheidung nunmehr auf eine Alterssicherung angewiesen ist.[295] Der Anspruch erlischt idR erst mit Eintritt des allgemeinen **Rentenalters von 65 Jahren**, auch wenn bereits vorher eine Erwerbsunfähigkeitsrente bezogen wird.[296] Er endet früher, wenn für den berechtigten Ehegatten eine Altersversorgung zu erwarten steht, die diejenige des Verpflichteten erreicht.[297]

54 **b) Berechnung des Vorsorgeunterhalts.** Der Vorsorgeunterhalt soll die Nachteile ausgleichen, die dem Berechtigten aus der ehebedingten Behinderung seiner Erwerbstätigkeit erwachsen.[298] Deshalb ist es gerechtfertigt, bei seiner Bemessung an den **geschuldeten Elementarunterhalt anzuknüpfen**, so als würde es sich bei diesem um das Nettoarbeitsentgelt aus einer versicherungspflichtigen Erwerbstätigkeit handeln.[299] Die Berechnung erfolgt – wie sie sich in der Praxis durchgesetzt hat und vom Bundesgerichtshof gebilligt wird[300] – in **drei Schritten** unter Heranziehung der Bremer Tabelle (Beispiel: bereinigtes Nettoeinkommen des Verpflichteten 2.800 EUR, Berechtigter ohne Einkommen):

1. Schritt: Bestimmung des vorläufigen Elementarunterhalts ohne Vorsorgeunterhalt (Beispiel: 3/7 aus 2.800 EUR = 1.200 EUR),

2. Schritt: Hochrechnung des vorläufigen Elementarunterhalts in einen fiktiven Bruttolohn nach der Bremer Tabelle – Stand 1.1.2017[301] (Beispiel: 1.200 EUR + 18% = 1.416 EUR),

3. Schritt: Errechnung des Vorsorgeunterhalts aus dem fiktiven Bruttolohn unter Heranziehung des jeweils geltenden Beitragssatzes zur gesetzlichen Rentenversicherung – derzeit 18,7 % (Beispiel: 18,7 % aus 1.416 EUR = 265 EUR).

Zur Wahrung des Halbteilungsgrundsatzes sind idR zwei weitere Rechenschritte erforderlich:

4. Schritt: das unterhaltsrechtlich relevante Nettoeinkommen des Verpflichteten ist um den zu leistenden Vorsorgeunterhalt zu kürzen (Beispiel: 2 800 EUR – 265 EUR = 2.535 EUR),

5. Schritt: aus dem verbleibenden Einkommen ist der endgültige Elementarunterhalt zu berechnen (Beispiel: 3/7 aus 2.535 EUR = 1.086 EUR).

Die Praxis hat Tabellen entwickelt, aus denen anhand des Einkommens bzw. der Einkommensdifferenz der Altersvorsorgeunterhalt und der endgültige Elementarunterhalt unmittelbar abgelesen werden können.[302]

55 Einer **Kürzung des Elementarunterhalts** (vereinfacht als **zweistufige Berechnung** bezeichnet) gemäß Schritt 4 und 5 bedarf es nicht, wenn der **Berechtigte** über ausreichende nicht prägende Einkünfte verfügt, die im Wege der Anrechnungs-

---

295 BGH FamRZ 2010, 1637 (1640).
296 BGH FamRZ 2000, 351 (354).
297 BGH FamRZ 1988, 1145 (1147).
298 BGH FamRZ 2007, 117; 1988, 145 (150); 1981, 442 (444).
299 BGH FamRZ 2010, 1637 (1640); 2007, 117; 1990, 372 (373).
300 BGH FamRZ 2010, 1637 (1640); 2007, 117; 1985, 471 (472); 1983, 888 mwN.
301 FamRB 2017, 39.
302 Gutdeutsch FamRZ 2011, 265 f.; die Tabellen dienen in erster Linie einer überschlägigen Abschätzung des Altersvorsorgeunterhalts, da sie nicht alle Fälle genau erfassen.

methode von der Unterhaltsquote abzuziehen sind (→ Rn. 48).[303] Durch die Anrechnung wird der Unterhaltsverpflichtete entlastet, so dass er in Höhe dieser Einkünfte zusätzlich zum Elementarunterhalt Vorsorgeunterhalt leisten kann, ohne dass dadurch der Halbteilungsgrundsatz verletzt ist. Entsprechendes gilt, wenn der **Pflichtige** über ausreichende nicht prägende Einkünfte verfügt. Er kann – ohne dass zu seinen Lasten vom Halbteilungsgrundsatz abgewichen wird – Vorsorgeunterhalt zusätzlich zum ungekürzten Elementarunterhalt erbringen.[304] Auch in den Fällen besonders **günstiger wirtschaftlicher Verhältnisse**, die regelmäßig zu einer konkreten Bedarfsberechnung führen (→ Rn. 34), ist eine zweistufige Berechnungsweise nicht erforderlich; der Vorsorgeunterhalt kann neben dem ungekürzten Elementarunterhalt zugesprochen werden, ohne dass dadurch der Grundsatz der gleichmäßigen Teilhabe der Ehegatten an den ehelichen Lebensverhältnissen beeinträchtigt wird.[305] In diesen Fällen ist die Höhe des Altersvorsorgeunterhalts auch **nicht** auf den sich aus der **Bemessungsgrenze der gesetzlichen Rentenversicherung** ergebenden Betrag begrenzt.[306] Der Altersvorsorgeunterhalt entfällt nur insoweit, als hierdurch eine Altersvorsorge zu erwarten wäre, die diejenige des Unterhaltspflichtigen übersteigt.[307]

c) Sonderfälle. Auch im Rahmen eines **Aufstockungsunterhalts** iSd § 1573 Abs. 2 wird ein Vorsorgeunterhalt geschuldet, der sich nach dem laufenden Elementarunterhalt bemisst.[308] Die Altersvorsorge soll nicht nur aus den erzielten eigenen Einkünften, sondern auch auf der Grundlage des Aufstockungsunterhalts aufgebaut werden.[309] **56**

Daran ändert nichts, dass der Berechtigte selbst bei einer Teilzeitbeschäftigung neben den geleisteten Beiträgen zur gesetzlichen Rentenversicherung ab 1.1.1992 keine weiteren Beitragsleistungen erbringen kann. Es verbleibt dann die Möglichkeit der **ergänzenden privatrechtlichen Vorsorge**.[310] Verfügt der Berechtigte über anzurechnende Einkünfte, die für das Alter **keinen Versorgungswert** haben, zB Versorgungsleistungen für Dritte, ist für die Bemessung des Vorsorgeunterhalts an den Unterhalt anzuknüpfen, der ohne diese Einkünfte geschuldet wäre.[311] Bei einer **Geringverdienertätigkeit** gilt: Seit 2013 besteht auch bei einer entgeltgeringfügigen Beschäftigung (regelmäßiges Entgelt nicht mehr als 450 EUR monatlich, § 8 Abs. 1 Nr. 1 SGB VI) die Versicherungspflicht in der gesetzlichen Rentenversicherung (anders als bei einer kurzfristigen Beschäftigung gem. § 8 Abs. 1 Nr. 2 SGB VI). Hiervon kann nur auf Antrag gem. § 6 Abs. 1 b SGB VI befreit werden. Aus derartigen Beschäftigungsverhältnissen wird daher regelmäßig auch eine Altersversorgung erworben, weshalb der Altersvorsorgeunterhalt nach den allgemeinen Regeln zu bemessen ist.[312] **Einkünfte aus Vermögen und Wohnvorteile**, die auch im Alter voraussichtlich noch vorhanden sein werden und sich damit selbst als Altersvorsorge eignen, sind vom

---

303 BGH FamRZ 2003, 590 (593); 1999, 372 (374); vgl. auch Leitlinien Ziff. 15.4.
304 Wendl/Dose/Gutdeutsch § 4 Rn. 891.
305 BGH FamRZ 2010, 1637 (1640); 2007, 117.
306 BGH FamRZ 2010, 1637 (1640); 2007, 117 ff.
307 BGH FamRZ 2007, 117.
308 BGH FamRZ 2010, 1637 (1640); 1988, 145 (151).
309 BGH FamRZ 2010, 1637 (1640).
310 BGH FamRZ 1988, 145 (150); 1982, 255 (257).
311 BGH FamRZ 1999, 372 f.
312 NK-BGB/Schürmann § 1578 Rn. 134; zur früheren Rechtslage s. Voraufl. sowie BGH FamRZ 2011, 192 (195): möglicher Verzicht auf Versicherungsfreiheit.

Unterhaltsbedarf abzuziehen; erst aus dem verbleibenden Unterhaltsanspruch ist der Altersvorsorgeunterhalt zu errechnen.[313] Das kann dazu führen, dass bei ausreichenden Vermögenseinkünften ein Altersvorsorgeunterhalt nicht geschuldet wird.[314]

57 **d) Rang des Altersvorsorgeunterhalts.** Er ist gegenüber dem Elementarunterhalt **nachrangig**, auch gegenüber einem geltend gemachten Krankenvorsorgeunterhalt (→ Rn. 59, 64). Ein Anspruch auf Vorsorgeunterhalt entfällt, wenn der Mindestbedarf des Berechtigten nicht gedeckt ist.[315] Dieser entspricht dem notwendigen Selbstbehalt.[316]

58 **e) Verfahrensmäßige Geltendmachung.** Im Hinblick auf seine Zweckbindung ist der Vorsorgeunterhalt **betragsmäßig gesondert geltend zu machen** und im Tenor der Entscheidung besonders auszuweisen.[317] Ob der Berechtigte neben dem Elementarunterhalt Vorsorgeunterhalt fordern will, steht in seinem freien Ermessen; von Amts wegen wird dieser nicht zugesprochen.[318] Wird nur der Quotenunterhalt verlangt, ist damit kein Vorbehalt der Nachforderung von Vorsorgeunterhalt verbunden.[319] Der Vorsorgeunterhalt kann dann auch nicht mit einem Teilantrag geltend gemacht werden.[320] Eine spätere Geltendmachung ist vielmehr nur dann möglich, wenn der Unterhaltsberechtigte sich eine solche in dem früheren Verfahren auf Leistung von Elementarunterhalt vorbehalten hat.[321] Im Rahmen eines **Abänderungsverfahrens** nach § 238 FamFG kann aber erstmals Vorsorgeunterhalt verlangt werden, wenn der Elementarunterhalt geänderten Verhältnissen anzupassen ist.[322] Ein Abänderungsantrag allein zum Zweck der nachträglichen Geltendmachung von Vorsorgeunterhalt ist dagegen unzulässig.[323] Grundsätzlich muss der Berechtigte keine konkreten Angaben über die Art und Weise der von ihm beabsichtigten Vorsorge machen und darf Zahlung an sich begehren. Dem Berechtigten ist die Art seiner Altersversorgung nicht vorgeschrieben, auch wenn in gewissen Fällen freiwillige Beiträge in die gesetzliche Rentenversicherung wirtschaftlich sinnvoll sein mögen. Er kann deshalb auch eine private Rentenversicherung abschließen.[324] Der Umstand, dass der Berechtigte darauf besteht, die Art und Weise seiner Altersvorsorge selbst zu bestimmen, begründet noch nicht die Besorgnis, er werde sie zweckwidrig verwenden.[325] Bestehen jedoch **begründete Zweifel** an der **bestimmungsgemäßen Verwendung** der Vorsorgebeträge, kann der Verpflichtete ggf. im Wege eines Abänderungsantrags die Ermächtigung zur unmittelbaren Zahlung an den Versicherungsträger verlangen.[326] Das Gericht ist an die im Antrag vorgenommene **Aufteilung des Gesamtunterhalts** in Elementar-, Altersvorsorge- und Krankenvorsorgeunterhalt **nicht gebunden**, auch nicht an ein entsprechendes Anerkenntnis

---

313 BGH FamRZ 2000, 351 (355).
314 BGH FamRZ 1992, 423 (425).
315 BGH FamRZ 1987, 684 (686).
316 Vgl. Ziff. 21.2 der Leitlinien (derzeit 880 EUR).
317 BGH FamRZ 1985, 690; 1982, 887 (890); 1982, 781.
318 BGH FamRZ 2015, 309 Rn. 14 f.; 1985, 690.
319 BGH FamRZ 1985, 690.
320 BGH FamRZ 1982, 1187.
321 BGH FamRZ 2015, 309 Rn. 15.
322 BGH FamRZ 1985, 690.
323 BGH FamRZ 1985, 690.
324 BGH FamRZ 2007, 117.
325 BGH FamRZ 2007, 117.
326 BGH FamRZ 1987, 684 (688).

des Unterhaltschuldners.[327] Allerdings darf das Gericht nicht mehr an Unterhalt zusprechen, als insgesamt verlangt wird.[328] Der titulierte Altersvorsorgeunterhalt kann nur dann isoliert mit der Beschwerde bzw. Rechtsbeschwerde angefochten werden, wenn im Einzelfall – wie etwa bei der konkreten Bedarfsbestimmung – keine zweistufige Berechnung erforderlich ist, der endgültige Elementarunterhalt also nicht erst nach Ermittlung des Altersvorsorgeunterhalts zu errechnen ist (→ Rn. 54, 55).[329]

4. Krankheits- und Pflegevorsorge (Abs. 2). a) Allgemeines. Der Lebensbedarf 59 umfasst auch die Kosten einer angemessenen Versicherung für den Fall der Krankheit und der Pflegebedürftigkeit (Abs. 2). Angemessen ist der Versicherungsschutz, der demjenigen während der bestehenden Ehe entspricht.[330] Die Pflegevorsorge ist unterhaltsrechtlich wie die Krankenvorsorge, an die sie anknüpft, zu behandeln. Der Krankenvorsorgeunterhalt ist wie der Altersvorsorgeunterhalt ein **unselbstständiger Unterhaltsbestandteil**, der vom Quotenunterhalt nicht umfasst wird.[331] Mit der Rechtskraft der Scheidung endet die Mitversicherung in der gesetzlichen Krankenversicherung (§ 10 Abs. 1 SGB V). Der betroffene Ehegatte kann innerhalb einer Ausschlussfrist von drei Monaten der gesetzlichen Krankenversicherung als **freiwilliges Mitglied** beitreten (§ 9 Abs. 1 Nr. 2 SGB V). Der Unterhaltsberechtigte ist im Verhältnis zum Verpflichteten gehalten, von dieser Möglichkeit Gebrauch zu machen, da es sich um die kostengünstigste Art einer angemessenen Krankenversicherung handelt.[332] Eine **private Krankenversicherung** kann vom Berechtigten nach der Scheidung selbstständig fortgeführt werden. Im öffentlichen Dienst entfallen **Beihilfeansprüche** für Aufwendungen des Ehegatten mit Rechtskraft der Scheidung; um einen gleichwertigen Versicherungsschutz aufrechtzuerhalten, kann der unterhaltsberechtigte Ehegatte dann die ergänzende Privatversicherung übernehmen und entsprechend aufstocken.[333] Bei **eigener versicherungspflichtiger Erwerbstätigkeit** besteht kein Anspruch auf Krankenvorsorgeunterhalt, soweit der Unterhaltsberechtigte bereits dadurch ausreichend gesichert ist.[334] Bei **nicht bestimmungsgemäßer Verwendung** des Vorsorgeunterhalts ist der Unterhaltsverpflichtete in Anwendung von § 1579 Abs. 1 Nr. 4 dadurch geschützt, dass der Berechtigte im Krankheitsfall so zu behandeln ist, als hätten die geleisteten Beträge zu einer entsprechenden Versicherung geführt.[335]

b) Berechnung des Krankenvorsorgeunterhalts. aa) Gesetzliche Krankenversi- 60 **cherung.** In der gerichtlichen Praxis wird der Vorsorgeunterhalt auf der **Basis des Elementarunterhalts** in Verbindung mit dem **Beitragssatz** der jeweiligen Krankenkasse bemessen. Dies gilt in den Fällen des Beitritts des Unterhaltsberechtigten zur gesetzlichen Krankenkasse als auch des schuldhaften Unterlassens

---

327 BGH FamRZ 1985, 912 (915).
328 BGH FamRZ 1989, 483 (485).
329 BGH FamRZ 2007, 117.
330 BGH FamRZ 1983, 676 (677).
331 BGH FamRZ 1983, 676 (677).
332 BGH FamRZ 1983, 888 (889).
333 OLG Koblenz FamRZ 2005, 36: unter Berücksichtigung der maßgebenden Beihilfevorschriften; BGH FamRZ 1989, 483 (484); 1983, 676 (677). Zur unverhältnismäßig hohen Belastung durch eine solche Versicherung OLG Oldenburg FamRZ 2010, 567 f.
334 BGH FamRZ 1983, 888 (889).
335 BGH FamRZ 1989, 483 (485); 1983, 676 (677).

eines solchen Beitritts (→ Rn. 59).[336] Der Beitragssatz in der gesetzlichen Krankenkasse beträgt seit 1.1.2015 allgemein 14,4 % und der Beitragsatz in der Pflegeversicherung 2,35 %. Zur Wahrung des **Halbteilungsgrundsatzes** ist regelmäßig eine Berechnung in **drei Schritten** erforderlich (vereinfacht auch als **zweistufige Berechnung** bezeichnet). Zunächst ist der vorläufige Elementarunterhalt zu bestimmen (**1. Schritt**), dann auf dieser Basis der Vorsorgeunterhalt zu errechnen (**2. Schritt**) und schließlich das Einkommen des Verpflichteten um den zu leistenden Vorsorgeunterhalt zu bereinigen, um dann den endgültigen Elementarunterhalt festzusetzen (**3. Schritt**).

Beispiel: Nettoeinkommen des Verpflichteten 2.800 EUR; Berechtigte ohne Einkommen.

1. Schritt: 3/7 aus 2.800 EUR = 1.200 EUR = vorläufiger Elementarunterhalt

2. Schritt: 14,4 % aus 1.200 EUR = 173 EUR = Krankenvorsorgeunterhalt

2,35 % aus 1.200 EUR = 28 EUR = Pflegevorsorgeunterhalt

3. Schritt: 3/7 aus 2.599 EUR (2.800 EUR − 173 EUR − 28 EUR) = (gerundet) 1.114 EUR = endgültiger Elementarunterhalt.

Da die gesetzlichen Krankenkassen die Beiträge nach den gesamten Einnahmen (vgl. § 240 Abs. 1 SGB V), also dem Gesamtunterhalt einschließlich Alters- und Krankenvorsorgeunterhalt, bemessen, liegt der tatsächlich zu zahlende Kranken- und Pflegeversicherungsbeitrag meist über den in vorstehender Weise errechneten Vorsorgeunterhaltsbeträgen.[337] Gleichwohl kann der so ermittelte Vorsorgeunterhalt als angemessen angesehen werden, die entsprechenden Ungenauigkeiten können aus Vereinfachungsgründen hingenommen werden, zumal bei einem niedrigeren Vorsorgeunterhalt ein gewisser Ausgleich durch einen höheren Elementarunterhalt erfolgt.

61   Wie beim Altersvorsorgeunterhalt (→ Rn. 55) **entfällt** mangels Verletzung des Halbteilungsgrundsatzes die zweistufige Berechnung, wenn der **Unterhalt konkret bemessen** wird, der Krankenvorsorgeunterhalt aus nicht prägenden Einkünften des Verpflichteten bestritten werden kann oder der Berechtigte über nicht prägende Einkünfte in ausreichender Höhe verfügt, weil dadurch der Verpflichtete entsprechend entlastet wird. Das Gleiche gilt, wenn der Krankenvorsorgeunterhalt durch **Einschränkung der Vermögensbildung** zusätzlich zum Elementarunterhalt bezahlt werden kann.[338]

62   Wird neben dem Krankenvorsorgeunterhalt auch Altersvorsorgeunterhalt geschuldet, ist der Elementarunterhalt mehrfach zu bereinigen, um den Halbteilungsgrundsatz zu wahren.

Beispiel (anknüpfend an das Beispiel unter → Rn. 60): **4. Schritt:** 1.114 EUR (nunmehr vorläufiger Elementarunterhalt) + 16 % Zuschlag nach Bremer Tabelle = 1.292 EUR (fiktives Bruttoeinkommen), davon 18,7 % (Beitragssatz der gesetzlichen Rentenversicherung) = (gerundet) 242 EUR Altersvorsorgeunterhalt.

5. Schritt: 3/7 aus 2.357 EUR (2.800 EUR Nettoeinkommen − 173 EUR Krankheitsvorsorgeunterhalt − 28 EUR Pflegevorsorgeunterhalt − 242 EUR Altersvorsorgeunterhalt) = (gerundet) 1.010 EUR endgültiger Elementarunterhalt.

---

336   Wendl/Dose/Gutdeutsch § 4 Rn. 907.

337   Vgl. Conradis FamRZ 2004, 1156 (1157), der deshalb Berechnungen vorschlägt, die diesem Umstand Rechnung tragen.

338   Wendl/Dose/Gutdeutsch § 4 Rn. 889 ff.

bb) Private Krankenversicherung. Übernimmt der Berechtigte eine **private Kran-** 63
kenversicherung oder stockt er diese auf (→ Rn. 59), sind die zu leistenden Prämien als Vorsorgeunterhalt geschuldet. Das gilt auch, soweit die Prämien Risikozuschläge mitumfassen.[339] Vor der Berechnung des Elementarunterhalts ist der geleistete Vorsorgeunterhalt vom Einkommen des Verpflichteten abzuziehen, es sei denn, der Vorabzug kann ausnahmsweise unterbleiben (→ Rn. 61).[340] Ggf. ist dann auf der Basis dieses Unterhalts der Altersvorsorgeunterhalt und schließlich der endgültige Elementarunterhalt zu berechnen (s. Beispiel unter → Rn. 62).[341]

c) Rang. Anders als beim Altersvorsorgeunterhalt besteht **kein Vorrang** des Ele- 64
mentarunterhalts gegenüber dem Krankheitsvorsorgeunterhalt, weil die Versicherung gegen Krankheit als wichtiger Teil des gegenwärtigen Unterhaltsbedarfs des Berechtigten angesehen werden muss.[342] Ist der **Krankheitsvorsorgeunterhalt** im Verhältnis zum Elementarunterhalt **unangemessen hoch**, kann der Tatrichter gehalten sein, den Gesamtunterhalt in einer den Interessen beider Parteien gerecht werdenden Weise abweichend auf die Unterhaltsbestandteile zu verteilen.[343]

d) Verfahrensmäßige Geltendmachung. Wie der Altersvorsorgeunterhalt ist 65
auch der Krankheitsvorsorgeunterhalt ein unselbstständiger Bestandteil des Gesamtunterhalts und muss **betragsmäßig gesondert geltend gemacht** und im Tenor der Entscheidung gesondert ausgewiesen werden. Es gelten im Einzelnen die Ausführungen zum Altersvorsorgeunterhalt entsprechend (→ Rn. 58).

5. Krankheits- oder altersbedingter Mehrbedarf. Ein Bedarf dieser Art kann **im** 66
Einzelfall sowohl auf Seiten des Unterhaltsberechtigten als auch des Verpflichteten infolge **besonderer Umstände** wie Krankheit, Unfall, Alter und Pflegebedürftigkeit entstehen, wenn zusätzliche Mittel für **besondere regelmäßige Aufwendungen** aufgebracht werden müssen, die vom Elementarbedarf nicht gedeckt sind. Dazu können zählen Aufwendungen für eine Haushaltshilfe, die der Ehegatte aus gesundheitlichen oder altersbedingten Gründen benötigt,[344] der Eigenanteil an Arzt- und Arzneimittelkosten,[345] Ernährungsmehraufwand bei Diabetes-Erkrankung,[346] Kosten für Fahrzeugsonderausrüstung eines Behinderten,[347] regelmäßige finanzielle Belastungen bei Unterbringung in einem Pflegeheim;[348] auch Pflegeleistungen des (neuen) Ehegatten für einen Schwerbehinderten können – soweit sie über die gegenseitige Beistandspflicht der Ehegatten hinausgehen – von diesem in Höhe der ersparten Fremdleistungen als Mehraufwand gegenüber dem geschiedenen Ehegatten geltend gemacht werden.[349] Es muss sich grundsätzlich um **vorhersehbare regelmäßige Aufwendungen** handeln; andernfalls kommt ein **Sonderbedarf** in Betracht (→ Rn. 71). Der Mehrbedarf

339 BGH FamRZ 2005, 1897.
340 Ziff. 15.4 der Leitlinien.
341 BGH FamRZ 1989, 483 f.
342 BGH FamRZ 1989, 483 (485).
343 BGH FamRZ 1989, 483 (485).
344 BGH FamRZ 1986, 661 (663); 1984, 151 (154).
345 BGH FamRZ 1986, 661 (663).
346 OLG Düsseldorf FamRZ 2002, 751.
347 BGH FamRZ 1982, 579.
348 OLG Saarbrücken FamRZ 2004, 1293.
349 BGH FamRZ 1995, 537.

ist **konkret** und **substantiiert** darzulegen und ggf. zu beweisen,[350] wenn auch die Höhe der angemessenen Kosten gem. § 287 ZPO geschätzt werden kann. Soweit **Sozialleistungen** iSd §§ 1578 a, 1610 a erbracht werden, kommt ein Mehrbedarf nur in Frage, soweit diese nicht kostendeckend sind. Die Mehraufwendungen können nur insoweit geltend gemacht werden, als sie unter Berücksichtigung der wirtschaftlichen Verhältnisse beider Parteien als notwendig und angemessen angesehen werden können. Auf Seiten des **Verpflichteten** sind die unterhaltsrechtlich anzuerkennenden Mehraufwendungen vom prägenden Einkommen abzuziehen, bevor der Quotenunterhalt errechnet wird. Das gilt auch für **nicht prägenden Mehrbedarf**, soweit ihm keine nicht prägenden Einkünfte gegenüberstehen, aus denen er bestritten werden kann. Auf Seiten des **Berechtigten** kann der Abzug nur insoweit erfolgen, als dieser über eigenes prägendes oder nicht prägendes **Einkommen** verfügt; sonst ist der Mehrbedarf als unselbstständiger Unterhaltsbestandteil **zusätzlich zum Elementarunterhalt** geltend zu machen. Allerdings ist dann das Einkommen des Verpflichteten wie beim Vorsorgeunterhalt, (→ Rn. 60 f.) vor Errechnung der Unterhaltsquote um diesen Mehrbedarf zu bereinigen, um den Halbteilungsgrundsatz zu wahren. Liegt über den laufenden Unterhalt bereits ein Titel vor, ist ein später entstehender Mehrbedarf mit der **Abänderungsklage** geltend zu machen.

67 **6. Ausbildungsbedingter Mehrbedarf.** Abs. 2 Alt. 2 stellt klar, dass zum Gesamtbedarf im Falle des Ausbildungsunterhalts gem. §§ 1574, 1575 auch die besonderen Kosten der Ausbildung gehören, wie etwa Lernmaterial, Unterrichtsgebühren, Fahrtkosten uÄ. Der Mehrbedarf ist als unselbstständiger Unterhaltsbestandteil neben dem Elementarunterhalt **gesondert geltend** zu machen.[351] Die entsprechenden Kosten sind vor Bestimmung des Quotenunterhalts vom Einkommen des Verpflichteten abzuziehen. Die Berechnung des Unterhalts in diesem Fall erfolgt nach den gleichen Grundsätzen wie beim Krankheits- oder altersbedingten Mehrbedarf (→ Rn. 66).

68 **7. Trennungsbedingter Mehrbedarf. a) Allgemeines.** Infolge der Trennung entstehen durch die doppelte Haushaltsführung regelmäßig sowohl auf Seiten des Verpflichteten als auch des Berechtigten – gemessen an dem bisherigen Lebensstandard – zusätzliche Kosten,[352] die – nach einer allerdings weitgehend überholten Rechtsprechung (→ Rn. 69) unter bestimmten Voraussetzungen als sog **trennungsbedingter Mehrbedarf** bei der Unterhaltsbemessung berücksichtigt werden können. Sie können auch nach der Scheidung anfallen. Dazu zählen insbesondere die **Mietkosten** für eine neue Wohnung, einschließlich der Umzugskosten und einer Kaution, die Kosten für die Anschaffung neuen Hausrats und die nunmehr doppelt anfallenden Kosten der Lebenshaltung, wie etwa für Wohnnebenkosten, Pkw, Versicherungen, Telefon, Rundfunk und Fernsehen. Die Kosten können einmalig oder laufend anfallen, etwa in Form von Zins- und Tilgungsleistungen für aufgenommene Finanzierungskredite. **Verfahrenskosten,** auch soweit sie Ratenzahlungen auf bewilligte Verfahrenskostenhilfe betreffen, können ebenfalls einen solchen Mehrbedarf darstellen.[353] Trennungsbedingter Mehrbedarf kann zugleich **Sonderbedarf** sein (→ Rn. 71), wenn es sich um

---

350 BGH NJW 1982, 1594; BGH FamRZ 1981, 338 (339).
351 BGH FamRZ 1982, 255.
352 BGH FamRZ 1984, 772 (774); 1983, 886; 1982, 255 (257).
353 MK/Maurer § 1578 Rn. 799.

einen unregelmäßigen, außergewöhnlich hohen Bedarf handelt, was etwa für Umzugskosten nach Trennung/Scheidung gilt.

b) Berücksichtigung. Ist das **gesamte vorhandene Einkommen** der Eheleute – da 69 eheprägend – im Rahmen der üblichen Quotierung zu verteilen, kann zusätzlich zum Elementarunterhalt **kein trennungsbedingter Mehrbedarf** berücksichtigt werden.[354] Der so errechnete Quotenunterhalt entspricht dem vollen Unterhalt, ein gleichwohl zu berücksichtigender Mehrbedarf ginge unter Verletzung des Halbteilungsgrundsatzes einseitig zulasten des anderen Ehegatten. Anders ist es nur, wenn **zusätzliche Mittel** vorhanden sind. So kann die Vermögensbildungsrate auf Seiten des **Verpflichteten** zu verringern sein, um aus den frei werdenden Mitteln den Mehrbedarf zu bestreiten.[355] Verfügt der **Berechtigte** über **nicht prägende Einkünfte**, so kann der Mehrbedarf von diesen abgezogen und nur das Resteinkommen unterhaltsmindernd auf den Quotenunterhalt angerechnet werden. Nachdem der Bundesgerichtshof seine Rechtsprechung zur Haushaltsführung zugunsten der Surrogationstheorie aufgegeben hat (→ Rn. 5), kommt der Rechtsfigur des trennungsbedingten Mehrbedarfs kaum noch Bedeutung zu.[356] Diese wurde nämlich gerade zur Milderung von Härten bei der Anwendung der Anrechnungsmethode entwickelt. Deshalb wird zunehmend in der Literatur die gänzliche Abschaffung dieses Instituts vorgeschlagen.[357]

c) Verfahrensmäßige Geltendmachung. Da mit der Trennung nicht ausnahmslos 70 ein Mehrbedarf verbunden ist, kann dieser nicht in Form einer Pauschale oder als prozentualer Anteil des Bedarfs während der Ehe geltend gemacht werden, sondern es bedarf stets der konkreten substantiierten Darlegung nach Einzelpositionen,[358] wenn auch die Höhe des Mehrbedarfs gem. § 278 ZPO geschätzt werden kann.[359] Da die Höhe der Mehrkosten im Wesentlichen von der persönlichen Entscheidung des Betroffenen abhängt, sind sie stets auf ihre Angemessenheit zu überprüfen, wobei als Maßstab die ehelichen Verhältnisse der Parteien zugrunde zu legen sind.

8. Sonderbedarf. In Abgrenzung zum Mehrbedarf handelt es sich bei diesem um 71 einen **unregelmäßigen außergewöhnlich hohen** Bedarf (§§ 1585 b Abs. 1, 1613 Abs. 2). Unregelmäßig ist der Bedarf, der nicht mit Wahrscheinlichkeit vorauszusehen ist und deshalb bei der Bemessung des laufenden Unterhalts nicht berücksichtigt werden kann. Ob er außergewöhnlich hoch ist, hängt letztlich davon ab, ob und inwieweit dem Berechtigten bei einer **Gesamtbetrachtung** zugemutet werden kann, den Bedarf selbst zu bestreiten.[360] Zum Sonderbedarf zählen unvorhergesehene Krankheits-, Operationskosten und Umzugskosten (zu den Einzelheiten vgl. Kommentierung zu § 1585 b). Er kann aber **nicht zusätzlich** zum Quotenunterhalt geltend gemacht werden, da ansonsten der Halbteilungsgrundsatz nicht gewahrt wäre. Ähnlich wie beim trennungsbedingten Mehrbedarf kommt er daher nur in Betracht, wenn zusätzliche Mittel vorhanden sind (→ Rn. 69). Der Sonderbedarf kann gesondert durch **Zusatzklage** gel-

---

354 BGH FamRZ 1986, 437; 1985, 343 (344); Wendl/Dose/Gutdeutsch § 4 Rn. 835 f.
355 BGH FamRZ 1987, 36 (39).
356 BGH FamRZ 2010, 111 (114).
357 Vgl. Graba FamRZ 2002, 857; FA-FamR/Gerhardt Kap. 6 Rn. 450; Wendl/Dose/ Gutdeutsch § 4 Rn. 836; Gerhardt FamRZ 2003, 272 (275).
358 BGH FamRZ 1995, 346; 1991, 670.
359 BGH FamRZ 1990, 499 (503).
360 BGH NJW 2006, 1509; BGH FamRZ 1983, 29.

tend gemacht werden. Der Anspruch auf **Prozesskostenvorschuss** (vgl. § 1360 a Abs. 4) lässt sich nicht auf die Vorschriften über den Sonderbedarf stützen, er endet mit Rechtskraft der Scheidung.[361]

VI. Darlegungs- und Beweislast

72 Der **Berechtigte** trägt für seinen aus den ehelichen Lebensverhältnissen abzuleitenden Unterhalts**bedarf** als anspruchsbegründenden Tatbestand die **Darlegungs- und Beweislast**.[362] Bei der **konkreten** Bedarfsbemessung hat der Berechtigte alle Bedarfspositionen substantiiert darzutun und ggf. zu beweisen (→ Rn. 34). Verlangt der Berechtigte **Quotenunterhalt**, trägt er die Darlegungs- und Beweislast für die maßgebenden beiderseitigen[363] Einkommens- und Vermögensverhältnisse (Bruttoeinkommen und alle unterhaltsrechtlichen Abzüge), sowie alle sonstigen bedarfsbestimmenden Umstände. Der Erlangung der entsprechenden Kenntnisse durch den Berechtigten dient der Auskunfts- und Beleganspruch nach §§ 1580, 1605. Der Berechtigte ist auch darlegungs- und beweispflichtig dafür, dass die nach Trennung/Scheidung **eingetretenen Veränderungen** die ehelichen Lebensverhältnisse mitgeprägt haben.[364] Für den **Ausnahmefall** einer unerwarteten, vom Normalverlauf erheblich abweichenden Entwicklung seit der Trennung ist der Ehegatte darlegungs- und beweispflichtig, der sich darauf beruft.[365]

§ 1578 a BGB Deckungsvermutung bei schadensbedingten Mehraufwendungen

Für Aufwendungen infolge eines Körper- oder Gesundheitsschadens gilt § 1610 a.

Vgl. die Kommentierung zu → § 1610 a Rn. 1 ff.

§ 1578 b BGB Herabsetzung und zeitliche Begrenzung des Unterhalts wegen Unbilligkeit

(1) ¹Der Unterhaltsanspruch des geschiedenen Ehegatten ist auf den angemessenen Lebensbedarf herabzusetzen, wenn eine an den ehelichen Lebensverhältnissen orientierte Bemessung des Unterhaltsanspruchs auch unter Wahrung der Belange eines dem Berechtigten zur Pflege oder Erziehung anvertrauten gemeinschaftlichen Kindes unbillig wäre. ²Dabei ist insbesondere zu berücksichtigen, inwieweit durch die Ehe Nachteile im Hinblick auf die Möglichkeit eingetreten sind, für den eigenen Unterhalt zu sorgen, oder eine Herabsetzung des Unterhaltsanspruchs unter Berücksichtigung der Dauer der Ehe unbillig wäre. ³Nachteile im Sinne des Satzes 2 können sich vor allem aus der Dauer der Pflege oder Erziehung eines gemeinschaftlichen Kindes sowie aus der Gestaltung von Haushaltsführung und Erwerbstätigkeit während der Ehe ergeben.

(2) ¹Der Unterhaltsanspruch des geschiedenen Ehegatten ist zeitlich zu begrenzen, wenn ein zeitlich unbegrenzter Unterhaltsanspruch auch unter Wahrung der

---

361 BGH FamRZ 1984, 184.
362 BGH FamRZ 1990, 1085.
363 OLG Köln FamRZ 1998, 1427.
364 BGH FamRZ 1988, 701 (703).
365 BGH FamRZ 1986, 244; 1983, 352 (353).

Belange eines dem Berechtigten zur Pflege oder Erziehung anvertrauten gemeinschaftlichen Kindes unbillig wäre. [2]Absatz 1 Satz 2 und 3 gilt entsprechend.

(3) Herabsetzung und zeitliche Begrenzung des Unterhaltsanspruchs können miteinander verbunden werden.

I. Allgemeines

In dieser durch die Unterhaltsrechtsreform 2008 neu geschaffenen Vorschrift **1** wurden die früheren Regelungen der Herabsetzung des Unterhalts auf den angemessenen Lebensbedarf (§ 1578 Abs. 1 S. 2 u. 3 aF) und der zeitlichen Begrenzung (§ 1573 Abs. 4 aF) in **einer Bestimmung zusammengefasst**, die **Voraussetzungen** für diese Beschränkungen **vereinheitlicht** und die **Anforderungen** an eine Beschränkung des Unterhalts **herabgesetzt**. Dabei gilt die Bestimmung (abweichend von der früheren Rechtslage) grundsätzlich für **alle nachehelichen Unterhaltstatbestände**. Die Vorschrift ist nicht wegen Unbestimmtheit verfassungswidrig.[1]

Abs. 1 regelt die Möglichkeit einer Herabsetzung, **Abs. 2** die Möglichkeit einer **2** zeitlichen Begrenzung des Unterhaltsanspruchs, wobei hinsichtlich der Voraussetzungen auf Abs. 1 verwiesen wird, so dass für beide Vorschriften dieselben Billigkeitskriterien gelten. Abs. 3 sieht schließlich die Möglichkeit einer Kombination von Herabsetzung und Befristung vor, wie sie schon bisher von der Rechtsprechung in geeigneten Fällen praktiziert wurde.

Mit der Vorschrift hat der Gesetzgeber den bereits mit dem Unterhaltsände- **3** rungsgesetz vom 20.2.1986[2] eingeschlagenen Weg fortgesetzt, das erstmals die Möglichkeit einer betragsmäßigen und zeitlichen Begrenzung geschaffen hat. Der **Grundsatz der Eigenverantwortung** ist weiter verschärft worden. Die Regelung verfolgt das Ziel, die Beschränkung von Unterhaltsansprüchen anhand objektiver Billigkeitsmaßstäbe und hier insbesondere anhand des Billigkeitsmaßstabs der „ehebedingten Nachteile" zu erleichtern.[3] Vor allem die frühere Bestimmung, wonach eine Beschränkung des Unterhalts bei nicht nur vorübergehender Betreuung eines gemeinschaftlichen Kindes idR nicht in Betracht kam

---

1 BGH FamRZ 2011, 188 (190); 2010, 1633 (1634); 2010, 1414 (1415): Der Gesetzgeber wollte den Gerichten einen relativ breiten Spielraum geben, um dem konkreten Einzelfall nach Billigkeitsgesichtspunkten gerecht zu werden.
2 BGBl. I, 301.
3 BT-Drs. 16/1830, 18.

(§§ 1573 Abs. 5 S. 1 Hs. 2 aF, 1578 Abs. 1 S. 2 Hs. 2 aF), führte in der Praxis dazu, dass von der Möglichkeit einer Unterhaltsbeschränkung nur sehr restriktiv Gebrauch gemacht wurde.[4] Diese Bestimmung wurde durch eine allgemeine Kinderschutzklausel ersetzt (vgl. Abs. 1 S. 1, Abs. 2 S. 1). Daneben ist die Dauer der Kinderbetreuung nunmehr nur eines von mehreren Kriterien.

4   Die Möglichkeit einer Beschränkung des Unterhaltsanspruchs hat im Übrigen seit der Änderung der Rechtsprechung des Bundesgerichtshofs zur Bewertung der Familienarbeit[5] zusätzlich an praktischer Bedeutung gewonnen. Die Abkehr von der Anrechnungsmethode und die Hinwendung zur Differenzmethode hat nämlich zur Folge, dass der Unterhaltsverpflichtete nunmehr viel häufiger und weit länger in Anspruch genommen wird, da es erst zu einer vollständigen Bedarfsdeckung kommt, wenn der Unterhaltsberechtigte mindestens ein gleich hohes Einkommen erzielt wie der Verpflichtete.[6]

5   Die Leistungen der Ehegatten, die sie in der Ehe erbringen (Berufstätigkeit, Haushaltsarbeit, Kindererziehung), sind gleichwertig, so dass sie grundsätzlich Anspruch auf gleiche Teilhabe an dem gemeinsam Erwirtschafteten haben. Dieser Anspruch bedeutet aber **keine Lebensstandardgarantie** im Sinne einer zeitlich und betragsmäßig unbeschränkten Teilhabe nach der Scheidung. Die fortwirkende Verantwortung für den bedürftigen Partner, auf die sich der Unterhaltsanspruch gründet, erfordert vor allem einen **Ausgleich der Nachteile**, die dadurch entstehen, dass der Berechtigte als Folge der Aufgabenverteilung in der Ehe nicht oder nicht ausreichend für seinen eigenen Unterhalt sorgen kann.[7] Unterhaltsansprüche, insbesondere wegen Alters, Krankheit oder Erwerbslosigkeit (§§ 1571, 1572, 1573 Abs. 1), bestehen aber auch dann, wenn Krankheit oder Arbeitslosigkeit ganz unabhängig von der Ehe und ihrer Ausgestaltung eintreten. Auch in diesen Fällen kann eine uneingeschränkte Fortwirkung der **nachehelichen Solidarität** unter Billigkeitsgesichtspunkten unangemessen sein. Auch hier muss in jedem Einzelfall eine angemessene und für beide Seiten gerechte Lösung gefunden werden, wobei jetzt das Merkmal der Ehedauer von besonderer Bedeutung ist.[8]

II. Anwendungsbereich

6   Die Vorschrift gilt grundsätzlich für **alle nachehelichen Unterhaltstatbestände**, aber mit deutlich unterschiedlichem Gewicht. Für den **Betreuungsunterhalt** nach § 1570 hat die Billigkeitsregelung nur untergeordnete Bedeutung. Aus dieser Vorschrift ergeben sich selbst schon Beschränkungen des Unterhaltsanspruchs. Eine **weitere Billigkeitskorrektur** nach § 1578 b wird nur in Ausnahmefällen in Betracht kommen.[9] Eine **Befristung** des nachehelichen Betreuungsunterhalts nach § 1587 b Abs. 2 scheidet grds. schon deshalb aus, weil § 1570 in der seit dem 1.1.2008 geltenden Fassung Sonderregelungen für eine Billigkeitsabwägung enthält. Im Rahmen dieser sind bereits alle kind- und elternbezogenen Umstände des Einzelfalls zu berücksichtigen. Der sog Basisunterhalt für die ersten drei Jahre nach der Geburt des Kindes (§ 1570 Abs. 1 S. 1) kann im Falle der Bedürf-

---

4   BT-Drs. 16/1830, 18.
5   BGH FamRZ 2001, 986 (991).
6   BGH FamRZ 2007, 793 (799).
7   BT-Drs. 16/1830, 18.
8   BT-Drs. 16/1830, 19.
9   BT-Drs. 16/1830, 19.

tigkeit des Berechtigten ohnehin stets verlangt werden. Führt die dann erforderliche Billigkeitsabwägung (§ 1570 Abs. 1 S. 2 u. 3, Abs. 2) zu dem Ergebnis, dass der Betreuungsunterhalt auch für die Zeit danach wenigstens teilweise geschuldet ist, können dieselben Gründe nicht zu einer Befristung im Rahmen der Billigkeit nach § 1578 b führen.[10] Davon ist die Frage zu unterscheiden, ob nicht bereits in der **Erstentscheidung** (und nicht erst in einem Abänderungsverfahren) im Rahmen einer Prognose eine zeitliche Begrenzung vorgenommen werden kann, wenn der **Wegfall der Tatbestandsvoraussetzungen** für die Unterhaltsverpflichtung ohne Weiteres abzusehen ist, etwa wegen des alsbaldigen Einsetzens einer Erwerbsobliegenheit des Berechtigten und des damit verbundenen Wegfalls seiner Bedürftigkeit. Bei einer solchen Prognose ist aber größte Zurückhaltung geboten. Der Eintritt eines künftigen Ereignisses, vor allem aber seine konkreten Auswirkungen auf die finanziellen Verhältnisse der Parteien und damit auf den Unterhaltsanspruch, wird sich selten zuverlässig voraussehen lassen. Der Betreuungsunterhalt ist daher **grundsätzlich unbefristet** zuzusprechen. Der Unterhaltsverpflichtete muss ggf. einen Abänderungsantrag stellen. In Betracht kommt deshalb in aller Regel lediglich eine **Herabsetzung des Unterhalts** auf den angemessenen Lebensbedarf, insbesondere bei relativ kurzer Ehedauer und/oder in den Fällen, in denen der Unterhaltsbedarf nach den ehelichen Lebensverhältnissen gem. § 1578 Abs. 1 S. 1 erheblich über den angemessenen Unterhalt nach der eigenen Lebensstellung des Berechtigten hinausgeht.[11]

Von erheblicher Bedeutung ist die Vorschrift für die Unterhaltsansprüche wegen **Alters und Krankheit** (§§ 1571, 1572). Hier kam früher eine zeitliche Begrenzung nur bei kurzer Ehe unter dem Gesichtspunkt der Verwirkung nach § 1579 Nr. 1 in Betracht. Nunmehr kommt darüber hinaus eine Befristung des Unterhaltsanspruchs aus Gründen der Billigkeit in Frage, etwa bei einer unerkannten vorehelichen Erkrankung[12] und/oder einer nicht allzu langen Ehedauer. Dabei ist zu beachten, dass die Krankheit des unterhaltsbedürftigen Ehegatten selten **ehebedingt** sein und die damit verbundene Einschränkung der Erwerbsmöglichkeit daher regelmäßig keinen ehebedingten Nachteil darstellen wird. In diesem Falle ist deshalb die fortwirkende **nacheheliche Solidarität** der wesentliche Maßstab für die Billigkeitsabwägung. Entsprechendes gilt für den Altersunterhalt. Hinsichtlich der Einzelheiten wird auf → Rn. 10, 11 verwiesen. 7

Wie schon früher kommt die Beschränkung des Unterhalts in der Mehrzahl der Fälle beim **Aufstockungsunterhalt** (§ 1573 Abs. 2) in Betracht. Gerade hier kommt das nunmehr zentrale Billigkeitskriterium des ehebedingten Nachteils besonders zum Tragen. Für den **Erwerbslosenunterhalt** (§ 1573 Abs. 1), bei dem bereits nach früherem Recht eine Befristung möglich war, wird § 1578 b vor allem unter dem Gesichtspunkt der Eigenverantwortung eine größere Bedeutung erlangen. 8

Für den **Ausbildungsunterhalt** (§ 1575) hat die Vorschrift jedoch wiederum kaum Relevanz, da der Anspruch nach seinem Zweck von vornherein zeitlich begrenzt ist. In Betracht kommt insoweit allenfalls eine Herabsetzung auf den angemessenen Lebensbedarf. Keine Bedeutung hat die Vorschrift für den **Billig-** 9

---

10 BGH FamRZ 2010, 1880 (1883); 2009, 1124 (1128); 2009, 770.
11 BGH FamRZ 2010, 1880 (1883); 2009, 1124 (1128); 2009, 770.
12 Vgl. BGH FamRZ 1995, 1405 (1407); 1994, 566 f.

keitsunterhalt (§ 1576), da die dort erforderliche Billigkeitsprüfung eine betragsmäßige und zeitliche Begrenzung des Unterhalts ohnehin mit umfasst.

III. Kriterien für die Beschränkung des Unterhaltsanspruchs

10 **1. Ehebedingte Nachteile.** Von vorrangiger Bedeutung bei der Billigkeitsprüfung
ist die Frage, ob und in welchem Ausmaß der Berechtigte **erhebliche fortwirkende ehebedingte Nachteile** zu tragen hat.

Die gesetzliche Regelung stellt darauf ab, inwiefern „durch die Ehe" Nachteile
im Hinblick auf die Möglichkeit eingetreten sind, für den eigenen Unterhalt zu
sorgen. Auch die Nachteile, die infolge der Dauer der Pflege oder Erziehung eines gemeinschaftlichen Kindes entstanden sind, beziehen sich auf „solche Nachteile", dh **kausal durch die Ehe entstandene Nachteile** und zudem auf die Kindererziehung „während der Ehe". Davon wird eine über einen längeren Zeitraum praktizierte voreheliche Kinderbetreuung nicht erfasst.[13] Ebenso wenig
können längere Zeit vor der Eheschließung getroffene berufliche Dispositionen
des späteren Ehegatten für ihn einen ehebedingten Nachteil zu begründen, und
zwar auch dann nicht, wenn diese unmittelbar durch das voreheliche Zusammenleben veranlasst worden waren.[14] Allerdings kann sich ein ehebedingter
Nachteil aus der Fortsetzung der Kinderbetreuung nach der Eheschließung ergeben, wenn und soweit ein Ehegatte mit Rücksicht auf die Ehe und die übernommene oder fortgeführte Rollenverteilung auf eine Erwerbstätigkeit verzichtet.
Ein Nachteil entsteht dem Ehegatten in diesem Fall, wenn er bei Eheschließung
aufgrund der Rollenverteilung in der Ehe keine (weitergehende) Erwerbstätigkeit aufnimmt und ihm dadurch eine dauerhafte Einkommenseinbuße entsteht.[15] Ein betriebsbedingter Verlust des Arbeitsplatzes begründet keinen ehebedingten Nachteil; ein solcher kann sich aber daraus ergeben, dass sich der Unterhaltsberechtigte mit Rücksicht auf die Ehe und die übernommene oder fortgeführte Rollenverteilung zunächst nur in in einem eingeschränkten Radius und
später gar nicht mehr um eine seiner beruflichen Qualifikation und seinen Fähigkeiten entsprechende Stelle bewirbt.[16]

§ 1578 b Abs. 1 S. 3 benennt die Umstände, aus denen sich ehebedingte Nachteile vor allem ergeben können: die Dauer der Betreuung eines gemeinschaftlichen
Kindes, die Gestaltung von Haushaltsführung und Erwerbstätigkeit während
der Ehe sowie die Dauer der Ehe. Bereits in seiner **Grundsatzentscheidung vom
12.4.2006** ist der Bundesgerichtshof[17] von seiner früheren Rechtsprechung abgerückt und hat seither im **Vorgriff auf die Regelung des** § 1578 b für die Frage
der Befristung des Aufstockungsunterhalts (§ 1573 Abs. 5 aF) statt auf das Kriterium der Ehedauer vorrangig auf das Vorliegen ehebedingter Nachteile abgestellt. Insoweit hat § 1578 b zu keiner Änderung der materiellen Rechtslage geführt. Dabei genügt es, dass die Nachteile ganz überwiegend bzw. im Wesentlichen auf die vereinbarte bzw. praktizierte Aufgabenteilung während der Ehe zurückzuführen sind.[18] Insofern ist auf die tatsächliche Gestaltung von Kinderbetreuung und Haushaltsführung abzustellen, weshalb der unterhaltspflichtige

---

13 BGH FamRZ 2012, 776 Rn. 19.
14 BGH FamRZ 2011, 1377 Rn. 20; 2010, 1971 Rn. 25.
15 BGH FamRZ 2013, 860 Rn. 18, 20; 2012, 776 Rn. 21.
16 BGH FamRZ 2014, 1007 Rn. 21.
17 BGH FamRZ 2006, 1006 ff.
18 BT-Drs. 16/1830, 19.

Ehegatte nicht einwenden kann, dass er den Unterhaltsberechtigten während der Ehe zur Berufstätigkeit angehalten habe.[19] Je geringer diese Nachteile sind, desto eher ist im Lichte des Grundsatzes der Eigenverantwortung unter Billigkeitsgesichtspunkten eine Beschränkung des Unterhaltsanspruchs geboten.[20] **Ehebedingte Nachteile** iSv § 1578 b liegen dann vor, wenn das tatsächlich erzielte Einkommen bzw. das in Erfüllung seiner Erwerbsobliegenheit erzielbare Einkommen des Unterhaltsberechtigten hinter dem Einkommen zurückbleibt, das er ohne Ehe und die dadurch bedingten Einschränkungen seiner Erwerbstätigkeit erreicht hätte. Die Differenz aus den beiden Positionen ergibt den ehebedingten Nachteil.[21] Der ehebedingte Erwerbsnachteil des unterhaltsberechtigten Ehegatten begrenzt regelmäßig die Herabsetzung seines nachehelichen Unterhaltsanspruchs gem. § 1578 b Abs. 1. Dieser Nachteil ist nicht hälftig auf beide geschiedenen Ehegatten zu verteilen, sondern in voller Höhe zugunsten des Unterhaltsberechtigten zu berücksichtigen.[22] Ehebedingte Nachteile sind dann nicht (mehr) gegeben, wenn der Berechtigte – ggf. nach einer Zusatz- oder Weiterbildung – (wieder) über ein Einkommen verfügt bzw. bei Erfüllung seiner Erwerbsobliegenheit verfügen könnte,[23] das seiner beruflichen Qualifikation entspricht und das er ohne Ehe erreicht hätte. Erforderlich ist also zum Vergleich eine entsprechende **hypothetische Betrachtung der beruflichen Entwicklung** des Berechtigten, wie sie ohne Ehe stattgefunden hätte. Bei einfacheren Berufen ohne besondere Aufstiegschancen kann dies anhand der entsprechenden, nach Alter, Berufsjahren und Tätigkeitsbereichen gestaffelten Tarifverträge vorgenommen werden.[24] Bei qualifizierteren Berufen mit schwer abschätzbaren Karrieremöglichkeiten wird diese Prüfung schwierig sein. Hier muss die Lösung im Rahmen der erforderlichen umfassenden Billigkeitsprüfung unter Beachtung der Darlegungs- und Beweislast der Parteien (→ Rn. 28) gefunden werden. Eine angenommene höhere berufliche Position muss zumindest mit erheblicher Wahrscheinlichkeit zu erwarten gewesen sein, eine nur theoretische Möglichkeit genügt nicht.

Wird ein aus dem Ausland stammender Ehegatte im Zusammenhang mit seiner Eheschließung in Deutschland ansässig und hätte er ohne die Ehe sein Heimatland nicht verlassen, bestimmt sich sein angemessener Lebensbedarf nach den Erwerbs- und Verdienstmöglichkeiten, die sich ihm bei einem Verbleib in seinem Heimatland geboten hätte. Das von diesem Ehegatten in seinem Heimatland hypothetisch erzielbare Einkommen ist gegebenenfalls im Hinblick auf Kaufkraftunterschiede an das deutsche Preisniveau anzupassen.[25]

Beruht das Einkommensgefälle zwischen den Ehegatten nach der Scheidung nicht auf ehebedingten Umständen, wird es oftmals angemessen sein, dem Berechtigten – ggf. nach einer Übergangszeit – einen Lebensstandard zuzumuten, der demjenigen entspricht, den er vor der Ehe gehabt hatte.[26] Allerdings kann die **wirtschaftliche Verflechtung** der Ehegatten bei **längerer Ehe** unter dem

19 BGH FamRZ 2013, 935 Rn. 36; 2011, 628 Rn. 20.
20 BT-Drs. 16/1830, 18.
21 BGH FamRZ 2014, 1007 Rn. 18; 2013, 935 Rn. 35.
22 BGH FamRZ 2016, 1345 Rn. 19.
23 Zur fiktiven Anrechnung von Einkommen in einem solchen Fall vgl. BGH FamRZ 2007, 200 (203 f.); 2006, 1006 ff.
24 Vgl. BGH FamRZ 2010, 538 (541): Ermittlung nach dem Tarifvertrag für den öffentlichen Dienst.
25 BGH FamRZ 2013, 534 Rn. 24.
26 BGH FamRZ 2007, 200 (203 f.); 2006, 1006 ff.

Gesichtspunkt der nachehelichen Solidarität einer Herabsetzung des Lebens-standards auf den eigenen angemessenen Lebensbedarf entgegenstehen[27] (→ Rn. 14). Beruht die Einkommensdifferenz zwischen den Ehegatten auf fort-wirkenden ehebedingten Nachteilen, kommt eine zeitliche Befristung des Auf-stockungsunterhalts idR auch bei kurzer Ehedauer nicht in Betracht.[28]

Eine **Krankheit** des unterhaltsbedürftigen Ehegatten ist **nur in Ausnahmefällen ehebedingt,** so dass die durch sie verursachte Einschränkung der Erwerbsmög-lichkeit regelmäßig keinen ehebedingten Nachteil darstellt.[29] Das gilt auch dann, wenn eine psychische Erkrankung durch die Ehekrise und Trennung aus-gelöst worden ist. Die Krankheitsursache liegt in diesen Fällen – wie auch bei einer sonstigen Erkrankung in aller Regel – nicht in der Ehe als solcher oder der mit ihr verbundenen Rollenverteilung, sondern in den persönlichen Umständen der Parteien und ihrer schicksalhaften Entwicklung.[30] Beim Krankheitsunterhalt nach § 1572 ist daher das Kriterium des Vorliegens ehebedingter Nachteile re-gelmäßig nicht einschlägig. Gleichwohl kann auch hier eine Beschränkung des Anspruchs aus Gründen der Billigkeit erfolgen (→ Rn. 11).

Entsprechendes gilt für den **Altersunterhalt** nach § 1571. Ein ehebedingter Nachteil kann jedoch dadurch eintreten, dass der Unterhaltsberechtigte wegen einer Unterbrechung seiner Erwerbstätigkeit während der Ehe keine ausreichen-de Vorsorge für das Alter bzw. für den Fall der krankheitsbedingten Erwerbsun-fähigkeit hat treffen können und seine Altersrente bzw. seine Rente wegen teil-weiser oder voller Erwerbsminderung daher geringer ist als sie ohne Ehe wäre.[31] Die unterbliebene Erwerbstätigkeit muss aber ihren Grund in der in der Ehe ge-wählten **Rollenverteilung** (Führung des Haushalts, Betreuung der Kinder) haben und nicht auf persönlichen schicksalhaften Umständen wie einer Krankheit oder einem erfolglosen Bemühen um einen Arbeitsplatz beruhen.[32] Allerdings ist zu beachten, dass die aus der ehebedingten Erwerbsunterbrechung resultierenden Nachteile in der Alters- bzw. Krankheitsvorsorge idR durch den **Versorgungs-ausgleich** ausgeglichen werden. Wenn für die Zeit der ehebedingten Erwerbsun-terbrechung der Versorgungsausgleich unabhängig von der Höhe der übertrage-nen Anwartschaften in vollem Umfange durchgeführt wurde, ist der Nachteil in der Versorgungsbilanz in gleichem Umfang von beiden Ehegatten zu tragen; ein Ausgleich kann nicht noch zusätzlich über den nachehelichen Unterhalt erfol-gen.[33] Ehebedingte Nachteile iSd § 1578 b Abs. 1 liegen danach vor, wenn die vom Unterhaltsberechtigten aufgrund der ehelichen Rollenverteilung erlittenen Einbußen bei seiner Alters- bzw. Krankheitsvorsorge durch den Versorgungsaus-gleich nicht vollständig erfasst werden, weil der Verpflichtete nur für einen ge-ringen Teil der Ehezeit Rentenanwartschaften erworben hat.[34] Ob dies der Fall ist, ist dadurch zu ermitteln, dass die Lage, wie sie sich ohne Eheschließung und

---

27 BGH FamRZ 2010, 1971 (1974 f.).
28 BGH FamRZ 2010, 538 (540); 2009, 1990 (1991); 2006, 1006 ff.
29 BGH FamRZ 2011, 188 (190); 2010, 1414 f.; 2010, 1057 (1058); 2010, 629 (632); 2009, 1207 (1210); 2009, 406 (408 f.).
30 BGH FamRZ 2013, 1291 Rn. 20; 2011, 188 (190); 2010, 1414 f.
31 BGH FamRZ 2011, 188 (190); 2010, 1633 (1635); 2010, 629 (632); 2009, 1207 (1210); 2009, 406 (408).
32 BGH FamRZ 2011, 188 (190); 2010, 1633 (1635).
33 BGH FamRZ 2011, 188 (190); 2010, 1633 (1635); 2008, 1508 (1511); 2008, 1325 (1329).
34 BGH FamRZ 2010, 1633 (1635).

die gewählte Rollenverteilung ergeben hätte, und die tatsächliche Lage gegenüber gestellt werden. Dabei können zunächst entstandene Nachteile durch andere mit der Ehe verbundene Vorteile – auch nach der Ehescheidung – kompensiert worden sein. In jedem Fall ist der ehebedingte Nachteil in der Altersversorgung durch die Höhe der bei (gedachter) unverändert fortgesetzter Erwerbstätigkeit des Unterhaltspflichtigen im Wege des Versorgungsausgleichs zusätzlich übertragenen Rentenanwartschaften begrenzt. Das folgt daraus, dass der Unterhaltsberechtigte im Ausnahmefall des nicht vollständig eingreifenden Versorgungsausgleichs nicht besser stehen darf als im Regelfall des Versorgungsausgleichs, der die ehebedingten Versorgungsnachteile nicht notwendig vollständig kompensiert, sondern entstandene Nachteile gleichmäßig auf beide Ehegatten verteilt.[35] Stehen ehebedingte Nachteile dagegen fest, ist eine exakte Feststellung des hypothetisch erzielbaren Einkommens des Unterhaltsberechtigten nicht erforderlich, vielmehr genügt für die zu treffende Billigkeitsabwägung bei geeigneter Grundlage eine Schätzung nach § 287 ZPO.[36] Auch insofern ist allerdings der Gesichtspunkt zu berücksichtigen, dass der Unterhaltsberechtigte sich durch den Ausgleich des Nachteils nicht besser stehen darf, als wenn unter Einbeziehung zusätzlicher Rentenanwartschaften der Versorgungsausgleich durchgeführt worden wäre. Ein ehebedingter Nachteil, der darin besteht, dass der unterhaltsberechtigte Ehegatte nachehelich geringere Versorgungsanrechte erwirbt als er bei hinweggedachter Ehe erworben hätte, wird ausgeglichen, wenn er Altersvorsorgeunterhalt erlangen kann.[37]

2. Eingeschränkte Fortwirkung der nachehelichen Solidarität. § 1578 b beschränkt sich nach dem Willen des Gesetzgebers nicht auf die Kompensation ehebedingter Nachteile, sondern berücksichtigt auch eine darüber hinausgehende **nacheheliche Solidarität**. Auch wenn keine ehebedingten Nachteile vorliegen, ist eine Herabsetzung oder zeitliche Begrenzung des nachehelichen Unterhalts nur bei Unbilligkeit eines fortdauernden Unterhaltsanspruchs nach den ehelichen Lebensverhältnissen begründet. Bei der insoweit gebotenen Billigkeitsabwägung hat das Familiengericht das im Einzelfall gebotene Maß der nachehelichen Solidarität festzulegen, wobei vor allem die in § 1578 b Abs. 1 S. 3 aufgeführten Gesichtspunkte zu berücksichtigen sind.[38] Maßgeblich kommt es darauf an, welches **Vertrauen** der Unterhaltsbedürftige angesichts des Verlaufs der Ehe auf den Fortbestand des Unterhalts haben durfte. **Wesentliche Kriterien** sind die Ehedauer, die Rollenverteilung während der Ehe (Aufgabe der beruflichen Tätigkeit um der Ehe willen) wie auch die vom Unterhaltsberechtigten während der Ehe erbrachte Lebensleistung (langjähriger Einsatz für die Familie durch Erziehung und Betreuung mehrerer Kinder; Unterstützung des anderen Ehegatten in dessen Erwerbstätigkeit).[39] Zu **weiteren Kriterien**, die im Rahmen der Billigkeitsabwägung eine Rolle spielen können, → Rn. 15.

Im Fall einer 26-jährigen Ehe, in der die unterhaltsbedürftige Ehefrau den Haushalt geführt, vier gemeinschaftliche Kinder großgezogen hat und keine Berufsausbildung absolvieren konnte, hat der Bundesgerichtshof das Absehen von

11

---

35 BGH FamRZ 2011, 1381 (1384).
36 BGH FamRZ 2010, 1633 (1636).
37 BGH FamRZ 2014, 823 Rn. 18; 2013, 109 Rn. 18.
38 BGH FamRZ 2012, 772 (774); 2010, 1414 (1415); 2010, 1057 (1058); 2010, 629 (632); 2009, 1207 (1210).
39 BGH FamRZ 2010, 1414 (1416).

einer betragsmäßigen oder zeitlichen Begrenzung des **Krankheitsunterhalts** gebilligt.[40] Die Befristung eines Krankheitsunterhalts auf drei Jahre bei elfjähriger kinderloser Ehe, aber nur fünfjährigem gemeinsamem Haushalt und Fehlens ehebedingter Nachteile im Rahmen der Krankheitsvorsorge hat der Bundesgerichtshof nicht beanstandet.[41] Die Befristung des Krankheitsunterhalts ist nicht dadurch ausgeschlossen, dass der Unterhaltsberechtigte durch die Begrenzung sozialleistungsbedürftig wird.[42]

12 **3. Dauer der Kinderbetreuung.** Aus der Dauer der Betreuung gemeinschaftlicher Kinder können dem Berechtigten ehebedingte Nachteile erwachsen. Entgegen dem früheren Gesetzeswortlaut, nach dem im Falle der Betreuung gemeinschaftlicher Kinder eine Beschränkung des Unterhalts idR ausschied, kommt es nunmehr darauf an, inwieweit aus der Kinderbetreuung Erwerbsnachteile resultieren. Eine längere berufliche Pause oder Einschränkung wegen Kinderbetreuung wird in vielen Fällen auch nach Beendigung der Betreuung zu **dauerhaften Erwerbsnachteilen** führen.[43] Dies schließt regelmäßig eine zeitliche Begrenzung des Unterhalts aus. In Betracht kommt insoweit nur eine Herabsetzung auf den angemessenen Lebensbedarf. In nicht wenigen Fällen werden aber berufliche Nachteile gar nicht oder nur vorübergehend eintreten, etwa wenn der Berechtigte bei Scheidung noch verhältnismäßig jung ist und/oder nur kurze Zeit aus dem Erwerbsleben ausgeschieden war bzw. die Berufstätigkeit neben der Kinderbetreuung fortgesetzt hat. Dabei kann aber eine überobligatorische Erwerbstätigkeit des Berechtigten – etwa bei der Bemessung der Übergangsfrist – durchaus zu seinen Gunsten berücksichtigt werden.[44]

13 **4. Gestaltung von Haushaltsführung und Erwerbstätigkeit.** Aus diesem Umstand können sich Nachteile ergeben, wenn der Berechtigte **eigene Berufs- und Erwerbsaussichten zurückgestellt** hat, um durch Übernahme der Haushaltsführung dem anderen Ehegatten die volle berufliche Entfaltung zu ermöglichen.[45] Die Nachteile müssen fortbestehen. Sie entfallen, wenn der Berechtigte wieder in sein früheres oder ein ähnliches Beschäftigungsverhältnis ohne Einkommensbußen zurückkehren kann.[46] In Berufszweigen ohne besondere Qualifikation und ohne größere Aufstiegschancen (zB Hilfsarbeiter, Verkäufer, Bürohilfe etc) wird eine Berufspause eher selten zu einer Benachteiligung führen. Die Aufgabe der Erwerbstätigkeit gegen den Willen des anderen Ehegatten ohne anerkennenswerte Motive führt idR nicht zu ehebedingten Nachteilen.[47] Der Verlust des Arbeitsplatzes aus betrieblichen oder konjunkturellen Gründen, die Aufgabe des Studiums aus freien Stücken oder die Erwerbslosigkeit in Folge eines Alkoholmissbrauchs sind keine ehebedingten Umstände.[48]

14 **5. Dauer der Ehe.** Die Dauer der Ehe führt für sich gesehen nicht zwangsläufig zu einem Nachteil, ist aber insoweit gleichwohl von Bedeutung, als sich die **Erwerbsnachteile** für den Ehegatten, der sich ganz der Kindererziehung oder der

---

40 BGH FamRZ 2009, 1207 (1210 f.).
41 BGH FamRZ 2009, 406 (408 f.).
42 BGH FamRZ 2010, 1057 (1058).
43 Vgl. Büttner FamRZ 2007, 773 (775).
44 BGH FamRZ 1990, 492 (494).
45 BGH FamRZ 1986, 886 (888).
46 Vgl. Hahne FamRZ 1986, 305 (307).
47 Hahne FamRZ 1986, 305 (307).
48 FA-FamR/Gerhardt Kap. 6 Rn. 633 m. Hinweisen auf die obergerichtliche Rechtsprechung.

Haushaltsführung gewidmet hat, in aller Regel **mit zunehmender Dauer erhöhen**.[49] Deshalb wurde früher in der Literatur und Rechtsprechung vielfach vertreten, dass eine Beschränkung des Unterhalts nur bis zu einer Ehedauer von maximal zehn bis fünfzehn Jahren in Betracht komme.[50] Es gibt aber **keine bestimmte Ehedauer**, von der ab eine zeitliche Begrenzung des Unterhaltsanspruchs nicht mehr möglich ist. Dies hat der Bundesgerichtshof bezüglich des **Aufstockungsunterhalts** bereits im Vorgriff auf die Regelung des § 1578 b mehrfach betont.[51] Erforderlich ist vielmehr stets eine **individuelle Billigkeitsprüfung**, die alle Umstände des Einzelfalls mit einbezieht. Diese Prüfung kann **auch bei einer Ehedauer von mehr als 20 Jahren** zu einer Begrenzung des nachehelichen Unterhalts führen,[52] wie umgekehrt eine Begrenzung bei erheblich kürzeren Ehen – etwa bei fortwirkenden ehebedingten Nachteilen – ausgeschlossen sein kann.[53] Allerdings soll der Aufstockungsunterhalt dem Berechtigten dem Grunde nach einen **Anspruch auf Teilhabe** an dem während der Ehe erreichten Lebensstandard verschaffen. Deshalb kommt eine Befristung des Unterhalts dann nicht mehr in Betracht, wenn und soweit es für den Bedürftigen – namentlich unter Berücksichtigung seines Alters im Scheidungszeitpunkt – unzumutbar ist, sich dauerhaft auf den niedrigen Lebensstandard, der seinen eigenen beruflichen Möglichkeiten entspricht, einzurichten.[54] In diesem Zusammenhang hat der Bundesgerichtshof darauf hingewiesen, dass die Dauer der Ehe durch eine **wirtschaftliche Verflechtung** an Gewicht gewinnt, die insbesondere durch die Aufgabe einer eigenen Erwerbstätigkeit wegen der Betreuung gemeinsamer Kinder oder der Haushaltsführung eintritt.[55] Dieser Gesichtspunkt kann auch dann, wenn keine ehebedingten Nachteile vorliegen, aus Billigkeitsgründen gegen eine Herabsetzung des Unterhalts auf den angemessenen Lebensbedarf oder eine zeitliche Begrenzung des Unterhalts sprechen. In Betracht kommt dann auch eine teilweise Herabsetzung des Unterhalts auf einen Betrag, der über dem angemessenen Lebensbedarf liegt.[56] Dem Merkmal der Ehedauer kommt insbesondere bei der Beschränkung der Ansprüche auf **Unterhalt wegen Alters** (§ 1571), **Krankheit** (§ 1572) und **Erwerbslosigkeit** (§ 1573 Abs. 1) maßgebende Bedeutung zu (→ Rn. 11).

---

49 BT-Drs. 16/1830, 19.
50 Vgl. ua: BGH FamRZ 2004, 1357 (1359 f.); 1990, 857 (859); 1983, 886 (888); OLG Frankfurt/M. FamRZ 1999, 97; OLG Köln FamRZ 1993, 565.
51 BGH FamRZ 2008, 134 f.; 2007, 2049 ff. (2052 ff.); 2007, 1232 (1236); 2007, 793 (799 f.); 2007, 200 (203 f.).
52 BGH FamRZ 2007, 2052 ff.: Befristung auf 7 Jahre bei einer kinderlosen Ehe von 20 Jahren u. 5 Monaten und einem Alter des Berechtigten bei Scheidung von 41 Jahren und einer Ausweitung der halbschichtigen Tätigkeit in eine Vollzeittätigkeit in dem bereits während der Ehe ausgeübten Beruf; BGH FamRZ 2007, 2049 ff.: Befristung möglich bei Ehedauer von 20 Jahren und 3 Monaten, einem Alter des Berechtigten bei Scheidung von 41 Jahren und einer Vollzeittätigkeit wie teilweise schon während der Ehe, Betreuung der beiden Kinder in Krippe bzw. Hort während der Ehe.
53 BGH FamRZ 2008, 134 (135).
54 BGH FamRZ 2006, 1006 ff.
55 BGH FamRZ 2010, 1971 (1973 ff.): Befristung des Aufstockungsunterhalts missbilligt im Fall einer 23-jährigen Ehe, in der die unterhaltsberechtigte Ehefrau das gemeinschaftliche Kind überwiegend allein erzogen, den Haushalt geführt und deshalb zeitweise auf ihre Erwerbstätigkeit verzichtet hat; BGH FamRZ 2010, 1637 (1640 ff.): Ablehnung einer Befristung des Aufstockungsunterhalts gebilligt im Fall einer 30-jährigen Ehe, in der die unterhaltsberechtigte Ehefrau zwei gemeinschaftliche Kinder erzogen und deswegen ihren Beruf aufgegeben hat.
56 BGH FamRZ 2010, 1971 (1975).

Wie bei § 1579 Nr. 1 **bemisst sich die Dauer der Ehe** nach der Rechtsprechung des Bundesgerichtshofs[57] nach der Zeit zwischen Eheschließung und Rechtshängigkeit des Scheidungsantrags (im Einzelnen → § 1579 Rn. 7). Die Dauer der Trennung und die Zeit eines längeren vorehelichen Zusammenlebens können aber im Rahmen der Billigkeitsabwägungen berücksichtigt werden.

15 **6. Weitere Kriterien.** Ehebedingte Nachteile iSv Abs. 1 S. 2 sind **nicht das einzige Kriterium** für die Prüfung einer Unterhaltsbeschränkung („insbesondere"). Abs. 1 S. 3 enthält auch keine abschließende Aufzählung der Gründe, aus denen sich eheliche Nachteile ergeben können („vor allem"). **Weitere Kriterien** sind insbesondere das Alter[58] und der Gesundheitszustand sowohl des Verpflichteten als auch des Berechtigten, ebenso die beiderseitigen wirtschaftlichen Verhältnisse.[59] Das Verhältnis von Unterhaltsbetrag zu den dem Unterhaltsverpflichteten verbleibenden Mitteln,[60] also das Ausmaß der Belastung durch eine fortwährende Unterhaltspflicht, ist zu berücksichtigen.[61] Umfang und Dauer der bis zur Scheidung erbrachten Trennungsunterhaltsleistungen können von Bedeutung sein.[62] Zu beachten ist auch, dass einem bereits titulierten oder durch Vereinbarung festgelegten Unterhalt ein größerer Vertrauensschutz zukommt als einem insoweit nicht gesicherten Unterhaltsanspruch.[63] Besondere Leistungen des Berechtigten für den Verpflichteten können eine Rolle spielen, wie etwa eine aufopferungsvolle Pflege, die Betreuung seiner Kinder, die Mitarbeit in seinem Erwerbsgeschäft und die Mithilfe beim Bau des Familienheims und eine dadurch bedingte gesundheitliche Schädigung.[64] Auch die Tilgung (vorehelicher) Schulden des Berechtigten durch den Verpflichteten und umgekehrt kann von Bedeutung sein; ebenso wie der Verlust eines Unterhaltsanspruchs aus vorangegangener Ehe durch die Wiederheirat, sofern der frühere Ehegatte ausreichend leistungsfähig wäre.[65]

IV. Billigkeitsprüfung und Kindesbelange

16 Die Anwendung des § 1578 b erfordert immer eine umfassende Billigkeitsprüfung, bei dem alle in Betracht kommenden Gesichtspunkte zu würdigen sind. Sie ist Aufgabe des Tatrichters und kann vom Revisionsgericht nur daraufhin überprüft werden, ob der Tatrichter die maßgebenden Rechtsbegriffe nicht verkannt und alle für die Einordnung unter diese Begriffe wesentlichen Umstände berücksichtigt hat.[66] Zu dieser Prüfung gehört auch die Berücksichtigung des Verhältnisses von Unterhaltsbetrag zu den dem Unterhaltspflichtigen verbleibenden Mitteln.[67] Eine **grobe Unbilligkeit** ist **nicht erforderlich.**[68] Ein **Fehlverhalten** ist

---

57 BGH FamRZ 2010, 1414 (1416); 2009, 406 (408); 1986, 886 (888).
58 BGH FamRZ 2007, 2049 ff.; 2006, 1006 ff.
59 BGH FamRZ 2010, 1414 (1416); 2010, 629 (634); 2007, 2052 ff.; 2007, 793 (800).
60 BGH FamRZ 2007, 200 (204).
61 BGH FamRZ 2010, 1414 (1416).
62 BGH FamRZ 2010, 1414 (1416); 2009, 406 (409).
63 BGH FamRZ 2010, 1414 (1416).
64 BGH FamRZ 1986, 886 (888).
65 BGH FamRZ 1989, 483 (486).
66 BGH FamRZ 2010, 1637 (1641); 2009, 1990 (1992); 2008, 134 (136); 2007, 1232 (1236); 2007, 793 (800)
67 BGH FamRZ 2007, 200 (204).
68 BGH FamRZ 1990, 492 (494).

im Rahmen der Billigkeitsabwägung nicht relevant, da die Rechtsfolgen eines Fehlverhaltens abschließend im § 1579 geregelt sind.[69]

Die **Belange** der vom Berechtigten betreuten **gemeinschaftlichen Kinder** sind zu wahren. Maßgebend sind hier im Wesentlichen die Überlegungen, wie sie auch für die wortgleiche Kinderschutzklausel in § 1579 gelten (→ § 1579 Rn. 56). Da § 1578 b aber kein Fehlverhalten voraussetzt, dürfte zugunsten der Kinder häufig ein großzügiger Maßstab anzulegen sein. Die Versorgung, Betreuung und Erziehung der Kinder muss gesichert bleiben. Das dürfte regelmäßig nur dann der Fall sein, wenn dem Berechtigten Mittel in Höhe des Ehegattenselbstbehalts[70] verbleiben. Hinsichtlich der Betreuungsbedürftigkeit der Kinder sind die gleichen Maßstäbe anzulegen, wie sie auch für den Betreuungsunterhalt gelten. So gesehen erschöpft sich die Bedeutung der Kinderschutzklausel im Wesentlichen darin, dass zum Schutze des betreuten Kindes der Betreuungsunterhalt nicht befristet und nicht unangemessen herabgesetzt werden darf (→ Rn. 6).   17

V. Art und Umfang der Unterhaltsbeschränkung

Nach § 1578 b **muss** („ist") der nacheheliche Unterhalt herabgesetzt oder zeitlich beschränkt werden, wenn die tatbestandlichen Voraussetzungen dafür vorliegen. Insoweit steht dem Tatrichter **kein Ermessensspielraum** zu. Welche der möglichen Rechtsfolgen angemessen ist, hängt von den Umständen des Einzelfalls ab. Insoweit lassen sich nur schwer allgemeine Grundsätze aufstellen.[71] Beim Erwerbslosenunterhalt nach § 1573 Abs. 1 und beim Aufstockungsunterhalt nach § 1573 Abs. 2 kommt eine zeitliche Beschränkung – die insoweit auch früher schon möglich war – eher in Betracht als beim Altersunterhalt nach § 1571 und beim Krankheitsunterhalt nach § 1572, vor allem in den Fällen, in denen der Berechtigte, etwa wegen seiner Erkrankung, auf absehbare Zeit nicht in der Lage sein wird, für seinen angemessenen Unterhalt selbst zu sorgen. Hier wird vielfach nur eine betragsmäßige Begrenzung des Unterhalts angezeigt sein. Insbesondere bei Ehen von relativ kurzer Dauer ist aber auch insoweit eine Befristung nicht ausgeschlossen, sofern nicht bereits der Verwirkungsgrund der kurzen Ehe nach § 1579 Nr. 1 zur Anwendung kommt.   18

1. Herabsetzung des Unterhalts. Soweit der Berechtigte keine fortwirkenden beruflichen Nachteile durch die Ehe erlitten hat und sich nach einer umfassenden Billigkeitsprüfung auch unter dem Gesichtspunkt des Fortwirkens der nachehelichen Solidarität keine Gründe für eine lebenslange Beibehaltung des ehelichen Lebensstandards ergeben, ist der Unterhalt auf den **angemessenen Lebensbedarf** herabzusetzen.[72] Die Herabsetzung ist auf keinen Stichtag bezogen, sondern kann bereits mit der Scheidung, aber auch danach in einem Erstverfahren oder einem Abänderungsverfahren erfolgen.[73] Der angemessene Lebenbedarf ist nicht gleichbedeutend mit dem Billigkeitsunterhalt iSv § 1581.[74] Bei der Bemessung des angemessenen Lebensbedarfs – der als sog Ersatzmaßstab für den vollen eheangemessenen Unterhalt nach § 1578 Abs. 1 gilt – ist an den vorehelichen   19

---

69 BGH FamRZ 1987, 572 (575); 1986, 886 (888).
70 Ziff. 21.4. der Leitlinien.
71 Zum Versuch einer pauschalierenden Berechnung der Unterhaltsbeschränkung vgl. Dethloff/Gutdeutsch/Kremer, Bemessung des nachehelichen Unterhalts, FamRZ 2010, 1708.
72 BGH FamRZ 2007, 200 (203 f.); 2006, 1006 ff.
73 MK/Maurer § 1578 Rn. 175.
74 BGH FamRZ 1986, 886 (888).

Lebensstandard des Berechtigten und an die Lebensstellung anzuknüpfen, die er ohne die Ehe aufgrund seiner beruflichen Qualifikation hätte erreichen können.[75] Der angemessene Lebensbedarf, der regelmäßig die Grenze für die Herabsetzung des nachehelichen Unterhalts bildet, bemisst sich nach dem Einkommen, das der unterhaltsberechtigte Ehegatte **ohne die Ehe und Kindererziehung aus eigenen Einkünften** zur Verfügung hätte.[76] Eine exakte Feststellung zum hypothetisch erzielbaren Einkommen des Berechtigten ist nicht notwendig. Es kann bei geeigneter Grundlage gem. § 287 ZPO geschätzt werden.[77] Grundsätzlich ist auf die **konkrete Lebenssituation** des Unterhaltsberechtigten abzustellen. Beim **Krankenunterhalt** ist daher das Einkommen zugrunde zu legen, das der Unterhaltsberechtigte – unter Berücksichtigung seiner Krankheit – ohne Ehe zur Verfügung hätte. Bei vollständiger Erwerbsunfähigkeit ergibt sich der angemessene Lebensbedarf aus der Erwerbsunfähigkeitsrente nach Durchführung des Versorgungsausgleichs. Ist der Unterhaltsberechtigte bereits in Rente, kann lediglich auf das Renteneinkommen nach durchgeführtem Versorgungsausgleich abgestellt werden.[78] Für den Fall, dass der Versorgungsausgleich die durch die Ehe entstandenen Nachteile in der Alters- und Krankheitsvorsorge nur unzureichend ausgleicht, → Rn. 10. Die Formulierung „angemessen" bedeutet zugleich, dass der nach § 1578 b herabgesetzte Unterhaltsbedarf das **Existenzminimum** nicht unterschreiten darf, das dem notwendigen Selbstbehalt von derzeit 880 EUR monatlich[79] entspricht.[80] Das gilt auch dann, wenn der Berechtigte vor Eheschließung über kein oder nur ein geringeres Einkommen verfügt hat. Bei besseren wirtschaftlichen Verhältnissen des Verpflichteten wird regelmäßig auch eine Herabsetzung **unter den Ehegattenselbstbehalt** nicht in Betracht kommen.[81]

20 Soweit keine zeitliche Begrenzung nach Abs. 2 in Frage kommt, ist der herabgesetzte Unterhalt **losgelöst** von dem **eheangemessenen Bedarf** so lange zu bezahlen, wie der Unterhaltsanspruch dem Grunde nach besteht, der Berechtigte bedürftig und der Verpflichtete leistungsfähig ist. Einkünfte des Bedürftigen sind wie nicht prägendes Einkommen auf den angemessenen Bedarf anzurechnen, und zwar ohne Berücksichtigung eines Erwerbstätigenbonus.[82]

21 Hat der Berechtigte neben Elementarunterhalt auch **Kranken-, Pflege- und Altersvorsorgeunterhalt** geltend gemacht, erhöht sich auch bei Anwendung des § 1578 b Abs. 1 der angemessene Bedarf um die Kosten einer solchen Vorsorge.[83] Allerdings ist stets zu prüfen, ob sich der Berechtigte mit einer weniger aufwändigen Krankenversicherung, wie sie vor der Ehe bestand, zufrieden geben muss. Eventuell muss auch ein Altersvorsorgeunterhalt entfallen, wenn der Berechtigte schon vor der Ehe aus finanziellen Gründen offensichtlich keine Altersvorsorge betreiben konnte.[84]

---

75 BGH FamRZ 2007, 200 (203); 1989, 481 (486 f.); 1986, 886 (889).
76 BGH FamRZ 2010, 629 (632 f.); 2009, 1990 (1991).
77 BGH FamRZ 2010, 2059 (2062).
78 BGH FamRZ 2011, 188 (191); 2010, 1633 (1635 f.); 2010, 629 (632 f.).
79 Vgl. Anm. B. V. der Düsseldorfer Tabelle, Stand 1.1.2017.
80 BGH FamRZ 2011, 188 (191); 2010, 1633 (1636); 2010, 629 (633) mwN.
81 So Palandt/Brudermüller § 1578 Rn. 80; vgl. auch Wendl/Dose/Wönnel § 4 Rn. 1021; FA-Fam/Gerhardt Kap. 6 Rn. 641; zum Ehegattenselbstbehalt vgl. Ziff. 21.4. der Leitlinien.
82 BGH FamRZ 2009, 406 (407).
83 OLG München FamRZ 2003, 1110.
84 BGH FamRZ 1989, 483 (486).

Da entgegen § 1578 Abs. 1 S. 2 aF eine Übergangsphase nicht mehr vorgeschrie- 22
ben ist, **kann** eine **Herabsetzung** – nicht eine Befristung – des Unterhalts sogleich
(ab Rechtskraft der Scheidung) erfolgen.[85] In den meisten Fällen wird dem Berechtigten jedoch eine **Übergangszeit** zuzubilligen sein, innerhalb derer er sich
auf den niedrigeren Lebensstandard einstellen kann.[86] Diese Zeit muss sich **nicht
schematisch an der Ehedauer** orientieren, auch wenn diese nicht völlig unberücksichtigt bleiben darf.[87] Maßgebend ist die Frist, innerhalb derer es dem Unterhaltsberechtigten zumutbar ist, seine persönlichen und finanziellen Verhältnisse auf die Kürzung des Unterhalts einzustellen.[88] Dabei kommt es insbesondere darauf an, inwieweit es zu einer persönlichen und wirtschaftlichen Verflechtung der Lebensverhältnisse gekommen ist. Im Übrigen können die Gesichtspunkte eine Rolle spielen, die bereits bei der Billigkeitsprüfung zu berücksichtigen waren. Auch eine **Absenkung** des Unterhalts **in Stufen** kann im Einzelfall in Betracht kommen. Möglich ist unter Umständen auch eine Herabsetzung
des Unterhalts auf einen **Betrag**, der **über dem angemessenen Lebensbedarf**
liegt.[89]

2. Zeitliche Befristung. Diese ist für alle nachehelichen Unterhaltstatbestände 23
möglich (→ Rn. 1). Die Regelung erlaubt insoweit aber **keine sofortige Versagung**, sondern nur eine zeitliche Begrenzung des Unterhalts. **Ausnahmsweise**
wird ein sofortiger Ausschluss zulässig sein, wenn der nacheheliche Unterhalt
erstmals Jahre nach Ehescheidung verlangt wird und bei einer zeitnah zur Scheidung erfolgten Geltendmachung des Unterhalts eine zu gewährende Schonfrist
bereits abgelaufen wäre.[90] Im Übrigen ist eine Überschneidung von Abs. 1 und
Abs. 2 möglich, etwa wenn der Unterhaltsberechtigte seinen eigenen angemessenen Lebensbedarf aus eigenen Einkünften decken kann und dies den Anspruch
endgültig entfallen lässt[91] (→ Rn. 22). Für die **Bemessung der Übergangsfrist**
gelten die gleichen Kriterien wie bei der Herabsetzung des Unterhalts (→ Rn.
22). Auch hier ist nicht schematisch an die Ehedauer anzuknüpfen. Maßgebend
ist die Zeit, innerhalb der es dem Unterhaltsberechtigten möglich ist, seine persönlichen und finanziellen Verhältnisse auf die Einkünfte einzurichten, die er ohne die Unterhaltsleistung des geschiedenen Ehegatten zur Verfügung hat.[92] Die
ältere Rechtsprechung, die sich bei der Frage einer Befristung und der Bemessung der Übergangszeit fast ausschließlich an der Dauer der Ehe orientiert hat,
kann nicht mehr unbesehen übernommen werden.

Mit Ablauf der Frist **erlischt der Unterhaltsanspruch** auch dem Grunde nach. 24
Ein **Anschlussunterhalt** wird **nur in Ausnahmefällen** in Betracht kommen. Zwar
bildet der Wegfall eines Unterhaltsanspruchs in bestimmten Fällen zugleich den
Einsatzzeitpunkt für einen weiteren Unterhalt aufgrund eines anderen Tatbe-

---

85 So auch Schwab FamRZ 2005, 1417 (1419); Büttner FamRZ 2007, 773 (774); aA Pa-
    landt/Brudermüller § 1578 b Rn. 14.
86 BGH FamRZ 2010, 1633 (1635): Die Beschränkung des Unterhalts ist nach der Ausge-
    staltung des § 1578 b nach wie vor nicht die Regel, sondern die Ausnahme. Eine regelmä-
    ßige Herabsetzung des Unterhalts bereits mit der Scheidung widerspräche diesem Regel-/
    Ausnahmeverhältnis.
87 BGH FamRZ 2007, 2052 ff.; 1986, 886 (889).
88 BGH FamRZ 2007, 2052 ff.
89 BGH FamRZ 2010, 1971 (1975).
90 OLG Schleswig FuR 2004, 282 ff.
91 Palandt/Brudermüller § 1578 b Rn. 13.
92 BGH FamRZ 2007, 2052 ff.

standes, vgl. §§ 1571 Nr. 3, 1572 Nr. 4 u. 1573 Abs. 3. Dieser Gesichtspunkt ist aber regelmäßig bereits bei der Billigkeitsprüfung im Ausgangsverfahren zu berücksichtigen, da die Möglichkeit einer Unterhaltsbefristung nunmehr für alle Unterhaltstatbestände gilt. Tritt aber nachträglich ein nicht zuverlässig voraussehbarer Umstand ein, etwa eine Erkrankung und die damit verbundene Erwerbsunfähigkeit des Berechtigten zum Zeitpunkt des Wegfalls des Aufstockungsunterhalts (vgl. § 1572 Nr. 4), ist die Möglichkeit eines Anschlussunterhalts zu prüfen, der mit einem **Abänderungsverfahren** geltend gemacht werden kann.[93] Dieser Anschlussunterhalt unterliegt dann wieder der Beschränkungsmöglichkeit nach § 1578 b.

25 **3. Kombination von Herabsetzung und Befristung.** Abs. 3 erlaubt entsprechend der bisherigen Praxis eine Kombination von Herabsetzung und zeitlicher Begrenzung. Damit kann der Unterhalt sofort (→ Rn. 22) oder nach einer Übergangszeit auf den angemessenen Bedarf herabgesetzt und sodann nach einer weiteren Übergangszeit zur Gänze versagt werden.

4. Beispiele aus der höchstrichterlichen Rechtsprechung

26 **Beispiel zum Altersunterhalt:**

- 12-jährige Ehe; bei Zustellung des Scheidungsantrags ist der Ehemann 70 Jahre, die Ehefrau 66 Jahre alt; Herabsetzung des Unterhalts auf den angemessenen Lebensbedarf nach einer Übergangszeit von zwei Jahren gebilligt und auch eine Befristung für möglich gehalten.[94]

Beispiele zum Krankheitsunterhalt:

- 11-jährige kinderlose Ehe; in der Kindheit angelegte Krankheit (paranoide Psychose) des berechtigten Ehegatten durch die Ehekrise hervorgetreten; entgegen der Entscheidung des Oberlandesgerichts erscheine eine Befristung des Unterhalts nicht „fernliegend".[95]

- 9 1/2-jährige Ehe; das gemeinsame Kind ist mittlerweile volljährig; das Alter der berechtigten Ehefrau beträgt bei Scheidung 38 Jahre; psychische Erkrankung schon mehrere Jahre vor der Scheidung ausgebrochen; Befristung des Unterhalts gebilligt unter Berücksichtigung einer Schonfrist von 14 Jahren nach der Scheidung und einem weiteren Jahr nach Inkrafttreten der Befristungsmöglichkeit zum 1.1.2008.[96]

- 20-jährige Ehe; die unterhaltsberechtigte Ehefrau ist bei Scheidung 56 Jahre alt und wegen Krankheit verrentet; Herabsetzung des Unterhalts auf den angemessenen Lebensbedarf (hier Existenzminimum von 770 EUR monatlich) mit einer Schonfrist von sechs Jahren und Ablehnung einer Befristung gebilligt.[97]

- 26-jährige Ehe; vier gemeinsame Kinder; die unterhaltsberechtigte Ehefrau ist bei Scheidung 42 Jahre alt; es handelt sich um eine reine Hausfrauenehe; fünf Jahre vor der Scheidung ist die Frau an Krebs erkrankt und seither er-

---

93 BGH FamRZ 1995, 665 (667).
94 BGH FamRZ 2010, 1633 ff.
95 BGH FamRZ 2010, 1414 ff.
96 BGH FamRZ 2010, 1057 ff.
97 BGH FamRZ 2010, 629 (632 ff.).

werbsunfähig; ein Kind ist bei Scheidung noch betreuungsbedürftig; Ablehnung einer Befristung oder Begrenzung des Unterhalts gebilligt.[98]

■ 11-jährige kinderlose Ehe; bei Eheschließung war die Ehefrau 36 Jahre, der Ehemann 47 Jahre alt; der unterhaltsberechtigte Ehemann ist sechs Jahre vor der Scheidung erkrankt und seither erwerbsunfähig; die mangelhafte Krankheitsvorsorge war nicht ehebedingt; die Befristung des Unterhalts auf drei Jahre nach der Scheidung wurde gebilligt.[99]

Beispiele zum Aufstockungsunterhalt:

■ 22-jährige Ehe; zwei mittlerweile volljährige Kinder; fortbestehende ehebedingte Nachteile; Herabsetzung des nach dem konkreten Bedarf bemessenen Unterhalts auf den angemessenen Lebensbedarf nach einer längeren Übergangsfrist im Grundsatz gebilligt.[100]

■ 23-jährige Ehe; ein mittlerweile volljähriges Kind; keine ehebedingten Nachteile des berechtigten Ehegatten; deutlich höheres Einkommen des Pflichtigen; Befristung des nachehelichen Unterhalts missbilligt wegen wirtschaftlicher Verflechtung (zeitweise Aufgabe bzw. Beschränkung der eigenen Erwerbstätigkeit, überwiegende Alleinerziehung des Kindes, Übernahme der Haushaltsführung); allenfalls Herabsetzung des Unterhalts auf einen Betrag oberhalb des angemessenen Lebensbedarfs in Betracht gezogen.[101]

■ 30-jährige Ehe; zwei mittlerweile volljährige Kinder; dauerhafte ehebedingte Nachteile wegen Berufspause; Herabsetzung des nach dem konkreten Bedarf bemessenen Unterhalts auf den angemessenen Lebensbedarf nach einer Übergangszeit von rund fünf Jahren gebilligt.[102]

■ 12-jährige Ehe; bei Scheidung ist das gemeinsame Kind 12 Jahre, die berechtigte Ehefrau 42 Jahre alt; auch bei Erfüllung ihrer Erwerbsobliegenheit fortdauernde ehebedingte Nachteile wegen Berufsunterbrechung; Herabsetzung auf den angemessenen Lebensbedarf nach einer Übergangsfrist von fünf Jahren gebilligt.[103]

■ 13-jährige kinderlose Ehe; bei Scheidung ist die unterhaltsberechtigte Ehefrau 59 Jahre, der Ehemann 74 Jahre alt; die Ehefrau war vollschichtig während der gesamten Ehe in ihrem Beruf tätig, deshalb keine ehebedingten Nachteile; Befristung des Unterhalts auf vier Jahre gebilligt.[104]

VI. Verhältnis zu § 1579

§ 1578 b ist wie § 1579 als Billigkeitsvorschrift konzipiert. Beide Vorschriften 27 haben jedoch unterschiedliche Voraussetzungen. § 1579 knüpft an bestimmte, eingegrenzte Fallkonstellationen an und erfasst vor allem Fälle, in denen dem Unterhaltsberechtigten ein **Fehlverhalten gegen die eheliche Solidarität** vorgeworfen wird (§ 1579 Nr. 3–8). § 1578 b beinhaltet allein **objektive Umstände**, denen kein Unwerturteil oder eine subjektive Vorwerfbarkeit anhaftet.[105] Im Rahmen der Abwägung des § 1578 b findet deshalb keine Aufarbeitung eheli-

98 BGH FamRZ 2009, 1207 ff.
99 BGH FamRZ 2009, 406 ff.
100 BGH FamRZ 2011, 192 (195).
101 BGH FamRZ 2010, 1971 ff.
102 BGH FamRZ 2010, 1637 (1641 f.).
103 BGH FamRZ 2009, 1990 ff.
104 BGH FamRZ 2008, 1508 ff.
105 BT-Drs. 16/1830, 20 f.

chen Fehlverhaltens statt.[106] Eine persönliche Verfehlung kann daher nur im Rahmen der Billigkeitsprüfung nach § 1579 berücksichtigt werden, für die Anwendung des § 1578 b ist sie irrelevant.[107] § 1579 verlangt eine **grobe Unbilligkeit**, während bei § 1578 b eine „bloße" Unbilligkeit genügt. Die Rechtsfolgen des § 1579 sind dementsprechend weitreichend, da der Unterhaltsanspruch völlig versagt werden kann, während § 1578 b nur eine Herabsetzung oder eine zeitliche Begrenzung des Unterhalts erlaubt. Bei **Ehen von kurzer Dauer** ist § 1579 Nr. 1 vorrangig zu prüfen (→ § 1579 Rn. 59).

VII. Darlegungs- und Beweislast

28 Da § 1578 b als unterhaltsbegrenzende Norm, also als **Ausnahmeregelung** gegenüber einer an sich unbeschränkten Unterhaltpflicht konzipiert ist (wenn auch mit dem Ziel, die Begrenzungsmöglichkeiten auszuweiten), trägt der Unterhaltspflichtige nach allgemeinen Grundsätzen die (volle) **Darlegungs- und Beweislast** für diejenigen Umstände, die zu einer Beschränkung des nachehelichen Unterhalts führen können.[108] Dies gilt insbesondere auch für die Behauptung, dem Berechtigten seien keine ehebedingten Nachteile iSv § 1578 b erwachsen. Hinsichtlich des Beweises einer **negativen Tatsache** trifft aber den Prozessgegner der beweisbelasteten Partei (im vorliegenden Zusammenhang also den Unterhaltsberechtigten) die sogenannte **sekundäre Darlegungslast**. Hat der Unterhaltspflichtige ausreichend substantiiert Umstände dargetan und ggf. bewiesen, die das Fehlen ehebedingter Nachteile und damit eine Beschränkung des Unterhalts nahelegen, obliegt es dem Unterhaltsberechtigten, die Behauptungen des Pflichtigen substantiiert zu bestreiten und seinerseits Umstände darzutun, die gegen eine Unterhaltsbegrenzung oder für eine längere „Schonfrist" sprechen. Die Darlegungen müssen so konkret sein, dass dem Pflichtigen eine Widerlegung dieser Umstände möglich ist.[109] Steht etwa fest, dass der Unterhaltsberechtigte wieder in seinem erlernten oder vor der Ehe ausgeübten Beruf mit entsprechendem Einkommen[110] vollzeitig tätig ist oder jedenfalls dazu in der Lage und auch verpflichtet wäre, hat dieser Umstände dafür darzulegen, dass ihm gleichwohl ein Nachteil verblieben ist. Entsprechendes gilt, wenn der Berechtigte keine Berufsausbildung abgeschlossen hat und von ihm eine – auch unqualifizierte – Erwerbstätigkeit verlangt werden kann.[111] Ggf. hat der Berechtigte substantiiert darzutun, dass er ohne Eheschließung und Kindererziehung eine konkrete Berufsaus- bzw. -fortbildung absolviert und abgeschlossen hätte, die ihm eine höheres Einkommen ermöglicht hätte, als er es unter den heute gegebenen Umständen erzielen kann.[112] Bei einem behaupteten **beruflichen Aufstieg** muss der

---

106 BGH FamRZ 2010, 2059 (2061).
107 BGH FamRZ 1987, 572 (575); 1986, 886 (888).
108 BGH FamRZ 2009, 1990 (1991); 2008, 1325 (1328); 2008, 134 (136).
109 So grundlegend zur Darlegungs- und Beweislast BGH FamRZ 2010, 875 ff.; bestätigt durch BGH FamRZ 2010, 2059 (2061); 2010, 1633 (1634 f.); 2010, 1637 (1641). Die in früheren Entscheidungen des BGH – FamRZ 2008, 134 (136); 2008, 1325 (1328); 2009, 1990 (1991 f.) – geäußerte Ansicht, dass den Berechtigten neben der (sekundären) Darlegungslast insoweit auch die Beweislast treffe, hat der Bundesgerichtshof ausdrücklich aufgegeben.
110 BGH FamRZ 2009, 1990 (1991 f.): Bleibt das jetzt erzielte Einkommen hinter dem Einkommen aus der früher ausgeübten Tätigkeit zurück, bleibt es insoweit bei einem ehebedingten Nachteil, den der Unterhaltspflichtige widerlegen muss.
111 BGH FamRZ 2010, 875 (877 f.).
112 BGH FamRZ 2010, 875 (878).

Berechtigte darlegen, aufgrund welcher Umstände (wie etwa Fortbildungsbereitschaft, bestimmte Befähigungen, Neigungen, Talente etc) er eine entsprechende Karriere gemacht hätte.[113] Die bloßen allgemeinen Behauptungen einer unterhaltsberechtigten Ehefrau, sie habe wegen ihrer Berufspause in der Ehe an keiner Fortbildung teilnehmen können, weshalb Gehaltseinbußen nicht auszuschließen seien, genügen mangels ausreichender Substantiierung nicht.[114] Den Vortrag einer Unterhaltsberechtigten, sie hätte nach ihrer Vorbildung (mittlere Reife und höhere Handelsschule) ohne Ehe und Ausscheiden aus dem Erwerbsleben eine berufliche Entwicklung im betriebswirtschaftlichen Bereich erfahren, mit einem heutigen monatlichen Nettoeinkommen zwischen 1.500 und 3.000 EUR, hat der Bundesgerichtshof dagegen als ausreichend konkret angesehen.[115] Ebenso kann der Vortrag des Berechtigten genügen, dass in dem von ihm erlernten Beruf Gehaltssteigerungen in einer bestimmten Höhe mit zunehmender Berufserfahrung bzw. Betriebszugehörigkeit üblich sind.[116] Die Frage des gegenwärtig erzielbaren Einkommens des Unterhaltsberechtigten kann bei der **Prüfung seiner Bedürftigkeit** nach § 1577, hinsichtlich derer er die Beweislast trägt, von Bedeutung sein. Die Beantwortung dieser Frage ist vorgreiflich, über sie kann im Zusammenhang mit § 1578 b nicht erneut entschieden werden.[117]

VIII. Geltendmachung und Präklusion

Die Billigkeitsregelungen gem. § 1578 b sind als (rechtsvernichtende) **Einwendungen** ausgestaltet. Die Vorschrift ist daher **von Amts wegen** zu berücksichtigen. Ihre Anwendung bedarf keiner entsprechenden Anträge. Allerdings muss der Verpflichtete **alle Tatsachen vortragen**, die eine Unterhaltsbeschränkung begründen können (Dispositionsmaxime). Es besteht auch keine Pflicht des Gerichts nach § 139 ZPO, auf die abstrakte Möglichkeit einer Begrenzung hinzuweisen, sondern allenfalls auf die Unschlüssigkeit eines Vortrags, mit dem die Voraussetzungen einer Unterhaltsbeschränkung geltend gemacht werden sollen. Der Berechtigte muss auch nicht darauf hingewiesen werden, dass ihn bei Vorliegen gewichtiger Gesichtspunkte, die gegen eine Fortdauer ehebedingter beruflicher Nachteile sprechen, die Obliegenheit trifft, gleichwohl bestehende Nachteile substantiiert darzutun.[118]

29

Die Entscheidung, dass der Unterhaltsanspruch von einem Zeitpunkt an aus Billigkeitsgründen zu begrenzen ist, setzt nicht voraus, dass dieser Zeitpunkt bereits eingetreten ist. Sind die eine zeitliche oder betragsmäßige Beschränkung des Unterhaltsanspruchs rechtfertigenden Gründe aber **bereits eingetreten** oder **zuverlässig voraussehbar**, müssen sie schon im **Ausgangsverfahren** geltend gemacht werden.[119] In einem späteren Abänderungsverfahren ist eine Berufung auf diese Gründe im Hinblick auf die Präklusionsvorschrift des § 238 Abs. 2 FamFG (§ 323 Abs. 2 ZPO aF) dann nicht mehr zulässig.[120] Dies gilt vor allem für abgeschlossene Sachverhalte, insbesondere bezüglich der gesetzlichen Tatbestands-

30

---

113 BGH FamRZ 2010, 2059 (2062).
114 BGH FamRZ 2008, 1325 (1328).
115 BGH FamRZ 2010, 1637 (1641).
116 BGH FamRZ 2010, 2059 (2062).
117 BGH FamRZ 2011, 454 (458); 2009, 1300 (1306).
118 BGH FamRZ 2008, 134 (136).
119 BGH FamRZ 2009, 1990 (1991); 2008, 1325 (1328); 2008, 134 (135 f.); 2007, 793 (799); 2001, 905 (906); 2000, 1499 (1502).
120 BGH FamRZ 2001, 905 f.; 2000, 1499 (1501).

merkmale der Dauer der Ehe, der Gestaltung von Haushaltsführung und Erwerbstätigkeit während der Ehe und der Dauer einer bereits beendeten, nicht mehr erforderlichen Kinderbetreuung. Ob die für eine Begrenzung ausschlaggebenden Gründe allerdings bereits im Ausgangsverfahren zuverlässig vorhersehbar sind, lässt sich regelmäßig nur unter Berücksichtigung aller Umstände des Einzelfalls beantworten.[121] Nach einer Entscheidung des Bundesgerichtshofs[122] sind relevante Umstände für eine Beschränkung des Unterhalts idR nur dann zuverlässig voraussehbar, wenn sie – wie etwa das Alter des Kindes oder der Ehegatten – vom bloßen Zeitablauf abhängen. Der Bundesgerichtshof hat damit seine frühere Rechtsprechung[123] erheblich entschärft. So wird sich gerade die Höhe des erzielbaren Einkommens aus einer erst künftig aufzunehmenden oder auszuweitenden Tätigkeit kaum zuverlässig vorhersagen lassen. Kann deshalb im Zeitpunkt der Erstentscheidung noch nicht abschließend beurteilt werden, ob das Einkommen des Berechtigten die sich aus seiner früheren Familienarbeit ergebenden Nachteile vollständig ausgleicht bzw. ausgleichen wird, können die diesbezüglichen Umstände für eine Beschränkung erst im Abänderungsverfahren geltend gemacht werden.[124] Für die Frage einer **Herabsetzung des Unterhalts** auf den angemessenen Bedarf kommt es aber nicht darauf an, ob ehebedingte Nachteile im späteren Verlauf wieder ausgeglichen werden können. Die Entscheidung muss insoweit bei gegebener Sachlage bereits im Ausgangsverfahren getroffen und kann nicht mit dem Hinweis auf eine noch nicht abgeschlossene wirtschaftliche Entflechtung der eheliche Verhältnisse zurückgestellt werden.[125]

31 Die Abänderungsklage kann aber erst dann erhoben werden, wenn die in Frage stehenden Verhältnisse bereits eingetreten sind. Denn für die Abänderungsklage reicht es nicht aus, dass die Prognose der künftigen Verhältnisse, die der Verurteilung zugrunde liegt, aus nachträglicher Sicht anders zu treffen wäre.[126] Hat das Gericht (in den Gründen seiner Entscheidung) eine Begrenzung des Unterhaltsanspruchs **ausdrücklich abgelehnt**, weil es – wenn auch möglicherweise zu Unrecht – von einem nicht mehr ausgleichbaren Nachteil auf Seiten des Berechtigten ausgegangen ist, kann eine Abänderungsklage mit dem Ziel einer Begrenzung des Unterhalts nur dann erhoben werden, wenn sich die vom Gericht insoweit als maßgebend angesehenen Umstände tatsächlich geändert haben. Die Abänderungsklage dient **nicht der Korrektur** von Fehlern der Erstentscheidung und eröffnet nicht die Möglichkeit zur neuerlichen Wertung des alten Sachverhalts.[127] Hat das Gericht dagegen eine Begrenzung des Unterhalts **ausdrücklich offengelassen**, tritt eine Präklusion nicht ein, auch wenn richtigerweise bereits im Ausgangsverfahren über diese Frage hätte entschieden werden müssen.[128] Bei der Geltendmachung der fraglichen Gründe für eine Beschränkung des Unterhalts kommt es grundsätzlich nicht auf die Parteistellung oder Zielrichtung des Vorprozesses an. Die Parteien sind gehalten – ggf. im Wege der Widerklage –,

---

121 BGH FamRZ 2008, 1325 (1328); 2008, 134 (135).
122 BGH FamRZ 2007, 793 (797).
123 BGH FamRZ 2004, 1357 (1359 f.).
124 BGH FamRZ 2011, 454 (458); 2009, 1300 (1306); 2009, 770 (774); 2009, 411 (416); 2007, 793 (797).
125 BGH FamRZ 2011, 454 (458 f.).
126 BGH FamRZ 2000, 1499 (1501).
127 BGH FamRZ 2001, 1364 (1365).
128 BGH FamRZ 2011, 454 (458); 2010, 1884 (1886).

ihren Standpunkt bereits im Ausgangsverfahren zur Geltung zu bringen.[129] Allerdings kann sich der Beklagte im Abänderungsprozess gegen ein **Erhöhungsverlangen** auch mit Gründen verteidigen, die bereits zur Zeit des Vorprozesses bestanden haben, aber nicht vorgetragen wurden und deshalb unberücksichtigt geblieben sind,[130] zB wenn die Beschränkung des Unterhaltsanspruchs im vorangegangenen Urteil nur mangels ausreichenden Vortrags unterblieben ist, dieser aber jetzt zur Abwehr der Mehrforderung nachgeholt wird.

Wird nach der Veröffentlichung der **Grundsatzentscheidung des Bundesgerichtshofs vom 12.4.2006**[131] (→ Rn. 10) ein Anspruch auf **Aufstockungsunterhalt** durch Urteil zuerkannt, kann in einem späteren Verfahren eine wesentliche Änderung der rechtlichen Verhältnisse unter Hinweis auf das nunmehr vorrangig maßgebende Kriterium des ehebedingten Nachteils nicht mehr geltend gemacht werden. Da der Bundesgerichtshof bereits in der genannten Entscheidung (und seither in ständiger Rechtsprechung) für alle Fälle des Aufstockungsunterhalts vorrangig auf dieses Kriterium des Vorliegens ehebedingter Nachteile und nicht mehr auf die Dauer der Ehe abgestellt hat, ist seither insoweit keine Rechtsänderung eingetreten. Eine diesbezügliche Beschränkung des Unterhaltsanspruchs ist bzw. war daher seit diesem Zeitpunkt bei entsprechendem Sachvortrag bereits im Ausgangsverfahren von Amts wegen zu prüfen,[132] so dass die Frage der Beschränkung des Unterhalts von der Rechtskraft des Urteils erfasst und eine spätere Geltendmachung präkludiert ist. Die vorgenannte Grundsatzentscheidung des Bundesgerichtshofs beschränkte sich nicht auf kinderlose Ehen.[133] Die am 1.1.2008 in Kraft getretene Vorschrift des § 1578 b hat bezüglich des **Aufstockungsunterhalts** gegenüber der seit der Entscheidung des Bundesgerichtshofs bestehenden Rechtslage zu keiner wesentlichen Änderung geführt. Die Übergangsvorschrift des § 36 Nr. 1 EGZPO (→ Rn. 35) schafft keinen eigenständigen Abänderungsbehelf und lässt die Abänderung einer vor dem 1.1.2008 erfolgten Unterhaltsfestsetzung nur dann zu, wenn bestimmte Umstände erst durch die Gesetzesänderung erheblich geworden sind und diese gegenüber der früheren Rechtslage zu einer wesentlichen Änderung führen.[134] Hinsichtlich der Beschränkung des Aufstockungsunterhalts haben die dafür maßgebenden Umstände nicht erst durch die neue Vorschrift Bedeutung erlangt. Stammt der Titel auf Aufstockungsunterhalt dagegen aus der Zeit **vor dem 12.4.2006**, ist der Berechtigte mit seinem Begehren auf Befristung des Unterhalts im Hinblick auf die geänderte Rechtsprechung des Bundesgerichtshofs **nicht** präkludiert, es sei denn, der Unterhalt wäre auch nach altem Recht gem. § 1573 Abs. 5 (aF) eindeutig zu begrenzen gewesen (so regelmäßig bei kurzer kinderloser Ehe ohne ehebedingte Nachteile).

Die Abänderung eines **Prozessvergleichs** erfolgt allein nach den Regeln des materiellen Rechts.[135] Die Präklusionsvorschrift des § 238 Abs. 2 FamFG (§ 323

---

129 BGH FamRZ 2001, 905 f.; 2000, 1499 (1501); 1998, 1999 f.; 1996, 205 (207 ff.).
130 BGH FamRZ 2007, 793 (797); 2001, 1364 (1365); 1987, 259 (263): Mit dem Verteidigungsvorbringen wird keine Abweichung von der früher festgestellten Rechtsfolge erstrebt, sondern gerade deren Aufrechterhaltung.
131 BGH FamRZ 2006, 1006.
132 BGH FamRZ 2010, 1884 ff.
133 BGH FamRZ 2010, 1884 ff.
134 BGH FamRZ 2010, 1884 (1886 f.); 2010, 111 (117).
135 BGH FamRZ 2010, 1238 (1239) mwN.

Abs. 2 ZPO) findet **keine Anwendung**.[136] Vorrangig sind durch interessensgerechte Auslegung die Vorstellungen und der Wille der Parteien bei Vertragsabschluss zu ermitteln. Jedenfalls bei einem im Zusammenhang mit der Scheidung abgeschlossenen Unterhaltsvergleich ist im Zweifel davon auszugehen, dass die Parteien keinen Ausschluss einer späteren Unterhaltsbefristung vereinbaren wollten.[137] Eine Begrenzung des Unterhalts kann dann in einem späteren Verfahren auch ohne Änderung der tatsächlichen Verhältnisse noch geltend gemacht werden. Erst wenn feststeht, dass die Parteien eine spätere Beschränkung des Unterhalts bindend ausgeschlossen haben, kommt es nach § 313 auf eine Veränderung der maßgebenden Umstände und somit auf eine Störung der Geschäftsgrundlage an.

34 Eine Beschränkung des Unterhaltsanspruchs kann nicht mit der Vollstreckungsabwehrklage gem. § 767 ZPO geltend gemacht werden, da dies dem eindeutigen Willen des Gesetzgebers widerspricht.[138]

IX. Übergangsrecht

35 Ist über einen Unterhaltsanspruch vor dem 1.1.2008 (Inkrafttreten des Unterhaltsänderungsgesetzes v. 21.12.2007)[139] rechtskräftig entschieden, ein vollstreckbarer Titel errichtet oder eine Unterhaltsvereinbarung getroffen worden, sind vor diesem Tag entstandene aber durch das neue Recht **erheblich gewordene Umstände** nur zu berücksichtigen, **soweit** eine **wesentliche Änderung** der Unterhaltsverpflichtung eintritt und die Änderung **dem anderen Teil** unter Berücksichtigung seines Vertrauens in die getroffene Regelung **zumutbar ist** (§ 36 Nr. 1 EGZPO). Damit gilt das neue Recht grundsätzlich auch für **Altfälle**.[140] Altes und neues Recht sollen im Interesse der Rechtssicherheit und Rechtseinheit sowie aus Gründen der Gerechtigkeit nicht auf Dauer nebeneinander fortgelten.[141] Die Übergangsvorschrift schafft aber **keinen eigenen, neuen Abänderungsrechtsbehelf**, sondern modifiziert die Voraussetzungen für eine Abänderungsklage nach §§ 238, 239 FamFG bzw. konkretisiert bei Unterhaltsvereinbarungen die Maßstäbe einer Anpassung nach § 313.[142] Die vorgenannten erheblich gewordenen Umstände unterliegen deshalb bei der erstmaligen Änderung eines vollstreckbaren Unterhaltstitels nicht der **Präklusion** nach § 238 Abs. 2 FamFG und nach § 767 Abs. 2 ZPO (§ 36 Nr. 2 EGZPO). In die Prüfung einer **wesentlichen Änderung** sind alle maßgebenden, auch von der Reform unabhängige Umstände einzubeziehen, wobei die Wesentlichkeitsgrenze iSd § 323 Abs. 1 ZPO aF zu verstehen ist.[143] Durch das Erfordernis der **Zumutbarkeit** soll das Vertrauen sowohl des Unterhaltsberechtigten als auch des Verpflichteten in den Fortbestand einer Unterhaltsregelung geschützt werden. Das gilt insbesondere dann, wenn eine **Unterhaltsvereinbarung** Bestandteil einer **umfassenderen Regelung** ist. Haben sich die Parteien etwa anlässlich der Scheidung über Unterhalt, Güterrecht, Ehewohnung, Hausrat und ggf. über den Versorgungsausgleich geeinigt, ist

---

136 BGH FamRZ 2010, 1238 (1239) mwN.
137 BGH FamRZ 2010, 1884 (1886); 2009, 1238 (1239 f.).
138 BGH FamRZ 2001, 905 (906); 2000, 1499 (1502).
139 BGBl. I, 3189.
140 BT-Drs. 16/1830, 32.
141 BT-Drs. 16/1830, 32.
142 BT-Drs. 16/1830, 33.
143 BT-Drs. 16/1830, 33.

sorgfältig zu prüfen, welche Rückwirkungen sich aus einer Änderung des unterhaltsrechtlichen Teils für die verbleibenden Teile ergeben.[144] Unter Umständen hat dann eine Abänderung zu unterbleiben. Eine **Unterhaltsabfindungsvereinbarung** wird nur ausnahmsweise einer Abänderung zugänglich sein. Bei einer solchen Vereinbarung beruht die Prognose der maßgebenden künftigen Verhältnisse auf Schätzungen, die auch das Risiko für den Verpflichteten beinhaltet, dass die Unterhaltsverpflichtung früher enden kann.[145] Das Kriterium der Zumutbarkeit ermöglicht eine flexible, an der Einzelfallgerechtigkeit orientierte Überleitung bestehender Unterhaltsregelungen auf die neue Rechtslage.[146] Im Zusammenhang mit § 1578 b wird daher insbesondere zu prüfen sein, ob der Unterhaltsanspruch – unabhängig davon, ob insoweit ein vollstreckbarer Titel vorliegt oder nicht – nunmehr unter den Gesichtspunkten der ehebedingten Nachteile und der jetzt geltenden verschärften Eigenverantwortung, soweit diese nicht bereits ausreichend berücksichtigt wurden, zu beschränken bzw. weiterhin zu beschränken ist. Die Frage der Zumutbarkeit iSv § 36 Nr. 1 EGZPO ist bereits im Rahmen der umfassenden Billigkeitsprüfung nach § 1578 b zu berücksichtigen.[147] Hinsichtlich der Beschränkung des **Aufstockungsunterhalts** nach § 1573 Abs. 2 sind die wesentlichen Umstände nicht erst durch das Unterhaltsänderungsgesetz erheblich geworden, da der Bundesgerichtshof in seiner Grundsatzentscheidung vom 12.4.2006[148] die Neuregelung bereits vorweggenommen hat (im Einzelnen → Rn. 30).

§ 1579 BGB Beschränkung oder Versagung des Unterhalts wegen grober Unbilligkeit

Ein Unterhaltsanspruch ist zu versagen, herabzusetzen oder zeitlich zu begrenzen, soweit die Inanspruchnahme des Verpflichteten auch unter Wahrung der Belange eines dem Berechtigten zur Pflege oder Erziehung anvertrauten gemeinschaftlichen Kindes grob unbillig wäre, weil

1. die Ehe von kurzer Dauer war; dabei ist die Zeit zu berücksichtigen, in welcher der Berechtigte wegen der Pflege oder Erziehung eines gemeinschaftlichen Kindes nach § 1570 Unterhalt verlangen kann,
2. der Berechtigte in einer verfestigten Lebensgemeinschaft lebt,
3. der Berechtigte sich eines Verbrechens oder eines schweren vorsätzlichen Vergehens gegen den Verpflichteten oder einen nahen Angehörigen des Verpflichteten schuldig gemacht hat,
4. der Berechtigte seine Bedürftigkeit mutwillig herbeigeführt hat,
5. der Berechtigte sich über schwerwiegende Vermögensinteressen des Verpflichteten mutwillig hinweggesetzt hat,
6. der Berechtigte vor der Trennung längere Zeit hindurch seine Pflicht, zum Familienunterhalt beizutragen, gröblich verletzt hat,

---

144 BT-Drs. 16/1830, 33.
145 Vgl. BGH FamRZ 2005, 1662, Wiederverheiratung des Berechtigten nach Abfindungsvereinbarung.
146 BT-Drs. 16/1830, 33.
147 BGH FamRZ 2010, 1414 f.
148 BGH FamRZ 2006, 1006.

7. dem Berechtigten ein offensichtlich schwerwiegendes, eindeutig bei ihm liegendes Fehlverhalten gegen den Verpflichteten zur Last fällt oder

8. ein anderer Grund vorliegt, der ebenso schwer wiegt wie die in den Nummern 1 bis 7 aufgeführten Gründe.

I. Allgemeines

Die sog **negative Härteklausel** (im Gegensatz zur „positiven" iSd § 1576) beinhaltet eine Korrektur des verschuldensunabhängigen Unterhaltsrechts, um Ergebnisse zu vermeiden, die dem allgemeinen Gerechtigkeitsempfinden grob widersprechen.[1] Die Vorschrift wurde durch das UÄndG vom 20.2.1986[2] neu gefasst. Der verfassungswidrige[3] Ausschluss der Härteklausel (§ 1579 Abs. 2 aF) bei einem Unterhaltsanspruch wegen Kindesbetreuung wurde aufgehoben und die Einzeltatbestände wurden unter Berücksichtigung der Rechtsprechung des Bundesgerichtshofs genauer gefasst und erweitert.[4] Die jetzige Fassung der Vorschrift beruht auf dem **Unterhaltsänderungsgesetz vom 21.12.2007.**[5] Wesentliche inhaltliche Abänderungen gegenüber der früheren Fassung wurden aber nicht vorgenommen. Die frühere Rechtsprechung zur Auslegung der Vorschrift kann daher weiter herangezogen werden.

Die Vorschrift gilt für alle **nachehelichen Unterhaltsansprüche,** ausgenommen der Anspruch nach § 1576, bei dem ohnehin eine (positive) Billigkeitsprüfung stattzufinden hat.[6] Mit Ausnahme des Härtegrunds nach Nr. 1 ist die Vorschrift auch auf den **Trennungsunterhalt** anzuwenden (§ 1361 Abs. 3). Sie gilt nicht für Unterhaltsansprüche nach §§ 58 ff. EheG bei sog **Altehen.**[7] Der Verwirkungseinwand kann auch nach dem Tode des Verpflichteten **von den Erben** geltend gemacht werden, auf die die Unterhaltsverpflichtung gem. § 1586 b als Nachlassverbindlichkeit übergegangen ist. Dabei können dann auch Gesichtspunkte eine Rolle spielen, die das Verhältnis zwischen dem Unterhaltsberechtigten und den Erben betreffen.[8] Kann sich der Erbe auf solche nicht berufen, muss er hinnehmen, dass der Erblasser dem Berechtigten verziehen hat (→ Rn. 55), da die Unterhaltpflicht unverändert auf ihn übergeht.[9]

Die Anwendung der negativen Härteklausel erfordert stets eine **zweistufige Prüfung.** Zunächst ist festzustellen, ob die normierten Voraussetzungen eines oder mehrerer Härtegründe vorliegen. Sodann ist in einer **umfassenden Billigkeitsprüfung** unter Berücksichtigung vorrangiger Belange eines **gemeinschaftlichen Kindes** abzuwägen, inwieweit eine Inanspruchnahme des Verpflichteten grob unbillig wäre.[10]

Einem **Auskunftsanspruch** kann die Verwirkungseinrede idR nicht entgegengesetzt werden,[11] weil die im Rahmen der Norm erforderliche Abwägung auch die wirtschaftliche Situation der unterhaltspflichtigen Person zu betrachten hat. Nur unter Würdigung der durch die Unterhaltspflicht verursachten Einschränkung der allgemeinen Handlungsfreiheit der unterhaltspflichtigen Person kann entschieden werden, ob deren Inanspruchnahme „grob unbillig" wäre. Die Verwirkungseinrede bezieht sich stets auf konkrete **einzelne Unterhaltstatbestände**[12]

---

1 Vgl. JH/Hammermann § 1579 Rn. 1.
2 BGBl. I, 301.
3 BVerfG FamRZ 1981, 745 (748).
4 Zu den Einzelheiten vgl. Häberle FamRZ 1986, 311 ff.
5 BGBl. I, 3189.
6 BGH FamRZ 1984, 361 (363).
7 BGH FamRZ 1991, 1040.
8 BGH FamRZ 2004, 614 (615); 2003, 521.
9 BGH FamRZ 2003, 521.
10 BGH FamRZ 1999, 710 (712); 1997, 873 (874).
11 BGH FamRZ 1983, 456; OLG Hamm FamRZ 2007, 165.
12 BGH FamRZ 1987, 1238.

der §§ 1570–1576. Es kann daher durchaus sein, dass Verwirkung gegen einen Anspruch auf Betreuungsunterhalt nicht vorliegt, wohl aber gegen einen auf Aufstockungs-, Krankheits- oder Altersunterhalt.[13] Wer das Fehlverhalten des Unterhaltsberechtigten kennt, aber gleichwohl den Unterhaltsanspruch anerkennt oder weiter seine Unterhaltszahlungen erbringt, kann sich später nicht mehr auf Verwirkung berufen.[14] Auch **Verzeihung** kommt in Betracht.[15]

II. Die einzelnen Härtegründe

5 Die Vorschrift zählt **acht Härtegründe** auf. Die Unzumutbarkeit der Unterhaltsleistung ergibt sich in den Fällen der Nr. 1 und Nr. 2 aus bloßen objektiven Umständen, in den Fällen der Nr. 3–7 aus vorwerfbarem Fehlverhalten des Unterhaltsberechtigten gegen die eheliche Solidarität. Der Härtegrund der Nr. 8 – der als Auffangtatbestand gestaltet ist – kann auf objektiven und/oder subjektiven Umständen beruhen. Die grobe Unbilligkeit der Inanspruchnahme des Unterhaltsverpflichteten kann sich auch erst aus dem Zusammentreffen mehrerer Härtegründe ergeben, wenn ein Härtegrund für sich alleine für eine Verwirkung (noch) nicht ausreichend wäre.

6 **1. Kurze Ehedauer (Nr. 1). a) Allgemeines.** Die Vorschrift ist auf den **Trennungsunterhalt nicht** anzuwenden, auch nicht analog, da auf sie in § 1361 Abs. 3 nicht Bezug genommen wird.[16] Sind die Tatbestandsmerkmale der Vorschrift nicht erfüllt, dann kann die Dauer der Ehe nicht als „anderer Grund" iSd **Auffangregelung der Nr. 8** berücksichtigt werden, falls nicht andere Umstände die Voraussetzungen dieses Härtegrundes erfüllen.[17]

7 **b) Ehedauer.** Sie entspricht nach st. Rechtsprechung des Bundesgerichtshofs[18] der Zeit zwischen Eheschließung und Zustellung (**Rechtshängigkeit**) des Scheidungsantrags, also nicht der Dauer des tatsächlichen Zusammenlebens. Auch bei einem **verfrühten Scheidungsantrag** ist der Zeitpunkt der Zustellung des Antrags maßgebend, die Gründe der Verfrühung können aber im Rahmen der Billigkeitsprüfung berücksichtigt werden.[19] Frühere (abgewiesene) Scheidungsanträge sind ohne Bedeutung.[20] Die bloße **Einreichung eines VKH-Antrags** genügt nicht. Auf eine lange **Trennungszeit**[21] oder ein **voreheliches Zusammenleben** kommt es bei der Bemessung der Ehedauer ebenso wenig an wie auf die Dauer des Zusammenlebens in der ersten Ehe der Parteien bei späterer erneuter Heirat.[22] Von einer kurzen Ehe wird in der Regel bei einer Ehezeit von weniger als zwei bis drei Jahren ausgegangen.[23] Dies harmoniert auch mit den Regelungen

---

13 Niepmann/Schwamb, 13. Aufl. 2016, Rn. 1102.
14 OLG Hamm FamRZ 2014, 1031 Rn. 89.
15 OLG Düsseldorf FamRZ 1997, 1159; Palandt/Brudermüller § 1579 Rn. 5; Niepmann/Schwamb Rn. 1103.
16 BGH FamRZ 1979, 569 (571); OLG Koblenz FamRZ 2016, 1938; OLG Schleswig MDR 2001, 1414; OLG Hamm FamRZ 1997, 417 (418).
17 BGH FamRZ 1995, 1405 (1407).
18 BGH FamRZ 2011, 791; 1999, 710; 1995, 1405 (1406 f.).
19 OLG Hamm NJW-RR 2006, 651 (652); OLG Schleswig FamRZ 2003, 763; JH/Hammermann § 1579 Rn. 7.
20 BGH FamRZ 1986, 886 (888).
21 BGH FamRZ 1982, 894 (895).
22 OLG Hamm FamRZ 1989, 1091 (1092).
23 OLG Hamm FamRZ 2013, 1811.

Zischka/Hauß

im Versorgungsausgleich, dessen Durchführung bis zu einer Ehezeit von maximal drei Jahren nur auf Antrag erfolgt (§ 3 Abs. 3 VersAusglG).

c) **Kinderbetreuungszeiten.** Sie sind entgegen dem früheren Wortlaut der Vorschrift nicht schematisch der Ehezeit hinzuzurechnen. Nach der Rechtsprechung des Bundesverfassungsgerichts,[24] der die jetzige Fassung der Vorschrift Rechnung trägt,[25] ist zunächst von der **tatsächlichen Ehezeit** auszugehen. Erst dann ist im Wege der **Billigkeitsabwägung** zu überprüfen, inwieweit die Inanspruchnahme des Verpflichteten auch unter Wahrung der Belange eines vom Berechtigten betreuten gemeinschaftlichen Kindes grob unbillig ist. Die Kindesbelange und die Betreuung gemeinschaftlicher Kinder durch den Unterhaltsberechtigten stehen damit weder von vornherein noch grundsätzlich einer Beschränkung des Unterhalts entgegen. Vielmehr sind bei der nach Bejahung einer kurzen Ehedauer durchzuführenden Billigkeitsabwägung die Kindesbelange zu wahren und die Zeit der Kindesbetreuung besonders zu beachten. Dabei können sowohl bereits abgelaufene als auch **künftige Betreuungszeiten** berücksichtigt werden („verlangen kann").[26] 8

d) **Kriterien.** Die Bemessung der Ehedauer als „kurz" kann **nicht** abstrakt **für alle Ehen gleich** erfolgen. Es handelt sich hierbei vielmehr stets um einen an der konkreten Lebenssituation der Ehegatten orientierten Akt wertender Erkenntnis.[27] Im Regelfall ist eine Ehe **bis zu 2 Jahren** als kurz, eine solche von **mehr als 3 Jahren** als nicht mehr kurz anzusehen.[28] Diese vom Bundesgerichtshof im Interesse einer praktischen Handhabung vorgenommene Eingrenzung dient der Berechenbarkeit der Rechtsanwendung.[29] Im Einzelfall kann eine Ehe, die weniger als 2 Jahre gedauert hat, oder umgekehrt eine Ehe, die länger als 3 Jahre gedauert hat, als nicht mehr kurz bzw. noch als kurz angesehen werden. Bei Vorliegen besonderer Umstände kann die Annahme einer kurzen Ehe selbst bei einer Ehedauer von 5 Jahren nicht von vornherein ausgeschlossen werden.[30] Entscheidend bei der Beurteilung ist, inwieweit die Eheleute ihre Lebensführung in der Ehe aufeinander eingestellt und in wechselseitiger Abhängigkeit auf ein gemeinschaftliches Lebensziel ausgerichtet haben, also das **Maß der Verflechtung der beiderseitigen Lebensdispositionen** und der **Grad der wirtschaftlichen Abhängigkeit** des Unterhaltsbedürftigen von dem anderen Ehegatten.[31] Bei Ehen im vorgerückten Alter gilt im Prinzip kein anderer Beurteilungsmaßstab, da es nicht auf die relative Dauer der noch möglichen Ehe ankommt.[32] Auch der Umstand, dass möglicherweise eine langjährige oder sogar lebenslange Unterhaltspflicht in Betracht kommt, hat bei der Beurteilung außer Acht zu bleiben.[33] 9

e) **Billigkeitsabwägung.** Ob und inwieweit die Inanspruchnahme des Verpflichteten wegen kurzer Ehedauer unter Würdigung der Belange gemeinsamer Kinder grob unbillig ist, unterliegt **tatrichterlicher Beurteilung.**[34] Es gilt der Grundsatz, 10

---

24 BVerfG FamRZ 1989, 941 f.
25 Vgl. Begründung BT-Drs. 16/1830, 20.
26 Vgl. Begründung BT-Drs. 16/1830, 20.
27 Vgl. Begründung BT-Drs. 16/1830, 20.
28 BGH FamRZ 1999, 710 (712); 1982, 254; 1981, 140 (142).
29 BGH FamRZ 1999, 710 (712).
30 BGH FamRZ 1999, 710 (712).
31 BGH FamRZ 1999, 710 (712); 1986, 886 (888); 1982, 254.
32 BGH FamRZ 1982, 894 (895); 1982, 582; anders wohl BGH FamRZ 1982, 254.
33 BGH FamRZ 1999, 710 (712).
34 BGH FamRZ 1982, 582; 1982, 254.

dass je kürzer die Ehezeit, umso geringere Anforderungen an die Billigkeitsabwägung zu stellen sind.[35] Bis zu einer **Ehedauer von 2 Jahren** sind an die Prüfung geringere Anforderungen zu stellen.[36] Bei **extrem kurzer Ehedauer** kann die grobe Unbilligkeit regelmäßig bejaht werden.[37] Je länger die Ehedauer von 2 Jahren überschritten ist, desto mehr bedarf es der Feststellung **konkreter Umstände**, die eine Unterhaltsverpflichtung als grob unbillig erscheinen lassen.[38] Dabei ist immer zu beachten, dass die Unbilligkeit nicht zu einem vollen Ausschluss, sondern auch zu einer Herabsetzung und/oder Begrenzung des Unterhalts führen kann (→ Rn. 57). **Ehebedingte Nachteile** des Berechtigten spielen nur insoweit eine Rolle, als sie bei Einsetzen des Unterhaltsanspruchs noch fortwirken.[39]

11   **f) Beispiele aus der Rechtsprechung. Kurze Ehedauer bejaht:**

- 6 Wochen, keine gemeinsamen Kinder, Folge: voller Ausschluss.[40]
- 18 Monate trotz Kinderbetreuung, Verwirkung möglich.[41]
- 19 Monate, Zusammenleben weniger als ein Jahr.[42]
- 19 Monate, Altersehe (Eheleute 69 u. 71 Jahre alt), Folge: Herabsetzung des Unterhalts.[43]
- 26 Monate trotz Betreuung eines gemeinsamen Kindes.[44]
- fast 3 Jahre, trotz Betreuung eines gemeinsamen Kindes bei Aufnahme einer Beziehung zu einem neuen Partner bereits 1 Jahr nach Eheschließung, Folge: Herabsetzung des Unterhalts und zeitliche Begrenzung.[45]
- knapp 3 Jahre, trotz Wegfall der Witwenrente der Ehefrau aus früherer Ehe, Folge: voller Ausschluss des Unterhalts.[46]
- 3 Jahre und fast ein Monat bei Trennung vor Ablauf von 2 Jahren;[47]
- 3 Jahre 3 Monate, Ehe im vorgerückten Alter (59 u. 63 Jahre), Folge: Herabsetzung des Unterhalts.[48]
- 3 Jahre 4 Monate, Absehen von einem Scheidungsantrag zu einem früheren Zeitpunkt um Abschiebung des Berechtigten vor Abschluss seines Studiums zu vermeiden – Verwirkung jedenfalls möglich.[49]
- etwas mehr als 4 Jahre, tatsächliches Zusammenleben der Eheleute von nur 2 1/2 Jahren bei einer bereits bei Eheschließung bestehenden mehrjährigen krankheitsbedingten Erwerbslosigkeit der Ehefrau, Folge: Begrenzung des Unterhalts.[50]

---

35 OLG Hamm FamRZ 2013, 1889 Rn. 57.
36 BGH FamRZ 1982, 582.
37 BGH FamRZ 1982, 582; 1981, 944 (945).
38 BGH FamRZ 1982, 582.
39 BGH FamRZ 1989, 483 (486).
40 BGH FamRZ 1981, 944 (945).
41 BGH FamRZ 1990, 492 (495); OLG Köln FamRZ 2008, 523.
42 OLG Hamm 16.12.2005 – 11 UF 138/05.
43 BGH FamRZ 1981, 140 (141).
44 OLG Hamm FamRZ 2006, 553.
45 OLG München FamRZ 1996, 1078.
46 OLG Hamm FamRZ 1984, 903 f.
47 OLG Düsseldorf 18.4.2008 – II-6 UF 150/07.
48 BGH FamRZ 1982, 28 (30).
49 BGH FamRZ 1987, 463 (466).
50 OLG Köln FamRZ 1992, 65 (67).

- 4 Jahre 2 Monate, Eheschließung im Rentenalter, keine ehebedingten Nachteile, Folge: Ausschluss des Unterhalts.[51]
- 4 Jahre 5 Monate, tatsächliches Zusammenleben von nur 9 Monaten in Folge einer Suchterkrankung und mehrerer abgebrochener Therapien der Ehefrau, Folge: Ausschluss des Unterhalts.[52]

Kurze Ehedauer verneint:

- 2 Jahre 6 Monate, bei Wegfall der Witwenrente in Folge der Eheschließung.[53]
- 2 Jahre 11 Monate, nach Aufgabe der Arbeitsstelle durch die Ehefrau und Übersiedlung in die BRD.[54]
- knapp 3 Jahre, Umzug des Ehegatten in eine andere Stadt und Aufgabe seines Arbeitsplatzes.[55]
- 3 Jahre 2 Monate, kinderlose Ehe, Aufgabe der vorehelichen Arbeitsstelle durch den Berechtigten auf Wunsch des Verpflichteten.[56]
- knapp 5 Jahre, 3 1/2-jähriges Zusammenleben bis zur Trennung und 3-jähriges Zusammenleben vor der Ehe.[57]
- 5 Jahre 6 Monate, obwohl keine gemeinsamen Kinder und Zusammenleben durch erhebliche Zwistigkeiten geprägt.[58]

2. Verfestigte Lebensgemeinschaft mit einem neuen Partner (Nr. 2). a) Allgemeines. Dieser in der Praxis bedeutsamste Härtegrund wurde durch das Unterhaltsänderungsgesetz als eigener Ausschlusstatbestand normiert. Die Vorschrift erfasst die Fälle, die früher unter Nr. 7 (jetzt Nr. 8) behandelt wurden. Inhaltlich bringt die Regelung keine Änderung, so dass die bisher von der Rechtsprechung entwickelten Grundsätze weiter Gültigkeit haben. Die frühere Vorschrift der Nr. 7 sollte „entlastet" und ihrer ursprünglichen Funktion als Auffangtatbestand für alle sonstigen nicht benannten Fälle, in denen eine unbeschränkte Unterhaltsverpflichtung grob unbillig wäre, besser gerecht werden.[59]

Mit der Vorschrift wird **kein vorwerfbares Verhalten** des Unterhaltsberechtigten sanktioniert, sondern eine Gegebenheit bzw. eine Veränderung der Lebensverhältnisse des bedürftigen Ehegatten erfasst, die eine dauerhafte Unterhaltsleistung **objektiv unzumutbar** erscheinen lässt.[60] Der Härtegrund kann auch schon für den **Trennungsunterhalt** gelten, da es nicht darauf ankommt, ob die Partner auch eine Ehe eingehen könnten.[61] Beruht die Aufnahme der Gemeinschaft vor Scheidung aber auf einem einseitigen schweren Fehlverhalten, liegt ein Fall von Nr. 7 vor (→ Rn. 45). Wann von einer verfestigten Lebensgemeinschaft auszugehen ist, kann bei der Vielfalt der denkbaren Lebenssachverhalte nicht allgemein festgestellt werden, sondern hängt von den Umständen des Einzelfalls ab[62] und

12

13

---

51 OLG Hamm FamRZ 1992, 326 (327).
52 OLG Frankfurt/M. FamRZ 1989, 630.
53 OLG Düsseldorf FamRZ 1992, 1188 (1190).
54 OLG Karlsruhe FamRZ 1990, 67 (68).
55 BGH FamRZ 1986, 886 (887).
56 OLG Saarbrücken FamRZ 2004, 1293 (1294).
57 BGH FamRZ 1995, 1405 (1407).
58 BGH FamRZ 1999, 710 (712).
59 Vgl. Begründung BT-Drs. 16/1830, 21.
60 Vgl. Begründung BT-Drs. 16/1830, 21.
61 BGH FamRZ 2002, 810 (813).
62 OLG Koblenz 27.1.2016 – 13 UF 638/15.

unterliegt der verantwortlichen Beurteilung des Tatrichters.[63] Sicher ist indessen, dass nicht jede freundschaftliche, auch engere Beziehung schon eine ehegleiche Lebensgemeinschaft darstellt.[64] **Zwei Formen** der verfestigten Lebensgemeinschaft können unterschieden werden: die Unterhaltsgemeinschaft und die eheähnliche Gemeinschaft.

14 **b) Unterhaltsgemeinschaft.** Wenn die Partner in einer auf Dauer angelegten festen sozialen und wirtschaftlichen Verbindung zusammenleben ("sozioökonomische Gemeinschaft") und damit zu einer **ehegleichen ökonomischen Solidarität** – einer Unterhaltsgemeinschaft – gelangen, kann diese Form der Lebensgemeinschaft dazu führen, dass die fortbestehende Unterhaltsbelastung für den Verpflichteten unzumutbar wird.[65] Dabei kommt es nicht darauf an, aus welchen Gründen von einer Eheschließung mit dem neuen Partner abgesehen wird oder ob diese überhaupt möglich ist (→ Rn. 15). Auch eine **gleichgeschlechtliche Partnerschaft** kann zu einer solchen Verbindung führen.[66] Voraussetzung ist allgemein, dass die Partner gemeinschaftlich wirtschaften, wobei der den Haushalt führende Partner wie in einer Ehe von dem anderen unterhalten wird. Der Unterhaltsberechtigte muss in dieser neuen Gemeinschaft sein **volles Auskommen** finden und der neue Partner über die dazu erforderlichen Mittel verfügen, also **ausreichend leistungsfähig** sein.[67] Es kommt nicht darauf an, dass die Partner bereits **längere Zeit zusammengelebt** haben. Eine Unterhaltsgemeinschaft ist aber jedenfalls anzunehmen, wenn sich ihre Mitglieder gegenüber den Sozialbehörden als "Bedarfsgemeinschaft" ausgegeben haben.[68]

15 **c) Eheähnliche Gemeinschaft.** Die neue Beziehung des Unterhaltsberechtigten hat sich nach längerem Zusammenleben in einem solchen Maße **verfestigt,** dass sie als eheähnliches Zusammenleben anzusehen ist und gleichsam an die Stelle einer Ehe getreten ist ("eheähnliche", "eheersetzende", "ehegleiche" Gemeinschaft).[69] Auf die Leistungsfähigkeit des neuen Partners kommt es dabei nicht an.[70] Typisches Indiz ist das **räumliche Zusammenleben** und die Führung eines **gemeinsamen Haushalts.**[71] In einem solchen Fall wird bei einem längeren Zusammenleben (→ Rn. 17) regelmäßig von einer verfestigten Lebensgemeinschaft auszugehen sein. Diese kann aber auch dann vorliegen, wenn die Parteien in **getrennten Wohnungen** leben, ihre Verbindung sich jedoch nach dem **Erscheinungsbild in der Öffentlichkeit** als eheähnliches Zusammenleben darstellt.[72] Maßgebend ist dabei die Erkennbarkeit der Partnerschaft aufgrund der nach außen dringenden Gegebenheiten, nicht dass sie auch tatsächlich in diesem Sinn bewertet wird.[73] Eine grundlegende Neuausrichtung der Lebensumstände auf eine gemeinsame Zukunft und ein deutlich gesteigertes Maß an wechselseitiger

---

63   BGH FamRZ 2004, 614 (616).
64   OLG Koblenz 27.1.2016 – 13 UF 638/15.
65   BGH FamRZ 1995, 540 (542); 1989, 487 (490); 1983, 569 (572).
66   BGH FamRZ 2002, 810 (811).
67   BGH FamRZ 1989, 487 (490); 1983, 569 (572).
68   KG 28.4.2016, FuR 2017, 31.
69   BGH FamRZ 2004, 614 (616); 2002, 810 (811); 2002, 23 (25); 1989, 487 (490).
70   BGH FamRZ 1989, 487 (490).
71   BGH FamRZ 2004, 614 (616); 2002, 23 (25); 1997, 671 (672); OLG Oldenburg FamRZ 2017, 799.
72   BGH FamRZ 1997, 671 (672); 1989, 487 (490); OLG Zweibrücken FamRZ 2008, 1630; OLG Hamm FamRZ 2003, 877.
73   BGH FamRZ 1997, 671 (672).

Verbundenheit und gemeinsamer Lebensplanung können auch ohne einen gemeinsamen Haushalt die Annahme einer verfestigten Lebensgemeinschaft (§ 1579 Nr. 2) vor Ablauf von fünf Jahren rechtfertigen, wenn die Partner bei unfreiwilliger Distanz das größtmögliche Maß an physischem Beisammensein erstreben und erleben.[74] **Anhaltspunkte** für eine derartige Lebensgemeinschaft können sein, vor allem beim Zusammentreffen mehrerer dieser Umstände: gemeinsamer Immobilienerwerb,[75] Auftreten in der Gesellschaft als Paar,[76] ein ersichtlich auf Dauer angelegtes Verhältnis,[77] Beistandsleistungen in persönlichen Angelegenheiten,[78] gemeinsame Freizeitgestaltung, Wochenenden und Urlaube,[79] Anzeige mit gemeinsamer Namensnennung,[80] Benennung als „Papa" oder „Mama" von den Kindern des Partners.[81] Es kommt nicht darauf an, aus welchen Gründen die Partner der neuen Lebensgemeinschaft von der Eingehung einer Ehe bzw. einer Lebenspartnerschaft iSd LPartG absehen oder ob diese überhaupt möglich wären. So kann der Verwirkungsgrund auch beim Trennungsunterhalt gegeben sein, ebenso bei der Partnerschaft einer Frau mit einem homosexuellen Partner.[82] Der vorliegende Härtegrund darf nicht zu einer **Kontrolle des geschiedenen Ehegatten** führen.[83]

Halten die Partner ihre **Lebensbereiche bewusst getrennt**, etwa weil sie aufgrund 16 der in ihrer bisherigen Partnerschaft gemachten Erfahrung ein enges Zusammenleben nicht wünschen, ist diese Lebensgestaltung grundsätzlich zu respektieren. Der Unterhaltsberechtigte hat das uneingeschränkte Recht, seine Lebensführung selbst zu bestimmen.[84] Allerdings muss die subjektiv in Anspruch genommene Distanz auch der tatsächlichen Gestaltung der Beziehung entsprechen.[85] Dies ist nicht der Fall, wenn aufgrund des Erscheinungsbildes in der Öffentlichkeit (→ Rn. 15) die Beziehung in ihrer persönlichen und wirtschaftlichen Ausprägung und Intensität einem eheähnlichen Verhältnis gleichkommt.[86]

Ein eheähnliches Verhältnis setzt eine gewisse **Mindestdauer** voraus, die nach st. 17 Rechtsprechung des Bundesgerichtshofs im Allgemeinen kaum unter zwei bis drei Jahren liegen dürfte.[87] Nur dann wird sich verlässlich beurteilen lassen, ob die Parteien nur „probeweise" zusammenleben oder ob sie auf Dauer eine verfestigte Gemeinschaft bilden. Eine Verfestigung kann aber auch schon nach kürzerer Zeit angenommen werden, wenn die Partner bedeutende **gemeinsame wirtschaftliche Dispositionen** vorgenommen haben und damit von einer geplanten

---

74 OLG Brandenburg 30.1.2017 – 13 UF 244/14.
75 BGH FamRZ 2002, 810 (811); OLG Schleswig FamRZ 2006, 954 (955); OLG Karlsruhe FamRZ 2006, 706 (707); OLG Hamburg FamRZ 2002, 1038; OLG Köln FamRZ 2000, 290 (291).
76 OLG Karlsruhe FamRZ 2006, 706 (707).
77 OLG Koblenz FamRZ 2006, 1540 (1542).
78 BGH FamRZ 2002, 810 (812); OLG Koblenz FamRZ 2006, 1540 (1542); OLG Hamm MDR 1999, 1200 (1201).
79 BGH FamRZ 2002, 810 (812); OLG Koblenz FamRZ 2006, 1540 (1542); OLG Hamm MDR 1999, 1200 (1201).
80 OLG Koblenz FamRZ 2006, 1540 (1542).
81 OLG Hamm FF 2001, 101.
82 BGH FamRZ 2002, 810 (811, 813).
83 Vgl. Begründung BT-Drs. 16/1830, 21.
84 BGH FamRZ 1995, 540 (542); OLG Koblenz FamRZ 2000, 1372 (1373).
85 BGH FamRZ 2002, 23 (25).
86 BGH FamRZ 2002, 810 (811); OLG Koblenz FamRZ 2006, 1540.
87 BGH FamRZ 2004, 614 (616); 2002, 810 (811); 1997, 671 (672); 1989, 487 (491).

langjährigen gemeinsamen Zukunft auszugehen ist.[88] Gelegentlich wird die Auffassung vertreten, dass nach dem Unterhaltsreformgesetz 2007 (→ Rn. 1) eine verfestigte Lebensgemeinschaft entsprechend den geänderten gesellschaftlichen Verhältnissen regelmäßig schon nach einem Jahr angenommen werden kann.[89] Je enger die wirtschaftliche und soziale Verflechtung der Lebensgemeinschaft sich darstellt umso eher kann auch unterhalb des Zeitraums von zwei bis drei Jahren eine Verwirkung von Unterhaltsansprüchen angenommen werden. Dies ist zB der Fall, wenn aus der Beziehung ein gemeinsames Kind hervorgeht[90] oder eine gemeinsame Immobilie erworben wird.[91] Einer verfestigten Lebensgemeinschaft steht nicht entgegen, wenn sich diese für eine Zeit etwas flüchtiger gestaltet.[92] Eine **vorübergehende** krisenbedingte räumliche **Trennung** der Parteien ohne Abbruch der Beziehung ist unschädlich.[93] Allerdings verhindert eine **länger andauernde Krise** zwischen den Partnern die Verfestigung der Lebensgemeinschaft.[94] Nicht ausreichend ist das aufeinander folgende Zusammenleben mit **verschiedenen Partnern** über kürzere Zeiträume.[95]

18 Auch eine **gleichgeschlechtliche Partnerschaft** kann unter den entsprechenden Voraussetzungen als eheähnliches Zusammenleben angesehen und damit die Fortdauer der Unterhaltsbelastung unzumutbar werden, insbesondere nach Inkrafttreten des LPartG zum 1.8.2001.[96] Es kommt grundsätzlich nicht darauf an, ob zwischen den Parteien **sexuelle Beziehungen** bestehen oder es überhaupt zu Intimitäten kommt.[97] Dies kann nach dem Bundesgerichtshof selbst dann gelten, wenn der homosexuelle Partner intime Beziehungen zu anderen Männern unterhält oder sogar mit einem anderen Mann zusammenlebt.[98] Geschlechtliche Beziehung ist zwar ein typisches Merkmal einer Ehe, dringt aber idR nicht an die Öffentlichkeit.[99] Deshalb ist die Existenz oder das Fehlen von sexuellen Kontakten zum neuen Partner für die Verwirkung des Unterhaltsanspruchs unbedeutend.[100]

19 **3. Schwere Straftat des Unterhaltsberechtigten (Nr. 3). a) Grundsätze.** Dieser Härtegrund setzt ein **schuldhaftes vorsätzliches** Verhalten voraus. Die Schuldfähigkeit ist für den jeweiligen Zeitpunkt der Verfehlung festzustellen. Eine **fahrlässige** oder im Zustand der **Schuldunfähigkeit** begangene Straftat scheidet aus.[101]

---

88 OLG Schleswig FamRZ 2005, 277: 1 1/2 Jahre bei Erwerb eines Miteigentumsanteils am Haus durch den Partner; OLG Hamburg FamRZ 2002, 1038: unter zwei Jahre bei Kauf und Bezug eines gemeinsamen Hauses; OLG Köln FamRZ 2000, 290 (291): gut ein Jahr nach Bezug eines gemeinsamen Hauses.
89 Vgl. AG Essen FamRZ 2009, 1917 f.
90 OLG Hamm FamRZ 2014, 1468.
91 OLG Brandenburg NZFam 2016, 983.
92 BGH FamRZ 1997, 671 (672).
93 OLG Hamm NJW-RR 2003, 1297 (1298).
94 OLG Köln NJW-RR 2003, 938.
95 OLG Köln FamRZ 2005, 279.
96 Vgl. BGH FamRZ 2002, 810 (811).
97 BGH FamRZ 2002, 810 (811).
98 BGH FamRZ 2002, 810 (811).
99 BGH FamRZ 2002, 810; OLG Bamberg FamRZ 2008, 2037.
100 JH/Hammermann § 1579 Rn. 21.
101 OLG Hamm FamRZ 1997, 1485: Tötung eines gemeinsamen Kindes durch die Mutter aufgrund einer schuldausschließenden Psychose.

Hat eine solche Tat aber schwere und fortwirkende Folgen, kommt der Härtegrund nach Nr. 8 in Betracht.[102] Eine **verminderte Schuldfähigkeit** (§ 21 StGB) reicht aus, ist aber im Rahmen der Billigkeitsprüfung zu berücksichtigen.[103] Insoweit werden aber schwerwiegende Straftaten, zB eine vorsätzliche Körperverletzung oder Sexualdelikte gegenüber einem nahen Familienangehörigen über einen längeren Zeitraum regelmäßig zu einer Verwirkung führen.[104] Auch der **Versuch** oder die **Teilnahme** an einer Straftat kann genügen.[105] Die fehlende Vollendung der Tat, insbesondere die Gründe dafür, ist aber bei der Billigkeitserwägung zu würdigen.

Es muss sich um **Straftaten von erheblichem Gewicht** ("Verbrechen", "schweres   20
Vergehen") handeln, die weit über die üblichen Ausschreitungen bei Auseinandersetzungen im Zuge der Trennung der Ehegatten hinausgehen. Ein Verbrechen im strafrechtlichen Sinne ist stets schwer im Sinne der Vorschrift.[106] Ob ein Vergehen als "schwer" anzusehen ist, erfordert stets eine **Einzelfallprüfung**[107] und unterliegt der **Beurteilung durch den Tatrichter**. Dabei ist abzuwägen, ob das Vergehen den Verpflichteten ebenso schwer trifft wie den Berechtigten der Verlust des Unterhalts.[108] Bei der Bewertung der Tat idS kommt es nicht auf eine strafrechtliche Verfolgung oder auf das Maß einer verhängten Strafe an.

Die Straftat muss sich gegen den **Verpflichteten** oder einen **nahen Angehörigen**   21
des Verpflichteten richten. Die Angehörigkeit wird begründet durch Ehe, Verwandtschaft oder Schwägerschaft. Nach dem Sinn der Vorschrift muss es sich um eine eng mit dem Verpflichteten verbundene Person handeln, auf einen bestimmten **Grad der Verwandtschaft** kommt es nicht an. Als "nahe" Angehörige sind aber stets der Ehegatte, die Kinder, die Geschwister und deren Ehegatten anzusehen.[109] Ein **neuer Lebensgefährte** kann Angehöriger sein.[110] Erforderlich ist aber eine intensive Verbundenheit der Partner. Straftaten gegen ihn können – zB bei mangelnder Intensität der Bindung – aber auch unter den Härtegrund der Nr. 8 fallen.

Grundsätzlich tritt eine **Verwirkung** des Unterhaltsanspruchs nur für die Zu-   22
kunft ein – also ab dem Zeitpunkt der Tat – und lässt bereits entstandene Unterhaltsansprüche unberührt. Es besteht nämlich kein Anlass, den in Verzug geratenen Unterhaltsschuldner zu begünstigen, weil ein später eintretendes Ereignis ihn von der Unterhaltsschuld befreit.[111] Eine **Ausnahme** gilt für besonders schwerwiegende Straftaten, die jegliche weitere Unterhaltsleistung unerträglich erscheinen lassen.[112]

---

102 OLG Schleswig FamRZ 2000, 1375 ff.: versuchtes Tötungsdelikt im Zustand der Schuldunfähigkeit.
103 BGH NJW 1982, 100 (101); OLG Hamm FamRZ 2002, 240 (241).
104 OLG Hamm FamRZ 2002, 240 (241); 1990, 887.
105 BGH FamRZ 1990, 1095 (1096); OLG Schleswig NJW-RR 2007, 992 (993); OLG Köln FamRZ 2003, 676 (677).
106 JH/Hammermann § 1579 Rn. 28.
107 BGH FamRZ 1997, 483 (484).
108 JH/Hammermann § 1579 Rn. 28.
109 JH/Hammermann § 1579 Rn. 30.
110 JH/Hammermann § 1579 Rn. 30.
111 BGH FamRZ 2004, 612 (613); 1984, 34 (35).
112 BGH FamRZ 2004, 612: gefährliche Körperverletzung zum Nachteil des Verpflichteten anlässlich des Umgangstermins mit den gemeinsamen Kindern.

23 **b) Betrugsstraftaten.** Zu den schweren vorsätzlichen Vergehen zählen vor allem Betrugshandlungen zum Nachteil des Verpflichteten.[113] Macht der Ehegatte einen **Unterhaltsanspruch** geltend, hat er die der Begründung des Anspruchs dienenden tatsächlichen Umstände wahrheitsgemäß anzugeben und darf nichts verschweigen, was etwa seine Unterhaltsbedürftigkeit infrage stellen könnte.[114] Dies gilt vor allem im **Unterhaltsverfahren**. Auch Änderungen der maßgebenden Verhältnisse während des Verfahrens sind ungefragt anzuzeigen.[115] Auch Einkünfte, die nach Ansicht des Ehegatten bei der Unterhaltsbestimmung nicht zu berücksichtigen sind, müssen angegeben werden, da die Bewertung insoweit dem Gericht obliegt (zB bei freiwilligen Zuwendungen Dritter, Einkommen aus überobligatorischer Tätigkeit).[116] Der **versuchte Prozessbetrug** beginnt bereits mit der Einreichung eines Schriftsatzes bei Gericht mit bewusst unwahren Angaben,[117] sollte aber nur dann zur Verwirkung von Unterhaltsansprüchen führen, wenn er dazu dient, eine nicht, oder nicht in diesem Umfang zustehende Leistung zu erlangen.[118]

Beispiele: Verschweigen von auch geringfügigen[119] Eigeneinkünften,[120] auch Einkommenserhöhungen,[121] die Beendigung einer Ausbildung,[122] bewusst falsche Angaben zum Zusammenleben mit einem Partner[123] oder Verschweigen einer neuen Partnerschaft im Prozess,[124] aber nur wenn die neue Partnerschaft von wirtschaftlicher Relevanz ist.[125]

Nach Titulierung eines Unterhaltsanspruchs kann eine Verpflichtung zur ungefragten Information bestehen. Dabei ist zwischen Vergleichen und Urteilen zu unterscheiden. **Bei Vergleichen** ist der Berechtigte im Hinblick auf seine vertragliche Treuepflicht gehalten, jederzeit und unaufgefordert dem anderen Ehegatten Umstände zu offenbaren, die ersichtlich dessen Verpflichtungen aus dem Vertrag berühren,[126] zB die Erzielung von Einkünften, welche die vereinbarte Anrechnungsfreigrenze überschreiten,[127] jede Aufnahme einer Erwerbstätigkeit.

Bei Urteilen besteht eine Verpflichtung zur Selbstoffenbarung nur dann, wenn das Verschweigen von wesentlichen Veränderungen **evident unredlich** wäre. Grundsätzlich obliegt es nämlich dem Verpflichteten, sich durch ein Auskunftsbegehren (§ 1580) Gewissheit über eingetretene Veränderungen zu verschaffen. Nur wenn aufgrund vorangegangenem Tun des Berechtigten sowie nach allgemeiner Lebenserfahrung keine Veranlassung besteht, sich über den Fortbestand der anspruchsbegründenden Umstände zu vergewissern, kann sich für den Be-

---

113 OLG Hamm FamRZ 2015, 2067.
114 BGH FamRZ 2000, 153 (154).
115 BGH FamRZ 2000, 153 (154).
116 BGH FamRZ 2000, 153 (154).
117 OLG Hamm FamRZ 2004, 1786; OLG Köln FamRZ 2003, 678.
118 OLG Brandenburg FamFR 2011, 415 Rn. 22.
119 OLG Düsseldorf FamRZ 2011, 225.
120 BGH NJW 1999, 2804; BGH FamRZ 1997, 483; OLG Köln NJW-RR 2003, 507; OLG Hamm FamRZ 2002, 242; OLG Celle FamRZ 1991, 1313 f.
121 OLG Köln FamRZ 2003, 678 (679).
122 BGH FamRZ 1990, 1095 (1096).
123 OLG Oldenburg FF 2012, 79; OLG Hamm FamRZ 1997, 1337; 1996, 1079; 1993, 566.
124 OLG Koblenz NJW-RR 1999, 1597.
125 JH/Hammermann § 1579 Rn. 32.
126 BGH FamRZ 1997, 483.
127 BGH FamRZ 1997, 483.

rechtigten nach Treu und Glauben (§ 242) eine Verpflichtung zur ungefragten Information ergeben,[128] wie zB die Aufnahme einer Erwerbstätigkeit bei gleichzeitiger Entgegennahme der Unterhaltsrente[129] oder die Aufnahme einer Erwerbstätigkeit, mit der der Verpflichtete wegen des Alters oder des Gesundheitszustandes des Berechtigten nicht rechnen musste.[130]

Ist die Betrugshandlung als schweres vorsätzliches Vergehen einzustufen, ist bei der **Prüfung der groben Unbilligkeit** abzuwägen, ob der Unterhaltsanspruch insgesamt zu versagen oder nur herabzusetzen oder zeitlich zu begrenzen ist. Liegt das Einkommen des Berechtigten **unter dem Existenzminimum** und kann auch nicht von dritter Seite gesichert werden, wird eine Herabsetzung nur in Ausnahmefällen in Betracht kommen. Weitere Kriterien sind: die Höhe des beim Verpflichteten eingetretenen Schadens, beim versuchten Betrug das Maß der Vermögensgefährdung und die Hartnäckigkeit des Vorgehens des Berechtigten, wie etwa Verschweigen von Einkünften trotz ausdrücklicher Nachfrage durch das Gericht.[131] **24**

c) **Sonstige Straftaten.** Zu einer Verwirkung können auch **Beleidigungen, Verleumdungen und falsche Anschuldigungen** führen,[132] wenn sie mit schwerwiegenden Auswirkungen auf die persönliche berufliche Entfaltung sowie die Stellung des Unterhaltsverpflichteten in der Öffentlichkeit verbunden sind.[133] Sie müssen aber über das übliche Maß von Ehezwistigkeiten hinausgehen. **25**

Beispiele: Vorsätzlich falsche Anzeige wegen Mordversuchs,[134] vorsätzlich falsche Beschuldigung des sexuellen Kindesmissbrauchs,[135] Anzeige wegen Steuerhinterziehung in Schädigungsabsicht,[136] unberechtigte Mißbrauchsvorwürfe.

Vorsätzliche schwere Vergehen können des Weiteren sein: Eigentumsdelikte,[137] körperliche Misshandlungen,[138] sexuelle Vergehen,[139] Schusswaffengebrauch gegen den Unterhaltsschuldner,[140] ferner Straftaten nach § 4 GewSchG.[141] In Betracht kommen auch unbefugte Kontoabhebungen. Dabei ist zu prüfen, inwieweit im Innenverhältnis noch eine Verfügungsbefugnis des Berechtigten bestand. Diese muss mit der Trennung nicht automatisch erlöschen.[142] Wird mit den abgehobenen Geldbeträgen der notwendige Lebensunterhalt bestritten, fehlt es idR an einer groben Unbilligkeit.[143] Handelt es sich um ein **gemeinschaftliches Konto**, darf sich der bedürftige Ehegatte nach der Trennung für berechtigt halten, die Hälfte des Bankguthabens abzuheben.[144] **26**

---

128 BGH NJW 1999, 2804 (2805); BGH FamRZ 1986, 794.
129 BGH FamRZ 1986, 794 ff.
130 BGH FamRZ 1986, 450 ff.
131 OLG Karlsruhe FamRZ 2002, 1037.
132 OLG Hamm FamRB 2014, 206.
133 BGH NJW 1982, 100 (101).
134 BGH NJW 1982, 100 (101).
135 OLG Hamm NZFam 2014, 223; OLG Hamm FamRZ 1995, 808.
136 OLG Hamm FuR 1997, 304.
137 OLG Karlsruhe FamRZ 2001, 833 (Ls.); OLG Hamm FamRZ 1994, 168; OLG Hamburg FamRZ 1987, 1250 (1252).
138 BGH NJW 1984, 296; OLG Koblenz NJW-RR 1982, 2.
139 OLG Hamm FamRZ 1990, 887: sexueller Missbrauch der Stieftochter.
140 OLG Düsseldorf FamRZ 1994, 896.
141 OLG Bamberg FamRZ 2007, 1465 (Ls.).
142 BGH FamRZ 1989, 834 (835).
143 OLG Hamburg FamRZ 1987, 1250 (1251 f.).
144 OLG Hamm FamRZ 1999, 516 (Ls.).

27 **4. Mutwillig herbeigeführte Bedürftigkeit (Nr. 4). a) Voraussetzungen.** Die Vorschrift des § 1579 Nr. 4 BGB grenzt den Bereich ehelicher Solidarität gegen grob unbillige Unterhaltsforderungen ab. Diese Grenzen würden überschritten, wenn der Unterhaltpflichtige die Folgen einer leichtfertigen Herbeiführung der Bedürftigkeit durch den anderen Ehegatten unterhaltsrechtlich mittragen müßte.[145] Diese Vorschrift kommt zur Anwendung, wenn der Berechtigte seine **gegenwärtige Bedürftigkeit** ganz oder teilweise durch eigenes Verhalten in der **Vergangenheit** leichtfertig herbeigeführt hat.[146] Eine im Sinne der Leichtfertigkeit verstandene **Mutwilligkeit** erfordert dabei mehr als einfaches Verschulden. Nicht notwendig ist aber ein vorsätzliches auf die Herbeiführung der Bedürftigkeit zweckgerichtetes Verhalten zulasten des Unterhaltsverpflichteten.[147] Ausreichend ist vielmehr ein leichtfertiges, vom üblichen sozialen Standard abweichendes Verhalten[148] im Sinne einer **bewussten Fahrlässigkeit**.[149] Der Berechtigte muss sich unter grober Nichtbeachtung dessen, was jedem vernünftigen Menschen einleuchten muss, oder in Verantwortungslosigkeit oder Rücksichtslosigkeit gegen den Unterhaltpflichtigen über die erkannten möglichen nachteiligen Folgen für seine Bedürftigkeit hinwegsetzen.[150] Erforderlich ist eine **unterhaltsbezogene Leichtfertigkeit**. Die Vorstellungen und Antriebe, die dem Verhalten zugrunde liegen, müssen sich auch auf die Bedürftigkeit als Folge dieses Verhaltens erstrecken.[151] Der Berechtigte führt seine Bedürftigkeit nicht dadurch herbei, dass er durch den Auszug aus der Ehewohnung **trennungsbedingten Mehrbedarf**, insbesondere zusätzliche Wohnkosten, verursacht; anderenfalls würde ein mittelbarer Zwang zur Aufrechterhaltung der ehelichen Gemeinschaft ausgeübt.[152]

28 **b) Konkurrenzen.** Die Vorschrift Nr. 4 **schließt** in ihrem Regelungsbereich den **Rückgriff auf allgemeine Grundsätze aus**.[153] Sie hat daher insoweit eine Schutzwirkung, als das frühere Verhalten keine Auswirkungen auf den Unterhaltsanspruch hat, wenn dem Berechtigten keine Mutwilligkeit vorgeworfen werden kann.[154] In diesem Fall kann derselbe Sachverhalt dann auch **nicht von der Vorschrift Nr. 8** erfasst werden. Kommt der Bedürftige einer Obliegenheit zu einer Erwerbstätigkeit nicht nach, fehlt es schon an einem Unterhaltatbestand (§ 1573 Abs. 1). Entsprechendes gilt für die Obliegenheit zur Vermögensumschichtung zu einer ertragreicheren Anlage.[155] Ein Ansatz fiktiver Zinsen scheidet aus, wenn das einzusetzende Kapital nicht mehr vorhanden ist.[156] Die Vorschrift Nr. 4 kommt in einem solchen Fall nur dann in Betracht, wenn der Bedürftige derzeit aufgrund seines Verhaltens nicht in der Lage ist, seinen angemessenen Lebensunterhalt zu bestreiten.

---

145 BGH FamRZ 1981, 1042 Rn. 19.
146 BGH FamRZ 1987, 684 (686).
147 OLG Dreden FamRZ 2014, 45.
148 OLG Köln FamFR 2012, 205.
149 BGH FamRZ 2001, 541 (545); 2000, 815 (817); 1988, 375 (377 f.).
150 BGH FamRZ 2003, 848 (853); 2001, 541 (544); 1990, 989 (991); 1989, 1054 (1056).
151 BGH FamRZ 2001, 541 (544); 2000, 815 (816); 1989, 1054 (1056).
152 BGH FamRZ 1989, 1160 (1162); 1986, 434 (435 f.).
153 BGH FamRZ 1987, 684 (686); 1986, 560 (562).
154 BGH FamRZ 1987, 684 (686).
155 BGH FamRZ 1992, 423 (425).
156 BGH FamRZ 1990, 989 (991).

Die Norm kann nicht unabhängig von der Intensität des Unterhaltsanspruchs interpretiert werden. Umso deutlicher der Gesetzgeber die Betonung nachehelicher Eigenverantwortlichkeit hervorhebt, umso eher ist eine verwirkungsbegründende Leichtfertigkeit in der Herbeiführung unterhaltsbezogener Bedürftigkeit anzunehmen. Insoweit kann die Unterhaltsreform zum 1.1.2008 nicht ohne Auswirkung auf die Annahme der Voraussetzungen der mutwillig (= leichtfertig) herbeigeführten unterhaltsrechtlichen Bedürftigkeit sein. Wer um die Bedeutung der Erhaltung der eigenen Arbeitskraft für die Sicherung seines Unterhalts weiß, hat alles Zumutbare zu tun, um seine unterhaltsrechtliche Autonomie zu erhalten. Spätestens bei drohender oder eingetretener Trennung sind die Ehegatten daher verpflichtet ihre Arbeitsfähigkeit zu erhalten und ggf. verlorene Arbeitsfähigkeit wieder herzustellen. Im Lichte der stärker betonten Eigenverantwortlichkeit trifft daher die unterhaltsberechtigte und unterhaltspflichtige Person nicht nur die gleich intensive Verpflichtung zur Herstellung unterhaltsrechtlicher Autonomie.[157] Die Erwerbsobliegenheit und Erwerbserhaltungsobliegenheit der unterhaltsberechtigten Person ist vielmehr weitergehend als die der unterhaltspflichtigen Person, weil sie – sofern keine gemeinsamen Kinder zu betreuen sind – um ihre Verpflichtung zum Familienunterhalt beizutragen (§ 1360) und ihre nacheheliche Eigenverantwortlichkeit (§ 1569) weiß.

c) **Fallgruppen. aa) Aufgabe bzw. Verlust des Arbeitsplatzes.** Nr. 4 kann erfüllt **29** sein, wenn der Berechtigte ohne zwingenden Grund seinen sicheren **Arbeitsplatz aufgibt** und an einen anderen Ort verzieht, wo er aufgrund der besonderen Verhältnisse auf dem Arbeitsmarkt nicht vermittlungsfähig ist.[158] Das Gleiche gilt, wenn dem Berechtigten **selbstverschuldet gekündigt** wurde, zB wegen Bummelei, unentschuldigten Fernbleibens vom Arbeitsplatz, nichtordnungsgemäßer Krankmeldung,[159] ferner wenn der Berechtigte grundlos weder Arbeitslosen- noch Krankengeld in Anspruch genommen hat, die seinen angemessenen Lebensbedarf gedeckt hätten.[160] Verliert der Berechtigte wegen einer **Straftat** (zB Trunkenheitsfahrt, Diebstahl) seinen Arbeitsplatz, wird es an einer **unterhaltsbezogenen Leichtfertigkeit** fehlen; die bloße Vorhersehbarkeit des Arbeitsplatzverlustes reicht nicht aus.[161] Der Wechsel eines Unterhaltsberechtigten aus einem unbefristeten, in ein besser bezahltes befristetes aber berufsfremdes Arbeitsverhältnis kann bei bestehender Unterhaltspflicht als leichtfertige Herbeiführung der Bedürftigkeit angesehen werden.[162] Ebenso wie der mutwillig verursachte Verlust von Erwerbseinkommen kann der mutwillig herbeigeführte Verlust von Renteneinkommen zur Verwirkung von Unterhaltsansprüchen führen, wenn der dauerhaft erwerbsunfähige Unterhaltsberechtigte im Versorgungsausgleich von seiner ihm durch § 15 VersAusglG eingeräumten Wahlmöglichkeit der Zielversorgung keinen Gebrauch macht und die Begründung eines Anrechts in der Versorgungsausgleichskasse zum Verlust einer Invaliditätsrente führt, die bei Wahl der gesetzlichen Rentenversicherung als Zielversorgung gewährt worden wäre.[163]

---

157 So aber noch BGH FamRZ 1981, 1042.
158 BGH FamRZ 1981, 1042 (1044); OLG Bremen FamRZ 1978, 410 (411).
159 BGH FamRZ 1981, 1042 (1044).
160 BGH FamRZ 1981, 1042 (1044).
161 BGH FamRZ 2000, 815 (816).
162 OLG Dresden FamRZ 2014, 45.
163 OLG Koblenz FamRZ 2017, 38.

30 **bb) Verbrauch von Vermögen.** Eine Verwirkung kommt auch dann in Betracht, wenn der Bedürftige nach Verbrauch seines Vermögens mittellos ist, weil er wesentlich mehr ausgegeben hat, als es nach den gegebenen Verhältnissen unter Beachtung eines individuellen, insbesondere trennungs-, alters- und krankheitsbedingten Mehrbedarfs auch unter Beachtung der wirtschaftlichen Verhältnisse des potenziell Unterhaltspflichtigen angemessen erscheint.[164] Brauchte der Berechtigte einen bestimmten Teil seines Vermögens **nach § 1577 Abs.** 3 nicht anzugreifen, so wird der Verbrauch dieses Teils nicht als mutwillige Herbeiführung seiner Bedürftigkeit gewertet werden können, weil dann die unterhaltsrechtlich relevante Bedürftigkeit schon vor dem Verbrauch dieser finanziellen Reserve erreicht war.[165] Eine Verwirkung kann bejaht werden, wenn der Bedürftige sein Vermögen für **Luxusausgaben verschwendet** oder **verspielt** hat.[166] Eine Verwirkung scheidet aus, wenn der Bedürftige das Vermögen aus einer Erbschaft, aus dem Zugewinn oder aus der Vermögensauseinandersetzung der Eheleute für **berechtigte Zwecke** verwendet hat, wie zB für Prozesskosten, umzugsbedingte Neuanschaffungen, dem Abschluss einer angemessenen Rentenversicherung, die Tilgung von Schulden, insbesondere Hausschulden.[167] Verwendet der Berechtigte ererbtes Vermögen für die Anschaffung eines Eigenheims, ist sein Verhalten jedenfalls dann nicht mutwillig, wenn die wirtschaftliche Lage des Unterhaltsverpflichteten besonders günstig ist.[168] Dieser Ansatz ist indessen nur so lange tragfähig, wie eine mehr oder weniger stabile lebenslange Unterhaltsorientierung an den ehelichen Lebensverhältnissen bestand. Die generelle Befristungs- und Begrenzungsmöglichkeit nachehelicher Unterhaltsansprüche nach § 1578 b macht indessen deutlich, dass auf die unbefristete Fortexistenz des nachehelichen und an den ehelichen Lebensverhältnissen bemessenen Unterhaltsanspruchs nicht mehr vertraut werden darf, weswegen es dem unterhaltsberechtigten Gatten auch obliegt, seine ökonomische Verhaltensweise nicht auf den Fortbestand der ehelichen Lebensverhältnisse einzustellen.

31 **cc) Zweckwidrige Verwendung des Vorsorgeunterhalts.** Eine zweckwidrige Verwendung von Altersvorsorgeunterhalt kann zur Verwirkung führen, wenn dem Bedürftigen mutwilliges Verhalten vorgeworfen werden kann, weil er sich leichtfertig oder verantwortungslos über die erkannten nachteiligen Folgen für seine spätere Bedürftigkeit hinweggesetzt hat.[169] Dies ist regelmäßig der Fall, wenn der Altersvorsorgeunterhalt für den allgemeinen Lebensbedarf verbraucht wird, obwohl dieser durch den Elementarunterhalt ausreichend gedeckt ist. Der Bedürftige kann dann unter dem Gesichtspunkt der Verwirkung so behandelt werden, als hätten die geleisteten Vorsorgebeträge zu einer entsprechenden Versicherung geführt.[170] An einer unterhaltsbezogenen Leichtfertigkeit kann es fehlen, wenn sich der Berechtigte in einer Notlage befunden hat, etwa weil er trotz hinreichender Bemühungen keinen geeigneten Arbeitsplatz gefunden hat und er den Vorsorgeunterhalt zur Bestreitung seines allgemeinen Lebensunterhalts benötigt hat.[171] In diesen Fällen kann der Berechtigte aber gehalten sein, rechtzei-

---

164 BGH FamRZ 1984, 364 (368).
165 BGH FamRZ 1984, 364 (368).
166 BGH FamRZ 2001, 541 (544); 1981, 1042 (1044); OLG Koblenz FamRZ 1990, 51.
167 BGH FamRZ 1986, 560 (562).
168 BGH FamRZ 1986, 560 (562).
169 BGH FamRZ 2003, 848 (853); 1988, 817 (820).
170 Vgl. BGH FamRZ 1987, 684 (686).
171 BGH FamRZ 1987, 684 (686).

tig eine Abänderungsklage (§ 323 ZPO) zu erheben, um eine Anpassung des Urteils im Vorprozess an die seinerzeit nicht vorausgesehene Entwicklung der Verhältnisse zu erreichen.[172] Anders auch, wenn Parteien die bestimmungswidrige Verwendung des Vorsorgeunterhalts geregelt haben.[173]

dd) Missbrauch von Drogen, Verweigerung einer Therapie, Selbsttötungsversuch. 32 Ist der Bedürftige in Folge eines **Alkohol-, Medikamenten- oder Drogenmissbrauchs** erwerbsunfähig, kommt es darauf an, ob er bei sich abzeichnender Trennung[174] **Therapiemaßnahmen** leichtfertig[175] verweigert bzw. verweigert hat.[176] Dies ist insbesondere dann der Fall, wenn er zu einer Zeit, als seine **Einsichts- und Steuerungsfähigkeit** dies noch zuließen, eine ihm angeratene Entziehungskur unterlassen hatte und sich der Möglichkeit bewusst war, er werde infolgedessen im Falle einer Trennung außer Stande sein, eine Berufstätigkeit aufzunehmen und seinen Unterhalt selbst zu verdienen.[177] An der **Mutwilligkeit fehlt es**, wenn es dem Berechtigten während des gesamten maßgebenden Zeitraums wegen seiner Charakterschwäche nicht möglich war, seinem Alkoholmissbrauch entgegenzusteuern und Therapiemaßnahmen anzugehen.[178] Nicht ausreichend ist schon, dass sich der Berechtigte der Gefahren des Konsums von Rauschmitteln bewusst war.[179] **Leichtfertig** handelt aber, wer die ihm als Alkoholiker gebotene Möglichkeit einer Entziehungsbehandlung deshalb ungenutzt gelassen hat, weil er der Meinung war, er könne seinen Zustand auch ohne eine solche Maßnahme bessern und seine Erwerbsfähigkeit wiedererlangen.[180] Allerdings kann auch bei Annahme einer schicksalhaften Alkoholerkrankung Verwirkung angenommen werden, wenn aus Gründen nachehelicher Solidarität eine Belastung der unterhaltpflichtigen Person mit dem Unterhalt nicht gerechtfertigt ist.[181] Generell gilt, dass sich ein Alkoholkranker einer ärztlichen Behandlung zu unterziehen hat, um seine unterhaltsrechtliche Bedürftigkeit zu beseitigen.[182] Entsprechendes gilt für eine **psychisch bedingte Erwerbsunfähigkeit,** insbesondere aufgrund einer neurotischen Depression (zB Unterhaltsneurose). Der Berechtigte handelt mutwillig, wenn er eine erfolgversprechende Therapie ablehnt, obgleich er über die erforderliche Einsichts- und Steuerungsfähigkeit verfügt.[183] Die Therapie muss allerdings **zumutbar** sein, dh verhältnismäßig ungefährlich, schmerzarm und erfolgversprechend. Die Ablehnung der Einnahme von Medikamenten, die mit starken Nebenwirkungen verbunden sind, muss nicht mutwillig sein.[184] Ein Verhalten, das in Bezug auf die Erwerbsfähigkeit zumindest als leichtfertig anzusehen ist, reicht zur Feststellung der Mutwilligkeit

---

172 BGH FamRZ 1987, 684 (686).
173 BGH FamRZ 2003, 848 (853).
174 Wendl/Dose/Siebert, § 4 Rn. 1396.
175 BGH FamRZ 2001, 541; 1981, 1042 Rn. 17 ff.
176 BGH FamRZ 1981, 1042 (1045); OLG Naumburg FamRZ 2007, 472; KG FamRZ 2001, 1617 f.
177 BGH FamRZ 1988, 375 (377); 1981, 1042 (1044 f.).
178 OLG Bamberg FamRZ 1998, 370.
179 BGH FamRZ 2000, 815.
180 BGH FamRZ 1981, 1042 (1045).
181 OLG Bremen FamRZ 2009, 1912.
182 OLG Brandenburg FamRZ 2007, 72.
183 OLG Hamm NJW-RR 2003, 510; OLG Hamm FamRZ 1999, 237; OLG Hamburg FamRZ 1982, 702.
184 OLG Hamm FamRZ 1996, 863 (864).

iSd des § 1579 Nr. 4 aus.[185] Bei Erwerbsunfähigkeit in Folge eines fehlgeschlagenen **Selbsttötungsversuchs** kommt es darauf an, ob der Bedürftige die nötige Einsichtsfähigkeit gehabt hat, um die möglichen Folgen seines Tuns, insbesondere den Eintritt der Unterhaltsbedürftigkeit vorauszusehen und nach dieser Einsicht zu handeln.[186] Inwieweit dem Berechtigten die Einsichts- und Steuerungsfähigkeit gefehlt hat, wird sich regelmäßig nur mit **sachverständiger Hilfe** klären lassen,[187] es sei denn, die Beurteilung lässt sich auf eine tatsächliche Lebenserfahrung stützen.[188]

33 **ee) Schwangerschaft ohne Einwilligung des Ehemannes.** Die Verwirklichung eines **Kinderwunsches** ohne Einverständnis des Ehegatten (zB durch Absetzen der Pille, durch eine **in-vitro-Fertilisation** nach Widerruf der Zustimmung des Ehegatten) und der damit verbundenen Unterhaltsbedürftigkeit als Folge der Schwangerschaft und der Betreuung des Kindes kann nicht als leichtfertiges Verhalten angesehen werden.[189]

34 **ff) Unterlassen eines Rechtsstreits.** Die Unterlassung eines Rechtsstreits zur Erlangung eines Verdienstausfallschadens im Zusammenhang mit einem Verkehrsunfall kann wegen des Kostenrisikos, ggf. wegen einer damit verbundenen psychischen Belastung nicht als mutwillig iSd Nr. 4 angesehen werden.[190]

35 **5. Mutwillige Verletzung von Vermögensinteressen des Verpflichteten (Nr. 5). a) Grundsätze. Objektiv** muss es sich um die Verletzung **schwerwiegender**[191] Vermögensinteressen handeln, wobei auch eine **Vermögensgefährdung** ausreicht (allgM). Zu den Vermögensinteressen gehören auch **Einkommensinteressen** (zB Steuerersparnis durch gemeinsame Veranlagung).[192] Vermögensinteressen des Pflichtigen sind verletzt, wenn der Berechtigte eine erhebliche Steigerung seines unterhaltsrelevanten Einkommens seit Abschluss eines Unterhaltsvergleichs nicht mitteilt[193] (→ Rn. 23, 40). Ein unterhaltsbezogenes Handeln ist nicht erforderlich.[194] **Subjektiv** muss **Mutwilligkeit** vorliegen; insoweit gelten die Ausführung unter → Rn. 27. Ist der Berechtigte **schuldunfähig**, kommt eine Verwirkung nach Nr. 8 in Betracht. Eine **zeitliche Begrenzung** kennt die Vorschrift nicht, so dass auch Jahre nach der Scheidung die Verwirkung greifen kann. Eine Verwirkung kann aber immer nur **für die Zukunft eintreten**, das Fehlverhalten des Berechtigten lässt bereits entstandene Unterhaltsansprüche unberührt (→ Rn. 22).

36 **b) Einzelfälle. aa) Anschwärzen beim Arbeitgeber.** Anschwärzen des Verpflichteten bei seinem Arbeitgeber bzw. Dienstherrn mit der Gefahr des Arbeitsplatzverlustes oder sonstiger negativer Auswirkungen für das Beschäftigungsverhältnis, zB wegen angeblichen Betrugs, Schwarzarbeit,[195] Diebstahls oder Unter-

---

185 OLG Köln FamFR 2012, 205.
186 BGH FamRZ 1989, 1054 (1056); OLG Köln FamRZ 1992, 1311.
187 BGH FamRZ 1981, 1042 (1045).
188 BGH FamRZ 1989, 1054 (1056 f.).
189 BGH FamRZ 2001, 541 (544).
190 BGH FamRZ 1988, 1031 (1032 f.).
191 OLG Brandenburg NZFam 2016, 983.
192 OLG Celle FamRZ 1994, 1324; OLG Koblenz FF 2009, 83; vgl. auch OLG Hamm FamRZ 2002, 242.
193 BGH FamRZ 2008, 1325 (1327 f.).
194 Häberle FamRZ 1986, 312; JH/Hammermann § 1579 Rn. 44.
195 AG Ludwigslust FamRZ 2010, 2079.

schlagung zum Nachteil der Firma,[196] angeblicher Gefährdung Auszubildender durch sexuelle Übergriffe,[197] Mitteilung von Verstößen gegen die Einhaltung der Arbeitszeit,[198] negative Aussage in einem Disziplinarverfahren gegen den Verpflichteten, ohne von der Möglichkeit der Aussageverweigerung Gebrauch zu machen.[199] Auch wenn es dem Berechtigten nicht verwehrt ist, seine eigenen Ansprüche notfalls im Wege der Vollstreckung durchzusetzen, hat er jedoch im Interesse der nachehelichen Solidarität alles zu unterlassen, was zur Durchsetzung eigener Ansprüche nicht erforderlich ist, wenn es den Verpflichteten nachhaltig schädigen und ihm dadurch die Erfüllung seiner Unterhaltpflicht erschweren oder unmöglich machen kann.[200] Zu eng erscheint die Auffassung des OLG Brandenburg, die Mitteilung an den Arbeitgeber, der Ehegatte unterhalte eine ehewidrige Beziehung zu einem Arbeitskollegen, weswegen um Versetzung in eine andere Abteilung gebeten werde, soll Verwirkung nicht begründen können, weil dies bei noch nicht vollzogener Trennung der Ehegatten der Wahrnehmung berechtigter Interessen diene und keine mutwillige Gefährdung der Vermögensinteressen darstelle.[201]

bb) Anschwärzen beim Finanzamt. Auch unberechtigtes Anschwärzen beim Finanzamt kann zur Verwirkung des Unterhaltsanspruchs führen, selbst dann, wenn der Vorwurf nicht unberechtigt, der Verstoß aber so geringfügig ist, dass es zur Einstellung des Steuerstrafverfahrens kommt.[202] Anders kann allerdings zu urteilen sein, wenn es zu Steuerstrafverfahren kommt (→ Rn. 38). 37

cc) Strafanzeigen. Strafanzeigen können unter Nr. 5 fallen, wenn sie wissentlich falsch oder fahrlässig erstattet werden und die Vermögensinteressen der Verpflichteten tangieren, etwa aufgrund einer mit der Minderung des Ansehens in der Öffentlichkeit nicht auszuschließenden Einwirkung auf die Kreditwürdigkeit oder wegen einer möglichen einschneidenden Bestrafung.[203] Dazu zählt auch die leichtfertige Erstattung einer **Strafanzeige wegen Steuerhinterziehung**, wenn dadurch schwerwiegende Einkommens- oder Vermögensinteressen des Verpflichteten gefährdet werden.[204] An der Mutwilligkeit kann es jedoch fehlen, wenn der Verpflichtete in einem Unterhalts- oder Zugewinnausgleichsverfahren nichtversteuerte Einkünfte oder Vermögen verschweigt (**Schwarzgeld**). Auch eine **begründete Strafanzeige** kann Grundlage für eine Verwirkung sein, wenn der Berechtigte mit dem durch die Straftat verletzten Rechtsgut in keinerlei Beziehung steht und damit kein persönliches Interesse an der Strafverfolgung haben kann; die eheliche Solidarität gebietet es, sich nicht zum denunzierenden Verfolger aufzuspielen.[205] Eine Strafanzeige ist jedoch dann nicht mutwillig, wenn sie in **Wahrung berechtigter Interessen** erfolgt.[206] Das wird regelmäßig bei einer Anzeige wegen Unterhaltspflichtverletzung (§ 170 b StGB) der Fall sein, wenn der 38

196 OLG Karlsruhe FamRZ 1998, 746 (747); OLG Zweibrücken FamRZ 1989, 63.
197 OLG Zweibrücken FamRZ 1989, 63.
198 OLG Hamm FamRZ 1987, 946 (947).
199 OLG Köln FamRZ 1995, 1580 (1581 f.).
200 OLG Düsseldorf FamRZ 1996, 1418 (1419 f.).
201 OLG Brandenburg FamRZ 2011, 226.
202 KG 7.1.2011 – 18 UF 234/07.
203 OLG Schleswig FamRZ 2013, 1132; OLG Koblenz FamRZ 1997, 1338 (1339); 1991, 1312 (1313); OLG Zweibrücken FamRZ 1989, 63.
204 OLG Köln NJWE-FER 1999, 107.
205 OLG Zweibrücken FamRZ 2000, 1371 (Ls.).
206 Vgl. BGH FamRZ 2002, 23 (25).

Verpflichtete trotz Mahnung nicht leistet[207] oder bei einer Anzeige wegen falscher eidesstattlicher Versicherung im Zusammenhang mit der Geltendmachung oder Vollstreckung von Unterhaltsansprüchen,[208] wegen der allgemeinen Gefährdung auch bei einer Mitteilung an die Polizei, dass der Verpflichtete unter erheblichem Alkoholeinfluss mit einem Kfz unterwegs sei.[209]

39 **dd) Verletzung der Informationsverpflichtung.** Die Verletzung einer Informationspflicht kann auch nach Nr. 5 zur Verwirkung führen, wenn in einem Unterhaltsvergleich eine Informationspflicht über erhöhtes Einkommen festgeschrieben ist und diese Verpflichtung verletzt wird.[210] Bei einer Verletzung der **Pflicht zur ungefragten Information** (→ § 1605 Rn. 10 f.) kann Verwirkung angenommen werden, wenn sich die unterlassene Information auf die Höhe des Unterhalts ausgewirkt hätte.[211]

40 **ee) Konkurrenzen.** Ein **betrügerisches Verhalten,** insbesondere durch Verschweigen von Einkünften oder anderer für die Bemessung des Unterhalts wesentlicher Umstände[212] kann sowohl als Verstoß gegen Nr. 3 als auch gegen Nr. 5 angesehen werden.[213] Entsprechendes gilt auch für **andere Vermögensstraftaten,** wie Diebstahl oder Unterschlagung zum Nachteil des Verpflichteten.[214]

41 **6. Gröbliche Verletzung der Unterhaltspflicht vor Trennung (Nr. 6).** Die Vorschrift betrifft allein eine Verletzung der Verpflichtung zur Leistung von **Familienunterhalt.** Unterhaltspflichtverletzungen nach Trennung können unter Nr. 3 oder Nr. 7 bzw. 8 fallen. Der Verstoß kann darin bestehen, dass der Berechtigte trotz Einkommens kein Haushaltsgeld zur Verfügung gestellt hat, dass er den Arbeitslohn regelmäßig vertrunken oder verspielt[215] oder als haushaltsführender Ehegatte den Haushalt und die Versorgung der Kinder vernachlässigt hat. Die Verletzung der Unterhaltspflicht muss **gröblich** sein, was idR der Fall sein wird, wenn die Verletzung zu einer Notlage der Familie geführt hat.[216] Voraussetzung ist weiter ein **schuldhaftes,** dh vorsätzliches oder fahrlässiges **Verhalten** des Berechtigten. Das Tatbestandsmerkmal „**längere Zeit hindurch**" wird ab einer Dauer von einem Jahr erfüllt sein.[217]

42 **7. Offensichtlich schwerwiegendes einseitiges Fehlverhalten (Nr. 7). a) Grundsätze. aa) Grobe Pflichtwidrigkeit gegenüber dem Verpflichteten.** Die Vorschrift erfasst ein offensichtlich schwerwiegendes eindeutig allein beim Berechtigten liegendes einseitiges Fehlverhalten.[218] Im Hinblick auf die Abkehr vom Verschuldensprinzip im Unterhaltsrecht reichen Eheverfehlungen durchschnittlicher Schwere nicht aus.[219] Es muss sich unter Würdigung aller **Umstände des Einzelfalles** um eine grobe Pflichtwidrigkeit oder **Verantwortungslosigkeit** handeln.

---

207 OLG Stuttgart FamRZ 1979, 40.
208 BGH FamRZ 2002, 23 (25).
209 OLG Bamberg FamRZ 1987, 1264 (1265).
210 OLG Koblenz FamRZ 2016, 66; AG Warburg 28.1.2015 – 13 F 28/16.
211 OLG Koblenz FamRZ 1997, 371; 1997, 1338; OLG Schleswig FamRZ 1996, 221.
212 OLG Schleswig FamRZ 1996, 221.
213 BGH FamRZ 1990, 1095 (1096).
214 OLG Hamm FamRZ 1994, 168.
215 OLG Bamberg FamRZ 1998, 370 (371).
216 JH/Hammermann § 1579 Rn. 49.
217 JH/Hammermann § 1579 Rn. 50; Niepmann/Schwamb Rn. 1136; Häberle FamRZ 1986, 311.
218 BGH FamRZ 2001, 1693 (1694).
219 BGH FamRZ 1981, 752 (753).

Nicht jeder Verstoß gegen die **eheliche Treuepflicht** stellt einen Verwirkungsgrund dar, vielmehr müssen weitere Anhaltspunkte, wie zB die öffentliche Prä-
sentation der Fremdbeziehung hinzutreten, um eine Verwirkung anzunehmen.[220]
Notwendig ist ein **schuldhaftes Verhalten**.[221] Eine verminderte Schuldfähigkeit
kann sowohl bei dem Tatbestandsmerkmal „schwerwiegend" als auch bei der
umfassenden Billigkeitsprüfung berücksichtigt werden. Der Verstoß muss sich
gegen den Verpflichteten richten. Ein Fehlverhalten gegen dessen Angehörige
reicht nicht aus, es sei denn, das Verhalten des Berechtigten stellt mittelbar auch
ein schweres Fehlverhalten gegenüber dem Verpflichteten dar.[222]

bb) Zeitliche Grenze. Die Vorschrift enthält keine zeitliche Grenze. **Vor der**   43
Scheidung kommen vor allem schwerwiegende Verstöße gegen die eheliche
Treuepflicht und Solidarität in Betracht, **nach der Scheidung**, mit der die Pflicht
zur ehelichen Treue endet, vor allem Verstöße gegen die Verpflichtung zur nachehelichen Solidarität, zB gegen das Gebot eines fairen menschlichen Umgangs
und der Rücksichtnahme auf beiderseitige persönliche und wirtschaftliche Interessen. Ein **voreheliches Verhalten** fällt nur unter die Vorschrift, wenn es sich auf
die ehelichen Lebensverhältnisse auswirkt, zB die spätere Feststellung der Nicht-
ehelichkeit eines untergeschobenen Kindes.[223] Ansonsten ist aber zu beachten,
dass Sachverhalte, die eine Eheaufhebung nach § 1314 begründen – auch nach
Versäumung eines fristgerechten Aufhebungsantrags gem. § 1317 – von Nr. 7
nicht erfasst werden, da die Eheaufhebung als speziellere Regelung vorgeht.[224]

cc) Einseitigkeit des Fehlverhaltens. Ein **eindeutig beim Berechtigten** liegendes   44
Fehlverhalten setzt voraus, dass das Übergewicht des pflichtwidrigen Verhaltens
ganz eindeutig auf seiner Seite liegen muss.[225] Die Ehe muss bis dahin nicht notwendig frei von Problemen und Spannungen gewesen sein.[226] Sie muss aber im
Wesentlichen noch „intakt" gewesen sein[227] (Schlagwort: „Ausbruch aus intakter Ehe"). **Gegenvorwürfe von einigem Gewicht** können dem Fehlverhalten den
Charakter der Einseitigkeit nehmen.[228] Da der **Verpflichtete** die **Darlegungs-
und Beweislast** für die tatsächlichen Voraussetzungen des Ausschließungsgrun-
des trägt, hat er die Gegenvorwürfe auszuräumen.[229] Das Vorbringen des Berechtigten muss aber insoweit ausreichend substantiiert sein. Allgemeine Behauptungen, wie etwa „hat selbst gegen die eheliche Treuepflicht verstoßen",
reichen nicht aus, notwendig ist eine konkrete Schilderung bestimmter Vorkommnisse.[230] An die Führung des dem Verpflichteten dann obliegenden **Nega-
tivbeweises** dürfen keine übertriebenen Anforderungen gestellt werden (→ Rn.
60).[231] An der Einseitigkeit fehlt es, wenn der **Verpflichtete selbst ehewidrige Beziehungen** zu einem Dritten aufgenommen und sich von der Ehe losgesagt

---

220   OLG Brandenburg 10.11.2015 – 10 UF 210/14; OLG Brandenburg FamRB 2011, 168.
221   Vgl. BGH FamRZ 1989, 1279 (1280).
222   JH/Hammermann § 1579 Rn. 52; Wendl/Dose/Siebert § 4 Rn. 1344.
223   JH/Hammermann § 1579 Rn. 54.
224   JH/Hammermann § 1579 Rn. 54.
225   OLG Koblenz FamRZ 2000, 1371.
226   OLG Hamm FamRZ 2001, 1611.
227   Vgl. BGH FamRZ 1989, 487 (489); OLG Frankfurt/M. FamRZ 2007, 1169 (1171);
      OLG Hamm FamRZ 2006, 1538 (1539).
228   BGH FamRZ 1983, 670 (671); 1982, 463 (464).
229   BGH FamRZ 1991, 671 (672); 1983, 670 (671); 1982, 463 (464); OLG Hamm
      FamRZ 2002, 753 (754).
230   BGH FamRZ 1983, 670 (671); 1982, 463 (464).
231   BGH FamRZ 1982, 463 (464).

hat.[232] Nach dem Bundesgerichtshof[233] müssen diese Beziehungen aber dem Fehlverhalten des Berechtigten den Boden bereitet haben. Werden sie erst aufgenommen, nachdem die intimen Beziehungen des Berechtigten bereits seit längerem bestanden, können sie dessen Abkehr von der Ehe nicht beeinflusst haben. Das eigene ehewidrige Verhalten des Verpflichteten ist dann aber bei der umfassenden Billigkeitsprüfung zu würdigen, vor allem, wenn aus diesem geschlossen werden kann, dass seine ehelichen Gefühle bereits zum Zeitpunkt der Abkehr des Berechtigten von der Ehe erkaltet waren und er von dessen Fehlverhalten nicht mehr wesentlich betroffen wurde. Als Verfehlung des Verpflichteten von ausreichendem Gewicht können auch **massive körperliche Gewalttätigkeiten** gegen den Berechtigten[234] und **häufige Trunkenheit**[235] angesehen werden. **Nicht ausreichend** sind beleidigende oder herabsetzende Äußerungen im Zuge der ehelichen Auseinandersetzungen[236] sowie krankheitsbedingte und damit nicht auf Verschulden beruhende Verhaltensauffälligkeiten.[237] Eine Abkehr von den ehelichen Beziehungen durch den Verpflichteten liegt vor, wenn er jahrelang **sexuelle Kontakte** nicht mehr zugelassen hat.[238] Bei der Beurteilung ehewidriger sexueller Kontakte im Rahmen von § 1579 Nr. 7 ist ein sich wandelndes Eheverständnis zu berücksichtigen. Die Rechtsprechung aus den achtziger Jahren ist insoweit nur noch bedingt belastbar, soweit ehewidrige sexuelle Kontakte auch noch nach der Trennung der Ehegatten zur Verwirkung des Unterhaltsanspruchs führen sollen. Ehe wird in zunehmendem Maße als Lebensform und weniger als Institution begriffen und gelebt, weshalb die Trennung in der Regel als Beendigung der sexuellen Ausschließlichkeit verstanden wird. Nach der Trennung dürften daher sexuelle Beziehungen zu Dritten nur in außergewöhnlichen Fällen unterhaltsrechtlich sanktioniert werden.

45　**b) Typische Fallgruppen. aa) Aufnahme einer intimen Beziehung.** Schwerwiegendes Fehlverhalten liegt regelmäßig vor bei Aufnahme einer nachhaltigen auf Dauer angelegten intimen – auch gleichgeschlechtlichen[239] – Beziehung zu einem Dritten während der Ehe gegen den Willen des Verpflichteten, auch ohne Begründung einer häuslichen Gemeinschaft,[240] auch **nach der Trennung**, solange sich der Verpflichtete von den ehelichen Bindungen noch nicht abgekehrt hat.[241] Allerdings wiegt ein Fehlverhalten vor der Trennung regelmäßig schwerer als nach der Trennung.[242] Ein **einmaliger „Seitensprung"** führt allein noch nicht zur Verwirkung. Die eheliche Treuepflicht endet aber in jedem Fall mit der Scheidung. Ein schwerwiegendes Fehlverhalten liegt erst recht vor, wenn sich der Berechtigte gegen den Willen seines Ehegatten von diesem abwendet und mit einem Dritten eine eheähnliche Gemeinschaft eingeht,[243] auch ohne Einschluss

---

232　BGH FamRZ 1989, 487 (489); 1981, 752 (753).
233　BGH NJW 1986, 722 (723).
234　BGH FamRZ 1989, 487 (489); OLG Brandenburg NZFam 2015, 1013.
235　BGH FamRZ 1982, 463 (464).
236　BGH NJW 1986, 722 (723).
237　BGH FamRZ 1989, 1279.
238　KG FamRZ 1992, 571 (572).
239　BGH FamRZ 2008, 1414 ff.
240　BGH FamRZ 1989, 1279 (1280); 1983, 569 (571); 1983, 142 (143).
241　BGH FamRZ 2008, 1414 (1417); 1989, 1279 (1280).
242　OLG Hamm FamRZ 1997, 1484.
243　BGH FamRZ 1989, 487 (489); 1984, 154 (155); 1984, 662 (664); KG FamRZ 1989, 868 (869).

einer sexuellen Beziehung.[244] Dauert das Verhältnis auch **nach der Scheidung** an, wird regelmäßig auch der **nacheheliche Unterhaltsanspruch** davon betroffen sein.[245] Ausreichend ist auch die Aufnahme kurzer intimer Beziehungen zu wechselnden Partnern.[246] **Ein Fehlverhalten** liegt aber **nicht** vor, wenn sich die Ehegatten einvernehmlich getrennt haben und der Berechtigte erst Monate danach eine Beziehung eingegangen ist.[247] Gleiches gilt, wenn die Eheleute ihre Ehe bereits zuvor als gescheitert angesehen haben[248] oder der Verpflichtete zuvor als erster Scheidungsabsichten geäußert und die Trennung gewünscht hat,[249] unter Umständen auch bei bereits vorliegenden **massiven Beziehungsstörungen**.[250]

bb) Vereitelung des Umgangsrechts. Eine fortgesetzte massive und schuldhafte **46** **Vereitelung des Umgangsrechts** kann einen Verstoß iSd Nr. 7 darstellen.[251] Das entsprechende Fehlverhalten des Berechtigten muss aber hinreichend konkretisiert sein, pauschale Vorwürfe reichen nicht aus.[252] Auch hat der Verpflichtete alle zumutbaren Anstrengungen zu unternehmen, um die Änderung einer ablehnenden Haltung eines Kindes herbeizuführen, vor allem, wenn die Ablehnung möglicherweise auch auf dem Verhalten des Verpflichteten beruht.[253] Bloße Schwierigkeiten bei der Ausübung des – tatsächlich gewährten Umgangsrechts – genügen nicht,[254] etwa bei Auswanderung des Sorgeberechtigten mit dem gemeinsamen Kind.[255] Die Verwirkung ist aber regelmäßig auf die Dauer der Umgangsvereitelung beschränkt (→ Rn. 58).[256]

cc) Unterschieben eines Kindes. Das Unterschieben eines Kindes, zumindest mit **47** bedingtem Vorsatz, kann zur Verwirkung führen,[257] allerdings muss die fehlende Vaterschaft idR festgestellt sein,[258] ebenso das Abhalten von der rechtzeitigen Anfechtung der Ehelichkeit des Kindes wegen der Zusicherung, nicht für das Kind aufkommen zu müssen.[259]

dd) Sonstige Fälle. Weitere Fälle eines schwerwiegenden Fehlverhaltens sind in **48** der Rechtsprechung angenommen worden: Gewerbsmäßige Ausübung von Telefonsex ohne Willen des Ehepartners,[260] Aufnahme der Prostitution,[261] Vernichtung wertvoller persönlicher Gegenstände des Pflichtigen,[262] Mitwirkung an der

---

244 OLG Celle FamRZ 1999, 508 (509).
245 BGH FamRZ 1991, 670 (672); 1989, 487 (489); 1984, 662 (664); 1984, 154 (155).
246 BGH FamRZ 1983, 670 (671).
247 BGH FamRZ 1981, 1042 (1043).
248 OLG Hamm FamRZ 1996, 1080 (1081).
249 BGH FamRZ 1981, 752 (753).
250 OLG Koblenz FamRZ 2000, 1370 (1371).
251 BGH FamRZ 2007, 882 (887); OLG München FamRZ 2006, 1605 (1606); OLG Schleswig FamRZ 2003, 688; OLG München FamRZ 1998, 750 (751); JH/Hammermann § 1579 Rn. 57; Wendl/Dose/Siebert § 4 Rn. 1365; Niepmann/Schwamb Rn. 1154.
252 BGH FamRZ 2007, 882 (887).
253 BGH FamRZ 2007, 882 (887).
254 BGH FamRZ 2007, 193 (195); OLG Schleswig OLGReport 2005, 695.
255 BGH FamRZ 1987, 356 (357 f.).
256 OLG München FamRZ 1998, 750 (751); OLG Nürnberg FamRZ 1997, 614 (615).
257 OLG Hamm FamRZ 2015, 2067.
258 OLG Köln FamRZ 2003, 1751.
259 BGH FamRZ 1985, 51 (52).
260 OLG Karlsruhe FamRZ 1995, 1488 (1489).
261 OLG Hamm FamRZ 2002, 753 (754).
262 OLG Oldenburg FamRZ 2002, 243.

Veröffentlichung „reißerischer" Artikel über den Pflichtigen in der Presse;[263] Strafanzeige wegen Kindesmissbrauchs, die aber in berechtigter Wahrnehmung der Interessen des Kindes erfolgen kann,[264] Veröffentlichung sexueller Vorlieben auf einschlägiger Internetseite während Bestehens der ehelichen Lebensgemeinschaft,[265] mangelhafte Bemühungen zur Bekämpfung des Übergewichts um einer Erwerbstätigkeit nachgehen zu können.[266] Auch Tätlichkeiten und derbe Beleidigungen der berechtigten gegenüber der pflichtigen Person fallen unter den Anwendungsbereich von Nr. 7.[267]

49 **8. Ebenso schwerer Grund (Nr. 8). a) Allgemeines.** Die Vorschrift erfasst als **Auffangregelung** alle sonstigen Fälle, in denen die Inanspruchnahme des Verpflichteten **objektiv unzumutbar** erscheint.[268] Ein schuldhaftes Verhalten des Berechtigten ist nicht erforderlich. Liegt ein Härtegrund iSd Nr. 1–7 nicht vor, weil es an einem dort genannten Tatbestandsmerkmal fehlt, kann der gleiche Sachverhalt nicht nochmals als „anderer Grund" nach Nr. 8 berücksichtigt werden (**Verbot der Doppelverwertung**).[269] Das gilt nicht, wenn **weitere Umstände hinzutreten**, zB bei einer nicht mehr kurzen Ehedauer iSv Nr. 1, aber einem tatsächlichen Zusammenleben von nur wenigen Monaten,[270] für den Fall des Trennungsunterhalts (bei dem Nr. 1 nicht gilt), wenn die Eheleute nie zusammengelebt und der Berechtigte zur Aufnahme einer Ehegemeinschaft auch nicht bereit war[271] oder bei einer schweren Straftat im Zustand der Schuldunfähigkeit.[272]

50 **b) Fälle im Zusammenhang mit einer neuen Partnerschaft.** Der frühere Hauptanwendungsfall der Vorschrift (Nr. 7 aF) – die verfestigte Lebensgemeinschaft mit einem neuen Partner, die nicht als ein schwerwiegendes Fehlverhalten iSd Nr. 7 (Nr. 6 aF) angesehen werden kann – ist nunmehr gesondert unter Nr. 2 geregelt

51 **c) Sonstige Fälle.** Eine objektive Unzumutbarkeit kann vorliegen, wenn die Ehe zwar nicht mehr kurz, aber das **tatsächliche Zusammenleben** der Eheleute nur wenige Monate gedauert hat und sie ihre Lebensdispositionen noch nicht aufeinander einstellen konnten,[273] ebenso wenn von Anfang an **kein Zusammenleben stattgefunden** hat und auch nicht beabsichtigt war.[274] Ein Härtegrund kann auch vorliegen, wenn der Berechtigte seine **Erwerbsunfähigkeit selbst verursacht** hat, etwa durch Medikamentenmissbrauch, aber ein mutwilliges Herbeiführen der Bedürftigkeit iSv Nr. 4, zB wegen einer Persönlichkeitsstörung, nicht nachgewiesen werden kann[275] ebenso wenn der Verpflichtete von der **rechtzeitigen Anfechtung der Ehelichkeit** des Kindes durch den Berechtigten abgehalten wur-

---

263 OLG Bremen FamRZ 2010, 1677 f.
264 OLG Celle FamRZ 2008, 1627 (1629).
265 OLG Oldenburg FamRZ 2010, 904.
266 OLG Frankfurt/M. FamRZ 2001, 624 (konkret allerdings verneint).
267 OLG Brandenburg NZFam 2015, 1013.
268 BGH FamRZ 1995, 1405; 1994, 558; 1988, 930.
269 BGH FamRZ 1987, 572 (575); 1995, 1405.
270 BGH FamRZ 1988, 930.
271 BGH FamRZ 1994, 558.
272 OLG Schleswig FamRZ 2000, 1375: versuchter Totschlag mit schweren psychischen Störungen für den Verpflichteten.
273 BGH FamRZ 1988, 930 (931).
274 BGH FamRZ 1994, 558; OLG Celle FamRZ 2006, 703.
275 BGH FamRZ 1988, 927 (928).

de.[276] Der **Trennungsunterhaltsanspruch** kann bei einer 10-jährigen Trennungszeit nach Nr. 8 als verwirkt angesehen werden.[277]

d) Kein Härtegrund. Der Umstand einer zum Zeitpunkt der Eheschließung **unerkannten Erkrankung** des Berechtigten und die daraus folgende Unterhaltslast für den Verpflichteten rechtfertigt allein noch keine Versagung oder Beschränkung des Unterhalts.[278] Eine objektive Unzumutbarkeit ist nicht gegeben, wenn die neue Familie des Unterhaltsschuldners bei Erfüllung des Unterhaltsanspruchs des gleichrangigen geschiedenen Ehegatten **unterhalb der „Sozialhilfeschwelle"** leben muss, da sonst die Rangfolgenregelung übergangen würde.[279]

III. Grobe Unbilligkeit als zusätzliche Voraussetzung für die Verwirkung

1. Allgemeines. Sind die Voraussetzungen eines Härtetatbestandes (ohne Billigkeitsprüfung) gegeben, ist **zusätzlich** zu prüfen, inwieweit die Inanspruchnahme des Verpflichteten grob unbillig wäre, dh die **Grenzen des Zumutbaren** überschreitet.[280] Erforderlich ist eine **umfassende Gesamtabwägung** aller maßgebenden Billigkeitsgesichtspunkte. Im Wesentlichen ist das Interesse des Berechtigten an der Unterhaltsleistung gegen das Interesse des Verpflichteten an der finanziellen Entlastung abzuwägen. Dies ist Sache des Tatrichters, dessen Beurteilung nur auf Rechtsfehler hin überprüft werden kann.[281] Eine Billigkeitsprüfung setzt in aller Regel voraus, dass zunächst festgestellt wird, in welchem Umfang überhaupt ein Unterhaltsanspruch gegeben ist.[282]

2. Einzelne Gesichtspunkte

- **Dauer der Ehe** und das damit verbundene Maß der Verflechtung der Lebensverhältnisse beider Ehegatten und der Grad der wirtschaftlichen Abhängigkeit des bedürftigen Ehegatten,[283]
- das **Zustandekommen und der Verlauf der Ehe,**[284]
- die **Zahl** der aus der Ehe hervorgegangenen **Kinder,**[285]
- **persönliche Verhältnisse** der Ehegatten wie Alter und Gesundheit,[286]
- das **Maß der Belastung** des Verpflichteten durch die Unterhaltszahlung, insbesondere in Hinblick auf seine Einkommensverhältnisse,[287]
- **doppelte Belastung** des Verpflichteten durch Bar- und Betreuungsunterhalt für gemeinsame Kinder bei beengten finanziellen Verhältnissen,[288]
- die **wirtschaftlichen Auswirkungen** einer Unterhaltskürzung auf die Lebensverhältnisse des Berechtigten,[289]

---

276 BGH FamRZ 1985, 51 (52 f.).
277 OLG Bamberg FamRZ 2014, 1707 Rn. 15; OLG Frankfurt/M. FamRZ 2004, 1574.
278 BGH FamRZ 1995, 1405 (1407); 1994, 566 f.; zu den denkbaren Ausnahmen vgl. OLG Brandenburg FamRZ 1996, 866 f.
279 BGH FamRZ 1996, 1272 f.; zu der nunmehr geltenden Rangfolge vgl. aber § 1609 nF.
280 BGH FamRZ 1999, 710 (711); BVerfG FamRZ 1992, 1283 (1284); BGH FamRZ 1984, 986 (987); 1983, 670 (672); 1982, 582 (583).
281 BGH FamRZ 1988, 930 (933).
282 OLG Hamm FamRZ 2005, 212 (213).
283 BGH FamRZ 2002, 810 (813); 1986, 443 (444); 1983, 670 (672).
284 BGH FamRZ 1988, 930 (933).
285 BGH FamRZ 1983, 670 (672).
286 BGH FamRZ 1983, 670 (671).
287 BGH FamRZ 1984, 154 (156).
288 BGH FamRZ 1984, 34.
289 BGH FamRZ 2002, 810 (813).

- Möglichkeit des Berechtigten, den Unterhalt durch zumutbare Anstrengungen selbst zu decken, auch wenn ihn an sich noch keine Erwerbsobliegenheit trifft,[290]
- Verdienste des Berechtigten um die Familie, insbesondere bei der Erziehung und Betreuung gemeinsamer Kinder,[291]
- die Verwirklichung des Härtegrundes in besonders krasser Weise.[292]

55   **3. Verzeihung.** Die grobe Unbilligkeit entfällt, wenn der Verpflichtete ausdrücklich oder konkludent dem Berechtigten sein Verhalten verziehen hat.[293] Das gilt idR insbesondere dann, wenn er trotz Kenntnis der maßgebenden, die Verwirkung begründenden Umstände, den Unterhaltsanspruch **anerkannt**[294] oder den Unterhalt über einen **längeren Zeitraum** hinweg weiter bezahlt hat, ohne sich auf die Verwirkung zu berufen.[295] Die Verzeihung, die alle Verwirkungstatbestände betreffen kann,[296] setzt grundsätzlich voraus, dass der Verpflichtete eindeutig zu erkennen gegeben hat, dass er aus dem entsprechenden Verhalten des Berechtigten keine Konsequenzen ziehen will und der Berechtigte darauf vertrauen durfte. Einen solchen **Vertrauensschutz** kann der Berechtigte für sich nicht in Anspruch nehmen, wenn der Verpflichtete nur mit Rücksicht auf die Betreuungsbedürftigkeit eines gemeinsamen Kindes den Unterhalt ungeschmälert weiter bezahlt hat.[297] Das Gleiche gilt, wenn erprobt werden sollte, ob die Ehe noch gerettet werden kann.[298] Die Zahlung von Unterhalt in Kenntnis der Verstöße gegen Anordnungen nach dem GewSchG begründet kein schutzwürdiges Vertrauen auf Weiterzahlung, wenn der Verpflichtete dabei zu Unrecht von der Schuldunfähigkeit oder eingeschränkten Schuldfähigkeit des Berechtigten bei der Tatbegehung ausgegangen ist.[299] Die **Darlegungs- und Beweislast** für die tatsächlichen Umstände, aus denen sich die Verzeihung ergibt, trägt der Berechtigte als eine für ihn günstige Rechtsfolge.

IV. Wahrung der Belange gemeinschaftlicher Kinder

56   Die Wahrung der Kindesbelange hat grundsätzlich **Vorrang** vor den Interessen des Verpflichteten an einer Beschränkung oder dem Fortfall seiner Unterhaltslast.[300] Der Lebensstandard des Kindes soll nicht wegen eines Fehlverhaltens des betreuenden Elternteils absinken, das von ihm nicht zu verantworten ist.[301] Eine Herabsetzung oder Versagung des Unterhalts kommt nur dann in Betracht, wenn die **Versorgung, Betreuung und Erziehung** des gemeinschaftlichen Kindes **gesichert** bleibt. Das ist grundsätzlich der Fall, soweit der Unterhalt das Maß dessen übersteigt, was der betreuende Elternteil – ggf. zusammen mit seinem Er-

---

290   BGH FamRZ 1987, 873 (875).
291   BGH FamRZ 2002, 810 (813).
292   BGH FamRZ 1988, 259 (260); 1984, 154 (156).
293   BGH FamRZ 2003, 521 f. mit Hinweisen auf Rechtsprechung u. Literatur; JH/Hammermann § 1579 Rn. 72.
294   OLG Nürnberg FamRZ 1992, 673.
295   OLG Bremen FamRZ 2010, 1677 f.; OLG Düsseldorf FamRZ 1997, 1159; OLG Hamm FamRZ 1485 (1486); 1994, 704 (705).
296   Nach aM kommt die Verzeihung nur bei verschuldensabhängigen Verwirkungstatbeständen in Betracht; offengelassen in BGH FamRZ 2003, 521 f.
297   BGH FamRZ 2003, 521 (522).
298   JH/Hammermann § 1579 Rn. 71.
299   OLG Bamberg FamRZ 2007, 1465 (Ls.).
300   BGH FamRZ 1998, 541; 1987, 1238.
301   BVerfG FamRZ 1981, 745 (749 ff.).

werbseinkommen – zur Deckung seines **Mindestbedarfs** benötigt oder wenn der Berechtigte die zur Deckung des Mindestbedarfs erforderlichen Mittel von anderer Seite erhalten kann und er daher auf Unterhalt nicht angewiesen ist,[302] etwa weil er in einer neuen Partnerschaft sein Auskommen findet, ohne dass dadurch die Betreuung des Kindes gefährdet wird.[303] Die Belange des Kindes können auch gewahrt sein, wenn seine Pflege und Erziehung in anderer Weise als durch die elterliche Betreuung sichergestellt werden kann,[304] wie etwa bei Betreuung durch die Großeltern oder den neuen Partner, soweit dies mit dem Entwicklungsstand des Kindes vereinbar ist. Jedenfalls in besonders schwerwiegenden Härtefällen wird das Bedürfnis nach eigener Betreuung bei tatsächlicher bestehender Betreuungsmöglichkeit durch Dritte zurücktreten müssen. Ist ein Kindergartenbesuch möglich, wird der Berechtigte seinen Mindestbedarf – zumindest teilweise – durch eigene Erwerbstätigkeit decken können. Die neue Regelung in § 1570 S. 2 wird ohnehin regelmäßig dazu führen, dass mit der Vollendung des dritten Lebensjahres des Kindes zu prüfen ist, ob eine konkrete Betreuungsmöglichkeit vorliegt.[305] Grundsätzlich ist immer zu prüfen, ab wann unter Berücksichtigung der Umstände des Einzelfalls mit einer teilschichtigen Erwerbstätigkeit begonnen bzw. diese ausgeweitet werden muss, ohne dass die Belange des Kindes wesentlich **vernachlässigt** werden.[306] Auch wenn sich der Berechtigte mit dem Mindestunterhalt begnügen muss, steht regelmäßig nicht zu erwarten, dass sich daraus für das Kind besondere Nachteile ergeben.[307] Die Belange des Kindes sind **nicht mehr ausreichend gewahrt**, wenn der Unterhalt nicht das Maß erreicht, was der Berechtigte zur Deckung seines Mindestbedarfs benötigt. Es besteht dann die Gefahr, dass der Berechtigte zu einer Tätigkeit gezwungen ist, die die Betreuung und Erziehung des Kindes erschwert oder zulasten des Kindes Unterhalt für den eigenen Bedarf verbraucht.[308] Ob in **besonders schwerwiegenden Härtefällen** zur Vermeidung untragbarer Ergebnisse für den Verpflichteten die Kindesbelange denen des Verpflichteten auch in weiterem Umfange weichen müssen – also der Mindestunterhalt des Berechtigten nicht mehr gewährleistet sein muss, – ist streitig.[309] Nach dem Bundesgerichtshof[310] soll in **besonders krassen Fällen** eine weitere Herabsetzung des Unterhalts bis zur völligen Versagung in Betracht kommen. Deshalb sei die Prüfung, ob ein solcher Fall vorliegt, nicht schon deshalb entbehrlich, weil der Verpflichtete ohnehin nicht den Mindestunterhalt leisten kann. Das Bundesverfassungsgericht[311] hat in seiner Entscheidung zur Berücksichtigung von Kinderbetreuungszeiten im Rahmen von Nr. 1 darauf hingewiesen, dass sich grundrechtswidrige Ergebnisse weitgehend durch eine Reduzierung des eheangemessenen Unterhalts auf das **zur Kinderbetreuung erforderliche Maß** vermeiden lassen. Ob abweichend davon auch ein gänzlicher Unterhaltsausschluss in Betracht kommt, erscheint deshalb fraglich.

---

302 BGH FamRZ 1997, 671 (672).
303 BGH FamRZ 1984, 356 (357); 1984, 154 (156).
304 BGH FamRZ 1997, 671 (672).
305 OLG Bremen FamRZ 2007, 1465 (1466 f.).
306 BGH FamRZ 1997, 671 (672).
307 Vgl. BGH FamRZ 1987, 1238 (1239).
308 BGH FamRZ 1998, 541; 1984, 986 (988).
309 Zum Streitstand vgl. BGH FamRZ 1998, 541 (542).
310 BGH FamRZ 1998, 541 (542).
311 BVerfG FamRZ 1989, 941 (943).

Der Berechtigte kann nicht auf **Sozialhilfe** verwiesen werden, da diese als subsidiäre Leistung die Belange des Kindes nicht wahrt.[312] **Erziehungsgeld** ist gem. § 9 S. 2 BErzGG im Rahmen des § 1579 auf den Bedarf des Berechtigten anzurechnen,[313] nicht aber dagegen der **Kindergeldanteil.**[314] Entsprechendes gilt gem. § 11 S. 4 BEEG für das **Elterngeld** (→ Vor § 1360 Rn. 103).

V. Rechtsfolgen der Verwirkung

57 In Betracht kommt eine **Herabsetzung des Unterhalts,** auch in Stufen, eine zeitliche Begrenzung und eine sofortige dauerhafte vollständige Versagung des Unterhalts; auch eine zunächst uneingeschränkte Gewährung, anschließende Herabsetzung und schließlich gänzliche Versagung des Unterhalts ist möglich. Entscheidend für die Wahl der Rechtsfolge ist das Ausmaß der groben Unbilligkeit, dh inwieweit die Inanspruchnahme des Verpflichteten die Grenzen des Zumutbaren überschreitet. Es gelten daher im Wesentlichen die Ausführungen unter → Rn. 53 f. Die Wahl der Rechtsfolgen unterliegt der tatrichterlichen Beurteilung.[315] Lebt die unterhaltsberechtigte Person in einer verfestigten Lebensgemeinschaft ist die Versagung des Unterhaltsanspruchs jedoch die Regel.[316] Anders als in der Praxis häufig geltend gemacht, wird bei der **Betreuung eines gemeinschaftlichen Kindes** durch den Berechtigten (→ Rn. 56) und bei **überdurchschnittlich guten wirtschaftlichen Verhältnissen** des Verpflichteten die volle Versagung des Unterhalts nur in Ausnahmefällen in Betracht kommen. Das Gleiche gilt für den Fall, dass der Berechtigte trotz verschärfter Anforderungen an seine Erwerbsbemühungen nicht in der Lage ist, sich die Mittel zur Deckung seines Mindestbedarfs zu beschaffen. Auf die **Sozialhilfe** als subsidiäre Leistung kann der Berechtigte nicht verwiesen werden.[317] Zur Anrechnung von Erziehungsgeld oder **Elterngeld** auf Seiten des Berechtigten vgl. § 9 S. 2 BErzGG bzw. § 11 S. 4 BEEG und → Vor § 1360 Rn. 103. In all diesen Fällen kann die Gewährung des Unterhalts zumindest im **Umfange des notwendigen Unterhalts**[318] regelmäßig nicht als grob unbillig angesehen werden. Bei der Betreuung eines gemeinsamen Kindes wird eine **zeitliche Begrenzung** des Unterhalts nur dann in Betracht kommen, wenn sich das Ende der Betreuungsbedürftigkeit und die Möglichkeit einer ausreichenden Erwerbstätigkeit sicher vorhersehen lassen.[319] Beim Zusammenleben mit einem neuen Partner ist bei einer gebotenen Festsetzung des Mindestunterhalts nicht ohne Weiteres von den Bedarfssätzen auszugehen, die für ein Zusammenleben mit einem Ehegatten gelten,[320] da der Partner zu Unterhaltsleistungen nicht verpflichtet ist. Im Einzelfall kann jedoch im Hinblick auf die gemeinsame Haushaltsführung der notwendige Eigenbedarf unterhalb des Mindestbedarfsatzes angesetzt werden.[321] Auch kann der Wert der Versorgungsleistungen für den neuen Partner in Abzug gebracht werden.

---

312   BGH FamRZ 1989, 1279 (1280 f.).
313   BGH FamRZ 1998, 541 (542).
314   OLG Hamm FamRZ 2006, 1538 (1540).
315   BGH FamRZ 2002, 810.
316   OLG Brandenburg FuR 2016, 302; Stein NZFam 2016, 255.
317   BGH FamRZ 1989, 1279 (1281).
318   S. Nr. 21.2. der Leitlinien.
319   BGH FamRZ 1997, 671 (673); OLG Koblenz FamRZ 1988, 295.
320   S. Nr. 22.1 der bundeseinheitlichen Leitlinienstruktur.
321   BGH FamRZ 1991, 670 (673).

VI. Wiederaufleben des Unterhaltsanspruchs

Eine Versagung oder Beschränkung des Unterhalts nach § 1579 ist idR endgül- 58
tig. Da die Vorschrift jedoch anders als § 66 EheG nicht von „Verwirkung"
spricht, kann der Unterhaltsanspruch bei einer späteren Änderung der Gegebenheiten unter besonderen Umständen wieder aufleben.[322] Für die einzelnen Tatbestände des § 1579 ist eine differenzierende Betrachtungsweise angezeigt, wobei es auch auf die Umstände des Einzelfalls ankommt.[323] Ein Wiederaufleben
des Unterhaltsanspruchs kommt vor allem in Betracht, wenn die **Kindesbetreuung wechselt**, sei es aufgrund einvernehmlicher, sei es durch eine gerichtliche Regelung. Soweit nach dem Eingangssatz des § 1579 die Belange des Kindes zu
wahren sind, kann dies nicht davon abhängig sein, ob der Unterhaltsberechtigte
für einen vergangenen Zeitraum wegen Fehlverhaltens seinen Unterhaltsanspruch eingebüßt hatte.[324] Der Unterhaltsanspruch des nunmehr betreuenden
Elternteils ist vielmehr unter Einbeziehung der Belange des Kindes umfassend
neu zu prüfen. Dies gilt für alle Tatbestände des § 1579. Im Fall von Nr. 2 kann
die **Beendigung der Lebensgemeinschaft** zu einem Wiederaufleben des Unterhaltsanspruchs führen.[325] Bei der dann erforderlichen **erneuten umfassenden
Billigkeitsprüfung** sind alle maßgebenden Umstände einzubeziehen, insbesondere die Dauer der früheren Ehe sowie die Dauer der Lebensgemeinschaft. Da der
nacheheliche Unterhaltsanspruch nur durch nacheheliche Solidarität oder Verantwortlichkeit zu rechtfertigen ist, kann ein Wiederaufleben des versagten Unterhaltsanspruchs nach Beendigung der verfestigten nichtehelichen Lebensgemeinschaft – außer in den Fällen des § 1570 – kaum in Betracht kommen.[326]
Gegen ein Wiederaufleben kann sprechen, dass der Pflichtige auf den endgültigen **Wegfall der Unterhaltsverpflichtung** vertrauen durfte und sich darauf durch
wirtschaftliche Dispositionen eingestellt hat, wie etwa durch Aufnahme von
Krediten oder durch die Übernahme neuer Unterhaltspflichten durch Eingehung
einer neuen Ehe.[327] Als Grund für ein Wiederaufleben kommt weiter in Betracht
bei den Härtegründen Nr. 3, 5 u. 7 eine spätere **Verzeihung** oder **Versöhnung** der
Eheleute sowie bei Nr. 7 eine **Beendigung der Vereitelung des Umgangsrechts**
(→ Rn. 46). In all diesen Fällen ist aber eine erneute umfassende Billigkeitsprüfung erforderlich, inwieweit die neue aus der Unterhaltspflicht erwachsende Belastung für den Verpflichteten weiterhin die Zumutbarkeitsgrenze überschreitet.[328]

VII. Konkurrenzen

§ 1579 enthält eine **Sonderregelung** für die Verwirkung des Unterhalts, die einen 59
Rückgriff auf die Generalklausel des § 242 ausschließt.[329] Für die Verwirkung
rückständigen Unterhalts werden aber die aus § 242 entwickelten Grundsätze
herangezogen (→ § 1613 Rn. 26). Die Bestimmungen des § 1579 können sich
mit der Vorschrift des § **1578 b** überschneiden, auch wenn § 1578 b nur objekti-

---

322 BGH FamRZ 2011, 1498; 1987, 689 (690); 1987, 1238 (1239); 1986, 443 (444).
323 BGH FamRZ 1987, 1238 (1239).
324 BGH FamRZ 1987, 1238 (1239).
325 BGH FamRZ 1987, 689 (690); 1986, 443 (444); OLG Koblenz FamRZ 2013, 474.
326 BGH FamRZ 2011, 1498; JH/Hammermann § 1579 Rn. 80.
327 BGH FamRZ 1987, 689 (690).
328 BGH FamRZ 1986, 443 (444).
329 BVerfG FamRZ 1991, 745 (750); BGH FamRZ 1982, 698.

ve Sachverhalte erfasst, während § 1579 in erster Linie eheliches Fehlverhalten, also subjektive Umstände, regelt. Hat eine Ehe nur wenige Jahre gedauert, ist zuerst § 1579 Nr. 1 zu prüfen. Liegt eine kurze Ehe iS dieser Vorschrift vor, verengt sich der Entscheidungsspielraum des Gerichts, da die Versagung oder Beschränkung des Unterhaltsanspruchs nur noch von der Billigkeitsprüfung abhängt. Ist keine kurze Ehezeit (mehr) gegeben, gilt § 1578 b mit der Folge, dass eine Beschränkung bei einer wenige Jahre dauernden Ehe eher in Betracht kommt als bei einer langjährigen Ehe.[330] Entsprechendes dürfte gelten, wenn zwar der Härtegrund nach Nr. 1 nicht vorliegt, aber wegen des tatsächlich kurzen Zusammenlebens ein Härtegrund nach Nr. 8 in Betracht kommt (→ Rn. 51).

VIII. Darlegungs- und Beweislast

60 § 1579 ist als **rechtsvernichtende Einwendung** ausgestaltet, so dass der **Verpflichtete** die tatsächlichen Voraussetzungen des jeweiligen Härtegrundes und aller Umstände, die seine Inanspruchnahme grob unbillig erscheinen lassen, darzulegen und zu beweisen hat.[331] Die Berücksichtigung der Einwendungen erfolgt **von Amts wegen**, wenn alle entsprechenden Tatsachen vorgetragen sind, auch wenn sich der Verpflichtete nicht ausdrücklich auf eine Verwirkung beruft. Zur Beweislast des Verpflichteten gehört auch, dass er substantiiertes Vorbringen des Berechtigten, das im Falle der Richtigkeit gegen die Annahme einer groben Billigkeit sprechen würde, zu widerlegen hat.[332] Erhebt der Berechtigte konkrete **Gegenvorwürfe** von einigem Gewicht, die im Fall der Nr. 7 seinem Fehlverhalten den Charakter der Einseitigkeit nehmen, hat der Verpflichtete diese Vorwürfe auszuräumen (→ Rn. 43).[333] Soweit er ein derartiges Vorbringen lediglich in Abrede stellen kann, sind allerdings an die Substantiierung seiner Darlegungen keine hohen Anforderungen zu stellen, da es sich um die Behauptung sog **negativer Tatsachen** handelt.[334] Dem **Verpflichteten** obliegt auch der Beweis, dass der Berechtigte in einer eheähnlichen Gemeinschaft lebt. Bei der Darlegung von Tatsachen, die zum Wahrnehmungsbereich des Berechtigten gehören, genügt insoweit aber die Behauptung solcher Tatsachen und der Hinweis, dass es dem Berechtigten zuzumuten ist, sich hierzu zu äußern. Dieser kann sich dann nicht auf ein einfaches Bestreiten beschränken. Er muss sich vielmehr im Hinblick auf seine unterhaltsrechtliche Auskunftspflicht substantiiert dazu äußern, wobei es eines konkreten klärenden Tatsachenvortrags aus seinem eigenen Wahrnehmungsbereich bedarf. Unterlässt der Berechtigte dies, gelten die Behauptungen des Verpflichteten gem. § 138 Abs. 3 ZPO als zugestanden.[335] Ein **Anscheinsbeweis** für das Bestehen eines eheähnlichen Verhältnisses dürfte nur in Betracht kommen, wenn der Verpflichtete Umstände darlegen und beweisen kann, aus denen sich nach aller Lebenserfahrung ein solches Verhältnis ergibt. Der Beweis kann entkräftet werden, wenn der Berechtigte seinerseits Tatsachen behauptet und beweist, aus denen sich die ernsthafte Möglichkeit eines anderen Geschehens er-

---

330 Vgl. Begründung BT-Drs. 16/1830, 20.
331 BGH FamRZ 1991, 670 (672); 1989, 1054 (1056); 1984, 364 (368).
332 BGH FamRZ 1982, 463 (464).
333 BGH FamRZ 1983, 670 (671); 1982, 463 (464).
334 BGH FamRZ 1982, 463 (464).
335 Vgl. Palandt/Brudermüller § 1579 Rn. 50 mit Hinweis auf BGH NJW 1987, 1201 = BGH FamRZ 1987, 259; OLG Koblenz FamRZ 2006, 705.

gibt.[336] Der Nachweis der nichtehelichen Abstammung des Kindes ergibt den Anscheinsbeweis für einen außerehelichen Geschlechtsverkehr.[337] Das Unterlassen der Eheschließung zur Erhaltung des Unterhaltsanspruchs ist keinem Anscheinsbeweis zugänglich.[338] Für das Fortbestehen einer einmal begründeten eheähnlichen Gemeinschaft besteht kein Erfahrungssatz.[339]

Der Berechtigte ist beweispflichtig für eine **Verzeihung** seines Fehlverhaltens 61 durch den Verpflichteten, ebenso für die Umstände, die zu einem **Wiederaufleben seines Unterhaltsanspruchs** führen, da in diesen Fällen die Verwirkungsvoraussetzungen zunächst erfüllt waren.[340]

IX. Verfahren

Ein erst **nach Titulierung des Unterhalts** eingetretener Verwirkungsgrund ist mit 62 einem **Abänderungsantrag** nach § 238 FamFG geltend zu machen.[341] Ohne eine Veränderung der tatsächlichen Verhältnisse kann der Verpflichtete einen rechtskräftig abgewiesenen Härtegrund wegen der Bindungswirkung der Entscheidung nicht erneut geltend machen, auch wenn der Beschluss (das Urteil) insoweit fehlerhafte Feststellungen oder Beurteilungen enthält.[342] Treten aber **nachträglich neue wesentliche Umstände** hinzu, die nunmehr den Tatbestand des Härtegrundes erfüllen, ist ein Abänderungsantrag zulässig (zB eine nunmehr eingetretene Verfestigung der ehelichen Lebensgemeinschaft;[343] eine Verschlechterung der Einkommensverhältnisse des Verpflichteten, so dass nunmehr eine grobe Unbilligkeit vorliegt).[344] Die im Vorverfahren getroffenen Billigkeitsabwägungen sind im Abänderungsverfahren nicht schematisch zu übernehmen, soweit erstreckt sich die Bindungswirkung nicht.[345] Die Zulässigkeit des Abänderungsantrags setzt, wie sich aus § 238 Abs. 2 FamFG ergibt, eine nachträgliche Veränderung der tatsächlichen Verhältnisse voraus, was einer späteren Kenntniserlangung nicht gleichsteht.[346] Zur **Abwehr eines Erhöhungsverlangens** kann sich der Verpflichtete jedoch auf einen im früheren Verfahren nicht geltend gemachten Verwirkungsgrund berufen.[347] Auch das Wiederaufleben eines Unterhaltsanspruchs ist im Wege des Abänderungsverfahrens geltend zu machen.

§ 1580 BGB Auskunftspflicht

[1]Die geschiedenen Ehegatten sind einander verpflichtet, auf Verlangen über ihre Einkünfte und ihr Vermögen Auskunft zu erteilen. [2]§ 1605 ist entsprechend anzuwenden.

---

336 BGH FamRZ 1985, 267 (268).
337 BGH FamRZ 1985, 267 (268).
338 BGH FamRZ 1991, 670 (672).
339 BGH FamRZ 1991, 670 (672).
340 Vgl. JH/Hammermann § 1579 Rn. 84; Niepmann/Schwamb Rn. 1095.
341 BGH FamRZ 1997, 671; OLG Köln FamRZ 2001, 1717; anders noch BGH FamRZ 1991, 1175 u. OLG Koblenz FamRZ 2004, 1656: Vollstreckungsabwehrklage.
342 BGH NJW-RR 2001, 937.
343 BGH FamRZ 1997, 671; OLG Düsseldorf FamRZ 1991, 450; Niepmann/Schwamb Rn. 1199.
344 Niepmann/Schwamb Rn. 1199.
345 OLG Stuttgart FamRZ 1993, 559 (561).
346 BGH FamRZ 1982, 687 (688); OLG Köln FamRZ 1987, 846 (847).
347 BGH FamRZ 2000, 1499 (1450).

I. Allgemeines

1 S. 1 normiert für geschiedene Ehegatten eine eigenständige, wechselseitige Auskunftspflicht (zur Auskunftspflicht bei getrennt lebenden Ehegatten → § 1605
Rn. 1 ff.). Rechtsgrund ist die **Sonderverbindung**, die zwischen ihnen aufgrund
des Unterhaltsrechtsverhältnisses besteht.

Der Auskunftsanspruch bezweckt, die notwendigen Informationen für die Berechnung des Unterhaltsanspruchs zu verschaffen.

Auch wenn das Gericht den Beteiligten eines Unterhaltsverfahrens gem. § 235
FamFG die Auskunftserteilung aufgeben und nach § 236 FamFG im Falle der
Nichterfüllung die Auskunft von Dritten (zB Arbeitgeber) einholen kann (unter
bestimmten Umständen zur Einholung von Auskünften gem. § 235 Abs. 2
FamFG)[1] besteht gleichwohl in Unterhaltssachen der Beibringungsgrundsatz
und keine Amtsermittlung. Dies folgt aus § 113 Abs. 1 S. 1 FamFG, wonach
§ 26 FamFG (Amtsermittlungsgrundsatz) nicht anzuwenden ist.

II. Voraussetzungen im Einzelnen

2 **1. Bestehen einer Unterhaltspflicht dem Grunde nach.** Voraussetzung des Auskunftsanspruchs ist, dass ein **Unterhaltsanspruch** überhaupt besteht und die begehrte Auskunft für die Unterhaltsbemessung irgendwie **erheblich ist.**[2]

Die Auskunftspflicht besteht nicht, wenn sie den Unterhaltsanspruch unter keinem Gesichtspunkt beeinflussen kann, denn sie dient nicht dazu, andere als für
die Bemessung des Unterhaltsanspruchs notwendigen Informationen für die
Rechtsverfolgung zu beschaffen.[3] Dies ist zB der Fall, wenn die Leistungsfähigkeit des Verpflichteten außer Streit steht und ein Quotenunterhalt nicht geschuldet ist, weil sich der Unterhalt nach dem konkreten Bedarf errechnet.[4] Ein Anspruch auf Auskunft besteht ferner nicht, wenn die Ehegatten wechselseitig auf
Unterhaltsansprüche rechtswirksam verzichtet haben, es sei denn, die für die
Vereinbarung maßgeblichen Verhältnisse haben sich wesentlich geändert.[5]

Hingegen macht die Erhebung des Verwirkungseinwandes aus einem der Tatbestände des § 1579 nicht die Auskunft entbehrlich, weil in jedem Falle eine Billigkeitsprüfung vorzunehmen ist, die die Prüfung der Leistungsfähigkeit des Unterhaltsschuldners beinhaltet.[6]

Um feststellen zu können, ob **Einkommensveränderungen nach Scheidung** die
ehelichen Lebensverhältnisse prägen, wird regelmäßig Auskunft geschuldet sein,
da erst nach Auskunft beurteilt werden kann, ob die Einkommensveränderungen wesentlich sind.

3 **2. Wechselseitigkeit.** Der Unterhaltsberechtigte ist auskunftsberechtigt in Bezug
auf die Leistungsfähigkeit des Verpflichteten, der Unterhaltsverpflichtete ist auskunftsberechtigt im Hinblick auf die Bedürftigkeit des Berechtigten.

Ein **Zurückbehaltungsrecht** an der Auskunftspflicht besteht nicht.[7]

---

1 Thomas/Putzo/Hüßtege FamFG § 235 Rn. 1, 12.
2 BGH FamRZ 1994, 1169; Palandt/Brudermüller § 1580 Rn. 2.
3 BGH FamRZ 1985, 791; Wendl/Staudigl/Dose, 7. Aufl. 2008, § 1 Rn. 662.
4 BGH FamRZ 1994, 1169; Wendl/Staudigl/Dose/Gutdeutsch, 7. Aufl. 2008, § 4 Rn. 789–
   799.
5 OLG Köln FamRZ 2000, 609.
6 OLG Bamberg FamRZ 2006, 344.
7 OLG Köln FamRZ 1987, 714; OLG Bamberg FamRZ 1985, 610.

3. Beginn der Auskunftspflicht. Der nacheheliche Auskunftsanspruch entsteht 4
mit der Geltendmachung des nachehelichen Unterhaltsanspruches. Wird der
nacheheliche Unterhalt bereits im Verbund geltend gemacht, entsteht auch der
nacheheliche Auskunftsanspruch mit der Geltendmachung des Unterhaltsanspruches im Verbund. Ansonsten könnte der Unterhaltsanspruch für die Zeit
nach der Scheidung nicht rechtzeitig beziffert werden.[8] Über das Auskunftsbegehren kann damit vor Rechtskraft der Scheidung entschieden werden.

4. Erforderlichkeit der Auskunft/Belegvorlage. Von der Frage des Bestehens des 5
Auskunftsanspruchs (→ Rn. 2) ist die Frage nach der **Erforderlichkeit** der im
Einzelnen verlangten Auskunft zu trennen. In der Praxis werden nicht selten
Auskunftsansprüche erhoben, die vollkommen losgelöst vom Sachverhalt Auskunft und Belegvorlage zu allen erdenklichen Einkunftsquellen verlangen. Dies
ist mit dem Normzweck, der Vermeidung oder zumindest Vereinfachung von
Unterhaltsverfahren, nicht zu vereinbaren. Vielmehr ist dem Auskunftsberechtigten abzuverlangen, dass er seinen Auskunfts- und Belegvorlageanspruch nicht
auch auf solche Einkommensquellen bezieht, von deren Nichtexistenz er positive Kenntnis hat. Andernfalls ufert der Auskunftsanspruch zu einem Kontroll-
recht aus. Zudem ist dem Auskunftsberechtigten zuzumuten, sich Belege selbst
zu verschaffen, wenn er hierzu in gleichem Maße wie der Auskunftsverpflichtete
Zugang hat und es ihm nicht mehr Mühe und Zeit abverlangt als dem Auskunftsverpflichteten selbst. In der Praxis sollten derartig ausufernden, vom konkreten Sachverhalt losgelösten Anträgen das Rechtsschutzbedürfnis abgesprochen werden.

III. Inhalt der Auskunft

1. Einkünfte abhängig Beschäftigter. Abhängig Beschäftigte haben in der Regel 6
ihre Einkommensverhältnisse des vergangenen Jahres offenzulegen, damit der
für die Unterhaltsberechnung maßgebliche Durchschnittswert ermittelt werden
kann. Die Auskunft muss sich auf **alle Einkünfte** (§ 2 EStG) erstrecken, also
auch auf Weihnachts- und Urlaubsgeld, Spesen und Steuererstattungen sowie
sonstige Sonderzahlungen. Gegebenenfalls muss der Arbeitsvertrag vorgelegt
werden.[9] In der Regel genügt bei abhängig Beschäftigten die kumulierte Jahres-
abrechnung oder die Vorlage eines Ausdruckes des elektronisch übermittelten
Entgeltnachweises.[10] Daneben sind auch Einkünfte aus anderen Einkommensarten offenzulegen, wie beispielsweise aus Vermietung bzw. Verpachtung sowie regelmäßige Einkünfte aus Kapitalanlagen.

Die Einkünfte müssen in einer geordneten Aufstellung erklärt werden.[11]

Die Auskunft über das Einkommen ist auf Verlangen gem. S. 2 in Verbindung
mit § 1605 Abs. 1 S. 2 zu belegen (**Belegvorlageanspruch**). Die Höhe des Einkommens aus abhängiger Beschäftigung ist durch eine geordnete Aufstellung
des Arbeitgebers zu belegen. Bei Veranlagung zur Einkommensteuer müssen
auch Steuerbescheid und Steuererklärung vorgelegt werden.[12]

---

8 BGH FamRZ 1982, 151.
9 BGH FamRZ 1994, 28.
10 BGH FamRZ 2014, 1542.
11 OLG Hamm FamRZ 2006, 865.
12 BGH FamRZ 1982, 680.

7   **2. Einkünfte Selbstständiger.** Grundsätzlich müssen Selbstständige Auskunft über ihre Einkünfte in den letzten **drei Jahren** erteilen, damit die üblicherweise auftretenden Einkommensschwankungen erfasst und eine monatliche Durchschnittsberechnung durchgeführt werden kann. Gegebenenfalls ist bei größeren Schwankungen auf längere oder kürzere Zeiträume abzustellen.[13]
Der Belegvorlageanspruch bezieht sich bei Selbstständigen auf die entsprechenden Steuerbescheide, Bilanzen sowie Gewinn- und Verlustrechnungen. Die Ausgabeposten sind so darzulegen, dass der Berechtigte zwischen steuerlich relevanten Aufwendungen und unterhaltsrechtlich relevanten Abzügen unterscheiden kann.[14] Dies gilt insbesondere für die Anschaffung und Veräußerung von Wirtschaftsgütern sowie bei Sachleistungen, die auch privat genutzt werden können (wie Firmenwagen, Telefon etc), die Darlegung der privaten Nutzungsanteile. Die Übersendung einer einfachen Einnahmeüberschussrechnung bzw. einer vorläufigen Gewinnermittlung genügt einer vollständigen Auskunft bei Selbstständigen nicht (hierzu ausführlich → § 1605 Rn. 13). Die Auskunft kann nicht mit dem Geheimhaltungsinteresse Dritter verweigert werden.[15]

8   **3. Vermögensauskunft.** Die Auskunftsverpflichtung bezieht sich auch auf das Vermögen. Wegen der Veränderung des Vermögensbestandes muss allerdings ein Stichtag festgelegt werden.[16] Es muss ein geordnetes Bestandsverzeichnis vorgelegt werden. Die Vorlage von Belegen zum Vermögen kann nach dem Wortlaut der §§ 1580 S. 2, 1605 Abs. 1 S. 2 *nicht* verlangt werden.

IV. Eidesstattliche Versicherung

9   Ist anzunehmen, dass die Auskunft nicht mit der erforderlichen Sorgfalt erteilt wurde, muss der Auskunftsverpflichtete gem. S. 2 in Verbindung mit den §§ 1605 Abs. 1 S. 3, 260, 261 eine eidesstattliche Versicherung abgeben. Regelmäßig wird bei der Stufenklage **in der zweiten Stufe** die Abgabe der eidesstattlichen Versicherung beantragt (sie ist gem. §§ 888, 889 Abs. 2 ZPO zu vollstrecken).

V. Zweijahresfrist

10   Auskunft wegen wesentlicher Einkommensveränderungen kann beim nachehelichen Unterhalt vor Ablauf der Zweijahresfrist erneut nur dann verlangt werden, wenn dargelegt wird, dass die Einkommensveränderung sich möglicherweise auf den nachehelichen Unterhalt auswirken kann. Die Zweijahresfrist wird vom Zeitpunkt der letzten Auskunftserteilung oder vom Zeitpunkt der letzten mündlichen Verhandlung oder des Vergleichs an berechnet.[17] Die Zweijahresfrist spielt keine Rolle, wenn bereits Auskunft zum Trennungsunterhalt erteilt wurde, aber wegen des unterschiedlichen Streitgegenstands vor Ablauf der Zweijahresfrist Auskunft für den nachehelichen Unterhalt verlangt wird.[18]

---

13   OLG Köln FamRZ 2006, 1756; OLG Karlsruhe FamRZ 2007, 413.
14   OLG Koblenz FamRZ 2000, 605.
15   OLG Bremen OLGReport 1999, 152.
16   JH/Hammermann § 1580 Rn. 13.
17   BGH NJW 1997, 1439.
18   OLG Düsseldorf FamRZ 2002, 1038; OLG Hamm FamRZ 2004, 377; OLG Brandenburg FamRZ 2015, 1200; aA OLG Jena FamRZ 1997, 1280.

VI. Auskunftspflicht aus § 242

1. Einkünfte Dritter. Die §§ 1580, 1605 beziehen sich nicht auf Einkünfte Dritter, wie zB der Eltern, Lebensgefährten oder des neuen Ehegatten, bei denen der Unterhaltsberechtigte bzw. verpflichtete Ehegatte lebt. Deren Einkünfte können aber zur Bestimmung ihres Anteils am Familienunterhalt relevant sein.[19] Für diese Fälle ist die Auskunftspflicht aus § 242 herzuleiten. Entsprechendes gilt seit Inkrafttreten der **Unterhaltsreform** zum 1.1.2008 für die Unterhaltsberechnung **gleichrangiger Ehegatten** sowie für **Nachrangige**, wenn sie als Beteiligte in Betracht kommen.[20] 11

Die aus § 242 abgeleitete Auskunftspflicht erstreckt sich nur auf die Offenbarung der dem Unterhaltsschuldner bekannten Tatsachen.

Der Dritte (zB Lebenspartner des Auskunftspflichtigen) wird **weder unmittelbar noch mittelbar auskunftspflichtig.**

Für die Berechnung des **Haftungsanteils beim Unterhalt volljähriger Kinder** folgt die Auskunftsverpflichtung der Eltern untereinander ebenfalls aus § 242 (→ § 1605 Rn. 2).

2. Vertragliche Auskunftsverpflichtung. Wurden in einem Vergleich Verpflichtungen zu Mitteilungen über eine Arbeitsaufnahme oder Einkommensveränderungen aufgenommen, richten sich Maß und Umfang der Auskunftspflicht nach der vertraglichen Regelung.[21] 12

3. Pflicht zur ungefragten Information. Eine Verpflichtung zur ungefragten Information besteht außergerichtlich grundsätzlich nicht, kann sich aber im Einzelfall aus § 242 ergeben. Neben der auf Verlangen gem. S. 1 in Verbindung mit § 1605 zu erfüllenden Auskunft beschränkt sich die ungefragte Informationspflicht auf die Fälle, in denen der Auskunftsverpflichtete einen **Vertrauenstatbestand** geschaffen hat und deshalb der andere Teil keinen Anlass hatte, sich durch Auskunft auf Verlangen abzusichern. Voraussetzung ist, dass das **Schweigen über eine grundlegende Veränderung der Verhältnisse evident unredlich erscheint.**[22] Dies ist der Fall, wenn der Auskunftsberechtigte durch vorangegangenes Tun des Auskunftsverpflichteten in Sicherheit gewogen wurde und darauf vertraut hat, dass sich die Verhältnisse nicht geändert haben. 13

Während eines laufenden Unterhaltsrechtsstreites besteht die wechselseitige Verpflichtung zur Anzeige veränderter Umstände, die den Anspruch beeinflussen können.[23]

Die Pflicht zur ungefragten Information entsteht nicht bereits bei jeder Änderung wirtschaftlicher Verhältnisse, sondern nur dann, wenn diese Änderungen sich auf den Unterhalt konkret auswirken können.[24]

---

19 BGH FamRZ 2003, 1836.
20 Die Anregung des Bundesrates zu einer entsprechenden Ausweitung der Auskunftsansprüche wurde in den Gesetzesentwurf nicht aufgenommen; vgl. BT-Drs. 16/1830, 37, 39 v. 15.6.2006.
21 OLG Bremen FamRZ 2000, 256.
22 BGH FamRZ 1988, 270 (271).
23 BGH NJW 1999, 2804.
24 BGH NJW 1999, 2804.

VII. Folgen der Auskunftspflichtverletzung

14 Eine **Schadenersatzverpflichtung** kann entstehen, wenn der Auskunftsverpflichtete in Verzug mit der Auskunftserteilung gerät und deshalb Ansprüche nicht rechtzeitig geltend gemacht werden konnten.[25]

Eine falsche Auskunftserteilung kann Schadensersatzansprüche aus § 826 auslösen und zu **Sanktionen gem.** § 1579 führen.

Die Verletzung der Pflicht zur ungefragten Information kann ebenfalls Ansprüche aus § 826 begründen und zur Verwirkung von Unterhaltsansprüchen gem. § 1579 Nr. 2 und Nr. 4 führen (→ § 1605 Rn. 11).

Zudem kann die unterlassene Auskunft auf eine vorprozessuale Aufforderung des anderen Beteiligten nach den §§ 1361 Abs. 4 S. 4, 1580, 1605 bei im Übrigen angemessener Fristsetzung den Antrag eines Beteiligten gem. § 235 Abs. 2 FamFG auslösen, wonach das Gericht verpflichtet ist, gem. § 235 Abs. 1 FamFG anzuordnen, Auskunft über Einkünfte zu erteilen sowie bestimmte Belege vorzulegen, die für die Unterhaltsbemessung relevant sind.[26]

VIII. Auskunftsverfahren

15 **1. Antrag.** Der Antrag muss genau bestimmt sein unter exakter Bezeichnung der geforderten Belege, da er sonst unzulässig ist.[27] Zudem müssen die Einkommensarten (zB Kapitalvermögen oder Einkünfte aus Selbstständigentätigkeit) genau bezeichnet werden und hinsichtlich Gegenstand und Zeitraum, für den Auskunft verlangt wird, gem. § 253 Abs. 2 S. 2 ZPO **hinreichend bestimmt** sein. Bei der Auskunft zum Vermögen muss der Zeitpunkt für die Darstellung des Vermögensgegenstandes genannt werden.

16 **2. Stufenverfahren.** Das Stufenverfahren (§ 113 Abs. 1 FamFG, § 254 ZPO) verbindet im selben Rechtsstreit den Auskunftsanspruch sowie den Belegvorlageanspruch, die eidesstattliche Versicherung sowie die auf der Auskunft basierende Leistung. Auskunft ohne Leistungsantrag kann im Verbund nicht verlangt werden, da es sich bei der Auskunft nicht um eine Entscheidung für den Fall der Scheidung handelt.[28] Wohl aber ist das gesamte Stufenverfahren im Verbundverfahren Folgesache. Wird nur die Auskunft im Verbund geltend gemacht, so ist sie nicht als unzulässig abzuweisen, sondern abzutrennen. Über den Leistungsantrag darf erst nach Erledigung der vorausgehenden Stufen entschieden werden.[29]

Mit Zustellung des Stufenantrages tritt **Rechtshängigkeit für das gesamte Verfahren** ein, selbst wenn nur für die Auskunftsstufe VKH bewilligt wurde.[30]

Ein Übergang in die nächste Stufe des Verfahrens ist erst zulässig, wenn die vorherige Stufe abgeschlossen wurde.

Wird die Auskunftsstufe nicht durch Vergleich, Antragsrücknahme oder Erledigung beendet, wird sie durch Teilbeschluss abgeschlossen, die Zahlungsstufe durch Endentscheidung.

---

25 BGH FamRZ 1994, 163.
26 Thomas/Putzo/Hüßtege FamFG § 235 Rn. 12.
27 BGH FamRZ 1989, 731; BGH NJW 1983, 1056.
28 BGH FamRZ 1997, 811.
29 BGH FamRZ 1996, 1070.
30 Vgl. die für die Unterhaltsrückstände relevanten Folgen gem. §§ 1585 b Abs. 2, 1613 Abs. 1.

3. Prozessuale Folgen bei fehlendem Zahlungsanspruch. Stellt sich nach der ersten Stufe heraus, dass ein Zahlungsanspruch nicht besteht, tritt **keine Erledigung der Hauptsache** ein.[31] Befand sich der Antragsgegner in diesem Falle mit der Auskunft in Verzug, gilt § 243 S. 2 Nr. 2 FamFG, wenn die Auskunft vorprozessual unterlassen oder nur unvollständig erteilt wurde, und sanktioniert damit das vorprozessuale Verzögerungsverhalten des Auskunftspflichtigen, wenn die Unterlassung oder Verzögerung kausal für den Ausgang des Rechtsstreits war.[32] 17

4. Streitwert und Beschwer. Der Gebührenstreitwert des isolierten Auskunftsanspruches ist mit 1/10 bis 1/4 des zu schätzenden Leistungsanspruches zu bewerten.[33] Für die Bemessung der Beschwer ist nur der Aufwand für Zeit und Kosten für die Auskunftserteilung maßgebend.[34] Bei einem Stufenverfahren richtet sich der Verfahrenswert nach dem jeweils höchsten Einzelwert (§ 38 FamGKG), was regelmäßig der Leistungsanspruch ist. Kommt es nicht zu einer Bezifferung des Leistungsantrages, etwa bei fehlendem Zahlungsanspruch, ist nach herrschender Meinung der Verfahrenswert nach den ursprünglichen Leistungserwartungen zu bewerten.[35] 18

5. Zwangsvollstreckung. Die Auskunftserteilung ist unvertretbare Handlung (§ 888 ZPO), die Belegvorlage ist in der Regel vertretbare Handlung (§ 883 ZPO). 19

IX. Beweislast

Der Darlegungslast genügt der **Unterhaltsgläubiger** dadurch, dass er auf das in Betracht kommende Unterhaltsrechtsverhältnis hinweist und allgemein den Grund für die Inanspruchnahme auf Unterhalt nennt. Legen die tatsächlichen Verhältnisse nahe, dass der Unterhaltsanspruch nicht besteht und daher auch die Auskunft diesen nicht beeinflussen kann, ist weiterer Sachvortrag durch den Unterhaltsgläubiger erforderlich. 20

Kapitel 3
Leistungsfähigkeit und Rangfolge

§ 1581 BGB Leistungsfähigkeit

[1]Ist der Verpflichtete nach seinen Erwerbs- und Vermögensverhältnissen unter Berücksichtigung seiner sonstigen Verpflichtungen außerstande, ohne Gefährdung des eigenen angemessenen Unterhalts dem Berechtigten Unterhalt zu gewähren, so braucht er nur insoweit Unterhalt zu leisten, als es mit Rücksicht auf die Bedürfnisse und die Erwerbs- und Vermögensverhältnisse der geschiedenen Ehegatten der Billigkeit entspricht. [2]Den Stamm des Vermögens braucht er nicht zu verwerten, soweit die Verwertung unwirtschaftlich oder unter Berücksichtigung der beiderseitigen wirtschaftlichen Verhältnisse unbillig wäre.

---

31 BGH FamRZ 1995, 348; siehe auch FA-FamR/Gerhardt Kap. 6 Rn. 789.
32 Vgl. Thomas/Putzo/Hüßtege FamFG § 243 Rn. 8.
33 BGH FamRZ 2006, 619.
34 BGH FamRZ 1993, 45; 1995, 349; NJW-RR 2002, 145; FamRZ 2003, 597.
35 BGH FamRZ 1995, 348; OLG Brandenburg FamRZ 2007, 71; OLG Stuttgart 11. ZS FamRZ 2008, 535; OLG Stuttgart 8. ZS FamRZ 2008, 533; aA OLG Stuttgart 16. ZS FamRZ 2005, 1765.

I. Allgemeines

1　Der unterhaltspflichtige Ehegatte hat nur einen **Unterhalt nach Billigkeit** zu leis-
ten, wenn bei voller Berücksichtigung des Unterhalts des unterhaltsberechtigten
Ehegatten der angemessene Unterhalt des Verpflichteten nicht mehr gewahrt ist.
Die Vorschrift ist als **Einwendung** ausgestaltet. Die Regelung geht also davon
aus, dass der Verpflichtete in der Regel in der Lage ist, den vollen Unterhalt des
Berechtigten zu zahlen. Sie trägt aber dem Umstand Rechnung, dass in einer
Vielzahl von Fällen mit der Trennung und/oder Scheidung auf den Unterhaltspflichtigen erhebliche Mehrbelastungen wie zB Umzugskosten, zusätzliche Altersvorsorge und oftmals auch zusätzliche Unterhaltsverpflichtungen aus neuen
Verbindungen hinzukommen, die seinen angemessenen Unterhalt gefährden
können.[1] Während das Problem der zusätzlichen Belastung des Unterhaltspflichtigen durch das **Zusammentreffen mehrerer bedürftiger Ehegatten** nach bisheriger Rechtsprechung des Bundesgerichtshofs in der Regel bereits bei der Bedarfsbemessung ausreichend berücksichtigt werden konnte, ist seit der Entscheidung
des **Bundesverfassungsgerichts vom 25.1.2011**[2] die Behandlung dieses Problems
in der Stufe der Leistungsfähigkeit im Rahmen des § 1581 angesiedelt.[3]

II. Voraussetzungen

2　Eine Kürzung des sich nach den ehelichen Lebensverhältnissen bemessenden Unterhaltsanspruchs des berechtigten Ehegatten setzt voraus, dass der Pflichtige
trotz Einsatzes seiner Einkünfte aus Erwerbstätigkeit und/oder Vermögen nicht
in der Lage ist, dem anderen Ehegatten den vollen Unterhalt nach den ehelichen
Lebensverhältnissen zu bezahlen, ohne hierdurch seinen eigenen **angemessenen
Unterhalt**[4] zu gefährden.

1　MK/Maurer § 1581 Rn. 1.
2　BVerfG FamRZ 2011, 437 ff.
3　BGH FamRZ 2012, 281; BGH FamRZ 2014, 912; vgl. auch Gerhardt/Gutdeutsch, Die
  Unterhaltsberechnung bei gleichrangigen Ehegatten unter Berücksichtigung der Entscheidung des BVerfG v. 25.1.2011 und der Unterhaltsreform 2008, FamRZ 2011, 597 ff.
4　BGH FamRZ 2012, 281 (285).

1. Leistungsfähigkeit. Eine Billigkeitskorrektur ist dem Pflichtigen folglich versagt, wenn er nicht die ihm je nach den individuellen Lebensverhältnissen **zumutbaren wirtschaftlichen Mittel** zur Gewährung seiner Leistungsfähigkeit einsetzt. Es sind die gleichen Anforderungen an die Obliegenheit des Verpflichteten zum Einsatz aller Einkünfte zu stellen wie an den Berechtigten.[5] Zur Bemessung der Leistungsfähigkeit sind nur prägende Einkünfte und Belastungen heranzuziehen, da im Übrigen die gesamten Einkünfte und Belastungen bereits zur Bestimmung des eheangemessenen Bedarfs herangezogen wurden.[6]

a) Erwerbsfähigkeit und Erwerbsobliegenheit. Der Unterhaltsschuldner bleibt leistungsfähig, auch wenn er eine ihm mögliche, ausreichend vergütete Erwerbstätigkeit ohne nachvollziehbaren Grund nicht aufnimmt, obwohl er es könnte.[7] Der Umfang seiner Erwerbsobliegenheit ist zwar wegen der grundsätzlichen wirtschaftlichen Eigenverantwortung (§ 1569) der Ehegatten nach Scheidung abgeschwächt, aber nicht gänzlich aufgehoben, solange und soweit eine Unterhaltspflicht nach Scheidung fortbesteht (entsprechend höhere Anforderungen gleichwohl bei Ansprüchen aus § 1570), so dass ihm eine vollschichtige Erwerbstätigkeit durchaus zugemutet werden kann.[8] Der an die Voraussetzungen der Erwerbsobliegenheit anzulegende Maßstab richtet sich nach § 1574 Abs. 2.[9] Bei Arbeitsplatzwechsel in eine schlechter bezahlte Tätigkeit ist dem Unterhaltsschuldner ein fiktives Einkommen aus der aufgegebenen Tätigkeit nur dann anzurechnen, wenn der Wechsel leichtfertig, also ohne sachlich ausreichenden Grund, erfolgte.[10] Ein vollkommener **Rollenwechsel** des Unterhaltspflichtigen, zB durch Haushaltsführung in neuer Ehe oder Partnerschaft, ist vom unterhaltsberechtigten Ehegatten nur hinzunehmen, wenn es anerkennenswerte Gründe hierfür gibt, wie zB eine wesentlich günstigere Gestaltung der wirtschaftlichen Lebensverhältnisse durch den Rollenwechsel im Vergleich zur umgekehrten Rollenverteilung.[11] Ansonsten besteht auch bei Rollenwechsel die Obliegenheit des Verpflichteten, zur Erfüllung seiner Unterhaltspflicht eine Nebentätigkeit aufzunehmen.[12] Übernimmt der Pflichtige die Betreuung der Kinder aus neuer Ehe, ist die hierdurch eingeschränkte Leistungsfähigkeit unter Umständen aufgrund der geänderten Rangfolge der Unterhaltsberechtigten durch das Unterhaltsrechtsänderungsgesetz vom geschiedenen Ehegatten hinzunehmen.[13]

Eine Hinzurechnung freiwilliger Leistungen Dritter erfolgt in der Regel nicht, da diese – so wäre es auch beim Unterhaltsberechtigten selbst – nur dem Leistungsempfänger zugutekommen sollen.[14]

Der **Splittingvorteil aus Wiederverheiratung nach Zusammenveranlagung** kam nach der bisherigen Rechtsprechung nur der zweiten Ehe zugute, da sich dieser

---

5   Palandt/Brudermüller § 1581 Rn. 2.
6   BGH FamRZ 2006, 683.
7   BGH FamRZ 2004, 254 (255).
8   Wendl/Dose/Bömelburg § 4 Rn. 140
9   Wendl/Dose/Bömelburg § 4 Rn. 273
10 Ein ausreichender Grund ist aber, wenn die neue Arbeitsstelle sicherer ist: OLG Karlsruhe FamRZ 1993, 836.
11 BGH FamRZ 2006, 1827.
12 BGH FamRZ 2001, 1065; vgl. Palandt/Brudermüller § 1581 Rn. 7 b.
13 Vgl. hierzu auch die insoweit überholte Rechtsprechung zu den Hausmann-Fällen: BGH FamRZ 1987, 252.
14 BGH FamRZ 2005, 967.

Vorteil nur aus der neuen Ehe ergibt.[15] Hieran änderte sich auch zunächst nichts durch Inkrafttreten des § 1609 nF mit der neuen Möglichkeit des Gleichrangs zwischen geschiedenem und neuem Ehegatten.[16] Mit Urteil vom 30.7.2008[17] gab der Bundesgerichtshof diese Rechtsprechung allerdings auf und bemaß seither den **Bedarf des ersten gleichrangigen oder nachrangigen Ehegatten** unter Einbeziehung des Splittingvorteils der Zweitehe im Wege der Dreiteilung. Diese Rechtsprechung lässt sich nach der Entscheidung des Bundesverfassungsgerichts vom 25.1.2011[18] nicht aufrechterhalten, so dass sich bei Zusammenleben des Unterhaltpflichtigen in zweiter Ehe der Splittingvorteil der neuen Ehe nicht auf die Erstehe auswirken darf.[19] Ist der Unterhaltpflichtige ohne Berücksichtigung des Splittingvorteils aus zweiter Ehe gegenüber dem geschiedenen Ehegatten ohne Gefährdung seines eigenen angemessenen Unterhaltes nicht leistungsfähig, so kann seine Leistungsfähigkeit nicht ohne Weiteres herbeigerechnet werden, indem seinem einzusetzenden Einkommen der Splittingvorteil wieder hinzugerechnet wird.[20] Anders verhält es sich, wenn ein Mangelfall feststeht. Da der Unterhaltsanspruch des ersten Ehegatten aufgrund der Dreiteilung ohnehin eine Kürzung erfährt, besteht keine Veranlassung zu einer weiteren Reduzierung durch Außerachtlassung des Splittingvorteils aus zweiter Ehe.[21]

7 **b) Einzusetzendes Vermögen. Vermögenserträge** sind vom Unterhaltpflichtigen einzusetzen, soweit sie prägend sind.[22] Wie im Unterhaltsrecht generell üblich, wird zur Bemessung ein längerer Durchschnittszeitraum von regelmäßig drei Jahren herangezogen. An nicht gezogene Vermögenserträge und eine mögliche fiktive Hinzurechnung sind dieselben Maßstäbe anzulegen wie im Fall der nicht voll ausgeschöpften Erwerbskraft. Die Hinzurechnung fiktiver Vermögenserträge findet dort ihre Grenze, wo ein Zwang zur Verwertung des Vermögensstamms entstünde, der nach S. 2 geschützt ist.

8 Für den **Einsatz des Vermögensstamms** gelten dieselben Grundsätze wie für den Berechtigten im Rahmen des § 1577 Abs. 3[23] mit dem Unterschied, dass der Pflichtige nur auf den Einsatz sofort verwertbaren Vermögens verwiesen werden kann. Eine Zwischenfinanzierung ist hingegen wegen der damit verbundenen Zusatzkosten dem Unterhalpflichtigen nicht zuzumuten.[24]

9 **2. Berücksichtigungsfähige Verbindlichkeiten. a) Verbindlichkeiten allgemein.** Grundsätzlich sind Verbindlichkeiten dann berücksichtigungsfähig, wenn sie auch während bestehender Ehe zu berücksichtigen gewesen wären, so dass es nicht darauf ankommt, ob die Verbindlichkeiten während bestehender Ehe oder nach Scheidung entstanden sind. So sind grundsätzlich **4 % des Bruttoeinkommens für zusätzliche Altersvorsorge** berücksichtigungsfähig, vorausgesetzt, sie werden auch tatsächlich bezahlt.[25] Die Grundsätze, die zur Obliegenheit der

---

15 BVerfG FamRZ 2003, 1821; BGH FamRZ 2005, 1817; FamRZ 2007, 793.
16 BGH FamRZ 2008, 968 (970).
17 BGH FamRZ 2008, 1911.
18 BVerfG FamRZ 2011, 437.
19 BVerfG FamRZ 2011, 445 mAnm Borth; Gerhardt/Gutdeutsch FamRZ 2011, 597 (599).
20 BGH FamRZ 2012, 281 (284); aA wohl Borth FuR 2012, 137 (140).
21 BGH FamRZ 2012, 281 (287).
22 BGH FamRZ 2003, 848.
23 Vgl. Palandt/Brudermüller § 1581 Rn. 12.
24 Siehe hierzu auch Eschenbruch/Klinkhammer/Schürmann Kap. 1 Rn. 1103.
25 BGH FamRZ 2007, 193 (194); 793.

Einleitung eines **Verbraucherinsolvenzverfahrens** beim Kindesunterhalt gelten,[26] sind nicht ohne Weiteres auf den Ehegattenunterhalt übertragbar, da hier, anders als beim Kindesunterhalt, keine gesteigerte Unterhaltsverpflichtung besteht.[27]

b) Kindesunterhalt. Kindesunterhalt für minderjährige oder privilegiert volljährige Kinder wird aufgrund des Vorrangs in § 1609 Nr. 1 bereits bei der Bedarfsbemessung durch Vorwegabzug berücksichtigt. 10

c) Ehegattenunterhalt. Die Frage einer Anspruchskürzung wegen eingeschränkter Leistungsfähigkeit aufgrund des **Hinzutretens einer weiteren Ehegattenunterhaltsverpflichtung aus neuer Verbindung** stellte sich bisher nicht. Vielmehr hat der Bundesgerichtshof mit Urteil vom 30.7.2008 erstmals auch eine Unterhaltspflicht gegenüber dem neuen Ehepartner schon in die Bedarfsbemessung des geschiedenen Ehepartners nach § 1578 Abs. 1 S. 1 einbezogen[28] und zur Begründung angeführt, dass sich die Unterhaltsansprüche infolge der **Wandelbarkeit der ehelichen Lebensverhältnisse** wechselseitig beeinflussen. Mit der sog **Dreiteilungsmethode** ermittelte der Bundesgerichtshof den Unterhaltsbedarf des geschiedenen Ehegatten, indem seine bereinigten Einkünfte mit denen des Unterhaltspflichtigen und des neuen Ehegatten zusammengefasst und durch drei geteilt wurden. Hierdurch sollte der Grundsatz der Halbteilung gewahrt bleiben, wonach dem Unterhaltspflichtigen grundsätzlich derselbe Betrag verbleiben sollte wie dem Unterhaltsberechtigten. 11

Das Bundesverfassungsgericht sieht in der Dreiteilungsmethode ein eigenes Modell, das sich vom gesetzgeberischen Konzept der Berechnung des Nachscheidungsunterhalts loslöst und zu einem **Systemwechsel** führt, wodurch die **Grenzen richterlicher Rechtsfortbildung überschritten** werden. 12

Das Bundesverfassungsgericht sieht einen Verfassungsverstoß nur darin,[29] dass der Unterhalt des zweiten Ehegatten Einfluss auf die ehelichen Lebensverhältnisse des ersten Ehegatten nimmt, obwohl doch die Bildung der zweiten Ehe und des damit ausgelösten Ehegattenunterhalts erst durch die Scheidung der ersten Ehe möglich wird. 13

Die Berücksichtigung des Unterhalts des neuen Ehegatten darf damit auf die Bedarfsbemessung des Unterhalts des früheren Ehegatten zukünftig keinen Einfluss mehr nehmen. 14

Damit wird das Problem des Zusammentreffens mehrerer berechtigter Ehegatten vom Bedarf **in die Leistungsfähigkeit verschoben.** 15

III. Mangellage

Von Leistungsfähigkeit ist auszugehen, wenn das bereinigte Nettoeinkommen des Pflichtigen aus in der Ehe angelegten und nicht angelegten Einkünften den Selbstbehalt, also den eigenen angemessenen Unterhalt, übersteigt.[30] Eine Einschränkung des Unterhaltsanspruchs des geschiedenen Ehegatten nach § 1581 setzt daher zunächst eine Mangellage voraus, die grundsätzlich gegeben ist, 16

---

26 BGH FamRZ 2005, 608.

27 BGH FamRZ 2008, 497; eine Ausnahme, wonach eine gesteigerte Unterhaltspflicht besteht, dürfte wohl beim Betreuungsunterhalt nach § 1570 zu machen sein.

28 BGHZ 175, 182 (195 ff.) = FamRZ 2008, 968.

29 Vgl. Gutdeutsch, Zur Konkurrenz mehrerer Ansprüche auf Ehegattenunterhalt nach der Entscheidung des BVerfG v. 25.1.2011, FamRZ 2011, 523.

30 Vgl. FA-FamR/Maier Kap. 6 Rn. 652.

wenn der Unterhaltspflichtige den geschuldeten Unterhalt nicht ohne Beeinträchtigung seines Selbstbehaltes erfüllen kann.

17 **1. Eheangemessener Selbstbehalt.** Der eheangemessene Selbstbehalt ist das **Spiegelbild des Bedarfs** nach den ehelichen Lebensverhältnissen, also einkommensabhängig bzw. gleitend.[31] Gleichwohl bedarf es einer Korrektur des Unterhaltsbedarfs des geschiedenen Ehegatten anhand des eheangemessenen Selbstbehaltes erst über die Prüfung der Leistungsfähigkeit nach § 1581 in der Regel nicht. Vielmehr wird schon bei der Bedarfsbemessung den wandelbaren ehelichen Lebensverhältnissen ausreichend Rechnung getragen. Dies ist auf die geänderte Rechtsprechung des Bundesgerichtshofs zurückzuführen, wonach auch solche Abzugsposten als in der Ehe angelegt Berücksichtigung finden, die erst nach Trennung oder Scheidung neu entstanden sind, sofern es sich nicht um leichtfertig eingegangene Verbindlichkeiten handelt.[32] Ob alleine die Bedarfsberechnung den nach Billigkeit angemessenen Unterhalt gewährleistet, wird allerdings zu Recht teilweise bezweifelt, da § 1581 eine eigenständige Billigkeitsabwägung nach den individuellen Verhältnissen erfordert.[33]

18 In der Praxis ist der eheangemessene billige Selbstbehalt in der Regel als **Mittelwert zwischen notwendigem und angemessenem Selbstbehalt** zu beziffern, wobei eine Abweichung unter Berücksichtigung des Einzelfalles als möglich erachtet wird.[34] Als Richtwert gelten 1.200 EUR (Düsseldorfer Tabelle Anm. B.IV. zum 1.1.2017).

19 Ein Verweis des Unterhaltsschuldners auf den **notwendigen Selbstbehalt** als Untergrenze (§ 1603 Abs. 2) liefe auf eine nicht gerechtfertigte unterhaltsrechtliche Gleichbehandlung des geschiedenen Ehegatten mit minderjährigen Kindern hinaus.

20 **2. Ehegattenmindestselbstbehalt.** Anstelle des eheangemessenen, gleitenden Selbstbehaltes wurde aufgrund der Rechtsprechungsänderung zu den wandelbaren ehelichen Lebensverhältnissen bei der Prüfung der Leistungsfähigkeit seither der **Ehegattenmindestselbstbehalt** als Untergrenze angesetzt.[35] Dieser beträgt einheitlich für das gesamte Bundesgebiet 1.080 EUR[36] und für Nichterwerbstätige 880 EUR.

21 **3. Eheangemessener Selbstbehalt bei gleich- und nachrangigen Ehegatten.** Eine Ausnahme vom Ehegattenmindestselbstbehalt ist allerdings beim **Zusammentreffen mehrerer berechtigter Ehegatten** zu machen, da der Unterhalt des neuen Ehegatten auf die Bedarfsbestimmung des Unterhalts des ersten Ehegatten nach der Entscheidung des Bundesverfassungsgerichts vom 25.1.2011 keinen Einfluss mehr haben darf.

22 Bei Zugrundelegung des Ehegattenmindestselbstbehaltes käme es aber nur dann zur Korrektur im Mangelfall nach § 1581, wenn dem Unterhaltspflichtigen unter Berücksichtigung des Bedarfs des neuen Ehegatten weniger als 1.080 EUR

---

31 BGH FamRZ 1990, 260.
32 BGH FamRZ 2004, 1357; 2006, 683.
33 Palandt/Brudermüller § 1581 Rn. 16 mwN.
34 BGH FamRZ 2006, 683; 2009, 307; 404; Übersicht Büttner/Niepmann/Schwamb, Die Rechtsprechung zur Höhe des Unterhalts, Rn. 52; BGH FamRZ 2008, 594 (597) mAnm Borth, 599; BGH FamRZ 2008, 968 (973) mAnm Maurer; Gutdeutsch FamRZ 2008, 2240.
35 BGH FamRZ 2006, 683.
36 DT Anm. B V; BT Anm. III; Nr. 21.4 der Leitlinien.

verbleiben, vorausgesetzt der neue Ehegatte ist gegenüber dem ersten Ehegatten vor- oder zumindest gleichrangig berechtigt. In allen anderen Fällen, in denen dem Unterhaltspflichtigen mehr als 1.080 EUR verbleiben, würde hingegen eine Korrektur nicht erfolgen, obgleich dies der jeweiligen Bedeutung des Vor- und Gleichranges nicht gerecht wird. Der Bundesgerichtshof wird daher zum eheangemessenen Selbstbehalt als Spiegelbild des Bedarfs nach den ehelichen Lebensverhältnissen nach § 1578 Abs. 1 zurückkehren müssen. Der Ehegattenmindestselbstbehalt behält jedoch seine Bedeutung als dessen Untergrenze.[37]

IV. Berechnung des Billigkeitsunterhalts

1. Billigkeitsabwägung allgemein. Steht die Gefährdung des angemessenen Un-   23
terhalts des Berechtigten für den Fall der Leistung des vollen Unterhalts nach den ehelichen Lebensverhältnissen fest, sind in einem **ersten Schritt** die dem Berechtigten und dem Verpflichteten insgesamt zur Verfügung stehenden Mittel festzustellen. Im **zweiten Schritt** ist eine Billigkeitsabwägung vorzunehmen, die sich an den zu befriedigenden Bedürfnissen beider Ehegatten nach ihrer individuellen Lebensstellung ausrichtet unter Berücksichtigung der insgesamt zur Verfügung stehenden Mittel.[38]

2. Billigkeitskorrektur bei Zusammentreffen mehrerer Ehegatten. a) Allgemei-   24
nes. Es entspricht dem Wortlaut der Vorschrift, eine Billigkeitskorrektur **bereits bei Gefährdung des eheangemessenen Unterhalts** durchzuführen und nicht erst bei Verletzung des Ehegattenmindestselbstbehaltes von 1.080 EUR. Die vom Bundesgerichtshof[39] bisher vertretene Auffassung, wonach regelmäßig kein Bedarf für eine Billigkeitskorrektur bestünde, weil dem Grundsatz der Halbteilung bereits bei der Bedarfsbemessung ausreichend Rechnung getragen würde, ist im Hinblick auf die Entscheidung des Bundesverfassungsgerichts vom 25.1.2011 nicht mehr haltbar. Der Ehegattenmindestselbstbehalt wird daher bei der Billigkeitskorrektur nur noch als Untergrenze des eheangemessenen Selbstbehaltes Bedeutung haben. Der Vorteil des eheangemessenen Selbstbehaltes besteht ferner darin, dass er – anders als der Ehegattenmindestselbstbehalt – variabel ist. Geht der Pflichtige eine neue Ehe ein, so prägt die Ehegattenunterhaltspflicht aus erster Ehe bereits den Bedarf der zweiten Ehe, weil die neue Unterhaltspflicht von dem nach Abzug der ersten Unterhaltspflicht verbleibenden Resteinkommen bestritten wird.

b) Bedarfskorrektur bei Gleichrang der Ehegatten. Das dem Pflichtigen nach   25
Abzug des Unterhalts für den ersten und zweiten Ehegatten verbleibende Einkommen ist zunächst mit dem eheangemessenen Selbstbehalt aus erster Ehe zu vergleichen. Bleibt dem Pflichtigen weniger als der eheangemessene Selbstbehalt aus erster Ehe, so kann im Wege einer Billigkeitskorrektur der Unterhalt des früheren Ehegatten unter Dreiteilung des Gesamteinkommens vom vollen Bedarf auf einen Mangelunterhalt von 1/3 gekürzt werden. Da es sich aber um eine Billigkeitsentscheidung handelt, kann die Kürzung auch niedriger oder höher ausfallen.[40] Zum Beispiel kann die **Ersparnis durch Zusammenleben mit dem neuen**

---

37 Gutdeutsch FamRZ 2011, 523 (526).
38 BGH FamRZ 2004, 1357.
39 BGH FamRZ 2006, 683.
40 BGH FamRZ 2012, 281 (287); 2014, 912 (zur Anpassung einer Unterhaltsvereinbarung).

Ehegatten zu einem Zuschlag von 10 %[41] zum Drittel des ersten Ehegatten berücksichtigt werden.

26 c) **Bedarfskorrektur bei Nachrang.** Ist der erste Ehegatte gegenüber dem zweiten Ehegatten nachrangig, so ergeben sich gegenüber dem Gleichrang keine Änderungen. Der Bedarf des zweiten Ehegatten ist bereits davon abhängig, wie viel ihm nach Abzug des Unterhalts für den früheren Ehegatten verbleibt. Dem Vorrang kann in der Billigkeitsabwägung unter Umständen dadurch Rechnung getragen werden, dass eine Berücksichtigung der Ersparnis wegen Zusammenlebens zu seinen Ungunsten unterbleibt. Die Ersparnis wegen Zusammenlebens kann ohnehin nach der Entscheidung des Bundesverfassungsgerichts vom 25.1.2011 nicht mehr in der Bedarfsstufe Berücksichtigung finden, so dass sie in die Billigkeitsabwägung über § 1581 einfließen muss.

27 Ist der neue Ehegatte hingegen nachrangig, dürfte seine Unterhaltsberechtigung gar nicht erst zu einer Mangellage führen. Sie wird vielmehr erst bei Unterschreitung des Ehegattenmindestselbstbehaltes beachtlich.

V. Mangelfall

28 1. **Allgemeines.** Die Unterhaltspflicht darf nicht dazu führen, dass der Pflichtige bei Erfüllung des vollen Anspruchs selbst **sozialhilfebedürftig** wird.[42] Sein unterhaltsrechtliches Existenzminimum muss zudem etwas über dem Sozialhilfebedarf liegen.[43]

29 2. **Absoluter und relativer Mangelfall.** Kann der Pflichtige bereits nach Abzug seines Selbstbehaltes den **Unterhaltsanspruch erstrangig berechtigter Kinder** nicht erfüllen, liegt ein **absoluter Mangelfall** vor. Aufgrund der geänderten Rangregelung in § 1609 nF besteht bei einem solchen Mangel im ersten Rang kein Anspruch mehr auf Ehegattenunterhalt.

30 In den Fällen, in denen der Pflichtige nach Vorwegabzug des vollen Kindesunterhalts den sich aus der Einkommensdifferenz errechnenden Ehegattenunterhalt nicht zahlen kann, ist der Anspruch des Ehegatten gegebenenfalls auf den Betrag begrenzt, der nach Abzug des (gegenüber Ehegatten) höheren Selbstbehaltes verbleibt.

31 In allen anderen Fällen, den **relativen Mangelfällen**, ist für die Beteiligten zunächst der angemessene Unterhalt als Einsatzbetrag anzusetzen. Zuerst ist der angemessene Bedarf der vorrangig Berechtigten voll zu befriedigen, bevor nachrangig Berechtigte berücksichtigt werden können.[44]

VI. Verfahren

32 Die Vorschrift ist als Einwendung ausgestaltet, so dass der Pflichtige darlegen und beweisen muss, dass die Voraussetzungen vorliegen, wonach er den Unterhalt nicht ohne Gefährdung seines eigenen angemessenen Unterhalts zahlen kann.[45]

---

41 Sa BVerfG FamRZ 2010, 429 (438); SüdL Nr. 22.
42 BGH FamRZ 1990, 849 (850); BGH NJW 1991, 356.
43 MK/Maurer § 1581 Rn. 8.
44 Nähere Einzelheiten Gerhardt FuR 2010, 241.
45 BGH NJW 1980, 2083.

Zu beachten ist, dass die Entscheidung des Bundesverfassungsgerichts vom 33
25.1.2011 eine Änderung der höchstrichterlichen Rechtsprechung und damit
einen **Abänderungsfall** gem. §§ 238 Abs. 1, Abs. 4, 239 FamFG darstellt.[46]

§ 1582 BGB Rang des geschiedenen Ehegatten bei mehreren Unterhaltsberechtigten

Sind mehrere Unterhaltsberechtigte vorhanden, richtet sich der Rang des geschiedenen Ehegatten nach § 1609.

I. Allgemeines

Seit Inkrafttreten der Unterhaltsreform am 1.1.2008 gelten die in § 1609 gere- 1
gelten Rangverhältnisse, die eine grundlegende Neuordnung erfahren haben.
§ 1582 ist bloße **Verweisungsvorschrift.** Die nach der früheren Rechtslage ver-
streuten Bestimmungen zu unterhaltsrechtlichen Rangfragen wurden durch die
Verweisung in der Vorschrift des § 1609 zentral zusammengefasst.[1]

II. Rangverhältnis se

Die vorrangigen Ansprüche sind zunächst durch Vorwegabzug zu berücksichti- 2
gen. Der erstrangige Kindesunterhalt ist anhand des um Vorteile für nachrangige
Unterhaltsberechtigte (zB Splittingvorteil) reduzierten Einkommens zu bestimmen. Auf zweiter Stufe stehen die geschiedenen Ehegatten, die nach § 1570 berechtigt sind, sowie die geschiedenen Ehegatten aus Ehen von langer Dauer und
damit konkurrierend der Anspruch des neuen Ehegatten auf Familienunterhalt
(hierzu ausführlich → § 1609 Rn. 2 ff.).

§ 1583 BGB Einfluss des Güterstands

Lebt der Verpflichtete im Falle der Wiederheirat mit seinem neuen Ehegatten im Güterstand der Gütergemeinschaft, so ist § 1604 entsprechend anzuwenden.

I. Allgemeines

Bei Zusammentreffen von Unterhaltsansprüchen des früheren Ehegatten mit An- 1
sprüchen des jetzigen Ehegatten gilt für die Rangfolge § 1582 iVm § 1609. Die
Rangfolge beeinflusst allerdings nicht die Bedarfsbemessung, sondern entfaltet
unmittelbare Wirkung nur im Mangelfall auf der Leistungsebene.[1]

Im Unterschied zum Güterstand der Zugewinngemeinschaft, bei der grundsätzlich Vermögenstrennung besteht, kann bei der Gütergemeinschaft als Gemeinschaft zur gesamten Hand keine Vermögenstrennung fingiert werden. Andererseits kann der geschiedene Ehegatte durch die Wahl des Güterstandes in der
neuen Ehe auch nicht schlechter gestellt werden.

Zu bedenken ist insbesondere, dass auch Lohn- und Gehaltsforderungen, soweit
sie der Pfändung unterworfen sind, in das Gesamtgut fallen.[2] § 1583 fingiert
deshalb entsprechend § 1604, dass das Gesamtgut dem Verpflichteten allein gehört (§ 1604 S. 1).

---

46 Vgl. hierzu Borth FamRZ 2011, 445 (451) mit weiteren Einzelheiten.
1 BT-Drs. 16/1830, 22.
1 BVerfG FamRZ 2011, 437 (444), Erwägungsgrund 72.
2 Gernhuber/Coester-Waltjen § 38 IV 1.

II. Leistungsfähigkeit des Verpflichteten bei Vereinbarung der Gütergemeinschaft

2 Die Leistungsfähigkeit des Unterhaltsverpflichteten bestimmt sich neben dem Sonder- und Vorbehaltsgut (§§ 1417, 1418) des Verpflichteten auch nach dem Gesamtgut, jedoch nicht nach dem Sonder- und Vorbehaltsgut des neuen Ehegatten. Dies kann dazu führen, dass der Unterhaltsberechtigte besser gestellt wird als im Falle des gesetzlichen Güterstandes: unter Umständen kann die in den §§ 1583, 1604 angeordnete Fiktion sogar die Leistungsfähigkeit des Verpflichteten erst begründen. Die mögliche Besserstellung des Berechtigten wird allenfalls durch § 1604 S. 2 relativiert.

§ 1584 BGB   Rangverhältnisse mehrerer Unterhaltsverpflichteter

[1]Der unterhaltspflichtige geschiedene Ehegatte haftet vor den Verwandten des Berechtigten. [2]Soweit jedoch der Verpflichtete nicht leistungsfähig ist, haften die Verwandten vor dem geschiedenen Ehegatten. [3]§ 1607 Abs. 2 und 4 gilt entsprechend.

I. Allgemeines

1 Da der Unterhaltsbedarf des Ehegatten in der Ehe bestimmt wird, haftet der andere Ehegatte grundsätzlich vor den Verwandten des Berechtigten. Dieser Vorrang gilt für alle gesetzlichen sowie vertraglichen Unterhaltsansprüche, durch die gesetzliche Unterhaltsansprüche konkretisiert bzw. modifiziert werden.

II. Haftung der Verwandten

2 Nach S. 2 haften die Verwandten nur dann, soweit der primär haftende Ehegatte gem. § 1581 nicht leistungsfähig ist, und sie selbst gem. §§ 1601 ff. zum Unterhalt verpflichtet sind. Ein Anspruchsübergang gem. § 1607 Abs. 2 findet nicht statt.

III. Haftungsmaßstab

3 Die Haftung der Verwandten umfasst nach dem Wortlaut des § 1584 den Restbetrag, der sich aus der **Differenz** zwischen dem eheangemessenen Unterhalt und dem angemessenen Selbstbehalt des primär Verpflichteten ergibt. Die Haftung ist auf den nach dem Verwandtenunterhalt geschuldeten Betrag begrenzt. Sie umfasst nicht den Vorsorgeunterhalt (§ 1578 Abs. 3). Die Einwendung des § 1581 gilt für die nachrangig haftenden Verwandten entsprechend.

IV. Wegfall der Haftung

4 Steht dem Unterhaltsanspruch ein ehebezogener Ausschlussgrund gem. § 1579 entgegen und ist dieser zugleich ein unter § 1611 fallender Ausschlussgrund, entfällt die Haftung der Verwandten.

V. Ersatzhaftung

5 Besteht ein Unterhaltsanspruch gegen den geschiedenen Ehegatten und ist dieser trotz Leistungsfähigkeit nur nicht durchsetzbar (zB wenn ein Urteil im Ausland vollstreckt werden müsste oder der Aufenthalt des Unterhaltsschuldners schwer ermittelbar ist), **haften die Verwandten** an Stelle des geschiedenen Ehegatten für

den Unterhalt entsprechend § 1607 Abs. 2.[1] In diesem Fall können die Verwandten den primär verpflichteten geschiedenen Ehegatten aufgrund des Anspruchsübergangs in Regress nehmen.

VI. Darlegungs- und Beweislast

Der **unterhaltsberechtigte Ehegatte**, der die Verwandten in Anspruch nehmen 6
möchte, muss darlegen und beweisen, dass der andere Ehegatte nicht leistungsfähig bzw. die Rechtsverfolgung nur schwer durchsetzbar ist. Ferner muss er die Gefährdung seines eigenen angemessenen Unterhalts sowie die Leistungsfähigkeit der in Anspruch genommenen Verwandten darlegen und beweisen.[2]

Kapitel 4
Gestaltung des Unterhaltsanspruchs

§ 1585 BGB Art der Unterhaltsgewährung

(1) [1]Der laufende Unterhalt ist durch Zahlung einer Geldrente zu gewähren. [2]Die Rente ist monatlich im Voraus zu entrichten. [3]Der Verpflichtete schuldet den vollen Monatsbetrag auch dann, wenn der Unterhaltsanspruch im Laufe des Monats durch Wiederheirat oder Tod des Berechtigten erlischt.

(2) Statt der Rente kann der Berechtigte eine Abfindung in Kapital verlangen, wenn ein wichtiger Grund vorliegt und der Verpflichtete dadurch nicht unbillig belastet wird.

I. Geldrente (Abs. 1)

Abs. 1 S. 2 regelt, dass auch der volle Monatsbetrag für den Monat geschuldet 1
ist, in dem der Berechtigte sich wieder verheiratet und der Unterhaltsanspruch nach § 1586 Abs. 1 erlischt. Dies gilt auch bei Eingehung einer Lebenspartnerschaft gem. § 1586 a Abs. 1.

Der Unterhalt ist monatlich im Voraus geschuldet, muss also bis zum 1. eines 2
jeden Monats gezahlt werden. Für die **Rechtzeitigkeit der Leistung** kommt es auf die Absendung an, für den Regelfall der Kontoüberweisung auf den Überweisungsauftrag an die überweisende Bank. Bei Kontenüberweisung muss sich der Berechtigte mit der Zahlung auf ein bestimmtes Konto einverstanden erklären, da andernfalls nur eine Leistung an Erfüllung statt vorliegt.

Aufgrund des Risikos, dass der Unterhaltsverpflichtete jederzeit seine Zahlung einstellen kann, hat der Berechtigte einen **Anspruch auf Titulierung**, und zwar auch dann, wenn bisher pünktlich und regelmäßig Unterhalt gezahlt worden ist.[1]

Der Unterhaltsberechtigte muss vom Verpflichteten geleistete Vorauszahlungen 3
auf monatlich fälligen Nachscheidungsunterhalt nur für maximal einen Zeitraum von sechs Monaten akzeptieren. Der Bundesgerichtshof leitet diese Frist

---

1 Palandt/Brudermüller § 1584 Rn. 6; fraglich ist allerdings, ob generell von einer nicht durchsetzbaren Forderung gesprochen werden kann, wenn ein inländischer Titel im europäischen Ausland vollstreckt werden muss, oder dies bei Möglichkeit eines europäischen Vollstreckungstitels für unbestrittene Forderungen nicht gilt.
2 Palandt/Brudermüller § 1584 Rn. 8.
1 BGH FamRZ 1998, 1165.

aus § 271 Abs. 2 ab, da die Dreimonatsfrist gem. §§ 614 Abs. 2, 760 Abs. 2, 1360 a Abs. 3, 1361 Abs. 4 nicht für den nachehelichen Unterhalt gilt, der Gläubiger aber dennoch nach Art der Rente ein geschütztes Interesse hat, die Leistung nicht für einen längeren Zeitraum als sechs Monate im Voraus annehmen zu müssen. Zahlt der Unterhaltsverpflichtete im Voraus für mehr als sechs Monate, riskiert er, nochmals leisten zu müssen, wenn sich der Unterhaltsberechtigte die Vorauszahlung falsch einteilt oder aber das Geld verloren geht. Aus Abs. 2 (Leistung einer Abfindung) ergibt sich jedoch, dass selbstverständlich im Rahmen einer *vertraglichen* Regelung auch Vorausleistungen für einen größeren Zeitraum als sechs Monate vereinbart werden können.

Erfüllung der Unterhaltsverpflichtung durch **Aufrechnung** ist grundsätzlich nicht möglich, da auf gesetzlicher Vorschrift beruhende Unterhaltsrenten **unpfändbar** sind und demnach einem **Aufrechnungsverbot** gem. § 394 unterliegen (§ 850 b Abs. 1 Nr. 2 ZPO).

Auch wenn gesetzliche Unterhaltsansprüche vertraglich modifiziert werden, gilt das Aufrechnungsverbot. Das Aufrechnungsverbot gilt auch in Bezug auf die Erstattung von Realsplittingnachteilen.[2]

II. Kapitalabfindung (Abs. 2)

4 Liegt ein wichtiger Grund vor, kann der Unterhaltsberechtigte (nicht der Verpflichtete) statt einer monatlichen Unterhaltszahlung eine Kapitalabfindung verlangen, wenn ein **wichtiger Grund** vorliegt und der Verpflichtete hierdurch **nicht unbillig belastet** wird. Der Anspruch auf Kapitalabfindung ist ein Geldzahlungsanspruch und nicht auf Übertragung eines bestimmten Gegenstandes gerichtet.[3]

5 **1. Wichtiger Grund.** Ein wichtiger Grund ist gegeben, wenn wegen des Verhaltens des Unterhaltsverpflichteten befürchtet werden muss, dass eine dauerhafte Erfüllung des Unterhaltsanspruches gefährdet ist, indem der Unterhaltsverpflichtete durch verschwenderische Ausgaben seine **Leistungsunfähigkeit herbeiführt**. Keinen wichtigen Grund stellt die Wiederverheiratung des Verpflichteten dar.

6 **2. Unbillige Belastung.** Es ist abzuwägen zwischen dem Grund für das Abfindungsverlangen einerseits und der Belastung des Verpflichteten durch den Kapitalabfindungsanspruch andererseits. Insgesamt darf auch der angemessene Unterhalt des Verpflichteten sowie die Erfüllung weiterer Verpflichtungen, wie zum Beispiel Unterhaltsverpflichtungen gegenüber anderen, nicht gefährdet werden.

Eine unbillige Belastung ist anzunehmen, wenn der Verpflichtete die Abfindung nur durch aufwendigen und verlustreichen Verkauf von Vermögensgegenständen leisten kann.[4]

Die vorgenannten Kriterien sind bei einer vertraglich vereinbarten Abfindung unbeachtlich.

7 **3. Höhe der Abfindung.** Sie richtet sich nach den allgemeinen Grundsätzen für die Kapitalisierung von Renten auf der Grundlage des gegenseitigen Unterhaltsanspruchs unter Berücksichtigung seiner voraussichtlichen Dauer (Lebenserwartung) sowie eventuell absehbarer Veränderungen hinsichtlich Bedürftigkeit und

---

2 BGH FamRZ 1997, 544.
3 Palandt/Brudermüller § 1585 Rn. 5; JH/Hammermann § 1585 Rn. 9.
4 BT-Drs. 7/650, 146.

Leistungsfähigkeit. Mit der Kapitalabfindung **erlischt die Unterhaltspflicht.** Wird eine Kapitalabfindung vertraglich vereinbart, erlischt die Unterhaltspflicht mit dem Zustandekommen der Vereinbarung und nicht erst mit Zahlung.[5] Ist die Kapitalabfindung durch Gerichtsentscheidung zuerkannt, erlischt die Unterhaltspflicht mit Eintritt der Rechtskraft.

Die Vorschriften über den Pfändungsschutz (§ 850 b ZPO) sowie das Pfändungsvorrecht (§ 850 d ZPO) finden nach hM auf den Abfindungsanspruch keine Anwendung, da es sich nicht mehr um eine auf Gesetz beruhende Unterhaltsrente handelt.

§ 1585 a BGB   Sicherheitsleistung

(1) [1]Der Verpflichtete hat auf Verlangen Sicherheit zu leisten. [2]Die Verpflichtung, Sicherheit zu leisten, entfällt, wenn kein Grund zu der Annahme besteht, dass die Unterhaltsleistung gefährdet ist oder wenn der Verpflichtete durch die Sicherheitsleistung unbillig belastet würde. [3]Der Betrag, für den Sicherheit zu leisten ist, soll den einfachen Jahresbetrag der Unterhaltsrente nicht übersteigen, sofern nicht nach den besonderen Umständen des Falles eine höhere Sicherheitsleistung angemessen erscheint.

(2) Die Art der Sicherheitsleistung bestimmt sich nach den Umständen; die Beschränkung des § 232 gilt nicht.

I. Anwendungsbereich

Die praktische Bedeutung der Vorschrift ist gering, da bei objektiv bestehender 1 Gefährdung des Unterhaltsanspruches überwiegend eine Sicherheit gar nicht mehr beizutreiben ist. Der Anwendungsbereich des Abs. 1 reduziert sich damit auf die Fälle **unpünktlicher bzw. unvollständiger Unterhaltszahlungen,** aufgrund derer der Unterhaltsverpflichtete zwar die Gefährdungslage nicht ausräumen kann, jedoch Vermögen vorhanden ist, aus dem die Sicherheitsleistung erbracht werden kann. Der Anspruch auf Sicherheitsleistung ist an keine weiteren Voraussetzungen geknüpft, insbesondere wird eine Gefährdung des Unterhaltsanspruches nicht vorausgesetzt.

II. Verhältnis zum einstweiligen Rechtsschutz

Grundsätzlich kann der Unterhaltsgläubiger wählen, ob er im Wege des einst- 2 weiligen Rechtsschutzes (§§ 916 ff. ZPO) den materiellen Unterhaltsanspruch oder den materiellen Anspruch auf Sicherheitsleistung gem. § 1585 a durchsetzen will. Das summarische Verfahren des einstweiligen Rechtsschutzes setzt allerdings zusätzlich einen Arrestgrund gem. § 917 ZPO voraus.

III. Einwendungen des Unterhaltsschuldners

1. Gefährdung der Unterhaltsleistung. Da die Gefährdung der Unterhaltsleis- 3 tung keine Anspruchsvoraussetzung für die Sicherheitsleistung ist, muss der **Unterhaltsverpflichtete** darlegen und beweisen, dass eine Gefährdung nicht besteht, um diese anspruchsmindernd geltend zu machen. Es genügt, wenn der Unterhaltspflichtige darlegt und beweist, dass Unterhalt fortdauernd pünktlich bezahlt wird und für die Zukunft keine Gefährdung besteht. Die Aufgabe des Ar-

---

5   Soergel § 1585 Rn. 13.

beitsplatzes, insbesondere wenn sie mit einer Abfindung verbunden ist, kann Anhaltspunkt für eine Gefährdung sein.[1]

4   **2. Unbillige Belastung.** Es kann eine unbillige Belastung vorliegen, wenn der Verpflichtete durch die Gewährung einer Sicherheitsleistung gezwungen wäre, sein Vermögen bei ungünstiger Marktlage zu veräußern oder seine wirtschaftliche Existenz zu gefährden (→ § 1585 Rn. 6).

5   **3. Art der Sicherheit.** Trifft das Gericht keine Regelung über die Art der Sicherheitsleistung, gilt die Vorschrift des § 232. Im Übrigen ist das Gericht nicht an die Beschränkungen des § 232 gebunden, sondern hat sich bei der Art der Sicherheitsleistung nach dem Verhältnismäßigkeitsgrundsatz zu orientieren. Als Sicherheitsleistungen können jedoch nicht künftige Lohn- und Gehaltsansprüche abgetreten werden, da diese über die bloße Sicherung der Ansprüche hinausgehen.[2]

6   **4. Höhe der Sicherheit.** Abs. 1 S. 3 sieht vor, dass die Regelhöhe dem einfachen Jahresbetrag der Unterhaltsrente entspricht. Die Regelhöhe kann jedoch je nach den Umständen des Einzelfalles unter- bzw. überschritten werden.

IV. Verfahren und Beweislast

7   Die Anordnung der Sicherheitsleistung erfolgt nicht von Amts wegen, sondern **auf Antrag** des Unterhaltsgläubigers (§ 308 Abs. 1 ZPO). Der Antrag auf Sicherheitsleistung kann zusammen mit dem Leistungsantrag auf Unterhalt im Unterhaltsprozess gestellt werden. Es ist auch möglich, nach Abschluss des Unterhaltsverfahrens bei sich andeutender Verschlechterung der Vermögensverhältnisse, den Antrag im Wege der Nachtragsklage (§ 113 FamFG iVm § 324 ZPO) zu stellen.[3] Die Nachtragsklage gem. § 324 ZPO ist hierfür eine Sonderregelung, so dass der Anwendungsbereich des § 323 ZPO nicht eröffnet ist. Im Rahmen der Nachtragsklage muss der Unterhaltsgläubiger nicht darlegen und beweisen, dass sich die Vermögenslage nachträglich verschlechtert hat bzw. eine Gefährdung des Unterhaltsanspruches gegeben ist. Vielmehr muss der Unterhaltsschuldner dartun und beweisen, dass eine Gefährdung nicht vorliegt.

§ 1585 b BGB   Unterhalt für die Vergangenheit

(1) Wegen eines Sonderbedarfs (§ 1613 Abs. 2) kann der Berechtigte Unterhalt für die Vergangenheit verlangen.

(2) Im Übrigen kann der Berechtigte für die Vergangenheit Erfüllung oder Schadensersatz wegen Nichterfüllung nur entsprechend § 1613 Abs. 1 fordern.

(3) Für eine mehr als ein Jahr vor der Rechtshängigkeit liegende Zeit kann Erfüllung oder Schadensersatz wegen Nichterfüllung nur verlangt werden, wenn anzunehmen ist, dass der Verpflichtete sich der Leistung absichtlich entzogen hat.

I. Sonderbedarf (Abs. 1)

1   Gem. Abs. 1 kann Sonderbedarf im Rahmen des nachehelichen Unterhalts auch **für die Vergangenheit** verlangt werden. Abs. 1 verweist auf § 1613 Abs. 2 in des-

---

1   Palandt/Brudermüller § 1585 a Rn. 3.
2   BT-Drs. 7/650, 147.
3   Zöller/Vollkommer ZPO § 324 Rn. 1 f.

sen Fassung ab dem 1.7.1998. Zum Begriff des Sonderbedarfs in den Einzelfällen → § 1613 Rn. 18 ff.

II. Laufender Unterhalt (Abs. 2)

In der Neufassung verweist Abs. 2 auf § 1613 Abs. 1 und vereinheitlicht damit 2 die Voraussetzungen für das Verlangen auf Unterhalt für die Vergangenheit, da ein hinreichender Grund für die Differenzierung zwischen nachehelichem Unterhalt und Trennungsunterhalt nach der bisherigen Regelung vor der Unterhaltsreform fehlt.[1]

Hat der Unterhaltsberechtigte hingegen seinen Unterhaltsanspruch nach Auskunftserteilung in der Vergangenheit beziffert, ohne sich eine Erhöhung im Hinblick auf noch nicht erteilte Auskünfte vorzubehalten, findet eine rückwirkende Erhöhung des nach ergänzter Auskunft bezifferten nachehelichen Unterhalts nicht statt.[2]

Im Abänderungsverfahren kann gem. § 238 Abs. 3 S. 2 FamFG auch für die Zeit vor Anhängigkeit rückständiger Unterhalt verlangt werden.[3]

III. Einschränkungen (Abs. 3)

Gem. Abs. 3 kann für eine mehr als ein Jahr vor Rechtshängigkeit liegende Zeit 3 Unterhalt nur verlangt werden, wenn sich der Unterhaltsverpflichtete der Leistung absichtlich entzogen hat.

Ein **absichtlicher Leistungsentzug** besteht in jedem **zweckgerichteten Verhalten** des Unterhaltspflichtigen, das die zeitnahe Realisierung der Unterhaltsschuld zu verhindern oder zumindest wesentlich zu erschweren versucht.[4] Eine Zahlungseinstellung der Unterhaltsleistung reicht hierfür aber nicht aus.[5] Ein absichtlicher Leistungsentzug liegt hingegen vor, wenn der Unterhaltsschuldner absichtlich seinen Wohnsitzwechsel nicht anmeldet, um die Geltendmachung von Unterhaltsansprüchen zu erschweren oder aber einer vertraglichen Verpflichtung, Einkommensveränderungen mitzuteilen, nicht unaufgefordert nachkommt.

Ansonsten kann Unterhalt für die Vergangenheit für eine **mehr als ein Jahr** vor Rechtshängigkeit liegende Zeit nicht verlangt werden. Zweck dieser Regelung, die eine Ausformung des Rechtsinstitutes der **Verwirkung** darstellt, ist der Schutz des Schuldners vor einer übergroßen Schuldenlast.[6]

Für die Jahresfrist gilt die Vorwirkung des § 167 ZPO, wenn die Zustellung 4 demnächst erfolgt bzw. die Klage erst nach Entscheidung über das VKH-Gesuch zugestellt wird.[7] Die Stellung eines Verfahrenskostenhilfeantrages reicht zur Wahrung der Jahresfrist nicht aus, da noch keine Rechtshängigkeit eingetreten ist.[8]

---

1 BT-Drs. 16/1830, 4, 40.
2 BGH NJW 2013, 161; vgl. hierzu auch BGH FamRZ 2009, 1024 (1026); Keuter FamRZ 2009, 1024 (1026).
3 Palandt/Brudermüller § 1585 b Rn. 1.
4 BGH FamRZ 1989, 150 (152); BGH FamRZ 2005, 440.
5 OLG Köln FamRZ 1997, 426.
6 BGH FamRZ 1989, 150 (152).
7 OLG Düsseldorf FamRZ 2002, 327 (zu § 270 Abs. 3 ZPO aF).
8 OLG Karlsruhe FamRZ 2002, 1039.

Abs. 3 gilt auch für vertragliche Unterhaltsregelungen, für Sonderbedarf nach Abs. 1 sowie für Ansprüche, die auf Sozialhilfeträger übergegangen sind.[9] Abs. 3 gilt auch für Schadensersatzansprüche aus Verzug,[10] hingegen nicht für Ausgleichsansprüche wegen steuerlicher Nachteile des Ehegattenrealsplittings.[11]

IV. Verjährung und Beweislast

5 **1. Verjährung.** Unterhaltsansprüche verjähren gem. § 197 Abs. 2 in drei Jahren. Dies gilt auch in den Fällen der absichtlichen Leistungsentziehung nach § 1585 b Abs. 3.

6 **2. Verwirkung.** Beruft sich der Unterhaltspflichtige in den Fällen absichtlichen Leistungsentzuges auf Verwirkung nach Ablauf der Jahresfrist, so scheidet diese als Einwand vor Ablauf der Verjährungsfrist regelmäßig aus, da sich der Unterhaltspflichtige andernfalls widersprüchlich verhalten würde.[12] Nach OLG Schleswig[13] soll eine Verwirkung trotz Wahrung der Jahresfrist möglich sein, wenn Zeit- und Umstandsmoment gegeben sind. Hiergegen spricht jedoch, dass § 1585 b eine Sonderregelung der Verwirkung darstellt.[14]

7 **3. Beweislast.** Der Unterhaltsberechtigte hat zu beweisen, dass der Unterhalt fällig und **Verzug** eingetreten ist. Der Unterhaltspflichtige muss beweisen, dass er den Verzug **nicht zu vertreten** hat. Im Rahmen des § 1585 b Abs. 3 muss der Unterhaltsberechtigte darlegen, dass sich der Unterhaltspflichtige seiner Leistungspflicht absichtlich entzogen hat und dies gegebenenfalls beweisen. Hierauf kann der Verpflichtete Tatsachen vortragen, die die Vermutung eines absichtlichen Leistungsentzuges erschüttern.[15]

§ 1585 c BGB Vereinbarungen über den Unterhalt

[1]Die Ehegatten können über die Unterhaltspflicht für die Zeit nach der Scheidung Vereinbarungen treffen. [2]Eine Vereinbarung, die vor der Rechtskraft der Scheidung getroffen wird, bedarf der notariellen Beurkundung. [3]§ 127 a findet auch auf eine Vereinbarung Anwendung, die in einem Verfahren in Ehesachen vor dem Prozessgericht protokolliert wird.

I. Allgemeines

1 Ehegatten können über die Unterhaltspflicht für die Zeit nach Scheidung Vereinbarungen treffen.

2 Anders als beim Trennungs- und Kindesunterhalt (§§ 1361 Abs. 4 S. 4, 1360 a Abs. 3, 1614) gilt für den Unterhalt zwischen Ehegatten nach Scheidung **grundsätzlich Vertragsfreiheit** (zur Definition des Ehevertrages → § 1408 Rn. 3).

Vereinbarungen über den Unterhalt für die Zeit nach der Scheidung können vor der Eheschließung, im Zusammenhang mit der Eheschließung und natürlich auch danach geschlossen werden.

---

9 BGH FamRZ 1987, 1014.
10 Palandt/Brudermüller § 1585 b Rn. 5; aA OLG Hamm FamRZ 1995, 613.
11 BGH FamRZ 2005, 1162.
12 BGH FamRZ 2003, 449; großzügiger BGH FamRZ 2002, 1698.
13 OLG Schleswig FamRZ 2000, 889.
14 OLG Düsseldorf FamRZ 2002, 327; vgl. auch BGH FamRZ 2003, 449.
15 BGH FamRZ 1989, 150 (153).

Mit **Inkrafttreten der Unterhaltsreform** müssen Vereinbarungen, die vor Rechtskraft der Scheidung getroffen werden, **notariell beurkundet** werden (§ 128). Die Mitwirkung eines Notars soll eine parteiunabhängige und fachlich qualifizierte Beratung gewährleisten, um die vertragsschließenden Eheleute vor einer übereilten Regelung, deren Tragweite sie vor der Scheidung regelmäßig nicht überblicken können, zu schützen.[1] Ein in der Ehesache[2] gerichtlich protokollierter Vergleich ersetzt die erforderliche notarielle Beurkundung. Nach Auffassung des BGH kann eine Vereinbarung über Scheidungsfolgen, wie zB über den Nachscheidungsunterhalt, auch im Verfahren wegen Trennungsunterhalt formwirksam gerichtlich protokolliert werden.[3] Einschränkend wird gefordert, dass der Vergleich zum Nachscheidungsunterhalt in einem Verfahren geschlossen wird, das einen sachlichen Bezug zum Unterhalt hat und an dem kein Dritter beteiligt ist.[4]

II. Inhaltliche Gestaltungsmöglichkeiten

1. Unterhaltsausschluss. Der Verzicht kann dem Umfang nach vollständig, teilweise oder auf bestimmte Unterhaltsteile beschränkt sein. Ebenso ist eine Bedingung oder Befristung möglich. Im Zweifel umfasst ein Verzicht auch den **Notbedarf**, so dass sich im Rahmen von Vereinbarungen empfiehlt, gegebenenfalls ausdrücklich den Notbedarf vom Verzicht auszunehmen, damit das Existenzminimum gewahrt bleibt.   3

2. Unterhaltsmodifizierung. Wird in einer Unterhaltsvereinbarung kein eigenständiger Schuldgrund geschaffen (Novation), sondern lediglich der **gesetzliche Unterhaltsanspruch modifiziert bzw. konkretisiert**, bleiben die allgemeinen unterhaltsrechtlichen Vorschriften und verfassungsrechtlichen Vorgaben weiterhin anwendbar. Tatsächlichen Veränderungen nach Abschluss der Vereinbarung wird über die Regelung des Wegfalls der Geschäftsgrundlage Rechnung getragen.[5]   4

Anders verhält es sich im Fall der **Novation**, wenn die vertraglich vereinbarte Unterhaltpflicht auf einen eigenständigen, von den gesetzlichen Vorgaben losgelösten Schuldgrund gestützt wird.

Im Zweifel ist lediglich von einer die gesetzliche Regelung modifizierenden Vereinbarung auszugehen.

3. Auslegung. Ein Unterhaltsausschluss oder Verzicht kann wegen der weitreichenden Folgen nicht ohne Weiteres aus den Erklärungsumständen oder im Wege schlüssigen Verhaltens angenommen werden. Vielmehr muss der **Verzichtswille eindeutig zum Ausdruck gebracht werden.** Die Grundsätze des Wegfalls der Geschäftsgrundlage gelten bei Vereinbarung einer unterhaltsrechtlichen Abfindung im Falle der Wiederverheiratung des Berechtigten nicht.[6]   5

---

1 BT-Drs. 16/1830, 40.
2 So der Wortlaut des § 1585 c S. 3.
3 BGH FamRZ 2014, 728.
4 Anm. Maurer FamRZ 2014, 730; Anm. Kogel, FF 2014, 249.
5 BGH FamRZ 2012, 525.
6 BGH FamRZ 2005, 1662.

III. Wirksamkeitskontrolle

6 **1. Richterliche Inhaltskontrolle.** In grundlegenden Entscheidungen haben das Bundesverfassungsgericht[7] und der Bundesgerichtshof[8] Ausführungen zur Unwirksamkeit von Eheverträgen gemacht, die zu einer wesentlichen Einschränkung der Vertragsfreiheit mit familienrechtlichem Regelungsgehalt geführt haben.

Die besondere richterliche Inhaltskontrolle bezieht sich in erster Linie auf die Hauptfallgruppe **gestörter Vertragsparität**. In diesen Fällen geht es um Vereinbarungen, in denen einem Vertragspartner eine seinen Interessen eindeutig widersprechende Regelung aufgebürdet wird (zur richterlichen Inhaltskontrolle von Eheverträgen im Güterrecht und Versorgungsausgleich → § 1408 Rn. 21 ff.).

Eine Beanstandung im Rahmen der Inhaltskontrolle ist umso wahrscheinlicher, je intensiver die Vereinbarung in den Kernbereich des Scheidungsfolgenrechts eingreift. Nach der **Kernbereichslehre**[9] steht der Unterhaltsanspruch wegen Kindesbetreuung (§ 1570) bei der Wirksamkeitskontrolle an erster Stelle.

Von gestörter Vertragsparität ist auszugehen, wenn der die Kinder betreuende Elternteil auf Unterhalt nach § 1570 verzichtet, aber eine Regelung zur Freistellung von Kindesunterhalt nicht getroffen wird.

Im Einzelfall ist das Vorliegen einer **Unterlegenheitsposition** zu prüfen. Maßgebende Kriterien hierfür sind zB die Vermögenslage und berufliche Qualifikation des auf Unterhalt verzichtenden Elternteils sowie die konkreten Umstände bei Vertragsschluss (zB Schwangerschaft).[10]

7 **2. Folgen der Wirksamkeitskontrolle.** In einem ersten Schritt ist eine Wirksamkeitskontrolle gem. § 138 Abs. 1 in Form einer Bestandskontrolle vorzunehmen, die sich auf den **Zeitpunkt des Vertragsschlusses** bezieht und die individuellen Verhältnisse der Ehegatten in einer Gesamtschau würdigt (→ § 1408 Rn. 17).

Bei Sittenwidrigkeit einzelner Klauseln ist in der Regel der gesamte Vertrag nichtig.[11]

Gelangt man hingegen zum Ergebnis, dass der Ehevertrag zwar zu beanstanden, jedoch nicht sittenwidrig ist, wird im Wege der **Ausübungskontrolle** gem. § 242 überprüft, ob und inwieweit ein Ausschluss gesetzlicher Scheidungsfolgen (zB § 1570) aufgrund der aktuellen Verhältnisse missbräuchlich erscheint. Hieraus folgt dann eine **Anpassung** des Vertrages an die aktuellen Verhältnisse (→ § 1408 Rn. 18).

Während sich die Inhaltskontrolle von Verträgen vor oder bei Eheschließung auf die Regelung von noch abstrakten Scheidungsfolgen bezieht, werden Trennungsvereinbarungen in Kenntnis der konkreten Auswirkungen einer Trennung geschlossen und sind damit verstärkt Ausdruck der Eigenverantwortung der Eheleute.[12] Die Wirksamkeitskontrolle von Eheverträgen, die nach der Trennung geschlossen wurden, wird deshalb in den meisten Fällen anders ausfallen als die vor oder anlässlich der Eheschließung geschlossener Verträge.

---

7 BVerfG FamRZ 2001, 343 mAnm Schwab; FamRZ 2001, 985.
8 BGH FamRZ 2004, 601 mAnm Borth; 2005, 185; 2005, 691 mAnm Bergschneider.
9 BGH FamRZ 2004, 601 (605 ff.).
10 Vgl. Palandt/Brudermüller § 1585 c Rn. 16.
11 BGH FamRZ 2006, 1097.
12 OLG Stuttgart FamRZ 1998, 1296.

IV. Darlegungs- und Beweislast

Die Partei, die sich auf die Unwirksamkeit oder die Notwendigkeit einer Anpas- 8
sung beruft, hat die entsprechenden Umstände darzulegen und zu beweisen.

Kapitel 5
Ende des Unterhaltsanspruchs

§ 1586 BGB   Wiederverheiratung, Begründung einer Lebenspartnerschaft oder Tod des Berechtigten

(1) Der Unterhaltsanspruch erlischt mit der Wiederheirat, der Begründung einer Lebenspartnerschaft oder dem Tode des Berechtigten.

(2) [1]Ansprüche auf Erfüllung oder Schadensersatz wegen Nichterfüllung für die Vergangenheit bleiben bestehen. [2]Das Gleiche gilt für den Anspruch auf den zur Zeit der Wiederheirat, der Begründung einer Lebenspartnerschaft oder des Todes fälligen Monatsbetrag.

I. Erlöschen des Unterhaltsanspruchs (Abs. 1)

1. Wiederheirat, Begründung einer Lebenspartnerschaft. Mit der Wiederheirat 1
oder der Begründung einer neuen Lebenspartnerschaft erlangt der Unterhaltsberechtigte einen neuen Unterhaltsanspruch aus §§ 1360 ff., so dass der eheliche
bzw. partnerschaftliche Unterhaltsanspruch erlischt. Voraussetzung ist eine
rechtswirksame zweite Heirat bzw. Lebenspartnerschaft nach § 1 LPartG.

Mit der Wiederheirat bzw. Begründung einer Lebenspartnerschaft nicht gleichzustellen sind eheähnliche bzw. partnerschaftsähnliche Verhältnisse. Deren Begründung kann sich allenfalls im Rahmen der Bedürftigkeit oder aber gem.
§ 1579 Nr. 6 oder 7 bzw. § 16 Abs. 2 LPartG auswirken.

Abs. 1 ist analog auf den Unterhaltsanspruch nach § 1615 l anwendbar, wenn
der nach § 1615 l berechtigte Elternteil wieder heiratet oder eine Lebenspartnerschaft begründet.[1]

2. Tod des Berechtigten. Grundsätzlich erlischt mit dem Tod des Unterhaltsbe- 2
rechtigten der Unterhaltsanspruch. Nur wenn der Unterhaltsanspruch im Sinne
einer Novation verselbständigt wurde (zB wechselseitiger Unterhaltsverzicht
gegen Zahlung einer Leibrente bis zum Tode), kann Abs. 1 vertraglich ausgeschlossen werden. Hierzu bedarf es einer klaren Regelung.[2] Ebenso erlischt der
Anspruch eines Unterhaltsberechtigten auf Zahlung eines fälligen Anspruches
einer vereinbarten Unterhaltsabfindung nicht, weil in der Regel die Unsicherheit
der künftigen Anspruchsentwicklung bei der Kalkulation der Abfindungssumme
eingeflossen ist.[3]

II. Unterhalt für die Vergangenheit (Abs. 2)

Rückständiger Unterhalt, der bis zum Tod, der Wiederverheiratung bzw. der Be- 3
gründung einer Lebenspartnerschaft nicht bezahlt wurde, sowie Schadensersatz-

---

1   BGH FamRZ 2005, 347; Palandt/Brudermüller § 1586 Rn. 1.
2   OLG Bamberg FamRZ 1999, 1278; OLG Koblenz FamRZ 2002, 1040.
3   BGH FamRZ 2005, 1662.

ansprüche wegen Nichterfüllung erlöschen nicht, soweit § 1585 b Abs. 3 nicht entgegensteht.

Eine taggenaue Berechnung findet nach dem Rechtsgedanken des § 1613 Abs. 1 S. 2 nicht statt, so dass für den Monat, in den die Wiederheirat bzw. die Begründung einer Lebenspartnerschaft oder der Tod fällt, der gesamte fällige Monatsbetrag verlangt werden kann.

§ 1586 a BGB Wiederaufleben des Unterhaltsanspruchs

(1) Geht ein geschiedener Ehegatte eine neue Ehe oder Lebenspartnerschaft ein und wird die Ehe oder Lebenspartnerschaft wieder aufgelöst, so kann er von dem früheren Ehegatten Unterhalt nach § 1570 verlangen, wenn er ein Kind aus der früheren Ehe oder Lebenspartnerschaft zu pflegen oder zu erziehen hat.

(2) [1]Der Ehegatte der später aufgelösten Ehe haftet vor dem Ehegatten der früher aufgelösten Ehe. [2]Satz 1 findet auf Lebenspartnerschaften entsprechende Anwendung.

1   Die praktisch nur selten relevante Vorschrift regelt das Wiederaufleben des Betreuungsunterhaltsanspruchs nach § 1570 gegen den früheren Ehegatten für den Fall, dass die vom anderen Ehegatten nach Scheidung der Erstehe eingegangene neue Ehe oder Lebenspartnerschaft aufgelöst wird, er aber ein Kind aus der früheren Ehe betreut.

2   Die in der alten Fassung der Vorschrift zusätzlich noch vorgesehenen Anschlussunterhaltsansprüche nach Wegfall des Betreuungsunterhaltsanspruchs gem. §§ 1571 bis 1573, 1575 sind zum 1.1.2008 ersatzlos gestrichen worden. Während das Wiederaufleben des Betreuungsunterhalts aus Gründen des Kindeswohls geboten ist, wären Anschlussunterhaltsansprüche mit dem Grundsatz der Eigenverantwortung des geschiedenen Ehegatten, der sich durch Eingehung einer neuen Ehe endgültig von der Erstehe gelöst hat, nicht zu vereinbaren. Abs. 2 regelt das Rangverhältnis kollidierender Haftungen, dh wenn Unterhaltsansprüche aus mehreren Ehen bzw. Lebenspartnerschaften zusammentreffen. Der Ehegatte der später aufgelösten Ehe haftet dann vor dem Ehegatten der früher aufgelösten Ehe. Im Einzelnen ist hier vieles streitig, zB dann, wenn die Betreuung von Kindern aus der zweiten Ehe nur eine eingeschränkte Erwerbstätigkeit des unterhaltsberechtigten Elternteils gestattet, oder der Ehegatte aus der später aufgelösten Ehe nur eingeschränkt oder gar nicht leistungsfähig ist.

§ 1586 b BGB Kein Erlöschen bei Tod des Verpflichteten

(1) [1]Mit dem Tode des Verpflichteten geht die Unterhaltspflicht auf den Erben als Nachlassverbindlichkeit über. [2]Die Beschränkungen nach § 1581 fallen weg. [3]Der Erbe haftet jedoch nicht über einen Betrag hinaus, der dem Pflichtteil entspricht, welcher dem Berechtigten zustände, wenn die Ehe nicht geschieden worden wäre.

(2) Für die Berechnung des Pflichtteils bleiben Besonderheiten auf Grund des Güterstands, in dem die geschiedenen Ehegatten gelebt haben, außer Betracht.

I. Allgemeines

Anders als beim Verwandten- und Trennungsunterhalt gem. §§ 1615 Abs. 1, 1360 a Abs. 3, 1361 Abs. 4 S. 4 endet die Unterhaltspflicht beim Nachscheidungsunterhalt nicht mit dem Tode, wodurch ein Ausgleich für den Verlust erbrechtlicher Ansprüche geschaffen wird. Praktische Bedeutung hat die Vorschrift jedoch nur, wenn der Verpflichtete **Vermögen** hinterlassen hat. Dem Erben, der für die Unterhaltsverbindlichkeit des Erblassers als Nachlassverbindlichkeit haftet, steht ein **Auskunftsanspruch** gegen den Berechtigten in Bezug auf dessen Bedürftigkeit zu.

II. Voraussetzungen

1. Gesetzliche Unterhaltsansprüche. 1586 b gilt uneingeschränkt.

2. Vertragliche Unterhaltsansprüche. Während bei gesetzlichen Unterhaltsansprüchen Abs. 1 uneingeschränkt gilt, muss bei vertraglichen Unterhaltsansprüchen ggf. durch **Auslegung** festgestellt werden, ob Abs. 1 als vereinbart vorausgesetzt werden konnte.[1]

3. Bedürftigkeit des Berechtigten. Für den Fortbestand der Unterhaltsverpflichtung über den Tod des Verpflichteten hinaus ist anspruchsvoraussetzend, dass der Berechtigte weiterhin bedürftig ist. Die Bedürftigkeit kann eingeschränkt sein oder wegfallen, wenn der Berechtigte mit dem Tod des Verpflichteten privatrechtliche **Versorgungsansprüche erlangt** hat (Lebensversicherung) oder aber in den Genuss einer Geschiedenen-Witwenrente gelangt ist.[2]

III. Begrenzung der Erbenhaftung

1. Begrenzung auf den fiktiven Pflichtteil. Die Haftung des Erben ist begrenzt auf den Pflichtteil, der dem Berechtigten zustünde, wenn er nicht geschieden worden wäre. Maßgebend ist der kleine Pflichtteil beim gesetzlichen Erbrecht nach § 1931 Abs. 1 und 2. Gem. Abs. 2 bleiben Besonderheiten aufgrund des Güterstandes außer Betracht, so dass die Anwendung des § 1371 Abs. 1 ausscheidet.

2. Pflichtteilsergänzung. Die Berechnung des fiktiven Pflichtteils hat auch unter Berücksichtigung einer **fiktiven Pflichtteilsergänzung** gem. §§ 2325 ff. zu erfolgen.[3]

Wäre der geschiedene Ehegatte auf den ordentlichen Pflichtteil gem. § 2303 beschränkt, wäre dies ein Anreiz für den Unterhaltspflichtigen, noch zu Lebzeiten den Nachlass durch Schenkungen zu schmälern und damit den fiktiven Pflichtteil des früheren Ehegatten zu mindern.

3. Erb- und Pflichtteilsverzicht. Die in Scheidungsfolgenvereinbarungen häufig aufgenommenen Erb- und Pflichtteilsverzichte sollen die Wirkungen des § 1933 vorwegnehmen. Ohne ausdrückliche Regelung ist mit dem Erb- und Pflichtteilsverzicht aber nicht auch ein Unterhaltsverzicht für den Fall des Todes verbunden.[4]

---

1 Vgl. hierzu JH/Hammermann § 1586 b Rn. 1.
2 § 243 SGB VI für Scheidung vor dem 1.7.1977.
3 BGH FamRZ 2001, 282.
4 Schmitz FamRZ 1999, 1569; Palandt/Brudermüller § 1586 b Rn. 8, wonach mit dem Pflichtteilsverzicht auch auf die Wirkungen des § 1586 b verzichtet wird.

IV. Verfahren

8 Streitfragen um die Erbenhaftung gem. § 1586 b sind **Familiensachen**, da es sich um einen familienrechtlichen Unterhaltsanspruch handelt.
Der Unterhaltsberechtigte kann aus Gründen der Verfahrensökonomie den Unterhaltstitel gem. § 95 Abs. 1 FamFG, § 727 ZPO im Klauselerteilungsverfahren auf die Erben umschreiben lassen.[5] Die Rechtsnatur des Unterhaltsanspruches bleibt hierbei unverändert. Die Erben können sich deshalb auch erneut oder erstmalig Verwirkungsgründe nach § 1579 erheben,[6] wobei nach hier vertretener Auffassung verwirkungsbegründendes Verhalten des Unterhaltsberechtigten zulasten des Erblassers erforderlich ist. Die Erben sind bei Einwendungen entweder auf die Einleitung eines Abänderungsverfahrens nach §§ 238, 239 FamFG oder auf die Erhebung einer Vollstreckungsgegenklage gem. § 95 Abs. 1 FamFG, § 767 ZPO zu verweisen.

Untertitel 3 Versorgungsausgleich

§ 1587 BGB Verweis auf das Versorgungsausgleichsgesetz

Nach Maßgabe des Versorgungsausgleichsgesetzes findet zwischen den geschiedenen Ehegatten ein Ausgleich von im In- oder Ausland bestehenden Anrechten statt, insbesondere aus der gesetzlichen Rentenversicherung, aus anderen Regelsicherungssystemen wie der Beamtenversorgung oder der berufsständischen Versorgung, aus der betrieblichen Altersversorgung oder aus der privaten Alters- und Invaliditätsvorsorge.

Siehe hierzu die Kommentierung des VersAusglG von *Hauß* in diesem Buch.

§§ 1587 a bis 1587 p BGB (aufgehoben)

Titel 8 Kirchliche Verpflichtungen

§ 1588 BGB

Die kirchlichen Verpflichtungen in Ansehung der Ehe werden durch die Vorschriften dieses Abschnitts nicht berührt.

Abschnitt 2 Verwandtschaft

Titel 1 Allgemeine Vorschriften

§ 1589 BGB Verwandtschaft

(1) [1]Personen, deren eine von der anderen abstammt, sind in gerader Linie verwandt. [2]Personen, die nicht in gerader Linie verwandt sind, aber von derselben

---

5 Brocker NZFam 2014, 980; an der Auffassung der Vorauf., wonach der Unterhaltsberechtigte aus § 1586 b gegen die Erben habe klagen müssen, wird nicht mehr festgehalten.
6 BGH FamRZ 2004, 614.

dritten Person abstammen, sind in der Seitenlinie verwandt. [3]Der Grad der Verwandtschaft bestimmt sich nach der Zahl der sie vermittelnden Geburten.

(2) (weggefallen)

I. Allgemeines

Die Vorschrift definiert den gesetzlichen Begriff der **Verwandtschaft**, unterschieden nach Verwandtschaft in gerader Linie und in der Seitenlinie. Von Bedeutung ist die Verwandtschaft vor allem für den Unterhalt (§§ 1601 ff.), das Erb- und Pflichtteilsrecht (§§ 1924-1930, 2303) sowie als Ehe- (§ 1307) und Partnerschaftshindernis (§ 1 Abs. 3 LPartG). 1

Art. 51 EGBGB stellt klar:

Soweit in dem Gerichtsverfassungsgesetz, der Zivilprozessordnung, der Strafprozessordnung, der Insolvenzordnung und in dem Anfechtungsgesetz an die Verwandtschaft oder die Schwägerschaft rechtliche Folgen geknüpft sind, finden die Vorschriften des Bürgerlichen Gesetzbuchs oder des Lebenspartnerschaftsgesetzes über Verwandtschaft oder Schwägerschaft Anwendung.

II. Linie und Grad der Verwandtschaft

1. Linie der Verwandtschaft. a) Gerade Linie. In gerader Linie verwandt sind Personen, deren eine von der anderen abstammt (S. 1): Großeltern, Eltern, Kind, Enkel. Die Verwandtschaft in gerader Linie entsteht nach dem Gesetz durch **Blutsverwandtschaft**, also durch genetische Abstammung,[1] die allerdings rechtlich, nicht biologisch definiert ist. Mutter eines Kindes ist nach der gesetzlich normierten Wertung des Gesetzgebers ausschließlich die Frau, die es geboren hat (§ 1591). Vater ist der Mann, der mit der Mutter zur Zeit der Geburt verheiratet ist, der die Vaterschaft anerkannt hat, dessen Vaterschaft gerichtlich festgestellt wurde (§ 1592) oder der als Ehemann der Mutter innerhalb bestimmter Frist vor der Geburt verstorben ist (§ 1593). Unterschiede, ob die Verwandtschaft aufgrund ehelicher oder nichtehelicher Geburt entsteht, bestehen seit dem Kindschaftsreformgesetz (KSchRG) vom 16.12.1997 nicht mehr. 2

Daneben kann die Verwandtschaft in gerader Linie rechtlich durch Minderjährigenadoption geschaffen werden (§ 1754). Hierdurch erlöschen die Verwandtschaftsverhältnisse zu den leiblichen Verwandten (§ 1755). Die **Volljährigenadoption** bewirkt dagegen keine verwandtschaftliche Beziehung zu den Verwandten des Annehmenden (§ 1770 ff., Ausnahme: § 1772).

b) Seitenlinie. Verwandtschaft in der Seitenlinie (S. 2) entsteht, wenn die Verwandten zwar nicht voneinander, aber gemeinsam von denselben dritten Personen abstammen, wie zB Geschwister, Onkel, Tante, Nichten und Neffen. Verwandte in der Seitenlinie sind vollbürtig, wenn sie gemeinsam von demselben Elternpaar, halbbürtig, wenn sie gemeinsam nur von einem Elternteil abstammen. 3

2. Der Grad der Verwandtschaft (S. 3). Die Nähe der Verwandtschaft wird in S. 3 mit dem Grad der Verwandtschaft definiert. Dieser wiederum bestimmt sich durch die Zahl der sie vermittelnden Geburten, S. 3. Dabei wird die Geburt der 4

---

1 BT-Drs. 13/4899, 82.

die Verwandtschaft begründenden Person nicht mitgerechnet; bei Verwandten der Seitenlinie wird die Geburt des Stammelternteils nicht mitgezählt.[2] Eltern und Kinder sind im ersten Grad, Großeltern und Enkel im zweiten Grad in gerader Linie verwandt. In der Seitenlinie sind (voll- oder halbbürtige) Geschwister im zweiten Grad, Onkel/Tante zu Neffen/Nichten im dritten Grad und Geschwisterkinder (Cousin/Cousinen) im vierten Grad verwandt.

III. Beginn und Ende der Verwandtschaft

5   Die Verwandtschaft entsteht erst mit der **Geburt** oder bei **Adoption** mit Wirksamkeit, dh Zustellung des Annahmebeschlusses (→ § 1752 Rn. 6) an den Annehmenden.

Ein Ende der Verwandtschaft tritt durch Adoptionsaufhebung (§§ 1759 ff.) und durch Eheschließung zwischen Annehmenden und Kind (§ 1766) ein. Bei der durch Abstammung begründeten Verwandtschaft endet diese durch Adoption (§ 1755).

IV. Verfahrensrecht

6   Die Feststellung eines **Eltern-Kind-Verhältnisses** ist als Abstammungssache gem. § 169 FamFG beim Familiengericht geltend zu machen. In Ausnahmefällen soll außerhalb der Feststellung eines Eltern-Kind-Verhältnisses die Klage auf Feststellung einer Verwandtschaftsbeziehung vor dem Zivilgericht zulässig sein.[3]

§ 1590 BGB Schwägerschaft

(1) [1]Die Verwandten eines Ehegatten sind mit dem anderen Ehegatten verschwägert. [2]Die Linie und der Grad der Schwägerschaft bestimmen sich nach der Linie und dem Grade der sie vermittelnden Verwandtschaft.

(2) Die Schwägerschaft dauert fort, auch wenn die Ehe, durch die sie begründet wurde, aufgelöst ist.

I. Allgemeines

1   Die Vorschrift definiert den Rechtsbegriff der **Schwägerschaft**, der das Rechtsverhältnis zwischen einem Ehegatten und den Verwandten im Sinn des § 1589 des anderen Ehegatten betrifft.

Schwägerschaft **in aufsteigender Linie** besteht zu den Schwiegereltern und in **absteigender Linie** mit den Kindern des anderen Ehegatten (**Stiefkinder**). In der Seitenlinie besteht Schwägerschaft zu den Geschwistern des Ehepartners und deren Kindern.

Nicht verschwägert sind die Ehegatten und auch nicht die Verwandten des einen Ehegatten mit den Verwandten des anderen Ehegatten. Auch bei der **Volljährigenadoption** tritt keine Schwägerschaft des Ehegatten oder Lebenspartners des Annehmenden mit dem Angenommenen und dessen Ehegatten oder Lebenspartner ein, § 1770 Abs. 1. Ausnahme: bei gerichtlicher Bestimmung einer Volladoption, § 1772.

---

2   MK/Wellenhofer § 1589 Rn. 13; Staudinger/Rauscher § 1589 Rn. 11.
3   MK/Wellenhofer § 1589 Rn. 15 mwN.

II. Linie und Grad der Schwägerschaft

Diese entsprechen dem Grad der Verwandtschaft des anderen Ehegatten iSd   2
§ 1589. Durch § 11 Abs. 2 S. 1 LPartG sind auch die Verwandten eines Lebens-
partners/partnerin mit den Verwandten des anderen Lebenspartners verschwägert.

III. Beginn und Ende der Schwägerschaft

Die Schwägerschaft wird mit Schließung einer gültigen Ehe, einer Lebenspart-   3
nerschaft (§ 1 LPartG) oder bei Adoption gem. §§ 1754 ff. mit Wirksamkeit, dh
Zustellung des Annahmeschlusses, gem. § 1752 Abs. 1 begründet.

Nach Abs. 2 der Vorschrift setzt sich die Schwägerschaft nach **Auflösung der
Ehe** fort. Gleiches gilt gem. § 11 Abs. 2 S. 3 LPartG bei **Auflösung der Lebenspartnerschaft**. Nach Auflösung der Ehe oder Lebenspartnerschaft kann aber
eine weitere Schwägerschaft nicht mehr begründet werden. Demnach bleiben
geschiedene Eheleute nach der Scheidung mit Kindern des anderen Ehegatten
auch nach der Scheidung verschwägert. Eine Verschwägerung tritt aber nicht ein
mit nach Scheidung der Ehe geborenen – nicht gemeinsamen – weiteren Kindern
des früheren Ehegatten. Eine Schwägerschaft entsteht aber auch dann, wenn der
Mann, welcher zum Zeitpunkt der Geburt eines Kindes mit der Mutter verheiratet ist (§ 1592 Nr. 1), die Vaterschaft wirksam anficht (§ 1599 Abs. 1). Es endet dann seine Verwandtschaft zu diesem Kind, aber er bleibt mit dem Kind verschwägert.[1]

IV. Rechtswirkungen der Schwägerschaft

Sie entfaltet keine unterhaltsrechtlichen oder erbrechtlichen Verpflichtungen. Al-   4
lerdings gehört zum **Familienunterhalt** des § 1360 auch der Bedarf eines in den
Haushalt aufgenommenen Kindes eines Ehegatten aus einer früheren ehelichen
oder nichtehelichen Verbindung.[2] Auch im Rahmen des **Trennungsunterhalts**
nach § 1361 kann das **Stiefkind** bei der Frage einer **Erwerbsobliegenheit** des Unterhaltsberechtigten relevant sein.[3] Selbst beim Geschiedenenunterhalt kann
nach der Billigkeitsabwägung des § 1576 die Betreuung von Stiefkindern eine
Rolle spielen, weil es sich hierbei um eine besondere Leistung für den Verpflichteten handelt.[4]

Für das Stiefkind selbst gibt es einen Anspruch beim Tod des Elternteils nach
§ 1371 Abs. 4 gegen den Stiefelternteil.

Aus der **ehelichen Solidaritätsverpflichtung** nach § 1353 Abs. 1 S. 2 ergibt sich
für den Ehegatten/eingetragenen Lebenspartner die **Duldung der Aufnahme** des
mit ihm verschwägerten minderjährigen vorehelichen Kindes des Ehegatten/
Lebenspartners. Der zum minderjährigen Kind rechtlich verschwägerte Ehegat-

---

1 MK/Wellenhofer § 1590 Rn. 5; kritisch zu den verfahrensrechtlichen Folgen: Staudinger/
   Rauscher § 1590 Rn. 7.
2 Hierzu: Wendl/Dose/Bömelburg § 3 Rn. 36 f.
3 BGH 7.3.1979 – IV ZR 36/78, FamRZ 1979, 569; 5.11.1980 – IV b ZR 549/80, FamRZ
   1981, 17; 20.5.1981 – IV b ZR 556/1980, FamRZ 1981, 752; aA Staudinger/Rauscher
   § 1590 Rn. 15.
4 OLG Köln 28.2.1980 – 21 UF 267/78, FamRZ 1980, 886; OLG Stuttgart 2.11.1982 – 18
   UF 200/82, FamRZ 1983, 503.

te/eingetragene Lebenspartner hat sich um dieses Kind wie um gemeinsame Kinder zu kümmern.[5]

Für Ehegatten, die nicht Elternteile sind, wie auch für den/die eingetragenen Lebenspartner/innen (→ LPartG § 9 Rn. 2), bestehen Befugnisse zur **Mitentscheidung** in Angelegenheiten des täglichen Lebens des mit ihnen verschwägerten Kindes (Stiefkind, → 1687 b Rn. 1). Aus § 1682 kann sich auch eine **Verbleibensanordnung** ergeben (→ 1682 Rn. 2).

Im Mietrecht genießt die Schwägerschaft eine Begünstigung bei der Frage des Eigenbedarfs.[6]

Titel 2 Abstammung

Vorbemerkung zu §§ 1591–1600 d BGB

I. Abstammung

1   Titel 2 im 2. Abschnitt des 4. Buch des BGB regelt nach den obigen Vorschriften der § 1589 und § 1590 die Abstammung. Die Abstammung als **Rechtsbegriff** regelt im BGB die Fragen des Zustandekommens eines Eltern-Kind-Verhältnisses, also Mutterschaft und Vaterschaft.

Im Gegensatz zur biologischen Bezeichnung „Abstammung", die eine Herkunft eines Individuums von einem bestimmten weiblichen Elter, von welchem die Eizelle stammt (Mutter), und von einem männlichen Elter, von welchem das Spermium stammt (Vater), als biologische Elternschaft bezeichnet, kann die **rechtliche Elternschaft** hiervon abweichen. Abstammung im Sinn der §§ 1591–1600 d geht nicht ausschließlich von genetischer Abstammung aus, sondern lässt bei der Vaterschaft auch ein nicht genetisch begründetes Zustandekommen der Abstammung zu. Demgegenüber wird kraft gesetzlicher Normierung in § 1591 ausschließlich auf den Geburtsvorgang zur Begründung der mütterlichen Abstammung abgestellt.

II. Mutterschaft

2   Der Gesetzgeber hat sich erstmals mit dem KindRG mit Wirkung vom 1.7.1998 veranlasst gesehen, den Grundsatz mater semper certa est durch § 1591 in das Gesetz aufzunehmen. Hintergrund war die gewünschte Schaffung von Rechtsklarheit um in Folge der durch die Möglichkeiten moderner medizinischer Reproduktionstechniken eine gespaltene **Mutterschaft** von gebärender und rechtlicher Mutter im Interesse des Kindes zu verhindern. Dabei war zur Begründung der Vorschrift des § 1591 auch davon ausgegangen worden, dass die Mutterschaft der gebärenden Frau keine bloße **Scheinmutterschaft** sein soll, die durch Anfechtung beseitigt werden könnte, um die Feststellung einer **Eispenderin** als genetische Mutter zuzulassen.[1] Die Mutterschaft der gebärenden Frau soll nach dem Willen des Gesetzgebers unverrückbar feststehen. Nach damaliger Auffassung des Gesetzgebers sollte diese klare Regelung der Verhinderung von **Leih-**

---

5   So bereits: RG 8.11.1929 – VII 341/29, RGZ 126, 173 (Verpflichtung zur Versorgung der erstehelichen Kinder des Mannes während dessen Heeresdienst); MK/Roth § 1353 Rn. 28.
6   Palandt/Weidenkaff § 573 Rn. 27.
1   BT-Drs. 13/4899, 82.

mutterschaften dienen.[2] Diese durch § 1591 erfolgende Klarstellung der Mutterschaft wurde vom Gesetzgeber trotz des Verbots der **Eispende** nach öffentlich-rechtlichen Vorschriften gem. § 1 Abs. 1 ESchG als auch nach §§ 13 c und d AdVermG (Vermittlung von Leihmutterschaften), wegen der Möglichkeit der zulässigen Eispende im Ausland oder der verbotenen Vornahme im Inland für erforderlich angesehen. Nach dem erklärten Willen des Gesetzgebers sollte unmissverständlich zum Ausdruck gebracht werden, dass öffentlich-rechtlich verbotene Methoden der medizinischen Reproduktionstechnik weder gebilligt oder gar praktikabel gemacht werden.[3]

Da ausschließlich die gebärende Frau Mutter ist, kann – so die Vorstellung des Gesetzgebers – zwischen dem Kind und der Frau, von welcher das Kind genetisch abstammt, auch kein **Eltern-Kind-Verhältnis** begründet werden.[4] Das Gesetz sah daher auch keine Möglichkeit vor, die **genetische Abstammung** von der Eispenderin im Weg eines Statusverfahrens gem. § 169 Nr. 1 FamFG feststellen zu lassen.[5] Dem Recht des Kindes auf Kenntnis seiner Abstammung könne – so der Gesetzgeber – für den Fall der **Ei- oder Embryonenspende** lediglich durch eine Feststellungsklage nach § 256 ZPO Rechnung getragen werden. Das erforderliche Rechtsverhältnis für die Feststellung sei in der genetischen Abstammung zwischen Kind und genetischer Mutter begründet. Damit wollte der Gesetzgeber aber keineswegs statusrechtliche Änderungen von Mutter zu Kind zulassen. Die Möglichkeiten der Feststellung sollten auf mögliche Tatbestände bei denen es auf eine genetische Abstammung ankommt, zB § 1307 und § 173 StGB, beschränkt sein.

III. Vaterschaft

Vaterschaft im Abstammungsrecht knüpft nicht an die biologische oder genetische Abstammung an, sondern normiert die rechtlichen Voraussetzungen der Vater-Kind-Zuordnung. Die **rechtliche Vaterschaft** kann von der genetischen abweichen (1592 Nr. 1, 2).   **3**

IV. Feststellung und Nachweis der Abstammung

1. Verfahren in Abstammungssachen. a) § 169 FamFG. Eine **gerichtliche Klärung der Abstammung** erfolgt im Verfahren nach §§ 169 ff. FamFG[6] vor dem Familiengericht. Hierzu gehören die Feststellung des Bestehens oder Nichtbestehens eines Eltern-Kind-Verhältnisses, die Wirksamkeit oder Unwirksamkeit einer Anerkennung der Vaterschaft, die Ersetzung der Einwilligung in eine genetische Abstammungsuntersuchung oder Duldung der Probeentnahme (→ § 1598 a Rn. 1), die Einsicht in ein Abstammungsgutachten bzw Aushändigung einer Abschrift (§ 1598 a) und die Anfechtung der Vaterschaft (§§ 1599 Abs. 1, 1600–1600 c).   **4**

Das Verfahren ist nicht als streitiges Verfahren, das nach den Regeln der ZPO geführt wird, sondern als ein **einseitiges Antragsverfahren** nach den Vorschriften der freiwilligen Gerichtsbarkeit ausgestaltet. Neben einer größeren Flexibilität   **5**

---

2   BT-Drs. 13/4899, 82.
3   BT-Drs. 13/4899, 82.
4   BT-Drs. 13/4899, 83.
5   Palandt/Brudermüller § 1591 Rn. 2.
6   Heilmann/Grün FamFG § 169 Rn. 1 ff.; NK-BGB/Gutzeit Vor § 1591 Rn. 25; Krause FamRB 2009, 180.

des Verfahrens wollte der Gesetzgeber damit erreichen, dass sich die Beteiligten nicht als formelle Gegner gegenüberstehen. Daraus folgt für den BGH, dass für die im Rahmen eines erfolgreichen Verfahrens zur Vaterschaftsfeststellung zu treffende Kostenentscheidung nicht mehr allein das Obsiegen oder Unterliegen der Beteiligten maßgeblich sein kann, wenn weitere Umstände vorliegen, die für eine sachgerechte Kostenentscheidung von Bedeutung sein können.[7]

6 **b) Kosten des Abstammungsverfahrens.** Im Fall der **erfolgreichen Vaterschaftsanfechtung** richten sich die Kosten nach **§ 183 FamFG.** In allen anderen Abstammungssachen nach der allgemeinen Kostenregelung des **§ 81 FamFG.** Die Kostenentscheidung richtet sich nach freiem Ermessen[8] des Gerichts und ist nur auf Ermessensfehler überprüfbar.[9] Auch eine schuldhafte Verzögerung der Gutachtenerstattung durch mehrfaches unentschuldigtes Nichterscheinen des vermuteten Vaters zu Untersuchungsterminen kann zur Auferlegung der gesamten Kosten führen.[10]

7 **c) Anwaltliche Vertretung und VKH im Abstammungsverfahren.** Für das Abstammungsverfahren ist anwaltliche Vertretung **nicht vorgeschrieben, §§ 111 Nr. 3, 112, 114 Abs. 1 FamFG.** Im Rahmen bewilligter **Verfahrenskostenhilfe** ist auf Antrag ein Anwalt beizuordnen und zwar nicht nur dem Antragsteller, sondern bei Vorliegen von Bedürftigkeit auch den weiteren Verfahrensbeteiligten.[11]

8 **d) Verfahrenswert.** Nach § 47 FamGKG beläuft sich der Verfahrenswert in den Abstammungssachen zur Klärung des Eltern-Kind-Verhältnisses nach § 169 Nr. 1 FamFG und Anfechtung der Vaterschaft nach § 169 Nr. 4 FamFG auf **2.000 EUR.** Für Verfahren nach § 1598 a, Einwilligung in eine genetische Untersuchung und Anordnung der Probeentnahme beträgt der Verfahrenswert **1.000 EUR.** Im **Rechtsmittelverfahren** folgt der Wert aus § 40 FamGKG und für eine **einstweilige Anordnung** aus § 41 FamGKG.

9 **2. Abstammungsnachweis.** Zuständig für die Registrierung von Geburten sind die **Standesämter,** §§ 18 ff PStG. Sie führen ein **Geburtenregister.** Die Anzeige einer Geburt hat unter den im PStG und der PStV genannten Fristen zu erfolgen. Eine Anerkennung oder gerichtliche Feststellung eines Abstammungsverhältnisses hat konstitutive, die Beurkundung im Register jedoch nur deklaratorische Wirkung.

V. Abstammungsgutachten

10 Wird im gerichtlichen Verfahren die Einholung eines Abstammungsgutachtens erforderlich, sind die Anforderungen des GenDG[12] und der Richtlinie der **Gendiagnostik-Kommission (GEKO)** einzuhalten.[13] § 23 GenDG ist die **Rechtsgrundlage** für die vom Robert-Koch-Institut zusammengesetzte interdisziplinäre, unabhängige Gendiagnostik-Kommission (GEKO). Die Kommission erstellt

---

7 BGH 19.2.2014 – XII ZB 15/13, FamRZ 2014, 744 Rn. 17.
8 OLG Bremen 8.1.2016 – 5 UF 117/15, NZFam 2016, 183.
9 BGH 19.2.2014 – XII ZB 15/13, FamRZ 2014, 744 Rn. 17; OLG Karlsruhe 19.11.2015 – 5 WF 101/15, FuR 2016, 423.
10 OLG Schleswig 19.2.2016 – 10 WF 10/16, JurBüro 2016, 318.
11 BGH 13.6.2012 – XII ZB 218/11, FamRZ 2012, 1290 Rn. 18; 27.1.2016 – XII ZB 639/14, FamRZ 2016, 531 Rn. 12; Schwonberg FamRB 2016, 142.
12 Gendiagnostikgesetz vom 31.7.2009 (BGBl. I. 2529, 3672), das durch Art. 2 Abs. 31 u. Art. 4 Abs. 18 des Gesetzes vom 7.8.2013 (BGBl. I 3154) geändert worden ist.
13 NK-BGB/Gutzeit Vor §§ 1591 Rn. 14; Schwonberg FuR-Jubiläumsausgabe 2015, 33.

nach dem allgemein anerkannten Stand der Wissenschaft und Technik Richtlinien. Für Abstammungsgutachten ist die „**Richtlinie der Gendiagnostik-Kommission (GEKO) für Anforderungen an die Durchführung genetischer Analysen zur Klärung der Abstammung und an die Qualifikation von ärztlichen und nichtärztlichen Sachverständigen gemäß § 23 Abs. 2 Nr. 4 und Nr. 2 b GenDG**"[14] maßgeblich.

Auf die Einhaltung der dort festgelegten Standards ist von den **Gerichten** und **Verfahrensbeteiligten** zu achten. Dies gilt auch bei Einholung privater Gutachten nach § 1598 a. Eine Verwertung außergerichtlich eingeholter Gutachten in späteren gerichtlichen Verfahren kann mit Zustimmung der anderen Verfahrensbeteiligten nur dann erfolgen, wenn das Gericht keine Zweifel an der Richtigkeit und Vollständigkeit der Feststellungen des Gutachtens hat (§ 177 FamFG). Entscheidend sind dabei vor allem die Identitätssicherung, die Probeentnahme sowie die zulässigen Analyseverfahren.

VI. Recht auf Kenntnis der eigenen Abstammung

Das **Recht auf Kenntnis der eigenen Abstammungsverhältnisse**[15] ist in den Schranken der Rechte der weiteren Beteiligten vom Bundesverfassungsgericht mehrfach bestätigt worden. Es wird von dem in Art. 2 Abs. 1 iVm Art. 1 Abs. 1 GG verbürgten allgemeinen Persönlichkeitsrecht und der Menschenwürde umfasst und genießt damit verfassungsrechtlichen Schutz.[16] Das BVerfG hatte mit den erwähnten Entscheidungen mehrfach Veranlassung, gesetzgeberische Handlungen einzufordern, die durch Reformen (u.a. dem KindRG 1997 und der Schaffung des § 1598 a) umgesetzt wurden. Die in § 1598 a vom Gesetzgeber vorgenommene Einschränkung der statusneutralen Klärung der Abstammung ist auf die Personen, zwischen denen ein rechtliches Eltern-Kind-Verhältnis besteht, beschränkt. Der Ausschluss Dritter, also potentieller Väter oder eventuell genetischer Mütter, hat das BVerfG in seiner Entscheidung vom 19.4.2016 nicht als verfassungswidrig erachtet.[17] Das BVerfG hält aber grundsätzlich die Möglichkeit einer gesetzlichen Regelung zur Bereitstellung eines Verfahrens zur Einbeziehung Dritter in die Klärung der Abstammungsverhältnisse unter Berücksichtigung der Grundrechte der anderen Betroffenen für zulässig. Aus Gründen des allgemeinen Persönlichkeitsrechts des Kindes hält das BVerfG dies aber nicht für zwingend erforderlich.[18] Vorgaben für die konkrete Abwägung der jeweils betroffenen Grundrechte und Ausgestaltung des Verfahrens hat das BVerfG in seiner Entscheidung nicht gemacht.[19]

Für die mittels künstlicher heterologer Insemination gezeugten Kinder hat der Bundesgerichtshof[20] bereits 2015 einen Anspruch auf Auskunft über den Samenspender anerkannt. Der Gesetzgeber hat am 30.6.2017 das Samenspenderregistergesetz – SaRegG verabschiedet.[21] Das Gesetz tritt am 1.7.2018 in Kraft.

11

---

14 Bundesgesundheitsbl. 2013, 169; Richtlinie auch abrufbar unter http://www.rki.de.
15 Coester-Waltjen, Das Recht auf (Kenntnis der eigenen) Abstammung, FF 2017, 224 ff.
16 BVerfG 31.1.1989 – 1 BvL 17/87, FamRZ 1989, 255; 6.5.1997 – 1 BvR 409/90, FamRZ 1997, 869; 13.2.2007 – 1 BvR 421/05, FamRZ 2007, 441; 6.5.1997 – 1 BvR 409/90, FamRZ 1997, 869 Rn. 39 ff.
17 BVerfG 19.4.2016 – 1 BvR 3309/13, FamRZ 2016, 877.
18 BVerfG 19.4.2016 – 1 BvR 3309/13, FamRZ 2016, 877 Rn. 70.
19 BVerfG 19.4.2016 – 1 BvR 3309/13, FamRZ 2016, 877 Rn. 70.
20 BGH 28.1.2015 – XII ZR 201/13, FamRZ 2015, 642.
21 BGBl. 2017 I 2513.

In einem zentralen Samenspenderregister sind personenbezogene Daten von Spendern und Empfängerinnen aufzunehmen. Das Register soll beim Deutschen Institut für Medizinische Dokumentation und Information (DIMDI) geführt werden. Die Daten werden 110 Jahre gespeichert. Verfahren und Auskunftserteilung richten sich nach § 10 SaRegG. Hierzu auch → § 1600 d Rn. 9 ff.

VII. Ausblick

12 Die derzeitigen gesetzlichen Vorgaben zum Abstammungsrecht sind vor dem Hintergrund der fortschreitenden gesellschaftlichen Entwicklung in Fragen des partnerschaftlichen Zusammenlebens, der damit einhergehenden Familienkonstellationen und der nicht aufzuhaltenden globalisierten Ausschöpfung moderner Fortpflanzungsmedizin kritisch zu hinterfragen. Erforderlich ist ein modernes, den gesellschaftlichen und medizinischen Realitäten entsprechendes Abstammungsrecht in Koordination mit dem internationalen Recht. Ein vom BMJV organisierter, interdisziplinär besetzter **Arbeitskreis Abstammungsrecht** hat nach einer Pressemitteilung[22] des Ministeriums im Februar 2015 seine Arbeit aufgenommen. Anfang Juli 2017 wurde der umfassende Abschlussbericht mit 91 Thesen des Arbeitskreises vorgelegt.[23] Die Thesen des Arbeitskreises und eine intensive gesellschaftliche und rechtliche Diskussion werden in den nächsten Jahren die notwendigen Reformbemühungen zur Neuordnung der Eltern-Kind-Zuordnung und Elternschaft befruchten.

§ 1591 BGB Mutterschaft

Mutter eines Kindes ist die Frau, die es geboren hat.

I. Allgemeines

1 Der Gesetzgeber hat sich im Rahmen der Reform durch das KindRG zur Manifestierung des in der Vorschrift zum Ausdruck gebrachten Grundsatzes in Kenntnis der Tatsache entschieden, dass rechtliche und genetische **Mutterschaft** durch die Möglichkeiten moderner **Fortpflanzungsmedizin** auseinanderfallen können (→ Vor §§ 1591–1600 d Rn. 2). Vor diesem Hintergrund ergeben sich zahlreiche rechtliche Probleme. Eine **Anfechtung** der Mutterschaft ist durch das Gesetz nicht vorgesehen.

II. Konstellationen

2 **1. Leihmutterschaft.** Bei der Leihmutterschaft oder **Ersatzmutterschaft** trägt die **Geburtsmutter** (auch sie ist durch den Geburtsvorgang biologische Mutter) einen Embryo oder eine Eizelle einer anderen Frau aus. Die Eizelle kann durch den Mann der anderen Frau befruchtet worden sein oder durch Samenspende. Die Leihmutterschaft ist in Deutschland verboten, § 1 Abs. 1 ESchG und §§ 13 c, 13 d AdVermG. Das **Verbot der Leihmutterschaft** führt zu einem erheb-

---

22 http://www.bmjv.de/SharedDocs/Pressemitteilungen/DE/2015/02092015_AK_Abstammung.html.
23 Abrufbar auf der Homepage des BMJV.

lichen **Leihmutterschaftstourismus**[1] und zahlreichen Konstellationen,[2] die eine strikte Zuordnung des Eltern-Kind-Verhältnis im Sinn der Vorschrift des § 1591 und die fehlende Änderungsmöglichkeit der rechtlichen Eltern-Kind-Zuordnung in Frage stellen.

Das deutsche Verbot der Leihmutterschaft und der damit einhergehende Leihmutterschaftstourismus in Länder mit zulässiger Leihmutterschaft[3] konnte bisher nur über den Weg der Adoption des Kindes durch die Wuncheltern zu einer rechtlichen Elternschaft führen. Der BGH[4] hat entschieden, dass bei zulässiger und wirksamer Leihmutterschaftsvereinbarung im Ausland sowie Verwandtschaft gem. § 1589 eines der Wuncheltern zu dem Kind und rechtskräftiger ausländischer gerichtlicher Entscheidung hierüber einer **Anerkennung dieser Entscheidung in Deutschland** nach § 109 Abs. 1 Nr. 4 FamFG nicht zu versagen und nach § 108 FamFG anzuerkennen ist. Der Entscheidung lag eine wirksame Leihmutterschaftsvereinbarung von in Deutschland lebenden eingetragen Lebenspartnern mit einer US-amerikanischen Frau zugrunde. Es wurden Eizellen einer anonymen Spenderin mit Spermien eines der Lebenspartner gezeugt und dann in die Gebärmutter der Leihmutter eingebracht. Der genetische Vater hat in den USA die Vaterschaft vorgeburtlich anerkannt. Ein US-amerikanisches Gericht hat entschieden, dass die Lebenspartner Eltern des zu erwartenden Kindes sind. Nach der Geburt wurde den Lebenspartnern das Kind übergeben und nach Deutschland gebracht. Das deutsche Standesamt lehnte eine Nachbeurkundung der Auslandsgeburt ab. Der BGH verneinte einen Verstoß gegen den ordre public,[5] stellt auf das Kindeswohl ab und stellt das Recht des Kindes heraus, ein **Abstammungsverhältnis** zu einem weiteren **Wunschelternteil** zu begründen.[6] Es sollte davon auszugehen sein, dass zumindest in dieser Konstellation Rechtsklarheit durch die Entscheidung des BGH herbeigeführt ist.[7]

2. Mitmutterschaft/Co-Mutterschaft. Nach der vom BGH geschaffenen Rechts- 3 klarheit (→ Rn 2) zur dortigen Konstellation sollte auch der Mitmutterschaft bzw Co-Mutterschaft eine Anerkennung für ein im Ausland von einer Leihmutter geborenes Kind einer gleichgeschlechtlichen Partnerschaft von Frauen unter den vom BGH dargelegten Grundsätzen nicht versagt werden.[8] Im Jahr 2011 lehnt das OLG Celle eine solche Mitmutterschaft noch ab.[9] Auch das OLG Köln[10] hatte zu entscheiden, ob zwei, in eingetragener Lebenspartnerschaft lebende Frauen beide als Mütter in die Geburtsurkunde eingetragen werden können. In Belgien wurde das Kind durch Entnahme einer Eizelle einer der Lebenspartnerinnen gezeugt, durch eine anonyme Samenspende befruchtet und dann der anderen Lebenspartnerin eingepflanzt, die dann das Kind gebar. Das OLG

---

1 Heiderhoff, Rechtliche Abstammung im Ausland geborener Leihmutterkinder, NJW 2014, 2673.
2 Funcke, Leihmutterschaftsfamilien, Rechtsbeschlüsse und soziale Praktiken, NZFam 2016, 207.
3 MK/Wellenhofer § 1591 Rn. 20.
4 BGH 10.12.2014 – XII ZB 463/13, FamRZ 2015, 240.
5 BGH 10.12.2014 – XII ZB 463/13, FamRZ 2015, 240 Rn. 43.
6 BGH 10.12.2014 – XII ZB 463/13, FamRZ 2015, 240 Rn. 46 und Anm. Helms FamRZ 2015, 245.
7 OLG Düsseldorf 7.4.2015 – II-1 UF 258/13, NJW 2015, 3382 Rn. 10 mAnm Frie NZ-Fam 2015, 866.
8 Hierzu: Frie, Die Mitmutterschaft kraft ausländischen Rechts, FamRZ 2015, 889.
9 OLG Celle 10.3.2011 – 17 W 48/10, FamRZ 2011, 1518.
10 OLG Köln 26.3.2015 – II-14UF 181/14, NZFam 2015, 936.

Köln lehnte in dieser Konstellation eine Mitmutterschaft der nicht gebärenden, genetischen Mutter unter Hinweis auf die klare rechtliche Zuordnung des § 1591 ab. Eine Regelungslücke für eine eingetragene Lebenspartnerschaft, die zu einer analogen Anwendung des § 1592 führe, lag nach Auffassung des OLG Köln nicht vor.[11] Das KG[12] hat die Eintragung einer Mitmutterschaft in das deutsche Personenstandsregister in der dort zugrundeliegenden Konstellation (bestehende Eltern-Kind-Zuordnung nach ausländischem Recht, hier: Südafrika) für eine gleichgeschlechtliche Lebenspartnerschaft für zulässig erachtet. Die Auffassung des KG wurde vom BGH bestätigt.[13]

Durch das Gesetz zur Einführung des Rechts auf Eheschließung für Personen gleichen Geschlechts[14] wird zukünftig die Frage zu diskutieren und zu beantworten sein, ob eine mit der gebärenden Frau verheiratete Frau zur Co-Mutter wird.[15]

4   **3. Mutterschaft bei vertraulicher oder anonymer Geburt.** Eine vertrauliche Geburt nach § 25 SchKG[16] oder eine anonyme Geburt ändern nichts an der rechtlichen Zuordnung der Mutterschaft.

§ 1592 BGB Vaterschaft

Vater eines Kindes ist der Mann,
1. der zum Zeitpunkt der Geburt mit der Mutter des Kindes verheiratet ist,
2. der die Vaterschaft anerkannt hat oder
3. dessen Vaterschaft nach § 1600 d oder § 182 Abs. 1 des Gesetzes über das Verfahren in Familiensachen und in den Angelegenheiten der freiwilligen Gerichtsbarkeit gerichtlich festgestellt ist.

I. Allgemeines

1   § 1592 in der heutigen Fassung wurde durch das KSchRG[1] reformiert. Die Vaterschaftszuordnung erfolgt auf gesetzlicher Vermutung (Nr. 1), Rechtskraft (Nr. 2) oder gerichtlicher Feststellung (Nr. 3). Die Vaterschaft wirkt in allen Fällen auf den Zeitpunkt der Geburt des Kindes zurück.[2] Die sich aus der Vaterschaft ergebenden Rechtswirkungen, zB Unterhalt in den Fällen der Nr. 2 und 3, können erst mit Wirksamkeit der Anerkennung oder Rechtskraft der Feststellung geltend gemacht werden. Eine zu beachtende Ausnahme besteht aber für eine einstweilige Anordnung wegen Unterhalts vor Geburt des Kindes nach § 247 oder § 248 FamFG.

II. Voraussetzungen der Vaterschaft

2   **1. Geburt in der Ehe (Nr. 1). a) Geburt.** Voraussetzung für die Annahme der rechtlichen Vaterschaft ist die Geburt eines Kindes. Die Vaterschaft von im Aus-

---

11 OLG Köln 26.3.2015 – II-14UF 181/14, NZFam 2015, 936.
12 KG 2.12.2014 – 1 WF 562/13, FamRZ 2015, 943.
13 BGH 20.4.2016 – XII ZB 15/15, FamRZ 2016, 1251 mAnm Dutta S. 1256.
14 BGBl. 2017 I 2787; Inkrafttreten am 1.10.2017.
15 Löhning, Ehe für alle – Abstammung für alle, NZFam 2017, 643.
16 SchKG idF vom 28.8.2013 BGBl. I 3458; zum Verfahren: Helms, Die Einführung der sog vertraulichen Geburt, FamRZ 2014, 609.
1   BGBl. 1997 I 2942; zur Rechtslage vor der Reform: Staudinger/Rauscher, § 1592 Rn. 1 ff.; Heilmann/Grün, § 1592 Rn. 1 ff.
2   BVerfG 18.11.1986 – 1 BvR 1365/84, NJW 1987, 1007.

land kryokonservierten Embryos ist nach deutschem Recht nicht möglich.[3] Das Kind muss lebend geboren sein, um die statusrechtlichen Wirkungen des § 1592 Nr. 1 zu begründen.[4]

b) Ehe. Die Geburt muss **während der Ehe** erfolgt sein, dh nach dem Tag der Eheschließung im Sinn des § 1310 oder bei Eheschließung im Ausland nach Art. 11 EGBGB und vor rechtskräftiger Auflösung der Ehe durch Ehescheidung oder Eheaufhebung. Auf den Zeitpunkt der möglichen Zeugung vor Eheschließung kommt es nicht an. Dies gilt auch bei neuer Eheschließung der Mutter kurze Zeit nach der Rechtskraft der vorhergehenden Ehe. Die Geburt eines Kindes nach Rechtskraft einer Scheidung oder Eheaufhebung führt nicht zur Abstammung des Kindes vom bisherigen Ehemann der Mutter. 3

2. Anerkennung der Vaterschaft (Nr. 2). Die **Geburt** eines Kindes **außerhalb einer Ehe** (Ausnahme § 1593) kann durch Anerkennung (§ 1594) zu einem Eltern-Kind-Verhältnis führen. Die Anerkennung ist eine einseitige, bedingungs- und zustimmungsfeindliche Willenserklärung (§ 1594 Abs. 3) und ist öffentlich zu beurkunden (§ 1597 Abs. 1) und bedarf zu ihrer Wirksamkeit der Zustimmung nach § 1595. Ob das Anerkenntnis der biologischen Realität entspricht, ist nicht erheblich.[5] Auch eine bewusst unrichtige Anerkennung führt bei Einhaltung der übrigen Wirksamkeitsvoraussetzungen nicht zur Unwirksamkeit nach § 1598, aber zur Anfechtbarkeit.[6] 4

3. Feststellung der Vaterschaft (Nr. 3). Liegen die Voraussetzungen der Nr. 1 und 2 nicht vor, bedarf es der gerichtlichen Feststellung der Vaterschaft nach § 1600 d in einem Verfahren nach §§ 169 ff. FamFG. In diesem Verfahren wird mit Wirkung für und gegen alle (§ 184 Abs. 2 FamFG) der Vater des Kindes festgestellt. Die Rechtswirkungen treten erst mit der rechtskräftigen Feststellung der Vaterschaft ein. Auf die **Ausnahmen** zur **Geltendmachung von Unterhalt** durch einstweilige Anordnung nach §§ 247, 248 FamFG vor Feststellung der Vaterschaft ist ausdrücklich hinzuweisen. 5

§ 1593 BGB Vaterschaft bei Auflösung der Ehe durch Tod

[1]§ 1592 Nr. 1 gilt entsprechend, wenn die Ehe durch Tod aufgelöst wurde und innerhalb von 300 Tagen nach der Auflösung ein Kind geboren wird. [2]Steht fest, dass das Kind mehr als 300 Tage vor seiner Geburt empfangen wurde, so ist dieser Zeitraum maßgebend. [3]Wird von einer Frau, die eine weitere Ehe geschlossen hat, ein Kind geboren, das sowohl nach den Sätzen 1 und 2 Kind des früheren Ehemanns als auch nach § 1592 Nr. 1 Kind des neuen Ehemanns wäre, so ist es nur als Kind des neuen Ehemanns anzusehen. [4]Wird die Vaterschaft angefochten und wird rechtskräftig festgestellt, dass der neue Ehemann nicht Vater des Kindes ist, so ist es Kind des früheren Ehemanns.

I. Allgemeines

§ 1593 bezweckt im Interesse der **Statussicherheit** des Kindes eine Erweiterung von § 1592 Nr. 1 für den Fall, dass die Ehe der Mutter vor der Geburt des Kin- 1

---

3 OLG Düsseldorf 31.7.2015 – II-1 UF 83/14, FamRZ 2015, 1979 Rn. 3.
4 Staudinger/Rauscher § 1592 Rn. 31; Heilmann/Grün § 1592 Rn. 6.
5 BGH 19.12.1984 – IV b ZR 86/82, NJW 1985, 804.
6 OLG Köln 25.10.2001 – 14 UF 106/01, FamRZ 2002, 630; OLG Koblenz 12.12.2006 – 11 UF 230/06, FamRZ 2007, 2098.

des durch den **Tod des Ehemannes** endete. Das Gesetz geht mit § 1593 davon aus, dass ein von der verheirateten Mutter in der Ehe empfangenes, aber nach dem Tod des Ehemannes geborenes Kind diesem zugeordnet wird. Voraussetzung ist, dass die gesetzliche Empfängniszeit teilweise in der Ehe liegt.[1] Als **Empfängniszeit** gilt der 300. bis 181. Tag vor der Geburt. Wird das Kind innerhalb von 300 Tagen nach Auflösung der Ehe durch den Tod des Ehemannes geboren, tritt die Rechtsfolge des § 1593 S. 1 ein. Für die Berechnung der Frist gelten die §§ 187 Abs. 1, 188. Steht fest, dass ausnahmsweise eine Tragezeit von unter 300 Tagen in Betracht kommt, ist nach S. 2 dieser Zeitraum maßgebend.

Schließt die Mutter nach dem Tod des Ehemannes innerhalb der gesetzlichen Empfängniszeit eine **neue Ehe**, wird das Kind nach S. 3 dem neuen Ehemann zugerechnet. Die Vaterschaft kann dann nach den Regelungen der §§ 1599 Abs. 1, 1600 angefochten werden. Wird die Vaterschaft erfolgreich angefochten, wird der verstorbene Ehemann nach S. 4 Vater des Kindes. Verwandte des verstorbenen Ehemannes sind zur Anfechtung nicht berechtigt.

II. Sonderfälle

2 Bei Verschollenheit des Ehemannes ändert sich bis zu seiner Todeserklärung nichts an der Zuordnung der Vaterschaft.[2]

Die Vorschrift erfasst auch die Fälle des Todes der Mutter kurz vor der Geburt, zB Lebendgeburt bei hirntoter Mutter.[3]

§ 1594 BGB   Anerkennung der Vaterschaft

(1) Die Rechtswirkungen der Anerkennung können, soweit sich nicht aus dem Gesetz anderes ergibt, erst von dem Zeitpunkt an geltend gemacht werden, zu dem die Anerkennung wirksam wird.

(2) Eine Anerkennung der Vaterschaft ist nicht wirksam, solange die Vaterschaft eines anderen Mannes besteht.

(3) Eine Anerkennung unter einer Bedingung oder Zeitbestimmung ist unwirksam.

(4) Die Anerkennung ist schon vor der Geburt des Kindes zulässig.

I. Allgemeines

1 Die Vaterschaft nach § 1592 Nr. 2 wird durch Anerkennung begründet. § 1594 regelt die eigentliche **Anerkennungserklärung** des Mannes.[1]

Abs. 1 regelt die **Sperrwirkung** der Anerkennung und die Abs. 2–4 mit den §§ 1595–1598 die Voraussetzungen ihrer Wirksamkeit.

II. Rechtswirkungen der Anerkennung (Abs. 1)

2 Geltend gemacht werden können die Rechtswirkungen der Anerkennung erst mit der **Wirksamkeit der Anerkennung**. Sie treten dann aber **rückwirkend** auf den Zeitpunkt der Geburt ein.

---

1   Zur Berechnung der Empfängniszeit § 1600 d Abs. 3.
2   Hierzu: Heilmann/Grün § 1593 Rn. 4 mwN.
3   NK-BGB/Gutzeit § 1593 Rn. 4.
1   BT-Drs. 13/4899, 84; NK-BGB/Gutzeit § 1594 Rn. 1.

Daher sind **Unterhaltsansprüche gegen den Vater** (Kindesunterhalt und Ansprüche aus § 1615 l) zwar bereits vor der Anerkennung entstanden, eine Geltendmachung ist aber erst ab Wirksamkeit der Anerkennung möglich.[2] Ausnahme: einstweilige Anordnungen nach §§ 247, 248 FamFG (→ § 1592 Rn. 5; → § 1615 l Rn. 3).

Für die Geltendmachung der Unterhaltsansprüche für die Vergangenheit steht § 1613 Abs. 2 Nr. 2 nicht entgegen. Dies gilt auch, wenn der Unterhalt nicht vor Wirksamkeit der Anerkennung mittels einstweiliger Anordnung verlangt wurde. Es reicht aus, den rückständigen Unterhalt seit Geburt im Hauptsacheverfahren, nach Wirksamkeit der Anerkennung und erforderlicher Inverzugsetzung durchzusetzen (→ § 1613 Rn. 22).

III. Vaterschaft eines anderen Mannes (Abs. 2)

Die Anerkennung kann nicht wirksam werden, solange die Vaterschaft eines anderen Mannes besteht. Eine solche Anerkennung ist **schwebend unwirksam**, bis die noch bestehende Vaterschaft rechtskräftig beseitigt ist.[3] 3

Einen Sonderfall regelt § 1599 Abs. 2, der einen **scheidungsabhängigen Statuswechsel** ohne Anfechtungsverfahren zulässt (→ § 1599 Rn. 3).

IV. Bedingung und Zeitbestimmung

Die Anerkennung ist ohne Bedingung (§ 158) abzugeben und darf auch nicht 4
unter einer zeitlichen Bestimmung erfolgen.[4]

V. Anerkennung vor Geburt

Zulässig ist die Anerkennung vor der Geburt des Kindes. Liegt die erforderliche 5
Zustimmung der Mutter nach § 1595 vor, wird die Anerkennung **mit der Geburt des Kindes wirksam**. Bei Mehrlingsgeburten bezieht sich die vorgeburtliche Anerkennung auf alle Kinder.[5]

Schließt die Mutter vor der Geburt eine Ehe, ist die vorgeburtliche Anerkennung wegen des Vorrangs des § 1592 Nr. 1 wirkungslos.

Liegen **mehrere vorgeburtliche Anerkennungen** mit den erforderlichen Zustimmungen vor, so entfaltet diejenige Anerkennung, bei der zuerst der zweiaktige Tatbestand von Erklärung und Zustimmung jeweils in der vorgeschriebenen Form erfüllt ist, die Sperrwirkung des Abs. 2.[6]

Eine Anerkennung eines erst zu zeugenden Kindes wäre eine bedingte Anerkennung und ist daher unwirksam.[7] Ebenso soll eine Vorratsanerkennung konservierter Embryos nach deutschem Recht nicht zulässig sein.[8]

---

2 NK-BGB/Schilling § 1615 l Rn. 46.
3 BT-Drs. 13/4999, 84.
4 Staudinger/Rauscher § 1594 Rn. 42.
5 Staudinger/Rauscher § 1594 Rn. 50.
6 OLG München 3.12.2009 – 31 Wx 129/09, FamRZ 2010, 743.
7 Staudinger/Rauscher § 1594 Rn. 50; MK/Wellenhofer § 1594 Rn. 41.
8 OLG Düsseldorf 31.7.2015 – II-1 UF 83/14, FamRZ 2015, 1979 (nrkr, Rechtsbeschwerde zu BGH XII ZB 351/15 anhängig); OLG München 23.7.2008 – 31 Wx 37/08, FamRZ 2008, 2227.

§ 1595 BGB Zustimmungsbedürftigkeit der Anerkennung

(1) Die Anerkennung bedarf der Zustimmung der Mutter.

(2) Die Anerkennung bedarf auch der Zustimmung des Kindes, wenn der Mutter insoweit die elterliche Sorge nicht zusteht.

(3) Für die Zustimmung gilt § 1594 Abs. 3 und 4 entsprechend.

I. Zustimmung der Mutter

1 Die Anerkennung nach § 1594 wird nur mit Zustimmung der Mutter wirksam. Weigert sich die Mutter, einer Anerkennung – aus welchem Grund auch immer – zuzustimmen, kann keine Ersetzung der Zustimmung erfolgen. Eine Klärung kann nur über ein Vaterschaftsfeststellungsverfahren erfolgen, wenn nicht zuvor ein anderer Mann die Vaterschaft anerkannt hat (§§ 1600 d Abs. 1, 1592 Nr. 2).

Die **nicht fristgebundene Zustimmung** ist eine **einseitige, nicht empfangsbedürftige Willenserklärung** und hat sich auf eine konkrete Anerkennung zu beziehen. Für die Zustimmung sind die Erfordernisse der §§ 1596–1597 einzuhalten, andernfalls ist die Unwirksamkeit die Folge. Unter der Voraussetzung des § 1598 Abs. 2 kann eine Heilung fehlender Wirksamkeitsvoraussetzungen der Zustimmungserklärung eintreten.[1]

Verstirbt die Mutter vor Abgabe der Zustimmungserklärung, bleibt nur das Vaterschaftsfeststellungsverfahren. Eine Ersetzung der Zustimmung soll auch hier nicht in Betracht kommen.[2] Nach anderer Auffassung soll es dann nur auf die erforderliche Zustimmung des Kindes nach Abs. 2 ankommen.[3]

II. Zustimmung des Kindes

2 Ist das Kind volljährig oder verfügt die Mutter nicht über die elterliche Sorge, ist die Zustimmungserklärung des Kindes erforderlich.[4]

III. Wirksamkeit der Zustimmung

3 Die Zustimmung darf **nicht unter einer Bedingung** oder Zeitbestimmung abgegeben werden (§ 1595 Abs. 3 iVm 1594 Abs. 3). Sie ist auch **nicht** nach §§ 119, 123 **anfechtbar**.

§ 1596 BGB Anerkennung und Zustimmung bei fehlender oder beschränkter Geschäftsfähigkeit

(1) [1]Wer in der Geschäftsfähigkeit beschränkt ist, kann nur selbst anerkennen. [2]Die Zustimmung des gesetzlichen Vertreters ist erforderlich. [3]Für einen Geschäftsunfähigen kann der gesetzliche Vertreter mit Genehmigung des Familiengerichts anerkennen; ist der gesetzliche Vertreter ein Betreuer, ist die Genehmigung des Betreuungsgerichts erforderlich. [4]Für die Zustimmung der Mutter gelten die Sätze 1 bis 3 entsprechend.

(2) [1]Für ein Kind, das geschäftsunfähig oder noch nicht 14 Jahre alt ist, kann nur der gesetzliche Vertreter der Anerkennung zustimmen. [2]Im Übrigen kann ein

---

1 BT-Drs. 13/4899, 85 f.
2 BT-Drs. 13/4899, 54; Palandt/Brudermüller § 1595 Rn. 3 mwN.
3 NK-BGB/Gutzeit § 1595 Rn. 5.
4 BT-Drs. 13/4899, 84 f.

Kind, das in der Geschäftsfähigkeit beschränkt ist, nur selbst zustimmen; es bedarf hierzu der Zustimmung des gesetzlichen Vertreters.

(3) Ein geschäftsfähiger Betreuter kann nur selbst anerkennen oder zustimmen; § 1903 bleibt unberührt.

(4) Anerkennung und Zustimmung können nicht durch einen Bevollmächtigten erklärt werden.

I. Allgemeines

Zum Schutz der Betroffenen regelt die Vorschrift die Fälle der **beschränkten Geschäftsfähigkeit** oder Geschäftsunfähigkeit des Anerkennenden (§ 1594) und den nach § 1595 Zustimmungsberechtigten. Bedeutend ist die Vorschrift aber auch für die erforderliche Zustimmung des Ehemannes der Mutter für den Fall des scheidungsabhängigen Statuswechsels wegen § 1599 Abs. 2 S. 2 (→ § 1599 Rn. 3). 1

II. Gesetzliche Vertretung bei Anerkennung und Zustimmung (Abs. 1)

1. Beschränkt geschäftsfähiger Vater. Der **beschränkt geschäftsfähige Vater** kann nach § 1596 Abs. 1 S. 1 nur persönlich anerkennen. Beschränkt geschäftsfähig ist ein Minderjähriger, der das siebente Lebensjahr vollendet hat, §§ 106 iVm 107–113. Eine von seinem **gesetzlichen Vertreter** abgegebene Anerkennung ist nach § 1596 Abs. 1 S. 1 **unwirksam**. 2

Die Anerkennung des beschränkt Geschäftsfähigen bedarf aber zur Vermeidung unbedachter Erklärungen der **Zustimmung der sorgeberechtigten Eltern.** Liegt die elterliche Sorge nicht mehr bei den Eltern, erfolgt die **Zustimmung durch den Vormund** (§ 1793 Abs. 1 S. 1) oder Pfleger (§§ 1915, 1973 Abs. 1 S. 1). Die Abgabe der erforderlichen Zustimmung ist von den berufenen Vertretern sehr sorgsam zu prüfen. Bleiben Zweifel, ist der gerichtlichen Feststellung der Vorzug zu geben.[1] Ein Anspruch der gesetzlichen Vertreter, außergerichtlich vor Abgabe der Zustimmung eine genetische Untersuchung nach § 1598 a zu fordern, besteht nicht. § 1598 a setzt eine rechtliche Vaterschaft voraus (→ § 1598 a Rn. 1).

Eine **gerichtliche Genehmigung** der Zustimmung ist nicht vorgesehen. Sie hat in der nach § 1597 vorgeschriebenen Form zu erfolgen.

Wird der Anerkennende vor Erteilung der erforderlichen Zustimmung volljährig, wird die Anerkennung nicht mit Erreichen der Volljährigkeit wirksam. Sie bleibt schwebend unwirksam. Nach § 108 Abs. 3 hat der Volljährige die Zustimmung zu seiner eigenen Anerkennung zu erteilen.[2]

Eine **Anfechtung** der Zustimmung ist nicht möglich.[3]

2. Geschäftsunfähiger Vater. Der nach § 104 Nr. 2 geschäftsunfähige Vater kann **keine Anerkennung** vornehmen. Die Anerkennung erfolgt durch den gesetzlichen Vertreter. Bei Minderjährigkeit sind dies die sorgeberechtigten Eltern. Besteht keine elterliche Sorge, erfolgt die Anerkennung durch Vormund oder Pfleger mit entsprechendem Wirkungskreis, §§ 1773, 1909. Bei Volljährigkeit des geschäftsunfähigen Vaters wird dieser durch einen Betreuer mit entsprechendem Aufgabenkreis vertreten. Nach Abs. 1 S. 3 ist ferner die **Genehmigung des Be-** 3

---

1 Staudinger/Rauscher § 1596 Rn. 4.
2 Staudinger/Rauscher § 1596 Rn. 4.
3 KG 13.8.1986 – 18 W 4288/86, NJW-RR 1987, 388.

treuungsgerichts erforderlich. Die Genehmigung ist **vor der Anerkennung** einzuholen, § 1831.

4   **3. Beschränkt geschäftsfähige Mutter.** Abs. 1 S. 4 verweist für die Zustimmung der beschränkt geschäftsfähigen Mutter auf die Sätze 1–3. Wird die beschränkt geschäftsfähige Mutter nach wirksamer Anerkennung des Vaters und vor der Zustimmung ihrer gesetzlichen Vertreter volljährig, richtet sich die Zustimmung der Mutter ausschließlich nach § 1595 Abs. 1.

5   **4. Geschäftsunfähige Mutter.** Bei Geschäftsunfähigkeit der Mutter (§ 104 Nr. 2) ist eine persönliche Zustimmung nicht möglich. Diese kann durch gesetzliche Vertreter abgegeben werden (§ 1596 Abs. 1 S. 4 iVm S. 1). Zur gesetzlichen Vertretung kann auf → Rn. 3 verwiesen werden.

III. Zustimmung des Kindes (Abs. 2)

6   Ist in Fällen des § 1595 Abs. 2 die Zustimmung des Kindes erforderlich, kann bei beschränkter Geschäftsfähigkeit und einem Alter von über **14 Jahren** die erforderliche **Zustimmung nur durch das Kind selbst** erklärt werden. Diese Zustimmung bedarf aber wiederum der Zustimmung des gesetzlichen Vertreters.[4]

Bei einem Alter unter 14 Jahren oder Geschäftsunfähigkeit des minderjährigen Kindes ist die **Zustimmung durch die gesetzlichen Vertreter** zu erklären. Eine Genehmigung des Familiengerichts ist nicht erforderlich.

IV. Anerkennung oder Zustimmung geschäftsfähiger Betreuter (Abs. 3)

7   Abs. 3 stellt klar, dass der geschäftsfähige Betreute selbst und persönlich anerkennen und zustimmen kann. Ausnahme: angeordneter Einwilligungsvorbehalt eines Betreuers gem. § 1903.

V. Keine Bevollmächtigung (Abs. 4)

8   Anerkennung und Zustimmung nach Abs. 1–3 durch Anerkennenden, Mutter oder Kind sind **höchstpersönliche Erklärungen.** Dies gilt auch im gerichtlichen Verfahren. Die Erklärungen können nur persönlich, nicht schriftlich – auch bei anwaltlicher Vertretung – durch einen Bevollmächtigten abgegeben werden.[5]

§ 1597 BGB   Formerfordernisse; Widerruf

(1) Anerkennung und Zustimmung müssen öffentlich beurkundet werden.

(2) Beglaubigte Abschriften der Anerkennung und aller Erklärungen, die für die Wirksamkeit der Anerkennung bedeutsam sind, sind dem Vater, der Mutter und dem Kind sowie dem Standesamt zu übersenden.

(3) [1]Der Mann kann die Anerkennung widerrufen, wenn sie ein Jahr nach der Beurkundung noch nicht wirksam geworden ist. [2]Für den Widerruf gelten die Absätze 1 und 2 sowie § 1594 Abs. 3 und § 1596 Abs. 1, 3 und 4 entsprechend.

---

4   MK/Wellenhofer § 1596 Rn. 11.
5   Zöller/Greger FamFG § 180 Rn. 2.

I. Allgemeines

Anerkennung der Vaterschaft und **Zustimmung** bedürfen nach Abs. 1 wegen der 1 weitreichenden Folgen der Vaterschaftsanerkennung **der öffentlichen Beurkundung** iSd §415 ZPO.

Abs. 2 normiert die entsprechenden Übersendungspflichten für die beurkundenden Stellen und Abs. 3 regelt die Voraussetzung des Widerrufs einer nicht wirksamen Anerkennung.

II. Öffentliche Beurkundung

Für die nach Abs. 1 erforderliche **Beurkundung der Anerkennung** und der **Zu-** 2 **stimmung** sowie der Zustimmung der gesetzlichen Vertreter sind zuständig:

- Notare § 1 Abs. 1 BeurkG, § 20 BNotO
- die Amtsgerichte § 62 Abs. 1 Nr. 1 BeurkG, § 3 Nr. 1 lit. f. RPflG
- die Standesbeamten § 44 Abs. 1 u. 2 PStG, § 58 BeurkG
- die Jugendämter § 59 Abs. 1 Nr. 1 SGB VIII, § 59 BeurkG
- die Familiengerichte § 180 FamFG
- Konsularbeamte im Ausland §§ 1, 2, 10, 19, 20, 24 KonsG

Öffentlich zu beurkunden ist auch die **Zustimmung des Ehemannes** im Fall des **scheidungsabhängigen Statuswechsels** gem. § 1599 Abs. 2 S. 2. Diese Zustimmung kann aber nicht formwirksam zur Niederschrift des Gerichts in einem Ehescheidungsverfahren erklärt werden.[1]

Auch ausländische Urkunden können dem Erfordernis der öffentlichen Beurkundung entsprechen, wenn Art. 11 Abs. 1 EGBGB gewahrt wurde.[2]

III. Benachrichtigungspflicht

Die nicht empfangsbedürftige Willenserklärung **ist von den beurkundenden Stel-** 3 **len** den **Beteiligten** und den **Standesbeamten,** bei dem die Geburt beurkundet wurde, **zu übersenden,** § 44 Abs. 3 PStG. Erfolgte die Geburt **nicht im Inland,** ist gem. § 44 Abs. 3 S. 2 PStG das Standesamt I in Berlin zu benachrichtigen. Die Nichtübersendung führt nicht zur Unwirksamkeit der Erklärungen, denn die Übersendung kann nachgeholt werden. Bei vorgeburtlichen Erklärungen der Beteiligten hat das Standesamt nach 44.3 PStG-VwV die Anerkennungserklärung in **beglaubigter Abschrift zu übersenden** und die Beteiligten zu bitten, zu gegebener Zeit Tag und Ort der Geburt mitzuteilen. Bei notarieller Anerkennung vor der Geburt ist zu empfehlen, zusätzlich dem für den Wohnort der Mutter zuständige Jugendamt eine beglaubigte Abschrift zukommen zu lassen, damit das Jugendamt nach Geburt den Notar informieren kann.

IV. Widerruf (Abs. 3)

Wird zur Anerkennung des Mannes **keine wirksame Zustimmung der Mutter** 4 erklärt, kann der Mann binnen nach § 188 Abs. 2 zu berechnender Jahresfrist seine **Anerkennung widerrufen.** Die Frist beginnt mit der Beurkundung der Anerkennung.[3] Die Widerrufserklärung ist eine einseitige, nicht empfangsbedürfti-

---

1 BGH 27.3.2013 – XII ZB 71/12, FamRZ 2013, 944.
2 Staudinger/Rauscher § 1597 Rn. 13; Heilmann/Grün § 1597 Rn. 7 f.
3 BT-Drs. 13/4899, 85.

ge Willenserklärung. Sie ist wie die Anerkennung **formbedürftig**, dh öffentlich zu beurkunden.

V. Kosten der Beurkundung

5 Die Beurkundungen der Erklärungen über die Anerkennung der Vaterschaft beim Notar nach § 62 Abs. 1 Nr. 1 BeurkG sind gem. Vorbem. 2 Abs. 3 KV GNotKG gebührenfrei. Dokumentenpauschale und Auslagen sind zu erstatten. Beurkundungen des Jugendamtes sind kostenfrei nach § 64 Abs. 1, Abs. 2 S. 3 Nr. 2 SGB X. Gebührenfrei sind in der Regel auch die Beurkundungen bei den Standesämtern.

§ 1597 a BGB Verbot der missbräuchlichen Anerkennung der Vaterschaft

(1) Die Vaterschaft darf nicht gezielt gerade zu dem Zweck anerkannt werden, die rechtlichen Voraussetzungen für die erlaubte Einreise oder den erlaubten Aufenthalt des Kindes, des Anerkennenden oder der Mutter zu schaffen, auch nicht, um die rechtlichen Voraussetzungen für die erlaubte Einreise oder den erlaubten Aufenthalt des Kindes durch den Erwerb der deutschen Staatsangehörigkeit des Kindes nach § 4 Absatz 1 oder Absatz 3 Satz 1 des Staatsangehörigkeitsgesetzes zu schaffen (missbräuchliche Anerkennung der Vaterschaft).

(2) [1]Bestehen konkrete Anhaltspunkte für eine missbräuchliche Anerkennung der Vaterschaft, hat die beurkundende Behörde oder die Urkundsperson dies der nach § 85 a des Aufenthaltsgesetzes zuständigen Behörde nach Anhörung des Anerkennenden und der Mutter mitzuteilen und die Beurkundung auszusetzen. [2]Ein Anzeichen für das Vorliegen konkreter Anhaltspunkte ist insbesondere:
1. das Bestehen einer vollziehbaren Ausreisepflicht des Anerkennenden oder der Mutter oder des Kindes,
2. wenn der Anerkennende oder die Mutter oder das Kind einen Asylantrag gestellt hat und die Staatsangehörigkeit eines sicheren Herkunftsstaates nach § 29 a des Asylgesetzes besitzt,
3. das Fehlen von persönlichen Beziehungen zwischen dem Anerkennenden und der Mutter oder dem Kind,
4. der Verdacht, dass der Anerkennende bereits mehrfach die Vaterschaft von Kindern verschiedener ausländischer Mütter anerkannt hat und jeweils die rechtlichen Voraussetzungen für die erlaubte Einreise oder den erlaubten Aufenthalt des Kindes oder der Mutter durch die Anerkennung geschaffen hat, auch wenn das Kind durch die Anerkennung die deutsche Staatsangehörigkeit erworben hat, oder
5. der Verdacht, dass dem Anerkennenden oder der Mutter ein Vermögensvorteil für die Anerkennung der Vaterschaft oder die Zustimmung hierzu gewährt oder versprochen worden ist.

[3]Die beurkundende Behörde oder die Urkundsperson hat die Aussetzung dem Anerkennenden, der Mutter und dem Standesamt mitzuteilen. [4]Hat die nach § 85 a des Aufenthaltsgesetzes zuständige Behörde gemäß § 85 a Absatz 1 des Aufenthaltsgesetzes das Vorliegen einer missbräuchlichen Anerkennung der Vaterschaft festgestellt und ist diese Entscheidung unanfechtbar, so ist die Beurkundung abzulehnen.

(3) [1]Solange die Beurkundung gemäß Absatz 2 Satz 1 ausgesetzt ist, kann die Anerkennung auch nicht wirksam von einer anderen beurkundenden Behörde

oder Urkundsperson beurkundet werden. [2]Das Gleiche gilt, wenn die Voraussetzungen des Absatzes 2 Satz 4 vorliegen.

(4) Für die Zustimmung der Mutter nach § 1595 Absatz 1 gelten die Absätze 1 bis 3 entsprechend.

(5) Eine Anerkennung der Vaterschaft kann nicht missbräuchlich sein, wenn der Anerkennende der leibliche Vater des anzuerkennenden Kindes ist.

I. Allgemeines

Im Rahmen der Verschärfung von Regelungen zum Asyl- und Aufenthaltsrecht hat der Gesetzgeber am 18.5.2017 das „Gesetz zur besseren Durchsetzung der Ausreisepflicht" beschlossen.[1] Kurzfristig und beiläufig wurde der ursprüngliche Gesetzentwurf durch einen Änderungsantrag[2] der Fraktionen der CDU/CSU und SPD im Innenausschuss des Deutschen Bundestages vom 17.5.2017 mit dem Entwurf des § 1597 a zur Einführung von Regelungen zur Verhinderung missbräuchlicher Vaterschaftsanerkennungen ergänzt.[3] Am 18.5.2017 hat der Bundestag das Gesetz in 3. Lesung beschlossen. Es wurde am 28.7.2017 im Bundesgesetzblatt verkündet und ist am 29.7.2017 in Kraft getreten.[4]

Nach Auffassung des Gesetzgebers war es erforderlich, eine gesetzliche Neuregelung zur Verhinderung eines Missbrauchs von Vaterschaftsanerkennungen zu schaffen, wenn solche Vaterschaftsanerkennungen dem Zweck dienen sollen, die rechtlichen Voraussetzungen für die erlaubte Einreise oder dem erlaubten Aufenthalt des Kindes, des Anerkennenden oder der Mutter zu schaffen. Im Rahmen der parlamentarischen Debatte im Deutschen Bundestag vom 18.5.2017 teilte der zuständige Parlamentarische Staatssekretär des Bundesministeriums des Innern mit, dass der Gesichtspunkt der Verhinderung missbräuchlicher Vaterschaftsanerkennungen zusätzlich aufgegriffen wurde, denn aus der Praxis sei geäußert worden: „Scheinvaterschaften sind die neuen Scheinehen. Es gibt hier ein erhebliches Missbrauchspotenzial."[5]

Zur Verhinderung missbräuchlicher Vaterschaftsanerkennungen hatte der Gesetzgeber mit Wirkung zum 1.8.2008 ein behördliches Anfechtungsrecht in § 1605 Abs. 1 Nr. 5 eingeführt. Diese Regelung wurde durch das Bundesverfassungsgericht für verfassungswidrig und nichtig erklärt.[6] Mit § 1597 a und den flankierenden Vorschriften im Asyl- und Aufenthaltsrecht verfolgt der Gesetzgeber nun einen **präventiven Ansatz**. Es soll jetzt im Vorfeld einer wirksamen Vaterschaftsanerkennung mithilfe einer Missbrauchskontrolle durch die Ausländerbehörde verhindert werden, dass es zu den statusrechtlichen Folgen einer missbräuchlichen Vaterschaftsanerkennung überhaupt kommt.[7]

1 BT-Drs. 18/12415.
2 A-Drs. 18(4)897 vom 17.5.2017.
3 BT-Drs. 18/12415.
4 BGBl. 2017 I 2780.
5 BT-Plenarprotokoll 18/234 vom 18.5.2017, S. 23726.
6 BVerfG 17.12.2013 – 1 BvL 6/10, FamRZ 2014, 449.
7 BT-Drs. 18/12415, 16.

II. Verbot der missbräuchlichen Anerkennung (Abs. 1)

4 Durch die Verbotsnorm soll klargestellt werden, dass die Anerkennung der Vaterschaft von der Rechtsordnung missbilligt wird, wenn sie gezielt gerade zum
Zweck der Erlangung eines Aufenthaltsrechts abgegeben wird.[8]

III. Mitteilungspflicht und Aussetzung einer missbräuchlichen Anerkennung (Abs. 2 S. 1)

5 Konnten der Anerkennende und die Mutter nach erfolgter Anhörung die von
der beurkundenden Behörde oder der Urkundsperson angenommenen konkreten Anhaltspunkte einer missbräuchlichen Anerkennung oder Zustimmung
nicht ausräumen, muss die beurkundende Behörde oder die Urkundsperson die
Beurkundung aussetzen und dies der zuständigen Ausländerbehörde mitteilen.
Die Ausländerbehörde hat dann in einem verwaltungsrechtlichen Prüfverfahren
nach § 85 a AufenthG festzustellen, ob eine missbräuchliche Anerkennung oder
Zustimmung der Mutter vorliegt. Die Beurkundung ist für die Dauer des aus-
länderbehördlichen Prüfverfahrens ausgesetzt.

IV. „Konkrete Anhaltspunkte" für eine missbräuchliche Anerkennung (Abs. 2 Nr. 1–5)

6 Konkrete Anhaltspunkte für eine missbräuchliche Anerkennung sollen in den in
Abs. 2 Nr. 1–5 genannten Tatbeständen erkannt werden können.

Der beurkundenden Behörde oder der Urkundsperson – dies können Notare,
Amtsgerichte, Standesbeamte, Jugendämter, Familiengerichte oder Konsularbeamte im Ausland sein, → § 1597 Rn. 2 – obliegt die Prüfung, ob konkrete Anhaltspunkte für eine missbräuchliche Anerkennung vorliegen. Eine Erforderlichkeit der Prüfung ist dann indiziert, wenn einer der Tatbestände des Abs. 2 Nr. 1–
5 vorliegt.[9] Da im Fall des tatsächlichen Missbrauchs der Vaterschaftsanerkennung die Betroffenen mit einer geringen Wahrscheinlichkeit die aufgeführten
Tatbestände von sich aus offenbaren werden, bleibt offen, wie die beurkundende Behörde oder die Urkundsperson Anzeichen für das Vorliegen der konkreten
Anhaltspunkte iSd Abs. 2 erhalten soll. Eine **schematische Abfrage** der Regelbei-
spiele der Nr. 1–5 ist obligatorisch. Erlangt die beurkundende Behörde oder die
Urkundsperson im Rahmen des Beurkundungsvorgangs Anzeichen für einen
Missbrauch, ist eine Anhörung der Betroffenen durchzuführen und ihnen die
Gelegenheit zu geben, die Verdachtsgründe auszuräumen. Dabei trifft die Beteiligten die Darlegungslast.[10] Werden die Verdachtsgründe nicht ausgeräumt, sind
die Betroffenen darauf hinzuweisen, dass der Vorgang entsprechend den gesetzlichen Vorschriften **der zuständigen Ausländerbehörde zur Prüfung nach § 85 a
AufenthG vorgelegt** wird und das Beurkundungsverfahren bis zum Abschluss
dieses Verfahrens ausgesetzt ist.

7 Nach der Vorgabe des Gesetzgebers soll das Vorliegen der Tatbestände des
Abs. 2 Nr. 1–5 noch nicht mit der Annahme konkreter Anhaltspunkte für eine
missbräuchliche Anerkennung gleichgesetzt werden. Sie würden deren Vorliegen
jedoch nahelegen.[11] In der Konsequenz führen die aufgeführten Tatbestände und

---

  8 BT-Drs. 18/12415, 16.
  9 BT-Drs.18/12415, 20.
 10 BT-Drs.18/12415, 21.
 11 BT-Drs 18/12415, 20.

die den beurkundenden Behörden und Urkundsbeamten zugewiesene Handhabung zu einem bedenklichen **Generalverdacht** einer missbräuchlichen Vaterschaftsanerkennung aller dort genannter Personengruppen. Diesen Personengruppen wird dann lediglich die Möglichkeit eingeräumt, den Verdacht zu entkräften.[12]

Nach § 1597a Abs. 5 kann die Anerkennung nicht missbräuchlich sein, wenn 8 der Anerkennende der **leibliche Vater** des anzuerkennenden Kindes ist.

V. Weitere Mitteilungspflichten (Abs. 2 S. 3)

Die beurkundende Behörde oder der Urkundsbeamte haben die Aussetzung dem 9 Anerkennenden, der Mutter und dem Standesamt mitzuteilen. Die Mitteilung an das Standesamt soll bewirken, dass während der Aussetzung keine anderweitige Anerkennung oder Zustimmung wirksam erfolgen kann.

VI. Dauer der Aussetzung der Beurkundung

Bestätigen sich im verwaltungsrechtlichen Prüfverfahren der Ausländerbehörde 10 die konkreten Anhaltspunkte, dann entscheidet diese durch rechtsmittelfähigen Verwaltungsakt. Bei Unanfechtbarkeit der Entscheidung der Ausländerbehörde ist die Beurkundung endgültig abzulehnen. Ergibt das Prüfverfahren der Ausländerbehörde keinen Missbrauch der Vaterschaftsanerkennung oder der Zustimmung der Mutter, wird das Verfahren eingestellt.

VII. Rechtsfolgen der Aussetzung

1. Vor der Geburt des Kindes. Da eine Anerkennung der Vaterschaft nach 11 § 1594 Abs. 4 und eine Zustimmung der Mutter nach § 1595 Abs. 3 auch vor der Geburt eines Kindes möglich ist, wird den in § 1597a Abs. 2 Nr. 1–5 genannten Personengruppen die Rechtsfolge einer vorgeburtlichen Anerkennung genommen. Damit einhergehend wird den unter dem Generalverdacht des § 1597a Abs. 2 Nr. 1–5 stehenden Personengruppen in Folge der vorgeschriebenen Aussetzung des Anerkennungsverfahrens auf nicht absehbare Verfahrensdauer die Rechtsfolge einer vorgeburtlichen Anerkennung des Kindes verweigert. Den Betroffenen wird uU wegen des Zeitablaufs das Recht der vorgeburtlichen Sorgeerklärung nach § 1626a Abs. 2 genommen. Sie sind daher nicht mit der Geburt des Kindes gemeinsam sorgeberechtigt, § 1626a Abs. 1 Nr. 1. Ihnen steht womöglich nicht die Fürsorge für die Leibesfrucht nach § 1912 Abs. 2 gemeinsam zu und das Namensbestimmungsrecht nach § 1617 Abs. 1 S. 1.

Ebenso kann der Unterhaltsanspruch des Kindes und der Mutter nach § 1615 l womöglich nicht vor der Geburt nach § 247 FamFG durch einstweilige Anordnung geltend gemacht oder gesichert werden.

2. Nach der Geburt des Kindes. Infolge einer zu erwartenden erheblichen Verfahrensdauer von der Aussetzung des Beurkundungsverfahrens bis zu einer unanfechtbaren verwaltungsgerichtlichen Entscheidung bleibt die statusrechtliche Zuordnung eines Kindes zu einem Vater während der Aussetzung offen. Ebenso bleiben Fragen des Aufenthalts- und Staatsangehörigkeitsrechts des Kindes oder der Eltern offen. Fragen der Erfüllung elementarer Unterhaltspflichten bleiben ungeklärt.

---

12 BT-Drs. 18/12415, 21.

VIII. Beurkundung der Anerkennung oder Zustimmung in Unkenntnis konkreter Anhaltspunkte

13   Wurden von der beurkundenden Behörde keine konkreten Anhaltspunkte für einen Missbrauch festgestellt und ist deshalb die Beurkundung vorgenommen worden, dann bleiben Anerkennung und Zustimmung auch dann wirksam, wenn später konkrete Anhaltspunkte dafür bekannt werden, dass sie entgegen Abs. 1 missbräuchlich gewesen sein könnten.[13]

IX. Beurkundung einer Anerkennung oder Zustimmung während Aussetzung oder nach unanfechtbarer Feststellung einer missbräuchlichen Anerkennung

14   Wird eine Anerkennung oder Zustimmung während eines ausgesetzten Beurkundungsverfahrens beurkundet, obwohl der missbräuchliche Charakter der Anerkennung oder Zustimmung wegen eines bereits vorhandenen Verdachts durch die Behörde oder Auslandsvertretung geprüft wird oder ist ein solcher bereits unanfechtbar festgestellt, ist eine solche Beurkundung **unwirksam**, § 1598 Abs. 1 S. 2.

X. Fazit

15   Die große Anzahl Asylsuchender, die seit dem Jahr 2015 nach Deutschland gekommen sind, und der Terrorakt in Berlin vom 19.12.2016 waren für den Gesetzgeber Anlass, ein Paket von Maßnahmen zu verabschieden, die im „Gesetz zur besseren Durchsetzung der Ausreisepflicht" mündeten. Während mehrmonatiger Beratungen erfolgten zahlreiche Anhörungen von Fachverbänden zum ursprünglichen Gesetzentwurf, der die Regelung des § 1597 a überhaupt nicht zum Gegenstand hatte.[14]

Anhörungen von Fachverbänden zu dem kurzfristig vom Innenausschuss des Bundestages am 17.5.2017 eingebrachten Änderungsantrag[15] und schon einen Tag später am 18.5.2017 vom Bundestag beschlossenen Gesetz **erfolgten nicht.** Aspekte des Kindeswohls waren ersichtlich nicht Gegenstand von Erörterungen im Gesetzgebungsverfahren. Fraglich bleibt auch, wie beurkundende Behörden oder Urkundspersonen, zB Notare, die verneinenden Angaben des Anerkennenden oder der zustimmenden Mutter über das Bestehen einer vollziehbaren Ausreisepflicht eines Beteiligten oder die Stellung eines Asylantrages als unrichtig erkennen sollen. Verletzt der Notar eine Amtspflicht, wenn er bei falschen Angaben eines Anerkennenden keine „konkreten Anhaltspunkte" für einen Missbrauch einer Anerkennung erkennt und deshalb die Anerkennung des Vaters oder die Zustimmung der Mutter beurkundet und nicht aussetzt? Schon bisher war schließlich gemäß § 4 BeurkG die Beurkundung sogenannter Scheinvaterschaften zur Aufenthaltserschleichung abzulehnen.

Fraglich erscheint aber auch die **Erforderlichkeit** der gesetzlichen Neuregelung des § 1597 a. Die Bundesregierung teilte nämlich am 12.7.2017 in einer Antwort auf eine kleine Anfrage zu Scheinvaterschaften zur Aufenthaltserlangung mit, es lägen keine belastbaren Fallzahlen der letzten Jahre vor. Sowohl Vertreter der das Ausländerrecht vollziehenden Länder als auch die Ausländerbehörden

---

13   BT-Drs. 18/12415, 22.
14   DAV Stellungnahme Nr. 39/2017 vom Mai 2017 zur ursprünglichen BT-Drs. 18/11546.
15   A-Drs. 18(4)897 vom 17.5.2017.

hätten aufgrund steigender Verdachtszahlen wiederholt eine gesetzliche Neuregelung zur Verhinderung missbräuchlicher Vaterschaftsanerkennungen gefordert.[16]

§ 1598 BGB Unwirksamkeit von Anerkennung, Zustimmung und Widerruf

(1) Anerkennung, Zustimmung und Widerruf sind nur unwirksam, wenn sie den Erfordernissen nach § 1594 Absatz 2 bis 4 und der §§ 1595 bis 1597 nicht genügen. Anerkennung und Zustimmung sind auch im Fall des § 1597 a Absatz 3 und im Fall des § 1597 a Absatz 4 in Verbindung mit Absatz 3 unwirksam.

(2) Sind seit der Eintragung in ein deutsches Personenstandsregister fünf Jahre verstrichen, so ist die Anerkennung wirksam, auch wenn sie den Erfordernissen der vorstehenden Vorschriften nicht genügt.

I. Allgemeines

§§ 1594–1597 regeln die Voraussetzungen der **Wirksamkeit von Anerkennung** 1 **und Zustimmung**. Wurden diese Voraussetzungen nicht eingehalten, führt dies zur Unwirksamkeit. Die **Heilung** der Unwirksamkeit regelt Abs. 2. Andere als die in Abs. 1 aufgeführten Unwirksamkeitsgründe kommen nicht in Betracht. Eine Nichtigkeit oder Anfechtbarkeit wegen Willensmängel nach §§ 116–119, 123, Verbotswidrigkeit nach § 134 oder Sittenwidrigkeit nach § 138 können nicht zu einem begründeten Widerruf führen.

II. Unwirksamkeitsgründe

Die abschließende Beschränkung der Unwirksamkeitsgründe[1] auf die Nichtein- 2 haltung der Vorschriften der §§ 1594–1597 a soll für die Beteiligten und den Rechtsverkehr die erforderliche Klarheit der statusrechtlichen Zuordnung des Kindes schaffen.[2] Ergänzt wurde die Regelung des § 1598 Satz 2 durch den neuen § 1597 a.[3] Hierdurch wird bewirkt, dass Anerkennung und Zustimmung auch im Fall des § 1597 a Abs. 3 sowie im Fall des § 1597 a Abs. 4 ivM Abs. 3 unwirksam sind, wenn die Anerkennung beurkundet wird, obwohl ein **missbräuchlicher Charakter der Anerkennung** oder der Zustimmung wegen eines entsprechenden Verdachts durch die Ausländerbehörde oder die Auslandsvertretung noch geprüft wird oder bereits unanfechtbar festgestellt wurde. Wird dagegen festgestellt, dass keine missbräuchliche Anerkennung oder Zustimmung vorliegt, oder hat die beurkundende Behörde oder Urkundsperson keine **konkreten Anhaltspunkte** für einen Missbrauch festgestellt (oder bemerkt), und ist die Beurkundung vorgenommen worden, dann bleiben Anerkennung und Zustimmung auch dann wirksam, wenn konkrete Anhaltspunkte nach § 1597 a Abs. 2 Nr. 1–5 erst später bekannt werden.[4]

---

16 BT-Drs. 18/13097.
 1 Zusammenfassung der Unwirksamkeitsgründe: Heilmann/Grün § 1598 Rn. 4; Staudinger/Rauscher § 1598 Rn. 8.
 2 MK-Wellenhofer § 1591 Rn. 1; Palandt/Brudermüller § 1598 Rn. 1.
 3 BGBl. 2017 I 2780.
 4 BT-Drucks. 18/12415, 22.

III. Heilung der Unwirksamkeit, Abs. 2

3 Bei Eintragung einer Vaterschaft in das **Geburtsregister** nach § 21 PStG trotz Unwirksamkeit der Erklärungen tritt Heilung der Unwirksamkeit ein, wenn seit der Eintragung in das deutsche Register fünf Jahre vergangen sind. Die Eintragung in ein ausländisches Register setzt die Frist nicht in Gang. Die Frist berechnet sich nach §§ 187, 188 Abs. 2. Es handelt sich um eine Ausschlussfrist.[5]

IV. Verfahren

4 Zur Feststellung der Unwirksamkeit wegen Nichteinhaltung der Wirksamkeitsvoraussetzungen der §§ 1594–1597 ist ein **Antrag** nach § 169 Nr. 1 FamFG **an das Familiengericht** zu richten.

Es besteht auch die Möglichkeit, bei angenommener Unwirksamkeit einen **Berichtigungsantrag** nach § 47 Abs. 1 PStG zu stellen. Nach erfolgter Ablehnung durch den Standesbeamten ist die gerichtliche Anordnung zur Berichtigung des Geburtsregisters nach § 48 PStG zu beantragen. Die sachliche Zuständigkeit für dieses Verfahren ist dem Amtsgericht am Sitz des Landgerichts zugewiesen. Die **örtliche Zuständigkeit** bestimmt sich durch das Standesamt, dessen Register berichtigt werden soll. Nach § 51 PStG sind auf das Verfahren die Vorschriften des FamFG anzuwenden. Die fristgemäße Einreichung der gerichtlichen Anträge nach § 169 FamFG oder § 48 PStG unterbricht den Lauf der Fünf-Jahres-Frist des Abs. 2.[6]

§ 1598 a BGB Anspruch auf Einwilligung in eine genetische Untersuchung zur Klärung der leiblichen Abstammung

(1) [1]Zur Klärung der leiblichen Abstammung des Kindes können
1. der Vater jeweils von Mutter und Kind,
2. die Mutter jeweils von Vater und Kind und
3. das Kind jeweils von beiden Elternteilen

verlangen, dass diese in eine genetische Abstammungsuntersuchung einwilligen und die Entnahme einer für die Untersuchung geeigneten genetischen Probe dulden. [2]Die Probe muss nach den anerkannten Grundsätzen der Wissenschaft entnommen werden.

(2) Auf Antrag eines Klärungsberechtigten hat das Familiengericht eine nicht erteilte Einwilligung zu ersetzen und die Duldung einer Probeentnahme anzuordnen.

(3) Das Gericht setzt das Verfahren aus, wenn und solange die Klärung der leiblichen Abstammung eine erhebliche Beeinträchtigung des Wohls des minderjährigen Kindes begründen würde, die auch unter Berücksichtigung der Belange des Klärungsberechtigten für das Kind unzumutbar wäre.

(4) [1]Wer in eine genetische Abstammungsuntersuchung eingewilligt und eine genetische Probe abgegeben hat, kann von dem Klärungsberechtigten, der eine Abstammungsuntersuchung hat durchführen lassen, Einsicht in das Abstammungsgutachten oder Aushändigung einer Abschrift verlangen. [2]Über Streitigkeiten aus dem Anspruch nach Satz 1 entscheidet das Familiengericht.

---

5 OLG München 16.3.2011 – 33 WF 448/11; Zimmermann FamFR 2011, 216; Staudinger/Rauscher § 1598 Rn. 16.
6 NK-BGB/Gutzeit § 1598 Rn. 6.

I. Allgemeines

Die Vorschrift wurde mit Wirkung vom 1.4.2008 durch das „Gesetz zur Klä- 1 rung der Vaterschaft unabhängig vom Anfechtungsverfahren vom 26.3.2008" in das Gesetz eingefügt.[1] Erforderlich wurde dies durch Anordnung des BVerfG in seiner Entscheidung vom 13.2.2007.[2] Dem Gesetzgeber wurde aufgegeben, bis zum 31.3.2008 ein rechtsförmiges Verfahren bereitzustellen, in dem die Abstammung eines Kindes von seinem rechtlichen Vater geklärt und nur ihr Bestehen oder Nichtbestehen festgestellt werden kann.[3] Hintergrund dieser Anordnung des BVerfG war nach Zunahme heimlicher Vaterschaftstests die Rechtsprechung des BGH,[4] dass heimliche Vaterschaftstests das **Recht des Kindes auf informationelle Selbstbestimmung** verletzt und einem Verwertungsverbot unterliegen. Andererseits hatte das BVerfG das ebenfalls verfassungsrechtlich gewährleistete Recht auf **Kenntnis der Abstammungsverhältnisse** hiermit in Einklang zu bringen.

Zwar haben das BVerfG[5] und auch der Titel des den § 1598 a einführenden Gesetzes[6] nur die Klärung der Vaterschaft hervorgehoben. Dies war auch die eigentliche Absicht des Gesetzgebers. Zur Berücksichtigung des Gender Mainstreaming wurde dann der Anspruch auf Einwilligung in die Abstammungsuntersuchung nicht nur auf den rechtlichen Vater beschränkt, sondern auf Mutter und Kind erweitert.[7] Der Wortlaut der Vorschrift lässt keine Zweifel daran, dass auch die nicht statusverändernde Klärung der Mutterschaft Gegenstand des Verfahrens nach § 1598 a sein kann.[8]

§ 1598 a gewährt den familienrechtlichen Anspruch auf **Einwilligung** in eine genetische **Abstammungsuntersuchung** und auf **Duldung** der erforderlichen **Probeentnahme**. Ansprüche bestehen nur zwischen **rechtlichem Vater**, der (Geburts-)**Mutter** und dem **Kind**. Damit sind potenzielle biologische Väter, Spende-Mütter, Geschwister oder Großeltern von der Klärung der Abstammung nach diesem Verfahren ausgeschlossen.[9]

II. Außergerichtliches Verfahren

1. Anspruch auf Einwilligung und Duldung (Abs. 1 S. 1). Der Anspruch besteht 2 für und gegen den in Abs. 1 S. 1 genannten Personenkreis, um zu klären, ob die bestehende rechtliche Zuordnung mit der genetischen übereinstimmt. **Weitere Klärungen** sind nicht Bestandteil der Einwilligung und Duldungspflicht.

---

1 BGBl. 2008 I 441.
2 BVerfG 13.2.2007 – 1 BvR 421/05, FamRZ 2007, 441.
3 BVerfG 13.2.2007 – 1 BvR 421/05, FamRZ 2007, 441.
4 BGH 12.1.2005 – XII ZR 227/03, FamRZ 2005, 340; 12.1.2005 – XII ZR 60/03, FamRZ 2005, 342.
5 BVerfG 13.2.2007 – 1 BvR 421/05, FamRZ 2007, 441.
6 BGBl. 2008 I 441.
7 BT-Drs. 16/6561, 11.
8 Staudinger/Rauscher § 1598 a Rn. 30; MK-Wellenhofer § 1598 a Rn. 22; Palandt/Brudermüller § 1598 a Rn. 6; NK-BGB/Gutzeit § 1598 a Rn. 5; Heilmann/Grün § 1598 a Rn. 4.
9 NK-BGB/Gutzeit § 1598 a Rn. 4.

Der Anspruch kann jederzeit geltend gemacht werden und hat seine Grenze nur bei der Annahme missbräuchlicher Rechtsausübung.[10] Er ist an **keine Frist** gebunden und unterliegt keiner Verjährung, § 194 Abs. 2.[11]

3 **2. Genetische Probeentnahme nach anerkannten Grundsätzen der Wissenschaft (Abs. 1 S. 2).** Die **Einwilligung,** dh Zustimmung nach § 183, und **Duldungspflicht** bestehen aus dem nach Abs. 1 S. 2 vorzunehmenden Umkehrschluss nicht, wenn die beabsichtigte genetische Untersuchung nicht nach anerkannten Grundsätzen der Wissenschaft entnommen und durchgeführt wird. Der Gesetzgeber hatte hier auf die damaligen Richtlinien der Bundesärztekammer verwiesen.[12] Diese sind nach der Einführung des GenDG überholt. Auf der Grundlage des GenDG sollten auch private Abstammungsgutachten eingeholt werden, weshalb die **Standards der GEKO**[13] einzuhalten sind (→ Vor §§ 1591–1600 d Rn. 10). Eine Einwilligungs- oder Duldungspflicht zu Untersuchungen, die diesen Standards nicht entsprechen, kann nicht angenommen werden.

Es empfiehlt sich daher, bei der außergerichtlichen Aufforderung zur Abgabe der Einwilligung ein nach den Standards der **GEKO** entsprechendes Institut auszuwählen, und dies konkret zu benennen.

4 **3. Kosten des Gutachtens.** Die Kosten des Gutachtens trägt der **Anfordernde.** Für eine andere Kostenfolge fehlt eine Rechtsgrundlage.

III. Gerichtliches Verfahren (Abs. 2)

5 Werden Einwilligung in die Untersuchung und Duldung der Entnahme versagt, können im Verfahren nach §§ 169 ff. FamFG die **Einwilligung** ersetzt und die **Duldung** angeordnet werden. Die Einholung des Gutachtens selbst ist nicht Bestandteil des Verfahrens. Das einzuholende Gutachten hat der Antragstellende zu zahlen. Die **Gutachterkosten** sind keine Verfahrenskosten. Ein Rechtsschutzbedürfnis für ein weiteres statusunabhängiges Abstammungsverfahren soll auch dann nicht bestehen, wenn die Vaterschaft bereits in einem gerichtlichen Verfahren unter Einholung eines Blutgruppengutachtens festgestellt worden ist.[14] Über die Kosten des Verfahrens entscheidet das Gericht nach Ermessen, § 81 FamFG. Der **Verfahrenswert** beträgt nach § 47 Abs. 1 FamGKG, § 169 Nr. 2 FamFG **1.000 EUR.**

IV. Hemmung der Anfechtungsfrist des § 1600 b

6 Während des gerichtlichen Verfahrens nach § 1598 a Abs. 2 und Abs. 3 ist nach § 1600 b Abs. 5 die Anfechtungsfrist gehemmt. Da das Gutachten aber erst nach Verfahrensende eingeholt wird, hemmt die Zeit der eigentlichen Gutachtenerstattung die Anfechtungsfrist des § 1600 b nicht.

---

10 BT-Drs. 16/6561, 12; OLG Nürnberg 13.3.2014 – 7 UF 187/14, FamRZ 2014, 1214; OLG Koblenz 21.6.2013 – 13 WF 522/13, FamRZ 2014, 406; OLG München 14.6.2011 – 33 UF 772/11, FamRZ 2011, 1878; OLG Karlsruhe 8.5.2012 – 2 WF 93/12, FamRZ 2012, 1734.
11 Zur Frage der Verwirkung: Staudinger/Rauscher § 1598 a Rn. 22.
12 BT-Drs. 16/6561, 13.
13 GEKO = Richtlinie der Gendiagnostik-Kommission, abrufbar unter www.rki.de.
14 OLG Frankfurt/M. 9.3.2016 – 2 UF 327/15, FamRZ 2016, 1476; bestätigt durch: BGH 30.11.2016 – XII ZB 173/16, FamRZ 2017, 219.

V. Aussetzung des Verfahrens (Abs. 3)

Zum **Schutz des Kindes** in besonderen Lagen und unter Berücksichtigung seiner 7 Entwicklungsphase kann im Rahmen der Härteklausel des Abs. 3 eine Verfahrensaussetzung erfolgen. Voraussetzung ist eine **erhebliche Beeinträchtigung des Kindeswohls**, dh die Einholung des Gutachtens muss für das Kind wegen außergewöhnlicher Umstände besonders schwerwiegende Folgen haben.[15]

VI. Ansprüche der anderen Beteiligten (Abs. 5)

Die klärungspflichtigen Anspruchsgegner haben nach Einholung des Gutachtens 8 gegen den Anfordernden einen Anspruch auf **Einsichtnahme** oder **Überlassung**. Erfolgt dies auf Nachfrage nicht, bedarf es der Einleitung eines Abstammungsverfahrens nach § 169 Nr. 3 FamFG vor dem Familiengericht. Der Verfahrenswert beträgt nach § 47 Abs. 1 FamGKG, § 169 Nr. 3 FamFG 1.000 EUR.

§ 1599 BGB Nichtbestehen der Vaterschaft

(1) § 1592 Nr. 1 und 2 und § 1593 gelten nicht, wenn auf Grund einer Anfechtung rechtskräftig festgestellt ist, dass der Mann nicht der Vater des Kindes ist.

(2) [1]§ 1592 Nr. 1 und § 1593 gelten auch nicht, wenn das Kind nach Anhängigkeit eines Scheidungsantrags geboren wird und ein Dritter spätestens bis zum Ablauf eines Jahres nach Rechtskraft des dem Scheidungsantrag stattgebenden Beschlusses die Vaterschaft anerkennt; § 1594 Abs. 2 ist nicht anzuwenden. [2]Neben den nach den §§ 1595 und 1596 notwendigen Erklärungen bedarf die Anerkennung der Zustimmung des Mannes, der im Zeitpunkt der Geburt mit der Mutter des Kindes verheiratet ist; für diese Zustimmung gelten § 1594 Abs. 3 und 4, § 1596 Abs. 1 Satz 1 bis 3, Abs. 3 und 4, § 1597 Abs. 1 und 2 und § 1598 Abs. 1 entsprechend. [3]Die Anerkennung wird frühestens mit Rechtskraft des dem Scheidungsantrag stattgebenden Beschlusses wirksam.

I. Allgemeines

Die Vorschrift eröffnet in Abs. 1 die Möglichkeit, die nachträgliche, auf die Ge- 1 burt zurückwirkende **Beseitigung der rechtlichen Vaterschaft**, soweit diese nicht auf gerichtlicher Feststellung beruht. Voraussetzung ist die Durchführung eines **gerichtlichen Verfahrens**. Eine Ausnahme und Vereinfachung zur Änderung der Vaterschaftszuordnung eines Kindes nach § 1592 Nr. 1 schafft Abs. 2. Danach kann die Vaterschaftszuordnung eines Kindes ohne ein weiteres gerichtliches Anfechtungsverfahren beseitigt werden, wenn das Kind zwar während bestehender Ehe, aber nach Anhängigkeit eines Scheidungsverfahrens geboren wurde.

II. Beseitigung der Vaterschaft durch Anfechtungsverfahren

Die rechtliche Zuordnung der Vaterschaft während bestehender Ehe (§ 1592 2 Nr. 1) oder außerhalb der Ehe durch Anerkenntnis (§ 1592 Nr. 2) kann nur durch ein Gericht beseitigt werden. Das Verfahren kann nur auf Antrag der in § 1600 Abs. 1 genannten Berechtigten eingeleitet werden. Das Verfahren ist Abstammungssache und richtet sich nach den Vorschriften der §§ 169 ff. FamFG.

---

15 OLG Koblenz 21.6.2013 – 13 WF 522/13, FamRZ 2014, 406; 13.3.2012 – 2 WF 39/12, FamRZ 2012, 1148; OLG Karlsruhe 8.5.2012 – 2 WF 93/12, FamRZ 2012, 1734; OLG Schleswig 11.3.2011 – 10 WF 53/11, FamRZ 2011, 1805.

III. Vereinfachter Statuswechsel bei Anhängigkeit eines Scheidungsverfahrens (Abs. 2)

3 Die **Ausnahme** vom erforderlichen gerichtlichen **Anfechtungsverfahren** regelt Abs. 2 mit der sogenannten **scheidungsabhängigen Statusveränderung**. Voraussetzung hierfür ist die Geburt eines Kindes während der Anhängigkeit eines Scheidungsverfahrens, dh nach Eingang des auf Scheidung gerichteten Antrages bei Gericht, aber **vor Rechtskraft des Scheidungsverfahrens**. Erfolgt die Geburt vor Anhängigkeit eines Scheidungsverfahrens, bleibt es bei der Anfechtungsmöglichkeit.

Weitere **Voraussetzung** ist die Anerkennung der Vaterschaft durch den anderen Mann, den potenziellen Vater. Diese **Anerkennung** kann **während des Scheidungsverfahrens** oder bis zu einem Jahr nach Rechtskraft des Scheidungsverfahrens erklärt werden, Abs. 2 S. 1. Ferner bedarf die Anerkennung der **Zustimmung des Ehemannes** (Scheinvater). Diese Zustimmung unterliegt dabei nicht der Jahresfrist des Abs. 2 S. 1.[1] Ebenso ist die Zustimmung der Mutter erforderlich.

Anerkennung und Zustimmung bedürfen zu ihrer Wirksamkeit den allgemeinen Voraussetzungen der § 1594 Abs. 3 und 4, §§ 1595, 1596 und 1597. Die Zustimmungserklärungen können nicht wirksam im Scheidungsverfahren abgegeben werden.[2]

Der Statuswechsel wird frühestens mit Rechtskraft des Scheidungsbeschlusses wirksam, wenn bis dahin alle erforderlichen Zustimmungen vorliegen. Ist dies nicht der Fall, tritt der Statuswechsel erst mit Wirksamkeit der letzten noch ausstehenden wirksamen Erklärung ein.

Auch wenn die Voraussetzungen für ein Vorgehen nach dem vereinfachten Verfahren nach Abs. 2 vorliegen, besteht grundsätzlich keine Priorität für dieses Verfahren. Ein Rechtsschutzbedürfnis der Beteiligten für die alternative gerichtliche Klärung der Abstammung in einem gerichtlichen Verfahren kann nicht verneint werden.[3]

§ 1600 BGB Anfechtungsberechtigte

(1) Berechtigt, die Vaterschaft anzufechten, sind:
1. der Mann, dessen Vaterschaft nach § 1592 Nr. 1 und 2, § 1593 besteht,
2. der Mann, der an Eides statt versichert, der Mutter des Kindes während der Empfängniszeit beigewohnt zu haben,
3. die Mutter und
4. das Kind.

(2) Die Anfechtung nach Absatz 1 Nr. 2 setzt voraus, dass zwischen dem Kind und seinem Vater im Sinne von Absatz 1 Nr. 1 keine sozial-familiäre Beziehung besteht oder im Zeitpunkt seines Todes bestanden hat und dass der Anfechtende leiblicher Vater des Kindes ist.

(3) [1]Eine sozial-familiäre Beziehung nach Absatz 2 besteht, wenn der Vater im Sinne von Absatz 1 Nr. 1 zum maßgeblichen Zeitpunkt für das Kind tatsächliche Verantwortung trägt oder getragen hat. [2]Eine Übernahme tatsächlicher Verant-

---

1 BGH 27.3.2013 – XII ZB 71/12, FamRZ 2013, 944 Rn. 18.
2 BGH 27.3.2013 – XII ZB 71/12, FamRZ 2013, 944 Rn. 11.
3 OLG Frankfurt/M. 30.12.2015 – 3 UF 243/15, FamRZ 2016, 918.

wortung liegt in der Regel vor, wenn der Vater im Sinne von Absatz 1 Nr. 1 mit der Mutter des Kindes verheiratet ist oder mit dem Kind längere Zeit in häuslicher Gemeinschaft zusammengelebt hat.

(4) Ist das Kind mit Einwilligung des Mannes und der Mutter durch künstliche Befruchtung mittels Samenspende eines Dritten gezeugt worden, so ist die Anfechtung der Vaterschaft durch den Mann oder die Mutter ausgeschlossen.

I. Allgemeines

Die Regelung gilt nicht für eine nach § 1600 d BGB bzw. § 182 FamFG rechts-   1 kräftig festgestellte Vaterschaft. Diese ist nur über ein Wiederaufnahmeverfahren nach § 185 FamFG zu beseitigen.

Das Verfahren ist neu geregelt durch das FamFG, dort im Buch 2 Abschnitt 4: Abstammungssachen.

II. Anfechtungsberechtigte

1. Erweiterung des Kreises der Anfechtungsberechtigten. Der Kreis der Anfech-   2 tungsberechtigten ist durch das Gesetz vom 23.4.2004 um den biologischen Vater erweitert worden. Mit Inkrafttreten des § 1597 a zum 29.7.2017[1] wurde die bereits 2013 vom Bundesverfassungsgericht für verfassungswidrig und nichtig erklärte Behördenanfechtung aus dem Gesetz gestrichen und die Vorschrift neu gefasst.[2]

2. Der gesetzliche Vater (Abs. 1 Nr. 1). Anfechtungsberechtigt ist derjenige, des-   3 sen Vaterschaft nach §§ 1592 Nr. 1 und 2, 1593 besteht, auch wenn er nicht Sorgerechtsinhaber ist. Der Scheinvater kann auch sein eigenes Anerkenntnis anfechten.[3]

3. Der biologische Vater (Abs. 1 Nr. 2, Abs. 2 und 4). a) Abgrenzung zum Sa-   4 menspender. Bis zur Entscheidung des Bundesverfassungsgerichts[4] war der **biologische Vater** von jeder Anfechtungsmöglichkeit **ausgeschlossen**, solange die Vaterschaft eines anderen Mannes bestand.[5] Lediglich eine Streitverkündung durch das klagende Kind oder die klagende Mutter war möglich (§ 640 e ZPO aF). Dies hat das Bundesverfassungsgericht mit Art. 6 Abs. 2 GG für unvereinbar erklärt. Zwingend ist jetzt in dem Beschluss, der das Nichtbestehen der Vaterschaft nach § 1592 feststellt, auch die Vaterschaft des Anfechtenden festzustellen, § 182 FamFG.

Zur Vermeidung von Anfechtungen „ins Blaue hinein" ist die Anfechtungsmög-   5 lichkeit an **drei Voraussetzungen** geknüpft:

- Abgabe einer eidesstattlichen Versicherung des Anfechtenden, der Kindsmutter in der Empfängniszeit beigewohnt zu haben (Abs. 1 Nr. 2).
- Zwischen Kind und rechtlichem Vater darf keine sozial-familiäre Beziehung bestehen oder im Zeitpunkt des Todes bestanden haben (Abs. 2 Alt. 1).
- Der Anfechtende muss leiblicher Kindsvater sein (Abs. 2 Alt. 2).

---

1 Gesetz zur besseren Durchsetzung der Ausreisepflicht vom 20.7.2017, BGBl. 2017 I 2780.
2 BVerfG FamRZ 2014, 449.
3 OLG Köln FamRZ 2002, 629.
4 BVerfG FamRZ 2003, 816.
5 BGH FamRZ 1999, 716.

6 **b) Versicherung an Eides statt.** Diese Erklärung des Anfechtenden erhöht die Substantiierungspflicht und gehört zur Schlüssigkeit der Anfechtungsklage. Eine falsche Erklärung kann strafrechtliche Folgen haben. Im Wege einer teleologischen Auslegung fällt unter den Begriff „Beiwohnung" die Gabe einer Samenspende.[6] Die Anfechtung ist bei konsentierter heterologer Insemination nach Abs. 5 für den Mann und die Mutter ausgeschlossen.

7 **c) Sozial-familiäre Beziehung.** Das Nichtbestehen einer sozial-familiären Beziehung (vgl. § 1685 Abs. 2) zwischen dem rechtlichen Vater und dem Kind ist Voraussetzung für den Erfolg der Anfechtung als sogenannte **negative Tatbestandsvoraussetzung** und muss vom anfechtenden biologischen Vater nachgewiesen werden. Besteht eine solche Beziehung, ist die Anfechtung durch den leiblichen Vater ausgeschlossen und bleibt dies auch. Das gilt selbst dann, wenn auch zwischen dem mutmaßlichen leiblichen Vater und dem Kind eine vergleichbare sozial-familiäre Beziehung besteht oder bestanden hat.[7] Ein Wiederaufleben ist nicht möglich.[8] Insbesondere ist auch die Anfechtungsfrist während des Bestehens der Beziehung nicht gehemmt, § 1600 b Abs. 1 S. 2 Hs. 2 (→ § 1600 b Rn. 12). Eine sozial-familiäre Beziehung besteht, wenn der rechtliche Vater mit der Kindsmutter verheiratet ist oder mit dem Kind längere Zeit in häuslicher Gemeinschaft gelebt hat (Abs. 3, Regelannahme).[9] Der unbestimmte Rechtsbegriff **„längere Zeit"** ist wie in §§ 1630 Abs. 3, 1632 Abs. 4, 1682 sowie 1685 Abs. 2 auszulegen. Dabei kommt es auf den Zeitpunkt der letzten mündlichen Verhandlung an.[10] Dies bedeutet, dass ein Anfechtungsrecht nur besteht, wenn die häusliche Gemeinschaft des rechtlichen Vaters mit dem Kind aufgehoben ist und auch die **gegenwärtige Bezugswelt** des Kindes durch die frühere häusliche Beziehung mit dem rechtlichen Vater **nicht mehr geprägt** ist.[11]

8 **d) Leiblicher Vater.** Für die Schlüssigkeit des Anfechtungsantrags reicht die Behauptung der leiblichen Vaterschaft aus. Begründet ist ein Anfechtungsantrag aber erst, wenn auch feststeht, dass der Anfechtende auch leiblicher Vater ist. Dies ist im Tenor des Anfechtungsbeschlusses auch festzustellen (§ 182 Abs. 1 S. 2 FamFG). Durch diese Verknüpfung wird verhindert, dass das Kind vaterlos wird.

9 **e) Kindesmutter.** Die Mutter kann, anders als bisher, alle Fälle der Vaterschaft anfechten, nicht nur die Anerkennung (§ 1600 g aF). Eine Kindeswohlprüfung findet nicht statt. Ficht die allein sorgeberechtigte Mutter die Vaterschaft an, ist für das gem. § 172 Abs. 1 Nr. 1 FamFG zu beteiligende Kind **auch für die Klagezustellung und Ladung ein Ergänzungspfleger** zu bestellen.[12] Der rechtliche Vater kann das Kind in keiner Konstellation vertreten. Dem Kind ist dann, wenn der rechtliche Vater Inhaber der elterlichen Sorge ist, immer ein Ergänzungspfleger zu bestellen. Dies gilt auch für die Mutter, wenn sie mit dem Vater verheira-

---

6 BGH FamRZ 2013, 1209; Palandt/Brudermüller § 1600 Rn. 3.
7 BVerfG FamRZ 2015, 817; EGMR FamRZ 2016, 437; BVerfG FamRZ 2014, 191; OLG Bremen FamRZ 2013, 1824.
8 BT-Drs. 15/2253, 11.
9 BGH FamRZ 2007, 538.
10 BGH FamRZ 2008, 1821.
11 Palandt/Götz § 1685 Rn. 9; FA-FamR/Schwarzer Kap. 3 Rn. 182 ff.
12 BGH FamRZ 2002, 880.

tet ist.[13] Darüber hinaus ist gem. §§ 174, 158 FamFG auch ein Verfahrensbeistand zu bestellen, wenn die Voraussetzungen gegeben sind.

f) Kind. Volljährige Kinder können die Anfechtung ohne Beschränkung geltend 10 machen, minderjährige Kinder können nur durch ihren gesetzlichen Vertreter anfechten, § 1600 a Abs. 3, wenn die Anfechtung dem Kindeswohl dient, § 1600 a Abs. 4.

Weitere Personen sind **nicht anfechtungsberechtigt,** insbesondere nicht die Eltern 11 des verstorbenen Scheinvaters, selbst dann nicht, wenn dieser vor seinem Tod das Anfechtungsverfahren eingeleitet hat.[14] Die Aufzählung in § 1600 ist abschließend.[15]

III. Ausschluss der Anfechtung

Zu unterscheiden ist zwischen homologer Insemination, das ist die Samenspen- 12 de des Wunschvaters, und der heterologen Insemination, das ist die Samenspende eines vom Wunschvater zu unterscheidenden Dritten. Die Anfechtung der Vaterschaft bei der heterologen Insemination ist dann ausgeschlossen, wenn sie konsentiert erfolgte, Abs. 5. Die Einwilligungserklärungen sind formlos möglich[16] und können bis zur Insemination formfrei widerrufen werden. Dies gilt auch dann, wenn die Eltern nicht durch eine Ehe miteinander verbunden sind. Die Einwilligungserklärung des Mannes muss der Mutter zugehen. Die Einwilligung enthält zugleich die Zustimmung zu einem durch familienrechtliche Besonderheiten geprägten Vertrag, durch den sich der (Wunsch-)Vater verpflichtet, für das Kind wie ein Vater zu sorgen.[17] Der Ausschluss der Anfechtung bei konsentierter heterologer Insemination in Abs. 5 (damals Abs. 4) wurde durch das Gesetz vom 9.4.2002 hinzugefügt.[18] Er gilt allerdings nur für Vater und Mutter, **nicht für das Kind.** Hier gilt nur die Einschränkung des § 1600 a Abs. 4, soweit das Kind minderjährig ist, dass die Anfechtung durch den gesetzlichen Vertreter dem Kindeswohl dienen muss. Diese Voraussetzung wird in der Regel bei einer Anfechtung nach heterologer Insemination nicht gegeben sein.

IV. Ausländisches Kind

Die Anfechtung der Vaterschaft eines ausländischen Kindes richtet sich nach 13 **deutschem Recht,** wenn das Kind seinen gewöhnlichen Aufenthalt in der Bundesrepublik hat (Art. 20 S. 2 EGBGB).[19] Falls ausländisches Recht anzuwenden ist und dieses entgegen den deutschen Bestimmungen keine Anfechtungsmöglichkeit vorsieht, liegt ein Verstoß gegen den deutschen **ordre public** vor.[20]

---

13 BGH NJW 2012, 1731.
14 BVerfG FamRZ 2016, 199.
15 BT-Drs. 13/4899, 57.
16 OLG Hamburg FamRZ 2013, 228.
17 BGH FamRZ 2015, 2134.
18 BGBl. I, 1239.
19 OLG Stuttgart FamRZ 1999, 610.
20 OLG Stuttgart FamRZ 2001, 246.

§ 1600 a BGB Persönliche Anfechtung; Anfechtung bei fehlender oder beschränkter Geschäftsfähigkeit

(1) Die Anfechtung kann nicht durch einen Bevollmächtigten erfolgen.

(2) [1]Die Anfechtungsberechtigten im Sinne von § 1600 Abs. 1 Nr. 1 bis 3 können die Vaterschaft nur selbst anfechten. [2]Dies gilt auch, wenn sie in der Geschäftsfähigkeit beschränkt sind; sie bedürfen hierzu nicht der Zustimmung ihres gesetzlichen Vertreters. [3]Sind sie geschäftsunfähig, so kann nur ihr gesetzlicher Vertreter anfechten.

(3) Für ein geschäftsunfähiges oder in der Geschäftsfähigkeit beschränktes Kind kann nur der gesetzliche Vertreter anfechten.

(4) Die Anfechtung durch den gesetzlichen Vertreter ist nur zulässig, wenn sie dem Wohl des Vertretenen dient.

(5) Ein geschäftsfähiger Betreuter kann die Vaterschaft nur selbst anfechten.

I. Höchstpersönliche Anfechtung

1 Entsprechend der Regelung des § 1596 (zum Anerkenntnis der Vaterschaft → § 1596 Rn. 1 ff.) ist auch die Anfechtung ein **höchstpersönliches Recht** und kann nicht auf Dritte per Vollmacht übertragen werden. Gemeint ist damit nur die Entscheidung über die Anfechtung. Eine **Vertretung im Verfahren** ist selbstverständlich möglich. Die (Groß-)Eltern können daher das vom verstorbenen Sohn eingeleitete Anfechtungsverfahren nicht fortführen.[1] Diese Höchstpersönlichkeit gilt auch, wenn die Kindseltern selbst minderjährig sind (Abs. 2). Sie benötigen dann keine Mitwirkung ihres gesetzlichen Vertreters. Auch eine angeordnete Betreuung ändert nichts an dem Erfordernis der höchstpersönlichen Entscheidung, jedenfalls solange der Betreute geschäftsfähig ist.

2 Eine Abkehr von der Höchstpersönlichkeit erfolgt nur, wenn ein Anfechtungsberechtigter **geschäftsunfähig** ist (§ 104 Nr. 2). In diesem Fall kann die Anfechtung nur durch den gesetzlichen Vertreter erfolgen, dh soweit der Anfechtungsberechtigte minderjährig ist, seine Eltern (§ 1629 Abs. 1 eventuell iVm § 1633), ein Pfleger (§ 1630) oder ein Betreuer für den entsprechenden Aufgabenkreis (§§ 1896, 1902).

II. Anfechtung durch ein minderjähriges Kind

3 Soweit ein Kind iSd § 1600 Abs. 1 Nr. 4 die Vaterschaft anfechten will, kann es dies nur höchstpersönlich, wenn es volljährig ist. Wenn das Kind geschäftsunfähig oder beschränkt geschäftsfähig ist (§§ 104 Nr. 1 oder 106), kann die Anfechtung nur dann, wenn sie dem Wohl des Vertretenen dient, Abs. 4, durch den gesetzlichen Vertreter erfolgen. Die Entscheidung über die Frage, ob das Kind die Vaterschaft anfechten soll, richtet sich nach dem Personensorgerecht.[2] Wenn die Eltern gemeinsam sorgeberechtigt sind, können sie nur gemeinsam darüber entscheiden. Bei dieser Entscheidung handelt es sich weder um ein Rechtsgeschäft mit dem Kind im Sinne des § 181 noch um einen Teil des Anfechtungsprozesses.[3]

---

1 BVerfG FamRZ 2016, 199.
2 OLG Celle FamRZ 2013, 230; OLG Frankfurt/M. FamRZ 1969, 106.
3 BGH FamRZ 2009, 861.

Im gerichtlichen Verfahren sind die Regelungen des § 1629 Abs. 2 iVm § 1795 zu beachten.

Dies bedeutet:

1. Vertretung durch die Mutter

a) Die Mutter vertritt das Kind, wenn ihr das Sorgerecht **allein** zusteht [4] (§§ 1626 a oder 1671).[4]

b) Solange die Mutter mit dem Vater verheiratet ist, steht allerdings der Rechtsgedanke des § 1629 Abs. 2 iVm § 1795 Abs. 1 Nr. 3 einer Vertretung durch die Mutter entgegen.[5]

c) Gegebenenfalls kann der Mutter das Vertretungsrecht nach § 1629 Abs. 2 S. 3 iVm § 1796 bei einem **erheblichen Interessengegensatz** entzogen werden, zB bei einem Unterbleiben der Anfechtung, um dem Kind den Unterhaltsanspruch gegen den Scheinvater zu erhalten.[6]

d) In den Fällen b) und c) ist für das Kind ein **Ergänzungspfleger** zu bestellen, § 1909 Abs. 1.

2. Vertretung durch den Vater. Der Vater kann das Kind im Anfechtungsverfahren nicht vertreten, §§ 1795 Abs. 2, 181. [5]

Im Einzelfall ist es allerdings denkbar, dass bei der Beurteilung der Frage, ob angefochten werden soll, keine Interessenkollision zwischen Scheinvater und Kind besteht.[7]

Im Rahmen der bewilligten Verfahrenskostenhilfe ist jedenfalls aufgrund der Schwierigkeiten des Verfahrens und der großen Bedeutung allen Beteiligten ein Rechtsanwalt beizuordnen.[8]

III. Das Wohl des Vertretenen (Abs. 4)

Die Regelung gilt für **alle Fälle der Abs. 2 und 3** der Anfechtung durch die gesetzlichen Vertreter oder den Ergänzungspfleger. [6]

Es sind die **konkreten Vor- und Nachteile** durch das Familiengericht abzuwägen. Auch die Auswirkungen innerhalb der Familie und die Beziehungen zu den Eltern sind in die Überlegungen einzubeziehen. Zwar hat das Bundesverfassungsgericht der **Feststellung der Abstammung besonderes Gewicht** beigemessen,[9] aber ein entscheidender Vorrang besteht nicht.[10] Es kann insbesondere von Bedeutung sein, dass der wahre Vater nicht feststellbar ist.[11] Dagegen gibt das Interesse an der Abstammung den Ausschlag, wenn **keine gravierenden Nachteile** zu erwarten sind.[12]

§ 1600 b BGB Anfechtungsfristen

(1) [1]Die Vaterschaft kann binnen zwei Jahren gerichtlich angefochten werden. [2]Die Frist beginnt mit dem Zeitpunkt, in dem der Berechtigte von den Umstän-

---

4 BGH FamRZ 2012, 436.
5 BGH FamRZ 2012, 859; OLG Bamberg FamRZ 1992, 220.
6 OLG Hamm DAVorm 1985, 1026.
7 BGH NJW 1975, 345 ff.
8 BGH FamRZ 2016, 531.
9 BVerfG FamRZ 1989, 255.
10 BayObLG FamRZ 1996, 1297.
11 BayObLG FamRZ 1995, 185.
12 BGH FamRZ 1990, 507.

den erfährt, die gegen die Vaterschaft sprechen; das Vorliegen einer sozialfamiliären Beziehung im Sinne des § 1600 Abs. 2 erste Alternative hindert den Lauf der Frist nicht.

(2) [1]Die Frist beginnt nicht vor der Geburt des Kindes und nicht, bevor die Anerkennung wirksam geworden ist. [2]In den Fällen des § 1593 Satz 4 beginnt die Frist nicht vor der Rechtskraft der Entscheidung, durch die festgestellt wird, dass der neue Ehemann der Mutter nicht der Vater des Kindes ist.

(3) [1]Hat der gesetzliche Vertreter eines minderjährigen Kindes die Vaterschaft nicht rechtzeitig angefochten, so kann das Kind nach dem Eintritt der Volljährigkeit selbst anfechten. [2]In diesem Falle beginnt die Frist nicht vor Eintritt der Volljährigkeit und nicht vor dem Zeitpunkt, in dem das Kind von den Umständen erfährt, die gegen die Vaterschaft sprechen.

(4) [1]Hat der gesetzliche Vertreter eines Geschäftsunfähigen die Vaterschaft nicht rechtzeitig angefochten, so kann der Anfechtungsberechtigte nach dem Wegfall der Geschäftsunfähigkeit selbst anfechten. [2]Absatz 3 Satz 2 gilt entsprechend.

(5) [1]Die Frist wird durch die Einleitung eines Verfahrens nach § 1598 a Abs. 2 gehemmt; § 204 Abs. 2 gilt entsprechend. [2]Die Frist ist auch gehemmt, solange der Anfechtungsberechtigte widerrechtlich durch Drohung an der Anfechtung gehindert wird. [3]Im Übrigen sind § 204 Absatz 1 Nummer 4, 8, 13, 14 und Absatz 2 sowie die §§ 206 und 210 entsprechend anzuwenden.

(6) Erlangt das Kind Kenntnis von Umständen, auf Grund derer die Folgen der Vaterschaft für es unzumutbar werden, so beginnt für das Kind mit diesem Zeitpunkt die Frist des Absatzes 1 Satz 1 erneut.

I. Allgemeines

1 Es gilt eine **einheitliche Anfechtungsfrist** von zwei Jahren, die durch verschiedene Regelungen zum Beginn der Frist (Abs. 3 und 4) und zur Hemmung (Abs. 2 und 6) den besonderen Interessen der jeweiligen Anfechtungsberechtigten angepasst wird.

2 Die Frist dient vor allem dem Erhalt des **Kindschaftsstatus** in Verbindung mit Rechtssicherheit und Rechtsfrieden.[1]

3 **Verwirkung** ist ausgeschlossen, da die Frist auch eine angemessene Überlegungszeit zur Verfügung stellen soll. Die Frist ist eine **Ausschlussfrist**. Bei Fristversäumnis erlischt das Anfechtungsrecht unabhängig von einer eventuell erwiesenen biologischen Vaterschaft. Die Frist ist **verfassungsgemäß**.[2] Sie wird gewahrt durch rechtzeitige Erhebung der Anfechtungsklage. Ein eventuelles Ruhen des Verfahrens anschließend schadet der Fristwahrung nicht.[3]

4 Die **Beweislast** für eine Versäumung der Anfechtungsfrist trägt das betroffene Kind;[4] die Beweislast für die Voraussetzung der Hemmung bzw. Unterbrechung der Frist trägt derjenige, der sich darauf beruft.[5]

---

1 BGH NJW 1999, 1862.
2 BGH FamRZ 1991, 325 iVm BVerfG FamRZ 1975, 82.
3 OLG Köln FamRZ 2001, 246.
4 OLG Rostock FamRZ 2004, 479.
5 OLG Zweibrücken FamRZ 1984, 81.

II. Fristbeginn

Die Frist berechnet sich nach §§ 187, 188 und beginnt grundsätzlich ab dem 5
Zeitpunkt, an dem der jeweilige Anfechtungsberechtigte **Kenntnis von den Umständen** hat, die gegen die Vaterschaft sprechen (Abs. 1 S. 2). Allerdings ist
Abs. 2 S. 2 zu beachten (→ Rn. 13). Wird die Vaterschaft durch das minderjährige Kind angefochten, ist auf die Kenntnis des sorgeberechtigten Elternteils abzustellen.[6]

Für den Scheinvater beginnt die Frist zu laufen, sobald er Kenntnis von **Umstän-** 6
den hat, die **gegen die Vaterschaft** sprechen und er daraus den **Verdacht** schöpft,
dass er nicht der Vater ist.

Von den Umständen muss er **sichere Kenntnis** haben und diese auch für wahr 7
halten,[7] dh er muss den Geschlechtsverkehr der Mutter mit einem Dritten kennen, nicht aber wissen, wer der Dritte ist.[8] Gerüchte über den Lebenswandel der
Mutter reichen nicht aus.

Die sichere Überzeugung, dass das Kind nicht von ihm abstammt, ist aber nicht
erforderlich.[9] Hier reicht ein **objektiver Verdacht** aus, der der Sicht eines medizinisch nicht vorgebildeten Laien entspricht.[10]

Ausreichend für den Beginn des Fristlaufes ist daher die Kenntnis von der eige- 8
nen Zeugungsunfähigkeit,[11] Ehebruch während der Empfängniszeit oder ausreichende Anhaltspunkte für Mehrverkehr, wie zweiwöchiger Urlaub mit Dritten,[12] Sextourismus,[13] längeres Wohnen bei einem Dritten,[14] Kenntnis über evident unterschiedliche Hautfarbe.[15] Streitig ist, ob die Frist aufgrund des Ergebnisses eines heimlich eingeholten Vaterschaftstests zu laufen beginnt.[16] Es ist jedenfalls nicht geeignet, einen Anfangsverdacht zu begründen.[17]

Nicht ausreichend ist zB die Verwendung eines Kondoms beim Ehebruch bei 9
nachher ungeschütztem ehelichen Verkehr,[18] dunkle Hautfarbe des Kindes (und
der Mutter) statt Mischfarbe, wenn der Scheinvater weiße Hautfarbe hat,[19]
mangelnde Ähnlichkeit.[20]

Die Frist beginnt aber zu laufen, wenn aufgrund falscher rechtlicher Beurteilung 10
auf eine **Anfechtung verzichtet** wird (irrtümliche Annahme, Vaterschaft nach
§ 1592 Nr. 1 liege nicht vor),[21] oder irrtümlich Hemmung der Frist angenommen wird.[22]

---

6 OLG Hamburg FamRZ 2016, 69.
7 BGHZ 9, 336 und OLG Hamm FamRZ 1994, 186.
8 BGH NJWE-FER 1998, 197.
9 OLG Köln FamRZ 2003, 781.
10 BGH NJW 1990, 2813.
11 OLG Köln KindPrax 2003, 30.
12 OLG Brandenburg FamRZ 2002, 1055.
13 OLG Frankfurt/M. FamRZ 2000, 108.
14 OLG Hamm FamRZ 1992, 472.
15 OLG Jena FamRZ 2010, 1822.
16 FA-Fam/Schwarzer Kap. 3 Rn. 204; verneinend OLG Jena FamRZ 2012, 1737.
17 BGH FamRZ 2008, 501; BVerfG FamRZ 2007, 441.
18 OLG Hamm FamRZ 1999, 1363; OLG Karlsruhe FamRZ 2013, 555.
19 OLG Karlsruhe FamRZ 2000, 107.
20 OLG München NJWE-FER 1997, 102.
21 BGHZ 24, 134; OLG Koblenz FamRZ 1997, 1171.
22 OLG Köln NJW 1997, 2458.

11 Eine bereits laufende Frist kann aber **entfallen**, wenn die maßgeblichen Umstände in verständiger Weise wieder weggefallen sind, zB bei **Widerruf** eines vorher gestandenen **Ehebruchs**.[23] Die alleinige Erklärung der Mutter, dass der Scheinvater auch der biologische Vater sei, reicht aber für eine Unterbrechung der Frist nicht aus, wenn konkrete Umstände vorher bekannt waren.[24] Auch das Hinzutreten neuer verdächtiger Umstände setzt keine neue Frist in Lauf.[25]

12 Für den biologischen Vater beginnt frühestens am 30.4.2004 (vgl. Art. 229 § 10 EGBGB) die Anfechtungsfrist. Die Frist beginnt zu laufen mit der **Kenntnis von der Geburt** des Kindes, da sich die Vaterschaft aufgrund des Geschlechtsverkehrs mit der Kindsmutter aufdrängt, es sei denn, er hält sich für zeugungsunfähig. Abs. 1 S. 2 regelt, dass die Anfechtungsfrist auch läuft, wenn der biologische Vater wegen der sozial-familiären Beziehung des Kindes zum Scheinvater nicht anfechtungsberechtigt ist. Die Folge ist, dass der biologische Vater jede Anfechtungsmöglichkeit verliert, wenn diese sozial-familiäre Beziehung andauert.

III. Abwandlungen des Fristbeginns

13 Die Anfechtungsfrist beginnt frühestens mit der **Geburt des Kindes** und im Falle des § 1592 Nr. 2 nicht vor Wirksamwerden der Anerkennung, Abs. 2 S. 1.

14 Bei Anfechtung einer Vaterschaft gem. § 1593 ist erforderlich, dass der frühere Ehemann, dem das Kind infolge einer erfolgreichen Anfechtung des zweiten Ehemannes nach § 1593 S. 4 zugerechnet wird, von der **erfolgreichen rechtskräftigen Anfechtung** des zweiten Ehemannes erfährt, um für ihn die Anfechtungsfrist in Lauf zu setzen (str.).[26] Unstreitig kann die Frist nicht **vor Rechtskraft der Anfechtung durch den zweiten Ehemann** beginnen.

15 Eine neue Anfechtungsfrist wird nach **Abs. 3** für das Kind mit Erreichen der Volljährigkeit in Lauf gesetzt, wenn der gesetzliche Vertreter die Vaterschaft nicht rechtzeitig angefochten hat und das **Kind von den Umständen**, die gegen die Vaterschaft sprechen, **erfährt**. Diese neue Anfechtungsfrist gilt auch dann, wenn die Anfechtung des gesetzlichen Vertreters wegen § 1600 a Abs. 4 nicht zugelassen wurde (→ § 1600 a Rn. 6). Abs. 3 gibt aber nur eine neue Frist und kein neues Anfechtungsrecht. Das heißt, dass ein abweisender Beschluss gem. § 182 FamFG gegen den gesetzlichen Vertreter auch gegen das Kind wirkt, weil er „inter omnes" wirkt, § 184 Abs. 2 FamFG.[27]

16 **Abs. 4** schafft für den **vormaligen Geschäftsunfähigen** ebenfalls eine neue Anfechtungsfrist bei Wegfall der Geschäftsunfähigkeit und Kenntnis der Umstände. Dies heißt, dass eine Anfechtung auch später als zwei Jahre nach der Heilung möglich ist, wenn die Kenntnis erst später erfolgt.

17 Eine **Hemmung** der Anfechtungsfrist tritt ein durch die Einleitung eines Verfahrens nach § 1598 a Abs. 2. Hier gilt § 204 Abs. 2 entsprechend. Wenn die Anfechtung wegen einer widerrechtlichen Drohung unterbleibt, ist die Frist ebenfalls gehemmt.[28] Diese Zeit des Unterbleibens wird gem. § 205 nicht mitgerech-

---

23 OLG Düsseldorf FamRZ 1995, 315.
24 OLG Zweibrücken FamRZ 1984, 81.
25 OLG Brandenburg FamRZ 2002, 1055.
26 Wie hier Palandt/Brudermüller § 1600 b Rn. 19.
27 BGH NJW 2003, 585; 2007, 3062.
28 OLG Jena FamRZ 2009, 705.

net. Im Übrigen ist der Lauf der Anfechtungsfrist in den Fällen der höheren Gewalt und des Verlustes der Geschäftsfähigkeit des Anfechtungsberechtigten oder seines gesetzlichen Vertreters ebenfalls entsprechend der Regelung der §§ 206, 210 gehemmt.

Ebenfalls eine neue Frist zur Anfechtung schafft der **Abs. 6.** Dies gilt für das 18 minderjährige und das volljährige Kind gleichermaßen. **Unzumutbarkeit** bezieht sich auf die in § 1596 aF dargelegten Gründe.[29] Danach liegt Unzumutbarkeit zB vor bei Tod des Scheinvaters, Auflösung der Ehe der Eltern, Eheschließung der Mutter mit dem biologischen Vater, besonders, wenn aus dieser Verbindung Kinder hervorgegangen sind. Als nicht ausreichend wird die Nichtzahlung von Unterhalt gesehen.[30]

§1600 c BGB Vaterschaftsvermutung im Anfechtungsverfahren

(1) In dem Verfahren auf Anfechtung der Vaterschaft wird vermutet, dass das Kind von dem Mann abstammt, dessen Vaterschaft nach § 1592 Nr. 1 und 2, § 1593 besteht.

(2) Die Vermutung nach Absatz 1 gilt nicht, wenn der Mann, der die Vaterschaft anerkannt hat, die Vaterschaft anficht und seine Anerkennung unter einem Willensmangel nach § 119 Abs. 1, § 123 leidet; in diesem Falle ist § 1600 d Abs. 2 und 3 entsprechend anzuwenden.

§ 1600 c Abs. 1 stellt im **Anfechtungsverfahren** eine Beweisregel dar. Sie ist wi- 1 derleglich iSd § **292 ZPO**. Die Vermutung der Vaterschaft gem. §§ 1592, 1593 kann nur durch den Beweis des Gegenteils beseitigt werden.[1] Die Beweislast liegt also immer bei dem Mann, der die Anfechtungsklage betreibt (§ 1600).

Bei **Willensmängeln** im Rahmen des Anerkenntnisses der Vaterschaft gilt bei An- 2 fechtungsklage **des Anerkennenden** nur die Vermutung des § 1600 d Abs. 2 und 3 entsprechend, mit den erleichterten Beweisregeln.

§1600 d BGB Gerichtliche Feststellung der Vaterschaft

(1) Besteht keine Vaterschaft nach § 1592 Nr. 1 und 2, § 1593, so ist die Vaterschaft gerichtlich festzustellen.

(2) [1]Im Verfahren auf gerichtliche Feststellung der Vaterschaft wird als Vater vermutet, wer der Mutter während der Empfängniszeit beigewohnt hat. [2]Die Vermutung gilt nicht, wenn schwerwiegende Zweifel an der Vaterschaft bestehen.

(3) [1]Als Empfängniszeit gilt die Zeit von dem 300. bis zu dem 181. Tage vor der Geburt des Kindes, mit Einschluss sowohl des 300. als auch des 181. Tages. [2]Steht fest, dass das Kind außerhalb des Zeitraums des Satzes 1 empfangen worden ist, so gilt dieser abweichende Zeitraum als Empfängniszeit.

(4) Die Rechtswirkungen der Vaterschaft können, soweit sich nicht aus dem Gesetz anderes ergibt, erst vom Zeitpunkt ihrer Feststellung an geltend gemacht werden.

---

29 BT-Drs. 13/4899, 88.
30 OLG Oldenburg FamRZ 1989, 426.
 1 OLG Hamm OLGReport 2008, 771.

ab 1.7.2018:[1]

„(4) Ist das Kind durch eine ärztlich unterstützte künstliche Befruchtung in einer Einrichtung der medizinischen Versorgung im Sinne von § 1 a Nummer 9 des Transplantationsgesetzes unter heterologer Verwendung von Samen gezeugt worden, der vom Spender einer Entnahmeeinrichtung im Sinne von § 2 Absatz 1 Satz 1 des Samenspenderregistergesetzes zur Verfügung gestellt wurde, so kann der Samenspender nicht als Vater dieses Kindes festgestellt werden.“

(5) Die Rechtswirkungen der Vaterschaft können, soweit sich nicht aus dem Gesetz anderes ergibt, erst vom Zeitpunkt ihrer Feststellung an geltend gemacht werden.

I. Allgemeines

1   Die Vaterschaft ist **gerichtlich** festzustellen, wenn keine Vaterschaft nach §§ 1592 Nr. 1 oder 2, 1593 besteht (Verfahren nach §§ 169 ff. FamFG). Mit Vaterschaft ist die biologische Abstammung gemeint. Solange eine Vaterschaft besteht, ist die gerichtliche Feststellung der Vaterschaft eines anderen Mannes **unzulässig.**[2] Dies liegt an der Statuswirkung einer Vaterschaftszuordnung. Allerdings hat das Bundesverfassungsgericht[3] in seiner Entscheidung vom 13.2.2007 den Gesetzgeber aufgefordert, eine Möglichkeit zur Feststellung der biologischen Vaterschaft zu schaffen, ohne dass der Status automatisch verändert wird. Dem ist der Gesetzgeber nachgekommen durch Einführung des § 1598 a, der am 1.4.2008 in Kraft getreten ist.[4] Danach kann jedoch nur festgestellt werden, ob der rechtliche Vater auch der biologische Vater ist. Es erlaubt nicht die Klärung der Frage, ob ein Mann, der nicht mit dem rechtlichen Vater identisch ist, der biologische Vater ist.[5]

Vor der Geburt des Kindes ist eine Vaterschaftsfeststellung nach deutschem Recht ausgeschlossen.[6]

2   Dieses Gesetz trägt den gesellschaftlichen Bedürfnissen ebenso wie den verfassungsgerichtlichen Vorgaben Rechnung. Da das zur Klärung der Vaterschaft erholte Gutachten jeweils ein **Privatgutachten** ist, auch wenn das Gericht die Zustimmung des Antragsgegners gem. § 1598 a ersetzt, ist für ein eventuell folgendes Anfechtungsverfahren auch weiterhin die Einholung eines gerichtlichen Gutachtens erforderlich, wenn die Beteiligten mit der Verwertung des Privatgutachtens **nicht einverstanden** sind, was zumindest hohe Kosten für die Beteiligten hervorruft. Hier bietet sich an, im Zustimmungsverfahren nach § 1598 a eine **Einigung** über die Verwertbarkeit des Gutachtens im Statusverfahren herbeizuführen.

---

1   Gesetz zur Regelung des Rechts auf Kenntnis der Abstammung bei heterologer Verwendung von Samen (Samenspenderregistergesetz – SaRegG) vom 17.7.2017, BGBl. 2017 I 2513.
2   BGH NJW 1999, 1632.
3   BVerfG FamRZ 2007, 441.
4   BGBl. I, 441 ff.
5   BVerfG 19.4.2016 – 1 BvR 3309/13, FamRZ 2016, 877; OLG Nürnberg FamRZ 2014, 404.
6   BGH NJW 2016, 3174.

II. Nachweis der Vaterschaft

Die **Beweislast** für seine Abstammung trägt das Kind.[7] Der Nachweis erfolgt in 3
der Regel direkt durch ein Abstammungsgutachten. Der hohe Wahrscheinlich-
keitswert durch die moderne Begutachtung ersetzt auch den **Nachweis der Bei-**
wohnung innerhalb der Empfängniszeit.[8] Das Gericht ist gehalten, den direkten
Nachweis zu führen.

Platz für die **Vaterschaftsvermutung nach Abs. 2** ist deshalb in der Regel nur 4
noch, wenn keine Blut- oder Gewebeproben vorhanden sind und deshalb eine
gutachtliche Klärung nicht möglich ist.[9] Wichtiger Anwendungsbereich ist die
Möglichkeit, bereits vor der Geburt des Kindes eine auf Unterhaltszahlung gerichtete einstweilige Anordnung nach §§ 247 ff. FamFG zu beantragen. Voraussetzung für die Vermutung ist der Nachweis der Beiwohnung während der Empfängniszeit und das Fehlen **schwerwiegender Zweifel** (Abs. 2 S. 2) wie Mehrverkehr, Prostitution etc.

III. Empfängniszeit

Die Empfängniszeit ist im Interesse einer **einheitlichen europäischen Regelung** 5
angepasst worden. Abs. 3 S. 2 sieht die Möglichkeit der Abweichung bei nachgewiesener abweichender Schwangerschaftsdauer vor.

IV. Wirkung der Vaterschaftsfeststellung

Abs. 4 begründet eine **Sperrwirkung** für die Zeit vor Rechtskraft des Feststel- 6
lungsbeschlusses, der ab Rechtskraft für und gegen alle wirkt (§ 184 FamFG).
Dies gilt auch, wenn offensichtlich ist, dass der Scheinvater nicht der Erzeuger
sein kann. Mit Ausnahme der Regelung in den §§ 247, 248 FamFG ist dem
Kind die **Geltendmachung von Unterhalt** ebenso unmöglich wie dem Scheinvater der **Regress gegen den Erzeuger**, solange der Status nicht geklärt ist.[10]

Diese Sperrwirkung gilt **ausnahmsweise nicht** in den gesetzlich vorgesehenen 7
Fällen des § 247 FamFG und des § 248 FamFG. Die einstweilige Anordnung
nach § 248 FamFG ist nur nach der Geburt des Kindes (im Gegensatz zum Antrag nach § 247 FamFG) möglich. Sie kann Unterhalt für Mutter und Kind
durch laufende Zahlung oder Sicherheitsleistung (§ 248 Abs. 4 FamFG) regeln.
Bei Abweisung oder Rücknahme der Feststellungsklage ist dem Mann gem.
§ 248 Abs. 5 FamFG der Schaden zu ersetzen.

Der Bundesgerichtshof hat indessen weitere Ausnahmen zugelassen, in denen 8
die Rechtsausübungssperre durchbrochen wird, und eine Vaterschaft inzident im
Scheinvaterregressverfahren festgestellt wird. Dies gilt insbesondere dann, wenn
die Beteiligten ein Feststellungsverfahren ablehnen oder über einen längeren
Zeitraum nicht betreiben. Die Voraussetzungen des § 1600 d Abs. 2 sind allerdings glaubhaft darzulegen und eventuelle schutzwürdige Interessen Dritter, insbesondere der Mutter und des Kindes, dürfen nicht verletzt werden.[11] Voraus-

---

7   BGHZ 40, 372.
8   OLG Hamm FamRZ 1994, 648.
9   BT-Drs. 13/4899, 88.
10 BGH NJW 1973, 1367.
11 BGH FamRZ 2008, 1424; 2009, 32.

setzung für die Durchbrechung ist die wirksame Vaterschaftsanfechtung durch den Scheinvater.[12]

V. Neuregelung ab dem 1.7.2018

9 **1. Allgemeines.** Durch die Entscheidung des Bundesgerichtshofs vom 28.1.2015 wurde dem durch heterologe Insemination gezeugten Kind ein Auskunftsanspruch gegen den behandelnden Arzt über die Identität des Samenspenders zuerkannt.[13] Der BGH stellte das Recht des Kindes auf Kenntnis der eigenen Abstammung über das Interesse des Samenspenders an seiner Anonymität. Durch das am 1.7.2018 in Kraft tretende Samenspenderregistergesetz (SaRegG)[14] hat der Gesetzgeber jetzt Auskunftsansprüche gesetzlich normiert. Die Ansprüche beziehen sich aber nur auf die **medizinisch assistierte Reproduktion.** Die sogenannte Privatspende (Becherspende) ist von Registerpflichten und Auskunftsansprüchen ausgeschlossen.

10 **2. Abstammungsrechtliche Freistellung des Samenspenders.** Mit Einführung des neuen Abs. 4 wird eine abstammungsrechtliche Freistellung des Samenspenders herbeigeführt. Voraussetzung ist die heterologe Verwendung von Samen im Rahmen einer künstlichen Befruchtung in der im SaRegG vorgesehenen Weise. Hierzu muss der Samen des Samenspenders in einer Entnahmeeinrichtung im Sinne von § 2 Abs. 1 S. 1 SaRegG abgegeben worden sein und die künstliche Befruchtung muss, wie in § 3 Abs. 1 SaRegG geregelt, in einer Einrichtung der medizinischen Versorgung nach § 1 a Nr. 9 TPG vorgenommen worden sein. Hinzu kommt die erforderliche Aufklärung und Registrierung des Spenders.[15]

11 **3. Übergangsvorschriften.** Nach Art. 229 § 46 EGBGB ist § 1600 Abs. 4 nF nicht anzuwenden, wenn der Samen, mithilfe dessen das Kind gezeugt wurde, vor Inkrafttreten des SaRegG, also vor dem 1.7.2018, verwendet wurde. Damit soll eine Freistellung des Samenspenders von der Inanspruchnahme als rechtlicher Vater nicht möglich sein, wenn sein Samen bereits vor Inkrafttreten des Gesetzes verwendet wurde, denn die vorgesehene Aufklärung vor Verwendung der Spende mit der Folge einer unwiderruflichen Registrierung des Spenders ist dann nicht mehr möglich. Bereits gezeugten bzw. geborenen Kindern würde zudem rückwirkend ein möglicher rechtlicher Elternteil genommen. In diesen Fällen ist § 1600 d Abs. 4 daher nicht anwendbar, so dass die Möglichkeit der Feststellung des Samenspenders als rechtlicher Vater weiter bestehen bleibt.[16]

Weitere wichtige Übergangsregelungen und Verpflichtungen ergeben sich für die medizinischen Einrichtungen aus § 13 SaRegG in Bezug auf die Verwendung von Samen, der zwar vor Inkrafttreten des SaRegG gewonnen, aber noch nicht verwandt worden ist.

§ 1600 e BGB (aufgehoben)

---

12 BGH FamRZ 2012, 437.
13 BGH 28.1.2015 – XII ZR 201/13, FamRZ 2015, 642.
14 BGBl. 2017 I 2513.
15 BT-Drs. 18/11291, 35.
16 BT-Drs. 18/11291, 34.

Titel 3 Unterhaltspflicht

Untertitel 1 Allgemeine Vorschriften

§ 1601 BGB Unterhaltsverpflichtete

Verwandte in gerader Linie sind verpflichtet, einander Unterhalt zu gewähren.

I. Allgemeines

§ 1601 begründet als unterhaltsrechtliche Grundnorm die gegenseitige Unter- 1
haltspflicht zwischen Verwandten gerader Linie, unabhängig davon, ob die Verwandtschaft vom Standpunkt des Pflichtigen oder Berechtigten in aufsteigender oder absteigender Linie besteht. Daraus folgt umgekehrt, dass es keine gesetzliche Grundlage gibt für entsprechende Ansprüche zwischen Verwandten der Seitenlinie, zB zwischen Geschwistern, bzw. zwischen Verschwägerten, zB zwischen Stiefeltern und Stiefkindern oder Schwiegereltern und Schwiegerkindern. Neben der gesetzlichen Unterhaltspflicht kann in seltenen Ausnahmefällen eine Unterhaltpflicht rechtsgeschäftlich begründet werden.[1] In der Praxis geht es in erster Linie um die **Ansprüche von** minderjährigen und volljährigen **Kindern** gegen ihre Eltern. Hohe Unterbringungs- und Pflegekosten in Seniorenheimen haben zu einer erhöhten Praxisrelevanz von Ansprüchen der **Eltern** gegen ihre Kinder geführt, zumeist in Form der Geltendmachung von Trägern der Sozialleistungen nach Anspruchsübergang gem. § 94 Abs. 1 SGB XII. Eher selten finden sich dagegen Verfahren von **Enkeln** gegen ihre Großeltern, dies weder aus eigenem noch aus übergegangenem Recht.

Die geltende Regelung, welche die Verpflichtung unabhängig vom Grad der Ver- 2
wandtschaft bestehen lässt, geht auf das römische und gemeine Recht zurück.[2] Während sie in Kontinentaleuropa weitgehend üblich ist, gewähren manche Rechtsordnungen, insbesondere aus dem skandinavischen und angloamerikanischen Rechtskreis, nur einen Unterhaltsanspruch für Kinder gegen ihre Eltern, und auch dies nur bei Minderjährigkeit bzw. bei Volljährigkeit nur bis zu einem gewissen Alter aus Ausbildungsgründen.[3] In ausländischen Rechtsordnungen gibt es demgemäß vielfach keine Unterhaltpflicht für Kinder gegenüber Eltern oder für Großeltern gegenüber Enkelkindern.[4] Ernsthafte Bestrebungen des deutschen Gesetzgebers zu einer Einengung des Verwandtenunterhalts sind nicht bekannt.[5]

Allgemeine Voraussetzung des Unterhaltsanspruchs ist, dass die **Bedürftigkeit** des Berechtigten (§ 1602 Abs. 1) und die **Leistungsfähigkeit** des Pflichtigen

---

1 In Fällen heterologer Insemination BGH FamRZ 1995, 861; bei vorgetäuschter Adoption BGH FamRZ 1995, 995; im Übrigen bei Unterhaltsverpflichtungen, welche unter vollständiger Entkleidung von ihrem Wesen eines gesetzlichen Unterhaltsanspruchs allein auf vertragliche Grundlage gestellt sind, zuletzt BGH FamRZ 2015, 734.
2 Richter, Rechtspolitische Erwägungen zur Reform des Unterhaltsrechts nach §§ 1601 ff. BGB, FamRZ 1996, 1245.
3 Schwenzer, Verwandtenunterhalt und soziodemographische Entwicklung, FamRZ 1989, 685; Frank, Familiäre Solidarität im Unterhalts- und Erbrecht, FamRZ 2009, 649 (651).
4 Vgl. Frank FamRZ 2009, 649 (652).
5 So bereits seit langer Zeit gefordert zB Schwab FamRZ 1997, 521; Brudermüller FamRZ 1996, 129; Schlüter/Kemper FuR 1993, 245.

(§ 1603 Abs. 1) gleichzeitig vorliegen;[6] dh beide Voraussetzungen müssen **gleichzeitig** erfüllt sein.[7]

II. Verwandtschaft in gerader Linie

3   In gerader Linie verwandt sind Personen, deren eine von der anderen abstammt (§ 1589 S. 1). Im Gegensatz dazu steht die Verwandtschaft in der Seitenlinie, wenn die Verwandten zwar nicht voneinander, aber gemeinsam von dritten Personen abstammen, wie zB Geschwister. Die Verwandtschaft in gerader Linie entsteht nach dem Gesetz in erster Linie im Sinne genetischer Abstammung durch **Blutsverwandtschaft,** die allerdings rechtlich und nicht biologisch definiert ist. Mutter eines Kindes ist die Frau, die es geboren hat (§ 1591). Vater ist der Mann, der mit der Mutter zur Zeit der Geburt verheiratet ist, der die Vaterschaft anerkannt hat oder dessen Vaterschaft gerichtlich festgestellt wurde (§ 1592). Dem Kind steht im Hinblick auf sein grundrechtlich geschütztes Recht auf Kenntnis von der eigenen Abstammung insoweit grundsätzlich ein Anspruch gegen die Mutter auf Benennung des leiblichen Vaters aus § 242 zu,[8] dies im Gegensatz zum Scheinvater, der Regressansprüche gegen den leiblichen Vater geltend machen will, welche keinem verfassungsrechtlichen Schutz unterliegen.[9] Die Unterhaltspflicht des Scheinvaters besteht bis zur rechtskräftigen Anfechtung bzw. einer wirksamen Vaterschaftsanerkennung durch einen Dritten.[10] Daneben kann die Verwandtschaft in gerader Linie rechtlich durch **Adoption** geschaffen werden (§ 1754). Hierdurch erlöschen regelmäßig die entsprechenden Verwandtschaftsverhältnisse zu den leiblichen Verwandten (§ 1755).

III. Dauer der Unterhaltsverpflichtung

4   **1. Keine zeitliche Begrenzung.** Für die durch § 1601 geschaffene Unterhaltsverpflichtung gibt es dem Grunde nach keine zeitliche Begrenzung, wenn die übrigen tatbestandlichen Voraussetzungen, nämlich Bedürftigkeit des Berechtigten (§ 1602) und Leistungsfähigkeit des Pflichtigen (§ 1603), vorliegen. In der Praxis ergeben sich **Grenzen** bei Prüfung der **Bedürftigkeit** des Berechtigten bzw. der **Leistungsfähigkeit** des Pflichtigen. Beginn der Unterhaltsverpflichtung ist der Tag der Geburt. Im Geburtsmonat ist der Kindesunterhalt zeitratierlich zu errechnen.[11]

5   **2. Identität der Ansprüche.** Zwischen den Unterhaltsansprüchen minderjähriger und volljähriger Berechtigter auf Verwandtenunterhalt besteht Identität, anders als zwischen den Ansprüchen getrennt lebender oder geschiedener Eheleute auf

---

6   BGH FamRZ 2006, 1511 (1512).
7   BVerfG FamRZ 2005, 1051 (1053).
8   BGH FamRZ 2015, 39; 2015, 642.
9   BVerfG FamRZ 2015, 729, entgegen BGH FamRZ 2012, 200; 2013, 939; 2014, 1440; nach dem Gesetzentwurf der Bundesregierung vom 31.8.2016, BT-Drs. 18/10343, soll in § 1607 Abs. 4 ein Auskunftsanspruch des Scheinvaters gegen die Mutter explizit geregelt werden, nach dessen Erfüllung sodann der Regress gegen den biologischen Vater rückwirkend für zwei Jahre möglich sein soll, § 1613 Abs. 3 BGB-E; der Gesetzentwurf wurde in der Sitzung des Bundestages vom 14.10.2016 in die Ausschüsse verwiesen und seither nicht erneut beraten.
10 Zu Ausnahmen schon während des Regressverfahrens des Scheinvaters BGH FamRZ 2012, 200; 2012, 437.
11 OLG München FamRZ 2004, 218; Palandt/Brudermüller § 1601 Rn. 3.

Ehegattenunterhalt.[12] Der zeitlich unbeschränkte Unterhaltstitel eines minderjährigen Kindes gilt auch für die Zeit nach Eintritt seiner Volljährigkeit und verliert auch seine Wirksamkeit nicht, wenn die Eltern zwischen Erstellung des Titels und Inanspruchnahme daraus geheiratet und in ehelicher Lebensgemeinschaft zusammengelebt haben.[13] Will der Verpflichtete sich danach gegen den Unterhaltsanspruch wehren, muss er grundsätzlich **Abänderungsantrag (§§ 238, 239 FamFG)** und nicht Vollstreckungsabwehrantrag erheben. Auch der Berechtigte, der nach Eintritt seiner Volljährigkeit eine Erhöhung der Unterhaltsleistung durchsetzen will, hat dies mithilfe eines Abänderungsverfahrens zu tun.[14]

IV. Verfahren und Kosten

Für die gerichtliche Durchsetzung aller Unterhaltsansprüche des Verwandtenunterhalts waren seit 1998 ausnahmslos die **Familiengerichte** zuständig mit Rechtszug zum Oberlandesgericht, bei Revisionszulassung oder Berufungsverwerfung als unzulässig auch mit Rechtszug bis zum Bundesgerichtshof. Daran hat sich seit Geltung des FamFG (1.9.2009) grundsätzlich nichts geändert. Unterhaltssachen sind **Familienstreitsachen** (§§ 111 Nr. 8, 112 Nr. 1, 231 Abs. 1 Nr. 1 FamFG). Gegen die durch Beschluss (§ 38 Abs. 1 FamFG) ergehenden Endentscheidungen in Unterhaltssachen findet jetzt mit einer Frist von einem Monat die Beschwerde statt (§§ 58 Abs. 1, 63 Abs. 1 FamFG). Für die Berechnung des nach § 61 Abs. 1 FamFG erforderlichen **Beschwerdewerts** von 600 EUR wird weiter § 9 ZPO herangezogen.[15] Bei Zulassung der Rechtsbeschwerde (§ 70 Abs. 1 FamFG) oder bei Verwerfung der Beschwerde als unzulässig (§ 117 Abs. 1 S. 3 FamFG, § 522 Abs. 1 S. 2 ZPO) wird der Rechtszug zum Bundesgerichtshof eröffnet. Neu ist, dass grundsätzlich in allen Unterhaltssachen **Anwaltszwang** besteht (§ 114 Abs. 1 FamFG). Dies gilt nicht im selbstständigen Verfahren der einstweiligen Anordnung auf Unterhalt (§§ 114 Abs. 4 Nr. 1, 246 FamFG) und nicht für die Unterhaltsfestsetzung im vereinfachten Verfahren (§§ 249 ff. FamFG), in dem Anträge und Erklärungen vor dem Urkundsbeamten der Geschäftsstelle abgegeben werden können (vgl. §§ 257, 114 Abs. 4 Nr. 6 FamFG, § 78 Abs. 3 ZPO). In Unterhaltssachen trifft das Gericht die **Kostenentscheidung** nicht nach §§ 91 ff. ZPO, sondern nach Maßgabe des § 243 FamFG nach billigem Ermessen.

Der **Verfahrenswert** des Unterhaltsverfahrens bemisst sich nach § 51 FamGKG. Maßgebend ist der für die ersten zwölf Monate nach Einreichung des Antrags geforderte Betrag. Bei Einreichung bereits fällige Beträge werden hinzugerechnet, dies betrifft insbesondere den Unterhalt, der für den Monat des Eingangs des gerichtlichen Antrags geschuldet ist. Wird dynamisierter Kindesunterhalt iSd § 1612 a verlangt, gilt § 51 Abs. 1 S. 2 FamGKG. Es sind die Zahlbeträge maßgebend, die sich aus dem verlangten Prozentsatz des Mindestunterhalts der betreffenden Altersstufe ergeben. Die anrechenbaren Kindergeldbeträge (§ 1612 b) sind abzuziehen.[16]

6

---

12 BGH FamRZ 1983, 582; 2005, 883 (885).
13 BGH FamRZ 1997, 281; aA zu Unrecht OLG Celle FamRZ 2015, 57, mit abl. Anm. Borth.
14 BGH FamRZ 1988, 1039 (1040).
15 Maurer, Die Rechtsmittel in Familiensachen nach dem FamFG, FamRZ 2009, 465 (471); Thomas/Putzo/Hüßtege FamFG § 61 Rn. 3.
16 V. König/Bischof, Kosten in Familiensachen, 2009, Rn. 136.

§ 1602 BGB Bedürftigkeit

(1) Unterhaltsberechtigt ist nur, wer außerstande ist, sich selbst zu unterhalten.

(2) Ein minderjähriges Kind kann von seinen Eltern, auch wenn es Vermögen hat, die Gewährung des Unterhalts insoweit verlangen, als die Einkünfte seines Vermögens und der Ertrag seiner Arbeit zum Unterhalt nicht ausreichen.

I. Allgemeines

1 Voraussetzung jeder Unterhaltsberechtigung ist die **Bedürftigkeit**, weil der Berechtigte außerstande ist, sich selbst zu unterhalten, also seinen eigenen Bedarf nicht aus eigenem Einkommen und Vermögen decken kann. Ist der Bedarf teilweise gedeckt, besteht Bedürftigkeit nur für den Restbedarf. Weder die Bedürftigkeit noch der Bedarf sind feststehende Größen, sondern ihre Bemessung ist vom konkreten Unterhaltsverhältnis abhängig. Der Bedarf bestimmt sich als angemessener Unterhalt nach der Lebensstellung des Berechtigten (§ 1610), die Bedürftigkeit **relativiert** sich nach differenzierten Zumutbarkeitsgesichtspunkten, was die Zurechnung nicht gezogener, fiktiver Einkünfte, die Verpflichtung zu Einsatz und Verwertung eigenen Vermögens oder die Anrechnung überobligatorischer Einkünfte angeht. Die Bedürftigkeit des Berechtigten (Abs. 1) und die Leistungsfähigkeit des Pflichtigen (§ 1603 Abs. 1) müssen als Unterhaltsvoraussetzungen zeitlich gleichlaufend vorliegen (→ § 1601 Rn. 2).

2 Die Bedürftigkeit wird – abgesehen von unter Umständen zu verbrauchenden Vermögenswerten – grundsätzlich durch Einkünfte jeglicher Art gemindert. Dabei geht es um die unterhaltsrechtlich relevanten Nettoeinkünfte nach Abzug von Steuern, Sozialabgaben und berufsbedingten Aufwendungen (→ § 1603 Rn. 2 ff.). Dazu gehören auch Vermögenserträge wie der **Wohnvorteil** einer selbst genutzten eigenen Immobilie, soweit der ersparte Mietzins die anrechenbaren Kosten (Grundstückslasten, Zinsraten aus der Finanzierung und verbrauchsunabhängige Nebenkosten, Tilgungsraten ggf. nach Billigkeit, falls eine Veräußerung nicht zumutbar wäre)[1] übersteigt. Dagegen tritt eine Minderung

---

1 Vgl. BGH FamRZ 2003, 1179 (1180) zur vergleichbaren Situation aufseiten des Unterhaltspflichtigen.

der Bedürftigkeit (zB im Umfang von 20 % des Tabellenunterhalts) bei minderjährigen Kindern nicht ein, die in einer im Allein- oder Miteigentum des barunterhaltspflichtigen Elternteils stehenden Immobilie leben.[2] Vielmehr erhöht sich dadurch der zu berücksichtigende Wohnvorteil auf Seiten des betreuenden Elternteils.

Das nach §§ 7, 19 SGB II gewährte **Arbeitslosengeld II** ist wegen des in § 33 SGB II vorgesehen Forderungsübergangs grundsätzlich eine subsidiäre Sozialleistung und damit nicht bedarfsdeckend oder bedürftigkeitsmindernd.[3] Anders ist es bei Leistungen, die Lohnersatzfunktion haben, wie dem **Krankengeld**, bei dem der Abzug berufsbedingter Aufwendungen ausscheidet und bei dem etwaige krankheitsbedingte Mehrkosten konkret nachzuweisen sind,[4] bei dem **Arbeitslosengeld I** (§§ 117, 129 SGB III) oder bei dem **Elterngeld**, soweit es die Grenzen des § 11 S. 1 BEEG (300 EUR) überschreitet[5] (für den Unterhaltsanspruch minderjähriger Kinder gegen ihre Eltern → § 1603 Rn. 30).

Der bedürftige Berechtigte hat wie der Pflichtige zur Herstellung seiner Leistungsfähigkeit, die auch von der Erwerbsfähigkeit bestimmt wird, die Obliegenheit, seine Arbeitsfähigkeit so gut wie möglich einzusetzen und eine ihm mögliche und zumutbare Erwerbstätigkeit auszuüben. Bei Verstoß gegen die **Erwerbsobliegenheit** werden fiktive Einkünfte zugerechnet. Maßgebend ist das durch die zurechenbare Erwerbstätigkeit erzielbare Nettoeinkommen. Da die andere Unterhaltspartei nicht besser gestellt werden soll, müssen die angesetzten fiktiven Bruttoeinkünfte um die maßgeblichen Steuer- und Sozialabzüge bereinigt werden. Darüber hinaus sind auch berufsbedingte Aufwendungen in Höhe des üblichen Pauschsatzes der unterhaltsrechtlichen Leitlinien der Oberlandesgerichte vom bereinigten Einkommen zu berücksichtigen, zB in Höhe von 5 % nach Abschnitt A Anm. 3 der Düsseldorfer Tabelle (Stand: 1.1.2017 – hier aber in der Regel mindestens 50 EUR und höchstens 150 EUR monatlich, nach anderen Leitlinien ohne die betragsmäßige Einschränkung oder teilweise auch lediglich im Umfang konkreter Nachweise). 3

Die **Zurechenbarkeit fiktiver Einkünfte** ist wie bei allen Unterhaltsparteien nach Zumutbarkeitsgesichtspunkten zu beurteilen. Es werden die erzielbaren Einkünfte zugerechnet, wenn die zumutbaren Anstrengungen ua nach Zahl und Ernsthaftigkeit der erforderlichen Bewerbungen (subjektive Bemühungen) unterlassen wurden, obwohl es nach den vorliegenden persönlichen Eigenschaften wie Alter, Ausbildung, Berufserfahrung und Gesundheitszustand eine reale Beschäftigungschance (objektive Voraussetzungen) gab.[6] Die bloße Meldung als arbeitsuchend bei der zuständigen Stelle der Bundesagentur für Arbeit reicht nie aus.[7] Für die **Dauer der Zurechnung** fiktiver Einkünfte ist maßgebend, ob die Umstände, die nach Treu und Glauben die Zumutbarkeit der Zurechnung begründet haben, grundsätzlich fortdauern oder sich wesentlich geändert haben.[8] 4

---

2 BGH FamRZ 2013, 191; OLG Brandenburg 18.12.2014 – 9 UF 182/12.
3 BGH FamRZ 2009, 307 (309); 2011, 97 (99).
4 BGH FamRZ 2009, 307 (308).
5 BGH FamRZ 2011, 97 (99).
6 BGH FamRZ 1996, 345 (346); 1987, 912 (913) hier zum entsprechenden Problem bei Anwendung des § 1573 Abs. 1.
7 BGH FamRZ 1993, 789 (791).
8 Wendl/Dose/Dose § 1 Rn. 737.

5 Eine Zurechnung fiktiver Einkünfte kommt auch ohne gegenwärtigen Verstoß gegen die Erwerbsobliegenheit und damit bei tatsächlich vorliegender Bedürftigkeit in Betracht, wenn die vorliegende Erwerbslosigkeit auf **leichtfertiger Aufgabe einer sicheren Arbeitsstelle** oder soweit die nicht bedarfsdeckende Höhe des Arbeitseinkommens auf freiwilligem Wechsel zu einem Arbeitsplatz mit geringerem Verdienst oder auf unverständlicher Ausschlagung eines besser bezahlten, zumutbaren Arbeitsangebots beruht.[9] Schließlich kann die Anrechnung fiktiver Einkünfte in Betracht kommen, wenn der Berechtigte aufgrund sittlichen Verschuldens iSd § 1611 Abs. 1 bedürftig geworden ist (dazu und zur insoweit vorliegenden Darlegungs- und Beweislast des Pflichtigen → § 1611 Rn. 4, 11).

6 **Freiwillige Leistungen Dritter,** auf die kein Rechtsanspruch besteht und die geeignet sind, den laufenden Bedarf ganz oder teilweise zu decken, beeinflussen die Bedürftigkeit (wie umgekehrt die Leistungsfähigkeit) im Allgemeinen nur, wenn es dem Willen des Zuwendenden entspricht, mit seinen Leistungen auch den Unterhaltspflichtigen zu entlasten.[10] Fehlt eine ausdrückliche Willensbestimmung, lässt sich diese meist aus den persönlichen Beziehungen der Beteiligten zueinander erschließen.[11] Abweichungen sind unter Umständen bei Mangelfällen denkbar.[12]
Zu **überobligatorischen Einkünften** des Bedürftigen → Rn. 19.

II. Bedürftigkeitskriterien

7 **1. Für das minderjährige Kind gegenüber Eltern.** Minderjährige Kinder sind in der Regel bedürftig, weil sie weder eigenes Einkommen noch Vermögen haben und sich in Ausbildung befinden. Es ist nur in wenigen Fällen denkbar, dass sie sich wegen Verletzung einer **Erwerbsobliegenheit** – soweit das Jugendarbeitsschutzgesetz nicht entgegensteht (→ Rn. 8)[13] – fiktives Erwerbseinkommen entgegenhalten lassen müssen, nämlich dann, wenn nach Beendigung der vollzeitigen Schulpflicht und Ende der Einschränkungen des Jugendarbeitsschutzgesetzes schuldhaft weder eine Ausbildung noch eine Arbeitsstelle aufgenommen wird.[14] Wenn dem barunterhaltspflichtigen Elternteil selbst auch oder allein die elterliche Sorge zusteht, wird er bei Ausbildungsabbruch und eigenmächtiger Untätigkeit des Kindes diesem gegenüber sein mitursächliches erzieherisches Versagen als Sorgeberechtigter allerdings oft nicht zum Grund für den Wegfall der Bedürftigkeit machen können. Liegt das Sorgerecht bei dem anderen Elternteil allein, kann sich das Kind allerdings nicht auf dessen erzieherisches Ungenügen zurückziehen, sondern muss sich aufgrund seines eigenen Verhaltens, soweit dies nicht nur vorübergehend ist, und aufgrund des Verstoßes seines gesetzlichen Vertreters gegen eine entsprechende Erziehungsobliegenheit sein erzielbares Erwerbseinkommen fiktiv anrechnen lassen.[15] Nähert sich ein Kind der Volljährigkeit und lebt es gegen den Willen der oder des Sorgeberechtigten außerhalb des

---

9 Wendl/Dose/Dose § 1 Rn. 743 ff.
10 BGH FamRZ 2000, 153 (154); 1995, 537 (538).
11 BGH FamRZ 1995, 537 (539).
12 Vgl. BGH FamRZ 2000, 153 (154).
13 Vgl. OLG Brandenburg FamRZ 2005, 2094 (Ls.) = OLGReport 2004, 425 zur unter Heranziehung von § 1618 a bejahten Erwerbsobliegenheit eines über 15-Jährigen; ähnlich OLG Rostock FamRZ 2007, 1267.
14 Vgl. OLG Düsseldorf FamRZ 2010, 2082; OLG Stuttgart OLGR 2009, 284.
15 OLG Düsseldorf FamRZ 1990, 194 (195).

elterlichen Haushalts wird die eingeschränkte erzieherische Beeinflussbarkeit eine Anrechnung von fiktivem Erwerbseinkommen eher erlauben.

Wegen der jeweils **hälftigen Anrechnung** von Einkünften auf den Betreuungsunterhalt bzw. den Barunterhalt → Rn. 10, 13.

a) Schülerarbeit. Verdient sich ein Schüler etwas dazu, ist zu beachten, dass 8 Schülerarbeit neben dem zeitlich fest reglementierten Schulbesuch grundsätzlich als unzumutbar angesehen werden muss.[16] Für Kinder, die unter 15 Jahren alt oder noch vollzeitschulpflichtig sind, ergibt sich dies auch aus §§ 2 Abs. 1 und 3, 5 Abs. 1 JArbSchG.[17] Ob die Einkünfte aus der **unzumutbaren Nebentätigkeit** auch nur teilweise anrechenbar sind, ist in entsprechender Anwendung von § 1577 Abs. 2 zu entscheiden.[18] In dem Umfang, in dem der Barunterhaltspflichtige den geschuldeten Unterhalt nicht erbringt, bleibt der Verdienst des Schülers von vornherein anrechnungsfrei (§ 1577 Abs. 2 S. 1). Darüber hinausgehender Verdienst ist nur nach Billigkeit anzurechnen (§ 1577 Abs. 2 S. 2). Dies wird in der Regel dazu führen, dass – jedenfalls soweit keine schutzwürdigen wirtschaftlichen Belange des Unterhaltspflichtigen entgegenstehen – keine Anrechnung stattfindet,[19] so dass sich der Schüler mit seinem Verdienst auch ihm sonst versagte Luxuswünsche erfüllen kann.[20]

b) Ausbildungsvergütung. Wird im Rahmen eines Ausbildungsverhältnisses an 9 das minderjährige Kind eine Vergütung gezahlt, ist sie nach Abzug von ausbildungsbedingten Aufwendungen bzw. **ausbildungsbedingtem Mehrbedarf**[21] auf den Unterhaltsbedarf anrechenbar. Insofern kommen Aufwendungen für die Fahrt zur Ausbildungsstelle, Lernmittelkosten, besonderer Bekleidungsaufwand usw infrage.[22] Anstelle der an sich gebotenen konkreten Ermittlung des Abzugsbetrags anhand der Verhältnisse des vorliegenden Einzelfalls[23] kann im Regelfall der in Anmerkung 8 zu Buchstabe A der Düsseldorfer Tabelle (Stand: 1.1.2017 – 90 EUR) oder der in den unterhaltsrechtlichen Leitlinien der Oberlandesgerichte vorgeschlagene pauschale Monatsbetrag für den ausbildungsbedingten Mehrbedarf abgesetzt werden, soweit dies nicht wegen besonderer Umstände ausscheidet.[24]

Erfüllt ein Elternteil seine **Unterhaltspflicht allein durch Betreuung** (§ 1606 10 Abs. 3 S. 2), wird der barunterhaltspflichtige andere Elternteil nur um die Hälfte der anrechenbaren Vergütung entlastet. Wegen der Gleichwertigkeit von Betreuungs- und Barunterhalt muss bedarfsdeckendes Einkommen des Kindes beiden unterhaltspflichtigen Elternteilen nämlich in gleicher Weise zugutekommen.[25] Sind beide Eltern ausschließlich barunterhaltspflichtig, ist das Kind in Höhe seines bereinigten Ausbildungseinkommens nicht bedürftig. Die Eltern

---

16 OLG Köln FamRZ 1995, 55 (56); 1996, 1101 (1102).
17 Vgl. Wendl/Dose/Klinkhammer § 2 Rn. 52.
18 BGH FamRZ 1995, 475 (477).
19 OLGR Zweibrücken 2001, 157, bei regelmäßig ca. 200 EUR monatlich; Wendl/Dose § 1 Rn. 101; FA-FamR/Seiler Kap. 6 Rn. 374; aA OLGR Hamm 1999, 125, hälftige Anrechnung bei regelmäßig 150 EUR monatlich.
20 OLG Köln FamRZ 1996, 1101 (1102).
21 BGH FamRZ 2006, 99 (100); 1988, 159 (160).
22 Wendl/Dose/Klinkhammer § 2 Rn. 112.
23 BGH FamRZ 1981, 541.
24 BGH FamRZ 1981, 541; vgl. auch BGH FamRZ 2006, 99 (100).
25 BGH FamRZ 1988, 159 (162); 2006, 1597 (1599).

haften nach Maßgabe ihrer Leistungsfähigkeit auf den Restbedarf anteilig (§ 1606 Abs. 3 S. 1; → § 1606 Rn. 8).

11 **c) Unterhaltsvorschuss.** Ab dem 1.7.2017 erhalten minderjährige Kinder bis zur Vollendung des 18. Lebensjahres Unterhaltsvorschuss nach § 1 UVG in Höhe des Mindestunterhalts abzüglich vollem Kindergeld, wobei dies für Kinder zwischen zwölf und 17 Jahren nur gilt, wenn Sie nicht im SGB II-Bezug sind und der sie betreuende Elternteil mindestens 600 EUR brutto verdient. Nach früherer Rechtslage war die Leistung bis zur Vollendung des zwölften Lebensjahres und auf maximal 72 Monate befristet. Die Vorschussleistung ist gegenüber dem entsprechenden Barunterhaltsanspruch **subsidiär.** Dieser Anspruch des Kindes geht in Höhe der Leistung einschließlich des dazugehörigen Auskunftsanspruchs auf das zuständige Bundesland über (§ 7 Abs. 1 UVG). Anders ist es im Verhältnis zu unterhaltspflichtigen Großeltern. Hier wirkt der geleistete bzw. der zu gewährende Unterhaltsvorschuss bedürftigkeitsmindernd.[26]

Nach § 7 UVG ist es der Unterhaltsvorschusskasse sowohl nach bisherigem als auch nach neuem Recht erlaubt, im Falle dauerhafter Leistung von Unterhaltsvorschuss auch künftigen Unterhalt gegen den Pflichtigen geltend zu machen. Da zur Vermeidung von Verwaltungsaufwand[27] im Hinblick auf die Darlegungslast in Vollstreckungsverfahren in Abs. 4 der Unterhaltsvorschusskasse die gerichtliche Geltendmachung von Unterhaltsansprüchen anstatt bislang von künftigen Leistungen gestattet werden soll, wird vielfach angenommen, dass die Unterhaltsvorschusskasse nunmehr das gerichtliche Verfahren in **gesetzlicher Verfahrensstandschaft** für das Kind betreiben kann. Dies ist unzutreffend, das der nunmehr im Gesetz erwähnte Unterhaltsanspruch – wie auch zuvor – der übergegangene Unterhaltsanspruch des Kindes gegen den Unterhaltsverpflichteten ist, der als eigener Anspruch im eigenen Namen geltend gemacht werden kann. Für die Annahme einer gesetzlichen Verfahrensstandschaft fehlt es einerseits an einer – erforderlichen – ausdrücklichen gesetzlichen Regelung, andererseits kann ein entsprechender Wille dem Gesetzgeber auch nicht lediglich unterstellt werden, da die Ergebnisse nicht sachgerecht wären, wenn die Unterhaltsvorschusskasse einen Titel hinsichtlich eines Anspruchs des Kindes erstritten und in eigenen Händen hätte, welcher Anspruch bei Geltendmachung – nämlich nach Leistung von Unterhaltsvorschuss – gar nicht mehr beim Kind wäre, sondern auf das Amt übergegangen ist. In diesem Fall stünde bei Annahme einer gesetzlichen Verfahrensstandschaft der Inanspruchnahme zwanglos ein Vollstreckungsabwehrantrag entgegen.

12 **d) Schüler-BAföG.** Soweit ein minderjähriges Kind, das – zB wegen der Weite des Schulwegs – nicht mehr bei den Eltern wohnen kann, Schüler-BAföG erhält (vgl. §§ 2, 12 BAföG), mindert sich seine Bedürftigkeit entsprechend. BAföG-Leistungen sind grundsätzlich nicht subsidiär,[28] abgesehen – wegen des nur hier angeordneten Übergangs des Unterhaltsanspruchs gegen die Eltern – von der Ausnahme bei Vorausleistungen nach §§ 36, 37 BAföG.

13 **e) Halbwaisenrente.** Eine vom Kind bezogene Halbwaisenrente der Deutschen Rentenversicherung ist in vollem Umfang auf den Bedarf (Betreuungsbedarf +

---

26 OLG Dresden FamRZ 2010, 736, nach dem Wortlaut des § 7 Abs. 1 UVG geht lediglich ein Unterhaltsanspruch „gegen den Elternteil, bei dem er nicht lebt", über.
27 BT-Drs. 18/11135, 162.
28 Wendl/Dose/Dose § 1 Rn. 670.

Barbedarf) anzurechnen, so dass insoweit die Bedürftigkeit entfällt.[29] Da Betreuung und Barunterhalt in der Regel als gleichwertig anzusehen sind (§ 1606 Abs. 3 S. 2), mindert die Rente jeden Unterhaltsteil zur Hälfte.[30]

f) Vermögenseinsatz. Abs. 2 enthält für das minderjährige Kind eine Sonderregelung. 14 Es hat zur Deckung seines Bedarfs nur die Erträge seines Vermögens, nicht aber den **Vermögensstamm** einzusetzen. Dies gilt allerdings dann nicht, wenn den Eltern bei Unterhaltsleistung nicht ihr angemessener Selbstbehalt iSd § 1603 Abs. 1 verbliebe (§ 1603 Abs. 2 S. 3).

g) Kindergeld. Die Neufassung des § 1612 b durch die Unterhaltsreform behan- 15 delt das Kindergeld stets als barbedarfsdeckend und damit als bedürftigkeitsmindernd. Es ist bei der Bedarfsbestimmung vorweg bedarfsmindernd abzuziehen,[31] und zwar nach § 1612 b Abs. 1 S. 1 Nr. 1 und S. 2 zur Hälfte, wenn – mindestens – ein Elternteil seine Unterhaltpflicht durch Betreuung erfüllt (§ 1606 Abs. 3 S. 2), in den anderen Fällen in voller Höhe (§ 1612 b Abs. 1 S. 1 Nr. 2 und S. 2). Betreuen beide Eltern zusammen ein gemeinsames Kind und ist die Feststellung des Barbedarfs des Kindes ausnahmsweise erforderlich (Wechselmodell, Feststellung der Leistungsfähigkeit gegenüber einem Kind aus einer anderen Beziehung), mindert das Kindergeld den Bedarf hälftig.[32]

2. Für das volljährige Kind gegenüber den Eltern. a) Bei Ausbildung. Zum Un- 16 terhaltsbedarf gehören die Kosten einer angemessenen Ausbildung (§ 1610 Abs. 2; → § 1610 Rn. 19). Ein volljähriges Kind ist daher in erster Linie noch bedürftig, solange es sich berechtigterweise in Ausbildung befindet. Der Anspruch auf Finanzierung einer angemessenen, Begabung, Neigung und Leistungswillen des Kindes entsprechenden Ausbildung ist wegen der Zweckgebundenheit der Unterhaltsleistungen nach § 1610 Abs. 2 allerdings nur insoweit geschuldet, als sie für eine angemessene Berufsausbildung erforderlich ist.[33] Insofern wird der Anspruch auf Ausbildungsunterhalt von einem **Gegenseitigkeitsprinzip** geprägt, aus dem sich ergibt, dass der Berechtigte die Obliegenheit hat, seine Ausbildung mit Fleiß, mit der gebotenen Zielstrebigkeit in angemessener und üblicher Zeit zu beenden.[34] Dies erfordert auch, dass das Kind nach Schulabschluss innerhalb einer angemessenen Orientierungsphase über die Aufnahme der weiteren Ausbildung entscheidet.[35] Die Frage, ob die Obliegenheit verletzt ist, ist nach Treu und Glauben (§ 242) zu beurteilen. Insbesondere bei notenschwachen Schülern entspricht es heutzutage der Üblichkeit, sich durch eine Mehrzahl von Praktika und Aushilfstätigkeiten um einen Ausbildungsplatz zu bemühen.[36] Verzögerungen, die auf einem leichteren, nur vorübergehenden Versagen beruhen, hindern die Verpflichtung zur Zahlung von Ausbildungsunterhalt nicht, so, wenn ein Kind ohne gewichtiges Verschulden an einen abgeschlossenen Ausbildungsabschnitt nicht sogleich den nächsten angeschlossen hat.[37] Je älter ein Kind bei Aufnahme einer Ausbildung ist oder je länger die

29 BGH FamRZ 2006, 1597 (1599).
30 BGH FamRZ 2009, 762 (767 f.).
31 BT-Drs. 16/1830, 28.
32 BGH FamRZ 2014, 1183.
33 BGH FamRZ 1987, 470 (471).
34 BGH FamRZ 2001, 757 (758); 1998, 671 f.; KG FamRZ 2014, 1645.
35 BGH FamRZ 2001, 757 (758); 1998, 671 f.; OLG Naumburg OLGReport 2009, 495.
36 BGH FamRZ 2011, 1560; OLG Hamm NJW-RR 2012, 970.
37 BGH FamRZ 2006, 1100 (1102).

Verzögerung vor Aufnahme der Ausbildung gedauert hat, desto eher kann eine Obliegenheitsverletzung angenommen werden,[38] zumal sich in beengten Verhältnissen Eltern in fortgeschrittenem Alter in ihrer Lebensplanung auf die Sicherung ihres eigenen künftigen Unterhalts konzentrieren müssen.[39] Insbesondere sind auch längerfristige finanzielle Dispositionen (kreditfinanzierter Eigenheimkauf, Konsumentenkredite) auf Seiten des Unterhaltspflichtigen schützenswert, wenn zwischen Abitur und Aufnahme des Studiums (hier Medizin) sieben Jahre liegen und das unterhaltsberechtigte Kind trotz schriftlicher Anfrage nach Beendigung der Schulzeit über seine späteren Studienpläne nicht informiert hat.[40] Hält sich das Kind nicht im Rahmen des Gegenseitigkeitsprinzips, indem es seine Ausbildungsobliegenheit verletzt, muss es sich darauf verweisen lassen, seinen Lebensunterhalt durch Erwerbstätigkeit selbst zu verdienen.[41] Nach Auffassung des Bundesgerichtshofs führt die Verletzung des Gegenseitigkeitsverhältnisses zum Wegfall des Unterhaltsanspruchs, ohne dass die Frage einer Verwirkung nach § 1611 Abs. 1 zu prüfen wäre.[42] Es kommt daher nicht mehr zusätzlich darauf an, ob das volljährige Kind aufgrund der Arbeitsmarktbedingungen überhaupt eine bedarfsdeckende Erwerbstätigkeit finden kann.

Ein Student, der bei einem Elternteil wohnt, kann unter Umständen im Verhältnis zum anderen Elternteil darauf verwiesen werden, an den Studienort umzuziehen, damit die Unterhaltsbelastung, die durch **hohe Fahrtkosten** geprägt ist, vermindert wird.[43]

17 **b) Ausbildungsvergütung.** Ausbildungsvergütung ist nach Bereinigung um ausbildungsbedingte Aufwendungen bzw. ausbildungsbedingten Mehrbedarf (→ Rn. 9) voll auf den Bedarf des volljährigen Kindes anzurechnen. Da Betreuungsunterhalt nicht mehr geschuldet wird, und zwar auch nicht beim privilegierten volljährigen Kind nach § 1603 Abs. 2 S. 2, sind ggf. beide Eltern für den Restbedarf anteilig (§ 1606 Abs. 3 S. 1) barunterhaltspflichtig.[44]

18 **c) BAföG-Leistungen.** Bezogene BAföG-Leistungen sind prinzipiell **bedarfsdeckend** anzurechnen. Bedürftigkeitserhaltende Subsidiarität besteht nur für Vorausleistungen nach §§ 36, 37 BAföG, weil das Gesetz insoweit in bestimmter Weise bis zur Höhe der Leistungen den Übergang des Unterhaltsanspruchs gegen die Eltern auf das zuständige Bundesland anordnet. Abgesehen davon kommt es auf die Art der Förderung nicht an. Dies gilt auch für die Förderung durch Darlehensgewährung (§§ 17 Abs. 2 und 3, 18 ff. BAföG).[45] Einem Studierenden obliegt es grundsätzlich, auch BAföG-Leistungen in Form eines Darlehens zur Deckung seines Bedarfs entgegenzunehmen.[46] Da die entsprechenden Darlehen unter sehr günstigen Bedingungen gewährt werden, handelt es sich insoweit um durch den Berechtigten erzielbare zumutbare Einkünfte, welche die Bedürftigkeit mindern oder entfallen lassen.[47] Erfährt der Berechtigte von einer

---

38 BGH FamRZ 2006, 1100 (1102).
39 BGH FamRZ 2013, 1375.
40 BGH 3.5.2017 – XII ZB 415/16.
41 BGH FamRZ 2001, 757 (758).
42 BGH FamRZ 1998, 671 (672); zum Wegfall des Unterhaltsanspruchs vgl. auch BGH FamRZ 2006, 1100 (1102).
43 BGH FamRZ 2009, 762 (765).
44 BGH FamRZ 2002, 815 (817); 2006, 99 (100).
45 BGH FamRZ 1985, 916 (917); 1989, 499 (500).
46 BGH FamRZ 1985, 916 (917); 1989, 499 (500); OLG Karlsruhe NJW-RR 2010, 8–10.
47 BGH FamRZ 1989, 499 (500).

Änderung der finanziellen Situation seiner Eltern, kann er verpflichtet sein, gem. § 53 BAföG die Abänderung eines ablehnenden BAföG-Bescheides zu beantragen.[48]

d) Einkünfte neben der Ausbildung. Einen Auszubildenden, zB einen Studenten, 19 trifft in der Regel keine Erwerbsobliegenheit, weil er sich auch im Interesse des Unterhaltspflichtigen mit ganzer Kraft und gehörigem Fleiß zielstrebig seiner in angemessener und üblicher Zeit zu absolvierenden Ausbildung, zB seinem Studium, widmen soll[49] (→ Rn. 16). Werden trotzdem Einkünfte aus einer Nebentätigkeit gezogen, stellen sie **Einkommen aus überobligatorischer Tätigkeit** dar, über dessen Anrechnung in entsprechender Anwendung des auch für den Verwandtenunterhalt heranzuziehenden § 1577 Abs. 2 zu entscheiden ist.[50] Dies gilt nicht für Einkünfte von Studenten aus studienbegleitenden Praktika oder sonst studienfördernden Nebenarbeiten im Studienfach, welche als zumutbar und damit anrechenbar anzusehen sind. Dagegen bleiben Einkünfte anrechnungsfrei, soweit der pflichtige Elternteil nicht den vollen Unterhalt nach Maßgabe des nach § 1610 geschuldeten Bedarfs leistet (§ 1577 Abs. 2 S. 1). Darüber hinaus kommt eine Anrechnung insoweit in Betracht, als dies nach den beiderseitigen wirtschaftlichen Verhältnissen der Billigkeit entspricht (§ 1577 Abs. 2 S. 2).[51] Dabei kann die Frage eine Rolle spielen, ob die Nebentätigkeit wegen Ausbleibens der Unterhaltszahlungen aus wirtschaftlicher Not aufgenommen wurde, so dass eine Anrechnung auf nachträglich für den betreffenden Zeitraum beigebrachten Unterhalt nach beiden Alternativen des § 1577 Abs. 2 ausscheiden kann.[52] Grundsätzlich richtet sich die Entscheidung über das Ob und den Umfang einer Anrechnung nach Art, Ziel und Dauer der Ausbildung einerseits und den Belangen des Unterhaltsberechtigten andererseits, wobei es auch entscheidend auf die Höhe der erzielten Einkünfte ankommt. Im Einzelnen wurde bei Studenten eine Anrechnung von 1/3 von 200 EUR vorgenommen,[53] teilweise wurden bestimmte Festbeträge als anrechnungsfrei festgelegt.[54] Für eine Nichtanrechnung insgesamt kann sprechen, wenn die Eltern überdurchschnittlich gut verdienen.[55]

e) Bundesfreiwilligendienst (BFD), freiwilliges soziales Jahr (FSJ). Anstelle des 20 im Jahr 2011 ausgesetzten Wehr- und Zivildienstes, während dessen unterhaltsrechtlich von einer kompletten Bedarfsdeckung ausgegangen worden war, ist nunmehr der Bundesfreiwilligendienst getreten. Für diesen gelten die gleichen Grundsätze, so dass auch insoweit ein Unterhaltsanspruch nicht besteht.

Das Gleiche gilt während der Zeit der Absolvierung eines freiwilligen sozialen Jahres (FSJ), außer wenn die soziale Tätigkeit als Voraussetzung für eine Ausbildung gefordert wird (zB Altenpfleger).[56]

---

48 OLG Karlsruhe NJW-RR 2010, 8–10.
49 BGH FamRZ 1995, 475 (477).
50 BGH FamRZ 1995, 475 (477).
51 BGH FamRZ 1995, 475 (477).
52 BGH FamRZ 1995, 475, (477).
53 OLG Jena FamRZ 2009, 1416.
54 OLG Hamm FamRZ 1998, 767 (180 EUR); OLG Schleswig FamRZ 1996, 814 (300 EUR).
55 OLG Hamm FamRZ 1994, 1279.
56 OLG München FamRZ 2002, 1425; OLG Stuttgart FamRZ 2007, 1353; OLG Naumburg FamRZ 2008, 86; Wendl/Dose/Klinkhammer § 2 Rn. 489; aA OLG Celle FamRZ 2012, 995; OLG Hamm FamRZ 2015, 1200, Zeit dient der Berufsorientierung.

21 **f) Erwerbsobliegenheit.** Die Bedürftigkeit kann entfallen, wenn dem volljährigen Kind wegen Verstoßes gegen eine Erwerbsobliegenheit fiktive Einkünfte zuzurechnen sind (vgl. zur Erwerbsobliegenheit zunächst → Rn. 3 ff.). Allerdings besteht, solange sich das Kind berechtigterweise in Berufsausbildung befindet, auch keine Nebenerwerbsobliegenheit (→ Rn. 19). Die Erwerbsobliegenheit setzt erst ein mit Ende des Ausbildungsunterhalts gem. § 1610 Abs. 2 nach Beendigung der Berufsausbildung und Ablauf einer **Übergangszeit** für eine nach den konkreten Umständen angemessene Bewerbungsfrist, die zB drei Monate betragen kann.[57] Ähnliches gilt für die **Orientierungsphase**, die einem Abiturienten nach Ablegung des Abiturs zusteht. Sie endet jedenfalls, wenn seine Bewerbungen für einen Studienplatz erfolglos blieben und der beabsichtigte Studiengang in absehbarer Zeit nicht zu verwirklichen ist.[58] In der Übergangszeit zwischen Beendigung der Schule (meist im Juli des Jahres) und Beginn einer Ausbildung oder eines Studiums (meist September oder Oktober) besteht keine Erwerbsobliegenheit und dementsprechend ein Unterhaltsanspruch gegen die Eltern.[59] Nach der Übergangszeit oder Orientierungsphase besteht die Erwerbsobliegenheit, da Abs. 1 der wirtschaftlichen Eigenverantwortung den Vorrang gibt, in ähnlich scharfer Weise wie von Eltern gegenüber ihren minderjährigen Kindern (§ 1603 Abs. 2 S. 1).[60] Es müssen auch berufsfremde oder unterhalb der gewohnten Lebensstellung liegende Arbeiten angenommen werden.[61] Notfalls sind Gelegenheits- oder Aushilfsarbeiten zu verrichten. Auch ein Ortswechsel wird regelmäßig zumutbar sein.[62]

22 Wenn eine **volljährige Tochter ein Kind betreut** und vorrangige Unterhaltsansprüche gegen den Ehemann oder den Kindesvater nicht durchsetzbar sind, so dass eine Ersatzhaftung der Eltern (§ 1607) in Betracht kommt, muss sie alle Erwerbsmöglichkeiten ausschöpfen, die sich ihr bei Inanspruchnahme einer möglichen anderweitigen Kindesversorgung anbieten. Es steht nicht in ihrer Entschließungsfreiheit, sich bis zu einem bestimmten Alter des Kindes anstelle der Erwerbstätigkeit für die Betreuung zu entscheiden, wie dies beim Betreuungsunterhalt eines Ehegatten nach § 1570 oder einer unverheirateten Kindesmutter nach § 1615 l Abs. 2 S. 2 möglich ist.[63]

23 **g) Vermögenseinsatz.** Ein volljähriges Kind muss seinen Unterhaltsbedarf nicht nur aus seinen Vermögenseinkünften bestreiten, sondern grundsätzlich auch den **Vermögensstamm verwerten.** Dies gilt auch für die nach § 1603 Abs. 2 S. 2 privilegierten volljährigen Kinder. Die Privilegierung bezieht sich nur auf ihren bevorzugten unterhaltsrechtlichen Rang und die erweiterte Barunterhaltpflicht ihrer Eltern nach § 1603 Abs. 2 S. 1.[64] Die Verwertungspflicht ist im Rahmen einer **umfassenden Zumutbarkeitsprüfung** zu beurteilen, die alle bedeutsamen Umstände, insbesondere auch die Lage der unterhaltpflichtigen Eltern berücksichtigt.[65] Da die allgemeine Billigkeitsklausel des § 1577 Abs. 3 für den nachehelichen Unterhalt im Verwandtenunterhalt nicht gilt, sind die Grenzen der Zu-

---

57 OLG Hamm FamRZ 1990, 504.
58 Vgl. OLG Naumburg OLGReport 2009, 495.
59 OLG Hamm NZFam 2014, 232; FA-FamR/Seiler Kap. 6 Rn. 296.
60 BGH FamRZ 1985, 273 (274); 1985, 1245.
61 BGH FamRZ 1985, 273 (274); 1985, 1245.
62 OLG Hamm FamRZ 1990, 904.
63 Wendl/Dose/Klinkhammer § 2 Rn. 61.
64 BGH FamRZ 2003, 1176 (1177).
65 BGH FamRZ 1998, 367 (369).

mutbarkeit hier etwas enger zu ziehen, und zwar angenähert an den Begriff der groben Unbilligkeit.[66] Ein volljähriges Kind mit beleihungsfähigem Grundbesitz muss bei vorübergehender Unterhaltsbedürftigkeit, zB wegen noch fortdauernder Ausbildung, einen Kredit mit Zinszahlungs- und Tilgungsaufschub aufnehmen, wenn eine Veräußerung unzumutbar wäre.[67] Auch ein Erbauseinandersetzungsanspruch kann als Kreditunterlage in Betracht kommen.[68]

Die Bedürftigkeit des volljährigen Kindes vermindert sich oder fällt weg, wenn 24 es entgegen seinen Möglichkeiten aus seinem Vermögen keine oder geringere Einkünfte zieht, als es sie in zumutbarer Weise ziehen könnte.[69] Bei Verletzung der **Obliegenheit zu sachgerechter Vermögensanlage** oder bei unvernünftigem Vermögensverbrauch in Kenntnis der Unterhaltsbedürftigkeit kommt die Anrechnung fiktiver Vermögenserträge[70] bzw. Vermögenswerte in Betracht.[71] Es besteht trotz geringen Zinsertrages keine Obliegenheit, zur Erhöhung der Rendite Immobilieneigentum zu erwerben.[72]

Beruht das einsetzbare Vermögen auf der **freiwilligen Zuwendung eines Dritten**, 25 der im Zweifel nicht die Unterhaltpflichtigen begünstigen wollte, dürfte es darauf ankommen, ob der Schenker eine ausdrückliche Auflage ($\S$ 525) für eine bestimmte Verwendung gemacht hat oder das zugewendete Vermögen dem Beschenkten zweckfrei zur freien Verfügung überließ.[73] Unter Umständen ist an eine bloße Anrechnung von Vermögenserträgen zu denken, wenn davon auszugehen ist, dass der Schenker wegen der Möglichkeit der Rückforderung wegen Notbedarfs ($\S$ 528) oder wegen groben Undanks ($\S$ 530) den Vermögensstamm erhalten sehen will.[74] Dies dürfte bei Zuwendung von leicht verbrauchbarem Kapital oder leicht veräußerbaren Wertanteilen aber im Zweifel nicht anzunehmen sein.[75] Die angestellten Überlegungen gelten auch nicht für erbrechtliche Zuwendungen im Wege der vorweggenommenen Erbfolge, da das Zweckbestimmungsrecht des künftigen Erblassers mit dem Vollzug der Zuwendung endet und das Zugewendete der freien Verfügung des Empfängers unterliegt.[76]

Auf jeden Fall muss auch das volljährige Kind ein pauschales **Schonvermögen** 26 nicht angreifen, das in Anlehnung an die Regelung zum sozialhilferechtlichen Schonbetrag nach $\S$ 90 Abs. 2 Nr. 9 SGB XII iVm $\S$ 1 der dazu ergangenen DVO (derzeit weiterhin gültig mit Stand vom 1.1.2005 idF von Art. 15 des Gesetzes vom 27.12.2003 – BGBl. I, 3022) zu bemessen ist[77] (bis 2.600 EUR zuzüglich 614 EUR für den Ehegatten oder Lebenspartner und zuzüglich 256 EUR für jede weitere überwiegend unterhaltene Person).

---

66 BGH FamRZ 1998, 367 (369).
67 OLG Bamberg FamRZ 1999, 876.
68 BGH FamRZ 2006, 935 (937).
69 Vgl. BGH FamRZ 1990, 269 (271) für den Ehegattenunterhalt.
70 BGH FamRZ 1986, 441 (443).
71 Vgl. OLG Frankfurt/M. FamRZ 1987, 1179 (1180).
72 OLG Stuttgart NJW 2016, 575.
73 Vgl. Büttner, Zur Berücksichtigung freiwilliger Leistungen Dritter im Unterhaltsrecht, FamRZ 2002, 1445 (1447); sa OLG München FamRZ 1996, 1433 (1434).
74 Büttner FamRZ 2002, 1445 (1447).
75 Vgl. OLG München FamRZ 1996, 1433 (1434) zur Schenkung von Fondsanteilen durch die Großmutter an das Enkelkind.
76 OLG Frankfurt/M. FamRZ 1987, 1179 f.
77 BGH FamRZ 2006, 935 (937), noch zum früheren $\S$ 88 Abs. 2 Nr. 8 BSHG.

27 **h) Bezug von Grundsicherung.** Das am 1.1.2003 in Kraft getretene Grundsicherungsgesetz wurde inzwischen ins Sozialgesetzbuch (§§ 19 Abs. 2, 41 bis 43,
94 Abs. 1 S. 3 Hs. 2 SGB XII) integriert. Nach § 41 Abs. 3 SGB XII kommt bei
Personen, die über 18 Jahre alt und auf nicht absehbare Zeit und wahrscheinlich dauerhaft wegen Krankheit oder Behinderung voll erwerbsgemindert iSv
§ 43 Abs. 2 SGB VI sind, die Bewilligung von bedarfsorientierter Grundsicherung in Betracht. Eltern können, da der Kindesunterhalt zu den nach § 43
Abs. 2 SGB XII privilegierten Unterhaltsverhältnissen des Verwandtenunterhalts
gehört, auf **die vorrangige Inanspruchnahme von Grundsicherung** verweisen,
wenn ihr jährliches Einkommen – unbeschadet etwaigen Vermögens[78] – iSv § 16
SGB IV unter 100.000 EUR liegt.[79] Für die Einkommensgrenze kommt es auf
die Verhältnisse des einzelnen Elternteils an, also auch bei zusammenveranlagten
Eltern auf das Einkommen des jeweiligen Elternteils.[80] Das Kind wird ggf. einen
Antrag auf Bewilligung von Grundsicherungsleistungen stellen müssen und bei
entsprechender Erfolgsaussicht auch gegen einen ablehnenden Bescheid mit Widerspruch und Klage vorgehen müssen.[81] Wird tatsächlich Grundsicherung geleistet, ist sie bedarfsdeckend,[82] da das Gesetz jedenfalls zulasten von Eltern in
keinem Fall einen Übergang des Unterhaltsanspruchs vorsieht (§ 94 Abs. 1 S. 3
Hs. 2 SGB XII). Dabei kommt es nicht darauf an, ob die Grundsicherung zu
Recht oder zu Unrecht bewilligt worden ist.[83]

28 **i) Kindergeld.** Beim Unterhaltsanspruch volljähriger Kinder mindert das Kindergeld in voller Höhe den Bedarf und lässt insoweit die Bedürftigkeit entfallen,
und zwar unabhängig davon, an welchen Elternteil das Kindergeld ausbezahlt
wird oder ob das Kind das Kindergeld selbst bezieht,[84] § 1612 b Abs. 1. Aufgrund der Volljährigkeit gibt es nur noch Ansprüche auf Barunterhalt. Diese Ansprüche mindern sich vorab aufgrund der **Bedarfsdeckung durch das Kindergeld.** Geht es nur noch um Barunterhalt, muss ein Elternteil, der allein zur Unterhaltsleistung in der Lage ist, durch das Kindergeld auch dann in voller Höhe
entlastet werden, wenn das volljährige Kind weiter bei einem nicht leistungsfähigen Elternteil wohnt. Denn dieser ist zu keinen Unterhaltsleistungen, auch
nicht zu Naturalunterhalt verpflichtet.[85] Sind beide Eltern barunterhaltspflichtig, haften sie aufgrund der Bedarfsdeckung durch das Kindergeld für den Restbedarf nach Maßgabe ihrer Vermögens- und Einkommensverhältnisse anteilig.[86]

Beispiel: beidseitige Barunterhaltspflicht der Eltern
Der Bedarf des volljährigen Kindes beträgt 735 EUR, davon werden 192 EUR
durch das Kindergeld abgedeckt, so dass 543 EUR auf die Eltern zu verteilen
sind. Der Vater soll ein bereinigtes Einkommen von 2.100 EUR, die Mutter ein
solches von 1.500 EUR haben. Der jeweilige Selbstbehalt der Eltern beträgt
1.300 EUR (→ § 1603 Rn. 24).

---

78 Klinkhammer, Die bedarfsorientierte Grundsicherung nach dem GSiG und ihre Auswir-
     kungen auf den Unterhalt, FamRZ 2002, 997 (1000).
79 OLG Hamm FamRZ 2004, 1807; OLG Naumburg FamRZ 2009, 701.
80 BGH FamRZ 2015, 1467.
81 Scholz, Anm. zu BGH FamRZ 2007, 1158, FamRZ 2007, 1160 (1161).
82 Vgl. OLG Bremen FamRZ 2005, 801; BGH FamRZ 2007, 1158 (1159).
83 BGH FamRZ 2007, 1158 (1159).
84 BGH FamRZ 2006, 99 (101 ff.); 2007, 542 (543), noch zum alten Recht.
85 Vgl. BGH FamRZ 2006, 99 (101 ff.).
86 BGH FamRZ 2006, 99 (101 ff.); 2007, 542 (543), noch zum alten Recht.

Verteilungsrechnung (→ § 1606 Rn. 8) für den Zahlbetrag der Mutter:

$$\frac{1.500 \text{ EUR} - 1.300 \text{ EUR}}{1.500 \text{ EUR} + 2.100 \text{ EUR} - 2 \times 1.300 \text{ EUR}} = 1/5 \times 543 \text{ EUR} = 109 \text{ EUR}$$

3. Für Eltern gegenüber ihren Kindern. Zur gerichtlichen Geltendmachung von **29** Elternunterhalt gegenüber Kindern kommt es überwiegend dann, wenn **hohe Heim- und Pflegekosten** von Eltern nicht aus eigenem Einkommen oder Vermögen getragen werden können. Da durch die Pflegeversicherung (SGB XI) – in freilich nicht immer genügenden Höchstgrenzen – nur das Pflegefallrisiko (pflegebedingte Aufwendungen), nicht aber der sonstige Lebensbedarf, zB bei Heimunterbringung, Unterkunft und Verpflegung, abgesichert sind, müssen die Sozialhilfeträger einspringen. Dasselbe gilt, wenn Eltern wegen fehlender eigener Einkünfte von Sozialhilfe leben müssen. Die Sozialhilfeträger gehen dann aufgrund übergegangener Unterhaltsansprüche (§ 94 Abs. 1 SGB XII) gegen die Kinder vor. Allerdings gibt es keinen Übergang, wenn er eine unbillige Härte darstellen würde (§ 94 Abs. 3 S. 1 Nr. 2 SGB XII).[87] Einen Anspruchsübergang in Richtung auf entferntere Verwandte, zB Enkelkinder, schließt das Gesetz ohnehin aus (§ 94 Abs. 1 S. 3 SGB XII).

Im Falle der Geltendmachung von übergegangenen Unterhaltsansprüchen seitens des Trägers von Sozialleistungen ist zu beachten, dass sich die Heimkosten grundsätzlich in Unterbringungs- und Pflegekosten aufteilen. Die Kosten der Unterkunft, mit Ausnahme der Kosten für Heizungs- und Warmwasserversorgung, gehen jedoch nach §§ 94 Abs. 1 S. 6, 105 Abs. 2 SGB XII nur zu 44 % auf den Träger der Sozialleistungen über, da ansonsten über die Gewährung von Hilfe zum Lebensunterhalt ein ansonsten bestehender, bedarfsdeckender,[88] Anspruch auf Wohngeld unberücksichtigt bliebe.[89]

Nur selten gibt es Verfahren, in denen ein Elternteil unmittelbar von einem Kind Unterhalt verlangt.

a) Erwerbsobliegenheit und überobligatorische Einkünfte. In vielen Fällen wird **30** sich die Frage der Erwerbsobliegenheit wegen Alters oder Erwerbsunfähigkeit des betreffenden Elternteils nicht stellen. Ist er noch erwerbsfähig und hat er noch nicht die allgemeine **Altersgrenze der Erwerbsarbeit** erreicht,[90] ist seine Erwerbsobliegenheit in ähnlich scharfer Weise zu beurteilen wie diejenige des volljährigen Kindes (→ Rn. 21). Im Rahmen der Zumutbarkeitsprüfung werden allerdings Alter und Gesundheitszustand eine größere Rolle spielen. Auch die Zumutbarkeit eines Ortswechsels dürfte oft ausscheiden. Zur Erwerbsobliegenheit → Rn. 3.

Werden trotz fehlender Erwerbsobliegenheit durch eine an sich unzumutbare **31** Tätigkeit **überobligatorische Einkünfte** erzielt, sind sie, soweit nicht eine Anrechnung analog § 1577 Abs. 2 S. 1 von Gesetzes wegen ausscheidet (→ Rn. 19), darüber hinaus wegen der Schwäche des Unterhaltsverhältnisses nach Billigkeit (§ 1577 Abs. 2 S. 2) wohl regelmäßig anzurechnen.

---

87 Vgl. BGH FamRZ 2004, 1097 (zum früheren § 91 Abs. 2 S. 2 BSHG).
88 BGH FamRZ 2012, 1201.
89 BGH FamRZ 2015, 1594; 2017, 519.
90 Vgl. BGH FamRZ 2006, 683 (684) zum Wegfall der Erwerbsobliegenheit bei Erreichen der allgemeinen Altersgrenze.

32 **b) Vermögenseinsatz.** Zunächst wird auf die Ausführungen zur Pflicht des volljährigen Kindes zu ertragsbringender Anlage und zur Verwertung (→ Rn. 23) verwiesen. Grundsätzlich ist verwertbares Vermögen, das nicht genügend Erträge abwirft, zunächst zu verbrauchen, bevor Unterhalt verlangt werden kann. Über die **Verwertungspflicht** ist mittels einer umfassenden Zumutbarkeitsprüfung zu entscheiden, die alle bedeutsamen Umstände, darunter auch die Lage des unterhaltspflichtigen Kindes berücksichtigt. Da es eine allgemeine Billigkeitsklausel wie beim Ehegattenunterhalt (§ 1577 Abs. 3) beim Verwandtenunterhalt nicht gibt, sind die Grenzen der Zumutbarkeit hier etwas enger zu ziehen, und zwar angenähert an den Begriff der groben Unbilligkeit.[91] Es ist, was eine Verwertungspflicht angeht, bei der Prüfung der Bedürftigkeit eines Elternteils ein strengerer Maßstab anzulegen als umgekehrt bei der Prüfung der Leistungsfähigkeit des pflichtigen Kindes.[92] Eine Verwertung scheidet nur aus, wenn sie unmöglich[93] oder ganz unwirtschaftlich ist.[94] Der berechtigte Elternteil braucht aber auch bei Berücksichtigung der Interessen des in Anspruch genommenen Kindes keinen wirtschaftlich nicht mehr vertretbaren Nachteil hinzunehmen, etwa weil eine Veräußerung marktbedingt nur zu einem Bruchteil des wirtschaftlichen Werts möglich wäre.[95] Gebrauchte Gegenstände, deren Nutzen für den bedürftigen Elternteil wesentlich höher zu veranschlagen ist als der zu erwartende Erlös, müssen in der Regel nicht veräußert werden.[96]

33 Immer ist zu prüfen, ob eine **Verwertung** eines Vermögensbestandteils **als Kreditunterlage** in Betracht kommt, soweit dies wegen möglicher Stundung der Kreditraten oder wegen deren niedriger Höhe möglich ist. So hat der Bundesgerichtshof aufgrund der Möglichkeit der Beleihung eines Erbauseinandersetzungsanspruchs die Bedürftigkeit eines Elternteils verneint.[97] Bei einer vom Berechtigten noch **selbst bewohnten Immobilie** wird, wenn eine Verwertung als Kreditunterlage ausscheidet, trotz der vorliegenden langfristigen Sicherung des Wohnbedarfs eine Veräußerung nur dann nicht verlangt werden können, wenn der Unterhaltsbedarf durch Verbrauch des Erlöses und seiner Erträge nur für eine nicht erhebliche Zeit befriedigt werden könnte. Wäre dies für einen bedeutenden Anteil der bestehenden Lebenserwartung möglich, muss veräußert werden.[98] Der Berechtigte hat seinen gegenwärtigen Lebensbedarf zu decken und nicht sein Vermögen für seine Erben zu erhalten. Umgekehrt lebt der Pflichtige, zB der als einziges leistungsfähiges Kind von mehreren Geschwistern in Anspruch Genommene, ebenfalls gegenwärtig und will gegenwärtig nicht unterhaltspflichtig sein. Es mag allerdings seltene Fälle geben, in denen dem Verkauf eines Eigenheims dringende gesundheitliche Gründe des Berechtigten entgegenstehen, weil die Veräußerung nur mit seinem Auszug durchzuführen wäre, der zu einer nicht ohne Weiteres behebbaren, lebensbedrohenden Gesundheitskrise führen würde.

---

91 BGH FamRZ 1998, 367 (369).
92 Wendl/Dose/Wönne § 2 Rn. 933.
93 Vgl. BGH FamRZ 1997, 281 (284) zur Frage der eventuellen Unmöglichkeit der Verwertung durch gegenständlich beschränkte Teilauseinandersetzung einer Erbengemeinschaft.
94 BGH FamRZ 1998, 367 (369).
95 Wendl/Dose/Wönne § 2 Rn. 975.
96 Vgl. BGH FamRZ 1998, 367 (369).
97 BGH FamRZ 2006, 935 (937).
98 Wendl/Dose/Wönne § 2 Rn. 976.

Zum einsetzbaren Vermögen eines Elternteils gehört auch ein **Rückforderungs-** 34
anspruch nach § 528 gegen einen Beschenkten,[99] wenn der betreffende Elternteil
nach Vollziehung einer Schenkung bedürftig geworden ist. Der Rückforderungsanspruch hat Vorrang gegenüber Unterhaltsansprüchen.[100]

Im Regelfall ist es angemessen, dem Berechtigten eine Vermögensreserve als 35
Schonvermögen zu belassen. In Anlehnung an die Regelung zum sozialhilferechtlichen Schonbetrag nach § 90 Abs. 2 Nr. 9 SGB XII iVm § 1 der dazu
ergangenen DVO (derzeit weiterhin gültig nach dem Stand vom 1.1.2005
(→ Rn. 26) bis 2.600 EUR zuzüglich 614 EUR für den Ehegatten oder Lebenspartner und zuzüglich 256 EUR für jede weitere überwiegend unterhaltene Person) kann pauschal eine Reserve von mindestens 2.600 EUR zugebilligt werden.[101] Davon kann nach den Umständen des konkreten Einzelfalls ausnahmsweise zum Teil abgesehen werden, zB wenn wegen vorgerückten Alters mit Bett-
lägerigkeit und Heimpflege bei bestehender Kranken- und Pflegeversicherung
keine Notwendigkeit zur Vorhaltung des vollen Betrags erkennbar ist.[102]

c) Bezug von Grundsicherung. Eltern haben Anspruch auf Grundsicherung, 36
wenn sie das gesetzliche Rentenalter erreicht haben (§ 41 Abs. 1, 2 SGB XII)
oder dauerhaft voll erwerbsgemindert sind (§ 41 Abs. 1 SGB XII). Kinder können sie daher, wenn ihr jährliches Einkommen unter 100.000 EUR liegt, auf die
vorrangige Inanspruchnahme von Grundsicherung verweisen. Bezahlte Grundsicherung ist bedarfsdeckendes Einkommen. Freiwillig bezahlter oder titulierter
Elternunterhalt gilt ebenso als bedarfsdeckendes Einkommen und mindert einen
eventuellen Anspruch auf Grundsicherung.[103]

Die Gewährung von Grundsicherung ist ausgeschlossen, wenn das steuerrechtliche Bruttoeinkommen des unterhaltsverpflichteten Kindes über 100.000 EUR
jährlich liegt, § 43 Abs. 3 S. 1, 6 SGB XII. Der Ausschluss greift nicht, wenn
mehrere gleichrangig unterhaltspflichtige Kinder zusammen mehr als
100.000 EUR verdienen,[104] jedoch in voller Höhe dann, wenn dies auch nur in
der Person eines der Kinder der Fall ist.[105] Da dies jedoch zu einer unangemessenen Benachteiligung unterhaltspflichtiger Kinder führt, die weniger als
100.000 EUR verdienen (ihnen kommt das Haftungsprivileg vorrangiger Leistungen der Grundsicherung nicht zugute, weil ein anderes Kind ein zu hohes
Einkommen erzielt), findet gem. § 94 Abs. 3 S. 1 Nr. 2 SGB XII wegen unbilliger
Härte kein Anspruchsübergang auf den Träger der Sozialleistungen (Hilfe zum
Lebensunterhalt) statt, so dass ein eventueller Unterhaltsanspruch grundsätzlich
beim Berechtigten selbst verbleibt. Diesem ist jedoch gemäß § 242 der Rückgriff
gegen das unter 100.000 EUR verdienende Kind untersagt, da wegen des Nicht-
übergangs des Unterhaltsanspruchs auf den Träger der Sozialleistungen die erhaltene Sozialhilfe beim Unterhaltsgläubiger verbleibt und deshalb gegenüber
dem Unterhaltsschuldner trotz Subsidiarität – auch für künftige Zeiträume – be-

99 BGH NJW 2005, 670; vgl. hierzu im Einzelnen Wendl/Dose/Wönne § 2 Rn. 977 ff.
100 BGH FamRZ 2001, 1137 (1139); BGH NJW 1991, 1824.
101 BGH FamRZ 2006, 935 (937); 1998, 367 (369).
102 Vgl. OLG Köln FamRZ 2001, 437.
103 BGH FamRZ 2007, 1158.
104 BSG FamRZ 2014, 385.
105 BGH FamRZ 2015, 1467.

darfsdeckend anzurechnen ist.[106] Dies gilt jedoch nur in dem Umfang, in welchem auch tatsächlich Leistungen der Grundsicherung bezahlt worden wären. Besteht eine Bedürftigkeit oberhalb der Grundsicherungsleistungen (zB in Pflegeheimfällen), besteht kein Grund, das geringer verdienende Kind von einer anteiligen Haftung auszunehmen bzw. einen Anspruchsübergang auf den Sozialhilfeträger zu verneinen.[107] Im Umfang der fiktiven Grundsicherungsleistungen schuldet das über 100.000 EUR verdienende Kind nicht den gesamten offenen Bedarf, sondern lediglich denjenigen Anteil am Unterhalt, welcher seinem Haftungsanteil gegenüber den anderen Kindern, § 606 Abs. 3 S. 1, entspricht.[108]

37 **4. Für Enkel gegenüber ihren Großeltern.** Die Bedürftigkeit von Enkelkindern bestimmt sich wie die Bedürftigkeit von Kindern gegenüber Eltern (→ Rn. 7 ff., → Rn. 16 ff.). Auch das minderjährige Kind muss den Stamm seines Vermögens einsetzen. Das Privileg des Abs. 2 gilt nur im Unterhaltsverhältnis zu den Eltern. Anders als diesen gegenüber mindert der Anspruch auf oder die Leistung von **Unterhaltsvorschuss** nach dem UVG die Bedürftigkeit gegenüber Großeltern.[109]

III. Darlegungs- und Beweislast

38 Die Bedürftigkeit ist Voraussetzung der Unterhaltsberechtigung. Damit muss der Berechtigte die Tatsachen vortragen und ggf. beweisen, aus denen sich seine Bedürftigkeit ergibt.[110] Entgegenstehendes Vorbringen der pflichtigen Unterhaltspartei ist zu widerlegen.[111] Ist die Frage der Erfüllung der **Erwerbsobliegenheit** streitig, muss nachprüfbar vorgetragen werden, welche Schritte im Einzelnen unternommen wurden, um einen zumutbaren Arbeitsplatz zu finden.[112] Dazu gehören die Bewerbungen auf Stellenanzeigen, die Vorsprachen bei möglichen Arbeitgebern, die Aufgabe von Stellenanzeigen[113] und die Darlegung, weshalb nach den persönlichen Eigenschaften, wie Ausbildung, berufliche Erfahrung, Alter und gesundheitliche Verfassung und trotz subjektiver Arbeitsbereitschaft auf dem zur Verfügung stehenden Arbeitsmarkt keine reale Beschäftigungschance bestand bzw. besteht.[114] Bleiben Zweifel, ob es nicht doch eine reale Beschäftigungschance gab oder gibt, geht dies zulasten des Unterhaltsbegehrenden.[115] Es genügt dafür, dass zumindest nicht auszuschließen ist, dass bei genügendem Bemühen eine reale Beschäftigungschance bestanden hätte.[116]

39 Verlangt ein **minderjähriges Kind** lediglich den **Mindestunterhalt** (§ 1612 a Abs. 1 S. 2 und 3, → § 1612 a Rn. 2 ff.) ist es einer weiteren Darlegung seines Bedarfs enthoben, insbesondere zu den bedarfsbestimmenden Lebensverhältnissen und der daraus resultierenden Leistungsfähigkeit des barunterhaltspflichti-

---

106 BGH FamRZ 2015, 1467; für Zeiträume in der Vergangenheit bereits BGH FamRZ 1999, 843; 2000, 1358; 2001, 619.
107 BGH FamRZ 2015, 1467.
108 BGH FamRZ 2015, 1467.
109 OLG Dresden FamRZ 2010, 736.
110 BGH FamRZ 1986, 244 (246); 1998, 367 (369).
111 BGH FamRZ 1995, 291 (292).
112 BGH FamRZ 1986, 244 (246).
113 BGH FamRZ 1994, 372 (374).
114 BGH FamRZ 1994, 372 (374).
115 BGH FamRZ 1994, 372 (374).
116 BGH FamRZ 1994, 372 (374) zum entsprechenden Sachverhalt bei Geltendmachung des Anspruchs auf Erwerbslosigkeitsunterhalt nach § 1573 Abs. 1.

gen Elternteils[117] (→ § 1612 a Rn. 1). Insoweit ist auch seine Bedürftigkeit ohne weiteren Vortrag indiziert.

§ 1603 BGB Leistungsfähigkeit

(1) Unterhaltspflichtig ist nicht, wer bei Berücksichtigung seiner sonstigen Verpflichtungen außerstande ist, ohne Gefährdung seines angemessenen Unterhalts den Unterhalt zu gewähren.

(2) [1]Befinden sich Eltern in dieser Lage, so sind sie ihren minderjährigen Kindern gegenüber verpflichtet, alle verfügbaren Mittel zu ihrem und der Kinder Unterhalt gleichmäßig zu verwenden. [2]Den minderjährigen Kindern stehen volljährige unverheiratete Kinder bis zur Vollendung des 21. Lebensjahrs gleich, solange sie im Haushalt der Eltern oder eines Elternteils leben und sich in der allgemeinen Schulausbildung befinden. [3]Diese Verpflichtung tritt nicht ein, wenn ein anderer unterhaltspflichtiger Verwandter vorhanden ist; sie tritt auch nicht ein gegenüber einem Kind, dessen Unterhalt aus dem Stamme seines Vermögens bestritten werden kann.

Literatur: *Hauß*, Elternunterhalt – Grundlagen und Strategien, 5. Aufl. 2015.

---

[117] BGH FamRZ 2003, 444 (445); 2002, 536 (540), noch zum alten Recht.

I. Allgemeines

1 Voraussetzung jeder Unterhaltsverpflichtung ist die Leistungsfähigkeit des Pflichtigen. Abs. 1 gewährt jedem Unterhaltspflichtigen vorrangig die Sicherung seines eigenen angemessenen Unterhalts; ihm sollen grundsätzlich die Mittel verbleiben, die er zur angemessenen Deckung des seiner Lebensstellung entsprechenden allgemeinen Bedarfs benötigt. In welcher Höhe dieser Bedarf des Verpflichteten zu bemessen ist, obliegt der tatrichterlichen Beurteilung des Einzelfalls.[1] Ist er nur für einen Teil des Bedarfs des Berechtigten leistungsfähig, besteht seine Verpflichtung nur in diesem Umfang. Die **Leistungsfähigkeit** ist **kein einheitlich festgelegter Begriff**, sondern sie ist je nach Intensität des konkreten Unterhaltsverhältnisses unterschiedlich zu bemessen, zB was die pauschale Bemessung des Eigenbedarfs, die Schärfe einer Erwerbsobliegenheit, die Verpflichtung zum Einsatz von Vermögenswerten, die Anerkennung leistungsbeschränkender Abzüge vom Einkommen usw angeht.

Zum **pauschalierten Selbstbehalt** und dessen Zulässigkeit → Rn. 24.

Die Leistungsfähigkeit des Pflichtigen (Abs. 1) und die Bedürftigkeit des Berechtigten (§ 1602 Abs. 1) müssen als Unterhaltsvoraussetzungen zeitlich gleichlaufend vorliegen (→ § 1601 Rn. 2).

II. Leistungsfähigkeitskriterien

2 **1. Für alle Unterhaltsverhältnisse.** So wie sich die Bedürftigkeit des Berechtigten grundsätzlich durch Einkünfte jeglicher Art mindert, kann die Leistungsfähigkeit des Pflichtigen grundsätzlich durch **Einkünfte jeglicher Art** begründet werden;[2] dies können, soweit sie tatsächlich bezogen wurden und zur Verfügung stehen, für die Vergangenheit auch illegale Einkünfte aus Schwarzarbeit oder Straftaten sein.[3] Zu den Einkünften gehören das Einkommen aus unselbstständiger oder selbstständiger Arbeit, aus Gewerbebetrieb, die Vermögenserträge und unter Umständen der Erlös aus einer zumutbaren Vermögensverwertung. Maßgebend ist immer, also auch bei Vermögenserträgen, das unterhaltsrelevante Nettoeinkommen. Soweit die Leistungsfähigkeit auf empfangenen Unterhaltszahlungen beruhen würde, ist problematisch, inwieweit **Unterhalt aus Unterhalt** bezahlt werden muss. Dies dürfte im Rahmen der verschärften Unterhaltspflicht von Eltern gegenüber minderjährigen Kindern der Fall sein (→ Rn. 30). Darüber hinaus wird es wie bei freiwilligen Leistungen Dritter auf die Willensrichtung des Unterhaltszahlenden ankommen[4] (→ Rn. 42 bezüglich des Kindesunterhalts für Volljährige).

3 **a) Einkünfte aus unselbstständiger Arbeit.** Maßgebend ist nicht das Bruttoeinkommen (Geld- und Sachbezüge), sondern das unterhaltsrechtlich **verteilungsfähige Nettoeinkommen.** Vom Bruttoeinkommen abzusetzen sind die mit ihm zusammenhängenden steuerlichen Aufwendungen und Sozialabgaben wie die Beiträge zur Rentenversicherung, zur Kranken- und Pflegeversicherung und zur Arbeitslosenversicherung. Im Hinblick auf den Umstand, dass die primäre Altersvorsorge, zB durch die gesetzliche Rentenversicherung, keine ausreichende Altersversorgung mehr gewährleiste, hat der Bundesgerichtshof für Unterhaltsver-

---

1 BGH FamRZ 2006, 1511 (1512).
2 BGH FamRZ 1986, 780 (781).
3 LG Berlin FamRZ 2006, 732 (733 mwN).
4 Vgl. Wendl/Dose/Klinkhammer § 2 Rn. 247.

hältnisse im Allgemeinen in Anlehnung an den Höchstfördersatz der Riester-Rente außerhalb des Mangelfalles[5] bis zum Erreichen der Regelaltersgrenze[6] einen **Zusatzaufwand von 4 % des Bruttoeinkommens** vorbehaltlich einer Angemessenheitsprüfung als angemessenen zusätzlichen Aufwand für eine private Zusatzversorgung angesehen.[7] Solche Aufwendungen sind nur abzugsfähig, wenn sie schon tatsächlich geleistet werden; nur die Absicht zur Leistung, falls der Aufwand unterhaltsrechtlich anerkannt werde, genügt nicht.[8] Als sogenannte „zweite Säule" werden anerkannt Tilgungsleistungen zur Hausfinanzierung,[9] Riesterrente,[10] Direktversicherungen,[11] Zusatzversorgungen, Bausparverträge und Lebensversicherungen,[12] aber auch Sparvermögen und ähnliche Kapitalanlagen.[13] Tatsächlicher Aufwand über die gesetzlichen Abzüge für die Altersversorgung hinaus muss im Umfang von 23 % des überschießenden Bruttoeinkommens anerkannt werden, wenn der Verdienst über der Beitragsbemessungsgrenze liegt, weil die erreichbare gesetzliche Versorgung dann nicht mehr in Übereinstimmung mit dem Einkommen steht.[14]

Abgezogen werden außerdem als Werbungskosten[15] die **berufsbedingten Aufwendungen**, wie zB die Fahrtkosten zur Arbeitsstelle, soweit diese Kosten für die Sicherung und Erzielung des Einkommens notwendig sind und angemessen erscheinen. Da es sich bei Unterhaltsfällen um Massenerscheinungen handelt, sind aus Vereinfachungsgründen insoweit Pauschalen generell zulässig,[16] so in der Regel in Höhe von 5 % des Nettoeinkommens nach Ziff. 10.2.1 der meisten Leitlinien. Werden berufsbedingte Aufwendungen über eine Pauschale hinaus geltend gemacht, müssen sie konkret nachgewiesen und eindeutig von privaten Lebenshaltungskosten abgegrenzt werden.[17] Handelt es sich um Fahrtkosten zum Erreichen der Arbeitsstelle, ist die km-Pauschale mit 0,30 EUR anzusetzen,[18] hierin sind die Betriebskosten einschließlich Abnutzung und Finanzierungsaufwand enthalten.[19] Bei einer einfachen Wegstrecke von 25 km errechnen sich die berücksichtigungsfähigen Fahrtkosten in Höhe von 25 km x 2 x 0,30 EUR x 220 Arbeitstage : 12 Monate = 275 EUR. Müssen die Finanzierungskosten für die Anschaffung eines Fahrzeuges berücksichtigt werden, weil die Arbeitsstelle mit öffentlichen Verkehrsmitteln nicht erreichbar ist (oft bei Schichtarbeit oder im ländlichen Raum), und übersteigen sie bereits den Pauschalbetrag, können zusätzlich als km-Pauschale nur noch die zu schätzenden reinen Betriebskosten angesetzt werden, zB 50 % der Pauschale.[20] Bei hohen

4

---

5 BGH FamRZ 2013, 616.
6 BGH FamRZ 2012, 956.
7 BGH FamRZ 2005, 1817 (1822); 2007, 793 (795); 2009, 1207; 2009, 1391.
8 BGH FamRZ 2007, 193 (194); 2007, 793 (795); 2008, 963.
9 BGH FamRZ 2012, 956; 2007, 793; 2005, 1817.
10 BGH FamRZ 2008, 963.
11 BGH FamRZ 2008, 1793.
12 BGH FamRZ 2009, 1207.
13 BGH FamRZ 2015, 1172; 2006, 1511.
14 BGH FamRZ 2007, 117 (119).
15 BGH FamRZ 1988, 159 (161) zu den gleich zu behandelnden Einkünften des Bedürftigen.
16 BGH FamRZ 2006, 108; 2002, 536.
17 BGH FamRZ 2009, 762.
18 BGH FamRZ 2006, 1511.
19 BGH FamRZ 2006, 1182; 2006, 846.
20 Born in Anm. zu BGH FamRZ 2006, 846.

Fahrtkosten über einer täglichen Wegstrecke von 30 km kann im Mangelfall die Benutzung öffentlicher Verkehrsmittel oder auch ein Umzug näher zur Arbeitsstelle hin verlangt werden.[21] In diesem Fall ist zu beachten, dass Umzugskosten und erhöhte Umgangskosten einkommensmindernd anfallen, da im Mangelfall Kindesunterhalt ausgeschlossen werden kann, dass dafür nennenswerte finanzielle Reserven vorhanden sind. Der Wechsel vom PKW zu öffentlichen Verkehrsmitteln ist jedenfalls so lange zumutbar, wie die tägliche Fahrzeit in Anlehnung an die Regelung der Zumutbarkeit der Aufnahme einer Beschäftigung bei einem Arbeitslosen (§ 140 Abs. 4 S. 2 SGB III) nicht über 2 ½ Stunden hinausgeht.[22]

Stellt ein Arbeitgeber ein Firmenfahrzeug zur Verfügung, das auch für die Fahrt zum Arbeitsplatz benutzt wird, entfällt ein Ansatz von berufsbedingten Aufwendungen, sofern der Arbeitnehmer die Benzinkosten nicht selbst zu tragen hat.[23]

5 Das **durchschnittliche verteilungsfähige Monatseinkommen** wird regelmäßig über ein Jahreseinkommen ermittelt, und zwar über dasjenige des letzten abgelaufenen Kalenderjahres[24] oder über dasjenige der letzten 12 Monate vor der Unterhaltsbestimmung.[25] Der Jahreszeitraum hat den Vorteil, dass Schwankungen der monatlichen Einkünfte sowie Sonderzahlungen, Steuernachzahlungen und Steuererstattungen usw berücksichtigt werden können. Bei Verwendung des Kalenderjahres wird die Einkommensermittlung dadurch erleichtert, dass man die vom Arbeitgeber über den Jahreslohn ausgestellte Jahreslohnsteuerbescheinigung, die auch die Sozialabgaben enthält, heranziehen kann.[26]

Wegen ihrer Lohnersatzfunktion sind **Krankengeld** und **Arbeitslosengeld I** (§§ 117, 129 SGB III) wie Einkommen zu behandeln. Beim Arbeitslosengeld[27] und beim Krankengeld scheidet der Abzug berufsbedingter Aufwendungen aus, etwaige krankheitsbedingte Mehrkosten sind konkret nachzuweisen.[28] Lohnersatzfunktion hat auch das **Elterngeld**, soweit es die Grenzen des § 11 S. 1 BEEG (300 EUR) überschreitet[29] (für den Unterhaltsanspruch minderjähriger Kinder gegen ihre Eltern → Rn. 30).

6 **b) Einkünfte bei Selbstständigen und Gewerbetreibenden.** Bei einem Selbstständigen oder Gewerbetreibenden wird der Gewinn steuerlich entweder durch Einnahmen-Überschuss-Rechnung (§§ 4 Abs. 3, 18 EStG) oder bei bilanzierenden Gewerbetreibenden durch Vergleich des Betriebsvermögens am Schluss des Wirtschaftsjahres mit dem Betriebsvermögen am Schluss des vorangegangenen Wirtschaftsjahres (§ 4 Abs. 1 EStG) und ggf. zusätzlich durch Gewinn- und Verlustrechnung nach § 242 Abs. 2 HGB ermittelt (zu Einzelheiten der Gewinnermittlung auch → § 1605 Rn. 19). Wegen der Schwierigkeit, andere Hilfsmittel zu erlangen, sind in erster Linie die **steuerlichen Jahresabschlussunterlagen** zur Feststellung des unterhaltsrelevanten Einkommens heranzuziehen.[30] Da die Bilanzen, Einnahmen-Überschuss-Rechnungen und Steuerbescheide regelmäßig

---

21 BGH FamRZ 1998, 1501, zum Wohnortwechsel.
22 OLG Brandenburg JAmt 2009, 407.
23 OLG München FamRZ 1999, 1350.
24 OLG München FamRZ 1984, 173.
25 Wendl/Dose/Dose § 1 Rn. 69.
26 Vgl. zum Ganzen Wendl/Dose/Dose § 1 Rn. 69.
27 BGH FamRZ 2007, 983.
28 BGH FamRZ 2009, 307 (308).
29 BGH FamRZ 2011, 97 (99).
30 BGH FamRZ 2004, 1177 (1178).

erst längere Zeit nach Ablauf des jeweiligen Veranlagungszeitraums vorgelegt werden können und weil diese Einkommensschwankungen ausgeglichen werden können, ist es zulässig, das relevante Einkommen anhand von **drei Kalenderjahren** zu ermitteln, die dem Unterhaltszeitraum möglichst zeitnah vorausgehen.[31] Bei starken Gewinnschwankungen, umfangreichen Abschreibungen und Rückstellungen kann auch ein Fünfjahreszeitraum geboten sein, damit sich die betreffenden Einflüsse auf das Einkommen besser ausgleichen.[32] Befindet sich der Selbstständige in **Verbraucherinsolvenz,** muss er zur Erhöhung seiner Leistungsfähigkeit ggf. beim Vollstreckungsgericht die Erhöhung der ihm zu belassenden Honoraransprüche beantragen (§§ 850 f Abs. 1, 850 i Abs. 1 ZPO).[33]

Bei einzelnen Posten des betrieblichen Aufwands bzw. der **Betriebsausgaben** 7 kann die Prüfung erforderlich sein, ob sie auch als **unterhaltsrechtlich relevant** anzuerkennen sind. Dazu gehören beispielsweise die Fälle, wenn in Kenntnis der Unterhaltsverpflichtung ein dem sonstigen Lebenszuschnitt nicht entsprechendes Luxusfahrzeug als kostentreibendes Betriebsfahrzeug gehalten wird oder Kosten über ein offensichtliches Scheinarbeitsverhältnis mit einer nahen Person verursacht werden.[34] Bei der Beurteilung der Frage, ob die **Abschreibungen** bzw. Absetzungen für Abnutzung (AfA) als teilweise nicht unterhaltsrelevant behandelt werden sollen, ist Zurückhaltung geboten, weil es sich um tatsächlich aufgewendete Kosten handelt und eine unterhaltsrechtlich fiktiv angesetzte Verlängerung von Abschreibungsfristen wegen fehlenden Wertverzehrs logisch die Konsequenz hätte, dass entsprechende Teilkosten unterhaltsrechtlich noch berücksichtigt werden müssten, wenn die betreffenden Wirtschaftsgüter steuerlich schon vollständig abgeschrieben sind.[35] Die steuerlich anerkannten Abschreibungen können jedenfalls dann unterhaltsrechtlich übernommen werden, wenn sich dadurch keine Verfälschung der unterhaltsrechtlichen Leistungsfähigkeit ergibt.[36] Dies ist bei der linearen Abschreibung nach den AfA-Tabellen der Finanzverwaltung normalerweise der Fall, weil diese Tabellen regelmäßig den tatsächlichen Wertverzehr wiedergeben.[37]

Auch bei einem Selbstständigen oder Gewerbetreibenden ist nur das Nettoeinkommen verteilungsfähig. Nicht nur der steuerliche Aufwand, sondern auch der tatsächliche Aufwand für **Kranken- und Pflegeversicherung** sind abzugsfähig. Bezüglich der **Altersvorsorge** hat der Bundesgerichtshof entschieden, dass der tatsächliche gemachte Aufwand für eine angemessene, nach Belieben gestaltete Altersvorsorge in Anlehnung an den Beitragssatz der gesetzlichen Rentenversicherung bis zur Höhe von 20 % (aktuell 19 %) des Bruttoeinkommens abgesetzt werden kann.[38] Inzwischen erkennt der Bundesgerichtshof bei Nichtselbstständigen über die primäre Altersversorgung durch die gesetzliche Rentenversicherung einen tatsächlich gemachten **Zusatzaufwand von 4 % des Bruttoeinkommens** an (→ Rn. 3). Diesen Zusatzaufwand muss man konsequenterweise auch einem Selbstständigen oder Gewerbetreibenden zubilligen, soweit er tatsächlich

---

31 Wendl/Dose//Spieker § 1 Rn. 420; BGH FamRZ 2004, 1177 (1178).
32 Wendl/Dose/Spieker § 1 Rn. 420; BGH FamRZ 2004, 1177 (1178).
33 BGH FamRZ 2008, 137 (138 f.).
34 Wendl/Dose/Spieker § 1 Rn. 333.
35 Wendl/Dose/Spieker § 1 Rn. 341 ff.; so auch BGH FamRZ 2003, 741 (743) bei einer unterhaltsrechtlich nicht anerkannten Sonderabschreibung.
36 BGH FamRZ 2003, 741 (743).
37 BGH FamRZ 2003, 741 (743).
38 BGH FamRZ 2003, 860 (863).

erbracht wird und einer Angemessenheitsüberprüfung standhält. Zu beachten ist, dass der Aufwand zur **Absicherung gegen Arbeitslosigkeit** im Sinne der Arbeitslosenversicherung des unselbstständig Beschäftigten grundsätzlich nicht abzugsfähig ist, weil es hier am Arbeitslosigkeitsrisiko durch Arbeitgeberkündigung fehlt und die Fortsetzung der Erwerbstätigkeit vor allem von den eigenen unternehmerischen Entscheidungen des Pflichtigen abhängt.[39]

9 c) **Fiktive Einkünfte.** Die Heranziehung fiktiv erzielbarer Einkünfte für die Unterhaltsberechnung ist verfassungsrechtlich unbedenklich, wenn der Pflichtige eine ihm mögliche und zumutbare Erwerbstätigkeit unterlässt.[40] Auch wenn keine Erwerbsbemühungen dargelegt werden, dürfen lediglich realistisch erzielbare Einkünfte fiktiv angesetzt werden. Die bloße Meldung als arbeitsuchend bei der zuständigen Stelle der Bundesagentur für Arbeit reicht nie aus.[41] Auch im Rahmen der gesteigerten Erwerbsobliegenheit sind jedoch insbesondere bei älteren und ungelernten Arbeitnehmern zurückhaltende Schätzungen angebracht, vor allem, wenn diese noch gesundheitliche oder sprachliche Beeinträchtigungen aufweisen. Das Bundesverfassungsgericht mahnt im Hinblick auf Art. 2 Abs. 1 GG in jedem Einzelfall die Auseinandersetzung mit den in den jeweiligen Branchen geltenden Mindestlöhnen, dem bisher erzielten Verdienst, den zeitlichen Möglichkeiten angesichts des Umgangs mit gemeinsamen Kindern und dem konkret erzielbaren Stundensatz einer eventuell verlangten Nebentätigkeit an.[42] Eine solche Fingierung einer Nebentätigkeit neben einer ebenfalls zu fingierenden Haupttätigkeit sieht der Bundesgerichtshof als möglich und sogar erforderlich an, wenn anderenfalls eine Leistungsfähigkeit zur Bezahlung des Mindestunterhalts für minderjährige Kinder nicht erreicht werden kann.[43]

10 In der Regel stellt sich die Frage der Fingierung von Nebentätigkeiten nur in Fällen, in denen dem Pflichtigen mangels qualifizierter Ausbildung oder in Folge gesundheitsbedingter Beeinträchtigungen der Zugang zu ordentlich bezahlten Arbeitsstellen verschlossen ist und er lediglich den gesetzlichen Mindestlohn verdienen kann, welcher sich in den meisten Branchen derzeit auf 8,84 EUR brutto pro Stunde beläuft. Bei einer 41-Stundenwoche (173 Stunden pro Monat) errechnet sich daraus bei Steuerklasse 1 bereinigt um 5 % Berufsaufwand ein Nettoeinkommen von 1.062 EUR. Bei Beachtung der Vorgabe, dass eine Wochenarbeitszeit von 48 Stunden nicht überschritten werden darf,[44] verbleibt für die Ausübung einer Nebentätigkeit jeder Samstag mit jeweils 8 Stunden. Dies setzt noch voraus, dass ein Umgang mit den gemeinschaftlichen Kindern nicht stattfindet (dieser hat Vorrang vor der Unterhaltspflicht).[45] 8 Stunden x 52 Wochen x 8,84 EUR ergeben ein Jahreseinkommen aus der Nebentätigkeit von 3.677 EUR, somit monatsdurchschnittlich 306 EUR, bereinigt um 5 % Berufsaufwand

39 Vgl. BGH FamRZ 2003, 860 (863).
40 BVerfG FamRZ 2010, 793.
41 BGH FamRZ 1993, 789 (791).
42 BVerfG FamRZ 2008, 1403; 2010, 626; 2010, 793; 2012, 1283; 2014, 1977; als unrealistisch wurde die Fingierung mit 9,20 EUR bzw. 8,50 EUR brutto pro Stunde bezeichnet, wenn bislang nie mehr als 7,21 EUR verdient wurde; ebenso die Fingierung eines Einkommens über 1.080 EUR hinaus im Falle eines 50-jährigen schwerbehinderten Betonfacharbeiters oder eines ausländischen Staatsangehörigen ohne Berufsausbildung und mit sprachlichen Beeinträchtigungen.
43 BGH FamRZ 2014, 637; 2014, 1992.
44 BGH FamRZ 2011, 1041.
45 BVerfG FamRZ 2006, 469; OLG Rostock FamRZ 2015, 937.

verbleiben 291 EUR. Das im Falle eines ungelernten Arbeitnehmers höchstens fingierbare Einkommen beläuft sich somit auf insgesamt 1.353 EUR, woraus sich bei einem notwendigen Selbstbehalt von 1.080 EUR eine Leistungsfähigkeit von 273 EUR errechnet.[46] Eine Obliegenheit zur Ausübung einer Nebentätigkeit neben einer Haupttätigkeit besteht auch im Rahmen der gesteigerten Erwerbsobliegenheit nicht, wenn der Pflichtige selbst in seinem Haushalt ein minderjähriges Kind zu betreuen hat, selbst wenn dieses aus einer anderen Beziehung stammt.[47]

Die Zurechnung fiktiver Einkünfte kommt nicht in Betracht, solange beim Pflichtigen eine Bezugsberechtigung für Elterngeld besteht, unabhängig davon, ob dies für ein oder zwei Jahre der Fall ist.[48]

Eine Zurechnung fiktiver Einkünfte kommt auch ohne gegenwärtigen Verstoß 11 gegen die Erwerbsobliegenheit und damit bei tatsächlich bestehender Leistungsunfähigkeit in Betracht, wenn dem Pflichtigen nach Treu und Glauben ausnahmsweise eine Berufung auf die Leistungsunfähigkeit versagt ist. Beruht die vorliegende Erwerbslosigkeit auf der **freiwilligen Aufgabe einer sicheren Arbeitsstelle**, oder die nicht (mehr) bedarfsdeckende Höhe des Arbeitseinkommens auf freiwilligem Arbeitsplatzwechsel mit nun geringerem Verdienst oder auf unverständlicher Ausschlagung eines besser bezahlten, zumutbaren Arbeitsangebots, wird der Pflichtige weiter als leistungsfähig behandelt, wenn sein Verhalten als verantwortungslos oder zumindest als leichtfertig zu bewerten ist.[49]

Geht es um einen selbst verschuldeten, aber **unfreiwilligen Arbeitsplatzverlust** 12 muss dem Pflichtigen ein verantwortungsloses, zumindest leichtfertiges Verhalten im Sinne einer unterhaltsbezogenen Mutwilligkeit zur Last zu legen sein, wobei für die unterhaltsrechtliche Leichtfertigkeit bewusste Fahrlässigkeit genügt.[50] Betraf eine für die Leistungsunfähigkeit kausale Straftat nicht die Verletzung der Unterhaltspflicht selbst oder wurde durch die vorsätzliche Straftat selbst nicht erst die Bedürftigkeit des Berechtigten herbeigeführt, müssen sich die der Tat zugrunde liegenden Vorstellungen und Antriebe im Sinne bewusster Fahrlässigkeit und unterhaltsrechtlicher Verantwortungslosigkeit auch auf die Minderung der unterhaltsrechtlichen Leistungsfähigkeit als mögliche Folge der Straftat erstreckt haben, wie zB bei kündigungsbedingtem Arbeitsplatzverlust wegen Arbeitnehmerdiebstahls.[51]

d) Überobligatorische Einkünfte. Anders als beim Bedürftigen, für den § 1577 13 Abs. 2 beim Verwandtenunterhalt entsprechend angewendet wird (→ § 1602 Rn. 19), enthält das Gesetz keine Regelung, wie überobligatorische Einkünfte des Unterhaltspflichtigen bei der Beurteilung seiner Leistungsfähigkeit zu bewerten sind. Dies bedeutet nicht, dass solche Einkünfte stets als Bestandteil des unterhaltserheblichen Einkommens anzusehen wären.[52] Es ist vielmehr nach den Grundsätzen von **Treu und Glauben** unter Berücksichtigung der konkreten **Um-**

---

46 AA OLG Celle FamRZ 2015, 148, welches annimmt, dass jeder gesunde ungelernte Mann über 12 Monate im Jahr vollschichtig 11,10 EUR brutto pro Stunde als Bauhelfer verdienen kann.
47 OLG Schleswig FamRZ 2015, 937, für ein 7-jähriges Kind.
48 BGH FamRZ 2015, 739.
49 BGH FamRZ 2003, 1471 (1473).
50 BGH FamRZ 1994, 240; 2002, 813 (814).
51 BGH FamRZ 2002, 813 (814); 2000, 815 (816 f.); 1993, 1055 (1056 f.).
52 BGH FamRZ 1991, 182 (183).

 stände des Einzelfalls darüber zu entscheiden, in welchem Umfang das Mehreinkommen aus einer über das obliegende Maß hinaus ausgeübten Erwerbstätigkeit bei der Bemessung der unterhaltsrechtlichen Leistungsfähigkeit zu berücksichtigen ist.[53] Die Entscheidung hängt dabei auch von der Intensität des Unterhaltsverhältnisses ab. So wird bei dem besonders stark ausgestalteten Unterhaltsverhältnis zwischen minderjährigen Kindern und Eltern (Abs. 2 S. 1) eine Beschränkung der Leistungsfähigkeit unter Umständen ausscheiden, solange der angemessene Bedarf der Kinder nicht gedeckt ist.[54] Dies gilt auf jeden Fall, soweit sonst der Mindestunterhalt des Kindes nach § 1612 a gefährdet wäre.[55] Übt aber jemand bereits eine vollschichtige Erwerbstätigkeit aus, durch die er mehr als den Mindestbedarf der Berechtigten sichern kann, und hat er eine überobligatorische Nebentätigkeit aufgenommen, um eine bestehende erhebliche Schuldenlast abbauen zu können, dürfte es billig sein, dass die Berechtigten an dem entsprechenden Nebeneinkommen nicht partizipieren.[56] Ist ein Unterhaltspflichtiger nach Erreichen der **Regelaltersgrenze** für die gesetzliche Rentenversicherung erwerbstätig, erzielt er regelmäßig überobligatorische Einkünfte.[57]

14   **e) Vermögenserträge.** Auch Vermögenserträge bestimmen die Leistungsfähigkeit eines Unterhaltspflichtigen.[58] Zum einsetzbaren Einkommen gehört deshalb als Vermögensertrag auch der **Wohnvorteil** einer selbst genutzten eigenen Immobilie in Höhe des im konkreten Unterhaltsverhältnis ansetzbaren ersparten Mietzinses, soweit dieser die anrechenbaren Kosten (Grundstückslasten, Zinsraten aus der Finanzierung und verbrauchsunabhängige Nebenkosten, Tilgungsraten der Finanzierung ggf. nach Billigkeit)[59] übersteigt. Die ausdrücklich auf die Besonderheiten des Elternunterhalts abstellende Entscheidung des BGH, wonach ein Wohnvorteil grundsätzlich nur dann anzunehmen ist, wenn die ersparte Miete Zins- und Tilgungsleistungen der Finanzierungsdarlehen übersteigt,[60] ist auf anderweitige Unterhaltsverhältnisse nicht übertragbar (→ Rn. 52).[61] Zur Vermeidung eines Mangelfalles ist im Rahmen des Kindesunterhalts in jedem Zeitraum der objektive Wohnwert einzustellen,[62] im Bereich des Elternunterhalts dagegen ausschließlich der angemessene Wohnwert.[63]

Sonstige Vermögenserträge sind um die mit ihnen zusammenhängenden Werbungskosten und ggf. um die sie betreffende Steuerlast zu bereinigen. Soweit die entsprechenden Einkünfte erheblichen Schwankungen unterliegen, kann es geboten sein wie bei Einkünften von Selbstständigen (→ Rn. 6) den Durchschnittswert eines längeren Zeitraums zugrunde zu legen.[64]

---

53   BGH FamRZ 1991, 182 (183 f.).
54   BGH FamRZ 1991, 182 (184).
55   BGH FamRZ 2011, 454 (459).
56   OLG Hamm FamRZ 1999, 43.
57   BGH FamRZ 2011, 454 (455).
58   BGH FamRZ 2003, 1179 (1180).
59   Vgl. BGH FamRZ 2003, 1179 (1181).
60   BGH FamRZ 2017, 519 mAnm Hauß.
61   AA Borth FamRZ 2017, 682.
62   BGH FamRZ 2014, 917; in der Anm. äußert sich Götz FamRZ 2014, 926, die Auffassung, dass außerhalb des Mangelfalles beim Kindesunterhalt die Maßstäbe des Ehegattenunterhalts anzuwenden seien; so auch Palandt/Brudermüller § 1603 Rn. 4.
63   BGH FamRZ 2014, 923.
64   Wendl/Dose/Dose § 1 Rn. 604.

Bei **Miet- und Pachteinnahmen** sind die allgemeinen Haus- und Grundstücks- 15 kosten und die Kosten für notwendige Instandhaltungsarbeiten (Erhaltungsaufwand) abzuziehen, soweit sie nicht auf Mieter oder Pächter abgewälzt wurden.[65] Abgesetzt werden können auch die Zinsraten aus der Finanzierung, die vermögensbildenden Tilgungsraten nur im Einzelfall nach Billigkeit.[66] Nicht abzugsfähig sind Regelabschreibungen für Gebäude nach § 7 Abs. 4 S. 1 EStG (Wirtschaftsgebäude 3 %, übrige Gebäude je nach Herstellungsjahr 2 %– 2,5 %), weil sie das unterhaltsrechtlich relevante Einkommen nicht berühren.[67] Sie unterstellen eine tatsächlich so nicht gegebene pauschale Wertminderung, die darüber hinaus durch eine günstige Entwicklung des Immobilienmarktes ausgeglichen werden kann.[68] Ausnahmen sind allenfalls denkbar, wenn sich der eingetretene Wertverlust durch Vergleich der Gebäudewerte bei Anschaffung und aktuell konkret ermitteln lässt (zumeist bei Betriebsgebäuden) und in etwa den Abschreibungsbeträgen entspricht.[69]

Nicht nur den Bedürftigen, sondern auch den Unterhaltspflichtigen trifft die 16 **Obliegenheit**, zur Herstellung oder Aufrechterhaltung seiner Leistungsfähigkeit sein **Vermögen** in üblicher und sicherer Weise **ertragsbringend anzulegen**, wenn sonst die erforderlichen Unterhaltsmittel fehlen.[70] Bei Verstoß gegen diese Obliegenheit oder bei unvernünftigem Vermögensverbrauch in Kenntnis der Unterhaltsverpflichtung und der durch den unterhaltsrechtlich nicht zu billigenden Verbrauch herbeigeführten Leistungsunfähigkeit kann nach Treu und Glauben die Anrechnung **fiktiver Vermögenserträge** oder der Einsatz des verbliebenen Vermögensstamms in Betracht kommen.[71]

f) Vermögensverwertung. Der unterhaltspflichtige Verwandte muss zur Herstel- 17 lung seiner Leistungsfähigkeit grundsätzlich auch den Stamm seines Vermögens einsetzen. Eine allgemeine Billigkeitsbegrenzung wie beim Geschiedenenunterhalt (§ 1581 S. 2) sieht das Gesetz für den Verwandtenunterhalt nicht vor.[72] Einschränkungen der Verwertungsobliegenheit ergeben sich allein daraus, dass nach Abs. 1 auch die sonstigen Verpflichtungen des Unterhaltsschuldners zu berücksichtigen sind und dass dieser seinen eigenen angemessenen Unterhalt nicht zu gefährden braucht.[73] Danach kann eine **Veräußerung des Vermögensstamms** nicht verlangt werden, wenn sie ihn von fortlaufenden Einkünften abschneiden würde, die er zur Erfüllung weiterer Unterhaltsansprüche oder anderer berücksichtigungswürdiger Verbindlichkeiten oder zur Bestreitung seines eigenen Unterhaltsbedarfs benötigt.[74] Allgemein braucht er den Stamm seines Vermögens nicht zu verwerten, wenn dies für ihn mit einem wirtschaftlich nicht mehr vertretbaren Nachteil verbunden wäre,[75] zB weil aus Marktgründen ein empfindlicher Wertverlust hingenommen werden müsste. Bei der Bestimmung des Vermö-

---

65 BGH FamRZ 2013, 1554; 2009, 1300; Wendl/Dose/Gerhardt § 1 Rn. 455 ff.
66 Vgl. BGH FamRZ 2003, 1179 (1181).
67 BGH FamRZ 1997, 281 (283); kritisch Wendl/Dose/Gerhardt § 1 Rn. 457; ebenso FA-FamR/Kuckenburg/Perleberg-Kölbel Kap. 13 Rn. 62.
68 Wendl/Dose/Gerhardt § 1 Rn. 457.
69 BGH FamRZ 2012, 514.
70 OLG Köln FamRZ 2006, 809 (Ls.).
71 Vgl. OLG Köln FamRZ 2006, 809.
72 BGH FamRZ 2004, 1184 (1185); 1998, 367 (369).
73 BGH FamRZ 2004, 1184 (1185); 2006, 1511 (1513).
74 BGH FamRZ 2004, 1184 (1185); 2006, 1511 (1513).
75 BGH FamRZ 2004, 1184 (1185); 2006, 1511 (1513).

gens, das zur Sicherung des eigenen Unterhalts zu erhalten ist, ist die gesamte voraussichtliche Lebensdauer des Pflichtigen zu berücksichtigen.[76] Über die Frage der Verwertungspflicht hat der Tatrichter im Rahmen einer **umfassenden Zumutbarkeitsabwägung** zu entscheiden.[77]

18 Die Veräußerung eines nach den übrigen Verhältnissen des Schuldners und seiner Familie angemessenen **Familienheims** wird im Allgemeinen nicht verlangt werden können, weil es der Befriedigung des Unterhaltsbedarfs des Schuldners und ggf. seiner Familienangehörigen dient und Mietaufwendungen erspart.[78] Anders wäre es bei einem Ferienhaus, das weder als Einkommensquelle noch zur Befriedigung des Wohnbedarfs vonnöten ist.[79] Für die Frage, ob bestehende **Lebensversicherungen** – falls dies im Hinblick auf den erzielbaren Rückkaufswert in wirtschaftlicher Weise möglich ist – verwertet werden müssen, kommt es darauf an, ob sie noch einer nach den Verhältnissen des Pflichtigen gebotenen, ggf. zusätzlichen Altersvorsorge dienen oder wegen genügender anderweitiger Alterssicherung als Kapitalanlage anzusehen sind.[80] **Schmerzensgeldbeträge** oder von der Unfallversicherung bezahlte **Invaliditätsentschädigungen** müssen in der Regel nur eingeschränkt eingesetzt werden. Selbst im Rahmen der gesteigerten Unterhaltspflicht (Abs. 2 S. 1) von Eltern gegenüber minderjährigen Kindern ist der besonderen Ausgleichsfunktion des Schmerzensgeldes bei der Bestimmung der Opfergrenze in billiger Weise Rechnung zu tragen. Andauernde verletzungsbedingte Behinderungen schwerwiegender Natur führen in diesem Fall auch unter Berücksichtigung der Kindesbelange zu einer maßvollen Anhebung dessen, was dem unterhaltpflichtigen Elternteil zur Deckung seines notwendigen Eigenbedarfs zu belassen ist.[81] In anderen Unterhaltsverhältnissen ohne gesteigerte Unterhaltspflicht wird die Opfergrenze höher liegen. Dies kann bei einem nachrangigen Unterhaltsverhältnis dazu führen, dass bei schwerwiegenden bleibenden Verletzungsfolgen ein Verbrauch der Entschädigung selbst unbillig wäre, so dass die Leistungsfähigkeit insoweit nur durch den Vermögensertrag bestimmt wird.[82] Zum einsetzbaren Vermögen des Pflichtigen gehört unter Umständen auch ein **Rückforderungsanspruch nach § 528 Abs. 1**, wenn er wegen der Wegschenkung von Vermögensgegenständen leistungsunfähig wurde. Er führt, ebenso wie ein eventueller **Pflichtteilsanspruch**, zur Zurechnung fiktiv vorhandenen Vermögens. Allerdings kann die Verpflichtung zur Geltendmachung vom Unterhaltsberechtigten nicht gerichtlich durchgesetzt werden.[83] Der Rückforderungsanspruch kann deswegen auch nicht gepfändet werden, solange er nicht vertraglich anerkannt oder rechtshängig ist (§ 852 ZPO).[84]

19 Dem Pflichtigen ist auf jeden Fall eine gewisse Vermögensreserve als **Schonvermögen** zu belassen. Dessen Umfang bestimmt sich nach dem konkreten Unterhaltsverhältnis, also danach, wie stark oder schwach es ausgestaltet ist, und nach den individuellen Umständen, was aber in der Regel einer Pauschalierung

---

76 BGH FamRZ 1989, 170 (171).
77 BGH FamRZ 1998, 367 (369) zur Verwertungspflicht des Bedürftigen.
78 BGH FamRZ 1986, 48 (50); 2001, 21 (23); 2006, 1511 (1513).
79 BGH FamRZ 1986, 48 (50).
80 Vgl. Meyer, Anm. zu AG Höxter FamRZ 1996, 752; 1997, 225; Zieroth, Anm. zu AG Höxter FamRZ 1996, 753.
81 BGH FamRZ 1989, 170 (172).
82 Vgl. LG Paderborn FamRZ 1996, 1497.
83 BGH FamRZ 2013, 278.
84 BGH FamRZ 2001, 1137 (1138 f.).

des Schonvermögens nicht entgegenstehen muss.[85] Es kann, außer wenn es um nach Abs. 2 S. 1 verschärft haftende Eltern geht, jedoch nicht wie beim Bedürftigen einfach ein Betrag genommen werden, wie er sich in Anlehnung an die Regelung zum sozialhilferechtlichen Schonbetrag nach § 90 Abs. 2 Nr. 9 SGB XII iVm § 1 der dazu ergangenen DVO ergäbe[86] (→ Rn. 34). Der Deutsche Verein für öffentliche und private Fürsorge empfiehlt beim Unterhalt sonstiger Verwandter eine Reserve von 12.500 EUR und in bestimmten abgeschwächten Unterhaltsverhältnissen, wie beim Elternunterhalt, eine noch größere Reserve zu belassen[87] (→ Rn. 58). Der Bundesgerichtshof hat sich diesen Überlegungen prinzipiell angeschlossen.[88]

g) Freiwillige Leistungen Dritter. Freiwillige Leistungen Dritter, auf die kein 20 Rechtsanspruch besteht und die geeignet wären, die Leistungsfähigkeit ganz oder teilweise zu begründen, beeinflussen die Leistungsfähigkeit (wie umgekehrt die Bedürftigkeit) im Allgemeinen nur, wenn es dem Willen des Zuwendenden entspricht, mit seinen Leistungen auch den Unterhaltsberechtigten zu begünstigen.[89] Bei Fehlen einer ausdrücklichen Willensbestimmung lässt sich diese meist aus den persönlichen Beziehungen der Beteiligten zueinander erschließen.[90] Beruht das für Unterhaltszwecke infrage kommende **Vermögen** auf der freiwilligen Zuwendung eines Dritten, der im Zweifel nicht die Unterhaltsbedürftigen begünstigen wollte, kommt es darauf an, ob der Schenker eine ausdrückliche Auflage (§ 525) für eine bestimmte Verwendung gemacht oder das zugewendete Vermögen dem Beschenkten zweckfrei zur freien Verfügung überlassen hat.[91] Unter Umständen ist an eine bloße Anrechnung von Vermögenserträgen zu denken, wenn davon auszugehen ist, dass der Schenker wegen der Möglichkeit der Rückforderung wegen Notbedarfs (§ 528) oder wegen groben Undanks (§ 530) den Vermögensstamm erhalten sehen will.[92] Dies dürfte bei Zuwendung von leicht verbrauchbarem Kapital oder leicht veräußerbaren Wertanteilen aber im Zweifel nicht anzunehmen sein.[93] Die angestellten Überlegungen gelten auch nicht für erbrechtliche Zuwendungen im Wege der vorweggenommenen Erbfolge, da das Zweckbestimmungsrecht des künftigen Erblassers mit dem Vollzug der Zuwendung endet und das Zugewendete der freien Verfügung des Empfängers unterliegt.[94]

h) Verbindlichkeiten. Das Nettoeinkommen des Pflichtigen ergibt die Leistungs- 21 fähigkeit noch nicht, soweit unterhaltsrechtlich anerkennungsfähige Verbindlichkeiten abzuziehen sind. Den Ansprüchen der Unterhaltsberechtigten kommt nämlich kein allgemeiner Vorrang vor anderen Verbindlichkeiten des Pflichtigen zu.[95] Über die Abzugsfähigkeit ist im Rahmen einer **umfassenden Interessenabwägung** nach **billigem Ermessen** zu entscheiden. Dabei sind insbesondere von

---

85 BGH FamRZ 2006, 1511 (1514).
86 BGH FamRZ 2006, 1511 (1514).
87 FamRZ 2005, 1387 (1394 unter 95 Nr. 4 u. 5).
88 BGH FamRZ 2006, 1511 (1516).
89 BGH FamRZ 1995, 537 (539).
90 BGH FamRZ 1995, 537 (539).
91 Vgl. Büttner FamRZ 2002, 1445 (1447); sa OLG München FamRZ 1996, 1433 (1434).
92 Büttner FamRZ 2002, 1445 (1447).
93 Vgl. OLG München FamRZ 1996, 1433 (1434) zur Schenkung von Fondsanteilen durch die Großmutter an das Enkelkind.
94 OLG Frankfurt/M. FamRZ 1987, 1179 f.; Büttner FamRZ 2002, 1445 (1447).
95 BGH FamRZ 2003, 1179 (1181).

Bedeutung: der Zweck der Verbindlichkeit, Zeitpunkt und Art ihrer Entstehung, die Dringlichkeit der beiderseitigen Bedürfnisse, die Kenntnis des Unterhaltsschuldners von Grund und Höhe der Unterhaltsschuld, die Möglichkeit des Schuldners, seine Leistungsfähigkeit ganz oder teilweise wiederherzustellen,[96] schutzwürdige Belange des Drittgläubigers.[97]

22 Grundsätzlich abzusetzen sind vorrangige **Unterhaltsverpflichtungen**. Einschränkungen ergeben sich, soweit es um einen Anspruch auf Ehegattenunterhalt geht, der bereits durch Leistungen auf den betreffenden Anspruch auf Verwandtenunterhalt oder eine entsprechende latente Unterhaltslast geprägt war.[98] Hier kann von einem Abzug abgesehen werden, soweit dadurch kein Missverhältnis entsteht und dem vorrangigen Ehegatten im Einzelfall nicht einmal mehr sein Mindestbedarf verbleiben würde.[99] Lebt der vorrangig Unterhaltsberechtigte mit dem Pflichtigen zusammen, kann die dadurch eintretende Haushaltsersparnis zu einer Verminderung des Einsatzbetrags für den Unterhaltsanspruch führen.[100] In den unterhaltsrechtlichen Leitlinien der Oberlandesgerichte und in der Düsseldorfer Tabelle (vgl. Stand: 1.1.2017, Abschnitt B Ziff. VI Nr. 2) sind dazu Mindestbedarfssätze für den Ehegatten enthalten, der mit dem Unterhaltspflichtigen in einem gemeinsamen Haushalt lebt.

23 Berücksichtigungsfähig können auch **Kreditverbindlichkeiten** sein. Bei der vorzunehmenden Interessenabwägung (→ Rn. 21) ist auch darüber zu entscheiden, ob lediglich der Zinsaufwand oder auch der vermögensbildende Tilgungsaufwand anzuerkennen ist. Grundsätzlich dürfen Kreditverbindlichkeiten nicht ohne Rücksicht auf Unterhaltsinteressen getilgt werden. Es bedarf vielmehr eines Ausgleichs der Belange von Unterhaltsgläubiger, Unterhaltsschuldner und Drittgläubiger.[101]

24 **i) Selbstbehalt.**[102] Auch im Verwandtenunterhalt wird der nach § 1603 geschützte **Eigenbedarf** des Unterhaltsschuldners in der Masse der in einer durchschnittlichen Bandbreite liegenden Fälle nach den **pauschalierten Selbstbehaltsbeträgen** der Düsseldorfer Tabelle (Stand: 1.1.2016) oder nach den unterhaltsrechtlichen Leitlinien der Oberlandesgerichte bemessen. Man unterscheidet zunächst zwischen dem **notwendigen Selbstbehalt** nach Abs. 2 S. 1 für die gegenüber minderjährigen Kindern pflichtigen Eltern und dem **angemessenen** oder großen **Selbstbehalt** nach Abs. 1 gegenüber volljährigen Kindern als Ausgangspunkt für die übrigen Unterhaltsverhältnisse des Verwandtenunterhalts. Nach der Düsseldorfer Tabelle, Abschnitt A Anm. 5 (Stand: 1.1.2017), beträgt der notwendige Selbstbehalt oder Eigenbedarf von Eltern gegenüber minderjährigen Kindern (Abs. 2 S. 1) monatlich 1.080 EUR beim erwerbstätigen Pflichtigen und 880 EUR beim nicht erwerbstätigen Pflichtigen, darin enthalten jeweils Kosten für Warmmiete von 380 EUR. Der angemessene Selbstbehalt oder Eigenbedarf von Eltern gegenüber volljährigen Kindern (Abs. 1) beläuft sich auf monatlich 1.300 EUR, darin enthalten Kosten für Warmmiete von 450 EUR. Es

---

96 BGH FamRZ 2003, 1179 (1181).
97 BGH FamRZ 2003, 1179 (1181; wohl versehentlich „Drittschuldner"); BGH FamRZ 1996, 160 (161).
98 BGH FamRZ 2006, 26 (29); 2004, 186 (188); 2003, 860 (865 f.).
99 BGH FamRZ 2003, 860 (865).
100 Vgl. BGH FamRZ 2006, 26 (30).
101 BGH FamRZ 2003, 1179 (1181; wohl versehentlich „Drittschuldner").
102 Zur Struktur des Selbstbehalts Hauß/Schürmann FamRB 2010, 245.

dient der Vorausschaubarkeit der Rechtsprechung und der Vereinheitlichung, wenn das Gericht unbeschadet der Einkommensverhältnisse und der gesellschaftlichen Stellung des Verpflichteten von pauschalierten Selbstbehaltsbeträgen ausgeht, solange dies gerechtfertigt ist, weil es sich noch um durchschnittliche oder jedenfalls nicht besonders gehobene Einkommensverhältnisse handelt. Nach der Rechtsprechung des Bundesgerichtshofs gilt allerdings als Grundsatz, dass der Eigenbedarf nicht durchgängig mit einem bestimmten festen Betrag angesetzt werden darf, sondern anhand der konkreten Umstände des Einzelfalls und des konkreten Unterhaltsverhältnisses unter Berücksichtigung der besonderen Lebensverhältnisse des Pflichtigen zu ermitteln ist.[103] Für die Bemessung der Leistungsfähigkeit ist dabei auch entscheidend auf den Zweck des vorliegenden Unterhaltsanspruchs abzustellen, insbesondere darauf, wie stark oder wie schwach ihn das Gesetz zur Verfügung stellt.[104] Dennoch hat der Bundesgerichtshof **unterschiedliche Eigenbedarfssätze** im Ergebnis gebilligt, die der jeweiligen durch die gesetzliche Ausgestaltung bestimmten Intensität des Unterhaltsverhältnisses Rechnung tragen und die von **Mindestbeträgen** ausgehen, die je nach Art des einzelnen Unterhaltsverhältnisses zu erhöhen sind. Sie würden im Rahmen tatrichterlicher Beurteilung liegen und zugleich der Rechtssicherheit und Praktikabilität dienen.[105] Zu den Selbstbehaltsbeträgen im Rahmen des jeweiligen konkreten Unterhaltsverhältnisses → Rn. 47 für den Elternunterhalt und → Rn. 73 für den Enkelunterhalt.

Der Selbstbehalt kann bei verheirateten Unterhaltsverpflichteten auch durch ihren Anspruch auf **Familienunterhalt** gegenüber dem Ehegatten, der wie ein Anspruch auf Trennungsunterhalt errechnet werden kann,[106] gedeckt sein, wobei aus diesem, ebenso wie aus einem gedeckten Wohnbedarf, keine Barunterhaltspflicht hergeleitet werden kann.[107] Ist jedoch der Selbstbehalt gedeckt, steht jegliches eigenes Erwerbseinkommen, auch zB aus geringfügiger Tätigkeit, in vollem Umfang zur Bezahlung von Unterhalt zur Verfügung (→ Rn. 63 f.). Wird eine Erwerbstätigkeit nicht ausgeübt und wird auch keine entsprechende Obliegenheit verletzt, kann noch an eine Leistungsfähigkeit aus einem **Taschengeldanspruch** gegen den verdienenden Ehegatten gedacht werden.[108]

Bei **Zusammenleben** des Unterhaltspflichtigen **mit einem Partner,** dem er nicht 25 unterhaltspflichtig ist, kann die durch das Zusammenleben herrührende **Haushaltsersparnis** wegen Teilung von Wohnkosten und sonstigen Lebenshaltungskosten zu einer Verminderung des üblichen Selbstbehalts führen (**Synergieeffekt**),[109] und zwar höchstens bis zum notwendigen Lebensbedarf nach sozialhilferechtlichen Grundsätzen.[110] In der Regel erfolgt nach sozialrechtlichen Grundsätzen die Herabsetzung um 10 % des jeweiligen Selbstbehalts.[111] Ein Synergieeffekt kommt nur dann in Betracht, wenn der mit dem Pflichtigen zusammenle-

---

103 BGH FamRZ 2002, 1698 (1701) für den Elternunterhalt.
104 BGH FamRZ 2005, 354 (356) für den Unterhaltsanspruch nach § 1615 l.
105 BGH FamRZ 2002, 1698 (1700 ff.); 2006, 1511 (1513).
106 BGH FamRZ 2004, 792; 2002, 742.
107 BGH FamRZ 2013, 363.
108 BGH FamRZ 2013, 363; 2004, 366; 1998, 608, in Höhe von 5 % des den Familienselbstbehalt übersteigenden Einkommens; zur konkreten Berechnung siehe Dose, FamRZ 2013, 993 (1000).
109 BGH FamRZ 2009, 314; OLG Hamm FamRZ 2003, 1210.
110 BGH FamRZ 2008, 594 (597 f.).
111 BGH FamRZ 2010, 1535.

bende Partner über ein eigenes Einkommen verfügt, welches über dem eigenen – ggf. reduzierten – Selbstbehalt liegt.[112]

Die Selbstbehaltssätze der unterhaltsrechtlichen Leitlinien und der Düsseldorfer Tabelle enthalten jeweils **pauschale Beträge für die Unterkunft** mit umlagefähigen Nebenkosten und Heizung (Warmmiete). Günstigeres Wohnen rechtfertigt keine Herabsetzung des Selbstbehalts, da es grundsätzlich der freien Disposition des Unterhaltpflichtigen unterliegt, wie er die ihm zu belassenden Mittel benutzt. Er kann daher seine Bedürfnisse anders gewichten, als es den Unterhaltstabellen entspricht und sich mit einer preiswerteren Wohnung begnügen, um andere Bedürfnisse befriedigen zu können.[113] Umgekehrt kann er bei unabwendbar höheren Wohnkosten aber unter Umständen die **Heraufsetzung seines Selbstbehalts** geltend machen.[114]

26 **j) Mangelfall.** Ist Unterhalt gegenüber mehreren Unterhaltsberechtigten geschuldet, kommt es nicht selten dazu, dass der Pflichtige im Rahmen seiner Leistungsfähigkeit nicht den vollen Bedarf aller Berechtigten decken kann. Dabei kommen nur diejenigen Berechtigten zum Zuge, die nach § 1609 vorrangig und gleichrangig sind. Wegen der Einzelheiten der **Mangelfallberechnung** → § 1609 Rn. 12 f.

27 **k) Zukünftige Einkommensänderungen.** Bei dem die Leistungsfähigkeit des Pflichtigen bestimmenden Einkommen ist – soweit es um Unterhalt für die Zukunft geht – eine Prognose der künftigen Einkommensentwicklung erforderlich.[115] Für eine solche möglichst realitätsnahe Prognose sind die zeitnächsten Einkünfte, zB zum Zeitpunkt der letzten mündlichen Verhandlung des Gerichts, heranzuziehen.[116] Steht fest, dass sich die Einkommensverhältnisse künftig ändern, kann nicht mehr von den bisherigen oder vergangenen Verhältnissen ausgegangen werden. Dies gilt bei künftiger Änderung im positiven[117] wie im negativen[118] Sinn.

28 **2. Für Eltern gegenüber Kindern.** Das Unterhaltsverhältnis zwischen berechtigten Kindern und pflichtigen Eltern ist das **intensivste Unterhaltsverhältnis** des Verwandtenunterhalts. Dies zeigt sich im Rang des Unterhaltsanspruchs, der allen übrigen Ansprüchen des Verwandtenunterhalts vorgeht (§ 1609 Nr. 1 und 4). Besonders intensiv ist das Unterhaltsverhältnis zu minderjährigen Kindern und diesen gleichstehenden volljährigen Kindern (Abs. 2 S. 1 und 2), für die Eltern alle verfügbaren Mittel einsetzen müssen und die nach § 1609 Nr. 1 an erster Rangstelle aller Bedürftigen stehen. Die Leistungsfähigkeitskriterien unterscheiden sich damit danach, ob es um solche Kinder oder um nicht zu dieser Gruppe gehörende volljährige Kinder als Unterhaltsberechtigte geht.

29 **a) Gegenüber minderjährigen Kindern.** Bei minderjährigen Kindern ist der Normalfall des unverheirateten Kindes vom Ausnahmefall des verheirateten Kindes

---

112 BGH FamRZ 2013, 868, für den Elternunterhalt.
113 BGH FamRZ 2004, 186 (189).
114 BGH FamRZ 2004, 186 (189).
115 BGH FamRZ 2006, 1182 (1185).
116 BGH FamRZ 2006, 1182 (1185).
117 Vgl. OLG Hamm FamRZ 1997, 310.
118 OLG Köln FamRZ 2004, 829 (Ls.).

zu unterscheiden.[119] Bei Letzterem geht die Unterhaltsverpflichtung seines Ehegatten vor (§ 1608 S. 1). Außerdem ist die Leistungsfähigkeit von Eltern ggf. wie gegenüber volljährigen Kindern zu beurteilen. Umgekehrt gibt es die volljährigen Kinder, die nach Abs. 2 S. 2 minderjährigen Kindern gleichgestellt werden (→ Rn. 43 ff.) und denen gegenüber sich die elterliche Leistungsfähigkeit wie beim minderjährigen Kind bemisst. Sind Eltern **verschärft unterhaltspflichtig**, steht ihnen nur der pauschalierte **notwendige Selbstbehalt** oder Eigenbedarf (zur Pauschalierung → Rn. 24) nach der Düsseldorfer Tabelle oder den unterhaltsrechtlichen Leitlinien der Oberlandesgerichte zu – nach der Düsseldorfer Tabelle, Abschnitt A Anm. 5 (Stand: 1.1.2017) derzeit 880 EUR beim nicht erwerbstätigen und 1.080 EUR beim erwerbstätigen Unterhaltspflichtigen. Aus der Verpflichtung zum Einsatz aller verfügbaren Mittel folgt, dass ein wiederverheirateter Elternteil, der in der neuen Ehe die Rolle des Hausmanns oder der Hausfrau mit Betreuung eines Kindes aus dieser Ehe übernommen hat, ohne dass diese Rollenwahl nach Maßgabe der sog **Hausmann-Rechtsprechung**[120] unterhaltsrechtlich zu beanstanden wäre, reales oder fiktives **Einkommen** aus einer zumutbaren Nebenerwerbstätigkeit auch dann einsetzen muss, wenn es betragsmäßig **unterhalb des notwendigen Selbstbehalts** liegt, sofern sein angemessener Eigenbedarf bereits durch den ihm zustehenden Familienunterhalt gesichert ist.[121] Dasselbe gilt für den Anspruch auf Taschengeld, der regelmäßig selbstständig neben dem den Eigenbedarf sichernden sonstigen Familienunterhalt steht.[122]

Ein **Splittingvorteil**, der aus der neuen Ehe eines Elternteils resultiert, ist sowohl bei dessen Leistungsfähigkeit als auch beim Bedarf des minderjährigen Kindes zu berücksichtigen.[123]

Aus der Verpflichtung, alle verfügbaren Mittel einzusetzen, ergibt sich auch, dass **Unterhalt aus Unterhalt** zu leisten ist, soweit die empfangene Unterhaltszahlung über dem Mindestbedarf liegt.[124] Praktisch relevant wird dies in der Regel nur dann, wenn der Unterhaltspflichtige Unterhalt von einem Dritten, und nicht vom gesetzlichen Vertreter des Kindes erhält. Erhält er Unterhalt von einem Dritten, auf welchen er Anspruch hat, erhöht der Unterhalt sein Einkommen, aus welchem er sodann wiederum Kindesunterhalt schuldet. Besteht dagegen ein Unterhaltsverhältnis mit dem gesetzlichen Vertreter des Kindes, bildet der Kindesunterhalt einen Abzugsposten von dem zur Verfügung stehenden Gesamteinkommen und wird deshalb entweder beim Pflichtigen oder aber hinsichtlich des Barbedarfs vom Einkommen des betreuenden Elternteils in Abzug gebracht, wodurch sich der Partnerunterhalt reduziert.[125] **Elterngeld**, das für Geburten ab 1.1.2007 an die Stelle des vorher gewährten Erziehungsgelds getreten ist, muss nach der gesetzlichen Regelung verwendet werden, auch soweit die grundsätzlich geschützten Sockelbeträge von 300 bzw. 150 EUR monatlich betroffen sind (§§ 2 Abs. 5 S. 1, 6 S. 2, 11 S. 1 bis 4 BEEG).

30

---

119 Aufgrund des Gesetzes zur Bekämpfung von Kinderehen vom 17.7.2017, BGBl. 2017 I 2429, das am 22.7.2017 in Kraft getreten ist, soll es in Zukunft gar keine minderjährigen Verheirateten mehr geben.
120 BGH FamRZ 2015, 738; 2006, 1010; 2006, 1827.
121 BGH FamRZ 2006, 1827 ff.
122 BGH FamRZ 2006, 1827 (1831).
123 BGH FamRZ 2010, 1318 (1319 f.); 2008, 2189 (2190 f.).
124 BGH FamRZ 1991, 182 (185); Wendl/Dose/Klinkhammer § 2 Rn. 247 ff.; vgl. auch Wendl/Dose/Dose § 1 Rn. 721.
125 Wendl/Dose/Klinkhammer § 2 Rn. 250.

Nicht übersehen werden darf, dass die **verschärfte Unterhaltspflicht entfällt**, wenn ein leistungsfähiger anderer Verwandter des Kindes einspringen kann (Abs. 2 S. 3), zu denen auch ggf. der andere Elternteil gehört (→ Rn. 35 ff.). Zu beachten ist aber, dass die Haftung auf einen Teilbetrag, der ohne Gefährdung des angemessenen Selbstbehalts (§ 1603 Abs. 1) aufgebracht werden kann, ggf. bestehen bleibt.[126] Weiterhin entfällt die Haftung des nicht betreuenden Elternteils insgesamt, wenn wegen eines deutlich höheren Einkommens des betreuenden Elternteils ein wirtschaftliches Ungleichgewicht zwischen den Eltern droht. Dies ist anzunehmen, wenn der barunterhaltspflichtige Elternteil zwar nach Bezahlung des Kindesunterhalts noch oberhalb seines angemessenen Selbstbehalts (derzeit 1.300 EUR) liegt, das unterhaltsrelevante Nettoeinkommen des betreuenden Elternteils jedoch mindestens das Dreifache des Einkommens des Barunterhaltspflichtigen vor Abzug des Kindesunterhalts beträgt.[127]

31 **aa) Erwerbsobliegenheit.** Die Erwerbsobliegenheit (→ Rn. 9 ff.) ist **besonders streng** zu beurteilen.[128] Die Arbeitsfähigkeit muss so gut wie möglich eingesetzt werden. Daraus ergeben sich Beschränkungen bei der Wahl des Arbeitsplatzes als auch bei der Aufgabe der Arbeitsstelle.[129] Der Pflichtige kann bei zu geringen Einkünften verpflichtet sein, sich zur Sicherung des Existenzminimums seiner Kinder beruflich zu verändern,[130] also in den Grenzen der Zumutbarkeit einen **Orts- oder Berufswechsel** vorzunehmen.[131] Bestehen keine anerkennenswerten Bindungen an den Wohnort, muss, soweit anderswo Arbeitschancen bestehen und keine untragbaren Umzugskosten anfallen, in ganz Deutschland zumutbare Arbeit übernommen werden.[132] Geht es um die Frage, ob bundesweit Arbeit gesucht werden muss, bedarf es allerdings einer auf den Einzelfall bezogenen Prüfung, ob dies dem Unterhaltspflichtigen mit Rücksicht auf seine persönlichen Bindungen, insbesondere auf das Umgangsrecht mit seinen Kindern, sowie mit Rücksicht auf die Kosten des Umgangsrechts und die Umzugskosten zumutbar ist.[133] Hat das Gericht nicht hierzu seine Sachkunde dargelegt, unterliegt die Annahme, ein verschärft Unterhaltspflichtiger könne bei bundesweiter Arbeitssuche als ungelernte Kraft ohne Weiteres hinreichendes Einkommen erzielen, **verfassungsrechtlichen Grenzen**, wenn vom Pflichtigen in Überspannung der Anforderungen Unmögliches verlangt wird.[134] Wird bereits im erlernten Beruf vollschichtig gearbeitet, wird ein Orts- und Berufswechsel wegen der damit zusammenhängenden zusätzlichen Kosten vielfach unzumutbar sein.[135] Es kann aber die Pflicht bestehen, im Verhältnis zum Einkommen zu hohen berufsbedingten Aufwand zu vermindern, zB durch Umzug in die Nähe der Arbeitsstätte oder die Benutzung von billigeren öffentlichen Verkehrsmitteln anstelle teurerer Fahrten mit dem eigenen Pkw.[136] Es müssen auch Arbeiten unterhalb des Aus-

---

126   BGH FamRZ 2008, 137 (140).
127   BGH FamRZ 2013, 1558; OLG Dresden NZFam 2016, 119.
128   Vgl. im Einzelnen Pauling, Die Erwerbslosigkeit im Ehegatten- und Kindesunterhaltsrecht, FPR 2000, 11 (16).
129   OLG Dresden FamRZ 1998, 979.
130   OLG Karlsruhe FamRZ 2006, 1295.
131   BGH FamRZ 1993, 1304 (1306); 1994, 372 (373).
132   OLG Köln FamRZ 1997, 1104 (1105).
133   BVerfG FamRZ 2007, 273 (274); 2006, 469 (470).
134   BVerfG FamRZ 2010, 793 (794).
135   OLG Hamburg FamRZ 2006, 503.
136   BGH FamRZ 1998, 1501 (1502); OLG Brandenburg 9.11.2010 – 10 UF 3/10.

bildungsniveaus, **Übergangs- und Gelegenheitsarbeiten** sowie Aushilfsarbeiten durchgeführt werden.[137] Auf eine mögliche Umschulung oder ein Studium muss verzichtet werden, wenn schon eine abgeschlossene Berufsausbildung vorhanden ist, mit deren Hilfe der Unterhaltsbedarf gedeckt werden kann.[138] Dasselbe gilt, wenn der Pflichtige stets ungelernte Tätigkeiten verrichtet hat und sich erst später zu einer **Erstausbildung** entschließt.[139] Es kommt allerdings auf die Umstände an, ob der Aufnahme einer erstmaligen Berufsausbildung gegenüber der gesteigerten Unterhaltspflicht Vorrang einzuräumen ist. Dies wird regelmäßig der Fall sein, weil die Erlangung einer angemessenen beruflichen Vorbildung zum eigenen Lebensbedarf des Pflichtigen gehört.[140] Wenn der Pflichtige eine ihm mögliche und zumutbare Erwerbstätigkeit unterlässt, obwohl er sie „bei gutem Willen" ausüben könnte, ist ihm fiktiv das erzielbare Einkommen zuzurechnen (zu den Einzelheiten → Rn. 9). Auch eine „über das übliche Maß hinausgehende" Betreuung eines minderjährigen Kindes, welche aber die Voraussetzungen eines Wechselmodells noch nicht erfüllt, rechtfertigt keine Verringerung der Beschäftigung, wenn anderenfalls der Mindestunterhalt nicht mehr erbracht werden kann.[141]

Ist der unterhaltspflichtige Elternteil **in neuer Ehe verheiratet** und hat er aus dieser Ehe **kein betreuungsbedürftiges** Kind (aber → Rn. 29 zur sog Hausmann-Rechtsprechung bei Kindesbetreuung in neuer Ehe), kann er seine Leistungsunfähigkeit grundsätzlich nicht damit begründen, dass er die eheliche Haushaltsführung übernommen habe. Es obliegt ihm vielmehr zur Deckung des Unterhaltsbedarfs von nicht aus dieser Ehe stammenden minderjährigen Kindern, soweit dies nach seiner gesundheitlichen Verfassung und der Lage auf dem Arbeitsmarkt möglich ist, eine (Teil-)Erwerbstätigkeit auszuüben.[142] 32

bb) Verbindlichkeiten und Verbraucherinsolvenz. Bei der Prüfung, ob Verbindlichkeiten die Leistungsfähigkeit mindern (→ Rn. 21 ff.), sind bei der Interessenabwägung die **Interessen der Kinder**, denen die Möglichkeit fehlt, durch eigene Anstrengungen zur Deckung ihres Bedarfs beizutragen, besonders zu berücksichtigen.[143] Deswegen kann sich der pflichtige Elternteil auf Schulden, die er leichtfertig, für luxuriöse Zwecke oder ohne verständigen Grund eingegangen ist, nicht berufen.[144] Diese Überlegungen gelten insbesondere dann, wenn das Existenzminimum der Kinder, also der Mindestunterhalt oder Mindestbedarf (§ 1612 a Abs. 1), nicht sichergestellt ist. Im Übrigen können Verbindlichkeiten, da sich der Bedarf von Kindern ohne eigene Lebensstellung nach der Lebensstellung der Eltern richtet (§ 1610 Abs. 1), schon den **Bedarf der Kinder beeinflussen**.[145] Zinsverpflichtungen sind im Rahmen der zu treffenden Abwägung eher zu berücksichtigen als Tilgungsleistungen.[146] Ggf. muss die Möglichkeit wahrgenommen werden, die monatlichen Raten durch Vereinbarung mit dem Gläubi- 33

---

137 BGH FamRZ 1994, 372 (374); OLG Köln FamRZ 1997, 1104 (1105).
138 BGH FamRZ 1994, 372 (375); OLG Bremen FamRZ 2007, 74 f.
139 BGH FamRZ 1994, 372 (375).
140 BGH FamRZ 2011, 1041 ff. Rn. 36.
141 KG FamRZ 2016, 832.
142 BGH FamRZ 2001, 1065 (1067).
143 BGH FamRZ 1996, 160 (162); OLG Köln FamRZ 2006, 1060 (Ls.); OLG Schleswig FamRZ 2005, 1109 (1110).
144 BGH FamRZ 1996, 160 (162).
145 OLG Nürnberg FamRZ 2005, 1502 (1504); OLG Koblenz OLGReport 2005, 870.
146 OLG Hamm FamRZ 2003, 1214 (1215).

ger durch **Tilgungsstreckung** zu verringern.[147] In die Abwägung kann einfließen, dass der pflichtige Elternteil gegenüber anderen Gläubigern durch die Pfändungsfreigrenzen des § 850 c ZPO geschützt ist.[148] Insoweit kann die Verpflichtung bestehen, sich gegenüber einem Kreditgläubiger auf Vollstreckungsschutz durch Geltendmachung der **Pfändungsfreigrenzen** (§§ 850 a, 850 c, 850 f ZPO) zu berufen, um die Erfüllung der Unterhaltspflichten gegenüber den minderjährigen Kindern zu ermöglichen.[149] Ob er deswegen auch gehalten ist, ein **Verbraucherinsolvenzverfahren** mit der Möglichkeit der späteren Schuldbefreiung einzuleiten, wie es der Bundesgerichtshof in zwei Entscheidungen jedenfalls für den Minderjährigenunterhalt gefordert hat,[150] kommt auf die Zumutbarkeit nach den Umständen an. Das Verbraucherinsolvenzverfahren führt über § 36 Abs. 1 S. 2 InsO zur Anwendung der §§ 850 ff. ZPO einschließlich des § 850 c ZPO, so dass laufendes Einkommen, das die entsprechenden Pfändungsfreigrenzen nicht übersteigt, nicht in die Insolvenzmasse gelangt und dem Zugriff von Drittgläubigern entzogen, aber für Unterhaltszwecke frei ist.[151]

34   **cc) Vermögenseinsatz.** Wegen der Verpflichtung von Eltern, den Unterhalt ihrer minderjährigen Kinder durch Einsatz ihres Vermögens sicherzustellen, wird wegen der Vermögenserträge zunächst auf → Rn. 14 und wegen der Pflicht zur Vermögensverwertung zunächst auf → Rn. 17 ff. verwiesen. Bei der zur Frage der Verwertungspflicht anzustellenden umfassenden Zumutbarkeitsabwägung sind die **Interessen der Kinder**, die zu ihrem eigenen Bedarf nichts durch eigene Anstrengungen beitragen können (→ Rn. 33), besonders zu berücksichtigen. Wurde der Pflichtige durch unterhaltsrechtlich zu missbilligenden erheblichen Vermögensverbrauch leistungsunfähig, können ihm im Rahmen seiner Unterhaltspflicht gegenüber minderjährigen Kindern **fiktive Vermögenserträge** zuzurechnen sein, um das Existenzminimum der Kinder zu sichern. Er kann dadurch unter Umständen gezwungen werden, seinen restlichen Vermögensstamm bis auf das Schonvermögen zu verwerten.[152] Für das **Schonvermögen** gelten für Eltern mit verschärfter Unterhaltspflicht gegenüber minderjährigen Kindern die engen Grenzen wie beim Bedürftigen. Sie brauchen daher einen Schonbetrag nicht anzugreifen, der in Anlehnung an die Regelung zum sozialhilferechtlichen Schonbetrag nach § 90 Abs. 2 Nr. 9 SGB XII iVm § 1 der dazu ergangenen DVO zu bemessen ist[153] (derzeit weiter nach dem Stand vom 1.1.2005, → § 1602 Rn. 26, bis 2.600 EUR zuzüglich 614 EUR für den Ehegatten oder Lebenspartner und zuzüglich 256 EUR für jede weitere überwiegend unterhaltene Person).

35   **dd) Wegfall der verschärften Haftung.** Die verschärfte Haftung des unterhaltspflichtigen Elternteils nach Abs. 2 S. 1 tritt nicht ein, wenn an dessen Stelle ein anderer dem minderjährigen Kind unterhaltspflichtiger, leistungsfähiger Verwandter einspringen kann (Abs. 2 S. 3).

---

147   OLG Hamm FamRZ 1997, 1223 (1224).
148   OLG Hamm FamRZ 2003, 1214 (1215.
149   Vgl. Hauß, Unterhalt und Verbraucherinsolvenz, FamRZ 2006, 1496 ff.; BGH FamRZ 2005, 608 (609 ff.).
150   Vgl. BGH FamRZ 2005, 608 ff.; 2008, 497 (498 f.): Bestätigung der Rechtsprechung für den Minderjährigenunterhalt, Ablehnung einer entsprechenden Obliegenheit für den Ehegattenunterhalt.
151   OLG Nürnberg FamRZ 2005, 1761 f.
152   OLG Köln FamRZ 2006, 809 (Ls.).
153   Vgl. Empfehlungen des Deutschen Vereins für öffentliche und private Fürsorge (Stand: 1.7.2005), FamRZ 2005, 1387 (1393 Nr. 94).

Zu diesen Verwandten zählt auch der **andere betreuende Elternteil**. Abs. 2 S. 3 bezieht sich auf jedweden anderen Verwandten und erlaubt die Anwendung des § 1607 Abs. 1 (Ersatzhaftung) auch im Unterhaltsverhältnis der gesteigerten Unterhaltspflicht von Eltern für minderjährige Kinder. Dies bedeutet, dass auch der grundsätzlich nicht barunterhaltspflichtige betreuende Elternteil, trotz normalerweise bereits erfüllter Unterhaltspflicht (§ 1606 Abs. 3 S. 2) unter Umständen einspringen muss, soweit dem anderen Elternteil nicht sein angemessener Selbstbehalt (→ Rn. 24, 40) verbliebe.[154] Dieser haftet ggf. nur, soweit seine Einkünfte den angemessenen Selbstbehalt übersteigen.[155]

Die Umsetzung bzw. das Verständnis dieser gesetzlichen Regelung und der dazu 36 ergangenen BGH-Rechtsprechung durch die Oberlandesgerichte und die Literatur ist uneinheitlich und von unterschiedlichen Interpretationen geprägt.[156] Obwohl der Bundesgerichtshof bereits 1998[157] eine Entscheidung des OLG Dresden unter Hinweis auf § 1603 Abs. 2 S. 3 aufgehoben hatte, in welcher das OLG die barunterhaltspflichtige Mutter trotz auskömmlichem Einkommen des Vaters (welches jedoch nicht drei Mal so hoch war wie das der Mutter)[158] bis zum notwendigen Selbstbehalt in Anspruch genommen hat, finden sich bis in die jüngste Zeit wiederholt Entscheidungen, die die haftungseinschränkende Vorschrift nicht zur Anwendung bringen.[159] Um eine übermäßige Inanspruchnahme des betreuenden Elternteils im Vergleich mit dem nicht betreuenden Elternteil zu vermeiden, wird vielfach im Rahmen einer abschließenden Billigkeitskontrolle verlangt, dass sich der nicht betreuende Elternteil auf die Wahrung seines angemessenen Selbstbehalts nur dann berufen darf, wenn der betreuende Elternteil nach Bezahlung des Kindesunterhalts jedenfalls für seinen eigenen Lebensbedarf noch ca. 300 EUR mehr zur Verfügung hat wie der nicht betreuende Elternteil.[160] Da in derartigen Fallgestaltungen der betreuende Elternteil auch den Barunterhalt erbringt, erscheint es gerechtfertigt, diesen an dessen Einkommen auszurichten und nicht lediglich vom Mindestunterhalt auszugehen.

Verdient der nicht betreuende Elternteil zwar oberhalb des angemessenen Selbst- 37 behalts, würde er diesen jedoch bei vollständiger Zahlung des Kindesunterhalts unterschreiten, bleibt seine Haftung hinsichtlich des Einkommensanteils oberhalb des angemessenen Selbstbehalts von § 1603 Abs. 2 S. 3 unberührt.[161] Dies führt zu einer anteiligen Haftung der Eltern für den Barunterhalt. Der nicht betreuende Elternteil erbringt den Betrag, welchen er oberhalb des angemessenen Selbstbehalts verdient, den Rest muss der betreuende Elternteil selbst aufbringen, soweit er Einkommen oberhalb des angemessenen Selbstbehalts erzielt[162] und dieses ggf. noch ca. 300 EUR über der Selbstbehaltsgrenze liegt.[163] Um dies zu prüfen kann der Kindesunterhalt wiederum aus dem Einkommen des besser verdienenden Elternteils der Düsseldorfer Tabelle entnommen werden. Weshalb

---

154 BGH FamRZ 2011, 1041 ff. Rn. 41; 1991, 182 (183); 1998, 286 (286).
155 BGH FamRZ 2008, 137 (140).
156 S.a. Langheim, Die Barunterhaltspflicht des betreuenden Elternteils, FamRZ 2015, 632.
157 BGH FamRZ 1998, 286.
158 Siehe dazu BGH FamRZ 2013, 1558.
159 OLG Nürnberg FamRZ 2015, 933; 2008, 436.
160 OLG Hamm FamRZ 2006, 1628; 2008, 1271.
161 BGH FamRZ 2011, 1041; 2008, 137.
162 OLG Hamm FamRZ 2009, 1919; OLG Stuttgart FamRZ 2005, 54; OLG Karlsruhe FamRZ 2003, 1672.
163 So gebilligt von BGH FamRZ 2011, 1041.

Pauling/J. Maier

der Barbedarf des Kindes sich hier im Rahmen des Abs. 2 S. 3 wegen der anteiligen Haftung plötzlich sogar nach den addierten Einkommen beider Eltern richten soll, ist nicht einsehbar, weil nichts dafür spricht, dass der betreuende Elternteil mit dem Kind über seine eigenen Verhältnisse lebt.

Verbleibt dem Barunterhaltspflichtigen auch nach Abzug des Kindesunterhalts noch ein Einkommen über dem angemessenen Selbstbehalt, kommt eine Allein- oder Mithaftung des Betreuenden nur in Ausnahmefällen in Betracht, wenn nämlich sein Einkommen mindestens dreimal so hoch ist wie dasjenige des Barunterhaltspflichtigen.[164]

38 Sollen **Großeltern** als andere Verwandte ganz oder teilweise anstelle des barunterhaltspflichtigen Elternteils in Anspruch genommen werden, kann sich der vorrangig haftende betreuende Elternteil insoweit allerdings nur auf die Wahrung seines angemessenen Selbstbehalts iSd Abs. 1 berufen. Bedenkt man den geringen unterhaltsrechtlichen Rang der Großeltern, lassen sich die Überlegungen über ein wirtschaftliches Ungleichgewicht zwischen den Eltern nicht auf den Einsatzpunkt der Ersatzhaftung der Großeltern übertragen.[165]

39 **b) Gegenüber volljährigen Kindern.** Gegenüber volljährigen Kindern fehlt die verschärfte Unterhaltspflicht wie bei minderjährigen Kindern. Allerdings gibt es diesen gleichgestellte volljährige Kinder (Abs. 2 S. 2, → Rn. 43 ff.), für welche hinsichtlich der Beurteilung der Leistungsfähigkeit der Eltern die Maßstäbe des Minderjährigenunterhalts gelten. Da volljährige Kinder keinen Betreuungsunterhalt iSd § 1606 Abs. 2 S. 2 mehr erhalten können, sind **beide Eltern barunterhaltspflichtig**. Dies gilt auch gegenüber privilegierten volljährigen Kindern. Die Privilegierung bezieht sich nämlich nur auf ihren bevorzugten unterhaltsrechtlichen Rang und die erweiterte Barunterhaltspflicht ihrer Eltern nach Abs. 2 S. 1.[166] Da beide Eltern barunterhaltspflichtig sind, bestimmen sich ihre anteilig zu leistenden Unterhaltsbeiträge nach ihren jeweiligen Erwerbs- und Vermögensverhältnissen (§ 1606 Abs. 3 S. 1, → § 1606 Rn. 7 ff.).

40 **aa) Eigenbedarf.** Für den Eigenbedarf von Eltern gilt im Verhältnis zu volljährigen Kindern, soweit es um pauschalierte Mindestbeträge geht (→ Rn. 24), der **angemessene Selbstbehalt** iSd Abs. 1 nach der Düsseldorfer Tabelle oder den unterhaltsrechtlichen Leitlinien der Oberlandesgerichte. Nach der Düsseldorfer Tabelle, Abschnitt A Anm. 5 (Stand: 1.1.2017), beträgt er derzeit 1.300 EUR monatlich. Diese Beschränkung der Leistungsfähigkeit greift – vorbehaltlich einer tatrichterlichen Abweichung nach den Umständen des Einzelfalls – grundsätzlich auch dann, wenn ein nicht privilegiertes volljähriges Kind bedürftig ist, weil es seine schon während der Minderjährigkeit mit Zustimmung der Eltern begonnene Ausbildung bis zum Abschluss fortsetzen muss.[167] Ein **höherer Selbstbehalt** kommt nur in Betracht, wenn ein volljähriges Kind, längere Zeit nachdem seine Unterhaltsbedürftigkeit wegen Abschlusses seiner Ausbildungszeit und Erlangung seiner wirtschaftlichen Selbstständigkeit weggefallen war, erneut unerwartet unterhaltsbedürftig wird. Hier hatten sich die Eltern, was ihren eigenen Lebenszuschnitt in einer anderen Altersphase angeht, schon auf eine Zeit

---

164 BGH FamRZ 2013, 1558; OLG Brandenburg FamRZ 2012, 1650; OLG Celle NJW 2009, 521.
165 Scholz FamRZ 2006, 1728 (1731).
166 BGH FamRZ 2003, 1176 (1177).
167 BGH FamRZ 1989, 272.

ohne Einrechnung von Unterhaltslasten eingerichtet. Ihre Situation ist in gewissem Umfang mit der von Kindern zu vergleichen, die plötzlich für ihre betagten Eltern Unterhalt leisten sollen. Es ist daher jedenfalls gerechtfertigt, ihnen den Selbstbehalt zuzubilligen, der als Mindestbetrag pflichtigen Kindern gegenüber ihren bedürftigen Eltern zugestanden wird, derzeit (Stand: 1.1.2017) nach der Düsseldorfer Tabelle, Abschnitt D I., 1.800 EUR monatlich ohne die Erhöhung auf 50 % des übersteigenden Einkommens.[168] Dies wird auch für den Fall gelten, dass sich der nach über 20 Jahren erstmals wieder in Anspruch genommene Elternteil seit mehreren Jahren im Rentenalter befindet.[169] Es gilt allerdings nicht in Fällen, in denen bei einer durch Praktika und Aushilfstätigkeiten überbrückten Zeit noch keine eigene wirtschaftliche Stellung erreicht worden war.[170]

bb) Erwerbsobliegenheit. Die Erwerbsobliegenheit besteht auch gegenüber voll- 41 jährigen Kindern, freilich nicht in derselben Schärfe wie gegenüber minderjährigen Kindern. Diese haben Anspruch auf Ausbildungsunterhalt (§ 1610 Abs. 2), so dass für die angemessene Ausbildungszeit eine vor Eintritt der Volljährigkeit ausgeübte volle Erwerbstätigkeit nicht eingeschränkt werden kann. Gegenüber solchen Kindern besteht vielmehr die Obliegenheit zu einer Vollzeittätigkeit.[171] Eine zusätzliche **Nebentätigkeit** wird dagegen normalerweise nicht erwartet werden können.[172] Auch Berufsänderungen und Ortswechsel sind regelmäßig unzumutbar. Die Zumutbarkeitsschwelle wird ähnlich wie beim Elternunterhalt eher hoch angesetzt werden müssen, wenn ein volljähriges Kind nach Abschluss seiner Ausbildung und Erlangung seiner wirtschaftlichen Selbstständigkeit nach Jahren unerwartet wieder bedürftig wird.

cc) Einkünfte aus Unterhalt. Beim Unterhalt für volljährige Kinder kann aus- 42 nahmsweise die Leistungsfähigkeit auch auf Unterhaltszahlungen beruhen, so dass **Unterhalt aus Unterhalt** zu leisten ist. Bezahlt beispielsweise der andere Elternteil Ehegattenunterhalt, bei dessen Berechnung noch kein anteilig vom unterhaltsberechtigten Elternteil geschuldeter Barunterhalt abgesetzt wurde, wird man regelmäßig davon ausgehen können, dass der Unterhaltszahler mit der Anrechnung auf die unterhaltsrechtliche Leistungsfähigkeit des Empfängers für den Kindesunterhalt entweder einverstanden ist oder dies sogar wünscht.

dd) Privilegiertes volljähriges Kind. Bestimmte unverheiratete volljährige Kinder 43 werden vom Gesetz (Abs. 2 S. 2) höchstens bis zur Vollendung des 21. Lebensjahres den unverheirateten minderjährigen Kindern gleichgestellt mit der Folge, dass die Eltern für ihren Unterhalt nach Abs. 2 S. 1 verschärft haften. Die Privilegierung bezieht sich dabei nur auf die **erweiterte Barunterhaltspflicht und den unterhaltsrechtlichen Rang** (§ 1609 Nr. 1).[173] Beide Eltern sind, da kein Betreuungsunterhalt mehr geschuldet ist, nach Maßgabe des Abs. 3 S. 1 anteilig barunterhaltspflichtig. Für die Berechnung des jeweiligen Anteils (→ § 1606 Rn. 8) bei diesen Kindern ist von einem Sockelbetrag in Höhe des angemessenen Selbstbehalts auszugehen.[174]

---

168 BGH FamRZ 2012, 530; Hauß FamRZ 2012, 1628.
169 OLG Köln FamRZ 2010, 1739 f.
170 BGH FamRZ 2013, 1375; 2012, 530.
171 OLG Hamm FamRZ 1998, 42.
172 Wendl/Dose/Klinkhammer § 2 Rn. 540.
173 BGH FamRZ 2003, 1176 (1177).
174 BGH FamRZ 2013, 1563; 2011, 454.

44 Voraussetzung nach dem Gesetz ist, dass das noch nicht 21 Jahre alte volljährige Kind im **Haushalt der Eltern** oder eines Elternteils lebt und sich in allgemeiner Schulausbildung befindet. Nicht genügt, dass das Kind im Haushalt von Großeltern lebt. Eine analoge Anwendung des Gesetzes für diesen Fall scheidet aus, da das Gesetz insoweit keine planwidrige Regelungslücke, sondern eine abschließende Regelung enthält.[175] Dies gilt auch, wenn das betreffende Kind seit frühester Kindheit im Haushalt der Großeltern gelebt hat.[176]

45 Den Begriff der **allgemeinen Schulbildung** definiert das Gesetz nicht. Der Bundesgerichtshof hat hierzu ausgeführt, im Interesse einer einheitlichen Handhabung sei es geboten, den Begriff unter Heranziehung der zu § 2 Abs. 1 Nr. 1 BAföG entwickelten Grundsätze auszulegen.[177] Ziel des Schulbesuchs müsse der Erwerb eines allgemeinen Schulabschlusses als Zugangsvoraussetzung für die Aufnahme einer Berufsausbildung oder den Besuch einer Hoch- oder Fachschule sein, also Hauptschulabschluss, Realschulabschluss oder fachgebundene oder allgemeine Hochschulreife. Die Schule dürfe noch keine auf ein konkretes Berufsbild bezogene Ausbildung vermitteln. Die Schulausbildung müsse Zeit und Arbeitskraft des Kindes voll oder zumindest überwiegend in Anspruch nehmen, so dass daneben keine Erwerbstätigkeit möglich ist, wobei 20 Wochenstunden genügen würden. Die Schule müsse in einer Weise organisiert sein, wie es der Stetigkeit und Regelmäßigkeit der Ausbildung bei einem herkömmlichen Schulbesuch mit kontrolliertem Unterricht und Teilnahmepflicht entspreche.[178] Diese Voraussetzungen sind beim Besuch der **Hauptschule**, der **Gesamtschule**, der **Realschule**, des **Gymnasiums** oder der **Fachoberschule** immer erfüllt.[179] Weiter genügen: der Besuch einer höheren Berufsfachschule mit dem Ziel der Fachhochschulreife,[180] der Besuch des Berufsgrundbildungsjahres mit dem Ziel des Hauptschulabschlusses,[181] der Besuch der Volkshochschule mit 20 Wochenstunden bei kontrolliertem Unterricht mit dem Ziel des Realschulabschlusses.[182] **Ungenügend sind**: die Teilnahme an einem Berufsfindungslehrgang nach Hauptschulabschluss,[183] der Besuch einer höheren Berufsfachschule mit dem Ziel einer Berufsqualifikation (staatl. geprüfter kaufmännischer Assistent für Betriebswirtschaft),[184] der Besuch einer Berufsfachschule, die nicht nur zur Fachhochschulreife, sondern zugleich zu einer beruflichen Qualifikation führt (staatl. geprüfter Wirtschaftsassistent).[185]

46 **3. Für Kinder gegenüber Eltern.** Bei der Beurteilung der Leistungsfähigkeitskriterien beim Unterhaltsanspruch von Eltern gegenüber ihren Kindern spielt der Umstand eine wesentliche Rolle, dass Eltern **am Ende der Rangfolge** der Berechtigten stehen (§ 1609 Nr. 6). Es gehen ihnen nicht nur die Verwandten der absteigenden Linie, sondern auch Ehegatten und die Unterhaltsansprüche von Mutter oder Vater aus Anlass der Geburt vor (§ 1615 l Abs. 3 und 4). Ungeach-

---

175 OLG Hamm FamRZ 2006, 641; OLG Stuttgart FamRZ 2006, 1706 f.
176 Für eine analoge Anwendung in diesem Fall: OLG Dresden FamRZ 2002, 695.
177 BGH FamRZ 2001, 1068 (1069 f.); 2002, 815 (816).
178 BGH FamRZ 2001, 1068 (1069 f.); 2002, 815 (816).
179 BGH FamRZ 2001, 1068 (1069 f.); 2002, 815 (816).
180 BGH FamRZ 2002, 815 (816); OLG Hamm FamRZ 1999, 1528.
181 OLG Celle FamRZ 2004, 301 f.
182 BGH FamRZ 2001, 1068 (1070).
183 OLG Hamm FamRZ 2000, 1178.
184 OLG Koblenz OLGReport 1999, 284 = FamRZ 2000, 687 (Ls.).
185 OLG Dresden FamRZ 2005, 1004 (Ls.).

tet des schwachen Unterhaltsverhältnisses darf der Pflichtige aber seine Leistungsfähigkeit nicht künstlich vermindern. Ist er verheiratet und hat er im Verhältnis zu seinem Ehegatten die **ungünstige Steuerklasse V** gewählt, ist diese Verschiebung der Steuerbelastung bei Ermittlung seiner Leistungsfähigkeit durch einen tatrichterlich – unter Berücksichtigung der Einkommen beider Ehegatten – zu schätzenden Abschlag von der Belastung zu korrigieren.[186] Dabei ist die tatsächliche Steuerlast des gemeinsamen Einkommens der Eheleute nach der Splittingtabelle zugrunde zu legen und diese sodann auf der Grundlage der jeweiligen Steuerlast bei fiktiver getrennter Veranlagung prozentual auf die jeweiligen Bruttoeinkünfte zu verteilen.[187] Im Bereich der Werbungskosten gestattet die Rechtsprechung die Berücksichtigung der schnellsten Fahrstrecke, auch wenn dies nicht der kürzeste Weg ist.[188]

a) Selbstbehalt bzw. angemessener Eigenbedarf. S. zunächst allgemein zu 47 Selbstbehalts- oder Eigenbedarfssätzen → Rn. 24 f. Auch beim Elternunterhalt gilt an sich der Grundsatz, dass der Eigenbedarf nicht durchgängig mit einem bestimmten festen Betrag angesetzt werden darf, sondern anhand der **konkreten Umstände des Einzelfalls** unter Berücksichtigung der besonderen Lebensverhältnisse des Pflichtigen zu ermitteln ist.[189] In welcher Höhe dessen Bedarf zu bemessen ist, hängt von seiner Lebensstellung ab, die sich aus Einkommen, Vermögen und sozialem Rang ergibt. Denn die Lebensstellung wird erfahrungsgemäß an die zur Verfügung stehenden Mittel angepasst. Insofern kann der angemessene Eigenbedarf nicht unabhängig von dem im Einzelfall vorhandenen Einkommen bestimmt werden.[190] Dabei ist der Eigenbedarf keine unveränderliche Größe, sondern entsprechend den Umständen des Einzelfalls veränderlich.[191] Bei Inanspruchnahme für den vergleichsweise schwach ausgestalteten Elternunterhalt braucht der Pflichtige keine spürbare und dauerhafte Senkung seines berufs- und einkommenstypischen Unterhaltsniveaus hinnehmen, an das er sich selbst schon längerfristig angepasst hat, soweit er nicht einen nach den Verhältnissen unangemessenen Aufwand betreibt oder ein Leben in Luxus führt.[192] Im Hinblick auf diese Überlegungen hat sich in Rechtsprechung und Literatur die Auffassung durchgesetzt, dass die Unterhaltspflicht von Kindern gegenüber Eltern zum einen durch eine **Erhöhung des sog großen Selbstbehalts um ca. 25 %** auf zB 1.800 EUR nach Abschnitt D I. der Düsseldorfer Tabelle (Stand: 1.1.2017) zu begrenzen ist, zum anderen ist von dem danach verbleibenden Betrag nur die Hälfte, also **50 % des übersteigenden Betrags**, für Unterhaltszahlungen einzusetzen. Der Bundesgerichtshof hat eine Bemessung des pauschalierten Eigenbedarfs nach entsprechenden Mindestbeträgen – ungeachtet seiner Bedenken gegen eine nicht individuelle Ermittlung – grundsätzlich gebilligt.[193] Durch eine solche Handhabung sei ein angemessener Ausgleich zwischen den Unterhaltsinteressen von Eltern und dem Interesse von unterhaltspflichtigen Kindern zu bewirken. Zudem habe eine derartige Verfahrensweise den Vorteil der Rechtssicherheit und Praktikabilität für sich. Inzwischen berechnet der Bundes-

---

186 BGH FamRZ 2004, 443 (444 f.).
187 BGH FamRZ 2015, 1594.
188 BGH FamRZ 2017, 517.
189 BGH FamRZ 2002, 1698 (1701).
190 BGH FamRZ 2003, 1179 (1180 ff.).
191 BGH FamRZ 2002, 1698 (1700); 2003, 1179 (1180).
192 BGH FamRZ 2002, 1698 (1700 ff.); 2003, 1179 (1180).
193 BGH FamRZ 2010, 1535 (1539 f.); 2002, 1698 (1701 f.); 2003, 1179 (1182).

gerichtshof die Leistungsfähigkeit beim Elternunterhalt ausdrücklich mit entsprechenden Pauschalsätzen (→ Rn. 60).[194]

Zu beachten ist, dass die **50 %-Quote nicht gilt**, wenn es um die Leistungsfähigkeit eines verheirateten Kindes zum Elternunterhalt geht, soweit hier der angemessene Eigenbedarf bereits im Rahmen des Familienunterhalts gewahrt ist (→ Rn. 63).

48 **b) Verbindlichkeiten.** Bei der vorzunehmenden umfassenden Interessenabwägung nach billigem Ermessen (→ Rn. 21 ff.) wird zugunsten des pflichtigen Kindes wegen der schwachen Natur des Unterhaltsverhältnisses vielfach ein großzügigerer Maßstab angelegt werden können, insbesondere dann, wenn es sich um keine von vornherein vorhersehbare Inanspruchnahme handelt, so dass das Kind in seiner Finanzplanung freier war. So hat der Bundesgerichtshof[195] für den Elternunterhalt bei der Bewertung eines dem Pflichtigen zuzuordnenden Wohnvorteils (→ Rn. 52) nicht nur die Zinsleistungen, sondern auch die Tilgungsleistungen bis zur Höhe der ersparten Miete für abziehbar angesehen.[196] Dies gilt nach dieser Entscheidung ebenso für die Kosten einer Risikolebensversicherung zur Absicherung des Finanzierungsdarlehens. Aufwendungen für eine **Hausrats- oder Haftpflichtversicherung** sind schon wegen ihrer in der Regel geringen Höhe dem allgemeinen Lebensbedarf zuzuordnen und nicht abziehbar.[197] Ebenso besteht keine Abzugsfähigkeit für Luxusaufwendungen (monatliche Kosten für ein Reitpferd) oder ohne zwingenden Anlass aufgenommene Verbindlichkeiten nach Kenntnis von der Unterhaltsschuld (Pkw-Kredit).[198] Dagegen sind angemessene Aufwendungen für **Besuche** des Kindes beim unterhaltsberechtigten Elternteil, insbesondere Fahrtkosten, abzugsfähig.[199]

49 Von der grundsätzlichen Abzugsfähigkeit **vorrangiger Unterhaltsverpflichtungen** kann es Ausnahmen geben, soweit es um Ehegattenunterhalt geht und dieser durch Leistungen für Elternunterhalt oder durch eine entsprechende **latente Unterhaltslast** bereits geprägt war.[200] Hier kann von einem Abzug abgesehen werden, soweit dadurch kein Missverhältnis entsteht und dem vorrangigen Ehegatten im Einzelfall nicht einmal mehr sein Mindestbedarf verbleiben würde.[201]

50 Beim Elternunterhalt ist **zusätzlicher tatsächlicher Aufwand für die Altersvorsorge** berücksichtigungsfähig. Da die Selbstbehaltssätze des Pflichtigen beim Elternunterhalt um 25 % höher als bei anderen Unterhaltsverhältnissen angesetzt würden (→ Rn. 47), sei es in der Regel angemessen, vom üblichen Satz der gesetzlichen Altersvorsorge von rund 19 % nicht nur 4 %, sondern weitere 5 % des Bruttoeinkommens als zusätzliche Versorgung über die primäre Versorgung hinaus anzuerkennen,[202] wobei diese Zahlungen beim Elternunterhalt zusätzlich zu den Tilgungsleistungen auf einen Immobilienkredit für eine selbstbewohnte Wohnung Berücksichtigung finden.[203] Übersteigen die Tilgungsleistungen aller-

194 BGH FamRZ 2010, 1535 (1539 f.).
195 BGH FamRZ 2003, 1179 (1181 f.).
196 BGH FamRZ 2017, 519.
197 BGH FamRZ 2010, 1535 (1537).
198 BGH FamRZ 2014, 538.
199 BGH FamRZ 2013, 868.
200 BGH FamRZ 2006, 26 (29); 2004, 186 (188); 2003, 860 (865 f.).
201 BGH FamRZ 2003, 860 (865).
202 BGH FamRZ 2010, 1535 (1537 f.); 2004, 792 (793); 2006, 1511 (1514).
203 BGH FamRZ 2013, 868.

dings zusammen mit den Zinszahlungen die ersparte Miete, ist die überschießende Tilgung als Teil der zusätzlichen Altersvorsorge anzusehen und damit auf
die 5 %-Quote anzurechnen.[204] Immer müssen solche Aufwendungen schon tatsächlich geleistet werden; nur die Absicht zur Leistung, falls der Aufwand unterhaltsrechtlich anerkannt werde, genügt nicht.[205] Einem **nicht sozialversicherungspflichtig** tätigen oder **selbstständigen Unterhaltspflichtigen,** der 18,7 % seines Bruttoeinkommens für die primäre Altersversorgung einsetzen kann, wobei
ihm die Art seiner Vorsorge freisteht,[206] muss konsequenterweise zugestanden
werden, dass er im Rahmen des Elternunterhalts einen von ihm nicht nur beabsichtigten, sondern schon erbrachten Vorsorgeaufwand von insgesamt 24 % seines Bruttoeinkommens, also 5 % über seine primäre Altersvorsorge hinaus, abziehen kann.

Ein solcher Abzug von zusätzlichem Aufwand für die Altersvorsorge kann aber
– auch wenn der Pflichtige ohne Verstoß gegen seine Erwerbsobliegenheit vorzeitig aus dem Erwerbsleben ausgeschieden ist – regelmäßig nur bis zum Erreichen der **gesetzlichen Altersgrenze** anerkannt werden.[207] Nach Erreichen der Regelaltersgrenze ist das angesparte Vermögen sodann bestimmungsgemäß durch
ratierlichen Verbrauch des Vermögensstammes bis zum Zeitpunkt der statistischen Lebenserwartung als Einkommen, und somit auch zu Unterhaltszwecken,
einzusetzen.[208]

c) Erwerbsobliegenheit. Soweit die Leistungsfähigkeit des Kindes auch auf fikti- 51
ven Einkünften beruhen kann, wird wegen des unterschiedlichen Grads der Zumutbarkeit je nach Unterhaltsverhältnis zunächst auf → Rn. 9 ff. verwiesen.
Konsequenterweise muss die Zumutbarkeitsschwelle beim schwach ausgestalteten Elternunterhalt hoch angesetzt werden. Insoweit ist fiktives Einkommen
beim Elternunterhalt nur in Ausnahmefällen anzusetzen.[209] Dies bedeutet freilich nicht, dass das pflichtige Kind durch Aufgabe einer bereits vor (drohender)
Inanspruchnahme ausgeübten Erwerbstätigkeit ohne zwingenden Grund zur
Flucht aus dem Elternunterhalt berechtigt wäre.[210] Die Ausweitung einer bereits
ausgeübten Teilzeittätigkeit wird noch eher in Betracht kommen als die erstmalige Aufnahme einer Erwerbstätigkeit nach Inanspruchnahme auf Elternunterhalt.

d) Wohnvorteil. Wird der Wohnbedarf des unterhaltspflichtigen Kindes durch 52
Wohneigentum in einer im Verhältnis zu den Einkünften nicht unangemessenen
Weise abgedeckt, so dass auch keine Veräußerungspflicht bestehen kann, hält es
der Bundesgerichtshof anders als beim Nachscheidungsunterhalt nicht für angemessen, den objektiven Mietwert als **Wohnvorteil** anzusetzen. Beim vergleichsweise schwach ausgestalteten Elternunterhalt könnten bei der Bemessung der
Leistungsfähigkeit durch Ansetzung des objektiven Mietwerts nicht Mittel berücksichtigt werden, die tatsächlich nicht zur Verfügung stehen und die nur
durch eine Verwertung der Immobilie zu realisieren wären.[211] Maßgebend seien

---

204 BGH FamRZ 2017, 519.
205 BGH FamRZ 2007, 193 (194); 2007, 793 (795).
206 BGH FamRZ 2003, 860 (863).
207 BGH FamRZ 2010, 1535 (1537).
208 BGH FamRZ 2013, 203; der BGH rechnet die Kapitalisierung mit den Werten des § 14
     Abs. 1 S. 4 BewG und somit mit einem Rechnungszins von 5,5 %, was von Hauß
     FamRZ 2013, 206, als zu hoch kritisiert wird.
209 Vgl. OLG Köln FamRZ 2002, 572 (573).
210 Hauß Rn. 239.
211 BGH FamRZ 2003, 1179 (1181); 2010, 1535 (1538).

daher entsprechend dem ehelichen Trennungsunterhalt die **ersparten Mietaufwendungen** für eine dem vorliegenden Lebensstandard entsprechende Mietwohnung. Der sich danach ergebende Wohnvorteil mindert sich durch die Aufwendungen für die allgemeinen Grundstückskosten und -lasten, für die Finanzierungszinsen und -tilgungen sowie die sonstigen verbrauchsunabhängigen Lasten.[212] Die Möglichkeit der Berücksichtigung auch von Tilgungsleistungen beruht auf der Prämisse, dass im Rahmen des Elternunterhalts nicht nur das Wohnen in der im Eigentum stehenden Immobilie umfassend geschützt ist, sondern auch eine Obliegenheit zur Verwertung der selbstgenutzten Immobilie nicht besteht. Die insoweit vom Bundesgerichtshof aufgestellten Grundsätze sind daher auf andere Unterhaltsverhältnisse nicht übertragbar.[213]

53 **e) Vermögenseinsatz.** Auch beim Elternunterhalt müssen Kinder ggf. den Stamm ihres Vermögens einsetzen, zumal – wie allgemein im Verwandtenunterhalt – keine gesetzliche Billigkeitsgrenze für den Einsatz wie beim Geschiedenenunterhalt (§ 1581 S. 2) besteht.[214] Es gelten jedoch mindestens dieselben Einschränkungen wie beim sonstigen Verwandtenunterhalt[215] (→ Rn. 17 f.). Es ist aber zusätzlich zu berücksichtigen, dass unterhaltpflichtige Kinder wegen ihrer noch höheren Lebenserwartung noch für längere Zeitabschnitte mithilfe ihres Vermögens **Vorsorge für ihr eigenes Alter** und für die Sicherung ihres eigenen Lebensbedarfs bzw. des Lebensbedarfs ihrer Familie treffen müssen.[216] Es ist ihnen daher nicht zuzumuten, verwertbares Vermögen in einer kurzen Zeitspanne zu verbrauchen. Die Absicherung der eigenen Existenz und der eigenen vorrangigen Verpflichtungen sowie eine Verwertung nur unter dem Gesichtspunkt wirtschaftlich vernünftigen Handelns gehen vor.[217] So bleibt eine selbst genutzte Immobilie stets unberücksichtigt, soweit sie sich als „angemessenes" Wohneigentum darstellt.[218] Dennoch darf ein seinen Eltern unterhaltspflichtiges Kind in Kenntnis dieser Verpflichtung **keine unangemessene Vermögensbildung** beginnen oder aufrechterhalten, während die Lösung eines ohne diese Kenntnis begonnenen Engagements aber unzumutbar sein kann, wenn sie nur mit Verlust möglich wäre.[219]

54 Bei der Prüfung, ob die Bildung von Rücklagen erforderlich erscheint, ist großzügig zu verfahren. So ist derjenige, der sich seine Versorgungsansprüche kapitalisiert auszahlen ließ und mit dem Kapital seine Altersversorgung anderweitig sicherstellt, nur in Höhe eines entsprechenden monatlichen Rentenbetrags als leistungsfähig anzusehen.[220] Hat der Pflichtige in dem anerkannten Umfang (zusätzlichen) **Aufwand für seine Altersversorgung** durch Vermögensbildung getrieben (→ Rn. 50), sind auch die so zur Alterssicherung geschaffenen Vermögens-

---

212 BGH FamRZ 2003, 1179 (1181); für die Kosten der Verwaltung sowie Instandhaltungskosten bei Eigentumswohnungen BGH FamRZ 2014, 538; für die Tilgungsleistungen bis zur Höhe der ersparten Miete BGH FamRZ 2017, 519.
213 AA Borth, Die Berücksichtigung des Tilgungsanteils eines Immobilienkredits beim Elternunterhalt in der Entscheidung des BGH v. 18.1.2017 – Einleitung einer grundlegenden Rechtsprechungsänderung?, FamRZ 2017, 682
214 BGH FamRZ 2013, 203; 2004, 1184 (1185).
215 BGH FamRZ 2004, 1184 (1185).
216 BGH FamRZ 2006, 1511.
217 Schibel, Der Einsatz des Vermögens beim Elternunterhalt, NJW 1998, 3449 (3451); OLG Köln FamRZ 2003, 470.
218 BGH FamRZ 2013, 1554.
219 OLG München FamRZ 2000, 307.
220 LG Lübeck FamRZ 1996, 961.

werte dem Zugriff des Unterhaltsgläubigers entzogen,[221] und zwar einschließlich der Mehrung des betreffenden Anlagevermögens durch eine übliche Kapitalrendite von zB 4 %.[222] Für die Berechnung des konkreten Altersvorsorgevermögens, zu welchem der Wert einer selbstgenutzten Immobilie nicht zählt,[223] ist auf den Beginn der Erwerbstätigkeit bis zur erstmaligen Inanspruchnahme abzustellen.[224]

Der Schutz des derartig errechneten Altersvorsorgevermögens greift lediglich zugunsten solcher Unterhaltsschuldner, die in der Vergangenheit auch tatsächlich erwerbstätig waren, nicht zB zugunsten unterhaltspflichtiger Ehegatten, die in der Ehe als Hausfrau/Hausmann über kein eigenes Erwerbseinkommen verfügt haben, da deren Altersvorsorge dem verdienenden Ehegatten über den Familienunterhalt obliegt.[225] Eine Ausnahme von der daraus resultierenden grundsätzlichen Obliegenheit zum Einsatz vorhandenen Vermögens für Unterhaltszwecke besteht nur dann, wenn die vom erwerbstätigen Ehegatten tatsächlich begründete Altersversorgung unzureichend ist.[226]

In welchem Umfang vorhandenes Vermögen dem eigenen angemessenen Unter- 55 halt einschließlich der eigenen Altersvorsorge dient, kann wegen der besonderen Ausgestaltung des Elternunterhalts nur individuell beantwortet werden. Hat der Pflichtige seine Lebensstellung auf bestimmte regelmäßige Einkünfte oder ein vorhandenes Vermögen eingestellt, ohne dabei unangemessenen Aufwand zu treiben oder ein Leben in Luxus zu führen, oder ist das Vermögen unter Berücksichtigung seiner gesamten voraussichtlichen Lebenserwartung erforderlich, um seine Lebensstellung im Alter auf Dauer aufrechtzuerhalten, scheidet ein Zugriff des Unterhaltsgläubigers auf entsprechende Vermögenspositionen aus.[227]

Eine Pflicht zur Verwendung vorhandener Vermögenspositionen als **Kreditunter-** 56 **lage**, wie vom Bundesgerichtshof für den bedürftigen Elternteil gefordert,[228] kann auch beim pflichtigen Kind nicht gänzlich ausgeschlossen werden, jedenfalls dann, wenn hierfür ein konkretes, dem Pflichtigen auch bezüglich der Kreditraten zumutbares günstiges Kreditangebot vorliegt, zB von einem gleichrangigen, ebenfalls unterhaltspflichtigen Kind.

Das LG Duisburg[229] meinte, der Pflichtige müsse bei Anspruchsübergang wegen 57 Sozialhilfe das Angebot des Sozialhilfeträgers akzeptieren, zu Unterhaltszwecken ein im Grundbuch abgesichertes **zinsloses Darlehen des Sozialhilfeträgers** mit Fälligkeit des Darlehens nach seinem Tod anzunehmen. Das Bundesverfassungsgericht hat die gegen das betreffende Urteil des LG Duisburg eingelegte **Verfassungsbeschwerde für begründet erachtet.**[230] Allerdings war im konkreten Fall das entsprechende Darlehensangebot erst nach dem Tod des unterhaltsbedürftigen Elternteils gemacht worden, so dass die dadurch herbeigeführte Leistungsfähigkeit erst nach Wegfall der Bedürftigkeit eingetreten wäre, womit es an

---

221 BGH FamRZ 2006, 1511 (1514).
222 BGH FamRZ 2006, 1511 (1516).
223 BGH FamRZ 2013, 1554.
224 BGH FamRZ 2013, 1554.
225 BGH FamRZ 2015, 1172.
226 BGH FamRZ 2015, 1172.
227 BGH FamRZ 2006, 1511 (1516).
228 Vgl. BGH FamRZ 2006, 935 (937).
229 LG Duisburg FamRZ 1996, 1498.
230 BVerfG FamRZ 2005, 1051.

der notwendigen zeitlichen Kongruenz zwischen Bedürftigkeit und Leistungsfähigkeit fehlte. Hinzu kommt, dass Voraussetzung einer entsprechenden Anwendung der für den Bedürftigen geltenden Darlehensregelung des § 91 SGB XII (früher § 89 BSHG) auf den Pflichtigen jedenfalls wäre, dass dieser unterhaltsrechtlich zur Vermögensverwertung verpflichtet und deswegen auch unterhaltspflichtig ist, weil eine nicht vorhandene unterhaltsrechtliche Verpflichtung nicht über das Sozialhilferecht erst geschaffen werden kann. Solche Fälle einer durch **Darlehensgewährung** des Sozialhilfeträgers oder auch sonstiger dazu bereiter Personen zu mildernden Verwertungspflicht bei laufender Unterhaltsverpflichtung können zB vorliegen, wenn der bedürftige Elternteil ein wertvolles Grundstück schenkungsweise auf das pflichtige Kind übertragen hat, aber wegen Ablaufs der Zehnjahresfrist des § 529 Abs. 1 eine Rückforderung ausgeschlossen ist, oder wenn ein sehr vermögendes Kind ohne laufendes Einkommen und ein vermögensloses Kind mit für Unterhaltszahlungen ausreichendem laufenden Einkommen nebeneinander unterhaltspflichtig sind.[231]

58 Dem Kind ist auf jeden Fall eine angemessene Vermögensreserve als **Schonvermögen** zu belassen, welches der Bundesgerichtshof im Falle eines alleinstehenden, kinderlosen Unterhaltsschuldners, der über ein Erwerbseinkommen unterhalb des großen Selbstbehalts verfügt, in Höhe von 10.000 EUR als ausreichend angesehen hat.

59 f) **Unterhaltsanspruch gegen verheiratetes Kind.** Lebt das unterhaltspflichtige Kind mit seinem Ehegatten zusammen, ergeben sich im Zusammenhang mit dem **vorrangigen Anspruch** seines Ehegatten **auf Familienunterhalt** Reibungspunkte. Soweit der pflichtige Ehegatte seine Verpflichtung, zum Familienunterhalt beizutragen, durch Haushaltsführung erfüllt (§ 1360 S. 2), besteht keine Pflicht zur Aufnahme einer Nebentätigkeit, weil sich die Grundsätze der sog Hausmann-Rechtsprechung auf die Unterhaltspflicht von Eltern gegenüber minderjährigen Kindern beschränken.[232] Eine Inanspruchnahme im Hinblick darauf, dass der andere Ehegatte über ein sehr hohes Einkommen verfügt, scheidet in der Regel aus, weil aus Unterhalt grundsätzlich kein Unterhalt zu leisten ist (→ Rn. 2). Infrage kommt ein teilweiser, zB hälftiger, Zugriff auf einen nicht nur geringfügigen **Taschengeldanspruch,** welcher der Befriedigung persönlicher Bedürfnisse dient und in gewissem Umfang über den angemessenen Lebensbedarf hinausgehen kann.[233] Das üblicherweise in Höhe von 5 % bis 7 % des verfügbaren Nettoeinkommens im Rahmen des Familienunterhalts[234] geschuldete Taschengeld ist auch für den Elternunterhalt einzusetzen, soweit der tatrichterlich nach dem konkreten Einzelfall zu bestimmende angemessene Selbstbehalt gewahrt ist.[235] Davon abgesehen beschränkt sich die Pflicht zur Unterhaltsleistung prinzipiell auf diejenigen Fälle, in denen der unterhaltspflichtige Ehegatte **eigene Einkünfte** hat,[236] denn der andere Ehegatte steht außerhalb des Unterhaltsverhältnisses und muss nicht zum Unterhaltsaufwand beitragen.[237]

---

231 Graba, Anm. zu BVerfG FamRZ 2005, 1041 (1149 f.).
232 Vgl. BGH FamRZ 1987, 472.
233 BGH FamRZ 2004, 366 (369).
234 BGH FamRZ 2004, 366 (369); 2004, 795 (797); zur konkreten Berechnung Dose FamRZ 2013, 993 (1000).
235 BGH FamRZ 2004, 366 (369); 2004, 795 (797).
236 Wendl/Dose/Wönne § 2 Rn. 1004.
237 BGH FamRZ 2004, 366 (367).

Eigene Einkünfte stehen dann für Unterhaltszwecke zur Verfügung, wenn sie 60
nicht für den Barunterhalt der Familie benötigt werden, weil der Ehegatte seine
eigene Unterhaltspflicht durch Übernahme der Haushaltsführung erfüllt und
aufgrund des durch den gut verdienenden anderen Ehegatten zu leistenden Familienunterhalts bereits angemessen versorgt ist.[238] Zwar sind die Eheleute in
der konkreten Gestaltung ihrer Eheführung bezüglich Haushaltsführung bzw.
Berufstätigkeit grundsätzlich frei.[239] Es kann sich aber dennoch ein Betrag ergeben, der für den Familienunterhalt nicht benötigt wird und daher dem Unterhaltspflichtigen nach dem **Verhältnis der beiderseitigen unterhaltsrelevanten Einkommen** selbst dann für Unterhaltszwecke zur Verfügung steht, wenn sein Einkommen unter dem sog Mindestselbstbehalt liegt,[240] und zwar auch bei einer
Doppelverdienerehe.[241] In der Doppel- oder Alleinverdienerehe beschränkt sich
der Anspruch des anderen Ehegatten auf Familienunterhalt allerdings nicht auf
einen Mindestbetrag, sondern ist nach den individuellen Verhältnissen der Ehe
(§ 1578 Abs. 1 S. 1) unter Berücksichtigung der jeweiligen Lebensstellung, der
Einkommens und Vermögens sowie des sozialen Rangs zu bemessen.[242] Er kann
– obwohl er an sich grundsätzlich nicht auf Geldzahlung gerichtet ist – im Fall
der Konkurrenz mit anderen Unterhaltsansprüchen in Höhe eines Geldbetrags
veranschlagt werden.[243] Wie der Familienunterhalt danach zu bestimmen ist,
obliegt der tatrichterlichen Beurteilung des Einzelfalls.[244]

Bei einer **Doppelverdienerehe** mit mittlerem Einkommen berechnet der Bundesgerichtshof die Leistungsfähigkeit des pflichtigen Ehegatten inzwischen mithilfe der
pauschalen Selbstbehaltsbeträge für diesen und für den mit ihm zusammenlebenden nicht pflichtigen Gatten unter Berücksichtigung einer Haushaltsersparnis von
10 % (→ Rn. 61). Der Bundesgerichtshof zieht vom Familieneinkommen den
Familienselbstbehalt (die addierten pauschalen Selbstbehaltssätze – → Rn. 61) ab
und vermindert das verbleibende Einkommen um eine pauschale Haushaltsersparnis von 10 % (→ Rn. 61). Die Hälfte (50 %) des sich dann ergebenden Betrags
wird zur Ermittlung des individuellen Familienbedarfs auf den Familienselbstbehalt aufgeschlagen. Der Anteil des pflichtigen Ehegatten an der Bestreitung des
Familienbedarfs und damit dessen für Unterhalt verfügbarer Einkommensteil
ergeben sich aus dem Verhältnis der beiderseitigen Einkünfte. Die Berechnung,
welche der Bundesgerichtshof zunächst nur für den Fall vorgenommen hatte, dass
der Unterhaltspflichtige über höhere Einkünfte als sein Ehegatte verfügt,[245] gilt in
gleicher Weise, wenn der Pflichtige über geringere Einkünfte verfügt als der andere
Ehegatte.[246] Die Höhe des Familienbedarfs ist nämlich davon unabhängig, wie sich
die beiderseitigen Einnahmen auf die Ehegatten verteilen. Der höhere Selbstbehalt
kann in diesem Fall dem besser verdienenden, nicht unterhaltpflichtigen Ehegatten zugeordnet werden. Berechnungsbeispiele → Rn. 64.

Tatrichterlichem Ermessen unterliegt auch die Frage, ob wegen des **Zusammen-** 61
lebens der Eheleute mit gemeinsamer Haushaltsführung eine dadurch bedingte

---

238 BGH FamRZ 2004, 366 (368).
239 BGH FamRZ 2004, 366 (368).
240 BGH FamRZ 2004, 366 (368); 2004, 370 (372).
241 BGH FamRZ 2004, 443 (445).
242 BGH FamRZ 2004, 443 (445); 2004, 370 (372); 2003, 860 (865).
243 BGH FamRZ 2004, 792; 2003, 860 (864).
244 BGH FamRZ 2004, 370 (372).
245 BGH FamRZ 2010, 1535.
246 BGH FamRZ 2014, 538.

Haushaltsersparnis einkommenserhöhend zu berücksichtigen ist.[247] Der Bundesgerichtshof setzt die Haushaltsersparnis bei mittlerem Einkommen inzwischen pauschal auf 10 % des Mehreinkommens an, das sich aus dem Gesamteinkommen beider Eheleute nach Abzug der aus der Düsseldorfer Tabelle oder den unterhaltsrechtlichen Leitlinien zu entnehmenden addierten angemessenen Selbstbehalte beider Eheleute ergibt (nach Abschnitt D I. der Düsseldorfer Tabelle nach dem Stand vom 1.1.2017 derzeit 1.800 EUR für den pflichtigen Gatten und 1.440 EUR für den mit ihm zusammenlebenden anderen Gatten).[248] Auf diese Weise soll erreicht werden, dass die mit höherem Familieneinkommen regelmäßig steigende Haushaltsersparnis mit der Folge einer Steigerung der Leistungsfähigkeit der Pflichtigen angemessen berücksichtigt wird.

Da im Hinblick auf die durchschnittliche Sparquote in Deutschland nicht ohne Weiteres davon ausgegangen werden kann, dass das gesamte Familieneinkommen verbraucht wird, muss der für seine fehlende Leistungsfähigkeit darlegungspflichtige Unterhaltspflichtige, dessen Familieneinkommen die ihm und seinem Ehegatten zuzubilligenden Mindestselbstbehaltssätze übersteigt, vortragen, ob und ggf. welche **Beträge zur Vermögensbildung** verwendet werden.[249] Eine solche ist, abgesehen von der Finanzierung eines angemessenen Eigenheims und einer angemessenen zusätzlichen Altersversorgung von 5 % des Bruttoerwerbseinkommens, unterhaltsrechtlich nicht anzuerkennen.[250] Soweit allerdings die Sparquote den selbst nicht unterhaltspflichtigen Ehegatten betrifft, ist dieser nicht auf die 5 % Grenze beschränkt. Bei ihm ist eine Sparquote zu akzeptieren, die „nach objektiven Maßstäben nicht zu beanstanden ist".[251]

62 Entspricht es der Lebensgestaltung der Familie, dass die Eheleute ihre jeweiligen Einkünfte voll für den Familienunterhalt einsetzen, kommt es darauf an, ob dem unterhaltspflichtigen Ehegatten bei Zubilligung seines angemessenen, nach den konkreten Eheverhältnissen zu bestimmenden Bedarfs aus seinem Einkommen nach Abzug seines Anteils am Familienunterhalt noch ein für den Unterhalt einsetzbarer Überschuss verbleibt.[252] Dies kann auch dann der Fall sein, wenn ein trotz der den Eheleuten zukommenden Gestaltungsfreiheit nicht mehr hinnehmbares erhebliches **Missverhältnis der beiderseitigen Beiträge zum Familienunterhalt** vorliegt,[253] zB weil der Unterhaltspflichtige über die von ihm übernommene Haushaltsführung hinaus überobligatorisch zum Familienunterhalt beiträgt.[254] Im Übrigen wird auf die nach den BGH-Entscheidungen vom 28.7.2010[255] und 5.2.2014[256] bei der Doppelverdienerehe zulässige Berechnung mithilfe des pauschalen Familienselbstbehalts und einer pauschalen Haushaltsersparnis verwiesen (→ Rn. 60, 64).

63 Weiter sind Fallgestaltungen denkbar, bei denen der vom Ehegatten des Pflichtigen zu leistende **Familienunterhalt so auskömmlich** ist, dass der Pflichtige schon

---

247 Vgl. BGH FamRZ 2003, 860 (866); 2004, 792 (793).
248 Vgl. BGH FamRZ 2010, 1535 (1539 ff.) – in dieser Entscheidung wird zugleich die Berechnungsmethode für die Leistungsfähigkeit des pflichtigen Ehegatten dargelegt.
249 BGH FamRZ 2004, 370 (372); 2004, 795 (798).
250 BGH FamRZ 2004, 370 (372); 2004, 795 (798).
251 BGH FamRZ 2013, 363.
252 Vgl. BGH FamRZ 2004, 443 (445 f.).
253 BGH FamRZ 2004, 795 (797).
254 BGH FamRZ 2004, 370 (373); 2004, 795 (797).
255 BGH FamRZ 2010, 1535 (1539).
256 BGH FamRZ 2014, 538.

dadurch angemessen unterhalten wird, also sein eigenes Einkommen nicht mehr zur Aufrechterhaltung seines eheangemessenen Bedarfs benötigt.[257] Ergibt sich ein für Unterhaltszwecke einsetzbares **Resteinkommen** des pflichtigen Ehegatten, muss dies grundsätzlich in voller Höhe für den Elternunterhalt verwendet werden.[258] Eine Beschränkung auf etwa 50 % des den Mindestselbstbehalt übersteigenden Anteils ist bei Berücksichtigung des Eigenbedarfs nämlich insoweit nicht geboten, als dieser im Rahmen des angemessenen Familienunterhalts bereits gewahrt wird.[259] Kommt es dagegen, weil der eheangemessene Bedarf bei Unterhaltsleistung nicht mehr zu wahren ist, auf den Mindestbedarf an, der dem unterhaltspflichtigen Ehegatten gegenüber einem berechtigten Elternteil verbleiben muss, steht nur der 50 % des den Mindestselbstbehalt übersteigenden Betrags für Unterhalt zur Verfügung.

Berechnungsbeispiele nach dem Bundesgerichtshof[260] (→ **Rn. 60**) **bei Doppelverdienerehe:**   64

1. Fall: Kinderloses Ehepaar. Der pflichtige Ehegatte verfügt über das höhere Einkommen.

Bereinigtes monatliches Einkommen des pflichtigen Ehemanns 3.405 EUR, der nicht pflichtigen Ehefrau 1.135 EUR.

Familieneinkommen:	4.540,00 EUR
abzüglich Familienselbstbehalt nach Düsseldorfer Tabelle (Stand: 1.1.2017):	<u>3.240,00 EUR</u>
	1.300,00 EUR
abzüglich 10 % Haushaltsersparnis:	<u>130,00 EUR</u>
	1.170,00 EUR
davon die Hälfte (50 %):	585,00 EUR
zuzüglich Familienselbstbehalt:	<u>3.240,00 EUR</u>
individueller Familienbedarf:	3.825,00 EUR
Anteil des Unterhaltspflichtigen am Familienbedarf (75 %):	2.868,75 EUR
Einkommen des Pflichtigen:	3.405,00 EUR
abzüglich:	<u>2.868,75 EUR</u>
für den Elternunterhalt einsetzbar:	536,25 EUR

2. Fall: Kinderloses Ehepaar. Der pflichtige Ehegatte verfügt über das geringere Einkommen. Setzt man im Übrigen dieselben Zahlen ein wie in Fall 1 ergibt sich Folgendes:

individueller Familienbedarf:	3.825,00 EUR
Anteil des Unterhaltspflichtigen (25 %):	956,25 EUR
Einkommen des Pflichtigen:	1.135,00 EUR
abzüglich:	<u>956,25 EUR</u>
für den Elternunterhalt einsetzbar:	178,75 EUR

---

257 BGH FamRZ 2004, 370 (373); 2004, 795 (797); 1987, 472 (473).
258 BGH FamRZ 2004, 443 (446); 2004, 795 (798).
259 BGH FamRZ 2004, 443 (446); aA OLG Hamm 16.12.2005 – 11 UF 118/05, OLGReport 2006, 361.
260 BGH FamRZ 2010, 1535 (1539).

65 Die ehelichen Verhältnisse können **durch die Unterhaltsleistungen** des pflichtigen Ehegatten für einen Elternteil **geprägt** sein, so dass der andere Ehegatte bei der Bemessung seines Bedarfs den Vorwegabzug des Elternunterhalts trotz seines vorrangigen Anspruchs hinnehmen muss, es sei denn, es würde dadurch ein Missverhältnis entstehen oder ihm im Einzelfall nicht einmal mehr sein Mindestbedarf verbleiben.[261] Diese Prägung ist nicht auf den Zeitpunkt der Eheschließung beschränkt, sondern kann auch durch eine spätere Entwicklung der ehelichen Verhältnisse, zB durch tatsächliche Unterhaltsleistungen für den Elternteil eingetreten sein.[262] Darüber hinaus kann schon die entsprechende **latente Unterhaltslast** für einen Elternteil die ehelichen Lebensverhältnisse, die von den sich wandelnden wirtschaftlichen und persönlichen Verhältnissen der Eheleute abhängen, mitbestimmen.[263]

66 In der Praxis ist es aufgrund der Entscheidung des Bundesgerichtshofs vom 28.7.2010[264] bei durchschnittlichen Einkommensverhältnissen möglich, mithilfe von **pauschalen Mindestsätzen** für den Eigenbedarf des Pflichtigen und des mit ihm zusammenlebenden Ehegatten zu bestimmen, welche Beträge vom Einkommen des Pflichtigen unter Berücksichtigung des individuellen Familienbedarfs zur Verfügung stehen (→ Rn. 60 und Berechnungsbeispiele → Rn. 64). Für die Praxis ist in diesem Zusammenhang zu beachten, dass das unterhaltspflichtige Kind nach allgemeinen Grundsätzen gehalten ist, alle **für eine Einschränkung seiner Leistungsfähigkeit erheblichen Tatsachen vorzutragen**.[265] Neben seinem eigenen Einkommen muss es das Einkommen der anderen Familienmitglieder, den vollständigen Bedarf der Familie und seinen eigenen Beitrag dazu substanziiert darlegen, wenn es einen über die pauschalen Mindestsätze hinausgehenden Verbrauch geltend machen und eine Begrenzung seiner Leistungsfähigkeit nach Maßgabe pauschaler Mindestsätze für den Selbstbehalt vermeiden will.[266]

67 Die **oberlandesgerichtlichen Leitlinien** haben entsprechende Mindestbedarfssätze auch für den nicht pflichtigen Ehegatten vorgeschlagen. Der Bundesgerichtshof hat sich dieser Ansicht inzwischen angeschlossen.[267] Für die pauschale Berechnung des individuellen Familienbedarfs ist es jedenfalls bei mittleren Einkommen zulässig, hierfür von einem Familienselbstbehalt auszugehen, der sich aus dem Selbstbehalt des Pflichtigen nach Hinzuaddieren des angemessenen Selbstbehalts des mit dem Pflichtigen zusammenlebenden Ehegatten ergibt, zB gem. Abschnitt D I. der Düsseldorfer Tabelle (Stand: 1.1.2017) 1.800 EUR zuzüglich 1.440 EUR. Zur Ermittlung des individuellen Familienbedarfs wird der verbleibende Einkommensüberschuss nach Abzug einer pauschalierten Haushaltsersparnis von 10 % zur Hälfte dem Familienselbstbehalt zugeschlagen. Bezüglich der Frage, welchen Anteil seines Einkommens der pflichtige Ehegatte einsetzen muss → Rn. 60, 66, 64 (Berechnungsbeispiele).

261 BGH FamRZ 2003, 860 (865).
262 BGH FamRZ 2004, 792 (794).
263 BGH FamRZ 2004, 792 (794).
264 BGH FamRZ 2010, 1535 (1539 ff.).
265 BGH FamRZ 2004, 370 (372); 443 (445); 795 (798).
266 Schürmann, Anm. zu BGH FamRZ 2004, 443 (446, 449); OLG Karlsruhe NJW-RR 2006, 361 (363).
267 BGH FamRZ 2010, 1535 (1539 ff.).

4. Für Großeltern gegenüber Enkeln. Enkel haben gegenüber Großeltern einen 68
vergleichbar schwach ausgestalteten Unterhaltsanspruch wie Eltern gegenüber
ihren Kindern. Vorrangig unterhaltspflichtig sind ua Ehegatten, Lebenspartner
und Eltern des Enkelkindes (§§ 1608 S. 1 und 4, 1584 S. 1, § 16 S. 2 LPartG,
§ 1606 Abs. 2). Auch in der Rangfolge der Bedürftigen (§ 1609 Nr. 5) kommen
die Enkel erst an einer hinteren Rangstelle. Dies rechtfertigt es, die **unterhaltsbe-
schränkende Rechtsprechung zum Elternunterhalt** grundsätzlich auf den Enkelunterhalt zu übertragen.[268]

Wegen des geringen Rangs des Anspruchs auf Enkelunterhalt kommt es in der
Praxis nur zu Fällen der **Ersatzhaftung** nach § 1607 Abs. 1 oder 2, weil normalerweise vorrangige Unterhaltspflichtige, meist die Eltern, vorhanden sind. Dabei richtet sich die Pflicht zur Ersatzhaftung mit der Folge **anteiliger Haftung**
(§ 1606 Abs. 3 S. 1) grundsätzlich gegen alle vorhandenen Großelternteile
gleichzeitig. Das Gesetz sieht **keine Ersatzhaftung nur nach dem Stamm** des konkret ausfallenden vorrangigen Unterhaltspflichtigen vor.[269]

Die von einem Enkelkind über § 1607 Abs. 1 oder 2 verfolgten Unterhaltsansprüche gegen Großeltern werden, soweit es um **Unterhalt für die Vergangenheit**
geht, durch die Sondervorschrift des § 1613 zugunsten der Großeltern begrenzt.[270] Verzug muss bei den in Anspruch genommenen Großeltern in Person
vorliegen. Dies gilt aus Gründen des Schuldnerschutzes auch dann, wenn Großeltern nach § 1607 Abs. 2 S. 1 als Zweitschuldner mit Anspruchsübergang nach
§ 1607 Abs. 2 S. 2 eintreten müssen.[271]

a) Ersatzhaftung von Großeltern (§ 1607). Die Ersatzhaftung nach § 1607 69
Abs. 1 setzt voraus, dass der oder die vorrangig Unterhaltspflichtigen, also regelmäßig ein Elternteil oder beide Eltern, nicht leistungsfähig iSd Abs. 1 sind. Dabei ist zu beachten, dass auch ein das minderjährige Enkelkind betreuender Elternteil, ungeachtet der nur unter den Eltern selbst geltenden Regelung des
§ 1606 Abs. 3 S. 2, im Verhältnis zu Großeltern trotzdem für Barunterhalt leistungsfähig sein und dadurch einer Ersatzhaftung entgegenstehen kann. Es wird
sogar die wohl eindeutig gegen Abs. 2 S. 3 verstoßende und daher abzulehnende
Meinung vertreten,[272] für den Ausschluss der Ersatzhaftung der Großeltern genüge, dass die vorrangig haftende betreuende Mutter den vollen Barunterhalt
unter Wahrung ihres notwendigen Selbstbehalts iSd Abs. 2 S. 1 aufbringen könne. Allerdings lassen sich die Überlegungen über ein wirtschaftliches Ungleich-
wicht zwischen den Eltern, um die zusätzliche Barunterhaltspflicht des betreuenden Elternteils auszulösen, nicht auf den Einsatzpunkt der Ersatzhaftung der
Großeltern übertragen,[273] so dass trotz Erfüllung der Unterhaltspflicht durch
Betreuung nur der angemessene Selbstbehalt (Abs. 1) zu wahren ist. Kommt eine
Ersatzhaftung von Großeltern in Betracht, haften bei Ausfall eines Elternteils,
zB des allein barunterhaltspflichtigen Elternteils, alle Großeltern anteilig, nicht
nur diejenigen, die zugleich Eltern des ausfallenden Elternteils sind (→ Rn. 68).

---

268 Vgl. dazu BGH FamRZ 2006, 26; 2006, 1099; 2007, 375.
269 OLG Frankfurt/M. FamRZ 2004, 1745.
270 OLG Jena FamRZ 2006, 569; vgl. auch BGH FamRZ 2004, 800.
271 OLG Jena FamRZ 2006, 569.
272 OLG Jena FamRZ 2009, 1498 (1499); OLG Hamm FamRZ 2005, 57; so auch schon
LG Kleve FamRZ 1988, 1085; zust.: Büte, Die Ersatzhaftung für Großeltern, FuR
2005, 433 (434).
273 Scholz FamRZ 2006, 1728 (1731).

70 Kein Fall mangelnder Leistungsfähigkeit eines Elternteils liegt vor, soweit ihm wegen Verletzung seiner Erwerbsobliegenheit ausreichende fiktive Einkünfte zuzurechnen sind (dann aber unter Umständen Ersatzhaftung nach § 1607 Abs. 2, → Rn. 71). Hierbei wird die Erwerbsobliegenheit eines betreuenden Elternteils in Richtung auf nachrangige Großeltern strenger zu beurteilen sein als im Verhältnis zum anderen Elternteil, wo die Unterhaltspflicht grundsätzlich durch die Betreuung erfüllt wird. Dasselbe gilt für die Frage, ob eine ausgeübte Erwerbstätigkeit im Verhältnis zu Großeltern als überobligatorisch bewertet werden muss. Eine Erwerbstätigkeit ist aber nur in dem Umfang zumutbar, wie die Betreuung sichergestellt ist und bei entsprechendem Bemühen auf dem Arbeitsmarkt eine Stelle zu finden wäre.[274]

71 Die **Ersatzhaftung nach § 1607 Abs. 2** – wegen ausgeschlossener oder erheblich erschwerter Rechtsverfolgung im Inland – mit Rückgriffsmöglichkeit gegen vorrangig Pflichtige, also regelmäßig gegen einen oder beide Elternteile, greift ein, wenn die Unterhaltspflicht des oder der Vorrangigen an sich besteht, weil Leistungsfähigkeit gegeben ist, die Unterhaltsverpflichtung sich aber nicht realisieren lässt, zB bei unterhaltsrechtlicher Leistungsfähigkeit aufgrund der Zurechnung von fiktiven Einkünften oder bei vergeblicher Vollstreckung.

Kommt eine Ersatzhaftung nach § 1607 Abs. 2 S. 1 in Betracht, weil ein Elternteil nur wegen **fiktiver**, also nicht vorhandener **Einkünfte** als leistungsfähig angesehen wird, wird man unterscheiden müssen, ob es sich um einen Elternteil handelt, der das Enkelkind vertritt, oder einen nicht vertretungsberechtigten Elternteil. Es dürfte dem Enkelkind als treuwidrig entgegengehalten werden können, wenn sein gesetzlicher Vertreter unter Verstoß gegen seine Erwerbsobliegenheit Einkünfte nicht zieht und dies als Begründung einer Ersatzhaftung nach § 1607 Abs. 2 S. 2 für das Enkelkind vorbringt.

72 Die **Darlegungs- und Beweislast** des Enkelkindes, das nachrangig haftende Großeltern in Anspruch nehmen will, erstreckt sich bei § 1607 Abs. 1 auf die Leistungsunfähigkeit der vorrangig Pflichtigen, also im Normalfall seiner Eltern.[275] Verlangt es Unterhalt von einem von mehreren Großelternteilen, bezieht sich seine Darlegungs- und Beweislast auf die eine anteilige Haftung ausschließende Vermögens- und Einkommenssituation der anderen Großelternteile.[276]

Will das Enkelkind nachrangig haftende Großeltern gem. § 1607 Abs. 2 S. 1 in Anspruch nehmen, muss es die Umstände darlegen und beweisen, aus denen sich der Ausschluss oder die Erschwernis der Rechtsverfolgung, zB gegen den entsprechenden Elternteil, im Inland ergibt.[277]

73 b) **Selbstbehalt.** Nach der Rechtsprechung des Bundesgerichtshofs sind die unterhaltsbeschränkenden Erwägungen zum Eigenbedarf beim Elternunterhalt auf das Unterhaltsverhältnis zwischen Enkeln und Großeltern zu übertragen (→ Rn. 68). Das betrifft zunächst die **Erhöhung** der in den Unterhaltstabellen angesetzten **Selbstbehaltsbeträge** um einen Zuschlag von zB 25 %.[278] Es kommt also der angemessene Selbstbehalt des Elternunterhalts in Betracht (nach D. I. der Düsseldorfer Tabelle, Stand: 1.1.2017, 1.800 EUR). Hiervon macht der Bundesge-

---

274 OLG Schleswig FamRZ 2004, 1058 (1059).
275 OLG Jena FamRZ 2006, 569; AG Leverkusen FamRZ 2003, 627.
276 OLG Jena FamRZ 2006, 569.
277 BGH FamRZ 2006, 26 (30); AG Leverkusen FamRZ 2003, 627.
278 BGH FamRZ 2006, 26 (28); 2006, 1099; 2007, 375 (376).

richtshof[279] keine Ausnahme bei **minderjährigen Enkeln,** die an sich aufgrund dieser Minderjährigkeit noch hilflos und bedürftig sind.[280] Großeltern unterlägen nicht der gesteigerten Unterhaltspflicht nach Abs. 2 S. 1 und hafteten nur nachrangig. Ob auch beim Enkelunterhalt nur eine **Quote von 50 %** des den erhöhten Selbstbehalt übersteigenden Einkommens zum Unterhalt verwendet werden muss,[281] hat der Bundesgerichtshof bislang offengelassen. Wegen der Gleichstellung mit dem Elternunterhalt dürfte die zusätzliche quotenmäßige Beschränkung bei volljährigen Enkeln angemessen sein.[282] Für minderjährige Enkel erscheint die Lösung des OLG Koblenz[283] vernünftig. Danach ist in diesem Fall nicht unterschiedslos, sondern nach den konkreten Umständen zu entscheiden. Werden bestehende Belastungen großzügig berücksichtigt, kann umgekehrt der zusätzliche Quotenvorteil versagt werden.

Wie beim Elternunterhalt müssen Großeltern im Verhältnis zu Enkeln **keine spürbare** und dauerhafte **Senkung** ihres berufs- und einkommenstypischen **Unterhaltsniveaus,** an das sie sich selbst schon längerfristig angepasst haben, hinnehmen, soweit sie nicht einen nach den Verhältnissen unangemessenen Aufwand betreiben oder ein Leben in Luxus führen.[284]

c) Erwerbsobliegenheit. Die Zurechnung **fiktiver Einkünfte** wegen Verletzung 74 einer Erwerbsobliegenheit wird nur in Ausnahmefällen in Betracht kommen. Schon aus Altersgründen wird die Aufnahme einer bisher nicht ausgeübten Tätigkeit aus Zumutbarkeitsgründen häufig nicht in Betracht kommen. Die Ausweitung einer bereits vorhandenen Teilzeittätigkeit könnte unter Umständen für einen noch in mittlerem Alter befindlichen Großelternteil zumutbar sein. Auch wenn keine Obliegenheit zur Ausweitung einer ausgeübten Teilzeittätigkeit oder zur erstmaligen Aufnahme einer Tätigkeit anzunehmen wäre, kann eine bereits ausgeübte Tätigkeit nicht ohne zwingenden Grund aufgegeben werden, um die Zahlung von Enkelunterhalt zu vermeiden.

d) Verbindlichkeiten. Ob laufende Lasten für **Verbindlichkeiten** zu berücksichti- 75 gen sind, beurteilt sich grundsätzlich aufgrund einer umfassenden Interessenabwägung (→ Rn. 21, 33). Zu den Verbindlichkeiten des in Anspruch genommenen Großelternteils gehört ggf. auch die vorrangige Unterhaltspflicht auf Leistung von **Familienunterhalt** für den Ehegatten. Dessen Maß bestimmt sich nach den konkreten ehelichen Lebensverhältnissen. Er kann im Fall der Konkurrenz mit anderen Unterhaltsansprüchen wie im Fall des Elternunterhalts auf die einzelnen Familienmitglieder aufgeteilt und in Geld veranschlagt werden.[285] Für die Bemessung stellt sich ähnlich wie beim Elternunterhalt auch die Frage, ob die ehelichen Verhältnisse bereits durch Unterhaltsleistungen für ein Enkelkind oder jedenfalls durch das Bestehen einer **latenten Unterhaltslast** für ein Enkelkind geprägt worden sind.[286]

---

279 BGH FamRZ 2006, 26 (28); 2006, 1099.
280 Vgl. hierzu BGH FamRZ 1990, 260 (262).
281 So aber OLG Dresden FamRZ 2006, 569 (571); OLG Koblenz OLGReport 2005, 22 (jedenfalls gegenüber volljährigen Enkeln).
282 Günther, Die Inanspruchnahme von Großeltern auf Enkelunterhalt, FPR 2006, 347 (351): nur für volljährige Enkel.
283 OLGReport 2005, 22; der BGH musste in seinem dazugehörigen Revisionsurteil (FamRZ 2007, 375) nicht über diese Frage entscheiden.
284 BGH FamRZ 2006, 26 (28); 2007, 375 (376).
285 BGH FamRZ 2006, 26 (29).
286 BGH FamRZ 2006, 26 (29).

Kommt der Ehegatte – wie in den meisten Fällen – selbst als unterhaltspflichtiger Großelternteil in Betracht, mussten sich bei absehbarem Ausfall der vorrangigen Unterhaltspflichtigen unter Umständen beide Ehegatten auf die Inanspruchnahme wegen Enkelunterhalts einstellen.[287] Für diesen für den Enkelunterhalt typischen Fall muss zur Ermittlung des individuellen Familienbedarfs für den Ehegatten ein Mindestbedarf angesetzt werden, der sich im Rahmen tatrichterlicher Beurteilung des Einzelfalls nach dem entsprechenden angemessenen Eigenbedarf beim Elternunterhalt gemäß den Unterhaltstabellen unter Berücksichtigung der durch das Zusammenleben mit dem Pflichtigen eingetretenen Haushaltsersparnis richten kann.[288] Überhaupt bietet sich an, beim Enkelunterhalt mit Beträgen des angemessenen Selbstbehalts wie beim Elternunterhalt zu rechnen (→ Rn. 60, 64). Es muss ggf. lediglich differenziert werden, ob auch hier ein individueller Familienbedarf zu errechnen ist, weil die Hälfte des nach Abzug des Familienselbstbehalts und der Haushaltsersparnis verbleibenden Gesamteinkommens Teil des betreffenden Bedarfs ist. Insoweit kommt eine unterschiedliche Handhabung danach in Betracht, ob es sich um volljährige oder minderjährige Enkel handelt (→ Rn. 73).

76 **e) Wohnvorteil.** Wie beim Elternunterhalt zu bewerten (→ Rn. 52) ist der Wohnvorteil von pflichtigen Großeltern. Maßgebend sind nur die ersparten Mietaufwendungen für eine dem vorliegenden Lebensstandard entsprechende Mietwohnung. Bei Darlehensfinanzierung können Großeltern jedenfalls dann sowohl Zins- als auch Tilgungsraten abziehen.[289]

77 **f) Vermögenseinsatz.** Wegen der Vergleichbarkeit mit dem schwach ausgestalteten Elternunterhalt ist die Verpflichtung von Großeltern zum Einsatz ihres Vermögens zu ertragsbringender Anlage, zur Verwendung als Kreditunterlage oder zur Verwertung ähnlich zu beurteilen wie beim Elternunterhalt (→ Rn. 53 ff.), wobei das meist fortgeschrittene Alter zusätzlich zu berücksichtigen ist. Großeltern sind unter Umständen gehalten, soweit noch möglich, **Vorsorge für ihre weiteren Lebensjahre,** auch unter Berücksichtigung einer evtl. eintretenden Pflegebedürftigkeit, zu treffen, insbesondere wenn eine Inanspruchnahme des eigenen Kindes, das an die Enkel keinen Unterhalt zahlt, ausscheiden dürfte.[290] Zu diesem Zweck kann es auch notwendig sein, dass Rücklagen nicht aufgebraucht werden. Als Schonvermögen kommt jedenfalls der beim Elternunterhalt (→ Rn. 58) vorgeschlagene Mindestbetrag von 25.000 EUR in Betracht. Dieser Betrag kann bei sich abzeichnender Pflegebedürftigkeit und dann zur Kostendeckung nicht ausreichendem laufenden Einkommen angemessen zu erhöhen sein.

III. Darlegungs- und Beweislast

78 Obwohl die Leistungsfähigkeit an sich eine Voraussetzung der Unterhaltspflicht ist, wird sie vom Gesetz in Abs. 1 und § 1581 als Einwendung des Unterhaltspflichtigen formuliert. Deswegen trägt der **Unterhaltspflichtige** die Darlehens- und Beweislast für Umstände, welche die Leistungsfähigkeit mindern sollen, zB zur Frage, ob Verbindlichkeiten wegen unterhaltsrechtlicher Erheblichkeit zu berücksichtigen sind.[291] Dasselbe gilt für die ungenügende Höhe seines vertei-

---

287 BGH FamRZ 2006, 26 (29).
288 BGH FamRZ 2006, 26 (29 f.).
289 BGH FamRZ 2017, 519.
290 BGH FamRZ 2006, 26 (28).
291 BGH FamRZ 1990, 283 (287); 1992, 797.

lungsfähigen Einkommens, für das Fehlen oder die fehlende Zumutbarkeit des Einsatzes von Vermögen. Kommt der Ansatz von fiktivem Einkommen wegen Verstoßes gegen eine Erwerbsobliegenheit in Betracht, gelten dieselben Grundsätze wie für die umgekehrte Darlegungs- und Beweislast des Bedürftigen in entsprechender Situation (→ § 1602 Rn. 38), so beispielsweise das Fehlen einer realen Beschäftigungschance.[292] Allein die Tatsache, dass ein Unterhaltspflichtiger aus dem Ausland stammt und über keine abgeschlossene Berufsausbildung verfügt, lässt noch nicht den Schluss zu, dass für ihn keine reale Beschäftigungschance im Hinblick auf eine sozialversicherungspflichtige Vollzeitstelle besteht.[293] Beruft sich ein Elternteil auf den Wegfall seiner verschärften Haftung für ein minderjähriges Kind gem. Abs. 2 S. 3, muss er die hierfür maßgeblichen Umstände vortragen und ggf. beweisen.[294]

§ 1604 BGB Einfluss des Güterstands

[1]Lebt der Unterhaltspflichtige in Gütergemeinschaft, bestimmt sich seine Unterhaltspflicht Verwandten gegenüber so, als ob das Gesamtgut ihm gehörte. [2]Haben beide in Gütergemeinschaft lebende Personen bedürftige Verwandte, ist der Unterhalt aus dem Gesamtgut so zu gewähren, als ob die Bedürftigen zu beiden Unterhaltspflichtigen in dem Verwandtschaftsverhältnis stünden, auf dem die Unterhaltspflicht des Verpflichteten beruht.

I. Allgemeines

Die Vorschrift hat nur geringe praktische Bedeutung. Sie regelt spezielle Fragen   1
des Verwandtenunterhalts, wenn Unterhaltsschuldner ein Ehegatte oder Lebenspartner ist, der mit seinem Partner in Gütergemeinschaft (§§ 1415 ff., 7 LPartG) lebt. S. 1 fingiert für die Unterhaltsverpflichtung das **Alleineigentum des schuldenden Ehegatten oder Lebenspartners am Gesamtgut**. Für die Beurteilung der Leistungsfähigkeit hat dies zur Folge, dass einerseits auch das Einkommen des anderen Partners zu berücksichtigen ist, andererseits der angemessene Eigenbedarf beider Ehegatten bzw. Lebenspartner gewahrt werden muss.[1] Hat der pflichtige Ehegatte oder Lebenspartner Sonder- bzw. Vorbehaltsgut, wird dies bei seiner Leistungsfähigkeit zusätzlich berücksichtigt.[2] Gem. §§ 1437 Abs. 1, 1459 Abs. 1 ist die Unterhaltsverpflichtung Gesamtgutsverbindlichkeit. Zur **Vollstreckung ins Gesamtgut** ist ein Titel gegen den Alleinverwalter des Gesamtguts bzw. bei gemeinsamer Verwaltung gegen beide Ehegatten bzw. Lebenspartner erforderlich (§ 740 ZPO).

Sind beide Ehegatten bzw. Lebenspartner gleichzeitig gegenüber bedürftigen Verwandten Unterhaltsschuldner, wird fingiert, dass die jeweilige **Verwandtschaft** im jeweils selben unterhaltsrechtlichen Rang (§ 1609) **auch zum anderen Ehegatten** bzw. Lebenspartner besteht und dass es sich jeweils um eine Gesamtgutsverbindlichkeit handelt (S. 2).

---

292   BGH FamRZ 2012, 517.
293   BGH FamRZ 2014, 637.
294   Wendl/Dose/Dose § 6 Rn. 731; vgl. auch OLG Karlsruhe FPR 2003, 28.
  1   OLG Frankfurt/M. OLGReport 2002, 25 (26) = FamRZ 2002, 982 (Ls.).
  2   Vgl. Palandt/Brudermüller § 1604 Rn. 1.

II. Unterhaltsreform

2 Die Unterhaltsreform hat die Vorschrift an das Lebenspartnergesetz angepasst. Der neugefasste § 1604 gilt seit Inkrafttreten der Unterhaltsreform am 1.1.2008 auch für die Gütergemeinschaft unter Lebenspartnern.[3]

§ 1605 BGB Auskunftspflicht

(1) [1]Verwandte in gerader Linie sind einander verpflichtet, auf Verlangen über ihre Einkünfte und ihr Vermögen Auskunft zu erteilen, soweit dies zur Feststellung eines Unterhaltsanspruchs oder einer Unterhaltsverpflichtung erforderlich ist. [2]Über die Höhe der Einkünfte sind auf Verlangen Belege, insbesondere Bescheinigungen des Arbeitgebers, vorzulegen. [3]Die §§ 260, 261 sind entsprechend anzuwenden.

(2) Vor Ablauf von zwei Jahren kann Auskunft erneut nur verlangt werden, wenn glaubhaft gemacht wird, dass der zur Auskunft Verpflichtete später wesentlich höhere Einkünfte oder weiteres Vermögen erworben hat.

I. Allgemeines

1 Zweck des vom Gesetz unter Verwandten gerader Linie (→ § 1601 Rn. 3) gewährten Auskunftsanspruchs ist es, dem Unterhaltsberechtigten und dem Unterhaltspflichtigen jeweils Gewissheit über die Einkommens- und Vermögensverhältnisse der anderen Unterhaltspartei zu verschaffen, soweit dies zur **Feststellung eines Unterhaltsanspruchs oder einer Unterhaltsverpflichtung** erforderlich ist. Dadurch sollen die Beteiligten in die Lage versetzt werden, einen Rechtsstreit zu vermeiden oder in einem gerichtlichen Verfahren ihre Forderungen richtig zu bemessen und zu begründen sowie Einwendungen vorzubringen.[1]

Das Gesetz formuliert in Abs. 1 S. 1 den Anspruch auf Auskunft über Einkommen und Vermögen und in Abs. 1 S. 2 einen davon zu unterscheidenden weiteren Anspruch auf **Vorlage von Belegen**. Durch die Verweisung in Abs. 1 S. 3 gibt es nach Maßgabe der §§ 260 Abs. 2, 261 darüber hinaus den Anspruch auf Abgabe der **eidesstattlichen Versicherung** über das bei Erteilung der Auskunft eingehaltene Bemühen um Sorgfalt und Vollständigkeit.

2 § 1605 gilt aufgrund Verweisung entsprechend auch für die unterhaltsrechtliche Auskunftspflicht unter Ehegatten und Lebenspartnern (§§ 1361 Abs. 4 S. 4, 1580 S. 2, §§ 12 S. 2, 16 S. 2 LPartG) und für die Auskunftspflicht beim Unterhalt aus Anlass der Geburt (§ 1615 l Abs. 3 S. 1).

Über die gesetzlich geregelten Ansprüche hinaus gibt es entsprechend ausgestaltete **Ansprüche auf Auskunft** und Vorlage von Belegen[2] zwischen nach § 1606 Abs. 3 S. 1 anteilig haftenden Eltern,[3] auch wenn es sich um Eltern eines nichtehelichen Kindes handelt,[4] und entsprechend anteilig haftenden Verwandten,[5] die untereinander nur in der Seitenlinie verwandt sind (Elternunterhalt). Diese Verpflichtung rechtfertigt sich nach den Grundsätzen von **Treu und Glauben** (§ 242). Zwischen den betreffenden Unterhaltspflichtigen besteht wegen ihrer

---

3 Vgl. BT-Drs. 16/1830, 8 u. 22.
1 OLG Koblenz FamRZ 1993, 1098 unter Hinweis auf BT-Drs. 7/650, 172.
2 Vgl. dazu BGH FamRZ 1988, 268 (270).
3 BGH FamRZ 1988, 268 (269).
4 KG FamRZ 2009, 702.
5 BGH FamRZ 2010, 1535; 2003, 1836 (1837).

anteiligen Haftung eine besondere rechtliche Beziehung, die es mit sich bringt, dass der Auskunftsbegehrende entschuldbar über das Bestehen oder den Umfang seines Rechts im Unklaren ist, während der andere Teil die Auskunft unschwer erteilen kann, ohne dadurch unbillig belastet zu werden.[6] Bei anteilig haftenden Verwandten gibt es wegen fehlender besonderer Rechtsbeziehung keinen Auskunftsanspruch gegen den jeweiligen Ehegatten des Auskunftspflichtigen. Dieser selbst hat aber, falls seine Unterhaltsverpflichtung wegen des vorrangigen Familienunterhalts dadurch beeinflusst wird, im Rahmen seiner eigenen Verpflichtung über die Einkünfte seines Ehegatten Auskunft zu erteilen.[7] Dies gilt auch im Rahmen des Auskunftsbegehrens eines Kindes gegen einen wiederverheirateten Elternteil, der aus eigenem Einkommen nicht leistungsfähig ist, aber einen Anspruch auf Familienunterhalt hat.[8] Da der Auskunftsanspruch jedoch nicht weiter reicht als der Auskunftsanspruch der Ehegatten untereinander in intakter Ehe, beinhaltet er keinen Anspruch auf Belegvorlage.[9] Auch Auskunftspflichten, die sich auf § 242 stützen, gelten nur, soweit sie für die Feststellung eines Unterhaltsanspruchs oder einer Unterhaltsverpflichtung erforderlich sind.[10]

Soweit der Bundesgerichtshof dem Scheinvater eines Kindes aus § 242 einen Auskunftsanspruch gegen die Mutter auf Benennung des leiblichen Vaters zuerkannt hatte,[11] wurde dies mangels ausdrücklicher gesetzlicher Normierung eines die Regressmöglichkeit des § 1607 Abs. 3 flankierenden Auskunftsanspruchs im Hinblick auf das allgemeine Persönlichkeitsrecht aus Art. 2 Abs. 1 iVm 1 Abs. 1 GG als verfassungswidrig angesehen.[12] Im Regierungsentwurf vom 31.8.2016 zum Gesetz zur Reform des Scheinvaterregresses[13] ist die vom Bundesverfassungsgericht geforderte ausdrückliche Normierung in einem neuen § 1607 Abs. 4 vorgesehen (→ § 1601 Rn. 3).

Geht der Unterhaltsanspruch kraft Gesetzes im Umfang erbrachter Leistungen 3 auf den Sozialhilfeträger über (§ 94 Abs. 1 S. 1 SGB XII), ordnet das Gesetz den Mitübergang des dazugehörigen Auskunftsanspruchs an. Dasselbe gilt beim Übergang des Unterhaltsanspruchs gegen Eltern bei Leistungen nach dem Unterhaltsvorschussgesetz (§ 7 Abs. 1 S. 1 UVG). Der **gesetzliche Übergang des Auskunftsanspruchs** findet allerdings nur in dem Umfang statt, in dem Leistungen erbracht wurden. Dem Unterhaltsberechtigten verbleibt daher ein eigener abgespaltener Auskunftsanspruch, um die Berechtigung der ihm etwa verbliebenen Teilansprüche überprüfen zu können.[14]

II. Voraussetzungen der Auskunftspflicht

1. Erforderlichkeit der verlangten Auskunft (Abs. 1 S. 1). Die Berechtigung eines 4 Auskunftsverlangens hängt nach Abs. 1 S. 1 davon ab, ob die Auskunft über

---

6 BGH FamRZ 1988, 268 (269); 2003, 1836 (1837).
7 BGH FamRZ 2003, 1836 (1837 f.).
8 BGH FamRZ 2011, 21 (22 f.).
9 BGH FamRZ 2011, 21.
10 BGH FamRZ 2013, 1027 (kein Auskunftsanspruch gegen den anderen Elternteil eines volljährigen Kindes, der ohne Ausgleichsabsicht den vollen Unterhalt des Kindes befriedigt); KG FamRZ 2009, 702.
11 BGH FamRZ 2012, 200.
12 BVerfG FamRZ 2015, 729.
13 BT-Drs. 18/10343.
14 OLG München FamRZ 2002, 1213.

Einkünfte und Vermögen zur Feststellung eines ansonsten materiell vorliegenden[15] Unterhaltsanspruchs oder der umgekehrten Unterhaltsverpflichtung erforderlich ist. Damit entfällt eine Auskunftspflicht, wenn die Erteilung der **Auskunft unter keinem Gesichtspunkt von Einfluss auf den Unterhaltsanspruch** wäre, nicht aber, wenn sie immerhin für ihn von Bedeutung sein könnte.[16] An einer Auskunftspflicht fehlt es, falls bei konkreter Berechnung des Bedarfs die Leistungsfähigkeit des Pflichtigen unstreitig ist.[17] Dasselbe gilt, wenn aufgrund unstreitiger Tatsachenlage unzweifelhaft feststeht, dass wegen Eingreifens der **Härteklausel** des § 1611 Abs. 1 S. 2 oder beim Ehegattenunterhalt des § 1579 ein Unterhaltsanspruch vollständig verwirkt ist.[18] Dies wird allerdings in den meisten Fällen nicht angenommen werden können, weil für die zu treffende Abwägung zur Frage der groben Unbilligkeit mit der Folge eines vollständigen Wegfalls des Anspruchs die Interessen von Unterhaltsgläubiger und Unterhaltsschuldner einschließlich ihrer beiderseitigen wirtschaftlichen Verhältnisse zu berücksichtigen sind.[19] Jedenfalls darf das Verfahren mit Beweisaufnahme über die Voraussetzungen des betreffenden Ausschlusstatbestands nicht in das Auskunftsverfahren verlagert werden. Wird der Unterhalt nach **festen Bedarfssätzen** bemessen, wie bei Studenten oder volljährigen Kindern mit eigenem Haushalt, kann die Auskunft in seltenen Einzelfällen ohne jegliche Bedeutung für den Unterhaltsanspruch sein. Dies wird allerdings nur dann der Fall sein, wenn die **bescheidenen** wirtschaftlichen Verhältnisse der unterhaltspflichtigen Eltern unstreitig sind und damit eine Überschreitung des festen Bedarfssatzes nicht in Betracht kommen kann.[20] Dies ergibt sich bereits daraus, dass der feste Studentenbedarfssatz (derzeit 735 EUR) als Mindestbedarf anzusehen ist, welcher bei auskömmlichen wirtschaftlichen Verhältnissen der Eltern angemessen zu erhöhen ist.[21]

5   **2. Nennung eines geschuldeten Auskunftszeitraums bzw. Stichtags.** Das Auskunftsverlangen muss sich bezüglich der Einkünfte auf einen **Zeitraum** beziehen, für den die Auskunftserteilung geschuldet ist. Die Angabe eines Zeitraums ist schon zur Klarstellung des Ersuchens für den Auskunftspflichtigen geboten, der nur so ersehen kann, was von ihm zur Erfüllung erwartet wird. Bei Geltendmachung auf dem Klageweg würde es ohne Angabe des Zeitraums an dem Zulässigkeitserfordernis eines bestimmten Antrags mit vollstreckbarem Inhalt fehlen (§ 113 Abs. 1 FamFG, § 253 Abs. 2 Nr. 2 ZPO).[22] Der anzugebende Auskunftszeitraum, auf den sich umgekehrt auch die Auskunftspflicht erstreckt, bemisst sich nach den Zeiträumen, die zur Ermittlung der unterhaltsrechtlichen Leistungsfähigkeit üblicherweise herangezogen werden. Dies ist ein Jahreszeitraum, wenn es um Einkünfte aus unselbstständiger Arbeit (→ § 1603 Rn. 5) geht, oder ein Dreijahreszeitraum bzw. im Einzelfall auch ein Fünfjahreszeitraum bei Einkünften von Selbstständigen und Gewerbetreibenden (→ § 1603 Rn. 6).

---

15 BGH FamRZ 1982, 1189.
16 BGH FamRZ 1994, 1169 (1170).
17 BGH FamRZ 1994, 1169 (1170); OLG Karlsruhe FamRZ 2000, 1366 (Ls.).
18 OLG Karlsruhe OLGReport 2001, 327; Wendl/Dose/Dose § 1 Rn. 1154.
19 OLG Bamberg FamRZ 2006, 344 (zu § 1579); OLG München FamRZ 1998, 741 f. (zu § 1579); OLG Karlsruhe OLGReport 2001, 327 (zu § 1579); OLG Frankfurt/M. FamRZ 1993, 1241 (zu § 1611).
20 Vgl. OLG Naumburg FamRZ 2001, 1480 (Ls.).
21 Vgl. Wendl/Dose/Klinkhammer § 2 Rn. 752.
22 OLG Celle OLGReport 1994, 74.

Wird Auskunft über die Vermögensverhältnisse verlangt, wird ein **Stichtag** anzugeben sein.[23] Es kommt zB der Zugang des Aufforderungsschreibens, die Zustellung des gerichtlichen Antrags oder der 31.12. des vorangegangenen Jahres in Betracht.[24]

3. Keine entgegenstehende Sperrfrist (Abs. 2). Zum Schutz des Pflichtigen vor 6 unzumutbaren Auskunftsbegehren knüpft das Gesetz (Abs. 2) die Berechtigung, eine neue Auskunft zu verlangen, grundsätzlich an den Ablauf einer **Sperrfrist von zwei Jahren.** Die Frist beginnt ab dem Tag einer gerichtlichen Entscheidung oder eines gerichtlichen Vergleichsabschlusses.[25] Dies gilt auch bei Abweisung eines Unterhaltsantrags.[26] Beim außergerichtlichen Vergleich dürfte nichts anderes gelten.[27]

Streitig ist auch, ob die Sperrfrist zu beachten ist, wenn für den **Trennungsunter-** 7 **halt** Auskunft erteilt wurde und es nunmehr um den **Nachscheidungsunterhalt** geht. Hier erscheint die Auffassung richtig, dass die Sperrfrist bei erstmaliger Geltendmachung von nachehelichem Unterhalt nicht gilt, weil er mit dem Trennungsunterhalt nicht identisch ist und teilweise anderen Voraussetzungen als dieser unterliegt.[28] Ähnlich ist die Situation, wenn ein Unterhaltsvergleich für die Zeit bis zum Eintritt der Volljährigkeit des minderjährigen Kindes befristet war, weil es auch hier nicht um eine Abänderung, sondern um eine vollständige Neufestsetzung für die Zeit ab Volljährigkeit geht.[29]

Die **Zeitschranke gilt nicht,** wenn glaubhaft gemacht wird, dass der Auskunfts- 8 pflichtige inzwischen wahrscheinlich wesentlich höhere Einkünfte erzielt oder wahrscheinlich weiteres Vermögen erworben hat.[30] So kann bei einem Selbstständigen, der am Beginn seiner Tätigkeit nur ein bescheidenes Einkommen erwirtschaftete, wegen erfolgreichen Betriebsaufbaus eine atypische Einkommensentwicklung wahrscheinlich sein, die ein früheres Auskunftsverlangen rechtfertigt.[31] Eine solche **atypische Einkommensentwicklung,** die nichts mit der allgemeinen Entwicklung der Lebenshaltungskosten sowie der Löhne und Gehälter zu tun hat, stellt auch der glaubhaft gemachte Wegfall hoher Schulden dar, die bei der Bemessung des Unterhalts eine Rolle spielten.[32]

Werden während eines laufenden Auskunftsverfahrens, zB eines Stufenantrags (§ 113 Abs. 1 FamFG, § 254 ZPO), neue Auskünfte erforderlich, weil es um Unterhaltszeiträume geht, für welche die bereits erteilte Auskunft nicht maßgeblich

---

23 Vgl. im Einzelnen Völlings/Kania, Stichtag für die Erteilung der Auskunft über die Vermögensverhältnisse im Unterhaltsrecht (§§ 1580, 1605 BGB), FamRZ 2007, 1215 ff.
24 Völlings/Kania FamRZ 2007, 1215 (1216 ff.).
25 BGH FamRZ 1997, 483; OLG Karlsruhe 9.3.2016 – 5 UF 213/15; OLG München FamRZ 2010, 816; Palandt/Brudermüller § 1605 Rn. 11; FA-FamR/Gerhardt Kap. 6 Rn. 989; aA JH/Graba/Maier § 1605 Rn. 8: ab Erteilung der Auskunft; Staudinger/Engler § 1605 Rn. 54: mit Ablauf des Auskunftszeitraums.
26 OLG Düsseldorf OLGReport 1995, 60.
27 OLG Karlsruhe FamRZ 1991, 1470 f.
28 OLG Brandenburg FamRZ 2015, 1200; OLG München FamRZ 2015, 2069; Wendl/Dose/Dose § 1 Rn. 1173; aA KG FamRZ 2004, 1314 (Ls.).
29 OLG Hamm FamRZ 1990, 657 f.
30 OLG Karlsruhe FamRZ 2000, 1179 (Ls.) = NJWE-FER 2000, 143; ausdrücklich offen gelassen von BGH FamRZ 2014, 290.
31 OLG Karlsruhe aaO.
32 OLG Hamm FamRZ 1991, 594.

ist, kann sich der Pflichtige bei Erweiterung des gegen ihn gerichteten, prozessual noch nicht erledigten Auskunftsbegehrens nicht auf Abs. 2 berufen.[33]

9 **4. Kein Zurückbehaltungsrecht.** Da Unterhaltsgläubiger und Unterhaltsschuldner gegenläufige Auskunftsansprüche haben, würden sie sich gegenseitig blockieren, wenn sie sich bezüglich ihrer eigenen Auskunftspflicht jeweils auf ein Zurückbehaltungsrecht nach § 273 Abs. 1 berufen könnten. Hinzu kommt, dass es bei der Auskunft auf den Zweck des Zurückbehaltungsrechts, nämlich den Schuldner vor der Gefahr zu schützen, bei eigener Leistung die Gegenleistung nicht zu erhalten, nicht ankommt, weil sich die Leistung in einer bloß vorbereitenden Auskunftserteilung erschöpft.[34] Die Geltendmachung eines Zurückbehaltungsrechts gegen einen Anspruch auf Auskunft oder Rechenschaftslegung ist daher gänzlich ausgeschlossen.[35]

10 **5. Pflicht zur unverlangten Auskunft.** Über § 1605 hinaus, der die Auskunftsverpflichtung für den Verwandtenunterhalt und die anderen Unterhaltsverhältnisse, für die er gilt (→ Rn. 2), an ein Auskunftsverlangen knüpft, kann sich unterhaltsrechtlich eine Pflicht zu ungefragter Auskunft ergeben, wenn sich die **wirtschaftlichen Verhältnisse** iSd §§ 238, 239 FamFG, die für die Unterhaltsbemessung maßgeblich waren, beim Unterhaltsschuldner oder beim Unterhaltsgläubiger **wesentlich geändert haben.** Erscheint das Verschweigen einer Veränderung der Bedürftigkeit oder Verbesserung der Leistungsfähigkeit aufgrund der konkreten Umstände evident unredlich, kommt eine schadensersatzpflichtige, vorsätzliche sittenwidrige Schädigung (§ 826) in Betracht.[36] Während der gerichtlichen Anhängigkeit eines Unterhaltsverfahrens folgt dies bereits aus der Wahrheitspflicht der §§ 113 Abs. 1 FamFG, 138 Abs. 1 ZPO. Sie umfasst die gegenseitige Obliegenheit, alle Einkünfte und Einkommensänderungen wahrheitsgemäß anzugeben[37] und kann bei Verstoß Schadensersatzansprüche nach § 823 Abs. 2 iVm § 263 StGB nach sich ziehen. Geht es um die Ausführung einer gerichtlichen oder außergerichtlichen **Unterhaltsvereinbarung**, gibt es für den Berechtigten, also den Unterhaltsgläubiger, im Hinblick auf die vertragliche Treuepflicht eine grundsätzliche Offenbarungspflicht für Umstände, die ersichtlich die Verpflichtungen des anderen Teils aus dem Vertrag berühren.[38] Ist der Unterhalt dagegen durch streitige gerichtliche Entscheidung geregelt, besteht ein solches Vertrauensverhältnis nicht, weshalb im Hinblick auf den gesetzlichen Auskunftsanspruch eine Pflicht zur ungefragten Information nur in Ausnahmefällen eingreift, wenn nämlich das Schweigen evident unredlich erscheint, weil der Gegner nach allgemeiner Lebenserfahrung keine Veranlassung hatte, um Auskunft nachzusuchen.[39] In einem solchen Fall ist ein Anspruch aus § 286[40] oder § 826 denkbar.[41]

---

33 OLG Düsseldorf FamRZ 1997, 1281 f.
34 OLG Köln FamRZ 1987, 714.
35 OLG Brandenburg FamRZ 2002, 1270 (1271) mwN.
36 BGH FamRZ 1986, 450 (453 f.); 1988, 270 (271).
37 BGH FamRZ 2008, 1325; 2000, 153.
38 BGH FamRZ 1997, 483; 2000, 153 (154); 2008, 1325.
39 OLG Bremen FamRZ 2000, 256: Student bricht Studium ab und geht einer Erwerbstätigkeit nach; BGH FamRZ 1986, 450: Berechtigter bezieht Erwerbsunfähigkeitsrente und nimmt nach Abschluss des Unterhaltsverfahrens Erwerbstätigkeit auf.
40 Wendl/Dose/Dose § 1 Rn. 1202.
41 FA-FamR/Gerhardt Kap. 6 Rn. 1072.

Ob ein Rückforderungsanspruch einfach nur auf den Verzug mit der Pflicht zur 11
ungefragten Information begründet werden kann,[42] erscheint zweifelhaft, da
dann die speziellen Versagungs- und Abänderungsregelungen des Unterhaltsrechts völlig außer Acht gelassen würden. Auch ein Nachforderungsanspruch
des Berechtigten dürfte allein auf den Verzug mit der Informationspflicht
(§§ 280 Abs. 2, 286 Abs. 2)[43] nicht zu stützen sein, weil damit – jedenfalls bei
gerichtlichen Unterhaltsentscheidungen – die Prüfung der engen Voraussetzungen des vom Bundesgerichtshof für diese Fälle herangezogenen Anspruchs wegen vorsätzlich sittenwidriger Schädigung (§ 826) umgangen würde bzw. weil
die Abänderungsvoraussetzungen aus anderen Gründen trotzdem nicht vorliegen.

III. Inhalt, Umfang und Form der Auskunft

1. Inhalt und Umfang. Die unterhaltsrechtliche Auskunft ist grundsätzlich 12
durch Vorlage einer **systematischen Aufstellung** der erforderlichen Angaben **für
den geschuldeten Auskunftszeitraum** zu erfüllen, die dem Berechtigten ohne
übermäßigen Arbeitsaufwand die Berechnung des Unterhaltsanspruchs ermöglicht.[44] Beim **Arbeitnehmer** sind nicht nur das Bruttogehalt, sondern auch
Art und Umfang aller Abzüge wie Steuern und Sozialabgaben, sowie Sonderzahlungen wie Weihnachts- und Urlaubsgeld, Spesen, Auslösungen, Tantiemen usw
anzugeben.[45] Hat der Arbeitnehmer nur Einkünfte aus unselbstständiger Tätigkeit, kann ausnahmsweise auf eine zusätzliche geschlossene Aufstellung verzichtet werden, wenn die erforderlichen Verdienstbescheinigungen vorgelegt werden,
zumal wenn es keine Zweifel gibt, welche die Abgabe der eidesstattlichen Versicherung auslösen könnten.[46]

Beim **Selbstständigen oder Gewerbetreibenden** genügt nicht eine Zusammenfas- 13
sung nach Maßgabe der Steuerbescheide zB für drei Kalenderjahre (→ Rn.
18 f.), sondern es sind die gesamten Einnahmen und die damit zusammenhängenden Ausgaben anzuführen.[47] Eine ordnungsgemäße Auskunft ist somit nur
erteilt, wenn nicht nur die gesamten Bruttoeinnahmen, sondern auch die damit
zusammenhängenden Ausgaben dargelegt werden. Dabei ist bei den Einkunftsarten nach § 2 EStG zu unterscheiden zwischen den sog Gewinneinkünften nach
§ 2 Abs. 2 Nr. 1 EStG (Selbstständige, Gewerbetreibende, Land- und Forstwirtschaft), bei denen sich das Einkommen aus der Differenz der Einnahmen und
Ausgaben errechnet, und den sog Überschusseinkünften nach § 2 Abs. 2 Nr. 2
EStG (Nichtselbstständige, Kapital, Vermietung und Verpachtung, Sonstiges),
bei denen sich das Einkommen aus den Bruttoeinnahmen abzüglich der Werbungskosten ergibt.[48] Regelmäßig ist es ausreichend, den Gewinn bzw. den
Überschuss nur pauschal anzuführen und hinsichtlich der Einzelposten bei Einnahmen und Ausgaben auf eine beigefügte Anlage, zB die Einnahmen-
Überschuss-Rechnung[49] oder die Bilanz und die Gewinn- und Verlust-

---

42 So aber Wendl/Dose/Dose § 1 Rn. 1202; aA Wendl/Dose/Gerhardt § 6 Rn. 237.
43 So aber Wendl/Dose/Dose § 1 Rn. 1202; aA FA-FamR/Gerhardt Kap. 6 Rn. 1072.
44 BGH FamRZ 1983, 996.
45 BGH FamRZ 1983, 996.
46 Vgl. OLG München OLGReport 1999, 4.
47 OLG München FamRZ 1996, 738 (739).
48 OLG München FamRZ 1996, 738 (739).
49 OLG München FamRZ 1996, 738 (739).

Rechnung, Bezug zu nehmen. Neben der Darstellung der Werbungskosten, bzw. bei den Gewinneinkünften der Ausgaben, erfordert die Auskunft ferner die Darstellung aller weiteren für die Unterhaltsberechnung notwendigen Verbindlichkeiten wie Steuern, Krankenversicherung, Vorsorgeaufwendungen.[50] Ggf. müssen Betriebsausgaben und Abschreibungen so detailliert sein, dass die allein steuerlich beachtlichen Ausgaben von den unterhaltsrelevanten Ausgaben abgegrenzt werden können.[51]

14   **2. Form.** Erforderlich ist eine systematische, in sich geschlossene Gesamtdarstellung, die es dem Auskunftsberechtigten ermöglicht, den Unterhaltsanspruch ohne übermäßigen Arbeitsaufwand zu berechnen.[52] Es genügt nicht, die relevanten Angaben auf mehrere Schriftsätze zu verteilen, aus denen sich der Berechtigte die für sein Auskunftsbegehren maßgeblichen Punkte erst heraussuchen muss.[53] Notwendig ist, dass als Grundlage der Auskunft eine **ausreichend klare Gesamterklärung** vorliegt, die dann ggf. um einzelne fehlende Angaben ergänzt werden kann, ohne dass deswegen nochmals eine neue Gesamtauskunft zu erteilen wäre.[54] Teilauskünfte führen nicht zu einer teilweisen Erledigung des Auskunftsanspruchs.[55]

Wie sich aus Abs. 1 S. 3, § 260 Abs. 1 und dem Umstand ergibt, dass die Auskunft zum Gegenstand einer eidesstattlichen Versicherung (§ 261) werden kann, ist die Auskunft grundsätzlich in schriftlicher Form vorzulegen.[56] Selbst in ganz einfachen Fällen wird eine mündliche Auskunft oder die bloße Vorlage der Verdienstbescheinigungen des Arbeitgebers (→ Rn. 12) ohne schriftliche Bestätigung nicht genügen.[57] Zwar muss keine gesetzliche Schriftform in der Weise eingehalten werden, dass der Auskunftspflichtige die erteilte Auskunft unterzeichnet,[58] andererseits ist nach § 260 ein schriftliches Bestandsverzeichnis vorzulegen.[59]

15   Bei der Auskunft handelt es sich um eine sog **Wissenserklärung**, die an sich nur persönlich und nicht durch einen Stellvertreter abgegeben werden kann.[60] Dies würde aber noch nicht die Abgabe unter Hinzuziehung eines Erfüllungsgehilfen (§ 278) oder Boten hindern. Insofern ist die Ansicht unzutreffend, dass eine ordnungsmäßige Auskunft wegen § 126 Abs. 1 stets eine vom Auskunftsschuldner persönlich unterzeichnete Erklärung erfordere[61] (→ Rn. 14). Es ist vielmehr nur zu prüfen, ob eine vom beauftragten Rechtsanwalt oder Steuerberater übermittelte Auskunft zurückzuweisen ist, weil nicht feststeht, dass sie tatsächlich vom Auskunftspflichtigen und nicht von der Hilfsperson herrührt.[62] Dies wird nicht geschehen müssen, wenn kein Zweifel daran besteht, dass der Auskunftsschuldner für die übermittelte Auskunft die Verantwortung übernimmt. Gibt es inso-

50 OLG München FamRZ 1996, 738 (739).
51 KG FamRZ 1997, 360 f.
52 BGH FamRZ 1983, 996; OLG Hamm FamRZ 2006, 865.
53 OLG Hamm FamRZ 2006, 865; 2004, 1105 (Ls.).
54 Vgl. OLG Hamm FamRZ 2006, 865.
55 BGH FamRZ 2015, 127.
56 OLG München FamRZ 1995, 737; OLG Dresden FamRZ 2005, 1195.
57 Wendl/Dose/Dose § 1 Rn. 1165.
58 BGH FamRZ 2008, 600 (601).
59 BGH FamRZ 2008, 600 (601).
60 OLG München FamRZ 1995, 737; vgl. auch BGH FamRZ 1986, 253.
61 BGH FamRZ 2008, 600 (601).
62 BGH FamRZ 2008, 600 (601).

fern Zweifel, können diese durch eine entsprechende Erklärung des Auskunftsschuldners, zB auch in der mündlichen Verhandlung, beseitigt werden.[63]

IV. Der Anspruch auf Vorlage von Belegen (Abs. 1 S. 2)

Beim Anspruch auf Vorlage von Belegen nach Abs. 1 S. 2 handelt es sich um 16
einen zusätzlichen vom Auskunftsanspruch nach Abs. 1 S. 1 der Vorschrift zu
unterscheidenden Anspruch, der getrennt vom Auskunftsanspruch geltend gemacht werden kann. Der Anspruch bezieht sich nur auf **Belege zur Höhe der
Einkünfte**, nicht aber des Vermögens, und besteht nur, soweit die Vorlage zur
Feststellung eines Unterhaltsanspruchs oder einer Unterhaltsverpflichtung erforderlich ist[64] und die Grenze des Zumutbaren nicht überschritten wird.[65]

Strittig ist, ob **Originalbelege**[66] vorgelegt werden müssen oder ob in der Regel
Abschriften ausreichen. Dem Informationsinteresse des Gläubigers wird aber
mit Kopien Genüge getan, wenn keine Anhaltspunkte für Manipulationen bestehen und es keine Probleme mit der Lesbarkeit gibt.[67] Ohne solche Anhaltspunkte oder Probleme ist die Herausgabe der Originale regelmäßig unzumutbar.[68]

1. Konkretisierung des Verlangens auf Belegvorlage. Zur Herbeiführung des 17
Verzugs muss das Verlangen die vorzulegenden Belege bezeichnen. Ein gerichtlicher Antrag erfordert die Bezeichnung der Belege als Zulässigkeitsvoraussetzung
(§ 253 Abs. 2 Nr. 2 ZPO).[69] Die Vollstreckung einer gerichtlichen Entscheidung
ist nur möglich, wenn sie die vorzulegenden Belege ausreichend konkretisiert.[70]

2. Umfang der Vorlagepflicht. Das Gesetz nennt als Beispiel nur die Beschei- 18
gungen des Arbeitgebers über den Verdienst. Beim unselbstständig Beschäftigten
kann regelmäßig die Vorlage der **Arbeitgeberbescheinigungen** für einen Jahreszeitraum (→ § 1603 Rn. 5) verlangt werden. Zweckmäßig kann sein, die über
das Jahreseinkommen ausgestellte Jahreslohnsteuerbescheinigung des Arbeitgebers anzufordern (→ § 1603 Rn. 5). In Fällen, in denen durch die Bescheinigung
des Arbeitgebers das vom Pflichtigen im Auskunftszeitraum bezogene Einkommen, zB wegen Auslandseinsatzes, nicht lückenlos belegt wird, ist ausnahmsweise auch der Arbeitsvertrag vorzulegen.[71] Regelmäßig erforderlich ist weiterhin
die Vorlage des im Auskunftszeitraum ergangenen **Steuerbescheides**. Betrifft dieser bei Wiederverheiratung den Auskunftspflichtigen in gemeinsamer Veranlagung mit seinem Ehegatten, können die Angaben, welche lediglich den Ehegatten betreffen, unkenntlich gemacht werden.[72]

Insbesondere bei **Selbstständigen** und Gewerbetreibenden sind für drei Jahre, im 19
Einzelfall für bis zu fünf Jahre (→ § 1603 Rn. 6), die **Steuerbescheide** und regel-
mäßig die dazugehörigen **Steuererklärungen** vorzulegen, wenn nicht bestimmte
Ausnahmegründe, wie schützenswerte Geheimhaltungsinteressen oder die Ge-

---

63 KG FamRZ 1997, 503.
64 BGH FamRZ 1994, 28.
65 OLG Stuttgart FamRZ 1991, 84 (85).
66 Palandt/Brudermüller § 1605 Rn. 12.
67 OLG Frankfurt/M. FamRZ 1997, 1296 f.
68 OLG Frankfurt/M. FamRZ 1997, 1296 f.
69 BGH FamRZ 1983, 454.
70 OLG München NJW-RR 1994, 724 (725); OLG Brandenburg FamRZ 2004, 820 f.
71 BGH FamRZ 1994, 28.
72 BGH FamRZ 2012, 1555.

fahr missbräuchlicher Verwendung, dagegen sprechen.[73] Aus den Steuererklärungen lassen sich ggf. Erkenntnisse über unterhaltsrelevante Umstände gewinnen, die den Steuerbescheiden nicht zu entnehmen sind.[74] Bei Selbstständigen ist
für die entsprechende Zahl von Jahren die **Einnahme-Überschuss-Rechnung,**[75]
bei bilanzierenden Unternehmern oder bei Gesellschaftern einer GmbH die **Bilanz** und die **Gewinn- und Verlustrechnung** vorzulegen.[76] Soweit sich Rückschlüsse auf Geschäftsumfang und Lebensstil aus den **Umsatzsteuerbescheiden**
und den Umsatzsteuererklärungen ziehen lassen – zB wegen der Angaben zum
Eigenverbrauch und zu Art und Höhe der Umsätze[77] –, kann auch die Vorlage
dieser Unterlagen verlangt werden. Der Anspruch auf Vorlage von Jahresabschlüssen wird jeweils 6 Monate nach Ende des Geschäftsjahres fällig.[78]

V. Abgabe der eidesstattlichen Versicherung

20 Der Anspruch auf Abgabe der eidesstattlichen Versicherung setzt voraus, dass
eine vom Pflichtigen erteilte Auskunft in Form einer ordnungsgemäßen systematischen Aufstellung vorliegt, auf deren Einzelheiten die eidesstattliche Erklärung
Bezug nehmen kann.[79] Für beide Seiten muss klar sein, auf was sich die eidesstattliche Versicherung beziehen soll. Sie kann verlangt werden, wenn der begründete Verdacht besteht, dass die Auskunft in einzelnen Punkten nicht mit der
erforderlichen Sorgfalt erstellt worden ist. Auch wenn inhaltliche Mängel nicht
ersichtlich sind, kann sich ein Verdacht aus mehrfach berichtigten Angaben und
dem hartnäckigen Versuch des Schuldners, die Auskunft zu verhindern, ergeben.[80]

21 Der Schuldner kann die eidesstattliche Versicherung von sich aus freiwillig vor
dem Rechtspfleger des Gerichts der freiwilligen Gerichtsbarkeit abgeben (§§ 410
Nr. 1, 411 Abs. 1 FamFG, § 3 Nr. 1 b RPflG). Die **Erzwingung der titulierten
Verpflichtung zur Abgabe** geschieht über § 120 Abs. 1 FamFG nach § 889 ZPO.
Es ist zunächst ein Antrag auf Terminbestimmung durch den Rechtspfleger des
Vollstreckungsgerichts zur Entgegennahme der eidesstattlichen Versicherung zu
stellen. Dafür zuständig ist nach § 889 Abs. 1 S. 1 ZPO grundsätzlich das Vollstreckungsgericht, in dessen Bezirk der Schuldner wohnt. Erst wenn dieser zum
Termin nicht erscheint oder im Termin die Abgabe nach Maßgabe der §§ 478
bis 480 und 483 ZPO verweigert, beginnt nach § 889 Abs. 2 ZPO das eigentliche Vollstreckungsverfahren (→ Rn. 24).

VI. Verzug und Schadensersatz

22 Nach der Rechtsprechung des Bundesgerichtshofs kann der Auskunftpflichtige
bei Verzug mit der Auskunftserteilung zum Ersatz des Verzugsschadens verpflichtet sein. Dieser Schaden konnte auch dadurch entstehen, dass der Unterhaltsanspruch wegen der Auskunftsverzögerung erst so spät geltend gemacht
wurde, dass ein Teil der Rückstände wegen fehlenden Verzugs des Unterhalts-

---

73 BGH FamRZ 1982, 680.
74 BGH FamRZ 1982, 680; OLG München FamRZ 1993, 202.
75 Vgl. dazu OLG München FamRZ 1996, 738 (739).
76 BGH FamRZ 1982, 680; OLG Stuttgart FamRZ 1991, 84.
77 Wendl/Dose § 1 Rn. 1185.
78 BGH FamRZ 2014, 290.
79 OLG Hamm OLGReport 2000, 380 mwN.
80 Palandt/Grüneberg § 259 Rn. 13.

schuldners (§ 1613 Abs. 1) nicht mehr durchsetzbar war.[81] Diese Auffassung erschien durchaus zweifelhaft, weil sie über die Hintertür des Verzugsschadens wegen verzögerter Auskunftserteilung die vom Gesetz an sich grundsätzlich ausgeschlossene Geltendmachung von Unterhalt für die Vergangenheit über § 1613 hinaus erweiterte. Das OLG Hamm[82] hatte einen solchen Anspruch auch ausgeschlossen. Nach der Neufassung des § 1613 Abs. 1 besteht das Problem deswegen nicht mehr, weil schon das bloße unterhaltsbezogene Auskunftsverlangen wie eine Mahnung die Geltendmachung von Unterhalt für die Vergangenheit offenhält.

VII. Verfahren

Der unterhaltsrechtliche Auskunftsantrag, der Antrag auf Vorlage von Belegen 23 und der Antrag auf Abgabe der eidesstattlichen Versicherung werden vielfach in Form des **Stufenantrags** (§ 113 Abs. 1 FamFG, § 254 ZPO) erhoben. Nur in dieser Form ist der Auskunftsantrag im Scheidungsverbund zulässig.[83] Bei dem Stufenantrag gelangen die ergangenen Teilentscheidungen (Auskunftsbeschluss, Beschluss auf Vorlage von Belegen und Beschluss auf Abgabe der eidesstattlichen Versicherung) ggf. gesondert in die Beschwerdeinstanz. Ist Beschwerdeführer der verurteilte Auskunftsschuldner, ist zu beachten, dass sich der **Wert des Beschwerdegegenstands** iSd § 61 Abs. 1 FamFG dann in allen Fällen derartiger (Teil-)Entscheidungen regelmäßig nur nach dem Aufwand an Zeit und Kosten richtet, welche die Erfüllung des titulierten Anspruchs erfordert, es sei denn, der Verurteilte könnte ein besonderes und auch gegenüber dem Auskunftsgläubiger schützenswertes Geheimhaltungsinteresse wegen eines drohenden Nachteils glaubhaft machen.[84] Auch der Aufwand für die Zuziehung einer sachkundigen Hilfsperson kann nur berücksichtigt werden, wenn die Kosten zwangsläufig entstehen, weil der Auskunftspflichtige selbst nicht zur sachgerechten Auskunftserteilung in der Lage ist.[85] Hat der Auskunftstitel jedoch keinen vollstreckungsfähigen Inhalt (oft bei ungenauer Bezeichnung vorzulegender Belege) oder ist er auf eine unmögliche Leistung gerichtet, bemisst sich die Beschwer nach dem Aufwand für die Auskunft zuzüglich der Anwaltskosten für die Erhebung von Einwendungen im Vollstreckungsverfahren, idR 0,6 Gebühren aus einem Auffangstreitwert von 5.000 EUR nach § 42 Abs. 3 FamGKG.[86] Für die Beschwerde des Auskunftsschuldners, der nicht daran gehindert ist, sein Abwehrinteresse im Zahlungsverfahren unbeschränkt weiterzuverfolgen, fehlt es daher häufig am Erreichen der für die Zulässigkeit des Rechtsmittels erforderlichen Beschwerdesumme von über 600 EUR (vgl. § 61 Abs. 1 FamFG).

Das Erfordernis eines **bestimmten Klageantrags** (§ 113 Abs. 1 S. 2 FamFG, § 253 24 Abs. 2 Nr. 2 ZPO) macht es notwendig, bei einem Auskunftsantrag bezüglich der Einkünfte den Auskunftszeitraum und, soweit auch Angaben zum Vermögen verlangt werden, den Zeitpunkt für die Darstellung des Vermögensstandes zu

---

81 BGH FamRZ 1984, 163.
82 FamRZ 1986, 1111.
83 BGH FamRZ 1997, 811 (812).
84 BGH FamRZ 2005, 1986 f. mwN; 1999, 649 (für die eidesstattliche Versicherung).
85 BGH FamRZ 2007, 714.
86 BGH FamRZ 2016, 1448.

nennen[87] – hierzu näher → Rn. 5. Bei einem Antrag auf Vorlage von Belegen, sind diese zu bezeichnen (→ Rn. 17).

Die **Vollstreckung eines Auskunftstitels** geschieht über § 120 Abs. 1 FamFG nach § 888 ZPO. Ob dies auch bei einem Titel auf Vorlage von Belegen gilt, ist streitig. Hier wird vertreten, dass für die Vollstreckung § 883 ZPO maßgeblich sei. Jedenfalls wenn die Vorlage von Kopien genügt (→ Rn. 16), dürfte aber die Anwendung von § 888 ZPO vorzuziehen sein. Nach hM gilt dies ohnehin dann, wenn die Belegvorlage nur Teil einer umfassenden Titulierung der Auskunftsverpflichtung ist.[88] Allerdings sollte die Vollstreckung auch bei der Belegvorlage generell nach § 888 ZPO stattfinden, weil ein leistungsunwilliger Schuldner die betreffenden Belege leicht vor dem Gerichtsvollzieher verbergen kann.[89] Die Instanzgerichte gehen offenbar teilweise von der Anwendbarkeit des § 888 ZPO als selbstverständlich aus.[90]

Auch ein entsprechender Vollstreckungstitel auf Auskunftserteilung oder Vorlage von Belegen ist nur vollstreckungsfähig, wenn er **ausreichend bestimmt tituliert ist**.[91] Bei einem Auskunftsbeschluss genügt es allerdings, dass sich der genaue Inhalt und Umfang des Titels durch Auslegung des gesamten Entscheidungsinhalts ermitteln lässt.[92]

Die **Erzwingung** der titulierten Verpflichtung zur Abgabe der **eidesstattlichen Versicherung** geschieht nach erfolgloser Ladung durch den Rechtspfleger des Vollstreckungsgerichts zur Abgabe (§ 120 Abs. 1 FamFG, § 889 Abs. 1 S. 1 ZPO, § 20 Nr. 17 RPflG) nach § 888 ZPO durch den Richter des Vollstreckungsgerichts (§ 889 Abs. 2 ZPO, § 4 Abs. 2 Nr. 2 RPflG). Unabhängig vom Verfahren nach § 889 ZPO, kann die eidesstattliche Versicherung vom Schuldner auch freiwillig vor dem Rechtspfleger des Gerichts der freiwilligen Gerichtsbarkeit abgegeben werden (§§ 410 Nr. 1, 411 Abs. 1 FamFG, § 3 Nr. 1 b RPflG).

§ 1606 BGB   Rangverhältnisse mehrerer Pflichtiger

(1) Die Abkömmlinge sind vor den Verwandten der aufsteigenden Linie unterhaltspflichtig.

(2) Unter den Abkömmlingen und unter den Verwandten der aufsteigenden Linie haften die näheren vor den entfernteren.

(3) [1]Mehrere gleich nahe Verwandte haften anteilig nach ihren Erwerbs- und Vermögensverhältnissen. [2]Der Elternteil, der ein minderjähriges Kind betreut, erfüllt seine Verpflichtung, zum Unterhalt des Kindes beizutragen, in der Regel durch die Pflege und die Erziehung des Kindes.

I. Allgemeines

1   Die Vorschrift regelt die **Rangfolge der Haftung** nur unter den unterhaltspflichtigen Verwandten (→ § 1601 Rn. 3). Diesen vorrangig haften aber der Ehegatte oder der Lebenspartner (§§ 1608 S. 1 und 4, 1584 S. 1, § 16 S. 2 LPartG) oder der Verpflichtete eines Anspruchs auf Unterhalt aus Anlass der Geburt (§ 1615 l

---

87   Büttner, Durchsetzung von Auskunfts- und Rechnungslegungstiteln, FamRZ 1992, 629 f.
88   Büttner FamRZ 1992, 629 (632); OLG Karlsruhe FamRZ 2010, 1839 (1840).
89   Büttner FamRZ 1992, 629 (632).
90   Vgl. OLG Bamberg FamRZ 2004, 820 f.
91   Vgl. BGH FamRZ 1994, 101.
92   BGH NJW-RR 1993, 1154.

Abs. 3 S. 2). Die Regelung der Rangfolge der Berechtigten unter den unterhalts-bedürftigen Verwandten, auch im Verhältnis zum Ehegatten oder Lebenspartner des Pflichtigen, findet sich in § 1609, auf den für Lebenspartner verwiesen wird (§§ 5 S. 2, 12 S. 2, 16 S. 2 LPartG).

Soweit die Leistungsfähigkeit reicht, muss der Unterhaltsanspruch von dem oder den vorrangig haftenden Verwandten erfüllt werden, während die nachrangigen verschont bleiben. Diese können aber im Wege der sog Ersatzhaftung in Anspruch genommen werden, wenn es an der Leistungsfähigkeit des oder der vorrangig Verpflichteten fehlt (§ 1607 Abs. 1) oder wenn der vorrangige Anspruch gegen diese im Inland nur erschwert durchsetzbar ist (§ 1607 Abs. 2).

II. Die Rangordnung des Gesetzes

Das Gesetz regelt die Rangfolge der Haftung in drei Schritten: 2

- **Abs. 1:** Die Verwandten der absteigenden Linie (Abkömmlinge: Kinder, Enkelkinder usw) haften vor den Verwandten der aufsteigenden Linie (Eltern, Großeltern usw).
- **Abs. 2:** Innerhalb der pflichtigen ab- bzw. aufsteigenden Linie haften die näheren Verwandten vor den entfernteren.
- **Abs. 3 S. 1:** Die sich bei Anwendung von Abs. 1 bzw. Abs. 2 ergebenden gleichrangigen Verwandten haften anteilig nach ihren Erwerbs- und Vermögensverhältnissen, also nicht als Gesamtschuldner.

III. Anteilige Haftung bei Gleichrang

1. Entsprechende Anwendung. Die nach dem Gesetzeswortlaut nur für den Ver- 3 wandtenunterhalt geltende Vorschrift des Abs. 2 S. 1 wird entsprechend angewendet, wenn **gleichrangige Unterhaltsverpflichtungen außerhalb** des eigentlichen **Verwandtenunterhalts** zusammentreffen. Dies gilt, wenn eine nichteheliche Mutter zugleich Ansprüche auf Ehegattenunterhalt (§§ 1361, 1570 ff.) und aus Anlass der Geburt gegen den Vater ihres Kindes (§ 1615 l Abs. 1 bzw. 2) hat,[1] oder wenn mehrere Ansprüche auf Unterhalt aus Anlass der Geburt gegen verschiedene Väter wegen mehrerer nichtehelicher Kinder der Mutter zusammentreffen.[2]

2. Keine Anwendung (Abs. 3 S. 2). Anstelle der anteiligen Haftung ordnet das 4 Gesetz in Abs. 3 S. 2 an, dass beim Unterhalt für ein minderjähriges Kind, das von einem Elternteil betreut wird, in der Regel von **Gleichwertigkeit der Leistung von Unterhalt durch Betreuung** bzw. durch Zahlung des Barunterhalts auszugehen ist, so dass der nicht betreuende Elternteil den **vollständigen Barunterhalt** nur nach Maßgabe des allein von seinen persönlichen Einkommens- und Vermögensverhältnissen bestimmten Barbedarfs des Kindes (§ 1610) schuldet.[3] Betreuen die Eltern abwechselnd, hängt es davon ab, ob bei einem Elternteil noch die Hauptverantwortung für die Betreuung verblieben ist, wobei der zeitlichen Komponente der Betreuung eine indizielle Bedeutung zukommt.[4] Ist dies der Fall, bleibt es bei der Gleichwertigkeit von Betreuung und Barunterhalt. An-

---

1 BGH FamRZ 1998, 541.
2 BGH FamRZ 2005, 357 (358).
3 BGH FamRZ 2002, 536 (537); unzutreffend abweichend BGH FamRZ 2017, 711 (→ § 1610 Rn. 10).
4 BGH FamRZ 2006, 1015 (1017).

ders wäre es bei Praktizierung eines echten **Wechselmodells**, bei dem jeder Elternteil etwa die Hälfte der Versorgungs- und Erziehungsaufgaben wahrnimmt.[5] Dann müssen die Eltern für den Barbedarf nach Maßgabe ihrer Einkommensverhältnisse unter Berücksichtigung der erbrachten Naturalleistungen anteilig haften, und der Bedarf des Kindes würde sich nach ihren addierten verteilungsfähigen Einkünften richten.[6] Beim echten Wechselmodell und gemeinsamer elterlicher Sorge besteht mangels Obhut eines Elternteils, § 1629 Abs. 2 S. 2, keine Vertretungsbefugnis eines Elternteils, weshalb entweder eine Entscheidung nach § 1628 herbeizuführen oder ein Ergänzungspfleger zu bestellen ist. Auch ist die Geltendmachung eines familienrechtlichen Ausgleichsanspruchs zwischen den Eltern möglich.

Betreut der Vater zu etwa 43 %, bleibt der Schwerpunkt der Betreuung bei der Mutter und der Vater ist nach Maßgabe seines eigenen Einkommens allein barunterhaltspflichtig.[7] Der Bundesgerichtshof hält es für gerechtfertigt, in Fällen, in denen der barunterhaltspflichtige Elternteil ein weit über das übliche Maß hinausgehende Umgangsrecht wahrnimmt, dessen Ausgestaltung sich bereits einer Mitbetreuung annähert, im Rahmen einer Angemessenheitsprüfung eine Herunterstufung in der Düsseldorfer Tabelle vorzunehmen.

5   Handelt es sich um ein **privilegiertes volljähriges Kind**, das nach § 1603 Abs. 2 S. 2 den minderjährigen Kindern gleichgestellt ist, bleibt es bei der anteiligen Haftung beider Eltern nach Abs. 3 S. 1 für den wegen Wegfalls der Betreuung nur noch geschuldeten Barunterhalt.[8] Die Privilegierung des betreffenden volljährigen Kindes bezieht sich ausschließlich auf seinen bevorzugten unterhaltsrechtlichen Rang und die erweiterte Barunterhaltspflicht seiner Eltern nach § 1603 Abs. 2 S. 1.[9] Bei der Ermittlung der Haftungsanteile sind sowohl außerhalb des Mangelfalles als auch im Mangelfall die Barunterhaltsleistungen gegenüber minderjährigen Geschwistern wegen der grundsätzlichen Gleichrangigkeit[10] nicht vorweg abzuziehen.

6   Die Gleichwertigkeit von Betreuungs- und Barunterhalt und damit die Anwendung von Abs. 3 S. 2 kann unter Umständen entfallen, wenn dem barunterhaltspflichtigen Elternteil bei Erfüllung seiner Barunterhaltspflicht weniger als sein angemessener Selbstbehalt iSd § 1603 Abs. 1 verbleibt und bei wirtschaftlich besserer Situation des Betreuenden zu dessen Lasten unter bestimmten Voraussetzungen § 1603 Abs. 2 S. 3 anwendbar wird. Zu dem schwierigen Problem, inwieweit der **betreuende Elternteil** ungeachtet der von ihm erbrachten Betreuung **zusätzlich Barunterhalt** aufbringen muss, ausführlich → § 1603 Rn. 35 ff.

---

5   BGH FamRZ 2006, 1015 (1017).
6   BGH FamRZ 2017, 437; 2006, 1015 (1017); zur konkreten Berechnung im Detail siehe auch die Entscheidung der Vorinstanz OLG Dresden FamRZ 2016, 470.
7   BGH FamRZ 2015, 236; 2014, 917; 2007, 707 (708 f.).
8   BGH FamRZ 2011, 454; 2002, 815 (816 f.).
9   BGH FamRZ 2003, 1176 (1177).
10 OLG Stuttgart FamFR 2012, 225; OLG Saarbrücken FamRZ 2007, 1763; OLG Jena NJW-RR 2006, 507; OLG Celle FamRZ 2005, 473; OLG Koblenz FamRZ 2004, 829; aA OLG Hamm FamFR 2011, 155; OLG Celle FamRZ 2009, 790; OLG Hamburg FamRZ 2003, 181; OLG Düsseldorf FamRZ 2001, 1241; Palandt/Brudermüller § 1606 Rn. 13.

3. Anteilige Haftung. Abs. 3 S. 1 ordnet eine Verteilung der Unterhaltsquoten 7 nach Leistungsfähigkeit an[11] und begründet anstelle von gesamtschuldnerischer Haftung eine entsprechende **Teilschuld** des jeweiligen Pflichtigen.[12]

Die anteilige Haftung von Eltern kann trotz Abs. 3 S. 2 auch bei **minderjährigen Kindern** eintreten, nämlich wenn das Kind von keinem der Eltern betreut wird, weil es auswärts, zB bei den Großeltern oder in einem Heim, untergebracht ist[13] oder bei der Haftung für Mehr- bzw. Sonderbedarf. In den letztgenannten Fällen ist vom Einkommen des barunterhaltspflichtigen Elternteils vor der Ermittlung der Haftungsanteile zunächst der geschuldete Barunterhalt abzuziehen.[14]

Die anteilige Haftung der Unterhaltspflichtigen betrifft den durch eigene Ein- 8 künfte nicht gedeckten Unterhaltsbedarf (§ 1610) des Berechtigten. Der Bedarf bzw. ggf. der ungedeckte Restbedarf ist von den anteilig Unterhaltspflichtigen nach Maßgabe ihrer gem. § 1603 zu bestimmenden Leistungsfähigkeit anteilig zu tragen. Die Quotierung geschieht nach einem **Verteilungsschlüssel**. Vor dessen Ermittlung ist bei jedem Unterhaltspflichtigen ein **Sockelbetrag** in Höhe des **angemessenen Eigenbedarfs** (für privilegierte volljährige Kinder → § 1603 Rn. 43) vom verteilungsfähigen Einkommen abzuziehen.[15] Hiermit soll verhindert werden, dass die schwächer leistungsfähigen Pflichtigen wie bei einer rein linearen Verhältnisrechnung einen höheren Prozentsatz ihres den Selbstbehalt übersteigenden Einkommens einsetzen müssen als die Leistungsstärkeren.[16] Bei einem volljährigen, nicht privilegierten Kind wäre der sogenannte große oder angemessene Selbstbehalt (→ § 1603 Rn. 24) maßgeblich, der zB nach Düsseldorfer Tabelle, Abschnitt A Anm. 5 (Stand: 1.1.2017) 1.300 EUR beträgt. Der Verteilungsschlüssel, also unter welcher Prozentsatz des zu bezahlenden Gesamtunterhalts zB unter den Pflichtigen A und B auf den Pflichtigen A fällt, wird danach wie folgt bestimmt:

$$\frac{(\text{Einkommen A} - \text{Sockelbetrag}) \times 100\,\%}{\text{Einkommen A} + \text{Einkommen B} - 2 \times \text{Sockelbetrag}} = \text{Prozentsatz}$$

Der **Verteilungsschlüssel** kann bei Barunterhaltspflicht beider Eltern für ein min- 9 derjähriges Kind **wertend** zu **verändern** sein, soweit ein Elternteil in beachtenswertem Umfang eine erforderlich gebliebene Restbetreuung durchführt,[17] zB bei Internatsaufenthalt des Kindes eine regelmäßige Restbetreuung an den Wochenenden und in Ferienzeiten. Auch ein vorübergehender Auslandsaufenthalt des Kindes lässt Betreuungsleistungen nicht vollständig entfallen, so dass diese beim sonst betreuenden Elternteil dessen Anteil am Barunterhalt vermindern können.[18] Eine Änderung des Verteilungsschlüssels kann auch beim Unterhalt für ein volljähriges Kind geboten sein, wenn ein Elternteil durch seinen erhöhten Einsatz für die Betreuung eines volljährigen behinderten Kindes besonders belastet ist.[19]

---

11 BGH FamRZ 1986, 153 (154).
12 BGH FamRZ 1986, 153.
13 OLG Brandenburg FamRZ 2004, 396.
14 BGH FamRZ 2013, 1563.
15 BGH FamRZ 2009, 962; OLG Stuttgart FamRZ 2015, 935.
16 BGH FamRZ 1986, 153 (154).
17 Wendl/Dose/Klinkhammer § 2 Rn. 432, 436, 577.
18 OLG Braunschweig OLGReport 2008, 322 ff. = FamRZ 2007, 2004 (Ls.).
19 KG FamRZ 2003, 1864 (1865) mwN.

IV. Familienrechtlicher Ausgleichsanspruch

10 Bezahlt der allein barunterhaltspflichtige Elternteil oder einer der anteilig barunterhaltspflichtigen Elternteile den von ihm geschuldeten (Teil-)Unterhalt nicht, springt vielfach der andere Elternteil ein und übernimmt die ihn nicht betreffende Unterhaltsschuld zusätzlich. Soweit er tatsächlich geleistet hat, steht ihm der von der BGH-Rechtsprechung geschaffene familienrechtliche Ausgleichsanspruch zur Verfügung, der über die Ersatzvorschriften des allgemeinen Schuldrechts hinausgeht. Das Einspringen des insoweit nicht pflichtigen Elternteils kann auf rein tatsächlichen Gründen oder auch auf rechtlicher Verpflichtung beruhen. Ein Kind muss sich beispielsweise nicht darauf verweisen lassen, dass der andere Elternteil im Hinblick auf die **Zurechnung fiktiven Einkommens** als leistungsfähig zu behandeln ist.[20] Eine Rechtspflicht zum Einspringen würde auch über den entsprechend anwendbaren § 1607 Abs. 2 S. 1 bestehen, falls die Rechtsverfolgung gegen den pflichtigen Elternteil im Inland erheblich erschwert wäre. Im Hinblick auf die Gleichstellung von ehelichen und **nichtehelichen Kindern** kann der Anspruch nicht auf das Unterhaltsverhältnis zu ehelichen Kindern beschränkt sein.[21]

Problematisch ist die Frage, ob der Ausgleichsanspruch auch die vom Barunterhaltspflichtigen zusätzlich übernommene Betreuung des Kindes betreffen kann (→ Rn. 11).

11 **Voraussetzung des Ausgleichsanspruchs** ist, dass der betreffende Elternteil anstelle des auch im Innenverhältnis beider Eltern unterhaltspflichtigen anderen Elternteils die Verpflichtung zur Leistung von (anteiligem) Barunterhalt an das Kind erfüllt hat.[22] Ob er zum Zeitpunkt der Leistung stets die Absicht haben muss, vom pflichtigen Elternteil Ersatz zu verlangen, ist unklar. Wegen §§ 1360 b, 1361 Abs. 4 S. 4 dürfte dies nur bei einem ehelichen Kind gelten, solange die Eltern nicht geschieden sind.[23] Kein Anspruch besteht, wenn der leistende Elternteil nur eine gegen ihn **durch rechtskräftige Entscheidung festgelegte Barunterhaltspflicht erfüllt**, weil er seine Leistung dann nicht anstelle des anderen Elternteils erbringt und im Übrigen auf ein Abänderungsverfahren verwiesen ist.[24] Kann allerdings der Kindesunterhalt nicht mehr geltend gemacht werden, weil das Kind zum bislang barunterhaltspflichtigen Elternteil **wechselt** oder **volljährig** wird, ist der Weg über den familienrechtlichen Ausgleichsanspruch grundsätzlich eröffnet.[25] Die **Höhe des Ausgleichsanspruchs** richtet sich nicht nach den wirtschaftlichen Verhältnissen des barunterhaltspflichtigen Elternteils, sondern denjenigen des den Anspruch geltend machenden Elternteils, da dieser für das Kind nicht mehr Geld hat ausgeben können, als es seinen eigenen wirtschaftlichen Möglichkeiten entsprochen hatte.[26]

12 **Ausgleich für die Vergangenheit** setzt Verzug des anderen Elternteils oder Rechtshängigkeit des Ausgleichsanspruchs entsprechend § 1613 Abs. 1 voraus.[27]

---

20 OLG Brandenburg FamRZ 2004, 396 mwN.
21 Vgl. zum Ergebnis Gießler, Anm. zu OLG Naumburg FamRZ 2009, 60; 2009, 620.
22 BGH FamRZ 1981, 761.
23 Vgl. BGH FamRZ 1989, 850 (852); Gießler, Anm. zu OLG Naumburg FamRZ 2009, 60; 2009, 620.
24 BGH FamRZ 1981, 761.
25 BGH FamRZ 2013, 1027.
26 BGH FamRZ 1989, 850; Palandt/Brudermüller § 1606 Rn. 18.
27 BGH FamRZ 1989, 850 (852); OLG Jena FamRZ 2009, 892 (893).

Für eine rückwirkende Geltendmachung ab Rechtshängigkeit genügt aber auch, dass wegen des betreffenden Unterhaltsanspruchs des Kindes von dem einspringenden Elternteil als dem gesetzlichen Vertreter des Kindes Klage erhoben wurde.[28] Überhaupt genügt Verzug mit der Unterhaltsverpflichtung gegenüber dem Kind oder die Aufforderung zur Auskunftserteilung durch das Kind.[29]

Als Unterfall des familienrechtlichen Ausgleichsanspruchs stellt sich der **Anspruch** eines ebenfalls kindergeldberechtigten Elternteils **auf Kindergeldausgleich** gegen den anderen Elternteil dar, der das Kindergeld bezogen hatte, ohne dass es im Rahmen des Kindesunterhalts wegen entsprechender Bedarfsdeckung (vgl. § 1612 b Abs. 1) hälftig zugunsten des Anspruchstellers berücksichtigt wurde.[30] Ein Ausgleichsfall kann auch auftreten, wenn Eltern unter sich die Freistellung von Kindesunterhalt vereinbart haben, so dass ein Ausgleich über bezahlten Kindesunterhalt nicht möglich war.[31] Der Anspruch auf Kindergeldausgleich unterliegt denselben Beschränkungen wie der allgemeine Ausgleichsanspruch.[32] Verlangt ein Elternteil im Fall eines echten Wechselmodells ohne Berechnung der anteiligen Barunterhaltspflichten lediglich isoliert einen Kindergeldausgleich, betrifft dies nur den hälftigen Anteil, der auf den Betreuungsunterhalt entfällt, so dass nur ¼ des Kindergeldes zum Ausgleich kommt.[33]

V. Darlegungs- und Beweislast

Soll nur einer von mehreren anteilig haftenden Verwandten in Anspruch genommen werden, erstreckt sich die Darlegungs- und Beweislast auf den Umstand, dass die gleichrangigen anderen Verwandten als Unterhaltsschuldner aufgrund ihrer Einkommens- und Vermögenssituation ausscheiden.[34] Zur **Ermittlung des jeweiligen Haftungsanteils** müssen ggf. die Einkommens- und Vermögensverhältnisse aller anteilig Haftenden dargelegt werden.[35] Insofern hat der Berechtigte Auskunftsansprüche gem. § 242 gegen sämtliche anteilig Haftenden.[36]

Beim **familienrechtlichen Ausgleichsanspruch** ist die Leistung von Unterhalt anstelle des anderen Elternteils bei dessen gleichzeitig vorliegender Unterhaltsverpflichtung darzulegen sowie ggf. die Voraussetzungen für die Berechtigung, Erstattung für die Vergangenheit zu fordern. Soweit es bei verheirateten Eltern auf die Frage ankommt, ob der Erstattung verlangende Elternteil diese Absicht bereits bei Leistung hatte, sind – weil diese Absicht im Zweifel nach den Umständen auf der Hand liegt – in der Regel nur geringe Anforderungen zu stellen.[37] Insbesondere wenn die Eltern getrennt lebende Eheleute sind, lassen sich keine hohen Anforderungen rechtfertigen, da ein Ehegatte in diesem Fall den anderen im Zweifel nicht begünstigen will.[38]

---

28 BGH FamRZ 1989, 850 (852); OLG Jena FamRZ 2009, 892 (893).
29 Gießler, Anm. zu OLG Naumburg FamRZ 2009, 60, FamRZ 2009, 620.
30 BGH FamRZ 1988, 834 f.
31 OLG Schleswig FamRZ 1998, 128.
32 BGH FamRZ 1988, 834 f.
33 BGH FamRZ 2016, 1053.
34 OLG Jena FamRZ 2006, 569; OLG Kiel FamRZ 1996, 753; OLG Hamm FamRZ 1996, 116.
35 OLG Jena FamRZ 2006, 569; OLG Frankfurt/M. FamRZ 2004, 1745 (1746).
36 OLG Frankfurt/M. FamRZ 2004, 1745 (1746).
37 Vgl. BGH FamRZ 1989, 850 (852).
38 Wendl/Dose/Klinkhammer § 2 Rn. 777.

§ 1607 BGB Ersatzhaftung und gesetzlicher Forderungsübergang

(1) Soweit ein Verwandter auf Grund des § 1603 nicht unterhaltspflichtig ist, hat der nach ihm haftende Verwandte den Unterhalt zu gewähren.

(2) [1]Das Gleiche gilt, wenn die Rechtsverfolgung gegen einen Verwandten im Inland ausgeschlossen oder erheblich erschwert ist. [2]Der Anspruch gegen einen solchen Verwandten geht, soweit ein anderer nach Absatz 1 verpflichteter Verwandter den Unterhalt gewährt, auf diesen über.

(3) [1]Der Unterhaltsanspruch eines Kindes gegen einen Elternteil geht, soweit unter den Voraussetzungen des Absatzes 2 Satz 1 anstelle des Elternteils ein anderer, nicht unterhaltspflichtiger Verwandter oder der Ehegatte des anderen Elternteils Unterhalt leistet, auf diesen über. [2]Satz 1 gilt entsprechend, wenn dem Kind ein Dritter als Vater Unterhalt gewährt.

(4) Der Übergang des Unterhaltsanspruchs kann nicht zum Nachteil des Unterhaltsberechtigten geltend gemacht werden.

I. Allgemeines

1   Die Vorschrift ordnet an, wann **nachrangige Verwandte** zugunsten des bedürftigen Unterhaltsberechtigten einspringen müssen, weil vorrangig pflichtige Verwandte ausfallen. Abs. 1 betrifft den Ausfall wegen fehlender Leistungsfähigkeit, Abs. 2 den Ausfall wegen unmöglicher oder erheblich erschwerter Rechtsverfolgung im Inland. Unter **gleichrangigen Verwandten** muss Abs. 1 nicht angewendet werden, weil die anderen, wenn einer von ihnen leistungsunfähig ist, schon nach § 1606 Abs. 3 S. 1 – ggf. anteilig – in vollem Umfang und ohne Rückgriffsmöglichkeit gegen den Ausgefallenen haften.[1] Soweit erheblich erschwerte Rechtsverfolgung im Inland die Inanspruchnahme eines gleichrangigen Verwandten hindert, wird Abs. 2 entsprechend angewendet.[2]

Zu beachten ist, dass das Gesetz **keine Ersatzhaftung nur nach dem Stamm des ausfallenden Unterhaltspflichtigen** vorsieht.[3] Ist zB der allein barunterhaltspflichtige Kindesvater nicht leistungsfähig, haften väterliche und mütterliche Großeltern jeweils anteilig.

2   § 1607 gilt über gesetzliche Verweisungsvorschriften oder nach der Rechtsprechung auch für vorrangige Unterhaltsverhältnisse außerhalb des Verwandtschaftsunterhalts. Ist der den Verwandten vorgehende **Vater des nichtehelichen Kindes** für den Unterhalt der Mutter nicht leistungsfähig oder ist die Rechtsverfolgung gegen ihn erheblich erschwert, führt die Verweisung in § 1615 l Abs. 3 S. 1 zur entsprechenden Anwendung von § 1607, so dass die Verwandten der Mutter,[4] nicht aber die Verwandten des Vaters,[5] in Anspruch genommen werden können. Bei fehlender Leistungsfähigkeit des vorrangig haftenden **Ehegatten** oder **Lebenspartners** wird die Ersatzhaftung der Verwandten in §§ 1608 S. 2 und 4, 1584 S. 2, § 16 S. 2 LPartG unmittelbar angeordnet. Soweit eine Unterhaltsverpflichtung wegen Leistungsunfähigkeit entfällt, müssen die Verwandten

---

1   Palandt/Brudermüller § 1607 Rn. 7; Finger, Anm. zu OLG München FamRZ 1999, 1166; FamRZ 1999, 1298 wendet § 1607 Abs. 1 entsprechend an.
2   Wendl/Dose/Klinkhammer § 2 Rn. 788 ff. mwN.
3   OLG Frankfurt/M. FamRZ 2004, 1745.
4   OLG München FamRZ 1999, 1166.
5   OLG Nürnberg FamRZ 2001, 1322; OLG Brandenburg NJW-RR 2003, 1515.

ohne Rückgriffsmöglichkeit nach §§ 1608 S. 3, 1607 Abs. 2 S. 2 einspringen.[6] Andererseits wird in §§ 1608 S. 3 und 4, 1584 S. 3, § 16 S. 2 LPartG die den Fall erschwerter Rechtsverfolgung betreffende Regelung in Abs. 2 und 4 für entsprechend anwendbar erklärt.

Ist die **nichteheliche Kindesmutter bei Geburt des Kindes verheiratet** gewesen, haftet der mit dem leistungsunfähigen Kindesvater gleichrangig haftende Ehemann, soweit ein ehelicher Unterhaltstatbestand gegeben ist, gem. § 1606 Abs. 3 S. 1 anstelle des Kindesvaters (näher → § 1615 l Rn. 41). Soweit eine erheblich erschwerte Rechtsverfolgung im Inland die Geltendmachung des Anspruchs gegen den Kindesvater hindert, kommt in analoger Anwendung von Abs. 2 eine Ersatzhaftung des Ehemanns in Betracht.[7]

II. Ersatzhaftung nach Abs. 1

Die in Abs. 1 angeordnete Ersatzhaftung, bei der die Rangfolge der Verpflichteten zu beachten ist (→ Rn. 9), entsteht nur, wenn und soweit die vorrangigen Verwandten **mangels Leistungsfähigkeit iSd § 1603 Abs. 1** den geschuldeten Unterhaltsbedarf nicht voll erbringen können. Zwar nimmt Abs. 1 den § 1603 vollständig in Bezug. Aus Abs. 2 S. 3 Hs. 1 dieser Vorschrift ergibt sich aber, dass die über Abs. 1 hinaus verschärfte Haftung eines unterhaltspflichtigen Elternteils nicht gilt, wenn andere unterhaltspflichtige Verwandte des Kindes da sind (→ Rn. 5). Bezüglich des Sonderproblems, ob dann der betreuende Elternteil einspringen muss, → § 1603 Rn. 35 ff. 3

Für die in §§ 1608 S. 2 und 4, 1584 S. 2, § 16 S. 2 LPartG unmittelbar angeordnete **Ersatzhaftung** von Verwandten **anstelle von Ehegatten** und Lebenspartnern gelten die Ausführungen zu Abs. 1 entsprechend.

Die Ersatzhaftung des nachrangigen Verwandten wegen Leistungsunfähigkeit, sei es nach Abs. 1 unmittelbar oder in entsprechender Anwendung bzw. aufgrund entsprechender anderweitiger Gesetzesregelung, greift immer nur für den **Zeitraum der Leistungsunfähigkeit** des vorrangigen Unterhaltspflichtigen ein. Sie erfasst keine vorher entstandenen Rückstände und endet mit der Wiederherstellung der Leistungsfähigkeit.[8] 4

1. Leistungsunfähigkeit. Über die Frage, ob es an der Leistungsfähigkeit des vorrangig Pflichtigen fehlt, ist nach § **1603 Abs. 1** und den dazu dargelegten Kriterien zu entscheiden. Es kommt daher gegenüber minderjährigen Kindern auf den notwendigen und gegenüber volljährigen Kindern auf den angemessenen Selbstbehalt an.[9] 5

Kein Fall mangelnder Leistungsfähigkeit liegt vor, soweit dem vorrangig haftenden Pflichtigen wegen Verletzung seiner Erwerbsobliegenheit ausreichende **fiktive Einkünfte** zuzurechnen sind. Eine Ersatzhaftung von Verwandten entsprechend Abs. 1 scheidet in diesem Umfang aus. Allerdings kann dann eine Ersatzhaftung nach oder entsprechend Abs. 2 wegen erheblich erschwerter Rechtsverfolgung im Inland in Betracht kommen (→ Rn. 10). 6

---

6 Finger FamRZ 1999, 1298.
7 BGH FamRZ 1998, 541 (544).
8 Wendl/Dose/Klinkhammer § 2 Rn. 788; Staudinger/Engler § 1607 Rn. 7.
9 OLG Hamm FamRZ 2005, 57; Palandt/Brudermüller § 1607 Rn. 5; MK/Born § 1607 Rn. 4; aA Wendl/Dose/Wönne § 2 Rn. 1028.

7 **2. Unterhaltsbedarf.** Der Bedarf des unterhaltsberechtigten Bedürftigen ändert sich für die Ersatzhaftung grundsätzlich nicht, sondern bestimmt sich gemäß Abs. 1 weiter aus seiner eigenen Lebensstellung (§ 1610). Bei Kindern mit abgeleiteter Lebensstellung bedeutet dies, dass sich ihr Bedarf nach der Lebensstellung ihrer nicht leistungsfähigen Eltern, nicht etwa nach der Lebensstellung wohlhabender Großeltern bemisst.[10] Bei minderjährigen Kindern ist – vorbehaltlich der Leistungsfähigkeit – aber wenigstens der Mindestbedarf in Höhe des Mindestunterhalts nach § 1612 a Abs. 1 geschuldet (→ § 1612 a Rn. 1–3).

Problematisch ist, wie sich der Bedarf eines minderjährigen Kindes bestimmt, wenn auch der **betreuende Elternteil,** zB durch Erkrankung, **leistungsunfähig** geworden ist. Hier wird es ggf. auf die zur Sicherstellung der Betreuung zusätzlich aufzuwendenden Kosten ankommen.[11]

III. Ersatzhaftung nach Abs. 2

8 **1. Allgemeine Voraussetzungen.** Lässt sich der Unterhaltsanspruch gegen den pflichtigen Verwandten, obwohl er leistungsfähig ist oder als leistungsfähig zu behandeln wäre, nicht realisieren, bleibt der Unterhaltsbedarf des bedürftigen Berechtigten ungedeckt. Hierzu ordnet das Gesetz für den Fall erheblich erschwerter **Durchsetzbarkeit des Anspruchs im Inland** an, dass die nachrangig haftenden Verwandten einspringen (Abs. 2 S. 1). Allerdings geht in diesem Fall der gegen den vorrangig Haftenden bestehende Unterhaltsanspruch im Umfang der Leistung auf den nachrangig Haftenden im Wege des **gesetzlichen Forderungsübergangs** über (Abs. 2 S. 2). Für die zusätzliche Inanspruchnahme eines gleichrangig Haftenden anstelle des gleichrangigen Pflichtigen ist Abs. 2 entsprechend anzuwenden.[12] Über §§ 1608 S. 3 und 4, 1584 S. 3, § 16 S. 2 LPartG gilt Abs. 2 auch bei vorrangiger Haftung des **Ehegatten** oder des **Lebenspartners** sowie über § 1615 l Abs. 3 S. 1 für den **Vater des nichtehelichen Kindes.** Soweit gleichrangige Ansprüche der Mutter eines nichtehelichen Kindes auf Unterhalt aus Anlass der Geburt und auf Ehegattenunterhalt konkurrieren, kommt ebenfalls eine entsprechende Anwendung von Abs. 2 in Betracht (→ Rn. 2).

9 Auch bei der Ersatzhaftung nach Abs. 2 ist die Rangfolge der Verpflichteten zu beachten. Zunächst haften die Gleichrangigen und erst danach die vom Gesetz als nachrangig Eingestuften.[13] Die Ersatzhaftung des nachrangigen oder gleichrangigen Verwandten nach Abs. 2 S. 1 greift immer nur für den **Zeitraum der erschwerten Rechtsverfolgung** gegen den vorrangigen (gleichrangigen) Unterhaltspflichtigen ein. Sie erfasst keine vorher entstandenen Rückstände und endet mit dem Wegfall der Erschwerungen.[14] Fraglich ist, ob die Ersatzhaftung für diejenigen Rückstände bestehen bleibt, die während des Zeitraums der Ersatzhaftung aufgelaufen sind und für welche mangels Leistung der Unterhaltsanspruch noch nicht nach Abs. 2 S. 2 übergegangen ist. Dies müsste für rechtskräftig oder durch Prozessvergleich titulierte rückständige Ansprüche gelten, weil dem Berechtigten jedenfalls insoweit weder ein Verzicht auf den Titel noch eine Neuti-

---

10 Finger FamRZ 1999, 1298; OLG Karlsruhe FamRZ 2001, 782 (783); LG Regensburg FamRZ 1986, 93 (Ls.).
11 Vgl. die ausführliche Darstellung von Kuhnigk, Die Bedarfsberechnung beim Kindesunterhalt durch Verdoppelung der Tabellenbeträge, FamRZ 2002, 923 ff.
12 Finger FamRZ 1999, 1298 (1299).
13 Wendl/Dose/Klinkhammer § 2 Rn. 797; Staudinger/Engler § 1607 Rn. 4.
14 Staudinger/Engler § 1607 Rn. 22.

tulierung gegen den vorrangigen Unterhaltsschuldner zumutbar ist, als erfolgreich vollstreckt werden kann. Anders liegt die Sache in den übrigen Fällen, weil auch die Haftung des Primärschuldners, wie Abs. 2 S. 2 zeigt, bestehen blieb.

2. Erforderliche Hindernisse der Rechtsverfolgung. Die Rechtsverfolgung wegen 10 des Unterhaltsanspruchs gegen den vorrangigen Pflichtigen muss im Inland ausgeschlossen oder erheblich erschwert sein.[15]

Im Inland ausgeschlossen:

- bei rechtlichem Hindernis, weil die Vaterschaft zu einem nichtehelichen Kind mangels Anerkennung oder gerichtlicher Feststellung der Vaterschaft noch nicht feststeht (§§ 1594 Abs. 1, 1600 d Abs. 1),
- bei unbekanntem Aufenthaltsort des Pflichtigen,[16]
- bei Wohnsitz des Pflichtigen im Ausland, soweit nicht über den in den Mitgliedstaaten der EU geltenden Art. 5 Nr. 2 EuGVVO für die Titulierung der Wohnsitz des Unterhaltsberechtigten maßgeblich ist.[17] Die Rechtsverfolgung im Inland kann aber dann für die Vollstreckung ausgeschlossen sein (s. nächsten Punkt);
- bei fehlender Vollstreckungsmöglichkeit im Inland, weil der Pflichtige im Inland kein Vermögen hat,[18]
- bei fehlender inländischer Gerichtszuständigkeit oder bei zu beachtender Exterritorialität (Immunität) des Pflichtigen,
- bei verantwortungsloser, zumindest leichtfertiger und unterhaltsbezogener Herbeiführung der Leistungsunfähigkeit, so dass sich der Pflichtige unterhaltsrechtlich nicht auf sie berufen darf, zB durch Straftaten mit entsprechendem unterhaltsrechtlichem Bezug und dadurch verursachter Haftstrafe,[19]
- wenn die (rechtliche) Leistungsfähigkeit des vorrangigen Pflichtigen ohne Vermögen und ohne tatsächliche Einkünfte nur aufgrund der Zurechnung fiktiver Einkünfte besteht, weil auf solche Einkünfte nicht im Wege der Vollstreckung zugegriffen werden kann.[20]

Im Inland erheblich erschwert:

- bei voraussichtlicher Erfolglosigkeit der Zwangsvollstreckung gegen den an sich leistungsfähigen oder als leistungsfähig zu behandelnden Pflichtigen, der seine Einkünfte oder seine Vermögenswerte verschleiert,[21]
- wenn ein Vorgehen gegen den Unterhaltspflichtigen wegen ständigen Wohnsitzwechsels und bloßer Annahme dauernd wechselnder Gelegenheitsarbeiten praktisch nutzlos erscheint.

Ein volljähriges Kind kann von einem der beiden Elternteile den vollen Unter- 11 halt verlangen, wenn es vom anderen Elternteil, der wegen der Zurechnung fiktiver Einkünfte ebenfalls als leistungsfähig zu beurteilen ist, auch mithilfe eines Vollstreckungstitels keinen Unterhalt erlangen könnte.[22] Großeltern müssen den

---

15 Zu Einzelfällen s. auch Finger FamRZ 1999, 1298 (1299).
16 BGH FamRZ 1971, 571 (573).
17 Vgl. BGH FamRZ 2002, 21 zu Art. 5 Nr. 2 EuGVÜ; Henrich, Anm. zu AG Leverkusen FamRZ 2003, 627 (629).
18 BGH FamRZ 2006, 26 (30).
19 Vgl. AG Bad Homburg FamRZ 1999, 1450.
20 BGH FamRZ 2006, 26 (30); OLG Nürnberg FamRZ 2000, 687 (688).
21 Vgl. BGH FamRZ 2006, 26 (30).
22 OLG Koblenz FamRZ 1989, 307; OLG Karlsruhe FamRZ 1991, 971 (973).

Enkeln Unterhalt gewähren, falls ein Vorgehen gegen den als Elternteil allein unterhaltspflichtigen Vater, weil dieser ständig den Wohnsitz wechselt und keine Arbeit aufnimmt, praktisch nutzlos erscheint.[23] Bezahlt ein allein unterhaltspflichtiger Vater trotz Titulierung nur einen Teil des Kindesunterhalts und scheitern Vollstreckungsmaßnahmen, müssen die Großeltern für den Rest einspringen.[24] Die Ersatzhaftung betrifft in solchen Fällen nicht nur die väterlichen Großeltern, sondern auch die mütterlichen Großeltern, weil das Gesetz keine Ersatzhaftung nur nach dem Stamm des ausfallenden Unterhaltspflichtigen vorsieht.[25]

Der Anspruch auf Unterhaltszahlung aufgrund einstweiliger Anordnung gem. § 247 FamFG dürfte vor der Anerkennung oder Feststellung der Vaterschaft keine Ersatzhaftung von Verwandten im Wege einer entsprechenden einstweiligen Verfügung auslösen können, da sich der gesetzliche Verfügungsgrund nur gegen die Person des vermuteten Vaters richtet.

12 **3. Gesetzlicher Übergang des Unterhaltsanspruchs. a) Nach Abs. 2 S. 2.** Durch den gesetzlichen Übergang des Anspruchs gegen den Erstschuldner nach Abs. 2 S. 2 wird das Weiterbestehen des an sich durch Erfüllung untergegangenen Anspruchs zugunsten des nachrangigen Schuldners, der geleistet hat, fingiert. Der Übergang findet höchstens im Umfang des gewährten Unterhalts nur dann statt, wenn der Nachrangige aufgrund seiner bestehenden **Ersatzhaftung** wegen ausgeschlossener oder erheblich erschwerter Rechtsverfolgung gegen den oder die Vorrangigen nach Abs. 2 S. 1 geleistet hat, nicht wenn dies ein überhaupt nicht pflichtiger Verwandter oder ein anderer nachrangiger Schuldner freiwillig getan hat, den nach seiner Stellung in der Rangfolge die Pflicht zur Ersatzhaftung nicht getroffen hätte.[26] Es erscheint jedoch mit dem Gesetzeszweck vereinbar, wenn der Übergang zugunsten eines gem. Abs. 2 S. 1 nachrangig anteilig haftenden Verwandten, der die volle Leistung anstelle des oder der Gleichrangigen erbracht hat, in vollem Umfang stattfindet. Sonst müsste im Fall der Ersatzhaftung nach Abs. 2 S. 1 der Streit über den Umfang der anteiligen Ersatzhaftung zulasten des bedürftigen Berechtigten immer bis zur letzten Konsequenz ausgefochten werden.

Einwendungen gegen den übergegangenen Anspruch bleiben grundsätzlich erhalten.[27] Hängt die Höhe des Anspruchs wie beim Minderjährigenunterhalt von den bedarfsbestimmenden Einkommensverhältnissen des barunterhaltspflichtigen Elternteils ab, kann der gegen diesen übergegangene Anspruch niedriger zu bemessen sein, als es der tatsächlichen Unterhaltsgewährung durch den Begünstigten des Forderungsübergangs entspricht.[28] Die Regelungen des § 1613 bezüglich der Geltendmachung von **Unterhalt für die Vergangenheit** begrenzen auch den übergegangenen Anspruch.[29]

13 **b) Nach Abs. 3.** Dieser Absatz der Vorschrift ordnet, beschränkt auf die Erfüllung von **Ansprüchen gegen Eltern auf Kindesunterhalt**, den Übergang des Un-

---

23 AG Alsfeld DAVorm 1974, 518; vgl. auch AG Bad Homburg FamRZ 1999, 1450 zur Unterhaltsverweigerung, verbunden mit Haftzeiten wegen ständiger Straffälligkeit.
24 OLG München NJW-RR 2000, 1248.
25 OLG Frankfurt/M. FamRZ 2004, 1745.
26 BT-Drs. 13/7338, 21 – RegE zum Kindesunterhaltsgesetz v. 6.4.1998.
27 Palandt/Brudermüller § 1607 Rn. 14.
28 KG FamRZ 2000, 441 (442).
29 OLG Jena FamRZ 2006, 569.

terhaltsanspruchs gegen den pflichtigen Elternteil an, wenn einerseits die Voraussetzungen einer Ersatzhaftung nach Abs. 2 S. 1 vorliegen, aber auf freiwilliger Basis ein nicht pflichtiger Verwandter – also auch ein Verwandter der Seitenlinie[30] – oder der Ehegatte des anderen Elternteils geleistet hat.[31] Ebenso wird behandelt, wer als rechtlicher **Scheinvater** des Kindes den Unterhalt erbracht hat (Abs. 3 S. 2). Dies gilt auch dann, wenn der Scheinvater wusste, dass er nicht der biologische Vater ist.[32] Der Anspruch kann erst nach wirksamer Vaterschaftsanfechtung und anschließender Anerkennung oder gerichtlicher Feststellung der richtigen Vaterschaft durchgesetzt werden (§§ 1594 Abs. 1, 1600 d Abs. 4).[33] Wirken Mutter und Kind an der Vaterschaftsfeststellung nicht mit, kann der Scheinvater nach erfolgreicher Vaterschaftsanfechtung im Unterhaltsregress gegen den von ihm angenommenen Vater dessen Vaterschaft inzidenter feststellen lassen, weil er ansonsten keine Möglichkeit hätte, seine unterhaltsrechtlichen Regressansprüche durchzusetzen.[34] Die rückwirkende Geltendmachung erlaubt § 1613 Abs. 2 Nr. 2 Buchst. a. Da die Ansprüche gegen den wirklichen Vater übergehen, ist der **Umfang der übergegangenen Ansprüche** ggf. aufgrund von dessen Einkommens- und Vermögensverhältnissen begrenzt, soweit sie den Bedarf des Kindes (mit)bestimmen.[35] Wegen eines vorbereitenden Auskunftsanspruchs gegen die Kindesmutter → § 1601 Rn. 3.

4. Benachteiligungsverbot bei Forderungsübergang. Der Umstand, dass Unterhaltsansprüche nach Abs. 2 S. 2 oder nach Abs. 3 übergegangen sind, soll den laufenden Unterhalt des Berechtigten nicht gefährden. Deswegen ordnet Abs. 4 ein Benachteiligungsverbot an. Dies bedeutet, dass die Leistungsfähigkeit des Schuldners für den laufenden Unterhalt durch die übergangenen Ansprüche für zurückliegende Zeiten nicht beeinträchtigt wird. Das Benachteiligungsverbot ist sowohl im Verhältnis zwischen Unterhaltsberechtigten und Unterhaltspflichtigen als auch im Verhältnis zwischen Legalzessionar und Unterhaltsschuldner zu berücksichtigen.[36] Es hindert den Zessionar nicht, die übergegangenen Ansprüche gerichtlich durchzusetzen. Ggf. empfiehlt es sich, die Entscheidungsformel mit der Einschränkung zu versehen, dass nur vollstreckt werden darf, wenn und soweit der Unterhaltsgläubiger bei der Durchsetzung seiner Unterhaltsforderung nicht benachteiligt wird.[37] Dies dient ggf. der Unterrichtung des Vollstreckungsorgans, weil das Benachteiligungsverbot im Übrigen im Vollstreckungsverfahren gem. § 120 Abs. 1 FamFG, §§ 850 c Abs. 1 S. 2, 850 d Abs. 1 S. 2 ZPO von Amts wegen zu berücksichtigen ist.[38] 14

IV. Verfahren

1. Darlegungs- und Beweislast. Will der Unterhaltsberechtigte einen gem. Abs. 1 nachrangig Haftenden in Anspruch nehmen, muss er die **Leistungsunfähigkeit** des vorrangig Pflichtigen zur Deckung seines vollen Bedarfs darlegen und bewei- 15

---

30 Palandt/Brudermüller § 1607 Rn. 16.
31 BT-Drs. 13/7338, 21.
32 LG Bielefeld FamRZ 2006, 1149 (1150); OLG Schleswig FamRZ 2007, 2102 (2103).
33 BGH FamRZ 1993, 696 (697).
34 BGH FamRZ 2009, 32; 2008, 1424 (1426).
35 KG FamRZ 2000, 441 f.
36 BGH FamRZ 2006, 1664 (1665) zum vergleichbaren § 7 Abs. 3 S. 2 UVG.
37 BGH FamRZ 2006, 1664 (1666).
38 BGH FamRZ 2006, 1664 (1666).

sen.[39] Nimmt er einen von mehreren nachrangig und damit anteilig Haftenden in Anspruch, erstreckt sich seine Darlegungs- und Beweislast auch auf die eine anteilige Haftung ausschließende Vermögens- und Einkommenssituation der anderen gleichrangigen Pflichtigen, zB der anderen Großelternteile.[40] Will der Unterhaltsberechtigte einen nachrangig Haftenden gem. Abs. 2 S. 1 in Anspruch nehmen, muss er die Umstände darlegen und beweisen, aus denen sich der Ausschluss oder die erhebliche **Erschwernis der Rechtsverfolgung** im Inland ergibt.[41] Liegt zB ein auf fiktivem Einkommen beruhender Vollstreckungstitel vor, muss dargetan werden, dass Vollstreckungsversuche gegen den Pflichtigen erfolglos waren bzw. dass der Pflichtige kein vollstreckungsfähiges Vermögen und keine vollstreckungsfähigen Einkünfte hat.[42]

16 **2. Klage wegen übergegangener Ansprüche.** Die übergegangenen Ansprüche betreffen die gesetzliche Unterhaltspflicht (§§ 111 Nr. 8 u. 11, 231 Abs. 1, 269 Abs. 1 Nr. 8 u. 9 FamFG) und sind als Familienstreitsachen (§ 112 Nr. 1 FamFG) vor den **Familiengerichten** geltend zu machen.

§ 1608 BGB Haftung des Ehegatten oder Lebenspartners

(1) [1]Der Ehegatte des Bedürftigen haftet vor dessen Verwandten. [2]Soweit jedoch der Ehegatte bei Berücksichtigung seiner sonstigen Verpflichtungen außerstande ist, ohne Gefährdung seines angemessenen Unterhalts den Unterhalt zu gewähren, haften die Verwandten vor dem Ehegatten. [3]§ 1607 Abs. 2 und 4 gilt entsprechend. [4]Der Lebenspartner des Bedürftigen haftet in gleicher Weise wie ein Ehegatte.

(2) (weggefallen)

I. Allgemeines

1 Die Vorschrift regelt den Haftungsrang zwischen dem Ehegatten oder Lebenspartner des Bedürftigen bei bestehender Ehe oder Partnerschaft im Verhältnis zu dessen Verwandten. Für den geschiedenen Ehegatten oder den Lebenspartner nach aufgehobener eingetragener Partnerschaft enthalten § 1584 S. 1 und 2 und durch Verweisung § 16 S. 2 LPartG eine entsprechende Regelung, die über § 1318 Abs. 2 S. 1 unter bestimmten Voraussetzungen auch bei aufgehobener Ehe gilt.

II. Rangfolge der Haftung

2 Der **Ehegatte** oder der **Lebenspartner** des Bedürftigen **haften vor** dessen **Verwandten** (S. 1, § 1584 S. 1, § 16 S. 2 LPartG, § 1318 Abs. 2 S. 1). Voraussetzung für den Vorrang des Ehegatten oder des Lebenspartners ist, dass überhaupt ein Unterhaltsanspruch gegen ihn besteht. Dann schließt er die Verwandten, soweit er leistungsfähig ist, von der Haftung aus. Geregelt wird nur eine Rangfrage. Die Bestimmung lässt den Anspruch auf Verwandtenunterhalt weder aufgrund einer Eheschließung[1] noch dann entfallen, wenn gegen den Ehegatten aus ande-

---

39 OLG Jena FamRZ 2006, 569; AG Leverkusen FamRZ 2003, 627.
40 OLG Jena FamRZ 2006, 569.
41 BGH FamRZ 2006, 26 (30); AG Leverkusen FamRZ 2003, 627.
42 BGH FamRZ 2006, 26 (30).
1   OLG Koblenz FamRZ 2007, 653; OLG Hamm FamRZ 1998, 1612 (1614).

ren Gründen als mangelnder Leistungsfähigkeit kein Unterhaltsanspruch gegeben ist.

Bei fehlender Leistungsfähigkeit des Ehegatten oder Lebenspartners tritt – im Umfang des angemessenen Bedarfs (§ 1610 Abs. 1), höchstens jedoch im Umfang des Ehegatten- oder Partnerschaftsunterhalts[2] – die **Ersatzhaftung der Verwandten** ein (S. 2, §§ 1584 S. 2, 1318 Abs. 2 S. 1, § 16 S. 2 LPartG). Soweit die vorrangige Unterhaltsverpflichtung deswegen entfällt, müssen die Verwandten **ohne Rückgriffsmöglichkeit** nach S. 3, §§ 1584 S. 3, 1318 Abs. 2 S. 1, 1607 Abs. 2, § 16 S. 2 LPartG eintreten.[3] Kommt es auf die Leistungsfähigkeit des Ehegatten oder Lebenspartners an, geht es um die Leistungsfähigkeit iSd § 1603 Abs. 1, also um die Wahrung des angemessenen Selbstbehalts (strittig: hierzu näher → § 1607 Rn. 5).

Die nachrangigen Verwandten müssen auch dann einspringen, wenn der Ehegatte oder Lebenspartner zwar leistungsfähig oder als leistungsfähig zu behandeln ist, aber die Rechtsverfolgung gegen ihn im Inland ausgeschlossen oder erheblich erschwert ist. § 1607 Abs. 2 und 4 wird vom Gesetz in allen Fällen für entsprechend anwendbar erklärt (S. 3, §§ 1584 S. 3, 1318 Abs. 2 S. 1, § 16 S. 2 LPartG). Das hat in diesen Fällen auch den Übergang des Unterhaltsanspruchs nach § 1607 Abs. 2 S. 2 zur Folge. 3

III. Darlegungs- und Beweislast

Wird ein Verwandter anstelle des Ehegatten in Anspruch genommen, muss die **fehlende Unterhaltsverpflichtung des Ehegatten** sowie gleichrangig haftender Verwandten dargelegt und bewiesen werden,[4] zB dass der Ehemann wegen Leistungsunfähigkeit nicht unterhaltspflichtig ist,[5] etwa weil ihm bei Unterhaltsleistung nur sein notwendiger Selbstbehalt, aber nicht mehr sein angemessener Selbstbehalt verbleibt[6] (dazu aber → Rn. 2 und → § 1607 Rn. 5). Dasselbe gilt für die Umstände ausgeschlossener oder erschwerter Rechtsverfolgung, wenn die Inanspruchnahme über § 1607 Abs. 2 geschehen soll. 4

Soll der **Ehegatte in Anspruch genommen** werden, haftet er nach § 1581 S. 1 zunächst nur bis zu seinem angemessenen Selbstbehalt iSd § 1603 Abs. 1 (→ Rn. 2). Will der Berechtigte darüber hinaus Unterhalt von ihm, und zwar bis zum Selbstbehalt iSd § 1581 S. 1 nach Maßgabe der Rechtsprechung des Bundesgerichtshofs (→ § 1607 Rn. 5), hat er ggf. darzulegen und zu beweisen, dass die Verwandten zur ergänzenden Unterhaltszahlung nicht leistungsfähig sind.[7]

§ 1609 BGB Rangfolge mehrerer Unterhaltsberechtigter

Sind mehrere Unterhaltsberechtigte vorhanden und ist der Unterhaltspflichtige außerstande, allen Unterhalt zu gewähren, gilt folgende Rangfolge:
1. minderjährige Kinder und Kinder im Sinne des § 1603 Abs. 2 Satz 2,
2. Elternteile, die wegen der Betreuung eines Kindes unterhaltsberechtigt sind oder im Fall einer Scheidung wären, sowie Ehegatten und geschiedene Ehe-

---

2 Palandt/Brudermüller § 1608 Rn. 3.
3 Finger, Anm. zu OLG München FamRZ 1999, 1166 (1298).
4 OLG Hamm FamRZ 1996, 116 (117).
5 OLG Oldenburg FamRZ 1991, 1090 (1091).
6 OLG Köln FamRZ 1990, 54.
7 OLG Zweibrücken FamRZ 1987, 590; OLG Köln FamRZ 1990, 54.

gatten bei einer Ehe von langer Dauer; bei der Feststellung einer Ehe von langer Dauer sind auch Nachteile im Sinne des § 1578 b Abs. 1 Satz 2 und 3 zu berücksichtigen,

3. Ehegatten und geschiedene Ehegatten, die nicht unter Nummer 2 fallen,
4. Kinder, die nicht unter Nummer 1 fallen,
5. Enkelkinder und weitere Abkömmlinge,
6. Eltern,
7. weitere Verwandte der aufsteigenden Linie; unter ihnen gehen die Näheren den Entfernteren vor.

I. Allgemeines

1   § 1609 regelt die Rangfolge der Bedürftigen. Reichen die verteilungsfähigen Mittel des Pflichtigen nicht für alle Unterhaltsberechtigten aus, wird der sich aus dem Unterhaltsanspruch ergebende Bedarf der vorrangigen Bedürftigen im Rahmen der Leistungsfähigkeit des Verpflichteten, falls möglich, voll befriedigt. Die nachrangigen Berechtigten erhalten ggf. nichts mehr. Befinden sich Bedürftige auf derselben Rangstufe, besteht für sie Gleichrang.

II. Die Rangstufen

2   Die Vorschrift stellt in Nr. 1 bis 7 folgende Rangstufen auf:

1. Stufe (Nr. 1): minderjährige Kinder und privilegierte volljährige Kinder (§ 1603 Abs. 2 S. 2); dazu gehören auch adoptierte Kinder (§ 1754 Abs. 1 und 2),[1]

2. Stufe (Nr. 2): Elternteile, die wegen der Betreuung eines Kindes unterhaltsberechtigt sind oder im Fall einer Scheidung wären, sowie Ehegatten und geschiedene Ehegatten bei einer Ehe von langer Dauer; bei der Feststellung einer Ehe von langer Dauer sind auch Nachteile iSd § 1578 b Abs. 1 S. 2 und 3 zu berücksichtigen; zu den Elternteilen gehören diejenigen aus bestehender oder geschiedener Ehe, nicht verheiratete Elternteile iSd § 1615 l Abs. 1, 2 und 4 und Lebenspartner, die ein adoptiertes Stiefkind (§ 9 Abs. 7 LPartG) betreuen;[2] der in die Rangstufe fallende Betreuungsunterhalt kann auch als Trennungs- oder Familienunterhalt geschuldet sein;[3] ebenso zu behandeln wie Ehegatten und geschiedene Ehegatten sind Lebenspartner vor oder nach Aufhebung der Partnerschaft (§§ 5 S. 2, 12 S. 2, 16 S. 2 LPartG); unter den Ehegatten der Rangstufe gibt es keinen Vorrang des geschiedenen Ehegatten vor dem neuen Ehegatten wie nach § 1582 aF mehr,

3. Stufe (Nr. 3): Ehegatten und geschiedene Ehegatten sowie Lebenspartner vor oder nach Aufhebung der Partnerschaft (§§ 5 S. 2, 12 S. 2, 16 S. 2 LPartG), die nicht unter Nr. 2 fallen; nach neuem Recht gibt es in dieser Rangstufe keinen Vorrang des geschiedenen Ehegatten vor einem neuen Ehegatten wie nach § 1582 aF mehr,

4. Stufe (Nr. 4): Kinder, die nicht unter Nr. 1 fallen, also nicht privilegierte volljährige Kinder und verheiratete minderjährige Kinder, einschließlich entsprechender Adoptivkinder,

---

1 BT-Drs. 16/1830, 24.
2 BT-Drs. 16/1830, 24.
3 BT-Drs. 16/1830, 24.

5. Stufe (Nr. 5): Enkelkinder und weitere Abkömmlinge, zB Urenkel,

6. Stufe (Nr. 6): Eltern,

7. Stufe (Nr. 7): weitere Verwandte der aufsteigenden Linie; unter ihnen gehen die näheren den entfernteren vor.

Die gesetzliche Einordnung in Rangstufen ist **zwingendes Recht** und kann grundsätzlich weder durch Parteivereinbarung noch durch gerichtliche Entscheidung verändert werden.[4] Möglich bleibt der Verzicht auf Rechte aus dem gesetzlichen Vorrang, soweit § 1614, der auch für den Trennungsunterhalt und den Unterhalt nach § 1615 l gilt, wegen des Verbots eines Unterhaltsverzichts für die Zukunft nicht entgegen steht. Beim Nachscheidungsunterhalt ist für Vereinbarungen vor Rechtskraft der Scheidung der nach § 1585 c S. 2 vorgeschriebene Formzwang zu beachten.[5]

1. Erste Rangstufe. Die erste Rangstufe gilt exklusiv[6] für minderjährige Kinder 3 einschließlich der Adoptivkinder. Volljährige Kinder fallen wegen rechtlicher Gleichstellung mit minderjährigen Kindern nur unter den Voraussetzungen des § 1603 Abs. 2 S. 2 in diese Rangstufe, also nur, falls sie sich in allgemeiner Schulausbildung befinden und im Haushalt der Eltern oder eines Elternteils leben (→ § 1603 Rn. 43 ff.). Der **Vorrang entfällt** mit Vollendung des 18. Lebensjahres bzw. bei privilegierten volljährigen Kindern mit Abschluss der allgemeinen Schulausbildung, dem Verlassen des elterlichen Haushalts oder der Vollendung des 21. Lebensjahres. Ein Unterhaltstitel, der zur Zeit des Vorrangs geschaffen wurde, gilt auch nach Wegfall des Vorrangs, zB mit Eintritt der Volljährigkeit, wegen Identität des Unterhaltsanspruchs fort,[7] → § 1601 Rn. 5. Es ist deswegen ein **Abänderungsverfahren** erforderlich, wenn sich der Wegfall des Vorrangs zugunsten anderer Berechtigter auswirkt.[8] Der Vorrang ist auch zu beachten, wenn das Kind im Haushalt des Unterhaltspflichtigen lebt. Der in diesem Fall auf Naturalunterhalt gerichtete Bedarf ist in Höhe des Tabellenbetrages abzüglich hälftigem Kindergeld zu monetarisieren und dem nachrangigen Unterhaltsberechtigten entgegenzuhalten.[9]

2. Zweite Rangstufe. a) Die Entscheidung des Bundesverfassungsgerichts vom 4 **25.1.2011.** Die zweite Rangstufe betrifft in erster Linie den **Gleichrang** von Elternteilen, die **wegen Kindesbetreuung** unterhaltsberechtigt sind. Die Einordnung in die zweite Stufe geschieht insofern aus Gründen des Kindeswohls.[10] Dabei wird nicht mehr unterschieden, ob der betreuende unterhaltsbedürftige Elternteil verheiratet ist oder war. Auch soweit die Einstufung in den zweiten Rang für andere Unterhaltsansprüche gilt, die nicht auf Kindesbetreuung gründen, auf Vertrauensgesichtspunkten wegen **langer Ehedauer** beruht, gibt es anders als nach § 1582 aF keine rangmäßige Unterscheidung mehr zwischen erstem und zweitem Ehegatten. Der **geschiedene Ehegatte** hat nach neuem Recht keinen Vertrauensschutz dahin gehend, dass sich die Zahl der unterhaltsberech-

---

4 Schürmann, Kinder – Eltern – Rang, Die neue Rangordnung nach dem Unterhaltsrechtsänderungsgesetz, FamRZ 2008, 313 (319).
5 Vgl. Schürmann FamRZ 2008, 313 (319).
6 Schürmann FamRZ 2008, 313 (316).
7 BGH FamRZ 2006, 99 (100).
8 Schürmann FamRZ 2008, 313 (316).
9 BGH FamRZ 2014, 1183.
10 BT-Drs. 16/1830, 23.

tigten Personen und seine Unterhaltsquote durch Wiederheirat des Pflichtigen und Gründung einer Zweitfamilie nicht zu seinen Ungunsten ändert.[11]
Allerdings hat das **Bundesverfassungsgericht mit Beschluss vom 25.1.2011**[12] die Rechtsprechung des Bundesgerichtshofs zur **Bedarfsbestimmung** für mehrere unterhaltsberechtigte Ehegatten **über** die sogenannte **Dreiteilungsmethode** für verfassungswidrig erklärt. Die Annahme gewandelter ehelicher Verhältnisse iSd § 1578 Abs. 1 S. 1 wegen Wiederverheiratung des pflichtigen Ehegatten überschreite die Grenzen richterlicher Rechtsfortbildung und greife in die Kompetenz des Gesetzgebers ein. Diese verfassungsrechtliche Einschränkung der Bedarfsbestimmung ist auf die Konkurrenz zwischen nachehelichem Unterhalt und dem nach Scheidung entstandenen Unterhaltsanspruch einer nichtehelichen Mutter (§ 1615 l) zu übertragen. Auch bei diesem Konkurrenzfall scheidet eine Anwendung der Dreiteilungsmethode zur Bedarfsbestimmung (zur vorgeschlagenen Anwendung in diesem Fall → § 1615 l Rn. 15) künftig aus. Bei Anspruchskonkurrenz bestimmt sich beim geschiedenen Ehegatten der Bedarf nach den ehelichen Verhältnissen zum Zeitpunkt der rechtskräftigen Scheidung seiner Ehe ohne Berücksichtigung danach entstandener Unterhaltslasten aus einer neuen Ehe oder durch die Geburt nachehelich geborener Kinder (§ 1578 Abs. 1 S. 1),[13] bei der nichtehelichen Mutter nach ihrer auf ihrem vorherigen Einkommen beruhenden Lebensstellung (§ 1610 iVm § 1615 l Abs. 3 S. 1),[14] bei der neuen Ehefrau nach den Verhältnissen ihrer Ehe. Hierbei kann man sogar daran denken, dass sich der Bedarf der neuen Ehefrau nach dem um den Geschiedenenunterhalt gekürzten Einkommen des Pflichtigen bestimmt,[15] also nicht nach dem für Ehegattenunterhalt insgesamt verbleibenden Einkommen[16] (zu dieser Ansicht → § 1578 Rn. 35). Aufgrund der Entscheidung des Bundesverfassungsgerichts prägt ein nach Rechtskraft der Scheidung entstandener Anspruch auf Betreuungsunterhalt einer nichtehelichen Mutter die ehelichen Verhältnisse nicht.[17]

Sowohl bei Gleichrangigkeit als auch bei unterschiedlichem Rang der konkurrierenden Ansprüche stellt sich die Frage, wie unter Beachtung von § 1581 S. 1 bzw. der Rechtsprechung zu § 1615 l der (ehe-)angemessene Selbstbehalt bzw. der Grundsatz der Halbteilung in allen Unterhaltsverhältnissen zwischen dem unterhaltpflichtigen Ehegatten und den Unterhaltsberechtigten gewahrt werden soll. Teilweise kommt man bei Prüfung der Leistungsfähigkeit nach § 1581 Abs. 1 S. 1 unter Berücksichtigung des eheangemessenen Selbstbehalts im Ergebnis wieder zur Dreiteilung.[18] Teilweise ist der eheangemessene Selbstbehalt des Pflichtigen für die geschiedene Ehe und die neue Ehe jeweils getrennt zu bestim-

---

11 BT-Drs. 16/1830, 24.
12 BVerfG FamRZ 2011, 437 ff.
13 BVerfG FamRZ 2011, 437 (441 f.).
14 Vgl. Götz/Brudermüller, Grenzen richterlicher Rechtsfortbildung im nachehelichen Unterhaltsrecht, NJW 2011, 801 (805).
15 Vgl. Gutdeutsch, Zur Konkurrenz mehrerer Ansprüche auf Ehegattenunterhalt nach der Entscheidung des BVerfG v. 21.1.2011, FamRZ 2011, 523 (524).
16 So aber Götz/Brudermüller NJW 2011, 801 (806).
17 BGH FamRZ 2012, 281.
18 BGH FamRZ 2014, 1183; 2012, 281; Gerhardt/Gutdeutsch, Die Unterhaltsberechnung bei gleichrangigen Ehegatten unter Berücksichtigung der Entscheidung des BVerfG v. 25.1.20100 und der Unterhaltsreform 2008, FamRZ 2011, 597 (598); Gutdeutsch FamRZ 2011, 523 (525).

men, wobei im Rahmen einer Angemessenheitskontrolle der Anspruch des geschiedenen Ehegatten gekürzt werden kann, damit ihm nicht mehr verbleibt als dem Pflichtigen.[19] Zum Problem auch → § 1578 Rn. 35 ff.

b) Einstufung wegen Kindesbetreuung. In den zweiten Rang ist der Betreuungs- 5
unterhalt nach den §§ 1570, 1615 l unabhängig davon einzustufen, ob das Kind das dritte Lebensjahr noch nicht vollendet hat oder ob der Betreuungsunterhalt aus kind- oder elternbezogenen Gründen verlängert wird.

Soweit sich der Unterhaltsanspruch bei teilweiser Erwerbstätigkeit des betreuen- 6
den Elternteils aus zwei **Teilansprüchen**, nämlich einerseits aus § 1570, andererseits aus § 1573 Abs. 2 ergibt,[20] steht der wirtschaftliche Gesamtanspruch im Rang des § 1609 Nr. 2.[21]

c) Rangbegründung aufgrund langer Ehedauer. Der Gesetzgeber hat nach der 7
Entscheidung des Bundesverfassungsgerichts vom 28.2.2007[22] daran festgehalten, bei langer Ehedauer unter bestimmten Voraussetzungen einen Ehegatten (Lebenspartner) oder geschiedenen Ehegatten wegen Unterhaltsansprüchen, die nicht auf Kindesbetreuung, sondern zB auf §§ 1571 ff. beruhen, in die zweite Rangstufe einzuordnen. Dabei wird die Einstufung eines derartigen Ehegatten (Lebenspartners) bewusst von einer richterlichen Wertentscheidung abhängig gemacht, die anhand aller Umstände des Einzelfalls zu treffen ist.[23] Das Gesetz lässt ausdrücklich offen, wann im konkreten Fall von einer langen Ehedauer iSd Bestimmung auszugehen ist, insbesondere ist **nicht nur auf die absolute zeitliche Dauer der Ehe abzustellen.**[24] Die in § 1578 b Abs. 1 S. 2 und 3 genannten Kriterien sind wertend heranzuziehen.[25] Die Gewährung des Unterhaltsvorrangs wegen langer Ehedauer dient dem Vertrauensschutz desjenigen Ehegatten, der sich in der Ehe unter Verzicht auf die eigene berufliche Entwicklung überwiegend der Pflege und Erziehung der gemeinsamen Kinder oder dauerhaft der Haushaltsführung gewidmet hat. Insofern wirken sich aus der Eheführung resultierende Nachteile, in deren Folge nicht ausreichend für den eigenen Unterhalt gesorgt werden kann, über das Merkmal „Dauer der Ehe" auf die unterhaltsrechtliche Rangfolge aus.[26]

Für die Dauer der Ehe wird bei geschiedenen Ehegatten wie in § 1579 Nr. 1 an 8
die Zeit zwischen Eheschließung und Rechtshängigkeit des Scheidungsantrags angeknüpft.[27] Im Rahmen der Wertung, ob es sich um eine lange Ehedauer iSd Nr. 2 handelt, sind die ehelichen Nachteile betreffenden **Kriterien des § 1578 b Abs. 1 S. 2 und 3** heranzuziehen und hierbei insbesondere die Dauer von Pflege oder Erziehung gemeinsamer Kinder, die Gestaltung der Haushaltsführung und der Erwerbstätigkeit während der Ehe zu berücksichtigen. Dabei ist für die Einordnung in die Rangstufe eine eigene Wertung vorzunehmen. Das Vorliegen ehebedingter Nachteile neben langer Dauer der Ehe ist im Wesentlichen maßgebend

---

19 OLG Hamm FamFR 2013, 560; Graba NJW 2014, 2115; Götz/Brudermüller NJW 2011, 801 (807); Maier FuR 2011, 182.
20 BGH FamRZ 2012, 1040; 2010, 1050; 2010, 869.
21 BGH FamRZ 2014, 1987.
22 BVerfG FamRZ 2007, 965.
23 BT-Drs. 16/1830, 24.
24 BT-Drs. 16/6980, 20 f.
25 BT-Drs. 16/6980, 21.
26 BT-Drs. 16/6980, 21.
27 Vgl. BGH FamRZ 1986, 886 (888).

dafür, ob der Unterhaltsanspruch in die Rangstufe Nr. 2 fällt. Fehlt es daran, gehört der Anspruch regelmäßig in die Rangstufe Nr. 3. Für den Bundesgerichtshof sind vorliegende ehebedingte Nachteile Voraussetzung für die Einordnung in die Rangstufe Nr. 2.[28]

III. Der Mangelfall

9   Vom Mangelfall im technischen Sinn spricht man, wenn die verteilungsfähigen Mittel des Pflichtigen unter Berücksichtigung seiner Leistungsfähigkeit bzw. des ihm zu belassenden Selbstbehalts nicht genügen, um **ungekürzt den Bedarf gleichrangiger Berechtigter** zu decken.[29] Hierzu muss die Gesamtheit der Unterhaltsansprüche und der zu ihrer Erfüllung stehenden Mittel festgestellt werden.[30] Die neue Rangordnung aufgrund des neu gefassten § 1609 wirft für die Lösung von Mangelfällen schwierige **neue Probleme** auf, zB wegen des jetzt nicht selten auftretenden Gleichrangs zweier unterhaltsberechtigter Ehegatten.

10 **1. Mangelfall bei Gleichrang minderjähriger Kinder.** Für berücksichtigungsfähige gleichrangige minderjährige Kinder sind jeweils die Zahlbeträge anzusetzen, die sich nach der entsprechenden Einkommensstufe der Unterhaltstabellen abzüglich des bedarfsdeckend anzurechnenden (ggf. nur hälftigen) Kindergeldes ergeben. Ist bei Leistung der so ermittelten Unterhaltsbeträge der notwendige Selbstbehalt des Pflichtigen nicht mehr gewahrt, liegt ein Mangelfall vor, der zunächst auf der Bedarfsebene zu lösen ist, wenn die sich nach Maßgabe des Tabellenunterhalts ergebenden Zahlbeträge höher sind als es dem gesetzlichen Mindestunterhalt abzüglich des bedarfsmindernden Kindergeldes entspricht.[31] Wird der notwendige Selbstbehalt des barunterhaltspflichtigen und erwerbstätigen Elternteils – nach der Düsseldorfer Tabelle (Stand: 1.1.2017) 1.080 EUR – immer noch nicht gewahrt, ist das verteilungsfähige Resteinkommen, die Verteilungsmasse, auf die unterhaltsberechtigten Kinder zu verteilen (zur Verteilungsrechnung → Rn. 12).

Reicht das Einkommen des Unterhaltspflichtigen zwar zur Bezahlung des Kindesunterhalts, nicht dagegen zur Deckung des Mindestbedarfs des betreuenden Elternteils aus, steht den Kindern stets lediglich der Mindestunterhalt zu (**Mangelfall im zweiten Rang**).[32]

11 **2. Mangelfall bei Gleichrang von zwei Ehegatten oder eines Ehegatten mit einer nichtehelichen Mutter.** Im Gegensatz zum früheren Recht kommt es vermehrt zu Mangelfällen bei konkurrierenden Ansprüchen von zwei Ehegatten, zB auf Familienunterhalt und Geschiedenenunterhalt. Ebenso kommt es zur Gleichrangigkeit von Ansprüchen eines Ehegatten und einer nichtehelichen Mutter. Die BGH-Rechtsprechung[33] war davon ausgegangen, dass die Wiederverheiratung des pflichtigen Ehegatten auch die (wandelbaren) ehelichen Verhältnisse iSd § 1578 Abs. 1 S. 1 zum geschiedenen Ehegatten präge und die Bedarfsbemessung zwischen den beteiligten Ehegatten der Dreiteilungsmethode folge. Die entsprechenden Überlegungen wurden auf den Fall der Gleichrangigkeit eines Ehegat-

---

28 BGH FamRZ 2008, 1911 (1918); 2010, 111; aA JH/Hammermann § 1582 Rn. 11; Palandt/Brudermüller § 1609 Rn. 20; Schürmann FamRZ 2008, 313.
29 BGH FamRZ 2014, 1183.
30 BGH FamRZ 2003, 363 (366).
31 Reinken FPR 2008, 9 (11).
32 BGH FamRZ 2008, 2189.
33 BGH FamRZ 2008, 1911 (1915); 2009, 23 (24 f.); 2009, 412 (414 f.); 2009, 579 (583).

ten mit einer nichtehelichen Mutter übertragen (→ § 1615 l Rn. 15). Das Bundesverfassungsgericht[34] hat die entsprechende Auslegung des § 1578 Abs. 1 S. 1 inzwischen mit Beschluss vom 25.1.2011 für verfassungswidrig erklärt, weil sich diese Auslegung vom Konzept des Gesetzgebers für die Berechnung des nachehelichen Unterhalts löse, das an die ehelichen Verhältnisse zum Zeitpunkt der Rechtskraft der Scheidung anknüpfe. Zur Überprüfung, ob ein Mangelfall vorliegt, ist damit der Bedarf pro Ehegatten bzw. der Bedarf der nichtehelichen Mutter zunächst jeweils gesondert festzustellen (→ Rn. 4).[35]

3. Mangelfallberechung. Die Mangelfallberechnung zur Aufteilung der Verteilungsmasse, bei Leistungspflicht für minderjährige Kinder also der Mittel, die den notwendigen Selbstbehalt übersteigen, ist folgendermaßen durchzuführen: 12

In die Rechnung wird als **Einsatzbetrag** für den jeweiligen Berechtigten der **Zahlbetrag**, nicht der Tabellenbetrag, eingesetzt, der sich aus dem ihm zukommenden gesetzlichen Mindestunterhalt abzüglich des ihn betreffenden, bedarfsmindernd abzuziehenden Kindergeldes (bei minderjährigen Kindern regelmäßig nach § 1612 b Abs. 1 S. 1 Nr. 1 des halben Kindergeldes) ergäbe.[36]

Die jeweilige gekürzte Unterhaltsschuld wird wie folgt berechnet:

$$\frac{\text{Einsatzbetrag A x Verteilungsmasse}}{\text{Summe aller Einsatzbeträge}} = \text{Zahlbetrag A}$$

Geht es um konkurrierende gleichrangige Ansprüche von Ehegatten bzw. zwischen einem Ehegatten und einem betreuenden unverheirateten Elternteil, bemisst sich der Bedarf der geschiedenen Ehefrau allein auf der Grundlage der Halbteilung mit dem Pflichtigen, da nach Scheidung hinzutretende Unterhaltsansprüche mangels Prägung den Bedarf nicht beeinflussen. Treten nach Scheidung nachrangige Unterhaltsansprüche hinzu, verbleibt es bei diesem Ergebnis.[37] Bei Hinzutreten weiterer vor- oder gleichrangiger Unterhaltsansprüche wäre jedoch die Halbteilung mit der geschiedenen Frau nicht mehr gewahrt, da diese ohne Korrektur mehr Geld zur Verfügung hätte als der Pflichtige. Wegen Vorliegens eines **relativen Mangelfalls** ist daher der Anspruch der geschiedenen Frau über § 1581 wegen eingeschränkter Leistungsfähigkeit des Mannes zu korrigieren.

Der Bundesgerichtshof akzeptiert die Korrektur auf der Grundlage der Dreiteilung des insgesamt zur Verfügung stehenden Einkommens. Das – nicht um einen Erwerbstätigenbonus zu kürzende[38] – Einkommen des Pflichtigen und der gleichrangig Berechtigten wird addiert und durch drei geteilt, welches Ergebnis sodann den Bedarf des neu hinzugekommenen Berechtigten darstellt. Das wirtschaftliche Ergebnis ist identisch mit der früher vertretenen Lösung der Dreiteilung auf Bedarfsebene.[39] Der Lösung ist entgegenzuhalten, dass Merkmal jeder Mangelfallberechnung ist, dass bei einer bestimmten Verteilungsmasse (die sich aus dem Verdienst des Mannes errechnet, wobei zu berücksichtigen ist, dass nicht am Ende einer der Berechtigten mehr Geld zur Verfügung hat als der 13

---

34 FamRZ 2011, 437 ff.
35 BGH FamRZ 2012, 281.
36 BGH FamRZ 2010, 1318 (1320).
37 BGH FamRZ 2012, 281; 2014, 1183.
38 BGH FamRZ 2014, 912, unter Hinweis auf BGH FamRZ 2013, 1366.
39 BGH FamRZ 2012, 281; 2014, 1183; OLG Brandenburg FamRZ 2015, 1118.

Pflichtige) derjenige einen höheren Anteil erhält, der einen höheren Bedarf in die Billigkeitsabwägung mit einbringt.[40] Vorzugswürdig ist daher eine Lösung, die sich eher an den Ausführungen des Bundesverfassungsgericht in seiner Entscheidung aus dem Jahr 2011 orientiert, welches eine „proportionale Kürzung" der beidseitigen Unterhaltsansprüche angemahnt hat.[41] Ein angemessenes Ergebnis ist dann erreicht, wenn bei beiden Unterhaltsberechtigten ihre jeweiligen wirtschaftlichen Interessen prozentual in gleichem Maße gekürzt werden, bis ein Ergebnis erreicht ist, bei welchem der Unterhaltsberechtigte mit dem höheren Bedarf nicht mehr Geld zur Verfügung hat als der Pflichtige.[42]

14 **Rechenbeispiel auf der Grundlage der Zahlen der Entscheidung des Bundesgerichtshofs vom 7.5.2014:**[43] M verfügt über ein bereinigtes Nettoeinkommen nach Kindesunterhalt von 3.000 EUR. Seine geschiedene Ehefrau F1 aus langer Ehe und mit ehebedingten Nachteilen verdient 1.500 EUR. Die zweite Ehefrau F2 bezieht Elterngeld von 300 EUR.

Lösung nach Bundesgerichtshof:

Der Bedarf der F1 liegt bei ½ (3.000 EUR + 1.500 EUR) = 2.250 EUR. Der rechnerische Unterhaltsanspruch beläuft sich auf 750 EUR. Den Bedarf der F2 ermittelt der Bundesgerichtshof in Höhe von 1/3 (3.000 EUR + 1.500 EUR) = 1.500 EUR (der Sockelbetrag des Elterngeldes bleibt auch im Mangelfall anrechnungsfrei, § 11 BEEG). Um diesen Bedarf kürzt sich nach der Billigkeitsabwägung (§ 1581) des Bundesgerichtshofs die Leistungsfähigkeit des M, so dass im Ergebnis F1 keinen Unterhalt erhält, während F2 Anspruch auf 1.500 EUR Unterhalt hat und dem M dieser Betrag ebenfalls verbleibt.

Lösung nach der proportionalen Kürzungsmethode:

Das wirtschaftliche Interesse der F1 (insoweit Gleichlauf mit ihrem Bedarf) geht auf insgesamt 2.250 EUR, ihre Bedürftigkeit beträgt 750 EUR. Das wirtschaftliche Interesse der F2 geht auf 1.500 EUR (Halbteilung mit M bei Hinwegdenken der F1, insoweit ebenfalls Gleichlauf mit der Bedarfsfeststellung des Bundesgerichtshofs); ihre Bedürftigkeit beträgt 1.500 EUR. Wird die Bedürftigkeit jeweils proportional um 50 % gekürzt (zu ermitteln durch Schätzung), ergeben sich folgende in eine Billigkeitsabwägung einzubeziehende Interessenlagen:

F1: 2.250 EUR – ½ x 750 EUR = 1.875 EUR

F2: 1.500 EUR – ½ x 1.500 EUR = 750 EUR

M bezahlt an F1 den offenen Bedarf von 375 EUR und an F2 den offenen Bedarf von 750 EUR, so dass ihm selbst 1.875 EUR verbleiben. Zwischen M und F1 ist die Halbteilung gewahrt und F2 hat weniger Geld zur Verfügung als F1, weil sie wegen fehlender Eigeneinkünfte einen geringeren Bedarf aufweist und es deshalb gegenüber F1 trotz Gleichrangigkeit nicht der Billigkeit entspricht, ihr Lebensniveau auf die gleiche Höhe anzuheben. Die Kürzungsquote (hier 0,5) lässt sich auch durch Anwendung einer Rechenformel ermitteln.[44]

---

40 So auch OLG Hamm FamFR 2013, 560; Graba NJW 2014, 2115.
41 BVerfG FamRZ 2011, 437 Rn. 74.
42 FA-FamR/Maier Kap. 6 Rn. 757 ff.
43 BGH FamRZ 2014, 1183.
44 (Einkommen M – Einkommen F1) : (1,5 x Einkommen M – Einkommen F1 – ½ Einkommen F2), siehe auch Maier FuR 2011, 182.

§ 1610 BGB Maß des Unterhalts

(1) Das Maß des zu gewährenden Unterhalts bestimmt sich nach der Lebensstellung des Bedürftigen (angemessener Unterhalt).

(2) Der Unterhalt umfasst den gesamten Lebensbedarf einschließlich der Kosten einer angemessenen Vorbildung zu einem Beruf, bei einer der Erziehung bedürftigen Person auch die Kosten der Erziehung.

I. Allgemeines

Die Vorschrift definiert für den Verwandtenunterhalt als Maß des zu gewähren- 1
den Unterhalts den nach der Lebensstellung angemessenen Unterhalt des Bedürftigen, also dessen unterhaltsrechtlich zu befriedigenden **Unterhaltsbedarf.**
Dieser umfasst den gesamten Lebensbedarf des Berechtigten einschließlich Ausbildungs- und Erziehungskosten, wie er sich aus seiner Lebensstellung ergibt (Abs. 1 und 2). Es kommt auf die eigene Lebensstellung des Berechtigten an, der über den Unterhaltsanspruch nicht an der möglichen höheren Lebensstellung der Verpflichteten beteiligt werden soll. Die Lebensstellung des Berechtigten bestimmt sich in erster Linie nach seinen Einkommens- und Vermögensverhältnissen. Sie ist nicht unveränderlich, sondern passt sich – eventuell nach einer Übergangszeit – auch nachteiligen Veränderungen der Einkommensverhältnisse an, zB nach Eintritt in den Ruhestand.[1] Auch bei ganz dürftiger Lebensstellung ist grundsätzlich wenigstens das **Existenzminimum** – zB entsprechend den Mindestbedarfssätzen der oberlandesgerichtlichen Leitlinien – als Bedarf geschuldet.[2] Der Bundesgerichtshof hat darauf hingewiesen, dass beim Mindestbedarf des Berechtigten bei der gebotenen Pauschalierung nur die Mindestbedarfssätze für nicht erwerbstätige Unterhaltpflichtige herangezogen werden können, weil der in den höheren Sätzen enthaltene Erwerbsanreiz nur auf Seiten des Unterhaltspflichtigen seine Berechtigung habe.[3] Nach der Düsseldorfer Tabelle (Stand: 1.1.2017) sind dies nach Abschnitt A Anm. 5 derzeit 880 EUR (vgl. auch Abschnitt D II der Düsseldorfer Tabelle zum entsprechenden Mindestbedarf der nichtehelichen Mutter). Für minderjährige Kinder hat die Unterhaltsreform den Mindestunterhalt als Mindestbedarf eingeführt (→ Rn. 16).

Bezieht der zum Kindesunterhalt Verpflichtete sein Einkommen im **Ausland,** ist es im Hinblick auf die unterschiedliche Kaufkraft umzurechnen, wobei die vom Statistischen Amt der Europäischen Union (Eurostat) ermittelten „vergleichenden Preisniveaus des Endverbrauchs der privaten Haushalte einschließlich indirekter Steuern" herangezogen werden können.[4]

§ 1610 gilt über § 1615 l Abs. 3 S. 1 auch für den Unterhaltsanspruch der nicht- 2
ehelichen Mutter (des nichtehelichen Vaters) aus Anlass der Geburt. Beim Ehegattenunterhalt sind § 1360 a Abs. 1 für den Familienunterhalt, § 1361 für den Trennungsunterhalt und § 1578 für den Geschiedenenunterhalt einschlägig. Dort bestimmt sich das Maß des Unterhalts nach den ehelichen Lebensverhältnissen, die in erster Linie von den Erwerbs- und Vermögensverhältnissen beider Ehegatten (§§ 1361 Abs. 1 S. 1, 1578 Abs. 1 S. 1) bestimmt werden.

---

1 BGH FamRZ 2003, 860 (861).
2 BGH FamRZ 2003, 860 (861).
3 BGH FamRZ 2010, 357 (361); 2010, 444 (445 f.).
4 BGH FamRZ 2014, 1536; siehe auch Wendl/Dose/Dose § 9 Rn. 35 ff.

II. Gesamter Lebensbedarf

3 Zum geschuldeten gesamten Lebensbedarf iSd Abs. 2 gehört zunächst der **allgemeine Lebensbedarf**, wie er unter üblichen Bedingungen anfällt. Ein Teil des gesamten Lebensbedarfs ist aber auch der sog **Mehrbedarf**. Dabei handelt es sich um einen während eines längeren Zeitraums regelmäßig anfallenden Bedarf, der die üblichen Kosten übersteigt und deshalb von den Regelsätzen der Düsseldorfer Tabelle nicht erfasst wird.[5] Davon zu unterscheiden ist der **Sonderbedarf**[6] (im Einzelnen → § 1613 Rn. 18 ff.) wegen eines unregelmäßigen außergewöhnlich hohen Bedarfs (§ 1613 Abs. 2 Nr. 1), der überraschend und der Höhe nach nicht abschätzbar auftritt. Sonderbedarf kann – da nicht mit Wahrscheinlichkeit voraussehbar – bei der Bemessung des laufenden Unterhalts nicht berücksichtigt werden.[7] Er wird nicht zum gesamten Lebensbedarf iSd Abs. 2 gerechnet.

4 **1. Vorsorgeversicherung.** Zum nach § 1610 geschuldeten Lebensbedarf gehören die im konkreten Fall angemessenen Kosten der **Kranken- und Pflegeversicherung**, die aus den laufenden Einkünften bestritten werden müssen und allgemeinen Lebensbedarf darstellen.[8] Dagegen kann **kein Altersvorsorgeunterhalt** verlangt werden, da §§ 1361 Abs. 1 S. 2, 1578 Abs. 3 eine Sonderregelung für den Ehegattenunterhalt darstellen.[9]

5 **2. Mehr- und Sonderbedarf als Unterhaltsschuld.** Auch vom leistungsfähigen Unterhaltspflichtigen ist Mehrbedarf (→ Rn. 3) nur zu tragen, wenn der betreffende **Mehraufwand** nach Prüfung der konkreten Umstände des Einzelfalls zur Deckung des notwendigen Lebensbedarfs erforderlich ist, also **unvermeidbar oder jedenfalls sachlich begründet** erscheint.[10] Entsteht der Mehrbedarf bei einem minderjährigen Kind, muss sich der betreuende Elternteil bei entsprechender Leistungsfähigkeit an den Aufwendungen für den Mehrbedarf beteiligen, da die Regel des § 1606 Abs. 3 S. 2 in erster Linie den allgemeinen Lebensbedarf betrifft.[11] Mehrbedarf betrifft die Positionen Schulgeld für eine Privatschule,[12] regelmäßiger Nachhilfeunterricht,[13] krankheitsbedingte Mehrkosten, Behinderung des Kindes, Kosten für einen längerfristigen Besuch von Förderunterricht bei privatem Lehrinstitut (Leserechtschreibschwäche).[14] Studiengebühren sind im Unterhalt des volljährigen Kindes nicht enthalten, sondern Mehrbedarf.[15] Semesterbeiträge stellen dagegen keinen Mehrbedarf dar.[16] Mehrbedarf kann aber auch durch eine aufwendige Ausbildung, zB zum Konzertpianisten[17] oder aber

---

5 BGH FamRZ 2007, 882.

6 Zur Abgrenzung Graba FamFR 2012, 337.

7 BGH FamRZ 2006, 612.

8 BGH FamRZ 2003, 860 (861).

9 HM, vgl. zB OLG Hamm FamRZ 2005, 1276 (Ls.) zum Unterhaltsanspruch aus Anlass der Geburt (§ 1615 l Abs. 2 u. Abs. 3 S. 1).

10 Vgl. BGH FamRZ 1990, 394 (396); 1983, 48; OLG Koblenz FamRZ 2005, 1006 (1007); OLG Brandenburg FamRZ 2006, 1781 (1782).

11 BGH FamRZ 2013, 1563; OLG Düsseldorf OLGReport 2005, 534 = FamRZ 2006, 223 (Ls.); Wendl/Dose/Klinkhammer § 2 Rn. 235, 462 mwN.

12 OLG Naumburg FamRZ 2012, 1056 (Ls.); OLG Karlsruhe FamRZ 2008, 1209.

13 OLG Düsseldorf FuR 2005, 565.

14 BGH FamRZ 2013, 1563.

15 OLG Hamm NJW-RR 2010, 575; OLG Brandenburg ZFE 2010, 154; OLG Koblenz NJW-RR 2009, 1453.

16 OLG Düsseldorf NJW Spezial 2012, 484.

17 Wendl/Dose/Klinkhammer § 2 Rn. 233.

durch schon länger gepflegten Reitsport als Turnierreiter entstehen,[18] Gleiches gilt für einen dem Kind vom Barunterhaltspflichtigen überlassenen Hund.[19] Keinen erstattungspflichtigen Mehrbedarf stellen die Mehrkosten des Besuchs eines Privatgymnasiums mit besseren Förderungsmöglichkeiten dar, wenn auch ein staatliches Gymnasium besucht werden könnte.[20] Nachdem der Bundesgerichtshof die Geltendmachung von Kosten für Kommunion und Konfirmation im Rahmen des Sonderbedarfs wegen grundsätzlicher Vorhersehbarkeit abgelehnt hat,[21] handelt es sich auch insoweit grundsätzlich um einen Mehrbedarf des Kindes, sofern nicht bei auskömmlichem Regelbedarf die Ansparung benötigter Beträge als zumutbar erscheint.

Problematisch ist die Abgrenzung des Mehrbedarfs von Kindern zu berufsbedingten Aufwendungen des betreuenden Elternteils. Kindergartenkosten sind in jedem Fall (auch bei Besuch eines Ganztageskindergartens)[22] Mehrbedarf des Kindes. Dies gilt in gleicher Weise für jegliche andere Formen einer unter qualifizierter Aufsicht durchgeführten Gruppenbetreuung wie Hort[23], Tagesstätte, Tagheimschule oder Betreuung mehrerer Kinder durch eine Tagesmutter.[24] Die Einordnung solcher Betreuungskosten als Berufsaufwand würde im Falle einer kurzfristigen Beendigung des Ehegattenunterhaltsverhältnisses (§§ 1578 b, 1579 Nr. 2) zu einer nicht hinnehmbaren Alleinhaftung des betreuenden Elternteils führen.

Kosten der Betreuung von Kindern bis zur Vollendung des 3. Lebensjahres stellen mangels Erwerbsobliegenheit des betreuenden Elternteils grundsätzlich keinen Mehrbedarf der Kinder, sondern berufsbedingten Aufwand des erwerbstätigen Elternteils dar. Eine Ausnahme ist denkbar, wenn der barunterhaltspflichtige Elternteil zur Sicherung des Existenzminimums des betreuenden Elternteils nicht in der Lage ist und deshalb zur Vermeidung einer sozialen Notlage eine Berufstätigkeit des betreuenden Elternteils erforderlich und dadurch unvermeidbar ein Fremdbetreuungsbedarf beim Kind entstanden ist.

Mehrbedarf ist im Rahmen einer Mangelfallberechnung gegenüber dem Mindestunterhalt subsidiär.[25]

Entsprechendes wie für den Mehrbedarf gilt für den **unter engen Voraussetzungen geschuldeten**[26] **Sonderbedarf**, der nach den allgemeinen Regeln des Unterhaltsrechts allein bei Bedürftigkeit des Berechtigten zu erstatten ist.[27] Deswegen hat auch ein leistungsfähiger Pflichtiger die betreffenden Kosten nur zu überneh-

---

18 BGH FamRZ 2001, 1603; OLG Naumburg FamRZ 2008, 177: Da ein Pferd ein Luxusgut ist, fällt der Mehrbedarf ab Volljährigkeit weg; OLG Karlsruhe FamRZ 2005, 233.
19 OLG Bremen MDR 2010, 1123.
20 OLG Naumburg FamRZ 2009, 1074.
21 BGH FamRZ 2006, 612.
22 BGH FamRZ 2008, 1152.
23 BGH FamRZ 2017, 437, Rn. 37.
24 OLG Stuttgart FamRZ 2015, 935; FA-FamR/Seiler Kap. 6 Rn. 348; FA-FamR/Maier Kap. 6 Rn. 652; aA OLG Brandenburg FamFR 2011, 154; OLG Naumburg NJW 2012, 623; Wendl/Dose/Klinkhammer § 2 Rn. 451, die einen Mehrbedarf nur dann annehmen, wenn die konkrete Betreuung durch pädagogische, schulische oder krankheitsbedingte Gründe und nicht – auch – durch die Berufstätigkeit des betreuenden Elternteils veranlasst ist.
25 OLG Stuttgart FamFR 2012, 225.
26 BGH FamRZ 2006, 612 (613).
27 BGH FamRZ 1982, 25.

men, falls sie aus der Sicht eines objektiven Betrachters notwendig erscheinen[28] oder er der entsprechenden Maßnahme im Vorfeld zugestimmt hatte.

6   **3. Ausbildungskosten.** Ausdrücklich Teil des Lebensbedarfs sind die Kosten einer angemessenen Vorbildung zu einem Beruf und, soweit erforderlich, die Kosten der Erziehung (Abs. 2). Eltern schulden ihren Kindern daher **Ausbildungsunterhalt.** Bei minderjährigen Kindern bestimmen die Eltern oder der sorgeberechtigte Elternteil Schulbesuch und Berufsausbildung unter Berücksichtigung von Eignung und Neigung des Kindes (§ 1631 a S. 1). Insofern ist für das minderjährige Kind regelmäßig nicht zweifelhaft, ob zu deckender Ausbildungsbedarf vorliegt (zum Ausbildungsbedarf des volljährigen Kindes → Rn. 19).

In der Übergangszeit zwischen Beendigung der Schule (meist Juli) und Aufnahme einer Ausbildung oder eines Studiums (meist September/Oktober) besteht keine Erwerbsobliegenheit und dementsprechend ein Unterhaltsanspruch.[29] Während der Absolvierung eines **Freiwilligen Sozialen Jahres** oder des Bundesfreiwilligendienstes besteht dagegen kein Unterhaltsanspruch, solange die soziale Tätigkeit nicht als Voraussetzung für ein späteres Studium benötigt wird.[30]

7   Nach der Rechtsprechung des Bundesgerichtshofs umfasst der Ausbildungsunterhalt eines Kindes die Kosten einer angemessenen Vorbildung zu einem Beruf. Geschuldet wird eine Berufsausbildung, die – grundsätzlich aus der Sicht bei Beginn der Ausbildung – der **Begabung** und den **Fähigkeiten,** dem **Leistungswillen** und den beachtenswerten **Neigungen** des Kindes am besten entspricht und sich in den Grenzen der wirtschaftlichen Leistungsfähigkeit der Eltern hält.[31] So sind Auslandssemester lediglich bei guten wirtschaftlichen Verhältnissen der Eltern zu finanzieren.[32] Bei notenschwachen Kindern kann sich der Beginn der Aufnahme einer Ausbildung auch berechtigterweise um einen längeren Zeitraum verzögern, wenn das Kind in der Zwischenzeit versucht, durch Praktika oder Aushilfstätigkeiten eine Ausbildungsstelle zu erlangen.[33] Haben Eltern ihrem Kind eine solche Berufsausbildung gewährt, sind sie grundsätzlich nicht verpflichtet, die Kosten einer weiteren Ausbildung zu tragen.[34] Sie müssen also nach Beendigung der Erstausbildung im Hinblick auf die aus Abs. 2 zu entnehmende Einheitlichkeit des Ausbildungsgangs grundsätzlich **keine** sog **Zweitausbildung** finanzieren.[35] Beim Ausbildungsunterhalt für volljährige Kinder hat die Rechtsprechung allerdings differenzierte Überlegungen zur Frage der Zulässigkeit von Zusatzausbildungen und weiterführenden Ausbildungen angestellt (→ Rn. 19).

8   In erster Linie den Volljährigenunterhalt betrifft die Frage, ob der Berechtigte im Hinblick auf das den Ausbildungsunterhalt prägende **Gegenseitigkeitsprinzip** seiner Obliegenheit genügt, die Ausbildung mit Fleiß, mit der gebotenen Ziel-

---

28   OLG Naumburg FamRZ 2000, 444; OLG Schleswig FamRZ 2006, 888.
29   OLG Hamm NZFam 2014, 232; FA-FamR/Seiler Kap. 6 Rn. 296.
30   OLG Naumburg FamRZ 2008, 86; OLG Stuttgart FamRZ 2007, 1353; OLG München FamRZ 2002, 1425; Wendl/Dose/Klinkhammer § 2 Rn. 489; aA OLG Hamm FamRZ 2015, 1200; OLG Celle FamRZ 2012, 995, da jedenfalls zum Zwecke der Berufsorientierung.
31   BGH FamRZ 2006, 1100 f.
32   BGH FamRZ 1992, 1064; OLG Karlsruhe FamRZ 2011, 1303; OLG Schleswig FamRZ 2006, 888.
33   BGH FamRZ 2011, 1560.
34   BGH FamRZ 2006, 1100 (1101).
35   BGH FamRZ 2000, 420.

strebigkeit und in angemessener und üblicher Zeit zu beenden.[36] Bei Verletzung dieses Gegenseitigkeitsverhältnisses entfällt grundsätzlich die Bedürftigkeit als Voraussetzung des Unterhaltsanspruchs, und das Kind ist auf Erwerbstätigkeit zu verweisen (→ § 1602 Rn. 16; zum minderjährigen Kind → § 1602 Rn. 7).[37]

III. Bedarf von Kindern beim Kindesunterhalt

1. Minderjährige Kinder. Minderjährige Kinder haben noch keine eigene Le- **9** bensstellung. Deswegen kann sich ihr Unterhaltsbedarf nicht aus eigener, sondern nur aus abgeleiteter Lebensstellung herleiten, und zwar aus der **Lebensstellung ihrer Eltern.** Soweit sie andere Verwandte anstelle ihrer Eltern in Anspruch nehmen, zB ihre Großeltern, ändert sich ihr Bedarf nicht. Sie können sich nicht auf eine etwa gehobenere Lebensstellung der Großeltern berufen.[38]

a) Barunterhalt bei Betreuung. Erfüllt ein Elternteil seine Unterhaltspflicht nach **10** dem Regelfall des § 1606 Abs. 3 S. 2 durch Betreuung, bestimmt sich der Unterhaltsbedarf **allein nach der Lebensstellung des allein barunterhaltspflichtigen anderen Elternteils.**[39]

Soweit der Bundesgerichtshof zuletzt[40] entschieden hat, dass bei der Feststellung des Barbedarfs minderjähriger Kinder, die von einem Elternteil betreut werden, auf das zusammengerechnete Einkommen sowohl des betreuenden, als auch des nicht betreuenden Elternteils abzustellen ist, und insoweit kein Unterschied zur Feststellung des Barbedarfs eines zu Hause lebenden volljährigen Kindes besteht, ist dies unzutreffend.[41] Der Bundesgerichtshof geht in der genannten Entscheidung zum Elternunterhalt davon aus, dass der nicht betreuende Elternteil nur nach seinem Einkommen Barunterhalt leistet und der betreuende Elternteil von seinem Einkommen (neben dem nicht materialisierbaren Betreuungsunterhalt) weiteren Barunterhalt in der Form von Naturalunterhalt aus der Differenz zwischen zusammengerechneten Einkommen und Alleineinkommen erbringt. Zutreffend weist Hauß darauf hin, dass diese Barunterhaltspflicht in jeder Berechnung des Ehegattenunterhalts zu berücksichtigen wäre, in welcher der betreuende Elternteil über eigenes Einkommen verfügt.

Unabhängig davon, dass sich der Bundesgerichtshof ohne jegliche Begründung **von seiner jahrzehntelangen Rechtsprechung abgewendet** hat, wonach für die Bestimmung des Barbedarfs eines minderjährigen Kindes im Falle des Getrenntlebens der Eltern[42] allein das Einkommen des nicht betreuenden Elternteils heranzuziehen ist,[43] verstößt die geäußerte Auffassung gegen § 1606 Abs. 3 S. 2 und hält auch einem Vergleich des Minderjährigen- mit dem Volljährigenunterhalt nicht stand.

Gem. § 1606 Abs. 3 S. 2 erfüllt der betreuende Elternteil seine Unterhaltspflicht gegenüber minderjährigen Kindern durch deren Pflege und Erziehung, weshalb

---

36 BGH FamRZ 2001, 757 (758); 1998, 671 f.
37 BGH FamRZ 2013, 1375.
38 LG München I FamRZ 1982, 1116.
39 BGH FamRZ 2006, 612; 2002, 536 (537).
40 BGH FamRZ 2017, 711 mit ablehnender Anm. Maaß; zustimmend dagegen Hauß, FamRB 2017, 167.
41 So jedoch auch Wendl/Dose/Klinkhammer, § 2 Rn. 206.
42 Anders nachvollziehbar bei auswärtiger Unterbringung oder Wechselmodell BGH FamRZ 2004, 370; 2017, 437.
43 BGH FamRZ 1981, 543; 2007, 707; 2009, 762 Rz. 47.

bislang Einigkeit darüber bestand, dass sich Bar- und Betreuungsunterhalt gleichwertig gegenüberstehen. Muss der betreuende Elternteil jedoch neben dem Betreuungsunterhalt noch Barunterhalt als Naturalunterhalt leisten, der nicht betreuende Elternteil jedoch lediglich Barunterhalt nach seinem Einkommen, besteht kein Gleichgewicht mehr zwischen den Eltern, vielmehr erbringt derjenige betreuende Elternteil, der eigenes Einkommen erzielt, stets einen höheren Unterhaltsanteil, welchen er nur dann wieder ausgleichen kann, wenn gleichzeitig ein Ehegattenunterhaltsverhältnis besteht. Weiterhin vermag die Entscheidung des Bundesgerichtshofes nicht zu erklären, weshalb der Unterhaltsbedarf mit Eintritt der Volljährigkeit rapide absinkt. War man bislang davon ausgegangen, dass der Verlust des Betreuungsunterhalts durch die Beteiligung des bislang betreuenden Elternteils am Barunterhalt kompensiert wird, da dieser nunmehr aus einem höheren, nämlich dem zusammengerechneten Einkommen hergeleitet wird, verbleibt es nach der Auffassung des Bundesgerichtshofs grundsätzlich bei dem identischen Barunterhalt nach dem Einkommen beider Eltern und der Betreuungsunterhalt entfällt ersatzlos.

Ebenfalls beantwortet die Auffassung des Bundesgerichtshofs nicht die Frage, od und gegebenenfalls warum es gerechtfertigt sein soll, dass der nicht betreuende Elternteil von seinem Anteil der Barunterhaltspflicht das komplette hälftige Kindergeld in Abzug bringen kann, der betreuende Elternteil dagegen seinen Anteil in voller Höhe erbringen muss. Konsequenterweise dürfte der nicht betreuende Elternteil das hälftige Kindergeld nur prozentual im Verhältnis der beidseitigen Barunterhaltspflicht vom Tabellenbetrag in Abzug bringen.

Der Bundesgerichtshof hat gebilligt, dass sich die Praxis zur Bemessung an den von den Oberlandesgerichten erlassenen Tabellenwerken orientiert.[44] Der monatliche Tabellenunterhalt wird üblicherweise aus der **Düsseldorfer Tabelle** entnommen, die auf Koordinierungsgesprächen beruht, die unter Beteiligung aller Oberlandesgerichte und der Unterhaltskommission des Deutschen Familiengerichtstags eV stattfinden. Die Tabellensätze gehen für die erste Einkommensgruppe vom Mindestbedarf nach § 1612 a Abs. 1 aus (→ § 1612 a Rn. 3 f.). Die Tabellensätze erfassen grundsätzlich den **gesamten Lebensbedarf**[45] einschließlich Wohnbedarf (ca. 20 % des Tabellenbedarfs),[46] Taschengeld usw. Nicht eingeschlossen sind allerdings Beiträge zur **Kranken- und Pflegeversicherung** und **Studiengebühren** (Abschnitt A Anm. 9) sowie nach geänderter Rechtsprechung des Bundesgerichtshofs auch nicht **Kindergartenbeiträge**[47] und **Hortkosten**.[48] Die Tabellensätze beziehen sich auf einen Unterhaltspflichtigen, der zwei Unterhaltsberechtigten Unterhalt leisten muss. Bei einer höheren oder niedrigeren Anzahl von Berechtigten können Ab- oder Zuschläge durch Einstufung in niedrigere oder höhere Gruppen angemessen sein (Abschnitt A Anm. 1). Anders als nach der früheren Regelbetrags-Verordnung gibt es **keine unterschiedlichen Unterhaltsbeträge** mehr für die **in den ostdeutschen Bundesländern** und im ehemaligen Ostberlin lebenden Kinder.

---

44 BGH FamRZ 2001, 1603 (1604); 2006, 612.
45 Vgl. Palandt/Brudermüller § 1610 Rn. 7.
46 BGH FamRZ 2006, 99 (101).
47 BGH FamRZ 2009, 962 (964) unter Aufgabe von BGH FamRZ 2008, 1152 ff., wonach die Kosten eines halbtägigen Kindergartenbesuchs eingeschlossen seien.
48 BGH FamRZ 2017, 437

Zur Vermeidung einer ausufernden Anzahl von Mangelfällen finden derzeit **Konsultationen der Oberlandesgerichte** dahingehend statt, ab 2018 die Tabellensätze nur noch auf eine Unterhaltsverpflichtung zu beziehen, bzw. die Einkommensgruppen um 300 EUR oder 400 EUR anzuheben, so dass die zweite Einkommensgruppe erst bei 1.800 EUR oder 1.900 EUR beginnen würde. Auch steht die Struktur der vierten Altersgruppe zur Diskussion, da die pauschale Anhebung gegenüber den Sätzen der dritten Altersstufe um den Differenzbetrag zwischen zweiter und dritter Altersstufe einerseits zu einer deutlichen Überschreitung des Existenzminumums volljähriger Schüler führt (in 2017 um 21 %) und es dadurch andererseits zu nicht gewollten Verwerfungen mit der dem Existenzminimum entsprechenden Leistungsfähigkeit Unterhaltspflichtiger gegenüber privilegierten Volljährigen kommt.

Auszugsweise ohne die Anmerkungen zum Kindesunterhalt und die weiteren Richtlinien zu anderen Unterhaltsverhältnissen bestimmt sich der Bedarf für Kinder nach der **Düsseldorfer Tabelle (Stand: 1.1.2017)** wie folgt:

Düsseldorfer Tabelle. A. Kindesunterhalt (Stand: 1.1.2017, alle Beträge in Euro)

Nettoeinkommen des Barunterhaltspflichtigen	Altersstufen in Jahren (§ 1612 a Abs. 1)				Prozentsatz des Mindestbedarfs	Bedarfskontrollbetrag
	0–5	6–11	12–17	ab 18		
1. bis 1500	342	393	460	527	100	
2. 1501–1900	360	413	483	554	105	1180
3. 1901–2300	377	433	506	580	110	1280
4. 2301–2700	394	452	529	607	115	1380
5. 2701–3100	411	472	552	633	120	1480
6. 3101–3500	438	504	589	675	128	1580
7. 3501–3900	466	535	626	717	136	1680
8. 3901–4300	493	566	663	759	144	1780
9. 4301–4700	520	598	700	802	152	1880
10. 4701–5100	548	629	736	844	160	1980
ab 5101	nach den Umständen des Falles					

Auf den sich aus der Düsseldorfer Tabelle ergebenden Monatsbetrag wird beim Minderjährigenunterhalt und Barunterhaltpflicht des nicht betreuenden Elternteils das hälftige **Kindergeld** bedarfsmindernd angerechnet (§ 1612 b Abs. 1 S. 1 Nr. 1 und S. 2), soweit dadurch der Mindestbedarf in Form des gesetzlichen Mindestunterhalts iSd § 1612 a Abs. 1 gewahrt bleibt (→ § 1612 b Rn. 6). Die in der Düsseldorfer Tabelle ausgewiesenen Unterhaltsbeträge sind nur auf allgemeiner Erfahrung beruhende Richtsätze zur erleichterten Ermittlung des angemessenen Unterhalts in der Praxis. Das Ergebnis ist daher nach den jeweiligen Umständen des Einzelfalls einer **Angemessenheitskontrolle** zu unterziehen.[49] Hierzu dient die Herauf- oder Herabstufung innerhalb der Tabelle nach der

11

---

49 BGH FamRZ 2000, 1492 (1493).

Zahl der Unterhaltsberechtigten (→ Rn. 10). Demselben Zweck soll der in der Tabelle enthaltene, den Pflichtigen betreffende **Bedarfskontrollbetrag** dienen, der allerdings nicht von allen Oberlandesgerichten verwendet wird. Wird er unter Berücksichtigung des Ehegattenunterhalts zulasten des Pflichtigen unterschritten, soll nach Abschnitt A Anm. 6 der Tabellenbetrag der nächstniedrigeren Gruppe, deren Bedarfskontrollbetrag nicht unterschritten wird, angesetzt werden.

12 Liegt das verteilungsfähige Nettoeinkommen des Barunterhaltspflichtigen **über dem Höchstsatz** der Düsseldorfer Tabelle, sind die Tabellensätze des Unterhalts nicht einfach entsprechend fortzuschreiben. Es ist vielmehr eine **konkrete Bedarfsermittlung** erforderlich, wobei das Kind seinen den höchsten Tabellenwert übersteigenden Bedarf darlegen und beweisen muss.[50] Allerdings dürfen an die Darlegungslast keine übertriebenen Anforderungen gestellt werden.[51] Unterhalt nach den Höchstsätzen der Tabelle bedeutet freilich noch keine Berechtigung zur Teilhabe an Luxus,[52] für die beim Kindesunterhalt auch bei gehobenem Bedarf kein Platz ist,[53] weil die Lebensstellung des Kindes noch in erster Linie durch das Kindsein und dadurch, was es deswegen braucht, gekennzeichnet ist.[54]

13 **b) Anteiliger Barunterhalt.** Praktizieren die Eltern nicht das Normalmodell, wonach der überwiegend betreuende Elternteil (→ § 1606 Rn. 4) seine Unterhaltsverpflichtung vollständig durch Betreuung erfüllt (§ 1606 Abs. 3 S. 2), zB weil das Kind auswärts untergebracht ist, sind sie nach § 1606 Abs. 3 S. 1 anteilig barunterhaltspflichtig (zu den Einzelheiten, unter welchen Voraussetzungen ein solcher Fall vorliegt, und zur eventuellen Abänderung des Verteilungsschlüssels unter den Eltern → § 1606 Rn. 4, 9). Für die Bemessung des Bedarfs kommt es in einem solchen Fall nicht mehr auf das Einkommen eines Elternteils an, sondern es sind die **addierten Einkommen beider Eltern** maßgebend.[55]

14 **c) Alleinschuld für Betreuungs- und Barunterhalt.** Ist ein Elternteil Schuldner sowohl des Betreuungs- als auch des Barunterhalts, weil der andere Elternteil verstorben ist oder aus sonstigen Gründen vollständig ausfällt, stellt sich bei auswärtiger Unterbringung des Kindes die Frage, ob im Rahmen des geschuldeten Unterhalts der Betreuungsunterhalt zusätzlich zu bewerten ist. Der Bundesgerichtshof hat dies für einen Fall bejaht, bei dem das Kind bei den Großeltern lebte und auch vollständig von diesen betreut wurde. Der Betreuungsunterhalt sei nach dem Rechtsgedanken des § 1606 Abs. 3 S. 2 und, weil es sich insoweit um ein Massenphänomen handele, grundsätzlich in gleicher Höhe zu bemessen wie der Barunterhalt. Für einen davon abweichenden Betreuungsbedarf trage derjenige, der sich darauf berufe, die Beweislast.[56] Eine solche Abweichung könne sich zB bei feststehenden Betreuungskosten ergeben, zB wenn der Betreuungsaufwand in Heim- oder Internatskosten enthalten ist.[57] Auf den gesamten

---

50 BGH FamRZ 2000, 358 (359).
51 BGH FamRZ 2000, 358 (359).
52 Deisenhofer, Anm. zu BGH FamRZ 2000, 358 (359); OLG Hamm FamRZ 2010, 2080 (2081).
53 BGH FamRZ 1983, 473; 1987, 58 (60).
54 BGH FamRZ 1983, 473.
55 BGH FamRZ 2017, 437; 2006, 1015 (1017).
56 BGH FamRZ 2006, 1597 (1598 f.).
57 Born, Anm. zu BGH FamRZ 2006, 1597 (1600 f.).

Unterhaltsbedarf des Kindes sind dann das volle Kindergeld und etwaige Einkünfte des Kindes (Halbwaisenrente) vollständig anzurechnen.[58]

d) Verfahrenskostenvorschuss. Das minderjährige Kind hat in entsprechender 15 Anwendung von § 1360 a Abs. 4 Anspruch auf Leistung eines Verfahrenskostenvorschusses, weil die unterhaltsrechtliche Beziehung zwischen ihm und seinen Eltern wie beim Familien- und Getrenntlebensunterhalt zwischen Ehegatten Ausdruck einer besonderen Verantwortung des Pflichtigen für den Berechtigten ist.[59] Der Anspruch richtet sich nicht nur gegen den barunterhaltspflichtigen, sondern auch – anteilig – gegen den betreuenden Elternteil. Die Freistellung von Barunterhalt wegen Betreuung betrifft nur den normalen Lebensbedarf, nicht Sonderbedarf wie evtl. Verfahrenskosten.[60]

e) Mindestunterhalt als Existenzminimum. Nach altem Recht hatte der Bundes- 16 gerichtshof die Ansetzbarkeit eines Existenzminimums als Mindestbedarf für minderjährige Kinder abgelehnt, die nur eine von den Eltern abgeleitete Lebensstellung hätten.[61] Die Neufassung des § 1612 a Abs. 1 aufgrund der Unterhaltsreform definiert nun – ausschließlich für minderjährige Kinder, nicht für diesen nach § 1603 Abs. 2 S. 2 gleichgestellte volljährige Kinder[62] – den Mindestunterhalt als unterhaltsrechtlichen Mindestbedarf[63] (→ § 1612 a Rn. 1–4).

2. Volljährige Kinder. a) Vor Erlangung einer eigenen Lebensstellung. Auch un- 17 terhaltsbedürftige volljährige Kinder haben vielfach noch keine eigene originäre Lebensstellung erlangt, zB weil sie sich noch in Ausbildung befinden. Ihr Bedarf leitet sich dann weiter von der Lebensstellung ihrer Eltern ab, und zwar, da es keine Betreuung mehr gibt, von der Lebensstellung beider Eltern.[64] Dies gilt auch für privilegierte volljährige Kinder[65] (→ § 1606 Rn. 5). Der Bedarf solcher Kinder bestimmt sich nach den zusammengerechneten Einkünften beider Elternteile, die für diesen Bedarf anteilig haften (§ 1603 Abs. 3 S. 1).[66] Lebt das volljährige Kind noch im Haushalt der Eltern oder eines Elternteils, können die Tabellensätze der Düsseldorfer Tabelle nach Maßgabe des zusammengerechneten Einkommens der Eltern herangezogen werden (→ Rn. 10–12). Bei den Tabellensätzen für volljährige Kinder ergibt sich der einem Prozentsatz von 100 % entsprechende Monatsbetrag für die erste Einkommensgruppe dadurch, dass der Betrag der 3. Altersstufe dieser Einkommensgruppe um den Unterschiedsbetrag zur 2. Altersstufe angehoben wird. Für die folgenden Einkommensgruppen ist – unter Zugrundelegung des Monatsbetrags für die erste Einkommensgruppe – jeweils der sich aus der Tabelle ergebende höhere Prozentsatz der betreffenden Einkommensgruppe maßgebend. Die Bedenken und Überlegungen des Bundesgerichtshofs zur Festsetzung eines Existenzminimums für volljährige Kinder[67] spielen keine Rolle mehr, weil die Ausgangsbeträge wegen Bezugnahme der Ta-

58 BGH FamRZ 2006, 1597 (1598 f.).
59 BGH FamRZ 2005, 883 (884); 1984, 148.
60 OLG Koblenz FamRZ 2001, 632.
61 BGH FamRZ 2002, 536 (537); noch zum alten Recht.
62 Scholz, Der Kindesunterhalt nach dem Gesetz zur Änderung des Unterhaltsrechts, FamRZ 2007, 2021 (2023).
63 BT-Drs. 16/1830, 27.
64 BGH FamRZ 2006, 99 (100); 2007, 542 (543).
65 BGH FamRZ 2002, 815 (816 f.); 2007, 542.
66 BGH FamRZ 2006, 99 (100).
67 BGH FamRZ 2007, 542 (545).

belle auf den Mindestbedarf bzw. Mindestunterhalt nunmehr insoweit bedarfs-deckend angesetzt sind.[68]

18　Lebt das Kind nicht mehr im Haushalt der Eltern oder eines Elternteils, hat es also einen eigenen Hausstand, gelten auch für das volljährige Kind auch schon vor Erlangung einer selbstständigen Lebensstellung die **festen Bedarfssätze** der unterhaltsrechtlichen Leitlinien der Oberlandesgerichte. Es teilt dann nämlich nicht mehr den gehobenen Lebenszuschnitt im elterlichen Haushalt.[69] Diese Handhabung hat der Bundesgerichtshof gebilligt.[70] Die Düsseldorfer Tabelle (Stand: 1.1.2017) bemisst in diesem Fall in Abschnitt A Anm. 7 den Gesamtun-terhaltsbedarf eines studierenden Kindes oder eines anderen Kindes mit eigenem Hausstand mit 735 EUR, der grundsätzlich den gesamten Lebensbedarf ein-schließlich Studienkosten (ohne Studiengebühren, s. u.), Fachliteratur usw ab-deckt.[71] Dies dürfte zugleich das **Existenzminimum** eines volljährigen Kindes mit eigenem Hausstand darstellen. Bei guten Einkommensverhältnissen der El-tern kann eine Erhöhung des Festbetrags, insbesondere auch auf die vom Kind zu tragenden Wohnkosten, in Betracht kommen.[72] Dem tragen die Formulierun-gen in den Leitlinien der Oberlandesgerichte, Ziff. 13.1.1, dahin gehend Rech-nung, dass „von diesem Betrag bei erhöhtem Bedarf oder mit Rücksicht auf die Lebensstellung der Eltern nach oben abgewichen werden kann". Im Festbetrag nach der Düsseldorfer Tabelle sind nur Wohnkosten (einschließlich umlagefähi-ge Nebenkosten und Heizung) von 300 EUR enthalten. Die Kosten für **Kranken- und Pflegeversicherung** müssen zusätzlich bezahlt werden (vgl. Ab-schnitt A Anm. 9 der Düsseldorfer Tabelle), wenn das Risiko nicht durch eine Familienversicherung abgedeckt ist.[73] Auch die **Studiengebühren** sind in dem festen Bedarfssatz nicht enthalten (Düsseldorfer Tabelle, aaO). Bei einem berei-nigten Gesamteinkommen der unterhaltspflichtigen Eltern oberhalb der höchs-ten Einkommensgruppe der Düsseldorfer Tabelle sollte der Gesamtbedarf (also einschließlich Krankenversicherung ua) nicht unter 1.000 EUR angesetzt wer-den.

19　**aa) Ausbildungsbedarf.** Zum Ausbildungsbedarf allgemein → Rn. 6–8. Für den Ausbildungsunterhalt des volljährigen Kindes, das die konkrete Ausbildungsent-scheidung letztlich selbst und auch gegen den Willen der Eltern treffen kann, gibt es differenzierte Überlegungen, inwiefern nach Beendigung einer Erstausbil-dung unterhaltsrechtlich anerkennungsfähiger Bedarf für eine **weitere Ausbil-dung** bzw. **Zweitausbildung** besteht. Der Bundesgerichtshof hat die von ihm hierzu aufgestellten **Grundsätze für das Vorliegen weiterer Ausbildungsbedarfs** aufgelistet:[74]

- Wenn ein Beruf aus gesundheitlichen oder sonstigen bei Ausbildungsbeginn nicht vorhersehbaren Gründen nicht ausgeübt werden kann.
- Wenn die weitere Ausbildung zweifelsfrei als bloße in engem sachlichen und zeitlichen Zusammenhang mit dem bisherigen Ausbildungsweg stehende Weiterbildung anzusehen ist, weil sie von vornherein angestrebt wurde oder

---

68　Klinkhammer FamRZ 2008, 193 (196).
69　OLG Karlsruhe FamRZ 1992, 344 (345).
70　BGH FamRZ 2007, 1100 (1103).
71　OLG Düsseldorf FamRZ 1999, 1452; OLG Karlsruhe OLGReport 1999, 46 (47).
72　Wendl/Dose/Klinkhammer § 2 Rn. 514.
73　OLG Karlsruhe OLGReport 1999, 46 (47).
74　BGH FamRZ 2006, 1100 ff.

Folge einer erst während der ersten Ausbildung deutlich gewordenen, die Weiterbildung erfordernden Begabung ist.

- Wenn das Kind nach Erlangung des Abiturs erst eine Lehre absolviert und sich danach zum Studium entschließt, soweit der Einheitlichkeit des Ausbildungsgangs durch einen engen zeitlichen und sachlichen Zusammenhang und durch die Ergänzung von praktischer Ausbildung und Studium Rechnung getragen ist. Dabei kann der Studienentschluss auch erst nach Beendigung der Lehre gefasst werden.
- Wenn nach einem Realschulabschluss zunächst eine Lehre, dann die Fachoberschule und später die Fachhochschule absolviert wird, soweit schon bei Beginn der praktischen Ausbildung erkennbar eine Weiterbildung einschließlich des späteren Studiums angestrebt war. Ansonsten müssen die Eltern anders als bei einem Abiturienten nicht mit einem Studium rechnen, so dass es an der Einheitlichkeit der Ausbildung fehlt.
- Eine Zweitausbildung müssen die Eltern finanzieren, wenn sie das Kind in einen unbefriedigenden, seinen Begabungen nicht hinreichend Rechnung tragenden Beruf gedrängt haben, zB weil sie dem Kind die angemessene Ausbildung verweigert haben, so dass es sich zunächst zu einem Begabung und Neigung nicht entsprechenden Beruf entschied.
- Beruhte die Erstausbildung auf einer deutlichen Fehleinschätzung der Begabung des Kindes, ist die Ausbildungsverpflichtung noch nicht in rechter Weise erfüllt. Im Einzelfall muss daher eine zweite Ausbildung finanziert werden. Dabei genügt, um eine Benachteiligung von Spätentwicklern zu vermeiden, dass die Fehleinschätzung sich erst aufgrund der Verhältnisse nach der Erstausbildung herausstellt.

bb) Verfahrenskostenvorschuss. Der Bundesgerichtshof hat sich der schon bisher hM angeschlossen, dass volljährige Kinder, solange sie wegen Fortdauer ihrer Ausbildung noch keine selbstständige Lebensstellung erreicht haben und deswegen übergangsweise wie minderjährige Kinder der Unterstützung durch ihre Eltern bedürfen, in entsprechender Anwendung von § 1360 a Abs. 4 gegenüber Eltern einen Anspruch auf **Verfahrenskostenvorschuss** für einen Prozess in persönlichen Angelegenheiten haben.[75] **20**

b) Nach Erlangung einer eigenen Lebensstellung. Volljährige Kinder werden nach Abschluss ihrer Ausbildung regelmäßig wirtschaftlich selbstständig, so dass sich ihr **Bedarf** anschließend **nach ihrer eigenen Lebensstellung** bestimmt. Die wirtschaftliche Selbstständigkeit, die normalerweise an eigene Einkünfte oder eigenes Vermögen geknüpft ist,[76] kann auch dadurch eintreten, dass der Anspruch des Kindes auf Ausbildungsunterhalt, zB weil die Ausbildung nicht mit dem gebotenen Ernst betrieben wurde,[77] erlischt und das Kind sich deswegen darauf verweisen lassen muss, seinen Lebensunterhalt durch Erwerbstätigkeit zu verdienen[78] (→ § 1602 Rn. 16). Wegen Wegfalls der bisherigen abgeleiteten Lebensstellung muss dann jegliche Arbeit auch unterhalb der bisherigen Lebensstellung zur Bestreitung des Lebensunterhalts verrichtet werden.[79] Allerdings führt fortgeschrittenes Alter des volljährigen Kindes nicht unbedingt zur **21**

---

75 BGH FamRZ 2005, 883 (885).
76 BGH FamRZ 1988, 1039 (1040).
77 KG FamRZ 2014, 1645.
78 OLG Hamm FamRZ 2005, 1005 (1006).
79 OLG Hamm FamRZ 2005, 1005 (1006).

Erlangung einer unterhaltsrechtlich relevanten originären Lebensstellung. Solange ein Kind, zB wegen seiner Behinderung, für seinen Lebensunterhalt auf die Mittel der Eltern angewiesen ist, bleibt seine Lebensstellung von ihnen abgeleitet.[80] So kann auch eine 38-jährige Studentin, deren Studienabschluss sich krankheitsbedingt immer wieder verzögert hat, weil ihr Ausbildungsanspruch aufgrund der vorliegenden Umstände fortdauert, noch keine von den Eltern selbstständige Lebensstellung erreicht haben.[81] Einen Anspruch auf **Verfahrenskostenvorschuss** hat ein volljähriges Kind mit selbstständiger Lebensstellung nicht (→ Rn. 20).

IV. Bedarf von Eltern gegenüber Kindern

22   Der unterhaltsrechtliche Bedarf von Eltern bestimmt sich gem. § 1610 nach ihrer Lebensstellung, nicht etwa nach der gehobenen Lebensstellung eines unterhaltspflichtigen Kindes. Für die eigene Lebensstellung sind in erster Linie die Einkommens- und Vermögensverhältnisse des betreffenden Elternteils maßgebend. Die Lebensstellung ist nicht unveränderlich, sondern passt sich – eventuell nach einer Übergangszeit – auch nachteiligen Veränderungen der Einkommensverhältnisse an, zB nach Eintritt in den Ruhestand.[82] Allerdings wird der Bedarf auch bei bescheidensten Verhältnissen nicht niedriger angesetzt werden können als gemäß den in unterhaltsrechtlichen Leitlinien angenommenen **Mindestbedarfssätzen** (zB nach Abschnitt B Ziff. V. und Abschnitt D Ziff. II. der Düsseldorfer Tabelle, Stand: 1.1.2016, monatlich 880 EUR).[83] Die Lebensstellung eines unterhaltsberechtigten Elternteils kann nämlich nicht unter dem Existenzminimum liegen. Maßgebend sind die Mindestsätze für einen nicht erwerbstätigen Unterhaltspflichtigen (→ Rn. 1).

Eigene Unterhaltspflichten des Elternteils, zB für den Ehegatten, erhöhen nicht seinen Bedarf. Der Unterhaltsanspruch dient allein der Deckung eigenen Unterhaltsbedarfs.[84]

23   **1. Heim- und Pflegekosten.** Entstehen für pflegebedürftige Eltern ungedeckte Heim- und/oder Pflegekosten, handelt es sich um einen von den Kindern als unterhaltspflichtigen Verwandten zu tragenden Unterhaltsbedarf.[85] Soweit solche Kosten notwendigerweise entstehen, betreffen sie als **existenzielle Bedürfnisse des Berechtigten** dessen Bedarf, für den pflichtige Kinder im Rahmen ihrer für das konkrete Unterhaltsverhältnis maßgeblichen Leistungsfähigkeit einstehen müssen.[86] Hinzu kommt gem. § 27 b Abs. 2 S. 1 SGB XII ein angemessenes Taschengeld für den täglichen Lebensbedarf in der Größenordnung von 100 EUR.[87]

Dem Unterhaltsverpflichteten steht grundsätzlich der Einwand der Auswahl eines **zu teuren Heims** offen, außer er war zunächst selbst an der Auswahl des Heims beteiligt oder der Elternteil war anfangs noch selbst in der Lage, die

80   BGH FamRZ 1997, 281 (283 f.).
81   OLG München NJW-RR 2007, 657.
82   BGH FamRZ 2003, 860 (861).
83   BGH FamRZ 2003, 860 (861); OLG Koblenz FamRZ 2001, 1212 (1213).
84   BGH FamRZ 2004, 1370 (1372).
85   BGH FamRZ 2004, 1370 (1371); AG Hamburg FamRZ 1991, 1086; LG Hagen FamRZ 1989, 1330.
86   Wendl/Dose/Wönne § 2 Rn. 971.
87   BGH FamRZ 2013, 1554.

Heimkosten aus eigenen Einkünften zu finanzieren.[88] Darüber hinaus steht es dem Verpflichteten jedoch frei, billigere Heime zu benennen.[89] In diesem Fall hat der Sozialleistungsträger die Möglichkeit, entweder darzulegen, dass das tatsächlich bewohnte Heim unter Berücksichtigung aller Umstände (zB auch bedarfsdeckend gewährter Pflegewohngeldleistungen oÄ bei Einberechnung von Investitionskosten in die Heimpauschalen) sich im vergleichbaren Preissegment befindet, oder aber auch darzulegen, dass in den preisgünstigeren Heimen zum Aufnahmezeitpunkt keine freien Plätze vorhanden waren.[90] Eine Unterbringung in 50–100 km entfernten Heimen kann unzumutbar sein, wenn dadurch noch bestehende Sozialkontakte nicht mehr aufrechterhalten werden können.[91]

Erforderlich ist, dass die Unterbringung in einem Heim wirklich **notwendig** ist, zB, weil eine Versorgung in der eigenen Wohnung nicht mehr organisiert werden kann und deswegen keine für die Bedarfsbestimmung untaugliche, nur präventive Unterbringung stattfindet.[92] In einzelnen Fällen mag das Problem auftauchen, ob das in Anspruch genommene Kind den bedürftigen Elternteil nach § 1612 Abs. 1 S. 2 ausnahmsweise aus besonderen Gründen darauf verweisen kann, Naturalunterhalt entgegenzunehmen, zB durch Einzug in vom Kind zur Verfügung gestellten Wohnraum und Entgegennahme vom Kind organisierter Betreuungs- und Pflegeleistungen.[93]

2. Kein Prozess- oder Verfahrenskostenvorschuss. Die entsprechende Anwen- 24 dung des § 1360 Abs. 4 auf andere Unterhaltsverhältnisse kommt nur in Betracht, wo die unterhaltsrechtliche Beziehung wie beim Familien- und Getrenntlebensunterhalt zwischen Ehegatten Ausdruck einer besonderen Verantwortung des Pflichtigen für den Berechtigten ist, wie zB im Verhältnis von Eltern zu ihren minderjährigen Kindern.[94] Für den Elternunterhalt folgt daraus, dass **kein Anspruch** von Eltern gegen Abkömmlinge auf Prozess- oder Verfahrenskostenvorschuss besteht.[95]

V. Bedarf von Enkeln gegenüber Großeltern

Der Bedarf eines Enkelkindes bestimmt sich gem. § 1610 nach seiner Lebensstel- 25 lung. Diese leitet sich ggf. von der Lebensstellung seiner Eltern ab, nicht von der Lebensstellung seiner womöglich erheblich besser situierten Großeltern.[96] Auch bei ganz dürftiger Lebensstellung der Eltern ist aber – vorbehaltlich der Leistungsfähigkeit – wenigstens das **Existenzminimum** geschuldet, und zwar bei minderjährigen Enkeln in Form des Mindestunterhalts gem. § 1612 a Abs. 1 (→ Rn. 16). Zum Existenzminimum volljähriger Enkel → Rn. 17 f.

Sonder- und Mehrbedarf können den aufgrund der bescheidenen Lebensstellung der Eltern begrenzten Bedarf erhöhen.[97] Mehrbedarf wird insbesondere dann

---

88 BGH FamRZ 2013, 203.
89 ZB über aok-pflegeheimnavigator.de, empfohlen von Hauß, Anm. zu BGH FamRZ 2013, 203 (206).
90 BGH FamRZ 2015, 2138.
91 OLG Karlsruhe 22.1.2016 – 20 UF 109/14, FamRZ 2016, 1469.
92 Hauß Rn. 30.
93 Hauß Rn. 36 ff.
94 BGH FamRZ 2005, 883 (885).
95 OLG München FamRZ 1993, 821.
96 OLG Dresden FamRZ 2006, 569 (570); Günther, Die Inanspruchnahme von Großeltern auf Enkelunterhalt, FPR 2006, 347, 449; Büte FuR 2005, 433 (435).
97 Büte, Die Ersatzhaftung der Großeltern, FuR 2005, 433 (435).

auftreten, wenn zB laufende Ausbildungskosten (Abs. 2) oder von keiner Kran-kenversicherung gedeckte laufende Behandlungskosten vorliegen.[98] Der geringe Rang des Unterhaltsanspruchs dürfte es erfordern, bedarfserhöhenden Mehrbe-darf zulasten der Großeltern nur insoweit anzusetzen, als er unabweisbar er-scheint.[99]

Kein Teil des Bedarfs von Enkelkindern gegenüber Großeltern ist ein Anspruch auf **Prozess- oder Verfahrenskostenvorschuss**, da es von Gesetzes wegen an einer besonderen unterhaltsrechtlichen Verantwortung von Großeltern gegenüber ihren Enkeln fehlt.[100] Gerichtliche Entscheidungen,[101] wonach auch Urgroßel-tern bzw. Großeltern Prozesskostenvorschuss für ihre Urenkel bzw. Enkel leisten müssten, sind überholt.

§ 1610 a BGB   Deckungsvermutung bei schadensbedingten Mehraufwendungen

Werden für Aufwendungen infolge eines Körper- oder Gesundheitsschadens So-zialleistungen in Anspruch genommen, wird bei der Feststellung eines Unter-haltsanspruchs vermutet, dass die Kosten der Aufwendungen nicht geringer sind als die Höhe dieser Sozialleistungen.

I. Allgemeines

1   Die Vorschrift soll **Härten ausgleichen,** die bei der unterhaltsrechtlichen Berück-sichtigung von Sozialleistungen für Körper- und Gesundheitsschäden auftreten können, wenn unklar ist, inwieweit die Sozialleistung zur Deckung schadensbe-dingten Mehraufwands verbraucht wird. Insofern wird die widerlegliche gesetz-liche Vermutung aufgestellt, dass die Sozialleistung vollständig hierfür verwen-det wird. Nicht erfasst werden entsprechende **Sozialleistungen mit Einkommens-ersatzfunktion** wie Berufsschadensausgleichsrenten, sondern nur diejenigen So-zialleistungen, die ausschließlich oder neben einem ideellen Ausgleich den Aus-gleich schadensbedingter Mehraufwendungen bezwecken.[1] Auf entsprechende private Entschädigungsleistungen ist die Vorschrift nicht analog anwendbar.[2] Die Vorschrift gilt über den Verwandtenunterhalt hinaus für den **Trennungs-und Scheidungsunterhalt** (§§ 1361 Abs. 1 S. 1 Hs. 2, 1578 a) und durch Verwei-sung auf die entsprechenden Vorschriften des Ehegattenunterhalts auch für den Unterhalt unter Lebenspartnern (§§ 12 S. 2, 16 S. 2 LPartG).

§ 1610 a ändert nichts daran, dass entsprechende **Sozialleistungen** unterhalts-rechtlich – soweit sie nicht für schadensbedingten Mehraufwand eingesetzt wer-den – grundsätzlich die **Bedürftigkeit mindern** bzw. die **Leistungsfähigkeit stei-gern.** Die gesetzliche Vermutung verhindert nur, dass sie für die Berechnung der Bedürftigkeit bzw. der Leistungsfähigkeit herangezogen werden, solange und so-weit unwiderlegt bleibt, dass sie entsprechend ihrem sozialrechtlichen Zweck dem Ausgleich von schadensbedingtem Mehraufwand dienen.

---

98   Büte FuR 2005, 433 (436).
99   Büte FuR 2005, 433 (436.
100   Vgl. dazu auch BGH FamRZ 2005, 883 (885).
101   OLG Düsseldorf DAVorm 1990, 80; OLG Koblenz FamRZ 1997, 681.
1   Begründung Gesetzentwurf BT-Drs. 11/6153, 7.
2   BGH FamRZ 1995, 537 (538); OLG Brandenburg FamRZ 2004, 484; sa Palandt/ Brudermüller § 1610 a Rn. 3, der eine analoge Anwendung vorschlägt.

Auch wenn die gesetzliche Vermutung (teilweise) widerlegt ist, können zugunsten des Beschädigten bei einer abschließenden, ggf. auch großzügigen **Schätzung** entsprechend § 113 Abs. 1 FamFG, § 287 ZPO noch berücksichtigt werden: die Art der Beschädigung, das Maß der immateriellen Beeinträchtigung, der ideelle Ausgleichszweck der Sozialleistung, allgemeine Erfahrungen zur Höhe der schadensbedingten Mehraufwendungen.[3]

II. Folgen für die Darlegungs- und Beweislast

Bezieht eine Unterhaltspartei Sozialleistungen, bleibt die Darlegungs- und Beweislast für die Frage bei ihr, ob es sich um Sozialleistungen im Sinne der Vorschrift handelt. Steht dies fest, dreht die gesetzliche Vermutung, die widerleglich ist (§§ 113 Abs. 1 S. 2 FamFG, 292 S. 1 ZPO), die übliche Darlegungs- und Beweislast um.[4] Der Berechtigte muss darlegen und beweisen, dass sich die Leistungsfähigkeit des Pflichtigen durch die empfangenen Leistungen erhöht, weil sie nicht für schadensbedingten Mehraufwand verbraucht werden. Umgekehrt muss der Pflichtige darlegen und beweisen, dass sich die Bedürftigkeit des Berechtigten durch die empfangenen Leistungen in entsprechender Weise mindert. Widerlegt ist die **gesetzliche Vermutung** nicht schon, wenn die größere Wahrscheinlichkeit des Gegenteils feststeht, sondern nur, wenn das Gegenteil voll bewiesen ist.[5] Der Gegner des Leistungsempfängers hat substanziiert darzulegen und ggf. zu beweisen, dass die empfangene Sozialleistung den tatsächlichen schadensbedingten Mehraufwand übersteigt.[6] Da es sich um Tatsachen aus dem Bereich des Empfängers handelt und es um eine Art Negativbeweis geht, sind aber die Grundsätze zum Negativbeweis anwendbar.[7] Es genügt zunächst der mit der Lebenserfahrung zu vereinbarende Vortrag, dass die Leistungen nicht oder nicht vollständig für den Mehrbedarf verwendet werden,[8] dann ist es Sache des Leistungsempfängers – damit die Behauptung nicht als zugestanden gilt (§§ 113 Abs. 1 S. 2 FamFG, 138 Abs. 3 ZPO) – aufgrund seiner **sekundären Behauptungslast**,[9] substanziiert zu seinem Körper- und Gesundheitsschaden, den dadurch verursachten Folgen und den dadurch bedingten Aufwendungen vorzutragen.[10] Diesem Vortrag muss dann der Gegner des Leistungsempfängers seinerseits substanziiert entgegentreten und ggf. die Unrichtigkeit des gegnerischen Vortrags beweisen.

III. Sozialleistungen im Sinne der Vorschrift

Körper- und Gesundheitsschäden im Sinne der Vorschrift sind als Beeinträchtigungen der geistigen oder körperlichen Gesundheit wie im Deliktsrecht (§§ 823 ff.) zu verstehen, wobei die einschlägige Sozialleistung keine Einkommensersatzfunktion haben darf.[11] Unter die Vorschrift fallen nur diejenigen So-

---

3 BT-Drs. 11/6153, 6; OLG Hamburg FamRZ 2000, 1367 (1368); Palandt/Brudermüller § 1610 a Rn. 5.
4 BT-Drs. 11/6153, 5 f.
5 Vgl. BGH NJW 2002, 2101.
6 OLG Schleswig FamRZ 2000, 1367 (1368); Palandt/Brudermüller § 1610 a Rn. 5.
7 BT-Drs. 11/6153, 6; OLG Hamm FamRZ 1991, 1198 (1199).
8 Vgl. Palandt/Brudermüller § 1610 a Rn. 5.
9 BGH NJW 1999, 2887.
10 OLG Hamm FamRZ 1991, 1198 (1199).
11 BT-Drs. 11/6153, 7.

zialleistungen, die ausschließlich oder neben einem ideellen Ausgleich den Ausgleich schadensbedingter Mehraufwendungen bezwecken.[12]

4   Unter **entsprechende Leistungen** fallen:

- nach dem Regierungsentwurf[13] folgende Leistungen nach dem Bundesversorgungsgesetz: Führzulage nach § 14, Pauschbetrag für Kleider- und Wäscheverschleiß nach § 15, Zuschüsse iVm der Orthopädieverordnung nach § 11 Abs. 3, Kostenerstattungen für Heil- und Krankenbehandlung oder eine Badekur nach § 18 Abs. 3, Kriegsopferfürsorgeleistungen, die Beschädigtengrundrente nach § 31, die Schwerstbeschädigtenzulage nach § 31 Abs. 5, die Pflegezulage nach § 35,
- Landes-Blindengeld,[14]
- Blinden- und Pflegegeld sowie Mehrbedarfsrente vom Haftpflichtversicherer für ein infolge ärztlichen Kunstfehlers schwerstbehindertes minderjähriges Kind,[15]
- Pflegegeld nach § 37 SGB XI,[16]
- Mehrbetrag wegen Gehbehinderung im Rahmen der Grundrente nach dem Grundsicherungsgesetz,[17]
- Pflegegeld nach § 64 SGB XII,[18]
- Conterganrenten nach dem Conterganstiftungsgesetz (ContStifG).[19]

Nicht darunter fallen:

- nach dem Regierungsentwurf[20] folgende Leistungen nach dem Bundesversorgungsgesetz wegen Einkommensersatzfunktion: Versorgungskrankengeld nach §§ 16 ff., Berufsschadensausgleich nach § 30, die Ausgleichsrente nach § 32,
- Arbeitsunfallrente,[21]
- Erwerbsunfähigkeitsrente nach § 44 SGB VI,[22]
- Verletztengeld nach §§ 45 ff. SGB VII,[23]
- Schmerzensgeld,[24] das schon als private Entschädigungsleistung ausscheidet (→ Rn. 1).

IV. Widerlegungsfälle

5   Zweifelhaft ist, ob die gesetzliche Vermutung widerlegt ist, wenn feststeht, dass der Mehraufwand zB durch pflegerische Betreuung von einem Angehörigen oder einem Dritten unentgeltlich erbracht wird bzw. wurde. Diese vom OLG

---

12   BT-Drs. 11/6153, 7.
13   BT-Drs. 11/6153, 7 f.
14   BT-Drs. 11/6153, 8; OLG Jena FamRZ 1999, 1673 f.; AG Ludwigslust FamRZ 2002, 1588.
15   OLG Hamm FamRZ 2003, 1771 (1772).
16   OLG Brandenburg FamRZ 2008, 174; OLG Koblenz FamRZ 2005, 1482; OLG Zweibrücken OLGReport 2001, 108.
17   OLG Hamm FamRZ 2004, 1061 (1062).
18   OLG Hamburg FamRZ 1992, 444 (446); OLG Hamm FamRZ 1994, 895; 1193 (1194) jeweils zu § 69 BSHG aF.
19   BGH FamRZ 2014, 1619.
20   BT-Drs. 11/6153, 7.
21   OLG Hamm FamRZ 2001, 441.
22   OLG Köln FamRZ 2001, 1524.
23   OLG Hamm FamRZ 2009, 1258 (1259).
24   Palandt/Brudermüller § 1610 a Rn. 4.

Hamm[25] vertretene Auffassung dürfte insofern nicht zutreffen, als es sich um freiwillige Leistungen handelt, mit denen die Zuwendenden die andere Unterhaltspartei nicht entlasten oder begünstigen wollen.[26] Anders zu beurteilen ist der Fall, wenn der tatsächliche Mehraufwand für den bedürftigen Empfänger der Sozialleistung vom Unterhaltpflichtigen selbst unentgeltlich erbracht wurde oder wird.[27] Ähnlich kann es sein, wenn der unterhaltsberechtigte geschiedene Ehegatte den pflegerischen Mehraufwand für ein behindertes gemeinsames Kind unentgeltlich erbringt, obwohl die dem Kind zufließende Sozialleistung insbesondere zur Entlohnung dieses vom Unterhaltsberechtigten erbrachten Mehraufwands dienen soll.[28]

§1611 BGB Beschränkung oder Wegfall der Verpflichtung

(1) [1]Ist der Unterhaltsberechtigte durch sein sittliches Verschulden bedürftig geworden, hat er seine eigene Unterhaltspflicht gegenüber dem Unterhaltspflichtigen gröblich vernachlässigt oder sich vorsätzlich einer schweren Verfehlung gegen den Unterhaltspflichtigen oder einen nahen Angehörigen des Unterhaltspflichtigen schuldig gemacht, so braucht der Verpflichtete nur einen Beitrag zum Unterhalt in der Höhe zu leisten, die der Billigkeit entspricht. [2]Die Verpflichtung fällt ganz weg, wenn die Inanspruchnahme des Verpflichteten grob unbillig wäre.

(2) Die Vorschriften des Absatzes 1 sind auf die Unterhaltspflicht von Eltern gegenüber ihren minderjährigen Kindern nicht anzuwenden.

(3) Der Bedürftige kann wegen einer nach diesen Vorschriften eintretenden Beschränkung seines Anspruchs nicht andere Unterhaltspflichtige in Anspruch nehmen.

I. Allgemeines

§ 1611 enthält eine dem § 1579 Nr. 2–7 für den Ehegattenunterhalt vergleichbare negative Härteregelung für den Verwandtenunterhalt, die als Ausnahmevorschrift eng auszulegen ist.[1] Die teilweise oder im Einzelfall gänzliche **Verwirkung von Unterhalt** tritt bei folgenden Tatbeständen ein: 1

- Der Berechtigte ist durch sein sittliches Verschulden bedürftig geworden.
- Der Berechtigte hat seine eigene Unterhaltspflicht gegenüber dem Pflichtigen gröblich vernachlässigt.
- Der Berechtigte hat sich vorsätzlich einer schweren Verfehlung gegen den Pflichtigen oder einen nahen Angehörigen desselben schuldig gemacht.

---

25 FamRZ 2000, 114 (Ls.) = OLGReport 1999, 313 (314).
26 Büttner, Wie ist Pflegegeld bei Unterhaltsansprüchen zu berücksichtigen?, FamRZ 2000, 596 (597); vgl. dazu ähnlich OLG Stuttgart FamRZ 1994, 1407 (1408).
27 OLG Hamm FamRZ 1994, 1193 (1194).
28 Vgl. OLG Hamburg FamRZ 1992, 444 (446).
1 BGH FamRZ 2010, 1888 (1890).

Alle drei Tatbestände erfordern für ihre Verwirklichung **Verschulden** des Berechtigten,[2] das bei schizophrener Psychose[3] oder einer anderen psychischen Erkrankung[4] fehlen kann. Der dritte Tatbestand ist, wie die Formulierung zeigt, sogar nur bei Vorsatz erfüllt. Als Begehungsform kommt auch **Unterlassen** in Betracht, wenn der Berechtigte dadurch eine Rechtspflicht zum Handeln verletzt.[5] Für alle Tatbestände kann die Frage eine Rolle spielen, ob dem Bedürftigen seine Verfehlung vom Pflichtigen mit der Wirkung **verziehen** worden ist, dass die Verfehlung folgenlos bleiben soll.[6] Die Verwirkungsfolgen erstrecken sich nicht auf **Unterhaltsrückstände** aus der Zeit vor Erfüllung eines Verwirkungstatbestands.

2 Ist einer der Tatbestände erfüllt, wird grundsätzlich nur noch der **Unterhaltsbeitrag, welcher der Billigkeit entspricht,** geschuldet. Lediglich ausnahmsweise, wenn die Inanspruchnahme des Verpflichteten insgesamt grob unbillig wäre, entfällt die Unterhaltspflicht vollständig (Abs. 1 S. 2).

3 Die Vorschrift ist auf die Unterhaltspflicht von Eltern gegenüber ihren minderjährigen Kindern nicht anzuwenden (Abs. 2). Ein etwaiges Fehlverhalten aus der Zeit seiner Minderjährigkeit kann dem volljährigen Kind nicht entgegengehalten werden.[7] Ebenso wenig ist es möglich, ein inzwischen volljährig gewordenes Kind für ein Fehlverhalten seines gesetzlichen Vertreters verantwortlich zu machen, zB wegen betrügerischen Erschleichens nicht zustehender Leistungen auf Kindesunterhalt.

II. Die einzelnen Tatbestände

4 **1. Sittliches Verschulden.** Bei Herbeiführung der Bedürftigkeit durch sittliches Verschulden muss es sich um eine Vorwerfbarkeit von erheblichem Gewicht handeln, dh die Bedürftigkeit muss auf Gründen beruhen, die bei objektiver Betrachtung sittlich zu missbilligen sind.[8] Vielfach geht es um Fälle von Drogen- oder Alkoholabhängigkeit, in denen oft zusätzlich die Voraussetzung eines vollständigen Unterhaltsausschlusses wegen grober Unbilligkeit der Inanspruchnahme (Abs. 1 S. 2) angenommen wird. So müssen Eltern keinen Unterhalt an den volljährigen Sohn bezahlen, der infolge jahrelanger Alkoholsucht arbeitsunfähig geworden ist, wenn er es zu Zeiten, als er noch nicht schuldunfähig war, vorwerfbar an der notwendigen Therapiebereitschaft fehlen ließ.[9] Hatte ein drogensüchtiges volljähriges Kind sich einer Therapie mit Stabilisierung seines Zustands unterzogen, sich aber danach bei psychotischer Fehlentwicklung leichtfertig wieder zur Drogeneinnahme verleiten lassen, kann der Unterhalt auf einen Beitrag nach Billigkeit herabzusetzen sein.[10] Je nach den Umständen ähnlich zu beurteilen ist es, wenn während der Drogenabhängigkeit Infektionen (HIV und

---

2 OLG Hamm FamRZ 2010, 303 (305); vgl. auch BGH FamRZ 2004, 1097 (1098 f.), wo zwischen fehlender Verwirkung nach § 1611 und unbilliger Härte nach § 91 Abs. 2 S. 2 BSHG, die kein Verschulden erfordere, unterschieden wird; Wendl/Dose/Wönne § 2 Rn. 957; BGH FamRZ 2010, 1888 (1890), Rn. 40 fordert ausdrücklich Verschulden für die 3. Alt. des Abs. 1 (vorsätzlich schwere Verfehlung).
3 BGH FamRZ 2010, 1888 (1890) Rn. 37, 40.
4 BGH NJW 2010, 2957 (2958); OLG Hamm FamRZ 2010, 303 (305).
5 BGH FamRZ 2004, 1559 (1560).
6 Palandt/Brudermüller § 1611 Rn. 9; Wendl/Dose/Wönne § 2 Rn. 963.
7 BGH NJW 2010, 2957; BGH FamRZ 1998, 367 (370); 1988, 159 (160).
8 KG FamRZ 2002, 1357 (1358); OLG Celle FamRZ 1990, 1142 (1143 f.), jeweils mwN.
9 AG Altena FamRZ 1994, 1130.
10 OLG Celle FamRZ 1990, 1142 (1143 f.).

Hepatitis), die später zur Bedürftigkeit führten, bewusst in Kauf genommen wurden.[11] Zum gänzlichen Unterhaltsausschluss kann es führen, wenn der Berechtigte trotz der von seinen Eltern finanzierten Therapiemaßnahmen immer wieder rückfällig wird.[12] Die spätere Bedürftigkeit einer Tochter wurde als auf sittlichem Verschulden beruhend beurteilt, weil sie den pflichtigen Eltern gegen deren Willen ihr Krankheits- und Erwerbsunfähigkeitsrisiko aufgrund ziellosen unversicherten Weiterstudierens und wegen Beschränkung auf Arbeit ohne Sozialversicherungsschutz überbürdet habe.[13] Auch beim Elternunterhalt kommt Trunksucht des bedürftigen Elternteils als Fall sittlichen Verschuldens in Betracht, wenn die Unterhaltsbedürftigkeit auf dieser Trunksucht beruht.[14]

2. Gröbliche Vernachlässigung der Unterhaltspflicht. Der zweite Tatbestand 5 kann nicht nur vorliegen, wenn die Barunterhaltspflicht verletzt wurde, sondern im Einzelfall auch durch gröbliche Verletzung des Anspruchs auf Betreuung verwirklicht werden, den Kinder gegen Eltern haben.[15] So darf ein betreuungspflichtiger Elternteil die Betreuung nicht ohne jedweden eigenen Einsatz allein den Großeltern überlassen.[16] Eine gröbliche Vernachlässigung der Betreuung wird aber nur anzunehmen sein, wenn zusätzliche Umstände hinzutreten, zB weil der betreuungspflichtige Elternteil weiß, dass die langfristig Dritten überlassene Betreuung dem Kindeswohl eklatant widerspricht oder dass das Kind unter der dauerhaften vollständigen Trennung, die ohne Notwendigkeit aufrechterhalten wird, erheblich leidet.

Um eine gröbliche Verletzung der Unterhaltspflicht handelt es sich, falls ein Vater sich seit der Scheidung um seinen damals zwölfjährigen Sohn weder in materieller noch in persönlicher Hinsicht gekümmert hat, obwohl ihm bekannt wurde, dass auch der finanzielle Unterhalt nicht mehr gesichert ist.[17]

3. Vorsätzliche schwere Verfehlung. Eine derartige Verfehlung kann regelmäßig 6 nur bei einer tiefgreifenden Beeinträchtigung schutzwürdiger wirtschaftlicher Interessen oder persönlicher Belange des Pflichtigen angenommen werden,[18] also wenn ein besonders grober Mangel an verwandtschaftlicher Gesinnung und menschlicher Rücksichtnahme erkennbar wird.[19] Als Begehungsform kommen aktives Tun und – bei Rechtspflicht zum Handeln – auch Unterlassen in Betracht.[20] Die Annahme einer vorsätzlichen schweren Verfehlung setzt eine **umfassende Abwägung aller maßgeblichen Umstände** voraus.[21] Geht es um ein volljähriges Kind, ist auch das eigene Verhalten des unterhaltspflichtigen Elternteils – und zwar sowohl gegenüber dem Kind als auch ggf. gegenüber dem geschiedenen Elternteil, der das Kind während seiner Minderjährigkeit betreut hat

---

11 KG FamRZ 2002, 1357 (1358).
12 AG Neuwied FamRZ 1999, 403 f.
13 OLG Hamm NJW-RR 2002, 650 (651).
14 OLG Celle FamRZ 2010, 817 (818).
15 BGH FamRZ 2004, 1559 (1560).
16 BGH FamRZ 2004, 1559 (1560).
17 Vgl. LG Hannover FamRZ 1991, 1094 (die Frage wurde wegen Bejahung der 3. Alt. des §1611 Abs. 1 S. 1 offengelassen).
18 BGH FamRZ 2014, 541; 2004, 1559 (1560).
19 OLG Celle FamRZ 1993, 1235 (1236); OLG Koblenz OLGReport 2000, 254.
20 BGH FamRZ 2004, 1559 (1560).
21 BGH FamRZ 2004, 1559 (1560); 1995, 475 (476).

– angemessen zu berücksichtigen.[22] Für diese Alternative des § 1611 Abs. 1 fordert der Bundesgerichtshof ausdrücklich das Vorliegen von **Verschulden**.[23]

7 **Einzelfälle:**

Schwere Verfehlung:

- Verletzung elterlicher Pflichten durch Unterlassen, zB durch dauernde grobe Vernachlässigung und Verletzung der Aufsichtspflicht und der Pflicht zu Beistand und Rücksicht gem. § 1618 a;[24]
- tätliche Angriffe, ständige grobe Beleidigungen, schwerwiegende falsche Anschuldigungen und erhebliche berufliche oder wirtschaftliche Schädigungsmaßnahmen;[25]
- schwerwiegende Kränkung des Unterhaltspflichtigen, wenn sie mit der Absicht einer tiefen Verletzung geschehen ist und nicht nur als Ausdruck eines unüberwundenen, nicht in erster Linie vom Kränkenden zu verantwortenden Familienkonflikts zu werten ist;[26]
- jahrzehntelange unverständliche Kontaktlosigkeit des berechtigten Elternteils zum pflichtigen Kind, wenn der Kontakt Jahre vor Beginn von dessen Volljährigkeit abgebrochen wurde, als trotz etwa anders geregelter elterlicher Sorge noch eine elterliche Pflicht bestand, sich um das Kind zu kümmern;[27]
- betrügerisches Verschweigen von Einkünften im Unterhaltsprozess, auch wenn die Einkünfte aus an sich überobligatorischer Tätigkeit stammen;[28]
- Verschweigen des Schulabbruchs und weitere Entgegennahme des Unterhalts aus einer Unterhaltsvereinbarung, nach der Unterhalt nur für die Zeit des Schulbesuchs vereinbart war.[29]

Keine schwere Verfehlung:

- einmalige Entgleisung und folgender Kontaktabbruch einer Mutter gegenüber ihrer verheirateten und mit ihrer Familie lebenden vierzigjährigen Tochter mit der Äußerung, sie habe keine Tochter mehr;[30]
- im Verhältnis zum pflichtigen Vater Einbruchsdiebstahl des berechtigten Sohnes in die Wohnung seiner Schwester bei Eintritt der Bedürftigkeit erst nach strafrechtlicher Sühne der Tat;[31]
- mangelnde Kontaktbereitschaft des volljährigen Kindes zum pflichtigen Elternteil: entweder grundsätzlich nicht, da Kürzung oder Wegfall des Unterhalts nach § 1611 kein legalisiertes Mittel zur Erzwingung von Umgang ist[32] bzw. da ohne Hinzutreten weiterer Umstände nicht tatbestandsmäßig,[33]

---

22 BGH FamRZ 1995, 475 (476).
23 BGH FamRZ 2010, 1888 (1890) Rn. 40.
24 BGH FamRZ 1995, 475 (476).
25 OLG Düsseldorf FamRZ 1995, 957 f.; OLG Bamberg FamRZ 1994, 1055 (1056).
26 Vgl. OLG Hamm FamRZ 2001, 1395 (Ls.) = OLGReport 2000, 361.
27 BGH FamRZ 2004, 1559 (1560); AG Helmstedt FamRZ 2001, 1395.
28 OLG Koblenz FamRZ 1999, 402; OLG Jena FamRZ 2009, 1416 (1417).
29 OLG Köln FamRZ 2005, 301 (302).
30 OLG Karlsruhe FamRZ 2004, 971.
31 KG FamRZ 2002, 1357 (1358).
32 OLG Düsseldorf FamRZ 1995, 957 f.
33 BGH FamRZ 2014, 541; 2013, 1378; 1995, 475 (476); 1991, 322 (323); OLG Celle FamRZ 1993, 1235 (1236); OLG München FamRZ 1992, 595 (597).

oder regelmäßig nicht, insbesondere wenn der Kontakt noch während der Minderjährigkeit abgebrochen wurde;[34]

■ Ausbildungsverzögerung wegen Kinderbetreuung.[35]

III. Kürzung oder Wegfall des Unterhalts

Ist einer der Tatbestände des Abs. 1 S. 1 verwirklicht, ist regelmäßig nur die Kürzung auf einen Unterhaltsbeitrag vorgesehen, welcher der Billigkeit entspricht. Die einschneidende Belastung des vollständigen Anspruchsverlusts wegen grober Unbilligkeit der Inanspruchnahme des Pflichtigen (Abs. 1 S. 2) ist nur gerechtfertigt, wenn selbst die Zubilligung eines der Höhe nach beschränkten Billigkeitsunterhalts ein untragbares Ergebnis wäre,[36] weil die Gewährung von Unterhalt dem Gerechtigkeitsempfinden in unerträglicher Weise widersprechen würde.[37] Die Frage, auf welchen Beitrag der Unterhalt aus Billigkeitsgründen zu kürzen ist, wird im Rahmen einer **umfassenden Billigkeitsabwägung** geprüft, welche ua die Schwere und die Hintergründe der Verfehlung, aber auch Erziehungsfehler des pflichtigen Elternteils, die wirtschaftlichen Verhältnisse des Pflichtigen usw umfasst.[38] Dabei ist eine zweifache Billigkeitsprüfung erforderlich, einmal zur Höhe eines gekürzten Unterhaltsanspruchs, zum anderen zur Frage, ob der Anspruch wegen grober Unbilligkeit der Inanspruchnahme gänzlich entfällt.[39]

Wird der Tatbestand der auf sittlichem Verschulden beruhenden Bedürftigkeit bejaht, kommt es häufig dazu, dass der Unterhalt insgesamt wegen grober Unbilligkeit versagt wird (→ Rn. 4).

Nur auf einen Billigkeitsunterhalt zu kürzen ist, wenn das sittliche Verschulden einer Tochter darin liegt, dass sie ihren Eltern gegen deren Willen ihr Krankheits- und Erwerbsunfähigkeitsrisiko überbürdet hat, indem sie aufgrund ziellosen Weiterstudierens und Annahme nur von Arbeit ohne soziale Absicherung ohne Versicherung gegen Krankheit und Erwerbsunfähigkeit blieb.[40]

Weitere Einzelfälle grober Unbilligkeit:

■ unverständliche jahrzehntelange Kontaktlosigkeit eines Elternteils mit Jahren davon noch während der Minderjährigkeit des Kindes;[41]

■ langjährige schwerwiegende Vernachlässigung des Kindes während der Betreuungszeit, Kontaktabbruch und Nichtleistung von Unterhalt nach Eintritt der Barunterhaltspflicht;[42]

■ unter Umständen häufige schwerwiegende Beleidigungen, die tiefgreifende Verachtung ausdrücken.[43]

8

9

---

34 OLG Koblenz FamRZ 2001, 1164 (1165); BGH FamRZ 1998, 377 (370); OLG Köln FamRZ 1996, 1101 f.
35 BGH FamRZ 2011, 1560.
36 OLG Koblenz FamRZ 1999, 402.
37 BGH FamRZ 2004, 1559 (1560); OLG Koblenz OLGReport 2000, 254 (256).
38 Vgl. Palandt/Brudermüller § 1611 Rn. 7.
39 OLG Hamm FamRZ 2007, 165 (166).
40 OLG Hamm NJW-RR 2002, 650 (651).
41 BGH FamRZ 2004, 1559 (1560); AG Helmstedt FamRZ 2001, 1395.
42 AG Leipzig FamRZ 1997, 965.
43 OLG Hamm FamRZ 1993, 468.

IV. Verwirkungserstreckung (Abs. 3)

10 Liegen die Voraussetzungen für eine Beschränkung oder für den Wegfall des Unterhaltsanspruchs vor, soll der Berechtigte, soweit sein Bedarf deswegen nicht gedeckt ist, nicht andere Verwandte in Anspruch nehmen können (Abs. 3). Davon werden nach Sinn und Zweck der gesetzlichen Regelung gleichrangig oder nachrangig haftende Verwandte erfasst. Allerdings dürfte die Sperrwirkung des Abs. 3 zugunsten **anderer Verwandter** nicht eingreifen, wenn unabhängig von Abs. 1 ohnehin kein Unterhaltsanspruch wegen mangelnder Leistungsfähigkeit des Unterhaltspflichtigen bestand. In diesem Fall kommt es zu keiner Beschränkung oder zu keinem Wegfall des Anspruchs wegen grober Unbilligkeit, sondern unmittelbar zur (Ersatz-)Haftung der anderen Verwandten nach § 1606 Abs. 3 S. 1 oder § 1607 Abs. 1. Hat ein Vater seinen Anspruch gegen ein Kind, das allerdings mangels Leistungsfähigkeit ohnehin nicht unterhaltpflichtig ist, an sich ganz oder teilweise verwirkt, können Geschwister, denen gegenüber die Voraussetzungen des Abs. 1 nicht erfüllt sind, ungeachtet des Abs. 3 in Anspruch genommen werden. Auf diese Weise wird vermieden, dass sich ein unterhaltspflichtiger Verwandter auf Verwirkung gegenüber einem anderen vor- oder gleichrangigen Verwandten berufen darf, der unstreitig leistungsunfähig und damit aus der Reihe der Pflichtigen ausgeschieden ist.

V. Darlegungs- und Beweislast

11 Für das Vorliegen der sich aus den Ausnahmeregelungen des Abs. 1 ergebenden Einwendungen gegen den Unterhaltsanspruch ist der Unterhaltspflichtige darlegungs- und beweispflichtig.[44] Geht es dabei um von ihm zu beweisende Negativtatsachen muss der Unterhaltsberechtigte die Umstände, welche die Vorwürfe des Unterhaltspflichtigen entkräften sollen, substanziiert darlegen, um die Widerlegungslast des Unterhaltspflichtigen auszulösen.[45] Der Berechtigte muss seine Behauptung beweisen, der Pflichtige habe ihm die Verfehlung samt ihrer unterhaltsrechtlichen Folgen verziehen.[46]

§ 1612 BGB   Art der Unterhaltsgewährung

(1) [1]Der Unterhalt ist durch Entrichtung einer Geldrente zu gewähren. [2]Der Verpflichtete kann verlangen, dass ihm die Gewährung des Unterhalts in anderer Art gestattet wird, wenn besondere Gründe es rechtfertigen.

(2) [1]Haben Eltern einem unverheirateten Kind Unterhalt zu gewähren, können sie bestimmen, in welcher Art und für welche Zeit im Voraus der Unterhalt gewährt werden soll, sofern auf die Belange des Kindes die gebotene Rücksicht genommen wird. [2]Ist das Kind minderjährig, kann ein Elternteil, dem die Sorge für die Person des Kindes nicht zusteht, eine Bestimmung nur für die Zeit treffen, in der das Kind in seinen Haushalt aufgenommen ist.

(3) [1]Eine Geldrente ist monatlich im Voraus zu zahlen. [2]Der Verpflichtete schuldet den vollen Monatsbetrag auch dann, wenn der Berechtigte im Laufe des Monats stirbt.

---

44   OLG Celle FamRZ 2015, 71.
45   OLG Koblenz OLGReport 2000, 254 (256).
46   Palandt/Brudermüller § 1611 Rn. 10.

Pauling/J. Maier

I. Allgemeines

Die Vorschrift regelt die Art der Unterhaltsgewährung, die grundsätzlich durch 1
Entrichtung einer **Geldrente** geschehen soll, aber unter bestimmten Voraussetzungen im wirtschaftlichen Interesse des Unterhaltsschuldners davon abweichend in anderer Art, also meist durch **Naturalunterhalt** stattfinden kann. Die Regelung ist unvollständig oder missverständlich, weil bei minderjährigen Kindern die Unterhaltsleistung durch einen Elternteil im Wege der Übernahme von Pflege und Erziehung und Leistung von **Betreuungsunterhalt** als Normalfall vorgesehen ist (§ 1606 Abs. 3 S. 2) und weil zusammenlebende Eltern ohnehin üblicherweise in hohem Umfang Naturalunterhalt leisten, ohne dass es in diesen Fällen um eine der in § 1612 geregelten Abweichungen vom Grundsatz der Geldrentenschuld ginge.

II. Entrichtung einer Geldrente

Grundsätzlich wird Barunterhalt in Form einer Geldrente geschuldet, die mo- 2
natlich im Voraus zu bezahlen ist (Abs. 3 S. 1). Dies bedeutet nicht, dass der monatliche Unterhaltszeitraum immer der Kalendermonat ist oder die Unterhaltsschuld immer am Ersten eines Monats fällig würde. Angeordnet ist vielmehr nur eine jeweils laufende **Unterhaltsperiode von einem Monat**, für die im Voraus geleistet werden muss.[1] Der Beginn der nächsten Periode innerhalb eines Monats kann ein bestimmter Tag des Monats sein, der durch den Geburtstag eines Kindes, die Rechtskraft eines Scheidungsurteils oder den Tag der erstmaligen Inverzugsetzung bestimmt wurde. Bei Unterhaltsvereinbarungen, aber auch bei Unterhaltsentscheidungen wird – auch wenn Unterhaltsperiode der Kalendermonat ist – die **Fälligkeit** häufig um einige Tage verschoben, zB auf einen mit Ordnungszahl benannten Werktag des Kalendermonats.

Die Parteien können **durch Vereinbarung** Beginn und Dauer der einzelnen Zahlungsperioden **modifizieren**. Es dürfte aber wegen § 1614 Abs. 2 unzulässig sein, eine längere Zahlungsperiode als drei Monate für vorauszahlbaren Unterhalt zu verabreden. Jedenfalls könnte der Berechtigte, wenn er den für eine längere Periode bezahlten Unterhalt schon nach drei Monaten verbraucht hätte oder die entsprechenden Mittel anderweitig verloren gegangen wären, erneut Leistung verlangen.[2]

Üblicherweise wird im Wege der **Überweisung** auf ein Konto des Unterhaltsbe- 3
rechtigten bezahlt. Für die Rechtzeitigkeit der Leistung ist in diesem Fall nach allgemeinen Rechtsgrundsätzen (§§ 269 Abs. 1, 270 Abs. 4) die Rechtzeitigkeit des Eingangs des Geldbetrages auf dem Konto des Empfängers maßgebend.[3]

Der geschuldete Monatsbetrag sollte in Urteilen und Vereinbarungen zweckmäßigerweise auf volle Euro-Beträge **aufgerundet** werden.[4] Das Gesetz ordnet dies zB in § 1612a Abs. 2 S. 2 für den dort betroffenen Bereich ausdrücklich an.

Die Geldrente wird für den laufenden Monat noch vollständig geschuldet, wenn der **Berechtigte** im Laufe dieses Monats **stirbt**. Die Regelung des Abs. 3 S. 2 ist bei anderen Fällen einer Unterhaltsänderung während des laufenden Unterhaltsmonats nicht entsprechend anzuwenden. Der wegen verschärfter Anforderungen

---

1 Palandt/Brudermüller § 1612 Rn. 3.
2 BGH FamRZ 1993, 1186 (1187).
3 EuGH NJW 2008, 1935; vgl. auch Palandt/Grüneberg § 270 Rn. 5.
4 Palandt/Brudermüller § 1612 Rn. 2; Ziff. 25 der Unterhaltsleitlinien der Oberlandesgerichte.

an die Leistungsfähigkeit höhere Minderjährigenunterhalt ist nur bis zum Tag vor Eintritt der Volljährigkeit des Kindes zu bezahlen, danach der wegen des gestiegenen Selbstbehalts ggf. niedrigere Volljährigenunterhalt.[5] Wegen der gesetzlichen Regelung bei Eintritt in die nächste Altersstufe des Minderjährigenunterhalts s. § 1612 a Abs. 3.

III. Andere Art der Unterhaltsgewährung

4   Eine andere Art der Unterhaltsgewährung können die Unterhaltsparteien durch Unterhaltsvertrag regeln, so etwa wenn Sachleistungen, zB in Form der Wohnungsgewährung oder anderer Naturalleistungen, ganz oder teilweise anstelle der Geldrente treten sollen.

5   **1. Auf Verlangen des Verpflichteten (Abs. 1 S. 2).** Fälle dieser Vorschrift kommen in der Praxis kaum vor. Die Vorschrift gilt für alle Unterhaltsverhältnisse, nicht nur für den Kindesunterhalt, für den Abs. 2 eine Sonderregelung enthält. Das OLG Düsseldorf[6] hat Abs. 1 S. 2 zu Recht – Abs. 2 war wegen S. 3 (in der gesetzlichen Neufassung nunmehr S. 2) nicht einschlägig – in einem Fall angewendet, bei dem die sorgeberechtigte Mutter für die bei ihr lebenden minderjährigen Kinder eine private Krankenversicherung abgeschlossen und sich namens der Kinder geweigert hatte, einem Wechsel zur Krankenkasse des barunterhaltspflichtigen Vaters zuzustimmen, wo die Kinder beitragsfrei mitversichert werden konnten. An anderen Fällen, die aus besonderen Gründen das Verlangen auf Änderung der Zahlungsweise rechtfertigen könnten, sind denkbar der Übergang in eine andere als die monatliche Zahlungsperiode oder die teilweise Erbringung des Unterhalts durch Naturalleistung.[7] Beim Elternunterhalt könnte das in Anspruch genommene Kind den bedürftigen Elternteil unter Umständen ausnahmsweise aus besonderen Gründen nach Abs. 1 S. 2 darauf verweisen, Naturalunterhalt entgegenzunehmen, zB durch Einzug in den vom Kind zur Verfügung gestellten Wohnraum und Entgegennahme vom Kind organisierter Betreuungs- und Pflegeleistungen.[8] Darüber, ob die Gestattungseinrede des Pflichtigen durchgreift, ist im Unterhaltsverfahren zu entscheiden.[9]

6   **2. Durch die Bestimmung pflichtiger Eltern (Abs. 2).** Gegenüber unverheirateten Kindern, seien sie minderjährig oder volljährig, können unterhaltspflichtige Eltern bestimmen, in welcher Weise (Bar- oder Naturalunterhalt) und für welche Zeit im Voraus der Unterhalt zu gewähren ist (Abs. 2 S. 1). Verheiratete Kinder sind ausgenommen, da insoweit schon die elterliche Sorge eingeschränkt ist (§ 1633) und die Verpflichtungen des Ehegatten und der Ehegatten untereinander vorrangig sind.[10]

7   **a) Beim minderjährigen Kind.** Beim minderjährigen Kind ist die Bestimmung Teil des sich aus § 1631 Abs. 1 ergebenden **Personensorgerechts**.[11] Sind beide Eltern sorgeberechtigt, müssen sie versuchen, sich zu einigen (§ 1627 S. 2), und bei Misslingen einer Einigung das Familiengericht anrufen (§ 1628).[12] Steht das Sor-

---

5   So auch Palandt/Brudermüller § 1612 a Rn. 22.
6   FamRZ 1994, 396.
7   Vgl. Palandt/Brudermüller § 1612 Rn. 5.
8   Hauß Rn. 36 ff.
9   BT-Drs. 16/1830, 26.
10 Vgl. Palandt/Brudermüller § 1612 Rn. 13.
11 BGH FamRZ 1984, 37.
12 Wendl/Dose/Klinkhammer § 2 Rn. 39.

gerecht nicht mehr beiden Eltern zu, hat der nicht sorgeberechtigte Elternteil ein Bestimmungsrecht nur für die Zeit, in der das Kind in seinem Haushalt lebt (Abs. 2 S. 2). Im Übrigen kann nur der Alleinsorgeberechtigte bestimmen.[13] Lebt das Kind nach der Trennung der Eltern bei einem der beiden noch gemeinsam sorgeberechtigten Elternteile, ist die Bestimmung des anderen Elternteils, Naturalunterhalt leisten zu wollen, unwirksam, weil es dem Wohl des Kindes widersprechen würde, wenn es dadurch zum Spielball des Streites der Eltern gemacht werden würde.[14] Auch die Bestimmung eines sorgeberechtigten Elternteils ist unwirksam, soweit sie gegen ein diesem Elternteil nicht zustehendes Aufenthaltsbestimmungsrecht verstößt.[15] Zu den Formalien und zur Wirksamkeit der Bestimmung → Rn. 9 f.

b) Volljähriges Kind. In der Praxis geht es um die Bestimmung der Unterhalts- **8** gewährung für ein unverheiratetes volljähriges Kind. Das Bestimmungsrecht bringt wirtschaftliche Interessen der Eltern zur Geltung. Wenn ein volljähriges Kind einfach das Elternhaus verlassen und Barunterhalt verlangen könnte, wären Eltern vielfach wirtschaftlich überfordert.[16]

aa) Formalien und Wirksamkeit der Bestimmung. Das Bestimmungsrecht ist ein **9** Gestaltungsrecht, das gegenüber dem Kind durch **empfangsbedürftige Willenserklärung** ausgeübt wird, die ausdrücklich oder konkludent abgegeben werden kann.[17] Für eine wirksame und damit verbindliche Bestimmung ist erforderlich, dass die Erklärung zugegangen ist und dass sie **tatsächlich und rechtlich durchführbar** ist. Sie verliert ihre Wirksamkeit, wenn sie später undurchführbar wird. So liegt es, wenn das Kind entgegen seinem Wunsch nur einen Studienplatz an einem weit entfernten Ort erlangen konnte.[18] Schließlich muss die Bestimmung die **Deckung des gesamten Lebensbedarfs** des Berechtigten umfassen.[19] Wird nur die Gewährung von Wohnung angeboten und eine darüber hinausgehende Unterhaltsleistung abgelehnt, fehlt es an einer wirksamen Bestimmung.[20]

Die Frage, ob eine wirksame Bestimmung vorliegt oder die vorliegende Bestim- **10** mung abzuändern ist, ist durch eine **Interessenabwägung** zu beantworten, denn Eltern und Kind haben nach § 1618 a auf ihre gegenseitigen Interessen Rücksicht zu nehmen; außerdem hat die gesetzliche Regelung an sich die intakte Familie mit wechselseitigen Bindungen im Auge.[21] Bei tiefgreifenden Differenzen zwischen Eltern und Kind kann diesem unter Umständen keine einschneidende Änderung seiner Lebenssituation zuzumuten sein.[22] Die Neufassung des Abs. 2 S. 1 aufgrund der Unterhaltsreform macht die Wirksamkeit der Unterhaltsbestimmung davon abhängig, dass auf die **Belange des Kindes** die gebotene Rücksicht genommen wurde.[23] Die besonderen Gründe, die nach der bis 31.12.2007 geltenden Gesetzesfassung auf Antrag des Kindes zu einer gerichtlichen Abände-

---

13 OLG Saarbrücken FamRZ 2010, 219.
14 BGH FamRZ 1992, 426 (Revisionsentscheidung zu OLG Stuttgart FamRZ 1991, 595, welches das Bestimmungsrecht des anderen Elternteils gänzlich verneinte).
15 OLG Köln FamRZ 1998, 1194.
16 Wendl/Dose/Klinkhammer § 2 Rn. 46.
17 OLG Brandenburg FamRZ 2004, 900 (901) mwN.
18 BGH FamRZ 1996, 798.
19 BGH FamRZ 1993, 417 (410); BayObLG FamRZ 1989, 1222 (1223).
20 OLG Karlsruhe FamRZ 2006, 1783 (Ls.) = OLGReport 2006, 894 (895).
21 BayObLG FamRZ 2000, 976 (977).
22 BayObLG FamRZ 2000, 976 (977); OLG Celle FamRZ 2007, 762 (763).
23 BT-Drs. 16/1830, 26.

rung einer getroffenen Bestimmung führen konnten, sind jetzt in diesem Zusammenhang zu prüfen.[24] Es kommt darauf an, ob die elterlichen Interessen dem wohlverstandenen Interesse des Kindes zuwiderlaufen.[25] Das elterliche Bestimmungsrecht hat ungeachtet der Volljährigkeit des Kindes die engen verwandtschaftlichen Bindungen und die Wahrung des Familienzusammenhalts im Sinne der intakten Familie im Auge, wozu auch die Möglichkeit einer gewissen Einflussnahme auf die Ausbildung des Kindes gehört. Je weiter sich die tatsächlichen Verhältnisse hiervon entfernt haben, eine desto geringere Rolle spielt dieser Gesichtspunkt bei der Interessenabwägung.[26] Insofern kann eine tiefgreifende Entfremdung zwischen Kind und Elternteil die Entgegennahme von Naturalunterhalt unzumutbar machen.[27] Dem Willen des volljährigen Kindes über die Art seiner Lebensführung kommt aber keine stärkere Bedeutung zu als dem Gebot der Rücksichtnahme auf die wirtschaftlichen Interessen des unterhaltspflichtigen Elternteils.[28]

11   **bb) Bestimmungsberechtigter Elternteil.** Ist **nur ein Elternteil leistungsfähig** und deswegen unterhaltspflichtig, obliegt die Bestimmung, wie sich aus dem Gesetz ergibt, allein ihm.[29] Ansonsten kann grundsätzlich jeder der beiden unterhaltspflichtigen Elternteile das Bestimmungsrecht ausüben, zB dass er, wie erforderlich, den vollen Unterhalt hauptsächlich durch Naturalleistung erbringen wolle. **Bestimmen beide** unterhaltspflichtigen **Eltern gleichzeitig**, kommt es darauf an, ob beide Bestimmungen nach den allgemeinen Wirksamkeitsvoraussetzungen (→ Rn. 9 f.) als wirksam anzusehen wären. Folgt das Kind, weil es keinen seiner Eltern bevorzugen oder benachteiligen will, ohne eigenes Verschulden keiner der an sich wirksamen Bestimmungen, sind beide nicht zu verwirklichen und deswegen im Ergebnis beide unwirksam, so dass es bei der anteiligen Haftung der Eltern auf Barunterhalt bleibt. Folgt das Kind einer von beiden Bestimmungen, ist nur diese wirksam.[30] Entspricht nur eine der beiden Bestimmungen den Interessen der Eltern und des Kindes, wird diese als wirksam, die andere als unwirksam anzusehen sein.[31]

12   Bietet ein Elternteil in **einseitiger Ausübung des Bestimmungsrechts** den gesamten Unterhalt an und ist er zu einer entsprechenden Unterhaltsgewährung imstande, werden die Belange des unterhaltsberechtigten volljährigen Kindes dadurch grundsätzlich nicht beeinträchtigt.[32] Allerdings unterliegt das einseitig ausgeübte Bestimmungsrecht inhaltlichen Schranken, die sich aus dem Gebot der Rücksichtnahme auf die Belange des anderen Elternteils ergeben. Stehen dessen Belange der Unterhaltsbestimmung entgegen, zB weil das Kind seit langer Zeit und schon vor Eintritt der Volljährigkeit seinen Lebensmittelpunkt bei ihm hat, sind die beiderseitigen Interessen gegeneinander abzuwägen, wobei vor allem auch die wirtschaftlichen Gründe des Bestimmenden Beachtung verdienen.

---

24   BT-Drs. 16/1830, 26.
25   BayObLG FamRZ 2000, 976 (977); KG FamRZ 2006, 60.
26   Vgl. BayObLG FamRZ 2000, 976 (977) und KG FamRZ 2006, 60.
27   OLG Dresden FamRZ 2004, 209 (210); nach einer Entscheidung des OLG Karlsruhe FamRZ 2015, 507, soll dies nicht der Fall sein, wenn eine Mutter ihre Tochter dieser gegenüber als den größten Fehler ihres Lebens bezeichnet.
28   OLG Brandenburg FamRZ 2009, 236.
29   OLG Frankfurt/M. FamRZ 1987, 305 (306).
30   LG Berlin FamRZ 1988, 977 (978 f.).
31   Wendl/Dose/Klinkhammer, § 2 Rn. 43.
32   BGH FamRZ 1988, 831 (832 f.).

Auch wenn dieser beim anderen Elternteil über den **familienrechtlichen Ausgleichsanspruch** Rückgriff nehmen will, muss dies die Belange des anderen Elternteils noch nicht übermäßig beeinträchtigen.[33]

Über den Interessenkonflikt der Eltern im Zusammenhang mit der Unterhaltsbestimmung ist **im Rahmen des Zivilverfahrens** zu befinden, in dem es auf die Unterhaltsbestimmung ankommt.[34]

IV. Gerichtliches Verfahren

1. Prüfung der Wirksamkeit. Wirksame Bestimmungen sind im Unterhaltsverfahren zu beachten. Dies gilt nicht für unwirksame Bestimmungen (→ Rn. 9 f.), deren Unwirksamkeit sich zB daraus ergibt, dass sie aus tatsächlichen oder rechtlichen Gründen nicht durchführbar sind.[35] Schon nach altem Recht war ausschließlich im Unterhaltsprozess zu prüfen, ob die einseitige Bestimmung durch einen Elternteil gegenüber dem volljährigen Kind mit den Belangen des anderen Elternteils vereinbar und insoweit verbindlich ist (→ Rn. 12). Auch wenn das Kind eine Abänderung der Bestimmung erreichen will, muss es den entsprechenden Einwand im Unterhaltsverfahren geltend machen (→ Rn. 15). 13

2. Prüfung der Bestimmung auf Einwand des Kindes. a) Altes Recht bis 31.12.2007. Nach altem Recht bis 31.12.2007 konnte die Unterhaltsbestimmung durch das Familiengericht auf Antrag des volljährigen Kindes in einem eigenen Verfahren aus besonderen Gründen abgeändert werden (Abs. 2 S. 2 aF). Die Unterhaltsreform hat diese Bestimmung ersatzlos gestrichen. Die notwendige Prüfung der Frage, ob eine elterliche Unterhaltsbestimmung wirksam und damit vom Gericht seiner Entscheidung zugrunde zu legen ist (→ Rn. 9 f.), findet ausschließlich im Unterhaltsverfahren statt.[36] Dasselbe gilt, wenn das Kind einwendet, die getroffene Bestimmung sei aus besonderen Gründen abzuändern oder aufzuheben (→ Rn. 15). 14

b) Prüfung im Unterhaltsverfahren. Aufgrund der Streichung des Abs. 2 S. 2 aF durch die **Unterhaltsreform** wird über die Frage der Wirksamkeit der Bestimmung vom Familiengericht nunmehr ausschließlich im Unterhaltsverfahren entschieden.[37] Innerhalb des Verfahrens ist zu klären, ob eine wirksame Bestimmung getroffen wurde oder ob die Bestimmung ggf. auf Einwand des Kindes abzuändern oder aufzuheben ist.[38] Das Kind kann im Verfahren besondere Gründe für die Abänderung der getroffenen Bestimmung unter denselben Voraussetzungen wie nach altem Recht geltend machen. Die Streichung des Abs. 2 S. 2 aF bezweckte keine materielle Korrektur des Änderungsmaßstabes.[39] Wegen des Inhalts möglicher Einwendungen des Kindes → Rn. 10. 15

---

33 BGH FamRZ 1988, 831 (832 f.).
34 BGH FamRZ 1988, 831 (833).
35 BGH FamRZ 1996, 798 (799).
36 BT-Drs. 16/1830, 26.
37 Vgl. BT-Drs. 16/1830, 25 f.
38 BT-Drs. 16/1830, 25 f.
39 BT-Drs. 16/1830, 26.

§ 1612 a BGB   Mindestunterhalt minderjähriger Kinder; Verordnungsermächtigung

(1) [1]Ein minderjähriges Kind kann von einem Elternteil, mit dem es nicht in einem Haushalt lebt, den Unterhalt als Prozentsatz des jeweiligen Mindestunterhalts verlangen. [2]Der Mindestunterhalt richtet sich nach dem steuerfrei zu stellenden sächlichen Existenzminimum des minderjährigen Kindes. [3]Er beträgt monatlich entsprechend dem Alter des Kindes

1. für die Zeit bis zur Vollendung des sechsten Lebensjahrs (erste Altersstufe) 87 Prozent,
2. für die Zeit vom siebten bis zur Vollendung des zwölften Lebensjahrs (zweite Altersstufe) 100 Prozent und
3. für die Zeit vom 13. Lebensjahr an (dritte Altersstufe) 117 Prozent

des steuerfrei zu stellenden sächlichen Existenzminimums des minderjährigen Kindes.

(2) [1]Der Prozentsatz ist auf eine Dezimalstelle zu begrenzen; jede weitere sich ergebende Dezimalstelle wird nicht berücksichtigt. [2]Der sich bei der Berechnung des Unterhalts ergebende Betrag ist auf volle Euro aufzurunden.

(3) Der Unterhalt einer höheren Altersstufe ist ab dem Beginn des Monats maßgebend, in dem das Kind das betreffende Lebensjahr vollendet.

(4) Das Bundesministerium der Justiz und für Verbraucherschutz hat den Mindestunterhalt erstmals zum 1. Januar 2016 und dann alle zwei Jahre durch Rechtsverordnung, die nicht der Zustimmung des Bundesrates bedarf, festzulegen.

I. Allgemeines

1   Die Vorschrift räumt **minderjährigen Kindern** als besondere Art der Unterhaltsgewährung die Möglichkeit ein, den Barunterhalt, den sie von dem Elternteil zu beanspruchen haben, mit dem sie nicht in einem Haushalt leben, als **dynamischen Anspruch** geltend zu machen, der sich automatisch an die Änderungen des in Abs. 1 S. 2 und 3 gesetzlich definierten Mindestunterhalts, also nicht mehr wie nach altem Recht an die Änderungen der durchschnittlichen Einkommensentwicklung anpasst.[1] Die Neufassung des § 1612 a durch die Unterhaltsreform bestimmt den geschuldeten Unterhaltsbetrag damit nicht mehr als Prozentsatz des Regelbetrags der aufgehobenen Regelbetrags-Verordnung, sondern als Prozentsatz des jeweiligen Mindestunterhalts (Abs. 1 S. 2 und 3). Bis zur Höhe des 1,2-fachen Mindestunterhalts – ohne Berücksichtigung anrechenbaren Kindergeldes[2] – kann der dynamische Unterhalt für minderjährige Kinder im **vereinfachten Verfahren** nach §§ 249 ff. FamFG festgesetzt werden (s. Anhang zu § 1612 a).[3] Gem. § 1603 Abs. 2 S. 2 privilegierte volljährige Kinder sind aufgrund des klaren Gesetzeswortlauts zu einem solchen Verlangen nicht berechtigt.[4] Allerdings wird das Verfahren der vereinfachten Unterhaltsfestsetzung nicht unzulässig, wenn die Volljährigkeit erst nach Antragstellung während des

---

1   BT-Drs. 13/9596, 2 (zum alten Recht).
2   BT-Drs. 16/6980, 23 f.
3   BGH FamRZ 2017, 816: Nach Anspruchsübergang auf die Unterhaltsvorschusskasse auch nach Wechsel des Kindes in den Haushalt des zuvor Pflichtigen weiterhin zulässig.
4   AllgM, vgl. OLG Stuttgart FamRZ 2002, 1044; OLG Koblenz FamRZ 2004, 829.

Verfahrens eintritt.[5] Ein entsprechender Unterhaltstitel ohne zeitliche Begrenzung, den ein minderjähriges Kind erwirkt hat, erlischt auch nicht mit **Eintritt der Volljährigkeit** (§ 244 FamFG). Der Unterhaltspflichtige muss daher einen Abänderungsantrag (§§ 238 bzw. 240 FamFG) stellen, wenn er nach Eintritt der Volljährigkeit den titulierten Unterhalt der dritten Altersstufe (Abs. 1 S. 3 Nr. 3) nicht mehr bezahlen will.[6] Die **Darlegungs- und Beweislast** für die geänderten Umstände, einschließlich des Mithaftungsanteils des anderen Elternteils, trägt bei erstmaliger anteiliger Haftung das unterhaltsberechtigte Kind.[7] Geht es dagegen um die Änderung eines Titels, welcher bereits eine anteilige Haftung zur Grundlage hat, ist der Antragsteller im Abänderungsverfahren nach allgemeinen Grundsätzen für sämtliche haftungsbestimmenden Umstände darlegungspflichtig. Der titulierte Höhe nach verbleibt es nach Vollendung des 18. Lebensjahres beim Tabellenbetrag der 3. Altersstufe abzüglich hälftigem Kindergeld.[8] Auf einen Titel ohne zeitliche Befristung bis zum 18. Lebensjahr besteht ein Anspruch, wenn der Unterhaltspflichtige ohne Zustimmung des minderjährigen Kindes einen bis dahin befristeten Titel geschaffen hat.[9]

Wird lediglich der Mindestunterhalt verlangt, ist das minderjährige Kind **jeder weiteren Darlegung und Beweisführung** zu seinem Bedarf oder der Leistungsfähigkeit des Pflichtigen **enthoben**.[10]

II. Unterhalt als Prozentsatz des Mindestunterhalts

Für den Unterhalt in Form einer dynamischen Unterhaltsrente bestimmt das Gesetz die Höhe des monatlichen Unterhalts für das minderjährige Kind nach einem **Prozentsatz des gesetzlich definierten Mindestunterhalts.** Dieser richtete sich vom 1.1.2008 bis zum 31.12.2015 nach dem doppelten Freibetrag für das sächliche Existenzminimum eines Kindes (Kinderfreibetrag) nach § 32 Abs. 6 EStG (Abs. 1 S. 2). Dieses muss realitätsgerecht alle für die physische Existenz und die gesellschaftliche Teilhabe notwendigen Aufwendungen umfassen.[11] Zur Vermeidung von Benachteiligungen durch politisch motivierte zeitliche Verschiebungen von steuerrechtlichen Anpassungen richtet sich nach dem zum 1.1.2016 erneut geänderten § 1612 a[12] der Mindestunterhalt nicht mehr nach dem Kinderfreibetrag, sondern nach dem sächlichen Existenzminimum gemäß dem Existenzminimumbericht und ist durch Rechtsverordnung durch das Bundesministerium für Justiz alle zwei Jahre festzusetzen. Für die Definition des **Existenzminimums** hat man die drei Altersstufen der aufgehobenen Regelbetrags-Verordnung beibehalten und die Höhe des Mindestunterhalts nach Prozentsätzen des sächlichen Existenzminimums differenziert, und zwar mit 87 % (erste Altersgruppe

2

---

5 BGH FamRZ 2006, 402 (404).
6 BGH FamRZ 2005, 2066.
7 OLG Naumburg NJW-RR 2015, 197; OLG Köln FamFR 2012, 439; FA-FamR/Gerhardt Kap. 6 Rn. 1201; aA OLG Karlsruhe FamRZ 2016, 380 (die zugelassene Rechtsbeschwerde ist beim BGH anhängig unter Az. XII ZB 422/15); OLG Zweibrücken FamRZ 2001, 249: Beweislast stets beim Abänderungsantragsteller.
8 FA-FamR/Seiler Kap. 6 Rn. 337 mwN; Wendl/Dose/Klinkhammer § 2 Rn. 360.
9 OLG Dresden FamFR 2011, 87; OLG Hamm FamFR 2011, 201 (Ls. u. Kurzwiedergabe) mAnm Pauling; aA Wendl/Dose/Klinkhammer: Abänderungsantrag muss aus anderen Gründen eröffnet sein.
10 BGH FamRZ 2003, 444 (445); 2002, 536 (540), jeweils zum alten Recht.
11 BVerfG FamRZ 2010, 429.
12 BGBl I 2015, 2018.

bis zur Vollendung des 6. Lebensjahres), mit 100 % (zweite Altersgruppe bis zur Vollendung des 12. Lebensjahres) und mit 117 % (dritte Altersgruppe vom 13. Lebensjahr an). Anders als nach der Ende 2007 aufgehobenen Regelbetrags-Verordnung gibt es **keine unterschiedlichen Unterhaltsbeträge** mehr für Kinder aus den alten Bundesländern und Kindern aus den **neuen Bundesländern** und im ehemaligen Ostberlin.

3   Erstmals wurde aufgrund der geänderten Gesetzeslage der neue Mindestunterhalt durch Rechtsverordnung vom 3.12.2015[13] für die Jahre 2016 und 2017 festgelegt, und zwar in der ersten Altersstufe auf 335 EUR ab dem 1.1.2016 und 342 EUR ab dem 1.1.2017, in der zweiten Altersstufe auf 384 EUR ab dem 1.1.2016 und 393 EUR ab dem 1.1.2017 und in der dritten Altersstufe auf 450 EUR ab dem 1.1.2016 und 460 EUR ab dem 1.1.2017.

4   Der für das konkrete Unterhaltsverhältnis **maßgebliche Prozentsatz** des Mindestunterhalts für den monatlichen Unterhalt wird in der Praxis unter Zuhilfenahme der auf den gesetzlichen Mindestunterhalt Bezug nehmenden Unterhaltstabellen, zB der Düsseldorfer Tabelle (→ § 1610 Rn. 10) ermittelt.

Für die Zeit ab Inkrafttreten der Unterhaltsreform am 1.1.2008 war der Mindestunterhalt von Kindern durch die **Übergangsvorschrift des § 36 Nr. 4 EGZPO** für eine Übergangszeit besonders definiert worden. Dieses Übergangsproblem hat sich infolge der zwischenzeitlichen Erhöhung der Mindestunterhaltssätze erledigt. Schon für das Jahr 2009 erreichte der einfache Freibetrag nach § 32 Abs. 6 EStG mit 1.932 EUR eine Höhe, aus der sich ein Mindestunterhalt (100 %) von 322 EUR ergab, der exakt dem korrespondierenden Betrag nach § 36 Nr. 4 EGZPO (2. Altersstufe) entsprach.

5   Soll ein über die Mindestsätze der Düsseldorfer Tabelle hinausgehender Unterhalt durch Erhöhung des Prozentsatzes des Mindestunterhalts tituliert werden, muss der Prozentsatz ohne Rücksicht auf bedarfsmindernd abzugsfähiges Kindergeld, das sich ebenfalls künftig ändern kann, ermittelt werden. Hat ein Kind der ersten Altersstufe Unterhalt von 456 EUR monatlich nach Einkommensgruppe 7 zu beanspruchen, ergibt sich auf diese Weise ein Prozentsatz von 136 % des Mindestunterhalts ([466 EUR : 342 EUR] x 100 % = (abgerundet) 136 %)[14] – s. Düsseldorfer Tabelle (Stand: 1.1.2017) → § 1610 Rn. 10.

Das wegen Bedarfsminderung – zB nach § 1612 b Abs. 1 S. 1 Nr. 1 hälftig – abziehbare Kindergeld ist wegen der davon abhängigen Höhe danach zu bezeichnen, ob es für ein erstes oder ggf. ein weiteres Kind gewährt wird. Auch insoweit dürfte die Bezeichnung der gesetzlichen Vorschriften mit § 66 EStG und § 6 BKGG nicht zwingend erforderlich sein.

Die **Begrenzungs- bzw. Rundungsvorschriften** des Gesetzes (Abs. 2) zum Vomhundertsatz bzw. den Euro-Beträgen sind zu beachten, ebenso die Regelung, dass der **Unterhalt der nächsthöheren Altersstufe** ab dem Beginn des Monats maßgebend ist, in dem das Kind das betreffende Lebensjahr vollendet hat (Abs. 3).

6   **Tenorierungsvorschlag:**

Zu beachten ist, dass es für die Vollstreckbarkeit eines Titels erforderlich ist, dass sich alle zur Bestimmung des geschuldeten Unterhaltsbetrages maßgebli-

---

13   BGBl 2015 I 2188.
14   Vgl. Vossenkämper FamRZ 2008, 201 (207).

chen Kriterien entweder aus dem Titel selbst oder aus für das Vollstreckungsorgan allgemein zugänglichen Quellen ermitteln lassen müssen. Wegen der verschiedenen Altersstufen gilt dies insbesondere für das Geburtsdatum des Kindes, welches entweder im Rubrum oder im Tenor ausdrücklich benannt werden muss.[15]

▶ Der Antragsgegner wird verpflichtet, an den Antragsteller, geboren am 18.4.2016, zu Händen des gesetzlichen Vertreters monatlich jeweils im Voraus Kindesunterhalt in Höhe von 110 % des Mindestunterhalts abzüglich hälftiges Kindergeld für ein erstes Kind zu bezahlen, beginnend am 1.7.2017. ◀

Nach früherem Recht wurden auch Unterhaltsbeträge, die unter 100 % des Regelbetrags nach der Regelbetrags-Verordnung lagen, regelmäßig mit Prozentsätzen des Regelbetrags dynamisch tituliert. Dies ergab Sinn, weil Abs. 4 und Abs. 5 aF vorschrieben, dass die Regelbeträge entsprechend der Entwicklung des durchschnittlich verfügbaren Arbeitsentgelts angepasst werden. Der nunmehr maßgebende Mindestunterhalt bzw. Mindestbedarf, der in der 1. Altersstufe ohnehin nur 87% des Mindestunterhalts ausmacht, ist davon abgekoppelt (→ Rn. 3). Man kann daher nicht mehr davon ausgehen, dass Erhöhungen der Bemessungsgrundlage in der Regel mit der allgemeinen Einkommensentwicklung und damit auch mit dem Einkommen des beschränkt leistungsfähigen Unterhaltspflichtigen korrespondieren. Insofern bestehen im Mangelfall Bedenken, ob bei einer gerichtlich angeordneten automatischen Anpassung nicht in Grundrechtspositionen des beschränkt leistungsfähigen Pflichtigen nach Art. 2 Abs. 1 GG eingegriffen wird,[16] weshalb sodann eine dynamisierte Titulierung nicht möglich ist.[17]

III. Dynamische Alttitel und Unterhaltsreform

Da die Unterhaltsreform den dynamischen Unterhalt für minderjährige Kinder   7 nicht mehr an den Prozentsatz des jeweiligen Regelbetrags nach der Regelbetrag-Verordnung knüpft, sondern auf eine neue Basis als Prozentsatz des Mindestunterhalts gestellt hat, war zu regeln, in welcher Weise Alttitel nach Inkrafttreten des neuen Rechts weitergelten. Darüber hinaus ergab sich die Frage, unter welchen Voraussetzungen ein Alttitel aus der Zeit vor dem 1.1.2008 nach Maßgabe des neuen Rechts abgeändert werden kann. Hierzu findet sich die **Übergangsregelung** in § 36 Nr. 1–3 EGZPO.[18]

---

15 Siehe hierzu aktuell OLG Naumburg FamRZ 2016, 833.
16 Vgl. Vossenkämper FamRZ 2008, 201 (208).
17 Wendl/Dose/Klinkhammer § 2 Rn. 365 erachtet sie zumindest als nicht anzuraten.
18 Zur konkreten Umrechnung BGH FamRZ 2012, 1048; Maier, Regelbetrags-Umrechnung in Mindestunterhalt, Das Jugendamt 2012, 359.

Anhang zu § 1612 a BGB:

Gesetz
über das Verfahren in Familiensachen und in den
Angelegenheiten der freiwilligen Gerichtsbarkeit

Vom 17. Dezember 2008 (BGBl. I S. 2586)

(FNA 315-24)

zuletzt geändert durch Art. 7 G zur besseren Durchsetzung der Ausreisepflicht
vom 20. Juli 2017 (BGBl. I S. 2780)

– Auszug –

§ 249 FamFG   Statthaftigkeit des vereinfachten Verfahrens

(1) Auf Antrag wird der Unterhalt eines minderjährigen Kindes, das mit dem in
Anspruch genommenen Elternteil nicht in einem Haushalt lebt, im vereinfachten
Verfahren festgesetzt, soweit der Unterhalt vor Berücksichtigung der Leistungen
nach § 1612 b oder § 1612 c des Bürgerlichen Gesetzbuchs das 1,2fache des
Mindestunterhalts nach § 1612 a Abs. 1 des Bürgerlichen Gesetzbuchs nicht
übersteigt.

(2) Das vereinfachte Verfahren ist nicht statthaft, wenn zum Zeitpunkt, in dem
der Antrag oder eine Mitteilung über seinen Inhalt dem Antragsgegner zugestellt
wird, über den Unterhaltsanspruch des Kindes entweder ein Gericht entschieden
hat, ein gerichtliches Verfahren anhängig ist oder ein zur Zwangsvollstreckung
geeigneter Schuldtitel errichtet worden ist.

I. Allgemeines

1   Das vereinfachte Verfahren zur Festsetzung des Minderjährigenunterhalts wurde
zum 1.7.1998 mit dem KindUG eingeführt und zum 1.1.2008 durch das
UÄndG[1] und mit Wirkung zum 1.1.2017 durch das Gesetz zur Änderung des
Unterhaltsrechts und des Unterhaltsverfahrensrechts[2] reformiert, um das Kindeswohl zu stärken und das Unterhaltsrecht zu vereinfachen.[3] Es gilt für alle
ehelichen und nichtehelichen minderjährigen Kinder. Das FamFG hat das vereinfachte Verfahren in den §§ 249–260 FamFG, die den §§ 645 ff. ZPO aF inhaltlich entsprechen und deren Formulierungen lediglich zur Vereinheitlichung
des Sprachgebrauchs geringfügig überarbeitet wurden,[4] beibehalten. Nur § 653
ZPO aF (Unterhalt bei Feststellung der Vaterschaft) und § 654 ZPO aF (Abänderungsklage) wurden modifiziert und in einen neuen Zusammenhang gestellt
(§ 237 und § 240 FamFG).[5] Darüber hinaus wurden die Regelungen in §§ 655
und 656 ZPO aF wegen ihrer geringen praktischen Bedeutung gestrichen.[6] Für
Anträge, die bis zum 31.12.2016 bei Gericht eingegangen sind, gelten §§ 249 ff.
in der Fassung bis zum 31.12.2016. Die Gesetzesänderung gilt für Anträge seit

---

1   Vom 21.12.2007, BGBl. I 3189.
2   Vom 20.11.2015, BGBl. I 2018.
3   Schneider, Vereinfachtes Verfahren auf Festsetzung des Unterhalts Minderjähriger, NZFam
    2015, 1000.
4   BT-Drs. 16/6308, 261.
5   BT-Drs. 16/6308, 257–259.
6   BT-Drs. 16/6308, 261.

dem 1.1.2017 und dient insbesondere der vereinfachten Geltendmachung von Einwendungen. Die neue § 251 Abs. 1 S. 2 Nr. 4 nimmt Bezug auf § 252 FamFG nF und verzichtet auf den Formularzwang für die Auskunft nach § 252 Abs. 4 FamFG nF.

Bei dem vereinfachten Unterhaltsverfahren handelt es sich um eine **selbstständige Familienstreitsache** iSd §§ 112, 113 FamFG. Eine Vertretung durch einen **Rechtsanwalt** ist dennoch gem. §§ 114 Abs. 4 Nr. 6, 257 FamFG iVm § 78 Abs. 3 ZPO nicht vorgeschrieben. Zudem handelt es sich um ein Verfahren, für das der Rechtspfleger zuständig ist. Dies gilt auch noch für den Antrag auf streitiges Verfahren, nicht aber für das streitige Verfahren (vor dem Richter) selbst. Wenn jedoch das Jugendamt als Beistand das Kind vertritt, gilt für das streitige Verfahren kein Anwaltszwang für den Antragsgegner, § 114 Abs. 4 Nr. 2 FamFG. Die Behörde selbst (Sozialhilfeträger oder Unterhaltsvorschusskasse) braucht keinen Anwalt, § 114 Abs. 3 FamFG. **2**

Das **formblattgebundene Verfahren** (Näheres zu den Formularen → FamFG § 259 Rn. 2, 4) gestaltet sich einfach, ähnlich dem Mahnverfahren, und lässt nur begrenzte Einwendungsmöglichkeiten zu. Eine Prüfung des materiellen Unterhaltsanspruchs findet nicht statt. **3**

Der Rechtspfleger schafft einen schnellen und kostengünstigen **Unterhaltstitel** für laufende und bereits fällige Unterhaltsforderungen, der nach den Vorschriften der ZPO **vollstreckbar** ist, § 120 Abs. 1 FamFG. Der Beschluss ist als Endentscheidung mit seinem Wirksamwerden vollstreckbar, § 120 Abs. 2 S. 1 FamFG. Die Wirksamkeit tritt grundsätzlich mit der Rechtskraft des Beschlusses ein, § 116 Abs. 3 S. 1 FamFG. **4**

Der Beschluss soll jedoch die Anordnung der **sofortigen Wirksamkeit** enthalten und ist damit vor der Rechtskraft sofort vollstreckbar, § 116 Abs. 3 S. 2, 3 FamFG. Der Titel kann betragsmäßig bestimmt sein oder einen Prozentsatz des Mindestunterhalts ausweisen. Für die Vollstreckung dynamisierter Unterhaltstitel im Ausland ist zudem noch § 245 FamFG zu beachten. **5**

Der Unterhalt kann **wahlweise** auch im **streitigen Verfahren** gleich oder später (Abänderungsverfahren nach § 240 FamFG) geltend gemacht werden, dh ein Rechtsschutzbedürfnis liegt wegen § 255 FamFG auch für ein Verfahren vor dem Richter vor. Außerdem kann bereits fälliger Unterhalt im Mahnverfahren geltend gemacht werden. Es besteht grundsätzlich, egal welches Verfahren gewählt wird, Anspruch auf Bewilligung von **Verfahrenskostenhilfe** (→ FamFG § 250 Rn. 39 ff. und → FamFG § 253 Rn. 10).[7] **6**

Ein Verfahrenskostenhilfeverfahren wird mangels Gebührenvorschuss nicht vorgeschaltet. Die **Vorschusspflicht** des § 14 Abs. 1 S. 1 FamGKG gilt deshalb nicht, da für das Verfahren an sich keine Gebühr entsteht, sondern nach Nr. 1210 KV-FamGKG nur für die Entscheidung. **7**

II. Mindestunterhalt (§ 1612 a)

Seit dem 1.1.2009 richtet sich der Mindestunterhalt nur noch nach § 1612 a, da die Beträge angehoben wurden. Der Unterhalt nach **§ 1612 a Abs. 1** richtet sich nach einem Zwölftel des doppelten Freibetrags für das sächliche **Existenzmini-** **8**

---

7 OLG Naumburg OLGReport 2000, 451.

mum eines Kindes nach § 32 Abs. 6 S. 1 EStG[8] (Kinderfreibetrag). Dies sind momentan monatlich 393 EUR (2.358 EUR pro Elternteil x 2 = 4.716 EUR / 12 = 393 EUR). Der **einkommensteuerrechtliche Kinderfreibetrag** wird alle zwei Jahre von der Bundesregierung in einem Existenzminimumbericht ermittelt.

9   Der **Mindestunterhalt** nach § 1612 a beträgt in der 1. Altersstufe 87 % des oben genannten Unterhalts (342 EUR), in der 2. Altersstufe 100 % (393 EUR) und in der 3. Altersstufe 117 % (460 EUR). Von diesen Beträgen wird nach § 1612 b Abs. 1 Nr. 1 immer das hälftige Kindergeld abgezogen, wenn ein Elternteil das Kind betreut (→ FamFG § 250 Rn. 18 f.).

10 Die aktuelle Düsseldorfer Tabelle baut auf den Beträgen des § 1612 a Abs. 1 auf. Sie wurde zum 1.1.2017 neu angepasst und enthält für das erste und zweite Kind folgende **Zahlbeträge**: für die Gruppe 1 in der 1. Altersstufe 246 EUR, in der 2. Altersstufe 297 EUR und in der 3. Altersstufe 364 EUR. Die Beträge errechnen sich folgendermaßen: Mindestbetrag nach § 1612 a abzüglich halbem Kindergeld. Das hälftige Kindergeld gem. § 1612 b Abs. 1 Nr. 1 mindert den Barbedarf des minderjährigen, von einem Elternteil betreuten Kindes wie dessen Einkommen. Das **Kindergeld** wird zwar an die Eltern ausgezahlt, es handelt sich aber um eine zweckgebundene, der Familie für das Kind zustehende Leistung. Deshalb ist das Kindergeld vorweg vom Unterhaltsbedarf abzuziehen, dh bedarfsdeckend einzusetzen (→ FamFG § 250 Rn. 17).[9]

11 Das Kind kann gem. Abs. 1 bis zu **120 % des Mindestunterhalts** der jeweiligen Altersstufe verlangen. Es kann aber genauso anstelle des Prozentsatzes des Mindestunterhalts einen monatlich bestimmten Betrag fordern, für den aber ebenfalls die **Höchstgrenze** von 120 % des Mindestunterhalts gilt. Bis zu dieser Höhe besteht keine Darlegungslast, der Betrag kann ohne Begründung verlangt werden.

III. Voraussetzungen

12 **1. Statthaftigkeit.** Das vereinfachte Verfahren ist statthaft, wenn ein **minderjähriges Kind** seinen Unterhaltsanspruch gegenüber dem Elternteil geltend macht, in dessen **Haushalt das Kind nicht lebt**.[10] Hält sich das Kind abwechselnd bei beiden Eltern auf, ist das vereinfachte Verfahren ausgeschlossen. Das gilt ebenso, wenn der in Anspruch genommene Elternteil die alleinige elterliche Personensorge hat[11] oder wenn das Kind bei keinem Elternteil lebt.[12] Das Eintreten der **Volljährigkeit** während des Verfahrens schadet nicht,[13] da der Festsetzungsbeschluss über das 18. Lebensjahr hinaus wirkt, iÜ → FamFG § 253 Rn. 6. Das Gericht beschränkt den Beschluss nicht auf die Zeit bis zur Volljährigkeit, sondern formuliert ihn ab der 3. Altersstufe ohne Zeitbegrenzung. Von der Beschränkung des vereinfachten Verfahrens auf Antragsgegner mit Inlandsaufent-

---

8   Betrag geändert mWv 31.12.2009 durch Gesetz v. 22.12.2009 (BGBl. I 3950); geänd. mWv VZ 2015 und mWv VZ 2016 durch Gesetz v. 16.7.2015 (BGBl. I 1202); geänd. mWv VZ 2017 durch Gesetz v. 20.12.2016 (BGBl. I 3000).
9   Gerhardt, Die Unterhaltsreform zum 1.1.2008, FuR 2008, 8 ff.
10 OLG Saarbrücken FamFR 2012, 493.
11 OLG Karlsruhe FamRZ 2001, 767.
12 OLG Stuttgart FamRZ 2014, 1473.
13 KG MDR 2003, 1235; OLG Naumburg FamRZ 2003, 160; aA: OLG Brandenburg FamRZ 2007, 484.

halt wurde abgesehen, obwohl sich in Fällen mit Auslandsbezug das vereinfachte Verfahren nicht bewährt hat.[14]

Der beantragte Unterhalt (vor Anrechnung des Kindergeldes, §§ 1612 a, 1612 b) **13** darf ab dem 1.1.2008 **120% des Mindestunterhalts** gem. § 1612 a nicht übersteigen. Unterhalt, der die Grenze des Abs. 1 übersteigt, kann daneben in einem streitigen Verfahren geltend gemacht werden. Dann ist es wohl zweckmäßig, den gesamten Unterhalt im streitigen Verfahren geltend zu machen.

Eine **Verzinsung** der Unterhaltsrückstände kann verlangt werden. Dies gilt nicht **14** für Verzugszinsen auf noch nicht fällige Unterhaltsbeträge, weil diese vom Zahlungsverhalten des Unterhaltsverpflichteten abhängen und es daher ungewiss ist, ob diese Verzugszinsen in der Zukunft überhaupt entstehen. Für den Beginn der Verzinsung von Unterhaltsrückständen ist die Zustellung des Festsetzungsantrages maßgebend.[15]

Es muss sich um ein **Erstverfahren** handeln, dh zum Zeitpunkt der Antragszu- **15** stellung an den Antragsgegner darf noch kein Verfahren über den Unterhaltsanspruch bei Gericht anhängig sein oder ein sonstiger zur Zwangsvollstreckung geeigneter Schuldtitel vorliegen (zB gerichtlicher Vergleich im Scheidungsverfahren, notarielle Urkunde gem. § 794 Abs. 1 Nr. 5 ZPO oder Urkunde des Jugendamtes gem. § 59 Abs. 1 Nr. 3 SGB VIII).[16] Unzulässig ist das Verfahren auch, wenn ein Unterhaltsantrag abgewiesen wurde, weil dann eine Entscheidung zum Unterhalt vorliegt oder wenn ein Titel nur über eine Teilentscheidung vorliegt[17] oder wenn aus einem bereits vorliegenden Titel nicht mehr vollstreckt werden kann, denn die Frage der Vollstreckbarkeit eines Titels kann nicht im vereinfachten Verfahren geklärt werden.[18]

Die Zurückweisung eines Antrags nach § 250 Abs. 2 FamFG hindert nicht die **16** **erneute Antragstellung** zur Durchführung des vereinfachten Verfahrens.[19] Entscheidend ist, dass noch nicht über die Begründetheit des Anspruchs entschieden wurde. Ein anhängiges oder bereits rechtskräftig abgeschlossenes Verfahren zum Auskunftsanspruch nach § 1605 Abs. 1 schließt ebenfalls nicht die Einleitung eines neuen Verfahrens aus. Ein Titel über Unterhaltsrückstände eines Leistungsträgers (Bundesland oder Sozialhilfeträger) steht der Festsetzung zukünftigen Unterhalts nicht entgegen.[20] Wird während des Verfahrens freiwillig ein vollstreckbarer Titel errichtet (zB Beurkundung beim Jugendamt), führt das wegen Wegfalls des Rechtsschutzbedürfnisses zur Erledigung der Hauptsache. Wegen einer verbleibenden Restforderung kann in diesem Fall das vereinfachte Verfahren jedoch weiterbetrieben werden.[21]

2. Zuständigkeit. Das **Familiengericht** beim Amtsgericht ist ausschließlich sach- **17** lich zuständig, §§ 23 a Abs. 1 Nr. 1, 23 b Abs. 1 Nr. 5 GVG, §§ 111 Nr. 8, 231 Abs. 1 Nr. 1 FamFG. Der **Rechtspfleger** ist funktionell zuständig, § 25 Nr. 2 c RPflG.

---

14 Vgl. BT-Drs. 18/5918 und BT-Drs. 18/6287,1 (Fn. 18).
15 BGH NJW 2008, 2710 = FamRZ 2008, 1428; aA: OLG Koblenz FamRZ 2005, 2000.
16 OLG Naumburg FamRZ 2003, 160.
17 OLG München FamRZ 1999, 450.
18 OLG München FamRZ 2011, 48.
19 Vgl. Wendl/Staudigl/Thalmann Rn. 326.
20 OLG München FamRZ 2001, 1076; Sonnenfeld, Das vereinfachte Unterhaltsfestsetzungsverfahren, DAVorm 1999, 172.
21 OLG Zweibrücken FamRZ 2000, 1160.

18 Für die örtliche Zuständigkeit gilt in erster Linie § 232 Abs. 1 Nr. 2 FamFG, dh
    der **Aufenthaltsort des Kindes** oder des handlungsbefugten Elternteils ist maßge-
    bend. Das gilt jedoch nicht, wenn das Kind oder ein Elternteil seinen gewöhnli-
    chen Aufenthalt im Ausland hat. Hat der Antragsgegner seinen gewöhnlichen
    Aufenthalt im Ausland, ist § 232 Abs. 3 Nr. 3 FamFG einschlägig unter Beach-
    tung der internationalen Zuständigkeit.

19 § 232 FamFG weicht von § 642 ZPO aF ab, der auf den allgemeinen Gerichts-
    stand des Kindes abstellte. Dies führte in der Vergangenheit zu Problemen, da
    das Kind bei gemeinsamer elterlicher Sorge unter Umständen einen Doppel-
    wohnsitz hatte, §§ 7, 11.[22] Der **gewöhnliche Aufenthalt des Kindes** kann durch-
    aus vom gewöhnlichen Aufenthalt des handlungsbefugten Elternteils abweichen,
    zB durch einen Aufenthalt im Internat. Ergeben sich daraus verschiedene Ge-
    richtsstände, so kann der Antragsteller gleichberechtigt zwischen diesen wählen.
    Soweit die Landesregierungen oder Landesjustizverwaltungen von der **Ermächti-
    gung** Gebrauch machen, durch Rechtsverordnung das vereinfachte Verfahren
    einem Amtsgericht zuzuweisen, ist dieses Gericht zuständig, § 260 Abs. 1
    FamFG.

20 **3. Antrag.** Für den Antrag besteht ein bundeseinheitlicher **Formularzwang.** Der
    Antrag als Voraussetzung für das Verfahren ist in Form und Inhalt an ein Form-
    blatt gebunden, §§ 257, 259 FamFG (→ FamFG § 259 Rn. 2, 4). Dies gilt nicht
    für Anträge, die das Gericht nach Angaben des Antragstellers protokolliert, und
    für Anträge der Leistungsträger, Art. 1 § 1 Abs. 2 Nr. 2 KindUFV.

21 Ohne Zustimmung des Antragsgegners kann der Antrag jederzeit **zurückgenom-
    men** werden, solange der Festsetzungsbeschluss noch nicht ergangen ist.

22 **4. Antragsteller. a) Berechtigung und gesetzliche Vertretung. Antragsberechtigt**
    ist der Inhaber des Unterhaltsanspruchs, idR das minderjährige Kind (§ 1603
    Abs. 2 S. 2 findet keine Anwendung). Mangels Verfahrensfähigkeit des Kindes
    nach § 9 Abs. 1 FamFG ist zu unterscheiden:

23 Haben die Eltern die **gemeinsame elterliche Sorge,** so macht der Elternteil, in
    dessen Obhut sich das Kind befindet, Unterhaltsansprüche für das Kind geltend,
    § 1629 Abs. 2 S. 2.

24 Sind die Eltern des Kindes außerdem **verheiratet** und leben sie getrennt, so stellt
    der Elternteil, bei dem sich das Kind befindet, den Antrag **im eigenen Namen** als
    Verfahrensstandschafter des Kindes, § 1629 Abs. 3 S. 1, damit im eventuell fol-
    genden oder bereits schwebenden Scheidungsverfahren der Kindesunterhalt mit-
    verhandelt werden kann, da der Elternteil bereits Beteiligter im Unterhaltsver-
    fahren ist. Bei Beendigung der Verfahrensstandschaft (durch rechtskräftige
    Scheidung) kann für den Unterhaltstitel eine Rechtsnachfolgeklausel zugunsten
    des Kindes beantragt und erteilt werden, § 120 Abs. 1 FamFG iVm § 727 Abs. 1
    ZPO. Bei einem Obhutswechsel erlischt die Ermächtigung zur Antragsstellung
    in Verfahrensstandschaft,[23] jedoch bleibt das Verfahren für den Zeitraum bis
    zum Obhutswechsel des Kindes zulässig, da die Unzulässigkeit erst mit Wirkung
    ab dem Einzug in den Haushalt des im vereinfachten Verfahren in Anspruch ge-
    nommenen Unterhaltspflichtigen eintritt.[24]

---

22 MK-ZPO/Dötsch FamFG § 232 Rn. 10.
23 OLG Köln FamRZ 2009, 619.
24 OLG Köln NZFam 2015, 473.

Hat der Elternteil, bei dem das Kind lebt, die **alleinige elterliche Sorge**, so vertritt dieser das Kind, § 1629 Abs. 1 S. 3. Hat dagegen der Antragsgegner die alleinige elterliche Sorge, so ist das Verfahren nicht statthaft (→ Rn. 12). 25

Ist das Jugendamt **Beistand**, ist es im Verfahren gesetzlicher Vertreter, §§ 1712 Abs. 1 Nr. 2, 1716 iVm §§ 1915 Abs. 1, 1793 Abs. 1 S. 1, § 234 FamFG. Die Vertretungsmacht des sorgeberechtigten Elternteils ist insoweit gem. § 234 FamFG ausgeschlossen, dieser kann aber jederzeit die Beistandschaft beenden, § 1715. Wechselt das Kind aus der Beistandschaft in die Obhut des bisher barunterhaltspflichtigen Elternteils, so führt dies zur Unzulässigkeit des Verfahrens von Anfang an.[25] 26

Tritt während des Verfahrens **Volljährigkeit** ein, führt das Kind das Verfahren allein weiter. 27

b) Dritte als Antragsteller. Antragsteller kann auch ein **Dritter** sein, auf den die **Forderung** wegen erbrachter Leistung **übergegangen** ist, vgl. § 1607 Abs. 2, 3 und § 7 Abs. 1 S. 1 UVG, § 94 Abs. 1 S. 1 SGB XII, § 33 Abs. 1 SGB II, zB ein Bundesland vertreten durch die Unterhaltsvorschusskasse nach § 7 UVG oder ein ortsansässiges Jobcenter (vormals ARGE). Die Leistungsträger können auch nebeneinander oder neben dem Kind[26] das vereinfachte Verfahren betreiben, aber nur insgesamt in Höhe von 120 % des Mindestunterhalts. Gem. § 7 Abs. 4 UVG kann das Bundesland auf künftige Leistungen klagen, wenn es die Zahlungsabsicht versichert und das Kind das 18. Lebensjahr nicht vollendet hat, §§ 1, 2, 3 UVG.[27] Zu beachten ist, dass nach § 2 Abs. 2 UVG das volle Kindergeld abgezogen wird. Der Titel kann auf das unterhaltsberechtigte Kind umgeschrieben werden, wenn die öffentlichen Leistungen eingestellt werden.[28] 28

5. Antragsgegner. Antragsgegner kann nur der Elternteil sein, der nicht mit dem Kind für den Zeitraum, in dem Unterhalt verlangt wird, zusammenlebt; **Besuche am Wochenende** oder in den **Ferien** stehen dem nicht entgegen.[29] 29

IV. Kosten

Der **Rechtsanwalt** erhält für die Antragstellung eine 1,3 Verfahrensgebühr und ggf. eine 1,2 Terminsgebühr nach Nr. 3100, 3104 VV-RVG. 30

Der **Verfahrenswert** bemisst sich nach dem zwölffachen anerkannten Unterhaltsbetrag, ggf. zuzüglich der anerkannten Rückstände, § 51 FamGKG (→ FamFG § 253 Rn. 21) und wird nur auf Antrag vom Rechtspfleger festgesetzt. 31

§ 250 FamFG Antrag

(1) Der Antrag muss enthalten:

1. die Bezeichnung der Beteiligten, ihrer gesetzlichen Vertreter und der Verfahrensbevollmächtigten;
2. die Bezeichnung des Gerichts, bei dem der Antrag gestellt wird;
3. die Angabe des Geburtsdatums des Kindes;
4. die Angabe, ab welchem Zeitpunkt Unterhalt verlangt wird;

---

25 OLG Bamberg FamRZ 2014, 2014.
26 OLG München FamRZ 2002, 547.
27 OLG Stuttgart FamRZ 2006, 874.
28 OLG Koblenz FamRZ 2006, 1689.
29 Palandt/Brudermüller § 1612 a Rn. 5; OLG Stuttgart JAmt 2003, 322.

5. für den Fall, dass Unterhalt für die Vergangenheit verlangt wird, die Angabe, wann die Voraussetzungen des § 1613 Abs. 1 oder Abs. 2 Nr. 2 des Bürgerlichen Gesetzbuchs eingetreten sind;

6. die Angabe der Höhe des verlangten Unterhalts;

7. die Angaben über Kindergeld und andere zu berücksichtigende Leistungen (§ 1612 b oder § 1612 c des Bürgerlichen Gesetzbuchs);

8. die Erklärung, dass zwischen dem Kind und dem Antragsgegner ein Eltern-Kind-Verhältnis nach den §§ 1591 bis 1593 des Bürgerlichen Gesetzbuchs besteht;

9. die Erklärung, dass das Kind nicht mit dem Antragsgegner in einem Haushalt lebt;

10. die Angabe der Höhe des Kindeseinkommens;

11. eine Erklärung darüber, ob der Anspruch aus eigenem, aus übergegangenem oder rückabgetretenem Recht geltend gemacht wird;

12. die Erklärung, dass Unterhalt nicht für Zeiträume verlangt wird, für die das Kind Hilfe nach dem Zwölften Buch Sozialgesetzbuch, Sozialgeld nach dem Zweiten Buch Sozialgesetzbuch, Hilfe zur Erziehung oder Eingliederungshilfe nach dem Achten Buch Sozialgesetzbuch, Leistungen nach dem Unterhaltsvorschussgesetz oder Unterhalt nach § 1607 Abs. 2 oder Abs. 3 des Bürgerlichen Gesetzbuchs erhalten hat, oder, soweit Unterhalt aus übergegangenem Recht oder nach § 94 Abs. 4 Satz 2 des Zwölften Buches Sozialgesetzbuch, § 33 Abs. 2 Satz 4 des Zweiten Buches Sozialgesetzbuch oder § 7 Abs. 4 Satz 1 des Unterhaltsvorschussgesetzes verlangt wird, die Erklärung, dass der beantragte Unterhalt die Leistung an oder für das Kind nicht übersteigt;

13. die Erklärung, dass die Festsetzung im vereinfachten Verfahren nicht nach § 249 Abs. 2 ausgeschlossen ist.

(2) [1]Entspricht der Antrag nicht den in Absatz 1 und den in § 249 bezeichneten Voraussetzungen, ist er zurückzuweisen. [2]Vor der Zurückweisung ist der Antragsteller zu hören. [3]Die Zurückweisung ist nicht anfechtbar.

(3) Sind vereinfachte Verfahren anderer Kinder des Antragsgegners bei dem Gericht anhängig, hat es die Verfahren zum Zweck gleichzeitiger Entscheidung zu verbinden.

I. Form des Antrags

1   Der Inhalt des Antrages ist im vorgeschriebenen **Formular** enthalten und muss vollständig ausgefüllt werden. Das Formular für den Antrag nach § 249 FamFG ist online verfügbar (→ FamFG § 259 Rn. 4).

2   Der Antrag ist **eigenhändig** vom Antragsteller, vom gesetzlichen Vertreter oder vom Verfahrensbevollmächtigten **zu unterschreiben**.

3   Der Antrag muss schriftlich unter **Verwendung des Formulars** gestellt werden, § 259 Abs. 2 FamFG, oder kann zu Protokoll der Geschäftsstelle erklärt werden, § 257 S. 1 FamFG iVm § 24 Abs. 2 Nr. 3 RPflG. Außerdem können Rechtsanwälte, Notare und Urkundspersonen des Jugendamtes die Anträge aufnehmen, § 59 Abs. 1 Nr. 9 SGB VIII. Wird für den schriftlichen Antrag der Vordruck nicht verwendet, ist der Antrag unzulässig. Als Hilfe beim Ausfüllen des Formblatts gibt es ein Merkblatt mit Anleitung (→ FamFG § 259 Rn. 4).

II. Inhalt des Antrags

1. Beteiligtenbezeichnung von Antragsteller und Antragsgegner (Abs. 1 Nr. 4
1). Beteiligte sind **Eltern, Kind** und **Forderungsinhaber.** Elternteil oder Beistand
als gesetzliche Vertreter sind immer anzugeben, ggf. ist zusätzlich ein Rechtsanwalt als Verfahrensbevollmächtigter aufzuführen (→ FamFG § 249 Rn. 22 ff.).

Die **Anschrift des Antragstellers** soll vollständig sein, soweit dies zumutbar ist,   5
da ansonsten für den Antragsgegner die Zuständigkeit nicht nachprüfbar ist.
Fehlt die Anschrift, entsteht eine Einwendung nach § 252 Abs. 1 FamFG. Die
Angabe des Wohnorts samt Postleitzahl reicht bei schutzwürdigem Geheimhal-
tungsinteresses aus. An die Geheimhaltung sind strenge Anforderungen zu stellen; allein die Angabe, dass beim Einwohnermeldeamt eine Auskunftssperre vermerkt sei, reicht nicht aus.[30] Die Angabe der vollständigen Anschrift ist unzumutbar, wenn zB die Adresse wegen Angst vor Gewalt geheim gehalten werden
soll.

2. Gerichtsbezeichnung (Abs. 1 Nr. 2). Das **zuständige Gericht** ergibt sich aus   6
§§ 23 a Abs. 1 Nr. 1, 23 b Abs. 1 Nr. 5 GVG (→ FamFG § 249 Rn. 17 ff.) und
aus § 232 FamFG.

3. Geburtsdatum des Kindes (Abs. 1 Nr. 3). Das Geburtsdatum des Kindes wird   7
benötigt, um die Minderjährigkeit zum Zeitpunkt der Antragstellung und die
Altersstufe nach § 1612 a festzustellen.

4. Zeitpunkt des Unterhalts (Abs. 1 Nr. 4). Es sollte der Zeitpunkt, ab dem Un-   8
terhalt gefordert wird, angegeben werden. Fehlt eine solche Angabe, wird nur
der laufende Unterhalt beantragt, dh der Unterhalt ab Eingang des Antrags.[31]

5. Zeitpunkt des Verzuges bei Unterhalt für die Vergangenheit (Abs. 1 Nr.   9
5). Nach § 1613 Abs. 1 S. 2 kann der Unterhalt ab dem Ersten des Monats verlangt werden, in dem der Verpflichtete in **Verzug** gekommen ist (Mahnungszeit-
punkt), frühestens jedoch ab dem Zeitpunkt, in dem das konkrete Auskunftsverlangen über Einkommen/Vermögen zum Zwecke der Ermittlung des Unterhaltsanspruchs gestellt wurde (auch mündlich möglich). Verzugszinsen können im
vereinfachten Verfahren geltend gemacht werden[32] (→ FamFG § 249 Rn. 14).

Streitig ist, ob rückständiger Unterhalt selbstständig oder nur mit laufendem   10
Unterhalt geltend gemacht werden kann. Aus dem Normzweck der §§ 249 ff.
FamFG ergibt sich, dass dieses Verfahren einen schnellen Titel für laufende und
zukünftige Unterhaltsansprüche schaffen soll. Daraus ist zu schließen, dass
rückständiger Unterhalt nur zusammen mit laufendem Unterhalt geltend gemacht wird. Wird lediglich rückständiger Unterhalt beantragt, ist nur das
Mahnverfahren (oder alternativ das streitige Verfahren) zielführend.[33] Nach anderer Ansicht kann auch ausschließlich Unterhalt für die Vergangenheit im vereinfachten Verfahren geltend gemacht werden, um dem Antragsteller ein Indivi-
dualverfahren zu ersparen.[34]

§ 1613 Abs. 2 Nr. 2 **erweitert den Zeitraum** des Unterhaltsanspruchs, wenn zB   11
die Vaterschaft noch nicht anerkannt oder rechtskräftig festgestellt worden war
oder der Aufenthalt des Antragsgegners unbekannt war.

---

30 OLG Hamm FamRZ 2001, 107.
31 MK-ZPO/Macco FamFG § 250 Rn. 4.
32 BGH NJW 2008, 2710 = FamRZ 2008, 1428; aA: OLG Koblenz FamRZ 2005, 2000.
33 Keidel/Giers FamFG § 250 Rn. 5.
34 MK-ZPO/Macco FamFG § 249 Rn. 7; BT-Drs. 13/7338, 38.

12 **6. Höhe des Unterhalts (Abs. 1 Nr. 6).** Es ist die Höhe des begehrten Unterhalts anzugeben. Eine Begründung ist nicht erforderlich.[35] Die **Unterhaltshöhe** bemisst sich nach dem verfügbaren Einkommen des Verpflichteten und wird zunächst ohne Anrechnung des Kindergeldes festgestellt.

13 Der Antragsteller kann den Unterhalt dynamisch gemäß den Altersstufen durch Angabe eines Prozentsatzes oder als gleichbleibenden Unterhalt durch die Angabe eines Festbetrags verlangen. In beiden Fällen dürfen **120 % des Mindestunterhalts** nicht überschritten werden.

14 Wird der Unterhalt veränderlich gemäß den Altersstufen gewählt, passt sich er an die Preisentwicklung und an das Heranwachsen des Kindes an. Die **Dynamisierung** bewirkt, dass der Titel automatisch auch für die jeweils neuen Beträge gilt. Die Bezugsgröße ergibt sich aus § 1612 a Abs. 1 iVm § 32 Abs. 6 EStG, gestaffelt nach den drei Altersstufen (→ FamFG § 249 Rn. 8 ff.).

15 Wird **gleichbleibender Unterhalt** in Form unveränderlicher monatlicher Beträge verlangt, findet keine Anpassung an Alter und Preissteigerungen statt. Die Monatsbeträge können für verschiedene Zeiträume (zB wenn sich die Einkommensverhältnisse geändert haben, also insbes. für den bereits fälligen Unterhalt) unterschiedlich hoch sein. Zu beachten ist hierbei, dass die Unterhaltshöhe vor Abzug zu berücksichtigender kindbezogener Leistungen anzugeben ist.[36]

16 Für einen Zeitraum darf immer nur eine **Spalte im Formular** ausgefüllt werden. Es ist sinnvoll, für den bereits fälligen Unterhalt feste Beträge und für den laufenden Unterhalt die Dynamisierung zu beantragen, insbesondere auch dann, wenn Unterhalt nach § 1612 a nF und aF verlangt wird.

17 **7. Zu berücksichtigende Leistungen, zB Kindergeld (Abs. 1 Nr. 7).** Von dem Unterhaltsanspruch, egal ob statisch oder dynamisiert, sind die kindbezogenen Leistungen abzuziehen, s. §§ 1612 b, 1612 c. Das Kindergeld wird unterhaltsrechtlich als bedarfsdeckendes Einkommen des Kindes behandelt. Dieses erhält der Elternteil, bei dem das Kind lebt, § 64 Abs. 2 EStG. Es ist im Antrag anzugeben. Das Kindergeld ist nur der Höhe (s. § 6 BKGG) nach mitzuteilen und beträgt für das 1. und 2. Kind z.Zt. 192 EUR, für das 3. Kind 198 EUR und ab dem 4. Kind je 223 EUR, § 66 EStG. Die Ermittlung des abzusetzenden Kindergeldanteils ist Aufgabe des Gerichts. Die Berechnung braucht der Antragsteller nicht selbst durchzuführen.[37]

18 Seit dem 1.1.2008 wird das Kindergeld **zur Hälfte** auf den zu zahlenden Unterhalt angerechnet, wenn es an den betreuenden Elternteil ausgezahlt wird (Ausnahme → FamFG § 250 Rn. 19). Diese neue Regelung der Kindergeldanrechnung stellt eine wesentliche Vereinfachung dar.

19 § 1612 b Abs. 1 führt zu einem ähnlichen Ergebnis wie § 1612 b aF, der bis 31.12.2007 galt: Unterschreitet die Leistungsfähigkeit des Unterhaltsverpflichteten den Zahlbetrag nach Einkommensgruppe 1 der Düsseldorfer Tabelle (Mindestunterhalt abzüglich hälftigem Kindergeld), erfolgt keine Anrechnung des Kindergeldes auf den Betrag, den der Unterhaltspflichtige ohne Gefährdung des eigenen Selbstbehalts leisten kann.[38]

---

35 MK-ZPO/Macco FamFG § 249 Rn. 4.
36 OLG Dresden NZFam 2015, 176.
37 OLG Brandenburg FamRZ 2002, 1263.
38 OLG München FamRZ 2010, 988.

Andere **kindbezogene Leistungen** wie zB Kinderzuschüsse aus den gesetzlichen 20
Unfall- oder Rentenversicherungen kommen in der Praxis kaum vor. Kindbezogene Teile von Zuschlägen bei Angestellten im öffentlichen Dienst oder bei Beamten sind kein Kindergeldsurrogat iSd § 1612 c, sondern unterhaltsrechtlich
relevantes Einkommen.[39]

8. Verwandtschaft (Abs. 1 Nr. 8). Es muss ein **Eltern-Kind-Verhältnis** bestehen. 21
Die Mutterschaft begründet sich gem. § 1591. Vater ist, wer zur Zeit der Geburt
mit der Mutter verheiratet war, andernfalls die Vaterschaft anerkannt hat oder
wessen Vaterschaft gerichtlich festgestellt wurde oder wer das Kind adoptiert
hat, §§ 1592, 1593, 1754. Es ist kein Nachweis nötig (Darlegung ist nur bei Bestreiten erforderlich). Ist ein Verfahren auf Vaterschaftsfeststellung nach
§ 1600 d anhängig, gilt § 237 FamFG.[40]

9. Getrenntleben Kind/Antragsgegner (Abs. 1 Nr. 9). Voraussetzung für den 22
Barunterhalt ist, dass das Kind **keinen gemeinsamen Wohnsitz** mit dem Antrags-
gegner hat, denn andernfalls wird der Unterhalt des Kindes durch Pflege und Er-
ziehung abgegolten. Aufenthalt des Kindes beim Antragsgegner im Rahmen des
Umgangsrechts ist unschädlich[41] (iÜ → FamFG § 249 Rn. 12). Das vereinfachte
Verfahren scheidet dagegen aus, wenn die Eltern innerhalb der gemeinsamen
Wohnung getrennt leben oder sich die Betreuung des Kindes gleichmäßig teilen
(sog **Wechselmodell**)[42] oder wenn das Kind bei keinem Elternteil lebt.[43]

10. Kindeseinkommen (Abs. 1 Nr. 10). Arbeitseinkommen, Ausbildungsvergü- 23
tung, Zinserträge, Mieterträge des Kindes sind anzugeben, da sie den Unterhaltsbedarf mindern können. Die Angabe dient nur der **Information des Unterhaltsschuldners.** Das Gericht rechnet diesen Betrag nicht an, es geht vielmehr
davon aus, dass der Antragsteller das Kindeseinkommen bei der beantragten
Unterhaltshöhe berücksichtigt hat.

11. Aktivlegitimation/Forderungsübergang (Abs. 1 Nr. 11). Es muss erklärt 24
werden, ob Ansprüche aus eigenem, aus übergegangenem oder aus rückabgetretenem Recht verlangt werden. Soweit der Unterhalt auf einen **Leistungsträger**
nach § 7 Abs. 1 S. 1 UVG, § 94 Abs. 1 SGB XII, § 33 Abs. 1 SGB II übergangen ist, können Ansprüche nur von diesem erhoben und auch für die Zukunft
verlangt werden (→ FamFG § 249 Rn. 28). Der Leistungsträger hat dabei zu
versichern, dass das Kind den geltend gemachten Betrag auch tatsächlich als
Hilfe erhalten hat.

Während das **Bundesland** vertreten durch die Unterhaltsvorschusskasse regelmä- 25
ßig selbst als Antragsteller auftritt, übertragen die **Sozialhilfeträger** meistens den
Anspruch auf das Kind zurück, so dass dieses das Verfahren selbst führen kann.

Da die **Unterhaltsvorschusskassen** nur 100 % des Mindestunterhalts nach § 2 26
Abs. 1 S. 1 UVG bezüglich des vollen Kindergelds nach § 2 Abs. 2 S. 1 UVG als
Unterhalt zahlen, kann das Kind daneben noch die Differenz bis 120 % des

---

39 BGH FamRZ 1989, 172.
40 HK-FamFG/Viefhues FamFG § 237 Rn. 2; MK-ZPO/Dötsch FamFG § 237 Rn. 4.
41 Palandt/Brudermüller § 1612 a Rn. 5; OLG Stuttgart JAmt 2003, 322.
42 MK-ZPO/Macco FamFG § 249 Rn. 15 aE; OLG Celle FamRZ 2003, 1475; zum Wechselmodell: Salzgeber NZFam 2014, 921 ff.
43 OLG Stuttgart FamRZ 2014, 1473.

Mindestunterhalts in einem Parallelverfahren beantragen; dem steht § 249 Abs. 2 FamFG nicht entgegen[44] (→ FamFG § 249 Rn. 28).

27 **12. Keine Doppelleistung (Abs. 1 Nr. 12).** Das Kind kann keinen auf Dritte **übergegangenen Unterhaltsanspruch** geltend machen, es sei denn, die Ansprüche wurden **rückabgetreten.** Deshalb muss versichert werden, dass das Kind keine Leistungen aus Sozialhilfe, Erziehungshilfe, Eingliederungshilfe, Unterhaltszuschuss oder Unterhalt von nachrangigen Verwandten (zB Großeltern) erhalten hat, oder ggf., dass diese Ansprüche rückübertragen wurden.

28 **13. Erstverfahren (Abs. 1 Nr. 13).** Das vereinfachte Verfahren findet nicht statt, wenn bereits eine beurkundete **Anerkennung** oder eine anderweitige Anhängigkeit oder eine Sachentscheidung vorliegt. Unschädlich ist dagegen die Zurückweisung eines früheren Unterhaltsantrags aus formalen Gründen als reine verfahrensbezogene Entscheidung, da dadurch über den Unterhaltsanspruch nicht materiell rechtlich entschieden wurde. Ein nach Einleitung des Verfahrens errichteter **Unterhaltstitel** (notarielle Urkunde oder Urkunde des Jugendamts) hindert das Verfahren nicht, da der Antragsgegner andernfalls die Möglichkeit hätte, durch Anerkennung eines noch so niedrigen Betrages die Durchführung des vereinfachten Verfahrens zu verhindern.[45] Allerdings führt das wegen Wegfalls des Rechtsschutzbedürfnisses zur Erledigung der Hauptsache, soweit die Verpflichtung reicht (→ FamFG § 249 Rn. 16).

III. Zurückweisung unzulässiger Anträge (Abs. 2)

29 Das Gericht hat die **Zulässigkeit** des Antrags von Amts wegen zu prüfen. Entspricht der Antrag nicht den notwendigen Erfordernissen nach Abs. 1, so ist der Antragsteller zu hören, damit er den Antrag nachbessern oder zurücknehmen kann. Amtsermittlungen hat der Rechtspfleger zwar nicht vorzunehmen, aber es besteht aufgrund des Gebotes eines fairen Verfahrens grundsätzlich eine gerichtliche **Hinweispflicht** nach § 113 Abs. 1 S. 2 FamFG iVm § 139 ZPO. Dem Antragsteller ist die Möglichkeit einzuräumen, Beanstandungen zu beheben.

30 Werden die Mängel nicht behoben und wird der Antrag auch nicht zurückgenommen, so ist er durch Beschluss samt Begründung (vgl. §§ 38 Abs. 3 S. 1, 113 Abs. 1 S. 1 FamFG iVm § 313 Abs. 3 ZPO) ohne vorherige Anhörung des Antragsgegners und ohne mündliche Verhandlung zurückzuweisen. Dieser **Zurückweisungsbeschluss** wird förmlich an den Antragsteller zugestellt.

31 Eine **Kostenentscheidung** ist nicht erforderlich, da zum einen § 81 Abs. 1 S. 3 FamFG keine Anwendung findet, § 113 Abs. 1 S. 1 FamFG. Zum anderen ist noch kein Gegner vorhanden, dessen Kosten zu erstatten wären. Außerdem haftet der Antragsteller für die Kosten nach § 21 Abs. 1 S. 1 FamFG.[46]

32 Bei **örtlicher Unzuständigkeit** ist gem. §§ 113 Abs. 1 S. 1, 2, 3 Abs. 1 FamFG nach Anhörung der dem Gericht bekannten Beteiligten,[47] das Verfahren von Amts wegen an das zuständige Amtsgericht abzugeben.

---

44 OLG München FamRZ 2002, 547.
45 Sonnenfeld DAVorm 1999, 176.
46 Keidel/Giers FamFG § 250 Rn. 5 aE.
47 BT-Drs. 16/6308, 175.

IV. Rechtsbehelf gegen Zurückweisung

Der Zurückweisungsbeschluss ist trotz Unanfechtbarkeit gem. Abs. 2 S. 3 mit 33
der **befristeten Erinnerung** anfechtbar, da die Entscheidung durch den Rechtspfleger erfolgt, § 11 Abs. 2 RPflG.[48]

Die **Frist** beträgt **einen Monat** nach § 11 Abs. 2 RPflG iVm § 63 Abs. 1 FamFG. 34
Hilft der Rechtspfleger der Erinnerung nicht ab, legt er das Verfahren dem Richter (nicht dem OLG) zur Entscheidung vor. Erst dessen Beschluss ist unanfechtbar.

Eine Zurückweisung hindert den Antragsteller nicht, ein **streitiges Verfahren** zu 35
beantragen oder nochmals einen neuen nachgebesserten Antrag im vereinfachten Verfahren zu stellen. § 249 Abs. 2 FamFG steht dem nicht entgegen, da über
den Unterhaltsanspruch noch nicht materiell rechtlich entschieden worden ist.
Bei einer teilweisen Zurückweisung des Antrags ist die Beschwerde nach § 256
FamFG möglich, denn in diesem Fall ist eine Zusammenführung der Entscheidungskompetenzen beim Beschwerdegericht geboten (→ FamFG § 256
Rn. 16).[49]

V. Verbindung der Verfahren bei Geschwistern (Abs. 3)

Sind vereinfachte Unterhaltsverfahren **mehrerer Kinder** des Antragsgegners bei 36
demselben Gericht anhängig, so ist eine Verbindung dieser Verfahren zwingend
vorgeschrieben.[50] Dabei ist unerheblich, dass ein oder mehrere Ansprüche in
Verfahrensstandschaft oder aus übergegangenem Recht oder verschiedene Zeiträume geltend gemacht werden. Sind jedoch bei mehreren Gerichten Anträge
auf vereinfachte Verfahren anhängig (wegen unterschiedlicher Gerichtsstände
der Geschwister), so scheidet eine Verbindung aus.[51]

Für das **erste Kind** ist das Antragsformular vollständig auszufüllen und das linke 37
Kästchen „Antrag auf Festsetzung von Unterhalt" anzukreuzen. Für alle **weiteren Kinder** soll je ein Ergänzungsblatt nur noch mit den individuellen Daten
ausgefüllt werden, dabei ist das rechte Kästchen „Ergänzungsblatt zum Antrag …" anzukreuzen.

Grundsätzlich wird ein vollstreckbarer Unterhaltstitel für alle Geschwister erlas- 38
sen. Jedoch ist es unter Umständen zweckmäßiger, wenn für jedes Kind eine **eigene vollstreckbare Ausfertigung** erstellt wird, damit spätestens bei Volljährigkeit jedes Kind selbst aus seinem Titel vollstrecken kann. Das geschieht jedoch
nur auf Antrag.

VI. Verfahrenskostenhilfe

Ist ein Beteiligter vermögenslos, kann dieser zugleich mit dem Antrag auf verein- 39
fachtes Unterhaltsverfahren **Verfahrenskostenhilfe** und die Beiordnung eines
Rechtsanwalts beantragen, §§ 76 ff. FamFG, §§ 114 ff. ZPO.

---

48 OLG Zweibrücken FamRZ 2004, 1796.
49 BGH FamRZ 2008, 1428 u. 1433.
50 OLG Celle FamFR 2011, 254.
51 MK-ZPO/Macco FamFG § 250 Rn. 11.

40 Die Beiordnung eines Rechtsanwalts ist in der Praxis üblich, da ein Elternteil
    mit dem Ausfüllen der Formulare überfordert sein kann.[52] Außerdem wird auf
    dem Merkblatt zum Antrag (und dem Vordruck über die Einwendungen) bei
    Unklarheiten auf eine zur Rechtsberatung zugelassene Person verwiesen. Es be-
    darf allerdings immer der Überprüfung des jeweiligen Einzelfalls, da eine Vertre-
    tung durch einen Rechtsanwalt nicht vorgesehen ist, §§ 114 Abs. 4 Nr. 6 FamFG
    iVm § 78 Abs. 3 ZPO.

    Die **Beiordnung eines Rechtsanwalts** wird grundsätzlich als **notwendig** angese-
    hen,

    ■ da das Verfahren für Nichtjuristen zu unübersichtlich ist,[53]
    ■ da der Antragsteller schon bei Einleitung das Einkommen des Unterhalts-
       pflichtigen schätzen muss,[54]
    ■ da sich der Antragsteller mit etwaigen Einwendungen des Antragsgegners in-
       haltlich auseinandersetzen muss, um entscheiden zu können, ob er die
       Durchführung des streitigen Verfahrens beantragen soll,
    ■ da auch im amtlichen Merkblatt zum Ausfüllen des Antrags der Hinweis auf
       anwaltliche Beratung enthalten ist,
    ■ wenn eine Mangelverteilung zu erfolgen hat und das streitige Verfahren
       durchgeführt werden muss,[55]
    ■ wenn der Rechtsanwalt bereits in anderen Familiensachen für das Kind oder
       den gesetzlichen Vertreter tätig ist,
    ■ wenn der Antragsgegner bereits vorprozessual durch einen Rechtsanwalt
       vertreten ist,[56]
    ■ wenn das Einkommen des Antragsstellers aus selbstständiger Tätigkeit ge-
       schätzt werden muss.[57]

41 Für die Bewilligung der Verfahrenskostenhilfe sind die **persönlichen und wirt-
    schaftlichen Verhältnisse** der jeweils Beteiligten maßgebend. Stellt das Kind den
    Antrag, ist seine Einkommenslage ausschlaggebend. Macht jedoch ein Elternteil
    den Kindesunterhalt im Fall des § 1629 Abs. 3 im eigenen Namen geltend, so
    handelt dieser Elternteil als Verfahrensstandschafter und nun sind dessen Ein-
    kommensverhältnisse maßgebend.[58]

42 Das Kind als Antragsteller ist von der Vorlage eines VKH-Vordrucks befreit, § 2
    PKHVVO. Es reicht aus, dass eine Versicherung abgegeben wird, dass das Kind
    weder über einzusetzendes Einkommen noch über Vermögen verfügt. Es müssen
    weder der VKH-Vordruck noch Unterlagen als Nachweis eingereicht werden.
    Diese **Vorlagebefreiung** gilt jedoch nicht für den Verfahrensstandschafter. Er
    muss anhand des VKH-Vordrucks nach § 117 Abs. 2, 3 und 4 ZPO seine eige-
    nen Vermögensverhältnisse darlegen, nicht die des Kindes.[59]

---

52 Bejahend Keidel/Giers FamFG § 249 Rn. 12; OLG Schleswig NJW-RR 2007, 774; OLG
    Koblenz 21.7.2009 – 11 WF 595/09; OLG Brandenburg FamRZ 2002, 1199; verneinend
    OLG München FamRZ 1999, 1355.
53 OLG Koblenz 21.7.2009 – 11 WF 595/09.
54 OLG Brandenburg FamRZ 2002, 1199; OLG München FamRZ 1999, 792.
55 OLG Hamm Rpfleger 2000, 339.
56 OLG Dresden FamRZ 2001, 634.
57 OLG Hamm FamRZ 2014, 1042.
58 BGH FamRZ 2006, 32; BGH NJW-RR 2005, 1237 = FamRZ 2005, 1164.
59 MK-ZPO/Wache ZPO § 117 Rn. 22.

VII. Kosten

Ein **Gebührenvorschuss** für die Gerichtskosten ist nicht zu zahlen (→ FamFG 43
§ 249 Rn. 7). Für den Festsetzungs- und den Zurückweisungsbeschluss fällt eine
0,5 Gebühr nach Nr. 1210 KV-FamGKG aus dem Wert des § 51 FamGKG (12-
facher laufender Nettomonatsunterhalt und Unterhaltsrückstand, → FamFG
§ 253 Rn. 21) an. Das Erinnerungsverfahren ist kostenfrei.

Der **Rechtsanwalt** erhält für die Antragstellung eine 1,3 Verfahrensgebühr und 44
ggf. eine 1,2 Terminsgebühr nach Nr. 3100, 3104 VV-RVG aus og Wert.

§ 251 FamFG Maßnahmen des Gerichts

(1) [1]Erscheint nach dem Vorbringen des Antragstellers das vereinfachte Verfahren zulässig, verfügt das Gericht die Zustellung des Antrags oder einer Mitteilung über seinen Inhalt an den Antragsgegner. [2]Zugleich weist es ihn darauf hin,
1. ab welchem Zeitpunkt und in welcher Höhe der Unterhalt festgesetzt werden kann; hierbei sind zu bezeichnen:
   a) die Zeiträume nach dem Alter des Kindes, für das die Festsetzung des
      Unterhalts nach dem Mindestunterhalt der ersten, zweiten und dritten
      Altersstufe in Betracht kommt;
   b) im Fall des § 1612 a des Bürgerlichen Gesetzbuchs auch der Prozentsatz
      des jeweiligen Mindestunterhalts;
   c) die nach § 1612 b oder § 1612 c des Bürgerlichen Gesetzbuchs zu be-
      rücksichtigenden Leistungen;
2. dass das Gericht nicht geprüft hat, ob der verlangte Unterhalt das im Antrag
   angegebene Kindeseinkommen berücksichtigt;
3. dass über den Unterhalt ein Festsetzungsbeschluss ergehen kann, aus dem
   der Antragsteller die Zwangsvollstreckung betreiben kann, wenn er nicht innerhalb eines Monats Einwendungen erhebt;
4. welche Einwendungen nach § 252 erhoben werden können, insbesondere,
   dass der Einwand eingeschränkter oder fehlender Leistungsfähigkeit nur erhoben werden kann, wenn die Auskunft nach § 252 Absatz 4 erteilt wird
   und Belege über die Einkünfte beigefügt werden.
[3]Ist der Antrag im Ausland zuzustellen, bestimmt das Gericht die Frist nach
Satz 2 Nummer 3.

(2) § 167 der Zivilprozessordnung gilt entsprechend.

I. Antragszustellung

1. Zustellung. Erscheint dem Rechtspfleger das Verfahren zulässig, stellt er dem 1
Antragsgegner den Antrag oder eine Mitteilung über seinen Inhalt unter Verwendung amtlicher Vordrucke für die Einwendungen (dreifach) mit Belehrung
förmlich zu (im Schreiben selbst oder abgedruckt auf der Antragsrückseite).

Der Antrag samt dem Anhörungsschreiben muss wegen der Möglichkeit der be- 2
fristeten Einwendungen (Frist: **ein Monat**, Abs. 1 S. 2 Nr. 3) zugestellt werden,
§ 113 Abs. 1 S. 1 FamFG iVm § 329 Abs. 2 S. 2 ZPO.

2. Auslandszustellung. Bei Zustellung im **Ausland** ist die Einwendungsfrist vom 3
Gericht besonders zu bestimmen, dh normalerweise länger. Der Antragsgegner
wird darauf hingewiesen, dass er innerhalb der gesetzten Äußerungsfrist einen
Zustellungsbevollmächtigten zu benennen hat, andernfalls werden weitere Zu-

stellungen durch Aufgabe zur Post bewirkt, § 113 Abs. 1 S. 1 FamFG ivm § 184 Abs. 1 ZPO ivm § 183 Abs. 2 Nr. 2, 3 ZPO, soweit nicht die EuZustVO gilt.[60]

4 Wohnt der Antragsgegner im deutschsprachigen Ausland, so erfolgt die Zustellung durch Einschreiben mit Rückschein. Im übrigen Ausland erfolgt die **Zustellung im Rechtshilfeweg** mit einer vollständigen Übersetzung der Unterlagen. Die vierseitigen Einwendungsbögen sind bereits in mehrere Sprachen übersetzt. Eine Nachfrage beim nächsten Amtsgericht gibt Auskunft darüber. Hierbei ist fraglich, ob dieser Aufwand noch ein vereinfachtes Verfahren rechtfertigt. Ebenso ist eine spätere Zwangsvollstreckung problematisch, denn das Berechnen des Unterhalts verlangt vom Vollstreckungsorgan Kenntnisse über die jeweiligen Mindestunterhalts- und Kindergeldbeträge.

5 **3. Öffentliche Zustellung.** Bei **unbekanntem Aufenthalt** des Antragsgegners ist die öffentliche Zustellung nach § 113 Abs. 1 S. 1 FamFG ivm § 185 ZPO zulässig, zumal der Unterhaltsfestsetzungsbeschluss jederzeit im Abänderungsverfahren gem. § 240 FamFG überprüft werden kann.

II. Hinweise zur Anhörung nach Abs. 1 S. 2

6 Die Hinweise nach Abs. 1 S. 2 Nr. 1–4 sind in dem Textprogramm des Gerichts verarbeitet bzw. auf der Rückseite des Antragsformulars abgedruckt. Zweck dieser Hinweise ist es, dem Antragsgegner zu verdeutlichen, in welcher Höhe er mit der Festsetzung des Unterhalts zu rechnen hat, sofern er zum Antrag keine Erklärungen abgibt. Gleichzeitig werden ihm die möglichen Einwendungen samt der gesetzlichen Vorgaben mitgeteilt. Unterbleibt diese Belehrung des Antragsgegners, ist der Erlass des Festsetzungsbeschlusses nicht zulässig.[61] Ein dennoch erlassener Beschluss ist mit der Beschwerde angreifbar.

7 Das Familiengericht weist auf folgende Punkte hin:[62]

- die Höhe des Kindesunterhalts (Angabe der Altersstufen und der sich daraus ergebende konkrete Unterhaltsbetrag des zu zahlenden Unterhalts sowie Angabe des Prozentsatzes);
- den Zeitpunkt, ab dem Unterhalt geltend gemacht wird;
- die zu berücksichtigenden Leistungen nach §§ 1612 b, 1612 c;
- die nicht erfolgte Prüfung, inwieweit das eventuell angegebene Kindeseinkommen bei dem geltend gemachten Unterhalt berücksichtigt ist (damit wird klargestellt, dass die Unterhaltsbeträge nicht einem abschließend geprüften Unterhaltsanspruch entsprechen und der Antragsgegner beim Vorhandensein von bedarfsdeckenden Einkommen des Kindes mit Einwendungen zu reagieren hat);
- die Möglichkeit, dass ohne Einwendungen nach einem Monat der Festsetzungsbeschluss als ein zur Vollstreckung geeigneter Titel erlassen wird;
- die möglichen Einwendungen, die der Antragsgegner erheben kann, § 252 FamFG, insbesondere, dass der Einwand beschränkter oder fehlender Leistungsfähigkeit nur erhoben werden kann, wenn die Auskunft nach § 252 Abs. 4 erteilt wird und Belege über die Einkünfte beigefügt sind.

---

60 MK-ZPO/Macco FamFG § 251 Rn. 5.
61 MK-ZPO/Macco FamFG § 251 Rn. 5; OLG Naumburg OLGReport 2001, 327.
62 MK-ZPO/Macco FamFG § 251 Rn. 4; HK-FamFG/Volpp FamFG § 251 Rn. 3–8.

III. Verjährungsunterbrechung

Die Verjährung von Unterhaltsansprüchen wird bereits mit **Antragseinreichung** 8
unterbrochen, wenn die Zustellung „demnächst" erfolgt, Abs. 2 iVm § 113
Abs. 1 S. 2 FamFG iVm § 167 ZPO.

IV. Mitteilung an Antragsteller

Eine **Mitteilung** des Anhörungsschreibens an den Antragsteller ist zwar nicht 9
zwingend vorgesehen, aber üblich und zweckmäßig, denn er kann auf eventuelle
Unrichtigkeiten sofort hinweisen und wird damit auch über den Verfahrens-
stand informiert.

§ 252 FamFG Einwendungen des Antragsgegners

(1) [1]Der Antragsgegner kann Einwendungen gegen die Zulässigkeit des vereinfachten Verfahrens geltend machen. [2]Bei begründeten Einwendungen weist das
Gericht den Antrag zurück. [3]Unbegründete Einwendungen weist das Gericht mit
dem Festsetzungsbeschluss nach § 253 zurück.

(2) Andere als die in Absatz 1 Satz 1 genannten Einwendungen, insbesondere
Einwendungen nach den Absätzen 3 und 4, sind nur zulässig, wenn der Antragsgegner zugleich erklärt, inwieweit er zur Unterhaltsleistung bereit ist und dass er
sich insoweit zur Erfüllung des Unterhaltsanspruchs verpflichtet.

(3) Der Einwand der Erfüllung ist nur zulässig, wenn der Antragsgegner zugleich
erklärt, inwieweit er Unterhalt geleistet hat und entsprechende Belege vorlegt.

(4) [1]Der Einwand eingeschränkter oder fehlender Leistungsfähigkeit ist nur zulässig, wenn der Antragsgegner zugleich Auskunft über seine Einkünfte und sein
Vermögen erteilt und für die letzten zwölf Monate seine Einkünfte belegt. [2]Ein
Antragsgegner, der Leistungen zur Sicherung des Lebensunterhalts nach dem
Zweiten Buch Sozialgesetzbuch oder dem Zwölften Buch Sozialgesetzbuch bezieht, muss den aktuellen Bewilligungsbescheid darüber vorlegen. [3]Bei Einkünften aus selbständiger Arbeit, Gewerbebetrieb sowie Land- und Forstwirtschaft
sind als Belege der letzte Einkommensteuerbescheid und für das letzte Wirtschaftsjahr die Gewinn-und-Verlust-Rechnung oder die Einnahmenüberschuss-
rechnung vorzulegen.

(5) Die Einwendungen sind nur zu berücksichtigen, solange der Festsetzungsbeschluss nicht erlassen ist.

I. Regelungsgehalt

Für die Einwendungen besteht kein **Formularzwang mehr**, § 259 Abs. 2–4 1
FamFG.[63] Der Antragsgegner kann nun seine Einwendungen **formlos** erheben,
dadurch entfiel § 251 Abs. 1 S. 2 Nr. 5 FamFG aF. Hintergrund dieser Änderung
ist, dass das vereinfachte Unterhaltsverfahren überwiegend durch Behörden als
Antragssteller genutzt wird und diese nicht dem Formularzwang unterliegen.
Dadurch waren die Positionen der Beteiligten nicht mehr ausgewogen. Zudem
hat sich der Formularzwang durch seine Komplexität und schwer verständliche
Struktur negativ für den Antragsgegner ausgewirkt. Dem Antragsgegner steht

---

63 OLG Frankfurt/M. DAVorm 2000, 1132.

die Nutzung des von Gericht übersandten Datenblatts für Einwendungen offen.[64]

2 Je nach Inhalt der Einwendungen hat das Gericht entweder über die **Begründetheit**, vgl. Abs. 1, oder über die **Zulässigkeit**, vgl. Abs. 2, zu entscheiden. Einwendungen gegen die Begründetheit haben in der Praxis eine geringere Bedeutung, da diese durch den Rechtspfleger von Amts wegen zu prüfen sind. Die meisten Einwendungen werden jedoch wegen geringer oder mangelnder Leistungsfähigkeit des Antragsgegners eingereicht, wurden aber oft nicht in der vorgeschriebenen Form des § 259 Abs. 2, § 252 Abs. 2 FamFG aF erhoben. Zudem trifft das Gericht die in § 113 Abs. 1 S. 1 FamFG iVm § 139 ZPO normierte Hinweis- und Aufklärungspflicht.[65]

3 Gegenüber einem im Ausland lebenden **ausländischen Unterhaltsschuldner** ist der Vordruck mit einer Übersetzung in die Muttersprache zu verwenden. Allerdings bestehen Zweifel, ob das vereinfachte Verfahren gegenüber einem der deutschen Sprache nicht mächtigen und im Ausland lebenden Unterhaltsschuldner noch sinnvoll und ökonomisch ist. Spätestens bei der Zwangsvollstreckung kann es Probleme bei der Berechnung des konkreten Unterhaltsbetrags geben, denn das ausländische Vollstreckungsorgan benötigt Kenntnisse über die aktuellen deutschen Kindergeldbeträge und die Höhe des Mindestunterhalts nach § 1612 a. In diesem Fall ist es sinnvoller, gleich den Weg des streitigen Verfahrens zu beschreiten.[66]

4 Die Verweisung des § 255 Abs. 1 S. 1 FamFG auf § 254 FamFG stellt klar, dass nur im Fall von begründeten und zulässigen Einwendungen das **streitige Verfahren** gegeben ist. Der Antragsgegner soll das streitige Verfahren nicht dazu nutzen können, die Einwendungen nach § 252 FamFG zu vermeiden.[67] Die Möglichkeiten nach § 252 FamFG sind einerseits zwar beschränkt, aber auf der anderen Seite soll sichergestellt werden, dass ein Festsetzungsbeschluss nur ergeht, wenn dem Kind materiell rechtlich – unter Berücksichtigung von Bedürftigkeit und Leistungsfähigkeit – tatsächlich ein Unterhaltsanspruch zusteht.

5 Die gerichtliche Entscheidung ergeht regelmäßig **ohne mündliche Verhandlung**. Diese kann aber durchaus erfolgen, § 113 Abs. 1 FamFG iVm § 128 Abs. 4 ZPO, wenn die Möglichkeit auf den Abschluss eines Vergleichs besteht oder wenn strittige Punkte zu klären sind.

II. Formale Einwendungen (Abs. 1)

6 **1. Einwendung gegen Zulässigkeit des Verfahrens (S. 1 Nr. 1).** Die **Unzulässigkeit** des vereinfachten Verfahrens kann beanstandet werden, wenn die allgemeinen Prozessvoraussetzungen oder die speziellen Voraussetzungen nach §§ 249, 250 FamFG fehlen (zB Fehlen der deutschen Gerichtsbarkeit, Vorliegen eines gerichtlichen Verfahrens, gemeinsamer Hausstand,[68] keine Verwandtschaft, falsche Berechnung des bereits fälligen Unterhalts, mehr als 120 % des Mindestunterhalts, Volljährigkeit, fehlende Angaben nach § 250 Abs. 1 Nr. 1–13 FamFG). Das Gericht prüft das Vorliegen dieser Voraussetzungen stets von Amts wegen

---

64 Vgl. BT-Drs. 18/6287, 2.
65 OLG Karlsruhe FamRZ 2006, 1548.
66 OLG Frankfurt/M. JAmt 2001, 244.
67 BT-Drs. 14/7349, 26.
68 KG FuR 2006, 132.

und hat den Antragsteller im Rahmen des rechtlichen Gehörs (Art. 103 GG) die Gelegenheit zur Nachbesserung zu geben. Zu beachten ist ferner, dass ein Zugeständnis nicht in Betracht kommt, da die Verfahrensvoraussetzungen nicht der Parteiengewalt unterliegen, § 295 ZPO.[69]

2. Einwendung gegen Beginn der Unterhaltszahlung (S. 1 Nr. 2). Der **Zeitpunkt,** 7 von dem an bereits fälliger Unterhalt gezahlt werden soll, kann gerügt werden (zB falscher Beginn, weil Antragsgegner erst später auszog, fehlende Mahnung). Es kann jedoch nicht eingewendet werden, dass der laufende Unterhalt nur bis zum Eintritt der Volljährigkeit festgesetzt werden darf.[70] Die Geltendmachung der Verwirkung eines Unterhaltsanspruchs des Kindes, solange der Umgang mit dem Kind nicht gewährt wird, ist keine Einwendung im Sinne des § 249 Abs. 2 FamFG gegen den Zeitpunkt, ab dem Unterhalt gezahlt werden soll.[71]

3. Einwendung gegen Unterhaltsberechnung (S. 1 Nr. 3 a). Die **unrichtige Berechnung** 8 der Höhe des Unterhalts und/oder Fehler bei der Anwendung der Übergangsvorschriften können durch Einwendungen gerügt werden (zB falsche Zeiträume für die Altersstufen, unrichtig angegebener Mindestunterhalt, da zB eine unrichtige Bezugsgröße berücksichtigt wurde).

4. Einwendung gegen antragsübersteigende Festsetzung (S. 1 Nr. 3 b). Der Unterhalt 9 darf nicht höher als beantragt festgesetzt werden (Berechnungsfehler des Gerichts). Hierunter fallen alle übrigen **Rechen- und Übertragungsfehler,** die nicht zu S. 1 Nr. 3 a oder Nr. 3 c gehören und die unberechtigt zu einer höheren Festsetzung als beantragt führen würden.

5. Einwendung gegen Kindergeldverrechnung (Nr. 3 c). Die fehlende oder nicht 10 richtige **Berechnung von Kindergeld** oder kindbezogenen Leistungen kann geltend gemacht werden (→ FamFG § 250 Rn. 17 ff.).

6. Einwendung bezüglich der Verfahrenskosten (S. 2). Der Antragsgegner kann 11 einwenden, dass er zu dem vereinfachten Verfahren **keinen Anlass** gegeben hat. Damit verbunden ist ein sofortiges Anerkenntnis zur Erfüllung des Unterhaltsanspruchs (→ Rn. 23 ff.). Liegen diese beiden Voraussetzungen vor, hat der Antragsgegner die Verfahrenskosten nicht zu tragen (→ FamFG § 253 Rn. 16 ff.).

III. Begründetheit der formalen Einwendungen (Abs. 1)

Ist die Einwendung nach Abs. 1 S. 1 Nr. 1 **begründet,** so ist der Festsetzungsantrag 12 **zurückzuweisen.** Der Antragsteller kann aber seinen Antrag auf Hinweis des Gerichts im Rahmen des rechtlichen Gehörs[72] nachbessern, § 250 Abs. 2 FamFG (→ FamFG § 250 Rn. 29).

Sind die Einwendungen nach Abs. 1 S. 1 Nr. 2 und/oder Nr. 3 **begründet,** so füh- 13 ren sie auf einen weiteren Antrag des Antragstellers zu einem **Teilfestsetzungsbeschluss** nach § 254 S. 2 FamFG, wenn der Antragsgegner den unstreitigen Unterhalt anerkannt hat, → FamFG § 253 Rn. 9. Auf Antrag jedes Beteiligten kommt es zu einem streitigen Verfahren über den Rest oder den gesamten Unterhaltsanspruch (bei fehlendem Anerkenntnis), → FamFG § 254 Rn. 8 und → FamFG § 255 Rn. 2.

---

69 MK-ZPO/Macco FamFG § 252 Rn. 6.
70 OLG Stuttgart NJW-RR 2000, 1103.
71 KG FamRZ 2010, 219.
72 BVerfG NJW 1992, 361.

14 Die Einwendungen sind **unbegründet**, wenn der Unterhaltsschuldner keine Tatsachen behaupten kann, die zur Unzulässigkeit des vereinfachten Verfahrens führen, oder wenn das tatsächliche Vorbringen nicht schlüssig ist. In diesem Fall weist der Rechtspfleger die Einwendungen mit dem Festsetzungsbeschluss zurück. Die **Zurückweisung** ist zu begründen. Ein selbstständiger Zurückweisungsbeschluss ist nicht notwendig (→ FamFG § 253 Rn. 7).

15 Bei der Einwendung nach Abs. 1 S. 1 Nr. 2 ist ein Vollbeweis iSd § 286 ZPO nicht nötig, hier genügt vielmehr eine abgeschwächte Anforderung an die gerichtliche Überzeugungsbildung. Die Entscheidung steht im **pflichtgemäßen Ermessen** des Gerichts, so dass nach dem Sachstand entschieden werden kann, der sich nach dem Vorbringen der Beteiligten und möglichen Beweismitteln (zB eine Kopie der Mahnung bzw. des Auskunftsverlangens nach § 1613 Abs. 1) darstellt. Es bedarf jedoch der Ermittlung und Darlegung der Gründe, die den fehlenden Zugang des Mahnschreibens unwahrscheinlich erscheinen lassen.[73] Der Gesetzgeber wollte hier vermeiden, dass, obwohl die Beweislast (insbesondere für den Zugang von Mahnungen) das Kind trifft, ein Strengbeweis erhoben werden muss. Dies stünde im Widerspruch zu dem Zweck des vereinfachten Unterhaltsfestsetzungsverfahrens. Für die Einwendung nach Abs. 1 S. 1 Nr. 3 steht dem Gericht **kein Ermessensspielraum** zu. Das Gericht hat sich wie bei der Einwendung nach Abs. 1 S. 1 Nr. 1 davon zu überzeugen, dass die Einwendung begründet oder unbegründet ist. Ggf. sind die streitigen Punkte im Rahmen eines Strengbeweises nach § 286 ZPO zu klären.

IV. Materiellrechtliche Einwendungen (Abs. 2–4)

16 Materiellrechtliche Einwendungen, die sich gegen das Bestehen des Unterhaltsanspruchs selbst richten, sind nur auf ihre **Zulässigkeit** zu prüfen, nicht aber auf ihren Inhalt. Der Rechtspfleger hat weder zu beurteilen, ob der beantragte Unterhalt angemessen ist, noch zu bewerten, ob der Antragsgegner sich zu Recht auf mangelnde Leistungsfähigkeit berufen kann.[74] Die materiellrechtliche Überprüfung durch den Richter erfolgt jedoch nur, wenn sich ein streitiges Verfahren auf Antrag eines Beteiligten anschließt, § 255 FamFG.

17 Einwendungen, wie **Erfüllung, Leistungsunfähigkeit oder eingeschränkte Leistungsfähigkeit,** kann der Antragsgegner nur erheben, wenn er gleichzeitig erklärt, in welcher Höhe er zur Unterhaltsleistung bereit ist und deshalb den Unterhaltsanspruch ganz oder teilweise anerkennt, oder dass er die Unterhaltszahlung völlig ablehnt, weil er leistungsunfähig ist. Hierbei muss er gleichzeitig Auskunft über seine Einkommens- und Vermögensverhältnisse samt Nachweisen (zB Sozialhilfebescheid)[75] erteilen (zur Belegpflicht → FamFG § 252 Rn. 20). Schwärzt der Unterhaltsschuldner auf den beigefügten Unterlagen, zB Kontoauszügen, vermögensrelevante Angaben, so ist seine Einwendung nicht ordnungsgemäß erhoben.[76]

18 Den Einwand der **Erfüllung** kann der Antragsgegner nur erheben, wenn er zugleich erklärt, wie viel Unterhalt er bereits geleistet hat und dass er sich verpflichtet, einen darüber hinausgehenden Unterhaltsrückstand zu zahlen. In je-

---

73 OLG Rostock FamRZ 2010, 1458.
74 OLG Nürnberg FamRZ 2004, 475.
75 OLG Hamm FamRZ 2000, 360; OLG Stuttgart JAmt 2003, 212.
76 OLG Brandenburg FamRZ 2004, 1587.

dem Fall muss das Anerkenntnis durch Nennung eines Festbetrags oder dynamisiert durch Angabe eines Prozentsatzes erfolgen. Dabei kann das Datenblatt verwendet werden.

Bei **völliger Leistungsunfähigkeit** genügt die entsprechende Behauptung samt der 19 vollständigen Auskunft über die Einkünfte und das Vermögen (mit den dazugehörigen Belegen) den Anforderungen des Abs. 2–4. der Antragsgegner wird darauf hingewiesen, dass in diesem Fall der Unterhaltsbetrag mit „0" angesetzt werden kann.[77] Bei Vorlage einer Kopie eines aktuellen Bescheids über Leistungen nach dem SGB ist nicht erforderlich, dass die Bereitschaft zur Unterhaltszahlung von 0 EUR ausdrücklich erklärt wird.[78] Nicht ausreichend ist ein Hinweis auf ein laufendes Verbraucherinsolvenzverfahren.[79]

Sind die **Angaben** über die persönlichen und wirtschaftlichen Verhältnisse des 20 Antragsgegners **unvollständig** in Text und Belegen, oder erklärt er nicht, in welchem Umfang er Unterhalt anerkennt, bleiben die Einwendungen unberücksichtigt und sind als unzulässig im Festsetzungsbeschluss zurückzuweisen. Eine **Belegpflicht** für berücksichtigungsfähige Aufwendungen (zB Mietzins, Schulden, Vorsorgeaufwendungen) besteht nicht, jedoch für seine **Einkünfte** der letzten zwölf Monate durch Belege über alle Einkunftsarten des § 2 EStG. Abs. 4 S. 2 und 3 enthalten insoweit Erleichterungen. Empfänger von Leistungen nach dem SGB II und SGB XII haben den aktuellen Bewilligungsbescheid samt Berechnungsbogen vorzulegen. Bereits aus der Tatsache der Leistungsbewilligung ergibt sich die mangelnde Leistungsfähigkeit. Bei Einkünften im Sinne des Abs. 4 S. 3 reicht die Vorlage des letzten Einkommensteuerbescheids und die Gewinn- und-Verlust-Rechnung oder die Einnahmen-Überschuss-Rechnung für das letzte Wirtschaftsjahr. Weitere Auskünfte kann der Antragsteller nur im streitigen Verfahren erwirken, außerdem wird die Auskunftspflicht nach § 1605 nicht berührt. Lebt der Antragsgegner im Ausland, so kann er erforderliche Belege auch in der Landessprache vorlegen, soweit das Gericht nicht eine Übersetzung angeordnet hat.[80]

Der Antragsgegner kann sich zudem auch mit **anderen Einwendungen** zur Wehr 21 setzen, zB durch einen Hinweis auf die fehlende Bedürftigkeit des Kindes wegen eigenen Einkommens oder durch einen Hinweis auf eine fehlende Aktivlegitimation. Auch kann eingewendet werden, dass ein vorrangig haftender Unterhaltsschuldner vorhanden sei oder dass der Anspruch nach § 1611 verwirkt sei.

Zulässige Einwendungen werden nach § 254 FamFG behandelt und führen danach zur vollständigen oder teilweisen Ablehnung der Unterhaltsfestsetzung. Jeder Beteiligte hat die Möglichkeit, die Durchführung des streitigen Verfahrens zu beantragen, § 255 FamFG.

Unsinnige, erkennbar **unbegründete Einwendungen** und allgemeine Einwendungen ohne jeden Hinweis auf den Rechtsgrund hindern eine Festsetzung nicht.[81] Deshalb muss der Antragsgegner seine Einwendungen mit konkreten, nachprüfbaren Tatsachen untermauern. Werden vom Antragsgegner keine Einwendungen

---

77 OLG Frankfurt/M. 6.3.2009 – 6 WF 24/09, das darin eine „übertriebene Förmelei" sieht.
78 KG FamRZ 2014, 1474 = NZFam 2014, 143.
79 OLG Koblenz FamRZ 2005, 915.
80 OLG München FamRZ 2005, 381; OLG Brandenburg FamRZ 2005, 1842.
81 MK-ZPO/Macco FamFG § 252 Rn. 14.

nach Abs. 2–4 erhoben, erfolgt die Unterhaltsfestsetzung nach § 253 Abs. 1 FamFG. Bei unzulässigen Einwendungen nach Abs. 2–4 erfolgt die Feststellung der Unzulässigkeit mit der Unterhaltsfestsetzung. Der Festsetzungsbeschluss soll auf die Unzulässigkeit der Einwendungen eingehen und diese kurz begründen (→ FamFG § 253 Rn. 7).

V. Sofortiges Anerkenntnis

23 Bei sofortigem Anerkenntnis mit Unterschrift (entweder als vollständiges Anerkenntnis oder als teilweises Anerkenntnis) hat der Rechtspfleger nach Anhörung des Antragstellers auf dessen Antrag einen **Festsetzungsbeschluss ohne Kostenentscheidung** zu erlassen.

24 Die erforderliche sofortige Anerkennung liegt nicht vor, wenn zunächst Einwendungen gegen die Festsetzung erhoben wurden.[82]

25 Wenn der Antragsteller im Antragsvordruck versichert hat, dass der Antragsgegner trotz Aufforderung seine Vermögensverhältnisse nicht vollständig dargelegt hatte, liegen **widersprüchliche Angaben** vor. Diese müssen aufgeklärt werden, falls ein Beteiligter ausdrücklich eine Kostenentscheidung beantragt.

Beantragt der Antragsteller eine **Kostenentscheidung**, so hat er nachzuweisen, dass der Antragsgegner seine Vermögensverhältnisse nicht dargelegt hat und/ oder mit der Unterhaltsleistung in Verzug ist.

Beantragt der Antragsgegner eine Kostenentscheidung, so werden durch Beschluss dem Antragsteller dann die Verfahrenskosten auferlegt, wenn der Antragsgegner nachweisen kann, dass er **keinen Anlass** für das Verfahren gegeben hat.[83] Ein Anlass für den Antrag auf das vereinfachte Unterhaltsfestsetzungsverfahren besteht, wenn der Antragsgegner nur Teilbeträge leistet oder er einer Aufforderung, einen kostenfreien Unterhaltstitel beim Jugendamt zu erstellen, nicht nachkommt.[84]

Die Kostenentscheidung unterliegt der Beschwerde nach § 256 FamFG.

VI. Frist

26 Der Antragsgegner hat nach § 251 Abs. 1 S. 2 Nr. 3 FamFG mindestens **einen Monat** Zeit, Einwendungen gegen die beantragte Festsetzung zu erheben. Die Monatsfrist ist keine Ausschlussfrist, daher scheidet auch bei Fristversäumung die Wiedereinsetzung in den vorigen Stand nach § 233 ZPO aus.[85] Einwendungen sind zu berücksichtigen, solange das Gericht den Festsetzungsbeschluss nicht verfügt hat, § 252 Abs. 5 FamFG. Der Festsetzungsbeschluss ist mit dem Erlass der Entscheidung gem. §§ 113 Abs. 1 S. 1, 38 Abs. 3 FamFG verfügt, dh mit Übergabe des Beschlusses an die Geschäftsstelle.[86] Für die **Rechtzeitigkeit der Einwendung** kommt es auf den Eingang bei Gericht an, nicht auf die Kenntnisnahme durch den Rechtspfleger.[87]

---

82 Schumacher/Grün, Das neue Unterhaltsrecht minderjähriger Kinder, FamRZ 1998, 778 (791).
83 Zur Beweislast: OLG Brandenburg FamRZ 2000, 1159.
84 KG FamRZ 2002, 546.
85 OLG Bremen FamRR 2012, 426.
86 OLG Hamm FamRZ 2007, 836; FamRZ 2006, 45; OLG Frankfurt/M. FamRZ 2001, 109; aA OLG Brandenburg FamRZ 2001, 1078.
87 OLG Köln FamRZ 2001, 1464.

VII. Form

Die Einwendungen können nun formlos erhoben werden. Mündliche Einwen- 27
dungen können ohne Belegeinreichung nicht verwertet werden.[88] Einwendungen, die nur in einem Schriftsatz vorgebracht werden, können nun berücksichtigt werden.[89] Werden Einwendungen als Anlage zu einem Schriftsatz des Verfahrensbevollmächtigten eingereicht, ist eine eigenhändige Unterzeichnung
durch den Antragsgegner entbehrlich.[90]

VIII. Verfahrenskostenhilfe und Beiordnung eines Rechtsanwalts

Auch dem Antragsgegner steht die Möglichkeit offen, Verfahrenskostenhilfe zu 28
beantragen, wenn er vermögenslos ist und die Voraussetzungen erfüllt, §§ 76 ff.
FamFG, §§ 114 ff. ZPO. Die Beiordnung eines Rechtsanwalts kann auch dann
erforderlich sein, wenn der Antragsgegner den Einwand eingeschränkter oder
fehlender Leistungsfähigkeit erhebt[91] oder wenn er ohne anwaltliche Hilfe nicht
in der Lage sein wird, sein Verfahrensrecht sachgemäß wahrzunehmen.[92]

§ 253 FamFG Festsetzungsbeschluss

(1) [1]Ist der Antrag zulässig und werden keine oder keine nach § 252 Absatz 2
bis 4 zulässigen Einwendungen erhoben, wird der Unterhalt nach Ablauf der in
§ 251 Abs. 1 Satz 2 Nr. 3 bezeichneten Frist durch Beschluss festgesetzt. [2]Die
Festsetzung durch Beschluss erfolgt auch, soweit sich der Antragsgegner nach
§ 252 Absatz 2 zur Zahlung von Unterhalt verpflichtet hat. [3]In dem Beschluss
ist auszusprechen, dass der Antragsgegner den festgesetzten Unterhalt an den
Unterhaltsberechtigten zu zahlen hat. [4]In dem Beschluss sind auch die bis dahin
entstandenen erstattungsfähigen Kosten des Verfahrens festzusetzen, soweit sie
ohne weiteres ermittelt werden können; es genügt, wenn der Antragsteller die zu
ihrer Berechnung notwendigen Angaben dem Gericht mitteilt.

(2) In dem Beschluss ist darauf hinzuweisen, welche Einwendungen mit der Beschwerde geltend gemacht werden können und unter welchen Voraussetzungen
eine Abänderung verlangt werden kann.

I. Allgemeines

Die Entscheidung des Gerichts über die Festsetzung des Unterhalts ergeht als 1
Beschluss mit vollstreckungsfähigem Inhalt und ist ein zur Zwangsvollstreckung
geeigneter Titel, der mit seinem Wirksamwerden vollstreckbar wird, § 120
Abs. 1, Abs. 2 S. 1 FamFG (→ FamFG § 249 Rn. 4 und zur sofortigen Wirksamkeit → Rn. 8). Der Antragsgegner kann nach § 120 Abs. 2 S. 2 FamFG die einstweilige Einstellung beantragen oder im Beschwerdeverfahren nach § 64 Abs. 3
FamFG den Erlass einer einstweiligen Anordnung zur Aussetzung der Vollziehung stellen.

---

88 OLG Karlsruhe FamRZ 2001, 107.
89 OLG Nürnberg FamRZ 2004, 475.
90 OLG Hamm FamRZ 2006, 211.
91 OLG Oldenburg NJW-RR 2011, 586.
92 OLG Brandenburg NJW 2015, 2741.

II. Festsetzungsbeschluss

2 Ist der Antrag erkennbar zulässig und schlüssig, die Monatsfrist nach § 251 Abs. 1 S. 2 Nr. 3 FamFG abgelaufen und hat der Antragsgegner bis zum Erlass des Beschlusses keine Einwendungen gem. § 252 FamFG erhoben oder sind die Einwendungen nach § 252 Abs. 1 FamFG als unbegründet oder nach § 252 Abs. 2–4 FamFG als unzulässig zurückzuweisen, so setzt der Rechtspfleger den Unterhalt durch **Beschluss** fest.

3 Der Beschluss lautet auf **Zahlung an das Kind**, soweit dieses Antragsteller[93] ist, im Übrigen heißt es:

> ▶ „Der von dem Antragsgegner an den Antragsteller für das Kind zu zahlende Unterhaltsbetrag wird auf 100 % des jeweiligen Mindestunterhalts gem. § 1612 a Abs. 1 BGB der … Altersstufe festgesetzt." ◀

Unterhaltsberechtigten Kindern ist bei noch laufender Gewährung von Unterhaltsvorschuss für den Titel dann eine **Rechtsnachfolgeklausel** nach § 727 ZPO zu erteilen, wenn die Ansprüche gem. § 7 Abs. 4 UVG wieder auf sie rückübertragen und abgetreten sind.[94]

4 Die Entscheidung ergeht in der Regel **ohne mündliche Verhandlung**, § 128 Abs. 4 ZPO. Erfolgt doch eine mündliche Verhandlung (zB Einwendungen sind nicht vollständig, voraussichtliche Berichtigung des Antrags aufgrund der zu erörternden Einwendungen), so ist diese nicht öffentlich gem. § 170 Abs. 1 GVG und der Rechtspfleger kann auch einen **Vergleich** (§ 794 Abs. 1 Nr. 1 ZPO) protokollieren. Der Antragsgegner kann sich in einem Vergleich auch zu Unterhaltszahlungen verpflichten, die 120 % des Mindestunterhalts übersteigen.

5 Im Tenor wird ausgesprochen, dass der Antragsgegner Unterhalt zu zahlen hat. Der **Zahlungsausspruch** umfasst die Beträge, die Anrechnung des Kindergeldes iVm der Rangfolge des Kindes (→ FamFG § 250 Rn. 17 ff., 26), die Zeiträume und die Fälligkeiten. Der bereits fällige Unterhalt ist konkret in Euro nach den Zeiträumen und Beträgen auszuweisen. Dadurch kann der Unterhaltsschuldner selbstständig die Höhe des von ihm geschuldeten Betrags aus dem Titel entnehmen.[95] Die Entscheidung könnte lauten:

> ▶ „Der von dem Antragsgegner an den Antragssteller ab … monatlich jeweils im Voraus zum Ersten eines Monats zu zahlende Unterhalt wird auf 100 % des jeweiligen Mindestunterhalts gem. § 1612 a Abs. 1 BGB der … Altersstufe festgesetzt. Die Unterhaltsleistung mindert sich um das halbe Kindergeld für ein … Kind, derzeit monatlich … EUR. Der zu zahlende Unterhalt beträgt damit derzeit monatlich … EUR.
>
> Der von dem Antragsgegner an den Antragssteller zu zahlende rückständige Unterhalt für die Zeit von … bis … wird auf insgesamt … EUR festgesetzt." ◀

Für den bereits fälligen Unterhalt können auch **Verzugszinsen** ab dem Zeitpunkt der Zustellung des Antrags festgesetzt werden, wenn dies beantragt wurde. Die Verzinsung des künftigen Unterhalts ist dagegen ausgeschlossen (→ FamFG § 249 Rn. 14).

6 Der Unterhalt ist in dem Festsetzungsbeschluss nicht auf die **Vollendung des 18. Lebensjahres** zu beschränken,[96] da der Titel nicht auf den Eintritt der Voll-

---

93 MK-ZPO/Macco FamFG § 253 Rn. 4.
94 OLG Schleswig FamRZ 2010, 1592.
95 OLG Koblenz JAmt 2004, 499.
96 OLG Stuttgart Rpfleger 2001, 346.

jährigkeit begrenzt ist und da sich nach § 244 FamFG der Unterhaltsverpflichte-te nicht auf die mangelnde Minderjährigkeit berufen kann (→ FamFG § 252 Rn. 7, → FamFG § 249 Rn. 12).

Unbegründete oder unzulässige Einwendungen sollen in dem Beschluss mit Be- 7 gründung **zurückgewiesen** werden. Allerdings müssen diese Einwendungen nicht zwingend ausdrücklich zurückgewiesen werden, denn ihre Unbeachtlichkeit er-gibt sich aus der antragsgemäßen Unterhaltsfestsetzung (→ FamFG § 252 Rn. 14).[97]

Der Beschluss ist nach § 38 Abs. 3 S. 1 FamFG zu begründen und es soll die 8 **sofortige Wirksamkeit** nach § 116 Abs. 3 S. 3 FamFG angeordnet werden. An-dernfalls wird der Beschluss erst mit Rechtskraft wirksam. Der **Festsetzungsbe-schluss** ist im Hinblick auf Abs. 2 und § 256 FamFG mit einer ausführlichen **Rechtsbehelfsbelehrung** und dem Hinweis auf ein Abänderungsverfahren zu ver-sehen und nach § 113 Abs. 1 S. 2 FamFG iVm § 329 Abs. 3 ZPO dem Antrags-gegner von Amts wegen zuzustellen. Ein Hinweis auf die Sprungrechtsbeschwer-de ist entbehrlich, da diese bei Erlass des Beschlusses noch nicht statthaft ist, sondern erst, wenn die Voraussetzungen des § 75 FamFG erfüllt sind.

III. Teilfestsetzungsbeschluss

Hat der Antragsgegner Einwendungen erhoben und sich gleichzeitig zu einer 9 Teilzahlung verpflichtet, so ergeht ein **Teilfestsetzungsbeschluss** (ein Antrag ist nach der ZPO nicht mehr erforderlich). Dieser ist mit einem Anerkenntnisbe-schluss vergleichbar und enthält keine Kostenentscheidung und damit auch kei-ne Kostenfestsetzung. Die Kostenentscheidung ist der im streitigen Verfahren er-gehenden Endentscheidung vorbehalten, § 255 Abs. 5 FamFG. Wird die Durch-führung des streitigen Verfahrens nicht beantragt, so kann auf Antrag eine Kos-tenentscheidung ergehen (→ FamFG § 252 Rn. 25).

IV. Verfahrenskostenhilfe

Wurde **Verfahrenskostenhilfe** beantragt, so ist darüber zugleich zu entscheiden. 10 Das gilt für beide Beteiligte, wenn im Übrigen die Voraussetzungen zur Gewäh-rung der Verfahrenskostenhilfe vorliegen (→ FamFG § 250 Rn. 39 ff.).

V. Rechtsmittel

Der Festsetzungsbeschluss hat eine Belehrung über die möglichen Rechtsmittel 11 zu enthalten, § 253 Abs. 2 FamFG. Gem. § 256 FamFG ist die **Beschwerde** nach § 58 FamFG zulässig.

Bei antragsgemäßer Unterhaltsfestsetzung kommt für den **Antragsteller** die Be- 12 schwerde nur wegen der Kostenentscheidung in Betracht. Bei vollständiger An-tragszurückweisung findet § 250 Abs. 2 FamFG Anwendung (→ FamFG § 250 Rn. 33 ff.; im Übrigen s. § 256 FamFG).

Die Beschwerde steht dem **Antragsgegner** zu, wenn Unterhalt antragsgemäß 13 oder zumindest teilweise festgesetzt wird, insbesondere wenn die Unterhaltsfest-setzung ausdrücklich oder konkludent die Zurückweisung seiner Einwendungen beinhaltet oder wenn er die Kosten zu tragen hat.

---

97 MK-ZPO/Macco FamFG § 253 Rn. 2.

14 Nach **Ablauf der Frist** für die Beschwerde nach § 256 FamFG steht den Beteiligten immer noch das Verfahren nach § 240 FamFG offen, um eine Abänderung des Festsetzungsbeschlusses zu begehren.[98]

VI. Kosten

15 Nach § 113 Abs. 1 S. 1 FamFG iVm § 308 Abs. 2 ZPO ergeht die **Kostenentscheidung** nach § 91 ZPO von Amts wegen. Über die Kostenverteilung entscheidet das Gericht nach billigem Ermessen, § 243 Abs. 1 S. 1 FamFG. Unterliegt der Antragsgegner beispielsweise vollständig, so hat er danach grundsätzlich die Kosten zu tragen.

16 Hat der Antragsgegner zu dem Verfahren jedoch keinen Anlass gegeben, vgl. § 252 Abs. 1 S. 2 FamFG, weil er schon immer gezahlt hatte und sofort nach Antragszustellung anerkannt hatte (→ FamFG § 252 Rn. 11, 23 f.; → Rn. 9), **entfällt ein Kostenauspruch** und damit auch eine Kostenfestsetzung.

Beantragt ein Beteiligter dennoch ausdrücklich eine Kostenentscheidung (zB wegen der Anwaltsgebühren), wird über die Kosten **nach billigem Ermessen** nach § 243 Abs. 1 S. 1 FamFG entschieden (→ FamFG § 252 Rn. 25). Zu beachten ist, dass das Kind auch bei freiwilliger laufender Zahlung ein berechtigtes Interesse an einem vollstreckbaren Unterhaltstitel hat. Die Kostenentscheidung unterliegt der Beschwerde nach § 256 FamFG.[99]

17 Neben der Entscheidung über die Kosten ist auch gleichzeitig die **Festsetzung der Kosten** möglich, wenn sich die erstattungsfähigen Auslagen ohne Weiteres ermitteln lassen. Dazu muss insbesondere der Antragsteller die erforderlichen Auslagen und Rechtsanwaltsgebühren angeben und diese glaubhaft machen.[100]

18 Der **Rechtsanwalt** erhält für die Antragstellung eine 1,3 Verfahrensgebühr und ggf. eine 1,2 Terminsgebühr nach Nr. 3100, 3104 VV-RVG aus dem Wert des § 51 FamGKG (→ Rn. 21).

19 Sofern die Rechtsanwaltskosten schon beantragt wurden, können diese Kosten im Festsetzungsbeschluss mit festgesetzt werden, Abs. 1 S. 3. In der Praxis hat sich ein **selbstständiger Kostenfestsetzungsbeschluss** durchgesetzt. Zum einen werden die Kosten meistens vor der Entscheidung nicht vollständig und richtig bekannt gegeben, denn der Streitwert wird erst im Festsetzungsbeschluss bestimmt und weicht oft vom anwaltlichen Wert ab, und zum anderen sind Unterhaltsfestsetzung und Kostenfestsetzung mit verschiedenen Rechtsmitteln angreifbar.

20 Die **Gerichtskosten** regeln sich nach Nr. 1210 KV-FamGKG. Für die Entscheidung über den Antrag auf Unterhaltsfestsetzung im vereinfachten Verfahren fällt eine halbe Gebühr an. Das Verfahren selbst, eine Antragsrücknahme oder ein Vergleich sind gebührenfrei. Der Unterhaltsfestsetzungsbeschluss aufgrund Anerkenntnis löst **keine Gerichtsgebühr** aus, da es sich dabei um keine Entscheidung iSd Nr. 1210 KV-FamGKG handelt. Zu den Kosten im Erinnerungs- bzw. Beschwerdeverfahren → FamFG § 256 Rn. 18 f.

21 Der **Verfahrenswert** bestimmt sich nach § 51 FamGKG und wird meistens gleich im Festsetzungsbeschluss ausgewiesen. Für den laufenden Unterhalt ist der im

---

98 OLG Celle FPR 2013, 560.
99 BT-Drs. 14/7349, 27.
100 MK-ZPO/Macco FamFG § 253 Rn. 5.

Zeitpunkt der Antragstellung maßgebende zwölffache Mindestunterhalt abzüglich des anzurechnenden Kindergeldes maßgebend[101] und dazu werden die Rückstände, die betragsmäßig genau ausgerechnet wurden, addiert. Zum Rückstand zählt auch der Monat der Einreichung des Antrags, da Unterhalt gem. § 1612 Abs. 3 zum Monatsersten fällig wird.[102]

VII. Zwangsvollstreckung aus Alttitel

Die weiterhin gültigen und vollstreckbaren **Alttitel** werden durch eine **Umrechnung** gem. § 36 Nr. 3 EGZPO in das geltende Recht überführt. An Stelle des Regelbetrags tritt der Mindestunterhalt und an Stelle des bisherigen Prozentsatzes tritt der neue Prozentsatz gemäß unten stehenden Umrechnungsformeln. Die erforderliche Berechnung erfolgt in der Regel im Vollstreckungsverfahren durch die Vollstreckungsorgane. | 22

Hierbei sind folgende **vier Fallgestaltungen** zu unterscheiden, die sich nach Ziffer E. der Düsseldorfer Tabelle vom 1.1.2016[103] richten. § 36 Nr. 3 a EGZPO ist dabei so auszulegen, dass die Umrechnung für jede Altersstufe (mit den Beträgen von 2007 und 2008) gesondert zu erfolgen hat, allerdings für jede Altersstufe nur einmal.[104]

Der einmal gemäß den oben genannten Beispielen **ermittelte Prozentsatz bleibt immer gleich** und kann sich nicht mehr verändern, da die Umrechnungsvorschrift des § 36 Nr. 3 EGZPO bestimmt, dass der Zahlbetrag des Titels ins Verhältnis zu setzen ist mit dem bei Inkrafttreten des Gesetzes (1.1.2008) geltenden Mindestunterhalt. Diese Größen stehen fest und sind nicht veränderlich.[105] Bei einer späteren Erhöhung der Mindestunterhaltsbeträge wird der nach § 36 Nr. 3 errechnete Prozentsatz mit dem jeweils geltenden Mindestunterhalt multipliziert. | 23

VIII. Änderungen seit 1.1.2017

Für Anträge, die bis zum 31.12.2016 bei Gericht eingegangen sind, gelten §§ 249 ff. FamFG in der Fassung bis zum 31.12.2016. Die Gesetzesänderung gilt für Anträge ab dem 1.1.2017. Es sind vor allem redaktionelle Anpassungen an den geänderten § 252 FamFG nF und § 254 S. 2 FamFG wurde nun hier als neuer S. 2 in § 253 Abs. 1 FamFG nF eingefügt. | 24

§ 254 FamFG Mitteilungen über Einwendungen

Hat der Antragsgegner zulässige Einwendungen (§ 252 Absatz 2 bis 4) erhoben, teilt das Gericht dem Antragsteller dies mit und weist darauf hin, dass das streitige Verfahren auf Antrag eines Beteiligten durchgeführt wird.

I. Mitteilungspflicht des Gerichts

Erhebt der Antragsgegner begründete oder zulässige Einwendungen, ist dies dem Antragsteller unter Übersendung der Einwendungen samt den dazugehöri- | 1

---

101 HK-FamGKG/N. Schneider FamGKG § 51 Rn. 20.
102 OLG Brandenburg FamRZ 2004, 962; HK-FamGKG/N. Schneider FamGKG § 51 Rn. 17, 50.
103 Vgl. dazu Berechnungsbeispiele in JAmt 2011, 85 ff.; weitere Beispiele in Vossenkämper, Der Kindesunterhalt nach neuem Recht ab 1.1.2008, FamRZ 2008, 201.
104 OLG Dresden FamRZ 2011, 42 mit Rechenbeispielen.
105 JAmt 2011, 511 ff.; Diehl JAmt 2007, 566.

gen Unterlagen mitzuteilen. Die **Mitteilung** beinhaltet die erhobenen **Einwendungen**, die Auffassung des Rechtspflegers, dass die Einwendungen nicht zurückzuweisen sind, die Belehrung, dass auf Antrag eines Beteiligten nach § 255 FamFG das streitige Verfahren durchgeführt wird, und den **Hinweis**, dass der Unterhalt auch teilweise, nämlich im anerkannten Umfang, festgesetzt werden kann, wenn dies beantragt wird.

2 Außerdem wird dem Antragsteller regelmäßig ein zusätzliches Formular übersandt, mit dem der **weitere Gang des Verfahrens** bestimmt werden kann (zB Antrag auf streitiges Verfahren nach § 255 FamFG oder auf Teilfestsetzungsbeschluss nach S. 2, Abänderung des Antrags). Erfolgt keine Reaktion auf die Mitteilung, ist das vereinfachte Verfahren beendet (→ Rn. 9).

3 Dem Antragssteller steht gegen die Mitteilung kein Rechtsmittel zu.[106]

II. Frist

4 Strittig ist, ob die Mitteilung über die **erhobenen Einwendungen zuzustellen** ist, da sie die Frist nach § 255 Abs. 6 FamFG in Lauf setzt. Nach wohl überwiegender Meinung handelt es sich nicht um eine Frist iSd § 113 Abs. 1 S. 1 FamFG iVm § 329 Abs. 2 ZPO, eine Zustellung ist daher nicht erforderlich.[107]

III. Begründete Einwendungen

5 Einwendungen nach § 252 Abs. 1 FamFG sind auf ihre **Begründetheit** hin zu überprüfen (→ FamFG § 252 Rn. 12 ff.). Bestreitet der Antragsteller die Einwendungen, hat der Rechtspfleger darüber Beweis zu erheben. Ist der Einwand unbegründet, ergeht ein Festsetzungsbeschluss unter Zurückweisung des Einwands. Ist der Einwand begründet, wird dieser dem Antragsteller mitgeteilt samt der Auffassung des Rechtspflegers, dass die Einwendung nicht zurückgewiesen wird, und mit der Belehrung über einen möglichen Antrag auf Durchführung des streitigen Verfahrens. Ein Festsetzungsbeschluss kann nunmehr im vereinfachten Verfahren nicht mehr ergehen.

IV. Zulässige Einwendungen

6 Einwendungen nach § 252 Abs. 2 FamFG sind auf ihre **Zulässigkeit** zu überprüfen, ggf. wird zur Nachbesserung eine weitere Frist eingeräumt (→ FamFG § 252 Rn. 17 ff.). Ist der Einwand unzulässig, ergeht der Festsetzungsbeschluss unter Zurückweisung des Einwands. Ist der Einwand bzgl. Leistungsfähigkeit oder erfolgter Leistung zulässig, wird dies dem Antragsteller mitgeteilt samt der Auffassung des Rechtspflegers, dass die Einwendung nicht zurückgewiesen wird. Dazu kommen noch die Belehrung über den möglichen Antrag auf Durchführung des streitigen Verfahrens und der Hinweis, dass der Unterhalt nur im anerkannten Umfang auf Antrag festgesetzt werden kann.

V. Anerkenntnis (Abs. 2)

7 Wird ein Antrag auf Festsetzung des anerkannten Betrags gestellt, so setzt der Rechtspfleger den **anerkannten Unterhalt** mit dem Zusatz „infolge Anerkennung" nach S. 2 fest. Der **(Teil-)Festsetzungsbeschluss** richtet sich inhaltlich

---

106   OLG Naumburg 23.5.2000 – 3 WF 53/00, nv.
107   MK-ZPO/Macco FamFG § 254 Rn. 4.

nach § 253 FamFG und muss wegen § 256 FamFG zugestellt werden. Da es sich hier um kein Anerkenntnis nach § 307 ZPO handelt, kann der Antragsgegner trotzdem noch Beschwerde einlegen oder einen Abänderungsantrag stellen. Eine diesbezügliche Belehrung muss deshalb dieser Beschluss enthalten. Ein Ausspruch zur Kostentragung erfolgt nicht (→ ZPO § 253 Rn. 9). Über die Kosten wird erst im evtl. anschließenden streitigen Verfahren entschieden, das wegen des nicht anerkannten Restunterhalts beantragt werden kann. Wird keine eindeutige Verpflichtungserklärung abgegeben, wird der Rechtspfleger auf eine Nachbesserung und Klarstellung hinwirken.[108]

VI. Streitiges Verfahren

Erst die Erhebung von **begründeten oder zulässigen Einwendungen** macht den Antrag auf Durchführung des **streitigen Verfahrens** für alle Beteiligten zulässig. Der Antragsgegner kann sich deshalb nicht die Einwendungen ersparen oder diese umgehen, indem er gleich das streitige Verfahren beantragt. Auch wenn sich der Antragsgegner zur Zahlung eines Teils des Unterhalts verpflichtet hat, kann über den gesamten beantragten Unterhalt das streitige Verfahren gewählt werden.[109]   **8**

VII. Ruhen des Verfahrens

Folgt in den Fällen (→ Rn. 5, 7) kein Antrag des Antragstellers auf Durchführung des streitigen Verfahrens bzw. Festsetzung des anerkannten Betrages, so **ruht das Verfahren** und wird nach sechs Monaten (wegen § 255 Abs. 6 FamFG) weggelegt.   **9**

VIII. Zurückweisung des Antrags auf Unterhaltsfestsetzung

Nur wenn der Antragsteller trotz begründeter oder zulässiger Einwendungen auf einer Festsetzung besteht, wird sein Antrag **in einem Beschluss zurückgewiesen.** Dagegen ist befristete Erinnerung nach § 11 Abs. 2 RPflG möglich, vgl. § 250 Abs. 2 FamFG (→ FamFG § 250 Rn. 33 ff., Frist: ein Monat).   **10**

§ 255 FamFG Streitiges Verfahren

(1) Im Fall des § 254 wird auf Antrag eines Beteiligten das streitige Verfahren durchgeführt.

(2) [1]Beantragt ein Beteiligter die Durchführung des streitigen Verfahrens, ist wie nach Eingang eines Antrags in einer Unterhaltssache weiter zu verfahren. [2]Einwendungen nach § 252 gelten als Erwiderung.

(3) Das Verfahren gilt als mit der Zustellung des Festsetzungsantrags (§ 251 Abs. 1 Satz 1) rechtshängig geworden.

(4) Ist ein Festsetzungsbeschluss nach § 253 Absatz 1 Satz 2 vorausgegangen, soll für zukünftige wiederkehrende Leistungen der Unterhalt in einem Gesamtbetrag bestimmt und der Festsetzungsbeschluss insoweit aufgehoben werden.

(5) Die Kosten des vereinfachten Verfahrens werden als Teil der Kosten des streitigen Verfahrens behandelt.

---

108 OLG Naumburg FamRZ 2007, 1027.
109 OLG Naumburg FamRZ 2007, 1659.

(6) Wird der Antrag auf Durchführung des streitigen Verfahrens nicht vor Ablauf von sechs Monaten nach Zugang der Mitteilung nach § 254 gestellt, so gilt der Festsetzungsantrag, der über den Festsetzungsbeschluss nach § 253 Absatz 1 Satz 2 hinausgeht, oder der Festsetzungsantrag, der über die Verpflichtungserklärung des Antragsgegners nach § 252 Absatz 2 hinausgeht, als zurückgenommen.

I. Allgemeines

1   Soweit ein Antrag auf Unterhaltsfestsetzung nach Erhebung zulässiger und begründeter Einwendungen nicht zu dem gewünschten Festsetzungsbeschluss führt, wird auf Antrag eines Beteiligten das **streitige Verfahren** durchgeführt. Der schriftliche Antrag ist an keine Frist gebunden und kann zu Protokoll des Urkundsbeamten gestellt werden, § 257 FamFG. Hierfür besteht noch kein Anwaltszwang, § 13 RPflG (sondern erst für das streitige Verfahren). Ein Notunterhalt kann im Wege der **einstweiligen Anordnung** in Höhe des Mindestunterhalts (→ FamFG § 249 Rn. 8 ff.) beantragt werden, §§ 246 ff. FamFG. Der Antrag ist dem anderen Beteiligten formlos mitzuteilen.

II. Verfahrensablauf

2   Sind die Einwendungen nach § 252 Abs. 1 FamFG nicht zurückzuweisen oder nach § 252 Abs. 2 FamFG als zulässig anzusehen, wird **auf Antrag** eines jeden Beteiligten aus dem vereinfachten Verfahren ein streitiges Verfahren. Es findet deshalb kein automatischer Übergang ins streitige Verfahren statt, damit die Beteiligten die Möglichkeit haben, sich außergerichtlich zu einigen.[110]

3   Der Antragsgegner kann den Antrag aber im Falle des § 252 Abs. 2 FamFG nur stellen, wenn er seiner **Auskunftspflicht** nachgekommen ist. Dies erfolgt in der Praxis oft nur mangelhaft, da der Antragsgegner in der Regel kein Interesse an einer Unterhaltsfestsetzung hat.

4   Zuständig bleibt das **bisher tätige Familiengericht**, außer es ist eine Ehesache anhängig. Dann ist das streitige Kindesunterhaltsverfahren von Amts wegen an das **Gericht der Ehesache** abzugeben, § 232 Abs. 2 FamFG. Das Verfahren ist eine Familienstreitsache und richtet sich insbesondere nach den §§ 231 ff. FamFG. Funktionell zuständig ist der Familienrichter.

III. Rechtshängigkeit (Abs. 3)

5   Wie bei einer Klage nach der ZPO tritt auch hier die **Rechtshängigkeit** ein. Hierbei ist der Zeitpunkt wichtig, ab dem die Rechtshängigkeit eintritt. Dieser bestimmt sich nach Abs. 3. Die Rechtshängigkeit tritt nur dann mit Zustellung des Festsetzungsantrages an den Antragsgegner ein, wenn der Antrag auf Durchführung des streitigen Verfahrens innerhalb von **sechs Monaten** nach Zugang der Mitteilung gem. § 254 FamFG gestellt wird, andernfalls erst mit der Zustellung des Antrags auf Durchführung des streitigen Verfahrens, vgl. Abs. 3, 6.[111]

Zweck der Vorschrift ist es, den Beteiligten erneut die **Gelegenheit** zu bieten, sich über den Unterhalt **zu einigen**, ohne den Antragsteller zu benachteiligen.

---

110   Schulz, Das vereinfachte Verfahren über den Unterhalt Minderjähriger, FuR 1998, 385.
111   OLG Celle FamRZ 2014, 1810 = NZFam 2014, 180.

IV. Inhalt des Antrags auf streitiges Verfahren (Abs. 2)

Eine Anspruchsbegründung ist neben dem ursprünglichen Festsetzungsantrag **6** nicht erforderlich. Wird der Antrag innerhalb der sechs Monate nach Zugang der Mitteilung gem. § 254 FamFG gestellt, so wird der **ursprüngliche Antrag als streitiger Antrag** angesehen. Seine Zustellung nach § 251 FamFG ist gleichzusetzen mit der Zustellung der Antragsschrift (§ 253 Abs. 2 ZPO) mit **rückwirkender Rechtshängigkeit**. Die Einwendungen des Antragsgegners gelten nun als **Antragserwiderung**. Der Richter kann ggf. auf die Vervollständigung des Sachvortrags oder auf die Stellung sachdienlicher Anträge hinweisen, § 113 Abs. 1 S. 1 FamFG iVm § 139 ZPO. Der Unterhalt kann nun auch statisch, dynamisch oder höher als 120 % des Mindestunterhalts geltend gemacht werden, insoweit sind die Beteiligten nicht an ihre Anträge gebunden, § 113 Abs. 1 S. 1 FamFG iVm §§ 263 ff. ZPO. Wenn nun ein höherer Unterhalt beansprucht wird, tritt bezüglich des erhöhten Teils die Rechtshängigkeit erst mit der Zustellung des Antrags auf das streitige Verfahren ein, insoweit kann Abs. 3 nicht greifen. Ist weder ein Festsetzungsbeschluss ergangen, noch eine Verpflichtungserklärung nach § 252 Abs. 2 FamFG abgegeben worden, kann der Antrag auf streitiges Verfahren auch noch nach den sechs Monaten gestellt werden, da diese Frist in diesem Fall nicht anwendbar ist.

Den Antragsteller trifft jedoch die **Darlegungs- und Beweislast**, wenn Unterhalt **7** begehrt wird, der höher ist als der in der 1. Gruppe der Düsseldorfer Tabelle angegebene Zahlbetrag der 1. bis 3. Altersstufe.[112]

V. Entscheidung bei Teilfestsetzungsbeschluss (Abs. 4)

Ist über den anerkannten Teil des beantragten Unterhalts zuvor ein **Teilfestsetzungsbeschluss** **8** nach § 254 S. 2 FamFG ergangen, so soll nun für zukünftig wiederkehrende Leistungen der Unterhalt in einem **Gesamtbetrag** bestimmt und der Festsetzungsbeschluss insoweit aufgehoben werden. Damit soll ein **einheitlicher Unterhaltsausspruch** ergehen und die Vollstreckung erleichtert werden. Der richterliche Beschluss hat eine Kostenentscheidung hinsichtlich des gesamten Verfahrens zu treffen, also auch über die Kosten des vereinfachten Verfahrens, vgl. Abs. 5.[113] Um zu vermeiden, dass aus mehreren Titeln vollstreckt wird, sollte der vorausgegangene Teilfestsetzungsbeschluss ausdrücklich aufgehoben werden. Das ist aber nur möglich, soweit es sich um laufenden Unterhalt handelt.

Wegen etwaiger **Rückstände** muss allerdings nach wie vor aus dem Festsetzungsbeschluss **9** vollstreckt werden, denn für Beschlüsse nach § 254 S. 2 FamFG über rückständigen Unterhalt hielt der Gesetzgeber eine einheitliche Titulierung nicht für notwendig.[114]

VI. Rücknahme des Antrags

Der Antrag kann von dem jeweiligen Beteiligten gem. § 113 Abs. 1 S. 1 FamFG **10** iVm § 269 Abs. 1 ZPO **zurückgenommen** und innerhalb der Frist des Abs. 6 **erneut gestellt** werden. Genauso kann der andere Beteiligte nach erfolgter Antragsrücknahme durch den Gegner einen eigenen Antrag auf streitiges Verfahren stellen.

---

112   OLG Karlsruhe FamRZ 2000, 1432.
113   OLG Naumburg 30.8.2001 – 14 WF 106/01.
114   BT-Drs. 13/7338, 42.

VII. Rücknahmefiktion (Abs. 6)

11 Der **Antrag** auf vereinfachte Unterhaltsfestsetzung gilt als **zurückgenommen**, wenn das streitige Verfahren **nicht innerhalb der Sechsmonatsfrist** beantragt wurde, jedoch nur bezüglich des Betrages, der über eine Unterhaltsanerkennung durch den Antragsgegner bzw. über die Teilfestsetzung hinausgeht. Wurde ein Teilfestsetzungsbeschluss mangels Antrags nicht erlassen, bleibt insoweit das vereinfachte Verfahren anhängig, und dieser Antrag kann auch nach Ablauf der Frist noch gestellt werden, da insoweit die **Rücknahmefiktion** nicht gilt.

Erhebt der Antragsgegner zulässige Einwendungen gegen die Durchführung des vereinfachten Verfahrens, die nicht nach § 252 FamFG zurückzuweisen sind, ist eine weitere Durchführung des vereinfachten Verfahrens nicht statthaft und das streitige Verfahren ist, soweit es beantragt wurde, durchzuführen. Die Sechsmonatsfrist beginnt mit Zugang der Mitteilung über die erhobenen Einwendungen und mit dem Fristablauf tritt die Rücknahmefiktion ein.[115]

VIII. Rechtsmittel

12 Gegen die Entscheidung aus dem streitigen Verfahren steht den Beteiligten die Beschwerde nach § 58 FamFG zu.

IX. Kosten

13 An **Gerichtskosten** fällt im streitigen Verfahren nach Nr. 1220 ff. KV-FamGKG eine dreifache Verfahrensgebühr an (zur Höhe des Verfahrenswerts → FamFG § 253 Rn. 21). Soweit eine halbe Gebühr nach Nr. 1210 KV-FamGKG angefallen ist, wird diese auf die Gebühr nach Nr. 1220 KV-FamGKG angerechnet. Nach Nr. 1210 KV-FamGKG entstanden keine Gerichtsgebühren für das vorangegangene vereinfachte Unterhaltsverfahren, wenn in diesem kein Unterhalt festgesetzt wurde oder die Festsetzung nur aufgrund eines Anerkenntnisses erfolgte.

Der Gebührenstreitwert nach § 51 FamGKG bestimmt sich nach dem Zeitpunkt der Antragstellung auf Unterhaltsfestsetzung und nicht erst nach dem fristgerechten Antrag auf Durchführung des streitigen Verfahrens.[116]

14 Die im vereinfachten Unterhaltsverfahren entstandene 1,3 Verfahrensgebühr nach Nr. 3100 VV-RVG des **Rechtsanwalts** wird auf die Verfahrensgebühr des streitigen Verfahrens angerechnet. Das Gleiche gilt für eine etwa angefallene Terminsgebühr nach Nr. 3104 VV-RVG.

§ 256 FamFG Beschwerde

[1]Mit der Beschwerde können nur Einwendungen gegen die Zulässigkeit oder die Unzulässigkeit des vereinfachten Verfahrens, die Zulässigkeit von Einwendungen nach § 252 Absatz 2 bis 4 sowie die Unrichtigkeit der Kostenentscheidung oder Kostenfestsetzung, sofern sie nach allgemeinen Grundsätzen anfechtbar sind, geltend gemacht werden. [2]Die Beschwerde ist unzulässig, wenn sie sich auf Einwendungen nach § 252 Absatz 2 bis 4 stützt, die nicht erhoben waren, bevor der Festsetzungsbeschluss erlassen war.

---

115 OLG Oldenburg 23.8.2012 – 14 WF 147/12.
116 OLG Celle NZFam 2014, 180.

Fuhrmann/Forbriger

I. Allgemeines

Der (Teil-)Festsetzungsbeschluss ist gem. Abs. 1 iVm §§ 58 ff. FamFG durch alle 1
Beteiligte mit **Beschwerde** anfechtbar, gleichgültig, ob es sich um einen Beschluss
nach § 253 FamFG oder nach § 254 S. 2 FamFG handelt. § 256 FamFG regelt
dabei allein die Präklusion bestimmter Einwendungen[117] sowie den Beschwerde-
gegenstand im zweiten Rechtszug[118] und führt ggf. zur Unbegründetheit der Beschwerde.[119]

II. Beschwerdegegenstand

Der Antragsgegner kann sich nur dagegen beschweren, dass **trotz zulässiger Ein-** 2
wendungen der Unterhalt festgesetzt wurde, oder dagegen, dass keine Verpflichtungserklärung vorgelegen habe.[120] Der Antragsteller kann sich dagegen beschweren, dass nur der anerkannte und **nicht der volle beantragte Unterhalt** festgesetzt wurde, obwohl der Antragsgegner seine Vermögensverhältnisse nicht in
vorgeschriebener Form aufgeführt und belegt hatte.

Die Beschwerde kann sich auf die in § 252 Abs. 1 FamFG bezeichneten **Einwen-** 3
dungen beziehen.

Der Antragsgegner kann hier zB geltend machen, dass Unterhalt nicht für Zeiten festgesetzt werden kann, in denen die Parteien in einem Haushalt gelebt haben, wenn diese Einwendung auf neue Tatsachen gestützt werden kann.[121]

Die Beteiligten können mit der Beschwerde rügen, dass der Zeitpunkt für den
Beginn der Unterhaltpflicht zu früh bzw. zu spät oder der Unterhaltsbetrag zu
hoch bzw. zu niedrig festgesetzt wurde.[122] Sie können auch beanstanden, dass
der Mindestunterhalt, die Altersstufen oder der Kindergeldabzug falsch berechnet wurden.

Der Beschwerdeführer kann nur dann **Einwendungen** nach § 252 Abs. 2 FamFG 4
nochmals erfolgreich geltend machen, wenn diese zuvor **zulässig erhoben** wurden (→ Rn. 10). Die Beschwerde kann nur auf die in S. 1 genannten Gründe gestützt werden, dh es können **keine** in § 252 Abs. 2 FamFG genannten **Einwen-**
dungen (mangelnde oder fehlende Leistungsfähigkeit) **erstmals** geltend gemacht
werden, da der Antragsgegner dazu reichlich im erstinstanzlichen Festsetzungsverfahren Gelegenheit hatte.[123] Dies gilt auch hinsichtlich der unterbliebenen
Vorlage von Unterlagen.[124] Andere Einwendungen, die zu einer materiellen
Überprüfung führen, unterliegen dem **Abänderungsverfahren** nach § 240
FamFG.

Setzte der Rechtspfleger den Unterhalt nach § 254 S. 2 FamFG in der irrtümli- 5
chen Annahme fest, der Antragsgegner habe einen Unterhaltsbetrag anerkannt,
so steht diesem in teleologischer Erweiterung des § 256 FamFG ein **außerordent-**

---

117 OLG Frankfurt/M. NZFam 2015, 1023.
118 OLG Brandenburg NZFam 2015, 567.
119 OLG Frankfurt/M. 13.10.2014 – 5 WF 169/14; OLG Brandenburg 31.7.2014 – 13 WF
    136/14.
120 OLG Stuttgart FamRZ 2002, 329.
121 KG FamRZ 2009, 1847 ff.; KG FuR 2006, 132.
122 BGH NJW 2008, 2710 = FamRZ 2008, 1428 ff.
123 OLG Naumburg FamRZ 2014, 1053.
124 OLG Brandenburg FamRZ 2001, 1078.

liches Beschwerderecht zu.[125] Dies gilt auch bei Einwendungen gegen die Wirksamkeit eines im vereinfachten Verfahren erklärten Anerkenntnisses.[126]

III. Zuständigkeit

6 Das Familiengericht kann einer **Beschwerde** gegen eine Endentscheidung **nicht abhelfen**, § 68 Abs. 1 S. 2 FamFG. Für die Entscheidung über die Beschwerde ist das **Oberlandesgericht** zuständig, § 119 Abs. 1 Nr. 2 GVG; gem. § 68 Abs. 4 FamFG kann das Oberlandesgericht die Beschwerde durch Beschluss einem seiner Mitglieder zur Entscheidung als Einzelrichter übertragen.

7 Die Beschwerde hat keine aufschiebende Wirkung, das Beschwerdegericht kann aber eine **einstweilige Anordnung** erlassen, § 64 Abs. 3 FamFG.

IV. Zulässigkeit der Beschwerde

8 **1. Beschwerdefrist (§ 63 Abs. 1 FamFG).** Die Frist beträgt **einen Monat** ab Zustellung des Beschlusses. Für die Rechtzeitigkeit ist der Eingang bei dem Familiengericht, das die Entscheidung erlassen hat, maßgeblich. Für die Frist ist auf die Zustellung des Beschlusses abzustellen, dies gilt grundsätzlich auch dann, wenn später eine Berichtigung des Beschlusses zugestellt wird.[127]

9 **2. Form und Inhalt.** Die Beschwerde ist nach § 64 Abs. 1 FamFG schriftlich oder zu Protokoll der Geschäftsstelle beim erstinstanzlichen Familiengericht einzulegen. Es besteht für die Einlegung der Beschwerde nach §§ 114 Abs. 4 Nr. 6, 257 S. 1 FamFG iVm § 78 Abs. 3 ZPO **kein Anwaltszwang** (im Gegensatz zum anschließenden Verfahren).[128] Die Einlegung beim Beschwerdegericht ist nicht zulässig. Wird eine Erklärung bei einem **anderen Amtsgericht** abgegeben, so wird sie erst mit ihrem Eingang beim zuständigen Amtsgericht wirksam, § 113 Abs. 1 S. 1 FamFG iVm § 129 a Abs. 1, 2 ZPO. Der Inhalt der Beschwerde richtet sich nach § 64 Abs. 2 FamFG.

10 **3. Beschwerdeberechtigung.** Grundsätzlich sind **die Beteiligten** beschwerdeberechtigt, soweit sie **beschwert** sind. § 63 Abs. 2 FamFG schränkt die Beschwer für den Antragsgegner ein. Hinsichtlich der Einwendungen nach § 252 Abs. 2 FamFG kann nur noch geltend gemacht werden, dass die Einwendung als unzulässig zurückgewiesen wurde. Der Einwand fehlender oder eingeschränkter Leistungsfähigkeit kann nicht erneut erhoben werden → Rn. 4.[129]

11 Auch der Antragsteller kann die **unrichtige Beurteilung** einer Einwendung des § 252 Abs. 1 S. 1 Nr. 1–3 FamFG rügen und ist auch dann beschwert, wenn das festsetzende Gericht den Unterhalt der Höhe nach unrichtig berechnet oder Unterhaltszeiträume nicht berücksichtigt hat.[130] Ebenso steht ihm das Beschwerderecht zu, wenn der Festsetzungsbeschluss vom gestellten Antrag abweicht.[131]

12 Dem **Antragsteller** steht dann die Beschwerde genauso wie dem **Antragsgegner** zu.[132]

---

125 OLG Stuttgart FamRZ 2002, 329.
126 OLG Brandenburg FamRZ 2007, 837 ff.
127 OLG Düsseldorf FamRZ 2014, 609.
128 OLG Brandenburg FamRZ 2014, 681.
129 OLG Saarbrücken FamRZ 2011, 49.
130 OLG Karlsruhe OLGReport 2001, 90.
131 OLG München FamRZ 2002, 547.
132 OLG Naumburg FamRZ 2003, 690.

4. Abgrenzung zu weiteren Rechtsbehelfen. Betrifft die Beschwerde nur die Kos- 13
tenentscheidung (nur möglich nach § 113 Abs. 1 S. 2 FamFG iVm § 99 Abs. 2
ZPO), so muss auch hier der **Beschwerdewert** des § 61 Abs. 1 FamFG
(**600 EUR**) erfüllt sein. Ist die Beschwerdesumme nicht erreicht, ist die **Beschwerde zulässig**, wenn das Familiengericht als Gericht des ersten Rechtszugs
die Beschwerde nach § 61 Abs. 2, 3 FamFG zugelassen hat. Ist dies nicht der
Fall, kann die **befristete Erinnerung** innerhalb eines Monats eingelegt werden.
Dieser kann der Rechtspfleger abhelfen, tut er dies nicht, entscheidet abschließend der Richter, § 11 Abs. 2 RPflG. Im Übrigen ist die Kostenentscheidung
nicht selbstständig anfechtbar.[133]

Ein eventuell ergangener **Kostenfestsetzungsbeschluss** ist gemäß den Vorschrif- 14
ten der ZPO auch isoliert anfechtbar, dann aber mit der **sofortigen Beschwerde**
nach § 113 Abs. 1 S. 2 FamFG iVm §§ 104 Abs. 3, 567 ff. ZPO innerhalb von
zwei Wochen und ab einem Beschwerdewert von über **200 EUR**. Der Rechtspfleger kann der sofortigen Beschwerde abhelfen. Wird der Beschwerdewert
nicht erreicht, ist der Kostenfestsetzungsbeschluss mit der Erinnerung nach § 11
Abs. 2 S. 1 RPflG binnen zwei Wochen anfechtbar. Auch hier kann der Rechtspfleger der Erinnerung abhelfen, andernfalls legt er sie dem Familienrichter als
letzte Instanz vor.

Hat der Rechtspfleger die Voraussetzungen nach §§ 249, 250 FamFG verneint 15
und demzufolge den **Festsetzungsantrag** nach § 250 Abs. 2 S. 1 FamFG **vollständig zurückgewiesen**, ist dem Antragsteller wegen § 250 Abs. 1 S. 1 FamFG die
befristete Erinnerung nach § 11 Abs. 2 S. 1 RPflG innerhalb eines Monats eröffnet, über die der Familienrichter im Falle der Nichtabhilfe durch den Rechtspfleger abschließend entscheidet.

Soweit eine Beschwerde des Antragsgegners unzulässig ist oder der Antragsgegner erstmals den Einwand der mangelnden Leistungsfähigkeit geltend macht, ist
die befristete Erinnerung nach § 11 Abs. 2 S. 1 RPflG statthaft.[134]

Will sich der **Antragsteller** gegen eine Teilzurückweisung seines Antrags zur 16
Wehr setzen, steht ihm auch die Beschwerde nach § 256 FamFG zu und gerade
nicht die Erinnerung nach § 11 Abs. 2 RPflG iVm § 250 Abs. 2 S. 2 FamFG.
Denn hier ist eine Zusammenführung der Entscheidungskompetenzen beim Beschwerdegericht geboten, weil andernfalls die Gefahr bestünde, dass die Überprüfung des Festsetzungsbeschlusses durch den Familienrichter (auf eine Erinnerung des Antragstellers) und durch das Oberlandesgericht (auf eine Beschwerde
des Antragsgegners) zu widersprechenden Entscheidungen führt. Dabei gelten
die besonderen Zulässigkeitsvoraussetzungen des § 256 FamFG auch für die Beschwerde des Antragstellers.[135]

5. Anfechtungsgründe. Geltend gemacht werden können als **Anfechtungsgrund:** 17
Einwendungen nach § 252 Abs. 1 FamFG (insoweit können neue Tatsachen an-
geführt werden), die fehlerhafte Zurückweisung von Einwendungen nach § 252
Abs. 2 FamFG, eine unrichtige Kostengrundentscheidung oder eine unrichtige
Kostenfestsetzung. Neue Einwendungen nach § 252 Abs. 2 FamFG können **nicht**
mehr vorgebracht werden, das gilt auch für ein Nachreichen von Unterlagen. In-

---

133 Keidel/Giers FamFG § 256 Rn. 5.
134 OLG Naumburg FamFR 2013, 451.
135 BGH NJW 2008, 2708 = FamRZ 2008, 1433; NJW 2008, 2710 = FamRZ 2008, 1428;
MK-ZPO/Macco FamFG § 256 Rn. 2.

soweit ist nur noch das Abänderungsverfahren nach § 240 FamFG möglich.[136] Diese Präklusion tritt nicht ein, wenn der Antrag oder die nach § 251 FamFG erforderlichen Hinweise des Gerichts dem Antragsgegner nicht zugestellt wurden.[137] Dass die Einwendungen nach § 252 Abs. 1 FamFG formularmäßig nicht an korrekter Position angegeben hat, schadet nicht.[138]

18 Die Beschwerde ist nach § 117 FamFG binnen einer Frist von zwei Monaten zu begründen.[139]

V. Kosten

19 Der **Rechtsanwalt** erhält im Erinnerungs- und im Beschwerdeverfahren zusätzlich zu der im Festsetzungsverfahren angefallenen Gebühr jeweils eine 1,6 Verfahrensgebühr gem. Nr. 3200 VV-RVG, s. Vorbemerkung 3.2.1 Ziffer 2 b, und ggf. eine 1,2 bzw. 0,5 Terminsgebühr nach Nr. 3202 bzw. 3203 VV-RVG.

20 Im Beschwerdeverfahren fällt eine **Gerichtsgebühr** nach Nr. 1211 ff. KV-FamGKG an. Der Verfahrenswert richtet sich nach §§ 40, 51 FamGKG und wird vom Gericht festgesetzt. Im erstinstanzlichen Erinnerungsverfahren fallen keine Gerichtsgebühren an.

VI. Änderungen ab 1.1.2017

21 Für Anträge, die bis zum 31.12.2016 bei Gericht eingegangen sind, gelten §§ 249 ff. FamFG in der Fassung bis zum 31.12.2016. Die Gesetzesänderung gilt für Anträge ab dem 1.1.2017. Die Änderungen betreffen nur die bessere Lesbarkeit des S. 1 und einer Anpassung an § 252 FamFG nF, sowie an § 38 Abs. 3 S. 3 FamFG.

§ 257 FamFG   Besondere Verfahrensvorschriften

[1]**In vereinfachten Verfahren können die Anträge und Erklärungen vor dem Urkundsbeamten der Geschäftsstelle abgegeben werden.** [2]**Soweit Formulare eingeführt sind, werden diese ausgefüllt; der Urkundsbeamte vermerkt unter Angabe des Gerichts und des Datums, dass er den Antrag oder die Erklärung aufgenommen hat.**

1 Sämtliche Anträge und Erklärungen im vereinfachten Verfahren können bei jedem Amtsgericht zu **Protokoll der Geschäftsstelle** erklärt werden. Nach dem Übergang in das streitige Verfahren sind weitere Anträge und Erklärungen vor dem Urkundsbeamten der Geschäftsstelle jedoch nicht mehr möglich, es herrscht dann **Anwaltszwang**.

2 Der Urkundsbeamte füllt die vorhandenen und zu verwendenden Vordrucke (regelmäßig bereits im EDV-Verfahren) aus und lässt diese vom Erschienenen unterschreiben. Mängel beim Ausfüllen des Formulars durch das Gericht können dem Beteiligten nicht entgegengehalten werden.[140] Das **ausgefüllte Formular** ersetzt das Protokoll. Soweit für Erklärungen keine Formulare eingeführt sind, ist ein herkömmliches Protokoll zu fertigen, vgl. § 259 FamFG.

---

136 OLG München FamRZ 2001, 1076.
137 OLG Brandenburg FamRZ 2001, 766.
138 OLG Brandenburg 10.4.2015 – 9 WF 77/15.
139 OLG Brandenburg 12.2.2015 – 13 WF 280/14.
140 OLG Oldenburg NJOZ 2013, 535.

Wird eine Erklärung bei einem **anderen Amtsgericht** abgegeben, so wird diese 3
Erklärung erst mit ihrem Eingang beim zuständigen Amtsgericht wirksam,
§ 113 Abs. 1 S. 1 FamFG iVm § 129 a Abs. 1, 2 ZPO.

Wendet sich ein Beteiligter an das Jugendamt, um dort seine Erklärungen abzu- 4
geben, so ist auch das Jugendamt verpflichtet, die amtlichen Formulare selbst
auszufüllen.[141]

§ 258 FamFG Sonderregelungen für maschinelle Bearbeitung

(1) [1]In vereinfachten Verfahren ist eine maschinelle Bearbeitung zulässig. [2]§ 690
Abs. 3 der Zivilprozessordnung gilt entsprechend.

(2) Bei maschineller Bearbeitung werden Beschlüsse, Verfügungen und Ausfertigungen mit dem Gerichtssiegel versehen; einer Unterschrift bedarf es nicht.

Die Einführung der maschinellen Antragsbearbeitung steht den Landesjustizver- 1
waltungen frei. Erfolgt eine Einführung, so können die **Anträge in maschinell
lesbarer Form** eingereicht werden, wenn dies dem Gericht geeignet erscheint.

Der **handschriftlichen Unterzeichnung** bedarf es gem. § 690 Abs. 3 S. 3 ZPO 2
nicht, soweit gewährleistet ist, dass der Antrag nur mit dem Willen des Antragstellers übermittelt wird.

Beschlüsse, Verfügungen und Ausfertigungen werden bei maschineller Bearbei- 3
tung mit dem **Gerichtssiegel** versehen, das die erforderliche Unterschrift ersetzt.

§ 259 FamFG Formulare

(1) [1]Das Bundesministerium der Justiz und für Verbraucherschutz wird ermächtigt, zur Vereinfachung und Vereinheitlichung der Verfahren durch Rechtsverordnung mit Zustimmung des Bundesrates Formulare für das vereinfachte Verfahren einzuführen. [2]Für Gerichte, die die Verfahren maschinell bearbeiten, und
für Gerichte, die die Verfahren nicht maschinell bearbeiten, können unterschiedliche Formulare eingeführt werden.

(2) Soweit nach Absatz 1 Formulare für Anträge und Erklärungen der Beteiligten eingeführt sind, müssen sich die Beteiligten ihrer bedienen.

Für das vereinfachte Unterhaltsverfahren sind **bundeseinheitliche Vordrucke** ein- 1
geführt, die der Vereinheitlichung des Verfahrens dienen. Die neuesten Formulare sind übersichtlich gestaltet und durch die KindUFV[142] geregelt.

Die Formulare sind von den Beteiligten zu benutzen; ein Antrag, der nicht mit 2
diesem Formular gestellt wurde, muss unter **Verwendung des Formblatts** wiederholt werden, andernfalls ist er als unzulässig zurückzuweisen.

Von dem Formularzwang sind lediglich die **Sozialhilfeträger** und die **Bundeslän-** 3
der, die Unterhaltsvorschuss gewähren, ausgenommen, Art. 1 § 1 Abs. 2
KindUFV. Diese haben ein ähnliches Formblatt für sich entwickelt.

Das Formular für den Antrag nach § 249 FamFG, das Einwendungsformular 4
und das Merkblatt sind **online** jederzeit in der aktuellen Fassung abrufbar.[143]

---

141 OLG Oldenburg NJOZ 2013, 535.
142 Zuletzt geändert durch Art. 3 des Gesetzes v. 20.11.2015 (BGBl. I 2018).
143 S. www.bmjv.de, dort unter „Service", „Formulare, Muster und Vordrucke", „Unterhaltsrecht".

Die dortigen PDF-Formulare können bereits am PC ausgefüllt werden. Die Formulare finden sich auch im KindUFV (Anlage 1 und 2).

§ 260 FamFG Bestimmung des Amtsgerichts

(1) [1]Die Landesregierungen werden ermächtigt, die vereinfachten Verfahren über den Unterhalt Minderjähriger durch Rechtsverordnung einem Amtsgericht für die Bezirke mehrerer Amtsgerichte zuzuweisen, wenn dies ihrer schnelleren und kostengünstigeren Erledigung dient. [2]Die Landesregierungen können die Ermächtigung durch Rechtsverordnung auf die Landesjustizverwaltungen übertragen.

(2) Bei dem Amtsgericht, das zuständig wäre, wenn die Landesregierung oder die Landesjustizverwaltung das Verfahren nach Absatz 1 nicht einem anderen Amtsgericht zugewiesen hätte, kann das Kind Anträge und Erklärungen mit der gleichen Wirkung einreichen oder anbringen wie bei dem anderen Amtsgericht.

1 Es besteht die Möglichkeit, die örtliche Zuständigkeit auf **wenige Amtsgerichte zu konzentrieren,** wie das beim Mahnverfahren bereits geschehen ist. Dies erscheint praktikabel, da im vereinfachten Verfahren in aller Regel kein Termin zur mündlichen Verhandlung stattfindet und daher die örtliche Nähe nicht zwingend notwendig ist. Die Zuständigkeit für das nachfolgende streitige Verfahren bestimmt sich aber weiterhin nach § 232 FamFG.

2 Von der Ermächtigung haben bereits Baden-Württemberg (§ 3 ZuVOJu), Hessen (§ 5 JuZuV), Nordrhein-Westfalen, Rheinland-Pfalz, Sachsen-Anhalt und Schleswig-Holstein Gebrauch gemacht, vgl. Fußnote zu § 23 c GVG im Schönfelder.

3 Trotz der Konzentration nach Abs. 1 kann das Kind jedoch auch weiterhin Anträge und Erklärungen mit fristwahrender Wirkung gegenüber dem Amtsgericht abgeben, das ohne die Bestimmung des Abs. 1 zuständig wäre. Dies gilt nicht für andere am Verfahren Beteiligte.

§ 1612 b BGB Deckung des Barbedarfs durch Kindergeld

(1) [1]Das auf das Kind entfallende Kindergeld ist zur Deckung seines Barbedarfs zu verwenden:
1. zur Hälfte, wenn ein Elternteil seine Unterhaltspflicht durch Betreuung des Kindes erfüllt (§ 1606 Abs. 3 Satz 2);
2. in allen anderen Fällen in voller Höhe.
[2]In diesem Umfang mindert es den Barbedarf des Kindes.

(2) Ist das Kindergeld wegen der Berücksichtigung eines nicht gemeinschaftlichen Kindes erhöht, ist es im Umfang der Erhöhung nicht bedarfsmindernd zu berücksichtigen.

I. Allgemeines

1 Die Vorschrift regelt die Anrechnung des Kindergeldes auf den dadurch verminderten Barbedarf des Kindes. Der **Anspruch auf Kindergeld** findet sich im Einkommensteuergesetz (§§ 62 ff EStG) für diejenigen Berechtigten, die im Inland einen Wohnsitz bzw gewöhnlichen Aufenthalt haben oder nach § 1 Abs. 1 und 2 EStG unbeschränkt steuerpflichtig sind oder nach § 1 Abs. 3 EStG als unbe-

schränkt steuerpflichtig behandelt werden. Andere Bezugsberechtigungen ergeben sich unter bestimmten Voraussetzungen aus dem Bundeskindergeldgesetz (§§ 1 ff. BKGG). Das Kindergeld wird monatlich bezahlt (§§ 31 S. 3, 66 Abs. 2 EStG, § 11 Abs. 1 BKGG). Es betrug seit 1.1.2010 184 EUR monatlich für erste und zweite Kinder, für dritte Kinder 190 EUR und für jedes weitere Kind 215 EUR (§ 66 Abs. 1 EStG, § 6 Abs. 1 BKGG). Es erhöhte sich zum 1.1.2015 auf 188 EUR/194 EUR/219 EUR und zum 1.1.2016 auf 190 EUR für die ersten beiden Kinder, 196 EUR für das dritte Kind und 221 EUR für jedes weitere Kind. Seit 1.1.2017 betragen die Werte 192/198/223 EUR. Es wird jeweils auch für den vollen Monat bezahlt, in dem die Anspruchsvoraussetzungen eintreten bzw entfallen (§ 66 Abs. 2 EStG, § 5 BKGG). Das Kindergeld wird immer **nur an einen von mehreren Berechtigten bezahlt**, und zwar in erster Linie an denjenigen, der das Kind in seinen Haushalt aufgenommen hat (s. im Einzelnen § 64 Abs. 1 bis 3 EStG, § 3 Abs. 1 bis 3 BKGG). Kindergeld wird bis zum 18. Lebensjahr des Kindes und bei Vorliegen bestimmter Umstände **höchstens bis** zur Vollendung des **25. Lebensjahres** des Kindes bezahlt (§§ 32 Abs. 4, 63 Abs. 1 S. 2 EStG, § 2 Abs. 2 BKGG).

Nach altem Recht minderte das Kindergeld bei minderjährigen Kindern nicht **Bedarf und Bedürftigkeit** des Kindes. Anders war dies nach der Rechtsprechung des Bundesgerichtshofs bei volljährigen Kindern (→ Rn. 5). Mit der Neufassung des § 1612 b hat der Gesetzgeber diesen Unterschied beseitigt und die bedarfsdeckende Anrechnung des Kindergeldes auch für minderjährige Kinder eingeführt.[1] Das Kindergeld ist damit bei allen Kindern **vom Unterhaltsbedarf vorweg abzusetzen** und damit wie Einkommen des Kindes zu behandeln.[2]

II. Bedarfsmindernde Anrechnung des Kindergeldes

Wie sich in Abs. 1 an der Formulierung „Das auf das Kind fallende Kindergeld" zeigt, geht es um die bedarfsmindernde **Anrechnung** des genau für das betreffende Kind bezahlten **konkreten Kindergeldes**, also nicht eines durchschnittlichen Kindergeldes, das bei einer größeren Anzahl von Kindern in unterschiedlicher Höhe bezahlt wird.[3] Darüber hinaus bestimmt Abs. 2, dass es **keine Anrechnung eines Zählkindvorteils** gibt, der auf einem mit dem Barunterhaltspflichtigen nicht gemeinschaftlichen Kind beruht. Der Anrechnungsbetrag und die sich daraus ergebende Bedarfsdeckung sind dann so zu berechnen, als würde das Kindergeld für das betreffende gemeinschaftliche Kind so bezahlt, als wenn es das den Kindergeldbetrag erhöhende andere Kind nicht gäbe.[4] Wegen der Anrechnung des im Jahr 2009 neben dem laufenden Kindergeld zusätzlich bezahlten Kinderbonus von einmalig 100 EUR wird auf die Stellungnahme des Deutschen Instituts für Jugendhilfe und Familienrecht vom 30.3.2009 verwiesen.[5]

Wird wegen **fehlender Leistungsfähigkeit** kein Barunterhalt bezahlt, stellt sich die Frage der bedarfsmindernden Kindergeldanrechnung nicht. Bei nur relativer

1 BT-Drs. 16/1830, 29.
2 Scholz, Der Kindesunterhalt nach dem Gesetz zur Änderung des Unterhaltsrechts, FamRZ 2007, 2021 (2024).
3 OLG Celle FamRZ 1999, 1455.
4 Wendl/Dose/Klinkhammer § 2 Rn. 732.
5 Anrechnung des Kinderbonus – Stellungnahme der Ständigen Fachkonferenz (SFK) 3 des Deutschen Instituts für Jugendhilfe und Familienrecht (DIJuF) e.V., FamRZ 2009, 932.

Leistungsfähigkeit, weil die verbleibende Differenz zum Mindestunterhalt nicht aufgebracht werden kann, → Rn. 6.

3 **1. Bar- und Betreuungsunterhalt und minderjähriges Kind.** Die Regelung des Abs. 1 S. 1 Nr. 1 über die hälftige Anrechnung des Kindergeldes auf den Barbedarf, wenn – zumindest – ein Elternteil seine Unterhaltpflicht durch Betreuung des Kindes erfüllt, trägt der Unterhaltsregelung in § 1603 Abs. 3 S. 2 Rechnung. Es handelt sich um den Normalfall des **Kindergeldbezugs durch den betreuenden Elternteil**, in dessen Haushalt das minderjährige Kind lebt.[6] Das hälftige, und nicht das volle, Kindergeld ist auch in Fällen abzuziehen, in welchen beide Eltern das Kind gemeinsam betreuen (Monetarisierung des Kindesunterhalts zum Zwecke der Berechnung der Leistungsfähigkeit für nachrangige Unterhaltspflichten)[7] bzw auch in Fällen der Bedarfsberechnung im Rahmen eines Wechselmodells.[8] Der zu zahlende monatliche Barunterhalt ermäßigt sich – soweit dadurch nicht der Mindestbedarf ungedeckt bleibt (→ Rn. 6) um das hälftige, für das betreffende Kind bezogene Kindergeld. Eine **Ausnahme** gilt lediglich für das Jahr 2015, in welchem zwar eine – rückwirkende – Kindergelderhöhung erfolgte, infolge ausdrücklicher gesetzlicher Regelung[9] jedoch von den Tabellenbeträgen nicht die Hälfte des aktuellen Kindergeldes, sondern lediglich die Hälfte des für das Jahr 2014 maßgeblichen Kindergeldes in Abzug zu bringen ist.

Bezieht – ungeachtet der vorrangigen Bezugsberechtigung des betreuenden Elternteils – der barunterhaltpflichtige Elternteil das Kindergeld, scheitert ein Ausgleich zwischen den Eltern nach Abs. 1 S. 1 Nr. 1 über die Minderung des Barbedarfs. Wird der geschuldete Tabellenunterhalt nicht um den Betrag des hälftigen Kindergeldes erhöht, kommt ein familienrechtlicher Ausgleichsanspruch des betreuenden Elternteils in Betracht[10] (→ § 1606 Rn. 13).

Ein Sonderfall beiderseitiger „Bezugsberechtigung" und damit der Halbteilung nach Abs. 1 aF lag vor, wenn der barunterhaltpflichtige Elternteil **in einem ausländischen Staat kindergeldberechtigt** gewesen war, sein dort begründeter Anspruch aber wegen der deutschen Kindergeldberechtigung des anderen Elternteils ruhte.[11] Nach neuem Recht kommt es auf die beiderseitige Bezugsberechtigung nicht mehr an, sondern nur auf die sich aus Abs. 1 S. 1 Nr. 1 ergebende anteilige Deckung des Barbedarfs.

4 **2. Beiderseitige Barunterhaltspflicht und minderjähriges Kind.** Sind beide Eltern gegenüber dem minderjährigen Kind barunterhaltpflichtig (→ § 1606 Rn. 7, 9), weil es auswärts, zB bei den Großeltern oder in einem Heim, untergebracht ist, wird das Kindergeld nach Abs. 1 S. 1 Nr. 2 in voller Höhe als Einkommen des Kindes behandelt und bedarfsmindernd angerechnet. Im Übrigen haften die Eltern nach Maßgabe von § 1606 Abs. 3 S. 1 anteilig nach ihren Einkommens- und Vermögensverhältnissen. Ist ein Elternteil nicht leistungsfähig, muss der andere allein für Bar- und Betreuungsunterhalt aufkommen.[12] Das Kindergeld

---

6 Zu eventuellen Verwerfungen im Hinblick auf die Entscheidung BGH FamRZ 2017, 711: → § 1610 Rn. 10.
7 BGH FamRZ 2014, 1183.
8 BGH FamRZ 2017, 434.
9 Art. 8 Abs. 3 des Gesetzes zur Anhebung des Grundfreibetrages, des Kinderfreibetrages, des Kindergeldes und des Kinderzuschlags vom 16.7.2015, BGBl. I, 1204.
10 Wendl/Dose/Klinkhammer § 2 Rn. 781.
11 BGH FamRZ 2004, 1639 (1640 f.), noch zum alten Recht.
12 Scholz FamRZ 2007, 2021 (2025).

kommt – anders als nach altem Recht – wegen des bedarfsmindernden Vorwegabzugs den Eltern entsprechend dem Verhältnis ihrer Unterhaltsbeiträge, ggf. dem allein leistungsfähigen Elternteil zugute.[13]

3. Bedarfsmindernde Kindergeldanrechnung bei volljährigen Kindern. Bei voll- 5 jährigen Kindern war das Kindergeld schon nach altem Recht immer **in voller Höhe bedarfsdeckend** auf den Barunterhalt anzurechnen. Nach Eintritt der Volljährigkeit gibt es keinen geschuldeten Betreuungsunterhalt mehr, so dass die Rechtfertigung für die Halbteilung entfällt. Demgemäß hatte der Bundesgerichtshof schon zum alten Recht entschieden, dass Kindergeld – nach seinem Sinn und Zweck, dem Familienlastenausgleich – bereits bei der Ermittlung des Bedarfs des volljährigen Kindes abzuziehen war und beiden barunterhaltspflichtigen Eltern im **Verhältnis ihrer Anteile an der Erfüllung** der Barunterhaltspflicht zugutekam.[14] Die Neufassung des § 1612 b stellt dies in Abs. 1 S. 1 Nr. 2 und S. 2 klar. Fällt ein Elternteil mangels Leistungsfähigkeit für den Barunterhalt aus, wird der **allein barunterhaltspflichtige** andere **Elternteil** in voller Höhe des bedarfsdeckenden Kindergeldes entlastet. Dabei spielt es keine Rolle, ob das volljährige Kind noch bei dem nicht leistungsfähigen Elternteil wohnt, weil dieser, soweit er noch einen gewissen Naturalunterhalt gewährt, eine nicht geschuldete Leistung erbringt.[15]

4. Kindergeld und Mindestunterhalt bei minderjährigen Kindern. Die früher in 6 Abs. 5 aF geregelte Anrechnungsbegrenzung zur Sicherung eines Existenzminimums für das minderjährige Kind konnte im Rahmen der gesetzlichen Neuregelung ersatzlos gestrichen werden. Dem Kind steht als Bedarf **wenigstens der Mindestunterhalt** zu (→ § 1612 a Rn. 2–4). Dieser wird anteilig nach Maßgabe des Abs. 1 durch das Kindergeld gedeckt. Kann der erwerbstätige barunterhaltspflichtige Elternteil den nach Berücksichtigung des hälftigen Kindergeldes (Abs. 1 S. 1 Nr. 1) verbleibenden Restbedarf zur Abdeckung des Mindestunterhalts nicht erbringen, muss er im Rahmen seiner Leistungsfähigkeit, ohne dass ihm Kindergeld zugutekäme, eintreten, also den Betrag bezahlen, um den sein einsetzbares Einkommen seinen Selbstbehalt (zB nach Abschnitt A Anm. 5 der Düsseldorfer Tabelle, Stand 1.1.2017, 1.080 EUR) übersteigt.[16] Soll der Unterhaltsanspruch gegen ihn dynamisch tituliert werden → § 1612 a Rn. 6.

§ 1612 c BGB Anrechnung anderer kindbezogener Leistungen

§ 1612 b gilt entsprechend für regelmäßig wiederkehrende kindbezogene Leistungen, soweit sie den Anspruch auf Kindergeld ausschließen.

I. Allgemeines

Es gibt **kindergeldersetzende Leistungen,** die anstelle des Kindergeldes gewährt 1 werden und den Bezug von Kindergeld ausschließen. Die betreffenden Leistungen sind in § 65 Abs. 1 S. 1 EStG, § 4 Abs. 1 S. 1 BKGG definiert.[1] Es handelt sich um Kinderzulagen aus der gesetzlichen Unfallversicherung, Kinderzuschüs-

---

13 Vgl BT-Drs. 16/1830, 29.
14 BGH FamRZ 2006, 99 (101 f.); 2006, 774 (jeweils zum alten Recht).
15 BGH FamRZ 2006, 99 (101 f.); 2006, 774 (jeweils zum alten Recht).
16 Vgl Scholz FamRZ 2007, 2021 (2027 f.).
 1 Vgl Schumacher/Grün, Das neue Unterhaltsrecht minderjähriger Kinder, FamRZ 1998, 778 (785 f.).

se aus der Rentenversicherung, kindergeldähnliche Leistungen, die im Ausland gewährt werden[2], sowie kindergeldähnliche Leistungen einer zwischen- oder überstaatlichen Einrichtung. Soweit es um Kinderzulagen aus der gesetzlichen Unfallversicherung oder Kinderzuschüsse aus der gesetzlichen Rentenversicherung geht, wird ein Differenzkindergeld gezahlt, wenn die Leistung hinter dem entsprechenden Kindergeld um mindestens 5 EUR zurückbleibt (§ 65 Abs. 2 EStG, § 4 Abs. 2 BKGG).

Hierher gehören **nicht kindbezogene Steigerungsbeträge bei Gehältern** im öffentlichen Dienst[3] oder bei sonstigen Entgelten, zumal solche Steigerungsbeträge den Bezug von Kindergeld nicht hindern.

II. Anrechnung

2   Bedarfsdeckend anzurechnen entsprechend der Regelung in § 1612 b sind die unter → Rn. 1 bezeichneten Leistungen, **soweit sie den Anspruch auf Kindergeld ausschließen,** dh nur in Höhe des fiktiven Kindergeldes,[4] das ihretwegen nicht bezahlt wird. Keine Rolle spielt, dass in der Regel nur ein Elternteil anspruchsberechtigt ist.

§ 1613 BGB   Unterhalt für die Vergangenheit

(1) [1]Für die Vergangenheit kann der Berechtigte Erfüllung oder Schadensersatz wegen Nichterfüllung nur von dem Zeitpunkt an fordern, zu welchem der Verpflichtete zum Zwecke der Geltendmachung des Unterhaltsanspruchs aufgefordert worden ist, über seine Einkünfte und sein Vermögen Auskunft zu erteilen, zu welchem der Verpflichtete in Verzug gekommen oder der Unterhaltsanspruch rechtshängig geworden ist. [2]Der Unterhalt wird ab dem Ersten des Monats, in den die bezeichneten Ereignisse fallen, geschuldet, wenn der Unterhaltsanspruch dem Grunde nach zu diesem Zeitpunkt bestanden hat.

(2) Der Berechtigte kann für die Vergangenheit ohne die Einschränkung des Absatzes 1 Erfüllung verlangen
1. wegen eines unregelmäßigen außergewöhnlich hohen Bedarfs (Sonderbedarf); nach Ablauf eines Jahres seit seiner Entstehung kann dieser Anspruch nur geltend gemacht werden, wenn vorher der Verpflichtete in Verzug gekommen oder der Anspruch rechtshängig geworden ist;
2. für den Zeitraum, in dem er
    a) aus rechtlichen Gründen oder
    b) aus tatsächlichen Gründen, die in den Verantwortungsbereich des Unterhaltspflichtigen fallen,
    an der Geltendmachung des Unterhaltsanspruchs gehindert war.

(3) [1]In den Fällen des Absatzes 2 Nr. 2 kann Erfüllung nicht, nur in Teilbeträgen oder erst zu einem späteren Zeitpunkt verlangt werden, soweit die volle oder die sofortige Erfüllung für den Verpflichteten eine unbillige Härte bedeuten würde. [2]Dies gilt auch, soweit ein Dritter vom Verpflichteten Ersatz verlangt, weil er anstelle des Verpflichteten Unterhalt gewährt hat.

---

2   OLG Koblenz FamRZ 2015, 1618 (für luxemburgische Kindergeldleistungen und „boni pour enfants"); OLG Saarbrücken FamRZ 2016, 1593 (ebenfalls Luxemburg).
3   OLG Karlsruhe FuR 2000, 289 f.
4   Palandt/Brudermüller § 1612 c Rn. 2.

I. Allgemeines

Tragender Gesichtspunkt der Vorschrift ist der Gedanke des **Schuldnerschutzes**.[1] **1**
Unterhaltsgläubiger und Unterhaltsschuldner leben gegenwärtig. Der Letztere
muss grundsätzlich vor Verpflichtungen aus der Vergangenheit geschützt werden, mit deren Anwachsen er nicht zu rechnen brauchte und auf die er sich deswegen auch nicht durch Rücklagenbildung einzustellen hatte.[2] Der für den maßgeblichen Zeitabschnitt entstehende und fällig werdende Unterhaltsanspruch **erlischt** sogleich wegen Zeitablaufs,[3] wenn die als Ausnahmeregelungen konzipier-
ten Voraussetzungen einer Geltendmachung für die Vergangenheit fehlen.

Die Vorschrift gilt über den Verwandtenunterhalt hinaus durch gesetzliche Ver- **2**
weisung **entsprechend für andere Unterhaltsansprüche**: für den ehelichen
Familien- und Trennungsunterhalt (§§ 1360 a Abs. 3, 1361 Abs. 4 S. 4), für Unterhalt aus Anlass der Geburt (§ 1615 l Abs. 3 S. 1), Unterhalt unter Lebenspartnern während des Zusammenlebens und nach Trennung (§§ 5 S. 2, 12 S. 2
LPartG). Für den Nachscheidungsunterhalt besteht anstelle von Abs. 2 Nr. 2 allerdings in § 1585 b Abs. 3 eine eigenständige Regelung.

Vom Erlöschen entstehender Ansprüche wegen Fehlens der Voraussetzungen des
§ 1613 zu unterscheiden ist das Erlöschen durch **Verwirkung** bestehender Unterhaltsforderungen nach den Grundsätzen von Treu und Glauben (→ Rn. 26 ff).

II. Die Ausnahmeregelungen des Abs. 1

Abs. 1 S. 1 schließt die Geltendmachung von Unterhalt für die Vergangenheit – **3**
vorbehaltlich der in Abs. 2 Nr. 1 und 2 geregelten weiteren Ausnahmen – grundsätzlich aus, indem er den Anspruch auf Erfüllung oder auf Schadensersatz wegen Nichterfüllung auf das Vorliegen bestimmter Tatbestände beschränkt. Sind

---

1 BGH FamRZ 1984, 775; OLG Jena FamRZ 2006, 569.
2 BGH FamRZ 2015, 49.
3 Vgl OLG Düsseldorf FamRZ 1986, 180; KG FamRZ 1992, 597 (598); OLG Bamberg
FamRZ 1990, 1235 (1238).

diese nicht erfüllt, kann die betreffende Unterhaltsforderung nicht geltend gemacht werden, sondern ist als erloschen zu behandeln. Abs. 1 nennt drei Tatbestände (Ereignisse), nach denen eine entstandene fällige Unterhaltsforderung nach ihrer Entstehung nicht erlischt, sondern geltend gemacht werden kann. In allen drei Fällen kann der **Unterhalt ab dem Ersten des Monats** verlangt werden, in den das betreffende Ereignis fiel (Abs. 1 S. 2), wenn der Unterhaltsanspruch zu diesem Zeitpunkt dem Grunde nach bestand.

Sowohl ein Auskunftsverlangen als auch eine Inverzugsetzung muss durch den Unterhaltsberechtigten selbst erfolgen, bei minderjährigen Kindern somit durch den gesetzlichen Vertreter bzw Obhutsberechtigten (§ 1629 Abs. 2 S. 2), was auch das Jugendamt als Beistand sein kann. Ab Volljährigkeit muss dagegen das Kind selbst mahnen, das Jugendamt kann wirksam für das Kind nur noch im Rahmen eines Auftragsverhältnisses mit ausdrücklicher Bevollmächtigung handeln.[4]

4 **1. Auskunftsverlangen.** Seit der Änderung des Abs. 1 durch das Kindesunterhaltsgesetz vom 6.4.1998 kann Unterhalt für die Vergangenheit ab dem Zeitpunkt (→ Rn. 3) verlangt werden, zu welchem dem Verpflichteten ein **Auskunftsverlangen des Berechtigten zugegangen** ist,[5] das den Pflichtigen auffordert, zum Zwecke der Geltendmachung von Unterhalt Auskunft über Einkünfte und Vermögen zu erteilen (§ 1605). Damit wurde der von der Rechtsprechung in Anlehnung an die Stufenklage nach § 254 ZPO entwickelte Gedanke der **Stufenmahnung** ins Gesetz übernommen, mit der die Wirkung des Abs. 1 aF ausgelöst werden konnte, weil ihr Gegenstand nicht nur die Auskunft war, sondern auch der noch unbestimmte, weil noch nicht bezifferbare Zahlungsanspruch.[6] Die gesetzliche Regelung geht dabei über die Stufenmahnung hinaus, weil keine zusätzliche unbezifferte Aufforderung zur Zahlung des sich aus der Auskunft ergebenden Unterhalts verlangt wird.[7] Eine allgemeine Aufforderung zur Auskunftserteilung ohne deutlich werdenden Bezug auf die Geltendmachung von Unterhalt aus einem bestimmten Unterhaltsverhältnis reicht jedoch nicht aus.[8] Es muss Auskunft mit dem Ziel der Geltendmachung eines Unterhaltsanspruchs begehrt werden.[9]

5 Die Wirkung des Abs. 1 für das entsprechende Auskunftsverlangen kann nur eintreten, wenn der Auskunftsverpflichtung nicht die **Sperrfrist des § 1605 Abs. 2** entgegensteht (→ § 1605 Rn. 6–8).[10] Wenn der Pflichtige nicht zur Auskunft verpflichtet ist, können aus einem unberechtigten Verlangen auch keine Konsequenzen für seine wirtschaftliche Dispositionsfreiheit gezogen werden, zumal er wegen eines Anspruchs auf Auskunft auch nicht in Verzug gesetzt wird.[11]

6 **2. Inverzugsetzung.** Verzug des Unterhaltsschuldners tritt nach Maßgabe von § 286 ein und setzt **Verschulden** des Unterhaltspflichtigen voraus (§ 286 Abs. 4).

---

4 OLG Celle FamFR 2013, 176; OLG Brandenburg FamRZ 2006, 1782.
5 BT-Drs. 13/7338, 31.
6 Vgl BGH FamRZ 1990, 283 (285).
7 Strauss, Probleme des Kindesunterhaltsgesetzes in der gerichtlichen Praxis, FamRZ 1998, 993 (1000).
8 Vgl Palandt/Brudermüller § 1613 Rn. 3; Strauss FamRZ 1998, 993 (1000).
9 BGH FamRZ 2007, 193 (196); 2007, 453 (454).
10 Strauss FamRZ 1998, 993 (1000); AG Herford FamRZ 2002, 1728 (1729).
11 Vgl OLG Düsseldorf FamRZ 1993, 591 (592) zur Stufenmahnung.

Dabei entschuldigt mangelnde finanzielle Leistungsfähigkeit nicht.[12] Auch ein Rechtsirrtum über das Bestehen der Unterhaltsverpflichtung kann das Verschulden nur in Ausnahmefällen ausschließen, weil der Pflichtige das Irrtumsrisiko grundsätzlich selbst trägt.[13] Der Schuldner muss die Rechtslage sorgfältig prüfen und, soweit erforderlich, Rechtsrat einholen.[14] **§ 286 Abs. 3 gilt nicht** für Unterhaltsforderungen, da sie keine Entgeltforderungen darstellen.

a) Durch Mahnung. Verzug kann nach § 286 Abs. 1 S. 1 durch Zugang einer 7 Mahnung nach Eintritt der Fälligkeit herbeigeführt werden. Bei der Mahnung handelt es sich um eine nicht formgebundene, empfangsbedürftige tatsächliche Erklärung, auf die wegen ihrer rechtsgeschäftsähnlichen Art die Vorschriften über Willenserklärungen entsprechend angewendet werden.[15] Die **Fälligkeit** der Unterhaltsforderung ist im Normalfall unproblematisch, weil der Gläubiger die Leistung sofort verlangen kann (§ 271 Abs. 1). Anders liegt es, wenn der Unterhaltsanspruch erst mit einem bestimmten Ereignis entsteht, weil er nicht vor Entstehung fällig werden kann. Dies gilt zB für den Trennungsunterhalt und den Nachscheidungsunterhalt. Der Erstere beginnt erst mit der Trennung,[16] der Letztere mit dem Tag der Rechtskraft der Scheidung,[17] weshalb eine Mahnung vor Durchführung der Trennung bzw vor Eintritt der Rechtskraft nicht verzugsbegründend ist.[18] Einer **Fristsetzung** oder **Androhung von Verzugsfolgen** bedarf es für die Wirksamkeit der Mahnung nicht.[19] Die Mahnung muss bei Geschäftsunfähigkeit des Unterhaltsberechtigten vom **gesetzlichen Vertreter** ausgesprochen werden, bei beschränkter Geschäftsfähigkeit kann der Berechtigte selbst mahnen, weil ihm die Mahnung nur einen rechtlichen Vorteil bringt.[20]

aa) Bestimmte Leistungsaufforderung. Die Mahnung löst Verzug nur in Höhe 8 des Unterhaltsbetrags aus, den sie fordert, auch wenn an sich ein höherer Unterhalt geschuldet wäre.[21] Notwendig ist eine bestimmte und eindeutige Leistungsaufforderung, welche die **Höhe der geschuldeten Leistung** genau bezeichnet.[22] Allerdings bedarf es hierfür nicht ausnahmslos einer ziffernmäßigen Angabe. Dem Unterhaltsschuldner muss nach dem Inhalt der Mahnung und den ihm bekannten Umständen jedoch ohne Zuhilfenahme fachkundiger Beratung klar sein, welchen genauen Unterhaltsbetrag der Gläubiger von ihm fordert.[23] Beim Kindesunterhalt genügt es nicht, wenn dem Unterhaltsverpflichteten das Alter des Kindes und die eigenen Einkommensverhältnisse bekannt sind, so dass er mit fachkundiger Hilfe den Unterhaltsanspruch selbst berechnen könnte.[24] Wird Kindesunterhalt für mehrere Kinder angemahnt, muss der auf das jeweilige Kind fallende konkrete Unterhaltsbetrag angegeben werden.[25] Nicht ausreichend wäre die Aufforderung, sich darüber zu erklären, ob Leistungsbereit-

---

12 Palandt/Grüneberg § 286 Rn. 32 u. § 276 Rn. 28 mwN.
13 BGH FamRZ 1983, 352.
14 BGH BGHReport 2006, 1277 (1279) = NJW 2006, 3271.
15 Vgl BGH FamRZ 1987, 40 (41).
16 Wendl/Dose/Bömelburg § 4 Rn. 81.
17 Wendl/Dose/Bömelburg § 4 Rn. 115.
18 Vgl BGH FamRZ 1992, 920 (921).
19 BGH MDR 1998, 1021 (1022).
20 KG FamRZ 1989, 537.
21 BGH FamRZ 1990, 283 (285).
22 BGH FamRZ 1984, 163.
23 BGH FamRZ 1984, 163.
24 BGH FamRZ 1984, 163; OLG Hamm FamRZ 1994, 106 (107).
25 OLG Hamm FamRZ 1994, 106 (107).

schaft besteht.[26] Zur Bestimmtheit der Aufforderung gehört auch, dass ein **Zeitpunkt** angeben ist, von dem an Unterhalt in bestimmter Höhe verlangt wird. Ausreichend wäre aber, dass sich aus dem sonstigen Inhalt des Aufforderungsschreibens ein **konkreter Zahlungsbeginn** (zB ab Zugang des Schreibens oder ab dem Ersten des nächsten Monats) entnehmen ließe.[27] Solange die Unterhaltsvoraussetzungen vorliegen, muss die Mahnung wegen der künftigen Fälligkeiten **nicht periodisch wiederholt** werden.[28]

9   Die durch die ordnungsgemäße Mahnung ausgelöste Verzugsfolge, nämlich die Möglichkeit, Unterhalt für die Vergangenheit zu verlangen, wird durch die einseitige **Rücknahme der Mahnung** nicht rückgängig gemacht, so dass auch einer konkludent erklärten Rücknahme keine derartige Wirkung zukommt.[29] Die Verzugsfolgen können nur durch Erlassvertrag oder Verwirkung entfallen.[30] Die erklärte Rücknahme wirkt damit nur für künftige Fälligkeiten.[31]

10   **bb) Zuvielforderung.** Eine Zuvielforderung stellt den **Verzug hinsichtlich** der berechtigten **Restforderung** nicht infrage, wenn der Schuldner die Erklärung des Gläubigers als Aufforderung zur Bewirkung der tatsächlich geschuldeten Leistung verstehen muss und der Gläubiger zur Annahme der geringeren Leistung bereit ist.[32] So ist eine erhebliche Zuvielforderung unschädlich, wenn sich aus dem Mahnschreiben ergibt, von welchen Einkommensverhältnissen man ausgeht und wie der Unterhalt berechnet wird, insbesondere wenn die Mahnung dem Rechtsanwalt des Pflichtigen zugeht, für den die fehlerhafte Bemessung ersichtlich ist.[33] Unwirksam wäre eine Mahnung ohne nachvollziehbare Berechnungsgrundlagen ins Blaue hinein auf einen Betrag, der völlig außer Verhältnis und in keinem Bezug zum wirklich geschuldeten Unterhalt steht.[34]

11   **cc) Sonderformen der Mahnung.** Einer Mahnung gleich steht der Zugang eines **Verfahrenskostenhilfegesuchs**, das inhaltlich die Erfordernisse einer Mahnung erfüllt.[35] Dasselbe gilt für den Zugang des Antrags auf Erlass einer einstweiligen Anordnung, auch wenn der Antrag anschließend abgewiesen wird,[36] oder für den formlosen Zugang der Antragsschrift.[37]

12   **dd) Selbstmahnung.** Von einer Selbstmahnung des Unterhaltsschuldners spricht man, wenn dieser eine Mahnung überflüssig macht, weil er sich ausdrücklich zu seiner Unterhaltsschuld in bestimmter Höhe und ab einem bestimmten Zeitpunkt bekennt, aber gleichwohl nicht leistet.[38] Die allgemeine Erklärung, Unterhalt leisten zu wollen, genügt nicht.[39] Die Teilnahme an einer Mediation bei einem fachkundigen Rechtsanwalt zur Ermittlung der sich aus dem Einkommen

---

26   OLG Brandenburg FamRZ 2004, 560 (561).
27   OLG Karlsruhe FamRZ 1998, 742.
28   BGH FamRZ 1988, 370 (371); OLG Bamberg FamRZ 1990, 1235 (1236).
29   BGH FamRZ 1987, 40 (41).
30   BGH FamRZ 2007, 453 (456); 1995, 725 (726).
31   Vgl BGH FamRZ 1987, 40 (41).
32   BGH BGHReport 2006, 1277 (1278 f.) = NJW 2006, 3271.
33   OLG Braunschweig FamRZ 1999, 1453 (1454).
34   Vgl OLG Frankfurt/M. FamRZ 1987, 1144 (1145).
35   BGH FamRZ 1992, 920 (921).
36   BGH FamRZ 1995, 725.
37   OLG Braunschweig FamRZ 1995, 875.
38   Vgl Palandt/Grüneberg § 286 Rn. 25; BGH NJW 2008, 1216; OLG Köln FamRZ 2000, 443 (444); AG Itzehoe FamRZ 2004, 58 (59).
39   OLG Frankfurt/M. FamRZ 2000, 113.

ergebenden Unterhaltshöhe wohl schon.[40] Eine wirksame „Selbstmahnung" hat die Folge, dass der Verzug nach § 286 Abs. 2 Nr. 1 oder 4 auch ohne Mahnung des Unterhaltsberechtigten eintritt.

b) Durch Rechtshängigkeit. Für die Auslösung der Verzugswirkung durch 13 Rechtshängigkeit des Unterhaltsanspruchs (Abs. 1 S. 1 iVm § 286 Abs. 1 S. 2) genügt nicht nur die Erhebung des normalen Zahlungsantrags, sondern auch die Erhebung eines Stufenantrags nach § 113 Abs. 1 FamFG, § 254 ZPO. Beim **Stufenantrag** wird auch der unbezifferte Zahlungsanspruch rechtshängig und führt die Verzugswirkung trotz noch fehlender Bezifferung herbei.[41] Ist die Wirkung des Abs. 1 S. 1 bzw der Verzug ausschließlich mittels Rechtshängigmachung des Anspruchs herbeigeführt worden, ohne dass eine davon unabhängige Mahnung vorliegt, hat die Rücknahme des Klageantrags zur Folge, dass die allein auf der Klageerhebung beruhende Erfüllung der Voraussetzungen des Abs. 1 S. 1 einschließlich der Verzugswirkung wieder entfällt (§ 113 Abs. 1 FamFG, § 269 Abs. 3 S. 1 ZPO).[42]

c) Verzug ohne Mahnung. Nach § 286 Abs. 2 kann Verzug ohne Mahnung in 14 vier Fällen eintreten, von denen aber nur § 286 Abs. 2 Nr. 1, 3 und 4 für Unterhaltsansprüche einschlägig sind:

aa) Wegen Kalenderfälligkeit (§ 286 Abs. 2 Nr. 1). Die Anwendung der Vor- 15 schrift für Unterhaltsforderungen setzt voraus, dass dem **Verpflichteten die Schuld** sowohl nach ihrer Existenz und als auch nach ihrem Umfang, also ihrer Höhe nach, **bekannt ist,**[43] also nach Höhe und Beginn ausreichend konkretisiert wurde.[44] Dies ist insbesondere der Fall, wenn eine vertragliche Unterhaltsregelung vorliegt, aus der sich die Höhe und der monatliche Fälligkeitstag ergeben,[45] der auch mittelbar bestimmt sein kann, zB mit „Mitte des Monats".[46] Aus § 1612 Abs. 3 S. 1, wonach die Unterhaltsrente monatlich im Voraus zu zahlen ist, lässt sich nicht entnehmen, dass der Unterhalt kraft Gesetzes immer am Ersten eines Monats fällig wäre (→ § 1612 Rn. 2). Wenn der Unterhalt über mehrere Monate freiwillig im Voraus in gleicher Höhe geleistet worden ist und dann die Zahlung eingestellt wird, kann aber iVm § 1612 Abs. 3 S. 1 **Kalenderfälligkeit zum Ersten des Monats** feststehen.[47] Dasselbe gilt, wenn der Pflichtige die Bezahlung bezifferten Unterhalts ab einem bestimmten Monat zusagt.[48] Ist er über den Beginn des Unterhalts und dessen von ihm als zutreffend beurteilte Höhe unterrichtet, weil er ua den am Ersten eines Monats liegenden Beginn des Ausbildungsverhältnisses erfahren hat, das den Anspruch auf Ausbildungsunterhalt auslöste, kommt er am folgenden Ersten des Monats wegen Kalenderfälligkeit in Verzug.[49] Liegt der Verzugsbeginn aufgrund anderer Kalenderfälligkeit nicht am Ersten des Monats, ist wegen Abs. 1 S. 2 dennoch der Unterhalt für den gesamten Monat geschuldet.

---

40 AG Itzehoe FamRZ 2004, 58 (59).
41 Vgl BGH FamRZ 2007, 453 (455); 1990, 283 (285).
42 Vgl OLG Hamm FamRZ 1990, 520 (521); Palandt/Brudermüller § 1613 Rn. 6.
43 BGH FamRZ 1983, 352.
44 OLG Saarbrücken MDR 2010, 815.
45 Vgl BGH FamRZ 1989, 150 (152).
46 Palandt/Grüneberg § 286 Rn. 22.
47 OLG Köln FamRZ 2000, 433; Wendl/Dose/Gerhardt § 6 Rn. 134.
48 OLG Zweibrücken FamRZ 1987, 1301.
49 OLG Braunschweig OLGReport 1999, 44 (45).

16 **bb) Wegen Erfüllungsverweigerung (§ 286 Abs. 2 Nr. 3).** Mit der Schuldrechtsreform wurde ein von der Rechtsprechung entwickelter Fall[50] für die Entbehr-
lichkeit einer Mahnung ins Gesetz übernommen. Die Erfüllungsverweigerung
muss **ernsthaft und endgültig** (§ 286 Abs. 2 Nr. 3) bzw eindeutig und endgültig
sein.[51] Sie führt von dem Zeitpunkt an, zu dem sie erklärt wird, zum **Verzugs-
eintritt.**[52] Die bloße Nichtleistung von Unterhalt oder das Schweigen auf ein Un-
terhaltsverlangen reichen nicht aus.[53] Die entsprechende Erfüllungsverweigerung kann aber unter Umständen in der unvermittelten Einstellung bisher regelmäßig erbrachter Zahlungen gesehen werden.[54] Ob im Auszug des für den Barbedarf zuständigen Unterhaltsschuldners und dem damit verbundenen Verlassen
der Familie schon eine ernsthafte und endgültige Erfüllungsverweigerung gefunden werden kann,[55] erscheint zweifelhaft. Sicher gilt dies nicht für den Barunterhaltsanspruch von Kindern, wenn der bisher haushaltsführende und betreuende
Elternteil unter Zurücklassung der Kinder auszieht.[56] Nicht ausreichend ist die
Verweigerung einer Unterhaltszahlung, solange der Unterhaltsberechtigte nicht
Auskunft über Einkünfte und Vermögen erteilt hat.[57]

17 **cc) Aus besonderen Gründen (§ 286 Abs. 2 Nr. 4).** Auch diese Vorschrift, nach
welcher der Verzug aus besonderen Gründen unter Abwägung der beiderseitigen
Interessen sofort eintritt, bezieht sich auf schon vorher in der Rechtsprechung
anerkannte Fälle und will die Fallgruppe nicht darüber hinaus ausdehnen.[58]
Hierunter fallen die sog. **Selbstmahnung** (→ Rn. 12) und ein die **Mahnung ver-
hinderndes Verhalten** des Schuldners, zB indem er sich der Mahnung durch häufigen Wohnsitzwechsel und teilweises Verschweigen seines Aufenthalts entzieht.[59]

III. Die Ausnahmeregelungen des Abs. 2

18 **1. Sonderbedarf.** Abs. 2 Nr. 1 enthält eine Ausnahmeregelung für Sonderbedarf.
Dieser kann auch ohne Verzug oder Rechtshängigkeit innerhalb eines Jahres
nach seiner Entstehung rückwirkend verlangt werden. Nach Ablauf des Jahres
gilt Abs. 1. Für den nachehelichen und für den nachpartnerschaftlichen Unterhalt (§ 1585 b Abs. 1, § 16 S. 2 LPartG) wird zur Definition des Sonderbedarfs
auf Abs. 2 verwiesen.

19 **a) Zum Begriff des Sonderbedarfs.** Nach der gesetzlichen Definition geht es um
einen unregelmäßigen außergewöhnlich hohen Bedarf. Dieser ist **vom** sog.
Mehrbedarf zu unterscheiden, der über den allgemeinen Lebensbedarf hinaus
für längere Zeit als zusätzlicher Bedarf entsteht. Zu den Voraussetzungen, nach
denen über das Vorliegen von Sonderbedarf zu entscheiden ist, hat der Bundesgerichtshof[60] in seinem Urteil vom 15.2.2006 in Zusammenfassung seiner bishe-

---

50　BGH FamRZ 1983, 352.
51　BGH FamRZ 1983, 352.
52　BGH FamRZ 1985, 155.
53　BGH FamRZ 1992, 920 (921).
54　BGH FamRZ 1983, 352.
55　So aber OLG Köln FamRZ 1999, 531.
56　OLG München FamRZ 1997, 313.
57　OLG Hamm FamRZ 2001, 1616 f.
58　BT-Drs. 14/6040, 146.
59　BT-Drs. 14/6040, 146 unter Hinweis auf OLG Köln NJW-RR 1999, 4 = FamRZ 1999,
　　531 (Ls.).
60　BGH FamRZ 2006, 612 ff.

rigen Rechtsprechung eingehend Stellung genommen. Danach ist Folgendes zu beachten:

Der unregelmäßige und außergewöhnlich hohe Bedarf muss **überraschend**[61] und **der Höhe nach unabschätzbar** auftreten. Unregelmäßig ist er nur dann, wenn er nicht mit Wahrscheinlichkeit vorauszusehen war und deswegen bei der Bemessung der laufenden Unterhaltsrente nicht berücksichtigt werden konnte. Waren die zusätzlichen Kosten **mit Wahrscheinlichkeit voraussehbar**, sind sie ggf. bei der laufenden Unterhaltsrente als Mehrbedarf zu berücksichtigen. Voraussehbarer Bedarf wird auch dann nicht zu dem nur ausnahmsweise geschuldeten Sonderbedarf, falls der Berechtigte zur Rücklagenbildung aus dem laufenden Unterhalt nicht imstande ist. Nicht außergewöhnlich hoher Zusatzbedarf scheidet schon deswegen als Sonderbedarf aus. Die Frage der **außergewöhnlichen Höhe** ist anhand der Umstände des Einzelfalls zu beurteilen, insbesondere im Hinblick auf die Höhe der laufenden Unterhaltsrente und die sonstigen Einkünfte des Berechtigten, auf den Lebenszuschnitt der Beteiligten sowie auf Anlass und Umfang der besonderen Aufwendungen. Letztlich kommt es darauf an, ob und inwieweit dem Berechtigten, wenn der Verpflichtete an sich leistungsfähig ist, bei einer Gesamtbetrachtung zugemutet werden kann, den Bedarf selbst zu bestreiten.

Der Pflichtige muss den unter engen Voraussetzungen geschuldeten[62] Sonderbedarf, der nach den allgemeinen Regeln des Unterhaltsrechts allein **bei Bedürftigkeit** des Berechtigten **zu erstatten** ist,[63] auch bei bestehender Leistungsfähigkeit nur übernehmen, falls die betreffenden **Kosten** aus der Sicht eines objektiven Betrachters **notwendig** erscheinen.[64]

b) Einzelfälle des Sonderbedarfs (ja oder nein). Ja: vom halbwüchsigen, im 20 Haushalt der Mutter lebenden Sohn verursachte, nicht voraussehbare hohe Telefonkosten;[65] hohe Zahnarztkosten,[66] zB kieferorthopädische Behandlungskosten;[67] der Höhe nach nicht abschätzbare, erstmals aufgrund gerichtlicher Festsetzung bekannt gewordene hohe Kosten des Berufsbetreuers;[68] Umzugskosten;[69] Rechtsanwaltskosten zur außergerichtlichen Vertretung eines Kindes;[70] überraschend entstandene Kosten zur Schlafzimmerausstattung wegen Staubmilbenallergie;[71] die Säuglingserstausstattung;[72] kosmetische Operationen.[73]

---

61 Norpoth FamFR 2013, 481 bezweifelt nicht zu Unrecht, dass die fehlende Vorhersehbarkeit ein taugliches Abgrenzungsmerkmal darstellt; er lehnt einen Sonderbedarf nur dann ab, wenn eine einmalige notwendige Ausgabe aus dem Tabellenbetrag befriedigt oder daraus angespart werden kann.
62 BGH FamRZ 2006, 612 (613).
63 BGH FamRZ 1982, 25.
64 OLG Naumburg FamRZ 2000, 444; OLG Schleswig FamRZ 2006, 888.
65 AG Nordenham FamRZ 2003, 629.
66 OLG Karlsruhe FamRZ 2000, 1166; KG FamRZ 1993, 561.
67 OLG Celle FamRZ 2008, 1884 f.
68 OLG Nürnberg FamRZ 1998, 1684.
69 OLG München FamRZ 1996, 1411.
70 AG Donaueschingen FamRZ 1993, 997.
71 OLG Karlsruhe FamRZ 1992, 850.
72 BVerfG FamRZ 1999, 1342; OLG Koblenz FamRZ 2009, 2098 f.
73 BGH FamRZ 2012, 514 (Fett absaugen); OLG Karlsruhe FamRZ 2010, 655 (656).

Nein: Kosten des für längere Zeit erforderlichen Nachhilfeunterrichts;[74] Kosten der Konfirmation;[75] Kosten des Hortbesuchs eines Kindes (Mehrbedarf);[76] Anschaffung eines im Rahmen der Berufsausbildung erforderlichen teuren Musikinstruments;[77] Kosten des Auslandsstudiums;[78] Kosten für einen Urlaub;[79] Prozesskosten eines vom unterhaltsberechtigten Kind verlorenen Prozesses;[80] erforderliche Privatbehandlungskosten eines Kassenpatienten;[81] Kosten der Klassenfahrt;[82] Aufwand für einen Schüleraustausch mit Auslandsaufenthalt, wenn er zum regelmäßigen Schulprogramm gehört.[83]

21   **2. Verhinderung der Geltendmachung.** Abs. 2 Nr. 2 enthält zwei Fälle, in denen der Unterhaltsanspruch für die Vergangenheit geltend gemacht werden kann. Einmal in Buchst. a den Fall rechtlicher Verhinderung, zum anderen in Buchst. b den Fall tatsächlicher Verhinderung, für den eine zusätzliche Voraussetzung vorliegen muss.

22   **a) Rechtliche Verhinderung (Abs. 2 Nr. 2 Buchst. a).** Es geht um den Fall, der im früheren § 1615 d eingeschränkter geregelt war. Es soll das nichteheliche Kind begünstigt werden, das wegen §§ 1594 Abs. 1, 1600 d Abs. 4 die Rechtswirkungen der Vaterschaft und damit auch den Unterhaltsanspruch gegen den Vater erst **nach Anerkennung oder** gerichtlicher **Feststellung der Vaterschaft** geltend machen kann. Durch Verweisung in § 1615 l Abs. 3 S. 4 gilt die Regelung auch für den ebenfalls das Feststehen der Vaterschaft erfordernden Anspruch der nichtehelichen Mutter aus Anlass der Geburt. Dass die fehlende Vaterschaftsfeststellung eingeschränkte Ansprüche des Kindes und der Mutter auf Unterhalt im Wege der einstweiligen Anordnung (§ 247 FamFG) nicht hindert, steht der Anwendung von Abs. 2 Nr. 2 Buchst. a) nicht entgegen, auch wenn kein Unterhalt im Wege der einstweiligen Anordnung verlangt wurde. Ein Unterhaltsberechtigter kann nicht gezwungen werden, Unterhaltsansprüche zunächst in einem kursorischen Verfahren zu verfolgen, um sich die Möglichkeit der Geltendmachung im ordentlichen Verfahren zu erhalten.

23   Die Ausnahmeregelung des Abs. 2 Nr. 2 Buchst. a kommt dem nichtehelichen Kind auch dann zugute, wenn es im Wege der **Ersatzhaftung (§ 1607 Abs. 1 oder 2)** Verwandte des festgestellten Vaters für Rückstände in Anspruch nehmen will, allerdings, weil dies erst aufgrund der Neufassung der Regelung des früheren § 1615 d aF in Abs. 2 Nr. 2 Buchst. a durch das Kindesunterhaltsgesetz vom 6.4.1998 möglich ist, nicht für die Zeit vor Inkrafttreten dieser Änderung am 1.7.1998.[84] Darüber hinaus gilt die Regelung für den kraft Gesetzes übergegangenen Unterhaltsanspruch des Kindes, das den Unterhalt von seinem wirklichen Vater aus rechtlichen Gründen (noch) nicht beanspruchen konnte, weswegen

---

74   OLG Düsseldorf FamRZ 2006, 223; OLG Zweibrücken FamRZ 1994, 770; OLG Hamm FamRZ 2007, 77 (78).
75   BGH FamRZ 2006, 612 (614).
76   AG München FamRZ 2001, 443.
77   OLG Frankfurt/M. FamRZ 1995, 631.
78   OLG Hamm FamRZ 1994, 1281.
79   OLG Frankfurt/M. FamRZ 1990, 436.
80   BGH FamRZ 1985, 902 f; AG Sinzig FamRZ 1990, 1268; OLG Brandenburg FamRZ 2011, 54.
81   OLG Saarbrücken FamRZ 1989, 1224.
82   OLG Hamm FamRZ 2007, 77 (78).
83   OLG Hamm NJW 2011, 1087.
84   BGH FamRZ 2004, 800 f.

andere pflichtige oder nichtpflichtige Verwandte oder der Scheinvater einge-
sprungen sind (§ 1607 Abs. 2, 3; → § 1607 Rn. 12 f.). Ebenso ist es, wenn nach
§ 1607 Abs. 2 S. 1 anstelle des noch nicht rechtlich festgestellten Vaters ein
nachrangig haftender Verwandter der Mutter des nichtehelichen Kindes für deren Unterhalt aufkommt, so dass der Anspruch nach § 1607 Abs. 2 S. 2 auf ihn
übergeht.

b) Tatsächliche Verhinderung (Abs. 2 Nr. 2 Buchst. b). Abs. 2 Nr. 2 Buchst. b 24
wurde durch das Kindesunterhaltsgesetz vom 6.4.1998 eingeführt. Gemeint sind
zB Fälle eines **Auslandsaufenthalts**, die eine Geltendmachung von Unterhalt entweder überhaupt nicht oder nur mit zeitlicher Verzögerung erlauben.[85] Immer
muss die tatsächliche Verhinderung dem Verantwortungsbereich des Unterhaltspflichtigen zuzurechnen sein. So liegt es auch, wenn sich der Pflichtige im Inland
mit **unbekanntem Aufenthalt** absetzt. Ist sein Aufenthalt bekannt, wird die Geltendmachung von Unterhalt regelmäßig möglich sein.[86] Dies dürfte prinzipiell
auch bei einem Auslandsaufenthalt gelten.

3. Billigkeitsklausel für die Fälle des Abs. 2 Nr. 2. Für die Fälle des Abs. 2 Nr. 2, 25
welche die Geltendmachung von Unterhalt für die Vergangenheit unter erleichterten Voraussetzungen ermöglichen, hat der Gesetzgeber mit dem Kindschaftsreformgesetz vom 6.4.1998 auch ein erweitertes Korrektiv[87] zugunsten des Unterhaltspflichtigen eingeführt. Soweit die Erfüllung des Anspruchs auf rückständigen Unterhalt eine unbillige Härte darstellen würde, kann die Erfüllung überhaupt nicht, nur teilweise oder nur zu einem späteren Zeitpunkt verlangt werden. Im Rahmen der Billigkeitsentscheidung sind der **Zeitfaktor** und die **Bedürfnisse** sowie die **wirtschaftlichen Verhältnisse der Beteiligten** zu würdigen.[88] Stets
ist vor Erlass zu prüfen, ob Stundung ggf. mit Ratenbewilligung oder Herabsetzung genügen.[89] Von Bedeutung kann sein, dass der Unterhaltspflichtige nicht
mit seiner Inanspruchnahme rechnen musste, zB weil auch die Kindesmutter
von der Vaterschaft eines anderen Mannes ausging.[90] Die unbillige Härte fehlt,
wenn der leibliche Vater damit einverstanden war, dass das Kind dem Scheinvater unterschoben wird.[91] Bei Konfrontierung mit dem Unterhaltsanspruch lange
Zeit nach der Geburt des Kindes und bei hohen Kosten des in Unkenntnis des
Anspruchs angeschafften Eigenheims können ein ins Gewicht fallender Teilerlass
und ein Zinserlass geboten sein.[92]

IV. Verwirkung

Auch wenn § 1613 die Geltendmachung von Unterhalt für die Vergangenheit er- 26
laubt oder wenn der jeweils monatlich entstehende Unterhaltsanspruch als künftiger Unterhalt bereits tituliert ist (vgl. § 113 Abs. 1 S. 1 FamFG, § 258 ZPO),
kann die Geltendmachung rückständigen Unterhalts nach den Grundsätzen von
Treu und Glauben (§ 242) nach dem von der Rechtsprechung geschaffenen **Tatbestand der Verwirkung** ausgeschlossen sein. Sie kommt in Betracht, wenn der

---

85 BT-Drs. 13/7338, 31 – RegE zum KindUG.
86 BT-Drs. 13/7338, 31.
87 BT-Drs. 13/7338, 32.
88 BT-Drs. 13/7338, 32.
89 Palandt/Brudermüller § 1613 Rn. 15.
90 OLG Oldenburg FamRZ 2006, 1561.
91 OLG Karlsruhe FamRZ 2000, 1435.
92 OLG Schleswig FamRZ 2007, 2102 (2103 f.).

Berechtigte sein Recht, obwohl er dazu in der Lage wäre, längere Zeit nicht verfolgt hat (**Zeitmoment**) und der Pflichtige mit Rücksicht auf das Verhalten des Berechtigten sich darauf einrichten durfte und eingerichtet hat, dass das Recht in Zukunft nicht mehr geltend gemacht werde (**Umstandsmoment**).[93] Die beiden Tatbestandsmerkmale der Verwirkung stehen nicht isoliert nebeneinander, sondern zwischen ihnen besteht eine **Wechselwirkung**.[94] Wegen der Natur des Unterhaltsanspruchs, der einen gegenwärtigen Bedarf decken soll, spielt das Zeitmoment, das nach verhältnismäßig kurzer Frist erfüllt sein kann (→ Rn. 27), beim Unterhalt allerdings eine besondere Rolle.

Da Unterhaltsansprüche, seien sie tituliert oder nicht, in drei Jahren verjähren (§§ 195, 197 Abs. 2) sind dem Anwendungsbereich des Verwirkungstatbestands enge Grenzen gesetzt.[95] Keine Rolle spielt, ob die Unterhaltsansprüche, zB aufgrund gesetzlichen **Forderungsübergangs**, auf einen anderen Gläubiger übergangen sind, da sich ihre Natur und ihr Inhalt dadurch nicht ändern.[96]

27 **1. Zeitmoment.** Bei Unterhaltsansprüchen sind an das Zeitmoment keine strengen Anforderungen zu stellen, da Unterhalt für die Vergangenheit ohnehin nach §§ 1613 Abs. 1, 1585 b Abs. 2 nur ausnahmsweise gefordert werden kann. Von einem Unterhaltsgläubiger, der auf laufende Unterhaltsleistung angewiesen ist, muss erwartet werden, dass er sich zeitnah um die Durchsetzung seines Anspruchs bemüht, auch um die Rückstände nicht zu einer erdrückenden Schuldenlast anwachsen zu lassen. Die veränderbaren Einkommensverhältnisse der Unterhaltsparteien sind nach längerer Zeit ebenfalls nur schwer aufklärbar. Das Zeitmoment der Verwirkung kann daher beim Unterhalt erfüllt sein, wenn der Rückstand **Zeitabschnitte** betrifft, **die ein Jahr oder länger zurückliegen**, zB nach Zugang einer Mahnung.[97] Die Jahresfrist hat für den Schuldnerschutz bei Unterhaltsansprüchen besondere Bedeutung, wie die §§ 1585 b Abs. 3, 1613 Abs. 2 Nr. 1 zeigen.[98] Das Verstreichenlassen einer Frist von etwas mehr als einem Jahr genügt auch bei titulierten Unterhaltsansprüchen, für welche dieselben Erwägungen gelten wie für die anderen Unterhaltsansprüche.[99] Bei rechtshängigen Ansprüchen liegt es genauso.[100] Da Unterhalt nicht verwirkt sein kann, bevor er überhaupt fällig geworden ist, ist die Überschreitung der Jahresfrist für jede Unterhaltsfälligkeit gesondert zu prüfen.[101] Die Auffassung, nach Eintritt der Verwirkung erfasse diese automatisch auch neu entstehende Unterhaltsansprüche, bis sie durch neue Mahnung oder Klageerhebung für die darauffolgende Zeit entfalle,[102] trifft nicht zu.

28 **2. Umstandsmoment.** Das Umstandsmoment wird durch ein **Verhalten des Berechtigten** erfüllt, das den Verpflichteten aufgrund des ihm vermittelten Eindrucks nach Treu und Glauben dazu bringt, sich darauf einzurichten, keinen Unterhalt mehr bezahlen zu müssen. Liegen keine außergewöhnlichen Einkommens- oder Vermögensverhältnisse vor, ist dabei beim Pflichtigen erfah-

---

93   BGH FamRZ 2010, 1888 (1889) Rn. 23; 2007, 453 (455); 1988, 370 (373).
94   OLG München FamRZ 2005, 1120 (1122) mwN.
95   BGH FamRZ 2007, 453 (455).
96   BGH FamRZ 2002, 1698 (1699).
97   Vgl BGH FamRZ 2010, 1888 (1890); 2002, 1698 (1699); 1988, 478 (480).
98   BGH FamRZ 2007, 453 (455); 1988, 370 (372 f.).
99   BGH FamRZ 2004, 531 (532); 1999, 1422.
100   OLG Schleswig FamRZ 2000, 889 (890).
101   Vgl BGH FamRZ 2007, 453 (456); 2002, 1698 (1699).
102   So aber OLG Düsseldorf FamRZ 1999, 239 (240).

rungsgemäß davon auszugehen, dass er seine Lebensführung an die ihm zur Verfügung stehenden Mittel anpassen wird, so dass es ihm – anders als bei sehr hohem Einkommen[103] oder bei monatlicher Vermögensbildung in entsprechender Höhe[104] – für unerwartete **Unterhaltsnachforderungen an Rücklagen fehlt.**[105] Es ist nicht erforderlich, dass der Unterhaltsschuldner bestimmte Vertrauensinvestitionen tätigt oder durch eine späte Inanspruchnahme besondere Nachteile erleidet.[106] Es reicht aus, wenn das Entstehen von Rückständen hingenommen wird, obwohl Vollstreckungsmaßnahmen erfolgversprechend wären bzw eine Titulierung im Hinblick auf Einkommensfingierungen auf Seiten des Schuldners hinreichend wahrscheinlich erscheint.[107] Es ist erforderlich, dass der Gläubiger dem Schuldner durch sein Verhalten deutlich zu erkennen gibt, dass er aufgelaufene Rückstände auch weiterhin geltend machen wird, wozu regelmäßige ernsthafte Monierungen ausreichen. Davon kann nicht ausgegangen werden, wenn ein Stufenprozess nach Erledigung der Auskunftsstufe trotz wiederholter gerichtlicher Erinnerung nicht weiterbetrieben wird und der Unterhaltsanspruch unabhängig von der Auskunft zwischen den Unterhaltsparteien strittig ist.[108] Dasselbe gilt, wenn ein Sozialhilfeträger, obwohl ihm Auskunft erteilt wurde, sich fast zwei Jahre nicht mehr rührt, für die Unterhaltsabschnitte, die ein Jahr vor dem erneuten Tätigwerden liegen. Hier muss zusätzlich berücksichtigt werden, dass eine öffentliche Behörde anders als eine Privatperson einer Pflicht zum Tätigwerden unterliegt.[109] Auch das Unterlassen der Vollstreckung von tituliertem Unterhalt kann beim Pflichtigen einen entsprechenden Eindruck erwecken,[110] es sei denn, die Vollstreckung unterbleibt für den Pflichtigen erkennbar wegen Aussichtslosigkeit.[111] Dies gilt ebenso in Fällen der einen längeren Zeitraum umfassenden widerspruchslosen Entgegennahme von Teilleistungen.[112]

3. Einzelfälle der Verwirkung. Ja: Nichtverfolgung des Unterhaltsanspruchs für 29 eine Zeit von mehr als einem Jahr nach Ablehnung eines entsprechenden PKH-Antrags;[113] Unterlassen der Bezifferung des Anspruchs für mehr als ein Jahr nach Auskunftserteilung oder Hinnahme einer mit einer Begründung versehenen Unterhaltskürzung ohne rechtzeitige Nachforderung;[114] mehr als 14-monatiges Ruhenlassen des rechtshängigen Klageverfahrens vor Bezifferung nach Erteilung verlangter Auskünfte;[115] wenn beim nichtehelichen Kind von der Mutter trotz Kenntnis von der möglichen Vaterschaft jahrelang kein Vaterschaftsfeststellungsverfahren eingeleitet und kein Unterhalt gefordert wurde;[116] beim nichtehelichen Kind, wenn Mutter und Kind mit dem Vater vor Anerkennung der Vaterschaft jahrelang in Lebensgemeinschaft zusammengelebt und gemeinsam ge-

---

103 BGH FamRZ 2004, 531 (532).
104 Vgl BGH FamRZ 2004, 795 (798).
105 BGH FamRZ 2007, 453 (455); 1988, 370 (373).
106 BGH FamRZ 1988, 370.
107 OLG Naumburg FamRZ 2014, 133.
108 So gelegen bei BGH FamRZ 2007, 453.
109 So gelegen bei BGH FamRZ 2002, 1698.
110 Vgl OLG Brandenburg FamRZ 2004, 972; OLG Jena FamRZ 2010, 1090 (Ls.).
111 Vgl AG Ludwigslust FamRZ 2005, 1858.
112 OLG Karlsruhe FamRZ 2002, 1039.
113 OLG Hamm FamRZ 2004, 1968.
114 OLG Karlsruhe FamRZ 2002, 1039.
115 OLG Schleswig FamRZ 2000, 889.
116 OLG Frankfurt/M. OLGReport 2007, 320.

wirtschaftet haben;[117] Unterlassen von Vollstreckungsmaßnahmen für den Zeit-raum von einem Jahr vor dem nächsten Vollstreckungsversuch.[118] Umstandsmo-ment und Zeitmoment werden erfüllt, wenn man erhöhten Unterhalt verlangt hat, es aber längere Zeit (eineinhalb Jahre) untätig hinnimmt, dass der Pflichtige nur den niedrigeren titulierten Unterhalt weiter bezahlt.[119]

Nein: Wenn für den Unterhaltsantrag erst nach immer wieder wiederholten ver-geblichen Anträgen Verfahrenskostenhilfe bewilligt worden ist;[120] für Kindesun-terhalt des volljährigen Kindes, das alsbald nach Eintritt der Volljährigkeit Un-terhalt geltend macht;[121] für den Unterhalt des nichtehelichen Kindes, wenn die Kindesmutter, die das Feststellungsverfahren zunächst gegen einen anderen Mann betrieb, nicht zu erkennen gegeben hatte, dass sie die Vaterschaft des Pflichtigen, dem seine mögliche Vaterschaft bekannt war, ausschließe;[122] für Rückstände auf den Unterhalt minderjähriger Kinder bei Unterhaltszahlung un-ter dem Existenzminimum, auch wenn der Mehrbetrag nicht alsbald nach ord-nungsgemäßer Mahnung eingeklagt wird;[123] bei unredlichem Verhalten des Un-terhaltspflichtigen, der weniger Kindesunterhalt als gefordert zahlt, weil angeb-lich allein von ihm getragene Raten aus einer gesamtschuldnerischen Verbind-lichkeit berücksichtigt sind, aber nachträglich Gesamtschuldnerausgleich ver-langt;[124] wenn der Pflichtige über 3 Jahre hinweg die Berechtigten mit der wie-derholten Drohung des Kontaktabbruchs von der Geltendmachung des vollen Unterhalts abgehalten hat;[125] bei Abwarten des Ausgangs einer vom Kindesva-ter eingereichten erfolglosen Vaterschaftsanfechtungsklage.[126]

V. Darlegungs- und Beweislast

30 Da § 1613 als **Ausnahmevorschrift** konzipiert ist, trägt der Berechtigte die Darlegungs- und Beweislast für die Umstände, die es ihm erlauben, Unterhalt für die Vergangenheit geltend zu machen. Umgekehrt müssen im Falle des Abs. 2 Nr. 2 die gegen die Erfüllung gerichteten Billigkeitsgründe des Abs. 3 vom Unterhaltspflichtigen eingewendet werden.[127]

Beim Ausnahmetatbestand der **Verwirkung** liegt die Darlegungs- und Beweislast für die Erfüllung des Zeit- und Umstandsmoments der Verwirkung und für den wegen Erfüllung der Tatbestandsmerkmale verwirkten Unterhaltszeitraum beim Pflichtigen.

§ 1614 BGB Verzicht auf den Unterhaltsanspruch; Vorausleistung

(1) Für die Zukunft kann auf den Unterhalt nicht verzichtet werden.

(2) Durch eine Vorausleistung wird der Verpflichtete bei erneuter Bedürftigkeit des Berechtigten nur für den im § 760 Abs. 2 bestimmten Zeitabschnitt oder,

---

117 OLG Jena NJW-RR 2002, 1154 (1155).
118 OLG München FamRZ 2002, 1039 (Ls.).
119 OLG Brandenburg 16.12.2008 – 10 UF 54/08, Rn. 36, 37.
120 OLG Köln FamRZ 2006, 644.
121 OLG Jena FamRZ 2006, 1299.
122 OLG Brandenburg FamRZ 2000, 1044.
123 OLG Köln FamRZ 2000, 1434.
124 OLG Frankfurt/M. OLGReport 2003, 31.
125 OLG Stuttgart 17.3.2016 – 11 UF 252/15 Rn. 31, FamRZ 2016, 1777 (Ls.).
126 OLG Koblenz OLGReport 1997, 172.
127 BT-Drs. 13/7338, 32.

wenn er selbst den Zeitabschnitt zu bestimmen hatte, für einen den Umständen nach angemessenen Zeitabschnitt befreit.

I. Allgemeines

Abs. 1 verbietet in Form eines gesetzlichen Verbots den Verzicht auf künftig ent- 1
stehende Unterhaltsansprüche durch Erlassvertrag (§ 397). Bei Verstoß gegen das Gebot ist der den Verzicht enthaltende Vertrag nach Maßgabe der §§ 134, 139 nichtig. Die Vorschrift ist aufgrund der elementaren Bedeutung des Unterhaltsanspruchs für die Deckung künftigen Bedarfs zwingendes Recht.[1] Aus demselben Grund ordnet Abs. 2 an, dass vorausgeleisteter Unterhalt den Pflichtigen bei erneuter Bedürftigkeit des Berechtigten nur für drei Monate (§ 760 Abs. 2) von seiner Verpflichtung befreit.

Aufgrund Verweisung **gilt die Vorschrift entsprechend** für den ehelichen Familien- und Trennungsunterhalt (§§ 1360 a Abs. 3, 1361 Abs. 4 S. 4), für den Lebenspartnerschaftsunterhalt und den Trennungsunterhalt unter Lebenspartnern (§§ 5 S. 2, 12 S. 2 LPartG) sowie für den Unterhalt aus Anlass der Geburt (§ 1615 l Abs. 3 S. 1). Für den **nachehelichen** oder nachpartnerschaftlichen **Unterhalt** (§ 16 S. 2 LPartG) findet sich die Regelung dagegen in § 1585 c, der grundsätzlich Unterhaltsvereinbarungen jeglicher Art, und damit auch Verzichtsvereinbarungen zulässt.

II. Einzelheiten zum Verzichtsverbot

Während auf Rückstände bereits entstandenen fälligen Unterhalts verzichtet 2
werden darf, erlaubt das Verzichtsverbot **keinen auch nur teilweisen Verzicht** auf künftigen Unterhalt. Dabei bleibt außer Betracht, in welcher Art von Vertrag – zB in einem Prozessvergleich – sich der als Verzicht vereinbarte Unterhaltserlass befindet und ob den Vertragschließenden der Verzichtscharakter bewusst war. Es kommt nur darauf an, ob die Vereinbarung auf einen Verzicht hinausläuft und ob der gesetzlich zustehende Unterhalt objektiv verkürzt wird.[2] Unwirksam ist zB ein pactum de non petendo, also eine Verpflichtung des Unterhaltsberechtigten, künftig einen Unterhaltsanspruch nicht geltend zu machen.[3] Dies liegt schon dann vor, wenn vereinbart wird, künftige Unterhaltserhöhungen an gegenüber § 239 FamFG erschwerte Voraussetzungen zu knüpfen.[4] Ein entsprechender Verzicht kann nicht durch die Erlangung ansonsten nicht einforderbarer Vorteile kompensiert werden.[5] Auch ein Vollstreckungsverzicht ist für die Zukunft unwirksam, sobald der Unterhaltsberechtigte wieder bedürftig wird.[6]

Andererseits besteht für Vereinbarungen über Unterhalt für die Zukunft ein ge- 3
wisser **Angemessenheitsrahmen**, den die Unterhaltsparteien nach unten ausschöpfen können,[7] indem sie den Unterhaltsanspruch nach individuellen Verhältnissen konkretisieren.[8] Hierbei sind jedoch Grenzen zu beachten. Eine Ver-

---

1 Vgl zum Ergebnis Palandt/Brudermüller § 1614 Rn. 3.
2 BGH FamRZ 1984, 997 (999).
3 BGH FamRZ 2014, 629.
4 BGH FamRZ 1984, 997 (999) zu 323 ZPO; OLG Hamm FamRZ 2010, 2080.
5 BGH FamRZ 2015, 2131.
6 OLG Zweibrücken FamRZ 2009, 142; aA OLG Frankfurt/M. FamRZ 2009, 357 f., da die materielle Rechtslage unverändert bleibe u. Unterhalt neu eingeklagt werden könne.
7 BGH FamRZ 1984, 997 (999).
8 OLG Brandenburg FamRZ 2004, 558.

einbarung, die den Kindesunterhalt um mehr als **1/3 unter dem Tabellenunterhalt** festsetzt, wird regelmäßig als mit Abs. 1 unvereinbar anzusehen sein, eine 20 % nicht überschreitende Kürzung regelmäßig nicht.[9] Ähnliches gilt für den ehelichen Trennungsunterhalt, wenn dieser mehr als 20 % hinter dem üblichen Quotenunterhalt zurückbleibt. Eine Verkürzung um mehr als 1/3 ist nicht mehr hinnehmbar. Grundsätzlich ist die Entscheidung aufgrund der **konkreten Umstände des Einzelfalls** zu treffen, insbesondere wenn eine Kürzungsquote zwischen 20 % und 1/3 in Erwägung gezogen wird.[10]

4 **Keinen verbotenen Verzicht** stellt die Vereinbarung dar, mit der für einen Zeitraum, in welchem die Leistungsfähigkeit des Pflichtigen fehlt, zur Vermeidung eines Abänderungsverfahrens auf die Rechte aus einem Unterhaltsurteil verzichtet wird.[11] Dasselbe trifft für eine allein zwischen Eltern gültige **Freistellungsvereinbarung** zu, nach der ein Elternteil den anderen von Kindesunterhaltsansprüchen freistellt, weil die Ansprüche der Kinder gegen den pflichtigen Elternteil davon unberührt bleiben.[12] Dass eine solche Vereinbarung im Einzelfall wegen Sittenwidrigkeit nichtig sein kann, weil die Freistellung in anstößiger Weise mit Sorgerechts- oder Umgangsfragen verknüpft wurde,[13] ist eine andere Frage.

III. Vorausleistungsrisiko

5 Aufgrund der Regelung des Abs. 2 muss der Unterhaltsberechtigte abweichend von § 271 Abs. 2 Unterhaltsvorauszahlungen nur für **drei Monate** entgegennehmen, umgekehrt handelt der Unterhaltspflichtige auf eigene Gefahr, wenn er Vorauszahlungen auf den Unterhalt für mehr als drei Monate leistet.[14] Benötigt der Berechtigte nach Ablauf von drei Monaten erneut Mittel wegen eingetretener Bedürftigkeit, weil er die Vorauszahlung falsch eingeteilt oder verschwendet hat oder weil ihm das Geld abhanden gekommen ist, muss der Unterhaltspflichtige **erneut leisten**.[15] Auch eine anders lautende Vereinbarung der Unterhaltsparteien würde daran nichts ändern, weil sie im Zusammenhang mit der Regelung des Abs. 2 im Ergebnis auf einen Unterhaltsverzicht hinausliefe.

Für den **nachehelichen Unterhalt**, für welchen auch Abs. 2 nicht gilt, hat der Bundesgerichtshof entschieden, dass aus dem Unterhaltszweck, nämlich der Sicherung des laufenden Lebensbedarfs durch monatliche Zahlungen, ohne anderslautende Vereinbarung vom Unterhaltsberechtigten Vorauszahlungen nur für einen Zeitraum von sechs Monaten entgegengenommen werden müssen.[16] Nimmt der geschiedene Ehegatte freiwillig darüber hinausgehende Unterhaltsleistungen entgegen, wird der Pflichtige allerdings endgültig befreit, weil Abs. 2 nicht anwendbar ist.

IV. Verfahren

6 Die Nichtigkeitsfolge des unzulässigen Verzichts ist **von Amts wegen** zu beachten. Die Beweislast für die tatsächlichen Voraussetzungen des Verstoßes gegen

---

9 BGH FamRZ 2015, 2131.
10 BGH FamRZ 2015, 2131.
11 OLG Karlsruhe FamRZ 2002, 845 (Ls.).
12 BGH FamRZ 1987, 934 (935); OLG Stuttgart FamRZ 1992, 716.
13 Vgl BGH FamRZ 1986, 444 (445 f.).
14 BGH FamRZ 1993, 1186 (1187 f.).
15 BGH FamRZ 1993, 1186 (1187 f.).
16 BGH FamRZ 1993, 1186 (1187 f.).

das Verzichtsverbot trägt die Unterhaltspartei, die sich auf die Nichtigkeit beruft.[17]

§ 1615 BGB Erlöschen des Unterhaltsanspruchs

(1) Der Unterhaltsanspruch erlischt mit dem Tode des Berechtigten oder des Verpflichteten, soweit er nicht auf Erfüllung oder Schadensersatz wegen Nichterfüllung für die Vergangenheit oder auf solche im Voraus zu bewirkende Leistungen gerichtet ist, die zur Zeit des Todes des Berechtigten oder des Verpflichteten fällig sind.

(2) Im Falle des Todes des Berechtigten hat der Verpflichtete die Kosten der Beerdigung zu tragen, soweit ihre Bezahlung nicht von dem Erben zu erlangen ist.

I. Allgemeines

Mit dem Erlöschen des Verwandtschaftsverhältnisses durch den **Tod einer von** 1 **beiden Unterhaltsparteien** erlischt der Unterhaltsanspruch. Er setzt sich bei Tod des Pflichtigen also nicht gegen seine Erben fort.
Die Vorschrift gilt auch für den ehelichen Familien- und Trennungsunterhalt (§§ 1360 a Abs. 3, 1361 Abs. 4 S. 4), für den Lebenspartnerschaftsunterhalt und den Trennungsunterhalt unter Lebenspartnern (§§ 5 S. 2, 12 S. 2 LPartG). Eine **abweichende Regelung** gibt es beim Unterhalt aus Anlass der Geburt nicht für das Versterben der oder des Berechtigten (§ 1615 l Abs. 3 S. 1), wohl aber – mit Aufrechterhalten des Anspruchs – für den Fall des Versterbens des oder der Unterhaltspflichtigen (§ 1615 l Abs. 3 S. 4 und Abs. 4 S. 2). Beim nachehelichen bzw nachpartnerschaftlichen Unterhalt ist das Erlöschen des Anspruchs bei Tod des Berechtigten in § 1586 ähnlich geregelt wie in Abs. 1. Beim Tod des Pflichtigen erlischt der Anspruch dagegen nicht (§ 1586 b, § 16 S. 2 LPartG).

II. Einzelheiten zum Erlöschen des Anspruchs

Mit dem Tod einer Unterhaltspartei erlischt der Anspruch auf **laufenden Unter-** 2 **halt** aus dem konkreten Unterhaltsverhältnis. Aufrechterhalten nach Abs. 1 bleiben bestehende Ansprüche auf **Rückstände** und der Anspruch auf die zum Zeitpunkt des Todes bereits **fällige Unterhaltsrate**. § 1612 Abs. 3 S. 2 bestimmt dementsprechend, dass der volle Monatsbetrag geschuldet ist, wenn der Berechtigte im Laufe des Unterhaltsmonats stirbt. Stirbt der Pflichtige, richten sich die aufrechterhaltenen Unterhaltsverbindlichkeiten gegen seine Erben (§ 1967). Stirbt der Berechtigte, fallen die entsprechenden Unterhaltsforderungen in seinen Nachlass (§ 1922).
Eine Besonderheit gibt es beim **Unterhaltsanspruch des überlebenden Ehegatten** 3 einer Ehe. War zwischen den Eheleuten aufgrund eines materiell begründeten Antrags das Scheidungs- oder Aufhebungsverfahren rechtshängig und verliert der überlebende Ehegatte nach Maßgabe des § 1933 sein Erbrecht, bleibt er wie ein geschiedener Ehegatte entsprechend §§ 1569 bis 1586 b gegenüber den Erben des verstorbenen Ehegatten unterhaltsberechtigt (§ 1933 S. 3). Eine entsprechende Regelung enthält § 10 Abs. 3 LPartG für den Unterhaltsanspruch des überlebenden Partners einer Lebenspartnerschaft.

---

17 Palandt/Ellenberger § 134 Rn. 12 a.

III. Beerdigungskosten

4 **Abs. 2** betrifft nur die Beerdigungskosten für den Unterhaltsberechtigten. Für diese Kosten haften vorrangig dessen Erben (§ 1968). Falls die Kosten von den Erben nicht zu erlangen sind, muss der Unterhaltspflichtige eintreten. Inhaber des Anspruchs sind entweder die zur Totenfürsorge Berechtigten, in der Regel die nächsten Angehörigen, oder der nach öffentlichem Recht Bestattungspflichtige.[1] Für den Umfang des Anspruchs kommt es entsprechend § 1610 auf die Lebensstellung des verstorbenen Berechtigten an. Es ist allerdings zweifelhaft, ob es sich um einen Unterhaltsanspruch handelt, der von unterhaltsrechtlicher Leistungsfähigkeit bzw. Bedürftigkeit abhängt. Für die ähnliche Vorschrift des § 1615 m wird dies nicht angenommen (→ § 1615 Rn. 1). Für die Geltendmachung des Anspruchs sind aber die **Familiengerichte zuständig**, wie aus der entsprechenden Zuständigkeit für den Anspruch aus § 1615 m geschlossen werden muss (§ 231 Abs. 1 Nr. 3 FamFG). Im Übrigen wird der Anspruch als sonstige Familiensache unter die Ansprüche aus dem Eltern-Kind-Verhältnis (§ 266 Abs. 1 Nr. 4 FamFG) eingeordnet.[2]

Untertitel 2 Besondere Vorschriften für das Kind und seine nicht miteinander verheirateten Eltern

§ 1615 a BGB Anwendbare Vorschriften

Besteht für ein Kind keine Vaterschaft nach § 1592 Nr. 1, § 1593 und haben die Eltern das Kind auch nicht während ihrer Ehe gezeugt oder nach seiner Geburt die Ehe miteinander geschlossen, gelten die allgemeinen Vorschriften, soweit sich nichts anderes aus den folgenden Vorschriften ergibt.

§§ 1615 b bis 1615 k BGB (weggefallen)

§ 1615 l BGB Unterhaltsanspruch von Mutter und Vater aus Anlass der Geburt

(1) [1]Der Vater hat der Mutter für die Dauer von sechs Wochen vor und acht Wochen nach der Geburt des Kindes Unterhalt zu gewähren. [2]Dies gilt auch hinsichtlich der Kosten, die infolge der Schwangerschaft oder der Entbindung außerhalb dieses Zeitraums entstehen.

(2) [1]Soweit die Mutter einer Erwerbstätigkeit nicht nachgeht, weil sie infolge der Schwangerschaft oder einer durch die Schwangerschaft oder die Entbindung verursachten Krankheit dazu außerstande ist, ist der Vater verpflichtet, ihr über die in Absatz 1 Satz 1 bezeichnete Zeit hinaus Unterhalt zu gewähren. [2]Das Gleiche gilt, soweit von der Mutter wegen der Pflege oder Erziehung des Kindes eine Erwerbstätigkeit nicht erwartet werden kann. [3]Die Unterhaltspflicht beginnt frühestens vier Monate vor der Geburt und besteht für mindestens drei Jahre nach der Geburt. [4]Sie verlängert sich, solange und soweit dies der Billigkeit entspricht. [5]Dabei sind insbesondere die Belange des Kindes und die bestehenden Möglichkeiten der Kinderbetreuung zu berücksichtigen.

---

1 Staudinger/Engler § 1615 Rn. 10 (11).
2 Thomas/Putzo/Hüßtege FamFG § 266 Rn. 8.

Pauling/J. Maier

(3) [1]Die Vorschriften über die Unterhaltpflicht zwischen Verwandten sind entsprechend anzuwenden. [2]Die Verpflichtung des Vaters geht der Verpflichtung der Verwandten der Mutter vor. [3]§ 1613 Abs. 2 gilt entsprechend. [4]Der Anspruch erlischt nicht mit dem Tode des Vaters.

(4) [1]Wenn der Vater das Kind betreut, steht ihm der Anspruch nach Absatz 2 Satz 2 gegen die Mutter zu. [2]In diesem Falle gilt Absatz 3 entsprechend.

Literatur: *Borth*, Die Gleichstellung des Betreuungsunterhalts nach § 1615 l BGB mit § 1570 BGB – ein noch nicht erfülltes Verfassungsgebot?, FamRZ 2016, 269; *Coester-Waltjen*, Statusrechtliche Folgen der Stärkung der Rechte der nichtehelichen Väter, FamRZ 2013, 1693; *Grziwotz*, Rechtsprechung zur nichtehelichen Lebensgemeinschaft, FamRZ 2014, 257; *Hoffmann*, Der Betreuungsunterhalt nach § 1615 l BGB, FF 2015, 296; *Schilling*, Der Wegfall des Betreuungsunterhalts nach § 1586 Abs. 1 BGB bei Wiederheirat, FF 2015, 59; *Schürmann*, Die Entwicklung des materiellen Unterhaltsrechts nach der Rechtsprechung des Bundesgerichtshofs und der Oberlandesgerichte im Jahr 2014, FamRZ 2015, 1338; *Seiler*, Wechselmodell – unterhaltsrechtliche Fragen, FamRZ 2015, 1845; *Wellenhofer*, Gesetzlicher Unterhaltsanspruch für nichteheliche Lebensgemeinschaften?, FamRZ 2015, 973; *Wellenhofer*, Die Samenspende und ihre (späten) Rechtsfolgen, FamRZ 2013, 825.

I. Allgemeines

Die Vorschrift regelt die Unterhaltsansprüche der Mutter eines nichtehelichen 1 Kindes gegen dessen Vater. Ebenfalls hierher und nicht zum nachehelichen Unterhalt gehören die Ansprüche der geschiedenen Ehefrau, die ein **nichteheliches**

Kind vom geschiedenen Ehemann hat und betreut.[1] Es handelt sich der Sache nach um einen Anspruch auf **Betreuungsunterhalt.** Der Anspruch beschränkt sich nicht mehr nur auf Ansprüche der Kindsmutter, sondern gibt in Abs. 4 auch dem **nichtehelichen Vater** für den Fall der Kindesbetreuung durch ihn einen eigenen **Anspruch auf Betreuungsunterhalt** (Abs. 2 S. 2) gegen die Mutter.

Die Rechtsprechung des Bundesgerichtshofs hat die Unterhaltsansprüche des unterhaltsberechtigten Elternteils, insbesondere den Betreuungsunterhalt, zunehmend nach den Maßstäben des nachehelichen Betreuungsunterhalts (§ 1570) beurteilt, zumal nach der **Unterhaltsreform** ab 1.1.2008 die Ausdehnung der Unterhaltspflicht über die Mindestfrist von drei Jahren ab Geburt (§ 1615 l Abs. 2 S. 3) hinaus vorsieht, weil es nur noch darauf ankommt, ob dies – wie auch beim nachehelichen Betreuungsunterhalt (§ 1570 Abs. 1 S. 2 und 3) – insbesondere nach den Belangen des Kindes und den Möglichkeiten der Kindesbetreuung der Billigkeit entspricht. Für die Voraussetzungen der Ansprüche trägt der unterhaltsberechtigte Elternteil die **Darlegungs- und Beweislast.**[2]

Bei ausländischer Staatsangehörigkeit des Kindesvaters gilt bei gewöhnlichem Aufenthalt der berechtigten Mutter in Deutschland deutsches Recht (Art. 1 bis 3 Haager Unterhaltsprotokoll über das auf Unterhaltspflichten anzuwendende Recht vom 23.11.2007[3] [HUP 2007] bzw. im Verhältnis zu Vertragsstaaten, die das HUP 2007 nicht ratifiziert haben, Art. 1 und 4 des Haager Übereinkommens über das auf Unterhaltspflichten anzuwendende Recht vom 2.10.1973 [HUÜ 73]).[4] § 1615 l bleibt anwendbar, auch wenn das gemeinsame **ausländische Recht** keinen entsprechenden Unterhaltstatbestand kennt.[5]

II. Besonderheiten bei allen Ansprüchen

2 **1. Echte Unterhaltsansprüche.** Die in Abs. 1 und Abs. 2 gewährten Ansprüche sind echte Unterhaltsansprüche, die Bedürftigkeit des anspruchsberechtigten Elternteils und Leistungsfähigkeit des pflichtigen Elternteils voraussetzen.

3 **2. Vaterschaftsfeststellung.** Die Ansprüche können erst nach rechtswirksamer **Feststellung der Vaterschaft** durch gerichtliche Entscheidung oder Anerkennung (§§ 1594 Abs. 1, 1600 d Abs. 4 mit § 1592 Nr. 2 und 3) geltend gemacht werden.[6] Die gegenteilige Auffassung,[7] welche eine Inzidentfeststellung im Unterhaltsverfahren genügen lassen will, lässt sich schwerlich mit der Gesetzeslage vereinbaren, die – abgesehen von gesetzlich zugelassenen Ausnahmen – eine vorherige Geltendmachung ausdrücklich ausschließt. Solche **Ausnahmen** bestehen bei Fehl- oder Totgeburt (§ 1615 n) und für die begrenzte Möglichkeit auf Erlangung von Unterhalt durch einstweilige Anordnung (§ 247 FamFG).

4 **3. Auskunftsanspruch.** Durch die Verweisung auf den Verwandtenunterhalt (Abs. 3 S. 1) werden auch die Vorschriften über Auskunftsansprüche (§ 1605) in Bezug genommen.[8] Da der Bedarf des betreuenden Elternteils und damit das

---

1 BGH 17.12.1997 – XII ZR 38/96, FamRZ 1998, 426.
2 Palandt/Brudermüller § 1615 l Rn. 35.
3 ABl.2009 L 331/19.
4 BGH 1.11.2010 – XII ZR 37/09, FamRZ 2011, 97, Rn. 21 ff.
5 BGH 10.11.2010 – XII ZR 37/09, FamRZ 2011, 97, Rn. 24 f.
6 OLG Celle 17.11.2004 – 15 WF 273/04, FamRZ 2005, 747.
7 OLG Zweibrücken 5.8.1997 – 5 UF 126/96, FamRZ 1998, 554; Huber, Unterhaltsverpflichtung des nichtehelichen Vaters gegenüber Kind und Mutter, FPR 2005, 189 (190).
8 OLG Nürnberg 10.4.2003 – 9 UF 225/03, MDR 2003, 1055.

Maß des zu gewährenden Unterhalts sich nach dessen Lebensstellung, nicht aber nach der Lebensstellung oder den wirtschaftlichen Verhältnissen des Unterhaltspflichtigen richtet (→ Rn. 15), ist die Höhe des Anspruchs anders als beim Ehegattenunterhalt von dessen Einkommensverhältnissen grundsätzlich unabhängig. Der unterhaltsberechtigte Elternteil muss daher im Rahmen eines Auskunftsantragsverfahrens darlegen, inwieweit die Auskunft zur Feststellung seines Anspruchs erforderlich ist (vgl. § 1605 Abs. 1 S. 1). Dazu wird sie regelmäßig ihren konkreten Bedarf vortragen müssen, damit der Unterhaltspflichtige verpflichtet wird, zur Klärung seiner Leistungsfähigkeit Auskunft zu erteilen.[9]

4. Erlöschen bzw. Weitergeltung des Anspruchs bei Tod und Heirat. Lediglich 5 die Ansprüche des unterhaltsberechtigten Elternteils erlöschen bei dessen Tod aufgrund der Verweisung in Abs. 3 S. 1 gem. § 1615 Abs. 1. Unterhaltsberechtigter kann neben der Kindsmutter auch der betreuende Kindesvater sein (Abs. 4 S. 1), für dessen Unterhaltsanspruch dann § 1615 Abs. 1 über Abs. 3 S. 1 iVm Abs. 4 S. 2 gleichermaßen gilt. Bei **Tod der pflichtigen Unterhaltspartei** erlöschen die Unterhaltsansprüche nicht (Abs. 3 S. 4), sondern richten sich **gegen die Erben.** § 1615 n S. 1 stellt darüber hinaus für sämtliche Ansprüche klar, dass dies gilt, falls der Vater vor der Geburt des Kindes verstorben ist. Wegen weiterer Einzelheiten zur Weitergeltung der Ansprüche → Rn. 35 f.

Auf die Ansprüche aus Abs. 1 S. 1 und Abs. 2 wird **§ 1586 Abs. 1 entsprechend** angewendet, so dass die Ansprüche mit der **Heirat** der unterhaltsberechtigten Kindesmutter (des unterhaltsberechtigten Kindesvaters) untergehen. Dies ist nach Auffassung des Bundesgerichtshofs[10] schon von Verfassungs wegen geboten, obwohl eine entsprechende gesetzliche Regelung fehlt. Dagegen bewirkt es keinen Wegfall des Anspruchs der Mutter auf Betreuungsunterhalt gegen den nicht mit ihr verheirateten Vater ihres Kindes gem. § 1586 Abs. 1 analog, wenn sie die mit einem anderen Mann zum Zeitpunkt der Zeugung des Kindes bereits bestehende Ehe fortsetzt.[11]

5. Steuerliche Gestaltung und Splittingvorteil. Unterhaltszahlungen nach 6 § 1615 l kann der Pflichtige nur im Rahmen des § 33 a EStG als außergewöhnliche Belastung geltend machen. Die steuerliche Gestaltungsmöglichkeit der vereinbarten Durchführung des Realsplittings nach §§ 10 Abs. 1 Nr. 1, 22 Nr. 1 a EStG haben nichteheliche Elternteile nicht.[12] Soweit sich das Einkommen des Kindesvaters durch ein **Ehegattensplitting** erhöht, kommt dies dem unterhaltsberechtigten Elternteil nicht zugute. Das Einkommen ist in diesem Fall fiktiv nach Steuerklasse I zu berechnen.[13] Das von der unterhaltenen Person vereinnahmte Elterngeld mindert die als außergewöhnliche Belastung abzugsfähigen Unterhaltsleistungen gem. § 33 a Abs. 1 S. 5 EStG im vollen Umfang und nicht nur soweit es den – die zivilrechtliche Unterhaltsverpflichtung nicht kürzenden – monatlichen (Sockel-)Betrag von 300 EUR gem. § 1615 l BGB iVm § 11 S. 1 BEEG übersteigt. Dies folgt daraus, dass auch der Sockelbetrag gem. § 32 b Abs. 1 S. 1 Nr. 1 Buchst. j EStG dem Progressionsvorbehalt unterfällt und die Aufzählung der steuerfreien Gewinne und Einkünfte in § 33 a Abs. 1 S. 5 EStG

---

9 Vgl. OLG Frankfurt/M. 23.9.2004 – 6 UF 152/04, OLGReport 2005, 496.
10 BGH 17.11.2004 – XII ZR 183/02, FamRZ 2005, 347 (349).
11 KG Berlin 8.10.2014 – 3 UF 38/14.
12 FG Hessen 11.9.2014 – 12 K 2057/13; BFH 26.6.2014 – III R 14/05, FamRZ 2014, 1550 (1551).
13 OLG Koblenz 12.12.2003 – 13 WF 971/03, FamRZ 2004, 973.

beinhaltet, dass die Bezüge umfassend bei der Berechnung zu berücksichtigen sind.[14]

III. Die einzelnen Unterhaltsansprüche

7 In der Praxis spielen die Ansprüche auf „Mutterschaftsunterhalt" nach Abs. 1 S. 1 und auf Erstattung von Schwangerschafts- und Entbindungskosten nach Abs. 1 S. 2 eine geringe Rolle, weil die Bedürftigkeit der Mutter vielfach wegen Lohnfortzahlung, Mutterschaftsgeld und Krankenversicherungsleistungen nach §§ 179, 195 ff. RVO entfällt.

8 **1. Der Anspruch auf Mutterschaftsunterhalt (Abs. 1 S. 1).** Der Unterhaltsanspruch nach Abs. 1 S. 1 (Mutterschaftsunterhalt) während der Mutterschutzfrist für die Dauer von sechs Wochen vor und acht Wochen nach der Geburt erfordert nicht, dass die anspruchsbegründende Bedürftigkeit der Mutter durch die Schwangerschaft bzw. die Entbindung bedingt ist.[15] Der Anspruch besteht bereits dann, wenn die Mutter aus anderen Gründen, etwa wegen Krankheit, wegen Betreuung eines anderen Kindes oder mangels Beschäftigungsmöglichkeit auf dem Arbeitsmarkt, ihren Bedarf nicht durch Erwerbstätigkeit decken kann, wenn also ihre Bedürftigkeit nicht erst durch die Schwangerschaft, die Entbindung oder die Versorgung des Neugeborenen eingetreten ist.[16] Schon nach dem Wortlaut der Vorschrift ist keine entsprechende Kausalität vorgesehen, damit die Mutter in der kritischen Phase vor und nach der Entbindung auch im Interesse des Kindes von jeder Erwerbstätigkeit freigestellt und wirtschaftlich abgesichert wird.[17] Der Bedarf der Mutter wird während dieser Zeit allerdings meist durch Mutterschaftsgeld[18] oder Lohnfortzahlung ganz oder teilweise gedeckt sein.

Nach § 1610 Abs. 1 wird als **Bedarf** der nach der Lebensstellung der Mutter angemessene Unterhalt geschuldet. Zur Bedarfsbemessung → Rn. 15 ff.

9 **2. Schwangerschafts- oder Entbindungskosten (Abs. 1 S. 2).** Es geht um Ansprüche der Kindesmutter. Nicht hierher gehören die dem Kind selbst zustehenden Ansprüche, zB auf Tragung der ihm entstandenen Krankenhauskosten,[19] auf Bezahlung der Babyausstattung[20] usw. Der Anspruch der Mutter nach Abs. 1 S. 2 erfasst die eigentlichen **durch die Schwangerschaft oder die Entbindung verursachten Kosten,** nämlich den Aufwand für Ärzte, Hebammen, Klinikaufenthalt, Arzneimittel usw. Dazu gehören auch weitere Kosten, welche wegen der Schwangerschaft oder als Folge der Entbindung entstanden sind, zB Kosten für ärztliche Vor- oder Nachbehandlungen, Schwangerschaftsgymnastik und Umstandsbekleidung,[21] Kosten einer Haushaltshilfe bei Problemschwangerschaft. Zu ersetzen sind die tatsächlich angefallenen, notwendigen bzw. angemessenen Kosten. So bestimmt sich nach der Lebensstellung der Mutter (§ 1610 Abs. 1),

---

14 FG Sachsen 21.10.2015 – 2 K 1175/15.
15 BGH 21.1.1998 – XII ZR 85/96, FamRZ 1998, 541 (542).
16 BGH 21.1.1998 – XII ZR 85/96, FamRZ 1998, 541 (542).
17 BGH 21.1.1998 – XII ZR 85/96, FamRZ 1998, 541 (542).
18 Vgl. BGH 15.12.2004 – XII ZR 121/03, FamRZ 2005, 442 (445).
19 LG Aachen 17.8.1986 – 3 S 238/85, FamRZ 1986, 1040.
20 OLG Koblenz 12.5.2009 – 11 UF 24/09, FamRZ 2009, 2098 f.; LG Amberg 20.1.1997 – 12 T 1499/96, FamRZ 1997, 964; LG Düsseldorf 26.6.1998 – 22 S 548/97, FamRZ 1999, 186.
21 Palandt/Brudermüller § 1615 l Rn. 6.

welche Pflegeklasse im Krankenhaus sie beanspruchen konnte (zur Bedarfsbemessung → Rn. 15 ff.). Der Anspruch besteht grundsätzlich **ohne zeitliche Befristung.** Nach Abs. 1 S. 2 **10** ist von dem Anspruch aber ausdrücklich der **Unterhaltszeitraum des Abs. 1 S. 1** (sechs Wochen vor bis acht Wochen nach der Geburt des Kindes) **ausgenommen.** Entsprechende durch Entbindung oder Schwangerschaft in diesem Zeitraum entstandene Kosten gehören zum Unterhaltsbedarf dieses Zeitabschnitts und sind bei Bedürftigkeit im Rahmen des nach Abs. 1 S. 1 zu gewährenden Unterhalts zu erstatten.

Die **Bedürftigkeit fehlt,** soweit die Kosten durch den Arbeitgeber, die Kranken- **11** versicherung oder den Dienstherrn bei einer beihilfeberechtigten Beamtin übernommen werden oder jedenfalls ein derartiger ohne Schwierigkeiten realisierbarer Anspruch besteht.[22] Entsprechende **Leistungen der Sozialhilfe** (§§ 50, 52 SGB XII) sind subsidiär (§ 2 Abs. 2 S. 1 SGB XII) und hindern die Geltendmachung des Anspruchs nicht.

3. Zeitlich erweiterter Unterhalt nach Abs. 2. Der Anspruch auf Unterhalt nach **12** Abs. 1 wird in Abs. 2 in zwei Fällen über die Unterhaltszeit des Abs. 1 S. 1 hinaus erweitert. Die zusätzliche Unterhaltszeit beginnt frühestens vier Monate vor der Entbindung und endet grundsätzlich nach einer **Mindestzeit von drei Jahren nach der Geburt** (Abs. 2 S. 3). Der Unterhalt dauert als zeitlicher **Basisunterhalt**[23] wie auch der nacheheliche Betreuungsunterhalt (§ 1570 Abs. 1 S. 1) damit etwa bis zum Erreichen des Kindergartenalters durch das Kind. Das Bundesverfassungsgericht hatte mit Urteil vom 28.2.2007[24] den Gesetzgeber verpflichtet, den nachehelichen Betreuungsunterhalt nach § 1570 Abs. 1 einzuschränkend und übereinstimmend mit dem Betreuungsunterhalt aus Anlass der Geburt zu regeln.

Nach dem Gesetzeswortlaut liegt die erweiterte Unterhaltszeit außerhalb der Zeit, welche durch Abs. 1 S. 1 geregelt wird.

Ein Verzicht der nichtehelichen Mutter auf Betreuungsunterhalt ist gem. § 1615 l Abs. 3 S. 1 iVm § 1614 Abs. 1 unwirksam. § 1615 l Abs. 3 S. 1 enthält insoweit eine Rechtsgrundverweisung.[25]

a) Anspruch nach Abs. 2 S. 1. Voraussetzung ist, dass die Mutter, verursacht **13** durch die Schwangerschaft selbst oder eine durch die Schwangerschaft oder Entbindung bedingte Krankheit ganz oder teilweise keiner Erwerbstätigkeit nachgehen kann. Die **Schwangerschaft** bzw. schwangerschafts- oder entbindungsbedingte **Krankheitsfolgen** müssen für die Einschränkung oder Aufgabe der Erwerbstätigkeit kausal, und zwar wenigstens **mitursächlich** sein.[26] War die Mutter schon vor Beginn der Schwangerschaft keiner Erwerbstätigkeit nachgegangen, weil sie schon erwerbslos war oder weil sie durch eine andere Krankheit daran gehindert wurde, fehlt es an der Kausalität, wenn diese Krankheit unverändert fortwirkt.[27] Dasselbe gilt, falls die Mutter wegen der Betreuung anderer

22 Brüggemann, Die Ansprüche der Mutter gegen den außerehelichen Schwängerer, FamRZ 1971, 140 (144).
23 BT-Drs. 16/6980, 17 (zum nachehelichen Betreuungsunterhalt).
24 BVerfG 28.2.2007 – 1 BvL 9/04, FamRZ 2007, 965 ff.
25 OLG Celle 20.12.2013 – 12 UF 157/13, FamRZ 2014, 1787.
26 BGH 21.1.1998 – XII ZR 85/96, FamRZ 1998, 541 (543).
27 BGH 21.1.1998 – XII ZR 85/96, FamRZ 1998, 541 (543).

Kinder nicht erwerbstätig sein konnte[28] und nunmehr Unterhalt nach Abs. 2 S. 1 – nicht (!) nach Abs. 2 S. 2 – verlangt (→ Rn. 14). Auch wenn es gem. Abs. 4 um die Verlängerung des Anspruchs auf Unterhalt wegen Krankheit (Abs. 2 S. 1) über die Dreijahresfrist hinaus geht, bleibt weiter Voraussetzung, dass die Krankheit auf der Schwangerschaft oder der Entbindung beruhen muss.[29]

14 **b) Betreuungsunterhalt nach Abs. 2 S. 2.** Voraussetzung ist, dass wegen der Übernahme von Pflege und Erziehung des Kindes von dem betreuenden Elternteil (Abs. 4 S. 1) ganz oder teilweise keine Erwerbstätigkeit erwartet werden kann. Durch die Fassung des Abs. 2 S. 3 ist von Gesetzes wegen eindeutig klargestellt, dass es dem betreuenden Elternteil für die **ersten drei Lebensjahre** vollständig freigestellt ist, ob er sich ohne Erwerbstätigkeit auf die Kindesbetreuung beschränken will oder nicht. Wie der ehelichen Mutter nach § 1570 Abs. 1 S. 1 wird auch dem nichtehelichen betreuenden Elternteil während dieser Zeit ausnahmslos **keine Erwerbstätigkeit zugemutet.**[30]

Dabei braucht die Übernahme der Betreuung weder auslösende noch alleinige Ursache für die Nichterwerbstätigkeit sein. Der Anspruch besteht daher auch, wenn der betreuende Elternteil schon zuvor erwerbslos war oder ein anderes Kind betreute, das ihn ebenfalls an einer Erwerbstätigkeit hinderte,[31] oder wenn der betreuende Elternteil vor und nach der Geburt noch in Ausbildung ist.[32]

Betreuung ohne Zumutbarkeit von Erwerbstätigkeit liegt auch vor, wenn der betreuende Elternteil das Kind ganztägig in einer Kindertagesstätte fremdbetreuen lässt, während er selbst einem Studium nachgeht.[33]

15 **c) Bedarf des unterhaltsberechtigten Elternteils.** Das Maß des nach Abs. 2 geschuldeten erweiterten Unterhalts bestimmt sich nach Abs. 3 S. 1 iVm § 1610 nach der Lebensstellung des betreuenden Elternteils.[34] Diese richtet sich grundsätzlich nach dem Einkommen, das dieser ohne die Geburt des Kindes zur Verfügung hätte.[35] Der sich hieraus ergebende **Bedarf ist regelmäßig konkret darzulegen,** weil es nicht um zwischen den nicht verheirateten Elternteilen bestehende gemeinsame Verhältnisse geht.[36] Vielfach wird der Verdienstausfall entweder dem vollen Bedarf oder – bei teilweiser Erwerbstätigkeit – dem Unterschiedsbetrag zum vollen Bedarf entsprechen. Im Einzelfall kann der volle Bedarf jedoch darüber hinausgehen, zB wenn bei einer geschiedenen nichtehelichen Mutter die ehelichen Lebensverhältnisse bedarfsbestimmend sind (§ 1578)[37] oder wenn die Mutter vor verhältnismäßig kurzer Zeit einen unverschuldeten beruflichen Abstieg erlitten hatte. Soweit der Unterhaltsbedarf des Berechtigten im Einzelfall auch nicht vollständig durch erzielbare eigene Einkünfte aus einer Teilzeiterwerbstätigkeit gedeckt sein könnte, ist nach Bundesgerichtshof folgendes zu beachten: Die Lebensstellung des nach den §§ 1615 l Abs. 2, 1610 Abs. 1 Unterhaltsberechtigten richtet sich danach, welche Einkünfte er ohne die Geburt und

---

28 BGH 21.1.1998 – XII ZR 85/96, FamRZ 1998, 541 (543).
29 OLG Bremen 10.5.2010 – 4 WF 43/10 FamRZ 2010, 1917 (1918).
30 BT-Drs. 16/6980, 22.
31 BGH 21.1.1998 – XII ZR 85/96, FamRZ 1998, 541 (543).
32 OLG Hamm 29.8.1996 – 2 WF 288/96, FamRZ 1997, 632.
33 OLG Nürnberg 13.8.2009 – 10 UF 360/09, FamRZ 2010, 577 (578).
34 BGH 15.12.2004 – XII ZR 121/03, FamRZ 2005, 442.
35 BGH 15.12.2004 – XII ZR 121/03, FamRZ 2005, 442.
36 OLG Zweibrücken 21.9.1999 – 5 UF 16/99, FamRZ 2001, 444 (Ls.).
37 BGH 21.1.1998 – XII ZR 85/96, FamRZ 1998, 541 (544).

die Betreuung des gemeinsamen Kindes hätte. Sie ist deshalb nicht auf den Zeitpunkt der Geburt des Kindes festgeschrieben. Den hieraus folgenden (höheren) Bedarf kann etwa ein Unterhaltsberechtigter, der sein Studium ohne dessen Unterbrechung wegen der Betreuung des Kindes abgeschlossen haben dürfte, nicht durch eine Teilzeittätigkeit decken. Der Bundesgerichtshof hat früher zwar entschieden, dass ein im Zeitpunkt der Geburt des gemeinsamen Kindes bestehender (Mindest-)Bedarf später auch durch eine Teilzeittätigkeit bestritten werden kann. Soweit daraus eine vollständige Bedarfsdeckung auch für künftige Zeiten abgeleitet wurde, hat der Bundesgerichtshof diese Limitierung auf den Zeitpunkt der Geburt aufgegeben.[38] War von dem unterhaltsberechtigten Elternteil, der vor Geburt ein geringeres Einkommen hatte, danach zunächst die Erwerbstätigkeit mit höherem Einkommen fortgesetzt worden, ist das zuletzt bezogene Einkommen maßgebend.[39] So kann etwa das **Zusammenleben mit dem Kindesvater** und gemeinsames Wirtschaften mit dessen Einkommen prägend sein, weil dies – wenn vom Vorliegen einer bereits nachhaltigen Unterhaltsgewährung auszugehen ist – die maßgebliche Lebensstellung bedeutet.[40] Dies gilt wegen Fehlens einer entsprechenden Unterhaltsverpflichtung als nachhaltig gesicherter Position aber nicht für das Zusammenleben für die Zeit vor Geburt eines gemeinsamen Kindes.[41]

Bei einer noch von den Eltern abhängigen Schülerin kann es sich um eine von den Eltern abgeleitete Lebensstellung handeln. Die Lebensstellung einer nicht erwerbstätig gewesenen nichtehelichen Mutter kann sich nach den fortgeschriebenen Verhältnissen ihrer früheren Ehe bestimmen.[42] Keine Rolle spielt dann die etwa höhere oder niedrigere Lebensstellung des Vaters. Eine Teilhabe an dessen Lebensstellung besteht nicht.[43] Mindestens wird aber geschuldet, was dem Sozialhilfesatz einschließlich eines angemessenen Mietaufwands oder dem sog **Existenzminimum** entspricht, also zB den Mindestbedarfssätzen der oberlandesgerichtlichen Leitlinien.[44] Insoweit kann der Mindestbedarf mit dem notwendigen Selbstbehalt eines Nichterwerbstätigen pauschaliert werden[45] – zurzeit nach der Düsseldorfer Tabelle (unter D II, Stand: 1.1.2017) 880 EUR. Beschränkt die Mutter ihre Unterhaltsforderung auf einen solchen Betrag, kommt es auf die Frage, welches Einkommen sie vor der Geburt erzielt hatte, nicht mehr an.[46] Soweit der Bundesgerichtshof die Meinung vertreten hatte, wenn es sich um Ansprüche einer verheirateten oder geschiedenen Kindesmutter handele, seien für

---

38 BGH 10.6.2016 – XII ZB 251/15, FamRZ 2015, 1369, Aufgabe von BGH 16.12.2009 – XII ZR 50/08, FamRZ 2010, 357 ff., BGH 13.1.2010 – XII ZR 123/08, FamRZ 2010, 444; vgl. auch BGH 15.12.2004 – XII ZR 121/03, FamRZ 2005, 442.
39 OLG Celle 16.12.2001 – 15 WF 253/01, FamRZ 2002, 1220 (Ls.).
40 Wever/Schilling, Streitfragen zum Unterhalt nicht miteinander verheirateter Eltern wegen Kindesbetreuung, FamRZ 2002, 581 (584); Büttner, Unterhalt für die nichteheliche Mutter, FamRZ 2000, 781 (783).
41 BGH 16.7.2008 – XII ZR 109/05, FamRZ 2008, 1739 (1742); 10.11.2010 – XII ZR 197/08, FamRZ 2010, 357 (359); BGH 13.1.2010 – XII ZR 123/08, FamRZ 2010, 445.
42 BGH 21.1.1998 – XII ZR 85/96, FamRZ 1998, 541 (544); OLG Hamm 4.11.2004 – 3 UF 555/01, NJW 2005, 297.
43 OLG Koblenz 6.8.1999 – 11 UF 127/99, FamRZ 2000, 637.
44 BGH 16.12.2009 – XII ZR 50/08, FamRZ 2010, 357 (361), Rn. 38.
45 BGH 16.12.2009 – XII ZR 50/08, FamRZ 2010, 357 (361); BGH 13.1.2010 – XII ZR 123/08, FamRZ 2010, 444 (445).
46 OLG Brandenburg.9.11.2010- 10 UF 23/10.

deren Lebensstellung die **unter dem Existenzminimum liegenden ehelichen Verhältnisse** maßgebend,[47] hält er daran nicht mehr fest.[48]

16 **aa) Halbteilungsgrundsatz als Bedarfsbegrenzung.** Da das Maß des Unterhalts von der Lebensstellung des unterhaltsberechtigten Elternteils abhängt, kann es dazu kommen, dass dessen Bedarf aufgrund seiner höheren Lebensstellung so hoch ist, dass dem Unterhaltsverpflichteten unter Berücksichtigung des ihm an sich nur zukommenden pauschalierten Selbstbehalts deutlich weniger für seinen eigenen Bedarf verbliebe, als er an den betreuenden Elternteil bedarfsgerecht an Unterhalt bezahlen müsste. Für diesen Fall ergibt sich wie beim Ehegattenunterhalt eine **Bedarfsbegrenzung aufgrund des Halbteilungsgrundsatzes.** Wegen der weitgehenden Angleichung der Unterhaltsansprüche aus Abs. 2 an den nachehelichen Anspruch auf Betreuungsunterhalt gem. § 1570 kürzt sich schon der Unterhaltsbedarf des betreuenden Elternteils entsprechend.[49] Die Begrenzung tritt nicht etwa erst auf der Ebene der Leistungsfähigkeit des Pflichtigen ein.

17 **bb) Vorsorgeaufwendungen.** Zum geschuldeten Lebensbedarf gehören die im konkreten Fall angemessenen **Kosten der Kranken- und Pflegeversicherung (Krankenvorsorgeunterhalt),** die aus den laufenden Einkünften bestritten werden müssen und allgemeinen Lebensbedarf darstellen.[50] Dagegen kann – wie allgemein im Verwandtenunterhalt – **kein Altersvorsorgeunterhalt** verlangt werden, da §§ 1361 Abs. 1 S. 2, 1578 Abs. 3 eine Sonderregelung für den Ehegattenunterhalt darstellen, welche der Gesetzgeber offensichtlich nicht auf § 1615 l ausdehnen wollte.[51] Das OLG München hat darüber hinaus mit Recht darauf hingewiesen, dass die betreuende Mutter für die ersten drei Jahre der Kindererziehung schon deswegen keinen Anspruch auf Altersvorsorgeunterhalt haben könne, weil sie während dieser Zeit regelmäßig in der gesetzlichen Rentenversicherung in Höhe des Durchschnittseinkommens Anwartschaften aufbaue[52] (vgl. §§ 56, 70 Abs. 2 SGB VI).

18 **cc) Prozess- oder Verfahrenskostenvorschuss.** Ob der betreuende Elternteil einen Anspruch auf Verfahrenskostenvorschuss gegen den Verpflichteten hat, um den Unterhaltsanspruch gegen ihn realisieren zu können, ist streitig.[53] Der Bundesgerichtshof hat jedenfalls entschieden, dass ein Anspruch auf Verfahrenskostenvorschuss nicht zu dem in § 1610 Abs. 2 aufgeführten Lebensbedarf gehört. Eine entsprechende Anwendung von § 1360 a Abs. 4, der den Prozesskostenvorschuss für Eheleute regelt, lehnt der Bundesgerichtshof ab, da auch die unterhaltsrechtliche Beziehung zwischen geschiedenen Eheleuten eine solche Billigkeitsüberlegung nicht trage. Wenn demnach schon die geschiedene Mutter für

---

47 BGH 17.1.2007 – XII ZR 104/03, FamRZ 2007, 1303 (1305).
48 Vgl. BGH 16.12.2009 – XII ZR 50/08, FamRZ 2010, 357 (360).
49 BGH 15.12.2004 – XII ZR 121/03, FamRZ 2005, 442 (443).
50 BGH 16.12.2009 – XII ZR 50/08, FamRZ 2010, 357; OLG München 12.1.2006 – 16 UF 1643/05, NJW-RR 2006, 586 (587); OLG Saarbrücken 17.12.1997 – 9 UF 16/97, FamRZ 1999, 382; Puls, Der Betreuungsunterhalt der Mutter eines nichtehelichen Kindes, FamRZ 1998, 865 (873); OLG Hamm 4.11.2004 – 3 UF 555/01, NJW 2005, 297 (298).
51 Vgl. OLG München 12.1.2006 – 16 UF 1643/05, NJW-RR 2006, 586 (587); OLG Hamm 4.11.2004 – 3 UF 555/01, NJW 2005, 297 (298); Puls FamRZ 1998, 865 (873).
52 OLG München 12.1.2006 – 16 UF 1643/05, NJW-RR 2006, 586 (587).
53 Bejahend etwa OLG München 15.10.2001 – 4 UF 122/01, FamRZ 2002, 1219; auch Schilling, § 1615 l BGB im Spiegel der höchstrichterlichen Rechtsprechung, FamRZ 2006, 1 (10).

ihren Betreuungsunterhaltsanspruch aus § 1570 keinen Verfahrenskostenvorschuss beanspruchen kann, dürfte dies nach der Rechtsprechung des Bundesgerichtshofs erst recht für den Anspruch aus § 1615 l gelten.[54]

d) Bedürftigkeit des unterhaltsberechtigten Elternteils. Die Bedürftigkeit der 19 Mutter kann entfallen, soweit Mutterschaftsgeld nach §§ 3 Abs. 2, 6 Abs. 1, 13, 14 MuSchG bzw. § 24 i SGB V gewährt wird,[55] der Lohn fortbezahlt oder Krankengeld bezogen wird. Erbringt die Mutter für einen leistungsfähigen Lebensgefährten, mit dem sie in einem eheähnlichen Verhältnis zusammenlebt, Versorgungsleistungen, muss sie sich eine angemessene fiktive Vergütung anrechnen lassen.[56] Zur Bestreitung ihres Lebensbedarfs ist sie auch zum Einsatz ihres etwa vorhandenen Vermögens verpflichtet. Ob der **Vermögenseinsatz** sich nicht nur auf die Einkünfte, sondern auch auf den Vermögensstamm erstrecken muss, ist mittels einer umfassenden Zumutbarkeitsabwägung zu überprüfen.[57] Dabei kann sich ergeben, dass das aus dem Verkauf eines Reihenhauses vorhandene Vermögen nicht verbraucht werden muss, weil es für die Alterssicherung benötigt wird.[58]

aa) Elterngeld. Der Bezug von Elterngeld kann (für Geburten ab 1.1.2007) die 20 Bedürftigkeit der Kindesmutter mindern. Beim Bezug von **Elterngeld** bleibt nur der Sockelbetrag von 300 EUR, beim Bezug von Elterngeld plus der Sockelbetrag von 150 EUR je Kind anrechnungsfrei (§§ 2 Abs. 4 S. 1, 11 S. 1–4 BEEG).[59] Darüber hinaus bezahltes Elterngeld mindert die Bedürftigkeit ohne Kürzung um einen fiktiven Erwerbstätigenbonus[60] in voller Höhe. Das Elterngeld (s. § 11 S. 4 BEEG) ist auch in voller Höhe anrechenbar, soweit der Unterhaltsanspruch nach § 1611 Abs. 1 ganz oder teilweise verwirkt wäre.

bb) Überobligatorische Einkünfte. Einem betreuenden Elternteil, der trotz fehlender Erwerbsobliegenheit arbeitet, können überobligatorische Einkünfte nicht dadurch in vereinfachter Form angerechnet werden, dass zu seinen Gunsten vorab ein pauschaler **Betreuungsbonus** abgezogen wird. Die Anrechnungsfrage ist vielmehr unter Abwägung der Umstände des Einzelfalls in **entsprechender Anwendung von § 1577 Abs. 2** zu lösen. Der Bundesgerichtshof hat hierzu darauf hingewiesen, dass eine Ungleichbehandlung geschiedener oder nicht verheirateter Mütter aufgrund der Schutzvorschriften des Art. 6 Abs. 1, 4 und 5 GG für Ehe, Familie und Mütter ausscheide. Hinzu komme die weitgehende Angleichung des Unterhaltsanspruchs der nichtehelichen Mutter an den nachehelichen Betreuungsunterhalt.[61] Soweit sich eine entsprechende Anrechnungsfrage beim Unterhaltsanspruch nach Abs. 1 S. 1 (Mutterschaftsunterhalt) stellen sollte, kann nichts anderes gelten. Bei der nach Treu und Glauben vorzunehmenden Würdigung der Umstände des Einzelfalls ist zu überprüfen, wie die Kindesbetreuung in Verbindung mit den konkreten Arbeitszeiten einschließlich der erforderlichen Fahrzeiten und die etwa anderweitige Beaufsichtigung und Betreuung organisiert wird, ob die Arbeitsaufnahme aus wirtschaftlicher Not oder aus frei-

54 BGH 23.3.2005 – XII ZB 13/05, FamRZ 2005, 883 (885).
55 BGH 15.12.2004 – XII ZR 121/03, FamRZ 2005, 442 (445).
56 OLG Koblenz 21.7.2005 – 7 UF 773/04, FamRZ 2006, 440.
57 Vgl. BGH 5.11.1997 – XII ZR 20/96, FamRZ 1998, 367 (369).
58 BGH 5.7.2006 – XII ZR 25/04, FamRZ 2006, 1362 (1368).
59 Vgl. BGH 10.11.2010 – XII ZR 37/09, FamRZ 2011, 97 (99).
60 Scholz, Das neue Elterngeld, FamRZ 2007, 7 (9).
61 BGH 15.12.2004 – XII ZR 121/03, FamRZ 2005, 442 (444).

en Stücken geschah.[62] Insbesondere die wegen der Berufstätigkeit für die anderweitige Betreuung aufgewendeten Kosten können abgesetzt werden, freilich ohne dass das Fehlen entsprechender Kosten – etwa weil ein Angehöriger das Kind kostenfrei betreut – eine teilweise Nichtanrechnung des Einkommens ohne Weiteres ausschließen würde.[63]

22 Bei **beschränkter Leistungsfähigkeit des pflichtigen Elternteils,** der nur bis zur Höhe seines Selbstbehalts und deswegen weniger als den vollen Unterhalt leisten muss, kann nur derjenige Teil des überobligatorischen Einkommens des betreuenden Elternteils entsprechend § 1577 Abs. 2 S. 1 von vornherein anrechnungsfrei bleiben, welcher der Differenz zwischen der Unterhaltszahlung und dem durch den Halbteilungsgrundsatz auf den Selbstbehalt Verpflichteten beschränkten Bedarf des Unterhaltsberechtigten entspricht. Wegen des darüber hinausgehenden Einkommens ist über die Anrechenbarkeit nach § 1577 Abs. 2 S. 2 unter Berücksichtigung der Umstände des Einzelfalls und in Abwägung nach Treu und Glauben zu befinden.[64]

23 **e) Leistungsfähigkeit des pflichtigen Elternteils.** Die Leistungsfähigkeit des pflichtigen Elternteils beim Anspruch des Betreuenden nach Abs. 4 S. 1, Abs. 2 S. 2) bestimmt sich über Abs. 3 S. 1 entsprechend § 1603 Abs. 1 – abgesehen von seinem Netto-Erwerbseinkommen – ebenfalls durch sein **einsetzbares Vermögen.**[65] So kann es für einen vorübergehend arbeitslosen Arzt zumutbar sein, Betreuungsunterhalt nach Abs. 2 S. 2 aus dem Stamm seines Vermögens zu bestreiten,[66] und zwar unabhängig von der Frage, ob die Gedanken der einschränkenden Regelung des § 1581 S. 2 wegen der weitgehenden Angleichung des Anspruchs an den nachehelichen Betreuungsunterhalt bei der erforderlichen Zumutbarkeitsabwägung heranzuziehen sind.[67]

24 **aa) Erwerbsobliegenheit.** Erfüllt der pflichtige Elternteil seine unterhaltsrechtliche Erwerbsobliegenheit nicht, ist er in Höhe der fiktiv erzielbaren Einkünfte als leistungsfähig zu behandeln.[68] An einem solchen Verstoß gegen die Erwerbsobliegenheit fehlt es allerdings bei einem Studenten ohne abgeschlossene Berufsausbildung, der sich im Regelstudium befindet.[69]

25 **bb) Selbstbehalt.** Gegenüber dem Unterhaltsanspruch steht dem unterhaltspflichtigen Elternteil der sog **Selbstbehalt** zu. Mit Blick auf die vom Gesetzgeber vorgenommene Angleichung des Anspruchs an den nachehelichen Betreuungsunterhalt nach § 1570 und die Vorrangigkeit des Anspruchs gegenüber Ansprüchen volljähriger Kinder kann der Selbstbehalt nicht grundsätzlich abweichend vom Selbstbehalt gegenüber einem Unterhaltsanspruch nach § 1570 bemessen werden. Einerseits scheidet deswegen die Annahme eines starren Betrags für den Selbstbehalt aus, andererseits muss der Selbstbehalt regelmäßig hinter dem angemessenen Selbstbehalt zurückbleiben. Es bedarf einer individuellen Billigkeitsabwägung anhand der besonderen Umstände des Falles. Der Tatrichter kann

---

62 BGH 15.12.2004 – XII ZR 121/03, FamRZ 2005, 442 (444).
63 Vgl. BGH 29.11.2000 – XII ZR 212/98, FamRZ 2001, 350 (352).
64 Schilling FamRZ 2006, 1 (2); aA OLG Hamburg 28.7.2004 – 2 UF 73/03, FamRZ 2005, 927 (929): für Durchbrechung des Halbteilungsgrundsatzes in diesem Fall.
65 AG Lahnstein 12.7.1985 – 2 C 533/85, FamRZ 1986, 100.
66 OLG Hamm 3.11.2010 – 8 UF 138/10, FamRZ 2011, 1600.
67 So aber Wendl/Dose § 1 Rn. 625.
68 OLG Düsseldorf 27.2.1989 – 2 UF 123/88, FamRZ 1989, 1226 (1228).
69 Vgl. OLG Frankfurt/M. 16.2.1982 – 3 UF 129/81, FamRZ 1982, 734.

nach Auffassung des Bundesgerichtshofs aber im Regelfall von einem **hälftig zwischen dem angemessenen Selbstbehalt** nach § 1603 Abs. 1 **und dem notwendigen Selbstbehalt** nach § 1603 Abs. 2 liegenden Betrag ausgehen.[70] Nach der Düsseldorfer Tabelle (unter D II, Stand: 1.1.2017) beträgt der Selbstbehalt derzeit 1.200 EUR.

f) Unterhaltsbegrenzung durch die Dreijahresfrist. Mit der jetzigen Fassung von 26 § 1570 Abs. 1 und § 1615 l Abs. 2 S. 3 und 4 hat der Gesetzgeber die Auflage aus dem Urteil des Bundesverfassungsgerichts[71] vom 28.2.2007 vollzogen. Eine unterschiedliche gesetzliche Regelung des Betreuungsunterhalts nach § 1570 Abs. 1 und § 1615 l Abs. 2 verstößt nach Ansicht des Bundesverfassungsgerichts gegen die Verfassung, weshalb der Gesetzgeber sich entschieden hat, den nachehelichen Betreuungsunterhalt nach § 1570 Abs. 1 einzuschränken und grundsätzlich übereinstimmend mit dem Betreuungsunterhalt aus Anlass der Geburt zu regeln. Die Dauer und die Voraussetzungen des **Betreuungsunterhalts für eheliche und nichteheliche Kinder** wurden danach grundsätzlich gleich geregelt. Dies trifft nicht nur für die Mindestunterhaltszeit der ersten drei Jahre nach der Geburt des Kindes zu, sondern auch für die darüber hinaus mögliche Verlängerung der Unterhaltszeit nach Billigkeit. Die Verlängerungsvoraussetzungen in § 1570 Abs. 1 S. 2 und 3 bzw. Abs. 2 S. 4 und 5 entsprechen sich. Allerdings beziehen sie sich beim Unterhaltsanspruch aus Anlass der Geburt über den eigentlichen Betreuungsunterhalt hinaus auch auf den **Unterhaltsanspruch nach Abs. 2 S. 1** (→ Rn. 13). Es soll auch keinen qualitativen Unterschied machen, dass in § 1570 Abs. 1 anders als in Abs. 2 S. 2, der unverändert blieb, der nacheheliche Betreuungsunterhalt nicht mehr an die Voraussetzung geknüpft wird, dass wegen Pflege und Erziehung des Kindes eine Erwerbstätigkeit nicht erwartet werden könne. Die Verlängerung des Betreuungsunterhalts für eheliche Kinder (§ 1570 Abs. 1 S. 2 und 3) bzw. für nichteheliche Kinder (§ 1615 l Abs. 2 S. 4, 5) entscheidet sich damit grundsätzlich nach denselben Kriterien.[72] Besonderheiten bei der Billigkeitsprüfung können sich nur aus den unterschiedlichen Umständen der Lebensführung und Lebensplanung zwischen verheirateten bzw. unverheirateten Eltern ergeben. Dass beim nachehelichen Unterhalt nach § 1570 Abs. 2 unter Umständen eine darüber hinausgehende Verlängerung aus zusätzlichen Billigkeitsgründen stattfinden kann, die ihre Rechtfertigung allein in der Ehe finden,[73] ist eine davon unabhängige Frage.

Geklärt hat der **Bundesgerichtshof**, dass der **gerichtliche Unterhaltsausspruch** nach Abs. 2 S. 1 oder 2 **nicht** vorab auf die Zeit bis zur Vollendung des dritten Lebensjahres des Kindes, also auf den sog Basisunterhalt, **befristet** werden darf, wenn noch keine hinreichend sichere Billigkeitsprognose (Abs. 2 S. 4, 5) für eine Verlängerung möglich ist.[74] Ein Antrag auf künftigen Betreuungsunterhalt ist nur dann abzuweisen, wenn im Zeitpunkt der Entscheidung für die Zeit nach Vollendung des dritten Lebensjahres absehbar keine kind- oder elternbezogenen Verlängerungsgründe mehr vorliegen. Der Bundesgerichtshof hält eine Befris-

70 BGH 15.3.2006 – XII ZR 30/04, FamRZ 2006, 683.
71 BVerfG 28.2.2007 – 1 BvL 9/04, FamRZ 2007, 965.
72 Vgl. Wever, Unterhalt bei Betreuung nichtehelicher Kinder – der neu gestaltete § 1615 l BGB, FamRZ 2008, 553 (554).
73 BT-Drs. 16/6980, 19.
74 Wendl/Dose/Bömelburg § 7 Rn. 262; BGH 2.10.2013 – XII ZB 249/12, FamRZ 2013, 1958; OLG Bremen 20.2.2008 – 4 WF 175/07, FamRZ 2008, 1281 (1282).

tung nur dann für möglich und geboten, wenn zum Zeitpunkt der Entscheidung bereits abzusehen ist, dass nach Vollendung des dritten Lebensjahres keine kind- oder elternbezogenen Verlängerungsgründe mehr vorliegen werden.[75]

27 **aa) Kriterien für die Überschreitung der Dreijahresfrist.** Bei der Geltendmachung der zeitlichen Erweiterung des Unterhaltsanspruchs handelt es sich um einen Ausnahmetatbestand im Sinne einer positiven Härteklausel, für deren Voraussetzungen der Berechtigte **darlegungs- und beweispflichtig ist.**[76] Hat der betreuende Elternteil weder kind- noch elternbezogene Gründe für eine Verlängerung vorgetragen, kann das Gericht solche Gründe nur berücksichtigen, soweit sie auf der Grundlage des festgestellten Sachverhalts auf der Hand liegen.[77] Allerdings genügt für die Verlängerung nunmehr ihre „**einfache**" Billigkeit, es ist keine grobe Unbilligkeit ihrer Versagung erforderlich. Zu beachten ist, dass Abs. 2 S. 4 weder das **Beschäftigungsrisiko** noch das **Krankheitsrisiko** des betreuenden Elternteils erfasst, weil es nur darum geht, deren Lebensstellung für die Kindesbetreuung zu sichern.[78]

Über die Frage der zeitlichen Ausdehnung des Unterhalts und damit über die Frage, ob und wie lange eine Verlängerung der Unterhaltpflicht aus Gründen der Billigkeit in Betracht kommt, muss von den Gerichten aufgrund einer **umfassenden Abwägung** unter Berücksichtigung aller Umstände des Einzelfalls entschieden werden. In erster Linie sind dabei die stärker zu gewichtenden **kindbezogenen Belange,** die das Gesetz in Abs. 2 S. 5 ausdrücklich erwähnt, zu berücksichtigen. Insoweit darf wegen der wortgleichen Regelung in § 1570 Abs. 1 S. 3 nicht zwischen ehelichen und nichtehelichen Kindern differenziert werden.[79] Im Hinblick auf das Wort „insbesondere" können aber auch **elternbezogene Belange** oder sonstige Umstände berücksichtigt werden, die eine Durchbrechung der Dreijahresgrenze rechtfertigen. Der Bundesgerichtshof hat darauf hingewiesen, dass kindbezogene und elternbezogene Gründe unterschiedlich zu gewichten sind. Eine Verlängerung des Unterhaltsanspruchs kommt bei kindbezogenen Gründen schon dann in Betracht, wenn der Aufschub einer Erwerbstätigkeit des Betreuenden aus objektiver Sicht wegen der besonderen Bedürfnisse des Kindes als vernünftig und dem Kindeswohl förderlich erscheint oder wenn das Kind in besonderem Maße betreuungsbedürftig ist.[80] Ausnahmsweise kann auch die fehlende Möglichkeit einer anderweitigen Betreuung ausreichen, etwa weil kein Kindergartenplatz zur Verfügung steht.[81] Elternbezogene Gründe können vorliegen, wenn der Unterhaltspflichtige gegenüber dem Unterhaltsberechtigten einen besonderen Vertrauenstatbestand geschaffen hat,[82] zB weil die Eltern das Kind in der Erwartung eines dauernden gemeinsamen Zusammenlebens gezeugt hät-

---

75 BGH 2.10.2013 – XII ZB 249/12, FamRZ 2013, 1958; BGH 18.3.2009 – XII ZR 74/08, FamRZ 2009, 770 (774) zu § 1570 Abs. 1.
76 BGH 16.7.2008 – XII ZR 109/05, FamRZ 2008, 1739 (1748); BGH 13.1.2010 – XII ZR 123/08, 2010, 444 (447), Rn. 27; Büttner FamRZ 2000, 781 (783).
77 BGH 16.12.2009 – XII ZR 50/08, FamRZ 2010, 357 (362), Rn. 50.
78 BGH 16.12.2009 – XII ZR 50/08, FamRZ 2010 357 (363), Rn. 53, 54; vgl. aber zur Frage des Basisunterhalts Pauling, Unterhaltsbedarf und Darlegungslast beim Betreuungsunterhalt, FamFR 2010, 77 (79).
79 BGH 16.7.2008 – XII ZR 109/05, FamRZ 2008, 1739 (1748).
80 BGH 5.7.2006 – XII ZR 11/04, FamRZ 2006, 1362 (1367).
81 BGH 13.1.2010 – XII ZR 123/08, FamRZ 2010, 444 (447); BGH 5.7.2006 – XII ZR 11/04, FamRZ 2006, 1362 (1367).
82 BGH 13.1.2010 – XII ZR 123/08, FamRZ 2010, 444 (447), Rn. 26.

ten.[83] Nach geltendem Recht ist eine Verlängerung des Unterhaltsanspruchs des betreuenden Elternteils aus elternbezogenen Gründen umso eher billig und kann sich der Verlängerungsmöglichkeit nach § 1570 Abs. 2 für den nachehelichen Betreuungsunterhalt annähern, je mehr die Beziehung der Eltern einer Ehe vergleichbar war, zB bei längerem Zusammenleben oder bei gemeinsamem Kinderwunsch.[84]

Daher wird heute auch die **fehlende Möglichkeit einer anderweitigen Betreuung** 28 ausreichen, etwa weil kein Kindergartenplatz oder nur eingeschränkt ein Hortplatz zur Verfügung steht.[85] Im Übrigen muss sich der betreuende Elternteil nur dann auf eine mögliche Fremdbetreuung verweisen lassen, wenn dies mit den Kindesbelangen vereinbar ist.[86] Im Rahmen der Billigkeitsentscheidung über eine Verlängerung des Betreuungsunterhalts über das vollendete dritte Lebensjahr hinaus kann sich der betreuende Elternteil nicht mehr auf die Notwendigkeit einer persönlichen Betreuung des Kindes berufen, wenn und soweit das Kind eine kindgerechte Betreuungseinrichtung besucht oder unter Berücksichtigung der individuellen Verhältnisse besuchen könnte. Für die Zeit ab Vollendung des dritten Lebensjahres des Kindes steht dem betreuenden Elternteil nur noch dann ein fortdauernder Anspruch auf Betreuungsunterhalt zu, wenn dies der Billigkeit entspricht (§ 1615 l Abs. 2 S. 4). Damit verlangt die Regelung allerdings **keinen abrupten übergangslosen Wechsel** von der elterlichen Betreuung zu einer Vollzeiterwerbstätigkeit. Insbesondere nach Maßgabe der im Gesetz ausdrücklich genannten kindbezogenen Gründe ist unter Berücksichtigung der bestehenden Möglichkeiten der Kinderbetreuung (§ 1615 l Abs. 2 S. 5) ein gestufter Übergang bis hin zu einer Vollzeiterwerbstätigkeit möglich.[87] Daran kann es fehlen, weil das Kind unter der Trennung besonders leidet und daher der persönlichen Betreuung bedarf.[88] Mit den Worten „solange und soweit" wird im Gesetz deutlich gemacht, dass es auf die Verhältnisse des Einzelfalls ankommt, ob vom betreuenden Elternteil eine **Erwerbstätigkeit erwartet werden kann.** In dem Maße, in welchem eine kindgerechte Betreuungsmöglichkeit besteht, kann auf eine Erwerbstätigkeit verwiesen werden. Ist zunächst nur eine Teilzeittätigkeit möglich, muss daneben – soweit Bedürftigkeit besteht – weiterhin Betreuungsunterhalt gezahlt werden.[89] Besteht die Möglichkeit von Fremdbetreuung, sind deren Kosten bei der Unterhaltsberechnung angemessen zu berücksichtigen.[90] Kindergartenkosten gehören dabei allerdings zum Bedarf des Kindes.[91] Wird die **Fremdbetreuung kostenlos,** zB durch nahe Verwandte der Kindesmutter übernommen und wollen diese den Kindesvater nicht entlasten, wird dies bei der Unterhaltsrechnung als fiktiver Aufwand der Mutter oder dadurch zu berücksichtigen sein, dass ihre Tätigkeit zum Teil als überobligatorisch bewertet wird.

---

83 BGH 5.7.2006 – XII ZR 11/04, FamRZ 2006, 1362 (1367).
84 BGH 16.7.2008 – XII ZR 109/05, FamRZ 2008, 1739 (1748).
85 Vgl. dazu BGH 17.6.2009 – XII ZR 102/08, FamRZ 2009, 1391 (1394).
86 BT-Drs. 16/6980, 18.
87 BGH 10.6.2015 – XII ZB 251/14, FamRZ 2015, 1369 (1374).
88 BT-Drs. 16/6980, 18.
89 BT-Drs. 16/6980, 18 f.; BGH 13.1.2010 – XII ZR 123/08, FamRZ 2010, 444 (447), Rn. 26; BGH 16.12.2009 – XII ZR 50/08, FamRZ 2010, 357 (362), Rn. 48.
90 BT-Drs. 16/1830, 17.
91 BGH 5.3.2008 – XII ZR 150/05, FamRZ 2008, 1152 (1153).

29 Da der Unterhaltsanspruch mit **Ablauf des zeitlichen Basisunterhalts regelmäßig enden soll, wenn das Kind mit einem Alter von drei Jahren das Kindergartenalter erreicht hat** (→ Rn. 12), sind in zumutbarer Weise überwindbare Schwierigkeiten des betreuenden Elternteils, eine mit der Kindesbetreuung zu vereinbarende Arbeitsstelle zu finden, nicht ausreichend.[92] Selbst die Betreuung von Zwillingen muss nicht stets zu einer uneingeschränkten Verlängerung des Anspruchs führen, wenn während einer Teilzeitbeschäftigung die Hortbetreuung der Kinder sichergestellt ist und der Betreuende durch den Mehraufwand für Betreuung und Versorgung in der übrigen Zeit nicht so beansprucht ist, dass ihr eine Erwerbstätigkeit nicht zugemutet werden kann.[93] Bei der Konkretisierung des Begriffs der Unbilligkeit darf aber nicht außer Acht gelassen werden, dass der verlängerte Anspruch des betreuenden Elternteils insbesondere um das Kindeswohles willen besteht, so dass, soweit es um die Wahrung dieses Wohles geht, gerade unter Berücksichtigung der gesetzlichen Neuregelung die Hürde nicht allzu hoch angelegt werden kann.[94] Auf jeden Fall genügt, dass der betreuende Elternteil aus gesundheitlichen Gründen oder wegen sonstiger besonderer Erschwernisse neben der Betreuung keine Erwerbstätigkeit ausüben kann. Auch bei bestehenden Betreuungsmöglichkeiten dürfte wegen der Doppelbelastung des betreuenden Elternteils mit Erwerbstätigkeit und zusätzlicher Rund-um-die-Uhr-Betreuung, die über das Kleinkindalter hinaus bis in die beiden ersten Grundschuljahre gehen kann,[95] nicht ohne Weiteres eine Vollzeiterwerbstätigkeit verlangt werden können. Auch wenn volltags eine Fremdbetreuung gesichert ist, kann eine vollschichtige Erwerbstätigkeit wegen der bleibenden Restbetreuung, insbesondere in den Abendstunden, überobligatorisch sein.[96]

30 **bb) Einzelfälle.** **Einzelfälle der Unbilligkeit wegen kindbezogener Gründe:**
- der Aufschub einer Erwerbstätigkeit des Betreuenden erscheint aus objektiver Sicht wegen der besonderen Bedürfnisse des Kindes vernünftig und dem Kindeswohl förderlich,[97]
- das Kind ist in besonderem Maße betreuungsbedürftig,[98]
- der besondere Betreuungsbedarf tritt erst nach Vollendung des dritten Lebensjahres des Kindes ein,[99]
- die fehlende Möglichkeit einer anderweitigen Betreuung, etwa weil kein Kindergartenplatz zur Verfügung steht,
- der betreuende Elternteil muss sich nicht auf eine mögliche Fremdbetreuung verweisen lassen, weil diese mit den Kindesbelangen unvereinbar ist,[100]
- das Kind leidet unter der Trennung besonders und bedarf daher der persönlichen Betreuung.[101]

Einzelfälle der Unbilligkeit wegen elternbezogener Gründe:

---

92 OLG Nürnberg 7.10.2002 – 10 UF 1677/02, FamRZ 2003, 1320 zum alten Recht.
93 OLG Düsseldorf 25.6.2004 – 3 UF 195/03, FamRZ 2005, 234 (236) zum alten Recht.
94 Vgl. Schwab, FamR, Rn. 773; vgl. in diesem Sinn auch OLG Celle 21.11.2001 – 21 UF 96/01, FamRZ 2002, 636 (beide noch zur „groben" Unbilligkeit).
95 Vgl. Meier, Betreuungsunterhalt gem. §§ 1570 und 1615 l BGB nach der Unterhaltsreform, FamRZ 2008, 101 (104).
96 BGH 16.7.2008 – XII ZR 109/05, FamRZ 2008, 1739 (1749).
97 BGH 5.7.2006 – XII ZR 11/04, FamRZ 2006, 1362 (1367) zum alten Recht.
98 BGH 5.7.2006 – XII ZR 11/04, FamRZ 2006, 1362 (1367) zum alten Recht.
99 Empfehlungen des 13. Familiengerichtstags, FamRZ 2000, 273 zum alten Recht.
100 BT-Drs. 16/6980, 18.
101 BT-Drs. 16/6980, 18.

- das Kind stammt aus einer Vergewaltigung der Mutter durch den Vater,[102]
- der Vater setzt sich wegen Schaffung eines Vertrauenstatbestands mit seinem früheren Verhalten in Widerspruch, weil die Eltern ursprünglich eine Lebensgemeinschaft mit dem oder den Kindern mit Betreuung durch die Mutter und gleichzeitiger Fortsetzung des Studiums der Mutter geplant hatten[103] oder mehrere Jahre mit dem gemeinsamen Kind als Familie zusammenlebten;[104] dies dürfte unter Umständen nicht gelten, wenn die Mutter das Heiratsangebot des Vaters abgelehnt hat, weil sie die weitere Festigung der familiären Verhältnisse abwarten wollte,[105]
- der Vater hat eine besondere Verpflichtung gegenüber der Mutter, weil diese seine Ausbildung finanziert hat,[106]
- die Mutter kann nach Ende der drei Jahre trotz der erforderlichen Bemühungen keinen Arbeitsplatz finden und der Vater ist ohne Weiteres leistungsfähig,[107]
- Erkrankung der Mutter wegen chronischer Überlastung bei kombinierter depressiver Persönlichkeitsstörung bei Vollzeiterwerbstätigkeit,[108]
- besonders günstige wirtschaftliche Verhältnisse des Vaters, die es unangemessen erscheinen lassen, das Kind auf die Betreuung durch eine mit Erwerbsarbeit zusätzlich belastete Mutter zu verweisen,[109]
- auch bei überobligationsmäßiger Doppelbelastung des betreuenden Elternteils mit Erwerbstätigkeit und zusätzlicher Betreuungsbelastung nach Rückkehr des Kindes aus der Tagesstätte können sich unter Umständen Gesichtspunkte für eine auf elternbezogene Gründe zu stützende Verlängerung ergeben,[110]
- durch eine längere Beziehung der Eltern wurde ein besonderer Vertrauenstatbestand geschaffen, zB bei langjährigem Zusammenleben mit Zeugung zweier gemeinsamer Kinder und dem Versprechen des Vaters, für die Familie zu sorgen,[111]
- der besondere Betreuungsbedarf nach Vollendung des dritten Lebensjahres des Kindes eintritt,
- die Mutter mehrere Kinder desselben Vaters betreut und dadurch insgesamt die Versagung des Unterhalts unbillig wäre.

Keine Unbilligkeit wegen elternbezogener Gründe:

- die Belastung des betreuenden Elternteils durch die Wiederaufnahme eines anlässlich der Geburt eines nichtehelichen Kindes unterbrochenen Studiums,[112]

---

102 Puls FamRZ 1998, 865 (872).
103 OLG Frankfurt/M. 13.10.1999 – 2 UF 335/98, FamRZ 2000, 1522.
104 BGH 16.12.2009 – XII ZR 50/08, FamRZ 2010, 357 (363), Rn. 48.
105 OLG Karlsruhe 27.3.2003 – 2 UF 23/02, FamRZ 2004, 974.
106 Schwab/Borth IV Rn. 1691 ff.
107 Schwab/Borth IV Rn. 1691 ff.
108 BGH 5.7.2006 – XII ZR 11/04, FamRZ 2006, 1367.
109 Büttner FamRZ 2000, 781 (783).
110 BGH 16.7.2008 – XII ZR 109/05, FamRZ 2008, 1739 (1749).
111 OLG Düsseldorf 23.5.2005 – 2 UF 125/04, FamRZ 2005, 1772.
112 BGH 10.6.2015 – XII ZB 251/14, FamRZ 2015, 1369 (1374).

- die nichteheliche Mutter hat wegen der Geburt und der nachfolgenden Betreuung des Kindes ihr Studium unterbrochen, während der Vater in diesem Zeitraum sein Studium abschließen konnte.[113]

IV. Betreuungsunterhalt für den Kindesvater

31 Zu dem **Anspruch des nichtehelichen Vaters** gegen die Mutter (Abs. 2 S. 2, Abs. 4 S. 1) auf Betreuungsunterhalt, wenn er die Betreuung übernommen hat, gelten die obigen Ausführungen entsprechend mit der Einschränkung, dass der Anspruch sich seiner Natur nach nicht auf die Zeit vor der Geburt beziehen kann. Außerdem ist der Zeitraum bis acht Wochen nach der Geburt, für den der Unterhaltsanspruch in Abs. 1 S. 1 geregelt ist, an sich nicht Gegenstand der Verweisung in Abs. 4 S. 1. Dennoch kann es sein, dass ein Vater die Betreuung aus irgendwelchen Gründen, zB wegen einer unmittelbar nach der Geburt gescheiterten Lebensgemeinschaft, sofort nach der Geburt übernimmt. Es dürfte daher schon aus dem verfassungsrechtlichen Gleichbehandlungsgebot (Art. 3 GG) und aus Sinn und Zweck der gesetzlichen Gesamtregelung zu folgern sein, dass dem Vater der Anspruch auf Betreuungsunterhalt, wenn er die Betreuung tatsächlich übernommen hat, schon **für die Zeit ab Geburt** zusteht.[114]

Für den Kindesvater besteht wie für die Mutter bis zum Alter des Kindes von drei Jahren im Hinblick auf den vom Gesetz gewährten Basisunterhalt (Abs. 2 S. 3) uneingeschränkte **Entschließungsfreiheit** zugunsten der Kindesbetreuung, auch wenn er bislang erwerbstätig war.

32 Da der Mutter nach § 1626 a Abs. 2 – falls keine gemeinsame Sorgeerklärung abgegeben worden ist (§ 1626 a Abs. 1 Nr. 1) – grundsätzlich die elterliche Sorge für das nichteheliche Kind allein zusteht, muss – soweit der Vater die Betreuung übernommen hat – genauso wie beim Betreuungsunterhalt nach § 1570 geprüft werden, ob die **Betreuung rechtmäßig** geschieht, also ob entweder die gemeinsame elterliche Sorge besteht oder die sorgeberechtigte Mutter mit der Betreuung einverstanden ist.

V. Tod des Pflichtigen

33 Anders als im Verwandtenunterhalt (§ 1615 Abs. 1) erlöschen die Ansprüche bei Tod des pflichtigen Elternteils nicht (Abs. 3 S. 4), sondern richten sich **gegen die Erben** des verstorbenen Pflichtigen. Dies gilt nach § 1615 n S. 1 sogar, falls der Vater vor der Geburt des Kindes verstorben ist. Falls die Vaterschaft bei Tod mangels Anerkennung oder gerichtlicher Feststellung noch nicht feststeht, muss die gerichtliche Feststellung (§ 1600 d) nachgeholt werden.

34 **1. Tod der Mutter.** Da Abs. 3 S. 4 gem. Abs. 4 auf den Anspruch des Vaters auf Betreuungsunterhalt (Abs. 4 S. 1, Abs. 2 S. 2) entsprechend anzuwenden ist, gehört hierher auch der Fall, dass die Mutter bei oder nach der Geburt stirbt und der Vater die Betreuung übernimmt. Dabei kann die Vaterschaft durch Anerkennung vor oder nach Geburt mit anschließender Zustimmung des Kindes (§ 1595 Abs. 2) oder gem. § 1600 d durch gerichtliche Entscheidung festgestellt

---

113 OLG Karlsruhe 28.4.2014 – 2 UF 238/13, FamRZ 2014, 1646 (1648).
114 Vgl. Büdenbender, Der Unterhaltsanspruch des Vaters eines nichtehelichen Kindes gegen die Kindesmutter, FamRZ 1998, 129 (133).

worden sein. Die Intention des Gesetzes läuft eindeutig auf eine Gleichstellung der Ansprüche der jeweiligen Elternteile hinaus.[115]

2. Umfang der Erbenhaftung. Problematisch erscheint, dass der Unterhaltsanspruch nach Abs. 2 rein formal der Höhe nach unbegrenzt sowie in Ausnahmefällen auch langfristig gegen die Erben geltend gemacht werden kann. Während der Anspruch des geschiedenen Ehegatten nach § 1586 b Abs. 1 S. 3 der Höhe nach auf den Wert des fiktiven Pflichtteils beschränkt ist, fehlt hier eine solche Beschränkung zugunsten des Erben.[116] Nach jetziger Gesetzeslage kann bei einer möglichen **Überschreitung der Dreijahresfrist** bei der Prüfung der Frage, ob die Verlängerung des Unterhaltsanspruchs billig ist oder nicht, zunächst Vergleichserwägungen zu der Situation beim nachehelichen Unterhalt angestellt werden.[117] Als weitere Einschränkung bietet sich an, einen auf den Erben als Schuldner übergegangenen Unterhaltsanspruch von der Leistungsfähigkeit des Erben abhängig zu machen. Eine dies ausschließende Vorschrift wie beim Geschiedenenunterhalt (vgl. § 1586 b Abs. 1 S. 2) gibt es hier nicht. Möglich erscheint es auch, § 1586 b Abs. 1 S. 3 entsprechend anzuwenden. Dass es hier das Erbrecht begründende Ehe gab, steht dem nur formal entgegen. Der Bundesgerichtshof hat § 1586 Abs. 1 (Wegfall des Anspruchs bei Wiederheirat des Berechtigten) auf alle Unterhaltsansprüche nach Abs. 1 S. 1 und Abs. 2 für entsprechend anwendbar erklärt.[118] Auch hier ist die Überlegung gültig, dass der vom Gesetz derzeit immer noch privilegierte nacheheliche Betreuungsunterhalt (vgl. § 1570 Abs. 2), was seine Einschränkung angeht, nicht stärker begrenzt sein kann als der Betreuungsunterhalt nach Abs. 2 S. 2.   35

VI. Rangfragen und Ersatzhaftung

Nach der Regelung des Abs. 3 S. 2 haftet der nichteheliche **Vater vorrangig vor den unterhaltspflichtigen Verwandten** der Mutter. Diese kann demnach gegen ihre Eltern nicht im Wege der Ersatzhaftung vorgehen, soweit sie Unterhalt von dem leistungsfähigen oder wegen zurechenbarer fiktiver Einkünfte als leistungsfähig zu behandelnden Erzeuger ihres Kindes erlangen und gegen ihn wegen pfändbarer Habe noch vollstrecken kann.[119] Aufgrund des nach Abs. 3 S. 1 entsprechend anzuwendenden § 1606 Abs. 3 S. 1 tritt eine **anteilige Haftung der beiden nichtehelichen Väter** ein, wenn sich die konkurrierenden Ansprüche einer Mutter von zwei nichtehelichen Kindern gegen unterschiedliche Väter richten.[120]   36

1. Rangverhältnis zwischen Ehemann und Kindesvater. Strittig war die Frage, welches Rangverhältnis zwischen dem unterhaltspflichtigen (geschiedenen) **Ehemann der Mutter** und dem gleichzeitig unterhaltspflichtigen nichtehelichen Vater besteht. Mangels Anspruchskonkurrenz stellt sich die Frage nicht, falls ein wirksamer Verzicht auf nachehelichen Unterhalt vorliegt.[121] Sie stellt sich wegen   37

---

115 Büdenbender FamRZ 1998, 129 (132).
116 Vgl. hierzu Dieckmann, Kein nachehelicher Unterhaltsanspruch gegen den Erben nach Erb- oder Pflichtteilsverzicht – Eine Erwiderung, FamRZ 1999, 1029 (1035); Puls FamRZ 1998, 865 (876).
117 Dieckmann FamRZ 1999, 1029 (1035).
118 BGH 17.11.2004 – XII ZR 183/02, FamRZ 2005, 347 (349).
119 OLG 27.2.1988 – 2 UF 123/88, FamRZ 1989, 1226 (1228).
120 BGH 15.12.2004 – XII ZR 26/03, FamRZ 2005, 357 (358); OLG Koblenz 21.7.2005 – 7 UF 773/04, NJW-RR 2005, 1457.
121 OLG Koblenz 20.3.2000 – 13 UF 540/99, FamRZ 2001, 227.

Wegfalls der Anspruchskonkurrenz nicht mehr, sobald die Mutter nach Entstehung des Anspruchs nach Abs. 1 S. 1 oder Abs. 2 geheiratet hat, weil § 1586 auf die Ansprüche der Mutter entsprechend anzuwenden ist, so dass ihre entsprechenden Ansprüche mit der Heirat erlöschen.[122] Für den Fall der Konkurrenz zwischen dem Anspruch auf Trennungsunterhalt nach § 1361 und den Ansprüchen nach Abs. 1 und Abs. 2 S. 2 hat der Bundesgerichtshof entschieden, dass **Gleichrang mit anteiliger Haftung** vor den Verwandten vorliege und der Haftungsgrad sich entsprechend § 1606 Abs. 3 S. 1 bestimme.[123] Bei Konkurrenz der Ansprüche nach Abs. 1 und Abs. 2 mit anderen Tatbeständen des ehelichen Unterhalts muss dasselbe gelten.[124] Grundsätzlich keine Rolle für den Eintritt der anteiligen Haftung spielt, ob der Aufwand für das Kind den ehelichen Verhältnissen zuzurechnen ist.[125] Entsprechendes gilt, wenn die konkurrierenden Ansprüche der Mutter gegen den Ehemann und den nichtehelichen Vater darauf beruhen, dass sie ein **eheliches Kind und ein nichteheliches Kind** gleichzeitig betreut.[126]

38 **2. Zur anteiligen Haftung von Ehemann und Kindesvater.** In den Fällen anteiliger Haftung hat die Kindesmutter die Voraussetzungen ihres Unterhaltsanspruchs nach § 1615 l gegen den Kindesvater und dessen **Haftungsanteil darzulegen und** ggf. **zu beweisen,**[127] also zB die fehlende Leistungsfähigkeit des Ehemanns bzw. im umgekehrten Prozess die fehlende Leistungsfähigkeit des Kindesvaters.[128] Anders als der in Anspruch genommene Elternteil oder Ehegatte hat die Mutter jeweils Auskunftsansprüche gegen den anderen anteilig haftenden Unterhaltspflichtigen.[129] Dasselbe gilt, wenn die Mutter Ansprüche gegen zwei verschiedene nichteheliche Kindesväter hat und einen von ihnen in Anspruch nimmt.[130]

Der **Haftungsgrad** (bis zur Alleinhaftung des Kindesvaters, → Rn. 41) ist in entsprechender Anwendung von § 1606 Abs. 3 S. 1 nicht schematisch ausschließlich nach den Erwerbs- und Vermögensverhältnissen der beiden Pflichtigen (Ehemann bzw. nichtehelicher Vater) zu bestimmen, sondern es kann eine fallbezogene, differenzierte Verteilung vorgenommen werden, um dem Einzelfall in flexibler Weise gerecht zu werden.[131] Geht es in beiden Fällen um Betreuungsunterhalt für eheliche Kinder bzw. das nichteheliche Kind, können die Zahl und die unterschiedliche Betreuungsbedürftigkeit der Kinder bei der Haftungsverteilung

---

122 BGH 17.11.2004 – XII ZR 183/02, FamRZ 2005, 347 (349).
123 BGH 15.12.2004 – XII ZR 26/03, FamRZ 2005, 357; BGH 17.1.2007 – XII ZR 104/03, FamRZ 2007, 1303.
124 KG Berlin 8.10.2014 – 3 UF 38/14; OLG Bremen 11.4.2005 – 4 UF 9/05, FamRZ 2006, 1207 (1208).
125 KG Berlin 8.6.2000 – 19 UF 6449/99, FamRZ 2001, 29 (30); Thüringer OLG 18.11.2005 – 1 WF 436/05, FamRZ 2006, 1205.
126 BGH 17.1.2007 – XII ZR 104/03, FamRZ 2007, 1303 (1304).
127 BGH 17.1.2007 – XII ZR 104/03, FamRZ 2007, 1303; BGH 15.12.2004 – XII ZR 26/03, FamRZ 2005, 357; BGH 21.1.1998 – XII ZR 85/96, FamRZ 1998, 541.
128 KG Berlin 8.6.2000 – 19 UF 6449/99, FamRZ 2001, 29 (30).
129 BGH 17.1.2007 – XII ZR 104/03, FamRZ 2007, 1303; BGH 15.12.2004 – XII ZR 26/03, FamRZ 2005, 357; BGH 21.1.1998 – XII ZR 85/96, FamRZ 1998, 541.
130 OLG Koblenz 21.7.2005 – 7 UF 773/04, NJW-RR 2005, 1457.
131 BGH 21.1.1998 – XII ZR 85/96, FamRZ 1998, 541 (544).

Berücksichtigung finden.[132] Ausgangspunkt der Prüfung bleiben aber zunächst die Einkommens- und Vermögensverhältnisse der beiden anteilig Haftenden.[133] Der Bedarf muss damit wohl jeweils konkret nach der Lebensstellung der Kindesmutter bzw. nach den für die Ehefrau maßgebenden ehelichen Verhältnissen bestimmt werden.

3. Gleichrang und Alleinhaftung des Kindesvaters. Die fallbezogene entsprechende Handhabung des § 1606 Abs. 3 S. 1 kann auch nach Meinung des Bundesgerichtshofs dazu führen, dass es zur Alleinhaftung des Kindesvaters kommt. Ein solcher Fall läge wohl vor, wenn erst das nichteheliche Kind den Anspruch auf Trennungsunterhalt (§ 1361) gegen den Ehemann entstehen ließe, weil die Mutter ihren Bedarf ohne das Kind weiter mit ihrer Erwerbstätigkeit hätte decken können. Deswegen würde hier der Kindesvater in erster Linie allein haften und eine anteilige Haftung des Ehemanns nur entstehen, soweit bei Weiterführung der Erwerbstätigkeit ein ungedeckter Bedarf bestanden hätte.[134] Soweit vom Kindesvater mangels Leistungsfähigkeit kein Unterhalt erlangt werden kann, muss der gleichrangig haftende Ehemann allerdings doch nach § 1606 Abs. 3 S. 1 in vollem Umfang eintreten, zumal beim Ehegattenunterhalt auch das außereheliche Kind der Ehefrau die ehelichen Verhältnisse prägt.[135] Insoweit kann kein Vorrang des Betreuungsunterhalts angenommen werden, den das Gesetz im Übrigen auch nicht ausdrücklich vorsieht, um eine vollumfängliche subsidiäre Haftung des gleichrangig haftenden Ehemanns auszuschließen.[136]

4. Ersatzhaftung. Die Ersatzhaftung der Eltern der Mutter, nicht aber der Eltern des Vaters,[137] gem. § 1607 Abs. 1 wegen mangelnder Leistungsfähigkeit des Kindesvaters ergibt sich aus Abs. 3 S. 1, § 1607 Abs. 1. Die Haftung des mit dem Kindesvater gleichrangig haftenden Ehemanns folgt bei Leistungsunfähigkeit des Vaters unmittelbar aus § 1606 Abs. 3 S. 1 (→ Rn. 41, → § 1606 Rn. 7). Zu beachten ist, dass bei ausgeschlossener oder erschwerter Rechtsverfolgung gegen den Vater, zB auch wenn dessen Vaterschaft noch nicht förmlich feststeht,[138] wegen des entsprechend anzuwendenden § 1607 Abs. 2 auch eine entsprechende Ersatzhaftung des Ehemanns[139] oder über Abs. 3 S. 1, § 1607 Abs. 2 der Eltern der Mutter, nicht aber der Eltern des Kindesvaters[140] in Betracht kommt, weil nur die Verwandten eines Kindes, hier der Kindesmutter, ersatzweise haften.[141] In diesem Fall gehen die Unterhaltsansprüche in Höhe der erbrachten Leistung mit Rückgriffsmöglichkeit über (§ 1607 Abs. 2). Bei der Ersatzhaftung der Eltern muss beachtet werden, dass diese zeitlich idR wohl nicht weiter gehen kann

132 BGH 17.1.2007 – XII ZR 104/03, FamRZ 2007, 1303; BGH 15.12.2004 – XII ZR 26/03, FamRZ 2005, 357; BGH 21.1.1998 – XII ZR 85/96, FamRZ 1998, 541.
133 BGH 16.7.2008 – XII ZR 109/05, FamRZ 2008, 1739 (1744).
134 Wever/Schilling FamRZ 2002, 581 (589); OLG Bremen 19.2.2004 – 4 WF 10/04, FamRZ 2005, 213; OLG Hamm 8.7.1999 – 2 UF 21/99, FamRZ 2000, 637 (Ls.).
135 BGH 15.3.2006 – XII ZR 30/04, FamRZ 2006, 683 (686); BGH 6.6.2008 – XII ZR 14/06, FamRZ 2008, 968 (971) (zur Wandelbarkeit der ehelichen Verhältnisse).
136 OLG Jena 18.11.2005 – 1 WF 436/05, FamRZ 2006, 1205; aA OLG Hamm 8.7.1999 – 2 UF 21/99, FamRZ 2000, 637.
137 OLG Nürnberg 19.1.2001 – 7 WF 136/01, FamRZ 2001, 1322 f.
138 OLG Brandenburg 25.2.2003 – 10 UF 82/02, FamRZ 2004, 560 (561).
139 BGH 17.1.2007 – XII ZR 104/03, FamRZ 2007, 1303; BGH 15.12.2004 – XII ZR 26/03, FamRZ 2005, 357; BGH 21.1.1998 – XII ZR 85/96, FamRZ 1998, 541.
140 OLG Nürnberg 19.1.2001 – 7 WF 136/01, FamRZ 2001, 1322.
141 Vgl. OLG Brandenburg 25.2.2003 – 10 UF 82/02, FamRZ 2004, 560 (561).

als die vorrangige Haftung des Kindesvaters nach § 1615 l Abs. 2.[142] Mit der
Einführung des Basisunterhalts für die ersten drei Lebensjahre eines Kindes hat
der Gesetzgeber dem betreuenden Elternteil die Entscheidungsmöglichkeit dahin
gehend eingeräumt, ob er einer Beschäftigung nachgehen oder die Betreuung des
Kindes übernehmen möchte. Diese Wertung gilt auch im Verhältnis der Kindesmutter zu einem ihr gegenüber unterhaltsverpflichteten Elternteil der Kindesmutter. Insoweit kann die Kindesmutter auch regelmäßig nicht auf eine externe
Betreuungsverpflichtung verwiesen werden.[143]

41 **5. Rangfolge der Bedürftigen gegenüber dem Kindesvater.** Hat der Vater außer
gegenüber der Mutter noch weitere Unterhaltspflichten zu erfüllen, bestimmt
sich die Rangfolge der Bedürftigen nach § 1609. Die Mutter befindet sich in
Rangstufe 2 (§ 1609 Nr. 2) und ist gegenüber den minderjährigen unverheirateten Kindern und den diesen nach § 1603 Abs. 2 S. 2 gleichstehenden volljährigen
Kindern nachrangig, also auch gegenüber ihrem nichtehelichen Kind (vgl.
§ 1609 Nr. 1), dagegen vorrangig gegenüber volljährigen Kindern, die in Rangstufe 4 fallen (§ 1609 Nr. 4), und sonstigen Verwandten des Vaters (§ 1609
Nr. 5–7). Sie ist gegenüber dem (geschiedenen) Ehegatten des Vaters oder einem
(ehemaligen) Lebenspartner des Vaters (vgl. §§ 5 S. 2, 12 S. 2, bzw. § 16 S. 2
LPartG) vorrangig, wenn für diese § 1609 Nr. 3 einschlägig ist, bzw. mit dem
Ehegatten oder dem Lebenspartner gleichrangig, soweit für diese wie für die
Mutter § 1609 Nr. 2 gilt.

VII. Geltendmachung rückständiger Beträge

42 Die Frage, unter welchen Voraussetzungen Unterhalt für die Vergangenheit
durchgesetzt werden kann, war streitig.[144] Nach Ablauf der Jahresfrist seit erstmaliger Entstehung des Anspruchs gilt § 1613 Abs. 1, so dass es danach der Inverzugsetzung oder der Rechtshängigkeit des Anspruchs bedarf. Der Bundesgerichtshof folgt der Auffassung, die maßgeblich auf den Verweis in § 1615 l
Abs. 3 S. 1 BGB abstellt und § 1613 BGB insgesamt und ohne Modifikationen
anwenden will. Danach enthält § 1615 l Abs. 3 S. 1 BGB eine Rechtsgrundverweisung auf § 1613 BGB, weshalb für die Geltendmachung von Unterhalt für
die Vergangenheit grundsätzlich die Voraussetzungen des § 1613 Abs. 1 S. 1
BGB vorliegen müssen, also eine Aufforderung zur Auskunft, eine Inverzugsetzung oder aber die Rechtshängigkeit des Unterhaltsanspruchs.[145]

Nach den zitierten Gesetzesmaterialien bestehen die Schwierigkeiten der Mutter,
die hier eine Abweichung von der Regel rechtfertigen, nur so lange, bis der Anspruch – regelmäßig durch rechtswirksame Vaterschaftsfestlegung – erstmalig
entstanden ist. Die Ansicht, die Jahresfrist gelte für alle, also auch danach liegende Zeitpunkte der Entstehung, dürfte unzutreffend sein.[146]

---

142 Vgl. OLG Frankfurt/M. 4.6.2009 – 2 UF 328/08, NJW 2009, 3105 ff.; OLG Düssel-
     dorf 27.2.1989 – 2 UF 123/88, FamRZ 1989, 1226 (1227); BGH 6.12.1984 – IV b ZR
     53/83, FamRZ 1985, 273 ff.
143 OLG Köln 26.3.2013 – 25 UF 241/12, FamRZ 2014, 136 (137).
144 Schilling FamRZ 2006, 1 (9).
145 BGH 2.10.2013 – XII ZB 249/12, FamRZ 2013, 1958.
146 So aber OLG Schleswig 3.9.2003 – 12 UF 11/03, FamRZ 2004, 563.

VIII. Verwirkung und Verjährung

Auch Ansprüche nach § 1615 l können aufgrund der Verweisungsnorm in Abs. 3 S. 1 entsprechend § 1611, nicht aber nach § 1579, ganz oder teilweise **verwirkt** werden. Bei der erforderlichen umfassenden Würdigung eines schuldhaften Fehlverhaltens der Berechtigten darf nicht übersehen werden, dass nicht verheiratete Elternteile geringere Loyalitätspflichten gegeneinander haben als nahe Verwandte und dass hier wegen der Annäherung des Anspruchs an § 1570 im Rahmen einer verfassungsgemäßen Anwendung von § 1611 stets das Betreuungsinteresse des Kindes mit abzuwägen ist. Eine vollständige Versagung von Unterhalt dürfte daher nur in Ausnahmefällen in Betracht kommen.[147] Keine Verwirkung tritt ein, wenn die Mutter in einer verfestigten Lebensgemeinschaft mit einem neuen Partner lebt, da § 1579 Nr. 2 nicht entsprechend anwendbar ist.[148] Für die Zeit der Minderjährigkeit der Mutter scheidet eine Verwirkung wegen § 1611 Abs. 2 aus. Dies gilt auch, soweit sie anstelle des Kindesvaters im Wege der Ersatzhaftung nach § 1607 ihre Eltern in Anspruch nimmt.[149] **43**

Die Ansprüche der Mutter bzw. des Vaters **verjähren in drei Jahren** (§§ 195, 197 Abs. 2, 199). Die Verjährung beginnt mit dem Schluss des Jahres der jeweiligen Entstehung des fälligen Anspruchs. Damit kann die Verjährung nicht vor dem Schluss desjenigen Jahres beginnen, in dem die Vaterschaft anerkannt oder gerichtlich festgestellt worden ist. **44**

§ 1615 m BGB Beerdigungskosten für die Mutter

Stirbt die Mutter infolge der Schwangerschaft oder der Entbindung, so hat der Vater die Kosten der Beerdigung zu tragen, soweit ihre Bezahlung nicht von dem Erben der Mutter zu erlangen ist.

Der Anspruch auf Übernahme von Beerdigungskosten ist vom Gesetz, das insoweit nicht auf die Vorschriften des Verwandtenunterhalts verweist, weiterhin als normale Forderung konzipiert, die im Gegensatz zu Unterhaltsforderungen als zusätzliche Tatbestandsvoraussetzungen weder die Bedürftigkeit der Berechtigten noch die Leistungsfähigkeit des Verpflichteten verlangt.[1] Dementsprechend wird in § 850 d Abs. 1 S. 1 ZPO (Pfändbarkeit bei der Durchsetzung von Unterhaltsansprüchen) auch nur § 1615 l genannt. Der Anspruch setzt voraus, dass die Mutter infolge der Schwangerschaft oder der Entbindung gestorben ist. Gegenüber der Haftung der Erben (§ 1968) ist er **subsidiär**. Soweit dem Vater als Verpflichteten die Übernahme der Kosten nicht zugemutet werden kann, muss sie die Sozialhilfe übernehmen (§ 74 SGB XII). **1**

Anspruchsinhaber sind entweder die zur Totenfürsorge Berechtigten, in der Regel die nächsten Angehörigen, oder der nach öffentlichem Recht Bestattungspflichtige.[2] Für die Höhe der angemessenen Kosten ist nach allgemeiner Ansicht **2**

---

147 OLG Nürnberg 26.8.2010 – 10 UF 702/10, FamRZ 2011, 735 (736); aA KG Berlin 8.10.2014 – 3 UF 38/14 (unter der zusätzlichen Voraussetzung dadurch entstandener grober Unbilligkeit).
148 OLG Nürnberg 26.8.2010 – 10 UF 702/10, FamRZ 2011, 735.
149 OLG Frankfurt/M. 4.6.2009 – 2 UF 328/08, NJW 2009, 3105 ff.
  1 AG Limburg 23.4.1987 – 4 C 68/87, FamRZ 1987 (1192); AG Göttingen 2.2.1988 – 24 C 225/87, FamRZ 1988, 1204; LG Bremen 7.5.1992 – 8 S 21/92, FamRZ 1993, 107.
  2 Staudinger/Engler § 1615 Rn. 10, 11.

in entsprechender Anwendung von § 1610 die Lebensstellung der Mutter maßgebend.[3] Der Anspruch unterliegt der regelmäßigen Verjährungsfrist von drei Jahren gem. § 195.[4] Die Verjährungsfrist beginnt nach § 199 Abs. 1 Nr. 1 und 2 mit dem Schluss des Jahres der Entstehung des Anspruchs auf Übernahme oder Erstattung bzw. der Kenntniserlangung durch den Gläubiger.

Für die Geltendmachung des Anspruchs sind die Familiengerichte zuständig (§ 231 Abs. 1 Nr. 3 FamFG).

§ 1615 n BGB   Kein Erlöschen bei Tod des Vaters oder Totgeburt

[1]Die Ansprüche nach den §§ 1615 l, 1615 m bestehen auch dann, wenn der Vater vor der Geburt des Kindes gestorben oder wenn das Kind tot geboren ist. [2]Bei einer Fehlgeburt gelten die Vorschriften der §§ 1615 l, 1615 m sinngemäß.

I. Allgemeines

1 Die Ansprüche der Mutter erlöschen auch bei Tod des Vaters vor der Geburt nicht (S. 1), richten sich also gegen seine Erben entsprechend der Regelung in § 1615 l Abs. 3 S. 5 für den Tod des Vaters nach Geburt (→ § 1615 l Rn. 35, 37). Wegen des umgekehrten Anspruchs des die Kindesbetreuung übernehmenden Vaters bei Tod der Mutter bei oder nach Geburt des Kindes → § 1615 l Rn. 36.

Sämtliche Ansprüche der Mutter – bis auf den tatbestandlich ausgeschlossenen Anspruch auf Unterhalt wegen Kindesbetreuung – gelten unmittelbar auch bei einer Totgeburt des Kindes (S. 1) und sinngemäß bei einer Fehlgeburt (S. 2).

II. Tot- oder Fehlgeburt

2 Bei Fehl- oder Totgeburt wird die schon vor der Geburt (§ 1594 Abs. 4) mit der notwendigen Zustimmung der Mutter (§ 1595 Abs. 1 und 3 iVm § 1594 Abs. 4) erklärte Anerkennung insoweit als wirksam behandelt werden können, als es um die Geltendmachung der nach § 1615 n verbliebenen Ansprüche geht. Im Übrigen müsste die Vaterschaft für den Leistungsprozess inzident mithilfe der Vaterschaftsvermutung des § 1600 d Abs. 2 und 3 festgestellt werden, wobei allerdings bei einer Fehlgeburt[1] und wohl auch bei einer Totgeburt[2] keine gesetzliche Empfängniszeit feststünde. Je nach Zeitpunkt ihres Anfalls sind die mit der Fehl- oder Totgeburt zusammenhängenden **Behandlungs- und Klinikkosten** gem. § 1615 l Abs. 1 S. 1 oder S. 2 zu erstatten, nach allgemeiner Meinung bei einer Totgeburt auch die Beerdigungskosten. Für die Fristen der Ansprüche nach § 1615 l Abs. 1, Abs. 2 S. 1 ist der Zeitpunkt der Fehl- oder Totgeburt maßgebend.[3] Der Anspruch nach § 1615 l Abs. 1 S. 1 steht der Mutter auch dann zu, wenn die Fehlgeburt in einem frühen Schwangerschaftsstadium eintritt. Das Gesetz bezweckt nicht nur die Sicherstellung der Pflege und Betreuung des Kindes nach der Entbindung, sondern auch den Ausgleich der besonderen physischen und psychischen Belastungen der Mutter durch die Schwangerschaft.[4]

---

3 MK/Born § 1615 m Rn. 9.
4 Palandt/Brudermüller § 1615 m Rn. 1.
1 Brüggemann, Die Ansprüche der Mutter gegen den außerehelichen Schwängerer, FamRZ 1971, 140 (142).
2 MK/Born § 1615 n Rn. 5.
3 Wendl/Dose/Bömelburg § 7 Rn. 219; aA Staudinger/Engler § 1615 n Rn. 14.
4 Schwab/Borth IV Rn. 1719.

III. Schwangerschaftsabbruch

Ein besonderes Problem stellt die rechtliche Behandlung des Schwangerschafts- **3** abbruchs dar. Dabei geht es um die Kosten des Abbruchs selbst, um die Folgen einer Fehlgeburt, welche durch einen vorangegangenen Abbruchsversuch ausgelöst wurden, und um die Frage, ob der Mutter in diesen Fällen die Unterhaltsansprüche des § 1615 l Abs. 1, Abs. 2 S. 1 zustehen.

Man wird von der Überlegung ausgehen müssen, dass das Gesetz die Beendigung der Schwangerschaft durch einen unterbrechenden Eingriff nicht als Unterfall einer Fehlgeburt ansieht.[5] Jedenfalls sind die Kosten des Abbruchs schon begrifflich keine Entbindungskosten.[6] Man muss wohl **differenzieren**. Findet eine gerechtfertigte Schwangerschaftsunterbrechung (sozial-medizinische Indikation nach § 218 a Abs. 2 StGB oder kriminologische Indikation nach § 218 a Abs. 3 StGB) statt, sollte der Vater gem. § 1615 l Abs. 1 S. 1 bei Vorliegen der sonstigen Unterhaltsvoraussetzungen auch die Unterbrechungskosten als Folgekosten der Schwangerschaft übernehmen[7] und nach § 1615 l Abs. 1, Abs. 2 S. 1 auf Unterhalt haften. Handelt es sich um einen zwar nicht gerechtfertigten, aber strafrechtlich nicht tatbestandsmäßigen (§ 218 a Abs. 1 StGB) oder straffreien (§ 218 a Abs. 4 S. 1 StGB) Abbruch bzw. um einen strafbaren Abbruch, wird man darauf abstellen müssen, ob der Erzeuger die Mutter zu dem Abbruch bestimmt hat oder mit dem Abbruch einverstanden war,[8] weil für diesen Fall auch seine Gewissensfreiheit (Art. 4 Abs. 1 GG)[9] weder einer Kostentragung noch einer Unterhaltsverpflichtung entgegenstehen kann.

Auch bei einem nicht gerechtfertigten Abbruch, der von der Mutter unabhängig vom Erzeuger allein zu verantworten ist, dürften über § 1615 n die bis zum Abbruch entstandenen und vom späteren Abbruch unabhängigen Unterhaltsansprüche geltend gemacht werden können und erst danach, weil sonst der Zweck der gesetzlichen Regelung verfehlt würde, eine Unterbrechung der für die Unterhaltssprüche erforderlichen Kausalkette anzunehmen sein.[10]

§ 1615 o BGB (aufgehoben)

Titel 4 Rechtsverhältnis zwischen den Eltern und dem Kind im Allgemeinen

Vorbemerkung zu §§ 1616–1625 BGB

Literatur: *Hepting*, Grundlinien des aktuellen Familiennamensrechts, FPR 2002, 115; *Spiegelhalder*, Überblick zum deutschen Namensrecht, FPR 2010, 1; *Wagenitz*, Neues Recht in alten Formen: Zum Wandel des Kindesnamensrechts, FamRZ 1998, 1545; *Wendt*, Eingriff in das Recht auf Vornamenswahl, FPR 2010, 12.

---

5 Wendl/Dose/Bömelburg § 7 Rn. 222–224.
6 Wendl/Dose/Bömelburg § 7 Rn. 222.
7 Ähnlich wie hier: Göppinger/Wax/Maurer Rn. 1287.
8 Vgl. dazu AG Bühl 6.9.1984 – C 361/84, FamRZ 1985, 107; zust.: Göppinger/Wax/ Maurer Rn. 1287.
9 Vgl. AG Bühl 6.9.1984 – C 381/84, FamRZ 1985, 107.
10 Vgl. Wendl/Dose/Bömelburg § 7 Rn. 224; ähnlich auch Göppinger/Wax/Maurer Rn. 1287.

I. Überblick

1 Die Vorschriften des 4. Titels enthalten im Wesentlichen das **Namensrecht**[1] für das Kind und einige wenige Bestimmungen zum **Verhältnis zwischen Eltern und Kindern.**

Die §§ 1616–1625 regeln die Frage, welchen Nachnamen das Kind bei seiner Geburt erhält,

■ wenn seine Eltern einen gemeinsamen Ehenamen führen (§ 1616),

■ wenn sie keinen gemeinsamen Ehenamen führen, aber gemeinsames Sorgerecht besteht (§ 1617),

■ wenn seine Eltern keinen gemeinsamen Ehenamen führen und Alleinsorge eines Elternteils besteht (§ 1617 a),

und das Recht, den Nachnamen des Kindes nachträglich zu ändern, wenn

■ gemeinsame Sorge begründet wird oder Scheinvaterschaft festgestellt wird § (1617 b),

■ die Eltern einen Ehenamen oder Partnerschaftsnamen bestimmen (§ 1617 c),

■ das Kind in den Haushalt eines Elternteils wechselt, der mit einem Ehepartner (oder Lebenspartner) zusammenlebt, der nicht Elternteil des Kindes ist (§ 1618 – „Einbenennung").

Das Namensrecht des Kindes hat das am 1.7.1998 in Kraft getretene Kindschaftsreformgesetz vom 16.12.1997 im Hinblick auf die Aufgabe der Unterscheidung zwischen ehelicher und nichtehelicher Geburt in den §§ 1616 bis 1618 neu geregelt. Die §§ 1618 a bis 1625 enthalten Vorschriften über das Verhältnis zwischen Eltern und Kindern, die auch oder nur bei Volljährigkeit des Kindes gelten.

Beim Namensrecht unterscheidet man den **Geburtsnamen**, den ein Kind aufgrund oder nach der Geburt erhält (§§ 1616 ff.), und den **Ehe- oder Familiennamen**, wenn Eheleute einen gemeinsamen Familiennamen bestimmt haben (§ 1355 Abs. 1 S. 1 und 2). Das Personenstandsgesetz (zB § 21 Abs. 1 Nr. 1, 4 PStG und § 59 Abs. 1 Nr. 4, 3 PStG) benutzt den Begriff „Familiennamen" allerdings allgemein iSd **Nachnamens** im Gegensatz zum Vornamen. Zum **Vornamen** → Rn. 2 und 3.

Bestandteil des Nachnamens sind auch **Adelsbezeichnungen** (Art. 109 Abs. 2 S. 2 Weimarer Verfassung iVm Art. 123 Abs. 1 GG), und zwar ggf. – soweit dies stets üblich war – auch in weiblicher Form.[2] Voraussetzung ist grundsätzlich, dass die Bezeichnung bis zum Inkrafttreten der Weimarer Verfassung tatsächlich geführt wurde. War dies schon während einer Generation vor Inkrafttreten nicht mehr der Fall, wurde sie auch nicht Namensbestandteil.[3]

Eine Besonderheit stellen **Doppelnamen** dar. Man unterscheidet zwischen echten Doppelnamen, die gewohnheitsrechtlich als ein Name angesehen werden, und unechten Doppelnamen, bei der einer der Namen nur eine Hinzufügung zum Ehenamen durch Anfügung oder Voranstellung darstellt (§ 1355 Abs. 4 und 5).[4] Beim Kindesnamensrecht ist die Vergabe eines unechten Doppelnamens als Geburtsnamens ausgeschlossen (§§ 1616, 1617 Abs. 1 S. 1), was das Bundesverfas-

---

1 Zur bewegten Geschichte des Namensrechts s. Spiegelhalder, Überblick zum deutschen Namensrecht, FPR 2010, 1.
2 OLG Düsseldorf FamRZ 1997, 1554 (1555).
3 OLG Hamm FamRZ 2007, 1168 (Ls.) = OLGReport 2007, 218 (219).
4 Palandt/Götz Vor § 1616 Rn. 4.

sungsgericht gebilligt hat[5] – s. aber zum Ausnahmefall einer Umgehungsmöglichkeit (Namen des anderen Elternteils als Vorname des Kindes) den Beschluss des Bundesgerichtshofs vom 30.4.2008[6] und das Urteil des OLG Köln vom 20.7.2015[7] sowie zu einem weiteren Ausnahmefall wegen vorrangigen europäischen Rechts → § 1617 Rn. 1.

II. Kindesnamensrecht

1. Allgemeine Grundsätze. Der Name, den das Kind als Vornamen und nach 2 Maßgabe der §§ 1616 ff. als Geburtsnamen erhält (bei Auslandsbezug vgl. Art. 10 EGBGB), dient seiner **Individualisierung und Identifizierung**.[8] Dies setzt voraus, dass der Name möglichst nicht geändert wird. Deswegen ist die **Namenskontinuität** ein wesentliches namensrechtliches Regelungsprinzip.[9] Zugleich macht der Name eine familiäre Zuordnung erkennbar. In dieser Funktion müsste er, um diese Erkennbarkeit aufrechtzuerhalten, der Änderung familienrechtlicher Verhältnisse folgen. Das Namensrecht muss die genannten Zielsetzungen – beim Erwachsenen kommt noch der frei gewählte Künstlername hinzu – miteinander harmonisieren.[10]

Das Kindschaftsreformgesetz stellt auf die Verhältnisse zum Zeitpunkt der Geburt ab, die grundsätzlich festgeschrieben werden.[11] Der Gesetzgeber hat es dabei belassen, dass das Kind als **Geburtsnamen** (Nachnamen bzw. Familiennamen) den von den Eltern geführten gemeinsamen Ehenamen erhält, ansonsten kommt es auf die Verteilung der elterlichen Sorge an. Haben beide Eltern die elterliche Sorge, können sie den Namen des Vaters oder der Mutter als Geburtsnamen des Kindes wählen. Treffen sie fristgerecht keine entsprechende Bestimmung, wird das Bestimmungsrecht vom Familiengericht auf einen Elternteil übertragen, dessen Namen das Kind bei weiterer Nichtausübung des Bestimmungsrechts erhält. Steht die elterliche Sorge nur einem Elternteil zu, erhält das Kind dessen Namen als Geburtsnamen.

Der oder die **Vornamen des Kindes** werden von dem oder den Inhabern des Sorgerechts bestimmt.[12] Steht einem Elternteil das Sorgerecht allein zu, bestimmt er allein.[13] Ist die Vornamenseintragung nach § 21 Abs. 1 Nr. 1 PStG im Geburtenregister abgeschlossen und liegt keine Unrichtigkeit der Eintragung vor, ist eine nachträgliche Änderung oder die nachträgliche Hinzufügung eines weiteren Vornamens nur noch im Wege der Namensänderung nach dem Gesetz über die Änderung von Familiennamen und Vornamen (NamÄndG) möglich.[14] Das Recht der Eltern oder des bestimmungsberechtigten Elternteils zur **Vornamenswahl** aufgrund des ihnen zustehenden Personensorgerechts wird nur **insoweit be-**

3

---

5   BVerfG FamRZ 2002, 306 (307 f.).
6   BGH FamRZ 2008, 1331 (1333).
7   OLG Köln FGPrax 2015, 262 f.: Nachname des Vaters als zweiter Vorname des Kindes aus ghanaischer Tradition.
8   BVerfG FamRZ 2002, 306 (307 f.).
9   S. zum Ganzen Hepting, Grundlinien des aktuellen Familiennamensrechts, FPR 2002, 115 ff.
10   Hepting FPR 2002, 115 (116).
11   Wagenitz, Neues Recht in alten Formen: Zum Wandel des Kindesnamensrechts, FamRZ 1998, 1545 ff.
12   BVerfG FamRZ 2004, 522; BayObLG FamRZ 2000, 55.
13   OVG Brandenburg FamRZ 2005, 1119.
14   BayObLG FamRZ 2002, 55 (56).

schränkt, als es die Ausübung des Kindeswohls zu beeinträchtigen droht[15] und es sich dabei um eine konkrete, nicht nur um eine abstrakte Beeinträchtigung handelt.[16] Dabei ist zu beachten, dass die Zahl der Vornamen auf vier bis fünf begrenzt werden kann.[17] Dem früher bestehenden Dogma,[18] wonach der Vorname das Geschlecht des Kindes offenkundig machen müsse, ggf. mittels eines weiteren Vornamens, hat das Bundesverfassungsgericht die Grundlage entzogen.[19] Der Gesetzgeber habe weder ausdrücklich noch immanent geregelt, dass der Vorname über das Geschlecht des Kindes informieren müsse.

Zulässig als Vornamen können sein: Nachnamen als Vornamen, Sachbegriffe, Fantasienamen, bekenntnisorientierte Vornamen.[20]

Unzulässig sind anstößige, lächerliche und sonst dem Kindeswohl abträgliche Bezeichnungen.[21] Auch gängige Nachnamen können grundsätzlich als Vornamen gewählt werden,[22] solange nicht besondere Gründe des Kindeswohls entgegenstehen, jedenfalls wenn wegen Zufügung weiterer Vornamen keine Verwechselungsgefahr mit einem Familiennamen besteht.[23] Dies gilt selbst für den Fall, dass dem Kind der Nachname eines Elternteils als weiterer Vorname beigeben wird.[24] Von einer Gefährdung des Kindeswohls ist allenfalls dann auszugehen, wenn der gewählte Vorname dem Kind offensichtlich und nach keiner Betrachtungsweise die Möglichkeit bietet, sich anhand des Vornamens mit seinem Geschlecht zu identifizieren.[25]

4   **2. Gerichtliche Klärung von Streitfragen.** Das Gesetz sieht in § 1618 S. 4 zur Frage der Ersetzung der erforderlichen Einwilligung des anderen Elternteils in die **Einbenennung** seines Kindes ein familiengerichtliches Verfahren vor (→ § 1618 Rn. 15 ff.).

Können sich die sorgeberechtigten Eltern über den Vornamen des Kindes nicht einigen, können sie das Familiengericht anrufen, welches nach § 1628 auf Antrag die Entscheidung einem Elternteil übertragen kann (zum Verfahren → § 1628 Rn. 4 f.). Gleiches gilt, wenn sie sich über Änderungen des Vor- oder Nachnamens nach dem Namensänderungsgesetz oder nach § 94 des Gesetzes über die Angelegenheiten der Vertriebenen und Flüchtlinge (Bundesvertriebenengesetz – bezieht sich auf vertriebene deutsche Staatsangehörige oder Volkszugehörige oder auf Spätaussiedler im Sinne von § 1 BVFG) nicht einigen können.

Für Änderungen von Registereintragungen oder bei Streitigkeiten zwischen den Eltern (oder dem Kind) auf der einen Seite und dem Standesamt auf der anderen Seite über die Vornahme einer Amtshandlung wie die Eintragung eines Namens steht das **gerichtliche Verfahren nach §§ 48 bis 53 PStG** offen. Ein solches Verfahren kann beim zuständigen Amtsgericht (nach § 50 PStG das Amtsgericht am

---

15 BVerfG FamRZ 2004, 522; BGH FamRZ 2008, 1331 (1332); OLG München MDR 2011, 47; OLG Köln FGPrax 2015, 262 f.
16 BGH FamRZ 2008, 1331 (1332).
17 Vgl. BVerfG FamRZ 2004, 522.
18 Vgl. OLG Düsseldorf OLGReport 2009, 760 (761); OLG Stuttgart FamRZ 2003, 1689 f.; KG FamRZ 2006, 1405 (Ls.).
19 BVerfG FamRZ 2009, 294 (295).
20 Vgl. Wendt, Eingriff in das Recht auf Vornamenswahl, FPR 2010, 12 (13 f.).
21 Palandt/Götz Vor § 1616 Rn. 10.
22 BGH FamRZ 2008, 1331 (1332).
23 BVerfG FamRZ 2005, 2049 (2050 f.).
24 BGH FamRZ 2008, 1331 (1333); OLG Karlsruhe StAZ 2014, 51–53.
25 BVerfG FamRZ 2009, 294 (295).

Sitz des übergeordneten Landgerichts) auf Antrag der Beteiligten oder der Aufsichtsbehörde und in Zweifelsfällen auch durch Vorlage der Sache an das Gericht vom Standesbeamten selbst eingeleitet werden (§§ 48 Abs. 2, 49 PStG). Das Verfahren folgt dem FamFG (§ 51 Abs. 1 PStG). Gegen die Entscheidung des Amtsgerichts ist die Beschwerde nach Maßgabe des FamFG eröffnet (vgl. § 53 Abs. 2 PStG). Die Aufsichtsbehörde hat in jedem Fall ein Beschwerderecht (§ 53 Abs. 2 PStG), auch wenn sie durch die Entscheidung nicht beschwert ist.[26] Die **Beschwerde hindert die Rechtskraft** der betreffenden Verfügung (§ 53 Abs. 1 PStG). Gegen die Beschwerdeentscheidung des Oberlandesgerichts ist bei Zulassung (§ 70 FamFG) die Rechtsbeschwerde zum Bundesgerichtshof statthaft.

§ 1616 BGB Geburtsname bei Eltern mit Ehenamen

Das Kind erhält den Ehenamen seiner Eltern als Geburtsnamen.

Sind die Eltern miteinander verheiratet und haben sie einen gemeinsamen Familiennamen (Ehenamen) bestimmt (§ 1355 Abs. 1 bis 3), erhält das Kind den **Ehenamen der Eltern kraft Gesetzes** mit seiner Geburt als Geburtsnamen. Daran ändert sich nichts, wenn die Eltern bei Geburt bereits geschieden sind, aber zu diesem Zeitpunkt noch beide den (ehemaligen) Ehenamen führen,[1] weil keiner von ihnen nach § 1355 Abs. 5 S. 2 seinen anderslautenden vorehelichen Namen wieder angenommen hat. Heiraten sie erst nach der Geburt, gilt § 1617 b Abs. 1 und, sobald sie einen gemeinsamen Ehenamen bestimmt haben, § 1617 c Abs. 1. Der gemeinsame Ehename wird auch dann zum (neuen) Geburtsnamen des Kindes, wenn Eheleute das Kind **gemeinsam adoptieren** (§ 1757 Abs. 1).

In das Geburtenregister wird neben dem Geburtsnamen (Familiennamen) des Kindes auch dessen Vorname eingetragen (§ 21 Abs. 1 Nr. 1 PStG). Auf Wunsch des oder der fiktiv Personensorgeberechtigten geschieht dies auch bei **Totgeburt** (§ 21 Abs. 2 S. 2 und 3 PStG).

Wird das Kind erst **nach dem Tod des Ehemanns geboren**, dieser aber nach § 1593 S. 1 oder S. 2 iVm § 1592 Nr. 1 zum Vater, und hat die Mutter den Ehenamen auch nach dem Tod des Mannes beibehalten (§ 1355 Abs. 5), erhält das Kind ebenfalls den Ehenamen als Geburtsnamen. Der Tod hat an dem Umstand, dass beide Eltern einen gemeinsamen Ehenamen haben, nichts geändert. Gleiches ergäbe sich auch aus § 1617 a Abs. 1.

Soweit ein Ehegatte nach § 1355 Abs. 4 für sich dem Ehenamen einen **Begleitnamen** vorangestellt oder angefügt hat, bleibt es dabei, dass allein der Ehename zum Geburtsnamen des Kindes wird. Ein **Doppelname** kann nur dann Geburtsname werden, wenn der Ehename selbst bereits ein echter Doppelname (→ Vor §§ 1616–1625 Rn. 1) ist.

§ 1617 BGB Geburtsname bei Eltern ohne Ehenamen und gemeinsamer Sorge

(1) ¹Führen die Eltern keinen Ehenamen und steht ihnen die Sorge gemeinsam zu, so bestimmen sie durch Erklärung gegenüber dem Standesamt den Namen, den der Vater oder die Mutter zur Zeit der Erklärung führt, zum Geburtsnamen

---

26 BGH FamRZ 2004, 449 (450).
1 BT-Drs. 13/4899, 90.

des Kindes. ²Eine nach der Beurkundung der Geburt abgegebene Erklärung muss öffentlich beglaubigt werden. ³Die Bestimmung der Eltern gilt auch für ihre weiteren Kinder.

(2) ¹Treffen die Eltern binnen eines Monats nach der Geburt des Kindes keine Bestimmung, überträgt das Familiengericht das Bestimmungsrecht einem Elternteil. ²Absatz 1 gilt entsprechend. ³Das Gericht kann dem Elternteil für die Ausübung des Bestimmungsrechts eine Frist setzen. ⁴Ist nach Ablauf der Frist das Bestimmungsrecht nicht ausgeübt worden, so erhält das Kind den Namen des Elternteils, dem das Bestimmungsrecht übertragen ist.

(3) Ist ein Kind nicht im Inland geboren, so überträgt das Gericht einem Elternteil das Bestimmungsrecht nach Absatz 2 nur dann, wenn ein Elternteil oder das Kind dies beantragt oder die Eintragung des Namens des Kindes in ein deutsches Personenstandsregister oder in ein amtliches deutsches Identitätspapier erforderlich wird.

I. Allgemeines

1 Eltern ohne gemeinsamen Ehenamen, aber mit gemeinsamer elterlicher Sorge (§§ 1626, 1626 a), können die Bestimmung des Namens bis zur Beurkundung der Geburt formlos, danach nur noch in öffentlich beglaubigter Form (§ 129 BGB, §§ 39 ff. BeurkG – für die Beglaubigung ist gem. § 45 Abs. 1 Nr. 1 PStG, § 59 BeurkG auch der Standesbeamte zuständig) abgeben (Abs. 1 S. 2). Die Eltern dürfen nur den **Namen des Vaters oder der Mutter** wählen, nicht etwa einen aus beiden Namen zusammengesetzten **Doppelnamen** (Abs. 1 S. 1). Diese gesetzliche Einschränkung des Wahlrechts der Eltern hat das Bundesverfassungsgericht gebilligt.[1]

Für Fälle mit Auslandsbezug, in denen die Eltern versuchten, § 1617 zu umgehen und dem Kind einen aus ihren beiden Nachnamen gebildeten Doppelnamen zu geben, ist europäisches Gemeinschaftsrecht und deutsches IPR sowie IPR des Drittstaats zu beachten. So gilt die Einschränkung nach § 1617 beispielsweise auch dann, wenn ein während eines vorübergehenden USA-Aufenthalts seiner Eltern geborenes, in Deutschland lebendes Kind deutscher Eltern neben der deutschen Staatsangehörigkeit auch die amerikanische erworben hat, weil nach Art. 10 Abs. 1 iVm Art. 5 Abs. 1 S. 2 EGBGB seine deutsche Staatsangehörigkeit maßgeblich ist und den Eltern Art. 10 Abs. 3 EGBGB nicht offen steht.[2] Gleiches gilt für ein deutsches Kind deutscher Eltern, die nicht miteinander verheiratet waren, und die in Frankreich einen aus ihrer beiden Nachnamen gebildeten Doppelnamen eintragen ließen, was jedoch nach Art. 48 EGBGB im Hinblick auf deutsches und französisches internationales Privatrecht unzulässig war und gegen den anzuwendenden § 1617 verstieß.[3] In einem anderen Fall hat das OLG München[4] im Hinblick auf das vorrangige europäische Gemeinschaftsrecht und das in England geltende IPR festgestellt, dass ein in England zulässigerweise eingetragener Doppelname eines deutschen Kindes ungeachtet des Verbots durch das deutsche Recht auch in das deutsche Geburtsregister eingetragen werden muss.

---

1   BVerfG FamRZ 2002, 306 ff.
2   BayObLG FamRZ 2000, 56 (57).
3   KG 19.1.2016 – 1 W 460/15, FamRZ 2016, 1280 f.
4   OLG München FamRZ 2010, 1568 (1569 ff.).

II. Uneinigkeit oder Untätigkeit der Eltern

Geben die gemeinsam sorgeberechtigten Eltern **binnen eines Monats nach der** 2
Geburt keine entsprechende Erklärung zur Namensbestimmung ab, hat dies der
Standesbeamte an das für den Wohnsitz oder Aufenthalt des Kindes zuständige
Familiengericht mitzuteilen (§ 57 Abs. 1 Nr. 6 PStV,[5] § 68 Abs. 1 PStG), welches
das Bestimmungsrecht (wegen § 14 Abs. 1 Nr. 5 RPflG durch den Richter) –
wenn es die Eltern nicht doch noch gemeinsam ausüben – auf einen von beiden
zu übertragen hat (Abs. 2 S. 1). Bleibt der ausgewählte Elternteil, der seinen Namen oder den Namen des anderen Elternteils zum Geburtsnamen bestimmen
kann (Abs. 2 S. 2), ebenfalls untätig, kann bzw. – nach Ablauf einer angemessenen Zeit – muss das Familiengericht eine **Frist für die Ausübung des Bestimmungsrechts** setzen (Abs. 2 S. 3). Nach ergebnislosem Fristablauf erhält das
Kind kraft Gesetzes[6] den Namen des Elternteils als Geburtsnamen, auf den das
Bestimmungsrecht übertragen worden ist (Abs. 2 S. 4). Gegen die gesetzliche
Folge der Fristversäumnis gibt es keine Wiedereinsetzung in den vorigen Stand,
wenn die erforderliche Erklärung verspätet beim Standesbeamten eingeht.[7] Genauso ist zu verfahren, wenn die Eltern oder der vom Familiengericht ausgewählte Elternteil nur eine Erklärung abgeben, die sich auf einen **nicht eintragungsfähigen Namen** bezieht, zB auf einen unzulässig aus den Namen beider Eltern zusammengesetzten Doppelnamen. Es handelt sich dann um eine rechtlich
unbeachtliche Namensbestimmung, so dass das vorgesehene familiengerichtliche
Verfahren durchzuführen ist.[8]

Ist das Kind im Ausland geboren, ist gem. Abs. 3 das familiengerichtliche Ver- 3
fahren nach Abs. 2 nur auf Antrag eines Elternteils oder des Kindes oder dann
durchzuführen, wenn die Eintragung des Kindesnamens in ein deutsches Personenstandsbuch oder ein deutsches amtliches Identitätspapier erforderlich wird.

III. Namensbestimmung für nachfolgende Geschwister

Die einmal erfolgte Namenswahl für das erste Kind von Eltern ohne Ehenamen, 4
aber mit gemeinsamer elterlicher Sorge, gilt nach Abs. 1 S. 3 auch für die weiteren Kinder derselben Eltern. Damit soll die **Namenseinheit der Geschwister** gewahrt werden. Voraussetzung ist die gemeinsame elterliche Sorge. Unterliegt ein
weiteres gemeinsames Kind **zunächst der Alleinsorge der Mutter**, weil die Eltern
bei Geburt des Kindes nicht verheiratet waren, sie sie nicht nachträglich geheiratet
haben, sie keine Sorgerechtserklärung abgegeben haben und auch keine gerichtliche Entscheidung ergangen ist, die das Sorgerecht auf beide Eltern übertragen
hat (§ 1626 a Abs. 1), erhält das Kind nach § 1617 a Abs. 1 mit der Geburt den
Namen der Mutter als Geburtsnamen, es sei denn, diese hätte bei Vaterschaftsanerkennung vor der Geburt ebenfalls vor der Geburt bereits den Namen
des Vaters mit dessen Einwilligung zum Geburtsnamen bestimmt (§ 1617 a
Abs. 2 S. 1 und 2). War aufgrund gemeinsamer elterlicher Sorge nicht der Name
des Vaters, sondern derjenige der Mutter zum Geburtsnamen eines früheren gemeinsamen Kindes derselben Eltern bestimmt worden, hindert dies bei alleinigem Sorgerecht der Mutter für ein weiteres Kind die Auswahl des Vaternamens

---

5 Verordnung zur Ausführung des Personenstandsgesetzes.
6 OLG Hamm FamRZ 2004, 731 (732).
7 OLG Hamm FamRZ 2004, 731 (732).
8 BayObLG FamRZ 1996, 236 (238) zur entsprechenden Regelung in § 1616 Abs. 3 aF.

nach § 1617 a Abs. 2 nicht, weil die Sperrwirkung von Abs. 1 S. 3 voraussetzt, dass es sich um nachgeborene gemeinsame Kinder handelt, die der **gemeinsamen elterlichen Sorge** unterliegen.[9] Wird die gemeinsame elterliche Sorge später begründet, tritt aufgrund der Sperrwirkung des Abs. 1 S. 3 im Zeitpunkt der Begründung der gemeinsamen Sorge allerdings ein gesetzlicher Namenswechsel auf den Geburtsnamen des ersten Kindes ein, den beide sorgeberechtigten Eltern anders bestimmt hatten.[10] Ein neues Bestimmungsrecht der Eltern nach § 1617 b Abs. 1 S. 1 binnen drei Monaten besteht nicht, weil die Namensgebung für das weitere Kind nach § 1617 b Abs. 1 S. 4 iVm § 1617 Abs. 1 S. 3 von Gesetzes wegen erfolgt. Voraussetzung der Bindungswirkung ist immer, dass die Namenswahl für das erste Kind als gemeinsame **Entscheidung beider sorgeberechtigter Eltern** nach § 1617 oder nach § 1617 b Abs. 1 S. 1 zu bewerten ist. Daran fehlt es, wenn die erste Namenserteilung nach § 1617 a Abs. 2 – ungeachtet der erforderlichen Zustimmung durch den anderen Elternteil – nur auf der autonomen Entscheidung des allein sorgeberechtigten Elternteils beruhte.[11]

Adoptiert ein Ehegatte ein Kind des anderen Ehegatten oder adoptieren beide ein Kind und haben die Eheleute bezüglich eines anderen Kindes bereits einen ihrer beiden Namen als Geburtsnamen ausgewählt, muss wegen der Verweisung auf Abs. 1 in § 1757 Abs. 2 S. 2 als Geburtsname des adoptierten Kindes derselbe Name bestimmt werden. War die Namensbestimmung im Adoptionsbeschluss deswegen fehlerhaft, bleibt der Beschluss wegen fehlender Nichtigkeit dennoch verbindlich.[12]

§ 1617 a BGB Geburtsname bei Eltern ohne Ehenamen und Alleinsorge

(1) Führen die Eltern keinen Ehenamen und steht die elterliche Sorge nur einem Elternteil zu, so erhält das Kind den Namen, den dieser Elternteil im Zeitpunkt der Geburt des Kindes führt.

(2) [1]Der Elternteil, dem die elterliche Sorge für ein Kind allein zusteht, kann dem Kind durch Erklärung gegenüber dem Standesamt den Namen des anderen Elternteils erteilen. [2]Die Erteilung des Namens bedarf der Einwilligung des anderen Elternteils und, wenn das Kind das fünfte Lebensjahr vollendet hat, auch der Einwilligung des Kindes. [3]Die Erklärungen müssen öffentlich beglaubigt werden. [4]Für die Einwilligung des Kindes gilt § 1617 c Abs. 1 entsprechend.

Literatur: *Gaaz*, Probleme der Einbenennung nach § 1618 BGB, FPR 2002, 125.

I. Allgemeines

1 Erwirbt ein Elternteil, der mit dem anderen Elternteil keinen gemeinsamen Ehenamen führt, **bei Geburt des Kindes** das **Alleinsorgerecht**, erhält das Kind kraft Gesetzes seinen zu diesem Zeitpunkt geführten Namen als Geburtsnamen (Abs. 1). Der normale Anwendungsfall betrifft Eltern, die nicht miteinander verheiratet sind. Wird das Kind während bestehender **Ehe von Eltern ohne gemeinsamen Ehenamen** geboren, ist ein solcher Fall eher theoretisch. Er dürfte nur

---

9 OLG Hamm FamRZ 2005, 1009 (1010).
10 OLG Hamm FamRZ 2005, 1009 (1010); BayObLG FamRZ 2001, 856 (857); vgl. für einen Übergangsfall zwischen altem und neuen Recht wegen Geburt des ersten Kindes vor dem 1.7.1998 aber OLG Düsseldorf FamRZ 2006, 1226.
11 OLG Karlsruhe NJW-RR 2006, 441 (442).
12 BayObLG FamRZ 2005, 1010 (1011).

vorliegen, wenn ein Elternteil geschäftsunfähig ist, so dass seine elterliche Sorge nach § 1673 Abs. 1 ruht und nicht ausgeübt werden darf (§ 1675), während die Ausübung der elterlichen Sorge allein dem anderen Elternteil obliegt (§ 1578 Abs. 1). Bei **Tod des ehelichen Vaters** (§ 1593 S. 1 oder S. 2 ivm § 1592 Nr. 1) vor Geburt kann eine Weiterführung des gemeinsamen Ehenamens durch die Mutter vorliegen (→ § 1616 Rn. 2), dieser Name ist aber dann zugleich ihr zur Zeit der Geburt des Kindes geführter Name im Sinne des Abs. 1. Der Name der Mutter, den sie aufgrund einer aufgelösten Ehe weiterführt (§ 1355 Abs. 5 S. 1) und der nicht ihr Geburtsname ist, wird der Name des Kindes auch dann, wenn es nicht aus der aufgelösten Ehe stammt.[1] Ist der Name einer ausländischen Mutter geschlechtsspezifisch abgewandelt, erhält ihn ihr Sohn in dieser Fassung, falls keine Angleichung nach Art. 47 Abs. 1 S. 1 Nr. 4, Abs. 2 EGBGB stattfindet.[2]

II. Namenserteilung aufgrund Alleinsorge

1. Regelungsgehalt. Dem allein sorgeberechtigten Elternteil, dessen Name nach Abs. 1 kraft Gesetzes zum Geburtsnamen des Kindes geworden ist, gibt Abs. 2 S. 1 die Möglichkeit, den Namen des anderen Elternteils zum Geburtsnamen zu bestimmen. Das betreffende Kind muss – weil das Bestimmungsrecht Ausfluss der elterlichen Sorge ist[3] – **minderjährig** sein.[4] Es darf also bei Eingang der erforderlichen Erklärung beim Standesamt noch nicht volljährig sein.[5] Die Namenserteilung bedarf der **Einwilligung des anderen Elternteils**, dessen Name Geburtsname werden soll und der **Einwilligung des Kindes**, sobald es das fünfte Lebensjahr vollendet hat (Abs. 2 S. 2).

Die vorgenommene Namenswahl kann **nicht wegen Irrtums**, Täuschung oder Drohung nach §§ 119 ff. **angefochten werden**. Eine einmal getroffene Namensbestimmung ist grundsätzlich unwiderruflich und kann nur nach dem Namensänderungsgesetz abgeändert werden.[6]

2. Einzuhaltende Förmlichkeiten. Die Erklärung über die Namenserteilung muss gegenüber dem Standesbeamten abgegeben werden (Abs. 2 S. 1). Dasselbe gilt für die Einwilligung des Kindes (Abs. 2 S. 2 ivm § 1617 c Abs. 1 S. 3). Ob auch die Einwilligungserklärung des anderen Elternteils so abgegeben werden muss,[7] erscheint nach der Gesetzeslage zweifelhaft. Jedenfalls ist die betreffende Einwilligungserklärung dem Standesamt vorzulegen. Zur Entgegennahme aller entsprechenden Erklärungen ist der **Standesbeamte zuständig**, der die Geburt des Kindes beurkundet hat (§ 45 Abs. 1 und 2 PStG). Das Gesetz verwendet ausdrücklich den Begriff der Einwilligung. Es erscheint jedoch fraglich, ob der Gesetzgeber den Begriff im Sinne einer vorherigen Zustimmung (§ 183) verstanden hat, so dass eine ohne (vorherige) Einwilligung erklärte Namenserteilung als einseitiges **amtsempfangsbedürftiges Rechtsgeschäft**[8] nichtig und nicht nur

2

3

---

1 Palandt/Götz § 1617 a Rn. 5.
2 OLG München FamRZ 2009, 437 (438).
3 BT-Drs. 13/4899, 92 f.
4 BayObLG FamRZ 2004, 1227 (1228); 2002, 1729 (1730).
5 BayObLG FamRZ 2004, 1227 (1228 f.).
6 OLG Zweibrücken 7.2.2011 – 3 W 139/10, Rn. 9.
7 So aber Palandt/Götz § 1617 a Rn. 9.
8 BayObLG FamRZ 2004, 1227 (1228).

schwebend unwirksam wäre.[9] Es spricht einiges dafür, dass der Begriff der **Einwilligung** nur als materielle **Mitwirkungsbefugnis** zu verstehen ist, die der Namenserteilung auch nachfolgen kann.[10] Im Regierungsentwurf zum Kindschaftsreformgesetz ist in diesem Zusammenhang davon die Rede, dass der Alleinsorgeberechtigte im Einvernehmen mit dem anderen Elternteil dessen Namen zum Geburtsnamen bestimmen können soll.[11] Die herrschende Meinung geht inzwischen davon aus, dass mit Einwilligung nur die materielle Mitwirkungsbefugnis gemeint ist, so dass die Namenserteilung nicht vor ihrem Eingang beim Standesbeamten wirksam werden kann.[12]

4   Sämtliche Erklärungen, also auch die Einwilligungserklärungen, bedürfen **öffentlicher Beglaubigung** (Abs. 2 S. 3). Dies kann nicht nur durch den Notar (§ 129 BGB, §§ 39 ff. BeurkG), sondern auch durch jeden Standesbeamten geschehen, also nicht nur denjenigen, dem gegenüber die Erklärungen abzugeben sind (§ 45 Abs. 1 Nr. 7 PStG, § 59 BeurkG).[13] Das Kind muss seine Erklärung, wenn es 14 Jahre alt ist, selbst abgeben, bedarf aber hierzu der Zustimmung seines gesetzlichen Vertreters (Abs. 2 S. 4, § 1617 c Abs. 1 S. 2), also regelmäßig des allein sorgeberechtigten Elternteils. Die Zustimmungserklärung des gesetzlichen Vertreters als solche muss nicht öffentlich beglaubigt werden (§ 182 Abs. 2), aber beim zuständigen Standesamt eingehen.[14] Der gesetzliche Vertreter erklärt die Einwilligung auch für das Kind, wenn es zwar fünf Jahre, aber noch nicht 14 Jahre alt ist. Dabei muss klar sein, dass er die Erklärung für das Kind, also als dessen Erklärung, und nicht für sich selbst abgibt.[15] In diesem Fall könnte das Kind, falls es wegen Vollendung des siebten Lebensjahres schon beschränkt geschäftsfähig ist, die Erklärung auch selbst mit (vorheriger oder gleichzeitiger) Einwilligung des gesetzlichen Vertreters abgeben (§ 107).[16] § 181 steht der Vertretung nach allgemeiner Meinung nicht entgegen.[17] Die gegenüber dem Standesbeamten abzugebenden Erklärungen sind amtsempfangsbedürftig (→ Rn. 3), der gesetzliche Vertreter gibt also, anders als nach § 181 vorausgesetzt, keine Erklärung gegenüber sich selbst ab.[18]

Umstritten ist die Frage, ob die Mutter eines totgeborenen Kindes den Namen des Kindes nach Abs. 2 bestimmen kann. Gegen diese Möglichkeit spricht, dass das Sorgerecht mit dem Tod des Kindes endet, ebenso wie dessen Rechtsfähigkeit.[19] Die Gegenansicht wendet überzeugend ein, dass das Namensgebungsrecht der Eltern als besonderes Persönlichkeitsrecht und als Ausdruck des allgemeinen Persönlichkeitsrechts (auch im Interesse des Kindes) fortbestehen bleibt.[20]

---

9   Vgl. hierzu Palandt/Ellenberger § 182 Rn. 5.
10 Vgl. BayObLG FamRZ 2004, 1227 (1229) mwN.
11 BT-Drs. 13/4899, 92 (dort noch zu § 1618 Abs. 2, dessen Inhalt in § 1617 a Abs. 2 des Gesetzes übernommen wurde).
12 Vgl. Gaaz, Probleme der Einbenennung nach § 1618 BGB, FPR 2002, 125 (130).
13 OLG Frankfurt/M. FamRZ 2002, 260 (261).
14 Gaaz FPR 2002, 125 (129).
15 LG Rottweil FamRZ 2002, 1743.
16 Gaaz FPR 2002, 125 (129).
17 Palandt/Götz § 1617 a Rn. 9.
18 Gaaz FPR 2002, 125 (129 f.).
19 BayObLG FamRZ 2001, 1543–1545.
20 OLG Düsseldorf StAZ 2015, 242–243; AG Kleve StAZ 2011, 215; Palandt/Götz § 1617 a Rn. 8.

3. Keine analoge Anwendung. Hatte ein Kind nach Abs. 1 kraft Gesetzes den 5
Namen seiner allein sorgeberechtigten Mutter (§ 1626 a Abs. 3) erhalten, gibt es
keine entsprechende Anwendung des Abs. 2, die es einem Vater, der **nach dem
Tod der Mutter das Alleinsorgerecht** erhalten hat (§ 1680 Abs. 2 S. 2), gestatten
würde, nunmehr seinen Namen als Geburtsnamen des Kindes zu bestimmen.
Der entsprechenden Meinung des Bayerischen Obersten Landesgerichts[21] ist der
Bundesgerichtshof nicht gefolgt, weil sich aus der Gesetzesgeschichte eine andere Wertentscheidung des Gesetzgebers ergäbe.[22] Genauso liegt es, wenn dem Vater die **Alleinsorge zu Lebzeiten der Mutter,** deren Namen das Kind führt, übertragen wird,[23] und zwar auch, wenn die Mutter in die Namenserteilung einwilligt. Entgegenstehende Rechtsprechung[24] ist überholt.

Möglich kann allerdings eine Namensänderung nach §§ 1, 2, 3 NamÄndG sein.
Wenn Gründe des Kindeswohls einen Namenswechsel erfordern, kann dies ein
wichtiger Grund im Sinne des § 3 Abs. 1 NamÄndG sein.[25]

§ 1617 b BGB Name bei nachträglicher gemeinsamer Sorge oder Scheinvaterschaft

(1) [1]Wird eine gemeinsame Sorge der Eltern erst begründet, wenn das Kind bereits einen Namen führt, so kann der Name des Kindes binnen drei Monaten
nach der Begründung der gemeinsamen Sorge neu bestimmt werden. [2]Die Frist
endet, wenn ein Elternteil bei Begründung der gemeinsamen Sorge seinen gewöhnlichen Aufenthalt nicht im Inland hat, nicht vor Ablauf eines Monats nach
Rückkehr in das Inland. [3]Hat das Kind das fünfte Lebensjahr vollendet, so ist
die Bestimmung nur wirksam, wenn es sich der Bestimmung anschließt. [4]§ 1617
Abs. 1 und § 1617 c Abs. 1 Satz 2 und 3 und Abs. 3 gelten entsprechend.

(2) [1]Wird rechtskräftig festgestellt, dass ein Mann, dessen Familienname Geburtsname des Kindes geworden ist, nicht der Vater des Kindes ist, so erhält das
Kind auf seinen Antrag oder, wenn das Kind das fünfte Lebensjahr noch nicht
vollendet hat, auch auf Antrag des Mannes den Namen, den die Mutter im Zeitpunkt der Geburt des Kindes führt, als Geburtsnamen. [2]Der Antrag erfolgt
durch Erklärung gegenüber dem Standesamt, die öffentlich beglaubigt werden
muss. [3]Für den Antrag des Kindes gilt § 1617 c Abs. 1 Satz 2 und 3 entsprechend.

I. Allgemeines

Die Vorschrift regelt zwei Möglichkeiten einer Namensänderung. Zum einen, 1
wenn die Eltern erst die **gemeinsame elterliche Sorge** erlangen, nachdem der
Kindesname bereits aufgrund der Alleinsorge eines Elternteils begründet wurde
(Abs. 1), zum anderen, wenn rechtskräftig die **Nichtvaterschaft des Mannes** festgestellt worden ist, dessen Name zum Geburtsnamen des Kindes wurde (Abs. 2).

---

21 BayObLG FamRZ 2005, 126 f.
22 BGH FamRZ 2005, 1984 (1985); vgl. auch die Empfehlung des Rechtsausschusses zur
    Streichung der im Kindschaftsreformgesetz ursprünglich vorgesehenen Möglichkeit der
    Namensänderung bei nachträglicher Alleinsorge des anderen Elternteils: BT-Drs.
    13/8511, 73.
23 OLG Bremen FamRZ 2003, 1687.
24 Vgl. zB BayObLG FamRZ 2000, 1435 f.
25 OLG Brandenburg StAZ 2016, 111–113.

Falls bereits früher für ein anderes Kind der Name bei gemeinsamer Sorge der Eltern gem. § 1617 bestimmt worden ist, ist zu beachten, dass im Falle des Eintritts des gemeinsamen Sorgerechts für das weitere Kind wegen des Verweises in Abs. 1 S. 4 nach § 1617 Abs. 1 S. 3 das Wahlrecht der Eltern ausgeschlossen[1] ist und das weitere Kind mit Eintritt der gemeinsamen Sorge von Gesetzes wegen den gleichen Namen wie sein Geschwister erhält.[2]

Die im Regierungsentwurf zum Kindschaftsreformgesetz ursprünglich vorgesehene Zusatzregelung, mit der eine Namensänderung auch zugelassen werden sollte, wenn nachträglich die Alleinsorge des anderen Elternteils begründet wird, wurde auf Empfehlung des Rechtsausschusses[3] zur Stärkung der Namenskontinuität gestrichen, so dass die Vorschrift für den Fall des nachträglichen Erwerbs der Alleinsorge eines Elternteils nicht anwendbar ist.[4] Zudem ist die Norm grundsätzlich nicht anwendbar, wenn es bereits zuvor zu einem Wechsel des Geburtsnamens des Kindes durch Einbenennung gekommen und die Ehe noch nicht geschieden ist.[5] Zum Streitstand, ob und unter welchen Umständen eine Umbenennung nach § 1617 b bei bereits erfolgter Um- oder Einbenennung möglich ist, s. BGH NJW 2016, 868–870.

Zur Namensänderung nach § 2 NamÄndG → § 1618 Rn. 1.

II. Name bei späterer gemeinsamer Sorge

2 Die nach § 1626 a Abs. 3 bestehende Alleinsorge der Mutter geht gem. § 1626 a Abs. 1 Nr. 1–3 (neu gefasst nach Entscheidungen des EGMR[6] und nachfolgend des BVerfG)[7] durch gemeinsame Sorgeerklärungen der Eltern (§ 1626 a Abs. 1 Nr. 1),[8] durch ihre Heirat oder in Folge der Übertragung durch das Familiengericht in die gemeinsame Sorge beider Elternteile über. Für diesen Fall dürfen die Eltern über den Geburtsnamen des Kindes, der nach § 1617 a bestimmt wurde, nach Abs. 1 neu entscheiden, allerdings nur, wenn sie keinen Ehenamen bestimmt haben, so dass § 1617 c Abs. 1 maßgebend wäre.[9] Für die Namenswahl besteht eine **Ausschlussfrist von drei Monaten ab dem Zeitpunkt der Begründung der gemeinsamen Sorge** (Abs. 1 S. 1) durch Abgabe der Sorgeerklärungen oder Heirat. Die Frist läuft aber bei Auslandsaufenthalt eines Elternteils nicht vor Ablauf eines Monats nach seiner Rückkehr ins Inland ab (Abs. 1 S. 2). Bei Versäumung der Ausschlussfrist ist eine Wiedereinsetzung nicht möglich. Es kommt auch nicht darauf an, ob den Eltern die namensrechtlichen Folgen aufgrund der Begründung der gemeinsamen elterlichen Sorge bekannt waren oder nicht.[10] Die Namensänderung erfolgt durch **Erklärung** beider Eltern **gegenüber dem Standesbeamten** (Abs. 1 S. 4 iVm § 1617 Abs. 1). Wegen der Förmlichkei-

---

1 OLG Hamm FamRZ 2005, 1009.
2 BayObLG FamRZ 2001, 856.
3 BT-Drs. 13/8511, 73.
4 BGH FamRZ 2005, 1984.
5 OLG Zweibrücken 24.6.2013 – 3 W 12/13.
6 EGMR FamRZ 2010, 103.
7 BVerfG FamRZ 2010, 1403.
8 Siehe zu § 1626 a Abs. 1 Nr. 1 den Beschl. des BVerfG v. 21.7.2010, FamRZ 2010, 1403 ff., wonach die gemeinsame elterliche Sorge bei verfassungsgemäßer Anwendung der Vorschrift auch auf Antrag durch Entscheidung des Familiengerichts begründet werden kann.
9 BT-Drs. 13/4899, 91.
10 OLG Düsseldorf FamRZ 2004, 1134.

ten wird auf → § 1617 a Rn. 3 und 4 verwiesen. Falls das Kind das fünfte Lebensjahr vollendet hat, ist es erforderlich, dass es sich der Bestimmung anschließt. Seine Erklärung gegenüber dem Standesbeamten kann es nach Vollendung des 14. Lebensjahres nur selbst – mit Zustimmung seines gesetzlichen Vertreters – abgeben (Abs. 1 S. 4, § 1617 c Abs. 1 S. 2 und 3). Bei einem Alter über fünf, aber unter 14 Jahren wird die Erklärung für das Kind durch den gesetzlichen Vertreter abgegeben. Gesetzlicher Vertreter sind in der Regel beide Eltern gemeinschaftlich (§ 1629 Abs. 1 S. 2). § 181 steht der Vertretung des Kindes nach allgemeiner Meinung nicht entgegen[11] (→ § 1617 a Rn. 4).

III. Name nach Vaterschaftsanfechtung

Nach Rechtskraft der Vaterschaftsanfechtung erhält das Kind nicht automatisch 3 den Namen seiner Mutter zur Zeit der Geburt, wie dies vor der am 1.7.1998 in Kraft getretenen Kindschaftsrechtsreform nach § 1617 Abs. 1 aF der Fall war. Es behält seinen Namen auch dann, wenn es als **Geburtsnamen den Namen des Mannes** erhalten hatte, dessen Nichtvaterschaft nunmehr rechtskräftig festgestellt wurde. Allerdings dürfen unter dieser Voraussetzung das Kind selbst unbefristet sowie der Namensgeber eingeschränkt, solange das Kind das fünfte Lebensjahr noch nicht vollendet hat, durch öffentlich beglaubigte Erklärung (hierzu näher → § 1617 a Rn. 3 f.) gegenüber dem Standesbeamten bewirken, dass das Kind den **Namen der Mutter** zur Zeit der Geburt **als Geburtsnamen** erhält (Abs. 2 S. 1). Das Kind muss seine Erklärung nach Vollendung des 14. Lebensjahres selbst abgeben, bedarf aber hierzu der Zustimmung seines gesetzlichen Vertreters (Abs. 2 S. 3 iVm § 1617 c Abs. 1 S. 2), dessen entsprechende Erklärung allerdings nicht öffentlich beglaubigt sein muss (§ 182 Abs. 2), sondern nur beim zuständigen Standesbeamten einzugehen hat.[12] Ein Kind unter 14 Jahren gibt seine Erklärung durch den gesetzlichen Vertreter ab. Soweit die Mutter die gesetzliche Vertretung innehat, steht § 181 der Vertretung nach allgemeiner Meinung nicht entgegen[13] (→ § 1617 a Rn. 4). **Nach seiner Volljährigkeit** – für seinen Antrag gibt es nach dem Gesetz keine zeitliche Beschränkung – stellt das Kind den Antrag allein. Es kann den Antrag auch stellen, wenn es schon selbst verheiratet ist, wie sich aus der Verweisung in Abs. 2 S. 3 auf § 1617 c Abs. 3 ergibt. Soll sich die Namensänderung auf den Ehenamen oder den Lebenspartnerschaftsnamen erstrecken, müssen der Ehegatte oder der Lebenspartner der Namensänderung durch öffentlich beglaubigte Erklärung gegenüber dem Standesbeamten zustimmen (§ 1617 c Abs. 1 S. 3, Abs. 3 Hs. 2). Das Kind erhält ggf. den Namen seiner Mutter zur Zeit seiner Geburt. Ein späterer **Namenswechsel der Mutter** bleibt unberücksichtigt.[14]

§ 1617 c BGB Name bei Namensänderung der Eltern

(1) [1]Bestimmen die Eltern einen Ehenamen oder Lebenspartnerschaftsnamen, nachdem das Kind das fünfte Lebensjahr vollendet hat, so erstreckt sich der Ehename oder Lebenspartnerschaftsname auf den Geburtsnamen des Kindes nur dann, wenn es sich der Namensgebung anschließt. [2]Ein in der Geschäftsfähigkeit

---

11 Vgl. Palandt/Götz § 1617 a Rn. 11.
12 Gaaz, Probleme der Einbenennung nach § 1618 BGB, FPR 2002, 125 (129).
13 Palandt/Götz § 1617 a Rn. 9.
14 Palandt/Götz § 1617 b Rn. 13.

beschränktes Kind, welches das 14. Lebensjahr vollendet hat, kann die Erklärung nur selbst abgeben; es bedarf hierzu der Zustimmung seines gesetzlichen Vertreters. ³Die Erklärung ist gegenüber dem Standesamt abzugeben; sie muss öffentlich beglaubigt werden.

(2) Absatz 1 gilt entsprechend,

1. wenn sich der Ehename oder Lebenspartnerschaftsname, der Geburtsname eines Kindes geworden ist, ändert oder

2. wenn sich in den Fällen der §§ 1617, 1617 a und 1617 b der Familienname eines Elternteils, der Geburtsname eines Kindes geworden ist, auf andere Weise als durch Eheschließung oder Begründung einer Lebenspartnerschaft ändert.

(3) Eine Änderung des Geburtsnamens erstreckt sich auf den Ehenamen oder den Lebenspartnerschaftsnamen des Kindes nur dann, wenn sich auch der Ehegatte oder der Lebenspartner der Namensänderung anschließt; Absatz 1 Satz 3 gilt entsprechend.

I. Allgemeines

1 Abs. 1 regelt die Möglichkeiten einer Änderung des Kindesnamens, wenn die Eltern erstmals einen gemeinsamen Ehenamen bestimmen, weil sie bislang keinen geführt haben oder dies anlässlich ihrer nachträglichen Heirat tun. Abs. 2 enthält die entsprechende Regelung, wenn sich der Ehename ändert, der schon Geburtsname des Kindes geworden ist, oder wenn sich der Familienname des Elternteils, der Geburtsname des Kindes geworden ist, auf andere Weise als durch Heirat oder Begründung einer Lebenspartnerschaft ändert. In Abs. 3 werden die namensrechtlichen Folgen der Namensänderung beim Kind für den Ehenamen oder den Lebenspartnerschaftsnamen seiner eigenen Ehe oder Lebenspartnerschaft behandelt.

II. Nachträglicher Ehename

2 Führten die Eltern bei Geburt des Kindes bereits einen gemeinsamen Ehenamen, wurde dieser nach § 1616 zum Geburtsnamen des Kindes. Abs. 1 betrifft nur die Fälle einer erst **nachträglichen Bestimmung des Ehenamens**, wenn der Geburtsname des Kindes nach §§ 1617 bis 1617 b bestimmt worden war. Aus Abs. 1 S. 1 ergibt sich, dass die Bestimmung des Ehenamens durch die von Anfang an oder nachträglich verheirateten Eltern (§ 1355 Abs. 2 und 3) sich **kraft Gesetzes** auf den Namen des Kindes erstreckt, wenn dieses zum Zeitpunkt der Bestimmung des Ehenamens durch Erklärung gegenüber dem Standesbeamten noch nicht fünf Jahre alt ist. Bei einem höheren Alter muss sich das Kind der **Namensänderung** für seinen Geburtsnamen **anschließen**. Hat es das 14. Lebensjahr vollendet, kann es die Anschlusserklärung gegenüber dem Standesbeamten in öffentlich beglaubigter Form (→ § 1617 a Rn. 3 f.) nur selbst abgeben, bedarf bei Minderjährigkeit jedoch der Zustimmung seines gesetzlichen Vertreters (Abs. 1 S. 2), dessen Zustimmungserklärung zwar beim zuständigen Standesbeamten eingehen muss, aber keine öffentlich beglaubigte Form erfordert (§ 182).[1] Der gesetzliche Vertreter handelt für das Kind, wenn es wenigstens fünf, aber noch nicht 14 Jahre alt ist. In der Regel vertreten beide Eltern gemeinschaftlich

---

1 Gaaz FPR 2002, 125 (129).

(§ 1629 Abs. 1 S. 2). § 181 steht der Vertretung nach allgemeiner Meinung nicht entgegen[2] (→ § 1617 a Rn. 4). **Nach seiner Volljährigkeit** – für seine Anschlusserklärung enthält das Gesetz keine zeitliche Beschränkung – gibt das Kind seine Erklärung allein ab. Dies kann es auch tun, wenn es schon selbst verheiratet ist, wie sich aus Abs. 3 ergibt. Soll sich die Namensänderung nicht nur auf den Geburtsnamen, sondern auch auf den Ehenamen oder den Lebenspartnerschaftsnamen des Kindes erstrecken, müssen der Ehegatte oder der Lebenspartner der Namensänderung durch öffentlich beglaubigte Erklärung gegenüber dem Standesbeamten zustimmen (§ 1617 c Abs. 1 S. 3, Abs. 3 Hs. 2). Ist das Kind bei Eintritt der Namensänderung bereits verstorben, bleibt sein Name unverändert.[3] Es kann sich der Namensänderung nämlich nicht mehr anschließen. Die Einheitlichkeit der Regelung erfordert, dass der Ausschluss der Änderung auch für ein **verstorbenes Kind** gilt, das bei Eintritt der Namensänderung noch nicht fünf Jahre alt gewesen wäre.

III. Nachträgliche Änderung des Ehenamens

Die Vorschriften des Abs. 1 gelten entsprechend bei Änderung des elterlichen Ehenamens, der zum Geburtsnamen des Kindes geworden war (Abs. 2 Nr. 1). Dies kann durch **Adoption** (§ 1757 Abs. 1 S. 1, Abs. 3) oder **durch Verwaltungsentscheidung** nach § 3 Abs. 1 NamÄndG geschehen. Möglich dürfte es auch sein, dass geschiedene Eltern, wenn sie einander wieder heiraten, im Rahmen der neuen Ehe, falls einer von ihnen den alten Ehenamen nach der Scheidung abgelegt hatte (§ 1355 Abs. 5 S. 2), den **Ehenamen ihrer neuen Ehe** nach § 1355 Abs. 2 anders bestimmen. Ändert sich der Ehename durch Verwaltungsentscheidung nach § 3 Abs. 1 NamÄndG, ändert sich gem. § 4 NamÄndG der Name des Kindes, das diesen Namen trägt und für das das Sorgerecht besteht, mit, wenn bei der Entscheidung nichts anderes bestimmt wird. 3

Schließt sich das Kind der Namensänderung wirksam an, erstreckt sich die Änderung seines Geburtsnamens auf den Ehenamen seiner eigenen Ehe oder den Lebenspartnerschaftsnamen seiner eigenen Lebenspartnerschaft nur, wenn der Ehegatte oder Lebenspartner sich der Namensänderung anschließt (→ Rn. 2). Voraussetzung des Anschlusses ist allerdings, dass entweder der Geburtsname des Kindes zum Ehe- oder Lebenspartnerschaftsname geworden war oder dass insoweit noch keine Bestimmung getroffen wurde. Eine davon unabhängige Neuausübung des bereits wahrgenommenen Bestimmungsrechts durch das Kind will das Gesetz nicht ermöglichen.[4]

IV. Namensänderung beim namensgebenden Elternteil

Ist kein Ehename, sondern der Familienname eines Elternteils zum Geburtsnamen des Kindes geworden (gem. §§ 1617, 1617 a, 1617 b oder durch Adoption), und ändert sich dieser Name **anders als durch Eheschließung oder Begründung einer Lebenspartnerschaft**, gibt Abs. 2 Nr. 2 dem Kind die Möglichkeit, sich der Namensänderung entsprechend Abs. 1 anzuschließen. Die Regelung erfasst nicht die Fälle, in denen ein **Ehename zum Geburtsnamen** des Kindes wurde. Nimmt der sorgeberechtigte Elternteil nach Scheidung anstelle des Ehena- 4

---

2 Vgl. Palandt/Götz § 1617 a Rn. 11.
3 AG Lübeck FamRZ 2002, 1730 (Ls.).
4 Vgl. Palandt/Götz § 1617 c Rn. 9.

mens wieder seinen eigenen Geburtsnamen an, kann sich das Kind dieser Namensänderung nicht anschließen.[5] Für sog **Scheidungshalbwaisen** bleibt daher nur die beschränkte Möglichkeit der Namensänderung aus wichtigem Grund durch Entscheidung der Verwaltungsbehörde nach § 3 Abs. 1 NamÄndG.[6] Die **Namensänderung beim namensgebenden Elternteil** kann sich zB durch Adoption oder durch Bestimmung eines Ehenamens durch seine eigenen Eltern und seinen Anschluss daran ergeben. Wegen der namensrechtlichen Folgen, die sich bei wirksamer Anschließung des Kindes an die Namensänderung über die Änderung des Geburtsnamens hinaus bezüglich des Ehenamens seiner Ehe oder des Lebenspartnerschaftsnamens seiner Lebenspartnerschaft ergeben können (Abs. 3), wird auf → Rn. 2 verwiesen.

§ 1618 BGB Einbenennung

[1]Der Elternteil, dem die elterliche Sorge für ein Kind allein oder gemeinsam mit dem anderen Elternteil zusteht, und sein Ehegatte, der nicht Elternteil des Kindes ist, können dem Kind, das sie in ihren gemeinsamen Haushalt aufgenommen haben, durch Erklärung gegenüber dem Standesamt ihren Ehenamen erteilen. [2]Sie können diesen Namen auch dem von dem Kind zur Zeit der Erklärung geführten Namen voranstellen oder anfügen; ein bereits zuvor nach Halbsatz 1 vorangestellter oder angefügter Ehename entfällt. [3]Die Erteilung, Voranstellung oder Anfügung des Namens bedarf der Einwilligung des anderen Elternteils, wenn ihm die elterliche Sorge gemeinsam mit dem den Namen erteilenden Elternteil zusteht oder das Kind seinen Namen führt, und, wenn das Kind das fünfte Lebensjahr vollendet hat, auch der Einwilligung des Kindes. [4]Das Familiengericht kann die Einwilligung des anderen Elternteils ersetzen, wenn die Erteilung, Voranstellung oder Anfügung des Namens zum Wohl des Kindes erforderlich ist. [5]Die Erklärungen müssen öffentlich beglaubigt werden. [6]§ 1617 c gilt entsprechend.

Literatur: *Gaaz*, Probleme der Einbenennung nach § 1618 BGB, FPR 2002, 125; *Jansen* (Hrsg.), FGG, Gesetz über die Angelegenheiten der freiwilligen Gerichtsbarkeit, Großkommentar, 3. Aufl. 2006; *Heistermann*, Sind durch das Kinderrechteverbesserungsgesetz alle Fragen zu § 1618 geklärt?, FamRZ 2003, 279; *Lang*, Aktuelle Einbenennungsprobleme vor dem Hintergrund des Kinderrechteverbesserungsgesetzes, FPR 2010, 23; *Oelkers/Kreutzfeldt*, Die Ersetzung der Einwilligung nach § 1618 S. 4 BGB, FamRZ 2000, 645.

I. Allgemeines

1 Die Vorschrift ermöglicht die **Anpassung des Kindesnamens an eine neue familiäre Situation,** die durch (erneute) Eheschließung eines der beiden Elternteile des Kindes entstanden ist. Bis zu ihrer Änderung durch das am 1.7.1998 in Kraft getretene **Kindschaftsreformgesetz** gestattete die Vorschrift nur die Einbenennung eines nichtehelichen Kindes. Danach wurde die Einbenennung eines ehelichen Kindes mit der Einschränkung erlaubt, dass der einbenennende Elternteil Inhaber der Alleinsorge ist. Erst das am 10.4.2002 in Kraft getretene **Kinderrechteverbesserungsgesetz** brachte die heutige Fassung des Gesetzes mit der zusätzlichen Voraussetzung, dass das Kind in den gemeinsamen Haushalt der

---

5 BGH FamRZ 2004, 449 (450).
6 Vgl. BVerwG FamRZ 2002, 1104 (1106) zum Begriff des erforderlichen „wichtigen Grundes".

Eheleute aufgenommen sein muss. Es kommt nunmehr weder darauf an, ob es um ein **eheliches oder nichteheliches Kind** geht, noch darauf, ob der einbenennende Elternteil das Alleinsorgerecht hat oder zusammen mit dem anderen Elternteil gemeinsam sorgeberechtigt ist. Die Einbenennung ist an die Eheschließung eines Elternteils gebunden.

Für den Fall der sog **Scheidungshalbwaisen** gibt es keine gesetzliche Regelung. Hat der sorgeberechtigte Elternteil nach der Scheidung den Ehenamen abgelegt und wieder seinen früheren Namen angenommen, ist auch § 1617 c Abs. 2 Nr. 2 nicht anwendbar. Eine Namensänderung kann in diesem Fall nur eingeschränkt nach § 3 Abs. 1 NamÄndG aus wichtigem Grund durch Entscheid der Verwaltungsbehörde geschehen.[1]

Kein Fall der Einbenennung liegt auch dann vor, wenn die Eltern getrennt und zerstritten sind, das Kind im Haushalt des einen, nicht wiederverheirateten Elternteils lebt, das Kind jedoch den Nachnamen des anderen Ehegatten trägt. Das OLG Oldenburg[2] und das OLG Brandenburg[3] hatten jeweils über Konstellationen zu entscheiden, in denen deutsche Mütter dem Kind den Nachnamen des tunesischen Vaters gegeben hatten, dies aber nach Ende der Beziehung rückgängig machen wollten, ohne jedoch zwischenzeitlich einen anderen Mann geheiratet zu haben (oder mit einer Frau eine Lebenspartnerschaft eingegangen zu sein). Da die Väter jeweils (teilweise) Mitinhaber des Sorgerechts waren und gegen eine Umbenennung waren, die die Gerichte nach § 3 NamÄndG als grundsätzlich möglich angesehen haben, war darüber zu entscheiden, welchem Elternteil gem. § 1628 das Recht, einen Antrag nach § 3 NamÄndG zu stellen, zu übertragen war. Als Prüfungsmaßstab haben beide Gerichte nicht die Frage gesehen, ob die Namensänderung für das Wohl des Kindes erforderlich ist,[4] was dann der Fall ist, wenn ohne Namensänderung schwerwiegende Nachteile für das Kind zu befürchten wären.[5] Um nicht der Prüfung der Verwaltungsbehörde (und den Verwaltungsgerichten) vorzugreifen und die Beschreitung des Verwaltungsgerichtswegs über die Gebühr zu erschweren, sei lediglich zu prüfen, ob die **Antragstellung** nach § 2 NamÄndG dem Kindeswohl entspricht, weil nachvollziehbare Gesichtspunkte vorliegen, die unter dem Gesichtspunkt des Kindeswohls eine Namensänderung als möglich erscheinen lassen.[6] Dies dürfte zugleich zu einem geringeren Grad des Erfordernisses der Aufklärung des Sachverhalts im Verfahren nach § 1628 führen und beispielsweise die Einholung eines Gutachtens in aller Regel verzichtbar machen.

Durch die **Einbenennung** kann dem Kind anstelle seines bisherigen Geburtsnamens der Ehename erteilt werden. Es kann auch eine **eingeschränkte Einbenennung** stattfinden, indem der Ehename nur dem Geburtsnamen des Kindes vorangestellt oder angefügt wird (S. 2).

Die Vorschrift gilt gem. § 9 Abs. 5 LPartG auch dann, wenn der Elternteil, der das Kind in seinen Haushalt aufnimmt, eine neue Lebenspartnerschaft eingegangen ist.

---

1 Vgl. BVerwG FamRZ 2002, 1104 (1106) zum Begriff des erforderlichen „wichtigen Grundes".
2 OLG Oldenburg FamRZ 2015, 333–334.
3 OLG Brandenburg StAZ 2016, 111–113.
4 So allerdings OLG Stuttgart, FamRZ 2011, 305.
5 BVerwG FamRZ 2002, 1104.
6 So auch OLG Karlsruhe FamRZ 2015, 1723–1726.

II. Voraussetzungen der Einbenennung

2 **1. Allgemeine Voraussetzungen. a) Heirat und Ehename eines sorgeberechtigten Elternteils.** Die Frage der Namensänderung durch Einbenennung (S. 1) stellt sich nur, wenn ein Elternteil, der das Alleinsorgerecht hat oder gemeinsam mit dem anderen Elternteil sorgeberechtigt ist, einen Dritten heiratet und zusammen mit seinem Ehegatten einen gemeinsamen **Ehenamen** bestimmt hat (§ 1355 Abs. 2).

3 **b) Minderjährigkeit des Kindes.** Die Einbenennung eines volljährigen Kindes ist nicht möglich, weil es an der vom Gesetz vorausgesetzten elterlichen Sorge für das Kind fehlt.

c) Aufnahme des Kindes in den gemeinsamen Haushalt

4 Die Voraussetzung, dass das Kind in den gemeinsamen Haushalt der einbenennenden Eheleute aufgenommen sein muss, wurde auf Empfehlung des Rechtsausschusses[7] in die geltende Gesetzesfassung (→ Rn. 1) aufgenommen, um eine Einbenennung ohne Einbeziehung des Kindes in die einbenennende Familie, zB nur wegen der besonderen Attraktivität des betreffenden Ehenamens,[8] auszuschließen.

5 **2. Förmliche Voraussetzungen. a) Einbenennungserklärungen.** Die Einbenennung erfordert übereinstimmende Erklärungen des betreffenden Elternteils und seines Ehegatten mit dem Inhalt, dass dem Kind der **Ehename erteilt wird** oder, bei der sog **additiven Einbenennung,** dass der Ehename dem bisherigen Namen des Kindes vorangestellt oder angefügt wird (S. 1 und S. 2). Die Erklärungen sind als amtsempfangsbedürftige Erklärungen gegenüber dem Standesbeamten abzugeben, der die Geburt des Kindes beurkundet hat (§ 45 Abs. 1 S. 1 Nr. 6 iVm Abs. 2 S. 1 PStG). Nicht erforderlich ist ein **gemeinsamer Erklärungsakt,** die inhaltlich übereinstimmenden Erklärungen können auch nacheinander abgegeben werden.[9] Wegen der Form der Erklärungen → Rn. 8 f. Bei **Tod des Ehemannes** kann dessen fehlende Einbenennungserklärung nicht in entsprechender Anwendung von S. 4 durch das Familiengericht ersetzt werden.[10] Eine von ihm bereits vor dem Tod beim zuständigen Standesbeamten abgegebene formgerechte Erklärung wirkt fort.[11]

6 **b) Einwilligungen bzw. Zustimmungen.** Die Einbenennung bedarf der Einwilligung des anderen Elternteils, wenn dieser Mitinhaber der elterlichen Sorge ist oder wenn das Kind seinen Namen führt, und der Einwilligung des Kindes, wenn es das fünfte Lebensjahr vollendet hat. Weil das Gesetz den Begriff der Einwilligung verwendet, könnte man daran denken, dass die Einbenennungserklärungen ohne Vorliegen der Einwilligung durch den einen Elternteil und seinen Ehegatten als **einseitige amtsempfangsbedürftige Rechtsgeschäfte**[12] nichtig und nicht nur schwebend unwirksam wären.[13] Der Gesetzgeber dürfte die geforderte Einwilligung aber nicht im Sinne vorheriger Zustimmung (§ 183) verstanden haben, sondern nur als materielle Mitwirkungsbefugnis. In der Begründung

---

7 BT-Drs. 14/8131, 8.
8 Palandt/Götz § 1618 Rn. 10.
9 Gaaz, Probleme der Einbenennung nach § 1618 BGB, FPR 2002, 125 (128).
10 OLG Zweibrücken FamRZ 2004, 1747 (1748).
11 Palandt/Götz § 1618 Rn. 19.
12 Gaaz FPR 2002, 125 (128 f.).
13 Vgl. hierzu Palandt/Heinrichs § 182 Rn. 5.

Pauling/Tanto

des Regierungsentwurfs zum Kindschaftsreformgesetz ist ungeachtet der Verwendung des Begriffs „Einwilligung" im vorgeschlagenen Gesetzestext immer nur von „Zustimmung" die Rede.[14] Nach wohl herrschender Meinung kann die Einbenennung nur nicht wirksam werden, bevor die notwendigen Einwilligungen beim Standesbeamten eingegangen sind.[15]

Die Einwilligung des anderen Elternteils ist auch dann erforderlich und nicht in entsprechender Anwendung von § 1747 Abs. 4 überflüssig, wenn er **unbekannten Aufenthalts** ist. Es bedarf in diesem Fall der gerichtlichen Ersetzung der fehlenden Einwilligung (S. 4).[16] Nach herrschender Meinung gilt dies nicht, falls der **andere Elternteil verstorben** ist. Seine Erklärung wäre ein höchstpersönlicher Akt gewesen, den nach dem Tod weder ein Stellvertreter noch ein Rechtsnachfolger vollziehen könne, so dass die Einwilligungsvoraussetzung als weggefallen angesehen werden müsse.[17] Gegen die herrschende Meinung ließe sich anführen, dass die namensrechtlichen Interessen des verstorbenen Elternteils im Einzelfall auch nach seinem Tod fortbestehen können. Dies läge auf der Hand, wenn er der Einbenennung noch zu Lebzeiten ausdrücklich widersprochen hätte. 7

c) **Form der Erklärungen.** Die Einbenennungserklärungen der Eheleute und die Einwilligungserklärungen des anderen Elternteils bzw. des Kindes sind **einseitige Rechtsgeschäfte**, die amtsempfangsbedürftig, bedingungsfeindlich und nur nach § 130 widerruflich sowie höchstpersönlich und vertretungsfeindlich sind.[18] Für die Einbenennungserklärung ergibt sich dies aus S. 1, für die Einwilligung des Kindes aus S. 6 iVm § 1617c Abs. 1 S. 2 und 3. Die Erklärungen müssen nach § 45 Abs. 2 S. 1 PStG bei dem Standesbeamten abgegeben werden, der die Geburt des Kindes beurkundet hat. Die Erklärungen bedürfen nach S. 5 und S. 6 iVm § 1617c Abs. 1 S. 3 der **öffentlichen Beglaubigung** (§ 129 BGB, §§ 39 ff. BeurkG). Die Beglaubigung kann anstelle des Notars aber auch jeder Standesbeamte vornehmen, also nicht nur derjenige, demgegenüber die Erklärungen abzugeben sind (§ 45 Abs. 1 PStG, § 59 BeurkG).[19] Die Einwilligungserklärung des anderen Elternteils zu Protokoll des Familiengerichts genügt nicht.[20] 8

Das **Kind muss seine Erklärung**, wenn es 14 Jahre alt ist, **selbst abgeben** (S. 6, § 1617c Abs. 1 S. 2). Es bedarf hierzu der Zustimmung seines gesetzlichen Vertreters (S. 6, § 1617c Abs. 1 S. 2), also des allein sorgeberechtigten Elternteils oder beider sorgeberechtigten Elternteile. Die Zustimmungserklärung selbst muss allerdings nicht öffentlich beglaubigt werden (§ 182 Abs. 2), sondern nur beim zuständigen Standesamt eingehen.[21] Der **gesetzliche Vertreter** erklärt die Einwilligung auch für das Kind, wenn es zwar fünf, aber noch nicht 14 Jahre alt ist. Dabei muss klar sein, dass er die Erklärung für das Kind, also als dessen Erklärung, und nicht für sich selbst abgibt.[22] In diesem Fall könnte das Kind, falls es wegen Vollendung des siebten Lebensjahres schon beschränkt geschäftsfähig ist, die Erklärung auch selbst mit (vorheriger oder gleichzeitiger) Einwilligung 9

---

14 BT-Drs. 13/4899, 92.
15 Gaaz FPR 2002, 125 (130); aA offenbar Palandt/Götz § 1618 Rn. 14.
16 OLG Hamm FamRZ 2000, 695; AG Blomberg FamRZ 2002, 1736.
17 Vgl. BayObLG FamRZ 2005, 388 mwN; Gaaz FPR 2002, 125 (131).
18 Vgl. OLG Frankfurt/M. FamRZ 2002, 260 (261); Palandt/Götz § 1618 Rn. 11.
19 OLG Frankfurt/M. FamRZ 2002, 260 (261).
20 OLG Hamm FamRZ 2011, 44 (45 f.).
21 Gaaz FPR 2002, 125 (129).
22 LG Rottweil FamRZ 2002, 1743.

des gesetzlichen Vertreters abgeben (§ 107).[23] Nach allgemeiner Meinung steht § 181 der Vertretung nicht entgegen.[24] Die gegenüber dem Standesbeamten abzugebenden Erklärungen sind amtsempfangsbedürftig (→ Rn. 8), so dass der gesetzliche Vertreter, anders als nach § 181 vorausgesetzt, keine Erklärung gegenüber sich selbst abgibt.[25] Ist die Einwilligungserklärung des anderen Elternteils bereits rechtskräftig ersetzt, genügt für die erforderliche Zustimmung des Kindes die Abgabe der entsprechende Erklärung durch den einbenennenden Elternteil, auch wenn der andere Elternteil, der untätig bleibt, ebenfalls sorgeberechtigt ist.[26]

10 Bezüglich der Erklärungsabgabe für das Kind durch den gesetzlichen Vertreter oder bezüglich der Zustimmung des gesetzlichen Vertreters zur Einwilligungserklärung des Kindes entsteht ein besonderes Problem, wenn der **mitsorgeberechtigte andere Elternteil seine Mitwirkung** bei der vom Kind zu erklärenden Einwilligung **verweigert.** Der Gesetzgeber hat dieses Problem bei der Erweiterung der Einbenennung des Kindes auf die Fälle gemeinsamer elterlicher Sorge (→ Rn. 1) nicht bedacht. Grundsätzlich wird die Mitwirkung für das Kind zugleich die Erteilung der eigenen Einwilligung bedeuten, umgekehrt die Verweigerung der Mitwirkung für das Kind zugleich die Verweigerung der eigenen Einwilligung.[27] Eine zusätzliche Schwierigkeit stellt der Umstand dar, dass für die Entscheidung über die Ersetzung der Einwilligung (S. 4) der Rechtspfleger des Familiengerichts zuständig ist (§ 3 Nr. 2 a RPflG), während eine Entscheidung nach § 1628 (Übertragung der Entscheidungsbefugnis auf einen von beiden Elternteilen) ebenso wie die Übertragung der Alleinsorge auf einen Elternteil (§ 1671 Abs. 1 und 2) wegen Richtervorbehalts (§ 14 Abs. 1 Nr. 5 und Nr. 3 RPflG) dem Familienrichter obliegt. Praxisnah wäre eine Auslegung von S. 4 dahin gehend, dass die familiengerichtliche Entscheidung durch den Rechtspfleger, welche die Einwilligung des anderen Elternteils ersetzt, zugleich bedeutet, dass auch die **fehlende Mitwirkung dieses Elternteils** an der Einwilligungserklärung des Kindes **ersetzt wird.** Für dieses Ergebnis spricht, dass die Ersetzung der Einwilligung ohnehin nur unter der engen Voraussetzung möglich ist, dass sonst das Kindeswohl gefährdet wäre, und darüber hinaus eine umfassende Abwägung der grundsätzlich gleichrangigen Kindes- und Elterninteressen erfordert.[28] Die Führung paralleler Verfahren beim Rechtspfleger und beim Familienrichter erscheint deswegen überflüssig.[29]

III. Ersetzung der Einwilligung

11 S. 4 ermöglicht nur die Ersetzung der erforderlichen Einwilligung **des anderen Elternteils,** wenn er mit dem einbenennenden Elternteil gemeinsam die elterliche Sorge inne hat oder wenn sein Name zum Geburtsnamen des Kindes geworden ist (S. 3). In entsprechender Anwendung von S. 4 nicht ersetzt werden kann die verweigerte Einwilligung des Kindes, ebenso wenig die Einbenennungserklärung

---

23 Gaaz FPR 2002, 125 (129).
24 Palandt/Götz § 1617 a Rn. 9.
25 Gaaz FPR 2002, 125 (129 f.).
26 Kissner, Einbenennung eines über fünf Jahre alten Kindes; Reichweite der Ersetzung der Einwilligung, StAZ 2008, 87 (88).
27 Gaaz FPR 2002, 125 (130).
28 Vgl. BGH FamRZ 2005, 889 (890).
29 Vgl. dazu Heistermann, Sind durch das Kinderrechteverbesserungsgesetz alle Fragen zu § 1618 geklärt?, FamRZ 2003, 279 f.

des verstorbenen Ehemanns des einbenennenden Elternteils.[30] Allerdings wirkt eine von ihm bereits vor dem Tod beim zuständigen Standesbeamten abgegebene formgerechte Erklärung fort.[31] Keiner Ersetzung wegen Wegfalls ihrer Notwendigkeit bedarf nach herrschender Meinung die fehlende Einwilligung des anderen Elternteils, wenn er verstorben ist (aber → Rn. 7).

1. Materielle Voraussetzungen. a) Konkrete Gefährdung des Kindeswohls. S. 4 12 knüpft die Ersetzung der Einwilligung zur Ersetzung des Kindesnamens durch den Ehenamen oder dessen Voranstellung oder Anfügung daran, dass die Ersetzung zum Wohl des Kindes erforderlich ist. Hieraus hat der Bundesgerichtshof wegen der grundsätzlichen Gleichrangigkeit von Kindes- und Elterninteressen und, weil eine entsprechende Namensverschiedenheit nichts Ungewöhnliches sei, den Schluss gezogen, dass eine Einbenennung nicht schon erfolgen könne, wenn die Beseitigung der Namensverschiedenheit zweckmäßig und dem Kindeswohl förderlich erscheine, sondern nur, wenn sie aus Gründen des Kindeswohls unabdingbar notwendig sei,[32] also ihr Unterbleiben nach den konkreten Umständen das **Kindeswohl gefährde** und die Einbenennung damit unerlässlich sei, um Schäden von dem Kind abzuwenden.[33] Die Ersetzung der Einwilligung erfordert eine **umfassende Abwägung der Interessen der Beteiligten.** Dabei sind als wichtige Kindesbelange einerseits die Integration in die „Stief"-Familie, andererseits die Kontinuität der Namensführung in die Abwägung einzubeziehen.[34] Liegen lediglich die **typischen Umstände** vor, wie sie der Situation von Kindern aus geschiedener Ehe entsprechen, fehlt es an einer konkreten Gefährdung des Kindeswohls.[35] Nicht allein ausreichend ist der Umstand, dass keine engen Beziehungen zum anderen Elternteil mehr bestehen, die durch regelmäßige zureichende Unterhaltszahlungen und Umgangskontakte dokumentiert werden.[36] Die dargestellten Maßstäbe gelten weiter, auch wenn der einbenennende Elternteil aufgrund einer nicht rechtskräftigen Ersetzungsentscheidung des Familiengerichts beim Standesamt durch Veranlassung einer Umschreibung des Geburtseintrags bereits „vollendete Tatsachen" geschaffen hat.[37] Für das Kindeswohl erforderlich ist die Einbenennung beispielsweise dann, wenn sich eine Erkrankung des Kindes, zB eine Asthmaerkrankung mit Atemnot, wegen der Namensungleichheit entscheidend verschlechtert hat.[38] Ausführlich zu den strengen Anforderungen an die Kindeswohlgefährdung OLG Hamm 29.12.2015 – II-4 UF 178/15.[39]

b) Additive Einbenennung. Die additive Einbenennung, bei welcher der Ehename 13 nur dem bisherigen Namen des Kindes vorangestellt oder angefügt wird, ist als **milderer Eingriff** anzusehen als die ersetzende Einbenennung.[40] Es gelten damit zwar die Erwägungen, die unter → Rn. 12 dargestellt sind. Es ist aber zu berücksichtigen, dass das Elternrecht des anderen Elternteils in diesem Fall in weit

---

30 OLG Zweibrücken FamRZ 2004, 1747 (1748).
31 Palandt/Götz § 1618 Rn. 19.
32 BGH FamRZ 2002, 94 f.; 2005, 889 (890).
33 BGH FamRZ 2005, 889 (890); 2002, 1331 (1332).
34 BGH FamRZ 2002, 94 (95); 2005, 889 (890).
35 BGH FamRZ 2002, 1330 f.
36 OLG Köln FamRZ 2006, 1872 (Ls.).
37 BGH FamRZ 2005, 889 (890).
38 OLG Hamm FamRZ 2008, 2148.
39 Auch: OLG Saarbrücken FamRZ 2013, 1054–1055 (keine Ersetzung der Einwilligung)
     und FamRZ 2014, 488–490 (Ersetzung).
40 BGH FamRZ 2002, 94 (95); 2002, 1330 (1331).

geringerem Maß berührt wird, so dass die **Eingriffsschwelle niedriger** anzusetzen ist.[41] Es erscheint zweifelhaft, ob auch in diesem Fall eine Gefährdung des Kindeswohls vorliegen muss, welche die Einbenennung unerlässlich macht, um Schäden von dem Kind abzuwenden.[42] Hier müsste genügen, dass die additive Einbenennung aus Gründen des Kindeswohls erforderlich ist, um eine bessere Integration in die „Stief"-Familie zu ermöglichen. Bei Kleinkindern ist eine additive Einbenennung allerdings in der Regel noch nicht zum Wohl des Kindes erforderlich.[43]

14 Nach der Rechtsprechung des Bundesgerichtshofs stellt die **additive Einbenennung** gegenüber der ersetzenden Einbenennung ein **aliud** dar.[44] Ein Verfahren, das nur eine ersetzende Einbenennung zum Gegenstand hat, erlaubt es daher nicht, als ein Weniger die Einwilligung in eine additive Einbenennung zu ersetzen. Anders ist dies unter Umständen, wenn im konkreten Verfahren ersetzende Einwilligung und additive Einwilligung durch entsprechende Anträge im Eventualverhältnis miteinander verbunden sind.[45] Bei gänzlicher Einwilligungsverweigerung des anderen Elternteils könnten entsprechende Einbenennungserklärungen der betreffenden Eheleute jeweils unter der Rechtsbedingung der Ersetzung der erforderlichen Einwilligung durch das Gericht im Eventualverhältnis zulässig sein, müssten aber, um das Gerichtsverfahren zu ermöglichen, bereits abgegeben sein.[46]

15 **2. Gerichtliches Ersetzungsverfahren. a) Gerichtliche Zuständigkeit.** Da das Recht, den Namen des Kindes zu bestimmen, Ausfluss des elterlichen Sorgerechts ist, handelt es sich um eine Kindschaftssache nach § 151 Nr. 1 FamFG, mithin um eine Familiensache (§ 111 FamFG), so dass das FamFG gem. § 1 FamFG Anwendung findet. Funktionell zuständig ist gem. § 151 Nr. 1 FamFG das Familiengericht, dort der Rechtspfleger (§ 3 Nr. 2 a RPflG). Die örtliche Zuständigkeit bestimmt sich nach § 152 Abs. 2 FamFG nach dem gewöhnlichen Aufenthalt des Kindes.

16 **b) Gerichtliches Verfahren.** Das Gericht wird auf **Antrag des einbenennenden Elternteils** und/oder des beteiligten Kindes[47] tätig, wobei ein Kind unter 14 Jahren gem. § 9 Abs. 2 FamFG durch die Sorgeberechtigten zu vertreten wäre, da es Beteiligter gem. § 7 Abs. 2 Nr. 1 FamFG ist, weil es in einem eigenen Recht durch das Verfahren unmittelbar betroffen ist, und es auch gem. § 8 FamFG über Beteiligtenfähigkeit verfügt, es allerdings nicht verfahrensbefugt ist (§ 9 Abs. 1 FamFG).[48] Sind beide Eltern sorgeberechtigt und scheitert eine einver-

---

41 OLG Stuttgart FamRZ 2004, 1990.
42 Vgl. OLG Stuttgart FamRZ 2004, 1990.
43 OLG Bremen FamRZ 2010, 1816 f.
44 BGH FamRZ 2005, 889 (891); 2002, 1330 (1331).
45 OLG Stuttgart FamRZ 2004, 1990 f.
46 Vgl. dazu BGH FamRZ 2002, 1330 (1331); OLG Brandenburg FamRZ 2002, 1059; aA OLG Stuttgart FamRZ 2004, 1990 f.: Bei grundsätzlicher Verweigerung der Einwilligung bereits im Vorfeld könne der einbenennende Elternteil über das Ersetzungsverfahren gerichtlich klären lassen, ob die Verweigerung Bestand habe, bevor er weitere kostenträchtige Schritte gegenüber dem Standesbeamten unternehme.
47 Vgl. hierzu eingehend OLG Hamm FamRZ 2004, 1748 mwN; die anders lautenden Entscheidungen OLG Brandenburg 10.6.2009 und OLG Nürnberg FamRZ 2001, 49, sind noch vor Inkrafttreten des FamFG ergangen.
48 Die in der Vorauflage vertretene Ansicht, vor Vollendung des 14. Lebensjahres des Kindes handele es sich ausschließlich um einen Rechtsstreit zwischen den Eltern, wird nicht aufrechterhalten.

nehmliche Einbenennung, stellt sich bei einem Kind zwischen 5 und 14 Jahren die Frage, ob der Rechtspfleger im Ersetzungsverfahren wegen der erforderlichen Zustimmung des Kindes die Entscheidungsbefugnis insoweit jedenfalls inzident – ungeachtet des hier bestehenden Richtervorbehalts – auf den einbenennenden Elternteil übertragen kann. Dies könnte wegen der dem Rechtspfleger nach § 1618 S. 4 obliegenden umfassenden Prüfungspflicht im Ersetzungsverfahren zu bejahen sein.[49] Ist die Ersetzung schon rechtskräftig ausgesprochen → Rn. 9.

Vor einer Entscheidung über die familiengerichtliche Ersetzung der Einwilligung **17** des anderen Elternteils sind die erforderlichen Tatsachen umfassend zu ermitteln (§ 26 FamFG)[50] und zwingend die beteiligten Eltern und das Kind – und zwar gem. § 159 Abs. 2 FamFG auch das unter 14 Jahre alte Kind, soweit die Neigungen, Bindungen oder der Wille des Kindes für die Entscheidung von Bedeutung sind oder wenn eine persönliche Anhörung aus sonstigen Gründen angezeigt ist – **persönlich anzuhören** (§§ 159, 160 FamFG).[51] In Sorgerechts- und Umgangsrechtsverfahren werden Kinder regelmäßig ab Vollendung des dritten Lebensjahres persönlich angehört. Mit Blick auf das Erfordernis der Zustimmung des Kindes ab Vollendung seines fünften Lebensjahres gem. S. 3 wird eine persönliche Anhörung des Kindes spätestens ab diesem Alter erforderlich sein. Das Gericht hat sich insoweit einen persönlichen Eindruck zu verschaffen. Auch das **Jugendamt** ist anzuhören und darüber hinaus auf Antrag am Verfahren zu beteiligen (§ 162 FamFG). Zudem können auch die Anhörung weiterer Personen, insbesondere auch des neuen Ehegatten des Elternteils, in dessen Haushalt das Kind gewechselt ist, erforderlich (und naheliegend) sein, da der Sachverhalt umfassend von Amts wegen aufzuklären ist. Auch die Bestellung eines Verfahrensbeistandes für das Kind kann erforderlich sein.[52] Bei schwerem Verstoß gegen die Anhörungspflichten kann das Beschwerdegericht den Beschluss des Familiengerichts aufheben und die Sache zur anderweitigen Entscheidung zurückverweisen.[53] Der neue Ehegatte hat keine Antragsrechte.

c) **Rechtsmittel.** Gegen die vom Rechtspfleger erlassene Entscheidung über den **18** Ersetzungsantrag ist als **Endentscheidung** iSd § 58 Abs. 1 FamFG unmittelbar (§ 11 Abs. 1 RPflG) das Rechtsmittel der Beschwerde zum Familiensenat des OLG (§§ 119 Abs. 1 Nr. 1 a, Abs. 2, 23 a Abs. 1 Nr. 1 GVG) eröffnet.[54] Beschwerdeberechtigt sind neben den Eltern auch das Kind (was gem. § 60 FamFG der Vertretung bedarf, soweit es das 14. Lebensjahr noch nicht vollendet hat),[55] das Jugendamt, soweit es formell beteiligt wurde, und ggf. der Verfahrensbeistand. Das Beschwerdegericht kann die Rechtsbeschwerde zum Bundesgerichtshof zulassen (§ 70 Abs. 1 FamFG).

---

49 Heinemann, Sind durch das Kinderrechteverbesserungsgesetz alle Fragen zu § 1618 BGB geklärt?, FamRZ 2003, 279 (280); Lang, Aktuelle Einbenennungsprobleme vor dem Hintergrund des Kinderrechteverbesserungsgesetzes, FPR 2010, 23.
50 OLG Naumburg FamRZ 2001, 1161 (1162).
51 Oelkers/Kreutzfeldt, Die Ersetzung der Einwilligung nach § 1618 S. 4 BGB, FamRZ 2000, 645 (646); OLG Karlsruhe FamRZ 2004, 831 (832); OLG Hamm FamRZ 2004, 1748 (1749); OLG Saarbrücken FamRZ 2009, 1334 f.
52 OLG Hamm FamRZ 2004, 1748.
53 OLG Karlsruhe FamRZ 2004, 831 (832); OLG Bamberg FamRZ 2000, 691.
54 BGH FamRZ 1999, 1648.
55 Bork/Jacoby/Schwab/Müther FamFG § 60 Rn. 6.

IV. Bestandskraft des erteilten Namens

19 Der dem Kind durch wirksame Einbenennung erteilte Geburtsname wird grund-sätzlich **endgültig fixiert.**[56] Nimmt der maßgebliche Elternteil nach der Schei-dung der Ehe, in die einbenannt wurde, nach § 1355 Abs. 5 S. 2 wieder einen früheren Namen an, kommt eine erneute Änderung des Kindesnamens durch Anschluss an diese Namensänderung nicht in Betracht. Zwar verweist S. 6 auf § 1617 c, die Voraussetzungen einer Namensänderung nach § 1617 c Abs. 2 Nr. 1 oder Nr. 2 sind aber nicht erfüllt und die Bestimmung ist auch nicht ent-sprechend anwendbar[57] (hierzu auch → § 1617 c Rn. 4). Möglich bleibt eine Namensänderung bei Änderung des Ehenamens der einbenennenden Ehe (§ 1617 c Abs. 2 Nr. 1) oder aufgrund **erneuter Einbenennung,**[58] wenn der maß-gebliche Elternteil eine weitere Ehe eingegangen ist. Ansonsten kommt eine Än-derung nur nach § 3 NamÄndG in Betracht. Hier ist Voraussetzung, dass ein wichtiger Grund die Änderung rechtfertigt.

§ 1618 a BGB Pflicht zu Beistand und Rücksicht

Eltern und Kinder sind einander Beistand und Rücksicht schuldig.

Literatur: *Knöpfel*, Beistand und Rücksicht zwischen Eltern und Kindern (§ 1618 a), FamRZ 1985, 554; *Schwab*, Familiäre Solidarität, FamRZ 1997, 521.

I. Allgemeines

1 Die Norm wurde durch das Gesetz zur Neuregelung des Rechts der elterlichen Sorge vom 18.9.1979 mit Wirkung vom 1.1.1980 in das BGB aufgenommen. Sie soll auf die Grundlage des Zusammenlebens in der Familie hinweisen und verdeutlichen, dass Leistung und Anspruch zwischen den Generationen als Kennzeichen einer partnerschaftlichen Familie je nach Fähigkeit und Bedürftig-keit auf Gegenseitigkeit beruhen.[1] **Gegenseitiger Beistand** und **gegenseitige Rücksicht** beanspruchen auch Geltung, wenn die Kinder **bereits volljährig** sind, und setzen nicht voraus, dass Eltern und Kinder in einem gemeinsamen Haus-halt wohnen.[2] Das Leitbild ist zwar auf alle Eltern-Kind-Beziehungen anwend-bar, erhebt jedoch gegen das einzelne Familienmitglied nicht immer denselben Anspruch. Dieser hängt von den Umständen ab und muss im Einzelfall konkre-tisiert werden. So wachsen Kinder mit zunehmendem Alter mehr und mehr in die Verpflichtung hinein, ihrerseits Beistand zu gewähren. Die Bestimmung hat für die Familie eine ähnliche Bedeutung, wie sie die Verpflichtung zur ehelichen Lebensgemeinschaft (§ 1353) für die Ehe hat.[3]

Die Vorschrift ist als solche bei einem Verstoß **nicht sanktionsbewehrt,** sondern zeigt als Grundnorm für die gegenseitigen Beziehungen der Familienmitglieder nur Leitlinien auf, die geeignet sind, bei der **Ausfüllung von Lücken im Familien-recht** herangezogen zu werden.[4] Mit ihrer Hilfe können Normen interpretiert

---

56 BGH FamRZ 2004, 449.
57 BGH FamRZ 2004, 449 (450); OLG Frankfurt/M. FamRZ 2005, 1927 (Ls.) = OLGRe-
    port 2005, 620 (621).
58 BGH FamRZ 2004, 449.
1   Beschlussempfehlung des Rechtsausschusses, BT-Drs. 8/2788, 36.
2   BT-Drs. 8/2788, 36 (43).
3   BT-Drs. 8/2788, 43.
4   BT-Drs. 8/2788, 36 (43).

und Rechte begrenzt werden.[5] Teilweise werden aber auch **Ansprüche** aus ihr hergeleitet[6] (wegen Einzelfällen → Rn. 2). Das Bundesverfassungsgericht hat die Herleitung von Ansprüchen aus der Vorschrift jedenfalls nicht als unzulässige Rechtsfortbildung bewertet.[7] Strittig ist, ob die Vorschrift auch für das **Verhältnis von Geschwistern untereinander** gilt.[8] Trotz des unmittelbaren Bezugs auf das Eltern-Kind-Verhältnis dürfte § 1618 a Rechtspflichten aller Familienmitglieder untereinander begründen, weil sich Pflichten zu Beistand und Rücksicht zugunsten der Geschwister jederzeit als mittelbarer Beistand für den dadurch begünstigten Elternteil rechtfertigen lassen.[9] Auch die Gesetzesmaterialien sprechen von der Vorschrift als Grundlage des Zusammenlebens der Familie und als Mittel, um den Gefährdungen der Familie als Institution entgegenzuwirken.[10]

II. Anwendungsfälle in der Rechtsprechung

■ **Auskunftsanspruch:**   2
Herleitung eines Anspruchs des nichtehelichen Kindes auf Auskunftserteilung durch seine Mutter über seinen möglichen Erzeuger zur Klärung der Vaterschaft.[11]
Anspruch gegen den Vater auf Nennung von Namen und Anschrift der Großmutter.[12]

■ **Erpressung:**
Wer den unterhaltsberechtigten Ehegatten dadurch zu einem Forderungsverzicht bewegen will, dass er droht, sonst das Arbeitsverhältnis mit der gemeinsamen Tochter zu kündigen und diese der öffentlichen Unterstützung anheim zu geben, verhält sich im Hinblick auf § 1618 a verwerflich iSd Erpressungstatbestands (§ 253 StGB).[13]

■ **Geschwister:**
Anspruch einer Schwester gegen ihren Bruder, ihr Zutritt zu dem in seiner Wohnung gelegenen Zimmer zu geben, das von der gemeinsamen Mutter bewohnt wird.[14]

■ **Sittenwidrige Bürgschaft:**
Sittenwidrigkeit der Bürgschaft eines finanziell von den Eltern abhängigen Kindes, das mit der Bürgschaft eine seine voraussichtliche wirtschaftliche Leistungsfähigkeit weit übersteigende Verpflichtung eingegangen ist, wenn das Kreditinstitut den sittenwidrigen Verstoß der Eltern gegen die nach

---

5 Schwab, Familiäre Solidarität, FamRZ 1997, 521.
6 Vgl. dazu BGH FamRZ 1998, 101 (103) mwN, wo diese Frage offengelassen wird.
7 BVerfG FamRZ 1997, 869 (870); 1989, 147.
8 So Palandt/Götz § 1618 a Rn. 2; aA Knöpfel, Beistand und Rücksicht zwischen Eltern und Kindern (§ 1618 a), FamRZ 1985, 554 (559).
9 Vgl. AG Arnsberg FamRZ 1996, 1435 (1436).
10 BT-Drs. 8/2788, 35 (43).
11 AG Passau FamRZ 1987, 1309 (1310); LG Münster FamRZ 1999, 1441 (1442); vgl. auch BVerfG FamRZ 1997, 869 (870), wonach die Herleitung eines solchen Anspruchs aus § 1618 a keine unzulässige Rechtsfortbildung darstellt.
12 AG Lüdinghausen FamRZ 2013, 633–634.
13 LG Düsseldorf FamRZ 2008, 2067 (2068).
14 AG Arnsberg FamRZ 1996, 1435 (1436).

§ 1618 a gebotene Rücksichtnahme in Kenntnis der entsprechenden Umstände grob fährlässig zum eigenen Vorteil ausnutzt.[15]

■ **Schadensersatz:**
Einen Schadensersatzanspruch kann die Verletzung vorvertraglicher Aufklärungspflichten, die sich aus § 1618 a ergeben, auslösen, wenn ein Vater unter Ausnutzung seiner Autorität und unter Vorspiegelung väterlicher Fürsorge seinen wirtschaftlich noch unselbstständigen Sohn dazu bringt, nach dem Tod der Mutter seinen Erbteil gegen ganz unzureichende Gegenleistung zu übertragen.[16]

■ **Umgang mit dem Vater:**
Abwägung bei Erteilung eines Hausverbots gegen den Sohn eines Bewohners wegen dessen Konflikten mit Betreuer und Pflegepersonal unter Berücksichtigung der Beistandspflicht des Sohnes gegenüber seinem Vater gem. § 1618 a, solange dieser den Kontakt nicht ablehnt.[17]

■ **Unterhalt:**
– Aus umfassender Abwägung der wechselseitigen Rücksichtnahmepflichten gem. § 1618 a ergibt sich die Obliegenheit des unterhaltsberechtigten Kindes, zur Verringerung der Unterhaltslast des Vaters aus der mütterlichen Wohnung auszuziehen und dort eine Wohnung zu beziehen, wo es sein freiwilliges soziales Jahr absolviert.[18]
– Auslandsaufenthalt im Studium erfordert umfassende Abwägung im Einzelfall dazu, ob Mehrkosten gerechtfertigter unterhaltsrechtlicher Mehrbedarf sind.[19]
– Auslegung des Rechts der Eltern zur Bestimmung der Unterhaltsgewährung für ein Kind nach § 1612 Abs. 2.[20]
– Ein Kind, das bei möglicher Barunterhaltspflicht beider Elternteile einen von ihnen in Anspruch nehmen will, ist auch im Hinblick auf § 1618 a gehalten, seinerseits zu den Einkommensverhältnissen des nicht in Anspruch genommenen Elternteils vorzutragen.[21]
– Ein minderjähriges Kind, das sich keiner Ausbildung unterzieht, kann – wenn bei einem Alter von wenigstens 15 Jahren §§ 2 Abs. 1 und 3, 5 Abs. 1 JArbSchG nicht mehr entgegenstehen – auch unter dem Gesichtspunkt von § 1618 a einer Erwerbsobliegenheit unterliegen, die zur Anrechnung fiktiven Einkommens führt.[22]
– Keine Verpflichtung der Eltern, die nur über durchschnittliche Einkünfte (2 x 3.000 EUR netto) verfügen, Mehrkosten einer privaten Universität gegenüber einer staatlichen Universität zu tragen.[23]

15 BGH FamRZ 1997, 153 (155); 1994, 688 (691).
16 OLG Düsseldorf FamRZ 2000, 1594 (Ls.) = OLGReport 2000, 265 (267).
17 LG Münster Sozialrecht aktuell 2014, 171–172.
18 OLG Frankfurt/M. 17.9.2014 – 5 UF 194/14.
19 KG MDR 2013, 602–603.
20 KG FamRZ 2006, 60; BayObLG FamRZ 2000, 976 (977).
21 OLG Hamm FamRZ 2006, 1479 (1480).
22 OLG Brandenburg FamRZ 2005, 2094 (Ls.) = OLGReport 2004, 425; OLG Rostock FamRZ 2007, 1267.
23 OLG Düsseldorf FamRZ 2014, 564–565.

- **Verbleib des Kindes in der Wohnung der Eltern:**
  Kein Anspruch des volljährigen Kindes aus § 1618 a auf Verbleib in der Wohnung der Eltern.[24]
- **Wohnungseigentümer:**
  Beeinflussung von Rechten der Wohnungseigentümer untereinander, wenn zwischen ihnen § 1618 a gilt.[25]

§ 1619 BGB Dienstleistungen in Haus und Geschäft

Das Kind ist, solange es dem elterlichen Hausstand angehört und von den Eltern erzogen oder unterhalten wird, verpflichtet, in einer seinen Kräften und seiner Lebensstellung entsprechenden Weise den Eltern in ihrem Hauswesen und Geschäft Dienste zu leisten.

I. Allgemeines

Die Vorschrift hat wenig praktische Bedeutung. Sie spielt eine Rolle im Rahmen von **Schadensersatzansprüchen**, wenn das pflichtige Kind seinen Eltern die geschuldeten Dienstleistungen wegen seiner Verletzung oder seines Todes nicht mehr erbringen kann (§ 845). Außerdem kann sich ein **erbrechtlicher Ausgleichsanspruch** des Kindes gegen andere erbberechtigte Abkömmlinge seiner Eltern bzw. eines Elternteils ergeben, weil das Kind über längere Zeit unentgeltlich entsprechende vermögenserhaltende oder vermögensmehrende Dienstleistungen erbracht hat (§ 2057 a). An sich räumt die Vorschrift den Eltern – über das Erziehungsrecht bei minderjährigen Kindern (§ 1631 Abs. 1) hinaus – das Recht ein, von ihren Kindern, gestuft nach Alter und Beanspruchung durch die Ausbildung, unentgeltliche Mitarbeit im Haushalt und im elterlichen Geschäft zu verlangen. Sie brauchen gegen die von Kindern verursachte Haushaltsverwüstung also nicht allein anzukämpfen, sondern können vielmehr darüber hinaus Unterstützung bei der allgemeinen Haushaltsbewältigung fordern. 1

Die von Kindern beiderlei Geschlechts[1] geschuldeten Dienste sind **unentgeltlich** zu erbringen.[2] Der Anspruch der Eltern ist höchstpersönlicher Natur und **nicht abtretbar** (§ 399 Alt. 1).

II. Einzelheiten der Regelung

1. Persönliche Voraussetzungen beim Kind. Die Dienstleistungspflicht des Kindes hängt nicht davon ab, ob das Kind minderjährig oder volljährig oder schon verheiratet ist. Es kann ein leibliches Kind oder ein Adoptivkind seiner Eltern sein. Auch ein Stiefkind,[3] das im Hausstand mit einem Eltern- und einem Stiefelternteil lebt, ist betroffen. 2

2. Zugehörigkeit zum elterlichen Hausstand. Die Dienstleistungspflicht kann Kinder nur treffen, solange sie zum Hausstand der Eltern, ggf. auch nur eines Elternteils, gehören. Maßgebend ist, ob das Kind seinen **Lebensmittelpunkt** noch **in der elterlichen Wohnung** hat.[4] Ob dies (noch) vorliegt, hängt von den 3

---

24 AG Gladbeck FamRZ 1991, 980.
25 BayObLG FamRZ 1993, 803 (804).
1 BGH FamRZ 1973, 535 (536).
2 BGH FamRZ 1998, 101 (102) unter Hinweis auf die Gesetzesmotive.
3 Vgl. Palandt/Götz § 1619 Rn. 1.
4 LG Kiel FamRZ 1989, 1172 (1173).

Umständen des Einzelfalls ab. Wesentliche Beurteilungskriterien sind dabei die Benutzung der Wohnung zum Aufenthalt, zum Schlafen sowie die Einnahme der Mahlzeiten, während es nicht entscheidend auf die Selbstständigkeit ankommt, die das Kind inzwischen erlangt hat.[5] Ein volljähriges Kind kann seine etwaige Verpflichtung zur unentgeltlichen Dienstleistung allerdings durch **Verlassen des elterlichen Haushalts** jederzeit einseitig beenden.[6]

4 **3. Erziehung und/oder Unterhaltsgewährung durch die Eltern.** Ob bei minderjährigen Kindern zum Hausstand mindestens ein **sorgeberechtigter Elternteil** gehören muss,[7] erscheint aufgrund der geltenden Rechtslage zweifelhaft. Erziehung kann auch von einem Elternteil geleistet werden, der nicht Inhaber der elterlichen Sorge ist, zB vom Vater des nichtehelichen Kindes, das mit Zustimmung der sorgeberechtigten Mutter in seinem Hausstand lebt (vgl. §§ 1687 a, 1687 Abs. 1 S. 4 und 5). Sobald das **Kind volljährig** ist, kommt es wegen Wegfalls der Erziehung nur darauf an, ob ihm noch Unterhalt gewährt wird.[8] Setzt ein volljähriges Kind seine volle Arbeitskraft im elterlichen Betrieb ein, bestimmt sich nach den Umständen des Einzelfalls, ob es sich um unentgeltliche Dienstleistung bei Unterhaltsgewährung iSd § 1619 handelt oder ob dem Arbeitseinsatz **vertragliche Abmachungen mit den Eltern** zugrunde liegen, welche den Charakter der Unentgeltlichkeit beseitigen und zB eine Vergütungsabrede bedeuten.[9] Bei dem nach heutigen Verhältnissen bestehendem Bedürfnis nach Selbstständigkeit und sozialer Absicherung spricht die Vermutung eher für ein arbeitsrechtliches Verhältnis oder eine gesellschaftsvertragliche Bindung, wenn ein erwachsenes Kind im elterlichen Betrieb mitarbeitet.[10] Setzt das Kind seine **Arbeitskraft außerhalb des elterlichen Betriebs** in einem Umfang ein, der in dem betreffenden Berufszweig üblicherweise die volle Erwerbsarbeitskraft ausschöpft, kommt auch dann keine gesetzliche Pflicht mehr zu unentgeltlicher **Mitarbeit** in eingeschränktem Umfang **während der Freizeit** in Betracht, wenn die Eltern in Form von Unterkunft und Verpflegung (freiwillig) noch einen wesentlichen Teilunterhalt erbringen. Da der Anspruch der Eltern nach dem Gesetz entsprechend den Kräften und der Lebensstellung des Kindes beschränkt ist und auch keine unterhaltsrechtliche Abhängigkeit mehr besteht, scheidet eine Freizeitverpflichtung in diesem Fall auch dann aus, wenn eine solche Mitarbeit in der Freizeit aufgrund der Umstände dem Anstandsgefühl entsprechen würde.[11]

5 **4. Umfang der Verpflichtung.** Der Umfang der Dienstleistungspflicht bestimmt sich einerseits nach den Kräften und der Lebensstellung des Kindes bzw. nach der Interessenlage des Kindes und dem Bedarf der Eltern,[12] also entsprechend dem Alter des Kindes, seiner körperlichen und gesundheitlichen Verfassung, seinen körperlichen und geistigen Fähigkeiten, seiner ausbildungsbedingten Beanspruchung und ggf. seiner Erziehungsbedürftigkeit, andererseits aber auch nach den Lebensverhältnissen und dem Bedarf der Eltern, also nach deren Hilfsbedürftigkeit, zB weil beide berufstätig sind,[13] bzw. nach den sachlichen Anforde-

5 LG Kiel FamRZ 1989, 1172 (1173).
6 BGH FamRZ 1998, 101 (103).
7 So aber Palandt/Götz § 1619 Rn. 1.
8 BGH FamRZ 1998, 101 (102).
9 BGH FamRZ 1998, 101 (103).
10 OLG Jena zfs 2010, 79 (82).
11 BGH FamRZ 1998, 101 (103).
12 BGH FamRZ 1973, 535 (536).
13 BGH NJW 1972, 1716 (1718).

rungen von Haushalt und Betrieb. Bei einem 14-jährigen Kind hat der Bundesgerichtshof eine Pflicht zur Mithilfe im Haushalt von sieben Stunden wöchentlich als vertretbar beurteilt.[14] Die Dienstleistungspflicht im Haushalt wird in Art und Umfang nicht durch das **Jugendarbeitsschutzgesetz** beschränkt (§ 1 Abs. 2 Nr. 2 JArbSchG). Für Dienste im elterlichen Betrieb gilt dies nicht, soweit es sich nur um gelegentliche geringfügige Hilfsleistungen handelt (§ 1 Abs. 2 Nr. 1 b JArbSchG); dann gelten auch die Beschränkungen für Zeiten am Abend oder am Wochenende nicht. Auf jeden Fall dürfen die Eltern durch die Inanspruchnahme der Kinder deren körperliches, geistiges oder seelisches Wohl nicht gefährden (§ 1666 Abs. 1). Das OLG Oldenburg[15] nimmt eine Mithilfepflicht im Haushalt erst etwa ab dem 12. Lebensjahr an.

§ 1620 BGB Aufwendungen des Kindes für den elterlichen Haushalt

Macht ein dem elterlichen Hausstand angehörendes volljähriges Kind zur Bestreitung der Kosten des Haushalts aus seinem Vermögen eine Aufwendung oder überlässt es den Eltern zu diesem Zwecke etwas aus seinem Vermögen, so ist im Zweifel anzunehmen, dass die Absicht fehlt, Ersatz zu verlangen.

Gehört ein volljähriges Kind noch dem elterlichen Hausstand an (→ § 1619 1 Rn. 3), kann es dazu kommen, dass auch das Kind aus seinem Einkommen oder Vermögen einen Beitrag zu den laufenden Kosten des Haushalts leistet. Hierfür stellt das Gesetz ähnlich wie § 1360 b zu den Beiträgen eines Ehegatten zum Familienunterhalt oder wie § 685 Abs. 2 zu nicht geschuldeten Unterhaltsleistungen zwischen bestimmten Verwandten gerader Linie eine **widerlegliche Vermutung** bzw. Auslegungsregel auf, dass das Kind die Absicht fehlt, für seine Leistungen Ersatz zu verlangen. Die Widerlegung der Vermutung kann sich auch aus den Umständen ergeben, zB wenn die Höhe des vom Kind geleisteten Beitrags außer Verhältnis zu den ihm aus der Zugehörigkeit zum Haushalt zufließenden Vorteilen steht.[1] Maßgebend für die Frage, ob die Absicht, Ersatz zu verlangen, vorlag, ist der Zeitpunkt der Leistung.[2]

§§ 1621 bis 1623 BGB (weggefallen)

§ 1624 BGB Ausstattung aus dem Elternvermögen

(1) Was einem Kind mit Rücksicht auf seine Verheiratung, auf seine Begründung einer Lebenspartnerschaft oder auf die Erlangung einer selbständigen Lebensstellung zur Begründung oder zur Erhaltung der Wirtschaft oder der Lebensstellung von dem Vater oder der Mutter zugewendet wird (Ausstattung), gilt, auch wenn eine Verpflichtung nicht besteht, nur insoweit als Schenkung, als die Ausstattung das den Umständen, insbesondere den Vermögensverhältnissen des Vaters oder der Mutter, entsprechende Maß übersteigt.

(2) Die Verpflichtung des Ausstattenden zur Gewährleistung wegen eines Mangels im Recht oder wegen eines Fehlers der Sache bestimmt sich, auch soweit die

---

14 BGH FamRZ 1973, 535 (536).
15 OLG Oldenburg zfs 2010, 495 (498).
 1 Palandt/Götz § 1620 Rn. 1.
 2 Vgl. BGH FamRZ 1968, 450, 451 für die entsprechende Auslegungsregel des § 1360 b.

Ausstattung nicht als Schenkung gilt, nach den für die Gewährleistungspflicht des Schenkers geltenden Vorschriften.

I. Allgemeines

1 Die Vorschrift erinnert an die Zeit, als es üblich war, dass die Braut anlässlich ihrer Heirat von den Eltern eine sog Mitgift oder Aussteuer erhielt. Allerdings ist die Regelung geschlechtsneutral gefasst und bezieht sich neben der Heirat des Kindes auf die Erlangung oder Erhaltung von dessen selbstständiger Existenz. Nicht vorausgesetzt wird, dass die gewährte Ausstattung zur Erreichung des mit ihr verbundenen Zwecks objektiv tatsächlich erforderlich ist.[1] Auf die Ausstattung aus dem Vermögen von Vater und/oder Mutter besteht **kein Anspruch**. Wird sie gewährt und bleibt sie in den Grenzen einer Ausstattung, weil die Leistung das den Vermögensverhältnissen von Vater oder Mutter entsprechende Maß nicht übersteigt, wird die Zuwendung nicht als auf Schenkung, sondern als auf einem Rechtsgrund eigener Art beruhend behandelt. Dies bedeutet, dass die **Zusage** einer Ausstattung anders als ein Schenkungsversprechen als solche **formfrei** ist und für sie auch **keine schenkungsrechtlichen Folgen** wie die Einrede des Notbedarfs (§ 519), die Rückforderung wegen Verarmung (§ 528) oder wie der Widerruf (§ 530) gelten. Es gibt dagegen **erbrechtliche Folgen**. Wegen des Erhalts einer Ausstattung kommt wegen Fehlens einer Schenkung kein Pflichtteilsergänzungsanspruch (§ 2325) gegen das begünstigte Kind in Betracht, allerdings muss es sich die Zuwendung auf den eigenen Pflichtteilsanspruch nach den zuwendenden Eltern anrechnen lassen, wenn diese bei ihrer Leistung eine entsprechende Bestimmung getroffen haben. Außerdem gibt es Ausgleichspflichten unter Abkömmlingen als gesetzliche Erben (§ 2050 Abs. 1), die von Eltern in ihrer Eigenschaft als Erblasser nicht zum Nachteil pflichtteilsberechtigter Abkömmlinge ausgeschlossen werden können (§ 2316 Abs. 3). Die Ausgleichspflicht nach § 2050 Abs. 1 gilt im Zweifel auch bei Einsetzung der Abkömmlinge auf dasjenige, was sie als gesetzliche Erben erhalten hätten (§ 2052). Aus § 2050 Abs. 1, der die Ausgleichspflicht von Abkömmlingen und nicht von Kindern als Empfänger einer Ausstattung bei gesetzlicher Erbfolge regelt, wird der Schluss gezogen, dass auch **Großeltern** Enkeln eine Ausstattung im erbrechtlichen Sinne gewähren können.[2]

2 **Steuerlich** ist die Ausstattung eine Schenkung, weil nach § 7 Abs. 1 Nr. 1 ErbStG jegliche Art unentgeltlicher Zuwendung unter Lebenden bei Überschreitung der Freibeträge als steuerpflichtige Schenkung gilt. Die Eltern oder der betreffende Elternteil können den Ausstattungsaufwand auch nicht als außergewöhnliche Belastung iSd § 33 EStG geltend machen, und zwar auch dann nicht, wenn sie dem Kind keine Berufsausbildung finanziert haben, weil die Zuwendung freiwillig geleistet wird, so dass die damit verbundenen Aufwendungen nicht zwangsläufig iSd § 33 Abs. 2 S. 1 EStG erwachsen.[3] Im Fall des **Zugewinnausgleichs** erhöht eine nach Eintritt des Güterstands erhaltene Ausstattung das Anfangsvermögen (§ 1374 Abs. 2).

Die **Haftung** der die Ausstattung zuwendenden Eltern **wegen Rechts- oder Sachmängeln** beschränkt Abs. 2 durch Verweisung auf das Schenkungsrecht (§§ 523, 524).

---

1 BGH FamRZ 1965, 502; LG Münster FamRZ 2005, 1906.
2 OLG Karlsruhe 27.4.2011 – 6 U 137/09, Rn. 21.
3 BFH BB 1987, 2081 (2082).

II. Einzelfälle

- Übergabeverträge, insbesondere im landwirtschaftlichen Bereich, können, **3** wenn Eltern den Hof einem Kind zur Erlangung seiner selbstständigen Lebensstellung zuwenden, als Ausstattung anzusehen sein (vgl. § 1908).[4] Steht der übergebende Elternteil unter Betreuung, hindert das Schenkungsverbot nach §§ 1908 i Abs. 2, 1804 die Übergabe nur dann, wenn die zugesagte Gegenleistung des Übernehmers deutlich hinter den absehbaren Bedürfnissen des Übergebers (und seiner unterhaltsberechtigten Ehefrau) zurückbleibt, so dass das Maß der Angemessenheit iSv Abs. 1 überschritten wird.[5]
- Eine formlos mögliche Ausstattungszusage kann auch in der Verpflichtung zur Übertragung eines Schadensfreiheitsrabatts in der Kfz-Versicherung liegen, wenn das zur Erlangung der selbstständigen Lebensstellung des Kindes beruflich erforderliche Auto zunächst günstiger über einen Elternteil versichert wurde.[6]
- Die Grundausstattung des selbstständigen Haushalts des Kindes anlässlich von dessen Heirat durch Beschaffung einer Wohnungseinrichtung stellt bei Vorbehalten der Eltern gegen die Heirat eine Ausstattung nur des Kindes und nicht auch eine Zuwendung an den Ehegatten dar.[7]
- Die Lebensversicherungssumme aus einer Ausbildungsversicherung zugunsten des Kindes kann diesem von den Eltern als Ausstattung zugewendet sein, so dass ein Anspruch des Kindes gegen den Vater in Betracht kommt, wenn dieser als Versicherungsnehmer später die Bezugsberechtigung geändert hat.[8]
- Soll die Ausstattung aus dem Vermögen eines betreuten Elternteils gewährt werden, ist bei der Genehmigungsentscheidung nach § 1908 nicht allein auf das Übermaßverbot des § 1624 Abs. 1 abzustellen, sondern auch darauf, ob der Betreute ausreichend finanziell abgesichert bleibt.[9]

§ 1625 BGB Ausstattung aus dem Kindesvermögen

[1]Gewährt der Vater einem Kind, dessen Vermögen kraft elterlicher Sorge, Vormundschaft oder Betreuung seiner Verwaltung unterliegt, eine Ausstattung, so ist im Zweifel anzunehmen, dass er sie aus diesem Vermögen gewährt. [2]Diese Vorschrift findet auf die Mutter entsprechende Anwendung.

Haben Eltern bzw. Vater oder Mutter allein das Kindesvermögen aufgrund elter- **1** licher Sorge, Vormundschaft bzw. Pflegschaft oder Betreuung verwaltet, müssen sie das Kindesvermögen nach Beendigung bzw. bei Eintritt des Ruhens der elterlichen Sorge (§ 1698) oder nach Ende der Vormundschaft bzw. Pflegschaft (§§ 1890, 1915 Abs. 1) oder Betreuung (§§ 1890, 1908 Abs. 1 S. 1) herausgeben. Bleibt offen, ob eine dem Kind gewährte Ausstattung aus dessen eigenem Vermögen oder dem Vermögen der verwaltenden Eltern oder des verwaltenden Elternteils bestritten wurde, bestimmt die **widerlegliche Vermutung** bzw. Auslegungsregel des S. 1, dass von einer **Leistung aus dem Kindesvermögen** auszuge-

4 RegE zum Betreuungsgesetz, BT-Drs. 11/4528, 211.
5 OLG Stuttgart FamRZ 2005, 62.
6 LG Münster FamRZ 2005, 1906.
7 OLG Köln FamRZ 1986, 703 f.
8 OLG Düsseldorf OLGReport 2004, 356 ff.
9 OLG Stuttgart BWNotZ 1997, 147 f.

hen ist. Das herauszugebende Vermögen vermindert sich daher im Zweifel um den für die Ausstattung gemachten Aufwand.

Titel 5 Elterliche Sorge

§ 1626 BGB   Elterliche Sorge, Grundsätze

(1) [1]Die Eltern haben die Pflicht und das Recht, für das minderjährige Kind zu sorgen (elterliche Sorge). [2]Die elterliche Sorge umfasst die Sorge für die Person des Kindes (Personensorge) und das Vermögen des Kindes (Vermögenssorge).

(2) [1]Bei der Pflege und Erziehung berücksichtigen die Eltern die wachsende Fähigkeit und das wachsende Bedürfnis des Kindes zu selbständigem verantwortungsbewusstem Handeln. [2]Sie besprechen mit dem Kind, soweit es nach dessen Entwicklungsstand angezeigt ist, Fragen der elterlichen Sorge und streben Einvernehmen an.

(3) [1]Zum Wohl des Kindes gehört in der Regel der Umgang mit beiden Elternteilen. [2]Gleiches gilt für den Umgang mit anderen Personen, zu denen das Kind Bindungen besitzt, wenn ihre Aufrechterhaltung für seine Entwicklung förderlich ist.

I. Allgemeines

1   Nach Art. 6 GG stehen Pflege und Erziehung als natürliches Elternrecht unter dem besonderen Schutz der staatlichen Ordnung. Der Staat ist grundsätzlich verpflichtet, so zu handeln, dass sich Familienbindungen entwickeln können und Maßnahmen zu treffen, die Eltern und Kind ein Zusammenleben ermöglichen.[1] Die elterliche Sorge ist ein unverzichtbares, höchstpersönliches, nur zur Ausübung übertragbares absolutes Recht iSv § 823.[2]

2   Die Eltern haben gegenüber Eingriffen der öffentlichen Gewalt ein **Abwehrrecht**, soweit der Eingriff nicht durch das **staatliche Wächteramt** gedeckt ist. Jeder junge Mensch wiederum hat nach § 1 SGB VIII unter Wahrung des Vorrangs der elterlichen Erziehung ein Recht auf Förderung seiner Entwicklung zu einer eigenverantwortlichen und gemeinschaftsfähigen Persönlichkeit. Die Leistungen der Jugendhilfe sind nach dem SGB VIII insbesondere Beratung und Unterstützung, Bereitstellung von Tageseinrichtungen, Erziehungshilfe, Familienpflege und Heimerziehung.

3   § 1626 weist die elterliche Sorge für minderjährige Kinder den Eltern zu. Wenn die Eltern des Kindes bei dessen Geburt nicht miteinander verheiratet waren, tritt gemeinsame elterliche Sorge nur nach § 1626 a ein. Die elterliche Sorge beginnt mit der Geburt des Kindes und endet mit dessen Volljährigkeit oder mit seinem Tod nach § 1698 b während seiner Minderjährigkeit. Beendigungsgründe auf Seiten eines Elternteils sind dessen Tod nach § 1680, die familiengerichtliche Sorgerechtsübertragung nach § 1671 die Adoption des Kindes durch einen Dritten nach § 1755 oder die Entziehung der elterlichen Sorge nach § 1666. Die elterliche Sorge gliedert sich in **Personensorge** nach §§ 1631 ff. und **Vermögenssorge** nach §§ 1638 ff., jeweils tatsächlich und als gesetzliche Vertretung.

---

1   EGMR NJW 2004, 3401.
2   Palandt/Götz § 1626 Rn. 3.

II. Personensorge

Die Personensorge umfasst die Pflege des Kindes, Erziehung, Beaufsichtigung, 4
Aufenthaltsbestimmung, Geburtsanzeige, Bestimmung des Familiennamens, Erhebung eines Vaterschaftsanfechtungsantrags, Herausgabe des Kindes, Umgangsrechtsbestimmungen, Geltendmachung von Unterhaltsansprüchen, religiöse Kindererziehung, Mitwirkungsrechte im schulischen Bereich, Ausbildung und Berufswahl und Einwilligung in ärztliche Eingriffe.[3] Das Recht zur Bestimmung des Vornamens[4] für ein Kind folgt aus dem Personensorgerecht.[5]

Die **Vertretung** in Personensorgesachen umfasst Abschluss eines Lehrvertrags, 5
Vertretung im Vaterschaftsfeststellungsstreit, Vertretung in Unterhaltsverfahren, Beantragung eines Reisepasses, Einwilligung zur Veröffentlichung von Fotos des Kindes im Internet und Staatsangehörigkeitsangelegenheiten. Eigenzuständigkeiten des Kindes bestehen neben der Religionsmündigkeit gemäß RKEG[6] bei Einwilligung in ärztliche Eingriffe inklusive Schwangerschaftsabbruch oder dessen Ablehnung[7] und Ausübung des Zeugnisverweigerungsrechts bei Beurteilungsfähigkeit der Tragweite von Eingriff und Aussage.[8]

III. Vermögenssorge

Zum Kindsvermögen gehören Grundbesitz, Wertpapiere, Kontoguthaben, Ren- 6
ten, Taschengeld und Einkünfte nach §§ 112, 113.[9] Der Elternverwaltung unterliegt nicht Vermögen, von dessen Verwaltung sie durch Entzug der elterlichen Sorge nach § 1666, wegen Ruhens der Vermögenssorge nach §§ 1673, 1674, wegen Zuwendung nach § 1638, wegen Verwaltung durch einen Pfleger nach § 1630, wegen Überlassung als Taschengeld oder wegen nach §§ 112, 113 gebildetes Vermögen ausgeschlossen sind. Die Vermögenssorge umfasst alle Handlungen, die darauf gerichtet sind, das Kindsvermögen zu erhalten, zu vermehren oder zu verwerten. Die tatsächliche Vermögenssorge umfasst insbesondere das Recht, die zum Kindsvermögen gehörigen Sachen in Besitz zu nehmen.[10]

Die **Vertretung** berechtigt die Eltern zur Vertretung des Kindes in Rechtsstreitig- 7
keiten. Beschränkungen der elterlichen Vertretungsmacht ergeben sich aus §§ 1629 Abs. 2, 1641, 1642, 1643, 1649.

IV. Erziehungsstil (Abs. 2)

§ 1626 Abs. 2 verbietet einen rein auf Gehorsam ausgerichteten Erziehungsstil.[11] 8
Berücksichtigung der kindlichen Fähigkeiten bedeutet aber nicht, dass die Eltern stets dem Kindeswillen zu folgen haben.[12] § 1626 Abs. 2 entbindet die Eltern

---

3 Palandt/Götz § 1626 Rn. 9 ff.
4 Der nach OLG Karlsruhe 7.8.2013 – 11 Wx 7/13, FamRZ 2014, 490 keine Verächtlichmachung provozieren darf.
5 OVG Brandenburg FamRZ 2005, 1119.
6 Schwab, Elterliche Sorge und Religion, FamRZ 2014, 1.
7 Amend-Traut/Bongartz, Der Schwangerschaftsabbruch bei Minderjährigen – rechtliche Perspektiven zwischen Selbstbestimmung und elterlicher Verantwortung, FamRZ 2016, 12.
8 MK/Huber § 1626 Rn. 37 ff.
9 Palandt/Götz § 1626 Rn. 18.
10 MK/Huber § 1626 Rn. 59; BGH NJW 1989, 2544.
11 Palandt/Götz § 1626 Rn. 23.
12 MK/Huber § 1626 Rn. 65; Palandt/Götz § 1626 Rn. 23.

auch nicht von der Pflicht, im Interesse des Kindes gegen seinen Willen zu entscheiden.

V. Umgang (Abs. 3)

9   Rechte auf Umgang werden durch § 1626 Abs. 3 nicht begründet. Die Eltern haben nach § 1684 ein Umgangsrecht, das nur nach § 1684 Abs. 4 einschränkbar ist. Bezugspersonen iSv § 1685 haben ein Umgangsrecht nur, wenn die Aufrechterhaltung des Kontakts für die Entwicklung des Kindes förderlich ist. § 1626 Abs. 3 S. 2, worunter beispielsweise auch Bekannte des Kindes fallen,[13] ist weiter gefasst als § 1685.

VI. Verfahren

10 Nach § 111 Nr. 2 FamFG ist in Angelegenheiten der elterlichen Sorge das **Familiengericht** zuständig. Der Rechtspfleger ist zuständig, wenn nicht der Richter gem. § 14 RPflG zuständig ist. Die örtliche Zuständigkeit resultiert aus § 152 FamFG. Das Familiengericht, das nach § 156 FamFG auf einvernehmliche Regelungen hinzuwirken hat, kann nach §§ 49 ff. FamFG einstweilige Anordnungen erlassen und hört die Beteiligten nach §§ 159 ff. FamFG an. Die Entscheidungen des Familiengerichts, die nach §§ 86 ff. FamFG vollstreckt werden, können nach § 1696 geändert werden. Nach § 158 FamFG kann dem Kind vom Familiengericht ein Verfahrensbeistand bestellt werden. Für die Durchführung des Verfahrens tritt der Verfahrensbeistand auf als Vertreter des Kindes.[14] In Angelegenheiten der elterlichen Sorge können familienpsychologische Gutachten eingeholt werden. Die Verweigerung der Mitwirkung bei der psychologischen Begutachtung kann Anlass für Sorgerechtsmaßnahmen geben.[15]

§ 1626 a BGB Elterliche Sorge nicht miteinander verheirateter Eltern; Sorgeerklärungen

(1) Sind die Eltern bei der Geburt des Kindes nicht miteinander verheiratet, so steht ihnen die elterliche Sorge gemeinsam zu,

1. wenn sie erklären, dass sie die Sorge gemeinsam übernehmen wollen (Sorgeerklärungen),

2. wenn sie einander heiraten oder

3. soweit ihnen das Familiengericht die elterliche Sorge gemeinsam überträgt.

(2) ¹Das Familiengericht überträgt gemäß Absatz 1 Nummer 3 auf Antrag eines Elternteils die elterliche Sorge oder einen Teil der elterlichen Sorge beiden Eltern gemeinsam, wenn die Übertragung dem Kindeswohl nicht widerspricht. ²Trägt der andere Elternteil keine Gründe vor, die der Übertragung der gemeinsamen elterlichen Sorge entgegenstehen können, und sind solche Gründe auch sonst nicht ersichtlich, wird vermutet, dass die gemeinsame elterliche Sorge dem Kindeswohl nicht widerspricht.

(3) Im Übrigen hat die Mutter die elterliche Sorge.

---

13 MK/Huber § 1626 Rn. 73.
14 MK/Huber Vor § 1626 Rn. 18.
15 Palandt/Götz Vor § 1626 Rn. 10; OLG Frankfurt/M. FamRZ 2001, 638.

I. Allgemeines

Sind die Eltern bei der Geburt des Kindes nicht miteinander verheiratet, steht 1
die elterliche Sorge mit der Geburt des Kindes automatisch der **Mutter allein** zu,
es sei denn, die Eltern haben nach § 1626 b Abs. 2 bereits vor der Geburt gemeinsame Sorgeerklärungen abgegeben. In diesem Fall oder wenn die Eltern bei
der Geburt des Kindes miteinander verheiratet sind, erhalten sie automatisch die
gemeinsame elterliche Sorge. Von der Alleinsorge der Mutter zur gemeinsamen
elterlichen Sorge gelangen die Eltern durch die nachgeburtliche Abgabe von Sorgeerklärungen nach Abs. 1 Nr. 1 oder durch Heirat nach Abs. 1 Nr. 2 oder durch
gerichtliche Entscheidung nach Abs. 2.

II. Sorgeerklärungen

Die bei der Geburt des Kindes nicht miteinander verheirateten Eltern erlangen 2
das gemeinsame Sorgerecht durch die **übereinstimmenden Erklärungen der Eltern**, die elterliche Sorge für das Kind gemeinschaftlich zu übernehmen. Die Sorgeerklärungen müssen sich auf ein bestimmtes minderjähriges Kind beziehen
und die gesamte elterliche Sorge betreffen. Eine partielle Sorgeerklärung ist vorgesehen.[1] Diese Sorgeerklärungen sind einseitige, nach § 1626 c höchstpersönliche, nach § 1626 d formgebundene, nach § 1626 b bedingungsfeindliche und
nicht empfangsbedürftige Willenserklärungen. Die von einem einzelnen Elternteil abgegebene Erklärung ist so lange widerruflich, bis auch der andere Elternteil seine Erklärung abgegeben hat.[2] Danach sind beide Erklärungen bindend,
wobei die Anwendung allgemeiner Widerrufsvorschriften nach § 1626 e ausgeschlossen ist. Beide Elternteile müssen nach § 1626 c geschäftsfähig sein, bei beschränkter Geschäftsfähigkeit muss der gesetzliche Vertreter zustimmen. Die Elternschaft muss nach §§ 1591 ff. feststehen. Weitere Voraussetzungen für den
Eintritt der gemeinsamen Sorge bestehen nicht, insbesondere erfolgt keine Kindeswohlprüfung. Auch können ein Elternteil oder beide mit einem anderen Partner verheiratet sein.

III. Heirat

Nicht miteinander verheiratete Eltern, die vor der Geburt des Kindes keine ge- 3
meinsame Sorgeerklärung abgegeben haben, erhalten nach Abs. 1 Nr. 2 durch
Heirat **automatisch** die gemeinsame elterliche Sorge. Voraussetzung dafür ist
aber, dass ihre Elternschaft nach den §§ 1591 ff. feststeht. Durch die Heirat erlangt der Vater die elterliche Sorge aber analog § 1626 b Abs. 2 nur in dem Umfang, in dem sie der Mutter zur Zeit der Eheschließung zustand.[3] Wurde der
Mutter also vor der Eheschließung die elterliche Sorge nach § 1666 teilweise
entzogen, erhält der Vater auch nur ein teilweises gemeinsames Sorgerecht im
Umfang der Nichtentziehung. Die Möglichkeit, über die Eheschließung zur gemeinsamen Sorge zu gelangen, unterliegt nicht den gem. § 1626 b Abs. 3 vorgesehenen Beschränkungen.

---

1 AA MK/Huber § 1626 a Rn. 6.
2 Palandt/Götz § 1626 a Rn. 5.
3 OLG Koblenz FamRZ 2005, 2079; aA OLG Düsseldorf FamRZ 2010, 385.

IV. Familiengerichtliche Herstellung der gemeinsamen elterlichen Sorge

4 Der mit der Mutter nicht verheiratete Vater kann gegen ihren Willen das gemeinsame Sorgerecht ab Geburt des Kindes[4] erreichen, da das Familiengericht nach § 1626 a Abs. 2 den Eltern auf Antrag eines Elternteils die elterliche Sorge oder einen Teil der elterlichen Sorge gemeinsam überträgt, soweit zu erwarten ist, dass dies dem **Kindeswohl nicht widerspricht.** Der anzuwendende Maßstab für eine Zurückweisung des Antrags auf gemeinsame elterliche Sorge stimmt mit dem der Sorgerechtsübertragung bei Trennung sorgeberechtigter Eltern nach § 1671 Abs. 1 Nr. 2 überein.[5] Damit besteht aber neben der gesetzlichen Vermutung kein Regel-Ausnahme-Verhältnis zugunsten der gemeinsamen Sorge.[6] Bei fast fehlender Kooperationsbereitschaft – anders bei bloßen Kommunikationsschwierigkeiten[7] – zwischen den Elternteilen kann aber ohne Verschuldensprüfung[8] keine gemeinsame Sorge angeordnet werden. Jeder Elternteil kann die gemeinsame elterliche Sorge ganz oder teilweise beim Familiengericht beantragen. Trägt der andere Elternteil innerhalb der gesetzten Frist nach § 155 a FamFG keine dem Kindeswohl widersprechenden Gründe vor und sind solche auch nicht ersichtlich, wird die gemeinsame elterliche Sorge angeordnet, ohne dass das Jugendamt eingeschaltet war, ein Verfahrensbeistand bestellt war oder eine persönliche Elternanhörung stattfand.[9] Nur[10] andernfalls[11] findet nach § 155 a FamFG ein beschleunigter Termin[12] statt, in dem § 1626 a Abs. 2 geprüft wird. Erst wenn sich nach erschöpfender Sachaufklärung nicht feststellen lässt, dass die gemeinsame Sorge dem Kindeswohl widerspricht, ist im Zweifelsfall die gemeinsame Sorge anzuordnen.[13] Beim Entzug oder Ruhen der elterlichen Sorge oder bei Tod der Mutter kann das Familiengericht dem Vater die Alleinsorge nach §§ 1666, 1678, 1680 übertragen, ebenfalls im Falle des § 1671 Abs. 2. Die gemeinsame Sorge widerspricht nur dann dem Kindeswohl, wenn bei beiden Elternteilen fast keinerlei Kooperationsbereitschaft und Kooperationsfähigkeit in den wesentlichen Angelegenheiten des Kindes (reine Umgangsprobleme spielen eine Rolle)[14] mangels tragfähiger sozialer Beziehung[15] vorhanden sind. Die gemeinsame elterliche Sorge setzt ein Mindestmaß an Übereinstimmung in wesentlichen Bereichen der elterlichen Sorge und eine tragfähige soziale Beziehung voraus, an der es fehlt, wenn wegen nachhaltiger und schwerer Elternkonflikte die begründete Besorgnis für eine Belastung des Kindes aufgrund des destruktiven Elternstreits besteht.[16] Die Ablehnung einer gemeinsamen elterlichen Sorge durch die Mutter kann aber nicht per se das Kindeswohlwidersprechen begründen, weil die Mutter sonst so die gemeinsame elterliche Sorge verhindern kann, so dass zunächst durch öffentliche Hilfen wie Beratung eine Verbesserung der

---

4 Palandt/Götz § 1626 a Rn. 10.
5 BGH 15.6.2015 – XII ZB 419/15, FamRZ 2016, 1439.
6 BGH 15.6.2016 – XII ZB 419/15, FamRZ 2016, 1439.
7 OLG Celle 17.1.2014 – 10 UF 80/13, FamRZ 2014, 857.
8 OLG Frankfurt/M. FamRZ 2014, 1120.
9 BGH 15.6.2015 – XII ZB 419/15, FamRZ 2016, 1439.
10 OLG Brandenburg 22.10.2014 – 13 UF 206/13, FamRZ 2015, 760.
11 OLG Karlsruhe 13.6.2014 – 18 UF 103/14, FamRZ 2014, 1797.
12 Ansonsten Zurückverweisung nach OLG Frankfurt/M. 20.1.2014 – 1 UF 356/13, FamRZ 2014, 852; OLG Bremen 1.4.2015 – 4 UF 33/15, FamRZ 2015, 2170.
13 BGH 15.6.2015 – XII ZB 419/15, FamRZ 2016, 1439.
14 BGH 15.6.2016 – XII ZB 419/15, FamRZ 2016, 1439.
15 OLG Karlsruhe 20.6.2013 – 18 UF 38/13, FamRZ 2014, 490.
16 BGH 15.6.2016 – XII ZB 419/15, FamRZ 2016, 1439.

Kommunikationsfähigkeit versucht werden muss[17] und im Übrigen Eltern in Erziehungsfragen unterschiedliche Auffassungen haben können.[18] Dabei ist auf den Zeitpunkt der Entscheidung abzustellen. Kein Kindeswohlwidersprechen liegt insbesondere vor, wenn der Kindesunterhalt tituliert ist, der Umgang funktioniert und der Kindeslebensmittelpunkt einvernehmlich ist.[19] Kindeswohlwidersprechen liegt insbesondere vor, wenn der Vater keine Bindung zum Kind hat[20] oder am Kind desinteressiert ist[21] oder eine schwerwiegende und nachhaltige Störung auf der Kommunikationsebene aufgrund von vielen gegenseitigen Vorwürfen[22] und Abwertungen,[23] starker Verhaftung im Paarkonflikt,[24] Drohen weiterer Sorgeverfahren[25] oder zahlreicher vorangegangener Gerichtsverfahren[26] gegeben ist. Keine gemeinsame elterliche Sorge kommt auch in den Sonderfällen Gewalt,[27] Kindsmisshandlung, sexueller Missbrauch, das Kindeswohl gefährdende psychische Erkrankung und Sucht in Betracht.[28] Die gemeinsame elterliche Sorge setzt ein Mindestmaß an Übereinstimmung in wesentlichen Bereichen der elterlichen Sorge und eine tragfähige soziale Beziehung voraus, an der es fehlt, wenn wegen nachhaltiger und schwerer Elternkonflikte die begründete Besorgnis für eine Belastung des Kindes aufgrund des destruktiven Elternstreits besteht.[29] Dagegen kann nach § 1666 keine gemeinsame Sorge der Eltern hergestellt werden. Die alleinsorgeberechtigte Mutter kann sich zum Nachweis ihrer Alleinsorgeberechtigung im Rechtsverkehr vom Jugendamt nach § 58 a SGB VIII ein Negativattest erteilen lassen. Das nach § 87 c Abs. 6 S. 2 SGB VIII zuständige Jugendamt kann mitteilen, dass keine Sorgeerklärungen abgegeben worden sind oder gerichtliche gemeinsame Sorgerechtsherstellungen erfolgt sind, da nach § 1626 d diesem Jugendamt Mitteilung über die Beurkundung einer Sorgeerklärung und nach § 155 a FamFG über eine gerichtliche gemeinsame Sorgeentscheidung zu machen ist.

V. Verfahren

Das Verfahren der gemeinsamen Sorgeerklärung richtet sich nach §§ 1626 b–d. 5 Bei einem Verfahren nach § 155 a Abs. 3 FamFG (anders bei § 155 a Abs. 4 FamFG)[30] kommt regelmäßig für den Antragsteller[31] keine Anwaltsbeiordnung in Betracht.[32] Die Rechtsverfolgung auf Herstellung der gemeinsamen Sorge kann ohne Vermittlungseinschaltung des Jugendamts zur Beurkundung gemein-

---

17 Lack, Ein Jahr Gesetz zur Reform der elterlichen Sorge nicht miteinander verheirateter Eltern, FamRZ 2014, 1338.

18 OLG Karlsruhe 26.3.2015 – 18 UF 304/14, FamRZ 2015, 2168.

19 OLG München 26.8.2013 – 16 UF 983/13, FamRZ 2013, 1747.

20 OLG Koblenz 13.5.2014 – 13 UF 94/14, FamRZ 2014, 1855.

21 KG 15.5.2013 – 18 UF 215/11, FamRZ 2014, 1409.

22 OLG Brandenburg 6.6.2014 – 10 UF 237/13, FamRZ 2015, 859.

23 OLG Brandenburg 20.6.2014 – 10 UF 5/14, FamRZ 2014, 1856.

24 OLG Koblenz 6.6.2013 – 13 UF 246/13, FamRZ 2014, 319.

25 KG 15.5.2013 – 18 UF 215/11, FamRZ 2013, 1409.

26 KG 15.4.2014 – 19 UF 120/13, FamRZ 2014, 1375.

27 OLG Celle 20.6.2014 – 10 UF 5/14, FamRZ 2014, 1856.

28 Firsching/Schmid, Familienrecht, 8. Aufl. 2015, Rn. 791.

29 BGH 15.6.2016 – XII ZB 419/15, FamRZ 2016, 1439.

30 OLG Stuttgart 22.1.2014 – 15 WF 254/13, FamRZ 2014, 1045.

31 Nach OLG Jena 19.1.2015 – 1 WF 43/15, FamRZ 2016, 73 anders für den Antragsgegner.

32 OLG Karlsruhe 8.10.2014 – 18 WF 147/14, FamRZ 2015, 948.

samer Sorgeerklärung mutwillig sein.[33] Nur in Ausnahmefällen ist die vorläufige Herstellung der gemeinsamen Sorge im Wege der einstweiligen Anordnung möglich.[34]

§ 1626 b BGB Besondere Wirksamkeitsvoraussetzungen der Sorgeerklärung

(1) Eine Sorgeerklärung unter einer Bedingung oder einer Zeitbestimmung ist unwirksam.

(2) Die Sorgeerklärung kann schon vor der Geburt des Kindes abgegeben werden.

(3) Eine Sorgeerklärung ist unwirksam, soweit eine gerichtliche Entscheidung über die elterliche Sorge nach den[1] § 1626 a Absatz 1 Nummer 3 oder § 1671 getroffen oder eine solche Entscheidung nach § 1696 Absatz 1 Satz 1 geändert wurde.

I. Allgemeines

1 Der Normzweck der Vorschrift wegen des Wohls des Kindes besteht darin, dass die Sorgeerklärung bedingungsfeindlich ist, aber schon vor der Geburt des Kindes abgegeben werden kann, jedenfalls aber die familiengerichtliche Entscheidung vorgeht.

II. Unzulässigkeit der Sorgeerklärung

2 Sorgeerklärungen sind nach § 1626 b Abs. 1 bedingungs- und befristungsfeindlich. Die Eltern können also weder eine Probezeit, noch die gemeinsame Sorge nur für die Zeit des Zusammenlebens vereinbaren. Begleitende Vereinbarungen können nicht Bestandteil der Sorgeerklärung sein. Sie entfalten auch keine alleinige Bindungswirkung, ebenso wenig wie das eben bei Meinungsverschiedenheiten nach § 1628 allgemein der Fall ist.

III. Zeitpunkt der Sorgeerklärung

3 Da die Eltern nach §§ 1594 Abs. 4, 1595 Abs. 3 die Abstammung des Kindes schon vor der Geburt klären können, ermöglicht ihnen § 1626 b Abs. 2 auch die vorgeburtliche Sorgeerklärung nach Abstammungsklärung. Voraussetzung dafür ist aber die bestehende Schwangerschaft. Außerdem darf die Sperrwirkung des § 1594 Abs. 2 nicht eingreifen, dh bei Geburt des Kindes in eine bestehende Ehe der Mutter mit einem anderen Mann muss zuvor die Vaterschaftsanfechtung erfolgt sein.[2]

IV. Gerichtliche Sorgeentscheidung

4 Hat das Familiengericht bereits eine Entscheidung nach §§ 1626 a Abs. 1 Nr. 3, 1671, 1696 getroffen, und versöhnen sich nicht oder nicht mehr verheiratete Eltern wieder, kann die gemeinsame Sorge nur nach § 1696 hergestellt werden. Die wirksame Abgabe von Sorgeerklärungen setzt voraus, dass ein Sorgerechts-

---

33 OLG Hamm 9.3.2016 – II-2 WF 38/16, FamRZ 2016, 1375.
34 OLG München 4.11.2015 – 12 UF 1302/15, FamRZ 2016, 245.
 1 Richtig wohl: „nach".
 2 Palandt/Götz § 1626 b Rn. 3.

entzug nach § 1666 vorher aufgehoben wurde.[3] Dies gilt auch dann, wenn die Eltern heiraten, weil bei einer Entscheidung nach § 1666 zugleich § 1680 zu berücksichtigen war.[4]

V. Verfahren

Die Abgabe der gemeinsamen Sorgeerklärung richtet sich nach §§ 1626 c–d.   5

§ 1626 c BGB   Persönliche Abgabe; beschränkt geschäftsfähiger Elternteil

(1) Die Eltern können die Sorgeerklärungen nur selbst abgeben.

(2) [1]Die Sorgeerklärung eines beschränkt geschäftsfähigen Elternteils bedarf der Zustimmung seines gesetzlichen Vertreters. [2]Die Zustimmung kann nur von diesem selbst abgegeben werden; § 1626 b Abs. 1 und 2 gilt entsprechend. [3]Das Familiengericht hat die Zustimmung auf Antrag des beschränkt geschäftsfähigen Elternteils zu ersetzen, wenn die Sorgeerklärung dem Wohl dieses Elternteils nicht widerspricht.

I. Allgemeines

Aufgrund des höchstpersönlichen Charakters und der erheblichen Bedeutung 1 der Sorgeerklärung müssen die Eltern die Sorgeerklärung selbst abgeben.

II. Ausschluss der Stellvertretung

Eine Stellvertretung ist nach Abs. 1 ausgeschlossen. Die Sorgeerklärung eines ge- 2 schäftsunfähigen Elternteils ist trotz § 1626 e nichtig.[1] Die Betreuung an sich hat keine Bedeutung für die Geschäftsfähigkeit, doch ist Stellvertretung auch insoweit nicht möglich.

III. Sorgeerklärung durch beschränkt Geschäftsfähige

Nach Abs. 2 bedarf ein beschränkt geschäftsfähiger Elternteil zur Abgabe der 3 Sorgeerklärung der Zustimmung seines gesetzlichen Vertreters. Die Vorschrift gilt nicht im Fall des gemeinsamen Sorgerechtserwerbs durch Eheschließung.[2] Der beschränkt geschäftsfähige, sorgeberechtigte Elternteil übt nach § 1673 Abs. 2 nur die Personensorge aus, im Übrigen übt sie der andere sorgeberechtigte Elternteil oder ein Vormund aus. Auch der gesetzliche Vertreter kann die Einwilligung nur persönlich erteilen. Auf Antrag des beschränkt geschäftsfähigen Elternteils kann das Familiengericht die Zustimmung des gesetzlichen Vertreters ersetzen, außer triftige Gründe in der Person eines der beiden Elternteile stehen entgegen.

IV. Verfahren

Für die Ersetzung der Zustimmung ist nach § 152 FamFG das Familiengericht, 4 das nach § 14 Abs. 1 Nr. 12 b RPflG durch den Richter entscheidet, zuständig, in dessen Bezirk sich das Kind aufhält.

---

3 MK/Huber § 1626 b Rn. 24.
4 BGH FamRZ 2005, 1469.
1 Palandt/Götz § 1626 c Rn. 1.
2 MK/Huber § 1626 c Rn. 8.

§ 1626 d BGB Form; Mitteilungspflicht

(1) Sorgeerklärungen und Zustimmungen müssen öffentlich beurkundet werden.

(2) Die beurkundende Stelle teilt die Abgabe von Sorgeerklärungen und Zustimmungen unter Angabe des Geburtsdatums und des Geburtsorts des Kindes sowie des Namens, den das Kind zur Zeit der Beurkundung seiner Geburt geführt hat, dem nach § 87 c Abs. 6 Satz 2 des Achten Buches Sozialgesetzbuch zuständigen Jugendamt zu den in § 58 a des Achten Buches Sozialgesetzbuch genannten Zwecken unverzüglich mit.

I. Allgemeines

1 Zweck der Vorschrift ist, den Eltern durch entsprechende Belehrung die Tragweite der abzugebenden Erklärung zu verdeutlichen.

II. Öffentliche Beurkundung

2 Nach Abs. 1 müssen Sorgeerklärungen und Zustimmungen öffentlich beurkundet werden. Zuständig sind nur die **Notare** (§ 20 Abs. 1 BNotO) und die **Jugendämter** (§ 59 Abs. 1 S. 1 Nr. 8 SGB VIII). Die gemeinsame Sorgeerklärung kann auch gem. § 127 a durch eine gerichtliche (gebilligte) Vereinbarung abgegeben werden.[1] Die Jugendämter sind auch für die Beurkundung nach § 1626 c Abs. 2 zuständig.[2]

III. Mitteilung

3 Die beurkundenden Stellen haben die Beurkundung von Sorgeerklärung und Zustimmung unverzüglich dem nach § 87 c Abs. 6 S. 2 SGB VIII für den Geburtsort des Kindes zuständigen Jugendamt (bei Auslandsgeburt nach §§ 87 c Abs. 6 S. 2, 88 Abs. 1 S. 2 SGB VIII dem Jugendamt Berlin) mitzuteilen. Im Gegensatz zur fehlenden Beurkundung macht der Verstoß gegen die Mitteilungspflicht die Sorgeerklärung nicht unwirksam.

IV. Verfahren

4 Durch das vom Jugendamt am Aufenthaltsort der Mutter nach § 58 a SGB VIII ausgestellte **Negativattest** wird bestätigt, dass zum Zeitpunkt seiner Ausstellung keine Sorgeerklärungen abgegeben wurden; die nicht miteinander verheirateten gemeinsam sorgeberechtigten Eltern können die gemeinsame Sorge durch eine Ausfertigung der gemeinsamen Sorgeerklärung nachweisen.

§ 1626 e BGB Unwirksamkeit

Sorgeerklärungen und Zustimmungen sind nur unwirksam, wenn sie den Erfordernissen der vorstehenden Vorschriften nicht genügen.

1 **Normzweck** ist, dass nur die Verletzung der §§ 1626 a–d die Sorgeerklärung unwirksam macht, während ein Rückgriff auf andere Unwirksamkeitsgründe ausgeschlossen sein soll. Wenn im Rahmen eines notariellen Vertrages neben den Sorgerechtsregelungen unwirksame Vereinbarungen beurkundet werden, führt

---

1 BGH FamRZ 2011, 796.
2 MK/Huber § 1626 d Rn. 4.

dies mangels Anwendbarkeit von § 139 nicht zur Unwirksamkeit der Sorgeerklärungen.[1]

Über §§ 1626 a–d hinaus ist allerdings die Sorgeerklärung eines Geschäftsunfä- 2
higen unwirksam.[2] Kein **Unwirksamkeitsgrund** ist insbesondere aber wegen des
Wortlautes von § 1626 e das Vorliegen eines Anfechtungsgrundes.

Die Unwirksamkeit kann in jedem **Verfahren** geltend gemacht werden, so dass 3
es beim Alleinsorgerecht der Mutter nach § 1626 a Abs. 3 verbleibt.

§ 1627 BGB Ausübung der elterlichen Sorge

[1]Die Eltern haben die elterliche Sorge in eigener Verantwortung und in gegensei-
tigem Einvernehmen zum Wohl des Kindes auszuüben. [2]Bei Meinungsverschiedenheiten müssen sie versuchen, sich zu einigen.

I. Allgemeines

§ 1627 S. 1 verdeutlicht, dass die elterliche Sorge beiden sorgeberechtigten El- 1
ternteilen **gleichberechtigt** zusteht, gibt als Leitbild den Grundsatz vor, dass eine
einverständliche Sorge dem Kindeswohl am besten dient und betont den Vorrang der Elternverantwortung gegenüber staatlichen Eingriffen.

II. Gegenseitiges Einvernehmen

Einer ausdrücklichen Elterneinigung bedarf es nicht bei alltäglichen Erziehungs- 2
maßnahmen (Gegensatz dazu sind die wichtigen Angelegenheiten nach §§ 1628,
1687), in denen beispielsweise stillschweigend eine **Funktionsteilung** erfolgt ist.[1]
Bei einer derartigen frei widerruflichen Funktionsteilung kann ein Elternteil
dann allein handeln.[2]

III. Meinungsverschiedenheiten

Bei eigenmächtigen Maßnahmen kann der andere Elternteil Rückgängigma- 3
chung der Maßnahmen verlangen. Nur für Notfälle kann ein Elternteil selbstständig handeln. Bei gemeinsamer Sorge getrennt lebender Eltern besteht allerdings für tägliche Angelegenheiten nach § 1687 eine **Alleinentscheidungsbefugnis** des gerade betreuenden Elternteils und kann der Lebensmittelpunktinhaber
nach § 1629 Abs. 2 S. 2 die Kindesunterhaltsansprüche allein geltend machen.

IV. Verfahren

Falls keine Einigung möglich ist, kann ein Elternteil einen Antrag nach § 1628 4
stellen.

§ 1628 BGB Gerichtliche Entscheidung bei Meinungsverschiedenheiten
der Eltern

[1]Können sich die Eltern in einer einzelnen Angelegenheit oder in einer bestimmten Art von Angelegenheiten der elterlichen Sorge, deren Regelung für das Kind

---

1 OLG Düsseldorf FamRZ 2008, 1552.
2 Palandt/Götz § 1626 e Rn 2.
1 MK/Huber § 1627 Rn. 8; Palandt/Götz § 1627 Rn. 2; OLG München FamRZ 2009, 2099.
2 MK/Huber § 1627 Rn. 89.

von erheblicher Bedeutung ist, nicht einigen, so kann das Familiengericht auf Antrag eines Elternteils die Entscheidung einem Elternteil übertragen. [2]Die Übertragung kann mit Beschränkungen oder mit Auflagen verbunden werden.

I. Allgemeines

1 Nach § 1627 müssen Meinungsverschiedenheiten zwischen den Eltern in erster Linie innerhalb der Familie beigelegt werden, so dass ein **ernsthafter Einigungsversuch** der Eltern dem Antrag nach S. 1 vorauszugehen hat.[1] Es muss sich um Meinungsverschiedenheiten zwischen den Eltern im Rahmen der Personen- oder Vermögenssorge handeln, Konflikte zwischen Eltern und Kind werden nach §§ 1631 ff., 1666 entschieden. Eine fehlende Einigkeit der Eltern liegt auch vor, wenn ein Elternteil sich nicht zu einer Stellungnahme durchringen kann und es aus diesem Grund nicht zu einem gemeinsamen Tätigwerden der Eltern kommt. Auch Ausweisangelegenheiten unterfallen daher der EheVO 2003.[2]

II. Voraussetzungen der Entscheidungsübertragung

2 Der Konflikt muss sich auf eine **einzelne Angelegenheit** mit einer konkreten Meinungsdifferenz beziehen, was restriktiv auszulegen ist. Daher kann die Entscheidung über die Anmeldung in einer bestimmten Schule,[3] aber nicht über das wegen seiner generellen Bedeutung nur nach § 1671 veränderbare Aufenthaltsbestimmungsrecht[4] übertragen werden.[5]

3 Die Angelegenheit muss ferner **von erheblicher Bedeutung** sein, damit nicht Nebensächlichkeiten aufs Familiengericht abgewälzt werden. Von erheblicher Bedeutung sind Entscheidungen (auch über das Ob einer Vaterschaftsanfechtung)[6] über den Vornamen, die Kindergartenauswahl, Schulauswahl, Ausbildung, Vermögensanlage, Ausschlagung einer Erbschaft.[7] Dazu gehören auch die Impfung des Kindes,[8] die Entscheidung über eine Namensänderung[9] oder die Taufe,[10] der Kirchenaustritt,[11] die Geltendmachung von Kindesunterhalt beim Wechselmodell,[12] eine Urlaubsreise nach Katar[13] oder nach Kasachstan,[14] die Antragstel-

---

1 MK/Huber § 1628 Rn. 6.
2 EuGH 21.10.2015 – Rs C-215/15, FamRZ 2015, 2117.
3 OLG Schleswig 7.12.2010 – 10 UF 186/10, FamRZ 2011, 1304.
4 Das nach OLG Köln 22.7.2011 – II-4 UF 144/11, FamRZ 2012, 563 bereits bei einem Zeitraum von fünf Monaten einschlägig ist.
5 Palandt/Götz § 1628 Rn. 5; aA MK/Huber § 1628 Rn. 12.
6 BGH FamRZ 2009, 861.
7 BGH FamRZ 2009, 861; Palandt/Götz § 1628 Rn. 7.
8 OLG Jena 7.3.2016 – 4 UF 686/15, FamRZ 2016, 1175.
9 OLG Karlsruhe 16.1.2015 – 5 UF 202/14, FamRZ 2015, 1723; OLG Oldenburg 15.8.2014 – 13 UF 76/14, FamRZ 2015, 333.
10 OLG Düsseldorf FamRZ 2010, 1255; OLG Hamm 15.6.2011 – 8 UF 131/11; OLG Koblenz 23.10.2013 – 13 UF 581/13, FamRZ 2014, 1122; OLG Karlsruhe 3.5.2016 – 20 UF 152/15, FamRZ 2016, 1376; OLG Stuttgart 4.3.2016 – 17 UF 292/15, FamRZ 2016, 1378.
11 OLG Oldenburg FamRZ 2010, 1256.
12 OLG Celle 26.8.2014 – 10 UF 163/14, FamRZ 2015, 1210; OLG Hamburg 27.10.2014 – 7 UF 124/14, FamRZ 2015, 591.
13 OLG Köln FamRZ 2005, 644.
14 OLG Hamburg 23.7.2011 – 12 UF 80/11, FamRZ 2012, 562; aA für Russland OLG Köln 25.11.2011 – II-4 UF 232/11, FamRZ 2012, 563.

lung auf Sozialgeld für temporäre Bedarfsgemeinschaft[15] oder die Beantragung des immer notwendigen[16] Kinderausweises[17] (nicht dagegen Nachhilfeunterricht).[18] Beantragt ein Elternteil die Übertragung der Entscheidungsbefugnis über eine Namensänderung des Kindes, so hat das Familiengericht neben dem Kindeswohl auch die Erfolgsaussicht eines entsprechenden Antrags nach dem NamÄndG zu prüfen.[19] Die Entscheidung über eine Auslandsreise eines Kindes ist nur dann eine Angelegenheit von erheblicher Bedeutung nach § 1628, wenn die konkrete Gefahr einer Entführung des Kindes im außereuropäischen Ausland besteht, bei Reisen in politische Krisengebiete, bei Reisewarnungen des auswärtigen Amtes oder bei weiten Reisen in einen dem Kind nicht vertrauten fremden Kulturkreis.[20] Eine Urlaubsreise mit dem Kind in die Türkei gehört zu den Angelegenheiten von erheblicher Bedeutung im Sinne des § 1687 Abs. 1 S. 1 und kann unter den gegenwärtigen dortigen Verhältnissen der Übertragung der Alleinentscheidungsbefugnis auf den die Reise beabsichtigenden Elternteil entgegenstehen.[21] Im Rahmen von § 1628 kann das Gericht nur die Entscheidungskompetenz einem der beiden Elternteile übertragen oder von der Übertragung der Entscheidungsbefugnis auf einen Elternteil absehen, wenn keiner der von den Eltern gemachten Entscheidungsvorschläge dem Kindeswohl entspricht oder wenn die Eltern sich unter Beachtung der Rechtsauffassung des Gerichts zu einer gemeinsamen Lösung verständigen werden.[22]

III. Verfahren

Auf Antrag eines oder beider Elternteile entscheidet nach §§ 151, 152 FamFG   4 das Familiengericht am Wohnsitz des Kindes durch den Richter gem. § 14 Abs. 1 Nr. 5 RPflG. Die Eltern und das Kind sind nach §§ 159, 160 FamFG anzuhören, die Entscheidung des Familiengerichts ist nach § 40 Abs. 1 sofort wirksam und kann nach § 58 FamFG mit der Beschwerde angefochten werden. Der Verfahrenswert beträgt nach § 45 FamGKG regelmäßig 3.000 EUR (für die einstweilige Anordnung 1.500 EUR nach § 41 FamGKG) und die Kostenentscheidung richtet sich nach § 81 FamFG. Kostenschuldner ist nur derjenige, den das Gericht dazu bestimmt.[23] Grundsätzlich besteht bei Nichtanhörung ein Rechtsschutzinteresse an der Feststellung der Rechteverletzung nach Hauptsacheerledigung.[24] In Eilfällen sind vorläufige Anordnungen möglich nach § 49 FamFG,[25] gegen die nach § 54 Abs. 2 FamFG Antrag auf mündliche Verhandlung nach Erlass im Büroweg möglich ist. Dabei kann ein Antrag auf Erlass einer einstweiligen Verfügung in einen Antrag auf Erlass einer einstweiligen Anordnung umgedeutet werden, da die gleichen Voraussetzungen bestehen und dies für den Gegner zumutbar ist.

---

15 OLG Hamm 15.12.2010 – II-2 WF 264/10, FamRZ 2011, 821; OLG Jena 4.7.2014 – 1 UF 71/14, FamRZ 2015, 148.
16 OLG Köln 27.3.2012 – II-4 UF 24/12, FamRZ 2012, 1502.
17 OLG Karlsruhe FamRZ 2005, 1187; OLG Köln 27.3.2012 – II-4 UF 24/12, FamRZ 2012, 1502.
18 OLG Naumburg FamRZ 2006, 1058.
19 BGH 9.11.2016 – XII ZB 298/15, FamRZ 2017, 119.
20 KG 1.8.2016 – 13 UF 106/16, FamRZ 2016, 2111.
21 OLG Frankfurt 21.7.2016 – 5 UF 206/16, FamRZ 2016, 1595.
22 OLG Dresden 31.3.2016 – 20 UF 165/16, FamRZ 2017, 39.
23 OLG München FamRZ 2006, 140.
24 OLG Naumburg 23.9.2011 – 4 UF 86/11, FamRZ 2013, 66.
25 OLG Karlsruhe FamRZ 2005, 1187.

5 Das Familiengericht soll gem. § 156 FamFG auf ein Einvernehmen der Eltern hinwirken und entscheidet zum Wohl des Kindes nach § 1697 a. Es überträgt dem Elternteil (gegebenenfalls auch dem Nichtantragsteller) die Entscheidungsbefugnis, der dem Kindeswohl entsprechend verfahren will. Zur Sicherstellung können nach S. 2 Beschränkungen und Auflagen ergehen. Ist keiner der beiden Elternvorschläge mit dem Kindeswohl vereinbar oder die Angelegenheit unwichtig, erlässt das Gericht eine Negativentscheidung, so dass jeder Elternteil gegenüber der vom anderen geplanten Maßnahme ein Vetorecht hat.[26] Gefährden die Vorschläge bzw. die Nichteinigung das Kindeswohl, ergreift das Familiengericht von Amts wegen Maßnahmen nach § 1666.

§ 1629 BGB Vertretung des Kindes

(1) [1]Die elterliche Sorge umfasst die Vertretung des Kindes. [2]Die Eltern vertreten das Kind gemeinschaftlich; ist eine Willenserklärung gegenüber dem Kind abzugeben, so genügt die Abgabe gegenüber einem Elternteil. [3]Ein Elternteil vertritt das Kind allein, soweit er die elterliche Sorge allein ausübt oder ihm die Entscheidung nach § 1628 übertragen ist. [4]Bei Gefahr im Verzug ist jeder Elternteil dazu berechtigt, alle Rechtshandlungen vorzunehmen, die zum Wohl des Kindes notwendig sind; der andere Elternteil ist unverzüglich zu unterrichten.

(2) [1]Der Vater und die Mutter können das Kind insoweit nicht vertreten, als nach § 1795 ein Vormund von der Vertretung des Kindes ausgeschlossen ist. [2]Steht die elterliche Sorge für ein Kind den Eltern gemeinsam zu, so kann der Elternteil, in dessen Obhut sich das Kind befindet, Unterhaltsansprüche des Kindes gegen den anderen Elternteil geltend machen. [3]Das Familiengericht kann dem Vater und der Mutter nach § 1796 die Vertretung entziehen; dies gilt nicht für die Feststellung der Vaterschaft.

(2 a) Der Vater und die Mutter können das Kind in einem gerichtlichen Verfahren nach § 1598 a Abs. 2 nicht vertreten.

(3) [1]Sind die Eltern des Kindes miteinander verheiratet oder besteht zwischen ihnen eine Lebenspartnerschaft, so kann ein Elternteil Unterhaltsansprüche des Kindes gegen den anderen Elternteil nur im eigenen Namen geltend machen, solange
1. die Eltern getrennt leben oder
2. eine Ehesache oder eine Lebenspartnerschaftssache im Sinne von § 269 Absatz 1 Nummer 1 oder 2 des Gesetzes über das Verfahren in Familiensachen und in den Angelegenheiten der freiwilligen Gerichtsbarkeit zwischen ihnen anhängig ist.
[2]Eine von einem Elternteil erwirkte gerichtliche Entscheidung und ein zwischen den Eltern geschlossener gerichtlicher Vergleich wirken auch für und gegen das Kind.

I. Allgemeines

1 Während sich die elterliche Sorge gem. § 1626 auf das Innenverhältnis zum Kind bezieht, betrifft die Vertretung nach § 1629 das **Außenverhältnis**, wobei die elterliche Sorge in ihrem Umfang die Vertretung beinhaltet. Die Vertretungsmacht bezieht sich auf Rechtsgeschäfte und alle ähnlichen Handlungen (auch

---

26 MK/Huber § 1628 Rn. 15.

amtsähnliche Handlungen, außer ein Elternteil kommt nur einer öffentlich-rechtlichen Pflicht nach),[1] sie gilt nicht für höchstpersönliche Geschäfte oder bei Verstandesreife des Kindes von diesem selbst zu erteilende Einwilligung in ärztliche Eingriffe.[2] Durch Auslegung ist zunächst immer zu ermitteln, ob die Eltern Verträge für das Kind im eigenen Namen oder kraft Vertretungsbefugnis fürs Kind abgeschlossen haben. Vollmachtserteilungen an den anderen Elternteil oder an Dritte sind auch als Generalvollmacht zulässig, solange sie widerruflich sind.[3] Haben sich die Eltern gem. § 1627 auch bei einer **Funktionsteilung** geeinigt, kann ein Elternteil die erforderliche Erklärung auch für den anderen Elternteil mit abgeben.[4]

II. Inhalt und Umfang der Vertretungsmacht

Grundsätzlich gilt nach § 1629 Abs. 1 S. 2 **Gesamtvertretung**, außer ein Elternteil ist alleinvertretungsberechtigt. **Alleinvertretung** besteht bei **Empfangsvertretung** nach § 1629 Abs. 1 S. 2, bei **Alleinausübung** (inklusiv Alleinsorgerecht)[5] der elterlichen Sorge nach § 1629 Abs. 1 S. 3 Alt. 1, bei **Übertragung der Entscheidungsbefugnis** bei Meinungsverschiedenheiten nach § 1629 Abs. 1 S. 3 Alt. 2, bei **Notvertretung** nach § 1629 Abs. 1 S. 4 und bei Geltendmachung von Kindesunterhalt gegen den anderen Elternteil nach § 1629 Abs. 2 S. 2. Gefahr im Verzug für die Notvertretung liegt vor, wenn die Zustimmung des anderen Elternteils nicht eingeholt werden kann, ohne dass der Zweck der Maßnahme, die erhebliche Nachteile für das Kindeswohl verhindert (beispielsweise bei einem Unfall des Kindes im Urlaub), gefährdet wäre.[6] Ein Willensmangel in der Person eines Elternteils reicht zur Anfechtung aus, allerdings wird dem Kind auch bereits die Kenntnis eines Elternteils zugerechnet.[7]

III. Ausschluss und Entziehung des Vertretungsrechts

Kraft Gesetzes nach §§ 1629 Abs. 2 S. 1, 1795 ist die Vertretungsmacht beider Eltern[8] ausgeschlossen. Dabei ist neben den Rechtsgeschäften nach § 1795 Abs. 1 (Rechtsgeschäfte zwischen Ehegatten und Kind – außer rechtlich vorteilhafte Elternschenkungen[9] – sowie über Grundpfandrechte samt entsprechenden Rechtsstreitigkeiten) in § 1795 Abs. 2 auch auf das Verbot des **Insichgeschäfts** nach § 181 ohne Erfordernis der Feststellung eines konkreten Interessenkonflikts verwiesen. Für die Anordnung einer Ergänzungspflegschaft nach §§ 1629 Abs. 2 S. 1, 1909 ist das Familiengericht zuständig.[10] Nach §§ 1629 Abs. 2 S. 3, 1796 kann (falls die Verfahrensbeistandsbestellung nicht ausreichend erscheint)[11] das Familiengericht bei einem sich aus der konkreten Situation erge-

---

1 MK/Huber § 1629 Rn. 17.
2 Palandt/Götz § 1629 Rn. 4.
3 Palandt/Götz § 1629 Rn. 5.
4 Palandt/Götz § 1629 Rn. 5; MK/Huber § 1629 Rn. 34.
5 MK/Huber § 1629 Rn. 23.
6 Palandt/Götz § 1629 Rn. 12; MK/Huber § 1629 Rn. 27.
7 MK/Huber § 1629 Rn. 32.
8 Palandt/Götz § 1629 Rn. 14; MK/Huber § 1629 Rn. 42; BGH NJW 1972, 1708; BayObLG FamRZ 1960, 33.
9 MK/Huber § 1629 Rn. 54; anders bei Erbteil nach OLG Frankfurt/M. 18.12.2014 – 20 W 172/14, FamRZ 2015, 1902.
10 MK/Huber § 1629 Rn. 43.
11 BGH 7.9.2011 – XII ZB 12/11, FamRZ 2011, 1788.

benden Widerstreit der Interessen von Kind und Eltern nur dem betroffenen Elternteil[12] die Vertretungsmacht für das Kind entziehen, wenn der Elternteil wegen des Interessenkonflikts gehindert ist (und dies auch nicht zu erwarten ist),[13] eine auch den Belangen des Kindes gerecht werdende Entscheidung (nicht für die Vaterschaftsfeststellung) zu treffen.[14] Ein **Pfleger** wird für die **Vaterschaftsanfechtung** durch die Mutter regelmäßig[15] bestellt,[16] ferner für den Antrag auf Ersetzung der Einwilligung der allein sorgeberechtigten Mutter in die **Adoption** des Kindes durch die Pflegeeltern, für die Entscheidung ohne Vorprüfungserfordernis seiner Aussagebereitschaft über das dem Kind zustehende, aber noch nicht verstandesgemäß ausübbare **Zeugnisverweigerungsrecht**,[17] den Erstattungsanspruch des Kindes gegen seine Eltern wegen nicht ordnungsgemäßer Verwendung seiner **Impfschadensrente**, Geltendmachung von **Kindesunterhalt** gegen den Alleinsorgeberechtigten, Wahrnehmung der Rechte des Kindes bei Interessenkollision gegenüber seinem Vater als **Testamentsvollstrecker**,[18] die Ausschlagung einer dem Kind angefallenen **Erbschaft**, wenn infolge der Ausschlagung ein Elternteil zum Erben berufen ist.[19] Unterlässt ein sorgeberechtigter Elternteil bei einem Interessenkonflikt die Vornahme eines Rechtsgeschäfts oder eine Anzeige nach § 1909 Abs. 2 an das Familiengericht, kann das Familiengericht eine Überlegungspflegschaft (eigentlich nach § 1666) nur einrichten, falls der unterlassene Rechtsakt auch tatsächlich im Interesse des Kindes liegt.[20] Im Vaterschaftsanfechtungsverfahren ist bei gemeinsamer Sorge für das Kind ein Ergänzungspfleger (bei Uneinigkeit der Mitsorgeberechtigten über das Ob der Vaterschaftsanfechtung ist zunächst nach § 1628 vorzugehen) wegen §§ 1629 Abs. 2 S. 1, 1795 zu bestellen. Nach § 1629 Abs. 2 a gilt dies auch bei einem Verfahren zur **Vaterschaftsklärung** nach § 1598 Abs. 2.

IV. Verfahren

4   Der **Alleinsorgeberechtigte** kann nach § 1629 Abs. 1 S. 3 **Unterhaltsansprüche des Kindes** gegen den anderen Elternteil prozessual unabhängig von seiner Obhut[21] geltend machen, bei **gemeinsamer Sorge** kann dies nach § 1629 Abs. 2 S. 2 der **Lebensmittelpunktinhaber** (was auch für die Passivvertretung[22] und bei Abänderungsanträgen gilt).[23] Mit Volljährigkeit des Kindes hat sich dieses selbst im Verfahren zur Fortführung samt Mandatsweitergeltung zu erklären. **Obhut** bedeutet die **tatsächliche Fürsorge** für das Kind, also die Befriedigung der elementaren Bedürfnisse des Kindes durch Pflege, Verköstigung, Gestaltung des Tagesablaufs, Erreichbarkeit bei Problemen und emotionale Zuwendung.[24] Das Kind kann sich auch bei Getrenntleben in der Ehewohnung in der Obhut eines Eltern-

---

12   Palandt/Götz § 1629 Rn. 15; MK/Huber § 1629 Rn. 59.
13   OLG Brandenburg 6.12.2010 – 9 UF 61/10, FamRZ 2011, 1305.
14   Palandt/Götz § 1629 Rn. 15.
15   OLG Hamburg 17.4.2015 – 12 UF 217/13, FamRZ 2016, 69.
16   BGH 21.3.2012 – XII ZB 510/10, FamRZ 2012, 859.
17   Ohne Beschwerdemöglichkeit der Staatsanwaltschaft bei Ergänzungspflegerablehnung nach BGH 8.10.2014 – XII ZB 406/13, FamRZ 2015, 42.
18   BGH FamRZ 2008, 1156.
19   Palandt/Götz § 1629 Rn. 20.
20   Palandt/Götz § 1629 Rn. 15.
21   Palandt/Götz § 1629 Rn. 23.
22   OLG Naumburg FamRZ 2007, 1334.
23   MK/Huber § 1629 Rn. 85.
24   Palandt/Götz § 1629 Rn. 25.

teils befinden, ferner auch wenn ein Elternteil das Kind bei dessen Verwandten untergebracht hat.[25] Ein Kind lebt in der Obhut desjenigen Elternteils, bei dem das Schwergewicht (dafür reicht ein minimaler Betreuungsvorsprung aus)[26] der tatsächlichen Betreuung liegt, wobei im Rahmen der Barunterhaltspflicht des anderen Elternteils von dessen allein maßgeblichen Einkünften die üblichen Umgangskosten grundsätzlich nicht abgesetzt werden können; bei einem Wechselmodell, bei dem für die Geltendmachung von Kindesunterhalt bei gemeinsamer Sorge ein Ergänzungspfleger zu bestellen ist,[27] sind jedoch die Einkünfte beider Elternteile zusammenzurechnen und hieraus die jeweiligen Haftungsanteile für den Kindesunterhalt nach Abzug des vollen Kindergelds zu berechnen.[28] Auch ein längerer Ferienaufenthalt des Kindes bei einem Elternteil ändert nichts am Obhutsverhältnis des anderen Elternteils.[29] Die Beweislast für die eigene überwiegende tatsächliche Fürsorge liegt bei dem Elternteil, der Kindesunterhalt verlangt.[30] Wechselt das Kind in den Haushalt des nicht sorgeberechtigten Elternteils, ist nach §§ 1629 Abs. 2, 1909 ein Ergänzungspfleger für das Kind zu bestellen, der das Unterhaltsverfahren führt.[31] Ein Ergänzungspfleger ist auch zu bestellen, wenn sich das Kind in der Obhut keines der gemeinsam sorgeberechtigten Elternteile befindet.[32] Endet die gesetzliche Vertretungsmacht eines Elternteils, weil das Kind zum andern Elternteil zieht, kann der bisher vertretungsberechtigte Elternteil das anhängige Unterhaltsverfahren als Abwicklungsmaßnahme auch bei einem Antrag in Verfahrensstandschaft für erledigt erklären,[33] während die Vertretungsbefugnis samt etwaiger Verfahrensstandschaft ansonsten auch für Unterhaltsrückstände endet. Ein nicht bezahlter Kindesunterhalt kann dann nur noch als familienrechtlicher Ausgleichsanspruch geltend gemacht werden,[34] wobei eine entsprechende Antragsänderung sachdienlich ist.[35]

Solange die Eltern des Kindes unabhängig vom Sorgerecht[36] miteinander **verhei-** **5** **ratet** sind, muss der Kindesunterhalt vom zumindest mitsorgeberechtigten Obhutsinhaber[37] nach § 1629 Abs. 3 S. 1 auch bei einem isolierten Kindesunterhaltsverfahren im Wege der **Verfahrensstandschaft** beantragt (für außergerichtliche Geltendmachung gilt die Vorschrift nicht)[38] werden. Mit Volljährigkeit des Kindes wird der bisher in Verfahrensstandschaft erhobene Antrag unzulässig, so dass das Kind auch für Unterhaltsrückstände das Verfahren aufnehmen muss.[39] Die Verfahrensstandschaft dauert über den Eintritt der Scheidungsrechtskraft hi-

---

25 Palandt/Götz § 1629 Rn. 25; MK/Huber § 1629 Rn. 76.
26 BGH FamRZ 2007, 707.
27 OLG Köln 21.3.2014 – 4 UF 1/14, FamRZ 2015, 859.
28 BGH FamRZ 2006, 1017.
29 Palandt/Götz § 1629 Rn. 25; OLG Köln FamRZ 2005, 1852.
30 Palandt/Götz § 1629 Rn. 26; OLG Hamburg FamRZ 2001, 1235.
31 OLG Koblenz FamRZ 2007, 412; allerdings ist nach OLG Naumburg FamRZ 2009, 60, dann auch zumindest die Vermögenssorge zu entziehen.
32 OLG Stuttgart FamRZ 2005, 1852.
33 OLG Köln FamRZ 2005, 1999; Norpoth, Der Obhutswechsel während des laufenden Kindesunterhaltsprozesses – ein gelöstes Problem?, FamRZ 2007, 518.
34 OLG Köln FamRZ 2009, 619.
35 OLG Frankfurt/M. FamRZ 2007, 909.
36 Palandt/Götz § 1629 Rn. 27.
37 Daneben bleibt eine Beistandschaft zulässig nach BGH 29.10.2014 – XII ZB 250/14, FamRZ 2015, 130.
38 MK/Huber § 1629 Rn. 84.
39 Palandt/Götz § 1629 Rn. 31; MK/Huber § 1629 Rn. 91; BGH 19.6.2013 – XII ZB 39/11, FamRZ 2013, 1378.

naus bis zum Abschluss des davor begonnenen Unterhaltsverfahrens fort, solange der antragstellende Elternteil noch Mitsorgeberechtigter und Lebensmittelpunktinhaber ist.[40] Die Verfahrensstandschaft gilt auch für Passivverfahren[41] und bis zur Scheidungsrechtskraft auch für die Vollstreckung.[42] Nach Scheidungsrechtskraft ist der auch für und gegen das Kind wirkende Titel wegen des Wegfalls der Vollstreckungsstandschaft auf das **Kind** umzuschreiben[43] und sind Abänderungs- und Vollstreckungsgegenanträge unabhängig von der Titelumschreibung im Namen des Kindes zu erheben bzw. gegen das Kind zu richten.[44] Bei einem Antrag eines Elternteils in Verfahrensstandschaft nach § 1629 Abs. 3 S. 1 kommt es daher für die Bewilligung der Verfahrenskostenhilfe (auch außerhalb des Scheidungsverbunds)[45] nur auf die Einkommens- und Vermögensverhältnisse des antragstellenden Elternteils an.[46]

§ 1629 a BGB   Beschränkung der Minderjährigenhaftung

(1) [1]Die Haftung für Verbindlichkeiten, die die Eltern im Rahmen ihrer gesetzlichen Vertretungsmacht oder sonstige vertretungsberechtigte Personen im Rahmen ihrer Vertretungsmacht durch Rechtsgeschäft oder eine sonstige Handlung mit Wirkung für das Kind begründet haben, oder die auf Grund eines während der Minderjährigkeit erfolgten Erwerbs von Todes wegen entstanden sind, beschränkt sich auf den Bestand des bei Eintritt der Volljährigkeit vorhandenen Vermögens des Kindes; dasselbe gilt für Verbindlichkeiten aus Rechtsgeschäften, die der Minderjährige gemäß §§ 107, 108 oder § 111 mit Zustimmung seiner Eltern vorgenommen hat oder für Verbindlichkeiten aus Rechtsgeschäften, zu denen die Eltern die Genehmigung des Familiengerichts erhalten haben. [2]Beruft sich der volljährig Gewordene auf die Beschränkung der Haftung, so finden die für die Haftung des Erben geltenden Vorschriften der §§ 1990, 1991 entsprechende Anwendung.

(2) Absatz 1 gilt nicht für Verbindlichkeiten aus dem selbständigen Betrieb eines Erwerbsgeschäfts, soweit der Minderjährige hierzu nach § 112 ermächtigt war, und für Verbindlichkeiten aus Rechtsgeschäften, die allein der Befriedigung seiner persönlichen Bedürfnisse dienten.

(3) Die Rechte der Gläubiger gegen Mitschuldner und Mithaftende sowie deren Rechte aus einer für die Forderung bestellten Sicherheit oder aus einer deren Bestellung sichernden Vormerkung werden von Absatz 1 nicht berührt.

(4) [1]Hat das volljährig gewordene Mitglied einer Erbengemeinschaft oder Gesellschaft nicht binnen drei Monaten nach Eintritt der Volljährigkeit die Auseinandersetzung des Nachlasses verlangt oder die Kündigung der Gesellschaft erklärt, ist im Zweifel anzunehmen, dass die aus einem solchen Verhältnis herrührende Verbindlichkeit nach dem Eintritt der Volljährigkeit entstanden ist; Entsprechendes gilt für den volljährig gewordenen Inhaber eines Handelsgeschäfts,

---

40 Palandt/Götz § 1629 Rn. 29; MK/Huber § 1629 Rn. 89; BGH FamRZ 1990, 283.
41 Palandt/Diederichsen § 1629 Rn. 27; OLG Brandenburg FamRZ 2000, 1377; OLG Naumburg FamRZ 2003, 1115.
42 Palandt/Götz § 1629 Rn. 33.
43 Palandt/Götz § 1629 Rn. 33; OLG Hamm FamRZ 2000, 1590; aA MK/Huber § 1629 Rn. 96.
44 Palandt/Götz § 1629 Rn. 34; MK/Huber § 1629 Rn. 98; BGH FamRZ 1983, 806.
45 BGH FamRZ 2005, 1164.
46 BGH FamRZ 2006, 32.

der dieses nicht binnen drei Monaten nach Eintritt der Volljährigkeit einstellt. [2]Unter den in Satz 1 bezeichneten Voraussetzungen wird ferner vermutet, dass das gegenwärtige Vermögen des volljährig Gewordenen bereits bei Eintritt der Volljährigkeit vorhanden war.

I. Allgemeines

Die Vorschrift wurde mit Wirkung vom 1.1.1999 eingeführt.   1

II. Beschränkung der Haftung auf das bei Volljährigkeit vorhandene Vermögen (Abs. 1)

Die Haftungsbeschränkung nach § 1629 a Abs. 1 gilt bei Verpflichtungen, die 2 vom Minderjährigen selbst oder von seinem gesetzlichen Vertreter eingegangen worden sind. Die Verbindlichkeiten können durch Rechtsgeschäft, Realakt, Erwerb von Todes wegen oder mit vormundschaftsgerichtlicher Genehmigung nach § 1643 entstanden sein.[1]

III. Unbeschränkte Haftung des Volljährigen und aus Rechtssicherheiten (Abs. 2, 3)

Die Haftungsbeschränkungsmöglichkeit fehlt nach § 1629 a Abs. 2 bei Verbind- 3 lichkeiten nach § 112 oder Verbindlichkeiten, die den persönlichen Bedürfnissen des Minderjährigen gedient haben, bei vom Minderjährigen selbst zu verantwortende Verbindlichkeiten (Unterhaltsrückstände, Deliktsschadensersatzansprüche)[2] und Verbindlichkeiten, die ab Volljährigkeit eingegangen wurden. Nach § 1629 a Abs. 3 können sich ferner Mithaftende und Sicherungsgeber nicht auf die Haftungsbeschränkung berufen.

IV. Vermutungen zugunsten des Gläubigerschutzes (Abs. 4)

Bei einer Erbengemeinschaft oder Personengesellschaft wird nach § 1629 a 4 Abs. 4 vermutet, dass die Verbindlichkeit nach Volljährigkeitseintritt entstanden ist und das gegenwärtige Vermögen des Volljährigen bereits bei Eintritt der Volljährigkeit vorhanden war, falls Auseinandersetzungsverlangen bzw. Gesellschaftskündigung (bei einem Handelsgeschäft ist dessen Einstellung maßgeblich) nicht innerhalb von drei Monaten nach Eintritt der Volljährigkeit erklärt werden.

V. Verfahren

Der Volljährige kann aufgrund der Rechtsfolgenverweisung auf §§ 1990, 1991 5 die Haftung für beschränkbare Verbindlichkeiten auf das bei Eintritt der Volljährigkeit vorhandene Vermögen beschränken. Dazu kann er im Prozess diese **Einrede** erheben und dann im Zwangsvollstreckungsverfahren mit der Vollstreckungsgegenklage nach §§ 786, 797 ZPO vorgehen. Diese Einrede muss aber bereits im Erkenntnisverfahren geltend gemacht und ein entsprechender Vorbehalt in die Kostengrundentscheidung aufgenommen werden, damit sie ohne Präklusion im Kostenfestsetzungsverfahren berücksichtigt werden kann.[3] Der

---

1 Palandt/Götz § 1629 a Rn. 2.
2 Palandt/Götz § 1629 a Rn. 8.
3 OLG Köln FamRZ 2010, 1927; aA OLG Koblenz 27.5.2015 – 2 U 894/14, FamRZ 2016, 384.

Schuldner kann Altverbindlichkeiten aber unter grundsätzlicher Geltung des Prioritätsprinzips auch aus dem Altvermögen bedienen, bei Tilgung aus dem Neuvermögen steht ihm ein Aufwendungsersatzanspruch aus §§ 1629 a, 1991, 1978, 670 gegen das Altvermögen zu.[4] **Neuverbindlichkeiten** darf der Volljährige nur aus dem Neuvermögen befriedigen, so dass er die Zwangsvollstreckung des Neugläubigers ins Altvermögen analog §§ 784, 767 ZPO mit der **Vollstreckungsgegenklage** verhindern muss.[5]

§ 1630 BGB Elterliche Sorge bei Pflegerbestellung oder Familienpflege

(1) Die elterliche Sorge erstreckt sich nicht auf Angelegenheiten des Kindes, für die ein Pfleger bestellt ist.

(2) Steht die Personensorge oder die Vermögenssorge einem Pfleger zu, so entscheidet das Familiengericht, falls sich die Eltern und der Pfleger in einer Angelegenheit nicht einigen können, die sowohl die Person als auch das Vermögen des Kindes betrifft.

(3) ¹Geben die Eltern das Kind für längere Zeit in Familienpflege, so kann das Familiengericht auf Antrag der Eltern oder der Pflegeperson Angelegenheiten der elterlichen Sorge auf die Pflegeperson übertragen. ²Für die Übertragung auf Antrag der Pflegeperson ist die Zustimmung der Eltern erforderlich. ³Im Umfang der Übertragung hat die Pflegeperson die Rechte und Pflichten eines Pflegers.

I. Allgemeines

1 Die Vorschrift regelt das Verhältnis von Eltern zu einem Pfleger.

II. Einschränkung der elterlichen Sorge durch Pflegerbestellung (Abs. 1)

2 Ein **Pfleger** wird bestellt nach § 1909 iVm §§ 1629 Abs. 2 und 1638 oder nach § 1666 iVm § 1693. Die Angelegenheiten des Kindes, für die ein Pfleger bestellt ist, sind nach § 1630 Abs. 1 **der elterlichen Sorge entzogen.** Auf den Pfleger findet § 1915 Anwendung. Den Eltern steht gegen die Auswahl des Pflegers ein Beschwerderecht zu. Die Beschränkung der elterlichen Sorge beginnt mit der Pflegerbestellung und endet nach § 1918 mit der Pflegschaftsaufhebung.

III. Meinungsverschiedenheiten zwischen Eltern und Pfleger (Abs. 2)

3 Bei Meinungsverschiedenheiten zwischen Eltern und Pfleger in einer Angelegenheit, die sowohl die aufgeteilte (dazu gehört beispielsweise die Frage, welche Beträge für den Kindesunterhalt dem Kindesvermögen zu entnehmen sind oder welche Beträge vom Kindesunterhalt aufs Kindesvermögen anzulegen sind) Personen- als auch die Vermögenssorge betrifft, entscheidet das **Familiengericht** in entsprechender Anwendung der Grundsätze nach § 1628. § 1629 Abs. 2 wird entsprechend angewandt in Fällen, in denen Personen- und Vermögenssorge auf verschiedene Personen aufgeteilt sind und beide Sorgerechtsbereiche betreffen, also in den Fällen der §§ 1633 und 1673.

---

4 MK/Huber § 1629 a Rn. 45.
5 MK/Huber § 1629 a Rn. 53.

Schmid

IV. Familienpflege (Abs. 3)

Nach § 1630 Abs. 3 kann das Familiengericht auf Antrag Angelegenheiten der 4
elterlichen Sorge auf die Pflegeperson übertragen. Familienpflege ist nur die
Vollzeitpflege nach § 33 SGB VIII.[1] Voraussetzung ist ferner das Bestehen der
Familienpflege über einen **längeren Zeitraum**, in dem das Kind engere Bindungen zur Pflegefamilie entwickeln kann,[2] was sicher eine mehrmonatige Pflege erfordert.[3] Auf Antrag der Eltern mit Zustimmung der Pflegeperson oder auf Antrag der Pflegeperson mit Zustimmung der Eltern können alle einzelnen Angelegenheiten oder auch die Personensorge[4] oder folgerichtig sogar die elterliche
Sorge insgesamt[5] übertragen werden. Bei Wegfall der Zustimmung ist die Sorgerechtsübertragung rückgängig zu machen.[6] Die Pflegepersonen (nach § 1775
kann auch ein Pflegeelternehepaar bestellt werden) haben im Umfang der Übertragung die Rechte eines Pflegers, wozu auch Ansprüche nach § 1835 a gehören
sollen.[7] Die Pflegeperson hat immer die gesetzliche Vertretungsmacht nach
§ 1688. Auf Antrag der Eltern oder der Pflegeperson ist die Übertragung rückgängig zu machen.

V. Verfahren

Das Familiengericht, das nach §§ 159 ff. FamFG anhört, entscheidet Meinungs- 5
verschiedenheiten nach § 1630 Abs. 2 durch den Richter nach § 14 Abs. 1 Nr. 5
RPflG mit der örtlichen Zuständigkeit nach § 152 FamFG, wogegen die Beschwerde nach § 58 FamFG zulässig ist. Die Übertragung von Angelegenheiten
der elterlichen Sorge nach § 1630 Abs. 3 erfolgt ebenfalls durch das Familiengericht, das nach §§ 159 ff. FamFG anhört, durch den Richter nach § 14 Abs. 1
Nr. 4 RPflG mit der örtlichen Zuständigkeit nach § 152 FamFG, wogegen ebenfalls die Beschwerde nach § 58 FamFG möglich ist.

§ 1631 BGB Inhalt und Grenzen der Personensorge

(1) Die Personensorge umfasst insbesondere die Pflicht und das Recht, das Kind
zu pflegen, zu erziehen, zu beaufsichtigen und seinen Aufenthalt zu bestimmen.

(2) [1]Kinder haben ein Recht auf gewaltfreie Erziehung. [2]Körperliche Bestrafungen, seelische Verletzungen und andere entwürdigende Maßnahmen sind unzulässig.

(3) Das Familiengericht hat die Eltern auf Antrag bei der Ausübung der Personensorge in geeigneten Fällen zu unterstützen.

I. Allgemeines

§ 1631 Abs. 1 zählt den **Inhalt** des Personensorgerechts auf, § 1631 Abs. 2 ist 1
Folge des Gesetzes zur Ächtung der Gewalt in der Erziehung und § 1631 Abs. 3
gibt den Eltern familiengerichtliche Unterstützung bei der Ausübung der Personensorge.

---

1 Palandt/Götz § 1630 Rn. 9.
2 Wellenhofer, Kindschaftsrecht auf dem Prüfstand, FamRZ 2016, 1336.
3 MK/Huber § 1630 Rn. 18.
4 KG FamRZ 2006, 1291.
5 AA OLG Jena FamRZ 2009, 992.
6 OLG Celle 14.2.2011 – 10 UF 8/11, FamRZ 2011, 1664.
7 OLG Stuttgart FamRZ 2006, 1290.

II. Inhalt der Personensorge (Abs. 1)

2 Die Personensorge nach § 1631 Abs. 1 umfasst[1] Pflege, Erziehung, Bestimmung der Konfession gemäß RelKErzG, Sport, Unterhaltung, Schulbildung, Berufswahl, Beaufsichtigung oder Aufenthaltsbestimmung. Erziehung ist der Inbegriff aller pädagogischen Maßnahmen, durch die das Kind zum Erwachsensein gelangen soll, so dass es in der Lage ist, seine Motive unter Kontrolle zu halten und seine Persönlichkeit im gedeihlichen Zusammenleben mit anderen Menschen fortzuentwickeln sowie sein Leben durch selbstständig getroffene Entscheidungen innerhalb der Rechts- und Lebensordnung der Gesellschaft zu halten.[2]

III. Recht des Kindes auf gewaltfreie Erziehung (Abs. 2)

3 Verstöße gegen § 1631 Abs. 2 können **Maßnahmen nach** § 1666 auslösen, wobei vereinzelt bleibende Verstöße diese nicht auslösen müssen. Verbotene körperliche Bestrafungen sind Schläge, worunter auch Klapse fallen,[3] Einsperren oder Bedrängen, sowie neben seelischen Verletzungen entwürdigende Maßnahmen wie langdauerndes Nichtsprechen mit dem Kind.[4] Die Eltern können ansonsten erziehen durch Lob, Vorbild sein, Konsequenz, Ermahnungen, Ausgehverbote oder Taschengeldentzug.[5]

IV. Unterstützung der Eltern durch das Familiengericht (Abs. 3)

4 Die familiengerichtliche Unterstützung nach § 1631 Abs. 3 soll nur in geeigneten Fällen erfolgen, so dass das Gericht ein Tätigwerden ablehnen kann, wenn es dieses für unzweckmäßig oder im Interesse des Kindes nicht für geboten hält.[6] Als Betätigungsfeld verbleiben nur Ermahnungen nach Anordnung des persönlichen Erscheinens des Kindes.[7]

V. Verfahren

5 Zuständig für die familiengerichtliche Unterstützung (deren Kosten sich nach § 81 FamFG richten) der Eltern ist der Rechtspfleger nach § 3 Nr. 2 a RPflG, der nach §§ 159 ff. FamFG anhört.

§ 1631 a BGB Ausbildung und Beruf

[1]In Angelegenheiten der Ausbildung und des Berufs nehmen die Eltern insbesondere auf Eignung und Neigung des Kindes Rücksicht. [2]Bestehen Zweifel, so soll der Rat eines Lehrers oder einer anderen geeigneten Person eingeholt werden.

I. Allgemeines

1 § 1631 a ergänzt § 1626 Abs. 2 dahin gehend, dass die Eltern neben der Beachtung der kindlichen Selbstständigkeit die objektiven **Eignungen und Neigungen** des Kindes zu beachten haben.

---

1 Palandt/Götz § 1631 Rn. 2 ff.
2 Palandt/Götz § 1631 Rn. 2.
3 MK/Huber § 1631 Rn. 23.
4 Palandt/Götz § 1631 Rn. 7.
5 Palandt/Götz § 1631 Rn. 8.
6 Palandt/Götz § 1631 Rn. 10.
7 MK/Huber § 1631 Rn. 44.

II. Rücksichtnahme auf Eignung und Neigung des Kindes

Zu den berufsspezifischen **Ausbildungsangelegenheiten** zählen Ausbildungsziel, 2
Ausbildungsgang und Ausbildungsstätte, darüber hinausgehende Ausbildung
betrifft beispielsweise Führerschein, Musikinstrument oder Sport.[1] Weiter beachtenswerte Faktoren der Elternentscheidung neben der Eignung und Neigung
des Kindes sind die Gesundheit oder die zeitliche Belastung des Kindes sowie
auch der anderen Familienmitglieder.

III. Einholen des Rats einer geeigneten Person

Nach § 1631 a S. 2 kommen Lehrer, Berufsberater, Ärzte, Musiklehrer oder 3
Sporttrainer in Betracht.[2]

IV. Verfahren

Da § 1666 erst bei **krassen Fehlentscheidungen** der Eltern anwendbar ist, blei- 4
ben leichte Verstöße gegen § 1631 a **sanktionslos**.

§ 1631 b BGB Freiheitsentziehende Unterbringung und freiheitsentziehende Maßnahmen

(1) [1]Eine Unterbringung des Kindes, die mit Freiheitsentziehung verbunden ist,
bedarf der Genehmigung des Familiengerichts. [2]Die Unterbringung ist zulässig,
solange sie zum Wohl des Kindes, insbesondere zur Abwendung einer erheblichen Selbst- oder Fremdgefährdung, erforderlich ist und der Gefahr nicht auf
andere Weise, auch nicht durch andere öffentliche Hilfen, begegnet werden
kann. [3]Ohne die Genehmigung ist die Unterbringung nur zulässig, wenn mit
dem Aufschub Gefahr verbunden ist; die Genehmigung ist unverzüglich nachzuholen.

(2) Die Genehmigung des Familiengerichts ist auch erforderlich, wenn dem
Kind, das sich in einem Krankenhaus, einem Heim oder einer sonstigen Einrich-
tung aufhält, durch mechanische Vorrichtungen, Medikamente oder auf andere
Weise über einen längeren Zeitraum oder regelmäßig in nicht altersgerechter
Weise die Freiheit entzogen werden soll. Absatz 1 Satz 2 und 3 gilt entspre-
chend.

I. Allgemeines

Die mit Freiheitsentziehung verbundene Unterbringung ist für das Kind beson- 1
ders einschneidend und soll deshalb auch von den Eltern **nur mit familiengerichtlicher Genehmigung** vorgenommen werden. Verfassungsrechtliche Bedenken gegen das Genehmigungserfordernis bestehen angesichts der bei der Vermögenssorge nach § 1643 ebenfalls bestehenden Genehmigungspflichten nicht.[1]
Die Eltern sollen ihr Kind nicht in eine geschlossene Einrichtung verbringen,
wenn beispielsweise durch Erziehungshilfe nach §§ 27 ff. SGB VIII eine Lösung
auf weniger einschneidende Weise erzielbar ist. Eine grenzüberschreitende Un-

---

1 MK/Huber § 1631 a Rn. 4.
2 Palandt/Götz § 1631 a Rn. 2.
1 Ebenso MK/Huber § 1631 b Rn. 1; aA Schmitt-Glaeser, Das elterliche Erziehungsrecht in
   staatlicher Reglementierung, 1980, S. 58.

terbringung nach Art. 56 EheVO 2003 muss im ersuchten Mitgliedstaat für vollstreckbar erklärt werden.[2]

II. Unterbringung

2 Eine Unterbringung liegt nur vor, wenn die Eltern für das Kind einen Aufenthalt außerhalb des Elternhauses vorsehen. Daher fällt ein Hausarrest nicht unter § 1631 b.[3]

III. Freiheitsentziehung

3 Eine Freiheitsentziehung liegt vor, wenn die persönliche Bewegungsfreiheit des Kindes allseitig beschränkt ist, also in einem geschlossenen Heim oder in einer geschlossenen Anstalt bzw. in deren geschlossener Abteilung.[4] Eine Freiheitsentziehung liegt auch beim wiederholten oder halbstündigen Verbringen des Kindes in einen Time-out-Raum vor.[5] Keine Freiheitsentziehung stellen Freiheitsbeschränkungen dar, die (wie zeitlich begrenzte Ausgehverbote oder nächtliches Türverschließen) im Rahmen der allgemeinen Erziehungspflicht liegen.[6] Dagegen ändert das Einverständnis des Kindes mit der Unterbringung auch bei entsprechender natürlicher Einsichtsfähigkeit nichts am Genehmigungserfordernis, da wegen der aufgrund der Minderjährigkeit installierten Genehmigungsbedürftigkeit kein Raum für ein anderes Ergebnis ist.[7] Genehmigungspflichtig sind nicht nur in einer geschlossenen Unterbringung auch unterbringungsähnliche Maßnahmen, die bei Hinderung des Betroffenen zur willensgesteuerten Aufenthaltsänderung vorliegen[8] – entsprechend § 1906 Abs. 4 –,[9] sondern nach Abs. 2 auch freiheitsentziehende Maßnahmen wie mechanische Vorrichtungen oder Medikamente über einen längeren Zeitraum oder regelmäßig in nicht altersgerechter Weise, wenn sich das Kind in Krankenhaus, Heim oder einer sonstigen Einrichtung aufhält. Die Eltern bleiben für den Behandlungsplan zuständig.

IV. Genehmigungsvoraussetzungen

4 Die Genehmigung darf nur auf Antrag[10] der Aufenthaltsbestimmungsberechtigten[11] erteilt werden, wenn die Unterbringung aus Gründen des Kindeswohls gem. § 1697 a erforderlich ist, dh das Kind sich sonst selbst oder andere gefährden würde.[12] Gegenstand der Genehmigung ist die von den Eltern bzw. Aufenthaltsbestimmungsberechtigten beabsichtigte Unterbringung in einer aufnahme-

---

2 EuGH 26.4.2012 – Rs C-92/12, FamRZ 2012, 1466.
3 MK/Huber § 1631 b Rn. 2; Staudinger/Salgo § 1631 b Rn. 13.
4 Palandt/Götz § 1631 b Rn. 2; anders bei Vorhandensein eines Türentriegelungsknopfes nach OLG Celle 2.9.32013 – 15 UF 177/13.
5 Hoffmann, Freiheitsentziehende Unterbringung in Einrichtungen der Kinder- und Jugendhilfe, FamRZ 2013, 1347.
6 MK/Huber § 1631 b Rn. 5.
7 Palandt/Götz § 1631 b Rn. 2; aA Erman/Michalski § 1631 b Rn. 3 a.
8 BGH 27.6.2012 – XII ZB 24/12, FamRZ 2012, 1372.
9 BGH 7.8.2013 – XII ZB 559/11, FamRZ 2013, 1646; 28.7.2015 – XII ZB 44/15, FamRZ 2015, 1707.
10 OLG Frankfurt/M. 20.5.2015 – 4 UF 122/15, FamRZ 2015, 2070.
11 Vogel, Familiengerichtliche Genehmigung der freiheitsentziehenden Unterbringung bei Kindern und Jugendlichen, FamRZ 2015, 2.
12 MK/Huber § 1631 b Rn. 12; BayObLG FamRZ 1982, 199. Konkretisierung durch das Gesetz zur Erleichterung familiengerichtlicher Maßnahmen bei Gefährdung des Kindeswohls vom 4.7.2008, BGBl. 2008 I 1188.

bereiten geschlossenen psychiatrischen Klinik oder[13] nach Bewilligung durch die Jugendhilfe in einer geschlossenen Einrichtung der Jugendhilfe, Änderungen sind nur nach §§ 1846, 1666 möglich. Die Genehmigung ist grundsätzlich vorab einzuholen, nur bei Gefahr mit dem Aufschub ist sie am Aufnahmetag zu beantragen. Das Gericht muss die Genehmigungsvoraussetzungen überprüfen neben der zeitlichen Befristung, da nach S. 4 die Genehmigung bei Entfallen der Voraussetzungen zurückzunehmen ist. Eine geschlossene Unterbringung kommt nur als **letztes Mittel** und nur für die **kürzeste angemessene Zeit** in Betracht.[14] Die Genehmigung einer geschlossenen Unterbringung ist unzulässig, solange eine offene Heimerziehung nicht aussichtlos erscheint,[15] so dass im Rahmen der Amtsaufklärung geeignete mildere Maßnahmen zu ermitteln sind.[16]

Nach einer **Studie**[17] werden bei geschlossener Unterbringung in der Jugend-   5 psychiatrie in erster Linie Belastungs- und Anpassungsstörungen diagnostiziert, dann mit einem Anteil von noch jeweils über 5 % Sozialverhaltensstörungen, schizophrene Psychosen, depressive Störungen, andere schizophrene Störungen und hyperkinetische Störungen. Indikationsgründe für die geschlossene Unterbringung in der Jugendhilfe wurden nach dieser Studie[18] bei jugendpsychiatrischer Begutachtung diagnostiziert in erster Linie wegen der Notwendigkeit enger Führung, dann mit einem Anteil von über 50 % noch wegen Scheiterns offener Unterbringung oder fehlender Mitarbeit.

V. Verfahren

Das Familiengericht entscheidet durch den Richter gerichtsgebührenfrei[19] (die   6 Anwaltsgebühr richtet sich nach Nr. 6300 VV RVG)[20] gemäß örtlicher Zuständigkeit nach §§ 167, 313 FamFG.[21] Ein in einem Heim untergebrachtes Kind hat dort seinen gewöhnlichen Aufenthalt, wenn eine Rückkehr zum sorgeberechtigten Elternteil nicht beabsichtigt ist.[22] Nach §§ 167, 317 FamFG ist zwingend und rechtzeitig[23] ein **Verfahrensbeistand** zu bestellen, ohne dass davon wegen der Beteiligung des Jugendamts nach § 162 FamFG abgesehen werden kann. Das Kind ist unverzüglich[24] persönlich[25] anzuhören[26] und nur mit personensorgeberechtigten Eltern eine Anhörung nach § 167 Abs. 4 FamFG durchzuführen. Nicht personensorgeberechtigte Eltern sind nicht Beteiligte des Verfahrens und haben daher auch kein Beschwerderecht.[27] Der Betroffene ist vor der Entschei-

---

13 OLG Koblenz 27.2.2015 – 11 UF 114/15, FamRZ 2015, 2069.
14 OLG Brandenburg 9.10.2013 – 9 UF 147/13, FamRZ 2014, 856.
15 BGH 18.7.2012 – XII ZB 661/11, FamRZ 2012, 1556.
16 BGH 14.12.2011 – XII ZB 171/11, FamRZ 2012, 441.
17 Ulrich Rüth et. al., Geschlossene Unterbringung im Spannungsfeld von Kinder- und Jugendpsychiatrie und Jugendhilfe, 2006, S. 14.
18 Ulrich Rüth et. al., S. 52.
19 OLG Hamm 15.12.2011 – II-6 UF 197/11, FamRZ 2012, 810.
20 BGH 13.6.2012 – XII ZB 346/10, FamRZ 2012, 1377.
21 OLG Brandenburg FamRZ 2010, 2019.
22 OLG München FamRZ 2006, 1622.
23 BGH 2.3.2011 – XII ZB 346/10, FamRZ 2011, 805.
24 BVerfG FamRZ 2007, 1627.
25 Nach BGH 29.1.2014 – XII ZB 330/13, FamRZ 2014, 649 haftet der Unterbringung sonst der Makel einer rechtswidrigen Freiheitsentziehung an.
26 Nur im Ausnahmefall im Rechtshilfeweg gem. § 319 Abs. 4 FamFG nach BGH 2.3.2016 – XII ZB 258/15, FamRZ 2016, 804.
27 OLG Hamm FamRZ 2007, 1577; aA OLG Karlsruhe FamRZ 2008, 428.

dung bei Einholung eines neuen Sachverständigengutachtens erneut persönlich anzuhören.[28] Der Verfahrensbeistand muss die Gelegenheit haben, bei der Betroffenenanhörung teilzunehmen.[29] Ein externer Gutachter ist gemäß § 329 Abs. 1 S. 2 FamFG bereits dann zu bestellen, wenn der mit der Entscheidung genehmigte Unterbringungszeitraum über das Fristende, das grundsätzlich nach sechs Monaten eintritt, hinausreicht.[30] Zieht das Beschwerdegericht für seine Entscheidung eine neue Tatsachengrundlage nach ergänzenden Ermittlungen heran,[31] ist der Betroffene erneut von ihm anzuhören.[32] Die Tante eines Kindes kann als Vertrauensperson nach Unterbringungsablauf keinen Antrag nach § 62 FamFG stellen.[33] Nach § 321 FamFG ist Voraussetzung einer Unterbringung ein im Strengbeweis[34] eingeholtes und vor der Entscheidung den Beteiligten zur Stellungnahme übersandtes[35] Gutachten eines vor der erforderlichen[36] Untersuchung des Betroffenen[37] bestellten (und nach Belehrung[38] auch behandelnden)[39] Arztes für Psychiatrie oder durch einen auf den Gebieten der Psychologie, Pädagogik und Sozialpädagogik in Fragen der Heimerziehung ausgewiesenen Psychotherapeuten, Psychologen, Pädagogen oder Sozialpädagogen (in den Fällen der §§ 167 Abs. 6, 151 Nr. 6 FamFG). Für die Genehmigung einer freiheitsentziehenden Maßnahme genügt ein ärztliches Zeugnis. Nach § 331 FamFG kommt eine einstweilige Anordnung bei Vorliegen eines ärztlichen oder heimpädagogischen Attests nur[40] nach Anhörung des Kindes auch im Rechtshilfeweg[41] für die Dauer von bis zu sechs Wochen mit einmaliger Verlängerungsmöglichkeit als gesondertes Verfahren[42] in Betracht, nach §§ 322, 283 FamFG kann eine Vorführungsanordnung zur Begutachtung des Kindes samt Durchsetzung mit Gewalt ergehen. Die einstweilige Unterbringungsgenehmigung nach § 331 FamFG[43] ist nach § 57 S. 2 FamFG anfechtbar,[44] wobei die Rechtswidrigkeitsfeststellung[45] auch auf Verfahrensfehler gestützt werden kann.[46] Auch die Vorführanordnung nach § 283 FamFG ist beschwerdefähig.[47] Im Beschwerdeverfahren darf bei fehlerhafter erstinstanzlicher Kindesanhörung nicht von einer erneuten Anhörung des Betroffenen abgesehen werden.[48]

---

28 BGH 23.11.2016 – XII ZB 458/16, FamRZ 2017, 227.
29 BGH 21.9.2016 – XII ZB 57/16, FamRZ 2016, 2092.
30 BGH 23.11.2016 – XII ZB 458/16, FamRZ 2017, 227.
31 BGH 28.2016 – XII ZB 119/16, FamRZ 2016, 2095.
32 BGH 28.9.2016 – XII ZB 313/16, FamRZ 2016, 2089.
33 BGH 27.7.2016 – XII ZB 623/15, FamRZ 2016, 1752.
34 BGH 14.12.2011 – XII ZB 171/11, FamRZ 2012, 441.
35 BGH 7.8.2013 – XII ZB 691/12, FamRZ 2013, 1725.
36 BGH 16.9.2015 – XII ZB 250/15, FamRZ 2015, 2156.
37 BGH 7.8.2013 – XII ZB 691/12, FamRZ 2013, 1725.
38 Petit, Zur Gutachterauswahl im Unterbringungsverfahren, FamRZ 2013, 595.
39 BGH 7.8.2013 – XII ZB 691/12, FamRZ 2013, 1725.
40 AA OLG Naumburg FamRZ 2010, 1919.
41 OLG Brandenburg 26.9.2013 – 1 F 15/13, FamRZ 2014, 1137.
42 OLG Naumburg 18.8.2011 – 8 WF 192/11, FamRZ 2012, 574.
43 OLG Zweibrücken 15.11.2011 – 6 UF 159/11, FamRZ 2012, 575.
44 Nach BGH 24.10.2012 – XII ZB 386/12, FamRZ 2013, 115 auch durch Vertrauensperson.
45 Nach BGH 13.11.2013 – XII ZB 681/12, FamRZ 2014, 108 nicht durch die Eltern.
46 BGH 7.8.2013 – XII ZB 691/12, FamRZ 2013, 1725.
47 OLG Jena 21.5.2015 – 1 UF 198/15, FamRZ 2015, 1994.
48 BGH 18.7.2012 – XII ZB 661/11, FamRZ 2012, 1556.

§ 1631 c BGB Verbot der Sterilisation

[1]Die Eltern können nicht in eine Sterilisation des Kindes einwilligen. [2]Auch das Kind selbst kann nicht in die Sterilisation einwilligen. [3]§ 1909 findet keine Anwendung.

Die Vorschrift sichert den engen Anwendungsbereich der Sterilisation beim Volljährigen nach § 1905. 　1

Weder Eltern noch Kind noch ein Ergänzungspfleger können nach § 1631 c in 　2 die Sterilisation des Kindes einwilligen, wobei Heilbehandlungen, die Sterilität zur Folge haben können, nicht unter die Vorschrift fallen.[1]

Die Sterilisation Volljähriger richtet sich nach § 1905. 　3

§ 1631 d BGB Beschneidung des männlichen Kindes

(1) [1]Die Personensorge umfasst auch das Recht, in eine medizinisch nicht erforderliche Beschneidung des nicht einsichts- und urteilsfähigen männlichen Kindes einzuwilligen, wenn diese nach den Regeln der ärztlichen Kunst durchgeführt werden soll. [2]Dies gilt nicht, wenn durch die Beschneidung auch unter Berücksichtigung ihres Zwecks das Kindeswohl gefährdet wird.

(2) In den ersten sechs Monaten nach der Geburt des Kindes dürfen auch von einer Religionsgesellschaft dazu vorgesehene Personen Beschneidungen gemäß Absatz 1 durchführen, wenn sie dafür besonders ausgebildet und, ohne Arzt zu sein, für die Durchführung der Beschneidung vergleichbar befähigt sind.

Nur ein männliches Kind (die weibliche Genitalbeschneidung ist nach § 226 a 　1 StGB strafbar)[1] darf auf Veranlassung des Personensorgeberechtigten nach den Regeln der ärztlichen Kunst (insbesondere auch im Hinblick auf Schmerzbekämpfung)[2] beschnitten werden, und zwar wenn es noch nicht einsichts- und urteilsfähig ist. Der Personensorgeberechtigte hat dabei in einer dem Alter und Entwicklungsstand des Kindes entsprechenden Art und Weise den beabsichtigten Eingriff mit ihm zu besprechen und in kindgerechter Weise ein Einvernehmen mit ihm herzustellen versuchen; außerdem hängt die Wirksamkeit der Einwilligung des Personensorgeberechtigten in die Beschneidung von einer umfassenden Aufklärung über die Chancen und Risiken des Eingriffs durch die mit der Beschneidung beauftragten Person ab.[3]

Die von den Religionsgesellschaften in den ersten sechs Monaten nach der Ge- 　2 burt des Kindes herangezogenen Personen müssen auch in Hygiene- und Desinfektionskenntnissen ausgebildet sein.[4]

---

1 Palandt/Götz § 1631 c Rn. 1.
1 Schröder, Familienrecht und Strafrecht, FamRZ 2014, 1749.
2 Spickhoff, Grund, Voraussetzungen und Grenzen des Sorgerechts bei Beschneidung männlicher Kinder, FamRZ 2013, 341.
3 OLG Hamm 30.8.2013 – II-3 UF 133/13, FamRZ 2013, 1818.
4 Palandt/Götz § 1631 d Rn. 3.

§ 1632 BGB Herausgabe des Kindes; Bestimmung des Umgangs; Verbleibensanordnung bei Familienpflege

(1) Die Personensorge umfasst das Recht, die Herausgabe des Kindes von jedem zu verlangen, der es den Eltern oder einem Elternteil widerrechtlich vorenthält.

(2) Die Personensorge umfasst ferner das Recht, den Umgang des Kindes auch mit Wirkung für und gegen Dritte zu bestimmen.

(3) Über Streitigkeiten, die eine Angelegenheit nach Absatz 1 oder 2 betreffen, entscheidet das Familiengericht auf Antrag eines Elternteils.

(4) Lebt das Kind seit längerer Zeit in Familienpflege und wollen die Eltern das Kind von der Pflegeperson wegnehmen, so kann das Familiengericht von Amts wegen oder auf Antrag der Pflegeperson anordnen, dass das Kind bei der Pflegeperson verbleibt, wenn und solange das Kindeswohl durch die Wegnahme gefährdet würde.

I. Allgemeine Umgangsbestimmung (Abs. 2)

1 Nach Abs. 2 erfolgt die Umgangsbestimmung durch Umgangsgebote (etwa Besuch bei Verwandten), -erlaubnisse (beispielsweise zu Sportvereinen) oder -verbote (zB gegenüber Landstreichern) und umfasst den persönlichen, telefonischen, computergesteuerten und brieflichen Kontakt.[1] Dagegen fällt die Bestimmung von Ausgehzeiten oder des Besuchs von Lokalen unter § 1631; Umgangsberechtigte ergeben sich aus §§ 1684, 1685. Zur **Erlangung der sozialen Mündigkeit** ist der Umgang des Kindes mit Dritten unerlässlich; wirkliche Freiheit im Umgang mit anderen Menschen erwirbt das Kind nur, wenn es gelernt hat, Auswahl, Intensität und Umfang des Verkehrs mit Dritten selbst und verantwortlich auch gegenüber seinen übrigen Lebensinhalten zu bestimmen; das kann niemand nur aus dem Umgang mit den engsten Familienmitgliedern lernen, weshalb eine soziale Öffnung zu einer vernünftigen Erziehung gehört.[2]

Andererseits bringt Umgang mit Dritten stets auch gewisse **Gefahren** beispielsweise hinsichtlich Krankheitsansteckung, Verführung zu den Erziehungszielen der Eltern entgegengesetzten Verhaltensweisen oder psychischer Abhängigkeit in ideologischen Grundhaltungen mit sich; dem Kind gegenüber haben die Eltern bei ihrer Abwägung laut Gesetzeswortlaut nur die Missbrauchsschranke des § 1666;[3] dem Dritten gegenüber bedarf ein Umgangsverbot keines Grundes.[4] Gründe für ein **Umgangsverbot** sollen sein: Verkehr eines fünfzehnjährigen Mädchens mit einem wesentlich älteren Mann, Fortsetzung des Geschlechtsverkehrs mit einem fünfzehnjährigen Mädchen nach deren Verlobung mit einem anderen Mann oder Aufhalten des Dritten im Rauschgiftmilieu.[5] Dagegen reichen für ein Umgangsverbot nicht belegte politische Beeinflussung durch den Dritten oder Abschneiden jeglichen sozialen Kontakts mit dem Verlobten nicht aus.

---

1 Palandt/Götz § 1632 Rn. 9.
2 Palandt/Götz § 1632 Rn. 10.
3 AA MK/Huber § 1632 Rn. 67.
4 Palandt/Götz § 1632 Rn. 10.
5 OLG Hamm FamRZ 1974, 136.

II. Kindesherausgabe (Abs. 1)

Das **Aufenthaltsbestimmungsrecht** (der Eltern, eines Elternteils, eines Vormunds 2 oder Pflegers) umfasst das Recht, die Herausgabe des Kindes von jedem zu verlangen, der es widerrechtlich (beispielsweise durch Verstecken oder Beeinflussung des Kindes)[6] vorenthält. Bei gemeinsamer Sorge muss hinsichtlich eines Dritten der Herausgabeantrag grundsätzlich von beiden Sorgeberechtigten gestellt werden.[7] **Herausgabepflichtig** ist außer bei dadurch bewirkter Kindeswohlgefährdung jeder, der das Kind ohne rechtfertigenden Grund (Einwilligung der Eltern, Schulpflicht, Strafhaft, Verbleibensanordnung)[8] in seiner Gewalt hat und die Wiedererlangung durch den Berechtigten verhindert. Im Verhältnis der Eltern zueinander steht der Herausgabeanspruch dem alleinigen Inhaber des Aufenthaltsbestimmungsrechts zu (bei Vorliegen der Voraussetzungen nach § 1696 ist aber ein Sorgerechtsabänderungsverfahren von Amts wegen einzuleiten),[9] während bei **gemeinsamem Aufenthaltsbestimmungsrecht** für die vorzuschaltende Entscheidungsübertragung nach § 1628 das Kindeswohl, wozu auch **Lebensmittelpunktabsprachen** gehören,[10] maßgeblich ist.[11] Bei einer Kindesentführung ist regelmäßig die Rückführung anzuordnen, da die mit der Rückführung zwangsläufig verbundenen Beeinträchtigungen des Kindes nicht entgegenstehen.[12] Haben beide Elternteile das Aufenthaltsbestimmungsrecht, stellt aber die Mitnahme des Kindes durch einen Elternteil beim Auszug aus der gemeinsamen Ehewohnung oder der nach dem Auszug erfolgende spätere Umzug in einen anderen inländischen Ort (anders ins Ausland) keine Kindesentführung dar.[13] Der Anspruch auf Herausgabe der persönlichen Sachen des Kindes beruht auf § 1610 analog.[14]

III. Verbleibensanordnung (Abs. 3)

Lebt das Kind seit längerer Zeit in Familienpflege, kann das **Familiengericht** bei 3 Kindeswohlgefährdung eine Verbleibensanordnung erlassen. Die wegen der Abänderungsmöglichkeit nach § 1696 ohne Beschränkung der Dauer anzuordnende Verbleibensanordnung ist im **Verhältnis zu § 1666** das mildere Mittel.[15] Falls nicht nur eine vorübergehende Maßnahme damit bezweckt wird, kann allerdings die Entziehung des Aufenthaltsbestimmungsrechts nach § 1666 angezeigt sein.[16] Ein Sorgerechtsentzug nach § 1666 kann dann in Betracht kommen, wenn der Sorgeberechtigte bei Umgangskontakten die Aufnahme des Kindes in seinen Haushalt in Aussicht stellt.[17] Hat das Kind in der Pflegefamilie seine Bezugswelt gefunden und ist seinen leiblichen Eltern entfremdet, so muss im Konflikt zwischen der Pflegeelternschaft und dem an sich vorrangigen Erziehungs-

---

6   MK/Huber § 1632 Rn. 10.
7   Palandt/Götz § 1632 Rn. 3.
8   Palandt/Götz § 1632 Rn. 3.
9   MK/Huber § 1632 Rn. 32.
10 MK/Huber § 1632 Rn. 27.
11 Palandt/Götz § 1632 Rn. 4.
12 OLG Hamm FamRZ 2002, 44.
13 MK/Huber § 1632 Rn. 33.
14 OLG Nürnberg 24.11.2015 – 11 UF 1140/15, FamRZ 2016, 563.
15 BGH 7.8.2013 – XII ZB 559/11, FamRZ 2013, 1646.
16 OLG Saarbrücken 5.12.2013 – 6 UF 132/13, FamRZ 2014, 671; KG FamRZ 2005, 1923.
17 OLG Celle FamRZ 2007, 659.

recht der leiblichen Eltern wegen der Kindeswohlgefährdung das Elternrecht zurücktreten.[18] Es entspricht grundsätzlich dem Kindeswohl, eine Verfestigung des Pflegeverhältnisses zu vermeiden, wenn dieses zu einer Entfremdung des Kindes von der Herkunftsfamilie führt und eine Rückführung des Kindes in die Ursprungsfamilie für das Kind immer unzumutbarer macht.[19] Da eine solche unumkehrbare Entwicklung zu einem endgültigen Verbleib des Kindes bei der Pflegefamilie dem vorübergehenden Charakter einer Inpflegenahme widerspricht, sind unter Berücksichtigung des Kindeswohls Maßnahmen zur Erleichterung der Familienzusammenführung wie Besuchskontakte zur Herkunftsfamilie zu ergreifen.[20] Das Pflegekindverhältnis ist institutionell auf Zeit angelegt, da sein Ziel entweder die vorrangige Rückführung des betroffenen Kindes zu den leiblichen Eltern oder die Adoption des Kindes durch die Pflegeeltern oder Dritte ist.[21] Verlangt sind dabei flexible Lösungen, die im Wege eines gleitenden Übergangs auf ein Zueinanderfinden von Kind und leiblichen Eltern nach einer Umstellungsphase gerichtet sind.[22] Die familiengerichtliche Prüfung erfordert eine ganzheitliche Betrachtung des Einzelfalls insbesondere unter Berücksichtigung der Bindungstheorie und der Tiefenpsychologie.[23]

4　Die **Familienpflege** (Bereitschafts-, Dauer- und Adoptionspflege, nicht dagegen Heimunterbringung, während für sonstige Bezugspersonen § 1682 gilt)[24] muss faktisch eine **längere Zeit** im Sinne eines an der Erlebnisverarbeitung von Kindern orientiertem Zeitbegriff bestehen, so dass bei einer Sechzehnjährigen ein Jahr[25] oder bei einem eineinhalbjährigen Kind achtzehn Monate[26] ausreichen. Die Verbleibensanordnung kann gegenüber den Eltern oder einem sonstigen Aufenthaltsbestimmungsberechtigten ergehen.[27] Das Rechtsschutzbedürfnis für eine Verbleibensanordnung besteht schon dann, wenn mit einiger Wahrscheinlichkeit mit dem Herausgabeverlangen des Sorgeberechtigten zu rechnen ist[28] oder der Sorgeberechtigte nicht zu einer verbindlichen Erklärung bezüglich des Verbleibens bereit ist.[29] Auch wenn die Trennung von seiner unmittelbaren Bezugsperson für ein Kind regelmäßig eine schwere psychische Belastung bedeutet und mit einem schwer bestimmbaren Zukunftsrisiko verbunden ist, darf dies allein nicht genügen, die Herausgabe des Kindes zu verweigern, weil andernfalls eine Zusammenführung von Kind und Eltern immer dann ausgeschlossen wäre, wenn das Kind seine sozialen Eltern gefunden hätte.[30] Das Herausgabeverlangen von Eltern scheitert nicht schon dann, wenn die Pflegeeltern geeigneter erscheinen als die leiblichen Eltern, sondern nur, wenn die Aufenthaltsänderung bei dem Kind zu nicht unerheblichen körperlichen oder seelischen Schäden

---

18　Palandt/Götz § 1632 Rn. 14; BayObLG NJW 1988, 2381.
19　OLG Karlsruhe FamRZ 2005, 1501.
20　EGMR FamRZ 2002, 1397.
21　OLG Köln FamRZ 2008, 808.
22　BVerfG FamRZ 1984, 39.
23　OLG Schleswig FamRZ 2009, 2015.
24　Palandt/Götz § 1632 Rn. 13.
25　BayObLG NJW-RR 1999, 369.
26　OLG Frankfurt/M. FamRZ 2004, 720.
27　Palandt/Götz § 1632 Rn. 13.
28　MK/Huber § 1632 Rn. 42; OLG Brandenburg FamRZ 2006, 1132.
29　OLG Celle FamRZ 2007, 659.
30　OLG Hamm FamRZ 2007, 660.

führt.[31] Die Kindeswohlgefährdung muss etwa wegen der längeren[32] Pflegedauer[33] mit ziemlicher Sicherheit zu erwarten sein,[34] was aber bei einem Rückführungswunsch des Kindes selten der Fall sein wird.[35] Dabei ist weniger auf den einmaligen Umzug mit Wechsel der Betreuungsperson, sondern auf die langfristige Verlagerung der Beziehungen des Kindes abzustellen.[36] Dieser strenge Maßstab für eine Verbleibensanordnung gilt auch, wenn die Herausgabe von den Großeltern als Vormund verlangt wird.[37] Die Gefährdung des Kindeswohls durch Herausnahme aus der Pflegefamilie muss gegenüber einer dem Kind bei einem Verbleiben in der Pflegefamilie drohenden Gefährdung zurücktreten.[38] **Grund für eine Verbleibensanordnung** kann sein, wenn zwischen Kind und Pflegeeltern eine bei Herausnahme gestörte stabile Beziehung aufgrund der Dauer des Pflegeverhältnisses entstanden ist,[39] wegen starker Bindungen aufgrund des täglichen Zusammenlebens zwischen Kind und Pflegeeltern eine Trennung als Traumatisierung beim Kind erlebt würde,[40] psychische Störungen beim Kind nach der Trennung von seinen Pflegeeltern wahrscheinlich sind,[41] sich die Mutter jahrelang nicht um ihr Kind gekümmert hat,[42] persönliche Defizite bei den leiblichen Eltern bestehen (beispielsweise Überforderung der Mutter durch drei weitere Kinder, psychische Probleme des leiblichen Elternteils und drohende Misshandlungen durch den Stiefvater), lebensbedrohliche Verletzung des Kindes bei den Eltern vor Inpflegegabe,[43] der Wille eines sechzehnjährigen Kindes,[44] Drohen negativer psychischer Folgen für das Kind,[45] Erkrankungen beim Kind[46] oder wenn bei den Eltern keine Betreuungsmöglichkeiten bestehen.[47] Bei einem bloßen Wechsel der Pflegeeltern muss dagegen für eine Herausgabeanordnung eine Kindeswohlgefährdung mit hinreichender Sicherheit ausgeschlossen werden,[48] so dass die neuen Pflegeeltern den Kontakt zu den bisherigen Pflegeeltern nicht unterbinden dürfen.[49] Geringere Anforderungen sind nur zu stellen, wenn das Kind aus einer Pflegestelle einer Adoptionsstelle zugeführt wird.[50] Mit der Verbleibensanordnung entsteht die Befugnis nach § 1688.

31 Palandt/Götz § 1632 Rn. 14; MK/Huber § 1632 Rn. 45; BayObLG FamRZ 1984, 817; OLG Hamm 16.10.2012 – II-2 UF 163/12, FamRZ 2013, 1228.
32 Nach OLG Hamm 15.6.2012 – II-10 UF 47/11, FamRZ 2013, 389, genügen dafür fünf Jahre Pflege.
33 OLG Hamm 15.6.2012 – II-10 UF 47/11, FamRZ 2013, 389.
34 MK/Huber § 1632 Rn. 45.
35 OLG Saarbrücken 13.10.2011 – 6 UF 108/11, FamRZ 2012, 463.
36 OLG Frankfurt/M. FamRZ 2009, 1499.
37 BVerfG FamRZ 2004, 772.
38 OLG Brandenburg FamRZ 2007, 851.
39 OLG Karlsruhe NJW 1979, 930.
40 OLG Frankfurt/M. 13.5.2015 – 3 UF 445/11, FamRZ 2015, 2172.
41 BVerfG FamRZ 2010, 865.
42 BayObLG FamRZ 1974, 137.
43 OLG Köln FamRZ 2009, 989.
44 BayObLG FamRZ 1998, 1041.
45 OLG Hamm 31.1.2012 – II-1 UF 278/11, FamRZ 2012, 1401.
46 OLG Frankfurt/M. 3.4.2014 – 5 UF 345/13, FamRZ 2014, 1787.
47 Palandt/Diederichsen § 1632 Rn. 14.
48 BVerfG FamRZ 1987, 786.
49 BVerfG NJW-RR 2005, 657.
50 BVerfG FamRZ 1989, 31; OLG Köln FamRZ 2007, 659.

IV. Internationale Kindesentführung

5 Das Haager Übereinkommen über die zivilrechtlichen Aspekte internationaler Kindesentführung (**HKÜ**) gilt für Kinder, die das sechzehnte Lebensjahr noch nicht vollendet haben und vor Verletzung des Sorge- oder Umgangsrechts ihren gewöhnlichen Aufenthalt in einem Vertragsstaat[51] (**Vertragsstaaten** sind Albanien, Argentinien, Armenien, Australien, Bahamas, Belarus, Belgien, Belize, Bosnien-Herzegowina, Brasilien, Bulgarien, Burkina Faso, Chile, China, Costa Rica, Dänemark, Deutschland, Dominikanische Republik, Ecuador, El Salvador, Estland, Fidschi, Finnland, Frankreich, Georgien, Griechenland, Guatemala, Honduras, Irland, Island, Israel, Italien, Kanada, Kolumbien, Kroatien, Lettland, Litauen, Luxemburg, Malta, Mauritius, Mazedonien, Mexiko, Moldau, Monaco, Montenegro, Neuseeland, Nicaragua, Niederlande, Norwegen, Österreich, Panama, Paraguay, Peru, Polen, Portugal, Rumänien, San Marino, Schweden, Schweiz, Serbien, Seychellen, Simbabwe, Slowakei, Slowenien, Spanien, Sri Lanka, St. Kitts-Nevis, Südafrika, Tschechische Republik, Türkei, Turkmenistan, Ukraine, Ungarn, Uruguay, Venezuela, Vereinigtes Königreich, Vereinigte Staaten und Zypern)[52] hatten und sich derzeit in einem anderen Vertragsstaat befinden.

Nach § 3 HKÜ wird das erst ab Geburt bestehende[53] Sorgerecht verletzt, wenn es nach dem Recht des Herkunftsstaates (zumindest mit dem Entführer) bestand und durch jedenfalls Kontakt zum Kind auch ausgeübt wurde, wobei eine fakultative[54] **Widerrechtlichkeitsbescheinigung** als anfechtbare[55] Zwischenentscheidung[56] nach § 15 HKÜ ausgestellt werden kann. Der autonom auszulegende[57] zu diesem Zeitpunkt notwendige gewöhnliche Aufenthalt des Kindes ist ohne Erfordernis eines rechtsgeschäftlichen Bleibewillens und auch gegen den Willen des in seinem Sorgerecht verletzten Elternteils[58] durch eine gewisse Dauer von regelmäßig sechs Monaten[59] des Aufenthalts und das Vorhandensein von sozialer Integration[60] gekennzeichnet.[61] Dabei sind insbesondere die Aufenthaltsdauer, die Regelmäßigkeit, Umzugsgründe, Staatsangehörigkeit, Schule, Sprachkenntnisse sowie die familiären und sozialen Bindungen des Kindes zu berücksichtigen.[62] Eine Kindesentführung liegt auch vor, wenn ein Elternteil bei gemeinsamem Sorgerecht mit nur Urlaubszustimmung des anderen Elternteils von diesem Urlaub mit dem Kind in einem anderen Land nicht zum vereinbarten Zeitpunkt zurückkehrt.[63] Nach § 12 HKÜ ist bei Antragseingang binnen Jahresfrist die sofortige Rückgabe des Kindes anzuordnen, außer nach dem vom Zufluchtsstaat zur Vermeidung einer Verletzung des Rechts auf Achtung des Fami-

---

51　Nach EuGH, FamRZ 2015, 21, fällt das Einverständnis zum Beitritt eines Drittstaats in die ausschließliche Zuständigkeit der EU.
52　Palandt/Thorn EGBGB Anhang zu Art. 24 Rn. 29.
53　KG 4.7.2011 – 16 UF 124/11, FamRZ 29011, 1516.
54　OLG Karlsruhe FamRZ 2006, 1403.
55　OLG Nürnberg FamRZ 2009, 240.
56　OLG Karlsruhe FamRZ 2005, 1004.
57　OLG Saarbrücken 5.11.2010 – 9 UF 112/10, FamRZ 2011, 1235.
58　OLG Stuttgart 27.6.2011 – 17 UF 150/11, FamRZ 2012, 238.
59　OLG Hamm 12.6.2012 – II-11 UF 117/12, FamRZ 2013, 52.
60　KG 12.8.2013 – 16 UF 122/13, FamRZ 2014, 495.
61　OLG Frankfurt/M. FamRZ 2006, 883.
62　OLG Stuttgart 25.4.2012 – 17 UF 35/12, FamRZ 2013, 51.
63　OLG Celle 21.5.2012 – 18 UF 171/11, FamRZ 2013, 391.

lienlebens zu prüfenden[64] § 13 HKÜ wurde die Entführung (auch konkludent)[65] genehmigt oder die Rückgabe ist mit der schwerwiegenden Gefahr eines Schadens für das Kind (wie bei wirksamer Übertragung des Aufenthaltsbestimmungsrechts auf den Entführer im Herkunftsstaat[66] oder akuter Suizidgefahr,[67] während die mit einer Rückgabe regelmäßig verbundenen Schwierigkeiten des Umgebungswechsels der Rückgabe nicht entgegenstehen)[68] verbunden. Aus Praktikabilitätsgründen sollte ohne Vorschaltstufe die Herausgabe an den Antragsteller angeordnet werden.[69] Das Kindeswohl ist auch noch im ebenfalls nach Art. 38 IntFamRVG beschleunigt[70] zu betreibenden Vollstreckungsverfahren[71] zu berücksichtigen.[72] Die Rückgabeverpflichtung ist erfüllt, wenn sich das Kind dann so lange im Heimatstaat aufgehalten hat, dass der rückfordernde Elternteil eine den Verbleib sichernde Anordnung erwirken kann.[73]

Die Rückführungsentscheidung kann nach Art. 11 Abs. 4 **EheVO 2003** (Verord-   6 nung (EG) Nr. 2201/2003 des Rates vom 27.11.2003 über die Zuständigkeit und die Anerkennung und Vollstreckung von Entscheidungen in Ehesachen und in Verfahren betreffend die elterliche Verantwortung und zur Aufhebung der Verordnung (EG) Nr. 1347/2000) auch dem **Antragsteller zusätzliche Pflichten** auferlegen (sog **undertakings** wie Strafantragsrücknahme, die durch entsprechende Gerichtsentscheidungen des Herkunftsstaats als sog **mirror orders** auch gesichert werden können).[74]

Örtlich zuständig ist nach §§ 11 ff. IntFamRVG das Familiengericht am Sitz eines OLG,[75] in dessen Zuständigkeitsbereich sich das entführte Kind beim Eingang des Antrags beim Generalbundesanwalt als zentraler Behörde oder bei Gericht befand. Nach dem vorrangigen Art. 11 Abs. 3 der EheVO 2003[76] soll die vollstreckbare Entscheidung des Gerichts innerhalb von 6 Wochen nach der ersten Befassung ergehen, wobei nur das OLG als sofortige[77] Beschwerdeinstanz[78] nach § 40 Abs. 3 IntFamRVG die sofortige Vollziehung des erst mit Rechtskraft wirksamen Rückgabebeschlusses anordnen kann. Trifft ein nach Art. 10 EheVO 2003 zuständiges Gericht eines EG-Mitgliedstaats eine Herausgabeentschei-

64 EGMR 13.12.2011 – 27853/09, FamRZ 2012, 692.
65 OLG Karlsruhe FamRZ 2006, 1700; OLG Stuttgart FamRZ 2009, 2017; OLG Karlsruhe FamRZ 2010, 1577.
66 OLG Stuttgart 18.3.2015 – 17 UF 44/15, FamRZ 2015, 1631; OLG Karlsruhe 16.12.2014 – 2 UF 266/14, FamRZ 2015, 1637.
67 OLG Hamm 28.6.2012 – II-11 UF 85/12, FamRZ 2013, 52.
68 OLG Schleswig FamRZ 2005, 1703.
69 AA Dutta/Scherpe, Durchsetzung von Rückführungsansprüchen nach dem Haager Kindesentführungsübereinkommen durch deutsche Gerichte, FamRZ 2006, 906.
70 EGMR 13.1.2015 – 35632/13, FamRZ 2015, 469.
71 Laut EGMR 15.1.2015 –. 4097/13 kann die Vollstreckungsverweigerung der Rückführungsentscheidung eines anderen Mitgliedstaats das Recht auf Achtung des Familienlebens verletzen.
72 OLG Hamm 25.6.2014 – 12 UF 111/13, FamRZ 2015, 64.
73 OLG Schleswig 28.6.2013 – 12 UF 4/12, FamRZ 2014, 494.
74 Dutta/Scherpe FamRZ 2006, 907 ff.
75 Zulässig laut EuGH 9.1.2015 – Rs C-498/14, FamRZ 2015, 562.
76 Pintens, Harmonisierung im europäischen Familien- und Erbrecht, FamRZ 2005, 1600.
77 Nach OLG Bamberg 20.11.2015 – 2 UF 228/15, FamRZ 2016, 835 ist die sofortige Beschwerde binnen 2 Wochen einzulegen und zu begründen.
78 Nach OLG Karlsruhe 11.11.2011 – 2 UF 227/11, FamRZ 2012, 468, beginnt die Beschwerdefrist mit der ersten Zustellung an das Bundesamt für Justiz oder den Antragstellerverfahrensbevollmächtigten.

dung, so ist diese Entscheidung im Zufluchtsstaat anzuerkennen und nur aufgrund der Bescheinigung gem. Art. 42 EheVO 2003[79] nach § 44 IntFamRVG zu vollstrecken.[80] Für Sorgerechtsentscheidungen bleibt der Herkunftsstaat zuständig (einstweilige Maßnahmen nach Art. 20 EheVO 2003 des für die Hauptsache international unzuständigen Gerichts[81] sind nicht nach Art. 21 ff. EheVO 2003 vollstreckbar,[82] aber möglicherweise nach Art. 26 KSÜ),[83] einstweilige Sorgerechtsregelungen im Zufluchtsstaat stehen Herausgabevollstreckungsanordnungen des Herkunftsstaats nicht entgegen.[84] Wird die Kindesrückführung erstinstanzlich[85] abgelehnt, schließt sich das Verfahren nach Art. 11 Abs. 7 EheVO 2003 an, wobei der Herkunftsstaat nach Art. 11 Abs. 8 EheVO 2003 das nach Art. 42 EheVO 2003 unmittelbar vollstreckbare Letztentscheidungsrecht hat.[86] Einstweilige Anordnungen (beispielsweise Hinterlegung der Pässe oder Einschaltung der Grenzschutzbehörden)[87] können nach § 15 IntFamRVG ergehen, die Ablehnung eines solchen Verfahrens ist unanfechtbar.[88] Die Kosten für Verfahren und Vollstreckung gem. § 44 IntFamRVG richten sich nach §§ 81 ff. FamFG. Dem Kind ist regelmäßig ein Verfahrensbeistand nach § 158 FamFG zu bestellen.[89] Zur Vollstreckung der Rückführung kann nach vorheriger Androhung nach § 44 IntFamRVG neben repressivem Ordnungsgeld oder Ordnungshaft auch Gewalt auch gegen das Kind angewendet werden, wobei die Vollstreckung durch das Gericht betrieben wird. Die Festsetzung eines Ordnungsmittels unterbleibt, wenn der Verpflichtete nicht schuldhaft dem Titel zuwidergehandelt hat wie bei Herausgabeverweigerung in ein Land mit schweren politischen Unruhen.[90] Im Verfahren auf Vollstreckbarerklärung einer vollstreckbaren Entscheidung nach der EheVO 2003[91] ist auch in der nach § 24 IntFamRVG eingeschalteten Beschwerdeinstanz kein Verfahrensbeistand zu bestellen[92] und die Rückführungsentscheidung ohne Anhörung der Gegenseite nach § 18 IntFamRVG nicht einer revision au fond zu unterziehen.[93]

V. Verfahren

7   Das nach § 152 FamFG örtlich berufene Familiengericht, das auch beim Herausgabeverlangen eines Vormunds[94] oder bei einer Verbleibensanordnung gegen einen Vormund[95] zuständig ist, entscheidet durch den Richter gem. § 14 Nr. 8 RPflG auf Antrag eines Elternteils bzw. des Personensorgeberechtigten. Die Kosten richten sich nach § 81 FamFG bei einem Verfahrenswert von 3.000 EUR

---

79 EuGH FamRZ 2011, 355.
80 Gruber, Das neue Internationale Familienrechtsverfahrensgesetz, FamRZ 2005, 1607.
81 BGH FamRZ 2011, 542.
82 EuGH FamRZ 2010, 1521.
83 OLG München 22.1.2015 – 12 UF 1821/14, FamRZ 2015, 777.
84 EuGH FamRZ 2010, 1229.
85 EuGH FamRZ 2008, 1729.
86 EGMR 12.7.2011 – 14737/09, FamRZ 2011, 1482.
87 Dutta/Scherpe FamRZ 2006, 905.
88 OLG Stuttgart 6.5.2014 – 17 UF 60/14, FamRZ 2014, 1930.
89 BVerfG FamRZ 2005, 1658; 2006, 1262.
90 OLG Stuttgart FamRZ 2009, 2015.
91 Nach BGH 10.2.2016 – XII ZB 38/15, FamRZ 2016, 799 nur zulässig für nach den Zuständigkeitsvorschriften der Art. 8 ff. EheVO 2003 ergangene Entscheidungen.
92 BGH 8.4.2015 – XII ZB 148/14, FamRZ 2015, 1011.
93 EuGH 22.12.2010 – Rs C-491/10, FamRZ 2011, 355.
94 OLG Hamm FamRZ 2005, 1845.
95 KG FamRZ 2006, 278.

gem. § 45 FamGKG,[96] nach § 158 FamFG ist regelmäßig ein Verfahrensbeistand für das Kind zu bestellen. Kostenschuldner der Gerichtskosten inklusive Auslagen ist nur der, den das Gericht dazu bestimmt,[97] wobei bei beantragter Verbleibensanordnung immer das Absehen von der Kostenerhebung nach § 81 Abs. 1 S. 2 FamFG zu prüfen ist.[98] Auch die Zurückweisung eines Antrags auf Kindesherausgabe oder Verbleibensanordnung löst nach Nr. 1310 KV-FamGKG eine Gerichtsgebühr aus. Wird eine Verbleibensanordnung abgelehnt und erheben die Pflegeeltern dagegen eine befristete Beschwerde nach § 58 FamFG, verbleibt es trotz nach Beschwerdeeinlegung erfolgter Kindesherausgabe beim Rechtsschutzbedürfnis für einen Rückführungsantrag im Beschwerdeverfahren.[99] Bei der mit einer **Rückführungsanordnung kombinierbaren Verbleibensanordnung,** die nur aufgrund eines aktuellen kinderpsychologischen Gutachtens[100] erfolgen darf[101] (von dessen Ergebnis nur durch eigene nachgewiesene Sachkunde des Gerichts abgewichen werden darf),[102] entscheidet das Familiengericht von Amts wegen oder auf Antrag der Pflegeperson, wenn die Eltern das Kind aus der Pflegefamilie nehmen wollen.

Die Beteiligten, wozu auch die Pflegeperson gehört und bei nur teilweisem Sorgerechtszug auch der Elternteil[103] (der allerdings ohne Sorgerecht nicht beschwerdebefugt ist),[104] sowie das vorher um Vermittlung anzugehende Jugendamt sind nach § 159 ff. FamFG in einem nach § 155 FamFG innerhalb eines Monats nach Antragseingang stattfindenden Termin **anzuhören,** die Herausgabe kann auf die zum persönlichen Gebrauch des Kindes bestimmten Sachen erstreckt werden. Eine einstweilige Anordnung setzt kein Hauptsacheverfahren hinsichtlich Kindesherausgabe oder Verbleibensanordnung voraus (§ 51 Abs. 3 FamFG), aber bei zumutbarem Zuwarten zu dem innerhalb eines Monats nach Antragseingang stattfindenden frühen Termin fehlt es wegen §§ 155, 156 FamFG am Eilbedürfnis nach § 49 FamFG. Es ist eine Beschwerde binnen zwei Wochen gegen eine einstweilige Herausgabeanordnung[105] und gegen eine einstweilige Verbleibensanordnung zulässig (§ 57 FamFG). Im Rahmen der Beschwerdeentscheidung sind drohende mehrfache Wechsel des Zuhauses und der unmittelbaren Bezugspersonen zu vermeiden.[106] Die Kindesherausgabe wird aufgrund ihrer Bedeutung nach §§ 88 ff. FamFG nur durch das Familiengericht mit einem Verfahrenswert von ebenfalls 3.000 EUR vollstreckt, wobei Gewaltanwendung nur bei Ermächtigung durch das Familiengericht nach § 90 FamFG in Betracht kommt. Die **Gewaltermächtigungsverfügung** ist beispielsweise bei

8

---

96 Nach OLG Koblenz FamRZ 2009, 1433 veranlassen auch Termine über sechs Stunden Dauer keine Erhöhung.
97 OLG München FamRZ 2006, 140.
98 OLG Hamm 29.8.2014 – 14 UF 125/14, FamRZ 2015, 1226; OLG Köln 5.2.2010 – II-25 WF 12/10, FamRZ 2011, 842; OLG Stuttgart 4.4.2012 – 17 UF 395/11, FamRZ 2012, 1401.
99 OLG Karlsruhe FamRZ 2005, 1501.
100 Nach OLG Hamm 15.6.2012 – II-10 UF 47/11, FamRZ 2013, 389, hat sich die Gutachten auf Akteninhalt, Beteiligtengespräche, Interaktionsbeobachtungen und testpsychologische Untersuchungen zu stützen.
101 BayObLG FamRZ 1991, 1082.
102 BVerfG FamRZ 1999, 1418.
103 BGH 4.6.2014 – XII ZB 353/13, FamRZ 2014, 1357.
104 OLG Koblenz 19.3.2014 – 9 UF 824/13, FamRZ 2014, 1393.
105 OLG Oldenburg 9.11.2010 – 13 UF 90/10, FamRZ 2011, 745.
106 BVerfG FamRZ 2010, 353.

Schmid   981

einem vorherigen Untertauchen des Herausgabepflichtigen mit dem Kind verhältnismäßig und hat dann unter größtmöglicher Schonung des betreffenden
Kindes zu erfolgen.[107] Die Gewalt kann auch gegen das Kind selbst nach § 90
Abs. 2 S. 2 FamFG erfolgen.[108] Haben die Behörden eines Staates nicht alles für
die Durchsetzung einer im Inland für vollstreckbar erklärten Entscheidung eines
ausländischen Gerichts getan, was einen grundsätzlich gerechtfertigten Eingriff
in das Recht auf Achtung des Familienlebens darstellt,[109] so kann der Europäische Gerichtshof für Menschenrechte dem Berechtigten Ersatz seines
Vermögens- und Nichtvermögensschadens zusprechen.[110]

§ 1633 BGB (aufgehoben)

§§ 1634 bis 1637 BGB (weggefallen)

§ 1638 BGB   Beschränkung der Vermögenssorge

(1) Die Vermögenssorge erstreckt sich nicht auf das Vermögen, welches das Kind
von Todes wegen erwirbt oder welches ihm unter Lebenden unentgeltlich zugewendet wird, wenn der Erblasser durch letztwillige Verfügung, der Zuwendende
bei der Zuwendung bestimmt hat, dass die Eltern das Vermögen nicht verwalten
sollen.

(2) Was das Kind auf Grund eines zu einem solchen Vermögen gehörenden
Rechts oder als Ersatz für die Zerstörung, Beschädigung oder Entziehung eines
zu dem Vermögen gehörenden Gegenstands oder durch ein Rechtsgeschäft erwirbt, das sich auf das Vermögen bezieht, können die Eltern gleichfalls nicht verwalten.

(3) [1]Ist durch letztwillige Verfügung oder bei der Zuwendung bestimmt, dass ein
Elternteil das Vermögen nicht verwalten soll, so verwaltet es der andere Elternteil. [2]Insoweit vertritt dieser das Kind.

I. Allgemeines

1   Die §§ 1638 ff. beschränken die Eltern, denen grundsätzlich die gesamte Vermö-
    genssorge für das Kind zusteht, in der Verwaltung von Erbschaft oder Schen-
    kung zugunsten des Kindes.

II. Der elterlichen Verwaltung entzogenes Vermögen

2   Die **Ausschließung** des Elternteils erfolgt durch Testament/einseitige Verfügung
    im Erbvertrag oder durch den unentgeltlich Zuwendenden zusammen mit der
    Zuwendung.[1] Der durch Verfügung von Todes wegen angeordnete Ausschluss
    der elterlichen Vermögensverwaltung für vom Kind ererbtes Vermögen umfasst
    auch die Erbausschlagungsbefugnis.[2] Die Anordnung der Testamentsvollstre-
    ckung kann eine Ausschließung sein,[3] nicht dagegen der Ausschluss des überle-

---

107 BVerfG FamRZ 2006, 539.
108 BGH FamRZ 1977, 128; BayObLG FamRZ 1984, 1260.
109 EGMR 18.6.2013 – 3890/11, FamRZ 2013, 1793.
110 EGMR FamRZ 2008, 1736.
  1 Palandt/Götz § 1638 Rn. 4.
  2 BGH 29.6.2016 – XII ZB 300/15, FamRZ 2016, 1660.
  3 BayObLG FamRZ 2004, 1304.

benden Elternteils von der Nutznießung. Der Ausschluss des § 1638 erstreckt sich nicht auf die Entscheidung über die Annahme oder Ausschlagung der Zuwendung durch das Kind,[4] weil dies kein Akt der Vermögensverwaltung ist, wobei dann § 1643 zu beachten ist. Wenn die Eltern trotz Ausschlusses Vermögenshandlungen vornehmen, richten sich die Folgen im Außenverhältnis nach §§ 177 ff. und im Innenverhältnis nach §§ 677 ff.

III. Verfahren

Ist nur einer der vermögenssorgeberechtigten Elternteile von der Verwaltung 3 ausgeschlossen, übernimmt nach § 1638 Abs. 3 der andere Elternteil die Verwaltung allein. Sind beide Elternteile ausgeschlossen, ist nach § 1909 ein Pfleger zu bestellen.

§ 1639 BGB Anordnungen des Erblassers oder Zuwendenden

(1) Was das Kind von Todes wegen erwirbt oder was ihm unter Lebenden unentgeltlich zugewendet wird, haben die Eltern nach den Anordnungen zu verwalten, die durch letztwillige Verfügung oder bei der Zuwendung getroffen worden sind.

(2) Die Eltern dürfen von den Anordnungen insoweit abweichen, als es nach § 1803 Abs. 2, 3 einem Vormund gestattet ist.

Die Vorschrift, nach der die Eltern die Anordnungen des Zuwendenden oder 1 Erblassers zu befolgen haben, ergänzt § 1638, wonach sie sogar von der Vermögenssorge ausgeschlossen werden können.

Die Anordnungen des Zuwendenden beschränken die Eltern nicht in ihrer Ver- 2 tretungsmacht, können aber bei Verstoß eine Haftung nach § 1664 begründen.[1] Außerdem können sie ein Indiz für ein Verfahren nach § 1667 sein.[2]

Abweichungen von den Anordnungen des Zuwendenden oder Erblassers sind 3 nach § 1803 Abs. 2 nur mit Genehmigung des Familiengerichts zulässig, wenn die Befolgung der Anordnung das Kindesinteresse gefährdet.

§ 1640 BGB Vermögensverzeichnis

(1) [1]Die Eltern haben das ihrer Verwaltung unterliegende Vermögen, welches das Kind von Todes wegen erwirbt, zu verzeichnen, das Verzeichnis mit der Versicherung der Richtigkeit und Vollständigkeit zu versehen und dem Familiengericht einzureichen. [2]Gleiches gilt für Vermögen, welches das Kind sonst anlässlich eines Sterbefalls erwirbt, sowie für Abfindungen, die anstelle von Unterhalt gewährt werden, und unentgeltliche Zuwendungen. [3]Bei Haushaltsgegenständen genügt die Angabe des Gesamtwertes.

(2) Absatz 1 gilt nicht,

1. wenn der Wert eines Vermögenserwerbes 15 000 Euro nicht übersteigt oder
2. soweit der Erblasser durch letztwillige Verfügung oder der Zuwendende bei der Zuwendung eine abweichende Anordnung getroffen hat.

---

4 MK/Huber § 1638 Rn. 15; Staudinger/Heilmann § 1638 Rn. 16; aA BayObLG OLGE 30, 78.
1 MK/Huber § 1639 Rn. 5.
2 Palandt/Götz § 1639 Rn. 2.

(3) Reichen die Eltern entgegen Absatz 1, 2 ein Verzeichnis nicht ein oder ist das eingereichte Verzeichnis ungenügend, so kann das Familiengericht anordnen, dass das Verzeichnis durch eine zuständige Behörde oder einen zuständigen Beamten oder Notar aufgenommen wird.

I. Allgemeines

1 Die Vorschrift dient dem Schutz des Kindes und der Einhaltung von §§ 1638, 1698.

II. Voraussetzungen der Inventarisierungspflicht

2 Inventarisierungspflichtig sind Erwerbe des Kindes von Todes wegen oder durch unentgeltliche Zuwendung sowie Vermögenserwerb anlässlich eines Sterbefalls oder einer Unterhaltsabfindung. Den Eltern muss die Vermögenssorge zustehen und der Verkehrswert des je Falles zugewendeten Vermögens muss 15.000 EUR übersteigen.

III. Durchführung der Inventarisierung

3 Die **Inventarisierungspflicht** entsteht automatisch aufgrund des Vermögensanfalls.[1] Anzugeben sind samt des geschätzten Wertes alle Aktiva (Grundstücke, Aktien, Sparbücher, Policen, Haushaltsgegenstände nur mit Gesamtwert).

IV. Verfahren

4 Das Familiengericht kann durch den Rechtspfleger gem. § 3 Nr. 2 a RPflG im Rahmen der örtlichen Zuständigkeit nach § 152 FamFG mit den Zwangsmitteln nach § 35 FamFG die Inventarisierung erzwingen. In Kenntnis gesetzt über den Erwerb von Todes wegen wird es gem. § 356 FamFG. Außerdem kann nach vorheriger Androhung[2] ein **öffentliches Inventar** mit Kostenentscheidung nach § 81 FamFG angeordnet und nach § 1667 Maßnahmen ergriffen werden.

§ 1641 BGB Schenkungsverbot

[1]Die Eltern können nicht in Vertretung des Kindes Schenkungen machen. [2]Ausgenommen sind Schenkungen, durch die einer sittlichen Pflicht oder einer auf den Anstand zu nehmenden Rücksicht entsprochen wird.

1 Die Vorschrift dient dem Schutz des Kindesvermögens.

2 **Schenkungen** sind solche nach § 516. Eine sittliche Pflicht liegt nur im Ausnahmefall bei einer besonderen Verpflichtung vor, während unter eine Anstandsschenkung übliche Festtagsgeschenke fallen.[1]

3 § 1641 ist ein **Verbotsgesetz** iSv § 134, so dass Nichtigkeit des Verpflichtungs- und des Verfügungsgeschäfts eintritt mit Rückgewährpflichten nach §§ 985, 812, die vor dem Zivilgericht geltend zu machen sind.

---

1 MK/Huber § 1640 Rn. 11.
2 Palandt/Götz § 1640 Rn. 8.
1 MK/Huber § 1641 Rn. 13; Staudinger/Heilmann § 1641 Rn. 13.

§ 1642 BGB Anlegung von Geld

Die Eltern haben das ihrer Verwaltung unterliegende Geld des Kindes nach den Grundsätzen einer wirtschaftlichen Vermögensverwaltung anzulegen, soweit es nicht zur Bestreitung von Ausgaben bereitzuhalten ist.

Maßstab der Anlegungspflicht sind die **Grundsätze wirtschaftlicher Vermögens-** 1 verwaltung im Gegensatz zur vormaligen mündelsicheren Anlage.

Maßstab ist, was ein wirtschaftlich denkender Privatmann sicher und grund- 2 sätzlich gewinnbringend im Rahmen der Liquiditätserfordernisse und der Steuerpflicht als Anlage wählen würde. Es gibt als Vermögensanlageformen ua Immobilien, Wohnrechte, Privatdarlehen, Bausparvertrag, festverzinsliche Wertpapiere, Investmentanteile, Immobilienfonds, Aktien, Lebensversicherungen, Renten, Unternehmensbeteiligungen, Edelmetalle, Antiquitäten, Kunstwerke, Münzen oder Briefmarken.[1]

Verfahren: Über den Rahmen von § 1643 hinaus besteht keine Möglichkeit, vor- 3 ab eine familiengerichtliche Genehmigung für ein Geschäft einzuholen.[2] Im Rahmen von § 1667 kann auch ein Sperrkonto angeordnet werden.

§ 1643 BGB Genehmigungspflichtige Rechtsgeschäfte

(1) Zu Rechtsgeschäften für das Kind bedürfen die Eltern der Genehmigung des Familiengerichts in den Fällen, in denen nach § 1821 und nach § 1822 Nr. 1, 3, 5, 8 bis 11 ein Vormund der Genehmigung bedarf.

(2) [1]Das Gleiche gilt für die Ausschlagung einer Erbschaft oder eines Vermächtnisses sowie für den Verzicht auf einen Pflichtteil. [2]Tritt der Anfall an das Kind erst infolge der Ausschlagung eines Elternteils ein, der das Kind allein oder gemeinsam mit dem anderen Elternteil vertritt, so ist die Genehmigung nur erforderlich, wenn dieser neben dem Kind berufen war.

(3) Die Vorschriften der §§ 1825, 1828 bis 1831 sind entsprechend anzuwenden.

I. Allgemeines

Genehmigungsfrei sind die Rechtsgeschäfte nach § 1822 Nr. 4, 6, 7, 12, 13 1 (Pachtvertrag über ein Landgut, mehr als einjährige Dienstverträge wie Berufsfußballverträge,[1] Vergleich, Schiedsvertrag, Aufhebung von Sicherheiten). Die Ausschlagung einer Erbschaft oder eines Vermächtnisses oder Pflichtteils ist nach § 1643 Abs. 2 nicht genehmigungsbedürftig, es sei denn, der ausschlagende Elternteil war neben dem Kind berufen oder die Eltern schlagen wegen des Anfalls an ein anderes Kind aus.[2] Nach § 1831 bedürfen einseitige Rechtsgeschäfte der vorherigen Genehmigung zu ihrer Wirksamkeit, während nach § 1829 die Genehmigung gegenüber dem anderen Vertragsteil erst wirksam wird, wenn sie ihm durch die Eltern mitgeteilt wird.

---

1 Palandt/Götz § 1642 Rn. 1.
2 MK/Huber § 1642 Rn. 9; Staudinger/Heilmann § 1642 Rn. 16.
1 Schlachter, Minderjährigenschutz bei langzeitbefristeten Arbeitsverträgen im Berufssport, FamRZ 2006, 157.
2 Palandt/Götz § 1643 Rn. 2; MK/Huber § 1643 Rn. 25; Staudinger/Heilmann § 1643 Rn. 38.

II. Genehmigungspflicht

2 **Genehmigungspflichtig** sind nach § 1821 Grundstücksgeschäfte (außer reine Schenkungen).[3] Der Genehmigung unterliegen ferner nach § 1822 Nr. 1, 3, 5, 8, 9, 10 und 11 Verfügungen über Vermögen oder Erbschaft, Erwerb oder Veräußerung eines Erwerbsgeschäfts oder von Gesellschaftsverträgen, die Volljährigkeit überdauernde Verpflichtungen zu wiederkehrenden Leistungen, Aufnahme von Geldkrediten oder Wechselverpflichtungen, Eingehung von Bürgschaften oder Erteilung von Prokura. Die Bestellung einer Grundschuld zur Kaufpreisfinanzierung bedarf auch dann der familiengerichtlichen Genehmigung, wenn der bereits genehmigte Kaufvertrag die wesentlichen Bestimmungen für die Bestellung des Grundpfandrechts enthält.[4] Nicht genehmigungspflichtig ist standardisiert die Ersatzerbenausschlagung fürs Kind nach dem berufenen Elternteil.[5] Keiner Genehmigung bedarf ferner der unentgeltliche Erwerb eines voll eingezahlten Kommanditanteils[6] durch einen Minderjährigen.[7]

III. Verfahren

3 Die familiengerichtliche Genehmigung wird nach § 3 Nr. 2 a RPflG durch den Rechtspfleger bei örtlicher Zuständigkeit nach § 152 FamFG erteilt. Die internationale Zuständigkeit richtet sich nach der EheVO 2003.[8] Die Genehmigung wird bei Vereinbarkeit mit dem Gesamtinteresse des Kindes erteilt,[9] was in der Beschwerdeinstanz voll überprüfbar ist.[10] Ein Rechtsmittel gegen die Erteilung der familiengerichtlichen Genehmigung ist unzulässig, da der Rechtsinhaber von der Genehmigung gem. § 1829[11] noch Gebrauch machen muss.[12] Die Einholung eines Sachverständigengutachtens im Rahmen des Amtsermittlungsgrundsatzes darf nicht von einem Kostenvorschuss abhängig gemacht werden.[13] Räumt ein minderjähriger Erbe bei der Auseinandersetzung des Nachlasses ohne jede Gegenleistung ein Wohnungsrecht seiner Mutter ein, so entspricht diese Grundstücksverfügung nicht seinem Interesse.[14] Die Beiordnung eines Rechtsanwalts bei Verfahrenskostenhilfe bei einer Erbschaftsausschlagungsgenehmigung kommt bei evidenter Nachlassüberschuldung nicht in Betracht.[15]

§ 1644 BGB Überlassung von Vermögensgegenständen an das Kind

Die Eltern können Gegenstände, die sie nur mit Genehmigung des Familiengerichts veräußern dürfen, dem Kind nicht ohne diese Genehmigung zur Erfüllung eines von dem Kind geschlossenen Vertrags oder zu freier Verfügung überlassen.

---

3 OLG Hamm 6.8.2014 – I-15 W 94/14, FamRZ 2015, 337.
4 OLG Hamm 20.9.2013 – I-15 W 251/13, FamRZ 2014, 492.
5 OLG Köln 26.4.2012 – II-12 UF 21/12, FamRZ 2012, 1832.
6 Flume, Zur Reichweite familiengerichtlicher Genehmigungstatbestände im Unternehmensrecht, FamRZ 2016, 277.
7 OLG Bremen FamRZ 2009, 621; aA OLG Frankfurt/M. FamRZ 2009, 620.
8 EuGH 6.10.2015 – Rs C-404/14, FamRZ 2015, 2035.
9 MK/Huber § 1643 Rn. 29.
10 MK/Huber § 1643 Rn. 32.
11 BGH 2.12.2015 – XII ZB 283/15, FamRZ 2016, 296.
12 OLG Koblenz 17.1.2014 – 13 WF 1135/13, FamRZ 2014, 1037.
13 OLH Hamm 19.7.2013 – II-2 WF 95/13, FamRZ 2014, 1222.
14 OLG Zweibrücken FamRZ 2007, 661.
15 OLG Hamm 22.3.2012 – II-2 WF 274/11, FamRZ 2012, 1658.

§ 1644 verhindert die Umgehung durch § 110 für nach §§ 1643, 1821, 1822 **1**
nur mit Genehmigung des Familiengerichts zu veräußernde **Gegenstände**.

Die **Wirksamkeit** des von dem Minderjährigen unter Verstoß gegen § 1644 ge- **2**
schlossenen Rechtsgeschäfts richtet sich nach §§ 107, 108. Die elterliche Zustimmung ist ihrerseits wieder genehmigungsbedürftig.[1]

Für die Genehmigung zuständig ist das gem. § 152 FamFG örtlich berufene Fa- **3**
miliengericht durch den **Rechtspfleger** nach § 3 Nr. 2 a RPflG, wobei Gebühren
nach Nr. 1310 KV-FamGKG anfallen.

§ 1645 BGB Neues Erwerbsgeschäft

**Die Eltern sollen nicht ohne Genehmigung des Familiengerichts ein neues Er-
werbsgeschäft im Namen des Kindes beginnen.**

Die nach § 112 erteilte familiengerichtliche Genehmigung kann eine Genehmi- **1**
gung nach § 1645 nicht ersetzen, wohl aber kann die nach §§ 1643, 1822 erteilte Genehmigung die nach § 1645 ersetzen. Umgekehrt kann eine Genehmigung
nach § 1645 nicht die nach §§ 1643, 1822 ersetzen, wobei § 1645 sowieso nur
Ordnungsvorschrift ist.

§ 1645 umfasst nur den Beginn eines neuen Erwerbsgeschäfts, während die **2**
Fortführung eines unentgeltlich zugefallenen Erwerbsgeschäfts nicht unter die
Vorschrift fällt.[1] Anhand des Kindeswohls ist zu prüfen, ob der Minderjährige
das Geschäft nach Erreichen der Volljährigkeit selbstständig weiterführen
kann.[2]

Die Genehmigung wird durch den Rechtspfleger des Familiengerichts gem. § 3 **3**
Nr. 2 a RPflG bei örtlicher Zuständigkeit nach § 152 FamFG und mit den Gebühren nach Nr. 1310 KV-FamGKG erteilt.

§ 1646 BGB Erwerb mit Mitteln des Kindes

**(1) [1]Erwerben die Eltern mit Mitteln des Kindes bewegliche Sachen, so geht mit
dem Erwerb das Eigentum auf das Kind über, es sei denn, dass die Eltern nicht
für Rechnung des Kindes erwerben wollen. [2]Dies gilt insbesondere auch von Inhaberpapieren und von Orderpapieren, die mit Blankoindossament versehen
sind.**

**(2) Die Vorschriften des Absatzes 1 sind entsprechend anzuwenden, wenn die
Eltern mit Mitteln des Kindes ein Recht an Sachen der bezeichneten Art oder ein
anderes Recht erwerben, zu dessen Übertragung der Abtretungsvertrag genügt.**

Handeln die Eltern im Namen des Kindes, erwirbt das Kind schon nach § 164 **1**
Eigentum, bei Handeln im eigenen Namen kommt § 1646 ohne Durchgangser-
werb[1] zur Anwendung.

Unter § 1646 fällt nur der **Erwerb** beweglicher Sachen sowie Forderungen und **2**
Rechten hieran. Ein Erwerb mit Mitteln des Kindes liegt vor, wenn die Eltern

1 MK/Huber § 1644 Rn. 2; Staudinger/Heilmann § 1644 Rn. 3.
1 MK/Huber § 1645 Rn. 5; Staudinger/Heilmann § 1645 Rn. 8.
2 MK/Huber § 1645 Rn. 6; Staudinger/Heilmann § 1645 Rn. 12.
1 Palandt/Götz § 1646 Rn. 1; MK/Huber § 1646 Rn. 12; Staudinger/Heilmann § 1646
   Rn. 12.

die an den Veräußerer zu entrichtende Gegenleistung dem Kindsvermögen entnehmen.[2]

3 Erwerben die Eltern mit Mitteln des Kindes ein Grundstück oder erwerben sie es trotz der Beweislastregelung des § 1646 Abs. 1 S. 1 für eigene Rechnung, sind sie zur Übertragung des Erworbenen verpflichtet.

§ 1647 BGB (weggefallen)

§ 1648 BGB Ersatz von Aufwendungen

Machen die Eltern bei der Ausübung der Personensorge oder der Vermögenssorge Aufwendungen, die sie den Umständen nach für erforderlich halten dürfen, so können sie von dem Kind Ersatz verlangen, sofern nicht die Aufwendungen ihnen selbst zur Last fallen.

1 Tatsächlich Vermögens- oder Personensorgeberechtigte haben den Aufwendungsersatzanspruch nach §§ 256, 257, während ansonsten nur Ansprüche nach §§ 677 ff. in Betracht kommen.

2 Ersatzfähig sind Aufwendungen nach dem Maßstab des § 1664. Nicht ersatzfähig sind im Umkehrschluss zu § 1835 Abs. 3 die Erbringung beruflicher Fähigkeiten.[1] Der Ersatzanspruch besteht auch nicht, wenn die Eltern von vornherein keine Ersatzverlangungsabsicht hatten.[2] Der Aufwendungsersatzanspruch entfällt auch, wenn die Eltern im Rahmen ihrer Unterhaltspflicht wie bei Haushaltsgegenständen[3] oder Kinderkleidung[4] verpflichtet sind, wobei § 685 Abs. 2 eingreift,[5] so dass § 1648 die Ausnahme ist.

3 **Verfahren:** Wird der Aufwendungsersatz von einem Pfleger verweigert, so dass die Eltern nicht die Beträge nach §§ 1629, 1795, 181 dem Kindesvermögen entnehmen können, ist darüber im Verfahren zu entscheiden.[6]

§ 1649 BGB Verwendung der Einkünfte des Kindesvermögens

(1) [1]Die Einkünfte des Kindesvermögens, die zur ordnungsmäßigen Verwaltung des Vermögens nicht benötigt werden, sind für den Unterhalt des Kindes zu verwenden. [2]Soweit die Vermögenseinkünfte nicht ausreichen, können die Einkünfte verwendet werden, die das Kind durch seine Arbeit oder durch den ihm nach § 112 gestatteten selbständigen Betrieb eines Erwerbsgeschäfts erwirbt.

(2) [1]Die Eltern können die Einkünfte des Vermögens, die zur ordnungsmäßigen Verwaltung des Vermögens und für den Unterhalt des Kindes nicht benötigt werden, für ihren eigenen Unterhalt und für den Unterhalt der minderjährigen Geschwister des Kindes verwenden, soweit dies unter Berücksichtigung der Vermögens- und Erwerbsverhältnisse der Beteiligten der Billigkeit entspricht.

---

2 MK/Huber, § 1646 Rn. 6.
1 Palandt/Götz § 1648 Rn. 1; MK/Huber § 1648 Rn. 5; Staudinger/Heilmann § 1648 Rn. 12.
2 Palandt/Götz § 1648 Rn. 1; MK/Huber § 1648 Rn. 7; BGH FamRZ 1998, 368.
3 OLG Frankfurt/M. 28.5.2015 – 5 UF 53/15, FamRZ 2016, 147.
4 OLG Bremen 3.12.2014 – 4 UF 112/14, FamRZ 2015, 861.
5 BGH FamRZ 1998, 368; MK/Huber § 1648 Rn. 6; Staudinger/Heilmann § 1648 Rn. 3.
6 Palandt/Götz § 1648 Rn. 1.

I. Allgemeines

Das Kindesvermögen soll grundsätzlich **erhalten** bleiben und nicht für den Unterhalt aufgebraucht werden, allerdings sollen unterschiedliche Lebensstandards innerhalb der Familie vermieden werden.[1] 1

II. Verwendungsreihenfolge

Mit den Einkünften aus dem Kindesvermögen sind zunächst die Ausgaben für 2
die Vermögensverwaltung zu decken, ein verbleibender Überschuss ist für den Kindesunterhalt zu verwenden; reichen die Einkünfte dazu nicht aus, können die Eltern auch Arbeits- oder Geschäftseinkünfte des Kindes dazu verwenden; nur darüber hinausgehende Vermögensüberschüsse können entgegen § 1642 nach Billigkeit für den Barunterhalt der Eltern und minderjährigen Geschwister (ohne Erfordernis einer häuslichen Gemeinschaft) verwendet werden.[2]

III. Verfahren

Bei Meinungsverschiedenheiten zwischen den Eltern über die Verwendungsrei- 3
henfolge kann das Familiengericht einem Elternteil die Entscheidung übertragen. Bei Verstoß gegen § 1649 bestehen Bereicherungsansprüche.

§§ 1650 bis 1663 BGB (weggefallen)

§ 1664 BGB Beschränkte Haftung der Eltern

(1) Die Eltern haben bei der Ausübung der elterlichen Sorge dem Kind gegenüber nur für die Sorgfalt einzustehen, die sie in eigenen Angelegenheiten anzuwenden pflegen.

(2) Sind für einen Schaden beide Eltern verantwortlich, so haften sie als Gesamtschuldner.

I. Allgemeines

Die Vorschrift ist als Sondervorschrift Anspruchsgrundlage für **Schadensersatz-** 1
ansprüche des Kindes gegen seine Eltern[1] und Haftungsmaßstab hinsichtlich der Ansprüche des Kindes. Das Haftungsprivileg gilt nicht im allgemeinen Straßenverkehr[2] und bei Verträgen zwischen Eltern und Kind.[3] Dagegen haften die Eltern Dritten gegenüber nach § 832 ohne das Haftungsprivileg und haben dritte Aufsichtspflichtige wie Pflegeeltern kein Haftungsprivileg.[4]

II. Haftungsbeschränkung

Die Haftungsbeschränkung gilt für das gesamte Gebiet der elterlichen Sorge und 2
wird bei tatsächlicher Ausübung des nicht sorgeberechtigten Elternteils analog

---

1 Palandt/Götz § 1649 Rn. 1.
2 Palandt/Götz § 1649 Rn. 5.
1 Palandt/Götz § 1664 Rn. 1; MK/Huber § 1664 Rn. 1; Staudinger/Heilmann § 1664 Rn. 6.
2 Palandt/Götz § 1664 Rn. 4; MK/Huber § 1664 Rn. 10; Staudinger/Heilmann § 1664 Rn. 36.
3 Palandt/Götz § 1664 Rn. 4; MK/Huber § 1664 Rn. 14; Staudinger/Engler § 1666 Rn. 38.
4 OLG Köln 13.8.2015 – 8 U 67/14, FamRZ 2016, 385.

angewandt.[5] § 1664 gilt auch für Deliktsansprüche[6] und daher auch bei Verletzungen der Aufsichtspflicht.[7] Die Eltern haften für **eigenes Verschulden**, wobei bei einer Funktionsteilung auch die Überwachung des anderen Elternteils gefordert ist,[8] als Gesamtschuldner nach § 426; Dritte, denen nicht elterliche Befugnisse übertragen werden, ziehen sie mit heran.[9]

III. Verfahren

3 Solange das Kind unter elterlicher Sorge steht, müssen Ersatzansprüche gegen die Eltern durch einen Pfleger nach §§ 1629, 1795 geltend gemacht werden. Die Eltern sind im Rahmen einer sonstigen Familiensache nach § 266 Abs. 1 Nr. 4 FamFG[10] verpflichtet, das Kindesvermögen wiederherzustellen, also beispielsweise verwendetes Sparguthaben des Kindes wieder aufzufüllen oder die ausgegebene Haftpflichtentschädigung des Kindes zurückzuzahlen.[11]

§ 1665 BGB (weggefallen)

§ 1666 BGB Gerichtliche Maßnahmen bei Gefährdung des Kindeswohls

(1) Wird das körperliche, geistige oder seelische Wohl des Kindes oder sein Vermögen gefährdet und sind die Eltern nicht gewillt oder nicht in der Lage, die Gefahr abzuwenden, so hat das Familiengericht die Maßnahmen zu treffen, die zur Abwendung der Gefahr erforderlich sind.

(2) In der Regel ist anzunehmen, dass das Vermögen des Kindes gefährdet ist, wenn der Inhaber der Vermögenssorge seine Unterhaltspflicht gegenüber dem Kind oder seine mit der Vermögenssorge verbundenen Pflichten verletzt oder Anordnungen des Gerichts, die sich auf die Vermögenssorge beziehen, nicht befolgt.

(3) Zu den gerichtlichen Maßnahmen nach Absatz 1 gehören insbesondere
1. Gebote, öffentliche Hilfen wie zum Beispiel Leistungen der Kinder- und Jugendhilfe und der Gesundheitsfürsorge in Anspruch zu nehmen,
2. Gebote, für die Einhaltung der Schulpflicht zu sorgen,
3. Verbote, vorübergehend oder auf unbestimmte Zeit die Familienwohnung oder eine andere Wohnung zu nutzen, sich in einem bestimmten Umkreis der Wohnung aufzuhalten oder zu bestimmende andere Orte aufzusuchen, an denen sich das Kind regelmäßig aufhält,
4. Verbote, Verbindung zum Kind aufzunehmen oder ein Zusammentreffen mit dem Kind herbeizuführen,
5. die Ersetzung von Erklärungen des Inhabers der elterlichen Sorge,
6. die teilweise oder vollständige Entziehung der elterlichen Sorge.

(4) In Angelegenheiten der Personensorge kann das Gericht auch Maßnahmen mit Wirkung gegen einen Dritten treffen.

---

5 MK/Huber § 1664 Rn. 5; Staudinger/Heilmann § 1664 Rn. 19; BGH FamRZ 1988, 812.
6 MK/Huber § 1664 Rn. 9; BGH FamRZ 1988, 812.
7 MK/Huber § 1664 Rn. 12; OLG Karlsruhe FamRZ 2009, 707.
8 MK/Huber § 1664 Rn. 4.
9 Palandt/Götz § 1664 Rn. 3; MK/Huber § 1664 Rn. 15; Staudinger/Heilmann § 1664 Rn. 25.
10 OLG Karlsruhe 22.9.2014 – 18 WF 219/13, FamRZ 2015, 860.
11 OLG Saarbrücken 26.5.2011 – 8 U 519/09, FamRZ 2012, 235.

I. Allgemeines

Die Vorschrift enthält als verfassungsrechtlich zulässige[1] Konkretisierung des 1
staatlichen Wächteramts aus Art. 6 Abs. 2 S. 2 GG die Ermächtigung für staatliche Eingriffe[2] in die Personen- und Vermögenssorge der Eltern im Interesse eines
effektiven Kindesschutzes.[3] Ehe Maßnahmen nach § 1666 in Betracht kommen,
die bei Beendigung der Kindeswohlgefährdung nach § 1696 Abs. 2, § 166 Abs. 2
FamFG zu beenden sind,[4] sind **vorrangig** zu entscheiden bloße Meinungsverschiedenheiten nach § 1628, genügende[5] Verbleibensanordnungen[6] nach § 1632
Abs. 4,[7] zur Vermeidung einer Kindeswohlgefährdung Sorgerechtsübertragun-
gen nach § 1671[8] oder Mitsorgerechtsübertragungen nach § 1626 a Abs. 2, reine Umgangsprobleme nach § 1684, Geschäftsunfähigkeit oder tatsächliches
Hindernis nach § 1673 oder § 1674 oder Einwilligungsersetzungen nach § 1303
Abs. 3 oder § 1748. Die elterliche Sorge missbräuchlich ausüben kann nur, wer
jedenfalls auch einen Teil der elterlichen Sorge innehat.[9] Kind ist der unter elterlicher Sorge Stehende, wozu das ungeborene Kind gehört, so dass zu seinem
Schutz Maßnahmen gegen die schwangere Mutter in Betracht kommen.[10] Ein

1　BVerfG NJW 1982, 1379.
2　Das Sorgerecht ist nicht disponibel nach KG FamRZ 2011, 122.
3　Palandt/Götz § 1666 Rn. 1.
4　BVerfG 20.1.2016 – 1 BvR 2742/15, FamRZ 2016, 439.
5　Unzureichend ist die Verbleibensanordnung bei dauernder Erziehungsunfähigkeit der El-
　tern oder bei deren gestörtem Verhältnis zur Pflegeperson nach OLG Hamm FamRZ
　2010, 2083.
6　Nach BGH 22.1.2014 – XII ZB 68/11, FamRZ 2014, 543, wenn sich die Kindeswohlge-
　fährdung nur aus der Unzeit des Kindesherausgabeverlangens aus der Pflegefamilie er-
　gibt.
7　Heilmann, Sind Pflegekinder nicht (mehr) schutzbedürftig?, FamRZ 2014, 705.
8　OLG Brandenburg 24.2.2012 – 10 UF 360/11, FamRZ 2012, 1312.
9　Palandt/Götz § 1666 Rn. 4; MK/Olzen § 1666 Rn. 38.
10　MK/Olzen § 1666 Rn. 41.

Rollentausch scheidet aus, wenn sich der andere Elternteil nicht gegen den erziehungsungeeigneten Elternteil durchsetzen kann, so dass dann Maßnahmen gegen beide mitsorgeberechtigten Elternteile anzuordnen sind.[11]

II. Inobhutnahme durch das Jugendamt

2 Die Inanspruchnahme der Kinder- und Jugendhilfe durch die Eltern ist freiwillig. Aus § 8 a SGB VIII erwächst dem Jugendamt eine **Schutzpflicht bei Kindeswohlgefährdung** und es muss erforderlichenfalls das Familiengericht anrufen. Nach § 42 SGB VIII kann das Jugendamt ein Kind bei Unmöglichkeit rechtzeitiger Entscheidung des Familiengerichts auch durch Herausnahme aus dem elterlichen Haushalt[12] in Obhut nehmen. Allerdings haftet der Jugendamtsträger nicht für ein Verschulden der Pflegeeltern während der Betreuungszeit im Anschluss an eine Inobhutnahme. Das Familiengericht trifft dann außer bei ausdrücklicher Zustimmung des Sorgeberechtigten selbst die notwendigen sorgerechtlichen Maßnahmen im Anschluss an die Inobhutnahme nach Anrufung durch das Jugendamt. Das KKG normiert frühe Hilfen, frühzeitige Information der Eltern etwa durch einen Willkommensbesuch, fallübergreifende Netzwerke und einzelfallbezogene Kooperation.[13] Bei einem unbegleiteten minderjährigen Flüchtling erfolgt durch das Aufnahmejugendamt am Einreiseort zunächst nach Altersfeststellung und Gesundheitsprüfung gem. § 42 f SGB VII eine vorläufige Inobhutnahme nach § 42 a SGB VIII mit der Anzeige über etwaige Verteilung unter Berücksichtigung einer Familienzusammenführung ans Bundesverwaltungsamt, das nach § 42 b SGB VIII das Kind dem Zuweisungsjugendamt zuweist, das dann nach seiner Zuführung die Vormundsbestellung veranlasst.[14]

III. Eingriff in die Personensorge

3 **1. Unvermögen der Eltern zur Gefährdungsabwehr.** In die Personensorge kann eingegriffen werden, wenn das **Wohl des Kindes gefährdet** ist und die **Eltern zur Gefahrenabwendung nicht bereit** oder in der Lage sind. Dabei stehen der vom besten Willen getragenen Hilflosigkeit der Eltern deren Unwillen, fehlende Einsicht oder bloße Gleichgültigkeit gleich.[15] Maßgeblich diesbezüglich ist insbesondere, ob die in § 1666 a angesprochenen Kinder- und Jugendhilfen von den Eltern kooperativ angenommen werden. Der Sorgeberechtigte ist zur Gefahrenabwendung in der Lage, wenn er die gebotene Fremdunterbringung des Kindes mitträgt und unterstützt und alle in diesem Zusammenhang notwendig werdenden Mitwirkungshandlungen vornimmt.[16] Die festgestellte Kindeswohlgefährdung ist insbesondere bei dauerhaften Verhaltensweisen ein Indiz für ihre Fortdauer.[17] Das körperliche, geistige oder seelische Kindeswohl betrifft das konkrete Individuum, so dass das räumliche Milieu und der altersentsprechende Zeit-

---

11 OLG Saarbrücken FamRZ 2010, 1092.
12 Röchling, Die Reform des SGB VIII durch das Gesetz zur Weiterentwicklung der Kinder- und Jugendhilfe (Kinder- und Jugendhilfeweiterentwicklungsgesetz – KICK), FamRZ 2006, 163.
13 Meysen, Bundeskinderschutzgesetz: gesetzliche Programmatik im Baukastensystem, FamRZ 2012, 405.
14 Veit, Das Gesetz zur Verbesserung der Unterbringung, Versorgung und Betreuung ausländischer Kinder und Jugendlicher, FamRZ 2016, 93.
15 Palandt/Götz § 1666 Rn. 28; MK/Olzen § 1666 Rn. 117.
16 BVerfG 19.8.2015 – 1 BvR 1084/15, FamRZ 2015, 2120.
17 MK/Olzen § 1666 Rn. 50.

faktor berücksichtigt werden müssen.[18] Es gehört **nicht** zum staatlichen **Wächteramt**, für eine den Fähigkeiten des Kindes **bestmögliche Förderung** zu sorgen,[19] da die Eltern und deren sozioökonomische Verhältnisse zum Schicksal eines Kindes gehören.[20] Den Eltern steht ein erheblicher Gestaltungsspielraum hinsichtlich ihrer Lebensverhältnisse zu, wobei sich das Kind im Rahmen der §§ 1618 a, 1619 grundsätzlich auch arrangieren muss.[21] Daher reicht es für eine Trennung des Kindes von seinen Eltern nicht aus, wenn das Kind woanders besser erzogen oder gefördert würde,[22] die Kindeswohlgefährdung durch Maßnahmen der Eltern wie etwa einer nicht mit alsbaldigem Widerruf bedrohter[23] Vollmachtserteilung[24] zugunsten des Jugendamts[25] abgewendet werden kann[26] oder der Sorgerechtsinhaber nur unpraktische oder ungeschickte Verhaltensweisen zeigt.[27] Das Kind hat gemäß Art. 2 GG einen Anspruch auf staatlichen Schutz, wenn die Eltern ihrer Pflege- und Erziehungsverantwortung nicht gerecht werden, was strenger verfassungsgerichtlicher Kontrolle unterliegt; liegen Anhaltspunkte für eine nachhaltige Kindeswohlgefährdung vor, bedarf eine von der Einschätzung eines Sachverständigen oder den Wertungen von Verfahrensbeistand, Jugendamt, Familienhilfe und Vormund abweichende Beurteilung des Gerichts einer anderweitigen verlässlichen Grundlage mit eingehender Begründung trotz Risikobiografie der Eltern.[28] Die besondere Situation des Aufwachsens in einer Großfamilie ohne ausreichende Versorgung der Kinder rechtfertigt aber die umfassende Sorgerechtsentziehung, wenn den Kindern beim Belassen in der Familie und Unterbleiben von kontinuierlichen sozialpädagogischen Betreuungsmaßnahmen, die nur bei einer Fremdunterbringung gewährleistet sind, die fortschreitende geistig-seelische Verwahrlosung droht.[29]

Gefährdung ist eine **gegenwärtige**, in einem solchen Maße vorhandene **Gefahr**, 4 dass sich bei der weiteren Entwicklung des Kindes eine **erhebliche Schädigung** mit ziemlicher Sicherheit voraussehen lässt.[30] Die bloße Möglichkeit, bei nicht auszuschließenden gravierenden Veränderungen der Betreuungs- und Versorgungssituation zum Nachteil des Kindes sofort eingreifen zu können, rechtfertigt eine solche Maßnahme nicht.[31] Die begründete Besorgnis der Schädigung (oder auch der Schädigungsverneinung)[32] entsteht regelmäßig aus Vorfällen in der Vergangenheit,[33] so dass sich das Familiengericht aus den gegenwärtigen

---

18 Palandt/Götz § 1666 Rn. 7.
19 Palandt/Götz § 1666 Rn. 7; BVerfG FamRZ 1982, 570.
20 Staudinger/Coester § 1666 Rn. 84.
21 MK/Olzen § 1666 Rn. 44.
22 Palandt/Diederichsen § 1666 Rn. 7; OLG Köln FamRZ 2004, 827; OLG Hamm FamRZ 2004, 1664; OLG Koblenz FamRZ 2005, 1923; OLG Brandenburg FamRZ 2009, 994.
23 OLG Hamm 12.5.2011 – II-2 UF 64/10, FamRZ 2011, 1603.
24 Hoffmann, Sorgerechtsvollmacht als Alternative zur Vormund-/Pflegschaft des Jugendamts, FamRZ 2011, 1544.
25 OLG Hamm 25.3.2015 – 13 UF 19/13, FamRZ 2015, 1906.
26 OLG Brandenburg 31.3.2014 – 13 UF 50/14, FamRZ 2014, 1649.
27 MK/Olzen § 1666 Rn. 60.
28 BVerfG 3.2.2017 – 1 BvR 2569/16, FamRZ 2017, 524.
29 OLG Köln FamRZ 2008, 1553.
30 Palandt/Diederichsen § 1666 Rn. 9; MK/Olzen § 1666 Rn. 48; BayObLG FamRZ 1977, 474; OLG Celle FamRZ 2003, 1490.
31 OLG Hamm FamRZ 2006, 359.
32 OLG Hamm 6.6.2011 – II-8 UF 46/11, FamRZ 2012, 462.
33 Palandt/Götz § 1666 Rn. 8.

Verhältnissen des Kindes eine Vorstellung von dessen Zukunft machen muss,[34] wobei vereinzelt gebliebene geringe Fehlhandlungen nicht ausreichen.[35] Bei feststehenden Kindeswohlgefährdungen gegenüber früheren Kindern ohne eindeutige Veränderung der elterlichen Haltung kann wegen der schwierigen Änderbarkeit von Verhaltensweisen auf eine Gefährdung beim betroffenen Kind geschlossen werden.[36] Eingetretene Schäden sind weder erforderlich noch bei Vereinzeltbleiben ausreichend.[37] Eine künftige Schädigung ist bei einer Vernachlässigung hinreichend wahrscheinlich, wenn die zur Schädigung führende Entwicklung begonnen hat und zu einem späteren Zeitpunkt nicht mehr aufgehalten werden kann.[38] Die Eltern und deren gesellschaftliche Verhältnisse gehören grundsätzlich zum Schicksal eines Kindes,[39] das keinen Anspruch auf Idealeltern mit optimaler Förderung hat.[40] Das Kindeswohl, das gem. §§ 1626 ff. zu konkretisieren ist, muss nachhaltig und schwer gefährdet sein.[41] Das elterliche Fehlverhalten muss ein solches Ausmaß erreichen, dass das Kind bei dem Verbleiben in der Familie in seinem körperlichen, geistigen oder seelischen Wohl nachhaltig gefährdet ist,[42] weil nicht bei jedem Versagen oder jeder Nachlässigkeit der Eltern der Staat diese von der Pflege und Erziehung ihres Kindes ausschalten darf.[43] Das staatliche Wächteramt richtet sich dabei nicht an gesellschaftspolitischen oder religiösen Idealen aus.[44]

5 Zwischen der Gefährdungsursache und der Kindeswohlgefährdung besteht **kein Pflichtwidrigkeitserfordernis**,[45] **kein Verschuldenserfordernis**[46] und **kein Kausalitätserfordernis**.[47] Im Folgenden werden die das Erziehungsunvermögen (das mangels Wortlauts kein Tatbestandsmerkmal ist)[48] der Eltern (das sich in Entwicklungsdefiziten und Verhaltensauffälligkeiten des Kindes niederschlägt)[49] begründenden Fallgruppen aufgezählt.

6 **2. Kindeswohlgefährdung bezüglich Aufenthaltsbestimmung.** Das Kind muss einen Wohnsitzwechsel der Eltern in Kauf nehmen.[50] Eine Kindeswohlgefährdung ist aber ein häufiger Wohnsitzwechsel[51] oder die Rückkehr ins Ausland zum Zweck der Zwangsheirat.[52] Eine Kindeswohlgefährdung liegt ferner vor bei Gefahr der Bindungsschwäche beim Kind infolge verschiedener Aufenthaltswechsel der drogensüchtigen und straffälligen Mutter. Ein Eingriff nach § 1666 kommt bei einer Rückkehrabsicht der Eltern mit dem Kind in ihre ausländische

---

34 MK/Olzen § 1666 Rn. 48.
35 Palandt/Götz § 1666 Rn. 8.
36 Palandt/Götz § 1666 Rn. 8.
37 OLG Brandenburg FamRZ 2008, 1557.
38 OLG Brandenburg 4.12.2015 – 13 UF 95/15, FamRZ 2016, 1180.
39 OLG Hamm 12.7.2013 – II-2 UF 227/12, FamRZ 2013, 1994.
40 OLG Hamm 6.6.2011 – II-8 UF 46/11, FamRZ 2012, 462.
41 Palandt/Götz § 1666 Rn. 8; MK/Olzen § 1666 Rn. 52; BayObLG FamRZ 1998, 1044.
42 BVerfG 20.6.2011 – 1 BvR 303/11, FamRZ 2012, 433.
43 OLG Köln FamRZ 2006, 877.
44 OLG Köln 22.3.2011 – 4 UF 29/11, FamRZ 2011, 1307.
45 MK/Olzen § 1666 Rn. 36.
46 MK/Olzen § 1666 Rn. 36.
47 MK/Olzen § 1666 Rn. 36.
48 MK/Olzen § 1666 Rn. 36.
49 Palandt/Götz § 1666 Rn. 8; BayObLG FamRZ 1999, 316.
50 MK/Olzen § 1666 Rn. 91.
51 MK/Olzen § 1666 Rn. 91; BayObLG FamRZ 1994, 781; OLG Saarbrücken FamRZ 2010, 873; OLG Brandenburg FamRZ 2010, 1743.
52 MK/Olzen § 1666 Rn. 55; Staudinger/Coester § 1666 Rn. 164.

Heimat auch in Betracht, wenn das Kind in seinem Umfeld in Deutschland fest verankert ist und kurz vor der Volljährigkeit steht.[53] Eine Kindeswohlgefährdung liegt auch vor bei Ausweisung des Kindes aus dem Elternhaus in blinder Wut oder bei fehlender anderweitiger Unterbringung des Kindes.[54] Ein Herausgabeverlangen der Eltern wurde als kindeswohlgefährdend angesehen, als der Vater seine sechzehnjährige Tochter grundlos aus dem Haus verwiesen hatte, worauf sie ein Jahr lang mit Zustimmung der Eltern bei einer Pflegefamilie untergebracht war und die Rückkehr zu ihren Eltern verweigerte. Eine Kindeswohlgefährdung liegt auch beim Übersiedeln der Eltern samt Kind in das Haus einer Sekte vor. Kein Sorgerechtsmissbrauch liegt in der Freigabe des Kindes zur Adoption.[55]

3. Kindesmisshandlung. Körperliche Züchtigungen von Kindern sind generell 7 als **Kindeswohlgefährdung** anzusehen.[56] Das Recht des Kindes auf gewaltfreie Erziehung nach § 1631 Abs. 2 gilt für jedes Lebensalter, jede Religion[57] und für jede Nationalität.[58] Eine Trennung des Kindes von den Eltern ist bei Gewaltanwendung der Eltern unter Einsatz eines Messers gegen das Kind,[59] bei Brüchen des Kindes[60] oder bei versuchter Kindstötung[61] geboten. Eine seltene, aber umso gefährlichere Form der Kindesmisshandlung ist das „Münchhausen-by-proxy"-Syndrom (von einem Elternteil beim Kind künstlich herbeigeführte medizinische Beschwerdesymptome).[62] Eine drohende[63] Beschneidung eines Mädchens bei der Rückführung nach Gambia rechtfertigte die Entziehung des Aufenthaltsbestimmungsrechts.[64] **Schwere unplausible Verletzungen** des Kindes rechtfertigen wegen der Wiederholungsgefahr, die nur durch erfolgreiches Absolvieren einer Therapie ausgeräumt wird,[65] die Entziehung des Personensorgerechts.[66]

4. Sexueller Missbrauch. Der sexuelle Missbrauch des Kindes, der bewiesen (erforderlich sind nichtsuggestive aussagepsychologische Gutachten)[67] sein muss,[68] stellt eine **Kindeswohlgefährdung** dar.[69] Geschlechtsverkehr in Gegenwart des Kindes ist eine Kindeswohlgefährdung.[70] Eine Kindeswohlgefährdung liegt auch vor, wenn der Vater seine sechzehnjährige Tochter unter Verletzung ihrer Intimsphäre zwingt, in der allein von ihnen bewohnten Zweizimmerwohnung mit

---

53 MK/Olzen § 1666 Rn. 55.
54 Palandt/Götz § 1666 Rn. 13.
55 BayObLG FamRZ 1990, 903.
56 MK/Olzen § 1666 Rn. 58; Palandt/Götz § 1666 Rn. 14.
57 Zu den 12 Stämmen OLG Nürnberg 11.6.2015 – 9 UF 1430/14, FamRZ 2015, 1908.
58 MK/Olzen § 1666 Rn. 59; Palandt/Götz § 1666 Rn. 5.
59 OLG Hamm FamRZ 2005, 1274.
60 OLG Celle FamRZ 2007, 1265.
61 Palandt/Götz § 1666 Rn. 14.
62 Palandt/Götz § 1666 Rn. 11; OLG Celle FamRZ 2006, 1478; OLG Dresden FamRZ 2008, 712.
63 An den Wahrscheinlichkeitsgrad sind bei größeren Schäden geringere Anforderungen gestellt, OLG Karlsruhe FamRZ 2009, 1599.
64 BGH FamRZ 2005, 344.
65 AA OLG Karlsruhe FamRZ 2007, 576.
66 Doukkani-Bördner, Kindsmisshandlungen im Haushalt der Eltern und elterliche Sorge, FamRZ 2016, 12.
67 Palandt/Götz § 1666 Rn. 18.
68 Palandt/Götz § 1666 Rn. 18.
69 MK/Olzen § 1666 Rn. 61.
70 MK/Olzen § 1666 Rn. 50; Staudinger/Coester § 1666 Rn. 125.

ihm in einem Bett zu schlafen.[71] Bei glaubhaft gemachtem substantiierten Vortrag des sexuellen Missbrauchs soll nach den Empfehlungen des 16. Deutschen Familiengerichtstags[72] nur ein begleiteter Umgang stattfinden, der allerdings wegen der notwendigen unbeeinflussten Zeugenvideoeinvernahme erst nach Abschluss eines strafrechtlichen Ermittlungsverfahrens in Betracht kommt. Dagegen reicht eine nur sexuell freizügige Atmosphäre nicht aus.[73]

9 **5. Umgangsbestimmungsrechtsmissbrauch.** Ein **Umgangspfleger,** der mit den Umgangsberechtigten die Ausgestaltung des Umgangs regeln kann und nach § 1684 Abs. 3 S. 4 für die Dauer des Umgangs das Kindesaufenthaltsbestimmungsrecht innehat, ist zu bestellen, wenn die Loyalitätspflicht nach § 1684 Abs. 2 dauerhaft oder wiederholt erheblich verletzt wird oder dies zur Abwendung konkreter Gefährdungen des Kindeswohls im Zusammenhang mit der Durchführung von Umgangskontakten nach § 1666 erforderlich ist.[74] Ein Umgangsbestimmungsrechtsmissbrauch liegt vor bei Verhinderung des dem Kindeswohl entsprechenden Briefkontakts oder Umgangs.[75] Bei Ablehnung des vereinbarten begleiteten Umgangs durch die sorgeberechtigte Mutter ist nach Scheitern einer Umgangspflegschaft[76] dieser für die Durchführung des festgelegten Umgangs das Umgangsbestimmungsrecht zu entziehen und einem Pfleger zu übertragen,[77] der den Umgang durchführt und das Kind bei der Mutter abholt.[78] Die Pflegschaft ist auf das Recht, das Kind in eine Therapie zu geben, zu erweitern, um psychische Barrieren gegen Kontakte mit dem Vater abzubauen.[79] Die jahrelange Missachtung von gerichtlichen Umgangsregelungen zugunsten des Vaters führte zur Entziehung des Aufenthaltsbestimmungsrechts der allein sorgeberechtigten Mutter,[80] zu einer Umgangspflegschaft zulasten der Mutter führte ihre Nichtermöglichung eines unbeschwerten und angstfreien Umgangs des Kindes mit seinem Vater.[81] Eine Kindeswohlgefährdung liegt vor, wenn Eltern ihr Kind völlig isolieren[82] oder Mädchen wegen der Beschränkung auf den Haushalt der Kontakt zu Jungen verboten wird. **Umgangsrechtsbeschränkungen ohne sachlichen Grund** nach § 1632 Abs. 2 wie ein Ausgehverbot für ein sechzehnjähriges Mädchen nach 18.00 Uhr können eine Kindeswohlgefährdung darstellen.[83] Ein Umgangsbestimmungsrechtsmissbrauch wurde verneint, wenn ein Umgangsverbot mit den Großeltern ausgesprochen wurde, weil diese den elterlichen Erziehungsvorrang nicht beachten wollten oder das Kind den Kontakt zu

---

71 OLG Köln FamRZ 1996, 1027.
72 16. Deutscher Familiengerichtstag – Empfehlungen des Vorstandes, FamRZ 2005, 1963.
73 BayObLG FamRZ 1996, 1031.
74 OLG Hamm FamRZ 2005, 1772.
75 Palandt/Götz § 1666 Rn. 19.
76 OLG Frankfurt/M. 16.4.2015 – 4 UF 54/15, FamRZ 2016, 68.
77 Heilmann, Die Ergänzungspflegschaft mit dem Aufgabenkreis „Regelung des Umgangs" (Umgangsbestimmungspflegschaft), FamRZ 2014, 1753; OLG Köln FamRZ 2010, 1747; OLG Frankfurt/M. 13.7.2015 – 3 UF 251/14, FamRZ 2016, 246; aA OLG München FamRZ 2011, 823; OLG Karlsruhe 13.2.2014 – 18 UF 58/13, FamRZ 2014, 1378.
78 OLG Brandenburg FamRZ 2007, 577.
79 OLG Naumburg FamRZ 2009, 792.
80 OLG Frankfurt/M. FamRZ 2005, 1700.
81 OLG München FamRZ 2007, 1902.
82 MK/Olzen § 1666 Rn. 88.
83 MK/Olzen § 1666 Rn. 89.

ihnen verweigerte, ferner wenn das Kind den Umgang gegenüber einem Elternteil ernsthaft ablehnt.[84]

6. Kindeswohlgefährdung bezüglich schulischer Angelegenheiten. Die Verweigerung oder mangelhafte Beaufsichtigung des regelmäßigen Schulbesuchs stellt eine Kindeswohlgefährdung dar.[85] Lehnen die Eltern aus religiösen Gründen den Schulbesuch ab, ist trotz der Möglichkeit öffentlich-rechtlichen Schulzwangs die Entziehung des Aufenthaltsbestimmungsrechts gerechtfertigt, weil auch bei Vermittlung des schulischen Wissensstoffs durch Heimunterricht den Kindern keine soziale Kompetenz im Umgang mit anderen durch den Schulbesuch vermittelt wird,[86] durch Erfahrungen im sozialen Umfeld mit anderen Menschen Fähigkeiten für das Heranwachsen einer eigenständigen Persönlichkeit des Kindes zu entwickeln sind[87] und formale Bildungsabschlüsse ermöglicht werden.[88] Auch Eltern, die der Glaubensgemeinschaft der Siebenten-Tags-Adventisten angehören, haben keinen Anspruch auf Befreiung ihrer Kinder von der allgemeinen Schulpflicht.[89] Eine Kindeswohlgefährdung liegt vor, wenn Eltern ihr Kind vom Besuch der Schule abhalten,[90] ihr Kind von der Schule einfach abmelden[91] oder gegen Schulschwänzen nicht einschreiten,[92] beratungsresistent auf Hochbegabung des Kindes fokussiert sind,[93] ihr Kind auf ein Internat der Scientology-Sekte schicken wollen, den Aufenthalt ihres Kindes nicht mitteilen,[94] ferner bei lieblosem Abschieben der Kinder in ein Internat.[95] Da die Kinder dem Schulunterricht nahezu gänzlich ferngeblieben waren und die Eltern eine vom Jugendamt angebotene stationäre Familienhilfe abgelehnt hatten, wurde ua das Recht zur Regelung schulischer Angelegenheiten vorläufig entzogen.[96] Bei Übergehen von Eignungen und Neigungen des Kindes in Ausbildungs- und Berufsfragen stellt das Hineinzwingen in einen Beruf eine Kindeswohlgefährdung dar;[97] hat sich ein ausländischer Jugendlicher stark an die hiesigen Verhältnisse angepasst und verlangt nach einer selbstgewählten Ausbildung im Einklang mit § 1631 a, stellt die Weigerung der Eltern eine Kindeswohlgefährdung dar.[98] **Keine Kindeswohlgefährdung** liegt vor, wenn die Sorgeberechtigten eine Umschulung des Kindes wegen Übersiedlung zu seiner Großmutter veranlassen oder ihre Mitwirkung an einem verwaltungsgerichtlichen Verfahren gegen das einem mittelmäßigen Schüler erteilte Zeugnis versagen.[99]

10

---

84 OLG Frankfurt/M. 12.3.2013 – 6 UF 302/12, FamRZ 2014, 396.
85 Palandt/Götz § 1666 Rn. 17; MK/Olzen § 1666 Rn. 106.
86 BGH FamRZ 2008, 45; OLG Hamm FamRZ 2006, 358; OLG Nürnberg 15.9.2015 – 9 UF 542/15, FamRZ 2016, 564.
87 OLG Köln 30.11.2012 – II-4 UF 177/12, FamRZ 2013, 1230.
88 OLG Köln 2.12.2014 – 4 UF 97/13, FamRZ 2015, 675.
89 OLG Brandenburg FamRZ 2006, 358.
90 OLG Frankfurt/M. 15.8.2014 – 6 UF 30/14, FamRZ 2014, 1857.
91 OLG Hamm 12.6.2013 – II-8 UF 75/12, FamRZ 2014, 398.
92 Röchling, Überlegungen zum Entwurf eines Gesetzes des Freistaats Bayern vom 3.5.2006 zur Änderung des § 1666 BGB und weiterer Vorschriften, FamRZ 2006, 1735.
93 OLG Koblenz FamRZ 2007, 1680.
94 OLG Hamm 21.12.2012 – II-2 UF 181/11, FamRZ 2013, 708.
95 AG München FamRZ 2002, 690.
96 OLG Koblenz FamRZ 2006, 57.
97 Palandt/Götz § 1666 Rn. 19.
98 MK/Olzen § 1666 Rn. 54.
99 Palandt/Götz § 1666 Rn. 19.

11 7. **Kindeswohlgefährdung bezüglich medizinisch-ärztlicher Versorgung.** Wenn bei einer Frühgeburt eine Bluttransfusion notwendig werden kann, begründet die Zugehörigkeit der Eltern zu den eine solche ablehnenden Jehovas Zeugen die gegenwärtige Gefährdung des Kindeswohls.[100] Ansonsten reicht die bloße Zugehörigkeit zu den Zeugen Jehovas nicht aus, wenn das Kind von den prägenden Grundlagen der Glaubensgemeinschaft über die religiöse Betätigung hinaus nicht betroffen ist.[101] Die **verweigerte Zustimmung der Eltern zu einer objektiv erforderlichen Operation** oder zu gefahrlosen Diagnosemaßnahmen stellt sich unabhängig vom Willen des Minderjährigen als Kindeswohlgefährdung dar,[102] ebenso die Ablehnung einer psychiatrischen Untersuchung bei Fehlentwicklung eines Kindes zum Sonderling.[103] Eine Kindeswohlgefährdung liegt ferner vor, wenn die Behandlung oder **Medikation psychischer Erkrankungen** des Kindes abgelehnt wird[104] oder ein schlecht ernährter Säugling nicht in die Klinik verbracht wird.[105] Als Kindeswohlgefährdung zu werten sind die Verweigerung notwendiger Impfungen[106] oder die unterlassene Vaterschaftsfeststellung mittels DNA-Testung durch die Mutter.[107] Keine Kindeswohlgefährdung liegt vor, wenn die Mutter rechtmäßig nach § 218 StGB einen Schwangerschaftsabbruch vornimmt.[108] Keinen Anlass für Maßnahmen nach § 1666 gibt der sorgeberechtigte Elternteil, der die Zustimmung zu einem von seiner minderjährigen Tochter geplanten Schwangerschaftsabbruch verweigert.[109] Die Absicht der Eltern, lebenserhaltende medizinische Maßnahmen und die künstliche Ernährung eines an einem irreversiblen apallischen Syndrom leidenden Kindes beenden zu lassen, rechtfertigt keinen Sorgerechtseingriff.[110]

12 8. **Sonstige Fälle des Sorgerechtsmissbrauchs.** Maßnahmen nach § 1666 können bei unkontrollierten Wutausbrüchen des sorgeberechtigten Elternteils gegenüber dem Kind erfolgen,[111] bei komplett herabwürdigender Behandlung des Kindes[112] oder bei sozialer Deviation der Eltern.[113] Wenn der Sorgerechtsinhaber einer Gewaltanwendung gegen das Kind nicht entgegentritt, liegt eine Kindeswohlgefährdung vor.[114] Die Ausbeutung eines Kindes zum Betteln oder zur Prostitution ist ein Sorgerechtsmissbrauch.[115] Wiederholte Straftaten Minderjähriger, die über einen jugendtypischen Bagatellcharakter hinausgehen, begründen im Sinne einer Kindeswohlgefährdung das Abrutschen in ein asoziales Milieu[116] und stellen ebenso eine Kindeswohlgefährdung dar wie das Geschehenlassen einer Drogenabhängigkeit des Kindes oder dessen Nichtabklärung einer Trans-

---

100 Palandt/Götz § 1666 Rn. 12; MK/Olzen § 1666 Rn. 80.
101 MK/Olzen § 1666 Rn. 81.
102 Palandt/Götz § 1666 Rn. 11.
103 Palandt/Götz § 1666 Rn. 11.
104 MK/Olzen § 1666 Rn. 82.
105 MK/Olzen § 1666 Rn. 82.
106 Staudinger/Coester § 1666 Rn. 104.
107 MK/Olzen § 1666 Rn. 84.
108 MK/Olzen § 1666 Rn. 68; Staudinger/Coester § 1666 Rn. 33.
109 OLG Naumburg FamRZ 2006, 75; differenzierend MK/Olzen § 1666 Rn. 76.
110 OLG Hamm FamRZ 2007, 2098.
111 Palandt/Götz § 1666 Rn. 13; OLG Hamm FamRZ 2006, 1478.
112 OLG Düsseldorf 29.11.2013 – II-3 UF 274/13, FamRZ 2014, 671.
113 Palandt/Götz § 1666 Rn. 12.
114 MK/Olzen § 1666 Rn. 102; BayObLG FamRZ 1994, 1413.
115 MK/Olzen § 1666 Rn. 110.
116 Ostendorf/Hinghaus/Kasten, Kriminalprävention durch das Familiengericht, FamRZ 2005, 1514.

sexualität.[117] Ist ein Kind in den meisten Bereichen funktionsunfähig, ohne dass die Eltern die Sozialverhaltensstörungen des Kindes therapeutisch angehen, ist das Sorgerecht zu entziehen.[118] Ein Sorgerechtmissbrauch kann auch in einer over-protection (erstickende Erziehungshaltung) liegen.[119] Der allein sorgeberechtigten Mutter ist ebenfalls das Sorgerecht zu entziehen, wenn das Kind sichere Bindungen nur zu seiner Pflegefamilie hat, aus der es die Mutter herausnehmen möchte.[120] Das Rauchen der Eltern ohne Asthmagefährdung des Kindes wurde nicht als Gefährdung des Kindeswohls angesehen.[121] Geringfügigere Reglementierungen der Alltagsgestaltung durch Bekleidungsvorschriften oder Schminkverbote sind noch nicht ohne Weiteres kindeswohlgefährdend, weil das Aufwachsen in der eigenen Familie prinzipiell dem Kindeswohl mehr entspricht als eine Trennung von ihr.[122] Keine Gefährdung des Wohls eines Kindes ist auch in dem bloßen Kontaktabbruch zu den anderen Kindern des Elternteils zu sehen.[123]

9. Kindesvernachlässigung. Vernachlässigung sind Unzulänglichkeiten in der 13 Pflege, Ernährung, Bekleidung, den Wohnverhältnissen, der Aufsicht und Fürsorge des Kindes, wobei aber das Milieu der Eltern mit seinen Gegebenheiten zu berücksichtigen ist.[124] **Vernachlässigung stellen dar: die Duldung des Herumtreibens des Kindes** oder die **Duldung ungünstiger Einflüsse Dritter** (insbesondere Verstöße des anderen Elternteils gegen § 1666). **Tätliche Auseinandersetzungen** unter Alkoholeinfluss des Vaters mit Verletzungen der Mutter, die der Versorgung der Kinder verhinderten, wurden als Vernachlässigung angesehen.[125] § 1666 ist anwendbar, wenn die **Versorgung des Kindes vernachlässigt** wird, insbesondere weil die Mutter nicht in der Lage ist, ihr Leben ohne das Kind zu ordnen.[126] Die Weigerung, die Kinder ärztlich untersuchen zu lassen, die unterlassene Anmeldung zum Kindergarten, die emotionale Vernachlässigung der Kinder und mangelnde Zuwendung wurden in ihrer Summe ebenfalls als Vernachlässigung klassifiziert.[127] Wiederkehrender Ungezieferbefall der Kinder[128] oder besorgniserregende häusliche hygienische Verhältnisse[129] begründen eine Vernachlässigung.[130] Keine Vernachlässigung ist, wenn das Kind ordnungsgemäß bei Dritten untergebracht ist.[131]

10. Unverschuldetes Versagen der Eltern. Das unverschuldete Elternversagen ist 14 **Auffangtatbestand** insbesondere, wenn die Kindeswohlgefährdung aus einem heftigen Paarkonflikt,[132] fortgesetzter Partnergewalt,[133] Traumatisierung des

---

117 KG 15.3.2012 – 19 UG 186/11, FamRZ 2012, 1071.
118 OLG Brandenburg 5.3.2015 – 9 UF 130/14, FamRZ 2015, 1621.
119 Palandt/Götz § 1666 Rn. 13; MK/Olzen § 1666 Rn. 109.
120 OLG Hamm FamRZ 2010, 1747.
121 Palandt/Götz § 1666 Rn. 12; MK/Olzen § 1666 Rn. 53; BayObLG FamRZ 1993, 1350.
122 MK/Olzen § 1666 Rn. 55.
123 OLG Nürnberg 9.12.2010 – 11 UF 1469/10, FamRZ 2011, 1337.
124 MK/Olzen § 1666 Rn. 100.
125 MK/Olzen § 1666 Rn. 114.
126 OLG Koblenz FamRZ 2005, 1923; OLG Karlsruhe FamRZ 2005, 1272.
127 MK/Olzen § 1666 Rn. 102.
128 OLG Brandenburg FamRZ 2009, 2100.
129 OLG Koblenz 30.4.2012 – 13 UF 209/12, FamRZ 2012, 1953.
130 OLG Brandenburg FamRZ 2008, 713.
131 MK/Olzen § 1666 Rn. 101.
132 OLG Köln FamRZ 2009, 129.
133 Palandt/Götz § 1666 Rn. 13.

Kindes durch häusliche Gewalt,[134] heilloser Zerstrittenheit der Eltern mit jeweils fehlender Wertschätzung des früheren Partners[135] oder einer Überforderung oder Ungeeignetheit der Eltern herrührt. Ein Suizidversuch eines Elternteils aus Überforderung[136] oder permanenter Streit samt Gewalt zwischen den Eltern[137] rechtfertigen Maßnahmen nach § 1666, ebenso mit aggressiven Impulsdurchbrüchen verbundene Persönlichkeitsstörungen, narzisstische und dependente Persönlichkeitsstörungen der Eltern,[138] kombinierte Persönlichkeitsstörungen mit narzisstischen, paranoiden, schizoid-zwanghaften und dissozial-aggressiven Anteilen ohne Therapie,[139] dissoziative Störung,[140] mangelnde Empathie,[141] unbehandelte psychische Krankheiten,[142] unkompensierbare geistige Behinderungen[143] oder kindeswohlgefährdende[144] Alkohol- oder Drogenabhängigkeit[145] der[146] Eltern.[147] Eine Kindeswohlgefährdung liegt ferner vor bei langjähriger Traumatisierung des Kindes,[148] dadurch herbeigeführter Störung des Sozialverhaltens oder der Empathiefähigkeit des Kindes,[149] emotionaler Störung des Kindes, eingeschränkter Reife der intelligenzgeminderten Mutter[150] oder totaler Abhängigkeit vom anderen Elternteil.[151] Mit zunehmendem Alter des Kindes hat sein Wille, der nur bei einer Selbstschädigung unbeachtlich ist, immer stärkere Bedeutung für die Feststellung des Kindeswohls. Der Wille eines knapp 13-Jährigen, bei seinen Großeltern leben wollenden Kindes kann zum Sorgerechtsentzug führen.[152] Ab dem zweiten Lebensjahr erleidet das Kind in einer Strafanstalt Isolationsschäden, so dass eine Trennung von den inhaftierten Eltern vorzunehmen ist. Nicht ausreichend sind übliche Konflikte zwischen den Eltern und ihrer sechzehnjährigen Tochter, der alleinige Wille eines Kindes zur Fremdunterbringung[153] oder die Unterbringung von zwei Kindern mit Zustimmung des Jugendamts wegen Krankheit der Mutter auf nicht absehbare Zeit in einer Pflegefamilie. Wird einer Mutter das Sorgerecht für ihr neugeborenes Kind mit der Begründung entzogen, ihre Wohnverhältnisse und finanziellen Mittel seien unzulänglich und ihr aufenthaltsrechtlicher Status als Ausländerin sei unsicher, so stellt diese Entziehung einen ungerechtfertigten Eingriff in das Recht von Mutter und Kind auf Achtung ihres Familienlebens dar, wenn die Alternati-

---

134　OLG Köln 7.12.2010 – 4 UF 183/10, FamRZ 2011, 571.
135　OLG Köln 7.10.2011 – 4 UF 148/11, FamRZ 2012, 726.
136　Palandt/Götz § 1666 Rn. 13.
137　MK/Olzen § 1666 Rn. 114.
138　OLG Hamm FamRZ 2010, 1091.
139　OLG Düsseldorf FamRZ 2010, 308.
140　OLG Saarbrücken FamRZ 2010, 1746.
141　OLG Hamm FamRZ 2010, 1745.
142　Palandt/Götz § 1666 Rn. 12.
143　MK/Olzen § 1666 Rn. 115; BayObLG FamRZ 1995, 503.
144　OLG Hamm 8.6.2011 – II-8 UF 140/11, FamRZ 2012, 463.
145　OLG Hamm 21.2.2013 – II-2 UF 246/12, FamRZ 2013, 1989.
146　Sorgerechtsentzug nach OLG Bremen 21.3.2011 – 4 UF 31/11, FamRZ 2011, 1306, bei Nachweis von Drogen in der Haaranalyse des Kindes.
147　MK/Olzen § 1666 Rn. 114; Palandt/Götz § 1666 Rn. 17.
148　OLG Frankfurt/M. FamRZ 2003, 1317.
149　OLG Hamm FamRZ 2010, 1742.
150　OLG Brandenburg FamRZ 2008, 1556.
151　BayObLG NJW 1999, 294.
152　OLG Frankfurt/M. FamRZ 2009, 990.
153　OLG Hamm 22.6.2015 – II-4 UF 16/15, FamRZ 2015, 1909.

ven zu dieser Maßnahme (insbesondere Unterbringung in einem Mutter-Kind-Zentrum) nicht hinreichend geprüft worden sind.[154]

11. Kindeswohlgefährdung durch das Verhalten eines Dritten. Bei einer Kindes- 15
wohlgefährdung durch Dritte haben Anordnungen gegen diese Vorrang, außer die Kindeswohlgefährdung wäre durch den Sorgerechtsinhaber effektiver zu beseitigen als durch den Dritten. Dritte können innerhalb oder außerhalb des Haushalts leben, familienfremd oder angehörig sein. Verhalten meint jedes Tun oder Unterlassen, so dass auch ein Verbleiben im kindlichen Umfeld darunter fällt. Eine Kindeswohlgefährdung durch das Verhalten eines Dritten liegt vor bei Partnerschaftsgewalt in der Familie, sexuellem Missbrauch durch den Lebensgefährten des Sorgeberechtigten, Kontakt des Kindes zum Milieu von Zuhältern oder Terroristen oder ansteckender Krankheit eines Haushaltsangehörigen, nicht dagegen bei einem Liebesverhältnis einer Jugendlichen zu einem 32 Jahre älteren Mann.[155]

IV. Eingriff in die Vermögenssorge

Eine Gefährdung des Kindesvermögens liegt vor, wenn ohne das Eingreifen des 16
Familiengerichts zum gegenwärtigen Zeitpunkt zu befürchten ist, dass sich das Vermögen des Kindes in einer Weise vermindert oder nicht vergrößert, wie es sich nach den betriebswirtschaftlichen Grundsätzen über eine vernünftige Vermögensanlage und den in §§ 1639 ff. niedergelegten Einzelpflichten verhindern ließe.[156] Dabei muss der **Schadenseintritt naheliegen,**[157] so wenn die Befürchtung besteht, dass die Eltern Gelder des Kindes ordnungswidrig verbrauchen.[158] Der Vermögensbegriff umfasst alle dem Kind zustehenden Sachwerte und Forderungen, die der Verwaltung der Eltern, die zur Gefahrabwendung nicht bereit oder fähig sind, unterliegen.[159] Den **Regelbeispielen** in § 1666 kommt nur noch eine widerlegbare Indizwirkung für eine Vermögensgefährdung zu, allerdings sind sie wegen der ansonsten drohenden Ausgrenzung sonstiger das Kindesvermögen gefährdender Verhaltensweisen keine Tatbestandsvoraussetzungen für familiengerichtliche Anordnungen zum Schutze des Kindesvermögens.[160] Weder das in § 1666 Abs. 1 ausdrücklich nicht geforderte Verschulden[161] noch Pflichtverletzung und Kausalität[162] sind wegen des nicht genannten Pflichtwidrigkeitszusammenhangs erforderlich.

1. Verletzung der Unterhaltspflicht durch die Eltern. Die ganze oder teilweise 17
Verletzung der bestehenden elterlichen **Bar- oder Betreuungsunterhaltspflicht** ist ein Regelbeispiel für die Gefährdung des Kindesvermögens.[163] Denn dabei besteht typischerweise die Gefahr, dass Eltern, die aus egoistischen Motiven ihr Kind um einen berechtigten Unterhaltsanspruch bringen, auch in der Verwaltung des Kindesvermögens mehr auf ihre eigenen als auf die Belange ihres Kin-

---

154 EGMR FamRZ 2006, 1817.
155 OLG Brandenburg 24.3.2016 – 9 UF 132/15, FamRZ 2016, 1282.
156 Palandt/Götz § 1666 Rn. 23.
157 Palandt/Götz § 1666 Rn. 23.
158 Palandt/Götz § 1666 Rn. 23; BayObLG FamRZ 1991, 1339.
159 MK/Olzen § 1666 Rn. 122.
160 MK/Olzen § 1666 Rn. 115; Staudinger/Coester § 1666 Rn. 191.
161 Palandt/Götz § 1666 Rn. 27; Staudinger/Coester § 1666 Rn. 179.
162 Staudinger/Coester § 1666 Rn. 184; Palandt/Götz § 1666 Rn. 23.
163 MK/Olzen § 1666 Rn. 132.

des achten werden. Die Unterhaltspflicht wird mangels Verschuldenserfordernis auch verletzt, wenn Eltern entschuldbar keinen Unterhalt leisten.

18　2. **Verletzung der mit der Vermögenssorge verbundenen Pflichten.** Die Verletzung der mit der Vermögenssorge nach §§ 1639 ff. verbundenen Pflichten ist ein Regelbeispiel für die Gefährdung des Kindesvermögens.[164] Wenn die Eltern ihr eigenes Vermögen mit dem Vermögen des Kindes vermischen, kann dies Maßnahmen nach § 1666 rechtfertigen. Eine Vermögensgefährdung besteht, wenn Kindesvermögen dazu dient, Schulden der Eltern zu tilgen oder wenn Eltern das Sparguthaben des Kindes abheben und für eigene Zwecke verwenden.[165] Das Kindesvermögen ist aber auch gefährdet, wenn übliche Möglichkeiten der Vermögensvermehrung nicht genutzt werden, so wenn eine angemessene Mieterhöhung bei einem vermieteten Grundstück des Kindes unterbleibt.[166] Eine Vermögensgefährdung besteht auch darin, dass die Eltern für ein von ihnen verwaltetes Unternehmen des Kindes keine Betriebshaftpflichtversicherung abschließen.

19　3. **Nichtbefolgung von Anordnungen des Gerichts zur Vermögenssorge.** Die Nichtbefolgung gerichtlicher Anordnungen etwa nach § 1640 ist ein Regelbeispiel für die Gefährdung des Kindesvermögens.[167]

20　4. **Sonstige das Kindesvermögen gefährdende Verhaltensweisen.** Sonstige das Kindesvermögen gefährdende Verhaltensweisen sind die **drohende Verletzung der Vermögensbetreuungspflicht** (etwa wenn für einen in sehr beengten wirtschaftlichen Verhältnissen lebenden Elternteil aufgrund seiner Alkoholabhängigkeit ein Anreiz für die Schmälerung des Kindesvermögens bestand),[168] der **Vermögensverfall eines Elternteils** (etwa bei Abgabe der eidesstattlichen Versicherung nach § 807 ZPO[169] oder der Eröffnung eines Insolvenzverfahrens)[170] oder das **Verhalten eines Dritten**.[171]

V. Maßnahmen des Familiengerichts

21　Da die Vielfalt denkbarer Kindeswohlgefährdungen schematisierte Gefahrenabwehrmaßnahmen ausschließt, räumt § 1666 dem Familiengericht ein **Auswahlermessen**[172] ein, wobei das Maßnahmenspektrum **Ermahnungen, Gebote, Verbote, Sorgerechtsentziehungen** und **Erklärungsersetzungen** umfasst. Nach § 1666 Abs. 3 gehören zu den gerichtlichen Maßnahmen insbesondere Gebote, öffentliche Hilfen wie Leistungen der Jugendhilfe oder der Gesundheitsfürsorge in Anspruch zu nehmen, Gebote, für die Einhaltung der Schulpflicht zu sorgen, Verbote, die Familienwohnung oder eine andere Wohnung zu nutzen oder sich im bestimmten Umkreis der Wohnung oder des Kindesaufenthaltsorts aufzuhalten, Verbote, Verbindung mit dem Kind aufzunehmen, die Ersetzung von Erklärungen des Sorgerechtsinhabers oder die teilweise oder vollständige Sorgerechtsentziehung. Die Aufzählung der Ge- und Verbote in § 1666 Abs. 3 ist nicht ab-

---

164　MK/Olzen § 1666 Rn. 139.
165　MK/Olzen § 1666 Rn. 139; BayObLG FamRZ 1989, 1216.
166　MK/Olzen § 1666 Rn. 148; Staudinger/Coester § 1666 Rn. 198; BayObLG FamRZ 1983, 530.
167　MK/Olzen § 1666 Rn. 141.
168　MK/Olzen § 1666 Rn. 145.
169　BayObLG FamRZ 1989, 1216.
170　KG FamRZ 2009, 2102.
171　MK/Olzen § 1666 Rn. 147.
172　MK/Olzen § 1666 Rn. 152; BayObLG FamRZ 1999, 319.

schließend; soweit andere zur Gefahrabwendung geeignete Weisungen einen erheblichen Eingriff in Grundrechte der Betroffenen bedeuten, ist die Norm nur bei zur Aufzählung in § 1666 Abs. 3 vergleichbaren Maßnahmen eine ausreichende Grundlage.[173] Bei der Prüfung der Verhältnismäßigkeit einer Schutzmaßnahmen nach § 1666 ist auch das Verhältnis zwischen der Schwere des Eingriffs in die elterliche Sorge und dem Grad der Wahrscheinlichkeit eines Schadenseintritts für das Kind zu beachten; die auch teilweise Entziehung der elterlichen Sorge ist daher nur bei ziemlicher Sicherheit des Schadeneintritts möglich.[174] An Gebote zur Inanspruchnahme von öffentlichen Hilfen sind nur geringe Bestimmtheitsanforderungen zu stellen, denn sie haben nicht primär den Zweck, vollstreckt zu werden.[175] Bei Sorgerechtsentziehungen des Familiengerichts, die nach § 1696 abänderbar sind und nach § 166 Abs. 2 FamFG regelmäßig überprüft werden müssen, muss nach § 1680 Abs. 3 immer die Übertragung auf den anderen Elternteil geprüft werden.[176] Dabei stellt sich aber die Frage, ob der eine Elternteil nicht so einen starken Einfluss ausübt, dass dem dann allein Sorgeberechtigten die Ausübung der elterlichen Sorge zum Wohle des Kindes unmöglich ist.[177] Die Maßnahmen werden durch §§ 1666 a, 1667 konkretisiert, eine zeitliche Beschränkung der Maßnahmen ist nicht sinnvoll. Unzulässig ist die Anordnung einer Therapie gegen einen Elternteil.[178] Nach Art. 6 Abs. 3 GG dürfen Kinder gegen den Willen der Sorgeberechtigten nur von der Familie getrennt werden, wenn die Erziehungsberechtigten versagen oder wenn die Kinder aus anderen Gründen zu verwahrlosen drohen,[179] was einer strengen verfassungsgerichtlichen Kontrolle unterliegt und nur unter strikter Beachtung[180] des Grundsatzes der Verhältnismäßigkeit bei nachhaltiger Gefährdung[181] erfolgen darf.[182] Diese Grundsätze gelten auch bei einem Rückführungsverfahren.[183]

1. Verhältnismäßigkeit. Der Grundsatz der Verhältnismäßigkeit in Verbindung 22 mit der Orientierung am Kindeswohl (das Kind hat ein Recht auf Lebensbedingungen, die ihm ein gesundes und ungefährdetes Aufwachsen ermöglichen) setzt dem Auswahlermessen weitere Grenzen.[184] Dabei darf einerseits zum vermeintlich Besten des Kindes nicht zu stark in die Familie eingegriffen werden[185] und andererseits dürfen nicht zur betonten Wahrung der Elternrechte immer neue dem Kind über einen langen Zeitraum hinweg geordnete Verhältnisse vorenthaltende Hilfsversuche unternommen werden.[186] Abzuwägen sind die Folgen des gerichtlichen Handelns gegen die des Nichteingreifens[187] sowie die Beeinträchti-

173 BGH 23.11.2016 – XII ZB 148/16, FamRZ 2017, 212.
174 BGH 23.11.2016 – XII ZB 148/16, FamRZ 2017, 212.
175 OLG Koblenz 14.9.2016 – 13 UF 360/16, FamRZ 2017, 453.
176 OLG Köln 26.1.2015 – II-26 UF 201/14, FamRZ 2015, 1978.
177 MK/Olzen § 1666 Rn. 163; BayObLG NJW 1999, 294.
178 BVerfG FamRZ 2011, 174.
179 BVerfG 27.8.2014 – 1 BvR 1822/14, FamRZ 2014, 1772.
180 BVerfG 28.2.2012 – 1 BvR 3116/11, FamRZ 2012, 1127.
181 BVerfG 22.5.2014 – 1 BvR 3190/13, FamRZ 2014, 1270.
182 BVerfG 22.9.2014 – 1 BvR 2108/14, FamRZ 2015, 208.
183 BVerfG 22.5.2014 – 1 BvR 2882/13, FamRZ 2014, 1266.
184 MK/Olzen § 1666 Rn. 155.
185 Britz, Kindesgrundrechte und Elterngrundrechte in der verfassungsgerichtlichen Kontrolle, FamRZ 2015, 793.
186 MK/Olzen § 1666 Rn. 154.
187 Heilmann, Zu den Auswirkungen der aktuellen Rechtsprechung des Bundesverfassungsgerichts auf die Praxis des Kinderschutzes, FamRZ 2015, 92.

gung der Elternrechte gegen die Verbesserung der Kindessituation.[188] Der **Verhältnismäßigkeitsgrundsatz** erfordert die **Geeignetheit** (ungeeignet ist eine Auflage zur Inanspruchnahme von Jugendhilfeleistungen bei fehlender Mitwirkungsbereitschaft des Elternteils,[189] die Installierung eines nicht die erforderliche geschlossene Unterbringung des Kindes in die Wege leitenden Amtsvormunds[190] oder die Trennung des Kindes von seiner Familie, wenn das Kind auch gegenüber dem Jugendamt jegliche Erziehungshilfe verweigert),[191] **Erforderlichkeit** (unter den geeigneten Maßnahmen ist die am wenigsten einschneidende zu wählen,[192] wobei einer Entziehung der gesamten elterlichen Sorge der Entzug des Personensorgerechts oder nur von Teilbereichen des Personensorgerechts oder nur die Ersetzung von Erklärungen vorgeht)[193] und **Angemessenheit** (danach scheiden alle erforderlichen Maßnahmen aus, die die Eltern und das Kind stärker beeinträchtigen[194] als die Untätigkeit des Familiengerichts)[195] einer Maßnahme. Nach dem Grundsatz des geringsten Eingriffs kann gegebenenfalls nur ein Reiseverbot ausgesprochen werden. Eine Sorgevollmacht kommt höchstens in Betracht, wenn die Eltern noch aktiv am Leben des Kindes teilnehmen.[196]

23 Der Grundsatz der Verhältnismäßigkeit ist **nicht gewahrt**, wenn den Eltern das Sorgerecht vollständig wegen erheblicher Gefährdung des Kindeswohls in der Erwartung entzogen wird, aufgrund der nunmehr jederzeit möglichen Herausnahme der Kinder aus dem elterlichen Haushalt seien die Eltern besser in die erforderliche Kooperation mit dem Jugendamt und den übrigen Verantwortlichen der zur Verfügung gestellten Helfersysteme einzubeziehen.[197] Erst wenn sich definitiv herausstellt, dass der teilweise Entzug der Personensorge nicht ausreicht, um eine Kindeswohlgefährdung abzuwenden, weil die Eltern durch mangelnde Kooperationsbereitschaft mit dem Jugendamt ihre vollständige Erziehungsunfähigkeit und fehlende Lernbereitschaft dokumentieren, kommt der vollständige Entzug der elterlichen Personensorge in Betracht.[198] Ein vollständiger Sorgerechtsentzug ist aber erforderlich, wenn die Eltern die therapeutisch notwendigen Behandlungsmaßnahmen je nach Stimmungslage nicht als nötig anerkennen oder sich ihnen widersetzen.[199] An einen Aufenthaltsbestimmungsrechtsentzug sind die gem. Art. 6 Abs. 3 GG für eine Trennung des Kindes von den Eltern geltenden hohen Anforderungen auch dann zu stellen, wenn das Kind vom Ergänzungspfleger derzeit im elterlichen Haushalt belassen wird.[200] Da einem Kind am besten in seiner eigenen Familie geholfen wird, muss zunächst versucht werden, durch Hilfen nach §§ 28 ff. SGB VIII für eine Besserung der familiären Situation zu sorgen.[201] Der Staat ist verpflichtet, entweder bei realistischer Möglichkeit die Herkunftsfamilie zu einer Rückkehr des Kindes zu stabilisieren oder

---

188 MK/Olzen § 1666 Rn. 156.
189 OLG Bremen FamRZ 2010, 821.
190 BVerfG 17.3.2014 – 1 BvR 2695/13, FamRZ 2014, 1177.
191 MK/Olzen § 1666 Rn. 158; BayObLG FamRZ 1995, 949.
192 OLG Köln 18.4.2012 – 4 UF 17/11, FamRZ 2012, 1312.
193 MK/Olzen § 1666 Rn. 159.
194 BGH 26.10.2011 – XII ZB 247/11, FamRZ 2012, 99.
195 MK/Olzen § 1666 Rn. 160; BayObLG FamRZ 1998, 1045.
196 OLG Hamm 25.3.2015 – 13 UF 19/13, FamRZ 2015, 1906.
197 OLG Schleswig 15.4.2014 – 10 UF 19/14, FamRZ 2014, 1383.
198 OLG Köln FamRZ 2006, 877.
199 OLG Köln 12.9.2012 – 4 UF 142/12, FamRZ 2013, 707.
200 BVerfG 29.9.2015 – 1 BvR 1292/15, FamRZ 2016, 22.
201 MK/Olzen § 1666 Rn. 174; BVerfG NJW 1982, 1380.

für das Kind eine dauerhafte Lebensperspektive außerhalb seiner Ursprungsfamilie zu schaffen.[202] Die sofortige Herausnahme der Kinder aus ihren Schulen, dem Kindergarten und ihrer Familie verbunden mit der Unterbringung in anonymen Pflegefamilien und einem Verbot des Kontakts mit den Eltern kann grundsätzlich nach der Rechtsprechung des EGMR nicht als verhältnismäßig angesehen werden.[203] Bei der Auslegung von § 1666 ist neben dem Grundrecht aus Art. 6 GG auch Art. 8 EMRK und Art. 7 GRCh[204] zu berücksichtigen, nachdem der Staat verpflichtet ist, geeignete Maßnahmen zur Zusammenführung eines leiblichen Elternteils mit seinem Kind zu ergreifen, so dass aufgrund der Achtung des Familienlebens das Jugendamt auch gehalten ist, die auszuweitenden Umgangskontakte zu unterstützen und von den bisherigen Trennungsmaßnahmen zwischen Kind und Elternteil abzusehen.[205]

2. Maßnahmen. Die Maßnahmen gliedern sich auf in Maßnahmen bei der 24 Personen- und Vermögenssorge, Ersetzung von Erklärungen und sonstige Maßnahmen.

Im Bereich der **Personensorge** kann neben Ermahnungen, Geboten und Verbo- 25 ten[206] beispielsweise das Aufenthaltsbestimmungsrecht[207] entzogen[208] oder eingeschränkt werden[209] und den Pflegepersonen das Recht zur Regelung der ärztlichen und schulischen Belange übertragen werden. Wird die gesamte elterliche Sorge entzogen, ist ein Vormund, bei teilweisem Sorgerechtsentzug ein Pfleger zu bestellen. Dabei ist nach § 1779 ohne Elternbenennungsrecht eine (mit Verwandtenvorrang)[210] geeignete[211] ehrenamtliche (nicht berufsmäßige) Einzelperson, hilfsweise[212] nach § 1791 a ein Verein oder nach § 1791 b das gem. § 87 c SGB VIII zuständige[213] Jugendamt oder ein Berufsvormund auszuwählen.[214] Die Unterbringung des Kindes bei Verwandten kommt aber dann nicht in Betracht, wenn dem Kindeswohl durch Auswahl einer Fremdplatzierung bei einer dritten Person besser gedient ist.[215] Pflegeeltern sind nicht als Vormund geeignet, wenn ansonsten der Kontakt des Kindes zur Herkunftsfamilie nicht unerheblich erschwert würde.[216] Das Familiengericht kann die Herausgabe eines Kinderpasses anordnen, ohne gegen die ausländische Passhoheit zu verstoßen;[217] das Familiengericht kann gegenüber einer schwangeren Frau ein Verbot des Drogenkonsums aussprechen und das Betreuungsgericht wegen der Anordnung einer geschlossenen Unterbringung informieren. Das Familiengericht kann ferner die In-

---

202 MK/Olzen § 1666 Rn. 171.
203 EGMR FamRZ 2005, 585.
204 Jarass, Das Grundrecht auf Achtung des Familienlebens, FamRZ 2012, 1181.
205 OLG Hamm FamRZ 2006, 1476.
206 Palandt/Götz § 1666 Rn. 40.
207 OLG Hamm 17.2.2014 – II-4 UFH 1/14, FamRZ 2014, 1379.
208 Nach OLG Saarbrücken 5.12.2013 – 6 UF 132/13, FamRZ 2014, 671, nicht nötig bei Erlass einer Verbleibensanordnung.
209 MK/Olzen § 1666 Rn. 194; Palandt/Götz § 1666 Rn. 38; BayObLG FamRZ 1999, 1154.
210 OLG Saarbrücken 14.10.2013 – 6 UF 160/13, FamRZ 2014, 401.
211 OLG Brandenburg 19.3.2012 – 9 UF 232/11, FamRZ 2013, 54.
212 OLG Celle 19.4.2011 – 15 UF 76/10, FamRZ 2011, 1603.
213 OLG Frankfurt/M. 28.12.2010 – 2 UF 379/10, FamRZ 2011, 1671.
214 Einzelheiten bei OLG Hamm FamRZ 2010, 309.
215 OLG Hamm 9.3.2015 – II-8 UF 156/, FamRZ 2015, 1213.
216 OLG Karlsruhe 6.5.2013 – 5 WF 170/12, FamRZ 2014, 404.
217 OLG Frankfurt/M. FamRZ 1997, 571.

anspruchnahme von Leistungen der Kinder- und Jugendhilfe durch die Eltern anordnen,[218] wobei Maßnahmen des Familiengerichts auch nur das Gebot der Antragstellung für Erziehungshilfen des Jugendamts beinhalten können.[219] Allerdings steht dem Familiengericht gegenüber dem Jugendamt, die eine Verantwortungsgemeinschaft mit der Pflicht zur kooperativen Zusammenarbeit bilden,[220] keine Anordnungskompetenz zu,[221] so dass nur der Sorgeberechtigte im Verwaltungsrechtsweg die Leistung einklagen kann,[222] über deren Auswahl zunächst die Jugendhilfe zu befinden hat.[223] Das Familiengericht kann aber dem Jugendamt als Amtsvormund die Beantragung von Leistungen nach §§ 27 ff. SGB VIII übertragen. In der Regel sind aber die öffentlichen Hilfen vor dem familiengerichtlichen Eingriff gescheitert.[224]

26 Im Bereich der **Vermögenssorge** kann nach dem Verhältnismäßigkeitsgrundsatz die Vermögenssorge ganz oder für einzelne Vermögensgegenstände entzogen werden,[225] die Bestellung eines Prozessbevollmächtigten,[226] ein dinglicher Arrest in das Elternvermögen[227] oder Maßnahmen gegen Dritte bei auch persönliche Angelegenheiten betreffenden Kindeswohlgefährdungen[228] sind möglich.

27 Die **Ersetzung von Erklärungen** der Sorgerechtsinhaber hinsichtlich Personen- (beispielsweise Ersetzung der Schweigepflichtentbindung für Erkundigungen des Verfahrensbeistands gegenüber der Schule,[229] Zustimmung zur Haaranalyse des Kindes,[230] Ersetzung der Einwilligung zum Indikationsschwangerschaftsabbruch[231] oder Zustimmung zu einer psychologischen Begutachtung des Kindes)[232] oder Vermögenssorge (etwa Kündigung eines Mietverhältnisses in einem dem Kind gehörenden Haus) betrifft vor allem die Einwilligung in ärztliche Maßnahmen oder die Zustimmung zu Rechtsgeschäften.[233]

28 Als **Maßnahmen** des Familiengerichts mit **Wirkung gegen einen Dritten** kommen insbesondere Kontaktverbote oder go-orders in Betracht.[234] Als Maßnahmen bei einstweiligen Anordnungen kommen in Betracht vorläufige Entziehung des Aufenthaltsbestimmungsrechts[235] oder der gesamten Personensorge[236] in Verbindung mit dem Verbot, den Eltern den Aufenthaltsort des Kindes mitzuteilen.[237]

218　MK/Olzen § 1666 Rn. 172.
219　Palandt/Götz § 1666 Rn. 34.
220　OLG Koblenz 11.6.2012 – 11 UF 266/12, FamRZ 2012, 1955.
221　Schmidt, Anordnung von SGB VIII-Leistungen: Verpflichtung des Jugendamts durch das Familiengericht?, FamRZ 2015, 1158.
222　MK/Olzen § 1666 Rn. 177.
223　OLG Nürnberg 17.11.2014 – 11 UF 1097/14, FamRZ 2015, 1211.
224　BayObLG FamRZ 1995, 503.
225　MK/Olzen § 1666 Rn. 200.
226　MK/Olzen § 1666 Rn. 204.
227　MK/Olzen § 1666 Rn. 205; Staudinger/Coester § 1666 Rn. 248.
228　MK/Olzen § 1666 Rn. 207; Staudinger/Coester § 1666 Rn. 249.
229　OLG München FamRZ 2009, 2101.
230　OLG Bremen 10.2.2014 – 4 UF 7/14, FamRZ 2014, 1376.
231　OLG Hamburg 5.3.2014 – 10 UF 25/14, FamRZ 2014, 1213.
232　OLG Karlsruhe FamRZ 2002, 1210.
233　MK/Olzen § 1666 Rn. 191.
234　MK/Olzen § 1666 Rn. 211; Palandt/Götz § 1666 Rn. 41.
235　Palandt/Götz § 1666 Rn. 14.
236　BayObLG FamRZ 1989, 421.
237　BayObLG FamRZ 1977, 752.

VI. Verfahren

Das Verfahren gliedert sich nach Zuständigkeit, Verfahrensgrundsätzen, einst- 29
weiligen Anordnungen, Vollstreckung und Rechtsmitteln.

1. Zuständigkeit. uständig ist primär nach $\S$ 152 Abs. 1 FamFG das Gericht der 30
anhängigen Ehesache, sonst nach $\S$ 152 Abs. 2 FamFG das **Familiengericht am
gewöhnlichen Aufenthalt des Kindes**[238] (bei Umzug[239] oder Anhängigkeit eines
Verfahrens für ein Geschwisterkind kommt eine Abgabe nach $\S$ 4 FamFG nur
im Ausnahmefall in Betracht),[240] hilfsweise nach $\S$ 152 Abs. 3 FamFG das Gericht, in dessen Bezirk das Fürsorgebedürfnis bekannt wird, durch den Richter
nach $\S$ 14 Nr. 2 RPflG. Während der Anhängigkeit einer Ehesache tritt das Sorgerechtsentziehungsverfahren nach $\S$ 137 Abs. 3 FamFG auf Antrag in den
Scheidungsverbund, es sei denn, das Gericht hält die Einbeziehung aus Gründen
des Kindeswohls nicht für sachgerecht. Die internationale Zuständigkeit richtet
sich bei den Staaten der EU mit Ausnahme von Dänemark nach Art. 8 EheVO
2003[241] oder nach Art. 5 KSÜ nach dem gewöhnlichen Aufenthalt des Kindes,
wobei das Gericht nach Art. 10 ff., 15 KSÜ immer das bei ihm bestehende Recht
für Maßnahmen nach $\S$ 1666 anwendet.[242] Nach $\S$ 22 a FamFG dürfen Gerichte
und Behörden dem Familiengericht Kindeswohlgefährdungen mitteilen, was in
der Anordnung über Mitteilungen in Zivil- und Strafsachen konkretisiert ist,
wie umgekehrt auch das Familiengericht nach $\S$ 17 EGGVG bei Kindeswohlgefährdung andere Behörden informieren kann.

2. Verfahrensgrundsätze. Nach $\S$ 157 FamFG soll das Gericht mit den Eltern 31
(auch in Abwesenheit eines Beteiligten aus Schutzgründen gem. $\S$ 157 Abs. 2 S. 2
FamFG) und in geeigneten Fällen mit dem Kind erörtern, wie einer möglichen
Kindeswohlgefährdung insbesondere durch **Annahme öffentlicher Hilfen** (und
was deren Nichtannahme für Folgen haben kann) begegnet werden kann. Nach
$\S$ 155 FamFG sollen Verfahren, die den Aufenthalt des Kindes, das Umgangsrecht, die Herausgabe des Kindes oder die Gefährdung des Kindeswohls betreffen, beschleunigt in einem Termin innerhalb eines Monats nach Beginn des Verfahrens stattfinden. Das Familiengericht greift auch bei nach $\S$ 157 Abs. 3
FamFG unverzüglich zu prüfenden einstweiligen Anordnungen **von Amts wegen**
(die verfahrenseinleitende Verfügung aufgrund einer Anregung nach $\S$ 24
FamFG ist unanfechtbar)[243] ein[244] und ermittelt nach $\S$ 26 FamFG von Amts
wegen, wobei die Aufklärungspflicht nur so weit reicht, wie das Vorbringen der
Beteiligten oder der festgestellte Sachverhalt dazu Anlass gibt.[245] Es obliegt
nicht den Eltern, ihre Erziehungsfähigkeit zu beweisen, sondern das das Kind
gravierend schädigende Erziehungsversagen muss mit hinreichender Sicherheit

---

238 Nach OLG Köln 31.1.2011 – 4 UF 188/10, FamRZ 2011, 1514 ändert das widerrechtliche Verbringen des Kindes an einen anderen Ort zunächst nicht dessen gewöhnlichen
 Aufenthalt, während nach OLG Hamm 13.1.2016 – II-2 SAF 17/15, FamRZ 2016,
 1391 das vorübergehende Leben eines Kindes in einer Bereitschaftspflegefamilie keinen
 gewöhnlichen Aufenthalt begründet.
239 OLG Hamm 26.3.2015 – 2 SAF 3/15, FamRZ 2015, 1924.
240 OLG Hamm FamRZ 2007, 567.
241 EuGH FamRZ 2008, 125.
242 Staudinger/Coester $\S$ 1666 Rn. 315.
243 OLG Koblenz FamRZ 2006, 143.
244 Palandt/Götz $\S$ 1666 Rn. 43; MK/Olzen $\S$ 1666 Rn. 213.
245 MK/Olzen $\S$ 1666 Rn. 215; BayObLG FamRZ 1976, 45.

festgestellt werden.[246] Das Familiengericht darf aber nicht die notwendige Aufklärung ausschließlich dem Sachverständigen oder dem **Jugendamt**, dessen Bericht die **Stellungnahme einer sachverständigen Behörde** darstellt, überlassen.[247] Es liegt zwar außer im Falle des § 30 Abs. 3 FamFG grundsätzlich im pflichtgemäßen Ermessen des Tatrichters, ob er nur formlose Ermittlungen anstellt, aber bei einem schweren Sorgerechtseingriff ist ein förmliches Beweisverfahren nach der ZPO durchzuführen.[248] Bei einer Trennung des Kindes von seinen Eltern sind hohe Anforderungen an die Sachverhaltsermittlung zu stellen.[249] Die Pflicht zur Ermittlung der tatsächlichen Voraussetzungen für einen Sorgerechtsentzug entfaltet grundrechtliche Schutzfunktion.[250] Das Gericht muss die getroffenen Feststellungen[251] nach § 28 Abs. 4 FamFG in einem Aktenvermerk[252] und nach § 38 Abs. 3 FamFG in den Entscheidungsgründen niederlegen.[253] Den Verfahrensbeteiligten sind nach § 37 Abs. 2 FamFG alle Tatsachen mitzuteilen, die der Entscheidung zugrunde gelegt werden sollen.[254] Eine Anordnung einer psychologischen Begutachtung oder stationären Untersuchung in einer jugendpsychiatrischen Klinik hinsichtlich des Kindes kann gegen den Willen des Sorgeberechtigten nur erfolgen, wenn nach § 1666 die Einwilligung ersetzt ist.[255] Da ein Elternteil nicht gezwungen werden kann, sich von einem psychologischen oder psychiatrischen Sachverständigen[256] auch mittels Tests[257] untersuchen zu lassen, kann nach § 33 FamFG sein persönliches Erscheinen in der Verhandlung zur Verfahrensförderung[258] durchgesetzt werden, in der ihn der Sachverständige begutachtet.[259] Die Begutachtungsverweigerung kann zwar nicht als Beweisvereitelung gewürdigt werden, doch kann dann das Familiengericht entsprechende Schlüsse aus anderen festgestellten Tatsachen ziehen.[260] Der Sachverständige hat dabei das Vorliegen einer akuten Kindeswohlgefährdung sofort den zuständigen Stellen zur Kenntnis zu bringen.[261] Die bloße Bezugnahme auf vage und spekulative Sachverständigeneinschätzungen reicht nicht aus.[262] Das Familiengericht **hört** nach §§ 159 ff. FamFG Jugendamt, Eltern,[263] Kinder,[264] Pflegepersonen[265] und Dritte[266] (immer bei beabsichtigten Maßnahmen gegen diese)[267] an und be-

---

246 OLG Köln 25.2.2015 – 26 UF 156/14, FamRZ 2015, 1904.
247 MK/Olzen § 1666 Rn. 216.
248 MK/Olzen § 1666 Rn. 219.
249 BVerfG 7.4.2014 – 1 BvR 3121/13, FamRZ 2014, 907.
250 BVerfG 24.3.2014 – 1 BvR 160/14, FamRZ 2014, 1005.
251 Nach OLG Hamm 26.2.2014 – 3 UF 184/13, FamRZ 2014, 1789, ist die Kindesanhörung wegen eines heimlichen Mitschnitts durch einen Elternteil nicht unverwertbar.
252 OLG Saarbrücken 31.5.2012 – 6 UF 20/12, FamRZ 2013, 389.
253 MK/Olzen § 1666 Rn. 220; BayObLG NJW-RR 1994, 1226.
254 MK/Olzen § 1666 Rn. 226; OLG Hamm FamRZ 1974, 29.
255 MK/Olzen § 1666 Rn. 216; BayObLG FamRZ 1995, 501; OLG Rostock FamRZ 2006, 1623.
256 OLG Hamm 15.9.2014 – 3 UF 109/13, FamRZ 2015, 346.
257 KG 28.4.2015 – 16 UF 244/14, FamRZ 2015, 1906.
258 OLG Hamm 30.5.2011 – II-8 WF 134/11, FamRZ 2012, 150.
259 BGH FamRZ 2010, 720.
260 KG 15.1.2016 – 13 UF 202/14, FamRZ 2016, 641.
261 Dazu OLG Hamm 30.1.2012 – II-9 WF 56/11, FamRZ 2012, 894.
262 BVerfG 20.1.2016 – 1 BvR 2742/15, FamRZ 2016, 439.
263 OLG Schleswig 4.5.2011 – 12 UF 83/11, FamRZ 2012, 725.
264 OLG Hamm 26.7.2011 – II-8 UF 50/11, FamRZ 2012, 725.
265 OLG Bremen 23.7.2013 – 4 WF 98/13, FamRZ 2014, 414.
266 OLG Saarbrücken 5.12.2013 – 6 UF 132/13, FamRZ 2014, 671.
267 MK/Olzen § 1666 Rn. 209.

stellt nach § 158 Abs. 2 Nr. 2 FamFG dem Kind mittels unanfechtbarer verfahrensleitender Verfügung (§ 158 Abs. 3 S. 4 FamFG) möglichst früh[268] einen geeigneten[269] **Verfahrensbeistand** (der nicht abgelöst werden muss, nur weil seine Stellungnahme im Widerspruch zu den Vorstellungen eines anderen Verfahrensbeteiligten steht). Während ehrenamtliche Verfahrensbeistände keine Vergütung erhalten, erhalten die berufsmäßigen Verfahrensbeistände eine Pauschale von 350 EUR inklusive Umsatzsteuer und Auslagenersatz (wie Fahrtkosten) nach § 158 Abs. 7 S. 4 FamFG. Bei Betrauung mit Elterngesprächen sowie dem Vermitteln einer einvernehmlichen Regelung nach § 158 Abs. 4 S. 3 FamFG erhöht sich die Pauschale auf 550 EUR pro Kind und Instanz. Ist der Verfahrensbeistand in einem Kindschaftsverfahren für mehrere Kinder bestellt, so erhält er für jedes Kind die alle Aufwendungen umfassende Pauschalgebühr von 550 EUR bei Beauftragung mit Elterngesprächen.[270] Für die Entstehung des Vergütungsanspruchs des Verfahrensbeistands genügt es, wenn der Verfahrensbeistand in irgendeiner Weise im Kindesinteresse tätig geworden ist.[271] Die Teilnahme des Verfahrensbeistands am Hilfeplangespräch ist (jedenfalls nach entsprechender gerichtlicher Festlegung)[272] wegen der konzentrierten Ermittlung der fachlichen Meinungen vergütungsfähig.[273] Wegen der eingeschränkten sprachlichen Fähigkeiten brauchen aber Kinder unter drei Jahren – außer es kommt gerade auf deren optischen Eindruck an – nicht angehört werden.[274] Nach § 13 FamFG kann das Familiengericht die Eltern durch Versagung der Akteneinsicht daran hindern, die Identität der Pflegeltern zu erfahren, wenn die Offenlegung eine nachhaltige Gefährdung für die Entwicklung des Kindes bedeuten würde, wobei die Entscheidung über das Akteneinsichtsgesuch eines Dritten nach § 58 FamFG anfechtbar ist.[275]

3. Einstweilige Anordnungen. Einstweilige Anordnungen (neben denen grundsätzlich von Amts wegen ein Hauptsacheverfahren wegen § 1666 einzuleiten ist) können nach § 49 FamFG ergehen bei dringendem Bedürfnis für ein unverzügliches Einschreiten, das ein Abwarten bis zur Beendigung der notwendig erscheinenden Ermittlungen nicht zulässt und eine sofortige Maßnahme zur Abwendung der dem Kind drohenden Gefahr erfordert,[276] was glaubhaft sein muss.[277] Für die **Dringlichkeit** des gerichtlichen Einschreitens bei Kindeswohlgefährdung ist ebenfalls[278] eine umfassende Sachverhaltsaufklärung erforderlich, denn nach Ansicht des Gerichts müssen die vorhandenen Anhaltspunkte die geplante Schutzmaßnahme zugunsten des Kindes rechtfertigen.[279] Außer bei Gefahr im Verzug nach §§ 159 Abs. 2, 160 Abs. 4 und 162 Abs. 1 FamFG sind die Anhörungen auch vor Erlass einstweiliger Anordnungen erforderlich. Einstweilige Anordnungen, für die die Voraussetzungen des § 1666 in besonderem Maße[280]

32

---

268 OLG Brandenburg 18.4.2011 – 13 UF 48/11, FamRZ 2011, 1972.
269 KG 26.2.2014 – 17 UF 5/14, FamRZ 2014, 1790.
270 BGH FamRZ 2010, 1893.
271 BGH FamRZ 2010, 1895.
272 OLG Brandenburg FamRZ 2005, 1108.
273 OLG Karlsruhe FamRZ 2001, 1166; aA OLG Oldenburg FamRZ 2005, 391.
274 AA MK/Olzen § 1666 Rn. 226.
275 OLG Celle 15.12.2011 – 10 UF 283/11, FamRZ 2012, 727.
276 Palandt/Götz § 1666 Rn. 44; MK/Olzen § 1666 Rn. 235.
277 OLG Köln 2.3.2011 – 4 WF 34/11, FamRZ 2011, 1080.
278 BVerfG 7.4.2014 – 1 BvR 3121/13, FamRZ 2014, 907.
279 MK/Olzen § 1666 Rn. 235; BayObLG FamRZ 1999, 319.
280 OLG Jena FamRZ 2006, 280.

vorliegen müssen, wie **bei großer Kindeswohlgefahr,**[281] können ergehen bei Selbstmorddrohung der Mutter,[282] Verwahrlosung des Kindes,[283] misshandlungstypischen Verletzungen des Kindes,[284] gewalttätigen Auseinandersetzungen der Kindeseltern,[285] sexuellem Missbrauch des Kindes,[286] einem in Strafhaft geborenen Kind, drogensüchtigen Eltern, Entführungsgefahr,[287] Kindesbegutachtungsnotwendigkeit mit vorläufigem Aufenthaltsbestimmungsrechtsentzug[288] im laufenden Kindeswohlgefährdungsverfahren[289] oder gänzlichem Schulschwänzen.[290] Die Hauptsacheentscheidung (§ 56 Abs. 1 FamFG) hebt bei sofortiger Wirksamkeit die einstweilige Anordnung auf. Gegen den Erlass (bei Abweisung eines Antrags auf einstweilige Anordnung ist ebenfalls Beschwerde gem. § 57 FamFG nach mündlicher Verhandlung zulässig) einer einstweiligen Anordnung im Büroweg ist nach § 54 FamFG Antrag auf mündliche Verhandlung und bei einer zeitnahen Bestätigung[291] nach mündlicher Verhandlung ohne weitere Ermittlungen danach[292] die zweiwöchige Beschwerde nach § 57 FamFG zulässig. Eine bereits vollzogene einstweilige Anordnung kann das Beschwerdegericht nur aus schwerwiegenden Gründen abändern, weil das Kind für seine Entwicklung vor allem auch Kontinuität benötigt.[293]

33 **4. Vollstreckung.** Die gerichtlichen Maßnahmen werden nach §§ 86 ff. FamFG (international nach Art. 21, 28 EheVO 2003 oder nach Art. 26 KSÜ) vollzogen. Fehlt es für eine gerichtliche Maßnahme wegen unbekannten Aufenthalts der Eltern samt Kind im Ausland an der Durchsetzbarkeit der gerichtlichen Maßnahme, hat sie als ungeeignetes Mittel zur Abwendung der Kindesgefährdung zu unterbleiben.[294] Gewaltanwendung gegen ein Kind kommt in Betracht, wenn schwerste Gefahren abgewendet werden sollen, so wenn eine sehr schwerwiegende Gesundheitsgefährdung des Kindes zu befürchten ist.[295] Zur Durchsetzung der Begutachtung des Kindes kann der Gerichtsvollzieher beauftragt werden, notfalls unter Anwendung von Gewalt das Kind dem betreuenden Elternteil wegzunehmen und an den Pfleger herauszugeben.[296]

34 **5. Rechtsmittel.** Gegen die Hauptsacheentscheidung, die nach § 38 FamFG durch zu begründenden Beschluss erfolgt und mit Bekanntgabe an die Beteiligten wirksam wird, ist die **Beschwerde** nach § 58 FamFG binnen Monatsfrist in der Form des § 64 FamFG eröffnet. Beschwerdeberechtigt sind nach § 59 FamFG die Eltern, nach § 60 FamFG das über vierzehnjährige Kind und nach § 162 FamFG das Jugendamt.[297] Dagegen sind Pflegeltern mangels Beeinträchti-

---

281 OLG Koblenz FamRZ 2009, 987.
282 BayObLG FamRZ 1999, 318.
283 BayObLG FamRZ 1980, 1064.
284 BayObLG FamRZ 1999, 178.
285 OLG Köln FamRZ 2007, 1682.
286 BayObLG NJW 1992, 1971.
287 BayObLG FamRZ 1982, 1118.
288 OLG Rostock 30.6.2011 – 10 UF 126/11, FamRZ 2011, 1873.
289 OLG Hamm 31.7.2013 – 8 UF 17/13, FamRZ 2014, 401.
290 OLG Koblenz FamRZ 2006, 57.
291 KG FamRZ 2008, 1265.
292 OLG Zweibrücken FamRZ 2008, 1265.
293 OLG Brandenburg 25.5.2011 – 13 WF 185/10, FamRZ 2011, 1873.
294 OLG Hamm FamRZ 2006, 359.
295 MK/Olzen § 1666 Rn. 244.
296 OLG Rostock FamRZ 2006, 1623.
297 MK/Olzen § 1666 Rn. 248.

gung ihrer Rechte nicht beschwerdeberechtigt (§ 59 FamFG),[298] ebenfalls nicht das Kind,[299] die Großeltern,[300] der Antragsteller[301] oder der nicht sorgeberechtigte Vater bei Belassung des Sorgerechts bei der Mutter[302] oder späterer Rückübertragung des Sorgerechts auf die Mutter[303] oder die vormals sorgeberechtigte Mutter bei späterer Vormundsauswahl[304] bzw. Vormundswechsel,[305] anders bei Sorgerechtsübertragung auf den Vater[306] oder Übergehen von Verwandten bei der Vormundsauswahl.[307] Eine Wiedereinsetzung in den vorigen Stand wegen fehlender oder unzureichender Rechtsbehelfsbelehrung nach § 17 Abs. 2 FamFG entfällt mangels Kausalität, wenn der Beteiligte wegen vorhandener Kenntnis über seine Rechtsmittel durch anwaltliche Vertretung keiner Unterstützung durch eine Rechtsmittelbelehrung bedarf.[308] Der Amtsermittlungsgrundsatz gilt auch im Beschwerdeverfahren, wobei sich das Oberlandesgericht aber nach § 68 Abs. 3 FamFG auf ordnungsgemäße Ermittlungen des Familiengerichts stützen kann, es sei denn, der Beschwerdevortrag enthält neue entscheidungserhebliche Tatsachen.[309] Das Beschwerdegericht[310] kann nach § 64 Abs. 3 FamFG eine einstweilige Anordnung erlassen.[311] Auch im Beschwerdeverfahren besteht grundsätzlich (außer die dokumentierten erstinstanzlichen Anhörungen liegen gem. § 68 Abs. 3 FamFG ohne Auftauchen neuer Tatsachen erst kurz zurück)[312] eine Anhörungspflicht,[313] wobei die Anhörung durch einen beauftragten Richter zulässig ist.[314] Ein neues Gutachten[315] ist nur einzuholen, wenn ein neuer Sachverständiger über überlegene Forschungsmittel verfügt oder das Gutachten von unzutreffenden tatsächlichen Voraussetzungen ausging.[316] Die Rechtsbeschwerde findet nur bei Zulassung durch das Beschwerdegericht statt, ausschließlich bei Unterbringungssachen ist sie nach § 70 Abs. 2 FamFG zulässig. Nach zugelassener Rechtsbeschwerde wird die Entscheidung darauf überprüft, ob sie unter Verstoß gegen die Denkgesetze wesentliche Umstände unberücksichtigt lässt oder die vom Tatrichter verfahrensfehlerfrei getroffenen Tatsachenfeststellungen die rechtliche Schlussfolgerung zulassen.[317] § 75 FamFG eröffnet bei Zustimmung des Gegners und Zulassung durch den Bundesgerichtshof eine Sprungrechtsbeschwerde. Die Gehörsrüge ist in § 44 FamFG geregelt. Bei gerichtlichen Entscheidungen, mit denen zum Zweck der Trennung des Kindes von seinen Eltern das Sorgerecht entzogen wird, kontrolliert das Bundesver-

---

298 OLG Karlsruhe 6.5.2013 – 5 WF 170/12, FamRZ 2014, 404.
299 OLG Düsseldorf 10.1.2011 – II-3 WF 148/10, FamRZ 2011, 1081.
300 BGH 2.2.2011 – XII ZB 241/09, FamRZ 2011, 552.
301 OLG Zweibrücken FamRZ 2007, 302; OLG Jena FamRZ 2009, 992.
302 Anders bei Sorgerechtsentzug laut BGH FamRZ 2010, 1242.
303 BGH FamRZ 2009, 220.
304 OLG Celle 9.8.2012 – 10 UF 192/12, FamRZ 2012, 1826.
305 OLG München 7.3.2016 – 26 WF 230/16, FamRZ 2016, 288.
306 BGH 27.4.2016 – XII ZB 67/14, FamRZ 2016, 1476.
307 BVerfG 22.9.2014 – 1 BvR 2108/14, FamRZ 2015, 208.
308 BGH FamRZ 2010, 1425.
309 MK/Olzen § 1666 Rn. 252.
310 Nach BGH FamRZ 2010, 548 auch das Rechtsbeschwerdegericht.
311 OLG Celle 2.5.2013 – 10 UF 100/13, FamRZ 2013, 2001.
312 MK/Olzen § 1666 Rn. 254; BayObLG FamRZ 1997, 1430.
313 BVerfG FamRZ 2008, 246.
314 BayObLG FamRZ 1976, 46.
315 Zur Gutachtenserholung BVerfG FamRZ 2008, 492.
316 MK/Olzen § 1666 Rn. 255; BayObLG FamRZ 1988, 1313.
317 MK/Olzen § 1666 Rn. 257; Staudinger/Coester § 1666 Rn. 304.

fassungsgericht[318] auch einzelne Auslegungsfehler und kann nach § 32 BVerfGG eine einstweilige Anordnung zur Abwehr schwerer Nachteile, zur Verhinderung drohender Gewalt oder aus einem anderen wichtigen Grund erlassen.[319]

VII. Kosten

35 Das **VKH-Prüfungsverfahren** dient nicht dazu, strittige Tatsachen- (anders verhält es sich, wenn das erstinstanzliche Gericht die Tatsachen bereits aufgeklärt hat) oder Rechtsfragen endgültig zu beantworten.[320] Gerade in den Sorgerechtsentziehungsverfahren ist wegen des Grundsatzes, dass auch nur eine entfernte Erfolgschance[321] in Form einer Kindeswohlförderung[322] ausreicht, Zurückhaltung bei der Versagung von Verfahrenskostenhilfe bei den Eltern[323] geboten.[324] Dem Beteiligten ist im Rahmen der bewilligten Verfahrenskostenhilfe auch schon im Erörterungstermin nach § 157 FamFG[325] ein Rechtsanwalt[326] beizuordnen, wenn dies wegen der Schwierigkeit der Sach- oder Rechtslage erforderlich ist,[327] wobei sich die Erforderlichkeit auch nach den subjektiven Fähigkeiten des Beteiligten[328] oder dem Grundsatz der Waffengleichheit beurteilt.[329] Für die Verfahrenskostenhilfe eines Ergänzungspflegers ist auf die wirtschaftlichen Verhältnisse des Kindes abzustellen.[330] Die Veräußerung eines Hausgrundstücks ist nicht zumutbar, wenn die Veräußerungskosten in keinem vernünftigen Verhältnis zu den zu erwartenden Verfahrenskosten stehen.[331] Leistungen nach dem SGB II sind zu berücksichtigendes Einkommen des VKH-Antragstellers.[332] Bei einer missbräuchlichen Einkommensverlagerung auf den nichtehelichen Lebenspartner sind dessen Einkünfte beim VKH-Antragsteller zu berücksichtigen.[333] Fahrtkosten zum Arbeitsplatz sind nach den unterhaltsrechtlichen Leitlinien zu bemessen.[334] Die Fähigkeit, durch Arbeit Geld verdienen und so die Prozessführung finanzieren zu können, ist wie fiktives Einkommen[335] oder vorhandenes Vermögen zu berücksichtigen.[336] Unberücksichtigt bleibt Einkommen des VKH-Antragstellers, das im Rahmen einer Bedarfsgemeinschaft nach SGB II anderen Mitgliedern der Bedarfsgemeinschaft zugerechnet wird.[337] Eine das Schonvermögen übersteigende Kapitallebensversicherung ist auch bei damit bezweckter

---

318 BVerfG 16.4.2014 – 1 BvR 3360/13, FamRZ 2014, 1179.
319 BVerfG 23.6.2015 – 1 BvR 1292/15, FamRZ 2015, 1466.
320 OLG Stuttgart FamRZ 2005, 1273.
321 OLG Karlsruhe 2.3.2012 – 2 WF 20/12, FamRZ 2012, 1576.
322 OLG Karlsruhe 27.2.2015 – 18 WF 25/15, FamRZ 2015, 1903.
323 Nach OLG Frankfurt/M. 3.12.2011 – 3 WF 310/11, FamRZ 2013, 46, ist auch einem nichtsorgeberechtigten Vater Verfahrenskostenhilfe als Beteiligtem zu bewilligen.
324 OLG Bamberg 4.12.2013 – 7 WF 309/13, FamRZ 2014, 1041.
325 OLG Saarbrücken 10.2.2012 – 6 WF 8712, FamRZ 2012, 1157.
326 Nach OLG Hamm 20.7.2012 – II-2 WF 23/12, FamRZ 2013, 567, nicht derselbe Anwalt für beide sorgeberechtigten Elternteile bei deren widerstreitenden Interessen.
327 OLG Düsseldorf 2.10.2012 – II-1 WF 229/12, FamRZ 2013, 897.
328 OLG Schleswig 28.10.2011 – 10 WF 185/11, FamRZ 2012, 808.
329 BGH FamRZ 2010, 1427.
330 BGH 19.1.2011 – XII ZB 322/10, FamRB 2011, 182.
331 OLG Brandenburg FamRZ 2009, 1233.
332 BGH FamRZ 2010, 1324.
333 OLG Karlsruhe FamRZ 2010, 748.
334 OLG Karlsruhe FamRZ 2008, 2288; aA OLG Bamberg FamRZ 2008, 541.
335 OLG Brandenburg FamRZ 2010, 827.
336 KG FamRZ 2008, 2302.
337 OLG Dresden FamRZ 2008, 2287.

privater Altersvorsorge einzusetzen, außer der VKH-Antragsteller wird im Alter bedürftig, wofür der VKH-Antragsteller die Darlegungslast hat.[338] Einem Beteiligten ist Verfahrenskostenhilfe zu versagen, wenn er grob fahrlässig sein Vermögen vermindert hat, so dass die Verfahrenskosten nicht mehr aufgebracht werden können.[339] Der Beteiligte muss in seinem VKH-Antrag glaubhaft darlegen, warum früher vorhandene Geldbeträge jetzt nicht mehr zur Verfügung stehen.[340] In Verfahren nach § 1666 können die Verfahrensbeteiligten etwaige, das Gericht bindende Vereinbarungen nicht schließen, so dass keine Einigungsgebühr nach Nr. 1000 RVG-VV entsteht.[341] Der **Verfahrenswert** beträgt nach § 45 FamGKG einheitlich[342] 3.000 EUR, bei einer einstweiligen Anordnung gem. § 41 FamGKG 1.500 EUR. Ein vom Familiengericht bestellter Umgangspfleger hat im Gegensatz zum Umgangsbegleiter einen Vergütungsanspruch nach §§ 1684, 1836.[343] Die **Kosten** richten sich nach § 81 FamG, wobei es nicht billigem Ermessen entspricht, Pflegeeltern in einem vom Jugendamt initiierten Verfahren Kosten aufzuerlegen.[344] Dem Jugendamt können aufgrund seines staatlichen Wächteramts Kosten nur nach § 81 Abs. 2 FamFG auferlegt werden.[345] Außergerichtliche Auslagen können aber nicht der Staatskasse auferlegt werden.[346] Die Überprüfung der Kostenentscheidung durch das Beschwerdegericht beschränkt sich auf die Frage, ob das erstinstanzliche Gericht von dem ihm eingeräumten Ermessen fehlerfrei Gebrauch gemacht hat.[347] In nicht vermögensrechtlichen Familiensachen können Kostengrundentscheidungen auch bei Unterschreiten der Beschwerdesumme von 600 EUR nach § 61 FamFG angefochten werden.[348]

§ 1666 a BGB Grundsatz der Verhältnismäßigkeit; Vorrang öffentlicher Hilfen

(1) [1]Maßnahmen, mit denen eine Trennung des Kindes von der elterlichen Familie verbunden ist, sind nur zulässig, wenn der Gefahr nicht auf andere Weise, auch nicht durch öffentliche Hilfen, begegnet werden kann. [2]Dies gilt auch, wenn einem Elternteil vorübergehend oder auf unbestimmte Zeit die Nutzung der Familienwohnung untersagt werden soll. [3]Wird einem Elternteil oder einem Dritten die Nutzung der vom Kind mitbewohnten oder einer anderen Wohnung untersagt, ist bei der Bemessung der Dauer der Maßnahme auch zu berücksichtigen, ob diesem das Eigentum, das Erbbaurecht oder der Nießbrauch an dem Grundstück zusteht, auf dem sich die Wohnung befindet; Entsprechendes gilt für das Wohnungseigentum, das Dauerwohnrecht, das dingliche Wohnrecht oder wenn der Elternteil oder Dritte Mieter der Wohnung ist.

338 BGH FamRZ 2010, 1643.
339 OLG Karlsruhe FamRZ 2008, 142.
340 BGH FamRZ 2008, 1163.
341 OLG Schleswig 31.5.2013 – 15 WF 147/13, FamRZ 2014, 237.
342 OLG Celle 3.5.2012 – 10 WF 103/12, FamRZ 2012, 1746.
343 OLG Saarbrücken FamRZ 2005, 927.
344 OLG Hamm FamRZ 2008, 1098.
345 OLG Celle 4.5.2012 – 10 UF 69/12, FamRZ 2012, 1896.
346 OLG Nürnberg 14.6.2013 – 10 WF 349/13, FamRZ 2013, 2006.
347 OLG Frankfurt/M. 4.4.2012 – 4 WF 75/12, FamRZ 2013, 900.
348 BGH 25.9.2013 – XII ZB 464/12, FamRZ 2013, 1876.

(2) Die gesamte Personensorge darf nur entzogen werden, wenn andere Maßnahmen erfolglos geblieben sind oder wenn anzunehmen ist, dass sie zur Abwendung der Gefahr nicht ausreichen.

I. Allgemeines

1 Die Vorschrift ergänzt § 1666, so dass sie auch bei Unterbringung des Kindes in
Vollzeitpflege, Heimpflege oder betreutem Wohnen zu beachten ist (eine
incognito-Pflegefamilie ist gegebenenfalls möglich).

II. Verhältnismäßigkeitsprinzip

2 Da der Entzug der Personensorge (bzw. auch bereits des Aufenthaltsbestimmungsrechts) regelmäßig eine Trennung des Kindes von der elterlichen Familie
nach sich zieht, sind § 1666 a Abs. 1 und 2 nebeneinander anzuwenden. Trennung des Kindes von der elterlichen Familie und Entzug des Personensorgerechts kommen nur in Betracht, wenn mildere Mittel wie Verwarnungen oder
Teilsorgerechtsentziehungen nicht ausreichen.[1] Dass ein Kind in eine günstigere
Umgebung gebracht werden kann, rechtfertigt keine zwangsweise Trennung von
seinen Eltern.[2] Wegen des **Vorrangs öffentlicher Hilfen** muss das Familiengericht
prüfen, ob durch Hilfsangebote nach §§ 16 ff. SGB VIII oder Leistungen nach
§§ 1 ff. SGB II die Kindeswohlgefährdung abgewendet werden kann.[3] Setzt eine
Maßnahme Anträge oder Kooperation mit den Eltern voraus, ist sie ungeeignet,
wenn die Eltern sie verweigern.[4] Es ist mit Art. 8 EMRK vereinbar, wenn ein im
Ausland von einer Leihmutter geborenes Kind im Heimatstaat der Wunscheltern
in staatliche Obhut genommen wurde, sofern dort Leihmutterschaft verboten
ist, beide Wunscheltern nicht die genetischen Eltern sind und das Kind sich erst
8 Monate bei den Wunscheltern aufhält.[5] Die Fremdunterbringung eines Kindes
wegen dessen Umgangsablehnung ist nicht erforderlich, wenn eine ambulante
Therapie des Kindes in Betracht kommt.[6]

III. Verfahren

3 Wohnungsmaßnahmen zum Schutz des Kindes vor Gewalt ermöglichen Maßnahmen gegen einen mitbewohnenden Elternteil oder Dritten in Ergänzung zu
§ 2 GewSchG, wenn das Kind misshandelt wird. Neben der Wegweisung kommen entsprechend § 1 GewSchG Betretungs-, Näherungs-, Kontakt- und Belästigungsverbote in Betracht.[7]

§ 1667 BGB Gerichtliche Maßnahmen bei Gefährdung des Kindesvermögens

(1) [1]Das Familiengericht kann anordnen, dass die Eltern ein Verzeichnis des Vermögens des Kindes einreichen und über die Verwaltung Rechnung legen. [2]Die
Eltern haben das Verzeichnis mit der Versicherung der Richtigkeit und Vollstän-

---

1 Palandt/Götz § 1666 a Rn. 2.
2 EGMR NJW 2003, 809.
3 MK/Olzen § 1666 a Rn. 16.
4 MK/Olzen § 1666 a Rn. 17; BayObLG FamRZ 1997, 1554.
5 EuGHMR 24.1.2017 – Beschwerde Nr. 25358/12, FamRZ 2017, 444.
6 OLG Brandenburg 30.11.2016 – 13 UF 147/16, FamRZ 2017, 966.
7 Palandt/Götz § 1666 a Rn. 7.

digkeit zu versehen. [3]Ist das eingereichte Verzeichnis ungenügend, so kann das Familiengericht anordnen, dass das Verzeichnis durch eine zuständige Behörde oder durch einen zuständigen Beamten oder Notar aufgenommen wird.

(2) [1]Das Familiengericht kann anordnen, dass das Geld des Kindes in bestimmter Weise anzulegen und dass zur Abhebung seine Genehmigung erforderlich ist. [2]Gehören Wertpapiere, Kostbarkeiten oder Schuldbuchforderungen gegen den Bund oder ein Land zum Vermögen des Kindes, so kann das Familiengericht dem Elternteil, der das Kind vertritt, die gleichen Verpflichtungen auferlegen, die nach §§ 1814 bis 1816, 1818 einem Vormund obliegen; die §§ 1819, 1820 sind entsprechend anzuwenden.

(3) [1]Das Familiengericht kann dem Elternteil, der das Vermögen des Kindes gefährdet, Sicherheitsleistung für das seiner Verwaltung unterliegende Vermögen auferlegen. [2]Die Art und den Umfang der Sicherheitsleistung bestimmt das Familiengericht nach seinem Ermessen. [3]Bei der Bestellung und Aufhebung der Sicherheit wird die Mitwirkung des Kindes durch die Anordnung des Familiengerichts ersetzt. [4]Die Sicherheitsleistung darf nur dadurch erzwungen werden, dass die Vermögenssorge gemäß § 1666 Abs. 1 ganz oder teilweise entzogen wird.

(4) Die Kosten der angeordneten Maßnahmen trägt der Elternteil, der sie veranlasst hat.

I. Allgemeines

Die Vorschrift ergänzt § 1666, dessen Voraussetzungen zusätzlich vorliegen 1 müssen,[1] um Verfahrensregeln zu bestimmten Katalogmaßnahmen. Direkt nach § 1667 sind die Entziehung der Vermögenssorge oder Bestellung eines geeigneten Prozessbevollmächtigten für den Kindesrechtsstreit möglich.[2]

II. Maßnahmen bei Vermögensgefährdung

Nach § 1667 Abs. 1 kann ein Verzeichnis des Kindesvermögens durch die Eltern 2 verlangt werden. Nach § 1667 Abs. 2 kann eine Genehmigungspflicht durch das Familiengericht für Abhebungen und eine mündelsichere Geldanlage samt Wertpapiersicherungsmaßnahmen nach §§ 1814 ff. angeordnet werden. Nach § 1667 Abs. 3 kann Sicherheitsleistung angeordnet werden ohne Notwendigkeit eines Pflegers bei deren Bestellung.

III. Verfahren

Das nach § 152 FamFG zuständige Familiengericht entscheidet gem. § 3 Nr. 2 a 3 RPflG durch den Rechtspfleger nach Anhörungen von Eltern und Kind (nicht von Jugendamt)[3] nach §§ 159 ff. FamFG. Die Verfahrenskosten (sie trägt nur der, den das Gericht dazu bestimmt)[4] richten sich nach § 81 FamFG, die Kosten der angeordneten Maßnahme trägt nach § 1667 Abs. 4 der veranlassende Elternteil. Die Beschwerde von den nach § 59 FamFG Beschwerdeberechtigten ist nach § 58 FamFG eröffnet.

---

1 MK/Olzen § 1667 Rn. 5; Staudinger/Coester § 1667 Rn. 3.
2 Palandt/Götz § 1667 Rn. 6.
3 MK/Olzen § 1667 Rn. 25; Staudinger/Coester § 1667 Rn. 21.
4 OLG München FamRZ 2006, 140.

§§ 1668 bis 1670 BGB (weggefallen)

§ 1671 BGB Übertragung der Alleinsorge bei Getrenntleben der Eltern

(1) [1]Leben Eltern nicht nur vorübergehend getrennt und steht ihnen die elterliche Sorge gemeinsam zu, so kann jeder Elternteil beantragen, dass ihm das Familiengericht die elterliche Sorge oder einen Teil der elterlichen Sorge allein überträgt. [2]Dem Antrag ist stattzugeben, soweit
1. der andere Elternteil zustimmt, es sei denn, das Kind hat das 14. Lebensjahr vollendet und widerspricht der Übertragung, oder
2. zu erwarten ist, dass die Aufhebung der gemeinsamen Sorge und die Übertragung auf den Antragsteller dem Wohl des Kindes am besten entspricht.

(2) [1]Leben Eltern nicht nur vorübergehend getrennt und steht die elterliche Sorge nach § 1626 a Absatz 3 der Mutter zu, so kann der Vater beantragen, dass ihm das Familiengericht die elterliche Sorge oder einen Teil der elterlichen Sorge allein überträgt. [2]Dem Antrag ist stattzugeben, soweit
1. die Mutter zustimmt, es sei denn, die Übertragung widerspricht dem Wohl des Kindes oder das Kind hat das 14. Lebensjahr vollendet und widerspricht der Übertragung, oder
2. eine gemeinsame Sorge nicht in Betracht kommt und zu erwarten ist, dass die Übertragung auf den Vater dem Wohl des Kindes am besten entspricht.

(3) [1]Ruht die elterliche Sorge der Mutter nach § 1751 Absatz 1 Satz 1, so gilt der Antrag des Vaters auf Übertragung der gemeinsamen elterlichen Sorge nach § 1626 a Absatz 2 als Antrag nach Absatz 2. [2]Dem Antrag ist stattzugeben, soweit die Übertragung der elterlichen Sorge auf den Vater dem Wohl des Kindes nicht widerspricht.

(4) Den Anträgen nach den Absätzen 1 und 2 ist nicht stattzugeben, soweit die elterliche Sorge auf Grund anderer Vorschriften abweichend geregelt werden muss.

I. Allgemeines

1   Die Vorschrift ist bei gemeinsamer Sorge für gemeinschaftliche Kinder im Falle des tatsächlichen längerfristigen Getrenntlebens anwendbar. Dabei kann auch die elterliche Sorge in **Einzelsorgebereiche** aufgeteilt werden.[1] Nur die Notwendigkeit, den Unterhalt geltend zu machen, rechtfertigt nach § 1629 Abs. 2 keine Sorgerechtsregelung.[2] Reine Umgangsprobleme sind auch nur im Verfahren

---

1   Palandt/Götz § 1671 Rn. 1; MK/Hennemann § 1671 Rn. 17.
2   OLG Naumburg FamRZ 2005, 1275.

nach § 1684 zu regeln.[3] Eine Sorgerechtsübertragung scheidet auch aus, wenn die Uneinigkeit der Eltern nur eine Frage nach § 1628 betrifft (etwa die Taufe).[4] Eine Sorgerechtsentscheidung soll auch nicht dazu dienen, den Streit der Eltern über das Kind nicht betreffende Angelegenheiten zu entschärfen. Die Abänderung einer getroffenen Sorgerechtsübertragung erfolgt nach § 1696. Wird ein Alleinsorgeantrag zurückgewiesen, ist die Entscheidung über einen neuen Sorgerechtsantrag aber nach § 1671 zu treffen, ebenso wenn nach Teilsorgerechtsübertragung ein weitergehender Sorgeantrag gestellt wird. Die Feststellung des gemeinsamen Sorgerechts ist zulässig.[5] Sollte keine Einigung der Eltern im Scheidungsverfahren über den Lebensmittelpunkt des Kindes erreicht werden, hat das Familiengericht nach § 1671 Abs. 4 das Aufenthaltsbestimmungsrecht zu regeln, so dass diese notwendige Vorfrage für Unterhalt oder Krankenversicherung geklärt ist. Derjenige Elternteil, auf den die Alleinsorge unter Beachtung des Verhältnismäßigkeitsgrundsatzes übertragen werden soll, muss dies auch beantragen.[6]

Nach der Rechtsprechung des Bundesgerichtshofs[7] besteht aber kein **Regel-** 2 **Ausnahme-Verhältnis**, dass eine Priorität zugunsten der gemeinsamen elterlichen Sorge existiert und die Alleinsorge eines Elternteils nur in Ausnahmefällen in Betracht kommt, weil auch keine reale Vermutung dafür besteht, dass die gemeinsame elterliche Sorge im Zweifel die für das Kind beste Form der Wahrnehmung elterlicher Verantwortung ist. Wegen des neuen gesetzlichen Leitbilds in § 1626 a Abs. 2[8] (auch laut den Gesetzesmaterialien der normative Regelfall[9]) hatten mehrere Oberlandesgerichte aus § 1626 a Abs. 2 eben doch ein Regel-Ausnahme-Verhältnis zugunsten der gemeinsamen elterlichen Sorge hergeleitet.[10] Mutter und Vater sind für die Regelung der elterlichen Sorge im Ausgang **gleichrangig.**[11] Auch Alter und Geschlecht des Kindes[12] begründen an sich keine Vorrangverhältnisse eines Elternteils. Können sich Eltern nicht mehr darüber verständigen, bei welchem der beiden Elternteile das Kind verbleiben soll, hat die zu treffende Entscheidung sich allein am Kindeswohl zu orientieren, weil das Familiengericht nicht mehr an die ursprünglich von den Eltern übereinstimmend gewollte Aufenthaltsregelung gebunden ist.[13] Mangels Dispositivität der elterlichen Sorge bedürfen **Einigungen** der Eltern in jedem Fall[14] einer gerichtlichen Bestätigung. Eine Abänderung einer getroffenen Lebensmittelpunktabrede bedarf aber einer wesentlichen Veränderung der früheren Umstände.[15] Ruht die elterliche Sorge der nach § 1626 a Abs. 3 allein sorgeberechtigten Mutter wegen

---

3 MK/Hennemann § 1671 Rn. 30.
4 BGH FamRZ 2005, 1167.
5 Palandt/Götz § 1671 Rn. 3.
6 Palandt/Götz § 1671 Rn. 3; MK/Hennemann § 1671 Rn. 2; OLG Saarbrücken 13.5.2015 – 6 UF 18/15, FamRZ 2015, 2180.
7 BGH 15.6.2016 – XII ZB 419/15, FamRZ 2016, 1439.
8 OLG Celle 17.1.2014 – 10 UF 80/13, FamRZ 2014, 857; KG 3.7.2015 – 19 UF 9/15, FamRZ 2015, 369; aA OLG Stuttgart 2.12.2014 – 11 UF 175/14, FamRZ 2015, 674; OLG Celle 17.8.2015 – 15 UF 44/15, FamRZ 2016, 385.
9 Palandt/Götz § 1671 Rn. 13.
10 OLG Nürnberg 9.12.2013 – 7 UF 1195/13, FamRZ 2014, 571.
11 MK/Hennemann § 1671 Rn. 21.
12 MK/Hennemann § 1671 Rn. 23; KG FamRZ 2010, 1169.
13 OLG Köln FamRZ 2005, 1583.
14 Palandt/Götz § 1671 Rn. 1.
15 OLG Jena FamRZ 2008, 806; OLG Brandenburg FamRZ 2008, 2055.

Zustimmung zur Adoption, gilt der väterliche Antrag nach § 1626 a Abs. 2 als solcher nach § 1671 Abs. 2 (mit dem Maßstab des § 1626 a Abs. 2). Eine abweichende Entscheidung nach § 1671 Abs. 4 ist ebenso wie Auflagen[16] wegen der Grundrechte der Beteiligten nur[17] bei Eingreifen von § 1666 möglich.

II. Internationales Recht

3 Einschlägig ist grundsätzlich die Verordnung (EG) Nr. 2201/2203 des Rates über die Zuständigkeit und die Anerkennung und Vollstreckung von Entscheidungen in Ehesachen und in Verfahren betreffend die elterliche Verantwortung und zur Aufhebung der Verordnung (EG) Nr. 1347/2000 (EheVO 2003). Nach Art. 8 EheVO 2003 sind für Sorgerechtsregelungen die Gerichte des EU-Mitgliedstaates (mit Ausnahme von Dänemark) zuständig, in dem das Kind zum Zeitpunkt der Antragstellung (mit dem Grundsatz der perpetuatio fori)[18] seinen gewöhnlichen (oder nach Art. 13 EheVO 2003 seinen schlichten) Aufenthalt hat. Unter gewöhnlichem Aufenthalt ist der Ort zu verstehen, der Ausdruck einer gewissen sozialen und familiären Integration des Kindes ist, wofür insbesondere die Dauer,[19] die Regelmäßigkeit und die Umstände des Aufenthalts in einem Mitgliedstaat sowie die Gründe für diesen Aufenthalt und den Umzug der Familie in diesen Staat, die Staatsangehörigkeit des Kindes, Ort und Umstände der Einschulung, die Sprachkenntnisse sowie die familiären und sozialen Bindungen des Kindes in dem betreffenden Staat zu berücksichtigen sind.[20] Bei einem Säugling spielen dabei wegen des Kindesalters insbesondere die geografische und familiäre Herkunft sowie die familiären und sozialen Bindungen der Mutter eine Rolle.[21] Sonderregelungen bestehen bei einer Umgangsabänderung binnen drei Monaten bei einem Umzug des Kindes ins Ausland und bei der Kindesentführung nach Art. 9, 10 EheVO 2003; außerdem kann nach Art. 12 EheVO 2003 die Zuständigkeit in Ehe- und isolierten Sorgerechtssachen[22] bei besonderem Bezug zum Gerichtsstaat vereinbart werden; schließlich greift bei einem Aufenthalt des Kindes in einem Drittstaat[23] nach Art. 14 EheVO 2003 die nationale Zuständigkeit ein.

4 Die gerichtlichen Entscheidungen werden (nur[24] mit der Einschränkbarkeit nach Art. 23 EheVO 2003)[25] in jedem Mitgliedstaat nach Art. 21 der EheVO 2003 ohne besonderes Verfahren anerkannt, Umgangs- und Herausgabeentscheidungen bedürfen im Gegensatz zur Grundregel des Art. 28 EheVO 2003 hinsichtlich der erforderlichen Vollstreckbarerklärung lediglich einer Bescheinigung nach Art. 41, 42 EheVO 2003. Diese Regeln sind auf eine einstweilige Anordnung ei-

---

16 Palandt/Götz § 1671 Rn. 25.
17 AA MK/Hennemann § 1671 Rn. 121.
18 Thomas/Putzo/Hüßtege EuEheVO Art. 8 Rn. 5.
19 Nach OLG Stuttgart 30.3.2012 – 17 UF 338/11, FamRZ 2012, 1503 regelmäßig ab 6 Monaten.
20 EuGH FamRZ 2009, 843.
21 EuGH 22.11.2010 – Rs C-497/10, FamRZ 2011, 617.
22 EuGH 12.11.2014 – Rs C-656/13, FamRZ 2015, 205.
23 Teixeira de Sousa, Ausgewählte Probleme aus dem Anwendungsbereich der Verordnung (EG) Nr. 2201/2203 und des Haager Übereinkommens vom 19.10.1996 über den Schutz von Kindern, FamRZ 2005, 1615.
24 EuGH 19.11.2015 – Rs C-455/15, FamRZ 2016, 111.
25 Nach OLG München 20.10.2014 – 12 UF 1383/14, FamRZ 2015, 602 etwa bei fehlender persönlicher Kindesanhörung.

nes in der Hauptsache unzuständigen Gerichts[26] nach Art. 20 EheVO 2003 nicht anzuwenden.[27] Bei einem in einem anderen Mitgliedstaat früher nach Art. 16 EheVO 2003 noch[28] anhängigen[29] Sorgerechtsstreit erfolgt zunächst eine Aussetzung nach Art. 19 EheVO 2003, während Art. 15 EheVO 2003 eine Verweisung an ein anderes Mitgliedstaatsgericht regelt. Die EheVO 2003 geht nach ihren Art. 59–61 insbesondere dem MSA (Haager Übereinkommen vom 5.10.1961 über die Zuständigkeit der Behörden und das anzuwendende Recht auf dem Gebiet des Schutzes von Minderjährigen) und dem ESÜ (Europäisches Übereinkommen vom 20.5.1980 über die Anerkennung und Vollstreckung von Entscheidungen über das Sorgerecht für Kinder und die Wiederherstellung des Sorgeverhältnisses) sowie dem (alle Kollisionsnormen sowie die Zuständigkeit und Anerkennung bezüglich Drittstaaten enthaltenden)[30] KSÜ (Haager Übereinkommen vom 19.10.1996 über die Zuständigkeit, das anzuwendende Recht, die Anerkennung, Vollstreckung und Zusammenarbeit auf dem Gebiet der elterlichen Verantwortung und der Maßnahmen zum Schutz von Kindern) vor. Die Anerkennung (ein obligatorisches Anerkennungsverfahren ist nach § 107 FamFG nur in bestimmten Ehesachen zu durchlaufen, aber nicht bei Entscheidungen des gemeinsamen Heimatstaats) von Drittstaatenregelungen erfolgt bei nach deutschem Recht inhaltlich[31] zu klassifizierenden Akten der streitigen Gerichtsbarkeit nach § 328 ZPO und bei Akten der freiwilligen Gerichtsbarkeit nach § 108 FamFG.

Das **anzuwendende Recht** ist nach dem grundsätzlich einschlägigen (ansonsten 5 ergibt sich das gleiche Ergebnis aus Art. 21 EGBGB)[32] Art. 15 KSÜ[33] das **innerstaatliche Recht des Staates**, in dem der **Minderjährige seinen gewöhnlichen Aufenthalt** hat. Erfasst wird genau wie im Anwendungsbereich von Art. 21 EGBGB[34] der gesamte Bereich der elterlichen Sorge. Nach Art. 16 KSÜ besteht die nach dem Recht des Staates des gewöhnlichen Aufenthaltsorts des Kindes zugewiesene elterliche Verantwortung nach dem Wechsel dieses gewöhnlichen Aufenthalts in einen anderen Staat fort. Nach der Rechtsprechung des Bundesverfassungsgerichts[35] erstreckt sich die Bindungswirkung einer Entscheidung des Europäischen Gerichtshofs für Menschenrechte durch konventionsfreundliche Normauslegung auf alle staatlichen Organe.

III. Aufhebung der gemeinsamen elterlichen Sorge

Die gemeinsame elterliche Sorge ist aufzuheben, wenn der andere Elternteil zu- 6 stimmt (dann ist sie dem Antragsteller zu übertragen), die Kooperationsfähigkeit fehlt (dann ist sie dem Elternteil zu übertragen, für den das Kindeswohl

---

26 Nach BGH 9.2.2011 – XII ZB 182/08, FamRZ 2011, 542 anders beim seine Zuständigkeit auf Art. 8 ff. EheVO 2003 gestützt habenden Gericht.

27 EuGH 9.11.2010 – Rs C-296/10, FamRZ 2011, 535.

28 EuGH 6.10.2015 – Rs C-489/14, FamRZ 2015, 2036.

29 EuGH 16.7.2015 – Rs C-507/14, FamRZ 2015, 1865.

30 Schulz, Haager Kinderschutzübereinkommen von 1996: Im Westen nichts Neues, FamRZ 2006, 1311.

31 Wagner, Anerkennung und Wirksamkeit ausländischer familienrechtlicher Rechtsakte nach autonomem deutschen Recht, FamRZ 2006, 748.

32 Dazu Palandt/Thorn EGBGB Art. 21 Rn. 2.

33 Schulz, Inkrafttreten des Haager Kinderschutzübereinkommens v. 19.10.1996 für Deutschland am 1.1.2011, FamRZ 2011, 156.

34 Palandt/Thorn EGBGB Art. 21 Rn. 5.

35 BVerfG FamRZ 2004, 1857.

spricht) oder bei Erziehungsungeeignetheit nur eines Elternteils (dann ist sie dem anderen Elternteil zu übertragen).

7 **1. Zustimmung des anderen Elternteils.** Die eindeutig und höchstpersönlich[36] zu erklärende[37] Zustimmung des anderen Elternteils ist zum konkreten Antrag des anderen Elternteils **in der letzten Tatsachenverhandlung** ohne Bindung an vorherige Erklärungen erforderlich.[38] Widerspricht allerdings ein über 14 Jahre altes Kind einem konkreten Sorgerechtsantrag im familiengerichtlichen Verfahren, kann keine Sorgerechtsübertragung nach § 1671 Abs. 1 Nr. 1 erfolgen.

8 **2. Kooperationsunfähigkeit.** Aus dem Gesichtspunkt des Kindeswohls ist darüber zu entscheiden, wie weit **Konflikte zwischen den Eltern** die Beibehaltung der gemeinsamen Sorge noch zulassen.[39] Solange den Eltern zum Wohl des Kindes zumutbar ist, konfliktbeladene ehemalige Partnerschaft (der ehemalige Partner erscheint auch im Hinblick auf die Kinder oft als wenig verlässlich, was sich im Zuge eines besonders streitig geführten Scheidungsverfahrens noch verstärken kann)[40] und Elternschaft auseinanderzuhalten, können sie aus dieser Konsensverpflichtung nicht entlassen werden.[41] Für eine gesunde Entwicklung des Kindes ist nämlich eine vertrauensvolle Beziehung zu beiden Elternteilen wichtig, weil beide Elternteile über die Trennung hinaus am Kind interessiert sind, Verständnis für seine Belange zeigen und Verantwortung für seine Bedürfnisse übernehmen.[42] Die Frage, ob die elterliche Sorge einem Elternteil allein zu übertragen ist, ist nicht an den Bedürfnissen der Eltern, sondern ausschließlich am Wohl des Kindes (das allerdings die Bedürfnisse der Eltern zu spüren bekommt) zu orientieren.[43] Dabei verlangt die gemeinsame Sorge auch keinen ständigen und umfassenden Austausch über die Kindesinteressen, sondern bedarf es lediglich in Angelegenheiten von erheblicher Bedeutung zunächst gegebenenfalls auch kontroverser Gespräche und gemeinsamer Entscheidungen.[44] Stets setzt aber trotz des in § 1626 a Abs. 2 dokumentierten gesetzlichen Leitbilds der gemeinsamen Sorge die Aufrechterhaltung der gemeinsamen Sorge eine **nicht fast gänzlich fehlende Kooperationsfähigkeit** bei beiden Elternteilen voraus,[45] wobei sich Kooperationsfähigkeit nicht verordnen lässt,[46] aber durch eine auf der Grundlage einer Elternvereinbarung[47] erteilte widerrufliche Sorgevollmacht[48] zugunsten des betreuenden Elternteils ersetzbar ist.[49] Dabei ist ein Mindestmaß[50] an Konsens- und Kooperationsbereitschaft sowie an spannungsfreier Kommunikation[51] unerlässlich, da die gemeinsame Ausübung der Elternverant-

---

36 OLG Koblenz 18.8.2015 – 11 UF 353/15, FamRZ 2016, 475.
37 OLG Saarbrücken FamRZ 2010, 1680.
38 Palandt/Götz § 1671 Rn. 8; MK/Hennemann § 1671 Rn. 62.
39 Palandt/Götz § 1671 Rn. 15.
40 MK/Hennemann § 1671 Rn. 70.
41 OLG München FamRZ 1999, 1006; OLG Köln FamRZ 2000, 499; OLG Zweibrücken FamRZ 2000, 1042.
42 OLG Köln 2.7.2012 – 4 UF 91/12, FamRZ 2013, 47.
43 OLG Köln FamRZ 2005, 2087.
44 Palandt/Götz § 1671 Rn. 15.
45 Palandt/Götz § 1671 Rn. 15; MK/Hennemann § 1671 Rn. 78.
46 OLG Brandenburg FamRZ 2010, 1257.
47 OLG Karlsruhe 13.4.2015 – 18 UF 181/14, FamRZ 2015, 2178.
48 OLG Nürnberg 4.7.2011 – 7 UF 346/11, FamRZ 2011, 1741.
49 OLG Schleswig 31.1.2012 – 10 WF 263/11, FamRZ 2012, 1066.
50 OLG Köln FamRZ 2005, 1275.
51 OLG Hamm 14.12.2011 – II-8 UF 120/11, FamRZ 2012, 1064.

wortung eine tragfähige soziale Beziehung[52] voraussetzt.[53] Eigene Standpunkte dürfen dabei nicht als unverrückbar richtig gegen jede sachliche Kritik abgeschottet werden, notwendig sind vielmehr ihre offene Relativierung in Abstimmung mit dem anderen Elternteil und gelassene Ausrichtung auf die Erfordernisse des Kindes. Die gemeinsame elterliche Sorge ist nicht nur dann aufzuheben, wenn die Alleinsorge wegen Abhilfe des Elternstreits[54] Vorteile fürs Kindeswohl verspricht, was der Fall ist, wenn aufgrund der vom Kind wahrgenommenen Zerstrittenheit der Eltern das Kind als deren Zankapfel herhalten muss[55] oder auch trotz Beratungszuhilfenahme die Eltern sich nicht über wesentliche Kindesbelange einigen können,[56] so dass das Kind zwangsläufig erhebliche emotionale Konflikte ertragen muss.[57] Denn die gemeinsame Sorge ist schon aufzuheben, wenn aufgrund eines nachhaltigen und schweren Elternkonflikts zu besorgen ist, dass das Kind erheblichen Belastungen mangels konstruktiver Beilegung von Elternstreitigkeiten ausgesetzt sein wird.[58]

Bei Konflikten der Eltern in wesentlichen Bereichen der elterlichen Sorge außerhalb von § 1687 ist entscheidend, welche **Auswirkungen** die mangelnde Einigungsfähigkeit der Eltern bei einer Gesamtbeurteilung der Verhältnisse auf die Entwicklung und das Wohl des Kindes haben wird,[59] wobei allein die erwünschte Stärkung eines Elternteils kein ausreichender Grund für eine Sorgerechtsübertragung ist.[60] Es bedarf eines **konkreten Tatsachenvortrags** des Antragstellers zu erheblichen[61] und konkreten Kommunikationsschwierigkeiten,[62] wann, bei welchem Anlass und auf welche Weise Bemühungen um eine gemeinsame Elternentscheidung stattgefunden haben und diese an der Verweigerungshaltung des anderen Elternteils gescheitert sind.[63] Wenn sich die Eltern bei Fortbestehen der gemeinsamen Sorge durchgängig der Lüge bezichtigen,[64] seit Jahren in einer Vielzahl von gerichtlichen Verfahren über Sorge- und Umgangsfragen streiten,[65] sich gegenseitig stets massiv herabwürdigen[66] oder fortwährend über die das Kind betreffenden Angelegenheiten uneins sind,[67] kann dies zu Belastungen führen, die mit dem Wohl des Kindes nicht zu vereinbaren sind.[68] Fehlt es bei beiden Eltern an der erforderlichen Kooperationsbereitschaft oder hat ein Elternteil für seine fehlende Kooperationsbereitschaft nachvollziehbare Gründe (sonst auch[69] – damit nicht der rechtswidrige Konsensverpflichtungsverstoß belohnt

9

---

52 OLG Rostock 15.8.2014 – 11 UF 297/13, FamRZ 2015, 338.
53 OLG Köln 2.7.2012 – 4 UF 91/12, FamRZ 2013, 47.
54 OLG Brandenburg 17.2.2014 – 13 UF 175/13, FamRZ 2014, 1380.
55 OLG Köln 2.7.2012 – 4 UF 91/12, FamRZ 2013, 47.
56 OLG Köln 4.7.2011 – 4 UF 96/11, FamRZ 2012, 235.
57 OLG Brandenburg 3.4.2014 – 9 UF 160/13, FamRZ 2014, 1653.
58 BGH 15.6.2016 – XII ZB 419/15, FamRZ 2016, 1439.
59 BGH NJW 2000, 203.
60 OLG Hamm 23.7.2013 – II-2 UF 39/13, FamRZ 2014, 573.
61 KG FamRZ 2007, 754.
62 OLG Celle FamRZ 2008, 637.
63 Motzer, Die Rechtsprechung zur Elterlichen Sorge und zum Umgangsrecht seit 2004, FamRZ 2006, 74.
64 OLG Hamm FamRZ 2007, 757.
65 OLG Köln FamRZ 2008, 1470.
66 OLG Saarbrücken 7.1.2011 – 5 UF 171/09, FamRZ 2011, 1514.
67 OLG Stuttgart 29.7.2014 – 16 UF 74/14, FamRZ 2014, 1715.
68 OLG Hamm FamRZ 2006, 1059.
69 Entscheidend ist aber letztlich das Kindeswohl gemäß BGH FamRZ 2008, 592; BVerfG FamRZ 2007, 1626.

wird – keine Sorgerechtsübertragung auf diesen Elternteil),[70] rechtfertigen die
für das Kindeswohl abträglichen Auswirkungen, einem Elternteil die Alleinsorge
zu übertragen.[71] Das gemeinsame Sorgerecht ist aufzulösen, wenn die Eltern in
grundsätzlichen Erziehungsfragen unterschiedlicher Meinung sind[72] und ihr **tief-
greifendes Zerwürfnis** sie an der Wahrnehmung der Kindesbelange hindert[73] wie
wechselseitige Strafanzeigen[74] oder Streit über Ärzte.[75] Sind sich die Eltern aber
in Grundfragen der Erziehung einig und kommt es zwischen ihnen lediglich in
Nebenfragen zu Streitigkeiten (oder kümmert sich ein Elternteil etwas wenig
ums Kind[76] oder verhält sich ein Elternteil passiv),[77] besteht kein Anlass, von
der gemeinsamen elterlichen Sorge abzugehen.[78]

10   Eine Übertragung des Aufenthaltsbestimmungsrechts ergibt sich ohne Weiteres
aus dem Streit der Kindeseltern, ob das Kind in Deutschland zu verbleiben hat
oder ob es dem antragstellenden Elternteil erlaubt ist, zusammen mit dem Kind
ins Ausland zu ziehen;[79] Maßstab ist allein[80] das **Kindeswohl für den Auslandsumzug**, die Gründe für die Auswanderung stehen nicht zur Überprüfung;[81] die
durch den Auslandsumzug bedingte Beeinträchtigung des Umgangs des anderen
Elternteils mit dem Kind hat wegen des vorrangigen Rechts des antragstellenden
Elternteils auf örtlich freizügige Lebensgestaltung und Berufswahl zurückzutre-
ten.[82] Notwendige beachtenswerte Gründe sind auch der Umzug eines Ausländers in seine Heimat mit seinen sozialen Bindungen; keinesfalls darf der Elternteil bloß deshalb ins Ausland gehen, um das Umgangsrecht des anderen Elternteils zu vereiteln;[83] zu berücksichtigen ist auch, in welchem Umfang Umgangskontakte auch nach der Übersiedlung des Kindes ins Ausland möglich sind. Bei
einem Auslandsumzug ist nur zu prüfen, ob die Übersiedlung des Kindes mit
dem bisher betreuenden Elternteil ins Ausland oder der Wechsel in den Haushalt
des anderen im Inland verbleibenden Elternteils dem Wohl des Kindes am besten
entspricht.[84] Sind sich Eltern über den Lebensmittelpunkt des Kindes einig, ist
eine Übertragung des alleinigen Aufenthaltsbestimmungsrechts nicht erforderlich.[85] Keine gemeinsame elterliche Sorge kommt in Betracht, wenn ein elfjähri-
ges Kind den Kontakt zum Vater abbricht und der nicht auf dem Parental-
Alienation-Syndrom (PAS) beruhende Kontaktabbruch bei andauernden Streitigkeiten der Eltern weiterbesteht.[86]

---

70   OLG Karlsruhe FamRZ 2002, 1209.
71   Palandt/Götz § 1671 Rn. 17; OLG Frankfurt/M. FamRZ 2001, 1636; OLG Dresden
     FamRZ 2000, 109.
72   Dazu gehören insbesondere Lebensmittelpunkt, Gesundheitsvorsorge und Schulwahl
     nach OLG Karlsruhe FamRZ 2010, 391.
73   OLG Dresden FamRZ 2007, 923.
74   Palandt/Götz § 1671 Rn. 20.
75   OLG Hamm FamRZ 2000, 1039.
76   OLG Köln 4.7.2011 – 4 UF 96/11, FamRZ 2012, 235.
77   KG FamRZ 2007, 923.
78   Palandt/Götz § 1671 Rn. 17.
79   KG FamRZ 2010, 135; anders, wenn über den Lebensmittelpunkt Konsens zwischen den
     Eltern besteht, OLG Hamburg FamRZ 2010, 1680.
80   OLG Frankfurt/M. 18.6.2013 – 7 UF 67/12, FamRZ 2014, 323.
81   BGH FamRZ 2010, 1060.
82   OLG Köln FamRZ 2006, 1625; OLG Frankfurt/M. FamRZ 2007, 759.
83   OLG Köln FamRZ 2006, 1625.
84   OLG Nürnberg 14.3.2012 – 10 UF 1899/11, FamRZ 2013, 553.
85   OLG Celle 25.6.2014 – 10 UF 59/14, FamRZ 2015, 60.
86   KG FamRZ 2005, 1769.

3. Erziehungsungeeignetheit. Erziehungsungeeignetheit liegt vor, wenn ein El- 11
ternteil gewalttätig ist, aus gesundheitlichen Gründen zur Erziehung nicht in der
Lage ist oder ein völliges Desinteresse am Kind zeigt. Wer erziehungsungeeignet
ist, kann weder die Alleinsorge erhalten noch Sorgerechtsmitinhaber bleiben.[87]
Erziehungsungeeignetheit liegt vor bei **Alkoholismus**,[88] **kindesrelevanten Vor-
strafen**, **sexuellem Kindesmissbrauch**,[89] **psychischer Erkrankung**,[90] **grundloser
hasserfüllter Einstellung** gegenüber dem anderen Elternteil,[91] nicht anders auf-
lösbarer **ungerechtfertigter Umgangsverhinderung**,[92] **Gewalt gegen einen Elternteil**,[93] **Gewalt durch den neuen Partner**,[94] **Kindesmisshandlung** und **Kindesentführung**.[95] Erziehungsungeeignetheit liegt ferner vor bei mehreren Straf-[96] oder
Gewaltschutzverfahren,[97] besonderer Gemeinheit in der Auseinandersetzung mit
dem ehemaligen Partner,[98] Desinteresse,[99] längerer Untätigkeit eines Elternteils,
weiter räumlicher Entfernung ohne Kommunikationsmöglichkeit,[100] fehlender
Vorbildfunktion,[101] fehlender Kooperationsfähigkeit,[102] Missbrauch der elterlichen Sorge,[103] systematischen Störungen der Bindungen des Kindes an den anderen Elternteil insbesondere bei dauerhafter Behinderung des Umgangsrechts,[104] Indoktrination des Kindes,[105] repressivem Erziehungsverhalten, mit
Kindeswohlgefährdung verbundener schwerer Krankheit,[106] konkreter Entführungsgefahr,[107] Drogenabhängigkeit[108] oder Selbstmordabsichten.[109] Lehnt die
Mutter Kontakt zum Vater ab, weil er durch Verschweigen seiner HIV-Infektion
ihr Vertrauen missbraucht hat, so kommt ein gemeinsames Sorgerecht nicht
mehr in Betracht,[110] ebenso erfolgt eine Sorgerechtsübertragung auf den anderen Elternteil bei charakterlichen Defiziten des straffälligen Elternteils[111] oder
bei Verschleiern der Vermögensverhältnisse durch einen Elternteil zwecks Entziehung der Kindesunterhaltspflicht.[112]

---

87 Palandt/Götz § 1671 Rn. 32.
88 OLG Brandenburg FamRZ 2002, 120.
89 Palandt/Götz § 1671 Rn. 22.
90 OLG Brandenburg 9.12.2014 – 10 UF 194/13, FamRZ 2015, 1304.
91 OLG Hamm FamRZ 2010, 1258.
92 OLG München FamRZ 1997, 45.
93 Palandt/Götz § 1671 Rn. 22; MK/Hennemann § 1671 Rn. 83; BVerfG FamRZ 2004,
    354; OLG Saarbrücken FamRZ 2010, 385; 2011, 120.
94 Palandt/Götz § 1671 Rn. 22.
95 Palandt/Götz § 1671 Rn. 22; MK/Hennemann § 1671 Rn. 88.
96 Nach OLG Köln 26.3.2015 – 26 UF 21/15, FamRZ 2015, 2180 anders nur bei erfolg-
    reicher Tätertherapie.
97 OLG Saarbrücken 5.12.2011 – 9 UF 135/11, FamRZ 2012, 1064.
98 MK/Hennemann § 1671 Rn. 81.
99 Staudinger/Coester § 1671 Rn. 142.
100 MK/Hennemann § 1671 Rn. 97.
101 BayObLG FamRZ 1999, 180.
102 MK/Hennemann § 1671 Rn. 77.
103 MK/Hennemann § 1671 Rn. 84.
104 MK/Hennemann § 1671 Rn. 85.
105 MK/Hennemann § 1671 Rn. 92.
106 MK/Hennemann § 1671 Rn. 102.
107 MK/Hennemann § 1671 Rn. 89.
108 Staudinger/Coester § 1671 Rn. 183.
109 MK/Hennemann § 1671 Rn. 103.
110 OLG Frankfurt/M. FamRZ 2006, 1627.
111 KG FamRZ 2008, 2054.
112 OLG Köln FamRZ 2008, 636.

12   Dagegen **keineswegs erziehungsungeeignet** machen Trennungsschuld,[113] grundloses Verlassen der Familie,[114] dem Kindeswohl entsprechende Auswanderung,[115] Aids, Homosexualität, bloße Zugehörigkeit zu einer Sekte ohne aber häufig anzutreffende Beeinflussung des Kindes durch extrem-fundamentalistische Einstellungen oder unterschiedliche Kulturen.[116] Nicht erziehungsungeeignet machen auch Ehrgeiz eines Elternteils hinsichtlich der Ausbildung des Kindes,[117] leichtere Behinderung eines Elternteils,[118] Transsexualität,[119] neue Partnerschaft ohne Ablehnung durch das Kind,[120] Wiederheirat,[121] biologische Abstammungsfragen,[122] Partnerlosigkeit, Minderjährigkeit eines Elternteils, pädophile Neigungen ohne sexuelle Kindsübergriffe[123] oder durch anderweitige Betreuung ausgleichbare häufige berufliche Abwesenheit eines Elternteils.[124] Auch stehen sado-masochistische Neigungen der Mutter der gemeinsamen Sorge nicht entgegen, wenn wegen der Trennung ihres Sexuallebens vom Lebensraum der Kinder keine erhöhte Gefahr der Kindersexualisierung besteht.[125]

IV. Übertragung der elterlichen Sorge auf einen Elternteil

13   Maßgebliche Kriterien für die Übertragung der Alleinsorge auf einen Elternteil sind das **Förderungs- und Kontinuitätsprinzip** sowie die **Bindungen** und der **Wille des Kindes.** Dem Antrag auf Alleinsorge an den Antragsteller kann bei Vorliegen der Voraussetzungen für die Aufhebung der gemeinsamen elterlichen Sorge nur stattgegeben werden, wenn diese im Einzelfall mehr oder weniger bedeutsamen Kriterien[126] mit einem für das Kindeswohl entscheidenden (wenn auch möglicherweise nur geringen)[127] Übergewicht beim Antragsteller in der Gesamtschau vorhanden sind.[128] Neben dem Bemühen um Konkordanz der verschiedenen Grundrechte der Eltern hat sich die Abwägung aller Umstände des Einzelfalls nicht an einer Sanktion des Fehlverhaltens eines Elternteils,[129] sondern am **Kindeswohl** zu orientieren.[130]

14   **1. Förderungsprinzip.** Nach dem Förderungsprinzip erhält derjenige Elternteil die elterliche Sorge, der am besten zur Betreuung und Erziehung des Kindes geeignet erscheint[131] und von dem das Kind die besseren Entwicklungschancen[132] und die meiste Unterstützung für den Aufbau seiner Persönlichkeit erwarten

---

113   Palandt/Götz § 1671 Rn. 29.
114   OLG Köln FamRZ 2011, 120.
115   Palandt/Götz § 1671 Rn. 36.
116   KG FamRZ 2009, 1762.
117   MK/Hennemann § 1671 Rn. 92.
118   MK/Hennemann § 1671 Rn. 101.
119   Staudinger/Coester § 1671 Rn. 185.
120   MK/Hennemann § 1671 Rn. 108.
121   MK/Hennemann § 1671 Rn. 108.
122   MK/Hennemann § 1671 Rn. 109.
123   OLG Zweibrücken FamRZ 2009, 1758.
124   Dazu Staudinger/Coester § 1671 Rn. 165.
125   OLG Hamm FamRZ 2006, 168.
126   OLG Köln 2.8.2012 – II-4 UF 262/11, FamRZ 2013, 554.
127   OLG Saarbrücken 13.5.2015 – 6 UF 18/15, FamRZ 2015, 2180.
128   Palandt/Götz § 1671 Rn. 26.
129   OLG Frankfurt/M. FamRZ 2009, 433.
130   BVerfG FamRZ 2009, 189.
131   OLG Saarbrücken 20.1.2011 – 6 UF 106/10, FamRZ 2011, 1153.
132   OLG München 17.10.2011 – 2 UF 990/11, FamRZ 2012, 1062.

kann.[133] Entscheidend ist, welcher Elternteil als die **stabile Bezugsperson** erscheint, die für das Kind die Verantwortung für dessen Erziehung und Versorgung am besten tragen kann.[134] Unterschiedliche Erziehungsauffassungen wie strengere leistungsorientiertere Vorstellungen bei einem Elternteil und ungebundenere emotionalere Haltungen des anderen Elternteils stehen gleichwertig nebeneinander. Vor- und Ausbildung eines Elternteils sind für die Erziehungseignung meist weniger wesentlich als seine Verantwortungsbereitschaft und -fähigkeit, so dass dauernde Krankheit oder abnorme seelische Veranlagung einer Sorgerechtsübertragung entgegenstehen.[135] Zu berücksichtigen sind auch die Wohnverhältnisse und die wirtschaftliche Situation.[136] Ein allein aus dem Zeitfaktor resultierender Vorrang des nicht berufstätigen vor dem berufstätigen Elternteil besteht nicht.[137] Für das Kindeswohl ist derjenige Elternteil förderlicher, der in den bisherigen Konflikten die größere **Kooperationsbereitschaft** gezeigt hat. Eines der wichtigsten Kriterien für den Förderungswillen und die Förderungsfähigkeit eines Elternteils stellt seine **Bindungstoleranz** dar, also seine Bereitschaft und Fähigkeit, den Kontakt des Kindes zum anderen Elternteil zu unterstützen.[138] Diesbezüglich spielt auch fehlende Verlässlichkeit in anderen Zusammenhängen mit der Unfähigkeit, mit den Verlusten beim Scheitern der Beziehung umzugehen, eine Rolle. Aus einem geäußerten Missbrauchsverdacht ist bei realen Verdachtsmomenten nicht automatisch fehlende Bindungstoleranz abzuleiten,[139] wohl aber aus verbaler Abwertung des anderen Elternteils.[140] Die fehlende Bindungstoleranz des betreuenden Elternteils führt auch nicht zwangsläufig zu einer Übertragung des Aufenthaltsbestimmungsrechts auf den anderen Elternteil, sondern unter Abwägung aller Umstände des Einzelfalls ist die für das Kindeswohl am wenigsten schädliche Alternative auszuwählen.[141] Bei ansonsten im Wesentlichen gleicher Elterneignung spricht für eine Übertragung auf einen Elternteil dessen größere Bindungstoleranz.[142] Das Förderungsprinzip erhielt bei einem seit Jahren sozial isolierten Kind den Vorrang vor seinem Willen.[143]

2. Kontinuität. Nach dem Grundsatz der Kontinuität, der dem Aufbau von Verhaltenskonstanten und der Gewährleistung einheitlicher Erziehungsverhältnisse dienlich sein und eine Belastung des Kindes durch Betreuungs- und Umgebungswechsel vermeiden soll,[144] empfiehlt sich eine Übertragung auf denjenigen Elternteil, der die **Einheitlichkeit, Gleichmäßigkeit** und **Stabilität** der Erziehung sowie deren äußere Umstände[145] gewährleisten und fortführen kann.[146] Oft wird die elterliche Sorge demjenigen Elternteil übertragen, der das Kind bereits länger-

15

---

133 Palandt/Götz § 1671 Rn. 27; MK/Hennemann § 1671 Rn. 25.
134 Palandt/Götz § 1671 Rn. 27.
135 MK/Hennemann § 1671 Rn. 25.
136 MK/Hennemann § 1671 Rn. 25; BayObLG FamRZ 1980, 482.
137 OLG Brandenburg FamRZ 2009, 1759.
138 Palandt/Götz § 1671 Rn. 30; MK/Hennemann § 1671 Rn. 26.
139 OLG Frankfurt/M. FamRZ 2008, 633.
140 OLG Brandenburg FamRZ 2009, 1758.
141 OLG Hamm FamRZ 2009, 1763.
142 OLG München 24.6.2015 – 13 UF 919/15, FamRZ 2015, 1911; OLG Köln 14.11.2013 – 10 UF 143/13, FamRZ 2014, 575.
143 OLG München 17.10.2011 – 2 UF 990/11, FamRZ 2012, 1062.
144 OLG Köln 8.12.2010 – II-12 UF 84/10, FamRZ 2011, 1151.
145 Kontinuität der Umgebung nach OLG Hamm FamRZ 2009, 1757.
146 Palandt/Götz § 1671 Rn. 38; MK/Hennemann § 1671 Rn. 46; Motzer FamRZ 2006, 74.

re Zeit vor der Trennung hauptsächlich betreut hat, wenn es dort in geordneten Verhältnissen lebt und ausreichend versorgt wird.[147] Dabei ist in erster Linie[148] die persönliche Betreuung des Kindes durch den Elternteil wichtig. Entscheidend ist dabei aber, ob sich die Lebensverhältnisse des Kindes derart gefestigt haben, dass sie ohne triftigen Grund nicht durch einen Aufenthaltswechsel verändert werden sollen.[149] Eine stabile und kontinuierliche Beziehung des Kindes zu einer bestimmten Person ist für seine gesunde Entwicklung notwendig, während der häufige Wechsel der Bezugsperson dem Kindeswohl abträglich ist.[150] Dem Kontinuitätsgrundsatz kommt besondere Bedeutung zu, wenn die Kinder in der Vergangenheit nur zeitweise im geordneten Familienverbund aufgewachsen sind und ein gewachsenes soziales Umfeld noch nicht existiert.[151] Bei gleicher Erziehungsgeeignetheit der Eltern kann dem Kontinuitätsprinzip gegenüber der Kindesbindung der Vorrang zukommen, wenn das Kind seit seiner Geburt auch nach der Trennung vor 5 Jahren im Haus der Mutter lebt und ein Umzug zum Vater den Verlust der gewachsenen sozialen Kontakte zur Folge hätte.[152] Bei regelmäßigen Besuchskontakten ist eine Unterbrechung der Kontinuität durch einen Aufenthaltswechsel weniger schädlich.[153] **Keinen Schutz** verdient die **ertrotzte Kontinuität**, wenn also ein Elternteil über längere Zeit jeglichen Kontakt des Kindes mit dem anderen Elternteil unterbunden hat.[154] Die eigenmächtige Mitnahme des Kindes durch einen Elternteil führt nicht automatisch zur Übertragung auf den anderen Elternteil, stellt aber einen gewichtigen regelmäßig dem Kindeswohl widersprechenden Aspekt[155] im Rahmen der Beurteilung der Erziehungseignung dieses Elternteils dar.[156] Unter dem Blickwinkel der Kontinuität kommt der persönlichen Betreuung eines Kindes durch einen Elternteil eine besondere Rolle insbesondere bei Kleinkindern zu.[157] Bei Kleinkindern mit ihrem Bedürfnis nach dauerhaften Gefühlsbindungen, gleichbleibenden Umwelteinflüssen und stabilen äußeren Verhältnissen nimmt die Trennungsempfindlichkeit bis zum 3. Lebensjahr noch zu.[158] Insbesondere bei Jugendlichen können die Kontakte zu Schule, Musikgruppe, Sportverein, Bekanntschaften und Verwandtschaften an Bedeutung gewinnen.[159] Der Gesichtspunkt der Kontinuität spielt eine eher untergeordnete Rolle, wenn das Kind bis nachmittags in einer Kindertagesstätte oder Schule betreut wird und beide Eltern berufstätig sind.[160] Das Aufenthaltsbestimmungsrecht für ein sechs Jahre altes Kind wurde auf dessen kanadische Mutter übertragen, um dieser die Rückkehr mit dem Kind in ihre Heimat zu ermöglichen, weil die Kontinuität der Hauptbezugsperson die Diskontinuität der übrigen Lebensumstände überwog.[161] Das Aufenthaltsbestim-

---

147　MK/Hennemann § 1671 Rn. 46.
148　OLG Hamm 18.4.2011 – II-8 UF 237/10, FamRZ 2011, 1514.
149　Palandt/Götz § 1671 Rn. 28; OLG Brandenburg FamRZ 2003, 1949.
150　OLG Köln 14.11.2013 – 10 UF 143/13, FamRZ 2014, 575.
151　OLG Köln 14.2.2011 – 4 UF 233/10, FamRZ 2011, 1153.
152　OLG Köln 2.8.2012 – II-4 UF 262/11, FamRZ 2013, 554.
153　Palandt/Götz § 1671 Rn. 38.
154　Palandt/Götz § 1671 Rn. 39; MK/Hennemann § 1671 Rn. 49.
155　OLG Saarbrücken 6.4.2011 – 6 UF 40/11, FamRZ 2011, 1739.
156　OLG Brandenburg 27.4.2011 – 9 UF 17/11, FamRZ 2011, 1739.
157　MK/Hennemann § 1671 Rn. 58; OLG Köln FamRZ 2010, 139.
158　MK/Hennemann § 1671 Rn. 52.
159　MK/Hennemann § 1671 Rn. 51.
160　OLG Köln FamRZ 2009, 1762.
161　OLG Zweibrücken NJW-RR 2004, 1589.

mungsrecht wurde auf die Mutter übertragen, weil die Kinder nach der Trennung ihren Lebensmittelpunkt durchgängig bei der Mutter hatten und sich im Falle eines Obhutswechsels zum Vater in dessen neue Familie mit seiner Partnerin und deren Kind integrieren müssten.[162]

3. Bindungen des Kindes. Besondere Berücksichtigung verlangen die gefühlsmä- 16
ßigen Bindungen des Kindes an **Eltern, Geschwister** und andere **Bezugspersonen.**[163] Zuneigung und Bindung eines Kindes entstehen unabhängig von Leistungen eines Elternteils und werden nicht verdient. Ein vom Kind geäußerter Wille wird regelmäßig Ausdruck von Bindungen zu einem Elternteil sein.[164] Bindungen zeigen sich auch im Rahmen der Begutachtung im Spielverhalten des Kindes als auf Harmonie basierter vertrauensvoller Zugewandtheit.[165] Auch gegen vorrangige Bindungen eines Kindes kann die elterliche Sorge zuzuweisen sein, um ein zu enges Beziehungsgeflecht mit einem Elternteil durch Herausnahme des Kindes aufzulösen.[166] Den Ausschlag kann auch die Zuneigung (anders bei deutlichen Spannungen unter den Kindern)[167] unter Geschwistern[168] geben,[169] weil eine **Geschwistertrennung** grundsätzlich (bei geringem Altersabstand sollten Kinder nur im Ausnahmefall getrennt werden,[170] während bei großem Altersunterschied die Geschwisterbindung zurücktreten kann)[171] zu **vermeiden** ist.[172] Auch wenn die Bindungen eines Kindes an seine Geschwister für einen Aufenthalt bei der Mutter sprechen, kann bei der Gesamtabwägung für den Vater ein Vorrang hinsichtlich des Fördergrundsatzes den Ausschlag geben.[173]

4. Wille des Kindes. Der Kindeswille ist Ausdruck für die relativ stärkste Perso- 17
nenbindung, die das Kind empfindet, und dient der insbesondere beim Jugendlichen zu berücksichtigenden **Selbstbestimmung des Kindes.**[174] Schlechthin ausschlaggebend wird der Kindeswille angesichts der heutigen Entwicklungsbeschleunigung regelmäßig ab dem 12.[175] Lebensjahr werden. Auch weniger klare Äußerungen des Kindes, das häufig wünscht, dass die Eltern wieder zusammenkommen sollen,[176] wie Zu- und Abneigung sind zu berücksichtigen.[177] Eltern sollten Wünsche der Kinder nicht als Absage oder Distanz empfinden, sondern sich bindungstolerant auf sie einstellen. Der Wille des Kindes muss autonom, intensiv, stabil[178] und zielorientiert sein.[179] Der Kindeswille verliert an Bedeutung,

---

162 OLG Brandenburg 29.7.2013 – 3 UF 47/13, FamRZ 2014, 856.
163 Palandt/Götz § 1671 Rn. 40.
164 OLG Saarbrücken 20.1.2011 – 6 UF 106/10, FamRZ 2011, 1153.
165 OLG Jena 21.2.2011 – 1 UF 273/10, FamRZ 2011, 1070.
166 MK/Hennemann § 1671 Rn. 31.
167 MK/Hennemann § 1671 Rn. 37.
168 Dazu zählen nach OLG Brandenburg FamRZ 2008, 1472 auch Halbgeschwister.
169 Palandt/Götz § 1671 Rn. 50; MK/Hennemann § 1671 Rn. 35.
170 OLG Naumburg FamRZ 2000, 1595; aA bei unterschiedlichen Bindungen der Geschwister an die Elternteile, OLG Celle FamRZ 2007, 1838.
171 OLG Zweibrücken FamRZ 2001, 184.
172 OLG Brandenburg FamRZ 2008, 2054.
173 OLG Brandenburg 21.10.2013 – 3 UF 90/12, FamRZ 2014, 1124.
174 Palandt/Götz § 1671 Rn. 41.
175 Ab dem 12. Lebensjahr Palandt/Götz § 1671 Rn. 41.
176 MK/Hennemann § 1671 Rn. 43.
177 MK/Hennemann § 1671 Rn. 46.
178 Nach OLG Jena 21.2.2011 – 1 UF 273/10, FamRZ 2011, 1070 regelmäßig bei mindestens zwei Befragungen.
179 KG 14.11.2012 – 13 UF 141/12, FamRZ 2013, 709.

wenn er auf **massiver Beeinflussung** durch einen Elternteil beruht[180] oder von unrealistischen Vorstellungen einer Übertragbarkeit von Sonntagsbedingungen auf den Alltag getragen ist.[181] **Loyalitätskonflikte** des Kindes oder materielle Versprechungen eines Elternteils sind für die Bewertung des Kindeswillens zu erwägen.[182] Schon das Persönlichkeitsrecht des Kindes erfordert es, dass sein Wille im Rahmen seines wohlverstandenen Interesses Gehör findet, wobei die Entwicklung seiner Persönlichkeit und die das Kind zu seiner Handlung veranlassenden Gründe zu prüfen sind.[183] Die Sorgerechtsregelung muss nicht nur auf das Kindeswohl ausgerichtet sein, sondern das Kind auch in seiner Individualität als Grundrechtsträger berücksichtigen, weil die Sorgerechtsentscheidung entscheidenden Einfluss auf sein weiteres Leben nimmt.[184] Die Alleinsorge wurde auf die Mutter übertragen, nachdem die dreizehnjährige Tochter bei ihrer Anhörung jeden Kontakt mit dem Vater abgelehnt hatte.[185] Die Alleinsorge wurde auch auf den bindungsintoleranten Elternteil aufgrund des Willens eines 8 Jahre alten Kindes übertragen.[186]

V. Alleinsorge des Vaters

18 Der Vater kann von der nach § 1626 a Abs. 3 allein sorgeberechtigten Mutter die Alleinsorge erlangen, wenn entweder die Mutter zustimmt, die Übertragung nicht dem Kindeswohl widerspricht und das über 14 Jahre alte Kind nicht widerspricht oder wenn nach Nichtinbetrachtkommen der gemeinsamen elterlichen Sorge die Übertragung auf den Vater dem Kindeswohl am besten entspricht. Für die Ablehnung der gemeinsamen Sorge reichen aber weder deren Ablehnung durch die Kindsmutter noch bloße Kommunikationsschwierigkeiten der Kindeseltern aus.[187] Die Alleinsorge für ein 14 Jahre altes Kind zerstrittener Eltern wurde auf Wunsch des Kindes dem Vater übertragen.[188]

VI. Verfahren

19 **1. Gerichtsverfahren.** Die örtliche **Zuständigkeit** des Familiengerichts ergibt sich bei isolierten Sorgerechtsverfahren, in denen der Antrag, der die bisherigen außergerichtlichen Bemühungen nennen und unterschrieben werden soll,[189] nach § 23 FamFG ohne Anwaltszwang selbst[190] gestellt werden kann, aus § 152 Abs. 2 FamFG und im Scheidungsverbund, bei dem nach § 114 FamFG Anwaltszwang herrscht, aus § 152 Abs. 1 FamFG, hilfsweise nach § 152 Abs. 3 FamFG am Ort des Bekanntwerdens des Fürsorgebedürfnisses,[191] bei Fürsorgebedürfnissen an verschiedenen Orten nach Zweckmäßigkeit wie Vorbefasstheit.[192] Zwar haben Kinder getrennt lebender gemeinsam sorgeberechtigter El-

---

180 OLG Braunschweig FamRZ 2001, 1637.
181 OLG Bamberg FamRZ 1988, 750.
182 MK/Hennemann § 1671 Rn. 40; OLG Köln FamRZ 2009, 434.
183 OLG Köln FamRZ 2005, 1274.
184 OLG Saarbrücken 20.1.2011 – 6 UF 106/10, FamRZ 2011, 1153.
185 KG FamRZ 2005, 1768.
186 OLG Saarbrücken 16.11.2011 – 6 UF 126/11, FamRZ 2012, 884.
187 OLG Celle 17.1.2014 – 10 UF 80/13, FamRZ 2014, 857.
188 KG 23.12.2014 – 3 UF 111/13, FamRZ 2015, 765.
189 KG 14.10.2010 – 19 UF 75/10, FamRZ 2012, 920.
190 Auch vor dem Urkundsbeamten der Geschäftsstelle nach § 25 FamFG.
191 OLG Hamm 13.7.2010 – 2 Sdb 21/10, FamRZ 2011, 395.
192 OLG Stuttgart v. 2.5.2016 – 16 AR 4/16, FamRZ 2017, 237.

tern (wobei der Säugling den gewöhnlichen Aufenthalt von seinem Betreuungselternteils ableitet)[193] vor Ablauf von etwa sechs Monaten[194] mangels neuer sozialer Bindungen zunächst noch keinen neuen gewöhnlichen Aufenthalt,[195] aber bei Einverständnis des einen Elternteils mit dem Lebensmittelpunkt des Kindes beim anderen Elternteil[196] (oder wenn diesem das Aufenthaltsbestimmungsrecht zusteht)[197] hat das Kind seinen gewöhnlichen Aufenthalt nur noch bei letzterem Elternteil. Verbundsache nach § 137 FamFG auf Antrag ist auch eine bis zwei Wochen[198] vor der letzten[199] mündlichen Verhandlung in der Ehesache anhängig gemachte[200] Sorgerechtssache (außer das Familiengericht hält die Einbeziehung aus Kindeswohlgründen nicht für sachgerecht), die aber nach § 140 Abs. 2 Nr. 3 FamFG wieder aus Kindeswohlgründen aus dem Scheidungsverbund abgetrennt werden kann. Immer bindende Rechtsverweisung außer im Verfahrenskostenhilfeverfahren[201] nach § 17 a GVG,[202] bindende Verweisung von Amts wegen[203] nach § 3 FamFG[204] (außer die Verweisung erging ohne rechtliches Gehör oder ist willkürlich bei Hinwegsetzen über eine eindeutig benannte Zuständigkeitsvorschrift[205] oder Irrtum über Aufenthaltsgericht)[206] oder Abgabe nach § 4 FamFG[207] sind möglich. Die internationale Zuständigkeit deutscher Gerichte besteht nicht, wenn die Rechtshängigkeit eines ausländischen Verfahrens analog § 261 Abs. 3 Nr. 1 ZPO entgegensteht.[208] Besteht bereits eine Vormundschaft oder Pflegschaft, hat das Familiengericht über deren Fortbestehen bei der Sorgerechtsübertragung mitzuentscheiden.[209]

Nach § 155 FamFG soll, was nach den Gesetzesmaterialien (außer bei öffentlicher Zustellung oder wenn gerade ein Termin in einer einstweiligen Anordnung stattgefunden hat) als Muss zu lesen ist, ein Verhandlungstermin in Sachen, die den Umgang, den streitigen Kindesaufenthalt, die Kindesherausgabe oder die Kindeswohlgefährdung betreffen, innerhalb eines Monats ab Antragseingang mit Verlegung nur im absoluten Ausnahmefall stattfinden. Das Amtsgericht ist von Amts wegen nach § 26 FamFG verpflichtet, alle zur Aufklärung dienlichen 20

193 OLG Köln 15.3.2012 – II-21 AR 1/12, FamRZ 2012, 1406.
194 OLG Hamm 12.8.2011 – II-8 WF 130/11, FamRZ 2012, 726.
195 KG 9.4.2014 – 17 UF 27/14, FamRZ 2014, 1790.
196 BGH FamRZ 1992, 664.
197 AA OLG Karlsruhe FamRZ 2006, 486.
198 Dazu muss aber nach BGH 21.3.2012 – XII ZB 447/10, FamRZ 2012, 863 die Ladung drei Wochen vor dem Termin zugestellt sein.
199 OLG Brandenburg 19.5.2015 – 10 UF 63/14, FamRZ 2016, 484.
200 Nach OLG Bamberg 2.11.2010 – 2 UF 180/10, FamRZ 2011, 1416 genügt der entsprechende Verfahrenskostenhilfeantrag.
201 BGH 25.2.2016 – IX ZB 61/15, FamRZ 2016, 814.
202 BGH 14.5.2013 – X ARZ 167/13, FamRZ 2013, 1302.
203 OLG Frankfurt/M. 13.2.2014 – 1 UF 33/14, FamRZ 2014, 1479.
204 Nach OLG Hamm 14.9.2010 – II-2 Sdb 26/10, FamRZ 2011, 658 auch bei örtlicher Weiterverweisung im Anschluss an eine Rechtswegverweisung nach § 17 a GVG.
205 BGH 9.6.2015 – X ARZ 115/15, FamRZ 2015, 1494.
206 OLG Hamm 24.2.2011 – II-2 SAF 2/11, FamRZ 2011, 1414.
207 Unzulässig nach OLG Bremen 20.12.2013 – 4 UF 190/13, FamRZ 2014, 1394 im laufenden Sorgerechtsverfahren.
208 OLG Bremen 10.3.2016 – 4 UF 6/16, FamRZ 2016, 1189.
209 OLG Nürnberg 15.4.2013 – 7 UF 399/13, FamRZ 2013, 1993.

Ermittlungen anzustellen[210] und erhebliche[211] Beweise zu erheben.[212] Das Jugendamt ist vorher um Vermittlung anzugehen. Mit einer vom Jugendamt eingeholten Stellungnahme (in den Fällen des § 155 FamFG wird das Jugendamt im Termin angehört) hat sich das Gericht auseinander zu setzen, auch sind die Eltern über eine Beratung bei einer Beratungsstelle zu informieren. Vor Erhebung einer Verfassungsbeschwerde ist eine Beschleunigungsbeschwerde nach § 155 c FamFG durchzuführen.[213] Mit der Beschleunigungsbeschwerde, nach der nur die Verfahrensförderung der getroffenen Maßnahmen geprüft wird, kann nur eine bereits eingetretene, nicht aber eine möglicherweise drohende Verfahrensverzögerung gerügt werden.[214] Nach § 156 FamFG soll das Gericht auf Einvernehmen der Beteiligten hinwirken und kann unanfechtbar die Teilnahme der Eltern an einer Beratung anordnen, deren Nichtbefolgung aber nur kostenrechtliche Auswirkungen nach § 81 Abs. 2 Nr. 5 FamFG hat. Ein familienpsychologisches oder -psychiatrisches **Sachverständigengutachten** ist auch ohne Auslagenvorschuss[215] in Zweifelsfällen[216] nach § 163 FamFG einzuholen.[217] Dieses kann lösungsorientiert beauftragt werden, ist ansonsten als Statusdiagnostikauftrag auszuführen,[218] ist vom Familiengericht kritisch zu bewerten,[219] muss alle Kindeswohlkriterien umfassend abwägen[220] und hat alle Verfahrensbeteiligten in die Datenerhebung einzubeziehen.[221] Einem medizinisch oder psychologisch zu begutachtenden Beteiligten ist bei einem Untersuchungstermin die Anwesenheit einer Begleitperson ohne Äußerungsrecht zu gestatten.[222] Nur wenn das Gutachten objektiv unbrauchbar ist und der Sachverständige dies grob fahrlässig verursacht hat, verliert er seinen in der Frist des § 2 JVEG zu stellenden[223] nach § 4 JVEG (mit Beschwerdemöglichkeit zum OLG)[224] festsetzbaren Entschädigungsanspruch gem. § 9 JVEG.[225] Aus der zulässigen Nichtteilnahme an der Begutachtung[226] dürfen keine Schlüsse gezogen werden, wohl aber aus anderen Anknüpfungstatsachen im Rahmen einer zulässigen Gutachtenserstellung nach Aktenlage oder bei Verwertung eines anderen Gutachtens nach § 411 a ZPO.[227] Der Anspruch auf rechtliches Gehör umfasst das Beteiligtenrecht auf mündliche Sachverständigenbefragung.[228] Vor Gutachtensverwertung muss nach § 37

210　Auch mit Hilfe des Europäischen Justiziellen Netzes ist Einsicht in ausländische Akten nach der EuBewVO zu erreichen nach BVerfG 14.9.2015 – FamRZ 2016, 26.
211　BGH 6.2.2014 – V ZR 262/13, FamRZ 2014, 749.
212　MK/Hennemann § 1671 Rn. 141.
213　BVerfG 1.3.2017 – BvR 2311/16, FamRZ 2017, 620.
214　OLG Bremen 2.2.2017 – 4 UF 13/17, FamRZ 2017, 984.
215　OLG Celle 2.5.2012 – 10 WF 93/12, FamRZ 2013, 241.
216　Etwa bei Abweichung vom Kindeswillen, s. BVerfG FamRZ 2007, 1797.
217　MK/Hennemann § 1671 Rn. 142; EGMR FamRZ 2006, 997.
218　OLG Naumburg 14.9.2011 – 4 WF 51/11, FamRZ 2012, 657.
219　OLG Düsseldorf FamRZ 2005, 2087.
220　OLG Celle 19.7.2012 – 15 UF 81/12, FamRZ 2013, 48.
221　Zu inhaltlichen Mindestanforderungen an die Qualität von Sachverständigengutachten in Kindschaftssachen Arbeitsgruppe Familienrechtliche Gutachten 2015, FamRZ 2015, 2025, und OLG Celle, FamRZ 2015, 1675.
222　OLG Hamm 3.2.2015 – 14 UF 135/14, FamRZ 2015, 1126.
223　OLG Schleswig 29.4.2013 – 9 WF 34/13, FamRZ 2014, 155.
224　OLG Koblenz 5.2.2014 – 13 WF 43/14, FamRZ 2015, 437.
225　KG 26.1.2010 – 19 AR 2/09, FamRZ 2011, 838.
226　OLG Frankfurt/M. 7.4.2015 – 5 WF 66/15, FamRZ 2015, 1521; OLG Nürnberg 16.8.2013 – 11 WF 1071/13, FamRZ 2014, 677.
227　BGH 27.4.2016 – XII ZB 611/15, FamRZ 2016, 1149.
228　BVerfG 24.8.2015 – 2 BvR 2915/14, FamRZ 2015, 2042.

Abs. 2 FamFG Äußerungsmöglichkeit gegeben werden[229] und über eine Sachverständigenablehnung nach § 406 ZPO, die nicht auf sachliche Fehler[230] oder die Erteilung einer Zwischenbewertung gestützt werden kann,[231] auch nicht auf Beginn des Ortstermins vor der den Beteiligten mitgeteilten Terminsstunde[232] oder auf ein Sachverständigengespräch ohne ausdrückliche Gerichtsbeauftragung mit Dritten wie Lehrern,[233] aber auf das Empfehlen nicht beantragter Regelungen[234] oder Beurteilung der Glaubhaftigkeit streitiger Tatsachen ohne Erkenntnisse,[235] entschieden sein.[236] Hat der Tatrichter eigene besondere Sachkunde, kann er nach deren Mitteilung an die Beteiligten auf eine ansonsten gebotene Sachverständigeneinschaltung verzichten.[237]

Nach § 160 FamFG (in Sorgerechtsentziehungsverfahren ist dies zwingend) sollen die personensorgeberechtigten Eltern angehört werden (wobei nach § 33 Abs. 1 S. 2 FamFG eine getrennte Anhörung zum Schutz eines Elternteils möglich ist und nach § 34 Abs. 3 FamFG auch eine Endentscheidung bei unentschuldigtem Ausbleiben[238] oder verweigerter Kommunikation[239] auch ohne Anhörung möglich ist), nach § 161 FamFG sind auch Pflegeeltern anzuhören[240] und nach § 159 FamFG (in Vermögenssachen nur bei Angezeigtsein) das Kind (jedenfalls ein vierjähriges Kind ist anzuhören),[241] wobei die in Übereinstimmung mit Art. 12 UN-Kinderrechtekonvention vorzunehmende **Kindesanhörung** frei von Wertungen[242] und ohne Belehrungspflichten im den Beteiligten in geeigneter Form zur Kenntnis zu bringenden[243] Aktenvermerk niederzulegen und ansonsten vom Familiengericht zur Verschaffung eines direkten Eindrucks vom Kind frei, aber regelmäßig mittels getrennter Geschwisteranhörung[244] gestaltbar ist. Auch in der Beschwerdeinstanz sind die Beteiligten grundsätzlich nochmals anzuhören,[245] das Kind aber nicht notwendig durch den gesamten Senat.[246] Nach § 162 FamFG wirkt das sachlich und örtlich zuständige[247] Jugendamt mit und soll über die tatsächlichen Verhältnisse regelmäßig nach Durchführung eines Hausbesuchs berichten.[248] Eine Verfahrensaussetzung[249] ist nach § 21 FamFG nach pflichtgemäßem Ermessen[250] mit Überprüfung nur auf Ermessensfehler

21

---

229 BGH 6.4.2016 – XII ZB 397/15, FamRZ 2016, 1148.
230 KG 8.10.2015 – 25 WF 109/15, FamRZ 2016, 483.
231 OLG Brandenburg 19.6.2014 – 15 WF 82/14, FamRZ 2015, 68.
232 OLG Braunschweig 23.8.2016 – 1 WF 113/16, FamRZ 2017, 128.
233 OLG Düsseldorf 31.1.2017 – II-6 WF 6/17, FamRZ 2017, 915.
234 OLG Karlsruhe 18.12.2014 – 2 WF 239/14, FamRZ 2015, 1126.
235 OLG Karlsruhe 18.11.2015 – 18 UF 99/15, FamRZ 2016, 651.
236 OLG Saarbrücken 23.7.2013 – 6 UF 126713, FamRZ 2014, 411.
237 BGH 13.1.2015 – VI ZR 2014, 14, FamRZ 2015, 653.
238 OLG Frankfurt/M. 28.2.2013 – 5 UF 55/13, FamRZ 2013, 1831.
239 BGH 11.5.2016 – XII ZB 363/15, FamRZ 2016, 1350.
240 OLG Hamburg 24.2.2015 – 2 UF 160/14, FamRZ 2015, 2188.
241 MK/Hennemann § 1671 Rn. 145.
242 OLG Saarbrücken FamRZ 2006, 557.
243 OLG Celle 28.2.2013 – 10 UF 12/13, FamRZ 2014, 413.
244 OLG Schleswig 22.9.2015 – 10 UF 105/15, FamRZ 2016, 483.
245 MK/Hennemann § 1671 Rn. 148.
246 BVerfG 25.4.2015 – 1 BvR 3326/14, FamRZ 2015, 1169.
247 OLG Frankfurt 9.8.2016 – 5 UF 169/16, FamRZ 2017, 244.
248 MK/Hennemann § 1671 Rn. 149.
249 Nach OLG Köln 18.9.2012 – II-4 UF 114/12, FamRZ 2013, 719, keine Verfahrensaussetzung bei fehlender Beteiligtenmitwirkung an der Sachaufklärung.
250 Nach KG 14.10.2010 – 19 UF 75/10, FamRZ 2011, 920, grundsätzlich nicht in einstweiligen Anordnungsverfahren.

möglich.[251] Der Beschluss, der alle vor Erlass eingegangenen Schriftsätze berücksichtigen muss,[252] ist nach § 38 Abs. 3 FamFG zu begründen sowie zu unterschreiben[253] und nach § 41 FamFG regelmäßig durch Zustellung[254] bekanntzugeben, wobei eine öffentliche Zustellung erst nach erfolglosen Nachforschungen durch den anderen Beteiligten nach dem Aufenthalt des Zustellungsadressaten samt Einwohnermeldeamts- und Postanfrage erfolgen darf.[255] Akteneinsicht richtet sich nach § 13 FamFG,[256] Amtshilfe wird nicht als spruchrichterliche Tätigkeit nach Art. 35 GG geleistet.[257]

22 Nach § 158 FamFG ist für das Kind in seine Person[258] betreffenden Verfahren unanfechtbar ein geeigneter das Zeugnisverweigerungsrecht habender[259] **Verfahrensbeistand** zu bestellen, soweit das Kind keinen Verfahrensbevollmächtigten hat[260] und dies zur Wahrnehmung seiner Interessen erforderlich[261] ist, was nach § 158 Abs. 2 FamFG regelmäßig beim Streit ums Aufenthaltsbestimmungsrecht,[262] Kindesherausgabe, drohender Umgangseinschränkung und mit Trennung vom Obhutsinhaber verbundenen Verfahren der Fall ist (das Absehen[263] von der Verfahrensbeistandsbestellung ist ansonsten zu begründen).[264] Der Verfahrensbeistand hat zum einen die subjektiven Interessen des Kindes zu vertreten[265] und den Willen des Kindes dem Gericht mitzuteilen.[266] Eine erweiterte im Verwaltungsweg nach § 168 FamFG festsetzbare[267] **Vergütung** steht dem Verfahrensbeistand für die Aufklärung des Sachverhalts durch Elterngespräche aber in jedem Fall dann zu, wenn das Gericht einen entsprechenden Auftrag erteilt hat.[268] Der Verfahrensbeistand hat in seiner Abrechnung, deren Prüfung auf die Plausibilitätskontrolle eines sorgfältig arbeitenden Verfahrensbeistands beschränkt ist,[269] nur die Pauschalsumme mitzuteilen (§ 158 Abs. 7 FamFG). Neben der subjektiven Wahrnehmung der Kindesinteressen[270] hat der Verfahrensbeistand aber auch die Wahrnehmung des objektiven Kindeswohls zur Geltung zu bringen (§ 158 Abs. 4 S. 1 FamFG). Der Verfahrensbeistand hat Gespräche mit dem Kind (bei Auftragserweiterung auch vor dem Jugendamt und in der

251 KG 2.9.2010 – 19 WF 132/10, FamRZ 2011, 393.
252 OLG Düsseldorf 2.8.2013 – I-3 Wx 121/13, FamRZ 2014, 231.
253 Nach BGH 26.4.2012 – VII ZB 36/10, FamRZ 2012, 1133 genügt auch ein unleserlicher individueller Schriftzug.
254 Nach BVerfG 19.6.2013 – 2 BvR 1960/121, FamRZ 2013, 1715 trägt der Beteiligte nicht das Postverlustrisiko bei formloser Übermittlung.
255 BGH 4.7.2012 – XII ZR 94/10, FamRZ 2012, 1376.
256 OLG Koblenz 10.3.2015 – 11 WF 210/15, FamRZ 2015, 1422.
257 BVerfG 2.12.2014 – 1 BvR 3106/09, FamRZ 2015, 473.
258 OLG Hamm 18.2.2013 – II-8 WF 39/12, FamRZ 2014, 600.
259 OLG Braunschweig 20.2.2012 – 1 WF 19/12, FamRZ 2012, 1408.
260 Den es nach OLG Dresden 41.1.2014 – 22 WF 15/14, FamRZ 2014, 1042 ab 14 Jahren selbst bevollmächtigen kann und für den es nach OLG Hamm 19.12.2014 – II-14 WF 224/14, FamRZ 2015, 950 auch VKH-Beiordnung beantragen kann.
261 OLG Frankfurt 29.6.2016 – 2 UF 154/16, FamRZ 2017, 543.
262 OLG Köln 22.3.2012 – 27 UF 48/12, FamRZ 2013, 46.
263 Die zu Unrecht unterbliebene Verfahrensbeistandsbestellung ist ein schwerer Verfahrensfehler nach OLG Naumburg FamRZ 2009, 2023.
264 OLG Stuttgart FamRZ 2006, 1858.
265 OLG Brandenburg FamRZ 2001, 692.
266 OLG Dresden FamRZ 2003, 877.
267 OLG Dresden 22.6.2010 – 23 WF 453/10, FamRZ 2011, 320.
268 BVerfG FamRZ 2004, 1267.
269 OLG Oldenburg FamRZ 2005, 391.
270 BVerfG FamRZ 2004, 1267.

zahlreiche Rückschlüsse zutage fördernden Interaktion mit den Eltern gem. § 158 Abs. 4 S. 3 FamFG und anderen nicht abschließend gerichtlich festzulegenden[271] Bezugspersonen) im Rahmen eines Hausbesuchs[272] zu führen und an den gerichtlichen Anhörungen teilzunehmen.[273] Der Verfahrensbeistand sollte auf erforderliche gerichtliche Ermittlungen hinwirken[274] und eine Stellungnahme abgeben.[275] Eine **Pauschale** in Höhe von 350 EUR fällt an bei automatisch fortwirkender Bestellung in der höheren Instanz[276] in jeder Instanz (auch bei Zurückverweisung nach § 158 Abs. 7 S. 2 FamFG) und für jedes Kind,[277] es muss jedoch eine[278] Tätigkeit[279] entfaltet werden. Mit der Pauschale sind aber alle[280] Aufwendungen[281] abgegolten,[282] auch der Aufwand für Dolmetscherkosten[283] oder die Rechnungsstellung.[284] Aufgabe des Verfahrensbeistands kann auch eine **Vermittlungstätigkeit**[285] sein. Nicht Aufgabe des Verfahrensbeistands ist eine Umgangsbegleitung[286] oder eine Abgabe einer gutachterlichen Stellungnahme. Der Verfahrensbeistand, dessen Supervisionskosten nicht erstattungsfähig sind,[287] ist, sobald die Notwendigkeit einer Interessensvertretung des Kindes feststeht,[288] aber nicht rückwirkend[289] zu bestellen und das Vergütungsrecht beginnt ab dem Bestellungszeitpunkt,[290] wobei bereits im Bestellungsbeschluss die Berufsmäßigkeit nach § 1836 festgestellt werden muss.[291] Die Pauschale erhöht sich bei Auftragserweiterung nach § 158 Abs. 4 S. 3 FamFG auf 550 EUR (§ 158 Abs. 7 S. 3 FamFG). Ist der Verfahrensbeistand in einem Kindschaftsverfahren für mehrere Kinder bestellt, so erhält er für jeden[292] Verfahrensgegenstand,[293] jedes Verfahren[294] und jedes Kind die Pauschalgebühr von 550 EUR bei Beauftragung mit Elterngesprächen.[295] Für die Entstehung des nur regelmäßig verjährenden[296] Vergütungsanspruchs des Verfahrensbeistands auch im erweiterten Wirkungskreis,[297] der jeweils in Parallelverfahren oder in mehreren Kindschafts-

---

271 OLG Celle 28.2.2013 – 10 UF 12/13, FamRZ 2014, 413.
272 OLG Brandenburg FamRZ 2008, 1633.
273 BVerfG FamRZ 2004, 1267.
274 OLG München FamRZ 2003, 1956.
275 BVerfG FamRZ 2003, 921.
276 OLG München 24.11.2011 – 11 WF 2054/11, FamRZ 2012, 728.
277 OLG München FamRZ 2010, 1757.
278 Unzureichend ist die bloße Entgegennahme des Verfahrensbeistandsbestellungsbeschlusses.
279 OLG München FamRZ 2010, 1157.
280 BGH 13.11.2013 – XII ZB 612/12, FamRZ 2014, 191.
281 BGH 9.10.2013 – XII ZB 667/12, FamRZ 2013, 1967.
282 Rüntz/Viefhues, Das neue FamFG, FamRZ 2010, 1289.
283 OLG Hamm 3.4.2014 – 6 WF 241/13, FamRZ 2014, 2024.
284 OLG Brandenburg FamRZ 2004, 1798.
285 So auch § 158 FamFG.
286 OLG Dresden FamRZ 2003, 880.
287 OLG Brandenburg FamRZ 2003, 256.
288 OLG Saarbrücken 6.4.2011 – 6 UF 40/11, FamRZ 2011, 1739.
289 OLG München 19.8.2015 – 11 WF 1028/15, FamRZ 2016, 160.
290 OLG Stuttgart FamRZ 2005, 655.
291 OLG Brandenburg FamRZ 2003, 323.
292 Nach OLG Naumburg 17.9.2014 – 8 WF 203/14, FamRZ 2015, 1218 sind wechselseitige Aufenthaltsbestimmungsrechtsanträge nur ein Verfahrensgegenstand.
293 BGH 1.8.2012 – XII ZB 456/11, FamRZ 2012, 1630.
294 OLG Zweibrücken 6.3.32015 – 6 WF 14/15, FamRZ 2015, 1928.
295 BGH FamRZ 2010, 1893.
296 OLG München 27.8.2014 – 11 WF 1186/14, FamRZ 2015, 1830.
297 BGH 27.11.2013 – XII ZB 682/12, FamRZ 2014, 373.

folgesachen entsteht, genügt es, wenn der Verfahrensbeistand in irgendeiner Weise über die Entgegennahme des Bestellungsbeschlusses hinaus[298] im Kindesinteresse tätig geworden ist.[299] Der Kostenschuldner ist mit Einwänden gegen die Art und Weise der Tätigkeit eines Verfahrensbeistands[300] oder der Nichteinhaltung von Standards der Berufsgemeinschaft Verfahrensbeistandschaft ausgeschlossen.[301] Wird der Mitarbeiter eines Vereins in dieser Eigenschaft zum Verfahrensbeistand bestellt, steht die Vergütung entsprechend § 277 FamFG dem Verein zu.[302] Der Verfahrensbeistand, der nicht der Aufsicht des Gerichts unterliegt, kann wie das Jugendamt nicht abgelehnt werden.[303] Die Vergütung ist binnen 15 Monaten analog § 1835 Abs. 1 S. 3 BGB geltend zu machen.[304]

23 Zur isolierten Anfechtung einer Folgesachenentscheidung oder einer isolierten Sorgerechtssache, die nach § 38 FamFG durch zu begründenden Beschluss erfolgt und mit Bekanntgabe an den Beteiligten wirksam wird, steht ohne Abhilfemöglichkeit durch das Familiengericht die **Beschwerde** nach § 58 FamFG zur Verfügung, die nach § 63 FamFG beim Ausgangsgericht[305] binnen eines Monats[306] nach Entscheidungszustellung primär an den Verfahrensbevollmächtigten[307], ansonsten bei unterbliebener Zustellung[308] längstens binnen 5 Monaten,[309] in der Form[310] des § 64 FamFG[311] einzulegen ist. Für die Wirksamkeit einer Ersatzzustellung reicht ein Postfach aus,[312] aber nicht das Belassen des Namensschilds an der Wohnung nach deren Aufgabe, während ein Briefschlitz für einen überschaubaren Personenkreis ebenso genügt[313] wie der tatsächliche Schriftstückerhalt.[314] Vor der Entscheidung über den gem. § 18 FamFG binnen 2 Wochen nach Hinderniswegfall,[315] spätestens 1 Jahr nach Fristablauf[316] zu stellenden, aus sich heraus verständlich sein müssenden[317] Antrag auf Wiedereinsetzung und Beschwerde muss über die VKH entschieden sein.[318] Der Rechtsanwalt muss zur Verschuldensvermeidung Vorkehrungen für die Fristeinhaltung

---

298 OLG Nürnberg 25.11.2014 – 7 UF 1819/13, FamRZ 2015, 694; OLG Hamm 15.8.2014 – 6 WF 26/14, FamRZ 2015, 695.
299 BGH FamRZ 2010, 1895.
300 OLG Frankfurt/M. 31.10.2012 – 4 WF 167/12, FamRZ 2013, 1331.
301 KG 26.2.2014 – 17 UF 5/14, FamRZ 2014, 1790.
302 BGH 27.22.2013 – XII ZB 682/12, FamRZ 2014, 373.
303 OLG Celle 25.2.2011 – 10 WF 48/11, FamRZ 2011, 1532.
304 BGH 5.10.2106 – XII ZB 464/15, FamRZ 2017, 231.
305 Zur gemeinsamen Posteingangsstelle BGH 1.6.2016 – XII ZB 382/15, FamRZ 2016, 1355.
306 Die Berichtigung einer Entscheidung hat keinen Einfluss auf die Beschwerdefrist nach BGH FamRZ 2009, 1480.
307 BGH 11.5.2016 – XII ZB 582/15, FamRZ 2016, 1259.
308 OLG Dresden 22.11.2013 – 19 UF 686/13, FamRZ 2014, 681.
309 BGH 11.3.2015 – XII ZB 572/13, FamRZ 2015, 1006.
310 Zum mit einer Signatur versehen müssenden elektronischen Dokument KG 8.8.2014 – 13 UF 292/14, FamRZ 2015, 69.
311 Nach BGH 14.10.2014 – XI ZB 13/13, FamRZ 2015, 253 muss ein Computerfax die zumindest eingescannnte Unterschrift enthalten.
312 BGH 14.6.2012 – V ZB 182/11, FamRZ 2012, 1379.
313 BGH 16.6.2011 – III ZR 342/09, FamRZ 2011, 1504.
314 OLG Koblenz 8.7.2015 – 11 WF 640/15, FamRZ 2015, 2074.
315 Nach BGH 24.9.2015 – IX ZR 206/14, FamRZ 2016, 42 beginnt die Frist jedenfalls ab Mitteilung der Fristversäumung durch die Gegenseite.
316 BGH 21.1.2016 – IX ZA 24/15, FamRZ 2016, 632.
317 BGH 11.11.2015 – XII ZB 257/15, FamRZ 2016, 301.
318 BGH 5.2.2013 – VIII ZB 38/12, FamRZ 2013, 696.

wie durch allgemeine genaue[319] Weisungen[320] mit üblicher Sorgfalt[321] zu kontrollierende allabendliche[322] Vorlage des Fristenbuchs,[323] Übertragung der Eintragung von Fristen und Terminen in den Fristenkalender an vollausgebildete[324] Büroangestellte, vom Anwalt selbst[325] zu berechnende[326] Fristenkontrolle bei jeglicher[327] Aktenbearbeitung[328] mit der mit vorzulegenden[329] auch elektronisch[330] geführt werden könnenden Handakte,[331] Kontrolle der Faxnummernermittlung und -eingabe durch organisatorische Anordnungen,[332] Einzelauftrag an eine zuverlässige[333] Büroangestellte zum Einwurf einer Postsendung in den Gerichtsbriefkasten,[334] erneute Wiedervorlage eines Schriftsatzes nach Korrektur[335] außer bei konkreter Anweisung zum Einzelseitenaustausch,[336] Ausgangskontrolle fristgebundener Schriftsätze,[337] zeitlichen Vorlauf gegen Belegtsein des Gerichtsfaxes[338] und durch Rückfrage bei Gericht nach deren Eingang[339] zu überprüfende[340] Fristverlängerungsanträge[341] sowie Vertretungsregelungen im Falle plötzlich[342] auftretender Erkrankung treffen.[343] Eine Wiedereinsetzung in den vorigen Stand nach § 17 Abs. 2 FamFG wegen fehlender oder unzureichender Rechtsbehelfsbelehrung, die nach § 39 FamFG das statthafte Rechtsmittel, das Empfangsgericht samt Anschrift, Form und Frist sowie einen etwaigen Anwaltszwang[344] im Beschluss[345] enthalten muss,[346] entfällt mangels Kausalität, wenn der Beteiligte wegen vorhandener Kenntnis über seine Rechtsmittel durch anwaltliche Vertretung keiner Unterstützung durch eine Rechtsmittelbelehrung bedarf.[347] Wird nach Bewilligung von Verfahrenskostenhilfe die Beschwerde innerhalb von 2 Wochen beim Amtsgericht eingereicht, kann das OLG auch von Amts wegen Wiedereinsetzung in den vorigen Stand hinsichtlich der Beschwer-

---

319   BGH 25.2.2016 – III ZB 42/15, FamRZ 2016, 815.
320   BGH 12.11.2013 – II ZB 11/12, FamRZ 2014, 295.
321   BGH 12.11.2013 – VI ZB 4/13, FamRZ 2014, 296.
322   BGH 5.11.2014 – VIII ZB 38/14, FamRZ 2015, 255.
323   BGH 26.11.2013 – II ZB 13/12, FamRZ 2014, 383.
324   BGH 11.11.2015 – XII ZB 407/12, FamRZ 2016, 209.
325   BGH 18.2.2014 – XI ZB 12/13, FamRZ 2014, 752.
326   OLG Bremen 13.8.2015 – 5 UF 72/15, FamRZ 2016, 482.
327   BGH 6.7.2011 – XII ZB 88/11, FamRZ 2011, 1574.
328   BGH 25.9.2014 – III ZR 47/14, FamRZ 2014, 1999.
329   BGH 15.9.2015 – VI ZB 37/14, FamRZ 2016, 42.
330   BGH 9.7.2014 – XII ZB 709/13, FamRZ 2014, 1624.
331   BGH 27.11.2013 – XII ZB 116/13, FamRZ 2014, 284.
332   BGH 24.10.2013 – V ZB 154/12, FamRZ 2014, 383.
333   Nach BGH 13.1.2016 – XII ZB 653/14, FamRZ 2016, 623 sind bei einer Kraft, der bereits Fehler unterliefen, besondere organisatorische Maßnahmen zu ergreifen.
334   BGH 5.2.2014 – IC ZB 26/13, FamRZ 2014, 750.
335   BGH 22.9.2015 – XI ZB 8/15, FamRZ 2016, 125.
336   BGH 16.9.2015 – V ZB 54/15, FamRZ 2016, 41.
337   BGH 9.12.2014 VI ZB 42/13, FamRZ 2015, 495.
338   BGH 27.11.2014 – III ZB 24/14, FamRZ 2015, 323.
339   BGH 16.10.2014. XII ZB 15/14, FamRZ 2015, 255.
340   BGH 2.12.2015 – XII ZB 211/12, FamRZ 2016, 366.
341   BGH 22.10.2014 – XII ZB 257/14, FamRZ 2015, 135.
342   BGH 29.10.2015 – IX ZB 12/14, FamRZ 2016, 221.
343   BGH 7.8.2013 – XII ZB 533/10, FamRZ 2013, 1722.
344   Nach OLG Rostock FamRZ 2011, 57 bei Anfechtung einer Kindschaftssache im Scheidungsverbund; aA OLG Frankfurt/M. 13.8.2013 – 4 UF 178/13, FamRZ 2014, 681.
345   OLG Oldenburg 23.1.2011 – 11 UF 212/11, FamRZ 2012, 1080.
346   BGH 15.6.2011 – XII ZB 468/10, FamRZ 2011, 1389.
347   BGH FamRZ 2010, 1425.

defristversäumung gewähren.[348] Auf unklare Angaben in einem Wiedereinsetzungsantrag, der etwa durch anwaltliche Versicherung der rechtzeitigen Aufgabe zur Post[349] glaubhaft zu machen ist,[350] ist vom Gericht hinzuweisen.[351] Einem Rechtsmittelführer, der vor Ablauf der Rechtsmittelfrist die Bewilligung von Verfahrenskostenhilfe beantragt hat, ist Wiedereinsetzung nur zu gewähren, wenn er innerhalb der Frist die für die Verfahrenskostenhilfe erforderlichen Unterlagen vorgelegt hat[352] und mit der VKH-Bewilligung rechnen durfte,[353] aber Wiedereinsetzung ist auch dann möglich, wenn eine nicht unterzeichnete anwaltliche oder trotz Anwaltszwangs eigenhändige[354] Rechtsmittelschrift beigefügt ist.[355] Falsch adressierte Beschwerden sind vom Beschwerdegericht im ordentlichen Geschäftsgang[356] an das Familiengericht zu übersenden.[357] Beschwerdeberechtigt sind gem. § 59 FamFG die Eltern und nach § 60 FamFG das Kind nach Vollendung des 14. Lebensjahres sowie der Verfahrensbeistand gem. § 158 Abs. 4 S. 5 FamFG und das Jugendamt nach § 162 FamFG. Jedenfalls bei entsprechenden Anträgen der Beteiligten kann im Beschwerdeverfahren, für das ebenfalls der Amtsermittlungsgrundsatz nach § 26 FamFG gilt, eine reformatio in peius erfolgen.[358] Als verfahrensleitende Zwischenverfügung ist aber die Bestellung eines Verfahrensbeistands nicht selbstständig anfechtbar (§ 158 Abs. 3 S. 4 FamFG). Das Beschwerdegericht[359] kann nach § 64 Abs. 3 FamFG eine einstweilige Anordnung erlassen. Nach § 68 Abs. 3 S. 2 FamFG kann das Beschwerdegericht von der Wiederholung von Verfahrenshandlungen bei nicht zu erwartendem[360] Erkenntnisgewinn absehen,[361] das Beschwerdegericht hat aber einen Zeugen erneut zu vernehmen, wenn es dessen Aussage anders würdigen will als das Familiengericht.[362] Eine Zurückverweisung scheidet aus, wenn das Beschwerdegericht aufgrund seiner anderen materiellrechtlichen Würdigung des Beteiligtenvorbringens eine Beweisaufnahme für erforderlich hält.[363] Die **Rechtsbeschwerde** findet nur bei nicht nachholbarer[364] Zulassung[365] durch das Beschwerdegericht[366] statt, nur bei Unterbringungssachen ist sie nach § 70 Abs. 2 FamFG generell zulässig. § 75 FamFG eröffnet bei Zustimmung des Gegners und Zulassung durch den Bundesgerichtshof eine die Beschwerde ausschließen-

348 OLG Celle 16.1.2014 – 10 UF 248/13, FamRZ 2014, 1046.
349 BGH 10.9.2015 – III ZB 56/14, FamRZ 2016, 41.
350 BGH 14.7.2015 – II ZB 27/14, FamRZ 2015, 1715.
351 BGH 25.9.2013 – XII ZB 200/13, FamRZ 2014, 31.
352 BGH 9.10.2013 – XII ZB 311/13, FamRZ 2013, 1966.
353 BGH 13.1.2015 – VI ZB 61/14, FamRZ 2015, 653.
354 BGH 4.11.2015 – XII ZB 289/15, FamRZ 2016, 209.
355 BGH 19.9.2013 – IX ZB 67/12, FamRZ 2014, 31.
356 BGH 19.12.2012 – XII ZB 61/12, FamRZ 2013, 436.
357 BGH 17.8.2011 – XII ZB 50/11, FamRZ 2011, 1649.
358 BGH NJW 1982, 226.
359 Nach BGH FamRZ 2010, 548 auch das Rechtsbeschwerdegericht.
360 Erneute Anhörung aber nach BGH 2.12.2015 – XII ZB 227/12, FamRZ 2016, 300 nach neuer Begutachtung im Beschwerdeverfahren.
361 OLG Brandenburg 3.8.2015 – 13 UF 190/14, FamRZ 2016, 240.
362 BGH 21.6.2011 – II ZR 193/10, FamRZ 2011, 1504.
363 BGH 14.6.2012 – IX ZR 150/11, FamRZ 2012, 1379.
364 BGH 9.7.2014 – XII ZB 7/14, FamRZ 2014, 1620.
365 Die nach BVerfG 7.9.2015, FamRZ 2015, 2123 im Falle der Wahrung einer einheitlichen Rechtsprechung geboten ist.
366 Nach BGH 20.7.2011 – XII ZB 445/10, FamRZ 2011, 1728, bedeutet eine fehlerhafte Rechtsmittelbelehrung keine konkludente Rechtsbeschwerdezulassung.

de Sprungrechtsbeschwerde.[367] Auch in Sorgeverfahren ist insbesondere in beschleunigten Verfahren nach § 155 FamFG[368] eine Untätigkeitsbeschwerde zulässig, wenn das Verfahren nicht in angemessener Zeit zum Abschluss gebracht werden kann.[369] Nach der Beschwerde ist ein materielles Abänderungsverfahren nach § 1696 möglich.[370] Die Gehörsrüge ist in § 44 FamFG geregelt.

Einstweilige Anordnungen nach § 58 FamFG sind auch beim Scheidungsverbund isolierte Verfahren, für die ebenfalls Amtsermittlung nach § 26 FamFG gilt, und setzen neben einem Antrag ein dringendes Regelungsbedürfnis für ein sofortiges Einschreiten des Gerichts voraus, das weiteres Abwarten bis zur endgültigen Entscheidung in der Sache nicht gestattet (bei beschleunigten Verfahren ist regelmäßig das Zuwarten bis zum innerhalb eines Monats nach Antragseingang stattfindenden frühen Termin nach §§ 155, 156 FamFG zumutbar, so dass einem Antrag auf Erlass einer einstweiligen Anordnung grundsätzlich das Eilbedürfnis nach § 49 FamFG fehlt; ist nämlich die anhängige Hauptsache entscheidungsreif, darf keine einstweilige Anordnung mehr erlassen werden[371]);[372] die vorläufige Prüfung[373] muss eine gewisse Wahrscheinlichkeit dafür ergeben, dass die einstweilige Anordnung mit der Hauptsacheentscheidung den gleichen Inhalt haben wird.[374] Ein Regelungsbedürfnis ist zu bejahen, wenn das vorübergehend praktizierte Wechselmodell die Kinder sehr belastet, weil ihr Streit über das Aufenthaltsbestimmungsrecht[375] oder die Einbeziehung von Lehrern und Polizei unmittelbar das Kindeswohl beeinträchtigt.[376] Die einstweilige Anordnung darf nicht über das erforderliche Maß zur Abwendung der dem Kind drohenden Nachteile hinausgehen, so dass beispielsweise bei drohender Kindesentführung durch einen Elternteil nur das Aufenthaltsbestimmungsrecht[377] auf den anderen Elternteil (samt weiterer Sicherungsmaßnahmen wie Hinterlegung von Ausweispapieren) einstweilen übertragen werden darf,[378] ebenso bei ungesicherter Auslandsbeschulung.[379] In Fällen eigenmächtiger Mitnahme des Kindes ist das zulässige einstweilige Verfahren besonders zu beschleunigen, damit der eigenmächtig handelnde Elternteil aus der von ihm ertrotzten Kontinuität[380] keine ungerechtfertigte Vorteile ziehen kann.[381] Aber auch nach eigenmächtiger Mitnahme der Kinder im Zuge der Trennung der Eltern beeinträchtigt bei offenem Ausgang des Hauptsacheverfahrens im Hinblick auf das Kindeswohl unter Berück-

24

---

367 OLG Celle 20.6.2011 – 10 UF 145/11, FamRZ 2011, 1617.
368 OLG Schleswig 18.1.22011 – 10 WF 3/11, FamRZ 2011, 1085.
369 BVerfG NJW 2001, 961.
370 MK/Hennemann § 1671 Rn. 158.
371 OLG Brandenburg 23.9.2013 – 9 UF 135/13, FamRZ 2014, 784.
372 Dagegen besteht für eine Hauptsache auch nach einer einstweiligen Anordnung ein Rechtsschutzbedürfnis: OLG Nürnberg FamRZ 2010, 1679.
373 Im einstweiligen Anordnungsverfahren kommt die Einholung eines Sachverständigengutachtens regelmäßig nicht in Betracht nach OLG Saarbrücken 30.9.2010 – 6 UF 86/10, FamRZ 2011, 131.
374 MK/Hennemann § 1671 Rn. 159; aA OLG Brandenburg 23.9.2013 – 13 UF 180/13, FamRZ 2014, 1038.
375 OLG Hamm 28.7.2011 – II-8 UF 86/11, FamRZ 2012, 236.
376 OLG Köln 20.4.2012 – II-4 UF 53/12, FamRZ 2013, 47.
377 OLG Brandenburg 28.6.2011 – 10 WF 229/10, FamRZ 2012, 236.
378 MK/Hennemann § 1671 Rn. 159.
379 OLG Hamm 15.11.2010 – 8 WF 240/10, FamRZ 2011, 1151.
380 Dazu OLG Hamm 5.7.2012 – 11 UF 106/12, FamRZ 2013, 47.
381 OLG Saarbrücken 6.4.2011 – 6 UF 40/11, FamRZ 2011, 1739; 25.5.2011 – 6 UF 76/11, FamRZ 2011, 1740.

sichtigung einer negativen Bindungstoleranz des weggezogenen Elternteils[382] ein mehrfacher Wechsel der Bezugsperson infolge einer einen Obhutswechsel anordnenden einstweiligen Anordnung das Kindeswohl,[383] so dass auch in der Beschwerdeinstanz eine neuerliche Aufenthaltsänderung des Kindes in der Regel nicht dem Kindeswohl entspräche.[384] Nimmt allerdings ein Elternteil das Kind eigenmächtig aus seiner gewohnten Umgebung beim bisher betreut habenden Elternteil, entspricht die rasche Rückkehr des Kindes regelmäßig dem Kindeswohl.[385] Gegen die Entscheidung über einen Antrag auf einstweilige Anordnung ist unbefristet nur mit der Rechtsschutzbedürfnisverwirkungsgrenze nach § 54 Abs. 2 FamFG Antrag auf mündliche Verhandlung zulässig (ohne den auch keine Verfassungsbeschwerde mangels Rechtswegerschöpfung zulässig ist);[386] erfolgt nach mündlicher Verhandlung eine positive oder negative (dh den Antrag auf einstweilige Anordnung zurückweisende) Sorgerechtsregelung, ist nach § 57 FamFG nur die zweiwöchige Beschwerde zulässig.[387] Bei dieser Beschwerdeentscheidung ist grundsätzlich dem Kind sein Daseinsmittelpunkt bis zur endgültigen Klärung zu erhalten.[388] Außerdem kann nach[389] der aufgrund der Anhörung erfolgten Entscheidung gem. § 54 Abs. 1 FamFG Antrag auf Abänderung der Entscheidung über einen einstweiligen Anordnungsantrag und darüber eine mündliche Verhandlung beantragt werden. Schließlich kann auf Antrag nach § 52 Abs. 1 FamFG das Familiengericht für die Einleitung des Hauptsacheverfahrens unanfechtbar eine Frist setzen[390] und nach fruchtlosem Ablauf die einstweilige Anordnung aufheben.[391] Unzulässig[392] ist auch nach Anhörung[393] die isolierte Kostenbeschwerde gegen einstweilige Anordnungen.[394] Trotz Richterablehnung nach § 6 FamFG kann nach § 47 ZPO in einstweiligen Anordnungsverfahren wie in beschleunigten Verfahren nach § 155 FamFG verhandelt und entschieden werden.[395]

25 Im Sorgerechtsverfahren[396] ist im Falle der VKH-Gewährung grundsätzlich[397] auch antragsgemäß ein **Rechtsanwalt**[398] **beizuordnen**.[399] Dem Beteiligten ist im Rahmen der bewilligten Verfahrenskostenhilfe ein Rechtsanwalt beizuordnen,

---

382 OLG Nürnberg 22.5.2013 – 7 UF 641/13, FamRZ 2013, 1588.
383 OLG Brandenburg FamRZ 2013, 1829.
384 KG 9.4.2014 – 17 UF 27/14, FamRZ 2014, 1790.
385 OLG Brandenburg 8.2.2013 – 3 UF 11/13, FamRZ 2013, 1739; OLG Saarbrücken 6.4.2011 – 6 UF 40/11, FamRZ 2011, 1739.
386 BVerfG FamRZ 2005, 966.
387 OLG Zweibrücken 8.10.2010 – 6 WF 196/10, FamRZ 2011, 497.
388 OLG Karlsruhe FamRZ 2008, 633; OLG Hamm FamRZ 2009, 432; OLG Saarbrücken FamRZ 2010, 139; OLG Köln FamRZ 2010, 1680.
389 OLG Celle 25.10.2012 – 10 WF 310/12, FamRZ 2013, 569.
390 AA bei Ablehnung der Hauptsachefristsetzung OLG Stuttgart 20.7.2015 – 11 UF 113/15, FamRZ 2015, 2078.
391 OLG Zweibrücken 15.5.2012 – 2 UF 64/12, FamRZ 2013, 238.
392 KG 26.6.2014 – 25 WF 54/14, FamRZ 2014, 1929.
393 OLG Frankfurt/M. 14.6.2012 – 3 WF 119/12, FamRZ 2013, 569.
394 OLG Frankfurt/M. 30.10.2013 – 5 WF 146/13, FamRZ 2014, 593.
395 Firsching/Schmid, Familienrecht, 8. Aufl. 2015, Rn. 1014.
396 Die Bewilligung von Verfahrenskostenhilfe im Sorgeverfahren umfasst nicht einen Umgangsvergleich nach OLG Celle FamRZ 2009, 715.
397 OLG Stuttgart 1.3.2011 – 11 WF 38/11, FamRZ 2011, 1160; anders bei einvernehmlicher Sorgerechtsregelung nach OLG Hamm 9.2.2012 – II-8 WF 1/12, FamRZ 2012, 1577.
398 Nach BGH FamRZ 2009, 37, auch eine Rechtsanwaltssozietät.
399 Aber nicht in eigener Sache nach OLG München FamRZ 2009, 899.

wenn dies wegen der Schwierigkeit der Sach- oder Rechtslage erforderlich ist, wobei sich die Erforderlichkeit auch nach den subjektiven Fähigkeiten des Beteiligten[400] oder dem Grundsatz der Waffengleichheit beurteilt.[401] Die Beiordnung eines neuen Anwalts ist nur bei Verzicht des neuen Anwalts auf bereits entstandene Gebühren[402] oder einer Mandatskündigung des Bedürftigen aus wichtigem Grund möglich,[403] ein auswärtiger Anwalt kann nur gem. § 121 Abs. 3 ZPO beigeordnet werden,[404] allerdings kann nach § 121 Abs. 4 ZPO bei grundsätzlich erforderlichem persönlichen Anwaltsgespräch mit dem auswärtigen Beteiligten[405] ein Terminsanwalt[406] oder Verkehrsanwalt beigeordnet werden.[407] Auch bei Ablehnung der Anwaltsbeiordnung ist diese Entscheidung vor dem Termin mitzuteilen,[408] ansonsten ist die Anwaltsbeiordnung aus Vertrauensschutzgesichtspunkten nach Beschwerdeeinlegung zu gewähren.[409] Für die Gewährung von **Verfahrenskostenhilfe** bedarf es nach § 114 ZPO keiner Prüfung der Erfolgsaussicht[410] der Rechtsverteidigung, wenn der andere Elternteil die Übertragung der elterlichen Sorge auf sich allein begehrt.[411] In Sorgerechtsverfahren besteht hinreichende Erfolgsaussicht, die bei vertretbaren Rechtsstandpunkt und wahrscheinlichem Verfahrenserfolg besteht,[412] schon dann, wenn das Familiengericht den Antrag nicht ohne weitere Sachverhaltsermittlungen zurückweisen kann.[413] Die getrennte Anhängigmachung von Sorge- und Umgangsrechtsantrag verstößt schon bei unterschiedlicher Eilbedürftigkeit nicht gegen das Gebot kostensparender Verfahrensführung.[414] Schwierige ungeklärte Rechts- und Tatfragen dürfen nicht zur VKH-Versagung führen.[415] Vor Versagung der VKH des Antragstellers wegen mangelnder Verfahrensfähigkeit muss ihm Gelegenheit zur Betreuerbestellung gegeben werden,[416] dem Antragsgegner ist erforderlichenfalls vorweg ein Prozesspfleger gem. §§ 9 FamFG, 57 ZPO zu bestellen.[417] Vor VKH-Ablehnung wegen Nichtvorlage des VKH-Formulars samt Unterlagen hat eine gerichtliche Fristsetzung zu erfolgen,[418] im Beschwerdeverfahren können die Unterlagen noch nachgeliefert werden.[419] Im VKH-Prüfungsverfahren kann mit

---

400 KG 12.7.2011 – 17 WF 172/11, FamRZ 2011, 1741; OLG Stuttgart 1.3.2011 – 11 WF 38/11, FamRZ 2011, 1160.
401 BGH FamRZ 2010, 1427.
402 OLG Saarbrücken 4.2.2015 – 9 WF 102/14, FamRZ 2015, 1922; OLG Koblenz 8.6.2015 – 13 WF 549/15, FamRZ 2015, 1923.
403 OLG Köln FamRZ 2010, 747; OLG Hamm 13.6.2012 – II-8 WF 131/12, FamRZ 2013, 393.
404 KG 11.11.2010 – 19 WF 180/10, FamRZ 2011, 835.
405 OLG Bamberg 25.11.2011 – 2 WF 269/11, FamRZ 2012, 651.
406 OLG Köln 30.3.2012 – 4 WF 28/12, FamRZ 2012, 1323.
407 OLG Karlsruhe 31.1.2013 – 16 WF 22/13, FamRZ 2013, 1596.
408 OLG Celle 18.2.2011 – 10 WF 53/11, FamRZ 2011, 1161.
409 OLG Karlsruhe 26.10.2012 – 18 WF 303/12, FamRZ 2013, 895.
410 Die nach BVerfG FamRZ 2008, 399, bei Verfahrensbeginn zu prüfen ist.
411 OLG Rostock FamRZ 2005, 1914.
412 OLG Karlsruhe 24.8.2015 – 18 WF 97/15, FamRZ 2016, 250.
413 OLG Saarbrücken 15.12.2011 – 9 WF 113/11, FamRZ 2012, 1157; OLG Brandenburg 15.10.2103 – 3 WF 115/13, FamRZ 2014, 322.
414 OLG Brandenburg 10.8.2016 – 9 WF 208716, FamRZ 2017, 311.
415 BVerfG 16.1.2013 – 1 BvR 2004/10, FamRZ 2013, 605.
416 BGH 9.11.2010 – VIII ZB 55/10, FamRZ 2011, 1318.
417 OLG Bremen 10.6.2015 – 4 WF 46/15, FamRZ 2015, 2078.
418 OLG Saarbrücken 27.10.2011 – 9 WF 85/11, FamRZ 2012, 806; OLG Brandenburg 25.3.2014 – 10 WF 19/14, FamRZ 2015, 352.
419 OLG Hamburg 31.1.2015 – 7 WF 1/15, FamRZ 2015, 1315.

der Ausnahme des § 118 Abs. 1 S. 3 ZPO keine VKH bewilligt werden.[420] Die Entscheidung über die Verfahrenskostenhilfe ist unverzüglich[421] nach Vorliegen der Verfahrenskostenhilfeunterlagen und Äußerung des Gegners möglichst noch vor der Anhörung[422] und Endentscheidung[423] zu treffen.[424] Bei einem beteiligten Vormund kommt es ohne Relevanz von § 1836 auf die wirtschaftlichen Verhältnisse des Mündels an.[425] Für eine fremdnützige Verfahrensbeteiligung ist keine VKH möglich.[426] Nach Verfahrensabschluss ist keine VKH-Beantragung mehr möglich.[427] Um das Scheidungsverfahren nicht mit Folgesachen zu überfrachten, sollte auch ein erst nach Scheidungsabschluss eingeleitetes isoliertes Sorgerechtsverfahren nicht als mutwillig angesehen werden.[428] Ein wiederholter Verfahrenskostenhilfeantrag kann bei unverändertem Sachverhalt wegen Rechtsmissbrauchs zurückgewiesen werden.[429] Nach Antragsrücknahme oder Tod kommt keine VKH mehr in Betracht.[430] Dass der VKH-Gegner im VKH-Prüfverfahren Einwendungen zurückhält, führt nicht zur Mutwilligkeit im Sinne von § 114 ZPO seines eigenen VKH-Antrags.[431] Nicht mutwillig ist neben einem einstweiligen Anordnungsverfahren wegen der nur der Hauptsacheentscheidung zukommenden Wirkung des § 1696 ein daneben geltend gemachter Sorgerechtshauptsacheantrag.[432] Nicht mutwillig ist ferner ein Sorgerechtsantrag jedenfalls ohne vorherige in den Erfolgsaussichten[433] zweifelhafte[434] Jugendamtsvermittlung.[435] Mutwillig ist ein neuer Antrag trotz Mediation.[436] Ferner sind die gegenwärtigen[437] Einkommens- und Vermögensverhältnisse nach § 115 ZPO zu prüfen. Bei unrichtiger Darstellung des Streitverhältnisses kann nach § 124 Abs. 1 Nr. 1 ZPO die VKH wieder aufgehoben werden.[438] Eine vollständige Aufhebung der VKH-Bewilligung[439] nach dem keine Kausalität[440] verlangenden § 124 Abs. 1 Nr. 2 ZPO[441] steht einer erneuten Antragstellung mit

---

420 OLG Karlsruhe 2.4.2015 – 18 WF 218/14, FamRZ 2015, 1920.
421 OLG Stuttgart 1.3.2011 – 11 WF 38/11, FamRZ 2011, 1160.
422 OLG Schleswig 4.7.2011 – 10 WF 82/11, FamRZ 2011, 1971.
423 BGH 4.11.2015 – XII ZB 289/15, FamRZ 2016, 209.
424 OLG Saarbrücken 21.2.2011 – 6 WF 140/10, FamRZ 2011, 1157.
425 BGH 19.1.2011 – XII ZB 323/10, FamRZ 2011, 633.
426 BGH 22.10.2014 – XII ZB 125/14, FamRZ 2015, 133.
427 OLG Koblenz 20.11.2014 – 7 WF 1000/14, FamRZ 2015, 1314.
428 OLG Hamm 30.1.2014 – 6 WF 143/13, FamRZ 2014, 1879; aA OLG Karlsruhe FamRZ 2006, 494.
429 OLG Celle 31.1.2011 – 10 WF 17/11, FamRZ 2011, 914.
430 BGH 17.10.2013 – III ZA 274/13, FamRZ 2014, 196.
431 OLG Hamm 6.3.2014 – II-3 WF 269/13, FamRZ 2014, 1475.
432 OLG München FamRZ 2012, 1234; aA OLG Köln 14.12.2010 – 4 WF 230/10, FamRZ 2011, 115.
433 OLG Karlsruhe 24.8.2015 – 18 WF 97/15, FamRZ 2016, 250.
434 OLG Schleswig 9.6.2011 – 10 WF 86/11, FamRZ 2011, 1881.
435 OLG Stuttgart 1.3.2011 – 11 WF 38/11, FamRZ 2011, 1160.
436 OLG Nürnberg 22.7.2015 – 11 WF 700/15, FamRZ 2016, 251.
437 OLG Stuttgart 4.7.2011 – 18 WF 131/11, FamRZ 2011, 1885.
438 OLG Hamm 23.3.2015 – II-4 WF 45/15, FamRZ 2015, 1418.
439 Die Aufhebung ist nach Verfahrensabschluss dem Beteiligten selbst zuzustellen: OLG Dresden FamRZ 2009, 1425.
440 BGH 10.10.2012 – IV ZB 16/12, FamRZ 2013, 124.
441 Nach BGH 19.8.2015 – XII ZB 208/15, FamRZ 2015, 1874 im VKH-Bewilligungsverfahren wegen des insofern einschlägigen § 118 Abs. 2 S. 4 ZPO nicht analog anwendbar.

nunmehr richtigen Angaben aber nicht entgegen.[442] Nur bei verschuldeter[443] Ratennichtzahlung[444] kann VKH nach § 124 Abs. 1 Nr. 5 ZPO aufgehoben werden.[445] Verfahrenskostenhilfe darf nicht versagt werden, wenn die Entscheidung von einer ungeklärten Rechtsfrage abhängt oder das Familiengericht von einer höchstrichterlich geklärten Rechtsauffassung abweichen will.[446] Dem Gegner kann in jedem Fall unanfechtbar[447] Einsicht in die VKH-Unterlagen bei Bestehen eines auch nicht fälligen materiellrechtlichen Auskunftsanspruchs[448] gegeben werden.[449] Ein auch nur per Gericht durchsetzbarer[450] mindestens ratenweiser[451] Verfahrenskostenvorschuss[452] in einer persönlichen Angelegenheit[453] ist der Verfahrenskostenhilfe vorrangig.[454] Ein Verfahrenskostenvorschussanspruch setzt aber voraus, dass der Halbteilungsgrundsatz wie bei Quotenunterhalt nicht verletzt wird.[455] Allgemeine Stromkosten fallen anders als vom Einkommen abziehbare angemessene[456] Unterkunftskosten,[457] Wasserkosten[458] und (nach Verfahrensbeginn nur unabweisbare)[459] Kreditverbindlichkeiten[460] bereits unter den Freibetrag des VKH-Antragstellers nach § 115 Abs. 1 S. 2 Nr. 2 a ZPO,[461] der hinsichtlich des in einem Wechselmodell lebenden Kindes bei beiden Eltern vom Einkommen abzuziehen ist.[462] Unterhaltslasten, die ein Antragsteller zugunsten eines Lebensgefährten erbringt, sind als besondere Belastung im Rahmen einer SGB II-Bedarfsgemeinschaft anzusehen.[463] Raten für Geldstrafen und Geldbußen[464] können nicht vom Einkommen abgezogen werden. Eine das Schonvermögen übersteigende Kapitallebensversicherung ist auch bei damit bezweckter privater Altersvorsorge außer bei einer Riesterrente ohne Saldierung mit Passiva[465] einzusetzen, außer der VKH-Antragsteller wird im Alter bedürftig, wofür ihn die Darlegungslast trifft.[466] Zum Schonvermögen gehört ein Be-

---

442 OLG Brandenburg FamRZ 2009, 242.
443 OLG Koblenz 21.7.2014 – 13 WF 669/14, FamRZ 2015, 355.
444 Nach OLG Nürnberg 12.2.2015 – 11 WF 172/15, FamRZ 2015, 1315 ändern Ratenberechnungsfehler daran nichts.
445 OLG Koblenz 3.7.2013 – 13 WF 580/13, FamRZ 2014, 782.
446 BVerfG FamRZ 2007, 1876.
447 OLG Bremen 12.10.2011 – 5 WF 100/11, FamRZ 2012, 649; OLG Nürnberg 10.10.2014 – 9 WF 1163/14, FamRZ 2015, 684.
448 OLG Karlsruhe 29.8.2014 – 2 WF 167/14, FamRZ 2015, 597.
449 Giers, Die Reform der Prozesskosten-, Verfahrenskosten- und Beratungshilfe, FamRZ 2013, 1341.
450 OLG Koblenz 23.9.2013 – 13 WF 860/13, FamRZ 2014, 230.
451 OLG Celle 4.11.2013 – 17 WF 203/13, FamRZ 2014, 783.
452 Zur Verrechnung bei Kostenquotelung BGH FamRZ 2010, 452.
453 OLG Celle 13.3.2015 – 4 W 15/15, FamRZ 2015, 420.
454 Nach OLG Celle FamRZ 2010, 53 ist nicht zur Zahlung eines Verfahrenskostenvorschusses in Ratenform verpflichtet, wer selbst VKH-Raten zu zahlen hat.
455 OLG Köln 31.8.2012 – 4 UF 6/12, FamRZ 2013, 393.
456 Nach OLG Koblenz 18.3.2015 – 13 WF 282/15 keine Garagenkosten.
457 OLG Schleswig 24.6.2013 – 15 WF 186/13, FamRZ 2014, 57.
458 OLG Frankfurt 14.5.2013 – 4 WF 74/13, FamRZ 2014, 410.
459 OLG Brandenburg 28.2.2015 – 9 WF 37/15, FamRZ 2015, 1311.
460 OLG Brandenburg 22.4.2013 – 3 WF 48/13, FamRZ 2014, 963.
461 BGH FamRZ 2008, 781.
462 OLG Dresden 5.8.2015 – 20 WF 294/15, FamRZ 2016, 253.
463 OLG Koblenz 2.12.2014 – 7 WF 1118/14, FamRZ 2015, 1312.
464 OLG Celle 16.2.2011 – 10 WF 18/11, FamRZ 2011, 1159.
465 OLG Koblenz 10.8.2015 – 13 WF 765/15, FamRZ 2016, 253.
466 BGH FamRZ 2010, 1643.

trag von 5.000 EUR für den erwachsenen VKH-Antragsteller.[467] Zum Schonvermögen eines Vierpersonenhaushalts (ansonsten Abzug von 20 qm je Person) gehört auch eine bis 120 qm große Eigentumswohnung,[468] während Verkauf unter marktangemessenem Preis[469] oder Teilungsversteigerung von Miteigentum anders als Miteigentumsbeleihung regelmäßig unzumutbar ist,[470] allerdings der nach Ablösung der Finanzierung verbleibende Veräußerungserlös für die Verfahrenskosten einzusetzen ist.[471] Zum Schonvermögen gehört ferner ein PKW, wenn der VKH-Antragsteller das Fahrzeug braucht, weil er spezielle Mobilitätsbedürfnisse hat oder den öffentlichen Personennahverkehr nicht nutzen kann.[472] Einem Beteiligten ist Verfahrenskostenhilfe zu versagen, wenn er grob fahrlässig sein Vermögen etwa durch Erbschaftsausschlagung[473] vermindert hat, so dass die absehbaren[474] Verfahrenskosten nicht mehr aufgebracht werden können.[475] Der Beteiligte muss in seinem VKH-Antrag glaubhaft darlegen, warum früher vorhandene Geldbeträge jetzt nicht mehr zur Verfügung stehen.[476] Der bedürftigen Partei ist es auch im Rahmen von § 120 a ZPO[477] mit Sanktionsmöglichkeit nach § 124 ZPO[478] (später erhaltene Unterhaltsabfindungen auch aus dem streitgegenständlichen Verfahren sind dabei in monatliche Unterhaltseinkünfte umzurechnen)[479] zuzumuten, ein durch Veräußerung des früheren Familienheims erlangtes Vermögen selbst bei Neukauf eines angemessenen[480] Hausgrundstücks nach § 90 Abs. 2 Nr. 8 SGB XII für Prozesskosten einzusetzen.[481] Die Veräußerung eines Hausgrundstücks ist nicht zumutbar, wenn die Veräußerungskosten in keinem vernünftigen Verhältnis zu den zu erwartenden Verfahrenskosten stehen.[482] Leistungen nach dem SGB II und Kindergeld[483] sind zu berücksichtigendes Einkommen des VKH-Antragstellers,[484] nicht dagegen vor endgültiger Bewilligung Ausbildungsbeihilfe.[485] Bei einer missbräuchlichen Einkommensverlagerung auf den nichtehelichen Lebenspartner sind dessen Einkünfte beim VKH-Antragsteller zu berücksichtigen.[486] Notwendige Fahrtkosten zum Arbeitsplatz sind nach § 3 Nr. 2 a der VO zu § 82 SGB XII mit 5,20 EUR

---

467 OLG Nürnberg 20.8.2014 – 11 UF 744/14, FamRZ 2015, 351.
468 OLG Saarbrücken 9.12.2010 – 9 WF 113/10, FamRZ 2011, 1159.
469 OLG Hamm 16.5.2012 – II-2 WF 93/11, FamRZ 2013, 144.
470 OLG Karlsruhe 12.10.2011 – 5 WF 153/11, FamRZ 2012, 386.
471 OLG Celle 5.11.2013 – 17 WF 223/13, FamRZ 2014, 963.
472 OLG Hamm 11.9.2013 – II-2 WF 145/13, FamRZ 2014, 409.
473 OLG Saarbrücken 16.1.2012 – 9 WF 135/11, FamRZ 2012, 1577.
474 OLG Hamm 25.3.2014 – II-2 WF 193/13, FamRZ 2014, 2017.
475 OLG Karlsruhe FamRZ 2008, 142.
476 BGH FamRZ 2008, 1163.
477 Nach OLG Frankfurt 11.10.2016 – 2 WF 237/16, FamRZ 2017, 992, ist die Tätigkeit des beigeordneten Rechtsanwalts im Verfahrenskostenhilfeüberprüfungsverfahren keine gesondert zu vergütende neue Angelegenheit im Sinne von § 15 Abs. 5 S. 2 RVG.
478 Nur die Erklärung über die Änderung der Verhältnisse ist abzugeben: OLG Braunschweig FamRZ 2009, 1507.
479 OLG Karlsruhe 23.1.2014 – 2 WF 271/13, FamRZ 2014, 1724.
480 Konkretisiert durch das Wohnraumförderungsgesetz laut OLG Celle FamRZ 2009, 532.
481 BGH FamRZ 2008, 250.
482 OLG Brandenburg FamRZ 2009, 1233.
483 OLG Bamberg 21.2.2014 – 2 WF 158/13, FamRZ 2015, 349; OLG Karlsruhe 26.6.2015 – 18 WF 70/15, FamRZ 2016, 72.
484 BGH FamRZ 2010, 1324.
485 BVerfG 29.9.2015 – 1 BvR 1125/14, FamRZ 2016, 30.
486 OLG Karlsruhe FamRZ 2010, 748.

pro Entfernungskilometer zuzüglich Kraftfahrzeuganschaffungskosten[487] anzusetzen,[488] alternativ nach unterhaltsrechtlichen Leitlinien mit 0,30 EUR/km zu bemessen.[489] Unterhaltsabfindungen sind in monatliche Unterhaltseinkünfte umzurechnen.[490] Die Fähigkeit, durch Arbeit Geld verdienen und so die Prozessführung finanzieren zu können, ist wie fiktives Einkommen[491] oder vorhandenes Vermögen zu berücksichtigen,[492] die Finanzierung des Lebensunterhalts muss glaubhaft gemacht werden.[493] Unberücksichtigt bleibt Einkommen des VKH-Antragstellers, das im Rahmen einer Bedarfsgemeinschaft nach SGB II anderen Mitgliedern der Bedarfsgemeinschaft zugerechnet wird.[494] Die VKH-Bewilligung bewirkt eine Befreiung von den Gerichtskosten, allerdings kann der Gegner für Gerichtskosten nach dem FamGKG haften. Zu den zu entschädigenden Reisekosten eines Beteiligten, die aber jedenfalls zeitnah zum Anhörungstermin geltend zu machen sind,[495] gehören neben den Fahrtkosten auch unvermeidbare Zehr- und Übernachtungskosten, nicht jedoch eine Entschädigung für den Zeitaufwand oder ein Verdienstausfall.[496] Im Rahmen der Verfahrenskostenhilfe besteht kein Anspruch auf Zahlung der Kosten für die Einholung eines Privatgutachtens, das das Gerichtsgutachten erschüttern soll.[497] Bei einer Mitwirkung an einer rein außergerichtlichen Vereinbarung über einen nicht anhängigen Gegenstand entsteht ohne spezielle VKH-Beiordnung kein Anspruch gegen die Staatskasse auf Erstattung einer Einigungsgebühr,[498] die aber auch bei Zwischeneinigung zur Vermeidung eines konkret bevorstehenden einstweiligen Anordnungsverfahrens[499] neben einer Verfahrensdifferenzgebühr[500] und einer Terminsgebühr[501] nach entsprechend[502] auszulegender[503] VKH-Erstreckung auf einen gerichtlichen Vergleich[504] entsteht.[505] Im Kostenfestsetzungsverfahren werden Reisekosten des Rechtsanwalts bei Absehbarkeit auf die Kosten eines fiktiven Unterbevollmächtigten begrenzt.[506] Eine Anrechnung[507] der vorprozessual entstandenen Verfahrensgebühr auf die dem im Rahmen der Verfahrenskostenhilfe beigeordneten Rechtsanwalt aus der Staatskasse zu vergütende Verfah-

---

487 BGH 8.8.2012 – XII ZB 291/11, FamRZ 2012, 1629.
488 BGH 13.6.2012 – XII ZB 658/11, FamRZ 2012, 1374.
489 OLG Karlsruhe FamRZ 2008, 2288.
490 OLG Karlsruhe 23.1.2014 – 2 WF 271/13, FamRZ 2014, 1724.
491 OLG Brandenburg FamRZ 2010, 827.
492 KG FamRZ 2008, 2302.
493 OLG Brandenburg 6.3.2012 – 9 WF 49/12, FamRZ 2012, 1403.
494 OLG Dresden FamRZ 2008, 2287.
495 OLG Dresden 6.12.2013 – 20 WF 1161/13, FamRZ 2014, 1872.
496 OLG Bamberg FamRZ 2008, 2300.
497 OLG Dresden 8.1.2016 – 22 UF 966/14, FamRZ 2017, 62.
498 OLG Koblenz 28.9.2015 – 11 WF 888/15, FamRZ 2016, 659.
499 OLG Celle 20.4.2015 – 15 WF 79/124, FamRZ 2016, 255.
500 OLG Köln 29.4.2013 – 25 WF 235/12, FamRZ 2014, 1875; aA OLG Koblenz 19.5.2014 – 13 WF 369/14, FamRZ 2014, 1877.
501 OLG Köln 29.4.2013 – 25 WF 235/12, FamRZ 2014, 1875; aA OLG Celle 21.1.2011 – 10 WF 6/11, FamRZ 2011, 835.
502 OLG Zweibrücken 3.7.2015 – 6 WF 40/15, FamRZ 2016, 254.
503 OLG Frankfurt/M. 8.10.2012 – 5 WF 230/12, FamRZ 2013, 906.
504 Nach OLG Koblenz 20.2.2015 – 13 WF 144/15, FamRZ 2015, 1518 sind gemäß pflichtgemäßem Ermessen jedenfalls Vergleiche in Familiensachen zu protokollieren.
505 OLG Nürnberg 22.12.2010 – 7 WF 1773/10, FamRZ 2011, 1976.
506 OLG Stuttgart FamRZ 2008, 1011.
507 Nach dem Grundsatz erst anrechnen, dann nach § 15 Abs. 3 RVG kürzen nach OLG München 7.3.2012 – 11 WF 360/12, FamRZ 2012, 1413.

rensgebühr erfolgt zunächst auf die Wahlanwaltsgebühr[508] und nur bei tatsächlicher Mandantenzahlung.[509] Die Staatskasse kann nach § 59 RVG übergeleitete Ansprüche gegen den keine VKH habenden Gegner geltend machen.[510] Nach sofortiger Beschwerde gegen eine VKH-Entscheidung gem. § 76 Abs. 2 FamFG, §§ 127, 567 ZPO, die in einstweiligen Anordnungsverfahren nur nach Maßgabe des § 57 FamFG zulässig[511] und bei der eine erstinstanzliche Rechtskraft zu berücksichtigen ist,[512] hat das Familiengericht sich im Nichtabhilfebeschluss konkret mit dem Beschwerdevorbringen auseinanderzusetzen,[513] ansonsten kann eine Zurückverweisung erfolgen.[514] Gegen die Versagung der Rechtsanwaltsbeiordnung im einstweiligen Anordnungsverfahren ist auch bei unanfechtbarer Hauptsacheentscheidung die Beschwerde statthaft,[515] aber nicht durch den Rechtsanwalt.[516] Die Staatskasse kann sich nach § 127 Abs. 3 ZPO nur[517] mit dem Ziel einer ziffern- und datumsmäßig festgelegten[518] Zahlungsanordnung wegen ausreichender persönlicher und wirtschaftlicher Verhältnisse bei ratenfreier VKH beschweren.[519]

26 Der **Verfahrenswert** beträgt regelmäßig[520] nach § 44 FamGKG im Verbund 20 % des Scheidungsverfahrenswerts und im isolierten Verfahren nach § 45 FamGKG 3.000 EUR[521] sowie 1.500 EUR im einstweiligen Anordnungsverfahren wegen § 41 FamGKG.[522] Dabei kann eine Anhebung bei mehreren Gutachten,[523] außergewöhnlichem Elternkonfliktpotential[524] und mehreren Anhörungen[525] und regelmäßig keine Absenkung in Betracht kommen.[526] Nach Abtrennung gem. § 140 FamFG ist der Gegenstandswert nach § 45 FamGKG zu bestimmen.[527] Der Verfahrenswert für die Beschwerdeinstanz wird bei Erweiterung des Streitgegenstandes im Beschwerdeverfahren durch alleinige Folgesachenanfechtung nicht auf den Verfahrenswert der ersten Instanz nach § 40 FamGKG begrenzt.[528] Die regelmäßig auch bei Rücknahme eines nicht völlig

---

508 OLG Braunschweig 22.3.2011 – 2 W 18/11, FamRZ 2011, 1683.
509 OLG Frankfurt/M. 20.3.2012 – 4 WF 204/11, FamRZ 2013, 323.
510 OLG München 1.8.2013 – 11 WF 1178/13, FamRZ 2014, 1880.
511 OLG Celle 30.11.2010 – 10 WF 375/10, FamRZ 2011, 918; OLG Hamm 11.5.2011 – II-8 WF 281/10, FamRZ 2012, 53.
512 OLG Koblenz 26.8.2014 – 13 WF 704/14, FamRZ 2015, 355; aA OLG Schleswig 4.7.2011 – 10 WF 82/11, FamRZ 2011, 1971.
513 OLG Köln FamRZ 2010, 146.
514 OLG Karlsruhe 25.9.2013 – 20 WF 165/13, FamRZ 2014, 680.
515 BGH 18.5.2011 – XII ZB 265/10, FamRZ 2011, 1138.
516 OLG Hamm 29.12.2010 – II-10 WF 181/10, FamRZ 2011, 1163.
517 BGH 26.9.2012 – XII ZB 664/10, FamRZ 2013, 213.
518 OLG Hamm 16.5.2012 – II-2 WF 249/11, FamRZ 2013, 142.
519 BGH 19.9.2012 – XII ZB 587/11, FamRZ 2013, 123.
520 OLG Karlsruhe FamRZ 2007, 163.
521 Nach OLG Brandenburg 6.10.2014 – 10 WF 55/14, FamRZ 2015, 1750 auch in Verfahren nach § 1628.
522 Nach OLG Brandenburg 13.11.2014 – 10 WF 123/14, FamRZ 2015, 1748 ist nur für den Hauptsachevergleich im einstweiligen Anordnungsverfahren § 41 FamGKG nicht anzuwenden.
523 OLG Koblenz 21.1.2015 – 7 WF 57/15, FamRZ 2015, 1751.
524 KG 4.6.2014 – 13 WF 116/14, FamRZ 2015, 432.
525 OLG Köln FamRZ 2006, 1219.
526 OLG Celle 24.1.2012 – 10 WF 11/12, FamRZ 2012, 1748.
527 OLG Hamm FamRZ 2008, 1095.
528 OLG München FamRZ 2006, 632.

aussichtslosen Antrags[529] und unterschiedlichen wirtschaftlichen Verhältnissen[530] auf Kostenaufhebung lautende[531] Kostenentscheidung richtet sich nach § 81 FamFG,[532] die Gerichtsgebühren nach KV 1310 des FamGKG, die nach § 19 RVG festsetzbaren[533] Anwaltsgebühren nach dem RVG. Kostenpflichtig im Sinne des § 81 Abs. 1 FamFG können nur formell Beteiligte sein.[534] Das Jugendamt als Amtsvormund ist Mussbeteiligter des Umgangsverfahrens.[535] Dem minderjährigen Kind[536] und dem Verfahrensbeistand[537] können in Kindschaftssachen keine Kosten auferlegt werden. Bei der Ermessensentscheidung nach § 81 Abs. 1 FamFG wird regelmäßig eine Auferlegung von Kosten auf den Amtsvormund nur unter den Voraussetzungen des § 81 Abs. 2 FamFG oder bei Vorliegen eines hiermit vergleichbaren Falles angebracht sein.[538] Bei der Ermessensentscheidung nach § 81 Abs. 1 FamFG sind auch Kostenbefreiungstatbestände zu berücksichtigen.[539] Der Amtsvormund ist im Umgangsverfahren gemäß § 64 Abs. 3 S. 2 SGB X von den Gerichtskosten befreit.[540] Hat der Sorgerechtsantrag wegen des erfragbaren beachtlichen entgegenstehenden Kindeswillens keinen Erfolg, sind dem Antragsteller die Verfahrenskosten aufzuerlegen.[541] Die in einem Umgangsstreit entstandenen Sachverständigenkosten können dem betreuenden Elternteil auferlegt werden, wenn diesen die Verantwortung für die Umgangsverweigerung der Kinder trifft.[542] Die Kostenentscheidung kann nur auf die Ermessensfehler Ermessensnichtgebrauch oder Ermessensüberschreitung[543] (dann mit eigener Ermessensentscheidung des Beschwerdegerichts)[544] nachgeprüft werden,[545] ihr folgt die Kostenfestsetzung gem. 104 ZPO nach, mit der nur notwendige Kosten[546] wie regelmäßig Anwaltskosten außer bei entsprechenden eigenen Fähigkeiten,[547] Reisekosten[548] und gerichtlich angeordnete Übersetzerkosten[549] erstattet werden. Beratungshilfe kann jedenfalls[550] mindestens[551] für die vier gesondert abrechenbare Komplexe Scheidung, Sorge- und Umgangsrecht, Ehe-

---

529 OLG Naumburg 9.8.2013 – 8 WF 168/13, FamRZ 2014, 687.
530 OLG Naumburg 28.7.2014 – 9 WF 60/14, FamRZ 2015, 1225.
531 OLG Köln 13.12.2011 – 4 UF 256/11, FamRZ 2012, 1162; OLG Brandenburg 24.9.2015 – 4 U 23/15, FamRZ 2016, 487.
532 Nach KG 11.10.2010 – 19 WF 136/10, FamRZ 2011, 839 führt die Verwendung des unzulässigen Lügendetektors zur Kostenniederschlagung nach § 20 FamGKG.
533 OLG Koblenz 5.3.2012 – 14 WF 123/12, FamRZ 2012, 1415.
534 BGH 28.9.2016 – XII ZB 251/16, FamRZ 2017, 50.
535 BGH 28.9.2016 – XII ZB 251/16, FamRZ 2017, 50.
536 Nach KG 12.6.2015 – 3 UF 191/14, FamRZ 2016, 81 auch nicht im Beschwerdeverfahren.
537 Außer in keine zusätzliche Vergütung auslösenden Gebührenbeschwerden nach OLG Celle 7.8.2012 – 10 UF 158/12, FamRZ 2013, 573.
538 BGH 28.9.2016 – XII ZB 251/16, FamRZ 2017, 50.
539 BGH 28.9.2016 – XII ZB 251/16, FamRZ 2017, 50.
540 BGH 28.9.2016 – XII ZB 251/16, FamRZ 2017, 50.
541 OLG Köln 27.4.2016 – 10 WF 30/16, FamRZ 2017, 545.
542 OLG Köln 1.4.2016 – II-10 UF 81/15, FamRZ 2017, 383.
543 OLG Celle 18.8.2011 – 10 UF 179/11, FamRZ 2011, 1894.
544 OLG Naumburg 1.8.2014 – 8 UF 121/14, FamRZ 2015, 1225.
545 OLG Celle 20.2.2012 – 10 UF 23/12, FamRZ 2012, 1324.
546 OLG Brandenburg 20.5.2014 – 10 WF 13/14, FamRZ 2015, 1226.
547 OLG Celle 12.6.2015 – 2 W 137/15, FamRZ 2016, 82.
548 OLG Braunschweig FamRZ 2012, 1514.
549 OLG Jena 11.2.2014 – 1 WF 58/14, FamRZ 2014, 1873.
550 OLG Dresden 7.2.2011 – 20 W 1311/10, FamRZ 2011, 1684.
551 OLG Düsseldorf 16.10.2012 – I-3 Wx 189/12, FamRZ 2013, 725.

wohnung und Haushalt und Unterhalt und Güterrecht bewilligt werden.[552] Neben der 1,3 Verfahrensgebühr entsteht eine 1,2 Terminsgebühr[553] nicht nur für den Anhörungstermin, sondern auch bei im Einverständnis der Beteiligten erfolgter schriftlicher Entscheidung.[554] Nach Verbundabtrennung muss sich der Rechtsanwalt auf die aus der selbstständigen Kindschaftssache erwachsenen Gebühren die aus den im Verbund verdienten Gebühren anrechnen lassen.[555] In nicht vermögensrechtlichen Familiensachen können Kostengrundentscheidungen auch bei Unterschreiten der Beschwerdesumme von 600 EUR nach § 61 FamFG angefochten werden.[556]

27   **2. Kooperation und FamFG.** Nach § 156 FamFG soll das Gericht auch im frühen Termin des § 155 FamFG auf ein Einvernehmen der Beteiligten hinwirken sowie neben der möglichen Güterichterverweisung nach § 36 Abs. 5 FamFG auf die Möglichkeiten der ohne Zwangsgelddurchsetzung anordnenbaren Beratung oder in geeigneten Fällen **Mediation** zur Entwicklung eines einvernehmlichen Konzepts für die Wahrnehmung der elterlichen Sorge und der elterlichen Verantwortung hinweisen und bei Nichtzustandekommen einer Einigung den Erlass einer einstweiligen Anordnung erörtern. Dabei wird zwischen den Beteiligten und dem Mediator ein Mediationsvertrag im Sinne des MediationsG geschlossen.[557] Diese Regelung geht auf das bereits bestehende sog **Cochemer Modell**[558] zurück, das unter anderem auch ein Münchener Modell inspiriert hat.

28   Das **Münchener Modell**, das Mitte 2007 in Kraft getreten ist, sieht für den in § 155 FamFG beschriebenen Anwendungsbereich einen Termin binnen eines Monats nach Eingang des Antrags vor, der wie die die nicht zwingend erforderliche schriftliche Antragserwiderung keine herabsetzenden Äußerungen über den anderen Elternteil enthalten soll und dem Jugendamt per Fax übermittelt wird, das im Termin mündlich unter Nennung der verfügbaren Beratungsstelle berichtet. Wird in diesem Termin, zu dem bei Vorliegen der Voraussetzungen gem. § 158 FamFG auch ein Verfahrensbeistand hinzugezogen wird, keine Lösung gefunden, schließt sich eine der Schweigepflicht unterliegende Beratung oder Mediation der Eltern an, nach deren Scheitern ein weiterer Termin mit Kindesanhörung binnen vier Wochen nach Mitteilung des Scheiterns durch die Beratungsstelle möglichst schon mit einem lösungsorientiert arbeitenden Sachverständigen stattfindet. Das Familiengericht München hat sich mit allen beteiligten Professionen, die wiederum untereinander organisiert sind, zum Abschluss entsprechender Kooperationsvereinbarungen getroffen. Im Arbeitskreis Münchener Modell sind der auf der Homepage des Amtsgerichts München veröffentlichte Leitfaden und für die Fälle von Gewalt, Misshandlung, Missbrauch, das Kindeswohl gefährdende Sucht oder psychische Erkrankung der Sonderleitfaden entstanden. Die Münchner Anwaltsinitiative empfiehlt bei Einschlägigkeit des Leitfadens als Hauptsacheantrag im Wesentlichen nachfolgenden **Mustersorgeantrag:**

---

552   OLG München 26.2.2015 – 11 WF 1738/14, FamRZ 2015, 1825; OLG Schleswig 25.4.2013 – 9 WF 41/13, FamRZ 2014, 241.
553   Nach OLG München 25.3.2011 – 11 W 249/11, FamRZ 2011, 1977 entsteht sie auch für jegliche außergerichtliche Vergleichsbesprechungen.
554   OLG Stuttgart 14.9.2010 – 8 WF 133/10, FamRZ 2011, 591.
555   OLG Zweibrücken 7.5.2012 – 6 WF 55/12, FamRZ 2012, 1413.
556   BGH 25.9.2013 – XII ZB 464/12, FamRZ 2013, 1876.
557   OLG Koblenz 21.1.2014 – 13 WF 43/14, FamRZ 2015, 437.
558   Beschrieben in FPR 2004, 600 ff.

▶ In Sachen M (Daten der Antragstellerin) gegen V (Daten des Antragsgegners) begehrt die Antragstellerin die Übertragung des alleinigen Aufenthaltsbestimmungsrechts für K (Daten des Kindes). Die Beteiligten haben die gemeinsame elterliche Sorge und sind getrennt lebende Eheleute, K lebt derzeit mit der sie ganztags betreuenden Antragstellerin in der früheren Ehewohnung. Es besteht Uneinigkeit zwischen den Eltern über den zukünftigen gewöhnlichen Aufenthalt des Kindes, jeder Elternteil möchte, dass das Kind jeweils bei ihm lebt. Die Eltern haben bisher Beratung bei der Erziehungsberatungsstelle wahrgenommen, die beendet ist. ◀

In München gibt es seit 1999 auch einen **Runden Tisch „Trennung/Scheidung".**[559] Durch den interdisziplinären Austausch sollten für die von einem Trennungs- und Scheidungsprozess betroffenen Kinder und deren Eltern die jeweils geeigneten Hilfen ohne interprofessionelle Reibungsverluste zur Verfügung gestellt werden. Er sollte auch nach dem Beginn des Münchener Modells die weitere Vernetzung unter den verschiedenen Professionen sicherstellen.   29

VII. Kosten

Die regelmäßig anfallenden zwei **Gerichtsgebühren** nach dem FamGKG im Verbundverfahren bei Anwendbarkeit von § 150 FamFG werden nach Nr. 1111 Nr. 2 FamGKG-KV auch dann nicht mehr auf 0,5 ermäßigt, wenn der Verbundendbeschluss zwar Entscheidungsgründe nur zu Folgesachen, nicht aber zum Scheidungsausspruch enthält.[560] In isolierten Verfahren fällt bei Anwendbarkeit von § 81 FamFG bei einer Entscheidung (Nr. 1310 FamGKG-KV) eine halbe Gebühr aus dem FamGKG an; nach § 81 Abs. 1 S. 3 FamFG ist in Familiensachen immer über die Kosten (einschließlich Auslagen,[561] wozu insbesondere[562] Sachverständigenkosten[563] gehören)[564] zu entscheiden, zu denen auch die zunächst aus der Staatskasse zu zahlende Verfahrensbeistandsgebühr zählt (Nr. 2013 FamGKG-KV). Hält sich ein Verfahrensbeteiligter am Sitz des Verfahrensgerichts regelmäßig wegen Zweitwohnsitzes oder Berufsausübung auf, bedarf es zur zweckentsprechenden Rechtsverfolgung regelmäßig nicht der Einschaltung eines auswärtigen Rechtsanwalts.[565] Wird ein zunächst isoliert geführtes Sorgerechtsverfahren in den Verbund nach § 137 FamFG überführt, können die **Rechtsanwaltsgebühren** aus dem isolierten Verfahren getrennt (allerdings ohne erneute Abrechnung im Verbund) abgerechnet werden.[566] Stellen beide Parteien im Verfahren der einstweiligen Anordnung, die eine eigene Angelegenheit ist, vor der Entscheidung gegenläufige Anträge, handelt es sich aber nicht um mehrere Verfahren nach § 18 RVG.[567] Es fallen eine Verfahrensgebühr nach Nr. 3100 des RVG-KV und bei einer mündlichen (ausreichend sind Entscheidung im schriftlichen Verfahren oder die Teilnahme an einer Anhörung nach § 159 FamFG, nicht dagegen nur ein Beschluss nach Hauptsacheerledigung)[568]   30

---

559 Vorgestellt in ZKJ 2006, 282 ff.
560 OLG Frankfurt/M. FamRZ 2006, 1560.
561 OLG München FamRZ 2005, 1582.
562 Auch im Hinblick auf die Sachbedeutung notwendige Detektivkosten nach OLG Düsseldorf FamRZ 2009, 1698.
563 OLG Nürnberg 4.3.2016 – 8 Wx 1657/15, FamRZ 2016, 1200.
564 OLG Karlsruhe FamRZ 2005, 1582.
565 OLG Koblenz 3.3.2016 – 7 WF 205/16, FamRZ 2017, 137.
566 OLG Zweibrücken FamRZ 2006, 1697.
567 OLG München FamRZ 2006, 1219.
568 BGH FamRZ 2008, 261.

Verhandlung eine Terminsgebühr nach Nr. 3104 des RVG-KV an. Eine Einigungsgebühr nach Nr. 1003 des RVG-KV kann auch im Sorgerechtsverfahren[569] anfallen,[570] aber nur bei endgültiger Einigung, die nur eine Mitwirkung beim Abschluss eines den Streit beseitigenden Vertrags voraussetzt,[571] hinsichtlich aller Kinder.[572] Die Erstreckung der Beiordnung eines Rechtsanwalts in einer Ehesache auf den Abschluss eines gerichtlichen[573] Vergleichs löst eine Verfahrensdifferenzgebühr nach Nr. 3101 RVG-KV[574] und eine Terminsgebühr aus.[575] Durch die anteilige Anrechnung einer vorgerichtlich entstandenen Geschäftsgebühr nach Nr. 2300 RVG-VV wird die in dem anschließenden Gerichtsverfahren anfallende Verfahrensgebühr nicht vermindert (§ 15 a RVG), im Rahmen der Beratungshilfe[576] ist lediglich die Geschäftsgebühr nach Nr. 2503 RVG-VV abzuziehen.[577] Die Entscheidung über die Erstattung außergerichtlicher Kosten richtet sich nach § 81 FamFG, wobei eine Kostenerstattung in Familiensachen regelmäßig nicht einmal bei Antragsrücknahme in Betracht kommt. Dem Verfahrensbeistand und dem minderjährigen Kind können keine Kosten auferlegt werden. Auch in nichtvermögensrechtlichen Familiensachen können Kostengrundentscheidungen auch bei Unterschreiten der Beschwerdesumme von 600 EUR nach § 61 FamFG angefochten werden.[578] Nimmt ein mit einem Rechtsmittel überzogener Beteiligter anwaltliche Hilfe in Anspruch, sind die hierdurch ausgelösten Kosten auch dann erstattungsfähig, wenn der Rechtsmittelführer seine Anträge zwischenzeitlich zurückgenommen hat, es sei denn, der Rechtsmittelgegner weiß von der Rücknahme oder er weiß hiervon schuldhaft nicht.[579]

§ 1672 BGB (weggefallen)

§ 1673 BGB Ruhen der elterlichen Sorge bei rechtlichem Hindernis

(1) Die elterliche Sorge eines Elternteils ruht, wenn er geschäftsunfähig ist.

(2) ¹Das Gleiche gilt, wenn er in der Geschäftsfähigkeit beschränkt ist. ²Die Personensorge für das Kind steht ihm neben dem gesetzlichen Vertreter des Kindes zu; zur Vertretung des Kindes ist er nicht berechtigt. ³Bei einer Meinungsverschiedenheit geht die Meinung des minderjährigen Elternteils vor, wenn der gesetzliche Vertreter des Kindes ein Vormund oder Pfleger ist; andernfalls gelten § 1627 Satz 2 und § 1628.

569 Auch im Termin nach § 118 ZPO neben der vollen Verfahrensgebühr nach OLG Hamm FamRZ 2009, 145 und der vollen Terminsgebühr nach OLG München FamRZ 2009, 1779.
570 OLG Zweibrücken FamRZ 2006, 637; OLG Dresden FamRZ 2008, 1009; OLG Bremen FamRZ 2010, 313.
571 OLG Zweibrücken FamRZ 2007, 231.
572 OLG Zweibrücken FamRZ 2006, 354.
573 OLG Koblenz 30.12.2015 – 7 WF 372/15, FamRZ 2017, 318.
574 OLG Koblenz FamRZ 2009, 143.
575 OLG Köln FamRZ 2008, 707.
576 Beratung umfasst verschiedene Angelegenheiten bei unterschiedlichen Folgesachen: OLG Köln FamRZ 2009, 1345.
577 OLG Oldenburg FamRZ 2009, 538.
578 OLG Nürnberg FamRZ 2010, 998.
579 Ebenso für § 80 FamFG BGH 25.1.2017 – XII ZB 447/16, FamRZ 2017, 643.

I. Allgemeines

Im Falle des Ruhens der elterlichen Sorge obliegt die Ausübung allein dem ande- 1
ren Elternteil nach § 1678 Abs. 1, bei der nach § 1626 a Abs. 3 allein sorgeberechtigten Mutter ist nach § 1678 Abs. 2 vorzugehen. Ruht die elterliche Sorge
für einen Elternteil, dem sie bei Trennung allein zugesprochen war, ist bei dauerndem Ruhen nach § 1678 Abs. 2, ansonsten nach § 1696 zu entscheiden.[1]
Tritt Ruhen der elterlichen Sorge durch den überlebenden Elternteil ein, ist ein
Vormund zu bestellen.

II. Rechtliches Hindernis

Die elterliche Sorge ruht bei **Geschäftsunfähigkeit** nach § 104, während die An- 2
ordnung einer Betreuung keine Auswirkung auf die elterliche Sorge hat.[2] Eine
geistige Behinderung vom Ausmaß einer leichten Intelligenzminderung begründet aber nicht die Geschäftsunfähigkeit einer Person.[3] Ein minderjähriger Elternteil hat nur die tatsächliche Personensorge mit Vorrang gegenüber einem
Vormund oder Pfleger.

III. Verfahren

Das Ruhen kann bei voller Verfahrensfähigkeit des betroffenen Elternteils durch 3
deklaratorischen Beschluss festgestellt werden.[4]

§ 1674 BGB Ruhen der elterlichen Sorge bei tatsächlichem Hindernis

**(1) Die elterliche Sorge eines Elternteils ruht, wenn das Familiengericht feststellt,
dass er auf längere Zeit die elterliche Sorge tatsächlich nicht ausüben kann.**

**(2) Die elterliche Sorge lebt wieder auf, wenn das Familiengericht feststellt, dass
der Grund des Ruhens nicht mehr besteht.**

I. Allgemeines

§ 1678 ist im Gegensatz zu § 1674 anwendbar bei **kürzeren Trennungszeiten** 1
(beispielsweise längere Krankenhauszeit).[1] Die Vorfrage der Minderjährigkeit eines unbegleiteten Flüchtlings ist erforderlichenfalls auch durch eine nur mit Einwilligung des Kindes nach § 25 RöntgenVO zulässige[2] Handwurzeluntersu-
chung zu klären.[3] Erst nach Ausschöpfung aller verfahrensrechtlich zulässigen
Aufklärungsmöglichkeiten ist im Zweifel von der Minderjährigkeit des Betroffenen auszugehen.[4] Legt das Kind aber die für seine an die Staatsangehörigkeit
anknüpfende Minderjährigkeit sprechenden Umstände im Rahmen seiner Mitwirkungspflicht nach § 27 FamFG nicht hinreichend plausibel dar, gebietet der
Amtsermittlungsgrundsatz keine Ermittlungen ins Blaue hinein.[5]

1 Palandt/Götz § 1673 Rn. 1; MK/Hennemann § 1673 Rn. 5.
2 Palandt/Götz § 1673 Rn. 5; MK/Hennemann § 1673 Rn. 3; Staudinger/Coester § 1673
   Rn. 8.
3 KG 28.6.2013 – 18 UF 73/13, FamRZ 2014, 1038.
4 KG 14.8.2015 – 13 WF 119/15, FamRZ 2015, 2079.
1 Palandt/Götz § 1674 Rn. 1; MK/Hennemann § 1674 Rn. 2.
2 OVG Hamburg 9.2.2011 – 4 Bs 9/11, FamRZ 2011, 932.
3 OLG München 15.3.2012 – 26 UF 308/12, FamRZ 2012, 1958.
4 BGH JAmt 2015, 395.
5 OLG Karlsruhe 26.8.2015 – 18 UF 92/15, FamRZ 2015, 2182.

II. Tatsächliches Hindernis

2 Eine längere tatsächliche Verhinderung liegt vor bei Strafhaft,[6] langer Untersuchungshaft, Auswanderung, Kriegsgefangenschaft oder unbekanntem Aufenthalt.[7] § 1674 greift ferner ein bei schweren körperlichen oder geistigen Krankheitszuständen, psychischen Abnormitäten oder Trunksucht.[8] Ein einjähriger Aufenthalt eines US-Soldaten im Irak führt nicht zum Ruhen seiner elterlichen Sorge, da dieser Auslandseinsatz zeitlich befristet und überschaubar ist und die US-Armee über ausreichende Kommunikationsmöglichkeiten verfügt.[9] Auch schwere Erreichbarkeit der Eltern im Irak begründet nicht den Anwendungsbereich von § 1674,[10] wohl aber die unbekannte Adresse der Eltern eines unbegleiteten minderjährigen Flüchtlings. Ein auf längere Zeit bestehendes tatsächliches Ausübungshindernis ist nur dann anzunehmen, wenn ein wesentlicher Teil der Sorgerechtsverantwortung trotz moderner Kommunikationsmittel und Reisemöglichkeiten nicht mehr von dem Elternteil selbst ausgeübt werden kann.[11] Durch Vollmachtserteilung kann ein Ruhen vermieden werden.[12]

III. Verfahren

3 Das Familiengericht entscheidet über die Feststellung des Ruhens durch den Rechtspfleger nach § 3 Nr. 2 a RPflG mit der örtlichen Zuständigkeit gem. § 152 FamFG. Auch das Kind kann das Ruhensverfahren anregen.[13] Einstweilige Anordnungen können erlassen werden,[14] es gilt der Amtsermittlungsgrundsatz nach § 26 FamFG. Die Entscheidung, für die eine 0,5 Gebühr nach Nr. 1310 FamGKG-KV anfällt, wird mit Bekanntgabe an den Beteiligten nach § 40 FamFG wirksam. Die Eltern und das Kind sind[15] anzuhören, das Jugendamt[16] ist zu beteiligen, statthaftes Rechtsmittel ist nach § 58 FamG die Beschwerde. Regelmäßig ist ein Rechtsanwalt bei Verfahrenskostenhilfegewährung beizuordnen.[17] Erst durch gerichtlichen Ruhensaufhebungsbeschluss endet das Ruhen der elterlichen Sorge. Wenn durch die danach geplante Rückholung des Kindes in den elterlichen Haushalt das Kindeswohl gefährdet würde, ist rechtzeitig vor diesem Beschluss ein Verfahren nach § 1666 einzuleiten.[18] Bei Verfahrenskostenhilfegewährung ist kein Rechtsanwalt beizuordnen, wenn dem Beteiligten aus der Rechtsanwaltsvertretung keine entscheidenden Vorteile gegenüber dem Unvertretenen entstehen können.[19]

---

6 OLG Brandenburg FamRZ 2009, 1683.
7 Palandt/Götz § 1674 Rn. 1.
8 MK/Hennemann § 1674 Rn. 5.
9 OLG Nürnberg FamRZ 2006, 878.
10 OLG Koblenz 24.2.2011 – 11 UF 153/11, FamRZ 2011, 1517.
11 BGH FamRZ 2005, 29.
12 OLG Saarbrücken FamRZ 2010, 2084.
13 OVG Hamburg 14.2.2011 – 4 Bs 282/10, FamRZ 2011, 932.
14 MK/Hennemann § 1674 Rn. 13.
15 OLG Frankfurt/M. 5.1.2015 – 5 UF 350/14, FamRZ 2015, 1521.
16 Nach BGH 15.7.2015 – XII ZB 30/15, FamRZ 2015, 1699 in Berlin nicht die Senatsverwaltung.
17 OLG Hamm 14.11.2013 – II-2 WF 238/13, FamRZ 2014, 2018.
18 OLG Karlsruhe 7.1.2011 – 5 UF 171/09, FamRZ 2011, 1514.
19 OLG Brandenburg 9.3.2016 – 13 WF 48/16, FamRZ 2016, 1479.

Schmid

§ 1674 a BGB Ruhen der elterlichen Sorge der Mutter für ein vertraulich geborenes Kind

¹Die elterliche Sorge der Mutter für ein nach § 25 Absatz 1 des Schwangerschaftskonfliktgesetzes vertraulich geborenes Kind ruht. ²Ihre elterliche Sorge lebt wieder auf, wenn das Familiengericht feststellt, dass sie ihm gegenüber die für den Geburtseintrag ihres Kindes erforderlichen Angaben gemacht hat.

Die das Ruhen der elterlichen Sorge (und das Nichterfordernis der mütterlichen 1 Adoptionszustimmung nach § 1747 Abs. 4 S. 2) zur Folge habende **vertrauliche Geburt** nach § 25 SchKG als Alternative zur Babyklappe setzt voraus, dass die Daten der Mutter in einem verschlossenen Umschlag, der von der Beratungsstelle an das Bundesamt für Familie und zivilgesellschaftliche Aufgaben übersandt wird,[1] hinterlegt sind, den das Kind nach seinem 16. Lebensjahr gem. § 31 SchKG einsehen darf.

Die konstitutive feststellende Entscheidung des Familiengerichts durch den 2 Rechtspfleger nach § 3 Nr. 2 a RPflG, dass das Ruhen der elterlichen Sorge beendet ist, ergeht, wenn die Mutter gegenüber dem Familiengericht Angaben zu ihrer Identifizierung gemacht hat, da dem Standesamt bis dahin nur ihr Pseudonym bekannt ist.

§ 1675 BGB Wirkung des Ruhens

Solange die elterliche Sorge ruht, ist ein Elternteil nicht berechtigt, sie auszuüben.

Die Vorschrift vervollständigt §§ 1673 und 1674. 1

Ist der andere Elternteil **Mitinhaber** der elterlichen Sorge, übt dieser die Befug- 2 nisse nun nach § 1678 allein aus. Mit dem Tod des Elternteils, dessen Sorge ruht, erhält der andere Elternteil dann die Alleinsorge nach § 1680.

Werden Hindernisse aus § 1673 behoben, tritt der Elternteil ohne Weiteres wie- 3 der in seine Rechte ein, während im Falle des § 1674 eine vorherige gerichtliche Feststellung für diese Wirkungen nötig ist.[1]

§ 1676 BGB (weggefallen)

§ 1677 BGB Beendigung der Sorge durch Todeserklärung

Die elterliche Sorge eines Elternteils endet, wenn er für tot erklärt oder seine Todeszeit nach den Vorschriften des Verschollenheitsgesetzes festgestellt wird, mit dem Zeitpunkt, der als Zeitpunkt des Todes gilt.

Die elterliche Sorge endet neben **Todeserklärung** und **Todeszeitpunktfeststel-** 1 lung, wenn ein Elternteil stirbt.

Bei Beendigung der elterlichen Sorge hat der andere Elternteil sie nach § 1681 2 vom Todeszeitpunkt an allein, in den Fällen von §§ 1626 a Abs. 3 und 1671 al-

---

1 Für den Vater besteht keine Informationsmöglichkeit nach Palandt/Götz § 1674 a Rn. 4.
1 MK/Hennemann § 1675 Rn. 2.

lerdings erst nach entsprechender Kindeswohlprüfung durch das Familienge-richt.[1]

3 Todeserklärung und Feststellung des Todeszeitpunktes werden mit Rechtskraft der Beschlüsse nach §§ 29, 40 VerschG wirksam.

§ 1678 BGB Folgen der tatsächlichen Verhinderung oder des Ruhens für den anderen Elternteil

(1) Ist ein Elternteil tatsächlich verhindert, die elterliche Sorge auszuüben, oder ruht seine elterliche Sorge, so übt der andere Teil die elterliche Sorge allein aus; dies gilt nicht, wenn die elterliche Sorge dem Elternteil nach § 1626 a Absatz 3 oder § 1671 allein zustand.

(2) Ruht die elterliche Sorge des Elternteils, dem sie gemäß § 1626 a Absatz 3 oder § 1671 allein zustand, und besteht keine Aussicht, dass der Grund des Ruhens wegfallen werde, so hat das Familiengericht die elterliche Sorge dem anderen Elternteil zu übertragen, wenn dies dem Wohl des Kindes nicht widerspricht.

I. Allgemeines

1 Bei gemeinsamer Sorge übt der andere Elternteil bei Verhinderung (beispielsweise bei kürzerer Untersuchungshaft oder mehrwöchiger Reha-Behandlung) oder bei Ruhen der elterlichen Sorge des anderen Elternteils die Alleinsorge aus. Ist dem anderen Elternteil die elterliche Sorge entzogen, ist § 1678 nicht anwendbar.[1]

II. Übertragung bei Alleinsorge der Mutter

2 Bei der **Kindeswohlprüfung** bei Übertragung der elterlichen Sorge einer nach § 1626 a Abs. 3 allein sorgeberechtigten Mutter bei dauerndem Ruhen sind die für § 1626 a entwickelten Kriterien maßgeblich. Bei bloß vorübergehender Verhinderung der nach § 1626 a Abs. 3 allein sorgeberechtigten Mutter, ist nach § 1909 erforderlichenfalls ein Ergänzungspfleger zu bestellen. Führt die Prüfung dazu, dass der Vater nicht in die Sorgebefugnisse einzusetzen ist, ist nach § 1773 ein Vormund zu bestellen.

III. Verfahren

3 Mit Kosten nach § 81 FamFG verbundene Entscheidungen nach § 1678 Abs. 2 trifft das nach § 152 FamFG zuständige Familiengericht durch den Richter[2] nach § 14 Abs. 1 Nr. 3 RPflG. Jugendamt, Eltern und Kind sind nach §§ 159 ff. FamFG zu hören, gegen die Entscheidung, die nach § 1696 abgeändert werden kann, ist nach § 58 FamFG Beschwerde zulässig.

---

1 Palandt/Götz § 1677 Rn. 1.
1 Palandt/Götz § 1678 Rn. 9; MK/Hennemann § 1678 Rn. 16.
2 OLG Dresden 14.3.2012 – 23 WF 1162/11, FamRZ 2012, 1882.

§1679 BGB (weggefallen)

§1680 BGB Tod eines Elternteils oder Entziehung des Sorgerechts

(1) Stand die elterliche Sorge den Eltern gemeinsam zu und ist ein Elternteil gestorben, so steht die elterliche Sorge dem überlebenden Elternteil zu.

(2) Ist ein Elternteil, dem die elterliche Sorge gemäß § 1626 a Absatz 3 oder § 1671 allein zustand, gestorben, so hat das Familiengericht die elterliche Sorge dem überlebenden Elternteil zu übertragen, wenn dies dem Wohl des Kindes nicht widerspricht.

(3) Die Absätze 1 und 2 gelten entsprechend, soweit einem Elternteil die elterliche Sorge entzogen wird.

I. Allgemeines

Sind beide Eltern gemeinsam sorgeberechtigt und stirbt einer von ihnen, so steht 1
nach § 1680 Abs. 1 dem überlebenden Elternteil die elterliche Sorge allein zu;
Entsprechendes gilt nach § 1680 Abs. 3 bei Entziehung der elterlichen Sorge.
Sind beide Eltern tot, erhält das Kind nach § 1773 einen Vormund.

II. Sorgerecht bei Tod des Alleinsorgeberechtigten

Beruht die Alleinsorge auf einer familiengerichtlichen Sorgerechtsregelung, ist 2
das Sorgerecht dem überlebenden Elternteil zu übertragen, wenn dies dem **Kindeswohl** nicht widerspricht. Gesichtspunkte dafür sind wahrgenommene Umgangskontakte oder Aufwachsen des Kindes in einer Zweitehe.[1] Die zu überprüfenden Kindesinteressen verlangen eine möglichst schnelle dauerhafte neue Sorgezuordnung.[2] Stirbt die nach § 1626 a Abs. 3 allein sorgeberechtigte Mutter, überträgt das Familiengericht die Sorge auf den Vater, wenn dies dem Kindeswohl nicht widerspricht. Entsprechendes gilt beim Entzug der elterlichen Sorge, wobei zu beachten ist, ob der andere Elternteil, dem die elterliche Sorge übertragen werden soll, sich dem Einfluss des ausgeschlossenen Elternteils nicht entziehen kann oder will, so dass schädliche Fernwirkungen für das Kind entstehen.[3] Nach der Entscheidung des Bundesverfassungsgerichts ist § 1680 Abs. 2 dahin auszulegen, dass eine Sorgerechtsübertragung auf einen Vater, der die elterliche Sorge in tatsächlicher Hinsicht über einen längeren Zeitraum wahrgenommen hat, regelmäßig dem Kindeswohl nicht widerspricht.[4] Nach einer weiteren Entscheidung des Bundesverfassungsgerichts widerspricht eine Sorgerechtsübertragung auf den Vater regelmäßig nicht dem Kindeswohl, solange nicht konkret feststellbare Kindesinteressen der Übertragung widersprechen.[5]

III. Verfahren

Verfahren nach § 1680 werden von Amts wegen eingeleitet[6] und durch den 3
Richter nach § 14 Abs. 1 Nr. 3 RPflG entschieden. Die örtliche Zuständigkeit re-

---

1 MK/Hennemann § 1680 Rn. 9.
2 OLG Köln 26.1.2015 – II-26 UF 201/14, FamRZ 2015, 1978.
3 MK/Hennemann § 1680 Rn. 14.
4 BVerfG FamRZ 2006, 385.
5 BVerfG FamRZ 2008, 2185.
6 MK/Hennemann § 1680 Rn. 23.

sultiert aus § 152 FamFG, einstweilige Anordnungen sind möglich.[7] Das Jugendamt sowie Eltern und Kinder sind nach §§ 159 ff. FamFG anzuhören, für die Kosten gilt § 81 FamFG. Für den Vater besteht ein Beschwerderecht gegen den Sorgerechtsentzug der nach § 1626 a Abs. 2 allein sorgeberechtigten Mutter.[8]

§ 1681 BGB Todeserklärung eines Elternteils

(1) § 1680 Abs. 1 und 2 gilt entsprechend, wenn die elterliche Sorge eines Elternteils endet, weil er für tot erklärt oder seine Todeszeit nach den Vorschriften des Verschollenheitsgesetzes festgestellt worden ist.

(2) Lebt dieser Elternteil noch, so hat ihm das Familiengericht auf Antrag die elterliche Sorge in dem Umfang zu übertragen, in dem sie ihm vor dem nach § 1677 maßgebenden Zeitpunkt zustand, wenn dies dem Wohl des Kindes nicht widerspricht.

1 Die Vorschrift ergänzt § 1680, auf den verwiesen wird, für die Fälle der Todeserklärung eines Elternteils.

2 Mit Todeserklärung und Todeszeitfeststellung nach §§ 29, 40 VerschG geht die gemeinsame Sorge in die Alleinsorge des anderen Elternteils über, während bei Alleinsorge § 1680 Abs. 2 gilt.

3 Anordnungen nach § 1681 Abs. 2 hat das nach § 152 FamFG durch den Richter gem. § 14 Abs. 1 Nr. 3 RPflG zuständige Familiengericht nach Anhörung von Eltern, Kind und Jugendamt zu treffen.[1]

§ 1682 BGB Verbleibensanordnung zugunsten von Bezugspersonen

[1]Hat das Kind seit längerer Zeit in einem Haushalt mit einem Elternteil und dessen Ehegatten gelebt und will der andere Elternteil, der nach den §§ 1678, 1680, 1681 den Aufenthalt des Kindes nunmehr allein bestimmen kann, das Kind von dem Ehegatten wegnehmen, so kann das Familiengericht von Amts wegen oder auf Antrag des Ehegatten anordnen, dass das Kind bei dem Ehegatten verbleibt, wenn und solange das Kindeswohl durch die Wegnahme gefährdet würde. [2]Satz 1 gilt entsprechend, wenn das Kind seit längerer Zeit in einem Haushalt mit einem Elternteil und dessen Lebenspartner oder einer nach § 1685 Abs. 1 umgangsberechtigten volljährigen Person gelebt hat.

I. Allgemeines

1 Eine Verbleibensanordnung nach § 1682 ergeht bei Gefährdung des Kindeswohls durch die Herausnahme, wenn das Kind in einem anderen Familienverband seine Bezugswelt gefunden hat. Sie kann eine Sorgerechtsentziehung nach § 1666 entbehrlich machen und Besuchsrechte nach § 1684 nach sich ziehen.

---

7 MK/Hennemann § 1680 Rn. 23.
8 OLG Celle 20.2.2015 – 19 UF 266/14, FamRZ 2015, 1978.
1 MK/Hennemann § 1681 Rn. 7.

II. Berechtigte

Zum geschützten Personenkreis zählen Stiefeltern, Lebenspartner, Großeltern **2** und nichtehelicher Vater[1] sowie der Stiefvater. Das Zusammenleben muss je nach altersbedingtem Zeitgefühl des Kindes länger gedauert haben.

III. Verbleibensanordnung

Voraussetzung einer Verbleibensanordnung ist die **Ankündigung der Wegnahme 3** durch den Elternteil. Allerdings soll die Verbleibensanordnung aufgrund der Bindungen dem Kind nicht lediglich die Zeit geben, sich auf den Wechsel in den Haushalt des leiblichen Elternteils vorzubereiten.[2] Mit der Verbleibensanordnung entsteht die Befugnis nach § 1688.

IV. Verfahren

Das Familiengericht entscheidet nach Anhörung von Eltern, Kind und Pflegeper- **4** son nach §§ 159 ff. FamFG durch den Richter auf Antrag oder von Amts wegen unter Mitwirkung des Jugendamts nach § 162 FamFG. Nach § 158 FamFG ist ein Verfahrenspfleger für das Kind zu bestellen, die Kostenentscheidung richtet sich nach § 81 FamFG. Die Vollstreckung erfolgt nach §§ 88 ff. FamFG, Beschwerde ist nach § 58 FamFG einzulegen. Einstweilige Anordnungen sind nach §§ 49 ff. FamFG möglich.

§ 1683 BGB (aufgehoben)

§ 1684 BGB Umgang des Kindes mit den Eltern

(1) Das Kind hat das Recht auf Umgang mit jedem Elternteil; jeder Elternteil ist zum Umgang mit dem Kind verpflichtet und berechtigt.

(2) [1]Die Eltern haben alles zu unterlassen, was das Verhältnis des Kindes zum jeweils anderen Elternteil beeinträchtigt oder die Erziehung erschwert. [2]Entsprechendes gilt, wenn sich das Kind in der Obhut einer anderen Person befindet.

(3) [1]Das Familiengericht kann über den Umfang des Umgangsrechts entscheiden und seine Ausübung, auch gegenüber Dritten, näher regeln. [2]Es kann die Beteiligten durch Anordnungen zur Erfüllung der in Absatz 2 geregelten Pflicht anhalten. [3]Wird die Pflicht nach Absatz 2 dauerhaft oder wiederholt erheblich verletzt, kann das Familiengericht auch eine Pflegschaft für die Durchführung des Umgangs anordnen (Umgangspflegschaft). [4]Die Umgangspflegschaft umfasst das Recht, die Herausgabe des Kindes zur Durchführung des Umgangs zu verlangen und für die Dauer des Umgangs dessen Aufenthalt zu bestimmen. [5]Die Anordnung ist zu befristen. [6]Für den Ersatz von Aufwendungen und die Vergütung des Umgangspflegers gilt § 277 des Gesetzes über das Verfahren in Familiensachen und in den Angelegenheiten der freiwilligen Gerichtsbarkeit entsprechend.

(4) [1]Das Familiengericht kann das Umgangsrecht oder den Vollzug früherer Entscheidungen über das Umgangsrecht einschränken oder ausschließen, soweit dies zum Wohl des Kindes erforderlich ist. [2]Eine Entscheidung, die das Um-

---

1 MK/Hennemann § 1682 Rn. 4.
2 MK/Hennemann § 1682 Rn. 13; aA Palandt/Götz § 1682 Rn. 3.

gangsrecht oder seinen Vollzug für längere Zeit oder auf Dauer einschränkt oder ausschließt, kann nur ergehen, wenn andernfalls das Wohl des Kindes gefährdet wäre. [3]Das Familiengericht kann insbesondere anordnen, dass der Umgang nur stattfinden darf, wenn ein mitwirkungsbereiter Dritter anwesend ist. [4]Dritter kann auch ein Träger der Jugendhilfe oder ein Verein sein; dieser bestimmt dann jeweils, welche Einzelperson die Aufgabe wahrnimmt.

I. Allgemeines

1 Alle Eltern und alle Kinder[1] haben ausnahmslos das verfassungsrechtlich nach Art. 6 GG geschützte[2] Recht und die Pflicht auf Umgang miteinander. Das Umgangsrecht ist Individualrecht, so dass es jedem Elternteil allein und unabhängig vom anderen Elternteil zusteht. Umgangsrecht und Sorgerecht stehen sich auf der Elternebene als selbstständige sich gegenseitig beschränkende Rechte gegenüber.[3] Was die Erziehung anbelangt, geht aber das Sorgerecht vor, allerdings kann zur Sicherung des Umgangsrechts ein Sorgerechtseingriff beispielsweise durch eine Umgangspflegschaft nach §§ 1685, 1666 erfolgen.[4] Es kann auch eine **Umgangspflegschaft** nach § 1684 Abs. 3 bei wiederholter Loyalitätspflichtverletzung installiert werden. Das Umgangsrecht gibt dem Umgangsberechtigten die Befugnis, das Kind in regelmäßigen Abständen zu sehen und zu sprechen und sich laufend von der Entwicklung und dem Wohlergehen des Kindes zu überzeugen sowie die zwischen ihnen bestehenden Bande zu pflegen, so dass einer Entfremdung vorgebeugt wird und dem Liebesbedürfnis beider Teile Rechnung getragen wird.[5] Unter Beachtung des nach § 1697a maßgeblichen Kindeswohls ist das Kind in seiner Individualität als eigenständige Persönlichkeit zu akzeptieren und sein Recht auf gedeihliche Entwicklung seiner Persönlichkeit der Umgangsrechtsentscheidung zugrunde zu legen.[6] Daher spielt ein intensiver und zielgerichteter Kindeswille bei der Umgangsregelung eine beachtliche Rolle.[7] Die Eltern haben die Pflicht, die mit ihrer Trennung für die Entwicklung des

---

1 MK/Hennemann § 1684 Rn. 2.
2 BVerfG 29.11.2012 – 1 BvR 335/12, FamRZ 2013, 361.
3 BGH NJW 1969, 422.
4 Palandt/Götz § 1684 Rn. 3.
5 BGH NJW 1969, 422.
6 OLG Köln 16.3.2012 – 4 UF 18/12, FamRZ 2013, 49.
7 KG 29.7.2014 – 17 UF 55/14. FamRZ 2014, 2013.

Kindes oft drohende Schädigung des Kindes so weit wie möglich zu mildern und eine vernünftige, für die Interessen des Kindes passende Lösung für seine weiteren persönlichen Kontakte zu finden. Denn für eine gedeihliche seelische Entwicklung des Kindes ist es wichtig, dass das Kind nicht nur den betreuenden Elternteil als ständigen Bindungspartner hat, sondern auch den anderen Elternteil ohne Verlust als Bezugsperson erlebt.[8]

II. Umgangsrecht der Eltern

Die Umgangsberechtigung gehört zum verfassungsrechtlich geschützten Elternrecht;[9] maßgeblich ist die rechtliche Elternschaft.[10] Bei der Entscheidung über das Aufenthaltsbegehren des ausländischen Vaters eines deutschen Kindes sind seine familiären Bindungen an sein im Bundesgebiet lebendes Kind etwa aufgrund einer Umgangsvereinbarung angemessen zu berücksichtigen.[11] Das Umgangsrecht ist unverzichtbar und unterliegt nicht der alleinigen Dispositivität der Eltern,[12] doch haben **Elternvereinbarungen Bindungswirkung**, so dass die Beibehaltung der vereinbarten Umgangskontakte angezeigt ist,[13] bis eine Abänderung einverständlich oder gerichtlich aus **beachtlichen Kindeswohlgründen** erfolgt.[14] Es kann sogar dem Alleinsorgeberechtigten ein Umgangsrecht zustehen, wenn sich das Kind beim Umgangsberechtigten oder bei Pflegeeltern befindet oder die Sorge einem Vormund übertragen ist.[15] Beteiligte eines gerichtlichen Verfahrens sind dann je nach Fallkonstellation neben dem Umgang begehrenden Elternteil der Alleinsorgeberechtigte bzw. der Lebensmittelpunktinhaber bzw. der Vormund bzw. der Obhutsinhaber. Für seine Umgangszeit hat der Umgangsberechtigte nach §§ 1687, 1687 a Vertretungsrechte.

Bei einem einvernehmlich praktizierten, jeweils genau die Hälfte der Betreuungszeit umfassenden **Wechselmodell**[16] und bislang immer erfolgter Einigung über die grundsätzlichen Belange des Kindes samt Information über die schulischen Vorkommnisse während der Wechselwoche infolge nötiger erhöhter[17] Kommunikations- und Kompromissbereitschaft[18] ist die gemeinsame Sorge nicht aufzuheben.[19] Ein Wechselmodell ist mit dem Kindeswohl nicht vereinbar, wenn das Kind durch den ständigen Wechsel belastet wird,[20] Hochkonflikthaftigkeit der Eltern vorliegt[21] und das Kind keine Stabilität erfahren kann.[22] Deshalb ist auch von Bedeutung, ob in nächster Zeit sorgerechtsrelevante Entschei-

2

---

8 OLG Köln 14.3.2012 – 4 UF 235/11, FamRZ 2012, 1885.
9 Nach BVerfG FamRZ 1983, 873 dürfen auch einzelne Auslegungsfehler der Instanzgerichte nicht außer Betracht bleiben.
10 BVerfG FamRZ 2008, 960.
11 BVerfG FamRZ 2006, 187.
12 BGH FamRZ 2005, 1471.
13 OLG Köln 16.3.2012 – 4 UF 18/12, FamRZ 2013, 49.
14 MK/Hennemann § 1684 Rn. 15.
15 Palandt/Götz § 1684 Rn. 11; MK/Hennemann § 1684 Rn. 8.
16 Das auch im Dissens möglich ist und familiengerichtlich im Umgang angeordnet werden kann nach BGH 1.2.2017 – XII ZB 601/15, FamRZ 2017, 532.
17 OLG Naumburg 14.7.2014 – 4 UF 151/13, FamRZ 2014, 1860.
18 OLG Karlsruhe 21.5.2015 – 18 UF 231/14, FamRZ 2015, 1736.
19 KG FamRZ 2006, 1626.
20 Salzgeber, Die Diskussion um die Einführung des Wechselmodells als Regelfall der Kindesbetreuung getrennt lebender Eltern aus Sicht der Psychologie, FamRZ 2015, 2018.
21 OLG München FamRZ 2007, 753.
22 OLG Koblenz FamRZ 2010, 738.

dungen[23] gemeinsam zu treffen sind.[24] Das Wechselmodell, dessen Berechtigung nur im konkreten Einzelfall festgestellt werden kann,[25] wird tatsächlich hauptsächlich nur bei Kindern zwischen 6 und 12 Jahren praktiziert. Nach Auffassung des OLG Jena kann die empirische Forschung bisher keine wissenschaftlich tragfähigen Aussagen dazu machen, welche Betreuungsregelung bei hochkonflikthaften Familien dem Kindeswohl am besten dient.[26] Insbesondere gibt es derzeit keine gesicherten humanwissenschaftlichen Erkenntnisse, wonach die erzwungene Anordnung eines Wechselmodells dem Kindeswohl förderlich ist.[27] Wenn die Eltern aber über die Frage des Lebensmittelpunktes des Kindes uneinig – anders wenn die Eltern das Wechselmodell fortsetzen wollen[28] – sind, muss das Aufenthaltsbestimmungsrecht einem Elternteil übertragen werden,[29] es sei denn, das Wechselmodell entspricht dem Kindeswohl. Denn das Wechselmodell ist jedenfalls bei gemeinsamer Sorge dem Umgang zuzuordnen und kann gegen den Willen eines Elternteils vom Familiengericht angeordnet werden; bei eingeschränkter Kommunikations- und Kooperationsfähigkeit der Eltern entspricht die Anordnung des Wechselmodells aber nicht dem Kindswohl; es entspricht auch nicht dem Kindeswohl, ein Wechselmodell zu dem Zweck anzuordnen, die für ein Wechselmodell erforderliche Kommunikationsfähigkeit und Kooperationsfähigkeit erst herbeizuführen.[30]

III. Loyalitätsverpflichtung

3   Die Verpflichtung der Eltern zu anständigem Verhalten nach § 1684 Abs. 2 besteht nicht nur gegenseitig, sondern auch **im Verhältnis zu allen Obhutsinhabern**. Schwierigkeiten zwischen den Eltern sind kein Grund, den Umgang eines Elternteils mit dem Kind auszuschließen, sondern Anlass, Anstrengungen zu unternehmen, diese Schwierigkeiten zu überwinden. Der Lebensmittelpunktinhaber sollte seine ablehnende Haltung gegenüber dem anderen Elternteil, wobei insbesondere verdeckte Signale beim Kind besonders wirksam sein können, überprüfen und so weit steuern, dass das Kind nicht unter den Folgen leidet. Jedenfalls muss sich jeder Elternteil um seinen eigenen Einfluss bemühen, sich selbst in Frage stellen und erforderlichenfalls seine eigene Haltung verändern.[31] Keiner der Eltern hat das Recht, den Konflikt, der zum Scheitern der Lebensgemeinschaft geführt hat, auf das Kind zu projizieren und das Kind gegen den anderen Elternteil einzunehmen und von diesem zu entfremden.[32] Aus der Loyalitätsverpflichtung ergibt sich für den Lebensmittelpunktinhaber die Pflicht, bei der Abholung des Kindes die Tür zu öffnen oder das Kind zum vereinbarten Treffpunkt zu bringen.[33] Die Loyalitätsverpflichtung kann auch dazu führen, dass durch Regelung des Aufenthaltsbestimmungsrechts ein Auswanderungsverbot erfolgt, wenn der Umgang vereitelt werden soll, während ansonsten bloße

23 OLG Naumburg 4.10.2011 – 8 UF 194/11, FamRZ 2012, 1062.
24 OLG Brandenburg FamRZ 2003, 1952.
25 OLG Karlsruhe 21.5.2015 – 18 UF 231/14, FamRZ 2015, 1736.
26 OLG Jena 7.4.2016 – 2 UF 651/15, FamRZ 2016, 2122.
27 OLG Jena 12.9.2016 – 4 UF 678/15, FamRZ 2016, 2126.
28 OLG Brandenburg 17.3.2014 – 10 UF 244/13, FamRZ 2014, 1714.
29 OLG Brandenburg 27.4.2011 – 9 UF 17/11, FamRZ 2011, 1739.
30 BGH 1.2.2017 – XII ZB 601/15, FamRZ 2017, 532.
31 MK/Hennemann § 1684 Rn. 19.
32 Zum Parental-Alienation-Syndrom (= PAS) OLG Brandenburg FamRZ 1998, 1045.
33 Palandt/Götz § 1684 Rn. 6.

Erschwerungen des Umgangs hinzunehmen sind. Das Gericht kann beispielsweise nach § 1684 Abs. 3 S. 2 dem Lebensmittelpunktinhaber aufgeben, das Kind vorzubereiten, zur rechten Zeit zum Besuch anzuhalten und mit der notwendigen Kleidung auszustatten,[34] ferner mit den notwendigen Medikamenten und Schulbüchern.[35] Nur[36] bei dauerhafter oder wiederholter erheblicher[37] **Verletzung der Loyalitätspflicht** regelmäßig des Umgangsverpflichteten kann nach § 1684 Abs. 3 S. 3 vom Familiengericht eine zu befristende[38] **Umgangspflegschaft** angeordnet werden. Bei Anordnung einer Umgangspflegschaft darf die Entscheidung der Umgangsbegleitung sowie der Häufigkeit und Dauer des Umgangs nicht dem Umgangspfleger überlassen werden, der nur die Feinabstimmung der familiengerichtlich vorgegebenen Umgangsregelung wie Übergabemodalitäten und Nachholtermine[39] und nicht die Bestimmung von Art und Umfang des Umgangs[40] vornehmen kann.[41] Andernfalls liegt auch bei Beschlussbegründung eine unzulässige Teilentscheidung vor.[42] Die Vergütung des bereits laut Bestellungsbeschluss berufsmäßigen Umgangspflegers richtet sich gem. § 1684 Abs. 5 S. 5 als Zeitvergütung für verwertbaren akademischen Abschluss mit 33,50 EUR/Stunde nach § 277 FamFG iVm § 1836 und dem VBVG und ist nach Nr. 2014 FamGKG-KV Bestandteil der nach § 81 FamFG verteilten Verfahrenskosten. Nicht vergütungsfähig ist die Umgangsbegleitung des Umgangspflegers, außer diese wurde vom Familiengericht angeordnet[43] oder das Familiengericht hat dem Umgangspfleger fehlerhaft die komplette Umgangsregelung überlassen.[44] Erst mit Bestellung nach §§ 1915, 1789 beginnt der Vergütungsanspruch des Umgangspflegers.[45] Die Eltern können sich nur gegen den Gerichtskostenansatz notfalls mit Niederschlagungsantrag beschweren, aber nicht gegen die Vergütungsfestsetzung des Umgangspflegers aus der Staatskasse, gegen die aber der Umgangspfleger mit der Beschwerde nach § 58 FamFG vorgehen kann.[46] Das Jugendamt darf nur dann nach §§ 1915, 1791 b zum Umgangspfleger bestellt werden, wenn auch nach Ermittlungen eine andere geeignete ehrenamtliche Person nicht zu finden ist.[47]

Umgangskosten fallen grundsätzlich (eine Kindesunterhaltskürzung ist nur bei längerem Aufenthalt des Kindes beim Umgangsberechtigten über den üblichen Umgangszeiten möglich[48] oder bei einer Betreuung tagsüber durch den Barunterhaltspflichtigen)[49] dem **Umgangsberechtigten** zur Last.[50] Fahrtkosten zur 4

---

34 MK/Hennemann § 1684 Rn. 20.
35 MK/Hennemann § 1684 Rn. 20.
36 OLG Saarbrücken 11.10.2013 – 6 UF 128/13, FamRZ 2014, 402.
37 OLG Saarbrücken 30.1.2015 – 6 UF 145/14, FamRZ 2015, 1726.
38 OLG Hamm 12.8.2013 – II-6 UF 100/13, FamRZ 2014, 402.
39 OLG Hamm 16.5.2014 – II-2 UF 51/14, FamRZ 2014, 1792.
40 OLG Stuttgart 14.8.2014 – 11 UF 118/14, FamRZ 2014, 1794.
41 KG 21.9.2012 – 17 UF 118/12, FamRZ 2013, 308; OLG Hamm 9.7.2012 – II-9 UF 105/12, FamRZ 2013, 310.
42 OLG Saarbrücken 24.4.2015 – 6 UF 42/15, FamRZ 2015, 1928; OLG Frankfurt/M. 17.5.2013 – 4 UF 45/13, FamRZ 2013, 1824.
43 KG 24.8.2012 – 25 WF 29/12, FamRZ 2013, 478.
44 OLG Karlsruhe 13.9.2013 – 2 WF 125/13, FamRZ 2014, 672.
45 OLG Hamm 26.9.2013 – 6 WF 211/13, FamRZ 2014, 672.
46 OLG Nürnberg 29.10.2014 – 7 WF 1307/14, FamRZ 2015, 601.
47 OLG Brandenburg 12.9.2013 – 3 WF 46/13, FamRZ 2014, 1214.
48 Palandt/Götz § 1684 Rn. 38.
49 Palandt/Götz § 1684 Rn. 38; OLG Frankfurt/M. FamRZ 2006, 439.
50 Palandt/Götz § 1684 Rn. 37.

Wahrnehmung des Umgangsrechts können unter den Mehrbedarf nach § 21 SGB VI fallen.[51] Hält sich das Kind an einem kompletten Tag bei einem bedürftigen Elternteil auf, bildet es mit diesem eine temporäre Bedarfsgemeinschaft.[52] Hat der Unterhaltsberechtigte durch einen Umzug den Grund für hohe Umgangsfahrtkosten gesetzt, können diese beim Verpflichteten abgezogen werden.[53] Sind die wirtschaftlichen Verhältnisse des Umgangsberechtigten beengt und liegen die Wohnsitze der Eltern infolge des Umzugs der Mutter mit dem Kind weit auseinander, hat die Mutter das Kind am Umgangsende auf ihre Kosten abzuholen.[54] Eine nicht abwälzbare Beteiligung des Lebensmittelpunktinhabers an Umgangskosten kann auch entstehen, wenn dieser das Kind zum Flughafen verbringen und abholen muss.[55] Der Bundesgerichtshof hat sich für eine Selbstbehaltserhöhung um Umgangskosten ausgesprochen, falls die Kosten nicht aus dem anteiligen Kindergeld bestritten werden können.[56] Verstöße gegen die Umgangsloyalität können zu Sorgerechtsmaßnahmen führen, Konsequenzen für eine Verwirkung des nachehelichen Unterhalts haben oder eine Schadensersatzpflicht[57] wegen verfehlter[58] Aufwendungen[59] auslösen.[60]

IV. Regelungsbefugnis des Familiengerichts

5 Nach § 1684 Abs. 3 S. 1 greift das Familiengericht bei Konflikten zwischen getrennt lebenden Eltern über das Umgangsrecht mit dem Kind in einem vom Sorgerecht getrennten Verfahren[61] ein und regelt den Umgang vollständig mit allen erforderlichen Details.[62] Ein fester Rahmen dient zur Entlastung des Kindes von Loyalitätskonflikten.[63] Die Kontaktmöglichkeiten zwischen bei verschiedenen Elternteilen lebenden Geschwistern sind bei der Umgangsregelung zu berücksichtigen.[64] Die Einschränkung des Umgangsrechts kann nicht mit den Umgangsinteressen Dritter gerechtfertigt werden, der Wille des Kindes ist bei Vereinbarkeit mit dem Kindeswohl zu berücksichtigen.[65] Da das Umgangsverfahren ein Amtsverfahren ist, kann auch für das Kind der Obhutsinhaber ein Umgangsverfahren anregen.[66] Kriterien für die Umgangsregelung sind die Belastbarkeit des Kindes, die bisherige Intensität seiner Beziehungen zum Umgangsberechtigten, die räumliche Entfernung der Eltern, die Interessen von Kind und Eltern, das Verhältnis der Eltern, die persönliche und berufliche Situation des Umgangsberechtigten samt Betreuungsmöglichkeiten, der Kindeswille, das

---

51 BSG 4.6.2014 – B 14 AS 30/13, FamRZ 2014, 2003.
52 LSG Baden-Württemberg FamRZ 2010, 1776.
53 Palandt/Götz § 1684 Rn. 37; MK/Hennemann § 1684 Rn. 41.
54 OLG Dresden FamRZ 2005, 927.
55 BVerfG FamRZ 2002, 809.
56 BGH FamRZ 2005, 706.
57 OLG Köln 4.7.2014 – 4 UF 22/13, FamRZ 2015, 151.
58 Nach OLG Frankfurt/M. 21.7.2015 – 4 UF 379/14, FamRZ 2016, 387 kein Schadensersatz wegen überwiegenden Mitverschuldens bei Anreise des Umgangsberechtigten trotz Kenntnis der Urlaubsabwesenheit des Umgangsberechtigten mit dem Kind.
59 Die in die Zuständigkeit des Familiengerichts fällt laut § 266 Abs. 1 Nr. 5 FamFG.
60 Palandt/Götz § 1684 Rn. 39.
61 OLG Koblenz 26.1.2015 – 13 WF 67/15, FamRZ 2015, 1825.
62 MK/Hennemann § 1684 Rn. 21; OLG Brandenburg FamRZ 2010, 1923.
63 BVerfG FamRZ 2007, 533.
64 EGMR FamRZ 2010, 1046.
65 BVerfG FamRZ 2007, 335.
66 AA BGH FamRZ 2008, 1334.

Alter des Kindes sowie sein Entwicklungs- und Gesundheitszustand.[67] Das Familiengericht kann nach Abs. 3 S. 2 Auflagen erteilen, beispielsweise eine Grenzsperre,[68] nicht jedoch eine Therapieauflage.[69] Das Familiengericht kann schon aus Praktikabilitätsgründen ein genau paritätisches[70] Wechselmodell[71] auch im Rahmen einer Umgangsregelung (und nicht nur über eine Aufenthaltsbestimmungsrechtsregelung) installieren,[72] falls die Eltern relativ nah beieinander wohnen, das Kind[73] das Wechselmodell auch je nach Alter[74] möchte,[75] beide mit dem Wechselmodell einverstanden sind[76] und für die erhöhten Abspracheerfordernisse ausreichend kommunikativ und kooperativ sind,[77] zur Einigung über ein einheitliches Erziehungskonzept willens und in der Lage sind[78] und nicht hochkonflikthaft[79] sind.

1. Ort. Der **Umgangsort** ist nach seiner Wahl[80] grundsätzlich die **Wohnung des** 6 **Umgangsberechtigten**,[81] nur ausnahmsweise kommen auch andere Örtlichkeiten in Betracht. Ungeeignet sind in aller Regel die Räume des Lebensmittelpunktinhabers, weil sich der Umgangsberechtigte so nicht frei entfalten kann, so dass auch die Anwesenheit des anderen Elternteils beim Umgang grundsätzlich nicht in Betracht kommt.[82] Bei kleineren Kindern kann für den Anfang bei Begegnungsängsten eine Kontaktanbahnung in der Wohnung des betreuenden Elternteils in dessen Anwesenheit geboten sein.[83]

2. Art. Der Umgang ist auf einen **persönlichen Kontakt** zugeschnitten, weil sich 7 nur so Bindungen über einen längeren Zeitraum aufrechterhalten lassen.[84] Bei einem umgangsberechtigten Häftling haben die Besuche in den Besuchszeiten (deren Erweiterung nicht mit der Begründung abgelehnt werden darf, aufgrund des Lebensalters des Kindes gebe es nur sehr geringe Interaktionsmöglichkei-

67 OLG Saarbrücken 4.1.2011 – 6 UF 132/10, FamRZ 2011, 824.
68 KG FamRZ 2008, 1648.
69 OLG Koblenz 5.2.2013 – 13 UF 939/12, FamRZ 2013, 1823.
70 Zum Nestmodell Hammer, Die gerichtliche Anordnung des Wechselmodells, FamRZ 2015, 1440.
71 Nach BVerfG 24.6.2015 – 1 BvR 486/14, FamRZ 2015, 1585 muss das Wechselmodell verfassungsrechtlich nicht als gesetzlicher Regelfall vorgesehen sein.
72 OLG Braunschweig 3.4.2014 – 3 UF 6/14, FamRZ 2015, 61; aA OLG Naumburg 11.8.2014 – 8 UF 152/14, FamRZ 2015, 764; OLG Brandenburg 20.4.2012 – 2 WF 101/12, FamRZ 2012, 1886; OLG Karlsruhe 21.5.2015 – 18 UF 231/14, FamRZ 2015, 1736.
73 OLG Köln 14.3.2012 – 4 UF 235/11, FamRZ 2012, 1885.
74 Nach Salzgeber, Die Diskussion um die Einführung des Wechselmodells als Regelfall der Kindesbetreuung getrenntlebender Eltern aus Sicht der Psychologie, FamRZ 2015, 2022, kommt das Wechselmodell am wenigsten bei Kleinkindern und Jugendlichen in Betracht.
75 OLG Köln 21.2.2012 – 4 UF 258/11, FamRZ 2012, 1885.
76 OLG Saarbrücken 9.9.2014 – 6 UF 62/14, FamRZ 2015, 62; OLG Brandenburg 3.7.2015 – 10 UF 173/14, FamRZ 2015, 1818; KG 29.5.2015 – 18 UF 133/14, FamRZ 2015, 1910; OLG Hamm 25.7.2011 – II-8 UF 190/10, FamRZ 2012, 646; aA KG 28.2.2012 – 18 UF 184/09, FamRZ 2012, 886.
77 OLG Nürnberg 22.7.2011 – 7 UF 830/11, FamRZ 2011, 1803.
78 OLG Hamm 16.2.2012 – II-2 UF 211/11, FamRZ 2012, 1883.
79 KG 29.5.2015 – 18 UF 133/14, FamRZ 2015, 1910.
80 KG 8.10.2015 – 13 WF 146/15, FamRZ 2016, 389.
81 Palandt/Götz § 1684 Rn. 17; MK/Hennemann § 1684 Rn. 22; JH/Jaeger § 1684 Rn. 24; BGH NJW 1969, 422.
82 MK/Hennemann § 1684 Rn. 22.
83 MK/Hennemann § 1684 Rn. 22; ebenso bei Transportunfähigkeit des erkrankten Kindes BVerfG FamRZ 2005, 429.
84 MK/Hennemann § 1684 Rn. 25.

ten)[85] der Anstalt stattzufinden.[86] In vernünftigem und die sonstige Erziehung des Kindes nicht störendem Maß sind Geschenke bei den Besuchen zulässig.[87]

8   **3. Dauer.** Periodischer Umgang mit einem bestimmten Anfangstermin[88] von jeweils kurzer Dauer empfiehlt sich trotz der damit verbundenen Unbequemlichkeit, wenn der Umgang möglichst bald zur **festen Gewohnheit** werden und eine **Entfremdung** von Umgangsberechtigtem und Kind vermieden werden soll.[89] Wenn der Umgangsberechtigte aber weit entfernt lebt, kommt alternativ ein Umgang in **Zeitblöcken** in Betracht.[90] Regelmäßige und nicht zu seltene Besuche erhalten persönliche Bindungen, wobei Abstufungen nach dem Alter des Kindes nötig sind.[91] Unterschiedliche Erziehungsvorstellungen der Eltern sind regelmäßig unschädlich, da Kinder schon früh in der Lage sind, solche Unterschiede zur Erweiterung ihres eigenen Erfahrungsbereichs nutzbar zu machen. Umgangsberechtigter und Kind sollen ihre persönlichen Verhältnisse alltäglich erleben und dazu gehört auch der Kontakt des Kindes auch in den Ferien zum neuen Partner des Umgangsberechtigten.[92] Meist räumt die Praxis Umgang (neben einem Werktag wie beispielsweise Montag vor dem Umgangswochenende)[93] **jedes 2. Wochenende**[94] unter Berücksichtigung schulischer Belange[95] von freitagabends bis montagfrüh ein, bei Kleinkindern oft auch nur ein Tag pro Woche.[96] Bei hochkonflikthaften Eltern begegnet auch eine einem Wechselmodell angenäherte Umgangsregelung Bedenken.[97] Aus Kindeswohlgesichtspunkten ist der nicht mit dem Kind zusammenlebende Elternteil zum regelmäßigen Umgang verpflichtet. Eine über die Hälfte der Betreuungszeit hinausgehende Umgangsregelung ist für den Umgangsberechtigten nicht möglich, da die Entscheidung über den alleinigen Lebensmittelpunkt des Kindes Ausfluss des Aufenthaltsbestimmungsrechts ist.[98]

9   **4. Übernachtungen.** Übernachtungen sind auch bereits vor der Einschulung möglich.[99] Gerade in sehr streitigen Fällen sind die Umgangstermine inklusiv der Übernachtungen **detailliert vom Familiengericht zu regeln,** damit sich alle Beteiligten an das von außen gesetzte und damit außerhalb des Konflikts empfundene Konzept halten können.[100] Möglicherweise muss bei Kleinkindern die **Abwesenheit der Hauptbezugsperson** während der Nacht erst einmal geübt und durch Telefonate am Abend abgemildert werden.[101] Umgangsregelungen, die dem Vater einer dreijährigen Tochter Übernachtungen komplett versagen, kön-

---

85   BVerfG FamRZ 2006, 1822.
86   MK/Hennemann § 1684 Rn. 26.
87   MK/Hennemann § 1684 Rn. 25.
88   OLG Saarbrücken 11.10.2013 – 6 UF 128/13, FamRZ 2014, 402.
89   Palandt/Götz § 1684 Rn. 14.
90   Palandt/Götz § 1684 Rn. 14.
91   MK/Hennemann § 1684 Rn. 23.
92   MK/Hennemann § 1684 Rn. 24.
93   OLG Köln FamRZ 2010, 998.
94   OLG Hamm 25.7.2011 – II-8 UF 190/10, FamRZ 2012, 646.
95   OLG Brandenburg 10.4.2014 – 10 UF 212/13, FamRZ 2014, 1859.
96   MK/Hennemann § 1684 Rn. 24.
97   KG 29.5.2015 – 18 UF 133/14, FamRZ 2015, 1910.
98   OLG Karlsruhe 21.5.2015 – 18 UF 231/14, FamRZ 2015, 1736.
99   OLG Frankfurt/M. FamRZ 2002, 978; OLG Nürnberg FamRZ 2010, 741; OLG Brandenburg FamRZ 2010, 1352.
100 OLG Naumburg FamRZ 2007, 668.
101 MK/Hennemann § 1684 Rn. 27.

nen einen Verstoß gegen Art. 6 GG darstellen.[102] Eine Umgangsregelung ohne Übernachtung ist aber dann keine Umgangseinschränkung nach § 1684 Abs. 4, wenn dadurch nicht aufgrund großer Entfernung zwischen den Wohnorten des Umgangsberechtigten und des Kindes eine faktische Umgangseinschränkung entsteht, bedarf aber dennoch besonderer Rechtfertigung, die nicht allein durch das Kindesalter gelingt.[103] Übernachtungen scheiden aus, wenn gesundheitliche Einschränkungen des Umgangsberechtigten entgegenstehen[104] oder seine Wohnverhältnisse mangels Kinderbetts und wegen Zigarettenrauchs unzureichend sind.[105] Eine Übernachtung kommt nicht in Betracht bei Hassgefühlen des Vaters gegen die Mutter aufgrund einer im Verfahren offenbar gewordenen misstrauischen und geringschätzigen Haltung gegenüber seiner Umwelt.

5. Ferienregelungen. Ferienaufenthalte beim Umgangsberechtigten ergänzen den 10 periodischen Umgang.[106] Ferienregelungen überlagern den periodischen Umgang, der ansonsten kontinuierlich weiterläuft. Bei den regelmäßig **hälftig aufzuteilenden Ferien** kann es angebracht sein, dass das Kind mit dem Umgangsberechtigten die erste Ferienhälfte verbringt, damit es dadurch entstehende psychische Belastungen vor Wiederbeginn des Unterrichts verarbeiten kann.[107] Zum Recht des Umgangs mit dem Vater gehört bei einem viereinhalbjährigen Kind auch eine Ferienregelung, die einen Flug in die Heimat des ausländischen Vaters einschließen kann.[108] Umgangsregelungen, die dem Vater eines dreijährigen Kindes Ferienumgänge komplett versagen, können eine Verletzung seines Grundrechts aus Art. 6 GG darstellen,[109] ebenso der generelle Umgangsausschluss während der Ferienzeiten ohne diesbezügliche Begründung[110] oder der Ferienausschluss bei einem achtjährigen Kind.[111] Allerdings kommen sofortige Ferienaufenthalte eines Kindes bei dem ihm faktisch unbekannten Vater nicht in Betracht.[112]

6. Feiertage. Für Feiertage und Geburtstage des Kindes wird teilweise ein Vor- 11 rang des Lebensmittelpunktinhabers gesehen (mit einer Aufteilung der Doppelfeiertage), ansonsten ist ein **jährlicher Wechsel** vorzusehen.[113]

7. Übergabe. Grundsätzlich muss der Umgangsberechtigte pünktlich das Kind 12 beim anderen Elternteil **abholen und** es zu ihm **zurückbringen.**[114] Der Lebensmittelpunktinhaber muss das Kind zu den festgelegten Umgangszeiten bereithalten.[115] Bei **Spannungen** zwischen den Eltern während der Übergabe ist diese begleitet durchzuführen.[116] Bei größerer Entfernung der Wohnorte der Eltern können begleitete Flüge eines Kindes zum Umgangsberechtigten auch mit Kosten-

---

102 BVerfG FamRZ 2007, 1078.
103 OLG Saarbrücken 23.1.2013 – 6 UF 20/13, FamRZ 2013, 712.
104 OLG München FamRZ 2005, 2010.
105 AA KG 10.1.2011 – 17 UF 225/10, FamRZ 2011, 825.
106 Palandt/Götz § 1684 Rn. 16.
107 Palandt/Götz § 1684 Rn. 16; KG FamRZ 2006, 878.
108 OLG Frankfurt/M. FamRZ 2007, 664.
109 BVerfG FamRZ 2007, 106.
110 BVerfG FamRZ 2005, 871.
111 OLG Saarbrücken 11.10.2013 – 6 UF 128/13, FamRZ 2014, 402.
112 OLG Köln FamRZ 2005, 1276.
113 MK/Hennemann § 1684 Rn. 29.
114 MK/Hennemann § 1684 Rn. 31.
115 BayObLG FamRZ 1975, 229.
116 BVerfG FamRZ 2006, 605.

verteilung gestattet werden. [117] Der sorgeberechtigte Elternteil, der durch seinen Umzug eine erhebliche räumliche Distanz der Kinder zum Umgangsberechtigten geschaffen hat, muss sich am zeitlichen und organisatorischen Aufwand bei der Umgangsrechtsausübung durch Verbringen und Abholen der Kinder in der Mitte zwischen den Wohnorten beteiligen. [118] Bei infolge des Umzugs der Mutter mit dem Kind größerer Entfernung der Wohnsitze der Eltern und beengten finanziellen Verhältnissen des Umgangsberechtigten muss der Lebensmittelpunktinhaber das Kind beim Umgangsberechtigten abholen. [119] Der Lebensmittelpunktinhaber muss das elfjährige Kind, das alleine mit der Bahn fahren kann, auch am Bahnhof abholen. [120]

13 **8. Ablauf.** Zusätzliche **Kontrollmaßnahmen** können erforderlichenfalls Kraftfahrzeugbenutzungsverbote, Hinterlegung des Passes, [121] Verbote konfessioneller Einflussnahmen [122] oder Verbot der Gegenwart gefährlicher Haustiere [123] sein, nicht dagegen Anordnung einer Familientherapie [124] oder einer Mediation. [125] Telefonische Erreichbarkeit der beiden Elternteile während des Umgangs kann nicht verlangt werden. Während des Ablaufs, den der Umgangsberechtigte grundsätzlich **frei nach seinen Vorstellungen gestalten kann,** hat der Umgangsberechtigte für das Kind zu sorgen.

14 **9. Anwesenheit Dritter.** Der Lebensmittelpunktinhaber kann die Anwesenheit Dritter während des Umgangs grundsätzlich weder verbieten noch erzwingen, da dies **Sache des Umgangsberechtigten** ist. [126] Dies gilt auch, wenn der Lebensmittelpunktinhaber Kontakte des Kindes zum neuen Partner des Umgangsberechtigten nicht wünscht. [127] Zulässig sind aber beispielsweise bei Gefahr für das Kind durch ansteckende Krankheiten Kontaktsperren hinsichtlich eines Dritten. [128] Allerdings ist das Übernachtenlassen des Kindes bei einer Bezugsperson keine Angelegenheit des täglichen Lebens. [129]

15 **10. Ausgefallene Besuche.** Ausgefallene Besuche sind **grundsätzlich nachzuholen,** [130] nicht nur, wenn der Ausfall auf einem Verschulden des Verpflichteten beruht. Das Gleiche gilt beim Ausfall eines seltenen Blockumgangs, [131] nicht allerdings bei einem Ausfall durch das Verschulden des Berechtigten [132] oder bei einem Ausfall aus Gründen in seiner Sphäre.

117 Palandt/Götz § 1684 Rn. 37; KG FamRZ 2006, 878.
118 OLG Schleswig FamRZ 2006, 881.
119 OLG Dresden FamRZ 2005, 927.
120 Palandt/Götz § 1684 Rn. 37.
121 OLG München FamRZ 1998, 977.
122 BayObLG NJW 1961, 1581.
123 KG FamRZ 2003, 112.
124 BGH NJW 1994, 312.
125 OLG Brandenburg FamRZ 2002, 975.
126 Palandt/Götz § 1684 Rn. 11; MK/Hennemann § 1684 Rn. 37; OLG Brandenburg FamRZ 2002, 414.
127 MK/Hennemann § 1684 Rn. 38.
128 MK/Hennemann § 1684 Rn. 38.
129 OLG Jena FamRZ 2009, 894.
130 AA MK/Hennemann § 1684 Rn. 33.
131 MK/Hennemann § 1684 Rn. 33.
132 Nach OLG Brandenburg FamRZ 2010, 1925, kann dazu eine Attestpflicht des Umgangsberechtigten angeordnet werden.

11. Sonstige Kontakte. Weiter kommen telefonische (allerdings sind Anrufe auf 16 ein vernünftiges Maß zu reduzieren)[133] und briefliche (die nur bei berechtigten erzieherischen Bedenken untersagt werden dürfen)[134] Kontakte in Betracht.[135] Gerade wenn der Umfang des Umgangs wegen größerer Entfernung zwischen Umgangsberechtigtem und Kind eingeschränkt ist, ist angemessener telefonischer Kontakt zwischen beiden zuzulassen.[136]

V. Beschränkungen des Umgangsrechts

Nach § 1684 Abs. 4 kann das Umgangsrecht nur aus Kindeswohlgründen nach 17 § 1697 a (bei längerer Dauer[137] nur bei konkreter Kindeswohlgefährdung) eingeschränkt werden. Das Familiengericht kann dann den Vollzug einer früher getroffenen Umgangsregelung aussetzen, einen begleiteten Umgang anordnen oder den Umgang ausschließen. Die Grundlage für ein Kontaktverbot eines Elternteils gegenüber dem Kind ist wegen § 3 GewSchG in § 1684 Abs. 4 zu sehen.[138] Ein Umgangsausschluss kann bei Vorliegen besonderer Umstände auch unbefristet erfolgen wie bei nachdrücklicher Umgangsablehnung durch ein 12-jähriges, durch eine Vielzahl von Verfahren seit acht Jahren belastetes Kind; die Anordnung eines Ordnungsmittels ist nur dann milderes Mittel zum Umgangsausschluss, wenn es auch geeignet wäre, zum angestrebten Erfolg zu führen, was nicht zutrifft, wenn die Anwendung von Druck gegenüber dem betreuenden Elternteil vom Kind als Bedrohung seines etablierten Familiensystems angesehen würde. Nur weil die Eltern als Verursacher der Umgangsablehnungshaltung des Kindes nicht in der Lage sind, ihren Konflikt zu lösen, kann auch ein Kind nicht ohne medizinische Indikation einer Therapie unterzogen werden.[139] Nach dem **Verhältnismäßigkeitsgrundsatz** kommt aber ein regelmäßig[140] auf ein Jahr[141] zu befristender[142] **Umgangsausschluss** sonst nur noch in Betracht, wenn ein grundsätzlich (mangels Prognosemöglichkeit des Zeitpunkts der Gefährdungsbeendigung) unbefristeter[143] **begleiteter Umgang** zur Vermeidung der Kindeswohlgefährdung nicht ausreicht,[144] was insbesondere dann nicht der Fall ist, wenn sich ein begleiteter Umgang in der Vergangenheit bereits bewährt hat.[145] Als mitwirkungsbereite Aufsichtsperson mit Aufsichtspflichten[146] kommen weniger Privatpersonen des Vertrauens der Eltern sondern[147] aufgrund einzuhaltender Stan-

---

133 MK/Hennemann § 1684 Rn. 25.
134 Palandt/Götz § 1684 Rn. 18.
135 Palandt/Götz § 1684 Rn. 18.
136 Palandt/Götz § 1684 Rn. 18; KG FamRZ 2006, 878.
137 Bereits ab 6 Monaten nach Palandt/Götz § 1684 Rn. 34.
138 OLG Frankfurt/M. 11.3.2013 – 4 UF 305/12, FamRZ 2013, 1237.
139 BVerfG 17.9.2016 – 1 BvR 1547/16, FamRZ 2016, 2017.
140 Nach KG 20.6.2014 – 3 UF 159/12, FamRZ 2015, 1042 anders, wenn schon die zeitliche Begrenzung mit in Aussicht gestellter Überprüfung des Umgangsausschlusses eine das Kindeswohl gefährdende Belastung darstellt.
141 EGMR 19.6.2003 – 46165/99.
142 OLG Köln FamRZ 2009, 1422; OLG Brandenburg FamRZ 2010, 1357.
143 OLG Celle 3.12.2014 – 19 UF 129/14, FamRZ 2015, 769; OLG Saarbrücken 10.1.2011 – 6 UF 126/10, FamRZ 2011, 826; aA OLG Brandenburg 2.4.2015 – 15 UF 168/11, FamRZ 2015, 1818.
144 Palandt/Götz § 1684 Rn. 36; MK/Hennemann § 1684 Rn. 57.
145 BVerfG FamRZ 2005, 1057.
146 OLG Karlsruhe 18.10.2013 – 7 W 56/13, FamRZ 2014, 1476.
147 MK/Hennemann § 1684 Rn. 58.

dards[148] Beratungsstellen oder Jugendamt (das die Kosten für den begleiteten Umgang zu tragen hat)[149] in Betracht. Solange der begleitete Umgang gegenüber dem Umgangsausschluss ein milderes Mittel ist, kann der begleitete Umgang nicht deswegen abgebrochen werde, weil der umgangsberechtigte Elternteil sein Verhältnis zum betreuenden Elternteil nicht durch Arbeit an sich verbessert.[150] Das Familiengericht hat einen mitwirkungsbereiten Dritten zu ermitteln, wobei im Rahmen seiner Mitwirkungspflicht der umgangsberechtigte Elternteil gegebenenfalls seinen begleiteten Umgangsanspruch gem. § 18 SGB VIII gegenüber dem nach § 87 c SGB VIII zuständigen[151] Jugendamt, das allein für den begleiteten Umgang als Leistungsgewährung zuständig ist, im verwaltungsgerichtlichen Eilverfahren geltend machen muss,[152] so dass keine Schutzlücke besteht.[153] Auch in Fällen des begleiteten Umgangs darf dessen Regelung auch nicht teilweise dessen Träger überlassen werden.[154] Lebt ein Kind seit acht Jahren bei einer Pflegefamilie und besteht keine Rückkehrperspektive, kann der Elternumgang auf einen begleiteten Umgang alle drei Monate beschränkt werden, auch wenn das Kind sich mehr Umgang mit den Eltern wünscht, weil eine Ausweitung des Elternumgangs nicht dem Bedürfnis des verhaltensauffälligen Kindes nach Stabilität und Sicherheit im Sinne von § 1697 a Abs. 2 gerecht wird.[155] Kein Geldentschädigungsanspruch aus Amtshaftung besteht nach Gewährung eines begleiteten Umgangs nur in deutscher Sprache durch das Jugendamt.[156]

Der verfassungsrechtlich zulässige[157] Umgangsausschluss darf nicht einseitig auf die ablehnende Haltung des betreuenden Elternteils gestützt werden,[158] sondern kann nur erfolgen, wenn keine anderen Mittel zum Schutz des Kindes vor einer konkreten gegenwärtigen Gefährdung der Entwicklung des Kindes verfügbar sind.[159] Der **Umgangsausschluss** kommt nicht als schematisierte Maßnahme bei Inpflegenahme von Kindern in Betracht,[160] aber bei **völliger Traumatisierung des Kindes**,[161] bei pädophilen Neigungen des persönlichkeitsgestörten Umgangsberechtigten,[162] bei Stürzen des Kindes durch den Umgangsbegehrenden in dauerhafte Loyalitätskonflikte,[163] bei nachhaltiger Verweigerungshaltung eines zwölfjährigen,[164] dreizehnjährigen,[165] fünfzehnjährigen[166] oder sechzehnjähri-

---

148 Deutsche Standards zum begleiteten Umgang.
149 Palandt/Götz § 1684 Rn. 35; OLG Brandenburg FamRZ 2008, 480; OLG Hamm FamRZ 2008, 1374; stimmt das Jugendamt im Verfahren dem begleiteten Umgang zu, besteht nach OLG Naumburg FamRZ 2008, 2048 ein Leistungsanspruch nach § 18 SGB VIII.
150 OLG Saarbrücken 14.10.2014 – 6 UF 110/14, FamRZ 2015, 344.
151 OLG Frankfurt 28.12.2010 – 2 UF 379/10, FamRZ 2011, 1671.
152 OLG Schleswig 23.3.2015 – 10 UF 6/15, FamRZ 2015, 1040.
153 BVerfG 29.7.2015 – 1 BvR 1468/15, FamRZ 2015, 1686.
154 OLG Köln 18.1.2011 – 21 UF 190/10, FamRZ 2011, 827.
155 OLG Hamm 1.5.2016 – II-7 UF 58/16, FamRZ 2016, 1778.
156 OLG Hamburg 1.7.2011 – 1 U 34/10, FamRZ 2011, 1671.
157 BVerfG NJW 1983, 2491.
158 OLG Brandenburg FamRZ 2009, 1688.
159 BGH FamRZ 1980, 132; OLG Köln FamRZ 2005, 1770.
160 EGMR FamRZ 2002, 1393; OLG Hamm FamRZ 2004, 1310.
161 OLG Frankfurt/M. FamRZ 2003, 1317.
162 OLG Düsseldorf FamRZ 2009, 1685.
163 OLG Nürnberg FamRZ 2008, 715; OLG Köln FamRZ 2009, 129.
164 OLG Nürnberg FamRZ 2009, 1687.
165 OLG Koblenz FamRZ 2008, 714.
166 OLG Köln FamRZ 2010, 998.

gen[167] Kindes, wenn kein mitwirkungsbereiter Dritter zur Verfügung steht[168] oder bei Ablehnung des notwendigen begleiteten Umgangs durch den Umgangsberechtigten.[169] Für einen kurzfristigen Ausschluss des Umgangsrechts eines Elternteils ist keine Kindeswohlgefährdung erforderlich, so dass während des Übergangs eines einjährigen Kindes von einer Bereitschaftspflegefamilie in eine Dauerpflegefamilie das Umgangsrecht der psychisch erkrankten Mutter bis zu drei Monate wegen Kindeswohlerforderlichkeit ausgesetzt werden kann.[170] Haben trotz begleiteten Umgangs und Umgangspflegschaft die Umgangskontakte zu einer seelischen Schädigung des Kindes geführt, ist der Umgang auszuschließen.[171] Ausschluss und Beschränkung des elterlichen Umgangsrechts erfordern die Konkordanzprüfung der Grundrechte der Eltern und des Kindes[172] und unterliegen strengen verfassungsrechtlichen Anforderungen.[173] Die Rechtfertigung eines Ausschlusses des elterlichen Umgangsrechts setzt im Falle eines in einer Pflegefamilie untergebrachten Kindes[174] voraus, dass der Schutz des Kindes dies nach den konkreten Umständen des Einzelfalls unter Abwägung mit dem elterlichen Umgangsrecht etwa bei Infragestellen des Pflegeverhältnisses durch die Eltern[175] erfordert, um eine konkrete Gefährdung seiner seelischen oder körperlichen Entwicklung abzuwehren.[176] Die Inpflegenahme von Kindern kann zwar zunächst das Ziel der Eingewöhnung des Kindes in die Pflegefamilie verfolgen, darf aber nicht[177] schematisch zu einem längeren Kontaktabbruch mit den Eltern führen.[178] Das Elternrecht des nichtsorgeberechtigten Elternteils ist verletzt, wenn das Gericht eine Regelung des Umgangs nur – insbesondere ohne Ersichtlichsein der Dauer – ablehnt.[179] Die Feststellungslast für eine Umgangseinschränkung liegt beim Lebensmittelpunktinhaber. Eine Umgangseinschränkung hat in den nachfolgenden Fallgruppen zu erfolgen.

1. Entführungsgefahr. Bei früher erfolgter oder drohender **Kindesentführung** ist   18
der Umgang einzuschränken.[180] Bei begründeter Angst des Sorgeberechtigten vor einer drohenden oder erneuten Entführung[181] wird **begleiteter Umgang** anzuordnen sein.[182] Das Umgangsrecht besteht nur begleitet, wenn der begründete Verdacht besteht, dass der nicht sorgeberechtigte Elternteil das Kind ins Ausland entführt, um es dem Sorgeberechtigten auf Dauer zu entziehen, und keine anderen Maßnahmen zur Beseitigung der bestehenden Entführungsgefahr geeignet

---

167 OLG Hamburg FamRZ 2008, 1372.
168 OLG Frankfurt/M. 24.3.2015 – 5 UF 270/14, FamRZ 2015, 1730.
169 MK/Hennemann § 1684 Rn. 58; OLG Karlsruhe FamRZ 2006, 1867; OLG Brandenburg FamRZ 2001, 740.
170 OLG Nürnberg 19.7.2016 – 7 UF 746/16, FamRZ 2017, 298.
171 OLG Saarbrücken FamRZ 2007, 495.
172 OLG Saarbrücken 24.1.2011 – 6 UF 116/10, FamRZ 2011, 1409.
173 BVerfG 29.11.2012 – 1 BvR 335/12, FamRZ 2013, 361.
174 Salgo, Umgangsausschluss wegen psychischer Destabilisierung des Pflegekindes verfassungsrechtlich nicht zu beanstanden, FamRZ 2013, 343.
175 OLG Hamm 28.2.2011 – II-8 UF 227/10, FamRZ 2011, 1668.
176 BVerfG 29.11.2012 – 1 BvR 335/12, FamRZ 2013, 361.
177 OLG Hamm 17.1.2011 – II-8 UF 133/10, FamRZ 2011, 826.
178 OLG Hamm 8.5.2012 – II-11 UF 177/10, FamRZ 2013, 708.
179 BVerfG FamRZ 2005, 1815.
180 Palandt/Götz § 1684 Rn. 31; OLG Hamm FamRZ 2010, 1574.
181 OLG Düsseldorf 25.10.2010 – II-4 UF 252/09, FamRZ 2011, 822.
182 MK/Hennemann § 1684 Rn. 64.

sind.[183] Die nur abstrakte Möglichkeit der Kindesentführung,[184] die Unsicherheit der Umgangsinanspruchnahme eines ins Ausland abgeschobenen Elternteils[185] oder die ausländische Staatsangehörigkeit reicht zur Begründung der Entführungsgefahr nicht aus.[186]

19 **2. Kindesmisshandlung.** **Körperliche Angriffe** in der Vergangenheit auf das Kind führen vor allem bei fortwirkender Angst des Kindes zur **Umgangseinschränkung.** Kindesmisshandlung liegt bei allen Schlägen vor. Eine Ausweitung des begleiteten Umgangs der Eltern bei Pflegeeltern kommt nicht in Betracht, wenn das Kind im elterlichen Haushalt schwerste Misshandlungen erlitten hat, wobei der Umfang der Mitverantwortung der Eltern nicht im Einzelnen aufgeklärt werden konnte.[187] Bei drohender weiblicher Genitalverstümmelung ist das Umgangsrecht auf begleiteten Umgang zu beschränken.[188]

20 **3. Sexueller Missbrauch.** Bei Gefahr des sexuellen Missbrauchs des Kindes, die immer bei Berührung der Geschlechtsteile unabhängig vom kulturellen Hintergrund[189] vorliegt, durch den Umgangsberechtigten oder beim Umgang Anwesender, ist der **Umgang einzuschränken.**[190] Besteht eine entsprechende Intensität des Tatverdachts eines sexuellen Missbrauchs, muss während des laufenden Strafverfahrens zur Vermeidung von Einflussnahmen auf die Kinder durch den Umgangsberechtigten bei einem begleiteten Umgang der Umgang zunächst völlig ausgeschlossen werden.[191] Ein unsubstantiiert geäußerter Verdacht ist regelmäßig nicht geeignet, das Umgangsrecht einzuschränken.[192] Die entsprechenden Strafakten sollten wegen der besseren Sachaufklärung durch beispielsweise Videovernehmungen grundsätzlich beigezogen werden.[193] Für Aufklärung des Missbrauchsvorwurfs durch Strafanzeige ist zu sorgen, da jedenfalls in einigen Fällen der Verdacht sich erhärtet oder ausgeräumt wird. Steht der Vorwurf des sexuellen Kindesmissbrauchs im Raum, ist der Umgang zunächst nach dem Grad der Deliktswahrscheinlichkeit einzuschränken; lassen sich aber gesicherte Anzeichen für einen Missbrauch im Laufe der Ermittlungen dann nicht feststellen, scheidet eine Einschränkung des Umgangsrechts aufgrund eines verbleibenden bloßen Verdachts aus, wobei auch die auf einem derartigen Verdacht begründeten Vorbehalte eines Elternteils regelmäßig nicht zwingend eine Umgangseinschränkung erfordern.[194] Die den Umgang ablehnende Haltung der Mutter wegen des wegen Besitzes von Kinderpornographie rechtskräftig verurteilten Vaters führte zu einem begleiteten Umgang,[195] aus pädophilen Neigungen des Vaters mit eingeschränkter Steuerungsfähigkeit folgte ein Umgangsausschluss.[196]

---

183 OLG Köln FamRZ 2005, 1770.
184 BVerfG FamRZ 2010, 109.
185 OLG Bremen 25.2.2011 – 4 UF 108/10, FamRZ 2011, 1514.
186 Palandt/Götz § 1684 Rn. 30; OLG Hamm FamRZ 2002, 1585.
187 OLG Karlsruhe 16.6.2015 – 7 UF 198/15, FamRZ 2016, 66.
188 OLG Karlsruhe FamRZ 2009, 130.
189 OLG Hamm 4.4.2011 – II-8 UF 161/10, FamRZ 2011, 1802.
190 OLG Bamberg NJW 1994, 1163.
191 OLG Oldenburg FamRZ 2006, 882.
192 Palandt/Götz § 1684 Rn. 29; OLG Brandenburg FamRZ 2002, 414.
193 So beim Vorwurf des sexuellen Missbrauchs an fremden Kindern OLG Brandenburg
      FamRZ 2002, 621.
194 OLG Karlsruhe 18.3.2013 – 18 UF 13/11, FamRZ 2013, 1237.
195 OLG Schleswig 16.4.2014 – 8 UF 81/13, FamRZ 2014, 1385.
196 OLG Hamm 7.4.2015 – II-3 UF 241/13, FamRZ 2015, 1732.

4. Widerstand des Kindes. Bei einer Umgangsverweigerung durch das Kind 21 muss das Familiengericht prüfen, inwieweit der geäußerte Wille tatsächlich mit dem Kindeswohl in Einklang steht,[197] so dass es den Gründen für dessen Widerstand nachgehen muss,[198] wobei es den Widerstand des Kindes nur bei nicht zutreffender Beschreibung der wirklichen Bindungsverhältnisse nicht beachten darf.[199] Dabei muss das Kind lernen, sich mit dem Umgangsberechtigten auseinanderzusetzen und nicht sämtlichen Konflikten durch widerspruchslose Hinnahme oder völlige Blockadehaltung aus dem Weg zu gehen.[200] Bei der Prüfung der Kindeswohlgefährdung hat auch der Wille des Kindes im Rahmen seines wohlverstandenen Interesses Berücksichtigung zu finden, so dass die Individualität des Kindes und die Beachtlichkeit seines Willens auch im Hinblick auf sein Alter mit den Belangen des kontaktsuchenden Elternteils gegeneinander abzuwägen sind.[201] Der Wille muss autonom, intensiv, stabil und zielorientiert sein.[202] Eine Umgangseinschränkung kommt in Betracht, wenn das Kind **Angst** vor dem neurotisch geprägten und gewaltbereiten Vater hat[203] oder das Kind aufgrund nicht verarbeiteter Vorgänge die durch die Besuchskontakte entstehende Konfliktsituation nicht zu bewältigen vermag, ferner wenn ein Kind den Kontakt mit dem schwerkranken Vater nicht bewältigen kann[204] oder wenn sich das Kind unüberwindbar wegen der elterlichen Streitigkeiten weiterer Begegnungen nicht mehr gewachsen sieht.[205] Bei einem älteren Kind ab zwölf[206] Jahren hat die Erzwingung des Umgangs keinen Sinn, so dass der **Wille des Kindes mit zunehmendem Alter an Bedeutung gewinnt** und die Entscheidung fast allein nach sich zieht,[207] auch wenn die Umgangsverweigerung auf einer negativen Beeinflussung durch den anderen Elternteil beruht, ohne dass eine Therapie des Kindes helfen würde.[208] Ein gegen den ernsthaften Widerstand des Kindes erzwungener Umgang kann unter Umständen mehr Schaden verursachen als nutzen, selbst wenn der Widerstand auf einer bewussten oder unbewussten Beeinflussung beruht.[209] So ist der Umgang einzuschränken, wenn ein sechzehnjähriges Mädchen Angst vor den Annäherungen ihres Vaters hat[210] oder ein fünfzehnjähriges Kind in der festen Vorstellung lebt, der jetzige Ehemann seiner sorgeberechtigten Mutter sei sein biologischer Vater. Nicht ausreichend für einen Umgangsausschluss sind gebetsmühlenartige Wiederholungen des Kindes, den Vater nie wiedersehen zu wollen,[211] oder wenn der hartnäckige Widerstand des Kindes lediglich auf dem längere Zeit fehlenden Kontakt beruht.[212] Ist die Umgangsberechtigung zu bejahen, hat der Lebensmittelpunktinhaber im Rahmen der erwähnten Loyalitäts-

---

197 Palandt/Götz § 1684 Rn. 32; BVerfG FamRZ 2005, 1057.
198 Palandt/Götz § 1684 Rn. 32.
199 Palandt/Götz § 1684 Rn. 37; BVerfG FamRZ 2001, 1057.
200 OLG Celle FamRZ 2007, 664.
201 OLG Köln FamRZ 2005, 2011.
202 KG 14.11.2012 – 13 UF 141/12, FamRZ 2013, 709.
203 Palandt/Götz § 1684 Rn. 32.
204 Palandt/Götz § 1684 Rn. 32.
205 Palandt/Götz § 1684 Rn. 32.
206 Ab 9 Jahren nach OLG Koblenz FamRZ 2004, 288.
207 Palandt/Götz § 1684 Rn. 32.
208 OLG Stuttgart 23.2.2015 – 15 UF 192/13, FamRZ 2015, 1727.
209 BVerfG 25.4.2015 – 1 BvR 3326/14, FamRZ 2015, 1169.
210 Palandt/Götz § 1684 Rn. 32.
211 Palandt/Götz § 1684 Rn. 32.
212 Palandt/Götz § 1684 Rn. 32; OLG Bamberg FamRZ 2000, 46.

pflicht mit erzieherischen Mitteln den Widerstand des Kindes zu überwinden. Da der Umgang des Kindes mit den eigenen Eltern grundsätzlich dem Kindeswohl entspricht, ist er erforderlichenfalls auch gegen den Willen des Kindes zu gewähren;[213] die Ablehnung des Umgangsberechtigten ist grundsätzlich nur beachtlich, wenn sie bei verinnerlichtem Kindeswillen[214] auf einem tatsächlichen Erleben des Kindes[215] und auf subjektiv beachtlichen oder verständlichen Beweggründen beruht.[216] Ein beachtlicher Grund für einen den Umgangskontakt mit seinem Vater ablehnenden Kindeswillen liegt darin, dass der Vater gegenüber der Mutter in erheblichem Maß gewalttätig geworden ist und aus seinem Verhalten gegenüber der Mutter das Kind befürchten muss, dass sich solche Gewalttätigkeiten wiederholen oder auch gegenüber dem Kind angewendet werden.[217] Müsste das Kind aber bereits zum begleiteten Umgang mit andauernder dem Kindeswohl schädlicher Gewalt gezwungen werden, ist der Umgang auszuschließen, weil auch eine Trennung des Kindes von seiner den Umgang ablehnenden Mutter zu einer noch schwereren Schädigung des Kindes führen würde als der Kontaktabbruch zum Vater.[218]

22   **5. Entfremdung.** Bei einer durch Nichtausübung des Umgangsrechts[219] oder Kontaktabbruch[220] eingetretenen Entfremdung muss der Kontakt behutsam durch etwa anfänglich begleiteten Umgang oder zunächst nur durch Briefe[221] aufgebaut werden.[222] Kann nicht festgestellt werden, dass ein begleiteter Umgang zu einer Kindeswohlgefährdung führen würde, ist ein solcher anzuordnen, um einer Entfremdung vorzubeugen.[223] Die Ablehnung des Umgangsrechts kann nicht allein darauf gestützt werden, dass ein Vater wegen fehlender Beziehung zu seinem Kleinkind diesem fremd ist.[224] Zeigen die Kinder Entfremdungssymptome durch Solidarisierung mit dem die Trennung nicht verarbeitenden und das Kind programmierenden Elternteil, ist begleiteter Umgang anzuordnen, um das Parental-Alienation-Syndrome (PAS), bei dem das Kind kritiklos den betreuenden Elternteil idealisiert und den anderen Elternteil begründungsunfähig aus seinem Leben streicht, zu überwinden.[225] Krankhafte Folgen des Umgangs für das Kind sind zu vermeiden.

23   **6. Sonstiges. Sonstiges Fehlverhalten** eines Elternteils muss, damit eine Umgangseinschränkung zu erfolgen hat, das Kind in seiner Entwicklung erfassen und schon für den Umgang eine Gefährdung (etwa schwere Persönlichkeitsstörungen des Umgangsberechtigten) mit sich bringen,[226] während Missbilligung der Lebensführung durch den anderen Elternteil nicht ausreicht.[227] Die Kindes-

---

213 Palandt/Götz § 1684 Rn. 32.
214 OLG Celle FamRZ 2008, 1369.
215 Palandt/Götz § 1684 Rn. 32.
216 OLG Köln FamRZ 2005, 2011.
217 OLG Köln FamRZ 2005, 2011.
218 OLG Koblenz 3.6.2014 – 13 UF 177/14, FamRZ 2014, 2010.
219 OLG Brandenburg 16.5.2014 – II-2 UF 51/14, FamRZ 2014, 1792.
220 OLG Nürnberg 26.11.2013 – 10 UF 173/13, FamRZ 2014, 858.
221 OLG Brandenburg 19.7.2013 – 3 UF 20/12, FamRZ 2014, 1124.
222 MK/Hennemann § 1684 Rn. 71; OLG Köln FamRZ 2005, 1276; OLG Zweibrücken FamRZ 2007, 1678.
223 OLG Köln FamRZ 2005, 295.
224 BVerfG FamRZ 2006, 1005.
225 OLG Zweibrücken FamRZ 2006, 144.
226 MK/Hennemann § 1684 Rn. 70.
227 MK/Hennemann § 1684 Rn. 59.

wohlgefährdung kann auch durch Verhaltensweisen des Umgangsberechtigten in der Vergangenheit[228] oder durch die Angst der Mutter[229] vor stattgefundener Gewalt des Vaters an ihr[230] oder durch Drohvideos[231] indiziert sein oder bei teils aus Scham verschwiegener[232] **Partnergewalt**[233] oder bei sich aufs Kind auswirkendem **Alkoholismus** oder Drogensucht des Umgangsberechtigten,[234] zeitweise zur Entwicklung einer vertrauensvollen Beziehung des Kindes zu den Pflegeeltern[235] oder bei mit Transportunfähigkeit verbundener Krankheit des Kindes.[236] Eine Umgangseinschränkung hat ferner zu erfolgen bei der Gefahr seelischer Schäden des Kindes (etwa bei einer Straftat gegen das Kind) bei Besuchen in der Strafanstalt des Umgangsberechtigten[237] oder bei mit Entfremdung des Kindes vom Lebensmittelpunktinhaber verbundener **Sektenzugehörigkeit** des Umgangsberechtigten.[238] Der Umgang des Vaters mit seinem Kind wurde ausgeschlossen wegen gegen den Kindeswillen aufgenommener Nacktfotos des Kindes,[239] aus Leiden des Kindes an einer psychosenahen Entwicklungsstörung aufgrund übergriffigen väterlichen Verhaltens folgte ein Umgangsausschluss,[240] Unterwanderungen der Erziehung des betreuenden Elternteils mit Stürzen der Kinder in einen permanenten Loyalitätskonflikt führten zu nur begleitetem Umgang,[241] massive Loyalitätsverstöße können eine deutliche Reduzierung des Umgangsrechts zur Folge haben.[242] Nicht ausreichend für eine Umgangseinschränkung sind durch den Umgang hervorgerufene **nervöse Beschwerden**[243] des Lebensmittelpunktinhabers oder nach der Trennung öfter anzutreffende Verfeindung[244] der Eltern, die Eingliederungsabsicht[245] des Kindes in die neue Familie des Obhutsinhabers oder des Umgangsberechtigten oder keine Kindeswohlgefährdung auslösende Krankheit[246] des Umgangsberechtigten. Eine Umgangseinschränkung scheidet ferner aus, wenn die umgangsberechtigte Mutter ohne Kindeswohlgefährdung der Prostitution nachgeht[247] oder der pädophile Vater nachweislich nicht sein Kind gefährdet.[248]

---

228 OLG Köln FamRZ 2008, 1372.
229 BVerfG 13.12.2012 – 1 BvR 1766/12, FamRZ 2013, 433.
230 Palandt/Götz § 1684 Rn. 25; OLG Frankfurt/M. FamRZ 2002, 1582.
231 OLG Köln 15.3.2013 – 26 UF 9/13, FamRZ 2013, 1237.
232 Menne, Herausforderungen für die Familiengerichtsarbeit aufgrund von Migration und Flüchtlingsbewegungen insbesondere bei Kindschaftssachen, FamRZ 2016, 1230.
233 Palandt/Götz § 1684 Rn. 29.
234 Palandt/Götz § 1684 Rn. 27; MK/Hennemann § 1684 Rn. 69; OLG Koblenz FamRZ 2007, 926.
235 OLG Hamm FamRZ 2000, 1108; OLG Celle FamRZ 2007, 1265; OLG Oldenburg FamRZ 2010, 1356; dagegen nach OLG Naumburg FamRZ 2007, 1351 intensiver Elternumgang vor Kindesherausgabe.
236 Palandt/Götz § 1684 Rn. 29.
237 MK/Hennemann § 1684 Rn. 62.
238 MK/Hennemann § 1684 Rn. 63.
239 OLG Oldenburg FamRZ 2008, 85.
240 OLG Hamburg 29.9.2010 – 12 UF 163/08, FamRZ 2011, 822.
241 OLG Saarbrücken 14.10.2014 – 6 UF 110/14, FamRZ 2015, 344.
242 OLG Saarbrücken 9.9.2014 – 6 UF 62/14, FamRZ 2015, 62.
243 Palandt/Götz § 1684 Rn. 31.
244 Palandt/Götz § 1684 Rn. 31; MK/Hennemann § 1684 Rn. 60.
245 Palandt/Götz § 1684 Rn. 27.
246 MK/Hennemann § 1684 Rn. 70; bei Kindeswohlgefährdung durch die Krankheit dagegen nur begleiteter Umgang nach OLG Brandenburg FamRZ 2008, 716.
247 Palandt/Götz § 1684 Rn. 29; MK/Hennemann § 1684 Rn. 69.
248 Palandt/Götz § 1684 Rn. 29; BVerfG FamRZ 2008, 494.

VI. Verfahren

24 Das Familiengericht darf sich nicht auf die Zurückweisung eines Umgangsantrags beschränken, wenn noch keine Regelung getroffen ist.[249]

25 **1. Zuständigkeit.** Zuständig ist das durch den **Richter** gem. § 14 Nr. 7 RPflG entscheidende Familiengericht[250] gem. § 152 FamFG[251] in einer isolierten Umgangssache oder im Verbund nach § 137 FamFG. Verbundsache nach § 137 FamFG auf Antrag ist auch eine bis zwei Wochen[252] vor der letzten mündlichen Verhandlung in der Ehesache anhängig gemachte Sorgerechtssache (außer das Familiengericht hält die Einbeziehung aus Kindeswohlgründen nicht für sachgerecht), die aber nach § 140 Abs. Nr. 3 FamFG aus Kindeswohlgründen wieder aus dem Scheidungsverbund abgetrennt werden kann. Rechtswegverweisung nach § 17 a GVG,[253] Verweisung nach § 3 FamFG oder Abgabe nach § 4 FamFG[254] sind möglich. Die Abgabe an das Gericht der Ehesache kann nach § 153 FamFG erst mit deren Rechtshängigkeit erfolgen.[255] Ein wichtiger Grund für eine Abgabe nach § 4 FamFG liegt vor, wenn das Kind seinen Aufenthalt im laufenden Verfahren in den Bezirk eines anderen Amtsgerichts verlegt und der Aufenthaltswechsel auch bei Beachtung des Beschleunigungsgrundsatzes mit besonderen Kindeswohlerschwernissen für das anhängige Verfahren verbunden ist.[256]

Die **internationale Zuständigkeit** ergibt sich mit einer perpetuatio fori[257] aus Art. 8 EheVO 2003[258]/Art. 5 ff. KSÜ, das anzuwendende Recht richtet sich nach Art. 21 EGBGB/Art. 15 KSÜ. Dabei endet die Wirkung einer Zuständigkeitsvereinbarung mit der rechtskräftigen Entscheidung des betreffenden Verfahrens.[259] Das KSÜ (Kinderschutzübereinkommen vom 19.10.1996) gilt für die Anerkennung einer außerhalb der EheVO 2003 (in deren Anwendungsbereich erfolgt automatische Anerkennung) ergangenen ausländischen Entscheidung, Umgangsabänderungen erfolgen nach § 1696. Die Entscheidungen des Europäischen Gerichtshofs sind zu beachten.[260]

26 **2. Verfahrensgrundsätze.** Amtsermittlung erfolgt nach § 26 FamFG, wobei aber einem jeder Tatsachengrundlage entbehrenden Verdachtsvortrag eines Elternteils nicht nachgegangen werden muss,[261] zunächst ist das Jugendamt um Vermittlung anzugehen. Umgangsverfahren samt einstweiliger Anordnungen bei Erforderlichkeit einer schnellen Entfremdungsverhinderung können **von Amts wegen**

249 OLG Naumburg FamRZ 2009, 1417.
250 Auch erfolgter Sorgerechtsentziehung KG FamRZ 2006, 1773.
251 Wird das Fürsorgebedürfnis an verschiedenen Orten bekannt, ist nach OLG Hamm 19.3.2013 – II-2 SAF 4/13, FamRZ 2013, 2004, die Zuständigkeit nach Zweckmäßigkeitsgesichtspunkten zu bestimmen.
252 Dazu muss aber die Ladung drei Wochen vor dem Termin zugestellt sein.
253 OLG Karlsruhe 19.8.2013 – 9 AR 10/13, FamRZ 2014, 958.
254 Zulässig nach OLG Hamm 29.9.2013 – II-2 SAF 11/13, FamRZ 2014, 411, nach Umzug im laufenden Umgangsvollstreckungsverfahren.
255 OLG Hamm FamRZ 2011, 58.
256 OLG Hamm FamRZ 2011, 55.
257 OLG Stuttgart 12.4.2012 – 17 UF 22/12, FamRZ 2013, 49.
258 Nach OLG Hamm 2.2.2011 – II-8 UF 98/10, FamRZ 2012, 143 ist der gewöhnliche Aufenthalt des Kindes am von seinem betreuenden Elternteil abgeleiteten Ort seines Schwerpunkts seiner familiären Beziehungen.
259 EuGH 1.10.2014 –Rs C-436/13, FamRZ 2015, 24.
260 BVerfG FamRZ 2005, 783.
261 OLG Saarbrücken 23.1.2013 – 6 UF 20/13, FamRZ 2013, 712.

oder auf Anregung etwa jeden Elternteils[262] ohne Gerichtskostenvorschusspflicht[263] nach § 24 FamFG isoliert oder nach § 137 FamFG im Verbund nach Kindeswohlgründen mit Abtrennungsmöglichkeit nach § 140 Abs. 2 Nr. 3 FamFG[264] erfolgen. Gegen **einstweilige Anordnungen**[265] zum Umgang, die aber wegen §§ 155, 156 FamFG nur bei besonderem, den binnen Monatsfrist stattfindenden Termin nicht mehr abwartbarem Beschleunigungsbedürfnis, das auch nach Richterablehnung[266] nach § 6 FamFG[267] das Verfahrensweiterbetreiben gem. § 47 ZPO ermöglicht, zulässig sind,[268] kann nach dem eindeutigen Wortlaut der §§ 54, 57 FamFG[269] neben dem Vollstreckungsaussetzungsantrag nach § 55 FamFG[270] nur Antrag auf noch nicht stattgefundene mündliche Verhandlung oder Abänderungsantrag gestellt werden.[271] Die einstweilige Anordnung eines Wechselmodells ist als einstweilige Umgangsregelung unanfechtbar.[272] Ist die Beschwerde gegen eine einstweilige Anordnung unzulässig, können auch Nebenentscheidungen wie Kostenentscheidungen nicht angefochten werden.[273]

Die Aufhebung einer einstweiligen Anordnung wegen nicht nach § 52 FamFG[274] fristgerecht eingeleiteten Hauptsacheverfahrens ist unanfechtbar.[275] Das Familiengericht hat nach § 156 FamFG auf eine einvernehmliche Regelung hinzuwirken (wobei bei Nichteinigung nach § 156 Abs. 3 FamFG der Umgang durch einstweilige Anordnung zu regeln oder auszuschließen ist) und auf die **Beratungsmöglichkeiten** im Rahmen der Kooperationen hinzuweisen oder Beratung nach § 156 Abs. 1 S. 4 FamFG anzuordnen. Unter den Voraussetzungen von § 158 FamFG (insbesondere bei möglicher Umgangseinschränkung) ist ein **Verfahrensbeistand** mit nachvollziehbarer Begründung zu bestellen. Ist der Verfahrensbeistand in einem Kindschaftsverfahren für mehrere Kinder bestellt, so erhält er für jedes Kind die alle Aufwendungen[276] umfassende Pauschalgebühr von 550 EUR bei Beauftragung mit Elterngesprächen.[277] Für die Entstehung des Vergütungsanspruchs des Verfahrensbeistands genügt es, wenn der Verfahrensbeistand in irgendeiner Weise im Kindesinteresse tätig geworden ist.[278] Verweigert ein Elternteil die Mitwirkung an einer Begutachtung, können für ihn negati-

262 OLG Frankfurt/M. 9.7.2013 – 6 UF 140/13, FamRZ 2014, 576; aA OLG Karlsruhe 28.2.2014 – 16 WF 53/14, FamRZ 2014, 1126.
263 OLG Saarbrücken 10.10.2011 – 6 WF 104/11, FamRZ 2012, 319.
264 OLG Celle 4.7.2011 – 10 UF 98/11, FamRZ 2011, 1673.
265 Dabei müssen die zur Verfügung stehenden Aufklärungsmöglichkeiten ausgeschöpft werden, s. BVerfG FamRZ 2008, 856.
266 Verfahrensverstöße sind regelmäßig kein Ablehnungsgrund nach OLG Hamm 7.6.2013 – 11 WF 86/13, FamRZ 2014, 324.
267 Nach OLG Bremen 20.4.2015 – 5 UF 96/14, FamRZ 2015, 1823, ist eine verweigerte Terminsverlegung kein Ablehnungsgrund.
268 Keidel/Giers FamFG § 49 Rn. 13.
269 Gilt nach OLG Celle 16.12.2010 – 10 UF 253/10, FamRZ 2011, 574 auch für einstweilige Umgangspflegschaften.
270 Van Els, Die Aussetzung der Vollstreckung nach § 55 FamFG, FamRZ 2011, 1706.
271 OLG Hamm 4.12.2013 – II-8 UF 238/13, FamRZ 2014, 1389.
272 BGH 1.2.2017 – XII ZB 601/15, FamRZ 2017, 532.
273 KG 1.8.2016 – 13 UF 106/16, FamRZ 2016, 2111.
274 Wofür nach OLG München 21.12.2010 – 33 WF 2159/10, FamRZ 2011, 1078 das die einstweilige Anordnung erlassen habende Gericht zuständig ist.
275 OLG Hamburg 23.5.2012 – 12 UF 105/12, FamRZ 2013, 482.
276 Aber zuzüglich Dolmetscherkosten, wenn das Gericht die Dolmetscherbeiziehung gestattet, nach OLG Frankfurt/M. 17.10.2013 – 5 WF 249/13, FamRZ 2014, 1135.
277 BGH FamRZ 2010, 1893.
278 BGH FamRZ 2010, 1895.

ve Schlüsse daraus nicht gezogen werden,[279] aber aus anderen Anknüpfungstatsachen. Über § 33 FamFG kann auch das persönliche Erscheinen eines Elternteils in der Anhörung in Anwesenheit eines Sachverständigen erzwungen werden.[280] Von der Einholung eines (auch lösungsorientierten) **Sachverständigengutachtens** nach § 163 FamFG kann nur abgesehen werden,[281] wenn das Familiengericht bereits über eine zuverlässige Entscheidungsgrundlage verfügt.[282] Nach der Neufassung von § 163 FamFG soll der Sachverständige über eine psychologische, kinder- und jugendpsychiatrische, psychiatrische, ärztliche, pädagogische oder sozialpädagogische Berufsqualifikation verfügen. Beabsichtigt das Gericht, ein in einem anderen Verfahren eingeholtes Sachverständigengutachten nach § 411 a ZPO zu verwerten, muss es den Beteiligten zuvor rechtliches Gehör gewähren.[283] In einem psychologischen Sachverständigengutachten sind die Darstellung von Untersuchungen und Interaktionen einerseits und die darauf bezogenen Bewertungen und Beurteilungen andererseits streng voneinander zu trennen.[284] Das Ergebnis eines Sachverständigengutachtens ist hinsichtlich der einzelnen Schlussfolgerungen dahin gehend zu bewerten, ob sie auf konkreten Belegtatsachen beruhen.[285] Bei Abweichung von einer gutachterlichen Empfehlung darf sich das Familiengericht nicht mit der telefonischen Auskunft eines anderen Sachverständigen begnügen.[286] Auf das Sachverständigengutachten reicht nach § 37 Abs. 2 FamFG eine nur schriftliche Äußerungsmöglichkeit.[287] Nach §§ 159 ff. FamFG sind Jugendamt (dem auch ohne Optionsbeteiligung nach § 162 Abs. 2 FamFG der gesamte Akteninhalt zur effektiven Geltendmachung seines Anhörungsrechts zur Kenntnis zu bringen ist), Eltern (zum Schutz eines Elternteils auch getrennt), Kinder in der vom Gericht bevorzugten Umgebung[288] und sonstige Obhutspersonen[289] **anzuhören** und ist dies nach § 28 Abs. 4 FamFG zu dokumentieren;[290] es muss außer in extremen Ausnahmefällen wegen des mit Priorität[291] aufgrund der faktischen Entscheidung durch fortschreitenden Zeitablauf[292] durchzuführenden[293] Umgangsverfahrens ein Termin mit mündlicher Anhörung des Jugendamts innerhalb eines Monats nach Antragseingang stattfinden (§ 155 FamFG). Eine Hauptsacheerledigung ist zulässig (§ 22 FamFG), bedarf aber einer gerichtlichen Übernahme.[294]

27 **3. Rechtsmittel.** Gegen die erstinstanzliche ohne Bindung an Anregungen zu erfolgende Hauptsacheumgangsentscheidung, die nach § 38 FamFG durch zu be-

---

279 BVerfG FamRZ 2004, 1166.
280 OLG München 13.12.2013 – 26 UF 1436/13, FamRZ 2014, 1385.
281 OLG Saarbrücken 3.4.2012 – 6 UF 10/12, FamRZ 2013, 48.
282 BVerfG FamRZ 2006, 605; nach OLG Bamberg FamRZ 2010, 741 kommt dies nur bei einfachen Sachverhalten in Betracht, die nach OLG Schleswig 22.9.2015 – 10 UF 105/15, FamRZ 2016, 483 nicht bei Umgangsausschluss wegen ablehnenden Willens kleinerer Kinder vorliegen.
283 BGH 5.10.2016 – XII ZB 152/16, FamRZ 2017, 48.
284 OLG Hamm 19.7.2016 – II-11 WF 106/16, FamRZ 2017, 540.
285 OLG Hamm 6.6.2016 – II-4 UF 186/15, FamRZ 2016, 1940.
286 OLG Schleswig FamRZ 2008, 1363.
287 OLG Köln 17.9.2012, FamRZ 2013, 483.
288 Ab drei Jahren: BVerfG FamRZ 2010, 1622.
289 OLG Saarbrücken 13.11.2013 – 6 UF 181/13, FamRZ 2014, 598.
290 KG FamRZ 2009, 1428.
291 EGMR 20.1.2011 – 21980/06, FamRZ 2011, 533.
292 EGMR 21.4.2011 – 41599/09, FamRZ 2011, 1283.
293 EGMR 10.2.2011 – 1521/06, FamRZ 2011, 1125.
294 OLG Brandenburg 21.3.2014 – 9 WF 27/14, FamRZ 2014, 2019.

gründenden Beschluss erfolgt und mit Bekanntgabe an den Beteiligten wirksam wird, ist ohne Abhilfemöglichkeit nach § 68 Abs. 1 S. 2 FamFG[295] die **Beschwerde** nach § 58 FamFG für die nach § 59 FamFG Beschwerdeberechtigten (dazu gehören nicht der nichtsorgeberechtigte Elternteil gegen eine Umgangsregelung des anderen Elternteils[296] oder Pflegeeltern)[297] binnen Monatsfrist und in der Form des § 64 FamFG möglich, auch gegen die Ablehnung der Verfahrenseinleitung,[298] aber nicht gegen den gerichtlich gebilligten Vergleich.[299] Eine Wiedereinsetzung in den vorigen Stand wegen fehlender oder unzureichender Rechtsbehelfsbelehrung nach § 17 Abs. 2 FamFG entfällt mangels Kausalität, wenn der Beteiligte wegen vorhandener Kenntnis über seine Rechtsmittel durch anwaltliche Vertretung keiner Unterstützung durch eine Rechtsmittelbelehrung bedarf.[300] Das Beschwerdegericht[301] kann nach § 64 Abs. 3 FamFG eine **einstweilige Anordnung** erlassen. Bei Verfahrensfehlern des Familiengerichts kann nur unter den Voraussetzungen des § 69 FamFG eine Zurückverweisung erfolgen, wenn nicht die bisherige Verfahrensdauer eine Sachentscheidung des Beschwerdegerichts erforderlich macht.[302] Wegen des Gebots effektiven Rechtsschutzes,[303] da jede Verzögerung in Umgangsverfahren zur faktischen Präjudizierung der Angelegenheit führen kann,[304] ist auch eine **Untätigkeitsbeschwerde**[305] bei nicht vertretbarer, nicht kausal vom Betroffenen verursachter[306] Verfahrensverzögerung[307] als außerordentlicher Rechtsbehelf möglich.[308] In der Beschwerdeinstanz sind die Beteiligten grundsätzlich[309] erneut mündlich anzuhören und bedarf das Abweichen von einem fachpsychologischen Gutachten nachgewiesener eigener Sachkunde des Gerichts. Verbote, die angefochtene Entscheidung zum Nachteil des Beschwerdeführers abzuändern, gelten in Umgangsregelungssachen nicht, weil das Beschwerdegericht insgesamt dem Kindeswohl verpflichtet ist und die für das Kind richtige Entscheidung zu treffen hat.[310] Eine Anschlussbeschwerde ist zulässig (§ 66 FamFG). Eine Zurückverweisung nach § 69 Abs. 1 S. 3 FamFG kann erfolgen, wenn der Umgangsantrag ohne eine bisherige Um-

---

295 KG 11.10.2010 – 19 UF 70/10, FamRZ 2011, 394.
296 OLG Bremen 29.5.2012 – 4 UF 50/12, FamRZ 2013, 234.
297 BGH FamRZ 2005, 975; MK/Hennemann § 1684 Rn. 97.
298 OLG Frankfurt 31.3.2015 – 5 UF 272/14, FamRZ 2015, 1991.
299 OLG Nürnberg 28.4.2011 – 7 UF 487/11, FamRZ 2011, 1533; aA OLG Hamm 21.5.2015 – II-2 UF 3/15, FamRZ 2015, 1988.
300 BGH FamRZ 2010, 1425.
301 Nach BGH FamRZ 2010, 548, auch das Rechtsbeschwerdegericht.
302 OLG Karlsruhe FamRZ 2007, 741.
303 EGMR 27.10.2011 – 8857/08, FamRZ 2012, 1123.
304 EGMR FamRZ 2009, 1037; der Regierungsentwurf eines verschuldensunabhängigen Anspruchs bei überlangen Gerichtsverfahren in BR-Drs. 540/10 wurde beschleunigt durch das Piloturteil des EGMR FamRZ 2010, 1965.
305 Ohne deren Effektivität liegt nach EGMR FamRZ 2010, 1721, ein Verstoß gegen die EMRK vor.
306 BVerfG 25.4.2015 – 1 BvR 3326/14, FamRZ 2015, 1093.
307 BVerfG FamRZ 2008, 2258.
308 KG FamRZ 2007, 2091; OLG Brandenburg FamRZ 2009, 906; OLG München FamRZ 2009, 1420; OLG Frankfurt/M. FamRZ 2009, 2021; aA OLG Bremen 12.11.2012 – 4 WF 137/12, FamRZ 2013, 570, wegen der Entschädigungsmöglichkeit nach § 198 GVG.
309 BVerfG FamRZ 2005, 1816.
310 OLG Brandenburg 3.7.2015 – 10 UF 173/14, FamRZ 2015, 1818.

gangsregelung ohne Sachentscheidung[311] nur abgewiesen wurde.[312] Die Rechtsbeschwerde findet nur bei Zulassung durch das Beschwerdegericht statt, nur bei Unterbringungssachen ist sie nach § 70 Abs. 2 FamFG zulässig. § 75 FamFG eröffnet bei Zustimmung des Gegners und Zulassung durch den Bundesgerichtshof eine Sprungrechtsbeschwerde. Die Gehörsrüge ist in § 44 FamFG geregelt. Ein untätiger Richter kann nicht wegen Befangenheit abgelehnt werden,[313] bei erfolgreicher Ablehnung wird der Richter aber auch von seinen weiteren Fällen mit denselben Beteiligten ausgeschlossen.[314] Das Bundesverfassungsgericht kann einstweilige Anordnungen im Rahmen einer Folgenabwägung nach § 32 BVerfGG erlassen.[315] Allein das Vorliegen eines Umgangsverfahrens führt nicht nach § 198 Abs. 2 S. 4 zu einer Erhöhung der nach Verzögerungsrüge eines Beteiligten bei je nach Fallschwierigkeit und Betroffenenverhaltens überlanger Verfahrensdauer[316] neben materiellem Schadensersatz möglichen Entschädigungspauschale.[317]

28 **4. Verfahrenskostenhilfe.** Eine **streitige Rechtsfrage** darf im VKH-Verfahren nicht zur VKH-Versagung mangels Erfolgsaussicht[318] führen.[319] Dagegen führt die Hauptsacheerledigung zum Wegfall der Erfolgsaussicht,[320] wobei der Zeitpunkt der VKH-Antrags-Entscheidung, die zeitnah zum VKH-Antrag zu erfolgen hat, maßgeblich ist.[321] VKH ist bereits dann zu bewilligen, wenn das Familiengericht eine Umgangsregelung zu treffen hat. Dagegen ist die Beantragung eines gerichtlichen Umgangsverfahrens mutwillig, wenn überhaupt keine außergerichtliche Umgangsvereinbarung ernsthaft versucht worden ist[322] oder diesbezüglich zuvor kein erfolgversprechender Kontakt[323] mit dem Jugendamt ohne Verpflichtung zur Vorlage eines Negativattests[324] gesucht wurde.[325] Mutwillig ist auch ein Verfahrenskostenhilfeantrag für in der Beschwerdeinstanz neu gestellte Anträge zum Umgangsrecht.[326] Dagegen ist die Beantragung von VKH für ein Umgangshauptsacheverfahren neben einem zulässigen einstweiligen Umgangsverfahren wegen erschwerter Abänderungsmöglichkeit nur der Hauptsacheentscheidung nach § 1696 nicht mutwillig.[327] Für nicht rechtshängige Verfahren kann im Erörterungstermin nach § 118 Abs. 1 S. 3 ZPO Verfahrenskos-

---

311 OLG Frankfurt/M. 8.7.2015 – 5 UF 135/15, FamRZ 2016, 482.
312 OLG Brandenburg 31.5.2012 – 9 UF 6/12, FamRZ 2013, 237.
313 OLG Brandenburg 30.3.2015 – 13 WF 68/15, FamRZ 2015, 2074; aA OLG Dresden 8.10.2013 – 20 WF 402/13, FamRZ 2014, 957.
314 OLG München 7.2.2014 – 4 WF 1768/13, FamRZ 2014, 958.
315 BVerfG 29.8.2012 – 1 BvR 1766/12, FamRZ 2013, 103.
316 Zimmermann, Der neue Rechtsschutz bei überlangen Gerichtsverfahren, FamRZ 2011, 1905.
317 BGH 13.3.2014 – III ZR 91/13, FamRZ 2014, 933.
318 Die nach BVerfG FamRZ 2009, 399 zu Verfahrensbeginn zu prüfen ist.
319 OLG Brandenburg FamRZ 2006, 1776.
320 OLG Köln FamRZ 2011, 124.
321 OLG Saarbrücken FamRZ 2009, 894; OLG Köln FamRZ 2010, 52.
322 OLG Dresden FamRZ 2006, 808.
323 OLG Köln 17.12.2012 – 4 WF 156/12, FamRZ 2013, 1241.
324 OLG Köln 26.1.2016 – 26 WF 197/15, FamRZ 2016, 1193.
325 OLG Brandenburg FamRZ 2005, 1914; OLG Koblenz FamRZ 2005, 1915; OLG Saarbrücken FamRZ 2010, 310; OLG Koblenz FamRZ 2010, 1230; aA OLG Stuttgart FamRZ 2006, 1060; OLG Hamm FamRZ 2007, 1337; OLG München FamRZ 2008, 1089; OLG Düsseldorf FamRZ 2011, 51.
326 OLG Brandenburg FamRZ 2006, 1549.
327 OLG Frankfurt/M. 20.12.2010 – 5 WF 329/10, FamRZ 2014, 661.

tenhilfe bewilligt werden.[328] Auch für eine Antragstellung in einem Umgangspflegschaftsanordnungsverfahren, in getrennten Verfahren für Sorge und Umgang, außerhalb des Verbundverfahrens[329] oder ein Vermittlungsverfahren nach § 165 FamFG kann VKH bewilligt werden.[330] Wegen der Unanfechtbarkeit der einstweiligen Umgangsentscheidung[331] ist auch die VKH-Entscheidung im einstweiligen Umgangsverfahren nach § 127 Abs. 2 ZPO unanfechtbar.[332] Dem Beteiligten ist im Rahmen der bewilligten Verfahrenskostenhilfe ein Rechtsanwalt beizuordnen, wenn dies wegen der Schwierigkeit der Sach- oder Rechtslage erforderlich ist, wobei sich die Erforderlichkeit auch nach den subjektiven Fähigkeiten des Beteiligten oder dem Grundsatz der Waffengleichheit beurteilt.[333] Die Beiordnung eines Rechtsanwalts ist jedenfalls dann erforderlich, wenn eine Strafanzeige[334] oder ein Kontaktabbruch[335] vorliegt oder wesentliche Elemente des Umgangsrechts in Streit sind,[336] was auch für das die gleichen Probleme umfassende Vermittlungsverfahren gelten sollte.[337] Die Veräußerung eines Hausgrundstücks ist nicht zumutbar, wenn die Veräußerungskosten in keinem vernünftigen Verhältnis zu den zu erwartenden Verfahrenskosten stehen.[338] Leistungen nach dem SGB II sind zu berücksichtigendes Einkommen des VKH-Antragstellers.[339] Bei einer missbräuchlichen Einkommensverlagerung auf den nichtehelichen Lebenspartner sind dessen Einkünfte beim VKH-Antragsteller zu berücksichtigen.[340] Fahrtkosten zum Arbeitsplatz sind nach der VO zu bemessen.[341] Die Fähigkeit, durch Arbeit Geld verdienen und so die Prozessführung finanzieren zu können, ist wie fiktives Einkommen[342] oder vorhandenes Vermögen zu berücksichtigen.[343] Unberücksichtigt bleibt Einkommen des VKH-Antragstellers, das im Rahmen einer Bedarfsgemeinschaft nach SGB II anderen Mitgliedern der Bedarfsgemeinschaft zugerechnet wird.[344] Eine das Schonvermögen übersteigende Kapitallebensversicherung ist auch bei damit bezweckter privater Altersvorsorge einzusetzen, es sei denn, der VKH-Antragsteller wird im Alter bedürftig, wofür ihn die Darlegungslast trifft.[345] Einem Beteiligten ist Verfahrenskostenhilfe zu versagen, wenn er grob fahrlässig sein Vermögen vermindert hat, so dass die Verfahrenskosten nicht mehr aufgebracht werden können.[346] Der Beteiligte muss in seinem VKH-Antrag glaubhaft darlegen, warum

---

328 OLG Köln 30.9.2014 – 12 WF 107/14, FamRZ 2015, 1314.
329 OLG Naumburg FamRZ 2009, 1423; regelmäßig nicht für eine Schutzschrift nach OLG Jena FamRZ 2010, 141.
330 OLG Frankfurt/M. FamRZ 2007, 566; regelmäßig nicht erforderlich nach OLG Karlsruhe FamRZ 2010, 2010.
331 KG 6.12.2010 – 16 UF 151/10, FamRZ 2011, 577.
332 OLG Köln FamRZ 2010, 1829.
333 BGH FamRZ 2010, 1427.
334 OLG Brandenburg 17.11.2014 – 10 WF 121/14, FamRZ 2015, 1316.
335 OLG Schleswig 23.2.1011 – 10 WF 29/11, FamRZ 2011, 1241.
336 OLG Karlsruhe FamRZ 2005, 2004.
337 OLG Zweibrücken 2.1.2015 – 2 WF 297/14, FamRZ 2015, 1921; aA OLG Jena FamRZ 2005, 1578.
338 OLG Brandenburg FamRZ 2009, 1233.
339 BGH FamRZ 2010, 1324.
340 OLG Karlsruhe FamRZ 2010, 748.
341 OLG Bamberg FamRZ 2008, 541.
342 OLG Brandenburg FamRZ 2010, 847.
343 KG FamRZ 2008, 2302.
344 OLG Dresden FamRZ 2008, 2287.
345 BGH FamRZ 2010, 1643.
346 OLG Karlsruhe FamRZ 2008, 142.

früher vorhandene Geldbeträge jetzt nicht mehr zur Verfügung stehen.[347] Der Verfahrenswert für die Beschwerde gegen die Versagung der Rechtsanwaltsbeiordnung ist wie der Verfahrenswert in einer VKH-Beschwerde der Wert der Hauptsache.[348] Für eine Mediation kann auch bei Aussetzung nach § 36 a FamFG keine VKH bewilligt werden.[349] Nach Erstreckung der Verfahrenskostenhilfe auf eine nicht rechtshängige Vereinbarung entstehen von der Staatskasse zu tragende 1,5 Einigungsgebühr gem. Nr. 1000 RVG-VV, 0,8 Verfahrensgebühr nach Nr. 3101 Nr. 2 RVG-VV und 1,2 Terminsgebühr gem. Nr. 3104 II RVG-VV.[350] Dabei besteht nach pflichtgemäßem Ermessen ein Protokollierungsanspruch auch für mit dem Verfahrensgegenstand in innerem Zusammenhang stehenden Themen.[351]

29 **5. Vollstreckung. Umgangsentscheidungen,** wozu auch durch alle[352] Beteiligten nach § 156 Abs. 2 FamFG geschlossene und bei Kindeswohlnichtwidersprechen gerichtlich nach § 86 Abs. 1 Nr. 2 FamFG gebilligte (nach § 162 ZPO vorzunehmende[353] Vereinbarungsprotokollierung reicht nicht aus,[354] im Gegensatz zur Feststellung eines Vergleichs nach § 278 Abs. 6 ZPO)[355] Umgangsvereinbarungen gehören, werden nach §§ 88 ff. FamFG nach Zustellung[356] vollstreckt. Nicht vollstreckbar ist eine Beratungsverpflichtung.[357] Haben Eltern den Umgangstitel einvernehmlich geändert, kann nur nach Umgangsabänderungsentscheidung der geänderte Umgang vollstreckt werden.[358] Das Umgangsvollstreckungsverfahren bedarf effektiver Ahndung einer Umgangsvereitelung,[359] so dass das pflichtgemäße Ermessen[360] regelmäßig auf das Sanktionserfordernis reduziert ist.[361] Die internationale Zuständigkeit richtet sich bei fehlendem Vorrang zwischenstaatlicher Regelungen nach § 99 FamFG.[362] Im Anwendungsbereich von Art. 41 EheVO 2003 ergangene ausländische Entscheidungen bedürfen zur Vollstreckbarkeit nur einer Bescheinigung, ansonsten ist § 108 FamFG einschlägig. Die Vollstreckung erfolgt dann nach § 44 IntFamRVG durch Ordnungsmittel.[363] Vollstreckbar sind nur auf konkretes Tun oder Unterlassen gerichtete Gebote oder Verbote,[364] so dass, damit der Schuldner seine Verpflichtung klar erkennen kann, für eine Auslegung[365] erschöpfende Anweisungen über

---

347 BGH FamRZ 2008, 1163.
348 BGH FamRZ 2010, 1892.
349 AA OLG Köln 3.6.2011 – 25 UF 24/10, FamRZ 2011, 1742.
350 OLG Stuttgart FamRZ 2008, 1010; aA für die Verfahrensdifferenz- und Terminsgebühr OLG Köln 2.10.2014 – 12 WF 130/14, FamRZ 2015, 1825.
351 BGH 3.8.2011 – XII ZB 153/10, FamRZ 2011, 1572.
352 OLG München 1.9.2014 – 4 UF 508/14, FamRZ 2015, 1422.
353 OLG Hamm 11.4.2011 – 4 WF 185/10, FamRZ 2011, 1529.
354 MK/Finger § 1684 Rn. 83.
355 OLG Nürnberg FamRZ 2005, 920.
356 OLG Frankfurt 2.11.2011 – 5 WF 151/11, FamRZ 2012, 573.
357 OLG Frankfurt/M. 19.2.2015 – 5 WF 45/15, FamRZ 2015, 2001.
358 OLG Brandenburg 4.3.2014 – 10 UF 190/13, FamRZ 2014, 1792.
359 EGMR 15.1.2015 – 62198/11, FamRZ 2015, 469.
360 OLG Schleswig 3.3.2011 – 15 UF 2/11, FamRZ 2012, 151.
361 OLG Karlsruhe 5.5.2011 – 5 WF 51/11, FamRZ 2011, 1669.
362 BGH 30.9.2015 – XII ZB 635/14, FamRZ 2015, 2147.
363 Schulte-Bunert, Die Vollstreckung von Entscheidungen über die elterliche Verantwortung nach der VO (EG) 2201/2203 in Verbindung mit dem IntFamRVG, FamRZ 2007, 1614.
364 Palandt/Götz § 1684 Rn. 42; OLG Karlsruhe FamRZ 2005, 633; OLG Saarbrücken FamRZ 2007, 2095; OLG Frankfurt/M. FamRZ 2010, 998.
365 KG 8.11.2010 – 19 WF 112/10, FamRZ 2011, 588.

Anfangstermin,[366] Tag, Zeit,[367] Ort, Häufigkeit, Abholung und Ablauf enthalten sein müssen,[368] nicht dagegen die Verpflichtung des betreuenden Elternteils zum Bereithalten des Kindes.[369] Die Regelung des Umgangsrechts kann auch gegen einen gleichgültigen Elternteil beantragt werden.[370] Während die Delegierung der Umgangsregelung an das Jugendamt, eine Beratungsstelle[371] oder einen Umgangspfleger unzulässig ist,[372] kann das Jugendamt mit der Ausführung der Umgangsregelung nach § 50 SGB VIII betraut werden. Die Vollstreckung muss zügig durchgeführt werden[373] und bedarf nach § 92 FamFG nur der schriftlichen Anhörung des Verpflichteten.[374] Ein Ordnungsgeld oder Ordnungshaft als repressives[375] Sanktionsmittel[376] kommt nach vorherigem unanfechtbaren[377] immer zu gebenden[378] **Hinweis,** der[379] deutlich erkennbar[380] im Umgangsbeschluss[381] enthalten[382] sein[383] und Hinweis auf die Sanktionen[384] mit deren Obergrenzen[385] enthalten muss[386] (§ 89 Abs. 2 FamFG), in Betracht, wenn der durch die Entscheidung Verpflichtete schuldhaft (daran fehlt es, wenn bei einem Kind – ab einem Alter von mindestens zehn Jahren[387] – die Durchführung des Umgangsrechts mit erzieherischen Mitteln nicht mehr erreichbar ist,[388] während eine Erkrankung des Obhutselternteils der Umgangsgewährung nicht entgegensteht)[389] seiner Verpflichtung aus der Entscheidung nicht nachgekommen ist.[390] Der Umgangsverpflichtete hat die Darlegungslast für fehlendes Verschulden, so

366 OLG Saarbrücken 19.4.2013 – 6 WF 65/13, FamRZ 2013, 1760.
367 OLG Bamberg 12.3.2013 – 7 WF 356/12, FamRZ 2013, 1759.
368 OLG Celle FamRZ 2006, 556; OLG Brandenburg FamRZ 2006, 1620; OLG Koblenz FamRZ 2007, 1682; OLG Frankfurt/M. FamRZ 2008, 1372; OLG Brandenburg FamRZ 2008, 1551; OLG Oldenburg FamRZ 2010, 44; OLG Saarbrücken FamRZ 2010, 1922; aA Spangenberg, Die Vollstreckungsfähigkeit von Umgangsregelungen, FamRZ 2007, 15.
369 BGH 1.2.2012 – XII ZB 188/11, FamRZ 2012, 533.
370 OLG Köln FamRZ 2001, 1023.
371 OLG Celle 28.3.2013 – 19 UF 61/13, FamRZ 2013, 1237.
372 OLG Brandenburg FamRZ 2009, 1688; OLG Hamburg FamRZ 2009, 1001; OLG Saarbrücken FamRZ 2010, 2085.
373 EGMR FamRZ 2008, 1059.
374 OLG Karlsruhe 18.3.2015 – 18 WF 46/14, FamRZ 2015, 2000.
375 OLG Saarbrücken 30.10.2014 – 6 WF 186/14, FamRZ 2015, 863.
376 Nach § 90 FamFG ist auch unmittelbarer Zwang möglich.
377 OLG Köln 9.11.2010 – 4 WF 189/10, FamRZ 2011, 574.
378 BVerfG 9.3.2011 – 1 BvR 752/10, FamRZ 2011, 957.
379 Auch bei einem Umgangsausschluss nach OLG Saarbrücken FamRZ 2011, 122.
380 OLG Oldenburg 17.8.2015 – 11 WF 159/15, FamRZ 2016, 845.
381 Nach OLG Hamm FamRZ 2010, 1838, kann ein versäumter Hinweis ohne rückwirkende Sanktionierung nachgeholt werden und ist seine Unterlassung nach OLG Frankfurt/M. FamRZ 2010, 917, unanfechtbar, kann aber auch im Beschwerdeverfahren nach OLG Naumburg 9.7.2014 – 8 WF 120/14, FamRZ 2015, 777 nachgeholt werden.
382 OLG Köln 16.4.2014 – 25 WF 45/14, FamRZ 2015, 163.
383 Nach KG 13.2.2015 – 13 WF 203/14, FamRZ 2014, 940 enthält eine Umgangsregelung stets das konkludente Umgangsverbot außerhalb der geregelten Zeiten.
384 OLG Schleswig 21.9.2015 – 10 WF 144/15, FamRZ 2016, 845.
385 OLG Oldenburg 25.3.2013 – 4 WF 34/13, FamRZ 2014, 145.
386 OLG Brandenburg 29.7.2014 – 13 WF 259/13, FamRZ 2015, 693.
387 OLG Karlsruhe FamRZ 2005, 1698; OLG Hamm FamRZ 2008, 1371; OLG Düsseldorf FamRZ 2009, 1419.
388 Palandt/Götz § 1684 Rn. 43; OLG Karlsruhe FamRZ 2002, 624; OLG Hamm FamRZ 2004, 1797.
389 OLG Brandenburg FamRZ 2007, 230.
390 MK/Hennemann § 1684 Rn. 90; OLG Celle FamRZ 1998, 1130; OLG Karlsruhe FamRZ 2005, 919.

dass im Einzelnen substantiiert vorzutragen ist,[391] wie er das Kind zum Umgang zu motivieren versuchte,[392] insbesondere wenn der Elternteil vorher einen Umgangsvergleich abgeschlossen und damit seine Einschätzung von der Überwindbarkeit eines dem Umgang entgegenstehenden Kindeswillens zum Ausdruck gebracht hatte.[393] Der betreuende Elternteil handelt schuldhaft, wenn er dem Kind die Umgangswahrnehmung mit dem anderen Elternteil freistellt.[394] Unternimmt ein Elternteil keinerlei Anstrengungen, damit das Kind eine gerichtliche (dem Kindeswohl entsprechende)[395] Umgangsregelung befolgt, oder stellt er dem Kind die Umgangskontakte frei,[396] kann **Ordnungsgeld oder Ordnungshaft** festgesetzt werden.[397] Fallen mehrere Umgangstermine aus,[398] können mehrere Ordnungsgelder verhängt werden.[399] Kriterien für die Ordnungsgeldbemessung sind Schwere und Ausmaß der Verletzungshandlung, deren Folge für den Berechtigten, zeitlicher Umfang des Verstoßes, Grad des Verschuldens des Verpflichteten, spezialpräventive Aspekte sowie die wirtschaftlichen Verhältnisse des Verpflichteten.[400] Auch Ordnungshaft ist sofort nach § 89 Abs. 1 S. 2 FamFG möglich. Die Vollstreckung baut nur auf der das Kindeswohl geprüft habenden Umgangsentscheidung ohne erneute Prüfung[401] von deren Rechtmäßigkeit[402] auf.[403] Dagegen kann in der Regel gegen einen umgangsunwilligen Elternteil zwar eine Umgangsregelung,[404] aber keine Ordnungsmittelfestsetzung[405] erfolgen.[406] Statthaftes Rechtsmittel gegen Entscheidungen nach §§ 89 ff. FamFG ist die **sofortige Beschwerde** nach § 87 FamFG, § 567 ZPO.[407] Wenn wegen veränderter Umstände die Abänderung der Umgangsentscheidung beantragt ist, kann die Vollstreckung nach § 93 Abs. 1 S. 1 Nr. 4 FamFG auch von Amts wegen[408] eingestellt werden. Die nur im Verhältnis zwischen den Eltern zulässige[409] Einleitung eines Vermittlungsverfahrens auf Antrag nach § 165 FamFG nach einer Erschwerung einer gerichtlichen vollzugsfähigen[410] Umgangsregelung ändert an der Vollstreckung nach § 92 Abs. 3 FamFG nichts (scheitert ein Vermittlungsverfahren, hat das Familiengericht zunächst die unanfechtbare Feststellung zu treffen, dass das Vermittlungsverfahren erfolglos geblieben ist,[411] davor gilt aber § 93 Abs. 1 S. 1 Nr. 5 FamFG). Gleiches gilt für einen noch nicht verbeschiedenen Abänderungsantrag (§ 93 Abs. 1 S. 1 Nr. 4

---

391 OLG Saarbrücken 8.10.2012 – 6 WF 381/12, FamRZ 2013, 476.
392 OLG Saarbrücken 2.4.2012 – 6 WF 130/11, FamRZ 2013, 48.
393 OLG Köln 14.4.2015 – 26 WF 57/15, FamRZ 2015, 1734.
394 OLG Saarbrücken 2.4.2012 – 6 WF 130/11, FamRZ 2013, 48.
395 OLG Karlsruhe FamRZ 2007, 1180.
396 OLG Saarbrücken FamRZ 2007, 927.
397 OLG Karlsruhe FamRZ 2005, 919.
398 OLG Köln 7.4.2014 – 4 WF 6/13, FamRZ 2015, 163.
399 OLG Karlsruhe FamRZ 2005, 1700.
400 OLG Saarbrücken 26.11.2010 – 6 WF 118/10, FamRZ 2011, 589.
401 BGH 1.2.2012 – XII ZB 188/11, FamRZ 2012, 533.
402 OLG Frankfurt/M. 28.6.2012 – 4 WF 122/12, FamRZ 2013, 475.
403 OLG Schleswig 16.7.2014 – 12 WF 67/14, FamRZ 2015, 1222.
404 OLG Stuttgart FamRZ 2009, 354.
405 Aber gegen den Amtsvormund möglich nach BGH 19.2.2014 – XII ZB 165/13, FamRZ 2014, 732.
406 BVerfG FamRZ 2008, 845.
407 MK/Hennemann § 1684 Rn. 95; BGH FamRZ 1981, 25.
408 OLG Karlsruhe 3.7.2014 – 18 WF 11/14, FamRZ 2014, 2012.
409 OLG Bremen 16.6.2015 – 4 WF 77/15, FamRZ 2015, 2190.
410 Schael FamRZ 2005, 1798.
411 OLG Naumburg FamRZ 2005, 1577; OLG Dresden FamRZ 2010, 150.

FamFG). Auch gegenüber Dritten kann eine nach Abs. 3 S. 1 getroffene Regelung vollstreckt werden.

VII. Kosten

Die Kosten richten sich nach § 81 FamFG, wobei für die Kosten nur der durch   30
das Gericht Bestimmte (genehmigt das Familiengericht eine Umgangsvereinbarung mit einer Kostenaufhebung, liegt eine gerichtliche Bestimmung in Höhe der halben Gerichtskosten für jeden Beteiligten vor)[412] haftet.[413] Die Kosten werden nach billigem in der Beschwerdeinstanz nur auf Ermessensfehler zu überprüfendem Ermessen,[414] das regelmäßig auch bei schlechten wirtschaftlichen Verhältnissen eines Beteiligten zur Kostenaufhebung führt,[415] beim Vergleich[416] oder bei Anregungsrücknahme[417] nach § 83 FamFG und sonst nach § 81 FamFG verteilt, wobei sie regelmäßig nicht den Pflegeltern aufzuerlegen sind,[418] oder nach § 81 Abs. 2 FamFG, wobei die Kosten dem Elternteil auferlegt werden können, der das Sachverständigengutachten durch Verweigerung zeitnaher Explorationstermine verzögert[419] hat.[420] Ordnet das Familiengericht eine Mediation an, sind nur die Kosten eines im Rahmen der Verfahrenskostenhilfe beigeordneten Mediators von der Staatskasse zu tragen. Der **Verfahrenswert** eines isolierten Umgangsverfahrens beträgt mit Erhöhungsmöglichkeit[421] wegen mehrerer Gutachten und Termine[422] nach § 45 FamGKG 3.000 EUR (bei Abschluss des einen Verfahrenswert von 1.500 EUR habenden einstweiligen Umgangsverfahrens mit endgültigem Umgangsvergleich beträgt der Vergleichsverfahrenswert insgesamt[423] 3.000 EUR),[424] im Verbund erhöht sich der Scheidungsverfahrenswert um 20 % nach § 44 FamGKG. Die gleiche Regelung des Umgangsrechts für zwei Kinder rechtfertigt keine Anhebung des Verfahrenswerts, die aber bei einem überdurchschnittlichen Arbeitsaufwand des Gerichts zu erfolgen hat.[425] Allein die Einholung eines Sachverständigengutachtens in einer Umgangssache und die hiermit regelmäßig verbundenen mehrfachen Anhörungstermine reichen für eine Erhöhung des Verfahrenswerts nach § 45 Abs. 3 FamGKG im Regelfall noch nicht aus,[426] wohl aber bei mehreren Gutachten[427] oder bei einem außergewöhnlichen Elternkonfliktpotenzial.[428] Es ist nicht gerechtfertigt, das Umgangsverfahren grundsätzlich geringer als das Sorgerechtsverfahren zu bewer-

---

412 OLG Nürnberg FamRZ 2005, 1000.
413 Nach § 81 Abs. 1 S. 2 FamFG ist auch ein Absehen von der Kostenerhebung möglich, insbesondere nach OLG Frankfurt/M. 20.11.2015 – 1 UF 189/15, FamRZ 20126, 479 bei unrichtiger Sachbehandlung.
414 OLG Brandenburg 27.1.2015 – 10 WF 37/14, FamRZ 2016, 487.
415 KG 14.12.2011 – 19 UF 128/11, FamRZ 2012, 1162.
416 OLG Frankfurt/M. 3.12.2012 – 1 WF 327/12, FamRZ 2014, 53.
417 OLG Hamm 12.8.2013 – 5 WF 121/13, FamRZ 2014, 686.
418 OLG München 22.4.2015 – 4 WF 436/15, FamRZ 2015, 1745.
419 KG 14.9.2015 – 3 WF 119/15, FamRZ 2016, 485.
420 OLG Celle 1.9.2014 – 10 UF 134/14, FamRZ 2015, 524.
421 KG 25.9.2012 – 17 WF 268/12, FamRZ 2013, 723.
422 OLG Celle 7.11.2011 – 10 WF 338/11, FamRZ 2012, 1747.
423 OLG Saarbrücken 4.5.2011 – 6 WF 35/11, FamRZ 2011, 1973.
424 OLG Nürnberg 15.9.2010 – 7 WF 1194/10, FamRZ 2011, 756.
425 KG FamRZ 2006, 438.
426 OLG Brandenburg 18.7.2016 – 9 WF 177/16, FamRZ 2017, 55.
427 OLG Koblenz 21.1.2015 – 7 WF 57/15, FamRZ 2015, 1751.
428 KG 4.6.2014 – 13 WF 116/14, FamRZ 2015, 1751.

ten.[429] Sorge- und Umgangsrechtsverfahren sind kostenrechtlich getrennte Angelegenheiten wie Hauptsache und einstweilige Anordnung. Bei mehreren (nicht bloß gegenläufigen) einstweiligen Anordnungsanträgen fällt nach § 41 FamFG jeweils ein Verfahrenswert von 1.500 EUR an.[430] Bei einer Hinzuverbindung der isolierten Umgangssache in den Verbund nach § 137 FamFG sind bereits entstandene Gebühren auf spätere Gebührentatbestände anzurechnen.[431] Bei Abtrennung gem. § 140 FamFG richtet sich der Gegenstandswert nach § 45 FamGKG.[432] Der Verfahrenswert eines Vermittlungsverfahrens beträgt nach § 45 FamGKG 3.000 EUR.[433] Ein Anhörungstermin sowie eine einverständliche schriftliche Entscheidung lösen eine Terminsgebühr aus.[434] Treffen die Beteiligten eines gerichtlichen Vermittlungsverfahrens nach § 165 FamFG eine einverständliche Regelung, so kann dafür eine Einigungsgebühr nach Nr. 1000 VV RVG anfallen.[435] Aus einer Zwischeneinigung für einen zeitlich begrenzten Umgangszeitraum[436] erwächst ebenfalls eine[437] Einigungsgebühr,[438] auch wenn dies nicht eine Endentscheidung erspart.[439] Auch eine Mediationsvereinbarung soll eine Einigungsgebühr auslösen.[440] In nichtvermögensrechtlichen Familiensachen können Kostengrundentscheidungen nicht nur bei Überschreiten der Beschwerdesumme von 600 EUR nach § 61 FamFG angefochten werden.[441]

§ 1685 BGB　Umgang des Kindes mit anderen Bezugspersonen

(1) Großeltern und Geschwister haben ein Recht auf Umgang mit dem Kind, wenn dieser dem Wohl des Kindes dient.

(2) [1]Gleiches gilt für enge Bezugspersonen des Kindes, wenn diese für das Kind tatsächliche Verantwortung tragen oder getragen haben (sozial-familiäre Beziehung). [2]Eine Übernahme tatsächlicher Verantwortung ist in der Regel anzunehmen, wenn die Person mit dem Kind längere Zeit in häuslicher Gemeinschaft zusammengelebt hat.

(3) [1]§ 1684 Abs. 2 bis 4 gilt entsprechend. [2]Eine Umgangspflegschaft nach § 1684 Abs. 3 Satz 3 bis 5 kann das Familiengericht nur anordnen, wenn die Voraussetzungen des § 1666 Abs. 1 erfüllt sind.

I. Allgemeines

1　Nach Abs. 3 gelten **Loyalitätsverpflichtung** und **Umgangsausschluss** nach § 1684 entsprechend. Bei Großeltern, die hinter nach § 1684 Berechtigte zurücktreten müssen, vor allem bei Ermöglichung eigenständiger Kontakte durch den Um-

---

429　OLG Brandenburg FamRZ 2006, 138.
430　OLG Karlsruhe FamRZ 2007, 848.
431　OLG Frankfurt/M. FamRZ 2006, 1057.
432　OLG Hamm FamRZ 2008, 1095.
433　OLG Karlsruhe 2.10.2012 – 18 WF 264/12, FamRZ 2013, 722; aA in einfach gelagerten Fällen OLG Brandenburg FamRZ 2006, 1859.
434　OLG Stuttgart FamRZ 2011, 591.
435　OLG Brandenburg FamRZ 2006, 1473.
436　KG 3.7.2013 – 19 UF 34/12, FamRZ 2014, 1940.
437　OLG Frankfurt 21.6.2016 – 7 WF 33/16, FamRZ 2017, 393.
438　OLG Oldenburg 5.2.2013 – 3 WF 10/13, FamRZ 2014, 1939.
439　OLG Zweibrücken 6.3.2014 – 6 WF 16/14, FamRZ 2014, 1939.
440　OLG Saarbrücken 29.12.2011 – 9 WF 139,11, FamRZ 2012, 1578.
441　BGH 25.9.2013 – XII ZB 464/12, FamRZ 2013, 1876.

gangsberechtigten,[1] wird ein Kontakt alle drei Monate, aber keine Ferienzeit[2] in Betracht kommen.[3] Sind Umgangskontakte für nicht unter die Vorschrift Fallende zur Vermeidung einer Kindeswohlgefährdung notwendig, ist nach § 1666 zu verfahren.

II. Umgangsberechtigte

Umgangsberechtigt nach § 1685 Abs. 1 sind bei **Vermutung der Kindeswohldie- 2 nung** bei Bindung nach § 1626 Abs. 3 S. 2 nur die gesetzlichen **Großeltern** sowie die vollbürtigen wie halbbürtigen[4] **Geschwister**.[5] Die Großmutter, deren Sohn nur der leibliche, aber nicht rechtliche Vater des Kindes ist, fällt (ebenso wie der nur biologische Vater)[6] nicht unter § 1685,[7] während nach einer Entscheidung des OLG Rostock[8] ein Umgangsrecht des Großvaters väterlicherseits nach der Adoption des Kindes durch den Ehemann der Mutter besteht. Für den Umgang des Kindes mit dem Verlobten der Kindsmutter reichen bloße Umgangskontakte in der Vergangenheit nicht für die Annahme einer sozial-familiären Beziehung aus.[9] Umgangskontakte des Verlobten der Kindsmutter dienen dem Kindeswohl nicht, sofern das Kind infolge des Wechsels in eine Pflegefamilie noch Anpassungsleistungen zu erbringen hat und durch die Umgangskontakte mit den Eltern zusätzliche Belastungen für das Kind bestehen.[10] Besteht keine Bindung zwischen Kind und Großeltern, dient der Umgang regelmäßig nicht dem Kindeswohl.[11] Bei massiver Störung der Beziehung zu den Eltern dient der Umgang mit den Großeltern aber regelmäßig nicht dem Kindeswohl aufgrund der Loyalitätskonflikte der Kinder bei schwerwiegenden Beziehungsstörungen zwischen Eltern und Großeltern;[12] ebenso dient der Umgang mit den Großeltern nicht dem Kindeswohl, wenn die Großeltern die Eltern für erziehungsunfähig halten und diese Überzeugung auch nach außen vertreten, sich aber gleichzeitig weigern, diesen Konflikt zu thematisieren.[13] Dagegen bestehen Umgangsrechte, wenn die Großeltern wie die Eltern die Fremdunterbringung der Kinder nach Sorgerechtsentzug missbilligen.[14]

Bei **Kindeswohldienlichkeit** sind weiter nach § 1685 Abs. 2 umgangsberechtigt 3 **Inhaber einer sozial-familiären Beziehung** zum Kind; das können Urgroßeltern, Onkel und Tanten, Großtanten,[15] Vettern und Cousinen, Stiefeltern,[16] der bis

---

1 OLG Hamm 23.2.2011 – 8 WF 27/11, FamRZ 2011, 1154.
2 AA OLG Brandenburg 21.2.2014 – 10 UF 159/13, FamRZ 2014, 1716.
3 MK/Hennemann § 1685 Rn. 14.
4 Nach OLG Dresden 12.10.2011 – 21 UF 581/11, FamRZ 2012, 1153 nicht mehr nach Adoption nur eines Geschwisterkindes.
5 Palandt/Götz § 1685 Rn. 7.
6 OLG Karlsruhe FamRZ 2007, 924.
7 OLG Celle FamRZ 2005, 126.
8 OLG Rostock FamRZ 2005, 2012.
9 OLG Hamm 17.3.2016 – II-2 WF 31/16, FamRZ 2016, 1945.
10 OLG Hamm 17.3.2016 – II-2 WF 31/16, FamRZ 2016, 1945.
11 OLG Koblenz 17.8.2015 – 7 WF 770/15, FamRZ 2016, 391.
12 OLG Hamm FamRZ 2005, 2012; OLG Karlsruhe FamRZ 2008, 915; OLG Naumburg FamRZ 2008, 915; OLG Brandenburg FamRZ 2010, 1991; aA KG FamRZ 2009, 1229.
13 OLG Dresden FamRZ 2010, 310.
14 OLG Köln 11.12.2012 – 27 UF 122/12, FamRZ 2013, 1748.
15 OLG Celle 27.11.2015 – 10 WF 303/15, FamRZ 2016, 916.
16 OLG Karlsruhe 16.11.2010 – 5 UF 217/10, FamRZ 2011, 1155.

zur Vaterschaftsanfechtung rechtliche Vater,[17] Nachbarn oder Bekannte sein[18] oder der nichteheliche Lebensgefährte und ehemalige in den Schutzbereich von Art. 8 EMRK fallende[19] Pflegeltern.[20] Ausreichend ist, dass die den Umgang begehrende Person in der Vergangenheit tatsächliche Verantwortung getragen hat,[21] während die nur vorgeburtliche Bereitschaft zur Verantwortungsübernahme ohne nachfolgende sozial-familiäre Beziehung genau so wenig genügt wie bloße Wochenendkontakte,[22] der erst geplante Aufbau einer sozial-familiären Beziehung mit der Tante[23] oder die Funktion als Haushaltshilfe oder Freundin.[24] Für den biologischen Vater gilt § 1686 a. Der Umgang dient nicht dem Kindeswohl, wenn der Umgang eines Adoptivkindes mit den früheren Pflegeeltern gegen den Willen der Adoptiveltern erzwungen werden müsste,[25] die Großeltern trotz deren Umgangsausschlusses das Kind mit der Mutter in Kontakt bringen,[26] der Umgangsberechtigte das Kind in Loyalitätskonflikte zu den Eltern bringt, der Kindeswille entgegensteht oder das Kind neben seiner Anwesenheit bei den Eltern zu wenig Zeit für eigene Interessen hat.[27]

III. Verfahren

4 Bei einer Anregung eines Beteiligten entscheidet das Familiengericht über den Umgang des Kindes mit den anderen Bezugspersonen. Nur[28] die sorgeberechtigten Eltern sind auch beim Aufenthalt des Kindes in einer Pflegefamilie anzuhören,[29] die Verfahrensbeistandsbestellung richtet sich nach § 158 Abs. 1 FamFG.[30] Mangels Dinglichkeit können einstweilige Anordnungen gegen den Widerstand der Eltern regelmäßig nicht ergehen.[31]

§ 1686 BGB Auskunft über die persönlichen Verhältnisse des Kindes

Jeder Elternteil kann vom anderen Elternteil bei berechtigtem Interesse Auskunft über die persönlichen Verhältnisse des Kindes verlangen, soweit dies dem Wohl des Kindes nicht widerspricht.

I. Allgemeines

1 Das Auskunftsrecht steht ohne Zurückbehaltungsrecht nach § 273 jedem Elternteil zu.

17 EGMR 16.7.2015 – 39438/13, FamRZ 2015, 1582.
18 Palandt/Götz § 1685 Rn. 9.
19 EGMR 17.1.2012 – 1598/06, FamRZ 2012, 429.
20 MK/Hennemann § 1685 Rn. 6.
21 BGH FamRZ 2005, 705.
22 OLG Hamm 11.11.2010 – II-2 WF 201/10, FamRZ 2011, 1154.
23 OLG Bremen 27.8.2012 – 4 UF 89/12, FamRZ 2013, 311.
24 OLG Brandenburg 15.12.2010 – 9 UF 73/10, FamRZ 2011, 1154.
25 OLG Koblenz FamRZ 2009, 1229.
26 OLG Frankfurt/M. 19.3.2013 – 4 UF 261/12, FamRZ 2013, 1994.
27 OLG Stuttgart FamRZ 2006, 1866 ff.
28 OLG Frankfurt/M. 11.12.2014 – 1 WF 245/14, FamRZ 2015, 1312.
29 OLG Hamm 14.7.2011 – II-2 WF 156/11, FamRZ 2011, 1889.
30 OLG Celle 12.8.2011 – 10 UF 118/11, FamRZ 2011, 1805.
31 MK/Hennemann § 1685 Rn. 18.

Schmid

II. Auskunft

Auskunftsberechtigt ist jeder Elternteil unabhängig vom Sorgerecht,[1] **auskunfts-** 2
pflichtig ist nur[2] der Auskunft erteilen könnende andere[3] Elternteil.[4] Der Auskunftsanspruch setzt nicht voraus, dass der Auskunftsverpflichtete die Obhut
über das Kind ausübt, so dass auch der umgangsberechtigte Elternteil oder der
Amtsvormund als Antragsgegner in Betracht kommt. Ein berechtigtes Aus-
kunftsinteresse besteht, wenn der andere Elternteil keine andere zumutbare
Möglichkeit (dies wäre etwa beim Umgang) hat, sich über die Entwicklung des
Kindes zu unterrichten.[5] Die Auskunftsperson ist dabei verpflichtet, Erkundigungen einzuholen, beispielsweise bei der tatsächlichen Obhutsperson.[6] Ein **be-**
rechtigtes Interesse besteht, wenn für den betroffenen Elternteil keine anderweitige Informationsmöglichkeit besteht[7] oder das Kind die Auskünfte nicht geben
kann oder will;[8] gegen den Willen des fast volljährigen Kindes kann der Elternteil aber nicht zur Auskunft über dessen Arztbesuche[9] oder politisches Engagement verpflichtet werden.[10] Auskunft ist über die **persönlichen Verhältnisse** des
Kindes quartalsmäßig[11] zu erteilen, wozu ein grober Überblicksbericht,[12] die
Schulzeugnisse[13] und jährlich Fotografien[14] vorzulegen sind. Der Alleinsorgeberechtigte ist verpflichtet, dem nicht Sorgeberechtigten die Wohnanschrift des
Kindes bekannt zu geben, es sei denn, die Auskunft würde dazu missbraucht,[15]
das Kind unter Druck zu setzen oder den anderen Elternteil zu belästigen.[16] Der
von einem Jugendlichen geäußerte Wille, Informationen aus dem Bereich
höchstpersönlicher Angelegenheiten wie dem Gesundheitszustand nicht an den
anderen Elternteil weiterzugeben, ist bei ausreichender Reife und Selbstbestimmung zu respektieren und begrenzt aus Gründen des Kindeswohls den Auskunftsanspruch.[17]

III. Verfahren

Über Streitigkeiten entscheidet nach Anhörung von Kind und Eltern nach 3
§§ 159 ff. FamFG das Familiengericht nach S. 2 durch den Rechtspfleger gem.
§ 3 Nr. 2 a RPflG. Der Richter kann statt des Rechtspflegers nach § 8 RPflG
auch über die Kosten des Auskunftsverfahrens entscheiden.[18] Die Zuständigkeit
bei unbekanntem Kindesaufenthalt folgt aus § 152 Abs. 2 FamFG am Aufent-

---

1 MK/Hennemann § 1686 Rn. 4.
2 OLG Frankfurt/M. 17.6.2015 – 2 UF 144/15, FamRZ 2016, 313.
3 Auch nach Adoptionsfreigabe: OLG Brandenburg FamRZ 2007, 2003.
4 Palandt/Götz § 1686 Rn. 3; MK/Hennemann § 1686 Rn. 5.
5 BGH 14.12.2016 – XII ZB 345/16, FamRZ 2017, 378.
6 OLG Hamm 1.8.2016 – II-4 UF 99/16, FamRZ 2017, 384.
7 OLG Hamm FamRZ 2010, 909; OLG Koblenz 14.2.2014 – 13 WF 146/14, FamRZ 2014, 1473.
8 Palandt/Götz § 1686 Rn. 4; MK/Hennemann § 1686 Rn. 7.
9 KG 28.10.2010 – 19 UF 52/10, FamRZ 2011, 827.
10 Palandt/Götz § 1686 Rn. 5; MK/Hennemann § 1686 Rn. 9.
11 OLG Brandenburg FamRZ 2008, 638.
12 OLG Frankfurt/M. 12.9.20911 – 6 UF 193/11, FamRZ 2012, 888.
13 Palandt/Götz § 1686 Rn. 7; BayObLG FamRZ 1983, 1169.
14 MK/Hennemann § 1686 Rn. 10; BayObLG FamRZ 1996, 814.
15 OLG Hamm 7.3.2014 – 13 WF 22/14, FamRZ 2014, 1386.
16 OLG Stuttgart FamRZ 2006, 1628.
17 OLG Köln 28.6.2016 – 10 UF 21/15, FamRZ 2017, 385.
18 OLG Köln FamRZ 2006, 1057.

haltsort des Auskunftsberechtigten.[19] Ein berechtigtes Rechtswidrigkeitsfeststellungsinteresse im Sinne von § 62 FamFG besteht grundsätzlich nicht.[20] Der Verfahrenswert beträgt nach § 45 FamGKG 3.000 EUR.[21] Die Vollstreckung erfolgt nach §§ 95 FamFG, 888 ZPO.[22]

§ 1686 a BGB Rechte des leiblichen, nicht rechtlichen Vaters

(1) Solange die Vaterschaft eines anderen Mannes besteht, hat der leibliche Vater, der ernsthaftes Interesse an dem Kind gezeigt hat,

1. ein Recht auf Umgang mit dem Kind, wenn der Umgang dem Kindeswohl dient, und
2. ein Recht auf Auskunft von jedem Elternteil über die persönlichen Verhältnisse des Kindes, soweit er ein berechtigtes Interesse hat und dies dem Wohl des Kindes nicht widerspricht.

(2) [1]Hinsichtlich des Rechts auf Umgang mit dem Kind nach Absatz 1 Nummer 1 gilt § 1684 Absatz 2 bis 4 entsprechend. [2]Eine Umgangspflegschaft nach § 1684 Absatz 3 Satz 3 bis 5 kann das Familiengericht nur anordnen, wenn die Voraussetzungen des § 1666 Absatz 1 erfüllt sind.

I. Umgang

1 Das ernsthafte Interesse des leiblichen Vaters ist zu verneinen, wenn dem leiblichen Vater seine mögliche Vaterschaft bereits vor der Geburt des Kindes bekannt war, er sich aber erst nach 7 Jahren um eine Kontaktaufnahme bemüht.[1] Ist zwar aus psychologischer Sicht ein offener Umgang mit der Situation und eine frühzeitige Aufklärung des Kindes wünschenswert, bestehen aber ernsthafte und erhebliche psychische Widerstände und Ängste der rechtlichen Eltern gegen den biologischen Vater, ist der Umgang durch das Auftauchen des biologischen Vaters nicht dem Kindeswohl dienlich.[2] Die bloße Weigerung der Eltern, einen Umgang des Kindes mit seinem leiblichen Vater zuzulassen, genügt aber nicht für eine Zurückweisung des Antrags nach § 1686 a Abs. 1 Nr. 1, wobei grundsätzlich das Kind vor seiner Anhörung bzw. Begutachtung über seine wahre Abstammung zu unterrichten ist.[3] Der Umgang des biologischen Vaters entspricht aber nicht erst dann dem Kindeswohl, wenn das Kind ein Alter erreicht hat, in dem es über seine Herkunft aufgeklärt werden kann.[4] Ein Umgang mit dem leiblichen Vater entspricht dem Kindeswohl jedoch nur dann, wenn unter Berücksichtigung von familiärer Situation, Stabilität des Familienverbandes, Konfliktniveau zwischen den Erwachsenen, Kindesalter, Kindesbindung und Dauer der Kenntnis vom biologischen Vater die Vorteile für das Kindeswohl die Nachteile überwiegen.[5]

---

19 OLG Karlsruhe 28.7.2011 – 18 UF 117/11.
20 OLG Stuttgart 28.6.2013 – 17 UF 121/13, FamRZ 2014, 234.
21 OLG Hamm 30.7.2013 – II-9 WF 109/13, FamRZ 2014, 1806.
22 BGH 15.3.2017 – XII ZB 245/16, FamRZ 2017, 918.
 1 OLG Bremen 14.10.2014 – 5 UF 89/14, FamRZ 2015, 266.
 2 OLG Karlsruhe 1.6.2015 – 20 UF 63/13, FamRZ 2015, 1624.
 3 BGH 5.10.2016 – XII ZB 280/15, FamRZ 2016, 2082.
 4 OLG Oldenburg 14.2.2017 – 13 WF 14/17, FamRZ 2017, 895.
 5 OLG Bremen 14.10.2014 – 5 UF 89/14, FamRZ 2015, 266.

II. Auskunft

Auskunftsberechtigt ist der leibliche Vater, **auskunftspflichtig** ist der Auskunft 2
erteilen könnende Elternteil.

III. Verfahren

Die nach § 167 a FamFG erforderliche eidesstattliche Beiwohnungsversicherung 3
ist zwingende Zulässigkeitsvoraussetzung. Die Prüfungsreihenfolge der Tatbestandsmerkmale richtet sich nach Zweckmäßigkeit, so dass auch zuerst eine
nach § 167 a FamFG zu duldende Abstammungsuntersuchung angeordnet werden kann.[6]

§ 1687 BGB Ausübung der gemeinsamen Sorge bei Getrenntleben

(1) [1]Leben Eltern, denen die elterliche Sorge gemeinsam zusteht, nicht nur vorübergehend getrennt, so ist bei Entscheidungen in Angelegenheiten, deren Regelung für das Kind von erheblicher Bedeutung ist, ihr gegenseitiges Einvernehmen
erforderlich. [2]Der Elternteil, bei dem sich das Kind mit Einwilligung des anderen
Elternteils oder auf Grund einer gerichtlichen Entscheidung gewöhnlich aufhält,
hat die Befugnis zur alleinigen Entscheidung in Angelegenheiten des täglichen
Lebens. [3]Entscheidungen in Angelegenheiten des täglichen Lebens sind in der
Regel solche, die häufig vorkommen und die keine schwer abzuändernden Auswirkungen auf die Entwicklung des Kindes haben. [4]Solange sich das Kind mit
Einwilligung dieses Elternteils oder auf Grund einer gerichtlichen Entscheidung
bei dem anderen Elternteil aufhält, hat dieser die Befugnis zur alleinigen Entscheidung in Angelegenheiten der tatsächlichen Betreuung. [5]§ 1629 Abs. 1
Satz 4 und § 1684 Abs. 2 Satz 1 gelten entsprechend.

(2) Das Familiengericht kann die Befugnisse nach Absatz 1 Satz 2 und 4 einschränken oder ausschließen, wenn dies zum Wohl des Kindes erforderlich ist.

I. Allgemeines

§ 1687 Abs. 1 S. 2 geht vom **Residenzmodell** aus, wonach das Kind gewöhnlich 1
bei einem Elternteil lebt, nähert sich aber in § 1687 Abs. 1 S. 4 dem **Wechselmodell** an, bei dem das Kind abwechselnd in dem jeweiligen Haushalt der beiden
Eltern wohnt.[1] Beim Wechselmodell hat der jeweilige Obhutsinhaber in seiner
Betreuungszeit die Alltagskompetenz.[2] Beim gemeinsamen Sorgerecht ist bei Angelegenheiten von erheblicher Bedeutung das Einvernehmen beider Eltern erforderlich, während in Angelegenheiten des täglichen Lebens der Lebensmittelpunktinhaber bzw. der tatsächlich Betreuende entscheiden kann. Notvertretung
und Loyalitätsverpflichtung gelten über Abs. 1 S. 5.

II. Angelegenheiten von erheblicher Bedeutung

Angelegenheiten von erheblicher Bedeutung sind **Aufenthaltsbestimmung, Aus-** 2
wanderung, religiöse Erziehung, Auswahl der **Schule, Berufswahl,** Wechsel des
Kindes in ein **Internat, Operationen** und chronische Erkrankungen, Anlage des
Kindesvermögens, Annahme einer **Erbschaft** und die nach § 1643 **genehmi-**

---

6 BVerfG 19.11.2014 – 1 BvR 2483/14, FamRZ 2015, 629.
1 Palandt/Götz § 1687 Rn. 2.
2 Staudinger/Salgo, § 1687 Rn. 15.

gungspflichtigen Geschäfte.[3] Zu den erheblichen Angelegenheiten zählen ferner Teilnahme an einer Klassenfahrt, zeitintensive oder gefährliche Freizeitbeschäftigungen, Namensfragen und Abstammungsfragen.[4] Die Entscheidung über die Ausübung des Umgangs mit Bezugspersonen ist keine Alltagsentscheidung nach § 1687, so dass bei Uneinigkeit der Eltern zunächst ein Verfahren nach § 1628 vorzuschalten ist.[5] Das Einvernehmen kann vorweg für bestimmte Angelegenheiten hergestellt werden oder bei einem aktuellen Vorgang und umfasst auch die Vertretung. Die Erheblichkeitsgrenze ist nicht dispositiv, sondern objektiv zu klären.[6]

III. Alleinentscheidungsbefugnis

3   Das auch die Vertretung umfassende Alleinentscheidungsrecht des Lebensmittelpunktinhabers betrifft **Angelegenheiten des täglichen Lebens,** wozu Schulalltag, Essensfragen, Schlafenszeit, Freizeitgestaltung, Fernsehkonsum, Umgang mit Freunden, gewöhnliche medizinische Versorgung, Taschengeld oder Verwaltung kleinerer Geldgeschenke gehören.[7] Zu den Alltagsdingen gehören ferner die Impfung gegen Schweinegrippe,[8] die Teilnahme am Schulchor oder an einem Klassenausflug und die Abholung des Kindes von Kindergarten oder Schule.[9] Während des Umgangs besteht für den umgangsberechtigten Mitsorgeinhaber (ansonsten gilt § 1687 a) ein Alleinentscheidungsrecht in Angelegenheiten der tatsächlichen Betreuung (beispielsweise Ernährung, Bettruhe, Fernsehkonsum),[10] das aus Praktikabilitätsgründen auch die Vertretung umfasst.[11] Zu den Angelegenheiten der tatsächlichen Betreuung gehört nach heutiger Üblichkeit auch eine Urlaubsreise.[12]

IV. Verfahren

4   Das Familiengericht greift durch den Richter gem. § 14 Nr. 7 RPflG nach § 1687 Abs. 2 bei Gefahr einer ungünstigen Entwicklung des Kindes auch von Amts wegen ein.

§ 1687 a BGB   Entscheidungsbefugnisse des nicht sorgeberechtigten Elternteils

Für jeden Elternteil, der nicht Inhaber der elterlichen Sorge ist und bei dem sich das Kind mit Einwilligung des anderen Elternteils oder eines sonstigen Inhabers der Sorge oder auf Grund einer gerichtlichen Entscheidung aufhält, gilt § 1687 Abs. 1 Satz 4 und 5 und Abs. 2 entsprechend.

---

3   Palandt/Götz § 1687 Rn. 4.
4   MK/Hennemann § 1687 Rn. 10.
5   OLG Dresden FamRZ 2005, 1275.
6   MK/Hennemann § 1687 Rn. 6.
7   Palandt/Götz § 1687 Rn. 7.
8   OLG Frankfurt/M. FamRZ 2011, 47.
9   OLG Bremen FamRZ 2009, 355.
10   Palandt/Götz § 1687 Rn. 8.
11   MK/Hennemann § 1687 Rn. 16; aA Palandt/Götz § 1687 Rn. 8.
12   OLG München NJW 2000, 368.

Durch § 1687 a werden Besuchszeiten beim – aus welchen Gründen auch immer 1 – nichtsorgeberechtigten Elternteil erfasst, der dann in seiner Besuchszeit die Alleinentscheidungsbefugnis in Angelegenheiten des täglichen Lebens hat.
Für seine tatsächliche Obhut darf der Elternteil beispielsweise entscheiden, 2 wann die Großeltern besucht werden, was im Fernsehen angeschaut wird und in welches Museum gegangen wird.[1]
Das Familiengericht entscheidet über Einschränkungen der Alltagszuständigkeit 3 von Amts wegen durch den Richter nach § 14 Nr. 7 RPflG.

§ 1687 b BGB Sorgerechtliche Befugnisse des Ehegatten

(1) [1]Der Ehegatte eines allein sorgeberechtigten Elternteils, der nicht Elternteil des Kindes ist, hat im Einvernehmen mit dem sorgeberechtigten Elternteil die Befugnis zur Mitentscheidung in Angelegenheiten des täglichen Lebens des Kindes. [2]§ 1629 Abs. 2 Satz 1 gilt entsprechend.

(2) Bei Gefahr im Verzug ist der Ehegatte dazu berechtigt, alle Rechtshandlungen vorzunehmen, die zum Wohl des Kindes notwendig sind; der sorgeberechtigte Elternteil ist unverzüglich zu unterrichten.

(3) Das Familiengericht kann die Befugnisse nach Absatz 1 einschränken oder ausschließen, wenn dies zum Wohl des Kindes erforderlich ist.

(4) Die Befugnisse nach Absatz 1 bestehen nicht, wenn die Ehegatten nicht nur vorübergehend getrennt leben.

Der mit dem allein sorgeberechtigten – Mitsorge oder fehlende Sorge sollen 1 nicht ausreichen – verheiratete (oder Lebenspartner nach § 9 LPartG) Nichtelternteil hat im Einvernehmen mit dem Elternteil ein Mitentscheidungsrecht in Angelegenheiten des täglichen Lebens bis zur Trennung.
Zu den alltäglichen Angelegenheiten gehören neben häufigen und keine schwe- 2 ren Auswirkungen auf die Entwicklung des Kindes habenden Vorkommnissen solche Entscheidungen, die im alltäglichen schulischen Leben und in der gewöhnlichen medizinischen Versorgung zu treffen sind (sog kleines Sorgerecht).[1]
In diesen Angelegenheiten wie auch bei Gefahr im Verzug besteht auch ein Vertretungsrecht (außer bei einer Interessenkollision nach § 1629 Abs. 2 S. 1).
Das Familiengericht kann nach § 1687 b Abs. 3 in das kleine Sorgerecht eingrei- 3 fen, wenn fortdauernde Streitigkeiten in der Stieffamilie bestehen.

§ 1688 BGB Entscheidungsbefugnisse der Pflegeperson

(1) [1]Lebt ein Kind für längere Zeit in Familienpflege, so ist die Pflegeperson berechtigt, in Angelegenheiten des täglichen Lebens zu entscheiden sowie den Inhaber der elterlichen Sorge in solchen Angelegenheiten zu vertreten. [2]Sie ist befugt, den Arbeitsverdienst des Kindes zu verwalten sowie Unterhalts-, Versicherungs-, Versorgungs- und sonstige Sozialleistungen für das Kind geltend zu machen und zu verwalten. [3]§ 1629 Abs. 1 Satz 4 gilt entsprechend.

---

1 MK/Hennemann § 1687 a Rn. 3.
1 MK/Hennemann § 1687 b Rn. 2.

(2) Der Pflegeperson steht eine Person gleich, die im Rahmen der Hilfe nach den §§ 34, 35 und 35 a Abs. 1 Satz 2 Nr. 3 und 4 des Achten Buches Sozialgesetzbuch die Erziehung und Betreuung eines Kindes übernommen hat.

(3) [1]Die Absätze 1 und 2 gelten nicht, wenn der Inhaber der elterlichen Sorge etwas anderes erklärt. [2]Das Familiengericht kann die Befugnisse nach den Absätzen 1 und 2 einschränken oder ausschließen, wenn dies zum Wohl des Kindes erforderlich ist.

(4) Für eine Person, bei der sich das Kind auf Grund einer gerichtlichen Entscheidung nach § 1632 Abs. 4 oder § 1682 aufhält, gelten die Absätze 1 und 3 mit der Maßgabe, dass die genannten Befugnisse nur das Familiengericht einschränken oder ausschließen kann.

1 Mit § 1688 wird die **Alltagssorge** der Person zugewiesen, bei der sich das Kind aufhält. Dazu gehört beispielsweise die Vornahme turnusmäßiger Schutzimpfungen.[1]

2 **Familienpflege** ist nur Pflege nach §§ 33, 34, 35, 35 a SGB VIII.[2] Die Pflegeperson vertritt nur den Sorgerechtsinhaber, der deren Befugnis nach § 1688 Abs. 3 einschränken kann. Neben einer Notvertretungsbefugnis hat die Pflegeperson das Vertretungsrecht in Angelegenheiten des täglichen Lebens (beispielsweise Kauf-, Miet-, Reise- und Unterrichtsverträge)[3] sowie bei der Geltendmachung von Arbeitsverdienst, Unterhalts-, Versicherungs-, Versorgungs- und Sozialleistungen.

3 Das **Familiengericht** kann nach § 1688 Abs. 3 die Befugnisse der Pflegeperson einschränken. Bei Verbleibensanordnungen nach §§ 1632 Abs. 4, 1682 kann nur noch das Familiengericht (nicht mehr die Eltern) die Befugnisse einschränken.

§§ 1689 bis 1692 BGB (weggefallen)

§ 1693 BGB Gerichtliche Maßnahmen bei Verhinderung der Eltern

Sind die Eltern verhindert, die elterliche Sorge auszuüben, so hat das Familiengericht die im Interesse des Kindes erforderlichen Maßregeln zu treffen.

I. Allgemeines

1 Die Vorschrift begründet eine **Notzuständigkeit** für das Familiengericht wie § 1846 für das Vormundschaftsgericht.

II. Erforderliche Maßregeln

2 **Erforderlich** ist eine Maßregel nach § 1693, wenn die Verhinderung vorübergehend, aber dringlich ist, so dass beispielsweise die vorläufige Unterbringung des Kindes angeordnet oder die Einwilligung in eine Operation erteilt werden kann.[1] Nach § 1693 ist für die Anordnung einer Ergänzungspflegschaft wegen der rechtlichen Verhinderung der Eltern an der Vertretung ihres minderjährigen

---

1 OLG Dresden FamRZ 2011, 48.
2 Palandt/Götz § 1688 Rn. 4.
3 Palandt/Götz § 1688 Rn. 4.
1 Palandt/Götz § 1693 Rn. 2.

Kindes das Familiengericht zuständig.[2] Dessen Zuständigkeit beschränkt sich nicht nur auf Fälle mit besonderer Dringlichkeit.[3]

III. Verfahren

Zuständig ist das Familiengericht nach § 152 FamFG, der Richter hat tätig zu 3 werden, wenn die aus § 1693 entwickelte Regelung ihm vorbehalten wäre und vorläufige Anordnungen sind möglich. Verletzt ein Gericht die familiengerichtliche Zuständigkeit, richtet sich das Rechtsmittelverfahren nicht nach § 58 FamFG.[4] Für die Kosten gelten §§ 81 ff. FamFG.

§§ 1694 und 1695 BGB (weggefallen)

§ 1696 BGB Abänderung gerichtlicher Entscheidungen und gerichtlich gebilligter Vergleiche

(1) [1]Eine Entscheidung zum Sorge- oder Umgangsrecht oder ein gerichtlich gebilligter Vergleich ist zu ändern, wenn dies aus triftigen, das Wohl des Kindes nachhaltig berührenden Gründen angezeigt ist. [2]Entscheidungen nach § 1626 a Absatz 2 können gemäß § 1671 Absatz 1 geändert werden; § 1671 Absatz 4 gilt entsprechend. [3]§ 1678 Absatz 2, § 1680 Absatz 2 sowie § 1681 Absatz 1 und 2 bleiben unberührt.

(2) Eine Maßnahme nach den §§ 1666 bis 1667 oder einer anderen Vorschrift des Bürgerlichen Gesetzbuchs, die nur ergriffen werden darf, wenn dies zur Abwendung einer Kindeswohlgefährdung oder zum Wohl des Kindes erforderlich ist (kindesschutzrechtliche Maßnahme), ist aufzuheben, wenn eine Gefahr für das Wohl des Kindes nicht mehr besteht oder die Erforderlichkeit der Maßnahme entfallen ist.

I. Allgemeines

Unter die verfassungsmäßige[1] und konventionsgemäße[2] Vorschrift des § 1696 1 fallen sämtliche das elterliche Sorgerecht betreffende rechtskräftige[3] Hauptsacheanordnungen,[4] also auch gerichtlich gebilligte Umgangsvereinbarungen[5] oder Antragsablehnungen nach § 1696,[6] während für außergerichtliche oder sonstige gerichtliche Vereinbarungen (in einem neuen Verfahren wegen des Verfahrensabschlusses durch die Vereinbarung) nach § 313 (Abänderung geboten bei wesentlicher Änderung der Verhältnisse) vorzugehen ist. Auch eine ausländische, nach Inzidentprüfung[7] in Deutschland anzuerkennende Entscheidung fällt unter die Vorschrift.[8] Wird ein auf Auflösung der gemeinsamen Sorge gerichteter Antrag nach § 1671 zurückgewiesen oder gerichtlich die gemeinsame elterli-

---

2 OLG Schleswig FamRZ 2006, 1554.
3 OLG Bamberg FamRZ 2005, 1500.
4 MK/Olzen § 1693 Rn. 13.
1 BVerfG 22.9.2014 – 1 BvR 2102/14, FamRZ 2015, 210.
2 EGMR 9.10.2012 – 545/08, FamRZ 2013, 432.
3 OLG Brandenburg FamRZ 2009, 131.
4 OLG Köln 31.1.2013 – II-4 UF 233/12, FamRZ 2013, 1591.
5 KG 5.4.2012 – 17 UF 50/12, FamRZ 2013, 46.
6 OLG Brandenburg 11.4.2014 – 3 UF 50/13, FamRZ 2014, 1861.
7 OLG Oldenburg 30.4.2012 – 4 UF 14/12, FamRZ 2012, 1887.
8 OLG Naumburg FamRZ 2008, 1778.

che Sorge nach § 1626 a Abs. 2 hergestellt, ist die Entscheidung über einen neuen Sorgerechtsantrag nach § 1671 weiter nach dessen Maßstab zu treffen. Während nach § 1696 Abs. 1 der strenge Maßstab der Steigerung von § 1697 a gilt, sind Maßnahmen nach § 1666 nach § 1696 Abs. 2 bereits bei Wegfall der Kindeswohlgefährdung wegen veränderter Umstände oder Beurteilung[9] aufzuheben[10] und zu diesem Zweck nach § 166 Abs. 2 FamFG in angemessenen Zeitabständen informell zu überprüfen. Lehnt das Gericht eine Maßnahme nach §§ 1666, 1667 ab, ist diese Entscheidung gem. § 166 Abs. 3 FamFG nach drei Monaten zu überprüfen. Spezielle Abänderungsmaßstäbe wie in § 1631 b S. 3 gehen dem Maßstab des § 1696 vor.[11] Die Entscheidung kann eine Bestätigung oder bloße Aufhebung der früheren Entscheidung oder deren Änderung oder Neuregelung sein.

II. Triftige das Kindeswohl nachhaltig berührende Gründe

2 Triftige das Kindeswohl nachhaltig berührende Gründe sind **Änderungen der Rechtslage** (Gesetzesänderungen,[12] Entscheidungen des Bundesverfassungsgerichts[13] oder des Europäischen Gerichtshofs für Menschenrechte),[14] **Willensänderungen auf Seiten der Eltern** (Wiederherstellung der gemeinsamen Sorge auf Antrag beider Eltern oder Übertragung auf den anderen Elternteil bei Zustimmung zu diesem Antrag),[15] **Zuwiderhandlungen gegen gerichtliche Anordnungen** (Abänderung der Sorgerechtsregelung bei Hintertreibung des Umgangs des Kindes mit dem nicht sorgeberechtigten Elternteil) oder **Veränderung der für die ursprüngliche Regelung maßgebenden Umstände** im Sinne neuer Tatsachen.[16] Solche allein maßgeblichen veränderten zu einer neuen Beurteilung führenden Umstände[17] sind, dass der sorgeberechtigte Elternteil sich durch wiederholte Verletzung des Kindesrechts auf gewaltfreie Erziehung als erziehungsungeeignet erweist oder sich bei Aufgabe der Erwerbstätigkeit nunmehr eine Betreuungsmöglichkeit ergibt,[18] ferner bei Unterlassen der gebotenen ärztlichen Behandlung des Kindes seitens des Sorgeberechtigten[19] oder versäumter Sprachschulung eines sprachgestörten Kindes.[20] Veränderte Umstände sind weiter Erkrankungen eines Elternteils mit Kindesgefährdung,[21] Auftreten einer Sucht,[22] Anfechtung der Vaterschaft des Sorgeberechtigten, entschiedene Ablehnung des neuen Lebenspartners des Sorgeberechtigten durch das Kind,[23] auch gegen einen Elternteil[24] geäußerter Wille eines fast vierzehnjährigen Kindes,[25] verbessertes Erzie-

---

9 OLG Brandenburg 15.2.2011 – 10 UF 158/10, FamRZ 2012, 1308.
10 OLG Brandenburg 26.3.2015 – 13 UF 209/14, FamRZ 2015, 1207.
11 Palandt/Götz § 1696 Rn. 3.
12 OLG Brandenburg 23.3.2015 – 13 UF 240/14, FamRZ 2015, 1203.
13 KG FamRZ 1983, 2055.
14 BVerfG FamRZ 2005, 783.
15 Palandt/Götz § 1696 Rn. 11; MK/Olzen § 1696 Rn. 34.
16 OLG Frankfurt/M. 10.5.2012 – 1 UF 409/11, FamRZ 2013, 312.
17 OLG München 12.7.2011 – 12 UF 600/11, FamRZ 2011, 1804.
18 MK/Olzen § 1696 Rn. 23; OLG Stuttgart FamRZ 1976, 34.
19 MK/Olzen § 1696 Rn. 26; KG NJW-RR 1990, 716.
20 OLG Hamm FamRZ 1979, 855.
21 MK/Olzen § 1696 Rn. 26.
22 OLG Naumburg FamRZ 209, 433.
23 MK/Olzen § 1696 Rn. 27.
24 OLG Karlsruhe 5.11.2013 – 5 UF 27/13, FamRZ 2014, 1124.
25 OLG Brandenburg FamRZ 2010, 1993.

hungsverhalten der Eltern[26] oder Gefahren für das Kind durch den neuen Lebenspartner des Sorgeberechtigten.[27] Diese Umstände müssen neue oder bei der Erstentscheidung nicht bekannte Umstände sein wie erfolgreich absolvierte Familientherapie oder Neuverheiratung eines Elternteils.[28] Keine triftigen Gründe sollen der unveränderte Wille des Kindes,[29] das Aufwachsen des Kindes in einer promiskuitiven Wohngemeinschaft[30] oder ein operativer Geschlechtswechsel sein.[31] Vorübergehende Probleme bei der Ausübung des Umgangsrechts,[32] Besuch des Kindes in einer Schule mit WLAN-Internetzugang,[33] zweisprachiges Aufwachsen[34] oder der Wille eines von einem Elternteil negativ beeinflussten Kindes[35] sind ebenfalls keine das Kindeswohl nachhaltig berührenden Gründe. Regelmäßig kein Abänderungsgrund sind ferner die Entführung durch den nichtsorgeberechtigten Elternteil[36] oder ohne Kindeswohlgefährdung ausgeübte Prostitution. Der sorgeberechtigte Elternteil kann grundsätzlich seinen Wohnsitz mit dem Kind auch ins Ausland frei verlegen, außer es bestehen dort Gefahren für die schulische Ausbildung oder die sonstige Entwicklung des Kindes.[37] Durch den Umzug eines Elternteils in ein anderes Land liegt aber regelmäßig ein Abänderungsgrund für die Umgangsregelung vor.

III. Verfahren

§ 1696 enthält eine materiellrechtliche Änderungsbefugnis und ist daher von der 3 verfahrensrechtlichen Befugnis nach § 48 FamFG und vom Rechtsmittel nach § 58 FamFG abzugrenzen. Solange die Erstentscheidung nicht bestandskräftig ist, ist die Beschwerde gegenüber einem Abänderungsantrag vorrangig.[38] Das Familiengericht wird von Amts wegen tätig[39] und ermittelt in einem selbstständigen Verfahren nach § 26 FamFG. Wird aber auf einen Abänderungsantrag kein Abänderungsverfahren eingeleitet, ist die Ablehnung beschwerdefähig.[40] Dabei sind nicht stets Sachverständigengutachten einzuholen.[41] Der wegen einer Maßnahme nach § 1666 nicht mehr sorgeberechtigte Elternteil ist gegen die Übertragung des Sorgerechts vom Amtsvormund auf den anderen Elternteil beschwerdeberechtigt.[42] Einstweilige Anordnungen sind zulässig, wenn die endgültige Entscheidung zu spät käme,[43] aber wahrscheinlich in die gleiche Richtung geht wie die einstweilige Anordnung.[44] Einsicht in die Gerichtsakten erfolgt

26 OLG Brandenburg 3.7.2013 – 9 UF 25/12, FamRZ 2014, 399.
27 MK/Olzen § 1696 Rn. 27.
28 Palandt/Götz § 1696 Rn. 11.
29 OLG Naumburg 12.8.2014 – 8 UF 124/14, FamRZ 2015, 767.
30 OLG Stuttgart NJW 1985, 67.
31 OLG Schleswig FamRZ 1990, 433.
32 OLG Naumburg FamRZ 2005, 1771.
33 OLG Bremen FamRZ 2010, 1995.
34 OLG Jena 9.8.2013 – 1 UFH 14/13, FamRZ 2014, 953.
35 OLG München 12.12.2013 – 2 UF 1230/13, FamRZ 2014, 1210.
36 MK/Olzen § 1696 Rn. 30.
37 MK/Olzen § 1696 Rn. 28.
38 OLG Brandenburg FamRZ 2009, 131.
39 OLG Celle 12.8.2011 – 10 WF 246/11, FamRZ 2012, 798.
40 OLG Brandenburg 6.5.2015 – 15 WF 91/15, FamRZ 2015, 1993; OLG Frankfurt/M. 31.3.2015 – 5 UF 272/14, FamRZ 2015, 1991.
41 OLG Frankfurt/M. 20.7.2011 – 4 UF 151/10, FamRZ 2011, 1875.
42 BGH 27.4.2016 – XII ZB 67/14, FamRZ 2016, 1146.
43 OLG Brandenburg 2.12.2014 – 10 UF 74/14, FamRZ 2015, 1214.
44 Palandt/Götz § 1696 Rn. 14; MK/Olzen § 1696 Rn. 52.

nach § 13 FamFG, während vertrauliche Mitteilungen nur verwertet werden können, wenn sie den Verfahrensbeteiligten zugänglich gemacht worden sind.

§ 1697 BGB (aufgehoben)

§ 1697 a BGB Kindeswohlprinzip

Soweit nichts anderes bestimmt ist, trifft das Gericht in Verfahren über die in diesem Titel geregelten Angelegenheiten diejenige Entscheidung, die unter Berücksichtigung der tatsächlichen Gegebenheiten und Möglichkeiten sowie der berechtigten Interessen der Beteiligten dem Wohl des Kindes am besten entspricht.

1 Die Vorschrift begründet ein allgemeines Rechtsprinzip.

2 Gesondert positiviert ist das Kindeswohl in §§ 1626 a, 1631 b, 1632, 1666, 1671, 1678, 1680, 1681, 1682, 1684, 1685, 1686, 1687, 1687 a, 1688, 1693 und 1696.[1]

3 § 1697 a ist **Auffangregel** bei Entscheidungen nach § 1628.

§ 1698 BGB Herausgabe des Kindesvermögens; Rechnungslegung

(1) Endet oder ruht die elterliche Sorge der Eltern oder hört aus einem anderen Grunde ihre Vermögenssorge auf, so haben sie dem Kind das Vermögen herauszugeben und auf Verlangen über die Verwaltung Rechenschaft abzulegen.

(2) Über die Nutzungen des Kindesvermögens brauchen die Eltern nur insoweit Rechenschaft abzulegen, als Grund zu der Annahme besteht, dass sie die Nutzungen entgegen der Vorschrift des § 1649 verwendet haben.

1 Die Vorschrift ist anwendbar bei Volljährigkeit des Kindes oder anderweitiger Beendigung der Vermögenssorge.

2 Herauszugeben ist das Vermögen an das volljährige Kind oder den anderen allein sorgeberechtigten Elternteil oder nunmehrigen Vermögenssorgeberechtigten.[1]

3 Das Verfahren auf Herausgabe des Kindesvermögens ist **Familiensache** (§ 266 Abs. 1 Nr. 4 FamFG).[2]

§ 1698 a BGB Fortführung der Geschäfte in Unkenntnis der Beendigung der elterlichen Sorge

(1) [1]Die Eltern dürfen die mit der Personensorge und mit der Vermögenssorge für das Kind verbundenen Geschäfte fortführen, bis sie von der Beendigung der elterlichen Sorge Kenntnis erlangen oder sie kennen müssen. [2]Ein Dritter kann sich auf diese Befugnis nicht berufen, wenn er bei der Vornahme eines Rechtsgeschäfts die Beendigung kennt oder kennen muss.

(2) Diese Vorschriften sind entsprechend anzuwenden, wenn die elterliche Sorge ruht.

---

1 Palandt/Götz § 1697 a Rn. 2.
1 Palandt/Götz § 1698 Rn. 1; MK/Olzen § 1698 Rn. 5.
2 OLG Dresden 26.4.2011 – 17 W 400/11, FamRZ 2012, 146.

Handlungspflichten ergeben sich nur nach § 1698 b. [1]

§ 1698 a gilt nicht, wenn die Eltern gemäß des Verschuldensmaßstabs des § 276 [2] die Beendigung der elterlichen Sorge nicht kennen oder kennen müssen.[1]

Bei Unanwendbarkeit von § 1698 a – weil die Eltern **Kindsgeschäfte** trotz [3] Kenntnis oder Kennenmüssens der Sorgebeendigung fortführen – ergeben sich Ansprüche nach §§ 177, 677.[2]

§ 1698 b BGB   Fortführung dringender Geschäfte nach Tod des Kindes

Endet die elterliche Sorge durch den Tod des Kindes, so haben die Eltern die Geschäfte, die nicht ohne Gefahr aufgeschoben werden können, zu besorgen, bis der Erbe anderweit Fürsorge treffen kann.

Trotz Beendigung der elterlichen Sorge mit dem Tod des Kindes müssen Eltern [1] in Fürsorge für das Kindesvermögen **unaufschiebbare Geschäfte** weiterführen.

§ 1698 b ist nur anwendbar, wenn die Eltern vom Tod oder der Todeserklärung [2] des Kindes **Kenntnis** haben, sein Anwendungsbereich endet, wenn der Erbe eigene Vorkehrungen treffen kann.[1]

Verwendungsrechte nach § 1649 Abs. 2 bestehen nach dem Tod des Kindes [3] nicht fort.[2]

§§ 1699 bis 1711 BGB   (weggefallen)

Titel 6 Beistandschaft

Vorbemerkung zu §§ 1712–1717 BGB

Literatur: *Wiesner*, Kommentar zum Sozialgesetzbuch VIII (SGB VIII), Kinder- und Jugendhilfe, 5. Aufl. 2015.

I. Überblick

Die Beistandschaft (Beistandschaftsgesetz vom 4.12.1997) hat zum 1.7.1998 die [1] gesetzliche Amtspflegschaft für „nichteheliche Kinder" sowie die damals schon mögliche Beistandschaft alten Rechts für eheliche Kinder abgelöst. Alleinerziehende Elternteile können die Beistandschaft zu jeder Zeit in Anspruch nehmen oder aufheben. Sie beruht auf Freiwilligkeit. Dies relativiert sich allerdings bei Bezug von Sozialleistungen.[1]

Sie ist von der Erziehungsbeistandschaft (§ 30 SGB VIII) und dem Verfahrensbeistand (§ 158 FamFG)[2] nach Art und Inhalt abzugrenzen und darf nicht mit diesen verwechselt werden.

Zur Historie siehe Voraufl. Vor § 1712 Rn. 1.

---

1   MK/Olzen § 1698 a Rn. 2; Palandt/Götz § 1698 a Rn. 1.
2   Palandt/Götz § 1698 a Rn. 1; MK/Olzen § 1698 a Rn. 3.
1   MK/Olzen § 1698 b Rn. 4.
2   Palandt/Götz § 1698 b Rn. 1; MK/Olzen § 1698 b Rn. 5.
1   Wiesner SGB VIII § 55 Rn. 9; NK-BGB/Zempel § 1712 Rn. 3.
2   Thomas/Putzo/Hüßtege FamFG § 158 Rn. 2.

II. Antragsrecht des Vormundes

2 Siehe § 1713 Abs. 1 S. 3.

III. Beistand

3 Beistand wird das **Jugendamt**. Die Aufgaben des Beistandes üben Beamte und Angestellte des Jugendamtes aus, denen diese Aufgaben übertragen wurden (§ 55 Abs. 2 SGB VIII).

Möglich ist, die Beistandschaft nach landesrechtlichen Regelungen auf einen rechtsfähigen Verein mit Zustimmung des antragsberechtigten Elternteiles zu übertragen (Art. 144 EGBGB, § 54 Abs. 1 S. 2 SGB VIII).[3]

IV. Übergangsrecht

4 Zum Übergangsrecht s. Art. 223 EGBGB.

V. Sonstige vergleichbare Aufgaben des Jugendamts

5 Darüber hinaus bietet das Jugendamt folgende **weitere Hilfen** in diesem Aufgabenfeld an:

6 1. Beratung und Unterstützung der Mutter (§ 52 a SGB VIII):
   a) unmittelbar nach der Geburt eines Kindes, dessen Eltern nicht miteinander verheiratet sind,
   b) nach Beseitigung einer Vaterschaft durch gerichtliche Entscheidung.

   Im Falle a) informiert das Standesamt und im Fall b) das zuständige Gericht das Jugendamt über die Geburt bzw. die gerichtliche Entscheidung über die Beseitigung der Vaterschaft.

   Das Jugendamt ist dann verpflichtet, Beratung und Unterstützung bei der Vaterschaftsfeststellung und der Unterhaltsregelung anzubieten und darüber hinaus auf die Möglichkeit der freiwilligen Beistandschaft hinzuweisen. Dieses Angebot gilt auch schon vor der Geburt des Kindes, wenn die Eltern voraussichtlich nicht verheiratet sein werden.

7 2. Beratung und Unterstützung der Mütter und Väter (§ 18 Abs. 1 SGB VIII), die allein für ein Kind oder einen Jugendlichen sorgen:
   a) bei der Unterhaltsregelung für die Kinder oder Jugendlichen,
   b) bei der Regelung ihrer eigenen Unterhaltsansprüche nach § 1615 l.

8 3. Beratung und Unterstützung junger Volljähriger (18–21 Jahre) bei der Unterhaltsregelung (§ 18 Abs. 4 SGB VIII).

9 **Leistungsumfang zu Nr. 1–3:** Diese Angebote beinhalten umfassende Information, Hilfe bei der Einholung von Auskünften, Unterhaltsberechnung, Unterstützung beim Schriftverkehr, insbesondere auch Entwurf von Schreiben, ggf. auch der Antragsschrift für das Gericht bzw. weiterer Schriftsätzen für das gerichtliche Verfahren. In dieser Funktion kann das Jugendamt allerdings nicht als Vertreter des Kindes auftreten. Schreiben des Jugendamtes erzeugen keine Rechtswirkungen; so tritt zB durch ein Auskunftsverlangen kein Verzug ein. Diese Angebote können ggf. jederzeit und immer wieder in Anspruch genommen werden.

---

3 Wiesner SGB VIII § 55 Rn. 48.

J. Hüßtege

VI. Kosten

Die Arbeit des Jugendamtes kostet nichts. Kosten für Gericht oder Rechtsanwalt 10
können vom Jugendamt nicht übernommen werden.

Hinweis: Das Gericht kann die Parteien nicht auf das Beratungsangebot des Ju- 11
gendamtes oder eine Beistandschaft verweisen und aufgrund dessen Beratungshilfe oder Verfahrenskostenhilfe für Anwaltsbeiordnung ablehnen.[4]

§ 1712 BGB Beistandschaft des Jugendamts; Aufgaben

**(1) Auf schriftlichen Antrag eines Elternteils wird das Jugendamt Beistand des
Kindes für folgende Aufgaben:**
1. die Feststellung der Vaterschaft,
**2. die Geltendmachung von Unterhaltsansprüchen sowie die Verfügung über
diese Ansprüche; ist das Kind bei einem Dritten entgeltlich in Pflege, so ist
der Beistand berechtigt, aus dem vom Unterhaltspflichtigen Geleisteten den
Dritten zu befriedigen.**
**(2) Der Antrag kann auf einzelne der in Absatz 1 bezeichneten Aufgaben be-
schränkt werden.**

I. Allgemeines

Die Beistandschaft ist ein **Angebot**, das sich an Kinder und deren alleinerziehen- 1
de Elternteile richtet. Sie erhalten Hilfe bei der Durchsetzung elementarer Kin-
derrechte. Die Beistandschaft ist freiwillig.

II. Aufgaben

Aufgaben des Beistandes können die Vaterschaftsfeststellung und die Geltend- 2
machung von Unterhaltsansprüchen des Kindes sein.
1. Vaterschaftsfeststellung (Abs. 1 Nr. 1). Zum Aufgabenkreis gehören alle 3
Handlungen, die die rechtliche Regelung der Vaterschaft zum Ziele haben.
a) Freiwillige Anerkennung (§§ 1592 Nr. 2, 1594 ff.). Im Vorfeld der Anerken- 4
nung leitet der Beistand im Benehmen mit der Mutter des Kindes ggf. Ermittlungen zur Person des Mannes ein und fordert diesen zur Anerkennung auf. Die
Anerkennung selbst kann beim Jugendamt, beim Standesamt, beim Notar oder
beim Amtsgericht **beurkundet** werden.
Die Vaterschaftsanerkennung bedarf zur Wirksamkeit grundsätzlich nur noch
der **Zustimmung der Mutter** (§ 1595 Abs. 1). Die Mutter des Kindes stimmt aus
eigenem Recht zu. Der Zustimmung des Beistandes bedarf es hierfür nicht. Er
wird lediglich auf die Notwendigkeit der Zustimmung hinweisen und auf die Erklärung der Mutter hinwirken. Er kann die Mutter zur Zustimmung nicht verpflichten. Sollte die Mutter die Zustimmung endgültig ablehnen, kann ein Vaterschaftsfeststellungsantrag beim Familiengericht eingereicht werden. Tatsächlich
wird es dazu im Rahmen einer Beistandschaft nicht kommen, weil die Mutter
davor die Beistandschaft beenden kann (§ 1715).
Ausnahmsweise ist auch die **Zustimmung des Kindes** (§ 1595 Abs. 2) notwendig, wenn der Mutter die elterliche Sorge insoweit nicht zusteht (zB Sorgerecht

---

4 BGH FamRZ 2006, 481; OLG Karlsruhe FamRZ 2009, 1614.

ist entzogen, Vormundschaft ist bestellt). Für die Beistandschaft fehlt es dann schon an der Antragsbefugnis der Mutter.

Möglicherweise kommt aufgrund des Heimatrechts der Beteiligten zusätzlich ein Mutterschaftsanerkenntnis in Frage. Hier berät und informiert der Beistand und wirkt auf die Abgabe dieses Anerkenntnisses hin.

Bei der Tätigkeit des Jugendamtes bei der Beurkundung (§ 59 SGB VIII) handelt es sich nicht um eine Aufgabe des Beistandes. Die Urkundsperson des Jugendamtes arbeitet unabhängig. Sie ist nicht an Weisungen und Aufträge des Beistandes gebunden.

5 b) **Gerichtliche Vaterschaftsfeststellung (§§ 1592 Nr. 3, 1600 d).** Im Vorfeld eines **Vaterschaftsfeststellungsantrages (§§ 169 ff. FamFG)** wird der Beistand ermittelnd tätig. Er wird den in Betracht kommenden Mann zum Anerkenntnis auffordern. Insbesondere bei Mehrverkehr der Mutter werden diese Arbeiten aufwändig sein. IdR schließt sich ein Vaterschaftsfeststellungsantrag an, wenn eine freiwillige Beurkundung scheitert. Der Antrag wird meist durch das Kind (vertreten durch den Beistand) eingereicht. Verfahrensbeteiligte sind neben dem antragstellenden Kind die Mutter und der Putativvater (§§ 172, 7 Abs. 2 Nr. 1 FamFG). IdR wird das Kind mit Verfahrenskosten nicht belastet.[1] Gleichwohl sollte für das Kind – soweit die wirtschaftlichen Voraussetzungen vorliegen – Verfahrenskostenhilfe beantragt werden.

Ungeachtet dessen kommt eine Vertretung des Kindes durch den Beistand auch in anderen Rollen in Betracht (zB bei Antragstellung der Mutter, wenn diese dem Beistand zuvorkommt).

Dagegen kann das Kind im Vaterschaftsanfechtungsverfahren (§ 1599 Abs. 1) oder im Verfahren der Feststellung der Unwirksamkeit der Vaterschaftsanerkennung (§ 1598) nicht vertreten werden. Der Wirkungskreis beinhaltet nur die Feststellung der Vaterschaft.[2] In diesen Verfahren ist idR ein Ergänzungspfleger (§ 1909) zu bestellen.

Auch die Verfahren nach § 1598 a sind Abstammungssachen, aber von der Beistandschaft nicht umfasst. Hier ist zwingend ein Ergänzungspfleger zu bestellen (§ 1629 Abs. 2 a).[3]

Die Frage nach der Durchsetzung des Anspruches des Kindes gegen die Mutter auf Benennung des Vaters braucht an dieser Stelle nicht beantwortet zu werden. Aufgrund der Freiwilligkeit der Beistandschaft werden in derartigen Fällen keine Anträge gestellt bzw. Beistandschaften dann sofort wieder aufgehoben.[4]

6 **2. Geltendmachung von Unterhaltsansprüchen (Abs. 1 Nr. 2).** Der in der Praxis weitaus größere Aufgabenbereich der Beistandschaft betrifft diesen Sachverhalt. Gemeint sind hier **Ansprüche gegen alle in Betracht kommenden Unterhaltsverpflichteten**, also nicht nur gegen den anderen Elternteil, sondern auch gegen Großeltern, die nachrangig haften,[5] und sogar gegen die idR betreuende Mutter,[6] wobei Ansprüche gegen letztere tatsächlich nicht zum Tragen kommen, weil der betreuende Elternteil jederzeit die Beistandschaft beenden kann und

---

1 Thomas/Putzo/Hüßtege FamFG § 81 Rn. 6 b.
2 Palandt/Götz § 1712 Rn. 1 mwN; Erman/Roth § 1712 Rn. 9.
3 Thomas/Putzo/Hüßtege FamFG § 169 Rn. 3.
4 Erman/Roth § 1712 Rn. 10.
5 OLG Dresden FamRZ 2003, 1211; Palandt/Götz § 1712 Rn. 2.
6 MK/v. Sachsen Gessaphe § 1712 Rn. 12; Erman/Roth § 1712 Rn. 11.

dann auch wird. Von dem nachträglich als Vater festgestellten Mann kann rückwirkend Unterhalt verlangt werden (§ 1613 Abs. 2 Nr. 2 a). Die Härteregelung (§ 1613 Abs. 3) sowie Verwirkung sind zu beachten.[7] Eigene Unterhaltsansprüche der Mutter, insbesondere solche nach § 1615 l, fallen nicht unter diese Regelung.[8] Das Jugendamt ist Beistand des Kindes. Insoweit kann das Jugendamt aber beraten und unterstützen (§ 18 Abs. 1 Nr. 2 SGB VIII; → Vor § 1712 Rn. 7).

Ansprüche des Kindes nach öffentlichem Recht, insbes. solche, die Unterhaltsersatzfunktion haben (zB Leistungen nach dem UVG, Sozialleistungen nach dem SGB II oder SGB XII, Renten), sind nicht Gegenstand der Beistandschaft.[9] Dagegen fallen Unterhaltsansprüche des Kindes, die nach dem UVG oder dem SGB II/XII übergegangen und danach treuhänderisch auf das Kind rückübertragen worden sind, in den Aufgabenkreis des Beistandes.[10]

Die Befugnis des Beistandes umfasst die außergerichtliche und die gerichtliche Geltendmachung von Unterhaltsansprüchen. Dazu gehört auch das Auskunftsverlangen nach § 1605. Der Beistand kann Antrag wegen Unterhalts beim Familiengericht stellen, eine einstweilige Anordnung (§§ 246 ff. FamFG) beantragen, das vereinfachte Verfahren (§§ 249 ff. FamFG) betreiben und in diesen Verfahren selbstverständlich auch Vergleiche abschließen. Die Zwangsvollstreckung sowie die Abzweigung (§ 48 SGB I) gehören ebenfalls zum Aufgabenbereich.

Geltendmachung von Unterhaltsansprüchen bedeutet nach überwiegend hM **Regelung der Unterhaltsansprüche**, dh, der Beistand vertritt das Kind auch im Falle eines Abänderungsantrages vor Gericht, und zwar sowohl in einem Aktiv- als auch in einem Passivverfahren.[11] Gerade in einem Verfahren des Vaters gegen das Kind auf Herabsetzung des bisherigen Unterhaltstitels ist das Kind schutzlos und auf die besondere Fachkompetenz und Hilfe des Jugendamtes angewiesen. Eine ablehnende Auslegung würde den Zielsetzungen der gesetzlichen Regelung zuwiderlaufen.

Im **gerichtlichen Verfahren** wird der Beistand idR für das Kind Verfahrenskostenhilfe beantragen, soweit die Voraussetzungen dafür vorliegen. Ggf. sind Verfahrenskostenvorschüsse durch das Kind und/oder die Elternteile zu bezahlen. Nach dem FamFG besteht im gerichtlichen Unterhaltsverfahren Anwaltszwang (§ 114 Abs. 1 FamFG). Davon ausgenommen ist die Vertretung durch das Jugendamt als Beistand (§ 114 Abs. 4 Nr. 2 FamFG). Die Einschaltung eines Rechtsanwaltes (auch in der Beschwerdeinstanz) ist dann grundsätzlich nicht notwendig.

Gleiches gilt für die **außergerichtliche Vertretung** des Kindes. Hierzu gehört auch ein möglicherweise gebotener Vollstreckungsverzicht, um einen gerichtlichen Abänderungsantrag gegen das Kind zu vermeiden.[12] Eingehende Gelder hat der Beistand unverzüglich an den betreuenden Elternteil weiterzuleiten. Häufig wer-

7 Palandt/Brudermüller § 1613 Rn. 15.
8 OLG Brandenburg FamRZ 2006, 1784.
9 Palandt/Götz § 1712 Rn. 2 mwN; NK-BGB/Zempel § 1712 Rn. 15; LJA Thüringen DAVorm 1999, 191 (194).
10 LJA Thüringen DAVorm 1999, 191 (194).
11 Staudinger/Rauscher § 1712 Rn. 23; NK-BGB/Zempel § 1712 Rn. 17; Zöller/Lorenz FamFG § 234 Rn. 2; OLG Naumburg FamRZ 2006, 1223; MK/v. Sachsen Gessaphe § 1712 Rn. 11.
12 OLG Nürnberg JAmt 2001, 48 (49); NK-BGB/Zempel § 1712 Rn. 21.

den trotz bestehender Beistandschaft nach Titulierung der Ansprüche die Zahlungen unmittelbar an den betreuenden Elternteil geleistet. Für den Fall, dass sich das Kind in Familienpflege befindet, darf der Beistand die Pflegeperson direkt aus den vom Unterhaltspflichtigen geleisteten Geldern befriedigen.[13]

10 Die Tätigkeit der Urkundsperson des Jugendamtes (§§ 58, 59 SGB VIII) gehört nicht zum Aufgabenkreis des Beistandes.

Allerdings wird der Beistand für eine außergerichtliche Unterhaltstitulierung und/oder für die Vaterschaftsanerkennung die Urkundsperson kontaktieren, falls Beurkundung beim Jugendamt (kostenfrei!) erfolgen soll.

11 **3. Antrag. a) Begriff.** Die Beistandschaft als Hilfsangebot beruht auf **Freiwilligkeit.** Konsequenterweise muss der Elternteil aktiv werden, um diese Hilfe zu erlangen. Das Gesetz sieht dafür einen **Antrag** vor. Allerdings handelt es sich dabei nicht um einen Antrag im eigentlichen Sinn, über den in einem Verwaltungsverfahren zu entscheiden wäre. Der Begriff „Antrag" wird vom Gesetzgeber hier im „untechnischen" Sinn[14] verwendet. Das Jugendamt entscheidet über diesen Antrag nicht. Die Beistandschaft tritt daraufhin automatisch ein. Das Jugendamt wird gesetzlicher Vertreter des Kindes. Rechtlich ist der Antrag Gestaltungserklärung.[15] Das Antragsrecht ist ein höchstpersönliches Recht. Der Antrag muss somit vom Elternteil selbst gestellt werden. Eine Vertretung, zB durch einen Rechtsanwalt, ist damit ausgeschlossen. Gleichwohl ist eine Beratung, ggf. Begleitung des Elternteiles, bei der Antragstellung möglich.

Auslöser eines Antrages wird häufig eine vorausgehende Beratung durch das Jugendamt sein (§§ 18, 52 a SGB VIII; → Vor § 1712 Rn. 5 ff.).

12 **b) Antragsberechtigung.** Siehe § 1713.

13 **c) Form.** Das Gesetz schreibt die **Schriftform** vor. Eine Protokollierung beim Jugendamt genügt nicht.[16] Allerdings ist eine eigenhändig unterschriebene Erklärung auf einem Formular, das das Jugendamt bereithält, ausreichend.[17]

14 **d) Adressat.** Der Antrag ist an das Jugendamt, und zwar an das **örtlich zuständige Jugendamt,** zu richten (→ § 1714 Rn. 3). Erst dann tritt die Beistandschaft ein.

15 **e) Inhalt.** Ein bestimmter Inhalt wird nicht verlangt. Allerdings muss der Wille des Elternteiles erkennbar sein. Der **Antrag auf Beistandschaft** könnte lauten:

▶ Ich beantrage eine Beistandschaft für mein Kind ..., geb. ..., für die Vaterschafts- und Unterhaltsregelung. ◀

Im Fall der **Beschränkung** könnte der Antrag lauten:

▶ Ich beantrage eine Beistandschaft für mein Kind ..., geb. ..., für die Vaterschaftsfeststellung (*alternativ:* für die Unterhaltsregelung). ◀

Einer Begründung bedarf der Antrag nicht.

16 **f) Beschränkung.** Nach Abs. 2 kann der Antrag auf einzelne Aufgaben beschränkt werden. So kann beispielsweise die Mutter den Antrag auf die Vaterschaftsfeststellung begrenzen. Denkbar ist das, wenn sie wirtschaftlich unabhän-

---

13 BT-Drs. 13/862, 37.
14 BT-Drs. 13/892, 35.
15 MK/v. Sachsen Gessaphe § 1712 Rn. 2.
16 Erman/Roth § 1712 Rn. 4; FamRefK/Sonnenfeld § 1712 Rn. 7.
17 FamRefK/Sonnenfeld § 1712 Rn. 7; zur Antragstellung per E-Mail siehe Meysen JAmt 2008, 120 (121); NK-BGB/Zempel § 1712 Rn. 25.

gig ist und den Kindesunterhalt selbst ohne Weiteres aufbringt. Gleiches gilt, wenn die Mutter weiß, dass der Vater völlig leistungsunfähig ist und Ansprüche sowieso nicht realisierbar wären.[18] Eine Beschränkung dergestalt, dass der Beistand die Vaterschaftsfeststellung nur in Bezug auf einen bestimmten Mann betreibt, ist hingegen nicht möglich. Dies käme einem unzulässigen Weisungsrecht gleich (→ § 1716 Rn. 6 mwN). Ist die Mutter bei einer derartigen Fallgestaltung mit dem Vorgehen des Jugendamtes nicht einverstanden, kann sie die Beistandschaft jederzeit beenden. Ist die Vaterschaft bereits festgestellt, wird der Antrag auf den Unterhalt beschränkt sein.

§ 1713 BGB Antragsberechtigte

(1) [1]Den Antrag kann ein Elternteil stellen, dem für den Aufgabenkreis der beantragten Beistandschaft die alleinige elterliche Sorge zusteht oder zustünde, wenn das Kind bereits geboren wäre. [2]Steht die elterliche Sorge für das Kind den Eltern gemeinsam zu, kann der Antrag von dem Elternteil gestellt werden, in dessen Obhut sich das Kind befindet. [3]Der Antrag kann auch von einem nach § 1776 berufenen Vormund gestellt werden. [4]Er kann nicht durch einen Vertreter gestellt werden.

(2) [1]Vor der Geburt des Kindes kann die werdende Mutter den Antrag auch dann stellen, wenn das Kind, sofern es bereits geboren wäre, unter Vormundschaft stünde. [2]Ist die werdende Mutter in der Geschäftsfähigkeit beschränkt, so kann sie den Antrag nur selbst stellen; sie bedarf hierzu nicht der Zustimmung ihres gesetzlichen Vertreters. [3]Für eine geschäftsunfähige werdende Mutter kann nur ihr gesetzlicher Vertreter den Antrag stellen.

I. Allgemeines

Diese Vorschrift ergänzt die bereits in § 1712 Abs. 1 enthaltene Grundregel zur 1 Antragsberechtigung. Hinzu kommt die Eröffnung der Antragsberechtigung für die Zeit vor der Geburt des Kindes. Ferner wird die Beistandschaft für den nach § 1776 berufenen Vormund ermöglicht.

II. Antragsrecht des Elternteils

1. Bei alleiniger elterlicher Sorge (Abs. 1 S. 1 Alt. 1). Abs. 1 S. 1 Alt. 1 setzt voraus, 2 dass dem Elternteil das alleinige Sorgerecht vollends bzw. zumindest für den Aufgabenkreis, der für die Beistandschaft in Betracht kommt, zusteht. IdR handelt es sich um die Mutter, die mit dem Vater des Kindes nicht verheiratet ist (§ 1626 a Abs. 3) oder um die Mutter, der nach Trennung oder Scheidung das Sorgerecht übertragen wurde. In Betracht kommt auch der Vater, wenn er das Sorgerecht für das Kind hat. Aufgabenkreis kann dann nur die Unterhaltsregelung sein. Unbeachtlich bleibt der Grund der alleinigen Sorgeberechtigung;[1] nicht nur Fälle nach Trennung und Scheidung sind hier denkbar.

2. Bei gemeinsamer elterlicher Sorge (Abs. 1 S. 2). Das Kinderrechteverbesse- 3 rungsgesetz vom 9.4.2002 öffnete das Hilfsangebot der Beistandschaft auch für die Fälle gemeinsamer elterlicher Sorge. Dies entspricht einem großen Bedürfnis

---

18 FamRefK/Sonnenfeld § 1712 Rn. 19.
1 Palandt/Götz § 1713 Rn. 2.

der Praxis. Auch bei gemeinsamer elterlicher Sorge kommt es häufig zum Streit über den Kindesunterhalt. Abs. 1 S. 2 lässt eine Beistandschaft auch für diese Fallgestaltung zu. Hauptsächlich handelt es sich hier um Anträge von Elternteilen nach Trennung und Scheidung, aber auch um Anträge von Elternteilen, die nicht miteinander verheiratet waren und nach § 1626 a Abs. 1 Nr. 1 gemeinsames Sorgerecht geregelt haben (Sorgeerklärungen) oder denen die gemeinsame Sorge gerichtlich übertragen wurde (§ 1626 a Abs. 1 Nr. 3, Abs. 2). Voraussetzung ist, dass der antragstellende Elternteil das Kind **in Obhut** hat.[2] Umgangskontakt, auch erweiterter, steht dem nicht entgegen. Entscheidend ist, wer überwiegend für das Kind sorgt und es betreut.

4 Im Falle des „**echten Wechselmodells**"[3] kommt eine Beistandschaft nicht in Betracht, weil es hier an der Obhut eines Elternteiles fehlt. Bei diesen Fallgestaltungen bedarf es einer Ergänzungspflegschaft (§ 1909), falls über den Kindesunterhalt zwischen den Eltern keine Einigung möglich ist und diese Ansprüche dennoch geregelt, ggf. gerichtlich geklärt und festgesetzt werden müssen.

5 Nach überwiegend hM[4] kommt eine Beistandschaft auch in den Fällen des § 1629 Abs. 3 (gesetzliche Prozessstandschaft des betreuenden Elternteiles während Trennung und Scheidung) in Betracht.

6 **3. Antragsrecht bei Vormundschaft (Abs. 1 S. 3).** Ausnahmsweise gibt es die Möglichkeit der Beistandschaft, wenn ein Vormund berufen wird, der von den sorgeberechtigten Eltern bzw. dem sorgeberechtigten Elternteil **per Testament bestimmt** wurde (§ 1776), zB Großvater, Tante. Dieser Vormund wird nicht vom Gericht ausgewählt und muss daher nicht ohne Weiteres über die notwendigen Rechtskenntnisse verfügen. Wegen seiner „Elternersatzstellung" und um dies auszugleichen und dennoch eine Regelung von ggf. Vaterschaft und Unterhalt für das Kind zu ermöglichen, wurde dieses Antragsrecht eingeräumt. In der Praxis kommt dem kaum Bedeutung zu.

Der vom Gericht ausgewählte und bestellte Vormund oder Pfleger hat kein Antragsrecht.[5]

7 **4. Antragstellung vor der Geburt des Kindes (Abs. 2 S. 1).** Vaterschaftsfeststellung und Unterhaltsregelung sind bereits vor der Geburt des Kindes möglich (→ § 1714 Rn. 7). Dementsprechend wurde geregelt, dass die Beistandschaft vor Geburt beantragt werden und auch eintreten kann.

8 **a) Volljährige werdende Mütter.** Der **Grundtatbestand** der Antragsberechtigung ergibt sich aus § 1713 Abs. 1 S. 1 Alt. 2. Aufgrund § 1626 a Abs. 3 steht der Mutter, die nicht mit dem Vater verheiratet ist, bei Geburt das alleinige Sorgerecht zu. Dieses fiktive Sorgerecht ist Voraussetzung der Antragsberechtigung. Obwohl hier nicht ausdrücklich die Mutter benannt ist, kommt grundsätzlich ein derartiger Antrag nur durch die Mutter in Frage. Auf theoretische Überlegungen zu einem möglichen vorgeburtlichen Antragsrecht des Vaters wird verzichtet.

Kein Antragsrecht besteht für verheiratete Eltern sowie dann, wenn nicht miteinander verheiratete Elternteile vorgeburtliche Sorgeerklärungen (§ 1626 a

---

2 Palandt/Götz § 1629 Rn. 25.
3 BGH FamRZ 2006, 1015; Palandt/Götz § 1629 Rn. 26.
4 BGH FamRZ 2015, 130–132; Palandt/Götz § 1713 Rn. 3 mwN; NK-BGB/Zempel § 1712
   Rn. 19; OLG Stuttgart JAmt 2007, 40 mAnm Knittel; aA OLG Hamm FamRZ 2015, 422.
5 Staudinger/Rauscher § 1713 Rn. 12; Erman/Roth § 1713 Rn. 7.

Abs. 1 Nr. 1) abgegeben haben; ein fiktives Sorgerecht eines Elternteiles gibt es dann nicht.

b) Minderjährige werdende Mütter (beschränkt geschäftsfähig) (Abs. 2 S. 2). 9
§ 1713 Abs. 2 S. 1 erweitert das Antragsrecht in Bezug auf die minderjährige Mutter. Dieser stünde bei der Geburt wegen des Eintrittes der gesetzlichen Amtsvormundschaft (§ 1791 c Abs. 1 S. 1) das Sorgerecht nicht zu. Dieser Personenkreis wird den Volljährigen hier ausdrücklich gleichgestellt. Die Beistandschaft ist hier vorrangig gegenüber der Pflegschaft für die Leibesfrucht.[6] Die minderjährige werdende Mutter ist idR beschränkt geschäftsfähig. Das Antragsrecht ist ein höchstpersönliches Recht. Der Antrag kann nur durch die minderjährige Mutter selbst gestellt werden. Das Vertretungsverbot erstreckt sich ausdrücklich auf die minderjährige Mutter. Die Zustimmung ihrer gesetzlichen Vertreter (idR Eltern) ist nicht vorgesehen.

c) Geschäftsunfähige werdende Mütter. Diese können minderjährig oder voll- 10 jährig sein. Hier wird der Grundsatz des höchstpersönlichen Antragsrechts durchbrochen. Für die Geschäftsunfähige ist der Antrag durch den gesetzlichen Vertreter zu stellen. Bei Minderjährigkeit können das die Eltern bzw. der Vormund sein. Bei Volljährigkeit der werdenden Mutter vertritt der Betreuer. Problematisch kann in der Praxis die Frage sein, ob die Betreffende tatsächlich geschäftsunfähig ist.

5. Sonstiges. Besonders darauf hinzuweisen ist, dass der Antrag nur von der an- 11 tragsberechtigten Person selbst gestellt werden kann (**höchstpersönliches Recht**). Eine Stellvertretung ist ausgeschlossen.[7] Dieser Grundsatz wird lediglich für den Fall der Geschäftsunfähigkeit durchbrochen (→ Rn. 10).

§ 1714 BGB Eintritt der Beistandschaft

[1]Die Beistandschaft tritt ein, sobald der Antrag dem Jugendamt zugeht. [2]Dies gilt auch, wenn der Antrag vor der Geburt des Kindes gestellt wird.

I. Allgemeines

Die Beistandschaft ist ein Hilfsangebot des Jugendamtes, und zwar ein **unbe-** 1 **dingtes.** Sie ist ausschließlich von der Entscheidung des antragsberechtigten Elternteiles bzw. des benannten Vormundes abhängig. Dies entspricht den Zielsetzungen der Kindschaftsrechtsreform 1998.

II. Wirksamwerden

Einzige Voraussetzungen sind der **schriftliche Antrag** und dessen Zugang beim 2 zuständigen Jugendamt.

1. Zuständiges Jugendamt. Die örtliche Zuständigkeit ergibt sich aus § 87 c 3 SGB VIII. Danach ist zuständig das Jugendamt, in dessen Bereich der antragsberechtigte Elternteil seinen **gewöhnlichen Aufenthalt** hat, beim Fehlen eines solchen der tatsächliche Aufenthalt.

---

6 Palandt/Götz § 1912 Rn. 3.
7 Erman/Roth § 1713 Rn. 6 mwN.

Kommt es zu einem Aufenthaltswechsel, endet die Beistandschaft nicht. Zunächst bleibt das bisherige Jugendamt mit der Sache befasst, richtet an das nunmehr zuständige ein Übernahmeersuchen und gibt die Unterlagen nach Eingang der Übernahmeerklärung ab. Die Beistandschaft geht dann auf das neue Jugendamt über.[1] Bei laufenden gerichtlichen Verfahren wird idR vor Übernahme das Verfahren noch beendet.

Eine Mitteilung an das Familiengericht erfolgt nicht. Kommt es zu Streitigkeiten wegen der Übernahme zwischen den Jugendämtern, so kann das Familiengericht nicht angerufen werden; vielmehr steht hier der Verwaltungsrechtsweg offen.[2]

4 Falls das Kind ins Ausland verzieht, siehe § 1717.

5 Geht der Antrag bei einem unzuständigen Jugendamt oder einer anderen Behörde ein, wird er an das zuständige Jugendamt weitergeleitet; dies ergibt sich aus den allgemeinen Amtspflichten.[3]

Maßgebender Zeitpunkt ist der Zugang beim zuständigen Jugendamt.[4]

6 **2. Antrag.** Zur Form → § 1712 Rn. 13. Der Antrag ist eine Willenserklärung und bewirkt nach dem Zugang den **sofortigen Eintritt** der Beistandschaft. Häufig wird der Antrag nach einem Beratungsgespräch (§§ 18, 52 a SGB VIII) direkt, ggf. auch auf ein Formblatt, das das Jugendamt bereithält, geschrieben und dem Jugendamt übergeben.

Einer Entscheidung über diesen Antrag durch das Jugendamt bedarf es nicht, wohl aber einer **Überprüfung der gesetzlichen Voraussetzungen**, nämlich der Zuständigkeit, der Antragsberechtigung und der ordnungsgemäßen Antragstellung.

Liegen diese vor, ist die Beistandschaft eingetreten und das Jugendamt wird als Beistand tätig, ist gesetzlicher Vertreter des Kindes in dem betreffenden Wirkungskreis. Es ergeht kein Bescheid über den Eintritt der Beistandschaft. Ebenso erfolgt auch hier keine Einschaltung oder Benachrichtigung des Familiengerichts. Die Beistandschaft unterliegt nicht der familiengerichtlichen Aufsicht. Nur für den Fall, dass es zu keiner Beistandschaft gekommen ist, weil der Antrag fehlerhaft war bzw. weil die gesetzlichen Voraussetzungen nicht vorlagen, hat das Jugendamt eine Entscheidung zu treffen, und zwar in Form eines Verwaltungsaktes. Der Verwaltungsrechtsweg ist dann eröffnet.[5]

Wird das Kind durch den Beistand im gerichtlichen Verfahren vertreten, weist es die Vertretungsbefugnis durch Vorlage des Antrages nach. Das Gericht prüft die ordnungsgemäße Vertretung als Verfahrensvoraussetzung von Amts wegen.[6]

7 **3. Antrag vor Geburt des Kindes.** Diese Regelung stellt klar, dass die Beistandschaft vollumfänglich mit Zugang, also auch schon vor der Geburt des Kindes eintritt. Das Jugendamt wird sofort gesetzlicher Vertreter der Leibesfrucht mit dem benannten Wirkungskreis.

---

1 Wiesner SGB VIII § 87 c Rn. 19, 9; Wiesner SGB VIII § 55 Rn. 60.
2 DIJuF JAmt 2003, 18.
3 BR/Enders § 1714 Rn. 4.1.
4 Palandt/Götz § 1714 Rn. 1.
5 Palandt/Diederichsen, 66. Aufl., § 1714 Rn. 2 mwN; BR/Enders § 1714 Rn. 6; offengelassen in OVG Münster FamRZ 2002, 833.
6 OLG Naumburg FamRZ 2002, 834.

Die Vaterschaftsanerkennung sowie die Zustimmung hierzu sind gem. §§ 1594 Abs. 4, 1595 Abs. 3 vor der Geburt möglich. Nach dem Bundesgerichtshof[7] ist jedoch eine gerichtliche pränatale Vaterschaftsfeststellung nicht möglich. Möglich ist aber die vorgeburtliche Unterhaltssicherung durch einstweilige Anordnung für die ersten drei Monate (§ 247 FamFG). Die Bestellung eines Pflegers für die Leibesfrucht (§ 1912) kommt für diesen Wirkungskreis nicht mehr in Betracht.[8]

§ 1715 BGB Beendigung der Beistandschaft

(1) [1]Die Beistandschaft endet, wenn der Antragsteller dies schriftlich verlangt. [2]§ 1712 Abs. 2 und § 1714 gelten entsprechend.

(2) Die Beistandschaft endet auch, sobald der Antragsteller keine der in § 1713 genannten Voraussetzungen mehr erfüllt.

I. Allgemeines

Die Bestimmung regelt die Beendigung der Beistandschaft, allerdings nicht abschließend.   1

II. Beendigung

1. Beendigung durch Antragsteller (Abs. 1). Verlangen kann die Beendigung der   2
Antragsteller; das kann der alleinsorgeberechtigte Elternteil, bei gemeinsamer Sorge der Elternteil, der das Kind in Obhut hat, oder der „berufene Vormund" (→ § 1713 Rn. 6) sein.
Eine Beendigung ist jederzeit möglich.

a) Form. Ausdrücklich ist hier – wie schon beim Antrag – die **Schriftform** vor-   3
geschrieben. Gleichermaßen gilt auch eine Erklärung auf einem vom Jugendamt zur Verfügung gestellten Formular. An den Inhalt werden keine besonderen Anforderungen gestellt. Die allgemeinen Regeln für die Auslegung von Willenserklärungen gelten insoweit.

b) Zugang. Wie schon der Antrag muss auch das **schriftliche Beendigungsver-**   4
langen dem Jugendamt zugehen, und zwar dem zuständigen Jugendamt (→ § 1714 Rn. 3), dh dem Jugendamt, das die Beistandschaft führt. Das Beendigungsverlangen könnte lauten:

▶ Hiermit verlange ich die Beendigung der Beistandschaft (*evtl. ergänzen:* hinsichtlich der Unterhaltsregelung) für mein Kind ..., geb. ... ◀

c) Sonstiges. Im Übrigen gelten sonst die gleichen Anforderungen wie beim An-   5
trag, dh, es muss sich um eine höchstpersönliche Erklärung handeln, Stellvertretung ist unzulässig. Gleichermaßen kann das Beendigungsverlangen auf einen Aufgabenkreis beschränkt werden (zB Beendigung der Beistandschaft hinsichtlich des Unterhalts). Auch dies entspricht dem Wesen der Beistandschaft, also der absoluten Freiwilligkeit. Eine Mitteilung an das Familiengericht erfolgt nicht. Die Beistandschaft unterliegt keiner gerichtlichen Überwachung.

Selbst während eines laufenden gerichtlichen Verfahrens wegen Vaterschaftsfest-   6
stellung oder Unterhalts kann die Beistandschaft beendet werden. In diesen Fäl-

---

7 BGH NJW 2016, 3174.
8 Palandt/Götz § 1912 Rn. 3.

len ist das **Familiengericht** umgehend davon zu unterrichten. Das Jugendamt ist ab sofort nicht mehr legitimiert, das Kind im Verfahren zu vertreten. Das gerichtliche Verfahren führt der antragsberechtigte Elternteil als Vertreter des Kindes weiter. Er benötigt dazu im Unterhaltsverfahren zwingend anwaltschaftliche Vertretung (§§ 112 Nr. 1, 114 Abs. 1 FamFG).

Denkbar ist auch, dass das Verfahren nicht weitergeführt werden soll und gerade deshalb die Beistandschaft während des gerichtlichen Verfahrens beendet wird. Dies ist vom Beistand, dem Jugendamt, hinzunehmen.[1] Der Gesetzgeber hat sich bewusst mit der Einrichtung dieses Rechtsinstitutes für die Entscheidungsfreiheit der Elternteile entschieden. Nur in krassen Ausnahmefällen – wenn offensichtlich das Kindeswohl gefährdet ist – wird sich das Jugendamt an das Familiengericht wenden (§ 8 a SGB VIII) und ggf. ein Verfahren wegen Entzuges des Sorgerechts einleiten (§ 1666).[2] IdR hat der Beistand aber den Willen des Sorgeberechtigen zu respektieren, und zwar auch dann, wenn dadurch die Vaterschaft nicht, zumindest nicht sofort, festgestellt oder Unterhalt nicht in dem geltend gemachten Umfang tituliert wird. Hier nützt keine rein formale Bewertung. Kindesinteressen sind ganzheitlich zu betrachten. Auch persönliche Beziehungen der Eltern, der Kontakt untereinander und dergleichen spielen eine Rolle, wenn es um die Beurteilung der Frage nach dem Kindeswohl geht. Im Übrigen wird das Jugendamt in solchen Fällen umfassend beraten und auch nach Aufhebung der Beistandschaft Beratung und Unterstützung anbieten (§ 18 SGB VIII). Außerdem kann eine Beistandschaft auch nach Aufhebung jederzeit, ggf. sofort, wieder eingeleitet werden. Dies kommt insbesondere dann in Betracht, wenn das selbstständige Vorgehen des Elternteiles nicht zum Ziel führt.

7 Das Jugendamt kann von sich aus weder die Beendigung der Beistandschaft gegenüber dem antragsberechtigten Elternteil verlangen noch auf andere Weise eine Beendigung herbeiführen.[3]

8 **2. Wegfall der Antragsvoraussetzungen (Abs. 2).** Automatisch endet die Beistandschaft, wenn die im Gesetz benannten Voraussetzungen für die Antragstellung nicht mehr vorliegen. Hier kommen in Betracht: Übertragung der elterlichen Sorge oder Obhut (bei gemeinsamer Sorge) auf den anderen Elternteil, Begründung gemeinsamer elterlicher Sorge und Obhut (echtes Wechselmodell), Verlust des Sorgerechts aus anderen Gründen, Eheschließung der Eltern, Adoption des Kindes, Volljährigkeit des Kindes, Tod des Kindes oder Tod des Antragstellers, Aufhebung der Vormundschaft oder Entlassung des Vormundes (im Fall von § 1776). Verliert der antragsberechtigte Elternteil sein Sorgerecht nicht zur Gänze, kommt es darauf an, welche Bereiche des Sorgerechts bei ihm verbleiben. Wird zB nur die Zuführung zur ärztlichen Behandlung einem Pfleger übertragen, kann daneben eine Beistandschaft mit den Wirkungskreisen „Vaterschaftsfeststellung und/oder Unterhalt" bestehen.

Beim **Tod des Unterhaltpflichtigen** endet die Beistandschaft nicht, falls noch Rückstände gegenüber den Erben durchzusetzen sind.[4]

---

1 Palandt/Götz § 1715 Rn. 2; MK/v. Sachsen Gessaphe § 1715 Rn. 4.
2 FamRefK/Sonnenfeld § 1715 Rn. 8; MK/v. Sachsen Gessaphe § 1715 Rn. 4; Erman/Roth § 1715 Rn. 1.
3 NK-BGB/Zempel § 1715 Rn. 13; Erman/Roth § 1715 Rn. 2; Staudinger/Rauscher § 1715 Rn. 3.
4 DIJuF-Gutachten JAmt 2011, 72 (73).

Im Falle der **vorgeburtlichen Beistandschaft** tritt eine Beendigung kraft Gesetzes 9 ein, wenn die werdende Mutter stirbt oder das Ungeborene nicht lebend zur Welt kommt. Sie endet ebenfalls, wenn die Mutter noch vor der Geburt heiratet. Mit der Geburt des Kindes endet die Beistandschaft nicht.

Für den Fall der **minderjährigen oder geschäftsunfähigen Mutter** gilt dies nicht, 10 weil wegen des automatischen Eintrittes der gesetzlichen Amtsvormundschaft (§ 1791 c) die Voraussetzungen nicht mehr bestehen.[5]

3. Sonstige Beendigungsgründe. Ergänzend regelt § 1717 S. 1 Hs. 2, dass die 11 Beistandschaft bei Verlegung des gewöhnlichen Aufenthaltes des Kindes ins Ausland endet. Gleichermaßen gilt dies für die vorgeburtliche Beistandschaft; hier wird auf den gewöhnlichen Aufenthalt der Mutter abgestellt. Die Staatsangehörigkeit spielt hierbei keine Rolle.

4. Sonstiges. Strittig ist, ob die Beistandschaft endet, wenn die **Aufgabe erledigt** 12 ist. Das Gesetz sieht dies nicht ausdrücklich vor. Vielmehr ist der Gesetzgeber einer ursprünglichen Anregung des Bundesrates hierzu nicht gefolgt.[6] Mit der Vaterschaftsregelung durch Anerkennung und Zustimmung hierzu durch Urkunde oder durch Beschluss des Gerichts ist dieser Aufgabenkreis tatsächlich erledigt. In einem ggf. später anhängigen Vaterschaftsanfechtungsverfahren könnte der Beistand das Kind nicht vertreten; dies ist vom Wirkungskreis nicht mit umfasst. Hier wäre ggf. ein Ergänzungspfleger (§ 1909) zu bestellen.

Für den Bereich „Unterhalt" ist dies differenzierter zu sehen. Selbst mit dem Er- 13 reichen einer Unterhaltsregelung und insbesondere nach Errichtung eines Unterhaltstitels wird die Unterhaltssache nicht vollends abgeschlossen.[7] Die Unterhaltsansprüche des Kindes müssen auch realisiert werden, dh. der Unterhaltspflichtige muss ggf. gemahnt und möglicherweise muss gegen ihn die Zwangsvollstreckung betrieben werden. Unterhaltsansprüche sind darüber hinaus regelmäßig zu überprüfen und ggf. den Verhältnissen anzupassen (Auskunftsverlangen im Zwei-Jahres-Turnus, Altersgruppenänderungen, Unterhaltsanpassungen dynamischer Titel, Kindergelderhöhungen und dergleichen). Im Falle eines Herabsetzungsverlangens des Unterhaltspflichtigen verhandelt der Beistand außergerichtlich und vertritt auch im gerichtlichen Unterhaltsabänderungsverfahren (§§ 238 ff. FamFG) das Kind.[8] Eine Beistandschaft, die nicht vom Antragsberechtigten beendet wird, dauert dann idR bis zur Volljährigkeit des Kindes. Dies entspricht auch den Bedürfnissen der Praxis.

Die Beistandschaft endet **kraft Gesetzes**, wenn die vorstehenden Beendigungstat- 14 bestände erfüllt sind. Das Jugendamt ist ab sofort nicht mehr gesetzlicher Vertreter des Kindes, kann keine rechtswirksamen Erklärungen mehr abgeben, nicht mehr für das Kind handeln. Einer Mitwirkung des Familiengerichtes bedarf es nicht.

Endet die Beistandschaft während eines laufenden gerichtlichen Verfahrens (zB 15 Unterhaltsverfahren), ist das Familiengericht davon umgehend zu unterrichten. Das Jugendamt ist ab sofort nicht mehr legitimiert, das Kind zu vertreten. Vor-

---

5 Erman/Roth § 1715 Rn. 4.
6 Erman/Roth § 1715 Rn. 5.
7 MK/v. Sachsen Gessaphe § 1715 Rn. 13; NK-BGB/Zempel § 1715 Rn. 12; Meysen JAmt 2008, 120 (125); aA OLG Hamm FamRZ 2013, 799 (800) m. abl. Anm. Knittel.
8 OLG Hamm JAmt 2004, 144; Zöller/Lorenz FamFG § 234 Rn. 2.

her abgegebene Erklärungen bzw. Rechtshandlungen bleiben wirksam (zB gerichtlicher Vergleich, auch außergerichtliche Inverzugsetzung, Mahnung usw).[9]

§ 1716 BGB　Wirkungen der Beistandschaft

[1]Durch die Beistandschaft wird die elterliche Sorge nicht eingeschränkt. [2]Im Übrigen gelten die Vorschriften über die Pflegschaft mit Ausnahme derjenigen über die Aufsicht des Familiengerichts und die Rechnungslegung sinngemäß; die §§ 1791, 1791 c Abs. 3 sind nicht anzuwenden.

I. Allgemeines

1　Die gesetzliche Amtspflegschaft sowie die Beistandschaft alten Rechts schränkten das Sorgerecht ein. Das neue Rechtsinstitut der Beistandschaft basiert auf Freiwilligkeit. Es liegt somit in der Natur dieses Angebotes, die elterliche Sorge nicht einzuschränken. Die Ausnahmeregelungen für gerichtliche Verfahren (§§ 173, 234 FamFG) sind zu beachten. Die vielfach vor dem Inkrafttreten der Kindschaftsrechtsreform geäußerten Befürchtungen haben sich nicht bewahrheitet. Nunmehr kann das Nebeneinander von zwei Vertretern des Kindes als idR gut praktikabel bezeichnet werden. Darüber hinaus regelt S. 2 grundsätzlich die Anwendung der Bestimmungen über das Pflegschaftsrecht.

II. Vertretung des Kindes

2　**1. Außergerichtlich.** Nachdem eine Einschränkung der elterlichen Sorge durch die Beistandschaft nicht erfolgt, hat das Kind **zwei Vertreter** in den betreffenden Bereichen. Auch der Beistand wird im Rahmen seines Wirkungskreises gesetzlicher Vertreter des Kindes. Für die Praxis bedeutet das, dass beide, also Jugendamt und antragsberechtigter Elternteil, zum Wohle des Kindes zusammenwirken und sich gegenseitig informieren und abstimmen. Das geschieht auf unterschiedliche Weise, je nach Mitgestaltungs-/Mitwirkungs- und Informationsbedarf des Sorgeberechtigten. Eine fruchtbare Zusammenarbeit führt meist zu konstruktiven und von beiden Seiten akzeptierten Lösungen, insbesondere bei strittigen Unterhaltsfragen. Wichtig sind das kontinuierliche Gespräch und eine offene und verständliche Beratung durch das Jugendamt. So wird eine vertrauensvolle Basis für das Miteinander geschaffen und gepflegt. Dem kommt besondere Bedeutung zu, wenn der Unterhaltspflichtige versucht, die beiden Vertreter gegeneinander auszuspielen.

3　Dennoch kann es zu **widersprechenden rechtlich relevanten Handlungen** kommen. Grundsätzlich gilt hier das Prioritätsprinzip.[1] Verhandeln Jugendamt und Sorgeberechtigter mit dem Unterhaltsschuldner über Unterhalt und schließt der Sorgeberechtigte von sich aus eine Vereinbarung mit dem Unterhaltspflichtigen, so gilt diese. Das Jugendamt, das höheren Unterhalt errechnet hatte, kann zwar nachträglich versuchen, durch weitere Verhandlungen eine Änderung zu erreichen; tatsächlich ist aber im Zweifelsfall das Kind, vertreten durch Elternteil und Jugendamt, an die getroffene Regelung gebunden. Eine Abänderung kommt nur in Betracht, wenn die rechtlichen Voraussetzungen (Wegfall der Geschäfts-

---

9　Palandt/Götz § 1715 Rn. 4; Staudinger/Rauscher § 1715 Rn. 19.
1　Palandt/Götz § 1716 Rn. 1; Erman/Roth § 1716 Rn. 2.

grundlage bei Unterhaltsvereinbarung, § 313) vorliegen. Stundet das Jugendamt einen fälligen Unterhaltsrückstand, kann der Elternteil danach mangels Fälligkeit keine Zahlung verlangen. Hat der Sorgeberechtigte den Unterhaltsschuldner in zu geringer Höhe in Verzug gesetzt, kommt eine rückwirkende Forderung erhöhten Unterhalts nicht mehr in Betracht.

2. Vor Gericht. Für gerichtliche Verfahren sehen die §§ 173, 234 FamFG ausdrücklich die Alleinvertretung durch den Beistand vor. Diese Regelungen bedeuten eine **Einschränkung der elterlichen Sorge.** Im Interesse prozessualer Rechtssicherheit hat der Sorgeberechtigte dies hinzunehmen. Allerdings kann der Sorgeberechtigte die Beistandschaft jederzeit – also in jeder Lage des Verfahrens – einfach durch schriftlichen Antrag (→ § 1715 Rn. 3, 5) aufheben lassen.[2] Somit bleibt er letztendlich völlig unabhängig. 4

Hinzu kommt, dass – ungeachtet der gesetzlichen Alleinvertretungsmacht – der Beistand sinnvollerweise während des laufenden Verfahrens fortwährend den Sorgeberechtigten informiert und sich mit ihm über das Handeln während des Verfahrens abstimmt und berechtigte Einwände berücksichtigt. Bewährt hat sich in der Praxis, den sorgeberechtigten Elternteil zu den Terminen der mündlichen Verhandlung einzuladen und ihn in Unterhaltssachen insbesondere an den Vergleichsverhandlungen vor Gericht beratend zu beteiligen. Das fördert Verstehen und Akzeptanz.

Im **Vaterschaftsfeststellungsverfahren** ist die Mutter, die die Beistandschaft hier bestellen kann, kraft Gesetzes in eigener Person Verfahrensbeteiligte (§ 172 Abs. 1 Nr. 2 FamFG). Ohne Beistandschaft wäre – wie im Vaterschaftsanfechtungsverfahren – wegen Interessenkollision ggf. ein Ergänzungspfleger (§ 1909) zu bestellen.

Vorstehende Ausführungen gelten für den Fall, dass das gerichtliche Verfahren (Aktiv- oder Passivverfahren)[3] durch den Beistand als Vertreter des Kindes geführt wird. Macht der Sorgeberechtigte selbstständig als Vertreter des Kindes ein Verfahren anhängig, so vertritt er hierbei das Kind. Der Beistand kann in ein derartiges Verfahren eintreten und dadurch die Vertretung des Kindes übernehmen.[4] Oft geschieht dies auf Veranlassung des Sorgeberechtigten; zB wenn der Unterhaltsschuldner einen Abänderungsantrag gegen das Kind bei Gericht einreicht, im Antrag als Vertreter des Kindes den Beistand nicht benennt, der Antrag dem Sorgeberechtigten zugestellt wird und dieser die Sache dem Jugendamt übergibt.[5] Denkbar ist auch, dass der Sorgeberechtigte bewusst ein Verfahren selbstständig einleitet und führt (zB Elternteil macht Sonderbedarf selbstständig mittels Rechtsanwalt geltend). Der Beistand ist dann an diesem Prozess nicht beteiligt. Das Kind wird in diesem Verfahren nicht vom Beistand vertreten.[6] 5

3. Weisungsrecht/Meinungsverschiedenheiten. Sowohl für die außergerichtliche als auch für die gerichtliche Vertretung durch den Beistand gilt, dass dem Sorgeberechtigten **kein Weisungsrecht gegenüber dem Beistand** zusteht.[7] Der Beistand 6

---

2 FamRefK/Sonnenfeld § 1716 Rn. 3; MK/v. Sachsen Gessaphe § 1716 Rn. 7.
3 Zöller/Lorenz FamFG § 234 Rn. 2.
4 MK/v. Sachsen Gessaphe § 1716 Rn. 7; Staudinger/Rauscher § 1716 Rn. 7 mwN; Zöller/Lorenz FamFG § 234 Rn. 7.
5 DIJuF-Gutachten JAmt 2001, 39 (40).
6 NK-BGB/Zempel § 1716 Rn. 5 mwN.
7 Palandt/Götz § 1712 Rn. 5; MK/v. Sachsen Gessaphe § 1716 Rn. 8; Erman/Roth § 1716 Rn. 2.

ist gesetzlicher Vertreter des Kindes, nicht des Elternteiles. Er ist nicht der Anwalt des Elternteiles. Folglich kann der Elternteil sich nicht wie ein Mandant verhalten, wenn dies manchmal auch so scheinen mag. Der Gesetzgeber stellt beide Vertreter des Kindes gleichberechtigt nebeneinander. Vertrauensvolle Zusammenarbeit und stetige Abstimmung bilden die Richtschnur für das Miteinander. Der Beistand ist nicht dem Sorgeberechtigten, sondern dem Kindeswohl verpflichtet. Er achtet bei seinen Entscheidungen im Zweifelsfall ausschließlich auf das Kindeswohl. Berücksichtigt hierbei muss sein, dass die Belange des Sorgeberechtigten auch die Belange des Kindeswohls sein können.

7 Die **absolute Autonomie** des Sorgeberechtigten bleibt erhalten. Er kann jederzeit die Beistandschaft durch seinen Antrag – ohne jegliche Begründung – aufheben lassen. Im Gegensatz dazu kann das Jugendamt sich nicht zurückziehen. Es kann von sich aus die Beistandschaft nicht beenden, und zwar auch dann nicht, wenn der Sorgeberechtigte in keiner Weise mitarbeitet, keine Informationen liefert und sich in seinem Verhalten nur kontraproduktiv zeigt (→ § 1715 Rn. 7).

8 **4. Aufsicht/Kontrolle.** S. 2 nimmt im Zusammenhang mit der Anwendung pflegschaftsrechtlicher Regelungen ausdrücklich die Aufsicht des Familiengerichtes und die Rechnungslegung für den Beistand aus. Bei einem Fehlverhalten des Beistandes steht dem Sorgeberechtigten der Weg zur Behördenaufsicht offen.[8]

Sollte eine gerichtliche Auseinandersetzung hierüber notwendig sein, ist der Weg zu den Verwaltungsgerichten wohl eröffnet.[9]

9 Zu den Aufgaben des Beistandes gehört die **Abstimmung** mit dem Sorgeberechtigten. Das beinhaltet auch die **Auskunft** über den Stand der jeweiligen gerichtlichen und außergerichtlichen Verfahren sowie **Informationen** über die genaue Höhe von Unterhaltsrückständen und dergleichen. Dies gilt insbesondere bei Beendigung der Beistandschaft auf schriftliches Verlangen des Antragstellers oder aus anderen Gründen (zB Volljährigkeit), damit die Interessen des Kindes zügig weiterverfolgt werden können.[10] Eine besondere Verpflichtung zur Rechnungslegung ist nicht normiert.

10 **5. Haftung.** Zum einen kommt hier die Haftung aus **Amtspflichtverletzung** (§ 839 iVm Art. 34 GG) in Betracht. Zusätzlich besteht aufgrund der Anwendung pflegschaftsrechtlicher Regelungen nach §§ 1716 S. 2, 1915 Abs. 1, 1833 ein weiterer Anspruch bei Pflichtverletzungen gegen das Jugendamt, bei dem der Beamte oder Angestellte, der die Beistandschaft ausübt, beschäftigt ist.[11]

11 **6. Anwendung von Pflegschafts- und Vormundschaftsrecht (S. 2). a) Grundsatz.** S. 2 erklärt die Regelungen über die Pflegschaft und damit aufgrund § 1915 auch die über die Vormundschaft grundsätzlich für anwendbar. Ausnahmen davon sind die Bestimmungen über den Vorstehenden bereits dargestellten Regelungen über die Aufsicht des Familiengerichtes und die Rechnungslegung. Weiter sind ausdrücklich die §§ 1791, 1791 c Abs. 3 ausgenommen. Konsequen-

---

8 OLG Celle FamRZ 2001, 706; OLG Hamm FamRZ 2014, 324 bzw. FamFR 2013, 359; Palandt/Götz § 1716 Rn. 2; Staudinger/Rauscher § 1716 Rn. 18; MK/v. Sachsen Gessaphe § 1716 Rn. 9.

9 OVG Münster FamRZ 2002, 833; zur Akteneinsicht siehe VG München FamRZ 2014, 781.

10 Staudinger/Rauscher § 1716 Rn. 17.

11 BGH NJW 2014, 692; Staudinger/Rauscher § 1716 Rn. 14; MK/v. Sachsen Gessaphe § 1716 Rn. 10.

terweise entfällt mit der Aufsicht des Familiengerichts auch die Ausstellung einer Bestallungsurkunde bzw. einer Bescheinigung über den Eintritt der Beistandschaft. Damit wurde auch eine Registrierung der Beistandschaften beim Familiengericht entbehrlich. Der Beistand weist sich im Bedarfsfall durch Vorlage des schriftlichen Antrages des Elternteiles bzw. Vormundes aus.

Aufgrund der Rechtsnatur der Beistandschaft gehen viele Regelungen ins Leere bzw. werden von spezialgesetzlichen Regelungen des Beistandschaftsrechts verdrängt. Anzuwenden sind insbesondere §§ 1915 Abs. 1, 1793 Abs. 1; der Beistand hat **gesetzliche Vertretungsmacht**. Beistand ist idR das Jugendamt. Dieses handelt durch ausdrücklich mit diesem Aufgabenkreis betraute Beamte und Angestellte (§ 55 SGB VIII). Im seltenen Fall der Vereinsbeistandschaft (Art. 144 EGBGB, § 54 SGB VIII) bedient sich dieser einzelner seiner Mitglieder oder Mitarbeiter (§ 1791 a).

b) Vergütung und Aufwandsentschädigung. Eine Vergütung und eine Aufwen- 12 dungspauschale stehen dem Beistand nicht zu (§§ 1836 Abs. 3, 1835 a Abs. 5). Die Arbeit des Beistandes kostet also nichts.

Ersatz für seine Aufwendungen kann das Jugendamt **nur ausnahmsweise** verlangen, wenn das Einkommen und Vermögen des Kindes dazu ausreichen; hierunter fallen allerdings keine allgemeinen Verwaltungskosten (§ 1835 Abs. 5).[12]

Vorstehende Regelungen müssen selbstverständlich entsprechend Anwendung finden, wenn der Beistand anstelle des sorgeberechtigten Elternteiles das Kind zusammen mit einem „berufenen Vormund" (→ § 1713 Rn. 6) vertritt. Nach einhellig herrschender Meinung hat der Gesetzgeber hier Verweisungsregelungen übersehen.

Zur Haftung → Rn. 10.   13

§ 1717 BGB Erfordernis des gewöhnlichen Aufenthalts im Inland

[1]Die Beistandschaft tritt nur ein, wenn das Kind seinen gewöhnlichen Aufenthalt im Inland hat; sie endet, wenn das Kind seinen gewöhnlichen Aufenthalt im Ausland begründet. [2]Dies gilt für die Beistandschaft vor der Geburt des Kindes entsprechend.

I. Anwendungsbereich

Die Vorschrift ist zunächst als Ergänzung zu §§ 1714 und 1715 zu sehen.   1

Es kann dahingestellt bleiben, wie die Beistandschaft kollisionsrechtlich zu qualifizieren ist und ob es sich bei § 1717 um eine Sondernorm zu Art. 24 EGBGB[1] bzw. Art. 17 KSÜ handelt. Durch die Vorschrift wird jedenfalls klargestellt, dass die Anwendung des deutschen Beistandschaftsrechts voraussetzt, dass das Kind oder im Falle der vorgeburtlichen Bestellung die Mutter den gewöhnlichen Aufenthalt in Deutschland hat.

---

12 Palandt/Götz § 1835 Rn. 21.
1 So MK/v. Sachsen Gessaphe § 1717 Rn. 2.

II. Eintritt

2 Der **gewöhnliche Aufenthalt des Kindes im Inland** ist eine zusätzliche Voraussetzung für den Eintritt der Beistandschaft. Unbeachtlich ist hierbei, welche Staatsangehörigkeit das Kind hat.[2] Im Falle der Duldung, zB von Asylbewerbern, die faktisch in Deutschland ihren Lebensmittelpunkt haben, kann es ebenfalls zu einer Beistandschaft kommen.[3] Gleiches gilt für Flüchtlingskinder, deren Ausreise nicht in absehbarer Zeit bevorsteht.[4]

Falls der gewöhnliche Aufenthalt des Kindes und des sorgeberechtigten Elternteiles nicht identisch sind, kommt es auf den Aufenthalt des Kindes im Inland an, zB die Sorgeberechtigte lebt im Ausland, das Kind in einer Pflegefamilie bzw. bei den Großeltern in Deutschland.[5]

III. Beendigung

3 Das Ende der Beistandschaft tritt bei **Verlegung** des gewöhnlichen Aufenthaltes in das Ausland automatisch ein. Es bedarf weder eines Aufhebungsverlangens noch einer ausdrücklichen Entscheidung des Jugendamtes oder Gerichtes.

Handlungen des Jugendamtes, das dieses möglicherweise noch in Unkenntnis des Aufenthaltswechsels vornimmt, wirken nicht für das Kind, da die Vertretungsmacht fehlt.

IV. Sonderfälle

4 Problematisch sind die Fälle sog **Kindesentführungen durch Elternteile**. Verbringt der nicht sorgeberechtigte oder bei gemeinsamer Sorge der Elternteil, dem die Obhut nicht zusteht, das Kind gegen den Willen des anderen Elternteiles ins Ausland oder behält es dort, liegt zunächst kein Wechsel des gewöhnlichen Aufenthaltes vor.[6] IdR hält sich das Kind bis zur Rückführung, ggf. mittels gerichtlicher Hilfe, nur vorübergehend im Ausland auf. Dann ist von einem Fortbestehen des gewöhnlichen Aufenthaltes in Deutschland und somit auch vom Fortbestehen der Beistandschaft wohl auszugehen.[7] Sollte der rechtswidrig herbeigeführte Aufenthalt im Ausland längere Zeit andauern[8] und ist das Kind dann beim anderen Elternteil integriert, kann dies nicht mehr gelten.

5 Andere Auslandsaufenthalte von Kindern, die von vornherein kurzfristig und vorübergehend sind, führen nicht zum Ende der Beistandschaft (zB Schüleraustausch und dergleichen). Dies gilt auch für den Fall, dass ein Schuljahr im Ausland verbracht wird (zB Highschool-Jahr in USA).[9]

6 Angehörige des diplomatischen Dienstes behalten zwar ihren Wohnsitz im Inland, leben aber faktisch im Ausland, haben also dort tatsächlich ihren Lebensmittelpunkt. Auch für deren Kinder endet mit dem Umzug die Beistandschaft.[10]

---

2 MK/v. Sachsen Gessaphe § 1717 Rn. 1; Erman/Roth § 1717 Rn. 2; FamRefK/Sonnenfeld § 1717 Rn. 4.
3 BR/Enders § 1717 Rn. 5.
4 DIJuF-Gutachten JAmt 2016, 246 (247).
5 MK/v. Sachsen Gessaphe § 1717 Rn. 3.
6 Palandt/Thorn EGBGB Art. 5 Rn. 11.
7 MK/v. Sachsen Gessaphe § 1717 Rn. 4; BR/Enders § 1717 Rn. 7.1.
8 Palandt/Thorn EGBGB Art. 5 Rn. 11.
9 Staudinger/Rauscher § 1717 Rn. 7; DIJuF-Gutachten JAmt 2006, 193 ff.; OLG Köln JAmt 2011, 111 (112) mit Hinweisen.
10 Staudinger/Rauscher § 1717 Rn. 7 mwN.

V. Vorgeburtlich

Vorgeburtlich tritt an die Stelle des gewöhnlichen Aufenthaltes des Kindes der 7
der Mutter.[11] Auf die theoretische Konstruktion einer möglichen vorgeburtlichen Beistandschaft auf Antrag des Vaters wird hier nicht eingegangen.

VI. Sonstiges

Ohne Bedeutung ist, ob für das Kind im Ausland ein vergleichbares Rechtsinsti- 8
tut besteht. Die Beistandschaft hat den Zweck, die betreffenden Kindesinteressen im Inland durch ein deutsches Jugendamt zu sichern.[12]

§§ 1718 bis 1740 (weggefallen)

Titel 7 Annahme als Kind

Vorbemerkung zu §§ 1741–1772 BGB

Literatur: *Campbell*, Stiefkindadoption bei eingetragener Lebenspartnerschaft, NJW-Spezial 2016, 132; *Deutscher Verein für öffentliche und private Fürsorge e V*, Diskussionspapier zur Adoption, NDV 2014, 354; *Dodegge*, Das formelle und materielle deutsche Adoptionsrecht, FPR 2001, 321; *Hoffmann*, Ausländische Adoptionsentscheidungen in der deutschen gerichtlichen Anerkennungspraxis, ZKJ 2006, 542; *Keuter*, Kostenrechtliche Aspekte in Adoptionsverfahren, FuR 2013, 567; *Krause*, Annahme als Kind, NotBZ 2006, 221, 273; 2007, 43; *ders.*, Annahme Minderjähriger als Kind, ZFE 2011, 170; *Krüger*, Adoptionsrecht – ein Überblick, 2014, ZAP Fach 11, 1253; *Leutheusser-Schnarrenberger*, Gleichstellung der Lebenspartnerschaften und Adoptionsrecht, DRiZ 2013, 14; *Reimann*, Das Adoptivkind in der gesellschaftsrechtlichen Nachfolgeplanung, ZEV 2013, 479; *Reinhardt*, Viel Rauch um wenig Neues, RdJB 2013, 343; *Müller/Sieghörtner/Emmerling/de Oliviera*, Adoptionsrecht in der Praxis, 2007; *Osthold*, Die Einwilligung des nur leiblichen, aber nicht rechtlichen Vaters in die Adoption im Falle einer Samenspende, FF 2016, 53; *Rotax*, Zum Recht des Kindes auf Information über seine leiblichen Eltern und zum Recht der Eltern auf Information über tatsächliche Mutter- bzw Vaterschaft, ZFE 2007, 9; *Staudinger*, Der ordre public-Vorbehalt bei der Anerkennung ausländischer Adoptionen, FamRBint 2007, 42; *Willutzki*, Die Ersetzung der elterlichen Einwilligung in die Adoption, ZKJ 2007, 18; *Zimmermann*, Die Minderjährigenadoption, NZFam 2015, 484; *ders.*, Die Adoption Erwachsener, NZFam 2015, 1134; *ders.*, Das Adoptionsverfahren nach dem FamFG, NZFam 2016, 249.

Der Siebte Titel betrifft die Annahme als Kind (Adoption). Es wird unterschie- 1
den zwischen der **Annahme Minderjähriger** (§§ 1741–1767) und der **Adoption Volljähriger** (§§ 1767–1772). Während Erstere zum Ausscheiden des angenommenen Kindes aus seiner bisherigen Familie und zur vollständigen Eingliederung in die Familie des Annehmenden führt, hat die Erwachsenenadoption weit geringere Folgen: Wird ein Erwachsener als Kind angenommen, erlischt nur die Verwandtschaft zu seinen leiblichen Eltern, nicht aber zu den anderen Verwandten. Umgekehrt wird auch nur die Verwandtschaft zum Annehmenden begründet (nicht aber zu dessen Verwandten).

Die Annahme als Kind wird durch einen **Beschluss des Familiengerichts** bewirkt 2
(§ 1752, sog **Dekretsystem**). Dieser wird mit der Zustellung an den Annehmenden wirksam (§ 197 Abs. 2 FamFG). Er ist weder anfechtbar noch abänderbar
(§ 197 Abs. 3 FamFG). Ebenfalls eingeschränkt sind die Möglichkeiten, eine Aufhebung der Annahme zu verlangen (§§ 1759–1763, 1771).

---

11 Palandt/Götz § 1717 Rn. 1.
12 Palandt/Götz § 1717 Rn. 1.

3 Zuständig für den Erlass des Annahmebeschlusses ist der **Richter** (§ 14 RPflG). Die internationale und die örtliche Zuständigkeit ergeben sich aus § 101 FamFG und aus § 187 FamFG.

4 Damit eine Annahme erfolgen kann, müssen Adoptionswillige und das zu adoptierende Kind zusammengebracht werden. Das bringt die Gefahr des „Kinderhandels" mit sich. Die **Adoptionsvermittlung** ist deswegen besonders (einschränkend) im Adoptionsvermittlungsgesetz[1] geregelt. Erfasst wird das Zusammenführen von Personen, die Kinder annehmen wollen, mit Kindern unter 18 Jahren oder der Nachweis der Gelegenheit, ein Kind anzunehmen oder annehmen zu lassen (§ 1 AdVermG). Dieses Verhalten ist grundsätzlich ebenso untersagt (§ 5 AdVermG mit Ausnahmen in § 5 Abs. 2 AdVermG) wie Werbemaßnahmen in Zeitungen usw (§ 6 AdVermG). Ergänzt werden die Regelungen des Adoptionsvermittlungsgesetzes durch die Adoptionsvermittlungsstellenanerkennungs- und Kostenverordnung – AdVermiStAnKoV.[2]

5 Zugelassen ist nur die Adoptionsvermittlung durch das Jugendamt, das Landesjugendamt und die örtlichen und zentralen Stellen des Diakonischen Werks, des Deutschen Caritasverbandes, der Arbeiterwohlfahrt und der diesen Verbänden angeschlossenen Fachverbände sowie sonstiger Organisationen, wenn sie von der nach Landesrecht zuständigen Behörde als Adoptionsvermittlungsstellen anerkannt worden sind (§ 2 AdVermG). Mit der Adoptionsvermittlung dürfen nur erfahrene Fachkräfte betraut werden (§ 3 AdVermG). Die Mitwirkung an einer gesetzes- oder sittenwidrigen Adoptionsvermittlung führt zur Verschärfung der Annahmevoraussetzungen (§ 1741 Abs. 1 S. 2, → § 1741 Rn. 5).

6 Für **internationale Adoptionen** (vor allem solche von ausländischen Kindern durch deutsche Eltern) sind das Gesetz zur Ausführung des Haager Übereinkommens vom 29.5.1993 über den Schutz von Kindern und die Zusammenarbeit auf dem Gebiet der internationalen Adoption[3] und das Gesetz zur Regelung von Rechtsfragen auf dem Gebiet der internationalen Adoption und zur Weiterentwicklung des Adoptionsvermittlungsrechts[4] einschlägig. Das nationale Kollisionsrecht enthält Art. 22 f. EGBGB, die internationale Zuständigkeit deutscher Gerichte ergibt sich aus § 101 FamFG, die Anerkennung ausländischer Adoptionsentscheidungen regeln §§ 108 f. FamFG und das AdWirkG.[5]

7 **Steuerlich** sind Adoptionen nicht als außergewöhnliche Belastungen geltend zu machen.[6]

Untertitel 1 Annahme Minderjähriger

§ 1741 BGB Zulässigkeit der Annahme

(1) [1]Die Annahme als Kind ist zulässig, wenn sie dem Wohl des Kindes dient und zu erwarten ist, dass zwischen dem Annehmenden und dem Kind ein

---

1 Vom 27.11.1989, BGBl. I 2014, neu gefasst durch Bekanntmachung v. 22.12.2001, BGBl. 2002 I 354, zuletzt geändert durch Art. 21 G. v. 20.11.2015, BGBl. I 2010.
2 Vom 4.5.2005, BGBl. I 1266.
3 BGBl. I 2950.
4 Vom 5.11.2001, BGBl. I 2950.
5 Zur Bindungswirkung von Anerkennungsentscheidungen s. BGH 17.6.2015 – XII ZB 730/12, NJW 2015, 2805 mAnm Kemper.
6 BFH 10.3.2015 – VI R 60/11, FamRZ 2015, 1496.

Eltern-Kind-Verhältnis entsteht. [2]Wer an einer gesetzes- oder sittenwidrigen Vermittlung oder Verbringung eines Kindes zum Zwecke der Annahme mitgewirkt oder einen Dritten hiermit beauftragt oder hierfür belohnt hat, soll ein Kind nur dann annehmen, wenn dies zum Wohl des Kindes erforderlich ist.
(2) [1]Wer nicht verheiratet ist, kann ein Kind nur allein annehmen. [2]Ein Ehepaar kann ein Kind nur gemeinschaftlich annehmen. [3]Ein Ehegatte kann ein Kind seines Ehegatten allein annehmen. [4]Er kann ein Kind auch dann allein annehmen, wenn der andere Ehegatte das Kind nicht annehmen kann, weil er geschäftsunfähig ist oder das 21. Lebensjahr noch nicht vollendet hat.

I. Allgemeines

Die Vorschrift regelt die **grundlegenden Voraussetzungen für die Annahme als** 1 **Kind**. Sie gilt direkt für die Annahme Minderjähriger und kraft Verweisung (§ 1767) für die Annahme Volljähriger. Sie stellt klar, dass eine Annahme nur zulässig ist, wenn sie dem Wohl des Kindes dient und die Entstehung eines Eltern-Kind-Verhältnisses prognostiziert werden kann (Abs. 1 S. 1).

Grundvoraussetzung für eine Annahme nach §§ 1741 ff. ist die **Minderjährigkeit** 2 **des Anzunehmenden**. Die Adoption scheidet deswegen auch dann aus, wenn der Anzunehmende im Lauf des Verfahrens volljährig wird.[1] In Betracht kommt dann nur noch eine Annahme nach §§ 1767 ff.

Minderjährig ist ein Kind **von der Geburt bis zur Vollendung des 18. Lebensjah-** 3 **res**. Grundsätzlich ist die Adoption bereits direkt nach der Geburt des Kindes möglich. Zeitliche Einschränkungen ergeben sich jedoch aus § 1747 (Wartefrist für die Erteilung der Zustimmung zur Annahme) und dem Erfordernis der Adoptionspflege (§ 1744).

Dem Kindeswohl entspricht es auch, dass ein Kind grundsätzlich **nur gemein-** 4 **schaftlich** angenommen werden kann, wenn der Annahmewillige verheiratet ist (Abs. 2 S. 2, Ausnahmen: Abs. 2 S. 3, 4); denn nur so kann sichergestellt werden, dass das Kind in eine Familienbeziehung zu beiden Ehegatten hineinwächst. Das gilt auch, wenn die Eheleute gleichen Geschlechts sind. Seit der Öffnung der Ehe für gleichgeschlechtliche Paare durch das Gesetz zur Einführung des Rechts auf Eheschließung für Personen gleichen Geschlechts vom 20.7.2017[2] sind deren Beziehungen Ehen mit allen Rechten und Pflichten (→ § 1353 Rn. 1 ff.), wenn sie nach dem 30.9.2017 geheiratet haben oder ihre früher geschlossene Lebenspartnerschaft nach § 20 a LPartG (→ LPartG § 20 a Rn. 1 ff.) haben umwandeln lassen. Zu weiter bestehenden Lebenspartnerschaften → Rn 21.

Der Kindeswohlförderung dient auch Abs. 1 S. 2, wonach eine Annahme nur 5 unter engeren Voraussetzungen erlaubt ist, wenn die Annahmewilligen an einer **gesetzes- oder sittenwidrigen Vermittlung oder Verbringung eines Kindes zum Zwecke der Annahme** mitgewirkt, Dritte damit beauftragt oder dafür belohnt haben. Die Regelung soll verhindern, dass Kinder aus armen, aber intakten Familien gerissen und zum Objekt von Geschäften gemacht werden.

Weitere Voraussetzungen für die Kindesannahme enthalten §§ 1742, 1743 6 und 1745. Außerdem ist die Annahme an die Einwilligung des Kindes, seiner

---

1 KG 17.6.2003 – 1 W 302/01, FamRZ 2004, 1315.
2 BGBl. 2017 I 2787.

leiblichen Eltern, der Annehmenden und unter Umständen des Ehegatten von Kind oder Annehmendem gebunden (vgl. §§ 1746–1749).

7 Die Annahme wird **durch Beschluss** ausgesprochen (§ 1752). Zu den **Wirkungen** vgl. §§ 1754–1758. Die **Aufhebung** der Annahme ist in §§ 1759–1766 speziell geregelt. Die allgemeinen Unwirksamkeitsgründe sind dadurch ausgeschlossen. Es kann daher fehlerhafte Adoptionen geben, die gleichwohl nicht aufgehoben werden können.

II. Voraussetzungen der Annahme

8 § 1741 stellt **zwei Voraussetzungen** für die Annahme auf:

9 **1. Förderung des Kindeswohls.** Erforderlich ist zunächst, dass die Annahme **dem Wohl des Kindes dient** (Abs. 1 S. 1). Entscheidend ist nicht der Kinderwunsch der Annehmenden, sondern das Wohl des Kindes. Die Annahme muss also zu einer Verbesserung der Rechtsstellung des Kindes oder seiner persönlichen Verhältnisse führen.[3] Das kann schon vorliegen, wenn es durch die Annahme in einen funktionierenden Familienverband eingegliedert werden wird, während es ohne sie ohne Familie aufwachsen müsste. Eine schematische Betrachtung verbietet sich aber; es kommt jeweils auf die individuellen Umstände an.[4] Die Annahme als Kind ist dagegen kein Instrument zur Verwirklichung einer Partnerschaft. Die Annahme muss deswegen unterbleiben, wenn das Wohl des Kindes dadurch nicht gefördert wird, sondern nur erfolgen soll, damit die Annehmenden ihren Wunsch nach einer „vollständigen" Familie verwirklichen können. Umgekehrt kommt – gerade bei älteren Kindern – dem Willen des Kindes entscheidende Bedeutung zu.[5]

10 Die **Herauslösung des Kindes aus seiner Familie** kann seinem Wohl so sehr **widersprechen,** dass die Annahme unterbleiben muss. Regelmäßig besteht ein Vorrang der Pflege des Kindes in seiner eigenen Familie.[6] Auch schulische Vorteile können den durch die Herauslösung aus der eigenen Familie resultierenden Nachteil idR nicht ausgleichen.[7]

11 Ob die Adoption eines durch **anonyme Samenspende** gezeugten Kindes durch die Lebenspartnerin der Mutter deswegen ausgeschlossen sein muss, weil der leibliche Vater des Kindes nicht bekannt ist, ist dagegen nicht eindeutig zu beantworten. Zwar verliert der leibliche Vater durch die Annahme die Möglichkeit, noch zum rechtlichen Vater des Kindes zu werden, so dass das Kind seinen männlichen Bezugspunkt verliert, und zumindest faktisch wird in vielen Fällen dieser Art das Recht des Kindes auf Kenntnis seiner Abstammung intensiver gefährdet sein als ohne Adoption, weil die Neigung zur Offenlegung dieser Herkunft nach Begründung der Co-Mutterschaft der Lebenspartnerin noch geringer sein dürfte als ohne sie. Insoweit könnte also durchaus ein Widerspruch zur Förderung des Kindeswohls konstatiert werden. Stellen die Beteiligten dagegen sicher, dass das Kind später seine Herkunft ermitteln kann – etwa dadurch, dass beim Notar ein verschlossener Umschlag mit Angaben zur Klinik und zum be-

---

3 BayObLG 16.12.1982 – BReg 1 Z 78/82, FamRZ 1983, 532.
4 NK-BGB/Dahm § 1741 Rn. 7.
5 NK-BGB/Dahm § 1741 Rn. 10.
6 MK/Maurer § 1741 Rn. 9.
7 LG Lüneburg 18.10.2010 – 3 T 66/10.

handelnden Arzt hinterlegt wird, spricht nichts dagegen, auch in derartigen Fällen die Adoption zuzulassen.[8]

Ist der **Erzeuger** des Kindes **bekannt**, entspricht die Annahme durch die Lebens- 12 partnerin ebenso regelmäßig dem Wohl des anzunehmenden Kindes. Bei der Entscheidung ist zugunsten der Adoption zu berücksichtigen, dass von dem Erhalt der Rechtsposition des Kindesvaters idR keine positiven Effekte für die Kindesentwicklung erwartet werden können, wenn dieser seiner Elternverantwortung nicht nachzukommen wünscht, was er durch Zustimmung zur Adoption zum Ausdruck gebracht und bei einer gerichtlichen Anhörung noch einmal bestätigt hat, indem er klarstellte, dass er zwar weiterhin Umgangskontakte pflegen möchte und zu freiwilligen Unterstützungsleistungen bereit ist, in verbindlicher Weise aber elterliche Verantwortung und elterliche Sorge nicht wahrnehmen will.[9]

Der **Annahmewillige** muss für die Annahme **geeignet** sein. Das bezieht sich zum 13 einen auf die charakterliche Eignung, zum anderen auf die Fähigkeit, das Kind zu betreuen und zu erziehen. So dient eine Annahme dem Wohl des Kindes idR nicht, wenn der Annahmewillige nur noch eine kurze Lebenserwartung hat und deswegen zu erwarten ist, dass das Kind bald (wieder) ohne lebende Eltern dastehen wird. Es ist daher zulässig, die Entscheidung über die Annahme von einem Gesundheitstest (vor allem: Aids-Test) abhängig zu machen.[10] Aus einer Ablehnung des Tests darf aber nicht allein auf einen unzureichenden Gesundheitszustand geschlossen werden. An der Kindeswohldienlichkeit einer Annahme kann es auch fehlen, wenn der Altersunterschied zwischen Kind und Annahmewilligem zu klein oder zu groß ist. Homosexualität ist dagegen kein Grund, die Ungeeignetheit als Annehmender zu begründen.[11] Bei Kleinkindern darf die Annahme von der Fähigkeit zur Betreuung abhängig gemacht werden, vor allem davon, dass einer der Annehmenden sich ständig um das Kind kümmern kann. Bei besonders betreuungsbedürftigen Kindern (zB behinderten Kindern) können die Anforderungen gesteigert sein.

Die **Kindeswohlprüfung** ist **verschärft**, wenn der Annahmewillige an einer 14 gesetzes- oder sittenwidrigen Vermittlung oder Verbringung eines Kindes zum Zwecke der Annahme mitgewirkt oder einen Dritten hiermit beauftragt oder hierfür belohnt hat. Dann soll die Annahme nur erfolgen, wenn sie zum Wohl des Kindes erforderlich ist (Abs. 1 S. 2). Gemeint ist die Mitwirkung genau an der Vermittlung oder Verbringung des anzunehmenden Kindes. Die entsprechende Mitwirkung an anderen Adoptionen reicht nicht. Bedeutung hat das Verbot v.a. bei Leihmutterschaften, denn die Mitwirkung daran verstößt gegen das AdVermG. Der Bundesgerichtshof[12] lässt allerdings bei im Ausland vorgenommenen Leihmutterschaften die Anerkennung einer gerichtlichen Entscheidung jedenfalls dann zu, wenn diese die rechtliche Elternschaft zu dem Kind den Wunscheltern zuweist, wenn ein Wunschelternteil – im Unterschied zur Leihmutter – mit dem Kind genetisch verwandt ist. Ob die Inanspruchnahme einer anonymen Eizellenspende und einer Leihmutter im Ausland dem Anwendungsbereich des § 1741 Abs. 1 S. 2 unterfallen, ist zweifelhaft. Bei der Eizellenspende

---

8 OLG Karlsruhe 7.2.2014 – 16 UF 274/13, FamRZ 2014, 674.
9 OLG Köln 16.10.2012 – 4 UF 71/12, FamRZ 2013, 1150.
10 KG 23.4.1991 – 1 W 441/89, FamRZ 1991, 1101.
11 EGMR 22.1.2008 – 43546/02, FamRZ 2008, 845.
12 BGH 10.12.2014 – XII ZB 463/13, FamRZ 2015, 240.

ist Gegenstand der Vereinbarung kein Kind, sondern eine Eizelle. Die Inanspruchnahme einer Leihmutter ist daher auch keine Mitwirkung an der Vermittlung eines Kindes iSd § 1741 Abs. 1 S. 2, da die Leih- und Ersatzmutterschaft lediglich der Austragung des Kindes dient. Die Annahme richtet sich in diesen Fällen deswegen nach Abs. 1 S. 1.[13]

15 Die genannten Personen sind grundsätzlich **von der Annahme ausgeschlossen:** Es reicht in diesen Fällen nicht, dass die Annahme das Kindeswohl nur fördert; dieses muss ohne die Annahme bedroht sein. Das wird kaum einmal anzunehmen sein. Die Regelung soll den Kinderhandel und ähnliche Praktiken erschweren, indem sie Mitwirkenden die rechtliche Verwirklichung des Kindeswunsches erschwert.[14]

16 **2. Entstehen eines Eltern-Kind-Verhältnisses.** Die zweite Voraussetzung für die Annahme ist, dass zu erwarten ist, dass zwischen dem Annehmenden und dem Kind ein Eltern-Kind-Verhältnis entstehen wird (Abs. 1 aE). Erforderlich ist eine auf objektive Anhaltspunkte gestützte Prognose, dass zwischen Annehmendem und Kind eine Beziehung entstehen wird, wie sie zwischen leiblichen Eltern und ihren Kindern besteht. Anhaltspunkte dafür liefert das Zusammenleben von Kind und Annehmendem in der Zeit der Adoptionspflege. Die Annahme soll daher erst ausgesprochen werden, wenn der Annahmewillige das Kind über eine angemessene Zeit in Pflege hatte (vgl. § 1744). Das zeigt, worauf es dem Gesetzgeber des § 1741 besonders ankam: Es soll eine Familie begründet werden, in der das Kind genauso behandelt werden soll wie ein leibliches Kind. Die Voraussetzung des Entstehens eines Eltern-Kind-Verhältnisses ist deswegen die bedeutendste Voraussetzung im gesamten Adoptionsrecht (die auch im Erwachsenenadoptionsrecht zu beachten ist). Umgekehrt kann ein langes, tatsächlich gelebtes Eltern-Kind-Verhältnis sogar dazu führen, dass eine wegen ordre public-Verstoßes an sich nicht anerkennungsfähige Auslandsadoption doch anzuerkennen ist.[15]

17 Es **reicht nicht,** dass nur der Annahmewillige den **Wunsch** äußert, eine **derartige Beziehung aufzubauen,** wenn die bisherige Lebensgeschichte oder die Willensäußerungen des Kindes die Erwartung nahe legen, dass dieses zum Aufbau einer sozialen Bindung unfähig ist. Das Entstehen eines Eltern-Kind-Verhältnisses kann auch durch einen zu geringen oder einen zu großen Altersunterschied gehindert sein. Aus § 1756 ergibt sich jedoch, dass eine Annahme durch Großeltern nicht in jedem Fall zu versagen ist.[16] Zulässig kann sie vor allem dann sein, wenn es sich um ein Kind eines ersten oder zweiten Kindes handelt, die Großeltern aber selbst noch weitere Kinder im Alter des Anzunehmenden haben.

III. Die Annahme durch eine Mehrheit von Personen

18 Um das Entstehen einer Eltern-Kind-Beziehung zu erleichtern, stellt Abs. 2 Regeln über die **Zahl der Annehmenden** auf. **Nicht verheiratete Personen** können ein Kind nur allein annehmen (Abs. 2 S. 1). Die Annahme eines Kindes durch

---

13 LG Frankfurt/M. 3.8.2012 – 2-09 T 51/11, StAZ 2013, 222.
14 Vgl. BT-Drs. 13/8511, 75.
15 OLG Hamm 17.2.2015 – 11 UF 222/14, FamRZ 2015, 1983.
16 OLG Köln 27.1.2015 – 4 UF 181/14, JAmt 2015, 97.

beide Partner einer nichtehelichen Lebensgemeinschaft ist daher ausgeschlossen.[17]

Ehepaare können Kinder grundsätzlich nur gemeinschaftlich annehmen (Abs. 2 19
S. 2), damit eine verwandtschaftliche Beziehung beider Ehepartner zu dem Kind entsteht und eine bessere Eingliederung in die Familie gewährleistet ist. Das gilt auch für die Erwachsenenadoption und ist auch dort verfassungsrechtlich nicht zu beanstanden.[18] Ausnahmen bestehen nur, wenn das Kind schon mit dem Ehegatten verwandt ist, weil es sein leibliches Kind ist (Abs. 2 S. 3, sog Stiefkindadoption) oder wenn der Ehegatte das einundzwanzigste Lebensjahr noch nicht vollendet hat oder geschäftsunfähig ist (Abs. 2 S. 4), also ein Kind nicht annehmen kann. Der Ehegatte muss dann der Annahme zustimmen (vgl. § 1749).

Die **Stiefkindadoption** hat von den genannten Fällen die größte praktische Bedeutung. Sie kommt nur in Betracht, wenn die Beziehung des Kindes zu seinem natürlichen Elternteil bereits gelockert ist oder gar nicht besteht. Sie darf keinesfalls als Instrument gegen den natürlichen nicht sorgeberechtigten Elternteil eingesetzt werden. Es geht um das Kind, nicht um die Interessen des neuen Partners des Elternteils. Der Stiefkindadoption müssen zustimmen: das Kind (§ 1746), der mit dem Annehmenden verheiratete Elternteil als Elternteil (§ 1747) und als Ehegatte (§ 1749) sowie der andere Elternteil (§ 1747). Letzteres entfällt aber dann, wenn er bereits verstorben ist.

Die **Partner einer eingetragenen Lebenspartnerschaft** konnten früher Kinder je- 21
weils nur allein annehmen. Der Gesetzgeber hatte bewusst davon abgesehen, die für Eheleute vorgesehene Ausnahmeregelung auch auf sie zu erstrecken. Allerdings ist durch das Gesetz zur Überarbeitung des Lebenspartnerschaftsrechts[19] einem Lebenspartner die Möglichkeit eröffnet worden, das leibliche Kind seines Partners als Kind anzunehmen (Stiefkindadoption, § 9 Abs. 7 LPartG). Die Annahme von bereits durch den Partner angenommenen Kindern war dagegen weiterhin ausgeschlossen, damit es nicht doch noch zu einer gemeinsamen Annahme kam. Diese Lösung stellte einen typischen politischen Kompromiss dar, der allerdings die Kindesinteressen nur unzureichend berücksichtigte. Insofern spielt es keine Rolle, ob das Kind mit seinem Elternteil blutsverwandt oder durch Annahme verwandt ist: Sein Interesse geht in beiden Fällen dahin, in die neue Familie auch rechtlich eingegliedert zu werden (unterstellt, dass die faktischen Voraussetzungen dafür gegeben sind). Der Ausschluss der Lebenspartner von der gemeinschaftlichen Annahme bzw. der Sukzessivannahme wurde deswegen zunehmend als verfassungswidrig angesehen[20] und ist mittlerweile auch vom Bundesverfassungsgericht für verfassungswidrig erklärt worden, soweit die Sukzessivadoption infrage stand.[21] Der Gesetzgeber hat deswegen die Sukzessivadopti-

---

17 BT-Drs. 7/3061, 30.
18 OLG Koblenz 5.12.2013 – 13 UF 793/13, FamRB 2014, 255; OLG Schleswig 20.12.2013 – 8 UF 173/13, FamRZ 2014, 1039.
19 BGBl. 2004 I 69, 3396.
20 Die Verfassungswidrigkeit bejahend: OLG Hamburg 22.12.2010 – 2 Wx 23/09, NJW 2011, 1104; etwas zurückhaltender: Henkel, Fällt nun auch das „Fremdadoptionsverbot"?, NJW 2011, 259; die Verfassungsmäßigkeit des Verbots annehmend: OLG Hamm 1.12.2009 – 15 Wx 236/09, FamRZ 2010, 1259.
21 BVerfG 19.2.2013 – 1 BvL 1/11, 1 BvR 3247/09, BVerfGE 133, 59 = FamRB 2013, 115 mAnm Kemper.

on durch Lebenspartner mittlerweile zugelassen.[22] Weiterhin nicht zulässig ist dagegen die gemeinsame Annahme eines Kindes durch Lebenspartner. Auch insoweit bestanden verfassungsrechtliche Bedenken. Diese Frage hat aber praktisch keine Bedeutung mehr: Zum einen können die Lebenspartner die gemeinsame Elternschaft jetzt auch durch eine Sukzessivadoption erreichen, so dass durch das Verbot der gemeinsamen Annahme nur eine Verzögerung des Eintritts, aber kein Ausschluss der gemeinsamen Elternschaft in Bezug auf adoptierte Kinder eintritt. Diesen Weg müssen sie gehen, wenn sie als Lebenspartner gemeinsam Eltern eines Kindes werden wollen. Seit dem Inkrafttreten des Gesetzes zur Einführung des Rechts auf Eheschließung für Personen gleichen Geschlechts vom 20.7.2017[23] am 1.10.2017 haben sie aber auch die Möglichkeit, ihre Lebenspartnerschaft nach § 20 a LPartG in eine Ehe umzuwandeln (→ LPartG § 20 a Rn. 1 ff.) und danach einfach als Eheleute nach § 1741 Abs. 2 S. 1 BGB gemeinsam zu adoptieren.

§ 1742 BGB Annahme nur als gemeinschaftliches Kind

Ein angenommenes Kind kann, solange das Annahmeverhältnis besteht, bei Lebzeiten eines Annehmenden nur von dessen Ehegatten angenommen werden.

1   Die Norm ordnet die **Ausschließlichkeit** der Annahme an, indem sie eine weitere Adoption zu Lebzeiten des Annehmenden nur durch dessen Ehegatten zulässt, wobei das seit Inkrafttreten des Gesetzes zur Einführung des Rechts auf Eheschließung für Personen gleichen Geschlechts vom 20.7.2017[1] auch ein Ehepartner gleichen Geschlechts sein kann. Sie soll Kettenadoptionen verhindern und will damit das Kind davor schützen, bei „Nichtgefallen" wieder zur Adoption freigegeben zu werden.[2] Für Lebenspartner wird in § 9 Abs. 7 LPartG auf § 1742 verwiesen. Sie können seit Inkrafttreten des Gesetzes zur Umsetzung der Entscheidung des Bundesverfassungsgerichts zur Sukzessivadoption durch Lebenspartner vom 20.6.2014[3] ebenfalls das adoptierte Kind ihres Lebenspartners annehmen (→ § 1741 Rn. 21). Dabei ist es auch nach Inkrafttreten des Gesetzes zur Einführung des Rechts auf Eheschließung für Personen gleichen Geschlechts vom 20.7.2017[4] für die Paare geblieben, die ihre Lebenspartnerschaft nicht nach § 20 a LPartG in eine Ehe umwandeln lassen. Für die Volljährigenadoption gilt § 1742 entsprechend (§ 1767 Abs. 2 S. 1).

2   Solange der Annehmende lebt, ist eine **weitere Annahme nur möglich,** wenn die erste Adoption nichtig ist, wenn die Adoption aufgehoben wurde (§§ 1759 ff.) oder wenn der Annehmende der Ehegatte oder Lebenspartner des Annehmenden der ersten Annahme ist (Stiefkindadoption, → § 1741 Rn. 20). Wegen § 1741 Abs. 2 S. 2 konnte dieser Fall bis vor kurzem nur bei Eheleuten und nur vorkommen, wenn die Annahme erfolgte, als der Annehmende noch nicht oder mit einem anderen Partner verheiratet war oder wenn er das 21. Lebensjahr noch nicht vollendet hatte oder geschäftsunfähig war, als die Annahme ausge-

---

22   Gesetz zur Umsetzung der Entscheidung des Bundesverfassungsgerichts zur Sukzessivadoption durch Lebenspartner v. 20.6.2014, BGBl. I 786.
23   BGBl. 2017 I 2787.
1   BGBl. 2017 I 2787.
2   NK-BGB/Dahm § 1742 Rn. 3.
3   BGBl. I 786.
4   BGBl. 2017 I 2787.

sprochen wurde. Seit der Zulassung der Sukzessivadoption auch bei durch Lebenspartner angenommenen Kindern[5] kommt nun auch die weitere Annahme durch eine Person in Betracht, deren Lebenspartner ein Kind angenommen hatte. Bei dieser Regelung bleibt es für die Lebenspartner, die nach Inkrafttreten des Gesetzes zur Einführung des Rechts auf Eheschließung für Personen gleichen Geschlechts vom 20.7.2017[6] ihre Lebenspartnerschaft nicht in eine Ehe umwandeln lassen. Darüber hinaus wird man eine Durchbrechung des § 1742 jedenfalls bei einer Volljährigenadoption zulassen müssen, wenn das Kind das Verwandtschaftsverhältnis zu seinen leiblichen Eltern wieder herstellen will, weil zu diesen wieder eine Eltern-Kind-Beziehung gewachsen ist und eine Aufhebung der Erstannahme nicht in Betracht kommt.[7]

Nicht durch § 1742 erfasst wird die **Wiederholungsadoption**, also die Vornahme **3** einer Adoption durch Personen, welche dieselbe Person schon adoptiert haben. ‹Grundsätzlich verdrängt jedoch auch die Anerkennung einer ausländischen Adoption nach § 2 AdWirkG die Wiederholungsadoption nach deutschem Recht. Eine Wiederholungsadoption ist aber zulässig, wenn ein besonderes Rechtsschutzbedürfnis besteht. Sonst gäbe es keine Möglichkeit, angenommene Mängel einer Auslandsadoption zu heilen.

Nach dem Tod des Annehmenden ist eine weitere Adoption ohne Einschränkun- **4** gen möglich. Die Adoption durch den Ehegatten bedarf nicht der Zustimmung der leiblichen Eltern des Kindes, weil das Verwandtschaftsverhältnis zu ihnen bereits durch die erste Adoption erloschen war (§ 1755).

§ 1743 BGB Mindestalter

[1]Der Annehmende muss das 25., in den Fällen des § 1741 Abs. 2 Satz 3 das 21. Lebensjahr vollendet haben. [2]In den Fällen des § 1741 Abs. 2 Satz 2 muss ein Ehegatte das 25. Lebensjahr, der andere Ehegatte das 21. Lebensjahr vollendet haben.

I. Allgemeines

§ 1743 soll **eine gewisse geistige und erzieherische** Reife **des Annehmenden** si- **1** chern. Es werden Alterserfordernisse aufgestellt, damit eine echte Eltern-Kind-Beziehung entstehen kann. Zum Alter des Kindes sagt die Norm nichts. Es folgt jedoch schon aus dem Titel des Abschnitts, dass es sich um einen Minderjährigen handeln muss (→ § 1741 Rn. 2 f.).

II. Altersgrenzen bei Alleinannahme

Nimmt eine Person ein Kind allein an (§ 1741 Abs. 2 S. 1), muss sie mindestens **2** 25 Jahre alt sein. Das gilt auch, wenn sie mit dem Anzunehmenden verwandt ist. Eine Befreiung von diesem Erfordernis ist nicht möglich.

Eine **Ausnahme** von der 25-Jahres-Grenze besteht nur, wenn jemand ein Kind **3** annimmt, das ein Kind seines Ehegatten oder Lebenspartners (§ 9 Abs. 7 S. 2

---

5   BVerfGE 133, 59 = FamRB 2013, 115 mAnm Kemper; s. jetzt auch die Neufassung von § 9 Abs. 7 LPartG durch das Gesetz zur Umsetzung der Entscheidung des Bundesverfassungsgerichts zur Sukzessivadoption durch Lebenspartner v. 20.6.2014, BGBl. I 786.
6   BGBl. 2017 I 2787.
7   MK/Maurer § 1742 Rn. 5; LG Düsseldorf 26.5.2000 – 19 T 136/00, FamRZ 2001, 648; vgl. auch BGH 15.1.2014 – XII ZB 443/13, FamRZ 2014, 546.

LPartG) ist; denn dann ist das Entstehen eines Eltern-Kind-Verhältnisses auch zum Stiefelternteil erheblich wahrscheinlicher als bei Annahme eines Kindes, das zu keinem der Annehmenden eine Beziehung hat. Der Annehmende muss dann wenigstens das 21. Lebensjahr vollendet haben.[1]

4 Eine **Höchstaltersgrenze** gibt es nicht; ein sehr hohes Alter der Annehmenden kann aber dem Kindeswohl widersprechen, weil dann das Entstehen eines Eltern-Kind-Verhältnisses nicht mehr angenommen werden kann.[2] Insofern ist aber zu beachten, dass das Alter von Eltern in der letzten Zeit immer weiter angestiegen ist. Es ist nicht außergewöhnlich, dass auch noch im vierten Lebensjahrzehnt natürliche Elternschaften entstehen. Dieser Umstand kann auch bei der Beurteilung der Höchstaltersgrenzen für Adoptionen nicht außer Betracht bleiben.

III. Altersgrenzen bei gemeinsamer Annahme

5 Nehmen Ehegatten ein Kind gemeinsam an (§ 1741 Abs. 2 S. 2), muss einer von ihnen mindestens 25 Jahre alt sein. Der andere braucht dann nur 21 Jahre alt zu sein. Das gilt auch bei Ehegatten gleichen Geschlechts.

§ 1744 BGB Probezeit

Die Annahme soll in der Regel erst ausgesprochen werden, wenn der Annehmende das Kind eine angemessene Zeit in Pflege gehabt hat.

Literatur: *Busch/Bienentreu*, Zur Rechtsstellung des ausländischen Adoptivpflegekindes, NDV 2002, 185; *Lakies*, Zum Verhältnis von Pflegekindschaft und Adoption, FamRZ 1990, 698; *Luther*, Familiengemeinschaft und Pflegekindschaft, FamRZ 1983, 434.

1 § 1744 regelt die sog **Adoptionspflege**. Deren Sinn ist es, durch ein längeres Zusammenleben von Annehmenden und Anzunehmendem die Prognose zu erleichtern, ob ein Eltern-Kind-Verhältnis zwischen ihnen entstehen wird. Es handelt sich um eine Sollvorschrift. Die Adoptionspflege kann v.a. überflüssig sein, wenn die Elternschaft auf andere Weise als durch Adoption nicht möglich ist, aber auf der einen Seite schon eine Eltern-Kind-Beziehung besteht (Stiefkindannahme bei verschiedengeschlechtlichen Paaren). Entsprechendes gilt für die Annahme eines aufgrund eines gemeinsamen Entschlusses der Lebenspartnerinnen durch anonyme Samenspende gezeugten Kindes durch die Lebenspartnerin der leiblichen Mutter, wenn das anzunehmende Kind von Geburt an in der bestehenden Lebenspartnerschaft aufgewachsen ist.[1] Die Annahme unmittelbar nach der Geburt ohne Zusammenlebenszeit wird aber auch in diesem Fall nicht in Betracht kommen, weil es noch an der Eltern-Kind-Beziehung fehlt. Das gilt auch in den Fällen, in denen die Elternschaft des leiblichen Elternteils durch eine Samenspende begründet worden ist. Das Fehlen der Adoptionspflege macht die Annahme weder unwirksam noch aufhebbar (vgl. § 1762).

2 Das Kind soll eine **angemessene Zeit in Pflege** bei dem Anzunehmenden sein, bevor die Annahme ausgesprochen wird. Eine starre Zeitgrenze gibt es dafür aber nicht. Die Dauer muss so bemessen sein, dass sich die Hindernisse zeigen kön-

---

1 Kritisch zur unterschiedlichen Altersgrenze NK-BGB/Dahm § 1743 Rn. 3.
2 OLG Frankfurt/M. 12.6.2003 – 20 W 264/02.
1 AG Göttingen 29.6.2015 – 40 F 9/14 AD, FamRZ 2015, 394; AG Elmshorn 20.12.2010 – 46 F 9/10, NJW 2011, 1086.

nen, die der Begründung eines Eltern-Kind-Verhältnisses entgegenstehen können. Eine Dauer von unter drei Monaten reicht dazu nicht. Im Regelfall sollte die Adoptionspflege wenigstens ein Jahr dauern. Bei Kleinstkindern kann die Frist aber erheblich kürzer sein als bei älteren. Die Adoptionspflege ist von dem Pflegeverhältnis nach §§ 27, 33 SGB VIII zu unterscheiden. Soll ein solches Kind adoptiert werden, muss das Pflegeverhältnis zunächst umgestellt werden.[2]

Voraussetzung für die Begründung der Adoptionspflege ist, dass einer Annahme 3 zur Zeit der Begründung der Adoptionspflege kein Hindernis entgegensteht. Die Eltern müssen also geeignet sein, die Adoption das Kindeswohl fördern, die Entstehung eines Eltern-Kind-Verhältnisses muss anzunehmen sein, und die erforderlichen Einwilligungen für die Annahme müssen vorliegen.

Während des Pflegeverhältnisses sind die Rechte und Pflichten der Adoptions- 4 pflegenden schon denen von Eltern angeglichen. Das ist unproblematisch, wenn die Einwilligung der leiblichen Eltern in die Adoption schon vorliegt, weil dann die elterliche Sorge ruht und das Jugendamt Vormund ist (§ 1751), das die Ausübung der Sorge dem Pflegenden überlässt. Während der Adoptionspflege gilt im Übrigen § 1688 Abs. 1, 3 (§ 1751 Abs. 1 S. 5). Der Adoptionspflegende ist daher in Angelegenheiten des täglichen Lebens entscheidungsbefugt und vertritt den Sorgerechtsinhaber in solchen Angelegenheiten. Diese Befugnis kann allerdings vom Sorgeinhaber ausgeschlossen werden, oder das Familiengericht kann sie ausschließen oder einschränken, wenn das zum Wohl des Kindes erforderlich ist (vgl. § 1688 Abs. 3). Während der Adoptionspflege sind die Pflegenden elterngeldberechtigt (vgl. §§ 1 Abs. 3 Nr. 1, 4 Abs. 2 S. 1 BEEG).[3]

§ 1745 BGB Verbot der Annahme

[1]Die Annahme darf nicht ausgesprochen werden, wenn ihr überwiegende Interessen der Kinder des Annehmenden oder des Anzunehmenden entgegenstehen oder wenn zu befürchten ist, dass Interessen des Anzunehmenden durch Kinder des Annehmenden gefährdet werden. [2]Vermögensrechtliche Interessen sollen nicht ausschlaggebend sein.

I. Allgemeines

§ 1745 bildet das **Gegenstück zu § 1741**. Er ermöglicht es, bei der Entscheidung 1 über die Adoption auch die Interessen der Kinder des Annehmenden und des Anzunehmenden sowie die des Anzunehmenden selbst zu berücksichtigen. Anders als bei § 1741 ist nicht erforderlich, dass die genannten Interessen die Adoption fördern; sie dürfen nur nicht gefährdet werden.

II. Der Ausschluss der Annahme wegen entgegenstehender Interessen

Die Annahme ist ausgeschlossen, wenn eine Abwägung ergibt, dass ihr **überwie-** 2 **gende Interessen der Kinder des Annehmenden oder des Anzunehmenden** entgegenstehen (S. 1). Die Adoption darf also nicht stattfinden, wenn die Interessen der Kinder des Annehmenden oder diejenigen der Kinder des Anzunehmenden gegen sie sprechen und das Interesse des Anzunehmenden daran, adoptiert zu werden, übersteigen. In Betracht kommen etwa Annahmen, durch welche sich

---

2 VG Magdeburg 10.5.2004 – 6 A 354/02, ZfF 2005, 275.
3 LSG Baden-Württemberg 24.2.2015 – L 11 EG 559/14, FamRZ 2015, 2010.

die vorhandenen Kinder zurückgesetzt fühlen könnten, vor allem etwa nicht spiegelbildliche Stiefkindadoptionen.

3 **Vermögensrechtliche Interessen** sind in die Abwägung zwar einzubeziehen, sollen aber nicht ausschlaggebend sein (S. 2). In Betracht kommt vor allem, dass sich durch die Annahme die Zahl der Unterhaltsberechtigten so erhöht, dass der Unterhalt der übrigen Kinder des Annehmenden gefährdet wäre.[1] Insofern ist aber Vorsicht angezeigt: Die Annahme eines Kindes allein wird nur in seltenen Ausnahmefällen eine derartige unterhaltsrechtliche Konstellation begründen können.[2] Auch mögliche erbrechtliche Nachteile können als gegen die Annahme sprechende Nachteile einbezogen werden.

4 Die Annahme darf auch nicht erfolgen, wenn die **Interessen des Anzunehmenden durch Kinder des Annehmenden gefährdet werden** (S. 1 aE). Hier kommt es nur auf die Gefährdung, nicht auf eine Abwägung an. Die Regelung ist überflüssig. In dem genannten Fall wird die Annahme regelmäßig schon nicht dem Wohl des Anzunehmenden dienen, so dass die Annahme schon an § 1741 scheitert.

Vorbemerkung zu §§ 1746–1750 BGB

1 §§ 1746–1749 regeln, wer in eine Adoption einwilligen muss. § 1750 enthält dann die Einzelheiten der Einwilligungserklärungen.

2 Erforderlich sind die Einwilligung des Kindes (§ 1746), der Eltern (§§ 1747 f.) und des Ehegatten des Annehmenden, wenn die Annahme durch diesen allein erfolgen soll. Die Zustimmung des Annehmenden ergibt sich schon daraus, dass er den Antrag auf Annahme stellt (vgl. § 1752 Abs. 1).

3 Einwilligung bedeutet nach § 183 S. 1 die vorherige Zustimmung. Eine nachträgliche Zustimmung (Genehmigung) ist ausgeschlossen. In bestimmten Fällen kann die Einwilligung ersetzt werden (§§ 1746 Abs. 3, 1748, 1749 Abs. 1 S. 2).

§ 1746 BGB   Einwilligung des Kindes

(1) [1]Zur Annahme ist die Einwilligung des Kindes erforderlich. [2]Für ein Kind, das geschäftsunfähig oder noch nicht 14 Jahre alt ist, kann nur sein gesetzlicher Vertreter die Einwilligung erteilen. [3]Im Übrigen kann das Kind die Einwilligung nur selbst erteilen; es bedarf hierzu der Zustimmung seines gesetzlichen Vertreters. [4]Die Einwilligung bedarf bei unterschiedlicher Staatsangehörigkeit des Annehmenden und des Kindes der Genehmigung des Familiengerichts; dies gilt nicht, wenn die Annahme deutschem Recht unterliegt.

(2) [1]Hat das Kind das 14. Lebensjahr vollendet und ist es nicht geschäftsunfähig, so kann es die Einwilligung bis zum Wirksamwerden des Ausspruchs der Annahme gegenüber dem Familiengericht widerrufen. [2]Der Widerruf bedarf der öffentlichen Beurkundung. [3]Eine Zustimmung des gesetzlichen Vertreters ist nicht erforderlich.

(3) Verweigert der Vormund oder Pfleger die Einwilligung oder Zustimmung ohne triftigen Grund, so kann das Familiengericht sie ersetzen; einer Erklärung nach Absatz 1 durch die Eltern bedarf es nicht, soweit diese nach den §§ 1747,

---

1 LG Lüneburg 29.11.1999 – 6 T 46/99.
2 Zurückhaltend auch OLG Köln 2.12.2014 – II-4 UF 90/14, FamRZ 2015, 866.

1750 unwiderruflich in die Annahme eingewilligt haben oder ihre Einwilligung nach § 1748 durch das Familiengericht ersetzt worden ist.

I. Allgemeines

Die Vorschrift bestimmt, dass für die Annahme die **Einwilligung des Anzuneh-** **menden** erforderlich ist. Soweit das Kind typischerweise noch nicht selbst fähig ist, die Bedeutung dieser Einwilligung einzusehen, wird sie von seinem gesetzlichen Vertreter erteilt. Im Übrigen muss dieser zustimmen, damit keine voreiligen Zustimmungen gegeben werden, die dem Wohl des Kindes widersprechen könnten.   1

Bei **Auslandsadoptionen** (verschiedene Staatsangehörigkeit von Kind und An-   2 nehmendem) muss das Familiengericht die Annahme genehmigen (Abs. 1 S. 3). Das gilt aber nicht, wenn sie ohnehin nach deutschem Recht zu beurteilen ist.

Zu den **Anforderungen an den Inhalt** der Einwilligung s. § 1750.   3

II. Die Erforderlichkeit der Einwilligung des Kindes

Die Einwilligung des Kindes in die Annahme ist **immer erforderlich** (Abs. 1 S. 1).   4 Bei fehlender Einwilligung ist die Annahme wirksam, aber aufhebbar (§§ 1760 ff.).

1. Kind unter 14 Jahren. Die Einwilligung des Kindes kann nur von den gesetz-   5 lichen Vertretern erklärt werden, wenn es **geschäftsunfähig** ist (§ 104) oder **noch nicht das 14. Lebensjahr vollendet** hat (Abs. 1 S. 1).

Gesetzliche Vertreter sind **beide Eltern** gemeinschaftlich (Ausnahme: außereheh-   6 lich geborene Kinder, wenn keine Sorgeerklärung abgegeben wurde und auch durch das Familiengericht dem Vater keine Mitsorge eingeräumt wurde, § 1626 a Abs. 3: **Mutter**). Soweit die elterliche Sorge entzogen oder übertragen wurde (§§ 1666, 1671 f.), kommt es darauf an, wem die Personensorge zusteht.[1] Ist das in vollem Umfang ein Pfleger, muss dieser zustimmen (beachte aber → Rn. 8). Die Eltern bleiben also (auch) zuständig, soweit ihnen noch Teile der Personensorge zustehen. Bei Interessenkonflikten zwischen gesetzlichem Vertreter und Kind muss ihm ggf. das Sorgerecht entzogen werden (§ 1629 Abs. 2 S. 3).

Die **Einwilligung der Eltern ist** aber **nicht** mehr zusätzlich **nötig**, wenn sie schon   7 unwiderruflich in die Annahme eingewilligt haben (Abs. 3 Hs. 1). Das Gleiche gilt, wenn ihre Einwilligung durch das Familiengericht nach § 1748 ersetzt worden ist (Abs. 3 Hs. 2).

Soweit ein **Vormund oder Pfleger** gesetzlicher Vertreter ist, kann die Einwilli-   8 gung durch das Familiengericht ersetzt werden, wenn kein triftiger Grund für die Verweigerung vorliegt (Abs. 3).

Die Erteilung der Einwilligung ist ein **höchstpersönliches Geschäft**; Vertretung   9 ist unzulässig (§ 1750 Abs. 2 S. 2).

2. Kinder ab 14 Jahren. Hat das Kind das 14. Lebensjahr vollendet (und ist es   10 nicht geschäftsunfähig), kann es die Einwilligung nur noch selbst erteilen. Es benötigt dazu allerdings die Einwilligung des gesetzlichen Vertreters (Abs. 1 S. 2). Für diese gilt das in → Rn. 6 ff. Gesagte.

---

1 NK-BGB/Dahm § 1746 Rn. 9.

11 Die Ersetzung der Einwilligung des Kindes kommt nicht in Betracht. Fehlt sie, muss die Annahme unterbleiben. Die Annahme gegen den Willen des Kindes entspricht nie dessen Wohl.

12 Die Einwilligung ist bis zum Wirksamwerden des Ausspruchs der Annahme gegenüber dem Familiengericht widerruflich (Abs. 2 S. 1). Der Widerruf muss beurkundet werden (Abs. 2 S. 2). Das kann durch einen Notar (§ 128), aber auch durch das Jugendamt (§ 59 Abs. 1 S. 1 Nr. 6 SGB VIII) erfolgen. Die Zustimmung des gesetzlichen Vertreters ist nicht erforderlich (Abs. 2 S. 3).

§ 1747 BGB   Einwilligung der Eltern des Kindes

(1) ¹Zur Annahme eines Kindes ist die Einwilligung der Eltern erforderlich. ²Sofern kein anderer Mann nach § 1592 als Vater anzusehen ist, gilt im Sinne des Satzes 1 und des § 1748 Abs. 4 als Vater, wer die Voraussetzung des § 1600 d Abs. 2 Satz 1 glaubhaft macht.

(2) ¹Die Einwilligung kann erst erteilt werden, wenn das Kind acht Wochen alt ist. ²Sie ist auch dann wirksam, wenn der Einwilligende die schon feststehenden Annehmenden nicht kennt.

(3) Steht nicht miteinander verheirateten Eltern die elterliche Sorge nicht gemeinsam zu, so
1. kann die Einwilligung des Vaters bereits vor der Geburt erteilt werden;
2. kann der Vater durch öffentlich beurkundete Erklärung darauf verzichten, die Übertragung der Sorge nach § 1626 a Absatz 2 und § 1671 Absatz 2 zu beantragen; § 1750 gilt sinngemäß mit Ausnahme von Absatz 1 Satz 2 und Absatz 4 Satz 1;
3. darf, wenn der Vater die Übertragung der Sorge nach § 1626 a Absatz 2 oder § 1671 Absatz 2 beantragt hat, eine Annahme erst ausgesprochen werden, nachdem über den Antrag des Vaters entschieden worden ist.

(4) ¹Die Einwilligung eines Elternteils ist nicht erforderlich, wenn er zur Abgabe einer Erklärung dauernd außerstande oder sein Aufenthalt dauernd unbekannt ist. ²Der Aufenthalt der Mutter eines gemäß § 25 Absatz 1 des Schwangerschaftskonfliktgesetzes vertraulich geborenen Kindes gilt als dauernd unbekannt, bis sie gegenüber dem Familiengericht die für den Geburtseintrag ihres Kindes erforderlichen Angaben macht.

Literatur: *Helms*, Das Einwilligungsrecht des Vaterschaftsprätendenten bei der Adoption eines nichtehelichen Kindes, JAmt 2001, 57.

I. Systematik und Grundlagen

1 Die Vorschrift regelt die Einwilligung der Eltern des Kindes in die Annahme. Die Zustimmungsbedürftigkeit ist **Ausfluss des Elternrechts** (Art. 6 GG). Die Einwilligung der Eltern kann daher nur unter den engen Voraussetzungen des § 1748 ersetzt werden. Fehlt eine notwendige Einwilligung, kann die Annahme aufgehoben werden (§§ 1760 ff.).

2 Einwilligungsbedürftig ist die Annahme des Kindes einschließlich der Wiederholung wegen Wirksamkeitsbedenken[1] und einer erneuten Annahme (§ 1763 Abs. 3).

1 OLG Frankfurt/M. 11.2.1992 – 20 W 358/91, FamRZ 1992, 985.

II. Die Notwendigkeit der Einwilligung der Eltern

Erforderlich ist die **Einwilligung beider Eltern**. Da das Zustimmungserfordernis 3 Ausfluss des Elternrechts ist, kommt es nicht darauf an, ob sie miteinander verheiratet sind oder waren[2] oder nicht.

Mutter ist die Frau, die das Kind geboren hat (§ 1591). Ist die Mutter verheira- 4 tet, ist **Vater** bis zur erfolgreichen Anfechtung der Vaterschaft der Ehemann, der nach § 1592 Nr. 1 als Vater vermutet wird. Sind sie nicht miteinander verheiratet, ist der Mann Vater, dessen Vaterschaft anerkannt (§§ 1592 Nr. 2, 1594, 1595) oder gerichtlich festgestellt ist (§§ 1592 Nr. 3, 1600 d). In diesen Fällen kommt die Zustimmung eines anderen Mannes nie in Betracht. Im Übrigen gilt derjenige Mann als Vater, der die Voraussetzungen des § 1600 d Abs. 2 S. 1 (Beiwohnung während der Empfängniszeit, ohne dass schwerwiegende Zweifel an der Vaterschaft bestehen) glaubhaft macht. Das kann auch ein Samenspender sein, denn Art. 6 GG fordert insoweit eine ausdehnende Auslegung des Begriffs der Beiwohnung.[3] Das Interesse des leiblichen Vaters, die Rechtsstellung als Vater des Kindes einnehmen zu können, ist verfahrensrechtlich dadurch zu sichern, dass dieser vom Familiengericht entsprechend § 7 Abs. 4 FamFG vom Verfahren benachrichtigt werden muss, um ihm eine Beteiligung am Verfahren zu ermöglichen. Von einer Benachrichtigung kann ausnahmsweise abgesehen werden, wenn es aufgrund der umfassend aufgeklärten Umstände unzweifelhaft ist, dass eine Beteiligung des möglichen leiblichen Vaters nicht in Betracht kommt. Das ist der Fall, wenn dieser auf sein grundrechtlich geschütztes Interesse von vornherein verzichtet hat. Darüber hinaus ist eine Benachrichtigung nur noch unter den Voraussetzungen des § 1747 Abs. 4 entbehrlich.[4]

An die **Glaubhaftmachung** dürfen **keine überzogenen Anforderungen** gestellt 5 werden. Vor allem darf nicht gefordert werden, dass ein Vaterschaftsgutachten eingeholt wird.[5] Ggf. muss daher die Zustimmung mehrerer potenzieller Väter eingeholt werden, wenn die Annahme bereits vor der Feststellung der Vaterschaft stattfinden soll. Sinnvoller ist es dann, bis zur gerichtlichen Klärung der Vaterschaft zu warten. Dass sich daraus Verzögerungen des Verfahrens ergeben können, ist systemimmanent. Umgekehrt hat das Fehlen der Zustimmung eines Mannes, dessen Vaterschaft das Gericht als nicht glaubhaft gemacht ansieht, auch dann keine negativen Folgen für die Annahme, wenn sich später herausstellt, dass der Mann doch der Vater des Kindes war. Der Beschluss über die Annahme ist unanfechtbar (§ 197 Abs. 3 FamFG), und eine Aufhebung nach § 1760 kommt gerade deshalb nicht in Betracht, weil die Zustimmung des Vaters mangels Glaubhaftmachung der Vaterschaft nicht erforderlich war.

Die **Einwilligung Dritter** (zB Großeltern oder anderer Verwandter, Stiefeltern, 6 Pflegeeltern) ist nie erforderlich. Sie können daher die Annahme (und den damit verbundenen Verlust der Verwandtschaft zu dem Kind) nicht verhindern.

Ausnahmsweise nicht erforderlich ist die Einwilligung eines Elternteils, wenn 7 dieser zur Abgabe einer Erklärung dauernd außerstande ist oder wenn sein Auf-

---

2 OLG Celle 24.8.1981 – 17 Wx 10/81, FamRZ 1982, 197.
3 BGH 18.2.2015 – XII ZB 473/13, FamRZ 2015, 828; 15.5.2013 – XII ZR 49/11, BGHZ 197, 242 = FamRZ 2013, 1209.
4 BGH 18.2.2015 – XII ZB 473/13, FamRZ 2015, 828.
5 Helms, Das Einwilligungsrecht des Vaterschaftsprätendenten bei der Adoption eines nichtehelichen Kindes, JAmt 2001, 57 ff.

enthalt dauernd unbekannt ist (Abs. 4); denn eine Vertretung scheidet wegen des höchstpersönlichen Charakters der Einwilligung aus (vgl. § 1750 Abs. 3 S. 1). Hierher gehören neben den Findelkindern und den Babyklappen-Fällen die Fälle der Geschäftsunfähigkeit der Eltern (§ 104) und die Fälle, in denen der nichtehelichen Mutter der Erzeuger bzw. die als solcher in Betracht zu ziehenden Personen unbekannt sind.[6] Ebenfalls hierher gehört der Fall, dass das Kind gem. § 25 Abs. 1 des Schwangerschaftskonfliktgesetzes vertraulich geboren wurde. In diesem Fall gilt der Aufenthalt der Mutter als dauernd unbekannt, bis sie gegenüber dem Familiengericht die für den Geburtseintrag ihres Kindes erforderlichen Angaben macht (Abs. 4 S. 2). Zur Ersetzung der Einwilligung s. § 1748.

III. Die Erteilung der Einwilligung

8 Die Erteilung der Einwilligung richtet sich zunächst nach § 1750.

9 Sie kann erst erteilt werden, wenn das **Kind acht Wochen alt** ist (Abs. 2 S. 1, bei vorzeitiger Einwilligung Aufhebung der Annahme: § 1760 Abs. 2). Eine Ausnahme besteht nur für nichteheliche Väter ohne Sorgerecht, wenn also keine Sorgeerklärung abgegeben wurde (Abs. 3 Nr. 1: schon vor der Geburt). Abs. 2 schließt es nicht aus, dass die Eltern bereits vor der Geburt die Absicht erklären, in eine Annahme einwilligen zu wollen. Rechtswirkungen lassen sich aus dieser Erklärung jedoch noch nicht ableiten. Bedenklich sind derartige Erklärungen wegen des moralischen Drucks, der sich aus ihnen für die Personen ergeben kann, welche die Zustimmung ankündigen. Ist aber die Achtwochenfrist abgelaufen, kann die Einwilligung auch schon dann erteilt werden, wenn noch gar kein Adoptionsantrag gestellt ist. Das ergibt sich mittelbar aus Abs. 3 Nr. 1; denn in den Fällen, in denen der nichteheliche Vater ohne Sorgerecht die Einwilligung vor der Geburt erteilt, gibt es keinen Adoptionsantrag.

10 Grundsätzlich muss sich die Einwilligung auf eine ganz bestimmte Adoption beziehen, bei der also auch die Annehmenden feststehen. Die Einwilligung ist jedoch auch dann wirksam, wenn der Einwilligende die schon feststehenden Annehmenden nicht kennt (Abs. 2 S. 2, Fall der **Inkognitoadoption**). Unzulässig ist dagegen die Zustimmung zu einer Blankoadoption, also einer Adoption, bei der die Person des Annehmenden noch gar nicht feststeht.[7] Zulassen muss man aber die Einwilligung in Bezug auf mehrere Personen (zB eine Bewerberliste), denn diese bezieht sich ja ausdrücklich auf bestimmte Annehmende. Diese mehrfachen Zustimmungen können gleichzeitig (Listenbeispiel) oder nacheinander abgegeben werden (auch so lange eine frühere Einwilligung noch wirksam ist).[8]

11 Haben die **Eltern der Einwilligung des Kindes in die Annahme zugestimmt** (vgl. § 1746), liegt darin regelmäßig auch die eigene Einwilligung nach § 1747.

12 Bei **nicht miteinander verheirateten Eltern**, die keine Sorgeerklärung (§ 1626a Abs. 1 Nr. 1) abgegeben und deswegen kein gemeinsames Sorgerecht haben, kann die Einwilligung des Vaters (nicht die der Mutter) bereits vor der Geburt erteilt werden (Abs. 3 Nr. 1). Hat der Vater die Übertragung der Sorge auf sich nach § 1626a Abs. 2 oder § 1671 Abs. 2 beantragt, darf die Annahme erst ausgesprochen werden, nachdem über den Antrag des Vaters entschieden

---

6 AG Berlin Tempelhof 31.3.2004 – 52 XVI 3/02, FamRZ 2005, 302; LG Freiburg 28.5.2002 – 4 T 238/01, FamRZ 2002, 1647.
7 MK/Maurer § 1747 Rn. 15; aA BR/Enders § 1747 Rn. 3.
8 HK-AdoptR/Kemper § 1747 Rn. 9.

worden ist (Abs. 3 Nr. 3); denn erst dann steht fest, wer gesetzlicher Vertreter des Kindes ist und damit, unter welchen Voraussetzungen seine Einwilligung ersetzt werden kann (vgl. § 1748 Abs. 4). Die erleichterte Ersetzbarkeit der Einwilligung des Vaters kann auch dadurch hergestellt werden, dass der Vater auf einen Antrag nach § 1626 a Abs. 2 oder § 1671 Abs. 2 verzichtet; denn damit steht automatisch fest, dass er niemals gesetzlicher Vertreter des Kindes sein wird. Abs. 3 Nr. 2 gestattet diesen Verzicht. Die Verzichtserklärung muss öffentlich beurkundet werden. § 1750 gilt für sie (bis auf die Regelung über das Unwirksamwerden in § 1750 Abs. 4 S. 1) sinngemäß.

§ 1748 BGB   Ersetzung der Einwilligung eines Elternteils

(1) [1]Das Familiengericht hat auf Antrag des Kindes die Einwilligung eines Elternteils zu ersetzen, wenn dieser seine Pflichten gegenüber dem Kind anhaltend gröblich verletzt hat oder durch sein Verhalten gezeigt hat, dass ihm das Kind gleichgültig ist, und wenn das Unterbleiben der Annahme dem Kind zu unverhältnismäßigem Nachteil gereichen würde. [2]Die Einwilligung kann auch ersetzt werden, wenn die Pflichtverletzung zwar nicht anhaltend, aber besonders schwer ist und das Kind voraussichtlich dauernd nicht mehr der Obhut des Elternteils anvertraut werden kann.

(2) [1]Wegen Gleichgültigkeit, die nicht zugleich eine anhaltende gröbliche Pflichtverletzung ist, darf die Einwilligung nicht ersetzt werden, bevor der Elternteil vom Jugendamt über die Möglichkeit ihrer Ersetzung belehrt und nach Maßgabe des § 51 Abs. 2 des Achten Buches Sozialgesetzbuch beraten worden ist und seit der Belehrung wenigstens drei Monate verstrichen sind; in der Belehrung ist auf die Frist hinzuweisen. [2]Der Belehrung bedarf es nicht, wenn der Elternteil seinen Aufenthaltsort ohne Hinterlassung seiner neuen Anschrift gewechselt hat und der Aufenthaltsort vom Jugendamt während eines Zeitraums von drei Monaten trotz angemessener Nachforschungen nicht ermittelt werden konnte; in diesem Falle beginnt die Frist mit der ersten auf die Belehrung und Beratung oder auf die Ermittlung des Aufenthaltsorts gerichteten Handlung des Jugendamts. [3]Die Fristen laufen frühestens fünf Monate nach der Geburt des Kindes ab.

(3) Die Einwilligung eines Elternteils kann ferner ersetzt werden, wenn er wegen einer besonders schweren psychischen Krankheit oder einer besonders schweren geistigen oder seelischen Behinderung zur Pflege und Erziehung des Kindes dauernd unfähig ist und wenn das Kind bei Unterbleiben der Annahme nicht in einer Familie aufwachsen könnte und dadurch in seiner Entwicklung schwer gefährdet wäre.

(4) In den Fällen des § 1626 a Absatz 3 hat das Familiengericht die Einwilligung des Vaters zu ersetzen, wenn das Unterbleiben der Annahme dem Kind zu unverhältnismäßigem Nachteil gereichen würde.

Literatur: *Finger*, Die Ersetzung der Einwilligung eines Elternteils in die Annahme als Kind nach § 1748 BGB, FuR 1990, 183; *Hoffmann*, Verfahrenskostenhilfe in Verfahren zur Ersetzung der elterlichen Einwilligung in eine Adoption, FamRZ 2010, 1394; *Oberloskamp*, Entscheidungen zur Ersetzung der Einwilligung in die Adoption gem. § 1748 BGB von 1980 bis 1999, ZfJ 2000, 218; *Willutzki*, Die Ersetzung der elterlichen Einwilligung in die Adoption, ZKJ 2007, 18.

I. Zielsetzung und Systematik

1　Die Norm gestattet im Interesse des Kindes, die nach §§ 1746 f. erforderliche **Einwilligung der Eltern in eine Annahme zu ersetzen.** Der dadurch bedingte Eingriff in das Elternrecht ist durch das überwiegende Interesse des Kindes gerechtfertigt.[1] Es handelt sich um eine Ausnahmeregelung, deren Anwendung allein durch die Gewährleistung des Kindeswohls bestimmt werden darf.

II. Voraussetzungen der Ersetzung der Einwilligung

2　Die **Ersetzung** der Einwilligung in die Annahme ist im Allgemeinen **in vier Fällen** zulässig. Hinzu kommt eine **Sonderregelung für nichteheliche Väter,** denen kein Sorgerecht zusteht (Abs. 4).

3　**1. Anhaltende gröbliche Pflichtverletzung.** Die Einwilligung kann ersetzt werden, wenn ein Elternteil seine **Pflichten** gegenüber dem Kind **anhaltend gröblich verletzt** und das Unterbleiben der Annahme dem Kind zu unverhältnismäßigem Nachteil gereichen würde (Abs. 1, 1. Fall). Betroffen sein muss immer das Kind, dessen Annahme infrage steht.[2] Gemeint sind Pflichtverletzungen, die auch zum Entzug des Sorgerechts führen könnten (§ 1666). Hierher gehören zB Verwahrlosenlassen des Kindes durch Vernachlässigung von Ernährung, Körperpflege[3] und Bekleidung oder durch Verwahrlosenlassen der Wohnung (Indizien: Ungeziefer, Mülllagerung, fehlende Heizung), Misshandlung oder sexueller Missbrauch des Kindes, Verweigerung von Unterhaltsleistungen trotz Leistungsfähigkeit,[4] Entzug von Zuwendung,[5] Anhalten zum Schulschwänzen[6] usw.

4　Erforderlich ist, dass die Pflichtverletzung **anhaltend** ist, also schon längere Zeit andauert und sich auch nicht in naher Zukunft ändern wird.[7] Eine feste Zeitgrenze besteht nicht. Es handelt sich um eine Frage des Einzelfalls. In die Beurteilung ist auch das Alter des Kindes einzubeziehen.

5　Ist eine **Änderung des Verhaltens zu prognostizieren** (zB bei bevorstehender Entlassung aus Haft), ist die Ersetzung daher wegen Unverhältnismäßigkeit des Eingriffs in das Elternrecht unzulässig. Ein Verschulden des Elternteils in Bezug auf die Pflichtverletzung ist aber nicht erforderlich (→ Rn. 7). Zu beachten ist außerdem, dass die Prognose realistische Grundlagen haben muss. Die bloße Ankündigung, das Verhalten ändern zu wollen, um die Annahme abzuwenden, reicht nicht.

6　Das Unterbleiben der Annahme muss dem Kind zu **unverhältnismäßigem Nachteil** gereichen. Erforderlich ist eine Abwägung zwischen den Nachteilen für das Kind bei Unterbleiben der Annahme und dem Eingriff in das Elternrecht für den Fall des Ausspruchs der Annahme. Soweit Pflichtverletzungen keine nachteiligen Folgen für das Kind haben, bleiben sie daher außer Betracht. Deshalb reichen eine Drogen- oder Alkoholsucht, Haft oder Krankheit nicht, wenn gesichert ist,

---

1　Vgl. BVerfG 29.7.1968 – 1 BvL 20/63, 1 BvL 31/66, NJW 1968, 2233.
2　OLG Frankfurt/M. 23.7.2007 – 20 W 76/07, FamRZ 2008, 296.
3　LG Hamburg 4.10.1977 – 1 T 152/77, DAVorm 1978, 49.
4　BayObLG 10.1.1978 – BReg 1 Z 128/77, FamRZ 1979, 1078.
5　OLG Karlsruhe 5.4.1983 – 18 Wx 15/83, FamRZ 1983, 1058.
6　BayObLG 21.7.1988 – BReg 1 a Z 20/88, FamRZ 1989, 429.
7　BayObLG 29.11.1983 – 1 Z 42/83, FamRZ 1984, 417.

dass das Kind ausreichend versorgt wird.[8] Ebenso wenig reicht die bloße Nichtzahlung von Unterhalt.[9] **Subjektive Anforderungen** sind in Abs. 1, 1. Fall nicht genannt. Gleichwohl wird 7 man ein Minimum an Einsichtsfähigkeit verlangen müssen,[10] um nicht zu übermäßigen Eingriffen in das Elternrecht zu kommen. Fehlt jede Einsichtsfähigkeit, kommt eine Ersetzung nach Abs. 3 in Betracht.

2. Gleichgültigkeit gegenüber dem Kind. Die Einwilligungsersetzung kommt 8 auch in Betracht, wenn der Elternteil durch sein Verhalten gezeigt hat, dass ihm sein **Kind gleichgültig** ist und das Unterbleiben der Annahme dem Kind zu unverhältnismäßigem Nachteil gereichen würde (Abs. 1, 2. Fall). Damit wird anerkannt, dass ein Kind nicht nur materieller Förderung bedarf, sondern auch der elterlichen persönlichen Zuwendung. Gleichgültigkeit bedeutet Desinteresse am Kind. Auf welchen Gründen die Gleichgültigkeit beruht, ist unerheblich.

Die Gleichgültigkeit muss sich aber **manifestiert haben**; die bloße innere Einstel- 9 lung reicht nicht. Zu denken ist etwa an ein Alleinlassen des Kindes im Heim,[11] Umgangsverweigerungen, eine ihm gegenüber bestehende emotionale Kälte oder die teilnahmslose Hinnahme des Annahmevorhabens. UU kann sie sich sogar gerade in einem übersteigerten Besitzwillen an dem Kind zeigen, wenn nämlich die Ablehnung der Annahme des Kindes darauf beruht, dass der Elternteil das Kind keinem anderen „gönnt". In Betracht kommt auch, dass der Vater trotz Information über die geplante Adoption in keiner Weise reagiert und auch an den Gerichtsverhandlungen nicht teilnimmt, obwohl er es könnte.[12]

Ist die Gleichgültigkeit nicht mit anhaltenden gröblichen Pflichtverletzungen 10 (dann schon Abs. 1, 1. Fall) verbunden, darf die Einwilligung nicht ersetzt werden, bevor der Elternteil vom Jugendamt über die Möglichkeit ihrer Ersetzung **belehrt und nach § 51 Abs. 2 SGB VIII beraten** worden ist und seit der Belehrung wenigstens **drei Monate verstrichen** sind (Abs. 2 S. 1). In der Belehrung ist auf die Frist hinzuweisen. Sie ist nur überflüssig, wenn der Elternteil seinen Aufenthaltsort ohne Hinterlassung seiner neuen Anschrift gewechselt hat und dieser vom Jugendamt in drei Monaten trotz angemessener Nachforschungen nicht ermittelt werden konnte. In diesem Fall beginnt die Frist mit der ersten auf die Belehrung und Beratung oder auf die Ermittlung des Aufenthaltsorts gerichteten Handlung des Jugendamts. Die Fristen laufen frühestens fünf Monate nach der Geburt des Kindes ab. Wird der Aufenthalt des Elternteils während des Verfahrens ermittelt, müssen Beratung und Belehrung nachgeholt werden.[13]

Aus dem Unterbleiben der Annahme muss ein **unverhältnismäßiger Nachteil** für 11 das Kind folgen (→ Rn. 6).

3. Besonders schwerwiegende Pflichtverletzungen. Eine Einwilligungsersetzung 12 kommt auch in Betracht bei **besonders schweren Pflichtverletzungen**, wenn das Kind voraussichtlich dauernd nicht mehr der Obhut des Elternteils anvertraut werden kann (Abs. 1 S. 2). In diesen Fällen sind die Kindeswohlförderung durch

8 OLG Düsseldorf 19.2.1974 – 3 W 239/74, DAVorm 1977, 751.
9 BayObLG 23.3.1998 – 1Z BR 31/98, NJWE-FER 1998, 173.
10 BayObLG 18.5.1977 – 1 Z 33/77, BayObLGZ 1977, 148; 15.7.1999 – 1Z BR 6/99, FamRZ 1999, 1688; OLG Köln 6.5.1998 – 16 Wx 54/98, FamRZ 1999, 889.
11 Vgl. LG Hamburg 4.10.1977 – 1 T 152/77, DAVorm 1978, 49.
12 OLG Hamm 19.1.2015 – II-4 UF 136/14, FamRZ 2015, 868.
13 OLG Köln 6.10.1986 – 16 Wx 94/86, FamRZ 1987, 203.

die Annahme und die Verhältnismäßigkeit des Eingriffs in das Elternrecht offensichtlich. Es muss sich deswegen um evidente Fälle einer Kindeswohlgefährdung handeln.

13 Besonders schwere **Pflichtverletzungen** sind etwa die Tötung des anderen Elternteils,[14] schwerer sexueller Missbrauch, schwere Misshandlungen und alle anderen Straftaten zum Nachteil des Kindes. In diesen Fällen brauchen weder die Pflichtverletzungen anhaltend zu sein, so dass auch einmalige Vorgänge ausreichen können, noch brauchen dem Kind unverhältnismäßige Nachteile zu drohen, wenn die Annahme unterbleibt.[15] Es reicht, dass das Kind wegen der Pflichtverletzung voraussichtlich dauernd nicht mehr der Obhut des Elternteils anvertraut werden kann. Nicht ausreichend sind bloße Umgangsrechtsvereitelungen oder Fälle einer vorübergehenden Wegnahme des Kindes vom Sorgeberechtigten.[16]

14 **4. Dauernde Unfähigkeit zur Pflege und Erziehung des Kindes wegen schwerer psychischer Erkrankung oder Behinderung.** Die Einwilligung kann auch ersetzt werden, wenn der Elternteil wegen einer **besonders schweren psychischen Krankheit** oder einer besonders schweren **geistigen oder seelischen Behinderung** zur Pflege und Erziehung des Kindes dauernd unfähig ist und wenn das Kind bei Unterbleiben der Annahme nicht in einer Familie aufwachsen könnte und dadurch in seiner Entwicklung schwer gefährdet wäre (Abs. 3). Die Regelung schließt die Lücke, die sich daraus ergibt, dass für die Ersetzung nach Abs. 1 wenigstens ein Minimum an subjektiver Anforderung iS einer Parallelwertung in der Laiensphäre vorliegen muss (→ Rn. 7). Es handelt sich um eine absolute Ausnahmeregelung, die eng ausgelegt werden muss, um gerade in den Fällen behinderter Eltern nicht zu vorschnellen Eingriffen in das Elternrecht zu kommen.[17]

15 Die in Abs. 3 genannten Begriffe der schweren psychischen Erkrankung oder Behinderung entstammen § 1896. Sie sind hier aber funktional auszulegen. In Betracht kommen nur solche Erkrankungen und Behinderungen, welche sich direkt auf die Erziehungs- und Betreuungsfähigkeit auswirken. Geschäftsunfähigkeit der Eltern ist weder erforderlich noch ausreichend. **Hierher gehören** etwa schwere Depressionen und andere geistige Erkrankungen, durch welche die Sicherheit des Kindes gefährdet wird.

16 Erforderlich ist, dass die **Krankheit so schwerwiegend ist, dass das Kind in einem Heim untergebracht werden muss.** Solange es bei Verwandten oder in einer Pflegefamilie[18] aufwachsen kann, ist die Einwilligungsersetzung daher ausgeschlossen. Das Gleiche gilt, wenn das Kind zwar in einem Heim untergebracht werden muss, die Unterbringung dort aber seine Entwicklung nicht gefährdet. Das wird aber regelmäßig nur bei älteren Kindern in Betracht kommen.

17 **Weitere Anforderungen** bestehen **nicht.** Vor allem fehlt das Erfordernis des „unverhältnismäßigen Nachteils". Das bedeutet jedoch angesichts der Voraussetzung der drohenden Heimunterbringung keinen sachlichen Unterschied; denn

---

14 OLG Zweibrücken 8.2.2001 – 3 W 266/00, FamRZ 2001, 1730; OLG Brandenburg 15.3.2007 – 11 Wx 43/06, FamRZ 2007, 2006.
15 BayObLG 21.7.1988 – BReg 1 a Z 20/88, FamRZ 1989, 429.
16 BayObLG 26.11.1982 – BReg 1 Z 16/82, FamRZ 1983, 648; 13.2.1990 – BReg 1 a Z 81/88, FamRZ 1990, 799.
17 Einschränkend auch MK/Maurer § 1748 Rn. 20.
18 OLG Frankfurt/M. 22.3.1996 – 20 W 228/95, FGPrax 1996, 109.

diese Art der Unterbringung bedeutet regelmäßig einen unverhältnismäßigen Nachteil.

5. Besondere Ersetzung bei nichtehelichen Vätern. Bei nichtehelichen Vätern, 18 denen kein Sorgerecht zusteht, weil keine Sorgeerklärung abgegeben wurde (vgl. § 1626 a), kann die Einwilligung ersetzt werden, wenn das **Unterbleiben der Annahme dem Kind zu unverhältnismäßigem Nachteil** gereichen würde (Abs. 4). Der Vater, der nie die Sorge und damit die Verantwortung getragen hat, soll kein Vetorecht gegen die Annahme haben. Insoweit besteht zwar eine Diskrepanz zur Lage bei einer Mutter, die ihr Sorgerecht durch Übertragung auf den Vater verloren hat (§§ 1626 a Abs. 2, 1671 Abs. 2, bei ihr greift nur Abs. 1). Das ist aber gerechtfertigt, weil die Mutter sonst durch Verhinderung der Annahme durch den Vater mit dem Kind allein gelassen werden könnte.[19]

Jedoch muss Abs. 4 im Lichte des Art. 6 GG **eng ausgelegt** werden, damit es 19 nicht zu einer vollständigen Entwertung des Elternrechts des Vaters kommt. Die Ersetzung der Einwilligung kommt deswegen erst in Betracht, wenn die Adoption für das Kind solche Vorteile mit sich brächte, dass ein sich verständig um das Kind sorgender Elternteil auf der Einhaltung des Verwandtschaftsbandes in diesem Fall nicht bestehen würde.[20] In die Betrachtung eingehen muss auch die Prüfung des Vorverhaltens des Vaters. Vor allem muss geprüft werden, welche Gründe den Vater an der Aufrechterhaltung eines zunächst gelebten Vater-Kind-Verhältnisses gehindert haben, wenn es ein derartiges Verhältnis gab.[21] Zulässig ist die Ersetzung der Einwilligung noch nicht einmal in dem Fall, in dem ein Vater schon in der Vergangenheit kein Interesse an dem Kind gezeigt und Unterhaltsleistungen verweigert hat und sich nun nicht kümmern kann, weil er inhaftiert ist, während umgekehrt das Kind in die neue Familie voll integriert ist und den Annehmenden bereits als seinen Vater betrachtet.[22]

III. Verfahrensfragen

Das Verfahren um die Ersetzung der Einwilligung ist ein **selbstständiges Verfah-** 20 **ren.** Vor seinem Abschluss kommt der Ausspruch der Annahme nicht in Betracht.

Zuständig ist das Familiengericht (§§ 111 Nr. 4, 186 Nr. 2 FamFG) mit funktio- 21 neller Zuständigkeit beim Richter (§ 14 Nr. 3 f. RPflG). Derjenige, dessen Einwilligung ersetzt werden soll, ist Mussbeteiligter am Verfahren (§ 188 Abs. 1 Nr. 2 FamFG), das Jugendamt und das Landesjugendamt sind Mussbeteiligte auf Antrag (§ 188 Abs. 2 FamFG). Die Beteiligten müssen vor der Entscheidung über die Ersetzung der Einwilligung angehört werden (§ 34 FamFG). Zusätzliche Verfahrensvoraussetzungen bei Ersetzung der Einwilligung wegen Gleichgültigkeit: → Rn. 10.

Der Beschluss über die Ersetzung der Einwilligung wird mit seiner Rechtskraft 22 wirksam (§ 198 Abs. 1 S. 1 FamFG). Bei Gefahr im Verzug kann das Gericht aber die sofortige Wirksamkeit anordnen (§ 198 Abs. 1 S. 2 FamFG). Der Be-

---

19 BT-Drs. 13/4899, 124.
20 BGH 23.3.2005 – XII ZB 10/03, NJW 2005, 1781; die Kriterien nach Abs. 1 anwenden wollen OLG Stuttgart 14.12.2004 – 8 W 313/04, FamRZ 2005, 542; BayObLG 9.11.2001 – 1Z BR 18/01, FamRZ 2002, 486.
21 BVerfG 29.11.2005 – 1 BvR 1444/01, FamRZ 2006, 95.
22 BVerfG 27.4.2006 – 1 BvR 2866/04, NJW 2006, 2470 gegen OLG Saarbrücken 18.11.2004 – 5 W 221/04, FamRZ 2005, 1586.

schluss wird dann mit der Bekanntgabe an den Antragsteller wirksam (§ 198 Abs. 1 S. 3 FamFG). Die Abänderung oder die Wiederaufnahme des Verfahrens ist ausgeschlossen (§ 198 Abs. 1 S. 3 FamFG). Gegen die Ersetzung kann ebenso wie gegen die Ablehnung der Ersetzung **Beschwerde** eingelegt werden (§ 59 FamFG).

§ 1749 BGB Einwilligung des Ehegatten

(1) [1]Zur Annahme eines Kindes durch einen Ehegatten allein ist die Einwilligung des anderen Ehegatten erforderlich. [2]Das Familiengericht kann auf Antrag des Annehmenden die Einwilligung ersetzen. [3]Die Einwilligung darf nicht ersetzt werden, wenn berechtigte Interessen des anderen Ehegatten und der Familie der Annahme entgegenstehen.

(2) Die Einwilligung des Ehegatten ist nicht erforderlich, wenn er zur Abgabe der Erklärung dauernd außerstande oder sein Aufenthalt dauernd unbekannt ist.

I. Grundlagen und Systematik

1   **Die Norm** regelt Fälle, in denen die Annahme die **Einwilligung eines Ehegatten** erfordert: die Annahme durch einen Ehegatten allein und die Annahme eines verheirateten Minderjährigen (§ 1741 Abs. 2 S. 3, 4). Für Lebenspartner gelten Abs. 1 S. 2, 3 und Abs. 3 entsprechend (§ 9 Abs. 6 LPartG). Der Konsens beider Partner bei Annahme eines Kindes durch einen von ihnen entspricht wie bei der Ehe dem Prinzip der Lebenspartnerschaft als umfassender Lebensgemeinschaft.

2   Das **Fehlen der Einwilligungen** nach § 1749 macht die Annahme weder unwirksam noch aufhebbar.

II. Die Einwilligung des Ehegatten des Annehmenden

3   Die Einwilligung des Ehegatten des Annehmenden ist erforderlich, **wenn die Annahme** entgegen § 1741 Abs. 2 S. 2 **nur durch einen der Ehepartner erfolgen soll** (Abs. 1). Bei gemeinschaftlicher Annahme liegt die Einwilligung schon darin, dass an der Annahme zusammen mit dem anderen Ehegatten mitgewirkt wird.

4   Nimmt ein Ehegatte das Kind seines Ehegatten an (**Stiefkindadoption**), ist dessen Zustimmung schon als Elternteil erforderlich (§ 1747).

5   Der Anwendungsbereich von Abs. 1 beschränkt sich daher auf die **Fälle des zu geringen Alters des Ehegatten**. Nicht erforderlich ist die Einwilligung, wenn der Ehegatte geschäftsunfähig ist, sein Aufenthalt unbekannt ist (Abs. 2) oder wenn die Ehe aufgelöst wurde. Getrenntleben macht die Einwilligung dagegen nicht überflüssig.

6   Wird die **Einwilligung** verweigert, kann sie **ersetzt werden**, wenn nicht Interessen des anderen Ehegatten oder solche der Familie der Annahme entgegenstehen (Abs. 1 S. 2). Mit Familie sind nur die Kinder gemeint, nicht weitere Verwandte.[1]

III. Die Einwilligung des Ehegatten des Anzunehmenden

7   **Die Einwilligung des Ehegatten des Anzunehmenden** war nach Abs. 2 aF erforderlich, weil er durch die Annahme insofern mit betroffen war, als er mit der

---

1 MK/Maurer § 1749 Rn. 6.

neuen Familie des Angenommenen verschwägert wurde (§ 1590). Solche Fälle waren selten, aber nicht auszuschließen, da bereits mit 16 Jahren geheiratet werden konnte (§ 1303 aF). Die Regelung ist durch das Gesetz zur Bekämpfung von Kinderehen vom 17.7.2017[2] aufgehoben worden, da es wegen der Heraufsetzung des Eheschließungsalters keine verheirateten Minderjährigen mehr geben kann. Die Abs. 2 aF entsprechende Regelung für die Erwachsenenadoption findet sich in § 1767 Abs. 2 und 3.

IV. Verfahrensfragen

Die Form der Einwilligungserklärung richtet sich nach § 1750. Für ihre Erset- 8 zung im Fall des Abs. 1 S. 2 ist der Richter zuständig (§ 14 Abs. 1 Nr. 3 f. RPflG).

§ 1750 BGB Einwilligungserklärung

(1) ¹Die Einwilligung nach §§ 1746, 1747 und 1749 ist dem Familiengericht gegenüber zu erklären. ²Die Erklärung bedarf der notariellen Beurkundung. ³Die Einwilligung wird in dem Zeitpunkt wirksam, in dem sie dem Familiengericht zugeht.

(2) ¹Die Einwilligung kann nicht unter einer Bedingung oder einer Zeitbestimmung erteilt werden. ²Sie ist unwiderruflich; die Vorschrift des § 1746 Abs. 2 bleibt unberührt.

(3) ¹Die Einwilligung kann nicht durch einen Vertreter erteilt werden. ²Ist der Einwilligende in der Geschäftsfähigkeit beschränkt, so bedarf seine Einwilligung nicht der Zustimmung seines gesetzlichen Vertreters. ³Die Vorschrift des § 1746 Abs. 1 Satz 2, 3 bleibt unberührt.

(4) ¹Die Einwilligung verliert ihre Kraft, wenn der Antrag zurückgenommen oder die Annahme versagt wird. ²Die Einwilligung eines Elternteils verliert ferner ihre Kraft, wenn das Kind nicht innerhalb von drei Jahren seit dem Wirksamwerden der Einwilligung angenommen wird.

I. Systematik und Grundlagen

Die Norm regelt **Einzelheiten der Einwilligungserklärungen** nach §§ 1746 f., 1 1749 in Bezug auf Form, Inhalt, Zulässigkeit der Vertretung und Erlöschen.

II. Form, Inhalt, Zulässigkeit der Vertretung, Erlöschen von Einwilligungserklärungen

Die Erklärungen müssen **notariell beurkundet** werden (§ 128) und dem **Familiengericht gegenüber abgegeben** werden (Abs. 1 S. 1, 2). Sie werden erst wirk- 2 sam, wenn sie dem Familiengericht zugehen (Abs. 1 S. 3). Das hat in der Praxis dazu geführt, dass die Erklärungen schon frühzeitig bei einem Notar aufgenommen, dann aber dem Gericht erst mit langer Verzögerung zugeleitet werden. Damit soll den Annahmewilligen, bei denen sich das Kind in Pflege befindet, eine Art Anwartschaft gesichert werden.

Die Einwilligung ist **befristungs- und bedingungsfeindlich** (Abs. 2 S. 1). Sie kann 3 im Interesse der Rechtssicherheit – vom Fall der Einwilligung des über 14-jähri-

---

2 BGBl. 2017 I 2429.

gen Kindes abgesehen – auch nicht widerrufen werden (Abs. 3 S. 2). Die Anfechtung wegen Irrtums kommt nach dem Wechsel zum Dekretsystem nicht mehr in Betracht. Eine solche Anfechtung kann aber in einen Aufhebungsantrag nach § 1762 umgedeutet werden.

4 **Stellvertretung** ist bei der Einwilligung **ausgeschlossen.** Diese ist höchstpersönlich (Abs. 3 S. 1). Daher bedarf sie bei beschränkter Geschäftsfähigkeit (Ausnahme: Einwilligung des über 14-jährigen Kindes, § 1746 Abs. 1 S. 2, 3) auch nicht der Zustimmung des gesetzlichen Vertreters. Auch gesetzliche Vertreter müssen persönlich handeln.

5 **Die Einwilligung wird unwirksam,** wenn die Annahme abgelehnt oder der Antrag zurückgenommen wird oder die Annahme nicht binnen drei Jahren nach der Einwilligung erfolgt (Abs. 4). Entsprechendes gilt, wenn die Personen, auf deren Annahme sich die Einwilligung bezogen hatte, erklären, diese nicht weiter zu betreiben.[1]

III. Verfahrensfragen

6 Über die Wirksamkeit einer Adoptionseinwilligung kann schon vor Einleitung des Adoptionsverfahrens entschieden werden.[2] Örtliche Zuständigkeit: § 187 FamFG.

§ 1751 BGB Wirkung der elterlichen Einwilligung, Verpflichtung zum Unterhalt

(1) [1]Mit der Einwilligung eines Elternteils in die Annahme ruht die elterliche Sorge dieses Elternteils; die Befugnis zum persönlichen Umgang mit dem Kind darf nicht ausgeübt werden. [2]Das Jugendamt wird Vormund; dies gilt nicht, wenn der andere Elternteil die elterliche Sorge allein ausübt oder wenn bereits ein Vormund bestellt ist. [3]Eine bestehende Pflegschaft bleibt unberührt. [4]Für den Annehmenden gilt während der Zeit der Adoptionspflege § 1688 Abs. 1 und 3 entsprechend.

(2) Absatz 1 ist nicht anzuwenden auf einen Ehegatten, dessen Kind vom anderen Ehegatten angenommen wird.

(3) Hat die Einwilligung eines Elternteils ihre Kraft verloren, so hat das Familiengericht die elterliche Sorge dem Elternteil zu übertragen, wenn und soweit dies dem Wohl des Kindes nicht widerspricht.

(4) [1]Der Annehmende ist dem Kind vor den Verwandten des Kindes zur Gewährung des Unterhalts verpflichtet, sobald die Eltern des Kindes die erforderliche Einwilligung erteilt haben und das Kind in die Obhut des Annehmenden mit dem Ziel der Annahme aufgenommen ist. [2]Will ein Ehegatte ein Kind seines Ehegatten annehmen, so sind die Ehegatten dem Kind vor den anderen Verwandten des Kindes zur Gewährung des Unterhalts verpflichtet, sobald die erforderliche Einwilligung der Eltern des Kindes erteilt und das Kind in die Obhut der Ehegatten aufgenommen ist.

---

1 BayObLG 8.12.1982 – BReg 1 Z 80/82, FamRZ 1983, 761.
2 OLG Hamm 30.10.1986 – 15 W 394/86, DNotZ 1987, 308; OLG Frankfurt/M.
   9.10.1980 – 20 W 371/80, FamRZ 1981, 206.

I. Systematik und Grundlagen

Die Norm soll die **Lösung des Kindes von seinen leiblichen Eltern einleiten**. Sobald diese durch die Einwilligung nach § 1747 ihr Einverständnis damit erklärt haben, dass das Kind demnächst von ihnen auch rechtlich getrennt werden wird, ist es nicht mehr gerechtfertigt, dass sie noch weiter die Sorge für das Kind ausüben. Umgekehrt ist es nicht länger angemessen, sie und die bisherigen Verwandten in der bisherigen Weise zum Unterhalt heranzuziehen. Das Kind wird bald Verwandter des Annehmenden werden; daher soll dieser zunächst für seinen Unterhalt sorgen. 1

II. Das Ruhen der elterlichen Sorge

Die **elterliche Sorge ruht**, sobald ein Elternteil in die Annahme eingewilligt hat (§ 1747, Wirksamwerden: Zugang beim Familiengericht, § 1750 Abs. 1 S. 3) oder seine Einwilligung ersetzt wird (§ 1748). Etwas anderes gilt nur bei Einwilligung in die Annahme durch den anderen Ehegatten oder Lebenspartner (§ 9 Abs. 7 LPartG). In diesen Fällen scheidet das Kind nicht aus dem Verwandtschaftsverhältnis aus (§ 1755 Abs. 2); es bleibt daher bei den bisherigen Verhältnissen. Bedeutungslos ist die Regelung dann, wenn dem Elternteil schon aus anderen Gründen die elterliche Sorge nicht mehr zusteht. Ruhen kann nur eine Sorge, die noch besteht. 2

Das Ruhen der Sorge bedeutet, dass der einwilligende Elternteil **nicht mehr berechtigt ist, diese auszuüben** (§ 1675). Vom Ruhen nach § 1675 unterscheidet sich das Ruhen iSd § 1751 aber dadurch, dass bei Entfallen der Voraussetzungen die elterliche Sorge nicht wieder automatisch auflebt (vgl. Abs. 3). 3

Sofern nicht der andere Ehegatte (der nicht in die Annahme eingewilligt hat) nun alleiniger **Träger der Sorge** ist (§ 1678) oder ein Vormund schon bestellt ist, wird das Jugendamt Amtsvormund (Abs. 1 S. 2). Das Familiengericht muss ihm daher eine Bescheinigung über den Eintritt der Vormundschaft ausstellen (Abs. 1 S. 3, wie in den Fällen des § 1791 c). 4

Evtl. bestehende **Pflegschaften** werden durch das Ruhen der Sorge **nicht beeinflusst** (Abs. 1 S. 4). Sie müssen jedoch aufgehoben werden, wenn ihr Zweck entfallen ist (§ 1919). 5

Befindet sich das Kind in **Adoptionspflege**, so darf die Pflegeperson in Angelegenheiten des täglichen Lebens allein entscheiden; diese Befugnis kann erweitert oder eingeschränkt werden, wenn der Inhaber der Sorge (das Jugendamt) etwas anderes erklärt oder das Familiengericht das zum Wohle des Kindes anordnet (Abs. 1 S. 5, § 1688 Abs. 1, 3 analog). 6

Hat die Mutter in die Annahme eingewilligt, bedarf ein Antrag des **außerehelichen Vaters**, dem die Sorge nicht mit zusteht, auf Zuweisung der Sorge an sich (1671 Abs. 2) nicht ihrer Zustimmung (§ 1671 Abs. 3). In diesem Fall ist ihm die Sorge zu übertragen, wenn es dem Wohl des Kindes nicht widerspricht; es ist nicht erforderlich, dass die Übertragung dem Wohl des Kindes dient.[1] Der Vater kann daher unter erleichterten Umständen erreichen, dass er alleiniger Inhaber des Sorgerechts wird. Er kann die Verantwortung für das Kind übernehmen und damit dann auch die Adoption verhindern. Voraussetzung ist aber immer, dass seine Vaterschaft bereits feststeht, also anerkannt oder gerichtlich festgestellt ist. 7

---

1 BGH 26.9.2007 – XII ZB 229/06, FamRZ 2007, 1969 zu Abs. 1 S. 5 aF.

Auf andere Fälle des Sorgerechtsverlustes der Mutter ist § 1751 nicht entsprechend anzuwenden. In diesen Fällen muss der Vater nach § 1696 vorgehen.

8 Gleichzeitig mit dem Ruhen der Sorge **entfällt das Umgangsrecht** (§ 1684) des Einwilligenden mit dem Kind (Abs. 1 S. 1). Das verstößt nicht gegen Art. 8 Abs. 1 EMRK.[2] Zwar unterfällt das Interesse der leiblichen Mutter am Umgang mit ihrem Kind nach dessen Adoption dem Schutz des Privatlebens gem. Art. 8 Abs. 1 EMRK. Der Durchsetzung steht aber das Interesse der Adoptivfamilie an einem störungsfreien Familienleben entgegen.

9 Die **Folgen der Einwilligung in Bezug auf das Umgangsrecht enden** automatisch, wenn die Einwilligung aus den in → § 1750 Rn. 5 genannten Gründen unwirksam wird. Das Sorgerecht lebt aber nicht automatisch wieder auf; es muss erst vom Gericht zurückübertragen werden (Abs. 3). Dem Gericht soll das die Prüfung erlauben, ob ein (familiengerichtliches) Verfahren auf Sorgerechtsentziehung (§ 1666) eingeleitet werden muss.

III. Auswirkungen der Einwilligung auf die Unterhaltspflicht

10 Mit der Einwilligung wird die **Unterhaltspflicht der leiblichen Eltern** gegenüber einer (neu eintretenden) Unterhaltspflicht des Annehmenden **subsidiär**, sofern der Annehmende das Kind in Adoptionspflege genommen hat (Abs. 4 S. 1). Will ein Ehegatte ein Kind seines Ehegatten oder Lebenspartners (§ 9 Abs. 7 LPartG) annehmen, sind die Ehegatten bzw. Lebenspartner dem Kind vor den anderen Verwandten des Kindes unterhaltspflichtig, sobald die erforderliche Einwilligung der Eltern des Kindes erteilt und das Kind in die Obhut der Ehegatten bzw. Lebenspartner aufgenommen ist (Abs. 4 S. 2, § 9 Abs. 7 S. 2 LPartG). Soweit nur die Einwilligung eines Elternteils erforderlich ist, braucht nur diese vorzuliegen.

11 Mit dem **Ende der Adoptionspflege** lebt auch die Unterhaltspflicht der Einwilligenden (automatisch) wieder in vollem Umfang auf.

§ 1752 BGB Beschluss des Familiengerichts, Antrag

(1) Die Annahme als Kind wird auf Antrag des Annehmenden vom Familiengericht ausgesprochen.

(2) [1]Der Antrag kann nicht unter einer Bedingung oder einer Zeitbestimmung oder durch einen Vertreter gestellt werden. [2]Er bedarf der notariellen Beurkundung.

1 Die Norm bestimmt zunächst, dass die Annahme durch ein **Annahmedekret auf Antrag des Annehmenden** ausgesprochen wird (Abs. 1). Für den Antrag, der funktionell der Einwilligung des Anzunehmenden, seiner Eltern und seines Ehegatten entspricht, gilt wie für diese, dass er bedingungs- und befristungsfeindlich ist,[1] dass Stellvertretung ausgeschlossen ist (zulässig aber Überbringen durch Boten, vgl. § 1753 Abs. 2) und dass er der notariellen Beurkundung (§ 128) bedarf (Abs. 2). Zur Beschwerdebefugnis des Jugendamts und des Landesjugendamts s. §§ 194 Abs. 2, 195 Abs. 2 FamFG.

---

2 EGMR 5.6.2014 – 31021/08, FamRZ 2014, 1351.
1 Das steht einer Stiefkindadoption vor Eheschließung der Eltern entgegen, selbst wenn diese bei Antragstellung vor der Eheschließung erklären, das Verfahren solle bis nach der Eheschließung ruhen; vgl. KG 6.6.2012 – 17 UF 102/12, FamRZ 2013, 642.

Wird der **Anzunehmende während des Verfahrens volljährig**, muss der Antrag **2** auf eine Volljährigenannahme umgestellt werden. Sonst ist er abzuweisen.[2] Die Volljährigenadoption kann dann allerdings mit den Wirkungen der Minderjährigenadoption ausgesprochen werden (§ 1772 Abs. 1 S. 1).[3]

Zur Annahme **nach dem Tod des Annehmenden** s. § 1753. Wird der Annehmen- **3** de im laufenden Adoptionsverfahren geschäftsunfähig, so steht dieser Umstand einer Adoption nicht entgegen, wenn der Annehmende zum Zeitpunkt der Antragstellung ohne Zweifel geschäftsfähig war. Das Fortbestehen der Geschäftsfähigkeit des Annehmenden ist auch keine Wirksamkeitsvoraussetzung der Adoption. Maßgeblicher Zeitpunkt für die Geschäftsfähigkeit des Annehmenden ist die Antragstellung.[4]

Der **Antrag** kann – anders als die Einwilligungserklärungen (vgl. § 1750 Abs. 4 **4** S. 1) – bis zum Wirksamwerden der Annahme **zurückgenommen** werden. Eine trotz des Widerrufs ausgesprochene Annahme ist zwar wirksam, kann aber nach § 1760 aufgehoben werden.

In dem **Beschluss**, durch den das Familiengericht die Annahme ausspricht, ist **5** anzugeben, auf welche Gesetzesvorschriften sie sich gründet. Wenn die Einwilligung eines Elternteils nach § 1747 Abs. 4 nicht für erforderlich erachtet wurde, muss das ebenfalls aufgenommen werden (§ 197 Abs. 1 S. 2 FamFG).

Der Beschluss **wird mit der Zustellung an den Annehmenden**, nach dem Tod des **6** Annehmenden mit der Zustellung an das Kind **wirksam** (§ 197 Abs. 2 FamFG). Er ist unanfechtbar und unabänderbar (§ 197 Abs. 3 FamFG).

§ 1753 BGB Annahme nach dem Tode

(1) Der **Ausspruch der Annahme kann nicht nach dem Tode des Kindes erfolgen.**

(2) Nach dem Tode des Annehmenden ist der Ausspruch nur zulässig, wenn der Annehmende den Antrag beim Familiengericht eingereicht oder bei oder nach der notariellen Beurkundung des Antrags den Notar damit betraut hat, den Antrag einzureichen.

(3) Wird die Annahme nach dem Tode des Annehmenden ausgesprochen, so hat sie die gleiche Wirkung, wie wenn sie vor dem Tode erfolgt wäre.

I. Überblick und Systematik

Die Norm regelt, welche **Auswirkungen der Tod** des Annehmenden oder des **1** Anzunehmenden (vor der Zustellung des Annahmebeschlusses an den Annehmenden, vgl. § 197 Abs. 2 FamFG) auf die Annahme hat. Sie folgt der Regel, dass die Annahme sinnlos wird, wenn der Anzunehmende verstirbt, weil ein Toter nicht mehr in eine andere Familie aufgenommen werden kann. Umgekehrt kann der Anzunehmende ein Interesse daran haben, in die andere Familie eingegliedert zu werden, obwohl der Annehmende nicht mehr lebt. Die Annahme ist

---

2 KG 17.6.2003 – 1 W 302/01, FamRZ 2004, 1315.
3 KG 17.6.2003 – 1 W 302/01, FamRZ 2004, 1315; aA LG Düsseldorf 19.1.2010 – 25 T 659/09, FamRZ 2010, 1261: Ausspruch als Minderjährigenannahme, offengelassen bei OLG Hamm 14.9.2000 – 15 W 270/00, FamRZ 2001, 859.
4 OLG München 26.2.2015 – 33 UF 1292/14, FamRZ 2015, 1509.

daher noch möglich, wenn der Annehmende zu Lebzeiten seinen Annahmewillen durch einen notariell beurkundeten Antrag bekundet hat.

II. Die Auswirkungen des Todes des Anzunehmenden (Abs. 1)

2 Der Tod des Anzunehmenden beendet das Annahmeverfahren. Die Annahme post mortem scheidet aus (Abs. 1). Das Kind wird (idR gesetzlich) von seiner bisherigen Familie beerbt.

III. Die Auswirkungen des Todes des Annehmenden (Abs. 2)

3 Stirbt der Annehmende, **kann die Annahme trotzdem erfolgen,** wenn der Annehmende entweder den Annahmeantrag bereits beim Familiengericht gestellt hat oder ihn notariell hat beurkunden lassen und den Notar ermächtigt hat, ihn einzureichen (Abs. 2). Er hat dann bereits ausreichend klar gemacht, dass er die Verwandtschaft zu dem Kind begründen will. Dazu reicht es aber nicht, dass der Notar den Antrag auf jeden Fall erst nach dem Tode des Annehmenden einreichen sollte.[1] In diesem Fall sollte es zu Lebzeiten des Annehmenden gerade nicht mehr zu einem Verwandtschaftsverhältnis kommen.

4 **Ob die Annahme** in diesen Fällen **ausgesprochen** wird, richtet sich nur nach dem **Kindeswohl** (§ 1741 Abs. 1 S. 1); denn ein Eltern-Kind-Verhältnis zum Annehmenden kann nicht mehr entstehen. Die nach dem Tod des Annehmenden erfolgte Annahme wirkt auf den Zeitpunkt vor dessen Tod zurück. Das Kind ist daher nach ihm gesetzlich erb- (§ 1924 Abs. 1) und bei Enterbung pflichtteilsberechtigt (§ 2303 Abs. 1). Eine Verfügung von Todes wegen des Annehmenden ist anfechtbar (§ 2079).

5 Die **Annahme wird** (rückwirkend) mit der Zustellung des Annahmebeschlusses an den Anzunehmenden (bzw. seinen gesetzlichen Vertreter) **wirksam** (§ 197 Abs. 2 FamFG). War eine gemeinschaftliche Annahme beantragt und verstirbt ein Antragsteller, tritt die Wirksamkeit mit der Zustellung an den Überlebenden ein.

§ 1754 BGB   Wirkung der Annahme

(1) Nimmt ein Ehepaar ein Kind an oder nimmt ein Ehegatte ein Kind des anderen Ehegatten an, so erlangt das Kind die rechtliche Stellung eines gemeinschaftlichen Kindes der Ehegatten.

(2) In den anderen Fällen erlangt das Kind die rechtliche Stellung eines Kindes des Annehmenden.

(3) Die elterliche Sorge steht in den Fällen des Absatzes 1 den Ehegatten gemeinsam, in den Fällen des Absatzes 2 dem Annehmenden zu.

§ 1755 BGB   Erlöschen von Verwandtschaftsverhältnissen

(1) [1]Mit der Annahme erlöschen das Verwandtschaftsverhältnis des Kindes und seiner Abkömmlinge zu den bisherigen Verwandten und die sich aus ihm ergebenden Rechte und Pflichten. [2]Ansprüche des Kindes, die bis zur Annahme entstanden sind, insbesondere auf Renten, Waisengeld und andere entsprechende

---

1   OLG München 2.2.2010 – 31 Wx 157/09, ZFE 2010, 352.

wiederkehrende Leistungen, werden durch die Annahme nicht berührt; dies gilt nicht für Unterhaltsansprüche.

(2) Nimmt ein Ehegatte das Kind seines Ehegatten an, so tritt das Erlöschen nur im Verhältnis zu dem anderen Elternteil und dessen Verwandten ein.

§ 1756 BGB Bestehenbleiben von Verwandtschaftsverhältnissen

(1) Sind die Annehmenden mit dem Kind im zweiten oder dritten Grad verwandt oder verschwägert, so erlöschen nur das Verwandtschaftsverhältnis des Kindes und seiner Abkömmlinge zu den Eltern des Kindes und die sich aus ihm ergebenden Rechte und Pflichten.

(2) Nimmt ein Ehegatte das Kind seines Ehegatten an, so erlischt das Verwandtschaftsverhältnis nicht im Verhältnis zu den Verwandten des anderen Elternteils, wenn dieser die elterliche Sorge hatte und verstorben ist.

I. Übersicht und Systematik

§§ 1754–1756 regeln die abstammungsrechtlichen **Folgen der Annahme.**　　1

II. Grundsatz: Begründung eines Kindschaftsverhältnisses zum Annehmenden

Nach § 1754 wird der **Angenommene zum Kind des Annehmenden,** bei gemein-　2 schaftlicher Annahme (oder Annahme durch den Ehegatten, § 1755 Abs. 2 – Entsprechendes gilt bei Annahme durch den Lebenspartner, § 9 Abs. 7 S. 2 LPartG) gemeinschaftliches Kind der Ehegatten (§ 1754 Abs. 1, 2). Gleichzeitig werden (anders: Erwachsenenadoption, § 1770) die Verwandtschaft zu allen Verwandten des Annehmenden und die Schwägerschaft zu allen Schwägern des Annehmenden begründet.

Das Kind **steht einem leiblichen Kind in allem gleich.** Es hat ein gesetzliches Erb-　3 recht nach dem Annehmenden und dessen Verwandten (und umgekehrt).[1] Die elterliche Sorge folgt der Abstammungsregelung: Ist das Kind gemeinschaftliches Kind der Annehmenden geworden, haben beide die elterliche Sorge gemeinsam; ist es von einer Person allein angenommen, hat diese die elterliche Sorge allein (§ 1754 Abs. 3, § 9 Abs. 7 S. 2 LPartG). Adoptiveltern und Adoptivkinder sind einander nach den §§ 1601 ff. unterhaltspflichtig. Soweit die Staatsangehörigkeit an die Abstammung anknüpft, erhält das Kind die Staatsangehörigkeit des Annehmenden. Steuer- und sozialrechtlich wird das Adoptivkind wie ein leibliches Kind behandelt.

Unterschiede zu leiblichen Kindern bestehen noch im Strafrecht (Unanwendbar-　4 keit des § 173 StGB) und im Eherecht (Eheverbot nach § 1308 statt nach § 1307).

III. Ausscheiden aus dem alten Familienverbund

§ 1755 ordnet an, dass die **Verwandtschaftsverhältnisse zu der alten Familie er-　5 löschen** (Ausnahmen: §§ 1755 Abs. 2, 1756). Das gilt auch für die Abkömmlinge des Angenommenen. Mit der Annahme erlöschen daher (künftige) Unterhaltsansprüche, gesetzliche Erb- oder Pflichtteilsrechte, die elterliche Sorge und

---

1　Anders bei Adoption bis 31.12.1976; vgl. OLG Köln 13.8.2014 – I-2 Wx 220/14, FamRZ 2015, 516.

das Umgangsrecht der leiblichen Eltern usw (sofern sie nicht schon vorher erloschen waren).

6 **Ansprüche des Kindes, die bis zur Annahme entstanden sind,** vor allem auf Renten, Waisengeld und entsprechende Leistungen, werden durch die Annahme aber nicht berührt (§ 1755 Abs. 1 S. 2). Auch eine bereits entstandene Erb- oder Pflichtteilsberechtigung und Ansprüche auf rückständigen Unterhalt[2] bleiben erhalten. Das soll Anreize gegen die Annahme vermeiden. Verlöre das Kind Ansprüche auf Leistungen, die es ohne die Annahme hätte, würde die Neigung gefördert, sich mit einem Dauerpflegeverhältnis zu begnügen.

7 **Ausnahmen** vom Erlöschen der Verwandtschaft sehen §§ 1755 Abs. 2, 1756 vor. Nach § 1755 Abs. 2, § 9 Abs. 7 S. 2 LPartG erlischt die Verwandtschaft nicht, wenn ein Ehegatte oder Lebenspartner das Kind seines Ehegatten bzw. Lebenspartners annimmt (**Stiefkindadoption**). Das Kind soll dann gerade nicht aus der Familie des Elternteils ausscheiden, der mit dem Annehmenden verheiratet bzw. verpartnert ist. Es ist deswegen auch nicht gerechtfertigt, die Verwandtschaft des Kindes zu ihm und seinen Verwandten zu beenden. Bei der Annahme eines nichtehelichen Kindes oder Kindes aus einer früheren Ehe des einen Ehegatten durch den anderen Ehegatten bzw. Lebenspartner erlischt daher nur das Verwandtschaftsverhältnis zu dem anderen leiblichen Elternteil des Kindes und zu dessen Verwandten. § 1755 Abs. 2 iVm § 1772 Abs. 1 S. 1 findet aber keine Anwendung, wenn der Annehmende die Annahme des Kindes seines geschiedenen Ehegatten begehrt.[3] Mit der Regelung des § 1755 Abs. 2 soll die Stieffamilie in ihrem Zusammenhalt geschützt und damit dem besonderen Schutz der Familie gem. Art. 6 Abs. 1 GG Rechnung getragen werden.[4] Geschiedene und damit getrennt lebende Eheleute bedürfen eines solchen Schutzes nicht. Deshalb fehlt es insofern an einer ungerechtfertigten Ungleichbehandlung iSd Art. 3 Abs. 1 GG.

8 § 1756 schränkt das Erlöschen der Verwandtschaft für die **Verwandtenannahme und die Annahme des Kindes eines verstorbenen Ehegatten** ein. Insoweit ist es nicht erforderlich, das Kind ganz aus seiner Herkunftsfamilie herauszulösen. Es reicht, dass die Bindung zu den leiblichen Eltern beseitigt wird, um das Kind in die neue Familie eingliedern zu können; denn im ersten Fall bleiben die bisherigen Verwandten mit dem Kind verwandt, und im zweiten besteht kein Grund für die Beseitigung der durch den anderen leiblichen Elternteil vermittelten bisherigen Verwandtschaftsverhältnisse, weil der andere Elternteil bereits verstorben ist. Ohne § 1756 Abs. 1 würden den Großeltern nach dem Tod ihres Kindes (des Elternteils des Angenommenen) auch noch die Enkel genommen. Die Regelung gilt aber nur dann, wenn der verstorbene Elternteil die elterliche Sorge hatte. Das bedeutet, dass es bei dem Erlöschen der Verwandtschaftsverhältnisse bleibt, wenn zum Todeszeitpunkt keine Sorge mehr bestand. Eine andere Lösung beachtete das Interesse des Kindes an einer stabilen Annahmebeziehung zu wenig und wäre deswegen im Hinblick auf Art. 21 der Kinderrechtskonvention problematisch.

9 Bei der **Verwandten- oder Verschwägertenadoption** erlischt die Verwandtschaft des Kindes und seiner Abkömmlinge zu den bisherigen Verwandten mit Ausnahme der Eltern entgegen § 1755 nicht, wenn die Annahme durch Verwandte oder

---

2 BGH 8.7.1981 – IVb ZR 597/80, NJW 1981, 2298.
3 BGH 15.1.2014 – XII ZB 443/13, FamRZ 2014, 546.
4 LG Düsseldorf 26.5.2000 – 19 T 136/00, NJWE-FER 2001, 9 (10).

Schwager im zweiten (zB Geschwister) oder dritten Grad (zB Großeltern)[5] erfolgt. Bei einer Annahme durch entferntere Verwandte (zB Großtanten, Großcousins) ist es dagegen nicht sinnvoll, die bisherigen Verwandtschaftsgrade beizubehalten. Hier wird die Verwandtschaft daher so umgestellt, als sei die Annahme durch Fremde erfolgt.

Bei der **Annahme eines Ehegatten- oder Lebenspartnerkindes** erlischt die Verwandtschaft zu den Verwandten des Ehegatten bzw. Lebenspartners nicht, wenn der Ehegatte oder Lebenspartner die elterliche Sorge hatte (Mitsorgeberechtigung reicht; vgl. § 1626 a) und verstorben ist (§ 1756 Abs. 2, § 9 Abs. 7 S. 2 LPartG). Das soll den Großeltern, deren Kind verstorben ist, wenigstens die Verwandtschaftsbeziehung zu ihren Enkeln erhalten. **10**

§ 1757 BGB Name des Kindes

(1) [1]Das Kind erhält als Geburtsnamen den Familiennamen des Annehmenden. [2]Als Familienname gilt nicht der dem Ehenamen oder dem Lebenspartnerschaftsnamen hinzugefügte Name (§ 1355 Abs. 4; § 3 Abs. 2 des Lebenspartnerschaftsgesetzes).

(2) [1]Nimmt ein Ehepaar ein Kind an oder nimmt ein Ehegatte ein Kind des anderen Ehegatten an und führen die Ehegatten keinen Ehenamen, so bestimmen sie den Geburtsnamen des Kindes vor dem Ausspruch der Annahme durch Erklärung gegenüber dem Familiengericht; § 1617 Abs. 1 gilt entsprechend. [2]Hat das Kind das fünfte Lebensjahr vollendet, so ist die Bestimmung nur wirksam, wenn es sich der Bestimmung vor dem Ausspruch der Annahme durch Erklärung gegenüber dem Familiengericht anschließt; § 1617 c Abs. 1 Satz 2 gilt entsprechend.

(3) [1]Das Familiengericht kann auf Antrag des Annehmenden mit Einwilligung des Kindes mit dem Ausspruch der Annahme

1. Vornamen des Kindes ändern oder ihm einen oder mehrere neue Vornamen beigeben, wenn dies dem Wohl des Kindes entspricht;
2. dem neuen Familiennamen des Kindes den bisherigen Familiennamen voranstellen oder anfügen, wenn dies aus schwerwiegenden Gründen zum Wohl des Kindes erforderlich ist.

[2]§ 1746 Abs. 1 Satz 2, 3, Abs. 3 erster Halbsatz ist entsprechend anzuwenden.

I. Überblick und Systematik

Die Norm regelt die **namensrechtlichen Folgen der Annahme.** Es gilt das Prinzip **1** der Eingliederung in die neue Familie. Das Standesamt hat die im Rahmen der Adoption getroffene gerichtliche Entscheidung grundsätzlich ohne eigene Prüfung zu übernehmen.[1] Eine Ausnahme hiervon besteht, wenn der Annahmebeschluss ausnahmsweise nichtig ist[2] oder wenn die Namensbestimmung in dem Adoptionsbeschluss nichtig ist.[3] Das ist aber nur anzunehmen, wenn der Ent-

---

5 Zu den besonderen Anforderungen in Bezug auf die Begründung eines Eltern-Kind-Verhältnisses s. AG Köln 19.11.2014 – 308 F 90/14, JAmt 2015, 44.
1 Gaaz/Bornhofen, Personenstandsgesetz, 3. Aufl. 2014, PStG § 27 Rn. 52.
2 BayObLG 23.8.1984 – BReg 1 Z 5/84, FamRZ 1985, 201; OLG Hamm 30.4.2014 – I-15 W 358/13, StAZ 2015, 83; vgl. auch BayObLG 28.3.1996 – 1Z BR 74/95, FamRZ 1996, 1034.
3 BayObLG 12.6.2002 – 1Z BR 56/01, FamRZ 2002, 1649 f.

scheidung jegliche rechtliche Grundlage fehlt oder wenn sie eine der Rechtsordnung ihrer Art nach unbekannte Rechtsfolge ausspricht. Eine bloß fehlerhafte Namensbestimmung ist hingegen wirksam und von dem Standesbeamten zu beachten.[4]

II. Der Name des angenommenen Kindes

2 Das Kind erhält idR als **Geburtsnamen den Familiennamen des Annehmenden** (Abs. 1). Es verliert seinen alten Namen. Soweit der Annehmende einen Begleitnamen führt (§ 1355 Abs. 4, § 3 Abs. 2 LPartG), wird dieser nicht Bestandteil des Geburtsnamens des Kindes (Abs. 1 S. 2). Insoweit bestehen keine Unterschiede zur Namensweitergabe bei leiblichen Kindern (vgl. § 1616).

3 **Bei gemeinschaftlicher Annahme** und bei Annahme des Kindes des Ehegatten oder Lebenspartners erhält das Kind den **Ehenamen bzw. den Lebenspartnerschaftsnamen der Annehmenden.** Falls sie keinen Ehenamen bzw. Lebenspartnerschaftsnamen führen, bestimmen sie den Geburtsnamen des Kindes vor dem Ausspruch der Annahme durch Erklärung gegenüber dem Familiengericht (Abs. 2 S. 1). Gewählt werden kann der Name des einen oder des anderen Ehegatten bzw. Lebenspartners zur Zeit der Annahme (Abs. 2 S. 1 iVm § 1617 Abs. 1 S. 1). Soweit bereits eine Erklärung in Bezug auf ein anderes Kind abgegeben wurde, gilt diese auch für ein neu angenommenes Kind (Abs. 2 S. 1 iVm § 1617 Abs. 1 S. 3). Auch insoweit ergeben sich keine Unterschiede zur Geburt eines weiteren Kindes.

4 Anders als bei leiblichen Kindern ist die Möglichkeit ausgeschlossen, dass die **Annehmenden sich nicht über die Namensgebung einigen** und das Bestimmungsrecht deswegen auf einen der Ehegatten bzw. Lebenspartner übertragen lassen (vgl. § 1617 Abs. 2). Das Familiengericht muss in solchen Fällen die Annahme verweigern, bis die Annehmenden den Namen des Kindes festgelegt haben.

5 Dem Selbstbestimmungsrecht des Kindes wird dadurch Rechnung getragen, dass die Namensbestimmung durch die Annehmenden nur wirksam ist, wenn es **sich der Bestimmung vor dem Ausspruch der Annahme anschließt.** Da bei Kleinstkindern nicht davon auszugehen ist, dass der Name für sie schon Bedeutung gewonnen hat, gilt das aber nur, wenn das Kind das fünfte Lebensjahr vollendet hat (Abs. 2 S. 2). Das Kind wird bis zur Vollendung des 14. Lebensjahres durch seinen gesetzlichen Vertreter vertreten. Danach kann es die Erklärung nur selbst abgeben; es bedarf aber der Zustimmung seines gesetzlichen Vertreters (Abs. 2 S. 2, § 1617 c Abs. 1 S. 2). Erteilt dieser die Zustimmung nicht, kann ihm ggf. das Sorgerecht entzogen werden (§ 1666) oder die Zustimmung kann ersetzt werden (§ 1746 Abs. 3 analog). Hat das Kind selbst die Zustimmung verweigert (und scheidet die Annahme nicht schon deswegen aus), bestimmt das Familiengericht den Namen des Kindes unter Berücksichtigung des Kindeswohls.

6 Die Regelung, dass dann, wenn das Kind verheiratet ist, sich die Änderung des Namens auf den **Ehenamen** nur erstreckt, wenn sich der Ehegatte der Namensänderung vor der Annahme durch Erklärung gegenüber dem Familiengericht anschließt, wurde durch das Gesetz zur Bekämpfung von Kinderehen vom 17.7.2017[5] aufgehoben, weil diese Fälle nicht mehr vorkommen können, seitdem man nur noch als erwachsene Person heiraten kann.

---

4   OLG Düsseldorf 26.3.2013 – I-3 Wx 270/12, StAZ 2013, 288.
5   BGBl. 2017 I 2429.

Auf Antrag des Annehmenden mit Zustimmung des Kindes kann der **bisherige** 7
Familienname des Kindes dem neuen **vorangestellt oder angefügt** werden, wenn
das aus schwerwiegenden Gründen zum Wohl des Kindes erforderlich ist (Abs. 3
S. 1 Nr. 2). Das ist idR anzunehmen, wenn das Kind ein gewisses Alter hat und
schon Bindungen zu seinem Familiennamen besitzt, v.a. wenn das Kind nahezu
volljährig ist.[6] Der neue Name mit dem hinzugefügten alten Namen ist ein zwei-
gliedriger Name; der hinzugefügte alte Name ist nicht nur Begleitname iSd
§ 1355 Abs. 4. Für die Einwilligung des Kindes gilt § 1746 Abs. 1 S. 2, 3, Abs. 3
Hs. 1 entsprechend. Das Kind kann die Einwilligung also nur selbst erteilen und
bedarf der Zustimmung seines gesetzlichen Vertreters. Soweit nicht deutsches
Recht gilt, ist die Genehmigung des Familiengerichts erforderlich, wenn Kind
und Annehmender unterschiedliche Staatsangehörigkeiten haben. Die von einem
Vormund oder Pfleger verweigerte Zustimmung kann vom Familiengericht ersetzt werden.

Die **Änderung des Vornamens** erfolgt auf Antrag des Annehmenden mit Einwil- 8
ligung des Kindes mit dem Ausspruch der Annahme, wenn sie dem Wohl des
Kindes entspricht (Abs. 3 S. 1 Nr. 1). Entsprechendes gilt für die Hinzufügung
von neuen Vornamen. Das soll es ermöglichen, dass die Adoptiveltern eine noch
engere Verbindung zum Kind schaffen, und gleichzeitig verhindern, dass die
Adoptiveltern das Kind nur faktisch mit einem neuen Vornamen benennen,
während es rechtlich einen anderen führt. Das könnte zu einer Identitätskrise
des Kindes führen. Das Gericht darf dem Antrag entsprechen, wenn die Aufgabe
des bisherigen Vornamens keine Gefährdung des Kindeswohls verursacht, zB
weil das Kind noch keine Bindung dazu hat (Kleinstkinder) oder wenn keine enge Bindung an den Namen besteht und zu erwarten ist, dass die Namensänderung bzw. -ergänzung zur verbesserten Integration in die neue Familie führt. Zur
Einwilligung des Kindes → Rn. 5.

§ 1758 BGB Offenbarungs- und Ausforschungsverbot

**(1) Tatsachen, die geeignet sind, die Annahme und ihre Umstände aufzudecken,
dürfen ohne Zustimmung des Annehmenden und des Kindes nicht offenbart
oder ausgeforscht werden, es sei denn, dass besondere Gründe des öffentlichen
Interesses dies erfordern.**

**(2) ¹Absatz 1 gilt sinngemäß, wenn die nach § 1747 erforderliche Einwilligung
erteilt ist. ²Das Familiengericht kann anordnen, dass die Wirkungen des Absatzes 1 eintreten, wenn ein Antrag auf Ersetzung der Einwilligung eines Elternteils
gestellt worden ist.**

I. Überblick und Systematik

Die Norm sichert die Herauslösung des Kindes aus seiner bisherigen Familie 1
durch die Aufstellung eines umfassenden Nachforschungs- und Offenbarungs-
verbots. Zweck der Regelung ist es, die ungestörte Entwicklung des Kindes zu
sichern. Sie ergänzt das Personenstandsrecht sowie die Geheimhaltungsregeln im
FamFG (vgl. § 13 FamFG mit den Regelungen über das Recht zur Akteinein-
sicht).

---

6 OLG Zweibrücken 18.12.2015 – 6 UF 94/15, NJW-RR 2016, 262.

II. Das Offenbarungs- und Ausforschungsverbot

2 Abs. 1 spricht das grundsätzliche **Verbot** aus, **Tatsachen, die geeignet sind, die Annahme und ihre Umstände aufzudecken, zu offenbaren oder auszuforschen.** Das betrifft etwa Vaterschaftsprätendenten, aber auch Verwandte des Kindes, welche die Wirksamkeit der Annahme überprüfen wollen.[1] Etwas anderes gilt nur dann, wenn der Annehmende und das Kind (beide) zustimmen[2] oder wenn besondere Gründe des öffentlichen Interesses das erfordern. Derartige Gründe sind grundsätzlich nur sehr restriktiv anzunehmen; denn das Gesetz verlangt ausdrücklich „besondere" Gründe, wie etwa, wenn die Abstammungsfrage wichtig ist für die Frage, ob eine Straftat vorliegt oder ob eine genetische Disposition für bestimmte Erkrankungen besteht. In Betracht kommt auch für den Fall, dass die Aufhebung der Annahme vorbereitet wird, für die die entsprechenden Kenntnisse notwendig sind.[3] Auf der anderen Seite ist aber zu berücksichtigen, dass nach der Rechtsprechung des Europäischen Gerichtshofs für Menschenrechte die Feststellung der rechtlichen Beziehungen eines Mannes zu seinem vermeintlichen Kind ebenfalls in den Schutzbereich von Art. 8 Abs. 1 EMRK fällt[4] und die pauschale Annahme eines Vorrangs von Rechten des Kindes und der Adoptiveltern auf Wahrung ihrer Anonymität nach einer Inkognitoadoption gegenüber den Rechten eines potenziellen leiblichen Vaters nicht konventionskonform ist. Die Entscheidung über den aus Art. 2 Abs. 1 iVm Art. 1 Abs. 1 GG abzuleitenden Anspruch eines potenziellen Vaters auf Auskunftserteilung ist deswegen auch unter Berücksichtigung dieses Schutzaspekts zu treffen.[5]

3 Nicht geregelt ist das **Verhältnis zwischen dem Kind und dem Annehmenden** selbst. Das Kind hat einen Anspruch auf Aufklärung über seine Herkunft.[6] Wann aber dem Kind offenbart wird, dass es nicht das leibliche, sondern ein angenommenes Kind ist, ist eine Erziehungsfrage. Es wird aber spätestens von der Annahme erfahren, wenn es heiratet; denn dann ist eine Abstammungsurkunde vorzulegen (vgl. § 12 Abs. 2 PStG). Es kann außerdem ab der Vollendung seines 16. Lebensjahres Einsicht in das Geburtenregister nehmen (§ 62 Abs. 1 S. 3 PStG).

4 Das Offenbarungs- und Ausforschungsverbot **beginnt,** wenn die Einwilligungserklärung nach § 1747 (Eltern) durch Zugang beim Familiengericht (§ 1750 Abs. 1 S. 3) wirksam wird (Abs. 2 S. 1). Willigen die Eltern nicht freiwillig ein, so dass ein Einwilligungsersetzungsverfahren (§ 1748) erforderlich wird, kann angeordnet werden, dass das Verbot bereits vorzeitig wirksam wird (Abs. 2 S. 2). Es gilt dann ab dem Wirksamwerden dieses Beschlusses.

5 Fraglich ist, ob das Adoptionsgeheimnis auch einmal **endet.** Wenn dieses Ausforschungsverbot die neue Familie schützen soll, dann spricht viel dafür anzunehmen, dass es mit Auszug des volljährig gewordenen Kindes aus der gemeinsamen Wohnung mit den Adoptiveltern beendet ist, denn dann ist das elterliche

---

1 OLG Düsseldorf 17.12.2013 – I-3 Va 7/13, FamRZ 2014, 1480 für die Eltern der Mutter des Kindes nach deren Tod, welche die Wirksamkeit einer Stiefkindadoption überprüfen wollen.
2 BayObLG 7.2.1996 – 1Z BR 72/95, FamRZ 1996, 1436.
3 OLG Karlsruhe 27.2.1996 – 11 Wx 63/95, NJWE-FER 1997, 5.
4 EGMR 5.6.2014 – 31021/08, NJW 2015, 2319.
5 VG Neustadt (Weinstraße) 2.10.2015 – 4 K 292/15.NW, FamRZ 2016, 148 für den Anspruch gegen die Adoptionsvermittlungsstelle.
6 BVerfG 31.1.1989 – 1 BvL 17/87, BVerfGE 79, 256 = NJW 1989, 891.

Erziehungsrecht beendet. Der Familienschutz aus Art. 6 GG reduziert sich. Das hat auch der Gesetzgeber anerkannt (→ Rn. 3). Es spricht deswegen in dieser Konstellation nichts mehr dagegen, suchenden Geschwistern zu ermöglichen, Adoptierte direkt zu kontaktieren, ohne vorher die Adoptiveltern fragen zu müssen.

§ 1759 BGB Aufhebung des Annahmeverhältnisses

Das Annahmeverhältnis kann nur in den Fällen der §§ 1760, 1763 aufgehoben werden.

Eine Annahme kann nur in den in § 1760 (Mängel der Annahme) und § 1763 1
(Kindeswohl) genannten Fällen aufgehoben werden. Den einzigen Fall der automatischen Beendigung des Annahmeverhältnisses regelt § 1766 (Eheschließung zwischen Mündel und Annehmendem).

Zum Verfahren s. §§ 191, 198 FamFG. Örtlich zuständig ist grundsätzlich das 2
Familiengericht am Wohnsitz des Annehmenden (§ 187 Abs. 1 FamFG). Es entscheidet der Richter (§ 14 Nr. 3 f. RPflG). Dem Kind ist immer ein Verfahrensbeistand zu bestellen (§ 191 FamFG).

§ 1760 BGB Aufhebung wegen fehlender Erklärungen

(1) Das Annahmeverhältnis kann auf Antrag vom Familiengericht aufgehoben werden, wenn es ohne Antrag des Annehmenden, ohne die Einwilligung des Kindes oder ohne die erforderliche Einwilligung eines Elternteils begründet worden ist.

(2) Der Antrag oder eine Einwilligung ist nur dann unwirksam, wenn der Erklärende

a) zur Zeit der Erklärung sich im Zustand der Bewusstlosigkeit oder vorübergehenden Störung der Geistestätigkeit befand, wenn der Antragsteller geschäftsunfähig war oder das geschäftsunfähige oder noch nicht 14 Jahre alte Kind die Einwilligung selbst erteilt hat,

b) nicht gewusst hat, dass es sich um eine Annahme als Kind handelt, oder wenn er dies zwar gewusst hat, aber einen Annahmeantrag nicht hat stellen oder eine Einwilligung zur Annahme nicht hat abgeben wollen oder wenn sich der Annehmende in der Person des anzunehmenden Kindes oder wenn sich das anzunehmende Kind in der Person des Annehmenden geirrt hat,

c) durch arglistige Täuschung über wesentliche Umstände zur Erklärung bestimmt worden ist,

d) widerrechtlich durch Drohung zur Erklärung bestimmt worden ist,

e) die Einwilligung vor Ablauf der in § 1747 Abs. 2 Satz 1 bestimmten Frist erteilt hat.

(3) ¹Die Aufhebung ist ausgeschlossen, wenn der Erklärende nach Wegfall der Geschäftsunfähigkeit, der Bewusstlosigkeit, der Störung der Geistestätigkeit, der durch die Drohung bestimmten Zwangslage, nach der Entdeckung des Irrtums oder nach Ablauf der in § 1747 Abs. 2 Satz 1 bestimmten Frist den Antrag oder die Einwilligung nachgeholt oder sonst zu erkennen gegeben hat, dass das Annahmeverhältnis aufrechterhalten werden soll. ²Die Vorschriften des § 1746 Abs. 1 Satz 2, 3 und des § 1750 Abs. 3 Satz 1, 2 sind entsprechend anzuwenden.

(4) Die Aufhebung wegen arglistiger Täuschung über wesentliche Umstände ist ferner ausgeschlossen, wenn über Vermögensverhältnisse des Annehmenden oder des Kindes getäuscht worden ist oder wenn die Täuschung ohne Wissen eines Antrags- oder Einwilligungsberechtigten von jemand verübt worden ist, der weder antrags- noch einwilligungsberechtigt noch zur Vermittlung der Annahme befugt war.

(5) ¹Ist beim Ausspruch der Annahme zu Unrecht angenommen worden, dass ein Elternteil zur Abgabe der Erklärung dauernd außerstande oder sein Aufenthalt dauernd unbekannt sei, so ist die Aufhebung ausgeschlossen, wenn der Elternteil die Einwilligung nachgeholt oder sonst zu erkennen gegeben hat, dass das Annahmeverhältnis aufrechterhalten werden soll. ²Die Vorschrift des § 1750 Abs. 3 Satz 1, 2 ist entsprechend anzuwenden.

§ 1761 BGB Aufhebungshindernisse

(1) Das Annahmeverhältnis kann nicht aufgehoben werden, weil eine erforderliche Einwilligung nicht eingeholt worden oder nach § 1760 Abs. 2 unwirksam ist, wenn die Voraussetzungen für die Ersetzung der Einwilligung beim Ausspruch der Annahme vorgelegen haben oder wenn sie zum Zeitpunkt der Entscheidung über den Aufhebungsantrag vorliegen; dabei ist es unschädlich, wenn eine Belehrung oder Beratung nach § 1748 Abs. 2 nicht erfolgt ist.

(2) Das Annahmeverhältnis darf nicht aufgehoben werden, wenn dadurch das Wohl des Kindes erheblich gefährdet würde, es sei denn, dass überwiegende Interessen des Annehmenden die Aufhebung erfordern.

I. Überblick und Systematik

1 §§ 1760 f. finden einen **Kompromiss zwischen dem Interesse des Kindes** am Fortbestand des durch die Annahme begründeten Familienverhältnisses **und den Interessen der zustimmungsberechtigten Personen,** dass die Annahme nicht ohne ihre Zustimmung erfolgt. § 1760 ordnet daher an, dass die Annahme aufgehoben werden kann, wenn sie ohne Antrag des Annehmenden, die Einwilligung des Kindes oder die erforderliche Zustimmung eines Elternteils ausgesprochen worden ist (§ 1760 Abs. 1). In § 1760 Abs. 2 werden dann die Gründe aufgezählt, aus denen eine dieser Erklärungen unwirksam sein kann (§ 1760 Abs. 2) sowie Heilungstatbestände normiert (§ 1760 Abs. 3–5). Weitere Ausschlussgründe für die Aufhebung enthält § 1761.

2 Die Aufhebung **muss vom Familiengericht ausgesprochen werden;** automatisch erlischt die Annahme nur bei Eheschließung zwischen Kind und Annehmendem (§ 1766). Irrtumsanfechtung oder die Berufung auf eine materielle Unwirksamkeit sind außerhalb des Verfahrens ausgeschlossen.

II. Die Aufhebung der Annahme

3 **1. Aufhebungsgründe.** Die **Gründe** für die Aufhebung der Annahme sind in §§ 1760, 1763 abschließend genannt. Es sind das Fehlen eines Antrags des Annehmenden (vgl. § 1752), der Zustimmung des Kindes (§ 1746) oder der Eltern (§ 1747). Fehlt nur die Zustimmung des Ehegatten (§ 1749), ist das für die Wirksamkeit der Annahme ohne Bedeutung. § 1763 lässt während der Minderjährigkeit des Angenommenen darüber hinaus die Aufhebung der Annahme zu, wenn dies aus schwerwiegenden Gründen zum Wohl des Kindes erforderlich ist.

Das Annahmeverhältnis ist nach dem Eintritt der Volljährigkeit des Kindes aber auch bei schwersten Verfehlungen eines Beteiligten, wie dem sexuellen Missbrauch der Adoptivtochter durch den Adoptivvater, nicht mehr aufhebbar.[1] Das ist verfassungsgemäß.[2]

Das Fehlen der Zustimmungen **kommt in Betracht**, wenn diese fälschlicherweise 4 als nicht erforderlich angesehen wurden (vgl. § 1760 Abs. 5) oder wenn sie ausnahmsweise unwirksam sind, weil sie etwa nicht notariell beurkundet sind oder unter einer Bedingung oder Zeitbestimmung oder durch einen Vertreter abgegeben wurden (vgl. §§ 1752, 1750).

Im Übrigen hat der Gesetzgeber die **Unwirksamkeit von Zustimmungserklärun- 5 gen** durch die in § 1760 Abs. 2 enthaltenen Regeln bewusst eingeschränkt, um der Annahme einen erhöhten Bestandsschutz zu verleihen. Die Gründe sind:

Bewusstlosigkeit oder **vorübergehende Störung der Geistestätigkeit** bei allen Er- 6 klärungen, **Geschäftsunfähigkeit** des Antragstellers (bei Geschäftsunfähigkeit des Kindes erteilt der gesetzliche Vertreter die Einwilligung, § 1746 Abs. 1 S. 2; bei Geschäftsunfähigkeit eines Elternteils ist dessen Zustimmung nicht erforderlich, § 1747 Abs. 4) und die Erteilung der Einwilligung durch ein geschäftsunfähiges oder noch nicht 14 Jahre altes Kind selbst. Unbeachtlich ist, ob der gesetzliche Vertreter, der der Erklärung des über vierzehnjährigen Kindes zustimmen muss (§ 1746 Abs. 1 S. 3), im Zeitpunkt der Zustimmung geschäftsfähig war; denn das Familiengericht hat unabhängig von ihm noch einmal geprüft, ob die Annahme dem Wohl des Kindes entspricht.

Irrtümer sind nur insoweit relevant, als sie sich darauf beziehen, dass der Erklä- 7 rende nicht gewusst hat, dass es sich um eine Annahme als Kind handelt, oder wenn er dies zwar gewusst hat, aber einen Annahmeantrag nicht hat stellen oder eine Einwilligung zur Annahme nicht hat abgeben wollen, oder wenn sich der Annehmende in der Person des anzunehmenden Kindes oder wenn sich das anzunehmende Kind in der Person des Annehmenden geirrt hat (§ 1760 Abs. 2 lit. b). Die Lage entspricht derjenigen im Eherecht (vgl. § 1314 Abs. 2). Dagegen sind Irrtümer über persönliche Eigenschaften des Anzunehmenden oder des Annehmenden unbeachtlich.

Unwirksam sind auch Erklärungen, zu deren Abgabe der Erklärende durch **arg- 8 listige Täuschung** über wesentliche Umstände (§ 1760 Abs. 2 lit. c) oder **widerrechtlich durch Drohung** (§ 1760 Abs. 2 lit. d) bestimmt worden ist. Allerdings ist die Aufhebung der Annahme ausgeschlossen, wenn die Täuschung (anders bei Drohung) ohne Wissen eines Antrags- oder Einwilligungsberechtigten von jemandem verübt worden ist, der weder antrags- noch einwilligungsberechtigt noch zur Vermittlung der Annahme befugt war (§ 1760 Abs. 4, 2. Fall); denn wer sich nur auf die von Dritten mitgeteilten Informationen verlässt, ist nicht schutzwürdig. Unbeachtlich ist auch, wenn über Vermögensverhältnisse des Annehmenden oder des Kindes getäuscht worden ist (§ 1760 Abs. 4, 1. Fall); denn finanzielle Umstände sollen die Entscheidung über die Zustimmung zur Annahme nicht beeinflussen.

Schließlich ist eine Einwilligung unwirksam, wenn sie **vor Ablauf der in 9 § 1747 Abs. 2 S. 1 bestimmten Achtwochenfrist** erteilt wurde.

---

1 BGH 12.3.2014 – XII ZB 504/12, FamRZ 2014, 930.
2 BVerfG 8.6.2015 – 1 BvR 1227/14, FamRZ 2015, 1365.

10 **2. Der Ausschluss der Aufhebung.** Im Interesse des Kindes am Bestand der Annahme hat der Gesetzgeber **Ausschlussgründe** normiert, bei deren Vorliegen die
Aufhebung der Annahme trotz ursprünglicher Mangelhaftigkeit einer Zustimmung ausgeschlossen ist.

11 Die Aufhebung ist zunächst ausgeschlossen, wenn der Erklärende nach Wegfall
des Wirksamkeitshindernisses den **Antrag oder die Einwilligung nachgeholt** oder
sonst zu erkennen gegeben hat, dass das Annahmeverhältnis aufrechterhalten
werden soll (§ 1760 Abs. 3 S. 1). Für diese Erklärung gelten die für die Einwilligung vorgesehenen Voraussetzungen hinsichtlich der Höchstpersönlichkeit der
Erklärung (§ 1760 Abs. 3 S. 2). Entsprechendes gilt, wenn zu Unrecht angenommen worden war, dass ein Elternteil zur Abgabe der Erklärung dauernd außerstande oder sein Aufenthalt dauernd unbekannt sei (§ 1760 Abs. 4).

12 Das Fehlen einer Zustimmung ist für die Wirksamkeit der Annahme auch irrelevant, wenn die **Voraussetzungen für die Ersetzung der Einwilligung** beim Ausspruch der Annahme vorgelegen haben oder wenn sie zum Zeitpunkt der Entscheidung über den Aufhebungsantrag vorliegen (§ 1761 Abs. 1). Der an sich
Zustimmungsberechtigte ist dann nicht schutzwürdig; denn er hätte die Annahme ohnehin nicht verhindern können oder könnte sich jedenfalls gegen ihre erneute Vornahme nicht erfolgreich zur Wehr setzen.

13 Der Ausschluss der Aufhebung kommt **nur bei fehlender oder unwirksamer Ein-
willigung** in Betracht, nicht aber, wenn die Annahme entgegen einer abgelehnten
Ersetzung der Einwilligung ausgesprochen worden war; denn dann spricht das
Interesse am Bestand der Entscheidung im Ersetzungsverfahren gegen den
Ausschluss der Aufhebung. Dieser kommt daher allenfalls nach § 1761 Abs. 2 in
Betracht.

14 Die Annahme darf außerdem nicht aufgehoben werden, wenn **dadurch das
Wohl des Kindes erheblich gefährdet würde** (§ 1761 Abs. 2). Das kann vor allem
dann angenommen werden, wenn die Annahme schon einige Zeit zurückliegt
und das Kind fest in die neue Familie eingegliedert ist, selbst wenn die Fristen
des § 1762 noch nicht abgelaufen sind. Ihm soll ein erneuter Trennungsschmerz
nach Möglichkeit erspart bleiben. Eine Ausnahme vom Aufhebungsausschluss
gilt nur dann, wenn überwiegende Interessen des Annehmenden die Aufhebung
der Annahme erfordern. Das ist nur ganz ausnahmsweise der Fall, etwa bei Unwirksamkeit des Annahmeantrags.

III. Verfahrensfragen

15 Die **Aufhebung erfolgt nur auf Antrag.** Er muss von demjenigen gestellt werden,
dessen Zustimmung fehlerhaft war (vgl. § 1762). Der Antrag bedarf der notariellen Beurkundung (§ 1762 Abs. 2).

§ 1762 BGB Antragsberechtigung; Antragsfrist, Form

(1) [1]Antragsberechtigt ist nur derjenige, ohne dessen Antrag oder Einwilligung
das Kind angenommen worden ist. [2]Für ein Kind, das geschäftsunfähig oder
noch nicht 14 Jahre alt ist, und für den Annehmenden, der geschäftsunfähig ist,
können die gesetzlichen Vertreter den Antrag stellen. [3]Im Übrigen kann der Antrag nicht durch einen Vertreter gestellt werden. [4]Ist der Antragsberechtigte in
der Geschäftsfähigkeit beschränkt, so ist die Zustimmung des gesetzlichen Vertreters nicht erforderlich.

(2) [1]Der Antrag kann nur innerhalb eines Jahres gestellt werden, wenn seit der Annahme noch keine drei Jahre verstrichen sind. [2]Die Frist beginnt

a) in den Fällen des § 1760 Abs. 2 Buchstabe a mit dem Zeitpunkt, in dem der Erklärende zumindest die beschränkte Geschäftsfähigkeit erlangt hat oder in dem dem gesetzlichen Vertreter des geschäftsunfähigen Annehmenden oder des noch nicht 14 Jahre alten oder geschäftsunfähigen Kindes die Erklärung bekannt wird;

b) in den Fällen des § 1760 Abs. 2 Buchstabe b, c mit dem Zeitpunkt, in dem der Erklärende den Irrtum oder die Täuschung entdeckt;

c) in dem Falle des § 1760 Abs. 2 Buchstabe d mit dem Zeitpunkt, in dem die Zwangslage aufhört;

d) in dem Falle des § 1760 Abs. 2 Buchstabe e nach Ablauf der in § 1747 Abs. 2 Satz 1 bestimmten Frist;

e) in den Fällen des § 1760 Abs. 5 mit dem Zeitpunkt, in dem dem Elternteil bekannt wird, dass die Annahme ohne seine Einwilligung erfolgt ist.

[3]Die für die Verjährung geltenden Vorschriften der §§ 206, 210 sind entsprechend anzuwenden.

(3) Der Antrag bedarf der notariellen Beurkundung.

§ 1762 regelt **Antragsberechtigung** (Abs. 1), **Form** (Abs. 3) und **Frist** (Abs. 2) für 1 den Antrag auf Aufhebung der Annahme.

Antragsberechtigt ist nur der, ohne dessen Antrag oder Einwilligung das Kind 2 angenommen worden ist (Abs. 1 S. 1). Das können sein: der Annehmende (bei Fehlen seines Antrags, § 1752 Abs. 1), das Kind (bei Fehlen seiner Einwilligung, § 1746), die leiblichen Eltern (bei Fehlen der Einwilligung, § 1747) und der gesetzliche Vertreter des Kindes (bei Fehlen seiner Einwilligung, § 1746). Weder der übergangene Ehegatte oder Lebenspartner (vgl. § 1749) noch sonstige Verwandte[1] des Kindes oder des Annehmenden sind antragsberechtigt. Ebenso wenig ist das Antragsrecht vererblich.[2]

Für ein Kind, das geschäftsunfähig oder noch nicht 14 Jahre alt ist, und für den 3 Annehmenden, der geschäftsunfähig ist, können die **gesetzlichen Vertreter** den Antrag stellen (Abs. 1 S. 2). Im Übrigen kann der Antrag nicht durch einen Vertreter gestellt werden (Abs. 1 S. 3). Wenn der Antragsberechtigte in der Geschäftsfähigkeit beschränkt ist, ist die Zustimmung des gesetzlichen Vertreters nicht erforderlich (Abs. 1 S. 4).

Im Interesse des Bestandsschutzes gilt für die Aufhebung eine **Frist** von drei Jah- 4 ren seit der Annahme (Abs. 2). Nach Ablauf der Frist kommt eine Aufhebung nur noch nach § 1763 in Betracht. Außerdem gilt aber, dass der Antrag innerhalb einer Frist von einem Jahr gestellt werden muss.

Der **Fristbeginn** ist für die unterschiedlichen Aufhebungsgründe verschieden ge- 5 regelt. Im Fall des Geschäftsfähigkeitsmangels (§ 1760 Abs. 2 lit. a) beginnt sie, wenn der Erklärende wenigstens beschränkt geschäftsfähig wird oder wenn dem gesetzlichen Vertreter des geschäftsunfähigen Annehmenden oder des noch nicht 14 Jahre alten oder geschäftsunfähigen Kindes die Erklärung bekannt wird (Abs. 2 S. 2 lit. a). Bei Täuschung oder Irrtum (§ 1760 Abs. 2 lit. b, c) beginnt sie bei Entdeckung des Willensmangels (Abs. 2 S. 2 lit. b, c), bei Drohung

---

1 BayObLG 14.3.1986 – BReg 1 Z 10/86, NJW-RR 1986, 872.
2 OLG München 16.4.2007 – 31 Wx 102/06, FamRZ 2008, 299.

(§ 1760 Abs. 2 lit. d), wenn die Zwangslage wegfällt (Abs. 2 S. 2 lit. d), bei Einwilligung vor Ablauf der Achtwochenfrist nach § 1747 Abs. 2 S. 1 mit dem Ablauf dieser Frist (Abs. 2 S. 2 lit. e), im Fall des § 1750 Abs. 5 (unzutreffende Annahme, dass ein Elternteil dauernd zur Abgabe der Einwilligung außerstande oder unbekannten Aufenthalts ist), wenn dem Elternteil bekannt wird, dass die Annahme ohne seine Einwilligung erfolgt ist. §§ 206, 210 gelten entsprechend.

6　Der Antrag bedarf der **notariellen Beurkundung** (Abs. 3, § 128). Ein Antrag, der dieser Form nicht genügt, hat keine hinreichenden Erfolgsaussichten, so dass hierfür auch keine Verfahrenskostenhilfe gewährt werden kann.[3]

§ 1763 BGB　Aufhebung von Amts wegen

(1) Während der Minderjährigkeit des Kindes kann das Familiengericht das Annahmeverhältnis von Amts wegen aufheben, wenn dies aus schwerwiegenden Gründen zum Wohl des Kindes erforderlich ist.

(2) Ist das Kind von einem Ehepaar angenommen, so kann auch das zwischen dem Kind und einem Ehegatten bestehende Annahmeverhältnis aufgehoben werden.

(3) Das Annahmeverhältnis darf nur aufgehoben werden,

a) wenn in dem Falle des Absatzes 2 der andere Ehegatte oder wenn ein leiblicher Elternteil bereit ist, die Pflege und Erziehung des Kindes zu übernehmen, und wenn die Ausübung der elterlichen Sorge durch ihn dem Wohl des Kindes nicht widersprechen würde oder

b) wenn die Aufhebung eine erneute Annahme des Kindes ermöglichen soll.

I.　Überblick und Systematik

1　§ 1763 erlaubt die **Aufhebung der Annahme von Amts wegen.** Wegen des Eingriffs in die familiäre Beziehung zwischen Annehmendem und Angenommenem ist sie auf schwerwiegende Fälle beschränkt; denn auch die Beziehung zwischen Annehmendem und Angenommenen ist durch Art. 6 GG geschützt.

II.　Die Aufhebung der Annahme als Kind im Interesse des Kindes

2　Die Aufhebung der Annahme setzt zunächst voraus, dass das angenommene Kind **minderjährig** ist. Nach seiner Volljährigkeit kommt nur noch die Aufhebung nach § 1760 in Betracht. Liegt ein solcher Grund nicht vor, kann die Adoption nach der Volljährigkeit auch bei schwersten Verfehlungen des Annehmenden nicht mehr aufgehoben werden.[1]

3　Die Aufhebung der Annahme muss **aus schwerwiegenden Gründen zum Wohl des Kindes erforderlich** sein. Gemeint sind besondere Ausnahmefälle,[2] etwa weil die Adoptiveltern das Kind misshandeln oder sexuell missbrauchen, Kind und Annehmende tiefgreifend entfremdet sind oder das Kind wegen kriminellen oder unsittlichen Lebenswandels der Annehmenden selbst auf „die schiefe Bahn" zu geraten droht. Das Verhältnismäßigkeitsprinzip schließt die Aufhebung der Annahme aber aus, wenn Maßnahmen nach § 1666 ausreichen, um das Kindes-

---

3　KG 4.4.2014 – 17 WF 75/14, FamRZ 2014, 1795.
1　BGH 12.3.2014 – XII ZB 504/12, FamRZ 2014, 930; BVerfG 8.6.2015 – 1 BvR 1227/14, FamRZ 2015, 1365.
2　OLG Oldenburg 5.5.2003 – 5 W 58/03, FamRZ 2004, 399.

wohl zu sichern. Nicht ausreichend ist die Scheidung der Ehe der Annehmenden.[3]

Die Aufhebung darf grundsätzlich nur erfolgen, wenn der andere Ehegatte oder 4
wenn ein leiblicher Elternteil **bereit ist, die Pflege und Erziehung des Kindes zu übernehmen,** und wenn die Ausübung der elterlichen Sorge durch ihn dem Wohl des Kindes nicht widerspricht (Abs. 3 lit. a).

Die Aufhebung der Annahme ist jedoch auch zulässig, wenn so **eine erneute An-** 5
nahme des Kindes ermöglicht werden soll (Abs. 3 lit. b); denn solange die Annahme besteht, ist eine weitere Annahme nicht möglich (§ 1742). Es reicht, dass die Annahme vorbereitet wird; sie braucht noch nicht entscheidungsreif zu sein. Die leiblichen Eltern müssen der neuen Annahme zustimmen (→ § 1747 Rn. 2).

Bei einer **Ehegattenadoption** (§§ 1741 Abs. 2 S. 2, 3, 1754 Abs. 1) ist auch die 6
Aufhebung des Annahmeverhältnisses nur zu einem von ihnen zulässig (Abs. 2), wenn das ausreicht, um die Gefährdung des Kindeswohls zu beseitigen. Damit wird dem Grundsatz des geringstmöglichen Eingriffs Rechnung getragen.

§ 1764 BGB Wirkung der Aufhebung

(1) [1]Die Aufhebung wirkt nur für die Zukunft. [2]Hebt das Familiengericht das Annahmeverhältnis nach dem Tode des Annehmenden auf dessen Antrag oder nach dem Tode des Kindes auf dessen Antrag auf, so hat dies die gleiche Wirkung, wie wenn das Annahmeverhältnis vor dem Tode aufgehoben worden wäre.

(2) Mit der Aufhebung der Annahme als Kind erlöschen das durch die Annahme begründete Verwandtschaftsverhältnis des Kindes und seiner Abkömmlinge zu den bisherigen Verwandten und die sich aus ihm ergebenden Rechte und Pflichten.

(3) Gleichzeitig leben das Verwandtschaftsverhältnis des Kindes und seiner Abkömmlinge zu den leiblichen Verwandten des Kindes und die sich aus ihm ergebenden Rechte und Pflichten, mit Ausnahme der elterlichen Sorge, wieder auf.

(4) Das Familiengericht hat den leiblichen Eltern die elterliche Sorge zurückzuübertragen, wenn und soweit dies dem Wohl des Kindes nicht widerspricht; andernfalls bestellt es einen Vormund oder Pfleger.

(5) Besteht das Annahmeverhältnis zu einem Ehepaar und erfolgt die Aufhebung nur im Verhältnis zu einem Ehegatten, so treten die Wirkungen des Absatzes 2 nur zwischen dem Kind und seinen Abkömmlingen und diesem Ehegatten und dessen Verwandten ein; die Wirkungen des Absatzes 3 treten nicht ein.

§§ 1764 f. regeln die **Folgen der Aufhebung.** Sie entsprechen grundsätzlich spie- 1
gelbildlich denjenigen der Annahme und treten ex nunc vom Wirksamwerden der Aufhebung an ein (Abs. 1 S. 1). Etwas anderes gilt nur, wenn der Annehmende oder das Kind stirbt und die Annahme nach dem Tod auf einen vorher gestellten Antrag des Verstorbenen hin aufgehoben wird (Abs. 1 S. 2). Dann wirkt die Aufhebung auf die Zeit vor dem Tod des Antragstellers zurück, damit das Erbrecht nach dem Verstorbenen ausgeschlossen ist. Die Ausnahme greift

---

3 OLG Düsseldorf 19.6.1997 – 25 Wx 24/97, FamRZ 1998, 1196; BayObLG 25.3.1999 –
   1Z BR 151/98, FamRZ 2000, 768; OLG Köln 12.1.2009 – 16 Wx 227/08, FamRZ 2009,
   1692.

aber nur ein, wenn gerade derjenige stirbt, der den Aufhebungsantrag gestellt hat. Bei Aufhebung von Amts wegen (§ 1763), auf Antrag der Eltern des Angenommenen (§ 1760 Abs. 1) oder des Überlebenden ist sie nicht anzuwenden.

2 Die wichtigste Wirkung der Aufhebung der Annahme ist, dass das **Verwandtschaftsverhältnis des Kindes** und seiner Abkömmlinge **zum Annehmenden und dessen Verwandten** erlischt (Abs. 2). Gleichzeitig lebt das Verwandtschaftsverhältnis des Kindes und seiner Abkömmlinge zu den leiblichen Verwandten des Kindes wieder auf (Abs. 3).

3 Eine **Ausnahme** gilt nur für die **elterliche Sorge.** Insoweit wäre es problematisch, den leiblichen Eltern automatisch wieder die vollen Rechte zu übertragen, weil unter Umständen eine erhebliche Entfremdung zwischen ihnen und dem Kind eingetreten ist. Die Sorge muss den Eltern daher gesondert durch das Familiengericht zurückübertragen werden (Abs. 4 Hs. 1). Dieses nimmt eine Kindeswohlprüfung vor. Kommt es zu dem Ergebnis, dass die Rückübertragung dem Kindeswohl ganz oder teilweise widerspricht, unterbleibt die Rückübertragung, und es bestellt dem Kind einen Vormund oder Pfleger (Abs. 4 Hs. 2). Das trifft zu, wenn einer der Gründe vorliegt, die nach § 1666 zur Entziehung der elterlichen Sorge berechtigen würden.

4 Zu den **namensrechtlichen Folgen** der Aufhebung s. § 1765.

5 Wird bei einer **Ehegattenadoption** die Annahme nur bezüglich eines Ehegatten aufgehoben (→ § 1763 Rn. 6), erlischt die Verwandtschaft des Kindes und seiner Abkömmlinge nur zu diesem. Die Verwandtschaft zu den leiblichen Verwandten wird nicht wieder hergestellt (Abs. 5).

§ 1765 BGB   Name des Kindes nach der Aufhebung

(1) [1]Mit der Aufhebung der Annahme als Kind verliert das Kind das Recht, den Familiennamen des Annehmenden als Geburtsnamen zu führen. [2]Satz 1 ist in den Fällen des § 1754 Abs. 1 nicht anzuwenden, wenn das Kind einen Geburtsnamen nach § 1757 Abs. 1 führt und das Annahmeverhältnis zu einem Ehegatten allein aufgehoben wird. [3]Ist der Geburtsname zum Ehenamen oder Lebenspartnerschaftsnamen des Kindes geworden, so bleibt dieser unberührt.

(2) [1]Auf Antrag des Kindes kann das Familiengericht mit der Aufhebung anordnen, dass das Kind den Familiennamen behält, den es durch die Annahme erworben hat, wenn das Kind ein berechtigtes Interesse an der Führung dieses Namens hat. [2]§ 1746 Abs. 1 Satz 2, 3 ist entsprechend anzuwenden.

(3) Ist der durch die Annahme erworbene Name zum Ehenamen oder Lebenspartnerschaftsnamen geworden, so hat das Familiengericht auf gemeinsamen Antrag der Ehegatten oder Lebenspartner mit der Aufhebung anzuordnen, dass die Ehegatten oder Lebenspartner als Ehenamen oder Lebenspartnerschaftsnamen den Geburtsnamen führen, den das Kind vor der Annahme geführt hat.

1 § 1765 ergänzt § 1764 um die Regelung der **namensrechtlichen Folgen** der Aufhebung der Annahme.

2 **Mit der Aufhebung der Annahme** verliert der Angenommene das Recht, den durch die Annahme erhaltenen Namen (§ 1757) weiter zu führen, und erhält den **Familiennamen seiner leiblichen Eltern** zurück. Ob sich die Namensänderung auf seine Abkömmlinge erstreckt, richtet sich nach § 1616 a. Der Vorname

ist durch die Aufhebung der Annahme selbst dann nicht betroffen, wenn er bei der Annahme geändert oder ergänzt wurde (vgl. § 1757 Abs. 4 Nr. 1).

Der Namensverlust **tritt nicht ein,** wenn ein Name nach § 1757 Abs. 1 (Familienname der Annehmenden) geführt und die **Annahme nur im Verhältnis zu einem Elternteil aufgehoben** wird (Abs. 1 S. 2). Dann kann das Recht, den Namen desjenigen zu tragen, zu dem das Annahmeverhältnis gelöst wurde, noch von dem Ehegatten abgeleitet werden, zu dem das Annahmeverhältnis bestehen bleibt. Die Änderung des Namens wäre daher ein Verstoß gegen den Verhältnismäßigkeitsgrundsatz. **3**

Das Familiengericht kann auch auf Antrag des Kindes anordnen, dass es den mit der Annahme erworbenen Namen behält, wenn das Kind ein **berechtigtes Interesse an der Weiterführung** des Namens hat (Abs. 2 S. 1), zB wenn es sich mit dem Namen identifiziert hat, so dass ein Namenswechsel nachteilige Folgen (zB eine Identitätskrise) hätte. **4**

Schließlich findet kein Namenswechsel statt, wenn der Angenommene bereits geheiratet hat oder eine Lebenspartnerschaft eingegangen ist und **der durch die Annahme erworbene Name Ehename oder Lebenspartnerschaftsname geworden** ist (Abs. 1 S. 3). Die Eheleute bzw. Lebenspartner können aber beim Familiengericht (gemeinsam) beantragen, dass sie als Ehenamen bzw. Lebenspartnerschaftsnamen den Namen führen, den das Kind vor der Annahme trug (Abs. 3). Das Gericht ändert dann den Ehenamen bzw. Lebenspartnerschaftsnamen zugleich mit dem Ausspruch über die Aufhebung der Annahme. Ist Ehename oder Lebenspartnerschaftsname der Name des anderen Ehegatten bzw. Lebenspartners, bleibt es dabei. Sofern das Kind aber seinen Namen dem Ehenamen oder Lebenspartnerschaftsnamen hinzugefügt hat (§ 1355 Abs. 4, § 3 Abs. 2 LPartG), ändert sich der Begleitname. **5**

§ 1766 BGB Ehe zwischen Annehmendem und Kind

[1]Schließt ein Annehmender mit dem Angenommenen oder einem seiner Abkömmlinge den eherechtlichen Vorschriften zuwider die Ehe, so wird mit der Eheschließung das durch die Annahme zwischen ihnen begründete Rechtsverhältnis aufgehoben. [2]§§ 1764, 1765 sind nicht anzuwenden.

Die Vorschrift ergänzt §§ 1760, 1763 um den einzigen Grund einer **automatischen Auflösung** der Annahme. Heiraten Annehmender und Kind einander, wird mit der Heirat ein zwischen ihnen bestehende Annahmeverhältnis aufgehoben, weil eine Ehe und ein Eltern-Kind-Verhältnis sich gegenseitig ausschließen. **1**

Die **Eheschließung** zwischen einem Adoptivelternteil und dem Kind ist zwar nach § 1308 Abs. 1 vor Aufhebung der Annahme **nicht zulässig.** Ein Verstoß macht die Eheschließung aber nicht unwirksam oder aufhebbar. Ohne § 1766 könnte es zu der rechtsethisch zu missbilligenden Situation kommen, dass eine Ehe zwischen Adoptivmutter und -sohn oder Adoptivtochter und -vater besteht. Das wird durch das automatische Erlöschen der Rechtsbeziehung bei Eheschließung verhindert. **2**

Das Annahmeverhältnis erlischt **nur zwischen den Eheschließenden.** In Bezug auf alle anderen Personen, mit denen durch die Annahme eine Verwandtschaft begründet wurde, bleibt diese erhalten. Auch namensrechtlich ist die Aufhebung ohne Bedeutung (S. 3). **3**

Untertitel 2 Annahme Volljähriger

Vorbemerkung zu §§ 1767–1772 BGB

Literatur: *Becker,* Die Erwachsenenadoption als Instrument der Nachlassplanung, ZEV 2009, 25; *Frank,* Rechtsprobleme der Erwachsenenadoption, StAZ 2008, 65; *Grziwotz,* Praktische Probleme der Hinzuadoption Volljähriger, FamRZ 2005, 2038; *Keuter,* Kostenrechtliche Aspekte in Adoptionsverfahren, FuR 2013, 567; *Kretzer-Mossner,* Die Erwachsenenadoption – Zivilrechtliche und steuerliche Gesichtspunkte, Grundeigentum 2009, 566; *Leis,* Sittliche Rechtfertigung und das Bestehen eines Eltern-Kind-Verhältnisses als Voraussetzungen der Erwachsenenadoption, ZFE 2004, 307; *Maurer,* Wahlmöglichkeiten eines Erwachsenen nach der Adoption hinsichtlich des Familiennamens, FamRZ 2009, 440; *ders.,* Zur sogenannten starken Adoption, FamRZ 2010, 47; *Müller,* Probleme der Volljährigenadoption, insbesondere derjenigen mit „starken Wirkungen", MittBayNot 2011, 16; *Niemeyer,* Verfassungsrechtliche Beurteilung des gesetzlichen Verbots der Zweitadoption Volljähriger, FuR 1991, 79; *Wenhardt,* Die Adoption als steuerliches Gestaltungsmittel, GStB 2010, 15; *Zimmermann,* Die Adoption Erwachsener, NZFam 2015, 1134; *ders.,* Das Adoptionsverfahren nach dem FamFG, NZFam 2016, 249.

1 Die Volljährigenadoption ist vom Gesetzgeber trotz einiger Zweifel an ihrer Berechtigung bei der Neuregelung des Adoptionsrechts beibehalten worden, um in Härtefällen, in denen sich zwischen Volljährigen ein echtes Eltern-Kind-Verhältnis gebildet hat, auch die rechtliche Zuordnung zu ermöglichen.

2 Die Volljährigenadoption soll die **Ausnahme** bleiben; sie ist daher an zusätzliche Voraussetzungen gebunden (§§ 1767, 1769). Außerdem ist sie eine Annahme mit geringeren Wirkungen als die Annahme Minderjähriger; denn sie führt grundsätzlich nicht zur vollständigen Eingliederung des Angenommenen in die Familie des Annehmenden und zum vollständigen Ausscheiden aus seiner bisherigen Familie (§ 1770). Das Verfahren entspricht im Wesentlichen demjenigen bei der Annahme Minderjähriger (vgl. § 1768).

3 §§ 1767–1772 enthalten nur Sonderregelungen für die Volljährigenadoption. Im Übrigen gelten die Regeln für die Minderjährigenadoption entsprechend (§ 1767 Abs. 2).

§ 1767 BGB Zulässigkeit der Annahme, anzuwendende Vorschriften

(1) Ein Volljähriger kann als Kind angenommen werden, wenn die Annahme sittlich gerechtfertigt ist; dies ist insbesondere anzunehmen, wenn zwischen dem Annehmenden und dem Anzunehmenden ein Eltern-Kind-Verhältnis bereits entstanden ist.

(2) [1]Für die Annahme Volljähriger gelten die Vorschriften über die Annahme Minderjähriger sinngemäß, soweit sich aus den folgenden Vorschriften nichts anderes ergibt. [2]Zur Annahme eines Verheirateten oder einer Person, die eine Lebenspartnerschaft führt, ist die Einwilligung seines Ehegatten oder ihres Lebenspartners erforderlich. [3]Die Änderung des Geburtsnamens erstreckt sich auf den Ehe- oder Lebenspartnerschaftsnamen des Angenommenen nur dann, wenn sich auch der Ehegatte oder Lebenspartner der Namensänderung vor dem Ausspruch der Annahme durch Erklärung gegenüber dem Familiengericht anschließt; die Erklärung muss öffentlich beglaubigt sein.

I. Überblick und Systematik

Die Norm enthält in Abs. 1 die Grundnorm für die **Voraussetzungen der Voll-** 1
jährigenadoption. In Abs. 2 ordnet sie an, dass die Vorschriften für die Minderjährigenadoption entsprechend gelten, sofern nicht etwas anderes bestimmt ist.
Soweit eine Minderjährigenadoption nicht in Betracht kommt, scheidet daher
eine Volljährigenadoption ebenfalls aus.

II. Voraussetzungen der Volljährigenadoption

Voraussetzung der Volljährigenadoption ist zunächst, dass die Annahme dem 2
Wohl des Anzunehmenden dient und zu erwarten ist, dass zwischen dem Annehmenden und dem Angenommenen ein **Eltern-Kind-Verhältnis** entsteht (vgl.
§ 1741 Abs. 1). Die Annahme muss daher immer verweigert werden, wenn sich
auch nur auf einer Seite der Wille zeigt, ein derartiges Verhältnis nicht zu begründen.

Außerdem ist erforderlich, dass die **Annahme sittlich gerechtfertigt** ist (Abs. 1). 3
Insofern handelt es sich um eine zusätzliche Anforderung, durch welche der
Ausnahmecharakter der Erwachsenenadoption betont wird. Ob die sittliche
Rechtfertigung vorliegt, muss in einer umfassenden Würdigung der Umstände
des Einzelfalls ermittelt werden. Entscheidender Anlass für die Annahme muss
ein familienbezogenes Motiv sein. Verbleiben nach Abwägung aller in Betracht
kommenden Umstände begründete Zweifel an der sittlichen Rechtfertigung ist
der Adoptionsantrag abzulehnen.[1]

Als Beispiel für die sittliche Rechtfertigung nennt Abs. 1, dass zwischen Anneh- 4
mendem und Anzunehmendem bereits ein Eltern-Kind-Verhältnis entstanden ist.
Für die Entstehung einer Eltern-Kind-Beziehung sprechen Gemeinsamkeit, familiäre Bindungen und eine innere Zuwendung. Anzeichen für das Bestehen einer
solchen Beziehung sind insbesondere ein langjähriger enger persönlicher Umgang der Beteiligten sowie eine gegenseitige Unterstützung in schwierigen Zeiten.[2] So kann das Entstehen der Eltern-Kind-Beziehung angenommen werden,
wenn der Anzunehmende bereits lange als Pflegekind bei dem Annahmewilligen
lebt. Die sittliche Rechtfertigung kann sich aber auch daraus ergeben, dass mehrere Mitglieder einer Familie angenommen werden sollen, von denen einige minderjährig, andere aber schon volljährig sind oder wenn ein künftiger Hof- oder
Unternehmenserbe, der sich bereits seit langer Zeit um den Erblasser kümmert,
auch in die Familie eingegliedert werden soll.[3] Ein nur geringer Altersunterschied zwischen Annahmewilligem und Anzunehmenden schadet nicht ohne
Weiteres.[4] Ebenso wenig kann pauschal das Vorhandensein von eigenen minderjährigen Kindern des Annehmenden als Grund angesehen werden, die sittliche
Rechtfertigung der Annahme zu verneinen.[5]

---

1 OLG Nürnberg 4.8.2014 – 9 UF 468/14, FamRZ 2015, 517.
2 OLG Hamm 8.1.2014 – II-8 UF 179/13, FamRB 2014, 333.
3 Vgl. BayObLG 21.4.2004 – 1Z BR 019/04, FamRZ 2005, 131; OLG Nürnberg 12.6.2015
   – 10 UF 272/15, FamRZ 2016, 315.
4 Kritisch KG 27.3.2013 – 17 UF 42/13, FamRZ 2014, 225 bei einem Unterschied von
   nur 12 Jahren.
5 OLG München 10.1.2011 – 33 UF 988/10, NJW-RR 2011, 731; aA noch BayObLG
   3.2.1984 – BReg 1 Z 74/83, FamRZ 1984, 419 (420).

5 **Nicht ausreichend** sind aber die nur freundschaftliche Verbundenheit, wirtschaftliche Gründe,[6] die Absicht, einen Familiennamen vor dem Aussterben zu bewahren[7] oder einem von Abschiebung bedrohten Ausländer ein Bleiberecht zu verschaffen.[8] Eine vorhergehende sexuelle Beziehung schließt das Entstehen eines Eltern-Kind-Verhältnisses regelmäßig aus und hindert deswegen die Annahme der sittlichen Rechtfertigung.[9]

6 Für die Annahme Volljähriger gelten die Vorschriften über die Annahme Minderjähriger sinngemäß (Abs. 2 S. 1). Dazu gehört die Regelung in § 1741 Abs. 2 S. 2, wonach ein **Ehepaar** ein Kind **nur gemeinschaftlich** annehmen kann. Ist ein Annehmender verheiratet, kommt die Annahme also nur zusammen mit seinem Ehegatten in Betracht.[10] Das gilt auch bei Eheleuten gleichen Geschlechts. Die Voraussetzungen für eine teleologische Reduktion dieser Vorschrift liegen nicht vor.[11] Verweigert der Ehegatte die Annahme, kommt die Annahme nicht in Betracht.

III. Sonderregelung in Bezug auf den Namen

7 Die Änderung des Geburtsnamens des Angenommenen wirkt sich auf den Ehenamen (§ 1355) und den Lebenspartnerschaftsnamen (§ 3 LPartG) eines Angenommen nur dann aus, wenn der Lebenspartner dem zustimmt; seine Erklärung bedarf der öffentlichen Beglaubigung (Abs. 2 S. 2 und 3). Die Regelung ist erforderlich, weil es seit der Heraufsetzung des Eheschließungsalters im Recht der Minderjährigenannahme keine Regelung dieser Frage nicht mehr gibt, da § 1757 Abs. 3 aF durch das Gesetz zur Bekämpfung von Kinderehen[12] aufgehoben wurde. Deswegen wurde nun die für eingetragene Lebenspartnerschaften, die vor Erreichen der Volljährigkeit noch nie eingegangen werden konnten (§ 1 Abs. 3 Nr. 1 LPartG), geltende Regelung in Abs. 2 auf Eheleute erstreckt. Sie entspricht vollständig § 1757 aF. Der Ehegatte bzw. Lebenspartner muss der Annahme und der Änderung des Namens zustimmen. Die Erklärung muss öffentlich beglaubigt werden.

§ 1768 BGB Antrag

(1) [1]Die Annahme eines Volljährigen wird auf Antrag des Annehmenden und des Anzunehmenden vom Familiengericht ausgesprochen. [2]§§ 1742, 1744, 1745, 1746 Abs. 1, 2, § 1747 sind nicht anzuwenden.

(2) Für einen Anzunehmenden, der geschäftsunfähig ist, kann der Antrag nur von seinem gesetzlichen Vertreter gestellt werden.

---

6 OLG Zweibrücken 9.9.2005 – 3 W 121/05, FamRZ 2006, 572; OLG Karlsruhe 22.7.2005 – 14 Wx 31/05, NJW-RR 2006, 364.
7 BayObLG 31.7.1992 – 1Z BR 69/92, FamRZ 1993, 236.
8 BayObLG 29.3.1995 – 1Z BR 72/94, FamRZ 1996, 183; KG 22.9.1981 – 1 W 3258/81, FamRZ 1982, 641; zum – fehlenden – Aufenthaltsrecht des adoptierten Ausländers vgl. BVerfG 18.4.1989 – 2 BvR 1169/84, NJW 1989, 2195.
9 OLG München 16.11.2005 – 31 Wx 082/05, FuR 2006, 138.
10 OLG Koblenz 5.12.2013 – 13 UF 793/13, FamRZ 2014, 1039; OLG Schleswig 20.12.2013 – 8 UF 173/13, FamRZ 2014, 1039.
11 OLG Schleswig 20.12.2013 – 8 UF 173/13, FamRZ 2014, 1039.
12 BGBl. 2017 I 2429.

§ 1768 enthält für die Erwachsenenadoption **Spezialregelungen für den Annah- 1 meantrag** und in Bezug auf Annahmehindernisse.

Die Erwachsenenadoption setzt, anders als in § 1752 für die Minderjährigenan- 2 nahme vorgesehen, einen **Antrag des Annehmenden und einen Antrag des Anzu- nehmenden** voraus (Abs. 1 S. 1). Dafür entfällt die Einwilligung des Anzuneh- menden (Abs. 1 S. 2, § 1746 Abs. 1, 2). Den Antrag kann nur der Anzunehmen- de selbst stellen. Nur bei Geschäftsunfähigkeit vertritt ihn sein gesetzlicher Ver- treter (Abs. 2), der nach § 1896 bestellte Betreuer (§ 1902).

§ 1742 gilt nicht (Abs. 1 S. 2). Auch jemand, der schon (gleich, ob als Minder- 3 oder als Volljähriger) adoptiert worden war, kann daher erneut adoptiert wer- den. Das ermöglicht zB Rückadoptionen, wenn der Elternteil, dessen Ehegatte das Kind angenommen hatte, nach Auflösung dieser Ehe den anderen leiblichen Elternteil des Angenommenen wieder geheiratet hat.

Unanwendbar ist auch die Regelung (§ 1745) über die **Adoptionspflege** (Abs. 1 4 S. 2). Eine solche widerspräche dem Selbstbestimmungsrecht des volljährigen Anzunehmenden. Entsprechendes gilt für die **Einwilligung der leiblichen Eltern** in die Annahme (§ 1747).

§ 1769 BGB Verbot der Annahme

Die Annahme eines Volljährigen darf nicht ausgesprochen werden, wenn ihr überwiegende Interessen der Kinder des Annehmenden oder des Anzunehmen- den entgegenstehen.

Literatur: *Grziwotz*, Schützenswerte Interessen der Abkömmlinge des Annehmenden bei der Volljährigenadoption, FamRZ 1991, 1399.

Die Regelung **entspricht § 1745 S. 1 Hs. 1.** Die Annahme ist zu versagen, wenn 1 die Interessen der Kinder des Anzunehmenden oder des Annehmenden das Inter- esse des Anzunehmenden und des Annehmenden selbst an der Durchführung der Annahme überwiegen. Das Familiengericht muss die genannten Interessen abwägen.[1] Es ist nicht zulässig, pauschal einen Vorrang der Interessen der leibli- chen Kinder des Annehmenden anzunehmen.[2]

Dass der **2. Halbsatz aus § 1745 nicht übernommen** wurde, beruht darauf, dass 2 bei der Erwachsenenannahme der Anzunehmende selbst den Antrag auf Annah- me stellt und deswegen nicht schutzwürdig ist, wenn seine Interessen durch Kin- der des Annehmenden gefährdet werden. Der geringere Rang der Erwachsenen- adoption zeigt sich aber daran, dass im Rahmen der Prüfung des § 1769 auch vermögensrechtliche Interessen berücksichtigt werden und sogar den Ausschlag geben dürfen. Das gilt vor allem für die Frage, wie sich die Beteiligung des Ad- optivkindes am Nachlass des Annehmenden auf die Stellung der übrigen Kinder auswirkt.

Die Kinder sind im Adoptionsverfahren anzuhören.[3] Sie sind zu beteiligen, weil 3 sie durch die Annahme in eigenen Rechten betroffen werden.

---

1 OLG München 17.8.2005 – 31 Wx 57/05, FGPrax 2005, 261.
2 OLG München 10.1.2011 – 33 UF 988/10, NJW-RR 2011, 731 gegen BayObLG 3.2.1984 – BReg 1 Z 74/83, FamRZ 1984, 419 (420).
3 BVerfG 20.10.2008 – 1 BvR 291/06, NJW 2009, 138.

§ 1770 BGB Wirkung der Annahme

(1) ¹Die Wirkungen der Annahme eines Volljährigen erstrecken sich nicht auf die Verwandten des Annehmenden. ²Der Ehegatte oder Lebenspartner des Annehmenden wird nicht mit dem Angenommenen, dessen Ehegatte oder Lebenspartner wird nicht mit dem Annehmenden verschwägert.

(2) Die Rechte und Pflichten aus dem Verwandtschaftsverhältnis des Angenommenen und seiner Abkömmlinge zu ihren Verwandten werden durch die Annahme nicht berührt, soweit das Gesetz nichts anderes vorschreibt.

(3) Der Annehmende ist dem Angenommenen und dessen Abkömmlingen vor den leiblichen Verwandten des Angenommenen zur Gewährung des Unterhalts verpflichtet.

1   § 1770 regelt die **Folgen der Erwachsenenannahme**. Diese sind gegenüber denjenigen der Minderjährigenadoption (§§ 1754–1757) sehr reduziert. Zur ausnahmsweise bestehenden Möglichkeit, die Wirkungen einer Minderjährigenadoption herbeizuführen, s. § 1772.

2   Bei Erwachsenenadoptionen **beschränken sich die Wirkungen auf den Angenommenen und seine Abkömmlinge und den Annehmenden**. Eine vollständige Eingliederung in die Familie des Annehmenden unterbleibt. Er und seine Abkömmlinge werden mit den Verwandten des Annehmenden nicht verwandt (Abs. 1 S. 1). Die Kinder des Angenommenen werden also zwar Enkel des Annehmenden, nicht aber Neffen oder Nichten von dessen Geschwistern. Mehrere als Erwachsene von derselben Person Angenommene sind nicht miteinander verwandt (wenn sie es nicht schon vor der Annahme waren). Erfolgt die Annahme durch einen Verheirateten allein (entgegen § 1741 Abs. 2 S. 1), wird der Angenommene mit dessen Ehegatten oder Lebenspartner ebenso wenig verschwägert wie der Ehegatte oder Lebenspartner des Angenommenen mit dem Annehmenden (Abs. 1 S. 2). Zum (fehlenden automatischen) Erwerb der deutschen Staatsangehörigkeit durch eine Erwachsenenadoption s. § 6 StAG. In solchen Fällen kommt nur eine Einbürgerung in Betracht.

3   Umgekehrt werden bei der Erwachsenenadoption die **Bindungen zur bisherigen Familie nicht gelöst** (Abs. 2). Der Angenommene bleibt also mit seinen bisherigen Verwandten einschließlich seiner Eltern auch nach der Annahme verwandt. Beim Tod des Angenommenen erben seine leiblichen und seine Adoptiveltern nebeneinander als gesetzliche Erben. Auch Unterhaltspflichten bestehen im Verhältnis zu den leiblichen Eltern wie zum Annehmenden. Abs. 3 ordnet aber an, dass der Annehmende dem Angenommenen und dessen Abkömmlingen vor den leiblichen Verwandten zum Unterhalt verpflichtet ist.

§ 1771 BGB Aufhebung des Annahmeverhältnisses

¹Das Familiengericht kann das Annahmeverhältnis, das zu einem Volljährigen begründet worden ist, auf Antrag des Annehmenden und des Angenommenen aufheben, wenn ein wichtiger Grund vorliegt. ²Im Übrigen kann das Annahmeverhältnis nur in sinngemäßer Anwendung der Vorschrift des § 1760 Abs. 1 bis 5 aufgehoben werden. ³An die Stelle der Einwilligung des Kindes tritt der Antrag des Anzunehmenden.

§ 1771 regelt die **Aufhebung der Erwachsenenadoption**. Mit den schwächeren 1
Wirkungen dieser Annahme korrespondiert eine erleichterte Aufhebbarkeit des
Annahmeverhältnisses. Es kann nicht nur nach § 1760 aufgehoben werden, sondern auch auf Antrag von Annehmendem und Angenommenem bei Vorliegen eines wichtigen Grundes.

Die Anwendung von § 1771 ist auf den Fall der Erwachsenenadoption be- 2
schränkt. Eine **Analogie bei Minderjährigenannahmen nach Eintritt der Volljährigkeit** des Angenommenen ist **ausgeschlossen,**[1] weil die Minderjährigenannahme wegen der weiter gehenden Wirkungen einen höheren Bestandsschutz genießen muss. Das zu einem Minderjährigen begründete Annahmeverhältnis ist
nach dem Eintritt der Volljährigkeit des Kindes auch bei schwersten Verfehlungen eines Beteiligten (zB sexueller Missbrauch der Adoptivtochter durch den
Adoptivvater) nicht mehr aufhebbar.[2]

Die Aufhebung der Erwachsenenadoption ist zunächst **in den in § 1760 genann-** 3
ten Fällen unter den dafür auch bei Minderjährigenadoption geltenden Voraussetzungen zulässig (S. 2). Wegen des andersartigen Annahmeerfordernisses ist
nur statt auf die Einwilligung des Kindes auf den Antrag des Angenommenen
(vgl. § 1768 Abs. 1 S. 1) abzustellen (S. 3). Außerdem kann wegen fehlender
oder unwirksamer Einwilligung der Eltern keine Aufhebung betrieben werden,
weil diese bei der Erwachsenenannahme nicht erforderlich ist (§ 1768 Abs. 1
S. 2).

Außerdem ist die Aufhebung der Annahme zulässig, wenn ein **wichtiger Grund** 4
besteht und der Annehmende und der Angenommene die Aufhebung **beantragen**
(S. 1). Erforderlich ist ein Antrag von beiden.[3] Das gilt auch, wenn der Annehmende inzwischen verstorben ist. Soweit er vor seinem Tod keinen Antrag gestellt hatte, scheidet die Aufhebung der Annahme deswegen aus.[4] Ein wichtiger
Grund kann in der ernstlichen Zerrüttung der Beziehung zwischen Annehmendem und Angenommenem liegen, wie sie etwa in der Begehung von Straftaten
des einen gegen den anderen zum Ausdruck kommt oder in ehebrecherischen
Beziehungen zum Ehegatten des Annehmenden oder Angenommenen. In Betracht kommt auch, dass der Angenommene nach der Volljährigenadoption psychisch und physisch ernsthaft unter der neuen familiären Situation leidet[5] oder
dass Annehmender und Angenommener eine gleichgeschlechtliche Beziehung
eingegangen sind.[6]

Es **reicht dagegen nicht**, dass nur diejenigen Umstände wegfallen, die die Annah- 5
me sittlich gerechtfertigt haben (vgl. § 1767 Abs. 1) oder dass die Annahme von
sachfremden Motiven getragen war (zB Erlangung einer Aufenthaltserlaubnis).
Für die Aufhebung aus wichtigem Grund gelten die Schranken einer Aufhebung
nach § 1760 (§§ 1761 f.) nicht.

---

1 BayObLG 5.10.1989 – BReg 1 a Z 20/89, FamRZ 1990, 204; OLG Düsseldorf
   20.12.1985 – 3 Wx 458/85, NJW-RR 1986, 300.
2 BGH 12.3.2014 – XII ZB 504/12, FamRZ 2014, 930; BVerfG 8.6.2015 – 1 BvR 1227/14,
   FamRZ 2015, 1365.
3 BGH 16.12.1987 – IVb ZB 68/87, BGHZ 103, 12 = NJW 1988, 1139; OLG Karlsruhe
   18.4.1988 – 18 Wx 1/88, FamRZ 1988, 979.
4 OLG Stuttgart 16.3.2010 – 15 UF 36/10, NJW-RR 2010, 1231.
5 OLG Köln 10.7.2012 – II-4 UF 45/12, FamRZ 2012, 1816.
6 AG Düsseldorf 2.9.2014 – 256 F 92/14, FamRZ 2015, 593.

Im Übrigen kann die Annahme wegen Willensmängeln auch auf einseitigen Antrag hin aufgehoben werden (S. 2 iVm § 1760 Abs. 1–5).

6   Die **Wirkungen der Aufhebung** richten sich nach §§ 1764 f.

§ 1772 BGB Annahme mit den Wirkungen der Minderjährigenannahme

(1) [1]Das Familiengericht kann beim Ausspruch der Annahme eines Volljährigen auf Antrag des Annehmenden und des Anzunehmenden bestimmen, dass sich die Wirkungen der Annahme nach den Vorschriften über die Annahme eines Minderjährigen oder eines verwandten Minderjährigen richten (§§ 1754 bis 1756), wenn

a)   ein minderjähriger Bruder oder eine minderjährige Schwester des Anzunehmenden von dem Annehmenden als Kind angenommen worden ist oder gleichzeitig angenommen wird oder

b)   der Anzunehmende bereits als Minderjähriger in die Familie des Annehmenden aufgenommen worden ist oder

c)   der Annehmende das Kind seines Ehegatten annimmt oder

d)   der Anzunehmende in dem Zeitpunkt, in dem der Antrag auf Annahme bei dem Familiengericht eingereicht wird, noch nicht volljährig ist.

[2]Eine solche Bestimmung darf nicht getroffen werden, wenn ihr überwiegende Interessen der Eltern des Anzunehmenden entgegenstehen.

(2) [1]Das Annahmeverhältnis kann in den Fällen des Absatzes 1 nur in sinngemäßer Anwendung der Vorschrift des § 1760 Abs. 1 bis 5 aufgehoben werden. [2]An die Stelle der Einwilligung des Kindes tritt der Antrag des Anzunehmenden.

I. Grundlagen und Systematik

1   § 1772 enthält **Ausnahmen zu §§ 1770 f.** Er lässt es in vier Fällen zu, dass die Erwachsenenadoption statt mit den Wirkungen des § 1770 mit den Wirkungen der Minderjährigenannahme ausgesprochen wird und verleiht ihr für diesen Fall denselben Bestandsschutz wie dieser. Die Volladoption kann nur auf Antrag des Annehmenden und des Anzunehmenden ausgesprochen werden (Abs. 1 S. 1). Dieser kann mit dem Annahmeantrag verbunden werden.

II. Die Volljährigenadoption mit den Wirkungen der Minderjährigenadoption

2   Die Anordnung einer Volladoption ist **zulässig**, wenn ein minderjähriges Geschwisterkind des Anzunehmenden von dem Annehmenden als Kind angenommen worden ist oder gleichzeitig angenommen wird (Abs. 1 S. 1 lit. a), weil alle Geschwister die gleiche Stellung zum Annehmenden erhalten sollen. Gleiches gilt, wenn deswegen eine besonders starke Bindung zwischen Annehmendem und Anzunehmendem besteht, weil dieser schon als Minderjähriger in die Familie des Annehmenden aufgenommen wurde und dort tatsächlich gelebt hat[1] (Abs. 1 S. 1 lit. b) oder weil es sich bei dem Anzunehmendem um das Kind seines Ehegatten oder Lebenspartners handelt (Abs. 1 S. 1 lit. c, § 9 Abs. 7 S. 2 LPartG). Schließlich soll einem Adoptierten daraus kein Nachteil erwachsen, dass die Annahme nicht rechtzeitig während seiner Minderjährigkeit ausgesprochen werden konnte. Abs. 1 S. 1 lit. d lässt die Volladoption daher zu, wenn der

---

1   OLG München 8.4.2010 – 31 Wx 030/10, FamRZ 2010, 2088.

Anzunehmende in dem Zeitpunkt, in dem der Antrag auf Annahme bei dem Familiengericht eingereicht wird, noch nicht volljährig ist.

Trotz Vorliegens einer der Fallgruppen muss die **Volladoption unterbleiben,** **3** wenn ihr **überwiegende Interessen der Eltern des Anzunehmenden entgegenstehen** (Abs. 1 S. 2). Das können persönliche Interessen, aber auch vermögensrechtliche sein.

Die **Wirkungen** der Volladoption richten sich nach §§ 1754–1756.   **4**

Die **Aufhebung** der Volladoption richtet sich nach § 1760 (Abs. 2). Dazu gilt das **5** in → § 1771 Rn. 2 Gesagte entsprechend. Eine Aufhebung aus wichtigem Grund (§ 1772 Abs. 1) ist unzulässig.

Abschnitt 3 Vormundschaft, Rechtliche Betreuung, Pflegschaft

Vorbemerkung zu §§ 1773–1921 BGB

Der Dritte Abschnitt enthält Regelungen für Vormundschaften über Minderjährige (§§ 1773–1895), die rechtliche Betreuung Erwachsener (§§ 1896–1908 i) sowie die Pflegschaft (§§ 1909–1921). Diese hat viel von ihrer Bedeutung verloren, seit die Gebrechlichkeitspflegschaft abgeschafft wurde. **1**

Der Vormund übt wie der Beistand, der Betreuer und der Pfleger ein **privatrecht-** **2** **liches Amt** aus. Es gilt grundsätzlich das Prinzip des Einzelamts, dh dass die Vormundschaft (bzw. Betreuung) nach Möglichkeit von *einer* Person geführt werden soll, um eine umfassende und dem Betroffenen nahe Hilfe zu ermöglichen. Außerdem sollen Vormundschaft und Betreuung möglichst von natürlichen Personen durchgeführt werden. Die Bestellung eines Vereins oder einer Behörde ist daher nur zulässig, wenn keine geeignete natürliche Person zur Verfügung steht (vgl. §§ 1791 a–1791 c, 1887 Abs. 1, 1900, 1915 Abs. 1). Schließlich ist das Amt des Vormunds, Betreuers usw grundsätzlich ein Ehrenamt. Der Amtsträger erhält daher grundsätzlich nur Aufwendungsersatz, nicht aber eine Vergütung für seine Tätigkeit (§§ 1835–1836 e). Dieser Grundsatz ist allerdings durchbrochen, wenn der Mündel/Betreute über so ausreichende Mittel verfügt, dass es unbillig wäre, den Vormund/Betreuer ohne Vergütung zu lassen, oder wenn diesem so viele Vormundschaften/Betreuungen übertragen sind, dass diese nur mit einem Aufwand geführt werden können, der normalerweise auf eine Berufsausübung verwendet wird (Einzelheiten: §§ 1836 ff.).

Der **Vormund ist grundsätzlich autonom,** dh er entscheidet, welche Maßnahmen **3** zugunsten des Mündels vorgenommen werden sollen. Das Familiengericht überwacht ihn nur. Es kann dem Vormund Weisungen erteilen (§ 1837), und umgekehrt muss der Vormund in einer Reihe von Fällen die Genehmigung des Familiengerichts einholen, bevor er handelt (§§ 1809 ff.). Selbst kann dieses nur ausnahmsweise handeln, wenn noch kein Vormund bestellt ist.

Internationalprivatrechtlich gilt der Grundsatz, dass die Entstehung der Betreu- **4** ung, Vormundschaft oder Pflegschaft dem Recht des Staates unterliegt, dem der Betroffene angehört (Art. 24 Abs. 1 S. 1 EGBGB). Für die Maßnahmen in Bezug auf Minderjährige sind das Haager Kinderschutzabkommen (KSA) (Aufenthaltszuständigkeit mit Anwendung des Rechts des Aufenthaltsstaats) und die EheVO

2003 zu berücksichtigen (Aufenthaltszuständigkeit mit Anwendung des Rechts des Aufenthaltsstaats).[1]

5 Für die **Betreuung** bestimmt Art. 24 Abs. 1 S. 2 EGBGB ergänzend, dass sie für einen fremden Staatsangehörigen auch dann nach deutschem Recht angeordnet werden kann, wenn der Ausländer sich gewöhnlich oder, falls er keinen gewöhnlichen Aufenthalt hat, schlicht in Deutschland aufhält. Pflegschaften, die für unbekannte Beteiligte oder Personen angeordnet werden, die sich in einem anderen Staat befinden, richten sich nach dem Recht des Staates, das für die Angelegenheit selbst maßgebend ist (Art. 24 Abs. 2 EGBGB). Der Inhalt der Vormundschaft, Betreuung oder Pflegschaft richtet sich nach dem Recht des Staates, der sie angeordnet hat (Art. 24 Abs. 3 EGBGB).

6 **Die internationale Zuständigkeit** deutscher Gerichte für Vormundschafts-, Betreuungs- und Pflegschaftssachen richtet sich nach § 99 FamFG (Minderjährige) bzw. nach § 104 FamFG (Erwachsene), soweit nicht das das KSA bzw. das MSA oder das Erwachsenenschutzabkommen vorgehen. Zur Anerkennung ausländischer Entscheidungen s. §§ 108 f. FamFG.

Titel 1 Vormundschaft

Vorbemerkung zu §§ 1773–1895 BGB

1 Der Erste Titel des Dritten Abschnitts enthält die Regelungen über die **Vormundschaft über Minderjährige.** Er bildet den Hauptteil des Dritten Abschnitts; denn in den beiden anderen Abschnitten wird immer wieder auf ihn Bezug genommen (vgl. §§ 1908 i, 1917). Der Titel ist in sechs Untertitel gegliedert:

- In §§ 1773–1792 finden sich Regeln über die Begründung der Vormundschaft,
- in §§ 1793–1836 e solche über deren Führung,
- §§ 1837–1847 enthalten Vorschriften über die Fürsorge und die Aufsicht des Familiengerichts,
- § 1851 (ergänzt durch das KJHG = SGB VIII) über die Mitwirkung des Jugendamts,
- §§ 1852–1857 a regeln die befreite Vormundschaft und
- §§ 1882–1895 die Beendigung der Vormundschaft.

2 Die Vormundschaft über Minderjährige tritt nur automatisch **ein**, wenn ein nichteheliches Kind ohne gesetzlichen Vertreter ist (§ 1791 c). Sonst muss sie vom Familiengericht angeordnet werden. Es kann daher dazu kommen, dass ein Minderjähriger zeitweise ohne gesetzlichen Vertreter ist. Damit keine Gefährdung des Kindeswohls eintritt, kann das Familiengericht in dieser Übergangsperiode selbst handeln und das Erforderliche veranlassen (§ 1846).

3 Die Bestellung eines Vormunds ist ein **Hoheitsakt.** Dritten gegenüber ist sie daher nur wirkungslos, wenn sie nichtig ist, wie etwa, weil der Betroffene nicht (mehr) existiert oder die zum Vormund bestellte Person geschäftsunfähig ist (§ 1780). Die Bestellung durch ein unzuständiges Gericht reicht dagegen nicht. Die Vormundschaft muss dann nur aufgehoben (und ggf. vom zuständigen Ge-

---

1 Zu Einzelheiten zu KSA und EheVO 2003 s. HK-BGB/Kemper EGBGB Art. 21 Rn. 2, 7 (Anh. 1 zu Art. 21 EGBGB).

Kemper

richt neu angeordnet) werden. Das Gleiche gilt, wenn die Voraussetzungen für die Bestellung des Vormunds nachträglich wegfallen, zB weil die Verhinderung der Eltern wieder entfällt. Die einzigen Ausnahmen bilden insoweit die Volljährigkeit und der Tod des Mündels. Dann endet die Vormundschaft automatisch. Der Vormund kann aber noch verpflichtet sein, für den Mündel bzw. dessen Erben Geschäfte zu besorgen, solange noch ein Fürsorgebedürfnis besteht (§§ 1893 Abs. 1, 1698 a f.). Wird die Vormundschaft aufgehoben, bleiben Handlungen des Vormunds selbst dann wirksam, wenn die Anordnung der Vormundschaft oder die Bestellung des Vormunds fehlerhaft war. Es kommen nur Schadensersatzansprüche des Mündels nach § 839, Art. 34 GG in Betracht.

Verfahren: Seit dem 1.9.2009 sind für alle Verfahren in Bezug auf Vormund- 4
schaften die Familiengerichte zuständig (§§ 111 Nr. 2, 151 Nr. 4 FamFG). Die örtliche Zuständigkeit richtet sich nach § 152 FamFG. Das Verfahren wird vom Amtsermittlungsgrundsatz (§ 26 FamFG) beherrscht. Richtschnur für jede Entscheidung ist das **Wohl des Mündels**. Gegen die Anordnung einer Vormundschaft beschwerdeberechtigt ist der Mündel selbst, sofern er mindestens 14 Jahre alt und nicht geschäftsunfähig ist (§§ 59 f. FamFG).

Untertitel 1 Begründung der Vormundschaft

§ 1773 BGB Voraussetzungen

(1) Ein Minderjähriger erhält einen Vormund, wenn er nicht unter elterlicher Sorge steht oder wenn die Eltern weder in den die Person noch in den das Vermögen betreffenden Angelegenheiten zur Vertretung des Minderjährigen berechtigt sind.

(2) Ein Minderjähriger erhält einen Vormund auch dann, wenn sein Familienstand nicht zu ermitteln ist.

Literatur: *Erb-Klünemann/Kößler*, Unbegleitete minderjährige Flüchtlinge – eine verstärkte familiengerichtliche Herausforderung, FamRB 2016, 160; *Etzold*, Bestellung eines rechtskundigen Mitvormunds für unbegleitete minderjährige Flüchtlinge gem. § 1775 S. 2 BGB, FamRZ 2016, 609; *Hoffmann*, Die Auswahl eines Vormunds/Pflegers durch das Familiengericht – das Auswahlverfahren, FamRZ 2014, 1167; *Riegner*, Die Vertretung unbegleiteter minderjähriger Flüchtlinge in asyl- und ausländerrechtlichen Angelegenheiten, NZFam 2014, 150; *Schneider/Faber*, Bestellung von Vormund und Ergänzungspfleger in Kindschaftssachen nach §§ 1666, 1696 BGB, FuR 2012, 580; *Schulte-Bunert*, Syrische Flüchtlingskinder alleine in Deutschland, was nun?, FuR 2015, 685; *Simon*, Vormundschaft für Kinder, die in Pflegefamilien leben, JAmt 2014, 610.

I. Allgemeines

Die Norm regelt die Voraussetzungen der Minderjährigenvormundschaft. Für 1
Kinder nicht (miteinander) verheirateter Eltern wird sie durch § 1791 c ergänzt.

II. Die Voraussetzungen für die Anordnung der Vormundschaft

Voraussetzung der Anordnung einer Vormundschaft ist zunächst, dass der Be- 2
troffene **minderjährig** ist. Zweifel daran müssen vom Gericht ausgeräumt wer-

den,[1] sonst ist der Betroffene als Volljähriger zu behandeln.[2] Für diesen kann nur eine Betreuung (§ 1896) angeordnet werden. Wurde irrtümlich eine Vormundschaft angeordnet, ist diese aufzuheben.[3] Mit der Volljährigkeit des Mündels (zu bestimmen nach dem Recht seiner Staatsangehörigkeit)[4] endet die Vormundschaft.[5]

3　Eine Vormundschaft ist anzuordnen, wenn der Minderjährige entweder **nicht unter elterlicher Sorge** steht oder wenn seine **Sorgeberechtigten** sowohl von der Personen- als auch der Vermögenssorge **ausgeschlossen** sind (Abs. 1). Der erste Fall ist gegeben, wenn ein in eine Ehe hineingeborenes Kind keinen lebenden Elternteil mehr hat oder beiden Elternteilen die elterliche Sorge entzogen wurde (§ 1666). Das Gleiche gilt in Bezug auf ein außerehelich geborenes Kind, für das eine Sorgeerklärung abgegeben wurde oder bei dem gemeinsame elterliche Sorge angeordnet wurde (§ 1626 a Abs. 1). War das nicht der Fall, ist ein Vormund zu bestellen, wenn die sorgeberechtigte Mutter des Kindes stirbt oder ihr die Sorge entzogen wird und eine Übertragung des Sorgerechts auf den Vater nach § 1680 nicht in Betracht kommt. Solange noch ein sorgeberechtigter Elternteil lebt, ist die Anordnung einer Vormundschaft deswegen ausgeschlossen.

4　Die an sich Sorgeberechtigten sind auch weder zur Personen- noch Vermögenssorge berechtigt, wenn ihr **Sorgerecht ruht** (§§ 1673–1675).[6] Erforderlich ist aber immer, dass beide Bereiche betroffen sind und – falls mehrere Personen an sich sorgeberechtigt sind – beide ausgeschlossen sind. Fehlt es an Ersterem, ist ein Pfleger zu bestellen (§ 1909), fehlt es an Letzterem, hat derjenige die volle Sorge, der weiterhin sorgeberechtigt ist (§ 1678 Abs. 1).

5　Eine Vormundschaft ist auch dann anzuordnen, **wenn der Familienstand eines Minderjährigen nicht zu ermitteln ist** (Abs. 2, Hauptfall: Findelkinder, anonym geborene Kinder). Die örtliche Zuständigkeit des Familiengerichts richtet sich dann nach dem Fundort des Kindes (§ 152 Abs. 4 FamFG). Zu beachten ist, dass in einem solchen Fall die Person, die den Antrag auf Übertragung der Vormundschaft für ein Findelkind auf sich stellt, nicht das Recht erlangt, als Beteiligter zu dem entsprechenden Verfahren hinzugezogen zu werden, denn es handelt sich nur um eine Anregung, nicht einen echten Antrag iSd § 7 FamFG.[7]

§ 1774 BGB　Anordnung von Amts wegen

[1]Das Familiengericht hat die Vormundschaft von Amts wegen anzuordnen. [2]Ist anzunehmen, dass ein Kind mit seiner Geburt eines Vormunds bedarf, so kann schon vor der Geburt des Kindes ein Vormund bestellt werden; die Bestellung wird mit der Geburt des Kindes wirksam.

1　Zur Altersfeststellung bei Flüchtlingen vgl. OLG Hamm 25.2.2014 – 1 UF 213/13; OLG Karlsruhe 26.8.2015 – 18 UF 92/15, FamRB 2016, 55; OVG Hamburg 9.2.2011 – 4 Bs 9/11, FamRZ 2011, 932.
2　OLG Oldenburg 9.8.2010 – 14 UF 110/10, JAmt 2010, 456.
3　OLG Köln 21.6.2013 – 26 UF 49/13, FamRZ 2014, 242.
4　OLG Karlsruhe 23.7.2015 – 5 WF 74/15, FamRZ 2015, 1820; OLG Hamburg 23.2.2016 – 4 UF 186/15, AuAS 2016, 93.
5　OLG Hamburg 23.2.2016 – 4 UF 186/15, AuAS 2016, 93.
6　Zum Ruhen der elterlichen Sorge Ruhen bei nicht bestehender Möglichkeit der Kommunikation eines albanischen Jugendlichen mit seinen Eltern und der daraus folgenden Notwendigkeit der Bestellung eines Vormunds vgl. OLG Hamm 20.7.2015 – 4 UF 117/15.
7　OLG Hamburg 6.5.2015 – 2 WF 44/15, FamRZ 2016, 151.

Literatur: *Drews*, Der Bekanntmachungsadressat bei Anordnung einer Vormundschaft, Rpfleger 1981, 13.

Die Vorschrift regelt die **Grundsätze für die Begründung von Vormundschaften.** 1
S. 1 stellt zunächst klar, dass eine Vormundschaft grundsätzlich nicht von selbst eintritt, sondern angeordnet werden muss. Eine Ausnahme bildet insoweit nur § 1791 c für den Fall, dass ein Kind nicht verheirateter Eltern bereits bei der Geburt ohne gesetzlichen Vertreter wäre. Die Anordnung der Vormundschaft kann mit der Bestellung des Vormunds zusammengefasst werden.

Die Anordnung der Vormundschaft erfolgt **von Amts wegen.** Das bedeutet 2
gleichzeitig, dass für die Ermittlung der für die Anordnung der Vormundschaft maßgeblichen Tatsachen der Amtsermittlungsgrundsatz gilt (§ 26 FamFG). Zur Sicherung der Bestellung eines Vormunds werden in Spezialregelungen bestimmte öffentliche Stellen verpflichtet, nämlich das Standesamt (§ 57 SGB VIII, § 168 a FamFG), das Jugendamt (§§ 42 Abs. 2 S. 3 Nr. 2, Abs. 3 S. 4, 50 Abs. 3 S. 1, 53 Abs. 3 SGB VIII), Gerichte (§ 22 a FamFG) und die Staatsanwaltschaft (§ 70 JGG). Bei Tod eines Vormunds müssen seine Erben (§ 1894 Abs. 1) und – falls vorhanden – der Gegenvormund (§ 1895) das Familiengericht verständigen. Entsprechendes gilt für den Vormund beim Tod eines Mitvormunds und des Gegenvormunds (§ 1894 Abs. 2).

Im Interesse eines Kindes, zu keinem Zeitpunkt ohne eine Person zu sein, die für 3
es sorgen und es vertreten kann, ermöglicht S. 2 die Anordnung einer **Vormundschaft bereits vor der Geburt.** Die Bestellung wird dann mit der Geburt wirksam.

Wird eine **Vormundschaft angeordnet, ohne dass die materiellen Voraussetzun-** 4
gen vorliegen, ist die Anordnung zwar wirksam, aber die Vormundschaft endet sofort wieder (§ 1882).[1] Diese Lösung führt zur unmittelbaren Anwendung der §§ 1698 a, 1698 b, 1893. Sie ist deswegen der Ansicht vorzuziehen, dass eine Vormundschaft in diesen Fällen gar keine Wirkungen entfaltet.[2]

§ 1775 BGB Mehrere Vormünder

¹Das Familiengericht kann ein Ehepaar gemeinschaftlich zu Vormündern bestellen. ²Im Übrigen soll das Familiengericht, sofern nicht besondere Gründe für die Bestellung mehrerer Vormünder vorliegen, für den Mündel und, wenn Geschwister zu bevormunden sind, für alle Mündel nur einen Vormund bestellen.

Literatur: *Erb-Klünemann/Kößler*, Unbegleitete minderjährige Flüchtlinge – eine verstärkte familiengerichtliche Herausforderung, FamRB 2016, 160; *Etzold*, Bestellung eines rechtskundigen Mitvormunds für unbegleitete minderjährige Flüchtlinge gem. § 1775 S. 2 BGB, FamRZ 2016, 609; *Hasel*, Mehrere Vormünder für Geschwister?, BWNotZ 1986, 82; *Riegner*, Die Vertretung unbegleiteter minderjähriger Flüchtlinge in asyl- und ausländerrechtlichen Angelegenheiten, NZFam 2014, 150; *Schulte-Bunert*, Syrische Flüchtlingskinder alleine in Deutschland, was nun?, FuR 2015, 685.

Die Norm stellt den **Grundsatz** auf, dass **nur ein Vormund** bestellt werden soll. 1
Nur ein **Ehepaar** kann gemeinschaftlich bestellt werden, ohne dass eine besondere Notwendigkeit dafür besteht (S. 1). Die Regelung soll sicherstellen, dass der

---

1 BayObLG 5.9.1962 – BReg 1 Z 141/62, MDR 1963, 53; Staudinger/Engler § 1774 Rn. 27 f.
2 MK/Wagenitz § 1774 Rn. 8.

Mündel nicht zum bloßen Objekt einer unpersönlichen Fürsorge wird, sondern dass eine Person (bzw. ein Paar) sich um ihn kümmert und für ihn zur echten Bezugsperson wird. Für die Partner einer Lebenspartnerschaft hat der Gesetzgeber keine vergleichbare Regelung geschaffen. Da es mittlerweile für Lebenspartner ein Adoptionsrecht gibt (vgl. § 9 Abs. 7 LPartG), das vom Bundesverfassungsgericht zu einem Sukzessivadoptionsrecht für beide Lebenspartner aufgewertet wurde, ist von einer nachträglichen Regelungslücke auszugehen und die Regelung deswegen in diesen Fällen entsprechend anzuwenden. Ohnehin anwendbar ist die Regelung auf Ehepaare von Partnern gleichen Geschlechts, denn alle Ehen sind gleichberechtigt.

2   Grds. soll für einzelne Mündel, aber auch für mehrere Geschwister, **nur ein Vormund** bestellt werden. Eine Ausnahme besteht nur für Ehepaare, weil dann eine Art Elternersatz geboten werden kann. Das Gebot der Einzelvormundschaft gilt auch für Halbgeschwister; denn es soll für Personen, die zusammengehören, auch eine gemeinsame Fürsorge geschaffen werden.

3   **Mehrere Vormünder** (Mitvormünder) können nur bestellt werden, wenn dafür besondere Gründe bestehen (Ausnahme: Ehepaar). Das entscheidet das Gericht nach freiem Ermessen. Die Bestellung mehrerer Personen zu Vormündern kommt in Betracht beim Vorhandensein von Mündelvermögen an weit auseinander liegenden Orten, das für die Verwaltung die Anwesenheit eines Vertreters erfordert. Außerdem kann bei verschiedenen religiösen Bekenntnissen von Mündel und Vormund die Stellung mehrerer Vormünder erforderlich sein, wenn nur so eine dem Bekenntnis des Mündels entsprechende religiöse Erziehung erreicht werden kann. Das Gleiche gilt, wenn für einzelne zu besorgende Angelegenheiten besondere Kenntnisse erforderlich sind, welche der andere Vormund nicht hat. Im Moment aktuell ist insoweit die Frage, ob für unbegleitete Flüchtlinge neben dem Jugendamt als generellem Vormund noch ein Rechtsanwalt zu bestellen ist, der sich besonders mit Fragen des Asyl- und Ausländerrechts auskennt.[1] Eine generelle Antwort verbietet sich insoweit; es handelt sich um eine Frage des Einzelfalles.

4   Neben einem Vormund, der von den Eltern des Kindes berufen wurde (vgl. §§ 1776 f.), darf ein **Mitvormund** nur bestellt werden, wenn der Vormund zustimmt (§ 1778 Abs. 4). Als Mitvormund kommt jede Person in Betracht, die zum alleinigen Vormund bestellt werden könnte, also auch das Jugendamt. Mitvormünder führen die Vormundschaft grundsätzlich gemeinschaftlich (§ 1797 Abs. 1).

§ 1776 BGB   Benennungsrecht der Eltern

(1) Als Vormund ist berufen, wer von den Eltern des Mündels als Vormund benannt ist.

---

1   Bejahend: OLG Frankfurt/M. 8.1.2015 – 6 UF 292/14, FamRZ 2015, 1412; 2.12.2013 – 5 UF 310/13, JAmt 2014, 170; LG Bremen 19.1.1992 – 10 T 771/91, InfAuslR 1992, 281; verneinend OLG Nürnberg 7.12.2015 – 9 UF 1276/15, FamRZ 2016, 481; OLG Bamberg 13.8.2015 – 2 UF 140/15, FamRZ 2016, 152; OLG Frankfurt/M. 23.1.2015 – 3 UF 341/14, FamRZ 2015, 1119; ausführlich zur Problematik unbegleiteter minderjähriger Flüchtlinge s. Erb-Klünemann/Kössler FamRB 2016, 160 ff.; Schulte-Bunert FuR 2015, 685 ff.; Etzold FamRZ 2016, 609 ff.; Riegner NZFam 2014, 150 ff.

(2) Haben der Vater und die Mutter verschiedene Personen benannt, so gilt die Benennung durch den zuletzt verstorbenen Elternteil.

§ 1777 BGB Voraussetzungen des Benennungsrechts

(1) Die Eltern können einen Vormund nur benennen, wenn ihnen zur Zeit ihres Todes die Sorge für die Person und das Vermögen des Kindes zusteht.

(2) Der Vater kann für ein Kind, das erst nach seinem Tode geboren wird, einen Vormund benennen, wenn er dazu berechtigt sein würde, falls das Kind vor seinem Tode geboren wäre.

(3) Der Vormund wird durch letztwillige Verfügung benannt.

§ 1778 BGB Übergehen des benannten Vormunds

(1) Wer nach § 1776 als Vormund berufen ist, darf ohne seine Zustimmung nur übergangen werden,
1. wenn er nach den §§ 1780 bis 1784 nicht zum Vormund bestellt werden kann oder soll,
2. wenn er an der Übernahme der Vormundschaft verhindert ist,
3. wenn er die Übernahme verzögert,
4. wenn seine Bestellung das Wohl des Mündels gefährden würde,
5. wenn der Mündel, der das 14. Lebensjahr vollendet hat, der Bestellung widerspricht, es sei denn, der Mündel ist geschäftsunfähig.

(2) Ist der Berufene nur vorübergehend verhindert, so hat ihn das Familiengericht nach dem Wegfall des Hindernisses auf seinen Antrag anstelle des bisherigen Vormunds zum Vormund zu bestellen.

(3) Neben dem Berufenen darf nur mit dessen Zustimmung ein Mitvormund bestellt werden.

Literatur: *Kirchner*, Vormundschaft und Testamentsvollstreckung im Elterntestament, MittBayNot 1997, 203; *Huhn*, Die Auswahl des Vormunds für Minderjährige, RpflStud 1981, 49.

I. Übersicht und Systematik

§§ 1776–1778 ermöglichen es den Eltern, für den Fall, dass eine Vormundschaft 1 erforderlich wird, sicherzustellen, dass eine Person als Vormund bestellt wird, die ihr Vertrauen genießt. Sie sind **Ausfluss des Elternrechts** (Art. 6 Abs. 2 GG).

II. Die Benennung eines Vormunds

Eine Berufung zum Vormund erfolgt durch eine **Benennung durch die Eltern** 2 (Abs. 1). Gemeint ist mit dieser Bezeichnung, wer zur Zeit des Todes für das Kind sorgeberechtigt war (§§ 1777 Abs. 1, 1626, 1626 a). Bei eingeschränkter Sorge ist auch das Benennungsrecht eingeschränkt.[1]

Bei **gemeinsamer Sorge** muss auch die Benennung gemeinsam erfolgen. Divergie- 3 ren die Benennungen, gilt die Benennung durch den zuletzt verstorbenen Elternteil (§ 1776 Abs. 2); denn nach dem Tod des anderen stand ihm die Sorge wenigstens kurzzeitig allein zu. Ein Vater kann einen Vormund bereits vor der Geburt

---

1 BayObLG 4.5.1992 – BReg 1 Z 6/90, FamRZ 1992, 1346.

des Kindes benennen. Diese Benennung ist wirksam, wenn der Vater benennungsberechtigt gewesen wäre, wenn das Kind zur Zeit der Benennung bereits geboren gewesen wäre (§ 1777 Abs. 2).

4 **Benannt werden kann** jeder, der zum Vormund bestellt werden kann, mit Ausnahme des Jugendamts. Auch ungeeignete Personen können benannt werden; sie sind aber bei der Bestellung zu übergehen (§ 1778 Abs. 1 Nr. 1).

5 Die Benennung erfolgt **durch letztwillige Verfügung** (§ 1777 Abs. 3), also in einem Testament oder Erbvertrag. Welche Anforderungen an die Klarheit der Anordnung zu stellen sind, richtet sich nach den erbrechtlichen Regeln.[2] Die Beifügung von Bedingungen oder Zeitbestimmungen ist zulässig. Zu Gestaltungsmöglichkeiten bezüglich der Führung der Vormundschaft s. §§ 1797 Abs. 3, 1803, 1852 ff.

6 Die wichtigste **Folge** der Benennung ist, dass der Benannte bei der Auswahl des Vormunds nur unter den in § 1778 Abs. 1 genannten Gründen übergangen werden darf. Generellen Vorrang vor ihm hat nur die kraft Gesetzes eintretende Amtsvormundschaft (§ 1791 c).

7 **Übergangen** werden kann er, **wenn er nach den §§ 1780 ff. nicht zum Vormund bestellt werden kann oder soll** (§ 1778 Abs. 1 Nr. 1). Betroffen sind Geschäftsunfähige, Minderjährige, unter Betreuung Stehende, im Insolvenzverfahren befindliche Personen sowie Beamte oder Religionsdiener ohne die erforderliche Erlaubnis. § 1782 hat in diesem Zusammenhang keine praktische Bedeutung, weil seine Voraussetzungen denjenigen des § 1776 Abs. 1 widersprechen.

8 **Übergangen** werden kann der Benannte auch, **wenn er an der Übernahme der Vormundschaft dauernd verhindert ist** (§ 1778 Abs. 1 Nr. 2). Bei nur vorübergehender Verhinderung wird zwar zunächst ein anderer Vormund bestellt, der Benannte muss aber nach dem Wegfall der Verhinderung auf seinen Antrag hin bestellt (und der bisherige Vormund entlassen) werden (§ 1778 Abs. 2).

9 Übergangen werden kann der Benannte auch, **wenn er die Übernahme der Vormundschaft verzögert** (§ 1778 Abs. 1 Nr. 3). Gleiches gilt, wenn die Bestellung des Benannten das Wohl des Mündels gefährden würde (§ 1778 Abs. 1 Nr. 4), wie etwa, wenn er zu alt oder körperlich nicht in der Lage ist, für den Mündel zu sorgen oder wenn er und der Mündel sich tief greifend entfremdet haben. Hierher gehören außerdem Interessenkollisionen aller Art. Außerdem kann der Benannte übergangen werden, wenn der nicht geschäftsunfähige Mündel, der das vierzehnte Lebensjahr vollendet hat, der Bestellung widerspricht (§ 1778 Abs. 1 Nr. 5). Schließlich darf er übergangen werden, wenn er damit einverstanden ist (vgl. § 1778 Abs. 1).

10 Die Benennung führt nur zu einer Erweiterung des Rechtskreises des Benannten. Er kann **nicht gezwungen werden**, dass er die Vormundschaft übernimmt. Für ihn gilt nichts anderes als für nicht benannte Personen (vgl. § 1785).

11 Der Benannte ist insofern privilegiert, als ein **Mitvormund ohne seine Zustimmung nicht bestellt** werden darf (§ 1778 Abs. 3). Das gilt allerdings nicht, wenn die Eltern mehrere Vormünder benannt hatten (und Gründe iSd § 1775 vorliegen).

---

2 Vgl. OLG Frankfurt/M. 18.2.1983 – 20 W 40/83, Rpfleger 1983, 275.

III. Verfahren

Der übergangene Benannte kann gegen die Bestellung des Vormunds sofortige 12
Beschwerde einlegen (§§ 58, 59 Abs. 1 FamFG). Großeltern haben in ihrer
Funktion als solche kein Beschwerderecht gegen die Auswahl des Vormunds.[3]

§ 1779 BGB Auswahl durch das Familiengericht

(1) Ist die Vormundschaft nicht einem nach § 1776 Berufenen zu übertragen, so
hat das Familiengericht nach Anhörung des Jugendamts den Vormund auszuwählen.

(2) [1]Das Familiengericht soll eine Person auswählen, die nach ihren persönlichen
Verhältnissen und ihrer Vermögenslage sowie nach den sonstigen Umständen
zur Führung der Vormundschaft geeignet ist. [2]Bei der Auswahl unter mehreren
geeigneten Personen sind der mutmaßliche Wille der Eltern, die persönlichen
Bindungen des Mündels, die Verwandtschaft oder Schwägerschaft mit dem
Mündel sowie das religiöse Bekenntnis des Mündels zu berücksichtigen.

(3) [1]Das Familiengericht soll bei der Auswahl des Vormunds Verwandte oder
Verschwägerte des Mündels hören, wenn dies ohne erhebliche Verzögerung und
ohne unverhältnismäßige Kosten geschehen kann. [2]Die Verwandten und Verschwägerten können von dem Mündel Ersatz ihrer Auslagen verlangen; der Betrag der Auslagen wird von dem Familiengericht festgesetzt.

Literatur: *Wesche*, Auswahl des Vormundes oder Pflegers, Rpfleger 1988, 453.

I. Allgemeines

Die Norm nennt das **Verfahren und die Kriterien für die Auswahl eines Vor** 1
munds, wenn entweder kein Vormund benannt ist oder der Benannte zu übergehen ist. Sie gilt auch für die Bestellung von Ergänzungspflegern.[1]

II. Kriterien für die Auswahl des Vormunds

Hauptkriterium für die Auswahl des Vormunds ist seine **Eignung für die Füh** 2
rung der Vormundschaft (Abs. 2 S. 1). Sie wird vom Familiengericht nach freiem
Ermessen beurteilt.[2] Es wählt unter mehreren geeigneten Kandidaten zunächst
nach den in Abs. 2 S. 2 genannten Kriterien, sonst danach aus, wer das Wohl des
Mündels am besten fördern kann.

Die **Eignung** des Vormunds bestimmt sich nach seinen **gesamten persönlichen** 3
Verhältnissen einschließlich seiner Vermögenslage. Faktoren sind zB die Belastung mit anderen Vormundschaften oder durch seinen Beruf (selbst wenn die
Schwelle des § 1786 nicht erreicht ist), die fehlende Bereitschaft zur Übernahme
der Vormundschaft (bei vorhandener Bereitschaft einer in gleicher Weise geeigneten Person), ein bereits früher aufgetretenes Erziehungsversagen, wirtschaftliche Interessenkonflikte sowie das Verhältnis zwischen dem Kandidaten und dem
Mündel.

---

3 BVerfG 30.8.2014 – 1 BvR 1409/14, FamRZ 2014, 1843; BGH 26.6.2013 – XII ZB
   31/13, FamRZ 2013, 1380.
1 OLG Düsseldorf 6.10.2010 – II-8 UF 139/10, FamRZ 2011, 742; OLG Köln 24.2.2011 –
   II-4 UF 43/11, FamRZ 2011, 1305.
2 OLG Schleswig 11.4.2016 – 14 UF 32/16.

4 Besonders bei der Auswahl zu berücksichtigen sind neben dem mutmaßlichen Willen (bei geäußertem Willen gilt § 1776) der Eltern die **persönlichen Bindungen** und Verwandtschaft und Schwägerschaft mit dem Mündel (Abs. 2 S. 2). Das bedeutet, dass Verwandte oder Verschwägerte, die zur Führung der Vormundschaft geeignet sind, nicht zugunsten eines besser geeigneten Dritten übergangen werden dürfen.[3] Bei der Beurteilung dieser Frage sind die Erziehungseignung, die persönlichen und wirtschaftlichen Verhältnisse der als Vormund in Betracht kommenden Personen sowie gegebenenfalls der Kindeswille zu berücksichtigen.[4] Unter den Verwandten und Schwägern ist unabhängig vom Grad der Geeignetste auszusuchen. Lebt einer der Verwandten oder Schwäger schon länger mit dem Kind zusammen, wird es wegen seiner engen Bindung zu dem Kind regelmäßig keinen geeigneteren Vormund geben. Auch Verwandte müssen aber immer geeignet sein zur Führung der Vormundschaft. Die Verwandtenstellung allein qualifiziert nicht.[5] Umgekehrt kann die Nähestellung in seltenen Ausnahmefällen auch ein Hindernis für die Bestellung sein. Die aus der Nähe zum Kind zugleich folgende fehlende Distanz zu den Kindeseltern spricht dann gegen eine Bestellung naher Verwandter zum Vormund, wenn es konkrete Hinweise dafür gibt, dass die emotionale Einbindung der Verwandten in die Familie des Kindes sich im Einzelfall abträglich auf das Kindeswohl auswirken könnte.[6]

5 Besondere Rücksicht muss bei der Auswahl auch auf das **religiöse Bekenntnis** genommen werden (Abs. 2 S. 2 aE). Ein Kandidat gleicher Religions- bzw. Konfessionszugehörigkeit wie der Mündel hat daher grundsätzlich Vorrang vor einem, der eine andere Religion oder Konfession besitzt. Diese Regel gilt aber nicht ausnahmslos. Ist der konfessions- oder religionsverschiedene Kandidat im Übrigen geeigneter, ist er zu bestellen und dem Mündel für die Wahrnehmung seiner religiösen Angelegenheiten ein Pfleger zu bestellen. Außerdem geht die Bestellung einer natürlichen Person immer der einer juristischen Person vor. Der religions- bzw. konfessionsverschiedene Kandidat ist daher auch dann zu bestellen, wenn ein konfessionsidentischer Verein als Vereinsvormund bereitstünde.

III. Folgen der Auswahl des Vormunds für diesen

6 Der vom Familiengericht **Ausgewählte muss die Vormundschaft übernehmen** (§ 1785), es sei denn, in seiner Person läge einer der in §§ 1780–1786 genannten Gründe vor.

IV. Verfahren

7 Vor der Auswahl des Vormunds muss das Familiengericht das Jugendamt (Abs. 1) und Verwandte oder Verschwägerte des Mündels **hören**, dies aber nur, wenn dies ohne erhebliche Verzögerung und ohne unverhältnismäßige Kosten geschehen kann (Abs. 3 S. 1).

8 Die **Verwandten und Verschwägerten** können von dem Mündel **Ersatz ihrer Auslagen** verlangen (Abs. 3 S. 2). Zu den Verwandten gehört auch der nichteheliche Vater, sofern seine Vaterschaft anerkannt oder festgestellt ist.

---

3 OLG Hamm 1.12.1998 – 15 W 339/98, FamRZ 1999, 678; vgl. auch OLG Braunschweig 28.12.1988 – 2 W 147/88, Rpfleger 1989, 237.
4 OLG Saarbrücken 17.7.2014 – 6 UF 48/14.
5 OLG Saarbrücken 14.10.2013 – 6 UF 160/13.
6 BVerfG 27.8.2014 – 1 BvR 1467/14, FamRZ 2014, 1841.

Gegen die Bestellung des Vormunds **beschwerdeberechtigt** ist der Mündel, ggf. 9
auch ein abgesetzter Vormund, der durch den neuen Vormund ersetzt wird.[7]
Bloße Verwandtschaft allein berechtigt aber nicht zur Beschwerde. Großeltern,
die zum Vormund bestellt werden wollen, steht daher kein eigenes Beschwerderecht zu, wenn ihrem Wunsch nicht entsprochen wird.[8] Auch Pflegeeltern steht
mangels Betroffenheit in eigenen Rechten keine Beschwerdebefugnis zu.[9] Hat
die Beschwerde Erfolg, muss der Vormund entlassen werden. Die Entlassung
wirkt nur ex nunc, damit der Mündel keine Nachteile durch das zeitweise Fehlen eines gesetzlichen Vertreters hat.

§ 1780 BGB Unfähigkeit zur Vormundschaft

Zum Vormund kann nicht bestellt werden, wer geschäftsunfähig ist.

Die Vorschrift regelt einen **Nichtigkeitsgrund** für die Bestellung zum Vormund. 1
Vormund kann nicht sein, wer selbst (nach § 104 Nr. 2) **geschäftsunfähig** ist.

Tritt die **Geschäftsunfähigkeit nach der Bestellung** ein, ist der Vormund nach 2
§§ 1886, 1781 Nr. 2 zu entlassen, wenn ein Betreuer bestellt wird.

Übersehen hat der Gesetzgeber, dass ein **Vormund auch geschäftsunfähig werden** 3
kann, ohne dass gleich ein Betreuer bestellt wird. In diesem Fall ist er nach
§ 1886 zu entlassen, weil die Fortführung des Amtes das Wohl des Mündels gefährden würde.

§ 1781 BGB Untauglichkeit zur Vormundschaft

Zum Vormund soll nicht bestellt werden:
1. **wer minderjährig ist,**
2. **derjenige, für den ein Betreuer bestellt ist.**

Die Vorschrift regelt, wer für die Übernahme der Vormundschaft ungeeignet ist. 1
Es handelt sich um eine Sollvorschrift; ein Verstoß macht die Bestellung des Vormunds daher nicht unwirksam, sondern führt nur dazu, dass der Vormund entlassen werden muss (§ 1886).

Ausgeschlossen sind: Minderjährige, dh Personen mit einem Alter unter 18 Jah- 2
ren (Nr. 1) und unter Betreuung stehende Personen (Nr. 2, vgl. § 1896).

§ 1782 BGB Ausschluss durch die Eltern

(1) [1]Zum Vormund soll nicht bestellt werden, wer durch Anordnung der Eltern
des Mündels von der Vormundschaft ausgeschlossen ist. [2]Haben die Eltern einander widersprechende Anordnungen getroffen, so gilt die Anordnung des zuletzt verstorbenen Elternteils.

(2) Auf die Ausschließung ist die Vorschrift des § 1777 anzuwenden.

---

7 OLG Hamburg 3.3.2014 – 7 UF 150/13 FamRZ 2014, 954.
8 BVerfG 30.8.2014 – 1 BvR 1409/14, FamRZ 2014, 1843; BGH 26.6.2013 – XII ZB
   31/13, FamRZ 2013, 1380; OLG Hamm 19.1.2011 – 8 UF 263/10, NJW-RR 2011, 585.
9 OLG Nürnberg 14.3.2014 – 11 WF 141/14, NJW 2014, 2883; OLG Karlsruhe 6.5.2013 –
   5 WF 170/12, FamRZ 2014, 404.

1 Als Ausfluss des elterlichen Erziehungsrechts lässt die Norm zu, **dass die Eltern bestimmte Personen von der Vormundschaft ausschließen.** Die Regelung ist die Entsprechung zu den §§ 1776 ff., die es den Eltern gestatten, bestimmte Personen zu Vormündern zu berufen. Es handelt sich um eine Sollvorschrift; ein Verstoß führt nicht zur Unwirksamkeit der Auswahl des Vormunds, sondern nur zu seiner Entlassung (§ 1886).

2 **Ausgeschlossen werden können** auf jeden Fall **Einzelpersonen.** Das Gleiche muss aber auch für **Personengruppen** gelten: Wenn jedes einzelne Mitglied der Gruppe ausgeschlossen werden könnte, muss es auch möglich sein, die ganze Gruppe als solche auszuschließen. Erforderlich ist aber immer, dass erkennbar ist, welcher Personenkreis ausgeschlossen sein soll.

3 Der Ausschluss bedarf der Form einer **letztwilligen Verfügung** (Testament, Erbvertrag). Bei widersprüchlichen Ausschließungen der Eltern gilt die Verfügung des Längstlebenden; denn dieser war nach dem Tod des anderen alleiniger Sorgerechtsträger.

§ 1783 BGB (weggefallen)

§ 1784 BGB Beamter oder Religionsdiener als Vormund

(1) Ein Beamter oder Religionsdiener, der nach den Landesgesetzen einer besonderen Erlaubnis zur Übernahme einer Vormundschaft bedarf, soll nicht ohne die vorgeschriebene Erlaubnis zum Vormund bestellt werden.

(2) Diese Erlaubnis darf nur versagt werden, wenn ein wichtiger dienstlicher Grund vorliegt.

Literatur: *Deinert*, Die Betreuung, Vormundschaft und Pflegschaft als beamtenrechtliche Nebentätigkeit, DAVorm 1995, 1031; *Kröger*, Der Beamte als Vormund und Pfleger (Betreuer), SchlHA 1992, 85.

1 **Die Vorschrift dient** dem Schutz der dienstlichen Belange der Anstellungskörperschaft eines Beamten bzw. Religionsdieners und bindet die Bestellung einer solchen Person zum Vormund an die Erlaubnis des Dienstherrn bzw. der Religionsgemeinschaft (Abs. 1). Wird die Erlaubnis nicht erteilt, ist der Beamte bzw. Religionsdiener als Vormund zu entlassen. Bis dahin ist seine Bestellung jedoch wirksam.

2 **Voraussetzung** des Genehmigungserfordernisses ist, dass die Erlaubnis des Dienstherrn gesetzlich (bei Beamten) bzw. durch die interne Rechtsordnung der Religionsgemeinschaft vorgeschrieben ist. Die Genehmigungserfordernisse für Beamte finden sich in § 65 BBG (Bundesbeamte) bzw. in den entsprechenden Landesgesetzen (Landesbeamte).

3 Die **Genehmigung** darf nur aus wichtigem Grund versagt werden (Abs. 2). Ob ein solcher vorliegt, bestimmt sich bei Beamten nach dem Nebentätigkeitsrecht. Ausgeschlossen ist die Bestellung zum Vormund vor allem bei möglichen Interessenkollisionen.

§ 1785 BGB Übernahmepflicht

Jeder Deutsche hat die Vormundschaft, für die er von dem Familiengericht ausgewählt wird, zu übernehmen, sofern nicht seiner Bestellung zum Vormund einer der in den §§ 1780 bis 1784 bestimmten Gründe entgegensteht.

Die Norm ordnet die **Pflicht zur Übernahme der Vormundschaft** an. Sie soll die 1
Versorgung von Mündeln mit Vormündern sichern. Weigert sich ein zur Übernahme der Vormundschaft Verpflichteter, können Ordnungsstrafen verhängt werden (§ 1788). Unter Umständen macht sich der Ablehnende dem Mündel schadensersatzpflichtig (§ 1787).

Verpflichtet, die Vormundschaft zu übernehmen, ist **jeder Deutsche** iSd Art. 116 2
GG, der nicht als Vormund ungeeignet (§§ 1780–1784) oder berechtigt ist, die Übernahme abzulehnen (§ 1786). Für Soldaten ergibt sich ein besonderes Ablehnungsrecht aus § 21 SoldatenG.

In § 1785 sind **nur natürliche Personen** gemeint; denn aus § 1791 a Abs. 1 S. 2 3
ergibt sich, dass ein Verein nur mit seiner Zustimmung bestellt werden kann.
Die Pflicht des Jugendamts zur Übernahme der Vormundschaft ergibt sich aus dem Auffangcharakter der Amtsvormundschaft (vgl. § 1791 b).

Daraus, dass **Ausländer** nicht zur Vormundschaft verpflichtet sind, darf nicht 4
geschlossen werden, dass sie nicht bestellt werden dürften. Auch die Entlassung eines Vormunds kann nicht allein darauf gestützt werden, dass er Ausländer ist, sondern nur auf Eignungsmängel (zB Sprachprobleme).

Gegen eine die Weigerung zurückweisende Verfügung findet die **Beschwerde** 5
statt (§ 58 Abs. 1 FamFG). Sie kann nicht auf mangelnde Eignung gestützt werden. Die Vormundschaft muss bis zur Entscheidung der Beschwerde vorläufig übernommen werden (§ 1787 Abs. 2).

§ 1786 BGB Ablehnungsrecht

(1) Die Übernahme der Vormundschaft kann ablehnen:
1. ein Elternteil, welcher zwei oder mehr noch nicht schulpflichtige Kinder überwiegend betreut oder glaubhaft macht, dass die ihm obliegende Fürsorge für die Familie die Ausübung des Amts dauernd besonders erschwert,
2. wer das 60. Lebensjahr vollendet hat,
3. wem die Sorge für die Person oder das Vermögen von mehr als drei minderjährigen Kindern zusteht,
4. wer durch Krankheit oder durch Gebrechen verhindert ist, die Vormundschaft ordnungsmäßig zu führen,
5. wer wegen Entfernung seines Wohnsitzes von dem Sitz des Familiengerichts die Vormundschaft nicht ohne besondere Belästigung führen kann,
6. (weggefallen)
7. wer mit einem anderen zur gemeinschaftlichen Führung der Vormundschaft bestellt werden soll,
8. wer mehr als eine Vormundschaft, Betreuung oder Pflegschaft führt; die Vormundschaft oder Pflegschaft über mehrere Geschwister gilt nur als eine; die Führung von zwei Gegenvormundschaften steht der Führung einer Vormundschaft gleich.

(2) Das Ablehnungsrecht erlischt, wenn es nicht vor der Bestellung bei dem Familiengericht geltend gemacht wird.

I. Überblick und Systematik

1 Die Norm regelt die Gründe, aus denen eine zum Vormund berufene Person ihre Bestellung ablehnen darf. Die Aufzählung ist abschließend.[1] Eine analoge Anwendung scheidet aus.

II. Die Gründe für die Ablehnung der Vormundschaft

2 Die Ablehnungsgründe sind: die Betreuung von mindestens zwei noch nicht schulpflichtigen Kindern oder sonstige dauernde besondere Erschwerung des Amts wegen der Fürsorge für die Familie (Abs. 1 Nr. 1), die Vollendung des 60. Lebensjahrs (Abs. 1 Nr. 2), die Personen- und/oder Vermögenssorge für mindestens vier minderjährige Kinder (Abs. 1 Nr. 3), die Hinderung an der ordnungsgemäßen Führung der Vormundschaft durch Krankheit oder Gebrechen (Abs. 1 Nr. 4) und die besondere Belästigung durch die Führung der Vormundschaft wegen der Entfernung vom Sitz des Familiengerichts (Abs. 1 Nr. 5). Es kommt auf die Umstände des Einzelfalls an; eine schematische Anknüpfung an Gerichtsbezirke usw verbietet sich. Sofern dem Familiengericht schriftliche Berichte ausreichen, sind auch große Entfernungen unbeachtlich. Ein Ablehnungsrecht besteht auch bei beabsichtigter Bestellung zum gemeinschaftlichen Vormund iSd § 1797 Abs. 1, weil im Interesse des Mündels niemandem zugemutet werden soll, mit einer Person zusammenzuarbeiten, mit der er nicht kooperieren will (Abs. 1 Nr. 7). Das Gleiche gilt für Personen, die bereits mindestens zwei Vormundschaften, Pflegschaften oder Betreuungen führen (Abs. 1 Nr. 8). Die Führung von Vormundschaften oder Pflegschaften für Geschwister gilt als eine, zwei Gegenvormundschaften zählen als eine Vormundschaft.

III. Verfahren

3 Der Ablehnungsgrund muss vor der Bestellung zum Vormund beim Familiengericht geltend gemacht werden (Abs. 2). Unterbleibt das, ist er verwirkt. Tritt ein Ablehnungsgrund nachträglich auf, muss der Vormund entlassen werden (§ 1889).

4 Wenn ein Ablehnungsgrund rechtzeitig geltend gemacht wurde (Abs. 2), findet gegen die den Grund zurückweisende Verfügung die **Beschwerde** statt (§ 58 Abs. 1 FamFG). Bis zur Entscheidung muss die Vormundschaft vorläufig übernommen werden (§ 1787 Abs. 2).

§ 1787 BGB   Folgen der unbegründeten Ablehnung

(1) Wer die Übernahme der Vormundschaft ohne Grund ablehnt, ist, wenn ihm ein Verschulden zur Last fällt, für den Schaden verantwortlich, der dem Mündel dadurch entsteht, dass sich die Bestellung des Vormunds verzögert.

(2) Erklärt das Familiengericht die Ablehnung für unbegründet, so hat der Ablehnende, unbeschadet der ihm zustehenden Rechtsmittel, die Vormundschaft auf Erfordern des Familiengerichts vorläufig zu übernehmen.

---

1 AA LG Bielefeld 2.10.1987 – 3 T 976/87, NJW-RR 1988, 713.

Abs. 1 ordnet eine **Verpflichtung zum Schadensersatz** für den Fall an, dass sich 1
eine Person unberechtigt einer Vormundschaft zu entziehen versucht. Es handelt
sich um eine Schadensersatzpflicht wegen Verletzung eines Schuldverhältnisses
zwischen Mündel und Ablehnendem, nicht um eine solche aus unerlaubter
Handlung. Es gilt die Verjährungsfrist des § 195.

Voraussetzung des Schadensersatzanspruchs ist die schuldhafte Ablehnung, die 2
Vormundschaft zu übernehmen, obwohl der Ausgewählte weder ungeeignet
(§§ 1780–1784) noch berechtigt ist (§ 1786), die Übernahme der Vormundschaft abzulehnen. Ersatzfähig ist jeder Schaden, der dem Mündel durch die
Verzögerung der Bestellung eines Vormunds entsteht. Dass das Familiengericht
diesen Schaden durch eigenes Eingreifen (§ 1846) hätte verringern können, entlastet den Ausgewählten nicht.

Ein **Rechtsmittel** gegen die Verfügung, mit der das Familiengericht die Weige- 3
rung, die Vormundschaft zu übernehmen, als unberechtigt zurückweist, hat **keine aufschiebende Wirkung** (Abs. 2), so dass der Ablehnende verpflichtet ist, die
Vormundschaft vorläufig zu übernehmen. Die vorläufige Übernahme kann mit
Zwangsmitteln nach § 1788 erzwungen werden. Die Weigerung kann Schadensersatzansprüche nach Abs. 1 begründen, selbst wenn der Beschwerde schließlich
stattgegeben wird.

§ 1788 BGB Zwangsgeld

(1) Das Familiengericht kann den zum Vormund Ausgewählten durch Festsetzung von Zwangsgeld zur Übernahme der Vormundschaft anhalten.

(2) [1]Die Zwangsgelder dürfen nur in Zwischenräumen von mindestens einer
Woche festgesetzt werden. [2]Mehr als drei Zwangsgelder dürfen nicht festgesetzt
werden.

§ 1788 regelt, wie die Übernahme der Vormundschaft erzwungen werden kann. 1
Es kommt nur die dreimalige Anordnung von Zwangsgeld in Betracht. Zwischen den Anordnungen muss jeweils mindestens eine Woche liegen. Zwangshaft oder die Umwandlung von Zwangsgeld in Haft scheidet aus.

§ 1789 BGB Bestellung durch das Familiengericht

[1]Der Vormund wird von dem Familiengericht durch Verpflichtung zu treuer und
gewissenhafter Führung der Vormundschaft bestellt. [2]Die Verpflichtung soll mittels Handschlags an Eides statt erfolgen.

Literatur: *Damrau*, Nochmals – Die mißverstandene „generelle" Verpflichtung zur Führung
von Vormundschaften und Pflegschaften, Rpfleger 1984, 48; *Goerke*, Die mißverstandene
„generelle" Verpflichtung zur Führung von Vormundschaften und Pflegschaften, Rpfleger
1981, 169; *Wesche*, Das Nebeneinander von Vormundschafts- und Familiengericht bei genehmigungspflichtigen Rechtsgeschäften, Rpfleger 2000, 145.

Die Norm regelt die Bestellung des Vormunds, den besonderen öffentlich- 1
rechtlichen Rechtsakt, durch den die ausgewählte Person die Stellung eines Vormunds erhält. Sie ist kein Rechtsgeschäft, so dass §§ 119 ff., 154 ff. unanwendbar sind, sondern ein Verwaltungsakt der freiwilligen Gerichtsbarkeit.[1] § 1789

---

1 Palandt/Götz § 1789 Rn. 1; Juris-PK-BGB/Hamdan § 1789 Rn. 2.

gilt nur für die Vormundschaft natürlicher Personen, nicht für die Vereins- (vgl. § 1791 a Abs. 2) und Amtsvormundschaft (§ 1791 b Abs. 2). Auf Pfleger ist die Regelung auch nach Inkrafttreten des FamFG entsprechend anwendbar, so dass auch deren Vergütungsansprüche erst nach einer wirksamen Bestellung entstehen können.[2]

2 Der Vormund wird durch Verpflichtung zu treuer und gewissenhafter Führung der Vormundschaft bestellt (S. 1). Die Verpflichtung muss diese Prinzipien klar zum Ausdruck bringen; einer bestimmten Formel bedarf es aber nicht. Eine konkludente Verpflichtung ist ausgeschlossen. Die Verpflichtung erfolgt grundsätzlich durch Handschlag an Eides statt, setzt also die persönliche Anwesenheit des Vormunds beim Familiengericht voraus.[3] Vertretung ist ausgeschlossen. Die Verpflichtung ist auch nötig, wenn der Vormund mit den Rechten und Pflichten eines Vormunds vertraut ist; denn sie bezieht sich auf die Stellung im konkreten Fall.

3 Durch die Verpflichtung wird der Verpflichtete zum Vormund. Durch sie entsteht dessen Befugnis zur gesetzlichen Vertretung des Mündels und ein gesetzliches Schuldverhältnis, das Grundlage für eine Haftung sein kann.[4] Auch Vergütungsansprüche kommen grundsätzlich erst von diesem Zeitpunkt an in Betracht. Die später ausgestellte Bestallung (§ 1791) ist nur der Nachweis über die erfolgte Verpflichtung.[5] Nach der Verpflichtung kann der Vormund sein Amt nur durch Entlassung wieder verlieren (vgl. §§ 1886 ff.).

4 Fehlt eine Verpflichtung, besteht keine Vormundschaft. Ist die Verpflichtung zwar erfolgt, die Form nach S. 2 aber nicht eingehalten, ist sie trotzdem wirksam; denn S. 2 ist eine Sollvorschrift.

§ 1790 BGB Bestellung unter Vorbehalt

Bei der Bestellung des Vormunds kann die Entlassung für den Fall vorbehalten werden, dass ein bestimmtes Ereignis eintritt oder nicht eintritt.

1 Die Vorschrift schließt die Lücke, die sich daraus ergeben kann, dass bei der Bestellung des Vormunds die Beifügung einer Zeitbestimmung oder Bedingung nicht möglich ist, weil es sich nicht um ein Rechtsgeschäft handelt. Die Vormundschaft endet auch in den Fällen des § 1790 erst mit der Entlassung des Vormunds.

§ 1791 BGB Bestallungsurkunde

(1) Der Vormund erhält eine Bestallung.

(2) Die Bestallung soll enthalten den Namen und die Zeit der Geburt des Mündels, die Namen des Vormunds, des Gegenvormunds und der Mitvormünder sowie im Falle der Teilung der Vormundschaft die Art der Teilung.

---

2 OLG Hamm 26.9.2013 – II-6 WF 211/13; OLG Stuttgart 25.11.2010 – 8 W 460/10, FamRZ 2011, 846; weiter LG Münster 10.8.2009 – 5 T 436/09, FamRZ 2010, 473.
3 OLG Brandenburg 15.4.2015 – 15 WF 84/15, FamRZ 2015, 1735; OLG Saarbrücken 25.8.2004 – 2 WF 5/04, FamRZ 2005, 927.
4 BGH 30.3.1955 – IV ZB 23/55, BGHZ 17, 108.
5 OLG Hamm 26.9.2013 – II-6 WF 211/13, FamRZ 2014, 672. Großzügiger OLG Schleswig 12.12.2013 – 15 WF 301/13 für den Fall, dass der Verpflichtungsakt aus nicht von den Bestellten zu vertretenden Gründen nicht zeitnah zur Bestellung erfolgt ist.

§ 1791 bestimmt, dass der **Vormund eine Bestallung erhält** (Abs. 1), und regelt 1
Einzelheiten des Inhalts der Bestallungsurkunde (Abs. 2). Die Regelung gilt nur
für zum Vormund bestellte natürliche Personen, dagegen nicht für den Amts-
(§ 1791 b Abs. 2) und den Vereinsvormund (§ 1791 a Abs. 2).

Die Bestallungsurkunde ist der **Ausweis des Vormunds** über seine Bestellung. Ihr 2
Fehlen hat keine Auswirkungen auf den Bestand der Vormundschaft. Sie bewirkt keinen Rechtsschein. Dritte, die mit dem Mündel durch den Vormund Geschäfte vornehmen wollen, müssen sich daher beim Familiengericht erkundigen,
ob und in welchem Umfang der Vormund für den Mündel handeln kann. Sie
muss auch nur einmal vorgelegt werden. Nach bereits erfolgter Legitimation
kann etwa eine Bank von einem Nachlasspfleger nicht verlangen, seine Bestellung erneut durch Vorlage des Originals der Bestallungsurkunde nachzuweisen.
Vielmehr muss die Bank von sich aus durch Nachfrage beim Nachlassgericht
klären, ob die Angaben in der Bestallungsurkunde noch zutreffend sind.[1]

Nach Abs. 2 **soll die Bestallung enthalten**: den Namen und das Geburtsdatum 3
des Mündels, die Namen des Vormunds, des Gegenvormunds und der Mitvormünder sowie bei Teilung der Befugnisse die Art der Teilung. Die Aufnahme
weiterer Daten ist zulässig und zweckmäßig, wenn diese die Stellung des Vormunds beeinflussen (zB Befreiungen). Wird der Inhalt der Bestallung unrichtig,
ist sie zu berichtigen. Bei Entlassung muss der Vormund die Bestallung zurückgeben.

§ 1791 a BGB Vereinsvormundschaft

(1) [1]Ein rechtsfähiger Verein kann zum Vormund bestellt werden, wenn er vom
Landesjugendamt hierzu für geeignet erklärt worden ist. [2]Der Verein darf nur
zum Vormund bestellt werden, wenn eine als ehrenamtlicher Einzelvormund geeignete Person nicht vorhanden ist oder wenn er nach § 1776 als Vormund berufen ist; die Bestellung bedarf der Einwilligung des Vereins.

(2) Die Bestellung erfolgt durch Beschluss des Familiengerichts; die §§ 1789,
1791 sind nicht anzuwenden.

(3) [1]Der Verein bedient sich bei der Führung der Vormundschaft einzelner seiner
Mitglieder oder Mitarbeiter; eine Person, die den Mündel in einem Heim des
Vereins als Erzieher betreut, darf die Aufgaben des Vormunds nicht ausüben.
[2]Für ein Verschulden des Mitglieds oder des Mitarbeiters ist der Verein dem
Mündel in gleicher Weise verantwortlich wie für ein Verschulden eines verfas-
sungsmäßig berufenen Vertreters.

(4) Will das Familiengericht neben dem Verein einen Mitvormund oder will es
einen Gegenvormund bestellen, so soll es vor der Entscheidung den Verein hören.

Literatur: *Jaschinski*, Der Vereinsbetreuer – freier Mitarbeiter oder Arbeitnehmer des Betreuungsvereins?, NJW 1996, 1521.

I. Grundlagen und Systematik

Unter Bekräftigung des Prinzips der Einzelvormundschaft (vgl. Abs. 1 S. 2) ge- 1
stattet die Vorschrift die **Bestellung eines Vereins zum Vormund**, der vom Lan-

---

1 LG Münster 5.5.2014 – 14 O 71/14, ZEV 2015, 100.

desjugendamt dafür für geeignet erklärt worden ist, und normiert Einzelheiten in Bezug auf die Bestellung und die Führung der Vormundschaft. Im Übrigen gelten auch für die Vereinsvormundschaft die allg. Bestimmungen.

II. Die Vereinsvormundschaft

2 **Voraussetzung der Bestellung** ist, dass es sich um einen rechtsfähigen Verein (§ 21) handelt. Sonstige Zusammenschlüsse kommen ebenso wenig in Betracht wie Stiftungen oder Körperschaften. Vereinszweck muss die Förderung der Jugendwohlfahrt sein. Der Verein muss zur Zeit der Bestellung vom Landesjugendamt für geeignet erklärt worden sein (Abs. 1 S. 1; § 54 SGB VIII). Zur Zeit der Bestellung darf keine zur Bestellung als Einzelvormund geeignete Einzelperson vorhanden sein (Abs. 1 S. 2). Eine Ausnahme besteht nur, wenn der Vereinsvormund von den Eltern des Mündels ausdrücklich berufen wurde (§ 1776). Dagegen gibt es keinen Vorrang des Jugendamts vor dem Verein. Auch fiskalische Interessen dürfen nicht dazu führen, dass das Jugendamt bestellt wird, wenn ein geeigneter Vereinsbetreuer vorhanden ist.[1]

Der Verein muss der Bestellung **zustimmen** (Abs. 1 S. 2 Hs. 2).

3 **Die Bestellung** erfolgt durch schriftliche Verfügung; §§ 1785, 1791 gelten nicht (Abs. 2). Will das Familiengericht einen Mit- oder Gegenvormund bestellen, soll es den Verein vorher hören (Abs. 4, Sollvorschrift).

4 **Die Führung der Vormundschaft** muss vom Verein zwingend auf ein einzelnes Mitglied oder einen Mitarbeiter übertragen werden (Abs. 3 S. 1). Dabei ist jetzt v.a. auch § 55 Abs. 2 S. 4 SGB VIII zu beachten: Ein vollzeitbeschäftigter Beamter oder Angestellter, der nur mit der Führung von Vormundschaften oder Pflegschaften betraut ist, soll **höchstens 50 Vormundschaften** oder Pflegschaften führen. Hat er auch andere Tätigkeiten auszuüben, reduziert sich diese Zahl weiter. Die Person, welcher die Vormundschaft übertragen wird, braucht kein satzungsmäßig berufenes Mitglied zu sein. Kraft Gesetzes ausgeschlossen sind lediglich solche Personen, die den Mündel in einem Heim des Vereins als Erzieher betreuen (Abs. 3 S. 1 aE). Für alle Mitglieder und Mitarbeiter haftet der Verein, als wären sie satzungsmäßig berufene Vertreter (Abs. 3 S. 2 iVm § 31; anders aber, wenn die Mitglieder direkt persönlich bestellt wurden).[2] Der Vereinsvormund ist immer befreiter Vormund (§ 1857 a iVm §§ 1852, 1854).

5 Der Verein ist als Vormund **zu entlassen**, sobald eine als Vormund geeignetere natürliche Person gefunden ist (vgl. §§ 1887, 1889 Abs. 2 S. 1) und auf eigenen Antrag hin, wenn ein wichtiger Grund vorliegt (§ 1889 Abs. 2 S. 2). Ein solcher wichtiger Grund liegt auch vor, wenn der Verein nur deswegen entlassen werden will, damit ein Mitarbeiter bestellt werden kann, um dann eine Vergütung beanspruchen zu können.[3] Die Bestellungsverfügung ist nach der Entlassung zurückzugeben (§ 1893 Abs. 2).

---

1 OLG Celle 22.4.2010 – 15 UF 70/10, JAmt 2010, 257.
2 Vgl. OLG Koblenz 11.12.2009 – 8 U 1274/08, FamRZ 2010, 755.
3 BGH 13.3.2013 – XII ZB 398/12, FamRZ 2013, 946; aA noch OLG Düsseldorf 5.6.2012 – II-1 WF 18/12.

§1791 b BGB Bestellte Amtsvormundschaft des Jugendamts

(1) [1]Ist eine als ehrenamtlicher Einzelvormund geeignete Person nicht vorhanden, so kann auch das Jugendamt zum Vormund bestellt werden. [2]Das Jugendamt kann von den Eltern des Mündels weder benannt noch ausgeschlossen werden.

(2) Die Bestellung erfolgt durch Beschluss des Familiengerichts; die §§ 1789, 1791 sind nicht anzuwenden.

Literatur: *Donatin*, Das Jugendamt als Amtsvormund und Amtspfleger – nach Bestellung durch das Vormundschaftsgericht, DAVorm 1995, 47; *Wolf*, Der Amtsvormund im Jugendamt, DAVorm 2000, 283.

I. Grundlagen und Systematik

Die Norm gestattet die **Bestellung des Jugendamts** zum Vormund, ordnet aber 1 gleichzeitig an, dass das nur als ultima ratio in Betracht kommt, weil kein anderer Vormund zur Verfügung steht (Abs. 1). Die Eltern können die Vormundschaft des Jugendamts daher nicht ausschließen (Abs. 1 S. 2). Wegen des öffentlichen Interesses, unnötige Belastungen der Behörde zu vermeiden, können sie es umgekehrt auch nicht als Vormund benennen (Abs. 1 S. 2).

II. Die bestellte Amtsvormundschaft

Voraussetzung der Bestellung des Jugendamts ist, dass kein anderer ehrenamtlicher (auch kein Vereins-)Vormund vorhanden ist.[1] Worauf der Mangel beruht, 2 ist unerheblich. Das Familiengericht muss intensive Nachforschungen nach einer Person anstellen, die die Interessen des Mündels ehrenamtlich wahrnehmen könnte, weil die persönliche Betreuung immer vorgeht. Erst wenn das zu keinem Ergebnis führt, darf das Jugendamt bestellt werden. Die Auswahlentscheidung zwischen Berufsvormund einerseits und Amtsvormund andererseits steht hingegen in keinem gesetzlich angeordneten Subsidiaritätsverhältnis.[2] Diese Grundsätze gelten auch dann, wenn ein Amtsvormund entlassen wird. Bevor ein (anderes) Jugendamt zum Vormund bestellt wird, ist zu prüfen, ob eine geeignete Person als Einzelvormund zu finden ist.[3]

Die Bestellung des Jugendamts erfolgt **durch schriftliche Verfügung**; §§ 1789, 3 1791 gelten nicht. Es kann als Einzel-, Mit- oder Gegenvormund bestellt werden. Umgekehrt darf aber bei Vormundschaft des Jugendamts ein Gegenvormund nicht bestellt werden (§ 1792 Abs. 1 S. 2).

Wie bei der Vereinsvormundschaft auch hat das Jugendamt die Führung der 4 Vormundschaft **auf einzelne Mitarbeiter zu übertragen** (§ 55 SGB VIII). Dabei dürfen einem Mitarbeiter nicht mehr als 50 Vormundschaften, Pflegschaften usw übertragen werden (§ 55 Abs. 2 S. 4 SGB VIII). Damit wird dem Interesse des Mündels an individueller Betreuung Rechnung getragen. Das Jugendamt ist befreiter Vormund (§ 1857 a iVm §§ 1852–1854). Im Übrigen gelten die allgemeinen Regeln.

Das Jugendamt ist zu entlassen, wenn ein geeigneter anderer Vormund zur Ver- 5 fügung steht (§§ 1887, 1889 Abs. 2). Eine Entlassung auf Antrag gibt es wegen

---

1 OLG Celle 22.4.2010 – 15 UF 70/10, JAmt 2010, 257.
2 OLG Schleswig 11.4.2016 – 14 UF 32/16.
3 OLG Schleswig 15.11.2002 – 13 UF 65/02, JAmt 2003, 47.

der Subsidiarität der Vormundschaft des Jugendamts auch bei wichtigem Grund nicht.

§ 1791 c BGB   Gesetzliche Amtsvormundschaft des Jugendamts

(1) ¹Mit der Geburt eines Kindes, dessen Eltern nicht miteinander verheiratet sind und das eines Vormunds bedarf, wird das Jugendamt Vormund, wenn das Kind seinen gewöhnlichen Aufenthalt im Geltungsbereich dieses Gesetzes hat; dies gilt nicht, wenn bereits vor der Geburt des Kindes ein Vormund bestellt ist. ²Wurde die Vaterschaft nach § 1592 Nr. 1 oder 2 durch Anfechtung beseitigt und bedarf das Kind eines Vormunds, so wird das Jugendamt in dem Zeitpunkt Vormund, in dem die Entscheidung rechtskräftig wird.

(2) War das Jugendamt Pfleger eines Kindes, dessen Eltern nicht miteinander verheiratet sind, endet die Pflegschaft kraft Gesetzes und bedarf das Kind eines Vormunds, so wird das Jugendamt Vormund, das bisher Pfleger war.

(3) Das Familiengericht hat dem Jugendamt unverzüglich eine Bescheinigung über den Eintritt der Vormundschaft zu erteilen; § 1791 ist nicht anzuwenden.

Literatur: *Meysen*, Aufgaben und Rolle des gesetzlichen Amtsvormunds für Kinder minderjähriger Mütter, JAmt 2003, 11.

I. Grundlagen und Systematik

1 Die Vorschrift dient dem Interesse eines **Kindes, nicht ohne gesetzlichen Vertreter** zu sein. Sie ordnet daher an, dass dann, wenn ein nichteheliches Kind geboren wird, das eines Vormunds bedarf, kraft Gesetzes die Amtsvormundschaft des Jugendamts eintritt. Nicht in eine Ehe hineingeborene Kinder sind insofern schutzbedürftiger als eheliche Kinder, weil bei ihnen die Sorge grundsätzlich der Mutter allein zusteht (§ 1626 a Abs. 2), so dass schon dann, wenn diese (zB wegen Minderjährigkeit) ihr Kind nicht selbst vertreten oder bei der Geburt stirbt, das Kind einen Vormund braucht, während bei ehelichen Kindern automatisch der zweite Elternteil bereitsteht, um die Sorge zu übernehmen.

II. Die gesetzliche Amtsvormundschaft

2 **1. Voraussetzungen.** Voraussetzung des Eintritts der Amtsvormundschaft ist zunächst, dass der Betroffene ein **Kind** ist, **dessen Eltern nicht miteinander verheiratet sind.** Ausreichend ist auch, dass eine spätere Gerichtsentscheidung eine Vaterschaft nach § 1593 Nr. 1 oder Nr. 2 beseitigt und damit eine Lage herbeigeführt hat, die derjenigen gleicht, wenn das Kind von nicht miteinander verheirateten Eltern geboren wird (Abs. 1 S. 2). Für Kinder miteinander verheirateter Eltern kommt nie § 1791 c, sondern allenfalls eine bestellte Vormundschaft des Jugendamts nach § 1791 b in Betracht.

3 Das Kind muss sich **in Deutschland gewöhnlich aufhalten.** Schlichter Aufenthalt (zB durch Besuch bei Großeltern oder Durchreise) reicht nicht. Die Staatsangehörigkeit des Kindes ist unerheblich.

4 Das Kind muss **eines Vormunds bedürfen.** Das ist der Fall, wenn die Mutter verstorben ist oder ihre elterliche Sorge ruht (vgl. § 1673), es sei denn, der Vater hätte das Sorgerecht (vgl. § 1626 a Abs. 1). Eines Vormunds bedarf es auch nicht, wenn schon vor der Geburt einer bestellt wurde. Daher tritt in diesem Fall keine Amtsvormundschaft ein (Abs. 1 S. 1 Hs. 2).

2. Eintritt und Auswirkungen auf Pflegschaften. Die Amtsvormundschaft tritt 5
automatisch in dem Moment ein, in dem die Voraussetzungen des § 1791 c verwirklicht sind.[1] Auf diese Weise soll die Kontinuität der Betreuung des Kindes
gewahrt bleiben. Einer Bestellung des Jugendamts bedarf es nicht. Das Familiengericht stellt über den Eintritt der Amtsvormundschaft eine Bescheinigung aus
(Abs. 3). Diese ersetzt die Bestallungsurkunde bzw. die Bestellungsverfügung.

Sofern ein **Jugendamt** bereits **Pfleger** des Kindes war, endet die Pflegschaft und 6
wird das Jugendamt Vormund, das bisher Pfleger war (Abs. 2).

III. Verfahrensfragen

Die **örtliche Zuständigkeit** des die Amtsvormundschaft führenden Jugendamts 7
bestimmt sich nach dem gewöhnlichen Aufenthalt der Mutter (§ 87 c Abs. 2 S. 1
SGB VIII). Bei einem Aufenthaltswechsel muss der bisherige Vormund (andere
Berechtigte: § 87 c Abs. 2 S. 1 SGB VIII) beim dann zuständigen Jugendamt die
Weiterführung der Vormundschaft beantragen. Die Vormundschaft geht über,
sobald sich das andere Jugendamt mit der Weiterführung einverstanden erklärt
(§ 87 c Abs. 2 S. 2 SB VIII).

Die **Entlassung des Jugendamts** richtet sich nach §§ 1887, 1889 Abs. 2.   8

§ 1792 BGB Gegenvormund

(1) [1]Neben dem Vormund kann ein Gegenvormund bestellt werden. [2]Ist das Jugendamt Vormund, so kann kein Gegenvormund bestellt werden; das Jugendamt kann Gegenvormund sein.

(2) Ein Gegenvormund soll bestellt werden, wenn mit der Vormundschaft eine
Vermögensverwaltung verbunden ist, es sei denn, dass die Verwaltung nicht erheblich oder dass die Vormundschaft von mehreren Vormündern gemeinschaftlich zu führen ist.

(3) Ist die Vormundschaft von mehreren Vormündern nicht gemeinschaftlich zu
führen, so kann der eine Vormund zum Gegenvormund des anderen bestellt
werden.

(4) Auf die Berufung und Bestellung des Gegenvormunds sind die für die Begründung der Vormundschaft geltenden Vorschriften anzuwenden.

Die **Gegenvormundschaft dient dazu**, eine intensivere Kontrolle des Vormunds 1
zu ermöglichen als sie bei Aufsicht durch das Familiengericht allein erfolgen
könnte. Der Gegenvormund ist – anders als der Mitvormund (vgl. §§ 1795,
1797) – ein reines Kontrollorgan (vgl. §§ 1799, 1809, 1823, 1826, 1842, 1891),
nicht ein weiterer Vertreter des Mündels. Für die Betreuung wird auf § 1792
verwiesen (§ 1908 i Abs. 1 S. 1).

Ein Gegenvormund **soll bestellt werden**, wenn mit der Vormundschaft eine Ver- 2
mögensverwaltung verbunden ist (Abs. 2 S. 1). Etwas anderes gilt, wenn ein
Mitvormund für die gleichen Angelegenheiten bestellt ist (vgl. § 1797 Abs. 1),
weil dann eine ausreichende Kontrolle durch den Mitvormund gewährleistet ist.
Soweit die Aufgabenbereiche getrennt sind (vgl. § 1797 Abs. 2), tritt das Kon-
trollbedürfnis wieder hervor. Zur Vereinfachung gestattet Abs. 3 aber, die für getrennte Aufgabenbereiche bestellten Vormünder jeweils zum Gegenvormund der

---

1 OLG Hamm 22.5.1995 – 15 W 185/95, FamRZ 1996, 57.

anderen zu bestimmen. Ein Gegenvormund braucht auch nicht bestellt zu werden, wenn die Vermögensverwaltung nicht erheblich ist. Das kann auch bei einem größeren Vermögen der Fall sein,[1] wenn weder größere Verwaltungsaufgaben noch nennenswerte Einnahmen anfallen (zB in der Nutzung langfristig festgelegter Grundbesitz).

3 **Ausgeschlossen** ist die Bestellung eines Gegenvormunds bei Amtsvormundschaft (Abs. 1 S. 2).

4 **Zum Gegenvormund bestellt werden können** jede geeignete natürliche Person, ein Verein und das Jugendamt (Abs. 1 S. 2 aE, vgl. auch § 58 SGB VIII).

5 **Berufung und Bestellung des Gegenvormunds** erfolgen nach den allgemeinen Regeln (Abs. 4, §§ 1776–1791). Das Jugendamt schlägt geeignete Personen vor (§ 53 SGB VIII). Zur Gegenvormundschaft bei Mitvormundschaft → Rn. 2.

Untertitel 2 Führung der Vormundschaft

Vorbemerkung zu §§ 1793–1857 BGB

1 Der **Vormund** ist der **Vertreter des Mündels**. Ihm obliegt die gesamte Personen- und Vermögenssorge. Er ist selbstständig, dh er bedarf grundsätzlich nicht der Mitwirkung Dritter. Er handelt allein, dh niemand sonst ist befugt, an seiner Stelle für den Mündel zu handeln.

2 Diese Grundsätze werden zunächst durch die Möglichkeit **eingeschränkt**, den Aufgabenkreis des Vormunds zu beschränken. Es ist möglich, mehrere Vormünder mit getrennten Aufgabenbereichen zu bestellen (§ 1797 Abs. 2) oder ihm eine Angelegenheit zu entziehen (§ 1801). Ebenso können Teile des Mündelvermögens durch Anordnung des Zuwendenden von der Verwaltung durch den Vormund ausgenommen werden (§ 1803). Außerhalb seines Aufgabenkreises hat der Vormund weder Sorge noch Vertretungsmacht. Für bestimmte Geschäfte, bei denen generell die Gefahr von Interessenkollisionen besteht, kann der Vormund den Mündel nicht vertreten (§§ 1795, 1804). Der Mündel wird außerdem durch Regeln über die Verwendung (§ 1805) und die Anlegung (§§ 1806 ff.) von Mündelvermögen, Vorschriften über die Mitwirkung des Gegenvormunds (§§ 1810, 1812 ff., 1824) und durch eine Reihe von Genehmigungserfordernissen (§§ 1821 ff., 1828 ff.) geschützt. Schließlich kann das Familiengericht im Interesse des Mündels konkrete Einzelfallanordnungen treffen (vgl. §§ 1818 f., 1837, 1844 über die Einschränkung, § 1817 über die Erweiterung der Befugnisse).

3 Der **Vormund** ist bei schuldhaften Pflichtverletzungen **schadensersatzpflichtig** (§ 1833).

4 Der **Mündel** hat dem Vormund gegenüber nur die Verpflichtung zur Zahlung von Auslagenersatz (§ 1835) und evtl. einer Vergütung (§ 1836). Im Übrigen bestehen keine Pflichten.

---

1   BayObLG 28.10.1993 – 3Z BR 220/93, FamRZ 1994, 325.

§ 1793 BGB Aufgaben des Vormunds, Haftung des Mündels

(1) [1]Der Vormund hat das Recht und die Pflicht, für die Person und das Vermögen des Mündels zu sorgen, insbesondere den Mündel zu vertreten. [2]§ 1626 Abs. 2 gilt entsprechend. [3]Ist der Mündel auf längere Dauer in den Haushalt des Vormunds aufgenommen, so gelten auch die §§ 1618 a, 1619, 1664 entsprechend.

(1 a) [1]Der Vormund hat mit dem Mündel persönlichen Kontakt zu halten. [2]Er soll den Mündel in der Regel einmal im Monat in dessen üblicher Umgebung aufsuchen, es sei denn, im Einzelfall sind kürzere oder längere Besuchsabstände oder ein anderer Ort geboten.

(2) Für Verbindlichkeiten, die im Rahmen der Vertretungsmacht nach Absatz 1 gegenüber dem Mündel begründet werden, haftet der Mündel entsprechend § 1629 a.

I. Allgemeines

Die Norm beschreibt den der elterlichen Sorge nachgebildeten **Inhalt der Vormundschaft**. Dem Vormund obliegt danach neben der Personen- und der Vermögenssorge die Vertretung des Mündels (Abs. 1 S. 1). Zu den Grundsätzen der Amtsführung → Vor §§ 1793–1857 Rn. 1 ff. Bei seiner Tätigkeit wird der Vormund vom Jugendamt unterstützt (§ 53 Abs. 2 SGB VIII). **1**

Der Vormund darf sich **Hilfspersonen** bedienen, soweit das seine Tätigkeit erfordert. Die Übertragung der Rechtsstellung insgesamt ist aber unzulässig. Ebenso muss der Vormund ein Mindestmaß an persönlichem Kontakt zum Mündel halten: Der durch das Gesetz zur Änderung des Vormundschafts- und Betreuungsrechts[1] eingeführte Abs. 1 a schreibt ausdrücklich vor, dass der Vormund den Mündel grundsätzlich einmal im Monat in dessen üblicher Umgebung aufsuchen soll. Für schuldhafte Pflichtverletzungen haftet der Vormund nach § 1833. Dabei gilt nur der Maßstab des § 1664, wenn der Mündel auf längere Dauer in den Haushalt des Vormunds aufgenommen ist (Abs. 1 S. 3). Das gilt auch bei unzulässiger Übertragung von Aufgaben auf Hilfspersonen. Soweit diese zulässig ist, haftet er dagegen nur für die Auswahl, Unterweisung und Beaufsichtigung des Dritten. Im Übrigen haftet der Dritte selbst. **2**

II. Die Aufgaben des Vormunds

Die **Personensorge** des Vormunds bestimmt sich grundsätzlich nach §§ 1631–1633 (§ 1800). Besondere Rücksicht haben Vormund und Familiengericht auf das religiöse Bekenntnis des Mündels zu nehmen (Einzelheiten: § 1801). Für die Erziehung des Mündels gilt § 1626 Abs. 2 (Abs. 1 S. 2). Ist der Mündel auf längere Zeit in den Haushalt des Vormunds aufgenommen, ist er diesem wie seinen Eltern zu Beistand und Rücksicht verpflichtet (§ 1618 a) und dienstleistungspflichtig (§ 1619). Der Vormund kann Hilfen zur Erziehung in Anspruch nehmen.[2] **3**

Abs. 1 a konkretisiert die Pflicht des Vormunds zum **persönlichen Kontakt** mit dem Mündel. Der Vormund soll den Mündel in dem erforderlichen Umfang persönlich treffen. Die Regelung gilt für alle Arten von Vormündern, für Betreuer **4**

---

1 BT-Drs. 17/3617.
2 BVerwG 15.12.1995 – 5 C 2/94, FamRZ 1996, 936.

(§ 1908 i) und für Pfleger (§ 1915). Ihr Sinn ist es, dass der Vormund sich in regelmäßigen Abständen ein genaues Bild von den persönlichen Lebensumständen des Mündels verschafft. Deswegen soll die Kontaktaufnahme grundsätzlich am üblichen Aufenthaltsort des Mündels erfolgen (vgl. auch § 278 Abs. 1 S. 3 FamFG). Bloße telefonische Kontakte reichen nicht. Umfang und Häufigkeit des persönlichen Kontakts richten sich nach den Erfordernissen des Einzelfalls. Für den Regelfall hält der Gesetzgeber aber einen persönlichen Kontakt einmal im Monat für erforderlich. Ggf. muss der Vormund den Mündel auch häufiger treffen. Bei stabilen unveränderten Verhältnissen kann aber auch ausnahmsweise ein seltenerer Kontakt ausreichen. Das darf aber nicht schematisch und vorschnell angenommen werden. Von dem an sich vorgeschriebenen Ort der Kontaktaufnahme kann etwa abgewichen werden, wenn der Mündel in Anwesenheit der unmittelbaren Pflegepersonen nicht frei reden kann oder will. Die Dauer des Kontakts ist nicht im Einzelnen geregelt. Das Treffen von Mündel und Vormund muss so lange dauern, dass der Vormund ein Vertrauensverhältnis aufbauen bzw. aufrechterhalten und sich ein zuverlässiges Bild von der Lebenssituation des Mündels verschaffen kann, das es ihm erlaubt, seine Pflichten zu erfüllen. Alibibesuche sind zu vermeiden.

5 Die **Vermögenssorge** ist näher durch §§ 1802–1842 ausgestaltet. Leitprinzip dieser Regelungen ist es, das Vermögen des Mündels möglichst zu erhalten und zu mehren, damit er nach seiner Volljährigkeit ungeschmälert darüber verfügen kann. Der Vermögensverwaltung unterworfen ist das gesamte Vermögen des Mündels, soweit es nicht von dem Zuwendenden von der Verwaltung durch den Vormund ausgeschlossen wurde (§ 1803) oder der Testamentsvollstreckung unterliegt. Der Vormund ist unmittelbarer Besitzer der verwalteten Sachen, der Mündel mittelbarer.

6 Zugunsten des Mündels gilt die Haftungsbeschränkung nach § **1629 a entsprechend** (Abs. 2). Der Mündel haftet daher nach Eintritt der Volljährigkeit grundsätzlich nur mit dem zum Zeitpunkt der Vollendung des 18. Lebensjahres vorhandenen Vermögen (§ 1629 a).

7 Der Vormund ist **gesetzlicher Vertreter** des Mündels. Er kann für den Mündel grundsätzlich alle Arten von Rechtsgeschäften vornehmen und ihn auch vor Gericht vertreten. Er ist zuständig für die Zustimmung zu Rechtsgeschäften, die der Mündel nicht selbst vornehmen kann (vgl. §§ 107, 108). Die vom Vormund vorgenommenen Geschäfte berechtigen und verpflichten den Mündel direkt (§ 164). Im Übrigen haftet der Mündel für seinen Vormund nach § 278 für Pflichtverletzungen im vertraglichen und vorvertraglichen Bereich.[3] Eine weitergehende deliktische Haftung besteht nicht.

8 **Keine Vertretung** des Mündels findet statt, soweit der Mündel selbst voll geschäftsfähig ist (§§ 112, 113). Bei nur rechtlich vorteilhaften Geschäften ist der Vormund neben dem Mündel vertretungsberechtigt.

9 **Ausgeschlossen ist die Vertretung** auch bei höchstpersönlichen Rechtsgeschäften (zB Eheschließung, § 1311, Abschluss eines Ehevertrags, § 1411, Vaterschaftsanerkennung, § 1596 Abs. 1 S. 1, Anfechtung der Vaterschaft, §§ 1600, 1600 a). Außerhalb des dem Vormund übertragenen Aufgabenkreises findet ebenfalls keine Vertretung statt (vgl. §§ 1797, 1803). Das Gleiche gilt im Fall der in

---

3 OLG Hamm 17.3.2014 – II-6 UF 196/13, FamRB 2014, 403.

§§ 1795, 181 genannten Interessenkollisionen, wenn ein Pfleger bestellt ist, in dessen Aufgabenkreis (§ 1796), bei Geschäften, die dem Vormund verboten sind (§ 1804), bei genehmigungsbedürftigen Geschäften, wenn die Genehmigung nicht erteilt worden ist (§§ 1809 ff., 1821 ff.) und bei Ausübung der Personensorge im Rahmen einer Hilfe zur Erziehung (§ 38 SGB VIII). Handelt der Vormund trotzdem, ist er Vertreter ohne Vertretungsmacht und haftet Dritten nach § 179.

§ 1794 BGB Beschränkung durch Pflegschaft

Das Recht und die Pflicht des Vormunds, für die Person und das Vermögen des Mündels zu sorgen, erstreckt sich nicht auf Angelegenheiten des Mündels, für die ein Pfleger bestellt ist.

Die Vorschrift **entspricht** § 1630. Sie stellt klar, dass der Vormund für den Mündel so weit nicht sorge- und vertretungsberechtigt ist, wie ein Pfleger bestellt ist. Gemeint sind die in §§ 1795, 1796, 1801 genannten Fälle. Damit die Pflegerbestellung erfolgt, wenn sie erforderlich ist, bestehen Anzeigepflichten des Vormunds (§ 1909 Abs. 2) und des Jugendamts (§ 50 Abs. 2, Abs. 3, 53 Abs. 3 S. 3, Abs. 5 SGB VIII). 1

Verfahren: Weil die Pflegerbestellung seine Rechtsstellung einschränkt, ist der Vormund beschwerdebefugt (§ 59 Abs. 1 FamFG). Streitigkeiten zwischen Vormund und Pfleger entscheidet der Richter (§ 14 Nr. 5 RPflG) des Familiengerichts (§§ 1798, 1915 Abs. 1 analog). 2

§ 1795 BGB Ausschluss der Vertretungsmacht

(1) Der Vormund kann den Mündel nicht vertreten:
1. bei einem Rechtsgeschäft zwischen seinem Ehegatten, seinem Lebenspartner oder einem seiner Verwandten in gerader Linie einerseits und dem Mündel andererseits, es sei denn, dass das Rechtsgeschäft ausschließlich in der Erfüllung einer Verbindlichkeit besteht,
2. bei einem Rechtsgeschäft, das die Übertragung oder Belastung einer durch Pfandrecht, Hypothek, Schiffshypothek oder Bürgschaft gesicherten Forderung des Mündels gegen den Vormund oder die Aufhebung oder Minderung dieser Sicherheit zum Gegenstand hat oder die Verpflichtung des Mündels zu einer solchen Übertragung, Belastung, Aufhebung oder Minderung begründet,
3. bei einem Rechtsstreit zwischen den in Nummer 1 bezeichneten Personen sowie bei einem Rechtsstreit über eine Angelegenheit der in Nummer 2 bezeichneten Art.

(2) Die Vorschrift des § 181 bleibt unberührt.

I. Grundlagen und Systematik

§ 1795 dient dem **Schutz des Mündels vor Interessenkollisionen**, indem er § 181 auf den Vormund für anwendbar erklärt (Abs. 2) und die Vertretungsmacht in weiteren Fällen ausschließt, in denen typischerweise zu vermuten ist, dass der Vormund sein Handeln nicht immer am Interesse des Mündels orientiert (Abs. 1). Auf eine konkrete Gefährdung des Mündelvermögens kommt es nicht 1 an.[1] Eine allgemeine Befreiung des Vormunds durch Vater oder Mutter des Mündels ist nicht möglich. Zu Ausnahmen bei der Amtsvormundschaft s. § 56 Abs. 2 S. 2 SGB VIII. Soweit § 1795 eingreift, kann die Norm nicht dadurch umgangen werden, dass der Vormund einem Dritten Untervollmacht erteilt, damit dieser das Geschäft abschließt.[2]

2 **Folge des Vertretungsverbots** ist, dass das vom Vormund vorgenommene Geschäft schwebend unwirksam ist, sofern es ein zweiseitiges Rechtsgeschäft ist (§ 177) und vom volljährig gewordenen Mündel oder einem ggf. bestellten Pfleger (§ 1909) genehmigt werden kann. Die Genehmigung des Vormunds oder des Familiengerichts heilen den Mangel dagegen nicht. Einseitige Rechtsgeschäfte sind nichtig. Der Vormund haftet Dritten nach § 179. Im Prozess gilt der Mündel als nicht vertreten (§§ 56, 89 ZPO, Restitutionsgrund nach § 579 Nr. 4 ZPO).

II. Der Ausschluss der Vertretung durch den Vormund

3 Die Vertretung des Mündels durch den Vormund ist ausgeschlossen: in den **Fällen des § 181** (Abs. 2), also bei Geschäften und Rechtsstreiten des Mündels mit dem Vormund selbst (**Insichgeschäft**) und Geschäften des Mündels mit einem ebenfalls durch den Vormund vertretenen Dritten (**Doppelvertretung**). Erfasst werden der Abschluss von Verträgen (einschließlich Gesellschaftsverträgen)[3] ebenso wie die Vornahme einseitiger Rechtsgeschäfte (zB Anfechtung, Kündigung) und Rechtsstreitigkeiten. Nicht unter Abs. 2, § 181 fallen solche Geschäfte, bei denen der Vormund und der Mündel zwar jeweils für sich Erklärungen abgeben, diese aber nicht wechselbezüglich sind, sondern sich auf einen Dritten beziehen (sog Parallelgeschäfte). Ebenso wenig werden nur mittelbare Begünstigungen erfasst, vor allem also die Ausschlagung einer Erbschaft durch den Vormund für den Mündel mit der Wirkung, dass die Erbschaft dann dem Vormund zufällt.[4]

4 **Ausgenommen** vom Vertretungsverbot sind Geschäfte, die ausschließlich der Erfüllung einer Verbindlichkeit dienen (§ 181 aE). Das Gleiche gilt bei Gestattung im Einzelfall durch Vater oder Mutter oder das Familiengericht.[5] Da insoweit kein Schutzbedürfnis des Mündels besteht, greift Abs. 2 auch nicht ein, wenn ihm das Geschäft lediglich einen rechtlichen Vorteil bringt (zB Schenkung an den Mündel).[6]

5 Abs. 1 Nr. 1 erweitert das Verbot des § 181 auf **Rechtsgeschäfte zwischen dem Mündel und dem** (aktuellen, nicht früheren) **Ehegatten** bzw. **Lebenspartner** und **Verwandten in gerader Linie** (vgl. § 1589) des Vormunds, die nicht von diesem vertreten werden (sonst gilt § 181 direkt). Nicht erfasst sind Schwäger und Verwandte in der Seitenlinie. In diesen Fällen kommt nur § 1796 in Betracht. Die Ausnahmen entsprechen den Ausnahmen, die für den Vormund selbst gelten (→ Rn. 4).

---

1 BGH 9.7.1956 – V BLw 11/56, BGHZ 21, 229 (231); 23.2.1968 – V ZR 188/64, BGHZ 50, 8 (11).
2 MK/Wagenitz § 1795 Rn. 14.
3 BGH 26.1.1961 – II ZR 240/59, NJW 1961, 724; OLG München 17.6.2010 – 31 Wx 070/10, ZEV 2010, 646.
4 BayObLG 5.8.1983 – BReg 1 Z 25/83, Rpfleger 1983, 482.
5 AA BGH 9.7.1956 – V BLw 11/56, BGHZ 21, 234.
6 Vgl. BGH 27.9.1972 – IV ZR 225/69, BGHZ 59, 236.

Abs. 1 Nr. 2 schließt die Vertretung des Vormunds bei **Rechtsgeschäften** aus, die 6
die Übertragung oder Belastung einer durch Pfandrecht, Hypothek, Schiffshypothek oder Bürgschaft gesicherten Forderung des Mündels gegen den Vormund
oder die Aufhebung oder Minderung dieser Sicherheit zum Gegenstand haben
oder die die Verpflichtung des Mündels zu einer solchen Übertragung, Belastung, Aufhebung oder Minderung begründen. Die Vorschrift gilt analog für
Grundschulden mit Sicherungszweck sowie die Genehmigung einer Schuldübernahme.

Abs. 1 Nr. 3 erstreckt die Vertretungsmacht nach Abs. 1 Nr. 1 und 2 auch auf 7
Rechtsstreitigkeiten über diese Gegenstände. Die Regelung ist überflüssig, denn
bei richtiger Auslegung werden durch das Vertretungsverbot auch Rechtsstreitigkeiten ohne Weiteres erfasst.

§ 1796 BGB   Entziehung der Vertretungsmacht

(1) **Das Familiengericht kann dem Vormund die Vertretung für einzelne Angelegenheiten oder für einen bestimmten Kreis von Angelegenheiten entziehen.**

(2) **Die Entziehung soll nur erfolgen, wenn das Interesse des Mündels zu dem Interesse des Vormunds oder eines von diesem vertretenen Dritten oder einer der
in § 1795 Nr. 1 bezeichneten Personen in erheblichem Gegensatz steht.**

Zum Schutz des Mündels vor Beeinträchtigungen seines Wohls durch andere als 1
die schon in § 1795 genannten Interessenkonflikte ermöglicht es die Norm, dem
Vormund für eine einzelne Angelegenheit oder einen Kreis von Angelegenheiten
die Vertretungsmacht zu entziehen. Es muss dann ein Pfleger bestellt werden
(§ 1909 Abs. 1). Der Vormund ist verpflichtet, dem Familiengericht die Notwendigkeit der Pflegerbestellung mitzuteilen (§ 1909 Abs. 2). Damit wird klargestellt, dass ein Vormund seinen Mündel grundsätzlich allein betreuen muss. Die
Bestellung eines Ergänzungspflegers kommt nur in Betracht, wenn der Vormund
nach § 1795 ausgeschlossen ist oder wenn ihm die Vertretungsmacht entzogen
ist. In weiteren Fällen ist die Bestellung eines Ergänzungspflegers ausgeschlossen. Verfügt etwa der Vormund, dessen generelle Eignung nicht in Frage steht,
nicht über die zur sachgerechten Besorgung einzelner Geschäfte des Mündels erforderliche Sachkunde, ist es seine Sache, diesen Mangel an Eignung in eigener
Verantwortung durch Inanspruchnahme fachspezifischer Hilfen auszugleichen.
Bei fehlender juristischer Sachkunde muss sich der Vormund daher um geeignete
Rechtsberatung und im gerichtlichen Verfahren um eine anwaltliche Vertretung
für seinen Mündel bemühen. In diesen Fällen ist die Bestellung eines Ergänzungspflegers ausgeschlossen.[1] Im Moment aktuell ist insoweit die Frage, ob für
unbegleitete Flüchtlinge neben dem Jugendamt als generellem Vormund noch
ein Pfleger bestellt werden kann, der sich besonders mit Fragen des Asyl- und

---

1 BGH 29.5.2013 – XII ZB 124/12, JA 2013, 426.

Ausländerrechts auskennt.[2] Die herrschende Meinung lehnt das zutreffenderweise ab.

2   **Voraussetzung** der Entziehung der Vertretungsmacht ist, dass ein erheblicher **Gegensatz** zwischen dem **Interesse des Mündels** einerseits und dem **Interesse des Vormunds,** eines anderen von diesem vertretenen Dritten, des Ehegatten des Vormunds oder einem in gerader Linie mit dem Vormund Verwandten besteht (Abs. 2). Unterschiedliche Sichtweisen bestimmter Umstände oder unterschiedliche Handlungsalternativen reichen noch nicht, um einen erheblichen Interessengegensatz anzunehmen. Es muss sich vielmehr aufdrängen, dass wegen unterschiedlicher Interessen des Mündels und des Vormunds (bzw. der anderen genannten Personen) der Vormund nicht ausschließlich die Interessen des Mündels verfolgen wird. Solange der Vormund im Interesse des Mündels handelt, kann das Gericht nicht eingreifen.[3]

3   Das Familiengericht muss auf den erheblichen Interessenkonflikt mit der **Entziehung der Vertretungsmacht** reagieren (Abs. 1). Anders als der Wortlaut („kann") zunächst nahe legt, handelt es sich um eine zwingende Regelung. Dem Erforderlichkeitsgrundsatz entsprechend begrenzt es seinen Eingriff auf die schonendste Maßnahme. In Betracht kommen die Entziehung für eine einzelne Angelegenheit, eine befristete oder bedingte Entziehung für einen Kreis von Angelegenheiten oder die Entziehung für einen Angelegenheitenkreis ohne Einschränkungen. Falls diese Maßnahmen nicht reichen, die Gefährdung des Mündelinteresses abzustellen, muss das Familiengericht den Vormund entlassen (§ 1886). Soweit notwendig bestellt das Familiengericht dem Mündel einen Pfleger (§ 1909).

4   Die **Entziehung** der Vormundschaft **erfolgt erst durch die Entscheidung** des Familiengerichts. Die Entscheidung ist konstitutiv, das bloße Vorliegen der Interessengegensätze reicht nicht. Wirksam wird die Entscheidung mit der Bekanntmachung an den Vormund (§ 40 FamFG).

5   **Fallen die Interessengegensätze weg,** lebt die Vormundschaft nicht automatisch wieder auf. Das Familiengericht muss ihm seine Stellung wieder vollständig einräumen.

§ 1797 BGB   Mehrere Vormünder

(1) ¹Mehrere Vormünder führen die Vormundschaft gemeinschaftlich. ²Bei einer Meinungsverschiedenheit entscheidet das Familiengericht, sofern nicht bei der Bestellung ein anderes bestimmt wird.

(2) ¹Das Familiengericht kann die Führung der Vormundschaft unter mehrere Vormünder nach bestimmten Wirkungskreisen verteilen. ²Innerhalb des ihm überwiesenen Wirkungskreises führt jeder Vormund die Vormundschaft selbständig.

---

2   Bejahend: OLG Frankfurt/M. 8.1.2015 – 6 UF 292/14, FamRZ 2015, 1412; 2.12.2013 – 5 UF 310/13, JAmt 2014, 170; LG Bremen 19.1.1992 – 10 T 771/91, InfAuslR 1992, 281; verneinend OLG Nürnberg 7.12.2015 – 9 UF 1276/15, FamRZ 2016, 481; OLG Bamberg 13.8.2015 – 2 UF 140/15, FamRZ 2016, 152; OLG Frankfurt/M. 23.1.2015 – 3 UF 341/14, FamRZ 2015, 1119; ausführlich zur Problematik unbegleiteter minderjähriger Flüchtlinge s. Erb-Klünemann/Kössler FamRB 2016 160 ff.; Schulte-Bunert FuR 2015, 685 ff.; Etzold FamRZ 2016, 609 ff.; Riegner NZFam 2014, 150 ff.
3   BGH 22.11.1954 – IV ZB 80/54, NJW 1955, 217.

(3) Bestimmungen, die der Vater oder die Mutter für die Entscheidung von Meinungsverschiedenheiten zwischen den von ihnen benannten Vormündern und für die Verteilung der Geschäfte unter diese nach Maßgabe des § 1777 getroffen hat, sind von dem Familiengericht zu befolgen, sofern nicht ihre Befolgung das Interesse des Mündels gefährden würde.

Die Norm regelt die **Amtsführung von Mitvormündern**. Besondere Bedeutung 1
wird der Bestimmung durch Vater und Mutter eingeräumt (Abs. 3, § 1777). Zur
Bestellung der Mitvormünder s. §§ 1775, 1791 b (Jugendamt).

Grundsätzlich führen Mitvormünder die Vormundschaft **gemeinschaftlich** 2
(Abs. 1 S. 1). Sie müssen also Übereinstimmung erzielen. Es besteht Gesamtvertretungsmacht. Bei Fehlen einer Zustimmung ist der andere Mitvormund bei der
Abgabe von Erklärungen im Namen des Mündels Vertreter ohne Vertretungsmacht und haftet Dritten gegenüber ggf. nach § 179. Unterbevollmächtigungen
sind zur Erleichterung der Aufgabenerfüllung zulässig.

Bei **Erklärungen gegenüber Mitvormündern** reicht der Zugang bei einem 3
(§ 1629 Abs. 1 S. 2 Hs. 2 analog). Entsprechendes gilt für die Zustellung einer
Klage oder eines Antrags (§ 171 Abs. 3 ZPO). Da die Mitvormünder einander
kontrollieren sollen, haften sie bei Verstößen des einen gegen seine Pflichten ggf.
wegen Verstoßes gegen die Aufsichtspflicht gesamtschuldnerisch mit dem anderen aus § 1833.

Bei **Meinungsverschiedenheiten** zwischen den Vormündern entscheidet der Richter 4
ter (§ 14 Abs. 1 Nr. 5 RPflG) des Familiengerichts (Abs. 1 S. 2), es sei denn, dass
bei der Bestellung etwas anderes bestimmt wird. Das kommt vor allem in Betracht, wenn die Eltern bei der Bestellung des Vormunds etwas anderes bestimmt haben (Abs. 3, dazu → Rn. 7). Anders als im Fall des § 1628 entscheidet
das Familiengericht in der Sache, indem es der Auffassung eines Mitvormunds
beitritt. Dadurch wird die Zustimmung des anderen ersetzt. Unzulässig ist eine
Entscheidung, die nicht an die Ansicht eines der Mitvormünder anknüpft; denn
so griffe das Familiengericht unzulässig in die selbstständige Amtsführung der
Vormünder ein.

Verfahren: Zum Schutz des Mündels hat bei gemeinschaftlicher Führung der 5
Vormundschaft jeder Mitvormund ein umfassendes Beschwerderecht (§ 59
Abs. 1 FamFG).

Ausnahmsweise kann das Familiengericht die Führung der **Vormundschaft unter** 6
den Mitvormündern aufteilen (Abs. 2). Die Trennung kann umfassend sein,
kann sich aber auch nur auf Teilbereiche beziehen, während im Übrigen eine gemeinsame Führung der Vormundschaft stattfindet. Im zur eigenverantwortlichen Wahrnehmung übertragenen Aufgabenkreis führt jeder Vormund die Vormundschaft selbstständig (Abs. 2 S. 2). Sein Beschwerderecht ist insoweit ausschließlich. Zulässig (und wegen der gebotenen Kontrolle regelmäßig erforderlich) ist die Bestellung des anderen Mitvormunds zum Gegenvormund für den
Bereich, in dem keine gemeinschaftliche Führung der Vormundschaft stattfindet
(§ 1792 Abs. 3).

Haben der **Vater oder die Mutter** nach § 1777 **Bestimmungen** über die Vertei- 7
lung der Aufgabenkreise oder die Entscheidung von Meinungsverschiedenheiten
getroffen, gehen diese vor. Voraussetzung ist aber, das das Familiengericht diese

Regeln in die Bestellung übernommen hat (Abs. 1 S. 2 aE). Dazu ist es verpflichtet, es sei denn, die Befolgung der Bestimmungen gefährdete das Kindeswohl.

§ 1798 BGB Meinungsverschiedenheiten

Steht die Sorge für die Person und die Sorge für das Vermögen des Mündels verschiedenen Vormündern zu, so entscheidet bei einer Meinungsverschiedenheit über die Vornahme einer sowohl die Person als das Vermögen des Mündels betreffenden Handlung das Familiengericht.

1 Die Norm bestimmt, dass bei Meinungsverschiedenheiten zwischen Mitvormündern (zu Differenzen zwischen Vormund und Pfleger vgl. § 1794), von denen einem die Personen- und dem anderen die Vermögenssorge übertragen ist, das Familiengericht entscheidet, wenn die Angelegenheit beide Bereiche betrifft (wie → § 1797 Rn. 3).

2 **Keine Anwendung** findet die Vorschrift, wenn **Vater und Mutter** für die Entscheidung von Streitigkeiten zwischen Mitvormündern eine **anderweitige Regelung** getroffen haben.

3 **Zuständig** ist der Richter (§ 14 Abs. 1 Nr. 5 RPflG).

§ 1799 BGB Pflichten und Rechte des Gegenvormunds

(1) [1]Der Gegenvormund hat darauf zu achten, dass der Vormund die Vormundschaft pflichtmäßig führt. [2]Er hat dem Familiengericht Pflichtwidrigkeiten des Vormunds sowie jeden Fall unverzüglich anzuzeigen, in welchem das Familiengericht zum Einschreiten berufen ist, insbesondere den Tod des Vormunds oder den Eintritt eines anderen Umstands, infolgedessen das Amt des Vormunds endigt oder die Entlassung des Vormunds erforderlich wird.

(2) Der Vormund hat dem Gegenvormund auf Verlangen über die Führung der Vormundschaft Auskunft zu erteilen und die Einsicht der sich auf die Vormundschaft beziehenden Papiere zu gestatten.

1 § 1799 regelt die Pflichten des Gegenvormunds und die diesbezüglichen Mitwirkungspflichten des Vormunds. **Aufgabe des Gegenvormunds** ist es, den Vormund zu überwachen. Er hat darauf zu achten, dass dieser seinen Pflichten nachkommt (Abs. 1 S. 1) und muss Pflichtverletzungen dem Familiengericht unverzüglich (§ 121) mitteilen (Abs. 1 S. 2), damit dieses nach § 1837 oder ggf. durch Entlassung des Vormunds (§ 1886) einschreiten kann.

2 Was **Pflichtverletzungen des Vormunds** sind, bestimmt sich nach dem Mündelinteresse. Dem Gegenvormund steht bei der Feststellung ein Beurteilungsspielraum zu, der gerichtlich nicht überprüfbar ist.

3 Den Gegenvormund trifft weiter die **Verpflichtung, dem Familiengericht** jeden weiteren Fall **anzuzeigen, in dem sein Eingreifen erforderlich ist,** vor allem den Tod des Vormunds sowie sonstige Umstände, aufgrund derer das Amt des Vormunds endet (weil dann ein neuer Vormund bestellt werden muss) oder aufgrund derer die Entlassung notwendig wird (die nur vom Familiengericht ausgesprochen werden kann).

4 **Die Mitwirkung des Gegenvormunds ist erforderlich** bei der Aufstellung des Anfangsvermögens des Mündels (§ 1802 Abs. 1 S. 3), bei der Jahresrechnung

(§ 1842) und bei der Abrechnung bei Beendigung des Amts (§ 1892 Abs. 1). Bei der Vermögensverwaltung wirkt der Gegenvormund durch die Erteilung bzw. Verweigerung von Genehmigungen mit (vgl. §§ 1809 f., 1812 f., 1824, 1832).

Der Gegenvormund muss dem Vormund jederzeit **Auskunft erteilen** (§§ 1839, 1891 Abs. 2). 5

Für **Amtspflichtverletzungen** haftet der Gegenvormund dem Mündel nach 6 § 1833.

Bei bestimmten Angelegenheiten hat der Gegenvormund ein **Anhörungsrecht** 7 vor der Entscheidung des Familiengerichts (§§ 1826, 1836 Abs. 2).

Zur Erleichterung seiner Tätigkeit hat er gegen den Vormund einen **Anspruch** 8 **auf Auskunftserteilung** und Gestattung der Einsichtnahme in die die Vormundschaft betreffenden Papiere (Abs. 2) einschließlich des Rechts (auf eigene Kosten) Abschriften oder Kopien anzufertigen.

§ 1800 BGB Umfang der Personensorge

[1]Das Recht und die Pflicht des Vormunds, für die Person des Mündels zu sorgen, bestimmen sich nach §§ 1631 bis 1632. [2]Der Vormund hat die Pflege und Erziehung des Mündels persönlich zu fördern und zu gewährleisten.

Durch die Verweisung auf §§ 1631–1632 stellt die Vorschrift klar, dass der Vormund hinsichtlich der Personensorge **den Eltern gleichgestellt** sein soll. Der Vormund hat das Recht, das Kind zu erziehen (zur religiösen Erziehung vgl. aber § 1801) und unterliegt insofern den gleichen Einschränkungen wie Eltern (vgl. § 1631). Ihm steht die Entscheidung über die Ausbildung zu. Von Dritten kann er die Herausgabe des Kindes verlangen (vgl. § 1632). Zur Personensorge gehört auch, die Feststellung der Vaterschaft zu betreiben, soweit das wegen des Fehlens einer Vaterschaftsanerkennung nötig ist (vgl. § 1600 d) und Unterhaltsansprüche geltend zu machen. Schließlich kann der Vormund den Mündel unter den Voraussetzungen des § 1631 b unterbringen und freiheitsentziehende Maßnahmen anordnen, wenn diese von Familiengericht genehmigt werden. Wie Eltern auch kann ihm Hilfe zur Erziehung zustehen.[1]

S. 2 wurde durch das Gesetz zur Änderung des Vormundschafts- und Betreuungsrechts[2] eingefügt. Die Regelung dient dazu, klarzustellen, dass auch die Förderung und Gewährleistung der Pflege und Erziehung des Mündels zu den Pflichten des Vormunds gehört, die er persönlich erfüllen muss. Das ergibt sich schon aus dem Prinzip der Einzelvormundschaft; es ist für den Einzelvormund selbstverständlich, dass er sich persönlich um den Mündel kümmert. Das gilt nun auch für den Amtsvormund (vgl. auch § 55 Abs. 3 S. 2 SGB VIII). Es reicht in keinem Fall, dass ein Vormund gleich welcher Art die Erfüllung dieser Pflichten ausschließlich anderen überlässt (zB den Mitarbeitern des Sozialen Dienstes des Jugendamtes oder den Pflegeeltern).

---

1 OVG Bremen 16.11.2005 – 2 A 111/05, NordÖR 2006, 218.
2 Vgl. BR-Drs. 243/11; BT-Drs. 17/3617.

§ 1801 BGB   Religiöse Erziehung

(1) Die Sorge für die religiöse Erziehung des Mündels kann dem Einzelvormund von dem Familiengericht entzogen werden, wenn der Vormund nicht dem Bekenntnis angehört, in dem der Mündel zu erziehen ist.

(2) Hat das Jugendamt oder ein Verein als Vormund über die Unterbringung des Mündels zu entscheiden, so ist hierbei auf das religiöse Bekenntnis oder die Weltanschauung des Mündels und seiner Familie Rücksicht zu nehmen.

1   Abs. 1 ergänzt §§ 1631, 1800; denn auch die religiöse Erziehung ist Bestandteil der Personensorge. Auf die Pflegschaft ist sie entsprechend anwendbar (§ 1915). Für Betreuungen gilt sie dagegen nicht; denn dort gibt es keine Personensorge, da der Betreute volljährig ist.

2   Die Norm trägt der Bedeutung einer **der Religion des Mündels entsprechenden Erziehung** Rechnung. Das Bekenntnis ist zwar schon bei der Auswahl des Vormunds zu berücksichtigen (§ 1779 Abs. 2 S. 2). Trotzdem muss gelegentlich ein Vormund bestellt werden, dessen Bekenntnis von dem des Mündels abweicht. Droht dann eine dem Bekenntnis des Mündels nicht entsprechende Erziehung, kann das Familiengericht dem Vormund die Sorge insoweit entziehen und einem Mitvormund oder Pfleger übertragen. Die bloße Religionsverschiedenheit reicht aber nicht; es muss konkrete Anzeichen dafür geben, dass der Vormund in das Bekenntnis des Mündels steuernd eingreift.

3   Abs. 2 dient der **Sicherung des religiösen Bekenntnisses bei Unterbringung** durch den Vereins- oder Amtsvormund und ergänzt so § 1631 b. Bei der Auswahl der Unterbringungseinrichtung ist auf das religiöse Bekenntnis des Mündels und seiner Familie Rücksicht zu nehmen. Der Vorrang ist nicht absolut; bei Fehlen einer bekenntniszugehörigen Unterbringungsmöglichkeit in zumutbarer Entfernung darf auch bekenntnisfremd untergebracht werden.

§ 1802 BGB   Vermögensverzeichnis

(1) [1]Der Vormund hat das Vermögen, das bei der Anordnung der Vormundschaft vorhanden ist oder später dem Mündel zufällt, zu verzeichnen und das Verzeichnis, nachdem er es mit der Versicherung der Richtigkeit und Vollständigkeit versehen hat, dem Familiengericht einzureichen. [2]Ist ein Gegenvormund vorhanden, so hat ihn der Vormund bei der Aufnahme des Verzeichnisses zuzuziehen; das Verzeichnis ist auch von dem Gegenvormund mit der Versicherung der Richtigkeit und Vollständigkeit zu versehen.

(2) Der Vormund kann sich bei der Aufnahme des Verzeichnisses der Hilfe eines Beamten, eines Notars oder eines anderen Sachverständigen bedienen.

(3) Ist das eingereichte Verzeichnis ungenügend, so kann das Familiengericht anordnen, dass das Verzeichnis durch eine zuständige Behörde oder durch einen zuständigen Beamten oder Notar aufgenommen wird.

1   Die Vorschrift ordnet zur **Erleichterung der Kontrolle der Vermögensverwaltung** an, dass zu Beginn der Vormundschaft ein Verzeichnis über das gesamte Vermögen des Mündels erstellt und jeweils ergänzt werden muss, wenn der Mündel neues Vermögen erwirbt. Sie bildet das funktionelle Äquivalent zu § 1640. Das Verzeichnis dient als Grundlage der Vermögensverwaltung durch den Vormund und der Aufsicht durch das Familiengericht. Es soll zudem Beweise fürAnsprü-

che des Mündels aus § 1890 sichern und ist Grundlage für die Beurteilung der Mittellosigkeit des Betroffenen im Rahmen einer Vergütungsbewilligung sowie für die Erhebung von Gerichtsgebühren.

Die Norm gilt **für alle Arten von Vormundschaften**. Eine Befreiung ist nicht 2 möglich. Ausgenommen sind jedoch solche Vormünder, deren Aufgabenkreis sich auf die bloße Personensorge ohne jeden Vermögensbezug beschränkt. Stichtag für das Verzeichnis ist der Tag der Bekanntmachung der Anordnung der Vormundschaft oder Pflegschaft gegenüber dem Vormund oder Pfleger.[1]

In das Verzeichnis **müssen alle** bei Beginn der Vormundschaft **zum Mündelvermögen gehörenden Gegenstände** aufgenommen werden. Es ist unerheblich, ob 3 sie der Verwaltung des Vormunds unterliegen (anders bei Eltern: § 1640). Ist die Vormundschaft aber nach Sachgebieten aufgeteilt (vgl. § 1797 Abs. 2), ist jeder Vormund nur verpflichtet, diejenigen Gegenstände zu verzeichnen, die in seine Verwaltung fallen. Werden später bedeutsame Vermögensgegenstände erworben, muss das Verzeichnis ergänzt werden. Die Aufzeichnung muss eine geordnete Aufstellung der Aktiven und Passiven enthalten. Sie muss so genau sein, dass Zweifel über die verzeichneten Gegenstände ausgeschlossen sind. Bei Grundstücken ist deswegen regelmäßig die grundbuchmäßige Bezeichnung erforderlich.[2] Belege brauchen nicht beigefügt zu werden.

Sofern der Vormund das für nötig hält, kann er sich bei der Aufstellung einer 4 der in Abs. 2 genannten **Personen bedienen** (Ausnahme: unverhältnismäßige Kosten). Der Gegenvormund ist an der Aufnahme des Verzeichnisses zu beteiligen (Abs. 1 S. 2 Hs. 1). Er muss es selbstständig prüfen und die Richtigkeit und Vollständigkeit durch einen entsprechenden Vermerk bestätigen (Abs. 1 S. 2 Hs. 2). Ggf. muss er Beanstandungen anmerken.

Bei Vorlage eines unzureichenden Verzeichnisses kann das Familiengericht die 5 Aufnahme durch eine Behörde, einen Beamten oder Notar anordnen (Abs. 3), Zwangsmittel gegen den Vormund einsetzen oder ihn äußerstenfalls entlassen (§ 1886).

Die **Kosten** für die Aufstellung des Verzeichnisses trägt der Mündel. 6

§ 1803 BGB Vermögensverwaltung bei Erbschaft oder Schenkung

(1) Was der Mündel von Todes wegen erwirbt oder was ihm unter Lebenden von einem Dritten unentgeltlich zugewendet wird, hat der Vormund nach den Anordnungen des Erblassers oder des Dritten zu verwalten, wenn die Anordnungen von dem Erblasser durch letztwillige Verfügung, von dem Dritten bei der Zuwendung getroffen worden sind.

(2) Der Vormund darf mit Genehmigung des Familiengerichts von den Anordnungen abweichen, wenn ihre Befolgung das Interesse des Mündels gefährden würde.

(3) [1]Zu einer Abweichung von den Anordnungen, die ein Dritter bei einer Zuwendung unter Lebenden getroffen hat, ist, solange er lebt, seine Zustimmung erforderlich und genügend. [2]Die Zustimmung des Dritten kann durch das Familiengericht ersetzt werden, wenn der Dritte zur Abgabe einer Erklärung dauernd außerstande oder sein Aufenthalt dauernd unbekannt ist.

---

1 LG Berlin 21.11.1980 – 83 T 416/80, Rpfleger 1981, 110; Spanl Rpfleger 1990, 278.
2 MK/Wagenitz § 1802 Rn. 3.

1   Die Vorschrift dient der Verwirklichung des Interesses, dass das dem Mündel unentgeltlich Zugewendete dem Willen des Zuwendenden entsprechend verwendet wird (Abs. 1, 3). Im Interesse des Mündels sind nach dem Tod des Zuwendenden Durchbrechungen des Willensvorrangs zulässig, wenn sonst seine Interessen gefährdet würden (Abs. 2). Die Vorschrift gilt für alle Arten von Vormundschaften. Erfasst werden das Zugewendete und seine Surrogate.

2   Der Vormund muss **Vermögen**, das der Mündel durch Verfügung von Todes wegen oder durch unentgeltliche Zuwendung erwirbt, **nach der Anordnung des Zuwendenden verwalten**, wenn diese in der Verfügung von Todes wegen oder bei der Vornahme der Zuwendung getroffen wurde (Abs. 1). Spätere Anordnungen sind ebenso unwirksam wie solche, die nicht vom Zuwendenden selbst (oder einem seiner Vertreter) stammen. Inhalt der Anordnung können sowohl Befreiungen von Verwaltungsbeschränkungen (§§ 1807 ff., 1814 ff.), aber auch weitere Einschränkungen der Befugnisse des Vormunds sein, wie die Vorgabe von Anlagearten oder eine Erweiterung der Hinterlegungspflicht. Hat der Zuwendende bestimmt, dass der Vormund das Zugewendete nicht verwalten darf, muss dem Mündel ein Pfleger bestellt werden (§ 1909 Abs. 1 S. 2).

3   **Abweichungen von der Anordnung** sind bei Zuwendungen unter Lebenden ohne Weiteres zulässig, wenn der Zuwendende zustimmt (Abs. 3 S. 1). Die Ersetzung der Zustimmung durch das Familiengericht kommt nur in Betracht, wenn er zur Abgabe der Erklärung (zB wegen dauernder Geisteskrankheit) dauernd außerstande oder sein Aufenthalt dauernd unbekannt ist, so dass er nicht gefragt werden kann (Abs. 3 S. 2). Sie ist im Übrigen unzulässig, wenn der Zuwendende noch lebt. Erst nach seinem Tod darf das Gericht einer Abweichung des Vormunds von einer Anordnung zustimmen, wenn bei ihrer Befolgung das Mündelinteresse gefährdet würde (Abs. 2).

4   **Weicht der Vormund unbefugt von der Anordnung ab**, sind seine Handlungen gleichwohl wirksam. Er macht sich aber **schadensersatzpflichtig** (§ 1833). Bei häufigem unbefugtem Abweichen ist er **zu entlassen** (§ 1886).

§ 1804 BGB   Schenkungen des Vormunds

¹**Der Vormund kann nicht in Vertretung des Mündels Schenkungen machen.** ²**Ausgenommen sind Schenkungen, durch die einer sittlichen Pflicht oder einer auf den Anstand zu nehmenden Rücksicht entsprochen wird.**

1   Die Norm dient dem **Schutz des Mündelvermögens** vor Weggabe ohne Gegenleistung. Sie entspricht § 1641. Ihre Geltung im Rahmen der Betreuung (§ 1908 i Abs. 2 S. 1) ist bedenklich, weil sie eine vorweggenommene Erbfolge nach dem Betreuten verhindert bzw. sehr einschränkt.[1]

2   **Dem Vormund verboten sind** alle Schenkungen iSd § 516, die er im Namen des Mündels macht (S. 1) mit Ausnahme der Pflicht- und Anstandsschenkungen (S. 2). Darunter kann auch die Änderung der Bezugsberechtigung einer Lebens-

---

1   BayObLG 24.5.1996 – 3Z BR 104/96, BayObLGZ 96, 118. Das OLG Stuttgart 30.6.2004 – 8 W 495/03, FamRZ 2005, 62 nimmt deswegen an, dass die Genehmigungsfähigkeit derartiger Verträge nicht immer ausgeschlossen ist (ebenso LG Traunstein 7.4.2004 – 4 T 1365/04, MittBayNot 2005, 231; anders noch OLG Stuttgart 4.10.2000 – 8 W 590/99, BWNotZ 2001, 64).

versicherung fallen.[2] Nicht erfasst werden sonstige unentgeltliche Zuwendungen (zB Gebrauchsüberlassungen). Gemischte Schenkungen fallen mit ihrem Schenkungsteil unter § 1804.[3] Pflicht- und Anstandsschenkungen sind neben denjenigen zu Feiertagen (Weihnachten, Geburtstage usw) sonstige Schenkungen, die den Lebensverhältnissen des Mündels entsprechen. Sie sind zulässig, wenn sie nach den Anschauungen der mit dem Mündel (bzw. Betreuten) sozial gleichgestellten Kreise nicht unterbleiben könnten, ohne dass der Betreute eine Einbuße in Achtung und Anerkennung dieser Kreise erleiden würde.[4] Im Übrigen ist bei erwachsenen Betroffenen zu beachten, welche Schenkungen dem Willen des Betreuten entsprechen. Insoweit ist die Regelung verfassungskonform einzuschränken.[5]

Alle nicht unter S. 2 fallenden Schenkungen sind nichtig. Sie können nicht genehmigt werden, sondern müssen ggf. nach der Volljährigkeit erneut vorgenommen werden. 3

Die Zulässigkeit der Schenkung nach § 1804 schließt ihre **Genehmigungsbedürftigkeit nach anderen Vorschriften** nicht aus. 4

§ 1805 BGB Verwendung für den Vormund

[1]Der Vormund darf Vermögen des Mündels weder für sich noch für den Gegenvormund verwenden. [2]Ist das Jugendamt Vormund oder Gegenvormund, so ist die Anlegung von Mündelgeld gemäß § 1807 auch bei der Körperschaft zulässig, bei der das Jugendamt errichtet ist.

Die Norm **verbietet die Verwendung des Mündelvermögens für den Vormund** 1 und den Gegenvormund (S. 1). Verwendung ist jede Art der Nutzung, also neben der Übertragung auch die Nutzung von Sachen des Mündels oder die Ausnutzung seiner Rechtspositionen. Das liegt auch dann vor, wenn der Vormund im eigenen Namen ein Treuhandkonto für den Mündel führt.[1] Unerheblich ist, ob der Vormund oder Gegenvormund ein Entgelt zahlt. Mittelbar ergibt sich aus der Regelung außer in den Fällen, in denen kein nennenswertes Vermögen besteht oder nennenswertes Einkommen erzielt wird, die Pflicht zu einer getrennten Verwaltung von Einkommen und Vermögen.[2]

Wegen der vergleichbaren Interessenlage muss man § 1805 auf die Ausnutzung 2 der **Arbeitskraft** des Mündels entsprechend anwenden.

Wegen fehlender Gefährdung der Interessen des Mündels ist abweichend von 3 S. 1 die **Anlegung von Mündelgeld** durch das zum Vormund oder Gegenvormund bestellte Jugendamt **auch bei der Körperschaft** zulässig, bei der es errichtet ist (S. 2).

Ein **Verstoß** gegen § 1805 führt **nicht zur Unwirksamkeit** des Geschäfts. Der 4 Vormund bzw. Gegenvormund muss verwendetes Geld aber verzinsen (§ 1834) und Schadensersatz leisten (§ 1833). Regelmäßig ist er vom Familiengericht zu

---

2 LG Düsseldorf 15.11.2012 – 11 O 259/12, FamRZ 2013, 1836.
3 Vgl. OLG Hamm 23.5.1991 – 22 U 160/90, NJW-RR 1992, 1170.
4 LG Kassel 12.10.2012 – 3 T 349/12, FamRZ 2013, 579; vgl. auch BayObLG 8.10.1997 – 3Z BR 192/97, FamRZ 1999, 47.
5 OLG Karlsruhe 18.4.2000 – 11 Wx 148/99, NJW-RR 2000, 1313.
1 LG Münster 28.7.2011 – 5 T 309/11, BtPrax 2012, 219.
2 OLG Rostock 18.1.2005 – 3 W 120/04, FamRZ 2005, 1588.

entlassen (§ 1886). Strafrechtlich kann sein Verhalten Untreue (§ 266 StGB) oder veruntreuende Unterschlagung (§ 246 Abs. 2 StGB) sein.

§ 1806 BGB Anlegung von Mündelgeld

Der Vormund hat das zum Vermögen des Mündels gehörende Geld verzinslich anzulegen, soweit es nicht zur Bestreitung von Ausgaben bereitzuhalten ist.

Literatur: *Christian,* Alte und neue Formen der Anlegung von Mündelvermögen, ZblJugR 1981, 287; *Fiala/Müller/Braun,* Genehmigungen bei Vormundschaft über Minderjährige, Betreuung und Nachlasspflegschaft, Rpfleger 2002, 389; *Wesche,* Gerichtliche Genehmigung bei der Geldverwaltung, BtPrax 2004, 49.

1 § 1806 soll das **Vermögen des Mündels** (und des Betreuten, § 1908 i) **gegen Verluste durch Inflation schützen,** indem er anordnet, dass das Vermögen des Mündels verzinslich anzulegen ist. Ausgenommen sind nur die Beträge, die zur Bestreitung von Ausgaben bereitgehalten werden müssen. Die Norm gilt für alle Arten von Vormundschaften. Eine Befreiung ist nicht möglich.

2 **Anzulegen ist** das gesamte Vermögen des Mündels, das nicht für die (baldige) Bestreitung von Ausgaben erforderlich ist.[1] Die Herkunft des Vermögens spielt keine Rolle. Anzulegen sind daher auch unentgeltliche Zuwendungen und nicht verbrauchte Einkünfte aus angelegtem Vermögen. Was zur Bestreitung von Ausgaben erforderlich ist, richtet sich nach den Lebensverhältnissen des Mündels. Dazu gehören vor allem die für den laufenden Unterhalt, aber auch für Sonderbedarf erforderlichen Beträge.

3 Die Anlegung richtet sich nach §§ 1807–1811. Um die Einhaltung von § 1806 kontrollieren zu können, muss das Familiengericht sich ggf. nach der Verwendung von für den Mündel eingegangenen Geldern erkundigen.[2]

4 **Bei Verstößen gegen das Anlagegebot** ist der Vormund schadensersatzpflichtig (§ 1833). Das Familiengericht muss aber von sich aus tätig werden und den Vormund anweisen (§ 1837), wenn es einen Verstoß bemerkt, damit dieser schnellstmöglich abgestellt wird.

§ 1807 BGB Art der Anlegung

(1) Die im § 1806 vorgeschriebene Anlegung von Mündelgeld soll nur erfolgen:

1. **in Forderungen, für die eine sichere Hypothek an einem inländischen Grundstück besteht, oder in sicheren Grundschulden oder Rentenschulden an inländischen Grundstücken;**
2. **in verbrieften Forderungen gegen den Bund oder ein Land sowie in Forderungen, die in das Bundesschuldbuch oder in das Landesschuldbuch eines Landes eingetragen sind;**
3. **in verbrieften Forderungen, deren Verzinsung vom Bund oder einem Land gewährleistet ist;**
4. **in Wertpapieren, insbesondere Pfandbriefen, sowie in verbrieften Forderungen jeder Art gegen eine inländische kommunale Körperschaft oder die Kreditanstalt einer solchen Körperschaft, sofern die Wertpapiere oder die Forde-**

---

1 LG Karlsruhe 3.2.2014 – 11 T 324, NJW 2014, 2203.
2 OLG Düsseldorf 18.3.1993 – 18 U 228/92, JMBl. 1994, 20.

rungen von der Bundesregierung mit Zustimmung des Bundesrates zur Anlegung von Mündelgeld für geeignet erklärt sind;

5. bei einer inländischen öffentlichen Sparkasse, wenn sie von der zuständigen Behörde des Landes, in welchem sie ihren Sitz hat, zur Anlegung von Mündelgeld für geeignet erklärt ist, oder bei einem anderen Kreditinstitut, das einer für die Anlage ausreichenden Sicherungseinrichtung angehört.

(2) Die Landesgesetze können für die innerhalb ihres Geltungsbereichs belegenen Grundstücke die Grundsätze bestimmen, nach denen die Sicherheit einer Hypothek, einer Grundschuld oder einer Rentenschuld festzustellen ist.

I. Allgemeines

Zum Schutz des Mündelvermögens schreibt die Norm **bestimmte Anlagearten** 1 für die nach § 1806 angeordnete Anlage vor. Auch bei einer mündelsicheren Geldanlage muss der Betreuer mit dem Geldvermögen des Betroffenen deswegen – wie in § 1806 gefordert – wirtschaftlich umgehen und darf Geld nur insoweit anlegen, als es nicht zur Bestreitung von Ausgaben bereitzuhalten ist.[1] Abweichende Anlagearten können jedoch vom Familiengericht nach § 1811 gestattet werden. Ergänzt wird § 1807 durch § 1809, der für Anlagen nach Abs. 1 Nr. 5 einen Sperrvermerk fordert und durch § 1810, der Regelungen über die Mitwirkung des Gegenvormunds und des Familiengerichts bei der Anlage enthält.

Von den zulässigen Anlagearten **muss der Vormund diejenige auswählen,** die bei 2 gleicher Sicherheit die beste Rendite bietet. Bei unterschiedlicher Sicherheit ist grundsätzlich die sicherste zu wählen. Bei unzulässiger Anlage oder Verstoß gegen die Auswahlregeln einschließlich einer Anlage zu zu ungünstigen Bedingungen (zB nur Sparbuch mit Mindestzinssatz) ist der Vormund schadensersatzpflichtig (§ 1833). Außerdem muss das Familiengericht durch Weisungen (§ 1837), ggf. durch Entlassung (§ 1886) eingreifen.

II. Die zugelassenen Anlagearten

Als Anlagearten sind zugelassen: 3

1. **Forderungen,** für die eine **sichere Hypothek** an einem inländischen Grundstück besteht, sichere **Grund- und Rentenschulden** an inländischen Grundstücken (Abs. 1 Nr. 1). Dazu gehören auch durch Grundpfandrechte an Wohnungs- oder Teileigentum gesicherte Forderungen; denn auch diese beziehen sich auf Grundstücke. §§ 11, 18 ErbbauRG stellen Grundpfandrechte an Erbbaurechten denjenigen an Grundstücken gleich.

Wie die **Sicherheit des Grundpfandrechts** festzustellen ist, kann landesrecht- 4 lich bestimmt werden. Regelungen bestehen in Baden-Württemberg (§ 45 AGBGB vom 26.11.1974, GBl 1974, 498); Bayern und ehemals bayrischer Teil des Saarlands (Art. 67 AGBGB vom 20.9.1982, GVBl 1982, 803); Berlin, Nordrhein-Westfalen, ehemals preußischer Teil des Saarlands (Art. 73 PrABGB vom 20.9.1999, SGVBW Nr. 40); Bremen (§ 56 AGBGB vom 18.7.1999, SaBremR 400-a-1), Hamburg (§§ 74, 74 a AGBGB vom 14.7.1999 idF vom 1.7.1958, GVBl 1958, 195); Hessen (§ 28 AGBGB vom 18.12.1984, GVBl II 230–5). Keine Vorschriften gibt es für Niedersachsen, Rheinland-Pfalz und die neuen Bundesländer. Als Faustregel kann aus den

---

1 LG Karlsruhe 3.2.2014 – 11 T 324/13, NJW 2014, 2203.

genannten Vorschriften abgeleitet werden, dass Grundpfandrechte sicher sind, die den Grundstückswert zu weniger als 60 % ausschöpfen.

5 2. **Verbriefte Forderungen gegen den Bund oder ein Bundesland** und solche Forderungen, die in das Bundesschuldenbuch oder das Schuldenbuch eines Bundeslands eingetragen sind (Abs. 1 Nr. 2). Hierher gehören Bundesschatzbriefe und -obligationen, Wechsel und sonstige Darlehen, für die der Bund oder ein Bundesland einen Schuldschein ausgestellt hat. Nach der Privatisierung aufgenommene Anleihen von Bahn und Post sind dagegen nicht mehr mündelsicher nach Abs. 1 Nr. 2.

6 3. **Verbriefte Forderungen, deren Verzinsung vom Bund oder einem Bundesland gewährleistet ist** (Abs. 1 Nr. 3). Es kommt nur auf die Sicherung der Zinszahlung, nicht auf die der Forderung selbst an. Die Regelung betrifft alle verbrieften Forderungen gegen Unternehmen, für die der Bund oder ein Land generell die Gewähr übernommen haben. In der Praxis kommt das oft bei Kraftwerken vor.

7 4. **Wertpapiere** aller Art (auch ausländische) und **verbriefte Forderungen** jeder Art **gegen inländische Körperschaften** oder deren **Kreditanstalten**, die von der Bundesregierung mit Zustimmung des Bundesrats **für mündelsicher erklärt** wurden (Abs. 1 Nr. 4). Für die letztgenannte Gruppe trifft das zu, sofern die Papiere entweder durch den Gläubiger kündbar sind oder eine regelmäßige Tilgung stattfindet (vgl. Bekanntmachung vom 18.6.1928, RGBl. 1928, 191).

8 Weitergeltende **landesrechtliche Regelungen** über die Mündelsicherheit enthalten Art. 74 PrABGB vom 20.9.1999 (SGVNW Nr. 40, gilt für Berlin, Nordrhein-Westfalen und den ehemals preußischen Teil des Saarlands) und Art. 32 BayAGBGB vom 6.9.1999 (gilt nach Aufhebung in Bayern nur noch im ehemals bayrischen Teil des Saarlands, BS Saar 400–3). Zu Pfandbriefen vgl. die VO vom 7.5.1940, RGBl. 1940, 756, zu Schiffshypotheken die VO vom 18.3.1941, RGBl. 1941, 156.

9 5. **Mündelsicher** ist auch die Anlage bei einer **inländischen Sparkasse, die von der zuständigen Landesbehörde für geeignet erklärt worden ist** (Abs. 1 Nr. 5). Das ist inzwischen für alle Sparkassen geschehen. Gleichgestellt sind außerdem alle **Kreditinstitute, die einer für die Einlage ausreichenden Sicherungseinrichtung angehören** (Abs. 1 Nr. 5 aE). Das trifft auf alle Banken zu, die am Einlagensicherungsfonds beteiligt sind. Letztlich sind damit mittlerweile Anlagen bei allen deutschen Banken und bei ausländischen Banken mit Niederlassungen in Deutschland möglich. Erforderlich ist dann nur, dass die gewählte Anlage auch vom Einlagensicherungsfonds gedeckt ist. Die Anlagen sollen mit einem Sperrvermerk versehen werden (§ 1809). Unter den verschiedenen in Betracht kommenden Banken muss der Vormund eine Auswahl nach pflichtgemäßem Ermessen treffen.[2]

10 **Kraft anderweitiger gesetzlicher Regelung** gleichgestellt sind: die Deutsche Genossenschaftsbank (BGBl. I 1975, 3171), die Deutsche Siedlungs- und Landesrentenbank (BGBl. I 1965, 1001, 80 I 1558), die Kreditanstalt für Wiederaufbau (BGBl. I 1975, 3171), die Landwirtschaftliche Rentenbank (BGBl. I 1963, 465) und die Lastenausgleichsbank (BGBl. I 1954, 293).

---

2 OLG Köln 24.3.2014 – I-2 Wx 28/14, FamRZ 2015, 284.

§ 1808 BGB (weggefallen)

§ 1809 BGB Anlegung mit Sperrvermerk

Der Vormund soll Mündelgeld nach § 1807 Abs. 1 Nr. 5 nur mit der Bestimmung anlegen, dass zur Erhebung des Geldes die Genehmigung des Gegenvormunds oder des Familiengerichts erforderlich ist.

Die Vorschrift ergänzt einerseits § 1807 Abs. 1 Nr. 5 und dient andererseits dazu, § 1813 Abs. 1 Nr. 3 für die Anlage von Mündelvermögen auszuschalten. Von ihr kann durch die Eltern Befreiung erteilt werden (§§ 1852 Abs. 2, 1853). Vereins- und Amtsvormund sind gesetzlich befreit (§ 1857 a). Die Regelung gilt auch für Betreuer (§ 1908 i) und über ihren Wortlaut hinaus auch für alle Personen, die vom Vormund oder Betreuer bevollmächtigt sind.[1] 1

Der Vormund darf Mündelgeld bei den für mündelsicher erklärten Sparkassen und anderen Geldinstituten (→ § 1807 Rn. 9) nur in der Weise anlegen, dass zur Abhebung des Geldes die **Genehmigung des Gegenvormunds oder des Familiengerichts** erforderlich ist. Das bedeutet regelmäßig, dass ein Sperrvermerk vereinbart wird, dahin gehend, dass die Bank nur befreiend an den Vormund (oder den Mündel mit Zustimmung des Vormunds) leisten kann, wenn der Gegenvormund oder das Familiengericht zustimmen. Ein solcher Vermerk ist nur überflüssig, wenn die Satzung der Sparkasse eine pauschale Einschränkung diesen Inhalts für Mündelgeld enthält. Dann muss der Vormund bei der Anlage des Geldes aber dafür sorgen, dass das Geld des Mündels entsprechend gekennzeichnet wird. 2

Da die Norm dem Schutz des Mündelvermögens vor Beeinträchtigungen gerade durch den Vormund dient, greift sie **nicht**, wenn Dritte auf das Geld im Wege der **Zwangsvollstreckung** zugreifen. Die Zwangsvollstreckung darf daher trotz des Sperrvermerks ohne Zustimmung des Gegenvormunds bzw. des Familiengerichts erfolgen. Ebenso wenig hindert die Regelung die Berücksichtigung im Zusammenhang mit der Gewährung öffentlich-rechtlichen Leistungen (zB nach BAföG).[2] 3

Vor Erteilung der Genehmigung muss der Gegenvormund bzw. das Familiengericht die Notwendigkeit der Abhebung unter Berücksichtigung der geplanten Verwendung prüfen. Falls nötig muss es die Wahrung des Mündelinteresses durch Weisungen (§ 1837) sicherstellen. 4

Handelt der Vormund ohne Genehmigung, wird der Schuldner nicht frei. § 808 ist insoweit eingeschränkt. So kann die Bank den an den Vormund gezahlten Betrag nicht vom Mündel zurückverlangen, sondern muss die ursprüngliche Buchung wieder herstellen.[3] Der Vormund haftet nach § 1833, wenn er Geld ohne Sperrvermerk anlegt oder wenn er trotz Sperrvermerks ohne Genehmigung Geld einzieht, sofern dem Mündel daraus ein Schaden entsteht (§ 1833). Daneben kann auch eine Haftung der Bank für weitere Schäden nach §§ 280, 311 Abs. 2 in Betracht kommen, wenn die Bank den Vormund nicht auf die Notwendigkeit eines Sperrvermerks hinweist. 5

---

1 KG 13.11.2014 – 8 U 35/14, NJW 2015, 1394.
2 BVerwG 17.1.1991 – 5 C 71/86, BVerwGE 87, 284.
3 LG Berlin 21.10.1987 – 18 O 186/87, Rpfleger 1988, 186.

§ 1810 BGB   Mitwirkung von Gegenvormund oder Familiengericht

[1]Der Vormund soll die in den §§ 1806, 1807 vorgeschriebene Anlegung nur mit Genehmigung des Gegenvormunds bewirken; die Genehmigung des Gegenvormunds wird durch die Genehmigung des Familiengerichts ersetzt. [2]Ist ein Gegenvormund nicht vorhanden, so soll die Anlegung nur mit Genehmigung des Familiengerichts erfolgen, sofern nicht die Vormundschaft von mehreren Vormündern gemeinschaftlich geführt wird.

1   **Die Norm verstärkt den Schutz des Mündelvermögens,** indem sie die Mitwirkung des Gegenvormunds, Familiengerichts oder Mitvormunds bereits bei der nach §§ 1806 f. vorgeschriebenen Anlage des Mündelvermögens vorschreibt. Die Mitwirkungsregelung gilt daher nicht, soweit die Anlage nicht unter § 1806 fällt (zB vorläufige Anlage). Die Befreiungsmöglichkeiten entsprechen denen in § 1809 (§§ 1852 Abs. 2, 1853, 1857 a; → § 1809 Rn. 1).

2   Der Vormund darf die nach §§ 1806 f. zwingende Anlegung grundsätzlich **nur mit Zustimmung des Gegenvormunds** vornehmen (S. 1). Ist kein Gegenvormund vorhanden, tritt an die Stelle seiner Genehmigung diejenige des Familiengerichts (S. 2). Sind mehrere Mitvormünder mit dem gleichen Aufgabenkreis bestellt (und fehlt es deswegen an einem Gegenvormund, § 1792 Abs. 2), tritt die Zustimmung des Mitvormunds an die Stelle der Genehmigung des Gegenvormunds. Die Ersetzung der Zustimmung ist dann unzulässig. Verweigert dagegen der Gegenvormund die Zustimmung, kann sie vom Familiengericht ersetzt werden (S. 1 Hs. 2). Das beruht auf dem gegenüber einem Mitvormund geringeren Aufgabenkreis (nur Kontrolle, → § 1799 Rn. 1) des Gegenvormunds.

3   **Zuwiderhandlungen** gegen § 1810 machen die Anlage nicht unwirksam. Erleidet der Mündel durch die fehlerhaft durchgeführte Anlage Schäden, ist der Vormund ersatzpflichtig (§ 1833).

§ 1811 BGB   Andere Anlegung

[1]Das Familiengericht kann dem Vormund eine andere Anlegung als die in § 1807 vorgeschriebene gestatten. [2]Die Erlaubnis soll nur verweigert werden, wenn die beabsichtigte Art der Anlegung nach Lage des Falles den Grundsätzen einer wirtschaftlichen Vermögensverwaltung zuwiderlaufen würde.

Literatur: *Christian*, Alte und neue Formen der Anlegung von Mündelvermögen, ZblJugR 1981, 287; *Fiala/Müller/Braun*, Genehmigungen bei Vormundschaft über Minderjährige, Betreuung und Nachlasspflegschaft, Rpfleger 2002, 389; *Wesche*, Gerichtliche Genehmigung bei der Geldverwaltung, BtPrax 2004, 49.

1   Die Norm dient dazu, die wegen der starren Anlageregeln des § 1807 unter Umständen im Einzelfall auftretenden **Spannungen und Nachteile für das Mündelvermögen zu vermeiden.** Sie gestattet, im Einzelfall eine von §§ 1806, 1807 abweichende Anlage zu erlauben. Sie dient dagegen nicht zur allgemeinen Durchbrechung von § 1807. Allgemeine Genehmigungen ohne Bezug zu einer konkreten Anlage sind daher unzulässig.

2   **Voraussetzung der Genehmigung** ist zunächst, dass die Umstände des Einzelfalls eine andere Anlage als die in § 1807 gestattete nahe legen. Dieses Erfordernis ist zwar nicht ausdrücklich genannt, ergibt sich aber aus dem Ausnahmecharakter von § 1811. Die Erlaubnis soll nur verweigert werden, wenn die beabsichtigte

Art der Anlage nach Lage des Falles den Grundsätzen einer wirtschaftlichen Vermögensverwaltung zuwiderlaufen würde. Das Familiengericht, das über diese Gestattung zu entscheiden hat, hat darüber nach pflichtgemäßem Ermessen zu entscheiden.[1]

Außerdem muss die vom Vormund beabsichtigte Anlage eine **vergleichbare Sicherheit** bieten wie die in § 1807 Genannten und den Grundsätzen einer wirtschaftlichen Vermögensverwaltung entsprechen (arg e S. 2). In Betracht kommen grundsätzlich alle Arten von Anlagen, etwa auch solche in Immobilien, Kunstwerken, Rechten usw neben Finanzprodukten, die nicht unter § 1807 fallen. Beachtet man aber den Ausnahmecharakter der Vorschrift, bedeutet das, dass die Anlage gegenüber den normalen nach § 1807 vorgeschriebenen Anlageformen erhebliche wirtschaftliche Vorteile bringen muss.[2] Je größer diese Vorteile sind, desto risikoreicher darf die Anlage sein. In Betracht kommen dann auch Aktienfonds[3] und offene Immobilienfonds.[4] Allerdings ist zu beachten, dass dann nur ein Teil des Vermögens in dieser risikoreicheren Form angelegt werden darf.[5] Generell ist bei größeren Vermögen (ab 250.000 EUR ohne bewohnte Liegenschaft) eine Streuung des Vermögens durch verschiedene Anlageformen nach den Grundsätzen einer wirtschaftlichen Vermögensverwaltung sinnvoll.[6]   3

Die **Genehmigung** muss klar und unzweideutig sein, weil im Zweifelsfall wegen des Ausnahmecharakters eine enge Auslegung der Gestattung geboten ist.   4

Verfahren: Zuständig ist der Rechtspfleger (§ 3 Nr. 2 lit. a RPflG). Bei Versagung der Anlage ist der Mündel (vertreten durch den Vormund) beschwerdebefugt (§ 59 Abs. 1 FamFG).   5

§ 1812 BGB Verfügungen über Forderungen und Wertpapiere

(1) [1]Der Vormund kann über eine Forderung oder über ein anderes Recht, kraft dessen der Mündel eine Leistung verlangen kann, sowie über ein Wertpapier des Mündels nur mit Genehmigung des Gegenvormunds verfügen, sofern nicht nach den §§ 1819 bis 1822 die Genehmigung des Familiengerichts erforderlich ist. [2]Das Gleiche gilt von der Eingehung der Verpflichtung zu einer solchen Verfügung.

(2) Die Genehmigung des Gegenvormunds wird durch die Genehmigung des Familiengerichts ersetzt.

(3) Ist ein Gegenvormund nicht vorhanden, so tritt an die Stelle der Genehmigung des Gegenvormunds die Genehmigung des Familiengerichts, sofern nicht die Vormundschaft von mehreren Vormündern gemeinschaftlich geführt wird.

Die Vorschrift **ergänzt** § 1810, indem sie über die Mitwirkung des Gegenvormunds bei der Anlage von Mündelvermögen hinaus seine Mitwirkung bei der Verfügung über Forderungen, Rechte und Wertpapiere sowie zu den zugehöri-   1

---

1 LG Lübeck 5.5.2015 – 7 T 157/15, FamRZ 2016, 399.
2 KG 3.5.1967 – 1 W 690/67, NJW 1968, 55; aA Eberding NJW 1968, 943.
3 OLG Köln 9.8.2000 – 16 Wx 93/00, FamRZ 2001, 708; OLG Schleswig 3.11.1999 – 2 W 154/99, NJWE-FER 2000, 121; OLG München 5.6.2009 – 33 Wx 124/09 FamRZ 2009, 1860.
4 OLG Frankfurt/M. 18.7.2002 – 20 W 451/01, FamRZ 2003, 59.
5 Vgl. OLG Frankfurt/M. 18.7.2002 – 20 W 451/01, FamRZ 2003, 59.
6 LG Lübeck 5.5.2015 – 7 T 157/15, FamRZ 2016, 399.

gen Verpflichtungsgeschäften anordnet. Sie wird durch § 1813 ergänzt. Unanwendbar ist sie bei befreiter Vormundschaft (§§ 1852 Abs. 2, 1853) und bei der Amts- und Vereinsvormundschaft (§ 1857 a). Über § 1908 i gilt sie auch für Betreuer. Außerdem ist sie über ihren Wortlaut hinaus auch auf alle Personen anzuwenden, die vom Vormund oder Betreuer bevollmächtigt sind.[1] Sonstigen Dritten, vor allem auch Kreditinstituten, werden dagegen durch die Regelung keine Pflichten auferlegt.[2]

2 **Unter die Zustimmungspflicht des Gegenvormunds fallen** Verfügungen, also alle Geschäfte, durch die ein Recht übertragen, belastet, inhaltlich geändert oder aufgehoben wird, sowie die Verpflichtungen dazu. Wichtigste Fälle sind Änderungsverträge, Kündigungen,[3] Erlassverträge, Verzichte und vor allem die Annahme der geschuldeten Leistung, weil dadurch die Forderung erlischt (vgl. § 362). Insoweit ist aber § 1813 zu berücksichtigen, durch den wichtige Fälle aus dem Anwendungsbereich des § 1812 ausgenommen werden. Betroffen sein müssen Forderungen (Ansprüche, § 194), sonstige Rechte, kraft derer der Mündel eine Leistung verlangen kann, oder Wertpapiere des Mündels. Es reicht, dass der Mündel nur Mitinhaber ist. Auch der Verzicht auf Grundpfandrechte durch Zustimmung zur Löschung gehört hierher. Nicht erfasst werden dagegen Verfahrenshandlungen.[4]

3 **Ausgenommen** von der Genehmigungspflicht seitens des Gegenvormunds sind solche Geschäfte, die ohnehin der Genehmigung des Familiengerichts bedürfen. Da die Genehmigung des Familiengerichts diejenige des Gegenvormunds ersetzt (Abs. 2), ist die Genehmigung eines konkreten Geschäfts durch den Gegenvormund ferner nicht erforderlich, wenn das Familiengericht eine allgemeine Ermächtigung für Geschäfte dieser Art erteilt hat (§ 1825).

4 Für die **Erteilung der Genehmigung** gelten §§ 1828–1832. Im Falle zweifelhafter Forderungen entspricht es regelmäßig nicht dem Interesse des Betroffenen, behaupteten Rückzahlungsansprüchen Folge zu leisten. Dies gilt jedenfalls dann, wenn eine mögliche Rechtsverfolgung nach den im Genehmigungsverfahren getroffenen Feststellungen keine hinreichende Aussicht auf Erfolg hat und deshalb auch nicht mit einem entsprechenden Prozess zu rechnen ist.[5] Das Familiengericht kann die Genehmigung ersetzen, wenn der Gegenvormund sie unberechtigterweise verweigert. Ggf. ist der Gegenvormund zu entlassen (§ 1886).

5 **Leistet der Dritte** auf eine ohne Genehmigung erfolgte Anforderung des Vormunds, wird er von seiner Leistungspflicht nicht frei.[6]

6 Die verschuldete Verzögerung der Genehmigung, die zB bei Aktienverkäufen zu Verlusten führt, kann zu Schadensersatzansprüchen gegen den Gegenvormund bzw. nach Amtshaftungsgrundsätzen führen.[7]

---

1   KG 13.11.2014 – 8 U 35/14, NJW 2015, 1394.
2   BGH 8.11.2005 – XI ZR 74/05, NJW 2006, 430.
3   OLG Nürnberg 24.3.2016 – 8 U 1092/15 für die Kündigung eines Lebensversicherungsvertrages.
4   LSG NRW 16.11.2009 – L 20 SO 31/09, FamRZ 2010, 1473.
5   BGH 9.1.2013 – XII ZB 334/12, FamRZ 2013, 438; OLG Celle 28.9.2011 – 17 UF 154/11, FamRZ 2012, 1066.
6   OLG Karlsruhe 3.9.1998 – 9 U 177/97, NJW-RR 1999, 230.
7   OLG München 22.12.2011 – 1 U 5388/10, FamRZ 2012, 1672.

§ 1813 BGB Genehmigungsfreie Geschäfte

(1) Der Vormund bedarf nicht der Genehmigung des Gegenvormunds zur Annahme einer geschuldeten Leistung:

1. wenn der Gegenstand der Leistung nicht in Geld oder Wertpapieren besteht,
2. wenn der Anspruch nicht mehr als 3 000 Euro beträgt,
3. wenn der Anspruch das Guthaben auf einem Giro- oder Kontokorrentkonto zum Gegenstand hat oder Geld zurückgezahlt wird, das der Vormund angelegt hat,
4. wenn der Anspruch zu den Nutzungen des Mündelvermögens gehört,
5. wenn der Anspruch auf Erstattung von Kosten der Kündigung oder der Rechtsverfolgung oder auf sonstige Nebenleistungen gerichtet ist.

(2) [1]Die Befreiung nach Absatz 1 Nr. 2, 3 erstreckt sich nicht auf die Erhebung von Geld, bei dessen Anlegung ein anderes bestimmt worden ist. [2]Die Befreiung nach Absatz 1 Nr. 3 gilt auch nicht für die Erhebung von Geld, das nach § 1807 Abs. 1 Nr. 1 bis 4 angelegt ist.

Literatur: *Wesche*, Gerichtliche Genehmigung bei der Geldverwaltung, BtPrax 2004, 49; *Wüstenberg*, Der Betreute als Vereinsmitglied, BtPrax 2005, 138.

I. Allgemeines

Die Norm modifiziert § 1812, indem sie häufig vorkommende Geschäfte, solche, bei denen eine unmittelbare Bereicherung des Vormunds unwahrscheinlich ist, und Geschäfte geringerer Bedeutung, aus dessen Anwendungsbereich des Genehmigungserfordernisses ausnimmt. Sie gilt entsprechend für Betreuungen (§ 1908 i Abs. 1 S. 1) und Pflegschaften (§ 1915 Abs. 1).   1

II. Vom Genehmigungserfordernis ausgenommene Geschäfte

Nicht der Genehmigung des Gegenvormunds bedürfen Verfügungen und Verpflichtungen über **Forderungen, deren Gegenstand nicht in Geld oder Wertpapieren besteht** (Abs. 1 S. 1). Gemeint sind zB die Annahme von Warenlieferungen oder anderen Sachleistungen. Wandeln sich diese Forderungen aber in Geldforderungen um (zB im Fall des § 280), wird die Genehmigung des Gegenvormunds für die Einziehung erforderlich, sofern nicht ein anderer Ausnahmetatbestand (zB Abs. 1 Nr. 2) eingreift. Umgekehrt greift die Ausnahme nicht ein, wenn bei einer Geldforderung andere Leistungen an Erfüllungs Statt angenommen werden.[1]   2

Ausgenommen sind weiter **Ansprüche, die höchstens 3.000 EUR betragen** (Abs. 1 Nr. 2). So soll dem Vormund ein einfaches Wirtschaften und die Unterhaltung des Mündels ohne vermeidbaren Aufwand ermöglicht werden. Die Regelung gilt nicht, wenn bei der Anlegung des Geldes etwas anderes bestimmt wurde (Abs. 2 S. 1).   3

Ob sie im Übrigen greift, richtet sich nach der **Höhe des Anspruchs zur Zeit der Verpflichtung** bzw. der Verfügung. Zinsen, Kosten, Nebenleistungen usw sind nicht zu berücksichtigen; entscheidend ist allein die Hauptforderung. Bei Lebensversicherungen kommt es für die Bestimmung des Anspruchswertes auf die vereinbarte Todesfallleistung und nicht auf den Rückkaufwert an.[2] Ist der   4

---

1 MK/Wagenitz § 1813 Rn. 4; aA Damrau FamRZ 1984, 842 (851).
2 OLG Nürnberg 24.3.2016 – 8 U 1092/15.

Mündel nur einer unter mehreren Berechtigten, kommt es auf den auf ihn entfallenden Anteil an.

5 Bei **Bankguthaben** fielen früher auch Abhebungen unter 3.000 EUR unter Abs. 1 S. 2, wenn das Gesamtguthaben die Grenze übersteigt, weil dadurch die gesamte gegen die Bank bestehende Forderung geändert wird.[3] Das widersprach dem Zweck der Regelung, ließ sich aber de lege lata nicht ändern. Durch das Gesetz zur Änderung des Zugewinnausgleichs- und des Vormundschaftsrechts[4] ist Abs. 1 Nr. 3 deswegen geändert worden. Diese Regelung geht Abs. 1 Nr. 2 als Spezialregelung vor und nimmt **Ansprüche, die ein Guthaben auf einem Giro- oder Kontokorrentkonto zum Gegenstand haben**, generell von der Genehmigungspflicht aus.

6 **Renten** fallen nicht unter Abs. 1 S. 2. Das gilt selbst dann, wenn der kapitalisierte Rentenbetrag einen Wert von über 3.000 EUR hat. Die Einordnung von Renten unter die Norm entspricht nicht dem Regelungszweck.

7 Genehmigungsfrei ist auch die **Rückzahlung von Geld, das der Vormund angelegt hat** (Abs. 1 Nr. 3), es sei denn, die Genehmigungsfreiheit wurde bei der Anlegung ausgeschlossen (Abs. 2 S. 1), oder es handelt sich um eine Anlage nach § 1807 Abs. 1 Nr. 1–4. Die Regelung hat deswegen nur einen geringen Anwendungsbereich.

8 Nicht der Genehmigung unterliegen alle Geschäfte über **Nutzungen des Mündelvermögens** (Abs. 1 Nr. 4). Gemeint sind nur die Nutzungen nach § 100 selbst, nicht deren Surrogate. Ihr Zweck ist es gerade, dem Unterhalt des Mündels zu dienen. Auf die 3.000 EUR-Grenze des Abs. 1 Nr. 2 kommt es nicht an. Ausgenommen sind also auch höhere Nutzungen.

9 Schließlich sind durch Abs. 1 Nr. 5 ausgenommen **Ansprüche auf Erstattung der Kosten für eine Kündigung** (ebenso bei Rücktritt) **oder der Rechtsverfolgung** (zB Verfahrenskosten) sowie auf **Nebenleistungen** (vor allem Zinsen).

Vorbemerkung zu §§ 1814–1820 BGB

1 §§ **1814–1820 ordnen die Hinterlegung** von Inhaberpapieren (§ 1814), sonstigen Wertpapieren und Kostbarkeiten (im Ausnahmefall, § 1818) durch den Vormund **an**, um den Mündel vor Bereicherungen durch den Vormund zu schützen. Statt der Hinterlegung kommt in bestimmten Fällen die Umschreibung des Papiers in Betracht, mit der Folge, dass der Vormund nicht mehr ohne Genehmigung des Familiengerichts darüber verfügen kann (§ 1815). Buchforderungen gegen den Bund oder ein Bundesland sind durch Sperrvermerk zu sperren (§ 1816).

2 Die Vorschriften sind **auf alle Einzelvormünder** mit Ausnahme der befreiten Vormünder (§§ 1852, 1855) sowie auf entsprechende Betreuer (§ 1908 i) **anzuwenden**. Amts- und Vereinsvormünder sind kraft Gesetzes ausgenommen (§ 1857 a). Aus besonderem Grund kann der Vormund vom Familiengericht von den ihn nach §§ 1814–1816 treffenden Verpflichtungen befreit werden (§ 1817).

---

3 OLG Köln 20.6.1994 – 16 Wx 86/94, FamRZ 1995, 187; OLG Karlsruhe 27.10.2000 – 11 Wx 108/00, FamRZ 2001, 786; aA AG Emden 10.3.1995 – 4 XVII 46/94, FamRZ 1995, 1081.

4 Gesetz zur Änderung des Zugewinnausgleichs- und Vormundschaftsrechts v. 6.7.2009 (BGBl. I, 1696).

Hinterlegungsstellen sind neben den Amtsgerichten im Fall des § 1814 auch die 3
Banken, die für Anlagen nach § 1807 Abs. 1 Nr. 5 zugelassen sind (→ § 1807
Rn. 7).

Die Hinterlegung wird bewirkt mit der Bestimmung, dass die **Herausgabe nur** 4
mit Genehmigung des Familiengerichts verlangt werden kann (§ 1814 S. 1 aE).
Entsprechendes gilt für die Einziehung im Fall der Umschreibung und Eintragung eines Sperrvermerks (vgl. § 1816). Soweit die Genehmigung erforderlich
ist, kann der Vormund über die betroffenen Gegenstände weder Verfügungen
treffen noch sich zu solchen verpflichten (§§ 1819 f.).

§ 1814 BGB Hinterlegung von Inhaberpapieren

[1]Der Vormund hat die zu dem Vermögen des Mündels gehörenden Inhaberpapiere nebst den Erneuerungsscheinen bei einer Hinterlegungsstelle oder bei
einem der in § 1807 Abs. 1 Nr. 5 genannten Kreditinstitute mit der Bestimmung
zu hinterlegen, dass die Herausgabe der Papiere nur mit Genehmigung des Familiengerichts verlangt werden kann. [2]Die Hinterlegung von Inhaberpapieren, die
nach § 92 zu den verbrauchbaren Sachen gehören, sowie von Zins-, Renten-
oder Gewinnanteilscheinen ist nicht erforderlich. [3]Den Inhaberpapieren stehen
Orderpapiere gleich, die mit Blankoindossament versehen sind.

Der Vormund muss bestimmte, zum Vermögen des Mündels gehörende **Wertpa-** 1
piere hinterlegen. Die Verpflichtung greift nur bei Alleineigentum des Mündels,
nicht bei Mit- oder Gesamthandseigentum oder anderer dinglicher Berechtigung.

Die Hinterlegungspflicht **bezieht sich auf** Inhaberpapiere iSd § 793, Inhaberakti- 2
en (§§ 10, 24 AktG) und auf den Inhaber ausgestellte Grund- oder Rentenschuldbriefe (S. 1) einschließlich etwaiger Erneuerungsscheine. Gleichgestellt
sind mit Blankoindossament versehene Orderpapiere iSd §§ 363 ff. HGB,
Art. 15–17, 19 ScheckG, Art. 13 f., 16, 77 WG (S. 3). Nicht hinterlegungspflichtig sind aber die sog hinkenden Inhaberpapiere (§ 808), Inhaberpapiere, die zu
den verbrauchbaren Sachen iSd § 92 gehören (S. 2; Hauptbeispiele: Banknoten,
Umsatzwechsel und -schecks), und Zins-, Renten- und Gewinnanteilsscheine
(S. 2 aE). Das Familiengericht kann die Hinterlegungspflicht im Einzelfall erweitern oder Befreiung davon erteilen (§ 1818).

Zu den **Hinterlegungsstellen** → Vor §§ 1814–1820 Rn. 3. Statt zu hinterlegen, 3
kann der Vormund Inhaberpapiere nach § 1815 mit einem **Sperrvermerk** versehen lassen.

Unterbleibt die Hinterlegung, muss das Familiengericht nach § 1837 eingreifen. 4
Im Extremfall ist der Vormund zu entlassen (§ 1886). Er haftet für Schäden des
Mündels nach § 1833.

§ 1815 BGB Umschreibung und Umwandlung von Inhaberpapieren

(1) [1]Der Vormund kann die Inhaberpapiere, statt sie nach § 1814 zu hinterlegen,
auf den Namen des Mündels mit der Bestimmung umschreiben lassen, dass er
über sie nur mit Genehmigung des Familiengerichts verfügen kann. [2]Sind die Papiere vom Bund oder einem Land ausgestellt, so kann er sie mit der gleichen Bestimmung in Schuldbuchforderungen gegen den Bund oder das Land umwandeln lassen.

(2) Sind Inhaberpapiere zu hinterlegen, die in Schuldbuchforderungen gegen den Bund oder ein Land umgewandelt werden können, so kann das Familiengericht anordnen, dass sie nach Absatz 1 in Schuldbuchforderungen umgewandelt werden.

1   **Die Norm dient dazu,** bei gleichem Schutzstandard das umständliche Hinterlegungsverfahren zu vermeiden. Sie lässt zu, dass der Vormund Inhaberpapiere, die an sich nach § 1814 zu hinterlegen wären, in der Weise umschreiben lassen kann, dass aus den Inhaber- Namenspapiere auf den Namen des Mündels werden und er nicht ohne Genehmigung des Familiengerichts darüber verfügen kann (Abs. 1 S. 1). Der Aussteller des Papiers kann zur Umschreibung aber nicht gezwungen werden. Soweit es sich um Briefrechte gegen den Bund oder ein Land handelt, kann der Vormund sie in Buchforderungen mit entsprechendem Sperrvermerk umwandeln (Abs. 1 S. 2). In diesem Fall kann auch das Familiengericht die Umwandlung anordnen (Abs. 2) und mit Zwangsmitteln durchsetzen, weil die öffentliche Hand die Umschreibung nicht ablehnen kann. Ausgenommen sind lediglich der befreite Vormund (§§ 1853, 1855), (insoweit) der Vormund eines Mündels, dem Vermögen von einem Dritten mit dieser Bestimmung zugewendet wurde (vgl. § 1803) und der Amts- sowie der Vereinsvormund (§ 1857 a).

§ 1816 BGB   Sperrung von Buchforderungen

Gehören Schuldbuchforderungen gegen den Bund oder ein Land bei der Anordnung der Vormundschaft zu dem Vermögen des Mündels oder erwirbt der Mündel später solche Forderungen, so hat der Vormund in das Schuldbuch den Vermerk eintragen zu lassen, dass er über die Forderungen nur mit Genehmigung des Familiengerichts verfügen kann.

1   **Die Vorschrift ergänzt** § 1815. Soweit der Mündel bei Beginn der Vormundschaft Buchforderungen gegen den Bund oder ein Bundesland hat oder solche später erwirbt, muss der Vormund einen § 1815 entsprechenden Sperrvermerk unverzüglich in das Schuldbuch eintragen lassen. Soweit Vormünder § 1815 nicht unterliegen (→ § 1815 Rn. 1), gilt auch § 1816 nicht.

§ 1817 BGB   Befreiung

(1) [1]Das Familiengericht kann den Vormund auf dessen Antrag von den ihm nach den §§ 1806 bis 1816 obliegenden Verpflichtungen entbinden, soweit
1. der Umfang der Vermögensverwaltung dies rechtfertigt und
2. eine Gefährdung des Vermögens nicht zu besorgen ist.
[2]Die Voraussetzungen der Nummer 1 liegen im Regelfall vor, wenn der Wert des Vermögens ohne Berücksichtigung von Grundbesitz 6 000 Euro nicht übersteigt.

(2) Das Familiengericht kann aus besonderen Gründen den Vormund von den ihm nach den §§ 1814, 1816 obliegenden Verpflichtungen auch dann entbinden, wenn die Voraussetzungen des Absatzes 1 Nr. 1 nicht vorliegen.

1   **Im Interesse des Mündels kann das Familiengericht den Vormund** von allen oder einzelnen der in §§ 1806–1816 genannten Gebote **befreien.** Es werden dabei zwei Fallgruppen unterschieden: die geringe Bedeutung der Vermögensverwal-

tung durch den Vormund (Abs. 1) und das Vorliegen besonderer Gründe (Abs. 2).

Auf Antrag des Vormunds kann eine Befreiung von allen der genannten Gebote 2 erfolgen, wenn der Umfang der Vermögensverwaltung das rechtfertigt und eine Vermögensgefährdung nicht zu befürchten ist (Abs. 1 S. 1). Das betrifft in erster Linie **Bagatellfälle**. Abs. 1 S. 2 nennt daher als Regelbeispiel für den die Befreiung erlaubenden Umfang der Vermögensverwaltung, dass der Wert des Vermögens ohne Grundbesitz 6.000 EUR nicht übersteigt.

Außerdem ist die Befreiung von den Geboten der §§ 1814, 1816 (und konse- 3 quenterweise auch 1815 Abs. 2) möglich, wenn **besondere Gründe** vorliegen, aufgrund derer eine Gefährdung des Mündelvermögens bei Aufbewahrung der Papiere durch den Vormund oder Absehen von der Aufnahme eines Sperrvermerks ausgeschlossen erscheint (Abs. 2). Besondere Gründe sind immer individuelle Gründe. Für die Bejahung der Sicherheit reicht es nicht, dass bestimmte Banken als besonders sicher gelten oder dass der Vormund einen guten Ruf hat. Ausreichend kann aber sein, dass das Gericht diesen Vormund in anderen Vormundschaften als besonders zuverlässig kennen gelernt hat.

Die Befreiung **kann einzelne oder alle der genannten Gebote betreffen**. Die Ge- 4 nehmigungspflichten aus §§ 1812, 1813 sind nicht betroffen.

§ 1818 BGB Anordnung der Hinterlegung

Das Familiengericht kann aus besonderen Gründen anordnen, dass der Vormund auch solche zu dem Vermögen des Mündels gehörende Wertpapiere, zu deren Hinterlegung er nach § 1814 nicht verpflichtet ist, sowie Kostbarkeiten des Mündels in der in § 1814 bezeichneten Weise zu hinterlegen hat; auf Antrag des Vormunds kann die Hinterlegung von Zins-, Renten- und Gewinnanteilscheinen angeordnet werden, auch wenn ein besonderer Grund nicht vorliegt.

Die Vorschrift bildet das **Gegenstück zu § 1817**, indem sie gestattet, dass das Fa- 1 miliengericht aus besonderen Gründen auch die Hinterlegung anderer als der in § 1814 genannten Gegenstände verlangen kann.

Der **persönliche Anwendungsbereich** entspricht demjenigen von § 1815 2 (→ § 1815 Rn. 1).

In der Sache erfasst werden zunächst alle **Wertpapiere, die nicht unter § 1814** 3 **fallen, und Kostbarkeiten** (Hs. 1). Wann es sich um solche handelt, bestimmt sich nach der Verkehrsanschauung. Hierher können neben Antiquitäten auch hochwertige Sammlungsstücke (zB Bilder, Grafiken, Farbholzschnitte, Münzen, Briefmarken) oder wertvolle Gegenstände von wissenschaftlichem Interesse zu rechnen sein. Entscheidend ist hoher Wert bei geringem Volumen. Die Hinterlegung ist anzuordnen, wenn dem Mündel durch die Aufbewahrung der Papiere/Kostbarkeiten beim Vormund Schaden droht. Diese Gefahr braucht nicht in der Vermutung zu bestehen, dass der Vormund sich die Gegenstände aneignen wird; in einem solchen Fall wäre der Vormund vielmehr regelmäßig sofort zu entlassen (§ 1886).

Die Hinterlegung von **Zins-, Renten- und Gewinnanteilsscheinen** kann auf blo- 4 ßen Antrag des Vormunds hin angeordnet werden; ein besonderer Grund braucht nicht vorzuliegen (Hs. 2).

5   Soweit eine Hinterlegung angeordnet wurde, richten sich die **Rechtsfolgen nach** §§ 1814, 1819.

§ 1819 BGB   Genehmigung bei Hinterlegung

[1]Solange die nach § 1814 oder nach § 1818 hinterlegten Wertpapiere oder Kostbarkeiten nicht zurückgenommen sind, bedarf der Vormund zu einer Verfügung über sie und, wenn Hypotheken-, Grundschuld- oder Rentenschuldbriefe hinterlegt sind, zu einer Verfügung über die Hypothekenforderung, die Grundschuld oder die Rentenschuld der Genehmigung des Familiengerichts. [2]Das Gleiche gilt von der Eingehung der Verpflichtung zu einer solchen Verfügung.

1   Zum Schutz des Mündelvermögens vor Verlust von Vermögensgegenständen und vor Schadensersatzansprüchen erweitert die Vorschrift die Wirkung der Hinterlegung von der Unmöglichkeit des Vormunds, die Herausgabe ohne Genehmigung des Familiengerichts zu bewirken, auf das Verbot von Verfügungen über die hinterlegten Gegenstände (nicht aber vor der Hinterlegung oder nach der Rückgabe) und verbietet darüber hinaus Verpflichtungen zu derartigen Verfügungen (→ § 1812 Rn. 2).

2   Geschäfte, die gegen § 1819 verstoßen, **verpflichten den Mündel nicht**, weil der Vormund in seiner Vertretungsmacht beschränkt ist. Er haftet dem Dritten nach § 179 als Vertreter ohne Vertretungsmacht.

§ 1820 BGB   Genehmigung nach Umschreibung und Umwandlung

(1) Sind Inhaberpapiere nach § 1815 auf den Namen des Mündels umgeschrieben oder in Schuldbuchforderungen umgewandelt, so bedarf der Vormund auch zur Eingehung der Verpflichtung zu einer Verfügung über die sich aus der Umschreibung oder der Umwandlung ergebenden Stammforderungen der Genehmigung des Familiengerichts.

(2) Das Gleiche gilt, wenn bei einer Schuldbuchforderung des Mündels der im § 1816 bezeichnete Vermerk eingetragen ist.

1   Die Regelung entspricht für die nach § 1815 und § 1816 umgeschriebenen Inhaberpapiere bzw. mit einem Sperrvermerk versehenen Buchforderungen der in § 1819 für hinterlegte Gegenstände getroffenen Bestimmung. Wie für diese bedarf der Vormund für alle Verfügungen (→ § 1812 Rn. 2) und Verpflichtungen über die betroffenen Forderungen der Zustimmung des Familiengerichts, solange die Umschreibung besteht bzw. der Sperrvermerk eingetragen ist. Folgen: → § 1819 Rn. 1.

Vorbemerkung zu §§ 1821–1822 BGB

1   **Im Interesse des Mündels** ordnen die §§ 1821 f. eine Reihe von **Genehmigungserfordernissen** an. Der Gesetzgeber wollte in diesen besonders wichtigen Fällen die Beteiligung des Familiengerichts sicherstellen, weil ihm die Beteiligung des Gegenvormunds allein nicht ausreichend schien, um die Wahrung der Interessen des Mündels zu sichern. Für Betreuer gelten die Regelungen ebenso (mit Ausnahme des § 1822 Nr. 5, § 1908 i) wie für Pfleger (§ 1915), für Eltern gelten § 1821 und § 1822 Nr. 1, 3, 5, 8–11 entsprechend (§ 1643 Abs. 1).

Kemper

Der **Rechtscharakter** der Genehmigungserfordernisse ist umstritten. Die hM 2
nimmt an, es handele sich um Ermessensentscheidungen.[1] Dem ist zuzustimmen;
denn die Normen ordnen nur an, wann Genehmigungen erforderlich sind, nicht
aber, nach welchen Maßstäben sie zu erteilen sind. Es handelt sich daher um
einen Freiraum auf der Rechtsfolgenseite. Damit liegt eine Ermessensentscheidung und kein unbestimmter Rechtsbegriff[2] vor. Eine volle gerichtliche Nachprüfung kommt daher nur in Betracht, wenn das Ermessen des Gerichts auf eine
einzige mögliche Entscheidung reduziert ist.

§§ 1821 f. sind **nicht abschließend**. Weitere zwingende Genehmigungserforder- 3
nisse enthalten zB §§ 1491 Abs. 3, 1517 Abs. 2 (Verzicht des Abkömmlings auf
Gesamtgutsanteil); §§ 1800, 1631 b in Bezug auf die Unterbringung des Mündels, §§ 1812, 1814 ff. in Bezug auf Forderungen und hinterlegte Kostbarkeiten,
§§ 2282 Abs. 2, 2290 f. (Anfechtung bzw. Aufhebung eines Erbvertrags), § 125
Abs. 2 S. 2 FamFG für den Scheidungsantrag bei Geschäftsunfähigen (bei Mündeln nach der Heraufsetzung des Eheschließungsalters nicht mehr vorkommen-
der Fall, sondern regelmäßig nur bei Betreuern); die Regelung ist für die Stellung
eines Aufhebungsantrags bei Lebenspartnerschaften entsprechend anwendbar
(§ 270 Abs. 1 FamFG). Andere Genehmigungserfordernisse: § 3 RelKG (religiö-
ses Bekenntnis), § 16 Abs. 3 VerschG (Aufgebotsverfahren zur Todeserklärung),
§ 181 Abs. 2 ZVG (Teilungsversteigerung). Zwingende Genehmigungserfordernisse finden sich in öffentlich-rechtlichen Spezialregelungen. Das früher in
§ 640 b ZPO enthaltene Zustimmungserfordernis für Vaterschafts- und Ehelich-
keitsanfechtungsklagen wurde durch das KindschaftsrechtsreformG beseitigt.
Ein als Sollvorschrift ausgestaltetes Genehmigungserfordernis enthält § 1823.

§§ 1821 f. **gelten für alle Vormünder** einschließlich des Amts- und des Vereins- 4
vormunds. Ihnen ist das Vermögen des Mündels so weit unterworfen, wie die
Verwaltung des Vormunds reicht. Sie gelten daher nicht für Gegenstände, die
der Testamentsvollstreckung unterliegen, die einer juristischen Person oder Gesellschaft gehören, an der der Mündel beteiligt ist.

Handelt der Vormund ohne die erforderliche Genehmigung, ist er Vertreter ohne 5
Vertretungsmacht. Er haftet ggf. nach § 179.

§ 1821 BGB Genehmigung für Geschäfte über Grundstücke, Schiffe oder Schiffsbauwerke

(1) Der Vormund bedarf der Genehmigung des Familiengerichts:
1. zur Verfügung über ein Grundstück oder über ein Recht an einem Grundstück;
2. zur Verfügung über eine Forderung, die auf Übertragung des Eigentums an
   einem Grundstück oder auf Begründung oder Übertragung eines Rechts an
   einem Grundstück oder auf Befreiung eines Grundstücks von einem solchen
   Recht gerichtet ist;
3. zur Verfügung über ein eingetragenes Schiff oder Schiffsbauwerk oder über
   eine Forderung, die auf Übertragung des Eigentums an einem eingetragenen
   Schiff oder Schiffsbauwerk gerichtet ist;

---

1 BGH 22.5.1986 – III ZR 237/84, NJW 1986, 2829; BayObLG 7.12.1988 – BReg 1 a Z
  8/88, FamRZ 1989, 540.
2 So aber Soergel/Damrau § 1820 Rn. 8.

4. zur Eingehung einer Verpflichtung zu einer der in den Nummern 1 bis 3 bezeichneten Verfügungen;

5. zu einem Vertrag, der auf den entgeltlichen Erwerb eines Grundstücks, eines eingetragenen Schiffes oder Schiffsbauwerks oder eines Rechts an einem Grundstück gerichtet ist.

(2) Zu den Rechten an einem Grundstück im Sinne dieser Vorschriften gehören nicht Hypotheken, Grundschulden und Rentenschulden.

Literatur: *Bienwald*, Zur vormundschaftsgerichtlichen Genehmigung eines Grundstückserwerbs für den Betreuten, Rpfleger 2000, 435; *Braun*, Die vormundschaftsgerichtliche Genehmigung der Grundschuldbestellung in Ausübung einer Belastungsvollmacht, DNotZ 2005, 730; *Egerland*, Zur Genehmigung von Grundstücksübereignungen bei juristischen Personen des öffentlichen Rechts, NotBZ 2005, 90; *Klinkenberg*, Die Grundstücksprobleme des Vormunds, RpflStud 1993, 7; *Müßig*, Probleme im Zusammenhang mit der Übertragung eines Grundstücks an einen Minderjährigen, JZ 2006, 150; *Weber*, Aktuelle Fragen beim Grundstücksverkauf durch Eltern und Betreuer, DNotZ 2015, 498; *Wertenbruch*, Familiengerichtliche Genehmigungserfordernisse bei der GbR mit minderjährigen Gesellschaftern, FamRZ 2003, 1714; *ders.*, Familiengerichtliche Genehmigung für Grundstücksveräußerung durch GbR mit minderjährigem Gesellschafter?, NJW 2015, 2150; *Zimmermann*, Zur vormundschaftsgerichtlichen Genehmigung bei Grundstücksverfügungen durch einen Minderjährigen, ZEV 1998, 111.

1 Zum **persönlichen Anwendungsbereich** s. Vor §§ 1821–1822.

2 In **sachlicher Hinsicht** unterfallen der Genehmigungspflicht nur Geschäfte über Grundstücke und Rechte an Grundstücken (mit Ausnahme der Hypotheken, Grundschulden und Rentenschulden, Abs. 2), eingetragene Seeschiffe und Schiffsbauwerke. Auch die grundstücksgleichen Rechte Erbbaurecht, Wohnungs- und Teileigentum fallen in den Anwendungsbereich.

3 Genehmigungsbedürftig sind zunächst alle **Verfügungen über das Eigentum** über einen der genannten Gegenstände (Abs. 1 Nr. 1 und 3 jeweils am Anfang) sowie die **Verpflichtung zu einer derartigen Verfügung** (Abs. 1 Nr. 3). Es reicht, dass der Mündel Miteigentümer oder Gesamthandseigentümer ist. Nicht ausreichend ist die Beteiligung an einer Gesellschaft, der ein Grundstück, grundstücksgleiches Recht, Schiff oder Schiffsbauwerk gehört, wenn diese darüber verfügen will.

4 **Verfügungen** sind alle Rechtsgeschäfte, durch die das Eigentum übertragen, belastet oder eine Belastung inhaltlich geändert wird. Hierher gehören vor allem die Auflassung (einschließlich einer Rückauflassung) und die Belastung mit Grundpfandrechten (Hypotheken, Grund- und Rentenschulden usw einschließlich der Eigentümerpfandrechte)[1] sowie die Änderung der Gemeinschaftsordnung bei Wohneigentum.[2] Auszunehmen ist allerdings die Belastung mit Grundpfandrechten, die zur Sicherung der Restkaufpreisforderung bestellt werden,[3] denn wirtschaftlich gesehen erfolgt in diesem Fall nur der Erwerb eines schon belasteten Grundstücks (nicht dagegen die Bestellung einer Grundschuld durch die Eigentümer, die dann später eine Fremdgrundschuld werden soll).[4] Genehmigungspflichtig sind auch alle Rechtsgeschäfte, mit denen ein Erwerb unmittel-

---

1 LG Hagen 25.2.2014 – 6 T 8/14, FamRZ 2014, 2025.
2 OLG Hamm 12.11.2015 – I-15 W 290/15, FamRZ 2016, 727.
3 BGH 7.10.1997 – XI ZR 129/96, NJW 1998, 453; aA OLG Zweibrücken 22.12.2004 – 3 W 130/04, FamRZ 2005, 832.
4 OLG Hamm 20.9.2013 – I-15 W 251/13, FamRZ 2014, 492.

bar wieder rückgängig gemacht (Hauptfall: Anfechtung) oder der Schein eines Erwerbs beseitigt wird (Bewilligung der Grundbuchberichtigung). Nicht genehmigungspflichtig sind dagegen der Erwerb eines der genannten Gegenstände[5] und die Teilungserklärung nach § 8 WEG.[6]

Wegen der Einbeziehung der Verpflichtungsgeschäfte sind auch **Anfechtung,** 5 **Rücktritt, Kündigung** usw des zugrunde liegenden Verpflichtungsgeschäfts genehmigungspflichtig. Hierher gehört auch die Bestellung einer Vormerkung, weil diese den schuldrechtlichen Anspruch auf Eigentumswechsel dinglich sichert.[7]

Ob die Genehmigung erteilt wird, richtet sich nach einer **umfassenden Interessenbewertung,** in die auch eingehen darf, ob der Mündel bzw. Betreute überhaupt noch dazu in der Lage ist, das Haus zu halten oder ob dieses Renovierungen in einem Umfang bedarf, welcher die Mittel des bisherigen Eigentümers übersteigt. Soweit weder Mittel für die Bedienung der Unterbringungskosten eines Betreuten noch anderweitige Möglichkeiten der Finanzierung dieser Kosten zur Verfügung stehen, ist im Vergleich zu einer Veräußerung der im Eigentum des Betreuten stehenden und von seiner Ehefrau genutzten Immobilie zur Finanzierung der Unterbringungskosten, die einen sofortigen Rechtsverlust bedeuten würde, der Abschluss eines mit einer Grundschuld gesicherten Darlehensvertrages als das mildere und den Interessen des Betroffenen entsprechende Mittel anzusehen, so dass diese Grundschuldbestellung genehmigt werden kann.[8]

Genehmigungsbedürftig sind weiter alle **Verfügungen über Grundstücksrechte** 7 (Abs. 1 Nr. 1 aE) und die **dahin gehenden Verpflichtungen** (Abs. 1 Nr. 2 aE). Ausgenommen sind aber Hypotheken, Grund- und Rentenschulden (Abs. 2). Für Geschäfte über diese reicht die Genehmigung des Gegenvormunds (§ 1812), es sei denn, das Familiengericht hätte ausnahmsweise die Hinterlegung angeordnet (§ 1819).

Der Genehmigungspflicht unterliegen weiter **Verfügungen über Forderungen,** die 8 **auf Übertragung des Eigentums** an einem Grundstück, einem eingetragenen Schiff oder Schiffsbauwerk oder auf Begründung oder Übertragung eines Rechts an einem Grundstück oder auf Befreiung eines Grundstücks von einem solchen Recht gerichtet sind (Abs. 1 Nr. 2 und 3) und Verpflichtungen zu diesen Geschäften (Abs. 1 Nr. 4). Die Einbeziehung dieser Geschäfte folgt aus ihrer wirtschaftlichen Gleichartigkeit mit den in Abs. 1 Nr. 1 und 2 genannten. Obwohl in der Auflassung als Erfüllung einer Forderung auf Übertragung des Eigentums eine Verfügung über die Forderung liegt, weil diese mit der Auflassung erlischt, handelt es sich nicht um einen genehmigungspflichtigen Vorgang; denn auf diese Weise erwirbt der Mündel zugleich das Recht, auf das er bislang nur einen Anspruch hatte. In Bezug auf die Geschäfte über Grundstücksrechte ist zu beachten, dass Hypotheken, Grund- und Rentenschulden nicht in den Anwendungsbereich von § 1821 fallen, so dass insoweit die Genehmigung durch den Gegenvormund ausreichend ist (§ 1812).

Genehmigungspflichtig sind schließlich alle **Verträge,** die auf den **entgeltlichen** 9 **Erwerb** eines **Grundstücks, eines eingetragenen Schiffs oder Schiffsbauwerks**

---

5 BGH 30.9.2010 – V ZB 206/10, BGHZ 187, 119; OLG Karlsruhe 1.6.2015 – 11 Wx 29/15, FamRZ 2015, 2086.
6 KG Berlin 6.1.2015 – 1 W 369/14, FamRZ 2015, 1410.
7 Vgl. OLG Celle 26.2.1980 – 4 Wx 4/80, Rpfleger 1980, 187.
8 LG Hagen 25.2.2014 – 6 T 8/14, FamRZ 2014, 2025.

oder eines **Rechts an einem Grundstück** gerichtet sind (Abs. 1 Nr. 5). Darunter fallen alle Verpflichtungsgeschäfte, die nicht Schenkungen sind, einschließlich der gemischten Schenkungen[9] und der im Rahmen einer Versteigerung abgeschlossenen. Auch hier ist der entgeltliche Erwerb einer Hypothek, Grund- oder Rentenschuld ausgenommen (Abs. 2). Auch der Eintritt des Minderjährigen in Mietverhältnisse auf dem übertragenen Grundstück ist nicht genehmigungsbedürftig, weil § 1822 Nr. 5 nur für die rechtsgeschäftliche Begründung eines Mietverhältnisses gilt, nicht aber dann, wenn der Minderjährige ein vermietetes Grundstück erwirbt und kraft Gesetzes in die bestehenden Mietverträge eintritt.[10]

10 Die **Genehmigung** ist eine Ausnahme vom Grundsatz der Autonomie des Vormunds. Sie darf nicht **versagt** werden, wenn das in Aussicht genommene Rechtsgeschäft bei Abwägung aller möglichen Vor- und Nachteile den Interessen des Mündels entspricht. Es soll nicht jedes Risiko von dem Mündel ferngehalten werden; es genügt vielmehr, wenn im Ganzen gesehen der Vertrag für den Minderjährigen vorteilhaft ist.[11]

11 Ist eine **Genehmigung für das Verpflichtungsgeschäft** erteilt, deckt sie auch die Verfügung;[12] wird die Genehmigung für die Verfügung erteilt, heilt sie ein bislang nicht genehmigtes Verpflichtungsgeschäft. Im Übrigen s. die Anmerkungen zu §§ 1828–1831.

12 Zuständig ist der **Rechtspfleger** (§ 3 Nr. 2 lit. a RPflG). In den Fällen der direkten Anwendung ist das Rechtsmittel gegen die Erteilung oder Versagung der Genehmigung die Beschwerde (§ 11 RPflG). Das Rechtsmittel ist nun einheitlich die Beschwerde (§ 58 FamFG).

§ 1822 BGB Genehmigung für sonstige Geschäfte

Der Vormund bedarf der Genehmigung des Familiengerichts:

1. zu einem Rechtsgeschäft, durch das der Mündel zu einer Verfügung über sein Vermögen im Ganzen oder über eine ihm angefallene Erbschaft oder über seinen künftigen gesetzlichen Erbteil oder seinen künftigen Pflichtteil verpflichtet wird, sowie zu einer Verfügung über den Anteil des Mündels an einer Erbschaft,
2. zur Ausschlagung einer Erbschaft oder eines Vermächtnisses, zum Verzicht auf einen Pflichtteil sowie zu einem Erbteilungsvertrag,
3. zu einem Vertrag, der auf den entgeltlichen Erwerb oder die Veräußerung eines Erwerbsgeschäfts gerichtet ist, sowie zu einem Gesellschaftsvertrag, der zum Betrieb eines Erwerbsgeschäfts eingegangen wird,
4. zu einem Pachtvertrag über ein Landgut oder einen gewerblichen Betrieb,
5. zu einem Miet- oder Pachtvertrag oder einem anderen Vertrag, durch den der Mündel zu wiederkehrenden Leistungen verpflichtet wird, wenn das Vertragsverhältnis länger als ein Jahr nach dem Eintritt der Volljährigkeit des Mündels fortdauern soll,
6. zu einem Lehrvertrag, der für längere Zeit als ein Jahr geschlossen wird,

---

9   OLG Brandenburg 23.9.2008 – 10 UF 70/08, MittBayNot 2009, 155.
10 LG München II 15.11.2004 – 6 T 5313/04, MittBayNot 2005, 234.
11 Vgl. zur Genehmigung eines von Eltern vorgenommenen Geschäfts OLG Koblenz 13.7.2005 – 13 UF 165/05, Rpfleger 2005, 665.
12 BayObLG 22.1.1985 – BReg 1 Z 88/84, Rpfleger 1985, 235.

7. zu einem auf die Eingehung eines Dienst- oder Arbeitsverhältnisses gerichteten Vertrag, wenn der Mündel zu persönlichen Leistungen für längere Zeit als ein Jahr verpflichtet werden soll,

8. zur Aufnahme von Geld auf den Kredit des Mündels,

9. zur Ausstellung einer Schuldverschreibung auf den Inhaber oder zur Eingehung einer Verbindlichkeit aus einem Wechsel oder einem anderen Papier, das durch Indossament übertragen werden kann,

10. zur Übernahme einer fremden Verbindlichkeit, insbesondere zur Eingehung einer Bürgschaft,

11. zur Erteilung einer Prokura,

12. zu einem Vergleich oder einem Schiedsvertrag, es sei denn, dass der Gegenstand des Streites oder der Ungewissheit in Geld schätzbar ist und den Wert von 3 000 Euro nicht übersteigt oder der Vergleich einem schriftlichen oder protokollierten gerichtlichen Vergleichsvorschlag entspricht,

13. zu einem Rechtsgeschäft, durch das die für eine Forderung des Mündels bestehende Sicherheit aufgehoben oder gemindert oder die Verpflichtung dazu begründet wird.

I. Allgemeines

Die Vorschrift **ergänzt** § 1821 durch weitere Genehmigungsvorbehalte. Der 1 Kreis der genehmigungsbedürftigen Geschäfte ist um der Rechtssicherheit willen formal und nicht nach den jeweiligen Umständen des Einzelfalls zu bestimmen. Eine auf die Umstände des Einzelfalls bezogene Erweiterung des Kreises der genehmigungsbedürftigen Geschäfte durch analoge Gesetzesanwendung ist ausgeschlossen.[1]

---

1 OLG Köln 26.4.2012 – II-12 UF 10/12, DNotZ 2012, 855. Vgl. auch BGH 20.9.1962 – II ZR 209/61, NJW 1962, 2344 = BGHZ 38, 26; 22.9.1969 – II ZR 144/68, NJW 1970, 33 = BGHZ 52, 316; 27.10.1982 – V ZR 177/81, NJW 1983, 1780 = FamRZ 1983, 371.

II. Die Genehmigungserfordernisse

2 1. Verpflichtungen zu Verfügungen über das Vermögen im Ganzen. Die Genehmigungserfordernisse betreffen zunächst Verpflichtungen zu Verfügungen über das Vermögen im Ganzen (Nr. 1 am Anfang). Gemeint sind – anders als bei § 1365 – nur Geschäfte über das Vermögen en bloc.[2] Das ergibt sich aus der Gleichstellung mit Geschäften über Erbschaften. Unter Nr. 1 fallen daher nur Geschäfte iSd § 311 aF und solche, mit denen eine Gütergemeinschaft vereinbart oder aufgehoben wird (vgl. §§ 1411 Abs. 1 S. 2, 1484 Abs. 2, 1492 Abs. 3).

3 2. Verpflichtungen zur Verfügung über eine bereits angefallene Erbschaft oder den Anteil an einer Erbschaft. Verpflichtungen zur Verfügung über eine bereits angefallene Erbschaft oder den Anteil an einer Erbschaft sind ebenso genehmigungsbedürftig wie solche über künftige Erbschaften und Pflichtteile (Nr. 1 aE).

4 Verfügungen über Erbschaften sind deren **Veräußerung** (§§ 2371 ff., 2385) und die **Belastung mit einem Nießbrauch** (§ 1089). Verfügungen über den Anteil an einer Erbschaft sind Veräußerungen oder Belastungen des Erbteils einschließlich des Verzichts zugunsten anderer Erben. Verfügungen über den künftigen Erb- oder Pflichtteil sind Geschäfte unter zukünftigen Erben.

5 3. Ausschlagung einer Erbschaft. Genehmigungspflichtig sind auch die Ausschlagung einer Erbschaft (Nr. 2) einschließlich der Anfechtung der Annahme, weil diese als Ausschlagung gilt (§ 1957), und die Ausschlagung eines Vermächtnisses (Nr. 2). Hier fehlt es an der Gleichstellung der Anfechtung der Annahme, so dass diese genehmigungsfrei ist. Der Genehmigungspflicht unterliegen weiter der Verzicht auf einen Pflichtteil (Nr. 2) und alle Erbteilungsverträge, dh die Vereinbarungen zwischen Miterben über die Auseinandersetzung des Nachlasses einschließlich einer Teilauseinandersetzung. Ob die Ausschlagung einer Erbschaft gem. § 1822 Nr. 2 genehmigungsfähig ist, hängt nicht allein von dem wirtschaftlichen Interesse des Mündels unter Berücksichtigung des Nachlassbestandes ab. Auch seine Gesamtbelange – samt seiner persönlichen Interessen – sind umfassend zu würdigen. Wendet der Genehmigungsantragsteller Überschuldung des Nachlasses ein, genügt es regelmäßig nicht, nur gerichtsintern bei verschiedenen Abteilungen zur Existenz von Vorgängen zum Verstorbenen nachzufragen. Als weitere Informationsquellen im Rahmen der Amtsermittlung sind insbesondere diejenigen Familienmitglieder des Verstorbenen in Betracht zu ziehen, die die Erbschaft wegen der angeblichen Überschuldung bereits ausgeschlagen haben. Denn dass bereits mit dem Verstorbenen näher verwandte Personen die Erbschaft mit dieser Begründung ausgeschlagen haben, kann durchaus Anhaltspunkte für die Annahme nahelegen, dass die Erbausschlagung dem Kindeswohl dient.[3]

6 4. Verträge im Zusammenhang mit dem Erwerb oder der Veräußerung eines Erwerbsgeschäfts; Gesellschaftsverträge. Genehmigungsbedürftig sind auch Verträge im Zusammenhang mit dem Erwerb oder der Veräußerung eines Erwerbsgeschäfts sowie Gesellschaftsverträge mit entsprechendem Zweck (Nr. 3). Ein Erwerbsgeschäft ist **jede selbstständig beruflich ausgeübte Tätigkeit**, wobei der Gegenstand im Übrigen ohne Bedeutung ist. Es reicht, dass die Tätigkeit mit anderen Personen zusammen ausgeübt wird.

---

2   MK/Wagenitz § 1822 Rn. 3; aA Kurz NJW 1992, 1799.
3   OLG Saarbrücken 28.4.2015 – 6 WF 42/15, FamRZ 16, 260.

Genehmigungspflichtig sind alle Verträge, die auf den **entgeltlichen Erwerb** oder 7
die **Veräußerung des Erwerbsgeschäfts** gerichtet sind. Hierher gehören neben
Verträgen, die ausdrücklich auf den Erwerb des Geschäfts gerichtet sind, Verträge über den Erwerb von Gesellschaftsanteilen, wenn deren Erwerb faktisch dazu
dient, das gesamte Geschäft zu übernehmen.[4] Entsprechendes gilt für Veräußerungen.

Nicht genehmigungspflichtig ist der **unentgeltliche Erwerb** des Erwerbsgeschäfts 8
durch Schenkung oder Erbschaft. Das gilt auch für den Erwerb eines voll eingezahlten Anteils an einer Vermögensverwaltungs-KG.[5] Das konnte zu Problemen
führen, wenn ein ererbtes Geschäft nach dem Tod des früheren Inhabers in un-
geteilter Erbengemeinschaft fortgeführt wurde, weil der Mündel dann für die
Verpflichtungen haftete, die in diesem Stadium eingegangen wurden.[6] Das Bundesverfassungsgericht hat das für verfassungswidrig erklärt und den Gesetzgeber
aufgefordert, diese Rechtslage zu ändern.[7] Das ist mit der Einfügung von
§1629a zum 1.1.1999 geschehen.

Genehmigungspflichtige **Gesellschaftsverträge** sind neben der Gründung einer 9
Gesellschaft der Beitritt des Mündels zu einer Gesellschaft. Welcher Art die Gesellschafterstellung des Mündels ist, ist unerheblich. Genehmigungspflichtig ist
daher auch die Beteiligung an einer KG als Kommanditist und die Beteiligung
als stiller Gesellschafter. Nach zutreffender Auffassung sind auch alle Verträge
genehmigungspflichtig, durch die neue Gesellschafter aufgenommen oder durch
die Bedingungen des Gesellschaftsvertrags über die Gewinnverteilung geändert
werden.[8] Soweit der Bundesgerichtshof für „unwesentliche" Änderungen anderer Ansicht ist,[9] überzeugt das nicht, weil §1822 auf den Inhalt der Vereinbarung nicht abstellt. Die Geringfügigkeit sagt nichts über das Genehmigungserfordernis, sondern nur etwas über die Genehmigungsfähigkeit aus. Beteiligungen des Mündels, die auf andere Weise als durch Vertrag (zB Erbschaft aufgrund
Nachfolgeklausel) entstehen, sind nicht genehmigungspflichtig.

5. Pachtverträge über Landgüter oder gewerbliche Betriebe. Der Genehmigungs- 10
pflicht unterliegen auch Pachtverträge über Landgüter (vgl. §§585 ff.) und gewerbliche Betriebe (Nr. 4), ohne Rücksicht auf die Dauer des Vertrags und darauf, ob der Mündel Pächter oder Verpächter ist. Pachtverträge über andere Gegenstände können unter Nr. 5 fallen. Nicht von Nr. 4 erfasst wird auch die Überlassung eines vermieteten Grundstücks an einen Minderjährigen, wenn nur ein
bereicherungsrechtlicher Rückforderungsvorbehalt vorgesehen ist.[10]

6. Dauerschuldverhältnisse, die länger als ein Jahr nach Volljährigkeit fortdau- 11
ern sollen. Genehmigungspflichtig sind auch Miet-, Pacht- oder andere Verträge, durch die der Mündel zu wiederkehrenden Leistungen verpflichtet wird, die
länger als ein Jahr nach Eintritt seiner Volljährigkeit fortdauern sollen (Nr. 5).
Unter die Vorschrift fallen alle Miet- und Pachtverträge, gleichgültig, welche
Stellung der Mündel darin hat, sowie alle sonstigen Verträge, die zur Erbringung

---

4 BGH 28.1.2003 – X ZR 199/99, DNotZ 2004, 152.
5 OLG Jena 22.3.2013 – 2 WF 26/13, FamRZ 2014, 140.
6 Vgl. BGH 8.10.1984 – II ZR 223/83, NJW 1985, 136.
7 BVerfG 13.5.1986 – 1 BvR 1542/84, NJW 1986, 1859.
8 MK/Wagenitz §1822 Rn. 28.
9 BGH 20.9.1962 – II ZR 209/61, BGHZ 38, 26; aA MK/Wagenitz §1822 Rn. 28.
10 LG München II 15.11.2004 – 6 T 5313/04, MittBayNot 2005, 234.

wiederkehrender Leistungen verpflichten, wie Versicherungsverträge,[11] Bausparverträge, Ratengeschäfte, Rentenversprechen usw. Unterhaltsversprechen können hierher gehören, wenn durch sie nicht nur eine gesetzliche Unterhaltspflicht
ausgestaltet wird. Zu beachten ist allerdings, dass die Regelung nur dann eingreift, wenn das Verhältnis rechtsgeschäftlich begründet wird, nicht dagegen
dann, wenn der Minderjährige kraft Gesetzes in ein bestehendes Mietverhältnis
eintritt.

12   Die Vertragsverhältnisse müssen für eine **Dauer eingegangen sein, die ein Jahr
nach Volljährigkeit des Mündels übersteigt.** Das trifft nicht zu, wenn das Verhältnis zwar für längere Dauer abgeschlossen ist, aber früher gekündigt werden
kann. Etwas anderes gilt nur, wenn die Kündigung wirtschaftlich so unsinnig
wäre, dass sie dem Mündel nicht zugemutet werden kann (zB wegen des niedrigen Rückkaufwerts bei Lebensversicherungen in der Anfangsphase).[12]

13   Ist ein **Vertrag** trotz Eingreifens von Nr. 5 **nicht genehmigt,** gilt § 139. Der Vertrag ist daher für die genehmigungsfreie Zeit gültig, wenn anzunehmen ist, dass
die Parteien einen solchen Vertrag abgeschlossen hätten. Das kommt in Betracht, wenn der Vertrag eine Klausel enthält, dass die Nichtigkeit einzelner Bestimmungen die Gültigkeit des Vertrags im Übrigen nicht berühren soll.[13]

14   **7. Für längere Zeit als ein Jahr abgeschlossene Lehr- (Nr. 6), Dienst- oder Arbeitsverträge.** Der **Genehmigungspflicht** unterliegen für längere Zeit als ein Jahr
abgeschlossene Lehr- (Nr. 6) oder Dienst- oder Arbeitsverträge, durch die der
Mündel für länger als ein Jahr zu persönlichen Leistungen verpflichtet werden
soll (Nr. 7). Die Norm gilt nicht für den Amtsvormund (§ 56 Abs. 2 SGB VIII).
Wegen der Dauer gilt das in → Rn. 12 Gesagte entsprechend. Nicht erfasst werden andere Vertragsverhältnisse, aus denen der Mündel zu persönlichen Leistungen verpflichtet sein kann, vor allem nicht Gesellschaftsverträge.[14] Dass die Regelung nicht gilt, wenn der Mündel Arbeitgeber sein soll, ergibt sich schon direkt aus dem Wortlaut der Norm.

15   Bei der Erteilung der Genehmigung muss das Gericht umfassend prüfen, ob die
Interessen des Mündels gewahrt sind. Die Berücksichtigung nur finanzieller Aspekte reicht nicht.

16   **8. Die Aufnahme von Kredit auf den Namen des Mündels.** Die Aufnahme von
Kredit auf den Namen des Mündels muss ebenfalls genehmigt werden, um wirksam zu sein (Nr. 8). Hierher gehören der Abschluss aller Arten von Darlehens-
verträgen für den Mündel einschließlich der Vereinbarung eines Kontokorrent-
kredits (zB Girokonto mit Überziehungsmöglichkeit),[15] der Abschluss von Vor-
verträgen und die Abgabe von Schuldanerkenntnissen. Ein Ratenzahlungskauf
fällt nicht unter Nr. 8, wohl aber ein drittfinanzierter Teilzahlungskauf, weil bei
diesem ein vom Kaufvertrag verschiedener Darlehensvertrag abgeschlossen
wird. Nicht erfasst wird die Aufnahme von Krediten einer juristischen Person
oder einer Handelsgesellschaft, an welcher der Mündel beteiligt wird, selbst
wenn der Mündel mittelbar für die Erfüllung dieser Verpflichtungen herangezogen werden kann. Dagegen ist der Abschluss eines Darlehensvertrages durch

---

11   OLG Hamm 3.4.1992 – 20 U 322/91, NJW-RR 1992, 1186.
12   Vgl. BGH 30.6.1958 – II ZR 117/57, BGHZ 28, 78.
13   BGH 17.5.1961 – IV ZR 11/61, FamRZ 1962, 154.
14   MK/Wagenitz § 1822 Rn. 47.
15   KG 13.10.2009 – 1 W 161/08, FamRZ 2010, 402.

eine BGB-Gesellschaft, an der das minderjährige Kind beteiligt ist, zur Finanzierung der Erbauseinandersetzung mit der Kindesmutter genehmigungsbedürftig.[16]

9. Inhaberschuldverschreibungen, Orderpapiere. Die Ausstellung von Schuld- 17 verschreibungen auf den Inhaber (§§ 793 ff.) und Eingehung von Verbindlichkeiten aus Orderpapieren (Nr. 9) wie Wechsel, Scheck, Papiere nach §§ 373 ff., 444 ff., 642 ff., 784, 891 HGB sind ebenfalls genehmigungsbedürftig. Zu beachten ist insofern, dass nicht nur das Akzeptieren eines derartigen Papiers erfasst wird, sondern jeder Akt, durch den eine Verpflichtung entstehen kann, vor allem auch das Indossieren des Papiers.

Die Genehmigung kann **auf dem Wechsel vermerkt** werden, da sonst ein Wech- 18 selprozess nicht geführt werden kann (vgl. § 592 ZPO).

Der **Vormund**, der ohne Genehmigung eine Wechselverbindlichkeit des Mündels 19 begründet, **haftet selbst** (Art. 8 WG).

10. Übernahme fremder Verbindlichkeiten. Die Übernahme einer fremden Ver- 20 bindlichkeit, vor allem die Übernahme einer Bürgschaft ist genehmigungspflichtig (Nr. 10). Die Regelung dient dazu, den Mündel vor der leichtfertigen Eingehung von Verpflichtungen zu bewahren, die der Vormund als unbedeutend einstuft, weil der Mündel einen Erstattungsanspruch gegen den Schuldner der Verbindlichkeit hat.[17] Sie ist daher nicht anwendbar, wenn der Mündel die Schuld letztlich selbst erfüllen muss, zB Übernahme einer Grundschuld im Rahmen eines Grundstückserwerbs; beachte in diesem Fall aber § 1821 Abs. 1 Nr. 5.

Unter die Genehmigungspflicht fallen die Übernahme einer Bürgschaft, die 21 Übernahme fremder Schulden iSd §§ 414 ff., die Verpfändung oder Sicherungsübereignung zur Sicherung fremder Schulden, der Erwerb von Miteigentumsanteilen bei gesamtschuldnerischer Haftung für den gesamten Kaufpreis,[18] der Beitritt zu einer Gesellschaft, sofern der Mündel weiter haftet oder haften kann (zB §§ 24, 26 GmbHG), als es seinem Anteil entspricht.[19] Nicht erfasst wird die Tilgung fremder Verbindlichkeiten mit Mitteln des Mündels. In solchen Fällen ist aber in aller Regel ein Eingreifen des Familiengerichts nach § 1837 angezeigt.

11. Erteilung der Prokura. Dem Genehmigungserfordernis unterliegt auch die 22 Erteilung einer Prokura (Nr. 11). Der Genehmigungsvorbehalt gilt **nur für die Erteilung** einer Prokura iSd §§ 48 ff. HGB. Nicht genehmigungspflichtig ist die Weiterführung einer Prokura, die bereits zu dem Zeitpunkt besteht, zu dem der Mündel in das Geschäft eintritt. Das Gleiche gilt für den Widerruf einer Prokura.[20]

Erforderlich ist, dass der **Prokurist Vertreter des Mündels** ist. Vertritt er nur eine 23 juristische Person, an der der Mündel beteiligt ist (GmbH, AG), greift Nr. 11 nicht.[21]

Sonstige Vollmachten sind genehmigungsfrei. 24

---

16 OLG Hamm 18.3.2016 – II-2 WF 170/15.
17 BGH 27.10.1982 – V ZR 177/81, FamRZ 1983, 371 f.
18 OLG Köln 6.3.2015 – I-2 Wx 44/15, I-2 Wx 47–49/15, FamRZ 2015, 1410; BayObLG 6.7.1995 – 1Z BR 157/94, FamRZ 1996, 119 (121).
19 BGH 20.2.1989 – II ZR 148/88, BGHZ 107, 24.
20 OLG Hamm 14.9.1971 – 15 a W 393/71, FamRZ 1972, 270.
21 OLG Düsseldorf 11.10.2005 – I-3 Wx 137/05, RNotZ 2006, 68.

25 **12. Abschluss eines Vergleichs oder Schiedsvertrags.** Der Abschluss eines Vergleichs (§ 779) oder Schiedsvertrags (vgl. §§ 1025 ff. ZPO) ist genehmigungsbedürftig (Nr. 12). Voraussetzung ist in beiden Fällen, dass der **Gegenstand** des Streits oder der Ungewissheit 3.000 EUR übersteigt oder unschätzbar ist. Der Wert des Gesamtanspruchs ist unerheblich. Die Wertberechnung richtet sich nach §§ 3 ff. ZPO. Ist es Ziel einer Regelung, den Verkehrswert für einzelne aufgeführte Grundstücke sowie den Marktpreis für bestimmte Gesellschaftsanteile durch einen Sachverständigen zu bestimmen, so handelt es sich nur um eine Schiedsgutachtenvereinbarung (und nicht um einen Schiedsvertrag), die, auch wenn sie durch einen Vormund oder Nachlasspfleger geschlossen wird, keiner Genehmigung durch das Familiengericht nach § 1822 Nr. 12 bedarf.[22]

26 Ein **Vergleich** braucht keine Genehmigung, wenn er einem schriftlichen oder protokollierten gerichtlichen Vergleichsvorschlag entspricht (Nr. 12 aE). Er ist bereits von einem Gericht geprüft; eine erneute Prüfung wäre eine Verschwendung öffentlicher Mittel.

27 **13. Aufhebung oder Minderung einer für eine Mündelforderung bestehenden Sicherheit.** Der Genehmigungspflicht unterliegt schließlich die Aufhebung oder Minderung einer für eine Mündelforderung bestehenden Sicherheit und die entsprechende Verpflichtung dazu (Nr. 13). Sicherheiten sind neben Pfandrechten auch Sicherungsübereignung oder -abtretung Bürgschaften, Schuldbeitritte usw.

28 **Genehmigungspflichtig** sind die Verpflichtung, eine solche Sicherheit aufgeben (zB durch Verzicht) oder mindern (zB durch Rangrücktritt, Aufteilung eines Gesamtgrundpfandrechts) zu wollen sowie die Aufgabe oder Minderung selbst, sofern diese durch Rechtsgeschäft erfolgt. Die Aufgabe von Sicherheiten durch Realakt (zB Pfandrückgabe) unterliegt nicht dem Genehmigungserfordernis.[23] Das Gleiche gilt für Verfügungen über die gesicherte Forderung (zB Einziehung), auch wenn das zum Erlöschen der Sicherheit führt.

29 Die Genehmigung **darf erteilt werden,** wenn genügend Sicherheiten verbleiben oder sonstige dringende Gründe für die Aufgabe oder Minderung der Sicherheiten sprechen.

III. Verfahren

30 Zuständig ist der Rechtspfleger (§ 3 Nr. 2 lit. a RPflG).

§ 1823 BGB　Genehmigung bei einem Erwerbsgeschäft des Mündels

Der Vormund soll nicht ohne Genehmigung des Familiengerichts ein neues Erwerbsgeschäft im Namen des Mündels beginnen oder ein bestehendes Erwerbsgeschäft des Mündels auflösen.

1 Die Vorschrift **ergänzt die zwingenden Genehmigungserfordernisse** um eine Sollvorschrift. Sie gilt auch für Betreuungen (§ 1908 i Abs. 1) und Pflegschaften (§ 1915). Für Eltern gilt § 1645.

2 Der Vormund soll danach ohne Genehmigung des Familiengerichts weder ein **Erwerbsgeschäft** im Namen des Mündels **beginnen** noch ein bestehendes Erwerbsgeschäft des Mündels **beenden.** § 1823 gilt nur für den Beginn oder die Be-

---

22　BGH 18.12.2013 – IV ZR 207/13, FamRZ 2014, 655.
23　Brüggemann FamRZ 1990, 5 (9); MK/Wagenitz § 1822 Rn. 72.

endigung eines Erwerbsgeschäfts, nicht aber für die Fortführung eines schon bestehenden Geschäfts. Die Vorschrift findet deswegen keine Anwendung, wenn aufgrund eines zu Lebzeiten eines Elternteils des Mündels geschlossenen Gesellschaftsvertrages die Gesellschaft mit dem Mündel nach dem Tod des Gesellschafters fortgeführt wird (anders dagegen, wenn die Gesellschaft beendet wurde und ein neuer Gesellschaftsvertrag mit dem Mündel geschlossen werden muss).

Ergänzt wird § 1823 durch § 112, der dem Minderjährigen die volle Geschäftsfähigkeit für die beim Betrieb eines solche Erwerbsgeschäfts vorgenommenen Handlungen zugesteht und § 1822 Nr. 3, der die Genehmigungsbedürftigkeit des entgeltlichen Erwerbs oder der Veräußerung eines Erwerbsgeschäfts sowie eines Gesellschaftsvertrags anordnet, der zum Betrieb eines Erwerbsgeschäfts eingegangen wird. **3**

Verstößt der Vormund gegen § 1823, kommen Maßregeln des Familiengerichts (§ 1837) und eine Schadensersatzhaftung in Betracht. **4**

§ 1824 BGB Genehmigung für die Überlassung von Gegenständen an den Mündel

Der Vormund kann Gegenstände, zu deren Veräußerung die Genehmigung des Gegenvormunds oder des Familiengerichts erforderlich ist, dem Mündel nicht ohne diese Genehmigung zur Erfüllung eines von diesem geschlossenen Vertrags oder zu freier Verfügung überlassen.

§ 1824 soll die **Umgehung der Genehmigungserfordernisse verhindern**, die mithilfe des § 110 möglich wäre. Da diese Norm dem Minderjährigen die eigene Vornahme von Geschäften erlaubt, wäre es ohne § 1824 möglich, dass der Vormund dem Mündel die Mittel für ein Geschäft überließe, das genehmigungspflichtig wäre, wenn er es selbst vornähme, so dass der Mündel das Geschäft dann selbst ohne Genehmigung vornehmen könnte. Dieser Weg wird durch § 1824 versperrt, indem die Norm anordnet, dass die Überlassung von Gegenständen, zu deren Veräußerung durch den Vormund die Genehmigung des Gegenvormunds oder des Familiengerichts erforderlich ist, an den Mündel ebenfalls der Genehmigung bedarf. § 1812 Abs. 2 gilt entsprechend. **1**

Die Norm gilt immer, wenn das **Geschäft**, nähme es der Vormund selbst vor, nach §§ 1812, 1813, 1819, 1820, 1821, 1822 **genehmigungspflichtig** wäre. **2**

Fehlt die nach § 1824 erforderliche **Genehmigung**, entfällt die Wirkung des § 110. Der vom Mündel geschlossene Vertrag ist unwirksam. **3**

§ 1825 BGB Allgemeine Ermächtigung

(1) Das Familiengericht kann dem Vormund zu Rechtsgeschäften, zu denen nach § 1812 die Genehmigung des Gegenvormunds erforderlich ist, sowie zu den in § 1822 Nr. 8 bis 10 bezeichneten Rechtsgeschäften eine allgemeine Ermächtigung erteilen.

(2) Die Ermächtigung soll nur erteilt werden, wenn sie zum Zwecke der Vermögensverwaltung, insbesondere zum Betrieb eines Erwerbsgeschäfts, erforderlich ist.

Literatur: *Fiala/Müller/Braun*, Genehmigungen bei Vormundschaft über Minderjährige, Betreuung und Nachlasspflegschaft, Rpfleger 2002, 597.

1   Die Vorschrift **soll die Führung der Vormundschaft** in Fällen **erleichtern**, in denen erfahrungsgemäß immer wieder gleichartige Geschäfte genehmigungsbedürftig werden und dann ohne § 1825 jeweils einzeln genehmigt werden müssten. Sie gilt auch für Betreuungen (§ 1908 i Abs. 1) und Pflegschaften (§ 1915). Für Eltern gilt § 1643 Abs. 3.

2   § 1825 erlaubt es daher, **für nach § 1812 oder § 1822 Nr. 8–10** genehmigungsbedürftige Geschäfte eine **allgemeine Ermächtigung** zu erteilen, damit nicht in jedem Einzelfall erst eine Genehmigung eingeholt werden muss. Für andere Genehmigungserfordernisse gilt die Erleichterung nicht. Sie soll außerdem nur erteilt werden, wenn sie zur Vermögensverwaltung und dort vor allem zum Betrieb eines Erwerbsgeschäfts erforderlich ist (Abs. 2).

3   **Zu anderen Zwecken** erteilte allgemeine Ermächtigungen sind zwar wirksam, aber zu widerrufen. Die allgemeine Ermächtigung kann umfassend oder auf bestimmte Arten von Geschäften beschränkt sein.

§ 1826 BGB   Anhörung des Gegenvormunds vor Erteilung der Genehmigung

Das Familiengericht soll vor der Entscheidung über die zu einer Handlung des Vormunds erforderliche Genehmigung den Gegenvormund hören, sofern ein solcher vorhanden und die Anhörung tunlich ist.

1   Die Norm bestimmt, dass vor der Entscheidung über die Erteilung einer Genehmigung durch das Familiengericht der Gegenvormund gehört werden soll, damit dieser seine Bedenken und Anregungen in den Entscheidungsprozess einbringen kann. Ihm soll Gelegenheit gegeben werden, sich zu der anstehenden Genehmigung mündlich oder schriftlich zu äußern. Die Anhörung ist nicht erforderlich, wenn sie untunlich, also entweder mit zu großem Zeitaufwand verbunden oder zu teuer ist. Die Unterlassung der Anhörung macht die Entscheidung nicht unwirksam, sondern nur rechtswidrig.

§ 1827 BGB   (weggefallen)

§ 1828 BGB   Erklärung der Genehmigung

Das Familiengericht kann die Genehmigung zu einem Rechtsgeschäft nur dem Vormund gegenüber erklären.

I. Allgemeines und Systematik

1   § 1828 regelt, auf welche Weise eine familiengerichtliche Genehmigung erteilt wird. Die Norm bestimmt, dass die Genehmigung immer dem Vormund gegenüber erklärt werden muss, damit dieser auf jeden Fall die letzte Entscheidung über die Vornahme der Handlung behält. Die Rechtslage weicht damit von derjenigen im Bereich der allgemeinen Rechtsgeschäftslehre (vgl. § 182) ab. Auch im Übrigen ist unter einer Genehmigung iSd Vormundschaftsrechts etwas anderes zu verstehen als in § 184. Gemeint ist hier sowohl die vorherige als auch die nachträgliche Zustimmung.

II. Voraussetzung: Genehmigung als Wirksamkeitserfordernis

Trotz des weitergehenden Wortlauts ist Voraussetzung des § 1828, dass die Ge- 2
nehmigung des Familiengerichts für die Wirksamkeit des vom Vormund vorzunehmenden Geschäfts erforderlich ist. Keine Anwendung findet er daher, wenn
die Genehmigung des Familiengerichts nur eine Sollvoraussetzung darstellt (wie
bei §§ 1810 f., 1823). Dagegen ist es gleichgültig, ob der Vormund selbst das die
Genehmigungsbedürftigkeit auslösende Geschäft vornimmt oder einem Geschäft
zustimmen will, das der Mündel vorgenommen hat.

III. Rechtsnatur und Erteilung der Genehmigung

Die Rechtsnatur der familiengerichtlichen Genehmigung wird teilweise als reine 3
Prozesshandlung angesehen mit der Folge, dass die Anwendung der Irrtumsre-
geln ausscheidet und allein ein Widerruf nach § 48 FamFG in Betracht kommt.[1]
Nach anderer und zutreffender Ansicht ist dagegen die Genehmigung durch das
Familiengericht so rechtsgeschäftsähnlich, dass auch wichtige Regelungen über
Rechtsgeschäfte auf sie (mindestens entsprechend) angewendet werden müssen.[2]
Die Genehmigung kann daher nicht nur vom Familiengericht widerrufen, son-
dern auch wegen Irrtums, Drohung, Täuschung oder Übermittlungsfehlers vom
Vormund angefochten werden.[3] In der Praxis spielt der Streit so gut wie keine
Rolle. Die Gerichte korrigieren fehlerhaft zustande gekommene Entscheidungen
idR allein nach § 48 FamFG.

Aus der entsprechenden Anwendung rechtsgeschäftlicher Regeln ergibt sich 4
auch, dass die **nachträglich erteilte Genehmigung** auf die Vornahme des Geschäfts zurückwirkt (§ 184). Eine befristete Genehmigung muss innerhalb der in
ihr genannten Frist ausgenutzt werden. Wird die Genehmigung unter einer Bedingung erteilt, ist das eine Verweigerung der beantragten Genehmigung und
eine Genehmigung eines entsprechend eingeschränkten Geschäfts.

Maßstab für die Erteilung der Genehmigung ist das Interesse des Mündels.[4] Das 5
Gericht fällt eine Ermessensentscheidung, in die neben der rechtlichen Zulässigkeit auch Zweckmäßigkeitsgesichtspunkte einzubeziehen sind. Maßgeblich ist
die Lage zur Zeit der Genehmigung. Genehmigt werden müssen grundsätzlich
sowohl das Verpflichtungs- als auch das Verfügungsgeschäft. Jedoch ist regelmäßig auch die Genehmigung der Verpflichtung anzunehmen, wenn nur das Verfügungsgeschäft genehmigt wird.

Genehmigt werden kann immer **nur das Geschäft, das der Vormund vorlegt.** 6
Das Familiengericht kann kein eigenes Geschäft an die Stelle des vom Vormund
in Aussicht genommenen setzen. Allerdings ist es möglich, bei der Versagung der
Genehmigung des vorgelegten Geschäfts schon ein den Intentionen des Vormunds im Wesentlichen entsprechendes Geschäft zu genehmigen. Der Vormund
kann dann dieses Geschäft vornehmen, muss es aber nicht.

Die Genehmigung kann sich immer **nur auf das Geschäft beziehen, soweit es zur** 7
Genehmigung vorgelegt ist. Soweit der Vormund das Geschäft nicht unterbreitet, wird es auch nicht genehmigt. Das ist etwa der Fall, wenn der Vormund Ne-

---

1 Gernhuber/Coester-Waltjen § 52 III 1 zur identischen früheren Rechtslage (auf § 18 FGG
   aF bezogen).
2 Vgl. BayObLG 16.5.1990 – BReg 1 a Z 2/90, FamRZ 1990, 1132.
3 MK/Wagenitz § 1828 Rn. 5.
4 BayObLG 7.12.1988 – BReg 1 a Z 8/88, FamRZ 1989, 540.

benabreden verschweigt. Das führt dazu, dass dann für das gesamte Geschäft die Genehmigung fehlt.

8 Die Genehmigung kann **in jeder beliebigen Form** erteilt werden. Auch konkludente Genehmigungen sind möglich. Allerdings wird man insoweit irgendein Verhalten mit Erklärungswert verlangen müssen. Das bloße Schweigen auf den Antrag des Vormunds hin reicht nicht. Keine Genehmigung sind auch das Negativattest und die Ankündigung, eine Genehmigung demnächst erteilen zu wollen.

IV. Verfahren

9 Die Erteilung der Genehmigung erfolgt **von Amts wegen**. Für das Verfahren gilt der Amtsermittlungsgrundsatz (§ 26 FamFG). Anzuhören sind der Mündel, der Gegenvormund und die nahen Angehörigen des Mündels (vgl. § 1826, §§ 159 f. FamFG).

10 Bis zu ihrem Wirksamwerden kann die Genehmigung jederzeit formlos **widerrufen** werden (§ 48 Abs. 3 FamFG). Danach kommt eine Änderung nicht mehr in Betracht.

11 **Beschwerdeberechtigt** gegen die Verweigerung der Genehmigung ist grundsätzlich nur der Mündel (§ 59 Abs. 1 FamFG). Eine Beschwerdeberechtigung Dritter kommt grundsätzlich nur in Betracht, wenn eine erteilte Genehmigung unzulässigerweise widerrufen wurde oder wenn das Geschäft keiner Genehmigung bedurfte. Außerdem steht dem Vertragspartner des Betroffenen gegen den die gerichtliche Genehmigung des Vertrags letztlich versagenden Beschluss ausnahmsweise die Beschwerde nach § 59 FamFG zu, wenn er geltend macht, ihm gegenüber sei eine zuvor erteilte und nunmehr aufgehobene Genehmigung gem. § 1829 Abs. 1 S. 2 wirksam und deshalb nach § 48 Abs. 3 FamFG unabänderlich geworden.[5] Gegen die Erteilung der Genehmigung können der Mündel (§ 59 Abs. 1 FamFG) und der Gegenvormund (§ 1826) Beschwerde einlegen. Der Vormund ist nur beschwerdebefugt, wenn die Genehmigung nicht ein von ihm vorgenommenes Geschäft betrifft, sondern ein solches, für dessen Durchführung ein Pfleger bestellt war, wenn die Genehmigung nicht nötig war oder sie gegen den Willen des Vormunds erteilt wurde.

§ 1829 BGB   Nachträgliche Genehmigung

(1) [1]Schließt der Vormund einen Vertrag ohne die erforderliche Genehmigung des Familiengerichts, so hängt die Wirksamkeit des Vertrags von der nachträglichen Genehmigung des Familiengerichts ab. [2]Die Genehmigung sowie deren Verweigerung wird dem anderen Teil gegenüber erst wirksam, wenn sie ihm durch den Vormund mitgeteilt wird.

(2) Fordert der andere Teil den Vormund zur Mitteilung darüber auf, ob die Genehmigung erteilt sei, so kann die Mitteilung der Genehmigung nur bis zum Ablauf von vier Wochen nach dem Empfang der Aufforderung erfolgen; erfolgt sie nicht, so gilt die Genehmigung als verweigert.

(3) Ist der Mündel volljährig geworden, so tritt seine Genehmigung an die Stelle der Genehmigung des Familiengerichts.

---

5   BGH 2.12.2015 – XII ZB 283/15, FamRZ 2016, 296.

I. Allgemeines

§§ 1829–1831 treffen Regelungen für den Fall, dass die **Genehmigung** des Fami- 1
liengerichts **noch nicht vorliegt, wenn** das genehmigungsbedürftige **Geschäft vor**
genommen wird. Sie entsprechen grundsätzlich den Regeln bei beschränkter Geschäftsfähigkeit (§§ 108 f., 111) und Vertretung ohne Vertretungsmacht
(§§ 177 f., 180). Im Einzelnen gibt es jedoch einige Abweichungen, die aus der
besonderen Schutzbedürftigkeit des Mündels resultieren. §§ 1829 f. regeln das
Schicksal eines Vertrags, § 1831 das eines einseitigen Rechtsgeschäfts.

II. Wirkungen der Genehmigung des Familiengerichts

Liegt die Genehmigung des Familiengerichts **bei Vornahme des Geschäfts** durch 2
den Vormund vor, ist das Geschäft mit seiner Vornahme wirksam.

Fehlt bei der Vornahme des Geschäfts die Genehmigung des Familiengerichts, ist 3
zu unterscheiden: **Einseitige Rechtsgeschäfte** sind nichtig (§ 1831 S. 1).

Verträge sind bis zur Genehmigung durch das Familiengericht schwebend un- 4
wirksam (Abs. 1 S. 1). Die Genehmigung wird aber erst wirksam, wenn sie dem
Dritten vom Vormund mitgeteilt wird (anders: §§ 108, 177). Dem Vormund soll
immer die Entscheidung darüber verbleiben, ob er von der Genehmigung Gebrauch macht. Der Dritte kann sich – anders als im Fall der §§ 109, 178 – während der Schwebezeit nicht einfach durch Widerruf von dem Vertrag lösen, sondern nur, wenn der Vormund wahrheitswidrig das Vorliegen der Genehmigung
behauptet hat (§ 1830). Der Dritte hat aber die Möglichkeit, den Vormund zur
Mitteilung darüber aufzufordern, ob die Genehmigung erteilt ist. Dann kann die
Mitteilung der Genehmigung nur bis zum Ablauf von zwei Wochen nach dem
Zugang der Aufforderung erfolgen. Erfolgt sie nicht rechtzeitig, gilt sie als verweigert (Abs. 2). Eine evtl. später noch erteilte Genehmigung geht ins Leere.

Die Genehmigung richtet sich nach § 1828. Die Mitteilung der Genehmigung 5
durch den Vormund (Abs. 1 S. 2) ist Rechtsgeschäft und nicht nur Wissenserklärung; denn sie enthält die Entscheidung darüber, dass das Geschäft voll wirksam
sein soll. Sie ist daher wegen Willensmängeln anfechtbar und nur so lange widerruflich, bis sie durch Zugang beim Dritten wirksam geworden ist (§ 130
Abs. 1 S. 2). Sie bedarf keiner Form, kann also auch konkludent erfolgen. Ihre
Auslegung richtet sich nach dem objektivierten Empfängerhorizont (§§ 133,
157).

Ist der **Mündel volljährig geworden**, tritt seine Genehmigung an die Stelle der fa- 6
miliengerichtlichen (Abs. 3). Eine gerichtliche Genehmigung ist wirkungslos,
selbst wenn sie noch während der Minderjährigkeit beantragt wurde. Lief die
Zweiwochenfrist des Abs. 2 bereits, muss die Genehmigung des Mündels dem
Vertragspartner innerhalb der Frist zugehen.

Verweigert das Familiengericht die Genehmigung, ist das Geschäft endgültig un- 7
wirksam, wenn die Verweigerung dadurch wirksam geworden ist, dass der Vormund sie dem Dritten mitgeteilt hat. Die Parteien müssen das Geschäft erneut
abschließen, wenn sie noch auf dem Beschwerdeweg eine Genehmigung und die
Wirksamkeit erreichen wollen; denn das ursprüngliche Geschäft, dessen Genehmigung verweigert wurde, kann nicht mehr wirksam werden. Nur ganz ausnahmsweise kann die Berufung auf das Fehlen der Genehmigung treuwidrig
sein. In Betracht kommt das etwa, wenn derjenige, der die Unwirksamkeit gel

tend macht, die Erlangung der Genehmigung nicht betreibt, obgleich er hierzu verpflichtet ist.

§ 1830 BGB Widerrufsrecht des Geschäftspartners

Hat der Vormund dem anderen Teil gegenüber der Wahrheit zuwider die Genehmigung des Familiengerichts behauptet, so ist der andere Teil bis zur Mitteilung der nachträglichen Genehmigung des Familiengerichts zum Widerruf berechtigt, es sei denn, dass ihm das Fehlen der Genehmigung bei dem Abschluss des Vertrags bekannt war.

1 **Die Norm enthält** ein gegenüber §§ 108 Abs. 1, 178 erheblich eingeschränktes **Widerrufsrecht** zugunsten des Partners des genehmigungsbedürftigen Geschäfts, für das bei seiner Vornahme noch keine Genehmigung vorlag. Das Widerrufsrecht schließt als lex specialis die Anfechtung (§§ 119, 120, 123) aus.

2 **Voraussetzung des Widerrufsrechts** ist, dass bei der Vornahme des Geschäfts die Genehmigung durch das Familiengericht noch nicht vorlag, dass der Vormund wahrheitswidrig das Vorliegen der Genehmigung behauptete und dass der Dritte nicht wusste, dass es tatsächlich an der Genehmigung fehlte. Das Widerrufsrecht erlischt, wenn die Genehmigung nachträglich erteilt und dies dem Geschäftspartner mitgeteilt wird (§ 1829 Abs. 1).

3 **Der Widerruf bewirkt,** dass der Geschäftspartner nicht mehr gebunden ist. Ihm können Ansprüche gegen den Vormund aus unerlaubter Handlung (vor allem § 826) oder aus den §§ 280, 311 Abs. 2 zustehen. Ein Anspruch aus § 179 ist ausgeschlossen. Der Mündel kann gegen den Vormund einen Schadensersatzanspruch nach § 1833 haben.

§ 1831 BGB Einseitiges Rechtsgeschäft ohne Genehmigung

[1]Ein einseitiges Rechtsgeschäft, das der Vormund ohne die erforderliche Genehmigung des Familiengerichts vornimmt, ist unwirksam. [2]Nimmt der Vormund mit dieser Genehmigung ein solches Rechtsgeschäft einem anderen gegenüber vor, so ist das Rechtsgeschäft unwirksam, wenn der Vormund die Genehmigung nicht vorlegt und der andere das Rechtsgeschäft aus diesem Grunde unverzüglich zurückweist.

1 Die Regelung ordnet die **Unwirksamkeit** von ohne vorherige Genehmigung vorgenommenen **einseitigen Rechtsgeschäften** an. Außerdem bestimmt sie, dass der Dritte ein einseitiges Rechtsgeschäft zurückweisen kann, wenn der Vormund nicht bei seiner Vornahme die Genehmigung in schriftlicher Form vorlegt.

2 Ein einseitiges Rechtsgeschäft (zB eine Kündigung) ist nur wirksam, wenn die **gerichtliche Genehmigung bereits zur Zeit seiner Vornahme** vorliegt. Einseitige Rechtsgeschäfte sind alle, die nicht der Mitwirkung einer anderen Person bedürfen, um vollständig zu sein, also alle Willenserklärungen, die nicht Bestandteil einer vertraglichen Einigung sind bzw. sein sollen. Die Genehmigung muss spätestens vorliegen, wenn diese Geschäfte wirksam werden, regelmäßig also im Zeitpunkt des Zugangs der zugehörigen Willenserklärung beim Adressaten (vgl. § 130). Liegt die Genehmigung dann nicht vor, ist das Geschäft unheilbar nichtig. Der Vormund ist aber nicht gehindert, es zu wiederholen, um doch noch den beabsichtigten Erfolg zu erzielen.

Auch bei rechtzeitiger Genehmigung ist das einseitige Rechtsgeschäft unwirksam, wenn der Vormund bei der Vornahme des einseitigen Rechtsgeschäfts die **Genehmigung** des Familiengerichts nicht in schriftlicher Form **vorlegt** und derjenige, dem gegenüber das einseitige Rechtsgeschäft vorgenommen wird, das unverzüglich (§ 121) **beanstandet** (S. 2). Für gegenüber Behörden oder Gerichten abzugebende Erklärungen gilt die Vorschrift nicht.

§ 1832 BGB Genehmigung des Gegenvormunds

Soweit der Vormund zu einem Rechtsgeschäft der Genehmigung des Gegenvormunds bedarf, finden die Vorschriften der §§ 1828 bis 1831 entsprechende Anwendung; abweichend von § 1829 Abs. 2 beträgt die Frist für die Mitteilung der Genehmigung des Gegenvormunds zwei Wochen.

Die Norm erstreckt die für gerichtliche Genehmigungen geltenden Regeln auch auf die Genehmigungen durch den Gegenvormund. Das gilt aber nur für solche Genehmigungserfordernisse, bei denen das Fehlen der Genehmigung zur Unwirksamkeit des Geschäfts führt. Das trifft nur in den Fällen der §§ 1809, 1812 und 1813 Abs. 2 zu, nicht im Fall des § 1810. Im Übrigen ist die Genehmigung des Gegenvormunds Rechtsgeschäft (nicht Prozesshandlung), so dass auf sie die Regeln über Rechtsgeschäfte uneingeschränkt anwendbar sind.

§ 1833 BGB Haftung des Vormunds

(1) ¹Der Vormund ist dem Mündel für den aus einer Pflichtverletzung entstehenden Schaden verantwortlich, wenn ihm ein Verschulden zur Last fällt. ²Das Gleiche gilt von dem Gegenvormund.

(2) ¹Sind für den Schaden mehrere nebeneinander verantwortlich, so haften sie als Gesamtschuldner. ²Ist neben dem Vormund für den von diesem verursachten Schaden der Gegenvormund oder ein Mitvormund nur wegen Verletzung seiner Aufsichtspflicht verantwortlich, so ist in ihrem Verhältnis zueinander der Vormund allein verpflichtet.

Literatur: *Beck*, Die mögliche Haftung des Betreuers bei einer Unterbringung des Betroffenen, BtPrax 2001, 195; *Locher*, Die Haftung des Betreuers, FamRB 2005, 308; *Meier*, Zur Haftung des Berufsbetreuers, BtPrax 1999, 57; *Pardey*, Staatshaftung für Vormünder, Pfleger und Betreuer?, FamRZ 1989, 1030; *Schreiber*, Die Haftung des Vormundes im Spannungsfeld von öffentlichem Recht und Privatrecht, AcP 178, 533.

I. Allgemeines

Die Norm statuiert eine **besondere familienrechtliche Schadensersatzpflicht** des Vormunds (Abs. 1 S. 1) und des Gegenvormunds (Abs. 1 S. 2). Sie gilt für alle Arten von Vormündern, für Betreuer (§ 1908 i Abs. 1) und für Pfleger (§ 1915).

Die Regelung **betrifft nur das Verhältnis zum Mündel**, nicht dagegen zu Dritten. Insoweit bleibt es bei den allg. Regeln, dh vor allem der Beschränkung auf §§ 823 ff. Für die Haftung des Amtsvormunds und des Familienrichters gilt nur Staatshaftung nach § 839, Art. 34 GG.

II. Der Schadensersatzanspruch

1. Voraussetzungen der Schadensersatzpflicht. Die Schadensersatzpflicht setzt zunächst voraus, dass eine **wirksame Bestellung** zum Vormund, Mitvormund oder Gegenvormund besteht. Eine Haftung nach § 1833 scheidet daher aus, wenn der Bestellte zur Übernahme der Vormundschaft unfähig war (§ 1780).

4 Der Vormund muss eine **Pflichtverletzung** begangen, also gegen eine seiner gesetzlich angeordneten Verpflichtungen (auch solche aus Sollvorschriften) oder eine Weisung des Familiengerichts verstoßen haben oder die Interessen des Mündels ohne Grund außer Acht gelassen haben; denn das Wohl des Mündels ist die wichtigste Richtschnur für seine gesamte Tätigkeit. Pflichtverletzungen können vielfältiger Art sein: Unterlassen einer gebotenen Tätigkeit für den Mündel,[1] Verstoß gegen Weisungen, Überschreitungen des Aufgabenkreises,[2] Nichteinholung von vorgeschriebenen Genehmigungen, zu zögerliches Handeln usw.

5 Dem Mündel muss durch die Pflichtverletzung ein **Schaden** entstanden sein. Es gelten §§ 249 ff. Mitverschulden des Mündels führt zur Kürzung des Ersatzanspruchs (§ 254).

6 Die Pflichtverletzung muss **schuldhaft** erfolgen. Der Vormund haftet für jede Fahrlässigkeit und Vorsatz (§ 276). Er muss sein Verhalten jeweils selbst kritisch überprüfen; es entlastet ihn deswegen nicht in jedem Fall, dass das Familiengericht sein Verhalten genehmigt hat.[3] Vor allem bei wirtschaftlichen Entscheidungen kommt es darauf an, was der Vormund selbst an Gefährdungen des Vermögens des Mündels vorhersehen konnte.

7 **2. Umfang der Haftung. Mehrere Verursacher** des Schadens (zB Mitvormünder) haften als **Gesamtschuldner** (Abs. 2 S. 1). Für das Schicksal des Anspruchs folgt aus der Einordnung als besondere familienrechtliche Schadensersatzverpflichtung, dass weder deliktische noch vertragliche Verjährungsfristen gelten, sondern die Dreijahresfrist des § 195. Die Verjährung ist zudem nach Maßgabe der §§ 206, 210 gehemmt. Der Anspruch kann aber bereits während des Bestehens der Vormundschaft (durch einen Pfleger) geltend gemacht werden (§ 1843 Abs. 2).

8 **3. Innenausgleich.** Für den Innenausgleich bestimmt Abs. 2 S. 2, dass der Vormund allein verpflichtet ist, wenn neben ihm für den Schaden der Gegenvormund oder ein Mitvormund nur wegen Verletzung seiner Aufsichtspflicht verantwortlich ist. Er muss ihn daher von der Verpflichtung gegenüber dem Mündel freistellen bzw. die zur Erfüllung des Anspruchs getätigten Aufwendungen ersetzen. In den übrigen Fällen bleibt es dagegen bei einer Haftung nach den allgemeinen zu § 426 entwickelten Grundsätzen, also grundsätzlich einer Haftung zu gleichen Teilen. Entsprechendes gilt bei Mithaftung Dritter (Ausnahme: Familienrichter, § 841).

§ 1834 BGB   Verzinsungspflicht

Verwendet der Vormund Geld des Mündels für sich, so hat er es von der Zeit der Verwendung an zu verzinsen.

---

1 OLG Hamm 8.8.2009 – 13 U 75/07, FamRZ 2010, 754; LG Dessau-Roßlau 10.2.2010 – 4 O 215/09, BtPrax 2010, 192: fristgerechte Anmeldung zur Krankenversicherung (Betreuungsfall).

2 OLG Hamm 9.1.2001 – 29 U 56/00, FamRZ 2001, 861.

3 OLG Brandenburg 4.11.2014 – 3 U 156/11, FamRZ 2015, 1229; vgl. auch OLG Hamm 30.9.2013 – I-13 U 6/12, BtPrax 2014, 180.

Die Vorschrift ergänzt § 1805, der die Verwendung von Mündelgeldern für den 1
Vormund verbietet, indem sie anordnet, dass, wenn das gleichwohl geschieht,
vom Vormund Zinsen für die Zeit seit der Verwendung, dh dem tatsächlichen
Ausscheiden des Geldes aus dem Mündelvermögen, gezahlt werden müssen. Der
Zinssatz beträgt 4 % (§ 246). Ein weitergehender Anspruch kann sich aus
§ 1833 ergeben.

Vorbemerkung zu §§ 1835–1836 e BGB

§§ 1835–1836 e betreffen die Frage des Aufwendungsersatzes und der Vergü- 1
tung in allen Fällen amtlich angeordneter Hilfe. Sie finden direkte Anwendung
auf den Vormund und Gegenvormund und Anwendung kraft Verweisung auf
den Beistand (§ 1716 S. 2), den Einzel- (§ 1908 i), den Amts- und den Vereinsbetreuer (§§ 1908 e, 1908 h) sowie den Pfleger (§ 1915 Abs. 1). Für Eltern gilt
§ 1648, für Verwandte und Verschwägerte §§ 1779 Abs. 3 S. 2, 1847 S. 2.

Die Hilfsämter sind vom Gesetzgeber **grundsätzlich** als **unentgeltlich** zu führen- 2
de Ehrenämter gedacht (vgl. § 1836 Abs. 1 S. 1). Daraus folgt, dass grundsätzlich nur der Ersatz von Aufwendungen verlangt werden kann (§ 1835). Eine
Vergütung muss vom Familiengericht besonders bewilligt werden (§ 1836 Abs. 1
S. 2). An die Stelle von Aufwendungsersatz und Vergütung kann aus Vereinfachungsgründen eine pauschalierte Aufwandsentschädigung treten (§ 1835 a).
Vergütung und Aufwendungsersatz können dagegen nebeneinander verlangt
werden.

Anspruchsgegner ist in erster Linie der Mündel. Ist dieser nicht in der Lage, den 3
Anspruch zu erfüllen, besteht ein Anspruch gegen die Staatskasse (§§ 1835
Abs. 4, 1836 a ff.).

§ 1835 BGB Aufwendungsersatz

(1) [1]Macht der Vormund zum Zwecke der Führung der Vormundschaft Aufwendungen, so kann er nach den für den Auftrag geltenden Vorschriften der §§ 669,
670 von dem Mündel Vorschuss oder Ersatz verlangen; für den Ersatz von
Fahrtkosten gilt die in § 5 des Justizvergütungs- und -entschädigungsgesetzes für
Sachverständige getroffene Regelung entsprechend. [2]Das gleiche Recht steht
dem Gegenvormund zu. [3]Ersatzansprüche erlöschen, wenn sie nicht binnen 15
Monaten nach ihrer Entstehung gerichtlich geltend gemacht werden; die Geltendmachung des Anspruchs beim Familiengericht gilt dabei auch als Geltendmachung gegenüber dem Mündel.

(1 a) [1]Das Familiengericht kann eine von Absatz 1 Satz 3 abweichende Frist von
mindestens zwei Monaten bestimmen. [2]In der Fristbestimmung ist über die Folgen der Versäumung der Frist zu belehren. [3]Die Frist kann auf Antrag vom Familiengericht verlängert werden. [4]Der Anspruch erlischt, soweit er nicht innerhalb der Frist beziffert wird.

(2) [1]Aufwendungen sind auch die Kosten einer angemessenen Versicherung gegen Schäden, die dem Mündel durch den Vormund oder Gegenvormund zuge-
fügt werden können oder die dem Vormund oder Gegenvormund dadurch entstehen können, dass er einem Dritten zum Ersatz eines durch die Führung der
Vormundschaft verursachten Schadens verpflichtet ist; dies gilt nicht für die Kosten der Haftpflichtversicherung des Halters eines Kraftfahrzeugs. [2]Satz 1 ist

nicht anzuwenden, wenn der Vormund oder Gegenvormund eine Vergütung nach § 1836 Abs. 1 Satz 2 in Verbindung mit dem Vormünder- und Betreuervergütungsgesetz erhält.

(3) Als Aufwendungen gelten auch solche Dienste des Vormunds oder des Gegenvormunds, die zu seinem Gewerbe oder seinem Beruf gehören.

(4) [1]Ist der Mündel mittellos, so kann der Vormund Vorschuss und Ersatz aus der Staatskasse verlangen. [2]Absatz 1 Satz 3 und Absatz 1 a gelten entsprechend.

(5) [1]Das Jugendamt oder ein Verein kann als Vormund oder Gegenvormund für Aufwendungen keinen Vorschuss und Ersatz nur insoweit verlangen, als das einzusetzende Einkommen und Vermögen des Mündels ausreicht. [2]Allgemeine Verwaltungskosten einschließlich der Kosten nach Absatz 2 werden nicht ersetzt.

I. Allgemeines

1　Die Norm regelt den Aufwendungsersatz für den Vormund und Gegenvormund. Auf sie wird für den Aufwendungsersatz für andere amtlich bestellte Hilfspersonen verwiesen (→ Vor §§ 1835–1836 e Rn. 1). Zu beachten ist, dass im Vergütungsverfahren nicht mehr geprüft werden darf, ob der Vormund, Pfleger oder Betreuer bestellt werden durfte; es kommt allein darauf an, ob seine Bestellung wirksam ist.[1]

II. Voraussetzungen des Aufwendungsersatzes

2　**1. Aufwendungen des Vormunds.** **Voraussetzung** des Anspruchs ist zunächst, dass der Vormund **Aufwendungen getätigt** hat. Darunter ist das Gleiche zu verstehen wie bei § 256 und § 670, also ein freiwilliges Vermögensopfer. Hierher gehören vor allem Auslagen für Telefon, Porto, Fotokopien, aber auch alle sonstigen vom Vormund für den Mündel in Anspruch genommene Tätigkeiten Dritter[2] gezahlten Entgelte. Fahrtkosten werden nach Maßgabe der Regelungen für Sachverständige in § 5 JVEG erstattet (Abs. 1 S. 1 Hs. 2). Das bedeutet, dass grundsätzlich ein Kilometergeld von 0,30 EUR gezahlt wird.

3　Abs. 3 stellt darüber hinaus klar, dass der Vormund auch für solche **Dienste** ein Entgelt als Aufwendungsersatz verlangen kann, **die zu seinem Beruf oder Gewerbe gehören.** Angesichts der grundsätzlichen Unentgeltlichkeit der Vormundschaft (§ 1836 Abs. 1 S. 1) soll der Mündel keinen Vorteil daraus ziehen, dass die für ihn zum Vormund bestellte Person zufälligerweise Dienste verrichten kann, die normalerweise bezahlt werden müssten. Ein zum Vormund bestellter Rechtsanwalt kann daher die normale Vergütung für einen Prozess verlangen, den er für den Mündel geführt hat oder wenn seine Tätigkeit sonst eine für seinen Beruf spezifische ist,[3] ein Arzt die dem Mündel erbrachte Behandlung nach der GOÄ abrechnen. Entsprechendes gilt für andere Berufe. Insofern steht diesen Personen ein Wahlrecht zu.[4] Ein Antrag des anwaltlichen Vormunds bzw. Betreuers auf Festsetzung pauschaler Vergütung schließt die nachträgliche Geltendmachung von Aufwendungsersatz nach § 1835 Abs. 3 für in dem betreffen-

1　BGH 16.1.2014 – XII ZB 95/13, FamRZ 2014, 640.
2　OLG Bremen 15.11.1999 – 4 W 15/99, FamRZ 2000, 555.
3　BGH 25.2.2015 – XII ZB 608/13, FamRZ 2015, 847; vgl. auch BayObLG 17.12.2001 – 3Z BR 268/01, NJW 2002, 1660: Geltendmachung von Unterhaltsansprüchen.
4　BGH 25.2.2015 – XII ZB 608/13, FamRZ 2015, 847; OLG Frankfurt/M. 12.2.2015 – 4 WF 209/14, FamRZ 2015, 1119.

den Zeitraum erbrachte anwaltliche Dienste nicht aus.[5] Der Aufwendungsersatzanspruch des anwaltlichen Vormunds/Ergänzungspflegers/Betreuers eines mittellosen Pfleglings ist im Rahmen der Abrechnung nach dem Rechtsanwaltsvergütungsgesetz aber auf die Gebührensätze der Beratungshilfe bzw. der Verfahrenskostenhilfe beschränkt.[6]

Zu den erstattungsfähigen Aufwendungen gehören **auch** die Kosten einer angemessenen **Versicherung** für Schädigungen des Mündels oder eines Dritten (Abs. 2 S. 1). Das ist eine Haftpflichtversicherung. Der Gesetzgeber hat jedoch die Kfz-Haftpflichtversicherung ausdrücklich ausgenommen; denn die Kosten für diese Pflichtversicherung werden über die Fahrtkosten abgerechnet. Obwohl nicht genannt, gehören auch die Kosten einer Eigenversicherung des Vormunds zu den ersatzfähigen Aufwendungen; denn es wäre dem Vormund nicht zuzumuten, die Gefahr von Schädigungen durch den Mündel schutzlos hinzunehmen.[7] Hierher gehört auch die Kfz-Vollkasko-Versicherung. Ein Anspruch auf Ersatz der Versicherungskosten kommt aber nicht in Betracht, wenn der Vormund eine Vergütung nach § 1836 Abs. 2 iVm dem Vormünder- und Betreuervergütungsgesetz (VBVG) erhält (Abs. 2 S. 2, sog Berufsvormund) oder wenn es sich um einen Amts- oder Vereinsvormund handelt (Abs. 5 S. 2). 4

Keine Aufwendungen und damit nicht ersatzfähig sind: die Kosten für die Ausbildung des Vormunds, der Wert seiner Arbeitszeit (vom Fall des Abs. 3 abgesehen) und Schäden, die er bei seiner Tätigkeit erleidet.[8] Dem Amts- und dem Vereinsvormund werden allg. Verwaltungskosten nicht ersetzt (Abs. 5 S. 2). 5

2. Erforderlichkeit der Aufwendungen aus Sicht des Vormunds. Der Vormund musste die Aufwendungen für erforderlich halten dürfen. Der Maßstab sind die Lebensverhältnisse des Mündels und dessen objektive Bedürfnisse. Hinsichtlich der Versicherung fehlt zwar diese Einschränkung in Abs. 2, sie folgt aber daraus, dass die Versicherung „angemessen" sein muss. Das ist dann nicht der Fall, wenn bereits eine gesetzliche oder anderweitige Versicherung besteht, die das Risiko abdeckt. 6

III. Inhalt des Anspruchs

Der Anspruch beläuft sich auf den **Ersatz der Aufwendungen zzgl. einer Verzinsung** in Höhe des gesetzlichen Zinssatzes seit der Aufwendung (§§ 670, 256, 246).[9] Der Vormund hat Anspruch auf einen Vorschuss (§ 669). Ist er Verbindlichkeiten eingegangen, kann er Befreiung verlangen (§ 257 S. 1), bei noch nicht fälligen Verbindlichkeiten Sicherheitsleistung (§ 257 S. 2). 7

Der Anspruch **richtet sich grundsätzlich gegen den Mündel** (Abs. 1). Den geschuldeten Betrag darf der Vormund selbst dem Vermögen des Mündels entnehmen (§§ 1795 Abs. 2, 181). Reichen das einzusetzende Einkommen und Vermögen des Mündels (§ 1836 c, → §§ 1836 c–1836 e Rn. 3) nicht aus, um den Anspruch des Vormunds zu befriedigen, ist er gegen die Staatskasse gerichtet (Abs. 4). Das gilt jedoch nicht für den Amts- und den Vereinsvormund (Abs. 5 8

---

5 BGH 14.5.2014 – XII ZB 683/11, FamRZ 2014, 1628.
6 BGH 4.12.2013 – XII ZB 57/13, FamRZ 2014, 472.
7 Seitz BtPrax 1992, 83; Sonnenfeld Rpfleger 1993, 97 (98); aA MK/Wagenitz § 1835 Rn. 30.
8 MK/Wagenitz § 1835 Rn. 17.
9 BayObLG 25.10.2000 – 3Z BR 229/00, FamRZ 2001, 934.

S. 1). Ob Mittellosigkeit vorliegt, ist von Amts wegen zu ermitteln. Entscheidender Zeitpunkt ist derjenige der Entscheidung des Familiengerichts.[10] Die Beweislast trägt der Vormund.[11]

9 Der **Anspruch erlischt**, wenn er nicht binnen 15 Monaten nach seiner Entstehung gerichtlich geltend gemacht wird. Die Geltendmachung gegenüber dem Familiengericht (im Fall der Mittellosigkeit des Mündels) gilt auch als Geltendmachung gegenüber dem Mündel.

10 Das Familiengericht kann eine **abweichende Frist** von mindestens zwei Monaten bestimmen (Abs. 1 a S. 1). Die Frist kann vom Familiengericht verlängert werden (Abs. 1 a S. 3). In der Fristsetzung muss das Familiengericht über die Folgen einer Fristversäumung belehren (Abs. 1 a S. 2). Der Anspruch des Vormunds erlischt, wenn er nicht innerhalb der Frist geltend gemacht wird (Abs. 1 a S. 4).

§ 1835 a BGB Aufwandsentschädigung

(1) [1]Zur Abgeltung seines Anspruchs auf Aufwendungsersatz kann der Vormund als Aufwandsentschädigung für jede Vormundschaft, für die ihm keine Vergütung zusteht, einen Geldbetrag verlangen, der für ein Jahr dem Neunzehnfachen dessen entspricht, was einem Zeugen als Höchstbetrag der Entschädigung für eine Stunde versäumter Arbeitszeit (§ 22 des Justizvergütungs- und -entschädigungsgesetzes) gewährt werden kann (Aufwandsentschädigung). [2]Hat der Vormund für solche Aufwendungen bereits Vorschuss oder Ersatz erhalten, so verringert sich die Aufwandsentschädigung entsprechend.

(2) Die Aufwandsentschädigung ist jährlich zu zahlen, erstmals ein Jahr nach Bestellung des Vormunds.

(3) Ist der Mündel mittellos, so kann der Vormund die Aufwandsentschädigung aus der Staatskasse verlangen; Unterhaltsansprüche des Mündels gegen den Vormund sind insoweit bei der Bestimmung des Einkommens nach § 1836 c Nr. 1 nicht zu berücksichtigen.

(4) Der Anspruch auf Aufwandsentschädigung erlischt, wenn er nicht binnen drei Monaten nach Ablauf des Jahres, in dem der Anspruch entsteht, geltend gemacht wird; die Geltendmachung des Anspruchs beim Familiengericht gilt auch als Geltendmachung gegenüber dem Mündel.

(5) Dem Jugendamt oder einem Verein kann keine Aufwandsentschädigung gewährt werden.

I. Allgemeines

1 Die Norm dient dazu, **die Stellung des ehrenamtlichen Vormunds zu stärken**, indem sie es gestattet, geringfügige Aufwendungen pauschal abzugelten. Damit wird es dem ehrenamtlichen Vormund erspart, auch kleinste Aufwendungen einzeln abzurechnen.

II. Voraussetzungen der Aufwandsentschädigung

2 Voraussetzung der Aufwandsentschädigung ist, dass eine **wirksame Bestellung** zum Vormund vorliegt, die **keine Vereins- oder Behördenvormundschaft** ist

---

10 Vgl. BayObLG 9.11.1995 – 3Z BR 223/95, BtPrax 1996, 29.
11 LG Oldenburg 16.5.1994 – 8 T 1163/93, FamRZ 1994, 1331.

(Abs. 5). Der Anspruch steht auch Vormündern zu, die mit dem Mündel verwandt sind. Für eine teleologische Reduktion besteht kein Anlass.

Dem Vormund darf **keine Vergütung nach** § 1836 zustehen. Berufsbetreuer haben also keinen Anspruch auf die Pauschale.[1] 3

III. Inhalt des Anspruchs

Das Gericht setzt als pauschale Aufwandsentschädigung einen **Betrag** fest, der 4 dem neunzehnfachen einer Entschädigung für eine Arbeitsstunde nach § 22 JVEG entspricht (Abs. 1). Zurzeit sind das höchstens 21 EUR pro Stunde.

Mit diesem Betrag sind alle **Bagatellauslagen**, nicht jedoch größere Auslagen 5 über ca. 5 EUR **abgegolten.** Für diese kann weiter Ersatz nach § 1835 verlangt werden. Soweit der Vormund aber für Bagatellaufwendungen bereits nach § 1835 Vorschuss oder Ersatz erhalten hat, werden diese auf die Pauschalaufwandsentschädigung angerechnet (Abs. 1 S. 2).

Führt der Vormund **mehrere Vormundschaften** unentgeltlich, steht ihm die pau- 6 schale Aufwandsentschädigung mehrfach zu.

Der Anspruch **besteht jährlich**, das erste Mal ein Jahr nach der Bestellung des 7 Vormunds (Abs. 2).

Der Anspruch **richtet sich grundsätzlich gegen den Mündel**, bei dessen Mittello- 8 sigkeit gegen die Staatskasse (Abs. 3). Die Mittellosigkeit bestimmt sich nach § 1836 c, Unterhaltsansprüche des Mündels gegen den Vormund sind aber in keinem Fall als Einkommen des Mündels anzurechnen (Abs. 3 aE).

Der Anspruch auf Aufwandsentschädigung **erlischt**, wenn er nicht binnen drei 9 Monaten nach Ablauf des Jahres, in dem er entstanden ist, geltend gemacht wird. Die Geltendmachung beim Familiengericht gilt auch als Geltendmachung gegenüber dem Mündel (Abs. 4).

§ 1836 BGB Vergütung des Vormunds

(1) [1]Die Vormundschaft wird unentgeltlich geführt. [2]Sie wird ausnahmsweise entgeltlich geführt, wenn das Gericht bei der Bestellung des Vormunds feststellt, dass der Vormund die Vormundschaft berufsmäßig führt. [3]Das Nähere regelt das Vormünder- und Betreuervergütungsgesetz.

(2) Trifft das Gericht keine Feststellung nach Absatz 1 Satz 2, so kann es dem Vormund und aus besonderen Gründen auch dem Gegenvormund gleichwohl eine angemessene Vergütung bewilligen, soweit der Umfang oder die Schwierigkeit der vormundschaftlichen Geschäfte dies rechtfertigen; dies gilt nicht, wenn der Mündel mittellos ist.

(3) Dem Jugendamt oder einem Verein kann keine Vergütung bewilligt werden.

I. Allgemeines

Die Norm regelt die **Vergütung des Vormunds**. Sie wurde durch das 2. Betreu- 1 ungsrechtsänderungsG erheblich umgestaltet. Sachlich hat sich durch die Neufassung in Bezug auf die Voraussetzungen und die Modalitäten des Vergütungsanspruchs des Vormunds allerdings nichts geändert. Wesentliche Änderungen

---

1 OLG Jena 3.5.2001 – 6 W 127/01, FGPrax 2001, 158.

gab es dagegen in Bezug auf die die Höhe der Vergütung bestimmenden Prinzipien.

2 **Ausgangspunkt** der Regelung ist die **Unentgeltlichkeit** der Vormundschaft (Abs. 1 S. 1). Nur wenn der Mündel nicht mittellos ist und der Umfang und die Bedeutung der Geschäfte es erfordern, soll dem Vormund und aus besonderen Gründen auch dem Gegenvormund eine Vergütung bewilligt werden (Abs. 2).

3 Außerdem wird die Vormundschaft ausnahmsweise entgeltlich geführt, wenn das Gericht bei der Bestellung des Vormunds feststellt, dass der Vormund die Vormundschaft **berufsmäßig** führt. In diesem Fall wäre es unbillig, den Vormund ohne Vergütung zu lassen; denn er könnte sonst seinen Lebensunterhalt nicht bestreiten. Das wäre eine unverhältnismäßige Belastung Einzelner mit Aufgaben der Allgemeinheit. Die in Abs. 1 S. 2 aF aufgeführten Voraussetzungen für die Feststellung der Berufsmäßigkeit der Führung der Vormundschaft finden sich nun in § 1 Abs. 1 VBVG (Anhang zu § 1836).

4 Umgekehrt folgt aus der Regelung, dass ein **Vergütungsanspruch nicht** in Betracht kommt, wenn die Vormundschaft jemandem übertragen wird, der die Übernahme von Vormundschaften als öffentliche oder satzungsmäßige Aufgabe hat. Abs. 3 schließt daher die Festsetzung einer Vergütung zugunsten des **Jugendamts** oder eines **Vereins** aus.

II. Die Vergütung des Vormunds

5 **1. Voraussetzungen des Vergütungsanspruchs.** Voraussetzung des Vergütungsanspruchs ist zunächst die wirksame **Bestellung** des Vormunds (nicht dagegen, ob die Bestellung zulässig war).[1] Ein Vergütungsanspruch des Betreuers kann sich auch nur für den Zeitraum der Betreuerbestellung ergeben. Für einen Zeitraum, der zwischen dem Ablauf einer vorläufigen Betreuung und der Betreuerbestellung in der Hauptsache liegt, kommt ein solcher Anspruch deshalb nicht in Betracht.[2] Im Übrigen ist zu unterscheiden, um was für einen Vormund es sich handelt:

6 **2. Der Anspruch eines ehrenamtlichen Vormunds.** Handelt es sich bei dem Vormund **nicht um einen Berufsvormund** (→ Rn. 13), kommt die Festsetzung einer Vergütung grundsätzlich nur in Betracht, wenn die **Bedeutung oder die Schwierigkeit** der vom Vormund wahrgenommenen Angelegenheiten die Bewilligung einer **Vergütung rechtfertigt** (Abs. 2). Da es sich insoweit nur um eine Sollvorschrift handelt, kann das Familiengericht aber auch ausnahmsweise in anderen Fällen eine Vergütung festsetzen. Das kann vor allem in Betracht kommen, wenn die Führung der Vormundschaft dem Vormund einen besonders hohen Einsatz abverlangt.

7 **Für eine Vergütung sprechen** ein hoher Zeitaufwand, eine schwierige Kommunikation mit dem Mündel oder dessen besonders aggressives Verhalten (zB tätliche Angriffe gegen den Vormund). Die Vergütung von alltäglichen Verrichtungen ohne besonderen Schwierigkeitsgrad ist ausgeschlossen.

8 Dem **Gegenvormund** kann nur aus besonderen Gründen eine Vergütung bewilligt werden. Seine Aufgaben sind grundsätzlich weniger aufwendig als die des

---

1 BGH 16.1.2014 – XII ZB 95/13, FamRZ 2014, 640.
2 BGH 2.3.2016 – XII ZB 196/13.

Vormunds, weil er nur Kontrollaufgaben hat. Eine Vergütung wird deswegen nur in Ausnahmefällen in Betracht zu ziehen sein.

Eine Vergütung **scheidet aus**, wenn der **Mündel mittellos** ist (Abs. 3 aE, 9 §§ 1836 c–1836 d).

Die Höhe der Vergütung wird vom Gericht nach freiem Ermessen unter Berück- 10 sichtigung aller Umstände des Einzelfalls festgesetzt. § 287 ZPO gilt entsprechend. Für den Zeitaufwand kommt es darauf an, was der Vormund für erforderlich halten durfte.[3] Hat er aus Verkennung des Erforderlichen oder wegen eigener Unfähigkeit mehr Stunden benötigt, als danach erforderlich waren, kommt für die überschießende Zeit eine Vergütung nicht in Betracht. Die für die Berufsvormünder genannten Werte bilden insoweit eine Orientierung für die Höhe des Stundensatzes, aber keine Obergrenze mehr.[4]

Die Festsetzung kann vom Gericht jederzeit für die Zukunft geändert werden. 11 Auch die Entziehung der Vergütung kommt – auch als Sanktion für ein rechtswidriges oder nicht mit dem Familiengericht abgestimmtes Verhalten des Vormunds – in Betracht.

3. Der Anspruch von Berufsvormündern. Für Berufsvormünder, dh Personen, 12 denen Vormundschaften in solchem Umfang übertragen sind, dass sie sie nur im Rahmen einer Berufsausübung führen können, muss eine Vergütung auch dann bewilligt werden, wenn die Voraussetzungen des Abs. 2 nicht vorliegen (Abs. 1 S. 2). Die Anordnung einer Vergütung ist in diesem Fall zwingend.

Wer Berufsvormund ist, richtet sich nach § 1 VBVG. Erforderlich ist, dass dem 13 Vormund in einem solchen Umfang Vormundschaften übertragen sind, dass er sie nur im Rahmen seiner Berufsausübung führen kann, oder wenn zu erwarten ist, dass dem Vormund in absehbarer Zeit Vormundschaften in diesem Umfang übertragen sein werden.

Für die Berufsmäßigkeit stellt das Gesetz **zwei Vermutungen** auf: Sie liegt im Re- 14 gelfall vor, wenn der Vormund mehr als zehn Vormundschaften bzw. Betreuungen führt oder wenn die für die Führung der Vormundschaft erforderliche Zeit voraussichtlich 20 Wochenstunden oder mehr beträgt.[5] Die zweite Variante hat nur Bedeutung für die Vormundschaft oder Pflegschaft, nicht aber für die Betreuung (§ 4 Abs. 3 S. 2 VBVG). Die Berufsmäßigkeit muss vom Familiengericht festgestellt sein. Diese Feststellung wirkt konstitutiv.[6]

Wesentliche Änderungen haben sich durch das 2. BetreuungsrechtsänderungsG 15 in Bezug auf die für die Feststellung der **Höhe des Anspruchs** geltenden Prinzipien ergeben. Diese sind nunmehr für den Vormund in § 3 VBVG geregelt. Für die Vergütung von Betreuern finden sich weitere Regelungen in §§ 4 ff. VBVG. Entgegen der in Abs. 2 S. 2 aF ausgesprochenen Regel bemessen sich die Sätze des Vormunds nun nicht mehr konkret nach den für die Führung der Vormundschaft nutzbaren Fachkenntnissen des Vormunds und dem Umfang und der Schwierigkeit der vormundschaftlichen Geschäfte, sondern grundsätzlich nach festen Sätzen, die nur ausnahmsweise erhöht werden können. Das ist letztlich

---

3 BayObLG 19.2.1996 – 3Z BR 302/95, FamRZ 1996, 1169.
4 OLG Karlsruhe 1.3.2007 – 11 Wx 74/06, NJW-RR 2007, 1084.
5 Zu Berufsmäßigkeit bei geringeren Stundenzahlen s. aber OLG Zweibrücken 19.11.1999 – 3 W 232/99, FamRZ 2000, 556 (557); OLG Frankfurt/M. 8.1.2001 – 20 W 243/2000, FamRZ 2001, 790.
6 BayObLG 29.9.1999 – 3Z BR 237/99, BtPrax 2000, 34.

nur eine konsequente Fortsetzung der durch das 1. BetreuungsrechtsänderungG bereits eingeleiteten Tendenz zur Pauschalierung von Vormundsvergütungen.

16 Die Vergütung wird nach **Stundensätzen** bemessen (§ 3 VBVG für Vormünder, § 4 VBVG für Betreuer). Diese sollen den Zeitaufwand und die Bürokosten des Vormunds decken. Eine gesonderte Erstattung dieser Kosten kommt daher nicht in Betracht. Etwas anderes gilt aber für die Umsatzsteuer; denn der Gesetzgeber wollte dem Vormund die Vergütung ungeschmälert zukommen lassen (§ 3 Abs. 1 S. 2 VBVG).

17 Die Vergütung wird **für die gesamte Tätigkeit** gezahlt, also auch für die Vormundschaften, die für sich betrachtet die Einordnung als Berufsvormund noch nicht rechtfertigen würden. Der Vormund muss seine Tätigkeitszeiten zusammenrechnen; er darf nur die letzte angefangene Stunde aufrunden.[7] Auch insoweit gilt darüber hinaus die Grenze des Rechtsmissbrauchs; vor allem dürfen nicht absichtlich so kurze Abrechnungszeiträume gewählt werden, dass die Rundung der letzten Stunde zu einer signifikanten Erhöhung der Vergütung führt.

18 Für **Betreuer** wird nach pauschalen Stundenzahlansätzen abgerechnet (§§ 4, 5 VBVG). Zu Einzelheiten s. die Erläuterung des VBVG im Anhang zu § 1836.

19 **4. Ansprüche von Jugendamt und Vereinsvormündern.** Das Jugendamt und der Vereinsvormund erhalten nie eine Vergütung (Abs. 4).

III. Der Inhalt des Anspruchs und sein Verpflichteter

20 **1. Der Inhalt des Anspruchs.** Der Vormund kann **Abschlagszahlungen** verlangen (§ 3 Abs. 4 VBVG).

21 Der **Anspruch erlischt**, wenn er nicht binnen 15 Monaten nach seiner Entstehung gerichtlich geltend gemacht wird. Die Geltendmachung gegenüber dem Familiengericht (im Fall der Mittellosigkeit des Mündels) gilt auch als Geltendmachung gegenüber dem Mündel. Das Familiengericht kann eine abweichende Frist bestimmen (§ 2 VBVG). So kann verhindert werden, dass zu hohe Anspruchssummen auflaufen, die der Mündel nicht mehr aus seinen laufenden Einnahmen befriedigen kann.

22 **2. Der Anspruchsgegner.** Verpflichteter ist sowohl für den Anspruch nach Abs. 1 S. 2 als auch denjenigen nach Abs. 2 **zunächst der Mündel.** Ist dieser mittellos, kommt ein Anspruch nach Abs. 2 nicht in Betracht.

23 Ein Berufsvormund hat dagegen im Fall der Mittellosigkeit des Mündels einen Anspruch gegen die **Staatskasse** (dazu §§ 1836 c–1836 e). Ob Mittellosigkeit vorliegt, bestimmt sich nach den sozialhilferechtlichen Regelungen (§§ 82 ff. SGB XII).

IV. Verfahren

24 Vor der Bewilligung, Änderung oder Entziehung der Vergütung soll der Vormund und, falls vorhanden oder zu bestellen, auch der Gegenvormund gehört werden (Abs. 3).

---

7 LG Koblenz 26.4.1994 – 2 T 200/94, FamRZ 1995, 691.

Anhang zu § 1836 BGB:

Gesetz über die Vergütung von Vormündern und Betreuern (Vormünder- und Betreuervergütungsgesetz – VBVG)

Vom 21. April 2005 (BGBl. I S. 1073, 1076)[1]
(BGBl. III 400–16)
zuletzt geändert durch FGG-Reformgesetz vom 17. Dezember 2008
(BGBl. I S. 2586, 2726)

Abschnitt 1 Allgemeines

§ 1 VBVG Feststellung der Berufsmäßigkeit und Vergütungsbewilligung

(1) Das Familiengericht hat die Feststellung der Berufsmäßigkeit gemäß § 1836 Abs. 1 Satz 2 des Bürgerlichen Gesetzbuchs zu treffen, wenn dem Vormund in einem solchen Umfang Vormundschaften übertragen sind, dass er sie nur im Rahmen seiner Berufsausübung führen kann, oder wenn zu erwarten ist, dass dem Vormund in absehbarer Zeit Vormundschaften in diesem Umfang übertragen sein werden. Berufsmäßigkeit liegt im Regelfall vor, wenn

1. der Vormund mehr als zehn Vormundschaften führt oder
2. die für die Führung der Vormundschaft erforderliche Zeit voraussichtlich 20 Wochenstunden nicht unterschreitet.

(2) Trifft das Familiengericht die Feststellung nach Absatz 1 Satz 1, so hat es dem Vormund oder dem Gegenvormund eine Vergütung zu bewilligen. Ist der Mündel mittellos im Sinne des § 1836 d des Bürgerlichen Gesetzbuchs, so kann der Vormund die nach Satz 1 zu bewilligende Vergütung aus der Staatskasse verlangen.

§ 2 VBVG Erlöschen der Ansprüche

Der Vergütungsanspruch erlischt, wenn er nicht binnen 15 Monaten nach seiner Entstehung beim Familiengericht geltend gemacht wird; die Geltendmachung des Anspruchs beim Familiengericht gilt dabei auch als Geltendmachung gegenüber dem Mündel. § 1835 Abs. 1 a des Bürgerlichen Gesetzbuchs gilt entsprechend.

Abschnitt 2 Vergütung des Vormunds

§ 3 VBVG Stundensatz des Vormunds

(1) Die dem Vormund nach § 1 Abs. 2 zu bewilligende Vergütung beträgt für jede Stunde der für die Führung der Vormundschaft aufgewandten und erforderlichen Zeit 19,50 Euro. Verfügt der Vormund über besondere Kenntnisse, die für die Führung der Vormundschaft nutzbar sind, so erhöht sich der Stundensatz

---

1 Verkündet als Art. 8 des Zweiten Betreuungsrechtsänderungsgesetzes. In Kraft ab 1.7.2005.

1. auf 25 Euro, wenn diese Kenntnisse durch eine abgeschlossene Lehre oder eine vergleichbare abgeschlossene Ausbildung erworben sind;
2. auf 33,50 Euro, wenn diese Kenntnisse durch eine abgeschlossene Ausbildung an einer Hochschule oder durch eine vergleichbare abgeschlossene Ausbildung erworben sind.

Eine auf die Vergütung anfallende Umsatzsteuer wird, soweit sie nicht nach § 19 Abs. 1 des Umsatzsteuergesetzes unerhoben bleibt, zusätzlich ersetzt.

(2) Bestellt das Familiengericht einen Vormund, der über besondere Kenntnisse verfügt, die für die Führung der Vormundschaft allgemein nutzbar und durch eine Ausbildung im Sinne des Absatzes 1 Satz 2 erworben sind, so wird vermutet, dass diese Kenntnisse auch für die Führung der dem Vormund übertragenen Vormundschaft nutzbar sind. Dies gilt nicht, wenn das Familiengericht aus besonderen Gründen bei der Bestellung des Vormunds etwas anderes bestimmt.

(3) Soweit die besondere Schwierigkeit der vormundschaftlichen Geschäfte dies ausnahmsweise rechtfertigt, kann das Familiengericht einen höheren als den in Absatz 1 vorgesehenen Stundensatz der Vergütung bewilligen. Dies gilt nicht, wenn der Mündel mittellos ist.

(4) Der Vormund kann Abschlagszahlungen verlangen.

Abschnitt 3 Sondervorschriften für Betreuer

§ 4 VBVG Stundensatz und Aufwendungsersatz des Betreuers

(1) Die dem Betreuer nach § 1 Abs. 2 zu bewilligende Vergütung beträgt für jede nach § 5 anzusetzende Stunde 27 Euro. Verfügt der Betreuer über besondere Kenntnisse, die für die Führung der Betreuung nutzbar sind, so erhöht sich der Stundensatz

1. auf 33,50 Euro, wenn diese Kenntnisse durch eine abgeschlossene Lehre oder eine vergleichbare abgeschlossene Ausbildung erworben sind;
2. auf 44 Euro, wenn diese Kenntnisse durch eine abgeschlossene Ausbildung an einer Hochschule oder durch eine vergleichbare abgeschlossene Ausbildung erworben sind.

(2) Die Stundensätze nach Absatz 1 gelten auch Ansprüche auf Ersatz anlässlich der Betreuung entstandener Aufwendungen sowie anfallende Umsatzsteuer ab. Die gesonderte Geltendmachung von Aufwendungen im Sinne des § 1835 Abs. 3 des Bürgerlichen Gesetzbuchs bleibt unberührt.

(3) § 3 Abs. 2 gilt entsprechend. § 1 Abs. 1 Satz 2 Nr. 2 findet keine Anwendung.

§ 5 VBVG Stundenansatz des Betreuers

(1) Der dem Betreuer zu vergütende Zeitaufwand ist
1. in den ersten drei Monaten der Betreuung mit fünfeinhalb,
2. im vierten bis sechsten Monat mit viereinhalb,
3. im siebten bis zwölften Monat mit vier,
4. danach mit zweieinhalb

Stunden im Monat anzusetzen. Hat der Betreute seinen gewöhnlichen Aufenthalt nicht in einem Heim, beträgt der Stundenansatz

1. in den ersten drei Monaten der Betreuung achteinhalb,
2. im vierten bis sechsten Monat sieben,
3. im siebten bis zwölften Monat sechs,
4. danach viereinhalb

Stunden im Monat.

(2) Ist der Betreute mittellos, beträgt der Stundenansatz

1. in den ersten drei Monaten der Betreuung viereinhalb,
2. im vierten bis sechsten Monat dreieinhalb,
3. im siebten bis zwölften Monat drei,
4. danach zwei

Stunden im Monat. Hat der mittellose Betreute seinen gewöhnlichen Aufenthalt nicht in einem Heim, beträgt der Stundenansatz

1. in den ersten drei Monaten der Betreuung sieben,
2. im vierten bis sechsten Monat fünfeinhalb,
3. im siebten bis zwölften Monat fünf,
4. danach dreieinhalb

Stunden im Monat.

(3) Heime im Sinne dieser Vorschrift sind Einrichtungen, die dem Zweck dienen, Volljährige aufzunehmen, ihnen Wohnraum zu überlassen sowie tatsächliche Betreuung und Verpflegung zur Verfügung zu stellen oder vorzuhalten, und die in ihrem Bestand von Wechsel und Zahl der Bewohner unabhängig sind und entgeltlich betrieben werden. § 1 Abs. 2 des Heimgesetzes gilt entsprechend.

(4) Für die Berechnung der Monate nach den Absätzen 1 und 2 gelten § 187 Abs. 1 und § 188 Abs. 2 erste Alternative des Bürgerlichen Gesetzbuchs entsprechend. Ändern sich Umstände, die sich auf die Vergütung auswirken, vor Ablauf eines vollen Monats, so ist der Stundenansatz zeitanteilig nach Tagen zu berechnen; § 187 Abs. 1 und § 188 Abs. 1 des Bürgerlichen Gesetzbuchs gelten entsprechend. Die sich dabei ergebenden Stundenansätze sind auf volle Zehntel aufzurunden.

(5) Findet ein Wechsel von einem beruflichen zu einem ehrenamtlichen Betreuer statt, sind dem beruflichen Betreuer der Monat, in den der Wechsel fällt, und der Folgemonat mit dem vollen Zeitaufwand nach den Absätzen 1 und 2 zu vergüten. Dies gilt auch dann, wenn zunächst neben dem beruflichen Betreuer ein ehrenamtlicher Betreuer bestellt war und dieser die Betreuung allein fortführt. Absatz 4 Satz 2 und 3 ist nicht anwendbar.

§ 6 VBVG Sonderfälle der Betreuung

In den Fällen des § 1899 Abs. 2 und 4 des Bürgerlichen Gesetzbuchs erhält der Betreuer eine Vergütung nach § 1 Abs. 2 in Verbindung mit § 3; für seine Aufwendungen kann er Vorschuss und Ersatz nach § 1835 des Bürgerlichen Gesetzbuchs mit Ausnahme der Aufwendungen im Sinne von § 1835 Abs. 2 des Bürgerlichen Gesetzbuchs beanspruchen. Ist im Fall des § 1899 Abs. 4 des Bürgerlichen Gesetzbuchs die Verhinderung tatsächlicher Art, sind die Vergütung und der Aufwendungsersatz nach § 4 in Verbindung mit § 5 zu bewilligen und nach Tagen zu teilen; § 5 Abs. 4 Satz 3 sowie § 187 Abs. 1 und § 188 Abs. 1 des Bürgerlichen Gesetzbuchs gelten entsprechend.

§ 7 VBVG Vergütung und Aufwendungsersatz für Betreuungsvereine

(1) Ist ein Vereinsbetreuer bestellt, so ist dem Verein eine Vergütung und Aufwendungsersatz nach § 1 Abs. 2 in Verbindung mit den §§ 4 und 5 zu bewilligen. § 1 Abs. 1 sowie § 1835 Abs. 3 des Bürgerlichen Gesetzbuchs finden keine Anwendung.

(2) § 6 gilt entsprechend; der Verein kann im Fall von § 6 Satz 1 Vorschuss und Ersatz der Aufwendungen nach § 1835 Abs. 1, 1 a und 4 des Bürgerlichen Gesetzbuchs verlangen. § 1835 Abs. 5 Satz 2 des Bürgerlichen Gesetzbuchs gilt entsprechend.

(3) Der Vereinsbetreuer selbst kann keine Vergütung und keinen Aufwendungsersatz nach diesem Gesetz oder nach den §§ 1835 bis 1836 des Bürgerlichen Gesetzbuchs geltend machen.

§ 8 VBVG Vergütung und Aufwendungsersatz für Behördenbetreuer

(1) Ist ein Behördenbetreuer bestellt, so kann der zuständigen Behörde eine Vergütung nach § 1836 Abs. 2 des Bürgerlichen Gesetzbuchs bewilligt werden, soweit der Umfang oder die Schwierigkeit der Betreuungsgeschäfte dies rechtfertigen. Dies gilt nur, soweit eine Inanspruchnahme des Betreuten nach § 1836 c des Bürgerlichen Gesetzbuchs zulässig ist.

(2) Unabhängig von den Voraussetzungen nach Absatz 1 Satz 1 kann die Betreuungsbehörde Aufwendungsersatz nach § 1835 Abs. 1 Satz 1 und 2 in Verbindung mit Abs. 5 Satz 2 des Bürgerlichen Gesetzbuchs verlangen, soweit eine Inanspruchnahme des Betreuten nach § 1836 c des Bürgerlichen Gesetzbuchs zulässig ist.

(3) Für den Behördenbetreuer selbst gilt § 7 Abs. 3 entsprechend.

(4) § 2 ist nicht anwendbar.

§ 9 VBVG Abrechnungszeitraum für die Betreuungsvergütung

Die Vergütung kann nach Ablauf von jeweils drei Monaten für diesen Zeitraum geltend gemacht werden. Dies gilt nicht für die Geltendmachung von Vergütung und Aufwendungsersatz in den Fällen des § 6.

§ 10 VBVG Mitteilung an die Betreuungsbehörde

(1) Wer Betreuungen entgeltlich führt, hat der Betreuungsbehörde, in deren Bezirk er seinen Sitz oder Wohnsitz hat, kalenderjährlich mitzuteilen
1. die Zahl der von ihm im Kalenderjahr geführten Betreuungen aufgeschlüsselt nach Betreuten in einem Heim oder außerhalb eines Heims und
2. den von ihm für die Führung von Betreuungen im Kalenderjahr erhaltenen Geldbetrag.

(2) Die Mitteilung erfolgt jeweils bis spätestens 31. März für den Schluss des vorangegangenen Kalenderjahrs. Die Betreuungsbehörde kann verlangen, dass der Betreuer die Richtigkeit der Mitteilung an Eides statt versichert.

(3) Die Betreuungsbehörde ist berechtigt und auf Verlangen des Betreuungsgerichts verpflichtet, dem Betreuungsgericht diese Mitteilung zu übermitteln.

Abschnitt 4 Schlussvorschriften

§ 11 VBVG   Umschulung und Fortbildung von Berufsvormündern

(1) Durch Landesrecht kann bestimmt werden, dass es einer abgeschlossenen Lehre im Sinne des § 3 Abs. 1 Satz 2 Nr. 1 und § 4 Abs. 1 Satz 2 Nr. 1 gleichsteht, wenn der Vormund oder Betreuer besondere Kenntnisse im Sinne dieser Vorschrift durch eine dem Abschluss einer Lehre vergleichbare Prüfung vor einer staatlichen oder staatlich anerkannten Stelle nachgewiesen hat. Zu einer solchen Prüfung darf nur zugelassen werden, wer
1. mindestens drei Jahre lang Vormundschaften oder Betreuungen berufsmäßig geführt und
2. an einer Umschulung oder Fortbildung teilgenommen hat, die besondere Kenntnisse im Sinne des § 3 Abs. 1 Satz 2 und § 4 Abs. 1 Satz 2 vermittelt, welche nach Art und Umfang den durch eine abgeschlossene Lehre vermittelten vergleichbar sind.

(2) Durch Landesrecht kann bestimmt werden, dass es einer abgeschlossenen Ausbildung an einer Hochschule im Sinne des § 3 Abs. 1 Satz 2 Nr. 2 und § 4 Abs. 1 Satz 2 Nr. 2 gleichsteht, wenn der Vormund oder Betreuer Kenntnisse im Sinne dieser Vorschrift durch eine Prüfung vor einer staatlichen oder staatlich anerkannten Stelle nachgewiesen hat. Zu einer solchen Prüfung darf nur zugelassen werden, wer
1. mindestens fünf Jahre lang Vormundschaften oder Betreuungen berufsmäßig geführt und
2. an einer Umschulung oder Fortbildung teilgenommen hat, die besondere Kenntnisse im Sinne des § 3 Abs. 1 Satz 2 und § 4 Abs. 1 Satz 2 vermittelt, welche nach Art und Umfang den durch eine abgeschlossene Ausbildung an einer Hochschule vermittelten vergleichbar sind.

(3) Das Landesrecht kann weitergehende Zulassungsvoraussetzungen aufstellen. Es regelt das Nähere über die an eine Umschulung oder Fortbildung im Sinne des Absatzes 1 Satz 2 Nr. 2, Absatzes 2 Satz 2 Nr. 2 zu stellenden Anforderungen, über Art und Umfang der zu erbringenden Prüfungsleistungen, über das Prüfungsverfahren und über die Zuständigkeiten. Das Landesrecht kann auch bestimmen, dass eine in einem anderen Land abgelegte Prüfung im Sinne dieser Vorschrift anerkannt wird.

Literatur: *Bienwald*, Persönliches Budget und Rechtliche Betreuung, FamRZ 2005, 254; *Deinert*, Neues Vergütungssystem für Vereinsbetreuer, NDV 2005, 186; *ders.*, Neue Pauschalvergütung für anwaltliche Berufsbetreuer, JurBüro 2005, 285; *Maier*, Pauschalierung von Vergütung und Aufwendungsersatz – Chance für Berufsbetreuer, BtPrax Spezial 2005, 17; *Zimmermann*, Die Betreuer- und Verfahrenspflegervergütung ab 1.7.2005, FamRZ 2005, 950; *ders.*, Die Rechtsprechung zur Betreuervergütung nach dem VBVG, FamRZ 2006, 1802.

I. Allgemeines

1 Durch das Vormünder- und Betreuervergütungsgesetz wurden die früher in § 1836 Abs. 1 S. 3, 4, Abs. 2, dem Berufsvormündervergütungsgesetz sowie weiteren Vorschriften des BGB enthaltenen **Regeln über die Vergütung von Berufsvormündern und Berufsbetreuern zusammengeführt.** Es ergaben sich dabei wesentliche Änderungen vor allem dadurch, dass sowohl die Stundensätze als auch die typischerweise anzusetzenden Stundenzahlen pauschaliert wurden. Nach der offiziell vertretenen Linie soll das zu einer Stärkung des Ehrenamts führen. Gedacht ist dagegen in Wirklichkeit wohl eher an Einsparungen für die öffentlichen Kassen, weil die neuen Regeln zu einer grundsätzlichen Herabsetzung der Vergütungen von Vormündern und Betreuern führen. Zu einer Stärkung des Ehrenamts ist es deswegen notgedrungen gekommen, weil sich Betreuungen für Betreuer gerade in den komplizierten Fällen nicht mehr lohnen, weil nicht mehr kostendeckend gearbeitet werden kann.

2 Die Regeln des Vormünder- und Betreuervergütungsgesetzes **gelten nur für Berufsvormünder und Berufsbetreuer.** Wer zu diesem Personenkreis gehört, richtet sich nach § 1 VBVG. Erforderlich ist, dass dem Vormund in einem solchen Umfang Vormundschaften übertragen sind, dass er sie nur im Rahmen seiner Berufsausübung führen kann, oder wenn zu erwarten ist, dass dem Vormund in absehbarer Zeit Vormundschaften in diesem Umfang übertragen sein werden.

3 Für die Berufsmäßigkeit stellt das Gesetz **zwei Vermutungen** auf: Sie liegt im Regelfall vor, wenn der Vormund mehr als zehn Vormundschaften bzw. Betreuungen führt oder wenn die für die Führung der Vormundschaft erforderliche Zeit voraussichtlich 20 Wochenstunden nicht unterschreitet. Die zweite Variante hat nur Bedeutung für die Vormundschaft oder Pflegschaft, nicht aber für die Betreuung (§ 4 Abs. 3 S. 2 VBVG).

4 Liegt die Berufsmäßigkeit vor, dann **muss eine Vergütung bewilligt werden.** Ob sich der Anspruch gegen den Mündel bzw. den Betreuten oder gegen die Staatskasse richtet, hängt davon ab, ob der Mündel bzw. Betreute mittellos ist oder nicht. Hat er selbst ausreichende Mittel, ist er der Schuldner des Anspruchs (§ 1836), ist er mittellos, richtet sich der Anspruch gegen die Staatskasse (§ 1 Abs. 2 S. 2 VBVG).

5 **Der Anspruch** auf Vergütung **erlischt,** wenn er nicht binnen 15 Monaten nach seiner Entstehung beim Familiengericht geltend gemacht wird; die Geltendmachung des Anspruchs gegenüber dem Familiengericht gilt dabei auch als Geltendmachung gegenüber dem Mündel (§ 2 VBVG). Auf Behördenbetreuungen ist die Regelung jedoch nicht anwendbar (§ 8 Abs. 4 VBVG).

II. Die Höhe der Vergütung von Vormund und Betreuer

6 Im VBVG wurden die Regelungen über die Höhe der Vergütung und die anzusetzenden Stundenzahlen **völlig neu gestaltet.** Hier wurde ein erheblicher Schritt von einer konkret bemessenen Vergütung zu einer ausschließlich pauschalierten Vergütung getan. § 3 VBVG enthält für diese Fragen die Grundregelung, §§ 4 ff. VBVG die besonderen Regelungen für Betreuer.

7 **1. Vergütung des Vormunds.** Die Vergütung des Vormunds ergibt sich aus § 3 VBVG, wo im Wesentlichen die bislang in § 1 BVormVG enthaltenen Regeln übernommen werden – allerdings mit der Ausnahme, dass die Regelungen nun-

mehr für alle **Vergütungsansätze** (und nicht nur die bei Mittellosigkeit des Mündels) gelten.

Die **Sätze** sind nach der beruflichen Qualifikation und der Nutzbarkeit der 8 Kenntnisse des Vormunds für die Führung der Vormundschaft gestaffelt. Die Vergütung beträgt **grundsätzlich** für jede Stunde der für die Führung der Vormundschaft aufgewandten und erforderlichen Zeit 19,50 EUR. Dabei werden alle Stunden gleich berücksichtigt. Auf die Schwierigkeit der einzelnen Tätigkeit kommt es nicht an.

Der Stundensatz **erhöht sich**, wenn der Vormund über besondere Kenntnisse 9 verfügt, die für die Führung der Vormundschaft nutzbar sind. Er beträgt 25 EUR, wenn diese Kenntnisse durch eine abgeschlossene Lehre oder eine vergleichbare Ausbildung erworben sind, und 33,50 EUR, wenn diese Kenntnisse durch eine abgeschlossene Ausbildung an einer Hochschule oder durch eine vergleichbare abgeschlossene Ausbildung erworben sind.

Ist ein Vormund bestellt, der über **besondere Kenntnisse** verfügt, die für die Füh- 10 rung der Vormundschaft allgemein nutzbar und durch eine Ausbildung iSv § 3 Abs. 1 S. 2 VBVG erworben sind, so wird vermutet, dass diese Kenntnisse auch für die Führung der dem Vormund übertragenen Vormundschaft nutzbar sind. Dies gilt nur dann nicht, wenn das Familiengericht aus besonderen Gründen bei der Bestellung des Vormunds etwas anderes bestimmt hat. In Betracht kann das kommen, wenn der Vormund aus persönlichen Gründen bestellt werden wollte, während auch eine andere Person zur Verfügung gestanden hätte, deren Sätze niedriger gewesen wären oder wenn die besonderen Kenntnisse des Vormunds für seine Tätigkeit völlig unnötig sind.

Die **Stundensätze können ausnahmsweise erhöht werden**, wenn die besondere 11 Schwierigkeit der vormundschaftlichen Geschäfte dies ausnahmsweise rechtfertigt (§ 3 Abs. 3 S. 1 VBVG). Die Erhöhung ist aber ausgeschlossen, wenn der Mündel mittellos ist und die Vergütung des Vormunds aus der Staatskasse gezahlt werden muss.

Eine auf die Vergütung anfallende **Umsatzsteuer** wird zusätzlich ersetzt, sofern 12 sie tatsächlich erhoben wird.

Der Vormund kann **Abschlagszahlungen** verlangen.   13

2. Vergütung des Betreuers. Die Vergütung des Betreuers richtet sich grundsätz- 14 lich nach §§ 4 ff. VBVG. Die wesentliche Neuerung dieser Regelung besteht darin, dass nicht nur Stundensätze festgelegt werden, sondern dass auch die Stundenzahlen pauschaliert werden. Die Stundensätze decken dabei nicht nur die Vergütung des Betreuers ab, sondern auch die darauf entfallende Umsatzsteuer und alle Aufwendungen des Vormunds (§ 4 Abs. 2 S. 1 VBVG, ausgenommen sind nur Aufwendungen wegen besonderer beruflicher Tätigkeiten nach § 1835 Abs. 3). Eine detaillierte Abrechnung wie beim Vormund gibt es deswegen beim Betreuer nicht mehr. Erhöhungen der Vergütung nach § 3 Abs. 3 VBVG kommen nicht in Betracht. Die Regelungen über die Betreuervergütung sind abschließend; auch für die analoge Anwendung der Vormundsregeln besteht kein Raum.[2]

---

2   OLG München 21.11.2006 – 33 Wx 223/06, BtPrax 2007, 30.

Zu Sonderfällen der Vergütung s. § 6 VBVG (→ Rn. 26), zur Vergütung von Betreuungsvereinen § 7 VBVG (→ Rn. 27), zur Vergütung von Behördenbetreuern § 8 VBVG (→ Rn. 29 ff.).

15 Die dem Betreuer zu bewilligende Vergütung **beträgt für jede** nach § 5 VBVG anzusetzende **Stunde** 27 EUR. Verfügt der Betreuer über besondere Kenntnisse, die für die Führung der Betreuung nutzbar sind, so erhöht sich der Stundensatz auf 33,50 EUR, wenn diese Kenntnisse durch eine abgeschlossene Lehre oder eine vergleichbare abgeschlossene Ausbildung erworben sind, und auf 44 EUR, wenn diese Kenntnisse durch eine abgeschlossene Ausbildung an einer Hochschule oder durch eine vergleichbare abgeschlossene Ausbildung erworben sind. Das entspricht (bis auf die Höhe der Sätze) der Lage im Vormundschaftsrecht. Auch die Vermutung des § 3 Abs. 2 VBVG in Bezug auf die Nutzbarkeit der Ausbildung gilt entsprechend (§ 4 Abs. 3 S. 1 VBVG, → Rn. 10).

16 Welche **Stundenzahl** ein Betreuer in Ansatz bringen kann, hängt davon ab, wie lange die Betreuung schon besteht, ob der Betreute in einem Heim lebt oder nicht und ob der Betreute oder der Staat (wegen Mittellosigkeit des Betreuten) die Vergütung zahlt. Im Einzelnen gilt:

17 Lebt der **Betreute in einem Heim** (Definition: § 5 Abs. 3 VBVG),[3] ist der dem Betreuer zu vergütende Zeitaufwand in den ersten drei Monaten der Betreuung mit fünfeinhalb, im vierten bis sechsten Monat mit viereinhalb, im siebten bis zwölften Monat mit vier und danach mit zweieinhalb Stunden im Monat anzusetzen.

18 Das gilt aber nur dann, wenn sich der Vergütungsanspruch gegen den Betreuten selbst richtet, dieser also **nicht mittellos** ist (§ 5 Abs. 1 S. 1 VBVG). Ob das der Fall ist, richtet sich nach den sozialhilferechtlichen Grundsätzen (§§ 82 ff. SGB XII). Das kann vor allem dazu führen, dass bestimmte angesparte Beträge oder sonstiges Vermögen als Schonvermögen außer Acht zu lassen ist (vgl. § 90 SGB XII). Das gilt vor allem für Beträge, die als Vorsorge für eine angemessene Bestattung angespart wurden.[4]

19 Die genannten **Fristen** gelten für die Betreuung insgesamt; sie beginnen **nicht mit der Bestellung eines neuen Betreuers erneut** zu laufen.[5] Etwas anderes gilt nur dann, wenn eine Betreuung beendet war und erst nach einer geraumen Zeit erneut angeordnet wird. Dann ist wiederum von einer Erstbetreuung auszugehen. Dass der Betreuer identisch ist, schadet dann nicht.[6]

20 Lebt der **Betreute in einem Heim**, ist aber **mittellos**, beträgt der Stundenansatz in den ersten drei Monaten der Betreuung viereinhalb, im vierten bis sechsten Monat dreieinhalb, im siebten bis zwölften Monat drei und danach zwei Stunden im Monat (§ 5 Abs. 2 S. 1 VBVG). Der Betreuungsstandard ist also erheblich abgesenkt, wenn die Staatskasse für die Betreuung aufkommen muss.

---

3 Ggf. auch gegeben bei psychiatrischem Krankenhaus: vgl. OLG Zweibrücken 3.5.2007 – 3 W 61/07 oder bei Unterbringung in einer Betreuungsfamilie: vgl. OLG Stuttgart 8.2.2007 – 8 W 519/06, NJW-RR 2007, 1594; LG Ravensburg 29.5.2007 – 2 T 78/06; Justizvollzugsanstalt: vgl. OLG Hamm 24.8.2006 – 15 W 210/06, FGPrax 2007, 80.
4 OLG München 4.4.2007 – 33 Wx 228/06, FamRZ 2007, 1189; OLG Zweibrücken 10.8.2005 – 3 W 79/05, Rpfleger 2005, 666; OLG Schleswig 14.2.2007 – 2 W 252/06, FamRZ 2007, 1188.
5 OLG Stuttgart 30.11.2006 – 8 W 407/06, FGPrax 2007, 131; OLG Frankfurt/M. 16.1.2007 – 20 W 429/06, BtPrax 2007, 136.
6 OLG Zweibrücken 21.2.2006 – 3 W 8/06, FGPrax 2006, 121.

Hat der **Betreute**, der die **Vergütung selbst zahlen** muss, weil er nicht mittellos 21
ist, seinen **gewöhnlichen Aufenthalt nicht in einem Heim**, beträgt der Stundenansatz in den ersten drei Monaten der Betreuung achteinhalb, im vierten bis
sechsten Monat sieben, im siebten bis zwölften Monat sechs und danach viereinhalb Stunden im Monat (§ 5 Abs. 1 S. 2 VBVG).

Hat der **mittellose Betreute** seinen **gewöhnlichen Aufenthalt nicht in einem** 22
Heim, beträgt der Stundenansatz in den ersten drei Monaten der Betreuung sieben, im vierten bis sechsten Monat fünfeinhalb, im siebten bis zwölften Monat
fünf und danach dreieinhalb Stunden im Monat (§ 5 Abs. 2 S. 2 VBVG).

Für die **Berechnung der Monate** gelten §§ 187 Abs. 1, 188 Abs. 2 1. Fall ent- 23
sprechend (§ 5 Abs. 4 S. 1 VBVG). Wenn sich Umstände, die sich auf die Vergü-
tung auswirken, vor Ablauf eines vollen Monats ändern (zB Einzug im Heim),
so ist der Stundensatz zeitanteilig nach Tagen zu berechnen. §§ 187 Abs. 1, 188
Abs. 1 gelten entsprechend (§ 5 Abs. 4 S. 2 VBVG). Die sich dabei ergebenden
Stundenansätze sind auf volle Zehntel aufzurunden (§ 5 Abs. 4 S. 3 VBVG). Zur
Vergütung bei einem Wechsel von einem beruflichen zu einem ehrenamtlichen
Betreuer s. § 5 Abs. 5 VBVG).

Die **Pauschalierung verhindert den Einwand**, der Betreuer habe im maßgeblichen 24
Zeitraum keine Tätigkeiten erbracht.[7]

Abschlagszahlungen stehen dem Betreuer **nicht** zu. Anders als der Vormund 25
kann der Betreuer aber dreimonatlich abrechnen (§ 9 VBVG).

Eine besondere Vergütungsregelung findet sich in § 6 S. 1 VBVG für **Sterilisati-** 26
onsbetreuer und **Verhinderungsbetreuer** (Ergänzungsbetreuer), sofern die Verhinderung nicht tatsächlicher Art ist (dann bleibt es bei §§ 4, 5 VBVG, § 6 S. 2
VBVG). Für diese gilt nicht § 4, sondern § 3 VBVG. Die Stundensätze sind also
niedriger (→ Rn. 7 ff.). Andererseits bestehen aber keine festen Stundengrenzen,
und dem Betreuer steht ein zusätzlicher Aufwendungsersatz nach § 1835 zu.
Von diesem ausgenommen sind aber die besonderen berufsbezogenen Aufwendungen nach § 1835 Abs. 2.

Vergütung und Aufwendungsersatz für Betreuungsvereine sind in § 7 VBVG ge- 27
regelt. Die Norm entspricht § 1908 e aF, der durch das 2. BetreuungsrechtsänderungsG aufgehoben wurde. Das bedeutet: Betreuungsvereine gelten immer als
Berufsbetreuer (§ 7 S. 2 VBVG). Ihre Vergütung richtet sich damit grundsätzlich
nach §§ 4, 5 VBVG. Die Geltendmachung von Aufwendungen nach § 1835
Abs. 2 ist jedoch ausgeschlossen. Sofern ein Betreuungsverein als Sterilisations-
oder Verhinderungsbetreuer bestellt ist, kommt § 6 VBVG (→ Rn. 26) zur Anwendung. Allerdings sind bei den Aufwendungen allgemeine Verwaltungskosten
nicht zu ersetzen (§ 7 Abs. 2 S. 2 VBVG).

Der **Vereinsbetreuer selbst** kann weder **Vergütung** noch **Aufwendungsersatz** ver- 28
langen (§ 7 Abs. 3 VBVG).

Die Vergütung und der Aufwendungsersatz für **Behördenbetreuer** ergibt sich aus 29
§ 8 VBVG. Die Regelung übernimmt § 1908 h aF. Ist ein Behördenbetreuer bestellt, kann der Behörde eine angemessene Vergütung nach § 1836 Abs. 2 bewilligt werden, wenn der Umfang oder die Schwierigkeit der Betreuungsgeschäfte
das rechtfertigen und der Betreute selbst in Anspruch genommen werden kann
(§ 1836 c). Die Höhe der Vergütung richtet sich nicht nach §§ 3–5 VBVG, son-

---

7 OLG München 4.4.2007 – 33 Wx 209/06, BtPrax 2007, 129.

dern steht allein im Ermessen des Familiengerichts. Allerdings werden die genannten Regelungen Anhaltspunkte für den Regelfall bilden, so dass das Gericht sich daran orientieren sollte.

30 Neben der Vergütung kann die Betreuungsbehörde Vorschuss und **Ersatz für Aufwendungen** nach § 1835 Abs. 1 S. 1, 2 verlangen, sofern die Inanspruchnahme des Betreuten in Betracht kommt.

31 Der **Behördenbetreuer** selbst kann weder **Vergütung** noch **Aufwendungsersatz** verlangen (§ 8 Abs. 3 VBVG iVm § 7 Abs. 3 VBVG).

32 Die **Erlöschensfrist** des § 2 VBVG gilt für die Ansprüche der Betreuungsbehörde **nicht** (§ 8 Abs. 4 VBVG).

III. Verfahrensfragen

33 Die **Abrechnungen** der Betreuer können – außer in den Fällen des § 6 (→ Rn. 26) – dreimonatlich erfolgen (§ 9 VBVG).

34 Damit die Vergütungen zutreffend festgesetzt werden können, ordnet § 10 VBVG bestimmte **Mitteilungspflichten** des Betreuers über vergütungsrelevante Tatsachen an. Gegebenenfalls muss der Betreuer die Richtigkeit seiner Angaben an Eides statt versichern.

§§ 1836 a und 1836 b BGB (aufgehoben)

§ 1836 c BGB Einzusetzende Mittel des Mündels

Der Mündel hat einzusetzen:
1. nach Maßgabe des § 87 des Zwölften Buches Sozialgesetzbuch sein Einkommen, soweit es zusammen mit dem Einkommen seines nicht getrennt lebenden Ehegatten oder Lebenspartners die nach den §§ 82, 85 Abs. 1 und § 86 des Zwölften Buches Sozialgesetzbuch maßgebende Einkommensgrenze für die Hilfe nach dem Fünften bis Neunten Kapitel des Zwölften Buches Sozialgesetzbuch übersteigt. Wird im Einzelfall der Einsatz eines Teils des Einkommens zur Deckung eines bestimmten Bedarfs im Rahmen der Hilfe nach dem Fünften bis Neunten Kapitel des Zwölften Buches Sozialgesetzbuch zugemutet oder verlangt, darf dieser Teil des Einkommens bei der Prüfung, inwieweit der Einsatz des Einkommens zur Deckung der Kosten der Vormundschaft einzusetzen ist, nicht mehr berücksichtigt werden. Als Einkommen gelten auch Unterhaltsansprüche sowie die wegen Entziehung einer solchen Forderung zu entrichtenden Renten;
2. sein Vermögen nach Maßgabe des § 90 des Zwölften Buches Sozialgesetzbuch.

§ 1836 d BGB Mittellosigkeit des Mündels

Der Mündel gilt als mittellos, wenn er den Aufwendungsersatz oder die Vergütung aus seinem einzusetzenden Einkommen oder Vermögen
1. nicht oder nur zum Teil oder nur in Raten oder
2. nur im Wege gerichtlicher Geltendmachung von Unterhaltsansprüchen
aufbringen kann.

§ 1836 e BGB Gesetzlicher Forderungsübergang

(1) [1]Soweit die Staatskasse den Vormund oder Gegenvormund befriedigt, gehen Ansprüche des Vormundes oder Gegenvormunds gegen den Mündel auf die Staatskasse über. [2]Nach dem Tode des Mündels haftet sein Erbe nur mit dem Wert des im Zeitpunkt des Erbfalls vorhandenen Nachlasses; § 102 Abs. 3 und 4 des Zwölften Buches Sozialgesetzbuch gilt entsprechend, § 1836 c findet auf den Erben keine Anwendung.

(2) Soweit Ansprüche gemäß § 1836 c Nr. 1 Satz 3 einzusetzen sind, findet zugunsten der Staatskasse § 850 b der Zivilprozessordnung keine Anwendung.

I. Allgemeines

§§ 1836 c–1836 e bestimmen, **inwieweit der Mündel für die Kosten der Vormundschaft in Anspruch genommen** werden kann. Die Regelungen wurden durch das Betreuungsrechtsänderungsgesetz vom 25.6.1998 (BGBl. I, 1580) eingeführt. Sie sind zu Recht auf Kritik gestoßen, weil sie der Staatskasse einen Regress gegen den Mündel und seine Erben erlauben.   1

II. Die Haftung des Mündels und seiner Erben

1. Voraussetzungen. Ein Anspruch des Vormunds gegen die Staatskasse kommt   2
nur in Betracht, wenn die in § 1836 genannten Voraussetzungen vorliegen und der **Mündel mittellos** ist (§ 1 Abs. 2 S. 1 VBVG). Mittellosigkeit liegt vor, wenn der Mündel den Aufwendungsersatz oder die Vergütung aus seinem einzusetzenden Einkommen oder Vermögen nicht oder nur zum Teil oder nur in Raten oder nur im Wege gerichtlicher Geltendmachung von Unterhaltsansprüchen aufbringen kann (§ 1836 d). Dem Mündel soll nicht zugemutet werden, derartige Verfahren selbst zu führen, nur um seinen Vormund bezahlen zu können. Die Frage der Mittellosigkeit muss für den gesamten Abrechnungszeitraum einheitlich beurteilt werden.[1]

Inwieweit der Mündel sein **Vermögen und Einkommen einsetzen** muss, ergibt   3
sich aus § 1836 c. Nach dieser Norm wird ihm etwa genauso viel Eigenbelastung zugemutet wie jedem, der Hilfe in besonderen Lebenslagen erhält. Verwiesen wird auf §§ 82, 85 Abs. 1, 86 und 87 SGB XII. Der Gesetzgeber wollte so eine Gleichbehandlung von Mündeln mit Hilfebedürftigen in vergleichbaren Situationen erreichen. Die Anwendung der sozialhilferechtlichen Maßstäbe entspricht dabei der schon zuvor in der Rechtsprechung herrschenden Tendenz.[2]

Für die **Berücksichtigung des Vermögens** kommt es auf die Schongrenze für die   4
Hilfe in besonderen Lebenslagen an, die sich allein nach § 90 SGB XII bestimmt.[3] Dem Betroffenen gezahltes Schmerzensgeld gehört nicht dazu.[4]

Im Unterschied zu den sozialhilferechtlichen Regelungen braucht aber das **Einkommen der Eltern des minderjährigen Mündels** nicht eingesetzt zu werden.   5
Eine Besserstellung gegenüber den sozialhilferechtlichen Regelungen besteht auch darin, dass der Mündel nur sein Einkommen einzusetzen hat (und nicht

---

1 BGH 15.12.2010 – XII ZB 170/08, FamRZ 2011, 368.
2 BayObLG 22.6.1995 – 3Z BR 66/95, FamRZ 1995, 1375 f.; 31.8.1995 – 3Z BR 176/95, FamRZ 1996, 436 f.
3 BGH 24.10.2001 – XII ZB 142/01, NJW 2002, 366.
4 OLG Jena 14.2.2005 – 9 W 658/04, FamRZ 2005, 1199.

auch das seines mit ihm zusammenlebenden Ehegatten oder Lebenspartners). Das Einkommen des Ehegatten bzw. Lebenspartners ist nur Rechnungsposten. Es kann aber nicht selbst für die Kosten der Vormundschaft herangezogen werden. Letztlich kann § 1836 c damit nur dazu führen, dass der Mündel sein gesamtes Einkommen einsetzen muss. Reicht dieses nicht zur Befriedigung der Ansprüche des Vormunds, bleibt es dabei; ein Rückgriff auf die Einkünfte des Ehegatten bzw. Lebenspartners ist unzulässig.

6 Schließlich stellt § 1836 c Nr. 1 S. 1 Hs. 2 klar, dass der Einsatz gleicher Einkommensteile nicht einmal bei der Berechnung von Hilfe in besonderen Lebenslagen und andererseits bei der Frage nach der Vergütung des Vormunds in Betracht kommt, sondern dass wegen der Subsidiarität der Sozialhilfe (§ 2 Abs. 1 SGB XII) **zunächst auf die Sozialhilfe angerechnet** werden muss und das angerechnete Einkommen dann bei der Berechnung nach § 1836 c unberücksichtigt bleibt.

7 **2. Höhe der Vergütung.** Die **Höhe der Vergütung** des Vormunds bestimmt sich seit dem Inkrafttreten des 2. Betreuungsrechtsänderungsgesetzes nach § 3 VBVG, für Betreuer nach §§ 4, 5 VBVG (Anhang zu § 1836).

8 **3. Anspruchsübergang.** Der Mündel bekommt die staatliche Vergütung oder Auslagenerstattung nur noch dann endgültig als Zuschuss, wenn er nicht innerhalb der Verjährungsfrist (§ 195) wieder so leistungsfähig wird, dass er die gezahlten Beträge erstatten kann; denn sobald die Staatskasse den Vormund oder Gegenvormund befriedigt, gehen dessen Ansprüche auf die Staatskasse über (§ 1836 e Abs. 1 S. 1) und können bis zu ihrem Erlöschen nach Ablauf der genannten Frist (§ 1836 e Abs. 1 S. 2) gegen den Mündel oder seinen Erben geltend gemacht werden. Die Frist wurde durch das Gesetz zur Änderung des Erb- und Verjährungsrechts mit Wirkung vom 1.1.2010 erheblich verkürzt; denn bislang war eine Zehnjahresfrist für die Geltendmachung der Ansprüche vorgesehen. Das bedeutet, dass die Staatskasse bei ihm **Regress** nehmen kann, wenn er später Vermögen erwirbt oder ein über den Schongrenzen liegendes Einkommen hat oder wenn sich nachträglich herausstellt, dass er zu Unrecht für mittellos gehalten wurde. Der Regress ist aber nicht zwingend. § 168 Abs. 2 S. 3 FamFG erlaubt dem Gericht vielmehr in Fällen, in denen ein Regress aussichtslos erscheint, von der Geltendmachung abzusehen.

9 Mit dem **Tod des Mündels** gehen die Verbindlichkeiten des Mündels gegenüber der Staatskasse als Nachlassverbindlichkeiten auf seinen Erben über. Für diesen gelten die in § 1836 c genannten Schonungen nicht.

10 Die **Haftung** ist aber insofern **erleichtert**, als § 1836 e Abs. 1 S. 3 die Haftung auf das im Zeitpunkt des Todes des Mündels vorhandene Vermögen begrenzt und auf § 102 SGB XII verweist. Der Regress kommt gegen einen Erben daher nicht in Betracht, wenn der Wert des Nachlasses unter dem dreifachen Grundbetrag nach § 85 SGB XII (690 EUR) liegt (also 2.070 EUR), bzw. wenn der Nachlass weniger wert ist als 15.340 EUR, sofern der Erbe der Ehegatte des Mündels oder ein Verwandter ist, der bis zu seinem Tode mit ihm in häuslicher Gemeinschaft gelebt und ihn gepflegt hat oder wenn die Inanspruchnahme nach den Umständen des Einzelfalls eine besondere Härte bedeuten würde.

11 Schließlich gilt eine **verkürzte Dauer** des Anspruchs: Er erlischt in jedem Fall drei Jahre nach dem Tod des Mündels.

Untertitel 3 Fürsorge und Aufsicht des Familiengerichts

§ 1837 BGB Beratung und Aufsicht

(1) ¹Das Familiengericht berät die Vormünder. ²Es wirkt dabei mit, sie in ihre Aufgaben einzuführen.

(2) ¹Das Familiengericht hat über die gesamte Tätigkeit des Vormunds und des Gegenvormunds die Aufsicht zu führen und gegen Pflichtwidrigkeiten durch geeignete Gebote und Verbote einzuschreiten. ²Es hat insbesondere die Einhaltung der erforderlichen persönlichen Kontakte des Vormunds zu dem Mündel zu beaufsichtigen. ³Es kann dem Vormund und dem Gegenvormund aufgeben, eine Versicherung gegen Schäden, die sie dem Mündel zufügen können, einzugehen.

(3) ¹Das Familiengericht kann den Vormund und den Gegenvormund zur Befolgung seiner Anordnungen durch Festsetzung von Zwangsgeld anhalten. ²Gegen das Jugendamt oder einen Verein wird kein Zwangsgeld festgesetzt.

(4) §§ 1666, 1666 a und 1696 gelten entsprechend.

I. Allgemeines

Die Vorschrift regelt das **Verhältnis zwischen Vormund und Familiengericht.** Sie 1 gilt entsprechend für den Gegenvormund, Betreuer, Beistand und Pfleger. Aus ihr ergibt sich vor allem, dass der Vormund die Vormundschaft grundsätzlich selbstständig und in eigener Verantwortung führt. Das Familiengericht hat Beratungs- (Abs. 1) und Überwachungsaufgaben (Abs. 2–4), aber keine eigenen Handlungsbefugnisse (Ausnahme: § 1846).

Pflichtverletzungen des Vormunds oder des Gegenvormunds führen zu einer 2 Haftung des Vormunds selbst nach § 1833. Für Fehler des Familiengerichts tritt Staatshaftung nach § 839, Art. 34 GG ein. Das Spruchrichterprivileg gilt in diesen Fällen nicht.

II. Die Unterstützung des Vormunds durch das Familiengericht

Das Familiengericht **berät und unterstützt** den Vormund (Abs. 1 S. 1). Vor allem 3 wirkt es an seiner Einführung in die Tätigkeit als Vormund mit (Abs. 1 S. 2). Es muss dem Vormund zu Beginn der Vormundschaft seine Rechte und Pflichten erläutern, sofern der Vormund nicht schon über ausreichende Erfahrung verfügt. Im Verlauf der Vormundschaft muss das Gericht Fragen des Vormunds beantworten, ihn aber auch von sich aus darauf aufmerksam machen, wenn es seine Maßnahmen für rechtswidrig oder unzweckmäßig hält oder wenn es meint, dass der Vormund bestimmte Maßnahmen vornehmen muss oder soll, an die er noch nicht selbst gedacht hat.

Die Beratung des Vormunds ist außerdem Aufgabe des **Jugendamts.** Dieses ist 4 auch für die Durchführung von Fortbildungen zuständig.

Für **Beratungen des Mündels** ist das Familiengericht **nicht** zuständig. Diese ob- 5 liegen allein dem Vormund und ggf. dem Gegenvormund.

III. Die Aufsicht des Familiengerichts

Die **Aufsicht** des Familiengerichts über die Tätigkeit des Vormunds ist eine **dop-** 6 **pelte:** Zunächst muss das Gericht sicherstellen, dass der Vormund die gesetzlichen Vorschriften über die Führung der Vormundschaft einhält (**allgemeine**

Überwachung) und muss insofern auch die Einhaltung der erforderlichen persönlichen Kontakte des Vormunds zu dem Mündel beaufsichtigen (Abs. 2 S. 2). Darüber hinaus ist das Familiengericht direkt an der Vormundschaft beteiligt, indem es zur Erteilung der vorgeschriebenen **Genehmigungen** eingeschaltet werden (§§ 1809 ff.) und die Rechnung des Vormunds kontrollieren muss (§§ 1840 ff.).

7 Die **Aufsicht erstreckt sich auf alle Bereiche** der Vermögens- und der Personensorge (ab Juni 2012 auch auf die Frage des ausreichenden persönlichen Kontakts). Einen kontrollfreien Raum gibt es nicht. Die Kontrolle beginnt mit der Bestellung des Vormunds. Sie endet mit seiner Entlassung. Zwangsmaßnahmen nach Abs. 3 gegen den Vormund sind daher ausgeschlossen, sobald er entlassen ist. Seine Verpflichtung zur Legung einer Schlussrechnung kann also nicht mehr auf diese Weise durchgesetzt werden. Die Überwachungstätigkeit des Familiengerichts wird erleichtert durch das Recht, vom Vormund Auskunft über die Angelegenheiten des Mündels zu verlangen (§ 1839), und die regelmäßigen Berichtspflichten des Vormunds (§ 1840).

8 Das Familiengericht kann verschiedene **Maßnahmen** treffen, wenn dies zum Wohl des Mündels erforderlich scheint: Es kann zunächst anordnen, dass der Vormund und der Gegenvormund eine Versicherung gegen die Schäden abschließen, die sie dem Mündel bei der Ausübung ihrer Tätigkeit möglicherweise zufügen (Abs. 2 S. 2). Im Übrigen kann es alle Anordnungen treffen, die erforderlich sind, damit der Vormund pflichtwidriges Verhalten einstellt bzw. gar nicht erst beginnt.

9 **Unzulässig** ist es dagegen, dass das **Familiengericht selbst an Stelle des Vormunds handelt.**

10 Das Familiengericht ist in der Erteilung von **Weisungen, die ein Gebot oder ein Verbot enthalten,** auch auf die Fälle pflichtwidrigen Verhaltens des Betreuers beschränkt; Beanstandungen wegen anderer Ansichten zur Zweckmäßigkeit sind zu unterlassen.[1] Eine präventive Weisung ist daher nur berechtigt, wenn die auf Tatsachen begründete Besorgnis besteht, der Betreuer werde pflichtwidrig handeln.[2] Die Ge- und Verbote kann es nach Abs. 3 S. 1, § 35 FamFG mithilfe eines Zwangsgelds durchsetzen.[3] Das gilt allerdings nicht gegenüber dem Behörden- und dem Vereinsvormund (Abs. 3 S. 2). In diesem Fall kommt nur die Entlassung in Betracht.

11 **Pflichtwidrigkeiten** sind Verstöße gegen Rechtsvorschriften oder Anordnungen des Familiengerichts. Das gilt auch, wenn diese Anordnungen vom Familiengericht nur aus Zweckmäßigkeitsgründen getroffen worden waren. Ob das Gericht einschreiten muss, richtet sich in erster Linie nach dem Wohl des Mündels. Das ergibt sich aus der Verweisung in Abs. 4 auf §§ 1666, 1666 a und § 1696. Insoweit muss das Gericht aber berücksichtigen, dass der Vormund ein eigenes Erziehungsrecht ausübt (anders beim Betreuer, vgl. § 1908 i). Bloße Meinungsverschiedenheiten über die Zweckmäßigkeit der Entscheidung des Vormunds rechtfertigen daher einen Eingriff nicht, wenn nicht schon vorher eine bindende

---

1 OLG München 13.7.2009 – 33 Wx 005/09, BtPrax 2009, 237; OLG Hamm 19.12.2011 – II-8 UF 220/10, FamRZ 2012, 1312.
2 OLG Karlsruhe 12.4.2005 – 19 Wx 7/05 FamRZ 2006, 507.
3 BGH 19.2.2014 – XII ZB 165/13, FamRZ 2014, 732; OLG Frankfurt/M. 28.11.2012 – 1 WF 294/12, FamRZ 2013, 809.

Weisung an den Vormund bestand, über die dieser sich hinweggesetzt hat. Ob der Vormund schuldhaft handelt, ist unerheblich; das Familiengericht muss allen Gefährdungen des Mündels begegnen.

Einzelfälle: Als zulässige Maßnahmen sind anzusehen: die Verhinderung des 12 Kontakts des Mündels zu seinen leiblichen Eltern oder anderen Verwandten, das Einschreiten gegen Verstöße gegen die Verpflichtung zur mündelsicheren Anlage von Geld, die Verletzung von Rechnungslegungsvorschriften oder Verschwendung von Mündelvermögen, die Anordnung, bisher vom Vormund unterlassene gebotene medizinische Behandlungen einzuleiten, die Anweisung, den Mündel unterzubringen oder nicht aus der Unterbringung herauszunehmen.

IV. Verfahren

Zuständig ist der Rechtspfleger (§§ 3 Nr. 2 lit. a, 14 RPflG). Beschwerdebefugt 13 sind der Vormund und der Mündel (§ 59 Abs. 1 FamFG).

§ 1838 BGB (weggefallen)

§ 1839 BGB Auskunftspflicht des Vormunds

Der Vormund sowie der Gegenvormund hat dem Familiengericht auf Verlangen jederzeit über die Führung der Vormundschaft und über die persönlichen Verhältnisse des Mündels Auskunft zu erteilen.

Die Vorschrift ordnet eine Auskunftspflicht des Vormunds gegenüber dem Fami- 1 liengericht an, um diesem seine **Tätigkeit im Interesse des Mündels zu erleichtern**. Sie gilt für alle Arten von Vormundschaften, Pflegschaften und Betreuungen.

Die Regelung **ergänzt** § 1840, der nur die jährliche Berichterstattung anordnet. 2

Dies kann **persönliche Angelegenheiten** des Mündels betreffen sowie **wirtschaft-** 3 **liche Umstände**, die in der Rechnungslegung nicht aufgeführt zu werden brauchen.

Entsprechend § 1799 Abs. 2 muss § 1839 um ein Recht des Familiengerichts er- 4 gänzt werden, in die Papiere des Vormunds Einsicht zu nehmen, die sich auf die Vormundschaft beziehen.

Das Auskunftsrecht kann vom Familiengericht **jederzeit** ausgeübt werden. Es ist 5 an keinen bestimmten Turnus gebunden.

Der Vormund darf die Auskunft **schriftlich** erteilen oder sich sogar eines Vertre- 6 ters bedienen. Dann kann ihm aber aufgegeben werden, die Auskunft persönlich und in mündlicher Verhandlung zu erteilen.

Solange die Vormundschaft besteht, kann die Auskunftspflicht nach § 1837 7 Abs. 2 durchgesetzt werden.

§ 1840 BGB Bericht und Rechnungslegung

(1) ¹Der Vormund hat über die persönlichen Verhältnisse des Mündels dem Familiengericht mindestens einmal jährlich zu berichten. ²Der Bericht hat auch Angaben zu den persönlichen Kontakten des Vormunds zu dem Mündel zu enthalten.

(2) Der Vormund hat über seine Vermögensverwaltung dem Familiengericht Rechnung zu legen.

(3) ¹Die Rechnung ist jährlich zu legen. ²Das Rechnungsjahr wird von dem Familiengericht bestimmt.

(4) Ist die Verwaltung von geringem Umfang, so kann das Familiengericht, nachdem die Rechnung für das erste Jahr gelegt worden ist, anordnen, dass die Rechnung für längere, höchstens dreijährige Zeitabschnitte zu legen ist.

I. Allgemeines

1　Die Norm regelt die Pflicht des Vormunds, über die persönlichen Angelegenheiten des Mündels im Jahresturnus **Auskunft** zu erteilen (Abs. 1) und dem Familiengericht jährlich über seine Vermögensverwaltung **Rechnung zu legen** (Abs. 2–4). Das soll dem Gericht die Kontrolle des Vormunds erleichtern. Auf die Beistandschaft des Jugendamtes ist sie nicht anzuwenden (vgl. § 1716 S. 2).[1]

II. Die Auskunftspflicht in persönlichen Angelegenheiten

2　Die **Auskunft über die persönlichen Angelegenheiten** muss im Jahresturnus erteilt werden, erstmals ein Jahr nach der Bestellung des Vormunds. Weder zu Beginn noch am Ende der Vormundschaft muss ein gesonderter Bericht abgegeben werden. Für die Auskunfterteilung ist keine Form vorgeschrieben. Das zu § 1839 Gesagte gilt entsprechend.

Durch das Gesetz zur Änderung des Vormundschafts- und Betreuungsrechts wurde Abs. 1 um die Verpflichtung des Vormunds ergänzt, auch über den **persönlichen Kontakt** zum Mündel zu berichten. Dem Gericht soll es dadurch ermöglicht werden, auch seinen Kontrollpflichten in Bezug auf den persönlichen Kontakt zwischen Vormund und Mündel nachzukommen (vgl. § 1837).

III. Die Pflicht zur Rechnungslegung

3　Die Pflicht zur Rechnungslegung trifft jeden Vormund außer den befreiten Vormund (§§ 1854, 1855, 1857 a). Bei einer Vormundschaft über mehrere Mündel braucht die Rechnungslegung nicht getrennt zu erfolgen, wenn auch das Vermögen der Mündel ungeteilt ist. Besteht Mitvormundschaft, muss die Rechnung gemeinsam gelegt werden. Ist sie jeweils auf bestimmte Aufgabenkreise beschränkt, muss jeder Vormund für seinen Bereich gesondert Rechnung legen. Die Rechnungslegungspflicht entfällt, wenn weder Vermögen noch Einkommen vorhanden sind.

4　In der **Rechnung** müssen das gesamte der Verwaltung des Vormunds unterworfene Vermögen des Mündels sowie die Einkünfte und Ausgaben des Mündels aufgeführt werden. Die Abgabe der Erklärung kann vom Familiengericht nach § 1837 Abs. 2 erzwungen werden. Anders als bei § 259 ist der Vormund aber nicht verpflichtet, die Vollständigkeit und Richtigkeit der Rechnung an Eides statt zu erklären. Eine derartige Verpflichtung besteht nur hinsichtlich der Endrechnung nach § 1890. Fehler in der Rechnungslegung, die zu Schäden des Mündels führen, machen den Vormund schadensersatzpflichtig (§ 1833).

5　Die **Rechnungslegung** muss grundsätzlich **jährlich** erfolgen (Abs. 3 S. 1, beachte aber § 1839). Die genaue Rechnungsperiode wird vom Familiengericht festge-

---

1　OLG Hamm 19.4.2013 – II-2 WF 51/13, FamRZ 2014, 324.

legt (Abs. 3 S. 2). Bei Verwaltungen geringen Umfangs kann das Gericht anordnen, dass die Rechnung für längere, höchstens dreijährige Zeitabschnitte zu legen ist, nachdem die Rechnung für das erste Jahr gelegt worden ist (Abs. 4).

Verletzungen der Pflicht zur Rechnungslegung können den Vormund schadensersatzpflichtig machen. Wirken sich die Fehler erheblich zum Nachteil des Mündels aus, kommt die Entlassung des Vormunds in Betracht.[2]   6

§ 1841 BGB Inhalt der Rechnungslegung

(1) Die Rechnung soll eine geordnete Zusammenstellung der Einnahmen und Ausgaben enthalten, über den Ab- und Zugang des Vermögens Auskunft geben und, soweit Belege erteilt zu werden pflegen, mit Belegen versehen sein.

(2) [1]Wird ein Erwerbsgeschäft mit kaufmännischer Buchführung betrieben, so genügt als Rechnung ein aus den Büchern gezogener Jahresabschluss. [2]Das Familiengericht kann jedoch die Vorlegung der Bücher und sonstigen Belege verlangen.

Als **Sonderregelung gegenüber** § 259 bestimmt § 1841, wie die vom Vormund   1
nach § 1840 vorzulegende Rechnung erteilt werden muss. Leitgedanke ist, dass Einnahmen und Ausgaben im Rechnungsjahr schriftlich so klar und übersichtlich dargestellt werden, dass das Familiengericht einen Überblick über alle Vorgänge erhält und seinen Verpflichtungen gem. §§ 1843 Abs. 1, 1837 nachkommen kann.[1]

Die Rechnung soll daher eine **geordnete Zusammenstellung** der Einnahmen und   2
Ausgaben enthalten und über den Ab- und Zugang des Vermögens Auskunft geben. Das setzt voraus, dass sie sich an das Vermögensverzeichnis nach § 1802 oder an eine vorausgegangene Jahresrechnung anschließt. Soweit Belege erteilt zu werden pflegen, muss sie mit Belegen versehen sein. Betreibt der Vormund im Namen des Mündels ein Erwerbsgeschäft mit kaufmännischer Buchführung, genügt ein Jahresabschluss iSd §§ 242 ff. HGB. Das Familiengericht kann die Vorlage der Handelsbücher und sonstiger Belege verlangen, wenn ihm die Informationen aus dem Jahresabschluss nicht ausreichen oder unklar sind.

§ 1842 BGB Mitwirkung des Gegenvormunds

[1]Ist ein Gegenvormund vorhanden oder zu bestellen, so hat ihm der Vormund die Rechnung unter Nachweisung des Vermögensbestands vorzulegen. [2]Der Gegenvormund hat die Rechnung mit den Bemerkungen zu versehen, zu denen die Prüfung ihm Anlass gibt.

Ist ein **Gegenvormund vorhanden**, muss der Vormund ihm nicht nur die Rech-   1
nung iSd § 1841 vorlegen, sondern auch einen Nachweis über den aktuell vorhandenen Vermögensbestand (S. 1). Das soll dem Gegenvormund ermöglichen, die Rechnung des Vormunds konkret zu überprüfen. Der Gegenvormund muss die Rechnung prüfen und mit den Bemerkungen kommentieren, die aufgrund der Prüfung erforderlich sind (S. 2). Auf Verlangen des Gegenvormunds muss der Vormund über die Führung der Vormundschaft weitere Auskunft erteilen

---

2 BayObLG 19.6.2002 – 3Z BR 95/02, BtPrax 2002, 218.
1 BayObLG 8.10.1992 – 3Z BR 105/92, FamRZ 1993, 237.

und die Einsicht der sich auf die Vormundschaft beziehenden Papiere gestatten (§ 1799 Abs. 2). Bei unsorgfältiger Prüfung oder unzureichender Kommentierung der Rechnung macht sich der Gegenvormund schadensersatzpflichtig (§ 1833).

2 Ist noch **kein Gegenvormund vorhanden, muss aber ein solcher bestellt werden,** ist er zunächst zu bestellen; denn seine Mitwirkung an der Rechnungslegung ist erforderlich.

3 Die Norm gilt nicht für die von der Gegenvormundschaft **befreite Vormundschaft** (§ 1854 Abs. 3).

§ 1843 BGB   Prüfung durch das Familiengericht

(1) Das Familiengericht hat die Rechnung rechnungsmäßig und sachlich zu prüfen und, soweit erforderlich, ihre Berichtigung und Ergänzung herbeizuführen.

(2) Ansprüche, die zwischen dem Vormund und dem Mündel streitig bleiben, können schon vor der Beendigung des Vormundschaftsverhältnisses im Rechtsweg geltend gemacht werden.

1 Die Norm regelt in erster Linie die **Prüfung der vom Vormund erstellten Rechnung durch das Familiengericht** (Abs. 1). Dieses muss die Rechnung rechnungsmäßig, dh auf ihre rechnerische Richtigkeit hin und dann auf ihre sachliche Richtigkeit, dh auf die Vollständigkeit der Einnahmen (sowohl der Aufstellung nach als auch der Möglichkeit, solche zu erzielen) und die Vollständigkeit und Berechtigung der angegebenen Ausgaben, prüfen. Das Gericht prüft auch, ob der Vormund die gesetzlichen Bestimmungen eingehalten hat, also die erforderlichen Genehmigungen eingeholt und das Vermögen des Mündels in der vorgeschriebenen Weise angelegt hat.

2 **Fehlt es an einer ausreichenden Rechnungslegung,** kann das Gericht weitere Auskünfte einholen. Es kann außerdem den Vormund nach § 1837 dazu anhalten, die Rechnung zu vervollständigen. Es ist dagegen nicht befugt, aus der Rechnung selbst einzelne Posten zu streichen, andere Posten aufzunehmen oder den Vormund zur Änderung der Rechnung zu zwingen, wenn es einzelne Ausgaben für unnötig hält. Auch die Weisung, auf der Einnahmeseite Schadensersatzforderungen des Mündels gegen den Vormund einzustellen, kommt nicht in Betracht.

3 **Bestreitet der Mündel Ansprüche des Vormunds,** müssen diese **vor dem Prozessgericht geltend gemacht werden.**[1] Abs. 2 stellt klar, dass das bereits vor dem Ende der Vormundschaft geschehen kann. Dem Mündel muss dann nach § 1909 ein Pfleger bestellt werden.

---

1 BayObLG 4.6.1997 – 3Z BR 42/97, NJWE-FER 1997, 227.

§ 1844 BGB (weggefallen)

§ 1845 BGB (aufgehoben)

§ 1846 BGB Einstweilige Maßregeln des Familiengerichts

Ist ein Vormund noch nicht bestellt oder ist der Vormund an der Erfüllung seiner Pflichten verhindert, so hat das Familiengericht die im Interesse des Betroffenen erforderlichen Maßregeln zu treffen.

Die Norm schließt die Schutzlücke, die sich daraus ergeben kann, dass das Familiengericht grundsätzlich **nur** die Arbeit des Vormunds **überwacht** und durch Genehmigungen bzw. deren Verweigerung unterstützt. Sie ermöglicht es dem Familiengericht, selbst für den Mündel tätig zu werden, solange ein Vormund noch nicht bestellt oder an der Erfüllung seiner Pflichten verhindert ist. 1

Voraussetzung des Tätigwerdens ist, dass ein Vormund entweder noch nicht bestellt oder aber zwar bestellt, aber an der Erfüllung seiner Pflichten verhindert ist. Auf die Dauer der Verhinderung kommt es nicht an, so dass ggf. das Familiengericht für eine längere Zeit für den Mündel tätig sein muss. Dann ist aber zu prüfen, ob nicht der Vormund zu entlassen und ein neuer, besser geeigneter Vormund zu bestellen ist. Verhinderung bedeutet, dass der Vormund die Angelegenheiten des Mündels nicht besorgen kann. Allein auf seinem Willen beruhendes Nichthandeln reicht daher ebenso wenig wie eine bloße Erschwernis der Aufgabenerfüllung. Vor dem Eingreifen muss das Familiengericht ermitteln, ob schon ein Vormund oder Betreuer bestellt ist. Es darf nicht einfach „ins Blaue hinein" selbst Maßnahmen anordnen.[1] 2

Das Familiengericht kann **alle im Interesse des Mündels erforderlichen Maßnahmen** treffen. Regelmäßig ist an die Bestellung eines Pflegers bzw. eines vorläufigen Betreuers zu denken (vgl. § 1909 Abs. 1, 3). Bei dringendem Handlungsbedarf darf das Familiengericht den mit der Pflegerbestellung verbundenen Zeitaufwand aber nicht in Kauf nehmen, sondern muss selbst für den Betroffenen handeln. Das gilt auch, wenn die Maßnahme nicht mehr rückgängig zu machen ist (zB Kündigung, Einwilligung in eine Operation;[2] vorläufige Unterbringung). Allerdings muss dann so schnell wie möglich ein Pfleger bzw. ein vorläufiger Betreuer nachträglich bestellt werden.[3] 3

Zuständig ist neben dem nach den allgemeinen Regeln zuständigen Familiengericht auch das, in dessen Bezirk das Fürsorgebedürfnis hervortritt (§ 152 FamFG). Bei Anhängigkeit einer Ehesache ist das Gericht der Ehesache ausschließlich zuständig für die Kindschaftssache (§ 152 Abs. 1 FamFG). 4

§ 1847 BGB Anhörung der Angehörigen

[1]Das Familiengericht soll in wichtigen Angelegenheiten Verwandte oder Verschwägerte des Mündels hören, wenn dies ohne erhebliche Verzögerung und oh-

---

1 OLG Frankfurt/M. 4.12.2006 – 20 W 425/06, FamRZ 2007, 673.
2 AG Nettetal 19.10.1995 – 9 X 119/95, FamRZ 1996, 1104.
3 BGH 13.2.2002 – XII ZB 191/00, BGHZ 150, 45; BayObLG 2.4.2003 – 3Z BR 52/03, FamRZ 2003, 1322.

ne unverhältnismäßige Kosten geschehen kann. [2]§ 1779 Abs. 3 Satz 2 gilt entsprechend.

1   **Die Norm statuiert** ergänzend zu §§ 50, 159 f. FamFG, die die Anhörung des Mündels und ggf. seiner Eltern regeln, ein Anhörungsrecht zugunsten der Verwandten und Schwäger des Mündels. So sollen in wichtigen Angelegenheiten die dem Mündel nahe stehenden Personen in den Entscheidungsprozess einbezogen werden. Auf sonstige Dritte, wie nichteheliche Lebensgefährten, bezieht sich das Anhörungsrecht nicht.

2   **Die Anhörung soll stattfinden** in wichtigen Angelegenheiten des Mündels. Das sind in erster Linie die die Person betreffenden Genehmigungserfordernisse (zB § 1746). Hierher gehören aber auch wirtschaftlich bedeutsame Angelegenheiten wie die Genehmigung des Verkaufs eines Grundstücks oder der Aufnahme oder Untersagung eines selbstständigen Erwerbsgeschäfts (§ 1823). Die Anhörung unterbleibt, wenn sie entweder zu einer erheblichen Verzögerung oder zu unverhältnismäßigen Kosten führt.

3   **Die Voraussetzungen des § 1847 prüft das Familiengericht von Amts wegen.** § 1847 ist eine Sollvorschrift. Die Anhörung muss also grundsätzlich durchgeführt werden, wenn die Voraussetzungen vorliegen, kann aber von den Begünstigten nicht erzwungen werden.

4   Die Verwandten und Schwäger können von dem Mündel **Ersatz ihrer Auslagen** verlangen. Der Betrag der Auslagen wird von dem Familiengericht festgesetzt (S. 2, § 1779 Abs. 3 S. 2).

§ 1848 BGB (weggefallen)

Untertitel 4 Mitwirkung des Jugendamts

§§ 1849 und 1850 BGB (weggefallen)

§ 1851 BGB Mitteilungspflichten

(1) Das Familiengericht hat dem Jugendamt die Anordnung der Vormundschaft unter Bezeichnung des Vormunds und des Gegenvormunds sowie einen Wechsel in der Person und die Beendigung der Vormundschaft mitzuteilen.

(2) Wird der gewöhnliche Aufenthalt eines Mündels in den Bezirk eines anderen Jugendamts verlegt, so hat der Vormund dem Jugendamt des bisherigen gewöhnlichen Aufenthalts und dieses dem Jugendamt des neuen gewöhnlichen Aufenthalts die Verlegung mitzuteilen.

(3) Ist ein Verein Vormund, so sind die Absätze 1 und 2 nicht anzuwenden.

1   **Die Norm stellt mehrere** Informationspflichten auf, die es den Jugendämtern erleichtern sollen, ihren Überwachungsaufgaben § 53 Abs. 3 SGB VIII nachzukommen.

2   **Das Familiengericht** muss das Jugendamt informieren über die Anordnung und das Ende von Vormundschaft und Gegenvormundschaft sowie über die Personen, die diese Ämter ausüben. Auch ein Wechsel des Vormunds oder Gegenvormunds ist mitzuteilen (Abs. 1).

Der **Vormund** muss den Wechsel des gewöhnlichen (nicht des schlichten) Aufenthalts des Mündels in den Zuständigkeitsbereich eines anderen Jugendamts anzeigen (Abs. 2). Beide Informationspflichten bestehen nicht, wenn ein Verein Vormund ist (Abs. 3). 3

Untertitel 5 Befreite Vormundschaft

§ 1852 BGB Befreiung durch den Vater

(1) Der Vater kann, wenn er einen Vormund benennt, die Bestellung eines Gegenvormunds ausschließen.

(2) ¹Der Vater kann anordnen, dass der von ihm benannte Vormund bei der Anlegung von Geld den in den §§ 1809, 1810 bestimmten Beschränkungen nicht unterliegen und zu den im § 1812 bezeichneten Rechtsgeschäften der Genehmigung des Gegenvormunds oder des Familiengerichts nicht bedürfen soll. ²Diese Anordnungen sind als getroffen anzusehen, wenn der Vater die Bestellung eines Gegenvormunds ausgeschlossen hat.

§ 1853 BGB Befreiung von Hinterlegung und Sperrung

Der Vater kann den von ihm benannten Vormund von der Verpflichtung entbinden, Inhaber- und Orderpapiere zu hinterlegen und den in § 1816 bezeichneten Vermerk in das Bundesschuldbuch oder das Schuldbuch eines Landes eintragen zu lassen.

§ 1854 BGB Befreiung von der Rechnungslegungspflicht

(1) Der Vater kann den von ihm benannten Vormund von der Verpflichtung entbinden, während der Dauer seines Amtes Rechnung zu legen.

(2) ¹Der Vormund hat in einem solchen Falle nach dem Ablauf von je zwei Jahren eine Übersicht über den Bestand des seiner Verwaltung unterliegenden Vermögens dem Familiengericht einzureichen. ²Das Familiengericht kann anordnen, dass die Übersicht in längeren, höchstens fünfjährigen Zwischenräumen einzureichen ist.

(3) ¹Ist ein Gegenvormund vorhanden oder zu bestellen, so hat ihm der Vormund die Übersicht unter Nachweisung des Vermögensbestands vorzulegen. ²Der Gegenvormund hat die Übersicht mit den Bemerkungen zu versehen, zu denen die Prüfung ihm Anlass gibt.

§ 1855 BGB Befreiung durch die Mutter

Benennt die Mutter einen Vormund, so kann sie die gleichen Anordnungen treffen wie nach den §§ 1852 bis 1854 der Vater.

Der Gesetzgeber gestattet den Eltern und den ihnen gleichgestellten Personen, einen von ihnen benannten **Vormund von bestimmten Verpflichtungen und Einschränkungen zu befreien** (§§ 1852, 1855, bei Differenzen: § 1856). Das kann umfassend sein (anzunehmen, wenn die Erklärung über die Befreiung keine Einschränkungen enthält) oder in Bezug auf einzelne Verpflichtungen. 1

2 **Voraussetzung** einer Befreiung ist, dass der **Vormund vom Vater** (bei § 1855: der Mutter) **benannt** wurde (vgl. § 1776). Sie gilt daher nicht für einen Nachfolger dieses Vormunds, einen Pfleger, der bei seiner Verhinderung an seiner Stelle handelt, und einen Mitvormund, für den die Voraussetzungen nicht in seiner Person vorliegen.

3 **Die Befreiung** wird durch Erklärung des Vaters erteilt. Sie kann mit der Benennung des Vormunds verbunden werden, darf ihr aber auch nachfolgen. Für die Auslegung gelten die allgemeinen Regeln über die Auslegung von letztwilligen Verfügungen. Im Zweifel ist bei umfassenden Erklärungen anzunehmen, dass sie sich auf alle Befreiungsmöglichkeiten erstrecken, die in §§ 1852–1854 vorgesehen sind. Ein Ausschluss der Gegenvormundschaft führt im Zweifel zu der Annahme, dass der Vormund auch den in § 1852 Abs. 2 S. 1 genannten Beschränkungen nicht unterliegt (§ 1852 Abs. 2 S. 2). Der Vater kann jedoch auch etwas anderes anordnen.

4 **Die Befreiung kann sich erstrecken** auf alle in §§ 1852–1854 genannten Befugnisse, aber auch nur auf einzelne von ihnen. Die **Befreiung von der Gegenvormundschaft** nach § 1852 Abs. 1 kann umfassend sein, kann sich aber auch auf einzelne Geschäfte beziehen. Der Vormund braucht dann für die in die Befreiung einbezogenen Geschäfte nicht die Genehmigung des Gegenvormunds. Mit der umfassenden Befreiung von der Gegenvormundschaft wird der Vormund grundsätzlich zugleich von den in §§ 1809, 1810 und 1812 enthaltenen Einschränkungen befreit (§ 1852 Abs. 2 S. 2). Wird trotz Befreiung ein Gegenvormund bestellt, ist die Bestellung nicht nichtig, muss aber auf Beschwerde des Vormunds hin aufgehoben werden.

5 Nach § 1852 Abs. 2 S. 1 kann der Vormund von den in § **1809** (Anlage von Mündelgeld nach § 1807 Abs. 1 Nr. 5 oder nach § 1808), § **1810** (Anlegung von Geld nach §§ 1806–1808) und § **1812** (Verfügungen über Forderungen und Wertpapiere) enthaltenen Beschränkungen befreit werden. Die Befreiung von der Gegenvormundschaft gilt grundsätzlich auch als Befreiung nach § 1852 Abs. 2 S. 1 (§ 1852 Abs. 2 S. 2, → Rn. 3).

6 Der Vormund kann (umfassend oder auf einzelne Gegenstände bezogen) davon befreit werden, **Inhaber- und Orderpapiere zu hinterlegen** (vgl. § 1814) und den Sperrvermerk nach § 1816 eintragen zu lassen (§ 1853). Durch die Befreiung wird zugleich eine Umwandlungsanordnung nach § 1815 Abs. 2 ausgeschlossen, weil diese an eine Verpflichtung zur Hinterlegung anknüpft. Das Gleiche gilt für eine Hinterlegungsanordnung nach § 1818. Wird trotzdem mit Sperrvermerk hinterlegt oder eine Buchforderung mit einem Sperrvermerk versehen, löst das keine Verfügungsbeschränkungen aus.

7 Der Vormund kann von seiner **Verpflichtung zur jährlichen Rechnungslegung** nach § 1840 befreit werden (§ 1854 Abs. 1). Die Befreiung bezieht sich nicht auf die Schlussrechnung nach § 1890. Der befreite Vormund muss jeweils nach zwei Jahren dem Familiengericht eine Übersicht über den Bestand des seiner Verwaltung unterliegenden Vermögens einreichen (§ 1854 Abs. 2 S. 1). Dabei kann auf die Übersicht nach § 1802 Bezug genommen werden. Die Frist kann vom Familiengericht auf einen höchstens fünfjährigen Turnus verlängert werden (§ 1854 Abs. 2 S. 2). Trotz Befreiung kann das Familiengericht aber Auskunft verlangen, wenn es das für erforderlich hält. Ist ein Gegenvormund vorhanden oder zu bestellen, so hat ihm der Vormund trotz der Befreiung nach § 1854 Abs. 1 die

Übersicht unter Nachweisung des Vermögensbestandes vorzulegen. Der Gegenvormund muss sie prüfen und ggf. mit den Bemerkungen versehen, zu denen die Prüfung ihm Anlass gibt (§ 1854 Abs. 3). Soweit dazu erforderlich, kann der Gegenvormund auch weitergehende Auskünfte verlangen.

Andere als die in §§ 1852–1854 genannte Befreiungen sind nicht gestattet und 8 daher ohne Wirkung. Das gilt vor allem für die Befreiung von der Verpflichtung zur Einreichung eines Vermögensverzeichnisses (§ 1802), von den Verpflichtungen im Zusammenhang mit der Anlage von Mündelgeld mit Ausnahme der in § 1852 Abs. 2 genannten, von den Genehmigungserfordernissen nach §§ 1821 f., von der Aufsicht des Familiengerichts (§ 1837), von der Sicherheitsleistung nach § 1844 und von der Rechenschaftslegung am Ende der Vormundschaft (§ 1890).

§ 1856 BGB Voraussetzungen der Befreiung

¹Auf die nach den §§ 1852 bis 1855 zulässigen Anordnungen ist die Vorschrift des § 1777 anzuwenden. ²Haben die Eltern denselben Vormund benannt, aber einander widersprechende Anordnungen getroffen, so gelten die Anordnungen des zuletzt verstorbenen Elternteils.

Die Befreiungen nach §§ 1852–1855 erfolgen durch letztwillige Verfügung (S. 1, 1 § 1777 Abs. 1). Die Befreiung setzt wie die Benennung des Vormunds voraus, dass dem Befreienden im Zeitpunkt seines Todes die Vermögens- und Personensorge zusteht bzw. zugestanden hätte, wenn das Kind noch vor dem Tod geboren worden wäre (S. 1, § 1777 Abs. 1, 2). Bei Benennung unterschiedlicher Vormünder gilt das vom Längerlebenden Angeordnete (§ 1776 Abs. 2). Dann kommt es auch allein auf die von diesem ausgesprochenen Befreiungen an. Das gilt auch, wenn Eltern denselben Vormund benannt haben, sich aber die Befreiungen unterscheiden (S. 2).

§ 1857 BGB Aufhebung der Befreiung durch das Familiengericht

Die Anordnungen des Vaters oder der Mutter können von dem Familiengericht außer Kraft gesetzt werden, wenn ihre Befolgung das Interesse des Mündels gefährden würde.

In Wahrnehmung seines Wächteramts kann (gemeint ist: muss) das Familiengericht 1 richt die Befreiungen außer Kraft setzen, wenn das Interesse des Mündels das gebietet. Nach Wegfall der Interessengefährdung ist die Befreiung wieder in Kraft zu setzen. Vor der Entscheidung müssen der Vormund und die Verwandten und Verschwägerten des Mündels (§ 1847) angehört werden. Der Vormund ist beschwerdebefugt, weil durch den Widerruf der Befreiung in seine Rechtsstellung eingegriffen wird (§ 59 Abs. 1 FamFG).

§ 1857 a BGB Befreiung des Jugendamts und des Vereins

Dem Jugendamt und einem Verein als Vormund stehen die nach § 1852 Abs. 2, §§ 1853, 1854 zulässigen Befreiungen zu.

Für die **Vereins- und die Amtsvormundschaft** gelten die in §§ 1852 Abs. 2–1854 1 zugelassenen **Befreiungen kraft Gesetzes**. Allein die Befreiung von der Gegenvormundschaft ist in die Verweisung nicht einbezogen. Bedeutung hat das aber nur für die Vereinsvormundschaft; denn die Gegenvormundschaft kommt bei der Amtsvormundschaft nicht in Betracht (vgl. § 1792 Abs. 1 S. 2). Weitergehende Befreiungen sind ebenso wenig zulässig wie die Aufhebung der Befreiung, denn § 1857 gilt nicht. Das Familiengericht kann nur eine Einzelvormundschaft anordnen, wenn es meint, die Interessen des Mündels würden durch die Vereins- oder Amtsvormundschaft nicht hinreichend gewahrt.

2 Die Vorschrift **ordnet an**, dass dem Jugendamt und einem Verein, der als Vormund bestellt wird, kraft Gesetzes die in § 1852 Abs. 2 (Befreiung von §§ 1809, 1810, 1812, → §§ 1852–1855 Rn. 5), die in § 1853 (Befreiung von der Hinterlegungspflicht und der Eintragung des Sperrvermerks, → §§ 1852–1855 Rn. 6) und die in § 1854 (Befreiung von der jährlichen Rechnungslegung, → §§ 1852–1855 Rn. 7) genannten Befreiungen zustehen. Dass nicht auf § 1852 Abs. 1 verzichtet wird, hat für das Jugendamt keinen sachlichen Unterschied zu einem völlig befreiten Vormund zur Folge; denn bei Amtsvormundschaft darf ohnehin kein Gegenvormund bestellt werden (§ 1792 Abs. 1 S. 2). Das ist bei einem Verein zwar nicht so; insoweit spricht aber nichts dagegen, die Befreiung von einer Anordnung des Vaters oder der Mutter abhängig zu machen, weil insoweit ein erhöhtes Schutzbedürfnis des Mündels nicht ausgeschlossen werden kann.

§§ 1858 bis 1881 BGB (weggefallen)

Untertitel 6 Beendigung der Vormundschaft

Vorbemerkung zu §§ 1882–1895 BGB

1 Beendigung der Vormundschaft iSd Terminologie des BGB ist einerseits die Beendigung der Vormundschaft insgesamt (§§ 1882–1884). Zum anderen ist Beendigung der Vormundschaft das Ende des Amts des Vormunds (§§ 1886–1889).

§ 1882 BGB　Wegfall der Voraussetzungen

Die Vormundschaft endigt mit dem Wegfall der in § 1773 für die Begründung der Vormundschaft bestimmten Voraussetzungen.

1 Die Vorschrift nennt den **wichtigsten Fall für das Ende der Vormundschaft insgesamt**, den Wegfall der Voraussetzungen für die Bestellung eines Vormunds. Die Vormundschaft endet dann automatisch. Das trifft zu, wenn der Minderjährige volljährig (§ 2) wird;[1] denn die Vormundschaft darf nur über Minderjährige angeordnet werden, wenn die elterliche Sorge in vollem Umfang eintritt (zB bei Annahme, § 1754) bzw. wieder eintritt (zB bei Aufhebung einer Sorgerechtsentziehung nach § 1666). Das Gleiche gilt, wenn sich herausstellt, dass der Betroffene schon volljährig war, als die Vormundschaft angeordnet wurde.[2] Schließlich endet die Vormundschaft automatisch bei Tod des Mündels (anders bei Verschollenheit oder Todeserklärung: § 1884). Andere Gründe führen nicht automatisch zum Ende der Vormundschaft.

---

1 OLG Bremen 23.2.2016 – 4 UF 186/15, AuAS 2016, 93; OLG Karlsruhe 23.7.2015 – 5 WF 74/15, FamRZ 2015, 1820.
2 OLG Köln 21.6.2013 – 26 UF 49/13, FamRZ 2014, 242.

Auch nach dem Ende der Vormundschaft können noch **Nachwirkungen** beste- 2
hen: Der Vormund muss noch die erforderlichen Genehmigungen für vorher
vorgenommene Rechtsgeschäfte herbeiführen, er kann Vergütung für seine Tätigkeit verlangen (§ 1836) und muss abschließend Rechnung legen (§§ 1890 ff.).
Außerdem besteht eine Notgeschäftsführungsbefugnis und -pflicht, bis der Vormund vom Ende der Vormundschaft erfährt oder wenn (bei Tod des Mündels)
Geschäfte nicht aufgeschoben werden können, bis der Erbe Fürsorge trifft
(§§ 1893, 1698 a f.).

§ 1883 BGB (weggefallen)

§ 1884 BGB Verschollenheit und Todeserklärung des Mündels

(1) ¹Ist der Mündel verschollen, so endigt die Vormundschaft erst mit der Aufhebung durch das Familiengericht. ²Das Familiengericht hat die Vormundschaft
aufzuheben, wenn ihm der Tod des Mündels bekannt wird.

(2) Wird der Mündel für tot erklärt oder wird seine Todeszeit nach den Vorschriften des Verschollenheitsgesetzes festgestellt, so endigt die Vormundschaft
mit der Rechtskraft des Beschlusses über die Todeserklärung oder die Feststellung der Todeszeit.

Anders als in § 1892 für den Regelfall bestimmt, endet die Vormundschaft bei 1
Verschollenheit oder Todeserklärung des Mündels nur aufgrund einer gerichtlichen Entscheidung. Bei der Verschollenheit ist die ausdrückliche Aufhebung der
Vormundschaft durch das Familiengericht erforderlich (Abs. 1). Das gilt allerdings nicht mehr, wenn während der Verschollenheit einer der sonstigen Beendigungsgründe (Hauptfall: Volljährigkeit) eintritt; denn dann hätte die Vormundschaft auch ohne Verschollenheit geendet. Bei Todeserklärung oder gerichtlicher
Feststellung der Todeszeit (§§ 2 ff., 39 ff. VerschG) endet die Vormundschaft mit
der Rechtskraft des Beschlusses, durch den die Todeserklärung ausgesprochen
bzw. der Todeszeitpunkt festgestellt wird (Abs. 2). Bei späterer Aufhebung der
Todeserklärung bleibt es bei der Aufhebung der Vormundschaft; es muss ggf. erneut eine Vormundschaft angeordnet werden.

§ 1885 BGB (weggefallen)

§ 1886 BGB Entlassung des Einzelvormunds

Das Familiengericht hat den Einzelvormund zu entlassen, wenn die Fortführung
des Amts, insbesondere wegen pflichtwidrigen Verhaltens des Vormunds, das Interesse des Mündels gefährden würde oder wenn in der Person des Vormunds
einer der in § 1781 bestimmten Gründe vorliegt.

I. Allgemeines

§ 1886 **enthält** die wichtigsten Gründe für eine Entlassung des Vormunds von 1
Amts wegen. Sie wird ergänzt durch § 1888. Eine Entlassung auf Antrag des
Vormunds ermöglicht § 1889 Abs. 1. Auf die Amts- oder Vereinsvormundschaft
ist § 1886 nicht anwendbar; für sie gilt § 1887.

II. Entlassungsgründe

2 **Ein Entlassungsgrund ist** vor allem die **Gefährdung der Interessen des Mündels.** Es reicht, dass die Möglichkeit einer Schädigung des Mündels nahe liegt. Der Schaden braucht noch nicht eingetreten zu sein; eine Prognose reicht, selbst wenn sich bei einer ex post-Betrachtung herausstellt, dass der Schaden sich doch nicht realisieren konnte. In Betracht kommen: Pflichtverstöße des Vormunds, wie das Unterlassen von Rechnungslegung, mangelnde Kooperation zwischen Vormund und Familiengericht, ständige Interessenkollisionen, eine tiefgreifende Entfremdung zwischen Vormund und Mündel, aber auch schon eine langandauernde Erkrankung oder Verhinderung des Vormunds. Das Gericht muss den Vormund entlassen, wenn es die Gefährdung des Mündelinteresses feststellt. Etwas anderes gilt nur, wenn ihm noch andere Maßnahmen zur Verfügung stehen und diese geeignet sind, die Gefährdung der Interessen des Mündels abzuwehren. Betrifft die Gefährdung gerade ein einzelnes Geschäft, so reicht es zB regelmäßig, dem Vormund die Vertretung in dieser Angelegenheit zu entziehen und einen Pfleger zu bestellen.

3 Als weiteren Entlassungsgrund nennt § 1886, dass in der Person einer der in § 1781 genannten **Ausschlussgründe** vorliegt. Bedeutung hat das nur für den Eintritt der Gründe nach der Bestellung, weil die Bestellung nichtig ist, wenn sie trotz Vorliegens eines Ausschlussgrunds erfolgt.

4 Weitere, in anderen Vorschriften geregelte Entlassungsgründe sind: Die **Rücknahme** einer nach Landesrecht erforderlichen **Erlaubnis** der Anstellungskörperschaft eines Beamten oder Religionsdieners (§ 1888), der Wegfall der vorübergehenden Verhinderung des als Vormund Berufenen (§ 1778 Abs. 2 Nr. 2) und der Eintritt eines Ereignisses, wenn der Vormund unter dem Vorbehalt des Eintritts dieses Ereignisses bestellt worden war (§ 1790). Schließlich kann eine Entlassung erfolgen, wenn so eine fehlerhafte Auswahl korrigiert werden soll.[1]

III. Wirkungen der Entlassung

5 Die Entlassung bewirkt, dass das **Amt des Vormunds endet.** Da die Notwendigkeit einer Vormundschaft weiter besteht, muss sogleich ein neuer Vormund bestellt werden.

IV. Verfahren

6 Zuständig für die Entlassung ist der Rechtspfleger (§ 3 Nr. 2 lit. a RPflG). Die Entscheidung wird mit ihrer Bekanntmachung wirksam (§ 40 Abs. 1 FamFG). Gegen die Entlassung findet die Beschwerde statt, wenn sie gegen den Willen des Vormunds erfolgt (§ 58 Abs. 1 FamFG). Beschwerdeberechtigt sind der Vormund, der Mündel (§ 59 Abs. 1 FamFG) und Dritte, die ein berechtigtes Interesse haben (§ 59 Abs. 1, 2 FamFG). Gegen die Ablehnung der Entscheidung beschwerdeberechtigt sind der Mündel, der Gegenvormund und Dritte, die an der Angelegenheit ein rechtliches Interesse haben (§ 59 Abs. 1, 2 FamFG). Bei Aufhebung der Aufhebungsentscheidung wird der entlassene Vormund wieder automatisch Vormund. Ein zwischenzeitlich bestellter neuer Vormund muss entlassen werden.

---

1 BayObLG 18.4.1991 – BReg 3 Z 45/91, FamRZ 1991, 1353.

§ 1887 BGB Entlassung des Jugendamts oder Vereins

(1) Das Familiengericht hat das Jugendamt oder den Verein als Vormund zu entlassen und einen anderen Vormund zu bestellen, wenn dies dem Wohl des Mündels dient und eine andere als Vormund geeignete Person vorhanden ist.

(2) [1]Die Entscheidung ergeht von Amts wegen oder auf Antrag. [2]Zum Antrag ist berechtigt der Mündel, der das 14. Lebensjahr vollendet hat, sowie jeder, der ein berechtigtes Interesse des Mündels geltend macht. [3]Das Jugendamt oder der Verein sollen den Antrag stellen, sobald sie erfahren, dass die Voraussetzungen des Absatzes 1 vorliegen.

(3) Das Familiengericht soll vor seiner Entscheidung auch das Jugendamt oder den Verein hören.

Die Vorschrift ist im Zusammenspiel mit § 1889 Abs. 2 zu sehen. Sie regelt die **1** Entlassung des Amts- oder Vereinsvormunds im Interesse des Mündels, während § 1889 die Entlassung auf Antrag im Interesse des Jugendamts bzw. des Vereins betrifft.

Voraussetzung der Entlassung ist zunächst, dass eine andere zur Führung der **2** Vormundschaft geeignete Person vorhanden ist. Sie braucht nicht geeigneter als das Jugendamt bzw. der Verein zu sein, die gleiche Eignung reicht. Es gelten die allgemeinen Kriterien für die Auswahl des Vormunds (§§ 1779 ff.).

Der **Wechsel des Vormunds muss dem Wohl des Mündels dienen**, dh es fördern. **3** Anders als im Betreuungsrecht (vgl. § 1897 Abs. 1, → Vor §§ 1896–1908 i Rn. 5) besteht bei der Vormundschaft kein absoluter Vorrang der Einzelbetreuung. Grundsätzlich ist aber anzunehmen, dass für ein Kind besser durch eine Einzelperson als durch einen Verein oder eine Behörde gesorgt werden kann.[1]

Die **Entlassung** beendet das Amt des Vormunds. Damit der Mündel nicht unvertreten ist, bestellt das Gericht die andere Person zum neuen Vormund. **4**

Verfahren: Der Rechtspfleger (§ 3 Nr. 2 lit. a RPflG) muss den Amts- oder Ver- **5** einsvormund von Amts wegen entlassen, wenn ihm das Vorliegen der Voraussetzungen für den Wechsel des Vormunds bekannt wird (Abs. 1). Der Antrag (Abs. 2) dient nur dazu, dass das Gericht von der Notwendigkeit des Wechsels erfährt. Ihn können der mindestens 14 Jahre alte Mündel, der Vormund und jeder Dritte stellen, der ein berechtigtes Interesse des Mündels geltend macht (Abs. 2 S. 2). Der Vormund soll ihn stellen, wenn er vom Vorliegen der Voraussetzungen erfährt (Abs. 2 S. 3); dh er ist dann dazu verpflichtet. Vor der Entscheidung sollen das Jugendamt bzw. der Verein angehört werden (Abs. 3), vor allem zur Person des in Aussicht genommenen Vormunds. Für das Wirksamwerden der Entscheidung und die Beschwerdebefugnis gilt das in → § 1886 Rn. 6 Gesagte mit der Maßgabe entsprechend, dass die Beschwerde auch stattfindet, wenn Amts- oder Vereinsvormund die Entlassung beantragt haben und der Antrag abgelehnt wird.

§ 1888 BGB Entlassung von Beamten und Religionsdienern

Ist ein Beamter oder ein Religionsdiener zum Vormund bestellt, so hat ihn das Familiengericht zu entlassen, wenn die Erlaubnis, die nach den Landesgesetzen

---

1 KG 17.4.2001 – 18 UF 6804/00, FamRZ 2002, 267.

zur Übernahme der Vormundschaft oder zur Fortführung der vor dem Eintritt in das Amts- oder Dienstverhältnis übernommenen Vormundschaft erforderlich ist, versagt oder zurückgenommen wird oder wenn die nach den Landesgesetzen zulässige Untersagung der Fortführung der Vormundschaft erfolgt.

1   Die Vorschrift ergänzt § 1784 und sichert das Mitspracherecht der Anstellungskörperschaft des Beamten und der Religionsgemeinschaft. Das Familiengericht muss bei Rücknahme der Erlaubnis den Vormund von Amts wegen entlassen; ein Antrag ist nicht erforderlich.

§ 1889 BGB   Entlassung auf eigenen Antrag

(1) Das Familiengericht hat den Einzelvormund auf seinen Antrag zu entlassen, wenn ein wichtiger Grund vorliegt; ein wichtiger Grund ist insbesondere der Eintritt eines Umstands, der den Vormund nach § 1786 Abs. 1 Nr. 2 bis 7 berechtigen würde, die Übernahme der Vormundschaft abzulehnen.

(2) ¹Das Familiengericht hat das Jugendamt oder den Verein als Vormund auf seinen Antrag zu entlassen, wenn eine andere als Vormund geeignete Person vorhanden ist und das Wohl des Mündels dieser Maßnahme nicht entgegensteht. ²Ein Verein ist auf seinen Antrag ferner zu entlassen, wenn ein wichtiger Grund vorliegt.

1   Die Norm regelt die **Entlassung** von Einzelvormund (Abs. 1) und Amts- und Vereinsvormund (Abs. 2) **auf ihren Antrag** hin in ihrem Interesse. Sie ergänzt §§ 1886 f.

2   Ein **Einzelvormund** ist zu entlassen, wenn ein wichtiger Grund vorliegt und er deswegen die Entlassung beantragt (Abs. 1). Ob ein solcher Grund gegeben ist, richtet sich nach einer umfassenden Betrachtung der Umstände des Einzelfalls. Entscheidend ist die Abwägung gegen das Interesse des Mündels an der Weiterführung der Vormundschaft. Die Entlassung ist aber zwingend, wenn einer der Gründe des § 1786 Abs. 1 Nr. 2–7 vorliegt. Dann wird unwiderleglich vermutet, dass die Führung der Vormundschaft dem Wohl des Mündels nicht entspricht, wenn der Betroffene deswegen die Vormundschaft ablehnt. Nicht in jedem Fall reicht dagegen die Belastung durch mehrere eigene Kinder (§ 1786 Abs. 1 Nr. 1) bzw. durch mehrere Vormundschaften (§ 1786 Abs. 1 Nr. 8). Insoweit ist vielmehr eine konkrete Abwägung vorzunehmen.

3   **Jugendamt und Verein** sind auf ihren Antrag hin zu entlassen, wenn eine als Vormund geeignete Person zur Verfügung steht und das Mündelinteresse nicht entgegensteht (Abs. 2 S. 1). Das gilt auch dann, wenn durch diesen Wechsel erst Gebührenansprüche ausgelöst werden.[1] Anders als bei § 1887 braucht das Mündelinteresse aber den Wechsel nicht zu verlangen. Der Verein ist außerdem zu entlassen, wenn ein wichtiger Grund vorliegt (Abs. 2 S. 2). Es reicht schon, dass Einkünfte oder Mitgliederbestand sich negativ verändert haben, so dass er nicht mehr in der Lage ist, seine Aufgaben im bisherigen Umfang weiterzuführen.

4   **Verfahren:** Der Antrag auf Entlassung ist Verfahrensvoraussetzung. Gegen die Ablehnung der Entlassung ist nur der Antragsteller beschwerdebefugt, bei Ent-

---

1   BGH 13.3.2013 – XII ZB 398/12, FamRZ 2013, 946.

lassung nur derjenige, der ein berechtigtes Interesse an der Angelegenheit hat (§ 59 Abs. 1 FamFG).

§ 1890 BGB Vermögensherausgabe und Rechnungslegung

[1]Der Vormund hat nach der Beendigung seines Amts dem Mündel das verwaltete Vermögen herauszugeben und über die Verwaltung Rechenschaft abzulegen. [2]Soweit er dem Familiengericht Rechnung gelegt hat, genügt die Bezugnahme auf diese Rechnung.

Die Norm regelt die wichtigsten **Folgen des Endes des Amts des Vormunds**, in- 1 dem sie bestimmt, dass er am Ende der Vormundschaft das Vermögen des Mündels herausgeben und eine Schlussrechnung legen muss (S. 1). Auch Letzteres gilt selbst dann, wenn er von der regelmäßigen Rechnungslegung befreit ist (§§ 1854, 1855, 1857 a).[1] Beide Ansprüche stehen dem Mündel zu, der sie entweder selbst oder durch einen neuen Vormund geltend machen muss. Bei der Rechnungslegung wirken der Gegenvormund (§ 1891) und das Familiengericht (§ 1892) mit.

Der **Herausgabeanspruch** bezieht sich auf das **gesamte Vermögen des Mündels**. 2 Der Vormund muss alle dazu gehörenden Gegenstände sofort nach Beendigung seines Amts an den Mündel herausgeben, dh dem Mündel den unmittelbaren Besitz daran verschaffen. Allerdings hat er wegen seiner Aufwendungsersatz- und Vergütungsansprüche, die er gegen den Mündel hat, ein Zurückbehaltungsrecht (§ 273). Außerdem muss der Vormund ein Bestandsverzeichnis vorlegen (§ 260 Abs. 1). Ggf. muss er dessen Richtigkeit an Eides statt versichern (§ 260 Abs. 2). Umgekehrt kann er eine Quittung über die Herausgabe verlangen (§ 368).

Im Übrigen kommt die **analoge Anwendung des Auftragsrechts** in Betracht, vor 3 allem der §§ 667 f.[2]

Für **die Rechnungslegung** gelten §§ 259 ff. und § 1841. Soweit dem Familienge- 4 richt schon nach §§ 1840 f. Rechnung gelegt wurde, kann darauf Bezug genommen werden (S. 2). Allerdings hindert dies den Betreuten nicht, ergänzend Auskunft zur sachlichen Rechtfertigung von bestimmten Vermögensdispositionen zu verlangen.[3]

§ 1891 BGB Mitwirkung des Gegenvormunds

(1) [1]Ist ein Gegenvormund vorhanden, so hat ihm der Vormund die Rechnung vorzulegen. [2]Der Gegenvormund hat die Rechnung mit den Bemerkungen zu versehen, zu denen die Prüfung ihm Anlass gibt.

(2) Der Gegenvormund hat über die Führung der Gegenvormundschaft und, soweit er dazu imstande ist, über das von dem Vormund verwaltete Vermögen auf Verlangen Auskunft zu erteilen.

Die Vorschrift enthält in Abs. 1 für die **Schlussabrechnung** eine der für die lau- 1 fende Rechnungslegung (§ 1842) entsprechende Regelung für die Beteiligung des

---

1 OLG Düsseldorf 16.8.1995 – 22 U 85/95, FamRZ 1996, 374.
2 OLG Karlsruhe 8.8.2003 – 15 U 76/01, FamRZ 2004, 1601.
3 OLG Schleswig 1.12.2005 – 2 W 197/05, FamRZ 2006, 574.

Gegenvormunds. Der Vormund muss ihm die Abrechnung vorlegen, und der Gegenvormund sie mit den Bemerkungen versehen, die aufgrund seiner Überprüfung erforderlich sind.

2 In Abs. 2 räumt die Norm darüber hinaus einen eigenen **Auskunftsanspruch gegen den Gegenvormund** ein. Dieser muss dem Mündel über die Führung der Gegenvormundschaft und – soweit er dazu aufgrund seiner Kenntnisse in der Lage ist – das vom Vormund verwaltete Vermögen Auskunft erteilen.

§ 1892 BGB Rechnungsprüfung und -anerkennung

(1) Der Vormund hat die Rechnung, nachdem er sie dem Gegenvormund vorgelegt hat, dem Familiengericht einzureichen.

(2) [1]Das Familiengericht hat die Rechnung rechnungsmäßig und sachlich zu prüfen und deren Abnahme durch Verhandlung mit den Beteiligten unter Zuziehung des Gegenvormunds zu vermitteln. [2]Soweit die Rechnung als richtig anerkannt wird, hat das Familiengericht das Anerkenntnis zu beurkunden.

1 Die Norm enthält für die Schlussrechnung **das funktionelle Äquivalent zu** der für die laufende Rechnungslegung geltenden Regelung des § 1843. Neben den hier genannten Aufgaben obliegt es dem Familiengericht vor allem noch, die Rückgabe der Bestallungsurkunde (§ 1893 Abs. 2) durchzusetzen und dem Vormund die noch ausstehende Vergütung und den Aufwendungsersatz zu bewilligen (§§ 1835 ff.).

2 **§ 1892 gilt für alle Vormünder**, auch den befreiten (§§ 1854 f.), den Amts- und den Vereinsvormund (§ 1857 a); denn die Befreiung bezieht sich nur auf die laufende Rechnungslegung.

3 **Aufgabe des Familiengerichts** ist es, die Verpflichtung des Vormunds durchzusetzen, eine Schlussrechnung vorzulegen. Dazu kann es gegen den Vormund Ordnungsmittel nach § 1837 Abs. 2 verhängen. Das setzt aber voraus, dass materiell noch ein Anspruch auf Rechnungslegung besteht. Das ist nicht der Fall, wenn der Vormund bereits mit dem Mündel abgerechnet und dieser die Rechnung anerkannt hat oder wenn der Vormund gar kein Vermögen des Mündels zu verwalten hatte. Das Gericht prüft die Rechnung entsprechend § 1843. Bei unvollständiger oder erkennbar unrichtiger Rechnungslegung muss das Familiengericht auf die Berichtigung der Rechnung hinwirken. Zwangsmittel stehen ihm insoweit aber nicht zur Verfügung. Das Gericht muss die Abnahme der Rechnung durch den Mündel unter Zuziehung des Gegenvormunds vermitteln (Abs. 2 S. 1). Das erfolgt in einer Verhandlung unter Beteiligung des Mündels, des Vormunds und des Gegenvormunds. Wird die Entlastung erteilt, beurkundet das Gericht das Anerkenntnis. Das Anerkenntnis durch einen neuen Vormund muss durch den Gegenvormund bzw. das Familiengericht genehmigt werden (§ 1812). Erfolgt auch trotz des Hinwirkens des Familiengerichts darauf keine Entlastung des Vormunds, muss dieser seine Entlastung mit einem Feststellungsantrag gerichtlich durchsetzen.

§ 1893 BGB Fortführung der Geschäfte nach Beendigung der Vormundschaft, Rückgabe von Urkunden

(1) Im Falle der Beendigung der Vormundschaft oder des vormundschaftlichen Amts finden die Vorschriften der §§ 1698 a, 1698 b entsprechende Anwendung.

(2) ¹Der Vormund hat nach Beendigung seines Amts die Bestallung dem Familiengericht zurückzugeben. ²In den Fällen der §§ 1791 a, 1791 b ist der Beschluss des Familiengerichts, im Falle des § 1791 c die Bescheinigung über den Eintritt der Vormundschaft zurückzugeben.

Die Norm **soll die Beendigung der Vormundschaft zur Unzeit verhindern** und ordnet an, dass am Ende der Vormundschaft die Papiere, die den Eintritt der Vormundschaft bzw. die Bestellung des Vormunds enthalten, zurückgegeben werden müssen, damit nicht trotz Endes des Vormundschaft der Rechtsschein einer solchen entstehen kann. **1**

Damit dem Mündel bzw. seinem Erbe, aber auch dem Vormund aus der Beendigung der Vormundschaft keine Nachteile entstehen, bleibt der Vormund auch nach Beendigung der Vormundschaft **berechtigt, Geschäfte mit Wirkung für und gegen den Mündel vorzunehmen**, solange er die Beendigung der Vormundschaft weder kennt noch kennen muss (Abs. 1, § 1698 a). Bis zu diesem Zeitpunkt handelt der Vormund als Vertreter mit Vertretungsmacht, und es können evtl. erforderliche familiengerichtliche Genehmigungen erteilt werden. Das gilt jedoch nicht, wenn dem Dritten, mit dem der Vormund das Geschäft vornimmt oder im Fall der Genehmigung dem Familiengericht das Ende der Vormundschaft bekannt ist (Gedanke der §§ 122 Abs. 2, 179 Abs. 3). Entsprechendes gilt bei der Kenntnis des Familiengerichts; denn dieses darf nicht an Rechtshandlungen mitwirken, deren Unrichtigkeit es kennt. Nach Kenntnis bzw. Kennenmüssen vom Ende der Vormundschaft ist der Vormund Vertreter ohne Vertretungsmacht. Dritte werden in ihrem guten Glauben an das Fortbestehen der Vormundschaft nicht geschützt. Ihnen stehen nur Ansprüche gegen den Vormund zu (§ 179). Der Mündel kann unter Umständen Ansprüche aus §§ 677 ff. haben. **2**

Stirbt der Mündel, muss der Vormund noch alle Geschäfte vornehmen, mit deren Aufschub Gefahr verbunden ist (Abs. 1, § 1698 b). Bei Unterlassen ist er schadensersatzpflichtig (§ 1833). **3**

Nach Beendigung der Vormundschaft muss der Vormund seine **Bestallung,** der Vereins- oder Amtsvormund die schriftliche Verfügung nach §§ 1791 a Abs. 2, 1791 b Abs. 2, der gesetzliche Amtsvormund die Bescheinigung über den Eintritt der Vormundschaft (§ 1791 c Abs. 3) **zurückgeben,** damit kein Missbrauch mit diesen Urkunden getrieben werden kann. Bei Beendigung der Vormundschaft durch den Tod des Vormunds trifft die Herausgabepflicht dessen Erben. **4**

§ 1894 BGB Anzeige bei Tod des Vormunds

(1) Den Tod des Vormunds hat dessen Erbe dem Familiengericht unverzüglich anzuzeigen.

(2) Den Tod des Gegenvormunds oder eines Mitvormunds hat der Vormund unverzüglich anzuzeigen.

Die Norm **statuiert Mitteilungspflichten** beim Tod des Vormunds (Abs. 1), des Gegen- und des Mitvormunds (Abs. 2). Sie sollen es dem Familiengericht ermög- **1** lichen, schnell Kenntnis von dem durch den Tod ausgelösten Handlungsbedarf zu erhalten, damit der Mündel nicht unnötig lange unvertreten ist. Die Mitteilungspflicht trifft beim Tod des Vormunds seine Erben (Abs. 1) und den Gegenvormund (§ 1799 Abs. 1 S. 2). Beim Tod des Gegenvormunds oder eines Mitvormunds ist der Vormund mitteilungspflichtig (Abs. 2). Die Mitteilung muss unverzüglich (§ 121) erfolgen. Wird sie versäumt, wird unter Umständen eine Haftung nach § 1833 begründet.

§ 1895 BGB Amtsende des Gegenvormunds

Die Vorschriften der §§ 1886 bis 1889, 1893, 1894 finden auf den Gegenvormund entsprechende Anwendung.

1 Aus der entsprechenden Anwendung der Vorschriften über die Vormundschaft ergibt sich, dass das **Amt des Gegenvormunds unter denselben Voraussetzungen** durch Entlassung **endet, wie das des Vormunds:** wenn die Fortführung des Amts das Interesse des Mündels gefährden würde (§ 1886), wenn das Jugendamt oder ein Verein die Vormundschaft führt, aber eine andere, gleich geeignete Person gefunden wird (§ 1887), wenn einem Beamten oder Religionsdiener die nach Landesrecht erforderliche Erlaubnis versagt oder entzogen wird (§ 1888) oder wenn der Gegenvormund es selbst beantragt, weil ihre weitere Führung ihm nicht mehr zuzumuten bzw. (bei Verein oder Behörde) eine geeignete natürliche Person vorhanden ist (§ 1889). Im Übrigen endet das Amt des Gegenvormunds, wenn das Familiengericht die Gegenvormundschaft aufhebt, weil ihre Voraussetzungen weggefallen sind oder wenn der Gegenvormund stirbt.

2 Der Gegenvormund bleibt unter denselben Voraussetzungen wie der Vormund zur **Notgeschäftsführung** berechtigt und verpflichtet (vgl. § 1893 Abs. 1). Er muss seine Bestallung zurückgeben (§ 1893 Abs. 2). Endet die Gegenvormundschaft durch Tod, sind sowohl der Vormund (§ 1894 Abs. 2) als auch die Erben des Gegenvormunds verpflichtet, das dem Familiengericht mitzuteilen.

Titel 2 Rechtliche Betreuung

Vorbemerkung zu §§ 1896–1908 k BGB

Literatur: *Baumann/Selzener,* Vorsorge für den geschäftsunfähigen Personengesellschafter, RNotZ 2015, 605; *Böh/Tosolino,* Der Ausschluss der gesetzlichen Betreuung durch eine Vorsorgevollmacht, 2015; *Böhm/Marburger/Spanl,* Betreuungsrecht – Betreuungspraxis, 6. Aufl. 2015; *Dehn,* Die rechtliche Betreuung, 2014; *Dodegge,* Aktuelles aus dem Betreuungsrecht, BtPrax 2016, 3; *Dodegge/Roth,* Systematischer Praxiskommentar Betreuungsrecht, 4. Aufl. 2014; *Fröschle,* Studienbuch Betreuungsrecht, 3. Aufl. 2013; *Harm,* Die Entwicklung im Vormundschafts-, Pflegschafts- und Betreuungsrecht seit 2013 (ohne Vergütungsrecht), Rpfleger 2015, 511; *Jordans,* Anordnung einer Betreuung trotz Vorliegens einer Vollmacht, MDR 2015, 1045; *Jurgeleit,* Betreuungsrecht Handkommentar, 3. Aufl. 2013; *Müller/Renner,* Betreuungsrecht und Vorsorgeverfügungen in der Praxis, 4. Aufl. 2015; *Pardey/Kieß,* Betreuungs- und Unterbringungsrecht, 5. Aufl. 2014; *Roth/Dommermühl/Hack/Scharf,* Vorsorgevollmacht, Betreuungsverfügung und Patientenverfügung, 4. Aufl., 2015; *Rumpff,* Die Vergütung des Berufsbetreuers, 2015; *Scherr,* Umgang mit Zwangsmaßnahmen in Krankenhäusern, Psychiatrien und Pflegeeinrichtungen, 2015; *Schiffer-Werneburg,* Betreuungsrecht und Pflegeberatung – Hinweise zur Abgrenzung, BtPrax 2015, 49; *Sonnenfeld,* Bericht über die Rechtsprechung zum Betreuungsrecht, FamRZ 2015, 1768; *Wienand,* Kernprobleme des Betreuungsrechts, FuR 2015, Jubiläumsausgabe, 20.

Die **Betreuung** (eingeführt durch das Betreuungsgesetz vom 12.9.1990)[1] ersetzt   1
seit **1.1.1992 die Vormundschaft oder Pflegschaft über Volljährige,** die wegen eines Gebrechens, Alters oder einer Krankheit ihre Angelegenheiten nicht (mehr)
besorgen können. Die Betreuung erlaubt es, einem hilfebedürftigen Erwachsenen ohne Rücksicht auf seine Geschäftsfähigkeit eine Hilfsperson beizuordnen,
die ihn im Rechtsverkehr vertritt. Der Aufgabenkreis des Betreuers **darf dabei
nicht weiter zugeschnitten werden, als die Krankheit oder Behinderung erfordert**
(vgl. § 1896 Abs. 2), so dass der staatliche Eingriff in die Rechte des Betroffenen
so gering bleibt wie möglich. Die Bestellung des Betreuers hat auch keinen Einfluss auf die Geschäftsfähigkeit des Betroffenen. Falls erforderlich, kann aber
zusätzlich zur Betreuung ein Einwilligungsvorbehalt angeordnet werden. Dadurch erhält der Betroffene dann eine Stellung, die in etwa derjenigen eines beschränkt Geschäftsfähigen entspricht (§ 1903 Abs. 1 S. 2). Im Gegensatz zu diesen können die unter Einwilligungsvorbehalt stehenden Personen aber auch
rechtlich nachteilige Geschäfte abschließen, wenn diese zu den geringfügigen
Angelegenheiten des täglichen Lebens gehören (§ 1903 Abs. 3).

Die Einführung der Betreuung sollte auch das **Selbstbestimmungsrecht** des Be-   2
troffenen stärken. An verschiedenen Stellen ist deswegen ausdrücklich bestimmt,
dass auf die Wünsche des Betreuten Rücksicht zu nehmen ist (§§ 1897 Abs. 4,
1901 Abs. 3, 1901 a, 1901 c). Weil nicht erforderlich, ist eine Betreuung ganz
ausgeschlossen, wenn der Betroffene durch die Erteilung von Vollmachten genügend Vorsorge für die Wahrnehmung seiner Angelegenheiten auch im Fall seiner
Betreuungsbedürftigkeit getroffen hat (§ 1896 Abs. 3, → § 1896 Rn. 13). Auch
kann der Betroffene bereits in gesunden Tagen festlegen, von wem er betreut
werden möchte (sog Betreuungsverfügung, → § 1897 Rn. 5, → § 1901 c Rn. 2)
und schließlich kann er in einer Patientenverfügung schon in gesunden Zeiten
niederlegen, wann und unter welchen Voraussetzungen eine medizinische Behandlung eingestellt werden soll (§ 1901 a, → Rn. 8).

Die Position des **Betreuten als Grundrechtsträger** wird gegenüber der alten   3
Rechtslage durch Genehmigungserfordernisse bei Eingriffen in die körperliche
Integrität (§§ 1904 f.), die Bewegungsfreiheit (§ 1906) und den Post- und Fernmeldeverkehr (§ 1896 Abs. 4) weiter gehend abgesichert. Hinzugekommen sind
2013 Regelungen für die Zwangsbehandlung (§ 1906 Abs. 2–3 a nF), welche
dem Betroffenen einen weitaus größeren Schutz seines Selbstbestimmungsrechts
gewährleisten als das früher der Fall war.

Die Betreuung ist stärker auf eine **persönliche Betreuung** hin ausgerichtet, als es   4
bei der Vormundschaft und der Gebrechlichkeitspflegschaft der Fall war.
Grundsatz ist die Einzelbetreuung durch eine natürliche Person (§ 1987 Abs. 1).
Mehrere Betreuer sollen nur bestellt werden, wenn das zur sachgerechten
Durchführung der Betreuung erforderlich ist (§ 1899). Die Betreuung durch
einen Betreuungsverein kommt erst in Betracht, wenn eine natürliche Person
nicht zur Verfügung steht (vgl. § 1900 Abs. 1), diejenige durch die Betreuungsbehörde erst, wenn auch ein Betreuungsverein nicht zur Verfügung steht (§ 1900
Abs. 4).

Der Betreuer wird **gesetzlicher Vertreter** des Betroffenen, der seine Geschäftsfä-   5
higkeit aber nicht verliert. Daraus können sich Koordinationsprobleme ergeben

---

1 BGBl. I 2002.

(→ § 1902 Rn. 2). Im Übrigen gelten weitgehend die Regelungen der Vormundschaft (vgl. § 1908 i).

6 **Internationalprivatrechtlich** ist nach der internen Regelung des Art. 24 Abs. 1 S. 1 EGBGB für die Betreuung das Recht des Staates maßgeblich, dem die Person angehört, für die Fürsorge getroffen werden soll. Für Ausländer mit gewöhnlichem Aufenthalt in Deutschland und solche, die sich in Deutschland schlicht aufhalten, ohne einen gewöhnlichen Aufenthalt in einem anderen Staat zu haben, kann eine Betreuung nach deutschem Recht angeordnet und geführt werden (Art. 24 Abs. 1 S. 2 EGBGB). Die Anordnung einer Betreuung stellt aber auch eine Maßnahme iSd **Haager Erwachsenenschutzabkommens (ESÜ)**[2] dar. Art. 24 EGBGB ist daher auf Personen mit gewöhnlichem Aufenthalt in Deutschland nicht mehr anwendbar. Insoweit gilt allein das ESÜ und führt zur Anwendung deutschen Rechts.

7 Das **Verfahren** zur Bestellung eines Betreuers ist heute ein Einheitsverfahren, in dem zugleich über die Person des Betreuers entschieden wird. Die internationale Zuständigkeit deutscher Gerichte für Betreuungssachen bestimmt sich nach dem Haager Erwachsenenschutzabkommen und nach § 104 FamFG, soweit das Abkommen nicht eingreift. Zur Anerkennung ausländischer Entscheidungen s. § 108 FamFG.

8 Nicht ganz systemgerecht wurden durch das Dritte BetreuungsrechtsänderungsG vom 29.7.2009[3] im Abschnitt über das Betreuungsrecht die Regelungen über die sog **Patientenverfügung** eingefügt, also Willensbekundungen, durch die jemand bestimmte medizinische Behandlungen ausschließt oder einen Vertreter dafür bestimmt, medizinische Behandlungen abzubrechen. Da solche Anordnungen nicht unbedingt das Vorhandensein eines Betreuers im Zeitpunkt der Entscheidung über die Behandlung voraussetzen (Beispiel: Koma nach Unfall), hätte die Regelung besser in einem allgemeinen Abschnitt im zweiten Buch über die Einwilligung in ärztliche Maßnahmen Platz gefunden.

§ 1896 BGB Voraussetzungen

(1) ¹Kann ein Volljähriger auf Grund einer psychischen Krankheit oder einer körperlichen, geistigen oder seelischen Behinderung seine Angelegenheiten ganz oder teilweise nicht besorgen, so bestellt das Betreuungsgericht auf seinen Antrag oder von Amts wegen für ihn einen Betreuer. ²Den Antrag kann auch ein Geschäftsunfähiger stellen. ³Soweit der Volljährige auf Grund einer körperlichen Behinderung seine Angelegenheiten nicht besorgen kann, darf der Betreuer nur auf Antrag des Volljährigen bestellt werden, es sei denn, dass dieser seinen Willen nicht kundtun kann.

(1 a) Gegen den freien Willen des Volljährigen darf ein Betreuer nicht bestellt werden.

(2) ¹Ein Betreuer darf nur für Aufgabenkreise bestellt werden, in denen die Betreuung erforderlich ist. ²Die Betreuung ist nicht erforderlich, soweit die Angelegenheiten des Volljährigen durch einen Bevollmächtigten, der nicht zu den in § 1897 Abs. 3 bezeichneten Personen gehört, oder durch andere Hilfen, bei de-

---

2 Vgl. das Gesetz vom 17.3.2007 zu dem Haager Übereinkommen vom 13.1.2000 über den internationalen Schutz von Erwachsenen, BGBl. II 323.

3 BGBl. I 2286.

nen kein gesetzlicher Vertreter bestellt wird, ebenso gut wie durch einen Betreuer besorgt werden können.

(3) Als Aufgabenkreis kann auch die Geltendmachung von Rechten des Betreuten gegenüber seinem Bevollmächtigten bestimmt werden.

(4) Die Entscheidung über den Fernmeldeverkehr des Betreuten und über die Entgegennahme, das Öffnen und das Anhalten seiner Post werden vom Aufgabenkreis des Betreuers nur dann erfasst, wenn das Gericht dies ausdrücklich angeordnet hat.

I. Normzweck und Regelungsgehalt

Die Vorschrift regelt, unter welchen **Voraussetzungen** die Anordnung einer Betreuung in Betracht kommt und nennt die Kriterien für den **Zuschnitt der Aufgabenbereiche** des Betreuers. Mittelbar ergeben sich daraus auch die Voraussetzungen für die Aufhebung der Betreuung und die Einschränkung der Aufgabenkreise des Betreuers, denn § 1908 d verweist insoweit auf § 1896. 1

Den absoluten **Vorrang des Willens des Betreuten** betont Abs. 1 a, der durch das 2. BetreuungsrechtsänderungsG mit Wirkung zum 1.7.2005 eingefügt wurde. Der Betreute soll nicht Objekt staatlichen Handelns sein, sondern sein Leben so lange selbst bestimmen können, wie ihm eine freie Willensbestimmung möglich ist. Die Regelung stellt deswegen klar, dass die Bestellung eines Betreuers gegen den frei bestimmten Willen des Betreuten nicht in Betracht kommt. Einzelheiten: → Rn. 13 ff. 2

Wer zum Betreuer bestellt werden darf, richtet sich nicht nach § 1896, sondern nach §§ 1897, 1900. 3

II. Voraussetzungen der Betreuerbestellung und des Zuschnitts der Aufgabenkreise

1. Voraussetzungen der Betreuerbestellung. a) Volljährigkeit. Die Anordnung einer Betreuung setzt zunächst voraus, dass der Betroffene **volljährig** ist. Für Minderjährige kann eine Betreuung nur angeordnet werden, wenn sie bereits das 17. Lebensjahr vollendet haben und zu erwarten ist, dass sie beim Eintritt der Volljährigkeit betreuungsbedürftig sind (§ 1908 a). Die Wirksamkeit der Be- 4 treuung beginnt dann mit der Volljährigkeit. Eine Betreuung für Tote ist ausgeschlossen, weil sie bereits ihre Rechtsfähigkeit verloren haben.

5 b) **Medizinische Voraussetzungen.** Medizinische Voraussetzung für die Anordnung einer Betreuung ist, dass der Betroffene unter einer psychischen Krankheit oder einer körperlichen, geistigen oder seelischen Behinderung leidet. Das ist durch ein ärztliches Gutachten konkret festzustellen (§ 280 FamFG). Andere Benachteiligungen (zB sozialer Art) rechtfertigen eine Betreuung auch dann nicht, wenn sie für den Betroffenen das Tätigwerden im Rechtsverkehr erheblich erschweren. Das gilt vor allem für Aspekte wie mangelnde Schulbildung, Arbeitsunlust, Hang zur Begehung von Straftaten oder sonstige soziale Fehlentwicklungen.[1]

6 **Psychische Krankheiten** können die Anordnung einer Betreuung erfordern. In Betracht kommt das bei körperlich nicht begründbaren (endogenen) Psychosen und Paranoia, auf organischen Schädigungen des Gehirns (Alzheimersche Krankheit, senile Demenz, Arteriosklerose) beruhenden Psychosen und solchen, die auf den Genuss von Alkohol und anderen Drogen zurückzuführen sind. Der Alkoholismus oder die Drogensucht selbst ist aber allein noch keine psychische Krankheit. Erforderlich ist vielmehr, dass die Sucht bereits zu hirnorganischen Veränderungen oder psychischen Defekten geführt hat.[2] Neurosen und Psychopathien reichen nur, wenn sie Krankheitswert von klinischem Ausmaß erreicht haben (zB Querulantenwahn,[3] Antriebslosigkeit).

7 **Körperliche Behinderungen** reichen grundsätzlich nicht, um die Anordnung einer Betreuung zu rechtfertigen. Ein ausschließlich Körperbehinderter kann regelmäßig noch Vollmachten erteilen, so dass die Anordnung einer Betreuung nicht erforderlich ist (vgl. Abs. 2). Es verbleiben die Fälle einer Totallähmung oder einer Mehrfachbehinderung (zB Blind-Taubheit verbunden mit Sprachunfähigkeit). Auch in diesen Fällen kommt eine Betreuung grundsätzlich nur auf Antrag des Betroffenen in Betracht (Abs. 1 S. 3). Nur wenn zugleich eine psychische oder seelische Behinderung vorliegt, entfällt dieses Erfordernis.

8 **Geistige Behinderungen** sind alle Intelligenzdefekte (zB Down-Syndrom). Laut Gesetzesbegründung sind zwar nur frühzeitig erworbene Defekte hierher zu rechnen.[4] Das überzeugt jedoch nicht, weil das Schutzbedürfnis nichts damit zu tun hat, wann ein Defekt erworben wurde. Auch im Gesetzeswortlaut hat die Einschränkung keinen Ausdruck gefunden.

9 **Seelische Behinderungen** sind bleibende psychische Beeinträchtigungen aufgrund psychischer Krankheiten. Hierher gehören vor allem die Folgen des geistigen Altersabbaus. „Altersstarrsinn" als solcher reicht dagegen nicht aus.[5]

10 c) **Durch Krankheit oder Behinderung bedingte Unfähigkeit zur Besorgung der eigenen Angelegenheiten.** Wegen der psychischen Krankheit oder Behinderung muss der Betroffene **nicht dazu in der Lage sein, seine Angelegenheiten** ganz oder teilweise **zu besorgen.** Die Krankheit bzw. Behinderung allein rechtfertigt

---

1 AG Neuruppin 28.3.2006 – 22 XVII 21/06, FamRZ 2006, 1629.
2 BGH 27.4.2016 – XII ZB 7/16; 3.2.2016 – XII ZB 317/15, FamRZ 2016, 807; BayObLG 13.9.1994 – 3Z BR 238/94, BtPrax 1995, 26; 1.2.1999 – 3Z BR 29/99, FamRZ 1999, 1306; OLG Schleswig 10.6.1998 – 2 W 99/98, BtPrax 1998, 185.
3 BGH 27.1.2016 – XII ZB 519/15, FamRZ 2016, 627.
4 BT-Drs. 11/45128, 116.
5 BayObLG 24.8.2001 – 3Z BR 246/01, FamRZ 2002, 494.

den mit der Anordnung einer Betreuung verbundenen Grundrechtseingriff also noch nicht; erforderlich ist vielmehr ihre Kausalität für Beeinträchtigungen des Betroffenen in seinem Rechtskreis. Die Bestellung eines Betreuers zur Stellung eines Rentenantrags ist daher nur zulässig, wenn die Weigerung des Betroffenen, einen solchen Antrag zu stellen, gerade in seiner Krankheit liegt. Weigert der Betroffene sich aus anderen Gründen, ist eine Betreuung unzulässig.[6] IdR kommt deswegen eine Betreuung nicht in Betracht, solange der Betroffene noch in der Lage ist, jemanden mit der Wahrnehmung seiner Angelegenheiten zu beauftragen.[7]

Die Unfähigkeit zur Besorgung der eigenen Angelegenheiten muss gerade darauf **11** beruhen, dass der **Betroffene aufgrund seiner Krankheit oder Behinderung nicht dazu in der Lage ist, seinen Willen frei zu bestimmen.**[8] Diese Einschränkung ergibt sich daraus, dass die Anordnung der Betreuung einen tief greifenden Eingriff in das Persönlichkeitsrecht des Betroffenen bedeutet, der nicht vorschnell vorgenommen werden darf. Ob der Betroffene geschäftsunfähig ist oder nicht, ist dagegen unerheblich. Zur Bedeutung des Willens des Betroffenen siehe Abs. 1 a (→ Rn. 13 ff.).

Die Formulierung der Voraussetzung lässt es fraglich erscheinen, ob eine Betreu- **12** ung auch dann angeordnet werden kann, **wenn ausschließlich ein Dritter** daran ein Interesse hat (zB Arbeitgeber, der das Arbeitsverhältnis kündigen will, Dienstherr, der einen Beamten wegen Dienstunfähigkeit entlassen oder in den Ruhestand versetzen will). Allerdings dient die Betreuung nicht nur dem Interesse des Betreuten, sondern auch dem Interesse der Rechtsordnung an der Gewährleistung des Rechtsverkehrs mit jedem Rechtssubjekt. Deswegen muss eine Betreuerbestellung im ausschließlichen Drittinteresse zumindest dann zulässig sein, wenn der Betroffene geschäftsunfähig ist.[9] Sonst würde man den Betroffenen von der Teilnahme am Rechtsverkehr ausschließen und es Dritten unmöglich machen, ihre Rechte gegen ihn durchzusetzen (vgl. §§ 105, 131 Abs. 1; § 171 Abs. 1 ZPO). Das würde die durch Art. 1 GG geschützte Rechtssubjektivität des Betreuten zu wenig achten – und zwar auch in den Fällen, in denen aus der Teilnahme am Rechtsverkehr Nachteile erwachsen.

d) Übereinstimmung mit dem Willen des Betreuten. Als **weitere** legislative **nega- 13 tive Voraussetzung** der Anordnung einer Betreuung bestimmt **Abs. 1 a,** dass **gegen den freien Willen eines Volljährigen ein Betreuer nicht bestellt** werden darf. Dieser Umstand muss konkret und nachvollziehbar festgestellt werden, pauschale Behauptungen verbieten sich.[10] Damit wird der Vorrang des Willens des Betroffenen betont. Ein Volljähriger, der frei einen eigenen Willen bilden und äußern kann, soll nicht unter Missachtung seiner gegenteiligen Entscheidung zum Objekt einer Betreuerbestellung gemacht werden. Diese Voraussetzung ist deswegen in jedem Betreuungsverfahren zu prüfen, wenn der Betroffene die Betreuung ablehnt.[11] Abs. 1 a ist letztlich die Kodifizierung der von der Rechtsprechung bereits zuvor praktizierten Einschränkung des § 1896, dass eine Betreuer-

---

6 BayObLG 25.7.1994 – 3Z BR 97/94, FamRZ 1994, 1551.
7 BGH 21.11.2013 – XII ZB 481/12, FamRZ 2014, 294.
8 BayObLG 25.11.1993 – 3Z BR 190/93, FamRZ 1994, 720.
9 BayObLG 27.2.1996 – 3Z BR 337/95, BtPrax 1996, 106.
10 BGH 2.9.2015 – XII ZB 115/15, FuR 2015, 726.
11 BGH 9.2.2011 – XII ZB 526/10, FamRZ 2011, 630; 21.11.2012 – XII ZB 114/12, FamRZ 2013, 287.

bestellung nur dann in Betracht kommt, wenn der Betroffene aufgrund seiner Krankheit oder Behinderung nicht dazu in der Lage ist, seinen Willen frei zu bestimmen (→ Rn. 11).

14 Für die Beurteilung der Frage, ob der **Betroffene einen Willen frei bestimmen kann,** gelten dieselben Anforderungen wie bei § 104 Nr. 2. Die freie Willensbestimmung ist nur ausgeschlossen, wenn der Betroffene wegen Einsichtsunfähigkeit nicht dazu in der Lage ist, eine freie Entscheidung nach Abwägung der in Betracht kommenden Gesichtspunkte zu treffen, oder wenn er nicht dazu in der Lage ist, nach der gewonnenen Einsicht zu handeln.

15 Ob der Betroffene **einsichtsfähig** ist, richtet sich danach, ob er die für und gegen eine Betreuerbestellung sprechenden Gesichtspunkte erkennen und gegeneinander abwägen kann. Daran kann es zB in Demenzfällen oder bei Drogensucht fehlen. Ein unter psychotischen Störungen leidender Mensch kann dagegen nicht ohne Weiteres als einsichtsunfähig angesehen werden. Vor allem dürfen niemals überspannte Anforderungen gestellt werden: Es reicht, dass der Betroffene nach Aufklärung durch den Richter versteht, was eine Betreuung bedeutet und welche Vor- und Nachteile sie ihm bringen würde.

16 Ob die **Willensbestimmung** des Betroffenen **frei** ist, richtet in erster Linie danach, inwieweit seine Entscheidung autonom getroffen ist. Ausgeschlossen ist die Freiheit der Willensbildung deswegen vor allem dann, wenn der Betroffene unter dem bestimmenden Einfluss eines Dritten steht. In Betracht kommt etwa, dass ein Dritter, von dem der Betroffene psychisch abhängig ist, dessen Interessen denjenigen des Betroffenen aber gegenläufig sind, diesen intensiv beeinflusst. In diesen Fällen ist aber zunächst zu versuchen, den Einfluss des Dritten zurückzudrängen, zB indem der Richter mit dem Betroffenen spricht, wenn der Dritte nicht anwesend ist. Dagegen rechtfertigt die mangelnde Fähigkeit eines alten Menschen, aus seinen vorhandenen bescheidenen Mitteln Schulden abzutragen und das Auflaufen neuer bescheidener Schulden zu verhindern, nicht die Feststellung, dass er in der Wahrnehmung seines Selbstbestimmungsrechts erheblich beeinträchtigt und zu eigenverantwortlichen Entscheidungen nicht in der Lage ist.[12] Insoweit handelt es sich um allgemeine aus der Lebenssituation folgende Zwänge, nicht um eine Frage der Fähigkeit zu einer autonomen Willensentscheidung.

17 **Folge** des frei bestimmten gegen die Betreuung gerichteten Willens ist, dass eine Betreuung nicht angeordnet werden darf. Eine Ausnahme gilt nur dann, wenn festgestellt ist, dass die freie Willensbestimmung aufgehoben ist.[13] Soll also die Betreuung gegen den Willen des Betroffenen angeordnet werden, muss festgestellt werden, dass dem an einer psychischen Erkrankung (zB paranoider Schizophrenie) leidenden Betroffenen die Fähigkeit fehlt, einen freien Willen zu bilden und die Bedeutung der Einrichtung einer Betreuung für seine Lebensgestaltung zu erkennen.[14] Das gilt auch dann, wenn eine Betreuung für den Betroffenen objektiv vorteilhaft wäre.[15]

---

12 OLG Köln 7.6.2004 – 16 Wx 83/04, FamRZ 2006, 288.
13 OLG Frankfurt/M. 13.2.2006 – 20 W 379/05, FamRZ 2006, 1629.
14 BGH 14.1.2015 – XII ZB 352/14, FamRZ 2015, 648.
15 BGH 14.1.2015 – XII ZB 352/14, FamRZ 2015, 648; 14.3.2012 – XII ZB 502/11, FamRZ 2012, 869.

Kann der Betroffene nur einen **natürlichen Willen** bilden, hat er aber keine Ein- 18
sichtsfähigkeit oder nicht die Fähigkeit, nach seiner Einsicht zu handeln, wird
die Anordnung der Betreuung durch diesen Willen nicht gehindert. Der Wille ist
aber gleichwohl zu berücksichtigen. Vor allem auf die Auswahl des Betreuers
kann der Betroffene auch so Einfluss nehmen (vgl. § 1897 Abs. 4).

e) **Erforderlichkeit der Betreuung.** Ein Betreuer darf nur für solche Aufgaben- 19
kreise bestellt werden, in denen die Betreuung erforderlich ist (Abs. 2). Diese un-
verzichtbare[16] Einschränkung berücksichtigt das Verhältnismäßigkeitsgebot
auch im Betreuungsrecht. Sie hat Parallelen in §§ 1903 Abs. 1 S. 1, 1906 Abs. 1,
1908 a S. 2 und 1908 d Abs. 3. So kommt eine Betreuung dann nicht in Betracht, wenn in Ansehung der konkreten, gegenwärtigen Lebenssituation des Betroffenen kein konkreter Betreuungsbedarf in einem Bereich festgestellt werden
kann.[17] Ausnahmsweise kann die Erforderlichkeit einer Betreuung im Einzelfall
sogar fehlen, wenn der Betroffene jeden Kontakt mit seinem Betreuer verweigert
und der Betreuer dadurch handlungsunfähig ist, also eine „Unbetreubarkeit"
vorliegt.[18] Bei der Annahme einer solchen Unbetreubarkeit ist jedoch Zurückhaltung geboten: sie kann erst angenommen werden, wenn auch ein Betreuerwechsel keine Besserung bringen würde.

aa) **Nur Kompensation der krankheits- und behinderungsbedingten Einschrän-** 20
kungen. Aus dem Erforderlichkeitsgrundsatz folgt vor allem, dass die Betreuung **nicht weiter gehen darf als das wegen der krankheits- oder behinderungsbe-**
dingten Einschränkungen der Handlungsfähigkeit des Betroffenen **nötig** ist. Ist
die Beeinträchtigung partiell (zB Querulantenwahn in Bezug auf eine einzelne
Angelegenheit oder Behörde), darf eine Betreuung auch nur insoweit angeordnet
werden. Bei einer schubförmig verlaufenden Krankheit kommt eine Betreuung
nur für die Phasen des Krankheitsschubs in Betracht. Entsprechendes gilt für die
Bestellung eines Kontrollbetreuers, wenn der Vollmachtgeber noch partiell selbst
dazu in der Lage ist, den Bevollmächtigten zu kontrollieren.[19]

bb) **Keine rechtsgeschäftliche Vorsorge.** Abs. 2 S. 2 stellt klar, dass die Betreu- 21
ung **nicht** erforderlich ist, **soweit die Angelegenheiten des Volljährigen auch**
durch einen Bevollmächtigten oder durch andere Hilfen, bei denen kein gesetzlicher Vertreter bestellt wird, genauso gut wie durch einen Betreuer besorgt werden können. Eine Betreuung kann daher nicht angeordnet werden, solange der
Betroffene seine Angelegenheiten mit Unterstützung Dritter noch selbst besorgen kann.[20] Betreuungsbedürftigkeit ist deswegen auch nicht mit Pflegebedürftigkeit gleichzusetzen. Entscheidend ist, ob der Betroffene einen gesetzlichen
Vertreter benötigt. Allein die Unterbringung des betreuungsbedürftigen Betroffenen in einer forensischen Klinik gem. § 63 StGB lässt den Betreuungsbedarf daher nicht entfallen.[21]

Die Erforderlichkeit einer Betreuung entfällt, soweit die Angelegenheiten des Be- 22
troffenen **durch einen Bevollmächtigten** des Betroffenen geregelt werden können. Der Wille des Betroffenen hat Vorrang. Es reicht deswegen nicht, dass nach
der Auffassung des Gerichts die Besorgung der Angelegenheiten des Betroffenen

---

16 OLG Köln 21.6.1995 – 16 Wx 100/95, FamRZ 1996, 249.
17 BGH 1.4.2015 – XII ZB 29/15, FamRZ 2015, 1016.
18 BGH 28.1.2015 – XII ZB 520/14, FamRZ 2015, 650.
19 BayObLG 15.12.1998 – 3Z BR 272/98, NJWE-FER 1999, 270.
20 OLG München 20.12.2006 – 33 Wx 248/06, FamRZ 2007, 743.
21 BGH 20.5.2015 – XII ZB 96/15, FamRZ 2015, 1378.

durch einen Betreuer vorzuziehen ist.[22] Die Möglichkeit einer Bevollmächtigung steht der Erforderlichkeit der Betreuung aber nur entgegen, wenn es tatsächlich mindestens eine Person gibt, welcher der Betroffene das für eine Vollmachterteilung erforderliche Vertrauen entgegen bringt und die zur Übernahme der anfallenden Aufgaben als Bevollmächtigter des Betroffenen bereit und in der Lage ist.[23] Auch wenn eine Bevollmächtigung vorgenommen wurde, ist diese nicht in jedem Fall geeignet, die Bestellung eines Betreuers entbehrlich zu machen. Die Bestellung eines Betreuers ist etwa weiterhin erforderlich, wenn Zweifel an der Wirksamkeit der Vollmacht bestehen,[24] vor allem, weil nicht klar ist, ob der Betroffene, der die Vollmacht erteilt hat, bei ihrer Erteilung geschäftsfähig war[25] oder ob die Vollmacht zwischenzeitlich widerrufen wurde.[26] Entsprechendes gilt, wenn die erteilte Vollmacht den Kreis von Angelegenheiten, für die eine Betreuung notwendig ist, nicht vollständig abdeckt.[27] In Betracht kommt die Betreuungsanordnung auch dann, wenn der Bevollmächtigte ungeeignet ist, die Angelegenheiten des Betroffenen zu besorgen, insbesondere weil zu befürchten ist, dass die Wahrnehmung der Interessen des Betroffenen durch jenen eine konkrete Gefahr für das Wohl des Betroffenen begründet, etwa wenn der Bevollmächtigte wegen erheblicher Bedenken an seiner Geeignetheit oder Redlichkeit als ungeeignet erscheint.[28]

Soweit es nicht für spezielle Bereiche besonders vorgeschrieben ist, kann die Vollmacht formfrei erteilt werden (§ 167, Ausnahmen: § 11 Abs. 7 MRRG, §§ 1904 Abs. 2 S. 2, 1906 Abs. 5 S. 1). Eine Vollmacht für Grundstücksveräußerungen bedarf aber der notariellen Beurkundung,[29] denn nach § 29 Abs. 1 GBO soll eine Eintragung in das Grundbuch nur vorgenommen werden, wenn die zu der Eintragung erforderlichen Erklärungen durch öffentliche oder öffentlich beglaubigte Urkunden nachgewiesen werden. Das gilt auch für die Auflassungsvollmacht, so dass der Bevollmächtigte mit einer nur privatschriftlichen Vollmacht seine Vertretungsmacht nicht in grundbuchrechtlicher Form durch Urkunden nachweisen könnte. Ohne die Eintragung in das Grundbuch könnte eine Eigentumsübertragung aber nicht wirksam werden (§ 873 Abs. 1).

23 Um Betreuungsanordnungen zu vermeiden, wird zunehmend versucht, durch die Erteilung einer Generalvollmacht (sog **Altersvorsorgevollmacht**) an eine Person des Vertrauens im Stadium vor der Betreuungsbedürftigkeit die spätere Bestellung eines Betreuers zu vermeiden. Bevollmächtigt werden kann jeder mit Ausnahme derjenigen Personen, die zu der Anstalt oder dem Heim, in dem der Betroffene untergebracht ist oder wohnt, in einem Abhängigkeits- oder Näheverhältnis steht (§ 1897 Abs. 3). Durch eine Betreuungsvollmacht kann selbst die Befugnis zur Entscheidung über freiheitsentziehende Maßnahmen geregelt werden (beachte aber §§ 1904 Abs. 2, 1906 Abs. 5).

---

22 OLG Brandenburg 10.3.2005 – 11 Wx 3/05, FamRZ 2005, 1859.
23 BGH 23.9.2015 – XII ZB 225/15, FamRZ 2015, 2049.
24 BGH 17.2.2016 – XII ZB 498/15, FamRZ 2016, 704.
25 BGH 3.2.2016 – XII ZB 425/14, FamRZ 2016, 701; OLG Schleswig 25.1.2006 – 2 W 6/06, FGPrax 2006, 217.
26 BGH 19.8.2015 – XII ZB 610/14, FamRZ 2015, 2047.
27 KG 20.12.2005 – 1 W 170/03, 1 W 182/03, FamRZ 2006, 1481.
28 BGH 17.2.2016 – XII ZB 498/15, FamRZ 2016, 704; 3.2.2016 – XII ZB 425/14, FamRZ 2016, 701; 26.2.2014 – XII ZB 301/13, FamRZ 2014, 738; 13.4.2011 – XII ZB 584/10, FamRZ 2011, 964.
29 BGH 3.2.2016 – XII ZB 307/15, XII ZB 454/15, FamRZ 2016, 699 Rn. 12.

Soweit nicht bestimmte Maßnahmen ausdrücklich vorgesehen sein müssen (vgl. 24 §§ 1904 Abs. 2, 1906 Abs. 5), reicht es, dass sich die Befugnisse des Betreuers durch **Auslegung** ermitteln lassen. Dafür können alle Umstände herangezogen werden, die allgemein bekannt oder zumindest dem betroffenen Personenkreis bekannt oder erkennbar sind.[30] So ist etwa mit der Bejahung des Punktes „Sie darf mein Vermögen verwalten und hierbei alle Rechtshandlungen und Rechtsgeschäfte im In- und Ausland vornehmen, Erklärungen aller Art abgeben und entgegennehmen sowie Anträge stellen, abändern, zurücknehmen" in dem vom Bundesministerium der Justiz bereitgestellten Musterformular einer Vorsorgevollmacht grundsätzlich eine Vollmacht im Bereich der Vermögenssorge erteilt, die auch den Abschluss und die Erfüllung von Verpflichtungsgeschäften beinhaltet.[31]

Vorsorgevollmachten können in einem zentralen **Register**, das bei der Bundesno- 25 tarkammer geführt wird, registriert werden (§ 1 Vorsorgeregister-VO, VRegV v. 21.2.2005).[32] Zweck des Registers ist es, überflüssige Betreuungen zu verhindern, indem Vorsorgevollmachten auch gefunden werden, wenn eine Betreuung angeordnet werden soll. Die Registrierung erfolgt auf schriftlichen Antrag des Vollmachtgebers (auch online: www.zvr-online.de). Die Kosten belaufen sich je nach Antragsteller und Art der Antragstellung auf Beträge zwischen 8,50 EUR und 18,50 EUR.

Vorsorgevollmachten sind **jederzeit widerruflich**. Etwas anderes gilt nur, wenn 26 eine Vollmacht vorwiegend im Interesse des Bevollmächtigten erteilt ist.[33] Derartige Fälle dürften bei Vorsorgevollmachten kaum vorkommen.[34]

Wenn eine Altersvorsorgevollmacht erteilt wurde, kommt grundsätzlich nur die 27 Bestellung eines **Betreuers zur Kontrolle des Bevollmächtigten** (sog Vollmachts- oder Kontrollbetreuer) in Betracht. Auch insoweit ist aber der Grundsatz der Erforderlichkeit zu beachten: Die Bestellung eines Vollmachtbetreuers ist daher nicht zulässig, wenn keine Anhaltspunkte dafür vorliegen, dass der Bevollmächtigte Handlungen gegen den Willen des Betroffenen vornehmen könnte, es sei denn, der Umfang oder die Schwierigkeit der von dem Bevollmächtigten vorzunehmenden Geschäfte ließen eine weitergehende Überwachung erforderlich erscheinen.[35] Zu beachten ist auch, dass der Vollmachtgeber, der in der Lage ist, seinen Willen frei zu bestimmen, die Kontrolldichte in Bezug auf den Bevollmächtigten weiter einschränken kann. Diese Einschränkung ist auch für das Betreuungsgericht bindend, solange der Vollmachtgeber daran festhält.[36] Das Bedürfnis nach einer Kontrollbetreuung muss in jedem Fall ein gesteigertes sein. Es kann nicht allein damit begründet werden, dass der Vollmachtgeber aufgrund seiner Erkrankung nicht mehr selbst in der Lage ist, den Bevollmächtigten zu überwachen. Das ist Voraussetzung gerade für die Bestellung des Bevollmächtigten. Es müssen weitere Umstände hinzutreten, die die Errichtung einer Kontrollbetreuung erforderlich machen. Notwendig ist der konkrete, dh durch hinrei-

---

30 OLG Frankfurt/M. 29.3.2004 – 20 W 33/04, FamRZ 2004, 1322.
31 BGH 22.4.2015 – XII ZB 61/15, FamRZ 2015, 1282.
32 BGBl. I 2005, 318.
33 BGH 13.12.1990 – III ZR 333/89, NJW-RR 1991, 441.
34 HK-BetrR/Jurgeleit § 1896 Rn. 26.
35 BayObLG 3.6.1994 – 3Z BR 18/94, FamRZ 1994, 1550; 23.3.2005 – 3Z BR 143/04, FamRZ 2005, 1777.
36 OLG München 27.10.2006 – 33 Wx 159/06, NJW-RR 2007, 294.

chende tatsächliche Anhaltspunkte untermauerte Verdacht, dass mit der Vollmacht dem Betreuungsbedarf nicht Genüge getan wird.[37] Beabsichtigt das Gericht, die Befugnisse eines Betreuers auf den Widerruf erteilter Vorsorgevollmachten zu erstrecken, setzt dies tragfähige Feststellungen voraus, dass das Festhalten an der erteilten Vorsorgevollmacht eine künftige Verletzung des Wohls des Betroffenen mit hinreichender Wahrscheinlichkeit und in erheblicher Schwere befürchten lässt. Selbst wenn behebbare Mängel bei der Vollmachtsausübung festzustellen sein sollten, erfordert der Verhältnismäßigkeitsgrundsatz zunächst den Versuch, durch einen zu bestellenden Kontrollbetreuer positiv auf den Bevollmächtigten einzuwirken, insbesondere durch Verlangen nach Auskunft und Rechnungslegung sowie durch die Ausübung bestehender Weisungsrechte. Nur wenn diese Maßnahmen fehlschlagen oder aufgrund feststehender Tatsachen mit hinreichender Sicherheit als ungeeignet erscheinen, ist die Ermächtigung zum Widerruf der Vollmacht – als ultima ratio – verhältnismäßig.[38] Eine solche Ermächtigung muss auch immer ausdrücklich und gesondert erteilt werden; einem „normalen" Kontrollbetreuer steht sie nicht zu.[39]

28   **Ausnahmsweise** kann aber ein **Betreuer trotz Vorliegens einer umfassenden und gültigen Vorsorgevollmacht** für darin schon erfasste Bereiche bestellt werden. In Betracht kommt etwa, dass wegen heftiger innerfamiliärer Streitigkeiten die Vollmacht im familiären Umfeld des Betroffenen nicht anerkannt wird, so dass der Bevollmächtigte es ablehnt, von seiner Befugnis Gebrauch zu machen[40] oder wenn der Bevollmächtigte zur Wahrnehmung der Interessen des Betroffenen nicht tauglich erscheint.[41] In diesem Fall ist der Betroffene in gleicher Weise schutzbedürftig als hätte er keinen Bevollmächtigten. Es muss dann ein Betreuer bestellt werden. Ähnliche Fälle sind solche, in denen der Bevollmächtigte seine Vollmacht missbraucht[42] oder in denen der Bevollmächtigte und der Betroffene nicht mehr in der Lage sind, miteinander zu kommunizieren, oder Fälle, in denen ein Bevollmächtigter sich weigert, mit dem Kontrollbetreuer zusammenzuarbeiten.[43] Regelt eine Vollmacht nicht alle Aufgabenbereiche, in denen eine Betreuung erforderlich ist, muss für die nicht geregelten Teilbereiche ein Betreuer bestellt werden.

29   **cc) Eignung zur Zweckerreichung.** Schließlich entfällt die Erforderlichkeit einer Maßnahme, wenn sich mit ihr der angestrebte **Zweck nicht erreichen** lässt.[44] Eine Betreuung im Bereich Gesundheitsfürsorge scheidet daher aus, wenn der Betroffene gesund ist.[45] Eine Betreuung zur Vermögensfürsorge darf nicht angeordnet werden, wenn kein Vermögen vorhanden ist.[46] Ausnahmsweise kann die Erforderlichkeit einer Betreuung im Einzelfall sogar fehlen, wenn der Betroffene

---

37   BGH 21.3.2012 – XII ZB 666/11, FamRZ 2012, 871; 1.8.2012 – XII ZB 438/11, FamRZ 2012, 1631.
38   BGH 14.10.2015 – XII ZB 177/15, FamRZ 2016, 117.
39   BGH 28.7.2015 – XII ZB 674/14, FamRZ 2015, 1702; weiter noch BGH 13.11.2013 – XII ZB 339/13, FamRZ 2014, 192; 1.8.2012 – XII ZB 438/11, FamRZ 2012, 1631.
40   BayObLG 23.3.2004 – 3Z BR 265/03, FamRZ 2004, 1403.
41   BGH 13.4.2011 – XII ZB 584/10, FamRZ 2011, 964.
42   OLG Schleswig 25.1.2006 – 2 W 6/06, FGPrax 2006, 217.
43   KG 31.10.2006 – 1 W 448/04, 1 W 449/04, NJW-RR 2007, 514.
44   BayObLG 3.6.1994 – 3Z BR 18/94, FamRZ 1994, 1551.
45   BayObLG 27.4.1995 – 3Z BR 25/95, FamRZ 1995, 1085.
46   BayObLG 27.4.1995 – 3Z BR 25/95, FamRZ 1995, 1085.

jeden Kontakt mit seinem Betreuer verweigert und der Betreuer dadurch handlungsunfähig ist, also eine „Unbetreubarkeit" vorliegt.[47]

2. Voraussetzungen für die Festlegung der Aufgabenbereiche des Betreuers. Die 30 Voraussetzungen für die Festlegung der Aufgabenbereiche des Betreuers richten sich ebenfalls nach § 1896. Vor allem der Erforderlichkeitsgrundsatz ist entscheidend dafür, **welche Aufgaben** dem Betreuer übertragen werden dürfen: Sein Aufgabenkreis darf nicht weiter sein, als es die Krankheit oder Behinderung des Betroffenen verlangt. Im Extremfall kann daher ein Betreuer auch nur für ein einziges Geschäft zu bestellen sein.

In einigen Sonderfällen bestimmt das Gesetz selbst, dass eine **Betreuung** auch 31 dann **nicht** in Betracht kommt, wenn an sich die Voraussetzungen vorlägen. Wegen der **Höchstpersönlichkeit** des Rechtsgeschäfts können etwa eine Eheschließung (§ 1311 S. 1) und die Eingehung einer Lebenspartnerschaft (§ 1 LPartG) sowie die Bestimmung des Ehe- und des Lebenspartnerschaftsnamens (§ 1355; § 3 LPartG) nur vom Betreuten selbst vorgenommen werden. Anderes gilt dagegen für die Scheidung, Vaterschaftsanerkennung und -anfechtung sowie die Abgabe der für die Annahme als Kind erforderlichen Erklärungen zumindest dann, wenn der Betreute nicht geschäftsfähig ist.

Da die Erforderlichkeit die Reichweite der Betreuung bestimmt, gibt es **keine ge-** 32 **setzlich definierten Aufgabenkreise** für Betreuer. In der Praxis haben sich gleichwohl einige typische Aufgabenbereiche herausgebildet. Zu beachten ist aber, dass es sich nur um Beschreibungstypen handelt. Werden dem Betreuer mehrere von ihnen übertragen, handelt es sich trotzdem um eine einheitliche Betreuung.

Sehr zurückhaltend muss mit der Bestellung eines Betreuers für „**alle Angelegen-** 33 **heiten**" umgegangen werden. Insoweit handelt es sich um einen sehr schweren Grundrechtseingriff. Dieser Aufgabenkreis kommt nur in absoluten Ausnahmefällen in Betracht, wenn der Betroffene keine seiner Angelegenheiten mehr selbst zu besorgen vermag.[48] Eine derartige Betreuung hat den Verlust des Wahlrechts zur Folge (§ 13 BWG).

Der Aufgabenbereich „**Aufenthaltsbestimmung**" kann dem Betreuer übertragen 34 werden, wenn die Wohnverhältnisse des Betroffenen seinem Wohl nicht entsprechen, er aber unfähig ist, die aus dieser Situation entstandenen Gefahren zu beheben. Maßgebend ist die Einsichts-, nicht die Geschäftsfähigkeit. Die Betreuung mit diesem Aufgabenbereich gibt dem Betreuer das Recht, über den weiteren Verbleib des Betroffenen zu entscheiden. Er kann ihn in einem Heim unterbringen (mit Genehmigung des Betreuungsgerichts, § 1906) und seine Wohnung kündigen (bzw. weitervermieten) und auflösen (mit Genehmigung des Betreuungsgerichts, § 1907). Von Dritten darf der Betreuer die Herausgabe des Betroffenen verlangen (§§ 1908 i Abs. 1 S. 1, 1632 Abs. 1, 3).

Eine Betreuung mit dem Aufgabenbereich „**Gesundheitsfürsorge**" kann ange- 35 ordnet werden, wenn der Betroffene selbst nicht einsieht, dass er behandlungsbedürftig ist, oder nicht dieser Einsicht gemäß handeln kann. Der Maßstab ist also die Einsichts-, nicht die Geschäftsfähigkeit. In diesem Bereich ist es besonders wichtig, den Erforderlichkeitsgrundsatz zu beachten, weil in die körperliche Integrität des Betroffenen eingegriffen wird (oder werden kann). Vor allem ist

---

47 BGH 28.1.2015 – XII ZB 520/14, FamRZ 2015, 650.
48 BayObLG 12.3.1997 – 3Z BR 47/97, FamRZ 1998, 452; 27.4.1995 – 3Z BR 25/95, FamRZ 2002, 1225.

der der von der Betreuung betroffene Gesundheitsbereich genau zu bezeichnen, Pauschalanordnungen sind zu vermeiden. So muss die Betreuung auf den nervenärztlichen Bereich beschränkt werden, wenn der Betroffene nur insoweit keine Krankheitseinsicht hat und sich der Behandlung verschließt.[49] Zu Zwangsbehandlungen s. § 1906.

36 Der Betreuer hat das Recht, **über die Vornahme der Behandlungen zu entscheiden** und die dazu erforderlichen Arzt- und Krankenhausverträge abzuschließen. Dagegen ist er nicht befugt, darüber zu entscheiden, ob dem Betreuten nach dessen Tod Organe zu Transplantationszwecken entnommen werden dürfen. Die Betreuung kann auch nicht insoweit erweitert werden, denn sie ist mangels Dringlichkeit der Entscheidung (für den Betroffenen) nicht erforderlich.

37 Die **Post- und Fernmeldekontrolle** wird in Abs. 4 als möglicher Aufgabenkreis des Betreuers benannt. Sie kann vor allem dann erforderlich sein, wenn der Betroffene seine Post wegwirft, ohne sie gelesen oder den Inhalt von Post oder Gesprächen verstanden zu haben, so dass er in die Gefahr gerät, Fristen zu versäumen oder wichtige Gestaltungserklärungen nicht mitzubekommen. Wegen des schweren Grundrechtseingriffs (Art. 10 GG) muss die Anordnung der Post- oder Fernmeldekontrolle immer ausdrücklich erfolgen (Abs. 4).

38 Für den Aufgabenbereich „**Einwilligung in eine Sterilisation**" (vgl. § 1905) muss immer ein besonderer Betreuer bestellt werden (§ 1899 Abs. 2). Die Kombination mit anderen Aufgaben ist nicht zulässig. Der Aufgabenkreis des Betreuers erstreckt sich auf alle mit der Sterilisation zusammenhängenden Fragen, auch den Abschluss des Arztvertrages.

39 Kann der Betroffene sein Vermögen nicht verwalten oder neigt er dazu, sich mit unnötigen Vertragsabschlüssen zu belasten (Verschwendungssucht alten Rechts), kommt eine Betreuung mit dem Aufgabenkreis „**Vermögensbetreuung**" in Betracht. Die bloße Zweckdienlichkeit der Fremdverwaltung reicht aber nicht.[50] Es ist möglich, die Betreuung nur für einzelne besonders wichtige Geschäfte anzuordnen. In Betracht kommt aber auch die Anordnung für bestimmte Gruppen von Geschäften. Immer ist der Erforderlichkeitsgrundsatz zu beachten: Das kann dadurch geschehen, dass Geschäfte mit Verpflichtungen bis zu einer bestimmten Obergrenze aus dem Aufgabenbereich des Betreuers herausgenommen werden oder dass die Vermögensbetreuung gegenständlich beschränkt wird (zB auf alle Angelegenheiten in Zusammenhang mit der Verwaltung eines Hauses). Hierher gehört auch die Geltendmachung von Ansprüchen des Betreuten, vor allem auch die Geltendmachung von Rentenansprüchen und die Stellung von Rentenanträgen.[51]

40 Nicht zu den Vermögensangelegenheiten gehören die Unterhaltsangelegenheiten. Die Vermögensbetreuungsbefugnis gibt dem Betreuer kein Recht, über die Verwendung der Einkünfte für den Unterhalt des Betroffenen zu bestimmen. Dazu muss ihm vielmehr der Aufgabenkreis „**Unterhaltsbestimmung**" (zusätzlich) übertragen sein.

41 Als Aufgabenkreis kann auch die Geltendmachung von Rechten des Betreuten gegenüber seinem Bevollmächtigten bestimmt werden (Abs. 3, sog **Vollmachts-**

---

49 BayObLG 3.8.1995 – 3Z BR 190/95, FamRZ 1996, 250; 24.8.2001 – 3Z BR 274/01, FPR 2002, 203.
50 BGH 30.5.2012 – XII ZB 59/12, FamRZ 2012, 1365.
51 LG Berlin 10.5.2001 – 31 O 658/99, FPR 2002, 20.

betreuung). Die Aufgabe erfordert, dass er im Extremfall die Vollmacht widerrufen kann.[52] Vor Missbräuchen der Befugnisse durch den Vollmachtsbetreuer ist der Betroffene dadurch geschützt, dass dieser der Kontrolle durch das Betreuungsgericht unterliegt (vgl. § 1837). Die Vollmachtsbetreuung darf nicht angeordnet werden, wenn der Betroffene selbst durch Bestellung mehrerer Vertreter, die einander kontrollieren, Vorsorge gegen Missbräuche der Vertretungsmacht getroffen hat.

Wohnungsentrümpelung kommt als Aufgabenkreis einer Betreuung in Betracht, 42 wenn der Betroffene seine Wohnung nicht sauber halten kann oder dort Gerümpel aller Art ansammelt (sog Vermüllungssyndrom).[53] Der Aufgabenkreis „gewaltsames Öffnen der Wohnung zwecks Renovierung und Entrümpelung" ist aber wegen des Eingriffs in das Grundrecht auf Unverletzlichkeit der Wohnung (Art. 13 GG) nicht zulässig, weil es an einer entsprechenden gesetzlichen Eingriffsermächtigung fehlt.[54]

III. Verfahren

Die Vorschriften über das Verfahren der Betreuung finden sich im Dritten Buch 43 des **FamFG** (§§ 271 ff.).

Sachlich zuständig für die Anordnung einer Betreuung ist das Betreuungsgericht 44 (Abs. 1 S. 1). Die Entscheidung ist (bis auf den Fall der Vollmachtsbetreuung) dem Richter vorbehalten (§§ 3 Nr. 2 lit. b, 15 Abs. 1 Nr. 1 RPflG). Für das Verfahren ist der Betroffene ohne Rücksicht auf seine Geschäftsfähigkeit verfahrensfähig (§ 275 FamFG). Ihm muss aber ein **Verfahrenspfleger** bestellt werden, soweit das zur Wahrnehmung seiner Interessen erforderlich ist (§ 276 FamFG).

Die Anordnung der Betreuung erfolgt **auf Antrag oder von Amts wegen** (Abs. 1 45 S. 1). Der Antrag ist immer erforderlich, wenn die Betreuung ausschließlich wegen einer Körperbehinderung angeordnet werden und der Betroffene seinen Willen kundtun kann (Abs. 1 S. 3). Er kann in jedem Fall nur von dem Volljährigen selbst gestellt werden, nicht von einem Vertreter. Für ihn ist keine Geschäftsfähigkeit erforderlich (Abs. 1 S. 2). Ein Formerfordernis besteht nicht. Er kann jederzeit zurückgenommen werden. Zweck des Antragserfordernisses ist es, die Akzeptanz der Betreuung zu erhöhen und die Zusammenarbeit zwischen Betreuer und Betreutem zu erleichtern.[55] „Anträge" Dritter haben lediglich die Bedeutung einer Anregung, von Amts wegen tätig zu werden (vgl. § 24 FamFG).

Das Verfahren unterliegt dem **Amtsermittlungsgrundsatz** (§ 26 FamFG). Da das 46 Gericht zur Beurteilung der durch Krankheit oder psychische Behinderung hervorgerufenen Willensbeeinträchtigung regelmäßig nicht die notwendige Sachkunde aufweist, muss es sich sachverständig beraten lassen. Das Gericht muss konkret und medizinisch nachvollziehbar darlegen, dass die Voraussetzungen

---

52 BayObLG 3.6.1994 – 3Z BR 18/94, FamRZ 1994, 1550, vgl. auch KG 31.10.2006 – 1 W 448/04, FGPrax 2007, 118; aA OLG Zweibrücken 3.4.2006 – 3 W 28/06, FamRZ 2006, 1710.

53 BayObLG 19.6.2001 – 3Z BR 125/01, NJW-RR 2001, 1513.

54 LG Frankfurt/M. 19.7.1994 – 2-28 T 54/94, BtPrax 1994, 216; aA LG Berlin 8.2.1996 – 83 T 490/95, FamRZ 1996, 821; einschränkend auch BayObLG 19.6.2001 – 3Z BR 125/01, NJW-RR 2001, 1513.

55 BayObLG 18.6.2003 – 3Z BR 108/03, FamRZ 2003, 1871; HK-BetrR/Jurgeleit § 1896 Rn. 4.

der Betreuung gegeben sind. Die stereotype Wiedergabe pauschaler Wertungen (zB „Altersstarrsinn") reicht nicht.[56]

47 Vor der Entscheidung über die Anordnung der Betreuung ist der Betroffene grundsätzlich persönlich **anzuhören**, damit sich das Gericht einen unmittelbaren Eindruck von seinem Zustand verschaffen kann (§ 278 Abs. 1 FamFG). Das gilt grundsätzlich auch im Beschwerdeverfahren.[57] Dazu kann der Betroffene nötigenfalls vorgeführt werden (§ 278 Abs. 5 FamFG). Von der Anhörung kann aber abgesehen werden, wenn von ihr erhebliche Nachteile für die Gesundheit des Betroffenen zu besorgen sind oder wenn der Betroffene nach dem unmittelbaren Eindruck des Gerichts offensichtlich nicht dazu in der Lage ist, seinen Willen kundzutun (§ 278 Abs. 4 FamFG). Wenn der Betroffene es verlangt, sind auch die Betreuungsbehörde und dem Betroffenen nahe stehende Personen anzuhören (Einzelheiten: § 279 FamFG); sonst steht die Anhörung dieser Personen im Ermessen des Gerichts.

48 Die Anordnung der Betreuung ist zu **befristen**. Ihre Höchstdauer darf sieben Jahre nicht überschreiten (§ 294 Abs. 3 FamFG). Für die Anordnung der weiteren Betreuung gelten dann dieselben Voraussetzungen wie bei der Erstbetreuung (§ 295 Abs. 1 FamFG). Von einer Begutachtung kann aber abgesehen werden, wenn sich aufgrund einer Anhörung des Betroffenen und eines ärztlichen Zeugnisses ergibt, dass die Betreuungsbedürftigkeit in gleichem Umfang fortbesteht (§ 295 Abs. 1 S. 2 FamFG).

49 Die Entscheidung über die **Anordnung der Betreuung** wird grundsätzlich mit ihrer Bekanntgabe an den Betreuer **wirksam** (§ 287 FamFG). Eine Ausnahme gilt nur für die vorsorgliche Bestellung eines Betreuers für einen noch Minderjährigen (§ 1908 a S. 2).

50 Die Anordnung der Betreuung kann nur insgesamt, nicht für einzelne Geschäftsbereiche des Betreuers einzeln angefochten werden.[58] Die **Beschwerde** gegen eine von Amts wegen erfolgte Bestellung eines Betreuers kann vom Betroffenen selbst, seinem Ehegatten (nicht des Lebensgefährten),[59] seinem Lebenspartner oder seinen Eltern, Großeltern, Pflegeeltern, Abkömmlingen, Geschwistern und Vertrauenspersonen eingelegt werden, sofern sie zuvor am Verfahren beteiligt waren (§ 303 Abs. 2 FamFG). Das Beschwerderecht des **Betroffenen** wird dabei nicht dadurch eingeschränkt, dass die Betreuung auf seinen Antrag hin eingerichtet wurde. Eine Beschwerdebefugnis der anderen Personen besteht dagegen nicht, wenn die Bestellung des Betreuers auf Antrag des Betroffenen erfolgte. Das ergibt sich jetzt eindeutig aus § 303 Abs. 2 FamFG. Ein Beschwerderecht **sonstiger Dritter** besteht nur, wenn sie in ihren eigenen Rechten verletzt werden (§ 59 Abs. 1 FamFG). Das ist beim Vorsorgebevollmächtigten nicht der Fall.[60] Gegen die Aufhebung der Betreuung ist der Betreuer nicht aus eigenem Recht beschwerdebefugt.[61]

---

56 BayObLG 24.8.2001 – 3Z BR 246/01, FPR 2002, 93.
57 BGH 16.3.2011 – XII ZB 601/10, FamRZ 2011, 880.
58 BGH 2.3.2016 – XII ZB 634/14, NZFam 2016, 480.
59 BayObLG 22.1.1998 – 4Z BR 1/98, NJW 1998, 1567.
60 BGH 5.11.2014 – XII ZB 117/14, FamRZ 2015, 249; BayObLG 9.4.2003 – 3Z BR 242/02, FamRZ 2003, 1219; OLG Stuttgart 1.8.1994 – 8 W 260/94, FamRZ 1995, 427; OLG Köln 30.3. 2009 – I-16 Wx 19/09, OLGR Köln 2009, 502; aA OLG Zweibrücken 30.8.2002 – 3 W 152/02, FamRZ 2003, 703.
61 BGH 4.12.2013 – XII ZB 333/13, FamRZ 2014, 470.

§1897 BGB Bestellung einer natürlichen Person

(1) Zum Betreuer bestellt das Betreuungsgericht eine natürliche Person, die geeignet ist, in dem gerichtlich bestimmten Aufgabenkreis die Angelegenheiten des Betreuten rechtlich zu besorgen und ihn in dem hierfür erforderlichen Umfang persönlich zu betreuen.

(2) [1]Der Mitarbeiter eines nach § 1908 f anerkannten Betreuungsvereins, der dort ausschließlich oder teilweise als Betreuer tätig ist (Vereinsbetreuer), darf nur mit Einwilligung des Vereins bestellt werden. [2]Entsprechendes gilt für den Mitarbeiter einer in Betreuungsangelegenheiten zuständigen Behörde, der dort ausschließlich oder teilweise als Betreuer tätig ist (Behördenbetreuer).

(3) Wer zu einer Anstalt, einem Heim oder einer sonstigen Einrichtung, in welcher der Volljährige untergebracht ist oder wohnt, in einem Abhängigkeitsverhältnis oder in einer anderen engen Beziehung steht, darf nicht zum Betreuer bestellt werden.

(4) [1]Schlägt der Volljährige eine Person vor, die zum Betreuer bestellt werden kann, so ist diesem Vorschlag zu entsprechen, wenn es dem Wohl des Volljährigen nicht zuwiderläuft. [2]Schlägt er vor, eine bestimmte Person nicht zu bestellen, so soll hierauf Rücksicht genommen werden. [3]Die Sätze 1 und 2 gelten auch für Vorschläge, die der Volljährige vor dem Betreuungsverfahren gemacht hat, es sei denn, dass er an diesen Vorschlägen erkennbar nicht festhalten will.

(5) Schlägt der Volljährige niemanden vor, der zum Betreuer bestellt werden kann, so ist bei der Auswahl des Betreuers auf die verwandtschaftlichen und sonstigen persönlichen Bindungen des Volljährigen, insbesondere auf die Bindungen zu Eltern, zu Kindern, zum Ehegatten und zum Lebenspartner, sowie auf die Gefahr von Interessenkonflikten Rücksicht zu nehmen.

(6) [1]Wer Betreuungen im Rahmen seiner Berufsausübung führt, soll nur dann zum Betreuer bestellt werden, wenn keine andere geeignete Person zur Verfügung steht, die zur ehrenamtlichen Führung der Betreuung bereit ist. [2]Werden dem Betreuer Umstände bekannt, aus denen sich ergibt, dass der Volljährige durch eine oder mehrere andere geeignete Personen außerhalb einer Berufsausübung betreut werden kann, so hat er dies dem Gericht mitzuteilen.

(7) [1]Wird eine Person unter den Voraussetzungen des Absatzes 6 Satz 1 erstmals in dem Bezirk des Betreuungsgerichts zum Betreuer bestellt, soll das Gericht zuvor die zuständige Behörde zur Eignung des ausgewählten Betreuers und zu den nach § 1 Abs. 1 Satz 1 zweite Alternative des Vormünder- und Betreuervergütungsgesetzes zu treffenden Feststellungen anhören. [2]Die zuständige Behörde soll die Person auffordern, ein Führungszeugnis und eine Auskunft aus dem Schuldnerverzeichnis vorzulegen.

(8) Wird eine Person unter den Voraussetzungen des Absatzes 6 Satz 1 bestellt, hat sie sich über Zahl und Umfang der von ihr berufsmäßig geführten Betreuungen zu erklären.

Literatur: *C. Bienwald*, Der Rechtsanwalt als Betreuer oder Vorsorgebevollmächtigter, FPR 2012, 28; *W. Bienwald*, Wie wird man seine Betreuer und ähnliche Interessenvertreter wieder los?, FF 2003, 202; *ders.*, Zu den Anforderungen an die Qualifikation des Betreuers, FamRZ 2000, 1314; *Bräuer*, Der Anwalt als Betreuer: Haftungsrisiken so vielfältig wie das Leben, AnwBl 2013, 930; *Eichler*, Qualitätsstandards in der gesetzlichen Betreuung, BtPrax 2001, 50; *Enters*, Der Steuerberater als Betreuer oder Bevollmächtigter, Stbg 2001, 280; *Hoffmann*, Die Auswahl eines Vormunds/Pflegers durch das Familiengericht – materiell-rechtliche Vorgaben, FamRZ 2014, 1084; *Locher*, Vorsorge durch Vollmachtserteilung, FamRB 2004, 30; *Meier*, Zu den Aufgaben der Betreuungsbehörden, BtPrax 2005, 82; *Pitschas*, Betreuung als Beruf, BtPrax 2001, 47; *Riegel*, Vorauswahl von Berufsbetreuern, BtPrax 2005, 143; *Roth*, Ehe und Betreuung, BtPrax 2007, 100; *Walther*, Das Beschwerderecht der Betreuungsbehörde, BtPrax 2002, 207; *Weis*, Betreuerbestellung innerhalb von Ordensgemeinschaften, NZ-Fam 2015, 948.

I. Regelungsgehalt und Systematik

1 Während § 1896 bestimmt, wann eine Betreuung angeordnet werden kann, enthält § 1897 **Regelungen darüber, wer zum Betreuer bestellt werden soll** (Abs. 1, 2, 4–8) und wer von diesem Amt ausgeschlossen ist (Abs. 3). Eine Ergänzung enthält § 1900.

2 Zum Betreuer soll **vorrangig eine Einzelperson** bestellt werden. Hauptauswahlkriterium ist die Eignung zur Betreuung (Abs. 1). Die Wünsche des Betroffenen sind aber zu beachten, sofern das nicht seinem Wohl widerspricht (Abs. 4); äußert er keine Wünsche, müssen bei der Auswahl des Betreuers die verwandtschaftlichen und sonstigen Bindungen des Betroffenen besonders berücksichtigt werden (Abs. 5). Vorrangig ist ein ehrenamtlicher Betreuer zu bestellen (Abs. 6).

II. Kriterien für die Auswahl des Betreuers

3 Der **Grundsatz der Einzelbetreuung** bedeutet, dass vorrangig **eine** natürliche Person als Betreuer bestellt werden soll. Zulässig ist aber, Mitarbeiter von Betreuungsvereinen und Behörden persönlich als Einzelbetreuer zu bestellen (Abs. 2, sog Vereins- und Behördenbetreuer). Mehrere Betreuer sollen nur bestellt werden, wenn die Angelegenheiten des Betreuten dann besser besorgt werden können (§ 1899 Abs. 1).

4 Können natürliche Personen nicht gefunden werden, die bereit und in der Lage sind, die Betreuung zu übernehmen oder ist die Betreuung durch eine einzelne natürliche Person nicht sinnvoll, kann auch ein **Betreuungsverein** als solcher bestellt werden (§ 1900 Abs. 1). Kann auch ein solcher nicht gefunden werden, muss (als letzter Ausweg) die **Betreuungsbehörde** bestellt werden (§ 1900 Abs. 4). Insoweit besteht also das Prinzip der doppelten Subsidiarität.

5 Entscheidend für die Frage, welche Person als Betreuer auszuwählen ist, ist in erster Linie die **Eignung** der in Betracht gezogenen Person. Daran fehlt es, wenn die als Betreuer ausgesuchte Person durch die Tätigkeit gegen ein Verbot verstoßen würde (etwa ein Rechtsanwalt gegen § 45 BRAO),[1] selbst nicht voll geschäftsfähig ist[2] oder den erforderlichen persönlichen Kontakt zum Betroffenen aufgrund der räumlichen Entfernung nicht oder nicht oft genug herstellen kann.[3] In Betracht kommt aber auch, dass der Betreute vor der Person Angst hat,[4] dass diese wegen Krankheit oder Sucht nicht die Gewähr dafür bietet, die ihr übertragenen Aufgaben zuverlässig zu erledigen.[5] Nicht zu bestellen sind Personen, die wegen Verletzung von Betreuerpflichten gerichtsbekannt sind.

---

1 BGH 18.11.2015 – XII ZB 106/15, FamRZ 2016, 292; 18.12.2013 – XII ZB 460/13, FamRZ 2014, 466; kritisch Deckenbrock AnwBl 2016, 265.
2 HK-BGB/Kemper § 1897 Rn. 5; großzügiger HK-BetrR/Jurgeleit § 1897 Rn. 6 für beschränkt Geschäftsfähige: Frage des Einzelfalls.
3 OLG Köln 6.10.1995 – 16 Wx 144/95, FamRZ 1996, 506.
4 KG 27.6.2006 – 1 W 36/06, FGPrax 2006, 258.
5 OLG München 7.2.2007 – 33 Wx 210/06, FGPrax 2007, 124.

Abs. 3 schließt ausdrücklich die **Personen aus, die zu einer Anstalt, einem Heim** 6
oder einer sonstigen Einrichtung, in welcher der Volljährige untergebracht ist
oder wohnt, **in einem Abhängigkeitsverhältnis** oder in einer anderen engen Beziehung stehen. Damit regelt das Gesetz einen Spezialfall, in dem typischerweise
Konflikte zwischen den eigenen Interessen des Betreuers und denjenigen des Betreuten bestehen. Zu beachten ist, dass eine normale Wohnung keine Einrichtung iSd Abs. 3 darstellt. Der Vermieter ist daher nicht schon deswegen als Betreuer ausgeschlossen. Er kann es aber sein, weil konkrete Interessenkollisionen
bestehen (→ Rn. 7).

Aus Abs. 3 ist ein **allgemeines Prinzip** zu entnehmen: Ein Betreuer ist **ungeeignet,** 7
wenn die **konkrete Gefahr von Interessenkonflikten** besteht. Deswegen ist eine
Bestellung zum Betreuer auch dann ausgeschlossen, wenn nur der Ehegatte des
in Aussicht genommenen Betreuers in einem derartigen Verhältnis steht.[6] Die Interessenkollision muss sonst aber konkret feststellbar sein.

Eine **abstrakte Gefahr von Interessenkonflikten** allein rechtfertigt es grundsätz 8
lich nicht, die vom Betroffenen gewünschte Person nicht zum Betreuer zu bestellen.[7] Das gilt vor allem, wenn es um die Bestellung der Eltern eines volljährigen
Kindes zu Betreuern für dieses Kind geht. In diesem Fall ist die Beschränkung
auf konkrete Nachteile schon wegen Art. 6 GG geboten.[8] Etwas anderes gilt nur
in den Fällen, in denen das Gesetz bestimmte Personen generell als Betreuer ausgeschlossen hat. Hier reicht es, dass die im gesetzlichen Tatbestand genannte abstrakte Gefahr besteht. Zu denken ist vor allem an die Fälle des § 1795, der wegen der Verweisung in § 1908 i auch auf Betreuer anwendbar ist. Besteht das Betreuungsbedürfnis gerade für ein solches Geschäft, dürfen die danach ausgeschlossenen Personen nicht bestellt werden.

Vorrangig muss das Gericht einen **ehrenamtlicher Betreuer** bestellen (Abs. 6). 9
Erst wenn sich kein ehrenamtlicher Betreuer findet, darf ein Berufsbetreuer bestellt werden. Werden diesem während der Betreuung potenzielle ehrenamtliche
Betreuer bekannt, muss er das Betreuungsgericht benachrichtigen. Er ist dann
ggf. zu entlassen (§ 1908 b Abs. 1 S. 2). Vor der erstmaligen Bestellung eines Berufsbetreuers soll das Gericht die zuständige Behörde zu seiner Eignung und
Qualifikation (wichtig wegen der Festsetzung seiner Vergütung) anhören
(Abs. 7).

Voraussetzung für die Bestellung ist weiter, dass die in Betracht gezogene Person 10
sich **mit der Übernahme der Betreuung einverstanden erklärt** (§ 1898 Abs. 2).
Ein Vereins- oder Behördenbetreuer darf nur bestellt werden, wenn der Verein
bzw. die Behörde einverstanden ist (Abs. 2).

Einem **Vorschlag** des Betroffenen ist zu entsprechen, wenn die Bestellung der 11
vorgeschlagenen natürlichen[9] Person seinem Wohl nicht widerspricht (Abs. 4
S. 1). Der Vorrang des Willens des Betreuten ist grundsätzlich absolut.[10] Das gilt
auch bei Wünschen hinsichtlich der Bestellung eines bestimmten Berufsbetreu-

---

6 OLG Düsseldorf 2.2.1994 – 3 Wx 202/93, FamRZ 1994, 1416.
7 KG 26.1.1995 – 1 W 7060/94, FamRZ 1995, 1442; OLG Düsseldorf 27.1.1995 – 3 Wx
648/94, FamRZ 1995, 894; OLG Schleswig 14.4.2005 – 2 W 49/05, FamRZ 2005,
1860.
8 BVerfG 20.3.2006 – 1 BvR 1702/01, FamRZ 2006, 1509.
9 BayObLG 26.11.1997 – 3Z BR 422/97, FamRZ 1999, 52: gilt nicht für Betreuungsvereine.
10 BGH 16.3.2011 – XII ZB 601/10, FamRZ 2011, 880.

ers.[11] Der Vorschlag darf nur übergangen werden, wenn die vorgeschlagene Person ungeeignet ist, also etwa nicht die Gewähr dafür bietet, das Amt zum Wohl des Betreuten zu führen,[12] oder wenn der Vorgeschlagene wegen erheblicher Differenzen mit anderen Familienmitgliedern, bei denen der Betreute lebt, sein Amt voraussichtlich nicht wird effizient ausüben können.[13] Es reicht dagegen nicht, dass eine andere Person dem Gericht als geeigneter erscheint. Läuft der Vorschlag des Betroffenen zur Auswahl des Betreuers seinem Wohl nur in einem bestimmten Aufgabenkreis zuwider, hat das Betreuungsgericht im Hinblick auf die weiteren Angelegenheiten die Anordnung einer Mitbetreuung zu prüfen, um dem Vorschlag des Betroffenen möglichst weitgehend Rechnung zu tragen; auch insoweit ist dem Willen des Betreuten der weitest mögliche Raum zu verschaffen.[14]

12 Der Vorschlag kann unmittelbar **im Verfahren** zur Bestellung eines Betreuers erfolgen. Der Betroffene braucht nicht geschäftsfähig zu sein.[15] Einer Form bedarf der Vorschlag nicht. Es reicht aber auch, dass der Vorschlag in einer schon früher abgefassten Betreuungsverfügung enthalten ist (Abs. 4 S. 3). Etwas anderes gilt nur dann, wenn der Betroffene am Inhalt dieser Verfügung erkennbar nicht mehr festhalten will. Daneben kann der Vorschlag aus einer Betreuungsverfügung natürlich auch jederzeit widerrufen werden.[16] Geschäftsfähigkeit ist weder für den Vorschlag[17] noch die Äußerung des Willens erforderlich, an einem früher geäußerten Vorschlag nicht mehr festhalten zu wollen.[18]

13 **Schließt der Betroffene nur bestimmte Personen aus,** ohne einen positiven Wunsch zu nennen, ist darauf Rücksicht zu nehmen (Abs. 4 S. 2). Das Gericht ist also an den Wunsch nicht gebunden. Die dadurch betroffene Person kann aber deswegen als Betreuer ungeeignet sein, wenn zu erwarten ist, dass der Betroffene die Kooperation mit ihr verweigern wird.

14 Ist **kein** Betreuer **vorgeschlagen** und niemand abgelehnt, entscheidet das Gericht aufgrund einer umfassenden **Interessenabwägung.** Dabei sind neben den möglichen Ausschlussgründen die verwandtschaftlichen und sonstigen persönlichen Bindungen des Volljährigen, vor allem zu Eltern, Kindern und zum Ehegatten bzw. Lebenspartner, zu berücksichtigen (Abs. 5). Die in Abs. 5 genannten Personen haben keinen automatischen Vorrang oder Anspruch auf ihre Bestellung. Sie sind aber bei gleicher Eignung zu bevorzugen.[19] Gegen die Bestellung von nahen Angehörigen können aber (konkrete) Interessengegensätze[20] (beachte auch → Rn. 9) oder die Tatsache sprechen, dass der Betreute sich nicht mit dem in Aussicht genommenen Betreuer versteht. Nicht bestellt werden darf, wer ungeeignet ist.

---

11 KG 27.6.2006 – 1 W 36/06, FGPrax 2006, 258.
12 BGH 7.8.2013 – XII ZB 131/13, FamRZ 2013, 1798; OLG Köln 16.3.1998 – 16 Wx 48/98, NJWE-FER 1999, 57.
13 BayObLG 21.1.2004 – 3Z BR 225/03, FamRZ 2004, 976.
14 BGH 22.4.2015 – XII ZB 577/14, FamRZ 2015, 1103.
15 BGH 16.3.2011 – XII ZB 601/10, FamRZ 2011, 880; 15.12.2010 – XII ZB 165/10, FamRZ 2011, 285.
16 HK-BetrR/Jurgeleit § 1897 Rn. 35.
17 BayObLG 18.11.1993 – 3Z BR 148/93, FamRZ 1994, 530; 7.3.2001 – 3Z BR 41/01, NJWE-FER 2001, 234.
18 BayObLG 18.3.1993 – 3Z BR 42/93, FamRZ 1993, 1110.
19 BayObLG 26.6.2003 – 3Z BR 95/03, FamRZ 2003, 1775.
20 Vgl. BayObLG 14.3.2001 – 3Z BR 43/01, FamRZ 2001, 1402.

III. Verfahren

Durch das 2. BetreuungsrechtsänderungsG wurde die **Fähigkeit des Betreuungs-** 15
gerichts gestärkt, die **Eignung** des Betreuers, mögliche **Interessenkollisionen** und
die **Festsetzung der Vergütung** des Betreuers zu **beurteilen**. Das Gericht soll die
Betreuungsbehörde nach den Auskünften fragen, die es braucht, um die Eignung
des Betreuers zu beurteilen. Darüber hinaus kann es die Auskünfte verlangen,
die für die Beurteilung der Berufsmäßigkeit der Betreuung erforderlich sind.
Diese Informationen benötigt das Gericht, um die Vergütung des Berufsbetreuers festzusetzen. Deswegen kann es vom Betreuer auch die Angabe der Zahl der
Betreuungen verlangen (Abs. 8, wichtig wegen § 1 Abs. 1 Nr. 1 VBVG) und von
der Betreuungsbehörde Auskünfte über den Zeitaufwand der Betreuung (Abs. 7
S. 1, wichtig wegen § 1 Abs. 1 Nr. 2 VBVG).

Das Gericht soll die **Betreuungsbehörde nach den Auskünften fragen**, die es 16
braucht, um die Eignung des Betreuers zu beurteilen. Das entspricht dem bisherigen Regelungsgehalt des Abs. 7. Darüber hinaus kann das Gericht die Auskünfte verlangen, die für die Beurteilung der Berufsmäßigkeit der Betreuung erforderlich sind und die das Gericht benötigt, um die Vergütung des Berufsbetreuers festzusetzen. Deswegen kann es vom Betreuer die Angabe der Zahl der
Betreuungen verlangen (Abs. 8, wichtig wegen § 1 Abs. 1 Nr. 1 VBVG) und von
der Betreuungsbehörde Auskünfte über den Zeitaufwand der Betreuung (Abs. 7
S. 1) wichtig wegen § 1 Abs. 1 Nr. 2 VBVG).

Damit die Behörde selbst die notwendigen Auskünfte über die Eignung des Be- 17
treuers erteilen kann, soll sie den künftigen Betreuer auffordern, ein **Führungs-**
zeugnis und eine **Auskunft aus dem Schuldnerregister** vorzulegen.

Eine auf die Auswahl des Betreuers beschränkte **Beschwerde** ist als Teilanfech- 18
tung der Entscheidung über die Anordnung der Betreuung zulässig.[21] Beschwerdebefugnis: → § 1896 Rn. 50. Ein Beschwerderecht der in Abs. 5 genannten Personen gegen die Bestellung eines anderen Betreuers fehlt aber, da kein eigenes
Recht verletzt ist (§ 59 Abs. 1 FamFG). Dem Betreuer steht gegen seine Entlassung bei fortbestehender Betreuung eine Beschwerdeberechtigung aber auf jeden
Fall zu.[22]

§ 1898 BGB Übernahmepflicht

(1) Der vom Betreuungsgericht Ausgewählte ist verpflichtet, die Betreuung zu
übernehmen, wenn er zur Betreuung geeignet ist und ihm die Übernahme unter
Berücksichtigung seiner familiären, beruflichen und sonstigen Verhältnisse zuge-
mutet werden kann.

(2) Der Ausgewählte darf erst dann zum Betreuer bestellt werden, wenn er sich
zur Übernahme der Betreuung bereit erklärt hat.

Die Norm begründet die **Verpflichtung**, eine Betreuung zu übernehmen, wenn 1
die vom Betreuungsgericht ausgewählte Person zur Übernahme der Betreuung
geeignet ist (→ § 1897 Rn. 3) und die Betreuung ihr unter Berücksichtigung
ihrer sonstigen Verpflichtungen zuzumuten ist.

---

21 BGH 3.2.2016 – XII ZB 493/15, FamRZ 2016, 626; 6.3.1996 – XII ZB 7/96, NJW
    1996, 1825.
22 BGH 25.3.2015 – XII ZB 621/14, FamRZ 2015, 1178.

2 Die **Zumutbarkeit** der Betreuungsübernahme muss dabei in einer Gesamtbetrachtung der Lebensverhältnisse des potenziellen Betreuers festgestellt werden. Anders als im Vormundschaftsrecht (vgl. § 1786) hat der Gesetzgeber bewusst darauf verzichtet, die die Zumutbarkeit ausschließenden Gründe positiv aufzuführen. Den dort genannten Gründen ist aber auch im Betreuungsrecht Indizwirkung zuzumessen. Darüber hinaus kann etwa der schlechte Gesundheitszustand der in Betracht gezogenen Person, die Zahl der bereits von ihr übernommenen Betreuungen und das persönliche Verhältnis zum Betreuten (soweit es nicht schon die Eignung ausschließt) die Zumutbarkeit der Betreuungsübernahme entfallen lassen.

3 Die **Bestellung** der ausgewählten Person zum Betreuer **darf** erst erfolgen, wenn sie der Übernahme der Betreuung zugestimmt hat. Das gilt auch beim Vereinsbetreuer.[1] Sollen mehrere Betreuer bestellt werden, muss das Einverständnis aller eingeholt werden. Fehlt das Einverständnis, ist die Bestellung rechtswidrig und ebenso aufzuheben wie in dem Fall, dass es später wieder widerrufen wird.[2]

4 **Weigert** sich die vom Betreuungsgericht ausgewählte Person, die Betreuung zu übernehmen, obwohl sie dazu verpflichtet ist, kommen Schadensersatzansprüche des Betroffenen nach § 1787 Abs. 1 in Betracht, der über die Verweisung in § 1908 i auch auf Betreuungen Anwendung findet. Zwangsmaßnahmen sind im Betreuungsrecht nicht vorgesehen.

§ 1899 BGB   Mehrere Betreuer

(1) [1]Das Betreuungsgericht kann mehrere Betreuer bestellen, wenn die Angelegenheiten des Betreuten hierdurch besser besorgt werden können. [2]In diesem Falle bestimmt es, welcher Betreuer mit welchem Aufgabenkreis betraut wird. [3]Mehrere Betreuer, die eine Vergütung erhalten, werden außer in den in den Absätzen 2 und 4 sowie § 1908 i Abs. 1 Satz 1 in Verbindung mit § 1792 geregelten Fällen nicht bestellt.

(2) Für die Entscheidung über die Einwilligung in eine Sterilisation des Betreuten ist stets ein besonderer Betreuer zu bestellen.

(3) Soweit mehrere Betreuer mit demselben Aufgabenkreis betraut werden, können sie die Angelegenheiten des Betreuten nur gemeinsam besorgen, es sei denn, dass das Gericht etwas anderes bestimmt hat oder mit dem Aufschub Gefahr verbunden ist.

(4) Das Gericht kann mehrere Betreuer auch in der Weise bestellen, dass der eine die Angelegenheiten des Betreuten nur zu besorgen hat, soweit der andere verhindert ist.

I. Normzweck und Regelungsgegenstand

1 Anders als bei Vormundschaften kann bei Betreuungen das **Bedürfnis nach der Bestellung mehrerer Betreuer** bestehen, denn im Betreuungsrecht gibt es keinen Gegenvormund (§ 1799). Auch ist die Bestellung eines Pflegers nicht möglich, wenn ein Betreuer eine bestimmte Angelegenheit des Betreuten nicht besorgen kann oder darf; denn in § 1909 ist die Betreuung nicht genannt. Außerdem kann es eine Reihe von Fällen geben, in denen die Betreuung des Betroffenen durch

---

1   BayObLG 30.3.1994 – 3Z BR 4/94, FamRZ 1994, 1061.
2   LG Duisburg 7.1.1993 – 2 T 280/92, FamRZ 1993, 851.

eine einzelne Person nicht geeignet ist, seine Interessen in optimaler Weise wahrzunehmen. Hinzu treten die Fälle, dass Eltern bisher gemeinsam sorgeberechtigt für ihr behindertes Kind waren und nun nach dessen Volljährigkeit weiter beide für dieses als Betreuer wirken wollen. Hier gibt es keinen vernünftigen Grund, das eingespielte Team auseinander zu reißen.

§ 1899 gestattet es daher, **mehrere Betreuer zu bestellen,** wenn so die Angelegenheiten des Betreuten besser besorgt werden können (Abs. 1). Zwingend verlangt wird dies, wenn die Betreuung auch die Entscheidung über die Einwilligung in eine Sterilisation (vgl. § 1905) zum Gegenstand hat (Abs. 2). Für den Fall, dass mehrere Betreuer bestellt sind, regelt die Norm ihr Verhältnis (Abs. 3, 4). 2

Besonderen Beschränkungen unterliegt seit dem Inkrafttreten des 2. Betreuungs-rechtsänderungsG jedoch aus Kostengründen die **Bestellung mehrerer Betreuer, die eine Vergütung erhalten** (→ Rn. 9). 3

II. Voraussetzungen der Bestellung mehrerer Betreuer

Die Bestellung mehrerer Betreuer setzt voraus, dass auf diese Weise die **Angelegenheiten des Betroffenen besser besorgt werden können** (Abs. 1 S. 1). Die Voraussetzungen der Betreuung richten sich dagegen allein nach § 1896, die Auswahl nach §§ 1897, 1900. Alle Betreuer müssen mit ihrer Bestellung einverstanden sein (→ § 1898 Rn. 3). Können mehrere Betreuer die Angelegenheiten des Betroffenen nicht besser besorgen als ein Betreuer allein, ist ihre Bestellung unzulässig.[1] Das kann auch die Eltern betreffen, wenn zB das volljährig gewordene Kind nicht mehr bei ihnen wohnt und sich die Betreuung im Wesentlichen auf Schriftverkehr, Besprechungen mit Ärzten und Einrichtungen und Ähnliches beschränkt.[2] 4

Die Bestellung mehrerer Betreuer **kann angezeigt sein,** wenn die Betreuung Aufgabenbereiche umfasst, in denen **Spezialkenntnisse** erforderlich sind oder wenn die Aufgaben an weit voneinander entfernten Orten zu erfüllen sind. Nahe liegend ist es auch, bei Behinderten **beide Eltern** zu Betreuern zu bestellen (aber → Rn. 4). Sie müssen dann bereit und geeignet sein, gemeinsam zum Wohl des Kindes weiterzuhandeln, was wiederum eine harmonische Beziehung zwischen ihnen und zum Kind voraussetzt.[3] Schließlich kommt die Bestellung eines weiteren Betreuers in Betracht, wenn der Vorschlag des Betroffenen zur Auswahl des Betreuers seinem Wohl in einem bestimmten Aufgabenkreis zuwiderläuft. In diesen Fällen hat das Betreuungsgericht im Hinblick auf die weiteren Angelegenheiten die Anordnung einer Mitbetreuung zu prüfen, um dem Vorschlag des Betroffenen möglichst weitgehend Rechnung zu tragen.[4] 5

Auch **vor einem Betreuerwechsel** kann es sinnvoll sein, für eine Übergangszeit den bisherigen und den künftigen Alleinbetreuer gemeinsam zu bestellen, um dem neuen Betreuer die Einarbeitung zu erleichtern. Nicht mehr möglich ist seit dem Inkrafttreten des 2. BetreuungsrechtsänderungsG aber die sog Delegationsbetreuung, dh die Bestellung eines weiteren Betreuers, dessen Aufgabenkreis allein von der Übertragung von Aufgaben durch den ursprünglichen Betreuer ab- 6

---

1 OLG München 7.2.2007 – 33 Wx 210/06, FGPrax 2007, 124.
2 HK-BetrR/Jurgeleit § 1899 Rn. 8.
3 OLG Zweibrücken 28.9.2001 – 3 W 213/01, NJW-RR 2002, 292.
4 BGH 22.4.2015 – XII ZB 577/14, FamRZ 2015, 1103.

hängt. Die Delegationsbetreuung hat sich in der Praxis nicht bewährt. Sie wurde deswegen mit Wirkung vom 1.7.2005 abgeschafft.

7 Mindestens ein **weiterer** Betreuer **muss bestellt werden,** wenn der vorhandene Betreuer an der Betreuung aus tatsächlichen oder rechtlichen Gründen gehindert ist (Ergänzungsbetreuer, vgl. Abs. 4, 1. Fall). Das Hindernis muss nach der Bestellung auftreten. Besteht es schon vorher, darf der Gehinderte nicht bestellt werden.[5]

8 Ein weiterer Betreuer muss auch für die **Entscheidung über die Einwilligung in eine Sterilisation** bestellt werden (Abs. 2). Das soll sichern, dass die Entscheidung über diese sehr einschneidende Maßnahme nicht mit sonstigen Belangen des Betreuten verquickt wird. Ein Betreuungsverein oder die Betreuungsbehörde darf insoweit nicht bestellt werden (§ 1900 Abs. 2). Der Aufgabenkreis des Sterilisationsbetreuers erstreckt sich entgegen dem restriktiven Wortlaut des Gesetzes auf alle mit der Sterilisation zusammenhängenden Fragen, vor allem auch den Abschluss des Arztvertrages, um gegenläufige Entscheidungen des anderen Betreuers zu verhindern.

9 Um die Kosten für Betreuungen in einem vertretbaren Rahmen zu halten, bestimmt Abs. 1 S. 3, dass grundsätzlich **nicht mehrere Betreuer** bestellt werden können, **welche eine Vergütung erhalten.** Das betrifft alle Berufsbetreuer. Ausgenommen sind lediglich der Sterilisationsbetreuer (Abs. 2), der Ergänzungsbetreuer (Abs. 4, → Rn. 3) und der Gegenbetreuer (§ 1908 i iVm § 1792). Es ist dagegen nicht mehr zulässig, für unterschiedliche Bereiche unterschiedliche vergütete Betreuer zu bestellen. Der Betreuer kann nur auf die Dienste Dritter ausweichen, wenn er für bestimmte Bereiche nicht genügend eigenen Sachverstand mitbringt (zB bei Verwaltung großer Vermögen mit ganz unterschiedlichen Bestandteilen).

III. Die Bestimmung der Aufgabenkreise bei mehreren Betreuern und die Folgen ihrer Bestellung

10 Werden mehrere Betreuer bestellt, muss das Gericht die **Aufgabenkreise** der Betreuer genau festlegen (Abs. 1 S. 2). Ist das unterblieben oder sind mehrere Betreuer kraft gerichtlicher Anordnung für denselben Aufgabenkreis bestellt, können sie die Angelegenheiten des Betreuten nur gemeinsam besorgen, es sei denn, dass mit dem Aufschub Gefahr verbunden ist (Abs. 3). Es besteht dann Gesamtvertretungsmacht.

11 Ist ein **Ergänzungsbetreuer** bestellt, verliert der andere Betreuer die Befugnis, in dem Aufgabenkreis tätig zu werden. Handelt er trotzdem, ist er Vertreter ohne Vertretungsmacht und haftet nach § 179. Die Bestellung eines Ergänzungsbetreuers nach den §§ 1899 Abs. 4, 1908 i Abs. 1, 1795 Abs. 1, 1796, 181 lässt eine zuvor angeordnete Betreuung und den Aufgabenkreis der Vermögensangelegenheiten aber in seinem Umfang unberührt. Eine Änderung ergibt sich allein hinsichtlich der Zuständigkeit der Betreuer zur Wahrnehmung einzelner Angelegenheiten: Soweit die Ergänzungsbetreuung reicht, tritt der Ergänzungsbetreuer an die Stelle des (eigentlichen) Betreuers; im Übrigen bleibt der Betreuer für den Aufgabenkreis zuständig.[6]

---

5 BayObLG 17.7.2002 – 3Z BR 135/02, FamRZ 2002, 1656; 4.7.2002 – 3Z BR 87/02, FamRZ 2002, 1589.

6 BGH 19.12.2012 – XII ZB 241/12, BtPrax 2013, 78.

IV. Vergütung bei mehreren Betreuern

In den Fällen der Verhinderungsbetreuung oder wenn ein Betreuer neben einem 12
Bevollmächtigten bestellt wird, weil dieser an einer Verrichtung bestimmter Tätigkeiten rechtlich verhindert ist, ist die Vergütung des Betreuers nach § 6 S. 1
VBVG (analog) nach konkretem Zeitaufwand zu bemessen.[7]

V. Verfahrensfragen

Die Voraussetzungen für eine zulassungsfreie Rechtsbeschwerde in Betreuungs- 13
sachen gem. § 70 Abs. 3 Nr. 1 FamFG liegen bei Bestellung eines Ergänzungsbetreuers nicht vor. Denn die Bestellung eines Ergänzungsbetreuers nach den
§§ 1899 Abs. 4, 1908 i Abs. 1, 1795 Abs. 1, 1796, 181 lässt die angeordnete Betreuung und den ursprünglich angeordneten Aufgabenkreis in seinem Umfang
unberührt.[8]

§ 1900 BGB Betreuung durch Verein oder Behörde

(1) [1]Kann der Volljährige durch eine oder mehrere natürliche Personen nicht
hinreichend betreut werden, so bestellt das Betreuungsgericht einen anerkannten
Betreuungsverein zum Betreuer. [2]Die Bestellung bedarf der Einwilligung des
Vereins.

(2) [1]Der Verein überträgt die Wahrnehmung der Betreuung einzelnen Personen.
[2]Vorschlägen des Volljährigen hat er hierbei zu entsprechen, soweit nicht wichtige Gründe entgegenstehen. [3]Der Verein teilt dem Gericht alsbald mit, wem er
die Wahrnehmung der Betreuung übertragen hat.

(3) Werden dem Verein Umstände bekannt, aus denen sich ergibt, dass der Volljährige durch eine oder mehrere natürliche Personen hinreichend betreut werden
kann, so hat er dies dem Gericht mitzuteilen.

(4) [1]Kann der Volljährige durch eine oder mehrere natürliche Personen oder
durch einen Verein nicht hinreichend betreut werden, so bestellt das Gericht die
zuständige Behörde zum Betreuer. [2]Die Absätze 2 und 3 gelten entsprechend.

(5) Vereinen oder Behörden darf die Entscheidung über die Einwilligung in eine
Sterilisation des Betreuten nicht übertragen werden.

I. Regelungsgehalt und Normzweck

Die Vorschrift regelt, wer zum Betreuer zu bestellen ist, wenn der Betroffene 1
durch eine (oder mehrere) natürliche Person nicht hinreichend betreut werden
kann. Für diesen Fall ordnet sie an, dass der Betroffene in erster Linie durch
einen Betreuungsverein betreut werden soll. Erst wenn auch ein solcher die Betreuung nicht übernehmen kann, darf die Betreuungsbehörde bestellt werden.
Deren Bestellung ist also doppelt subsidiär.

II. Die Bestellung eines Betreuungsvereins

Ein **Betreuungsverein darf nur zum Betreuer bestellt werden,** wenn die Betreu- 2
ung des Betroffenen durch natürliche Personen nicht möglich ist. In Betracht

---

7 BGH 8.7.2015 – XII ZB 494/14, FamRZ 2015, 1710; 4.6.2014 – XII ZB 625/13, FamRZ
  2014, 1449.
8 BGH 19.12.2012 – XII ZB 557/12, FamRZ 2013, 369.

kommt das, wenn keine natürliche Person gefunden werden kann, die bereit und in der Lage wäre, die Betreuung zu übernehmen, oder wenn die Betreuung des Betroffenen durch eine oder mehrere bestimmte Personen nicht sinnvoll ist (Abs. 1). Letzteres kann vorkommen, wenn der Betroffene unfähig ist, eine Vertrauensbeziehung zu Einzelpersonen aufzubauen, weil er bereits nach kurzer Zeit aggressiv auf mit ihm in Kontakt tretende Personen reagiert oder wenn erst in einer Übergangsphase ermittelt werden soll, wer am besten mit ihm zusammenarbeiten kann.

3 Für die Entscheidung über die Einwilligung in eine **Sterilisation** darf ein Betreuungsverein nicht bestellt werden (Abs. 5). Wegen der Schwere des Grundrechtseingriffs soll immer eine konkrete natürliche Person für die Entscheidung verantwortlich sein und vom Betroffenen angesprochen werden können.

4 Bestellungsvoraussetzung ist weiter, dass der **Betreuungsverein** sich zur Übernahme der Betreuung **bereit erklärt** (Abs. 1 S. 2). Dazu besteht keine Verpflichtung. Verweigert der Verein die Zustimmung, muss entweder ein anderer gesucht werden, oder es muss die Betreuungsbehörde bestellt werden.

5 Der Betreuungsverein **überträgt die Betreuung intern auf eine oder mehrere natürliche Personen** (Abs. 2). Bei deren Auswahl muss sie die Wünsche des Betroffenen berücksichtigen, wenn dem nicht wichtige Gründe entgegenstehen. Es reichen wichtige Gründe auf Seiten des Betreuungsvereins (Organisation, Überforderung einzelner Mitarbeiter). Der Betreuungsverein muss dem Betreuungsgericht mitteilen, wem er die Wahrnehmung der Betreuung übertragen hat (Abs. 2 S. 2). Der Benannte wird nicht selbst zum Betreuer. Er ist kein Vereinsbetreuer iSd § 1897 Abs. 2.

III. Die Bestellung der Betreuungsbehörde

6 Die Bestellung der **Betreuungsbehörde** zum Betreuer ist nur **zulässig**, wenn der Betroffene weder durch eine oder mehrere natürliche Personen noch durch einen Betreuungsverein hinreichend betreut werden kann. Sie kommt nur als ultima ratio in Betracht.

7 Die **Zustimmung** der Behörde zur Übernahme der Betreuung ist **nicht erforderlich.** Das liegt daran, dass jedermann die Chance auf einen Betreuer haben muss, um seine Grundrechtssubjektivität zu wahren. Die Betreuungsbehörde muss also die Betreuung auch dann übernehmen, wenn bekannt ist, dass es sich bei dem Betreuten um eine sehr schwierige, vielleicht auch aggressive Person handelt, mit der kaum zusammenzuarbeiten ist.

8 Als **Sterilisationsbetreuer** darf die Betreuungsbehörde nicht bestellt werden (Abs. 5). Hier gilt das zum Betreuungsverein Gesagte (→ Rn. 3) noch mit größerer Berechtigung.

9 Die **Betreuungsbehörde überträgt die Betreuung intern auf einzelne Personen** und muss dabei auf Wünsche des Betreuten Rücksicht nehmen. Dem Gericht wird mitgeteilt, wem die Betreuung übertragen ist. Insoweit gilt das zum Betreuungsverein Gesagte entsprechend (→ Rn. 5, Abs. 4 S. 2). Die Durchführung der Betreuung durch die Behörde richtet sich nach dem Betreuungsbehördengesetz (Art. 8 des Betreuungsgesetzes) und den dazu ergangenen landesrechtlichen Ausführungsgesetzen.

IV. Die Beendigung von Vereins- und Behördenbetreuung

Die Vereins- oder Behördenbetreuung muss beendet werden, wenn eine **geeignete natürliche Person gefunden** wird, die die Betreuung übernehmen kann, die Behördenbetreuung außerdem dann, wenn nunmehr ein **Betreuungsverein** zur Verfügung steht. 10

Das Betreuungsgericht muss deswegen regelmäßig **überprüfen**, ob die Betreuung durch eine natürliche Person (und im Fall der Behördenbetreuung durch einen Betreuungsverein) erfolgen kann. Außerdem bestehen entsprechende Mitteilungspflichten von Betreuungsverein und Betreuungsbehörde (Abs. 3, 4 S. 2). 11

§ 1901 BGB Umfang der Betreuung, Pflichten des Betreuers

(1) Die Betreuung umfasst alle Tätigkeiten, die erforderlich sind, um die Angelegenheiten des Betreuten nach Maßgabe der folgenden Vorschriften rechtlich zu besorgen.

(2) ¹Der Betreuer hat die Angelegenheiten des Betreuten so zu besorgen, wie es dessen Wohl entspricht. ²Zum Wohl des Betreuten gehört auch die Möglichkeit, im Rahmen seiner Fähigkeiten sein Leben nach seinen eigenen Wünschen und Vorstellungen zu gestalten.

(3) ¹Der Betreuer hat Wünschen des Betreuten zu entsprechen, soweit dies dessen Wohl nicht zuwiderläuft und dem Betreuer zuzumuten ist. ²Dies gilt auch für Wünsche, die der Betreute vor der Bestellung des Betreuers geäußert hat, es sei denn, dass er an diesen Wünschen erkennbar nicht festhalten will. ³Ehe der Betreuer wichtige Angelegenheiten erledigt, bespricht er sie mit dem Betreuten, sofern dies dessen Wohl nicht zuwiderläuft.

(4) ¹Innerhalb seines Aufgabenkreises hat der Betreuer dazu beizutragen, dass Möglichkeiten genutzt werden, die Krankheit oder Behinderung des Betreuten zu beseitigen, zu bessern, ihre Verschlimmerung zu verhüten oder ihre Folgen zu mildern. ²Wird die Betreuung berufsmäßig geführt, hat der Betreuer in geeigneten Fällen auf Anordnung des Gerichts zu Beginn der Betreuung einen Betreuungsplan zu erstellen. ³In dem Betreuungsplan sind die Ziele der Betreuung und die zu ihrer Erreichung zu ergreifenden Maßnahmen darzustellen.

(5) ¹Werden dem Betreuer Umstände bekannt, die eine Aufhebung der Betreuung ermöglichen, so hat er dies dem Betreuungsgericht mitzuteilen. ²Gleiches gilt für Umstände, die eine Einschränkung des Aufgabenkreises ermöglichen oder dessen Erweiterung, die Bestellung eines weiteren Betreuers oder die Anordnung eines Einwilligungsvorbehalts (§ 1903) erfordern.

Literatur: *Bienwald*, Zur Rolle und Rechtsstellung von Betreuern – insbesondere Behördenbetreuern, BtPrax 2000, 15; *ders.*, Die Verpflichtung des Betreuers aus § 1901 Abs. 4 BGB, Rpfleger 2003, 229; *Deinert*, Kirchenaustritt und Betreuung, FamRZ 2006, 243; *Fröschle*, Der Betreuungsplan nach § 1901 Absatz 4 Satz 2 und 3 Bürgerliches Gesetzbuch, BtPrax 2006, 43; *Meier*, Qualität und gerichtliche Aufsicht nach dem 2. Betreuungsrechtsänderungsgesetz, BtPrax 2006, 54; *Rosenow*, Zur Aufgabe des rechtlichen Betreuers, BtPrax 2005, 221; *Schmidl*, Zur Bedeutung der Wohlschranke des § 1901 BGB bei Patientenverfügungen, ZEV 2006, 484; *Seitz*, Wohl und Wille als Handlungsnormen im Betreuungsrecht, BtPrax 2005, 170; *Zander*, Elemente einer Qualitätsdiskussion im Betreuungswesen, BtPrax 2006, 50.

I. Normzweck und Regelungsgehalt

1 Die Vorschrift stellt die **Grundregeln für die Ausübung der Betreuung** auf. Diese beschränken die Vertretungsmacht des Betreuers nicht. Ihre Einhaltung ist jedoch vom Betreuungsgericht zu kontrollieren und durchzusetzen (§§ 1908 i Abs. 1 S. 1, 1837). Verstöße können bis zur Entlassung des Betreuers führen (vgl. § 1908 b). Schon bei der Bestellung ist zu prognostizieren, ob der Betreuer die Anforderungen erfüllen können wird. Ist das nicht der Fall, darf er nicht bestellt werden.[1]

II. Umfang der dem Betreuer übertragenen Angelegenheiten

2 Die **Betreuung umfasst** alle Tätigkeiten, die erforderlich sind, um die Angelegenheiten des Betreuten zu erledigen, die in den Kreis der Aufgaben fallen, die dem Betreuer übertragen sind (Abs. 1). Maßgebend ist also in erster Linie die Grenzziehung, welche bei der Anordnung der Betreuung durch das Betreuungsgericht bei der Festlegung der Aufgabenbereiche vorgenommen wurde (→ § 1896 Rn. 30 ff.). Dabei muss der Betreuer seine Aufgaben grundsätzlich persönlich erfüllen. Auf Dritte darf er nur untergeordnete Hilfstätigkeiten übertragen.[2]

3 Kümmert sich der Betreuer **über den ihm übertragenen Aufgabenbereich hinaus** um den Betreuten (zB Hilfe bei der Körperpflege oder Ernährung), ist das nicht mehr Gegenstand der Betreuung. Er kann für diese Tätigkeiten daher auch keine Vergütung beanspruchen.[3]

III. Leitprinzipien des Betreuerhandelns

4 **1. Wohl des Betreuten.** Der Betreuer muss die Angelegenheiten des Betroffenen **so besorgen, wie es dessen Wohl entspricht** (Abs. 2 S. 1). Er muss den Betroffenen als Person behandeln und nicht nur als Objekt staatlicher Bevormundung und Verwaltung. Er hat kein Erziehungsrecht.[4] Dazu gehört, dass er möglichst oft persönlichen Kontakt mit ihm pflegt.[5] Wichtige Angelegenheiten (zB Postkontrolle, gefährliche medizinische Maßnahmen, Wohnungsauflösung) hat er mit ihm zu besprechen, wenn das dem Wohl des Betreuten nicht zuwiderläuft (Abs. 3 S. 3).

5 Abs. 2 S. 2 stellt klar, dass zum Wohl des Betreuten auch die **Möglichkeit** gehört, dass er **im Rahmen seiner Fähigkeiten sein Leben nach seinen Wünschen und Vorstellungen gestalten** kann. Der Betreuer darf daher das Wohl des Betroffenen nicht nur rein objektiv bestimmen. Zum Wohl gehört das durch die subjektiven Bedürfnisse des Betroffenen bestimmte Wohlbefinden. Ihm muss daher nach Möglichkeit sein bisheriger Lebenszuschnitt erhalten bleiben.[6] Der Betreuer darf nicht etwa im Interesse der künftigen Erben den Lebenszuschnitt des Betroffenen auf ein bescheidenes Maß zurückführen, um Geld zu sparen, das der Betroffene vererben könnte.

---

1 BGH 30.9.2015 – XII ZB 53/15, FamRZ 2015, 2165.
2 OLG Frankfurt/M. 13.10.2003 – 20 W 300/03, FGPrax 2004, 29; BayObLG 30.5.2000 – 3Z BR 137/00, BtPrax 2000, 214.
3 LG Koblenz 29.10.2001 – 2 T 595/2001, FPR 2002, 99.
4 HK-BetrR/Jurgeleit § 1901 Rn. 33.
5 BayObLG 18.12.2002 – 3Z BR 219/02, FamRZ 2003, 633; LG Leipzig 27.9.1999 – 12 T 3557/99, FamRZ 2000, 1047; LG Koblenz 21.7.2003 – 2 T 454/03, FamRZ 2004, 220.
6 BayObLG 20.9.1990 – BReg 3 Z 103/90, NJW 1991, 432.

2. Maßgeblichkeit von Wünschen des Betreuten. Wünsche des Betroffenen in 6 Bezug auf die Führung der Betreuung sind für den Betreuer **verbindlich**, soweit sie dem Wohl des Betreuten nicht zuwiderlaufen und ihre Erfüllung dem Betreuer zumutbar ist (Abs. 3).

Für die Äußerung eines Wunsches ist **Geschäftsfähigkeit nicht erforderlich.** 7

Der Wunsch **kann sich auf jeden Gesichtspunkt erstrecken**, der in den Aufga- 8 benbereich des Betreuers fällt. Andere Wünsche sind für den Betreuer nicht verbindlich, weil deren Realisierung ohnehin nicht Angelegenheit des Betreuers ist. Durch seine Wünsche kann der Betreute den Aufgabenbereich des Betreuers auch nicht erweitern. Bedeutung haben sie daher in diesen Fällen nur, wenn der Betreute geschäftsfähig ist und der Wunsch als Auftrag und Bevollmächtigung des Betreuers zur Vornahme ausgelegt werden kann. Verpflichtet, diese zu realisieren, ist der Betreuer jedoch auch dann nicht; denn niemand muss von einer Bevollmächtigung auch Gebrauch machen.

Wann der Wunsch geäußert wurde, ist **unerheblich.** Abs. 3 S. 2 stellt ausdrück- 9 lich klar, dass auch Wünsche, die der Betreute vor der Bestellung des Betreuers geäußert hat, für den Betreuer verbindlich sind, es sei denn, dass der Betroffene an diesen Wünschen erkennbar nicht festhalten will.

Vorrangig zu beachten ist aber immer der **aktuell geäußerte Wunsch.** Der Be- 10 treuer muss daher jeweils den aktuellen Willen des Betroffenen erforschen. Dazu hat er zumindest vor der Wahrnehmung wichtiger Angelegenheiten mit dem Betroffenen zu sprechen (Abs. 3 S. 3). Eine Ausnahme gilt wiederum, wenn die Besprechung dem Wohl des Betroffenen zuwiderlaufen würde. Was wichtige Angelegenheiten sind, richtet sich nach den Lebensverhältnissen des Betroffenen. Die Angelegenheiten, in denen eine besondere betreuungsgerichtliche Erlaubnis für das Handeln des Betreuers erforderlich ist (vgl. §§ 1821, 1822, 1896 Abs. 4, 1904–1907), gehören immer hierher. Andere Angelegenheiten sind wichtig, wenn sie für den Betroffenen erhebliche Bedeutung haben. Das kann auch objektiv unbedeutende Fragen betreffen (zB die Anschaffung von Kleidungs- oder Einrichtungsstücken).

Unmaßgeblich ist der Wunsch des Betroffenen, wenn er seinem Wohl zuwider- 11 läuft. Es besteht also ein **Vorrang des Wohls**, wenn es zu Konflikten zwischen Wohl und Wille kommt. Um eine Gefährdung des Wohls des Betreuten anzunehmen, reicht jede Gefährdung der Rechtsgüter des Betroffenen, die im Rang über dem mit dem Wunsch verfolgten Interesse stehen. Der Betreuer muss die Erfüllung eines Wunsches daher vor allem dann ablehnen, wenn dadurch das Leben, die Gesundheit oder Persönlichkeitsrechte des Betroffenen gefährdet würden. Darüber hinaus sind Wünsche unbeachtlich, durch welche die Vermögenssituation des Betroffenen so beeinträchtigt wird, dass sein Unterhalt gefährdet wird. Bei alten Menschen ist es aber nicht das Ziel, Vermögen für die Erben zu erhalten. Solange sich der Betreute von seinen Einkünften und aus seinem Vermögen voraussichtlich bis zu seinem Tod wird unterhalten können, darf der Betreuer einen Wunsch des Betreuten nicht wegen Vermögensgefährdung ablehnen.[7]

Unmaßgeblich ist ein Wunsch des Betreuten auch dann, wenn seine Erfüllung 12 dem Betreuer unzumutbar ist. Das gilt vor allem für solche Wünsche, die den

---

7 Vgl. OLG Karlsruhe 15.6.2010 – 12 U 235/09, FamRZ 2010, 2018 für den Wunsch eines vermögenden Betreuten nach der unwirtschaftlichen Reparatur seines 18 Jahre alten Pkw.

Betreuer zeitlich über Gebühr belasten (zB übermäßige Besuchswünsche) oder die nicht mehr in seinen Aufgabenbereich fallen (zB Wunsch nach Begleitung bei Arztbesuchen[8] oder Einkäufen).[9]

13 **3. Mitwirkung an der Besserung der Krankheit oder Behinderung.** Der Betreuer muss alles tun, um die **Krankheit** oder Behinderung des Betreuten **zu beseitigen oder zu bessern**, ihre Verschlimmerung zu verhüten und ihre Folgen zu mildern (Abs. 4). Die Mitwirkungspflicht ist aber auf seinen Aufgabenkreis beschränkt. Während ein für die Gesundheitsfürsorge bestellter Betreuer daher immer an der Rehabilitation mitwirken muss, gilt das etwa für den Vermögensbetreuer nur insoweit, als die finanzielle Sicherung der Rehabilitationsmaßnahmen betroffen ist. Eine Einmischung in nicht übertragene Aufgabenbereiche ist ausgeschlossen.

IV. Berichtspflicht und Betreuungsplan

14 Der Betreuer muss dem Gericht über alle ihm bekannt werdenden Umstände **berichten,** die eine Aufhebung der Betreuung oder die Einschränkung des Aufgabenkreises ermöglichen oder dessen Erweiterung, die Bestellung eines weiteren Betreuers oder die Anordnung eines Einwilligungsvorbehalts erfordern. Auf diese Weise soll sichergestellt werden, dass das Betreuungsgericht jederzeit in der Lage ist, die Betreuungsmaßnahmen an das zum Wohl des Betreuten Erforderliche anzupassen, um neue Gefahren abzuwehren oder zu weitgehende Eingriffe zu beseitigen. Der Betreuer braucht nur sein eigenes Wissen weiterzugeben; ihn trifft keine Ermittlungspflicht.

15 **Weitere Mitteilungspflichten** ergeben sich aus § 1897 Abs. 6 S. 2 (für Berufsbetreuer über potenzielle ehrenamtliche Betreuer), § 1900 Abs. 3, Abs. 4 S. 2 (für Betreuungsverein und Betreuungsbehörde über Umstände, die erwarten lassen, dass der Betroffene nun durch eine oder mehrere natürliche Personen hinreichend vertreten werden kann), § 1903 Abs. 4 (Parallelregelung für den Einwilligungsvorbehalt) und den allgemeinen Regeln über die Rechnungslegung durch den Vormund (§§ 1839 ff.), die über die Verweisung in § 1908 i Abs. 1 auch für den Betreuer gelten.

16 Den **Berufsbetreuern** wurde durch das 2. BetreuungsrechtsänderungsG als neue Aufgabe die **Erstellung eines Betreuungsplans** auferlegt. Bislang war der Betreuer dazu nicht ausdrücklich verpflichtet. Dabei bleibt es auch weiter für den ehrenamtlichen Betreuer und denjenigen Berufsbetreuer, bei dem das Gericht nicht von Anfang an bei der Bestellung der Betreuung anordnet, dass ein Betreuungsplan zu erstellen ist. Das kann sinnvoll sein, wenn die Betreuung nur auf einzelne, eng begrenzte Aufgaben begrenzt ist. Ehrenamtliche Betreuer wollte der Gesetzgeber nicht durch die Belastung mit einer weiteren Aufgabe abschrecken. So sinnvoll auch in diesen Fällen ein Betreuungsplan sein kann, so sehr wurde befürchtet, dass die Aufgabe ehrenamtliche Betreuer überfordern könnte.

17 Im Betreuungsplan müssen die **Ziele der Betreuung und die zu ihrer Umsetzung zu ergreifenden Maßnahmen** dargestellt werden. Das erleichtert es dem Betreuungsgericht, die Effizienz der Betreuung zu überwachen. Wie genau der Betreuungsplan ausgestaltet sein muss, ist nicht geregelt. Er darf aber weder zu pauschal sein noch darf das Gericht umgekehrt überzogene Anforderungen an De-

---

8 LG Koblenz 6.10.1997 – 2 T 648/97, FamRZ 1998, 495.
9 BayObLG 29.7.1998 – 3Z BR 102/98, FamRZ 1999, 463; LG Koblenz 6.10.1997 – 2 T 648/97, FamRZ 1998, 495.

taillertheit und Genauigkeit der Zielsetzung stellen. Entscheidend sind die zugewiesenen Aufgabenkreise, die Komplexität der Betreuung, die Wünsche und Widerstände des Betroffenen sowie die Art seiner Erkrankung oder Behinderung. Die Verpflichtung zur Erstellung des Betreuungsplans **erschöpft sich nicht in der einmaligen Aufstellung** des Plans. Ergeben sich im Laufe der Betreuung neue Probleme oder zeigt es sich, dass die Zielsetzung des Planes erreicht wurde oder nicht mehr erreicht werden kann, weil sich die Krankheit des Betroffenen verschlimmert hat, muss der Betreuer das Gericht benachrichtigen und den Plan ergänzen bzw. modifizieren. **18**

§ 1901 a BGB Patientenverfügung

(1) [1]Hat ein einwilligungsfähiger Volljähriger für den Fall seiner Einwilligungsunfähigkeit schriftlich festgelegt, ob er in bestimmte, zum Zeitpunkt der Festlegung noch nicht unmittelbar bevorstehende Untersuchungen seines Gesundheitszustands, Heilbehandlungen oder ärztliche Eingriffe einwilligt oder sie untersagt (Patientenverfügung), prüft der Betreuer, ob diese Festlegungen auf die aktuelle Lebens- und Behandlungssituation zutreffen. [2]Ist dies der Fall, hat der Betreuer dem Willen des Betreuten Ausdruck und Geltung zu verschaffen. [3]Eine Patientenverfügung kann jederzeit formlos widerrufen werden.

(2) [1]Liegt keine Patientenverfügung vor oder treffen die Festlegungen einer Patientenverfügung nicht auf die aktuelle Lebens- und Behandlungssituation zu, hat der Betreuer die Behandlungswünsche oder den mutmaßlichen Willen des Betreuten festzustellen und auf dieser Grundlage zu entscheiden, ob er in eine ärztliche Maßnahme nach Absatz 1 einwilligt oder sie untersagt. [2]Der mutmaßliche Wille ist aufgrund konkreter Anhaltspunkte zu ermitteln. [3]Zu berücksichtigen sind insbesondere frühere mündliche oder schriftliche Äußerungen, ethische oder religiöse Überzeugungen und sonstige persönliche Wertvorstellungen des Betreuten.

(3) Die Absätze 1 und 2 gelten unabhängig von Art und Stadium einer Erkrankung des Betreuten.

(4) Der Betreuer soll den Betreuten in geeigneten Fällen auf die Möglichkeit einer Patientenverfügung hinweisen und ihn auf dessen Wunsch bei der Errichtung einer Patientenverfügung unterstützen.

(5) [1]Niemand kann zur Errichtung einer Patientenverfügung verpflichtet werden. [2]Die Errichtung oder Vorlage einer Patientenverfügung darf nicht zur Bedingung eines Vertragsschlusses gemacht werden.

(6) Die Absätze 1 bis 3 gelten für Bevollmächtigte entsprechend.

Literatur: *Albrecht/Albrecht*, Patientenverfügung ohne Vertreter – geht das?, MittBayNot 2015, 110; *Diehn/Rebhan*, Vorsorgevollmacht und Patientenverfügung, NJW 2010, 326; *Butzmann/Eicher/Hüttl*, Organtransplantation, Patientenverfügung, Aufklärung und Einwilligung, 2013; *Czerner/Soßdorf*, Patientenverfügungen auch für Jugendliche, KritV 2013, 315; *Diener*, Patientenverfügungen psychisch kranker Personen und fürsorglicher Zwang, 2013; *Grote*, Gestaltung von Vorsorgevollmacht und Patientenverfügung, ErbR 2011, 66; *Horst*, Patientenverfügung und Vorsorgevollmacht, ZAP Fach 12, 187; *Kemper*, Autonomie am Lebensende – Sterben zwischen Patientenverfügung und Sterbehilfe, in: Begemann, Der Tod gibt zu denken, 2010, 153; *Laube*, Die Patientenverfügung – Betrachtungen aus der betreuungsgerichtlichen Praxis, FPR 2010, 255; *Kostroman*, Die Umsetzung des Patientenwillens im Rahmen einer Patientenverfügung, 2014; *Kurze*, Vorsorgevollmacht, Patientenverfügung und Vormundbenennung für jüngere Menschen, ZErb 2015, 241; *Lemmerz*, Die Patientenverfügung,

2015; *Lipp*, Vorsorgevollmacht, Patientenverfügung und Organspendeerklärung, notar 2014, 111; *Müller/Renner*, Betreuungsrecht und Vorsorgeverfügungen in der Praxis, 4. Aufl. 2015; *Olzen/Metzmacher*, Rechtliche Probleme der Patientenverfügung – Einleitung in das Thema, FPR 2010, 249; *Riedel/Stolz*, Wer darf/muss die Behandlung abbrechen – Arzt, Pflegende, Betreuer?, BtPrax 2011, 13; *Rieger*, Gesetzliche Regelung von Patientenverfügungen und Behandlungswünschen: Auswirkungen auf die Beratungspraxis, FamRZ 2010, 1601; *Roth/ Dommermühl/Hack/Scharf*, Vorsorgevollmacht, Betreuungsverfügung und Patientenverfügung, 4. Aufl. 2015; *Weigl*, Notar und Patientenverfügung, NotBZ 2016, 89; *Röthel*, Form und Freiheit der Patientenautonomie, AcP 211, 196; *Wilckens*, Zweifelsfragen zum neuen Patientenverfügungsrecht, MDR 2011, 143.

I. Grundlagen und Systematik

1 Die Norm wurde durch das Dritte BetreuungsrechtsänderungsG[1] eingefügt. Sie regelt erstmals die sog **Patientenverfügung** (auch Patiententestament genannt), mit der für den Fall Vorsorge getroffen werden soll, dass der auf einen Behandlungsabbruch gerichtete Wille eines Patienten nicht mehr geäußert werden kann. Wie zu verfahren ist, wenn eine derartige Situation eintritt, v.a. wann ein Behandlungsabbruch einer betreuungsgerichtlichen Genehmigung bedarf, ergibt sich aus Abs. 1 S. 1, § 1904 Abs. 2. Außerdem regelt Abs. 2 nun ausdrücklich, wie ein Betreuer oder Bevollmächtigter zu handeln hat, wenn keine Patientenverfügung vorliegt oder diese nicht auf die eingetretene Situation passt. Die früher in § 1901 a enthaltene Regelung über **Betreuungsverfügungen** findet sich nun in § 1901 c.

2 Eine **Patientenverfügung ist** eine schriftliche Verfügung eines einwilligungsfähigen Volljährigen für den Fall seiner Einwilligungsunfähigkeit, ob er in bestimmte, zum Zeitpunkt der Festlegung noch nicht unmittelbar bevorstehende Untersuchungen seines Gesundheitszustands, Heilbehandlungen oder ärztliche Eingriffe einwilligt oder sie untersagt (Abs. 1 S. 1). Eine Sonderform bilden bei psychischen Erkrankungen die sog. Behandlungsvereinbarungen zwischen dem Patienten und dem behandelnden Arzt, die ggf. unter Mitwirkung eines Betreuers geschlossen werden. Der einwilligungsfähige Patient legt schriftlich fest, ob er in bestimmte, zum Zeitpunkt der Festlegung noch nicht unmittelbar bevorstehende Untersuchungen, Heilbehandlungen oder ärztliche Eingriffe einwilligt oder sie untersagt. Dabei kann sich die Festlegung auch auf die Art und Weise der Behandlung beziehen. Der Arzt prüft, ob die Festlegungen praktisch durchführbar sind und bekräftigt mit der Unterzeichnung der Behandlungsvereinbarung, dass er die Festlegungen beachten wird.

3 Die Regelung wendet sich sowohl an **Betreuer** (Abs. 1) als auch an **Bevollmächtigte** (Abs. 6). In Bezug auf die Vollmacht ist zu beachten, dass die Anforderungen des § 1904 Abs. 5 S. 2 erfüllt sein müssen, wenn der Bevollmächtigte auch ein eigenes Entscheidungsrecht in Bezug auf die Einwilligung und den Widerruf von Einwilligungen in Heilbehandlungen hat (ausdrückliche Erstreckung, Schriftform).

Ein Betreuer hat die Verpflichtung, den Betreuten in geeigneten Fällen **auf die Möglichkeit einer Patientenverfügung hinzuweisen** und ihn auf dessen Wunsch bei der Errichtung einer solchen zu unterstützen (Abs. 3, neu eingefügt durch das Gesetz zur Änderung der materiellen Zulassungsvoraussetzungen von ärztlichen Zwangsmaßnahmen und zur Stärkung des Selbstbestimmungsrechts von

---

[1] Vom 29.7.2009, BGBl. I 2009, 2286.

Betreuten vom 17.7.2017).[2] Das setzt voraus, dass der Betroffene zwar zunächst einen Betreuer (mit dem Aufgabenkreis Gesundheitsfürsorge) hat, weil seine Einwilligungsfähigkeit aufgehoben war, aber nach einer durchgeführten ärztlichen (Zwangs-)Behandlung wieder einwilligungsfähig wird, dass aber die Gefahr des erneuten Verlustes der Einwilligungsfähigkeit droht. Der Betreute soll dann durch den Betreuer dabei unterstützt werden, für den Fall seiner Einwilligungsunfähigkeit festzulegen, ob und welche medizinischen Behandlungen dann auch gegen seinen natürlichen Willen durchgeführt werden dürfen. Das soll die Autonomie des Betroffenen stärken.

Bei **psychischen Erkrankungen** hat der Betreuer die Pflicht, in geeigneten Fällen im Einverständnis mit dem Betreuten den Arzt zum Angebot einer **Behandlungsvereinbarung** (→ Rn. 2) aufzufordern. Er muss den Betreuten in einem solchen Fall bei der Feststellung und Formulierung seiner Wünsche unterstützen und ist nach Abs. 1 S. 2 verpflichtet, dem Willen des Betreuten Ausdruck und Geltung zu verschaffen, wenn der Betreute selbst nicht mehr einwilligungsfähig ist.

Vom Betreuer wird nicht erwartet, dass er den Betreuten in medizinischen Fragen selbst berät. Vielmehr soll der Betreuer eine gegebenenfalls notwendige **medizinische Beratung durch einen Arzt vermitteln.** Ehrenamtliche Betreuer können sich bei der Wahrnehmung dieser Aufgabe außerdem von einem Betreuungsverein (§ 1908 f Abs. 1 Nr. 2) und von der Betreuungsbehörde (§ 4 Abs. 3 BtBG) beraten und unterstützen lassen.

Die **Verpflichtung,** auf die Möglichkeit einer Patientenverfügung hinzuweisen und den Betroffenen auf seinen Wunsch bei Errichtung einer solchen zu unterstützen, **gilt für den Bevollmächtigten nicht** entsprechend. Die Vertretungsmacht des Bevollmächtigten beruht auf einer privatautonomen Entscheidung des Vollmachtgebers. Seine Verpflichtungen sind dementsprechend durch das Innenverhältnis mit dem Vollmachtgeber ausgestaltet. Außerdem kommt eine Vorsorgevollmacht in gesundheitlichen Angelegenheiten regelmäßig erst dann zur Anwendung, wenn der Vollmachtgeber nicht mehr einwilligungsfähig ist und somit eine Patientenverfügung nicht mehr wirksam errichten kann.

II. Die Patientenverfügung

1. Begriff und Inhalt. Den Begriff der Patientenverfügung definiert Abs. 1 S. 1. 4 Es handelt sich um die Bestimmung darüber, ob jemand in bestimmte, zum Zeitpunkt der Festlegung noch nicht unmittelbar bevorstehende Untersuchungen seines Gesundheitszustandes, Heilbehandlungen oder ärztliche Eingriffe einwilligt oder sie untersagt. Mit diesen Begriffen sollen wie bei § 1904 alle denkbaren medizinischen Maßnahmen abgedeckt werden (→ § 1904 Rn. 6). Zu Behandlungsvereinbarungen bei psychischen Erkrankungen → Rn. 2.

Der **Inhalt** einer Patientenverfügung kann von dem Verfasser selbst bestimmt 5 werden, ohne an spezielle gesetzliche Vorgaben gebunden zu sein. Die Verfügung kann umfassend sein und sich mit Behandlungssituationen in allgemeiner Weise befassen (zB Anordnungen nur für den Fall eines Wachkomas), sie kann aber auch nur einzelne Behandlungen ausschließen (zB Wiederbelebungen, Bluttransfusionen, bestimmte Medikationen, künstliche Ernährung). Umgekehrt kann eine Patientenverfügung auch Einwilligungen in Behandlungen umfassen,

---

2 BGBl 2017 I 2426.

welche selbst mit einer Lebensverkürzung oder Lebensgefahr verbunden sind, wie etwa die Anordnung, dass bestimmte Schmerzmedikationen vorgenommen werden müssen, selbst wenn sie – objektiv betrachtet – zu einer Verkürzung der restlichen Lebensdauer führen. Jeder hat das Recht, sein eigenes Leiden am Lebensende menschenwürdig zu gestalten und so zu sterben, wie er selbst es für würdig und angemessen hält. Sein Wille ist unabhängig von Art und Stadium einer Erkrankung des Betroffenen zu berücksichtigen (Abs. 3). Die Grenze für die Wünsche des Verfassers bildet aber immer das Verlangen nach aktiver Sterbehilfe (§ 216 StGB, § 134).

6   Eine Patientenverfügung liegt nur vor, wenn die Anordnungen sich mit **noch nicht unmittelbar bevorstehenden Untersuchungen und Heilbehandlungen** befassen. Unmittelbar vor der Behandlung getroffene Bestimmungen eines einwilligungsfähigen Patienten unterfallen den Einschränkungen des § 1901 a nicht. Vor allem brauchen sie nicht schriftlich abgefasst zu sein. Nicht erforderlich ist aber, dass die Patientenverfügung sich auf den Fall bezieht, in dem eine generelle Einwilligungsunfähigkeit gegeben ist.

7   Die Patientenverfügung kann mit der **Bevollmächtigung** einer Vertrauensperson (Vorsorgevollmacht) für die Entscheidung von nicht geregelten Fragen und die Durchsetzung des Willens des Verfassers verbunden werden. Für diese Personen gelten die Verfahrensregeln in §§ 1901 a und 1904 entsprechend (Abs. 6, § 1904 Abs. 5 S. 1).

8   **2. Wirksamkeitsvoraussetzungen.** Eine Patientenverfügung bedarf der **Schriftform** (Abs. 1 S. 2). Sie muss also handschriftlich unterschrieben sein (§ 126). Eine Aktualisierung in bestimmten Zeitabständen ist nicht vorgeschrieben, gleichwohl aber sinnvoll, um zu zeigen, dass die Verfügung noch den aktuellen Willen des Verfassers spiegelt.

9   Sie kann nur von einem (einwilligungsfähigen) **Volljährigen** errichtet werden (Abs. 1 S. 1). Die von einem Minderjährigen errichtete Patientenverfügung ist selbst dann unwirksam, wenn der Minderjährige wegen schon vorhandener Einsichtsfähigkeit im Behandlungsfall selbst in die Behandlung einwilligen oder die Einwilligung verweigern kann. Wegen des höchstpersönlichen Charakters der Erklärung ist auch eine Stellvertretung ausgeschlossen.

10   Die Autonomie des Betroffenen wird **im Verhältnis zu Dritten** durch ein doppeltes Verbot geschützt: Zum einen kann niemand zur Errichtung einer Patientenverfügung verpflichtet werden (Abs. 5 S. 1). Aus dieser engen Formulierung (kann statt darf) ist abzuleiten, dass eine entsprechende Verpflichtungserklärung nichtig ist. Damit soll verhindert werden, dass Dritte, die ein Interesse an einem möglichst schnellen und komplikationslosen Ableben des Betroffenen haben könnten (zB Krankenversicherungen) ihre Vertragspartner dazu zwingen, eine Patientenverfügung zu errichten, welche einen möglichst schnellen Tod ohne die Inanspruchnahme von aufwändigen Leistungen gewährleistet. Die Nichtigkeit der Verpflichtung wirkt über § 134 auch auf die Patientenverfügung.

11   In die gleiche Richtung geht die Bestimmung in Abs. 5 S. 2, dass die **Errichtung oder Vorlage einer Patientenverfügung nicht zur Bedingung eines Vertragsschlusses** gemacht werden darf. Das Verpflichtungsverbot des Abs. 5 S. 1 könnte sonst dadurch umgangen werden, dass von einem Vertragsschlusswilligen verlangt wird, eine Patientenverfügung (mit einem bestimmten Inhalt) vorzulegen, bevor überhaupt ein Vertrag errichtet wird. Auch insoweit muss angenommen werden,

dass eine entgegen dem Verbot errichtete Patientenverfügung unwirksam sein muss (§ 134), weil nur so ein effektiver Schutz des Betroffenen erreicht werden kann. Das kann allerdings dann nicht gelten, wenn nur die Vorlage einer Patientenverfügung verlangt wird, denn sonst bestünde die Gefahr, dass eine ohne Zusammenhang mit dem Verlangen errichtete Verfügung durch das nachträgliche Verlangen nach Vorlage durch einen Dritten ihre Wirksamkeit verlieren könnte.

3. Wirkung der Patientenverfügung. Die **Bedeutung** der Patientenverfügung 12 liegt zunächst darin, dass sie **selbst die Einwilligung** in bestimmte Behandlungen oder Untersuchungen enthalten kann. Für diese Einwilligungen gilt nichts anderes als für die Einwilligungen in Körperverletzungen, wie sie sonst bei ärztlichen Behandlungen erforderlich sind. Ihr Vorliegen schließt die Rechtswidrigkeit des medizinischen Eingriffs bzw. der Behandlung aus. Entsprechendes gilt für die Verweigerung der Einwilligung. Der Verfasser hat diese Fragen selbst entschieden, für eine Entscheidung des Betreuers oder Bevollmächtigten ist kein Raum.[3] Erforderlich dafür ist aber immer, dass die Patientenverfügung eine hinreichend konkrete Behandlungsentscheidung in einer bestimmten Krankheitssituation enthält. Beschrieben werden müssen konkrete Lebens- und Behandlungssituationen, in denen die Anweisungen greifen sollen.[4] Ebenfalls konkret bezeichnet werden müssen die Behandlungen, die gewünscht oder abgelehnt werden. Allgemeine Aussagen, wie „keine lebensverlängernden Maßnahmen, sobald ich dement bin", reichen nicht aus.

Außerdem ist die Patientenverfügung eine **Handlungsanweisung an den Betreuer** 13 **bzw. den Bevollmächtigten** (Abs. 1 S. 1, 2, Abs. 5). Diese Personen müssen prüfen, ob die in der Patientenverfügung enthaltenen Festlegungen auf die aktuelle Lebens- und Behandlungssituation des Verfassers zutreffen. Wenn das der Fall ist, muss der Betreuer bzw. der Bevollmächtigte dem Willen des Verfassers Ausdruck und Geltung verschaffen (Abs. 1 S. 2). Ein in einer Patientenverfügung zum Ausdruck kommender Wille ist also wie bei einer aktuellen Entscheidung des Verfassers selbst bindend, wenn der Verfasser Festlegungen gerade für diejenige Lebens- und Behandlungssituation getroffen hat, die nun zu entscheiden ist, sein Wille nicht auf ein Verhalten gerichtet ist, das einem gesetzlichen Verbot unterliegt, der geäußerte Wille in der Behandlungssituation noch aktuell ist und keine Anhaltspunkte dafür bestehen, dass die Patientenverfügung durch äußeren Druck oder aufgrund eines Irrtums zustande gekommen ist.[5] Bedeutung hat die Handlungsanweisung an den Betreuer bzw. Bevollmächtigten v.a. deswegen, weil seine Tätigkeit in diesen Fällen weiterhin notwendig für alle anderen in der Patientenverfügung nicht vorweg getroffenen Erklärungen und Entscheidungen ist. Das betrifft zB die Auswahl des Arztes oder Krankenhauses sowie die vermögensrechtliche Seite der Behandlung. Erbrechtlich ist sie bedeutsam, weil ein Vorgehen nach ihr nicht als Fall der Erbunwürdigkeit nach § 2339 Abs. 1 Nr. 1 eingestuft werden kann.[6]

4. Ende der Wirksamkeit. Die Patientenverfügung **verliert ihre Wirksamkeit,** 14 wenn sie widerrufen wird. Der Widerruf ist jederzeit auch formlos möglich (Abs. 1 S. 3). Zum Sinn von Aktualisierungen → Rn. 8.

---

3 BT-Drs. 16/8442, 14.
4 BGH 8.2.2017 – XII ZB 604/15.
5 BT-Drs. 16/8442, 8.
6 Vgl. BGH 11.3.2015 – IV ZR 400/14, FamRZ 2015, 849 zu einem gegenläufigen Fall, in dem keine Patientenverfügung vorlag.

15 **5. Verfahrensweise in Fällen ohne passende Patientenverfügung.** Abs. 2 bestimmt, wie zu verfahren ist, wenn keine Patientenverfügung vorliegt oder wenn eine vorhandene Patientenverfügung die konkrete Behandlungssituation nicht erfasst. Das kann der Fall sein, wenn die Festlegungen in einer schriftlichen Patientenverfügung nicht auf die anstehende konkrete Lebens- und Behandlungssituation zutreffen oder wenn die Willensbekundung nicht schriftlich vorliegt, und zwar ohne Rücksicht darauf, ob die mündlich oder in anderer Weise geäußerten Entscheidungen über die Einwilligung in eine Behandlung auf die konkrete Behandlungssituation zutreffen. Hierunter ist auch der Fall zu fassen, dass behandlungsrelevante schriftliche Willensbekundungen später mündlich ganz oder teilweise abgeändert oder widerrufen wurden. Schließlich gehören hierher die häufigen Fälle, dass in der Patientenverfügung festgelegt wurde, dass die Verfügung nicht unmittelbar gelten soll, sondern der Bevollmächtigte oder Betreuer die Entscheidung über die Behandlung zu treffen hat.

16 In solchen Fällen muss der Betreuer bzw. Bevollmächtigte die Behandlungswünsche oder den **mutmaßlichen Willen des Betreuten feststellen** und auf dieser Grundlage entscheiden, ob er in eine ärztliche Maßnahme einwilligt oder sie untersagt (Abs. 2 S. 1). Abs. 3 stellt klar, dass die Berücksichtigung des Willens unabhängig von Art und Stadium einer Erkrankung des Betroffenen ist. Zur Ermittlung dieses Willens dient vor allem das Gespräch zur Ermittlung des Patientenwillens nach § 1901 b.

17 Der mutmaßliche Wille ist **aufgrund konkreter Anhaltspunkte** zu ermitteln. Zu berücksichtigen sind insbesondere frühere mündliche oder schriftliche Äußerungen, ethische oder religiöse Überzeugungen und sonstige persönliche Wertvorstellungen des Betreuten, v.a. in Bezug auf das Erleiden von Schmerzen oder Angstzuständen. Auch die noch vorhandene Lebenserwartung wird in diese Beurteilung eingehen können, vor allem wenn der Betroffene sich darüber und in Bezug auf den Wunsch weiter zu leben, geäußert hat.

§ 1901 b BGB   Gespräch zur Feststellung des Patientenwillens

(1) [1]Der behandelnde Arzt prüft, welche ärztliche Maßnahme im Hinblick auf den Gesamtzustand und die Prognose des Patienten indiziert ist. [2]Er und der Betreuer erörtern diese Maßnahme unter Berücksichtigung des Patientenwillens als Grundlage für die nach § 1901 a zu treffende Entscheidung.

(2) Bei der Feststellung des Patientenwillens nach § 1901 a Absatz 1 oder der Behandlungswünsche oder des mutmaßlichen Willens nach § 1901 a Absatz 2 soll nahen Angehörigen und sonstigen Vertrauenspersonen des Betreuten Gelegenheit zur Äußerung gegeben werden, sofern dies ohne erhebliche Verzögerung möglich ist.

(3) Die Absätze 1 und 2 gelten für Bevollmächtigte entsprechend.

I. Grundlagen

1 Die Bestimmung ist eine **Folgeregelung zu § 1901 a.** Sie regelt die Vorgehensweise in den Fällen des § 1901 a, unabhängig davon, ob eine Patientenverfügung vorliegt oder nicht. Dabei werden zum Teil berufsrechtliche Regelungen der Ärzteschaft aufgegriffen und zur Klarstellung noch einmal im Betreuungsrecht dargestellt.

II. Das Gespräch zur Feststellung des Patientenwillens

Anwendbar ist die Regelung in allen Fällen des § 1901 a, gleichgültig, ob eine 2 Patientenverfügung vorliegt oder nicht und ob ein Betreuer oder ein Bevollmächtigter (Abs. 3) für den Betroffenen agiert.

Ausgangspunkt jeder Entscheidung ist, dass der behandelnde **Arzt prüft**, welche 3 ärztliche Maßnahme im Hinblick auf den Gesamtzustand und die Prognose des Patienten **indiziert ist** (Abs. 1 S. 1). Nur was medizinisch notwendig oder förderlich ist, darf durchgeführt werden. Insoweit gilt nichts anderes als bei allen anderen medizinischen Behandlungen.

An zweiter Stelle steht, sofern ein Betreuer oder Bevollmächtigter bestellt ist, die 4 **Erörterung** dieser indizierten Maßnahme zwischen dem Betreuer und dem behandelnden Arzt. Bei dieser Erörterung müssen beide den Patientenwillen berücksichtigen (§ 1901 a Abs. 1, 2).

Als Ergebnis dieser Erörterungen **handelt der Betreuer entsprechend dem festgestellten Patientenwillen.** Soweit sich aus einer Patientenverfügung eine eigenständige Entscheidung des Falles durch den Betroffenen ergibt, setzt er diese durch, ansonsten entscheidet er nach dem mutmaßlichen Willen des Betroffenen. 5

Abs. 2 enthält eine besondere Bestimmung für die Ermittlung des Willens des 6 Betroffenen. Erfasst werden zwar auch die **Fälle des § 1901 a Abs. 1** (zB bei Notwendigkeit einer Auslegungshilfe für die Patientenverfügung und die Feststellung, ob die Erklärungen in der Patientenverfügung auf die aktuelle Lebens- und Behandlungssituation zutreffen). Hauptanwendungsbereich ist aber die Feststellung von Behandlungswünschen und des mutmaßlichen Willens im Rahmen des § 1901 a Abs. 2.

In beiden Fällen sollen der Betreuer (bzw. der Bevollmächtigte) und der behan- 7 delnde Arzt nahen **Angehörigen** und sonstigen **Vertrauenspersonen** des Betroffenen **Gelegenheit zur Äußerung** geben. Zu diesem Personenkreis zählen vor allem der Ehegatte, der Lebenspartner, Eltern, Geschwister und Kinder. Sonstige Vertrauenspersonen können auch nicht mit dem Betreuten verwandte Personen sein, es kommt hierbei allein auf das Vertrauensverhältnis an, das zu dem Betreuten bestand. Auch Pflegekräfte kommen im Einzelfall in Betracht.

Abgesehen werden kann **von der** Einräumung der **Gelegenheit zur Äußerung,** 8 wenn die Äußerung der genannten Personen nur mit erheblicher Zeitverzögerung möglich ist. Ob erhebliche zeitliche Verzögerungen vorliegen, ist in Abhängigkeit von der Dringlichkeit des vorzunehmenden Eingriffs, der Notwendigkeit aufwändiger Personen- oder Anschriftenermittlungen und der Erreichbarkeit der genannten Personen zu beurteilen. Zudem sollte der Betreuer (bzw. Bevollmächtigte) von der Beteiligung einzelner Personen absehen, wenn diese dem erklärten oder erkennbaren Willen des Betroffenen widerspricht.[1]

§ 1901 c BGB Schriftliche Betreuungswünsche, Vorsorgevollmacht

[1]Wer ein Schriftstück besitzt, in dem jemand für den Fall seiner Betreuung Vorschläge zur Auswahl des Betreuers oder Wünsche zur Wahrnehmung der Betreuung geäußert hat, hat es unverzüglich an das Betreuungsgericht abzuliefern, nachdem er von der Einleitung eines Verfahrens über die Bestellung eines Be-

---

1 BT-Drs. 16/13314, 20 f.

treuers Kenntnis erlangt hat. [2]Ebenso hat der Besitzer das Betreuungsgericht über Schriftstücke, in denen der Betroffene eine andere Person mit der Wahrnehmung seiner Angelegenheiten bevollmächtigt hat, zu unterrichten. [3]Das Betreuungsgericht kann die Vorlage einer Abschrift verlangen.

Literatur: *Bund*, Weitere Gebühren für Ablieferung und Registrierung von Vorsorgevollmachten und Betreuungsverfügungen, JurBüro 2005, 622; 2006, 6; *Epple*, Die Betreuungsverfügung, BWNotZ 1992, 27.

I. Regelungsgehalt und Systematik

1 Die Norm soll **sichern,** dass die Verfügungen, die eine Person für eine evtl. erforderlich werdende Betreuung getroffen hat, als sie noch nicht daran gehindert war, ihren Willen frei zu bestimmen (sog **Betreuungsverfügungen**), Wirkung entfalten können, wenn es zu einem Betreuungsverfahren über ihren Urheber kommt. Sie ordnet dazu für jeden, der eine derartige Verfügung in seinem Besitz hat, die Verpflichtung an, diese unverzüglich an das Betreuungsgericht abzuliefern, bei dem das Betreuungsverfahren anhängig ist.

2 Durch das 2. BetreuungsrechtsänderungsG wurde der Anwendungsbereich der Norm **auch** auf **Vorsorgevollmachten** erstreckt (Einzelheiten: → Rn. 6).

II. Voraussetzungen und Umfang der Ablieferungspflicht

3 **Betreuungsverfügungen** sind alle Schriftstücke, in denen eine Person, für die eine Betreuung angeordnet werden soll, Regelungen dafür getroffen hat. Diese können die Person des Betreuers (vgl. § 1897 Abs. 4) betreffen. Möglich sind aber auch Regelungen über die Aufgabenbereiche oder die Führung der Betreuung und Wünsche über die Lebensgestaltung während der Betreuung. In Betracht kommen auch vorausschauende Einwilligungen in Maßnahmen, für die sonst besondere Genehmigungen erforderlich wären, wie ärztliche Behandlungen (beachte § 1904 Abs. 2: Genehmigungserfordernis), Wohnungsauflösung, Unterbringung (beachte Genehmigungserfordernis nach § 1906 Abs. 5) und andere freiheitsentziehende Maßnahmen (beachte Genehmigungserfordernis nach § 1906 Abs. 5).

4 Die **Ablieferungspflicht** erstreckt sich auch auf **Vorsorgevollmachten**, mit denen eine Person eine andere bevollmächtigt, damit diese ihre Angelegenheiten regelt (S. 2; Einzelheiten zur Vorsorgevollmacht → § 1896 Rn. 23 ff.). Ob sie mit der Vollmacht verhindern wollte, dass ein Betreuer bestellt werden muss oder ob die Vollmacht aus sachlichen oder praktischen Erwägungen erteilt wurde, ist unerheblich. Die Bezeichnung als Vorsorgevollmacht ist nicht erforderlich. Es reicht, dass die Vollmacht erkennbar (auch) für den Fall der eigenen Betreuungsbedürftigkeit gedacht ist. Unter die Regelung fallen deswegen auch Konto- und Depotvollmachten.[1]

5 Der einzige **Unterschied** zur Ablieferung von Betreuungswünschen besteht darin, dass der Besitzer einer Vorsorgevollmachtsurkunde das Original behalten darf und nur das Gericht informieren muss. Dieses kann dann aber eine Abschrift oder Kopie der Vollmacht verlangen. Dass der Besitzer nicht das Original der Vollmacht herausgeben muss, liegt daran, dass der Bevollmächtigte dieses unter Umständen benötigt, um sich im Rechtsverkehr zu legitimieren (vgl. § 174). Bei

---

1 HK-BetrR/Kieß § 1901 c Rn. 28.

notarieller Beurkundung muss das Original außerdem in den Notariatsakten verbleiben. Enthält ein Dokument sowohl eine Betreuungsverfügung als auch eine Vorsorgevollmacht, geht Abs. 2 der Regelung in Abs. 1 vor. Die Ablieferung einer Kopie reicht deswegen zur Erfüllung der Ablieferungspflicht aus.[2]

Die **Ablieferungspflicht entsteht**, wenn das Betreuungsverfahren über den Urheber der Betreuungsverfügung anhängig ist und derjenige, der diese in Besitz hat, davon Kenntnis erlangt. Eine vorzeitige Ablieferung ist im Gesetz nicht vorgesehen. Nicht geregelt ist auch, ob der Besitzer einer Betreuungsverfügung diese bis zu diesem Zeitpunkt aufbewahren muss. Das ergibt sich aus einem zumindest stillschweigend geschlossenen Verwahrungsvertrag, wenn der Urheber selbst die Betreuungsverfügung einem anderen übergeben hat, damit dieser im Fall eines Betreuungsverfahrens das Nötige veranlasst. Wer Eigentümer der Betreuungsverfügung ist, ist für die Ablieferungspflicht unerheblich. Abzuliefern sind deswegen nicht nur die vom Betroffenen ausdrücklich als solche bezeichneten Betreuungsverfügungen, sondern auch alle sonstigen Schriftstücke, in denen der Betroffene auch Wünsche für den Fall einer Betreuung geäußert hat, zB Briefe an Verwandte. 6

III. Durchsetzung der Ablieferungspflicht

Die **Erfüllung** der Ablieferungspflicht wird durch das Betreuungsgericht nach § 35 FamFG durchgesetzt. Ein subjektives Recht zugunsten des Betroffenen begründet § 1901 c dagegen nicht. 7

§ 1902 BGB Vertretung des Betreuten

In seinem Aufgabenkreis vertritt der Betreuer den Betreuten gerichtlich und außergerichtlich.

Literatur: *Bienwald*, Zur Vertretung des Betreuten gegenüber Behörden, BtPrax 2003, 71; *ders.*, Zum Verhältnis von § 1902 BGB und § 53 ZPO, BtPrax 2001, 198; *ders.*, Zur Vertretung des Betreuten vor Gericht, BtPrax 2001, 150; *Grönke/Jäger*, Auswirkungen des Betreuungsrechts auf Verträge und Zwangsvollstreckung, ZVI 2005, 290; *Jäger*, Der Betreuer als gesetzlicher Vertreter des Gesellschafter-Geschäftsführers und des Gesellschafters, DStR 1996, 108; *Neuhausen*, Rechtsgeschäfte mit Betreuten, RhNotZ 2003, 157; *Schumacher*, Wohnraummiete und Betreuung, NZM 2003, 257; *Wüstenberg*, Der Betreute als Vereinsmitglied, BtPrax 2005, 138.

I. Regelungsgehalt und Normzweck

Die Norm **beschreibt den wichtigsten Inhalt der Betreuung**: die Befugnis des Betreuers, den Betroffenen im ihm übertragenen Aufgabenkreis gerichtlich und außergerichtlich zu vertreten. Eine Betreuung ohne Vertretungsmacht ist nicht denkbar. Selbst der Vollmachtbetreuer, dessen Aufgabe allein in der Überwachung der vom Betroffenen bestellten Vertreter besteht, vertritt ihn insoweit, als es um die Ausübung der Rechte aus dem der Vollmachterteilung zugrunde liegenden Verhältnis geht. Die in vielen Betreuungsanordnungen zu findende Formulierung „Vertretung gegenüber Behörden und Einrichtungen sowie Vertre- 1

---

2 HK-BetrR/Kieß § 1901 c Rn. 13.

tung vor Gerichten" hat deswegen in der Regel nur klarstellenden Charakter und keinen selbstständigen Regelungsgehalt.[1]

II. Vertretung des Betreuten durch den Betreuer

2 Der **Umfang der Vertretungsbefugnis** richtet sich zunächst nach den **allgemeinen Grundsätzen des Vertretungsrechts** (§§ 164 ff.) **und dem Umfang der Bestellungsanordnung.** Innerhalb der Grenzen der Vertretungsmacht kann der Betreuer Erklärungen für den Betreuten abgeben und an diesen gerichtete Willenserklärungen empfangen. Er kann für den Betroffenen Klagen erheben und Anträge stellen, und gegen diesen gerichtete Klagen und Anträge können ihm zugestellt werden. Ausgenommen sind die Fälle, in denen Sonderregeln für die Vertretung bestehen, etwa bei der Vertretung des angeklagten Betreuten in einem Adhäsionsverfahren.[2]

3 Ist der **Betreute** trotz seiner Behinderung oder Krankheit **geschäftsfähig**, tritt die Vertretungsbefugnis des Betreuers neben seine eigene Handlungsfähigkeit (Ausnahme: Prozessführung, § 53 ZPO). Daraus können sich Probleme ergeben, wenn Betroffener und Betreuer Rechtsgeschäfte mit gegenläufigem Inhalt oder Geschäfte im selben Bereich mit verschiedenen Dritten vornehmen. Die Vertragsabschlüsse sind dann beide wirksam, so dass der Betreute unter Umständen Schadensersatzansprüchen wegen Nichterfüllung ausgesetzt sein kann, wenn er seinen Verpflichtungen aus einem der Verträge nicht nachkommt. Bei gestaltenden Erklärungen (Anfechtungen, Kündigungen) kann es ebenfalls zu Kollisionen der Entscheidungen von Betreuer und Betroffenem kommen.

4 Soweit der **Betroffene geschäftsunfähig** oder für ihn ein Einwilligungsvorbehalt angeordnet ist, handelt für ihn im Rechtsverkehr ausschließlich der Betreuer. Auf seinen Willen kommt es in diesem Fall ebenso wenig an wie auf seine eigenen Handlungen.

5 **Keine Vertretung** findet statt, soweit **höchstpersönliche Rechte** des Betroffenen infrage stehen. Das gilt ohne Weiteres bei geschäftsfähigen Betreuten, bei spezieller Regelung aber auch dann, wenn der Betroffene geschäftsunfähig ist und diese Rechte selbst nicht ausüben kann (vgl. § 1311; § 1 LPartG).

6 Schon **nach allgemeinem Stellvertretungsrecht untersagt** sind dem Betreuer Insichgeschäfte und Geschäfte, bei denen der Betreuer gleichzeitig als Vertreter eines Dritten handelt, es sei denn, sie bestehen ausschließlich in der Erfüllung einer Verbindlichkeit des Betroffenen gegenüber dem Betreuer oder sind ihm durch den (geschäftsfähigen) Betroffenen gestattet (§ 181). Soweit die Betreuung ausgeschlossen ist, muss ein zweiter Betreuer bestellt werden. Die Bestellung eines Ergänzungspflegers kommt nicht in Betracht, weil die Betreuung in § 1909 nicht genannt ist. Der Betreuer kann auch keine Schenkungen aus dem Vermögen des Betreuers tätigen, die über Anstands- oder Gelegenheitsschenkungen hinausgehen oder aufgrund einer sittlichen Verpflichtung des Betreuten geboten sind (§§ 1908 i Abs. 2 S. 1, 1804).

7 Zum Schutz des Betreuten sieht das Betreuungsrecht auch eine Reihe von **Genehmigungserfordernissen** vor. Liegt die Genehmigung nicht vor, bindet das Handeln des Betreuers den Betroffenen nicht. Genehmigungspflichtig sind: die

---

1   BGH 18.11.2015 – XII ZB 16/15, FamRZ 2016, 291; 21.1.2015 – XII ZB 324/14, FamRZ 2015, 649.
2   BGH 25.9.2012 – 4 StR 354/12, FamRZ 2013, 547.

Einwilligung in ärztliche Untersuchungen oder Heilmaßnahmen, wenn die Gefahr besteht, dass der Betreute aufgrund der Maßnahme stirbt oder einen länger andauernden schweren Gesundheitsschaden erleidet, und der Abbruch von Behandlungen unter denselben Voraussetzungen (§ 1904), die Einwilligung in eine Sterilisation (§ 1905), die Unterbringung, eine Zwangsbehandlung und eine unterbringungsähnliche Maßnahme (§ 1906), die Kündigung der Wohnung des Betreuten oder der Abschluss eines entsprechenden Aufhebungsvertrags (§ 1907) und die Gewährung von Ausstattungen aus dem Vermögen des Betreuten (§ 1908).

Weitere Grenzen der Vertretungsmacht ergeben sich aus den **Genehmigungser-** **fordernissen, die für den Vormund angeordnet sind** (§§ 1821, 1822). Über die Verweisung in § 1908 i gelten sie auch für den Betreuer. Der Betreute kann den Betreuer in diesen Fällen selbst dann nicht von der Pflicht zur Einholung einer betreuungsgerichtlichen Genehmigung freistellen, wenn er geschäftsfähig ist; denn die Genehmigungserfordernisse dienen auch dem öffentlichen Interesse an der uneigennützigen Führung von Betreuungen und sind deswegen unverzichtbar. Aus demselben Grund ist eine dem Betreuer insoweit erteilte Vollmacht unwirksam. 8

Die **Vertretungsmacht** des Betreuers endet, wenn er entlassen (§ 1908 b) oder die Betreuung aufgehoben wird (§ 1908 d) oder der Betroffene stirbt. Sie wird eingeengt, wenn das Gericht den Aufgabenkreis des Betreuers enger definiert. 9

Eine **Fortdauer** bzw. ein Weiterbestehen im alten Umfang über diese Zeitpunkte hinaus kommt aber in Betracht, wenn der Betroffene bzw. seine Erben handlungsunfähig sind und die Geschäfte nicht ohne Gefahr aufgeschoben werden können (Notgeschäftsführungsbefugnis, §§ 1908 i Abs. 1, 1893 Abs. 1, 1698 b). Solange die Notgeschäftsführungsbefugnis besteht, hat der Betreuer auch Vertretungsmacht. Sonstige gerichtliche Eingriffe in die Vertretungsmacht des Betreuers sind nicht zulässig; § 1666 gilt nicht. Auch der Betreute kann die Vertretungsmacht des Betreuers nicht einschränken; denn sie beruht nicht auf seinem Willen, sondern einem staatlichen Hoheitsakt. 10

Bei **Überschreiten** der Grenzen der Vertretungsmacht gelten §§ 177 ff. Darüber hinaus kommt eine Eigenhaftung des Betreuers aus §§ 280, 311 Abs. 3 in Betracht, wenn er entweder ein eigenes wirtschaftliches Interesse am Zustandekommen des Geschäfts hat oder eigenes Vertrauen in Anspruch nimmt.[3] Letzteres darf aber nicht allein daraus gefolgert werden, dass er als Betreuer tätig wird oder einen Beruf ausübt, der in dem Ruf besonderer Seriosität steht (zB Jurist, Mediziner). 11

§ 1903 BGB Einwilligungsvorbehalt

(1) [1]Soweit dies zur Abwendung einer erheblichen Gefahr für die Person oder das Vermögen des Betreuten erforderlich ist, ordnet das Betreuungsgericht an, dass der Betreute zu einer Willenserklärung, die den Aufgabenkreis des Betreuers betrifft, dessen Einwilligung bedarf (Einwilligungsvorbehalt). [2]Die §§ 108 bis 113, 131 Abs. 2 und § 210 gelten entsprechend.

---

3 BGH 8.12.1994 – III ZR 175/93, NJW 1995, 1213.

(2) Ein Einwilligungsvorbehalt kann sich nicht erstrecken

1. auf Willenserklärungen, die auf Eingehung einer Ehe oder Begründung einer Lebenspartnerschaft gerichtet sind,
2. auf Verfügungen von Todes wegen
3. auf die Anfechtung eines Erbvertrags,
4. auf die Aufhebung eines Erbvertrags durch Vertrag und
5. auf Willenserklärungen, zu denen ein beschränkt Geschäftsfähiger nach den Vorschriften des Buches vier und fünf nicht der Zustimmung seines gesetzlichen Vertreters bedarf.

(3) ¹Ist ein Einwilligungsvorbehalt angeordnet, so bedarf der Betreute dennoch nicht der Einwilligung seines Betreuers, wenn die Willenserklärung dem Betreuten lediglich einen rechtlichen Vorteil bringt. ²Soweit das Gericht nichts anderes anordnet, gilt dies auch, wenn die Willenserklärung eine geringfügige Angelegenheit des täglichen Lebens betrifft.

(4) § 1901 Abs. 5 gilt entsprechend.

Literatur: *Enderlein*, Geschäftsunfähigkeit und Einwilligungsvorbehalt, JR 1998, 485; *Jurgeleit*, Der geschäftsunfähige Betreute unter Einwilligungsvorbehalt, Rpfleger 1995, 282; *Neuhausen*, Rechtsgeschäfte mit Betreuten, RhNotZ 2003, 157; *Pawlowski*, Willenserklärungen und Einwilligungen in personenbezogene Eingriffe, JZ 2003, 66; *Schreieder*, Ist § 1903 BGB eine Spezialvorschrift zu § 105 BGB?, BtPrax 1996, 96.

I. Regelungsgehalt und Normzweck

1   Die Norm schließt die Lücke, die dadurch entstanden ist, dass die Anordnung einer **Betreuung nicht mehr automatisch zur Geschäftsunfähigkeit** des Betroffenen führt. §§ 104 Nr. 2 und 105 helfen insofern nicht ausreichend, weil für jedes Geschäft erneut festgestellt werden muss, ob einer der Tatbestände erfüllt ist. Außerdem verwirklicht § 1903 das Prinzip der Subsidiarität des staatlichen Eingriffs in die Rechtsstellung des Betroffenen. Es gibt nicht mehr nur die Möglichkeit, die Geschäftsfähigkeit ganz zu beseitigen, sondern es kann gezielt eingegriffen werden, unter Umständen sogar auf einzelne Geschäfte beschränkt.

2   Der Eingriff in die Geschäftsfähigkeit wird durch die **Anordnung eines Einwilligungsvorbehalts** bewirkt. Die Anordnungsvoraussetzungen sind denen für die Betreuung nachgebildet, aber dadurch gesteigert, dass eine erhebliche Gefahr für die Person oder das Vermögen des Betroffenen verlangt wird, die nur durch den Eingriff abgewehrt werden kann. Durch den Einwilligungsvorbehalt erlangt der Betroffene im Wesentlichen die Stellung eines beschränkt Geschäftsfähigen (sofern nicht die Voraussetzungen des § 104 Nr. 2 vorliegen). Seine Position ist jedoch insofern besser, als er für Geschäfte des täglichen Lebens auch dann geschäftsfähig bleibt, wenn diese rechtlich nachteilig sind (Abs. 3 S. 2). Auch insoweit entspricht die Rechtslage derjenigen bei erwachsenen Geschäftsunfähigen (vgl. § 105 a).

II. Einwilligungsvorbehalt

3   **1. Voraussetzungen der Anordnung.** Die Anordnung eines Einwilligungsvorbehalts **setzt** zunächst **voraus**, dass eine **Betreuung** mit demselben (oder einem weiteren) Aufgabenkreis angeordnet ist, den auch der Einwilligungsvorbehalt be-

treffen soll. Der Einwilligungsvorbehalt ist der Betreuung akzessorisch.[1] Es reicht aber, dass die Anordnung der Betreuung und des Einwilligungsvorbehalts gleichzeitig wirksam werden. Beide Verfahren können daher verbunden werden. Wird jedoch später die Betreuung eingeschränkt, wirkt sich das auch unmittelbar auf den Einwilligungsvorbehalt aus.

Der Einwilligungsvorbehalt muss zur **Abwehr einer erheblichen Gefahr** für die 4 Person oder das Vermögen des Betreuten erforderlich sein (Abs. 1 S. 1). Ob dies der Fall ist, hat das Betreuungsgericht im Rahmen seiner Amtsermittlungspflicht festzustellen.[2] Auch bei einem umfangreichen Vermögen des Betreuten kann ein Einwilligungsvorbehalt nur dann angeordnet werden, wenn konkrete Anhaltspunkte für eine Vermögensgefährdung erheblicher Art vorliegen.[3] Gefahren für Dritte rechtfertigen einen Einwilligungsvorbehalt ebenso wenig wie die Gefahr geringfügiger Vermögensschäden oder die nur entfernte Gefahr, dass der Betroffene sich selbst schädigen wird.

Aus dem zwingenden Zusammenhang des Einwilligungsvorbehalts mit einer Be- 5 treuung folgt, dass die **Gefahr gerade aus der psychischen Krankheit oder Behinderung des Betroffenen resultieren muss**, weil er deswegen seinen Willen nicht frei bestimmen kann.[4] Geschäftsunfähigkeit des Betroffenen ist nicht erforderlich, schließt den Einwilligungsvorbehalt aber auch nicht aus.[5] Ein Einwilligungsvorbehalt ist sogar ausgesprochen sinnvoll, wenn der Betroffene nicht immer unzweifelhaft geschäftsunfähig ist, weil das verhindert, dass er in jedem Einzelfall nachweisen muss, dass er zur Zeit der Vornahme dieses Geschäfts geschäftsunfähig war.

Der Einwilligungsvorbehalt muss **erforderlich** sein, **um die Gefahr abzuwenden**. 6 Er muss daher so eng wie möglich zugeschnitten werden. Soweit ein auf bestimmte Geschäfte beschränkter Einwilligungsvorbehalt ausreicht, um die Gefahr abzuwenden, ist ein Totalvorbehalt daher unzulässig. Möglich ist zB die Begrenzung des Einwilligungsvorbehalts auf Rentenangelegenheiten, die Verwaltung und Sanierung eines Grundstücks[6] oder Rechtsgeschäfte, die Verpflichtungen begründen, die über einen bestimmten Betrag hinausgehen.[7]

Der Einwilligungsvorbehalt **kann sich nur auf rechtsgeschäftliche Erklärungen** 7 **beziehen**. Das ergibt sich schon daraus, dass er nur Auswirkungen auf die Geschäftsfähigkeit hat. Wo diese keine Rolle spielt, ist ein Einwilligungsvorbehalt ein ungeeignetes Mittel zur Gefahrenabwehr und deswegen nicht erforderlich. Für den Bereich „Aufenthaltsbestimmung" ist ein Einwilligungsvorbehalt deswegen nur zulässig, wenn die Gefahr besteht, dass der Betroffene sich durch rechtsgeschäftliche Erklärungen (zB Wohnungskündigung) schädigt. Soweit allein der natürliche Wille (Bewegungswille) zu Gefahren führt, scheidet ein Einwilligungsvorbehalt dagegen aus.[8]

---

1 Vgl. BayObLG 2.6.2004 – 3Z BR 065/04, FamRZ 2004, 1814.
2 BGH 28.7.2015 – XII ZB 92/15, FamRZ 2015, 1793 Rn. 7.
3 BGH 28.7.2015 – XII ZB 92/15, FamRZ 2015, 1793 Rn. 7; 27.4.2016 – XII ZB 7/16 Rn. 16.
4 BayObLG 4.2.1993 – 3Z BR 11/93, FuR 1993, 228.
5 BayObLG 17.3.1994 – 3Z BR 16/94, FamRZ 1994, 1135.
6 BayObLG 2.3.1995 – 3Z BR 309/94, FamRZ 1995, 1517.
7 BayObLGZ 1993, 346: 500 DM.
8 Str; enger LG Köln 30.1.1992 – 1 T 25/92, FamRZ 1992, 858; weiter BayObLG 1.4.1993 – 3Z BR 9/93, FamRZ 1993, 853.

8　**Ausgeschlossen** ist die Anordnung eines Einwilligungsvorbehalts in **bestimmten höchstpersönlichen Angelegenheiten**: Abs. 2 spricht insoweit von Willenserklärungen, die auf die Eingehung einer Ehe oder die Begründung einer Lebenspartnerschaft gerichtet sind, Verfügungen von Todes wegen (Testamente und Erbverträge) und Willenserklärungen, zu denen ein beschränkt Geschäftsfähiger nach den Vorschriften des Vierten und Fünften Buches nicht der Zustimmung seines gesetzlichen Vertreters bedarf. Das sind aus dem Familienrecht die Fälle der §§ 1411, 1596 Abs. 1 S. 1, 1597 Abs. 3 S. 3, 1746 Abs. 1 S. 3, 1747 Abs. 2 iVm 1750 Abs. 3 S. 2, 1760 Abs. 3 S. 2, 1760 Abs. 5 S. 2, 1762 Abs. 1 S. 3 und aus dem Erbrecht die der §§ 2229 Abs. 2, 2271 Abs. 1 S. 1, 2282 Abs. 1 S. 2, 2290 Abs. 2 S. 2, 2296 Abs. 1 S. 1 und 2347 Abs. 2 S. 1. In diesen Fällen handelt es sich allerdings ohnehin meist um letztwillige Verfügungen. Ebenso ausgeschlossen ist ein Einwilligungsvorbehalt für die Wahl des religiösen Bekenntnisses (Religionswechsel, Kirchenaustritt). Dagegen ist ein Einwilligungsvorbehalt zulässig in Bezug auf die Anerkennung einer Vaterschaft (§ 1596 Abs. 3), weil dann auch das Interesse des Kindes an seiner Zuordnung betroffen ist.

9　**2. Folgen der Anordnung.** Derjenige, für den ein Einwilligungsvorbehalt angeordnet wird, **steht** insoweit grundsätzlich **einem beschränkt Geschäftsfähigen gleich**, ist sonst aber geschäftsfähig (es sei denn, aus §§ 104 f. ergäbe sich etwas anderes). Daraus folgt:

10　Ohne Einwilligung kann der geschäftsfähige Betroffene alle Geschäfte tätigen, die ihm **lediglich einen rechtlichen Vorteil** bringen.[9] Daraus folgt, dass Leistungen an den Betreuten keine Erfüllungswirkung haben, weil das eine rechtlich nachteilige Folge wäre.[10] Den rechtlich vorteilhaften Geschäften stellt Abs. 4 den Fall gleich, dass das Geschäft nur eine geringfügige **Angelegenheit des täglichen Lebens** betrifft und nicht ausnahmsweise auch dafür ein Einwilligungsvorbehalt angeordnet ist. Was ein Geschäft des täglichen Lebens ist, richtet sich nach der Verkehrsanschauung für Personen mit einem der Situation des Betroffenen vergleichbaren Lebensstandard. Regelmäßig gehört hierher der Erwerb von Nahrung, Kleidung und Genussmitteln. Das Gericht kann aber zB bei Alkoholsucht Geschäfte zum Erwerb von Alkohol in den Einwilligungsvorbehalt einbeziehen oder bei krankhaftem Kaufdrang selbst den Kauf von Kleidung oder Schuhen.

11　**Ohne Einwilligung** seines Betreuers handeln kann der Betroffene auch, wenn er die vertragsmäßige Leistung **mit Mitteln** bewirkt, die ihm zur freien Verfügung oder zu diesem Zweck von dem Betreuer oder einem Dritten mit Zustimmung des Betreuers **überlassen sind** (Abs. 1 S. 2 iVm § 110). Zu beachten ist insoweit vor allem, dass – anders als bei den Alltagsgeschäften – das Geschäft erst wirksam wird, wenn der Betroffene seine Verpflichtung daraus erfüllt. Einwilligungsfrei handeln kann er auch insoweit, als er zum selbstständigen Betrieb eines Erwerbsgeschäfts ermächtigt ist (Abs. 1 S. 2 iVm § 112, praktisch kaum relevant) oder ermächtigt ist, in Dienst oder Arbeit zu treten (Abs. 1 S. 2 iVm § 113).

12　In allen anderen Fällen bedarf ein von dem Betroffenen vorgenommenes Geschäft, das in den Bereich des Einwilligungsvorbehalts fällt, der **Einwilligung seines Betreuers** (Begriff und Voraussetzungen: §§ 182 f.). Fehlt diese, sind die von ihm vorgenommenen einseitigen Rechtsgeschäfte unwirksam (Abs. 1 S. 2 iVm

---

9　Vgl. HK-BGB/Dörner § 107 Rn. 2.
10　BGH 21.4.2015 – XI ZR 234/14, FamRZ 2015, 1386.

§ 111). Die Wirksamkeit der vom Betroffenen geschlossenen Verträge hängt von der Genehmigung durch den Betreuer ab (Abs. 1 S. 2 iVm § 108 Abs. 1). Bis zur Genehmigung kann der andere Teil seine auf den Vertragsschluss gerichtete Erklärung widerrufen. Fordert er den Betreuer zur Genehmigung auf, werden vorher gegenüber dem Betroffenen erklärte Genehmigungen oder Genehmigungsverweigerungen unwirksam, und die Genehmigung kann nur noch gegenüber dem Dritten erteilt werden. Wird sie innerhalb von zwei Wochen nach der Aufforderung nicht erteilt, gilt sie als verweigert (Abs. 1 S. 2 iVm § 108 Abs. 2). Zugunsten des Betroffenen gilt § 210.

Der **Zugang von Willenserklärungen** richtet sich nach § 131, sie werden also 13 erst wirksam, wenn sie dem Betreuer zugehen.

III. Verfahren

Die Anordnung eines Einwilligungsvorbehalts erfolgt **von Amts wegen**; ein Antrag ist nicht erforderlich. 14

Das **Verfahren richtet sich nach** §§ 272 ff. FamFG. Erforderlich sind: die Anhörung des Betroffenen (§ 278 FamFG) und der Betreuungsbehörde (§ 279 FamFG) und die Begutachtung des Betroffenen durch einen Sachverständigen, der die medizinischen Voraussetzungen für die Anordnung des Einwilligungsvorbehalts feststellen muss (§ 280 FamFG). Der Einwilligungsvorbehalt ist so genau und eng wie möglich zu fassen und zu befristen (§ 286 Abs. 2 FamFG). 15

Der Einwilligungsvorbehalt ist **aufzuheben** bzw. zu beschränken, sobald er nicht mehr erforderlich ist (§ 1908 d Abs. 1, 4). Damit das Gericht das feststellen kann, muss ihm der Betreuer entsprechende ihm bekannt werdende Umstände mitteilen (Abs. 4, § 1901 Abs. 5). Der Einwilligungsvorbehalt kann auch später erweitert werden. Wird aber ein Einwilligungsvorbehalt angeordnet, nachdem ein zuvor bestehender (anderer) Einwilligungsvorbehalt bereits aufgehoben war, handelt es sich nicht um eine Erweiterung des Einwilligungsvorbehalts, sondern um dessen erneute Anordnung, so dass die §§ 278, 280 FamFG unmittelbar anzuwenden sind; § 293 Abs. 2 FamFG findet in diesen Fällen keine Anwendung.[11] 16

§ 1904 BGB Genehmigung des Betreuungsgerichts bei ärztlichen Maßnahmen

(1) ¹Die Einwilligung des Betreuers in eine Untersuchung des Gesundheitszustands, eine Heilbehandlung oder einen ärztlichen Eingriff bedarf der Genehmigung des Betreuungsgerichts, wenn die begründete Gefahr besteht, dass der Betreute auf Grund der Maßnahme stirbt oder einen schweren und länger dauernden gesundheitlichen Schaden erleidet. ²Ohne die Genehmigung darf die Maßnahme nur durchgeführt werden, wenn mit dem Aufschub Gefahr verbunden ist.

(2) Die Nichteinwilligung oder der Widerruf der Einwilligung des Betreuers in eine Untersuchung des Gesundheitszustands, eine Heilbehandlung oder einen ärztlichen Eingriff bedarf der Genehmigung des Betreuungsgerichts, wenn die Maßnahme medizinisch angezeigt ist und die begründete Gefahr besteht, dass der Betreute auf Grund des Unterbleibens oder des Abbruchs der Maßnahme

---

11 BGH 25.7.2012 – XII ZB 526/11, FamRZ 2012, 1632.

stirbt oder einen schweren und länger dauernden gesundheitlichen Schaden erleidet.

(3) Die Genehmigung nach den Absätzen 1 und 2 ist zu erteilen, wenn die Einwilligung, die Nichteinwilligung oder der Widerruf der Einwilligung dem Willen des Betreuten entspricht.

(4) Eine Genehmigung nach den Absätzen 1 und 2 ist nicht erforderlich, wenn zwischen Betreuer und behandelndem Arzt Einvernehmen darüber besteht, dass die Erteilung, die Nichterteilung oder der Widerruf der Einwilligung dem nach § 1901 a festgestellten Willen des Betreuten entspricht.

(5) [1]Die Absätze 1 bis 4 gelten auch für einen Bevollmächtigten. [2]Er kann in eine der in Absatz 1 Satz 1 oder Absatz 2 genannten Maßnahmen nur einwilligen, nicht einwilligen oder die Einwilligung widerrufen, wenn die Vollmacht diese Maßnahmen ausdrücklich umfasst und schriftlich erteilt ist.

Literatur: Allgemein: *Hoffmann*, Forschung mit und an betreuten Menschen, BtPrax 2004, 216; *Pawlowski*, Rechtsfähigkeit im Alter?, JZ 2004, 13–18.

Zum Thema Patientenverfügung und Sterbehilfe: *Alberts*, Hinweise und Muster für Patientenverfügungen und Vorsorgevollmachten, FPR 2007, 73; *Becker-Schwarze*, Patientenautonomie aus juristischer Sicht, FPR 2007, 52; *Beckmann*, Tödliche Patientenverfügung, ZfL 2015, 102; *Blandini*, Betreuungsrechtliche Aspekte von Entscheidungen zwischen Leben und Tod, BWNotZ 2007, 129; *Boemke*, Abbruch lebenserhaltender Maßnahmen, NJW 2015, 378; *Coeppicus*, Abbruch lebenserhaltender Maßnahmen, Rpfleger 2004, 262; *Dieckmann*, Die Patientenverfügung nach der Entscheidung des Bundesgerichtshofs vom 17.3.2003 (XII ZB 2/03), BWNotZ 2004, 49; *Geißendörfer/Titze/Simon*, Sicherung der Patientenautonomie am Ende des Lebens, BtPrax 2004, 43; *Kutzer*, Probleme der Sterbehilfe, FPR 2004, 683; *Grotkopp*, Die Rolle des Betreuungsgerichts bei Entscheidungen des Betreuers am Lebensende des Betroffenen, BtPrax 2015, 39; *Lipp/Klein*, Patientenautonomie und Sterbehilfe – Stand der aktuellen Debatte, FPR 2007, 56; *Milzer*, Delegierte Patientenautonomie – Wahrnehmung von Patientenrechten durch Vorsorgebevollmächtigte, FPR 2007, 69; *Renner*, Beratungshinweise für Vorsorgevollmachten und Patientenverfügungen, ZFE 2006, 88; *Roth*, Die Einwilligung des Betreuers in den Abbruch einer lebenserhaltenden Maßnahme, BtPrax 2003, 215; *Wagenitz*, Finale Selbstbestimmung? Zu den Möglichkeiten und Grenzen der Patientenverfügung im geltenden und künftigen Recht, FamRZ 2005, 669; s. auch die Literatur bei § 1901 a.

I. Regelungsgehalt, Systematik und Normzweck

1 § 1904 wurde durch das Dritte BetreuungsrechtsänderungsG[1] tiefgreifend umgestaltet. Die Norm enthält nun **zwei Regelungskomplexe:** Die Norm dient dem **Schutz des Betroffenen vor gefährlichen medizinischen Behandlungen,** die nicht unbedingt nötig sind. Sie resultiert letztlich aus dem Misstrauen des Gesetzgebers vor einem unkontrollierbaren Zusammenwirken von Betreuern und Ärzten. Sie ist unklar gefasst und wirft eine Reihe von Problemen auf, die aus der unklaren Formulierung der Norm einerseits und andererseits dadurch entstehen, dass sie erst anwendbar ist, wenn es überhaupt auf die Entscheidung des Betreuers ankommt, nicht aber dann, wenn der (einwilligungsfähige) Betreute selbst in die ärztliche Behandlung einwilligt. Das kann er so lange, wie er die natürliche Fähigkeit besitzt, die Bedeutung und Gefahr der Behandlung zu erkennen; Geschäftsfähigkeit ist nicht erforderlich.

Durch das Dritte BetreuungsrechtsänderungsG wurde der Anwendungsbereich der Norm auf den **Widerruf von Einwilligungen in Heilbehandlungen** und die

---

1 Vom 29.7.2009, BGBl. I, 2286.

Verweigerung von Einwilligungen in derartige Behandlungen erweitert (Abs. 2). Diese Regelung fällt in den Komplex der Einführung von Bestimmungen über die Patientenverfügung und die Stärkung der Autonomie am Lebensende. Insofern sollte der Betroffene keinen geringeren Schutz erhalten als in dem Fall, in dem durch die Einwilligung in eine Behandlung in seine Autonomie eingegriffen wird. Zur Zwangsbehandlung untergebrachter Betreuter s. § 1906 Abs. 3–Abs. 3 a.

Seit der Erweiterung durch das BetreuungsrechtsänderungsG gilt § 1904 auch **2** für die **Einwilligung eines Bevollmächtigten** in medizinische Behandlungen (Abs. 5). Außerdem muss die Vollmacht schriftlich abgefasst sein und sich ausdrücklich auf medizinische Maßnahmen erstrecken. Nicht anwendbar ist § 1904 dagegen auf Einwilligungen und Einwilligungsverweigerungen, welche der noch einsichtsfähige **Betroffene** selbst vornimmt. Es ist seine freie Entscheidung, ob er sich behandeln lässt oder nicht. Daran hat das Betreuungsgericht nichts mitzubestimmen, wenn nicht der Betreuer oder Bevollmächtigte gegenläufig handelt. Einzelheiten: → § 1901 a Rn. 1 ff.

Sonderregelungen zu § 1904 enthalten § 1905 (Sterilisation), § 3 Abs. 3 KastG **3** (Kastration), § 40 Abs. 1 Nr. 3 AMG (klinische Experimente), § 8 Abs. 1 Nr. 1 a TPG (Transplantationen).

II. Genehmigung durch das Betreuungsgericht

1. Grundsatz: Vorrang des Willens des Betroffenen. Die Anwendung der Vor- **4** schrift setzt zunächst voraus, dass ein **Betreuer** mit einem Aufgabenkreis **bestellt** ist, der die Einwilligung in die beabsichtigte medizinische Maßnahme umfasst. Die Norm setzt die Möglichkeit von Zwangsbehandlungen voraus. Diese wird aber dadurch eingeschränkt, dass auch in Bezug auf medizinische Maßnahmen grundsätzlich der Vorrang des Willens des Betroffenen zu beachten ist (§ 1901 Abs. 3 S. 1). Abweichungen sind dem Betreuer daher nur gestattet, wenn das Wohl des Betreuten das verlangt oder die Befolgung seines Willens dem Betreuer nicht zuzumuten ist. Beides ist nicht anzunehmen, wenn der Betroffene die Ablehnung bestimmter Behandlungen in einem sog Patiententestament niedergelegt hat, als er noch die Bedeutung dieser Entscheidung überschauen konnte.

Seit dem Jahr 2005 gilt das Genehmigungserfordernis des § 1904 **auch für Vor-** **5** **sorgevollmachten,** soweit diese zur Einwilligung in medizinische Behandlungen ermächtigen (Abs. 2 S. 1). Diese sind nur wirksam, wenn die Vollmacht schriftlich erteilt ist und die medizinischen Maßnahmen ausdrücklich umfasst (Abs. 2 S. 2).

2. Die Genehmigungserfordernisse. a) Einwilligung in Untersuchungen des Ge- **6** **sundheitszustands, Heilbehandlungen oder ärztliche Eingriffe.** Als die **Genehmigung** des Betreuungsgerichts **erfordernde medizinische** Maßnahmen nennt Abs. 1 S. 1 die Untersuchung des Gesundheitszustandes, Heilbehandlungen und ärztliche Eingriffe. Mit dieser Aufzählung sollen alle denkbaren medizinischen Maßnahmen abgedeckt werden. Nicht erfasst werden Organspenden. Diese sind nicht genehmigungsfähig.

Auch die Entscheidung über die **Beendigung einer lebenserhaltenden medizini-** **7** **schen Maßnahme** muss unter § 1904 gefasst werden. Das ergibt sich jetzt ausdrücklich aus der Vorschrift selbst. Schon früher hatte die Rechtsprechung aber das Genehmigungserfordernis auch auf diese Fälle ausgedehnt, weil bei Verzicht auf eine Genehmigung der Betroffene nicht ausreichend gegen die Entscheidung seines Betreuers geschützt würde und bei Versagung der Entscheidungsbefugnis des Betreuers keine Möglichkeit bestünde, eine begonnene Behandlung abzubrechen.[2] Der Bundesgerichtshof[3] verneinte zwar die analoge Anwendbarkeit des § 1904, leitete aber aus einem unabweisbaren Bedürfnis des Betreuungsrechts ab, dass der Betreuer der Beendigung angebotener lebenserhaltender oder -verlängernder Maßnahmen nur mit Genehmigung des Betreuungsgericht zustimmen konnte. Damit ist jedenfalls für die Praxis geklärt, dass derartige Maßnahmen voll der betreuungsgerichtlichen Kontrolle unterliegen. Genehmigt werden kann die Beendigung lebenserhaltender Maßnahmen, wenn das Leiden des Betroffenen einen irreversiblen tödlichen Verlauf genommen hat. Es ist dagegen nicht erforderlich, dass der Tod ansonsten bereits unmittelbar bevorsteht.[4]

8   Eine Genehmigungspflicht besteht nur, wenn die begründete **Gefahr** besteht, dass der **Betreute bei der Maßnahme stirbt** oder einen **schweren und länger andauernden gesundheitlichen Schaden** erleidet. Für eine begründete Gefahr ist mehr als eine bloß entfernte Wahrscheinlichkeit zu verlangen, dass sich das Risiko verwirklicht; denn der Gesetzgeber wollte mit diesem Kriterium die Schwelle der Genehmigungsbedürftigkeit anheben. Wenig wahrscheinliche Risiken lösen daher noch keine Genehmigungspflicht aus. Für einen „schweren und länger dauernden gesundheitlichen Schaden" müssen beide Voraussetzungen kumulativ erfüllt sein. Es reichen also weder die Gefahr schwerer Schäden, die nur kurz dauern (zB Operationswunden) noch die Gefahr lang andauernder Schäden, die aber nicht schwer sind (zB Narbenbildung an normalerweise von Kleidung bedeckten Stellen). Die lange Dauer eines Schadens ist idR erst bei etwa einjähriger Mindestdauer zu bejahen. Gerade bei der Behandlung mit Psychopharmaka kann aber bereits eine kürzere Frist ausreichend sein, wenn sie dazu führt, dass der Betroffene Teile seines Ichs, vor allem sein Erinnerungsvermögen, verliert. Auch bei Anlegen eines (engen) Maßstabs fällt aber eine Elektrokrampftherapie nicht unter das Genehmigungserfordernis; denn die durch diese Therapie bewirkte Amnesie hält allenfalls wenige Monate an.[5]

9   Das Betreuungsgericht muss die mit der medizinischen Maßnahme verbundenen **Risiken** gegen die daraus erwachsenden **Chancen** auf eine Verbesserung des Gesundheitszustands unter Berücksichtigung der Wünsche des Betroffenen abwägen. Verspricht eine Behandlung keine Besserung, ist sie abzulehnen. Ist der zu erzielende Erfolg nur unwesentlich, geht der Wille des Betroffenen regelmäßig vor.

10   **b) Nichteinwilligung oder Widerruf der Einwilligung des Betreuers in eine Untersuchung des Gesundheitszustands, eine Heilbehandlung oder einen ärztlichen Eingriff.** Die **Nichteinwilligung** oder der **Widerruf der Einwilligung** des Betreuers in eine Untersuchung des Gesundheitszustands, eine Heilbehandlung oder einen ärztlichen Eingriff bedarf nach der Reform durch das Dritte Betreuungsrechtsänderungs G ebenfalls der Genehmigung des Betreuungsgerichts. Wird die

2   OLG Frankfurt/M. 15.7.1998 – 20 W 224/98, NJW 1998, 2747; 20.11.2001 – 20 W 419/01, NJW 2002, 689; OLG Karlsruhe 29.10.2001 – 19 Wx 21/01, NJW 2002, 685; aA LG München I 18.2.1999 – 13 T 478/99, NJW 1999, 1788.

3   BGH 17.3.2003 – XII ZB 2/03, NJW 2003, 1588.

4   OLG Karlsruhe 26.3.2004 – 11 Wx 13/04, FamRZ 2004, 1319.

5   LG Hamburg 25.5.1998 – 301 T 194/98, NJWE-FER 1998, 203; aA LG Hamburg 31.3.1994 – 301 T 369/93, FamRZ 1994, 1204.

Genehmigung erteilt oder ist sie überflüssig (Abs. 4, → Rn. 12), ist die daraufhin geleistete Sterbehilfe durch Unterlassen, Begrenzen oder Beenden einer begonnenen medizinischen Behandlung (sog Behandlungsabbruch) gerechtfertigt, wenn dies dem tatsächlichen oder mutmaßlichen Patientenwillen entspricht und dazu dient, einem ohne Behandlung zum Tode führenden Krankheitsprozess seinen Lauf zu lassen.[6]

Voraussetzung für das Genehmigungserfordernis ist in diesen Fällen, dass die 11 Maßnahme medizinisch angezeigt ist und die begründete Gefahr besteht, dass der Betreute aufgrund des Unterbleibens oder des Abbruchs der Maßnahme stirbt oder einen schweren und länger dauernden gesundheitlichen Schaden erleidet (Abs. 2). Damit kann der Betreuer bzw. Bevollmächtigte auch ohne Genehmigung des Betreuungsgerichts die Einstellung der Behandlung verlangen, wenn die Maßnahme nicht (mehr) medizinisch angezeigt ist, weil der Sterbevorgang seinen Lauf nimmt und die Fortsetzung der medizinischen Behandlung daran nichts mehr ändern würde. Ebenso ist selbstverständlich, dass keine Genehmigung erforderlich ist, wenn der Abbruch der medizinischen Behandlung nicht zu einem schweren oder länger andauernden Schaden des Betroffenen führt. In diesen Fällen kann der Betreuer bzw. der Bevollmächtigte autonom entscheiden. Der Arzt muss sich auch bei entgegenstehender eigener Ansicht beugen.

3. Ausnahmen von den Genehmigungserfordernissen. Auch wenn die Voraus- 12 setzungen des Abs. 1 oder 2 vorliegen, ist eine Genehmigung nur dann erforderlich, wenn zwischen dem Betreuer **und dem behandelndem Arzt** kein **Einvernehmen** darüber besteht, dass die Erteilung, die Nichterteilung oder der Widerruf der Einwilligung dem nach § 1901 a festgestellten Willen des Betreuten entspricht (vgl. Abs. 4). Solange der behandelnde Arzt und der Betreuer (bzw. Bevollmächtigte) sich einig sind, dass der Betroffene die Behandlung wünscht oder ablehnt, sind sie an dessen Willen gebunden. Ein gerichtliches Genehmigungserfordernis besteht nicht mehr. Wird eine Genehmigung beantragt, erteilt das Betreuungsgericht ein Negativattest.[7] Das Gleiche gilt, wenn der Betroffene einen entsprechenden eigenen Willen bereits in einer wirksamen Patientenverfügung niedergelegt hat und diese auf die konkret eingetretene Lebens- und Behandlungssituation zutrifft.[8]

Auch ohne betreuungsgerichtliche Genehmigung ist die medizinische Maßnah- 13 me (nicht aber der Behandlungsabbruch) außerdem zulässig, wenn mit dem Aufschub Gefahr für Leib oder Leben des Betroffenen verbunden ist (Abs. 1 S. 2). Entscheidend ist, ob die Verzögerung, die aus dem Einholen der betreuungsgerichtlichen Genehmigung entstehen würde, eine entsprechende Gefahr bewirkt. Dann kann (und muss) die medizinische Maßnahme unverzüglich durchgeführt werden. Die Genehmigung braucht (anders als bei einer Unterbringung) auch nicht nachgeholt zu werden; denn es fehlt an einer § 1906 Abs. 2 S. 2 Hs. 2 entsprechenden Regelung.

4. Der Maßstab für die Genehmigungen. Bei der Entscheidung muss das Betreu- 14 ungsgericht die mit der medizinischen Maßnahme verbundenen **Risiken** gegen die daraus erwachsenden **Chancen** auf eine Verbesserung des Gesundheitszustands des Betroffenen abwägen. Verspricht eine Behandlung keine Besserung,

---

6 BGH 25.6.2010 – 2 StR 454/09, BGHSt 55, 191 = FamRZ 2010, 1551.
7 LG Kleve 31.5.2010 – 4 T 77/10, FamRZ 2010, 1841.
8 BGH 17.9.2014 – XII ZB 202/13, BGHZ 202, 226 = FamRZ 2014, 1909.

ist sie abzulehnen. In den Fällen des Abs. 1 bedeutet das, dass die Behandlung nicht durchgeführt werden darf, weil von Anfang an keine wirksame Einwilligung in ihre Durchführung vorliegt. In den Fällen des Abs. 2 fällt die zunächst erteilte Einwilligung wieder weg oder es liegt von Anfang an keine Einwilligung vor.

§ 1905 BGB Sterilisation

(1) [1]Besteht der ärztliche Eingriff in einer Sterilisation des Betreuten, in die dieser nicht einwilligen kann, so kann der Betreuer nur einwilligen, wenn

1. die Sterilisation dem Willen des Betreuten nicht widerspricht,
2. der Betreute auf Dauer einwilligungsunfähig bleiben wird,
3. anzunehmen ist, dass es ohne die Sterilisation zu einer Schwangerschaft kommen würde,
4. infolge dieser Schwangerschaft eine Gefahr für das Leben oder die Gefahr einer schwerwiegenden Beeinträchtigung des körperlichen oder seelischen Gesundheitszustands der Schwangeren zu erwarten wäre, die nicht auf zumutbare Weise abgewendet werden könnte, und
5. die Schwangerschaft nicht durch andere zumutbare Mittel verhindert werden kann.

[2]Als schwerwiegende Gefahr für den seelischen Gesundheitszustand der Schwangeren gilt auch die Gefahr eines schweren und nachhaltigen Leides, das ihr drohen würde, weil betreuungsgerichtliche Maßnahmen, die mit ihrer Trennung vom Kind verbunden wären (§§ 1666, 1666 a), gegen sie ergriffen werden müssten.

(2) [1]Die Einwilligung bedarf der Genehmigung des Betreuungsgerichts. [2]Die Sterilisation darf erst zwei Wochen nach Wirksamkeit der Genehmigung durchgeführt werden. [3]Bei der Sterilisation ist stets der Methode der Vorzug zu geben, die eine Refertilisierung zulässt.

Literatur: *Pöld-Krämer*, Sterilisation gegen den Willen der Betroffenen – das falsche Signal, BtPrax 2000, 237; *Gaidzik/Hiersche*, Historische, rechtstatsächliche und rechtspolitische Aspekte der Sterilisation Einwilligungsunfähiger, MedR 1999, 58.

I. Regelungsgehalt und Normzweck

1 § 1905 ist **lex specialis zu § 1904**. Ein Vorgehen nach § 1904 ist daher ausgeschlossen, wenn die medizinische Maßnahme eine Sterilisation sein soll. Sterilisationen sollen wegen der Schwere des Eingriffs nur erfolgen, wenn sie unabdingbar sind. Für die Einwilligung in eine Sterilisation muss immer ein besonderer Betreuer bestellt werden (§ 1899 Abs. 2). Insoweit kann nur eine natürliche Person ausgewählt werden (§ 1900 Abs. 5). Der Betreuer darf nur in die Sterilisation einwilligen, wenn bestimmte Gründe vorliegen. Das Betreuungsgericht muss sie genehmigen (Abs. 2 S. 1). In diesem Verfahren muss dem Betroffenen ein Verfahrenspfleger bestellt werden (§§ 276, 297 Abs. 5 FamFG), und es müssen mindestens zwei Sachverständigengutachten eingeholt werden (§ 297 Abs. 6 FamFG). Die Sterilisation darf erst nach einer weiteren Wartezeit von zwei Wochen durchgeführt werden (Abs. 2 S. 2).

II. Genehmigung von Sterilisationen

1. Voraussetzungen. Die Vorschrift findet nur Anwendung auf **Sterilisationen** **2** **Volljähriger** (Männer wie Frauen), **in die diese nicht selbst einwilligen können.** Sterilisationen Minderjähriger sind verboten (§ 1631 c). Nicht erfasst wird die Sterilisation nicht geschäftsfähiger, aber noch einwilligungsfähiger Personen. Das ist bedauerlich, weil damit ein besonders leicht beeinflussbarer Personenkreis von dem Schutz des § 1905 ausgenommen wird.

Sterilisation ist jede Maßnahme, durch die die Zeugungs- oder Gebärfähigkeit **3** dauerhaft beseitigt wird. Ob dazu ein Eingriff in den Körper erfolgt, ist unerheblich. Die Möglichkeit einer Refertilisierung ist unbeachtlich (arg ex Abs. 2 S. 3).

Abs. 1 stellt **fünf Voraussetzungen** für die Einwilligung in eine Sterilisation auf. **4** Diese müssen **kumulativ** erfüllt sein.

Die Sterilisation darf zunächst dem natürlichen **Willen des Betroffenen nicht wi-** **5** **dersprechen** (Abs. 1 S. 1 Nr. 1). Es kommt weder auf Geschäfts- noch Einsichtsfähigkeit an. Maßgebend ist der Wille im Zeitpunkt der Vornahme der Sterilisation. Aus welchen Motiven eine Ablehnung der Sterilisation besteht, ist unerheblich. Zwangssterilisationen sind damit ausgeschlossen.

Der **Betroffene** muss **dauernd einwilligungsunfähig** sein (Abs. 1 S. 1 Nr. 2). Bei **6** nur vorübergehender Einwilligungsunfähigkeit darf nicht sterilisiert werden; es muss abgewartet werden, bis der Betroffene wieder einwilligungsfähig wird und selbst einwilligt.

Es muss **anzunehmen sein, dass es ohne die Sterilisation zu einer Schwanger-** **7** **schaft kommen wird** (Abs. 1 S. 1 Nr. 3). Erforderlich ist eine Erwartung aufgrund konkreter Umstände; die bloße Erfahrung, dass es bei Personen einer bestimmten Altersgruppe wegen ihrer sexuellen Aktivität zu Schwangerschaften kommen kann, reicht nicht.[1] Die Schwangerschaft braucht nicht bei der betreuten Person einzutreten; unter § 1905 fallen auch Männer.[2] Bei diesen werden die weiteren Voraussetzungen aber regelmäßig nicht vorliegen.[3]

Als **Folge der Schwangerschaft** muss eine **Gefahr für das Leben** oder die Gefahr **8** einer **schwerwiegenden Beeinträchtigung des körperlichen oder seelischen Ge-** **sundheitszustandes der Schwangeren** zu erwarten sein, die nicht auf zumutbare Weise abgewendet werden kann (Abs. 1 S. 1 Nr. 4). In Betracht kommen etwa Krankheiten der Frau, die eine Geburt oder Herz- und Kreislauferkrankungen auslösen, die schon eine Schwangerschaft zu einer Gefahr für ihre Gesundheit machen, aber auch Depressionen, die sich wegen der Schwangerschaft verstärken und in eine Selbstmordneigung umschlagen könnten. Zu beachten ist aber, dass die Sterilisation nur als ultima ratio vorgenommen werden darf; solange die Gefahren anders (insbesondere medikamentös) abgewendet werden können, darf nicht sterilisiert werden. Abs. 1 S. 2 stellt der schwerwiegenden Gefahr für den seelischen Gesundheitszustand der Schwangeren die Gefahr eines schweren und nachhaltigen Leids gleich, das ihr drohen würde, weil gerichtliche Maßnahmen, die mit ihrer Trennung vom Kind verbunden wären (§§ 1666, 1666 a), gegen sie ergriffen werden müssten.

---

1 BayObLG 23.5.2001 – 3Z BR 97/01, NJW 2002, 149.
2 LG Fulda 17.3.2011 – 5 T 13/11, BtPrax 2014, 286.
3 HK-BetrR/Meier § 1905 Rn. 16 will deswegen die Sterilisation von Männern generell ausschließen; vgl. auch den Fall des LG Fulda 17.3.2011 – 5 T 13/11, BtPrax 2014, 286.

9 Schließlich darf die **Schwangerschaft nicht durch andere zumutbare Mittel verhindert werden können** (Abs. 1 S. 1 Nr. 5). Eine Sterilisation scheidet daher aus, wenn der oder die Partner(in) der betroffenen Person durch Verhütung eine Schwangerschaft verhindern kann.

10 **2. Erteilung und Wirkungen der Genehmigung.** Das Betreuungsgericht muss die **Genehmigung versagen,** wenn die Voraussetzungen des Abs. 1 nicht erfüllt sind.

11 Sterilisiert werden darf erst nach einer **Wartezeit von zwei Wochen** (Abs. 2 S. 2). Die Frist soll es der betroffenen Person ermöglichen, noch vor der Sterilisation ein Rechtsmittel einzulegen. Sie beginnt erst mit dem Wirksamwerden der betreuungsgerichtlichen Genehmigung, also dem Zeitpunkt ihrer letzten Zustellung (§ 297 Abs. 7 FamFG). Erst dann kann der Betreuer wirksam einwilligen. Erfolgt die Sterilisation verfrüht, wird deren Rechtswidrigkeit durch die nachträgliche Genehmigung nicht geheilt; denn es fehlt an einer § 1906 Abs. 2 S. 2 Hs. 2 entsprechenden Regelung.[4]

III. Verfahren

12 Mit Durchführung der Sterilisation ist das Verfahren auf betreuungsgerichtliche Genehmigung in der Hauptsache erledigt. Nach den allgemeinen Regeln könnte daher über die **Beschwerde** gegen die Durchführung der Sterilisation nicht mehr in der Sache entschieden werden. Das widerspräche dem Schutzbedürfnis der sterilisierten Person, weil so einer rechtswidrigen Sterilisation auf Dauer der Anschein der Rechtmäßigkeit verliehen werden könnte. Eine von dem Betroffenen eingelegte Beschwerde ist daher trotz Erledigung des Genehmigungsverfahrens zulässig und sachlich zu entscheiden.

Vorbemerkung zu §§ 1906–1906 a BGB

1 Die Geschichte des Regelungsgehalts des § 1906 ist durch ein Hin und Her gekennzeichnet: Zunächst regelte die Norm ausschließlich die Zulässigkeit von Unterbringungen und unterbringungsähnlichen Maßnahmen bei Betreuten. Durch das Gesetz zur Regelung der betreuungsrechtlichen Einwilligung in eine ärztliche Zwangsmaßnahme[1] wurde dann die Zulässigkeit von ärztlichen Zwangsbehandlungen von Untergebrachten thematisiert, nachdem der Bundesgerichtshof seine Rechtsprechung zu dieser Frage geändert[2] und eine spezielle gesetzliche Grundlage verlangt hatte. Nachdem das Bundesverfassungsgericht auch die neue Regelung nicht für verfassungskonform hielt, weil eine Regelungslücke für den Fall bestand, dass eine Unterbringung nicht genehmigt werden konnte, aber eine ärztliche Zwangsmaßnahme angezeigt war,[3] hat der Gesetzgeber durch das Gesetz zur Änderung der materiellen Zulassungsvoraussetzungen von ärztlichen Zwangsmaßnahmen und zur Stärkung des Selbstbestimmungsrechts von Betreuten vom 17.7.2017[4] nun wieder den ursprünglichen Regelungsgehalt des § 1906 (Unterbringung und freiheitsentziehende Maßnahmen) hergestellt und die Regelungen über Zwangsbehandlungen in einen neuen § 1906 a ausgelagert.

---

4 OLG Düsseldorf 19.9.1995 – 25 Wx 25/95, FamRZ 1996, 375.
1 BGBl. 2013 I 266.
2 BGH BtPrax 2012, 156.
3 BVerfG 26.7.2016 – 1 BvL 8/15, BtPrax 2016, 182.
4 BGBl. 2017 I 2426.

§ 1906 BGB Genehmigung des Betreuungsgerichts bei freiheitsentziehender Unterbringung und bei freiheitsentziehenden Maßnahmen

(1) Eine Unterbringung des Betreuten durch den Betreuer, die mit Freiheitsentziehung verbunden ist, ist nur zulässig, solange sie zum Wohl des Betreuten erforderlich ist, weil

1. auf Grund einer psychischen Krankheit oder geistigen oder seelischen Behinderung des Betreuten die Gefahr besteht, dass er sich selbst tötet oder erheblichen gesundheitlichen Schaden zufügt, oder

2. zur Abwendung eines drohenden erheblichen gesundheitlichen Schadens eine Untersuchung des Gesundheitszustands, eine Heilbehandlung oder ein ärztlicher Eingriff notwendig ist, die Maßnahme ohne die Unterbringung des Betreuten nicht durchgeführt werden kann und der Betreute auf Grund einer psychischen Krankheit oder geistigen oder seelischen Behinderung die Notwendigkeit der Unterbringung nicht erkennen oder nicht nach dieser Einsicht handeln kann.

(2) ¹Die Unterbringung ist nur mit Genehmigung des Betreuungsgerichts zulässig. ²Ohne die Genehmigung ist die Unterbringung nur zulässig, wenn mit dem Aufschub Gefahr verbunden ist; die Genehmigung ist unverzüglich nachzuholen.

(3) Der Betreuer hat die Unterbringung zu beenden, wenn ihre Voraussetzungen weggefallen sind. Er hat die Beendigung der Unterbringung dem Betreuungsgericht unverzüglich anzuzeigen.

(4) Die Absätze 1 bis 3 gelten entsprechend, wenn dem Betreuten, der sich in einem Krankenhaus, einem Heim oder einer sonstigen Einrichtung aufhält, durch mechanische Vorrichtungen, Medikamente oder auf andere Weise über einen längeren Zeitraum oder regelmäßig die Freiheit entzogen werden soll.

(5) ¹Die Unterbringung durch einen Bevollmächtigten und die Einwilligung eines Bevollmächtigten in Maßnahmen nach Absatz 4 setzen voraus, dass die Vollmacht schriftlich erteilt ist und die in den Absätzen 1 und 4 genannten Maßnahmen ausdrücklich umfasst. ²Im Übrigen gelten die Absätze 1 bis 4 entsprechend.

Literatur: *Alperstedt*, Die Unterbringungsvoraussetzungen und ihre Anwendung in der Praxis, BtPrax 2000, 95; *Bienwald*, Fehlplazierung der Bevollmächtigtenkontrolle gemäß §§ 1904 Abs. 2, 1906 Abs. 5 BGB, FamRZ 2003, 425; *Feuerabend*, Zur Freiheitsentziehung durch sogenannte Personenortungsanlagen, BtPrax 1999, 93; *Grauer*, Freiheitsentziehung in der eigenen Wohnung oder in einer offenen Einrichtung, BtPrax 1999, 20; *Klie*, Zur Verbreitung unterbringungsähnlicher Maßnahmen im Sinne des § 1906 Abs. 4 BGB in bundesdeutschen Pflegeheimen, BtPrax 1998, 50; *Marschner*, Zivilrechtliche und öffentlich-rechtliche Unterbringung, BtPrax 2006, 125; *Mazur*, Rechtmäßigkeit der Freiheitsentziehung durch technische Weglaufsperren und Ortungsanlagen, BtPrax 2016, 227; *Rohlfing*, Zur Haftung des Pflegeheimträgers bei sturzbedingten Verletzungen von Heimbewohnern, BtPrax 2006, 94; *Sträßner*, Gewalt in der Pflege – betreuungs- und unterbringungsrechtliche Beurteilung, PKR 2007, 12; *Trefz*, Zur Zulässigkeit von Personenortungsanlagen, PKR 2001, 59; *Walther*, Freiheitsentziehende Maßnahmen nach § 1906 Abs. 4 BGB, BtPrax 2006, 8.

I. Regelungsgehalt und Normzweck

Die **Norm umfasst heute wieder zwei Regelungskomplexe:** zunächst jede Form [1] von freiheitsentziehender **Unterbringung** (Abs. 1, 2) und alle anderen Formen **freiheitsentziehender Maßnahmen,** die nicht mit einer Unterbringung verbunden sind (Abs. 4). Die Regelungen über Zwangsbehandlungen im Zusammenhang mit der Unterbringung (Abs. 3 und 3 a aF) wurden dagegen durch das Gesetz zur Änderung der materiellen Zulassungsvoraussetzungen von ärztlichen Zwangsmaßnahmen und zur Stärkung des Selbstbestimmungsrechts von Betreuten vom 17.7.2017[1] in den neuen § 1906 a ausgelagert.

In beiden Fällen ist die Maßnahme von der Genehmigung des Betreuungsgerichts abhängig gemacht. Die Vorschrift gilt aber nur, wenn der Betroffene nicht selbst in die Unterbringung oder freiheitsentziehende Maßnahme einwilligt. Nach dem Willen des Gesetzgebers soll dazu Geschäftsfähigkeit nicht erforderlich sein, sondern nur die Fähigkeit, einen natürlichen Fortbewegungswillen zu bilden und zu entscheiden, diesen aufzugeben.[2] Das relativiert die Bedeutung der Schutzvorschrift sehr; es ergeben sich bedenkliche Umgehungsmöglichkeiten.[3]

2   § 1906 gilt auch für die **Einwilligung eines Bevollmächtigten** in Unterbringungen und unterbringungsähnliche Maßnahmen (Abs. 5 S. 1). Die Vollmacht muss schriftlich abgefasst sein und sich ausdrücklich auf die in Abs. 1 und 4 genannten Maßnahmen erstrecken. Für die Zustimmung des Betreuungsgerichts gelten keine Besonderheiten gegenüber der Zustimmung zu einer Maßnahme eines Betreuers.

II. Genehmigung von Unterbringungen und freiheitsentziehenden Maßnahmen

3   **1. Systematik.** § 1906 regelt nur die Unterbringung und die Anwendung anderer freiheitsentziehender Maßnahmen **bei Volljährigen, die unter Betreuung stehen.** Für Minderjährige gilt allein § 1631 b.[4]

4   Hat der Unterzubringende noch keinen Betreuer, dessen Aufgabenkreis gerade auch die Unterbringung umfasst,[5] kommen Maßnahmen nach § 1906 grundsätzlich nur in Betracht, wenn die Betreuung allein deswegen nicht angeordnet wurde, weil der Betroffene einen **Bevollmächtigten** bestellt hat; Abs. 5 ordnet insoweit die entsprechende Geltung von Abs. 1–4 an. Die Bevollmächtigung muss schriftlich erfolgt sein und die Maßnahmen nach § 1906 ausdrücklich einbeziehen. Ohne vorherige Bestellung eines Betreuers bzw. eine Bevollmächtigung ist eine Unterbringung nur in Eilfällen möglich. Auch dann muss das Gericht aber durch geeignete Maßnahmen sicherstellen, dass dem Betroffenen unverzüglich ein Betreuer oder ein vorläufiger Betreuer (§§ 300, 301 FamFG) bestellt wird. Ohne solche Maßnahmen ist die Unterbringung rechtswidrig und muss unverzüglich aufgehoben werden.[6]

5   Die Vorschrift **gilt nicht für öffentlich-rechtliche Unterbringungen.** Deren Voraussetzungen richten sich ausschließlich nach den Unterbringungsgesetzen der Länder. Daran hat das Betreuungsgesetz nichts geändert. Vereinheitlicht wurde lediglich das Verfahren (§§ 312 ff. FamFG). Das Freiheitsentziehungsgesetz des Bundes betrifft nur Fallgestaltungen, die keinen Zusammenhang mit den in § 1906 geregelten Fällen aufweisen (Freiheitsentziehung zwecks Abschiebung

---

1 BGBl. 2017 I 2426.
2 BT-Drs. 11/4528, 146.
3 Kemper FuR 1996, 248 (259); Schwab FamRZ 1990, 687.
4 BGH 7.8.2013 – XII ZB 559/11, FamRZ 2013, 1646.
5 BGH 14.8.2013 – XII ZB 614/11, NJW 2013, 3781.
6 BGH 14.8.2013 – XII ZB 614/11, NJW 2013, 3781.

und zur Verhinderung der Verbreitung von gefährlichen Krankheiten, zum Verfahren vgl. §§ 415 ff. FamFG).

§ 1906 deckt nur die Unterbringung selbst. Einwilligungen in medizinische 6 Maßnahmen richten sich grundsätzlich nach § 1904, solche in Sterilisationen nach § 1905. Zwangsbehandlungen (solche, die gegen den natürlichen Willen des Betreuten durchgeführt werden sollen und wegen derer gerade die Unterbringung angeordnet wird) werden durch § 1906 a erfasst. Das Gleiche gilt für stationär behandelte Betreute, die sich einer ärztlichen Zwangsbehandlung räumlich nicht entziehen können. Sollen gegen einen bereits Untergebrachten freiheitsbeschränkende Maßnahmen angeordnet werden, die über den durch die genehmigte Unterbringung bewirkten Freiheitsentzug hinausgehen, bedarf es einer erneuten Prüfung, ob die Voraussetzungen auch insoweit vorliegen, sowie einer Erweiterung der Genehmigung.

2. Freiheitsentziehende Unterbringung. Freiheitsentziehende Unterbringung iSd 7 Abs. 1 **ist die mit Freiheitsentziehung verbundene stationäre Betreuung** des Betroffenen (zB in einem Heim, das von einem übermannsgroßen Zaun umgeben ist, dessen Haupteingang von einem Pförtner bewacht wird und dessen Nebeneingänge ständig verschlossen sind). Es kommt darauf an, ob die persönliche Bewegungsfreiheit für mehr als nur kurze Zeit auf einen bestimmten Lebensraum beschränkt wird.[7] Zeitweilige Beeinträchtigungen der Bewegungsfreiheit (zB nächtliches Anbinden im Bett, Verschließen der Tür) sind dagegen keine Freiheitsentziehung. Es kann dann aber eine nach Abs. 4 genehmigungspflichtige Maßnahme vorliegen. Soweit der Betroffene sich nicht mehr bewegen kann und keinen Fortbewegungswillen mehr bilden kann (zB Komapatienten) kommt die Annahme einer Unterbringung nicht mehr in Betracht.[8]

Die Unterbringung ist **nur zum Wohl des Betreuten** zulässig, nicht dagegen im 8 Interesse Dritter oder der Allgemeinheit. Eine derartige Unterbringung im Drittinteresse kann nur nach den Unterbringungsgesetzen der Länder angeordnet werden.

Von den möglichen Gründen zum Wohl des Betroffenen lässt das Gesetz nur zwei Aspekte zu, deren Vorliegen der Richter jeweils konkret feststellen muss:[9] Die Unterbringung kommt zunächst in Betracht, wenn und soweit sie erforderlich ist, eine erhebliche gesundheitliche **Selbstgefährdung** oder die **Selbsttötung** des Betroffenen zu verhindern (§ 1906 Abs. 1 Nr. 1). Notwendig ist eine ernstliche und konkrete Gefahr; eine akute, unmittelbar bevorstehende Gefahr ist nicht erforderlich.[10] In Betracht kommt das etwa bei einem alkohol- und medikamentenabhängigen Betroffenen, wenn ohne Unterbringung die Gefahr eines Rückfalles mit lebensbedrohlichen Zuständen droht.[11] Das gilt selbst dann, wenn eine konkrete Therapiemöglichkeit nicht besteht.[12] Es reicht dagegen we-

---

7 BGH 11.10.2000 – XII ZB 69/00, FamRZ 2001, 149.
8 BVerfG 26.7.2016 – 1 BvL 8/15, FamRZ 2016, 1738; BGH 1.7.2015 – XII ZB 89/15, BtPrax 2015, 208.
9 BGH 2.9.2015 – XII ZB 114/15, FamRB 2016, 18; 5.3.2014 – XII ZB 58/12, FamRZ 2014, 831.
10 BGH 11.8.2010 – XII ZB 78/10, FuR 2010, 686; 22.8.2012 – XII ZB 295/12, FamRZ 2012, 1705.
11 BayObLG 2.6.2004 – 3Z BR 111/04, FamRZ 2006, 288. Zu den Anforderungen an einen Einwilligungsvorbehalt bei einem Alkoholkranken s. allgemein BGH 27.4.2016 – XII ZB 7/16.
12 BGH 3.2.2016 – XII ZB 317/15, FamRZ 2016, 807.

der die Gefahr von geringfügigen Körperschäden (zB die durch Sehbehinderung bewirkte Gefahr, sich durch die Kollision mit Möbelstücken in der eigenen Wohnung Schürfwunden oder Ähnliches zuzuziehen), noch eine Gefahr für das Vermögen des Betroffenen („Verschwendungssucht") noch eine Gefahr für Dritte. Eine Unterbringung nach Nr. 1 kann daher auch bei „Gemeingefährlichkeit" des Betroffenen nur angeordnet werden, wenn die Gefahr besteht, dass er sich bei seinen Aktionen selbst schwerwiegend verletzt (zB nicht bei Exhibitionismusneigung). Insoweit kommt nur eine öffentlich-rechtliche Unterbringung in Betracht. Die Erforderlichkeit der Unterbringung entfällt, wenn andere Hilfen (zB Überwachung) ausreichen, um ihren Zweck zu erreichen. Gerade bei unterbringungsähnlichen Maßnahmen, die wegen der personellen Ausstattung der Einrichtung erforderlich werden, in welcher der Betroffene lebt, muss deswegen immer geprüft werden, ob nicht die Verlegung des Betroffenen in ein anderes Heim in Betracht kommt, das dem Betroffenen mehr Freiraum zur Fortbewegung bieten würde.[13]

9　Die Unterbringung darf außerdem angeordnet werden, um die **Untersuchung und Behandlung zu ermöglichen,** deren Notwendigkeit der Betroffene aufgrund seiner Behinderung oder psychischen Krankheit nicht erkennen kann (§ 1906 Abs. 1 Nr. 2). Trotz unklaren Gesetzeswortlauts ist auch insoweit eine erhebliche Gesundheitsgefahr erforderlich, die durch die Untersuchung verifiziert werden soll und zu deren Beseitigung die Behandlung dient. Die Diagnose und Behandlung von Bagatellbeschwerden rechtfertigt nicht einen derart weitgehenden Grundrechtseingriff, wie ihn eine Unterbringung darstellt.[14] Die Weigerung des Betroffenen, sich untersuchen oder behandeln zu lassen, muss auf einer psychischen Krankheit oder einer geistigen oder seelischen Behinderung beruhen. Lehnt er die Heilbehandlung aus anderen Gründen ab (zB wegen der Kosten), ist die Anordnung einer Unterbringung daher ausgeschlossen. Das gilt auch dann, wenn die Behandlung generell abgelehnt wird, diese Entscheidung aber nicht auf der seelischen oder geistigen Behinderung beruht, vor allem dann, wenn eine wirksame Patientenverfügung aus früherer Zeit vorliegt, in der die Behinderung noch nicht bestand. Ebenso ist die Unterbringung (mangels Erforderlichkeit) unzulässig, wenn die Heilbehandlung keinen Erfolg verspricht. Dann kann die Unterbringung aber nach § 1906 Abs. 1 Nr. 1 zum Schutz vor Selbsttötung oder Selbstgefährdung erforderlich sein (zB zur Entgiftung). Stellt sich nach der Unterbringung heraus, dass die Behandlung nicht durchgeführt werden kann oder von den in der Einrichtung tätigen Ärzten abgelehnt wird, ist die Unterbringung aufzuheben.[15]

10　**3. Unterbringungsähnliche Maßnahmen.** Unterbringungsähnliche Maßnahmen sind individuelle, über einen längeren Zeitraum oder regelmäßig erfolgende und dies zumindest auch bezweckende Behinderungen der Bewegungsfreiheit, die vom Betroffenen nicht mit eigenen Kräften überwunden werden können,[16] zB Festbinden am Bett, Fixiertische an Rollstühlen,[17] Einschließen.[18] Als Faustregel kann gesagt werden, dass eine Unterbringung vorliegt, wenn alle Insassen von

---

13　OLG München 1.8.2005 – 33 Wx 086/05, FamRZ 2006, 63.
14　BayObLG 19.6.2001 – 3Z BR 125/01, BtPrax 2001, 251.
15　BGH 28.12.2009 – XII ZB 225/09, FamRZ 2010, 202.
16　BGH 7.1.2015 – XII ZB 395/14, FamRZ 2015, 567.
17　Vgl. LG Frankfurt/M. 17.12.1992 – 2/9 T 994/92, FamRZ 1993, 601.
18　BGH 7.1.2015 – XII ZB 395/14, FamRZ 2015, 567 Rn. 19.

einer Freiheitsbeschränkung betroffen sind, eine unterbringungsähnliche Maßnahme, wenn nur einzelne Insassen eines Heims von ihr berührt werden. Ein „regelmäßiges" Hindern iSd § 1906 Abs. 4 liegt vor, wenn es stets zur selben Zeit oder aus wiederkehrendem Anlass erfolgt. Es kommt nicht auf die Dauer der jeweiligen Einzelmaßnahme an, so dass auch kurzzeitige Beschränkungen der Bewegungsfreiheit genehmigungspflichtig sind, wenn sie regelmäßig vorgenommen werden. Lediglich diejenigen regelmäßigen Einschränkungen der Fortbewegungsfreiheit unterfallen nicht § 1906 Abs. 4, bei denen es sich um nur unerhebliche Verzögerungen handelt.[19]

Wegen der gleichartigen Wirkung gehört auch jede **medikamentöse Behandlung** 11 hierher, durch die der Betroffene in der Bewegungsfreiheit beschränkt wird, wenn das die beabsichtigte Wirkung des Medikaments ist (zB Beruhigungs- oder Schlaftabletten). Soweit der Bundesgerichtshof vertreten hat, Dauermedikationen fielen nicht unter Abs. 4, betraf das nur einen Fall, in dem die Medikation ambulant durchgeführt wurde.[20] Dem ist insoweit zuzustimmen, die Medikation in einer Einrichtung fällt dagegen unter Abs. 4.

Unterbringungsähnliche Maßnahmen **bedürfen der Genehmigung durch das Be-** 12 **treuungsgericht**, wenn sie gegen einen **Betreuten** angewendet werden sollen. Maßnahmen gegen nicht unter Betreuung stehende Volljährige sind nicht genehmigungsfähig (Ausnahme: bei Fehlen einer Betreuung wegen Bevollmächtigung, Abs. 5, → Rn. 2).

Der Betroffene muss sich **in einem Krankenhaus, einem Heim oder einer Ein-** 13 **richtung aufhalten, ohne dort untergebracht zu sein**. Zweifelhaft ist, ob Maßnahmen gegen Untergebrachte nach Abs. 4 genehmigt werden können. In diesem Fall muss an sich die Maßnahme durch die Unterbringungsanordnung selbst gedeckt sein. Ggf. muss diese erweitert werden.[21] Aus praktischen Gründen wird man in diesen Fällen aber auch die entsprechende Anwendung des Abs. 4 zulassen können, wenn das einfacher zu bewerkstelligen ist.[22] Der Bundesgerichtshof nimmt deswegen mittlerweile an, dass es auch im Rahmen einer genehmigten Unterbringung nach § 1906 Abs. 1 der gesonderten betreuungsgerichtlichen Genehmigung nach § 1906 Abs. 4 bedarf, wenn dem Betroffenen durch mechanische Vorrichtungen, Medikamente oder auf andere Weise über einen längeren Zeitraum oder regelmäßig die Freiheit entzogen werden soll.[23] Freiheitsbeschränkende Maßnahmen, die zum Zweck einer Zwangsbehandlung unmittelbar erforderlich sind, fallen unter § 1906 a.

Die Maßnahme **muss den Betroffenen gegen seinen Willen an der Ausübung sei-** 14 **ner Bewegungsfreiheit hindern**. Es kommt insoweit auf den natürlichen Fortbewegungswillen an. Es liegt daher keine unterbringungsähnliche Maßnahme vor, wenn der Betroffene sich aus tatsächlichen Gründen nicht mehr fortbewegen kann (zB Querschnittslähmung vom Hals an abwärts).

Die unterbringungsähnliche Maßnahme muss **über einen längeren Zeitraum** 15 **oder regelmäßig** erfolgen. Ausgenommen sind daher Freiheitsbeschränkungen,

---

19 BGH 7.1.2015 – XII ZB 395/14, FamRZ 2015, 567 Rn. 22.
20 BGH 11.10.2000 – XII ZB 69/00, FamRZ 2001, 149.
21 Vgl. OLG Düsseldorf 29.7.1994 – 3 Wx 406/94, FamRZ 1995, 118; BayObLG 6.5.1993 – 3Z BR 79/93, FamRZ 1994, 721; aA Holzhauer FuR 1992, 252.
22 HK-BetrR/Meyer/Jurgeleit § 1906 Rn. 60.
23 BGH 28.7.2015 – XII ZB 44/15, FamRZ 2015, 1707; 12.9.2012 – XII ZB 543/11, FamRZ 2012, 1866.

die im Rahmen einer Therapie nur vorübergehend vorgenommen werden (zB Stilllegen eines Beins durch Hochbinden, Anlegen von Kathetern und Tropfleitungen usw). Regelmäßig ist die Freiheitsbeschränkung, wenn sie entweder aus wiederkehrendem Anlass (zB bei nächtlicher Ruhestörung) oder immer zur selben Zeit (zB täglich zur Mittagsruhe oder bei der Reinigung des Zimmers) erfolgt.

16 Die Freiheitsbeschränkung muss **durch** einen der in Abs. 1 genannten **Gründe gerechtfertigt** sein (→ Rn. 8 ff.).

III. Aufhebung der Unterbringung bzw. unterbringungsähnlichen Maßnahme

17 Die Genehmigung der Unterbringung bzw. der unterbringungsähnlichen Maßnahme ist **aufzuheben**, wenn die Voraussetzungen wegfallen (Abs. 3 S. 1). Das gilt auch, wenn der Betreuer den Betroffenen tatsächlich aus der Unterbringung entlassen hat; denn der durch die noch vorhandene Genehmigung bewirkte Schein muss beseitigt werden, damit der Betreuer nicht von derselben Genehmigung noch einmal Gebrauch machen kann. Der Betreuer muss deswegen den Wegfall der Voraussetzungen anzeigen (Abs. 3 S. 2).

IV. Vorläufige Maßnahmen

18 Vorläufige Maßnahmen in Bezug auf die Unterbringung oder in Bezug auf unterbringungsähnliche Maßnahmen können vom Betreuer **ohne vorherige Genehmigung** durch das Betreuungsgericht vorgenommen werden, wenn mit dem Aufschub **Gefahr** verbunden ist (Abs. 2 S. 2). Die Genehmigung muss dann unverzüglich nachgeholt werden. Sofern ausreichend Zeit ist, ist die Genehmigung aber vorab einzuholen, notfalls als einstweilige Unterbringung im Wege einer einstweiligen Anordnung (vgl. §§ 331 f. FamFG). Diese Anordnung verliert ihre Wirksamkeit, sobald die endgültige Entscheidung ergeht.[24] Das Betreuungsgericht kann nur dann selbst unterbringen, wenn noch kein Betreuer bestellt ist (vgl. § 1846).[25] Angesichts der gesetzgeberischen Entscheidung für das doppelstufige Verfahren ist es jedoch vorzugswürdig, dass auch in diesen Fällen zugleich ein (vorläufiger) Betreuer bestellt wird, der dann die Unterbringung anordnet.[26]

V. Verfahren

19 Für Unterbringungen und unterbringungsähnliche Maßnahmen gelten dieselben verfahrensrechtlichen Regelungen. Nach § 313 FamFG ist für eine zivilrechtliche Unterbringung das Gericht **zuständig**, bei dem eine Betreuung anhängig ist, deren Aufgabenbereich die Unterbringung des Betroffenen umfasst. An seiner Zuständigkeit ändert sich durch eine vorläufige Unterbringung des Betroffenen in einer in einem anderen Gerichtsbezirk gelegenen Einrichtung nichts. Ist noch kein Betreuungsverfahren anhängig, richtet sich die Zuständigkeit für die Anordnung einer privatrechtlichen Unterbringung nach den Zuständigkeitsvorschriften nach dem gewöhnlichen Aufenthalt des Betroffenen bzw. nach dem

---

24 KG 1.9.1992 – 1 W 4144/92, FamRZ 1993, 84.
25 OLG Schleswig 30.9.1992 – 2 W 123/92, NJW 1992, 2974.
26 Diesen Weg halten für ausschließlich gangbar OLG Frankfurt/M. 13.11.1992 – 20 W 429/92, FamRZ 1993, 357; Wienand FamRZ 1991, 1022.

Ort, an dem das Bedürfnis nach der Unterbringung hervortritt. Für Deutsche ist schließlich das AG Berlin Schöneberg zuständig, wenn keines der vorgehenden Zuständigkeitskriterien erfüllt ist.

In Unterbringungssachen kommt wegen der Schwere des Eingriffs in die Grund- 20 rechte des Betroffenen seiner **persönlichen Anhörung** ein besonders großes Gewicht zu. § 319 Abs. 4 FamFG ordnet daher an, dass Anhörungen grundsätzlich nicht durch den ersuchten Richter erfolgen sollen (anders im vorläufigen Unterbringungsverfahren). Allein die Begründung, dass der Betroffene selbst von der Notwendigkeit seiner „derzeitigen" Unterbringung ausgeht, kann das Absehen von der persönlichen Anhörung in keinem Fall rechtfertigen.[27] Auch die sonstigen Beteiligten und die zuständige Behörde sind im Unterbringungsverfahren zwingend anzuhören (§ 320 FamFG).

In formaler Hinsicht setzt die Genehmigung einer privatrechtlichen Unterbrin- 21 gung **keinen förmlichen Antrag** des Betreuers voraus.[28]

Ein **Sachverständigengutachten** in einer Unterbringungsgenehmigungssache 22 muss enthalten: die Darstellung der durchgeführten Untersuchungen und Befragungen, der sonstigen Erkenntnisse sowie ihre sachverständige Erörterung, die Darlegung von Art und Ausmaß der psychischen Krankheit oder geistigen oder seelischen Behinderung und eine Stellungnahme zur Frage, ob und inwieweit der Betroffene hierdurch gehindert ist, seinen Willen bzgl. der geschlossenen Unterbringung frei zu bestimmen, die Stellungnahme zur voraussichtlichen Dauer der Unterbringung und die Erörterung von Alternativen.[29]

Das Betreuungsgericht genehmigt nur die Unterbringung, die unterbringungs- 23 ähnliche Maßnahme oder die Zwangsbehandlung, es ordnet sie nicht selbst an. Das bleibt vielmehr dem Betreuer überlassen. Dieser entscheidet auch, wo sie konkret durchzuführen ist, denn die Genehmigung bezieht sich nur auf die Art der Maßnahme, nicht auf eine bestimmte Einrichtung.[30]

Das Gericht kann die Unterbringung auch selbst **aufheben**, wenn deren Voraus- 24 setzungen weggefallen sind (§ 330 FamFG). Im Übrigen kann der Betreuer selbst die getroffenen Maßnahmen wieder beenden. Die erteilte Genehmigung ist dann verbraucht. Vor einer erneuten Unterbringung ist deswegen eine neue Genehmigung einzuholen.

Die Rechtsbeschwerde des Betroffenen gegen die eine Unterbringung oder frei- 25 heitsentziehende Maßnahme ablehnende tatrichterliche Entscheidung ist nur statthaft, wenn das Beschwerdegericht sie zugelassen hat.

§ 1906 a BGB Genehmigung des Betreuungsgerichts bei ärztlichen Zwangsmaßnahmen

(1) [1]Widerspricht eine Untersuchung des Gesundheitszustands, eine Heilbehandlung oder ein ärztlicher Eingriff dem natürlichen Willen des Betreuten (ärztliche Zwangsmaßnahme), so kann der Betreuer in die ärztliche Zwangsmaßnahme nur einwilligen, wenn

---

27 BayObLG 16.12.1994 – 3Z BR 308/94, FamRZ 1995, 695.
28 BayObLG 10.2.1994 – 3Z BR 15/94, FamRZ 1994, 1416; aA LG Hildesheim 20.8.1993
    – 5 T 442/93, BtPrax 1993, 210 für Maßnahmen nach Abs. 4.
29 BayObLG 16.12.1994 – 3Z BR 308/94, FamRZ 1995, 695.
30 BayObLG 30.3.1995 – 3Z BR 349/94, FamRZ 1995, 1296.

1. die ärztliche Zwangsmaßnahme zum Wohl des Betreuen notwendig ist, um einen drohenden erheblichen gesundheitlichen Schaden abzuwenden,

2. der Betreute auf Grund einer psychischen Krankheit oder einer geistigen oder seelischen Behinderung die Notwendigkeit der ärztlichen Maßnahme nicht erkennen oder nicht nach dieser Einsicht handeln kann,

3. die ärztliche Zwangsmaßnahme dem nach § 1901 a zu beachtenden Willen des Betreuten entspricht,

4. zuvor ernsthaft, mit dem nötigen Zeitaufwand und ohne Ausübung unzulässigen Drucks versucht wurde, den Betreuten von der Notwendigkeit der ärztlichen Maßnahme zu überzeugen,

5. der drohende erhebliche gesundheitliche Schaden durch keine andere den Betreuten weniger belastende Maßnahme abgewendet werden kann,

6. der zu erwartende Nutzen der ärztlichen Zwangsmaßnahme die zu erwartenden Beeinträchtigungen deutlich überwiegt und

7. die ärztliche Zwangsmaßnahme im Rahmen eines stationären Aufenthalts in einem Krankenhaus, in dem die gebotene medizinische Versorgung des Betreuten einschließlich einer erforderlichen Nachbehandlung sichergestellt ist, durchgeführt wird.

[2]§ 1846 ist nur anwendbar, wenn der Betreuer an der Erfüllung seiner Pflichten verhindert ist.

(2) Die Einwilligung in die ärztliche Zwangsmaßnahme bedarf der Genehmigung des Betreuungsgerichts.

(3) [1]Der Betreuer hat die Einwilligung in die ärztliche Zwangsmaßnahme zu widerrufen, wenn ihre Voraussetzungen weggefallen sind. [2]Er hat den Widerruf dem Betreuungsgericht unverzüglich anzuzeigen.

(4) Kommt eine ärztliche Zwangsmaßnahme in Betracht, so gilt für die Verbringung des Betreuten gegen seinen natürlichen Willen zu einem stationären Aufenthalt in ein Krankenhaus § 1906 Absatz 1 Nummer 2, Absatz 2 und 3 Satz 1 entsprechend.

(5) [1]Die Einwilligung eines Bevollmächtigten in eine ärztliche Zwangsmaßnahme und die Einwilligung in eine Maßnahme nach Absatz 4 setzen voraus, dass die Vollmacht schriftlich erteilt ist und die Einwilligung in diese Maßnahmen ausdrücklich umfasst. [2]Im Übrigen gelten die Absätze 1 bis 3 entsprechend.

Literatur: *Reske,* Ärztliche Zwangsmaßnahmen bei Betreuten, FamRB 2017, 198.

I. Systematik

1 Spezielle Regelungen für **Zwangsbehandlungen** gab es im Betreuungsrecht zunächst nicht. Vielmehr wurde davon ausgegangen, dass die Unterbringung auch die Vornahme der medizinischen Handlungen deckte. Der Bundesgerichtshof[1] hat dann aber in zwei Entscheidungen aus dem Jahr 2012 seine bisherige Rechtsprechung aufgegeben und entschieden, dass es an einer den verfassungsrechtlichen Anforderungen genügenden gesetzlichen Regelung für eine betreuungsrechtliche Behandlung gegen den natürlichen Willen des Patienten fehlt. Dem

---

1 BGH 20.6.2012 – XII ZB 99/12, FamRZ 2012, 1366; 20.6.2012 – XII ZB 130/12, FamRB 2012, 282.

hat sich das Bundesverfassungsgericht[2] angeschlossen. Deswegen hat der Gesetzgeber durch das Gesetz zur Regelung der betreuungsrechtlichen Einwilligung in eine ärztliche Zwangsmaßnahme vom 18.2.2013[3] eine neue Rechtsgrundlage für derartige Behandlungen geschaffen. Auf dieser aufbauend und auch, um eine Regelung für nicht untergebrachte Personen zu schaffen, bei denen eine Zwangsbehandlung notwendig ist, hat der Gesetzgeber durch das Gesetz zur Änderung der materiellen Zulassungsvoraussetzungen von ärztlichen Zwangsmaßnahmen und zur Stärkung des Selbstbestimmungsrechts von Betreuten vom 17.7.2017[4] § 1906 a geschaffen.

Die Vorschrift hat einen leicht nachvollziehbaren **Aufbau:** Abs. 1 ist die Kernregelung der Norm. In ihm wird definiert, was unter einer Zwangsbehandlung zu verstehen ist und wann ein Betreuer in eine solche einwilligen darf. Abs. 2 unterwirft die Zustimmung des Betreuers dann der betreuungsgerichtlichen Genehmigung, Abs. 3 regelt, wann die Einwilligung des Betreuers zu widerrufen ist. Abs. 4 enthält die Klarstellung, dass heute auch Zwangsbehandlungen bei nicht untergebrachten Personen in Betracht kommen und Abs. 5 regelt die Zustimmung zu einer Zwangsbehandlung durch einen Bevollmächtigten.

II. Der Begriff der Zwangsbehandlung

Eine Zwangsbehandlung ist nach Abs. 1 eine Untersuchung des Gesundheitszustands, eine Heilbehandlung oder ein ärztlicher Eingriff gegen den natürlichen Willen des Betreuten. Hat der Betreute zum Ausdruck gebracht, dass er mit der Behandlung oder sonstigen Maßnahme nun doch einverstanden ist, sind die Zustimmung des Betreuers und die betreuungsgerichtliche Genehmigung nicht erforderlich.

Die Zwangsbehandlung kann sich auf freiheitsentziehend Untergebrachte beziehen, aber auch auf Personen, die nicht freiheitsentziehend untergebracht sind (Abs. 4).

III. Voraussetzungen der Zwangsbehandlung

Die Voraussetzungen für die Durchführung einer Zwangsbehandlung ergeben sich aus Abs. 1. Sie müssen auch erfüllt sein, wenn die Zwangsbehandlung durch einstweilige Anordnung angeordnet wird.[5] Erforderlich sind danach die Zustimmung des Betreuers, die nur unter bestimmten Voraussetzungen erteilt werden darf (Abs. 1), und die Genehmigung durch das Betreuungsgericht.

1. Einschlägige Betreuung. Aus dem Erfordernis, dass einer Zwangsbehandlung von einem Betreuer zugestimmt werden muss, ergibt sich zunächst zwingend, dass für den Betroffenen (ggf. auch vorläufig nach §§ 300, 301 FamFG) ein **Betreuer bestellt sein muss.** Hat er noch keinen Betreuer, dessen Aufgabenkreis gerade auch die Zwangsbehandlung umfasst, kommen Maßnahmen nach § 1906 a grundsätzlich nur in Betracht, wenn die Betreuung allein deswegen nicht angeordnet wurde, weil der Betroffene einen Bevollmächtigten bestellt hat; Abs. 5 ordnet insoweit die entsprechende Geltung von Abs. 1–3 an. Die Bevollmächti-

2

3

4

5

---

2 BVerfG 20.2.2013 – 2 BvR 228/12, FamRZ 2013, 767; vgl. auch BVerfG 12.8.2014 – 2 BvR 1698/12, BtPrax 2014, 266.
3 BGBl. I 266.
4 BGBl. 2017 I 2426.
5 BVerfG 14.7.2015 – 2 BvR 1549/14, 2 BvR 1550/14, FamRZ 2015, 1589.

gung muss schriftlich erfolgt sein und die Maßnahmen nach § 1906 a ausdrücklich einbeziehen.

6   **2. Zustimmungsvoraussetzungen.** Die **Zustimmung des Betreuers** für eine ärztliche Maßnahme setzt zunächst voraus, dass es um eine **Maßnahme nach § 1906 Abs. 1 Nr. 2** geht, dass also eine Untersuchung des Gesundheitszustands, eine Heilbehandlung oder ein ärztlicher Eingriff in Frage steht, um einen drohenden erheblichen gesundheitlichen Schaden abzuwenden (Abs. 1 S. 1 Nr. 1). Bei reiner Suizid- oder Selbstverletzungsgefahr (§ 1906 Abs. 1 Nr. 1) kommt nach dem Gesetzeswortlaut nur eine Unterbringung, nicht aber eine Zwangsbehandlung in Betracht. Die Regelung ist eine besondere Ausprägung des Verhältnismäßigkeitsgrundsatzes. Sie macht klar, dass bei unbedeutenderen Erkrankungen keine Zwangsbehandlungen in Betracht kommen.

7   Die Maßnahme muss **ärztlich indiziert** sein. Sonst kann die Unterbringung zum Zweck ihrer Durchführung niemals erforderlich sein.

8   Der **Betreute** kann aufgrund einer psychischen Krankheit oder einer geistigen oder seelischen Behinderung die **Notwendigkeit** der ärztlichen Maßnahme **nicht erkennen oder nicht nach dieser Einsicht handeln** (Abs. 1 S. 1 Nr. 2). Er muss also einwilligungsunfähig sein. Die Voraussetzung entspricht § 1906 Abs. 1 Nr. 2.

9   Ein in einer wirksamen **Patientenverfügung** nach § 1901 a niedergelegter und zu beachtender Wille des Betreuten darf der ärztlichen Zwangsmaßnahme **nicht entgegenstehen.**[6] Diese Voraussetzung ergibt sich aus der Funktion der Patientenverfügung, dem Willen oder jedenfalls dem mutmaßlichen Willen des Patienten Geltung zu verschaffen.

10   Die Festlegungen in einer Patientenverfügung nach § 1901 a Abs. 1, die Behandlungswünsche des Betreuten und sein mutmaßlicher Wille nach § 1901 a Abs. 2 sind deswegen in dieser Reihenfolge auch maßgeblich für die Entscheidung des Betreuers, ob er in eine ärztliche Zwangsmaßnahme einwilligt. Wenn eine auf die aktuelle Lebens- und Behandlungssituation zutreffende wirksame Patientenverfügung vorliegt, hat der Betreuer dem Willen des Betreuten Ausdruck und Geltung zu verschaffen (§ 1901 a Abs. 1 S. 2).

11   Liegt keine Patientenverfügung vor oder treffen die Festlegungen nicht auf die aktuelle Lebens- und Behandlungssituation zu, ist der Betreuer bei seiner Entscheidung an die Behandlungswünsche und den mutmaßlichen Willen des Betreuten gebunden. Maßstab der Entscheidung auf der Grundlage des mutmaßlichen Willens ist, wie der Betreute selbst entscheiden würde, wenn er einwilligungsfähig wäre. Der mutmaßliche Wille ist aufgrund konkreter Anhaltspunkte zu ermitteln (§ 1901 a Abs. 2 S. 2). Nachdem der Arzt geprüft hat, welche ärztliche Maßnahme medizinisch indiziert ist, ist diese Maßnahme mit dem Betreuer unter Berücksichtigung des für die zu treffende Entscheidung maßgeblichen Patientenwillens zu erörtern (§ 1901 b Abs. 1). Wie bei allen medizinischen Maßnahmen muss der Betreuer außerdem über die wesentlichen Umstände aufgeklärt werden (§ 630 e Abs. 4). Unabhängig davon sind die für die Einwilligung des Betreuers wesentlichen Umstände auch dem nichteinwilligungsfähigen Betreuten in verständlicher Form zu erläutern, soweit dieser aufgrund seines Entwicklungsstandes und seiner Verständnismöglichkeiten in der Lage ist, die Er-

---

6   Vgl. BVerfG 14.7.2015 – 2 BvR 1549/14, 2 BvR 1550/14, FamRZ 2015, 1589.

läuterung aufzunehmen, und soweit dies seinem Wohl nicht zuwiderläuft (§ 630 e Abs. 5).

Es muss **versucht worden sein, den Betreuten von der Notwendigkeit der ärztlichen Maßnahme zu überzeugen** – und zwar ernsthaft, mit dem nötigen Zeitaufwand und ohne Ausübunng von Druck[7] (Abs. 1 S. 1 Nr. 4). Das setzt stets voraus, dass die Information für den Betroffenen entsprechend seiner Fähigkeiten verständlich aufbereitet sein muss, damit er verstehen kann, wie notwendig ihre Durchführung und wie gefährlich ihr Unterbleiben ist, seine Bedenken artikulieren und ggf. überwinden kann. Auch bei sehr geistesschwachen Betreuten ist der Überzeugungsversuch deswegen erforderlich. Er kann nur unterbleiben, wenn mit dem Betreuten keinerlei Kommunikation mehr möglich ist. Der Versuch muss ernsthaft, mit dem nötigen Zeitaufwand und ohne Ausübung unzulässigen Drucks durch eine überzeugungsfähige und -bereite Person unternommen worden sein, was das Gericht in jedem Einzelfall festzustellen und in seiner Entscheidung in nachprüfbarer Weise darzulegen hat.[8] Es handelt sich um eine echte materielle Voraussetzung für die Wirksamkeit der Zustimmung des Betreuers. Fehlt sie, ist auch die Zustimmung zur Zwangsbehandlung unwirksam. 12

Der erhebliche gesundheitliche Schaden darf durch **keine andere dem Betreuten zumutbare Maßnahme** abgewendet werden können (Abs. 1 S. 1 Nr. 5). Wäre das der Fall, wäre der durch die Zwangsbehandlung eintretende Grundrechtseingriff unverhältnismäßig. Die Zwangsbehandlung kommt immer nur als ultima ratio in Betracht. Bedeutung hat diese einschränkende Voraussetzung vor allem dann, wenn mehrere Behandlungsmethoden möglich sind. Zu wählen ist immer die (aus der Sicht des Betroffenen) schonendste Methode, auch wenn sie mit größerem Aufwand verbunden ist. Damit die Maßnahme beurteilt werden kann, muss sie so genau bezeichnet werden, wie das irgend möglich ist. 13

Der zu **erwartende Nutzen** der ärztlichen Zwangsmaßnahme muss (aus der Sicht des Betreuten) **die zu erwartenden Beeinträchtigungen deutlich überwiegen** (Abs. 1 S. 1 Nr. 6). Je schwerwiegender der Eingriff ist, umso deutlicher muss der Nutzen für den Betreuten hervortreten.[9] Im Hinblick auf die bestehenden Prognoseunsicherheiten und sonstigen methodischen Schwierigkeiten des hierfür erforderlichen Vergleichs stellt die Norm auf ein deutlich feststellbares Übergewicht des Nutzens ab. Halten sich die zu erwartenden Beeinträchtigungen und der Nutzen für den Betreuten die Waage, darf deswegen die Zwangsbehandlung nicht durchgeführt werden. Dabei sind auch mögliche Nebenwirkungen der Maßnahme sowie die Ergebnisse bereits erfolgter Behandlungen zu berücksichtigen. 14

Die ärztliche Zwangsmaßnahme ist nur im **Rahmen eines stationären Aufenthalts** in einem Krankenhaus zulässig, in dem die gebotene medizinische Versorgung des Betreuten einschließlich einer erforderlichen Nachbehandlung sichergestellt ist (Abs. 1 S. 1 Nr. 7). Mit diesen Voraussetzungen soll erreicht werden, dass ärztliche Zwangsmaßnahmen entsprechend dem Ultima-Ratio-Gedanken auf das unvermeidbare Mindestmaß reduziert werden. Sie sind nicht bereits 15

---

7 Vgl. dazu bereits BGH 4.6.2014 – XII ZB 121/14, BGHZ 201, 324.
8 BGH 2.9.2015 – XII ZB 226/15, FamRZ 2015, 2050; 30.7.2014 – XII ZB 169/14, FamRZ 2014, 1694 Rn. 15; 4.6.2014 – XII ZB 121/14, BGHZ 201, 324 = FamRZ 2014, 1358 Rn. 15.
9 BT-Drs. 17/11513, 7.

dann erfüllt, wenn der Betreute im Krankenhaus lediglich ambulant behandelt wird. Vielmehr ist der stationäre Aufenthalt insbesondere zeitlich so auszugestalten, dass die gebotene sorgfältige Prüfung der Zulässigkeitsvoraussetzungen für die beabsichtigte ärztliche Zwangsmaßnahme durch den verantwortlichen Arzt und den Betreuer im Rahmen dieses Aufenthalts möglich ist. Diese Anforderung ist grds. nur bei einem vollstationären Aufenthalt erfüllt. In dem Krankenhaus, in dem der Betreute stationär aufgenommen wurde, muss die gebotene medizinische Versorgung einschließlich einer erforderlichen Nachbehandlung sichergestellt sein. Das Krankenhaus muss aufgrund seiner medizinischen Ausstattung die institutionellen Rahmenbedingungen dafür bieten, dass auch gerade die zwangsweise Durchführung der Behandlung fachgerecht und den konkreten Bedürfnissen des Betreuten entsprechend gewährleistet ist. Ferner muss das Krankenhaus sicherstellen, dass dort auch eine gegebenenfalls medizinisch erforderliche Nachsorge durchgeführt werden kann. Hierzu gehören auch etwaige Maßnahmen zur therapeutischen Aufarbeitung der Zwangsbehandlung. Der Betreute darf nicht unmittelbar nach Durchführung der ärztlichen Zwangsmaßnahme sich selbst überlassen bleiben, wenn ein weiterer therapeutischer Bedarf besteht.

IV. Die Genehmigung der Zwangsbehandlung durch das Betreuungsgericht

16   Die Einwilligung in die ärztliche Zwangsmaßnahme bedarf der **Genehmigung des Betreuungsgerichts** (Abs. 2). Der Betreuer darf diese wichtige Frage nicht allein entscheiden. Erst wenn die Genehmigung erteilt ist, darf die Behandlung durchgeführt werden.[10] Auch eine Patientenverfügung, die eine ärztliche Zwangsmaßnahme ausdrücklich gestattet, lässt den gerichtlichen Genehmigungsvorbehalt nicht entfallen. § 1904 Abs. 4 findet keine entsprechende Anwendung.[11]

17   Die Genehmigungsentscheidung liegt in der **Zuständigkeit des Richters**, da die Genehmigung der Einwilligung in diese Maßnahmen nach § 312 Nr. 3 FamFG als Unterbringungssache definiert wird und Unterbringungssachen von der Aufgabenübertragung auf den Rechtspfleger in § 3 Nr. 2 b RPflG nicht umfasst sind.

V. Sonderfall: Verbringungsanordnung

18   Abs. 4 schafft die rechtliche Grundlage für die Einwilligung des Betreuers in eine notwendige Verbringung des Betreuten zu einem stationären Aufenthalt in ein offenes Krankenhaus gegen seinen natürlichen Willen zum Zwecke der ärztlichen Zwangsmaßnahme. Danach darf der Betreuer in die freiheitsentziehende Verbringung nur einwilligen, wenn die Voraussetzungen der Einwilligung in die ärztliche Zwangsmaßnahme nach Abs. 1 erfüllt sind und die Verbringungsmaßnahme ihrerseits notwendig ist, weil der Betreute, der körperlich nicht in der Lage oder der nicht willens ist, sich der ärztlichen Maßnahme räumlich zu entziehen, der Verbringung in das Krankenhaus mit natürlichem Willen widerspricht. Auch die Einwilligung in die Verbringungsmaßnahme steht unter gerichtlichem Genehmigungsvorbehalt.

---

10 BGH 30.7.2014 – XII ZB 169/14, FamRZ 2014, 1694.
11 BT-Drs. 18/11240, 20.

VI. Der Widerruf der Einwilligung in die Zwangsbehandlung

Der Betreuer muss die **Einwilligung in die ärztliche Zwangsmaßnahme widerru-** 19
fen, wenn ihre Voraussetzungen wegfallen (Abs. 3 S. 1). Er hat den Widerruf
dem Betreuungsgericht anzuzeigen (Abs. 3 S. 2).

VII. Die Rolle des Bevollmächtigten

Die Einwilligung eines Bevollmächtigten in eine ärztliche Zwangsmaßnahme 20
(und in eine Verbringungsmaßnahme nach Abs. 4) setzt – entsprechend der bisherigen Regelung – voraus, dass die Vollmacht schriftlich erteilt ist und die Einwilligung diese Maßnahmen ausdrücklich umfasst (Abs. 5). Insoweit gilt nichts
anderes als bei Unterbringungen und freiheitsentziehenden Maßnahmen nach
§ 1906.

Die Wirksamkeit von Vollmachten, die vor Inkrafttreten des Gesetzes zur Ände- 21
rung der materiellen Zulassungsvoraussetzungen von ärztlichen Zwangsmaßnahmen und zur Stärkung des Selbstbestimmungsrechts von Betreuten vom
17.7.2017[12] errichtet wurden und auf die bisherige Regelung ärztlicher Zwangsmaßnahmen des § 1906 Abs. 3 aF Bezug nehmen, bleibt durch die neue Regelung des § 1906 a unberührt. Im Wege der Auslegung kann davon ausgegangen
werden, dass der Bevollmächtigte im Falle einer solchen Bestandsvollmacht im
gleichen Umfang wie bisher – also zur Einwilligung in ärztliche Zwangsmaßnahmen im Rahmen der freiheitsentziehenden Unterbringung – bevollmächtigt
bleibt. Eine Anpassung der Vollmacht wird daher nur dann erforderlich, wenn
der Vollmachtgeber den Umfang der Vollmacht nach Inkrafttreten des genannten Gesetzes erweitern und auch die Einwilligung in ärztliche Zwangsmaßnahmen im Sinne des Abs. 1 (außerhalb einer freiheitsentziehenden Unterbringung,
aber im Rahmen eines stationären Aufenthalts in einem Krankenhaus) und ggf.
in freiheitsentziehende Verbringungsmaßnahmen nach Abs. 4 einbeziehen möchte.

VIII. Vorläufige Maßnahmen

Bei **ärztlichen Zwangsmaßnahmen** ist § 1846 nur anwendbar, wenn der Betreuer 22
an der Erfüllung seiner Pflichten verhindert ist (Abs. 1 S. 2). Die eigenständige
Anordnungsbefugnis des Betreuungsgerichts nach § 1846 wird also auf den Fall
beschränkt, dass der Betreuer an der Erfüllung seiner Pflichten verhindert ist.

In sonstigen Eilfällen muss erst durch **einstweilige Anordnung des Betreuungsge-** 23
richts ein Betreuer bestellt (§§ 300, 301 FamFG) sowie durch einstweilige Anordnung dessen Einwilligung in eine ärztliche Zwangsmaßnahme genehmigt
werden (§§ 331–333 FamFG). Die Anordnung darf bei einer Erstanordnung
zwei Wochen und einschließlich Verlängerungen sechs Wochen nicht überschreiten (§ 331 Abs. 2 FamFG).

§ 1907 BGB Genehmigung des Betreuungsgerichts bei der Aufgabe der Mietwohnung

(1) ¹Zur Kündigung eines Mietverhältnisses über Wohnraum, den der Betreute
gemietet hat, bedarf der Betreuer der Genehmigung des Betreuungsgerichts.

---

12 BGBl. 2017 I 2426.

²Gleiches gilt für eine Willenserklärung, die auf die Aufhebung eines solchen Mietverhältnisses gerichtet ist.

(2) ¹Treten andere Umstände ein, auf Grund derer die Beendigung des Mietverhältnisses in Betracht kommt, so hat der Betreuer dies dem Betreuungsgericht unverzüglich mitzuteilen, wenn sein Aufgabenkreis das Mietverhältnis oder die Aufenthaltsbestimmung umfasst. ²Will der Betreuer Wohnraum des Betreuten auf andere Weise als durch Kündigung oder Aufhebung eines Mietverhältnisses aufgeben, so hat er dies gleichfalls unverzüglich mitzuteilen.

(3) Zu einem Miet- oder Pachtvertrag oder zu einem anderen Vertrag, durch den der Betreute zu wiederkehrenden Leistungen verpflichtet wird, bedarf der Betreuer der Genehmigung des Betreuungsgerichts, wenn das Vertragsverhältnis länger als vier Jahre dauern oder vom Betreuer Wohnraum vermietet werden soll.

Literatur: *Abram*, Zwangsweiser Zutritt des Betreuers zur Wohnung des Betroffenen und Befugnis zur Entrümpelung, FamRZ 2004, 11; *Bobenhausen*, Wohnungskündigung durch den Betreuer, Rpfleger 1994, 13; *Harm*, Die „Wohnungsauflösung", Rpfleger 2002, 59; *Renner*, Die Wohnungskündigung im Betreuungsverfahren, BtPrax 1999, 96.

I. Regelungsgehalt und Normzweck

1 Die Norm stellt die Wohnung des Betreuten als den Mittelpunkt seines Lebens unter einen besonderen Schutz. Der Betreute soll nicht nach einer Krankenhausbehandlung plötzlich ohne Wohnung dastehen, weil der Betreuer sie zwischenzeitlich aufgelöst und gekündigt hat, so dass er gezwungen ist, den Rest seines Lebens in einem Heim zu verbringen. Die Wirksamkeit der Kündigung eines Mietverhältnisses über Wohnraum, den der Betreute gemietet hat, wird daher von der Genehmigung des Betreuungsgerichts abhängig gemacht.

2 Ergänzend ordnet Abs. 2 die Verpflichtung des Betreuers an, dessen Aufgabenkreis das Mietverhältnis oder die Aufenthaltsbestimmung umfasst, das Betreuungsgericht über alle anderen Umstände zu informieren, aufgrund derer die Beendigung des Mietverhältnisses in Betracht kommt.

3 Bei Betroffenen, die über ein eigenes Haus oder eine Eigentumswohnung verfügen, ist der Schutz des Betroffenen zunächst dadurch sichergestellt, dass der Betreuer zur Veräußerung der Genehmigung des Betreuungsgerichts bedarf (§§ 1812, 1821 Nr. 1–4). Dieser Schutz wird durch Abs. 3 insoweit erweitert, als auch der Abschluss eines nur schuldrechtlichen Miet- oder Pachtvertrags dem Genehmigungserfordernis unterworfen wird. Im Übrigen muss der Betreuer das Gericht informieren, wenn er Wohnraum des Betroffenen auf andere Weise aufgeben will (Abs. 2 S. 2).

II. Genehmigung der Aufgabe der Mietwohnung

4 **1. Voraussetzungen.** Die Vorschrift setzt zunächst voraus, dass ein **Betreuer mit dem Wirkungskreis „Wohnungsangelegenheiten" bestellt** ist. Nur dann kann der Betreuer den Betroffenen kraft Gesetzes vertreten (§ 1902). Das Genehmigungserfordernis besteht daher nicht, wenn ein Betreuer nur für andere Angelegenheiten bestellt ist, aber dieser bevollmächtigt ist, die Wohnung zu kündigen oder weiter zu vermieten, oder wenn keine Betreuung besteht und nur ein vom Betroffenen vorsorglich bestellter Vertreter handelt. Es wird dagegen nicht dadurch beseitigt, dass der Betroffene selbst geschäftsfähig ist und den Betreuer

zur Kündigung autorisiert; denn das Gesetz stellt auf die Geschäftsfähigkeit des Betroffenen nicht ab.

Genehmigungspflichtig ist zunächst die **Kündigung** eines Mietverhältnisses über 5 den Wohnraum des Betroffenen, an dem der Betroffene als Partei beteiligt ist. Das Gleiche gilt für den Abschluss von **Aufhebungsverträgen**. In Betracht kommt das Genehmigungserfordernis auch bei der Ausgabe von dinglichen Wohnrechten.[1] Es ist nicht erforderlich, dass der Betroffene den Mietvertrag selbst abgeschlossen hat oder dass er die Wohnung tatsächlich bewohnt. Genehmigungspflichtig sind auch die **Vermietung von Wohnraum des Betroffenen** und der Abschluss eines länger als vier Jahre laufenden Miet-, Pacht- oder sonstigen Vertrags, durch den der Betroffene sich zur Erbringung wiederkehrender Leistungen verpflichtet (Abs. 3). Der Gesetzeswortlaut spricht zwar unklar nur von „Wohnraum". Der Zweck der Vorschrift, den Lebensraum des Betreuten zu sichern, verlangt aber die Beschränkung auf die Weitervermietung des Wohnraums des Betroffenen bzw. die sonst seinem Gebrauch dienenden Räume.[2] Für vom Betreuten nicht selbst genutzten Wohnraum bestehen nur die allgemeinen Genehmigungserfordernisse des § 1822 Nr. 4.

2. Erteilung der Genehmigung. Die Erteilung der Genehmigung richtet sich 6 nach dem Wohl des Betroffenen (§ 1901 Abs. 2 S. 1); auf seine Wünsche ist Rücksicht zu nehmen (§ 1901 Abs. 3 S. 1). Für die Beibehaltung der Wohnung kann sprechen, dass der Betreute enge Bindungen daran aufweist, so dass ihr Verlust zu einer erheblichen Gesundheitsverschlechterung führen würde. Für die Erteilung der Genehmigung sprechen vor allem die erhebliche Erschwernis der Pflege des Betroffenen im häuslichen Umfeld oder seine finanzielle Überforderung durch die Miete oder die Instandhaltungskosten.

3. Mitteilungspflicht. Um die Wohnung des Betroffenen möglichst umfassend 7 zu sichern, ist der Betreuer, dessen Aufgabenkreis das Mietverhältnis oder die Aufenthaltsbestimmung umfasst, verpflichtet, dem Betreuungsgericht **unverzüglich** mitzuteilen, wenn andere Umstände eintreten, aufgrund derer die Beendigung des Mietverhältnisses in Betracht kommt oder wenn er Wohnraum des Betreuten auf andere Weise als durch Kündigung oder Aufhebung eines Mietverhältnisses aufgeben will. Zur ersten Kategorie gehört zB die Kündigung des Mietverhältnisses durch den Vermieter, zur letztgenannten Maßnahme des Betreuers, die in ihrer Wirkung einer Kündigung des Mietverhältnisses bzw. der Weitervermietung der Wohnung gleichkommt, die Veräußerung der gesamten Wohnungseinrichtung. Das Betreuungsgericht kann dann ggf. nach § 1837 eingreifen.

§ 1908 BGB Genehmigung des Betreuungsgerichts bei der Ausstattung

Der Betreuer kann eine Ausstattung aus dem Vermögen des Betreuten nur mit Genehmigung des Betreuungsgerichts versprechen oder gewähren.

Literatur: *Grziwotz*, Der betreute Stifter – Zur Zulässigkeit von Stiftungen entsprechend dem Willen des Betreuten, ZEV 2005, 338.

---

1 BGH 25.1.2012 – XII ZB 479/11, FamRZ 2012, 967.
2 LG Münster 7.12.1993 – 5 T 908/93, FamRZ 1994, 531.

1 § 1908 soll das **Vermögen des Betroffenen** gegen eine Minderung durch das Versprechen unangemessen hoher Ausstattungen (Legaldefinition: § 1624 Abs. 1) **schützen.** Bei diesen handelt es sich nicht um Schenkungen, wenn sie einem Kind zugewendet werden und das den Vermögensverhältnissen des Betroffenen entsprechende Maß nicht übersteigen. Sie fallen daher insoweit nicht unter das in §§ 1908 i Abs. 2, 1804 angeordnete Schenkungsverbot. Der Anwendungsbereich der Norm ist gering. Er beschränkt sich im Wesentlichen auf Hof- und Betriebsübertragungen im Wege vorweggenommener Erbfolge.

2 **Genehmigungspflichtig** sind sowohl das Versprechen der Ausstattung (Verpflichtung) als auch das Gewähren (Übertragung). Sind aber bereits im Verpflichtungsgeschäft die als Ausstattung zu gewährenden Gegenstände genau bezeichnet, ist eine erneute Genehmigung der Übertragung überflüssig; die Genehmigung des Verpflichtungsgeschäfts deckt auch das Übertragungsgeschäft.

3 Die Genehmigung **ist zu erteilen,** wenn der Betroffene das wünscht und die Ausstattung das den Verhältnissen des Betroffenen entsprechende Maß nicht überschreitet. Ist die Ausstattung umfangreicher oder wird sie einer anderen Person als einem Kind des Betroffenen gewährt, muss die Genehmigung abgelehnt werden. In diesem Fall richtet sich die Wirksamkeit des Versprechens allein nach §§ 1908 i Abs. 2, 1804, dh es ist nur dann wirksam, wenn es einer sittlichen Pflicht des Betroffenen entspricht, eine entsprechend erhöhte Ausstattung zu versprechen, wenn der Anstand eine derartige Ausstattung gebietet, wenn sie nach den Anschauungen der mit dem Betreuten sozial gleichgestellten Kreise nicht unterbleiben könnte, ohne dass der Betreute eine Einbuße in Achtung und Anerkennung dieser Kreise erleiden würde[1] oder wenn es sich um ein Gelegenheitsgeschenk handelt, das der Betreuer mit Rücksicht auf die Wünsche des Betroffenen machen will und das dessen Lebensverhältnissen entspricht. Das wird allenfalls dann angenommen werden können, wenn die Ausstattung einer anderen Person als einem Kind zugewendet werden soll (zB Stiefkind, Enkel) und nur deswegen nicht unter den Ausstattungsbegriff des § 1624 Abs. 1 fällt; denn die Voraussetzungen decken sich im Übrigen mit denen des § 1624 Abs. 1.

4 Hat das Gericht **irrtümlich eine Genehmigung erteilt,** obwohl es sich bei dem Geschäft nicht um die Gewährung einer Ausstattung, sondern um eine Schenkung handelt, ändert das an der aus §§ 1908 i Abs. 2, 1804 folgenden Unwirksamkeit des Geschäfts nichts.

§ 1908 a BGB   Vorsorgliche Betreuerbestellung und Anordnung des Einwilligungsvorbehalts für Minderjährige

[1]Maßnahmen nach den §§ 1896, 1903 können auch für einen Minderjährigen, der das 17. Lebensjahr vollendet hat, getroffen werden, wenn anzunehmen ist, dass sie bei Eintritt der Volljährigkeit erforderlich werden. [2]Die Maßnahmen werden erst mit dem Eintritt der Volljährigkeit wirksam.

1 Die Norm ermöglicht die **vorsorgliche Anordnung** einer Betreuung und eines Einwilligungsvorbehalts für einen **über 17-jährigen Minderjährigen,** bei dem zu erwarten ist, dass er bei Eintritt der Volljährigkeit betreuungsbedürftig sein wird, damit keine Lücken nach der Volljährigkeit entstehen können, in denen er

---

1 LG Kassel 12.10.2012 – 3 T 349/12, FamRZ 2013, 579; BayObLG 8.10.1997 – 3Z BR 192/97, FamRZ 1999, 47.

ohne den Schutz eines gesetzlichen Vertreters ist. Damit nicht in das bis zur Vollendung des 18. Lebensjahres bestehende Recht der Eltern eingegriffen wird, den Minderjährigen zu erziehen und zu vertreten, wird die Betreuung erst mit der Volljährigkeit des betroffenen Kindes wirksam.

Die **Voraussetzungen** für die Anordnung der Betreuung folgen aus § 1896, diejenigen für den Einwilligungsvorbehalt aus § 1903. Soweit in diesen Normen ein Antrag vorausgesetzt wird, ist ein Antrag des Minderjährigen gemeint; die Eltern haben kein Antragsrecht. 2

Die **Rechtsfolgen** der Anordnung von Betreuung und Einwilligungsvorbehalt treten erst mit dem Erreichen der Volljährigkeit ein. Zuvor hat die zum Betreuer bestellte Person keine Befugnisse. Auch ein Umgangsrecht steht ihr nicht zu. 3

§ 1908 b BGB Entlassung des Betreuers

(1) ¹Das Betreuungsgericht hat den Betreuer zu entlassen, wenn seine Eignung, die Angelegenheiten des Betreuten zu besorgen, nicht mehr gewährleistet ist oder ein anderer wichtiger Grund für die Entlassung vorliegt. ²Ein wichtiger Grund liegt auch vor, wenn der Betreuer eine erforderliche Abrechnung vorsätzlich falsch erteilt oder den erforderlichen persönlichen Kontakt zum Betreuten nicht gehalten hat. ³Das Gericht soll den nach § 1897 Abs. 6 bestellten Betreuer entlassen, wenn der Betreute durch eine oder mehrere andere Personen außerhalb einer Berufsausübung betreut werden kann.

(2) Der Betreuer kann seine Entlassung verlangen, wenn nach seiner Bestellung Umstände eintreten, auf Grund derer ihm die Betreuung nicht mehr zugemutet werden kann.

(3) Das Gericht kann den Betreuer entlassen, wenn der Betreute eine gleich geeignete Person, die zur Übernahme bereit ist, als neuen Betreuer vorschlägt.

(4) ¹Der Vereinsbetreuer ist auch zu entlassen, wenn der Verein dies beantragt. ²Ist die Entlassung nicht zum Wohl des Betreuten erforderlich, so kann das Betreuungsgericht stattdessen mit Einverständnis des Betreuers aussprechen, dass dieser die Betreuung künftig als Privatperson weiterführt. ³Die Sätze 1 und 2 gelten für den Behördenbetreuer entsprechend.

(5) Der Verein oder die Behörde ist zu entlassen, sobald der Betreute durch eine oder mehrere natürliche Personen hinreichend betreut werden kann.

Literatur: *Bienwald*, Wie wird man einen Betreuer und ähnliche Interessenvertreter wieder los?, FF 2003, 202; *Wüstenberg*, Die Verletzung des sexuellen Selbstbestimmungsrechts des Betreuten, BtPrax 2006, 12.

I. Regelungsgehalt und Normzweck

Die Norm regelt, wann der Betreuer entlassen werden kann. Sie dient zum einen dem Interesse des Betreuten, nicht durch eine Person vertreten zu werden, die wegen Pflichtverletzungen nicht die Gewähr dafür bietet, jederzeit zu seinem Wohl zu handeln (Abs. 1 S. 1, 2), oder die der Betreute weniger als Betreuer wünscht als eine andere Person (Abs. 3). Außerdem verwirklicht die Vorschrift das Interesse des Betreuers, nicht mit Betreuungen befasst zu sein, die ihm unzumutbar sind (Abs. 2). Das Prinzip der Ehrenamtlichkeit der Betreuung wird dadurch betont, dass ein Berufsbetreuer entlassen werden soll, wenn ein oder mehrere ehrenamtliche Betreuer gefunden sind (Abs. 1 S. 3). Der Abhängigkeit des 1

Vereins- und des Behördenbetreuers wird dadurch Rechnung getragen, dass die Entlassung der für den Verein bzw. die Behörde tätigen Personen bereits dann vorzunehmen ist, wenn der Verein bzw. die Behörde das wünscht (Abs. 4). Schließlich soll die Regelung dazu beitragen, dem Vorrang der Individualbetreuung dadurch Geltung zu verschaffen, dass sie die Entlassung des Betreuungsvereins bzw. der Betreuungsbehörde anordnet, wenn eine natürliche Person gefunden wird, die in der Lage und bereit ist, die Betreuung zu übernehmen (Abs. 5).

2 Regelungsgegenstand der Vorschrift ist dagegen **nicht, wann die Betreuung insgesamt aufgehoben werden muss**. Das richtet sich ausschließlich nach § 1908 d.

II. Entlassung des Betreuers

3 **1. Voraussetzungen einer Entlassung von Amts wegen.** Ein Betreuer ist von Amts wegen zu entlassen, wenn seine **Eignung**, die Angelegenheiten des Betreuten wahrzunehmen, **nicht mehr gewährleistet** ist oder ein anderer **wichtiger Grund** für die Entlassung vorliegt (Abs. 1). Ausdrücklich erwähnt ist jetzt, dass der Betreuer den erforderlichen persönlichen Kontakt zum Betreuten nicht gehalten hat (Abs. 1 S. 2). Es genügt aber auch jeder andere Grund, der den Betreuer für eine weitere Betreuung als ungeeignet erscheinen lässt, wie die Gefahr von Interessenkonflikten,[1] Pflichtverletzungen des Betreuers, wie etwa unzureichende Rechnungslegung,[2] unzureichende Mietzahlung eines Vermögensbetreuers an den Betreuten,[3] die tatenlose Hinnahme des Verfalls des Hauses des Betreuten[4] oder der Verstoß gegen Berichtspflichten[5] sowie Untätigkeit oder Unfähigkeit des Betreuers oder ein unüberwindliches Zerwürfnis zwischen dem Betreuer und dem Betreuten. In Betracht kommen auch der Widerruf der Bereiterklärung des Betreuers, selbst wenn er nicht die Voraussetzungen des § 1908 b Abs. 2 erfüllt, weil es nicht im Interesse des Betreuten sein kann, einen sich gegen die Betreuung wehrenden Betreuer zu haben[6] und der Wunsch des Betreuten nach der Bestellung eines neuen Betreuers (Gedanke des § 1897 Abs. 4).[7]

4 Das Gericht handelt von Amts wegen. Auf den **Willen des Betroffenen kommt es nicht an**. Bei Gefahr im Verzug ist eine einstweilige Anordnung möglich (§ 300 Abs. 2 FamFG).

5 Seit dem 2. BetreuungsrechtsänderungsG kennt die Norm neben der Unfähigkeit des Betreuers zur Besorgung der Angelegenheiten des Betreuten einen weiteren Grund, aus dem ein Betreuer zu entlassen ist: die **vorsätzlich falsche Erteilung einer Abrechnung** (Abs. 1 S. 2). Das betrifft Berufsbetreuer, soweit sie eine Vergütung nach dem VBVG erhalten, bzw. ehrenamtliche Betreuer, soweit sie Aufwendungsersatz abrechnen. Zu beachten ist allerdings, dass der neue Abs. 1 S. 2 eher die Ansprüche gegen die Staatskasse meint als die gegen den Betreuten. In Bezug auf diese hatte die Rechtsprechung früher bereits einen zur Entlassung

---

1 BayObLG 13.5.1993 – 3Z BR 156/92, FamRZ 1993, 1226.
2 BayObLG 25.11.1993 – 3Z BR 264/93, FamRZ 1994, 1282.
3 OLG Köln 19.9.1997 – 16 Wx 210/97, NJWE-FER 1998, 201.
4 OLG Hamm 27.5.1997 – 15 W 215/97, NJWE-FER 1998, 34.
5 BayObLG 10.11.1995 – 3Z BR 267/95, FamRZ 1996, 509.
6 LG Duisburg 7.1.1993 – 2 T 280/92, FamRZ 1993, 851.
7 BayObLG 21.5.1993 – 3Z BR 54/93, BtPrax 1993, 171.

ausreichenden wichtigen Grund angenommen, wenn die Abrechnung aus grober Fahrlässigkeit falsch erstellt war.[8] Dabei sollte es bleiben.[9]

Liegen die Voraussetzungen von Abs. 1 S. 2 vor, ist der Betreuer **zwingend zu** 6 **entlassen.** Ein Ermessen besteht nicht.

Ein **Berufsbetreuer** soll entlassen werden, wenn eine oder mehrere Personen ge- 7 funden werden, die die Betreuung auch **ehrenamtlich führen würden** (Abs. 1 S. 3). Das soll den Betreuten von den sonst an den Berufsbetreuer zu zahlenden Vergütungen entlasten. Allerdings wird man verlangen müssen, dass die sich bereit erklärende Person in ähnlicher Weise geeignet sein muss, die Betreuung zu führen wie der Berufsbetreuer; eine völlig gleiche Eignung ist nicht erforderlich. Liegen die Voraussetzungen aber vor, muss der Wille des Betreuten grundsätzlich zurücktreten.

Vereins- und Behördenbetreuer müssen als solche entlassen werden, wenn der 8 Verein bzw. die Behörde es beantragt (Abs. 4 S. 1). Die Betreuung endet dann aber nicht schon mit der Entpflichtung des Betreuers durch den Verein oder die Behörde, sondern erst mit der Entlassung durch das Betreuungsgericht. Dem Interesse des Betroffenen an der Kontinuität der Betreuung wird dadurch Rechnung getragen, dass das Betreuungsgericht anordnen kann, dass der bisherige Vereins- oder Behördenbetreuer die Betreuung als Einzelbetreuer weiterführt, wenn der Betreute (und der Betreuer, § 1898) damit einverstanden ist und die Entlassung des Betreuers nicht zum Wohl des Betreuten erforderlich ist. Damit wird erreicht, dass alle schon erteilten gerichtlichen Genehmigungen wirksam bleiben und weiter ausgenutzt werden können.

Ein **Betreuungsverein** oder die **Betreuungsbehörde** müssen entlassen werden, 9 wenn der Betroffene durch eine natürliche Person hinreichend vertreten werden kann (Abs. 5). Das soll den Vorrang der Einzelbetreuung sichern. Eine anderweitige hinreichende Betreuungsmöglichkeit ist gegeben, wenn eine natürliche Person sich bereit erklärt, die Betreuung zu übernehmen und dazu geeignet ist. Eine gleich gute Eignung wie diejenige des Vereins oder der Behörde ist nicht nötig,[10] solange die Betreuung durch diese Person mit dem Wohl des Betreuten vereinbar ist. Das Vorliegen der Voraussetzungen ist dem Gericht vom Betreuungsverein bzw. der Behörde mitzuteilen (§ 1900 Abs. 3, 4 S. 2). Das Gericht entscheidet von Amts wegen.

2. Entlassung auf Antrag des Betreuers. Auf seinen Antrag hin ist der Betreuer 10 zu entlassen, **wenn** ihm die Weiterführung der Betreuung wegen nachträglich eingetretener Umstände **unzumutbar** ist (Abs. 2). Die Gründe sind ebenso unerheblich wie die Frage, ob durch die Unzumutbarkeit die Effizienz der Betreuung beeinträchtigt wird. In Betracht kommen vor allem: eine erhebliche Entfremdung zwischen Betreuer und Betroffenem, erhebliche Belastungen des Betreuers durch vorrangige Verpflichtungen (zB Eintritt der Pflegebedürftigkeit bei Ehefrau oder nahen Verwandten) oder die Verschlechterung der Gesundheit des Betreuers. Ein wichtiger Grund ist aber auch dann anzunehmen, wenn der Betreuer für seine Tätigkeit nur eine Vergütung erhält, die nicht ausreicht, um seine tatsächlichen Aufwendungen zu decken.[11] Die Entlassung setzt einen Antrag des

---

8 LG Leipzig 9.8.1999 – 1 T 4364/99, FamRZ 1999, 1614.
9 So bereits HK-BetrR/Deusing § 1908 b Rn. 66.
10 AA LG Mainz 14.12.1992 – 8 T 254/92, BtPrax 1993, 176.
11 BayObLG 19.6.2001 – 3Z BR 141/01, BtPrax 2001, 206.

Betreuers voraus. Zulässig ist auch ein Antrag auf Entlastung durch Teilentlassung. Das Gericht hat kein Ermessen; bei Vorliegen des wichtigen Grundes muss es entlassen.

11 **3. Entlassung auf Antrag des Betreuten.** Auf Antrag des Betroffenen kann der Betreuer entlassen werden, wenn der Betreute eine mindestens gleich geeignete andere Person vorschlägt, die bereit ist, die Betreuung zu übernehmen (Abs. 3). Mit dieser Vorschrift soll dem Willen des Betreuten Vorrang eingeräumt und seine Rechtssubjektivität gestärkt werden. Für den Antrag ist Geschäftsfähigkeit nicht erforderlich. Auch wenn die Voraussetzungen des Abs. 3 erfüllt sind, ist das Gericht nicht verpflichtet, den Betreuer zu entlassen. Es handelt sich um eine Ermessensentscheidung. Bei dieser ist allein das Wohl des Betreuten ausschlaggebend. Die Entlassung des bisherigen Betreuers ist daher abzulehnen, wenn zu befürchten ist, dass der vom Betroffenen gewünschte Betreuer den Interessen des Betroffenen zuwiderhandeln wird oder wenn der Wunsch des Betroffenen auf die Beeinflussung durch die gewünschte Person zurückgeht.[12] Zum Recht des Betreuten, die Aufhebung der Betreuung insgesamt zu verlangen, vgl. § 1908 d Abs. 2 S. 1.

III. Verfahren

12 Dem Betroffenen, der nicht in der Lage ist, seinen Willen kundzutun, ist auch im Verfahren über die Entlassung des Betreuers ein **Verfahrenspfleger** zu bestellen.[13] Widerspricht der Betroffene der Entlassung des Betreuers, sind er und der Betreuer persönlich anzuhören (§ 296 Abs. 1 FamFG).

13 Gegen die Entscheidung findet die **Beschwerde** statt. Die Beschwerdeberechtigung richtet sich nach §§ 59, 303 FamFG. Betreuter und Betreuer sind daher immer beschwerdeberechtigt, wenn gegen ihren Antrag entschieden wurde, die Betreuungsbehörde, die nicht selbst Betreuer war, dagegen nicht.[14] Die Beschwerdebefugnis naher Angehöriger nach § 303 Abs. 2 Nr. 1 FamFG erstreckt sich auch auf eine betreuungsgerichtliche Entscheidung, mit der die Entlassung eines Betreuers nach § 1908 b abgelehnt worden ist.[15] Die Rechtsbeschwerde findet nur bei Zulassung statt (§ 70 Abs. 1 FamFG).[16]

§ 1908 c BGB   Bestellung eines neuen Betreuers

Stirbt der Betreuer oder wird er entlassen, so ist ein neuer Betreuer zu bestellen.

1 Da die Betreuung nicht dadurch endet, dass der Betreuer stirbt oder entlassen wird, ordnet § 1908 c an, dass in diesen Fällen ein neuer Betreuer bestellt werden muss, um den für den Betroffenen nachteiligen Zustand zu beenden. Dessen Auswahl richtet sich nach §§ 1897, 1900. In Eilfällen ist die Neubestellung durch einstweilige Anordnung möglich (§ 300 FamFG).

---

12 BayObLG 22.9.2004 – 3Z BR 150/04, BtPrax 2005, 35.
13 BayObLG 8.4.1993 – 3Z BR 41/93, Rpfleger 1993, 491.
14 BayObLG 19.8.1993 – 3Z BR 144/93, FamRZ 1994, 452, 453.
15 BGH 7.5.2014 – XII ZB 138/13, FamRZ 2014, 1191.
16 BGH 9.2.2011 – XII ZB 364/10, FamRZ 2011, 632; 2.11.2011 – XII ZB 508/11, BtPrax 2012, 39.

§ 1908 d BGB Aufhebung oder Änderung von Betreuung und Einwilligungsvorbehalt

(1) ¹Die Betreuung ist aufzuheben, wenn ihre Voraussetzungen wegfallen. ²Fallen diese Voraussetzungen nur für einen Teil der Aufgaben des Betreuers weg, so ist dessen Aufgabenkreis einzuschränken.

(2) ¹Ist der Betreuer auf Antrag des Betreuten bestellt, so ist die Betreuung auf dessen Antrag aufzuheben, es sei denn, dass eine Betreuung von Amts wegen erforderlich ist. ²Den Antrag kann auch ein Geschäftsunfähiger stellen. ³Die Sätze 1 und 2 gelten für die Einschränkung des Aufgabenkreises entsprechend.

(3) ¹Der Aufgabenkreis des Betreuers ist zu erweitern, wenn dies erforderlich wird. ²Die Vorschriften über die Bestellung des Betreuers gelten hierfür entsprechend.

(4) Für den Einwilligungsvorbehalt gelten die Absätze 1 und 3 entsprechend.

Literatur: *Bienwald*, Die Einschränkung der Betreuung nach § 1908 d BGB und deren Folgen für die elterliche Sorge und/oder das Umgangsrecht der Mutter eines nichtehelichen Kindes, FamRZ 1994, 484.

I. Regelungsgehalt und Normzweck

Die Norm regelt zunächst die **Voraussetzungen für die Aufhebung der Betreuung und des Einwilligungsvorbehalts** und die nachträgliche Einschränkung des Aufgabenkreises des Betreuers bzw. des Einwilligungsvorbehalts (Abs. 1, 3). Sie trägt dem Subsidiaritätsprinzip Rechnung, indem sie anordnet, dass die Betreuung und der Einwilligungsvorbehalt aufgehoben bzw. eingeschränkt werden müssen, wenn die Voraussetzungen (§ 1896) nicht mehr oder nicht mehr in vollem Umfang vorliegen. Andererseits dient sie der Verwirklichung von Rechtssicherheit, weil sie die Einschränkung und das Ende von Betreuung und Einwilligungsvorbehalt nicht automatisch eintreten lässt, sondern an eine gerichtliche Anordnung bindet (zur teilweise anderen Lage bei Vormundschaft und Pflegschaft vgl. §§ 1892, 1918).[1] Eine Ausnahme bildet nur der Tod des Betreuten. Dann endet die Betreuung automatisch. Nur Notgeschäftsführungsrechte (vgl. §§ 1908 i, 1893) können weiter bestehen. 1

Soll **nur der Betreuer entlassen** werden, nicht aber die Betreuung bzw. der Einwilligungsvorbehalt eingeschränkt werden, gilt nicht § 1908 d, sondern § 1908 b. 2

Weiterer Gegenstand der Vorschrift ist die **Erweiterung von Betreuung oder Einwilligungsvorbehalt.** Hierfür gelten die Regeln für die Erstanordnung (§§ 1896, 1903) entsprechend. 3

II. Aufhebung der Betreuung und des Einwilligungsvorbehalts

Die Betreuung bzw. der Einwilligungsvorbehalt ist aufzuheben, wenn die Voraussetzungen (endgültig, nicht nur vorübergehend)[2] wegfallen, die zu ihrer Anordnung geführt hatten (Abs. 1, 3). Das Gleiche gilt, wenn sich herausstellt, dass die Anordnungsvoraussetzungen nie vorlagen (Abs. 1, 3 analog). Ein Antrag auf Aufhebung der Betreuung kann also nur abgelehnt werden, wenn im Zeitpunkt 4

---

1 BGH 28.7.2015 – XII ZB 508/14, FamRZ 2015, 1709.
2 BayObLG 4.6.1993 – 3Z BR 104/93, FamRZ 1994, 319.

der gerichtlichen Entscheidung sämtliche Voraussetzungen für die Bestellung eines Betreuers noch vorliegen. Deshalb erfordert die Ablehnung eines solchen Antrags die Feststellung, dass dem Betroffenen die Fähigkeit fehlt, einen freien Willen iSv § 1896 Abs. 1 a zu bilden.[3]

5 **Eine Betreuung, die auf Antrag des Betroffenen hin eingerichtet wurde,** ist grundsätzlich aufzuheben, wenn der Betroffene es beantragt. Es ist aber zu unterscheiden: Leidet der Betroffene allein unter einer körperlichen Behinderung, ist sein Antrag Anordnungsvoraussetzung, so dass bei seiner Rücknahme die Aufhebung der Betreuung schon nach Abs. 1 zwingend ist. Leidet der Betroffene unter einer psychischen Erkrankung oder einer geistigen oder seelischen Behinderung, kann die Betreuung auch von Amts wegen angeordnet werden. Das Gericht muss daher prüfen, ob die Weiterführung veranlasst ist und darf die Betreuung nur aufheben, wenn das nicht der Fall ist (Abs. 2 S. 1).

6 Für den **Einwilligungsvorbehalt gilt Abs. 2 nicht,** weil er nur von Amts wegen angeordnet werden kann.

III. Einschränkung des Aufgabenbereichs des Betreuers bzw. des Einwilligungsvorbehalts

7 Für die **Einschränkung des Aufgabenbereichs des Betreuers bzw. des Einwilligungsvorbehalts** gilt das zur Aufhebung Gesagte entsprechend (Abs. 1 S. 2, Abs. 3). Sie kommt in Betracht, wenn zwar weiterhin Betreuungsbedürftigkeit besteht, aber nicht mehr in dem Umfang, der ursprünglich bei der Anordnung der Betreuung bzw. des Einwilligungsvorbehalts vorlag.

IV. Erweiterung des Aufgabenkreises des Betreuers bzw. des Einwilligungsvorbehalts

8 Die Erweiterung des Aufgabenkreises des Betreuers bzw. des Einwilligungsvorbehalts richtet sich materiell- und verfahrensrechtlich nach den für die Erstanordnung geltenden Vorschriften (§§ 1896, 1903; § 293 Abs. 1 FamFG). So wird sichergestellt, dass nicht eine ursprünglich begrenzte Betreuung nach und nach ohne Prüfung der Erforderlichkeit zu einer umfassenden wird.

§ 1908 e BGB (aufgehoben)

§ 1908 f BGB   Anerkennung als Betreuungsverein

(1) Ein rechtsfähiger Verein kann als Betreuungsverein anerkannt werden, wenn er gewährleistet, dass er

1. eine ausreichende Zahl geeigneter Mitarbeiter hat und diese beaufsichtigen, weiterbilden und gegen Schäden, die diese anderen im Rahmen ihrer Tätigkeit zufügen können, angemessen versichern wird,

2. sich planmäßig um die Gewinnung ehrenamtlicher Betreuer bemüht, diese in ihre Aufgaben einführt, sie fortbildet und sie sowie Bevollmächtigte bei der Wahrnehmung ihrer Aufgaben berät und unterstützt,

2a. planmäßig über Vorsorgevollmachten und Betreuungsverfügungen informiert,

3. einen Erfahrungsaustausch zwischen den Mitarbeitern ermöglicht.

---

3 BGH 16.9.2015 – XII ZB 500/14, FamRZ 2015, 2160.

(2) ¹Die Anerkennung gilt für das jeweilige Land; sie kann auf einzelne Landesteile beschränkt werden. ²Sie ist widerruflich und kann unter Auflagen erteilt werden.

(3) ¹Das Nähere regelt das Landesrecht. ²Es kann auch weitere Voraussetzungen für die Anerkennung vorsehen.

(4) Die anerkannten Betreuungsvereine können im Einzelfall Personen bei der Errichtung einer Vorsorgevollmacht beraten.

Literatur: *Bernhard*, Über die Notwendigkeit von Betreuungsvereinen im sozialen Netz der Kommunen, BtPrax 2002, 102; *Coen*, Die Aufsicht des Betreuungsvereins über Vereinsbetreuer nach § 1908 f Abs. 1 Nr. 1 BGB, NJW 1999, 535; *Dahle*, Der Kreisverband als Betreuungsverein?, BtPrax 1993, 12; *Eichler*, Qualitätsstandards in der gesetzlichen Betreuung, BtPrax 2001, 50; *Geistert*, Der Vereinsbetreuer zwischen Anspruch und Wirklichkeit, DAVorm 1995, 1095; *Groth-Wollmann/Weber*, Anerkennung und Förderung von Betreuungsvereinen, Behindertenrecht 1998, 85; *Jaschinski*, Der Vereinsbetreuer – freier Mitarbeiter oder Arbeitnehmer des Betreuungsvereins?, NJW 1996, 1521; *Oelhoff*, Gesetz und Wirklichkeit – Der Betreuungsverein gem. § 1908 f BGB, BtPrax 1996, 136; *Scheffer/Busch*, Betreuungsvereine: Rechtsgrundlagen, Anerkennung und Aufgaben, DStR 2015, 2451; *Schieferdecker/Ackermann/May*, Patientenverfügung – Beratungsmöglichkeiten durch Betreuungsvereine, BtPrax 2011, 65.

I. Anerkennungserfordernis

Die Norm bezweckt, einen **Mindestqualitätsstandard bei Betreuungsvereinen** 1 dadurch zu sichern, dass ein Anerkennungserfordernis aufgestellt wird. Um anerkannt zu werden, musste ein Betreuungsverein immer schon eine ausreichende Zahl geeigneter Mitarbeiter haben und diese beaufsichtigen, weiterbilden und gegen Schäden, die diese anderen im Rahmen ihrer Tätigkeit zufügen können, angemessen versichern (Abs. 1 Nr. 1), sich planmäßig um die Gewinnung ehrenamtlicher Betreuer bemühen, diese in ihre Aufgaben einführen, fortbilden und sie sowie Bevollmächtigte beraten und einen Erfahrungsaustausch zwischen den Mitarbeitern ermöglichen. Durch das 2. BetreuungsrechtsänderungsG wurden die Anerkennungsvoraussetzungen von Betreuungsvereinen insofern erweitert, als der gewachsenen Bedeutung von Bevollmächtigungen Rechnung getragen wird. Um anerkannt werden zu können, muss der Verein nun auch die Beratung von Bevollmächtigten als satzungsgemäße Aufgabe haben (Abs. 1 Nr. 2 nF).

Ausdrücklich ermöglicht Abs. 3 S. 2 die Aufstellung weiterer Voraussetzungen 2 durch das **Landesrecht.** Von dieser Möglichkeit ist inzwischen in allen Bundesländern in unterschiedlichem Umfang Gebrauch gemacht worden.[1] Erst nach der Anerkennung kann der Verein als Betreuer oder seine Mitarbeiter als Vereinsbetreuer (§ 1897 Abs. 2) bestellt werden und können dem Verein Aufwendungsersatz- und Vergütungsansprüche zustehen.

II. Beratungstätigkeit von Betreuungsvereinen

Durch das 2. BetreuungsrechtsänderungsG wurde auch die Möglichkeit der Betreuungsvereine erweitert, **Personen bei der Errichtung von Vorsorgevollmachten** 3 **zu beraten** (Abs. 4). Diese Beratung verstößt deswegen nicht gegen das Rechtsberatungsgesetz.

Um eine **Pflichtaufgabe** handelt es sich **nicht.** Der Gesetzgeber hat bewusst da- 4 von abgesehen, die Beratung im Einzelfall zu einer solchen zu machen, weil die

---

1 Überblick: Dodegge NJW 1992, 1936; 1994, 2383; 1995, 2389.

Betreuungsvereine sehr unterschiedlich mit Personal ausgestattet sind und gerade die kleineren nicht in der Lage wären, eine derartige Pflichtaufgabe zu leisten.

§ 1908 g BGB   Behördenbetreuer

(1) Gegen einen Behördenbetreuer wird kein Zwangsgeld nach § 1837 Abs. 3 Satz 1 festgesetzt.

(2) Der Behördenbetreuer kann Geld des Betreuten gemäß § 1807 auch bei der Körperschaft anlegen, bei der er tätig ist.

1   Abs. 1 erweitert das Verbot, ein Zwangsgeld gegen eine Behörde festzusetzen (vgl. § 1837 Abs. 3), für den Fall, dass nicht die Behörde selbst, sondern einer ihrer Mitarbeiter zum Betreuer bestellt ist (Behördenbetreuer, § 1897 Abs. 2 S. 2), weil auch dieser eine öffentliche Aufgabe wahrnimmt. Abs. 2 gestattet dem Behördenbetreuer die Anlage des Geldes des Betroffenen auch bei der Körperschaft, bei der er tätig ist.

§ 1908 h BGB   (aufgehoben)

§ 1908 i BGB   Entsprechend anwendbare Vorschriften

(1) [1]Im Übrigen sind auf die Betreuung § 1632 Abs. 1 bis 3, §§ 1784, 1787 Abs. 1, § 1791 a Abs. 3 Satz 1 zweiter Halbsatz und Satz 2, §§ 1792, 1795 bis 1797 Abs. 1 Satz 2, §§ 1798, 1799, 1802, 1803, 1805 bis 1821, 1822 Nr. 1 bis 4, 6 bis 13, §§ 1823 bis 1826, 1828 bis 1836, 1836 c bis 1836 e, 1837 Abs. 1 bis 3, §§ 1839 bis 1843, 1846, 1857 a, 1888, 1890 bis 1895 sinngemäß anzuwenden. [2]Durch Landesrecht kann bestimmt werden, dass Vorschriften, welche die Aufsicht des Betreuungsgerichts in vermögensrechtlicher Hinsicht sowie beim Abschluss von Lehr- und Arbeitsverträgen betreffen, gegenüber der zuständigen Behörde außer Anwendung bleiben.

(2) [1]§ 1804 ist sinngemäß anzuwenden, jedoch kann der Betreuer in Vertretung des Betreuten Gelegenheitsgeschenke auch dann machen, wenn dies dem Wunsch des Betreuten entspricht und nach seinen Lebensverhältnissen üblich ist. [2]§ 1857 a ist auf die Betreuung durch den Vater, die Mutter, den Ehegatten, den Lebenspartner oder einen Abkömmling des Betreuten sowie auf den Vereinsbetreuer und den Behördenbetreuer sinngemäß anzuwenden, soweit das Betreuungsgericht nichts anderes anordnet.

Literatur: *Bienwald*, Zur betreuungsgerichtlichen Genehmigung eines Grundstückserwerbs für den Betreuten, Rpfleger 2000, 435; *Böttcher*, Vertretungshindernisse im Grundstücksrecht, RpflStud 2003, 73; *Braun*, Die betreuungsgerichtliche Genehmigung der Grundschuldbestellung in Ausübung einer Belastungsvollmacht, DNotZ 2005, 730; *Grothe*, Befreite Betreuer und Rechenschaftslegung nach Beendigung der Betreuung, Rpfleger 2005, 173; *Harm*, Die Personensorge im Betreuungsrecht, BtPrax 2005, 98; *Klinger/Roth*, Der Tod des Betreuten – Abschlusstätigkeiten des Betreuers, NJW-Spezial 2005, 253; *Locher*, Die Haftung des Betreuers, FamRB 2005, 308; *Wesche*, Gerichtliche Genehmigung bei der Geldverwaltung, BtPrax 2004, 49.

I. Regelungsgehalt und Normzweck

Die Norm enthält weit reichende **Verweisungen auf das Vormundschaftsrecht**. 1
Es handelt sich zwar nicht um eine Pauschalverweisung wie bei der Pflegschaft
(§ 1915). Das liegt aber allein daran, dass für Betreuungen schon eine Reihe von
eigenständigen Regeln getroffen wurde.

II. Bedeutung der Verweisungen auf das Vormundschaftsrecht

1. Bestellung des Betreuers. Bei der Bestellung des Betreuers ist zu beachten, 2
dass ein Beamter oder Religionsdiener nur bestellt werden soll, wenn er die nach
Landesrecht erforderliche Erlaubnis dazu hat (§ 1784); die Verletzung der Vorschrift hat aber auf die Wirksamkeit der Bestellung keinen Einfluss. Der Betreuer ist dann allerdings zu entlassen (§ 1888). Ein Betreuungsverein darf die Betreuung nicht durch eine Person führen lassen, die den Betreuten in einem Heim
des Vereins betreut (§ 1791 a Abs. 3 S. 1 Hs. 2). Wer schuldhaft die Übernahme
der Betreuung grundlos ablehnt, ist zum Ersatz des Schadens verpflichtet, der
aus der verspäteten Bestellung eines Betreuers entsteht (§ 1787 Abs. 1).

2. Führung der Betreuung. Für die Führung der Betreuung bedeutet die Verwei- 3
sung: Soweit sich der Aufgabenkreis des Betreuers auf die Aufenthaltsbestimmung erstreckt, kann er Herausgabe des Betreuten von Dritten verlangen und
seinen Umgang bestimmen (§ 1632 Abs. 1–3). Der für Vermögensangelegenheiten zuständige Betreuer muss ein Vermögensverzeichnis errichten und dem Betreuungsgericht einreichen (§ 1802). Ist das eingereichte Verzeichnis unzureichend, kann das Betreuungsgericht das Verzeichnis durch eine Behörde oder
einen Notar aufnehmen lassen (§ 1802 Abs. 3). Vermögen hat der Betreuer unter
den gleichen Voraussetzungen anzulegen wie ein Vormund (§§ 1805–1819). Jedoch kann der Behördenbetreuer Geld des Betreuten auch bei der Körperschaft
anlegen, bei der er tätig ist (§ 1908 g Abs. 2).

Sofern der Vormund für ein Rechtsgeschäft der **Genehmigung des Betreuungsge-** 4
richts bedarf (§§ 1819–1825), gilt das auch für den Betreuer. Die Erteilung der
Genehmigung erfolgt in der gleichen Weise wie beim Vormund. Dritte haben
dieselben Rechte, die sie bei Vormundschaft hätten (§§ 1825–1831). Anders als
der Vormund kann der Betreuer in Vertretung des Betreuten Gelegenheitsgeschenke auch dann machen, wenn das dem Wunsch des Betreuten entspricht
und nach seinen Lebensverhältnissen üblich ist (Abs. 2 S. 1). Im Übrigen gilt
§ 1804 entsprechend.

Ist der Vater des Betreuten, seine Mutter, sein Ehegatte, Lebenspartner oder
einer seiner Abkömmlinge zum Betreuer bestellt oder hat der Betreute einen Vereinsbetreuer oder Behördenbetreuer, ist der Betreuer **befreiter Betreuer**, dh er genießt kraft Gesetzes alle Befreiungen, die nach § 1857 a dem Jugendamt oder
einem Verein als Vormund zustehen (Abs. 2 S. 2): die Befreiung nach § 1852
Abs. 2 (Befreiung von §§ 1809, 1810, 1812, → §§ 1852–1855 Rn. 5), die nach
§ 1853 (Befreiung von der Hinterlegungspflicht und der Eintragung des Sperrvermerks, → §§ 1852–1855 Rn. 6) und die nach § 1854 (Befreiung von der jährlichen Rechnungslegung, → §§ 1852–1855 Rn. 7). Anders als im Vormundschaftsrecht kann das Betreuungsgericht aber die Befreiung einschränken, wenn
das zum Wohl des Betreuten erforderlich ist. Die größeren Befugnisse des Gerichts erklären sich daraus, dass der in Abs. 2. S. 2 befreite Personenkreis erheblich größer ist als der in § 1857 a genannte.

5 Der **Betreuer haftet** wie ein Vormund, dh bei schuldhafter Pflichtverletzung (§ 1833). Ein Betreuungsverein haftet für das Verschulden des die Betreuung durchführenden Mitarbeiters wie für das Verschulden eines verfassungsmäßig berufenen Vertreters (§§ 31, 1791 a Abs. 3 S. 2).

6 Soweit **mehrere Betreuer bestellt** sind, führen sie die Betreuung grundsätzlich gemeinschaftlich (§ 1797). Der Betreuer kann den Betreuten insoweit nicht vertreten, wie auch ein Vormund den Mündel nicht vertreten kann (§ 1795). Ihm kann im Interesse des Betreuten die Vertretungsmacht für einzelne oder einen bestimmten Kreis von Angelegenheiten entzogen werden (§ 1796).

7 Abgesehen von den Sonderregeln für den Vereins- und den Behördenbetreuer in §§ 1908 e bzw. 1908 h richten sich auch die **Vergütung und der Aufwendungsersatz** nach den für den Vormund geltenden Regeln (§§ 1833–1836 e).

8 Der Betreuer unterliegt der **Aufsicht** des Betreuungsgerichts und muss diesem berichten und Rechnung legen (§§ 1837 ff.). Dass in der Verweisung § 1837 Abs. 4 ausgenommen ist, bezweckt keinen sachlichen Unterschied, denn bei Volljährigen haben §§ 1666 ff., 1696 keinen Anwendungsbereich. Das Gericht darf bei der Beurteilung der Handlungen des Vormunds kein Erziehungsrecht berücksichtigen. Durch Landesrecht kann bestimmt werden, dass Vorschriften, welche die Aufsicht des Betreuungsgerichts in vermögensrechtlicher Hinsicht sowie beim Abschluss von Lehr- und Arbeitsverträgen betreffen, gegenüber der zuständigen Behörde außer Anwendung bleiben (Abs. 1 S. 2).

9 **3. Ende der Betreuung.** Es gelten die für den Vormund maßgeblichen Regeln über die Anzeigepflicht beim Tod des Mündels (§ 1894), Rechnungslegung und Herausgabe des Vermögens (§§ 1890, 1892) und die Notgeschäftsführungsbefugnis (§ 1893).

§ 1908 k BGB (aufgehoben)

Titel 3 Pflegschaft

Vorbemerkung zu §§ 1909–1921 BGB

1 Wie elterliche Sorge, Vormundschaft und Betreuung ist die **Pflegschaft ein Rechtsinstitut, das der Fürsorge für Personen dient,** die ihre Angelegenheiten nicht selbst wahrnehmen können. Von elterlicher Sorge und Vormundschaft unterscheidet sie sich vor allem dadurch, dass sie grundsätzlich auf einzelne Angelegenheiten beschränkt ist. Praktische Bedeutung hat besonders die Ergänzungspflegschaft (§ 1909), die die Lücke schließt, die entsteht, wenn der gesetzliche Vertreter eines Minderjährigen von dessen Vertretung ausgeschlossen oder tatsächlich an ihrer Wahrnehmung gehindert ist.

2 Die Regelungen über die Anordnung der Pflegschaft sind **abschließend.** Wegen des mit ihrer Anordnung verbundenen Eingriffs in die Grundrechte des Betroffenen und seiner Eltern ist die analoge Anwendung ausgeschlossen. Soweit in anderen Normen Pflegschaften oder ähnliche Fürsorgemaßnahmen angeordnet sind (zB § 16 VwVfG, § 207 BauGB, §§ 290 ff., 433 StPO), können die Pflegschaftsregeln über die Führung aber entsprechend angewendet werden, wenn das mit dem Zweck der anordnenden Normen vereinbar ist.

Das **Verfahren** ähnelt demjenigen bei Vormundschaft und Betreuung. Die An- 3
ordnung der Pflegschaft erfolgt grundsätzlich von Amts wegen; es gilt der Amtsermittlungsgrundsatz (§ 27 FamFG). Es entscheidet grundsätzlich der Rechtspfleger (§ 3 Nr. 2 lit. a RPflG). Soweit die Entscheidung über die Anordnung der
Pflegschaft dem Richter vorbehalten ist (vgl. § 14 Nr. 4 RPflG), bleibt der
Rechtspfleger für die Auswahl des Pflegers zuständig.

Internationalprivatrechtlich gilt für die Pflegschaft das Recht des Staates, dem 4
derjenige angehört, für den gesorgt werden soll (Art. 24 Abs. 1 S. 1 EGBGB).
Für Ausländer mit gewöhnlichem Aufenthalt in Deutschland und solche, die
sich hier schlicht aufhalten, ohne einen gewöhnlichen Aufenthalt in einem anderen Staat zu haben, kann eine Pflegschaft nach deutschem Recht angeordnet
und geführt werden (Art. 24 Abs. 1 S. 2 EGBGB). Bei Abwesenheitspflegschaf-
ten, einschließlich der erbrechtlich relevanten Erbschaften kommt es auf das
Recht des Staates an, dessen Recht auf die Angelegenheit Anwendung findet, für
die die Pflegschaft bestellt werden soll.[1] Für eine Pflegschaft für Unbekannte gilt
die Rechtsordnung, die für die zu besorgende Angelegenheit maßgeblich ist
(Art. 24 Abs. 2 EGBGB).

Die Anordnung einer Pflegschaft stellt aber eine Maßnahme iSd **Haager Kinder-** 5
schutzabkommens[2] und iSd **Haager Erwachsenenschutzabkommens**[3] dar.
Art. 24 EGBGB ist daher auf Personen mit gewöhnlichem Aufenthalt in
Deutschland nicht anwendbar. Insoweit gilt allein das KSÜ bzw. das ESÜ und
führt zur Anwendung deutschen Rechts.

Zur **internationalen Zuständigkeit** für die Pflegschaft vgl. §§ 99, 104 FamFG. 6
Auch insoweit sind das Haager Kinderschutzabkommen,[4] das Haager Erwachsenenschutzabkommen[5] und die EheVO 2003[6] zu beachten.

§ 1909 BGB Ergänzungspflegschaft

(1) [1]Wer unter elterlicher Sorge oder unter Vormundschaft steht, erhält für Angelegenheiten, an deren Besorgung die Eltern oder der Vormund verhindert sind,
einen Pfleger. [2]Er erhält insbesondere einen Pfleger zur Verwaltung des Vermögens, das er von Todes wegen erwirbt oder das ihm unter Lebenden unentgeltlich zugewendet wird, wenn der Erblasser durch letztwillige Verfügung, der Zu-

---

1 Andrae, Internationales Familienrecht, § 6 Rn. 111.
2 Übereinkommen über die Zuständigkeit, das anzuwendende Recht, die Anerkennung,
  Vollstreckung und Zusammenarbeit auf dem Gebiet der elterlichen Verantwortung und
  der Maßnahmen zum Schutz von Kindern, BGBl. II 2009, 602; 2010, 1577. S. dazu HK-
  FamFG/Kemper FamFG § 99 Rn. 14 ff.
3 Gesetz v. 17.3.2007 zu dem Haager Übereinkommen v. 13.1.2000 über den internationalen Schutz von Erwachsenen, BGBl. II 2007, 323. S. dazu HK-FamFG/Kemper FamFG
  § 104 Rn. 2 ff.
4 Übereinkommen über die Zuständigkeit, das anzuwendende Recht, die Anerkennung,
  Vollstreckung und Zusammenarbeit auf dem Gebiet der elterlichen Verantwortung und
  der Maßnahmen zum Schutz von Kindern, BGBl. II 2009, 602; 2010, 1577. S. dazu HK-
  FamFG/Kemper FamFG § 99 Rn. 14 ff.
5 Gesetz v. 17.3.2007 zu dem Haager Übereinkommen v. 13.1.2000 über den internationalen Schutz von Erwachsenen, BGBl. II 2007, 323. S. dazu HK-FamFG/Kemper FamFG
  § 104 Rn. 2 ff.
6 Verordnung Nr. 2201/2003 des Rates v. 27.11.2003 über die Zuständigkeit und Anerkennung und Vollstreckung von Entscheidungen in Ehesachen und in Verfahren betreffend die
  elterliche Verantwortung zur Aufhebung der Verordnung (EG) Nr. 1347/2000 (ABl. 2003
  L 338, 1). S. dazu HK-FamFG/Kemper FamFG § 99 Rn. 8 ff.

wendende bei der Zuwendung bestimmt hat, dass die Eltern oder der Vormund das Vermögen nicht verwalten sollen.

(2) Wird eine Pflegschaft erforderlich, so haben die Eltern oder der Vormund dies dem Familiengericht unverzüglich anzuzeigen.

(3) Die Pflegschaft ist auch dann anzuordnen, wenn die Voraussetzungen für die Anordnung einer Vormundschaft vorliegen, ein Vormund aber noch nicht bestellt ist.

Literatur: *Etzold,* Bestellung eines rechtskundigen Mitvormunds für unbegleitete minderjährige Flüchtlinge gem. § 1775 S. 2 BGB, FamRZ 2016, 609; *Götz,* Wechselmodell und Vertretung im Unterhaltsverfahren – Kritische Überlegungungen zu § 1628 BGB, FF 2015, 146; *Menne,* Der Umgangspfleger – ein unbekanntes Wesen?, ZKJ 2006, 445; *Menzel/Führ,* Die Grundstücksschenkung an Minderjährige – Eine Problemdarstellung an Hand von Fällen, JA 2005, 859; *Müßig,* Probleme im Zusammenhang mit der Übertragung eines Grundstücks an einen Minderjährigen, JZ 2006, 150; *Rastätter,* Grundstücksschenkungen an Minderjährige, BWNotZ 2006, 1; *Schindelecker,* Insichgeschäfte im Gesellschaftsrecht – Anwendungsfälle und praktische Lösungen für die notarielle Praxis, RNotZ 2015, 533; *Seiler,* Wechselmodell – unterhaltsrechtliche Fragen, FamRZ 2015, 1845; *Thiel,* Zwischen Hilfeleistung und Zwang: Begleiteter Umgang und Umgangspflegschaft, JAmt 2003, 449; *Weber,* Aktuelle Fragen beim Grundstücksverkauf durch Eltern und Betreuer, DNotZ 2015, 498.

I. Regelungsgehalt und Systematik

1 Die Norm soll die **Lücke schließen,** die entsteht, wenn der gesetzliche **Vertreter** einer natürlichen Person von der Vertretung ausgeschlossen oder aus tatsächlichen Gründen an der Vertretung **verhindert** ist. Abs. 3 regelt außerdem den Fall der sog Überbrückungspflegschaft: Die Pflegschaft ist auch dann anzuordnen, wenn die Voraussetzungen für die Anordnung einer Vormundschaft vorliegen, ein Vormund aber noch nicht bestellt ist. Die Regelung dient dazu zu vermeiden, dass der Mündel auch nur zeitweise ohne gesetzlichen Vertreter ist.

2 **Keine Anwendung** findet § 1909 bei unter **Betreuung** stehenden Personen. Bei ihnen kommt keine Pflegerbestellung in Betracht, weil die Betreuung in Abs. 1 nicht genannt ist. In Betreuungsfällen muss ein anderer oder ein zweiter Betreuer bestellt werden.

II. Die Anordnung einer Pflegschaft

3 **1. Voraussetzungen der Anordnung.** Voraussetzung der Pflegerbestellung ist zunächst die **Verhinderung des Trägers der elterlichen Sorge oder des Vormunds.** Bei der Verhinderung kann es sich um eine **rechtliche** handeln, die sich daraus ergibt, dass der gesetzliche Vertreter eines Minderjährigen kraft Gesetzes oder nach (teilweiser) Entziehung des Sorgerechts von der Vertretung ausgeschlossen ist (§§ 181,[1] 1629 Abs. 2,[2] 1629 Abs. 2 a, 1638,[3] 1680 Abs. 1 S. 3, 1666,[4] 1667, 1673, 1674, 1795 f., 1801). In Abs. 1 S. 2 ist ausdrücklich der Fall des § 1638

---

1 Hauptfall: Vaterschaftsanfechtung, vgl. BGH 21.3.2012 – XII ZB 510/10, FamRZ 2012, 859; OLG Dresden 29.1.2016 – 22 WF 1381/15, NJW 2016, 1028; OLG Celle 8.5.2015 – 15 UF 34/15, FamRB 2015, 298.
2 Zur Pflegerbestellung bei Abänderung eines Unterhaltstitels bei das Wechselmodell praktizierenden Eltern s. OLG Köln 21.3.2014 – II-4 UF 1/14, FamRZ 2015, 859.
3 BayObLG 19.4.1989 – BReg 1 a Z 2/89, FamRZ 1989, 1342 (1344).
4 Durchsetzung von Umgangsregelungen, vgl. OLG Frankfurt/M. 13.7.2015 – 3 UF 251/14, FamRZ 2016, 246; Ausübung des Zeugnisverweigerungsrechts, vgl. OLG Brandenburg 22.10.2015 – 9 WF 209/15, NZFam 2016, 191; OLG Koblenz 22.4.2014 – 13 WF 293/14, FamRZ 2014, 1719.

angesprochen. In Betracht kommt auch, dass die Genehmigung eines Rechtsgeschäfts bekannt gegeben werden muss. Da das Kind in diesem Fall auch Beteiligter ist, sind die Eltern in einem solchen Fall nach § 41 Abs. 3 FamFG gehindert, die Genehmigung entgegenzunehmen.[5] Nicht ausreichend ist es dagegen, wenn ein Vormund nur mit den bei der Führung der Vormundschaft aufgeworfenen rechtlichen Fragen überfordert ist,[6] wie das beim Jugendamt als Vormund für unbegleitete minderjährige Flüchtlinge in Bezug auf die ausländerrechtlichen Probleme der Fall sein kann.[7] Da eine abstrakte Feststellung der Verhinderung eines Elternteils an der Besorgung von sorgerechtlichen Angelegenheiten rechtlich nicht vorgesehen ist, muss sich aus der Beschlussformel ergeben, auf welchen der Fälle das Gericht mit der Bestellung des Ergänzungspflegers reagiert hat.[8]

Tritt der Ausschluss automatisch ein, **reicht es, dass eine erhebliche Wahrscheinlichkeit** für das Eingreifen der ihn anordnenden Vorschrift spricht, wenn der Ausgeschlossene der Bestellung eines Pflegers zustimmt. Verlangte man erst den Nachweis, dass der Ausschluss bereits verwirklicht ist, könnte es zu einem dem Wohl des Minderjährigen abträglichen Schwebezustand kommen. Erfolgt der Ausschluss erst durch gerichtliche Entscheidung, kann ein Pfleger frühestens zugleich mit dieser Entscheidung bestellt werden.   4

Die Verhinderung kann **auch eine tatsächliche** (zB wegen Krankheit, längerer Abwesenheit wegen Haft) sein.   5

Ungeschriebenes Tatbestandsmerkmal des § 1909 ist das Vorliegen eines **Fürsorgebedürfnisses.** Das bedeutet, dass in einer Angelegenheit des Minderjährigen eine Entscheidung getroffen werden muss, die der gesetzliche Vertreter nicht treffen kann.[9] Die vorsorgliche Pflegerbestellung ohne konkreten Entscheidungsbedarf ist unzulässig. An einem Fürsorgebedürfnis fehlt es auch, wenn durch die Verhinderung des einen Elternteils keine Vertretungslücke entsteht, weil die Sorge automatisch auf den anderen Elternteil übergeht oder ihm zu übertragen ist (§§ 1666, 1680), wenn das Gericht die Handlung vornehmen kann (§§ 1667, 1693, 1844 Abs. 2, 1846) oder soweit der Minderjährige selbst handlungsfähig ist (rechtlich vorteilhafte Geschäfte,[10] Fälle der §§ 112, 113).   6

Auch ohne dass die genannten Voraussetzungen vorliegen, darf ausnahmsweise ein Pfleger bestellt werden, wenn **die Voraussetzungen für die Anordnung einer Vormundschaft vorliegen, ein Vormund aber noch nicht bestellt ist** (Abs. 3). Durch diese Regelung soll verhindert werden, dass der Minderjährige während des Bestellungsverfahrens ohne gesetzliche Vertretung ist.   7

2. Die Auswahl des Pflegers. Für die Auswahl des Pflegers gelten die Regeln für die Vormundschaft nicht entsprechend (§ 1916); im Fall der Pflegschaft wegen   8

---

5 OLG Celle 4.5.2011 – 10 UF 78/11, FamFR 2011, 287.
6 BGH 29.5.2013 – XII ZB 530/11, NJW 2013, 3095.
7 OLG Nürnberg 7.12.2015 – 9 UF 1276/15, NJW 2016, 720; OLG Bamberg 13.8.2015 – 2 UF 140/15, FamRZ 2016, 152; aA AG Heidelberg 21.7.2015 – 31 F 67/15, FamRZ 2015, 578; OLG Frankfurt/M. 11.9.2014 – 6 UF 239/14, FamRZ 2014, 2015.
8 OLG Brandenburg 9.1.2015 – 10 UF 113/14, FamRZ 2015, 1044.
9 BayObLG 19.4.1989 – BReg 1 a Z 2/89, FamRZ 1989, 1342 (1344); OLG Karlsruhe 2.12.2010 – 2 UF 172/10, FamRZ 2011, 740.
10 Dazu gehört nicht ein Übertragungsvertrag, wenn die Eltern der minderjährigen Übernehmerin ein lebenslanges Nießbrauchsrecht an dem übertragenen Grundbesitz erhalten sollen und eine Pflicht der Eltern zur Übernahme von Kosten jeglicher Art nicht vereinbart ist; vgl. OLG Celle 7.11.2013 – 4 W 186/13, FamRB 2014, 94.

Bestimmung durch denjenigen, der ein Vermögen zuwendet (Abs. 1 S. 2), gilt § 1917. Im Übrigen richtet sich die Auswahl des Pflegers nach dem Wohl des Kindes und nach Praktikabilitätserwägungen. § 1779 gilt insofern entsprechend.[11] Lebt das Kind bei Pflegeeltern, kommt deswegen ihre Bestellung zu Ergänzungspflegern in Betracht, wenn sich eine vertrauensvolle Bindung zwischen Pflegeeltern und Pflegekind entwickelt hat.[12] Großeltern und sonstigen nahen Verwandten kommt bei der Auswahl des Vormunds oder Ergänzungspflegers grundsätzlich der Vorrang gegenüber nicht verwandten Personen zu, sofern nicht im Einzelfall konkrete Erkenntnisse darüber bestehen, dass dem Wohl des Kindes, das für die Auswahl bestimmend ist, durch die Auswahl einer dritten Person besser gedient ist.[13]

9 **3. Aufgaben des Pflegers.** Der Pfleger ist im ihm übertragenen Aufgabenkreis gesetzlicher Vertreter des Kindes. Für ihn gelten grundsätzlich die Vorschriften über die Vormundschaft (§ 1915).

10 **4. Das Ende der Pflegschaft.** Die Pflegschaft endet mit der Erledigung einer einzelnen übertragenen Angelegenheit automatisch (§ 1918 Abs. 3), sonst durch Aufhebung (§ 1919).

III. Verfahren

11 Damit sichergestellt ist, dass immer ein Pfleger bestellt wird, wenn das nach Abs. 1 oder 3 erforderlich ist, ordnet Abs. 2 an, dass die **Eltern bzw. der Vormund** dem Familiengericht unverzüglich (§ 121) **anzeigen müssen,** wenn eine Pflegerbestellung notwendig wird. Das Gleiche ordnen § 1799 Abs. 1 für den Gegenvormund, § 1915 Abs. 1 für den Pfleger (in Bezug auf eine Ergänzungspflegschaft), §§ 1716, 1915 für den Beistand und § 1850 für das Jugendamt an.

12 Die Einrichtung der Ergänzungspflegschaft ist als Kindschaftssache Familiensache (§§ 151 Nr. 5, 111 Nr. 2 FamFG). Für Anordnung und Führung der Pflegschaft ist das **Gericht zuständig, in dessen Bezirk das Kind** seinen gewöhnlichen **Aufenthalt** hat (§ 152 Abs. 2 FamFG).

13 Gegen die Anordnung **beschwerdeberechtigt** sind die Eltern bzw. der Vormund, weil in ihr Sorgerecht eingegriffen wird (§ 59 Abs. 1 FamFG), und das Kind, wenn es mindestens 14 Jahre alt und nicht geschäftsunfähig ist (§ 60 FamFG). Gegen die Ablehnung oder die Aufhebung kann jeder, der an der Pflegschaft ein rechtliches Interesse hat, Beschwerde einlegen (§ 59 Abs. 1 FamFG). Im Übrigen → Vor §§ 1909–1921 Rn. 3.

§ 1910 BGB (weggefallen)

§ 1911 BGB Abwesenheitspflegschaft

(1) ¹Ein abwesender Volljähriger, dessen Aufenthalt unbekannt ist, erhält für seine Vermögensangelegenheiten, soweit sie der Fürsorge bedürfen, einen Abwesenheitspfleger. ²Ein solcher Pfleger ist ihm insbesondere auch dann zu bestellen, wenn er durch Erteilung eines Auftrags oder einer Vollmacht Fürsorge getroffen

---

11 OLG Brandenburg 7.10.2014 – 10 UF 54/14, FamRZ 2015, 1042.
12 OLG Düsseldorf FamRZ 2011, 742.
13 OLG Brandenburg 7.10.2014 – 10 UF 54/14, FamRZ 2015, 1042.

hat, aber Umstände eingetreten sind, die zum Widerruf des Auftrags oder der Vollmacht Anlass geben.

(2) Das Gleiche gilt von einem Abwesenden, dessen Aufenthalt bekannt, der aber an der Rückkehr und der Besorgung seiner Vermögensangelegenheiten verhindert ist.

Literatur: *Böhringer,* Gesetzliche Vertreter für unbekannte Inhaber dinglicher Rechte, FiWi 1994, 38; *ders.,* Vertretung für unbekannte Eigentümer nach Art. 233 § 2 EGBGB, NJ 2015, 492; *Papmehl,* Der unerreichbare GmbH-Gesellschafter, MittBayNot 2003, 28; *Werner,* Der unbekannte oder unerreichbare GmbH-Gesellschafter, GmbHR 2014, 357; *Zumschlinge,* Die Veräußerung von Vermögenswerten durch einen Abwesenheitspfleger als Schädigung im Sinne von § 1 Abs 3 VermG, ZÖV 1995, 104.

I. Regelungsgehalt und Systematik

Die Norm lässt die Pflegschaft zu, wenn jemand **wegen Abwesenheit seine Vermögensangelegenheiten nicht besorgen kann** und dafür keine ausreichende Vorsorge getroffen hat.   1

Leges speciales zu § 1911 enthalten § 364 FamFG (Nachlassteilung), § 365 FamFG (Auseinandersetzung des Gesamtguts). Für Verwaltungsverfahren s. § 16 VwVfG, § 207 BauGB.   2

II. Die Voraussetzungen der Bestellung eines Abwesenheitspflegers

Voraussetzung für die Anordnung einer Abwesenheitspflegschaft ist zunächst die **Abwesenheit** des Betroffenen. Diese kann sowohl bei unbekanntem (Abs. 1 S. 1) als auch bei bekanntem (Abs. 2) Aufenthaltsort gegeben sein. Abwesenheit liegt vor, wenn der Betroffene an seinem Wohnort nicht zu erreichen ist.[1] Die erforderliche Dauer richtet sich nach der Bedeutung der zu besorgenden Angelegenheit.   3

Unbekannt ist der **Aufenthalt,** wenn er vom Gericht nicht ohne Weiteres zu ermitteln ist. Verschollenheit iSd § 1 VerschG braucht nicht vorzuliegen. Die Anordnung der Pflegschaft ist aber ausgeschlossen, wenn der Abwesende für tot erklärt wurde (dann nur noch Nachlasspflegschaft, § 1961) oder die Lebensvermutung (§§ 10, 9 Abs. 3, 4 VerschG) nicht mehr eingreift.   4

Bei bekanntem Aufenthalt kann die Pflegschaft angeordnet werden, wenn der Betroffene nicht dahin gelangen kann, wo die Angelegenheit besorgt werden muss.   5

Die Pflegschaft darf nur zur Wahrung der **Vermögensinteressen** angeordnet werden. Eine Pflegerbestellung zur Wahrnehmung anderer Rechte (zB zur Wahrung von Rechten in einem Vaterschaftsanerkennungs- oder Adoptionsverfahren) ist ausgeschlossen. Eine gleichwohl erfolgte Bestellung ist nichtig. In Betracht kommt aber die Bestellung für den Antrag auf Todeserklärung.[2]   6

Die Pflegschaft darf nur angeordnet werden, wenn ein **Fürsorgebedürfnis** besteht. Daran fehlt es, wenn der Abwesende einen gesetzlichen Vertreter (Eltern, Vormund, Betreuer) hat, wenn er sich um die Angelegenheit nicht kümmern will oder wenn er selbst durch Bestellung eines Vertreters Vorsorge getroffen hat. Eine Ausnahme gilt nur, wenn Umstände eingetreten sind, die zum Widerruf der   7

---

1 OLG Brandenburg 13.6.1995 – 9 Wx 4/95, FamRZ 1995, 1445.
2 BGH 9.11.1955 – IV ZB 97/55, BGHZ 18, 393.

Vollmacht Anlass geben (Abs. 1 S. 2). An einem Fürsorgebedürfnis fehlt es regelmäßig auch dann, wenn der Betroffene gar kein Interesse an der Bestellung des Pflegers hat, sondern wenn die Bestellung des Pflegers allein Drittinteressen dienen soll.[3]

III. Der Aufgabenkreis des Pflegers

8 Der für den Pfleger anzuordnende Geschäftskreis wird durch das **Fürsorgebedürfnis für das Vermögen** des Betroffenen und die voraussichtliche Dauer der Abwesenheit bestimmt. Eine umfassende Pflegschaft deckt sowohl die Vermögenserhaltung als auch dessen Verwaltung. In diesem Rahmen ist der Pfleger gesetzlicher Vertreter des Abwesenden.

9 **Nicht Vermögensangelegenheiten betreffende Handlungen** kommen dagegen nicht in Betracht. Die einzige Ausnahme ist insoweit das Recht des Pflegers, die Todeserklärung des Abwesenden zu beantragen (§ 16 Abs. 2 lit. b, 3 VerschG).[4] Zur Beendigung der Pflegschaft s. die Erläuterungen zu § 1921.

IV. Verfahren

10 **Zuständig** für die Anordnung und Führung der Pflegschaft ist das Gericht am gewöhnlichen Aufenthaltsort des Betroffenen (§§ 341, 272 Abs. 1 Nr. 2 FamFG), für Deutsche ohne Wohnsitz und Aufenthalt im Inland das AG Schöneberg in Berlin (§§ 341, 272 Abs. 1 Nr. 4 FamFG) und für Ausländer ohne inländischen Wohnsitz das Gericht, in dessen Bezirk das Fürsorgebedürfnis auftritt (§ 341, 272 Abs. 1 Nr. 3 FamFG). Die Bestellung eines Abwesenheitspflegers für einen Ausländer unterliegt dem Richtervorbehalt; die Bestellung durch einen Rechtspfleger ist nichtig.[5] Zur Auseinandersetzungspflegschaft s. §§ 364 f. FamFG.

11 Gegen die Anordnung der Pflegschaft ist nur der Abwesende **beschwerdeberechtigt**; denn nur er kann durch sie in seinen Rechten beeinträchtigt werden (§ 59 Abs. 1 FamFG). Gegen die Ablehnung der Anordnung oder ihre Aufhebung kann sich jeder beschweren, der ein rechtliches Interesse an der Pflegschaft hat (vgl. § 59 Abs. 1 FamFG).

§ 1912 BGB Pflegschaft für eine Leibesfrucht

(1) Eine Leibesfrucht erhält zur Wahrung ihrer künftigen Rechte, soweit diese einer Fürsorge bedürfen, einen Pfleger.

(2) Die Fürsorge steht jedoch den Eltern insoweit zu, als ihnen die elterliche Sorge zustünde, wenn das Kind bereits geboren wäre.

Literatur: *Bienwald,* Zur Beteiligung des Mannes bei der Entscheidung über den straffreien Schwangerschaftsabbruch seiner Ehefrau, FamRZ 1985, 1096; *Dietlein/Hannemann,* Advocatus nascituri?, ZfL 2015, 44–49; *Kraus,* Zustimmung zu einer pränatalen Vaterschaftsanerkennung bei Minderjährigkeit der Mutter, StAZ 2015, 381; *Roth-Stielow,* Nochmals – Der Schwangerschaftsabbruch und die Rolle des künftigen Vaters, NJW 1985, 2746; *Wiebe,* Fallstudie zu zivilrechtlichen Möglichkeiten der Verhinderung eines Schwangerschaftsabbruchs, ZfL 2000, 12.

---

3 LG Potsdam 23.10.2008 – 5 T 473/08, FamRZ 2009, 2119.
4 BGH 9.11.1955 – IV ZB 97/55, BGHZ 18, 393.
5 LG Lüneburg 4.3.2015 – 8 T 9/15, FamRZ 2015, 1990.

I. Regelungsgehalt und Systematik

§ 1912 dient dem **Schutz zukünftiger Rechte** eines noch nicht geborenen Men- 1
schen. Da dieser seine künftigen Rechte noch nicht selbst geltend machen kann,
soll ihm für diese Zeit ein Vertreter gegeben werden, wenn er dessen bedarf.

II. Voraussetzungen der Pflegschaft für eine Leibesfrucht

Voraussetzung für die Anordnung der Pflegschaft ist zunächst das Vorliegen 2
einer **Schwangerschaft,** also grundsätzlich die Nidation des Embryos. Vorher
kann ein Pfleger nur nach § 1913 bestellt werden. In Fällen einer In-vitro-
Fertilisation gilt nichts anderes, da auch für die Erbfähigkeit auf das Bestehen
der Schwangerschaft abgehoben wird (vgl. § 1923).

Es muss ein **Fürsorgebedürfnis** zugunsten des Ungeborenen bestehen. Das ist 3
nur anzunehmen, wenn schon vor der Geburt feststeht, dass dem Kind selbst bestimmte Rechte zustehen werden (zB kraft Gesetzes bestehende Unterhalts- oder
Schadensersatzansprüche wegen entgehenden Unterhalts, Rechte aus Erbschaft).
Das alleinige Interesse Dritter an einer Pflegerbestellung reicht nicht.[1]

Das Fürsorgebedürfnis **fehlt,** soweit die Leibesfrucht unter der Sorge ihrer Eltern 4
stehen würde, wenn sie bereits geboren wäre; denn die Eltern sind (bei Tod des
Vaters während der Schwangerschaft die Mutter) bereits vor der Geburt in gleicher Weise fürsorgeberechtigt, wie sie es später sein werden (Abs. 2). Schon an
dieser Voraussetzung scheitern idR die Versuche, eine Abtreibung des Kindes
durch einen Pfleger zu verhindern. Die Entscheidung über die Abtreibung ist zudem ein höchstpersönliches Recht der Mutter, in das sich niemand einmischen
darf. Solange die Abtreibung nicht strafbar ist, kommt die Bestellung eines Pflegers nach § 1912 zur Verhinderung dieser Maßnahme nicht in Betracht.[2]

Am Fürsorgebedürfnis fehlt es auch, wenn **anderweitig gesichert ist, dass die In-** 5
teressen des Ungeborenen gewahrt werden, zB bei Vorhandensein eines Testa-
mentsvollstreckers (§ 2222) oder Nachlasspflegers (§ 1960).

III. Inhalt der Pflegschaft

In seinem Aufgabenkreis ist der **Pfleger gesetzlicher Vertreter** der Leibesfrucht 6
und kann für sie unter den Voraussetzungen handeln, unter denen das ihr gesetzlicher Vertreter nach der Geburt könnte. Soweit dieser Genehmigungen einholen müsste, muss das auch der Pfleger; soweit dessen Vertretung ausgeschlossen wäre, ist auch der Pfleger ausgeschlossen.

IV. Ende der Pflegschaft

Die Pflegschaft endet kraft Gesetzes mit der Erledigung, wenn es sich nur um 7
eine einzelne Angelegenheit handelte (§ 1918 Abs. 3) und der Geburt des Kindes
(§ 1918 Abs. 2), sonst durch Aufhebung, wenn die Voraussetzungen nicht mehr
vorliegen (zB Absterben des Embryos) oder nie bestanden haben (zB Schein-
schwangerschaft).

---

1 OLG Düsseldorf 31.7.2015 – II-1 UF 83/14, FamRZ 2015, 1979 für den Fall, dass der Erzeuger des Kindes vor der Geburt die Vaterschaftsfeststellung beantragen will, um eine Art
Verfügungsbefugnis über den Embryo zu erlangen.
2 Bienwald FamRZ 1985, 1096; MK/Schwab § 1912 Rn. 12; aA OLG Köln FamRZ 1985,
519.

V. Verfahren

8 **Zuständig** für Anordnung und Führung der Pflegschaft ist das Amtsgericht, das für eine Betreuung zuständig wäre, also grundsätzlich das Gericht, in dessen Bezirk der Betroffene seinen gewöhnlichen Aufenthalt hat (§§ 151, 152 Abs. 1 S. 1 FamFG), wenn ein solcher fehlt, das Gericht, in dessen Bezirk das Fürsorgebedürfnis besteht (§§ 151, 152 Abs. 3 FamFG).

9 Gegen die Anordnung der Pflegschaft **beschwerdebefugt** ist nur der fürsorgeberechtigte Elternteil (Abs. 2, § 59 Abs. 1 FamFG), gegen die Ablehnung jeder, in dessen Rechte durch die Ablehnung der Anordnung der Pflegschaft eingegriffen wird (§ 59 Abs. 1 FamFG).

§ 1913 BGB   Pflegschaft für unbekannte Beteiligte

[1]Ist unbekannt oder ungewiss, wer bei einer Angelegenheit der Beteiligte ist, so kann dem Beteiligten für diese Angelegenheit, soweit eine Fürsorge erforderlich ist, ein Pfleger bestellt werden. [2]Insbesondere kann einem Nacherben, der noch nicht gezeugt ist oder dessen Persönlichkeit erst durch ein künftiges Ereignis bestimmt wird, für die Zeit bis zum Eintritt der Nacherbfolge ein Pfleger bestellt werden.

Literatur: *Böhringer,* Löschung eines Rechts wegen anfänglicher Nichtexistenz des Berechtigten, NotBZ 2007, 189; *Ludwig,* Der „unbekannte" Nacherbe, DNotZ 1996, 995; *von Oertzen/Blüm,* Aktuelle Gestaltungsfragen der Vermögensnachfolgeplanung von Traditionsvermögen, ZEV 2016, 71; *Wied,* Umgang mit unbekannten Minderheitsaktionären nach einem Formwechsel in eine GmbH, GmbHR 2016, 15.

I. Regelungsgehalt und Systematik

1 Die Norm dient dazu, das Fürsorgebedürfnis zu befriedigen, das entstehen kann, wenn **ungewiss ist, wer an einer bestimmten Angelegenheit beteiligt ist.** Wie in den Fällen der §§ 1909–1911 handelt es sich um eine Personalpflegschaft, nicht um die Pflegschaft für eine Vermögensmasse wie im Fall des § 1914. Sie kommt sowohl in Bezug auf natürliche als auch bezüglich juristischer oder im Entstehen begriffener juristischer Personen in Betracht.

II. Voraussetzungen der Pflegschaft für unbekannte Beteiligte

2 Voraussetzung für die Anordnung der Pflegschaft ist zunächst, dass der in einer Angelegenheit **Beteiligte unbekannt oder ungewiss ist** (S. 1). Das ist regelmäßig in Bezug auf künftige Nacherben der Fall, weil der Eintritt der Nacherbschaft an den Eintritt eines zukünftigen ungewissen Ereignisses geknüpft ist (vgl. §§ 2101, 2104, 2105 Abs. 1, 2106 Abs. 2, 2139). Deswegen ist dieser Fall als Regelbeispiel für die Pflegerbestellung in S. 2 ausdrücklich genannt. In Betracht kommen auch Unklarheiten im Gesellschafterbestand einer Gesellschaft aus Rechtsgründen. Ein nur abstrakt bestimmter Nacherbe ist aber im Zweifel ebenso bekannt wie ein namentlich bezeichneter Erbe, wenn feststeht, wer die abstrakte Bestimmung erfüllt und sich daran bis zum Nacherbfall außer durch den Tod der bestimmten Person nichts mehr ändern kann. In diesen Fällen kommt die Bestellung eines Pflegers für unbekannte Beteiligte nicht in Betracht.[1]

---

1   BGH 19.12.2013 – V ZB 209/12, FamRZ 2014, 832.

Aus der Unkenntnis des bzw. der Ungewissheit über den Beteiligten muss ein 3
Fürsorgebedürfnis folgen. Es liegt vor, wenn für den Beteiligten ein Geschäft
vorgenommen werden kann, um ihm eine vorteilhaftere Rechtsposition zu verschaffen, oder wenn gehandelt werden muss, um Nachteile von ihm abzuwenden. Es fehlt, wenn die Angelegenheit allein im Interesse eines Dritten zu besorgen ist (zB Kündigung gegenüber dem unbekannten bzw. ungewissen Beteiligten) oder wenn anderweit Vorsorge getroffen ist.

III. Inhalt der Pflegschaft

Der Pfleger ist im Rahmen seines Aufgabenkreises **gesetzlicher Vertreter** des 4
Pfleglings.

Durch die Pflegschaft darf aber **nicht in die Rechte Dritter** weiter **eingegriffen** 5
werden, als der unbekannte bzw. ungewisse Beteiligte das selbst könnte. Im Fall
der Pflegschaft für einen künftigen Nacherben kann der Pfleger daher nur die
Rechte geltend machen, die dem Nacherben kraft Gesetzes eingeräumt sind
(§§ 2114, 2116–2118, 2120–2123, 2127 ff., 2142).

Die **Pflegschaft endet** automatisch, wenn sie nur für eine einzelne Angelegenheit 6
angeordnet und diese erledigt ist (§ 1918 Abs. 3), sonst durch Aufhebung
(§ 1919, zB Eintritt des Nacherbfalls).

IV. Verfahren

Zuständig ist das Gericht an dem Ort, an dem das Fürsorgebedürfnis auftritt 7
(§§ 341, 272 Abs. 1 Nr. 3 FamFG).

Gegen die Anordnung der Pflegschaft **beschwerdeberechtigt** ist, wer durch die 8
Pflegerbestellung in seinen Rechten beeinträchtigt wird (§ 59 Abs. 1 FamFG),
vor allem der Beteiligte selbst und der Testamentsvollstrecker.[2]

§ 1914 BGB Pflegschaft für gesammeltes Vermögen

**Ist durch öffentliche Sammlung Vermögen für einen vorübergehenden Zweck
zusammengebracht worden, so kann zum Zwecke der Verwaltung und Verwendung des Vermögens ein Pfleger bestellt werden, wenn die zu der Verwaltung
und Verwendung berufenen Personen weggefallen sind.**

I. Regelungsgehalt und Systematik

Die Norm regelt einen atypischen Fall der Pflegschaft, weil die Pflege weder 1
einer schon existierenden noch einer künftigen Person gilt, sondern einer Vermögensmasse ohne eigene Rechtspersönlichkeit zukommt. Grds. steht eine solche Vermögensmasse zunächst im Miteigentum der Spender. Die Verfügungsge-
walt über das Gesammelte liegt jedoch bei den Veranstaltern der Sammlung.
Fallen diese weg, entsteht daher ein Fürsorgebedürfnis.

II. Voraussetzungen der Pflegschaft für ein Sammelvermögen

Voraussetzung der Pflegerbestellung ist zunächst, dass es sich um ein **Vermögen** 2
handelt, das **durch öffentliche Sammlung** für einen **vorübergehenden Zweck** zu-

---

2 KG OLGZ 1973, 106.

sammengebracht wurde. Es muss nicht aus Geld bestehen. In Betracht kommen auch Nahrungs-, Kleider- oder Bücherspenden.

3 **Öffentlich** ist eine Sammlung, wenn sie nicht auf einen bestimmten Personenkreis beschränkt ist. Dass dann tatsächlich nur Spenden aus einem einzelnen Personenkreis erfolgen, ist unerheblich.

4 Die Sammlung muss einen **vorübergehenden Zweck** haben. Eine Pflegerbestellung scheidet daher aus, wenn das Vermögen gesammelt werden soll, um auf Dauer einen bestimmten Zweck zu verfolgen (zB Stipendienvergabe). Dazu muss eine Stiftung errichtet werden. Die Sammlung des dafür nötigen Kapitals fällt dann wieder unter § 1914.

5 Die **zur Verwaltung und Verwendung berufenen Personen** müssen **weggefallen** sein. Der Grund ist unerheblich. In Betracht kommen zB Tod, Geschäftsunfähigkeit oder Ausscheiden aus dem Sammlungskreis. Dagegen reicht es nicht, dass die Sammelnden sich als unfähig zur ordentlichen Verwaltung erwiesen haben; die Norm dient nicht der Sammlungsaufsicht.

III. Inhalt der Pflegschaft

6 Der **Pfleger ist amtlicher Verwalter und Verwender** des gesammelten Vermögens. Er kann auch die versprochenen, aber noch nicht bezahlten Beträge einziehen. Er kann als Partei kraft Amtes klagen und verklagt werden.

7 Dagegen ist er **nicht** befugt, das Vermögen durch **Weitersammeln** zu erweitern. Ebenso wenig ist er Vertreter der Spender und unterliegt daher nicht deren Weisungen.

8 Zum **Ende** der Pflegschaft s. §§ 1918 Abs. 3, 1919.

IV. Verfahren

9 **Zuständig** ist das Gericht an dem Ort, an dem die Verwaltung des Sammelvermögens geführt wurde (§§ 341, 272 Abs. 1 Nr. 1 FamFG).

§ 1915 BGB Anwendung des Vormundschaftsrechts

(1) ¹Auf die Pflegschaft finden die für die Vormundschaft geltenden Vorschriften entsprechende Anwendung, soweit sich nicht aus dem Gesetz ein anderes ergibt. ²Abweichend von § 3 Abs. 1 bis 3 des Vormünder- und Betreuervergütungsgesetzes bestimmt sich die Höhe einer nach § 1836 Abs. 1 zu bewilligenden Vergütung nach den für die Führung der Pflegschaftsgeschäfte nutzbaren Fachkenntnissen des Pflegers sowie nach dem Umfang und der Schwierigkeit der Pflegschaftsgeschäfte, sofern der Pflegling nicht mittellos ist. ³An die Stelle des Familiengerichts tritt das Betreuungsgericht; dies gilt nicht bei der Pflegschaft für Minderjährige oder für eine Leibesfrucht.

(2) Die Bestellung eines Gegenvormunds ist nicht erforderlich.

(3) § 1793 Abs. 2 findet auf die Pflegschaft für Volljährige keine Anwendung.

Literatur: *Gleumes/Lauk,* Aktuelle Entwicklungen bei der Vergütung des berufsmäßigen Nachlasspflegers, BWNotZ 2015, 12; *Schneider,* Die Vergütung des Betreuers in Sonderfällen, des Pflegers und des Verfahrenspflegers sowie der Regressanspruch der Staatskasse, RpflStud 2007, 165; *Zimmermann,* Die Auswahl von Testamentsvollstreckern, Nachlasspflegern und Nachlassverwaltern durch das Nachlassgericht, ZEV 2007, 313; *ders.,* Probleme der Nachlassverwaltervergütung, ZEV 2007, 519.

I. Regelungsgehalt und Systematik

Die Norm unterwirft die Pflegschaft in Abs. 1 grds. **den für die Vormundschaft** 1 **geltenden Regeln**, gleichgültig, ob diese aus den §§ 1793 ff. folgen oder aus Normen, die systematisch an anderer Stelle eingeordnet sind (zB § 207). Soweit Spezialregelungen bestehen, gehen diese allerdings vor.

Wegen des gegenüber einem Vormund geringeren Aufgabenkreises ist die **Bestel-** 2 **lung eines Gegenvormunds nicht erforderlich** (Abs. 2). Sie bleibt aber zulässig (Ausnahme: § 1917).

Die **Bedeutung** von § 1915 ist erheblich geringer geworden, seitdem eine Pfleger- 3 bestellung für Volljährige nur noch bei Abwesenheit in Betracht kommt (§ 1911), während im Übrigen die Regeln über die Betreuung (§§ 1896 ff.) als leges speciales vorgehen. Dort findet sich eine Parallelvorschrift in § 1908 i.

II. Die Bedeutung der Verweisung auf das Vormundschaftsrecht

Zuständig für die mit der Pflegschaft verbundenen gerichtlichen Verrichtungen 4 ist das Familiengericht, wenn es sich um eine Pflegschaft für Minderjährige oder eine Leibesfrucht handelt. Bei Pflegschaften für andere Personen ist das Betreuungsgericht zuständig (Abs. 1 S. 3). Die Pflegschaft **tritt erst mit der Bestellung des Pflegers ein.** In dieser müssen die Aufgaben des Pflegers möglichst genau beschrieben werden, damit keine Unklarheiten auftreten können. Stellt sich später heraus, dass der angeordnete Aufgabenkreis nicht genügt, muss eine weiter gehende Bestellung erfolgen. Für die Auswahl des Pflegers gelten die Vorschriften über die Auswahl des Vormunds grundsätzlich nicht (→ § 1916 Rn. 1). Seine Verpflichtung erfolgt nach § 1789.[1]

Bei der Durchführung der Pflegschaft unterliegt der Pfleger denselben Bindun- 5 gen wie ein Vormund. Es gelten §§ 1793 ff. Ausgeschlossen ist aber die Anwendung von § 1793 Abs. 2 (mit der Weiterverweisung auf § 1629 a), wenn es sich um eine Pflegschaft für Volljährige handelt; denn diese Haftungsbegrenzung ist ihrem Zweck nach auf Minderjährige beschränkt.

Soweit für den Vormund eine Genehmigung seines Handelns durch einen **Ge-** 6 **genvormund** angeordnet (und nicht ausnahmsweise ein „Gegenpfleger" bestellt) ist, kommt es auf die Genehmigung durch das Gericht an.

Auch für den Pfleger **gilt bei Interessenkonflikten § 1821.** In einem solchen Fall 7 muss entweder der Pfleger entlassen und ein neuer Pfleger bestellt oder ein Ergänzungspfleger bestellt werden. Letzteres ist nur praktisch, wenn es sich um einen rein punktuellen Konflikt handelt.

Die **Vergütung des Pflegers** richtete sich früher ebenfalls nach den für den Vor- 8 mund geltenden Vorschriften (§§ 1836 ff.). Durch das **2. BetreuungsrechtsänderungsG** wurde sie jedoch seit dem 1.7.2005 von diesen Regeln abgekoppelt. Die Änderung wurde erforderlich, weil die Übertragung der Pauschalen nach § 3 VBVG (Anhang zu § 1836), die nur ausnahmsweise erhöht werden können, auf alle Fälle der Pflegschaft zu unbilligen Ergebnissen führen könnte. Vor allem bei Nachlasspflegern könnte es so zu einer unangemessen niedrigen Vergütung kommen.

Die Höhe der Vergütung **bemisst sich** bei der Pflegschaft deswegen nach den für 9 die Führung der Pflegschaftsgeschäfte **nutzbaren Fachkenntnissen** des Pflegers

---

1 OLG Stuttgart 25.11.2010 – 8 W 460/10, FamRZ 2011, 846.

sowie nach dem **Umfang und der Schwierigkeit** der Pflegschaftsgeschäfte. Das kann sich mit den Sätzen des § 3 VBVG decken, muss es aber nicht. In Nachlasssachen werden etwa in mittelschweren Fällen ca. 90^2–100^3 EUR pro Stunde angesetzt.

10 Ist der **Pflegling mittellos** oder ein Nachlass masselos, bleibt es dagegen bei den nach § 3 VBVG bestimmten Sätzen. Erbringt ein zum berufsmäßigen Ergänzungspfleger bestellter Rechtsanwalt für den mittellosen Pflegling über die bloße Amtsausübung hinausgehende berufsspezifische Dienste, steht ihm ein Wahlrecht zwischen der Vergütung nach anwaltlichem Gebührenrecht (§§ 1915 Abs. 1 S. 1, 1835 Abs. 3 iVm den Bestimmungen des RVG) und der Vergütung nach Zeitaufwand (§§ 1915 Abs. 1 S. 1, 1836 Abs. 1 iVm § 4 Abs. 1 S. 2 Nr. 2 VBVG) zu, und zwar unabhängig davon, ob ihm im Falle der Vergütung nach anwaltlichem Gebührenrecht lediglich eine Vergütung nach Beratungs- oder Prozesskostenhilfesätzen zustehen würde. Das Wahlrecht kann bis zur rechtskräftigen Entscheidung über die Festsetzung der Vergütung ausgeübt werden.[4]

11 **Die Pflegschaft endet** grundsätzlich durch Aufhebung (§§ 1919, 1921 Abs. 1, 2), nur in den Fällen der §§ 1918, 1921 Abs. 3 automatisch. Die Bedeutung der Verweisung auf das Vormundschaftsrecht (Abs. 1) beschränkt sich auf die Verpflichtung des Pflegers zur Rechnungslegung (§§ 1840, 1841).

§ 1916 BGB   Berufung als Ergänzungspfleger

Für die nach § 1909 anzuordnende Pflegschaft gelten die Vorschriften über die Berufung zur Vormundschaft nicht.

1 Die Vorschrift ordnet an, dass bei der Auswahl des Ergänzungspflegers (bei den übrigen Pflegschaften folgt das schon aus deren Eigenart) die **Vorschriften über die Auswahl des Vormunds nicht gelten.** Dadurch soll verhindert werden, dass Personen, bei denen wegen ihrer engen Beziehungen zum ausgeschlossenen gesetzlichen Vertreter ähnliche Interessenkonflikte bestehen können wie bei dem gesetzlichen Vertreter, selbst quasi automatisch zum Pfleger bestellt werden (vgl. §§ 1776 ff. für den Vormund). Maßgebend ist vielmehr das Interesse des Pflegebefohlenen. Dem trägt § 87 c Abs. 3 SGB VIII Rechnung, wonach grundsätzlich das Jugendamt zuständig ist, in dessen Bereich das Kind seinen gewöhnlichen Aufenthalt hat. Das entspricht auch dem Wohl des Kindes. Allerdings ist das Familiengericht befugt, auch abweichend von § 87 c Abs. 3 SGB VIII ein anderes Jugendamt zum Pfleger zu bestellen, wenn unter den konkreten Umständen sachliche Gründe wie die Kontinuität der Aufgabenwahrnehmung, dafür sprechen.[1]

2 Die Norm schließt es aber nicht aus, auch **nahe Verwandte** zu Pflegern zu bestellen, wenn sichergestellt ist, dass in ihrer Person **kein Interessenkonflikt** vorliegt. Anwendbar bleibt nämlich § 1779 Abs. 2, nach dem die persönlichen Bindungen des Kindes (unter anderem) zu berücksichtigen sind. Daraus kann sich auch ergeben, dass Pflegeeltern zu Ergänzungspflegern bestellt werden können, wenn

2 OLG Dresden 15.5.2015 – 17 W 242/15, ZEV 2015, 633; OLG Karlsruhe 11.3.2015 –
   11 Wx 11/15, FamRZ 2015, 1830.
3 OLG Frankfurt/M. 24.4.2015 – 21 W 45/15, NJW-RR 2015, 1487.
4 OLG Frankfurt/M. 12.2.2015 – 4 WF 209/14, FamRZ 2015, 1119.
1 OLG Brandenburg 17.2.2014 – 10 UF 230/13, FamRZ 2014, 1719.

zu ihnen ein gutes Vertrauensverhältnis besteht. Die Auswahl richtet sich aber allein nach dem Wohl des Kindes. Wünsche der Eltern können nur insoweit berücksichtigt werden, als sie mit dem Wohl des Kindes vereinbar sind.[2] Dem Familiengericht steht bei der Auswahl des Ergänzungspflegers aber gleichwohl ein gewisses Auswahlermessen zu, das bei seiner Entscheidung auch Gesichtspunkte zulässt, die die Abwägung bei fachlich gleich geeigneten Personen gegen die Familienangehörigen und für eine objektive, außenstehende dritte Person erlaubt.[3]

§ 1916 gilt **nicht für Pflegschaften nach § 1909** Abs. 1 S. 2. Hier hat der Zuwendende ein Bestimmungsrecht (§ 1917). 3

Die Gründe für die Auswahl des Ergänzungspflegers sind vom Gericht zu prüfen und im Bestellungsbeschluss darzulegen. Wer nicht zum Pfleger bestellt wurde, obwohl er das wollte, hat in der Regel aber kein eigenes **Beschwerderecht**, weil er kein berechtigtes Interesse daran geltend machen kann, gerade selbst zum Pfleger bestellt zu werden (vgl. § 59 Abs. 1 FamFG).

§ 1917 BGB Ernennung des Ergänzungspflegers durch Erblasser und Dritte

(1) Wird die Anordnung einer Pflegschaft nach § 1909 Abs. 1 Satz 2 erforderlich, so ist als Pfleger berufen, wer durch letztwillige Verfügung oder bei der Zuwendung benannt worden ist; die Vorschrift des § 1778 ist entsprechend anzuwenden.

(2) [1]Für den benannten Pfleger können durch letztwillige Verfügung oder bei der Zuwendung die in den §§ 1852 bis 1854 bezeichneten Befreiungen angeordnet werden. [2]Das Familiengericht kann die Anordnungen außer Kraft setzen, wenn sie das Interesse des Pfleglings gefährden.

(3) [1]Zu einer Abweichung von den Anordnungen des Zuwendenden ist, solange er lebt, seine Zustimmung erforderlich und genügend. [2]Ist er zur Abgabe einer Erklärung dauernd außerstande oder ist sein Aufenthalt dauernd unbekannt, so kann das Familiengericht die Zustimmung ersetzen.

§ 1917 ergänzt § 1909 Abs. 1 S. 2. Nach dieser Vorschrift ist eine Pflegschaft erforderlich, wenn ein Minderjähriger etwas durch Schenkung oder von Todes wegen zugewendet erhält, sofern der Zuwendende bestimmt hat, dass der gesetzliche Vertreter des Minderjährigen das Zugewendete nicht verwalten darf. § 1917 bestimmt nun, dass der Zuwendende auch über die Person des Pflegers bestimmen darf und stellt Sonderregeln für die Führung der Pflegschaft auf, mit denen der Wille des Zuwendenden zur Geltung gebracht werden soll. 1

Als Pfleger benennen kann der Zuwendende jedermann (auch sich selbst). Unzulässig ist lediglich eine negative Bestimmung dergestalt, dass nur bestimmte Personen von der Pflegschaft ausgeschlossen werden.[1] Damit griffe der Zuwendende in das Sorgerecht der Eltern ein; denn aus § 1782 ergibt sich, dass die Ablehnung von Personen diesen zukommt. Der Benannte ist zum Pfleger zu bestellen, es sei denn, in seiner Person läge einer der Gründe des § 1778 vor. 2

---

2 OLG Düsseldorf 6.10.2010 – II-8 UF 139/10, FamRZ 2011, 742.
3 OLG Köln 24.2.2011 – II-4 UF 43/11, FamRZ 2011, 1305; OLG Hamburg 18.10.2012 – 4 UF 123/12, Rpfleger 2013, 145.
1 BayObLG 25.4.1977 – BReg 1 Z 22/77, Rpfleger 1977, 253 (254); BR/Bettin § 1917 Rn. 2; aA: Erman/Roth § 1917 Rn. 1; MK/Schwab § 1917 Rn. 10.

3   Der Zuwendende kann dem Pfleger die Führung der Pflegschaft dadurch erleichtern, dass er ihn **von den in §§ 1852–1854 genannten Einschränkungen befreit** (Abs. 2 S. 1). Die Lage entspricht derjenigen bei Benennung eines Vormunds durch Vater oder Mutter.

4   Bedeutet die **Befreiung für das Wohl des Pfleglings eine Gefahr,** muss das Familiengericht sie außer Kraft setzen (Abs. 2 S. 2). Dass die Norm insoweit nur von „kann" spricht, beruht darauf, dass dem Gericht die Kompetenz eingeräumt wird und nicht, dass bei der Entscheidung ein Ermessen besteht. Nach Abs. 3 ist zu Lebzeiten des Zuwendenden für ein Abweichen von seinen Anordnungen über die Befreiung aber seine Zustimmung nötig. Stimmt er zu, kann die Änderung umgekehrt auch dann erfolgen, wenn eine Gefährdung des Wohls des Pfleglings nicht vorliegt. In Bezug auf die Auswahl des Pflegers besteht dagegen – entgegen dem etwas missverständlichen Wortlaut – keine Bindung an die Zustimmung des Zuwendenden. Das ergibt sich aus Abs. 1 S. 2; denn die Verweisung wäre unsinnig, weil ein Zuwendender, der sich selbst benannt hat, sonst nicht einmal unter den dort genannten Voraussetzungen übergangen werden könnte.

§ 1918 BGB   Ende der Pflegschaft kraft Gesetzes

(1) Die Pflegschaft für eine unter elterlicher Sorge oder unter Vormundschaft stehende Person endigt mit der Beendigung der elterlichen Sorge oder der Vormundschaft.

(2) Die Pflegschaft für eine Leibesfrucht endigt mit der Geburt des Kindes.

(3) Die Pflegschaft zur Besorgung einer einzelnen Angelegenheit endigt mit deren Erledigung.

1   Die Norm regelt einen schmalen Ausschnitt der **Gründe, die zum Ende einer Pflegschaft führen können.** Die hier genannten Gründe führen alle zum automatischen Erlöschen der Pflegschaft. Das ist sonst nur bei Todeserklärung eines Abwesenden der Fall (§ 1921 Abs. 3). Auch ohne Regelung gilt das – weil selbstverständlich – außerdem beim Tod des Pflegebefohlenen (Ausnahme: Abwesenheitspflegschaft, § 1921 Abs. 2).

2   Im Übrigen gilt, dass die Pflegschaft erst endet, wenn sie **vom Gericht aufgehoben** wird (§§ 1919, 1921 Abs. 1, 2).

3   Die **Ergänzungspflegschaft** (§ 1909) soll die Vertretung des Kindes auch dann sichern, wenn seine gesetzlichen Vertreter verhindert sind. Sie geht daher nicht weiter als die gesetzliche Vertretung und endet wie diese, wenn der Pflegling volljährig wird (Abs. 1).

4   Die **Pflegschaft für eine Leibesfrucht** (§ 1912) endet mit der Geburt des Kindes (Abs. 2). Soweit Interessenkonflikte zwischen dem gesetzlichen Vertreter und dem Kind bestehen (vgl. § 1795) oder dies sonst gesetzlich vorgeschrieben ist, muss dem Kind dann notfalls ein Ergänzungspfleger bestellt werden.

5   Eine auf eine **einzelne Angelegenheit beschränkte Pflegschaft** endet mit deren Besorgung (Abs. 3), zB wenn der Pfleger nur bestellt worden war, weil die Eltern daran gehindert waren, ein bestimmtes Geschäft für das Kind abzuschließen und dieses nun getätigt ist (vgl. §§ 1629 Abs. 2, 1795) oder wenn der Pfleger zur Führung eines Prozesses bestellt war und das Verfahren beendet ist. Können dagegen noch in den Anordnungsbereich der Pflegschaft fallende Geschäfte vor-

kommen, ist die Besorgung noch nicht endgültig, auch wenn kein aktueller Handlungsbedarf besteht. Es kommt nur eine Beendigung durch Aufhebung in Betracht (§ 1919).

§ 1919 BGB Aufhebung der Pflegschaft bei Wegfall des Grundes

Die Pflegschaft ist aufzuheben, wenn der Grund für die Anordnung der Pflegschaft weggefallen ist.

§ 1919 beschreibt den wichtigsten Grund für die Beendigung der Pflegschaft, 1 den Wegfall des Fürsorgebedürfnisses. Die Pflegschaft muss aufgehoben werden, sie wird nicht automatisch beendet (anders §§ 1918, 1921 Abs. 3). Die Vorschrift gilt erst recht, wenn sich später herausstellt, dass der Grund für die Anordnung der Pflegschaft nie gegeben war.

Nicht unter die Norm fällt die Frage, ob der **Pfleger wegen Pflichtverletzungen** 2 **zu entlassen** ist. Dabei geht es nicht um das Ende der Pflegschaft, sondern um die Person des Pflegers. Einschlägig sind §§ 1915, 1886.

Voraussetzung für die Aufhebung der Pflegschaft ist nur, dass der **Grund** für ihre 3 Anordnung **weggefallen** ist.

Mit dem Wirksamwerden des Beschlusses durch Zustellung an den Pfleger (§ 40 4 Abs. 1 FamFG **endet die Pflegschaft.** Das gilt unabhängig davon, ob der Anordnungsgrund tatsächlich weggefallen ist. Stellt sich später die Unrichtigkeit des Aufhebungsbeschlusses heraus, müssen die Pflegschaft neu angeordnet und der Pfleger neu bestellt werden.

Der Pfleger ist **beschwerdebefugt,** wenn die Aufhebung der Pflegschaft verwei- 5 gert wird; denn dann ist er in seiner persönlichen Rechtsstellung betroffen, weil er weiter mit der Pflegschaft belastet bleibt (§ 59 Abs. 1 FamFG). Gegen die Aufhebung beschwerdeberechtigt sind die dadurch in ihrer Rechtsposition Beeinträchtigten (vgl. § 59 Abs. 1 FamFG). Der Pfleger ist nicht beschwerdebefugt, weil ihm kein subjektives Recht auf den Fortbestand der Pflegschaft zusteht und sein Interesse am Fortbestehen der Pflegschaft nur ein tatsächliches ist.[1]

§ 1920 BGB (weggefallen)

§ 1921 BGB Aufhebung der Abwesenheitspflegschaft

(1) Die Pflegschaft für einen Abwesenden ist aufzuheben, wenn der Abwesende an der Besorgung seiner Vermögensangelegenheiten nicht mehr verhindert ist.

(2) [1]Stirbt der Abwesende, so endigt die Pflegschaft erst mit der Aufhebung durch das Betreuungsgericht. [2]Das Betreuungsgericht hat die Pflegschaft aufzuheben, wenn ihm der Tod des Abwesenden bekannt wird.

(3) Wird der Abwesende für tot erklärt oder wird seine Todeszeit nach den Vorschriften des Verschollenheitsgesetzes festgestellt, so endigt die Pflegschaft mit der Rechtskraft des Beschlusses über die Todeserklärung oder die Feststellung der Todeszeit.

---

1 BGH 13.7.1953 – IV ZB 57/53, NJW 1953, 1666 (1667); JurisPK-BGB/Locher § 1919 Rn. 13.

1　Die Norm **regelt das Ende der Abwesenheitspflegschaft** für den Fall, dass der Abwesende nicht mehr an der Besorgung seiner Angelegenheiten verhindert ist oder dass endgültig feststeht, dass er seine Angelegenheiten nicht mehr selbst besorgen kann, weil er verstorben ist oder für tot erklärt wurde.

2　Bei **Wegfall des Pflegschaftsbedürfnisses** und bei **Tod** endet die Pflegschaft nicht automatisch; sie muss erst aufgehoben werden.

3　Bei **Todeserklärung** endet sie mit der Rechtskraft der Entscheidung darüber (nicht dem festgestellten Todeszeitpunkt). Handlungen des Pflegers, die nach dem festgestellten Zeitpunkt, aber vor der Rechtskraft des Feststellungsbeschlusses vorgenommen wurden, sind wirksam und binden die Erben des Abwesenden. Automatisch endet die Pflegschaft, wenn der Pfleger für eine einzelne Angelegenheit bestellt und diese erledigt ist (§ 1918 Abs. 3).

Gesetz zum zivilrechtlichen Schutz vor Gewalttaten und Nachstellungen (Gewaltschutzgesetz – GewSchG)

Vom 11. Dezember 2001 (BGBl. I S. 3513)
(FNA 402-38)
geändert durch Art. 4 G zur Verbesserung des Schutzes gegen Nachstellungen
vom 1. März 2017 (BGBl. I S. 386)

§ 1 GewSchG Gerichtliche Maßnahmen zum Schutz vor Gewalt und Nachstellungen

(1) ¹Hat eine Person vorsätzlich den Körper, die Gesundheit oder die Freiheit einer anderen Person widerrechtlich verletzt, hat das Gericht auf Antrag der verletzten Person die zur Abwendung weiterer Verletzungen erforderlichen Maßnahmen zu treffen. ²Die Anordnungen sollen befristet werden; die Frist kann verlängert werden. ³Das Gericht kann insbesondere anordnen, dass der Täter es unterlässt,

1. die Wohnung der verletzten Person zu betreten,
2. sich in einem bestimmten Umkreis der Wohnung der verletzten Person aufzuhalten,
3. zu bestimmende andere Orte aufzusuchen, an denen sich die verletzte Person regelmäßig aufhält,
4. Verbindung zur verletzten Person, auch unter Verwendung von Fernkommunikationsmitteln, aufzunehmen,
5. Zusammentreffen mit der verletzten Person herbeizuführen,

soweit dies nicht zur Wahrnehmung berechtigter Interessen erforderlich ist.

(2) ¹Absatz 1 gilt entsprechend, wenn

1. eine Person einer anderen mit einer Verletzung des Lebens, des Körpers, der Gesundheit oder der Freiheit widerrechtlich gedroht hat oder
2. eine Person widerrechtlich und vorsätzlich
   a) in die Wohnung einer anderen Person oder deren befriedetes Besitztum eindringt oder
   b) eine andere Person dadurch unzumutbar belästigt, dass sie ihr gegen den ausdrücklich erklärten Willen wiederholt nachstellt oder sie unter Verwendung von Fernkommunikationsmitteln verfolgt.

²Im Falle des Satzes 1 Nr. 2 Buchstabe b liegt eine unzumutbare Belästigung nicht vor, wenn die Handlung der Wahrnehmung berechtigter Interessen dient.

(3) In den Fällen des Absatzes 1 Satz 1 oder des Absatzes 2 kann das Gericht die Maßnahmen nach Absatz 1 auch dann anordnen, wenn eine Person die Tat in einem die freie Willensbestimmung ausschließenden Zustand krankhafter Störung der Geistestätigkeit begangen hat, in den sie sich durch geistige Getränke oder ähnliche Mittel vorübergehend versetzt hat.

§ 2 GewSchG Überlassung einer gemeinsam genutzten Wohnung

(1) Hat die verletzte Person zum Zeitpunkt einer Tat nach § 1 Abs. 1 Satz 1, auch in Verbindung mit Abs. 3, mit dem Täter einen auf Dauer angelegten gemeinsamen Haushalt geführt, so kann sie von diesem verlangen, ihr die gemeinsam genutzte Wohnung zur alleinigen Benutzung zu überlassen.

(2) [1]Die Dauer der Überlassung der Wohnung ist zu befristen, wenn der verletzten Person mit dem Täter das Eigentum, das Erbbaurecht oder der Nießbrauch an dem Grundstück, auf dem sich die Wohnung befindet, zusteht oder die verletzte Person mit dem Täter die Wohnung gemietet hat. [2]Steht dem Täter allein oder gemeinsam mit einem Dritten das Eigentum, das Erbbaurecht oder der Nießbrauch an dem Grundstück zu, auf dem sich die Wohnung befindet, oder hat er die Wohnung allein oder gemeinsam mit einem Dritten gemietet, so hat das Gericht die Wohnungsüberlassung an die verletzte Person auf die Dauer von höchstens sechs Monaten zu befristen. [3]Konnte die verletzte Person innerhalb der vom Gericht nach Satz 2 bestimmten Frist anderen angemessenen Wohnraum zu zumutbaren Bedingungen nicht beschaffen, so kann das Gericht die Frist um höchstens weitere sechs Monate verlängern, es sei denn, überwiegende Belange des Täters oder des Dritten stehen entgegen. [4]Die Sätze 1 bis 3 gelten entsprechend für das Wohnungseigentum, das Dauerwohnrecht und das dingliche Wohnrecht.

(3) Der Anspruch nach Absatz 1 ist ausgeschlossen,

1. wenn weitere Verletzungen nicht zu besorgen sind, es sei denn, dass der verletzten Person das weitere Zusammenleben mit dem Täter wegen der Schwere der Tat nicht zuzumuten ist oder

2. wenn die verletzte Person nicht innerhalb von drei Monaten nach der Tat die Überlassung der Wohnung schriftlich vom Täter verlangt oder

3. soweit der Überlassung der Wohnung an die verletzte Person besonders schwerwiegende Belange des Täters entgegenstehen.

(4) Ist der verletzten Person die Wohnung zur Benutzung überlassen worden, so hat der Täter alles zu unterlassen, was geeignet ist, die Ausübung dieses Nutzungsrechts zu erschweren oder zu vereiteln.

(5) Der Täter kann von der verletzten Person eine Vergütung für die Nutzung verlangen, soweit dies der Billigkeit entspricht.

(6) [1]Hat die bedrohte Person zum Zeitpunkt einer Drohung nach § 1 Abs. 2 Satz 1 Nr. 1, auch in Verbindung mit Abs. 3, einen auf Dauer angelegten gemeinsamen Haushalt mit dem Täter geführt, kann sie die Überlassung der gemeinsam genutzten Wohnung verlangen, wenn dies erforderlich ist, um eine unbillige Härte zu vermeiden. [2]Eine unbillige Härte kann auch dann gegeben sein, wenn das Wohl von im Haushalt lebenden Kindern beeinträchtigt ist. [3]Im Übrigen gelten die Absätze 2 bis 5 entsprechend.

§ 3 GewSchG Geltungsbereich, Konkurrenzen

(1) Steht die verletzte oder bedrohte Person im Zeitpunkt einer Tat nach § 1 Abs. 1 oder Abs. 2 Satz 1 unter elterlicher Sorge, Vormundschaft oder unter Pflegschaft, so treten im Verhältnis zu den Eltern und zu sorgeberechtigten Personen an die Stelle von §§ 1 und 2 die für das Sorgerechts-, Vormundschafts- oder Pflegschaftsverhältnis maßgebenden Vorschriften.

(2) Weitergehende Ansprüche der verletzten Person werden durch dieses Gesetz nicht berührt.

§ 4 GewSchG Strafvorschriften

[1]Mit Freiheitsstrafe bis zu einem Jahr oder mit Geldstrafe wird bestraft, wer einer bestimmten vollstreckbaren

1. Anordnung nach § 1 Absatz 1 Satz 1 oder 3, jeweils auch in Verbindung mit Absatz 2 Satz 1, zuwiderhandelt oder

2. Verpflichtung aus einem Vergleich zuwiderhandelt, soweit der Vergleich nach § 214 a Satz 1 des Gesetzes über das Verfahren in Familiensachen und in den Angelegenheiten der freiwilligen Gerichtsbarkeit in Verbindung mit § 1 Absatz 1 Satz 1 oder 3 dieses Gesetzes, jeweils auch in Verbindung mit § 1 Absatz 2 Satz 1 dieses Gesetzes, bestätigt worden ist.

[2]Die Strafbarkeit nach anderen Vorschriften bleibt unberührt.

A. Einleitung

1 Das „Gesetz zur Verbesserung des zivilrechtlichen Schutzes bei Gewalttaten und Nachstellungen" – Gewaltschutzgesetz – verfolgt das Ziel, vorbeugend den **Schutz bei Gewalttaten, Bedrohungen und Nachstellungen** zu verbessern. Das Gesetz will hauptsächlich vor Verletzungen schützen, die sich im sozialen Umfeld des Opfers ereignen.[1] Gewalt gegen Frauen wird überwiegend durch den Partner im häuslichen Bereich verübt.[2] Nach zuverlässigen Schätzungen[3] wird in jeder dritten Partnerschaft Gewalt an Frauen verübt. Die verbesserten Schutzmaßnahmen sollen sich aber nicht ausschließlich auf den sozialen Nahbereich beschränken, sondern auch vor Gewalttaten außerhalb des häuslichen Bereichs schützen. Das Ziel, wiederholte Gewaltausübung zu verhindern, soll in erster Linie dadurch erreicht werden, dass „räumliche Distanz" zwischen Täter und Opfer geschaffen wird.[4]

B. Die gesetzlichen Regelungen

2 Das Gewaltschutzgesetz besteht aus nur vier Paragrafen. § 1 GewSchG regelt gerichtliche Maßnahmen zum Schutz vor Gewalt und Nachstellungen. § 2 GewSchG gibt nunmehr auch dem nicht verheirateten Opfer einer Gewalttat einen Anspruch auf Überlassung der mit dem Täter gemeinsam genutzten Wohnung. § 3 GewSchG bestimmt das Verhältnis zu anderen Ansprüchen. Eine entscheidende Bedeutung kommt § 4 GewSchG zu. Verstößt der Täter gegen gerichtlich angeordnete Schutzmaßnahmen nach § 1 GewSchG, macht er sich strafbar.

I. Gerichtliche Maßnahmen zum Schutz vor Gewalt und Nachstellungen (§ 1 GewSchG)

3 **1. Regelungsgehalt.** § 1 GewSchG gibt dem Gericht die Befugnis, bei vorsätzlichen Verletzungen des Körpers, der Gesundheit oder der Freiheit die erforderlichen Schutzanordnungen zu treffen. Diese Vorschrift ist nur eine verfahrensrechtliche Grundlage für gerichtliche Schutzmaßnahmen.[5] Ob materiellrechtlich ein Anspruch gegeben ist, richtet sich nach §§ 823, 1004.[6] Gerichtliche Schutzmaßnahmen nach § 1 GewSchG setzen keine persönliche „Nähebeziehung" zwischen Opfer und Täter voraus.

4 **2. Schutzanordnung bei Verletzungen (§ 1 Abs. 1 GewSchG). a) Geschützte Rechtsgüter.** Verletzungen des Körpers (Eingriff in die körperliche Integrität) und der Gesundheit (Störung der körperlichen, geistigen oder seelischen Lebensvorgänge) lassen sich oft nicht genau voneinander trennen.[7] Eine Körperverletzung kann auch durch psychische Gewalt verursacht werden, wenn sie sich beim Opfer körperlich auswirkt (zB Schlafstörungen, nervöses Zittern).[8] Frei-

---

1 S. dazu „Rechtlicher Schutz vor häuslicher Gewalt", FPR 2005, 6–48.
2 Bundesministerium für Familie, Senioren, Frauen und Jugend (Hrsg.), Lebenssituation, Sicherheit und Gesundheit von Frauen in Deutschland, S. 13.
3 Vgl. RegE BT-Drs. 14/5429, 10, 11.
4 Schumacher, Mehr Schutz bei Gewalt in der Familie, FamRZ 2002, 645 (646).
5 BGH FamRZ 2014, 825.
6 BT-Drs. 14/5429, 17, 28.
7 Palandt/Sprau § 823 Rn. 4.
8 BT-Drs. 14/5429, 40.

heitsentziehung kann auch durch (kurzfristiges) Einsperren erfolgen.[9] Ein Aussperren aus der gemeinsamen Wohnung ist dagegen keine Freiheitsberaubung, weil der Betroffene hierdurch nicht am Verlassen, sondern nur am Betreten der Wohnung gehindert wird. Da somit der Tatbestand des § 823 nicht gegeben ist, können Maßnahmen nach dem Gewaltschutzgesetz nicht angeordnet werden.[10]

b) Gerichtliche Anordnungen (§ 1 Abs. 1 S. 3 GewSchG). Das Gesetz nennt 5 „insbesondere" **fünf Beispiele** für Schutzmaßnahmen.

■ Ein Verbot, die Wohnung des Opfers zu betreten (**Nr. 1**), kann auch als zu- 6 sätzliche Anordnung zu einer Wohnungsüberlassung nach § 2 Abs. 4 GewSchG oder nach § 1361 b Abs. 3 S. 1 – oder in einem selbstständigen, getrennten Verfahren nach § 1 GewSchG – beantragt werden. Hat die Polizei einen befristeten Platzverweis ausgesprochen, sollte das gerichtliche Betretungsverbot sich zeitlich unmittelbar anschließen.

■ Dem Täter kann auch untersagt werden, sich in der Nähe der Wohnung des 7 Opfers aufzuhalten (**Nr. 2**). Der einzuhaltende Abstand („Bannmeile") hängt von den jeweiligen örtlichen Verhältnissen ab. In der gerichtlichen Praxis werden zumeist zwischen 200 m und 500 m festgesetzt.

■ Eine weitere Schutzmaßnahme kann dahin gehen, dem Täter den Aufenthalt 8 an bestimmten, vom Opfer regelmäßig aufgesuchten Orten wie Arbeitsstelle, Kindergarten und Schule zu verbieten (**Nr. 3**).

■ Ebenso kann das Gericht dem Täter jeglichen Kontakt mit dem Opfer unter- 9 sagen (**Nr. 4**). Das Verbot erstreckt sich auf das unmittelbare persönliche Ansprechen sowie auf Kontaktaufnahmen durch alle „Fernkommunikationsmittel" (→ Rn. 17).

■ Außerdem kann dem Täter aufgegeben werden, Zusammentreffen mit dem 10 Opfer zu vermeiden (Nr. 5). In diesem Zusammenhang könnte das Gericht ergänzend anordnen, dass sich der Täter sofort zu entfernen hat, wenn es zu einem zufälligen Treffen kommt.[11]

Meistens werden mehrere der aufgezählten und auch andere Maßnahmen 11 gleichzeitig angeordnet.

c) Befristung (§ 1 Abs. 1 S. 2 GewSchG). Die ausgesprochenen Verbote sollen in 12 aller Regel befristet werden; die Frist kann verlängert werden. Die Dauer der Frist richtet sich danach, welche Zeit erforderlich ist, um der Gefahr weiterer Gewalttaten vorzubeugen. Je geringer die Intensität der bisherigen Übergriffe war, desto kürzer kann die Dauer der Schutzmaßnahmen sein. In der gerichtlichen Praxis werden zumeist drei bis sechs Monate angeordnet. Bei besonders schweren oder sich über einen langen Zeitraum erstreckenden Gewalttaten kann auch eine längere Frist bestimmt werden.[12]

Betretungs- und Näherungsverbote gem. Abs. 1 S. 3 Nr. 1 und 2 gegen den Mit- 13 besitzer der gemeinsamen Wohnung müssen stets befristet werden, wenn nicht auch die Zuweisung der Wohnung nach § 2 GewSchG oder § 1361 b bean-

---

9 OLG Brandenburg NJW-RR 2006, 220 (zehn Minuten in der Küche eingesperrt) = FamRZ 2006, 947 (Ls.).

10 OLG Köln FamRZ 2003, 1281; Palandt/Brudermüller GewSchG § 1 Rn. 5; JH/Götz GewSchG § 1 Rn. 5; Schulz/Hauß, Vermögensauseinandersetzung, Rn. 2251; Schwab/ Motzer VIII Rn. 17; weitergehend Griwotz, Schutz vor Gewalt in Lebensgemeinschaften und vor Nachstellungen, NJW 2002, 872 (873).

11 FAKomm-FamR/Weinreich GewSchG § 1 Rn. 17.

12 Palandt/Brudermüller GewSchG § 1 Rn. 7.

sprucht wird. Ansonsten könnte allein über ein gerichtliches Betretungs- und Näherungsverbot nach § 1 Abs. 1 S. 3 Nr. 1 und 2 GewSchG eine alleinige Benutzung der bisher gemeinsamen Wohnung für einen längeren Zeitraum erreicht werden.[13]

14 **d) Wahrnehmung berechtigter Interessen (§ 1 Abs. 1 S. 3 Hs. 2 GewSchG).** Eine Einschränkung der Schutzmöglichkeiten ergibt sich, wenn der Täter zur „Wahrnehmung berechtigter Interessen" Kontakt mit dem Opfer aufnehmen muss. Das kann zur Aufrechterhaltung des Umgangs mit den gemeinsamen Kindern der Fall sein, wenn diese nicht unmittelbar von der Gewalttat betroffen wurden. Zumeist wird es aber notwendig sein, dass eine dritte Person oder eine soziale Einrichtung zur Vermittlung des Umgangs zur Verfügung steht.[14]

15 **e) Beweiserleichterungen.** Ist es bereits einmal zu Gewalttaten gekommen, spricht nach der Rechtsprechung[15] eine tatsächliche **Vermutung** dafür, dass weitere Beeinträchtigungen zu befürchten sind. Es obliegt dann dem Täter, diese tatsächliche Vermutung zu widerlegen, wobei die Rechtsprechung an eine solche Widerlegung hohe Anforderungen stellt.[16] Kann der Täter die tatsächliche Vermutung nicht widerlegen, ist davon auszugehen, dass weitere Gewalttaten drohen.[17] Diese Beweiserleichterung gilt nicht nur bei bereits eingetretenen Verletzungen nach Abs. 1, sondern auch bei Drohungen und unzumutbaren Belästigungen nach Abs. 2.

16 **3. Schutzanordnungen bei Drohungen und Belästigungen (Abs. 2). a) Widerrechtliche Drohungen (§ 1 Abs. 2 S. 1 Nr. 1 GewSchG).** Schutzanordnungen können nicht nur bei bereits ausgeübter Gewalt erlassen werden, sondern schon bei **ernsthaften**[18] Drohungen mit einer Verletzung des Lebens, des Körpers, der Gesundheit oder der Freiheit durch eine Gewalttat. Dabei ist nicht darauf abzustellen, ob der Täter die Drohung ernst gemeint hat, sondern wie das Opfer die Drohung empfunden hat.[19]

17 **b) Unzumutbare Belästigungen (§ 1 Abs. 2 S. 1 Nr. 2 GewSchG).** Der Schutz des Gesetzes umfasst auch das Eindringen in die Wohnung (Nr. 2 a) und unzumutbare Belästigungen durch Nachstellen und Verfolgen (Nr. 2 b). Unerträglich sind ständige Überwachung durch den Täter, seine wiederholte demonstrative Anwesenheit und seine unermüglichen Annäherungsversuche, das sog **Stalking.**[20] Unzumutbar sind auch ständige Kontaktaufnahmen mit Fernkommunikationsmitteln wie Telefon, Handy, Briefe, SMS, E-Mails, Internet und Telefax.[21]

18 Die unzumutbaren Belästigungen müssen gem. Abs. 2 S. 1 Nr. 2 b **„gegen den ausdrücklich erklärten Willen"** des Opfers erfolgen. Die verletzte Person müsste

---

13 Schulz/Hauß, Vermögensauseinandersetzung, Rn. 2261; JH/Götz GewSchG § 1 Rn. 27.
14 Vgl. hierzu die Vorschläge von Wurdak/Rahn, Kinder im Umfeld häuslicher Gewalt, FPR 2001, 275 und Ehinger, Überlegungen und Vorschläge zur Verbesserung des Schutzes der Kinder in Fällen häuslicher Gewalt, FuR 2001, 280.
15 OLG Köln FamRZ 2011, 132; BGH NJW 1987, 2223.
16 BayObLG NJW-RR 1987, 463; OLG Brandenburg NJW-RR 2006, 220 = FamRZ 2006, 947 (Ls.).
17 JH/Götz GewSchG § 1 Rn. 15; BT-Drs. 14/5429, 19, 28.
18 OLG Schleswig NJW-RR 2004, 156; Palandt/Brudermüller GewSchG § 1 Rn. 9.
19 Schulz/Hauß, Vermögensauseinandersetzung, Rn. 2252; MAH/Müller GewSchG § 17 Rn. 14.
20 Der Begriff „stalking" kommt aus der englischen Jägersprache und bedeutet „heranpirschen, auflauern".
21 FAKomm-FamR/Weinreich GewSchG § 1 Rn. 7.

im Streitfall nachweisen, dass sie vom Täter verlangt hat, die Nachstellungen und Verfolgungen zu unterlassen.[22] Sind solche Belästigungen tatsächlich erfolgt, besteht aber – wie bei der Wiederholungsgefahr (→ Rn. 15) – eine **Beweiserleichterung** zugunsten des Opfers. Es spricht eine **tatsächliche Vermutung** dafür, dass das Opfer dem Täter unmissverständlich zu erkennen gegeben hat, dass es mit den Nachstellungen und Verfolgungen nicht einverstanden war.[23] Der Täter müsste diese tatsächliche Vermutung widerlegen.

4. Verantwortlichkeit des Täters (§ 1 Abs. 3 GewSchG). Der Täter muss **vorsätzlich und widerrechtlich** gehandelt haben. Schutzanordnungen können gem. Abs. 3 jedoch erlassen werden, wenn der Täter durch Alkohol- oder Drogenkonsum zur Tatzeit vorübergehend unzurechnungsfähig war. In Abweichung von § 827 BGB ist ein Verschulden nicht erforderlich.[24] Bei dauernder **Schuldunfähigkeit** des Täters können Unterlassungsansprüche nur auf §§ 823, 1004 analog gestützt werden, wobei ein Verschulden ebenfalls nicht erforderlich ist.[25] 19

II. Überlassung einer gemeinsam genutzten Wohnung (§ 2 GewSchG)

1. Regelungsgehalt. § 2 GewSchG ist eine materiellrechtliche **Anspruchsgrundlage** für die Wohnungsüberlassung bei Gewalttaten im häuslichen Bereich. Der Tatbestand von Abs. 1 knüpft an die Verletzung von Rechtsgütern gem. § 1 Abs. 1 GewSchG an und löst bei einer vollendeten Gewalttat den Anspruch auf Zuweisung der Wohnung aus. Liegt aber „nur" eine Drohung mit einer Gewalttat nach § 1 Abs. 2 S. 1 Nr. 1 GewSchG vor, ist weitere Voraussetzung, dass die Überlassung der Wohnung erforderlich ist, um eine „unbillige Härte" für das Opfer zu vermeiden (Abs. 6 S. 1). Außerdem können Beeinträchtigungs- und Vereitelungsverbote (Abs. 4) erlassen sowie eine Nutzungsvergütung (Abs. 5) angeordnet werden. 20

2. Verhältnis von § 2 GewSchG zu § 1361 b. „Der Täter geht, das Opfer bleibt!" Diesen Grundsatz hat das Gewaltschutzgesetz mit der Regelung in § 2 GewSchG verwirklicht. Bei ausgeübter oder angedrohter Gewalt hat nunmehr jede verletzte Person einen materiellrechtlichen Anspruch auf Überlassung der gemeinschaftlich genutzten Wohnung. Für Eheleute ist allerdings nach vorherrschender Meinung[26] § 1361 b **lex specialis** zu § 2 GewSchG. Ein Anspruch nach § 2 GewSchG ist danach nur gegeben, wenn die Eheleute nicht getrennt lebten und bei keinem der beiden eine Trennungsabsicht bestehe. 21

---

22 So BT-Drs. 14/5429, 29.
23 Palandt/Brudermüller GewSchG § 1 Rn. 9; JH/Götz GewSchG § 1 Rn. 13; Schulz/Hauß, Vermögensauseinandersetzung, Rn. 2256.
24 AG Wiesbaden FamRZ 2006, 1145 mAnm Nagel; Palandt/Brudermüller GewSchG § 1 Rn. 10; JH/Götz GewSchG § 1 Rn. 18; Schulz/Hauß, Vermögensauseinandersetzung, Rn. 2264; aA Schuhmacher FamRZ 2002, 645 (649).
25 Palandt/Bassenge § 1004 Rn. 13.
26 Palandt/Brudermüller GewSchG § 2 Rn. 2; JH/Götz GewSchG § 3 Rn. 13; Schwab/Motzer VIII Rn. 56; MAH/Müller § 15 Rn. 70; Scholz/Stein/Eckebrecht D Rn. 10 a; Schröder/Bergschneider/Perpeet Rn. 3, 204; Löhnig, Darlegung der Voraussetzungen des Anspruchs auf Wohnungsüberlassung, FPR 2005, 36; 15; Deutscher Familiengerichtstag 2003 (AK 19), FamRZ 2003, 1906 (1907).

22 Dieser Ansicht kann jedoch nicht gefolgt werden.[27] Ein Ehegatte, der nach einer Gewalttat die Wohnung zur alleinigen Nutzung beansprucht, will – zumindest zunächst einmal – räumlich getrennt von seinem Ehepartner leben. Die Absicht, dauernd getrennt zu leben oder sich scheiden zu lassen, setzt der Tatbestand des § 1361 b nicht voraus.[28] Eheleute können grundsätzlich wählen, ob sie eine Wohnungszuweisung auf § 1361 b oder § 2 GewSchG stützen wollen.

23 Der Streit ist im Grunde letztlich jedoch müßig. Für Eheleute ist es in aller Regel günstiger, einen Anspruch auf Wohnungsüberlassung auf die weitreichendere Vorschrift des § 1361 b zu stützen. Eine Wohnungszuweisung nach § 2 GewSchG muss der Familienrichter stets befristen. Eine Wohnungsüberlassung nach § 1361 b dauert dagegen grundsätzlich bis zur Rechtskraft der Scheidung. Für eingetragene Lebenspartner ist § 14 LPartG die weitergehende und damit günstigere Bestimmung. Zusätzliche **Schutzmaßnahmen** wie Betretungs-, Näherungs-, Kontakt- und Belästigungsverbote sollten jedoch stets in einem gesonderten Verfahren nach **§ 1 GewSchG** beantragt und erlassen werden. Nur dann können **Verstöße** gem. **§ 4 GewSchG mit Freiheits- oder Geldstrafe geahndet** werden.[29]

24 **3. Anspruchsgrundlagen. a) Vollendete und angedrohte Gewalt.** § 2 GewSchG unterscheidet **zwei Fallgruppen** für eine Wohnungsüberlassung:

■ Bei einer **ausgeübten Gewalttat** besteht der Anspruch schon, wenn Opfer und Täter einen gemeinsamen Haushalt führen (§ 2 Abs. 1 iVm § 1 Abs. 1 S. 1 GewSchG).

■ Bei einer **angedrohten Gewalttat** ist weitere Voraussetzung, dass die Überlassung der Wohnung erforderlich ist, um eine unbillige Härte für das Opfer zu vermeiden (§ 2 Abs. 6 S. 1 iVm § 1 Abs. 2 S. 1 Nr. 1 GewSchG). Der Begriff der „unbilligen Härte" ist wie bei § 1361 b Abs. 1 auszulegen.[30]

25 **b) Auf Dauer angelegter gemeinsamer Haushalt.** In beiden Fällen ist zusätzliche Voraussetzung für eine Wohnungszuweisung, dass das Opfer mit dem Täter „einen auf Dauer angelegten gemeinsamen Haushalt geführt" hat (§ 2 Abs. 1 GewSchG).

26 In der Begründung des Gewaltschutzgesetzes[31] ist hierzu ausgeführt: „Unter dem Begriff, auf Dauer angelegter gemeinsamer Haushalt' ist eine Lebensgemeinschaft zu verstehen, die auf Dauer angelegt ist, keine weiteren Bindungen gleicher Art zulässt und sich durch innere Bindungen auszeichnet, die ein gegenseitiges Füreinander-Einstehen begründen und die über eine reine Wohn- und Wirtschaftsgemeinschaft hinausgehen. Damit entspricht der Begriff den Kriterien der bisherigen Rechtsprechung zur eheähnlichen Gemeinschaft, ohne dass es allerdings auf das Vorliegen geschlechtlicher Beziehungen zwischen den Partnern ankommt. Sowohl die hetero- oder homosexuelle Partnerschaft wie auch das

---

27 So OLG Bamberg FamRZ 2011, 1419 mAnm Gottwald; Schulz/Hauß, Vermögensauseinandersetzung, Rn. 2287; Schumacher FamRZ 2002, 645 (653); Kogel, Die Umsetzung des Gewaltschutzgesetzes in der anwaltlichen Praxis, FamRB 2004, 303 f.; FAKomm-FamR/Weinreich GewSchG § 2 Rn. 6; FAKomm-FamR/Klein § 1361 b Rn. 71; NK-BGB/Heinke GewSchG § 2 Rn. 29; NK-BGB/Heinke GewSchG § 2 Rn. 29.
28 OLG Naumburg FamRZ 2003, 1748; Palandt/Brudermüller § 1361 b Rn. 4; JH/Götz § 1361 b Rn. 7; Staudinger/Hübner/Voppel § 1361 b Rn. 15; FAKomm-FamR/Weinreich § 1361 b Rn. 15; MAH/Müller § 16 Rn. 14; aA OLG Bamberg FamRZ 1992, 1299.
29 Schulz/Hauß, Vermögensauseinandersetzung, Rn. 2289, 2317.
30 BT-Drs. 14/5429, 32.
31 BR-Drs. 439/00, 92; BT-Drs. 14/5429, 30.

dauerhafte Zusammenleben alter Menschen als Alternative zum Alters- oder Pflegeheim, die ihr gegenseitiges Füreinander-Einstehen, zB durch gegenseitige Vollmachten, dokumentieren, können daher grundsätzlich diese Kriterien erfüllen. "

Der **berechtigte Personenkreis** ist somit nicht auf Paare beschränkt, die persönliche, intime Beziehungen zueinander haben wie Eheleute, eingetragene homosexuelle Lebenspartner oder nichteheliche Lebensgemeinschaften. Vielmehr erfasst der Schutz des Gesetzes alle sog **Verantwortungsgemeinschaften,**[32] also auch Geschwister oder Eltern und Kinder. Voraussetzung ist allerdings stets, dass diese Personen einen gemeinsamen Haushalt führen. Minderjährige oder volljährige Kinder in der Ausbildung werden in der Regel im Haushalt ihrer Eltern nur „mitwohnen". Das Führen eines gemeinsamen Haushalts verlangt im Gegensatz zum bloßen Mitbewohnen, dass auch Verantwortung für die Erledigung der anfallenden finanziellen, rechtlichen und tatsächlichen Angelegenheiten übernommen wird.[33]

Zum geschützten Personenkreis zählen aber nicht Wohngemeinschaften von Studenten, die nur der gemeinsame Wunsch verbindet, billiger und schöner zu wohnen.[34]

Das Gewaltschutzgesetz geht von einer Zweierbeziehung – Täter und Opfer – aus, jedoch können auch **mehr als zwei Personen** einen gemeinsamen Haushalt iSv § 2 Abs. 1 GewSchG führen.[35] Die verletzte Person kann in diesem Fall verlangen, dass ihr die Wohnung zur alleinigen Nutzung überlassen wird und die Täter die Wohnung zu räumen haben.

4. Dauer der Wohnungsüberlassung (§ 2 Abs. 2 GewSchG). a) Gemeinsame Berechtigung. Die Wohnungsüberlassung ist, wenn Opfer und Täter gemeinsam Mieter oder Eigentümer sind, zu **befristen** (§ 2 Abs. 2 S. 1 GewSchG). Die **Frist** sollte so bemessen sein, dass während ihrer Laufzeit eine endgültige Regelung erreicht werden kann.[36] Eine Fristverlängerung sieht das Gesetz nicht ausdrücklich vor. Sie sollte jedoch gewährt werden, wenn sich nachträglich dringende Gründe für eine Verlängerung ergeben.[37]

Eine endgültige Regelung kann dadurch erfolgen, dass der Vermieter den bisherigen Mietvertrag mit beiden Parteien aufhebt und mit dem in der Wohnung verbliebenen Opfer einen neuen Vertrag abschließt. Dazu ist der Vermieter allerdings nicht verpflichtet. Der aus der Wohnung gewiesene Täter kann das Mietverhältnis nicht allein kündigen. Er kann den anderen aber auf Zustimmung zur Kündigung gem. § 749 oder § 723 verklagen (→ Schwerpunktbeitrag 5: Nichteheliche Lebensgemeinschaft Rn. 43).[38]

b) Alleinberechtigung des Täters. Ist der Täter Alleinmieter oder Alleineigentümer der Wohnung, ist die Nutzungsdauer auf höchstens **sechs Monate** zu begrenzen (§ 2 Abs. 2 S. 2 GewSchG).

27

28

29

30

31

32

---

32 Palandt/Brudermüller GewSchG § 2 Rn. 2; JH/Götz GewSchG § 2 Rn. 4; Schulz/Hauß, Vermögensauseinandersetzung, Rn. 2268.
33 Schumacher FamRZ 2002, 645, 649, 650; MAH/Müller § 17 Rn. 40.
34 BT-Drs. 14/5429, 30; Palandt/Brudermüller GewSchG § 2 Rn. 2; Schulz/Hauß, Vermögensauseinandersetzung, Rn. 2268; aA Schumacher FamRZ 2002, 645 (651).
35 Vgl. Schumacher FamRZ 2002, 645 (651).
36 JH/Götz GewSchG § 2 Rn. 11.
37 Schwab/Motzer VIII Rn. 62.
38 Vgl. BT-Drs. 14/5429, 30.

33 Konnte die verletzte Person innerhalb der vom Familiengericht bestimmten Frist eine andere angemessene Wohnung zu zumutbaren Bedingungen nicht finden, kann das Gericht die Frist um höchstens weitere sechs Monate verlängern, wenn nicht überwiegende Belange des Täters oder des Dritten entgegenstehen (§ 2 Abs. 2 S. 3 GewSchG). Eine Fristverlängerung sollte auf besondere Ausnahmefälle beschränkt werden.[39]

34 c) **Alleinberechtigung des Opfers.** Ist das Opfer Alleinmieter oder Alleineigentümer der Wohnung, so kann das Familiengericht die Wohnung **unbefristet** zur alleinigen Nutzung zuweisen.[40]

35 **5. Endgültige Regelungen.** Entscheidungen nach § 2 GewSchG (wie nach § 1361 b) sind nur vorläufige Benutzungsregelungen. Wer endgültig in der Wohnung bleiben darf, muss in einem weiteren Verfahren geklärt werden. Nur wenn das Opfer alleiniger Eigentümer oder Mieter der Wohnung ist und der Täter aus der Wohnung gewiesen wird, führt die Entscheidung nach § 2 GewSchG zu einer endgültigen Regelung.

36 Steht die Wohnung im Miteigentum von Täter und Opfer, kann der aus der Wohnung verwiesene Miteigentümer die Aufhebung der Gemeinschaft (§§ 749 Abs. 1, 753 Abs. 1) im Wege der Teilungsversteigerung nach § 180 ZVG verlangen.

37 **6. Ausschluss des Anspruchs (§ 2 Abs. 3 GewSchG). a) Fehlende Wiederholungsgefahr (§ 2 Abs. 3 Nr. 1 GewSchG).** Der Anspruch auf Wohnungsüberlassung ist ausgeschlossen, wenn weitere Verletzungen nicht zu besorgen sind. Aber selbst wenn dem Täter der schwierige Beweis, dass keine Wiederholungsgefahr besteht, gelingen sollte, ist die gesamte Wohnung dennoch dem Opfer zuzuweisen, wenn ihm ein weiteres Zusammenleben mit dem Täter wegen der Schwere der Tat **nicht zuzumuten** ist (§ 2 Abs. 3 Nr. 1 GewSchG). Dabei ist an Fälle schwerer Körperverletzung, Vergewaltigung und versuchter Tötung zu denken.[41]

38 **b) Schriftliches Verlangen (§ 2 Abs. 3 Nr. 2 GewSchG).** Der Anspruch auf Zuweisung der Wohnung zu alleiniger Benutzung ist nach dem Wortlaut der gesetzlichen Regelung ausgeschlossen, wenn die verletzte Person nicht **innerhalb von drei Monaten** nach der Tat die Überlassung der Wohnung schriftlich vom Täter verlangt. Diese Vorschrift ist jedoch nicht in dem Sinne zu verstehen, dass das Opfer dem Täter erst einen Brief schreiben muss, bevor es einen begründeten Antrag auf Wohnungszuweisung stellen kann.

39 Eine derart streng wörtliche Auslegung der Vorschrift des § 2 Abs. 3 Nr. 2 GewSchG widerspricht eindeutig dem Ziel des Gewaltschutzgesetzes. Das Gesetz will die rechtliche Stellung vor allem von Frauen als den typischen Opfern von Gewalt stärken, indem es den präventiven, in die Zukunft gerichteten Schutz bei Gewalttaten verbessert. Ein wirksamer Schutz vor weiterer Gewalt ist nur möglich, wenn das Opfer schnell und einfach eine gerichtliche Anordnung erreicht.[42]

40 Mit der Regelung in § 2 Abs. 3 Nr. 2 GewSchG sollte zum einen erreicht werden, dass innerhalb eines angemessenen Zeitraums nach dem Vorfall Klarheit

39 Palandt/Brudermüller GewSchG § 2 Rn. 5; MAH/Müller § 17 Rn. 48.
40 Schulz/Hauß, Vermögensauseinandersetzung, Rn. 2275.
41 BT-Drs. 14/5429, 31.
42 Vgl. BT-Drs. 14/5429, 10; Palandt/Brudermüller Einl. zum GewSchG Rn. 1; Schumacher FamRZ 2002, 645 (646).

über die Nutzungsbefugnis der Wohnung geschaffen wird. Zum anderen sollte damit deutlich gemacht werden, dass die verletzte Person zum Zeitpunkt der Geltendmachung des Anspruchs auf Wohnungsüberlassung nicht mit dem Täter in der bislang gemeinsam genutzten Wohnung leben muss.[43]

Die Regelung in Abs. 3 Nr. 2 ist nach **Sinn und Zweck** des Gesetzes folgender- 41
maßen zu verstehen: Hat das Opfer nicht binnen drei Monaten nach der Tat den Antrag beim Familiengericht gestellt, muss es nachweisen, dass es innerhalb dieses Zeitraums die Wohnungsüberlassung schriftlich vom Täter verlangt hat. Wird aber innerhalb von drei Monaten die Wohnungszuweisung beim Familiengericht beantragt, ist die gerichtliche Zustellung des Antrags an den Täter die „stärkste Form" der schriftlichen Mitteilung iSv Abs. 3 Nr. 2.[44]

Ein schriftliches Verlangen auf Überlassung der Wohnung ist dem Opfer dann 42
nicht möglich, wenn der Täter **unbekannten Aufenthalts** ist. In diesem Fall muss das Opfer einen Anspruch nach § 2 GewSchG haben, wenn der Täter nach drei Monaten wieder auftaucht und in die Wohnung will.[45]

Schließlich wird das Opfer dann nicht verpflichtet sein, schriftlich vom Täter die 43
Alleinnutzung zu fordern, wenn dieser nach der Tat die Wohnung verlassen und erklärt hat, nicht mehr zurückzukommen. Erscheint der Täter nach Ablauf von drei Monaten jedoch wieder und will in die Wohnung, muss das Opfer das Recht haben, nunmehr erstmals die gerichtliche Zuweisung der Wohnung nach § 2 GewSchG zu verlangen.[46]

Die Bestimmung des § 2 Abs. 3 Nr. 2 GewSchG ist nach Ziel und Zweck des 44
„Gesetzes zur Verbesserung des zivilrechtlichen Schutzes bei Gewalttaten und Nachstellungen" dahin gehend auszulegen, dass der Anspruch nach Abs. 1 ausgeschlossen ist, wenn die verletzte Person nicht innerhalb von drei Monaten nach der Tat die Überlassung schriftlich vom Täter verlangt, soweit ihr dies **möglich und zumutbar** ist.[47]

c) Schutzwürdige Belange des Täters (§ 2 Abs. 3 Nr. 3 GewSchG). Der An- 45
spruch auf Überlassung der Wohnung kann ausgeschlossen sein, soweit der Überlassung besonders schwerwiegende Belange des Täters entgegenstehen. Ist der Täter wegen einer Behinderung oder einer schweren Erkrankung auf die gemeinsam genutzte Wohnung angewiesen und ist ihm die schwierige Beschaffung einer Ersatzwohnung nicht zuzumuten, kann die Wohnung dem Opfer zeitlich beschränkt (unabhängig von Abs. 2) zugewiesen oder, wenn sie groß genug ist, ausnahmsweise aufgeteilt werden.[48]

7. Beeinträchtigungs- und Vereitelungsverbote (§ 2 Abs. 4 GewSchG). § 2 Abs. 4 46
GewSchG bestimmt wie § 1361 b Abs. 3 S. 1, dass der aus der Wohnung gewiesene Täter alles zu unterlassen hat, was geeignet ist, die Ausübung diese Nut-

---

43 BT-Drs. 14/5429, 31.
44 So Schulz/Hauß, Vermögensauseinandersetzung, Rn. 2282; zust. JH/Götz GewSchG § 2 Rn. 23; FAKomm-FamR/Weinreich GewSchG § 2 Rn. 12; FA-FamR/Weinreich Kap. 8 Rn. 461; Schwab/Motzer VIII Rn. 66.
45 NK-BGB/Heinke GewSchG § 2 Rn. 27.
46 FA-FamR/Weinreich Kap. 8 Rn. 461; Schulz/Hauß, Vermögensauseinandersetzung, Rn. 2280.
47 So Schulz/Hauß, Vermögensauseinandersetzung, Rn. 2280; zust. Palandt/Brudermüller GewSchG § 2 Rn. 7; Weinreich, FuR 2007, 145 (149); NK-BGB/Heinke GewSchG § 2 Rn. 27.
48 BT-Drs. 14/5429, 31.

zungsrechts zu erschweren oder zu vereiteln. Zu diesem Zweck kann das Familiengericht als „flankierende Maßnahme" – so der Gesetzgeber[49] – ein **Kündigungsverbot** anordnen, wenn der Täter Alleinmieter der Wohnung ist. Um eine einvernehmliche („kollusive") Aufhebung des Mietvertrags auszuschließen, sollte dem Alleinmieter zusätzlich verboten werden, das Mietverhältnis „in sonstiger Weise" zu beenden.[50]

Hat der Alleinmieter freiwillig dem Ehepartner die Ehewohnung überlassen, kann der in der Wohnung verbliebene Ehegatte mangels Rechtschutzbedürfnisses keine Zuweisung nach § 2 GewSchG verlangen. Droht aber die Kündigung durch den aus der Wohnung ausgezogenen Alleinmieter, kann das Familiengericht ein **isoliertes Kündigungsverbot** – auch im Wege **einstweiliger Anordnung** nach § 49 Abs. 1 FamFG – erlassen. Ein Eilbedürfnis besteht aber nur, wenn Anhaltspunkte vorliegen, dass der Alleinmieter das Mietverhältnis kündigen will.[51] Ein Kündigungsverbot kann, wenn eine Hauptentscheidung nach § 1361 b schon ergangen ist, noch nachträglich – auch durch einstweilige Anordnung – angeordnet werden (§ 48 Abs. 1 FamFG).[52]

47 Hält sich der Alleinmieter nicht an das Verbot und kündigt das Mietverhältnis, so verstößt er gegen ein **gerichtliches Verfügungsverbot** iSd §§ 136, 135. Das Mietverhältnis ist zwar für den Alleinmieter im Verhältnis zum Vermieter beendet, die Kündigung ist aber im Verhältnis zu dem in der Wohnung verbliebenen Ex-Partner unwirksam.[53] Die bloß relative Unwirksamkeit des Mietverhältnisses führt zu zahlreichen kaum lösbaren Problemen.[54] Es ist deshalb vom Gesetzgeber zu fordern, den Verstoß gegen ein gerichtliches Verfügungsverbot mit absoluter Unwirksamkeit zu belegen.[55]

48 Ein Veräußerungsverbot kann das Familiengericht nach hM nicht erlassen.[56] **Schutzmaßnahmen** sollten stets in einem eigenen Verfahren nach § 1 GewSchG beantragt und angeordnet werden. Nur dann können **Verstöße** gem. § 4 GewSchG mit **Freiheits- oder Geldstrafe geahndet** werden.[57]

III. Geltungsbereich, Konkurrenzen (§ 3 GewSchG)

49 Das Gewaltschutzgesetz wurde zum Schutz erwachsener Opfer vor gewalttätigen Erwachsenen geschaffen. § 3 GewSchG bestimmt deshalb, dass Anordnungen nach dem GewSchG nicht erlassen werden können, wenn Eltern oder andere sorgeberechtigte Personen **minderjährige Kinder** misshandeln.[58] In diesen Fällen sind bei Gefährdung des Kindeswohls gerichtliche Maßnahmen nach § 1666

---

49 BT-Drs. 14/5429, 21.
50 Palandt/Brudermüller GewSchG § 2 Rn. 12; MAH/Müller § 17 Rn. 55; Schulz/Hauß, Vermögensauseinandersetzung, Rn. 1147.
51 JH/Götz § 209 FamFG Rn. 7, 20; Schulz/Hauß, Vermögensauseinandersetzung, Rn. 1148.
52 OLG Dresden FamRZ 1997, 183; JH/Götz § 209 FamFG Rn. 19; NK-BGB/Heinke GewSchG § 2 Rn. 24; Schulz/Hauß, Vermögensauseinandersetzung, Rn. 1148.
53 Palandt/Brudermüller GewSchG § 2 Rn. 12; Schulz/Hauß, Vermögensauseinandersetzung, Rn. 1149.
54 Vgl. BT-Drs. 14/5429, 28 u. 42.
55 So auch die Empfehlung des 15. Deutschen Familiengerichtstags (AK 24), FamRZ 2003, 1906 (1908).
56 Palandt/Brudermüller § 1361 b Rn. 15; Schulz/Hauß, Vermögensauseinandersetzung, Rn. 1152 mwN; aA FA-FamR/Weinreich GewSchG § 2 Rn. 469.
57 Schulz/Hauß, Vermögensauseinandersetzung, Rn. 2317.
58 OLG Bamberg FamRZ 2012, 459; KG FPR 2004, 267; LG Heilbronn FamRZ 2009, 72.

anzuordnen. So kann einem gewalttätigen Elternteil nach §§ 1666 Abs. 1, 1666 a Abs. 1 S. 2 die Nutzung der Familienwohnung untersagt werden. Der Familienrichter kann den Gewalttäter verpflichten, die Wohnung zu räumen. Auf der Grundlage von §§ 1666 Abs. 1, 1666 a Abs. 1 S. 2 können als flankierende Anordnungen auch Betretungs- und Näherungsverbote erlassen werden.

Bei Verletzung des Kindes durch einen **Dritten**, etwa den Partner der Mutter   50
oder einen Nachbarn, können gerichtliche Maßnahmen sowohl nach §§ 1, 2
GewSchG als auch nach den sorgerechtlichen Vorschriften der §§ 1666, 1666 a
angeordnet werden. Dieser zweispurige Rechtsschutz kann insofern von Bedeutung sein, da Anordnungen nach dem GewSchG zwar schneller vollstreckt werden können, aber stets einen Antrag des Opfers erfordern, während § 1666 ein
gerichtliches Eingreifen auch von Amts wegen ermöglicht.[59]

Üben Kinder **Gewalt gegen ihre Eltern** aus, können nach § 3 GewSchG „die zur   51
Abwendung weiterer Verletzungen erforderlichen Maßnahmen" (§ 1 Abs. 1 S. 1
GewSchG) getroffen werden.[60] Ein gerichtliches Eingreifen nach dem Gewaltschutzgesetz erfolgt jedoch nur, wenn sorgerechtliche Maßnahmen der Eltern
(wie eine anderweitige Unterbringung des Kindes) nicht ausreichen.[61] Für volljährige Kinder, die in einem dauerhaften gemeinsamen Haushalt mit ihren Eltern leben, gilt das GewSchG uneingeschränkt.[62]

Weitergehende Ansprüche der verletzten Person wie Schadensersatz und Schmer-   52
zensgeld sind durch das Gewaltschutzgesetz nicht ausgeschlossen (Abs. 2).

IV. Strafvorschriften (§ 4 GewSchG)

Verstößt der Täter gegen ein ihm vom Gericht nach § 1 GewSchG auferlegtes   53
Verbot, kann er mit Freiheitsstrafe bis zu einem Jahr oder mit Geldstrafe bestraft werden. Voraussetzung für die Strafbarkeit nach § 4 GewSchG ist, dass
der Beschluss nach § 1 GewSchG dem Täter wirksam **zugestellt wurde**.[63]
§ 4 Nr. 2 GewSchG wurde mit dem Gesetz zur Verbesserung des Schutzes gegen
Nachstellungen vom 1.3.2017[64] neu eingefügt. Damit soll eine Lücke im Bereich
des Gewaltschutzes geschlossen werden. Nach bisheriger Regelung war nur der
Verstoß gegen eine gerichtliche Gewaltschutzanordnung strafbewehrt. Nunmehr
wurde eine Strafandrohung auch für den Fall eingeführt, dass der Täter gegen
eine in einem **Vergleich** übernommene Verpflichtung verstößt, wenn diese vom
Familiengericht bestätigt worden ist. Eine solche Bestätigung soll das Familiengericht gemäß dem (ebenfalls neu eingefügten) § 214 a FamFG stets erteilen,
wenn es die im Vergleich getroffenen Regelungen im Einzelfall auch als gerichtliche Gewaltschutzanordnungen hätte erlassen können.

Die Strafvorschrift ermöglicht, gerichtliche Anordnungen oder vom Familiengericht bestätigte Vereinbarungen effektiv durch ein rasches Eingreifen der Polizei-
behörde durchzusetzen. Die Polizei kann einen **Platzverweis** aussprechen und
eine gewalttätige Person in **Gewahrsam** nehmen.

---

59 JH/Götz GewSchG § 3 Rn. 5; Schulz/Hauß, Vermögensauseinandersetzung, Rn. 2292.
60 FAKomm-FamR/Weinreich GewSchG § 3 Rn. 5.
61 BT-Drs. 14/5429, 32.
62 Schulz/Hauß, Vermögensauseinandersetzung, Rn. 2293.
63 BGH FamRZ 2007, 812.
64 BGBl. 2017 I 386.

54 Einen zusätzlichen Schutz soll die Vorschrift des § 216 a FamFG bewirken. Danach hat das Familiengericht Anordnungen nach §§ 1, 2 GewSchG und bestätigte Vergleiche nach § 214 a FamFG sowie deren Änderung oder Aufhebung den Polizeibehörden und anderen öffentlichen Stellen (Schulen, Kindergärten, Jugendhilfeeinrichtungen), die von der Durchführung der Anordnung betroffen sind, mitzuteilen.[65]

55 Beharrliche Nachstellungen sind außerdem strafbar nach § 238 StGB, der ebenfalls durch das Gesetz zur Verbesserung des Schutzes gegen Nachstellungen vom 1.3.2017 neu gefasst wurde. Es besteht zudem der Haftgrund der Wiederholungsgefahr nach § 112 a StPO. Gegen gefährliche Stalking-Täter kann auch **Untersuchungshaft** angeordnet werden, wenn schwere Straftaten gegen Leib und Leben zu befürchten sind.[66]

C. Das gerichtliche Verfahren

I. Zuständigkeit

56 **1. Sachliche Zuständigkeit.** Gewaltschutzsachen nach §§ 1 und 2 GewSchG sind Familiensachen (§§ 111 Nr. 6, 210 FamFG), für die ausschließlich die **Familiengerichte sachlich zuständig** sind (§§ 23 a Abs. 1 S. 1, 23 b Abs. 1 GVG). Eine „Nähebeziehung" zwischen Opfer und Täter wird nicht vorausgesetzt.[67]

57 **2. Örtliche Zuständigkeit.** Die örtliche Zuständigkeit regelt § 211 FamFG. Danach hat der Antragsteller die **Wahl** zwischen den Gerichten, die für den Tatort, den gemeinsamen Wohnort oder den Aufenthaltsort des Antragsgegners zuständig sind.

II. Amtsermittlung, Darlegungs- und Feststellungslast

58 Das Familiengericht muss in Verfahren der freiwilligen Gerichtsbarkeit gem. § 26 FamFG die entscheidungserheblichen Tatsachen **von Amts wegen** ermitteln. Trotz der Amtsermittlung obliegt es den Beteiligten, ihnen bekannte Tatsachen und Beweismittel vorzutragen (§ 27 FamFG). Es besteht eine materielle **Darlegungs- und Feststellungslast.** Der Antragsteller muss Verletzungen, Drohungen und unzumutbare Belästigungen genau nach Zeit, Ort, Tatumständen und Folgen **substantiiert darlegen.** Der pauschale Vortrag einer verletzten Person, sie sei „wiederholt bedroht, misshandelt oder vergewaltigt worden",[68] „sie habe während der Ehe mehrfach Gewalt, insbesondere auch Demütigungen erfahren"[69] oder der Täter habe ihr „immer wieder aufgelauert und ihr nachgestellt",[70] ist zu unbestimmt. Reicht das Ergebnis der gerichtlichen Ermittlungen zum Nachweis des Tatvorwurfs nicht aus, geht dies zulasten des Beteiligten, der daraus eine für ihn günstige Rechtsfolge herleiten will.

---

65 Schulz/Hauß, Vermögensauseinandersetzung, Rn. 2296.
66 Vgl. BGH FamRZ 2013, 545; Löhnig FamRZ 2007, 518; JH/Götz GewSchG § 4 Rn. 1; Schulz/Hauß, Vermögensauseinandersetzung, Rn. 2297.
67 BT-Drs. 16/6308, 251.
68 OLG Düsseldorf FamRZ 1988, 1058.
69 OLG Brandenburg FamRZ 1996, 743 (744).
70 JH/Götz FamFG § 210 Rn. 6; Schulz/Hauß, Vermögensauseinandersetzung, Rn. 2301.

III. Beteiligung des Jugendamts

Das Jugendamt ist in Verfahren auf Überlassung einer gemeinsamen Wohnung 59
nach § 2 GewSchG zu beteiligen und anzuhören, wenn **Kinder** in dem Haushalt
leben (§§ 212, 213 FamFG).

IV. Einstweilige Anordnungen vor dem Familiengericht

§ 214 Abs. 1 S. 1 FamFG ergänzt die Regelungen in §§ 49 ff. FamFG und stellt 60
klar, dass das Familiengericht auf Antrag Maßnahmen nach §§ 1 oder 2
GewSchG im Wege **einstweiliger Anordnung** treffen kann. In den Fällen des § 1
GewSchG besteht in der Regel ein dringendes Bedürfnis für ein sofortiges Tätigwerden (§ 214 Abs. 1 S. 2 FamFG). Das Familiengericht hat dabei auch zu prüfen, ob aufgrund einer glaubhaft gemachten Gefahrenlage von einer mündlichen
Verhandlung vor Erlass der einstweiligen Anordnung abzusehen ist.[71]

D. Wirksamkeit und Vollstreckung

I. Entscheidungen in der Hauptsache

Endentscheidungen in Gewaltschutzsachen werden mit **Rechtskraft wirksam** 61
(§ 216 Abs. 1 FamFG). Das Familiengericht soll die **sofortige** Wirksamkeit anordnen (§ 216 Abs. 1 S. 2 FamFG). Mit der Anordnung der sofortigen Wirksamkeit kann das Gericht auch die Zulässigkeit der Vollstreckung **vor** der Zustellung an den Antragsgegner anordnen (§ 216 Abs. 2 S. 1 FamFG). In diesem Fall
tritt die Wirksamkeit in dem Zeitpunkt ein, in dem die Entscheidung der Geschäftsstelle des Gerichts zur Bekanntmachung übergeben wird; dieser Zeitpunkt ist auf der Entscheidung zu vermerken (§ 216 Abs. 2 S. 2 FamFG).

Die **Vollstreckung** von Ge- und Verboten nach § 1 GewSchG und die Räumung
der Wohnung nach § 2 Abs. 1 GewSchG sowie die Zahlung einer Nutzungsvergütung nach § 2 Abs. 5 GewSchG werden gem. § 95 Abs. 1 FamFG nach den
Vorschriften der ZPO vollstreckt.

Bei einem Verstoß gegen eine Anordnung nach § 1 GewSchG kann das Opfer
einen **Gerichtsvollzieher** beiziehen (§ 96 Abs. 1 S. 1 FamFG). Der Gerichtsvollzieher ist befugt, die Wohnung des Täters zu durchsuchen, verschlossene Türen
öffnen zu lassen, Gewalt anzuwenden und zur Unterstützung die **Polizei** hinzu-
zuziehen (§ 96 Abs. 1 S. 2 FamFG).

Daneben können Verstöße gegen Schutzmaßnahmen nach § 1 GewSchG auf Antrag des Opfers durch **Ordnungsgeld oder Ordnungshaft** gem. § 890 ZPO geahndet werden (§ 96 Abs. 1 S. 3 FamFG).

II. Einstweilige Anordnungen

Die **Vollstreckung** einstweiliger Anordnungen richtet sich ebenfalls gem. § 95 62
Abs. 1 FamFG nach den Vorschriften der ZPO. Das Familiengericht kann nach
§ 53 Abs. 2 S. 1 FamFG anordnen, dass die Vollstreckung der einstweiligen Anordnung vor Zustellung an den Verpflichteten zulässig ist. In diesem Fall wird
die einstweilige Anordnung bereits mit Erlass wirksam (§ 53 Abs. 2 S. 2
FamFG).

---

71 BT-Drs. 16/6308, 252.

Nach § 214 Abs. 2 FamFG gilt der Antrag auf Erlass der einstweiligen Anordnung im Fall des Erlasses ohne mündliche Erörterung **zugleich** als Auftrag zur Zustellung durch den Gerichtsvollzieher unter Vermittlung der Geschäftsstelle und als Auftrag zur Vollstreckung; auf Verlangen des Antragstellers darf die Zustellung nicht vor der Vollstreckung erfolgen. Diese Regelung soll eine rasche Vollziehung der Anordnung gewährleisten.

Nach § 96 Abs. 2 FamFG ist bei einer einstweiligen Anordnung auf Überlassung der Wohnung (§ 2 GewSchG) die **mehrfache Vollziehung** im Sinne des § 885 Abs. 1 ZPO während der Geltungsdauer möglich. Nimmt das Opfer den Täter wieder in die Wohnung auf, muss es bei erneuter Gewalttätigkeit nicht einen neuen Räumungstitel beim Familiengericht beantragen. Vielmehr kann das Opfer aus der ergangenen einstweiligen Anordnung abermals durch den Gerichtsvollzieher vollstrecken. Einer erneuten Zustellung an den Verpflichteten bedarf es hierzu nicht.

Der frühere Täter kann in diesem Fall aber den Vollstreckungstitel **herausverlangen**.[72] Werden Vollstreckungsmaßnahmen angedroht oder eingeleitet, kann er Vollstreckungsabwehrklage (§ 767 ZPO) erheben oder die Einstellung der Zwangsvollstreckung (§ 769 ZPO) erwirken.[73] Zweckmäßiger ist es, nach der Versöhnung sogleich die Aufhebung der einstweiligen Anordnung nach § 54 Abs. 1 FamFG zu beantragen.

E. Kosten in Gewaltschutzsachen

I. Gerichtsgebühren

63 Für die Entscheidung in der Hauptsache werden zwei, für die einstweilige Anordnung eineinhalb Gebühren erhoben (KV-FamGKG Nr. 1320, 1420). Ein **Gerichtskostenvorschuss** ist in Gewaltschutzsachen nicht zu leisten (§§ 11, 21 Abs. 1 Nr. 1 FamGKG).

II. Geschäftswert

64 Der Geschäftswert beträgt in Verfahren nach § 1 GewSchG **2.000 EUR** und in Verfahren nach § 2 GewSchG **3.000 EUR** (§ 49 Abs. 1 FamGKG). Sind diese Werte im Einzelfall unbillig, kann das Familiengericht einen höheren oder niedrigeren Wert festsetzen (§ 49 Abs. 2 FamGKG). Bei den Verfahren nach §§ 1 und 2 GewSchG handelt es sich um zwei voneinander **unabhängige** selbstständige Streitgegenstände.[74]

Bei **einstweiligen Anordnungen** ist nach § 41 FamGKG der Wert unter Berücksichtigung der geringeren Bedeutung gegenüber der Hauptsache zu ermäßigen, wobei in der Regel von der Hälfte des Werts der Hauptsache auszugehen ist. Bei massiven Rechtsverletzungen kann auch der Hauptsachewert angesetzt werden.[75]

---

72 KG FamRZ 2006, 49 (Opfer darf den Titel nicht „auf Vorrat" zurückhalten).
73 Schwab/Motzer VIII Rn. 34; Schulz/Hauß, Vermögensauseinandersetzung, Rn. 2313.
74 OLG Dresden FamRZ 2006, 803; 2003, 1312 (1314); OLG Nürnberg FamRZ 2008, 1468.
75 OLG Düsseldorf FamRZ 2008, 1096.

III. Anwaltsgebühren

Mit dem Wegfall der Trennung zwischen Gebühren für die Tätigkeit in zivilpro- 65
zessualen Verfahren und Verfahren der freiwilligen Gerichtsbarkeit im RVG erhält der als Prozess- oder Verfahrensbevollmächtigte bestellte Rechtsanwalt in
allen isolierten Familienverfahren die gleichen Gebühren (Verfahrens- und Ter-
minsgebühren).

F. Anträge und Zusatzanordnungen (§ 215 FamFG)[76]

I. Maßnahmen nach § 1 GewSchG

Der Antrag könnte lauten: 66

▶ Dem Antragsgegner wird – zunächst für die Dauer von drei Monaten – **verboten**,
 – die bisher gemeinsam genutzte Wohnung in ... zu betreten;
 – sich in einem Umkreis von der Wohnung in ... aufzuhalten;
 – den Arbeitsplatz der Antragstellerin bei ... (und den Kindergarten in ...) aufzusuchen;
 – Verbindung zur Antragstellerin durch Fernkommunikationsmittel wie Telefon, Handy, SMS und E-Mail aufzunehmen.
 – Die sofortige Wirksamkeit dieser Maßnahmen wird angeordnet.
 – Der Antragsgegner wird darauf hingewiesen, dass Verstöße gegen diese Anordnungen mit Freiheitsstrafe bis zu einem Jahr oder mit Geldstrafe bestraft werden (§ 4
  GewSchG).
 – Gegen den Antragsgegner wird außerdem für jeden Fall der Zuwiderhandlung ein
  Ordnungsgeld, dessen Höhe in das Ermessen des Gerichts gestellt wird, ver-
  hängt. ◀

II. Wohnungszuweisung nach § 2 GewSchG

1. Hauptantrag. Der Antrag könnte lauten: 67

▶ I. Die bisher gemeinsam genutzte Wohnung der Parteien in ... wird zunächst für die
Dauer von – sechs – Monaten der Antragstellerin zur alleinigen Benutzung überlassen.
II. Der Antragsgegner ist verpflichtet, die Wohnung sofort zu räumen und an die An-
tragstellerin herauszugeben.
III. Bei der Räumung ist § 885 Abs. 2 bis 4 ZPO nicht anzuwenden. ◀

Die bloße Zuweisung der Wohnung zur alleinigen Nutzung stellt noch keinen
vollstreckbaren Räumungstitel dar. Es muss zusätzlich eine Räumungspflicht
ausgesprochen werden, die sich nur auf die Person des Schuldners (§ 885 Abs. 1
ZPO), nicht aber auf die in der Wohnung befindlichen Sachen bezieht.[77]

2. Schutz- und Unterlassungsmaßnahmen. Hat das Familiengericht dem Opfer 68
die Wohnung zugewiesen, hat der Täter alles zu unterlassen, was geeignet ist,
die Ausübung dieses Nutzungsrechts zu erschweren oder zu vereiteln (§ 2 Abs. 4
GewSchG). Diese Regelung entspricht § 1361 b Abs. 3 S. 1. Gemäß § 215
FamFG soll das Familiengericht in der Endentscheidung die zu ihrer Durchführung erforderlichen Anordnungen treffen. Es können **Schutzmaßnahmen** wie
Betretungs-, Näherungs- und Beeinträchtigungsverbote erlassen werden. So
kann gegen den **Alleinmieter** ein **Kündigungsverbot** verhängt werden.[78] Alle

---

76 Nach Schulz/Hauß, Vermögensauseinandersetzung, Rn. 2314 ff.
77 Schulz/Hauß, Vermögensauseinandersetzung, Rn. 2315.
78 Schulz/Hauß, Vermögensauseinandersetzung, Rn. 2316.

Schutzanordnungen nach § 2 Abs. 4 GewSchG kann das Familiengericht sogleich im Wege einstweiliger Anordnung, auch nachträglich und ohne mündliche Verhandlung, erlassen.

69 Schutzanträge könnten lauten:

▶ Dem Antragsgegner wird verboten,

- die bisher gemeinsam genutzte Wohnung in ... – ohne Zustimmung der Antragstellerin – nochmals zu betreten;
- sich in einem Umkreis von – 500 Metern – der Wohnung der Antragstellerin zu nähern;
- Verbindung zur Antragstellerin durch Fernkommunikationsmittel wie Telefon, Handy, SMS und E-Mail aufzunehmen;
- die Antragstellerin zu belästigen, zu bedrohen oder zu misshandeln;
- das Mietverhältnis über die Wohnung in ... zu kündigen;
- seine Eigentumswohnung in ... zu veräußern.

Dem Antragsgegner wird aufgegeben,

- der Antragstellerin sämtliche Wohnungsschlüssel auszuhändigen;
- beim Auszug seine persönlichen Sachen mitzunehmen. Haushaltsgegenstände darf er aus der Wohnung nicht entfernen.

Für jeden Fall der Zuwiderhandlung wird gegen den Antragsgegner ein Ordnungsgeld, dessen Höhe in das Ermessen des Gerichts gestellt wird, verhängt.

Die Vollziehung der einstweiligen Anordnung ist vor ihrer Zustellung an den Antragsgegner zulässig.

Die Zustellung des Beschlusses darf nicht vor der Vollziehung erfolgen.

Die sofortige Wirksamkeit dieser Entscheidung und die Zulässigkeit der Zwangsvollstreckung vor der Zustellung an den Antragsgegner werden angeordnet. ◀

70 Die in § 2 Abs. 4 GewSchG zur Sicherung der Hauptentscheidung „Wohnungsüberlassung" vorgesehenen Schutzmaßnahmen wie Betretungs-, Näherungs-, Kontakt- und Belästigungsverbote können auch nach § 1 GewSchG angeordnet werden. Der Unterschied liegt darin, dass nur Verstöße gegen gerichtliche Anordnungen, die gem. § 1 GewSchG erlassen wurden, mit Strafe bedroht sind (§ 4 GewSchG). Eine Bestrafung des Täters setzt aber voraus, dass das Familiengericht in seinem Beschluss eindeutig bestimmt hat, dass es die angeordneten Verbote auf der Grundlage von § 1 GewSchG verhängt hat. Wenn Verstöße gegen gerichtliche Anordnungen strafbewehrt sein sollen, sollte der anwaltliche Vertreter Betretungs-, Näherungs- und Kontaktverbote nicht im Verfahren auf Wohnungsüberlassung nach § 2 Abs. 4 GewSchG beantragen, sondern in einem eigenen Verfahren Anträge auf gerichtliche Schutzmaßnahmen nach § 1 GewSchG stellen.[79]

Das Verbot, die Antragstellerin zu belästigen, zu bedrohen oder zu misshandeln, hat nur deklaratorische Bedeutung, da es nicht hinreichend konkret und damit nicht vollstreckungsfähig ist.[80]

G. Zusammenarbeit zum Schutz der Opfer

71 Häusliche Gewalt kann am wirksamsten bekämpft werden, wenn die verschiedenen Einrichtungen, zu deren Aufgabe der Opferschutz gehört, ihre Maßnah-

---

79 Schulz/Hauß, Vermögensauseinandersetzung, Rn. 2317.
80 OLG Karlsruhe FamRZ 2008, 291 (292).

men miteinander abstimmen. Dazu zählen Familiengericht, Polizei, Staatsanwaltschaft, Jugendamt, soziale Beratungsstellen und Frauenhäuser. Um die Zusammenarbeit der mit Gewaltschutzsachen befassten Stellen zu verbessern, wurde auf Anregung des Rechtsausschusses in das **FamFG** noch § 216 a eingefügt. Danach hat das Familiengericht Anordnungen nach §§ 1, 2 GewSchG sowie deren Änderung oder Aufhebung an die Polizeibehörden und andere öffentliche Stellen (Schulen, Kindergärten, Jugendhilfeeinrichtungen), die von der Durchführung der Anordnung betroffen sind, unverzüglich mitzuteilen, soweit nicht schutzwürdige Interessen eines Beteiligten an dem Ausschluss der Übermittlung, das Schutzbedürfnis anderer Beteiligter oder das öffentliche Interesse an der Übermittlung überwiegen. Die Beteiligten sollen über die Mitteilung unterrichtet werden.

Noch weiter geht das sog „Münchener Modell". Hier leitet die Opferschutzstelle des Polizeipräsidiums München dem Familiengericht per Fax einen „Kurzbericht Häusliche Gewalt" zu, wenn die in die Wohnung des Opfers gerufenen Polizeibeamten gegen den Täter einen Platzverweis, ein Kontaktverbot oder die vorläufige Festnahme angeordnet haben. Der Familienrichter kann dann auf dieser Grundlage über den Antrag des Opfers auf Wohnungszuweisung in der Regel ohne mündliche Verhandlung sofort entscheiden. **72**

Gesetz über die Eingetragene Lebenspartnerschaft (Lebenspartnerschaftsgesetz – LPartG)

Vom 16. Februar 2001 (BGBl. I S. 266)

(FNA 400-15)

zuletzt geändert durch Art. 2 Abs. 1 G zur Einführung des Rechts auf Eheschließung für Personen gleichen Geschlechts vom 20. Juli 2017 (BGBl. I S. 2787)

Literatur: *Borth*, Praxis des Unterhaltsrechts, 2. Aufl. 2011 (zit.: Borth, Unterhaltsrecht); *Bruns/Kemper* (Hrsg.), Lebenspartnerschaftsrecht, 2. Aufl. 2005 (zit. HK-LPartR); *Muscheler*, Das Recht der eingetragenen Lebenspartnerschaft, 2. Aufl. 2004; *Peschel-Gutzeit*, Unterhaltsrecht aktuell – Die Auswirkungen der Unterhaltsreform auf die Beratungspraxis, 2008; Schulz/Hauß, Vermögensauseinandersetzung bei Trennung und Scheidung, 6. Aufl. 2015; *Wellenhofer-Klein*, Die eingetragene Lebenspartnerschaft, 2003; *Wever*, Vermögensauseinandersetzung der Ehegatten außerhalb des Güterrechts, 6. Aufl. 2014.

Vorbemerkung

I. Allgemeines

1 Am 1.8.2001 trat das **Lebenspartnerschaftsgesetz (LPartG)** in Kraft und führte damit ein neues familienrechtliches Institut ein.

Dem ging ein Eileintrag auf vorläufige Aussetzung des Inkrafttretens bei dem Bundesverfassungsgericht voraus, der ebenso abgewiesen wurde[1] wie der Hauptsacheantrag selbst.[2] Das Bundesverfassungsgericht vertrat die Auffassung, durch diese Regelungen würden weder die grundgesetzlich geschützte Eheschließungsfreiheit berührt noch das Institut der Ehe beeinträchtigt, ebenso wenig wie der Gleichheitssatz und wesentliche Strukturprinzipien der Ehe.[3]

Zwischenzeitlich war das Gesetz zahlreichen Änderungen unterworfen, durch die seine Rechtswirkungen **nahezu vollständig dem Eherecht angepasst** wurden.

So gelten aufgrund der Rechtsprechung des Bundesverfassungsgerichtes die Regelungen des Erbschaft- und Schenkungsteuerrechts,[4] der Grunderwerbssteuer[5] sowie des Ehegattensplittings[6] für Lebenspartnerschaften gleichermaßen. Auch ein Kindergeldanspruch wird entsprechend gewährt.[7] Die Hinterbliebenenversorgung im öffentlichen Dienst[8] wurde darüber hinaus ebenso angeglichen wie die Regelungen des beamtenrechtlichen Familienzuschlages.[9] In Bezug auf das Adoptionsrecht wurde in Folge der Entscheidung des Bundesverfassungsgerichtes[10] die Sukzessivadoption durch Lebenspartner[11] zulässig. Offengelassen hat das Gericht in diesem Zusammenhang die Frage, ob auch eine gemeinschaftliche Adoption mit dem Grundgesetz vereinbar ist.[12]

---

1 BVerfG NJW 2001, 2457.
2 BVerfG NJW 2002, 2543 mAnm Roellecke.
3 AA Papier/Haas NJW 2002, 2551.
4 BVerfG NJW 2010, 2783.
5 BVerfG NJW 2012, 2719.
6 BVerfG FamRZ 2013, 1103.
7 BFH NJW 2013, 3392.
8 BVerfG NJW 2010, 1439.
9 BVerfG FamRZ 2012, 1472.
10 BVerfG FamRZ 2013, 521.
11 BGBl. I 786.
12 Vgl. zur Diskussion Maurer FamRZ 2013, 752.

Mit den Regelungen des LPartG ist es damit **gleichgeschlechtlichen Partnern** möglich, ihre **Lebensgemeinschaft** auf rechtliche verbindliche Grundlagen zu stellen.

Mit dem **Gesetz zur Einführung des Rechtes auf Eheschließung für Personen gleichen Geschlechts** vom 20.7.2017[13] ist es nunmehr auch gleichgeschlechtlichen Paaren möglich, eine Ehe einzugehen. Die entsprechende Regelung findet sich in § 1353 Abs. 1 S. 1 BGB nF (→ § 1353 Rn. 1 ff.). Unter Berücksichtigung der Tatsache, dass gleichgeschlechtliche Verbindungen in Form einer Ehe nicht in allen Ländern möglich sind, wurde § 1309 BGB ein Abs. 3 angefügt, infolgedessen die Notwendigkeit der Beibringung eines Ehefähigkeitszeugnisses für Personen aus diesen Heimatstaaten nicht mehr erforderlich ist (→ § 1309 Rn. 9). **Bestehende Lebenspartnerschaften** können nunmehr jederzeit nach dem neuen § 20 a LPartG in eine Ehe umgewandelt werden, ohne dass Fristen einzuhalten wären. Geschieht dies nicht, werden die bestehenden Partnerschaften unverändert fortgeführt. **Neue Lebenspartnerschaften** können jedoch ab Inkrafttreten am 1.10.2017 gemäß Art. 3 Abs. 3 des Gesetzes zur Einführung des Rechts auf Eheschließung für Personen gleichen Geschlechts nicht mehr geschlossen werden.

Nach Angaben des Statistischen Bundesamtes gab es im Jahre 2015 in der Bundesrepublik Deutschland 43.000 eingetragene Lebenspartnerschaften. Vermutlich wird nunmehr eine große Anzahl von ihnen in gleichgeschlechtliche Ehen umgewandelt werden.

II. Verfahrenszuständigkeiten

1. Sachliche Zuständigkeit. Nach § 23 a Abs. 1 Nr. 1 GVG iVm § 111 Nr. 11   2 FamFG sind für Lebenspartnerschaftssachen gem. §§ 269, 270 FamFG die Familiengerichte zuständig. Hierbei verweist § 270 FamFG auf die auch in Ehesachen geltenden Verfahrensvorschriften. Ausgenommen hiervon sind gem. § 269 Abs. 2 FamFG lediglich Verfahren, für die in besonderen Sachgebieten andere Zuständigkeiten gesetzlich bestimmt sind, etwa im Bereich des Arbeits- oder Wohnungseigentumsrechts oder in erbrechtlichen Angelegenheiten.

2. Örtliche Zuständigkeit. Die örtliche Zuständigkeit richtet sich in entspre-   3 chender Anwendung der eherechtlichen Vorschriften gem. § 270 FamFG grundsätzlich nach dem **gewöhnlichen Aufenthalt**, so §§ 122, 123 FamFG; für Unterhaltssachen gelten §§ 232, 233 FamFG. Bei **Wohnungs- und Haushaltssachen** kommt gem. § 201 Nr. 2 FamFG noch das Gericht in Frage, in dessen Bezirk sich die streitbefangene Wohnung befindet, wenn keine andere Zuständigkeit, etwa gem. § 201 Nr. 1 FamFG, Vorrang hat. Bei mehreren örtlich zuständigen Gerichten stellt § 2 Abs. 1 FamFG klar, dass das zuerst mit der Angelegenheit befasste Gericht zuständig ist. Auch bei Änderungen der die Zuständigkeit begründenden Umstände bleibt die einmal bestehende örtliche Zuständigkeit gem. § 2 Abs. 2 FamFG erhalten.

3. Internationale Zuständigkeit. § 103 FamFG regelt die internationale Zustän-   4 digkeit in Lebenspartnerschaftssachen. Wenn einer der Lebenspartner Deutscher ist oder es bei Begründung der Lebenspartnerschaft war, so sind gem. § 103 Abs. 1 Nr. 1 FamFG deutsche Gerichte zuständig. Dies gilt auch in den Fällen, in

---

13 BGBl. 2017 I 2787.

denen lediglich einer der Lebenspartner seinen **gewöhnlichen Aufenthalt** in Deutschland hat (§ 103 Abs. 1 Nr. 2 FamFG). Unberücksichtigt bleibt hierbei, ob eine solche Entscheidung im **Heimatstaat** des Lebenspartners Anerkennung finden würde, im Gegensatz zur Regelung des § 98 Abs. 1 Nr. 4 FamFG für Ehegatten. Diese **Privilegierung** begegnet verfassungsrechtlichen Bedenken.[14] Deutsche Gerichte sind auch dann zuständig, wenn die Partnerschaft von Ausländern ohne gewöhnlichen Aufenthalt im Inland lediglich in Deutschland registriert wurde (§ 103 Abs. 1 Nr. 3 FamFG).

Die **Anerkennung** ausländischer Entscheidungen erfolgt gem. §§ 108 ff. FamFG.

III. Anwaltszwang

5 Die Frage der Notwendigkeit **anwaltlicher Vertretung** regelt § 114 FamFG. Diese Vorschrift gilt trotz ihres Wortlautes gem. § 270 FamFG entsprechend auch für Verfahren in Lebenspartnerschaftssachen.

IV. Rechtsmittel

6 Für Rechtsmittel finden die Vorschriften des 5. Abschnittes des FamFG, §§ 58 ff. FamFG, Anwendung.

V. Kosten

7 In den Lebenspartnerschaftssachen nach § 296 Abs. 1 FamFG finden die §§ 80 ff. FamFG Anwendung. Danach entscheidet das Gericht nach billigem Ermessen über die **Kosten**. Es ist jedoch stets über die Kosten zu entscheiden. Die Festsetzung des **Streitwertes** regelt § 5 FamGKG unter Verweis auf die weiter anzuwendenden Vorschriften. In den Lebenspartnerschaftssachen, die gem. § 112 FamFG **Familienstreitsachen** sind, gelten jedoch über § 113 Abs. 1 S. 2 FamFG die §§ 91 ff., 97 ZPO, allerdings mit den Einschränkungen des § 132 FamFG für die Kosten bei Aufhebung der Ehe, § 150 FamFG, für die bei Scheidung und den Folgesachen entstehenden Kosten sowie in Unterhaltssachen gem. § 243 FamFG.

VI. Binationale Partnerschaft

8 **1. Anwendbares Recht.** Gehen Partner mit unterschiedlichen **Nationalitäten** eine Lebenspartnerschaft ein, so wird für die Rechtsfolgen – in Unterscheidung zum Eherecht – nicht an die Nationalität eines der Partner angeknüpft, sondern an das Recht des **registerführenden Staates (lex loci celebrationis)**. Wird die Partnerschaft somit in Deutschland registriert, findet gem. Art. 17 b Abs. 1 S. 1 EGBGB das deutsche LPartG Anwendung, unabhängig davon, ob auch das Heimatrecht des ausländischen Partners ein solches Rechtsinstitut vorsieht. Die Partnerschaft ist damit in Deutschland wirksam begründet. Eine Besonderheit besteht darin, dass von denselben Partnern nacheinander Partnerschaften in verschiedenen Staaten begründet werden können. Für die Beurteilung der **Rechtsfolgen** ist dann gem. Art. 17 b Abs. 3 EGBGB ex nunc das Recht des Staates anzuwenden, in dem die zuletzt begründete Partnerschaft registriert wurde.[15]

---

14 Zöller/Geimer FamFG § 103 Rn. 14, 18; Zöller/Geimer FamFG § 98 Rn. 10.
15 Palandt/Thorn EGBGB Art. 17 b Rn. 3; BT-Drs. 14/3751, 60.

2. Güterrecht. a) Geltendes Recht. Auch das Güterrecht richtet sich nach dem 9
Recht des **registerführenden Staates** (Art. 17 b Abs. 1 S. 1 EGBGB), dies führt
somit bei in Deutschland registrierten Partnerschaften zur ausschließlichen Anwendung deutschen Rechts[16] in Abweichung von den für die Ehe geltenden güterrechtlichen Regelungen (vgl. Art. 14, 15 EGBGB). Wurde die Partnerschaft jedoch im Ausland registriert, so behalten die dort geltenden Vorschriften ihre
Wirkung auch dann, wenn die Partner ihren Lebensmittelpunkt nach Deutschland verlegen; eine **Rechtswahl** ist nicht möglich.[17] Ihre Grenze findet die Anwendung ausländischen Rechts lediglich darin, dass gem. Art. 17 b Abs. 4
EGBGB die Rechtswirkungen nicht weiter reichen dürfen als nach deutschem
Recht zulässig.

b) Rechtslage ab dem 29.1.2019. Ab dem 29.1.2019 gilt in allen Teilen die neue 10
Verordnung (EU) 2016/1104 des Rates vom 24.6.2016 zur Durchführung der
Verstärkten Zusammenarbeit im Bereich der Zuständigkeit, des anzuwendenden
Rechts und der Anerkennung und Vollstreckung von Entscheidungen in Fragen
güterrechtlicher Wirkungen eingetragener Partnerschaften, kurz EuPartVO. Sie
ergänzt die ebenfalls ab 29.1.2019 geltende Verordnung (EU) 2016/1103 des
Rates vom 24.6.2016 zur Durchführung einer Verstärkten Zusammenarbeit im
Bereich der Zuständigkeit, des anzuwendenden Rechts und der Anerkennung
und Vollstreckung von Entscheidungen in Fragen des ehelichen Güterstandes
(EuGüVO). Zu den Einzelheiten → § 6 Rn. 3 ff.

3. Namensrecht. Ein wesentlicher Unterschied zu den genannten Regelungen 11
besteht gem. Art. 17 b Abs. 2 S. 1 iVm Art. 10 Abs. 1 EGBGB im **Namensrecht.**
Hier wird an das jeweilige **Personalstatut** angeknüpft mit der Folge, dass für den
zukünftigen Lebenspartnerschaftsnamen entweder das Recht des Landes zur
Anwendung kommt, aus dem einer oder beide Partner stammen. Deutsches
Recht kann jedoch auch gewählt werden, wenn einer der Partner seinen gewöhnlichen Aufenthalt in Deutschland hat. Die Wahl muss von beiden Partnern
gemeinsam getroffen werden. Die Erklärung ist öffentlich zu beglaubigen.[18] In
welchem Land die Partnerschaft registriert wurde, ist unerheblich. Auch bei
Auflösung der Partnerschaft wirkt diese **Rechtswahl** für die Frage der Fortführung des Partnerschaftsnamens weiter.

4. Unterhaltsrecht. Die Unterhaltsansprüche sind nach Aufhebung von Art. 18 12
EGBGB durch das Haager Protokoll über das auf Unterhaltspflichten anzuwendende Recht (HUntProt) mit Wirkung zum 18.6.2011 geregelt. Danach sind
gem. Art. 3 Abs. 1 HUntProt grundsätzlich die Vorschriften maßgebend, die am
jeweiligen **gewöhnlichen Aufenthaltsort** des Berechtigten gelten. Wechselt der
Unterhaltsberechtigte seinen gewöhnlichen Aufenthalt, so ist gem. Abs. 2 dieser
Vorschrift das Recht des Staates des neuen gewöhnlichen Aufenthaltes anzuwenden. Es kann jedoch auf Einrede eines der Beteiligten auch das Recht des Staates
Anwendung finden, zu dem im Falle einer Ehe eine engere Verbindung besteht,
wie etwa der letzte, länger dauernde gemeinsame Aufenthalt. Für die Erhebung
dieser Einrede im Rahmen einer eingetragenen Partnerschaft wird davon auszu-

---

16 Süß, Notarieller Gestaltungsbedarf bei Eingetragenen Lebenspartnerschaften mit Auslän-
    dern, DNotZ 2001, 168 (170); Grziwotz, Die Lebenspartnerschaft zweier Personen glei-
    chen Geschlechts, Beratungspraxis und Vertragsgestaltung, DNotZ 2001, 280 (301).
17 Palandt/Thorn EGBGB Art. 17 b Rn. 2, 4.
18 Vgl. hierzu: Palandt/Thorn EGBGB Art. 17 b Rn. 7; Kornmacher, Die Lebenspartner-
    schaft – rechtliche Ausgestaltung und Rechtswirkungen (Teil 3), FamRB 2004, 51 ff.

gehen sein, dass es für die Abweichung vom Grundsatz des gewöhnlichen Aufenthaltes neben der Tatsache des Eintrages in das Register des jeweiligen Landes noch weiterer Faktoren für eine Näherbeziehung zu einem anderen Staat als dem des gewöhnlichen Aufenthaltes bedarf.[19]

13   **5. Erbrecht.** Bis einschließlich dem 16.8.2015 galt Art. 25 Abs. 1 EGBGB für das Erbrecht mit der Folge, dass die **Staatsangehörigkeit** des Erblassers das anzuwendende Recht bestimmte. Seit dem 17.8.2015 gilt nunmehr jedoch die Europäische Erbrechtsverordnung (EuErbVO), nach der sich die Frage des anzuwendenden Rechts über den gewöhnlichen Aufenthalt des Erblassers entscheidet mit der Rechtswahlmöglichkeit des Staates, dem der Testierende zum Zeitpunkt der Rechtswahl oder seines Todes angehört (Art. 22 EuErbVO).

Abschnitt 1 Begründung der Lebenspartnerschaft

§ 1 LPartG   Form und Voraussetzungen

(1) [1]Zwei Personen gleichen Geschlechts, die gegenüber dem Standesbeamten persönlich und bei gleichzeitiger Anwesenheit erklären, miteinander eine Partnerschaft auf Lebenszeit führen zu wollen (Lebenspartnerinnen oder Lebenspartner), begründen eine Lebenspartnerschaft. [2]Die Erklärungen können nicht unter einer Bedingung oder Zeitbestimmung abgegeben werden.

(2) [1]Der Standesbeamte soll die Lebenspartner einzeln befragen, ob sie eine Lebenspartnerschaft begründen wollen. [2]Wenn die Lebenspartner diese Frage bejahen, soll der Standesbeamte erklären, dass die Lebenspartnerschaft nunmehr begründet ist. [3]Die Begründung der Lebenspartnerschaft kann in Gegenwart von bis zu zwei Zeugen erfolgen.

(3) Eine Lebenspartnerschaft kann nicht wirksam begründet werden

1. mit einer Person, die minderjährig oder mit einer dritten Person verheiratet ist oder bereits mit einer anderen Person eine Lebenspartnerschaft führt;
2. zwischen Personen, die in gerader Linie miteinander verwandt sind;
3. zwischen vollbürtigen und halbbürtigen Geschwistern;
4. wenn die Lebenspartner bei der Begründung der Lebenspartnerschaft darüber einig sind, keine Verpflichtungen gemäß § 2 begründen zu wollen.

(4) [1]Aus dem Versprechen, eine Lebenspartnerschaft zu begründen, kann kein Antrag auf Begründung der Lebenspartnerschaft gestellt werden. [2]§ 1297 Abs. 2 und die §§ 1298 bis 1302 des Bürgerlichen Gesetzbuchs gelten entsprechend.

I. Allgemeines

1   § 1 LPartG regelt die **Form** sowie die **Voraussetzungen** zur Begründung einer Lebenspartnerschaft und definiert deren Wesen als eine auf Lebenszeit angelegte Gemeinschaft gleichgeschlechtlicher Personen (Abs. 1 S. 1).

II. Begründung der Partnerschaft

2   **1. Gleichgeschlechtliche Partner (Abs. 1 S. 1).** Beide Partner müssen gleichgeschlechtlich sein. Personen verschiedenen Geschlechts können somit keine Part-

---

19 Palandt/Thorn HUntProt Art. 5 Rn. 21.

nerschaft nach diesem Gesetz eingehen.[1] Hiermit soll verhindert werden, dass verschieden geschlechtliche Personen eine gesetzliche geregelte Lebensform wählen können, die in ihren Rechtsfolgen zum Teil weniger verbindlich ist als eine Ehe, so etwa bezüglich der unterhaltsrechtlichen Regelungen. Das Bundesverfassungsgericht hat 2011 entschieden, dass für die Feststellung der Gleichgeschlechtlichkeit nicht erforderlich ist, dass sich ein Transsexueller Operationen unterzieht, die ihn auch äußerlich verändern. Neben formalen Voraussetzungen sind hierfür gutachterliche Feststellungen ausreichend.[2]

2. Übereinstimmende Willenserklärungen (Abs. 1 S. 1 und 2). Die Partner müssen bei **gleichzeitiger Anwesenheit** übereinstimmend erklären, eine Partnerschaft im Sinne dieses Gesetzes eingehen zu wollen. Hierbei gelten die allgemeinen Vertragsregeln etwa auch in Bezug auf Willensmängel oder die Geschäftsfähigkeit. Beide Parteien müssen volljährig sein. Eine Stellvertretung ist nicht möglich. Auch sind die **Erklärungen** unbedingt abzugeben, dh sie sind bedingungsfeindlich und können nicht zeitlich begrenzt werden. Andernfalls wäre die Partnerschaft bereits nicht wirksam zustande gekommen im Gegensatz zur Eheschließung, die in diesem Falle lediglich die Aufhebbarkeit zur Folge hätte.[3] Im Falle von Willensmängeln kann auf Antrag eines Partners die Aufhebung durch das Gericht gem. § 15 Abs. 2 S. 2 LPartG erfolgen. Weiterer Voraussetzungen für die Begründung bedarf es nicht. Beide Partner müssen für die Eintragung der Partnerschaft in Deutschland weder deutsche Staatsangehörige sein noch einen Wohnsitz oder bestimmen Aufenthaltsstatus im Inland haben.[4]

Die in der ursprünglichen Fassung des Gesetzes vom 1.8.2001 enthaltene Verpflichtung, bei Vereinbarung der Partnerschaft eine Erklärung über den Vermögensstand abzugeben, ist mit Wirkung vom 1.1.2005 durch das LPartÜG ersatzlos entfallen.

3. Zuständige Behörde. a) Sachliche Zuständigkeit. Mit Wirkung zum 1.1.2009 hat das Personenstandsreformgesetz[5] die Zuständigkeit für die Registrierung der Lebenspartnerschaft den **Standesbeamten** zugewiesen. Von der **Länderöffnungsklausel** des § 23 LPartG haben die Länder Baden-Württemberg, Thüringen und Bayern Gebrauch gemacht und hiervon abweichende Regelungen getroffen. In Baden-Württemberg sind die Landkreise bzw. die Bürgermeisterämter in den Stadtkreisen zuständig, in Bayern die Notare und die Standesämter. Thüringen hat seit 31.12.2010 die Zuständigkeit der Standesämter wieder eingeführt.[6] Für alle vor dem 1.1.2009 geschlossenen Lebenspartnerschaften bestimmt § 22 LPartG, dass die entsprechenden Aktenvorgänge an die nach dieser Vorschrift zuständigen Standesämter weiterzuleiten sind. Die Begründung der Lebenspartnerschaft ist von den Standesbeamten im **Lebenspartnerschaftsregister** zu beurkunden.[7]

---

1 NK-BGB/Ring/Olsen-Ring LPartG § 1 Rn. 5.
2 BVerfG FamFR 2011, 117.
3 Palandt/Brudermüller LPartG § 1 Rn. 6; Wellenhofer-Klein Rn. 66.
4 BT-Drs. 14/3751, 36.
5 BGBl. 2007 I 1146.
6 Gesetz zur Aufhebung des Thüringer Ausführungsgesetzes zum Lebenspartnerschaftsgesetz vom 20.12.2010.
7 Zu den Einzelheiten vgl. Stuber, Form und Verfahren der Begründung einer eingetragenen Lebenspartnerschaft, FPR 2010, 188 ff.

5 **b) Örtliche Zuständigkeit.** Die örtliche Zuständigkeit der Behörde richtet sich nach dem **Wohnsitz**, hilfsweise dem gewöhnlichen Aufenthaltsort der Partner. Ergeben sich hieraus mehrere Zuständigkeiten, haben die Partner ein **Wahlrecht**. Hat keiner der Lebenspartner einen Wohnsitz oder gewöhnlichen Aufenthalt im Inland, so kann von ihnen das Standesamt frei gewählt werden.[8]

6 **c) Im Ausland geschlossene Lebenspartnerschaften.** Die vor einer ausländischen Behörde begründeten Lebenspartnerschaften werden in Deutschland **anerkannt**, wenn es sich um eine mit der deutschen Regelung vergleichbare Rechtsform handelt. Ihre Rechtsfolgen können jedoch nicht weiter reichen, als es die deutschen gesetzlichen Regelungen zulassen. Sind die ausländischen Wirkungen geringer als die des deutschen Rechts, so gilt der Grundsatz des schwächeren Rechts.[9] So wird etwa eine im **Ausland** abgeschlossene gleichgeschlechtliche Ehe als Lebenspartnerschaft in Deutschland in das Lebenspartnerschaftsregister eingetragen,[10] nicht aber in das Eheregister.[11]

7 **4. Hindernisse (Abs. 3).** Nicht wirksam begründet werden kann eine Lebenspartnerschaft gemäß den in Abs. 3 Nr. 1 bis 4 LPartG genannten Gründen: Beide Partner müssen somit **volljährig** sein. Befreiung hiervon kann – entgegen der Regelung im Eherecht gem. § 1303 Abs. 2 – nicht erteilt werden.[12] Auch kann eine Lebenspartnerschaft nicht eingegangen werden von Personen, die bereits mit einem Dritten eine solche registrierte Lebenspartnerschaft führen. Bereits **verheiratete Personen** können neben bestehender Ehe ebenfalls keine Partnerschaft eingehen. Eine dennoch geschlossene Ehe ist aufhebbar durch Antrag eines Ehegatten nach §§ 1313 S. 1, 1314 I oder der zuständigen Verwaltungsbehörde nach § 1316. Auch kann bei bereits bestehender eingetragener Lebenspartnerschaft gem. § 1306 keine Ehe geschlossen werden. Ebenfalls ist in gerader Linie miteinander **verwandten Personen**, voll- und halbblütigen Geschwistern das Eingehen einer Lebenspartnerschaft im Sinne dieses Gesetzes verwehrt. Dies entspricht den Eheverboten gem. § 1307. Da diese jedoch im Wesentlichen mit biologischen Gegebenheiten begründet werden und diese im Rahmen von Partnerschaften keine Rolle spielen, unterliegt diese Regelung erheblicher Kritik.[13]

Die Weigerung, sich im Rahmen der beabsichtigten Lebenspartnerschaft iSv § 2 LPartG zur **wechselseitigen Fürsorge und Unterstützung** verbindlich zu verpflichten, steht einer Begründung ebenfalls entgegen. Die zuständige Behörde kann in diesen Fällen ihre Mitwirkung verweigern mit der Folge, dass eine Lebenspartnerschaft nicht zustande kommt.[14]

Sollte die Partnerschaft dennoch trotz Vorliegens einer der unter Abs. 3 genannten Hinderungsgründe eingetragen worden sein, so ist sie ex tunc unwirksam.

---

8 Palandt/Thorn EGBGB Art. 17 b Rn. 2.
9 Stuber FPR 2010, 188.
10 Vgl. KG 3.3.2011 – 1 W 74/11, zu den Niederlanden.
11 OLG Köln 5.7.2010 – 16 W 64/10.
12 Kritisch hierzu: Finger, Trennung und „Scheidung" der Partner nach dem Entwurf eines Gesetzes über die eingetragene Lebenspartnerschaft, FPR 2000, 291; Grziwotz, Die Lebenspartnerschaft zweier Personen gleichen Geschlechts, DNotZ 2001, 280; aA Gernhuber/Coester-Waltjen § 42 Rn. 14.
13 Palandt/Brudermüller LPartG § 1 Rn. 4 mwN; Muscheler, Eingetragene Lebenspartnerschaft, Rn. 130; Muscheler, Die Reform der Lebenspartnerschaftsrechts, FPR 2010, 227.
14 Palandt/Brudermüller LPartG § 1 Rn. 4, 5.

Eine Heilung ist nicht möglich,[15] ein gerichtlicher Beschluss zur Auflösung ist weder nötig noch möglich.[16] Jedoch wird in Fällen langjährigen Bestehens verbunden mit unerkannter Nichtigkeit durchaus die Frage des Vorliegens eines Vertrauenstatbestandes diskutiert bzw. einer Heilung bei kleineren Mängeln analog § 1310 Abs. 3.[17]

5. Missbrauchsfälle. Besteht der Verdacht, dass die **Vereinbarung** einer Partnerschaft missbräuchlich geschlossen wurde, etwa um einem der Partner zu einer Aufenthaltserlaubnis zu verhelfen, so kann die zuständige Behörde nach einhelliger Auffassung ihre Mitwirkung versagen.[18] Eine Abschiebung kann jedoch ausgesetzt werden bei bevorstehender Begründung einer Partnerschaft,[19] eine Aufenthaltserlaubnis erteilt werden nach Begründung einer Partnerschaft und Herstellung der lebenspartnerschaftlichen Gemeinschaft.[20]   **8**

6. Rechtsfolgen. Mit der Eintragung der Lebenspartnerschaft entsteht für die Partner untereinander ein **eigener familienrechtlicher Status**, es wird eine Familienangehörigkeit fingiert[21] mit den entsprechenden Folgen etwa auch im Bereich des straf- und zivilprozessualen Zeugnisverweigerungsrechtes nach § 52 Abs. 1 Nr. 1 und 2 a StPO sowie § 383 Abs. 1 Nr. 1 und 2 a ZPO.[22]   **9**

III. Verlöbnis (Abs. 4)

Die Vorschrift des § 1 Abs. 4 LPartG wurde erst mit dem LPartÜG eingeführt.   **10** Das **Versprechen**, eine Partnerschaft eingehen zu wollen, ist rechtlich in Annäherung an das Rechtsinstitut des Verlöbnisses nach § 1297 ausgestaltet. Die Regelung verweist ausdrücklich auf die §§ 1298–1302, ohne jedoch den Begriff zu verwenden.

Aus dem abgegebenen Versprechen kann kein Antrag auf **Eingehung der Lebenspartnerschaft** gestellt werden, es können jedoch Schadensersatzansprüche gem. §§ 1298, 1299 oder Rückforderungsansprüche gem. § 1301 entstehen. Die Verjährungsvorschrift des § 1302 findet ebenfalls Anwendung.

Mit dem gegenseitig abgegebenen Versprechen gelten die Partner als **Angehörige** iSv § 11 Abs. 1 S. 1 a StGB. Ihnen steht gem. § 52 Abs. 1 Nr. 1 StPO ein strafsowie ein zivilprozessuales Zeugnisverweigerungsrecht gem. § 383 Abs. 1 Nr. 1 ZPO zu.

Im **Erbrecht** erfolgte ebenfalls eine Gleichstellung. So können gem. § 2275 Abs. 3 die Partner nach Abgabe des Lebenspartnerschaftsversprechens Parteien eines Erbvertrages sein.

Auch die Regelungen zur Frage der Gültigkeit von Erbverträgen sowie letztwilligen Zuwendungen und Auflagen gem. §§ 2279 Abs. 2 und 2290 Abs. 3 S. 2 unter Verweis auf § 2077 gelten ausdrücklich neben Ehegatten, Verlobten und Lebenspartnern auch für die Parteien eines Lebenspartnerschaftsversprechens.

---

15 BT-Drs. 14/3751, 36.
16 Muscheler FPR 2010, 227.
17 Kaiser, Entpartnerung – Aufhebung der eingetragenen Lebenspartnerschaft gleichgeschlechtlicher Partner, FamRZ 2002, 866; Kemper, Ehe und Eingetragene Lebenspartnerschaft, FPR 2001, 449 (451).
18 Palandt/Brudermüller LPartG § 1 Rn. 5; Kornmacher FamRB 2004, 51.
19 VG Saarlouis 4.2.2016 – 6 L 2006/15.
20 OVG Brandenburg 10.11.2011 – 2 B 11.10.
21 Palandt/Brudermüller LPartG Einl. Rn. 1.
22 V. Dickhuth-Harrach, Das Lebenspartnerschaftsrecht Version 2005, FPR 2005, 274.

IV. Verfahren

11 Für die Begründung und Beurkundung der Lebenspartnerschaft gilt § 17 PStG. Die Vorschrift verweist auf die §§ 11 und 12 Abs. 1 und 2 sowie §§ 13 bis 16 PStG, somit auf die Regelungen zur Eheschließung, die entsprechend zur Anwendung kommen.

V. Kosten

12 Die für die Registrierung entstehenden Gebühren richten sich gem. § 72 PStG nach den jeweiligen landesrechtlichen Vorschriften. Sind – wie in Bayern – die Notare zuständig, so werden die entstehenden Gebühren nach der Kostenordnung (KostO) berechnet.

Abschnitt 2 Wirkungen der Lebenspartnerschaft

§ 2 LPartG   Partnerschaftliche Lebensgemeinschaft

[1]Die Lebenspartner sind einander zu Fürsorge und Unterstützung sowie zur gemeinsamen Lebensgestaltung verpflichtet. [2]Sie tragen füreinander Verantwortung.

I. Allgemeines

1 Bei der Lebenspartnerschaft handelt es sich nach der Vorstellung des Gesetzgebers um eine **Einstehens- und Verantwortungsgemeinschaft**,[1] die in ihren Einzelheiten ähnlich ausgestaltet ist wie die Ehe. Zwar sind die Partner weder zur häuslichen[2] noch zur Geschlechtsgemeinschaft verpflichtet, wie es § 1353 Abs. 1 für die Ehe vorsieht, und haben somit eine größere Freiheit in ihrer Lebensgestaltung. Der Verzicht auf die Durchsetzung dieser Pflichten entspricht allerdings zwischenzeitlich auch dem Bild einer modernen Ehe.[3] Doch wurde mit dieser Regelung eine Art **Generalklausel** geschaffen in Anlehnung an § 1353, mit der die Lebenspartnerschaft als eine Gemeinschaft beschrieben wird, in der die Partner sich gegenseitig unterstützen, aufeinander Rücksicht nehmen und ihre Lebensgestaltung aufeinander abstimmen sollten.[4] Hierbei handelt es sich um eine gerichtlich einforderbare Pflicht.[5]

II. Einzelheiten

2 Die Pflicht zur gegenseitigen **Unterstützung und Rücksichtnahme** beinhaltet etwa auch die Verpflichtung, dem Partner den Mitgebrauch der gemeinsamen Wohnung sowie an den Hausratsgegenständen zu gestatten,[6] im Krankheitsfall Pflegeleistungen zu übernehmen[7] sowie Auskunfts- und Fürsorgepflichten in

---

1 BT-Drs. 14/3751, 36.
2 Vgl. AG Holzminden FamRZ 2005, 983 f.
3 Palandt/Brudermüller LPartG § 2 Rn. 2.
4 BT-Drs. 14/3751, 36; Schwab, Eingetragene Lebenspartnerschaft, FamRZ 2001, 385 (390).
5 Palandt/Brudermüller LPartG § 2 Rn. 1 mwN.
6 Palandt/Brudermüller LPartG § 2 Rn. 1; enger: HK-LPartR/Kemper LPartG § 2 Rn. 10.
7 Wellenhofer-Klein Rn. 106.

Vermögensangelegenheiten.[8] Daneben bestehen gesetzlich geregelte weitere Pflichten, etwa zur Zahlung von Unterhalt gem. § 5 LPartG.

Ob eine **wechselseitige Pflicht zur Treue** existiert in Anlehnung an die Regelungen im Eherecht mit Auswirkung etwa auf Unterhaltsansprüche, ist umstritten,[9] bereits der Gesetzgeber stellte jedoch ausdrücklich fest, dass die Rechte und Pflichten der Lebenspartner hinter denen von Ehepartnern zurückbleiben.[10]

Umfang und **Grenzen** dieser Pflicht bedürfen jedoch noch der detaillierten Ausgestaltung durch Rechtsprechung und Literatur.[11] Es ist dabei wohl davon auszugehen, dass eine immer weitergehende Anpassung an die Regelungen zum Eherecht stattfinden wird.[12]

III. Verfahren

Verfahren, die die Verpflichtung zur Fürsorge und Unterstützung in einer partnerschaftlichen Gemeinschaft betreffen, sind gem. § 269 Abs. 2 Nr. 2 FamFG sonstige Lebenspartnerschaftssachen.[13] Über die Verweisung in § 270 Abs. 2 FamFG sind sie **sonstigen Familienstreitsachen** nach § 111 Nr. 10 FamFG gleichgestellt und nach § 112 Nr. 3 FamFG Familienstreitsachen. Für diese findet die ZPO mit den in § 113 FamFG geregelten Einschränkungen Anwendung. Sachlich zuständig ist gem. § 23 a Abs. 1 Nr. 1 GVG iVm § 111 Nr. 11 FamFG (§ 269 Abs. 2 Nr. 2 FamFG) das **Familiengericht**. Die örtliche Zuständigkeit richtet sich nach § 267 FamFG (§§ 269 Abs. 2 Nr. 2, 270 Abs. 2; 111 Nr. 10 FamFG). 3

IV. Kosten

Die Kostentragungspflicht bestimmt sich nach § 113 Abs. 1 S. 2 FamFG, §§ 91 ff., 97 ZPO. 4

§ 3 LPartG Lebenspartnerschaftsname

(1) [1]Die Lebenspartner können einen gemeinsamen Namen (Lebenspartnerschaftsnamen) bestimmen. [2]Zu ihrem Lebenspartnerschaftsnamen können die Lebenspartner durch Erklärung gegenüber dem Standesamt den Geburtsnamen oder den zur Zeit der Erklärung über die Bestimmung des Lebenspartnerschaftsnamens geführten Namen eines der Lebenspartner bestimmen. [3]Die Erklärung über die Bestimmung des Lebenspartnerschaftsnamens soll bei der Begründung der Lebenspartnerschaft erfolgen. [4]Wird die Erklärung später abgegeben, muss sie öffentlich beglaubigt werden.

(2) [1]Ein Lebenspartner, dessen Name nicht Lebenspartnerschaftsname wird, kann durch Erklärung gegenüber dem Standesamt dem Lebenspartnerschaftsnamen seinen Geburtsnamen oder den zur Zeit der Erklärung über die Bestimmung des Lebenspartnerschaftsnamens geführten Namen voranstellen oder anfügen. [2]Dies gilt nicht, wenn der Lebenspartnerschaftsname aus mehreren Na-

---

8 Wellenhofer-Klein Rn. 106.
9 HK-LPartR/Kemper LPartG § 2 Rn. 16; aA Wellenhofer-Klein Rn. 107; NK-BGB/Ring/Olsen-Ring LPartG § 2 Rn. 6.
10 BT-Drs. 14/3751, 36; Erman/Kaiser LPartG § 2 Rn. 1; NK-BGB/Ring/Olsen-Ring LPartG § 2 Rn. 6, 8.
11 Muscheler Rn. 341 stellt auf parteiautonome Vereinbarungen der Parteien ab.
12 FA-FamR/Weinreich Kap. 11 Rn. 227; Schwab FamRZ 2001, 396.
13 MK/Wacke LPartG § 2 Rn. 6.

men besteht. [3]Besteht der Name eines Lebenspartners aus mehreren Namen, so kann nur einer dieser Namen hinzugefügt werden. [4]Die Erklärung kann gegenüber dem Standesamt widerrufen werden; in diesem Fall ist eine erneute Erklärung nach Satz 1 nicht zulässig. [5]Die Erklärung, wenn sie nicht bei der Begründung der Lebenspartnerschaft gegenüber einem deutschen Standesamt abgegeben wird, und der Widerruf müssen öffentlich beglaubigt werden.

(3) [1]Ein Lebenspartner behält den Lebenspartnerschaftsnamen auch nach der Beendigung der Lebenspartnerschaft. [2]Er kann durch Erklärung gegenüber dem Standesamt seinen Geburtsnamen oder den Namen wieder annehmen, den er bis zur Bestimmung des Lebenspartnerschaftsnamens geführt hat, oder dem Lebenspartnerschaftsnamen seinen Geburtsnamen oder den bis zur Bestimmung des Lebenspartnerschaftsnamens geführten Namen voranstellen oder anfügen. [3]Absatz 2 gilt entsprechend.

(4) Geburtsname ist der Name, der in die Geburtsurkunde eines Lebenspartners zum Zeitpunkt der Erklärung gegenüber dem Standesamt einzutragen ist.

I. Allgemeines

1 Die Regelung des **Namensrechts** entspricht der des Ehenamens gem. § 1355 Abs. 1 S. 1 mit einer geringen Abweichung. Während Eheleute nach dem Willen des Gesetzgebers einen gemeinsamen Ehenamen bestimmen sollen, spricht das Gesetz bei Lebenspartnerschaften lediglich von „können", schafft hiermit also eine allerdings lediglich graduell größere Entscheidungsfreiheit, die letztlich praktisch keine Auswirkung hat.[1]

II. Ausübung des Wahlrechtes bei Begründung der Lebenspartnerschaft

2 **1. Wahlmöglichkeiten (Abs. 1 S. 1 und 2, Abs. 2 S. 1 und 3).** Die Lebenspartner können ihre bisherigen Namen beibehalten, sind jedoch gem. Abs. 1 S. 1 auch berechtigt, gemeinsam einen **Lebenspartnerschaftsnamen** zu bestimmen. Hierbei bestehen folgende Möglichkeiten: Sie können gem. Abs. 1 S. 1 einen ihrer jeweiligen Namen bestimmen, den dann beide zukünftig tragen werden. Hierbei steht zur Wahl zum einen der Geburtsname eines der Partner, somit gem. Abs. 4 der Name, der in seiner Geburtsurkunde eingetragen ist oder dort zum Zeitpunkt der Namenswahl einzutragen wäre, etwa weil sich der ursprünglich eingetragene Geburtsname durch Adoption oder einer Namensänderung nach § 1617 b oder § 1617 c zwischenzeitlich geändert hat.[2] Die Partner können sich jedoch auch für den Namen entscheiden, den einer der Partner zum Zeitpunkt der **Namenswahl** führt und den er etwa durch eine vorangegangene Ehe oder eine andere Lebenspartnerschaft erhalten hat.

Darüber hinaus besteht die Möglichkeit, dass der Partner, dessen Name nicht Partnerschaftsname wird, seinen bisherigen Namen dem neu gewählten voranstellt oder anfügt. Die einzige Einschränkung besteht darin, dass gem. Abs. 2 S. 3 in Entsprechung zum Ehenamensrecht der dabei neu entstehende Name nur aus zwei Einzelnamen zusammengesetzt sein darf. Somit entfällt diese Option

---

1 Palandt/Brudermüller LPartG § 3 Rn. 1; FA-FamR/Weinreich Kap. 11 Rn. 230.
2 Palandt/Brudermüller LPartG § 3 Rn. 3; NK-BGB/Ring/Olsen-Ring LPartG § 3 Rn. 6; FA-FamR/Weinreich Kap. 11 Rn. 230.

auch dann, wenn der Partnerschaftsname bereits aus mehreren Einzelnamen besteht. Dies ist verfassungskonform.[3]

2. Form und Zeitpunkt (Abs. 1 S. 3 und 4). Grundsätzlich soll gem. Abs. 1 S. 3 die Namensbestimmung zeitgleich mit der Begründung der Partnerschaft durch übereinstimmende **Erklärung** gegenüber dem Standesamt erfolgen. Es besteht jedoch auch die Möglichkeit, erst später eine Namenswahl zu treffen. Die spätere Erklärung muss in jedem Fall gem. Abs. 1 S. 4 in **öffentlich beglaubigter** Form nach § 129 abgegeben werden.

3. Widerrufsmöglichkeiten (Abs. 2 S. 4). Die Erklärung zur Namenswahl kann 4 auch bei bestehender Partnerschaft gem. Abs. 2 S. 4 widerrufen werden. Der **Widerruf** hat nach § 3 Abs. 2 S. 5 in öffentlich beglaubigter Form zu erfolgen. Dieser Widerruf führt gem. § 3 Abs. 2 S. 4 zwingend dazu, dass eine Erklärung gem. § 3 Abs. 2 S. 1 nicht erneut abgegeben, ein Doppelname nicht wieder gewählt werden bzw. neu bestimmt werden kann.[4] Ein Widerruf kann somit nur einmal erfolgen.

III. Namensrecht bei Beendigung der Partnerschaft

1. Namenswahl (Abs. 3). Die Lebenspartner sind gem. § 3 Abs. 3 S. 1 LPartG 5 entsprechend § 1355 Abs. 5 grundsätzlich berechtigt, auch nach dem **Ende der Partnerschaft** den einmal gewählten Namen fortzuführen. Jeder von Ihnen kann jedoch auch gem. § 3 Abs. 3 S. 2 den Namen wieder annehmen, den er vor Eingehen der Partnerschaft führte, oder seinen Geburtsnamen. Gleichzeitig ist er berechtigt, einen dieser Namen – mit der Einschränkung des § 3 Abs. 2 S. 2, 3 LPartG – dem bisherigen Lebenspartnerschaftsnamen voranzustellen oder anzufügen. Auch kann ein durch eine frühere Partnerschaft erworbener Name in einer neuen Partnerschaft zum **Partnerschaftsnamen** bestimmt werden, nachdem die entsprechende Einschränkung für Ehenamen in § 1355 Abs. 2 aF für verfassungswidrig erklärt wurde.[5]

2. Form und Zeitpunkt (Abs. 3 S. 2 und 3). Die Erklärung über die **Namensänderung** ist vor dem Standesamt abzugeben. Dies kann zu jedem beliebigen **Zeitpunkt** geschehen, entweder in direktem Zusammenhang mit der Beendigung der Lebenspartnerschaft oder zu einem frei wählbaren späteren Zeitpunkt.[6]

IV. Verfahren

Die Abgabe der Erklärungen zur **Namensführung** bestimmt sich nach § 42 7 PStG. Die Zuständigkeit des Standesbeamten richtet sich nach § 42 Abs. 2 PStG.

V. Kosten

Die Erhebung von **Gebühren** richtet sich nach § 72 PStG. 8

§ 4 LPartG Umfang der Sorgfaltspflicht

Die Lebenspartner haben bei der Erfüllung der sich aus dem lebenspartnerschaftlichen Verhältnis ergebenden Verpflichtungen einander nur für diejenige

---

3 BVerfG NJW 2002, 530, 1256.
4 Wellenhofer-Klein Rn. 121; NK-BGB/Ring/Olsen-Ring LPartG § 3 Rn. 4.
5 BVerfG FamRZ 2004, 515 mAnm Hein; Muscheler FamRZ 2004, 762.
6 NK-BGB/Ring/Olsen-Ring LPartG § 3 Rn. 5; FA-FamR/Weinreich Kap. 11 Rn. 233.

Sorgfalt einzustehen, welche sie in eigenen Angelegenheiten anzuwenden pflegen.

I. Allgemeines

1 Diese Regelung entspricht der für Ehegatten in § 1359 und enthält eine **Haftungsbeschränkung**. Danach können sich auch die Partner einer Lebenspartnerschaft auf die Haftungserleichterung des § 277 berufen.[1] Sie haften einander somit nur für grobe, nicht jedoch mittlere oder leichte Fahrlässigkeit. Wie es der Haftung unter Ehegatten nach ständiger BGH-Rechtsprechung entspricht,[2] gilt dies auch für **deliktische Ansprüche** aus dem häuslichen Bereich, nicht jedoch bei Schäden, die im Rahmen der Teilnahme der Partner am Straßenverkehr eintreten und auf Gesetzesverstöße zurückzuführen sind. In diesen Fällen findet die Haftungsbeschränkung des § 4 LPartG keine Anwendung.[3]

II. Beweislast

2 Der Partner, der sich auf das **Haftungsprivileg** beruft, trägt die entsprechende Beweislast. Er muss somit beweisen, dass er sich in eigenen Angelegenheiten nicht sorgfältiger verhalten hätte als in dem dem Schadensereignis zugrunde liegenden Einzelfall.[4]

III. Verjährung

3 Es gilt die **regelmäßige Verjährungsfrist** der §§ 195, 199.[5]

IV. Verfahren

4 Verfahren in den Angelegenheiten der **Haftungsbeschränkung** des § 4 LPartG sind keine (sonstigen) Lebenspartnerschaftssachen iSd § 111 Nr. 11 iVm § 269 Abs. 1, 2 und 3 LPartG. Das sachlich und örtlich zuständige Gericht bestimmt sich somit nach den **allgemeinen Regeln** des GVG und der ZPO. Es gibt keine Besonderheiten für Lebenspartnerschaften.

V. Kosten

5 Die Kostentragungspflicht richtet sich nach den allgemeinen Regeln ohne Besonderheiten für Lebenspartner, ebenso die Streitwertfestsetzung.

§ 5 LPartG Verpflichtung zum Lebenspartnerschaftsunterhalt

[1]Die Lebenspartner sind einander verpflichtet, durch ihre Arbeit und mit ihrem Vermögen die partnerschaftliche Lebensgemeinschaft angemessen zu unterhalten. [2]§ 1360 Satz 2, die §§ 1360 a, 1360 b und 1609 des Bürgerlichen Gesetzbuchs gelten entsprechend.

---

1 Schwab FamRZ 2001, 391; Palandt/Brudermüller LPartG § 4 Rn. 1.
2 Palandt/Brudermüller § 1359 Rn. 2; Palandt/Heinrichs § 277 Rn. 5, 6; BGHZ 53, 352; 61, 101; 63, 57; so auch BT-Drs. 14/3751, 37.
3 Palandt/Brudermüller LPartG § 4 Rn. 2.
4 Palandt/Brudermüller § 1359 Rn. 5; Palandt/Heinrichs § 277 Rn. 3.
5 Vgl. Palandt/Ellenberger § 197 Rn. 6; Palandt/Brudermüller LPartG § 4 Rn. 2.

I. Allgemeines

Das Lebenspartnerschaftsgesetz regelt die **Unterhaltsansprüche** der Lebenspart- 1
ner unter Verweis auf die eherechtlichen Vorschriften des BGB. Aus der gegenseitigen **Fürsorge und Unterstützungspflicht** des § 2 LPartG ergeben sich Unterhaltsverpflichtungen während Bestehens der Partnerschaft aus § 5 LPartG unter
Verweis auf § 1360, während des Getrenntlebens aus § 12 LPartG unter Verweis
auf § 1361 sowie für die Zeit nach Aufhebung der Partnerschaft aus § 16
LPartG unter Verweis auf §§ 1570 bis 1586 b und 1609.

Mit der Reform durch das LPartÜG wurden mit Wirkung zum 1.1.2005 zahlreiche Unklarheiten und Streitfragen ausgeräumt.[1]

II. Maß des Unterhaltes während Bestehens der Partnerschaft (Abs. 1 S. 1)

§ 2 S. 1 LPartG ist praktisch gleichlautend mit § 1360 und bestimmt als grund- 2
sätzliches Maß des partnerschaftlichen Unterhaltes die **Angemessenheit** unter
Berücksichtigung der gemeinsamen Lebensgestaltung. Der Unterhalt umfasst somit alles, was zur Deckung der Haushaltskosten und der persönlichen Bedürfnisse der Partner erforderlich ist,[2] wie es der Regelung in § 1360 a Abs. 1 entspricht. Der Hinweis auf § 1360 S. 2 in § 5 S. 2 LPartG verdeutlicht, dass es den
Lebenspartnern – wie den Ehegatten – überlassen bleibt, die Aufgabenverteilung
während ihres Zusammenlebens frei festzulegen.

III. Einzelheiten

1. Haushaltsführung. Im Gegensatz zu der ursprünglichen Fassung des Lebens- 3
partnerschaftsgesetzes ist mit der Überarbeitung durch das LPartÜG[3] und
Rechtskraft zum 1.1.2005 eine weitere **Gleichstellung mit dem in § 1360 S. 2 geregelten Ehegattenunterhalt** erfolgt, so dass seither auch die Fälle erfasst sind, in
denen einer der Partner seiner Pflicht zur **Unterstützung** der Lebensgemeinschaft
durch Haushaltsführung nachkommt.[4] In diesen Fällen besteht in Anlehnung an
die Regelungen des § 1360 a, auf den ausdrücklich in § 5 S. 2 LPartG verwiesen
ist, ein Anspruch auf angemessenes **Taschengeld**, wenn der Lebenspartner über
kein oder nur geringes Eigeneinkommen verfügt,[5] ebenso eine **Prozesskostenvor-
schusspflicht** nach den zu § 1360 a Abs. 4 entwickelten Kriterien als Teil des Unterhaltsanspruches.[6]

2. Unterhalt für Kinder in der Partnerschaft. Ein Unterhaltsanspruch von Kin- 4
dern eines der Lebenspartner gegenüber dem anderen Lebenspartner ist aufgrund gesetzlicher Vorschriften nicht vorgesehen.[7] Die Partner können dies jedoch, etwa im Rahmen eines **Lebenspartnerschaftsvertrages**, vereinbaren.[8] Aller-

---

1 Vgl. hierzu: BT-Drs. 15/3445, 1; Grziwotz DNotZ 2005, 13; Schwab FamRZ 2001,
   391 ff.; v. Dickhuth-Harrach FPR 2005, 275; Peschel-Gutzeit § 5 Rn. 188.
2 Palandt/Brudermüller LPartG § 5 Rn. 2; FA-FamR/Weinreich Kap. 11 Rn. 235; Schwab
   FamRZ 2001, 390 (391).
3 BGBl. I 3396.
4 FA-FamR/Weinreich Kap. 11 Rn. 236; Wellenhofer-Klein Rn. 124; NK-BGB/Ring/Olsen-
   Ring LPartG § 5 Rn. 2.
5 FA-FamR/Weinreich Kap. 11 Rn. 237; Palandt/Brudermüller LPartG § 5 Rn. 3.
6 Palandt/Brudermüller LPartG § 5 Rn. 3; § 1360 a Rn. 7 ff.; FA-FamR/Weinreich Kap. 11
   Rn. 238; zurückhaltend Muscheler Rn. 272.
7 NK-BGB/Ring/Olsen-Ring LPartG § 5 Rn. 6; Schwab FamRZ 2001, 392.
8 Schwab FamRZ 2001, 392; NK-BGB/Ring/Olsen-Ring LPartG § 5 Rn. 6.

dings kann das Einkommen des Lebenspartners wie auch sonst im Unterhalts-recht die unterhaltsrechtliche Leistungsfähigkeit des unterhaltspflichtigen Part-ners über den „Familienunterhalt" beeinflussen.[9]

5   **3. Überzahlung.** Der Hinweis auf die Geltung auch des § 1360 b stellt klar, dass bei während des partnerschaftlichen Zusammenlebens von einem der Partner über seine Verpflichtung hinaus erbrachten Zahlungen oder Arbeitsleistungen grundsätzlich davon ausgegangen wird, dass eine **Erstattung** nicht beabsichtigt ist. Diese Vermutung ist widerlegbar. Es gelten die für § 1360 b entwickelten Kriterien.[10] Die **Beweislast** liegt bei dem die Erstattung fordernden Partner.[11]

6   **4. Unterhalt für die Vergangenheit, Sonderbedarf.** Der Hinweis in § 5 S. 2 LPartG zur Geltung des § 1360 a führt über § 1360 a Abs. 3 zur Geltung des § 1613. Danach kann Unterhalt für die Vergangenheit nur geltend gemacht wer-den, wenn der Verpflichtete gemäß dieser Vorschrift in **Verzug** gesetzt wurde oder der **Anspruch rechtshängig** geworden ist. Auch § 1613 Abs. 2 S. 1 findet wegen des Sonderbedarfes Anwendung.[12] Der Unterhaltsberechtigte kann somit einen außergewöhnlich hohen Bedarf, der nicht voraussehbar war[13] und für den es somit an der Möglichkeit fehlte, rechtzeitig Rücklagen zu bilden,[14] als Son-derbedarf auch für die Vergangenheit geltend machen, wenn die genannten Ver-zugskriterien erfüllt sind oder der Anspruch rechtshängig ist.

7   **5. Verzicht.** Aufgrund des Verweises in § 5 S. 2 LPartG auf § 1360 a ist gem. § 1360 a Abs. 3 iVm § 1614 Abs. 1 ein **Verzicht auf zukünftigen Unterhaltsan-spruch nicht möglich.**[15] Diese Regelung soll neben dem Unterhaltsberechtigten insbesondere auch weitere Unterhaltsgläubiger oder die Träger von Sozialhilfe-leistungen vor dem Verlust des Anspruches schützen.[16] Auf **Unterhaltsrückstän-de** kann jedoch wirksam verzichtet werden.[17]

8   **6. Rangfolge nach der Unterhaltsreform (UÄndG).** Reicht das verfügbare Ein-kommen des Unterhaltsverpflichteten nicht zur **Deckung aller Unterhaltsansprü-che** aus, hat, wie der Verweis in § 5 S. 2 klarstellt, eine **Verteilung** nach der in § 1609 festgelegten Rangfolge zu geschehen. Die Beurteilung des Ranges des Le-benspartners entspricht der für den Ehegatten (→ § 1609 Rn. 1 ff.).[18]

Diese Regelung findet sich ausdrücklich auch in § 1608 S. 4 für die grundsätzli-che Unterhaltshaftung unter Verwandten. Der Lebenspartner haftet ebenso wie der Ehegatte vor den weiteren Verwandten des Unterhaltsbedürftigen.[19]

9   **7. Tod des Berechtigten oder Verpflichteten.** Der Verweis in § 1360 a Abs. 3 auf § 1615 Abs. 1 stellt klar, dass im Falle des Todes des Unterhaltsberechtigten oder des Verpflichteten der Anspruch **erlischt,** soweit er zum Zeitpunkt des To-des noch nicht **fällig** ist. Gem. § 1615 Abs. 2 hat bei dem Tod des Berechtigten der Unterhaltsverpflichtete die Kosten der Beerdigung zu tragen, wenn diese

---

9 BGH FamRZ 2004, 366.
10 Palandt/Brudermüller § 1360 b Rn. 1, 4.
11 Palandt/Brudermüller LPartG § 5 Rn. 4; § 1360 b Rn. 4.
12 Schwab FamRZ 2001, 392.
13 BGH FamRZ 1984, 470.
14 OLG Düsseldorf FamRZ 1990, 1144; OLG Celle NJW 1991, 201.
15 Schwab FamRZ 2001, 392; BT-Drs. 14/3751, 37.
16 Palandt/Brudermüller LPartG § 5 Rn. 5.
17 Palandt/Brudermüller § 1614 Rn. 3.
18 Palandt/Brudermüller LPartG § 5 Rn. 7; Peschel-Gutzeit § 5 Rn. 187.
19 Palandt/Brudermüller § 1608 Rn. 2; Wellenhofer-Klein Rn. 133.

vom Erben des Verstorbenen nicht zu erlangen sind.[20] Die gem. § 5 LPartG bestehende gesetzliche Unterhaltspflicht führt dazu, dass in den Fällen, in denen ein Dritter den Tod des unterhaltspflichtigen Partners verursachte, er gem. § 844 auch in Bezug auf die Unterhaltszahlungen schadensersatzpflichtig ist.[21]

IV. Pfändung des Unterhaltsanspruches

Der Unterhaltsanspruch kann gem. §§ 850 c, 850 d, 850 i und 863 ZPO gepfändet werden.[22]   10

V. Übergangsvorschriften

In vor dem 1.1.2005 begründeten Lebenspartnerschaften konnte gem. § 21   11
Abs. 3 LPartG aF vereinbart werden, dass auf **Unterhaltspflichten** das alte, bis zum 31.12.2004 geltende Recht anzuwenden ist. Ist dies nicht geschehen, findet auf bestehende Lebenspartnerschaften das nunmehr geltende Recht Anwendung.[23]

VI. Verfahren

Bei der Verpflichtung zum Lebenspartnerschaftsunterhalt handelt es sich nach   12
§ 269 Abs. 1 Nr. 9 FamFG um eine Lebenspartnerschaftssache iSv § 111 Nr. 11 FamFG, die gem. § 270 Abs. 1 S. 2 FamFG iVm § 112 Nr. 1 FamFG eine **Familienstreitsache** ist. Für diese findet die ZPO mit den in § 113 FamFG geregelten Einschränkungen Anwendung. Sachlich zuständig ist gem. § 23 a Abs. 1 Nr. 1 GVG iVm § 111 Nr. 11 FamFG (§ 269 Abs. 1 Nr. 9 FamFG) das Familiengericht. Die örtliche Zuständigkeit richtet sich nach § 232 FamFG (§§ 269 Abs. 1 Nr. 9; 270 Abs. 1 S. 2; 111 Nr. 8 FamFG).

VII. Kosten

Die Kostentragungspflicht richtet sich gem. § 113 Abs. 1 S. 2 FamFG nach den   13
§§ 91 ff., 97 ZPO. Der Streitwert ist gem. § 51 iVm § 5 Nr. 3 FamGKG festzusetzen.

§ 6 LPartG Güterstand

[1]Die Lebenspartner leben im Güterstand der Zugewinngemeinschaft, wenn sie nicht durch Lebenspartnerschaftsvertrag (§ 7) etwas anderes vereinbaren. [2]§ 1363 Abs. 2 und die §§ 1364 bis 1390 des Bürgerlichen Gesetzbuchs gelten entsprechend.

I. Allgemeines

1. Geltendes Recht. Die Regelung des Güterstandes entspricht aufgrund des   1
Verweises im Gesetzestext der des ehelichen Güterrechtes.

Haben die Partner nichts anderes vereinbart, leben sie somit mit **Registrierung**   2
ihrer Lebenspartnerschaft gem. § 6 S. 1 LPartG im Güterstand der **Zugewinnge-**

---

20 Palandt/Brudermüller § 1615 Rn. 1, 2; Schwab FamRZ 2001, 392; NK-BGB/Ring/Olsen-Ring LPartG § 5 Rn. 11.
21 NK-BGB/Ring/Olsen-Ring LPartG § 5 Rn. 15; Palandt/Sprau § 844 Rn. 5.
22 Palandt/Brudermüller LPartG § 5 Rn. 6.
23 Palandt/Brudermüller, 72. Aufl. 2013, LPartG § 21 Rn. 1, 4.

meinschaft. Es findet gem. § 6 S. 2 LPartG bei Aufhebung der Partnerschaft ein Zugewinnausgleich gem. § 1363 Abs. 2 statt. Die §§ 1364–1390 sind anzuwenden mit der Folge etwa der Einschränkung des Rechts zur Vermögensverfügung gem. § 1365 Abs. 1 bei Verfügungen über das Vermögen im Ganzen und solchen über Hausratsgegenstände gem. § 1369. Die in § 1371 enthaltene Privilegierung des Ehegatten im Falle des Todes in Bezug auf das Erbrecht, etwa durch Erhöhung des Erbteiles nach § 1371 Abs. 1, findet ebenfalls Anwendung auf Lebenspartnerschaften. So hat gerade auch das **Partnerschaftsmodell** der Einverdiener- oder Zuverdienerpartnerschaft als eine der Möglichkeiten der Gestaltung des Zusammenlebens Anerkennung gefunden. Dies ergibt sich bereits aus der ausdrücklichen Verweisung in § 5 S. 2 LPartG auf § 1360 S. 2.

3 **2. Gesetzeslage ab dem 29.1.2019.** Mit intertemporalem Geltungsbereich ab 29.1.2019 hat der Rat der Europäischen Union am 24.6.2016 die Verordnung (EU) 2016/1104 des Rates zur Durchführung der Verstärkten Zusammenarbeit im Bereich der Zuständigkeit, des anzuwendenden Rechts und der Anerkennung und Vollstreckung von Entscheidungen in Fragen güterrechtlicher Wirkungen eingetragener Partnerschaften (EuPartVO) erlassen. Sie baut inhaltlich auf der EuGüVO (VO (EU) 2016/1103) auf und nimmt geringfügige Änderungen vor.

Die Regelungen zur internationalen Zuständigkeit sind weitestgehend deckungsgleich; ganz identisch sind die Regelungen zur Anerkennung und Vollstreckung.[1]

Es gilt nach Art. 20 ebenfalls der Grundsatz des loi uniforme. Unterschiede ergeben sich bei dem Recht, das mangels Rechtswahl anzuwenden ist, sowie bei der Rechtswahlmöglichkeit:

4 **a) Mit Rechtswahlvereinbarung.** Treffen Ehegatten eine Rechtswahlvereinbarung, können sie gem. Art. 22 Abs. 1 EuGüVO zwischen dem Recht des Staates wählen, in dem ein Ehegatte oder beide ihren gewöhnlichen Aufenthalt zum Zeitpunkt der Rechtswahl haben; außerdem steht das Recht des Staates zur Wahl, dessen Staatsangehörigkeit einer oder beide Ehegatten haben. Dies gilt auch für eingetragene Lebenspartner, wobei sich für sie zusätzlich die Möglichkeit eröffnet, gem. Art. 22 Abs. 1 lit. c EuPartVO das Recht des Staates zu wählen, nach dem die eingetragene Partnerschaft begründet wurde.

5 **b) Ohne Rechtswahlvereinbarung.** Haben Ehegatten keine Rechtswahl getroffen, beurteilt sich der eheliche Güterstand gem. Art. 26 Abs. 1 EuGüVO nach dem Recht des Staates, in dem sie ihren ersten gemeinsamen gewöhnlichen Aufenthalt haben, dessen Staatsangehörigkeit sie bei der Eheschließung besitzen oder mit dem sie bei der Eheschließung am engsten verbunden sind. Für eingetragene Lebenspartner dagegen gilt, dass sich mangels Rechtswahl die güterrechtlichen Wirkungen nach dem Recht des Staates richten, nach dem die eingetragene Partnerschaft begründet worden ist. Nur ausnahmsweise kommt das Recht des Staates zur Anwendung, in dem die eingetragenen Lebenspartner über „einen erheblich langen Zeitraum" (Art. 26 Abs. 2 lit. a EuPartVO) ihren gewöhnlichen Aufenthalt hatten oder auf dessen Geltung sie „bei der Regelung oder Planung ihrer güterrechtlichen Beziehungen vertraut hatten" (Art. 26 Abs. 2 lit. b EuPartVO). Hierfür ist jedoch erforderlich, dass einer der Partner im gerichtlichen Verfahren einen entsprechenden Antrag stellt, das hiernach anzuwendende Recht güterrechtliche Wirkungen an das Institut der eingetragenen

---

1 Kohler/Pintens, FamRZ 2016, 1509 (1513).

Partnerschaft knüpft und er einer der beiden Ausnahmetatbestände nachweist. Hat der Antrag Erfolg, gilt das abweichende Recht ex tunc ab der Begründung der Partnerschaft. Der andere Partner kann dann noch sein mangelndes Einverständnis erklären; in diesem Fall gilt das Recht ab Begründung des letzten gewöhnlichen Aufenthaltes in dem abweichenden Staat, vgl. Art. 26 Abs. 2 EuPartVO.

II. Verfahren

Bei dem Güterrecht handelt es sich nach § 269 Abs. 1 Nr. 10 FamFG um eine 6 Lebenspartnerschaftssache, die gem. § 270 Abs. 1 S. 2 FamFG gleichgestellt ist mit **Familienstreitsachen** nach § 112 Nr. 2 FamFG, für die die ZPO mit den in § 113 FamFG geregelten Einschränkungen Anwendung findet. **Zuständig** ist gem. § 23a Abs. 1 Nr. 1 GVG iVm § 111 Nr. 11 FamFG das **Familiengericht**. Die örtliche Zuständigkeit richtet sich nach §§ 122 ff., 262, 263 FamFG.

III. Kosten

Die Regelung der Kosten bestimmt sich gem. § 113 Abs. 1 S. 2 FamFG nach den 7 §§ 91 ff., 97 ZPO.

§ 7 LPartG Lebenspartnerschaftsvertrag

[1]Die Lebenspartner können ihre güterrechtlichen Verhältnisse durch Vertrag (Lebenspartnerschaftsvertrag) regeln. [2]Die §§ 1409 bis 1563 des Bürgerlichen Gesetzbuchs gelten entsprechend.

I. Allgemeines

Die Vorschrift des § 7 S. 2 LPartG verweist ausdrücklich auf die ehevertraglichen Vorschriften und Regelungsmöglichkeiten der §§ 1409–1563. Damit ist eine **Gleichstellung** mit dem ehelichen Güterrecht geschaffen. Geben die Lebenspartner keine Erklärung ab, so gilt in Entsprechung zu § 1363 Abs. 1 mit Eintragung der Lebenspartnerschaft die Zugewinngemeinschaft als Regelgüterstand.[1] Durch Vertrag kann jedoch auch die Zugewinngemeinschaft modifiziert, Gütertrennung oder Gütergemeinschaft vereinbart werden (mit allen Möglichkeiten der Ausgestaltung im Detail).[2]

Damit haben auch die §§ 1365–1369 Geltung, einschließlich des Verbotes der Verfügung über das Vermögen im Ganzen gem. § 1365.[3]

Lebenspartnerschaftsverträge entfalten gem. § 1412 auch Wirkung gegenüber Dritten.

Die für die **Inhaltskontrolle** von Eheverträgen entwickelten Grundsätze[4] sind auch auf Lebenspartnerschaftsverträge anzuwenden.[5]

---

1 V. Dickhuth-Harrach FPR 2005, 275; Everts FamRZ 2005, 1888.
2 MK/Wacke LPartG § 7 Rn. 2; v. Dickhuth-Harrach FPR 2005, 275.
3 Palandt/Brudermüller LPartG § 7 Rn. 2; FA-FamR/Weinreich Kap. 11 Rn. 257.
4 Vgl. hierzu: Palandt/Brudermüller § 1408 Rn. 7 ff.; Weber-Moneke/Schnitzler FF 2007, 135; Bergschneider, Eheverträge und Scheidungsvereinbarungen, FamRZ 2004, 1757; Rauscher, Ehevereinbarungen: Die Rückkehr der Rechtssicherheit, DNotZ 2004, 524.
5 Palandt/Brudermüller LPartG § 16 Rn. 7; Krause, Die Novelle des Lebenspartnerschaftsgesetzes, NotBZ 2005, 85/7.

II. Form

2 Für den **Abschluss des Vertrages** gilt die Formvorschrift des § 1410. Der Vertrag ist somit in Anwesenheit beider Partner notariell zu beurkunden, kann jedoch auch im Rahmen eines Prozessvergleiches gem. § 127 a abgeschlossen werden. Ein Formmangel führt gem. § 125 zur Nichtigkeit des gesamten Vertrages.[6]

III. Geschäftsfähigkeit

3 Die Folgen beschränkter Geschäftsfähigkeit der beteiligten Lebenspartner beurteilen sich aufgrund des ausdrücklichen Verweises in § 7 S. 2 LPartG nach § 1411 mit den dortigen Vertretungsregelungen.

IV. Beschränkung der Vertragsfreiheit

4 In entsprechender Anwendung von § 1409 können die Lebenspartner keinen Vertrag abschließen, der insgesamt auf **nicht mehr geltendes Güterrecht** verweist. Es stehen alle Vertragstypen (wie die Zugewinngemeinschaft, Gütertrennung und Gütergemeinschaft) zur Verfügung.[7] Allerdings können Einzelregelungen aus nicht mehr geltendem Recht übernommen werden.[8] Für die Frage der Anwendbarkeit **ausländischen Rechts** ist auf Art. 17 b EGBGB zu verweisen mit der darin geregelten Anknüpfung an das Recht des registerführenden Staates.

V. Verfahren

5 Für Streitigkeiten über Lebenspartnerschaftsverträge sind gem. § 23 a Abs. 1 Nr. 1 GVG iVm § 111 Nr. 11 FamFG die **Familiengerichte** zuständig. Die örtliche Zuständigkeit richtet sich grundsätzlich nach §§ 122, 123 FamFG.

VI. Kosten

6 Gem. §§ 269 Abs. 1 Nr. 12, 270 Abs. 1 S. 2 FamFG finden die kostenrechtlichen Vorschriften der §§ 80 ff. FamFG Anwendung.

§ 8 LPartG   Sonstige vermögensrechtliche Wirkungen

(1) [1]Zugunsten der Gläubiger eines der Lebenspartner wird vermutet, dass die im Besitz eines Lebenspartners oder beider Lebenspartner befindlichen beweglichen Sachen dem Schuldner gehören. [2]Im Übrigen gilt § 1362 Abs. 1 Satz 2 und 3 und Abs. 2 des Bürgerlichen Gesetzbuchs entsprechend.

(2) § 1357 des Bürgerlichen Gesetzbuchs gilt entsprechend.

I. Allgemeines

1 **1. Eigentumsvermutung als Vollstreckungserleichterung (Abs. 1 S. 1).** In Entsprechung der Regelung des § 1362 Abs. 1 S. 1 soll § 8 Abs. 1 S. 1 LPartG den Gläubiger eines der Lebenspartner davor schützen, dass bewegliches Vermögen der Vollstreckung dadurch entzogen wird, dass aufgrund des Besitzes durch die Lebenspartner die **Eigentumsverhältnisse** für einen Dritten unklar sind.[1] Zu dem

---

6 Palandt/Brudermüller § 1410 Rn. 1, 5.
7 Palandt/Brudermüller LPartG § 7 Rn. 1; Palandt/Brudermüller § 1409 Rn. 1.
8 Palandt/Brudermüller § 1409 Rn. 1.
1 Palandt/Brudermüller LPartG § 8 Rn. 1; Palandt/Brudermüller § 1362 Rn. 1; FA-FamR/ Weinreich Kap. 11 Rn. 258, 259.

beweglichen Vermögen zählen gem. § 1362 Abs. 1 S. 3 auch Inhaber und Orderpapiere mit Blankoindossament.

Die Vollstreckung erfolgt wie bei Ehegatten gem. § 739 ZPO. Dabei erklärt
§ 739 Abs. 2 ZPO ausdrücklich § 739 Abs. 1 ZPO auch auf Lebenspartner für
anwendbar zugunsten deren Gläubiger mit der Folge, dass für die Durchführung
der **Zwangsvollstreckung** der die Leistung schuldende Partner als Gewahrsamsinhaber und Besitzer des beweglichen Vermögens gilt, das sich im Besitz der Lebenspartner befindet.

Nach dem Wortlaut des § 1362 Abs. 2, auf den § 8 Abs. 1 S. 2 LPartG verweist,
gilt lediglich für Sachen des persönlichen Gebrauches, dass das Eigentum dessen
vermutet wird, für dessen persönlichen Gebrauch sie bestimmt sind. Leben die
Partner im Rechtssinne getrennt,[2] so greift gem. § 1362 Abs. 1 S. 2 die vom tatsächlichen Besitz losgelöste Vermutung nicht.

2. Schlüsselgewalt (Abs. 2). Durch den Verweis in Abs. 2 auf § 1357 ist klarge-   2
stellt, dass auch Lebenspartner berechtigt sind, wie Ehegatten **Geschäfte zur Deckung des täglichen Bedarfs** beider Partner mit Wirkung auch für den anderen
abzuschließen.[3] Dies gilt unabhängig davon, ob die Partner in einer
Doppelverdiener- oder etwa einer Alleinverdienerpartnerschaft leben.[4] Leben die
Partner allerdings getrennt, dh haben sie die **häusliche Gemeinschaft** aufgegeben, so ruht diese Vertretungsberechtigung.[5]

In entsprechender Anwendung des § 1357 Abs. 2 S. 1 sind die Lebenspartner
einander gegenüber berechtigt, dieses Recht auszuschließen oder zu beschränken. Diese Maßnahme gilt Dritten gegenüber gem. § 1412 dann, wenn die Beschränkung oder Ausschlagung im **Güterrechtsregister** eingetragen ist.

3. Weitere güterrechtliche Ansprüche. Nicht im Gesetz finden sich die weiteren   3
güterrechtlichen Ansprüche, die zwischen Lebenspartnern ebenso entstehen
können wie zwischen Ehepartnern. Dies können **Ausgleichsansprüche** nach
§ 426 in Form des Gesamtschuldnerausgleiches, Ansprüche auf Rückgewähr
von Zuwendungen sowie der Beteiligung an Innengesellschaften sein.[6]

II. Verfahren

1. Rechtsmittel gegen erfolgte Zwangsvollstreckung. Will der Lebenspartner,   4
der nicht Schuldner, aber Allein- oder Miteigentümer der Sache ist, in die vollstreckt wurde, gegen diese Maßnahme vorgehen, so ist nach herrschender Meinung dies im Wege der Drittwiderspruchsklage gem. § 771 ZPO zu tun.[7]

**2. Aufhebung der Beschränkung oder Ausschließung im Rahmen der Schlüssel-   5
gewalt.** Der Lebenspartner, gegen den vom anderen Partner eine Beschränkung
oder Ausschließung von der **Vertretungsmacht** gem. § 1357 Abs. 1 ausgesprochen wurde, kann bei dem zuständigen Familiengericht die Aufhebung der
Maßnahme gem. § 1357 Abs. 2 S. 1 Hs. 2 beantragen. Voraussetzung hierfür ist,

2 Vgl. hierzu: HK-ZPO/Kindl ZPO § 739 Rn. 5; Palandt/Brudermüller § 1362 Rn. 5.
3 Kritisch mit beachtlichen Argumenten: Muscheler Rn. 247.
4 BT-Drs. 14/3751, 38; Palandt/Brudermüller LPartG § 8 Rn. 2; zu Bedenken an dieser Regelung für Ehegatten in einer Doppelverdienerehe: Brudermüller, Schlüsselgewalt und Telefonsex, NJW 2004, 2265; Palandt/Brudermüller § 1357 Rn. 1.
5 Palandt/Brudermüller § 1357 Rn. 9, 24.
6 Wever Rn. 974 ff.; Schulz/Hauß, Vermögensauseinandersetzung, Rn. 2145.
7 So Palandt/Brudermüller § 1362 Rn. 10; HK-ZPO/Kindl ZPO § 739 Rn. 8.

dass für die Maßnahme kein ausreichender Grund vorgelegen hat.[8] Die Löschung im Güterrechtsregister kann von diesem Partner nach ergangenem Urteil gem. § 1561 Abs. 2 alleine beantragt werden.[9]

III. Kosten

6 Die Kostenregelung richtet sich nach den jeweils eingeleiteten Verfahren ohne Besonderheiten für Lebenspartnerschaftssachen.

§ 9 LPartG Regelungen in Bezug auf Kinder eines Lebenspartners

(1) [1]Führt der allein sorgeberechtigte Elternteil eine Lebenspartnerschaft, hat sein Lebenspartner im Einvernehmen mit dem sorgeberechtigten Elternteil die Befugnis zur Mitentscheidung in Angelegenheiten des täglichen Lebens des Kindes. [2]§ 1629 Abs. 2 Satz 1 des Bürgerlichen Gesetzbuchs gilt entsprechend.

(2) Bei Gefahr im Verzug ist der Lebenspartner dazu berechtigt, alle Rechtshandlungen vorzunehmen, die zum Wohl des Kindes notwendig sind; der sorgeberechtigte Elternteil ist unverzüglich zu unterrichten.

(3) Das Familiengericht kann die Befugnisse nach Absatz 1 einschränken oder ausschließen, wenn dies zum Wohl des Kindes erforderlich ist.

(4) Die Befugnisse nach Absatz 1 bestehen nicht, wenn die Lebenspartner nicht nur vorübergehend getrennt leben.

(5) [1]Der Elternteil, dem die elterliche Sorge für ein unverheiratetes Kind allein oder gemeinsam mit dem anderen Elternteil zusteht, und sein Lebenspartner können dem Kind, das sie in ihren gemeinsamen Haushalt aufgenommen haben, durch Erklärung gegenüber dem Standesamt ihren Lebenspartnerschaftsnamen erteilen. [2]§ 1618 Satz 2 bis 6 des Bürgerlichen Gesetzbuchs gilt entsprechend.

(6) [1]Nimmt ein Lebenspartner ein Kind allein an, ist hierfür die Einwilligung des anderen Lebenspartners erforderlich. [2]§ 1749 Abs. 1 Satz 2 und 3 sowie Absatz 2 des Bürgerlichen Gesetzbuchs gilt entsprechend.

(7) [1]Ein Lebenspartner kann ein Kind seines Lebenspartners allein annehmen. [2]Für diesen Fall gelten die §§ 1742, 1743 Satz 1, § 1751 Abs. 2 und 4 Satz 2, § 1754 Abs. 1 und 3, § 1755 Abs. 2, § 1756 Abs. 2, § 1757 Abs. 2 Satz 1 und § 1772 Abs. 1 Satz 1 Buchstabe c des Bürgerlichen Gesetzbuchs entsprechend.

I. Allgemeines

1 In ihrer ursprünglichen Fassung enthielt die Vorschrift lediglich Regelungen zu den sorgerechtlichen Befugnissen des Lebenspartners. Mit den nachfolgenden Reformen (ua durch das Gesetz zur Überarbeitung des Lebenspartnerschaftsrechts vom 15.12.2004[1] und durch die Entscheidung des Bundesverfassungsgerichtes vom 19.2.2013 zur Sukzessivadoption[2]) wurden die Abs. 5 bis 7 neu eingeführt. Sie enthalten Möglichkeiten zur Einbenennung eines Kindes und zur Annahme des Kindes des anderen Lebenspartners.

---

8 Palandt/Brudermüller § 1357 Rn. 25.
9 Palandt/Brudermüller § 1357 Rn. 27.
1 BGBl. I 3396.
2 BVerfGE 133, 59 = BVerfG NJW 2013, 847.

II. Entscheidungsbefugnis des Lebenspartners

1. Mitentscheidung des Partners (Abs. 1 S. 1). Mit der Vorschrift des § 9 Abs. 1 **2** S. 1 LPartG soll klargestellt werden, dass der Lebenspartner neben dem allein sorgeberechtigten Elternteil eines in der Partnerschaft lebenden Kindes das Recht hat, in **Dingen des täglichen Lebens** mit zu entscheiden. Es entspricht der wohl herrschenden Meinung, dass diese Befugnis automatisch ex lege eintritt, somit keiner weiteren Erklärungen und Handlungen des sorgeberechtigten Elternteils bedarf.[3] Diskutiert wurde jedoch auch die Möglichkeit zur Notwendigkeit einer einmaligen Erklärung, die, einmal abgegeben, bis zu ihrem Widerruf fortdauert, vorbehaltlich einer Einschränkung gem. § 9 Abs. 3 LPartG oder die Notwendigkeit zur Abgabe der Einverständniserklärung bei jeder einzelnen Maßnahme.[4] Bundesverfassungsgerichtlich wurde die jetzt geltende Regelung nicht beanstandet.[5] In Entsprechung von § 1687 b hat der Lebenspartner im Einvernehmen mit dem allein sorgeberechtigten Elternteil zu handeln, er hat eine **Mitentscheidungsbefugnis** und ist in Alltagsangelegenheiten mit einzubeziehen.[6]

Überwiegend dürfte die Auffassung bestehen, dass bei fehlender Übereinstimmung dem allein sorgeberechtigten Elternteil die **Entscheidungskompetenz** zusteht.[7] Es wird jedoch auch die Auffassung vertreten, dass das Mitentscheidungsrecht des Partners in diesen Fällen zuvor durch familiengerichtlichen Entscheid gem. § 9 Abs. 3 LPartG eingeschränkt oder ausgeschlossen werden muss.[8] Die Mitentscheidungsbefugnis des Lebenspartners umfasst in Anlehnung an § 1629 Abs. 1 S. 2 auch das Vertretungsrecht des Kindes, soweit es die Angelegenheiten des täglichen Lebens umfasst. Dies findet gem. § 9 Abs. 1 S. 2 LPartG unter Verweisung auf § 1629 Abs. 2 S. 1 seine Grenzen dann, wenn auch ein Vormund gem. § 1795 von der Vertretung des Kindes ausgeschlossen wäre.[9]

2. Angelegenheiten des täglichen Lebens (Abs. 1 S. 1). Die **Mitentscheidungsbe- 3 fugnis** bezieht sich gem. § 9 Abs. 1 S. 1 LPartG auf die Angelegenheiten des täglichen Lebens. In Entsprechung zu § 1687 Abs. 1 S. 3 werden diese definiert als Situationen, die häufig vorkommen und keine schwer abzuändernden Auswirkungen auf die Kindesentwicklung haben. Typische Beispiele hierfür sind etwa Fragen des Schulalltages, der täglichen Ernährung, der Körperpflege sowie des allgemeinen Tagesablaufes wie Schlafenszeiten. Entscheidend in Abgrenzungsfragen sind die individuellen Verhältnisse der beteiligten Personen.[10]

3. Notfallkompetenz (Abs. 2). In Fällen, in denen aufgrund von **plötzlich eintre- 4 tenden Ereignissen** wichtige Entscheidungen für das Kind getroffen werden müs-

---

3 So bereits: NK-BGB/Ring/Olsen-Ring LPartG § 9 Rn. 2; Palandt/Brudermüller LPartG § 9 Rn. 2; Kornmacher FamRB 2004, 23.
4 Vgl. hierzu: Schwab FamRZ 2001, 394; vgl. zur Diskussion: Dethloff, Adoption und Sorgerecht – Problembereiche für die eingetragenen Lebenspartner?, FPR 2010, 208; FA-FamR/Weinreich Kap. 11 Rn. 258 f.; NK-BGB/Ring/Olsen-Ring LPartG § 9 Rn. 7.
5 BVerfG NJW 2002, 2543; aA Kanther, Die „neue soziale Familie" oder zur Verfassungswidrigkeit von § 9 LPartG, NJW 2003, 797.
6 Palandt/Brudermüller LPartG § 9 Rn. 2; FA-FamR/Weinreich Kap. 11 Rn. 261; Schwab FamRZ 2001, 394.
7 So: FA-FamR/Weinreich Kap. 11 Rn. 260; NK-BGB/Ring/Olsen-Ring LPartG § 9 Rn. 6, 7; Wellenhofer-Klein Rn. 213; Schwab FamRZ 2001, 394 f.
8 Palandt/Brudermüller LPartG § 9 Rn. 2.
9 NK-BGB/Ring/Olsen-Ring LPartG § 9 Rn. 11; Palandt/Brudermüller LPartG § 9 Rn. 3.
10 Palandt/Götz § 1687 Rn. 6, 7; NK-BGB/Ring/Olsen-Ring LPartG § 9 Rn. 5.

sen, wie etwa bei Unfällen, akut auftretenden Krankheiten oder der Notwendigkeit einer sofortigen Operation, steht bei Nichterreichbarkeit des sorgeberechtigten Elternteils dem Lebenspartner gem. § 9 Abs. 2 LPartG die Kompetenz zu, die in der Situation für das Kindeswohl erforderlichen Entscheidungen alleine zu treffen. Diese Regelung entspricht der des § 1629 Abs. 1 S. 4. Abschließend ist der sorgeberechtigte Elternteil unverzüglich zu informieren.[11] Dieses Recht unterliegt ausdrücklich nicht den in § 9 Abs. 3 und 4 LPartG enthaltenen Beschränkungen, dh ein Ausschluss dieses Notvertretungsrechtes ist weder vorgesehen durch eine Entscheidung des Familiengerichts gem. § 9 Abs. 3 LPartG noch im Falle des Getrenntlebens der Lebenspartner.[12] In Entsprechung zu §§ 1629 Abs. 1 S. 4, 1687 b, 1687 Abs. 1 S. 5 gilt das **Notvertretungsrecht** auch in den Fällen, in denen sich das Kind bei Eintritt der Notsituation bei dem Lebenspartner aufhält, der nicht sorgeberechtigter Elternteil ist. Eine Einschränkung dieses Rechtes ist lediglich bei **Gefährdung des Kindeswohles** gem. § 1666 möglich.

5　**4. Beendigung der Entscheidungsbefugnis (Abs. 3). a) Ausschluss zum Wohle des Kindes.** Das Familiengericht kann gem. § 9 Abs. 3 LPartG diese Befugnis zur Mitentscheidung in den **Angelegenheiten des täglichen Lebens** einschränken, ausschließen oder modifizieren, wenn dies zum Wohle des Kindes erforderlich ist.

Dies kann auf Antrag des sorgeberechtigten Elternteiles oder von Amts wegen etwa dann geschehen, wenn ständig Streitigkeiten über Einzelheiten bei der Ausübung dieses **Mitspracherechtes** entstehen, die das Kind belasten.[13] Im Interesse des Kindes soll auf diese Weise nach außen Klarheit in Bezug auf die Entscheidungskompetenz geschaffen werden. Die zu § 1687 Abs. 2 entwickelten Kriterien finden entsprechende Anwendung. Die Eingriffsschwelle liegt niedriger als in den Fällen des § 1666.[14]

6　**b) Getrenntleben der Lebenspartner (Abs. 4).** Die **Entscheidungsbefugnis** des Lebenspartners endet, wenn gem. § 9 Abs. 4 LPartG die Lebenspartner ihre Lebensgemeinschaft aufgeben und getrennt leben. Die Voraussetzungen für die Beurteilung der Frage, ob ein nicht nur vorübergehendes Getrenntleben vorliegt, beurteilt sich nach den zu § 1567 Abs. 1 entwickelten Kriterien für das eheliche Getrenntleben.[15]

7　**5. Umgangsrecht des Lebenspartners (§ 1685 Abs. 2).** Hat das Kind neben seinem Elternteil auch mit dessen Lebenspartner zusammengelebt und ist eine Bindung entstanden, so hat dieser gem. § 1685 Abs. 2 ein eigenes Recht zum Umgang mit dem Kind, unabhängig vom Bestehen eines alleinigen oder gemeinsamen Sorgerechtes der leiblichen Eltern.[16] Ein Umgangsrecht gem. § 1684 steht diesem Lebenspartner jedoch nicht zu.[17] Der **Zeitbegriff** des § 1685 Abs. 2 wird

---

11　NK-BGB/Ring/Olsen-Ring LPartG § 9 Rn. 16; Palandt/Brudermüller LPartG § 9 Rn. 6; FA-FamR/Weinreich Kap. 11 Rn. 269.

12　NK-BGB/Ring/Olsen-Ring LPartG § 9 Rn. 17; Schwab FamRZ 2001, 395; Palandt/Brudermüller LPartG § 9 Rn. 6.

13　RegE BT-Drs. 14/3751, 39; NK-BGB/Ring/Olsen-Ring LPartG § 9 Rn. 18.

14　Palandt/Götz § 1687 Rn. 11.

15　Palandt/Brudermüller LPartG § 9 Rn. 8, LPartG § 12 Rn. 4.

16　Palandt/Brudermüller LPartG § 9 Rn. 4; Palandt/Götz § 1685 Rn. 9 f.; Schwab FamRZ 2005, 395; Kornmacher FamRB 2004, 23; OLG Karlsruhe NJW 2011, 1012.

17　OLG Karlsruhe 16.11.2010 – 5 UF 217/10.

hierbei nicht an einem absoluten Zeitrahmen festgemacht, sondern ist unter Berücksichtigung des Alters des Kindes angepasst an dessen individuelle Wahrnehmung zu beurteilen.[18]

Ebenso dürfte das Kind selbst gemäß dem Wortlaut des § 1626 Abs. 3 S. 2 bei Vorliegen der entsprechenden Voraussetzungen einen eigenen **Anspruch auf Umgang** mit dem Lebenspartner haben, wenn dies für seine Entwicklung förderlich ist.

6. Schutz der Stieffamilie (§ 1682 S. 2). Hat das Kind längere Zeit mit seinem **8** Elternteil und dessen Lebenspartner gemeinsam in einem Haushalt gelebt und ist der andere Elternteil in Ausübung eines eigenen Sorgerechts berechtigt, das Kind von diesem Elternteil wegzunehmen, so kann in Anwendung von § 1682 S. 2 angeordnet werden, dass das Kind weiterhin im bisherigen Haushalt verbleibt, wenn durch die Wegnahme das **Kindeswohl** gefährdet wäre.

Die Anordnung kann auf Antrag des Ehegatten, des Lebenspartners als umgangsberechtigtem Dritten oder von Amts wegen durch das **Familiengericht** ergehen.[19]

III. Namensrecht (Abs. 5 S. 1)

1. Voraussetzungen. Um es den Lebenspartnern zu ermöglichen, in ihrer Stieffa- **9** milie **Namensgleichheit** herzustellen, wurde § 9 Abs. 5 LPartG entsprechend zur Ehegatten-Regelung in § 1618 eingeführt.[20]

Voraussetzungen hierfür sind, dass das Kind minderjährig und unverheiratet ist und in den gemeinsamen Haushalt der Lebenspartner aufgenommen wurde. Der mit dem Kind in der Partnerschaft zusammenlebende Elternteil muss darüber hinaus Inhaber des alleinigen Sorgerechts sein oder mit dem anderen Elternteil das gemeinsame Sorgerecht innehaben.

Das Kind kann somit seit dem 1.1.2005 den Namen erhalten, den die Partner als ihren **Lebenspartnerschaftsnamen** gewählt haben. Daneben besteht die Möglichkeit, den Partnerschaftsnamen dem Kindesnamen als Begleitnamen voran- oder nachzustellen. Auf diese Weise entsteht lediglich ein unechter Doppelname, der nicht weitergegeben werden kann, wie sich aus dem Hinweis auf das eheliche Namensrecht ergibt.[21] Ein eventuell bereits vorher vorhandener Begleitname des Kindes entfällt nach § 1618 S. 2 mit dieser Einbenennung.

Ein Anspruch auf Eintragung in die **Geburtsurkunde** der Lebenspartnerin der Mutter des während bestehender Lebenspartnerschaft geborenen Kindes besteht jedoch nicht. Hierin ist auch kein Verstoß gegen den Gleichbehandlungsgrundsatz gegenüber rechtlichen oder leiblichen Vätern zu sehen.[22]

2. Rechtsfolgen der Namensänderung (Abs. 5 S. 2). Aus der Namensänderung **10** des Kindes ergeben sich **keine Folgen für das Rechtsverhältnis** zwischen ihm und

---

18 Palandt/Götz § 1632 Rn. 13; Baer, Die neuen Regelungen der Reform des Rechts der elterlichen Sorge für das „Dauerpflegekind", FamRZ 1982, 221 (223); OLG Celle FamRZ 1990, 191 f.; OLG Frankfurt/M. NJW-RR 1987, 258; OLG Frankfurt/M. FamRZ 2004, 720.
19 Palandt/Brudermüller LPartG § 9 Rn. 5; Palandt/Götz § 1682 Rn. 2; Schwab FamRZ 2001, 395; Kornmacher FamRB 2004, 23 f.
20 BT-Drs. 15/3445, 15.
21 Palandt/Götz Vor § 1616 Rn. 5 f.
22 BVerfG NJW 2011, 988.

dem Lebenspartner seines mit ihm lebenden Elternteiles. Es entstehen weder verwandtschaftliche noch unterhalts- oder erbrechtliche Beziehungen. Ein Recht zum Umgang bzw. Verbleib in der Familie gem. § 1682 oder § 1658 Abs. 2 ist unabhängig von der **Einbenennung** zu beurteilen und kann sich nur aus den tatsächlichen Lebensverhältnissen des Kindes ergeben.[23] Die Einbenennung kann weder angefochten noch widerrufen werden, auch dann nicht, wenn der Elternteil nach Aufhebung der Partnerschaft seinen vorherigen Namen wieder annimmt.[24] Bei Eingehen einer neuen Partnerschaft besteht allerdings das Recht zur Einbenennung gem. § 9 Abs. 5 LPartG erneut.[25] Eine Namensänderung des Kindes kann sich jedoch noch aus § 1617 c ergeben, wenn sich der Name der Eltern nach den dort genannten Kriterien ändert.

11   **3. Zustimmungserfordernisse (Abs. 5 S. 2).** Bei Bestehen des gemeinsamen Sorgerechtes der Eltern des Kindes oder wenn das Kind den Namen des nicht sorgeberechtigten Elternteiles trägt, ist dessen **Zustimmung zur Namensänderung** erforderlich gem. § 1618 S. 3. Auch das Kind muss zustimmen, wenn es das fünfte Lebensjahr vollendet hat (§ 1618 S. 4).[26]

12   **4. Möglichkeit der Ersetzung der Zustimmung (Abs. 5 S. 2).** Die fehlende Zustimmung des anderen Elternteiles kann gem. § 1618 S. 4 durch das **Familiengericht** ersetzt werden. **Antragsberechtigt** ist der sorgeberechtigte Elternteil, mit dem das Kind lebt. Dieser muss die Notwendigkeit der Namensänderung begründen, die Einbenennung muss für das Kind unabdingbar notwendig sein.[27] Die Ansprüche an diese Voraussetzungen sind hoch, es müssen bei Versagung der Einbenennung für das Kind konkrete seelische Schäden zu befürchten sein.[28]

13   **5. Form und Zuständigkeit (Abs. 5 S. 2).** Die **Erklärung** über die Einbenennung sowie die Einwilligung des anderen Elternteiles bedürfen gem. § 1618 S. 5, auf den § 9 Abs. 5 LPartG verweist, der öffentlichen Beglaubigung und sind somit in der Regel bei dem Standesamt, das die Geburt des Kindes beglaubigt hat, abzugeben. Bei einer Geburt des Kindes im Ausland ist gem. § 31 a Abs. 1 S. 6, Abs. 2 PStG das Standesamt 1 in Berlin zuständig.

IV. Adoption (Abs. 6 und 7)

14   **1. Alleinadoption eines Lebenspartners.** § 9 Abs. 6 LPartG eröffnet dem Lebenspartner die Möglichkeit, ein Kind alleine zu adoptieren. Er benötigt jedoch hierzu die **Einwilligung** seines Partners.

Die Erforderlichkeit dieses **Konsenses** entspricht dem Charakter der umfassenden Lebensgemeinschaft, den nach Auffassung des Gesetzgebers eine Lebenspartnerschaft darstellt.[29] Die Einwilligung ist nur dann entbehrlich in entsprechender Anwendung des § 1749 Abs. 2 nF, wenn der Partner dauernd außer Stande ist, sie abzugeben, etwa wegen fehlender Geschäftsfähigkeit oder weil

---

23   Palandt/Götz § 1618 Rn. 23.
24   BGH NJW 2004, 1108; kritisch hierzu: Gaaz, Probleme der Einbenennung nach § 1618 BGB, FPR 2002, 132.
25   Palandt/Götz § 1618 Rn. 25.
26   Vgl. hierzu: Palandt/Götz § 1618 Rn. 15.
27   BGH NJW 2002, 94, 300, 1330 f.
28   OLG Stuttgart FamRZ 2000, 692; OLG Hamm FamRZ 2000, 693; OLG Rostock FamRZ 2000, 695 f.; OLG Oldenburg FamRZ 2000, 693 f.; FA-FamR/Pieper Kap. 3 Rn. 46 f.
29   So: Begründung des Gesetzentwurfes, BT-Drs. 15/3445, 15.

sein Aufenthalt dauernd unbekannt ist.[30] Verweigert er die Zustimmung, so eröffnet der Verweis in § 9 Abs. 6 LPartG auf § 1749 Abs. 1 S. 2, 3 die Möglichkeit der **Ersetzung** durch das **Vormundschaftsgericht** auf Antrag des Annehmenden. Sie ist dann zu verweigern, wenn berechtigte Interessen des Partners entgegenstehen.[31]

2. Adoption des Kindes des Lebenspartners. Mit der Überarbeitung des LPartG 15 wurde mit Gültigkeit zum 1.1.2005 die Möglichkeit der (zunächst politisch hoch umstrittenen[32]) **Stiefkindadoption** mit § 9 Abs. 6 und 7 LPartG neu geschaffen.

Ferner erklärte das Bundesverfassungsgericht mit Urteil vom 19.2.2013[33] eine Adoption des bereits vom anderen Lebenspartner adoptierten Kindes im Wege einer Sukzessivadoption für zulässig. Begründet wurde diese Entscheidung damit, dass bei einer bestehenden verbindlichen Partnerschaft die Adoption durch beide Partner eine dem Kindeswohl dienende, stabilisierende Wirkung auf das Kind habe. Die entsprechende gesetzliche Regelung die entsprechende gesetzliche Regelung[34] wurde 2014 in verabschiedet. Damit besteht nun die Möglichkeit zur Adoption eines zuvor vom anderen Lebenspartner bereits adoptierten oder leiblichen Kindes. Eine **gemeinschaftliche Adoption** beinhaltet diese Regelung jedoch nicht. Das Bundesverfassungsgericht hat eine Entscheidung hierzu offen gelassen.[35]

Für die Möglichkeit der Adoption des Kindes eines Lebenspartners gelten 16 grundsätzlich die für die Stiefkindadoption bestehenden Bestimmungen des BGB, da dies mit den gleichen Eingriffen in die Rechte der betroffenen Eltern verbunden ist.[36]

Daneben besteht ebenfalls das allgemeine Erfordernis der **Kindeswohlprüfung** gem. § 1741 Abs. 1 sowie § 1752.[37] Die Adoption erfolgt somit durch Beschluss des **Familiengerichtes** auf notariell beurkundeten Antrag des Annehmenden hin.

Der Annehmende muss gem. § 1743 S. 1 das 21. Lebensjahr vollendet haben. Auf diese Vorschrift verweist § 9 Abs. 7 LPartG ausdrücklich. Ebenfalls gelten die weiteren grundsätzlichen Regelungen zur Adoption gem. § 1741 Abs. 1, wie die Kindeswohlprüfung, sowie das **Zustimmungserfordernis** in Bezug auf die leiblichen Eltern des Kindes gem. § 1747. Durch das Gesetz zur Bekämpfung von Kinderehen vom 17.7.2017[38] wurde das Zustimmungserfordernis des Ehegatten des verheirateten Anzunehmenden in § 1749 Abs. 2 BGB gestrichen und Abs. 6 S. 2 nF entsprechend angepasst.

Die Adoption erfolgt durch **familiengerichtlichen Beschluss** gem. § 1752. Die Anonymität eines Samenspenders steht einer solchen Adoption nicht entgegen.[39]

---

30 Palandt/Götz § 1749 Rn. 1.
31 Vgl. hierzu: Palandt/Götz § 1749 Rn. 2.
32 Vgl. nur Begründung des Gesetzentwurfes, BT-Drs. 15/3445, 15; Plenar-Protokoll BT-Drs. 15/136, 12482 f.; v. Dickhuth-Harrach FPR 2005, 276 mwN.
33 BVerfGE 133, 59 = BVerfG NJW 2013, 847.
34 BGBl. I 786.
35 Vgl. hierzu: Palandt/Brudermüller LPartG § 9 Rn. 11, 12 mwN.
36 Begründung des Gesetzentwurfes, BT-Drs. 15/3445, 15; v. Dickhuth-Harrach FPR 2005, 276.
37 So: Begründung des Gesetzentwurfes, BT-Drs. 15/3445, 15.
38 BGBl. 2017 I 2429.
39 OLG Karlsruhe 7.2.2014 – 16 UF 274/ 13.

Auch ist kein Adoptionspflegejahr abzuwarten,[40] eine kurze Adoptionspflegezeit ist anzunehmen, wenn das Kind von Geburt an in der Lebenspartnerschaft lebt.[41]

Neben den im Gesetzestext selbst genannten weiteren Vorschriften des BGB erhält mit der Adoption durch den Lebenspartner des leiblichen Elternteiles das Kind im Ergebnis die rechtliche Stellung eines gemeinsamen Kindes (§ 1754 Abs. 1), es entsteht ein gemeinsames Sorgerecht der Lebenspartner (§ 1754 Abs. 3). Die Verwandtschaftsverhältnisse zu dem anderen Elternteil und dessen Verwandten erlöschen (§ 1755 Abs. 2), es sei denn, der andere sorgeberechtigte Elternteil ist bereits vorverstorben (§ 1756 Abs. 2).

Die Eintragung der Lebenspartnerin als zweiter Elternteil in die Geburtsurkunde des adoptierten Kindes, das die andere Lebenspartnerin zur Welt gebracht hat, kann zulässigerweise von den deutschen Standesämtern und Gerichten abgelehnt werden. Es liegt darin kein Verstoß gegen Art. 14 iVm Art. 8 EMRK vor, da es sich aufgrund der unterschiedlichen biologischen Voraussetzungen nicht um eine mit der gesetzlichen Vermutung von § 1592 Nr. 1 vergleichbare Situation handelt.[42] Andere Regelungen finden sich jedoch in einer wachsenden Zahl von Staaten, in denen für die Lebenspartnerin der Mutter in Anwendung der Vaterschaftsvermutung in heterosexuellen Ehen eine „Elternschaftsvermutung" angenommen wird, kraft Gesetzes alleine aufgrund der Tatsache der Geburt des Kindes in einer gleichgeschlechtlichen Ehe bzw. Partnerschaft, so etwa in Dänemark, Belgien, England und Wales, Norwegen und Schweden sowie Spanien, aber auch außerhalb Europas.[43] Hierin liegt nach Auffassung des Bundesgerichtshofes kein Verstoß gegen den ordre public.[44]

17 Zuständig ist für alle die Kindschaftsangelegenheiten betreffenden Verfahren gem. §§ 269 Abs. 1 Nr. 3 und 4, 270 Abs. 1 S. 2 FamFG nach § 23 a Abs. 1 Nr. 1 GVG iVm § 111 Nr. 2 bis 4 FamFG das **Familiengericht**.

Die örtliche Zuständigkeit richtet sich in den die elterliche Sorge und das Umgangsrecht betreffenden Sachen nach § 152 FamFG und in Adoptionssachen nach § 187 FamFG.

V. Kosten

18 Die Kostenentscheidungen folgen gem. §§ 269 Abs. 1 S. 2, 270 Abs. 1 S. 2 FamFG den §§ 80 ff. FamFG.

§ 10 LPartG Erbrecht

(1) [1]Der überlebende Lebenspartner des Erblassers ist neben Verwandten der ersten Ordnung zu einem Viertel, neben Verwandten der zweiten Ordnung oder neben Großeltern zur Hälfte der Erbschaft gesetzlicher Erbe. [2]Treffen mit Großeltern Abkömmlinge von Großeltern zusammen, so erhält der Lebenspartner auch von der anderen Hälfte den Anteil, der nach § 1926 des Bürgerlichen Gesetzbuchs den Abkömmlingen zufallen würde. [3]Zusätzlich stehen ihm die zum

---

40 AG Elmshorn 20.12.2010 – 46 F 9/10.
41 AG Göttingen 29.6.2015 – 40 F 9/ 14 AD.
42 EGMR 7.5.2013 – 8017/11; OLG Köln 27.8.2014 – 2 Wx 222/14.
43 Vgl. hierzu Frie FamRZ 2015, 889 mwN.
44 BGH FamRZ 2015, 240; Frie FamRZ 2015, 889 mwN und zum Sachstand der Diskussion.

lebenspartnerschaftlichen Haushalt gehörenden Gegenstände, soweit sie nicht Zubehör eines Grundstücks sind, und die Geschenke zur Begründung der Lebenspartnerschaft als Voraus zu. [4]Ist der überlebende Lebenspartner neben Verwandten der ersten Ordnung gesetzlicher Erbe, so steht ihm der Voraus nur zu, soweit er ihn zur Führung eines angemessenen Haushalts benötigt. [5]Auf den Voraus sind die für Vermächtnisse geltenden Vorschriften anzuwenden. [6]Gehört der überlebende Lebenspartner zu den erbberechtigten Verwandten, so erbt er zugleich als Verwandter. [7]Der Erbteil, der ihm aufgrund der Verwandtschaft zufällt, gilt als besonderer Erbteil.

(2) [1]Sind weder Verwandte der ersten noch der zweiten Ordnung noch Großeltern vorhanden, erhält der überlebende Lebenspartner die ganze Erbschaft. [2]Bestand beim Erbfall Gütertrennung und sind als gesetzliche Erben neben dem überlebenden Lebenspartner ein oder zwei Kinder des Erblassers berufen, so erben der überlebende Lebenspartner und jedes Kind zu gleichen Teilen; § 1924 Abs. 3 des Bürgerlichen Gesetzbuchs gilt auch in diesem Fall.

(3) [1]Das Erbrecht des überlebenden Lebenspartners ist ausgeschlossen, wenn zur Zeit des Todes des Erblassers

1. die Voraussetzungen für die Aufhebung der Lebenspartnerschaft nach § 15 Abs. 2 Nr. 1 oder 2 gegeben waren und der Erblasser die Aufhebung beantragt oder ihr zugestimmt hatte oder

2. der Erblasser einen Antrag nach § 15 Abs. 2 Nr. 3 gestellt hatte und dieser Antrag begründet war.

[2]In diesen Fällen gilt § 16 entsprechend.

(4) [1]Lebenspartner können ein gemeinschaftliches Testament errichten. [2]Die §§ 2266 bis 2272 des Bürgerlichen Gesetzbuchs gelten entsprechend.

(5) Auf eine letztwillige Verfügung, durch die der Erblasser seinen Lebenspartner bedacht hat, ist § 2077 des Bürgerlichen Gesetzbuchs entsprechend anzuwenden.

(6) [1]Hat der Erblasser den überlebenden Lebenspartner durch Verfügung von Todes wegen von der Erbfolge ausgeschlossen, kann dieser von den Erben die Hälfte des Wertes des gesetzlichen Erbteils als Pflichtteil verlangen. [2]Die Vorschriften des Bürgerlichen Gesetzbuchs über den Pflichtteil gelten mit der Maßgabe entsprechend, dass der Lebenspartner wie ein Ehegatte zu behandeln ist.

(7) Die Vorschriften des Bürgerlichen Gesetzbuchs über das Inventar für eine zum Gesamtgut gehörende Erbschaft und über den Erbverzicht gelten entsprechend.

I. Allgemeines

Das **Erbrecht** ist dem Ehegattenerbrecht weitestgehend angeglichen.

1

Das Bundesverfassungsgericht hatte wegen dieser Tatsache keine verfassungsrechtlichen Bedenken.[1]

§ 10 Abs. 1 S. 1 und 2 LPartG entsprechen § 1931. Der **Lebenspartner** ist damit wie der Ehegatte zu 1/4 neben Erben der ersten Ordnung und zu 1/2 neben Erben der zweiten Ordnung oder Großeltern **gesetzlicher Erbe.**

---

1 BVerfG FamRZ 2002, 1169; vgl. ausführlich hierzu: v. Dickhuth-Harrach FamRZ 2005, 1139 mwN; NK-BGB/Ring/Olsen-Ring LPartG § 10 Rn. 8.

Sind weder Erben der ersten Ordnung noch der zweiten Ordnung oder Großeltern vorhanden, so erhält der Lebenspartner in der Entsprechung zu § 1931 Abs. 2 gem. § 10 Abs. 2 S. 1 LPartG die gesamte Erbschaft. Besteht zu dem Erblasser darüber hinaus noch ein verwandtschaftliches Verhältnis, aus dem ein Erbrecht resultiert, so fällt ihm dieser Erbteil gem. § 10 Abs. 1, 6 und 7 LPartG ebenfalls zu.

II. Gesetzlicher Güterstand (Abs. 1 S. 2)

2 Leben die Ehegatten in der auch für die Lebenspartnerschaft als gesetzlichem Güterstand nunmehr geltenden **Zugewinngemeinschaft**, so erhöht sich der Erbteil um 1/4 in Entsprechung zur Regelung des § 1371 Abs. 1 für Ehegatten aufgrund des Verweises in § 6 S. 2 LPartG.[2] Bereits die ursprüngliche Fassung des § 6 Abs. 1 S. 4 LPartG aF enthielt diesen Verweis.

III. Gütertrennung (Abs. 2 S. 2)

3 Haben die Lebenspartner Gütertrennung vereinbart, so entspricht die **erbrechtliche Regelung** in § 10 Abs. 2 S. 2 LPartG der des § 1931 Abs. 4 mit der Folge, dass bei dem Vorhandensein von einem oder zwei erbberechtigten Kindern die Beteiligten zu gleichen Teilen erben.[3]

IV. Voraus (Abs. 1 S. 3, 4 u. 5)

4 Neben dem sich aus den gesetzlichen Regelungen ergebenden **Erbteil** hat der Lebenspartner gem. § 10 Abs. 3, 4 LPartG wie der Ehepartner nach § 1932 einen Anspruch auf die bei Begründung der Partnerschaft erhaltenen Geschenke sowie auf die zum lebenspartnerschaftlichen Haushalt gehörenden Haushaltsgegenstände. Ist er allerdings neben Verwandten der ersten Ordnung Erbe geworden, so erstreckt sich dieser **Anspruch auf den Voraus** nur auf die Haushaltsgegenstände, die er zur Führung eines angemessenen Haushalts benötigt in Entsprechung zu den Regelungen für Ehegatten.[4] Die für das Vermächtnis geltenden Vorschriften sind nach § 10 Abs. 1 S. 5 LPartG anzuwenden.

Das Bestehen des Voraus ist gebunden an die Existenz des **gesetzlichen Erbrechtes**. Nach allgemeiner Auffassung besteht nach Entfallen des gesetzlichen Erbrechtes auch kein Anspruch auf den Voraus mehr, obwohl das Gesetz hierzu keine ausdrückliche Regelung enthält.[5]

V. Wegfall des Erbrechts

5 **1. Antrag auf Aufhebung (Abs. 3).** Da das gesetzliche Erbrecht der Lebenspartner an das **Bestehen der Lebenspartnerschaft** gebunden ist, entfällt mit ihrer Aufhebung nach § 15 LPartG der Anspruch wie das Ehegattenerbrecht mit

---

2 Schwab FamRZ 2001, 395; NK-BGB/Ring/Olsen-Ring LPartG § 10 Rn. 5; Grziwotz DNotZ 2001, 280; Palandt/Brudermüller LPartG § 10 Rn. 1.
3 Palandt/Brudermüller LPartG § 10 Rn. 1; FA-FamR/Weinreich Kap. 11 Rn. 278; v. Dickhuth-Harrach FamRZ 2005, 1140.
4 NK-BGB/Ring/Olsen-Ring LPartG § 10 Rn. 9; Schwab FamRZ 2001, 395; Palandt/Brudermüller LPartG § 10 Rn. 4.
5 NK-BGB/Ring/Olsen-Ring LPartG § 10 Rn. 9; Schwab FamRZ 2001, 395; v. Dickhuth-Harrach FamRZ 2001, 1660 (1664); Walter FPR 2005, 279; Palandt/Brudermüller LPartG § 10 Rn. 4.

Rechtskraft der Scheidung.[6] Das Gleiche gilt gem. § 10 Abs. 3 LPartG in den Fällen, in denen zum Zeitpunkt des Todes des Erblassers die Voraussetzungen für eine **Aufhebung** der Lebenspartnerschaft aufgrund des Scheiterns der Beziehung und ausreichender Trennungsdauer gem. § 15 Abs. 2 LPartG vorlagen und der Erblasser einen entsprechenden Antrag gestellt oder ihm zugestimmt hatte. Auch wenn der Erblasser einen Aufhebungsantrag auf die Härteregelung des § 15 Abs. 2 S. 3 LPartG gestützt hatte und dieser Antrag zum Zeitpunkt des Todes begründet war, entfällt ein Erbrecht nach § 10 LPartG. Hat hingegen alleine der überlebende Lebenspartner einen **Aufhebungsantrag** gestellt und der Erblasser seinerseits keine Erklärung hierzu abgegeben, liegen die Voraussetzungen des § 10 Abs. 3 LPartG nicht vor. Im Gesetz findet sich für diesen Fall keine Regelung.

Die konsequente Anwendung des Wortlautes von § 10 Abs. 3 LPartG führt jedoch dazu, dass in diesen Fällen die selbst die Aufhebung der Lebenspartnerschaft betreibende Partei vom Tode des Lebenspartners aufgrund des Bestehenbleibens des **Erbanspruches** profitiert.[7] Eine entsprechende Konsequenz beinhaltet auch das Ehegattenerbrecht des § 1933.[8] Es findet sich jedoch auch die Auffassung, dass auch in diesen Fällen § 10 Abs. 3 LPartG dennoch anzuwenden sei mit der Folge des Ausschlusses des Erbrechtes.[9]

2. Rücknahme und Widerruf des Antrages auf Aufhebung. Widerruft einer der 6 Partner oder widerrufen beide den Antrag auf Aufhebung der Partnerschaft, so entsprechen die Konsequenzen denen, die gem. § 1933 bei Rücknahme des Scheidungsantrages gelten.[10] Erfolgt der Widerruf somit vor Ablauf der vorgeschriebenen Trennungsfristen nach § 15 Abs. 2 S. 1 oder 2 LPartG, so bleibt das **Erbrecht** bestehen mangels Vorliegens der notwendigen Aufhebungsvoraussetzung. Nach Fristablauf und bei Antragstellung des einen Lebenspartners ohne Erklärung des anderen hierzu hat der Widerruf durch den Antragsteller zur Folge, dass der Erbrechtsausschluss zwar mit dem Zeitablauf eingetreten war, mit Widerruf aber wieder entfallen ist, da es nunmehr an einer der notwendigen Aufhebungsvoraussetzungen iSd § 15 Abs. 1 LPartG fehlt. Haben beide Lebenspartner den Aufhebungsantrag gestellt und nur einer widerrufen, so ist entscheidend für die Frage des Bestehens des Erbrechts der Umstand, ob zum Zeitpunkt des Todes des Erblassers die Voraussetzungen zur Aufhebung vorgelegen haben, etwa nach Ablauf der dreijährigen Trennungsfrist.[11]

3. Unterhalt nach Erbrechtsausschluss (Abs. 3 S. 2). Ist das Erbrecht des Le- 7 benspartners wegen des Vorliegens der **Voraussetzungen zur Aufhebung** der Lebenspartnerschaft nach § 15 Abs. 3, 1. oder 2. Alt. LPartG weggefallen, so hat er nach §§ 10 Abs. 3 S. 2, 16 LPartG einen Anspruch auf Unterhalt gegen die Erben, wenn er unterhaltsberechtigt gegenüber dem Erblasser gewesen wäre mit

---

6 Palandt/Brudermüller LPartG § 10 Rn. 2.
7 So: Wellenhofer-Klein Rn. 255; v. Dickhuth-Harrach FamRZ 2001, 1660 (1664).
8 Palandt/Weidlich § 1933 Rn. 1.
9 Muscheler Rn. 113.
10 V. Dickhuth-Harrach FamRZ 2001, 1660 (1664).
11 Vgl. hierzu: v. Dickhuth-Harrach FamRZ 2001, 1660 (1664).

der in § 1586 b bestehenden Haftungsbeschränkung zugunsten der Erben auf den Pflichtteil.[12]

VI. Beweislast

8 Die Beweislast für das Vorliegen dieser Voraussetzungen trägt in entsprechender Anwendung der Regelungen zu § 1933 die Partei, die sich auf den Wegfall oder das Vorhandensein des Erbrechts beruft.[13]

VII. Testiermöglichkeiten (Abs. 4)

9 Die Möglichkeiten zur Errichtung eines **gemeinschaftlichen Testamentes** oder einer **letztwilligen Verfügung** für Lebenspartner entspricht denen für Ehegatten. § 10 Abs. 4 LPartG verweist insoweit ausdrücklich auf §§ 2266 bis 2273. Die Partner können somit ihre Verfügungen in privatschriftlicher Form iSv § 2267 verfassen und wechselseitige Verfügungen iSv § 2270 treffen. Auch eine testamentarische Regelung als „Berliner Testament" ist gem. § 2280 ausdrücklich möglich, ebenso wie ein **Erbvertrag**.[14]

VIII. Pflichtteilsrecht und Erbverzicht (Abs. 6 S. 1 u. 2)

10 Die Möglichkeit, den anderen Lebenspartner testamentarisch von der Erbfolge auszuschließen, hat aufgrund des Verweises in § 10 Abs. 6 S. 2 LPartG auf das Pflichtteilsrecht des BGB zur Folge, dass der vom Erbe Ausgeschlossene neben dem Pflichtteil bei bestehender **Zugewinngemeinschaft** gem. § 1371 Abs. 2 den Zugewinnausgleich geltend machen kann.[15]

Da gem. § 10 Abs. 7 auch die Vorschriften des BGB zum Erbverzicht entsprechend gelten, hat bei bestehender Zugewinngemeinschaft der überlebende Lebenspartner die gleiche **Wahlmöglichkeit** zwischen der erb- bzw. güterrechtlichen Lösung, wie sie Ehegatten zusteht. Er kann sich somit entscheiden, das Erbe anzutreten und daneben die pauschale Erhöhung aus dem Zugewinnausgleich gem. § 10 und § 6 S. 2 LPartG, § 1371 Abs. 1 anzunehmen oder auszuschlagen und den Zugewinnausgleich in voller Höhe zzgl. des Pflichtteiles gem. § 6 S. 2 LPartG, § 1371 Abs. 2, 3 geltend zu machen.[16]

IX. Steuerliche Gesichtspunkte und Hinterbliebenenversorgung

11 Mit der Reform des Erbschaftssteuerrechtes durch das Erbschaftssteuer- und Schenkungssteuergesetz erfolgte mit Wirkung zum 14.12.2010 die vollständige Gleichstellung von Lebenspartnern mit Ehegatten in Bezug auf **Steuerklassen und Freibeträge** in den §§ 15, 16 und 17 ErbStG.[17] Auch steht dem eingetragenen Lebenspartner die gleiche Hinterbliebenenversorgung zu wie einem Ehegatten;[18] so auch bei der Betrieblichen Altersversorgung für Arbeitnehmer im öf-

---

12 Palandt/Brudermüller LPartG § 10 Rn. 2; Palandt/Brudermüller § 1586 b Rn. 1; NK-BGB/Ring/Olsen-Ring/Olsen-Ring LPartG § 10 Rn. 14; FA-FamR/Weinreich Kap. 11 Rn. 279; Schwab FamRZ 2001, 395; v. Dickhuth-Harrach FamRZ 2001, 1660 (1665).
13 Palandt/Weidlich § 1933 Rn. 9.
14 Vgl. zu den Einzelheiten: Grziwotz FPR 2005, 283.
15 Palandt/Brudermüller LPartG § 10 Rn. 5; Schwab FamRZ 2001, 396; Grziwotz FPR 2005, 281.
16 Vgl. hierzu: Walter FPR 2005, 281.
17 BGBl. I 1768, 1795 ff.
18 BAG 11.12.2012 – 3 AZR 684/10.

fentlichen Dienst.[19] Dies gilt ebenfalls für kirchliche Zusatzversorgungskassen. Das Eingehen einer eingetragenen Lebenspartnerschaft stellt keinen sog besonders schwerwiegenden Loyalitätsverstoß dar, der zur Leistungsverweigerung berechtigt.[20]

X. Verfahren

Für Verfahren in Nachlasssachen iSv § 342 FamFG sind gem. § 23 a Abs. 1 Nr. 2, Abs. 2 Nr. 2 GKG iVm § 112 Nr. 3 FamFG nach § 269 Abs. 2 FamFG die **Amtsgerichte/Nachlassgerichte** zuständig. In steuerrechtlichen Angelegenheiten sind die jeweiligen **Finanzgerichte** zuständig. Die örtliche Zuständigkeit richtet sich in Nachlasssachen gem. § 343 FamFG grundsätzlich nach dem **Wohnsitz des Erblassers**, die des Finanzgerichtes wird gem. § 38 FGO von dem **Sitz der Behörde** bestimmt, gegen die die Klage gerichtet ist. **12**

XI. Kosten

Die Kosten richten sich nach den Sondervorschriften der jeweiligen Gerichtsbarkeit. **13**

§ 11 LPartG Sonstige Wirkungen der Lebenspartnerschaft

(1) Ein Lebenspartner gilt als Familienangehöriger des anderen Lebenspartners, soweit nicht etwas anderes bestimmt ist.

(2) [1]**Die Verwandten eines Lebenspartners gelten als mit dem anderen Lebenspartner verschwägert.** [2]**Die Linie und der Grad der Schwägerschaft bestimmen sich nach der Linie und dem Grad der sie vermittelnden Verwandtschaft.** [3]**Die Schwägerschaft dauert fort, auch wenn die Lebenspartnerschaft, die sie begründet hat, aufgelöst wurde.**

Mit dieser Vorschrift gelten Lebenspartner als **Familienangehörige** des anderen mit den entsprechenden rechtlichen Konsequenzen. So sind in allen gesetzlichen Regelungen, in denen der Angehörigenbegriff verwandt wird, auch Lebenspartner hiervon umfasst.[1] **1**

Die leiblichen Verwandten der Lebenspartner gelten gem. § 11 Abs. 2 S. 1 LPartG als miteinander verschwägert, auch hier mit den entsprechenden rechtlichen Konsequenzen etwa für zivil- und strafrechtliche **Zeugnisverweigerungsrechte** in Entsprechung der durch Eheschließung vermittelten Verwandtschaftsgrade.[2]

Wie diese endet die **Schwägerschaft**, die auf einer einmal eingetragenen Lebenspartnerschaft beruht, nicht mit deren Aufhebung, sondern besteht darüber hinaus fort.[3]

Aufgrund der Entscheidungen des Bundesverfassungsgerichts vom 21.7.2010[4] wurde die Ungleichbehandlung im Erbschafts- und Schenkungssteuergesetz auf- **2**

---

19 BVerfG NJW 2010, 1439.
20 LG Köln 1.10.2010 – 20 O 180/12.
1 Schwab FamRZ 2001, 396; NK-BGB/Ring/Olsen-Ring LPartG § 11 Rn. 2, 3; FA-FamR/ Weinreich Kap. 11 Rn. 225 f.
2 Schwab FamRZ 2001, 396; FA-FamR/Weinreich Kap. 11 Rn. 225 f.
3 Vgl. hierzu: NK-BGB/Ring/Olsen-Ring LPartG § 11 Rn. 11; Schwab FamRZ 2001, 396.
4 BVerfG 21.7.2010 – 1 BvR 611/07, 1 BvR 2464/07.

gehoben. Auch steht den Partnern einer eingetragenen Lebenspartnerschaft mittlerweile das sog Ehegattensplitting, die Zusammenveranlagung bei der Einkommensteuer, offen,[5] ebenso die Befreiung von der Grunderwerbssteuer.[6]

Ebenfalls wird ein Kindergeldanspruch für das Kind des Lebenspartners gewährt, wenn dieses in den Haushalt des anderen Lebenspartners aufgenommen wird, § 63 Abs. 1 S. 1 Nr. 2 EStG iVm § 2 Abs. 8 EStG.[7]

Auch sind die Lebenspartner eines Beamten beihilfeberechtigt;[8] ihnen steht der Familienzuschlag zu.[9] Bereits in seiner Entscheidung vom 10.5.2011 hatte der EuGH festgestellt, dass in der Verweigerung einer günstigeren Steuerklasse bei der Berechnung von Ruhegeld eine „Diskriminierung wegen der sexuellen Ausrichtung" liege.[10]

Abschnitt 3 Getrenntleben der Lebenspartner

§ 12 LPartG Unterhalt bei Getrenntleben

[1]Leben die Lebenspartner getrennt, so kann ein Lebenspartner von dem anderen den nach den Lebensverhältnissen und den Erwerbs- und Vermögensverhältnissen der Lebenspartner angemessenen Unterhalt verlangen. [2]Die §§ 1361 und 1609 des Bürgerlichen Gesetzbuchs gelten entsprechend.

I. Allgemeines

1 In Entsprechung zu den eherechtlichen Regelungen wird auch im Unterhalt bei Lebenspartnerschaften unterschieden zwischen den Unterhaltspflichten während des Bestehens der Lebenspartnerschaft (§ 5 LPartG), des Getrenntlebens (§ 12 LPartG) sowie nach Aufhebung (§ 16 LPartG).

Seit der Reform durch das LPartÜG entsprechen die Vorschriften zum Unterhalt bei Getrenntleben aufgrund des Verweises auf § 1361 und § 1609 denen für Ehegatten. Es gelten die hierzu entwickelten Grundsätze.

II. Voraussetzungen

2 **1. Getrenntleben.** Die **Definition** des Getrenntlebens entspricht der des § 1567 Abs. 1 und findet sich gleichlautend in § 15 Abs. 5 LPartG.

3 **2. Bedarf.** Der Lebenspartner kann wie der Ehegatte gem. § 1361 den nach den Lebens-, Erwerbs- und Vermögensverhältnissen angemessenen Unterhalt verlangen.[1] Dabei sollen im Hinblick auf die möglicherweise noch nicht endgültige Trennung der Partner keine endgültigen Regelungen, etwa durch den Einsatz von Vermögenswerten zum Unterhalt, getroffen werden müssen, die auch nach Aufhebung der Lebenspartnerschaft unzumutbar wären.[2] Das **Maß des Unter-**

---

5 BVerfG 7.5.2013 – 2 BvR 909/ 06.
6 BVerfG 18.7.2012 – 1 BvL 16/11.
7 BFH 8.8.2013 – VI R 76/ 12.
8 VG Sigmaringen 19.1.2010 – 3 K 1552/ 08 gem. § 3 Abs. 1 Beihilfeverordnung des Landes Baden-Württemberg.
9 BVerfG 19.6.2012 – 2 BvR 1397/09.
10 EuGH EuZW 2011, 432.
1 Büttner FamRZ 2001, 1107.
2 NK-BGB/Ring/Olsen-Ring LPartG § 12 Rn. 7; Palandt/Brudermüller LPartG § 12 Rn. 3, 7.

haltes wird bestimmt von den wirtschaftlichen Verhältnissen während des Zusammenlebens der Partner bis zur Aufhebung der Partnerschaft.[3]

III. Umfang des Unterhaltes

1. Dauer. Die **Zahlungspflicht** beginnt mit der Trennung iSv § 15 Abs. 5 LPartG 4
und endet mit dem Tag der Rechtskraft der Aufhebung der Lebenspartnerschaft
oder bei Wiederaufnahme der Lebensgemeinschaft.[4] Der Verweis auf § 1361 hat
zur Folge, dass Unterhalt für die Vergangenheit verlangt werden kann, wenn der
Unterhaltsschuldner in **Verzug** gesetzt wurde.[5] Auch findet § 1613 Abs. 2 S. 2
für die Fälle Anwendung, in denen der Berechtigte verhindert war, Unterhalt
geltend zu machen.

2. Einzelheiten. Der Verweis auf § 1361 führt dazu, dass gem. §§ 1361 Abs. 4, 5
1613 Abs. 1, 1360 a Abs. 4 ein **Verfahrenskostenvorschuss** geltend gemacht werden kann. Auch ist bei Vorliegen der entsprechenden Voraussetzungen **Alters-
und Krankheitsvorsorgeunterhalt** gem. § 1361 Abs. 1 S. 2 geschuldet.[6] Es besteht darüber hinaus die Möglichkeit zur Geltendmachung von **Sonderbedarf**
gem. § 1613 Abs. 2.[7] Ein **Unterhaltsverzicht** für die Zukunft ist grundsätzlich
nicht möglich. Hier gelten die sich aus §§ 1360 a Abs. 3, 1614 ergebenden Einschränkungen wie beim Ehegattenunterhalt.[8]

3. Rangfolge. Die Rangfolge nach § 1609 gilt auch für Lebenspartner mit der 6
Folge, dass im **Mangelfall** Unterhaltsansprüche minderjähriger Kinder eines der
Partner dem des Lebenspartners vorgehen.[9] In konsequenter entsprechender Anwendung von § 1609 muss dies ebenfalls bedeuten, dass der ein minderjähriges
Kind betreuende Lebenspartner sich in der zweiten Rangstufe befindet, dies insbesondere vor dem Hintergrund der Möglichkeit zur Stiefkindadoption oder
einer von beiden Lebenspartnerinnen einvernehmlich vorgenommenen künstlichen Insemination.[10]

IV. Verfahren

Sachlich zuständig ist nach § 23 a Abs. 1 Nr. 1 GVG iVm § 111 Nr. 11 FamFG 7
in isolierten Verfahren das gem. § 232 FamFG örtlich zuständige **Familiengericht**. Wird der Unterhaltsanspruch jedoch im Verbund mit der Aufhebung der
Partnerschaft geltend gemacht, führt § 137 Abs. 1, 2 Nr. 2 FamFG zur Anwendung von § 233 FamFG,[11] mit der Folge, dass die Unterhaltssache an das für die
Aufhebung der Lebenspartnerschaft zuständige Gericht abzugeben ist.

Zu beachten ist, dass auch in selbstständigen Unterhaltssachen grundsätzlich
auch bereits im ersten Rechtszug **Anwaltszwang** besteht. Lediglich in Verfahren
der einstweiligen Anordnung, in denen über die Verfahrenskostenhilfe sowie in

---

3 Palandt/Brudermüller § 1361 Rn. 63.
4 Palandt/Brudermüller LPartG § 12 Rn. 6; NK-BGB/Ring/Olsen-Ring LPartG § 12 Rn. 9;
   FA-FamR/Weinreich Kap. 11 Rn. 240.
5 Palandt/Brudermüller LPartG § 12 Rn. 9.
6 Büttner FamRZ 2001, 1107; Kemper FF 2005, 88 (93); Palandt/Brudermüller LPartG
   § 12 Rn. 9; Entwurfsbegründung BT-Drs. 15/3445, 15.
7 Palandt/Brudermüller LPartG § 12 Rn. 9.
8 Büttner FamRZ 2001, 1108; Palandt/Brudermüller LPartG § 12 Rn. 9.
9 Borth, Unterhaltsrecht, Rn. 213; Peschel-Gutzeit § 5 Rn. 187.
10 Vgl. Kornmacher FamRB 2004, 24; Borth, Unterhaltsrecht, Rn. 214.
11 Zöller/Lorenz FamFG § 231 Rn. 1.

den Fällen des § 78 Abs. 3 FamFG, in Verfahren vor einem beauftragten oder ersuchten Richter sowie für Verfahrenshandlungen, die vor dem Urkundsbeamten der Geschäftsstelle vorgenommen werden können, entfällt der Zwang.

V. Kosten

8 Der **Streitwert** bemisst sich unter Berücksichtigung von §§ 33, 34 und 44 FamGKG nach § 51 FamGKG und beträgt im Regelfall den zwölffachen Monatsbetrag (§ 51 Abs. 1 S. 1 FamGKG) zuzüglich eventuell aufgelaufener Rückstände (§ 51 Abs. 2 S. 1 FamGKG). Die Pflicht zur **Kostentragung** folgt gem. §§ 269 Abs. 1 Nr. 9, 270 Abs. 1 S. 2 FamFG und §§ 111 Nr. 11, 112 Nr. 1 FamFG den Regelungen der ZPO mit der Maßgabe des § 113 FamFG. Wird der Anspruch jedoch im **Aufhebungsverbund** geltend gemacht, ist § 150 FamFG als Spezialnorm einschlägig gegenüber §§ 91 ff. ZPO und § 243 FamFG.[12]

§ 13 LPartG Verteilung der Haushaltsgegenstände bei Getrenntleben

(1) [1]Leben die Lebenspartner getrennt, so kann jeder von ihnen die ihm gehörenden Haushaltsgegenstände von dem anderen Lebenspartner herausverlangen. [2]Er ist jedoch verpflichtet, sie dem anderen Lebenspartner zum Gebrauch zu überlassen, soweit dieser sie zur Führung eines abgesonderten Haushalts benötigt und die Überlassung nach den Umständen des Falles der Billigkeit entspricht.

(2) [1]Haushaltsgegenstände, die den Lebenspartnern gemeinsam gehören, werden zwischen ihnen nach den Grundsätzen der Billigkeit verteilt. [2]Das Gericht kann eine angemessene Vergütung für die Benutzung der Haushaltsgegenstände festsetzen.

(3) Die Eigentumsverhältnisse bleiben unberührt, sofern die Lebenspartner nichts anderes vereinbaren.

I. Allgemeines

1 Die Vorschrift ist identisch mit der des § 1361 a. Da die Trennung nur als vorübergehende Phase anzusehen ist, die entweder durch **Aufhebung** der Lebenspartnerschaft oder deren **Wiederaufnahme** endet, soll zu diesem Zeitpunkt noch keine abschließende Regelung getroffen werden. Infolgedessen bleiben die Eigentumsverhältnisse am Hausrat von einer Aufteilung zur Nutzung für diesen Zeitraum unberührt.[1]

II. Haushaltsgegenstände

2 Die **Definition** der mit diesem Begriff bezeichneten Gegenstände entspricht der für den ehelichen Haushalt und umfasst alle Haushaltsgegenstände, die nach den Lebensverhältnissen der Partner für ihr gemeinsames Wohnen und Haushalten bestimmt sind.[2] Hierzu kann auch der gemeinsam genutzte Pkw gehören.[3]

---

12 Zöller/Lorenz FamFG § 231 Rn. 20.
 1 Palandt/Brudermüller § 1361 a Rn. 2; Muscheler Rn. 532.
 2 Palandt/Brudermüller § 1361 a Rn. 3 mwN.
 3 Palandt/Brudermüller § 1361 a Rn. 5; BGH FamRZ 1991, 43: Pkw im Alleineigentum unterliegt Zugewinnausgleich; 1992, 538: Pkw kann ausnahmsweise Hausratsgegenstand sein; KG FamRZ 2003, 1927: Pkw ist unter bestimmter Bedingung Haushaltsgegenstand.

Ausgenommen sind die Dinge des persönlichen Bedarfes und diejenigen Gegenstände, die zur beruflichen Tätigkeit von einem der Partner benötigt werden.[4]

III. Eigentumsverhältnisse

1. Alleineigentum eines Partners (Abs. 1). Grundsätzlich bedingt das Alleineigentum eines Partners bei Trennung einen Herausgabeanspruch gegenüber dem anderen.[5] Benötigt allerdings dieser einen Gegenstand dringend zur Führung seines eigenen Hausstandes und erscheint die Nutzung durch ihn nicht unbillig, so hat er einen Anspruch auf Gebrauchsüberlassung.[6] Der Lebenspartner ist nur zur **Überlassung** verpflichtet, eventuelle, etwa durch Transport entstehende Kosten für die Beschaffung des Gegenstandes hat er nicht zu tragen.[7]

2. Gemeinsames Eigentum (Abs. 2 S. 1). Bei gemeinsamem Eigentum der Lebenspartner an den Haushaltsgegenständen erfolgt die **Verteilung** nach den Grundsätzen der Billigkeit, ohne dass hiermit bereits eine Zuweisung des Eigentums erfolgt.[8]

3. Änderung der Eigentumsverhältnisse (Abs. 3). Eine Änderung der Eigentumsverhältnisse bereits zu diesem **Zeitpunkt** des Getrenntlebens ist allerdings dann möglich, wenn die Parteien dies vereinbaren. In dieser Gestaltungsmöglichkeit sind sie frei.[9]

IV. Gerichtliche Entscheidungsbefugnis

1. Nutzungszuweisung. Während § 1361 a Abs. 3 eine ausdrückliche Regelung enthält, dass das Gericht bei Streitigkeiten über Nutzungsrechte entscheidet, fehlt diese **Zuständigkeitszuweisung** im Lebenspartnerschaftsgesetz. Hier wird nach herrschender Auffassung von einem Redaktionsversehen ausgegangen.[10] Aus der Tatsache, dass das Gericht gem. Abs. 2 S. 2 berechtigt ist, eine Nutzungsvergütung festzusetzen, kann jedoch die Entscheidungsbefugnis für eine Nutzungszuweisung unproblematisch geschlossen werden.[11]

2. Nutzungsvergütung (Abs. 2 S. 2). In den Fällen der Zuweisung kann vom Gericht unter Berücksichtigung der beiderseitigen Einkommens- und Vermögensverhältnisse eine angemessene **Nutzungsentschädigung** zugesprochen werden.[12]

3. Auskunftsanspruch. Vor dem Hintergrund der Tatsache, dass bei Lebenspartnerschaften nicht regelmäßig von einer häuslichen Gemeinschaft ausgegangen werden kann, erhält die Frage nach einem wechselseitigen Auskunftsanspruch in Bezug auf das Vorhandensein von **Haushaltsgegenständen** Bedeutung. Gem. § 206 FamFG kann das Gericht jedem Lebenspartner unter Fristsetzung Auskunftspflichten auferlegen.

---

4 Palandt/Brudermüller § 1361 a Rn. 9.
5 Palandt/Brudermüller § 1361 a Rn. 12.
6 Palandt/Brudermüller § 1361 a Rn. 13 mwN; OLG Naumburg FamRZ 2007, 1169; Muscheler Rn. 532.
7 Palandt/Brudermüller § 1361 a Rn. 15.
8 Palandt/Brudermüller § 1361 a Rn. 16; Muscheler Rn. 532; NK-BGB/Ring/Olsen-Ring LPartG § 13 Rn. 2.
9 Muscheler Rn. 532; NK-BGB/Ring/Olsen-Ring LPartG § 13 Rn. 2.
10 Palandt/Brudermüller LPartG § 13 Rn. 2; Muscheler Rn. 532; Wellenhofer-Klein Rn. 275; NK-BGB/Ring/Olsen-Ring LPartG § 13 Rn. 2.
11 Palandt/Brudermüller LPartG § 13 Rn. 2; Muscheler Rn. 532; Wellenhofer-Klein Rn. 275; NK-BGB/Ring/Olsen-Ring LPartG § 13 Rn. 2.
12 Palandt/Brudermüller § 1361 a Rn. 17; Muscheler Rn. 532.

9 **4. Verbotene Eigenmacht.** Eigenmächtig entfernte Haushaltsgegenstände können auch im Rahmen der nur vorläufigen Hausratsteilung zurückverlangt werden, es sei denn, der Lebenspartner benötigt sie zur Deckung des eigenen Notbedarfes.[13]

10 **5. Geltungsdauer der gerichtlichen Entscheidung.** Die Entscheidung entfaltet ihre Wirkung nur so lange, wie die Trennung andauert. Bei Wiederaufnahme der partnerschaftlichen Lebensgemeinschaft oder deren Aufhebung entfällt sie.[14]

V. Verfahren

11 Zuständig in diesen Angelegenheiten ist gem. § 23 a Abs. 1 Nr. 1 GVG iVm § 111 Nr. 11 FamFG das **Familiengericht.** Die örtliche Zuständigkeit richtet sich nach §§ 201 bis 209 FamFG, da gem. § 270 Abs. 1 S. 2 iVm § 111 Nr. 5 FamFG diese Vorschriften entsprechend anzuwenden sind.

VI. Kosten

12 Die Kostenregelung bestimmt sich über §§ 269 Abs. 1 Nr. 6, 270 Abs. 2 FamFG nach §§ 80 ff. FamFG. Der **Streitwert** in Haushaltssachen bestimmt sich über § 200 FamFG in entsprechender Anwendung nach § 48 Abs. 2 FamGKG.[15]

§ 14 LPartG Wohnungszuweisung bei Getrenntleben

(1) [1]Leben die Lebenspartner voneinander getrennt oder will einer von ihnen getrennt leben, so kann ein Lebenspartner verlangen, dass ihm der andere die gemeinsame Wohnung oder einen Teil zur alleinigen Benutzung überlässt, soweit dies auch unter Berücksichtigung der Belange des anderen Lebenspartners notwendig ist, um eine unbillige Härte zu vermeiden. [2]Eine unbillige Härte kann auch dann gegeben sein, wenn das Wohl von im Haushalt lebenden Kindern beeinträchtigt ist. [3]Steht einem Lebenspartner allein oder gemeinsam mit einem Dritten das Eigentum, das Erbbaurecht oder der Nießbrauch an dem Grundstück zu, auf dem sich die gemeinsame Wohnung befindet, so ist dies besonders zu berücksichtigen; Entsprechendes gilt für das Wohnungseigentum, das Dauerwohnrecht und das dingliche Wohnrecht.

(2) [1]Hat der Lebenspartner, gegen den sich der Antrag richtet, den anderen Lebenspartner widerrechtlich und vorsätzlich am Körper, der Gesundheit oder der Freiheit verletzt oder mit einer solchen Verletzung oder der Verletzung des Lebens widerrechtlich gedroht, ist in der Regel die gesamte Wohnung zur alleinigen Benutzung zu überlassen. [2]Der Anspruch auf Wohnungsüberlassung ist nur dann ausgeschlossen, wenn keine weiteren Verletzungen und widerrechtlichen Drohungen zu besorgen sind, es sei denn, dass dem verletzten Lebenspartner das weitere Zusammenleben mit dem anderen wegen der Schwere der Tat nicht zuzumuten ist.

(3) [1]Wurde einem Lebenspartner die gemeinsame Wohnung ganz oder zum Teil überlassen, so hat der andere alles zu unterlassen, was geeignet ist, die Ausübung dieses Nutzungsrechts zu erschweren oder zu vereiteln. [2]Er kann von dem

---

13 Palandt/Brudermüller § 1361 a Rn. 19; Brudermüller FamRZ 2006, 1157 (1161) mwN.
14 Palandt/Brudermüller § 1361 b Rn. 27.
15 Zöller/Lorenz FamFG § 200 Rn. 2.

nutzungsberechtigten Lebenspartner eine Vergütung für die Nutzung verlangen, soweit dies der Billigkeit entspricht.

(4) Ist ein Lebenspartner aus der gemeinsamen Wohnung ausgezogen, um getrennt zu leben und hat er binnen sechs Monaten nach seinem Auszug eine ernstliche Rückkehrabsicht dem anderen Lebenspartner gegenüber nicht bekundet, so wird unwiderleglich vermutet, dass er dem in der gemeinsamen Wohnung verbliebenen Lebenspartner das alleinige Nutzungsrecht überlassen hat.

I. Allgemeines

Die Vorschrift stimmt inhaltlich mit § 1361 b überein. Die Ansprüche auf Wohnungszuweisung bestehen neben den darüber hinausgehenden Ansprüchen aus dem Gewaltschutzgesetz.[1] **1**

II. Voraussetzungen

1. Getrenntleben (Abs. 1 S. 1). Voraussetzung für die Anwendung der Vorschrift **2** ist das beabsichtigte oder vollzogene Getrenntleben eines der Lebenspartner in den gemeinsam genutzten Wohnräumen.[2]

2. Unbillige Härte (Abs. 1 S. 1, 2). Zuweisungsvoraussetzung gem. Abs. 1 S. 1, **3** 2 ist nicht mehr wie zuvor eine „schwere", sondern nunmehr eine „unbillige" Härte. Die **Eingriffsschwelle** wurde damit in Fällen häuslicher Gewalt deutlich gesenkt.[3] Bloße Unannehmlichkeiten, die sich aus dem beabsichtigten oder vollzogenen Getrenntleben der Partner bei gleichzeitiger Nutzung der Partnerschaftswohnung ergeben, sind hiervon nicht umfasst.[4] Diese Vorschrift schützt neben dem einzelnen **Partner** auch alle im Haushalt lebenden **Kinder**, unabhängig von deren Alter und familiärer Zugehörigkeit.[5]

3. Besonderheiten bei Zuweisung (Abs. 1 S. 3). Das Eigentum oder besondere **4** Nutzungsrechte eines der Partner sind gem. Abs. 1 S. 3 besonders zu berücksichtigen. Da es sich jedoch lediglich um eine **vorläufige Nutzungsregelung** handelt, bleibt etwa eine Veräußerungsabsicht bei der Entscheidung unberücksichtigt, insbesondere dann, wenn diesem Partner ein einseitiges schwerwiegendes Fehlverhalten vorzuwerfen ist.[6]

4. Auszug aus der Wohnung (Abs. 4). In Abs. 4 findet sich die **unwiderlegbare** **5** **Vermutung,** dass ein Partner, der die gemeinsame Wohnung zum Getrenntleben für mindestens sechs Monate verlassen und keinen Rückkehrwillen erklärt hat, diese endgültig aufgegeben und sie dem anderen Partner zur alleinigen Nutzung überlassen hat. Zu berücksichtigen ist hier die Tatsache, dass die Lebenspartner nicht zu häuslicher Gemeinschaft verpflichtet sind, die Absicht des Getrenntlebens somit deutlich zum Ausdruck gebracht werden muss.[7]

---

1 Schumacher FamRZ 2002, 645 (653).
2 Palandt/Brudermüller § 1361 b Rn. 6, 7.
3 Palandt/Brudermüller § 1361 b Rn. 1; Garbe, Neuregelung der Wohnungszuweisung und familiengerichtliches Verfahren, FamRB 2003, 92 (97).
4 Palandt/Brudermüller § 1361 b Rn. 8; Garbe FamRB 2003, 92 (93).
5 Garbe FamRB 2003, 93; Palandt/Brudermüller § 1361 b Rn. 11.
6 Palandt/Brudermüller § 1361 b Rn. 3, 12; Schumacher, Mehr Schutz bei Gewalt in der Familie, FamRZ 2002, 645 (652).
7 NK-BGB/Ring/Olsen-Ring LPartG § 14 Rn. 8; Schumacher FamRZ 2002, 645 (656).

III. Folgen

6　**1. Zuweisung der gesamten Wohnung oder von Teilbereichen (Abs. 2 S. 1 und 2).** Als Mittel des geringsten Eingriffes kann die Zuweisung von Teilen der Partnerschaftswohnung erfolgen. Hat allerdings einer der Lebenspartner den anderen iSv Abs. 2 S. 1 angegriffen oder ihm mit einem solchen **Angriff** gedroht, ist in der Regel die Wohnung insgesamt dem Bedrohten zuzuweisen.[8] Abs. 2 S. 2 enthält eine Beweislastumkehr in Fällen bisher einmaliger Gewalttätigkeit.[9]

7　**2. Unterlassung von Störungen des Nutzungsrechtes (Abs. 3 S. 1).** Das Gericht kann untersagen, dass der weichende Lebenspartner etwa durch **Kündigung** des Mietvertrages versucht, die Nutzung durch den anderen zu vereiteln.[10] Die Rechte des Vermieters aus dem Mietvertrag bleiben von der Zuweisung grundsätzlich unberührt; Räumungsfristen können jedoch gerichtlich gewährt werden.[11]

8　**3. Nutzungsvergütung (Abs. 3 S. 2).** Sie ist **Entschädigung** für Nutzungsverlust und orientiert sich am Mietwert. Eventuell bestehende Unterhaltsregelungen genießen jedoch Vorrang.[12]

9　**4. Geltungsdauer.** Die Zuweisung ist **vorläufig** und gilt nur für die Dauer des Getrenntlebens. Mit Wiederaufnahme der Lebenspartnerschaft oder deren rechtskräftigen Aufhebung endet sie.[13]

IV. Verfahren

10　Zuständig ist in diesen Angelegenheiten gem. § 23 a Abs. 1 Nr. 1 GVG iVm § 111 Nr. 11 FamFG das **Familiengericht.** Die örtliche Zuständigkeit richtet sich nach §§ 200 Abs. 1, 201 ff. FamFG, da gem. § 270 Abs. 1 S. 2 FamFG iVm § 111 Nr. 5 FamFG diese Vorschriften entsprechend anzuwenden sind.

V. Kosten

11　Die Kostenregelung bestimmt sich über §§ 269 Abs. 1 Nr. 5, 270 Abs. 1 S. 2 nach §§ 80 ff. FamFG. Den **Streitwert** regelt § 48 Abs. 1 FamGKG, da §§ 200 ff. FamFG entsprechend anzuwenden sind.[14]

Abschnitt 4 Aufhebung der Lebenspartnerschaft

§ 15 LPartG　Aufhebung der Lebenspartnerschaft

(1) Die Lebenspartnerschaft wird auf Antrag eines oder beider Lebenspartner durch richterliche Entscheidung aufgehoben.

8　Palandt/Brudermüller § 1361 b Rn. 15.
9　Palandt/Brudermüller § 1361 b Rn. 16; Schumacher FamRZ 2002, 656.
10　Muscheler Rn. 534; Schumacher FamRZ 2002, 652 f.
11　Schumacher FamRZ 2002, 645 (652 f.).
12　Palandt/Brudermüller § 1361 b Rn. 19; Schumacher FamRZ 2002, 645 (653).
13　Palandt/Brudermüller § 1361 b Rn. 27; Muscheler Rn. 614.
14　Zöller/Lorenz FamFG § 200 Rn. 2.

(2) ¹Das Gericht hebt die Lebenspartnerschaft auf, wenn

1. die Lebenspartner seit einem Jahr getrennt leben und

   a) beide Lebenspartner die Aufhebung beantragen oder der Antragsgegner der Aufhebung zustimmt oder

   b) nicht erwartet werden kann, dass eine partnerschaftliche Lebensgemeinschaft wieder hergestellt werden kann,

2. ein Lebenspartner die Aufhebung beantragt und die Lebenspartner seit drei Jahren getrennt leben,

3. die Fortsetzung der Lebenspartnerschaft für den Antragsteller aus Gründen, die in der Person des anderen Lebenspartners liegen, eine unzumutbare Härte wäre.

²Das Gericht hebt die Lebenspartnerschaft ferner auf, wenn bei einem Lebenspartner ein Willensmangel im Sinne des § 1314 Abs. 2 Nr. 1 bis 4 des Bürgerlichen Gesetzbuchs vorlag; § 1316 Abs. 1 Nr. 2 des Bürgerlichen Gesetzbuchs gilt entsprechend.

(3) Die Lebenspartnerschaft soll nach Absatz 2 Satz 1 nicht aufgehoben werden, obwohl die Lebenspartner seit mehr als drei Jahren getrennt leben, wenn und solange die Aufhebung der Lebenspartnerschaft für den Antragsgegner, der sie ablehnt, aufgrund außergewöhnlicher Umstände eine so schwere Härte darstellen würde, dass die Aufrechterhaltung der Lebenspartnerschaft auch unter Berücksichtigung der Belange des Antragstellers ausnahmsweise geboten erscheint.

(4) Die Aufhebung nach Absatz 2 Satz 2 ist bei einer Bestätigung der Lebenspartnerschaft ausgeschlossen; § 1315 Absatz 1 Satz 1 Nummer 3 und 4 und § 1317 des Bürgerlichen Gesetzbuchs gelten entsprechend.

(5) ¹Die Lebenspartner leben getrennt, wenn zwischen ihnen keine häusliche Gemeinschaft besteht und ein Lebenspartner sie erkennbar nicht herstellen will, weil er die lebenspartnerschaftliche Gemeinschaft ablehnt. ²§ 1567 Abs. 1 Satz 2 und Abs. 2 des Bürgerlichen Gesetzbuchs gilt entsprechend.

I. Allgemeines

§ 1 LPartG geht von einer **Partnerschaft auf Lebenszeit** aus, in Entsprechung zur Ehescheidung ist jedoch die Aufhebung nach den genannten Kriterien möglich. Die Regelungen entsprechen denen zur Scheidung gem. §§ 1564 ff., trotz gleichen Wortlautes nicht denen zur Eheaufhebung nach §§ 1313 ff.[1]

Die **Aufhebung** kann nur durch richterlichen Beschluss erfolgen.

II. Bestehen einer wirksamen Partnerschaft

Voraussetzung für ein **Aufhebungsverfahren** ist das Bestehen einer gem. § 1 LPartG wirksam begründeten Lebenspartnerschaft. Fehlt es bereits hieran, so ist diese ex tunc nichtig, ein Aufhebungsverfahren ist nicht möglich. Für Willensmängel enthält § 15 Abs. 2 S. 2 LPartG eine Sonderregelung, nach der im Fall von Mängeln bei der Abgabe der Willenserklärungen ein Aufhebungsverfahren erforderlich ist.[2]

Eines besonderen Aufhebungsverfahrens bedarf es jedoch nicht in den Fällen, in denen einer der Partner nach Änderung seiner personenstandsrechtlichen Ge-

---

1 Palandt/Brudermüller LPartG § 15 Rn. 1; Stüber FamRZ 2005, 575.
2 Palandt/Brudermüller LPartG § 1 Rn. 6; NK-BGB/Ring/Olsen-Ring LPartG § 15 Rn. 1.

schlechtszugehörigkeit mit dem anderen Partner der bisherigen Lebensgemeinschaft eine Ehe eingeht. In diesen Fällen erlischt die Lebenspartnerschaft, ohne dass es eines Aufhebungsverfahrens bedarf (Konsumtion).[3]

III. Voraussetzungen der Aufhebung

3 **1. Negativprognose (Abs. 2 Nr. 1 b).** In Entsprechung zur Feststellung des Scheiterns der Ehe hat das Gericht als **Aufhebungsgrund** festzustellen, dass davon auszugehen ist, dass die Fortsetzung der Lebenspartnerschaft nicht zu erwarten ist. Die Voraussetzungen für diese Negativprognose knüpfen wie bei der Feststellung des **Scheiterns** der Ehe im Scheidungsverfahren entweder mit Abs. 2 Nr. 1 a und 2 an den reinen Zeitablauf an oder ergeben sich in den Fällen des Abs. 2 Nr. 1 b oder 3 aus den Feststellungen des Gerichtes.

4 **2. Getrenntleben (Abs. 5).** Abs. 5 erläutert den Begriff, der § 1567 Abs. 1 entspricht. Es darf keine häusliche Gemeinschaft der Partner mehr bestehen, und zumindest einer von ihnen muss deutlich nach außen erkennbar die partnerschaftliche Gemeinschaft ablehnen. Für Lebenspartnerschaften besteht keine gesetzlich normierte Pflicht zur Lebensgemeinschaft wie bei einer Ehe, die Gestaltung ihrer Lebensgemeinschaft bleibt den Partnern überlassen. Dies entspricht wohl auch zunehmend einem zeitgemäßen Verständnis von Ehe, in der ebenfalls die Details der Ausgestaltung des Zusammenlebens den Ehegatten überlassen bleiben, unabhängig von der in § 1353 Abs. 2 S. 2 gesetzlich normierten Verpflichtung.[4] Der Hinweis auf § 1567 Abs. 2 stellt klar, dass ein gescheiterter **Versöhnungsversuch** die Trennungszeit nicht unterbricht.

5 **3. Einvernehmliche Aufhebung (Abs. 2 Nr. 1 a).** Nach Abs. 2 S. 1 Nr. 1 a hat die Aufhebung ohne weitere gerichtliche Prüfung in Entsprechung zu § 1566 Abs. 1 zu erfolgen, wenn die Partner seit mindestens einem Jahr getrennt leben und beide sie beantragen oder einer der Partner dem Antrag des anderen zustimmt.[5]

6 **4. Antrag nur eines Partners (Abs. 2 Nr. 1 b).** Ein weiterer Grund für die Aufhebung ist die Tatsache, dass die Partner seit mindestens einem Jahr getrennt leben und nach Antrag eines der Partner nicht zu erwarten ist, dass die Lebensgemeinschaft wieder aufgenommen werden kann, weil dieser sie endgültig ablehnt.[6] In Entsprechung zum Eherecht ist diese **Negativprognose** vom Richter in freier Würdigung der ihm vorgetragenen und von ihm selbst festgestellten Tatsachen zu treffen.[7]

7 **5. Dreijähriges Getrenntleben (Abs. 2 Nr. 2).** Abs. 2 S. 1 Nr. 2 entspricht § 1566 Abs. 2. Die **Aufhebung** hat auf Antrag eines Partners nach dreijährigem Getrenntleben ohne weitere gerichtliche Prüfung auf Antrag eines Partners zu erfolgen, auch gegen den Willen des anderen.[8]

8 **6. Härteregelung. a) Beendigung vor Ablauf des Trennungsjahres (Abs. 2 Nr. 3).** Nach der Härteregelung des Abs. 2 S. 1 Nr. 3 ist die Aufhebung vor Ablauf des Trennungsjahres möglich. Es gelten die gleichen strengen Maßstäbe wie in § 1565 Abs. 2. Entscheidendes Kriterium ist die Tatsache, dass das Bestehen der

---

3 OLG Nürnberg 21.9.2015 – 11 W 1334/15.
4 Palandt/Brudermüller Vor § 1353 Rn. 12.
5 Palandt/Brudermüller § 1566 Rn. 1, 2; Kemper FF 2005, 95 f.
6 Palandt/Brudermüller LPartG § 15 Rn. 5; Kemper FF 2005, 95 f.
7 Kemper FF 2005, 96; Garbe/Ullrich § 2 Rn. 381.
8 Palandt/Brudermüller § 1566 Rn. 3; § 15 Rn. 5; Grziwotz DNotZ 2005, 13 (20).

Lebenspartnerschaft als solches bereits die Voraussetzungen der **Unzumutbarkeit** erfüllt. Die Gründe hierfür müssen in der Person des anderen Lebenspartners liegen.[9] Es genügt nicht etwa die Hinwendung zu einem neuen Partner.[10]

b) Fortbestehen trotz dreijähriger Trennung (Abs. 3). Gem. Abs. 3 kann in Entsprechung zu § 1568 trotz Ablaufes der dreijährigen Trennungszeit die Aufhebung unterbleiben, wenn sie für den nicht antragstellenden Partner eine **schwere Härte** darstellen würde. Zur Beurteilung des Vorliegens von außergewöhnlichen Umständen, die zu der schweren Härte führen, sind die für die Härtefallscheidung gem. § 1568 Alt. 2. entwickelten Kriterien anzuwenden.[11] Auch die Belange des antragstellenden Partners sind in die Überlegungen mit einzubeziehen.   9

Eine Regelung für in der Partnerschaft etwa nach einer Stiefkindadoption lebende **Kinder** fehlt im Gesetz entgegen § 1568, so dass nach dem Wortlaut deren Interessen unberücksichtigt zu bleiben hätten.[12] Es wird jedoch die Auffassung vertreten, dass in Entsprechung zu den für die Scheidung geltenden Regelungen die Belange der in der Partnerschaft lebenden Kinder entscheidungserheblich sind.[13]

IV. Willensmängel (Abs. 2 S. 2)

1. Voraussetzungen. Die Aufhebung nach Abs. 2 S. 2 hat auf **Antrag** eines der   10
Partner zu erfolgen, wenn einer der in § 1314 Abs. 2 S. 1 bis 4 normierten Willensmängel vorliegt. Entgegen der Regelung zur Eheaufhebung gem. § 1316 Abs. 1 S. 1 steht der Behörde hier kein eigenes Antragsrecht zu. Die allgemeinen Vorschriften der §§ 119 ff. sind durch die Spezialregelungen des Abs. 2 S. 2 von der Anwendung ausgeschlossen.[14] Mit **Bestätigung der Partnerschaft** ist die Aufhebung aus diesen Gründen gem. Abs. 4 jedoch ausgeschlossen. Die fehlende Verweisung auf die Anwendung von § 1314 Abs. 2 S. 5 führt im Ergebnis dazu, dass Willensmängel bei Begründung der Partnerschaft, die sich auf die aus § 2 LPartG resultierende Verpflichtung zur gemeinsamen Lebensgestaltung, Fürsorge und Unterstützung beziehen, gem. § 116 ff. im Aufhebungsverfahren Berücksichtigung finden können.[15] Allerdings lässt sich aus der Gesetzesbegründung selbst diese Differenzierung nicht entnehmen.[16]

2. Antragsfrist (Abs. 4 Hs. 2). Der Verweis in Abs. 4 Hs. 2 auf § 1317 regelt die   11
Antragsfrist. Sie beträgt ein Jahr ab Kenntnis von der Täuschung oder des Irrtums bzw. ab Ende der Zwangslage.

V. Aufhebungshindernis (Abs. 3)

1. Partnerschaften nach dem LPartG. Nur das Vorliegen einer **außergewöhnli-**   12
chen Härte im Sinne des Abs. 3 steht nach dem Wortlaut des Gesetzes der Auf-

---

9 Palandt/Brudermüller LPartG § 15 Rn. 6; § 1565 Rn. 9, 10; Grziwotz DNotZ 2005, 20.
10 AG Holzminden FamRZ 2005, 983 f.
11 Vgl. Palandt/Brudermüller § 1568 Rn. 4, 5.
12 V. Dickhuth-Harrach FPR 2005, 277; Grziwotz DNotZ 2005, 20.
13 Kemper FF 2005, 88 (96).
14 Gesetzliche Begründung: BT-Drs. 15/3445, 16; v. Dickhuth-Harrach FPR 2005, 277; Stüber FamRZ 2005, 575.
15 Palandt/Brudermüller LPartG § 15 Rn. 7; Stüber FamRZ 2005, 575; Finger MDR 2005, 121; Wellenhofer, Das neue Recht für eingetragene Lebenspartnerschaften, NJW 2005, 705.
16 BT-Drs. 15/3445, 16.

hebung bei Vorliegen der Aufhebungsgründe gem. Abs. 2 Nr. 1 entgegen. Nach allgemeiner Auffassung gilt es jedoch auch in den Fällen der Aufhebung nach Abs. 2 Nr. 2.[17] Die für § 1568 entwickelten Grundsätze finden auch hier als Maßstab zur Beurteilung der außergewöhnlichen Härte Anwendung.[18]

13 **2. Ausländische gleichgeschlechtliche Ehen.** Eine zunehmende Zahl von Staaten wie etwa die Niederlande, Belgien, Spanien, Portugal und Kanada, lässt die Eheschließung gleichgeschlechtlicher Paare zu, ohne Differenzierung zu einer heterosexuellen Ehe.

Hieraus können sich für die Frage der Anerkennung dieser Verbindungen in Deutschland sowie deren Auflösung – ob im Wege einer Scheidung oder einer Aufhebung – und der Anerkennung dieser Entscheidungen in den jeweiligen Ländern erhebliche Probleme ergeben, die noch nicht abschließend geklärt sind.[19] Die Einführung der **Möglichkeit gleichgeschlechtlicher Ehen** nunmehr auch in Deutschland durch das Gesetz zur Einführung des Rechts auf Eheschließung für Personen gleichen Geschlechts vom 20.7.2017[20] dürfte jedoch auch Auswirkungen auf die Beurteilung der Rechtsfolgen dieser bereits vor Geltung des Gesetzes bestehenden Verbindungen haben.

VI. Verfahren

14 Gem. § 269 Abs. 1 Nr. 1 FamFG iVm § 111 Nr. 11 FamFG ist die Aufhebung der Lebenspartnerschaft eine Familiensache, für die nach § 23 a Abs. 1 Nr. 1 GVG die **Familiengerichte** zuständig sind. Die örtliche Zuständigkeit ergibt sich nach § 270 Abs. 1 S. 1 FamFG aus §§ 121 Nr. 1, 122 ff. FamFG, wobei § 122 FamFG eine verbindliche Rangfolge enthält. Der Antragsteller hat keine freie Wahlmöglichkeit.[21] Insgesamt haben gem. § 270 Abs. 1 S. 1 FamFG die für das Scheidungsverfahren geltenden Vorschriften auch im Aufhebungsverfahren Geltung, auch diejenigen zum Anwaltszwang in § 114 FamFG.

VII. Kosten

15 Aufgrund des Verweises in § 270 Abs. 1 S. 1 FamFG findet für die Kosten § 150 FamFG Anwendung. Der **Verfahrenswert** richtet sich nach § 43 FamGKG.

§ 16 LPartG Nachpartnerschaftlicher Unterhalt

[1]Nach der Aufhebung der Lebenspartnerschaft obliegt es jedem Lebenspartner, selbst für seinen Unterhalt zu sorgen. [2]Ist er dazu außerstande, hat er gegen den anderen Lebenspartner einen Anspruch auf Unterhalt nur entsprechend den §§ 1570 bis 1586 b und 1609 des Bürgerlichen Gesetzbuchs.

I. Allgemeines

1 Bereits 2005 wurde das nachpartnerschaftliche Unterhaltsrecht dem des nachehelichen Unterhaltes weitestgehend angeglichen durch den Verweis in § 16

---

17 Palandt/Brudermüller LPartG § 15 Rn. 8; Kemper FF 2005, 96; v. Dickhuth-Harrach FPR 2005, 277.
18 Palandt/Brudermüller LPartG § 15 Rn. 8; § 1568 Rn. 4, 5; v. Dickhuth-Harrach FPR 2005, 277; Kemper FF 2005, 96.
19 Vgl. hierzu: Wiggerich FamRZ 2012, 1116.
20 BGBl. 2017 I 2787.
21 Zöller/Lorenz FamFG § 122 Rn. 2.

Abs. 1 S. 2 LPartG aF auf die §§ 1570 bis 1581 und 1583 bis 1586 b. Abs. 2 enthielt eine dem Eherecht entsprechende Rangfolgenregelung.[1] Diese enge Anbindung führte dazu, dass mit der Reform durch das Unterhaltsänderungsgesetz[2] zum 1.1.2008 auch die Vorschriften des nachpartnerschaftlichen Unterhaltes an diesen Änderungen uneingeschränkt teilgenommen haben.

§ 16 nF erklärt §§ 1570 bis 1586 b sowie § 1609 nF zur Grundlage des Unterhaltsanspruches und nimmt damit an dem Paradigmenwechsel des neuen Unterhaltsrechtes teil. Der **Grundsatz der Eigenverantwortung** tritt in den Vordergrund, wie aus der Umformulierung aus S. 1 deutlich ersichtlich ist.

Aus § 1574 folgt, dass der Maßstab nicht länger uneingeschränkt die gemeinsamen Lebensverhältnisse sind, wenn dies auch im lebenspartnerschaftlichen Unterhalt aufgrund seiner Entwicklung nicht von der grundlegenden Bedeutung wie im ehelichen Unterhaltsrecht war.[3]

Es bestimmen nunmehr im Wesentlichen etwa die Ausbildung und frühere Erwerbstätigkeit des unterhaltsbegehrenden Partners seinen Bedarf. Die gemeinsamen Lebensverhältnisse werden lediglich im Wege einer **Zumutbarkeitsprüfung** herangezogen zur Beurteilung der Frage der Angemessenheit einer Berufstätigkeit.[4] Wie auch beim Ehegattenunterhalt besteht **keine Identität** zwischen dem nachpartnerschaftlichen Unterhaltsanspruch und dem des § 5 LPartG oder § 12 LPartG. Der Anspruch selbst beginnt mit Rechtskraft des Aufhebungsurteils.[5] Der Anspruch entsteht mit Rechtskraft des Aufhebungsbeschlusses.

II. Rangfolge

Aufgrund des Verweises von S. 2 auf § 1609 ist diese Norm auch auf den nach- 2 partnerschaftlichen Unterhalt anzuwenden.

Ist der Unterhaltpflichtige nicht in der Lage, den **Bedarf** aller Unterhaltsberechtigten zu erfüllen, weil sein Einkommen unter Berücksichtigung des Selbstbehaltes hierzu nicht ausreicht, so richtet sich die Verteilung des zur Verfügung stehenden Betrages nach dem **Rang** des Unterhaltsberechtigten gem. § 1609. Über die Einstufung in die Alternative § 1609 Abs. 2 Nr. 2 oder 3 entscheiden die persönlichen Lebensverhältnisse der Partner.[6]

Betreut der unterhaltsbegehrende Lebenspartner etwa ein aufgrund von Stiefkindadoption gemeinsames minderjähriges Kind und ergibt sich hieraus ein **Betreuungsunterhaltsanspruch** nach § 1570, so erfolgt die Einstufung in § 1609 Abs. 1 S. 2.[7] Gleiches müsste in Fällen der langen Dauer einer Lebenspartnerschaft gelten. In entsprechender Anwendung der zur Ehedauer ergangenen Rechtsprechung wäre hiervon jedoch erst nach dem Ablauf von etwa 10 bis 15

---

1 Grziwotz DNotZ 2005, 22 f.; Kemper FF 2005, 93.
2 Gesetz v. 21.12.2007, BGBl. I 3189.
3 FA-FamR/Weinreich 11. Kap. Rn. 242; Schwab FamRZ 2001, 392; v. Dickhuth-Harrach FPR 2005, 275; Grziwotz DNotZ 2001, 296; Wüttner, Unterhaltsrecht der eingetragenen Lebenspartnerschaft, FamRZ 2001, 1109.
4 Borth, Unterhaltsrecht, Rn. 271; Peschel-Gutzeit § 4 Rn. 72.
5 Palandt/Brudermüller LPartG § 16 Rn. 1; v. Dickhuth-Harrach FPR 2005, 275.
6 Palandt/Brudermüller LPartG § 16 Rn. 8; Borth, Unterhaltsrecht, Rn. 273; Peschel-Gutzeit § 9 Rn. 317 f.
7 FA-FamR/Weinreich Kap. 11 Rn. 246; Peschel-Gutzeit § 9 Rn. 317 f.

Jahren auszugehen mit Möglichkeiten der individuellen Abweichung aufgrund der konkreten Lebensumstände.[8]

Nicht geklärt ist, ob für die Frage der **Dauer der Partnerschaft** die Tatsache eine Rolle spielt, dass eine Eintragung erst ab 1.8.2001 möglich war mit der Folge, dass die Zeit des davor liegenden Zusammenlebens auf die Lebenspartnerschaftsdauer anzurechnen wäre.[9] Eine konsequente Gleichstellung mit den eherechtlichen Bestimmungen und der hierzu ergangenen Rechtsprechung führt allerdings dazu, dass dieser Zeitraum unberücksichtigt zu bleiben hätte.[10]

In allen anderen Fällen hat die Einstufung in § 1609 Abs. 1 Nr. 3 zu erfolgen.

III. Unterhaltstatbestände

3 **1. Regelungsgehalt.** Die Unterhaltstatbestände sind **abschließend** aufgelistet gem. S. 2 in den §§ 1570 bis 1586 b, es bestehen keine Unterschiede zum nachehelichen Unterhalt. Die hierzu entwickelnden Grundsätze sind uneingeschränkt anzuwenden.

4 **2. Unterhalt wegen Kindesbetreuung.** Das Vorliegen eines in § 1570 geregelten **Betreuungsunterhaltsanspruches** ist unstreitig im Falle der Betreuung eines adoptierten Stiefkindes durch den unterhaltbegehrenden Lebenspartner.[11]

Fraglich ist, ob auch nur sozial gemeinschaftliche Kinder hiervon umfasst sind.[12] Dies wird zum Teil unter Berufung auf einen besonderen Vertrauenstatbestand bejaht,[13] jedoch von der wohl hM abgelehnt.[14]

5 **3. Erlöschen des Anspruches.** Der Anspruch erlischt nach § 1586 Abs. 1 bei Wiederverheiratung oder Eingehen einer neuen Lebenspartnerschaft des Unterhaltsberechtigten. Er kann jedoch gem. § 1586 a Abs. 1 wieder aufleben nach Scheidung dieser Ehe oder Aufhebung der Lebenspartnerschaft.[15]

IV. Verträge zum Unterhaltsanspruch

6 Die Lebenspartner können zur Regelung der Unterhaltspflichten Verträge abschließen. Diese sind in entsprechender Anwendung von § 1585 c S. 2 **notariell** zu beurkunden, wenn sie vor Rechtskraft der Aufhebung geschlossen werden, eine **Protokollierung** im gerichtlichen Termin ist nur mit anwaltlicher Vertretung gem. § 1585 c S. 3 möglich.[16] Eine **Inhaltskontrolle** findet nach den vom Bundesgerichtshof zu Eheverträgen entwickelten Grundsätzen[17] statt mit der Folge der Nichtigkeit oder Anpassung bei einseitiger Lastenverteilung.[18]

---

8 Palandt/Brudermüller § 1582 e Rn. 7; Borth, Unterhaltsrecht, Rn. 275.
9 Zustimmend: Grziwotz DNotZ 2005, 23.
10 So: Büttner FamRZ 2001, 1110; Palandt/Brudermüller LPartG § 16 Rn. 5.
11 BT-Drs. 16/1830, 24; FA-FamR/Weinreich Kap. 11 Rn. 246.
12 Grziwotz DNotZ 2005, 22 f.; v. Dickhuth-Harrach FPR 2005, 275; Grziwotz, Das Unterhaltsrecht nach dem Lebenspartnerschaftsgesetz, FPR 2010, 191.
13 Büttner FamRZ 2001, 1109; Grziwotz DNotZ 2001, 297 f.
14 Kemper FF 2005, 93; Walter MittBayNot 2005, 197; v. Dickhuth-Harrach FPR 2005, 275 Rn. 42; Palandt/Brudermüller LPartG § 16 Rn. 3.
15 BT-Drs. 15/3445, 16.
16 Borth, Unterhaltsrecht, Rn. 852.
17 BGH FamRZ 2004, 601; Grziwotz FPR 2010, 191.
18 Palandt/Brudermüller LPartG § 16 Rn. 7; Kornmacher FamRB 2003, 403; zweifelnd: v. Dickhuth-Harrach FPR 2005, 275.

V. Verfahren

Die Verpflichtung zum nachpartnerschaftlichen Unterhalt ist nach § 260 Abs. 1 **7**
Nr. 9 FamFG eine Lebenspartnerschaftssache iSv § 111 Nr. 11 FamFG, die gem.
§ 270 Abs. 1 S. 2 FamFG iVm § 112 Nr. 1 FamFG eine **Familienstreitsache** ist.
Für diese findet die ZPO mit den in § 113 FamFG geregelten Einschränkungen
Anwendung. Sachlich zuständig ist gem. § 23 a Abs. 1 Nr. 1 GVG iVm § 111
Nr. 11 FamFG (§ 269 Abs. 1 Nr. 9 FamFG) das **Familiengericht**. Die örtliche Zu-
ständigkeit richtet sich nach § 232 FamFG (§§ 269 Abs. 1 Nr. 9, 270 Abs. 1 S. 2,
111 Nr. 8 FamFG).

VI. Kosten

Die Kostentragungspflicht bestimmt sich gem. § 113 Abs. 1 S. 2 FamFG nach **8**
den §§ 91 ff., 97 ZPO. Die **Streitwertfestsetzung** richtet sich nach § 51 FamGKG
iVm § 5 Nr. 3 FamGKG.

§ 17 LPartG Behandlung der gemeinsamen Wohnung und der Haushaltsgegenstände anlässlich der Aufhebung der Lebenspartnerschaft

Für die Behandlung der gemeinsamen Wohnung und der Haushaltsgegenstände
anlässlich der Aufhebung der Lebenspartnerschaft gelten die §§ 1568 a
und 1568 b des Bürgerlichen Gesetzbuchs entsprechend.

I. Allgemeines

Durch Art. 2 des Gesetzes zur Änderung des Zugewinnausgleichs- und Vor- **1**
mundschaftsrechts vom 6.7.2009[1] wurde die Hausratsverordnung in wesentlichen Teilen aufgehoben.[2] Der Wortlaut der Vorschrift verweist nunmehr auf die
Regelungen der §§ 1568 a und 1568 b im Rahmen des Eherechtes, die uneingeschränkt anzuwenden sind.

II. Verfahren

Wohnungszuweisungssachen und Haushaltssachen anlässlich der Aufhebung der **2**
Lebenspartnerschaft sind gem. § 269 Abs. 1 Nr. 5 und 6 FamFG Lebenspartner-
schaftssachen iSv § 111 Nr. 11 FamFG, die gem. § 270 Abs. 1 S. 2 FamFG iVm
§ 111 Nr. 5 FamFG **Familiensachen** sind. Für diese findet ausschließlich das
FamFG (und nicht die ZPO) Anwendung. Sachlich zuständig ist gem. § 23 a
Abs. 1 Nr. 1 GVG iVm § 111 Nr. 11 FamFG (§ 269 Abs. 1 Nr. 5, 6 FamFG) das
Familiengericht. Die örtliche Zuständigkeit richtet sich nach § 201 FamFG
(§§ 269 Abs. 2 Nr. 5, 6, 270 Abs. 1 S. 2, 111 Nr. 5, 200 ff. FamFG).

III. Kosten

Die Kostentragungspflicht bestimmt sich nach den §§ 80 ff. FamFG. Der **Streit- 3**
wert ist gem. § 48 FamGKG iVm § 5 Nr. 3 FamGKG festzusetzen.

§§ 18 und 19 LPartG (aufgehoben)

---

1 BGBl. I 1696.
2 Vgl. zu den Einzelheiten: Palandt/Brudermüller Vor § 1568 a Rn. 1.

§ 20 LPartG Versorgungsausgleich

(1) Wird eine Lebenspartnerschaft aufgehoben, findet in entsprechender Anwendung des Versorgungsausgleichsgesetzes ein Ausgleich von im In- oder Ausland bestehenden Anrechten (§ 2 Abs. 1 des Versorgungsausgleichsgesetzes) statt, soweit sie in der Lebenspartnerschaftszeit begründet oder aufrechterhalten worden sind.

(2) Als Lebenspartnerschaftszeit gilt die Zeit vom Beginn des Monats, in dem die Lebenspartnerschaft begründet worden ist, bis zum Ende des Monats, der dem Eintritt der Rechtshängigkeit des Antrages auf Aufhebung der Lebenspartnerschaft vorausgeht.

(3) Schließen die Lebenspartner in einem Lebenspartnerschaftsvertrag (§ 7) Vereinbarungen über den Versorgungsausgleich, so sind die §§ 6 bis 8 des Versorgungsausgleichsgesetzes entsprechend anzuwenden.

(4) Die Absätze 1 bis 3 sind nicht anzuwenden, wenn die Lebenspartnerschaft vor dem 1. Januar 2005 begründet worden ist und die Lebenspartner eine Erklärung nach § 21 Abs. 4 nicht abgegeben haben.

I. Allgemeines

1   Die ursprüngliche Fassung des Lebenspartnerschaftsgesetzes sah einen Versorgungsausgleich nicht vor,[1] er wurde erst 2005 durch das LPartÜG eingeführt. Die nunmehr geltende Regelung basiert auf dem Versorgungsausgleichstrukturreformgesetz vom 3.4.2009[2] und verweist entsprechend der Vorschriften für Ehegatten auf das Versorgungsausgleichsgesetz.

II. Lebenspartnerschaftszeit (Abs. 2)

2   Die Kriterien der Berechnung des auszugleichenden Zeitraumes gem. Abs. 2 entsprechen denen zur Ehezeit in § 3 Abs. 1 und 2 VersAusglG.[3]

III. Ausschluss des Versorgungsausgleiches (Abs. 3)

3   Ebenso wie Ehegatten im Rahmen eines Ehevertrages steht den Lebenspartnern gem. Abs. 3 die Möglichkeit offen, den Versorgungsausgleich in einem **Lebenspartnerschaftsvertrag** gem. § 7 LPartG auszuschließen. Es ist die Vorschrift des § 1408 entsprechend anzuwenden.[4]

Der Vertrag ist gem. § 7 S. 2 LPartG, § 1410 **notariell zu beurkunden.** Die Regelungsbefugnisse der Lebenspartner sowie besondere formelle und materielle Wirksamkeitsvoraussetzungen finden sich in den §§ 6 bis 8 VersAusglG entsprechend dem Verweis in Abs. 3 der Vorschrift. Die zu Eheverträgen entwickelten Grundsätze finden auch hier Anwendung.[5] Abs. 4 stellt zum Schutz der Partner in vor dem Inkrafttreten des LPartÜG zum 1.1.2005 abgeschlossenen Lebenspartnerschaften klar, dass in diesen Fällen ein Versorgungsausgleich nur dann durchgeführt wird, wenn beide Partner eine entsprechende Erklärung in Übereinstimmung mit § 21 Abs. 4 LPartG vor dem Amtsgericht abgeben.

---

1   Vgl. hierzu: Büttner FamRZ 2001, 1111; Grziwotz DNotZ 2001, 297.
2   BGBl. I 700, 721.
3   Vgl. Gesetzesbegründung BT-Drs. 15/3445, 16.
4   Gesetzesbegründung LPartÜG, BT-Drs. 15/3445, 16; Grziwotz DNotZ 2005, 24.
5   Palandt/Brudermüller LPartG § 20 Rn. 3; Grziwotz DNotZ 2005, 24.

IV. Verfahren

Versorgungsausgleichsachen der Lebenspartner sind gem. § 269 Abs. 2 Nr. 7 **4** FamFG Lebenspartnerschaftssachen iSd § 111 Nr. 11 FamFG, die gem. § 270 Abs. 1 S. 1 FamFG iVm § 111 Nr. 7 FamFG **Familiensachen** sind. Für diese findet ausschließlich das FamFG (und nicht die ZPO) Anwendung. Sachlich zuständig ist gem. § 23 a Abs. 1 Nr. 1 GVG iVm § 111 Nr. 11 FamFG (§ 269 Abs. 1 Nr. 7 FamFG) das **Familiengericht**. Die örtliche Zuständigkeit richtet sich nach § 218 FamFG (§§ 269 Abs. 2 Nr. 7, 270 Abs. 1 S. 2, 111 Nr. 7, 217 ff.).

V. Kosten

Die Kostentragungspflicht bestimmt sich nach den §§ 80 ff. FamFG. Die Festset- **5** zung des **Streitwertes** erfolgt gem. § 50 FamGKG iVm § 5 Nr. 3 FamGKG.

Abschnitt 5 Umwandlung einer Lebenspartnerschaft in eine Ehe

§ 20 a LPartG

Eine Lebenspartnerschaft wird in eine Ehe umgewandelt, wenn zwei Lebenspartnerinnen oder Lebenspartner gegenseitig persönlich unter gleichzeitiger Anwesenheit erklären, miteinander eine Ehe auf Lebenszeit führen zu wollen. Die Erklärungen können nicht unter einer Bedingung oder Zeitbestimmung abgegeben werden. Die Erklärungen werden wirksam, wenn sie vor dem Standesbeamten abgegeben werden.

Bisher bestehende Lebenspartnerschaften werden somit nicht mit Geltung des **1** Gesetzes zur Einführung des Rechts auf Eheschließung für Personen gleichen Geschlechtes ab 1.10.2017 automatisch zu einer Ehe. Vielmehr bedarf es einer **gesonderten Erklärung**, dass sie zukünftig in einer Ehe leben wollen. Die Einzelheiten richten sich nach § 17 a PStG nF. Die Lebenspartner und Lebenspartnerinnen müssen gemeinsam die entsprechende Erklärung vor dem Standesbeamten abgeben, nachdem sie zuvor das Bestehen ihrer Lebenspartnerschaft durch entsprechende Urkunde nachgewiesen haben. Fristen sind nicht einzuhalten. Die Erklärungen können jederzeit abgegeben werden. Eine Verpflichtung zur Umwandlung einer Lebenspartnerschaft in eine Ehe besteht nicht. Wird eine solche Umwandlung nicht vorgenommen, bleibt es beim Bestehen der Lebenspartnerschaft mit den bisherigen Rechtsfolgen.

Nach einer Umwandlung der Partnerschaft in eine Ehe bleibt der **Tag der Be- 2 gründung der Partnerschaft** weiterhin maßgebend für die Rechte und Pflichten der Beteiligten (Art. 3 Abs. 2 des Gesetzes zur Einführung des Rechts auf Eheschließung für Personen gleichen Geschlechts), nicht etwa der Tag der Umwandlung der Partnerschaft in eine Ehe. Somit bestehen mit der Umwandlung der Lebenspartnerschaft in eine Ehe ab dem Tag der Eingehung der Lebenspartnerschaft für beide Personen die gleichen Rechte und Pflichten, als ob sie an diesem Tag geheiratet hätten.

Abschnitt 6 Übergangsvorschriften

§ 21 LPartG (aufgehoben)

1 Die Regelungen fanden nur Anwendung auf vor dem 1.1.2005 begründete Lebenspartnerschaften.

§ 22 LPartG Abgabe von Vorgängen

[1]Die bis zum Inkrafttreten dieses Gesetzes nach Landesrecht für die Begründung der Lebenspartnerschaft zuständigen Stellen haben die bei ihnen entstandenen Vorgänge einer jeden Lebenspartnerschaft an das Standesamt abzugeben, das nach § 17 des Personenstandsgesetzes für die Entgegennahme der Erklärungen der Lebenspartner zuständig gewesen wäre. [2]Sind danach mehrere Standesämter zuständig, so sind die Unterlagen an das Standesamt, in dessen Bezirk beide Lebenspartner ihren Wohnsitz oder ihren gewöhnlichen Aufenthalt haben, abzugeben; haben die Lebenspartner keinen gemeinsamen Wohnsitz oder gewöhnlichen Aufenthalt, so ist das Standesamt zuständig, in dessen Bezirk einer der Lebenspartner seinen Wohnsitz oder seinen gewöhnlichen Aufenthalt hat. [3]Verbleiben auch danach noch mehrere Zuständigkeiten, so ist die abgebende Behörde bei der Wahl unter den zuständigen Standesämtern frei. [4]Der Standesbeamte des danach zuständigen Standesamts hat die in § 17 in Verbindung mit den §§ 15, 16 des Personenstandsgesetzes bezeichneten Angaben unter Hinweis auf die Behörde, vor der die Lebenspartnerschaft begründet worden ist, in ein gesondertes Lebenspartnerschaftsregister einzutragen.

1 Die Vorschrift soll sicherstellen, dass durch die Änderung und Vereinheitlichung der Zuständigkeit für die Entgegennahme der Erklärung gem. § 1 Abs. 1 und 2 LPartG sowie die Eintragung der Lebenspartnerschaft diese in ein einheitliches Lebenspartnerschaftsregister gem. § 17 PStG iVm § 15 PStG (Personenstandsgesetz) eingetragen werden. Sie klärt gleichzeitig auch die örtliche Zuständigkeit des jeweiligen Standesamtes. Ein Wahlrecht besteht bei mehreren verbleibenden Zuständigkeiten.

Abschnitt 7 Länderöffnungsklausel

§ 23 LPartG Abweichende landesrechtliche Zuständigkeiten

[1]Die Länder können abweichend von den §§ 1, 3 und 9 bestimmen, dass die jeweiligen Erklärungen nicht gegenüber dem Standesbeamten, sondern gegenüber einer anderen Urkundsperson oder einer anderen Behörde abzugeben sind; bereits bestehende landesrechtliche Regelungen bleiben unberührt. [2]Das Personenstandsgesetz ist insoweit anzuwenden, als es die Anmeldung und die Begründung der Lebenspartnerschaft regelt (§ 17 in Verbindung mit den §§ 12 bis 15 des Personenstandsgesetzes). [3]Die zuständigen Behörden sind verpflichtet, dem zuständigen Standesamt die für die Eintragung in das Lebenspartnerschaftsregister erforderlichen Angaben mitzuteilen. [4]Sie sind überdies berechtigt, personenbezogene Daten von Amts wegen an öffentliche Stellen des Bundes, der Länder und der Kommunen zu übermitteln, wenn die Kenntnis dieser Daten zur Ergän-

zung und Berichtigung sowie zur Fortführung von Unterlagen dieser Stellen im Rahmen ihrer Aufgaben erforderlich ist.

Von der in dieser Vorschrift enthaltenen Möglichkeit, die Zuständigkeit der   1
Standesämter für die Entgegennahme der Erklärung zum Eingehen einer Lebenspartnerschaft anders zu regeln,[1] hatten ursprünglich die Länder Baden-Württemberg, Thüringen und Bayern Gebrauch gemacht.

Nunmehr weicht lediglich noch Bayern von der regelmäßigen Zuständigkeit ausschließlich der Standesämter ab. Hier sind auch die Notare zur Entgegennahme der Erklärung befugt.

---

1   Zur politischen Begründung vgl. BT-Drs. 16/1831, 82.

Gesetz über den Versorgungsausgleich (Versorgungsausgleichsgesetz – VersAusglG)

Vom 3. April 2009 (BGBl. I S. 700)

(FNA 404-31)

zuletzt geändert durch Art. 25 Jahressteuergesetz 2010 vom 8. Dezember 2010 (BGBl. I S. 1768)

Literatur: *Borth*, Versorgungsausgleich, 7. Aufl. 2014; *Glockner/Hoenes/Weil*, Der Versorgungsausgleich, 2. Aufl. 2013; *Götsche/Rehbein/Breuers*, Versorgungsausgleichsrecht, 2. Aufl. 2015; *Hauß/Bührer*, Versorgungsausgleich und Verfahren in der anwaltlichen Praxis, 2. Aufl. 2014; *Ruland*, Versorgungsausgleich, 4. Aufl. 2015; *Wick*, Der Versorgungsausgleich, 4. Aufl. 2017.

Teil 1 Der Versorgungsausgleich

Kapitel 1
Allgemeiner Teil

§ 1 VersAusglG Halbteilung der Anrechte

(1) Im Versorgungsausgleich sind die in der Ehezeit erworbenen Anteile von Anrechten (Ehezeitanteile) jeweils zur Hälfte zwischen den geschiedenen Ehegatten zu teilen.

(2) [1]Ausgleichspflichtige Person im Sinne dieses Gesetzes ist diejenige, die einen Ehezeitanteil erworben hat. [2]Der ausgleichsberechtigten Person steht die Hälfte des Werts des jeweiligen Ehezeitanteils (Ausgleichswert) zu.

I. Regelungsgehalt

1 § 1 VersAusglG stellt den Programmsatz des seit dem 1.9.2009 geltenden VersAusglG dar. Gegenstand des Versorgungsausgleichs sind danach die **in der Ehezeit erworbenen Anteile von Anrechten,** die zwischen den Ehegatten **jeweils zur Hälfte** zu teilen sind. Damit wird der Halbteilungsgrundsatz quasi als Programmsatz an den Anfang des Gesetzes gestellt. Abs. 1 gibt die **Legaldefinition des Teilungsprinzips** und des Teilungsgegenstands (Ehezeitanteile). Abs. 2 stellt die Legaldefinition des Ausgleichswerts dar. Dieser ist danach **die Hälfte des Werts des jeweiligen Ehezeitanteils.**

2 Diese Grundkonzeption des Versorgungsausgleichs, die anders als in dem bis zum 31.8.2009 geltenden Recht **keine Bilanzierung** der einzelnen Versorgungen mehr erforderlich macht, ist im Rahmen der familienrechtlichen Ausgleichssysteme etwas grundsätzlich Neues. In dem bis zum 31.8.2009 geltenden Versorgungsausgleichsrechts und im heutigen Zugewinnausgleichsrecht wird der Wertausgleich unterschiedlichen Vermögenserwerbs innerhalb der Ehe durch **Kompensation des Bilanzunterschiedes** hergestellt. Dies führte im bis zum 31.8.2009 geltenden Versorgungsausgleichsrecht und führt auch heute noch im Zugewinnausgleichsrecht zu erheblichen Gerechtigkeitsverzerrungen, weil diesem Ausgleichssystem ein sehr statisches Vermögensverständnis zugrunde liegt. Die Vergangenheit hat indessen gezeigt, dass Versorgungen und im Zugewinn auszugleichende Vermögenswerte aufgrund von tatsächlichen Entwicklungen, Markt-

schwankungen, rechtlichen Veränderungen und anderen Einflüssen sehr unterschiedlich sein können. Vermögens- oder Versorgungswerte werden jedoch nur dann zutreffend erfasst, wenn auch ihr **positives und negatives Entwicklungspotential** zum Zeitpunkt ihrer Bewertung in diese einfließt. Dies ist indessen angesichts der Volatilität von Aktien- und Finanzmärkten unmöglich und wird im Bereich des Versorgungsausgleichs zusätzlich dadurch erschwert, dass in der Regel das Ehezeitende relativ lange vor dem Eintritt des Versorgungsbezugs liegt. Eine für die Bilanzierung notwendige Vergleichbarmachung der Versorgungswerte ist daher in der Vergangenheit weitgehend gescheitert und wird auch in der Zukunft scheitern, weil das bewertungsrechtliche Instrumentarium unfähig ist, zukünftige Entwicklungen im Wirtschafts- und Versorgungsbereich abzuschätzen.

Dies hat den Gesetzgeber dazu veranlasst, im Versorgungsausgleich, in dem stets 3 besonders weite Zeiträume überbrückt werden, das Prinzip des bilanzierenden Einmalausgleichs aufzugeben und **jede einzelne Versorgung in ihrem Ehezeitanteil** zu teilen. Wäre dieses Prinzip lupenrein durchführbar, würde es eine optimale Ausgleichsgerechtigkeit herbeiführen, weil beide Ehegatten Chancen und Risiken der in der Ehezeit begründeten Versorgungen vollständig teilen würden.

Nebeneffekt der Teilung jeder einzelnen Versorgung ist jedoch eine Vervielfachung 4 von Versorgungen bei den einzelnen Ehegatten. Dieser Effekt ist nicht immer erwünscht und kann auch unkomfortabel sein, weil unter Umständen eine Vielzahl von Kleinstanrechten begründet wird, deren Versorgungswert minimal ist und deren Effektivität angesichts der dadurch entstehenden Verwaltungskosten gering ist. Das Versorgungsausgleichsgesetz eröffnet insbesondere in den § 6 ff. viele Möglichkeiten, diese unerwünschten Nebeneffekte durch Parteivereinbarungen (§ 6 ff. VersAusglG) oder sinnvolle Bagatellausschlüsse (§ 18 VersAusglG) zu vermeiden.

II. Anwendungsbereich

Abs. 1 bestimmt, dass der Versorgungsausgleich zwischen **geschiedenen Ehegatten** 5 stattfindet. Nach § 20 LPartG findet der Versorgungsausgleich jedoch auch bei Aufhebung einer Lebenspartnerschaft statt. Das Gleiche gilt für den Fall der Eheaufhebung nach §§ 1314 ff. (§ 1318 Abs. 3).

Der Versorgungsausgleich wird erst mit **Rechtskraft der Ehescheidung** durchge- 6 führt. Auch wenn die Entscheidung über den Versorgungsausgleich im Regelfall im Verbundverfahren nach § 131 FamFG erfolgt, sind in der Praxis vielfältige Fallkonstellationen vorhanden, in denen der Zeitpunkt der Rechtskraft der Ehescheidung und der Wirksamkeit der Versorgungsausgleichsentscheidung weit auseinander fällt. Regelmäßig tritt diese Konstellation bei aus dem Verbund abgetrennten Versorgungsausgleichsansprüchen auf.

Alle familienrechtlichen Ausgleichssysteme bekommen Unschärfen und werden 7 für Manipulationen anfällig, wenn die **eheliche Lebensgemeinschaft** zwischen den Parteien, etwa durch langes Getrenntleben, **gestört** ist oder aber zwischen dem Ehezeitende und dem tatsächlichen Ausgleich große Zeiträume liegen. Das Güterrecht hat aus dieser Schwierigkeit die Konsequenz gezogen und in § 1385 den vorzeitigen Zugewinnausgleich eingeführt. Das Versorgungsausgleichsrecht kennt einen vorzeitigen Versorgungsausgleich nicht. Insoweit ist § 1 Abs. 1 VersAusglG eindeutig, als der Versorgungsausgleich lediglich zwischen **den geschiedenen Ehegatten** stattfindet. Der Verzicht auf ein dem vorzeitigen Zugewinnausgleich entsprechendes Ausgleichssystem bezüglich der Versorgung ist problematisch und eröffnet Manipulationspotential,[1] das jedoch in der Praxis selten genutzt wird.

8 Aber nicht nur illoyale **Manipulationsmöglichkeiten** werden insoweit eröffnet, sondern insbesondere in den Fällen, in denen der Versorgungsinhaber bereits eine laufende Versorgung bezieht, tritt zwischen Ehezeitende nach § 3 Abs. 1 VersAusglG und der Durchführung des Versorgungsausgleichs ein teilweiser **Versorgungsverzehr**[2] auf, der erhebliche Probleme mit sich bringt (dazu → VersAusglG § 39 Rn. 15; → VersAusglG § 41 Rn. 6).

9 Ausgeglichen werden im Versorgungsausgleich nach § 1 Abs. 1 VersAusglG lediglich **die in der Ehezeit erworbenen Anteile.** Findet in der Ehe kein Versorgungserwerb statt, kann auch der Versorgungsausgleich insoweit nicht greifen. Teilweise wirken sich jedoch in die Ehe fallende sog **Zurechnungszeiten** versorgungserhöhend aus, obwohl eine Erwerbstätigkeit und ein aktiver Versorgungserwerb nicht mehr stattfindet. Derartige Zurechnungszeiten werden dann im Versorgungsausgleich ausgeglichen, wenn sie – wie die Zurechnungszeiten in der gesetzlichen Rentenversicherung nach §§ 58, 59 SGB VI – sich erhöhend auf die Altersrente auswirken.[3] Die Zurechnungszeiten in der Beamtenversorgung indessen, die im Fall vorzeitiger Dienstunfähigkeit versorgungserhöhend eingerechnet werden, sind jedoch Bewertungsfaktoren bei der Festlegung der Pensionshöhe, so dass selbst wenn der vorzeitig Dienstunfähige in der Ehezeit noch nicht das 60. Lebensjahr zurückgelegt hat, die Zurechnungszeiten bis zur Vollendung des 60. Lebensjahre keine Versorgungserwerbszeiten sind.[4]

§ 2 VersAusglG Auszugleichende Anrechte

(1) Anrechte im Sinne dieses Gesetzes sind im In- oder Ausland bestehende Anwartschaften auf Versorgungen und Ansprüche auf laufende Versorgungen, insbesondere aus der gesetzlichen Rentenversicherung, aus anderen Regelsicherungssystemen wie der Beamtenversorgung oder der berufsständischen Versorgung, aus der betrieblichen Altersversorgung oder aus der privaten Alters- und Invaliditätsvorsorge.

(2) Ein Anrecht ist auszugleichen, sofern es
1. durch Arbeit oder Vermögen geschaffen oder aufrechterhalten worden ist,
2. der Absicherung im Alter oder bei Invalidität, insbesondere wegen verminderter Erwerbsfähigkeit, Berufsunfähigkeit oder Dienstunfähigkeit, dient und
3. auf eine Rente gerichtet ist; ein Anrecht im Sinne des Betriebsrentengesetzes oder des Altersvorsorgeverträge-Zertifizierungsgesetzes ist unabhängig von der Leistungsform auszugleichen.

(3) Eine Anwartschaft im Sinne dieses Gesetzes liegt auch vor, wenn am Ende der Ehezeit eine für das Anrecht maßgebliche Wartezeit, Mindestbeschäftigungszeit, Mindestversicherungszeit oder ähnliche zeitliche Voraussetzung noch nicht erfüllt ist.

---

1 BGH FamRZ 2015, 998.
2 Vgl. dazu BGH FamRB 2016, 176.
3 BGH FamRZ 1986, 337.
4 BGH FamRZ 1982, 36 (41).

(4) Ein güterrechtlicher Ausgleich für Anrechte im Sinne dieses Gesetzes findet nicht statt.

I. Gegenstand des Versorgungsausgleichs

§ 2 VersAusglG konkretisiert den Gegenstand des Versorgungsausgleichs und 1 bestimmt, dass Anrechte iSv § 1 VersAusglG die im In- und Ausland bestehenden Anwartschaften auf **Versorgungen und Ansprüche auf laufende Versorgungen** sind. Die beispielhafte Aufzählung von Versorgungstypen in § 2 Abs. 1 VersAusglG ist nicht abschließend,[1] erfasst jedoch die derzeitigen Säulen des Altersversorgungssystems und füllt diese einzelnen Säulen vollständig auf. Der vom Gesetz gebrauchte Begriff der **Anwartschaft auf eine Versorgung** bedeutet eine gesicherte Aussicht auf eine Versorgung. In der Praxis ist diese Definition nur im **Beamtenversorgungsrecht** relevant. Bei **Beamten auf Probe** ist der regelmäßige Verlauf deren Übernahme ins Beamtenverhältnis auf Lebenszeit. Deswegen wird bei diesen der Ehezeitanteil ihrer Beamtenversorgung im Versorgungsausgleich ausgeglichen.[2] Bei **Widerrufsbeamten**[3] und **Zeitsoldaten**[4] ist jedoch die Regel nicht die Übernahme in ein Beamtenverhältnis, sondern dessen Beendigung, so dass in diesen Fällen der ehezeitliche **Nachversicherungsanspruch** in der gesetzlichen Rentenversicherung im Versorgungsausgleich ausgeglichen wird.[5] Dies gilt selbst dann, wenn die Berufung zum Lebenszeitbeamten nach Ende der Ehezeit, aber vor Abschluss des Versorgungsausgleichsverfahrens erfolgt (→ VersAusglG § 5 Rn. 12).[6] Der Nachversicherungsanspruch eines Beamten kann indessen in den Fällen im Versorgungsausgleich nicht ausgeglichen werden, wenn er durch einen Wechsel des Beamten in ein öffentlich-rechtliches Dienstverhältnis zu einem Elternunterhalt-Land ausgelöst wurde. Für diese Fälle hat der EuGH in der die Versorgung massiv schmälernden Nachversicherung eine Verletzung der Freizügigkeit gesehen.[7] Die Grundsätze dieser Entscheidung gelten gem. Art. 3 Abs. 1 GG auch für den Nachversicherungsanspruch eines aus dem Beamtenverhältnis in ein privates Arbeitsverhältnis wechselnden Beamten.[8] Eine zukünftige Rechtsänderung führt zur Abänderungsmöglichkeit des Versorgungsausgleichs für die ausgleichsberechtigten Personen.

Abgrenzungsfragen können sich ergeben, wenn aufgrund privater Versicherungsverträge Rentenansprüche begründet werden, die auch an einen der Ehegatten ausgezahlt werden, deren Zweck jedoch die Absicherung eines Dritten ist, auf dessen Leben auch der Vertrag abgeschlossen ist.[9] Ebenso schwierige Abgrenzungsfragen ergeben sich teilweise bei **Lebensversicherungen**, die der **Kreditfinanzierung** oder **Kreditabsicherung** dienen. Auch „ruhende Versorgungen", wie die Parallelverpflichtung der Versorgungsanstalt der Deutschen Bundespost (VAP) sind vom Versorgungsausgleich erfasst.[10]

---

1 BT-Drs. 16/10144, 46.
2 BGH FamRZ 1982, 362; 1985, 687.
3 OLG Brandenburg FamRZ 2016, 55.
4 OLG Naumburg 26.9.2013 – 8 UF 44/13; OLG Hamm FamRZ 2014, 396; Rehbein jurisPR-FamR 22/2013 Anm. 7.
5 BGH FamRZ 1982, 362; 1981, 856.
6 BGH FamRZ 2003, 29.
7 EuGH 13.7.2016 – Rs. C-187/15, FamRZ 2016, 1737 mAnm Borth.
8 Ruland FamRZ 2016, 1831.
9 OLG Zweibrücken 4.2.2011 – 2 UF 82/10, FuR 2011, 354.
10 BGH 21.9.2016 – XII ZB 447/14.

3 Der Bundesgerichtshof[11] unterstellt, dass derartige Finanzierungsmodelle tatsächlich die Rentenversicherung lediglich zur Besicherung des Kredites einsetzen und nicht zu dessen Tilgung. Diese Annahme ist indessen spekulativ und im Nachhinein kaum aufzuklären. Ob sie zu praktischen Ergebnissen führt, muss bezweifelt werden. Bei einer Realteilung der Versorgung im Rahmen des Versorgungsausgleichs bliebe die Sicherungs- oder Tilgungsabrede mit der finanzierenden Bank bestehen.[12] Der Ausgleichspflichtige wird daher nach Ehezeitende alles daransetzen, die Verwertung der Sicherheit durch den Kreditgeber zu erreichen. Dies liegt ohne Weiteres in seiner Hand, weil die schlichte Nichtbedienung der Zinsverpflichtung aus den gewährten Krediten zur Verwertung der Sicherheit führen kann mit der Folge, dass nach durchgeführtem Versorgungsausgleich möglicherweise viele Jahre später die Versorgung, die der ausgleichsberechtigte Gatte erhalten hat, wegfällt. Dem ausgleichsberechtigten Gatten stünde zwar ein kondiktionsrechtlicher Ausgleichsanspruch gegen den Ausgleichspflichtigen zu, dessen Realisierung aber immer fragwürdig ist und der vor allem eine weitere streitige Auseinandersetzung zwischen den geschiedenen Ehegatten erforderlich macht. Die zugewinnausgleichsrechtliche Lösung ist daher in den Fällen einer abgetretenen Versorgung jedenfalls dann vorzuziehen, wenn der ausgleichspflichtige Gatte über positiven Zugewinn verfügt.

II. Voraussetzungen für den Ausgleich (Abs. 2)

4 Die Voraussetzungen für den Ausgleich einer Versorgung im Versorgungsausgleich sind in Abs. 2 enumeriert. Das Gesetz schließt an die Formulierung des alten Rechts (§ 1587 Abs. 1 aF) an und bestimmt in Abs. 2 die **Art des Versorgungserwerbs** (Nr. 1), den **qualitativen Umfang des Anrechts** (Nr. 2) und die **Art der Leistung** (Nr. 3) als qualifizierendes Kriterium.

5 **1. Art des Versorgungserwerbs (Nr. 1).** Vom Versorgungsausgleich werden nur solche Versorgungen erfasst, die „**durch Arbeit oder Vermögen geschaffen oder aufrechterhalten worden sind**". Leichter als einen (immer unvollständigen) Positivkatalog der im Versorgungsausgleich auszugleichenden Versorgungen aufzustellen[13] ist es, einen **Negativkatalog** von Versorgungen zu bilden, die im Versorgungsausgleich nicht **ausgeglichen werden**. Dazu gehören in erster Linie solche Versorgungen, die **als Entschädigung gewährt werden**.[14] Demnach sind Leistungen aus der gesetzlichen Unfallversicherung nicht im Versorgungsausgleich auszugleichen.[15] Bis zum Inkrafttreten des Versorgungsausgleichsgesetzes am 1.9.2009 wurden auch **private Invaliditätsversorgungen** im Versorgungsausgleich ausgeglichen. § 28 VersAusglG bestimmt nunmehr für den Ausgleich einer Rente aus einer privaten Invaliditätsversorgung, dass diese nur (schuldrechtlich) ausgeglichen wird, wenn auch die ausgleichsberechtigte Person im

---

11 BGH 6.4.2011 – XII ZB 89/08, NJW 2011, 1671.
12 OLG Hamm 31.3.2016 – 2 UF 15/16; OLG Hamm FamRZ 2016, 561; OLG Saarbrücken 11.1.2016 – 9 UF 83/15; OLG Karlsruhe FamRZ 2016, 636; Götsche jurisPR-FamR 3/2016 Anm. 6.
13 Eine hervorragende Übersicht findet sich bei Ruland, Versorgungsausgleich, Rn. 193 f.
14 BT-Drs. 156/10144, 46.
15 Auch Leistungen aus dem Bundesgesetz zur Entschädigung für Opfer der nationalsozialistischen Verfolgung (BEG), dem Gesetz über die Versorgung der Opfer des Krieges (BVG), dem Lastenausgleichsgesetz (LAG) sowie nach dem Kindererziehungsleistungsgesetz (KLG), Trümmerfrauenkindergeld (vgl. BGH FamRZ 1991, 675).

Ehezeitende die Voraussetzungen für den Bezug einer Invaliditätsversorgung erfüllt (→ VersAusglG § 28 Rn. 6).

Versorgungen, die nicht primär der Altersvorsorge dienen, sondern 6
arbeitsmarkt- oder politische Zwecke verfolgen, unterfallen nicht dem Versorgungsausgleich. Dies gilt für Strukturanpassungsmaßnahmen in der Landwirtschaft, wie zB die Landabgabenrente.[16]

Anpassungs- und **Überbrückungsleistungen,** die von einem Arbeitgeber an seinen Arbeitnehmer bezahlt werden, um dessen vorzeitiges Ausscheiden aus dem 7
Erwerbsleben zu ermöglichen, werden dann vom Versorgungsausgleich erfasst, wenn sie dazu dienen, einen Altersversorgungsnachteil auszugleichen, der durch den vorzeitigen Versorgungsbezug entsteht.[17] **Überbrückungsgelder,** die zum Ausgleich des Einkommensnachteils zwischen vorzeitiger Beendigung des Beschäftigungsverhältnisses und des Renteneintritts von einem Betrieb gewährt werden, könnten im Versorgungsausgleich grundsätzlich ohnehin nur ausgeglichen werden, wenn sie innerhalb der Ehezeit erworben worden sind. Sie dienen jedoch nicht der Altersvorsorge, sondern dem Ausgleich von Erwerbsnachteilen zwischen der Beendigung der Beschäftigung und dem Renteneintritt und sind darüber hinaus nicht „durch Arbeit" erworben, sondern werden als Leistungen für „die Aufgabe der Arbeit" gewährt. Derartige Überbrückungsgelder können im Versorgungsausgleich nicht ausgeglichen werden.[18]

Anrechte sind grundsätzlich auch auszugleichen, wenn sie **durch Vermögen** geschaffen oder aufrechterhalten worden sind. In die Kategorie der „durch Vermögen" geschaffenen oder aufrechterhaltenen Versorgungen fallen in erster Linie 8
private Versorgungen der Ehegatten, deren Erwerb innerhalb der Ehezeit erfolgt. Dabei ist grundsätzlich gleichgültig, ob der Versorgungserwerb aus in der Ehezeit erwirtschaftetem Vermögen oder aus Anfangsvermögen[19] nach § 1374 oder Zuerwerbsvermögen nach § 1374 Abs. 2 erfolgt. Wird jedoch nicht das Vermögen, sondern die Versorgung **geschenkt,**[20] liegt ein Versorgungserwerb durch Vermögen der Ehegatten nicht vor, so dass sie wie eine Schenkung im Zugewinnausgleich auch im Versorgungsausgleich nicht ausgeglichen würde. Ebenso ist zu entscheiden, wenn die zum Aufbau der Versorgung erforderlichen Mittel mit der zweckgebundenen Auflage, sie für eine Altersversorgung zu verwenden, einem Ehegatten von Dritten zugewendet werden,[21] oder wenn ein Dritter die Beiträge zum Aufbau einer Versorgung unmittelbar dem Versorgungsträger zuleitet.[22] Leben die Ehegatten im gesetzlichen Güterstand und haben sie Zugewinn erzielt, ist der Ausgleich der Versorgung im Versorgungsausgleich kein Gerechtigkeitsproblem, weil im Zugewinn das zugewendete Versorgungsvermögen als Anfangsvermögen zu berücksichtigen wäre. Lediglich in den Fällen, in denen zur Kompensation kein ausreichender Zugewinn erzielt wird, treten Gerechtigkeitsprobleme auf, die über § 1381 zugewinnausgleichsrechtlich nur unvollständig und meist über § 27 VersAusglG gar nicht zu regulieren sind (→ VersAusglG § 27 Rn. 38).

---

16 BGH FamRZ 1988, 272.
17 OLG Köln FamRZ 2002, 1496.
18 So wohl auch BGH FamRZ 2009, 1735.
19 BGH FamRZ 2011, 877.
20 BGH FamRZ 1987, 48; 1984, 570; 1983, 262.
21 BGH NJW 1984, 570; OLG Nürnberg FamRZ 1996, 1550.
22 BGH FamRZ 1983, 262.

9 **Ausländische Rentenanrechte** werden regelmäßig im Versorgungsausgleich erfasst, können jedoch nur schuldrechtlich ausgeglichen werden (vgl. § 19 Abs. 2 Nr. 4 VersAusglG). Wird eine ausländische Versorgung wie im deutschen Rentenversicherungssystem durch Beiträge während der Ehezeit aufgebaut, ist ihre Einbeziehung in den Versorgungsausgleich grundsätzlich unproblematisch. Problematisch ist die Einbeziehung der sog „**Volksrenten**". Diese sind teilweise früher nicht in den Versorgungsausgleich einbezogen worden. Für die **niederländische AOW-Pension** hat der Bundesgerichtshof[23] eine Einbeziehung in den Versorgungsausgleich angenommen, obwohl diese Versorgung rein steuerfinanziert ist, weil auch die deutsche gesetzliche Rentenversicherung zu einem Großteil aus Steuermitteln finanziert werde. Das gilt auch für Anwartschaften aus **Dänemark**[24] oder **Schweden**,[25] die demnach nun ebenfalls in den Versorgungsausgleich einbezogen werden können. Nach der oben zitierten Entscheidung des Bundesgerichtshofs aus dem Jahre 2008 wird man daher sämtliche ausländischen Versorgungen in den Versorgungsausgleich einbeziehen können, da alle entweder aus Beiträgen oder Steuermitteln finanziert werden.[26]

10 Generelle Voraussetzungen für den Ausgleich einer Versorgung im Versorgungsausgleich im alten und neuen Recht ist der Versorgungserwerb oder die Aufrechterhaltung **in der Ehezeit**. Dieses auch im alten Recht geltende **In-Prinzip** bedeutet, dass es auf den Zeitpunkt der Entrichtung der Beiträge zur Versorgungsbegründung ankommt, und nicht darauf, für welchen Zeitraum diese Beiträge entrichtet werden. Von diesem Prinzip wird in den Fällen eine Ausnahme gemacht, in denen Beiträge zu einer Rentenversicherung aus Mitteln der güterrechtlichen Auseinandersetzung eines Ehegatten gezahlt werden.[27] In diesem Fall würde die güterrechtliche Auseinandersetzung konterkariert, wenn die daraus fließenden Mittel zum Versorgungserwerb eingesetzt werden und diese wegen des Auseinanderfallens von güter- und versorgungsausgleichsrechtlichem Stichtag im Versorgungsausgleich ebenfalls ausgeglichen würden. Dem Versorgungsausgleich unterfallen aber solche Versorgungen, die in der Ehezeit aus vorehezeitlich gebildetem oder **geschenktem Kapital** gebildet werden.[28] Ein solcher Fall ist indessen nicht gegeben, wenn eine vorehezeitlich erworbene Versorgung innerhalb der Ehezeit in eine andere Versorgung transferiert wird.[29]

11 Die durch das RV-Leistungsverbesserungsgesetz[30] eingeführte **Mütterrente** gewährt für jedes vor dem 1.1.1992 geborene Kind einen Zuschlag von einem Entgeltpunkt in der gesetzlichen Rentenversicherung. Dieser Rentenzuschlag ist im Versorgungsausgleich auszugleichen, wenn spätestens der 12. Monat nach der Geburt des Kindes in die Ehezeit fällt.[31]

12 **2. Zweck der Versorgung (Nr. 2).** Eine Versorgung ist nur dann auszugleichen, wenn sie der **Absicherung im Alter oder bei Invalidität, verminderter Erwerbsfähigkeit, Berufsunfähigkeit oder Dienstunfähigkeit** dient.

---

23 BGH FamRZ 2008, 770; OLG Hamm 10.1.2013 – 3 UF 181/12.
24 AG Flensburg FamRZ 2009, 1585.
25 OLG Bamberg FamRZ 1980, 62.
26 So wohl auch MK/Dörr VersAusglG § 2 Rn. 7.
27 BGH FamRZ 1981, 1169.
28 BGH FamRZ 2011, 877.
29 OLG Stuttgart FamRZ 2016, 131.
30 V. 23.6.2014, BGBl. I 787.
31 Bachmann/Borth FamRZ 2014, 1329; OLG Brandenburg FamRZ 2016, 635.

Abs. 2 Nr. 2 fokussiert daher den **Zweck einer Versorgung**. Aus diesem Grund 13
werden alle „Renten", die als **Kaufpreisrenten** gewährt werden, die also ein
Äquivalent für einen überlassenen oder veräußerten Vermögensgegenstand darstellen, nicht vom Versorgungsausgleich erfasst. Dies kann für die Verrentung
von Gesellschafteranteilen[32] ebenso gelten wie für die Verrentung von Kauf-
preisansprüchen aus der Übertragung von Immobilien (auf Rentenbasis). Stets
ist der konkrete Zweck der Verrentung durch Vertragsauslegung zu bestimmen,[33] wobei es dabei auf alle Aspekte der Vereinbarung ankommt.

Einkünfte aus Vermietung und Verpachtung oder Kapitalerträge haben Entgelt- 14
charakter, können daher im Versorgungsausgleich nicht ausgeglichen werden.
Ein **Leibgedinge** unterliegt nur hinsichtlich der Geldleistungen dem Versorgungsausgleich, nicht jedoch hinsichtlich der sonstigen Sachleistungen und Wohn-
rechtsgewährungen.[34] Die Zweckbestimmung „Altersversorgung" bedeutet
nicht, dass nur solche Versorgungen ausgleichspflichtig wären, die einen Bezug
zur Regelaltersgrenze in der gesetzlichen Rentenversicherung nach den §§ 35,
235 SGB VI herstellen. Vielfach haben private und betriebliche Altersversorgungen aus personalpolitischen oder historischen Gründen eine andere Altersgrenze
festgelegt. Die konkrete Auslegung der Altersversorgungsordnung hat die Abgrenzung zwischen einer nicht ausgleichspflichtigen „Vorruhestandsregelung"
und einer ausgleichspflichtigen Altersversorgung zu leisten. In der Praxis ist regelmäßig bei einem Versorgungsbeginn nach dem 60. Lebensjahr von einer Altersversorgung und bei einem Versorgungsbeginn vor dem 60. Lebensjahr von
einer Übergangsleistung oÄ auszugehen, wobei die Frühpensionierungen im Bereich der Bundeswehr (→ VersAusglG § 35 Rn. 1) eine Ausnahme darstellen.

3. Art der Leistungsgewährung (Nr. 3). Eine Versorgung ist idR nur ausgleichs- 15
pflichtig, wenn sie auf eine Rente, dh auf **wiederkehrende Versorgungsleistungen,**[35] gerichtet ist. Eine lebenslange Leistung der Versorgung ist nicht erforderlich.[36]

Wegen des grundsätzlichen Erfordernisses einer **Rentenzahlung** scheiden **Natu-** 16
ralleistungen wie Wohnrechte und **Naturaldeputate** als Leistungen aus.[37] Vom
ehemaligen Arbeitgeber oder einem Versorgungsträger als Zusatz zur Rente regelmäßig **in Geld ausgezahlte** Deputate wie Energie (bei Energiekonzernen) oder
bar zur Auszahlung gelangende Kohledeputate sind gleichwohl dem Versorgungsausgleich zuzuordnen, wenn ihre Höhe kalkulierbar ist[38] und die Zahlung
in jedem Fall gesichert ist.

Private **Kapitallebensversicherungen** werden im Versorgungsausgleich nicht aus- 17
geglichen, auch wenn ein **Rentenwahlrecht** vertraglich vereinbart wurde, sofern
das Rentenwahlrecht nicht tatsächlich ausgeübt wird. Der Gesetzgeber hat an
dieser auch im alten Versorgungsausgleichsrecht geltenden Regelung festhalten
wollen,[39] weil derartigen Kapitallebensversicherungen nicht immer ein Versor-

---

32 BGH FamRZ 1988, 936.
33 BGH FamRZ 1988, 936.
34 BGH FamRZ 1993, 682.
35 Palandt/Brudermüller VersAusglG § 2 Rn. 9.
36 AllgM: Palandt/Brudermüller VersAusglG § 2 Rn. 9.
37 BGH FamRZ 2013, 1795.
38 BAG 16.3.2010 – 3 AZR 594/09 mAnm Hauß FamRB 2010, 361.
39 BT-Drs. 16/10144, 47.

gungscharakter zugrunde liegt, sondern sie teilweise der Finanzierung größerer Investitionen oder der Konsumfinanzierung dienen.

18 Von diesem Grundsatz wird in § 2 Abs. 2 Nr. 3 Hs. 2 VersAusglG für solche Versorgungen eine Ausnahme gemacht, die **Anrechte iSd Betriebsrentengesetzes** oder Altersvorsorgeverträge-Zertifizierungsgesetzes betreffen. Bei diesen Versorgungsformen werden auch einmalige (oder mehrmalige) Kapitalleistungen ausgeglichen, wobei jedoch zu beachten ist, dass bei Bewertung des Ehezeitanteils derartiger Kapitalleistungen nicht der Nominalbetrag der zukünftigen Kapitalleistung als Ausgleichswert herangezogen werden kann, sondern der auf das Ehezeitende abgezinste und um das Vorversterbensrisiko (→ VersAusglG Vor § 39 Rn. 2 f.) bereinigte Nominalwert. Wegen der in § 2 Abs. 2 Nr. 3 Alt. 2 VersAusglG geschaffenen Möglichkeit der Einbeziehung von Kapitalleistungen in den Versorgungsausgleich sind nunmehr auch Kapitalleistungen aus von Arbeitgebern abgeschlossenen **Direktversicherungen** im Versorgungsausgleich ausgleichspflichtig. Dementsprechend unterfallen nach dem Wortlaut des Gesetzes auch sämtliche **Riester- und Rürup-Versorgungen** als dem Altersvorsorgezertifizierungsgesetz unterfallende Versorgungen dem Versorgungsausgleich.

19 Soweit in der Vergangenheit und teilweise auch noch in der Gegenwart berufsständische Versorgungen durch eine **Kapitalabfindung** abgegolten werden konnten und werden, unterfällt eine derartige (nur noch selten vorkommende) Leistung dem Zugewinnausgleich, weil § 2 Abs. 2 Nr. 3 Alt. 2 VersAusglG die Einbeziehung von Kapitalleistungen nur für die dort aufgeführten Versorgungen vorsieht.[40]

III. Unbeachtlichkeit zeitlicher Voraussetzungen (Abs. 3)

20 Für § 2 Abs. 3 VersAusglG sind zeitliche Voraussetzungen wie **Wartezeiten, Mindestbeschäftigungszeiten oder Mindestversicherungszeiten** und versicherungstechnische Voraussetzungen für den Ausgleich einer Versorgung im Versorgungsausgleich unbeachtlich. Bei der **Nichterfüllung von zeitlichen Voraussetzungen** besteht der Versorgungsanspruch dem Grunde nach, die Versorgungsvoraussetzungen können auch nachehezeitlich erfüllt werden, weshalb der Ausgleich der Versorgungen im Versorgungsausgleich zu erfolgen hat.

21 Dies gilt jedoch nur dann, wenn die Versorgungsvoraussetzungen überhaupt noch erfüllt werden können.[41] Ist dies nicht der Fall, weil bspw. die Wartezeit nach § 50 Abs. 1 SGB VI (60 Monate) für den Bezug der Regelaltersrente nicht mehr erfüllt werden kann, greift ggf. § 19 Abs. 2 Nr. 3 VersAusglG ein, so dass die Versorgung wegen Unwirtschaftlichkeit nur schuldrechtlich ausgeglichen werden kann oder vom Ausgleich überhaupt ausgenommen werden muss.[42]

IV. Abgrenzung zum Güterrecht (Abs. 4)

22 Der Versorgungsausgleich ist Teil des familienrechtlichen Ausgleichsprogramms bei Scheidung. Insoweit entfaltet der Versorgungsausgleich Wirkungen in das Unterhaltsrecht (vgl. auch § 33 VersAusglG) und das Güterrecht. Jede auszugleichende Versorgung ist nämlich nichts anderes als ein ehezeitlich erworbener Vermögenswert, dessen Geldwert im Rahmen der Versorgungsbewertung zu ermit-

---

40 BT-Drs. 16/10144, 47.
41 BGH FamRZ 1982, 31.
42 NK-BGB/Götsche VersAusglG § 2 Rn. 56.

teln ist. Es versteht sich daher aus der Natur der Sache, dass nicht nur aufgrund der Vorschrift des § 2 Abs. 4 VersAusglG, sondern auch aus der Logik der unterschiedlichen Ausgleichssysteme eine **doppelte Verwertung von Versorgungswerten** im Güterrecht und im Versorgungsausgleich verboten ist, weshalb § 2 Abs. 4 VersAusglG indisponibel ist.[43] In der **Praxis** bereiten insoweit private Kapitallebensversicherungen mit **Rentenwahlrecht** oder private Rentenversicherungen mit **Kapitalwahlrecht** wenig Schwierigkeiten. Nach der Rechtsprechung des Bundesgerichtshofs unterfallen private Altersversorgungen auf Rentenbasis dem Versorgungsausgleich.[44] Hat der Versorgungsinhaber im Ehezeitende sein **Rentenwahlrecht** ausgeübt, wird die Versorgung im Versorgungsausgleich ausgeglichen. Wird **nach Ehezeitende** das Kapitalwahlrecht ausgeübt, kann eine Versorgung nicht mehr geteilt werden mit der Folge, dass die Versorgung im Zugewinnausgleich auszugleichen wäre.[45]

Erhebliche **Gerechtigkeitsdefizite** können auftreten, wenn aufgrund einer 23 Trennungs- und Scheidungsfolgenvereinbarung vor Einleitung des Ehescheidungsverfahrens und der Entscheidung über den Versorgungsausgleich Gütertrennung vereinbart und der Zugewinn ausgeglichen wurde oder aus anderen Gründen Gütertrennung besteht. Wird in diesen Fällen eine Versorgung durch Umwandlung in eine Kapitalversicherung dem Versorgungsausgleich entzogen, kann sie im Zugewinn nicht mehr ausgeglichen werden. Der Ausgleich kann auch daran scheitern, dass wegen hohen Anfangsvermögens der Versorgungsinhaber einen Zugewinn nicht erlebt hat. Eine Lösung dieses Problems kann nicht dadurch erfolgen, dass das Bestehen der Versorgung im Versorgungsausgleich fingiert wird, weil der Versorgungträger idR von den Gründen für die Umwandlung der Versorgung keine Kenntnis haben wird. Sofern die Parteien über den Zugewinnausgleich eine abschließende Vereinbarung gefunden haben, kann die Existenz der im Versorgungsausgleich auszugleichenden Versorgungen Geschäftsgrundlage dieser Vereinbarung sein mit der Folge, dass die güterrechtliche Vereinbarung erneut zur Disposition gestellt werden kann. In seltenen Fällen kann auch ein Anspruch aus § 826 in Betracht gezogen werden. Schließlich kann auch eine Korrektur des Ergebnisses durch § 27 VersAusglG erfolgen[46] (→ VersAusglG § 27 Rn. 67, 73).

Das durch den **Wechsel der Ausgleichssysteme** für die Ehegatten begründete Risiko ist nicht zu unterschätzen. Ihm kann durch die Parteien begegnet werden, indem in eine güterrechtliche Vereinbarung alle nach den Vorstellungen der Parteien im Versorgungsausgleich auszugleichenden Versorgungen aufgenommen werden, so dass die Geschäftsgrundlage der güterrechtlichen Vereinbarung eindeutig ist. Gleichermaßen kann diesem Risiko illoyaler **Versorgungsverschiebungen** begegnet werden, indem über Versorgungs- und Zugewinnausgleich im Verbund entschieden wird. Allerdings führt gerade die Einbeziehung des Zugewinnausgleichs in den Verbund oftmals zu einer beklagenswerten Verlängerung von Scheidungsverfahren und gleichzeitig für den im Zugewinn ausgleichspflichtigen Ehegatten zu der Versuchung, das Verfahren zusätzlich zu verschleppen, da Zinsen auf die ausgleichsrechtliche Ausgleichsforderung erst ab Rechtskraft der Scheidung zu zahlen sind.

---

43 NK-BGB/Götsche VersAusglG § 2 Rn. 60; Ruland, Versorgungsausgleich, Rn. 88.
44 BGH FamRZ 1984, 156.
45 BGH FamRZ 2003, 654.
46 BGH FamRZ 2015, 998.

25 Ganz besonders gefährlich und zu beachten sind die Zusammenhänge zwischen Zugewinn- und Versorgungsausgleich in den Fällen des vorzeitigen Zugewinnausgleichs nach § 1385 BGB. Solange der Gesetzgeber noch nicht die Voraussetzungen für einen **vorzeitigen Versorgungsausgleich** geschaffen hat, bietet der vorzeitige Zugewinnausgleich ein erhebliches Manipulationspotential, das nur schwer zu beherrschen ist. Insbesondere bei Selbstständigen und Gesellschaftern, die eine Versorgungszusage ihres Unternehmens haben, kann bei vorzeitigem Zugewinnausgleich und einer Erfassung der Versorgungszusage als Belastung bei der Bewertung des Unternehmenswerts und dem ausgleichsberechtigten Gatten Schaden entstehen, wenn der Ausgleichspflichtige die ehemalige Versorgungszusage nach Abschluss der güterrechtlichen Auseinandersetzung in eine ihm zustehende Kapitalleistung umwandelt. In diesen Fällen wird der Unternehmenswert durch die Versorgungszusage und damit die zugewinnausgleichsrechtliche Ausgleichsforderung des ausgleichsberechtigten Gatten gemindert und ihm gleichzeitig die Teilhabe an der Versorgung entzogen.

§ 3 VersAusglG Ehezeit, Ausschluss bei kurzer Ehezeit

(1) Die Ehezeit im Sinne dieses Gesetzes beginnt mit dem ersten Tag des Monats, in dem die Ehe geschlossen worden ist; sie endet am letzten Tag des Monats vor Zustellung des Scheidungsantrags.

(2) In den Versorgungsausgleich sind alle Anrechte einzubeziehen, die in der Ehezeit erworben wurden.

(3) Bei einer Ehezeit von bis zu drei Jahren findet ein Versorgungsausgleich nur statt, wenn ein Ehegatte dies beantragt.

I. Regelungsgehalt

1 **1. Ehezeit (Abs. 1).** § 3 Abs. 1 VersAusglG enthält die **Legaldefinition** der Ehezeit. Diese beginnt am ersten Tag des Monats, in dem die Ehe geschlossen worden ist, und endet am letzten Tag des Monats vor Zustellung des Scheidungsantrags. Die mit der Festlegung des Ehezeitanfangs auf den ersten Tag des Kalendermonats und des Ehezeitendes auf den letzten Tag des der Zustellung des Scheidungsantrags vorausgehenden Monats verbundene Pauschalisierung dient dem praktischen Erfordernis, taggenaue Berechnungen zu vermeiden, weil diese in vielen Versorgungssystemen gar nicht durchführbar sind. Die dadurch entstehenden Ungenauigkeiten werden sich in den meisten Fällen wegen der Vorverlegung des Stichtags beim Ehezeitanfang und -ende auch weitgehend egalisieren. Die Bestimmung des Ehezeitendes setzt eine wirksame Zustellung der Antragsschrift an den Antragsgegner voraus.[1] Das Ehezeitende wird nicht bereits durch Einreichung eines Antrags auf Verfahrenskostenhilfe bestimmt.[2]

2 **Zustellungsmängel** können grundsätzlich geheilt werden.[3]

3 Da nach § 3 Abs. 2 VersAusglG nur die „in der Ehezeit erworbenen" Anrechte im Versorgungsausgleich ausgeglichen werden, kommt der Festsetzung der Ehe-

---

1 OLG Oldenburg FamRZ 2006, 956.
2 BGH FamRZ 1982, 1005.
3 OLG Zweibrücken 10.8.2005 – 5 UF 118/99 nv; OLG Brandenburg FamRZ 2001, 1220; OLG Naumburg FamRZ 2000, 165; OLG Zweibrücken FamRZ 1999, 937; OLG Brandenburg FamRZ 1998, 1439; OLG München FamRZ 1981, 167; OLG Schleswig 6.5.1980 – 8 UF 66/79 nv.

zeit eine überragende Bedeutung zu. In der Praxis ist daher wichtig, die Frage der Antragstellung im Scheidungsverfahren präzise zu bestimmen. Bei **wechselseitigen Scheidungsanträgen** bestimmt die Zustellung des ersten Scheidungsantrags das Ehezeitende, auch wenn dieser Antrag in der mündlichen Verhandlung nicht gestellt wird.[4] Da der Scheidungsantrag ohne Zustimmung der Gegenseite bis zum Beginn der mündlichen Verhandlung zurückgenommen werden kann (§ 269 Abs. 3 ZPO), ist in der Praxis vom Anwalt stets zu prüfen, ob ein eigener (wechselseitiger) Scheidungsantrag gestellt wird, weil bei Rücknahme des einseitigen Scheidungsantrags durch den Antragsteller vor der mündlichen Verhandlung die Fixierung des Ehezeitendes ebenfalls entfällt.

Auch ein **vor Ablauf des Trennungsjahrs** gestellter Scheidungsantrag fixiert das 4 Ehezeitende. Zwar riskiert der vorzeitige Antragsteller die Abweisung seines Scheidungsantrags. Da nach allgemeiner Auffassung jedoch das Trennungsjahr im Zeitpunkt der letzten mündlichen Verhandlung abgelaufen sein muss, kann der die Scheidung vorzeitig Beantragende – ggf. durch Einlegung der Beschwerde – das „Ehezeitende" zu dem frühen Zustellungszeitpunkt retten, wobei Korrekturen nach § 27 VersAusglG möglich sind.[5]

Die **Ehezeit** unterliegt **nicht der Dispositionsbefugnis** der Parteien.[6] Die Parteien 5 können zwar ehezeitlichen Versorgungserwerb aus dem Versorgungsausgleich herausnehmen (→ VersAusglG § 6 Rn. 21), das Ende der Ehezeit als Bezugspunkt des Versorgungsausgleichs können sie indessen nicht vereinbaren.

Bei **Scheidungsverfahren im Ausland** ist oftmals die Zustellung des Scheidungs- 6 antrags nicht sicher festzustellen. Es kommt vielmehr auf die Rechtshängigkeit des Scheidungsverfahrens an.[7] Da oftmals auch dieser Zeitpunkt nicht sicher festgestellt werden kann, kommt als letzter Anknüpfungspunkt der Tag der Zustellung des Scheidungsurteils bzw. der Eintritt der Rechtskraft der Scheidung in Betracht.[8]

2. Ausgleich ehezeitlichen Versorgungserwerbs (Abs. 2). Abs. 2 beschränkt den 7 Versorgungsausgleich auf die in der Ehezeit erworbenen Anrechte. Das damit begründete **In-Prinzip** bewirkt, dass Versorgungsbestandteile auch dann im Versorgungsausgleich ausgeglichen werden, wenn innerhalb der Ehezeit Beiträge für Zeiten geleistet werden, die außerhalb der Ehezeit liegen. Dies gilt allerdings nicht, wenn eine Nachversicherung nach § 8 SGB VI erfolgt und der verpflichtete Versorgungsträger erst nachehezeitlich die Beiträge tatsächlich erbringt oder für die Ehezeit geschuldete Beiträge erst nach der Ehezeit entrichtet werden.[9] Allerdings ist in diesen Fällen, sofern die Beiträge von den Ehegatten selbst geschuldet werden, der Zusammenhang mit dem Zugewinnausgleich zu beachten. Sind die geschuldeten Beiträge als den Zugewinn mindernde Verbindlichkeit bilanziert und vermögensrechtlich berücksichtigt, kann die aus diesen geschuldeten Beiträgen erworbene Versorgung im Versorgungsausgleich ausgeglichen werden. Ggf. ist eine Korrektur des Versorgungsausgleichs nach § 27 VersAusglG vorzunehmen.[10]

---

4   BGH EzFamRaktuell 1993, 401.
5   BGH FamRZ 1997, 347; Prütting/Helms FamFG § 124 Rn. 15 ff.
6   AllgM seit BGH FamRZ 1990, 273; bestätigt: BGH FamRZ 2001, 1444.
7   BGH FamRZ 1993, 2047.
8   OLG Zweibrücken FamRZ 1999, 27.
9   BGH FamRZ 2004, 693.
10 BGH FamRZ 1987, 364; NK-BGB/Götsche VersAusglG § 3 Rn. 29.

8 Bei **vorzeitiger Inanspruchnahme einer Rente** wurde deren Minderung durch **versicherungsmathematische Versorgungsabschläge** in der Vergangenheit stets insoweit berücksichtigt, als für die Zeit vorzeitigen Versorgungsbezugs, die in der Ehezeit lag, die Verminderung der Versorgung auch im Versorgungsausgleich berücksichtigt wurde.[11] Dies war schon im alten Versorgungsausgleich unberechtigt, weil die aufgrund vorzeitigen Bezugs abgesenkte Versorgung länger gewährt und daher der versicherungsmathematische Versorgungsabschlag durch die längere Versorgungsgewährung kompensiert wird.

9 Für den Bereich der gesetzlichen Rentenversicherung hat das neue Versorgungsausgleichsrecht dieses Problem gelöst,[12] da **Teilungsgegenstand die ehezeitlich erworbenen Entgeltpunkte** sind und nicht die Rente ist. Die ehezeitlich erworbenen Entgeltpunkte werden jedoch ohne Berücksichtigung des Zugangsfaktors berechnet, so dass zumindest für die gesetzliche Rentenversicherung die Kürzung durch vorzeitige Inanspruchnahme keine Bedeutung mehr hat.[13]

10 Es wird vertreten, dass in den Fällen, in denen die Bezugsgröße für den Versorgungsausgleich die Rente ist und nicht Versorgungs- oder Entgeltpunkte deren Höhe bestimmen, der vorzeitige Versorgungsbezug einen Versorgungsabschlag auch weiterhin rechtfertigt.[14] Dies ist indessen abzulehnen. Auch in den Fällen, in denen Bezugsgröße einer Versorgung die Rente ist, muss gelten, dass Abschläge aufgrund vorzeitigen Rentenbezugs versorgungsausgleichsrechtlich unbeachtlich sind[15]. Dies gilt für die Beamtenversorgung und die als Rente gewährte betriebliche Beamtenversorgung,[16] ebenso wie für alle anderen Versorgungen. Abgesehen von der versicherungsmathematischen Begründung dieser Entscheidung wäre es mit der Logik eines Versorgungsausgleichssystems nicht in Übereinstimmung zu bringen, es alleine von der Frage der vom Versorgungsträger gewählten Bezugsgröße der Versorgung abhängig zu machen, ob eine Kürzung des Versorgungsausgleichs aufgrund vorzeitigen Versorgungsbezugs durchgeführt werden muss. Die zum alten Recht bereits an dieser Praxis geübte Kritik[17] ist daher nach wie vor berechtigt.

11 **3. Ausschluss bei kurzer Ehezeit (Abs. 3).** Abs. 3 stellt den Versorgungsausgleich bei einer kurzen Ehedauer von **nicht mehr als drei Jahren** zur Disposition der Ehegatten. Beantragt einer der Ehegatten bei einer kurzen Ehe die Durchführung des Versorgungsausgleichs, ist dieser durchzuführen, wobei der Antrag von beiden Gatten oder von einem von ihnen, unabhängig davon, ob er Begünstigter des Versorgungsausgleichs ist, gestellt werden kann. Anwaltszwang besteht nicht (§ 114 Abs. 4 Nr. 7 FamFG). Der Antrag auf Durchführung des Versorgungsausgleichs kann auch noch nach Erlass der Endentscheidung zurückgenommen werden, bedarf dann jedoch der Zustimmung sämtlicher Beteiligten (§ 22 Abs. 1 S. 2 FamFG).

---

11 BGH MDR 2011, 858; BGH FamRZ 2009, 1397; 2009, 28; 2007, 1542; 2005, 1455.
12 BGH FamRZ 2016, 1343.
13 BT-Drs. 16/10144, 80.
14 NK-BGB/Götsche VersAusglG § 3 Rn. 30.
15 BGH FamRZ 2016, 1343.
16 Ruland, Versorgungsausgleich, Rn. 367.
17 Borth FamRZ 2001, 878; Schmeiduch, Die Auswirkungen des Rentenreformgesetzes 1992 auf den Versorgungsausgleich, FamRZ 1991, 377; Hauß, Versorgungsausgleich und Verfahren in der anwaltlichen Praxis, Rn 201.

Ob ein Antrag auf Durchführung des Versorgungsausgleichs bei kurzer Ehezeit **12** iSd Abs. 3 ggf. über § 27 VersAusglG zu korrigieren sein kann, ist streitig (→ VersAusglG § 27 Rn. 7 ff.).

II. Verfahrensrechtliches

Auch wenn ein Antrag auf Durchführung des Versorgungsausgleichs nach **13** Abs. 3 nicht gestellt wird, hat das Gericht einen **Verfahrenswert** für den Versorgungsaugleich festzusetzen. Mit Einleitung des Scheidungsverfahrens ist auch der Versorgungsausgleich anhängig,[18] der Antrag auf Durchführung des Versorgungsausgleichs kann auch noch in der letzten mündlichen Verhandlung ohne die **14-Tage-Sperrfrist** des § 137 Abs. 2 FamFG gestellt werden,[19] und vom Gericht ist schließlich im Tenor auszusprechen, dass ein Versorgungsausgleich nicht stattfindet (§ 224 Abs. 3 FamFG).[20] Da jedoch die Anzahl der Versorgungen in diesen Fällen nicht ermittelt worden ist, ist regelmäßig auf den in § 50 Abs. 1 S. 2 FamGKG festgelegten **Mindestverfahrenswert von 1.000 EUR** abzustellen.

§ 4 VersAusglG Auskunftsansprüche

(1) Die Ehegatten, ihre Hinterbliebenen und Erben sind verpflichtet, einander die für den Versorgungsausgleich erforderlichen Auskünfte zu erteilen.

(2) Sofern ein Ehegatte, seine Hinterbliebenen oder Erben die erforderlichen Auskünfte von dem anderen Ehegatten, dessen Hinterbliebenen oder Erben nicht erhalten können, haben sie einen entsprechenden Auskunftsanspruch gegen die betroffenen Versorgungsträger.

(3) Versorgungsträger können die erforderlichen Auskünfte von den Ehegatten, deren Hinterbliebenen und Erben sowie von den anderen Versorgungsträgern verlangen.

(4) Für die Erteilung der Auskunft gilt § 1605 Abs. 1 Satz 2 und 3 des Bürgerlichen Gesetzbuchs entsprechend.

I. Regelungsgehalt

§ 4 VersAusglG gibt allen an einem Versorgungsausgleich Beteiligten ein **umfas-** **1** **sendes Auskunftsrecht** über „die für den Versorgungsausgleich erforderlichen Auskünfte". Ohne umfassende Auskünfte über die Anrechte der Eheleute können den Beteiligten den Versorgungsausgleich nicht durchführen, wie die beteiligten Ehegatten idR nicht über die erforderlichen Informationen und das erforderliche Datenmaterial verfügen, um aus eigener Kenntnis den ehezeitlichen Versorgungszuwachs in den einzelnen Versorgungssystemen bestimmen zu können. Insbesondere wegen der in § 32 VersAusglG vorgesehenen Beschränkung der Abänderbarkeit von Versorgungsausgleichsentscheidungen und die Reduktion der Abänderungsmöglichkeit auf die öffentlich-rechtlichen Grundversorgungen (vgl. § 32 VersAusglG) ist die **Qualität der Auskünfte** der Versorgungsträger ein zentraler Aspekt des Versorgungsausgleichs.[1]

---

18 OLG Düsseldorf FamRZ 2010, 2102; OLG Karlsruhe FamRZ 2011, 668.
19 OLG Dresden FamRZ 2011, 483.
20 Borth, Versorgungsausgleich, Rn. 1057.
 1 Voigt, Versorgungsausgleichsstrukturreform – ein Praxisbericht, BetrAV 2011, 460.

2   § 4 VersAusglG gilt grundsätzlich für alle Formen des Versorgungsausgleichs und alle Verfahrenstypen, betrifft also den im Verbund oder isoliert geführten **Wertausgleich bei der Scheidung** (§§ 9 ff. VersAusglG) ebenso wie die Ausgleichsansprüche nach der Scheidung nach §§ 20 ff. VersAusglG und Abänderungs- bzw. Anpassungsverfahren nach §§ 32 ff. VersAusglG.

3   § 4 VersAusglG regelt die Auskunftsrechte und -pflichten der Beteiligten eines Versorgungsausgleichsverfahrens, also den **materiellrechtlichen Auskunftsanspruch.** Der prozessuale Auskunftsanspruch des Gerichts im Rahmen eines laufenden Verfahrens gegen die Versorgungsträger und die Verfahrensbeteiligten ist in § 220 FamFG geregelt, wobei § 220 Abs. 4 FamFG den Versorgungsträger verpflichtet, die Versorgungsausgleichsauskunft in einer bestimmten Qualität zu erteilen (→ Rn. 24).

4   Auskunftsansprüche nach § 4 VersAusglG setzen **kein anhängiges Versorgungsausgleichsverfahren** voraus.[2] Da auch im Vorfeld von Abänderungsverfahren nach § 32 ff. VersAusglG und Verfahren über Ausgleichsansprüche nach der Scheidung (schuldrechtlicher Versorgungsausgleich) dem Ehegatten zur Vermeidung eines evtl. überflüssigen Verfahrens und zur Abschätzung des wirtschaftlichen Ergebnisses eines Verfahrens die Möglichkeit gegeben werden muss, sich über Qualität und Umfang der Versorgungen des anderen Gatten zu informieren, können die Auskunftsansprüche vor Stellung eines Scheidungsantrages gestellt werden.[3]

5   Die Auskunftsansprüche nach § 4 VersAusglG sind gerichtet auf die **für die Durchführung des Versorgungsausgleichs erforderlichen Auskünfte.** Die Auskünfte müssen daher alle Informationen enthalten, die zur Abschätzung des Ausgleichswerts (§ 1 Abs. 2 VersAusglG) erforderlich sind. Dies bedeutet, dass die Auskunftspflicht nicht nur darauf bezogen ist, die Höhe einer Versorgung mitzuteilen, sondern ggf. auch deren Ehezeitanteil mitzuteilen und die zur Berechnung des Kapitalwerts bzw. des korrespondierenden Kapitalwerts erforderlichen Angaben zum **Rechnungszins, zur Dynamik** in der Anwartschafts- und Leistungsphase, zum **Leistungsumfang** (Hinterbliebenen- und Invaliditätsversorgung), zum **Renteneintrittsalter** und ggf. für den Fall der zeitratierlichen Bewertung einer Versorgung nach § 40 VersAusglG zu den **Beschäftigungszeiten** mitzuteilen. Nur auf dieser Basis kann eine Versorgungsausgleichsauskunft vom Auskunftsberechtigten tatsächlich geprüft werden.[4]

II. Vertragliche und gesetzliche Auskunftsansprüche gegen den Versorgungsträger

6   Die erforderlichen Auskünfte haben zumindest die Parteien vielfach nicht zur Verfügung. Zwar kennen sie Versorgungsträger und Nummern. Ihnen ist auch zuzumuten, die Versorgungsordnung, nach der die Versorgung zu bewerten ist, auf ein entsprechendes Verlangen dem anderen Ehegatten zur Verfügung zu stellen; mit der Mitteilung über Höhe und Qualität der Versorgung sind jedoch die Beteiligten vielfach überfordert. Deswegen haben sie gegenüber den Versorgungsträgern, aus denen ihnen Versorgungsansprüche zufließen, umfassende In-

---

2   HK-VersAusglR/Götsche VersAusglG § 4 Rn. 4.
3   JH/Holzwarth VersAusglG § 4 Rn. 3; Palandt/Brudermüller VersAusglG § 4 Rn. 3.
4   Vgl. NK-BGB/Götsche VersAusglG § 4 Rn. 18.

formationsansprüche, mit deren Hilfe sie die erforderlichen Informationen für die Auskunftsberechtigten und ihren Versorgungsträger erlangen können.

Für die **gesetzliche Rentenversicherung** ist dies in § 109 Abs. 5 SGB VI geregelt, 7 für die **Beamten- und Soldatenversorgung** in § 49 Abs. 10 BeamtVG und § 46 Abs. 8 SVG, für die **betriebliche Altersversorgung** in § 4 a BetrAVG und für die **private Altersversorgung** in den §§ 7, 159 VVG iVm § 2 VVG-InfoV.

Der in § 4 VersAusglG insoweit normierte **Auskunftsanspruch** ist, sofern der 8 Auskunftspflichtige keine genuine eigene Kenntnis von den erforderlichen Faktoren einer Versorgung hat, ein Informationsbeschaffungsanspruch.

III. Die Auskunftsansprüche des § 4 VersAusglG

1. Ehegatten gegeneinander (Abs. 1). Soweit Abs. 1 den Auskunftsanspruch auf 9 **Ehegatten**, ihre Hinterbliebenen und Erben richtet, sind damit nicht nur die verheirateten Partner oder Partner einer Lebenspartnerschaft einander verpflichtet, sondern auch **geschiedene Ehegatten bzw. Partner einer aufgelösten Lebenspartnerschaft.**[5]

Der Auskunftsanspruch kann **ab Trennung der Ehegatten** gerichtlich geltend gemacht werden. Ein Bedürfnis für einen Auskunftsanspruch nach § 4 Abs. 1 VersAusglG besteht in einem laufenden Ehescheidungs- und Versorgungsausgleichsverfahren nicht.[6] Die Existenz eines **Rechtsschutzinteresses** wird jedoch von der Rechtsprechung angenommen.[7]

2. Ehegatten gegen Versorgungsträger (Abs. 2). Abs. 2 räumt den Ehegatten, sei- 11 nen Hinterbliebenen oder seinen Erben das Recht ein, vom Versorgungsträger des anderen die erforderlichen Auskünfte zu verlangen, wenn die erforderlichen Auskünfte vom Ehegatten nicht erlangt werden können. Der Auskunftsanspruch gegen den Versorgungsträger des anderen Gatten setzt voraus, dass der auskunftpflichtige Ehegatte aufgefordert worden ist, in angemessener Frist die entsprechenden Auskünfte zu erteilen und er dieser Verpflichtung (Abs. 1) nicht in der gesetzten angemessenen Frist nachgekommen ist. Regelmäßig ist es daher erforderlich, den Zugang einer schriftlichen Auskunftsaufforderung nachzuweisen.[8]

3. Versorgungsträger gegen Ehegatten (Abs. 3). Auch Versorgungsträger können 12 gegenüber ihren Versicherten und den Ehegatten berechtigterweise Auskunftsansprüche haben, wenn bspw. eine **Gesamtversorgung** vorliegt und der Versorgungsberechtigte keine Auskunft über für die Höhe der Gesamtversorgung maßgebliche andere Versorgungen erteilt.

IV. Form und Qualität der Auskunft (Abs. 4, § 1605)

Abs. 4 verweist hinsichtlich der Form und Qualität der Auskunft auf die unter- 13 haltsrechtliche Auskunftsnorm des § 1605. Danach besteht neben der Erteilung der **erforderlichen Auskünfte** eine Belegpflicht. Die Auskunft ist schriftlich nach § 260 zu erteilen. Danach hat der Auskunftsschuldner ein Bestandsverzeichnis

---

5 AG Böblingen FamRZ 2010, 1905.
6 Ruland, Versorgungsausgleich, Rn. 454.
7 OLG Zweibrücken FamRZ 2004, 1794; OLG Hamm FamRZ 2002, 103; OLG Frankfurt/M. FamRZ 2000, 99; OLG Nürnberg FamRZ 1995, 300; dagegen: OLG Oldenburg FamRZ 1999, 1207; OLG München FamRZ 1998, 244.
8 BT-Drs. 16/10144, 49.

vorzulegen, das in übersichtlicher Form die Nachvollziehung der Auskunft erforderlich macht.[9] Die Auskünfte sind mit entsprechenden Belegen zu versehen und dies bedeutet, dass aus dem Auskunftsanspruch bereits die Verpflichtung folgt, die **vertraglichen Grundlagen** der Versorgung zu übermitteln.[10]

14 Bestehen Zweifel an der Richtigkeit oder Vollständigkeit der erteilten Auskunft, kann der Auskunftsgläubiger nach § 260 Abs. 2 die **Versicherung an Eides statt** verlangen, dass der Auskunftsschuldner nach bestem Wissen den Bestand so vollständig angegeben hat, wie er dazu imstande ist. Da es sich bei der nach § 4 VersAusglG geschuldeten Auskunft um regelmäßig ausgesprochen werthaltige Vermögensgegenstände handelt, kommt die Einschränkung der §§ 1605, 260 Abs. 3, § 259 Abs. 3 wohl nicht in Betracht, sofern nicht von vornherein feststeht, dass es sich bei der Versorgung, hinsichtlich derer die Auskunft verlangt wird, um eine **Bagatellversorgung** handelt (vgl. § 18 VersAusglG).

V. Geltendmachung der Auskunftsansprüche

15 Die Auskunftsansprüche nach § 4 VersAusglG können im Wege eines **Stufenantrags** geltend gemacht werden. Sie können im Verbund mit der Ehesache oder als isoliertes Versorgungsausgleichsauskunftsverfahren geltend gemacht werden, wobei **Anwaltszwang** besteht, wenn der Anspruch im Verbund geltend gemacht wird (§ 114 FamFG). Im isolierten Auskunftsverfahren besteht kein Anwaltszwang. Während der Anhängigkeit eines Scheidungsverfahrens kann kein isolierter Auskunftsantrag geltend gemacht werden.[11]

16 Wird der **Auskunftsanspruch im Verbund** geltend gemacht, ist im Gegensatz zu dem unterhaltsrechtlichen Verbund[12] kein weitergehender Anspruch für den Fall der Auskunftserteilung erforderlich,[13] da das Versorgungsausgleichsverfahren als Amtsermittlungsverfahren ausgestattet ist.

VI. Auskunftsansprüche des Gerichts (§ 220 FamFG)

17 Von den Auskunftsansprüchen der Parteien und Versorgungträger gegeneinander, die in § 4 VersAusglG geregelt sind, ist der gerichtliche Auskunftsanspruch nach § 220 FamFG zu unterscheiden. Danach kann das Gericht über Grund und Höhe der Anrechte Auskünfte bei den Ehegatten, den Versorgungsträgern, der Quellversorgung bei den Versorgungsträgern der Zielversorgung und bei Hinterbliebenen und Erben einholen (§ 220 Abs. 1 FamFG). Dieser gerichtliche Auskunftsanspruch besteht neben dem Auskunftsanspruch der Parteien nach § 4 VersAusglG, um dem Gericht zu ermöglichen, die ihm aufgrund des Amtsermittlungsgrundsatzes (§ 26 VersAusglG) obliegende Verpflichtung zu erfüllen, die entscheidungserheblichen Tatsachen zu ermitteln. Die verfahrensrechtliche Auskunftspflicht des § 220 FamFG erfasst auch **ausländische Anrechte**. Allerdings ist ein ausländischer Versorgungsträger nicht verpflichtet, dem Auskunftsverlangen eines deutschen Gerichts Folge zu leisten. Über die bei öffentlich-rechtlichen Versorgungen anderer Staaten bestehenden und in der Ehe begründeten Anrech-

---

9   Palandt/Grüneberg § 260 Rn. 16.
10 NK-BGB/Götsche VersAusglG § 4 Rn. 19; JH/Holzwarth VersAusglG § 4 Rn. 5 f.; MK/Gräper VersAusglG § 4 Rn. 13.
11 OLG Hamm FamRZ 2013, 462.
12 BGH FamRZ 1997, 811.
13 JH/Holzwarth VersAusglG § 4 Rn. 13.

te erteilen die deutschen Verbindungsstellen in der gesetzlichen Rentenversicherung Auskunft.[14]

Nach § 220 Abs. 2 FamFG besteht **Formularzwang**. Der Versorgungsträger hat **18** die ihm zur Auskunft von den Familiengerichten übersandten Formulare zu nutzen. Dabei ist jedoch zu beachten, dass die Ausfüllung dieser Formulare nicht ausreichend ist, weil sie notwendige Angaben für die Überprüfung und Plausibilitätskontrolle der vom Versorgungsträger erteilten Auskunft nicht enthält. So fehlen in den Auskunftsformularen regelmäßig Angaben über die Höhe des ehezeitlichen **Rentenerwerbs**, wenn der Versorgungsträger Auskunft über den Kapitalwert der Versorgung erteilt. Auch werden **Beschäftigungs- und Versicherungszeiten**, die im Versorgungssystem zugebracht werden, nicht regelmäßig abgefragt, was jedoch zur Prüfung des Ehezeitanteils, insbesondere bei der zeitratierlichen Bewertung einer Versorgung (§ 39 VersAusglG) erforderlich ist. Die zur Ermittlung des Kapitalwerts erforderlichen Angaben wie Rechnungszins, Rententrend (Leistungsdynamik) und Anwartschaftsdynamik werden ebenso wenig abgefragt. Die Ausfüllung des dem Versorgungsträger übersandten Versorgungsauskunftsformular ist daher nicht ausreichend, um der nach Abs. 4 geschuldeten Qualität der Auskunft zu genügen.

Nach § 220 Abs. 3 FamFG sind die beteiligten Ehegatten, deren Erben oder **19** Hinterbliebenen zur Mitwirkung verpflichtet, die das Gericht durch **Zwangsgeld** (§ 35 VersAusglG) oder **Zwangshaft** durchsetzen kann.

Im Zentrum der **gerichtlichen Auskunftspflicht** steht § 220 Abs. 4 FamFG. Da- **20** nach hat der Versorgungsträger die erforderlichen Auskünfte in einer übersichtlichen und nachvollziehbaren Berechnung dem Gericht mitzuteilen und auch die für die Teilung maßgeblichen Regelungen zu übermitteln. Der Versorgungsträger hat damit zu erklären, ob die Versorgung nach der **unmittelbaren** oder **zeitratierlichen Bewertungsmethode** (§§ 39, 40 VersAusglG) ermittelt worden ist. Für den Fall der zeitratierlichen Bewertung hat er die für die Berechnung erforderlichen zeitlichen Daten (Beschäftigungszeit, Renteneintritt und die von ihm zugrunde gelegte Ehezeit) mitzuteilen. Er hat zur Kontrolle der Kapitalwerte die **Rechnungszinsen**, den **Rententrend** (Prozentsatz der Leistungsdynamisierung) und ggf. die Höhe einer **Anwartschaftsdynamik** mitzuteilen.

Die Berechnung muss aus sich selbst heraus verständlich sein. Dies bedeutet, **21** dass eine pauschale Bezugnahme auf **Heubeck-Tabellen** nicht zulässig ist, vielmehr sind die aus den Heubeck-Tabellen ermittelten Barwertfaktoren dem Gericht mitzuteilen. Die Heubeck-Tabellen bestehen aus einer Vielzahl finanzmathematischer Faktoren, die aus geschlechts- und altersabhängigen sehr unterschiedlich definierten Tabellen abzulesen sind. Werden die Barwertfaktoren nicht mitgeteilt, können Ablesefehler und andere Fehler im Umgang bei der Benutzung der Heubeck-Tabellen nicht ausgeschlossen werden. Da zwischenzeitlich versicherungsmathematische Berechnungsprogramme zur Kontrollierung des Kapitalwerts einer Versorgung frei verfügbar sind,[15] können Falschauskünfte bei Offenlegung aller Berechnungsparameter leicht erkannt werden.

---

14 www.deutsche-rentenversicherung.de/Allgemein/de/Inhalt/2_Rente_Reha/01_rente/01_gr undwissen/05_rente_und_ausland/verbindungsstellen_index.html.
15 www.famrb.de/muster_formulare.html: Hauß/Glockner, Kapitalwertkontrolle im Versorgungsausgleich.

VII. Der Erläuterungsanspruch

22 Nach § 220 Abs. 4 S. 2 FamFG hat das Gericht den Versorgungsträger von Amts wegen oder auf Antrag eines der Beteiligten aufzufordern, die Einzelheiten der Wertermittlung zu erläutern. Dieser Erläuterungsanspruch ist **immer dann** einzusetzen, **wenn die Auskunft** eines Versorgungsträgers **aus sich selbst heraus nicht verständlich** ist.

23 Insbesondere im neuen Versorgungsausgleichsrecht ist wegen der **fehlenden Revisionsmöglichkeit** und der eingeschränkten Abänderbarkeit einer Versorgungsausgleichsentscheidung auf die öffentlich-rechtlichen Grundversorgungen (§ 32 VersAusglG) eine genaue Prüfung der Versorgungsausgleichsauskünfte auf rechnerische Richtigkeit und Plausibilität erforderlich, weil anderenfalls eine **versorgungsausgleichsrechtliche Korrektur** eines aufgrund einer fehlerhaften Auskunft durchgeführten Versorgungsausgleichs nur noch sehr beschränkt möglich ist. Unbeschadet davon stehen jedoch dem durch eine fehlerhafte Auskunft geschädigten Ehegatten ggf. Schadensersatzansprüche gegen den Versorgungsträger wegen der Falschauskunft zu.[16]

VIII. Elemente einer ordnungsgemäßen Auskunft

24 Nachfolgend werden die typischen Fehler einer Versorgungsauskunft benannt. **Gericht** und **Anwaltschaft** haben gleichermaßen darauf zu achten, dass diese Informationen von den Versorgungsträgern mitgeteilt werden:

- die **Versorgungsordnung,** die der zu bewertenden Versorgung zugrunde liegt;
- der Versorgungsträger hat das zur Bewertung der Versorgung **maßgebliche Berechnungsdatum** (regelmäßig Ehezeitende) mitzuteilen, um prüfen zu können, ob der Versorgungsträger auch tatsächlich die entscheidungserheblichen Ausgangsparameter genutzt hat;
- die **Bewertungsmethode** für den Ehezeitanteil (unmittelbar, § 39 VersAusglG, oder zeitratierlich, § 40 VersAusglG);
- die **betriebliche Beschäftigungsdauer** zur Prüfung der Berechnung des Ehezeitanteils;
- das **Renteneintrittsalter** zur Prüfung des Werts der Versorgung;
- der für die Versorgung geltende **Rechnungszins;**
- der **Zinssatz einer Anwartschaftsdynamik;**
- der **Zinssatz einer Leistungsdynamik,** der sog **Rententrend;**[17]
- der **Leistungsumfang der Versorgung,** ob diese neben der Alters- auch eine Invaliditäts- und Hinterbliebenenversorgung gewährt;
- die **Bewertungsmethode** von Invaliditäts- und Hinterbliebenenversorgung (kollektiv oder individuell);
- wenn sich die Versorgungszusage des Versorgungsträgers auf eine **Rente** bezieht, muss der Versorgungsträger – unbeschadet der Möglichkeit, den Ausgleich auf Kapitalwertbasis durchzuführen – **die Höhe der ehezeitlich erworbenen Monatsrente** des ausgleichspflichtigen Ehegatten mitteilen, da sich an-

---

16 BGH FamRZ 1998, 89.
17 OLG München FamRZ 2012, 130; OLG Koblenz FamRZ 2013, 462; OLG Nürnberg FamRZ 2014, 1703; Wick, Der Versorgungsausgleich, Rn. 304; BeckOGK/Scholer, Stand: Juli 2015, VersAusglG § 45 Rn. 81; Glockner/Hoenes/Weil, Der Versorgungsausgleich, § 8 Rn. 48; Engbroks/Heubeck BetrAV 2009, 16 (19); Höfer DB 2010, 1010 (1012); Budinger/Wrobel BetrAV 2013, 210 (212); offengelassen BGH FamRZ 2016, 781.

derenfalls der vom Versorgungsträger berechnete Kapitalwert der Versorgung nicht einmal auf Plausibilität prüfen lässt;

■ zur Prüfung der Angemessenheit des Teilungsergebnisses (§ 11 Abs. 1 S. 1 VersAusglG) hat der Versorgungsträger bei der internen Teilung die **voraussichtliche Rentenleistung für die ausgleichsberechtigte Person** mitzuteilen;

■ die Versorgungsberechnung ist zu unterschreiben, da angesichts der Komplexität der Versorgungsberechnung nur die **Unterschrift eines Aktuars** die fehlerfreie Auskunftserteilung garantiert.

IX. Folgen einer fehlerhaften Auskunft

Erteilt der Versorgungsträger eine **falsche Auskunft** über ein Anrecht, kommt 25 eine Korrektur der Versorgungsausgleichsentscheidung nur in den Fällen einer öffentlich-rechtlichen Grundversorgung (§ 32 VersAusglG) in Betracht. Im Übrigen kann eine Korrektur der Entscheidung idR nicht erfolgen. Bei **Fahrlässigkeit** des Versorgungsträgers kommt auch keine Haftung nach § 826 in Betracht.[18]

Die **Anwaltschaft** haftet aus Vertragsrecht für die Konsequenzen fehlerhafter 26 Auskünfte ihren Mandanten gegenüber, sofern die Fehlerhaftigkeit der Auskunft erkennbar war. Dies bedeutet ein hohes Maß an Kontrollpflichten gegenüber den Auskünften der Versorgungsträger, einschließlich der Plausibilitätskontrolle von Kapitalwerten und korrespondierenden Kapitalwerten (vgl. dazu das Berechnungsschema → VersAusglG Vor § 39 und die Berechnungshilfe).

§ 5 VersAusglG Bestimmung von Ehezeitanteil und Ausgleichswert

(1) Der Versorgungsträger berechnet den Ehezeitanteil des Anrechts in Form der für das jeweilige Versorgungssystem maßgeblichen Bezugsgröße, insbesondere also in Form von Entgeltpunkten, eines Rentenbetrags oder eines Kapitalwerts.

(2) ¹Maßgeblicher Zeitpunkt für die Bewertung ist das Ende der Ehezeit. ²Rechtliche oder tatsächliche Veränderungen nach dem Ende der Ehezeit, die auf den Ehezeitanteil zurückwirken, sind zu berücksichtigen.

(3) Der Versorgungsträger unterbreitet dem Familiengericht einen Vorschlag für die Bestimmung des Ausgleichswerts und, falls es sich dabei nicht um einen Kapitalwert handelt, für einen korrespondierenden Kapitalwert nach § 47.

(4) ¹In Verfahren über Ausgleichsansprüche nach der Scheidung nach den §§ 20 und 21 oder den §§ 25 und 26 ist grundsätzlich nur der Rentenbetrag zu berechnen. ²Allgemeine Wertanpassungen des Anrechts sind zu berücksichtigen.

(5) Die Einzelheiten der Wertermittlung ergeben sich aus den §§ 39 bis 47.

I. Regelungsgehalt

§ 5 VersAusglG ist für das neue Versorgungsausgleichsrecht eine zentrale Vorschrift, weil er die Verantwortung für die Berechnung der Versorgungen und ihrer Ausgleichswerte zunächst einmal in die Hände der Versorgungsträger legt. Gleichzeitig macht die Formulierung des Abs. 3 klar, dass die abschließende Bestimmung des Ausgleichswerts, wie im alten Recht auch, Sache des Gerichts ist.[1] Zusätzlich wird den Versorgungsträgern auferlegt, den **korrespondierenden Kapitalwert** einer Versorgung vorzuschlagen.

---

18 OLG Karlsruhe FamRZ 1986, 1117.
1 BT-Drs. 16/10144, 49.

II. Einzelheiten

2 **1. Bestimmung des Ehezeitanteils durch den Versorgungsträger.** Nach der eindeutigen Anordnung von § 5 Abs. 1 VersAusglG fällt es in den Zuständigkeitsbereich des Versorgungsträgers, den **Ehezeitanteil** des Anrechts zu bestimmen. Die nähere Konkretisierung, wie dies zu geschehen hat, wird in den §§ 39–47 VersAusglG geregelt, auf die in Abs. 5 verwiesen wird. Die **Auswahl der Methode**, mithilfe derer der Ehezeitanteil bestimmt wird, ist daher Sache des Versorgungsträgers. Die beiden alternativ zur Verfügung stehenden Bewertungsmethoden stehen in einem hierarchischen Verhältnis (→ VersAusglG § 39 Rn. 1). Das Gericht ist an die zunächst dem Versorgungsträger obliegende Auswahl der Bewertungsmethode **nicht gebunden**, sondern kann dem Versorgungsträger auferlegen, eine andere Bewertungsmethode anzuwenden, wenn es dies zur Erzielung eines der Halbteilung entsprechenden Ergebnisses für sinnvoll erachtet.[2] Die Zuständigkeit des Versorgungsträgers für einen Vorschlag zur Berechnung des Ehezeitanteils ergibt sich aus dessen Sachnähe zum jeweiligen Versorgungssystem, mit dem er vertraut ist und das zu bewerten der Gesetzgeber ihn als berufener als das Gericht angesehen hat.

3 Es ist festzustellen, dass die Auskünfte der betrieblichen und privaten Versorgungsträger über die Berechnung des Ehezeitanteils einer Versorgung häufig insuffizient sind. Vielfach werden die zur Kontrolle der Berechnung des Ehezeitanteils notwendigen Berechnungsparameter (→ VersAusglG § 4 Rn. 24) nicht mitgeteilt. Bei der **unmittelbaren Bewertung** einer Versorgung muss sich aus der Versorgungsauskunft der jährliche Versorgungszuwachs in der Ehezeit berechnen lassen. Bei der **zeitratierlichen Bewertung** sind Beschäftigungszeiten, das Renteneintrittsalter und die Ehezeit, von der ausgegangen wird, mitzuteilen, um die zeitratierliche Berechnung nachvollziehen zu können.

4 Der Versorgungsträger hat das Recht und die Pflicht, dem Gericht den Ehezeitanteil der Versorgung in der **für das jeweilige Versorgungssystem maßgeblichen Bezugsgröße** mitzuteilen. Dies ermöglicht dem Versorgungsträger den Ausgleichswert einer Versorgung präzise, entsprechend seinem jeweiligen Versorgungssystem, anzugeben. Dadurch verliert der Versorgungsausgleich für die beteiligten Ehegatten gleichzeitig an Transparenz, weil der Versorgungsträger nicht notwendigerweise auch den Wert der Versorgung in Form eines **Rentenbetrags** mitteilen muss. Die Mitteilung des **korrespondierenden Kapitalwerts** (§ 5 Abs. 3 VersAusglG) kompensiert diesen Nachteil nicht, da es auch für den Fachmann kaum möglich ist, aus einem Kapitalwert ohne weitere Hilfsmittel auch nur annähernd den Rentenwert anzugeben. Nicht nur aus Gründen der besseren Überprüfbarkeit der Versorgungsauskünfte und der Plausibilitätskontrolle (→ VersAusglG Vor § 39 Rn. 1 ff.) wäre es daher geboten, den Versorgungsträger **grundsätzlich** zu verpflichten, den **Rentenwert der Versorgung mitzuteilen**, wenn es sich um eine Rentenversicherung handelt. Nur in den Fällen, in denen die Leistung des Versorgungssystems in einem Kapitalbetrag besteht, wäre es nicht notwendig, den Rentenbetrag anzugeben, weil dieser für das konkrete Versorgungssystem irrelevant ist. Die im Rahmen der durchgeführten Scheidung anschließend stets erforderliche Neuaufstellung des Altersvorsorgebuketts wird durch die den Versorgungsträgern eingeräumte Möglichkeit, auch Rentenwerte

---

2   BT-Drs. 16/10144, 50; Ruland, Versorgungsausgleich, Rn. 312; JH/Holzwarth VersAusglG § 5 Rn. 5.

ausschließlich als Kapital anzugeben, nicht nur für die Parteien, sondern auch für die Anwaltschaft erschwert. Darüber hinaus erschwert eine ausschließlich kapitalwertbezogene Auskunft eines Versorgungsträgers stets die Abschätzung der Begrenzungs- und Verwirkungsmöglichkeiten nach § 27 VersAusglG, weil zur Beurteilung der gesamten Umstände eines Einzelfalls im Rahmen von § 27 VersAusglG auch die Einschätzung der Versorgungsperspektive der Ehegatten erforderlich ist. Das Gesetz eröffnet dem Versorgungsträger einer betrieblichen Altersversorgung nach § 45 Abs. 1 VersAusglG die Angabe des Ehezeitanteils einer Rentenversorgung entweder als Rente nach § 2 BetrAVG oder als Kapitalwert nach § 4 Abs. 5 BetrAVG (Portierungswert). Versorgungsträger, die von dieser Wahl zugunsten der Angabe ausschließlich des Kapitalwertes einer Versorgung Gebrauch machen, müssten zur Erläuterung der Plausibilität der Bestimmung des Kapitalwertes mE auch den ehezeitlichen Rentenwert mitteilen.

Das Gesetz eröffnet dem **Versorgungsträger einer betrieblichen Altersversorgung** 5 nach § 45 Abs. 1 VersAusglG die Angabe des Ehezeitanteils einer Rentenversorgung **entweder als Rente** nach § 2 BetrAVG **oder als Kapitalwert** nach § 4 Abs. 5 BetrAVG (**Portierungswert**) zu erteilen. Versorgungsträger, die von dieser Wahl zugunsten der Angabe ausschließlich des Kapitalwerts Gebrauch machen, müssten zur Erläuterung der Plausibilität der Bestimmung des Kapitalwerts mE auch den ehezeitlichen Rentenwert mitteilen.

Soweit in § 5 Abs. 1 VersAusglG neben dem **Rentenbetrag Entgeltpunkte** und 6 **Kapitalwerte** als Bezugsgröße benannt werden, ist dies beispielhaft und nicht abschließend. Die in der Zusatzversorgung des öffentlichen Dienstes gebräuchlichen **Versorgungspunkte** kommen ebenso als Bezugsgröße in Betracht wie **Steigerungszahlen** in der berufsständischen Versorgung oder **Basispunkte, Rentenbausteine** uÄ in privaten und betrieblichen Versorgungssystemen.

2. Zeitpunkt der Berechnung, Bewertungsstichtag (Abs. 2). a) Das Stichtags- 7 **prinzip.** Das Gesetz bestimmt das **Ehezeitende** (§ 3 Abs. 1 VersAusglG) als **maßgeblichen Zeitpunkt** für die Bewertung einer Versorgung.[3] Dieses Stichtagsprinzip ist für den Versorgungsausgleich von eminenter Bedeutung, weil nur durch Vereinheitlichung des Bewertungsstichtags Versorgungen miteinander vergleichbar sind. Die biometrischen Daten der Ehegatten, ihre jeweilige Lebenserwartung und das Vorversterbensrisiko (→ VersAusglG § 33 Rn. 7 ff.) sowie die sonstigen wertbestimmenden Faktoren einer Versorgung sind immer nur bezogen auf ein bestimmtes Datum miteinander vergleichbar. Durch diese stichtagsbezogene Bewertung ist auch sichergestellt, dass nachehezeitliche Veränderungen wie Einkommenssteigerungen, soweit sie die **individuellen Bemessungsgrundlagen** betreffen, auch dann für die Bemessung des Ehezeitanteils der Versorgung unbeachtlich bleiben, wenn die Ursache dafür bereits in der Ehezeit angelegt war.[4]

Wegen dieser eminenten **Bedeutung des Stichtages** für die Versorgungsbewer- 8 tung unterliegt die Festlegung des Ehezeitendes nicht der Parteivereinbarung.[5] Die Parteien können zwar einen in die Ehezeit fallenden Versorgungserwerb einvernehmlich aus dem Versorgungsausgleich ausnehmen (→ VersAusglG § 6 Rn. 18). Es ist ihnen aber verwehrt, das Ehezeitende anders als in

---

3 BGH 19.8.2015 – XII ZB 443/14, FamRZ 2015, 1869.
4 BGH FamRZ 2009, 1735.
5 BGH 29.3.2009 – XII ZB 2/02, FamRZ 2006, 769.

§ 3 Abs. 1 VersAusglG bestimmt, zu definieren. Eine Vereinbarung der Ehegatten nach § 6 VersAusglG über die Nichtberücksichtigung des Versorgungserwerbs in oder ab einem bestimmten Zeitpunkt der Ehezeit, verschiebt nicht das Ehezeitende auf diesen Zeitraum sondern beschränkt lediglich das zu berücksichtigende Versorgungsvolumen.

9   In der Praxis führt dies häufig zu gravierenden Fehlern, wenn Vereinbarungen oder Versorgungsausgleichsausschlüsse bei **langer Trennungszeit** erfolgen. Es sieht für das Gericht und die Parteien stimmig aus, wenn der Versorgungsträger, der aufgrund einer Vereinbarung der Parteien oder der Anordnung des Gerichts einen bestimmten Zeitraum aus der Versorgungsausgleichsberechnung herauszunehmen hat, als Berechnungsstichtag das Ende des Berücksichtigungszeitraums angibt und, bezogen auf dieses Ende des Berücksichtigungszeitraums, die Bewertung der Versorgung vornimmt. Indessen treten dadurch nicht nur **Zinsverluste** in der Anwartschaftsphase auf, sondern durch die **Veränderung der biometrischen Daten** kommen andere Nachteile hinzu. Eine Versorgung von 500 EUR hat für einen 55 Jahre alten Mann, dessen Rentaneintrittsalter 65 ist, bei einem Rechnungszinssatz von 4 % einen Kapitalwert von ca. 47.500 EUR. Wird der Bewertungsstichtag zehn Jahre vorverlegt, weil der Versorgungserwerb bestimmter Zeiten aus dem Versorgungsausgleich ausgegliedert werden soll, ist der Wert dieser Versorgung nur noch mit ca. 30.800 EUR zu bewerten. Die Vorverlegung des Berechnungsstichtags würde daher dem ausgleichsberechtigten Gatten neben der Ausklammerung bestimmter Versorgungsbestandteile aus dem Versorgungsausgleich gleichzeitig noch einen erheblichen weiteren Nachteil mit sich bringen, die Versorgung würde in dem obigen Beispielsfall um mehr als 50 % unterbewertet. Da für Gerichte und Parteien die Mitteilung des Versorgungsträgers, den Bewertungsstichtag auf das Ende des Bewertungszeitraums zu legen, plausibel klingt, werden derartige Fehlberechungen oftmals nicht erkannt.

10 **In der Praxis** haben sich erhebliche Unschärfen, insbesondere bei Abänderungsverfahren und bei der Überführung alter Versorgungsausgleiche in das neue Versorgungsausgleichsrecht, ergeben. Dies betrifft vor allem Versorgungsausgleichsauskünfte betrieblicher Versorgungsträger bei **laufenden Versorgungen.** In diesen Fällen wird ein Versorgungskapital während der Auszahlungsphase der Versorgung kontinuierlich durch die Rentenzahlungen an den Rentenberechtigten vermindert. Auch namhafte versicherungsmathematische Versorgungsdienstleister haben Auskünfte erteilt, die als Bewertungsstichtag der Versorgung nicht das Ehezeitende, sondern ein späteres Datum zugrunde gelegt haben. Teilweise ist dies in den erteilten Versorgungsausgleichsauskünften nicht kenntlich gemacht worden. Teilweise wurde mitgeteilt, dass ein anderes (späteres) Datum für die Berechnung zugrunde gelegt wurde, ohne dass Gerichte oder Anwaltschaft dies moniert hätten. Die dadurch entstehenden Wertverzerrungen zum Nachteil der ausgleichsberechtigten Person sind umso gravierender, je mehr Zeit zwischen Bewertungsstichtag und Ehezeitende liegt.

Ob der Kapitalverzehr bei laufenden Rentenleistungen den Ausgleichswert mindert war umstritten und ist nunmehr entschieden.[6] Danach kann der Versorgungsträger in Fällen laufenden Versorgungsbezugs aus Gründen der Kostenneutralität nicht verpflichtet werden, mehr als die Hälfte des ehezeitlich erworbenen Versorgungskapitals zu teilen. Um bei kapitalgedeckten oder kapitalbe-

---

6   BGH FamRZ 2016, 775.

rechneten Versorgungen (zB auch Direktzusagen) in Rentenbezugsfällen diese Gefahr zu vermeiden, wird der Versorgungsträger zeitnah zur mutmaßlichen Entscheidung zu einem vom Gericht mitgeteilten Datum eine neue Auskunft zu erteilen haben. Diese Auskunft hat die biometrischen und versicherungsmathematischen Bedingungen des neuen Stichtags zu berücksichtigen.[7] Bei sinkenden Rechnungszinsen kann dies zu einem Anwachsen des Ausgleichswerts führen, obwohl zwischen Ehezeitende und neuem Berechnungsstichtag Rentenleistungen erfolgt sind, weil ein sinkender Rechnungszins den Kapitalwert steigen lässt und gleichzeitig sich das **Vorversterbensrisiko** ((→ VersAusglG Vor § 39 Rn. 1 ff.) verringert. Die Verschiebung des Berechnungszeitpunkts für den Kapitalwert einer Versorgung vom Ehezeitende in die Richtung der Rechtskraft der Entscheidung hat zur Konsequenz, dass die Versorgung nicht „bezogen auf das Ehezeitende" begründet werden kann, sondern bezogen auf die Rechtskraft der Entscheidung. Außerdem muss in diesen Fällen die Anordnung der Verzinsung des Ausgleichswerts zwischen Ehezeitende und Rechtskraft der Entscheidung unterbleiben, weil die Verzinsung bereits durch den nach hinten verschobenen Berechnungsstichtag erfasst wird

Es ist daher in **Zweifelsfällen**, wenn die Plausibilität einer Versorgungsaus- **11** gleichsauskunft nicht nachvollzogen werden kann (→ VersAusglG Vor § 39 Rn. 1 ff.), unerlässlich, den Versorgungsträger, der keinen Berechnungszeitpunkt angegeben hat, aufzufordern, diesen bekanntzugeben. Die Angabe des Ehezeitendes ist kein sicheres Indiz dafür, dass der Auskunft erteilende Versorgungsträger die Berechnung auch tatsächlich auf dieses Datum bezogen hat.

b) **Nachträgliche Veränderungen (Abs. 2 S. 2).** Das Gesetz schreibt vor, dass **12** rechtliche oder tatsächliche Veränderungen nach dem Ende der Ehezeit, die auf den Ehezeitanteil zurückwirken, zu berücksichtigen sind. Bereits in dem bis zum 31.8.2009 geltenden Versorgungsausgleichsrecht wurden Umstände, die nachehezeitlich, ggf. auch erst nach Erlass einer Versorgungsausgleichsentscheidung, eintraten, bei der Entscheidung berücksichtigt.[8] In diesem Sinne konnte nachehezeitliches **Ausscheiden aus einem Beamtenverhältnis** im Versorgungsausgleich dadurch berücksichtigt werden, dass lediglich der **Nachversicherungsanspruch** des Beamten in der gesetzlichen Rentenversicherung ausgeglichen wurde.[9]

Ob danach nur solche Veränderungen nach § 5 Abs. 2 S. 2 VersAusglG zu be- **13** rücksichtigen sind, die auch iRv §§ 225, 226 FamFG berücksichtigt werden könnten,[10] oder ob sämtliche Veränderungen iRv § 5 Abs. 2 S. 2 VersAusglG zu berücksichtigen sind,[11] ist bislang nicht eindeutig geklärt. Nach § 225 Abs. 2 FamFG werden rechtliche oder tatsächliche Veränderungen nach dem Ende der Ehezeit, die auf den Ausgleichswert des Anrechts zurückwirken, bei einer Abänderung des Versorgungsausgleichs berücksichtigt, allerdings gilt dies nur für die abänderbaren Versorgungen nach § 32 VersAusglG. Da in § 5 Abs. 2 S. 2 VersAusglG auf § 225 FamFG nicht Bezug genommen wird, ist der Auffassung der Vorzug zu geben, dass **bei allen Versorgungen**, die dem Versorgungsausgleich unterliegen, unabhängig von § 32 VersAusglG, rechtliche und tatsächliche

---

7 BGH FamRZ 2016, 775.
8 BGH FamRZ 2002, 93.
9 Grundlegend: BGH FamRZ 1988, 1148; jetzt problematisch durch EuGH FamRZ 2016, 1737.
10 FAKomm-FamR/Wick VersAusglG § 5 Rn. 8.
11 NK-BGB/Götsche VersAusglG § 5 Rn. 25.

Veränderungen zwischen Ehezeitende und der Durchführung des Versorgungsausgleichs, die auf den Ehezeitanteil zurückwirken, zu berücksichtigen sind.[12]

14   Der **Deckungskapitalverzehr**, der bei einer laufenden kapitalgedeckten Versorgung während der Laufzeit des Versorgungsausgleichsverfahrens eintritt, kann im Rahmen des § 5 Abs. 2 VersAusglG nicht berücksichtigt werden. Insoweit wirkt der Leistungsbezug nicht auf das Ehezeitende zurück. Unbillige Ergebnisse sind insoweit über § 27 VersAusglG zu korrigieren (→ VersAusglG § 10 Rn. 13; → VersAusglG § 41 Rn. 6).

15   **aa) Änderung von Gesetzen, Versorgungssatzungen und -ordnungen.** Einigkeit besteht, dass nachehezeitliche Änderungen der einer Versorgung zugrunde liegenden und sie bestimmenden rechtlichen Grundlagen, sofern sie sich auf die Höhe des ehezeitlichen Versorgungsbezuges (rückwirkend) auswirken, eine nach § 5 Abs. 2 S. 2 VersAusglG beachtliche Änderung darstellen, die – so sie noch vor der Entscheidung über den Versorgungsausgleich eintritt – bereits in der Erstentscheidung zu berücksichtigen ist.[13]

16   **bb) Zinsgewinne in der Verfahrenslaufzeit.** Bei kapitalgedeckten Versorgungen entstehen während der Laufzeit des Verfahrens Zinsgewinne auf das ausgleichspflichtige Kapital. Diese können bei langen Verfahrenslaufzeiten erheblich sein. Das gilt nicht nur für längere Laufzeiten in Verbundverfahren, sondern umso mehr für die oft viele Jahre ausgesetzten Verfahren, in denen eine Startgutschrift eine Rolle spielt oder wegen § 2 VAÜG eine Entscheidung nicht möglich war. In all diesen Fällen können die anfallenden Zins- und Zinseszinsen maßgeblichen Einfluss auf die Versorgungshöhe haben (ausführlich → VersAusglG § 14 Rn. 9 ff.).

17   **cc) Vorruhestandsproblematik.** Ob und in welchem Umfang **Versorgungsabschläge** wegen vorzeitigen Versorgungsbezugs im Versorgungsausgleich zu berücksichtigen sind, ist streitig gewesen. Im bis zum 31.8.2009 geltenden Versorgungsausgleich vertrat der Bundesgerichtshof die Ansicht, Versorgungskürzungen für Zeiten vorzeitigen Versorgungsbezugs, die in die Ehezeit fallen, seien auch im Versorgungsausgleich zu berücksichtigen.[14] Für den neuen Versorgungsausgleich gilt dies nicht, weil der Teilungsgegenstand in der gesetzlichen Rentenversicherung die Entgeltpunkte sind. Die Rentenkürzung erfolge durch die Absenkung des **Zugangsfaktors**.[15] Unbillige Ergebnisse könnten über § 27 VersAusglG ggf. korrigiert werden. Für die Beamtenversorgung gilt, dass der nachehezeitliche Entschluss zu vorzeitigem Versorgungsbeginn keinen Ehezeitbezug aufweist[16] und daher unbeachtlich ist. Ob dies auch zu gelten hat, wenn der Entschluss und der Vollzug zu vorzeitigem Ruhestandseintritt ehezeitlich getroffen worden ist, ist noch nicht abschließend geklärt.[17] Der Bundesgerichtshof hat erkennen lassen, dass ein ehezeitlich begonnener vorzeitiger Versorgungsbezug

---

12 NK-BGB/Götsche VersAusglG § 5 Rn. 25.
13 Grundlegend BGH FamRZ 1984, 565; MK/Dörr/Glockner VersAusglG § 5 Rn. 6; NK-BGB/Götsche VersAusglG § 5 Rn. 33; FAKomm-FamR/Wick VersAusglG § 5 Rn. 12; JH/Holzwarth VersAusglG § 5 Rn. 10.
14 BGH FamRZ 1996, 215.
15 BGH FamRZ 2016, 35 und 1343.
16 BGH FamRZ 2012, 769.
17 Brücksichtigungsfähig: Wick VersAusglG Rn. 253; Erman/Norpoth VersAusglG § 5 Rn. 6.

eines Beamten auch versorgungsausgleichsrechtlich zu berücksichtigen ist.[18] Würde man bei einem zeitratierlich zu bemessenden Ehezeitanteil einer Versorgung den Versorgungsabschlag wegen ehezeitlich begonnenen vorzeitigen Versorgungsbezugs ignorieren, schüfe man mE einen Systembruch zu dem ansonsten geltenden Prinzip, dass im Versorgungsausgleich nicht mehr geteilt werden kann, als am Ehezeitende vorhanden ist.[19] Die ehezeitlich getroffene Entscheidung zu vorzeitigem Versorgungsbezug kann in der Beamtenversorgung nicht revidiert und durch Zuverdienst meist nicht kompensiert werden. Zwar wird der Versorgungsabschlag durch vorzeitigen Versorgungsbeginn durch die längere Bezugsdauer der Versorgung kompensiert. Ist der Versorgungsverlust aber (auch durch Wiederaufnahme einer Tätigkeit) nicht kompensierbar, würde der Ehegatte versorgungsausgleichsrechtlich von der Konsequenz der ehezeitlich getroffenen Versorgungsentscheidung entlastet. Das wäre indessen nicht einzusehen.

Versorgungen können nachehezeitlich entfallen oder durch Umwandlung einer dem Versorgungsausgleich unterfallenden privaten Renten- in eine Kapitalversorgung dem Versorgungsausgleich entzogen werden. Entsteht der Verlust zwischen Ehezeitende und der Entscheidung über den Versorgungsausgleich, ist er zu berücksichtigen, da ein nicht mehr existenter Wert nicht geteilt werden kann. 18

Das Ausscheiden eines Beamten aus dem Beamtenverhältnis wirkt auf den Ehezeitanteil der Versorgung zurück und ist daher zu berücksichtigen. Zu teilen wäre der **Nachversicherungsanspruch**.[20] Allerdings ist in diesen Fällen die Entscheidung des EuGH zu beachten, nach der der Wegfall der Beamtenversorgungsansprüche beim Wechsel aus dem Beamtenverhältnis ein Verstoß gegen Art. 45 AEUV darstellen kann.[21] 19

Die **Umwandlung** einer im Versorgungsausgleich auszugleichenden Renten- in eine nicht dem Versorgungsausgleich unterfallende private Kapitalversicherung führt ebenfalls zum Ausfall der Versorgung, auch wenn die Umwandlung nachehezeitlich vorgenommen wurde.[22] In diesen Fällen kann eine Sanktion über § 27 VersAusglG vorgenommen werden, wenn der Versorgungswert im Zugewinnausgleich nicht mehr erfasst werden kann und sich die Umwandlung im Hinblick darauf als illoyal erweist[23] (→ VersAusglG § 27 Rn. 69). 20

3. Vorschlag von Ausgleichs- und korrespondierendem Kapitalwert (Abs. 3). Nach Abs. 3 schlägt der Versorgungsträger dem Gericht einen **Ausgleichswert** und, falls es sich dabei nicht um einen Kapitalwert handelt, auch einen **korrespondierenden Kapitalwert** vor. Der vorgeschlagene Ausgleichswert wird sich dabei auf die Bezugsgrößen des Versorgungssystems (§ 39 VersAusglG) beziehen. Ist diese Bezugsgröße kein Deckungskapital (§ 39 Abs. 2 Nr. 2 VersAusglG), ist auch der **korrespondierende Kapitalwert** (§ 47 VersAusglG) mitzuteilen. 21

Da der Versorgungsausgleich auf der Basis der Ausgleichswerte erfolgt, obliegt es dem Gericht in eigener Verantwortung, den Ausgleich auf der Basis der mit- 22

---

18 BGH FamRZ 2012, 769 Rn. 15.
19 Vgl. auch die Kritik bei Erman/Norpoth VersAusglG § 5 Rn. 7 ff.
20 BGH FamRZ 1988, 1148.
21 EuGH FamRZ 2016, 1737 mAnm Borth; Ruland FamRZ 2016, 1831.
22 BGH FamRZ 2012, 1039; BGH FamRB 2011, 367; kritisch Norpoth FamRB 2012, 237.
23 BGH FamRZ 2017, 26.

geteilten Ausgleichswerte durchzuführen oder davon abzuweichen.[24] Dies kann insbesondere dann geboten sein, wenn es sich nicht um eine deckungskapitalfinanzierte Versorgung handelt, der Versorgungsträger also nicht das ehezeitlich gebildete Deckungskapital, sondern einen **Barwert der Versorgung** mitteilt. Wird dieser Barwert mit unrealistisch hohen Rechnungszinsen gebildet, wird die daraus gebildete Versorgung erheblich abgewertet. Das kann zu einer klaren Verfehlung des Halbteilungsgrundsatzes führen. In diesen Fällen ist das Gericht an den Vorschlag des Versorgungsträgers nicht gebunden und kann einen vom Vorschlag abweichenden Ausgleichswert bestimmen, den es entweder selbst oder sachverständig beraten ermittelt.

23 **4. Ausgleichswert im schuldrechtlichen Versorgungsausgleich (Abs. 4).** Abs. 4 bestimmt, dass im schuldrechtlichen Versorgungsausgleich nach der Scheidung (§§ 20 ff. VersAusglG) grundsätzlich nur der **Rentenbetrag** zu berechnen sei. Da der Ausgleich immer auf Rentenhöhe gerichtet ist, bedarf es keiner Ermittlung eines korrespondierenden Kapitalwerts. Dieser ist allenfalls in Form der Abfindung nach §§ 23, 24 VersAusglG in Form des Abfindungswerts von Bedeutung. Da sich der schuldrechtliche Versorgungsausgleich auch auf Kapitalleistungen erstreckt (§ 22 VersAusglG), ist vom Versorgungsträger in diesen Fällen der Ausgleichswert als Kapitalbetrag anzugeben.[25]

24 Da der schuldrechtliche Versorgungsausgleich oft lange Zeit nach dem Ehezeitende stattfindet, ist klarstellend in Abs. 4 S. 2 festgehalten, dass allgemeine Wertanpassungen zwischen Ehezeitende und Ausgleichsdatum – wie auch im alten Recht[26] – zu berücksichtigen sind.

Kapitel 2
Ausgleich

Abschnitt 1 Vereinbarungen über den Versorgungsausgleich

§ 6 VersAusglG   Regelungsbefugnisse der Ehegatten

(1) [1]Die Ehegatten können Vereinbarungen über den Versorgungsausgleich schließen. [2]Sie können ihn insbesondere ganz oder teilweise

1. in die Regelung der ehelichen Vermögensverhältnisse einbeziehen,
2. ausschließen sowie
3. Ausgleichsansprüchen nach der Scheidung gemäß den §§ 20 bis 24 vorbehalten.

(2) Bestehen keine Wirksamkeits- und Durchsetzungshindernisse, ist das Familiengericht an die Vereinbarung gebunden.

I. Allgemeines

1 Mit den §§ 6–8 VersAusglG hat der Gesetzgeber den beteiligten Ehegatten die nur durch die Wirksamkeitskontrolle nach § 8 VersAusglG beschränkte **Parteiautonomie** zur Regelung ihres Versorgungsausgleichs eingeräumt. Gleichzeitig

---

24 BT-Drs. 16/10144, 50; FAKomm-FamR/Wick VersAusglG § 5 Rn. 17; NK-BGB/Götsche VersAusglG § 5 Rn. 38.
25 JH/Holzwarth VersAusglG § 5 Rn. 10.
26 BGH FamRZ 2008, 1512.

mit dem neuen Versorgungsausgleichsrecht ist die Ein-Jahressperrfrist des alten § 1408 Abs. 2 S. 1 aF weggefallen, so dass nunmehr Vereinbarungen der Parteien in einen Trennungs- und Scheidungsfolgenvergleich jederzeit aufgenommen werden können, sofern die Formerfordernisse des § 7 VersAusglG eingehalten werden

Die **Vereinbarungen** über den Versorgungsausgleich, die **vor dem 1.9.2009** ge- 2
schlossen worden sind, gelten ohne Genehmigungspflicht nach § 1587 o im neuen Versorgungsausgleichsrecht weiter. Sofern diese Vereinbarungen an der Systematik des alten Versorgungsausgleichsrechts (Einmalausgleich) sich orientierten, ist – soweit dies möglich ist – entsprechend dem Parteiwillen die Vereinbarung anzupassen.[1]

Das nunmehr den Versorgungsausgleich beherrschende Prinzip des Ausgleichs 3
jeder einzelner Versorgung durch interne und externe Teilung ermöglicht deutlich vielfältigere und auf die konkrete Situation der Ehegatten zugeschnittene Parteivereinbarungen, in die die anderen auszugleichenden Vermögensrechte einbezogen werden können.

II. Inhalt von Versorgungsausgleichsvereinbarungen

1. Überblick. Abs. 1 S. 1 öffnet den Versorgungsausgleich nicht nur für Verglei- 4
che der Parteien. Nach der ausdrücklichen Begründung des Gesetzes sind **Parteivereinbarungen** über den Versorgungsausgleich **grundsätzlich erwünscht**.[2] Sie sind zu jedem Zeitpunkt möglich, vor Eheschließung, nach Eheschließung, nach Trennung, vor Einreichung eines Scheidungsverfahrens, nach Einreichung des Scheidungsverfahrens, auch nach Rechtskraft der Ehescheidung, sofern über den Versorgungsausgleich noch nicht abschließend entschieden ist.[3]

Nicht möglich ist indessen nach wie vor die vertragliche Regelung über die 5
Rückgängigmachung einer rechtskräftigen Versorgungsausgleichsentscheidung.[4]

Auch im Rahmen eines **Abänderungsverfahrens** des Versorgungsausgleichs in 6
§§ 32 ff. VersAusglG sind selbstverständlich die Möglichkeiten gegeben, über den Ausgleich eine Vereinbarung nach den §§ 6 ff. VersAusglG zu schließen. Derartige Vereinbarungen sind auch formlos möglich (→ VersAusglG § 7 Rn. 3).[5]

Inhaltlich können die Parteien iRv § 6 VersAusglG in den Grenzen der Wirk- 7
samkeitskontrolle des § 8 VersAusglG einschränkungslos Vereinbarungen schließen, wobei Vereinbarungen zulasten der Versorgungsträger durch § 8 Abs. 2 VersAusglG erschwert und an die Zustimmung des Versorgungsträgers geknüpft werden.

Vereinbarungen über den Versorgungsausgleich sind aufgrund der neuen Kon- 8
zeption des Versorgungsausgleichsrechts auch über **einzelne** Anrechte möglich. So können die Parteien einzelne Anrechte eines Ehegatten ganz oder teilweise aus dem Versorgungsausgleich ausschließen oder versuchen, den Ausgleich auf so wenig Anrechte wie möglich zu konzentrieren. IdR sind derartige Vereinba-

---

1 So auch Kemper, Versorgungsausgleich in der Praxis, VII Rn. 6.
2 BT-Drs. 16/10144, 51.
3 Kemper, Versorgungsausgleich in der Praxis, VII Rn. 7.
4 BGH FamRZ 2002, 1553; FAKomm-FamR/Wick VersAusglG § 5 Rn. 6; Ruland, Versorgungsausgleich, Rn. 794.
5 Ruland, Versorgungsausgleich, Rn. 94.

rungen im Interesse beider Parteien sinnvoll, weil jeder Teilungsvorgang mit Transferverlusten verbunden ist, sei es durch Kosten der internen Teilung nach § 13 VersAusglG, durch Rechnungszinsnachteile bei externer Teilung oder durch eine Beschränkung des Leistungsspektrums der Versorgung für die ausgleichsberechtigte Person bei allen Teilungsarten (→ VersAusglG § 11 Rn. 14 f.).

9 Gleichwohl können Vergleiche auch gezielt genutzt werden, um die spezifische Versorgungssituation eines Gatten zu verbessern. So kann der Wegfall von Hinterbliebenen- und Invaliditätsversorgung aus dem Leistungsspektrum einer auszugleichenden Versorgung für die ausgleichsberechtigte Person sinnvoll sein, wenn infolge des Alters und der voraussichtlichen Lebensplanung die Invaliditäts- und die Hinterbliebenenversorgung keine oder nur noch eine völlig untergeordnete Rolle spielen. In derartigen Fällen läge es im Interesse der ausgleichsberechtigten Person, die Ausgleichsvorgänge auf solche Versorgungen zu konzentrieren, deren Leistungsspektrum eine Invaliditäts- und Hinterbliebenenversorgung für die ausgleichsberechtigte Person nicht bieten und die deswegen einen Kompensationszuschlag zur Altersversorgung nach § 11 Abs. 1 Nr. 3 VersAusglG zu zahlen haben (→ VersAusglG § 11 Rn. 14 f.).

10 Eine Vereinbarung nach § 6 ist auch möglich, um die versorgungsrechtliche Situation eines Gatten zu verbessern. Erfüllt einer bereits die Voraussetzungen für den Bezug einer **Invaliditätsversorgung,** kann es sinnvoll sein, diesem Gatten so viele Versorgungsanteile wie möglich zu übertragen, aus denen er Leistungen im Invaliditätsfall beziehen kann. Das ist insbesondere die DRV. Nach § 76 Abs. 1 SGB VI bewirkt die Übertragung oder Begründung von Entgeltpunkten einen unmittelbaren Anstieg der Leistungen. Das Versorgungsergebnis kann daher durch Verzicht auf Ausgleich von Anrechten des invaliden Ehegatten und gezieltem Ausgleich von Anrechten zu seinen Gunsten optimiert werden. Dadurch kann zB der nacheheliche Unterhaltsbedarf des invaliden Gatten gesenkt und so der Überausgleich zu seinen Gunsten kompensiert werden.

11 Der Abschluss von Vereinbarungen zum Versorgungsausgleich setzt eine **umfassende Würdigung und Bewertung** nicht nur der einzelnen Versorgungen, sondern auch der Versorgungssituation der beteiligten Ehegatten voraus, zu der die Erwerbsbiografie, die Struktur der zukünftigen Altersversorgung und die Kenntnis der persönlichen Lebensplanung der Parteien gehört. In diese Betrachtung ist auch die **sozial- und steuerrechtliche Belastung von Versorgungen** einzubeziehen. Versorgungen werden höchst unterschiedlich mit Abgaben-Belastungen belegt:

Bezeichnung	Kranken- & Pflegeversicherung ca. 18,5%	Steuern
gesetzliche Rentenversicherung	Ja, Beitragszuschuss in Höhe von 50%	§ 22 EStG zu 74% bei Rentenbeginn 2017
Beamtenversorgung	Nein (private Zusatzversicherung)	voll
berufsständische Versorgung	bei Pflichtversicherten nein bei freiw. Vers. in der gKV bis zur BBG (2017: 52.200 EUR)	voll
betriebliche Altersversorgung	Ja, bei arbeitgeberfinanzierten Versorgungen, Nein bei arbeitnehmerfinanzierten Versorgungen	voll

Bezeichnung	Kranken- & Pflegeversicherung ca. 18,5%	Steuern
Riesterversorgung	bei Pflichtversicherten nein bei freiw. Vers. in der gKV bis zur BBG (2017: 52.200 EUR)	voll
Rürup-Versorgung	bei Pflichtversicherten nein bei freiw. Vers. in der gKV bis zur BBG (2017: 52.200 EUR)	voll
private Versorgung	Nein	§ 22 EStG bei Rentenbeginn mit 67 Jahren zu 17%

Vergleiche über Versorgungen setzen immer die **Kenntnis des Wertes einer Versorgung** voraus. Die Nichtberücksichtigung dieser völlig unterschiedlichen Belastungssituation im Leistungsfall kann zu massiven Ungleichgewichten des Teilungsergebnisses führen. 12

2. Einbeziehung sonstiger Vermögenswerte (Nr. 1). a) Möglichkeiten. Nach 13 Abs. 1 Nr. 1 können in eine Vereinbarung über den Versorgungsausgleich Regelungen der **ehelichen Vermögensverhältnisse** einbezogen werden. Damit wird den Ehegatten die Möglichkeit weitergehender flexibler Vereinbarungen eröffnet. So können Immobilien, wie zB die mit den Kindern von einem Ehegatten bewohnte Familienimmobilie, gegen Versorgungen getauscht werden und illoyale Vermögensverfügungen, die im Zugewinn zu Zurechnungen führen würden und deren Ausgleich nicht zu finanzieren ist, kompensiert werden. Insbesondere für die Kompensation von Zugewinnausgleichsforderungen aus der **Bewertung von freiberuflichen Praxen im Zugewinnausgleich** bietet die versorgungsausgleichsrechtliche Kompensation ein breites Anwendungsspektrum. Hier ist gerade im letzteren Fall zu berücksichtigen, dass die bei Bewertung von freiberuflichen Praxen auch nach der jüngeren Rechtsprechung des Bundesgerichtshofs[6] teilweise erhebliche Werte auszugleichen sind, die vom Praxisinhaber nicht oder nur schwer finanziert werden können. Es bietet sich insoweit an, den güterrechtlich auszugleichenden Praxiswert durch Verzicht auf den Ausgleich von Versorgungswerten dem zugewinnausgleichsberechtigten Gatten vollständig oder teilweise zu kompensieren. Eine derartige Vereinbarung ist auch durchaus sinnvoll, weil bei der Praxisbewertung der „Good Will" einer Praxis bewertet wird, also ein Wert, der dem Praxisinhaber tatsächlich erst bei Berufsaufgabe im Alter durch die Praxisveräußerung zufließt. In einem solchen Fall würden mithin die Dissonanzen des güterrechtlichen Ausgleichssystems, die in der familienrechtlichen Ausgleichspraxis stets zu erheblichen Schwierigkeiten führen, beseitigt. Der **Praxiswert** steht dem Praxisinhaber idR zum Zeitpunkt des güterrechtlichen Ausgleichs nicht als Vermögenswert zur Verfügung und muss gleichwohl ausgeglichen werden. Dies bereitet insbesondere bei noch bestehenden Unterhaltsverpflichtungen vielfach erhebliche Finanzierungsschwierigkeiten. Die Kompensation eines güterrechtlichen Ausgleichs über den Versorgungsausgleich würde zu einer zeitlichen Harmonisierung führen: Dem Zugewinnausgleichsberechtigten fließt im Alter durch Verbleib seiner ehezeitlich erworbenen Renten bei ihm ein höherer Vermögenswert zu und der güterrechtlich Ausgleichspflichtige bezieht

---

6 BGH FamRZ 2011, 622.

bei Praxisaufgabe aus dem güterrechtlich auszugleichenden „Good Will" der Praxis einen Vermögensvorteil, den er als Alterseinkommen nutzen kann.

14 Die Einbeziehung von **Immobilienwerten** in eine Vereinbarung über den Versorgungsausgleich ist ebenso beliebt wie sinnvoll, wenngleich nicht risikolos. Immobilien sind, wie die Entwicklung am Immobilienmarkt zeigt, als Altersvorsorge nur bedingt sinnvoll und geeignet. Gleichwohl können vielfach interessengerechte Lösungen für die Parteien durch Einbeziehung von Immobilienwerten in den Versorgungsausgleich gefunden werden. Zu beachten ist dabei jedoch, dass der Immobilienwert steuer- und sozialabgabenfrei dem Gatten übertragen werden kann, während alle Versorgungsleistungen mehr oder weniger belastet sind. Ein Vergleich der Bar- oder Kapitalwerte von Versorgungen mit güterrechtlichen Werten ist daher nur möglich, wenn die Barwertberechnung auf der Basis eines angenommenen Leistungsfalls erfolgt. Dann sind beim Wertvergleich insbesondere die Betriebsrenten um Steuer- und Sozialabgabenabschläge von mindestens 35 % zu vermindern.

15 **b) Risiken von Vereinbarungen.** Die Einbeziehung von Vermögenswerten in den Versorgungsausgleich und der Abschluss von „**Cross-Over-Vereinbarungen**" bergen auch vielfach Risiken, die unterschätzt werden. Vermögensübertragungen im Güterrecht als Folge des Zugewinnausgleichs sind grundsätzlich steuerfrei. Altersversorgungen unterliegen indessen der Besteuerung (§ 22 Abs. 1 Nr. 1 EStG). Darüber hinaus sind Leistungen aus betrieblichen Altersversorgungen vielfach sozialabgabenpflichtig, jedenfalls bis zu einem Einkommen in Höhe der Beitragsbemessungsgrenze. Für die gesetzliche Krankenversicherung sind auf die Leistungen aus der betrieblichen Altersversorgung Krankenversicherungs- und Pflegeversicherungsbeiträge zu entrichten. Dadurch verschiebt sich die Parität der Nominalwerte von Vermögens- und Versorgungswerten zugunsten der Vermögenswerte, weshalb bei Versorgungswerten ein Abschlag in Höhe der anzunehmenden Besteuerung und der zu erwartenden Sozialversicherungsabgaben berechtigt wäre. Solche Abschläge sind jedoch in der Praxis nicht nur schwer zu kalkulieren, sondern auch schwer durchzusetzen.

16 Zu den Risiken von Cross-Over-Vereinbarungen gehören auch unterschiedliche **Sicherheiten von Vermögenswerten.** So sind Altersversorgungen idR politisch und gesellschaftlich oder privatwirtschaftlich abgesichert. Die gesetzliche Rentenversicherung ist durch ihr solidarisches Umlagefinanzierungssystem und die politische Bedeutung als Altersversorgungssystem weitgehend krisenstabil, betriebliche Altersversorgungen sind über den Pensionssicherungsverein und private Lebensversicherungen über die Protektor Lebensversicherungs AG insolvenzfest. Freiberufliche Praxen sind in ihrer Werthaltigkeit von der Leistungsfähigkeit des Inhabers, den äußeren Marktbedingungen und häufig auch sehr stark von rechtlichen Rahmenbedingungen abhängig, deren stabile Fortexistenz nicht unbedingt garantiert ist. Auch vielfach in Vereinbarungen zum Versorgungsausgleich einbezogene Immobilienwerte haben sich in der Praxis als erheblich instabiler als Rentenversorgungswerte erwiesen. Bei Einbeziehung derartiger Vermögenswerte kann deren größere Volatilität durch Bewertungsabschläge berücksichtigt werden. Ob derartige Bewertungsabschläge durchsetzbar sind, kann nur im konkreten Einzelfall berücksichtigt werden. Abzuwägen ist stets das konkrete Interesse der Parteien an der Wirtschaftlichkeit einer sinnvollen Cross-Over-Vereinbarung gegenüber ihrem Interesse, den vermögensrechtlichen Ausgleich in den einzelnen Ausgleichssystemen isoliert durchzuführen.

Aus **Anwaltssicht** empfiehlt es sich immer, die Parteien bei Abschluss einer 17
Cross-Over-Vereinbarung auf deren **steuer- und sozialversicherungsrechtliche**
Risiken ausdrücklich hinzuweisen und die damit verbundene Minderung des
Vermögenswerts zu thematisieren und ggf. eine Freistellungserklärung von den
Parteien unterzeichnen zu lassen.

3. Ausschluss des Versorgungsausgleichs (Nr. 2). Nr. 2 ermöglicht den 18
Ausschluss des Versorgungsausgleichs. Wegen des nun herrschenden Prinzips
des Ausgleichs jedes einzelnen Rechtes ermöglicht Nr. 2 **auch den Ausschluss**
einzelner Anrechte wie den Teilausschluss einzelner Anrechte aus dem Versorgungsausgleich.[7]

Nr. 2 ermöglicht damit ebenso **saldierende Vereinbarungen** zum Versorgungs- 19
ausgleich. Bei vergleichbaren Anrechten (→ VersAusglG § 18 Rn. 3) wird dabei
nicht jedes einzelne Anrecht hälftig ausgeglichen, sondern der Ausgleich über
eine Versorgung im Wege eines vollständigen oder teilweisen Saldounterschiedes
vollzogen. Dabei ist jedoch auf die Gefahren hinzuweisen, die aus einer kritiklosen Übernahme der „korrespondierenden Kapitalwerte" als Vergleichsbasis resultieren (dazu → VersAusglG § 47 Rn. 8).

Die **Saldierung** kann jedoch **problemlos** innerhalb der Gruppe der öffentlich- 20
rechtlichen Grundversorgungen (gesetzliche Rentenversicherung, Beamtenversorgung, Abgeordnetenversorgung und meist auch der berufsständischen Versorgung) erfolgen. Die Saldierung privater Altersversorgungen (Riester, Rürup und
private Rentenversorgungen) kann problematisch sein, wenn die der Versorgung
zugrunde liegende Rechnungszinsen stärker differieren (→ VersAusglG § 18
Rn. 4).

Die Parteien können sich auch einigen, den **Versorgungsausgleich** bzgl. einzelner 21
oder aller Versorgungen **auf einen bestimmten Zeitraum zu beschränken.** Dabei
unterliegt die Festlegung der Ehezeit (→ VersAusglG § 3 Rn. 5) nicht der Partei-
disposition. Der Bewertungsstichtag bleibt durch § 3 VersAusglG auf das Ehezeitende fixiert. Die Beschränkung des Versorgungsausgleichs kann aber auf bestimmte Versorgungserwerbszeiten bezogen werden und könnte lauten:

▶ Die Ehegatten sind sich einig, dass das von der Ehefrau in der Ehezeit vom 1.1.1980
bis 31.3.2011 bei der Firma XY-AG erworbene Versorgungsanrecht lediglich insoweit ausgeglichen werden soll, als es den Erwerbszeitraum vom 1.1.1985 bis 31.12.2000 betrifft. ◀

4. Vorbehalt des schuldrechtlichen Ausgleichs (Nr. 3). Die Vereinbarung, 22
öffentlich-rechtlich auszugleichende Versorgungen in den **schuldrechtlichen Ver-**
sorgungsausgleich nach der Scheidung gem. §§ 20–24 VersAusglG zu verlagern,
wird in der Regel selten vorkommen. Eine Versuchung, den schuldrechtlichen statt
den öffentlich-rechtlichen Versorgungsausgleich bezüglich einer Versorgung zu
vereinbaren, besteht lediglich in den Fällen, in denen der bezüglich dieser Versorgung ausgleichspflichtige Gatte deutlich älter als der Ausgleichsberechtigte ist. In
diesen Fällen würde die Vereinbarung des schuldrechtlichen anstelle des öffentlich-
rechtlichen Versorgungsausgleichs zum Erhalt der ungekürzten Versorgung des
älteren Ehegatten führen. Da allerdings nach § 25 Abs. 2 VersAusglG in den Fällen
des gewillkürten schuldrechtlichen Ausgleichs der Anspruch auf die Hinterbliebenenversorgung entfällt, ist die Vereinbarung eines schuldrechtlichen Ausgleichs
auch für diese Fälle keine wirkliche Option (→ VersAusglG § 25 Rn. 8).

---

7 FAKomm-FamR/Wick VersAusglG § 6 Rn. 15; Ruland, Versorgungsausgleich, Rn. 803;
vorsichtiger: Kemper, Versorgungsausgleich in der Praxis, VII Rn. 23.

23 Vereinbarungen der Parteien zum Versorgungsausgleich können **Wirksamkeits-hindernisse** entgegenstehen, sofern die Parteien über den Ausschluss von Versorgungen aus dem Versorgungsausgleich hinaus Vereinbarungen treffen, die die Interessen der Versorgungsträger tangieren und die daher von diesen nicht hinzunehmen sind. Insoweit setzen die Versorgungsordnungen der Versorgungsträger den Parteien teilweise Grenzen. Sollen mehr Anrechte als im öffentlich-rechtlichen Versorgungsausgleich durch Realteilung übertragen werden, müsste der Versorgungsträger zustimmen.

24 Gleichwohl sind auch Vereinbarungen nach §§ 6 ff. VersAusglG zulässig, die die Interessen der Versorgungsträger beeinträchtigen. Es ist bekannt, dass Frauen eine um ca. dreieinhalb Jahre längere Lebenserwartung haben. Sie stellen daher für Rentenversorgungsträger ein „schlechteres Risiko" dar, wenn die Versorgungsleistungen nach dem Unisextarif berechnet werden. Die Konzentration eines Versorgungsausgleichs zugunsten einer Ehefrau auf ein Versorgungsausgleichssystem mit Unisextarifen (zB die gesetzliche Rentenversicherung oder berufsständische Altersversorgungen und demnächst auch die Zusatzversorgungen des öffentlichen Dienstes)[8] kann daher, je nachdem wie Versorgungstarife und korrespondierende Kapitalwerte gebildet werden, im Rahmen des Versorgungsausgleichs gewisse Vorteile bringen.

III. Bindung des Gerichts an Vereinbarungen (Abs. 2)

25 Abs. 2 sieht vor, dass das Familiengericht an Vereinbarungen der Parteien gebunden ist, falls der Vereinbarung zum Versorgungsausgleich keine Wirksamkeits- und Durchsetzungshindernisse entgegenstehen.

26 Schließen die Parteien den Versorgungsausgleich vollständig aus und bestehen dagegen keine Bedenken nach § 8 VersAusglG, können Durchsetzungshindernisse nicht bestehen. Solche **Durchsetzungshindernisse** bestehen dann, wenn die übertragenen Versorgungen bei der Zielversorgung nicht begründet werden können, weil dem Satzungs- oder gesetzliche Vorschriften entgegenstehen. Obwohl die Parteien den Versorgungsausgleich – insbesondere bei Ausgleich privater Altersversorgungen – auch ausschließlich durch Vereinbarung zwischen den Eheleuten und den beteiligten Versorgungsträgern durchführen könnten, ist dies oftmals ein aufwendiger und schwieriger Weg, weil nicht nur für die Parteien schwer zu erkennen ist, wie Zustimmungen von Versorgungsträgern erlangt werden können, sondern auch viele Versorgungsträger sich mit derartigen Vereinbarungen und Vereinbarungslösungen schwer tun und den Parteien erklären, die Realteilung könne nur aufgrund einer richterlichen Entscheidung durchgeführt werden. Aus diesem Grund sieht § 6 Abs. 2 VersAusglG die Bindung des Gerichts an die Parteivereinbarung vor, wenn diese die Interessen der Versorgungsträger nicht unzulässig verletzt, letzthin das bei öffentlich-rechtlichem Ausgleich bestehende Ausgleichsniveau nicht übersteigt. Die Bindung des Gerichts an zulässige Parteivereinbarungen führt dazu, dass das Gericht im Beschlusstenor die Parteivereinbarungen als gerichtliche Gestaltungsentscheidung ausspricht.

---

8   BGH 8.3.2017 – XII ZB 697/13.

§7 VersAusglG Besondere formelle Wirksamkeitsvoraussetzungen

(1) Eine Vereinbarung über den Versorgungsausgleich, die vor Rechtskraft der Entscheidung über den Wertausgleich bei der Scheidung geschlossen wird, bedarf der notariellen Beurkundung.

(2) § 127 a des Bürgerlichen Gesetzbuchs gilt entsprechend.

(3) Für eine Vereinbarung über den Versorgungsausgleich im Rahmen eines Ehevertrags gilt die in § 1410 des Bürgerlichen Gesetzbuchs bestimmte Form.

I. Allgemeines

Der Versorgungsausgleich ist idR der werthaltigste Teil einer Scheidung. Wegen 1
der wirtschaftlichen Bedeutung des Versorgungsausgleichs für die Parteien und der gesellschaftlichen Bedeutung einer hinreichenden Altersversorgung der Ehegatten sowie der prinzipiellen Bedeutung des Halbteilungsgrundsatzes für das Eheverständnis des BGB[1] hat der Gesetzgeber an dem auch bereits im bis zum 31.8.2009 geltenden Recht herrschenden Formerfordernis festgehalten. Als gesetzliche Formvorschrift iSv § 125 S. 1 ist § 7 VersAusglG **nicht abdingbar**.

II. Einzelheiten

1. Notarielle Beurkundung (Abs. 1). Nach Abs. 1 bedarf eine **vor Rechtskraft** 2
der Entscheidung über den Versorgungsausgleich bei der Scheidung geschlossene Vereinbarung der notariellen Beurkundung. Anders als in § 1410 muss die notarielle Beurkundung nicht in Gegenwart beider Parteien erfolgen. Nach § 13 Abs. 1 BeurkG muss der Text der Vereinbarung lediglich im **Beisein der Beteiligten** verlesen werden. Die gleichzeitige Anwesenheit beider Parteien ist nicht erforderlich.

Eine Vereinbarung nach § 6 VersAusglG bedarf nur insoweit der Form des § 7 3
VersAusglG, soweit sie den öffentlich-rechtlichen Wertausgleich bei der Scheidung nach §§ 9–19 VersAusglG betrifft. Das Formerfordernis gilt daher ggf. auch über den Zeitpunkt der Rechtskraft der Ehescheidung hinaus, wenn ein Versorgungsausgleichsverfahren aus dem Verbund abgetrennt ist. Das Formerfordernis des **§ 7 VersAusglG gilt nicht für Ausgleichsansprüche nach der Scheidung** (§§ 20 ff. VersAusglG),[2] da es sich hierbei um ein Antragsverfahren handelt. Der Anspruch auf die schuldrechtliche Ausgleichsrente ist in die freie Disposition der berechtigten Person und damit auch der Parteien gegeben und wird nicht von Amts wegen eingeleitet (§ 20 Abs. 1 VersAusglG: „kann"). **Nach Rechtskraft** der Entscheidung über den öffentlich-rechtlichen Versorgungsausgleich sind Vereinbarungen über die im öffentlich-rechtlichen Versorgungsausgleich ausgeglichenen Versorgungen nicht mehr möglich, da insoweit die Gestaltungswirkung der Entscheidung durch Parteivereinbarung nicht aufgehoben werden kann. Vereinbarungen über schuldrechtlich auszugleichende Anrechte sind jedoch nach Durchführung des öffentlich-rechtlichen Wertausgleichs bei der Scheidung auch formlos möglich.

2. Gerichtliche Protokollierung (Abs. 2). Die nach § 7 Abs. 1 VersAusglG erfor- 4
derliche notarielle Beurkundung kann durch einen **gerichtlichen Vergleich** nach

---

1 BT-Drs. 16/10144, 51.
2 OLG Celle 3.2.2011 – 10 UF 250/10 mAnm Ruland FamFR 2011, 180.

§ 127 a ersetzt werden.[3] Erforderlich ist, dass **beide Parteien durch einen Anwalt vertreten sind** (§ 113 Abs. 1 S. 2 FamFG). Trotz der strengen Formvorschrift des § 7 VersAusglG kann eine Vereinbarung, die auf Vorschlag des Gerichts zustande kommt und die damit die Beratungsfunktion des Gerichts (§ 8 VersAusglG) indirekt erfüllt, nach § 36 Abs. 3 FamFG iVm § 278 Abs. 6 ZPO durch wechselseitige Annahme und Feststellung der Annahme und des Inhaltes geschlossen werden.[4]

5 **3. Vereinbarung im Rahmen eines Ehevertrags (Abs. 3).** Für den Abschluss von Eheverträgen gilt die **strengere Formvorschrift** des § 1410, wonach ein Ehevertrag nur bei gleichzeitiger Anwesenheit beider Teile zur Niederschrift eines Notars geschlossen werden kann. Da jedoch Stellvertretung möglich ist,[5] ist eine Bevollmächtigung des einen Ehegatten durch den anderen formfrei möglich. Eine Versorgungsausgleichsvereinbarung kommt daher auch dadurch zustande, dass der eine Ehegatte den anderen formfrei bevollmächtigt und dieser die notarielle Vereinbarung schließt.[6]

6 **4. Rechtsfolge der Formnichtigkeit.** Ein Verstoß gegen die Formvorschrift des § 7 VersAusglG bewirkt die **Nichtigkeit** der Versorgungsausgleichsvereinbarung. Eine Heilung ist nicht möglich.[7] Allerdings kann die Berufung auf die Formnichtigkeit treuwidrig sein, wenn die Vereinbarung zehn Jahre lang beanstandungsfrei durchgeführt worden ist.[8]

7 **5. Gebühren.** Eine Vereinbarung zum Versorgungsausgleich löst die **Einigungsgebühr** nach Nr. 1000 VV RVG aus, wenn ein Rechtsanwalt bei Abschluss eines Vergleichs mitgewirkt hat. Auch bei der Vereinbarung über den wechselseitigen Verzicht auf die Durchführung des Versorgungsausgleichs fällt nach herrschender Auffassung die Einigungsgebühr gleichfalls dann an, wenn Auskünfte der Versorgungträger überhaupt nicht eingeholt werden.[9] Bei wechselseitigem Verzicht auf die Durchführung des Versorgungsausgleichs handelt es sich nicht um eine einseitige Verzichtserklärung, sondern um eine vertragliche Verzichtserklärung.[10]

8 Da nach neuem Versorgungsausgleichsrecht **jede einzelne** Versorgung auszugleichen ist, setzt eine Verzichtsvereinbarung über den Versorgungsausgleich letztendlich eine Auseinandersetzung mit allen im Versorgungsausgleich auszugleichenden Anrechten voraus, auch wenn Auskünfte über deren Höhe vom Gericht nicht eingeholt werden. Eine außergerichtliche Einigung über einen Versorgungsausgleichsverzicht ist daher ohne eine Auseinandersetzung der Parteien hinsichtlich der Validität der einzelnen Anrechte, auf deren Ausgleich verzichtet wird, gar nicht möglich, so dass der Anfall der Einigungsgebühr auch für eine vorgerichtliche Einigung sachlich richtig ist.

---

3 BGH FamRZ 2014, 728.
4 OLG Brandenburg FamRZ 2014, 1202; OLG München FamRZ 2011, 812; JH/Holzwarth VersAusglG § 7 Rn. 5; HK-VersAusglR/Götsche VersAusglG § 7 Rn. 13.
5 Ruland, Neues Versorgungsausgleichsrecht – eine kritische Analyse, NJW 2009, 1697.
6 Rotax, Neues Versorgungsausgleichsrecht: Probleme mit Vereinbarungen nach §§ 6–8 VersAusglG, § 1408 Abs. 2 BGB, ZFE 2009, 453; Bredthauer, Vereinbarungen über den Versorgungsausgleich, FPR 2009, 500.
7 NK-BGB/Götsche VersAusglG § 8 Rn. 14.
8 OLG Celle FamRZ 2007, 1566 mAnm Bergschneider.
9 OLG Oldenburg FamFR 2011, 250.
10 MK/Eichenhofer VersAusglG § 6 Rn. 8.

§ 8 VersAusglG Besondere materielle Wirksamkeitsvoraussetzungen

(1) Die Vereinbarung über den Versorgungsausgleich muss einer Inhalts- und Ausübungskontrolle standhalten.

(2) Durch die Vereinbarung können Anrechte nur übertragen oder begründet werden, wenn die maßgeblichen Regelungen dies zulassen und die betroffenen Versorgungsträger zustimmen.

I. Allgemeines

Die Vorschrift normiert in Abs. 1 eine Selbstverständlichkeit. Eine Parteivereinbarung, die nach § 6 Abs. 2 VersAusglG das Gericht bindet, muss einer Inhalts- und Ausübungskontrolle standhalten. Sittenwidrige Parteivereinbarungen können vor der Rechtsordnung keine Gültigkeit beanspruchen. Sie sind nichtig (§ 138 Abs. 1). Ebenso wenig können Parteivereinbarungen, die nicht durchsetzbar sind, weil bspw. die Versorgungsordnungen beteiligter Versorgungsträger die Umsetzung einer Parteivereinbarung nicht zulassen, nicht Gegenstand einer gerichtlichen Entscheidung werden. Der eigentliche Wert der Vorschrift besteht mithin weniger in ihrem Inhalt als in ihrem Signalcharakter für das Versorgungsausgleichsrecht. § 8 Abs. 1 VersAusglG unterscheidet sich maßgeblich von der im bis zum 31.8.2009 geltenden Recht herrschenden Genehmigungspflicht nach § 1587 o.[1] Die Inhalts- und Ausübungskontrolle ist vielmehr als **Anlasskontrolle** zu verstehen:[2] Das Gericht muss nur dann eine inhaltliche Prüfung der von den Parteien im Rahmen ihrer Parteiautonomie vereinbarten Regelungen zum Versorgungsausgleich überprüfen, wenn dazu konkrete Anhaltspunkte bestehen.[3] Bei anwaltlich vertretenen Parteien ist das Gericht nicht gehalten, eine Inhalts- und Wirksamkeitskontrolle vorzunehmen. Lediglich dann, wenn einer der Ehegatten vorträgt, durch die Vereinbarung unzulässig benachteiligt worden zu sein, ist der Einstieg in eine Inhaltskontrolle gegeben. 1

II. Inhalt und Ausübungskontrolle (Abs. 1)

Den Rahmen für die inhaltliche Kontrolle von Versorgungsausgleichsvereinbarungen nach § 6 VersAusglG haben das Bundesverfassungsgericht[4] und der Bundesgerichtshof[5] abgesteckt. Danach gehört der Versorgungsausgleich in seiner Altersvorsorgefunktion zum erweiterten Kernbereich der Ehefolgen, in den zum Nachteil der Parteien einzugreifen eine besondere innere Rechtfertigung erforderlich macht.[6] 2

Da die Inhalts- und Ausübungskontrolle immer eine **Gesamtwürdigung** der Einkommens- und Vermögensverhältnisse der Ehegatten in ihrer Entwicklung von der Eheschließung bis zur Ehescheidung erforderlich macht, sind die mit einer Vereinbarung zum Versorgungsausgleich verbundenen Zielstellungen der 3

---

1 Grundlegend Wick, Regelungsbefugnisse der Ehegatten, FuR 2009, 219.
2 BGH FamRZ 2014, 629.
3 BT-Drs. 16/10144, 52.
4 BVerfG FamRZ 2001, 343.
5 BGH FamRZ 2004, 601; 2005, 1444; 2005, 1449; 2006, 1097; 2006, 1359; 2007, 450; 2005, 26; 2005, 185; 2008, 2011.
6 NK-BGB/Götsche VersAusglG § 8 Rn. 22.

Parteien zunächst einmal am gesetzlichen Leitbild zu prüfen, den Parteien einen solidarischen Anteil an den ehezeitlich erworbenen Alterseinkünften zu sichern.[7]

4 Nach diesen Grundsätzen ist ein **isolierter kompensationsloser Versorgungsausgleichsausschluss** stets problematisch.[8] § 6 Abs. 1 Nr. 2 VersAusglG ermöglicht den Parteien auch den vollständigen Verzicht auf den Versorgungsausgleich und § 3 Abs. 3 VersAusglG nimmt bei einer kurzen Ehezeit von nicht mehr als drei Jahren im Regelfall den Versorgungsausgleich aus den Scheidungsfolgen aus. Mit diesen Rahmenregelungen macht der Gesetzgeber deutlich, dass die Orientierung am halbteiligen Ausgleich kein Dogma des Versorgungsausgleichs mehr ist. Vielmehr wird ein vollständiger und auch kompensationsloser Ausschluss des Versorgungsausgleichs zulässig sein, wenn absehbar und erwartbar ist, dass die Parteien auch ohne Durchführung des Versorgungsausgleichs über eine angemessene Altersversorgung verfügen, die ihnen ein Einkommen im Alter, ohne die Grundsicherung in Anspruch zu nehmen, ermöglicht.[9] Dabei dürfen an die Prognose des Alterseinkommens keine unangemessenen Anforderungen gestellt werden. Zu Recht reicht die Annahme einer „allgemeinen Gefahr einer späteren Sozialhilfebedürftigkeit" nicht für die Annahme der Sittenwidrigkeit des kompensationslosen Ausschlusses des Versorgungsausgleichs im Rahmen einer Inhaltskontrolle nach § 8 Abs. 1 VersAusglG aus.[10] Da im neuen Versorgungsausgleichsrecht auf beiden Seiten der Ehegatten einzelne Versorgungen ausgeschlossen oder mit einem geringeren als ihrem Ausgleichswert ausgeglichen werden können, ist bei der Inhaltskontrolle eine präzise Erfassung des Ausschlussvolumens erforderlich.

5 Werden die **Nachteile** und Risiken eines Ausschlusses des Versorgungsausgleichs indessen hinreichend durch Vermögensübertragungen oder Unterhaltsvereinbarungen etc angemessen **kompensiert**, bestehen auch gegen den Ausschluss des Versorgungsausgleichs keine Bedenken.[11]

6 In der Praxis kann das Gericht eine so umfassende Kontrolle dann nicht durchführen, wenn die Parteien in einer Vereinbarung vor Einleitung des Scheidungsverfahrens auf den Versorgungsausgleich vollständig oder teilweise verzichtet haben, da das Gericht in einem solchen Fall Auskünfte über die aus dem Versorgungsausgleich ausgeschlossenen Versorgungen gar nicht einholen muss. Bei anwaltlicher Vertretung beider Ehegatten kann das Gericht den Versorgungsausgleich auch bei kompensationslosem Voll- oder Teilausgleichsausschluss des Versorgungsausgleichs auf der Basis der Vereinbarung durchführen. Erst wenn aus der Versorgungsausgleichsvereinbarung nach § 6 VersAusglG die soziale Sicherungsstruktur im Alter der Parteien nicht erkennbar und eine der Parteien anwaltlich nicht vertreten ist, hätte das Gericht insoweit die Möglichkeit, durch Erfragen des Volumens der künftigen Altersversorgung, die sich aus der bisherigen Versorgungsbiografie der Parteien ableitet, Auskunft zu erbitten. Es empfiehlt sich daher, bei Vereinbarungen zum Versorgungsausgleich insbesondere dann, wenn ein kompensationsloser Voll- oder Teilausschluss des Versorgungsausgleichs vereinbart wird, in der Vereinbarung die einzelnen betroffenen Ver-

---

7   BGH FamRZ 2005, 26.
8   BGH 15.3.2017 – XII ZB 109/16.
9   BGH FamRZ 1987, 578; 1987, 467; Wick FPR 2009, 219.
10 AG Ludwigslust 29.9.2010 – 5 F 169/09.
11 OLG Karlsruhe FamRZ 2010, 1668.

sorgungen der Eheleute im Einzelnen zu nennen und die Erwartungen der Parteien hinsichtlich des Alterseinkommens realistisch zu formulieren.

Bei einem ehevertraglichen Versorgungsausgleichsausschluss nach § 1408 ist 7 eine verschärfte Sittenwidrigkeitsprüfung erforderlich.

Die **Ausübungskontrolle** nach § 242 greift dann ein, wenn die Vereinbarung der 8 Parteien nach § 6 VersAusglG einer Sittenwidrigkeitskontrolle nach § 138 standgehalten hat. Hier ist insoweit maßgeblich, ob zwischen dem Abschluss der Vereinbarung und dem Zeitpunkt der Durchführung des Versorgungsausgleichs **planwidrige Abweichungen** von der Vorstellung der Parteien bei Abschluss der Vereinbarung eingetreten sind. Solch planwidrige Abweichungen der Realität von der Vorstellung der Parteien können idR nur bei einer größeren zeitlichen Distanz zwischen Abschluss der Vereinbarung und Durchführung des Versorgungsausgleichs entstehen und sicher nur dann festgestellt werden, wenn die den Versorgungsausgleich betreffenden Motive der Parteien, die zum Abschluss der Vereinbarung geführt haben, in der Vereinbarung enthalten sind.

III. Schutz der Versorgungsträger (Abs. 2)

Nach § 8 Abs. 2 VersAusglG können durch eine Parteivereinbarung nach § 6 9 VersAusglG Anrechte nur übertragen oder begründet werden, wenn die maßgeblichen Regelungen der Versorgungsträger dies zulassen und die betroffenen Versorgungsträger zustimmen. Die Norm betrifft nicht gerichtliche Entscheidungen, die in Umsetzung der Vereinbarung der Parteien nach § 6 Abs. 2 VersAusglG ergangen sind. In der Praxis treten Fälle auf, in denen die Versorgungsträger einem den Halbteilungsgrundsatz unterschreitenden Ausgleich ihrer Versorgungsanrechte widersprechen. Es versteht sich von selbst, dass eine Parteivereinbarung Versorgungen bei einem Versorgungsträger nicht begründen oder beeinflussen kann, wenn ein Versorgungsträger widerspricht. Alles andere würde einen unzulässigen Eingriff in die Privatautonomie der Versorgungsträger darstellen. Verweigert daher ein Versorgungsträger einer Vereinbarung der Parteien nach § 6 VersAusglG, die einen den Halbteilungsgrundsatz überschreitenden Ausgleich nicht vornimmt, seine Zustimmung, kann dies durch eine Entscheidung des Gerichts nach Abs. 2 korrigiert werden. Die gerichtliche Entscheidung hat in diesem Fall rechtsgestaltende Wirkung und begründet bei dem Versorgungsträger im Wege der internen oder externen Teilung ein Anrecht zugunsten der ausgleichsberechtigten Person. Abs. 2 dient dem **Schutz des Versorgungsträgers vor einem Überschreiten des Halbteilungsgrundsatzes.** Stimmt der Versorgungsträger indessen zu (was teilweise in der Praxis vorkommt), kann auch ein Ausgleich, der den Halbteilungsgrundsatz überschreitet, vereinbart und durchgeführt werden.

Abschnitt 2 Wertausgleich bei der Scheidung

Unterabschnitt 1 Grundsätze des Wertausgleichs bei der Scheidung

§ 9 VersAusglG Rangfolge der Ausgleichsformen, Ausnahmen

(1) Dem Wertausgleich bei der Scheidung unterfallen alle Anrechte, es sei denn, die Ehegatten haben den Ausgleich nach den §§ 6 bis 8 geregelt oder die Ausgleichsreife der Anrechte nach § 19 fehlt.

(2) Anrechte sind in der Regel nach den §§ 10 bis 13 intern zu teilen.

(3) Ein Anrecht ist nur dann nach den §§ 14 bis 17 extern zu teilen, wenn ein Fall des § 14 Abs. 2 oder des § 16 Abs. 1 oder Abs. 2 vorliegt.

(4) Ist die Differenz beiderseitiger Ausgleichswerte von Anrechten gleicher Art gering oder haben einzelne Anrechte einen geringen Ausgleichswert, ist § 18 anzuwenden.

I. Allgemeines

1 Der materielle Regelungsgehalt von § 9 VersAusglG ist gering. Er erläutert im Wesentlichen die Mechanismen und Strukturen des neuen Versorgungsausgleichsrechts und steht insoweit zutreffend an erster Stelle der Normen, die sich mit dem Wertausgleich befassen.

II. Einzelheiten

2 **1. Vom Versorgungsausgleich erfasste Anrechte (Abs. 1).** Abs. 1 konstatiert, dass dem Versorgungsausgleich **grundsätzlich alle Anrechte** (Legaldefinition § 2 Abs. 1 VersAusglG) unterfallen, sofern die Ehegatten keine anderweitige Vereinbarung über den Ausgleich eines oder aller Anrechte nach den §§ 6 ff. VersAusglG beschlossen haben oder die Ausgleichsreife von Anrechten nicht gegeben ist (§ 19 VersAusglG).

3 **2. Hierarchie der Ausgleichsformen.** Der Versorgungsausgleich verfolgt bzgl. der Ausgleichsformen eine eindeutige und klar festgelegte Hierarchie, an deren oberster Stelle die autonome Parteiregelung nach §§ 6–8 VersAusglG steht. Nur soweit eine Versorgung durch parteiautonome Vereinbarung der Parteien nicht zulässigerweise ausgeglichen worden ist, greifen die öffentlich-rechtlichen Ausgleichsformen in Form der **internen Realteilung** nach den §§ 10–13 VersAusglG, ausnahmsweise der **externen Realteilung** nach den §§ 14–17 VersAusglG im öffentlich-rechtlichen Versorgungsausgleich. Die hierarchische Zuordnung der Teilungsregelungen in § 9 VersAusglG folgt einem inkonsequent umgesetzten Ziel des Gesetzgebers. Der Gesetzgeber wollte mit der Strukturreform des Versorgungsausgleichs Gerechtigkeitsdefizite des alten Versorgungsausgleichs beseitigen, die dadurch verursacht wurden, dass infolge des Ausgleichs aller Versorgungen über die gesetzliche Rentenversicherung erhebliche Transferverluste und Wertverzerrungen eintraten, die notwendigerweise mit einem Wechsel des Versorgungssystems verbunden sind.[1] Solche Transferverluste können letztendlich nur vermieden werden, wenn ein Transfer vollständig unterbleibt. Die **interne**

---

1 BT-Drs. 16/10144, 30.

Realteilung einer jeden Versorgung ist daher das gesetzgeberische Leitbild des Versorgungsausgleichs geworden. Die **externe Realteilung** ist bei einer solchen Zielstellung, Transferverluste zu vermeiden und eine höhere Ausgleichsgerechtigkeit zu erlangen, ein systemwidriger Fremdkörper. Dass die externe Realteilung in den §§ 14–17 VersAusglG gleichwohl zugelassen worden ist, ist das Ergebnis politischer Zugeständnisse, um die Akzeptanz der internen Realteilung im neuen Versorgungsausgleichrecht ansonsten zu erhöhen.

a) Interner Ausgleich (Abs. 2). **Interne Realteilung** bedeutet, dass die ausgleichs- 4 berechtigte Person innerhalb des Versorgungssystems, dem die ausgleichspflichtige Person angehört, ein eigenständiges Anrecht in Höhe der Hälfte des auszugleichenden Anrechts der ausgleichpflichtigen Person erhält. Die interne Teilung eines Anrechts auf der identischen Rechts- und Versorgungsgrundlage wie die Quellversorgung garantiert eine dem Halbteilungsgrundsatz gerecht werdende Teilhabe der ausgleichsberechtigten Person an der Versorgung der ausgleichspflichtigen Person. Im Positiven wie im Negativen nimmt daher die für die ausgleichsberechtigte Person begründete Versorgung an den Chancen und Risiken der zu teilenden Versorgung teil. **Interne Teilung** eines Anrechts bedeutet zunächst einmal nur, dass das Anrecht beim **gleichen Versorgungsträger** begründet wird. Die „Qualität" des neu begründeten Anrechts, also ihre Höhe und Wertentwicklung ist eine Frage, die nach § 11 unter dem Aspekt „gleichwertiger Teilhabe" zu entscheiden ist (→ VersAusglG § 11 Rn. 3).

b) Externer Ausgleich (Abs. 3). Die Formulierung von Abs. 3 macht deutlich, 5 dass die externe Teilung einer Versorgung die Ausnahme und die interne Teilung die Regel sein soll. Die **externe Teilung** ist nur bei bestimmten Versorgungen der betrieblichen Altersversorgung (§ 14 Abs. 2 VersAusglG) oder der Beamtenversorgung (§ 16 VersAusglG) möglich. Sie bedeutet, dass in Höhe des Ausgleichswertes zulasten der Versorgung der ausgleichspflichtigen Person bei der **Quellversorgung** bei einem anderen Versorgungsträger (**der Zielversorgung**) eine Versorgung zugunsten der ausgleichsberechtigten Person begründet wird. Die externe Teilung einer Versorgung hebt das Prinzip der gleichmäßigen Teilhabe an der Quellversorgung auf, Chancen und Risiken der Ziel- und Quellversorgung können sich völlig unterschiedlich entwickeln. Das Ziel des Gesetzgebers im neuen Versorgungsausgleichsrecht, eine gerechtere Teilhabe an den ehezeitlich begründeten Versorgungen zu erreichen und **Transferverluste zu vermeiden,** wird durch die externe Teilung einer Versorgung idR gründlich verfehlt. Dies betrifft nicht alle externen Teilungsvorgänge. Der Ausgleich einer Beamtenversorgung eines Kommunal- oder Landesbeamten in die gesetzliche Rentenversicherung verläuft weitgehend verlustfrei. Ebenso wird idR der Wechsel aus einer betrieblichen Altersversorgung in eine aufnahmebereite andere betriebliche Altersversorgung weitgehend verlustfrei abgewickelt werden können, wenngleich ein unterschiedliches Risiko fraglos bestehen bleibt. Der externe Ausgleich einer betrieblichen Altersversorgung in die Versorgungsausgleichskasse (§ 15 Abs. 5 S. 2 VersAusglG) kann extrem verlustreich sein, weil der Rechnungszins, mit denen betriebliche Altersversorgungen den Wert einer Altersversorgung bewerten, aus fiskalischen Gründen marktunüblich hoch sein kann.[2] Das Einwechseln in ein

---

2 Jaeger, Halbteilungsgrundsatz bei externer Teilung von Direktzusagen im Versorgungsausgleich verletzt, FamRZ 2010, 1714; Hauß, Halbteilungsgrundsatz bei externer Teilung von Betriebsrenten, FamRZ 2011, 88; Jaeger, Halbteilungsgrundsatz bei externer Teilung von Betriebsrenten, FamRZ 2011, 615.

anderes Versorgungssystem, das mit der externen Teilung regelmäßig verbunden ist, wird – sofern es sich nicht ebenfalls um eine betriebliche Altersversorgung handelt – im betrieblich/privaten Bereich von Versorgungen stets zu Rechnungszinsverlusten in erheblichem Umfang führen. Die externe Realteilung ist daher als „Betriebsunfall des Versorgungsausgleichs" in der Praxis so weit als möglich zu vermeiden, falls nicht der ausgleichsberechtigte Ehegatte die Möglichkeit hat, die externe Teilung in eine ohnehin bereits bestehende betriebliche Altersversorgung einzuführen. Solche Möglichkeiten bestehen allerdings praktisch nicht.

6   **3. Ausnahmen vom Ausgleich (Abs. 4).** Abs. 4 benennt die Ausnahmen vom Versorgungsausgleich. Bei Renten mit geringem Ausgleichswert oder bei gleichartigen Renten mit einer geringen Bilanzdifferenz soll der Versorgungsausgleich nicht stattfinden. Einen anderen Fall der Ausnahme vom Versorgungsausgleich erwähnt Abs. 4 konsequenterweise nicht: Nach § 3 Abs. 3 VersAusglG findet der Versorgungsausgleich bei einer Ehezeit von bis zu drei Jahren nur auf Antrag statt.

Unterabschnitt 2 Interne Teilung

§ 10 VersAusglG Interne Teilung

(1) Das Familiengericht überträgt für die ausgleichsberechtigte Person zulasten des Anrechts der ausgleichspflichtigen Person ein Anrecht in Höhe des Ausgleichswerts bei dem Versorgungsträger, bei dem das Anrecht der ausgleichspflichtigen Person besteht (interne Teilung).

(2) [1]Sofern nach der internen Teilung durch das Familiengericht für beide Ehegatten Anrechte gleicher Art bei demselben Versorgungsträger auszugleichen sind, vollzieht dieser den Ausgleich nur in Höhe des Wertunterschieds nach Verrechnung. [2]Satz 1 gilt entsprechend, wenn verschiedene Versorgungsträger zuständig sind und Vereinbarungen zwischen ihnen eine Verrechnung vorsehen.

(3) Maßgeblich sind die Regelungen über das auszugleichende und das zu übertragende Anrecht.

I. Allgemeines

1   Die §§ 10–13 VersAusglG regeln den systembestimmenden **Kernbereich** des Versorgungsausgleichs. Durch die interne Teilung wird zugunsten der ausgleichsberechtigten Person ein Versicherungsverhältnis zu dem Versorgungsträger der ausgleichspflichtigen Person durch richterlichen Gestaltungsakt begründet. Soweit es sich bei dem Versorgungsträger um einen öffentlich-rechtlichen Versorgungsträger handelt, ist dies unproblematisch. Für einen privaten oder betrieblichen Versorgungsträger stellt dies einen Eingriff in seine privatautonome Regelungsbefugnis des Versicherungsverhältnisses dar, die jedoch aus übergeordneten Gründen der Ausgleichsgerechtigkeit von familienrechtlichen Teilungssystemen gerechtfertigt ist.

II. Interne Teilung

2   Durch die interne Teilung einer ausgleichspflichtigen Versorgung wird zugunsten der ausgleichsberechtigten Person **in Höhe des Ausgleichswertes** (Abs. 2 S. 2) eine **eigenständige Versorgung** begründet. Die konkrete rechtliche Ausgestaltung

dieser Versorgung, ihr Leistungsumfang und ihre letztendlich im Versorgungsfall maßgebliche **Leistungshöhe** wird nicht durch das Familiengericht bestimmt, sondern bestimmt sich nach den die Versorgung selbst regulierenden rechtlichen Grundlagen, die in Gesetzen und Satzungen für die öffentlich-rechtlichen Versorgungen und in Tarifverträgen, Betriebsvereinbarungen sowie in einzelvertraglichen Regelungen im Bereich der betrieblichen Altersversorgung und durch Geschäftsbedingungen und das Versicherungsvertragsrecht für den Bereich der Privatversorgungen bestimmt wird. Dies bedeutet auch, dass bei Streitigkeiten über die Höhe oder die Leistungsvoraussetzungen einer im Versorgungsausgleich begründeten Versorgung nicht das Familiengericht zuständig, sondern die Zuständigkeit der jeweiligen Fachgerichte für den entsprechenden Versicherungszweig begründet ist.

Der **Ausgleichswert** ist bei der internen Teilung der zentrale Begriff. Nach § 5 **3** Abs. 3 VersAusglG unterbreitet der Versorgungsträger dem Familiengericht einen Vorschlag für die Bestimmung des Ausgleichswerts, wobei dieser nicht – wie im alten Recht – auf einen Rentenwert, also einen im Fall des Versorgungsbezugs zu leistenden monatlichen Nominalbetrag ausgerichtet ist, sondern entsprechend den Bestimmungen des jeweiligen Versorgungssystems in der für dieses Versorgungssystem geltenden **Bezugsgröße** ausgedrückt sein kann. Im Bereich der **gesetzlichen Rentenversicherung** werden daher Entgeltpunkte, im Bereich der **Beamtenversorgung** der Pensionsanspruch, im Bereich der **Zusatzversorgung** des öffentlichen Dienstes Versorgungspunkte, im Bereich der privaten Altersversorgung Deckungskapitalien, in der berufsständischen Versorgung meist **Steigerungszahlen** und in der betrieblichen Altersversorgung neben Deckungskapitalien und Renten eine Vielzahl unterschiedlich bezeichneter Bezugsgrößen (Versorgungsbausteine etc) begründet. Da das VersAusglG die Bestimmung des Teilungsgegenstandes zunächst dem Versorgungsträger belässt (§ 5 Abs. 3 VersAusglG), ist in der Praxis sorgfältig darauf zu achten, die richtige Bezugsgröße in der richtigen Höhe zu teilen. Je nachdem, wie das Versorgungssystem finanziert ist und die Versorgungen berechnet werden, ist es nicht beliebig, ob eine Rente oder ein Kapitalwert begründet wird.

Anwaltschaft und **Gerichte** müssen daher gleichermaßen darauf achten, dass bei **4** der Teilungsanordnung nach § 10 VersAusglG der **richtige Ausgleichswert** begründet wird. Weicht das Gericht in der Teilungsentscheidung von dem ihm nach § 5 Abs. 3 VersAusglG mitgeteilten Ausgleichswert ab, wird daher regelmäßig einer der Beteiligten Beschwerde einlegen, da eine Abweichung vom vorgeschlagenen Ausgleichswert entweder für den Versorgungsträger oder eine der beteiligten Parteien nachteilig ist.

Wegen der grundlegenden Bedeutung des Tenors der familiengerichtlichen Versorgungsausgleichsentscheidung für die Höhe der zu begründenden Versorgung **5** muss die Rechtspraxis streng darauf achten, jede einzelne Versorgung auszugleichen und nicht unzulässige Zusammenfassungen von Versorgungen vorzunehmen. So sind **Entgeltpunkte** und **Entgeltpunkte (Ost)** getrennt voneinander intern zu teilen.[1] Die Dynamik von Entgeltpunkten Ost ist höher als die Dynamik von Entgeltpunkten West, weshalb die auf der Basis von Entgeltpunkten Ost begründeten Renten werthaltiger sind. Eine derartige Aufsplittung einer Rente in mehrere Rentenbestandteile, die ggf. unterschiedlich zu handhaben sind, ist

---

1 BGH FamRZ 2012, 192; OLG Celle 4.3.2010 – 10 UF 282/08, FamRZ 2010, 979.

auch in anderen Versorgungssystemen anzutreffen. Mosaiksteinartig zusammengesetzte Versorgungen resultieren oftmals aus Versorgungsumstellungen oder der Zusammenführung von Versorgungssystemen und sind daher im Bereich der betrieblichen Altersversorgung nicht selten, weshalb die unterschiedlichen Bestandteile der Versorgung auch einzeln jeweils zu teilen sind, sofern sie sich unterschiedlich entwickeln.[2]

6   Dies gilt nicht für die **Zusatzversorgung des öffentlichen Dienstes.** Zwar hat diese zum 1.1.2002 eine Systemumstellung auf **Versorgungspunkte** erlebt. Die die Versorgungshöhe aus der davorliegenden Zeit maßgeblich bestimmende **Startgutschrift** wird jedoch durch Teilung durch den Faktor 4 in Versorgungspunkte um- und damit zu einer einheitlichen Versorgung zusammengerechnet. Gleichwohl liegen zwei unterschiedlich zu bewertende Versorgungsteile vor, da unstreitig ist, dass die Startgutschrift zeitratierlich nach § 40 VersAusglG zu bewerten ist.[3] Es läge insoweit nahe, wegen der verfassungswidrigen Berechnung der Startgutschrift,[4] die nicht vom Verfassungswidrigkeitswert betroffenen Versorgungsbestandteile, die ab dem 1.1.2002 erworben worden sind, auszugleichen und durch Teilbeschluss (§ 38 Abs. 1 FamFG) den Ausgleich insoweit vorzunehmen. Über die rechtliche Startgutschrift kann dann zu einem späteren Zeitpunkt entschieden werden.[5]

III. Saldierung (Abs. 2)

7   Es hätte aus Vereinfachungsgründen nahegelegen, beim wechselseitigen Ausgleich von identischen Versorgungen im gleichen Versorgungssystem, das Gericht eine Saldierung vornehmen zu lassen, und bereits auf der Entscheidungsebene zugunsten der ausgleichsberechtigten Person eine Versorgung lediglich in Höhe der Differenz der Ausgleichswerte zu begründen. Auch dies hat der Gesetzgeber zur Entlastung der Gerichte den Versorgungsträgern übertragen und nicht den Gerichten überlassen, weil die Versorgungsträger in ihren Versorgungssystemen die bessere Kenntnis von der „Gleichartigkeit von Versorgungen" haben. Darüber hinaus haben die Versorgungsträger wegen der in Abs. 2 S. 2 geschaffenen Saldierungsmöglichkeit mit anderen Versorgungsträgern bessere Kenntnisse darüber, mit welchen Versorgungsträgern **Saldierungsvereinbarungen** bestehen.

8   In der Praxis werden von Betrieben häufig eine Vielzahl von Versorgungen betrieben. **Gericht** und **Anwaltschaft** müssen stets darauf achten, dass nicht unzulässigerweise Saldierungen und Zusammenfassungen von Versorgungen unterschiedlicher Quellen zu einer Versorgung vorgenommen werden, weil dies ohne Einverständnis der ausgleichsberechtigten Person den Halbteilungsgrundsatz verletzen könnte. Es ist daher richtig und sinnvoll, wenn der Gesetzgeber die **Saldierungsmöglichkeit** den Versorgungsträgern eröffnet hat, nicht aber den Gerichten. **Nach Durchführung des Versorgungsausgleichs** hat daher die ausgleichsberechtigte Person, zu deren Gunsten eine Versorgung begründet worden ist, genau zu prüfen, ob der Versorgungsträger der gerichtlichen Anordnung Folge geleistet hat. Streitigkeiten darüber sind aus dem Versicherungsverhältnis der

---

2   So zu Recht OLG Stuttgart FamRZ 2011, 897.
3   NK-BGB/Rehbein VersAusglG § 40 Rn. 30; ausführlich dazu Hauß/Bührer Rn. 957.
4   BGH FamRZ 2008, 395; BGH 9.3.2016 – IV ZR 9/15.
5   Vgl. Hauß FamRB 2011, 70.

ausgleichsberechtigten Person zum Versorgungsträger in der jeweiligen Fachgerichtsbarkeit zu führen (zB für die betriebliche Altersversorgung in der Arbeitsgerichtsbarkeit).

Die **Versorgungsträger**, bei denen häufig mehrere betriebliche Altersversorgungen ausgeglichen werden, haben die Möglichkeit, im Wege sinnvoller Saldierungen und Zusammenfassungen von Versorgungen Vorschläge zu unterbreiten, wie die in ihrem Bereich bestehenden Versorgungen durch eine Vereinbarung nach § 6 VersAusglG für die ausgleichsberechtigte Person zu einer sinnvollen Versorgungseinheit zusammengefasst werden. 9

Gleichartige Anrechte bei einem Versorgungsträger liegen dann vor, wenn eine strukturelle Übereinstimmung im Leistungsspektrum, in der Finanzierungsart und ihrer Dynamik[6] vorliegt. Identität wird nicht gefordert. In diesem Sinne liegt Gleichartigkeit bei einem Versorgungsträger in der gesetzlichen Rentenversicherung und der Beamtenversorgung sowie bei den sonstigen öffentlich-rechtlichen Versorgungsträgern vor. **Auch kapitalgedeckte Versorgungen bei einem privaten Versorgungsträger** werden vielfach als „gleichartig" angesehen,[7] obwohl ihr Rechnungszins und damit die Wertentwicklung stark unterschiedlich sein kann. 10

Gleichartige Anrechte bei einem Versorgungsträger liegen dann vor, wenn eine strukturelle Übereinstimmung im Leistungsspektrum, in der Finanzierungsart und ihrer Dynamik[8] vorliegt. Identität wird nicht gefordert. In diesem Sinne liegt Gleichartigkeit beim gleichen Versorgungsträger in der **gesetzlichen Rentenversicherung**, sofern gleichartige Entgeltpunkte[9] erworben werden. Nicht gleichartig sind dagegen Entgeltpunkte aus der allgemeinen Versicherung, Entgeltpunkte (Ost)[10] oder knappschaftliche Entgeltpunkte.[11] Dagegen sind Anrechte beim gleichen Träger der Beamtenversorgung sowie bei den sonstigen öffentlich-rechtlichen Versorgungsträgern gleichartig. **Kapitalgedeckte Versorgungen bei einem privaten Versorgungsträger** sind in der Regel nicht gleichartig (→ VersAusglG § 6 Rn. 20).[12] Nur wenn sie gleichen Tarifen unterliegen kann Gleichartigkeit angenommen werden, was jedoch fast nie der Fall ist. Allein die aus unterschiedlichen Vertragsabschlusszeiten resultierenden Rechnungszinsunterschiede beseitigen die Gleichartigkeit.

IV. Auswirkungen der Teilung

Die Auswirkungen der Teilung für den Ausgleichspflichtigen führen mit Rechtskraft und Durchführung der Versorgungsausgleichsentscheidung zum Versorgungsverlust, und zwar nach Wegfall des **Rentner-** und teilweisen Wegfalls des **Pensionärsprivilegs** auch dann, wenn der Ausgleichspflichtige bereits Rentner oder Versorgungsempfänger war. Das **Unterhaltsprivileg** (vgl. § 33 VersAusglG) kompensiert diesen Rentenverlust nur dann, wenn die Versorgung aus einem der öffentlich-rechtlichen Grundversorgungssysteme (§ 32 VersAusglG) resultiert. 11

---

6 BT-Drs. 16/10144, 56.
7 NK-BGB/Götsche VersAusglG § 10 Rn. 28; MK/Gröper VersAusglG § 10 Rn. 11.
8 BT-Drs. 16/10144, 56.
9 BGH FamRZ 2012, 277.
10 BGH FamRZ 2013, 612.
11 OLG Karlsruhe FamRZ 2012, 1306.
12 Anders noch Hauß FPR 2009, 214; NK-BGB/Götsche VersAusglG § 10 Rn. 31.

12 Das **Pensionärsprivileg** besteht **für Landes- und Kommunalbeamte** so lange fort, wie die Länder ihre Beamtenversorgungsgesetze nicht novelliert und auf das neue Versorgungsausgleichsrecht umgestellt haben. Das **Pensionärsprivileg** besagt, dass eine zum Zeitpunkt der Rechtshängigkeit des Versorgungsausgleichsverfahrens bereits bewilligte Pension so lange ungekürzt fortgezahlt wird, bis der ausgleichsberechtigte Gatte aus der auszugleichenden Versorgung Leistungen erhält. Diese Regelung bedeutete für die Versorgungsträger eine erhebliche finanzielle Mehrbelastung, konnte sie doch – schlimmstenfalls – dazu führen, dass der Versorgungsträger 150 % statt der geplanten 100 % der Pensionslast zu tragen hatte. Der **Bund** hat daraus mit Einführung des neuen Versorgungsausgleichsrechts die Konsequenz gezogen und das Pensionärsprivileg aufgehoben (§ 56 BeamtVG).

13 Erhält der ausgleichspflichtige Ehegatte eine Versorgung aus der betrieblichen Altersversorgung oder einem privaten Altersversorgungssystem, ist die Kürzung der Versorgungsleistungen die unmittelbare Folge der Teilung der Versorgung. Dadurch wird das gesamte Einkommensgefüge der geschiedenen Eheleute nach der Scheidung verändert. Der Versorgungsausgleich hat damit teilweise erhebliche Auswirkungen auf die **unterhaltsrechtliche Leistungsfähigkeit** und Bedürftigkeit. Bei hohen betrieblichen und privaten Versorgungen, deren Leistungen durch die Durchführung des Versorgungsausgleichs massiv verkürzt werden, ist daher von beiden Ehegatten vor Einleitung eines Scheidungsverfahrens stets sorgfältig zu prüfen, wie sich die unterhaltsrechtliche Situation nach Durchführung des Scheidungsverfahrens gestaltet. Wie diese Auswirkungen im Einzelfall sich gestalten, muss stets sehr konkret durch die **Anwaltschaft** geprüft werden. Eine einheitliche Empfehlung ist nicht möglich. Das Problem tritt massiv bei altersunterschiedlichen Parteien auf, wenn der unterhaltspflichtige Ehegatte einen größeren Teil seiner Einkünfte aus betrieblichen und privaten Renten bezieht, für die das Unterhaltsprivileg oder § 35 VersAusglG nicht gilt. Auch aus Sicht des ausgleichsberechtigten (jüngeren) Ehegatten kann es in diesen Fällen geraten sein, einen Ehescheidungsantrag nicht zu stellen, um nicht die Basis des eigenen Unterhaltsanspruchs nachhaltig zu gefährden. Auf der anderen Seite ist jedoch zu bedenken, dass durch die laufenden Rentenzahlungen zugunsten des ausgleichspflichtigen Ehegatten bei kapitalgedeckten Versorgungssystemen ein **Kapitalverzehr** stattfindet, der dazu führt, dass der Ausgleichswert, aus dem der ausgleichsberechtigte Gatte bei einer späteren Scheidung und interner Teilung des Anrechts seine Versorgung ableitet, durch den laufenden Rentenbezug ständig vermindert wird.[13] Der unterhaltsgenerierende Rentenbezug des ausgleichspflichtigen Ehegatten wirkt sich somit auf die Höhe des ehezeitlich erworbenen Rententeils bei einer kapitalgedeckten Versorgung in einer Minderung des Ausgleichswertes aus. Vor- und Nachteile für die Parteien sind daher genauestens zu prüfen. Da viele betrieblichen Altersversorgungen und alle privaten Versorgungen kapitalgedeckt sind, kann generell für den ausgleichsberechtigten Gatten die Empfehlung ausgegeben werden, einen Scheidungsantrag vor Beginn des Versorgungsbezugs für den ausgleichspflichtigen Gatten einzureichen. Bei kapitalgedeckten Versorgungen sinkt der Ausgleichswert und damit die für den ausgleichsberechtigten Gatten resultierende Versorgungshöhe mit zunehmender

---

13 BGH FamRZ 2016, 775.

Dauer des Versorgungsbezugs durch den ausgleichspflichtigen Gatten überproportional.

Aus Gründen der Klarheit hält das OLG Stuttgart[14] es für geboten, die Auswirkungen des Versorgungsausgleichs für den Ausgleichspflichtigen bereits im Tenor auf Antrag auszusprechen, um den Beteiligten Klarheit über die Konsequenzen der Durchführung des Versorgungsausgleichs zu geben und spätere Rechtsstreitigkeiten mit den Ehegatten zu vermeiden. So begrüßenswert dies im Interesse der Parteien wäre, so wenig wird sich dies erzwingen lassen. Die Auswirkungen des Versorgungsausgleichs ergeben sich aus der Versorgungsordnung der zu teilenden Versorgung und ggf. der Teilungsordnung des Versorgungsträgers.[15]

§ 11 VersAusglG Anforderungen an die interne Teilung

(1) [1]Die interne Teilung muss die gleichwertige Teilhabe der Ehegatten an den in der Ehezeit erworbenen Anrechten sicherstellen. [2]Dies ist gewährleistet, wenn im Vergleich zum Anrecht der ausgleichspflichtigen Person

1. für die ausgleichsberechtigte Person ein eigenständiges und entsprechend gesichertes Anrecht übertragen wird,

2. ein Anrecht in Höhe des Ausgleichswerts mit vergleichbarer WertentWicklung entsteht und

3. der gleiche Risikoschutz gewährt wird; der Versorgungsträger kann den Risikoschutz auf eine Altersversorgung beschränken, wenn er für das nicht abgesicherte Risiko einen zusätzlichen Ausgleich bei der Altersversorgung schafft.

(2) Für das Anrecht der ausgleichsberechtigten Person gelten die Regelungen über das Anrecht der ausgleichspflichtigen Person entsprechend, soweit nicht besondere Regelungen für den Versorgungsausgleich bestehen.

I. Allgemeines

§ 11 VersAusglG konkretisiert den Grundsatz der **gleichwertigen Teilhabe** der geschiedenen Ehegatten an der Versorgung des jeweilig anderen Ehegatten. Er ist **Programm** für die Versorgungsträger, denen § 11 Abs. 1 VersAusglG den Auftrag erteilt, das zu begründende Anrecht des ausgleichsberechtigten Gatten so auszugestalten, dass die gleichwertige Teilhabe der Ehegatten an dem in der Ehezeit erworbenen auszugleichenden Anrecht sichergestellt ist. Kommt der Versorgungsträger durch eine eigenständige Regelung (**Teilungsordnung**) diesem gesetzgeberischen Auftrag nicht nach, greift Abs. 2 ein, der dann die Identität der Regelungen der Quellversorgung für das zu übertragende Anrecht postuliert. Für die gesetzlich geregelten Versorgungen des öffentlichen Rechts (Beamtenversorgung, gesetzliche Rentenversicherung, landwirtschaftliche Ausgleichskasse und Abgeordnetenversorgung) hat § 11 VersAusglG keine Bedeutung, da der Gesetzgeber in diesen Versorgungssystemen gesetzliche Regelungen zur Herstellung der gleichwertigen Teilhabe der Ehegatten an den ehezeitlich erworbenen Anrechten getroffen hat.[1] Bedeutung hat § 11 daher für die berufsständischen, die betrieblichen und privaten Versorgungsträger. § 11 VersAusglG verzichtet

---

14 OLG Stuttgart FamRZ 2011, 897.

15 So zu Recht OLG Karlsruhe FamRZ 2011, 894; FAKomm-FamR/Wick VersAusglG § 10 Rn. 7; Holzwarth, Rechtsprechungsübersicht zum VersAusglG, FamRZ 2011, 934.

1 Allgemeine Meinung, JH/Holzwarth VersAusglG § 11 Rn. 3.

zugunsten einer systemautonomen Regelung auf eine feingliedrige Beschreibung des Leistungsprofils zur Herstellung einer Teilungsgerechtigkeit und überlässt dies generalklauselartig dem jeweiligen Versorgungsträger. Dieser kann in Satzung, Tarifverträgen, Betriebsvereinbarungen, vertraglichen Einzelzusagen, Geschäfts- und Teilungsplänen oder allgemeinen Vertragsbedingungen die Teilungsregelungen systemautonom festsetzen, die sich jedoch an den in § 11 Abs. 1 Nr. 1–3 aufgestellten Kriterien zu orientieren haben. Diesem Erfordernis werden nicht alle Versorgungsordnungen gerecht. So begründet die **private Versicherungswirtschaft** trotz nominell „interner Teilung" die Versorgungen stets in neuen Versorgungsverträgen zu den jeweils aktuellen und damit regelmäßig schlechteren Konditionen. In den Versorgungsordnungen einiger **betrieblichen Versorgungsträger**[2] ist vorgesehen, dass der Ausgleichswert nicht etwa bezogen auf das Ehezeitende sondern zum Zeitpunkt der Rechtskraft der Entscheidung begründet wird.[3] Das bedeutet einen massiven Versorgungsverlust der ausgleichsberechtigten Person und einen ungerechtfertigten Gewinn des Versorgungsträgers.

II. Einzelheiten

2   **1. Gleichwertige Teilhabe (Abs. 1 S. 1).** Abs. 1 S. 1 fordert für die zugunsten des ausgleichsberechtigten Ehegatten zu begründende Versorgung die „gleichwertige Teilhabe" an dem in der Ehezeit erworbenen auszugleichenden Anrecht. **Gleichwertig bedeutet nicht identisch.** So führt eine Teilung auch dann zu einer gleichwertigen Versorgung, wenn – wegen unterschiedlicher biometrischer Risiken der ausgleichsberechtigten Person – unterschiedlich hohe Renten gezahlt werden. Das Gesetz konkretisiert den Anspruch an die Gleichwertigkeit der Teilhabe in S. 2, wonach die gesetzgeberische Vermutung gleichwertiger Teilhabe erfüllt ist, wenn die nachfolgend enumerierten Gleichstellungskriterien erfüllt sind.

3   **a) Eigenständigkeit und Sicherheit des Anrechts (Nr. 1).** Nr. 1 verlangt für das zu begründende Anrecht Eigenständigkeit und eine dem auszugleichenden Anrecht entsprechende Sicherheit. Eigenständigkeit bedeutet dabei die völlige Unabhängigkeit des übertragenen Anrechts von der Person des Ausgleichspflichtigen und dem Anrecht des ausgleichspflichtigen Gatten. Das mit dem Versorgungsausgleich verfolgte Ziel des „clear Breaks" in Bezug auf die ehezeitlich begründeten Versorgungen findet seine Widerspiegelung in der Eigenständigkeit des Anrechts, das unabhängig davon, ob das Anrecht der ausgleichspflichtigen Person fortbesteht, dem ausgleichsberechtigten Gatten einen eigenständigen Anspruch gegen den Versorgungsträger auf die Versorgung verschafft.

4   An der Eigenständigkeit und der von der Person des ausgleichspflichtigen Gatten unabhängigen Versorgung können Zweifel bestehen, wenn eine auszugleichende **Versorgung zur Sicherung oder Tilgung** einer Kreditverbindlichkeit der ausgleichspflichtigen Person **abgetreten** ist.[4] Die Versorgung, die auszugleichen ist, enthält in diesem Fall den Makel der Abtretung mit der Folge, dass sie Sicherung für die Forderung des Zessionars ist. Erfüllt der Zedent die Hauptforderung nicht, verfällt die Forderung. An der Abtretung ändert die Realteilung der Forderung nichts. Ob

---

2   ZB der BASF.
3   Dagegen ausdrücklich BGH FamRZ 2015, 1869, der Identität von Berechnungs- und Begründungszeitpunkt verlangt.
4   BGH FamRZ 2011, 963; BGH FamRB 2011, 207 mAnm Weil und Hauß.

dem ausgleichsberechtigten Gatten insoweit ein familienrechtlicher Anspruch auf Beseitigung der Abtretung zusteht, ist zweifelhaft. Ein solcher Anspruch wird idR auch mangels Leistungsfähigkeit nicht erfüllbar sein. Wird durch Versorgungsverwertung der Ausgleichspflichtige von einer Schuld gegenüber dem Zessionar befreit, steht dem ausgleichsberechtigten Ehegatten ein bereicherungsrechtlicher Anspruch in Höhe der Forderungsverwertung gegen den ausgleichspflichtigen Gatten zu. Auch dessen Realisierbarkeit ist jedoch fragwürdig. Eine ähnliche Problematik kann mit dem „**Wohn-Riester**" nach § 92 a EStG entstehen. Insgesamt erscheint es sinnvoller, abgetretene oder sicherungshalber abgetretene Versorgungen statt im Versorgungsausgleich über den Zugewinn auszugleichen. Abgetretene Versorgungen würden dann mit ihrem Zeitwert zum Stichtag in die Zugewinnausgleichsbilanz einfließen und vor manipulativer Beeinflussung durch den Ausgleichspflichtigen geschützt sein. Nur wo der güterrechtliche Ausgleich versagt, kann der Ausgleich des Vermögenswerts im Versorgungsausgleich erfolgen. Wegen des grundlegenden Vorrangs des Versorgungsausgleichs vor der güterrechtlichen Ausgleichsregelung (§ 2 Abs. 4 VersAusglG) kann diese Form des Ausgleichs indessen zuverlässig nur durch eine Vereinbarung der Ehegatten über den Nichtausgleich der abgetretenen Versorgung im Versorgungsausgleich und deren Ausgleich im Zugewinnausgleich erfolgen.

Soweit das Gesetz für das Anrecht der ausgleichsberechtigten Person eine **ent-** **sprechende Sicherung** verlangt, bezieht sich dies auf die für Altersvorsorgesysteme typische Situation. Nahezu alle Altersvorsorgesysteme sind auf der Basis von gesetzlichen Vorschriften in Rückversicherungssysteme eingebettet. Für die betriebliche Altersversorgung ist dies der Pensionssicherungsverein (PSV) Köln,[5] für die private Renten- und Lebensversicherung ist dies die Protektor Lebensversicherungs AG,[6] für Versorgungen von Gesellschafter-Geschäftsführern sind das die Rückdeckungsversicherungen, die allerdings nur dann ihre Sicherungsfunktion erfüllen, wenn sie Gegenstand einer Sicherungsabtretung zugunsten des Inhabers der Versorgungszusage sind.

Die Verpflichtung der Versorgungsträger – für die intern geteilte Versorgung eine entsprechende Sicherung einzurichten – bedeutet, dass in diesen Versorgungssystemen eine Rückversicherung in diesen Regelrückversicherungssystemen gegeben sein muss.

Schwieriger ist die Situation bei der Sicherung von Anrechten aus dem betrieblichen Sektor für die **Organe einer Gesellschaft**. Derartige Versorgungen sind keine betrieblichen Altersversorgungen iSd Betriebsrentengesetzes und unterliegen daher nicht der Rückversicherungspflicht beim PSV. Ist für eine derartige Versorgung durch den Betrieb eine eigenständige Rückdeckungsversicherung eingeführt (was meist der Fall ist), so hat der Betrieb diese Rückdeckungsversicherung auch auf das Anrecht des ausgleichsberechtigten Gatten zu übertragen. Diese Fallgestaltung ist von der **Anwaltschaft** ganz besonders bei dem Ausgleich von **Geschäftsführer- und Vorstandsversorgungen** zu beachten.[7] Sind diese nicht rückversichert oder wird die Rückversicherung nicht auf den ausgeglichenen Versorgungsanteil übertragen, bleibt die Rückversicherung selbst betriebliches

---

5 www.psv-ag.de.
6 www.protektor-ag.de.
7 Dazu auch Riewe, Pensionszusagen des GmbH-Geschäftsführers in der Scheidung: Versorgungsausgleich oder Zugewinnausgleich, FamFR 2011, 269; besonders ausführlich mit Tenorierungsvorschlägen Hauß/Bührer Rn. 367 ff.

Vermögen und würde im Fall einer Insolvenz des Unternehmens den Versorgungsanteil der ausgleichsberechtigten Person nicht absichern. Es ist daher auf Seiten der Anwaltschaft beim Ausgleich betrieblicher Anrechte, die nicht dem Gesetz über die betriebliche Altersversorgung unterfallen, darauf zu achten, dass auch die Sicherungssysteme auf den ausgleichsberechtigten Gatten übertragen oder zur Absicherung dieser Versorgungen begründet werden. Sinnvoll ist es in diesen Fällen, das bei der Rückdeckungsversicherung bestehende Deckungskapital anteilig der zugunsten der ausgleichsberechtigten Person zu begründenden Versorgung und das stets zugunsten der ausgleichpflichtigen Person bestehende Pfandrecht für den Insolvenzfall ebenfalls anteilig der ausgleichsberechtigten Person bereits im Tenor zuzuordnen.

8 **b) Ausgleichswert mit vergleichbarer Wertentwicklung (Abs. 1 S. 2 Nr. 2).** Im Versorgungsausgleich werden Versorgungen über ihren **Ausgleichswert (§ 1 Abs. 2 S. 2 VersAusglG)** ausgeglichen. Der Ausgleichswert kann in einem **Deckungskapital**, in **Rentenbeträgen** oder einer **sonstigen Bezugsgröße** (Entgeltpunkte, Versorgungspunkte, Versorgungsbausteine, Steigerungszahlen etc) bestehen. Nach § 10 Abs. 1 VersAusglG **begründet das Familiengericht** in Höhe des Ausgleichswerts eine Versorgung zugunsten der ausgleichsberechtigten Person. In welcher Höhe aus dieser Versorgung dem ausgleichsberechtigten Gatten tatsächlich eine Versorgung zufließt, ist damit nicht festgelegt. Die Höhe der Versorgung wird beeinflusst durch die Versorgungsordnung des jeweiligen Versorgungssystems. Die Übertragung und Begründung des Ausgleichswerts ist daher nur die Basis für die Bestimmung der Höhe der Versorgung.

9 Grundsätzlich hat der Versorgungträger drei Möglichkeiten der Versorgungsteilung: Er kann das dem der Versorgung zugrunde liegende ehezeitliche **Deckungskapital hälftig teilen** oder die **zugesagte Rente oder sonstige Bezugsgrößen** (Entgelt- oder Versorgungspunkte etc) **hälftig teilen** oder **das Deckungskapital** so teilen, dass für beide Ehegatten **gleich hohe Rentenbeträge** im Versorgungszeitpunkt entstehen.[8] Die Unterschiede, die bei diesen den Versorgungsträgern eingeräumten Teilungsmöglichkeiten entstehen, sind erheblich.

10 Bei der Halbteilung des Deckungskapitals erhalten nur gleichgeschlechtliche und gleich alte Lebenspartner eine identische Rente; bei der Halbteilung von Renten erhalten beide Ehegatten identische Rentenbeträge im Bezugszeitpunkt. Bei der Teilung von sonstigen Bezugsgrößen erhalten die Ehegatten im Leistungszeitpunkt nur dann gleich hohe Renten, wenn die Bezugsgröße geschlechts- und altersunabhängig in eine Rente umgesetzt wird. Falls die Berechnungsfaktoren alters- und geschlechtsspezifisch sind, würde wegen der unterschiedlichen biometrischen Daten auch insoweit eine unterschiedliche Rente aus der Halbteilung der Bezugsgröße resultieren. Die Aufteilung des Deckungskapitals – mit dem Ziel, beiden Partnern gleich hohe Rentenbeträge zu verschaffen – wird regelmäßig eine asymmetrische Aufteilung des Deckungskapitals[9] erfordern, es sei denn, zwei gleichgeschlechtliche und gleich alte Lebenspartner trennen sich.

11 Dieser in der Praxis vielfach zu Irritationen führende Zusammenhang führt bei den betroffenen Ehegatten, der Anwaltschaft und den Gerichten gleichermaßen

---

8 BT-Drs. 16/10144, 57.
9 Dies führt regelmäßig bei Versorgungen aus der Zusatzversorgung des öffentlichen Dienstes zu Irritationen, ist aber rechtlich nicht zu beanstanden: OLG Oldenburg FamRZ 2011, 129.

zu Unverständnis. Um dies deutlich zu machen, wird in der nachfolgenden Tabelle der Unterschied für gleich alte, unterschiedlich geschlechtliche Partner dargestellt. Es wird ausgegangen von einem ehezeitlichen Anrecht iHv 200 EUR monatlich der Rente, die ab der Vollendung des 67. Lebensjahrs gezahlt wird. Als Berechnungsalter ist das 50. Lebensjahr angenommen worden.

Einer Rente für M in Höhe von 200 EUR ab dem 67. Lebensjahr entspricht im Alter 50 bei 6 % Rechnungszins ein Wert von ca. 8.484 EUR Deckungskapital			
	1. Rententeilung: 200 EUR/2 = 100 EUR	2. Kapitalteilung: 4.484 EUR/2 = 2.242 EUR	3. Kapitalteilung: zu gleicher Rente von 90,56 EUR
für	= Kapitalwert	= Rente	= Kapitalwert
Mann (50)	4.242,00 EUR	100,00 EUR	3.842,00 EUR
Frau (50)	5.072,00 EUR	83,64 EUR	4.642,00 EUR
Summen	9.314,00 EUR		8.484,00 EUR

Das Beispiel macht deutlich, dass es einen Königsweg, der für Parteien, Gerichte 12 und Anwaltschaft verständlich, gleichzeitig mathematisch korrekt ist und zum anderen auch die Versorgungsträger nicht übergebührlich belastet, nicht gibt. Es sind vielmehr finanzmathematische Zusammenhänge zu beachten (→ VersAusglG Vor § 39 Rn. 2). Das Beispiel macht jedoch deutlich, dass ausschließlich die Lösungen 2 und 3 für den Versorgungsträger aufwandsneutral sind, während der Versorgungsträger bei Rententeilung auf der Basis des Nominalwerts Kapitalverluste erleidet. In der Praxis treten diese Verluste jedoch kaum auf. Der durchschnittliche Altersunterschied von Männern und Frauen beträgt nach wie vor ca. dreieinhalb Jahre.[10] Da der Ausgleichswert mithin im Durchschnitt ca. drei Jahre länger Kapitalerträge generiert, gleicht sich im Beispiel (→ Rn. 11) der Unterschied im Deckungskapital bis auf wenige Euro aus.[11] Da das seit dem 1.9.2009 geltende Versorgungsausgleichsrecht einen kapitalwertorientierten Ausgleich jeder einzelnen Versorgung zum Leitbild hat, ist die Methode 2, also **die Halbteilung der Kapitalwerte**, mE die im Sinne des Gesetzes gerechteste Methode.[12] Der dadurch bedingte unterschiedliche Rentenerwerb resultiert aus der Tatsache einer längeren Lebenserwartung von Frauen. Die niedrigere Nominalrente wird durch entsprechend längeren Rentenbezug kompensiert.

Nach Nr. 2 ist eine „**vergleichbare Wertentwicklung**" des Wertes des Ausgleichs- 13 berechtigten im Verhältnis zum Wert des Ausgleichspflichtigen zu gewährleisten. Damit ist die **Dynamik des Anrechts** in Anwartschafts- und Leistungsphase gemeint.[13] Dabei sind solche Wertentwicklungen, die aufgrund nachehezeitlicher Änderungen der rechtlichen Grundlagen der Versorgung eintreten, ggf. für die Versorgung des Ausgleichsberechtigten nicht zu berücksichtigen,[14] weil solche nachehezeitlichen Veränderungen oftmals nichts mehr mit dem ehezeitlichen

---

10 Gude, Ehescheidungen 2006, Statistisches Bundesamt – Wirtschaft und Statistik 4/2008, S. 287.
11 Es ergäbe sich bei einer um drei Jahre jüngeren Frau ein Deckungskapital von 4.230 EUR.
12 So auch Ruland, Versorgungsausgleich, Rn. 617.
13 Triebs FPR 2009, 202; HK-VersAuslR/Götsche VersAusglG § 11 Rn. 17.
14 BT-Drs. 16/10144, 56.

Versorgungserwerb zu tun haben, sondern als Folge zB betrieblicher Prosperität nachehezeitlich erwirtschaftet worden sind. Die Wertentwicklung eines kapitalgedeckten oder auf der Basis eines Barwertes geteilten Anrechts wird maßgeblich durch den Rechnungszins bestimmt, mit dem der Barwert ermittelt oder ein tatsächlich vorhandenes Deckungskapital verzinst wird. Im „klassischen Scheidungsalter" von 50 Jahren bewirkt eine Rechnungszinsdifferenz von 2 %-Punkten eine Rentendifferenz von ca. 55 %. Aus diesem Grund kann bei „interner Teilung" eines Anrechts von einer gleichwertigen Wertentwicklung nicht gesprochen werden, wenn zwischen der Quell- und der Zielversorgung eine nennenswerte Rechnungszinsdifferenz besteht. Der Bundesgerichtshof hat bislang nur die Verwendung unterschiedlicher Zinssätze für die Berechnung des Kapitalwerts und der Verzinsung zwischen Ehezeitende und Rechtskraft der Entscheidung untersagt.[15] Dieser Gedanke lässt sich allerdings auch auf Fälle der internen Teilung übertragen, in denen die Versorgung der ausgleichsberechtigten Person in einem anderen Versorgungszweig des Versorgungsträgers, allerdings zu einem niedrigeren Zinssatz, begründet wird.[16]

14 **c) Gleicher Risikoschutz.** In § 11 Abs. 1 Nr. 3 VersAusglG ist vorgesehen, dass das zu begründende Anrecht des ausgleichsberechtigten Gatten eine gleichwertige Teilhabe am ehezeitlichen Versorgungserwerb des ausgleichspflichtigen Gatten dann aufweist, wenn gleicher Risikoschutz gewährt wird. Unter **Risikoschutz** in diesem Sinne ist der **Leistungsumfang der Versorgung** zu verstehen, also ob eine Alters-, Hinterbliebenen- und Invaliditätsversorgung – und wenn ja, in welchem Umfang – gewährt wird. Dabei ermöglicht der Gesetzgeber dem Versorgungsträger, den Risikoschutz auf eine Altersversorgung zu beschränken (§ 11 Abs. 1 S. 2 Nr. 3 VersAusglG), wenn für das entfallende Risiko (idR Hinterbliebenen- und Invaliditätsversorgung) ein zusätzlicher Ausgleich bei der Altersversorgung geschaffen wird.

Zuschläge zum Barwert für **Invaliditäts- und Hinterbliebenenversorgung**				
	Männer		Frauen	
Alter	Anteil IR	Anteil HR	Anteil IR	Anteil HR
20	23,31%	17,08%	21,82%	5,45%
21	23,21%	17,16%	21,71%	5,46%
22	22,97%	17,13%	21,64%	5,40%
23	22,80%	17,08%	21,45%	5,38%
24	22,66%	16,98%	21,29%	5,34%
25	22,43%	16,88%	21,10%	5,26%
26	22,22%	16,77%	20,94%	5,21%
27	21,99%	16,67%	20,67%	5,15%
28	21,77%	16,53%	20,40%	5,09%
29	21,47%	16,41%	20,10%	5,02%

15 BGH 21.9.2016 – XII ZB 447/14, FamRZ 2016, 2076.
16 ZB BVV-Versorgungen, ZVK-Versorgungen, soweit aus der Pflicht- in die freiwillige Versicherung geteilt wird, private Versorgungen, wenn ein neuer Tarif angeboten wird.

Zuschläge zum Barwert für Invaliditäts- und Hinterbliebenenversorgung			
	Männer		Frauen
Alter	Anteil IR	Anteil HR	Anteil IR	Anteil HR
30	21,21%	16,29%	19,77%	4,95%
31	20,96%	16,16%	19,43%	4,87%
32	20,63%	16,04%	19,08%	4,78%
33	20,29%	15,91%	18,68%	4,70%
34	19,98%	15,79%	18,26%	4,63%
35	19,61%	15,65%	17,81%	4,54%
36	19,19%	15,52%	17,33%	4,45%
37	18,81%	15,38%	16,80%	4,37%
38	18,35%	15,23%	16,30%	4,27%
39	17,89%	15,08%	15,73%	4,19%
40	17,40%	14,92%	15,19%	4,09%
41	16,91%	14,75%	14,63%	4,01%
42	16,43%	14,57%	14,06%	3,91%
43	15,93%	14,37%	13,48%	3,81%
44	15,43%	14,18%	12,90%	3,70%
45	14,94%	13,97%	12,31%	3,60%
46	14,42%	13,78%	11,69%	3,50%
47	13,88%	13,58%	11,07%	3,40%
48	13,32%	13,37%	10,45%	3,29%
49	12,74%	13,19%	9,79%	3,19%
50	12,13%	13,00%	9,11%	3,09%
51	11,50%	12,83%	8,42%	2,99%
52	10,81%	12,67%	7,71%	2,89%
53	10,08%	12,51%	6,99%	2,79%
54	9,29%	12,37%	6,25%	2,70%
55	8,47%	12,26%	5,51%	2,62%
56	7,58%	12,16%	4,74%	2,53%
57	6,62%	12,09%	3,98%	2,46%
58	5,60%	12,06%	3,23%	2,39%
59	4,54%	12,07%	2,52%	2,32%
60	3,48%	12,11%	1,87%	2,25%
61	2,44%	12,20%	1,28%	2,19%
62	1,48%	12,31%	0,76%	2,12%
63	0,71%	12,45%	0,36%	2,04%
64	0,18%	12,59%	0,10%	1,97%
65	0,00%	12,72%	0,00%	1,89%

Hauß

15 In den Auskünften der Versorgungsträger zum Versorgungsausgleich wird regelmäßig angegeben, ob der Versorgungsträger den Risikoschutz auf eine Altersversorgung beschränkt und mithin Hinterbliebenen- und Invaliditätsversorgung aus dem Versicherungsumfang für den Ausgleichsverpflichteten streicht. Erfolgt eine derartige Risikoreduktion, hat der Versorgungsträger einen versicherungsmathematischen Ausgleich zur Altersversorgung zu zahlen. Die Höhe dieses **Kompensationszuschlags** ist nicht einfach zu prüfen und wird von den Versorgungsträgern oftmals in ihren Auskünften nicht mitgeteilt. **Gerichte und Anwaltschaft** haben darauf zu achten, dass die Höhe eines Kompensationszuschlags vom Versorgungsträger in der Auskunft mitgeteilt wird, da anderenfalls eine Kontrolle der Umsetzung der Entscheidung des Familiengerichts durch die betroffenen Parteien und die Anwaltschaft nicht möglich ist.

16 Bei der Bestimmung der **Höhe des Kompensationszuschlags** ist zwischen der **individuellen** und der **kollektiven** Methode zu unterscheiden. Bei der individuellen Methode werden die Aufwendungen des spezifischen Versorgungssystems für Alters- und Hinterbliebenenversorgung bewertet und ggf. geschlechts- und altersspezifisch in die versicherungsmathematische Berechnung des Werts einer Versorgung einbezogen. Dabei ist zu berücksichtigen, dass der Wert einer Invaliditätsversorgung für einen jungen Menschen höher ist als für einen alten und der Wert für eine Hinterbliebenenversorgung ebenso von Alter und Geschlecht abhängig ist. Ein alter Mensch hat keine Kinder mit einer Waisenrente zu versorgen. Geschiedene Frauen heiraten nur zu 30 % erneut, während geschiedene Männer zu 80 % erneut heiraten, so dass der Wert einer Hinterbliebenenversorgung für eine ältere Frau im Scheidungsfall unbedeutend klein ist, sofern man ihn individuell bemisst. Bei der **kollektiven Bewertungsmethode** werden die Prozentsätze großer Versorgungssysteme für die Aufwendungen von Invaliditäts- und Hinterbliebenenversorgungen zugrunde gelegt. In der gesetzlichen Rentenversicherung beträgt der Aufwand für Invaliditätsversorgungen 7 % und für die Hinterbliebenenversorgung 15 %,[17] so dass idR mit einem Bewertungszuschlag von 24 % bei der kollektiven Methode brauchbare Kontrollergebnisse erzielt werden (→ VersAusglG Vor § 39 Rn. 1 ff.).

17 Aus der Tabelle (→ VersAusglG Vor § 39 Rn. 3) können alters- und geschlechtsspezifische Kompensationszuschläge abgelesen werden. Notwendig ist das allerdings nur, wenn der Versorgungsträger die Versorgung nicht auf Kapitalwertbasis teilt, sondern auf Rentenbasis oder einer anderen Bezugsgröße. Erfolgt die Teilung auf Kapitalebene, ist das Kapital (ohne irgendeinen Zuschlag) in eine reine Altersrente umzurechnen. Nicht immer sind die Kompensationszuschläge plausibel. So differieren die Kompensationszuschläge in der berufsständischen Altersversorgung stark.[18] Bei Zweifeln im Einzelfall müsste ein versicherungsmathematisches Gutachten eingeholt werden.

18 **d) Hilfslösung (Abs. 2).** Sieht die Versorgungsordnung des Versorgungsträgers eine Teilungsordnung, die den Anforderungen nach Abs. 1 entspricht, nicht vor, greift Abs. 2 ein. Das Gericht begründet dann zulasten der Versorgung der ausgleichspflichtigen Person ein Anrecht entsprechend den für die ausgleichspflichtige Person geltenden Regelungen.

---

17 Zuletzt RVaktuell 2016, 233.
18 In der Anwaltsversorgung Sachsen im Scheidungsalter 50: 22,1 %, im gleichen Alter gewährt die Anwaltsversorgung Rheinland-Pfalz nur einen Zuschlag von 9 %.

Von dieser Vorschrift sollten die Gerichte dann Gebrauch machen, wenn die 19
Versorgungsträger keine Auskünfte über die Versorgung erteilen oder Zweifel
an der Realisierung des Halbteilungsgrundsatzes bei Anwendung der von dem
Versorgungsträger vorgeschlagenen Teilungsregelungen bestehen. In beiden Fällen kann das Gericht sowohl den vorgeschlagenen Ausgleichswert verwerfen als
auch anordnen, dass das Anrecht des ausgleichsberechtigten Gatten nach den
identischen Berechnungsgrundlagen wie die auszugleichende Versorgung bewertet und ausgeglichen wird.[19] Dabei ist darauf zu achten, dass im Tenor der Entscheidung in diesen, aber auch in anderen Fällen, die Fassung oder das Datum
der Versorgungsregelung zu benennen ist, die der Entscheidung zugrunde liegt.

Fondsgebundene Versorgungen werden auf Kapitalwertebene zum Zeitpunkt 20
des Ehezeitendes geteilt.[20] Bei interner Teilung einer fondsgebundenen Versorgung bereitet dies keine Probleme, weil der zugunsten der ausgleichsberechtigten
Person begründete Kapitalanteil an der weiteren Versorgungsentwicklung teilnimmt. Bei externer Teilung lehnt der Bundesgerichtshof eine Verzinsung des
Ausgleichswerts zwischen Ehezeitende und Rechtskraft der Entscheidung ab,[21]
weil die Ermittlung des Ausgleichswertes nicht das Ergebnis einer Barwerter-
mittlung sondern des Kurswerts des Fonds zum Stichtag sei. Eine daran anschließende positive Marktentwicklung sei als nachehezeitliche Entwicklung bei
der externen Teilung nicht ausgleichspflichtig. Eine negative Entwicklung müsse
aber zur Reduktion des Ausgleichswertes führen, weil anderenfalls entweder der
Halbteilungsgrundsatz verletzt werde oder der Ausgleich nicht kostenneutral für
den Versorgungsträger verlaufe.[22]

Tatsächlich soll die ausgleichsberechtigte Person Chancen und Risiken der aus- 21
zugleichenden Versorgung tragen. Da die externe Teilung die Ausnahme ist, sind
Wertentwicklungen einer Versorgung zwischen Ehezeitende und Ausgleichszeitpunkt in jedem Fall von der ausgleichsberechtigten Person mit zu tragen. Die
Bestimmung des Ehezeitendes als Zeitpunkt der Wertfestlegung ist aus praktischen Gründen erforderlich, weil sonst der Versorgungsausgleich gar nicht
durchgeführt werden könnte. Dies bedeutet aber nicht, dass auch Chancen und
Risiken einer Versorgungsentwicklung auf diesen Zeitpunkt zu begrenzen sind.
Bis zum externen Vollzug der dinglichen Teilung einer Versorgung ist diese intern zum Ehezeitende geteilt. Der Versorgungsteil der ausgleichsberechtigten
Person teilt insoweit das Versorgungsschicksal der Quellversorgung, einschließlich des Verminderungs- und Vermehrungsrisikos. Die **Chancenteilung** erfolgt
erst mit dem Vollzug der Teilung. Deswegen ist es nur konsequent, die Entwicklung der Versorgung zwischen Ehezeitende und Ausgleich nachzuzeichnen und
der ausgleichsberechtigten Person einen zivilrechtlichen Anspruch gegen den
Versorgungsträger auf Zuschlag der Versorgungsgewinne in dieser Zeit zu geben.[23]

Alternativ kommt zwar keine quotale Teilung der Versorgung der ausgleichs- 22
pflichtigen Person in Betracht, weil es insoweit an der Vollstreckbarkeit fehlen

---

19 BGH FamRZ 2015, 1869.
20 OLG Stuttgart FamRZ 2011, 979; OLG München FamRZ 2011, 376; 2011, 377; Gut-
    deutsch, FamRB 2011, 57.
21 BGH FamRZ 2013, 1635.
22 BGH FamRZ 2012, 694.
23 So ausdrücklich auch Gutdeutsch FamRB 2011, 57.

dürfte.[24] Wenn eine fondsgebundene Versorgung jedoch als Bezugsgröße **Fondsanteile** kennt, können die Fondsanteile nach § 39 VersAusglG geteilt werden.

23 **2. Tenorierung, Benennung der Versorgungsregelung.** Um zu einem späteren Zeitpunkt die „vergleichbare Wertentwicklung" des Anrechts für die geschiedenen Ehegatten überprüfbar zu machen, ist die Angabe der genauen Versorgungsregelung, ggf. einschließlich des Datums der Regelung erforderlich.[25]

24 Setzt sich eine Versorgung aus unterschiedlichen Bestandteilen zusammen, die nach unterschiedlichen Regeln ermittelt und bei denen die Höhe der spätere Versorgung nach unterschiedlichen Grundsätzen ermittelt wird, ist dies durch einen „gesplitteten Tenor" zum Ausdruck zu bringen.[26] Dies entspricht nicht nur einem Interesse des Versorgungsträgers,[27] sondern gerade auch einem Interessen der Parteien an Transparenz des Einflusses der Entscheidung auf die künftige Versorgungsentwicklung. Oft wird man in diesen Fällen von mehreren Versorgungen „unter einem Dach", also bei einem Versorgungsträger auszugehen haben, über die der Versorgungsträger sinnvollerweise dann auch getrennt Auskunft zu erteilen hätte und die demnach auch getrennt und unterschiedlich zu tenorieren wären.

§ 12 VersAusglG   Rechtsfolge der internen Teilung von Betriebsrenten

Gilt für das auszugleichende Anrecht das Betriebsrentengesetz, so erlangt die ausgleichsberechtigte Person mit der Übertragung des Anrechts die Stellung eines ausgeschiedenen Arbeitnehmers im Sinne des Betriebsrentengesetzes.

1 § 12 VersAusglG gilt für den internen Ausgleich von Anrechten, die dem Gesetz über die betriebliche Alterversorgung (BetrAVG) unterfallen. Nach § 1 BetrAVG ist dafür Voraussetzung, dass es sich um eine Versorgungszusage an einen **Arbeitnehmer** handelt. Altersvorsorgezusagen eines Betriebs an betriebliche Organe – wie Vorstand und Geschäftsführer – unterliegen nicht dem Gesetz über die betriebliche Altersvorsorge.

2 § 12 VersAusglG weist der ausgleichsberechtigten Person beim Ausgleich von Renten nach dem Betriebsrentengesetz die **Stellung eines ausgeschiedenen Arbeitnehmers** zu. Im Ergebnis bedeutet dies, dass **Leistungen der betrieblichen Altersversorgung** aus dem übertragenen Anrecht **nach § 16 BetrAVG** angepasst werden, der **Insolvenzschutz** nach §§ 7 ff. BetrAVG über den Pensionssicherungsverein hergestellt ist und der ausgleichsberechtigte Arbeitnehmer nach § 4 Abs. 3 BetrAVG verlangen kann, dass der Versorgungswert auf einen anderen Arbeitgeber in Höhe des sog Portabilitätswerts übertragen wird. Dieses Portabilitätsrecht nach § 4 Abs. 3 BetrAVG gilt jedoch nur für einen Zeitraum innerhalb eines Jahres nach Beendigung des Arbeitsverhältnisses und nur dann, wenn die betriebliche Altersversorgung über einen Pensionsfond, eine Pensionskasse oder eine Direktversicherung durchgeführt worden ist und der Übertragungswert die Beitragsbemessungsgrenze in der allgemeinen Rentenversicherung

---

24 BGH FamRZ 2007, 2055.
25 BGH 26.1.2011 – XII ZB 504/10, FamRZ 2011, 547 mAnm Holzwarth; OLG Celle FamRZ 2011, 379; OLG Karlsruhe FamRZ 2011, 381.
26 OLG München FamRZ 2011, 377.
27 OLG Stuttgart FamRZ 2011, 381.

(2017: 76.200 EUR in den alten und 68.400 EUR in den neuen Bundesländern) nicht übersteigt.

Diese Möglichkeit des neuen Versorgungsausgleichsrechts ist in der Versorgungsausgleichspraxis von nicht unerheblicher Bedeutung. Zwar kann auch der externe Ausgleich einer Versorgung aufgrund einer Vereinbarung der ausgleichsberechtigten Person mit dem Versorgungsträger erfolgen (§ 14 Abs. 2 Nr. 1 VersAusglG). Dies scheitert jedoch teilweise in der Praxis, weil betriebliche Altersversorgungträger im Rahmen des Versorgungsausgleichs zum Abschluss derartiger Vereinbarungen nicht bereit sind und insbesondere keine aufnahmebereite Zielversorgung zur Verfügung steht. **Nach Durchführung des Versorgungsausgleichs** gilt jedoch § 4 Abs. 3 BetrAVG für den Ausgleichsberechtigten. Dieser hat daher bei Vorlage der Voraussetzungen einen **Anspruch auf Übertragung des Versorgungswerts** in eine andere betriebliche Altersversorgung, in der er selbst bereits Mitglied ist. Diese Zielversorgung kann nach dem eindeutigen Wortlaut von § 4 Abs. 3 S. 3 BetrAVG („der neue Arbeitgeber ist verpflichtet …") der Portierung nicht widersprechen. Wenn eine Versorgungskonzentration bei der Durchführung des öffentlich-rechtlichen Versorgungsausgleichs, aus welchen Gründen auch immer, nicht gelingt, kann eine betriebliche Altersversorgung, die im Wege des Versorgungsausgleichs durch interne Teilung bei einem Versorgungträger entstanden ist, in eine andere Versorgung des Ausgleichsberechtigten auf dessen Wunsch hin überführt werden. Durch diese aus dem Betriebsrentengesetz stammende Möglichkeit ist die weitere Konzentration von Versorgungen möglich. 3

Allerdings ist in § 4 Abs. 3 BetrAVG eine **Jahresfrist** vorgesehen, wonach der Arbeitnehmer innerhalb eines Jahres nach Beendigung des Arbeitsverhältnisses von seinem Arbeitgeber verlangen kann, den Wert der Versorgung auf einen neuen Arbeitgeber zu übertragen. Da der ausgleichsberechtigte Ehegatte nie in einem Arbeitsverhältnis zum Arbeitgeber der auszugleichenden Versorgung stand, fragt sich, ob die Jahresfrist für diese Fälle überhaupt zur Anwendung kommt, und wenn ja, ab wann sie gilt. Um diese Frage zu entscheiden, ist auf den **Zweck der Jahresfrist** abzustellen. Sie ist eine Schutzfrist für das betriebliche Altersversorgungssystem. Finanziellen Dispositionen eines Altersversorgungssystems liegen immer lange Zeiträume zugrunde. Es liegt daher im Interesse einer Altersversorgung, einen Mittelabfluss langfristig kalkulieren zu können und insbesondere kurzfristige **Risikofluchten** einzudämmen. Würde ausgeschiedenen Arbeitnehmern die Möglichkeit der Portierung des Versorgungswerts unbeschränkt eingeräumt, wäre zu befürchten, dass bei einer sich abzeichnenden Krisenlage des Versorgungssystems die ausgeschiedenen Arbeitnehmer die Portierung ihrer Versorgungswerte verlangen und dadurch das Versorgungssystem weiter destabilisieren. Ausgehend davon ist es sachgerecht, die Jahresfrist, binnen derer der ausgleichsberechtigte Ehegatte die Portierung des Versorgungswerts in ein anderes Versorgungssystem verlangen kann, mit der Rechtskraft der Entscheidung über den Versorgungsausgleich beginnen zu lassen.[1] Bei dieser Portierungslösung ist zu beachten, dass die Versorgung den Kriterien der Zielversorgung unterliegt und auch deren Risiko teilt. Auch ist zu berücksichtigen, dass durch die zunächst erfolgte interne Teilung der Versorgung Teilungskosten nach § 13 VersAusglG entstehen, die den Versorgungswert mindern. Schließlich ist zu be- 4

---

1 So auch MK/Eichenhofer VersAusglG § 12 Rn. 7.

rücksichtigen, dass der Portabilitätswert mit einem hohen Rechnungszins (meist 6 % nach § 6 a Abs. 3 S. 3 EStG oder § 253 HGB) berechnet wird. Wenn das aufnehmende System der Zielversorgung nicht einen ähnlich hohen Rechnungszins für die Bewertung der Versorgung zugrunde legt, treten zT erhebliche **Transferverluste** ein. Bei einem derartigen Wechsel ist daher aus **anwaltlicher Sicht** immer Vorsicht geboten; es gilt eine sorgfältige Einzelabwägung durchzuführen.

5 Als betriebliches Anrecht ist das Anrecht der ausgleichsberechtigten Person nach § 16 BetrAVG in der Leistungsphase anzupassen. Ob eine eventuell bestehende **Anwartschaftsdynamik** eines betrieblichen Anrechts nach § 2 Abs. 5 BetrAVG im Versorgungsausgleich unbeachtlich ist, ist umstritten. Teilweise wird angenommen, die nacheheizeitliche Anwartschaftsdynamik sei schuldrechtlich auszugleichen.[2] Andererseits wird vertreten, § 11 Abs. 1 S. 2 Nr. 2 VersAusglG sei gegenüber § 2 Abs. 5 BetrAVG lex spezialis, weswegen eine Anwartschaftsdynamik ebenfalls auszugleichen sei.[3] Dagegen wird indessen zu Recht eingewendet, dass die nacheheizeitliche Dynamik auf nacheheizeitlicher Leistung des Inhabers der Versorgung beruht,[4] die deswegen nicht auszugleichen sei.[5] Wenn jedoch einem Arbeitnehmer als betriebliche Altersversorgung ein bis zur Regelaltersgrenze fest verzinslicher Kapitalbetrag zugesagt wird (zB als „Deferred Compensation"),[6] ist diese Dynamik bei der auf das Eheezeitende bezogenen Bewertung der Versorgungszusage zu bewerten, indem der Barwert des aufgezinsten Zukunftswerts unter Abschlag des Versterbensrisikos gebildet wird (→ VersAusglG Vor § 39 Rn 2). Die Wertentwicklung einer solchen Versorgung hängt von keinerlei nacheheizeitlichen Leistung des Inhabers der Versorgung sondern nur vom Erleben des Fälligkeitszeitpunkts der Versorgung ab. Auch ist die Fortdauer des Arbeitsverhältnisses keine Bedingung der Dynamik.

6 Die **Anwaltschaft** muss in den Fällen einer anwartschaftsdynamischen betrieblichen Altersversorgung die ausgleichsberechtigte Person auf die Notwendigkeit der Kontrolle der Einhaltung der Anwartschaftsdynamik im Leistungsfall hinweisen. Rechtsstreitigkeiten darüber sind regelmäßig vor dem Arbeitsgericht[7] zu führen (§ 3 ArbGG).

§ 13 VersAusglG Teilungskosten des Versorgungsträgers

Der Versorgungsträger kann die bei der internen Teilung entstehenden Kosten jeweils hälftig mit den Anrechten beider Ehegatten verrechnen, soweit sie angemessen sind.

1 Zur Erhöhung der Attraktivität der internen Teilung hat der Gesetzgeber den Versorgungsträgern die Möglichkeit eingeräumt, die „bei der internen Teilung entstehenden Kosten" jeweils hälftig mit den Anrechten beider Ehegatten zu verrechnen, soweit diese angemessen sind. Trotz der Eindeutigkeit der Formulierung sollen nach der Rechtsprechung alle „durch" die interne Teilung verur-

---

2 Palandt/Brudermüller VersAusglG § 12 Rn. 3; Borth Rn. 819.
3 FAKomm-FamR/Wick VersAusglG § 11 Rn. 8 ff.; HK-VersAuslR/Götsche VersAusglG § 12 Rn. 8.
4 Erman/Norpoth VersAusglG § 11 Rn. 4 a.
5 Aufgabe der in der Voraufl. vertretenen Auffassung.
6 Bergner FamFR 2010, 461.
7 BT-Drs. 16/10144, 57.

sachten Kosten auf die Verursacher dieser Kosten abgewälzt werden können.[1] Nicht durch § 13 VersAusglG abgedeckt wäre es, die Ehegatten mit den Kosten der Ermittlung des Ausgleichswerts zu belasten.[2]

Die Rechtsprechung des Bundesgerichtshofs[3] hat **pauschaliert erhobene Teilungskosten** von 2–3 % des Kapitalwerts einer Versorgung, begrenzt auf **maximal 500 EUR** für angemessen gehalten. Belegt der Versorgungsträger anhand seiner Versorgung tatsächlich höhere Kosten, können auch diese angemessen sein. Allerdings sind an diese Darlegung strenge Anforderungen zu stellen.[4] Der Versorgungsträger hat in diesen Fällen die tatsächlich anfallenden Kosten zu belegen.[5] Es müssten in diesen Fällen die pro Mitglied des Versorgungssystems anfallenden Personal- und Sachkosten aufgeschlüsselt werden. In der Praxis zeigt sich, dass die meisten Versorgungsträger einen pauschalen Kostenansatz wählen. Wird dieser überschritten, sollte der Kostenansatz beanstandet werden. Dies kann von Amts wegen durch das Gericht oder als Parteirüge geschehen. Hohe Teilungskosten sollten durch geschickte Saldierungen vermieden werden. Insgesamt steht jedoch die Aufmerksamkeit, die die Rechtspraxis den Teilungskosten zukommen lässt in keinem nachvollziehbaren Verhältnis zur Großzügigkeit bei der Berechnung des Kapitalwertes einer Versorgung (→ VersAusglG Vor § 39 Rn. 2 f.). Dieser wird nur selten kritisch hinterfragt, obwohl sich Fehler bei der Berechnung der Kapitalwerte von Versorgungen weit intensiver auswirken.

Unterabschnitt 3 Externe Teilung

§ 14 VersAusglG Externe Teilung

(1) Das Familiengericht begründet für die ausgleichsberechtigte Person zulasten des Anrechts der ausgleichspflichtigen Person ein Anrecht in Höhe des Ausgleichswerts bei einem anderen Versorgungsträger als demjenigen, bei dem das Anrecht der ausgleichspflichtigen Person besteht (externe Teilung).

(2) Eine externe Teilung ist nur durchzuführen, wenn
1. die ausgleichsberechtigte Person und der Versorgungsträger der ausgleichspflichtigen Person eine externe Teilung vereinbaren oder
2. der Versorgungsträger der ausgleichspflichtigen Person eine externe Teilung verlangt und der Ausgleichswert am Ende der Ehezeit bei einem Rentenbetrag als maßgeblicher Bezugsgröße höchstens 2 Prozent, in allen anderen Fällen als Kapitalwert höchstens 240 Prozent der monatlichen Bezugsgröße nach § 18 Abs. 1 des Vierten Buches Sozialgesetzbuch beträgt.

(3) § 10 Abs. 3 gilt entsprechend.

(4) Der Versorgungsträger der ausgleichspflichtigen Person hat den Ausgleichswert als Kapitalbetrag an den Versorgungsträger der ausgleichsberechtigten Person zu zahlen.

(5) Eine externe Teilung ist unzulässig, wenn ein Anrecht durch Beitragszahlung nicht mehr begründet werden kann.

---

1 BGH FamRZ 2012, 610; 2012, 1549; Palandt/Brudermüller VersAusglG § 13 Rn. 1.
2 BT-Drs. 16/10144 58; Palandt/Brudermüller VersAusglG § 13 Rn. 1.
3 BGH FamRZ 2012, 1546.
4 BGH FamRZ 2015, 913; 2012, 942.
5 BGH FamRZ 2012, 610.

I. Allgemeines

1   **1. Externe Teilung als Ausnahme.** Abs. 1 enthält die **Legaldefinition** der externen Teilung. Die externe Teilung bedeutet immer den **Wechsel eines Versorgungsträgers** und damit nahezu immer einen Wechsel der wirtschaftlichen und rechtlichen Rahmenbedingungen, unter denen die Versorgung sich entwickelt und die Leistungen im Versorgungsfall erbracht werden. Derartige Systemwechsel sind nahezu immer mit Transferverlusten verbunden, die umso gravierender ausfallen, wie die Versorgungssysteme, zwischen denen der Wechsel stattfindet, sich in ihren Grundstrukturen unterscheiden. So kann eine volldynamische Altersversorgung von 100 EUR für einen 30-jährigen Mann einschließlich Hinterbliebenen- und Invaliditätsversorgung zu einem „Preis" von etwa 17.000 EUR eingekauft werden. Ein Versorgungserwerb „in der gesetzlichen Rentenversicherung" würde etwa 22.272 EUR kosten[1] und damit mehr als 30 % mehr. Dieses Beispiel macht deutlich, dass jeder Teilungsvorgang Transferverluste verursacht, noch mehr jedoch ein Teilungsvorgang unter Inkaufnahme eines Systemwechsels Verluste für die Parteien verursacht.

2   Für die **Anwaltschaft** bedeutet dies, dass durch intelligente Parteivereinbarungen stets versucht werden sollte, die externe Teilung von Versorgungen zu verhindern. Nur in seltenen Fällen kann die externe Teilung einer Versorgung sinnvoll sein. Eine solche Situation kann gegeben sein, wenn **durch die externe Teilung in der gesetzlichen Rentenversicherung Wartezeiten begründet** werden, die überhaupt erst die Voraussetzung für einen Leistungsbezug ermöglichen (insoweit → VersAusglG § 43 Rn. 35). Ebenso kann der externe Ausgleich einer Versorgung sinnvoll sein, um einer Versorgung mit hohem Risiko des teilweisen oder Totalverlusts durch Veräußerung oder Insolvenz zu entgehen (→ VersAusglG § 11 Rn. 17). In diesen seltenen Fällen von nicht rückgedeckten Geschäftsführerversorgungen ist die externe Teilung einer Versorgung gleichzeitig die „Flucht aus dem Risiko". Wenig Probleme in wirtschaftlicher Hinsicht bereitet auch die externe Teilung einer Beamtenversorgung (§ 16 VersAusglG), da hier die ausgleichsberechtigte Person eine weitgehend wertgleiche und gleich sichere Versorgung in der gesetzlichen Rentenversicherung erhält. Eine externe Teilung in die gesetzliche Rentenversicherung kann auch sinnvoll sein, um eine laufende Invaliditätsrente der ausgleichsberechtigten Person zu erhöhen, wenn das zu teilende Anrecht bei interner Teilung eine Invaliditätsversorgung zulässigerweise (§ 11 Abs. 1 Nr. 3 VersAusglG) ausschließt.

3   Die Ermöglichung der externen Teilung verletzt, soweit sie nicht aufgrund einer Parteivereinbarung oder einer Vereinbarung mit den Versorgungsträgern beruht, das fundamentale Prinzip des neuen Versorgungsausgleichsrechts, durch Realteilung der einzelnen Versorgungen beide Ehepartner gleichmäßig an Chancen und Risiken des ehezeitlichen Versorgungserwerbs teilhaben zu lassen. Unabhängig von dieser Generalkritik an der externen Teilung stellt § 14 VersAusglG, die Einleitungsnorm für die externe Teilung, die Grundsätze des Versorgungsausgleichs nicht in Frage. Danach ist die externe Teilung aufgrund einer parteiautonomen Vereinbarung zwischen der ausgleichsberechtigten Person und dem Versorgungsträger, der ausgleichspflichtigen Person (Abs. 2 Nr. 1, → Rn. 7) möglich. Diese **Stärkung der Privatautonomie** im Versorgungsausgleich durchzieht das ge-

---

1   Ehezeitende 2016, Preis pro Euro Rente in der gesetzlichen Rentenversicherung: 222,72 EUR.

samte Gesetz und wird auch insoweit bei der externen Teilung aufgegriffen. Auch der externe Ausgleich von relativ geringwertigen Versorgungen nach Abs. 2 Nr. 2 ist keine grundlegende Verletzung des dem neuen Versorgungsausgleichsrecht zugrunde liegenden Prinzips. Eine Versorgung mit einem Rentenwert von etwas mehr als 50 EUR hat keinen so starken Versorgungscharakter, als dass man im Spannungsverhältnis zwischen Verwaltungsökonomie und Versorgungssicherheit in der Durchbrechung des Prinzips des Risk-sharings durch den externen Ausgleich eine Verletzung der Rechtsprinzipien des neuen Versorgungsausgleichs sehen könnte. Stein des Anstoßes ist vielmehr § 17 VersAusglG, der den externen Ausgleich von sehr werthaltigen Versorgungen bis zu einem Ausgleichswert von 74.400 EUR im Wege des externen Ausgleichs zulässt. Ein so hoher Ausgleichswert entspricht einer Rente von ca. 785 EUR monatlich[2] in der Quellversorgung.

Wenn in der Literatur darauf hingewiesen wird, die externe Teilung rechtfertige 4 sich aus dem Prinzip der parteiautonomen Vereinbarung,[3] ist dieses Argument zutreffend. Soweit jedoch argumentiert wird, die externe Teilung diene dazu, die Träger betrieblicher Altersversorgung vor den aus der internen Teilung sich ergebenden verwaltungsmäßigen Belastungen zu schützen,[4] ist dies unzutreffend. Die Rechtsprechung hat mit der weiten Auslegung des Normwortlauts zu § 13 VersAusglG die Voraussetzung dafür geschaffen, dass der Quellversorgungsträger alle Kostenbelastungen durch das neue Versorgungsmitglied auf die Ehegatten abwälzen kann. Der Systembruch des neuen Versorgungsausgleichsgesetzes, der insbesondere in § 17 VersAusglG begangen wird, ist juristisch und systematisch nicht zu rechtfertigen.[5]

2. Problematische externe Teilungen. Die besondere Problematik der externen 5 Teilung resultiert insbesondere aus dem seit der Einführung des VersAusglG eingetretenen Verfall der Kapitalmarktzinsen. Dies hat dazu geführt, dass die zu hohen Rechnungszinsen gegebenen Rentenzusagen aus den tatsächlichen Kapitalrenditen der Versorgungsträger nicht mehr zu finanzieren sind. Da der Versorgungsträger bei der externen Teilung einen die erzielbaren Kapitalmarktrenditen deutlich übersteigenden Rechnungszins anwendet, entsorgt er teure Versorgungsverpflichtungen. Bei Neubegründung einer Versorgungszusage wird ein deutlich niedrigerer Garantiezins[6] verwendet. Für einen 50-jährigen Mann bedeutet dies, dass er für einen auf den 30.11.2016 berechneten Kapitalwert einer Rente in Höhe von 500 EUR ab 1.1.2017 nur lediglich eine Rente von ca. 270 EUR erwerben kann.

II. Externe Teilung, Voraussetzungen (Abs. 2)

Während Abs. 1 die **Legaldefinition der externen Teilung** liefert, bestimmt 6 Abs. 2, unter welchen Voraussetzungen für alle im Versorgungsausgleich auszugleichenden Versorgungen der externe Ausgleich durchgeführt wird.

Nach Abs. 2 Nr. 1 kann sich der Versorgungsträger der ausgleichspflichtigen 7 Person auf die externe Teilung einer auszugleichenden Versorgung verständigen.

---

2 Berechnet auf den 31.10.2016, 1,7 % Rententrend.
3 JH/Holzwarth VersAusglG § 14 Rn. 2.
4 Borth, Versorgungsausgleich, Rn. 560.
5 Vgl. auch grundlegend Hauß in: FS Brudermüller, 2014, S. 277.
6 Der „Höchstrechnungszins", der gemeinhin als Garantiezins bezeichnet wird, beträgt ab 1.7.2017 0,9 %.

Während § 6 VersAusglG den Versorgungsausgleich für Vereinbarungen der Ehegatten untereinander öffnet, erweitert § 14 Abs. 2 Nr. 1 die vertragliche Gestaltung des Versorgungsausgleichs auch auf die Ausgleichsformen und erweitert den Kreis derjenigen, die den Versorgungsausgleich gestalten können, um die Versorgungsträger, die in einer Vereinbarung mit der ausgleichsberechtigten Person die externe Teilung **formfrei** vereinbaren können. Für solche Vereinbarungen besteht auch **kein Anwaltszwang.**[7]

8 Derartige Vereinbarungen werden meist von Versorgungsträgern angetragen, die aus strukturellen oder politischen Gründen eine personelle Ausweitung des Kreises der bei ihnen Versicherten nicht wünschen oder die Kostenbelastungen fürchten. Geht die Initiative zur externen Teilung von einem Versorgungsträger aus, der eine werthaltige und renditestarke Versorgung betreibt, liegt es idR nicht im Interesse der ausgleichsberechtigten Person, den Versorgungsträger zu verlassen. Dies betrifft vor allem die Fälle, in denen eine betriebliche Altersversorgung die externe Teilung wünscht. Betriebliche Altersversorgungen sind – von Ausnahmen abgesehen – renditestarke und relativ insolvenzsichere Versorgungssysteme; aus wirtschaftlichen Gründen empfiehlt sich nur selten die externe Teilung einer betrieblichen Altersversorgung. Regelmäßig kann dies nur dann wirtschaftlich verantwortet werden, wenn es der ausgleichsberechtigten Person möglich ist, den Ausgleichswert in eine eigene betriebliche Altersversorgung zu transferieren. Aber auch dabei müssen die aus unterschiedlichen Rechnungszinsen resultierenden Gefahren (→ VersAusglG § 45 Rn. 25) berücksichtigt werden. Soweit ein betrieblicher Versorgungsträger, für den § 17 VersAusglG nicht gilt, die Initiative zur externen Teilung nach § 14 Abs. 2 Nr. 1 VersAusglG ergreift, besteht für die ausgleichsberechtigte Person die Chance, einen Zuschlag zum Ausgleichswert auszuhandeln, um die durch den Wechsel des Versorgungsträgers begründeten Nachteile zu vermeiden.

9 Ein erhebliches **Risiko** der externen Teilung ist neben dem Rechnungszinsgefälle zwischen Quell- und Zielversorgung auch ein **während der Laufzeit des Verfahrens entstehender Zinsverlust.** Versorgungsausgleichsverfahren sind häufig zeitaufwendige Verfahren, die insbesondere dann, wenn im Verbund auch noch Unterhalts- und Zugewinnausgleichsfragen sowie möglicherweise Kindschaftsfragen zu entscheiden sind, viele Jahre dauern können. Bei der externen Teilung von Versorgungen ist der Ausgleichswert in der Zeit zwischen Ehezeitende und **Rechtskraft** mit dem für die Ermittlung des Ausgleichswerts maßgeblichen Zinssatz zu verzinsen.[8] **Diese Verzinsung ist allerdings im Tenor der Entscheidung anzuordnen,** da anderenfalls nur Verzugszinsen ab Rechtskraft[9] fällig werden. Die **Zinsverpflichtung entfällt** bei **fondsgebundenen betrieblichen Altersversorgungen.**[10] Insbesondere bei Abänderungsverfahren nach § 51 VersAusglG profitiert die ausgleichsberechtigte Person von einer langen Verzinsungsphase, wodurch ein Teil der Nachteile externer Teilung vermieden werden kann.

10 **1. Vereinbarung (Abs. 2 Nr. 1). Gegen den Willen eines Versorgungsträgers** kann eine **externe Teilung nie erzwungen** werden. Externe Teilung setzt voraus, dass der Versorgungsträger bei Rechtskraft der Versorgungsausgleichsentschei-

---

7 Zöller/Lorenz FamFG § 222 Rn. 2.
8 BGH FamRZ 2016, 1144; 2011, 1785; 2013, 1019; 2013, 773.
9 BGH FamRZ 2013, 1635 Rn. 14.
10 BGH FamRZ 2013, 1635.

dung einen Kapitalbetrag in Höhe des Ausgleichswerts an die Zielversorgung überweist. Dieser Mittelabfluss kann die wirtschaftlichen Belange des Versorgungsträgers beeinträchtigen, weswegen gegen seinen Willen die externe Teilung auch nicht in den Fällen des § 17 VersAusglG möglich ist. Allerdings können sich die ausgleichsberechtigte und die ausgleichspflichtige Person auf die Durchführung der externen Teilung einigen, auch wenn eigentlich eine interne Teilung vollzogen werden müsste. Die ausgleichsberechtigte Person kann auch durch die Portierung der Versorgung nach deren interner Teilung einen Wechsel der Versorgungsträger erreichen (→ VersAusglG § 12 Rn. 3 ff.).

Da die externe Teilung wegen des unterschiedlichen Zinsniveaus der Quell- und 11 Zielversorgung mit erheblichen **Versorgungsverlusten** verbunden ist, wird der ausgleichsberechtigte Ehegatte ein Interesse an externer Teilung nur dann haben, wenn die Versorgung beim Quellversorgungsträger „unsicher" ist, sei es, dass das Insolvenzrisiko – wie bei einer Gesellschafter-Geschäftsführer-Versorgung – nicht ausreichend abgesichert oder der Ausbau einer bestehenden Versorgung aus den Mitteln der Quellversorgung von der ausgleichsberechtigten Person beabsichtigt ist. **Bei mangelnder Sicherheit der Quellversorgung** ist stets die externe Teilung anzustreben, auch wenn dadurch Versorgungsverluste entstehen. Bei der Arrondierung des Versorgungsbuketts ist die externe Teilung nur dann anzustreben, wenn der auszugleichende Betrag der Quellversorgung relativ gering ist. Die Initiative zum externen Ausgleich einer Versorgung geht deswegen meist von der ausgleichsberechtigten Person aus. Der Versorgungsträger weiß, dass, wenn die Initiative zum externen Ausgleich von ihm gestartet wird, wegen der damit verbundenen Versorgungsnachteile fast immer Zuschläge zu zahlen sein werden.

2. Bagatellversorgungen. Abs. 2 Nr. 2 gibt dem Versorgungsträger die Möglich- 12 keit, bei Versorgungen mit geringem Ausgleichswert die externe Teilung zu verlangen. Der Gesetzgeber hat diese Möglichkeit bis zu einer Versorgungshöhe von 2 % der monatlichen Bezugsgröße nach § 18 SGB IV festgelegt. Bei einem Rentenwert ist daher derzeit bis zu einem Ausgleichswert von 59,50 EUR (2017) oder bis zu einem Kapitalwert von 7.140 EUR die externe Teilung möglich. Da es sich bei diesen Werten um relativ geringe Werte handelt, kann angesichts eines nicht unerheblichen Verwaltungsaufwands, der im Verhältnis zur Werthaltigkeit der Versorgung in einem Missverhältnis steht, gegen die externe Teilung wenig eingewendet werden.

Monatliche Bezugsgröße nach § 18 SGB VI		1% der monatlichen Bezugsgröße		2% der monatlichen Bezugsgröße		240% der monatlichen Bezugsgröße	
Jahr	West	Ost	West	Ost	West	Ost	West	Ost
1978	997,00 €		9,97 €		19,94 €		2.392,80 €	
1979	1.074,00 €		10,74 €		21,48 €		2.577,60 €	
1980	1.125,00 €		11,25 €		22,50 €		2.700,00 €	
1981	1.196,00 €		11,96 €		23,92 €		2.870,40 €	
1982	1.258,00 €		12,58 €		25,16 €		3.019,20 €	
1983	1.319,00 €		13,19 €		26,38 €		3.165,60 €	
1984	1.396,00 €		13,96 €		27,92 €		3.350,40 €	

Monatliche Bezugsgröße nach § 18 SGB VI		1% der monatlichen Bezugsgröße		2% der monatlichen Bezugsgröße		240% der monatlichen Bezugsgröße	
Jahr	West	Ost	West	Ost	West	Ost	West	Ost

Jahr	West	Ost	West	Ost	West	Ost	West	Ost
1985	1.432,00 €		14,32 €		28,64 €		3.436,80 €	
1986	1.467,00 €		14,67 €		29,34 €		3.520,80 €	
1987	1.539,00 €		15,39 €		30,78 €		3.693,60 €	
1988	1.575,00 €		15,75 €		31,50 €		3.780,00 €	
1989	1.611,00 €		16,11 €		32,22 €		3.866,40 €	
1990	1.682,15 €		16,82 €		33,64 €		4.037,16 €	
1991	1.717,94 €		17,18 €		34,36 €		4.123,06 €	
1992	1.789,52 €	1.073,71 €	17,90 €	10,74 €	35,79 €	21,47 €	4.294,85 €	2.576,91 €
1993	1.896,89 €	1.395,83 €	18,97 €	13,96 €	37,94 €	27,92 €	4.552,54 €	3.349,98 €
1994	2.004,26 €	1.574,78 €	20,04 €	15,75 €	40,09 €	31,50 €	4.810,23 €	3.779,47 €
1995	2.075,85 €	1.682,15 €	20,76 €	16,82 €	41,52 €	33,64 €	4.982,03 €	4.037,16 €
1996	2.111,64 €	1.789,52 €	21,12 €	17,90 €	42,23 €	35,79 €	5.067,93 €	4.294,85 €
1997	2.183,22 €	1.861,10 €	21,83 €	18,61 €	43,66 €	37,22 €	5.239,72 €	4.466,65 €
1998	2.219,01 €	1.861,10 €	22,19 €	18,61 €	44,38 €	37,22 €	5.325,62 €	4.466,65 €
1999	2.254,80 €	1.896,89 €	22,55 €	18,97 €	45,10 €	37,94 €	5.411,51 €	4.552,54 €
2000	2.290,59 €	1.861,10 €	22,91 €	18,61 €	45,81 €	37,22 €	5.497,41 €	4.466,65 €
2001	2.290,59 €	1.932,68 €	22,91 €	19,33 €	45,81 €	38,65 €	5.497,41 €	4.638,44 €
2002	2.345,00 €	1.960,00 €	23,45 €	19,60 €	46,90 €	39,20 €	5.628,00 €	4.704,00 €
2003	2.380,00 €	1.995,00 €	23,80 €	19,95 €	47,60 €	39,90 €	5.712,00 €	4.788,00 €
2004	2.415,00 €	2.030,00 €	24,15 €	20,30 €	48,30 €	40,60 €	5.796,00 €	4.872,00 €
2005	2.415,00 €	2.030,00 €	24,15 €	20,30 €	48,30 €	40,60 €	5.796,00 €	4.872,00 €
2006	2.450,00 €	2.065,00 €	24,50 €	20,65 €	49,00 €	41,30 €	5.880,00 €	4.956,00 €
2007	2.450,00 €	2.100,00 €	24,50 €	21,00 €	49,00 €	42,00 €	5.880,00 €	5.040,00 €
2008	2.485,00 €	2.100,00 €	24,85 €	21,00 €	49,70 €	42,00 €	5.964,00 €	5.040,00 €
2009	2.520,00 €	2.135,00 €	25,20 €	21,35 €	50,40 €	42,70 €	6.048,00 €	5.124,00 €
2010	2.555,00 €	2.170,00 €	25,55 €	21,70 €	51,10 €	43,40 €	6.132,00 €	5.208,00 €
2011	2.555,00 €	2.240,00 €	25,55 €	22,40 €	51,10 €	44,80 €	6.132,00 €	5.376,00 €
2012	2.625,00 €	2.240,00 €	26,25 €	22,40 €	52,50 €	44,80 €	6.300,00 €	5.376,00 €
2013	2.695,00 €	2.275,00 €	26,95 €	22,75 €	53,90 €	45,50 €	6.468,00 €	5.460,00 €
2014	2.765,00 €	2.345,00 €	27,65 €	23,45 €	55,30 €	46,90 €	6.636,00 €	5.628,00 €
2015	2.835,00 €	2.835,00 €	28,35 €	28,35 €	56,70 €	56,70 €	6.804,00 €	6.804,00 €
2016	2.905,00 €	2.905,00 €	29,05 €	29,05 €	58,10 €	58,10 €	6.972,00 €	6.972,00 €
2017	2.975,00 €	2.975,00 €	29,75 €	29,75 €	59,50 €	59,50 €	7.140,00 €	7.140,00 €
2018								
2019								

Das durch § 14 Abs. 2 Nr. 2 VersAusglG dem Versorgungsträger eingeräumte Wahlrecht bzgl. der Teilungsart einer geringwertigen Versorgung bezieht sich nicht auf den Zielversorgungsträger. Dieser ist vielmehr nach § 15 VersAusglG durch den ausgleichsberechtigten Gatten auszuwählen.

III. Unzulässigkeit der externen Teilung (Abs. 5)

Eine externe Teilung ist unzulässig, wenn in der **Zielversorgung** eine Versorgung 13 für die ausgleichsberechtigte Person nicht mehr begründet werden kann. § 14 Abs. 3 VersAusglG verweist auf § 10 Abs. 3 VersAusglG, wonach für die Versorgungsbegründung die Vorschriften der jeweiligen Versorgungsordnung maßgeblich sind. Lässt diese eine Versorgungsbegründung aus versicherungstechnischen Gründen nicht zu, kann der Teilungsvorgang nicht in dieses Versorgungssystem erfolgen. Diese Regelung hat in der gesetzlichen Rentenversicherung Bedeutung in den Fällen, in denen bereits eine Vollrente wegen Alters bindend bewilligt worden ist (§ 187 Abs. 4 SGB VI). In diesen Fällen ist die Begründung weiterer Rentenanwartschaften durch Beitragszahlung nicht mehr möglich. Ein betriebliches oder privates Anrecht kann also nur bis zu diesem Zeitpunkt in die gesetzliche Rentenversicherung ausgeglichen werden. Danach steht nur die Versorgungsausgleichskasse als Zielversorgung zur Verfügung. Bis zu diesem Zeitpunkt kann aber eine bereits laufende Rente wegen verminderter Erwerbsfähigkeit oder Altersteilrente durch Beitragszahlungen im Wege der externen Teilung erhöht werden (§ 76 Abs. 1 SGB VI). Ist die Wahl der gesetzlichen Rentenversicherung als Zielversorgung aus versicherungstechnischen Gründen nicht möglich, bleibt der Ausgleich über die Versorgungsausgleichskasse (VersAusglG § 15 Abs. 5). Diese gewährt auch Rentnern eine Sofortrente aus dem eingezahlten Ausgleichswert.

Auf den **externen Ausgleich von Beamtenversorgungen** nach § 16 VersAusglG ist 14 § 14 Abs. 5 VersAusglG nicht anwendbar, da diese ansonsten im Rentenbezugsfall der ausgleichsberechtigten Person nicht mehr ausgeglichen werden könnten.[11]

IV. Durchführung der externen Teilung (Abs. 4)

Die externe Teilung wird durch **Zahlung des Ausgleichswerts**[12] an den Zielver- 15 sorgungsträger vollzogen. Damit diese möglich und von den Beteiligten kontrollierbar ist, verpflichtet § 222 Abs. 3 FamFG das Gericht, den nach § 14 Abs. 4 VersAusglG zu zahlenden Betrag in der Endentscheidung festzusetzen. Dadurch wird ein zivilrechtlicher Anspruch des Versorgungsträgers der Ziel- gegen den Versorgungsträger der Quellversorgung begründet. Bei Nichtleistung des Ausgleichsbetrages an die Zielversorgung kann deren Träger aus der familiengerichtlichen Entscheidung die Zwangsvollstreckung betreiben. Der Zielversorgungsträger trägt das Vollstreckungsrisiko, weil durch die rechtsgestaltende Entscheidung des FamG über den Versorgungsausgleich zugunsten der ausgleichsberechtigten Person eine Versorgung begründet wurde. Dies ist der Grund dafür dass in den Fällen, in denen die Zielversorgung nicht der gesetzlich bestimmte Zielversorgungsträger ist, die Aufnahmebereitschaft des Zielversorgungsträgers nachzuweisen ist (§ 222 Abs. 2 FamFG).

Handelt es sich beim Ausgleichswert der Quellversorgung um einen **Kapitalbe-** 16 **trag**, ist dieser zu tenorieren.

---

11 BT-Drs. 16/10144, 59; NK-BGB/Götsche VersAusglG § 14 Rn. 61; MK/Gräper VersAusglG § 14 Rn. 23; FAKomm-FamR/Wick VersAusglG § 14 Rn. 17.
12 BGH FamRZ 2011, 1785.

17   Handelt es sich um eine **Bezugsgröße** (Versorgungspunkte oÄ), ist der korrespondierende Kapitalwert[13] des Ausgleichswerts in der Quellversorgung in die Zielversorgung[14] einzuzahlen.

18   Inwieweit der auf das Ehezeitende bezogene **Kapitalbetrag als Ausgleichswert zu dynamisieren** ist, ist im Gesetz nicht geregelt. Grundsätzlich ist der Ausgleichswert auf das Ehezeitende bezogen. Oft vergehen aber zwischen Ehezeitende und der Durchführung des Versorgungsausgleichs viele Jahre. In dieser Zeit wird insbesondere bei kapitalgedeckten Versorgungssystemen eine Dynamisierung der Versorgung (wenigstens durch Zinsgewinne) erfolgen. Würden diese nicht mit übertragen, erzielte der Versorgungsträger zulasten der ausgleichsberechtigten Person unzulässigerweise Finanzierungsgewinne. Es besteht daher Einigkeit, dass der Ausgleichswert zwischen Ehezeitende und Rechtskraft der Entscheidung zu verzinsen ist.[15] Dabei ist als Rechnungszins der Zinssatz zu verwenden, mit dem der Versorgungsträger den Kapitalwert der Versorgung ermittelt hat.[16] Statt von einer Verzinsungspflicht auszugehen, wäre es richtiger, eine Aufzinsungspflicht anzunehmen. Die Wertentwicklung eines Barwerts oder eines Deckungskapitals erfolgt stets unter Einbeziehung der auf die Zinsen entfallenden Zinsen. Dies ist ein Kennzeichen der Wertentwicklung von Versorgungen. Nimmt man zwischen Ehezeitende und Rechtskraft der Ausgleichsentscheidung lediglich eine Verzinsungspflicht an, verliert die ausgleichsberechtigte Person einen Teil des Werts der Versorgung. Eine wirtschaftlich wichtige Rolle spielt dies aber lediglich bei größeren Zeitspannen zwischen Ehezeitende und Rechtskraft, also in Fällen eines ausgesetzten Versorgungsausgleichs oder in Abänderungsverfahren. So wächst ein Ausgleichswert in Höhe von 10.000 EUR im Ehezeitende bei einem Rechnungszins von 5 % innerhalb von 10 Jahren bei einer Verzinsung um 10.000 EUR, bei einer Abzinsung aber um 22.500 EUR an.

V. Vermeidung externer Teilungsvorgänge

19   Die externe Teilung ist im Versorgungsausgleich nach neuem Recht ein Fremdkörper, der so weit als möglich zu vermeiden ist. Die **Ehegatten** können die externe Teilung von Anrechten durch saldierende Vereinbarungen nach § 6 VersAusglG umgehen. Die externe Teilung ist nur dann eine sinnvolle Option, wenn sichergestellt ist, dass der zu zahlende Kapitalbetrag in der gewählten Zielversorgung zu einer dem Ausgleichswert tatsächlich entsprechenden Versorgung führt. Dies wird oftmals nicht der Fall sein. Bei Bagatellversorgungen (Abs. 2 Nr. 2) mag das hingenommen werden. Bei werthaltigen Versorgungen nach § 17 VersAusglG ist ggf. sachverständige Beratung einzuholen, um sinnvolle Alternativen zum externen Ausgleich zu finden oder jedenfalls den Ausgleichsbetrag so zu bemessen, dass in der Zielversorgung ein Anrecht mit einem dem Versorgungswert der Quellversorgung entsprechenden Wert entsteht.

---

13   BT-Drs. 16/10144, 95; FAKomm-FamR/Wick VersAusglG § 14 Rn. 19; JH/Holzwarth VersAusglG § 14 Rn. 23; Glockner/Hoenes/Weil, Der neue Versorgungsausgleich, 1. Aufl. 2009, § 8 Rn. 36.
14   Palandt/Brudermüller VersAusglG § 14 Rn. 8; Hoppenz/Hoppenz VersAusglG § 14 Rn. 9; Häußermann FPR 2009, 223.
15   BGH FamRZ 2011, 1785.
16   BGH FamRZ 2013, 773.

§ 15 VersAusglG Wahlrecht hinsichtlich der Zielversorgung

(1) Die ausgleichsberechtigte Person kann bei der externen Teilung wählen, ob ein für sie bestehendes Anrecht ausgebaut oder ein neues Anrecht begründet werden soll.

(2) Die gewählte Zielversorgung muss eine angemessene Versorgung gewährleisten.

(3) Die Zahlung des Kapitalbetrags nach § 14 Abs. 4 an die gewählte Zielversorgung darf nicht zu steuerpflichtigen Einnahmen oder zu einer schädlichen Verwendung bei der ausgleichspflichtigen Person führen, es sei denn, sie stimmt der Wahl der Zielversorgung zu.

(4) Ein Anrecht in der gesetzlichen Rentenversicherung, bei einem Pensionsfond, einer Pensionskasse oder einer Direktversicherung oder aus einem Vertrag, der nach § 5 des Altersvorsorgeverträge-Zertifizierungsgesetzes zertifiziert ist, erfüllt stets die Anforderungen der Absätze 2 und 3.

(5) [1]Übt die ausgleichsberechtigte Person ihr Wahlrecht nicht aus, so erfolgt die externe Teilung durch Begründung eines Anrechts in der gesetzlichen Rentenversicherung. [2]Ist ein Anrecht im Sinne des Betriebsrentengesetzes auszugleichen, ist abweichend von Satz 1 ein Anrecht bei der Versorgungsausgleichskasse zu begründen.

I. Allgemeines

Die „externe Teilung" einer Versorgung benötigt eine **Quell- und eine Zielversorgung**. Die Norm regelt, wer die Zielversorgung bestimmen kann (Abs. 1), welche Anforderungen an die Zielversorgung qualitativ zu stellen sind (Abs. 2, 4), räumt der ausgleichspflichtigen Person unter bestimmten Voraussetzungen ein Vetorecht gegen die Auswahl der Zielversorgung ein (Abs. 3) und legt schließlich Verfahrensmodalitäten bei der Bestimmung der Zielversorgung fest (Abs. 5). 1

II. Auswahlrecht der ausgleichsberechtigten Person (Abs. 1)

1. Anwendungsbereich. Eine **externe Realteilung** kommt nach § 14 Abs. 2 VersAusglG **nie gegen den Willen** des Trägers der Quellversorgung zustande. Auch wenn die interne Teilung einer Versorgung nicht zwingend ist, weil sie einen geringen Ausgleichswert hat (§ 14 Abs. 2 Nr. 3 VersAusglG) oder eine Versorgung nach dem Betriebsrentengesetz als Direktzusage oder aus einer Unterstützungskasse ist (§ 17 VersAusglG), kann der Versorgungsträger der auszugleichenden Quellversorgung die interne Teilung durchführen. § 15 VersAusglG, der die Auswahl der Zielversorgung regelt, greift nur ein, wenn entweder der Versorgungsträger sich in einem gesetzlich zulässigen Fall (§§ 14 Abs. 2, 16, 17 VersAusglG) für die externe Teilung entscheidet, sie also zulässigerweise von der ausgleichsberechtigten Person verlangt oder diese sich mit dem Versorgungsträger auf die externe Teilung geeinigt hat (§ 14 Abs. 2 Nr. 1 VersAusglG). Es versteht sich von selbst, dass wegen dieser Ausgangslage die Auswahl der Zielversorgungen der ausgleichsberechtigten Person zusteht. Wählt die ausgleichsberechtigte Person eine Versorgung als Zielversorgung aus, obliegt dem Familiengericht lediglich die Prüfung, ob die Zielversorgung eine angemessene Versorgung iSv Abs. 2 gewährt (→ Rn. 4 ff.). Ist dies gegeben und sichergestellt, dass die Rechte der ausgleichspflichtigen Person nicht über den Ausgleich hinaus 2 durch steuerliche Nachteile beeinträchtigt werden (Abs. 3), ist die Auswahl der Zielversorgung für das Gericht bindend.

3   Das Bestimmungsrecht der ausgleichsberechtigten Person hinsichtlich der Zielversorgung bedeutet nicht, dass der Träger der Quellversorgung gehindert wäre, Vorschläge zur Begründung des auszugleichenden Anrechts bei einer Zielversorgung, ggf. auch der gleichen Zielversorgung, zu unterbreiten. Derartige Fälle sind zwar selten, können jedoch vorkommen, wenn der Träger der Quellversorgung (zB ein privater Rentenversicherer) aufgrund seiner Teilungsregeln im Fall von geringwertigen Versorgungen grundsätzlich externe Teilung wählt, aber bereit ist, geringwertige Versorgungen als Neubegründung eines ggf. ausbaufähigen Versorgungsvertrages zu akzeptieren. In diesem Fall muss allerdings immer bedacht werden, dass regelmäßig im Bereich der freien Wirtschaft der Abschluss eines Versorgungsvertrages mit dem Anfall nicht unerheblicher Provisionen verbunden ist, die die Werthaltigkeit des Versorgungsvertrages mindern.

4   **2. Auswahlkriterien der Zielversorgung.** In der Praxis ist die Entscheidung für eine Zielversorgung nicht immer banal. Da dem Gericht nur die Angemessenheitskontrolle nach Abs. 2 obliegt, ist es in die Versorgungsauswahl nicht involviert. Dies ist **Sache der Anwaltschaft**.

5   **a) Höhe des Ausgleichswertes.** Die Bedeutung der Auswahlentscheidung wächst mit der Werthaltigkeit der auszugleichenden Versorgung. Da **Bagatellversorgungen** nach § 18 VersAusglG ohnehin nicht ausgeglichen werden, liegt der Wert einer geringfügigen Versorgung nach § 14 Abs. 2 Nr. 2 VersAusglG iVm § 18 VersAusglG zwischen 3.570 EUR und 7.140 EUR. Dies bedeutet, dass nach der Geringfügigkeitsregel für einen 50-Jährigen nach geschlechtsabhängigen Tarifen eine Rente von etwa 63 EUR für Frauen und 75 EUR für Männer zur Debatte steht. Lediglich in den Fällen des § 17 VersAusglG beim Ausgleich von Direktzusagen oder Versorgungen aus einer Unterstützungskasse kann es zum externen Ausgleich höherer Ausgleichswerte bis zur Beitragsbemessungsgrenze[1] kommen. Die relativ geringe Höhe des Ausgleichswertes, der im Rahmen von § 14 Abs. 2 Nr. 2 VersAusglG auszugleichen wäre, ist für die zunächst erforderliche Entscheidung maßgeblich, ob die ausgleichsberechtigte Person ein bestehendes Anrecht ausbauen oder ein neues Anrecht begründen soll. Da die Begründung eines neuen Anrechts in der Privatwirtschaft (ausgenommen die Versorgungsausgleichskasse) stets mit Abschlussprovisionen und -kosten verbunden ist, ist im Hinblick darauf, dass im Rentenfall eine relativ geringe Rente gezahlt wird, der Kontrollaufwand und Kontrollkosten gegenüberstehen, die Neubegründung von Anrechten für geringe Versorgungswerte im Wege der externen Teilung in der Regel verlustreich und nicht ratsam. Vielmehr wäre es sinnvoll, eine extern zu teilende Versorgung einem bereits bestehenden Anrecht hinzuzufügen. Dies setzt jedoch voraus, dass der Versorgungsträger des bestehenden Anrechts bereit ist, den auszugleichenden Kapitalwert aufzunehmen und dafür eine Erhöhung der bereits bei diesem Versorgungsträger bestehenden Versorgung zuzusagen. Aus vielerlei Gründen lehnen betriebliche Versorgungsträger indessen ab, als Zielversorgungen im Versorgungsausgleich zu fungieren.

6   Auch die **gesetzliche Rentenversicherung** kommt als **Zielversorgung** in Betracht. § 15 Abs. 4 VersAusglG nimmt ausdrücklich Bezug auf die gesetzliche Rentenversicherung als mögliche Zielversorgung. Diese hat durch § 187 Abs. 1 Nr. 2

---

1   Im Jahr 2017 76.200 EUR in den alten und 68.400 EUR in den neuen Bundesländern.

SGB VI die Möglichkeit geschaffen, **Beitragszahlungen** zur Begründung von Rentenanwartschaften aus einer externen Teilung oder einer Vereinbarung nach § 6 VersAusglG bis zum Zeitpunkt der verbindlichen Bewilligung einer Altersrente entgegenzunehmen.

Steht keine aufnahmebereite betriebliche Altersversorgung zur Verfügung, in die 7 der Ausgleich geringwertiger Anwartschaften im Wege der externen Teilung erfolgen könnte, ist die **gesetzliche Rentenversicherung** gegenüber privaten Zielversorgungen und der Versorgungsausgleichskasse die bessere Alternative. Dabei ist zu berücksichtigen, dass die gesetzliche Rente im Unterschied zu der betrieblichen Altersversorgung eine Anwartschafts- und Leistungsdynamik aufweist, die für die Zukunft mit ca. 2% pro Jahr zu kalkulieren ist, die darüber hinaus einen Zuschuss zur Krankenversicherung in Höhe von 50% des Pflichtbeitragssatzes leistet und deren Renten jedenfalls bis zum Renteneinstieg im Jahr 2040 nur teilweise besteuert werden (§ 22 EStG). Gleichzeitig bietet die gesetzliche Rentenversicherung als solidarisch finanzierte soziale Grundsicherung die politisch und wirtschaftlich stabilste Versorgungsbasis und das vollständige Leistungsspektrum, während die alternative Versorgungsausgleichskasse eine niedrigere Rendite, ein auf die reine Altersversorgung ausgerichtetes Leistungsspektrum aufweist und gleichzeitig voll kapitalmarktabhängig ist.[2]

b) Alter der ausgleichsberechtigten Person. Biometrischen Daten, Geschlecht 8 und Alter einer Person bestimmen maßgeblich den Gegenwartswert einer Versorgung und deren Ausgleichswert bestimmen (→ VersAusglG Vor § 39 Rn. 2). Lediglich in den öffentlich-rechtlichen Grundversorgungssystemen ist dies unbedeutend, weil deren Beiträge – von Ausnahmen abgesehen – alters- und geschlechtsneutral sind.[3] In allen anderen Versorgungssystemen sind die biometrischen Merkmale ein wichtiges, den Wert der Versorgung bestimmendes Merkmal. Deswegen kann generell als Auswahlkriterium für die Zielversorgung festgehalten werden, dass „je jünger und männlicher" eine ausgleichsberechtigte Person ist, die Altersversorgung in einer kapitalgedeckten privaten Versorgung attraktiv ist.

c) Sonstige Auswahlkriterien. Auch im Übrigen ist die Auswahl der Zielversor- 9 gung nach bestimmten Kriterien durchaus möglich. Derartige Kriterien sind Versorgungssicherheit, Rentabilität und Flexibilität.

Versorgungssicherheit ist dann gegeben, wenn ein Versorgungssystem stressresis- 10 tent ist gegen wirtschaftliche und politische Turbulenzen. Stressresistent sind daher alle umlagefinanzierten Versorgungssysteme, in denen die Beiträge der aktiv berufstätigen Versorgungsmitglieder die Renten der Versorgungsberechtigten finanzieren. Selbst da, wo – wie im Bereich der berufsständischen Versorgungen – teilweise Deckungskapitalien bestehen, könnte bei einer Krise des Finanzmarkts das Finanzierungssystem der Renten sehr schnell auf ein umlagegestütztes System umgestellt werden, so dass die laufenden Renten sichergestellt wären. Betriebliche Altersversorgungen sind wegen der Rückversicherung im Pensionssicherungsverein gegen Insolvenz gesichert, nicht jedoch gegen Leistungsverschlechterungen und -einbrüche. Im Insolvenzfall eines Versorgungsträgers entfällt die Leistungsdynamik der Versorgungen. Private Versorgungen aus der Versorgungsausgleichskasse oder rein private Rentenversicherungen sowie die klas-

---

2 Vgl. dazu: Götsche FamRB 2013, 151 und Hauß FamRB 2013, 223.
3 Jetzt auch für die ZVK BGH 8.3.2017 – XII ZB 697/13

sischen Riester- und Rürup-Versorgungen sind gegen Insolvenz geschützt, garantieren jedoch nur einen Zins von derzeit 0,9 % (ab 1.1.2017) und erwirtschaften damit relativ geringe Renditen, die voraussichtlich nicht einmal mehr die Insolvenzerwartung erreichen. Die in Zeiten des boomenden Aktienmarkts aufgekommen fondsgebundenen Riester- und Rürup-Versorgungen schließlich garantieren lediglich eine Rentenzahlung in Höhe des eingezahlten Beitrags. Insbesondere bei lang laufenden Versorgungen dieses Typs sind daher im Hinblick auf die Versorgungssicherheit nachhaltige Abstriche zu machen.

11 Die **Rentabilität** von Versorgungssystemen ist schwierig zu berechnen. Wegen der günstigen Kostenstruktur dürften betriebliche Altersversorgungen zu den renditestärksten gehören. Auch die berufsständischen Versorgungen werden so lange stabil bleiben, wie die Zahl der Berufsträger steigt und die Turbulenzen am Finanzmarkt nicht allzu stark werden. Riester- und Rürup-Versorgungen haben wegen der staatlichen Privilegierung und Förderung Renditevorteile, die sich bei der Versorgungsausgleichskasse ebenso einstellen, weil die Versorgungsausgleichskasse kein am Markt werbendes Unternehmen ist und daher ebenfalls eine günstige Kostenstruktur birgt. Private Versorgungssysteme werden keine besonders hohe Rendite aufweisen, da die Finanzmarktzinsen derzeit volatil und niedrig sind. Die gesetzliche Rentenversicherung und die Beamtenversorgung sind mit einer Dynamik von ca. 2 % neben der betrieblichen Altersversorgung als derzeit profitabelste Versorgung einzuschätzen. Langfristig werden ihre Erträge sicherlich die Inflationserwartung übersteigen, da die Validität der staatlichen Altersversorgung auch ein Politikum ist.

12 Weiteres Abwägungskriterium ist die **Flexibilität** einer Versorgung. Dies gilt jedenfalls dann, wenn die ausgleichsberechtigte Person erwägt, das in der Versorgung gebundene Kapital ggf. auch zu anderen Zwecken wie zur Wohnungsbaufinanzierung oder zum Konsum einzusetzen. Die in der gesetzlichen Rentenversicherung und der Beamtenversorgung gebundenen Vermögensbestandteile stehen zu Konsumzwecken erst ab Leistungs- oder Rentenbeginn zur Verfügung. Das Gleiche gilt für die berufsständische Versorgung und die betriebliche Altersversorgung (eingeschränkt). Riester- und Rürup-Versorgungen lassen sich zur Immobilienfinanzierung nutzen, private Versorgungen können zur Kreditsicherung abgetreten werden oder zurückgekauft werden mit der Folge, dass sie in der Anwartschaftsphase bereits dem Konsum dienen können. Für fondsgebundene Versorgungen gilt das Gleiche. Die Beurteilung einer Zielversorgung nach dem Kriterium der Anwartschaftsflexibilität setzt daher Kenntnis der Lebenssituation und der Lebensplanung der ausgleichsberechtigten Person voraus.

13 Schließlich ist als Abwägungskriterium die **Leistungsflexibilität** zu beachten. Darunter ist zu verstehen, ob der ausgleichsberechtigte Gatte den Leistungsumfang der Zielversorgung bestimmen kann. Nicht immer ist es nämlich sinnvoll, in der Altersversorgung, die **notwendiger Bestandteil** der Zielversorgung sein muss, auch das **Invaliditäts- und Hinterbliebenenrisiko** abzusichern. Dieses hat einen nicht unerheblichen Wert.[4] Wenn die ausgleichsberechtigte Person schon betagt ist und nicht beabsichtigt, wieder zu heiraten oder für die Versorgung von Hinterbliebenen aufzukommen, kann die Wahl einer Zielversorgung ohne

---

4 In der gesetzlichen Rentenversicherung werden ca. 15 % der Renten für die Hinterbliebenenversorgung und 7 % der Renten für die Invaliditätsversorgung aufgewendet, vgl. zuletzt RVaktuell 2016, 233.

das Leistungsspektrum der gesetzlichen Rentenversicherung unter Umständen eine bessere Altersversorgung erbringen. Invaliditäts- und Hinterbliebenenversorgung haben in der gesetzlichen Rentenversicherung ein Volumen von etwa 22 %. Eine reine **Altersversorgung** könnte mithin etwa 22 % höhere Leistungen als unter Einschluss des Invaliditäts- und Hinterbliebenenrisikos bieten.

Abwägungskriterien und ihre Bewertung sind in der nachfolgenden Tabelle abgebildet, wobei das „Ranking" vom Verfasser nach dem Schulnotenprinzip vorgegeben worden ist. Das Ranking und die Abwägungskriterien erheben keinen Anspruch – im Sinne eines wissenschaftlich abprüfbaren Tests – berechenbare Bewertungen zu liefern. Sie sollen lediglich helfen, die oftmals vorhandene Hilflosigkeit zu überwinden und unter Zuhilfenahme intuitiver Beurteilungselemente der ausgleichsberechtigten Person und ihres Beraters eine Entscheidung für eine Zielversorgung zu treffen. Ggf. mag die ausgleichsberechtigte Person eine kommerzielle Rentenberatung in Anspruch nehmen, wobei nicht verschwiegen werden darf, dass deren Empfehlungsergebnisse auch von kommerziellen Interessen beeinflusst werden. 14

Versorgungssicherheit		Anwartschaftsflexibilität	
1	GRV & BeamtV	1	fondsgebundene Versorgung
2	berufsst. Versorgung	1	private Versorgung
3	betriebl. Versorgung	2	Riester- & Rürup
4	Versorgungsausgleichskasse	3	Versorgungsausgleichskasse
4	private Versorgung	4	betriebl. Versorgung
4	Riester- & Rürup	5	berufsst. Versorgung
5	fondsgebundene Versorgung	6	GRV & BeamtV
Rentabilität		**Leistungsflexibilität**	
1	betriebl. Versorgung	1	fondsgebundene Versorgung
2	berufsst. Versorgung	1	private Versorgung
3	Riester- & Rürup	2	Riester- & Rürup
4	Versorgungsausgleichskasse	3	betriebl. Versorgung
5	private Versorgung	5	Versorgungsausgleichskasse
5	GRV & BeamtV	5**	berufsst. Versorgung
*	fondsgebundene Versorgung	6	GRV & BeamtV
*) nicht beurteilbar		**) bei Singlezuschlägen 1	

III. Qualitätsmerkmale der Zielversorgung (Abs. 2, 4)

1. Angemessenheitsprüfung. Angemessen ist eine Versorgung dann, wenn sie hinsichtlich der Eigenständigkeit, der Sicherung, dem Leistungsspektrum und ihrer Dynamik sowie der Sicherung mit der Quellversorgung annähernd vergleichbar ist.[5] Dabei dürfen keine übertriebenen Ansprüche an die Vergleichbarkeit gestellt werden. Ist ein Anrecht eines 50-jährigen Mannes (Renteneintritt 67 Jahre) aus einer betrieblichen Altersversorgung mit einem Ausgleichswert einer Rente in Höhe von 50 EUR auszugleichen, handelt es sich um einen Kapitalwert 15

---

5 Ruland, Versorgungsausgleich, Rn. 647.

in Höhe von 7.720 EUR.[6] Dieser begründet bei Einzahlung in die gesetzliche Rentenversicherung eine lebenslange Rente von etwa 34 EUR. Wegen der in der gesetzlichen Rentenversicherung bestehenden Anwartschaftsdynamik von ca. 2% wächst dieser Betrag bis zum Renteneintritt indessen auf ca. 47,50 EUR an und entspricht damit dem Wert der Quellversorgung. Bei einem höheren Rechnungszins wäre eine Vergleichbarkeit der Leistung ist in diesem Fall nicht gegeben, obgleich der Transfer in die gesetzliche Rentenversicherung nach Abs. 4 gerade in jedem Fall die Anforderungen der Angemessenheit der Versorgung erfüllt. Nicht also ein Verlust an Versorgungsleistung kann das entscheidende Kriterium für die Wahl eines unangemessenen Zielversorgungsträges sein, sondern eher mangelnde Sicherheit oder ein hochspekulativer Charakter der zur Auswahl gekommenen Zielversorgung.

16 Regelmäßig wird eine Zielversorgung unangemessen sein, die **keine lebenslange Leistung** erbringt.[7] Wählt der ausgleichsberechtigte Ehegatte eine Versorgung als Zielversorgung, die statt einer lebenslangen Rente eine Kapitalzahlung gewährt, ist unter Einbeziehung aller zur Verfügung stehenden Informationen über die Vermögens- und Versorgungslage der ausgleichsberechtigten Person die Angemessenheit der Auswahlentscheidung zu prüfen. Die Auswahl kann unangemessen sein, wenn nicht sichergestellt ist, dass im Alter der Lebensunterhalt der ausgleichsberechtigten Person sozialhilfefrei sichergestellt ist. Da jedoch auch betriebliche Altersversorgungsträger Leistungen als Einmalbeträge erbringen und diese nach Abs. 4 generell angemessene Versorgungen leisten, wird man letztendlich auch bei dieser Leistungsform nur in Ausnahmen Bedenken erheben können.[8]

17 **2. Einverständnis des Versorgungsträgers.** Die Bestimmung der Zielversorgung durch die ausgleichsberechtigte Person ist nur dann wirksam und für das Gericht bindend, wenn der ausgewählte Versorgungsträger einverstanden ist, für die ausgleichsberechtigte Person eine Versorgung auszubauen oder zu begründen.[9] Lediglich die gesetzliche Rentenversicherung als Zielversorgungsträger für Ausgleiche nach § 16 VersAusglG (Beamtenversorgung) bzw. die **Versorgungsausgleichskasse** als Zielversorgung für Versorgungen aus der betrieblichen Altersversorgung müssen kein Einverständnis vorlegen, da diese Versorgungen als Zielversorgungen nach Abs. 5 regelmäßig zur Verfügung stehen, falls die ausgleichsberechtigte Person eine Zielversorgung innerhalb der vom Gericht bestimmten Frist (§ 222 Abs. 1 FamFG) oder überhaupt keine Zielversorgung bestimmt hat.

18 **In der Praxis** wird die ausgleichsberechtigte Person bzw. ihre Verfahrensvertretung bei der Zielversorgung eine schriftliche Erklärung einfordern, mit dem Ausgleich einverstanden zu sein, und diese Erklärung dem Gericht zugänglich machen.[10]

19 **Verweigert der gewählte Zielversorgungsträger die Zustimmung zur externen Realteilung,** liegt eine wirksame und damit das Gericht bindende Wahl eines Zielversorgungsträgers nicht vor. Das Gericht hat jedoch auf eine Bestimmung

---

6 Januar 2017, Rechnungszins 3,24%.
7 So auch NK-BGB/Götsche VersAusglG § 15 Rn. 20.
8 NK-BGB/Götsche VersAusglG § 15 Rn. 20.
9 BT-Drs. 16/10144, 59.
10 Wegen Einzelheiten der Zustimmung vgl. NK-BGB/Götsche VersAusglG § 15 Rn. 26 ff.

der Zielversorgung durch die ausgleichsberechtigte Person hinzuwirken.[11] Wird die Bestimmung des Versorgungsträgers in wirksamer Weise nicht innerhalb einer vom Gericht iRd § 222 FamFG gesetzten Frist ausgeführt, liegt keine wirksame Auswahl des Versorgungsträgers vor. Wird die Bestimmung des externen Versorgungsträgers unter Nachweis seines Einverständnisses zur Teilung nach Ablauf der Frist erteilt, kann das Gericht wegen Fristversäumung den Ausgleich der Versorgung in die gesetzliche Rentenversicherung bzw. die Versorgungsausgleichskasse nach Abs. 5 vornehmen, weil es sich bei der Frist des § 222 FamFG um eine Ausschlussfrist handelt.[12] Da durch die Entscheidung jedoch keine Interessen Dritter beeinträchtigt werden, sollte ein Gericht für den Fall, dass eine Verzögerung der Entscheidung über den Versorgungsausgleich nicht eintritt, trotz Fristversäumung einen Ausgleich der extern zu teilenden Versorgung in die von der ausgleichsberechtigten Person gewählte Zielversorgung vornehmen.

IV. Verbot der steuerschädlichen Verwendung (Abs. 3)

Die Zahlung des Ausgleichswerts vom Versorgungsträger der ausgleichspflichtigen Person an den von der ausgleichsberechtigten Person gewählten Versorgungsträger kann eine **steuerschädliche Verwendung** sein, die bei der ausgleichspflichtigen Person zu einem steuerbaren Vorgang führt. Dies ist dann der Fall, wenn der Wechsel aus einem Versorgungssystem, das der nachgelagerten Besteuerung der Versorgungsleistungen unterliegt, in ein Versorgungssystem vorgenommen wird, das als Renten- und Altersversorgung nicht steuerlich gefördert wird. In der Praxis wird ein derartiger Wechsel kaum vorkommen. Der **Wechsel** aus einer betrieblichen Altersversorgung in eine nicht nach dem Altersvorsorgeverträge-Zertifizierungsgesetz zertifizierten Versorgung bietet sich mE schon deswegen nicht an, weil Kosten- und Leistungsstruktur der Zielversorgung in diesen Fällen kaum die Voraussetzungen von § 15 Abs. 2 VersAusglG erfüllen. Beabsichtigt jedoch die ausgleichsberechtigte Person ungeachtet dieser Nachteile einen solchen Wechsel, sieht Abs. 3 vor, dass die Wahl einer zur steuerschädlichen Verwendung führenden Zielversorgung nur mit Zustimmung der ausgleichspflichtigen Person erfolgen darf. Diese Zustimmung unterliegt keiner spezifischen Form und auch nicht dem Anwaltszwang.[13] Da die Zustimmungserklärung nicht in § 222 FamFG enthalten ist, kann sie auch außerhalb von gerichtlichen Fristsetzungen erfolgen. Wird die Zustimmung verweigert oder nicht erteilt, ist die Wahl der Zielversorgung unwirksam, so dass ggf. als Zielversorgung eine der in Abs. 5 genannten Versorgungen in Betracht kommt.

V. Verfahrensbeschleunigung (Abs. 5)

Abs. 5 sieht für den Fall, dass die ausgleichsberechtigte Person ihr Wahlrecht nicht ausübt,[14] vor, dass in diesen Fällen die gesetzliche Rentenversicherung als Zielversorgung durch das Gericht bestimmt wird bzw. für Versorgungen, die dem Betriebsrentengesetz unterliegen, die **Versorgungsausgleichskasse**. Zwar wird die Versorgungsausgleichskasse in Abs. 4 als Träger einer angemessenen Versorgung nicht erwähnt. Wenn jedoch der Gesetzgeber die Versorgungsaus-

20

21

---

11 BGH FamRZ 2013, 773.
12 Horndasch/Viefhues/Kemper, Kommentar zum Familienverfahrensrecht, 3. Aufl. 2014, FamFG § 222 Rn. 6.
13 NK-BGB/Götsche VersAusglG § 15 Rn. 30.
14 OLG Brandenburg FamRZ 2011, 1231.

gleichskasse zur Zielversorgung nach Abs. 5 bestimmt, muss davon ausgegangen werden, dass die Versorgungsausgleichskasse ebenfalls eine angemessene Versorgung iSv Abs. 2 gewährt. Die **Versorgungsausgleichskasse ist keine Wahlzielversorgung.** Lediglich dadurch, dass ein aus dem betrieblichen Altersversorgungsbereich resultierendes Anrecht auszugleichen ist und die ausgleichsberechtigte Person keine Zielversorgung wählt, kommt es zur Begründung eines Anrechts in der Versorgungsausgleichskasse.[15] Die Versorgungsausgleichskasse ist seit dem 1.4.2010 als **Auffangversorgungsträger** gegründet. Sie dient nur der Sammelung „vagabundierender Versorgungen" aus dem betrieblichen Bereich. Die in ihr begründeten Versorgungen können nicht durch Beitragszahlungen der Versorgungsinhaber aufgestockt werden (§ 5 Abs. 2 VersAusglKassG).

VI. Verfahrensrechtliches

22   § 15 VersAusglG muss stets verfahrensrechtlich zusammen mit § 222 FamFG gelesen werden, der die in §§ 14 ff. VersAusglG angeordnete materiellrechtliche externe Teilung verfahrensrechtlich begleitet. Nach § 222 Abs. 1 FamFG kann das Gericht den Parteien Fristen zur Bestimmung der Zielversorgung setzen. Dabei handelt es sich um Ausschlussfristen.[16]

23   Neben der Auswahl des Zielversorgungsträgers hat die ausgleichspflichtige Person innerhalb einer vom Gericht nach § 222 Abs. 1 FamFG gesetzten Frist auch das **Einverständnis des Zielversorgungsträgers** mit der externen Teilung nachzuweisen. Zusammen mit § 222 FamFG ist damit ein Instrumentarium geschaffen, um eine zügige Entscheidung auch in Fällen der externen Teilung von Anrechten zu gewährleisten. Dies ist nötig. Allerdings ist aus der Praxis zu konstatieren, dass insbesondere anwaltlich nicht vertretene Parteien sich mit der Auswahl des Zielversorgungsträgers schwertun und daher die Flucht in die Nichtbestimmung des Versorgungsträgers – und damit in Abs. 5 – unternehmen.

§ 16 VersAusglG   Externe Teilung von Anrechten aus einem öffentlich-rechtlichen Dienst- oder Amtsverhältnis

(1) Solange der Träger einer Versorgung aus einem öffentlich-rechtlichen Dienst- oder Amtsverhältnis keine interne Teilung vorsieht, ist ein dort bestehendes Anrecht zu dessen Lasten durch Begründung eines Anrechts bei einem Träger der gesetzlichen Rentenversicherung auszugleichen.

(2) Anrechte aus einem Beamtenverhältnis auf Widerruf sowie aus einem Dienstverhältnis einer Soldatin oder eines Soldaten auf Zeit sind stets durch Begründung eines Anrechts in der gesetzlichen Rentenversicherung auszugleichen.

(3) [1]Das Familiengericht ordnet an, den Ausgleichswert in Entgeltpunkte umzurechnen. [2]Wurde das Anrecht im Beitrittsgebiet erworben, ist die Umrechnung in Entgeltpunkte (Ost) anzuordnen.

I. Allgemeines

1   Die **Bundesländer** sind zuständig für das **Versorgungsrecht** ihrer **Beamten** (Art. 125 a GG). Aus diesem Grund ist im Versorgungsausgleich zwischen Landes- und Kommunalbeamten einerseits und Bundesbeamten, Bundesrichtern

---

15 www.versorgungsausgleichskasse.de mit Rentenrechner.
16 Borg/Jacoby/Schwab/Borth, FamFG Kommentar, 2. Aufl. 2013, FamFG § 222 Rn. 1.

und Soldaten andererseits zu differenzieren. Für Bundesbeamten ist durch das Bundesversorgungsteilungsgesetz (BVersTG) die Realteilung eingeführt worden, das die interne Teilung von Beamtenversorgungen vorschreibt. Gleiche Regelungen enthalten § 55 e Soldatengesetz für Soldaten und § 25 a AbgG für die Bundestagsabgeordneten.

Die Länder sind dem Vorbild des Bundes bislang nicht gefolgt, so dass die **ehezeitlich erworbenen Versorgungsanrechte von Länder- und Kommunalbeamten** unter die Vorschrift des Abs. 1 fallen und aufgrund zwingender Anordnung auch die Anrechte von Zeitsoldaten und Beamten auf Widerruf (Abs. 2). **2**

II. Externer Ausgleich von Beamtenversorgungen

1. Grundsätze. Der externe Ausgleich von Beamtenversorgungen findet obligatorisch **über die gesetzliche Rentenversicherung** statt. Dies bedeutet, dass die ausgleichsberechtigte Person **kein Wahlrecht hinsichtlich der Zielversorgung** hat. Die Träger der Beamtenversorgung können auch keine von Abs. 1 abweichende Ausgleichsform vereinbaren. Dies hängt damit zusammen, dass nach § 225 SGB VI der Träger der Beamtenversorgung im Regelfall erst zum Zeitpunkt der Leistungsgewährung einer Rente an die ausgleichsberechtigte Person der gesetzlichen Rentenversicherung die Aufwendungen zu erstatten hat.[1] Dies ist eine grundlegende Durchbrechung des Beitrags- und Versicherungsprinzips: Der Träger der Beamtenversorgung trägt dadurch nur das Leistungsrisiko. Im Fall des Vorversterbens der ausgleichsberechtigten Person muss er für diese überhaupt keine Erstattungen zahlen und lediglich die Aufwendungen des Trägers der gesetzlichen Rentenversicherung für die Hinterbliebenenversorgung dieser erstatten. In dieser Abkehr vom Versicherungsprinzip, das den neuen Versorgungsausgleich prägt, liegt eine Privilegierung der Träger der Beamtenversorgung gegenüber den anderen Versorgungsträgern, deren Versorgungen extern ausgeglichen werden. Diese haben mit Rechtskraft der Versorgungsausgleichsentscheidung dem Träger der Zielversorgung Zahlung in Höhe des Ausgleichswerts zu erbringen, also einen sofortigen Mittelabfluss aus ihren Versorgungssystemen. **3**

Der **Ausgleich** des ehezeitlichen Versorgungserwerbs eines Beamten über die gesetzliche Rentenversicherung ist **grundsätzlich in unbeschränkter Höhe** möglich. Die frühere Begrenzung des § 1587 b Abs. 5 aF auf einen Versorgungstransfer von maximal zwei Entgeltpunkten pro Jahr ist weggefallen. Dies bedeutet, dass auch ein weit überdurchschnittlicher ehezeitlicher Versorgungserwerb vollständig über die gesetzliche Rentenversicherung ausgeglichen werden kann. Wegen des weitgehenden wertmäßigen Gleichlaufs von gesetzlicher Rentenversicherung und Beamtenversorgung und der Möglichkeit, ehezeitliche Beamtenversorgungen in beliebiger Höhe über die gesetzliche Rentenversicherung auszugleichen, sind die früher gegen die externe Teilung von Beamtenversorgungen vorgebrachten Argumente weitgehend hinfällig geworden. Die durch den Wechsel der Versorgungsträger in diesem speziellen Fall verursachten **Transferverluste** können vernachlässigt werden, so dass der Ausgleich von ehezeitlich erworbenen Beamtenversorgungen über die gesetzliche Rentenversicherung zu einer ausreichend gerechten Teilung des ehezeitlichen Versorgungserwerbs führt. Dies belegt die **4**

---

1 Lediglich bei Bagatellbeträgen, die 1 % der monatl. Bezugsgröße nicht übersteigen (2017: 2.975 x 1 % = 29,75 EUR) ist zur Verwaltungsvereinfachung der Beitrag zu zahlen (§ 225 Abs. 3 SGB VI).

nachfolgende Tabelle, in der die Dynamik-Entwicklung von gesetzlicher Renten-versicherung und Beamtenversorgung über einen langen Zeitraum verglichen wird. Wegen des weitgehenden Gleichlaufs der Versorgung sind saldierende Ver-einbarungen sinnvoll und zulässig, die das Ziel verfolgen das Ausgleichsvolu-men in die gesetzliche Rentenversicherung so gering wie möglich zu halten. Die im Beamtenversorgungsrecht geltenden besonderen Altersgrenzen und die güns-tigeren Dienstunfähigkeitsregelungen führen zu Nachteilen bei einem nicht ge-stalteten Ausgleich, die teilweise als verfassungswidrig angesehen werden.[2]

Dynamikvergleich Beamtenversorgung vs. Dt. Rentenversicherung

Jahr	BeamtVers	ges.RV*	Jahr	BeamtVers	ges.RV
01.01.1985	100,00 €	107,60 €	01.01.2001	150,75 €	158,93 €
01.01.1986	103,40 €	110,81 €	01.01.2002	150,75 €	161,97 €
01.01.1987	106,81 €	114,04 €	01.01.2003	154,22 €	165,47 €
01.01.1988	109,27 €	118,36 €	01.01.2004	155,61 €	167,19 €
01.01.1989	110,69 €	121,93 €	01.01.2005	157,01 €	167,19 €
01.01.1990	112,46 €	125,59 €	01.01.2006	164,12 €	167,19 €
01.01.1991	114,05 €	129,49 €	01.01.2007	168,71 €	167,19 €
01.01.1992	120,66 €	135,57 €	01.01.2008	170,74 €	168,09 €
01.01.1993	127,06 €	139,46 €	01.01.2009	171,76 €	169,94 €
01.01.1994	130,74 €	145,55 €	01.01.2010	172,28 €	174,04 €
01.01.1995	133,22 €	150,49 €	01.01.2011	177,96 €	174,04 €
01.01.1996	137,35 €	151,24 €	01.01.2012	180,10 €	175,76 €
01.01.1997	139,14 €	152,68 €	01.01.2013	182,26 €	179,61 €
01.01.1998	141,23 €	155,20 €	01.01.2014	187,36 €	180,05 €
01.01.1999	145,18 €	155,89 €	01.01.2015	191,49 €	183,06 €
01.01.2000	147,65 €	157,98 €	01.03.2016	195,70 €	186,90 €
			01.02.2017	200,30 €	194,83 €
*) wegen des KV-Zuschusses von 7,6% ist der Ausgangswert erhöht					

5   Nach **Abs. 3 S. 2** sollen Beamtenversorgungen, die im Beitrittsgebiet erworben wurden, durch Begründung von Anrechten in **Entgeltpunkten (Ost)** bei der ge-setzlichen Rentenversicherung ausgeglichen werden. Ob dies generell gilt, was der Wortlaut der Norm vermuten lässt, ist fraglich. Literatur[3] und Rechtspre-chung[4] nehmen mit der Gesetzesbegründung[5] an, dies gelte nur für die **anglei-chungsdynamischen Anrechte** aus den neuen Bundesländern. Solche Anrechte

---

2 Borth, Versorgungsausgleich, Rn. 697; ders. FamRZ 2010, 1210; aA BayVerfGH FamRZ 2014, 38.
3 Götsche, Der Versorgungsausgleich in den neuen Bundesländern nach der Strukturreform, FamRZ 2009, 2047; NK-BGB/Götsche VersAusglG § 16 Rn. 16; Holzwarth, Rechtspre-chungsübersicht VersAusglG, FamRZ 2011, 933.
4 OLG Dresden FamRZ 2011, 813.
5 BT-Drs. 16/10144, 60.

zeichnen sich durch eine Dynamik aus, die der Dynamik der angleichungsdynamischen Entgeltpunkte Ost in der gesetzlichen Rentenversicherung entspricht.[6] Das sind nahezu alle öffentlich-rechtlichen Versorgungen **in den neuen Bundesländern**.[7] Auf die Frage, wo das Verfahren durchgeführt wird, kommt es nicht an.[8]

Nicht unter Abs. 3 S. 2 fallen **die privaten Versorgungen**,[9] auch wenn sie in den neuen Bundesländern erworben wurden, da ihnen ein Kapitaldeckungsprinzip hinterlegt ist. Ihre Wertentwicklung richtet sich daher nach Kapitalmarktgesetzmäßigkeiten und nicht nach politischen Förderbedürftigkeiten. Deswegen sind auch die Zusatzversorgungen des öffentlichen Dienstes aus den neuen Bundesländern im Prinzip nicht angleichungsdynamisch.[10] Nicht angleichungsdynamisch ist auch ein Teil der berufsständischen Versorgungen.[11]

2. Folgen der externen Teilung. Als Folge der externen Teilung einer Beamtenversorgung werden der ausgleichsberechtigten Person Entgeltpunkte in der gesetzlichen Rentenversicherung gutgeschrieben (§ 76 Abs. 2 SGB VI). Die Umrechnung des als monatlich zu zahlender Pensionsbetrag bezeichneten Ausgleichswerts in Entgeltpunkte ist im Tenor anzuordnen (§ 16 Abs. 3 S. 1 VersAusglG) und wird vom Träger der gesetzlichen Rentenversicherung mithilfe der Umrechnungsfaktoren vorgenommen.[12] Der zu übertragende Ausgleichswert wird durch den aktuellen Rentenwert geteilt, um die Anzahl der zu begründenden Entgeltpunkte zu erlangen.

Mit der Begründung von Entgeltpunkten zugunsten der ausgleichsberechtigten Person werden auch **Wartezeiten**, die in der gesetzlichen Rentenversicherung Rentenbezugsvoraussetzungen sind, übertragen. Nach § 50 Abs. 1 Nr. 1 SGB VI ist für den Bezug der Regelaltersrente die Erfüllung der allgemeinen Wartezeit von fünf Jahren (60 Monaten) erforderlich. Nach § 52 SGB VI werden im Fall des Versorgungsausgleichs pro Entgeltpunkt 31,9489 Monate Wartezeit begründet, so dass bei Übertragung einer Rente iHv 1,878 Entgeltpunkten – entsprechend 57,19 EUR – bereits eine eigene Versorgung aus der gesetzlichen Rentenversicherung bezogen werden kann.

Vielfach ist bei Beamten jedoch eine Vorversicherung in der gesetzlichen Rentenversicherung nicht gegeben. Soweit es sich um Lebenszeitbeamte handelt, wäre daher die Begründung einer Altersversorgung in der gesetzlichen Rentenversicherung sinnlos, weil wegen der Nichterfüllung der allgemeinen Wartezeit von 60 Monaten eine Versorgung aus der gesetzlichen Rentenversicherung nicht bezogen werden könnte. In diesem Fall ist der Versorgungsausgleich anders durchzuführen (→ VersAusglG § 19 Rn. 15).

Für den Verpflichteten bedeutet die Durchführung des Versorgungsausgleichs nach Wegfall des Beamtenprivilegs für Bundesbeamte die sofortige Kürzung sei-

---

6 So Götsche in der Vorauf., VAÜG § 1 Rn. 5 mwN.
7 Sächsische Ärzteversorgung: BGH FamRZ 2006, 327; Versorgungswerk Thüringen: OLG Jena 11.4.2005 – 1 UF 232/00.
8 So aber wohl Borth, Versorgungsausgleich, Rn. 577.
9 OLG Brandenburg FamRZ 2003, 534; 2005, 1489.
10 BGH FamRZ 2005, 1532; OLG Naumburg 12.1.2010 – 3 UF 213/09.
11 Rechtsanwälte Mecklenburg-Vorpommern: AG Ludwigslust FamRZ 2005, 376.
12 Für das Jahr 2017 gilt ab 1.7.2016 ein aktueller Rentenwert von 30,45 EUR (West) und 24,37 EUR (Ost).

ner Versorgungsbezüge, die nur unter Nutzung des Unterhaltsprivilegs (§ 33 VersAusglG) verhindert werden kann.

11 **Nachehezeitliche Veränderungen,** die die Höhe oder den Grund der Beamtenversorgung des Ausgleichspflichtigen beeinträchtigen, können ggf. über § 32 VersAusglG zu einer Korrektur des Ausgleichs führen. Wird die ausgleichspflichtige Person aus dem Beamtenverhältnis entlassen, erfolgt die **Nachversicherung** des Beamten in der gesetzlichen Rentenversicherung bis zu einem Gehalt in Höhe der Beitragsbemessungsgrenze. Das nachehezeitliche Ausscheiden des Beamten aus dem Dienstverhältnis verschlechtert in der Regel das eheitlich erreichte Versorgungsniveau. Findet die Entlassung aus dem Beamtenverhältnis vor der letzten tatrichterlichen Entscheidung statt,[13] ist dies noch in der Erstentscheidung zu berücksichtigen. Es müssen neue Auskünfte eingeholt werden. Geteilt wird dann die in der gesetzlichen Rentenversicherung zugunsten der ausgleichspflichtigen Person begründete eheitliche Versorgung. Der **Nachversicherungsanspruch** ist insgesamt fraglich geworden, seit der EuGH den Versorgungsverlust durch Nachversicherung als unionswidrige Diskriminierung angesehen hat.[14] Dies ist auch für die Fälle von Bedeutung, in denen ein Beamter oder Soldat auf Zeit durch Ausscheiden aus dem Beamtenverhältnis nachversichert wird.[15] Wegen der zu erwartenden gesetzlichen Änderung des Rechts der Nachversicherung beim Wechsel eines Beamten aus dem Beamtenverhältnis ist in diesen Fällen die Aussetzung des Verfahrens angezeigt.[16] Die grundsätzlich mögliche Teilaussetzung des Versorgungsausgleichs bis zur gesetzlichen Neuregelung sollte im Hinblick auf die meist beachtliche Dimension der Nachversicherungsansprüche vermieden werden, da durch eine Teilentscheidung die Möglichkeit sinnvoller Vergleichsabschlüsse verstellt werden kann. Ist die ausgleichsberechtigte Person bereits Leistungsbezieher, kommt eine Aussetzung nicht in Betracht. In diesen Fällen ist der Versorgungsausgleich auf der Basis des Nachversicherungsanspruchs durchzuführen. Eine spätere Rechtsänderung, die zu einer Anhebung des Eheeitanteils führt, kann über § 225 FamFG nachträglich ausgeglichen werden.

12 **3. Widerrufsbeamte, Probebeamte und Zeitsoldaten.** Für **Widerrufsbeamte** und **Zeitsoldaten** ordnet das Gesetz den externen Ausgleich der Beamtenversorgung über die gesetzliche Rentenversicherung an. Dies galt auch schon in dem bis zum 31.8.2009 geltenden Versorgungsausgleichsrecht.[17] Bei einem Widerrufsbeamten hat sich die Beamtenversorgung noch nicht so weit verfestigt, als dass sie ausgeglichen werden könnte. Dies ist der Hintergrund der eindeutigen gesetzlichen Regelung von Abs. 2.[18] Wird allerdings der Beamte noch während des Laufs und vor der letzten tatrichterlichen Entscheidung aus dem Beamtenverhältnis entlassen, findet der Versorgungsausgleich durch interne Teilung nach den §§ 14 ff. VersAusglG in der gesetzlichen Rentenversicherung statt, wobei die Berechnung des Nachversicherungsanspruchs dann nicht fiktiv nach § 44 Abs. 4 VersAusglG, sondern real – entsprechend der tatsächlichen Nachberechnung –

---

13 BGH FamRZ 2003, 29.
14 EuGH FamRZ 2016, 1737 mAnm Borth.
15 Ruland FamRZ 2016, 1831.
16 So auch Ruland FamRZ 2016, 1831.
17 BGH FamRZ 2003, 29.
18 Dies harmoniert auch mit § 44 Abs. 4 VersAusglG.

zu erfolgen hat.[19] Wird ein Widerrufsbeamter oder Zeitsoldat im Laufe des Versorgungsausgleichsverfahrens Lebenszeitbeamter oder Beamter auf Probe, findet für Bundesbeamte die interne Teilung statt, wobei für deren Höhe der **Nachversicherungsanspruch** maßgeblich ist (§ 44 Abs. 4 VersAusglG).

Für **Probebeamte** gilt jedoch, dass deren ehezeitlicher Versorgungserwerb nach beamtenrechtlichen Grundsätzen geteilt wird,[20] weil ihr beamtenrechtlicher Status weitgehend verfestigt ist. Bei Ausscheiden als Folge der Nichtbewährung kann ein Abänderungsverfahren nach § 225 FamFG geführt werden. 13

4. Durchführung des Ausgleichs. Nach Abs. 3 S. 2 sollen Beamtenversorgungen, die im Beitrittsgebiet erworben wurden durch Begründung von Anrechten in **Entgeltpunkten (Ost)** bei der gesetzlichen Rentenversicherung ausgeglichen werden. Dies gilt nur für angleichungsdynamische Rechte.[21] Auf die Frage, wo das Verfahren durchgeführt wird, kommt es nicht an. Da seit dem 1.10.2010 in der Beamtenbesoldung der neuen Bundesländer keine abgesenkte Besoldung mehr besteht, sind die Anrechte in der gesetzlichen Rentenversicherung als Entgeltpunkte und nicht als Entgeltpunkte (Ost) zu begründen.[22] Da die Bezugsgröße in der gesetzlichen Rentenversicherung Entgeltpunkte, in der Beamtenversorgung eine Monatspension ist, ist der hälftige Ehezeitanteil der Pension durch den zum Ehezeitende maßgeblichen aktuellen Rentenwert zu dividieren. Dies ist allerdings Aufgabe des Versorgungsträgers der Zielversorgung. 14

§ 17 VersAusglG Besondere Fälle der externen Teilung von Betriebsrenten

Ist ein Anrecht im Sinne des Betriebsrentengesetzes aus einer Direktzusage oder einer Unterstützungskasse auszugleichen, so darf im Fall des § 14 Abs. 2 Nr. 2 der Ausgleichswert als Kapitalwert am Ende der Ehezeit höchstens die Beitragsbemessungsgrenze in der allgemeinen Rentenversicherung nach den §§ 159 und 160 des Sechsten Buches Sozialgesetzbuch erreichen.

§ 17 VersAusglG eröffnet für Anrechte aus einer Direktzusage oder einer Unterstützungskasse nach dem Betriebsrentengesetz die Möglichkeit, diese nach Wahl des Versorgungsträgers extern nach § 14 Abs. 2 Nr. 2 VersAusglG auszugleichen, wenn ihr als Kapitalwert berechneter Ausgleichswert die Beitragsbemessungsgrenze in der allgemeinen Rentenversicherung nicht übersteigt. Die vom Gesetz vorgenommene **Privilegierung der externen Durchführung der betrieblichen Direktzusage** und der Versorgungen aus einer Unterstützungskasse ist nur politisch zu rechtfertigen. Die Begründung des Gesetzgebers,[1] bei der internen Durchführung der betrieblichen Altersversorgung in Form der Direktzusage und Unterstützungskasse sei es dem Betrieb nicht zuzumuten, betriebsfremde Personen in die Versorgungszusage aufzunehmen, überzeugt nicht. 1

Die **Sonderrolle** der aus einer Direktzusage oder einer Unterstützungskasse resultierenden Versorgungszusage im Versorgungsausgleich erfasst **werthaltige Versorgungen.** Immerhin geht es um Versorgungskapitalwerte von 76.200 EUR 2

---

19 MK/Gräper VersAusglG § 16 Rn. 12; Ruland, Versorgungsausgleich, Rn. 641.
20 JH/Holzwarth VersAusglG § 16 Rn. 19.
21 OLG Dresden FamRZ 2011, 813; OLG Rostock FamRZ 2011, 1593; OLG Jena FamRZ 2012, 638.
22 BGH FamRZ 2012, 941; OLG Dresden FamRZ 2011, 813; OLG Rostock FamRZ 2011, 1593.
1 BT-Drs. 16/10144, 60.

(alte Bundesländer) und 68.400 EUR (neue Bundesländer).[2] Ein Versorgungskapital von 76.200 EUR ermöglicht in der betrieblichen Altersversorgung eine monatliche lebenslange Rentenzusage für eine im Stichtag 50-jährige männliche Person von über 770 EUR (Rententrend 1,5 %, Rechnungszins 3,28 %). Die externe Teilung einer derart werthaltigen Versorgung führt fast immer zu einer nachhaltigen Verletzung des Halbteilungsgrundsatzes. Die Einzahlung eines Betrages in dieser Höhe in die gesetzliche Rentenversicherung erbrächte bei Renteneintritt lediglich eine Versorgung in Höhe von knapp 500 EUR.[3] Die Einzahlung dieses Betrages in die Versorgungsausgleichskasse[4] erbrächte eine Rente von knapp 360 EUR. Dass eine derartige Diskrepanz mit dem Halbteilungsgrundsatz[5] nicht mehr ohne Weiteres zu vereinbaren ist, liegt auf der Hand. Wenn teilweise vertreten wird,[6] der Ausgleichsberechtigte werde durch die Form des Ausgleichs nicht beeinträchtigt, ist dies nicht mehr nachzuvollziehen.[7]

3   Angesichts der vom Gesetzgeber eröffneten Möglichkeit, in diesen Fällen den Ausgleich durch externe Teilung durchzuführen, kann das Gericht nicht die interne Teilung des Anrechts anordnen, soweit der Ausgleichswert der Versorgung den Grenzwert der Beitragsbemessungsgrenze nicht übersteigt.

4   Zu beachten ist, dass nicht alle Versorgungen aus dem betrieblichen Bereich nach § 17 VersAusglG extern geteilt werden können. Nur solche **Direktzusagen** und Zusagen aus einer **Unterstützungskasse** können extern geteilt werden, deren Ausgleichswert die Beitragsbemessungsgrenze nicht übersteigt. Alle anderen Versorgungen aus dem betrieblichen Bereich, also insbesondere auch die **Direktversicherungen** und insbesondere Zusagen an Gesellschafter und Organe sind nur in den von § 14 VersAusglG gezogenen Grenzen extern zu teilen.

5   Für den **Grenzwert nach § 17 VersAusglG** gilt die Beitragsbemessungsgrenze aus der allgemeinen Rentenversicherung zum jeweiligen Ehezeitende, also nicht die Beitragsbemessungsgrenze (Ost).[8]

---

2 Beitragsbemessungsgrenze 2017.
3 Anwartschaftsdynamik 2,2 %.
4 www.va-kasse.de/Online-Rechner/.
5 Dazu: Hauß, Ist § 17 VersAusglG verfassungswidrig?, in: FS Brudermüller, 2014, S. 277.
6 MK/Eichenhofer VersAusglG § 17 Rn. 4.
7 Jäger, Halbteilungsgrundsatz bei externer Teilung von Direktzusagen im Versorgungsausgleich verletzt, FamRZ 2010, 1714; Hauß FamRZ 2011, 88; Jäger FamRZ 2011, 615.
8 BGH FamRZ 2016, 1847 Rn. 12.

Beitragsbemessungsgrenze gesetzliche Rentenversicherung

Jahr	West	Ost	Jahr	West	Ost
1970	11,043.90 €	0.00 €	1995	47,856.92 €	39,267.22 €
1971	11,657.45 €	0.00 €	1996	49,084.02 €	41,721.42 €
1972	12,884.56 €	0.00 €	1997	50,311.12 €	43,562.07 €
1973	14,111.66 €	0.00 €	1998	51,538.22 €	42,948.52 €
1974	15,338.76 €	0.00 €	1999	52,151.77 €	44,175.62 €
1975	17,179.41 €	0.00 €	2000	52,765.32 €	43,562.07 €
1976	19,020.06 €	0.00 €	2001	53,378.87 €	44,789.17 €
1977	20,860.71 €	0.00 €	2002	54,000.00 €	45,000.00 €
1978	22,701.36 €	0.00 €	2003	61,200.00 €	51,000.00 €
1979	24,542.01 €	0.00 €	2004	61,800.00 €	52,200.00 €
1980	25,769.11 €	0.00 €	2005	62,400.00 €	52,800.00 €
1981	26,996.21 €	0.00 €	2006	63,000.00 €	52,800.00 €
1982	28,836.86 €	0.00 €	2007	63,000.00 €	54,600.00 €
1983	30,677.51 €	0.00 €	2008	63,600.00 €	54,000.00 €
1984	31,904.61 €	0.00 €	2009	64,800.00 €	54,600.00 €
1985	33,131.71 €	0.00 €	2010	66,000.00 €	55,800.00 €
1986	34,358.81 €	0.00 €	2011	66,000.00 €	57,600.00 €
1987	34,972.36 €	0.00 €	2012	67,200.00 €	57,600.00 €
1988	36,813.02 €	0.00 €	2013	69,600.00 €	58,800.00 €
1989	37,426.57 €	0.00 €	2014	71,400.00 €	60,000.00 €
1990	38,653.67 €	16,565.86 €	2015	72,600.00 €	62,400.00 €
1991	39,880.77 €	18,406.51 €	2016	74,400.00 €	64,800.00 €
1992	41,721.42 €	29,450.41 €	2017	76,200.00 €	68,400.00 €
1993	44,175.62 €	32,518.16 €			
1994	46,629.82 €	36,199.47 €			

Unterabschnitt 4 Ausnahmen

§ 18 VersAusglG Geringfügigkeit

(1) Das Familiengericht soll beiderseitige Anrechte gleicher Art nicht ausgleichen, wenn die Differenz ihrer Ausgleichswerte gering ist.

(2) Einzelne Anrechte mit einem geringen Ausgleichswert soll das Familiengericht nicht ausgleichen.

(3) Ein Wertunterschied nach Absatz 1 oder ein Ausgleichswert nach Absatz 2 ist gering, wenn er am Ende der Ehezeit bei einem Rentenbetrag als maßgeblicher Bezugsgröße höchstens 1 Prozent, in allen anderen Fällen als Kapitalwert höchstens 120 Prozent der monatlichen Bezugsgröße nach § 18 Abs. 1 des Vierten Buches Sozialgesetzbuch beträgt.

I. Allgemeines

Nach § 18 VersAusglG soll das Gericht vom Ausgleich der Anrechte in zwei Fällen absehen: zum einen, wenn die Differenz der Ausgleichswerte gleichartiger Anrechte gering ist (Abs. 1), zum anderen, wenn einzelne Anrechte einen geringen Ausgleichswert haben (Abs. 2). 1

§ 18 VersAusglG, die sog **Bagatellklausel** ist vom Gesetzgeber mit dem ausdrücklichen Ziel eingeführt worden, das Versorgungsausgleichsgesetz zu verschlanken und zu entschlacken.[1] Der Gesetzgeber wollte vermeiden, dass die Versorgungsträger im Zusammenhang mit der Begründung und Teilung von Kleinstversorgungen einen hohen Aufwand zu betreiben haben, der im Verhältnis zum Versorgungswert der zu teilenden Versorgung unberechtigt ist. Auch sollte § 18 VersAusglG verhindern, die Versorgungslandschaft der Ehegatten zu atomisieren und eine Vielzahl von kleinen Splitterversorgungen entstehen zu lassen. Dieses Ziel scheint verfehlt. § 18 VersAusglG ist die Gesetzesnorm, zu der die meisten Entscheidungen ergangen sind.[2] Schon relativ früh[3] ist befürchtet worden, dass das gesetzgeberische Ziel, mit dem Bagatellausschluss zur Vereinfachung des Versorgungsausgleichsverfahrens beizutragen, nicht erfüllt wird.

II. Maßeinheit der Bewertung: Bezugsgröße oder korrespondierender Kapitalwert?

2 § 18 nimmt Bezug auf die „**Ausgleichswerte**". Die Legaldefinition des Ausgleichswertes findet sich in § 11 Abs. 2 VersAusglG iVm § 5 Abs. 1 VersAusglG. Danach wird der Ausgleichswert in der für das Versorgungssystem maßgeblichen **Bezugsgröße** bestimmt. Die Frage, auf welche Bezugsgröße abgestellt wird, ist daher von Versorgungssystem zu Versorgungssystem unterschiedlich zu betrachten. In der **gesetzlichen Rentenversicherung** ist auf **Entgeltpunkte** abzustellen. Ob zwischen Entgeltpunkten Ost und West zu differenzieren ist, war streitig. Es wurde[4] und wird vertreten,[5] anders als im Rahmen von § 10 Abs. 2 VersAusglG seien Entgeltpunkte der allgemeinen Rentenversicherung mit Entgeltpunkten (Ost) und knappschaftlichen Entgeltpunkten im Rahmen des § 18 Abs. 1 VersAusglG zu saldieren. Dem ist der Bundesgerichtshof zu Recht entgegengetreten.[6] Dies versteht sich bei einem Blick auf die Kostenstruktur der Entgeltpunkte West in der allgemeinen Rentenversicherung und Entgeltpunkte Ost für die angleichungsdynamischen Anwartschaften im Prinzip von selbst. Unerheblich ist, dass der Entgeltpunkt Ost einen geringeren Wert hat. Der korrespondierende Kapitalwert für 1 EUR Rente in der gesetzlichen Rentenversicherung (Ost) beträgt im Jahr 2016 194,16 EUR,[7] während der korrespondierende Kapitalwert für 1 EUR Rente in der allgemeinen gesetzlichen Rentenversicherung (West) 222,72 EUR[8] beträgt. Da Entgeltpunkte (Ost) eine höhere Dynamik als Entgeltpunkte in der allgemeinen Rentenversicherung haben, sie aber gleichzeitig „billiger" sind, ist eine Gleichartigkeit iSv § 18 Abs. 1 VersAusglG nicht gegeben. Bei einem Wertunterschied von fast 15 % kann von einer Vergleichbar-

1 BT-Drs. 16/10144, 60.
2 Allein bei juris werden zum 30.11.2016 269 Gerichtsentscheidungen dokumentiert.
3 Hauß, Der Verzicht auf Bagatellausgleich im neuen Versorgungsausgleichsrecht, FRP 2009, 214.
4 OLG Nürnberg FamRZ 2011, 641; OLG Oldenburg FamRZ 2011, 643; OLG Dresden FamRZ 2011, 40; OLG Oldenburg 7.4.2011 – 13 UF 42/11; OLG Koblenz 21.7.2010 – 11 UF 403/10.
5 Erman/Norpoth VersAusglG § 18 Rn. 3.
6 BGH FamRZ 2012, 192.
7 BBMG 2016: 31594,22 x 18,7% / 28,66.
8 BBMG 2016: 36267 x 18,7% / 30,45.

keit dieser Werte auch im Rahmen der Prüfung nach § 18 VersAusglG nicht aus-gegangen werden.[9] Das Gleiche gilt auch für knappschaftliche Entgeltpunkte.

III. Geringe Bilanzdifferenz „gleichartiger Anrechte" (Abs. 1)

Nicht gleichartig sind demnach alle Versorgungen aus Versorgungssystemen, die   3
unterschiedlichen Finanzierungs- und Anpassungsregeln folgen.[10] Demnach sind
Anrechte aus der gesetzlichen **Rentenversicherung und der Beamtenversorgung**
nicht gleichartig.[11] Das gilt auch dann, wenn die Beamtenversorgung nach § 16
VersAusglG in die gesetzliche Rentenversicherung ausgeglichen wird.[12] **Gleichartig** sind dagegen die Anrechte der verschiedenen Versicherungsträger der gesetzlichen Rentenversicherung, soweit es sich um gleiche Anrechte handelt. Entgeltpunkte aus der allgemeinen Rentenversicherung können daher mit gleichartigen
Entgeltpunkten der unterschiedlichen Versicherungsträger ebenso verglichen
werden, wie Entgeltpunkte(Ost) untereinander gleichartig sind.

Anrechte aus der **Zusatzversorgung des öffentlichen oder kirchlichen Dienstes**
sind gleichartig.[13] Nicht gleichartig sind dagegen Anrechte aus der Pflicht- und
Freiwilligen Versicherung der öffentlich-rechtlichen Zusatzversorgungskassen,[14]
weil diese unterschiedliche Rechnungszinsen und Sicherungsmechanismen haben. Ebenfalls nicht gleichartig sind diese Anrechte mit Anrechten aus der privaten oder betrieblichen Altersversorgung.[15]

Private kapitalgedeckte Versorgungen, deren Leistungen aus einem Deckungska-   4
pital erbracht werden, werden vielfach als vergleichbar angesehen.[16] Da die Bezugsgröße dieser Versorgungen das Deckungskapital ist, wird ihr Ausgleichswert
als Kapitalwert angegeben. Mithin könnte auf dieser Ebene „Gleichartigkeit"
gegeben sein, wenn die Leistungen aus einem real vorhandenen **Deckungskapital**
erbracht werden. Dies ist in dieser Allgemeinheit kaum vertretbar. Aus einem
Deckungskapital von 50.000 EUR wird einem 50-jährigen Mann im Alter von
67 Jahren bei einem vertraglichen Rechnungszins von 3% eine Rente von ca.
540 EUR und bei einem Rechnungszins von 5% in Höhe von knapp 890 EUR
gezahlt werden.[17] Schlösse man bei einer Kapitalwertdifferenz von 2.000 EUR
den Ausgleich nach § 18 Abs. 1 VersAusglG aus, bliebe eine Rentendifferenz von
340 EUR unausgeglichen. Gleichartigkeit kapitalgedeckter privater Altersversorgungen liegt deswegen idR nur dann vor, wenn auch **gleichartige Vertragskonditionen** gegeben sind. Richtigerweise sind daher solche Versorgungen nicht
gleichartig, deren Deckungskapitalien unterschiedliche vertragliche Konditionen
unterliegen. Gleichartig sind aber solche Versorgungen, deren Barwert (→
VersAusglG § 10 Rn. 10) nach identischen Konditionen ermittelt wurde. Zu
welch unterschiedlichen Resultaten bei unterschiedlichen Konditionen das Ab-

---

9   aA Erman/Norpoth VersAusglG § 18 Rn. 3.
10 JH/Holzwarth VersAusglG § 18 Rn. 4.
11 BGH FamRZ 2013, 1636.
12 BGH FamRZ 2014, 549.
13 OLG Köln FamRZ 2012, 1806.
14 OLG Koblenz FamRZ 2014, 839.
15 OLG Karlsruhe FamRZ 2011, 641.
16 Hauß FPR 2009, 214; JH/Holzwarth VersAusglG § 18 Rn. 5; NK-BGB/Götsche
    VersAusglG § 10 Rn. 28; NK-VersAusglG/Götsche § 10 Rn. 30; Palandt/Brudermüller
    VersAusglG § 18 Rn. 2.
17 Aus der Versorgungsausgleichskasse 267 EUR.

stellen auf den Kapitalwert führen würde, macht die nachfolgende Tabelle[18] deutlich.

Zeitraum	Höchstrechnungszins	Rentenerwartung aus 50.000 € Deckungskapital
1903–1922	3,50 %	611 €
1923–1941	4,00 %	693 €
01/1942–06/1986	3,00 %	539 €
07/1986–06/1994	3,50 %	611 €
07/1994–06/2000	4,00 %	693 €
07/2000–12/2003	3,25 %	574 €
01/2004–12/2006	2,75 %	505 €
01/2007–12/2011	2,25 %	445 €
01/2012–12/2014	1,75 %	391 €
01/2015–12/2016	1,25 %	343 €
01/2017–	0,90 %	312 €

5 Da zum Stichtag Ehezeitende die Barwerte der **betrieblichen Anrechte** idR mit einem einheitlichen Zinssatz (§ 253 HGB) stichtagbezogen berechnet werden, kann insoweit bei betrieblichen Anrechten eher Gleichartigkeit angenommen werden, als bei privaten Versorgungen. Die Rechnungszinsvarianz, die maßgeblich für die unterschiedliche Rentenhöhe ist, ist bei der stichtagsbezogenen Bewertung betrieblicher Anrechte deutlich geringer als in der privaten Versicherungswirtschaft. Auf Kapital- oder Rentenbasis kann daher bei diesen Versorgungen eher Gleichartigkeit angenommen werden.

6 Um eine bagatellhafte Ausgleichsdifferenz feststellen zu können ist – nach der Logik des Abs. 3 – bei Versorgungen, deren **Bezugsgröße** eine **Rente** ist, auf diese, ansonsten auf die **Kapitalwertdifferenz** abzustellen.

7 Im Bereich der **öffentlich-rechtlichen Grundversorgungen** wurden im alten Versorgungsausgleichsrecht die Anrechte aus der gesetzlichen Rentenversicherung mit denen der Beamtenversorgung ohne Umrechnung verglichen, weil sie in Dynamik,[19] Finanzierungsstruktur und Sicherheitsarchitektur vom Gesetzgeber als gleichartig bestimmt wurden (§ 1587 b Abs. 2 aF). Gerade die unterschiedliche Finanzierungsstruktur macht die Anrechte aus der öffentlich-rechtlichen Grundversorgung (Anrechte nach § 32 VersAusglG) aber zu ungleichartigen Anrechten. Zwar können sie im Rahmen von Parteivereinbarungen gegeneinander saldiert werden, im hier interessierenden Rahmen von § 18 Abs. 1 VersAusglG liegt Gleichartigkeit indessen nicht vor.

8 Gleichartig sind auch die Versorgungszusagen öffentlich-rechtlicher Versorgungsträger, die **beamtenähnliche Struktur** haben (kirchliche Versorgungen). Be-

---

18 Bei dieser Berechnung sind Gemeinkosten der Versicherungsunternehmen unberücksichtigt geblieben.
19 Vgl. dazu Schürmann, Tabellen zum Familienrecht, 2011, S. 52.

rufsständische Versorgungen** können ebenso als Teil der öffentlich-rechtlichen Grundversorgungen miteinander verglichen und bilanziert werden, sofern sie beim gleichen Versorgungsträger bestehen.

Die **Zusatzversorgungen des öffentlichen Dienstes** sind miteinander vergleichbar, **9** da sie auf einer einheitlichen Rechtsgrundlage basieren und daher auch bilanzierbar sind. Sämtliche anderen Versorgungen des betrieblichen Versorgungssektors sind nicht miteinander vergleichbar,[20] so dass sich letztendlich drei Gruppen unterschiedlicher Versorgungstypen ergeben, deren Versorgungen nach § 18 Abs. 1 VersAusglG zusammengefasst werden können, um den Bilanzunterschied festzustellen:

1. die öffentlich-rechtlichen Grundversorgungen aus dem gleichen Versicherungszweig,
2. die Zusatzversorgungen des öffentlichen Dienstes,[21]
3. die privaten Altersversorgungen, denen ein rein privatrechtlich organisiertes Deckungskapital zugrunde liegt und denen vergleichbare Leistungsbedingungen zugrunde liegen.

Innerhalb dieser Gruppen kann ein Bilanzunterschied nach § 18 Abs. 1 VersAusglG ermittelt werden, nicht aber zwischen den Gruppen.

Ein Ausschluss der Versorgungen wegen einer geringfügigen Bilanzdifferenz **10** setzt eine **Bilanzierung** der gleichartigen Versorgungen **auf Kapitalwertbasis** voraus. Geben die Versorgungsträger dabei – wie meist – auch die Rentenwerte an, kann eine **Kontrolle der „Gleichartigkeit"** auch auf der Basis der korrespondierenden Kapitalwerte pro Euro Altersversorgung erfolgen. Weichen die Kosten zur Begründung einer Altersrente von 1 EUR mehr als 10 % voneinander ab, liegt mE keine Gleichartigkeit iSv § 18 Abs. 1 VersAusglG vor.

Die Debatte um die „Gleichartigkeit" zur Feststellung einer Ausschlussmöglich- **11** keit darf dabei nicht übersehen, dass eine „geringwertige Bilanzdifferenz" auch dann nicht groß wird, wenn eine deutlich höhere Abweichung als 10 % in den Versorgungen besteht. Angesichts der niedrigen Bagatellgrenzen bewirken auch größere Differenzen in der Bewertung der Versorgungen keine großen Versorgungsunterschiede.

IV. Einzelanrecht mit geringem Ausgleichswert (Abs. 2)

Nach Abs. 2 soll das Familiengericht einzelne **Anrechte mit einem geringen Aus- 12 gleichswert** nicht ausgleichen. Hintergrund auch dieser Ausschlussnorm ist, dass der Aufwand der Teilung eines Anrechts bei dem Versorgungsträger in einem vernünftigen Verhältnis zum Wert der Versorgung zu stehen hat.

1. Anwendbarkeit auf Versorgungen des Abs. 1. Angesichts des Zwecks von **13** § 18 VersAusglG, eine Vereinfachung des Versorgungsausgleichs herbeizuführen und dazu nur solche Anrechte dem Ausgleich zu unterziehen, die eine gewisse Werthaltigkeit aufweisen, kann es keinen Zweifel geben, dass gegenüber dem Ausschluss von Einzelrechten nach Abs. 2 der Ausschluss wegen einer geringfügigen Bilanzdifferenz nach Abs. 1 die „höhere Durchschlagskraft" hat, weil durch Anwendung von Abs. 1 mindestens zwei Versorgungen aus dem Ausgleich herausgenommen werden können. Scheitert der bilanzierende Ausschluss nach

---

20 OLG Karlsruhe FamRZ 2011, 641.
21 Hauß FPR 2009, 214.

Abs. 1, weil entweder die Versorgungen nicht vergleichbar sind oder aber die Bilanzdifferenz gleichartiger Versorgungen nicht mehr gering ist (Abs. 3), kann eine durch die Anwendung von Abs. 1 nicht vom Versorgungsausgleich auszuschließende Versorgung nach Abs. 2 als „Einzelversorgung" nicht aus dem Versorgungsausgleich ausgeschlossen werden.[22] Abs. 1 und Abs. 2 stehen daher in einem **klaren hierarchischen Verhältnis** zueinander: Zunächst ist die Anwendung von Abs. 1 als weitergehende Ausschlussnorm für **gleichartige Versorgungen** zu prüfen; dem Ausschluss nach Abs. 2 unterfallen danach nur solche Versorgungen, die nicht „gleichartig" iSv Abs. 1 sind.[23]

14 **2. Kumulative Ausschlüsse über Bagatellgrenze zulässig.** Ebenso umstritten ist das **Kumulationsverbot.** Darunter ist zu verstehen, dass bei einem Ausschluss einzelner geringwertiger Anrechte die Summe der Ausschlüsse die Geringfügigkeitsgrenze des Abs. 3 zum Nachteil eines Gatten übersteigt. Auch wenn dies der Fall ist, kann ein automatischer Ausgleich derartiger Bagatellanrechte nicht vorgesehen werden. Abs. 2 sieht den **Ausschluss** von Bagatellrechten aus dem Versorgungsausgleich vor. Es bedarf daher immer einer konkreten fallbezogenen Abwägung[24] (dazu → Rn. 16 ff.).

15 Den **Ausschluss mehrerer Bagatellanrechte,** bei denen die Summe der Ausgleichswerte nicht mehr bagatellhaft ist, hat dementsprechend das Oberlandesgericht Stuttgart[25] als Regelfall angenommen und sich in seiner Entscheidung auf die ein **Kumulationsverbot** teilweise rechtfertigende Literatur[26] berufen.

16 Ein generalisierender Ausgleich von kumulativ nicht mehr geringwertigen Anrechten, die ihrerseits selbst noch geringwertig sind, ist abzulehnen.[27] Richtigerweise kann die Frage des Ausschlusses kumulativ nicht mehr geringwertiger Versorgungen nur nach dem Regel-/Ausnahmeverhältnis, das in § 18 Abs. 2 VersAusglG begründet wird, gelöst werden. Im **Regelfall** ist daher auch bei kumulativ nicht mehr geringwertigen Anrechten der Ausgleich einzelner Bagatellrechte die Regel. **Abweichungen von dieser Regel bedürfen einer besonderen Begründung,** die eine Abwägung sämtlicher Aspekte des Falles unter Einbeziehung der Interessen der Ehegatten an einer gleichberechtigten Teilhabe am wechselseitigen Versorgungsbezug sowie der Versorgungsträger an der Abwehr unwirtschaftlicher Teilungsvorgänge berücksichtigt.

V. Geringfügigkeitsgrenze (Abs. 3)

17 Abs. 3 definiert die Bagatellgrenzen. Durch Verweisung auf die monatliche Bezugsgröße nach § 18 Abs. 1 SGB sorgt das Gesetz für eine Dynamisierung der Bagatellgrenze, die sich dadurch jährlich verändert. Die geltenden Bagatellgrenzen sind in Tabellenform unter → VersAusglG § 14 Rn. 12 wiedergegeben.

22 BGH FamRZ 2012, 192; 2012, 277; aA Schwamb FamRB 2012, 89.
23 OLG Thüringen FamRZ 2011, 38; OLG München FamRZ 2010, 1664; Hauß FPR 2009, 214 (218); JH/Holzwarth VersAusglG § 18 Rn. 14; Ruland, Versorgungsausgleich, Rn. 504.
24 OLG Hamm FamRZ 2016, 549; OLG Brandenburg FamRZ 2014, 1781.
25 OLG Stuttgart FamRZ 2011, 1593.
26 Hauß FPR 2009, 214 (219); Ruland, Versorgungsausgleich, Rn. 518; JH/Holzwarth VersAusglG § 18 Rn. 17.
27 So auch KG 25.3.2011 – 13 UF 229/10; OLG Frankfurt/M. FamRZ 2015, 505; 2013, 551.

VI. Ermessensausübung

§ 18 VersAusglG räumt dem Gericht bzgl. des Ausschlusses einer Bagatellversorgung aus dem Versorgungsausgleich ein **gebundenes Ermessen** ein.[28] Der **Regelfall** ist der Ausschluss einer Versorgung aus dem Versorgungsausgleich, die **Ausnahme** der Einbeziehung einer Bagatellversorgung in den Versorgungsausgleich ist von dem den Ausgleich einer Bagatellversorgung begehrenden Ehegatten und dem Gericht zu begründen. Die Ermessensentscheidung des Gerichts setzt eine Auseinandersetzung mit den Interessen der Eheleute ebenso voraus wie mit den Interessen der Versorgungsträger. Die von der Regel abweichende Ermessensentscheidung ist im Einzelnen zu begründen.[29]

Der Gesetzgeber selbst geht von einem maßgeblichen Einfluss der Parteien auf die Ermessungsentscheidung aus.[30] Wenn die Ehegatten erklären, **kein Interesse am Ausgleich** von Bagatellversorgungen zu haben, ist dies für den Ausschluss ein wichtiges Kriterium. Die entgegenstehende Erklärung der Parteien, Bagatellversorgungen ausgleichen zu wollen, ist indessen ohne weitergehende Argumentation nicht ausreichend, einen dem erklärten Willen der Parteien entsprechenden Bagatellausgleich durchzuführen. Vielmehr hat der den Ausgleich begehrende Ehegatte darzulegen, aus welchen Gründen ausnahmsweise der Ausgleich einer Bagatellversorgung erfolgen soll. Dies kann mit einer insuffizienten Versorgungssituation am besten erklärt werden, wobei diese Versorgungssituation im Hinblick auf den bisher bereits erfolgten und den zukünftig möglichen Versorgungserwerb zu erfolgen hat. Da im Rahmen des Versorgungsausgleichsverfahrens die Versorgungsträger umfassend zur Versorgungssituation der Ehegatten Auskunft erteilt haben, ist für die Anwaltschaft das notwendige Informationsmaterial meist in den Versorgungsausgleichsauskünften der Versorgungsträger gegeben.

Haben beide Ehegatten Anrechte bei einem Versorgungsträger erworben, die von diesem nach § 10 Abs. 2 S. 1 VersAusglG bilanziert würden, wird vertreten, der Ausgleich auch geringwertiger Anrechte solle durchgeführt werden, weil der Verwaltungsaufwand des Versorgungsträgers in diesen Fällen gering sei.[31] Zwar schützt die Norm das Interesse eines Versorgungsträgers, hohen Aufwand um eines geringen Erfolges Willen zu vermeiden.[32] Ebenso soll im Interesse der Parteien das Entstehen von Mini-Versorgungen mit zweifelhaftem Versorgungswert verhindert werden. Beides spräche dafür, bei einer Saldierungsmöglichkeit durch den Versorgungsträger die Versorgungen auszugleichen. Allerdings hat der Gesetzgeber für die Ausübung des Ermessens, das eine Teilung geringfügiger Versorgungen erforderlich macht, maßgeblich auf die persönliche Versorgungssituation der Ehegatten abgestellt. Dies macht mE eine **schematische Teilung saldierbarer Bagatellversorgungen** unzulässig. Vielmehr muss es dabei bleiben, dass **im Einzelfall** auch eine Bagatellversorgung ausgeglichen werden soll, wenn dies im Hinblick auf die Versorgungssituation der Ehegatten berechtigt und notwendig erscheint. Die Norm schützt generalisierend die Versorgungsträger. Dieser

28 BGH 12.10.2016 – XII ZB 372/16; 28.9.2016 – XII ZB 325/16, FamRB 2016, 454; 2.9.2016 – XII ZB 33/13; BGH FamRZ 2016, 1658.
29 BGH FamRZ 2015, 313.
30 BT-Drs. 16/10144, 61.
31 OLG München FamRZ 2011, 646; OLG Dresden FamRZ 2010, 1804; Ruland, Versorgungsausgleich, Rn. 506.
32 BT-Drs. 10/10144, 62.

Schutz kann nur aus höherrangigen Interessen der Parteien durchbrochen werden.

VII. Verfahrensrechtliches

21 **1. Rechtsmittel.** Zu Recht hat das Oberlandesgericht Bamberg dem Versorgungsträger, bei dem ein Bagatellrecht ausgeglichen worden ist, ein eigenständiges Beschwerderecht eingeräumt.[33] Es ist bereits darauf hingewiesen worden, dass die Norm auch die Interessen der Versorgungsträger schützt.

22 **2. Gebührenfragen.** In die Wertberechnung nach § 50 Abs. 1 FamGKG sind alle verfahrensgegenständlichen Anrechte einzubeziehen, gleichgültig ob sie ausgeglichen oder nicht ausgeglichen werden.[34] Dabei sind die in der gesetzlichen Rentenversicherung erworbenen angleichungsdynamischen Anrechte (Ost) und die nicht angleichungsdynamischen Anrechte (West) separate Anrechte, so dass bei Vorhandensein von Entgeltpunkten Ost und West jeweils von unterschiedlichen gebührenrechtlichen Anrechten auszugehen ist.[35]

§ 19 VersAusglG Fehlende Ausgleichsreife

(1) [1]Ist ein Anrecht nicht ausgleichsreif, so findet insoweit ein Wertausgleich bei der Scheidung nicht statt. [2]§ 5 Abs. 2 gilt entsprechend.

(2) Ein Anrecht ist nicht ausgleichsreif,

1. wenn es dem Grund oder der Höhe nach nicht hinreichend verfestigt ist, insbesondere als noch verfallbares Anrecht im Sinne des Betriebsrentengesetzes,

2. soweit es auf eine abzuschmelzende Leistung gerichtet ist,

3. soweit sein Ausgleich für die ausgleichsberechtigte Person unwirtschaftlich wäre oder

4. wenn es bei einem ausländischen, zwischenstaatlichen oder überstaatlichen Versorgungsträger besteht.

(3) Hat ein Ehegatte nicht ausgleichsreife Anrechte nach Absatz 2 Nr. 4 erworben, so findet ein Wertausgleich bei der Scheidung auch in Bezug auf die sonstigen Anrechte der Ehegatten nicht statt, soweit dies für den anderen Ehegatten unbillig wäre.

(4) Ausgleichsansprüche nach der Scheidung gemäß den §§ 20 bis 26 bleiben unberührt.

I. Allgemeines

1 § 9 Abs. 1 VersAusglG unterwirft **alle Anrechte** dem Versorgungsausgleich, soweit die Ehegatten keine Vereinbarung nach §§ 6 ff. VersAusglG über diese Anrechte getroffen haben oder ihnen die **„Ausgleichsreife"** fehlt. § 19 VersAusglG enthält die **Legaldefinition der fehlenden Ausgleichsreife** (Abs. 2), ordnet bei Beteiligung ausländischer, zwischenstaatlicher oder überstaatlicher Versorgungen eine Ausnahme vom Prinzip des wechselseitigen Ausgleichs aller ehezeitlich erworbenen Anrechte im öffentlich-rechtlichen Versorgungsausgleich an (Abs. 3) und öffnet für Anrechte mit fehlender Ausgleichsreife die Möglichkeit ihres Aus-

---

33 OLG Bamberg 22.12.2010 – 2 UF 245/10, FamRZ 2011, 1232.
34 OLG Stuttgart NJW 2011, 540; OLG Bamberg 20.12.2010 – 2 UF 245/10.
35 OLG Nürnberg FamRZ 2011, 641; OLG Schleswig FamRZ 2011, 133; ebenso Götsche Juris-PR FamR/2011 Anm. 6.

gleichs im „schuldrechtlichen Versorgungsausgleich" (Abs. 4). Die Norm trägt damit der Tatsache Rechnung, dass es ehezeitlich erworbene Anrechte geben kann, deren tatsächlicher Versorgungswert zum Ehezeitende bzw. zum Zeitpunkt der Entscheidung über den Versorgungsausgleich so ungewiss ist, dass selbst eine interne Teilung nicht mit hinreichender Sicherheit durchgeführt werden kann oder zumutbar ist oder deren Teilung im öffentlich-rechtlichen Versorgungsausgleich für die ausgleichsberechtigte Person keinerlei Vorteil mit sich brächte, gleichwohl das Anrecht der ausgleichspflichtigen Person vermindern würde oder die schließlich der deutschen Jurisdiktion nicht unterliegen (Abs. 2 Nr. 4). § 19 VersAusglG ist mithin die legislative Antwort auf die große Artenvielfalt der Versorgungslandschaft und schafft für die Problemfälle adäquate, schon aus dem alten Versorgungsausgleichsrecht bekannte Lösungen, indem öffentlich-rechtlich nicht ausgleichbare Anrechte letztendlich dem schuldrechtlichen Versorgungsausgleich zugewiesen werden (§§ 20 ff. VersAusglG).

II. Einzelheiten

1. Feststellungszeitpunkt der Ausgleichsreife (Abs. 1 S. 1). Der Feststellungszeit- 2 punkt für die **fehlende Ausgleichsreife** ist zunächst einmal, wie immer im Versorgungsausgleich, das **Ende der Ehezeit,** das gem. § 3 Abs. 1 VersAusglG zu bestimmen ist (letzter Tag des der Zustellung des Scheidungsantrags vorausgehenden Monats). Allerdings verweist § 19 Abs. 1 S. 2 VersAusglG damit auch auf § 5 Abs. 2 S. 2 VersAusglG, wonach rechtliche oder tatsächliche Veränderungen nach dem Ende der Ehezeit, die auf den Ehezeitanteil zurückwirken, zu berücksichtigen sind. Nach einhelliger Auffassung kommt es daher zur Beurteilung der fehlenden Ausgleichsreife auf den Zeitpunkt der letzten tatrichterlichen Entscheidung, also den Zeitpunkt der **Entscheidung des Oberlandesgerichts** an.[1] Eine nach diesem Zeitpunkt eintretende Ausgleichsreife, also zB der Eintritt der Unverfallbarkeit einer Versorgung, ist im öffentlich-rechtlichen Versorgungsausgleich auch im Abänderungsverfahren nicht mehr zu berücksichtigen.[2] Ist zu erwarten, dass ein noch verfallbares Anrecht innerhalb der Tatsacheninstanz unverfallbar und damit öffentlich-rechtlich ausgleichsreif wird, kann auch die Einlegung des Rechtsmittels angeraten sein, um den öffentlich-rechtlichen Ausgleich des Anrechts herbeizuführen.

2. Enumeration nicht ausgleichsreifer Anrechte (Abs. 2). a) Mangelnde Verfesti- 3 gung (Nr. 1), Verfallbarkeit. Eine saubere, dem Halbteilungsgrundsatz gerecht werdende Teilung eines Anrechts setzt dessen „Schnittfestigkeit" voraus. Das Gesetz spricht insoweit von einer **„hinreichenden Verfestigung nach Grund und Höhe"** und erwähnt als nicht ausreichend verfestigte Versorgungen ausdrücklich noch verfallbare Anrechte iSd Betriebsrentengesetzes.

Die Entscheidung des Gesetzgebers, ein **nach dem Betriebsrentengesetz noch ver- 4 fallbares Anrecht** als nicht ausgleichsreif dem schuldrechtlichen Versorgungsausgleich vorzubehalten, ist aus dem alten Versorgungsausgleichsrecht übernommen worden. War diese Entscheidung beim bilanzierenden Einmalausgleich notwendig, ist sie für das Ausgleichsprinzip des seit dem 1.9.2009 geltenden Versor-

---

1 BT-Drs. 16/10144, 62, Rn. 3; NK/Götsche VersAusglG § 19 Rn. 7; JH/Holzwarth VersAusglG § 19 Rn. 3; zum alten Recht: BGH FamRZ 1999, 221.
2 Kemper ZFE 2009, 204; HK-VersAusglR/Götsche VersAusglG § 19 Rn. 8; JH/Holzwarth VersAusglG § 19 Rn. 3.

gungsausgleichsrecht nicht zwingend. Auch ein wegen mangelnder Verfestigung nach Scheidung entfallendes Anrecht kann real geteilt werden. Die Konsequenz des Verfalls des Anrechtes trifft dann beide Ehegatten gleichermaßen. Allerdings hat der Gesetzgeber den Versorgungsträgern den finanziellen und organisatorischen Aufwand, eine Versorgung zu teilen, die möglicherweise nie zum Vollrecht erstarkt, ersparen wollen und es daher auch im neuen Ausgleichssystem der Realteilung beim alten Prinzip des Ausgleichs noch verfallbarer Anrechte im Wege des schuldrechtlichen Versorgungsausgleichs belassen.

5 Hauptfall der nicht hinreichend verfestigten Anrechte sind Versorgungen iSd Betriebsrentengesetzes. Nach § 1 b Abs. 1 BetrAVG wird eine betriebliche Altersvorsorge **unverfallbar**, wenn das Arbeitsverhältnis vor Eintritt des Versorgungsfalls, jedoch nach Vollendung des 25. Lebensjahres endet und die Versorgungszusage zu diesem Zeitpunkt mindestens fünf Jahre bestanden hat. Für **Vorruheständler** fingiert § 1 b Abs. 1 S. 2 BetrAVG das Fortbestehen des Arbeitsverhältnisses bis zur Regelaltersgrenze, so dass in diesen Fällen Unverfallbarkeit auch dann eintreten kann, wenn aufgrund des Vorruhestands das Arbeitsverhältnis weniger als fünf Jahre bestanden hat. Das Betriebsrentengesetz gilt nur für **Arbeitnehmer**. Nicht dem Betriebsrentengesetz unterfallen Versorgungszusagen eines Unternehmens für dessen Organe. Die **Verfallbarkeitsregelungen** solcher nicht dem BetrAVG unterfallender Versorgungen sind den jeweiligen Versorgungsverträgen im Einzelnen zu entnehmen und können von den Regelungen des BetrAVG deutlich abweichende Kriterien der Unverfallbarkeit festlegen. IdR wird in derartigen Versorgungsverträgen eine Unverfallbarkeit ab Vertragsschluss vereinbart, weil dieser Personenkreis in der gesetzlichen Rentenversicherung keine hinreichende Absicherung erfährt.

6 In der Praxis ist eine Beschäftigung mit den **Unverfallbarkeitsvorschriften** der jeweiligen Versorgung nur dann erforderlich, wenn der Versorgungsträger bei der Auskunft über die Höhe der Versorgung mitteilt, dass diese **noch verfallbar** sei. In diesem Fall muss insbesondere die anwaltliche Vertretung der ausgleichsberechtigten Person prüfen, wann Unverfallbarkeit der Versorgung eintritt. Dazu ist zunächst die rechtliche Grundlage der Versorgung zu konsultieren, also die einzelvertragliche Zusage, die Betriebsvereinbarung, der Tarifvertrag oder die Vertragsbedingungen. Weichen diese von der Regelung des BetrAVG (§§ 1 b, 2) ab, ist zu prüfen, ob die Abweichung für den Arbeitnehmer vorteilhafter ist oder nicht. Das BetrAVG stellt eine Mindestregelung dar. Abweichungen zur Besserstellung der Arbeitnehmer sind zulässig.

7 Die Versorgungsstruktur im betrieblichen Bereich ist sehr vielfältig. Einzelne Versorgungsordnungen kennen Versorgungszuschläge, die dann anfallen, wenn der Arbeitnehmer eine bestimmte Beschäftigungszeit erreicht, sei es beim eigenen Unternehmen oder bei einem anderen Unternehmen, das zu einem Versorgungsverbund gehört. Zum Zeitpunkt der Ehescheidung steht in einem solchen Fall nicht fest, ob dieses Alter und damit der Versorgungszuschlag erreicht wird, obwohl dieser, wenn er anfällt, teilweise ja ehezeitlich erdient ist. In derartigen Fällen wird sich aus der Auskunft des Versorgungsträgers kein Hinweis auf derartige Versorgungsbestandteile ergeben, vielmehr sind derartige Versorgungsbestandteile noch „verfallbar" und werden von den Versorgungsträgern nicht mitgeteilt. Diese konzentrieren sich auf die unverfallbaren Bestandteile der Aus-

kunft. Auch in diesen Fällen ist eine Beschäftigung mit der Versorgungsordnung dringend erforderlich.[3]

Verfallbar iSv § 19 Abs. 1 Nr. 1 VersAusglG ist auch noch die **Einkommensdynamik endgehaltsbezogener Versorgungen.** Bei diesem Versorgungstyp wird die Höhe der Versorgung meist mit einem bestimmten Prozentsatz des „ruhegehaltsfähigen Gehalts" festgesetzt, wobei der Prozentsatz von Jahr zu Jahr in bestimmten Schritten steigt. Zum Ehezeitende steht daher die Höhe der Versorgung nicht abschließend fest, sondern nur der ehezeitlich erdiente Ruhegehaltssatz. Dies soll an einem Beispiel erläutert werden: Verspricht ein Arbeitgeber seinem Arbeitnehmer ein Ruhegehalt in Höhe von 0,5 % seines ruhegehaltsfähigen Einkommens pro Beschäftigungsjahr und wird nach 20-jähriger Beschäftigung die Ehe geschieden, so wäre ehezeitlich ein Ruhegehaltssatz von 10 % erdient. Bei einem ruhegehaltsfähigen Einkommen des Arbeitnehmers im Ehezeitende von 5.000 EUR, mithin eine monatliche Rentenanwartschaft von 500 EUR. Das Anrecht unterliegt nur in dieser Höhe dem Versorgungsausgleich. Scheidet der Arbeitnehmer nach weiteren 20 Dienstjahren mit einem Endgehalt von dann 7.000 EUR in den Ruhestand, betrüge der Ruhegehaltssatz 20 % von 7.000 EUR = 1.400 EUR. Ehezeitlich wären davon 700 EUR (10 % von 7.000 EUR) erdient. Die nachehezeitliche Wertsteigerung des Anrechts von 500 EUR auf 700 EUR ist Ausdruck seiner **Einkommensdynamik** und damit ein wichtiger wertbestimmender Faktor eines Anrechts (vgl. Vor § 39 VersAusglG). Zum Ehezeitende und zum Zeitpunkt der Entscheidung über den Versorgungsausgleich war diese Anwartschaftsdynamik der endgehaltbezogenen Versorgung noch verfallbar und konnte daher nicht ausgeglichen werden. Die **Anwartschaftsdynamik einer endgehaltbezogenen Versorgung** unterfällt damit nach § 19 Abs. 2 Nr. 1, Abs. 4 VersAusglG dem Versorgungsausgleich nach der Scheidung[4] und wäre dann schuldrechtlich auszugleichen, wenn beide früheren Ehegatten Versorgungsbezieher sind (§ 20 Abs. 2).[5] Der Ausgleich der sog **Einkommensdynamik** unterbleibt in der Praxis meist, weil er von den Ehegatten, ihren Prozessbevollmächtigten und auch den Gerichten oft nicht erkannt wird. Er „versteckt" sich in jeder endgehaltbezogenen Versorgung.

Anders als die hM nimmt *Norpoth*[6] an, die nachehezeitliche **Einkommensdynamik** sei das **synallagmatische Äquivalent der Betriebstreue** und daher als nachehezeitliche Leistung des Arbeitnehmers dem Versorgungsausgleich entzogen. Systematisch überzeugt diese Auffassung nicht. Nach den geltenden Bilanzierungsregeln[7] ist eine bestehende Einkommensdynamik angemessen bei der bilanziellen Rückstellung zu berücksichtigen, weil sie eine Eigenschaft der Versorgungszusage ist. Allerdings ist die Einkommens- von der Anwartschaftsdynamik zu unterscheiden. Eine Einkommensentwicklung enthält immer zwei Aspekte. Sie dient einerseits dem Ausgleich des inflationsbedingten Kaufkraftverlustes und andererseits honoriert sie den Beitrag des Arbeitnehmers zum wirtschaftlichen Erfolg des Unternehmens. In der ersten Funktion (Inflationsausgleich) wä-

---

3 Vgl. *Hauß/Bührer* Rn. 483 für die SOKA-Bau.
4 BGH FamRZ 2009, 296; 1991, 1421; NK-BGB/*Götsche* VersAusglG § 19 Rn. 17.
5 BT-Drs. 16/10144, 97; *Wick*, Versorgungsausgleich Rn. 392; *Hauß/Bührer* Rn. 284 f.; *Ruland* Rn. 779.
6 *Erman/Norpoth* VersAusglG § 11 Rn. 4 a; *Erman/Norpoth* VersAusglG § 19 Rn. 12.
7 *Engbrocks/Lucius/Oecking/Zimmermann*, Bewertung und Finanzierung von Versorgungsverpflichtungen, 2012, Rn. 210 ff.

re eine nachehezeitliche Einkommensdynamik zum Ehezeitende noch verfallbar, weil sie die Fortexistenz des Arbeitsverhältnisses voraussetzt. In der zweiten Funktion indessen wäre der Anstieg der Versorgungsleistung einer nachehezeitlichen Leistung der ausgleichspflichtigen Person geschuldet, die dann auch nicht schuldrechtlich auszugleichen wäre. Im obigen Beispiel (→ Rn. 8) kann man den Inflationsausgleich für die Berechnung eines schuldrechtlichen Restausgleichs berechnen. Über den bis zum Renteneintritt reichenden Zeitraum von 20 Jahren kann der inflationsbedingte Versorgungsanstieg anhand der bekannten Vebraucherpreisindizes berechnet werden. Eine Inflation von 1,7 % unterstellt, entspräche die Kaufkraft des Ehezeitanteils von 500 EUR 20 Jahre später 700 EUR, mit der Folge, dass der Anstieg um 200 EUR dem Versorgungsausgleich nach der Scheidung unterfiele. Ein eventuell über den Inflationsausgleich hinausgehender Versorgungzuwachs wäre indessen nicht auszugleichen.

10 **Für die Anwaltschaft** bedeutet dies, dass bei endgehaltbezogenen Versorgungen, die in den Formularen zur Auskunftserteilung der betrieblichen Versorgungsträger ausdrücklich gekennzeichnet sind, der **Abschlusshinweis** zum Versorgungsausgleich immer auch den Hinweis enthalten muss, dass die Einkommensdynamik als integrierter Bestandteil der Versorgung im Versorgungsausgleich bei der Scheidung nicht ausgeglichen werden konnte und ab dem Zeitpunkt des Renteneintritts schuldrechtlich auszugleichen ist.

11 **Für die Gerichte** bedeutet die **Verfallbarkeit der Einkommensdynamik**, dass es sich um einen noch verfallbaren und daher schuldrechtlich auszugleichenden Teil der Versorgung handelt. **In den Entscheidungsgründen** ist daher nach § 224 Abs. 4 FamFG auf die Existenz von noch auszugleichenden Teilen der Versorgung besonders hinzuweisen.

12 Anwartschaften aus **Entgeltumwandlung** oder **Arbeitnehmerbeiträgen**, die die ausgleichspflichtige Person ehezeitlich gezahlt hat, sind nach § 2 BetrAVG immer unverfallbar.

13 Wird von der **betrieblichen Altersversorgung** im Rahmen ihrer Auskunftserteilung mitgeteilt, dass eine Versorgung noch verfallbar ist, hat sie auch anzugeben, wann Unverfallbarkeit eintritt. Das **Gericht** hat dies **von Amts wegen zu beachten** und ggf., falls Unverfallbarkeit eintritt während des Verfahrens, die Versorgung im Versorgungsausgleich zu berücksichtigen. Die **Anwaltschaft** hat ebenfalls im Interesse ihrer Mandanten darauf zu achten, die Unverfallbarkeit der Versorgung im laufenden Verfahren eintreten zu lassen und ggf. entsprechende Maßnahmen zu ergreifen. Andererseits sind verfallbare Anrechte, soweit es sich um klassische betriebliche Arbeitnehmeranrechte handelt, idR noch so geringwertig, dass Vor- und Nachteile einer Verfahrensverzögerung genau abgewogen werden müssen. Oftmals wird es sich anbieten, verfallbare Anrechte durch eine Vereinbarung nach § 6 VersAusglG auszugleichen, indem unterhaltsrechtliche oder vermögensrechtliche Kompensation gewählt wird. Hat der ausgleichsberechtigte Ehegatte eine ausgleichspflichtige Versorgung als „Gegenrecht", bietet es sich auch oftmals an, den Ausgleich dieser Versorgung nach § 6 VersAusglG um den Ausgleichswert des noch verfallbaren Anrechts zu vermindern. Jedenfalls sollte vermieden werden, wegen meist bagatellhafter noch verfallbarer Kleinanrechte ein Ehescheidungsverfahren zu torpedieren.

14 **b) Degressive Anrechte (Nr. 2).** Degressive Anrechte sind solche, die auf eine abzuschmelzende Leistung gerichtet sind. Derartige degressive Bestandteile einer

Versorgung kommen häufig bei einem Systemwechsel eines Versorgungssystems vor und bieten den Altmitgliedern Bestandsschutz. Derartige Versorgungsbestandteile treten im Bereich betrieblicher Versorgungen ebenso auf, Hauptfall ist jedoch das **Beamtenversorgungsrecht.** Dies betrifft die Zuschläge zum beamtenrechtlichen Ruhegehalt nach § 69 e BeamtVG[8] sowie die in § 120 h SGB VI aufgeführten Zuschläge zu Renten in den neuen Bundesländern. Da diese Zuschläge abschmelzen, wird regelmäßig lediglich der Sockelbetrag ausgeglichen. Ebenso kommen degressive Versorgungsbestandteile in der gesetzlichen Rentenversicherung (§ 120 h SGB VI) vor (→ VersAusglG § 43 Rn. 34).

c) Unwirtschaftlichkeit des Ausgleichs (Nr. 3). Nach § 19 Abs. 2 Nr. 3 soll der 15 Ausgleich nicht stattfinden, wenn er für die ausgleichsberechtigte Person **unwirtschaftlich** wäre. Hauptanwendungsfeld der Unwirtschaftlichkeitsklausel ist der Ausgleich eines Anrechts in die gesetzliche Rentenversicherung, bei dem die Voraussetzungen zur Erfüllung der Wartezeit für die allgemeine Altersrente nicht mehr erreicht werden können. Dies ist bei **Beamten** der Fall, die keine oder keine ausreichenden Vorversicherungszeiten in der gesetzlichen Rentenversicherung zurückgelegt haben und bei denen der Ausgleichswert weniger als 1,878 Entgeltpunkte beträgt (→ VersAusglG § 16 Rn. 15). Ebenso kann der Fall liegen, wenn die ausgleichsberechtigte Person bereits abschließend aus dem Erwerbsleben ausgeschieden ist und der Ausgleichswert mangels einer gewissen Schwellhöhe, die in bestimmten Versorgungssystemen besteht, keinen Anspruch auf Rente begründen würde. Können sich die Ehegatten in einem solchen Fall nicht auf eine „Vereinbarung" einigen, dürfte das Gericht das Anrecht nicht im öffentlich-rechtlichen Versorgungsausgleich ausgleichen, sondern hätte es dem „Ausgleich nach der Scheidung" (schuldrechtlich) zuzuweisen. Die ausgleichsberechtigte Person könnte in diesem Fall auch die **Abfindung der schuldrechtlichen Ausgleichsrente** nach §§ 23, 24 VersAusglG verlangen.

Die **Anwaltschaft** muss zur Vermeidung von Nachteilen der vertretenen Partei 16 darauf achten, unwirtschaftliche Ausgleiche zu vermeiden. **Das Gericht hat die** Wirtschaftlichkeit des Ausgleichs **von Amts wegen** zu beachten.[9]

Dies ist – wie im alten Versorgungsausgleichsrecht auch – insbesondere bei **Versorgungsausgleichen zugunsten von Landes- und Kommunalbeamten** zu beachten. Nach § 50 Abs. 1 Nr. 1 SGB VI ist für den Bezug der Regelaltersrente die Erfüllung der allgemeinen Wartezeit von fünf Jahren (60 Monaten) erforderlich. Nach § 52 SGB VI werden im Fall des Versorgungsausgleichs pro Entgeltpunkt 31,9489 Monate Wartezeit begründet, so dass bei Übertragung einer Rente iHv 1,878 Entgeltpunkten (entsprechend 57,1851 EUR)[10] bereits eine eigene Versorgung aus der gesetzlichen Rentenversicherung bezogen werden kann (→ VersAusglG § 16 Rn. 8). Hat ein Beamter bis Ehezeitende keine Anwartschaften in der gesetzlichen Rentenversicherung erworben, nützt ihm die Übertragung eines 1,878 Entgeltpunkte unterschreitenden Ausgleichswerts nichts, so dass der Ausgleich für ihn unwirtschaftlich wäre. Können sich die Ehegatten nicht auf eine saldierende Kompensation der nur unwirtschaftlich auszugleichenden Versorgung nach § 6 VersAusglG einigen, dürfte das Gericht den Ausgleich nicht

---

8 BGH FamRZ 2007, 994 (995).
9 NK-VersAusglG/Götsche VersAusglG § 19 Abs. 23; FAKomm-FamR Wick VersAusglG § 19 Rn. 15.
10 Rentenwert bis 30.6.2017: 30,45 (28,66) EUR; ab 1.7.2017: 31,03 (29,69) EUR.

öffentlich-rechtlich vornehmen, sondern den schuldrechtlichen Ausgleich des Anrechts anordnen. In diesem Fall hätte die ausgleichsberechtigte Person die Möglichkeit, nach Abschluss des Verfahrens eine **Abfindung des schuldrechtlich auszugleichenden Anrechts** nach §§ 23, 24 VersAusglG zu verlangen.

18 Während der Ausschluss des öffentlich-rechtlichen Versorgungsausgleichs von Amts wegen bzgl. der nur unwirtschaftlich auszugleichenden Anrechte zu prüfen ist, ist der Abfindungsanspruch durch gesonderten Antrag bei Gericht geltend zu machen. Bei der relativ geringfügigen Abfindungshöhe eines Anrechts von ca. 52 EUR mit ca. 11.500 EUR würde es eine Verletzung des Beratungsauftrags des Anwalts bedeuten, wenn dieser – Leistungsfähigkeit des Ausgleichsschuldners unterstellt – zur Stellung eines entsprechenden Antrags nicht rät. Ist Leistungsfähigkeit nicht gegeben, muss die vertretene Partei auf die spätere Antragsmöglichkeit hingewiesen werden.

19 **d) Ausländische Anrechte (Nr. 4). Ausländische, zwischenstaatliche oder überstaatliche Versorgungsträger** unterliegen nicht der deutschen Jurisdiktion, so dass die dort begründeten Anwartschaften durch eine Entscheidung des deutschen Gerichts mit Verbindlichkeit gegenüber dem ausländischen Versorgungsträger nicht ausgeglichen werden können. Eine interne Ausgleichung kommt ohnehin nicht in Betracht, da es dafür an den erforderlichen Regelungen des nationalen Gesetzgebers fehlen würde. Das gilt auch für unselbstständige (Zweig-)Niederlassungen ausländischer Unternehmen.[11] Selbstständige Niederlassungen ausländischer Unternehmen unterliegen jedoch der deutschen Jurisdiktion. Ob eine Niederlassung selbstständig oder unselbstständig ist, kann bei der BaFin erfragt werden.[12] Eine auch nur europäische Harmonisierung des Versorgungsausgleichsrechts ist angesichts der dabei zu beachtenden komplizierten Struktur der Versorgungssysteme vorerst nicht in Sicht. Nach dem bis zum 31.8.2009 geltenden Versorgungsausgleichsrecht, das auf der Basis eines bilanzierenden Einmalausgleichs abgewickelt wurde, war auch die Ermittlung ausländischer Versorgungsanrechte zur Erstellung der Ausgleichsbilanz erforderlich. Ihre Bewertung bereitete vielfach ganz erhebliche Probleme.

20 In dem seit dem 1.9.2009 geltenden Versorgungsausgleichsrechts wäre es aus Gründen der Ausgleichssystematik nicht zwingend erforderlich, den Ausgleichswert auch der ausländischen Anrechte zu ermitteln. Gleichwohl ist der Ausgleichswert auch ausländischer Anrechte zu ermitteln,[13] da bei der Anwendung der **Ausgleichssperre** nach Abs. 3 die kompensatorisch auszuschließenden Versorgungsanrechte nicht bestimmt werden können und auch die Anwendung von § 27 VersAusglG ohne Kenntnis der Dimension einer ausländischen Versorgung eine Gesamtwürdigung unmöglich macht.[14] Die Aufklärung eines ausländischen Anrechts (dem Grunde nach) ist auch deswegen erforderlich, weil das Gericht schuldrechtlich auszugleichende Anrechte nach § 224 Abs. 4 FamFG in den Gründen zu benennen hat, um die Parteien auf die spätere Ausgleichsmöglichkeit eines Anrechts hinzuweisen. Aus **anwaltlicher Sicht** ist die Aufklärung eines ausländischen Anrechts insbesondere aus Gründen des Abschlusses einer Vereinbarung nach § 6 VersAusglG sinnvoll und wichtig; ob aus einer ausländischen

---

11 BVerwG FamRZ 2011, 1401 mAnm Borth.
12 Hauß/Bührer Rn. 499.
13 OLG Frankfurt/M. NZFam 2014, 1107; OLG Saarbrücken FamRZ 2014, 41.
14 Hauß/Bührer Rn. 498; FAKomm-FamR/Wick VersAusglG § 19 Rn. 18; JH/Holzwarth VersAusglG § 19 Rn. 18.

Versorgung zukünftig eine Versorgung bezogen werden kann und wie veränderungsresistent ausländische Versorgungen sind, entzieht sich regelmäßig der genauen Kenntnis in Deutschland residierender Parteien. Der Verweis einer ausländischen Versorgung in den „schuldrechtlichen Versorgungsausgleich" nach § 20 ff. FamFG bietet daher noch größere Risiken als der Verweis einer inländischen Versorgung in den schuldrechtlichen Ausgleich.

3. Ausgleichssperre (Abs. 3). Sind ausländische zwischen- oder überstaatliche 21
Anrechte auszugleichen, die weder intern noch extern ausgeglichen werden können, kann durch den Versorgungsausgleich die Altersversorgungssituation der Ehegatten nachhaltig gefährdet werden. Würden nämlich die inländischen Versorgungen eines Ehegatten real geteilt mit der Folge, dass ihm ab Versorgungsbezug deutlich geminderte Renten zufließen – insbesondere bei einem größeren Altersunterschied – kann hier eine **Versorgungslücke** entstehen, weil aus dem ausländischen auszugleichenden Anrecht für die ausgleichsberechtigte Person eine Versorgung noch nicht im Wege des schuldrechtlichen Versorgungsausgleichs erlangt werden kann. Um in diesen Fällen einer Gefährdung des Altersversorgungsniveaus einer Partei zu begegnen, findet der Versorgungsausgleich bzgl. der anderen Anrechte der Ehegatten nicht statt, **soweit** dies für den anderen Ehegatten unbillig wäre.

Die **Ausgleichssperre ist von Amts wegen** zu beachten. Gleichwohl tut die **An-** 22
waltschaft gut daran, in diesen Fällen zur zukünftigen Versorgungssituation der Parteien im Alter vorzutragen und diese zu prüfen. Abs. 3 ordnet nicht den vollständigen Ausschluss des öffentlich-rechtlichen Versorgungsausgleich bei der Scheidung an, sondern gibt dem Gericht Spielraum („soweit") bei unbilligen Ergebnissen Gegenrechte des ausgleichsberechtigten Gatten zur Kompensation der schuldrechtlich auszugleichenden ausländischen Versorgung ebenfalls in den schuldrechtlichen Ausgleich (Abs. 4) zu verweisen. Im Rahmen der Billigkeitsprüfung sind alle Aspekte der Alterseinkommenssituation der Beteiligten zu würdigen.[15] Für den teilweisen oder vollständigen kompensatorischen Ausschluss ist nicht maßgeblich, in welchem Umfang ein öffentlich-rechtlicher Ausgleich erfolgt ist.[16]

Es leuchtet ein, dass die Ausgleichssperre des Abs. 3 die Schwächen des Versor- 23
gungsausgleichsrechts im Umgang mit ausländischen Versorgungen nur unvollkommen behebt. Durch das neue Versorgungsausgleichsrecht ist der schuldrechtliche Versorgungsausgleich (§§ 20 ff. VersAusglG) weitgehend zurückgedrängt worden, da alle inländischen Versorgungen der Realteilung (intern oder extern) unterworfen sind. Die Ausgleichssystematik des Gesetzes erfasst teilweise sehr werthaltige ausländische Versorgungen nicht. Die in Abs. 3 gefundene Lösung, kompensatorisch auf den Ausgleich real zu teilender Versorgungen zu verzichten, führt dann nicht zu einer Verbesserung der Versorgungssituation der ausgleichsberechtigten Person, wenn keine kompensatorischen Gegenrechte vorhanden sind und die ausgleichsberechtigte Person älter als die ausgleichspflichtige Person ist und daher zum Zeitpunkt ihres Rentenbezuges die ausgleichspflichtige Person selbst noch nicht Rentner ist. Der Gesetzgeber hat es versäumt, einen **vorzeitigen schuldrechtlichen Versorgungsausgleich** einzuführen, um in diesen Fällen der ausgleichsberechtigten Person einen unterhaltsähnlichen

---

15 OLG Zweibrücken 23.12.2015 – 2 UF 163/15 Rn. 1.
16 KG FamRZ 2016, 982.

schuldrechtlichen Versorgungsausgleichsanspruch gegenüber der ausgleichspflichtigen Person zu verschaffen. Die Schaffung eines vorgezogenen schuldrechtlichen Versorgungsausgleichs könnte dessen Schwächen jedenfalls in Fällen, in denen Leistungsfähigkeit auf Seiten der ausgleichspflichtigen Person besteht, vermeiden.

24 **4. Folge mangelnder Ausgleichsreife (Abs. 4).** Ist das Anrecht eines Gatten nach § 19 Abs. 1 Nr. 2 VersAusglG nicht ausgleichsreif, so bedeutet dies nicht, dass es generell vom Ausgleich ausgenommen ist, sondern lediglich, dass der öffentlich-rechtliche Versorgungsausgleich nach §§ 10 ff. VersAusglG nicht durchgeführt werden kann. Das Anrecht ist dann nach den §§ 20 ff. VersAusglG schuldrechtlich auszugleichen. Bei dieser Art des Ausgleichs fällt ein nicht zum **Vollrecht** erstarktes Anrecht eines Ehegatten, das bei Durchführung des Versorgungsausgleichs noch nicht unverfallbar war, aus dem Ausgleich heraus, da der schuldrechtliche Ausgleich die Zahlung einer Versorgung voraussetzt.

25 **5. Verfahrensrechtliche Hinweise.** Grundsätzlich hat das **Gericht von Amts wegen** die Verpflichtung, die einzelnen Anrechte der Parteien aufzuklären. Für viele Anrechte ausländischer Staaten besteht bei der Deutschen Rentenversicherung Bund eine Korrespondenzversicherung, so dass Auskünfte über den ehezeitlichen Versorgungserwerb auch für ausländische Versorgungen oftmals ermittelt werden können. Teilweise bereitet diese Ermittlung jedoch auch erhebliche Schwierigkeiten. Der Gesetzgeber selbst hat unnötige Verzögerungen durch die Aufklärung nur schuldrechtlich auszugleichender Anrechte vermeiden wollen.[17] Das Gericht hat schuldrechtlich auszugleichende nicht ausgleichungsreife Versorgungen in den **Urteilsgründen** aufzuführen (§ 224 Abs. 4 FamFG). Soweit bezüglich einer ausländischen Versorgung eine inländische Versorgung nach Abs. 3 aus dem Versorgungsausgleich kompensatorisch ausgenommen wurde, ist dies **im Tenor aufzunehmen** (§ 224 Abs. 3 FamFG).[18]

26 Auch ausländische Anrechte und verfallbare betriebliche Anwartschaften sind Anwartschaften, die gebührenrechtlich streitwerterhöhend gem. § 50 FamGKG wirken.[19]

Abschnitt 3 Ausgleichsansprüche nach der Scheidung

Unterabschnitt 1 Schuldrechtliche Ausgleichszahlungen

§ 20 VersAusglG Anspruch auf schuldrechtliche Ausgleichsrente

(1) [1]Bezieht die ausgleichspflichtige Person eine laufende Versorgung aus einem noch nicht ausgeglichenen Anrecht, so kann die ausgleichsberechtigte Person von ihr den Ausgleichswert als Rente (schuldrechtliche Ausgleichsrente) verlangen. [2]Die auf den Ausgleichswert entfallenden Sozialversicherungsbeiträge oder vergleichbaren Aufwendungen sind abzuziehen. [3]§ 18 gilt entsprechend.

---

17 BT-Drs. 16/10144, 62.
18 NK-BGB/Götsche VersAusglG § 19 Rn. 48.
19 OLG Nürnberg 6.5.2010 – 7 WF 958/10, FamRZ 2011, 132; OLG Karlsruhe 26.5.2010 – 16 WF 82/10, FamRB 2010, 233.

(2) Der Anspruch ist fällig, sobald die ausgleichsberechtigte Person
1. eine eigene laufende Versorgung im Sinne des § 2 bezieht,
2. die Regelaltersgrenze der gesetzlichen Rentenversicherung erreicht hat oder
3. die gesundheitlichen Voraussetzungen für eine laufende Versorgung wegen Invalidität erfüllt.

(3) Für die schuldrechtliche Ausgleichsrente gelten § 1585 Abs. 1 Satz 2 und 3 sowie § 1585 b Abs. 2 und 3 des Bürgerlichen Gesetzbuchs entsprechend.

I. Allgemeines

Die unter Abschnitt 3 geregelten „Ausgleichsansprüche nach der Scheidung" regeln den „schuldrechtlichen Versorgungsausgleich". Obgleich das Gesetz sprachlich den Ausgleich schuldrechtlich auszugleichender Anrechte auf die Zeit „nach der Scheidung" verlagert, besteht Einigkeit, dass bei Vorliegen der Fälligkeitsvoraussetzungen der Anspruch auf die schuldrechtliche Ausgleichsrente auch bereits im Verbund mit dem Scheidungs- und Versorgungsausgleichsverfahren geltend gemacht werden kann.[1]   **1**

Die Relevanz des schuldrechtlichen Versorgungsausgleichs ist durch die Einführung der Realteilung mit dem ab 1.9.2009 geltenden Versorgungsausgleichsrecht deutlich gesunken, und besteht im Wesentlichen für die noch **verfallbaren Anrechte** des § 19 Abs. 2 Nr. 1 VersAusglG und **die ausländischen, zwischenstaatlichen und überstaatlichen Versorgungen** des § 19 Abs. 2 Nr. 4 VersAusglG. Darüber hinaus hat der schuldrechtliche Versorgungsausgleich Bedeutung bei **endgehaltbezogenen Versorgungen** für die im Zeitpunkt der Entscheidung über den Versorgungsausgleich regelmäßig noch **verfallbare Anwartschaftsdynamik (Einkommensdynamik;** → VersAusglG § 19 Rn. 4). Die übrigen Fälle des § 19 VersAusglG sind idR nicht werthaltig und werden häufig unter die Bagatellgrenze (§ 20 Abs. 1 S. 3 VersAusglG) fallen.   **2**

Der schuldrechtliche Versorgungsausgleich hat **systematische Nachteile**, die sich im Wesentlichen bei stark altersunterschiedlichen Parteien negativ bemerkbar machen: Die ausgleichspflichtige Person schuldet die Zahlung der Rente nur dann, wenn ihr aus der auszugleichenden Versorgung selbst Leistungen erbracht werden und die ausgleichsberechtigte Person ihrerseits entweder eine Rente bezieht oder die Rentenvoraussetzungen erfüllt. Bei altersunterschiedlichen Ehe-   **3**

---

1 OLG Nürnberg FamRZ 2011, 132.

gatten kann dies zu nachhaltigen Versorgungsnachteilen führen, wenn die ausgleichsberechtigte Person älter ist und früher in den Ruhestand geht, die ausgleichspflichtige Person jedoch selber noch erwerbstätig ist und keine Versorgung bezieht. Die damit zusammenhängende Problematik kann im geltenden Recht nicht gelöst werden, weil der Gesetzgeber sich zur Einführung eines unterhaltsgleichen vorgezogenen Versorgungsausgleichs nicht entschlossen hat.

4 **1. Voraussetzungen des Ausgleichs. a) Unvollständiger öffentlich-rechtlicher Ausgleich.** Zu einem schuldrechtlichen Ausgleich eines Anrechts kommt es nur dann, wenn beim öffentlich-rechtlichen Versorgungsausgleich „bei der Scheidung" eine Versorgung nicht vollständig oder überhaupt nicht ausgeglichen wurde oder werden konnte.

5 Der schuldrechtliche Versorgungsausgleich ist ebenso nicht für die Teilbereinigung der **Startgutschriftproblematik** in der Zusatzversorgung des öffentlichen Dienstes geeignet. Seit der Bundesgerichtshof die Berechnung der Startgutschrift **rentenferner Jahrgänge**[2] als gleichheitswidrig verworfen hat,[3] sind die „Startgutschriftverfahren" auszusetzen.[4] Die Startgutschrift ist kein § 19 Abs. Nr. 1 VersAusglG unterfallendes nicht hinreichend verfestigtes Anrecht[5] sondern ein nicht zutreffend berechnetes Anrecht.

6 **b) § 20 VersAusglG als Reparaturnorm fehlerhafter Ausgleiche.** Der schuldrechtliche Versorgungsausgleich könnte sich nach dem Wortlaut von § 20 VersAusglG zur **Korrektur von fehlerhaften Versorgungsausgleichen** eignen. Wegen der Begrenzung der Abänderungsmöglichkeiten nach § 32 VersAusglG auf die öffentlich-rechtlichen Grundversorgungen wäre die offene Formulierung des § 20 Abs. 1 S. 1 VersAusglG[6] geeignet, vergessene und damit „noch nicht ausgeglichene" Anrechte schuldrechtlich auszugleichen. Dies beträfe auch solche Teile von Anrechten, die im Erstverfahren über den öffentlich-rechtlichen Versorgungsausgleich nicht vollständig ausgeglichen wurden. Dabei wäre unerheblich, aus welchem Grund der vollständige Ausgleich unterblieben ist. Ein unvollständiger Ausgleich kann an einer **Falschauskunft des Versorgungsträgers** liegen, kann aber auch auf einer **falschen Bewertung** einer richtigen Auskunft des Versorgungsträgers durch das Gericht oder die Beteiligten beruhen. Da § 32 VersAusglG die Abänderbarkeit von Fehlentscheidungen nur auf die öffentlich-rechtlichen Grundversorgungen beschränkt, könnte ein öffentlich-rechtlicher Minderausgleich einer Versorgung schuldrechtlich behoben werden. Allerdings hat der Bundesgerichtshof die Möglichkeit des Ausgleichs von versehentlich nicht im öffentlich-rechtlichen Versorgungsausgleich ausgeglichenen Anrechten über den schuldrechtlichen Ausgleich verneint.[7] Ein **öffentlich-rechtlicher Zuvielausgleich** könnte indessen schuldrechtlich nicht behoben werden, da er auf einer rechtsgestaltenden Entscheidung des Familiengerichts beruht, die nach dem Willen des Gesetzgebers im Rahmen des § 32 VersAusglG unabänderbar ist, so dass kondiktionsrechtliche Ansprüche der geschädigten ausgleichspflichtigen Person gegen die ausgleichsberechtigte Person nicht in Betracht kommen,

---

2 Das sind alle diejenigen, die am 31.12.2001 jünger als 55 Jahre alt waren, also nach dem 31.12.1946 geboren sind.
3 BGH FamRZ 2008, 395; jetzt auch für die Neuregelung BGH FamRZ 2016, 902.
4 BGH FamRZ 2009, 950.
5 So aber OLG München 20.9.2010 – 33 UF 801/10, Familienrecht kompakt 2011, 34.
6 FAKomm-FamR/Wick VersAusglG § 20 Rn. 4.
7 BGH FamRZ 2013, 1548; aA Erman/Norpoth VersAusglG § 20 Rn. 2.

und zwar auch dann nicht, wenn die ausgleichsberechtigte Person Kenntnis von der Fehlerhaftigkeit der Entscheidung hat. Bei einem irreparablen Zuvielausgleich bliebe die ausgleichspflichtige Person mithin auf Schadensersatzansprüche gegen den Prozessvertreter und ggf. den Versorgungsträger beschränkt.

2. Beiderseitiger Rentenbezug. a) Rentenbezug der ausgleichspflichtigen Person. Voraussetzung für den Anspruch auf schuldrechtliche Ausgleichsrente ist, dass die ausgleichspflichtige Person aus einem noch nicht ausgeglichenen Recht eine Versorgung bezieht. Die Art des Rentenbezugs ist dabei unerheblich. Es kann sich auch um vorgezogenes Altersruhegeld oder Vorruhestandsbezüge handeln.[8] Unabhängig davon, ob die Voraussetzungen für den Rentenbezug aus einer anderen, bereits ausgeglichenen Rente bestehen oder nicht, kommt es für das Entstehen des Anspruchs darauf an, ob aus der **nicht ausgeglichenen Versorgung** eine Versorgung bezogen wird. 7

Die **ausgleichspflichtige Person** ist nicht verpflichtet, zum „frühestmöglichen Zeitpunkt" etwa **vorgezogenes Altersruhegeld** in Anspruch zu nehmen.[9] Bei einem **Überschreiten der Regelaltersgrenze** entsteht der schuldrechtliche Ausgleichsanspruch erst mit tatsächlichem Rentenbezug.[10] Da für die Höhe der schuldrechtlichen Ausgleichsrente die Höhe der zur Auszahlung gelangenden Rente bedeutsam ist, partizipiert die ausgleichsberechtigte Person an der aufgrund späteren Renteneintritts erhöhten Rente und würde ebenso an einem Rentenabschlag partizipieren, der durch vorzeitigen Versorgungsbezug entsteht. Dies kann manipulativ ausgenutzt werden. Immerhin beträgt der übliche Versorgungsabschlag bei vorzeitigem Versorgungsbezug zwischen 0,3% und 0,5 % pro vorzeitigem Bezugsmonat, so dass in der gesetzlichen Rentenversicherung ein Rentenabschlag in Höhe von 18 % bei 60-monatigem vorgezogenem Versorgungsbezug entsteht. Erfüllt die ausgleichsberechtigte Person während dieser Zeit vorzeitigem Versorgungsbezugs nicht die Voraussetzungen für die Geltendmachung der schuldrechtlichen Ausgleichsrente, geht sie in dieser Zeit leer aus und hat darüber hinaus auch noch den Nachteil geringeren Rentenbezuges. 8

Dieses Ergebnis ist derzeit im schuldrechtlichen Versorgungsausgleichsrecht kaum zu korrigieren. Lediglich dann, wenn der Versorgungsberechtigte trotz Erfüllung der Voraussetzungen für den Rentenbezug keinen Antrag auf Rente stellt, um die ausgleichsberechtigte Person zu schädigen, soll nach einer in der Literatur zu Recht vertretenen Auffassung die schuldrechtliche Ausgleichsrente auf der Basis fiktiver Rentenberechnung möglich sein.[11] Allerdings ist dem Versorgungsausgleich die Annahme fiktiver Leistungsfähigkeit fremd. Nur tatsächlich bezogene Leistungen können und sollen ausgeglichen werden. Allenfalls könnte man aus der „nachehelichen Solidarität" eine Obliegenheit zum regelgerechten Rentenantrag herleiten, deren Verletzung schadenersatzpflichtig machen kann (§ 826). 9

Ein Versorgungsbezug iSv Abs. 2 Nr. 1 ist auch gegeben, wenn aus einem **sicherungshalber abgetretenen** Anrecht Leistungen an den Sicherungsnehmer er- 10

---

8 BGH FamRZ 2001, 27; 2001, 25; 1987, 145.
9 Offengelassen BGH FamRZ 1988, 936.
10 OLG Celle 29.12.1994 – 17 UF 107/93, FamRZ 1995, 812.
11 Ruland, Versorgungsausgleich, Rn. 771; NK-BGB/Götsche VersAusglG § 20 Rn. 11; Borth, Versorgungsausgleich, Rn. 838; Hauß/Bührer Rn. 594.

bracht werden.[12] Ein Versorgungsbezug liegt auch dann vor, wenn die Versorgung wegen des Bezugs einer anderen Versorgung oder Leistung ruht.[13]

11 b) **Fälligkeitsvoraussetzung auf Seiten der ausgleichsberechtigten Person (Abs. 2).**
Während die ausgleichspflichtige Person in tatsächlichem Versorgungsbezug stehen muss, reicht für die **ausgleichsberechtigte Person** die Erfüllung der **Voraussetzungen für einen Versorgungsbezug** aus. Sie muss also entweder die Regelaltersgrenze in der gesetzlichen Rentenversicherung erreicht haben oder die gesundheitlichen Voraussetzungen für eine Invaliditätsversorgung erfüllen.

12 Für Geburtsjahrgänge ab 1964 ist die **Regelaltersgrenze** auf die Vollendung des 67. Lebensjahres heraufgesetzt worden. Für die Jahrgänge ab 1947 sind die Regelaltersgrenzen schrittweise heraufgesetzt worden, wie der nachfolgenden Tabelle zu entnehmen ist:

Renteneintrittstabelle, § 235 SGB VI			
Für den Geburtsjahrgang	erfolgt eine Anhebung um ... Monate	auf Vollendung eines Lebensalters von	
1900	0	65,00	65 Jahre
1947	1	65,08	65 Jahren und 1 Monat
1948	2	65,17	65 Jahren und 2 Monaten
1949	3	65,25	65 Jahren und 3 Monaten
1950	4	65,33	65 Jahren und 4 Monaten
1951	5	65,42	65 Jahren und 5 Monaten
1952	6	65,50	65 Jahren und 6 Monaten
1953	7	65,58	65 Jahren und 7 Monaten
1954	8	65,67	65 Jahren und 8 Monaten
1955	9	65,75	65 Jahren und 9 Monaten
1956	10	65,83	65 Jahren und 10 Monaten
1957	11	65,92	65 Jahren und 11 Monaten
1958	12	66,00	66 Jahren
1959	14	66,17	66 Jahren und 2 Monaten
1960	16	66,33	66 Jahren und 4 Monaten
1961	18	66,50	66 Jahren und 6 Monaten
1962	20	66,67	66 Jahren und 8 Monaten
1963	22	66,83	66 Jahren und 10 Monaten
1964	24	67,00	67 Jahren

13 Der Bezug einer **Hinterbliebenenversorgung** durch den ausgleichsberechtigten Ehegatten erfüllt das Kriterium von § 20 Abs. 2 Nr. 1 VersAusglG nicht. Die Hinterbliebenenversorgung ist eine Annexversorgung zu den Alters- und Invaliditätsversorgungen und unterfällt schon vom Wortlaut her nicht § 2 VersAusglG.[14]

---

12 BGH FamRZ 1988, 936.
13 BGH FamRZ 1988, 936; NK-BGB/Götsche VersAusglG § 20 Rn. 10.
14 AllgM, vgl. Ruland, Versorgungsausgleich, Rn. 775.

Auch ohne eigenen Rentenbezug und Erreichen der Regelaltersgrenze des § 235 14
SGB VI kann die ausgleichsberechtigte Person die schuldrechtliche Ausgleichsrente verlangen, wenn sie die **Voraussetzungen** für eine **Invaliditätsversorgung**
erfüllt.

II. Höhe der Ausgleichsrente

1. Bestimmung der Bruttohöhe der Rente. Die Höhe der Ausgleichsrente wird 15
in den §§ 20 ff. VersAusglG nur insoweit definiert, als nach § 20 Abs. 1 S. 2
VersAusglG die auf den Ausgleichswert entfallenden **Sozialversicherungsbeiträge**
oder vergleichbare Aufwendungen abzuziehen sind. Im Übrigen verweist § 20
Abs. 1 S. 1 VersAusglG auf den Ausgleichswert, der in § 1 Abs. 2 S. 2
VersAusglG als Hälfte des Werts des Ehezeitanteils definiert wird. Für die Berechnung des Ausgleichswerts sind daher die Wertermittlungsvorschriften der
§§ 39 ff. VersAusglG heranzuziehen. Da es sich bei den schuldrechtlich auszugleichenden Versorgungen stets um laufende Versorgungen handelt, sind bei
zeitratierlich zu bewertenden Versorgungen (vgl. § 40 VersAusglG) die **tatsächlichen Beschäftigungszeiten** zu berücksichtigen. In diesen Fällen ist die ausgleichspflichtige Person **bei vorzeitigem Rentenbezug** durch die niedrigere Rente betroffen und profitiert bei hinausgeschobenem Rentenbezug durch die höhere
Rente. Gleichzeitig verändern sich die Beschäftigungszeiten und damit der Ehezeitanteil. Dies kann zu einer teilweisen Korrektur der quantitativen Auswirkung des veränderten Renteneinsatzzeitpunkts führen.

Ausgangspunkt für die Bewertung der Höhe der schuldrechtlichen Ausgleichs- 16
rente ist immer die **tatsächlich gezahlte Bruttoversorgung,** die **Nominalrente.**
Die Auskunftsansprüche des § 4 VersAusglG bzw. der prozessuale Auskunftsanspruch des § 220 FamFG ermöglichen geschiedenen Ehegatten und dem Gericht,
beim Versorgungsträger die erforderlichen Auskünfte zum Ehezeitanteil der
schuldrechtlichen Ausgleichsrente einzuholen. Da eine schuldrechtliche Ausgleichsrente nur bei tatsächlicher Rentenzahlung erfolgt, ist der **Ausgleichswert**
nach § 5 Abs. 4 VersAusglG **als Rentenbetrag** vom Versorgungsträger zu berechnen und dem Gericht vorzuschlagen.

Bei **ausländischen Versorgungsträgern** muss das Gericht den Ehezeitanteil der 17
auszugleichenden Versorgung ggf. selbst, notfalls mithilfe eines Sachverständigen, ermitteln.[15]

Zur Berechnung des Ausgleichswertes der Versorgung ist das **Ehezeitende** maß- 18
geblich.[16] Nach § 5 Abs. 2 sind rechtliche und tatsächliche Veränderungen nach
dem Ende der Ehezeit bei der Feststellung des Ehezeitanteils der Versorgung zu
berücksichtigen, weil diese latent dem auszugleichenden Anrecht innewohnten.[17] Zwar ist grundsätzlich das Ehezeitende Ausgangspunkt der Bemessung
der Höhe des auszugleichenden Anrechts. Regelmäßig nimmt das Anrecht aber
an Veränderungen teil.

Wichtigste Veränderung eines auszugleichenden Anrechts ist die **Dynamisierung** 19
einer Versorgung. Bei Betriebsrenten ist dies die Dynamisierung der Versorgung
in der Leistungszeit nach § 16 BetrAVG. Bei privaten Renten treten Erhöhungen

---

15 Reinhard, Ausländische Versorgungsanwartschaften im Versorgungsausgleich, FamRZ
2007, 866.
16 FAKomm-FamR/Wick VersAusglG § 20 Rn. 19.
17 Ruland Versorgungsausgleich Rn. 785 unter Verweis auf BGH FamRZ 2009, 1738.

durch **Zuweisung von Überschussanteilen** auf, die ebenfalls latent dem auszugleichenden Recht innewohnten und daher im schuldrechtlichen Ausgleich auszugleichen sind.

20 **Leistungen** der ausgleichspflichtigen Person, die nachehezeitlich auf die Versorgung erbracht worden sind, sei es durch beruflich überdurchschnittlichen Aufstieg (**Karrieresprung**) oder durch Beitragszahlungen, sind aus dem Ausgleichswert der Versorgung herauszurechnen. Dabei kann die Berechnung der Höhe der Versorgung unter Außerachtlassung von Veränderungen, die keinen Bezug zum ehezeitlichen Erwerb haben, schwierig sein.[18] Die Eliminierung der aus einem Karrieresprung resultierenden Versorgungssteigerungen setzt eine fiktive Berechnung der schuldrechtlichen Versorgung durch den Versorgungsträger, das Gericht oder die Parteien voraus.[19] Ebenso wenig können nachehezeitlich vereinbarte betriebliche Altersversorgungen im schuldrechtlichen Versorgungsausgleich erfasst werden.[20]

21 **Änderungen der Rechtsgrundlagen** der Versorgungen, die auf die Höhe der Versorgungsleistung Auswirkungen haben, sind ebenso zu berücksichtigen.[21] Dies betrifft zB die durch das Versorgungsänderungsgesetz 2001 eingetretenen Veränderungen in der Beamtenversorgung, die zu einer Absenkung des Ruhegehaltshöchstsatzes von 75 % auf 71,75 % geführt haben. Ebenso sind die **Veränderungen im Bereich der Zusatzversorgung** des öffentlichen Dienstes maßgeblich, wobei die auf der **Startgutschrift** beruhenden Versorgungsanteile zeitratierlich (§ 40 VersAusglG; → VersAusglG § 45 Rn. 5 ff.) zu bewerten sind,[22] während die ab 1.1.2002 erworbenen Versorgungspunkte unmittelbar dem ehezeitlichen Erwerb zugeordnet werden können (→ VersAusglG § 39 Rn. 10).

22 Die Höhe einer schuldrechtlichen Ausgleichsrente kann durch einen **öffentlich-rechtlichen Teilausgleich** der Versorgung nach § 3 b Abs. 1 Nr. 1 VahRG in den Fällen beeinflusst werden, die nach dem bis zum 31.8.2009 geltenden Versorgungsausgleichsrecht entschieden worden sind. Nach diesem Recht war ein Teilausgleich der dynamisierten Versorgung nach § 3 b Abs. 1 Nr. 1 VahRG bis zu einer Obergrenze von 2 % der monatlichen Bezugsgröße von § 18 SGB IV möglich. Ein Abänderungsverfahren und eine Überleitung des nach altem Recht durchgeführten Versorgungsausgleichs ins neue Versorgungsausgleichsrecht kommt für diese Fälle nicht in Betracht (§ 51 Abs. 4 VersAusglG). Zur Berechnung der Höhe des anzurechnenden Teilausgleichs ist dieser nach den mithilfe der aktuellen Rentenwerte zum Stichtag Ehezeitende und zum Stichtag der Durchführung des schuldrechtlichen Versorgungsausgleichs zu dynamisieren.[23]

23 **2. Abzüge von der Bruttorente (Abs. 1 S. 2).** Nach Abs. 1 S. 2 sind auf den Ausgleichswert entfallende **Sozialversicherungsbeiträge** oder vergleichbare Aufwendungen vom Betrag des Ausgleichswertes abzuziehen. Im alten Recht vertrat der Bundesgerichtshof[24] die Auffassung, Sozialversicherungsbeiträge seien bei der Berechnung der schuldrechtlichen Ausgleichsrente unbeachtlich. Diese schon

---

18 BGH FamRZ 1987, 145.
19 BGH FamRZ 2009, 205; 2009, 1738.
20 BGH FamRZ 2008, 1512; OLG Celle FamRZ 2005, 521.
21 BGH FamRZ 2009, 1738; OLG Hamm FamRZ 1994, 1528.
22 BGH FamRZ 2007, 1084.
23 OLG Celle FamRZ 2011, 728.
24 BGH FamRZ 2005, 1982.

nach altem Recht kritisierte Position[25] ist nunmehr vom Gesetzgeber korrigiert worden. Danach ist nunmehr für die Höhe der schuldrechtlichen Ausgleichsrente der um die Sozialversicherungsbeiträge (Kranken- und Pflegeversicherung) bereinigte Ausgleichswert maßgeblich.[26]

Der **Beitragssatz zur Krankenversicherung** beträgt im Jahr 2017 14,6 %, der 24 Pflegeversicherungssatz beträgt 2,55 % und für Kinderlose 2,80 %. Diese Beiträge werden für Einkünfte bis zur Jahresarbeitsentgeltgrenze erhoben. Die Jahresarbeitsentgeltgrenze für das Jahr 2017 beträgt 52.200 EUR im Jahr. Daraus erwachsen praktische Probleme. Liegt das Einkommen des Rentners unterhalb der Jahresarbeitsentgeltgrenze, sind seine gesamten Einkünfte sozialabgabenpflichtig. Liegen sie jedoch darüber und werden sie aus mehreren Renten bezogen, muss unter Umständen quotiert werden, um eine angemessene Verteilung der Sozialversicherungsabgaben auf die unterschiedlichen Renten zu erhalten.[27] **Zuzahlungen** zu den Krankenbehandlungskosten, die ein Versicherter als Folge eines von ihm individuell gewählten Versicherungstarifs zu leisten hat, gehören nicht zu den abzugsfähigen den Sozialversicherungsabzügen „vergleichbaren" Aufwendungen.[28]

Auch die **Pflegeversicherungsbeiträge**, die auf die schuldrechtliche Ausgleichs- 25 rente entfallen, sind vom Ausgleichswert der Rente vor Berechnung der schuldrechtlichen Ausgleichsrente abzuziehen.

Steuern sind nicht zu berücksichtigen. Dies ist berechtigt, weil die individuelle 26 Steuerlast aus der konkreten Einkommens- und Lebenssituation der ausgleichspflichtigen Person resultiert. Soweit dies kritisiert wird,[29] wird übersehen, dass die ausgleichspflichtige Person die schuldrechtliche Ausgleichsrente als dauernde Last gem. § 10 Abs. 1 a Nr. 4 EStG steuerlich absetzen kann. Die ausgleichsberechtigte Person ihrerseits hat die Ausgleichsrente nach § 22 Nr. 1 EStG zu versteuern. Durch die Möglichkeit einerseits der steuerlichen Absetzung der Ausgleichsrente und andererseits der Steuerpflicht der Ausgleichsrente besteht keine Verletzung des Halbteilungsgrundsatzes. Vielmehr wird die schuldrechtliche Ausgleichsrente durch die steuerlichen Regeln der individuellen Leistungsfähigkeit des Ausgleichspflichtigen und des Ausgleichsberechtigten entsprechend besteuert. Deswegen hat der Verpflichtete dem berechtigten Ehegatten auch keinen steuerlichen Nachteilsausgleich zu gewähren.[30] Ob bei einem gewöhnlichen Aufenthalt der ausgleichspflichtigen Person im Ausland die mangelnde steuerliche Abzugsfähigkeit der Ausgleichsrente zur Korrektur des Ausgleichsbetrags nach § 27 VersAusglG führt,[31] ist nicht abschließend geklärt, aber wohl abzulehnen, weil die Wahl des Auslandswohnsitzes die freie Entscheidung des ausgleichspflichtigen Ehegatten ist, die idR keinen ehezeitlichen Bezug mehr hat.

---

25 Hauß, Versorgungsausgleich und Verfahren in der Anwaltlichen Praxis, Rn. 668 mwN.
26 Nach OLG Zweibrücken FamRZ 2010, 1668 kann dieser Rechtsgedanke des neuen Rechts auch auf Verfahren nach altem Recht angewendet werden.
27 BGH FamRZ 2016, 442; OLG Stuttgart FamRZ 2011, 1870; JH/Holzwarth VersAusglG § 20 Rn. 40.
28 BGH FamRZ 2016, 442; JH/Holzwarth VersAusglG § 20 Rn. 38; NK-BGB/Götsche VersAusglG § 20 Rn. 18; Hauß/Bührer Rn. 602.
29 Ruland, Versorgungsausgleich, Rn. 721.
30 OLG Hamburg FamRZ 2010, 1082.
31 So Borth in Anm. zu OLG Bremen FamRZ 2012, 1713.

27   **3. Bagatellwerte (Abs. 1 S. 3).** § 20 Abs. 1 S. 3 verweist auch im Bereich des schuldrechtlichen Versorgungsausgleichs auf die Geringfügigkeitsregel des § 18. **Geringe schuldrechtlich auszugleichende Anrechte sollen demnach nicht ausgeglichen werden.** Die Bestimmung der Geringfügigkeit des Ausgleichswertes wird regelmäßig am Rentenwert zu messen sein, so dass eine schuldrechtliche Ausgleichsrente dann nicht zu zahlen ist, wenn sie 1 % der monatlichen Bezugsgröße nach § 18 Abs. 1 SGB IV nicht übersteigt.[32] Die Bagatellgrenze ist daher wegen der Bezugnahme in § 18 auf den Ausgleichswert **vor Abzug der Sozialversicherungsabgaben** zu bestimmen.[33]

28   **Zeitlich** ist zur Bestimmung des Bagatellwertes nicht auf das Ehezeitende abzustellen, sondern auf den Zeitpunkt der **Fälligkeit der Ausgleichsrente**[34] (→ Rn. 11).

III. Zahlungsmodalitäten (Abs. 3)

29   Abs. 3 verweist für die Auszahlung der schuldrechtlichen Ausgleichsrente auf die unterhaltsrechtlichen Vorschriften des § 1585 Abs. 1 S. 2 u. 3 und § 1585 b Abs. 2 u. 3. Damit wird auch bzgl. der Ausgleichsmodalitäten die Nähe des schuldrechtlichen Versorgungsausgleichs zum Unterhaltsrecht deutlich. Die schuldrechtliche Ausgleichsrente ist daher **monatlich im Voraus** zu entrichten. Daraus können teilweise Liquiditätsprobleme resultieren, wenn die ausgleichspflichtige Person die Rente erst am Monatsende erhält. Gleichwohl bleibt es bei der Regel der Vorauszahlungspflicht.[35]

30   **Für die Vergangenheit** kann die schuldrechtliche Ausgleichsrente erst ab dem Zeitpunkt der Geltendmachung verlangt werden. Der Verweis auf § 1585 b Abs. 2 enthält den Verweis auf § 1613 Abs. 1, wonach die ausgleichspflichtige Person ab dem Zeitpunkt die Ausgleichsrente zu haben hat, zu dem sie aufgefordert worden ist, Auskunft über die Höhe der auszugleichenden Versorgung zu erteilen. Die gleiche verzugsbegründende Wirkung hat die Geltendmachung eines bezifferten Ausgleichsanspruchs oder die Rechtshängigkeit. Ab diesem Zeitpunkt können Verzugszinsen verlangt werden.[36]

31   **Verzug** kann erst ab Fälligkeit des Anspruchs (§ 20 Abs. 2 VersAusglG) eintreten, so dass auch erst ab diesem Zeitpunkt Verzugszinsen verlangt werden können.

32   Schulden **beide Ehegatten** einander **gegenläufige schuldrechtliche Ausgleichsrenten** trüge eine **Saldierung** zur Vereinfachung der Zahlungsströme bei. Es wird daher vertreten, das Gericht könne in diesem Fall die Zahlungen gegeneinander saldieren.[37] Überwiegend wird eine solche Saldierung indessen abgelehnt, weil sie dem Prinzip des Einzelausgleichs jeder einzelnen Versorgung widerspreche.[38]

---

32   2011: 25,55 EUR.

33   OLG Celle FamRZ 2011, 728; Wick, Versorgungsausgleich, Rn. 694; HK-VersAusglR/ Götsche VersAusglG § 20 Rn. 29; JH/Holzwarth VersAusglG § 20 Rn. 26; NK-BGB/ Götsche VersAusglG § 20 Rn. 26; Wick FuR 2009, 482; Ruland, Versorgungsausgleich, Rn. 701.

34   OLG Celle 22.11.2010 – 10 UF 219/10, FamRZ 2011, 728.

35   OLG Frankfurt/M. FamRZ 2012, 1727; OLG Stuttgart FamRZ 2003, 455.

36   OLG Bremen FamRZ 2012, 1723.

37   OLG Celle FamRZ 2011, 728.

38   Borth, Versorgungsausgleich, Rn. 833, der lediglich schuldrechtlich auszugleichende Versorgungen des gleichen Versorgungsträgers saldieren will; JH/Holzwarth VersAusglG § 20 Rn. 4; FAKomm-FamR/Wick VersAusglG § 20 Rn. 30.

Letztere Auffassung ist vorzuziehen. Nicht nur aus systematischen Gründen, sondern auch aus praktischen ist jede Versorgung einzeln schuldrechtlich auszugleichen, ohne im Tenor die Saldierung vorzunehmen. Diese können die Parteien zur Vereinfachung der Zahlungsströme vereinbaren. Wegen der Abänderungsproblematik scheint ein anderer Weg nur schlecht in die Systematik des neuen Versorgungsausgleichs zu passen.

IV. Verfahrenshinweise

Das Verfahren über den schuldrechtlichen Versorgungsausgleich ist ein **Antrags-** **33** **verfahren.** Da die Entscheidung lediglich die Rechtsverhältnisse inter partes betrifft, können sich die Parteien – entgegen einer landläufig bei Parteien, selbst Anwälten und Versorgungsträgern vertretenen Auffassung – über die Höhe der schuldrechtlichen Ausgleichsrente einigen. Eine gerichtliche Entscheidung ist nicht erforderlich.[39] Auch die **Abtretung** von Versorgungsausgleichsansprüchen nach § 21 VersAusglG bedarf nicht der Form einer gerichtlichen Entscheidung (→ VersAusglG § 21 Rn. 2). Die von Borth empfohlene Anweisung an den Träger der schuldrechtlich auszugleichenden Versorgung, einen bestimmten Anteil der Versorgung an die ausgleichsberechtigte Person auszuzahlen, ist ein außerprozessualer sinnvoller Weg, Rechtsstreite zu vermeiden und als Abtretung zu werten.[40] **Vereinbarungen** nach § 6 VersAusglG über Ausgleichsansprüche nach der Scheidung (schuldrechtlicher Versorgungsausgleich) bedürfen nicht der Form des § 7 VersAusglG. Diese ist lediglich für den Wertausgleich bei der Scheidung vorgeschrieben. Derartige Vereinbarungen wären auch mündlich wirksam.

1. Antragstellung bei Gericht. Auch wenn es sich bei dem Verfahren über Aus- **34** gleichsansprüche nach der Scheidung um ein Antragsverfahren handelt, muss die ausgleichsberechtigte Person **keinen bezifferten Antrag** stellen. Es reicht vielmehr aus, den Antrag zu stellen,

▶ den schuldrechtlichen Versorgungsausgleich bezüglich der Versorgung des Antragsgegners aus der Versorgung bei der XY-AG durchzuführen und festzustellen, dass die rückständigen Zahlungen ab dem … (Verzug) mit fünf Prozentpunkten über dem Basiszins der EZB zu verzinsen sind. ◀

Bei einer derartigen Antragstellung hält sich die ausgleichsberechtigte Person die Möglichkeit offen, Veränderungen der schuldrechtlichen Ausgleichsrente, die durch Rentenerhöhungen während des Verfahrens eintreten, abzuschöpfen. Die Aufnahme der Verzinsungsforderung in den Antrag ist notwendig, weil auch Verfahren über den schuldrechtlichen Versorgungsausgleich oftmals lange andauern. Für die **Anwaltschaft** empfiehlt es sich, im Laufe des Verfahrens, spätestens nach Erteilung der Auskünfte über den schuldrechtlichen Versorgungsausgleich durch den Versorgungsträger, einen bezifferten Antrag zu stellen und dem Gericht präzise Rechenhilfen zu geben. Abgesehen davon, dass das Gericht aufgrund des Amtsermittlungsverfahrens an den Antrag nicht gebunden ist, begegnet man durch präzise Formulierungs- und Berechnungshilfen einer auch bei den Gerichten teilweise bestehenden mangelnden praktischen Erfahrung in Ver-

---

39 FAKomm-FamR/Wick VersAusglG § 20 Rn. 41.
40 Borth, Versorgungsausgleich, Rn. 852; zustimmend FAKomm-FamR/Wick VersAusglG § 20 Rn. 45; OLG Stuttgart FamRZ 2003, 455.

fahren über den schuldrechtlichen Versorgungsausgleich, die regelmäßig zu Verfahrensverzögerungen führt.

35 **2. Einstweilige Anordnung.** Wegen der oftmals lang andauernden Verfahren über den schuldrechtlichen Versorgungsausgleich ist stets die Möglichkeit der **einstweiligen Anordnung** nach §§ 49 ff. FamFG zu prüfen. Je dringlicher der Bedarf der ausgleichsberechtigten Person umso eher wird die Beantragung und der Erlass einer einstweiligen Anordnung in Betracht gezogen werden können, was sich insbesondere dann anbietet, wenn die Rechtslage im Wesentlichen klar ist.[41] Dabei ist jedoch zu beachten, dass § 49 FamFG **lediglich** eine Entscheidung über den „**notwendigen Bedarf**" ermöglicht.[42]

36 **3. Dynamisierung der Ausgleichsrente.** Nach ständiger Rechtsprechung ist es unzulässig, die schuldrechtliche Ausgleichsrente in einem bestimmten Prozentsatz von der Quellversorgung zu titulieren.[43] Die dazu ergangene Rechtsprechung ist dogmatisch zutreffend. Praktisch ist sie nicht. Viele Versorgungsträger und Parteien wünschen nicht eine ständige Überprüfung der Höhe der schuldrechtlichen Ausgleichsrente, so dass für eine dynamische statt der statischen Titulierung ein erhebliches Interesse besteht. In der **Praxis** kann es daher den Beteiligten nur empfohlen werden, eine **Parteivereinbarung** über die Festlegung der schuldrechtlichen Rente in Form eines bestimmten Prozentsatzes zu treffen und beim Versorgungsträger das Einverständnis zur Abtretung der Versorgung mit einer Quotenabtretung zu erklären. Liegt eine derartige Vereinbarung nach § 6 VersAusglG vor und hat der Versorgungsträger dazu seine Zustimmung erteilt, ist eine gerichtliche Entscheidung nicht mehr notwendig, sie könnte jedoch nach § 6 Abs. 2 VersAusglG entsprechend ergehen.

37 Vielfach sind von einer ausgleichspflichtigen Person auch Unterhaltsansprüche der ausgleichsberechtigten Person zu erfüllen. Da das Verfahren über die schuldrechtliche Ausgleichsrente teilweise lange dauert, und die schuldrechtliche Ausgleichsrente ab Erhebung des Auskunftsanspruchs fällig ist, kann es zu Zahlungsüberschneidungen und Doppelbelastungen kommen. Dem kann der Ausgleichspflichtige dadurch entgehen, dass er ab Fälligkeit der Ausgleichsrente den **Unterhalt als Darlehen** erbringt.[44] Das würde indessen nicht den Entreicherungseinwand beseitigen. Deswegen hat die Rechtsprechung der ausgleichsberechtigten Person für den Zeitraum und in Höhe der Unterhaltszahlungen die Geltendmachung der Ausgleichsrente nach § 242 versagt.[45]

38 **4. Abänderung.** Nach § 227 FamFG gilt § 48 Abs. 1 FamFG für alle Abänderungen schuldrechtlicher Versorgungsausgleiche. Für Parteivereinbarungen gelten die §§ 225, 226 FamFG entsprechend. Die Abänderung ist zulässig, wenn sich die Sach- oder Rechtslage nachträglich geändert hat, also Veränderungen in der Versorgung eingetreten sind, die wesentlich sind.

41　FAKomm-FamR/Wick VersAusglG § 20 Rn. 43.
42　Umkehrschluss aus § 246 FamFG.
43　BGH FamRZ 2008, 1841; 2007, 2055.
44　BGH FamRZ 2010, 1639.
45　BGH FamRZ 2011, 706.

§ 21 VersAusglG Abtretung von Versorgungsansprüchen

(1) Die ausgleichsberechtigte Person kann von der ausgleichspflichtigen Person verlangen, ihr den Anspruch gegen den Versorgungsträger in Höhe der Ausgleichsrente abzutreten.

(2) Für rückständige Ansprüche auf eine schuldrechtliche Ausgleichsrente kann keine Abtretung verlangt werden.

(3) Eine Abtretung nach Absatz 1 ist auch dann wirksam, wenn andere Vorschriften die Übertragung oder Pfändung des Versorgungsanspruchs ausschließen.

(4) Verstirbt die ausgleichsberechtigte Person, so geht der nach Absatz 1 abgetretene Anspruch gegen den Versorgungsträger wieder auf die ausgleichspflichtige Person über.

I. Allgemeines

Der schuldrechtliche Versorgungsausgleich ist, weil er zwischen den geschiedenen Eheleuten abgewickelt wird, oftmals immer noch psychologisch problembeladen. Dieser Situation will § 21 VersAusglG gerecht werden und sieht vor, dass die ausgleichsberechtigte Person von der ausgleichspflichtigen Person verlangen kann, den Anspruch gegen den Versorgungsträger in Höhe der Ausgleichsrente abzutreten. Damit hätte die ausgleichsberechtigte Person nach vollstreckungsfähiger Feststellung der Höhe des Anspruchs nur noch mit dem Versorgungsträger zu tun. Dem Distanzbedürfnis der geschiedenen Eheleute würde damit Genüge getan. **1**

§ 21 VersAusglG gibt den geschiedenen Eheleuten die **Möglichkeit einer formlos gültigen Abtretungsvereinbarung**, und – wenn diese nicht zustande kommt – die Möglichkeit einer gerichtlichen Durchsetzung des Abtretungsanspruchs. Grundsätzlich kann der Anspruch auf schuldrechtlichen Versorgungsausgleich auch ohne Abtretung inter partes abgewickelt werden. Auch große Versorgungsträger stehen teilweise auf dem Standpunkt, eine Abtretung des Anspruchs bedürfe einer gerichtlichen Entscheidung. Dies ist unzutreffend. **2**

In einer **Abtretungsvereinbarung** können die Parteien auch Regelungen über die Rückführung von rückständigen schuldrechtlichen Ausgleichsrenten treffen.[1] **3**

Abs. 2 verstellt die Möglichkeit, vom Schuldner die Abtretung von Rentenansprüchen gegen den Versorgungsträger wegen **rückständiger schuldrechtlicher Ausgleichsansprüche** zu **verlangen**. **4**

II. Einzelheiten

Der **Abtretungsanspruch** kann unmittelbar **zusammen mit der Geltendmachung des schuldrechtlichen Ausgleichsanspruchs** geltend gemacht werden.[2] Ist der Schuldner der Ausgleichsrente nicht bereit, die Abtretung seiner Ansprüche gegen den Versorgungsträger in Höhe der schuldrechtlichen Ausgleichsrente zu erklären, muss die schuldrechtliche Ausgleichsrente tituliert werden, um die Abtretung zu erreichen. Der Antrag auf die schuldrechtliche Ausgleichsrente sollte **5**

---

1 OLG Köln FamRZ 2004, 1728; OLG Stuttgart FamRZ 2003, 455.
2 OLG Köln FamRZ 2004, 1728; JH/Holzwarth VersAusglG § 21 Rn. 3; FAKomm-FamR/ Wick VersAusglG § 21 Rn. 2.

stets zusammen mit dem Abtretungsantrag nach § 21 VersAusglG formuliert werden.

6   Die ausgleichspflichtige Person kann sich gegen den Abtretungsanspruch nur mit der **Einrede der Gefährdung des angemessenen Unterhalts** verteidigen, die im Rahmen der Verwirkung nach § 27 VersAusglG geltend zu machen ist. Ist nämlich der Rentenanspruch gegen den Versorgungsträger in Höhe der zu zahlenden schuldrechtlichen Versorgungsausgleichsrente abgetreten, gelten die Pfändungsschutzvorschriften der §§ 850 ff. ZPO nicht.

7   Voraussetzung für den Abtretungsanspruch ist, dass dieser für die Zeit einer fälligen schuldrechtlichen Ausgleichsrente geltend gemacht wird, dass also **sachliche und zeitliche Identität** zwischen der Ausgleichsrente und dem schuldrechtlich auszugleichenden Versorgungsanspruch besteht.[3] Eine Abtretung in Höhe einer Quote der Ausgleichsrente kann nicht verlangt werden (→ VersAusglG § 20 Rn. 36).

8   **Abs. 3** erklärt die Abtretung nach Abs. 1 für wirksam, auch wenn andere Vorschriften die Übertragung oder Pfändung des Versorgungsanspruchs ausschließen (satzungsmäßige **Abtretungsverbote**). Diese Norm ist notwendig, da in den meisten Versorgungsordnungen die Abtretbarkeit der Versorgung verboten ist, weil sie für den Versorgungsträger mit Verwaltungskosten und Risiken verbunden ist. In der Praxis geschieht es häufig, dass Versorgungsträger zwischen den Parteien vereinbarte Abtretungen nicht akzeptieren und diese nur dann gegen sich gelten lassen wollen, wenn sie auch tituliert sind.

9   In diesen Fällen bliebe, wenn nicht dem Verlangen des Versorgungsträgers auf Titulierung nachgegeben werden soll, nichts anderes übrig, als in einem eigenen Verfahren den abgetretenen Anspruch durch den Abtretungsgläubiger gegenüber dem Versorgungsträger geltend zu machen und ggf. auch einzuklagen.

10 Die Unwirksamkeitsanordnung des Abs. 3 betrifft nicht die Wirksamkeit zeitlich vorhergehender Abtretungen des Rentenanspruchs an Dritte. Diese werden von der zeitlich nachfolgenden Abtretung nicht berührt, sondern die Abtretung ginge insoweit ins Leere.

11 Die Abtretung der Forderung erfolgt erfüllungshalber nach § 364.

12 Bei **Tod der ausgleichsberechtigten Person** geht der abgetretene Anspruch gegen den Versorgungsträger wieder auf die ausgleichspflichtige Person über (Abs. 4). Dabei handelt es sich um einen gesetzlich angeordneten Rückfall mit der Folge, dass dem überlebenden Ausgleichspflichtigen ab dem Monatsersten des auf den Tod des Verstorbenen folgenden Monats die volle Versorgung wieder zusteht. Der Versorgungsträger kann jedoch nach §§ 412, 407 mit befreiender Wirkung an den Zessionar bzw. dessen Erben zahlen, solange er keine positive Kenntnis vom Tod des Zessionars hat. Dem Ausgleichspflichtigen stehen in diesem Fall Kondiktionsansprüche gegen die Erben zu.[4]

13 Die **Anwaltschaft** sollte für den Fall der gerichtlichen Geltendmachung des Anspruchs auf schuldrechtliche Ausgleichsrente den Abtretungsanspruch stets gemeinsam mit dem Ausgleichsanspruch geltend machen. Ein zulässiger **Antrag** wäre beispielsweise:

---

3   FAKomm-FamR/Wick VersAusglG § 21 Rn. 3.
4   Borth, Versorgungsausgleich, Rn. 870; NK-BGB/Götsche VersAusglG § 21 Rn. 13.

▶ 1. Der Antragsgegner wird verpflichtet, der Antragstellerin für die Zeit ab ... eine schuldrechtliche Ausgleichsrente zu zahlen und die rückständigen Zahlungen mit fünf Prozentpunkten über dem Basiszinssatz der EZB jeweils ab Fälligkeit zu verzinsen.
2. Der Antragsgegner wird verpflichtet, seinen Anspruch auf Zahlung einer Rente gegen die ... in Höhe der nach Ziff. 1 geschuldeten Beträge an die Antragstellerin abzutreten. ◀

Die von der Rechtsprechung[5] nicht gewünschte, in der Praxis jedoch ausgespro- 14
chen hilfreiche quotale Abgeltung eines Ausgleichsanspruchs kann nur zwischen
den geschiedenen Eheleuten und dem Versorgungsträger vereinbart werden (→
VersAusglG § 20 Rn. 36). Es zeigt sich jedoch, dass viele Versorgungsträger dem
vielfach aufgeschlossen gegenüber stehen. Nach § 6 Abs. 2 VersAusglG wäre ein
Gericht zu einer entsprechenden Titulierung verpflichtet, wenn der Versorgungsträger dem zustimmen würde. Allerdings bedarf es in diesen Fällen einer Titulierung nicht, wenn der Versorgungsträger in die Vereinbarung eingebunden wird.

§ 22 VersAusglG Anspruch auf Ausgleich von Kapitalzahlungen

[1]Erhält die ausgleichspflichtige Person Kapitalzahlungen aus einem noch nicht
ausgeglichenen Anrecht, so kann die ausgleichsberechtigte Person von ihr die
Zahlung des Ausgleichswerts verlangen. [2]Im Übrigen sind die §§ 20 und 21 entsprechend anzuwenden.

I. Allgemeines

§ 22 VersAusglG ergänzt den Rechtsgedanken von § 2 Abs. 2 Nr. 3 Hs. 2 1
VersAusglG für den Bereich des schuldrechtlichen Versorgungsausgleichs. Voraussetzung für die Anwendung von § 22 VersAusglG ist, dass es sich bei dem
auszugleichenden Anrecht um ein Anrecht nach § 2 VersAusglG handelt. § 22
VersAusglG konkretisiert lediglich, dass Anrechte iSd Betriebsrentengesetzes
oder des Altersvorsorgeverträge-Zertifizierungsgesetzes, soweit sie dem schuldrechtlichen Versorgungsausgleich unterfallen, auch dann schuldrechtlich auszugleichen sind, wenn ihre Leistung auf eine Kapital- statt auf eine Rentenzahlung
gerichtet ist.

§ 22 VersAusglG ist eine **Schutzvorschrift für den Ausgleichsberechtigten**. Er er- 2
fasst neben den Anrechten aus § 2 Abs. 2 Nr. 3 Hs. 2 VersAusglG auch alle sonstigen schuldrechtlich auszugleichenden Anrechte, die von der ausgleichspflichtigen Person, aus welchen Gründen auch immer, oder vom Versorgungsträger in
zulässiger oder unzulässiger Weise kapitalisiert und an die ausgleichspflichtige
Person ausgezahlt worden sind. Die Vorschrift ermöglicht auch die Durchsetzung des Abtretungsanspruchs wenn eine eigentlich öffentlich-rechtlich auszugleichende Versorgung gegen Kapitalzahlung abgefunden wurde. Voraussetzung
ist allerdings, dass die Versorgung dem Kreis der Versorgungen nach § 2 Abs. 2
VersAusglG unterfällt.[1] Wird eine private Rentenversicherung in eine Kapitalversicherung umgewandelt, ist § 22 VersAusglG nicht anwendbar.[2]

---

5 BGH FamRZ 2007, 2055.
1 OLG Düsseldorf FamRZ 2014, 1201.
2 NK-BGB/Götsche VersAusglG § 22 Rn. 6.

II. Voraussetzungen

3   § 22 VersAusglG greift dann ein, wenn ein Anrecht im Rahmen des öffentlich-rechtlichen Versorgungsausgleichs nicht ausgeglichen werden konnte, weil ihm die **Ausgleichsreife** fehlte (§ 19 VersAusglG) oder die Parteien eine **Vereinbarung** über das Anrecht getroffen und es zulässigerweise dem öffentlich-rechtlichen Wertausgleich entzogen haben.

4   Weitere Voraussetzung ist, dass die ausgleichspflichtige Person die Ausgleichszahlung **tatsächlich erhalten hat**. Dies folgt aus der Ansiedlung der Norm im Bereich des schuldrechtlichen Versorgungsausgleichs, der stets nur dann zu zahlen ist, wenn eine Leistung tatsächlich erfolgt.[3] Wenn die Leistung schon erbracht worden ist, greift § 22 VersAusglG ein. Es ist nicht erforderlich, dass die ausgleichsberechtigte Person den Ausgleichsanspruch nach § 22 VersAusglG zeitgleich mit der Leistung des Versorgungsträgers geltend macht. Dies wird häufig auch gar nicht möglich sein, weil § 22 Abs. 1 S. 2 VersAusglG auf die Voraussetzungen des § 20 VersAusglG verweist, wonach Voraussetzung für die Geltendmachung des schuldrechtlichen Ausgleichsanspruchs (auch für die Kapitalzahlung) der Bezug einer laufenden eigenen Versorgung, das Erreichen der Regelaltersgrenze oder die Invalidität der ausgleichsberechtigten Person ist.[4]

III. Höhe des Ausgleichsanspruchs

5   Die Höhe des nach § 22 VersAusglG geschuldeten Anspruchs bemisst sich nach dem Ehezeitanteil der Kapitalleistung, der entweder unmittelbar nach § 39 VersAusglG oder zeitratierlich nach § 40 VersAusglG zu bestimmen ist. Da auch der Anspruch nach § 22 VersAusglG ein schuldrechtlicher Anspruch ist, gilt § 20 Abs. 1 Nr. 2 VersAusglG, wonach **Sozialversicherungsbeiträge** oder sonstige Aufwendungen vom Ausgleichsbetrag abzuziehen sind. Vom Ausgleichsschuldner auf die Kapitalzahlung erbrachte **Steuern** sind dagegen nicht abzugsfähig.

IV. Geltendmachung und Praxishinweise

6   **1. Antrag.** Als Teil des schuldrechtlichen Versorgungsausgleichs setzt auch § 22 VersAusglG einen Antrag der ausgleichsberechtigten Person an das Familiengericht voraus. Wegen des geltenden Amtsermittlungsgrundsatzes (§ 26 FamFG) ist jedoch eine Bezifferung des Antrags nicht erforderlich und auch oftmals nicht möglich, da die ausgleichsberechtigte Person regelmäßig keine Kenntnis von der Höhe der ehezeitlichen Kapitalzahlung und insbesondere der Belastung dieser Kapitalzahlung mit Sozialabgaben hat. Insoweit wird das Gericht die Höhe des Ehezeitanteils nach Antragstellung gem. § 220 FamFG aufklären.

7   **2. Sicherung des Anspruchs auf Kapitalzahlung.** Grundsätzlich gilt auch iRd § 22 VersAusglG die Abtretungsmöglichkeit des § 21 VersAusglG, die aber die **Fälligkeit des schuldrechtlichen Anspruchs voraussetzt**. Das bedeutet, dass die Kapitalzahlung bereits geleistet worden ist **und die ausgleichsberechtigte Person die Voraussetzungen des § 20 Abs. 2 VersAusglG erfüllt**. Praktisch bedeutet dies, dass der Abtretungsanspruch bei Einmalzahlungen in der Regel ins Leere geht. Anderes gilt, wenn der Versorgungsträger die Kapitalleistungen in Teilzahlungen

---

3 BT-Drs. 16/10144, 65.
4 JH/Holzwarth VersAusglG § 22 Rn. 7.

erbringt.[5] Wegen dieser besonderen Schwierigkeiten ist die **Sicherungsfunktion** von § 22 VersAusglG beschränkt.

Wirksames Sicherungsmittel zur Sicherung des Anspruchs auf schuldrechtlich 8 auszugleichende Kapitalzahlung ist der **Abfindungsanspruch nach § 23** VersAusglG, weil die ausgleichspflichtige Person bei Erhalt der Kapitalzahlung in jedem Fall leistungsfähig sein wird, den schuldrechtlichen Ausgleichsanspruch der ausgleichsberechtigten Person an dieser Kapitalzahlung zu erfüllen. Kann die ausgleichsberechtigte Person daher zum Zeitpunkt der Durchführung des öffentlich-rechtlichen Versorgungsausgleichs den Auszahlungszeitpunkt der Kapitalleistung aus der auszugleichenden Versorgung nicht fixieren, bleibt ihr nichts anderes übrig, als in zeitlichem Zusammenhang mit dem vermuteten Auszahlungszeitpunkt den Auskunftsanspruch nach § 4 VersAusglG gegen den früheren Ehegatten und ggf. den Versorgungsträger geltend zu machen, um Zeitpunkt und Höhe der Kapitalleistung zu ermitteln. § 4 VersAusglG gilt im Rahmen schuldrechtlich auszugleichender Anrechte auch für geschiedene Ehegatten.[6]

Die Geltendmachung des Abfindungsanspruchs nach § 23 VersAusglG zum 9 Zeitpunkt der Kapitalzahlung des Versorgungsträgers an die ausgleichspflichtige Person sichert damit – unabhängig vom Vorliegen der Voraussetzungen des § 20 Abs. 2 VersAusglG – bei der ausgleichsberechtigten Person die Kapitalzahlung in Höhe des Zeitwerts ihres Ausgleichswerts (→ VersAusglG § 24 Rn. 3).

Auch iRd § 22 VersAusglG werden **Bagatellbeträge** nicht ausgeglichen, was sich 10 aus dem Verweis auf § 20 VersAusglG ergibt (§ 20 Abs. 1 S. 3 VersAusglG). Damit gilt auch für Kapitalabfindungen, dass diese dann von der ausgleichsberechtigten Person nicht geltend gemacht werden können, wenn ihr Kapitalwert 120 % der monatlichen Bezugsgröße nach § 18 Abs. 1 SGB IV nicht übersteigt.[7]

Bei **Geltendmachung** des Anspruchs nach § 22 VersAusglG ist darauf zu achten, 11 dass der Zinsanspruch ab Fälligkeit (Inverzugsetzung) beantragt wird. Die **Verjährungsfrist** beträgt drei Jahre (§ 195) und beginnt mit dem Schluss des Jahres, in dem der Anspruch entstanden ist (§ 199 Abs. 1). Der Anspruch entsteht mit Auszahlung der Kapitalzahlung an die ausgleichspflichtige Person bei gleichzeitiger Erfüllung der Voraussetzungen des § 20 Abs. 2 VersAusglG durch die ausgleichsberechtigte Person. Der Ausgleichsanspruch kann damit – insbesondere bei einem hohen Altersunterschied der Gatten – noch viele Jahre nach der Auszahlung des Kapitalbetrags an die ausgleichspflichtige Person geltend gemacht werden.

Eine Haftung der Erben der ausgleichspflichtigen Person bei deren Vorversterben 12 besteht nicht. Lediglich für Anrechte ausländischer, zwischenstaatlicher oder überstaatlicher Versorgungsträger ordnet § 26 VersAusglG eine Haftung der Witwe oder des Witwers an, soweit diese/r aus der Versorgung tatsächlich Leistungen bezieht.

---

5 JH/Holzwarth VersAusglG § 23 Rn. 9.
6 Palandt/Brudermüller VersAusglG § 23 Rn. 3.
7 2017: 120 % x 2.975 = 3.570 EUR.

Unterabschnitt 2 Abfindung

§ 23 VersAusglG   Anspruch auf Abfindung, Zumutbarkeit

(1) [1]Die ausgleichsberechtigte Person kann für ein noch nicht ausgeglichenes Anrecht von der ausgleichspflichtigen Person eine zweckgebundene Abfindung verlangen. [2]Die Abfindung ist an den Versorgungsträger zu zahlen, bei dem ein bestehendes Anrecht ausgebaut oder ein neues Anrecht begründet werden soll.

(2) Der Anspruch nach Absatz 1 besteht nur, wenn die Zahlung der Abfindung für die ausgleichspflichtige Person zumutbar ist.

(3) Würde eine Einmalzahlung die ausgleichspflichtige Person unbillig belasten, so kann sie Ratenzahlung verlangen.

I. Allgemeines

1 Der Anspruch auf Abfindung einer schuldrechtlichen Ausgleichsrente ist das **schuldrechtliche Pendant zur externen Realteilung.** Die Leistung der Abfindung erfolgt an Erfüllung statt (§ 363 Abs. 1).[1] Ausgenommen von der Abfindungsmöglichkeit schuldrechtlicher Ausgleichsrenten sind die Versorgungen, die nach § 19 Abs. 2 Nr. 1 VersAusglG noch verfallbar sind. Erst wenn bzgl. dieser Versorgungen Unverfallbarkeit eingetreten ist, kann auch hinsichtlich solcher Versorgungen der Abfindungsanspruch geltend gemacht werden.[2]

2 Der **Zeitpunkt der Geltendmachung des Abfindungsanspruchs** ist durch das Versorgungsausgleichsgesetz erweitert worden. Der Abfindungsanspruch setzt nicht voraus, dass die ausgleichsberechtigte Person die Voraussetzungen von § 20 Abs. 2 VersAusglG erfüllt. Vielmehr ist die Existenz eines noch nicht ausgeglichenen Anrechts sachliche Voraussetzung des Anspruchs. Dies bedeutet, dass der Anspruch schon in der öffentlich-rechtlichen Erstentscheidung über den Versorgungsausgleich geltend gemacht werden kann,[3] wenn die sonstigen Voraussetzungen (insbesondere Abs. 2) erfüllt sind. Die Abfindung kann auch noch dann geltend gemacht werden, wenn die schuldrechtliche Ausgleichsrente bereits gezahlt wird. In diesem Fall mindert sich indessen die Höhe der Abfindungszahlung (vgl. § 24 VersAusglG).[4] Da die Leistungsphase erst dann gegeben ist, wenn die ausgleichsberechtigte Person selbst Rentner ist oder die rententechnischen Voraussetzungen für einen Rentenbezug erfüllt (§ 20 Abs. 2 VersAusglG), kommt die Abfindung der schuldrechtlichen Ausgleichsrente nur in Betracht, wenn die Zielversorgung eine Sofortrente auch nach Eintritt des Leistungsfalls gewährt.[5]

3 Der Abfindungsanspruch nach § 23 VersAusglG setzt im Unterschied zu § 1587 l aF nicht voraus, dass das schuldrechtlich auszugleichende Anrecht zum **Zeitpunkt der Geltendmachung des Abfindungsanspruchs noch besteht.** Während in § 1587 l die Abfindung der künftigen Ausgleichsansprüche das Fortbestehen der schuldrechtlich auszugleichenden Versorgung im Zeitpunkt der Gel-

---

1 Eichenhofer FPR 2009, 211; Borth, Versorgungsausgleich, Rn. 879; NK-BGB/Götsche VersAusglG § 23 Rn. 29.
2 Eichenhofer FPR 2009, 211.
3 BGH FamRZ 2013, 1021.
4 BT-Drs. 16/10144, 65; NK-BGB/Götsche VersAusglG § 23 Rn. 11; JH/Holzwarth VersAusglG § 23 Rn. 6.
5 JH/Holzwarth VersAusglG § 23 Rn. 6.

tendmachung des Abfindungsanspruchs vom Normwortlaut zur Voraussetzung gemacht hat, ist nach § 23 VersAusglG Abfindungsvoraussetzung lediglich, dass ein Anrecht nicht ausgeglichen ist. Insoweit können über § 23 VersAusglG auch nachehezeitlich aufgelöste schuldrechtlich auszugleichende Versorgungen abgefunden werden. Im Ergebnis ist allerdings der Weg zur Erfassung solcher Versorgungen über § 22 VersAusglG für die ausgleichsberechtigte Person günstiger, weil bei Ausgleich der Kapitalkompensation bei Versorgungsauflösung wirtschaftliche Zumutbarkeitsaspekte keine Rolle spielen (→ VersAusglG § 22 Rn. 2).

II. Zumutbarkeit der Abfindung (Abs. 2)

Auch in dem bis zum 31.8.2009 geltenden Versorgungsausgleichsrecht konnte die Abfindung eines schuldrechtlich auszugleichenden Anrechts nur verlangt werden, wenn dies der ausgleichspflichtigen Person **zumutbar** war (§ 1587 l aF). Die zur Frage der Zumutbarkeit der Abfindung nach altem Recht ergangene Rechtsprechung ist auch nach neuem Recht heranzuziehen. Zumutbar ist eine Abfindungszahlung dann, wenn sie aus Einkommen oder Vermögen[6] der ausgleichspflichtigen Person bezahlt werden kann, ohne den angemessenen Lebensunterhalt der ausgleichspflichtigen Person oder der Person, die er zu unterhalten hat, zu gefährden.[7] Regelmäßig wird angesichts der relativ hohen Abfindungszahlungen auch der **Vermögensstamm** in Anspruch genommen werden müssen. Wie weit dieser durch **Vermögensverzehr** vermindert werden kann, hängt vom Einzelfall ab und muss auf der Basis einer umfassenden Würdigung der Gesamtverhältnisse einschließlich der zukünftigen Versorgungssituation der ausgleichspflichtigen Person beurteilt werden.

Neben der Leistungsfähigkeit der ausgleichspflichtigen Person ist auch das **Interesse** der ausgleichsberechtigten Person an der Ausgleichszahlung zu berücksichtigen.[8] Dabei ist besonders zu **berücksichtigen**, ob die ausgleichsberechtigte Person aus der Versorgung eine **angemessene Altersversorgung** erhält. Dies ist dann nicht gewährleistet, wenn das auszugleichende Anrecht keine Hinterbliebenenversorgung vorsieht, so dass nach dem Tod der ausgleichspflichtigen Person ein Anspruch gegen den Versorgungträger nach § 25 VersAusglG entfällt. Insbesondere wenn die ausgleichspflichtige Person wesentlich älter ist als die ausgleichsberechtigte Person, würde die rein schuldrechtliche Ausgleichsrente in diesen Fällen zu einer nur begrenzten Alterssicherung der ausgleichsberechtigten Person führen. Die Dringlichkeit des Interesses der ausgleichsberechtigten Person an einer Teilhabe am ehezeitlichen Altersvorsorgeerwerb beeinflusst damit auch die Zumutbarkeitsabwägungen hinsichtlich der ausgleichspflichtigen Person.

Die Zumutbarkeitserwägungen werden auch dadurch beeinflusst, dass nach Abs. 3 **Ratenzahlung** verlangt werden kann. Dieses Verlangen hat die ausgleichspflichtige Person durch eine Erklärung gegenüber dem Gericht geltend zu machen.[9] Die Einräumung der Möglichkeit der Ratenzahlung signalisiert, dass eine Unzumutbarkeit der Leistung nicht immer schon dann anzunehmen ist, wenn

---

6 OLG Celle FamRZ 1995, 367.
7 Ruland, Versorgungsausgleich, Rn. 824 ff.; JH/Holzwarth VersAusglG § 23 Rn. 9; Borth, Versorgungsausgleich, Rn. 879 f.
8 Hoppenz/Hoppenz VersAusglG § 24 Rn. 6; Palandt/Brudermüller VersAusglG § 23 Rn. 69.
9 NK-BGB/Götsche VersAusglG § 23 Rn. 28.

die ausgleichspflichtige Person nicht in einer Gesamtsumme zahlen kann. Die Anordnung einer Ratenzahlung darf allerdings nicht zu einer „vorgezogenen schuldrechtlichen Ausgleichsrate" führen. Deshalb ist eine Ratenzahlung nur dann anzuordnen, wenn die ausgleichspflichtige Person entweder über Einkünfte verfügt, die ihr und den ihr gegenüber unterhaltsberechtigten Personen ein auskömmliches Leben ermöglicht, so dass die Leistung der Kapitalabfindung ohne Gefährdung des angemessenen Lebensunterhaltes der ausgleichspflichtigen Person möglich ist.[10] Mehr als aus Einkünften wird jedoch eine Ratenzahlungsanordnung aus Vermögen in Betracht gezogen werden müssen, wenn die Auflösung von Vermögen zum Zeitpunkt der Entscheidung über die Ausgleichsrente unwirtschaftlich wäre, weil Festanlagefristen verletzt würden oder Kapitalmarktbedingungen ungünstig sind. In diesen Fällen eröffnet die Einräumung von Ratenzahlungsmöglichkeiten dem Ausgleichsschuldner den notwendigen Spielraum, um ohne unzumutbare Belastungen den Abfindungsanspruch erfüllen zu können. Eine **Kreditaufnahme** ist regelmäßig nicht zumutbar.[11] Auch eine **Verwertung des Eigenheims** ist zwar nicht generell ausgeschlossen, aber unter besonderer Abwägung der wechselseitigen Interessen der Ehegatten vorzunehmen.[12] Eine Auflösung von Versorgungsanrechten dürfte indessen stets unzumutbar sein.[13] Nach Ansicht des Bundesgerichtshof kann der ausgleichspflichtigen Person – in Abhängigkeit ihrer Leistungsfähigkeit – auch eine darlehensweise Finanzierung des Abfindungsbetrages zugemutet werden.[14]

III. Zweckgebundenheit der Abfindung, Zielversorgung

7 Zwar können sich die Parteien iRv § 6 VersAusglG auch auf eine Barabfindung einer schuldrechtlichen Ausgleichsrente einigen, ohne dass der Versorgungscharakter der Versorgung fortgeführt wird. Verlangt jedoch die ausgleichsberechtigte Person die Abfindung nach § 23 VersAusglG, ist dies nur möglich, wenn die Abfindung zweckgebunden zur Begründung einer Altersversorgung in eine Zielversorgung eingezahlt wird. Dabei muss bei der Zielversorgung die Begründung einer Altersversorgung für die ausgleichsberechtigte Person noch möglich sein. Dies wird regelmäßig durch eine **Erklärung des Zielversorgungsträgers** nachgewiesen, die im Rahmen der Anspruchsbegründung dem Gericht vorzulegen ist. Auch im Antrag bzw. im Tenor ist der Zielversorgungsträger zu benennen, bei dem die Versorgung begründet werden soll.[15]

8 Die Qualität des Zielversorgungsträgers wird an § 15 Abs. 2 VersAusglG gemessen. Die Zielversorgung muss eine „angemessene Versorgung" gewährleisten. Insoweit verweist § 24 Abs. 2 VersAusglG auf § 15 VersAusglG, wodurch auch die Zielversorgungsträger von § 15 Abs. 4 VersAusglG als Zielversorgungsträger iRv §§ 23, 24 VersAusglG in Betracht kommen. Auch bzgl. der **Auswahl der Zielversorgung** besteht die Rangfolge des Günstigkeitsprinzips. Die ausgleichsberechtigte Person wird regelmäßig den Versorgungsträger auswählen, der die höchste Rendite der Altersversorgung ermöglicht. Dies sind idR betriebliche Altersversorgungen, also Pensionsfonds, Pensionskassen oder Direktversicherun-

---

10 OLG Karlsruhe NZFam 2016, 36; OLG Brandenburg FamRZ 2013, 1039.
11 OLG Koblenz 5.3.2008 – 9 UF 693/07; Ruland, Versorgungsausgleich, Rn. 747.
12 BGH FamRZ 1997, 166; OLG Hamm FamRZ 2005, 988.
13 OLG Schleswig SchlHA 2011, 295.
14 BGH FamRZ 2016, 1576.
15 JH/Holzwarth VersAusglG § 23 Rn. 14.

gen. Bei älteren ausgleichsberechtigten Personen wird auch die gesetzliche Rentenversicherung in Betracht kommen. Versorgungen nach § 5 AltZertG werden wegen der relativ hohen Abschlusskosten für ältere Ausgleichsberechtigte wenig attraktiv sein.

Steuerlich kann der Abfindungsbetrag weder als Werbungskosten, noch nach 9 § 10 Abs. 1 a Nr. 4 EStG[16] noch als außergewöhnliche Belastung geltend gemacht werden.

Die Abfindungshöhe ist in § 24 VersAusglG geregelt. 10

§ 24 VersAusglG Höhe der Abfindung, Zweckbindung

(1) [1]Für die Höhe der Abfindung ist der Zeitwert des Ausgleichswerts maßgeblich. [2]§ 18 gilt entsprechend.

(2) Für das Wahlrecht hinsichtlich der Zielversorgung gilt § 15 entsprechend.

I. Allgemeines

Zur Ermittlung der **Höhe des Abfindungsbetrags** verweist § 24 Abs. 1 S. 1 1 VersAusglG auf den „Zeitwert des Ausgleichswerts". Mit dieser gesetzlichen Klarstellung wird die im alten Versorgungsrecht bestehende Unsicherheit beseitigt, ob die Höhe des Abfindungsbetrages aus Sicht der ausgleichsberechtigten oder der ausgleichspflichtigen Person zu berechnen ist. § 24 VersAusglG stellt vielmehr eindeutig klar, dass der Ausgleichswert Bezugspunkt des Abfindungsbetrages ist und damit die Höhe der Abfindung nach dem Betrag zu bemessen ist, den die ausgleichspflichtige Person aufzuwenden hätte, um bei dem Versorgungsträger ein Anrecht in Höhe des Ausgleichswerts zu erwerben. IdR wird bei inländischen Versorgungen der Ausgleichswert im Rahmen des öffentlich-rechtlichen Versorgungsausgleichs durch Auskünfte bei den Versorgungsträgern nach § 220 FamFG ermittelt, auch wenn diese Versorgungen nicht öffentlich-rechtlich ausgeglichen werden, sondern dem schuldrechtlichen Versorgungsausgleich unterliegen. Bei **ausländischen Versorgungen** gelingt dies nicht immer, so dass in diesen Fällen ggf. der Ausgleichswert durch Sachverständigengutachten zu ermitteln ist.

Die versicherungsmathematische Berechnung des Ausgleichswerts **aus der Sicht** 2 **des ausgleichsberechtigten Ehegatten** unter dem Aspekt, wie lange ihm voraussichtlich angesichts der Lebenserwartung der ausgleichspflichtigen Person die Versorgung zusteht,[1] ist nicht mehr zulässig.[2]

Die **Berechnung des Abfindungsbetrags** wird daher auf der Basis folgender Parameter 3 durchgeführt werden müssen: Monatliche Rentenhöhe, Leistungszeit für den Versorgungsberechtigten, Rechnungszins, Leistungsdynamik (Rententrend) und Leistungsspektrum (Hinterbliebenenversorgung). Die **Leistungshöhe** ist die tatsächliche Versorgungsleistung des Versorgungsträgers an den Ausgleichsberechtigten bzw. dessen Ehezeitanteil. Die **Leistungszeit** ist ausgehend vom Lebensalter der ausgleichsberechtigten Person anhand der **Generationensterbeta-**

---

16 BFH DB 2013, 209.

1 Bergner/Schneider, Die Abfindung von künftigen schuldrechtlichen Ausgleichsansprüchen nach § 1587 I BGB, FamRZ 2004, 1766 u. 1838.

2 Anders wohl Ruland, Versorgungsausgleich, Rn. 823.

feln für den jeweiligen Geburtsjahrgang zu bestimmen.[3] Der vom Versorgungsträger mitgeteilte **Rechnungszins** bestimmt für die Laufzeit der Versorgung deren Barwert, der zu erhöhen ist, wenn die Versorgung Invaliditäts- und Hinterbliebenenversorgung enthält. Eine **Leistungsdynamik** wird durch Absenkung des Rechnungszinses in der Leistungsphase um den Dynamikzinssatz eingerechnet. Befindet sich das Anrecht noch nicht in der Leistungsphase, ist der Barwert der zukünftigen Rentenleistung ab Leistungsbeginn bis auf das Ehezeitende abzuzinsen.

4   Diese Form der Ermittlung des Ausgleichswertes zum Zwecke der Bestimmung der Abfindungshöhe kann dann gewählt werden, wenn die Abfindung zusammen mit der Versorgungsausgleichsentscheidung ergeht und zeitnah zum Ehezeitende durchgeführt wird. Da in der Regel der Abfindungsanspruch viele Jahre nach der Scheidung und damit auch nach dem Ehezeitende geltend gemacht wird, stellt das Gesetz in Abs. 1 auf den **Zeitwert** des Ausgleichswerts ab. Der **Gesetzgeber** geht davon aus, dass der Zeitwert des Ausgleichswertes durch Aufzinsung des Ausgleichswertes zwischen Ehezeitende und dem Ausgleichszeitpunkt berechnet wird und evtl. Überschüsse dem Ausgleichswert gutgeschrieben werden.[4] Ob bei dieser Wertbestimmung die Veränderung der biometrischen Daten der ausgleichpflichtigen Person, die ebenfalls neben der Verzinsung zu einer Erhöhung des Ausgleichswertes führen, zu berücksichtigen sind, ist bislang nicht abschließend geklärt. Dies soll an einem Beispiel erläutert werden: Der Ausgleichswert einer Rente in Höhe von 500 EUR beträgt für einen im Ehezeitende 50 Jahre alten Mann (Renteneintrittsalter 65 Jahre) bei einem Rechnungszins von 5,5 % (2006) etwa 40.000 EUR. Würde dieser Mann 10 Jahre später im Alter von 60 (2016) Jahren aufgefordert, die schuldrechtliche Rente abzufinden, betrüge der Ausgleichswert für die gleiche Rente ca. 66.400 EUR, wenn man die dann gültigen biometrischen Daten des Mannes zugrunde legen würde. Würde man den auf das Ehezeitende berechneten Ausgleichswert von 40.000 EUR jedoch über die Zeit bis zum 60. Lebensjahr aufzinsen, ergäbe sich beim gleichen Rechnungszins von 5,5% eine Abfindungsforderung von ca. 68.000 EUR. Grund für diesen „Verteuerungseffekt" ist die Tatsache, dass die ausgleichsberechtigte Person das Risiko des Versterbens innerhalb der 10 Jahre Zeitabstand überlebt hat. Ihre Lebenserwartung, die nach der Generationensterbetafel im Alter 50 bei einem im Jahre 1960 geborenen Mann 82,02 Jahre betragen hätte, beträgt im Alter 60 bereits 83,65. Dieser Effekt wird umso größer, je größer der zeitliche Abstand zwischen Ehezeitende und Durchführung der Abfindung einer schuldrechtlichen Ausgleichsrente ist. Noch gravierender fällt der Unterschied aus, wenn nicht nur die Veränderung der biometrischen Daten der ausgleichpflichtigen Person zu berücksichtigen wären, sondern auch eine Aktualisierung der Rechnungszinsen auf den Abfindungszeitpunkt erfolgen müsste. Ginge man im obigen Beispiel von einem Berechnungsstichtag Oktober 2016 aus, betrüge der Rechnungszins nur noch 3,32 %, der Abfindungsbetrag dann aber stattliche 89.600 EUR.

5   **Rechtsprechung** zu dieser Frage existiert kaum. Das OLG Brandenburg[5] hat die Berechnung des Abfindungsbetrages auf der Basis der biometrischen Daten der

---

3 Dabei geht die Versicherungsmathematik von geschlechtsspezifischen Sterbetafeln in ihrer „optimistischen Variante" (V2) aus.
4 BT-Drs. 16/10144, 66.
5 OLG Brandenburg FamRZ 2013, 1039.

ausgleichspflichtigen Person zu einem entscheidungsnahen Datum vorgenommen. Dabei lässt die Entscheidung nicht erkennen, welches Leistungsspektrum in den Abfindungsbetrag eingeflossen ist.

Die Gesetzesmaterialien[6] sprechen einerseits von einer „Aufzinsung des Ausgleichswerts" zwischen Ehezeitende und Abfindungsstichtag, andererseits von einer Bestimmung des maßgeblichen möglichst entscheidungsnahen Bewertungszeitpunkts durch das Familiengericht.

Die Literatur[7] vertritt überwiegend die Auffassung, für die Berechnung des Ausgleichsbetrages komme es auf den zum Ehezeitende berechneten Ehezeitanteil der Versorgung an, dessen Kapitalwert mit den versicherungsmathematischen Parametern eines entscheidungsnah berechneten Stichtages zu aktualisieren sei. Teilweise wird jedoch auch vertreten,[8] die Veränderung der biometrischen Berechnungsparameter zwischen Ehezeitende und Berechnungsstichtag sei nicht zu berücksichtigen.

Die Diskussion um die richtige Bemessung des Abfindungsbetrages muss als erstes eine Antwort auf die Frage finden, was denn der Gegenstand der Abfindung ist. Wird die schuldrechtliche Rente oder das Anrecht abgefunden? § 23 Abs. 1 S. 1 VersAusglG gibt der ausgleichsberechtigten Person einen Abfindungsanspruch hinsichtlich des „Anrechts". Dieses besteht aber neben der Altersrente ggf. auch aus Invaliditäts- und Hinterbliebenenversorgung. Diese sind daher bei der Bestimmung des Abfindungsbetrages in die Berechnung einzubeziehen. Jede andere Sichtweise würde ignorieren, dass das Gesetz auf die Abfindung des Anrechts abstellt und die Höhe dessen Ausgleichswerts zum Maßstab des Abfindungsbetrages macht. Die Gegenmeinung, wonach die Witwen- und Waisenversorgung nicht mit zu bewerten sei,[9] entfernt sich vom Gesetzestext und bestimmt den Abfindungswert aus der von der ausgleichsberechtigten Person zu zahlenden Ausgleichsrente. Die Einbeziehung der Hinterbliebenenversorgung in den Wert der Abfindungszahlung bewirkt darüber hinaus, dass der Anspruch der ausgleichsberechtigten Person nach § 25 VersAusglG erlischt, weil diese abgefunden wurde. Die aus der Versorgung resultierende Hinterbliebenenversorgung steht dann ungekürzt einer eventuell vorhandenen Witwe zu.[10] **6**

Die nächste Frage ist dann, ob für die Abfindung auf die **biometrischen Daten** **7** zum Zeitpunkt Ehezeitende oder Abfindungsstichtag abzustellen ist. Die Beantwortung dieser Frage hängt davon ab, ob man dem schuldrechtlichen Ausgleich eine vermögens- oder versicherungsrechtliche Intention unterstellt. Nimmt man eine versicherungsrechtliche Sicht ein, wäre es gerechtfertigt, die zum Zeitpunkt der Abfindung geltenden biometrischen und versicherungsmathematischen Parameter für die Berechnung des Abfindungswerts zu verwenden. Dann müsste man allerdings auch dafür Sorge tragen, dass die ausgleichspflichtige Person auch die Chance der versicherungsrechtlichen Lösung bekommt, die im Vor-

---

6 BT-Drs. 16/10144, 65 f.
7 HK-VersAusglR/Götsche VersAusglG § 24 Rn. 2 ff.; JH/Holzwarth VersAusglG § 24 Rn. 3; Ruland, Versorgungsausgleich, Rn. 823; Borth, Versorgungsausgleich, Rn. 894; Wick, Versorgungsausgleich, Rn. 720; Erman/Norpoth VersAusglG § 24 Rn. 1.
8 NK-BGB/Götsche VersAusglG § 24 Rn. 7; Palandt/Brudermüller VersAusglG § 24 Rn. 1; wohl auch MK/Glockner VersAusglG § 24 Rn. 3.
9 Borth, Versorgungsausgleich, Rn. 894.
10 Hauß/Bührer Rn. 633; Wick, Versorgungsausgleich, Rn. 723; Erman/Norpoth VersAusglG § 24 Rn. 3; aA Weil/Voucko-Glockner NZFam 2015, 406.

oder Frühversterben der ausgleichsberechtigten Person liegt. Das ist aber nicht der Fall. Der Abfindungsbetrag geht der ausgleichspflichtigen Person auch dann verloren, wenn die ausgleichsberechtigte Person vor Erreichen der Rente oder vor Erreichen ihrer versicherungstechnischen Lebenserwartung verstirbt. Dies spricht dafür, die Abfindung als eine Form des Versorgungsvermögensausgleich zu betrachten und für die Berechnung ihrer Höhe konsequent auf die zum Ehezeitende geltenden biometrischen und versicherungsmathematischen Parameter abzustellen und, wie die Gesetzesbegründung dies auch nahelegt, den so berechneten Ausgleichswert zum Abfindungsstichtag mit dem zur Errechnung des Ausgleichswerts genutzten Rechnungszins aufzuzinsen. Diese „vermögensrechtliche Sichtweise" wird auch im sonstigen Versorgungsausgleichsrecht verfolgt und ist Kernpunkt des Zentralgedankens des seit dem 1.9.2009 geltenden Versorgungsausgleichsrechts. Versorgungen werden zum Ehezeitende geteilt. Das anschließende Schicksal der Beteiligten ist nicht mehr Gegenstand des Versorgungsausgleichs. Die für die öffentlich-rechtlichen Regelversorgungen des § 32 VersAusglG geltende Sonderregelung des § 37 VersAusglG, wonach eine Anpassung des Versorgungsausgleichs für den Fall des Vorversterbens der ausgleichsberechtigten Person angeordnet wird, ist keine Regel sondern eine nur halbherzige Ausnahme, weil nur bei bis zu dreijähriger Rentenbezugszeit der berechtigten Person eine Anpassung erfolgt. Wiese diese Norm auf einen versicherungsrechtlichen Ansatz des Versorgungsausgleichs hin, müsste auch jenseits der Dreijahresgrenze angepasst werden.

Übersteigt allerdings der auf den Abfindungsstichtag aufgezinste Ausgleichswert den auf den Abfindungsstichtag mit den dann geltenden versicherungsmathematischen und biometrischen Parametern berechneten Ausgleichswert, ist nur der auf den Abfindungsstichtag berechnete Ausgleichswert zu leisten. Diese Situation kann eintreten, wenn der Rechnungszins in der Zeit zwischen Ehezeitende und Abfindungsstichtag steigt oder sich das Anrecht in der Leistungsphase befindet und rechtfertigt sich aus dem Gesichtspunkt, dass es mit der Halbteilung nicht vereinbar wäre, der ausgleichsberechtigten Person ein finanzielles Opfer aufzuerlegen,[11] obwohl Fälligkeit der Leistung nicht gegeben war. Auch güterrechtlich wäre dies zu rechtfertigen. Die Versorgung ist kein in Geld kompatibler Vermögenswert, den die ausgleichspflichtige Person verkaufen könnte, um ihrer Abfindungsverpflichtung zu genügen. Mehr als den im Barwert zum Ausdruck kommenden Nutzwert kann die ausgleichsberechtigte Person daher nicht verlangen.

8 Die Berechnung der Höhe der Abfindung kann in der Praxis ohne besondere versicherungsmathematische Fachkenntnis nicht geleistet werden. Eine **Berechnungshilfe**, die den anerkannten Regeln der Versicherungsmathematik entspricht, steht online zur Verfügung.[12]

II. Steuern und Sozialversicherungsabgaben

9 § 24 Abs. 1 VersAusglG verweist nicht auf § 20. Dadurch können Wertverzerrungen entstehen, weil die ausgleichspflichtige Person die Versorgung **lediglich**

---

11 Arg. ex BGH FamRZ 2016, 775 zum Kapitalverzehr bei der Rentnerscheidung; BT-Drs. 16/10144, 66.
12 Hauß/Glockner, Kapitalwertkontrolle im Versorgungsausgleich, www.famrb.de/muster_f ormulare.html.

um **Sozialversicherungsabgaben** und Steuern gekürzt erhält, während eine Versorgung, die die ausgleichsberechtigte Person in einer zertifizierten Versorgung begründet, lediglich mit ihrem pauschalierten Kapitalanteil besteuert wird. Gleichzeitig unterliegen derartige Versorgungen nicht der Sozialversicherungspflicht. Es wird bei ihnen unterstellt, dass sie aus versteuertem Einkommen, nämlich der Abfindungssumme, finanziert werden und daher zur Vermeidung einer Doppelbesteuerung sozialversicherungsfrei und nur hinsichtlich des Kapitalanteils steuerpflichtig sind. Diese Wertverzerrungen können angesichts einer Belastung mit Sozialabgaben in Höhe von ca. 17 % und der zusätzlichen Steuerabgaben erhebliche Verletzungen des Halbteilungsgrundsatzes mit sich bringen.[13] Zur Vermeidung unbilliger Härten kann diese Wertverzerrung ggf. durch Anwendung von § 27 und der Herabsetzung des Ausgleichswertes korrigiert werden. Wird die Abfindung für eine **laufende Versorgung** begehrt, muss die ausgleichsberechtigte Person hinnehmen, dass der Zeitwert des Ausgleichwertes durch den laufenden Versorgungsbezug vermindert worden ist.[14] Dieser Wertverlust durch Versorgungsbezug kann nicht ignoriert werden, da insoweit auch in diesen Fällen die ausgleichsberechtigte Person es in der Hand hat, den Zeitpunkt der Geltendmachung des Abfindungsanspruchs zu bestimmen und die ausgleichspflichtige Person nicht verpflichtet ist, mehr als die Hälfte des aktuell noch vorhandenen ehezeitlichen Versorgungsanteils auszugleichen.

Unterabschnitt 3 Teilhabe an der Hinterbliebenenversorgung

§ 25 VersAusglG Anspruch gegen den Versorgungsträger

(1) Stirbt die ausgleichspflichtige Person und besteht ein noch nicht ausgeglichenes Anrecht, so kann die ausgleichsberechtigte Person vom Versorgungsträger die Hinterbliebenenversorgung verlangen, die sie erhielte, wenn die Ehe bis zum Tod der ausgleichspflichtigen Person fortbestanden hätte.

(2) Der Anspruch ist ausgeschlossen, wenn das Anrecht wegen einer Vereinbarung der Ehegatten nach den §§ 6 bis 8 oder wegen fehlender Ausgleichsreife nach § 19 Abs. 2 Nr. 2 oder Nr. 3 oder Abs. 3 vom Wertausgleich bei der Scheidung ausgenommen worden war.

(3) ¹Die Höhe des Anspruchs ist auf den Betrag beschränkt, den die ausgleichsberechtigte Person als schuldrechtliche Ausgleichsrente verlangen könnte. ²Leistungen, die sie von dem Versorgungsträger als Hinterbliebene erhält, sind anzurechnen.

(4) § 20 Abs. 2 und 3 gilt entsprechend.

(5) Eine Hinterbliebenenversorgung, die der Versorgungsträger an die Witwe oder den Witwer der ausgleichspflichtigen Person zahlt, ist um den nach den Absätzen 1 und 3 Satz 1 errechneten Betrag zu kürzen.

I. Allgemeines

Die schuldrechtliche Ausgleichsrente erlischt mit dem **Tod der ausgleichspflichtigen Person** (§ 31 Abs. 3 S. 1 VersAusglG). Lediglich für ausländische, zwischen- 1

---

13 Erman/Norpoth VersAusglG § 24 Rn. 1.
14 BT-Drs. 16/10144, 66.

staatliche oder überstaatliche Versorgungen, die schuldrechtlich auszugleichen sind, sieht § 26 VersAusglG vor, dass sich der Anspruch der ausgleichsberechtigten Person gegen die aus dieser Versorgung eine Hinterbliebenenversorgung beziehende Witwe oder den Witwer richtet. Diese **Schwäche des schuldrechtlichen Versorgungsausgleichs** wird durch § 25 VersAusglG teilweise korrigiert, indem der ausgleichsberechtigten Person ein Anspruch auf Hinterbliebenenversorgung gegen den Träger der schuldrechtlich auszugleichenden Versorgung gewährt wird, sofern das schuldrechtlich auszugleichende Anrecht eine Hinterbliebenenversorgung enthielt. Der Anspruch auf **Teilhabe an der Hinterbliebenenversorgung** (früher verlängerter schuldrechtlicher Versorgungsausgleich) richtet sich nicht gegen die ausgleichspflichtige Person, sondern gegen den Versorgungsträger, und ist daher ein vom schuldrechtlichen Ausgleichsanspruch zu unterscheidender Anspruch. Der Versorgungsträger selbst hat alle Einreden und Einwendungen gegen diesen Anspruch aus eigenem Recht.[1]

II. Voraussetzungen

2 § 25 VersAusglG setzt ein bestehendes, **noch nicht ausgeglichenes Anrecht** der ausgleichspflichtigen Person voraus. Der Umstand, dass dieses Anrecht nicht öffentlich-rechtlich ausgeglichen wurde, darf keine Parteivereinbarung nach §§ 6–8 VersAusglG oder fehlende Ausgleichsreife nach den §§ 19 Abs. 2 Nr. 2 u. 3 VersAusglG sein (**Abs. 2**). Ursache für die Nichtausgleichung des Anrechts darf auch nicht sein, dass das Anrecht wegen der Nichtausgleichbarkeit einer ausländischen Versorgung kompensatorisch ebenfalls nicht ausgeglichen wurde (§ 19 Abs. 3). **Hauptanwendungsbereich von** § 25 VersAusglG werden daher ausländische, zwischenstaatliche und überstaatliche Versorgungen sein.

3 Weitere Voraussetzungen für die Geltendmachung des Anspruchs ist der **Tod der ausgleichspflichtigen Person.**

4 Durch Verweis auf § 20 Abs. 2 u. 3 VersAusglG (**Abs. 4**) ist sichergestellt, dass der Hinterbliebenenanspruch gegen den Versorgungsträger erst geltend gemacht werden kann, wenn die ausgleichsberechtigte Person ihrerseits Rente bezieht oder rentenberechtigt ist (§ 20 Abs. 2 VersAusglG). Darin ist eine weitere erhebliche Schwäche des Anspruchs zu sehen, da die Hinterbliebenenversorgung nicht nur den Sinn hat, Alterseinkommen zu sichern, sondern insbesondere Ersatz des durch den Tod des Versorgungsbeziehers wegbrechenden Einkommens zu gewähren. Dieses kann auch in Scheidungsfällen für Unterhaltszahlungen benötigt werden.

5 Für die **Zahlungsmodalitäten** gelten über den Verweis auf § 20 Abs. 3 VersAusglG: § 1585 Abs. 1 S. 2 u. 3 sowie § 1585 b Abs. 2 u. 3. Das bedeutet, dass – wie im Unterhalt – die schuldrechtliche Ausgleichsrente monatlich im Voraus zu entrichten ist und der Verpflichtete die volle Rente auch für den Monat des Versterbens des Berechtigten schuldet. Gerade die Vorauszahlungsverpflichtung bereitet in der Praxis Schwierigkeiten, wenn die schuldrechtlich auszugleichende Rente erst am Ende des Monats tatsächlich gezahlt wird. Während im alten Versorgungsausgleichsrecht der schuldrechtlich ausgleichspflichtige Ehegatte idR die wirtschaftlich dominantere Person war, ist dies im neuen Recht nicht zwingend. In der Praxis erweist es sich meist als streitvermeidend, die Zahlungstermine der auszugleichenden Versorgung und der Ausgleichsrente zu harmonisieren.

---

1 JH/Holzwarth VersAusglG § 25 Rn. 1; NK-BGB/Götsche VersAusglG § 25 Rn. 7.

Die ausgleichsberechtigte Person kann nur dann eine Teilhabe an der Hinterbliebenenversorgung der ausgleichspflichtigen Person geltend machen, wenn die nicht ausgeglichene Quellversorgung tatsächlich eine **Witwen- oder Witwerrente** vorsieht. Dies ist anhand der Versorgungsordnung bzw. des Versorgungsvertrags zu prüfen. 6

Versorgungsordnung und einzelvertragliche Versorgungsregelung können diesen Anspruch als gesetzlichen Anspruch nicht ausschließen.[2] Enthält allerdings die Versorgungsordnung ansonsten Einschränkungen für den Bezug der Hinterbliebenenversorgung, so sind diese zu beachten, da grundsätzlich durch den Versorgungsausgleich die ausgleichsberechtigte Person nicht besser gestellt werden soll als sie stünde, wenn sie bis zum Tod der ausgleichspflichtigen Person mit dieser verheiratet gewesen wäre.[3] Dies bedeutet, dass insbesondere die vielfach in Versorgungsordnungen und Verträgen zu findende **Wiederverheiratungsklausel**, wonach ein Anspruch auf Hinterbliebenenversorgung entfällt, wenn der ausgleichsberechtigte Hinterbliebene eine neue Ehe eingeht, zulässig ist.[4] Die Wirkung der Wiederverheiratungsklausel kann bei Entscheidungen über den Versorgungsausgleich nach altem Recht oftmals durch ein Abänderungsverfahren nach § 51 VersAusglG umgangen werden. Sieht die Versorgungsordnung im Fall der Wiederverheiratung die Abfindung der Hinterbliebenenrente durch Zahlung eines **Einmalbetrages** vor, gilt dies auch für den Anspruch nach § 25 VersAusglG.[5] Bei der Berechnung der Höhe des Abfindungsanspruchs sind die anerkannten Grundsätze der Versicherungsmathematik zu beachten. Der Abfindungsanspruch ist mit den gleichen Rechnungszins abzuzinsen, wie er bei der Kalkulation des Kapitalwerts der Versorgung zur Anwendung kommt (§ 253 HGB). 7

Teilhabeansprüche an der Hinterbliebenenversorgung sind ausgeschlossen, wenn die Ehegatten das entsprechende Anrecht in einer **Vereinbarung nach §§ 6 ff. VersAusglG** aus dem öffentlich-rechtlichen Versorgungsausgleich ausgenommen haben. Dabei muss die Vereinbarung kausal für den unterbliebenen öffentlich-rechtlichen Ausgleich des Anrechts sein.[6] Ist das Anrecht durch eine Vereinbarung nur anteilig aus dem öffentlich-rechtlichen Versorgungsausgleich ausgenommen worden, geht der Anspruch auf Teilhabe nach § 25 VersAusglG nur anteilig unter.[7] 8

III. Höhe des Anspruchs (Abs. 3)

Nach Abs. 3 ist der Anspruch der ausgleichsberechtigten Person gegen den Versorgungsträger auf Teilhabe an der Hinterbliebenenversorgung auf den Betrag beschränkt, den sie als schuldrechtliche Ausgleichsrente verlangen könnte. Damit ist auch für die Hinterbliebenenteilhaberente der ausgleichsberechtigten Person § 41 VersAusglG maßgebend. Es finden die Bewertungsregeln der §§ 39 u. 40 VersAusglG auch für die Teilhaberente Anwendung. Es ist grundsätzlich auf das Ehezeitende als Bemessungszeitpunkt abzustellen und Wertveränderungen 9

---

2 BGH FamRZ 2011, 961; OLG Karlsruhe FamRZ 1988, 1290.
3 JH/Holzwarth VersAusglG § 25 Rn. 19.
4 BT-Drs. 16/10144, 66; BGH FamRZ 2011, 963 Rn. 13; 2005, 189; JH/Holzwarth VersAusglG § 25 Rn. 16.
5 JH/Holzwarth VersAusglG § 25 Rn. 15.
6 OLG Hamm FamRZ 2013, 789; Erman/Norpoth VersAusglG § 25 Rn. 8.
7 OLG Stuttgart FamRZ 2016, 554.

Hauß

zwischen Ehezeitende und dem Zeitpunkt des Ausgleichs sind iRv § 5 Abs. 2 S. 2 VersAusglG zu berücksichtigen.

10   Abs. 1 begrenzt die **Höhe der Teilhaberente** auf die Hinterbliebenenversorgung, die die ausgleichsberechtigte Person erhielte, wenn die Ehe bis zum Tod der ausgleichspflichtigen Person fortbestanden hätte. Dies stellt sicher, dass der Versorgungsträger nie mehr als die von ihm kalkulierte Hinterbliebenenversorgung zu zahlen hat. Gleichzeitig beschränkt Abs. 3 die Höhe des Anspruchs auf den Betrag, den die ausgleichsberechtigte Person als schuldrechtliche Ausgleichsrente verlangen könnte.

11   Ist im Zusammenhang mit dem öffentlich-rechtlichen Versorgungsausgleich nach altem Recht ein Teilausgleich im Wege des Supersplittings erfolgt (§ 3 b Abs. 1 VAHRG aF), ist der dynamisierte ausgeglichene Betrag von der Teilhaberente abzuziehen. Die **Dynamisierung** erfolgt dabei nach §§ 53, 25, 26 VersAusglG mithilfe der **aktuellen Rentenwerte**. Wurde der Teilausgleich im Jahr 2000 durchgeführt, betrug der aktuelle Rentenwert 24,84 EUR. Wird die Teilhaberente im Jahr 2016 geltend gemacht bei einem aktuellen Rentenwert von 30,45 EUR, ist die Höhe des bereits ausgeglichenen Teilwertes mit 30,45 EUR zu multiplizieren und durch den aktuellen Rentenwert des Jahres 2000 (24,84 EUR) zu dividieren.

12   Abs. 5 erfasst die Kürzungen von Versorgungsleistungen des Versorgungsträgers an die hinterbliebene Witwe oder den Witwer der ausgleichspflichtigen Person. Der Versorgungsausgleich soll grundsätzlich kostenneutral für den Versorgungsträger durchgeführt werden. Dies kann nur sichergestellt werden, wenn die Leistungen an den geschiedenen Ehegatten, die im Rahmen der Teilhaberente nach § 25 VersAusglG aufzubringen sind, von seinen Zahlungen an die Witwe der ausgleichspflichtigen Person abgezogen werden können. Der insoweit konsequente Schutz des Versorgungsträgers vor übermäßiger Beanspruchung durch Hinterbliebenenversorgung und Teilhaberente wird vom Gesetz dahin gelöst, dass dem geschiedenen Ehegatten über die Teilhaberente eine deutlich höhere Versorgung aus dem betroffenen Anrecht zukommt, als dem Hinterbliebenen. Teilweise wird darin eine verfassungsrechtlich nicht unbedenkliche Bevorzugung des geschiedenen Ehegatten vor dem verwitweten Ehegatten gesehen.[8] Diese Bedenken sind nicht durchgreifend. Der Versorgungsausgleich ist die Fortsetzung des Zugewinnausgleichs im Bereich der ehezeitlich aufgebauten Versorgungen. Die Teilhaberente nach § 25 VersAusglG ist damit wie ein güterrechtlicher Anspruch als in der Ehe erworben anzusehen. Die Teilhaberente lastet mithin als „scheidungsbedingte Hypothek" auf den Versorgungen der ausgleichspflichtigen Person, die diese Belastung bei intern und extern geteilten Versorgungen bereits durch einen entsprechenden Versorgungsverlust realisiert hätte. Dass die Teilhaberente mit Ansprüchen einer möglicherweise nachfolgenden Ehefrau der verstorbenen ausgleichspflichtigen Person konkurriert, ändert daran nichts. Die vermögens- und kapitalorientierte Sichtweise des neuen Versorgungsausgleichsrechts harmonisiert insoweit nicht mit einem institutionalisierten Verständnis der Witwenrente. Es ist daher aus dem Teilhabegesichtspunkt richtig, die Versorgung der Witwe ggf. auch auf „0" zu kürzen, wenn die schuldrechtliche Ausgleichsrente den gesamten oder einen großen Teil der Versorgung der ausgleichspflichtigen Person erfasst.

---

8   JH/Holzwarth VersAusglG § 25 Rn. 30.

Der **Tod der ausgleichsberechtigten Person** lässt die Kürzung der Rente nach 13
§ 25 Abs. 5 entfallen.[9] Ruland sieht darin mit Recht eine Verletzung der Kostenneutralität des Versorgungsausgleichs für den Versorgungsträger, weil dieser die
Hinterbliebenenversorgung über die Teilhaberente an den geschiedenen Ehegatten und nach dessen Tod an den in der Regel jüngeren Witwer oder die jüngere
Witwe aus zweiter Ehe der ausgleichspflichtigen Person zu zahlen hat.

In der **Konkurrenz von Witwe und geschiedenem Ehegatten** um die Hinterblie- 14
benenversorgung der ausgleichspflichtigen Person bedarf der **Versorgungsträger
des Schutzes vor doppelter Inanspruchnahme.** Diesen Schutz gewährt § 30
VersAusglG, indem Leistungen des Versorgungsträgers an die Witwe oder den
Witwer für eine Übergangszeit, die bis zum letzten Tag des Monats, der dem
Monat folgt, in dem der Versorgungsträger von der Rechtskraft der Entscheidung Kenntnis erlangt hat, mit befreiender Wirkung gegenüber dem geschiedenen Ehegatten geleistet werden. Die Ansprüche auf Erstattung von Überzahlungen zwischen der konkurrierenden ausgleichsberechtigten Person und dem Witwer bzw. der Witwe werden bereicherungsrechtlich abgewickelt (→ VersAusglG
§ 30 Rn. 3).

IV. Verfahren und Hinweise

Obgleich das Verfahren auf Teilhaberente dem **Amtsermittlungsgrundsatz** unter- 15
liegt, kann es nur **auf Antrag** eingeleitet werden. Ein bezifferter Antrag ist ebenso wie sonst im Versorgungsausgleichrecht nicht notwendig. Da die Teilhabe
erst nach dem Tod der ausgleichspflichtigen Person geltend gemacht werden
kann und wegen des Fortfalls der schuldrechtlichen Ausgleichsrente bei der ausgleichsberechtigten Person ein erhöhter Bedarf besteht, kann das Gericht eine
einstweilige Anordnung nach den § 49 ff. FamFG erlassen. Der **Anspruch des geschiedenen Ehegatten** auf Teilhabe an der Hinterbliebenenversorgung besteht **ab
Antragstellung** bzw. ab Verzug des Versorgungsträgers,[10] weil es sich um einen
originären schuldrechtlichen Antrag des geschiedenen Ehegatten gegen den Versorgungsträger handelt. Dieser bedarf nicht des Schutzes des § 30 VersAusglG
vor doppelter Inanspruchnahme,[11] weil er ab Antragstellung selbst die Berechtigung des Antrages prüfen kann und es nicht der rechtsgestaltenden Wirkung der
familiengerichtlichen Entscheidung bedarf.

§ 26 VersAusglG Anspruch gegen die Witwe oder den Witwer

(1) Besteht ein noch nicht ausgeglichenes Anrecht bei einem ausländischen, zwischenstaatlichen oder überstaatlichen Versorgungsträger, so richtet sich der Anspruch nach § 25 Abs. 1 gegen die Witwe oder den Witwer der ausgleichspflichtigen Person, soweit der Versorgungsträger an die Witwe oder den Witwer eine
Hinterbliebenenversorgung leistet.

(2) § 25 Abs. 2 bis 4 gilt entsprechend.

§ 26 VersAusglG betrifft lediglich Anrechte, die bei einem ausländischen, zwi- 1
schenstaatlichen oder überstaatlichen Versorgungsträger für die ausgleichspflichtige Person bestehen. Diese Versorgungsträger können durch das Urteil ei-

---

9 Ruland, Versorgungsausgleich, Rn. 851; JH/Holzwarth VersAusglG § 25 Rn. 31.
10 OLG Köln FamRZ 2012, 1943.
11 OLG Frankfurt/M. 20.5.2016 – 4 UF 323/15; OLG Frankfurt/M. FamRZ 2014, 1303.

nes deutschen Gerichts nicht dazu gezwungen werden, zugunsten des geschiedenen Gatten eine Hinterbliebenenversorgung auszuzahlen. Es ist daher konsequent, wenn das Gesetz im Fall des Todes der ausgleichspflichtigen Person dessen Witwe oder Witwer verpflichtet, der ausgleichsberechtigten Person eine Versorgung in Höhe des Ausgleichswerts zu zahlen. Der Anspruch richtet sich daher **unmittelbar gegen die Witwe oder den Witwer** der verstorbenen ausgleichspflichtigen Person.

2 Zur Bestimmung der **Höhe** und der einzelnen Forderungsvoraussetzungen weist § 26 VersAusglG Abs. 2 auf die Regelungen des § 25 VersAusglG Abs. 2 hin. Insoweit wird auf die dortigen Ausführungen verwiesen.

Abschnitt 4 Härtefälle

§ 27 VersAusglG Beschränkung oder Wegfall des Versorgungsausgleichs

[1]Ein Versorgungsausgleich findet ausnahmsweise nicht statt, soweit er grob unbillig wäre. [2]Dies ist nur der Fall, wenn die gesamten Umstände des Einzelfalls es rechtfertigen, von der Halbteilung abzuweichen.

I. Allgemeine Grundsätze

1 **1. Die Härteregelung als Gerechtigkeitskorrektiv.** Auch nach den Bestimmungen des neuen VersAusglG ist der Ausgleich der in die Ehezeit fallenden Renten- und Rentenanwartschaften unabhängig von den jeweiligen Ursachen, die zur Auflösung der Ehe geführt haben, und den wirtschaftlichen Verhältnissen beider Ehegatten durchzuführen. Dies kann im Einzelfall zu unbilligen Ergebnissen führen. Bisher ermöglichte § 1587 c aF für den öffentlich-rechtlichen und § 1587 h aF für den schuldrechtlichen Versorgungsausgleich eine Korrektur solcher, möglicherweise unbilligen Ergebnisse. Nunmehr stellt § 27 VersAusglG ein **Gerechtigkeitskorrektiv**[1] für die Fälle dar, in denen die starre Durchführung des Versorgungsausgleichs zu einem der Gerechtigkeit in nicht erträglicher Weise wider-

---

1 So ausdrücklich BGH 21.9.2016 – XII ZB 264/13 Rn. 20, FamRZ 2017, 26.

sprechenden Ergebnis führen würde.[2] Damit soll sichergestellt werden, dass Grundrechtsverletzungen im Rahmen der schematischen Durchführung des Versorgungsausgleichs verhindert werden.

§ 27 VersAusglG wurde gegenüber den Vorschriften der §§ 1587 c aF, 1587 h aF sprachlich und strukturell gestrafft. Auf die Aufzählung von einzelnen Härtefallgründen wurde verzichtet. § 27 VersAusglG stellt vielmehr eine Generalklausel dar, die an den Auffangtatbestand des § 1587 c Nr. 1 aF erinnert.[3] **2**

Aufgrund der Anlehnung an die bisher bestehende Generalklausel ist es möglich, auf die bereits ergangene Rechtsprechung zu den ausdrücklich geregelten Härtefällen und zu den darüber hinaus entwickelten Fallgruppen in der Rechtsprechung zurückzugreifen. **3**

2. Abweichungen zum bisherigen Recht. Die bisherigen Regelungen der §§ 1587 c und 1587 h aF sowie der §§ 3 a Abs. 6, 10 a Abs. 3 VAHRG aF werden nunmehr in der **Generalklausel** des § 27 VersAusglG zusammengefasst.[4] **4**

Damit ist § 27 VersAusglG sowohl in der **Erstentscheidung** zum Versorgungsausgleich wie auch beim **Ausgleich nach der Scheidung** anzuwenden. Darüber hinaus findet die Härteregelung über § 226 Abs. 3 FamFG auch Anwendung im Rahmen der **Abänderungsverfahren**. **5**

Dennoch bestehen Unterschiede in der Anwendung der Generalklausel des § 27 VersAusglG gegenüber dem alten Recht. Der im alten Recht diskutierte mögliche Ausschluss des Versorgungsausgleichs bei geringfügigen Anrechten ist nunmehr über § 18 VersAusglG geregelt. **6**

Auch die Korrektur über die Härteregelung im Rahmen der **kurzen Ehedauer** bei gleichzeitigen geringfügigen Ausgleichsbeträgen ist nunmehr anderweitig geregelt. § 3 Abs. 3 VersAusglG sah ursprünglich einen grundsätzlichen Ausschluss des Versorgungsausgleichs bei einer Ehezeit von bis zu zwei Jahren vor. Damit wäre die noch im alten Recht diskutierte Frage, wann im Rahmen der kurzen Ehe eine Korrektur über die Härtefallregelung erfolgen muss, obsolet geworden. **7**

Nach der aktuellen Regelung des § 3 Abs. 3 VersAusglG findet ein Versorgungsausgleich bei einer Ehezeit von bis zu drei Jahren nur auf Antrag eines beteiligten Ehegatten statt. Damit lebt die alte Diskussion hinsichtlich eines Ausschlusses des Versorgungsausgleichs bei kurzer Ehedauer wieder auf, sofern einer der Beteiligten den Antrag zur Durchführung des Versorgungsausgleichs gestellt hat. Für den anderen Beteiligten muss die Möglichkeit gegeben sein, bei Vorliegen der Härtegründe diese auch im Rahmen der kurzen Ehedauer geltend zu machen.[5] **8**

Nur so ist sichergestellt, dass im Falle hoher Anrechte innerhalb der kurzen Ehedauer von drei Jahren eine Korrektur für den Fall der Unbilligkeit gegeben ist. § 3 Abs. 3 VersAusglG gibt den Beteiligten lediglich die Entscheidungsbefugnis **9**

---

2 BVerfG FamRZ 1980, 326; 2003, 1173; BGH FamRZ 2009, 205; 2005, 1238.
3 Vgl. Borth, Versorgungsausgleich, Rn. 950.
4 BT-Drs. 16/10144, 67.
5 JH/Holzwarth VersAusglG § 27 Rn. 33 f., der eine drei Jahre unterschreitende Ehezeit als zu berücksichtigenden Faktor innerhalb der Gesamtabwägung ansieht und nur bei außergewöhnlich kurzen Ehen, in denen eine Versorgungsgemeinschaft (BGH FamRZ 1981, 944) nicht zustande gekommen sei, der kurzen Ehezeit im Rahmen des § 27 VersAusglG Gewicht einräumt; ähnlich auch FAKomm-FamR/Wick VersAusglG § 27 Rn. 23.

darüber, ob im Falle einer kurzen Ehedauer der Versorgungsausgleich grundsätzlich durchzuführen ist.

10 **3. Amtsermittlung.** Das Familiengericht hat von sich aus die Prüfung des § 27 VersAusglG im Rahmen seiner **Amtsermittlung** (§ 26 FamFG) vorzunehmen. Ohne konkreten Anlass wird es jedoch keinerlei Ermittlungen im Hinblick auf die Herabsetzung oder gar den Ausschluss anstellen müssen.[6] Es ist vielmehr Sache der Verfahrensbeteiligten, Umstände vorzutragen, die das Gericht zur Anwendung der Ausschlussnorm veranlassen können.[7] Ansonsten ist es dem Familiengericht nicht möglich, ein nachhaltiges grobes Fehlverhalten des anderen Ehegatten festzustellen. Dennoch kann das Familiengericht von sich aus, bei für es bereits erkennbaren Umständen, die Anwendung des § 27 VersAusglG erwägen.

11 Eine abschließende Prüfung ist dem Familiengericht jedoch nur möglich, wenn sämtliche Auskünfte der Versorgungsträger bereits vorliegen. Es sind daher auch bei Geltendmachung von Härtegründen seitens eines der Verfahrensbeteiligten zunächst die **Auskünfte der Versorgungsträger** einzuholen.[8]

12 **4. Betroffene.** Die Einwände des § 27 VersAusglG können von den verfahrensbeteiligten Ehegatten geltend gemacht werden. Ist im Falle der Abtrennung des Versorgungsausgleichs und der vorab ergangenen rechtskräftigen Scheidung der Ehe eine Entscheidung über den Versorgungsausgleich noch nicht getroffen worden **und stirbt einer der Ehegatten**, besteht die Möglichkeit nach § 31 Abs. 1 VersAusglG den Ausgleich **gegenüber den Erben** geltend zu machen. In diesem Fall besteht auch für sie die Möglichkeit, Einwände nach § 27 VersAusglG vorzutragen.[9]

13 **Einwände der beteiligten Versorgungsträger** sind im Rahmen des Wertausgleichs bei der Scheidung wie auch beim Wertausgleich nach der Scheidung nicht möglich. Auch kann der Versorgungsträger einen möglichen Rechtsbehelf nicht auf die Ablehnung von Härtegründen in der Erstentscheidung stützen, mangels Beschwer.

14 Lediglich im Rahmen des sogenannten **verlängerten schuldrechtlichen Ausgleichs** nach § 25 VersAusglG stehen dem Versorgungsträger anstelle des verstorbenen verpflichteten Ehegatten die gleichen Einwände iRd § 27 VersAusglG zu, die auch der verstorbene Ehegatte hätte vortragen können.[10]

15 **5. Sonstige Umstände.** Auch im neuen Versorgungsausgleichsrecht bedarf es der **Gesamtschau der beiderseitigen Verhältnisse der Ehegatten.**[11] Ungerechte Schematisierungen sollen wie bisher dadurch vermieden werden, dass ein dem Zweck des Versorgungsausgleichs und den Verfassungsnormen entsprechendes Ergebnis erzielt wird.[12]

16 Dabei hat das Gericht die **gegenwärtige und zukünftige wirtschaftliche Situation** der Eheleute besonders zu betrachten und alle bereits bekannten und vorherseh-

---

6   BGH FamRZ 2016, 1343 Rn. 19.
7   BGH FamRZ 1988, 709; 1990, 1341.
8   So auch JH/Holzwarth VersAusglG § 27 Rn. 6.
9   JH/Holzwarth VersAusglG § 27 Rn. 9.
10 Vgl. BGH FamRZ 1996, 1465.
11 OLG Brandenburg 13.10.2016 – 13 UF 137/15; OLG Brandenburg FamRZ 2016, 2017; OLG Zweibrücken FamRB 2007, 233 (Weil).
12 BT-Drs. 16/10144, 68.

baren Lebensumstände in Betracht zu ziehen, die ihre Versorgungslage beeinflussen können. Hierbei kann die Aufstellung einer Vorsorgevermögensbilanz als Grundlage für weitere Betrachtungen herangezogen werden. Auch sind die sonstigen persönlichen Lebensumstände der Eheleute zu würdigen.[13] Hierunter fällt auch eine mögliche vereinbarte Gütertrennung, die alleine noch keine Korrektur des Versorgungsausgleichs rechtfertigt.[14] Im Rahmen der Gesamtbetrachtung der vermögensrechtlichen Verhältnisse der Beteiligten, insbesondere ihrer konkreten Absicherung für das Alter, kann dies jedoch ebenfalls eine Rolle spielen.

Damit sind für die Anwendung der Härteklausel auch mögliche zukünftige Entwicklungen zu berücksichtigen, die im Rahmen einer Prognose bereits im Erstverfahren zu entscheiden sind.[15] Für die Bewertung solcher beiderseitigen Verhältnisse der Ehepartner ist der **Vermögenserwerb** von besonderer Bedeutung.[16] Hierzu zählen Grundstücke, Kapitalanlagen, Wertpapiere und Kapitalversicherungen, soweit sie dem Ehegatten auch nach Durchführung eines etwaigen Zugewinnausgleichs verbleiben.[17] Da alle Vermögenszuflüsse einbezogen werden, sind auch solche aufgrund von Erbschaften von Bedeutung. Daneben ist auch der Vermögenserwerb während einer längeren Trennungszeit oder im Zusammenhang mit der Scheidung zu berücksichtigen. Ein zum Zeitpunkt der Scheidung noch nicht eingetretener Vermögenserwerb ist für den Fall von Bedeutung, wenn er als zu diesem Zeitpunkt im hohen Maße als wahrscheinlich anzusehen ist.[18] Es sind daher nicht nur die wichtigen wirtschaftlichen Verhältnisse der Ehegatten, sondern auch die **sonstigen persönlichen Lebensumstände** zu würdigen. 17

II. Die grobe Unbilligkeit

1. Begriff der groben Unbilligkeit. Bei Abwägung aller Umstände, die die beiderseitigen Verhältnisse der Ehegatten prägen, muss die Durchführung des Versorgungsausgleichs **ganz oder teilweise „grob unbillig"** sein, dh dem Gerechtigkeitsdenken in **unerträglicher Weise** widersprechen.[19] 18

In bestimmten Fällen ist der Versorgungsausgleich nicht mehr mit der bisherigen und fortwirkenden Versorgungsgemeinschaft der Eheleute zu rechtfertigen. Dies ist in der Regel der Fall, wenn im Zeitpunkt der Entscheidung über den Versorgungsausgleich absehbar ist, 19

- dass der Ausgleichsberechtigte im Rentenalter eine im Verhältnis zum Ausgleichspflichtigen verhältnismäßig hohe Altersversorgung erzielen kann oder
- wenn die insgesamt zu erwartende Versorgung des Ausgleichsberechtigten erheblich höher ist als diejenige des Ausgleichspflichtigen oder
- der Ausgleichspflichtige auf die ehezeitliche Versorgung dringend angewiesen ist, während der Ausgleichsberechtigte anderweitig abgesichert ist.[20]

---

13 BT-Drs. 16/10144, 68.
14 BGH FamRZ 2005, 1238.
15 So auch JH/Holzwarth VersAusglG § 27 Rn. 6; Ruland, Versorgungsausgleich, Rn. 865; Borth, Versorgungsausgleich, Rn. 977 ff.
16 OLG Saarbrücken FamRZ 2015, 1969.
17 Vgl. hierzu OLG Köln FamRZ 2006, 1042.
18 Vgl. hierzu Weil, Anwaltliche Überlegungen beim Vorliegen der Voraussetzungen nach §§ 1587 a, 1587 c und 1587 h BGB aF, FPR 2007, 134 ff.
19 Zuletzt BGH 21.9.2016 – XII ZB 264/13 Rn. 30, FamRZ 2017, 26; BGH NJW 1984, 302; BGH FamRZ 1981, 756; 2005, 1238; 2009, 205.
20 Zuletzt BGH FamRZ 2015, 1004; 2005, 1238.

20 Im Rahmen der tatrichterlichen Beurteilung sind strenge Maßstäbe anzustellen. Ein Rückgriff auf die im Unterhaltsrecht geltenden Grundsätze und Maßstäbe iRd § 1579 ist nicht gerechtfertigt. Im Gegensatz zum Versorgungsausgleich bestimmt der Unterhalt künftige Leistungen des Verpflichteten, während der Versorgungsausgleich die Teilhabe der Ehegatten an Vermögenswerten regelt, die sie in der zurückliegenden Ehezeit gemeinsam erwirtschaftet haben. An den **Ausschluss des Ausgleichs** dieser gemeinsam erwirtschafteten Vermögenswerte sind strenge Anforderungen zu stellen. Schließlich soll der Versorgungsausgleich sicherstellen, dass dem nicht oder in geringerem Maße berufstätigen Ehegatten im Alter eine eigene Versorgung zur Verfügung steht.[21] Bei Abwägung der wirtschaftlichen und persönlichen Lebensumstände der Ehegatten muss sich dabei die Waage eindeutig zugunsten eines der beiden Ehegatten neigen.

21 Hierbei ist es nicht allein von entscheidender Bedeutung, ob der Ausgleichsberechtigte zu seiner sozialen Absicherung auf die Durchführung des Versorgungsausgleichs angewiesen ist. Ebenso wenig ist es von Relevanz, ob die auszugleichenden Anrechte im Verhältnis zu dem Vermögen und den Einkommensverhältnissen des Ausgleichsberechtigten eine ins Gewicht fallende Größe darstellen.[22] Der Versorgungsausgleich stellt auf das Ende der Ehezeit ab. Da er jedoch gleichzeitig die wirtschaftliche Absicherung der Ehegatten für den Fall des Alters oder der verminderten Erwerbsfähigkeit bezweckt, sind darüber hinaus nicht nur die im Zeitpunkt der Entscheidung über den Versorgungsausgleich bereits eingetretenen Umstände von Bedeutung. Es muss außerdem eine **Zukunftsprognose** im Hinblick auf die künftig möglicherweise eintretenden Verhältnisse getroffen werden.[23] Da **Zweck des Versorgungsausgleichs** die eigenständige Alterssicherung der Ehegatten ist, steht die Abwägung der jeweiligen wirtschaftlichen Verhältnisse der Ehegatten im Vordergrund. Lediglich die wirtschaftliche Besserstellung des Berechtigten reicht daher für den Ausschluss alleine nicht aus.[24]

22 Es ist somit bei Prüfung der groben Unbilligkeit im Einzelfall eine **Gesamtabwägung** der wirtschaftlichen, sozialen und persönlichen Verhältnisse beider Ehegatten erforderlich.[25] Es reicht für die Anwendung des § 27 VersAusglG nicht aus, dass dem Ausgleichspflichtigen nach dem Ausgleich weniger Geld zum Leben bleibt oder der **angemessene Selbstbehalt**[26] tangiert wird.[27]

23 **2. Umfang der Korrektur.** Im alten Versorgungsausgleichsrecht sanktionierten die §§ 1587 c, 1587 h aF lediglich das Fehlverhalten des Ausgleichsberechtigten. Wurde sein Ausgleichsanspruch aufgrund seines eigenen illoyalen Verhaltens erhöht, wurden ihm die hierdurch weggefallenen Anrechte fiktiv zugerechnet. Eine vergleichbare Sanktionsmöglichkeit bei entsprechendem Fehlverhalten des Ausgleichspflichtigen konnte über die Härtefallregelung nicht korrigiert werden.

24 In dem seit dem 1.9.2009 geltenden Versorgungsausgleichsrecht besteht die Sanktionsmöglichkeit auch bei **treuwidrigem Verhalten des Ausgleichspflichtigen.** Dies betrifft insbesondere die Fälle **illoyaler Vermögensverschiebungen,**

---

21 OLG Hamm FamRZ 2005, 38.
22 BGH FamRZ 2005, 1238.
23 BGH FamRZ 2015, 1001; 1988, 940; 1982, 795; BGH NJW 1997, 56.
24 BGH FamRZ 1987, 923.
25 BGH FamRZ 2006, 769.
26 OLG Düsseldorf FamRZ 2016, 637.
27 OLG Rostock FamRZ 2011, 57; OLG Stuttgart FamRB 2011, 209.

aber auch die **Kündigung privater Rentenversicherungsverträge**, um sie somit dem Zugriff im Versorgungsausgleich zu entziehen.[28]

Beispiel:[29] Der Ehemann verfügt über Ehezeitanteile in Höhe von insgesamt 25 100.000 EUR, die Ehefrau in Höhe von insgesamt 60.000 EUR. Im Normalfall würden im Rahmen des Versorgungsausgleichs Ehezeitanteile bei anrechtsbezogener Teilung wirtschaftlich in Höhe von 20.000 EUR zulasten des Ehemannes übertragen. Damit verfügten beide Ehegatten insgesamt über Anrechte von 80.000 EUR. Innerhalb der **anrechtsbezogenen Härtefallkorrektur** ist das Familiengericht insoweit begrenzt, dem Ehemann keinesfalls höhere Anrechte als die bereits bestehenden 100.000 EUR zu begründen, da der Ehemann ansonsten besser dastehen würde als ohne Versorgungsausgleich. Demgegenüber ist eine Reduzierung der Anrechte unterhalb von 60.000 EUR aus den gleichen Gründen bei der Ehefrau nicht möglich. Damit kann eine Korrektur iRd § 27 VersAusglG nur zu einer Reduzierung der Anrechte beim Ehemann und einer Besserstellung der Ehefrau führen. Diese Festlegung führt im Umkehrschluss dazu, dass der Ehemann im Ergebnis nicht weniger als 60.000 EUR und die Ehefrau nicht mehr als 100.000 EUR nach Durchführung der Korrektur verbleiben dürfen. Hat zB der Ehemann seine im Versorgungsausgleich einzustellenden Versorgungsanrechte von 100.000 EUR auf 50.000 EUR reduziert, könnte hier eine Korrektur erfolgen.[30]

Wie auch bisher kann das Familiengericht entscheiden, ob der Versorgungsaus- 26 gleich ganz oder teilweise ausgeschlossen wird. Aufgrund des nunmehr geltenden Hin- und Her-Ausgleichs besteht die Möglichkeit, flexible Lösungen zu schaffen, die sich unter Umständen lediglich auf einzelne Anrechte innerhalb des Wertausgleichs beziehen.

III. Die verschiedenen Fallgruppen

In der Vergangenheit haben sich typische Lebenssachverhalte herausgebildet, in 27 denen die Anwendung der Härteregel naheliegt. Es ist jedoch eine schematische Anwendung durch Einordnung eines Sachverhalts in bestimmte Fallgruppen nicht möglich, da es sich auch bei Anwendung des § 27 VersAusglG um eine Gesamtwürdigung aller Umstände handelt und somit sehr unterschiedliche Rechtsauffassungen vertreten werden können.

1. Härtefälle im Rahmen der Erstentscheidung zum Versorgungsausgleich. 28 **a) Lange Trennungszeit/phasenverschobene Ehe.** Sofern die Ehegatten während der Ehezeit keine Lebens- und Versorgungsgemeinschaft mehr begründet haben bzw. diese aufgrund einer **langen Trennungszeit** aufgegeben haben, kann die schematische Vornahme des Versorgungsausgleichs unbillig sein. Der Auffassung, bei einer langjährigen Trennung der Ehegatten den Versorgungsausgleich in der nach dem Gesetz vorgegebenen Form durchzuführen, da es jedem Ehegatten freistehe, den Scheidungsantrag einzureichen, kann nicht gefolgt werden.[31] Sofern die Eheleute während der Trennungszeit **bewusst** die eheliche Lebens- und Solidargemeinschaft aufgehoben und sich wirtschaftlich unabhängig von-

---

28 OLG Brandenburg 10.6.2015 – 13 UF 18/15, NZFam 2016, 417 (Hauß).
29 BT-Drs. 16/10144, 68.
30 Weitere Beispiele bei Ruland, Versorgungsausgleich, Rn. 868.
31 So Erk/Deisenhofer FamRZ 2003, 134; AG Tempelhof-Kreuzberg FamRZ 2005, 985.

einander entwickelt haben, besteht keine Grundlage für die Durchführung des Versorgungsausgleichs.[32]

29 Auch bei der langen Trennungszeit ist jedoch eine generelle Anwendung des § 27 VersAusglG zu vermeiden.[33] Hier ist die Gesamtwürdigung des Einzelfalls unter Beachtung aller wirtschaftlichen und persönlichen Verhältnisse beider Ehegatten durch das Familiengericht erforderlich.

30 Die Korrektur kann ua dadurch erfolgen, dass der Wertausgleich auf die Zeiten vor Beginn des Trennungsjahres beschränkt wird. Hierbei ist je nach den entsprechenden Versorgungsanrechten eine Korrektur der zeitratierlichen Bewertung (zB bei der Beamtenversorgung) vorzunehmen, oder es sind lediglich die in der Ehezeit erworbenen Rentenanwartschaften (so bei der gesetzlichen Rentenversicherung) zu berücksichtigen.[34]

31 Bei der sogenannten **phasenverschobenen Ehe,**[35] also der Ehe zwischen dem bereits eine Altersversorgung beziehenden Ausgleichsberechtigten und dem wesentlich jüngeren Ausgleichspflichtigen, kommt ein Ausschluss des Versorgungsausgleichs lediglich in den Fällen in Betracht, in denen der Ausgleichsberechtigte bereits durch seine Rente ausreichend gesichert ist, während sich die Versorgungssituation des Verpflichteten bei Durchführung des Versorgungsausgleichs erheblich schlechter darstellt.[36] Dabei spielt auch ein erheblicher Altersunterschied der Ehegatten eine Rolle.[37]

32 Im Falle eines deutlich älteren,[38] Unterhalt zahlenden Ausgleichspflichtigen war bisher aufgrund des bestehenden Unterhaltsprivilegs des § 5 VAHRG aF die Anwendung der Härteklausel nicht notwendig. Mit Änderung des Unterhaltsprivilegs iRd § 33 VersAusglG kann diese generelle Aussage nicht mehr aufrechterhalten werden. Auch hier ist eine Einzelfallprüfung unter Abwägung der Gesamtumstände vorzunehmen.

33 **b) Erhebliches wirtschaftliches Ungleichgewicht.** In den Fällen, in denen der Versorgungsausgleich zu einem **erheblichen wirtschaftlichen Ungleichgewicht** zwischen den Eheleuten führt, kommt eine grobe Unbilligkeit und damit eine Korrektur über § 27 VersAusglG in Betracht.[39] Allein die Tatsache, dass der Ausgleichsverpflichtete auf seine Versorgungsansprüche angewiesen ist, rechtfertigt jedoch noch nicht den Ausschluss. Insbesondere rechtfertigt auch nicht das **Unterschreiten der unterhaltsrechtlichen Selbstbehaltgrenzen** eine Korrektur.[40]

34 Abzustellen ist immer auf die beiderseitigen Verhältnisse, insbesondere des beiderseitigen Vermögenserwerbs während der Ehe oder im Zusammenhang mit

---

32 BGH FamRZ 1985, 280; KG FamRZ 1997, 31; BGH FamRZ 2007, 1084.
33 BGH FamRZ 2006, 769; 2007, 1964.
34 Vgl. ua zur langen Trennungszeit BGH 9.9.2015 – XII ZB 211/15, FamRZ 2016, 35; OLG Zweibrücken NZFam 2016, 899; OLG Hamburg NZFam 2016, 510; OLG Frankfurt/M. FamRZ 2015, 1803; BGH NJW 1983, 165; BGH FamRB 2006, 40; 2006, 769; 2004, 1181; 1985, 80; OLG Brandenburg NJW 2003, 2032; OLG Koblenz FamRZ 2004, 1580; OLG Naumburg FPR 2008, 255; OLG Saarbrücken FPR 2008, 395.
35 Begriffserläuterung BGH 21.9.2016 – XII ZB 264/13, FamRZ 2017, 26 Rn. 28.
36 BGH FamRZ 2007, 1964; 2006, 769; 2004, 1181; OLG Saarbrücken FamFR 2013, 228; OLG Frankfurt/M. FamRB 2007, 204; OLG Celle FamRZ 2006, 1459; OLG Hamm FamRZ 2004, 885.
37 BGH FamRZ 2010, 2067.
38 BGH FamRZ 2010, 2067.
39 OLG Brandenburg FamRB 2016, 260 (Norpoth).
40 BGH FamRZ 2007, 996.

der Scheidung. Die Berücksichtigung der beiderseitigen Vermögensverhältnisse kann nur in besonderen Härtefällen, also bei einem erheblichen Ungleichgewicht, zu einer Korrektur führen. Besonderer Beachtung bedarf in diesem Zusammenhang der Eintritt einer Dienst- oder Erwerbsunfähigkeit auf Seiten des Ausgleichspflichtigen. Dieser ist in der Regel nicht mehr in der Lage, eine weitere Altersversorgung zu betreiben, und würde im Fall der Ausgleichspflicht einen Teil seiner Altersversorgung verlieren. Demgegenüber kann der Ehegatte weiterhin auch nach Durchführung des Versorgungsausgleichs seine Altersversorgung aufbessern.[41]

Der generelle Ausschluss oder die Herabsetzung des Versorgungsausgleichs ist auch hier nicht möglich. Es ist vielmehr auch hier eine Einzelfallentscheidung unter Berücksichtigung der weiteren Entwicklung der Vermögensverhältnisse auf Seiten beider Ehegatten vorzunehmen.[42] 35

Hat der eine Ehegatte Versorgungsanrechte während der Ehezeit erworben, der andere Ehegatte jedoch aufgrund seiner Selbstständigkeit Vermögenswerte in Form von Grundstücken oder anderem Kapitalvermögen, ist die Anwendung der Härtefallregelung zu prüfen. Insbesondere wenn die Vermögenspositionen eines **Selbstständigen** aufgrund einer ehevertraglichen Regelung dem Zugewinnausgleich entzogen sind, andererseits jedoch der andere Ehegatte im Rahmen des Versorgungsausgleichs die Hälfte der erworbenen Rentenanwartschaften abgeben müsste, kann die formale Durchführung des Versorgungsausgleichs grob unbillig sein.[43] 36

Verfügt der ausgleichsberechtigte Ehegatte über so hohes Vermögen oder anderweitige Einkünfte, dass seine Altersversorgung vollständig abgesichert ist, der ausgleichspflichtige Ehegatte jedoch auf die von ihm erworbenen Versorgungsanrechte dringend angewiesen ist, bedarf es einer Korrektur im Rahmen des Wertausgleichs.[44] 37

Die **Herkunft des Vermögens** ist dabei irrelevant.[45] Sowohl ererbtes wie auch geschenktes Vermögen, aber auch Vermögen, das außerhalb der Ehezeit erworben wurde, findet Berücksichtigung. Einziger Gesichtspunkt ist die Absicherung hieraus für das Alter. 38

Umgekehrt sind auch solche Versorgungsanrechte im Versorgungsausgleich auszugleichen, die **mit dem Anfangsvermögen eines Ehegatten** nach Beginn der Ehe erworben wurden.[46] Dass der ausgleichspflichtige Ehegatte sein Versorgungsanrecht während der Ehe aus seinem Anfangsvermögen erworben hat, rechtfertigt für sich genommen nicht den Ausschluss des Versorgungsausgleichs.[47] Alleine die finanzielle bzw. vermögensrechtliche Besserstellung des Ausgleichsberechtigten nach Durchführung des Versorgungsausgleichs rechtfertigt ebenfalls noch keine Korrektur. Entscheidend ist die **uneingeschränkte Altersabsicherung des Ausgleichsberechtigten** in Form des vorhandenen Vermögens. Gleichzeitig muss der Ausgleichspflichtige auf die ungekürzte Versorgung angewiesen sein. Dies ist ua dann der Fall, wenn die ausgleichspflichtige Person Versorgungsanrechte le- 39

---

41 BGH FamRZ 1982, 36; OLG Hamm FamRZ 1995, 1363.
42 BGH FamRZ 2015, 1004 Rn. 11; OLG Brandenburg FamRB 2016, 260 (Norpoth).
43 Vgl. OLG Hamburg FamRZ 2002, 257.
44 BGH FamRZ 2005, 1238.
45 Vgl. BGH FamRZ 2011, 877; 2012, 434.
46 BGH FamRZ 2012, 434.
47 BGH FamRZ 2011, 877.

diglich in Höhe des unterhaltsrechtlichen Selbstbehalts (derzeit 880 EUR) hat, während der Ausgleichsberechtigte über hohes Vermögen oder ausreichend hohe Anwartschaften verfügt. Entscheidende Frage in diesem Zusammenhang ist darüber hinaus, ob der Ausgleichsberechtigte nachehezeitlich noch in der Lage ist, seine Altersversorgung entsprechend aufzustocken.

40 Neben der vermögensrechtlichen Situation ist bei den wirtschaftlichen Verhältnissen darüber hinaus auch die **Erwerbssituation während der Ehezeit** zu betrachten. Ein Ausschluss des Versorgungsausgleichs ist gerechtfertigt, wenn die an sich ausgleichspflichtige Ehefrau in der Ehe neben der Betreuung zweier Kinder voll erwerbstätig war und aus ihrem Einkommen sowohl ihren eigenen Bedarf als auch im Wesentlichen den der Kinder gedeckt hat, während der Ehemann sein eigenes hohes Einkommen überwiegend für sich verwandt hat, ohne hinreichende Vorsorge für sein Alter zu treffen.[48]

41 Allein die Tatsache, dass die erworbenen Anwartschaften in der Ehezeit überwiegend auf der **Anrechnung von Kindererziehungszeiten** beruhen, rechtfertigt eine Korrektur des Wertausgleichs nicht.[49] Verfügt der Ausgleichsberechtigte über Vermögenseinkünfte, deren Stamm nicht dem Zugewinnausgleich unterfällt, und ist der Ausgleichspflichtige demgegenüber auf seine Versorgungsanwartschaften dringend angewiesen, bedarf es einer Korrektur nach § 27 VersAusglG.[50]

42 Der **Wegfall des** sogenannten **Rentnerprivilegs** nach § 101 Abs. 3 SGB VI aF im Zuge der Reform des Versorgungsausgleichs kann nur in außergewöhnlichen Ausnahmefällen über die Billigkeitsprüfung des § 27 VersAusglG korrigiert werden.[51] Dies ist nur dann der Fall, wenn zu der zwingenden gesetzlichen Folge des Wegfalls des Privilegs noch weitere den Ausgleichspflichtigen belastende Umstände hinzukommen.[52] Die **Vereinbarung der Gütertrennung** alleine führt ebenfalls nicht automatisch zum Ausschluss des Versorgungsausgleichs. Ist jedoch aufgrund Vermögenserwerbs die Altersversorgung des Ausgleichsberechtigten auch hier ausreichend gesichert und die des Verpflichteten nicht, kann die Übertragung von Rentenanwartschaften durch den Verpflichteten unbillig sein.[53]

43 Besonderer Beachtung bedarf der **Eintritt einer Dienst- oder Erwerbsunfähigkeit** auf Seiten des Ausgleichspflichtigen. Dieser ist in der Regel nicht mehr in der Lage weitere Altersversorgung zu betreiben, und würde im Fall der Ausgleichspflicht einen Teil seiner Altersversorgung verlieren. Demgegenüber kann der Ehegatte weiterhin auch nach der Durchführung des Versorgungsausgleichs seine Altersversorgung aufbessern. Der generelle Ausschluss oder die Herabsetzung des Versorgungsausgleichs ist jedoch nicht möglich. Es ist vielmehr auch hier eine Einzelfallentscheidung unter Berücksichtigung der künftigen Entwicklung auf Seiten beider Ehegatten vorzunehmen.[54]

---

48 OLG Köln FamRZ 1986, 580.
49 BGH FamRZ 2007, 1966; OLG Celle FamRZ 2008, 997 (998).
50 OLG Zweibrücken FamRZ 2007, 1746.
51 BGH FamRZ 2015, 1004; 2015, 1001; 2013, 690; OLG Stuttgart FamRZ 2016, 53; OLG Saarbrücken NZFam 2015, 768.
52 OLG Stuttgart FamRB 2011, 209.
53 BGH FamRZ 1988, 940; 1981, 130; KG FamRZ 1997, 28; OLG Köln FamRZ 1992, 322.
54 Hierzu BGH FamRZ 1999, 497; 1999, 499.

Der Ausschluss des Versorgungsausgleichs kommt ua in Betracht, wenn ein verhältnismäßig junger Beamter nach relativ kurzer Ehezeit wegen dauernder Dienstunfähigkeit in den **vorzeitigen Ruhestand** versetzt wird und voraussichtlich keine weiteren eigenen Versorgungsanwartschaften erwerben kann, er gleichzeitig jedoch aufgrund der Berechnung des Ehezeitanteils seiner Versorgung nach dem Zeit-Zeit-Verhältnis an sich ausgleichspflichtig wäre.[55] 44

Dies kann auch bei der **Frühpensionierung eines Berufssoldaten** gelten, wenn ungewiss ist, ob er noch weitere Versorgungsanwartschaften erwerben kann.[56] 45

Der Versorgungsausgleich ist nicht deshalb grob unbillig, weil der Ausgleichsverpflichtete wegen der Kindesbetreuung in seinen Möglichkeiten, eine weitere Altersversorgung aufzubauen, beeinträchtigt ist bzw. hierfür überobligatorische Anstrengungen unternehmen muss. Hierfür steht ihm der **Betreuungsunterhaltsanspruch** nach § 1570 und der **Altersvorsorgeunterhaltsanspruch** nach § 1578 Abs. 3 zu. Selbst wenn eine unterhaltsrechtliche Leistungsunfähigkeit des Ausgleichsberechtigten gegeben ist, wird hierdurch der Versorgungsausgleich nicht automatisch grob unbillig.[57] 46

Die **mangelnde Altersvorsorge eines Selbstständigen** alleine rechtfertigt noch nicht den Ausschluss des Versorgungsausgleichs. Hier muss daneben eine illoyale und grob leichtfertige Handlungsweise festzustellen sein.[58] 47

Der Ausschluss kann gerechtfertigt sein, wenn der an sich ausgleichsberechtigte Ehegatte durch Erbschaft ein größeres Vermögen erworben hat, das nicht dem Zugewinnausgleich unterliegt und aus dessen Erträgen die Altersvorsorge gesichert werden kann.[59] Lediglich die Aussicht auf eine mögliche Erbschaft und die damit verbundene Erhöhung des Vermögens reicht jedoch für einen Ausschluss nicht aus.[60] 48

c) **Persönliches Fehlverhalten.** Das persönliche Fehlverhalten eines der Ehegatten kann die Annahme einer groben Unbilligkeit begründen und damit zur Korrektur des Versorgungsausgleichs führen. In der Literatur und Rechtsprechung ist umstritten, ob ein solches Fehlverhalten mit einem wirtschaftlich nachteiligen Ergebnis verbunden sein muss. Nach der Rechtsprechung des Bundesgerichtshofs[61] ist dies nicht erforderlich. Damit wird der Norm ein **Strafcharakter** zugebilligt im Fall vorwerfbaren illoyalen Verhalten eines Ehegatten gegenüber dem anderen. Im Hinblick darauf, dass ansonsten iRd § 27 VersAusglG das wirtschaftliche Ungleichgewicht einen wesentlichen Stellenwert zugeteilt bekommt, erscheint diese Auffassung zumindest diskussionswürdig; vor allem dann, wenn der gänzliche Ausschluss des Versorgungsausgleichs in Erwägung gezogen wird. Zu denken wäre an einen teilweisen Ausschluss hinsichtlich der Ehezeiten, die dem illoyalen Verhalten nachfolgen. 49

Auch im Falle des Ausschlusses wegen eines vorwerfbaren Verhaltens eines der Ehegatten handelt es sich um Einzelfallentscheidungen, deren Voraussetzung ein besonders ins Gewicht fallendes vorwerfbares Verhalten ist. 50

55 KG FamRZ 2004, 119.
56 OLG Hamm FamRZ 2007, 224.
57 OLG Karlsruhe FamRZ 2005, 1839; OLG Bamberg FamRZ 2000, 892; aA OLG Stuttgart FamRZ 2000, 894.
58 OLG Hamm FamRZ 2015, 580; OLG Karlsruhe FamRZ 2006, 1457; 2004, 463.
59 BGH FamRZ 1988, 47.
60 OLG Stuttgart FamRZ 1979, 831.
61 BGH FamRZ 1983, 32.

51 Die Härtefallregelung des § 27 VersAusglG dient jedoch nicht dazu, jegliches eheliches Fehlverhalten zu sanktionieren. Insbesondere haben **Haushaltsführung**[62] und **Kinderbetreuung** im Rahmen der innerfamiliären Arbeitsteilung den gleichen Wert wie das Erwerbseinkommen des berufstätigen Ehegatten.[63] Das Vorliegen einer groben Unbilligkeit muss sich deshalb aus den beiderseitigen Verhältnissen der Eheleute ergeben und bedarf einer Würdigung aller Umstände, die die Verhältnisse der Eheleute in Ansehung des Versorgungsausgleichs prägen. Insbesondere stellt der Versorgungsausgleich keine Belohnung für eheliche Treue, sondern lediglich die Abwicklung und Aufteilung einer Vermögensgemeinschaft dar.[64]

52 So ist der Ausgleich bei vorsätzlichen **wiederholten erheblichen Straftaten gegenüber dem Ehegatten** (zwei Köperverletzungen und eine Bedrohung) ausgeschlossen worden.[65] Auch **langjährige körperliche Misshandlungen** stellen ein krasses und schwerwiegendes Fehlverhalten dar, das die Anwendung der Härteklausel rechtfertigt.[66]

53 Vernachlässigt ein Ehegatte die Betreuung und Erziehung seiner fünf Kinder über einen längeren Zeitraum in strafrechtlich relevanter Art und Weise und verletzt damit gröblich die Verpflichtung zum Familienunterhalt beizutragen, ist eine Reduzierung des Versorgungsausgleichs gerechtfertigt.[67]

54 Die Voraussetzungen zum Ausschluss des Versorgungsausgleichs liegen nicht vor, wenn der ausgleichsberechtigte Ehemann während der ehelichen Lebensgemeinschaft zwar über die Dauer von 20 Jahren ein intimes Verhältnis zu einer Freundin der ausgleichspflichtigen Ehefrau unterhielt, jedoch für die Ehefrau eine Bürgschaftsverpflichtung übernommen hat, aus der er nach der Insolvenz der Ehefrau in erheblichem Umfang in Anspruch genommen wird und deshalb auf den Versorgungsausgleich angewiesen ist.[68] Der **Verlust eines hohen Kapitalbetrages** aufgrund einer spekulativen Anlage, die ohne Abstimmung mit dem anderen Ehegatten von Seiten des Ausgleichsberechtigten vorgenommen wurde, rechtfertigt nicht die Anwendung der Härteklausel.[69]

55 Die **Verletzung der ehelichen Treue** allein führt nicht zur groben Unbilligkeit des Versorgungsausgleichs.[70] Hat die Ehefrau jedoch dem Ehemann erst im Laufe der Trennung mitgeteilt, dass das vor mehr als zehn Jahren geborene Kind nicht von ihm abstamme (**Kuckuckskind**),[71] dann ist es auch angesichts einer über 20-jährigen Ehe, in der die Ehefrau den Haushalt versorgt hat, gerechtfertigt, den Versorgungsausgleich für die Zeit ab Geburt des Kindes zu kürzen.[72] Im Rahmen einer solchen Kürzung ist immer auch das Kindeswohl zu berücksichtigen. Hat die Ehefrau daher mehrere in der Ehe geborene Kinder versorgt, spricht dies gegen eine Kürzung des Ausgleichs.[73] Für den Ausschluss des Versorgungs-

---

62 OLG Zweibrücken 11.11.2015 – 2 UF 127/15.
63 BVerfGE 105, 1.
64 BVerfG FamRZ 2003, 1173.
65 BGH FamRZ 2009, 1313; 2007, 360; 2005, 2052; OLG Celle FamRZ 2007, 1333.
66 OLG Bamberg FamRZ 2007, 1748.
67 OLG Köln FPR 2008, 457.
68 OLG Schleswig FamRZ 2011, 483.
69 OLG Frankfurt/M. FamRZ 2011, 901.
70 BGH FamRZ 1984, 662.
71 OLG Hamm NZFam 2015, 972; AG Lüdinghausen 24.1.2014 – 17 F 9/13.
72 AG Bochum FamRZ 2006, 428; OLG Karlsruhe FamRZ 1994, 1474.
73 BGH FamRZ 1987, 362.

ausgleichs genügt es nicht, dass der Ausgleichsberechtigte keinen Unterhalt gezahlt hat. Es müssen vielmehr darüber hinaus objektive Merkmale vorliegen, die die Unterhaltspflichtverletzung als gröblich und damit in besonderem Maße rücksichtslos erscheinen lassen.[74]

Insbesondere die **Verletzung der Unterhaltspflicht**[75] im Zeitraum vor der Ehe oder nach der Scheidung ist unbeachtlich.[76] Auch die Verletzung der Unterhaltspflicht aufgrund einer Alkoholabhängigkeit rechtfertigt keine Korrektur nach § 27 VersAusglG.[77]   56

Auch ein vorwerfbares Verhalten gegenüber dem ausgleichsberechtigten Ehegatten in Form von **Straftaten** kann zu einer Korrektur des Ausgleichs führen. Voraussetzung ist jedoch, dass die Straftat in Bezug zur Ehe der Beteiligten oder zu nahen Angehörigen steht.[78]   57

So können **langjährige körperliche Misshandlungen** des Ausgleichspflichtigen durch den Ausgleichsberechtigten zur Anwendung der Härteklausel führen.[79]   58

Auch andere vorsätzlich und wiederholt begangenen Straftaten gegen den Ausgleichspflichtigen (zwei Körperverletzungen und eine Bedrohung) können zur Reduzierung des Ausgleichs führen.[80] Erfolgte die Straftat jedoch im Zustand der **Schuldunfähigkeit,** fehlt es an der groben Unbilligkeit.[81]   59

Die **Inhaftierung des Berechtigten** kann zu einem Ausschluss oder Herabsetzung führen,[82] sofern seit Beginn der Inhaftierung keine Versorgungsanwartschaften mehr erworben wurden und auch nichts mehr zum Unterhalt der Familie beigetragen wurde.[83]   60

Übt die Ehefrau während des Zusammenlebens ohne Kenntnis und Einverständnis des Ehemannes **Prostitution** aus, ist der Versorgungsausgleich wegen grober Unbilligkeit auszuschließen.[84]   61

d) Ausbildungsfinanzierung. Die grobe Unbilligkeit eines Wertausgleichs kann durch den Umstand begründet werden, dass ein Ehegatte durch seine eigene Erwerbstätigkeit dem anderen bereits erhebliche und dauerhafte Vorteile in der Form einer qualifizierten Ausbildung (**Ausbildungsfinanzierung**) hat zukommen lassen. In der Regel kann er an deren wirtschaftlichem Erfolg in Folge des Scheiterns der Ehe nicht mehr teilnehmen. Aufgrund des Versorgungsausgleichs müsste nochmals zum Vorteil des schon durch die Ausbildung begünstigten anderen Ehegatten ein weiteres Vermögensopfer erbracht werden.[85] Das vom ausgleichspflichtigen Ehegatten finanzierte Hochschulstudium, das den Ausgleichsberechtigten an dem Erwerb von Versorgungsanwartschaften gehindert hat,   62

---

74 OLG Zweibrücken FamRB 2007, 233.
75 OLG Bamberg FamRZ 2015, 932; OLG Brandenburg FamRZ 2015, 930; instruktiv OLG Saarbrücken FamRZ 2015, 1969 Rn. 10.
76 BGH FamRZ 2003, 923; 2003, 664.
77 OLG Köln FamRZ 2004, 1581.
78 KG FamRZ 2007, 564; OLG Celle FamRZ 2003, 1291; BGH FamRZ 1990, 985; OLG Hamm FamRZ 2003, 1295; OLG Brandenburg FamRZ 2003, 384; KG FamRZ 2004, 642.
79 OLG Bamberg FamRZ 2007, 1748.
80 OLG Celle FamRZ 2007, 1333.
81 OLG Saarbrücken FamRZ 2009, 2007; BGH FamRZ 1990, 985.
82 OLG Brandenburg NZFam 2015, 1068.
83 OLG Nürnberg FamRZ 2004, 116.
84 OLG Bremen FamRZ 2009, 2007.
85 OLG Frankfurt/M. 23.10.2003 – 5 UF 112/03.

kann zum Ausschluss oder der Reduzierung des Versorgungsausgleichs führen. Ansonsten müsste der Ausgleichspflichtige zusätzlich zu seinem Beitrag in Form des Familienunterhalts während der Ehezeit eigene Versorgungsanwartschaften übertragen.[86] In diesen Fällen ist es nicht erforderlich, dass der Verpflichtete auf den ungekürzten Bestand seiner Anrechte dringend angewiesen ist.[87]

63 Insbesondere wenn der ausgleichsverpflichtete Ehegatte während des Studiums des Berechtigten mit seinem Einkommen entscheidend dazu beigetragen hat, dass dieser sein Studium erfolgreich durchführen und abschließen konnte, rechtfertigt dies einen entsprechenden Ausschluss.[88]

64 Wird die Finanzierung des Studiums nicht durch den erwerbstätigen Ehegatten übernommen, sondern stellt der ausgleichsberechtigte Ehegatte seinen Unterhalt zB durch **BAföG-Leistungen** selbst sicher, findet ein Ausschluss oder eine Kürzung nicht statt.[89]

65 Das Gleiche gilt, wenn das Studium unter Tolerierung des anderen Ehegatten als reine Liebhaberei ohne reale Aussicht auf Berufschancen betrieben wird.

66 Generell gilt, dass der Ausschluss des Versorgungsausgleichs in Betracht kommt, wenn der ausgleichsberechtigte Ehegatte es in der Ehezeit vorwerfbar unterlassen hat, eine eigene angemessene Versorgung aufzubauen. Geschieht dies mit Wissen und Wollen des Ehepartners, kann es nicht zur Anwendung der Härteklausel führen. Vielmehr ist ein illoyales Verhalten des einen gegenüber dem anderen Ehegatten erforderlich.

67 e) **Entziehung eines Anrechts.** Bereits im alten Versorgungsausgleichsrecht konnte nach § 1587 c Nr. 2 aF eine **Beschränkung oder der Ausschluss des Ausgleichsanspruchs** vorgenommen werden, soweit der Berechtigte durch aktives Tun oder durch Unterlassen bewusst das Entstehen von auszugleichenden Versorgungsanrechten verhindert oder den Untergang solcher Anrechte herbeigeführt hat. Die Vorschrift stellte ausschließlich auf die Person des Berechtigten ab. Illoyale Manipulationen des Verpflichteten, die zu einer Herabsetzung des Ausgleichsanspruchs führten, konnten hierüber nicht sanktioniert werden, da anderenfalls das Halbteilungsgebot verletzt wurde und dem betroffenen Rentenversicherer ein unkalkulierbares Risiko aufgebürdet wurde. Der Bundesgerichtshof hat aus diesem Grund die **Umwandlung einer privaten Rentenversicherung** des Ausgleichspflichtigen in eine Kapitallebensversicherung, die damit dem Versorgungsausgleich entzogen wurde, nicht über § 1587 c aF sanktioniert.[90]

68 Voraussetzung war für die Anwendung der Härteklausel, dass der Ausgleichsberechtigte treuwidrig Einfluss auf die anstehende Versorgungsausgleichsentscheidung nahm. Die Manipulation musste daher in bewusstem **Zusammenhang mit der bevorstehenden Scheidung** erfolgen[91] und zumindest mit bedingtem Vorsatz und treuwidrig[92] die Erhöhung des Ausgleichsanspruchs beabsichtigen.

69 Anders als im bislang geltenden Recht kann nun **auch treuwidriges Einwirken jedes Ehegatten** – und nicht nur das der insgesamt ausgleichsberechtigten Person

---

86 BGH FamRZ 2004, 862.
87 Wick, Der Versorgungsausgleich, Rn. 248.
88 OLG Hamm FamRZ 2006, 1457; BGH FamRZ 1988, 600.
89 OLG Hamm FamRZ 1994, 1472.
90 BGH FamRZ 2003, 923.
91 BGH FamRZ 1986, 658; OLG Hamm FamRZ 2014, 754 Rn. 18.
92 OLG Schleswig FamRZ 2015, 672.

– auf seine Anrechte sanktioniert werden.[93] Aufgrund des neuen Hin- und Her-Ausgleichs besteht die Möglichkeit, die Ausgleichsansprüche der jeweils ausgleichspflichtigen Person in entsprechender Höhe zu kürzen oder gar auszuschließen, sofern sie selbst Einfluss auf die Höhe ihrer eigenen Anrechte genommen hat. Entzieht einer der Gatten während der Laufzeit des Verfahrens ein im Versorgungsausgleich auszugleichendes privates Rentenanrecht durch Ausübung des Kapitalwahlrechts dem Versorgungsausgleich und kann dieser Verlust nicht durch den Zugewinnausgleich kompensiert werden, kommt die Anwendung von §27 nunmehr in Betracht.[94] Eine Erhöhung der einzelnen Anrechte in Form einer Strafsanktion ist auch künftig nicht möglich, da maximal der ehezeitbezogene Ausgleichswert übertragen werden kann[95] (vgl. Beispiel → Rn. 25).

Entscheidender Gesichtspunkt ist, dass das Einwirken eines Ehegatten auf seine **70** Versorgung im bewussten **Zusammenhang mit der bevorstehenden Scheidung** geschieht.[96] Eine solche Situation liegt zum Beispiel vor, wenn der Ehegatte während der Ehezeit zum Zwecke der Altersvorsorge Beiträge zu einer Lebensversicherung gezahlt hat, jedoch nach der Trennung diese Versicherung kündigt und den ausgezahlten Betrag verbraucht.[97]

Auch der **Verzicht auf die Rente**[98] sowie die Beurlaubung für längere Zeit ohne **71** zureichenden Grund und ohne Dienstbezüge im Falle eines Beamten[99] ermöglichen die Korrektur über §27 VersAusglG.

Hingegen gibt es keinerlei Verpflichtung der Ehegatten, berufliche Veränderun- **72** gen im Hinblick auf eine mögliche ehezeitbezogene Verringerung ihrer Versorgungsanrechte zu unterlassen.[100]

Der Gesetzgeber hat im neuen Versorgungsausgleichsrecht **betriebliche Kapital-** **73** **lebensversicherungen** künftig dem Versorgungsausgleich unterstellt. Hat ein Ehegatte dagegen sein Anrecht aus einem privaten Rentenlebensversicherungsvertrag nach Ende der Ehezeit in eine Lebensversicherung auf Kapitalbasis umgewandelt, unterliegt dieses Anrecht auch im neuen Versorgungsausgleichsrecht nicht dem Wertausgleich. Dies hat der Bundesgerichtshof bereits für das alte Recht entschieden und zwar auch für den Fall, dass der Ehepartner treuwidrig gehandelt hat, weil es an einer geeigneten Ausgleichsart fehlt.[101]

An dieser Situation und der Rechtsprechung des Bundesgerichtshofs hat sich **74** auch im neuen Recht nichts geändert.[102] Aufgrund der nunmehr durchzuführenden internen Teilung bestehen flexiblere Lösungen dieser Fälle. Das Gericht kann jetzt anrechtsbezogene Korrekturen vornehmen und so eine gerechtere Lösung erarbeiten. Im og Fall kann das gekündigte Anrecht im Wertausgleich nicht berücksichtigt und auch nicht fiktiv ausgeglichen werden. Es besteht jedoch für das Familiengericht die Möglichkeit, das gekündigte Anrecht wertmäßig mit Versorgungen des anderen Ehegatten zu verrechnen. Dabei ist der kapitalisierte

---

93 BT-Drs. 16/10144, 68.
94 BGH FamRZ 2017, 998.
95 BT-Drs. 16/10144, 68.
96 BGH FamRZ 1986, 658.
97 OLG Köln FamRZ 2006, 1042.
98 Ruland, Versorgungsausgleich, Rn. 824.
99 BGH FamRZ 1986, 658; OLG Karlsruhe FamRZ 1986, 818.
100 BGH FamRZ 1989, 44.
101 BGH FamRZ 2003, 664; 2003, 923; OLG Stuttgart FamRZ 2012, 1880.
102 AA Bergner S. 206.

Wert des entzogenen Anrechts vom Ausgleichswert eines Anrechts des geschädigten Ehegatten abzuziehen.[103]

75 Kann in diesen Fällen eine **bewusste Schädigungsabsicht** des umwandelnden Ehegatten nachgewiesen werden, ist lediglich an einen Schadenersatzanspruch nach § 826 zu denken. Die Höhe des Anspruchs richtet sich in diesen Fällen nach dem korrespondierenden Kapitalwert (§ 47 VersAusglG) des vereitelten Anrechts.

76 f) **Verletzung der Unterhaltspflicht.** Eine gröbliche Verletzung der Unterhaltspflicht ist gegeben, wenn der Ehegatte seiner **Pflicht, zum Familienunterhalt** beizutragen, nicht nachkommt. Eine Pflichtverletzung im Zeitraum vor der Ehe oder nach der Scheidung bleibt unbeachtlich. Dies gilt auch für die Zeit zwischen dem Ende der Ehezeit und der Scheidung der Ehe.[104] Da die eheliche Lebensgemeinschaft auf Lebenszeit angelegt ist und damit eine Versorgungsgemeinschaft bildet, muss bei Nichterfüllung seiner hierauf beruhenden Unterhaltsverpflichtung der Ehegatte damit rechnen, dass eine Unterhaltspflichtverletzung im Versorgungsausgleich sanktioniert wird.

77 In dem bis zum 31.8.2009 geltenden Recht war in § 1587 c Nr. 3 aF geregelt, dass von der schematischen Durchführung des Versorgungsausgleichs abgewichen werden kann, wenn die ausgleichsberechtigte Person längere Zeit hindurch ihre **Verpflichtung, zum Familienunterhalt beizutragen, gröblich verletzt** hat. Im neuen Versorgungsausgleichsrecht iRd § 27 VersAusglG behält diese Regelung ihre Berechtigung. Die Ehe als Lebens- und Versorgungsgemeinschaft geht davon aus, dass beide Partner jeweils hälftig zu dieser Gemeinschaft beitragen. Verletzt einer der beiden Partner diese grundsätzliche Verpflichtung, indem er dieser nicht entsprechend bestehender Möglichkeiten nachkommt, soll dies nicht im Rahmen des Versorgungsausgleichs zusätzlich belohnt werden.

78 Voraussetzung ist eine **gröbliche Vernachlässigung der Unterhaltspflicht** während der Ehe. Dies beinhaltet den gesamten Familienunterhalt in Form des Natural- und Barunterhaltes. Als Ehezeit ist die Zeit iSd § 3 Abs. 1 VersAusglG zu sehen.[105] Unterhaltspflichtverletzungen nach dem Ende der Ehezeit können über § 27 VersAusglG nicht sanktioniert werden, da die dann erworbenen Anrechte nicht mehr dem Ausgleich unterliegen. Damit besteht jedoch auch die Möglichkeit, eine Verletzung des Trennungsunterhalts (§§ 1361 ff.) und des Kindesunterhalts (§§ 1601 ff.) über § 27 VersAusglG im Zeitraum von der Trennung der Beteiligten bis zum Ehezeitende zu sanktionieren.[106]

79 Voraussetzung des Ausschlusses oder der Herabsetzung des Ausgleichs ist eine **gröbliche Unterhaltspflichtverletzung,** die über einen längeren Zeitraum angedauert hat und nicht nur gelegentlich vorlag.[107] Alleine, dass der Unterhaltspflichtige keinen Unterhalt gezahlt hat, reicht hierfür nicht aus. Darüber hinaus muss die unterhaltsberechtigte **Familie zumindest in Not** oder durch die Unterhaltspflichtverletzung in eine wirtschaftlich schwierige Lage geraten sein.[108] Wird die wirtschaftliche Notlage der Familie nur durch **Leistungen Dritter** auf-

---

103 OLG Brandenburg FamRZ 2011, 722.
104 BGH FamRZ 2003, 923; 2003, 664.
105 OLG Brandenburg FamRZ 1998, 299; OLG Schleswig FamRZ 1999, 865.
106 JH/Holzwarth VersAusglG § 27 Rn. 43.
107 OLG Bamberg FamRZ 2006, 210.
108 OLG Hamm FamRZ 1999, 1068; BGH FamRZ 1987, 49.

gefangen, wie zB Sozial- bzw. Arbeitslosenhilfe, ändert dies nichts an der Anwendung des § 27 VersAusglG.[109]

Das Gleiche gilt, wenn der Ehemann einen **unrentablen Handwerksbetrieb weiterführt**, anstatt eine andere auskömmliche Tätigkeit aufzunehmen, so dass die 80 Ehefrau trotz Kindererziehung und gleichzeitiger Haushaltsführung gehalten ist, den Familienunterhalt durch eigene Erwerbstätigkeit zu sichern.[110] Der Wechsel in eine selbstständige Tätigkeit mit Einkommens- und Versorgungsverlusten ist dann nicht über § 27 VersAusglG zu sanktionieren, wenn der Wechsel in der Ehezeit einvernehmlich erfolgte oder nicht illoyal ist.[111]

Wie auch in den anderen Fällen ist auch bei der gröblichen Unterhaltspflichtver- 81 letzung eine **Gesamtwürdigung der Situation** vorzunehmen.

Darüber hinaus muss die **Pflichtverletzung schuldhaft** erfolgen und damit vor- 82 werfbar sein.[112]

In Anlehnung an § 1579 Nr. 4 reicht ein **leichtfertiges Verhalten** des Unterhalts- 83 verpflichteten mit unterhaltsrechtlichem Bezug aus.[113]

Schicksalhafte Erkrankungen sowie Entwicklungen außerhalb des Einflussbe- 84 reichs des Verpflichteten fallen damit nicht unter die Härtefallregelung des § 27 VersAusglG. Dem Unterhaltsverpflichteten muss innerhalb seines Entscheidungsspielraums die Konsequenz seines Handelns oder Unterlassens bewusst sein. Damit ist eine schuldhafte Unterhaltspflichtverletzung bei mangelnder Leistungsfähigkeit des Unterhaltsverpflichteten von vornherein ausgeschlossen.[114]

In der Regel wird bei einer bestehenden **groben Unterhaltspflichtverletzung** eine 85 Kürzung des Versorgungsausgleichs in Betracht kommen. Der gänzliche Ausschluss wird lediglich die Ausnahme darstellen. In erster Linie ist auf die Dauer und den Grad der Unterhaltspflichtverletzung abzustellen.[115]

Aufgrund des Hin- und Her-Ausgleichs besteht nunmehr auch die Möglichkeit, 86 Unterhaltspflichtverletzungen des Ausgleichsverpflichteten zu sanktionieren. Liegt eine Unterhaltspflichtverletzung beiderseitig vor, kann dies zu einer Neutralisierung im Hinblick auf die Anwendung des § 27 VersAusglG führen.[116]

2. Härtefälle bei Ausgleich nach der Scheidung (§§ 20 ff. VersAusglG). 87 **a) Grundlagen.** Im alten Recht erfolgte die **Korrektur des schuldrechtlichen Versorgungsausgleichs** durch eine spezielle Härtefallregelung des § 1587 h aF. Auch wenn der Gesetzgeber im neuen Recht auf die Aufzählung von Regelbeispielen verzichtet, kann auf die bisherige Rechtsprechung im Rahmen der Härtefallregelung nach § 1587 h aF zurückgegriffen werden. Die Bestimmung des § 27 VersAusglG ist daher sowohl für den Fall des Versorgungsausgleichs bei der Scheidung als auch nach der Scheidung gleich auszulegen.

Damit knüpft die Durchführung des schuldrechtlichen Versorgungsausgleichs an 88 die gleichen Voraussetzungen an wie der Versorgungsausgleich zum Zeitpunkt

---

109 OLG Hamburg FamRZ 1984, 712; OLG Köln FamRZ 1986, 580.
110 BGH FamRZ 1987, 49.
111 OLG Brandenburg NZFam 2014, 220.
112 Vgl. BGH FamRZ 1981, 1042.
113 Borth, Versorgungsausgleich, Rn. 802; JH/Holzwarth VersAusglG § 27 Rn. 45 mwN.
114 BGH FamRZ 2007, 1966.
115 BGH FamRZ 1987, 49; OLG Düsseldorf FamRZ 2000, 162.
116 Vgl. OLG Köln FamRZ 2008, 2285.

der Scheidung. Auch der schuldrechtliche Versorgungsausgleich darf nicht grob unbillig sein, was das Gericht von Amts wegen zu prüfen hat. Sämtliche Gründe, die vorstehend eine Abweichung vom schematischen Wertausgleich rechtfertigen, sind beim schuldrechtlichen Ausgleich anzuwenden.

89   Das Verfahren auf Durchführung des schuldrechtlichen Versorgungsausgleichs ist strikt zu trennen von den Abänderungsverfahren nach § 51 VersAusglG bzw. §§ 225 ff. FamFG. **Der Anspruch nach der Scheidung stellt keine Korrektur der Erstentscheidung dar.**

90   Härtefallgründe, die im Rahmen der Erstentscheidung keine Anwendung gefunden haben, können auch nach Rechtskraft der Erstentscheidung im Rahmen des schuldrechtlichen Versorgungsausgleichsverfahrens nicht mehr geltend gemacht werden.[117] Allerdings kann über eine Herabsetzung oder einen Ausschluss des Versorgungsausgleichs nach § 27 VersAusglG im Fall fehlender Ausgleichsreife von Anrechten erst bei der nach § 19 Abs. 4 VersAusglG vorzubehaltenden Regelung von Ausgleichsansprüchen nach der Scheidung gem. §§ 20–26 VersAusglG entschieden werden.[118]

91   Damit konzentrieren sich die Ausschlussgründe iRd § 27 VersAusglG wie im alten Recht darauf, dass beim Ausgleichsberechtigten eine Bedürftigkeit nicht gegeben ist und der Ausgleich für den Verpflichteten im Hinblick auf die beiderseitigen Einkommens- und Vermögensverhältnisse eine unbillige Härte darstellt.

92   Daneben sind auch hier Pflichtverletzungen des einen Ehegatten gegenüber dem anderen Ehegatten, die zu einer Reduzierung der Ausgleichsrente führen, zu berücksichtigen.

93   **b) Die wirtschaftliche Lage der Beteiligten.** Der schuldrechtliche Ausgleich findet nach § 27 VersAusglG nicht statt, soweit der Berechtigte den nach seinen Lebensverhältnissen **angemessenen Unterhalt** aus seinen Einkünften und seinem Vermögen bestreiten kann und die Gewährung der schuldrechtlichen Ausgleichsrente für den Verpflichteten bei Berücksichtigung der beiderseitigen wirtschaftlichen Verhältnisse eine unbillige Härte bedeuten würde.[119] Beide Voraussetzungen müssen nebeneinander vorliegen.

94   Trotz der Vergleichbarkeit von Unterhaltszahlungen und der Zahlung einer schuldrechtlichen Ausgleichsrente setzt Letztere keine unterhaltsrechtliche Bedürftigkeit beim Berechtigten voraus. Auch sind die Grenzen der Leistungsfähigkeit beim Verpflichteten in Anlehnung an das Unterhaltsrecht nicht anzuwenden. Die **schuldrechtliche Ausgleichsrente** ist daher **unabhängig von den Selbstbehalten** der Oberlandesgerichte zu zahlen.[120] Insgesamt kann es sogar dazu führen, dass der Ausgleichsberechtigte bei Zahlung der Ausgleichsrente wirtschaftlich besser als der Ausgleichspflichtige dasteht.[121]

95   Die Anwendung der Härteklausel kommt nur in Betracht, wenn der Ausgleichsberechtigte aus eigenen Einkünften seinen angemessenen Unterhalt sicherstellen kann und gleichzeitig der Ausgleichspflichtige bei Zahlung der Ausgleichsrente in erhebliche wirtschaftliche Schwierigkeiten gerät.[122]

---

117   OLG Celle FamRZ 2003, 1291 zum alten Recht.
118   OLG Koblenz FamRZ 2016, 468.
119   So bereits § 1587 h Nr. 1 aF.
120   BGH FamRZ 1984, 263; OLG Celle FamRZ 2004, 1215.
121   OLG Frankfurt/M. FamRZ 2004, 28.
122   Vgl. BGH FamRZ 2007, 122 mAnm Glockner, 205.

Ist der Ausgleichsberechtigte selbst wegen möglicher Unterschreitung seines angemessenen Bedarfs auf die Ausgleichsrente angewiesen, kommt eine Korrektur über § 27 VersAusglG nicht in Betracht. **96**

Damit ist auch im Rahmen des Ausgleichs nach der Scheidung eine umfangreiche Abwägung der beiderseitigen wirtschaftlichen Verhältnisse des Ausgleichspflichtigen und -berechtigten vorzunehmen. **97**

Hierbei ist auf den Zeitpunkt der Geltendmachung des Ausgleichsanspruchs abzustellen und nicht etwa auf das Eheende. Haben sich daher die Lebensverhältnisse im Zeitraum nach Eheende bis zur meist sehr viel später erfolgten Geltendmachung des schuldrechtlichen Versorgungsausgleichs geändert, sind diese im Rahmen der Abwägung maßgebend. **98**

Da es somit auch auf die wirtschaftliche Situation des Ausgleichspflichtigen ankommt, muss im Falle enger wirtschaftlicher Verhältnisse der Ausgleichsberechtigte zunächst jedwede Möglichkeit, eigenes Einkommen zu generieren, ausschöpfen. Hierzu zählen die eigenen Einkünfte wie auch Einkünfte aus zumutbarer Tätigkeit oder aus Unterhaltsleistungen Dritter. Umgekehrt muss der Ausgleichsverpflichtete den Stamm seines Vermögens nicht angreifen, da dies auf längere Sicht hin unwirtschaftlich wäre. **99**

c) Pflichtverletzung gegenüber dem Ehegatten. Ein Ausschluss oder eine Herabsetzung des schuldrechtlichen Versorgungsausgleichs ist darüber hinaus möglich, soweit der Berechtigte in Erwartung der Scheidung oder nach der Scheidung durch Handeln oder Unterlassen bewirkt hat, dass eine Versorgung, die schuldrechtlich auszugleichen wäre, nicht gewährt wird. Ebenfalls kann eine länger andauernde gröbliche Verletzung der Unterhaltspflicht während der Ehe zu einer entsprechenden Korrektur führen.[123] **100**

Hinsichtlich dieser Härtefälle kann auf die Ausführungen zum Versorgungsausgleich im Rahmen der Scheidung verwiesen werden. Auch grobe **Pflichtverletzungen nach der Scheidung** können im Rahmen des schuldrechtlichen Versorgungsausgleichs Berücksichtigung finden. Hier ist in erster Linie an die **gröbliche Verletzung von nachehelichen Unterhaltspflichten** zu denken, die den Berechtigten in erhebliche wirtschaftliche Schwierigkeiten haben kommen lassen. Auch die Begehung von Straftaten oder anderweitigen massiven nachehelichen Pflichtverletzungen sind im Rahmen des schuldrechtlichen Ausgleichs zu berücksichtigen. **101**

Keine Konsequenz hat eine mögliche **Wiederheirat** des Berechtigten auch für den Fall, dass er aufgrund dessen auf die schuldrechtliche Ausgleichsrente nicht angewiesen ist.[124] **102**

3. Härtefälle im Rahmen des Abänderungsverfahrens. Die Abänderung der Erstentscheidung über den Versorgungsausgleich kann nicht allein mit der Begründung verlangt werden, der Versorgungsausgleich sei aufgrund von Härtegründen herabzusetzen.[125] Im Rahmen eines laufenden Abänderungsverfahrens findet jedoch über § 226 Abs. 3 FamFG die Härteregelung des § 27 VersAusglG entsprechende Anwendung aufgrund des Wegfalls der ursprünglichen Vorschrift des § 10 a Abs. 3 VAHRG aF.[126] Ist bereits im Erstverfahren eine Herabsetzung **103**

---

123 So bereits § 1587 h Nr. 2 und 3 aF.
124 Ruland, Versorgungsausgleich, Rn. 919.
125 BGH NJW 1989, 1999.
126 BGH FamRZ 2007, 360.

oder ein Ausschluss nach § 27 VersAusglG erfolgt, ist dieser auch im Abänderungsverfahren zu berücksichtigen.

104   Härtegründe, die bereits Gegenstand der Erstentscheidung waren und über die negativ entschieden wurde, können im Abänderungsverfahren keine Berücksichtigung mehr finden. Insofern tritt **Präklusionswirkung** ein.

105   Bei der im Abänderungsfall zu treffenden Billigkeitsentscheidung ist zu prüfen, ob im Einzelfall von einer schematischen Abänderung abzusehen ist. Zu berücksichtigen sind dabei die wirtschaftlichen Verhältnisse der Ehegatten, insbesondere der nacheheliche Erwerb von Anrechten, die jeweilige Bedürftigkeit und die Gründe für die Veränderung des Ehezeitanteils und damit des Ausgleichswerts.[127]

106   Bei dieser Härtefallprüfung sind im Hinblick auf die **Präklusionswirkungen** nur solche Umstände zu berücksichtigen, die **nachträglich entstanden** sind. Über § 27 VersAusglG sind die gleichen Härtegründe in Anwendung zu bringen wie im Ausgleichsverfahren bei der Scheidung. Damit kann im Rahmen der Abänderungsentscheidung das **persönliche Fehlverhalten außerhalb wirtschaftlich relevanter Umstände** berücksichtigt werden.[128]

107   Auch im Abänderungsverfahren besteht lediglich die Möglichkeit des vollständigen Ausschlusses oder der Herabsetzung. Bereits weggefallene Versorgungsanrechte können nicht fingiert werden. So kann sich ein Ehegatte im Rahmen der Abänderungsentscheidung nicht darauf berufen, eine Korrektur des Ausgleichs vorzunehmen, wenn er sich selbst in schädigender Absicht ein Versorgungsanrecht hat erstatten lassen.

108   Der **Hauptanwendungsfall der Härteregelung im Abänderungsverfahren** wird der Erwerb von hohen Vermögen auf Seiten des Ausgleichsberechtigten bei gleichzeitiger wirtschaftlicher Not des Ausgleichspflichtigen sein.[129]

109   Ein weiterer Anwendungsfall im Rahmen der Abänderung kann die vorzeitige Pensionierung eines Beamten aufgrund einer unverschuldeten Dienstunfähigkeit sein. In diesem Fall vermindert sich zum einen die Pension des Beamten. Gleichzeitig steigt jedoch sein Ehezeitanteil, so dass es im Rahmen der Abänderung zu einer höheren Übertragung von Anwartschaften zugunsten des Berechtigten kommen kann. Führt dies dazu, dass die Versorgung des ausgleichsberechtigten Ehegatten im Verhältnis zum Ausgleichspflichtigen unverhältnismäßig hoch ausfällt, kann eine Korrektur zugunsten des Ausgleichspflichtigen über § 27 VersAusglG erfolgen.

110   Die Anwendung des § 27 VersAusglG kommt auch in Verfahren um den „verlängerten schuldrechtlichen Versorgungsausgleich" nach § 25 VersAusglG in Betracht. Abzulehnen ist aber die Auffassung, die Kürzung der Versorgungsansprüche der Witwe oder des Witwers der ausgleichspflichtigen Person sei in die Abwägung einzubeziehen.[130] Auch der Ausgleichsanspruch des geschiedenen Gatten gegen den Versorgungsträger ist Teil des Ausgleichs von ehezeitlich erworbenem (Alters-)Vermögen. Die Witwe oder der Witwer hat an der Hinterbliebenenversorgung daher nur insoweit Anteil, als diese nicht mit der „Hypothek" des schuldrechtlichen Ausgleichsantrags belastet ist.

---

127   BT-Drs. 16/10144, 98.
128   BGHZ 172, 177 = BGH NJW 2007, 3425; BGH FamRZ 2009, 1312.
129   BGH FamRZ 2007, 1238.
130   OLG Nürnberg FamRZ 2016, 550.

Kapitel 3
Ergänzende Vorschriften

§ 28 VersAusglG   Ausgleich eines Anrechts der Privatvorsorge wegen Invalidität

(1) Ein Anrecht der Privatvorsorge wegen Invalidität ist nur auszugleichen, wenn der Versicherungsfall in der Ehezeit eingetreten ist und die ausgleichsberechtigte Person am Ende der Ehezeit eine laufende Versorgung wegen Invalidität bezieht oder die gesundheitlichen Voraussetzungen dafür erfüllt.

(2) Das Anrecht gilt in vollem Umfang als in der Ehezeit erworben.

(3) Für die Durchführung des Ausgleichs gelten die §§ 20 bis 22 entsprechend.

I. Allgemeines

§ 28 VersAusglG ist eine **Ausnahmeregelung** für Versorgungen, die aus **einer pri** **1** **vaten Invaliditätsversicherung** resultieren. Diese Regelung war nach neuem Recht erforderlich, weil private Invaliditätsversorgungen nach Erreichen der Regelaltersgrenze nicht zwingend einer mindestens gleich hohen **Altersversorgung** folgen. Gleichzeitig stellt eine private Invaliditätsversorgung eine Absicherung für einen gesundheitsbedingten Ausfall des Erwerbseinkommens während der Erwerbsphase des Versicherten dar. In dieser Phase dienen die Leistungen aus einer Invaliditätsversorgung primär der Sicherung des Lebensstandards des Versicherten und der ihm gegenüber unterhaltsberechtigten Personen. Es wäre daher ein Fremdkörper gewesen, hätte der Gesetzgeber den geschiedenen Ehegatten an den **Leistungen** der Versorgung **beteiligt**, solange beim ausgleichsberechtigten Ehegatten der Fall der Invalidität nicht vorliegt.[1] Das Prinzip der Realteilung hätte es nahegelegt, aus der privaten Invaliditätsversorgung der ausgleichspflichtigen Person eine Risikoinvaliditätsversorgung für den ausgleichsberechtigten Ehegatten abzuspalten und zu seinen Gunsten beim Träger der privaten Invaliditätsversorgung der ausgleichsberechtigten Person eine Risikoinvaliditätsversorgung zu begründen. Die dadurch verursachte Kapitalentnahme aus der Versorgung der ausgleichspflichtigen Person wäre relativ gering gewesen, so dass deren Versorgungswert im laufenden Invaliditätsfall nur unwesentlich gemindert worden wäre. Der Gesetzgeber hat sich jedoch anders entschieden und eine Teilhabe des ausgleichsberechtigten Gatten an der privaten Invaliditätsversorgung der ausgleichspflichtigen Person nur dann begründet, wenn auch die ausgleichsberechtigte Person am Ende der Ehezeit selbst invalide ist oder die gesundheitlichen Voraussetzungen für eine Invaliditätsrente erfüllt. Dadurch entsteht, worauf zu Recht hingewiesen wird, für die ausgleichsberechtigte Person eine **Sicherungslücke**,[2] die auch nach der Systematik des jetzt geltenden Rechts nicht stimmig ist, weil in Abs. 3 die schuldrechtliche Durchführung des Ausgleichs für private Invaliditätsversorgungen angeordnet ist, und insoweit der Bezug einer Invaliditätsversorgung durch den ausgleichsberechtigten Ehegatten oder das Vorliegen der Invaliditätsvoraussetzungen bei ihm anspruchsauslösend ist. Die Absicherung des ausgleichsberechtigten Gatten wäre mithin im Versor

---

1 *Hauß*, Versorgungsausgleich und Verfahren in der anwaltlichen Praxis, 1. Aufl. 2004, Rn. 470 ff.; BT-Drs. 16/10144, 69.
2 *Ruland*, Versorgungsausgleich, Rn. 700 ff.; MK/*Dörr*/*Glockner* VersAusglG § 28 Rn. 5.

gungsausgleichsrecht risikospezifisch möglich gewesen. Dies kann jedoch nicht als „Willkür" des Gesetzgebers bezeichnet werden.[3]

II. Voraussetzungen

2 Von der Norm werden nur **private Erwerbs- und Berufsunfähigkeitsversicherungen sowie Berufsunfähigkeitszusatzversicherungen**[4] erfasst. Die private **Unfallversicherung** soll nach dem Willen des Gesetzgebers und dem Normwortlaut nicht von § 28 VersAusglG erfasst sein.[5] Bei den Versicherungen dominiert der Entschädigungscharakter. Sie werden zur Kompensation von körperlichen Beeinträchtigungen gezahlt und dienen nicht der Versorgung. Da es sich bei der Invaliditätsversorgung um eine Risikoversorgung handelt, wird sie nur dann im Versorgungsausgleich ausgeglichen, wenn der **Versicherungsfall in der Ehezeit** eingetreten ist.[6]

3 Ob Versorgungszusagen von einer Kapitalgesellschaft an einen Gesellschafter-Geschäftsführer für den Fall der Invalidität § 28 VersAusglG unterfallen, ist nicht abschließend geklärt. Versorgungszusagen an einen beherrschenden Gesellschafter-Geschäftsführer sind keine Versorgungszusagen nach dem BetrAVG und werden daher zu Recht als „private Versorgungszusagen" verstanden.[7] Daraus könnte der Schluss gezogen werden, eine in einer Versorgungszusage an einen Gesellschafter-Geschäftsführer enthaltene Absicherung für den Invaliditätsfall müsse unter § 28 VersAusglG subsummiert werden[8] und könne nur dann ausgeglichen werden, wenn die ausgleichsberechtigte Person im Zeitpunkt Ehezeitende bereits die Voraussetzungen für den Bezug einer Invaliditätsrente erfülle. Die Privilegierung privater Invaliditätsversorgungen in § 28 VersAusglG ist auf diese Fälle indessen nicht anzuwenden. § 28 VersAusglG ist Folge einer Eigenschaft isolierter privater Invaliditätsversorgungen. Diese sind nämlich reine **Risikoversicherungen**. Vor Eintritt des Versicherungsfalles wird für den Versicherungsfall kein individuelles Deckungskapital[9] gebildet, das im Versorgungsausgleich geteilt werden könnte. Vielmehr wird aus dem letzten Versicherungsbeitrag vor Eintritt des Versicherungsfalls ein Deckungskapital vom Versicherer zur Verfügung gestellt, um den eingetretenen Invaliditätsfall zu finanzieren.[10] In der Regel wird im Versicherungsverhältnis unter der Voraussetzung der eingetretenen Invalidität eine möglicherweise mitversicherte private Altersversorgung „beitragsfrei" gestellt. Dies hat zur Folge, dass neben den laufenden Leistungen an den Invaliden auch die Beiträge zur Altersversicherung aus der Invaliditätsversicherung des Invaliden gezahlt werden. Dies betrifft allerdings nur das Verhältnis zwischen Versicherung und Invaliden. Im Versorgungsausgleich geht es aber nicht um dieses Versicherungsverhältnis, sondern um das Versorgungsverhältnis auf der Basis der erteilten Versorgungszusage zwischen der ausgleichsberechtigten Person und dem Versorgungsträger, also dem Betrieb. Auf dieser Ebene werden durch den Anrechtsinhaber keine Beiträge an den Betrieb erbracht,

---

3 So aber Bergner S. 216; krit. auch MK/Dörr/Glockner VersAusglG § 28 Rn. 5.
4 NK-BGB/Götsche VersAusglG § 28 Rn. 3; BT-Drs. 16/10144, 69.
5 BT-Drs. 16/10144, 47.
6 BGH FamRZ 2006, 260; OLG Brandenburg FamRZ 2007, 1895.
7 BGH FamRZ 2014, 104, Rn. 9; OLG Brandenburg FamRZ 2014, 1630; Borth, Versorgungsausgleich, Rn. 513; Wick, Der Versorgungsausgleich, Rn. 287, 395.
8 So wohl Wick, Rn. 29.
9 BT-Drs. 16/10144, 69.
10 Borth, Versorgungsausgleich, Rn. 744.

aus dem ein Deckungskapital zu finanzieren wäre. Der Betrieb sichert vielmehr die Leistung der Invaliditätszusage über seine zukünftige Ertragskraft ab. Ob der Betrieb Rückstellungen für die Alters- und Invaliditätsabsicherung tatsächlich gebildet hat, ist für die Bewertung der betrieblichen Zusage völlig irrelevant. Zwischen dem Betrieb und einer möglicherweise bestehenden **Rückversicherung** besteht ein Verhältnis, wie es in § 28 VersAusglG vorausgesetzt wird, nicht aber zwischen dem Anrechtsinhaber und der Kapitalgesellschaft, die die Versorgungszusage erteilt hat. Bei einer einheitlichen Versorgungszusage einer Kapitalgesellschaft an den Gesellschafter-Geschäftsführer kann die Invaliditätsabsicherung daher nicht isoliert nach § 28 VersAusglG beurteilt werden, vielmehr ist der Wert der Versorgung unter Einschluss der Invaliditätsversorgung einheitlich zu bestimmen und auszugleichen. Zwar kann der Versorgungsträger in diesen Fällen von seinem Recht Gebrauch machen, den Risikoschutz für die ausgleichsberechtigte Person auf eine Altersrente zu beschränken. Bezieht die ausgleichspflichtige Person indessen im Ehezeitende bereits eine Invaliditätsrente, ist deren Wert auszugleichen. Teilt der Versorgungsträger in diesem Fall auf Rentenbasis, wäre ein Kompensationszuschlag für den Wegfall einer Invaliditätsabsicherung der ausgleichsberechtigten Person nicht nach ihrem individuellen Invaliditätsrisiko sondern nach dem bereits eingetretenen Invaliditätsfall der ausgleichspflichtigen Person zu bestimmen.

Ende der Ehezeit ist grundsätzlich nach § 3 Abs. 1 VersAusglG der letzte Tag des Monats, der der Zustellung des Scheidungsantrags vorausgeht. Diese Art der Ehezeitbestimmung hat technische Gründe (→ VersAusglG § 3 Rn. 1). Es wird daher zu Recht vertreten, dass iRv § 28 VersAusglG das Ehezeitende genau auf den Tag der Rechtshängigkeit des Scheidungsantrags zu fokussieren ist.[11] 4

Da es sich bei privaten Invaliditätsversorgungen um **Risikoversorgungen** handelt, ist es konsequent, dass das Gesetz in **Abs. 2** das gesamte Anrecht als ehezeitlich erworbenes Anrecht definiert, wenn der die Versorgung auslösende Umstand in die Ehezeit fällt. Maßgeblich ist der Zeitpunkt des Versicherungsfalls. Liegt dieser innerhalb der Ehezeit, ist das Anrecht auszugleichen; liegt der Versicherungsfall außerhalb der Ehezeit, unterfällt das Anrecht nicht dem Versorgungsausgleich. 5

Auf Seiten der **ausgleichsberechtigten Person** müssen zum Ehezeitende die gesundheitlichen Voraussetzungen für den Bezug einer Invaliditätsrente vorliegen. Der Versicherungsfall muss mithin auch für die ausgleichsberechtigte Person innerhalb der Ehezeit angefallen sein. Ausreichend ist auch **teilweise Erwerbsminderung**.[12] 6

Für die **Durchführung des Versorgungsausgleichs** verweist Abs. 3 auf die Regelungen des schuldrechtlichen Versorgungsausgleichs (§§ 20–22 VersAusglG). Durch diese Verweisung wird erreicht, dass die ausgleichsberechtigte Person versicherungsrechtliche Voraussetzungen (Wartezeiten etc.) für den Bezug einer Invaliditätsversorgung nicht erfüllen muss. 7

---

11 NK-BGB/Götsche VersAusglG § 28 Rn. 5.
12 OLG Karlsruhe FamRZ 2016, 984; Borth, Versorgungsausgleich, Rn. 746; Erman/ Norpoth VersAusglG § 28 Rn. 5; Ruland, Versorgungsausgleich, Kap. 3, Rn. 321.

§ 29 VersAusglG Leistungsverbot bis zum Abschluss des Verfahrens

Bis zum wirksamen Abschluss eines Verfahrens über den Versorgungsausgleich ist der Versorgungsträger verpflichtet, Zahlungen an die ausgleichspflichtige Person zu unterlassen, die sich auf die Höhe des Ausgleichswerts auswirken können.

I. Allgemeines

1 Versorgungen können nur geteilt werden, wenn sie zum Zeitpunkt der Durchführung der Teilung noch vorhanden sind.[1] § 29 VersAusglG verfolgt den Zweck, eine **Auflösung der ehezeitlich erworbenen und daher dem Versorgungsausgleich unterliegenden Versorgung** zu verhindern. § 29 VersAusglG entspricht vom Regelungsgehalt her präzise dem § 10 g VAHRG. Die zur alten Norm ergangene Rechtsprechung ist daher auch auf das neue Recht anzuwenden.

II. Einzelheiten

2 § 29 gilt für den schuldrechtlichen und öffentlich-rechtlichen Versorgungsausgleich gleichermaßen. Die Versorgungsträger dürfen **vom Zeitpunkt der Kenntnis über die Rechtshängigkeit** eines Scheidungsverfahrens[2] keine Zahlungen an die ausgleichspflichtige Person erbringen, die sich auf die Höhe des Ausgleichswertes auswirken kann. Aus diesem Grund sollen Gerichte zeitnah zur Einreichung des Scheidungsantrags die Versorgungsträger zur Erteilung der Auskünfte über den Versorgungsausgleich auffordern, da damit der Versorgungsträger Kenntnis von der Anhängigkeit eines Scheidungsverfahrens erlangt.

3 **Für die Anwaltschaft** bedeutet dies, dass auch um Manipulationen von Versorgungen zu vermeiden, der Fragebogen zum Versorgungsausgleich (V10) sinnvollerweise unmittelbar mit dem Scheidungsantrag bzw. der Antragserwiderungsschrift dem Gericht zu übermitteln ist. Erst durch die Aufforderung zur Erteilung von Auskünften zum Versorgungsausgleich wird die Sperrwirkung des § 29 VersAusglG ausgelöst.

4 § 29 VersAusglG verpflichtet den Versorgungsträger lediglich, **Zahlungen zu unterlassen, die sich auf die Höhe des Ausgleichswerts auswirken.** Dies wird idR der Versuch der **Auflösung der Versorgung** durch **Ausübung eines Kapitalwahlrechts** oder durch **Rückkauf der Versorgung** sein. Wenn die komplette Versorgung durch die Maßnahme betroffen ist, ist auch eine Auswirkung auf die Höhe des Ausgleichswerts gegeben. § 29 VersAusglG hindert den ausgleichspflichtigen Ehegatten und den Versorgungsträger jedoch nicht, Teile der Versorgung aufzulösen und ggf. zurückzukaufen, die vorehezeitlich erworben worden sind und deren Auflösung daher auf den Ausgleichswert keine Auswirkung haben kann.[3] § 29 VersAusglG greift auch bei Pfändung des Anrechts ein.[4]

5 Das in § 29 VersAusglG zum Ausdruck kommende **zeitlich begrenzte Zahlungsverbot**[5] kann den Versorgungsträger **nicht** verpflichten, vertraglich geschuldete Leistungen an die ausgleichspflichtige Person (den Versorgungsberechtigten)

---

1 BGH FamRZ 2005, 950; 1992, 45; 1986, 892.
2 FAKomm-FamR/Wick VersAusglG § 29 Rn. 4; JH/Holzwarth VersAusglG § 29 Rn. 5; MK/Gräper VersAusglG § 29 Rn. 8.
3 OLG Koblenz, FamRZ 2016, 393.
4 OLG Naumburg FamRZ 2012, 1057.
5 FAKomm-FamR/Wick VersAusglG § 29 Rn. 3.

nicht zu erbringen.[6] Bezieht dieser nämlich bei einer kapitalgedeckten Versorgung Leistungen aus dieser Versorgung, zehrt der Wert dieser Versorgungsleistungen das Deckungskapital aus. Bei sehr alten Parteien und überlangen Versorgungsausgleichsverfahren kann diese **Auszehrung** insoweit geschehen, dass nicht einmal mehr der Ausgleichswert als Deckungskapital übrig bleibt. Solche Verzehrfälle sind sicherlich selten, jedoch durch § 29 VersAusglG nicht gehindert. Der Versorgungsträger ist aufgrund des Versorgungsvertrags verpflichtet, die Leistungen an den Versorgungsberechtigten zu erbringen. Diese Leistungen einfach einzustellen, würde ihn der Gefahr der Inanspruchnahme durch den Versorgungsberechtigten aussetzen. **Vertragsgemäß erbrachte Renten und Versorgungsleistungen** werden daher vom Zahlungsverbot des § 29 VersAusglG nicht erfasst.[7] Dagegen steht dem Auszahlungsbegehren nach Kündigung eines Rentenvertrages § 29 VersAusglG entgegen.[8]

Rechtsfolge der Verletzung von § 29 VersAusglG ist nicht die Unwirksamkeit der Verfügung iSv § 135.[9] Allerdings löst eine Verletzung des Leistungsverbots ggf. Schadensersatzansprüche gegen den Versorgungsträger aus, da § 29 VersAusglG Schutzgesetz iSv § 823 Abs. 2 ist.[10] **6**

In der Praxis ist zu beobachten, dass insbesondere betriebliche Versorgungsträger unter Bezugnahme auf § 29 VersAusglG ab Eingang des Auskunftsverlangens des Familiengerichts über den ehezeitlichen Versorgungserwerb bei laufenden Versorgungen beginnen, diese im Vorgriff auf die Versorgungsausgleichsentscheidung abzusenken. Dagegen kann sich der Versorgungsberechtigte mit einer Klage gegen den Versorgungsträger wehren. Bis zum rechtskräftigen Abschluss des Versorgungsausgleichsverfahrens leistet der Versorgungsträger an den Versorgungsempfänger auf der Basis der Versorgungsordnung vertragsgemäß. Für eine Versorgungskürzung besteht kein Anlass. **7**

§ 30 VersAusglG Schutz des Versorgungsträgers

(1) [1]Entscheidet das Familiengericht rechtskräftig über den Ausgleich und leistet der Versorgungsträger innerhalb einer bisher bestehenden Leistungspflicht an die bisher berechtigte Person, so ist er für eine Übergangszeit gegenüber der nunmehr auch berechtigten Person von der Leistungspflicht befreit. [2]Satz 1 gilt für Leistungen des Versorgungsträgers an die Witwe oder den Witwer entsprechend.

(2) Die Übergangszeit dauert bis zum letzten Tag des Monats, der dem Monat folgt, in dem der Versorgungsträger von der Rechtskraft der Entscheidung Kenntnis erlangt hat.

(3) Bereicherungsansprüche zwischen der nunmehr auch berechtigten Person und der bisher berechtigten Person sowie der Witwe oder dem Witwer bleiben unberührt.

---

6 OLG Frankfurt/M. FamRZ 2015, 1800; Borth, Versorgungsausgleich, Rn. 749.
7 MK/Gräper VersAusglG § 29 Rn. 6.
8 OLG Brandenburg NZFam 2014, 743.
9 BGH FamRZ 2003, 664; NK-BGB/Götsche VersAusglG § 29 Rn. 17; aA OLG Hamburg FamRZ 1994, 899.
10 NK-BGB/Götsche VersAusglG § 29 Rn. 17.

I. Regelungsgehalt

1   § 30 VersAusglG entfaltet seine wesentliche Wirkung in den Fällen, in denen einer der Ehegatten – insbesondere der Ausgleichspflichtige – bereits Rentenbezieher ist. § 30 VersAusglG dient grundsätzlich dem **Schutz des Versorgungsträgers**. Der Versorgungsausgleich soll für den Versorgungsträger grundsätzlich kostenneutral[1] sein. Gleichzeitig ist der Versorgungsträger vor der **Gefahr doppelter Inanspruchnahme** durch den Versorgungsbezieher und den ausgleichsberechtigten Ehegatten zu schützen. Die Vorschrift gilt in Erst- und Abänderungsverfahren sowie auch für die Verfahren nach § 25 VersAusglG gleichermaßen.[2] Das Risiko doppelter Inanspruchnahme des Versorgungsträgers resultiert daraus, dass bei einem bereits bestehenden Rentenbezug der Ausgleichspflichtige bis zur Rechtskraft der Versorgungsausgleichsentscheidung und ggf. bis zur Rechtskraft des Scheidungsantrags die vertraglich oder gesetzlich zustehende Versorgung ungekürzt erhalten muss, obwohl die Versorgungsausgleichsentscheidung ihrerseits auf das Ehezeitende bezogen ist. Dies bedeutet, dass der Versorgungsträger zwischen Ehezeitende und Wirksamwerden der Versorgungsausgleichsentscheidung regelmäßig eine zu hohe Rentenleistung an den Versorgungsberechtigten erbringt. § 30 VersAusglG bewirkt, dass der Versorgungsträger in der Übergangszeit, die bis zum letzten Tag des Monats andauert, der dem Monat folgt, in dem der Versorgungsträger von der Rechtskraft der Entscheidung Kenntnis erlangt hat (Abs. 2), mit befreiender Wirkung an den Versorgungsberechtigten leisten kann.

2   Die Kürzung von laufenden Versorgungen durch die Versorgungsträger ab Anhängigkeit eines Versorgungsausgleichs- Erst- oder Abänderungsverfahrens ist unzulässig. Erst ab Rechtskraft der Versorgungsausgleichsentscheidung kann die Versorgungskürzung erfolgen (→ VersAusglG § 29 Rn. 3).

3   Für die **gesetzliche Rentenversicherung** bestimmt § 101 Abs. 3, 3 a und 3 b SGB VI, dass der Rentenbescheid zugunsten des Versorgungsberechtigten von dem Kalendermonat an um Zu- oder Abschläge an Entgeltpunkten verändert wird, zu dessen Beginn der Versorgungsausgleich durchgeführt wird. § 224 FamFG ordnet die Wirksamkeit einer Entscheidung über den Versorgungsausgleich mit ihrer Rechtskraft an. **In Abänderungsfällen** wirkt nach § 226 Abs. 4 FamFG die Abänderung auf den ersten Tag des auf die Antragstellung folgenden Monats zurück. Ein **Rentenbescheid** ist mit Wirkung von **diesem Zeitpunkt an** aufzuheben. In der **Beamtenversorgung** wird eine identische Regelung in § 57 Abs. 1 S. 1 Nr. 1 BeamtVG angeordnet, so dass der Träger der Beamtenversorgung nicht berechtigt ist, eine Kürzung der Versorgungsbezüge bereits auf das Ehezeitende zu projizieren. Gleiches gilt für die **Soldatenversorgung** (§ 55 c Abs. 1 S. 1 Nr. 2 SVG).

4   § 30 Abs. 1 S. 2 VersAusglG erweitert den **Schutz des Versorgungsträgers** bei Leistungen des Versorgungsträgers an den leistungsberechtigten Ehegatten auch auf Leistungen des Versorgungsträgers im Rahmen der Hinterbliebenenversorgung an die Witwe oder den Witwer.

---

1 BT-Drs. 16/10144, 31.
2 BT-Drs. 16/10144, 70.

§ 30 VersAusglG gilt nicht nur für das Erstverfahren über den Versorgungsaus- 5
gleich, sondern auch für Abänderungsverfahren nach den §§ 32 ff. VersAusglG
und für Ausgleichsansprüche nach der Scheidung (§§ 20 ff. VersAusglG).[3]

II. Übergangszeit (Abs. 2)

Abs. 2 definiert die **Übergangszeit**, binnen der der Versorgungsträger Leistungen 6
aus dem Versorgungsvertrag mit befreiender Wirkung an den Versorgungsbezieher erbringen kann. Danach dauert die Übergangszeit bis zum letzten Tag des
Monats, der dem Monat folgt, in dem der Versorgungsträger von der Rechtskraft der Entscheidung Kenntnis erlangt. Nach § 46 FamFG wird in Ehe- und
Abstammungssachen den Beteiligten von Amts wegen ein Rechtskraftzeugnis erteilt. Diese Rechtskrafterteilung erfolgt nach dem Wortlaut der Norm lediglich
in Ehe- (§ 121 FamFG) und Abstammungssachen (§ 169 FamFG) von Amts wegen. In Versorgungsausgleichssachen, die keine Ehesachen nach § 21 FamFG
sind, wird daher ein Rechtskraftattest lediglich auf Antrag erteilt. In diesen Fällen ist dabei regelmäßig die Geschäftsstelle des Versorgungsträgers durch form-
loses Schreiben vom Eintritt der Rechtskraft zu informieren.

Wegen dieser Formlosigkeit der Rechtskraftmitteilung ist es grundsätzlich Sache 7
des Versorgungsträgers, sich innerhalb eines angemessenen Zeitraums beim Familiengericht nach dem Eintritt der Rechtskraft zu erkundigen.[4] Versäumt er
dies, läuft die Frist des § 30 Abs. 2 VersAusglG ab dem Zeitpunkt, ab dem ein
ordnungsgemäß sich erkundigender Versorgungsträger die Nachricht des Familiengerichts über den Eintritt der Rechtskraft der Versorgungs- und Ausgleichsentscheidung hätte erwarten können.[5] Es ist daher den **Versorgungsträgern dringend zu empfehlen**, bereits mit der Auskunftserteilung über eine bei ihnen bestehende auszugleichende Versorgung formularmäßig die Erteilung eines Rechts-
kraftvermerks bei Gericht zu beantragen und sich ggf. im Dreimonatsrhythmus
bei Gericht zu erkundigen, ob die Versorgungsausgleichsentscheidung rechtskräftig geworden ist.[6]

III. Ausgleich inter partes (Abs. 3)

Nach Abs. 3 wird der Ausgleich überzahlter Rentenleistungen, sofern der Ver- 8
sorgungsträger innerhalb der Frist des Abs. 2 reagiert, zwischen den Parteien
nach bereicherungsrechtlichen Vorschriften abgewickelt. Bis zur Rechtskraft der
Entscheidung, die das Sicherungsverhältnis gestaltet, hat der Versorgungsträger
mit Rechtsgrund an den Versorgungsbezieher geleistet. Dieser Rechtsgrund ist
weggefallen. Sinn und Zweck von § 30 Abs. 3 VersAusglG ist es daher, nicht nur
für die Zeit ab Rechtskraft bis zur Durchführung der Entscheidung durch den
Versorgungsträger, also der Frist von Abs. 2, eine Ausgleichsnorm zu schaffen,
sondern auch für den zwischen Ehezeitende und Eintritt der Rechtskraft der
Entscheidung geltenden Zeitraum. Hier bestimmt das Gesetz, dass Ansprüche
nach kondiktionsrechtlichen Gesichtspunkten abgewickelt werden. Herauszugeben ist aber nur die tatsächliche (Netto-)Bereicherung[7] mit der Maßgabe, dass

---

3 NK-BGB/Rehbein VersAusglG § 30 Rn. 7.
4 NK-BGB/Rehbein VersAusglG § 30 Rn. 15.
5 NK-BGB/Rehbein VersAusglG § 30 Rn. 15 unter Hinweis auf Roller DRV 9/2003, 548;
   vgl. auch BSG FamRZ 1983, 699 zum identischen alten Recht nach § 1587 p aF.
6 Ähnlich auch JH/Holzwarth VersAusglG § 30 Rn. 3.
7 OLG Koblenz FamRZ 2015, 1719.

der ausgleichspflichtige Ehegatte die **Einrede der Entreicherung** erhebt. Bösgläubig iSv § 819 wird der ausgleichspflichtige Ehegatte allenfalls dann, wenn im Rahmen des Verfahrens bezifferte Ansprüche gestellt worden sind,[8] was in der Praxis selten vorkommt. Ob § 241 FamFG analog Anwendung finden kann,[9] oder **Bösgläubigkeit** allein wegen des laufenden Verfahrens anzunehmen ist,[10] ist bislang nicht entschieden, weshalb die **Anwaltschaft** im Zweifel den bereicherungsrechtlichen Gegenanspruch rechtshängig machen sollte.

§ 31 VersAusglG Tod eines Ehegatten

(1) [1]Stirbt ein Ehegatte nach Rechtskraft der Scheidung, aber vor Rechtskraft der Entscheidung über den Wertausgleich nach den §§ 9 bis 19, so ist das Recht des überlebenden Ehegatten auf Wertausgleich gegen die Erben geltend zu machen. [2]Die Erben haben kein Recht auf Wertausgleich.

(2) [1]Der überlebende Ehegatte darf durch den Wertausgleich nicht bessergestellt werden, als wenn der Versorgungsausgleich durchgeführt worden wäre. [2]Sind mehrere Anrechte auszugleichen, ist nach billigem Ermessen zu entscheiden, welche Anrechte zum Ausgleich herangezogen werden.

(3) [1]Ausgleichsansprüche nach der Scheidung gemäß den §§ 20 bis 24 erlöschen mit dem Tod eines Ehegatten. [2]Ansprüche auf Teilhabe an der Hinterbliebenenversorgung nach den §§ 25 und 26 bleiben unberührt. [3]§ 1586 Abs. 2 Satz 1 des Bürgerlichen Gesetzbuchs gilt entsprechend.

I. Allgemeines

1 § 31 VersAusglG befasst sich mit dem **Tod eines Ehegatten nach Rechtskraft der Scheidung**, aber vor Rechtskraft der Entscheidung über den öffentlich-rechtlichen Versorgungsausgleich (§§ 9–19 VersAusglG). Eine derartige Norm ist notwendig, weil nach rechtskräftiger Ehescheidung der Versorgungsausgleich durchzuführen ist. § 31 VersAusglG gilt für alle Verfahren über den Versorgungsausgleich nach Rechtskraft der Ehescheidung, also auch für **Abänderungsverfahren**[1] (§§ 225 ff. FamFG), für ausgesetzte Verfahren und solche Verfahren, die, da die Ehe im Ausland ohne Durchführung des Versorgungsausgleichs geschieden worden ist, nach Art. 17 Abs. 3 EGBGB durchzuführen wären. Der Tod vor Rechtskraft der Scheidung führt zur Erledigung auch des Versorgungsausgleichsverfahrens (§ 131 FamFG).

II. Einzelheiten

2 Der überlebende Ehegatte hat nach rechtskräftiger Ehescheidung gegen den **Inhaber der auszugleichenden Versorgungen** einen Anspruch auf Wertausgleich. Abs. 1 stellt klar, dass der überlebende Ehegatte den Teilhabeanspruch an den ehezeitlich begründeten Versorgungen des verstorbenen Ehegatten gegen die Erben geltend zu machen hat. Diese werden Verfahrensbeteiligte (§ 219 Nr. 4 FamFG). Eine Erbengemeinschaft muss nicht zwingend zur Beteiligung jedes

---

8 So auch HK-VersAusglR/Rehbein VersAusglG § 30 Rn. 21.
9 So Borth FamRZ 2014, 1835.
10 Bergmann FamRB 2015, 472; JH/Holzwarth VersAusglG § 30 Rn. 4.
1 BGH FamRZ 2013, 1287; OLG Stuttgart NZFam 2016, 900.

einzelnen Miterben führen, vielmehr kann jeder einzelne Miterbe das Verfahren aufnehmen.[2]

Bei Tod der ausgleichsberechtigten Person haben deren Erben keinen Anspruch 3 auf Wertausgleich. Ihnen stünde ohnehin nur die Hinterbliebenenversorgung zu, die jedoch, was § 2 Abs. 2 Nr. 2 VersAusglG deutlich macht, als Annex der Hauptversorgung nicht eigenständig ausgeglichen werden kann.

Die Durchführung des Versorgungsausgleichs durch den überlebenden Ehegat- 4 ten (§ 31 Abs. 1 S. 1 VersAusglG) würde dazu führen, dass dem überlebenden Ehegatten Versorgungen seines (verstorbenen) Ehegatten zukommen, ohne dass er selbst fürchten müsste, seine Versorgungen durch Ausgleich an den Verstorbenen zu schmälern. Die Erben haben kein Recht auf Wertausgleich (§ 31 Abs. 1 S. 2 VersAusglG). Um dieses zu vermeiden, ordnet **Abs. 2** an, dass der überlebende Ehegatte nicht besser gestellt werden dürfe als er bei Durchführung des Versorgungsausgleichs gestanden hätte. Aus diesem Grund enthält Abs. 2 ein **Besserstellungsverbot.** Danach darf der überlebende Ehegatte durch den Wertausgleich nicht besser gestellt werden, als wenn der Versorgungsausgleich durchgeführt worden wäre. Um dieses Besserstellungsverbot zu realisieren, ist eine **Gesamtbilanz der öffentlich-rechtlich auszugleichenden Versorgungen** beider Ehegatten unter Ausschluss der schuldrechtlich auszugleichenden Versorgungen (Abs. 3) zu erstellen.[3]

IdR wird diese **Gesamtbilanz nur auf der Basis der Kapitalwerte** der Versorgun- 5 gen[4] sinnvoll geführt werden können. Ob die Kapital- und korrespondieren Kapitalwerte (§ 47 VersAusglG) jedoch tatsächlich den wahren Wert einer Versorgung zutreffend beschreiben, muss bezweifelt werden, so dass insbesondere bei größeren Werten einer privaten oder kapitalgedeckten Versorgung rentenferner Jahrgänge wegen der mangelnden Vergleichbarkeit der Kapitalwerte (→ VersAusglG § 47 Rn. 8) eine Korrektur der Bilanz durch Korrektur der Kapitalwerte erforderlich sein kann. Häufig werden das Gericht (mangels Sachkunde) und die beteiligten Ehegatten und ihre Vertreter – auch zur Haftungsminderung – die Erstellung einer Bilanz zur Vermeidung einer Besserstellung des überlebenden Gatten einem Sachverständigen anvertrauen. Ergibt sich ein Versorgungsüberschuss zugunsten des überlebenden Ehegatten, findet der Versorgungsausgleich nicht statt. Geht aus der Versorgungsbilanz indessen hervor, dass der überlebende Gatte die bilanziell wertmindernden Versorgungsanrechte ehezeitlich erworben hat, ist der Versorgungsausgleich durchzuführen, wobei im Fall mehrerer auszugleichender Anrechte das Gericht nach billigem Ermessen zu entscheiden hat, welche Anrechte zum Ausgleich herangezogen werden. Im Interesse der Versorgungsträger dürfte es liegen, wenn diese – entsprechend ihrem Anteil an der Versorgung der verstorbenen Person – quotal zur Tilgung der Versorgungsdifferenz herangezogen würden. Im alten Versorgungsausgleichsrecht hatte der Bundesgerichtshof die quotale Heranziehung verlangt.[5] Der Gesetzgeber hat nunmehr dem Familiengericht ein billiges Ermessen eingeräumt. Dies dürfte indessen mit den Interessen der Versorgungsträger an möglichst geringer Beteiligung kollidieren. Selbstverständlich kann ein Anrecht nicht über seinen Aus-

---

2 NK-BGB/Götsche VersAusglG § 31 Rn. 10; BGH FamRZ 1984, 467.
3 Borth, Versorgungsausgleich, Rn. 766; MK/Gräper VersAusglG § 31 Rn. 5.
4 OLG Hamburg FamRZ 2016, 51.
5 BGH FamRZ 2005, 1530; 2001, 477; 1991, 314.

gleichswert herangezogen werden.[6] Bei einer geringfügigen Ausgleichsdifferenz der Bilanz findet § 18 Abs. 1 Anwendung.[7] Dagegen findet § 18 Abs. 2 VersAusglG keine Anwendung.[8]

6 **Abwägungskriterien** für die Wahl der für den Ausgleich heranzuziehenden Versorgung sind vielfältig und nur konkret auf die jeweilige Situation bezogen zu finden. In Betracht gezogen werden muss

- der Grundsatz der **Konzentration der Versorgungen** zur Vermeidung der Zersplitterung der Versorgungslandschaft einer Person;
- der Grundsatz der **Vermeidung externer Teilung** wegen der damit meist verbundenen erheblichen Transferverluste (Ausnahme Landes- und Kommunalbeamte);
- der Grundsatz der **Risikooptimierung**, der besagt, dass für ältere und rentennahe Personen Hinterbliebenen- und Invaliditätsversorgungsschutz häufig weniger relevant sind als für jüngere Personen;
- der Grundsatz einer optimalen **Sicherheit der Altersversorgung**, der dazu führen kann, dass nicht gesicherte Anrechte (Geschäftsführerversorgungen) oder Versorgungen insolvenzgefährdeter Betriebe wegen des damit verbundenen Dynamikverlusts zu vermeiden sind.

7 Ob dem Grundsatz der primären Heranziehung des größten Anrechts[9] eine eigenständige Bedeutung im Rahmen der Abwägung zukommt, muss bezweifelt werden.

8 Bei **Tod eines Ehegatten nach rechtskräftigem Abschluss des Versorgungsausgleichsverfahrens** bleibt es im Prinzip bei den Wirkungen des durchgeführten Versorgungsausgleichs. Der Überlebende kann ggf. nach §§ 37, 38 VersAusglG den **Rückfall der Versorgung** reklamieren.

9 **Schuldrechtliche Ausgleichsansprüche** erlöschen mit dem Tod eines Ehegatten, gleichgültig ob es sich um den Ausgleichspflichtigen oder Ausgleichsberechtigten handelt (§ 31 Abs. 3 S. 1 VersAusglG). Wegen der Verweisung in § 31 Abs. 3 S. 3 VersAusglG auf die unterhaltsrechtlichen Normen können **Ansprüche auf rückständige monatliche Ausgleichsleistung oder Schadensersatz wegen Nichterfüllung bestehen bleiben**. Diese Ansprüche können auch von den Erben geltend gemacht werden.

10 Nicht betroffen vom Tod des ausgleichspflichtigen Ehegatten bzw. erst durch diesen begründet sind die Ansprüche auf **Teilhabe an der Hinterbliebenenversorgung**, die nach § 31 Abs. 3 S. 2 VersAusglG unberührt bestehen bleiben.

---

6 OLG Hamburg FamRZ 2016, 5; OLG Zweibrücken FamRZ 2015, 412; JH/Holzwarth VersAusglG § 31 Rn. 4; FAKomm-FamR/Wick VersAusglG § 31 Rn. 6.
7 OLG Schleswig FamRZ 2014, 1782.
8 OLG Koblenz FamRZ 2012, 1807; OLG Brandenburg FamRZ 2011, 1807; OLG Hamm FamRZ 2011, 1738.
9 OLG Hamm 30.3.2011 – 8 UF 43/11.

Kapitel 4
Anpassung nach Rechtskraft

§ 32 VersAusglG Anpassungsfähige Anrechte

Die §§ 33 bis 38 gelten für Anrechte aus

1. der gesetzlichen Rentenversicherung einschließlich der Höherversicherung,
2. der Beamtenversorgung oder einer anderen Versorgung, die zur Versicherungsfreiheit nach § 5 Abs. 1 des Sechsten Buches Sozialgesetzbuch führt,
3. einer berufsständischen oder einer anderen Versorgung, die nach § 6 Abs. 1 Nr. 1 oder Nr. 2 des Sechsten Buches Sozialgesetzbuch zu einer Befreiung von der Sozialversicherungspflicht führen kann,
4. der Alterssicherung der Landwirte,
5. den Versorgungssystemen der Abgeordneten und der Regierungsmitglieder im Bund und in den Ländern.

In dem bis zum 31.8.2009 geltenden Versorgungsausgleichsrecht war gem. § 10 a VAHRG eine umfassende Revisionsmöglichkeit einer Versorgungsausgleichsentscheidung gegeben. Dadurch konnten Fehler, die bei der Erstentscheidung über den Versorgungsausgleich entstanden waren, einschließlich der Fehlbewertung von Versorgungen oder des versehentlichen Nichtausschlusses von Versorgungen zu einem späteren Zeitpunkt korrigiert werden. 1

Eine derartige **Revisionsmöglichkeit** des Versorgungsausgleichs kennt das seit dem 1.9.2009 geltende Versorgungsausgleichsrecht nicht. Vielmehr definiert § 32 VersAusglG die Anrechte bzgl. derer eine Abänderungsmöglichkeit besteht. Dies sind ausschließlich die **öffentlich-rechtlichen Grundversorgungssysteme**: Gesetzliche Rentenversicherung, Beamtenversorgung oder andere befreiende Versorgungen nach § 5 Abs. 1 SGB VI, berufsständische Versorgungen oder befreiende Versorgungen nach § 6 Abs. 1 Nr. 1 oder 2 SGB VI, Altersversicherung der Landwirte sowie die Abgeordneten- und Regierungsmitgliederversorgung in Bund und Ländern. 2

Während § 32 VersAusglG den Kreis der abänderbaren Versorgungen auf die öffentlich-rechtlichen Grundversorgungen beschränkt, werden in § 225 Abs. 2 FamFG die **Abänderungsgründe** auf rechtliche oder tatsächliche Veränderungen nach dem Ende der Ehezeit, die sich auf den Ausgleichswert eines Anrechts auswirken, beschränkt. Die Einschränkung der Abänderungsmöglichkeiten gegenüber dem bis zum 31.8.2009 geltenden Recht ist vom Gesetzgeber gewollt.[1] 3

An der **Begrenzung anpassungsfähiger Versorgungen** auf die öffentlich-rechtlichen Grundversorgungen ist **verfassungsrechtliche Kritik** geübt worden.[2] Die Begründung des Gesetzgebers, generell betriebliche Altersversorgungen auch dann von der Abänderbarkeit auszunehmen, wenn sie öffentlich-rechtlich organisiert sind (Zusatzversorgung des öffentlichen Dienstes), ist nicht recht nachvollziehbar.[3] Das Bundesverfassungsgericht[4] und der Bundesgerichtshof[5] haben sich diesen Bedenken indessen nicht angeschlossen. Es bleibt damit dabei, dass 4

---

1 BT-Drs. 16/10144, 97.
2 Ruland, Versorgungsausgleich, Rn. 1009 ff.; Borth, Versorgungsausgleich, Rn. 1071.
3 NK-BGB/Götsche VersAusglG § 32 Rn. 10.
4 BVerfG FamRZ 2014, 1259.
5 BGH FamRZ 2015, 1104; 2015, 50; 2013, 852; 2013, 189.

nur die in § 32 VersAusglG enumerierten Versorgungen anpassungsfähig und abänderbar sind.

§ 33 VersAusglG Anpassung wegen Unterhalt

(1) Solange die ausgleichsberechtigte Person aus einem im Versorgungsausgleich erworbenen Anrecht keine laufende Versorgung erhalten kann und sie gegen die ausgleichspflichtige Person ohne die Kürzung durch den Versorgungsausgleich einen gesetzlichen Unterhaltsanspruch hätte, wird die Kürzung der laufenden Versorgung der ausgleichspflichtigen Person auf Antrag ausgesetzt.

(2) Die Anpassung nach Absatz 1 findet nur statt, wenn die Kürzung am Ende der Ehezeit bei einem Rentenbetrag als maßgeblicher Bezugsgröße mindestens 2 Prozent, in allen anderen Fällen als Kapitalwert mindestens 240 Prozent der monatlichen Bezugsgröße nach § 18 Abs. 1 des Vierten Buches Sozialgesetzbuch betragen hat.

(3) Die Kürzung ist in Höhe des Unterhaltsanspruchs auszusetzen, höchstens jedoch in Höhe der Differenz der beiderseitigen Ausgleichswerte aus denjenigen Anrechten im Sinne des § 32, aus denen die ausgleichspflichtige Person eine laufende Versorgung bezieht.

(4) Fließen der ausgleichspflichtigen Person mehrere Versorgungen zu, ist nach billigem Ermessen zu entscheiden, welche Kürzung ausgesetzt wird.

I. Allgemeines

1   § 33 VersAusglG erfüllt einen familienrechtlich überragend wichtigen Zweck: Die **Verhinderung von Kürzungen einer Versorgungsleistung** durch den Versorgungsausgleich, solange und soweit der ausgleichspflichtige Ehegatte dem ausgleichsberechtigten Gatten Unterhaltsleistungen erbringt und die ausgleichsberechtigte Person aus einem im Versorgungsausgleich erworbenen Anrecht Leistungen noch nicht bezieht. IdR betrifft dies Fälle, bei denen infolge des **Altersunterschieds der Ehegatten** die ausgleichspflichtige Person bereits Leistungen aus einer Versorgung bezieht und aus diesen Leistungen Unterhaltsleistungen gegenüber der ausgleichsberechtigten Person erbringt, wobei aus Altersgründen ein Versorgungsanspruch gegen den Versorgungsträger noch nicht geltend gemacht werden kann. § 33 VersAusglG setzt daher das **Unterhaltsprivileg** des bis zum 31.8.2009 geltenden Rechts (§ 5 VAHRG) fort, was durch die Entscheidung des Bundesverfassungsgerichts[1] erforderlich wurde.

II. Voraussetzungen

2   **1. Leistungsbezug der ausgleichspflichtigen Person.** Die Anpassung einer Versorgung wegen Unterhaltspflichten der ausgleichspflichtigen Person gegenüber der ausgleichsberechtigten Person setzt eine **laufende Versorgung** der ausgleichspflichtigen Person voraus. Dabei kann es sich um eine beliebige Leistung aus der auszugleichenden Versorgung handeln, also um eine Altersrente, eine Invaliditäts- oder Erwerbsminderungsrente oder auch um eine Dienstunfähigkeitsversorgung. Allerdings ist der **Versorgungscharakter** der Leistung Voraussetzung. Übergangs- und Anpassungsgelder zählen nicht dazu.

---

1   BVerfG FamRZ 1980, 326.

2. Fehlender Leistungsbezug der ausgleichsberechtigten Person. Die Anpassung 3 wegen Unterhalt setzt voraus, dass die ausgleichsberechtigte Person aus einem im Versorgungsausgleich erworbenen Anrecht noch **keine Versorgungsleistung** beziehen kann. Dies wirft die Frage auf, ob die ausgleichsberechtigte Person verpflichtet ist, **vorzeitiges Altersruhegeld**, das regelmäßig mit Versorgungsabschlägen geleistet wird, zu beantragen. Dies wird einhellig abgelehnt.[2] Götsche[3] weist zu Recht darauf hin, dass diese Frage nach unterhaltsrechtlichen Kriterien zu beantworten ist, da die Unterhaltsberechtigten die allgemeine Obliegenheit trifft, den Unterhaltpflichtigen so gering wie möglich zu belasten. Da eine Obliegenheit jedoch immer nur im Rahmen der Zumutbarkeit anzunehmen und die Hinnahme von Versorgungsabschlägen unzumutbar sei, bestehe keine Obliegenheit der ausgleichsberechtigten Person zum vorzeitigen Versorgungsbezug.[4] Jedenfalls ab Erreichen der Regelaltersgrenze ist die ausgleichsberechtigte Person aber vorbehaltlos berechtigt, Rente zu beziehen, und daher auch verpflichtet, einen entsprechenden Antrag zu stellen.[5]

3. Unterhaltsanspruch der ausgleichsberechtigten Person. Ob die ausgleichsbe-4 rechtigte Person einen Unterhaltsanspruch gegen die ausgleichspflichtige Person hat, ist auf der Basis des Einkommens der Ehegatten zu prüfen, das diese erzielt hätten, wenn die Kürzung der Versorgung der ausgleichspflichtigen Person durch den Versorgungsausgleich nicht stattgefunden hätte. Es ist mithin eine **fiktive Unterhaltsberechnung** durchzuführen, die die Kürzung der dem Unterhaltspflichtigen gezahlten Versorgung durch den Versorgungsausgleich ignoriert. Sodann ist in einem zweiten Berechnungsschritt zu prüfen, ob die Höhe der Unterhaltsforderung der ausgleichsberechtigten Person durch die Kürzung der Versorgung des Pflichtigen überhaupt beeinträchtigt wird. Ist dieser trotz Kürzung seiner Versorgung zur Zahlung des vollen Unterhalts ausreichend leistungsfähig, findet keine Aussetzung der Kürzung der Versorgung statt.[6] Die Versorgungskürzung muss also kausal für den Wegfall oder die Verringerung des gesetzlichen Unterhaltsanspruchs sein.[7] Bei Vorliegen eines gerichtlichen **Unterhaltstitels** ist von einer gesetzlichen Unterhaltpflicht auszugehen.[8] Bei Prozessvergleichen oder notariellen Titeln ist dies nicht zwingend.[9]

Es muss ein **gesetzlicher Unterhaltsanspruch** der ausgleichsberechtigten Person 5 gegen die ausgleichspflichtige Person vorliegen, um die Anpassung der Versorgung zu ermöglichen. Die vertragliche Vereinbarung eines gesetzlich nicht bestehenden Unterhaltsanspruchs ermöglicht nicht die Aussetzung der Kürzung. Eine Titulierung des Unterhaltsanspruchs ist nicht erforderlich.[10] Allerdings bedarf es

---

2 NK-BGB/Götsche VersAusglG § 33 Rn. 11.
3 NK-BGB/Götsche VersAusglG § 33 Rn. 11.
4 Palandt/Brudermüller VersAusglG § 33 Rn. 4; FAKomm-FamR/Wick VersAusglG § 33 Rn. 7; Ruland, Versorgungsausgleich, Rn. 1027; Borth, Versorgungsausgleich, Rn. 1085; JH/Holzwarth VersAusglG § 33 Rn. 7.
5 HK-VersAusglR/Götsche VersAusglG § 33 Rn. 14.
6 Ruland, Versorgungsausgleich, Rn. 951; JH/Holzwarth VersAusglG § 33 Rn. 13; FAKomm-FamR/Wick VersAusglG § 33 Rn. 9.
7 JH/Holzwarth VersAusglG § 33 Rn. 5.
8 BGH FamRZ 2012, 853.
9 OLG Frankfurt/M. FamRZ 2011, 1595.
10 OVG Münster FamRZ 2001, 1151; FAKomm-FamR/Wick VersAusglG § 33 Rn. 8.

bei einer Titulierung des Unterhaltsanspruchs idR keiner Prüfung der Höhe des gesetzlichen Unterhaltsanspruchs.[11]

6　Auch eine **Unterhaltsabfindung** löst das Unterhaltsprivileg aus.[12] Allerdings ist das nur dann möglich, wenn die Höhe und die Dauer der Unterhaltszahlung feststehen.[13] Eine Unterhaltsabfindung ist regelmäßig zum Zwecke der Ermittlung des Unterhaltsbetrags für ihre Laufzeit in einen Unterhaltsbetrag zu verrechnen. Dies geschieht mit der **Verrentungsformel**, indem der Abfindungsbetrag auf die angenommene Laufzeit (meist bis zum Renteneintritt des Unterhaltsberechtigten) nach folgender Formel umgerechnet wird:

$$\text{Abfindungshöhe} = \frac{\text{Jahresrente}}{\text{Jahreszins in \%}} \times \left[1 - \frac{1}{(1 + \text{Jahreszins in \%})^{\text{Laufzeit in Jahren}}} \right]$$

7　Da der unterhaltsberechtigte Ehegatte im Unterhaltszeitraum versterben kann, ist die Abfindungshöhe um das **Vorversterbensrisiko** oder **Erlebensrisiko** zu vermindern. Dazu können die Kohortenzahlen aus den Sterbetafeln verwendet werden. Diese geben – ausgehend von 100.000 Geborenen für jedes weitere Jahr – die Anzahl der Überlebenden an, so dass der Quotient aus der Anzahl der Überlebenden im Zielalter und der Anzahl der Überlebenden im Startalter das Versterbensrisiko im jeweiligen Zeitraum angibt:

$$\text{Erlebenswahrscheinlichkeit} = \frac{\text{Kohortenzahl des Renteneintrittsalters des Jahrgangs}}{\text{Kohortenzahl des Jahrgangs im Ehezeitende}}$$

III. Bagatellausschluss

8　Wie insgesamt im neuen Versorgungausgleichrecht kennt auch das Unterhaltsprivileg den „Bagatellausschluss". Nach § 33 Abs. 2 VersAusglG findet die Anpassung nur statt, wenn die Kürzung am Ende der Ehezeit bei einem Rentenbetrag als maßgeblicher Bezugsgröße mindestens 2 %, in allen anderen Fällen als Kapitalwert mindestens 240 % der monatlichen Bezugsgröße nach § 18 Abs. 1 SGB IV betragen hat. Dies bedeutet für das Jahr **2017**, dass die Kürzung der Versorgung als Folge des Versorgungsausgleichs am Ende der Ehezeit **mindestens 59,50 EUR bzw. 7.140 EUR als Kapitalwert** betragen haben muss. Die Kürzung muss sich auf die **einzelne Versorgung** beziehen. Sind mehrere Versorgungen im Versorgungsausgleich gekürzt worden, so ist die Bagatellgrenze des § 33 Abs. 2 VersAusglG **für jede einzelne Versorgung** zu prüfen.[14]

IV. Berechnung der Höhe des Unterhaltsprivilegs

9　In dem ab 1.9.2009 geltenden Recht ist nach Abs. 3 S. 1 Hs. 1 die Kürzung der Versorgung durch den Versorgungsausgleich nur **in Höhe des Unterhaltsanspruchs** auszusetzen. Dies bedeutet, dass das Berechnungsverfahren nach § 33 VersAusglG mehrstufig ausgelegt ist.

10　In einem **ersten Rechenschritt** ist in den Unterhaltsfällen daher der Unterhaltsanspruch des unterhaltsberechtigten Gatten festzustellen, der ohne die Kürzung

---

11　OLG Hamm FamRZ 2011, 815; FAKomm-FamR/Wick VersAusglG § 33 Rn. 8.
12　OVG Münster FamRZ 2009, 617; BVerwG 15.4.2005 – 2 B 113/04; 22.7.1999 – 2 C 25/98; BSG 12.4.1995 – 5 RJ 42/95; NK-BGB/Götsche VersAusglG § 33 Rn. 15.
13　BGH FamRZ 2013, 1640; 2013, 1364.
14　NK-BGB/Götsche VersAusglG § 33 Rn. 20.

der in § 32 VersAusglG bezeichneten Versorgungen im Versorgungsausgleich bestanden hätte. In Höhe dieses **fiktiven Unterhaltsanspruchs** wäre die Kürzung durch den Versorgungsausgleich auszusetzen. Allerdings bestimmt § 33 Abs. 3 Hs. 2 VersAusglG, dass der Versorgungsausgleich höchstens in Höhe der Differenz der beiderseitigen Ausgleichswerte aus denjenigen Anrechten iSd § 32 VersAusglG, aus denen die ausgleichspflichtige Person eine laufende Versorgung bezieht, ausgesetzt werden darf. Dies ist logisch. Das Prinzip des neuen Versorgungsausgleichs, wonach jede einzelne Versorgung ausgeglichen wird, bedeutet, dass die unterhaltspflichtige Person, die aus einer Versorgung eine Leistung bezieht, idR auch aus den Versorgungen Leistungen beziehen wird, die von der unterhaltsberechtigten Person im Rahmen des Versorgungsausgleichs übertragen worden sind. Diese Limitierung ist erforderlich, weil sonst zum Nachteil der Versorgungsträger die ausgleichs- und unterhaltspflichtige Person durch den Versorgungsausgleich und die Unterhaltsanpassung unberechtigterweise profitieren würde.

Um die Aussetzung von **Bagatellkürzungen** zu vermeiden, wird in Abs. 2 S. 1 auf die Bagatellgrenze von 2% der monatlichen Bezugsgröße bei einem Rentenbetrag bzw. 240 % bei einem Kapitalbetrag verwiesen (§ 18 VersAusglG). Überschreitet die Kürzung diese Werte nicht, unterbleibt die Anpassung.

Das **Unterhaltsprivileg** des § 33 VersAusglG und dessen Berechnung ist im Kon- 11 zept des Versorgungsausgleichs ein Fremdkörper, wenn man den Versorgungsausgleich als versicherungsrechtlichen Ausgleich unter Begründung eigener Anrechte der Gatten sieht. Noch in der Vorauflage wurde vertreten, die Finanzierung des Unterhaltsprivilegs erfolge zulasten der öffentlich-rechtlichen Grundversorgungssysteme des § 32 VersAusglG. Dies trifft allerdings nur zu, wenn man den Versorgungsausgleich mit und ohne Unterhaltsprivileg vergleicht. Dieser Vergleich ist allerdings insoweit unberechtigt, als das Versorgungssystem keinen „Anspruch auf Scheidung" hat. Der Finanzierungsbedarf für die Versorgung eines Verheirateten ist nicht mit der Möglichkeit der Scheidung berechnet worden, vielmehr erfolgen die steuerlichen Rückstellungen stets unter der Annahme der fortbestehenden persönlichen Lebensverhältnisse, also auch des Fortbestehens der Ehe. Durch die Realteilung des Ehezeitanteils der Versorgung verringert sich der Finanzierungsaufwand des Versorgungsträgers immer, sofern die Versorgungszusage eine Hinterbliebenenversorgung enthält.

Das Unterhaltsprivileg und die Kosten für Versorgungsträger		Mann	Frau
	Geburtsdaten	1.7.1950	1.7.1955
	Alter im Ehezeitende am 30.6.2016	66	61
Ohne Scheidung	Leistung ohne Scheidung und Versorgungsausgleich		
	Lebenserwartung in Monaten	221,16	
	Rentenzahlung ehezeitlich:	2.000,00 €	
	Summe: 221,16 x 1.000	442.320,00 €	
	Tod des M 31-12-2034		
	Lebenserwartung F am 31.12.2034 in Monaten		135,24
	Rentenleistung an F monatlich: 60% x 2.000		1.200,00 €
	Summe der Rentenleistungen an F		162.288,00 €
	Gesamtsumme der Leistungen	604.608,00 €	
mit Scheidung und Unterhaltsprivileg	Leistungen nach Anwendung von § 33 VersAusglG		
	Lebenserwartung in Monaten	221,16	
	Rentenzahlung nach VA	1.000,00 €	
	Summe der Leistungen an M	221.160,00 €	
	Unterhaltsprivilegierung	1.000,00 €	
	Dauer in Monaten bis Renteneintritt F am 1.4.2021	57	
	Aufwand des Privilegs	57.000,00 €	
	Monate der Rentenleistung an F		268,56
	Höhe der Rentenleistung		1.000,00 €
	Summe der Rentenleistung		268.560,00 €
	Summe der Leistungen für den Versorgungsträger	546.720,00 €	
mit Scheidung ohne Unterhaltsprivileg	Leistungen mit Scheidung ohne Unterhaltsprivileg		
	Summe der Leistungen an M	221,16	
	Rentenzahlung nach VA	1.000,00 €	
	Summe der Leistungen an M	221.160,00 €	
	Monate der Rentenleistung an F		268,56
	Höhe der Rentenleistung		1.000,00 €
	Summe der Rentenleistung		268.560,00 €
	Summe der Leistungen für den Versorgungsträger	489.720,00 €	

12 Die **Aussetzung** der versorgungsausgleichsbedingten Kürzung der Versorgung nach § 33 VersAusglG **endet** automatisch, sobald die ausgleichsberechtigte Person eine Versorgung aus dem ihr übertragenen Anrecht bezieht (§ 33 Abs. 1 S. 1 VersAusglG). Im Übrigen endet die Aussetzung oder ist der Aussetzungsbetrag abzuändern nach den Voraussetzungen des § 34 Abs. 5 VersAusglG.

V. Praktische Probleme

Es kann unter Umständen sein, dass einer ausgleichs- und unterhaltspflichtigen **13** Person mehrere öffentlich-rechtliche Grundversorgungen des § 32 VersAusglG zustehen und deswegen von der Aussetzung der Kürzung durch den Versorgungsausgleich mehrere Versorgungsträger betroffen wären. In diesen Fällen räumt § 33 Abs. 4 VersAusglG dem Familiengericht ein Ermessen ein, welche Versorgung zu kürzen ist. Da auch das limitierte Unterhaltsprivileg eine Verletzung des Versicherungsprinzips ist, führt das Unterhaltsprivileg zudem in der jetzt existierenden Form zu einer Belastung der Versorgungsträger, so dass das Gericht zwar die Möglichkeit hat, nur einen von mehreren Versorgungsträgern mit der Aussetzung der Kürzung zu belasten (dies wird sinnvollerweise der Versorgungsträger mit der höchsten Versorgung sein). Gerechter für die Versorgungsträger würde es sein, das Gericht machte von der ihm auch eingeräumten Möglichkeit einer **anteiligen Aussetzung der Kürzung** Gebrauch.[15]

VI. Tenorierung

Die Aussetzung der Kürzung des Versorgungsausgleichs ist im Tenor regelmäßig **14** **konkret anzuordnen**, indem der Betrag, in Höhe dessen die Kürzung des Versorgungsausgleichs ausgesetzt wird, im Tenor benannt wird.[16] Ob von dieser konkreten Titulierung Ausnahmen zugelassen werden können,[17] ist fraglich. Für den Versorgungsträger, der letztendlich die Unterhaltszahlungen in Höhe der Aussetzung der Kürzung übernimmt, stellt die konkrete Angabe des Betrags, in Höhe dessen die Kürzung auszusetzen ist, ein Stück Rechtssicherheit dar, die auch bei Abänderungsverfahren größere Klarheit bringt.

§ 34 VersAusglG Durchführung einer Anpassung wegen Unterhalt

(1) Über die Anpassung und deren Abänderung entscheidet das Familiengericht.

(2) [1]Antragsberechtigt sind die ausgleichspflichtige und die ausgleichsberechtigte Person. [2]Die Abänderung einer Anpassung kann auch von dem Versorgungsträger verlangt werden.

(3) Die Anpassung wirkt ab dem ersten Tag des Monats, der auf den Monat der Antragstellung folgt.

(4) Der Anspruch auf Anpassung geht auf die Erben über, wenn der Erblasser den Antrag nach § 33 Abs. 1 gestellt hatte.

(5) Die ausgleichspflichtige Person hat den Versorgungsträger, bei dem die Kürzung ausgesetzt ist, unverzüglich über den Wegfall oder Änderungen seiner Unterhaltszahlungen, über den Bezug einer laufenden Versorgung aus einem Anrecht nach § 32 sowie über den Rentenbezug, die Wiederheirat oder den Tod der ausgleichsberechtigten Person zu unterrichten.

(6) [1]Über die Beendigung der Aussetzung aus den in Absatz 5 genannten Gründen entscheidet der Versorgungsträger. [2]Dies gilt nicht für den Fall der Änderung von Unterhaltszahlungen.

---

15 JH/Holzwarth VersAusglG § 33 Rn. 33.
16 OLG Hamm FamRZ 2011, 814.
17 OLG Düsseldorf 2.5.2011 – 8 UF 21/11.

I. Allgemeines

1 Für die Verfahren auf **Aussetzung der** versorgungsausgleichsbedingten **Kürzung** und die **Abänderung** solcher Entscheidungen sind nach Abs. 1 die **Familiengerichte** zuständig. Über die **Aufhebung der Anpassung** entscheidet der Versorgungsträger (Abs. 6). Dieser ist auch **Antragsgegner**[1] des Verfahrens und nicht der geschiedene Ehegatte. Der geschiedene unterhaltsberechtigte Ehegatte ist weiterer Beteiligter. Über die Anpassung kann auch in den Fällen, in denen der unterhaltspflichtige Gatte bereits Rentner ist, nicht im Scheidungsverbund entschieden werden,[2] da Voraussetzung des Antrags nach § 33 VersAusglG die Rechtskraft der Versorgungsausgleichsentscheidung ist.[3] Es besteht, da es sich um ein isoliertes Versorgungsausgleichsverfahren handelt, **kein Anwaltszwang.**[4]

2 Über die Aussetzung der Kürzung des Versorgungsausgleichs entscheidet das Gericht durch Beschluss (§ 38 Abs. 1 S. 1 FamFG). Im **Tenor** hat das Gericht die Höhe des Aussetzungsbetrages konkret anzugeben.[5] Handelt es sich bei dem gesetzlichen Unterhaltsanspruch des ausgleichsberechtigten Ehegatten um einen **befristeten Unterhaltsanspruch,** kann bereits im Tenor der Entscheidung die Befristung oder Staffelung angegeben werden.[6]

II. Zuständigkeit des Familiengerichts

3 Die **sachliche Zuständigkeit** des Familiengerichts ist in § 34 Abs. 1 VersAusglG geregelt. Die **örtliche Zuständigkeit** ergibt sich aus § 218 FamFG. Da, anders als im alten Recht, nunmehr die Aussetzung der Kürzung des Versorgungsausgleichs lediglich in Höhe des gesetzlichen Unterhaltsanspruchs erfolgt, ist in einem Anpassungsverfahren nach § 33 VersAusglG auch die Höhe des gesetzlichen Unterhaltsanspruchs, ggf. nur deklaratorisch, bei Vorliegen eines Unterhaltstitels erforderlich. Damit wird die Änderung der Zuständigkeit für Anpassungsverfahren begründet.[7]

4 Der **Scheidungsverbund in Rentnerscheidungen** bereitet praktische Probleme. Da vor Rechtskraft der Entscheidung über den Versorgungsausgleich und dessen Umsetzung durch die Versorgungsträger die Höhe des nachehezeitlichen Einkommens der beteiligten Ehegatten nicht feststeht, ist auch die Höhe des nachehezeitlichen Unterhaltsanspruchs nicht sicher festzustellen. Dies gilt umso mehr dann, wenn betriebliche und private Versorgungsträger beteiligt sind, die die Versorgungsteilung extern oder auf der Basis eines Kapitalwerts vornehmen. Die Höhe der so geteilten Versorgungen wird maßgeblich durch den Zeitpunkt ihrer Begründung, also den Vollzug der Versorgungsausgleichsentscheidung bestimmt. Dies ist der Grund, warum auch das limitierte Unterhaltsprivileg des § 33 VersAusglG in Rentenbezugsfällen nicht im Scheidungsverbund ausgeurteilt werden kann.[8] Da beide Gatten antragsberechtigt sind (→ Rn. 6), sollte der Antrag auf Aussetzung der Kürzung unmittelbar nach Abschluss des Verbundverfahrens gestellt werden.

---

1 BGH FamRZ 2016, 1438; Erman/Norpoth VersAusglG § 34 Rn. 2.
2 Erman/Norpoth VersAusglG § 34 Rn. 2 a; FAKomm-FamR/Wick VersAusglG § 34 Rn. 3.
3 AA OLG Karlsruhe FamRB 2016, 226.
4 § 114 FamFG.
5 OLG Hamm FamRZ 2011, 814.
6 BGH FamRZ 2016, 1438; NK-BGB/Götsche VersAusglG § 34 Rn. 5.
7 BT-Drs. 16/10144, 73.
8 Strittig, zum Streitstand Erman/Norpoth VersAusglG § 34 Rn. 2 a.

Wird über den nachehelichen Unterhalt im Scheidungsverbund entschieden, 5 kann im Anpassungsverfahren nach § 33 VersAusglG die Höhe des titulierten Unterhalts als gesetzlicher Unterhalt unterstellt werden.[9]

III. Verfahrenshinweise

1. Antragsberechtigung. Die erstmalige Antragstellung auf Aussetzung der Kür- 6 zung des Versorgungsausgleichs aufgrund von Unterhaltszahlungen kann entweder durch die ausgleichspflichtige oder die ausgleichsberechtigte Person erfolgen. Die ausgleichspflichtige Person hat ein erhebliches Interesse daran, einen Antrag nach §§ 33, 34 VersAusglG zu stellen, wenn ein Unterhaltsanspruch bereits tituliert ist, da anderenfalls die Leistungsfähigkeit zur Zahlung des titulierten Unterhaltes nicht gegeben sein wird. Die ausgleichsberechtigte Person wird regelmäßig dann ein Interesse an der Stellung eines Antrags nach § 33 VersAusglG haben, wenn ein Unterhaltsanspruch **nicht tituliert** ist.

Ist die Aussetzung der Kürzung des Versorgungsausgleichs in einem ersten Ver- 7 fahren durch das Gericht festgestellt worden, steht dem **Versorgungsträger** das Recht zu, eine **Abänderung der Anpassung** zu beantragen. Dies ist sinnvoll, da auch das limitierte Unterhaltsprivileg zu einer Mehrbelastung des Versorgungsträgers führt. Bei Änderungen in den tatsächlichen oder rechtlichen Verhältnissen muss daher auch dem Versorgungsträger die Möglichkeit gegeben werden, eine Abänderung zu verlangen.

Das Recht der Versorgungsträger, eine Änderung der Aussetzung des Kürzungs- 8 betrages zu begehren, besteht zugunsten und zu Ungunsten jedes Ehegatten und schließt den Fall ein, dass die Höhe des Unterhaltsanspruchs, wegen dessen die Kürzung der Versorgung ausgesetzt wurde, durch eine Änderung der Einkommensverhältnisse betroffen ist.

Die **Antragstellung** kann durch die Parteien ohne Anwaltsvertretung erfolgen, 9 Anwaltszwang (§ 114 FamFG) besteht für isolierte Versorgungsausgleichssachen nicht. Eine **Bezifferung des Antrags** ist nicht erforderlich, da es sich um ein Amtsermittlungsverfahren handelt.

2. Wirkung des Antrags (Abs. 3). Die Anpassung wirkt ab dem ersten Tag des 10 Monats, der auf den Monat der Antragstellung folgt. Der Wortlaut hinsichtlich des Wirkungszeitpunkts ist eindeutig und lässt keinen Interpretationsspielraum dergestalt zu, dass der Wirkungszeitpunkt auf den Beginn des Monats der Antragstellung vorverlegt wird.

Wegen der aus einem Titel nach §§ 33, 34 VersAusglG hervorgehenden Ausset- 11 zung der Kürzung ist es sinnvoll, den **Wirkzeitpunkt im Tenor** des Beschlusses zu benennen, da die Beteiligten nicht notwendig das zutreffende Datum kennen müssen.

Wegen der beschränkten Rückwirkung des Antrags nach § 33 VersAusglG ist 12 der **Anwaltschaft** dringend zu raten, **in Rentnerfällen** den Antrag auf Aussetzung der Kürzung des Versorgungsausgleichs unmittelbar nach Rechtskraft der Versorgungsausgleichsentscheidung anhängig zu machen. Auch in den Fällen, in denen der ausgleichspflichtige Ehegatte noch nicht Rentner ist, sich aber bereits in Rentennähe befindet, ist der Unterhaltsschuldner auf die Möglichkeit der An-

---

9 BGH FamRZ 2012, 853.

tragstellung nach §§ 33, 34 VersAusglG iRd familienrechtlichen Abschlusshinweises aufmerksam zu machen.

13 **3. Übergang auf Erben.** Abs. 4 regelt, dass die **Erben** einer ausgleichspflichtigen Person, die den Antrag nach § 33 VersAusglG zu Lebzeiten gestellt hat, Inhaber des Anspruchs werden, sofern die Voraussetzungen des § 33 VersAusglG zu Lebzeiten des Erblassers gegeben waren. Formal kommt es insoweit auf die **Erbenstellung** an. Die Hinterbliebenen selbst sind im Rahmen der §§ 33 ff. VersAusglG nicht postulationsfähig.

14 **4. Informationspflichten.** Abs. 5 begründet **erhebliche** Informationspflichten der ausgleichspflichtigen Person gegenüber dem Versorgungsträger, die durch die Informationsrechte der Versorgungsträger gegenüber den Ehegatten, ihren Hinterbliebenen und Erben nach § 4 Abs. 3 VersAusglG ergänzt werden. Die in Abs. 5 geregelte Informationspflicht dient der Vermeidung von Nachteilen für den Versorgungsträger, da das limitierte Unterhaltsprivileg des § 33 VersAusglG für diesen nicht kostenneutral ist. Aus diesem Grund legt das Gesetz der ausgleichspflichtigen Person auf, den Versorgungsträger über **sämtliche Änderungen** zu informieren, **die die ausgesetzte Kürzung des Versorgungsausgleichs betreffen** können. Dies ist in erster Linie der Wegfall eines Unterhaltsanspruchs des ausgleichsberechtigten Gatten, sei es durch Tod oder Wiederverheiratung. Aber auch durch nachträgliche Befristung oder eine Verringerung der Leistungsfähigkeit des Unterhaltspflichtigen kann der gesetzliche Unterhaltsanspruch entfallen. Ebenso wenn die ausgleichspflichtige Person eine zusätzliche Rente ausgezahlt erhält, weil zu einem späteren Zeitpunkt die rentenrechtlichen Voraussetzungen dieser Rente erfüllt sind, ist der Versorgungsträger zu informieren, da dies Auswirkungen auf die Höchstbetragsbegrenzung nach § 33 Abs. 3 VersAusglG haben kann.

15 Die Mitteilung an den Versorgungsträger über Veränderungen, die die Höhe des Aussetzungsbetrags betreffen können, hat **unverzüglich** zu erfolgen (§ 121 Abs. 1 S. 1). Unterbleibt die Unterrichtung des Versorgungsträgers durch die ausgleichspflichtige Person, kann der Versorgungsträger rückwirkend vom Zeitpunkt der eingetretenen Änderung Überzahlungen von der ausgleichspflichtigen Person aus bereicherungsrechtlichen Gründen verlangen. Die **Anwaltschaft** sollte in den Fällen der §§ 33, 34 VersAusglG stets ausdrücklich und nachvollziehbar auf die Informationspflichten aus Abs. 5 hinweisen und über deren Umfang aufklären, da anderenfalls Regressforderungen berechtigt sein können.[10]

16 **5. Ende der Aussetzung.** Während die erstmalige Anpassung des Versorgungsausgleichs durch Aussetzung der Kürzung nur durch das Gericht entschieden werden kann, **entscheidet der Versorgungsträger** über die Beendigung der Aussetzung der Versorgungsausgleichskürzung. Daraus resultiert, dass Streitigkeiten über die Beendigung mit dem Versorgungsträger vor den Verwaltungsgerichten (Beamtenversorgung und berufsständische Versorgungen), den Sozialgerichten (gesetzliche Rentenversicherung) zu führen sind. Diese hätten dann ggf. auch über die Fortexistenz eines gesetzlichen Unterhaltsanspruchs zu entscheiden, was für diese Gerichtszweige im Zweifel Neuland ist. Eine **Änderung** des Aussetzungsbetrages bleibt jedoch dem Familiengericht vorbehalten.[11]

---

10 NK-BGB/Götsche VersAusglG § 34 Rn. 18.
11 JH/Holzwarth VersAusglG § 35 Rn. 5; NK-BGB/Götsche VersAusglG § 35 Rn. 20.

§ 35 VersAusglG   Anpassung wegen Invalidität der ausgleichspflichtigen Person oder einer für sie geltenden besonderen Altersgrenze

(1) Solange die ausgleichspflichtige Person eine laufende Versorgung wegen Invalidität oder Erreichens einer besonderen Altersgrenze erhält und sie aus einem im Versorgungsausgleich erworbenen Anrecht keine Leistung beziehen kann, wird die Kürzung der laufenden Versorgung auf Grund des Versorgungsausgleichs auf Antrag ausgesetzt.

(2) § 33 Abs. 2 gilt entsprechend.

(3) Die Kürzung ist höchstens in Höhe der Ausgleichswerte aus denjenigen Anrechten im Sinne des § 32 auszusetzen, aus denen die ausgleichspflichtige Person keine Leistung bezieht.

(4) Fließen der ausgleichspflichtigen Person mehrere Versorgungen zu, so ist jede Versorgung nur insoweit nicht zu kürzen, als dies dem Verhältnis ihrer Ausgleichswerte entspricht.

Die §§ 35, 36 VersAusglG stellen eine spezifische **Härtefallregelung** dar. Da bei 1
der Realteilung von Versorgungsanrechten die ausgleichspflichtige Person mit Durchführung des Versorgungsausgleichs die Hälfte ihres ehezeitlichen Versorgungserwerbs verliert und die Hälfte des ehezeitlichen Versorgungserwerbs des anderen Ehegatten gewinnt, können Inkompatibilitäten auftreten. Dies kann insbesondere der Fall sein, wenn die ausgleichspflichtige Person wegen des Erreichens einer besonderen Altersgrenze aus der eigenen Versorgung, die durch den Versorgungsausgleich gemindert würde, bereits eine Versorgung erhält, aus der ihr übertragenen Versorgung jedoch keine Versorgung erhalten kann, weil besondere **Versorgungsvoraussetzungen**, die nur im eigenen Versorgungssystem erfüllt werden können, in fremden Versorgungssystemen noch nicht erfüllt werden. Regelmäßig ist dies dann der Fall, wenn für das Versorgungssystem der ausgleichspflichtigen Person besondere **Altersgrenzen** gelten.[1] Die Vollendung des 62. Lebensjahres gilt für alle Soldatinnen und Soldaten als Altersgrenze, lediglich für Generäle, Oberste und Offiziere in den Laufbahnen des Sanitätsdienstes, des Militärmusikdienstes und des Geo-Informationsdienstes der Bundeswehr gilt die Altersgrenze 65. Für den Polizeidienst sehen die Polizeigesetze der Länder vielfach ebenfalls eine frühere Altersgrenze vor, teilweise bereits ab Vollendung des 60. Lebensjahres.

Für **Soldatinnen** und **Soldaten** ist in § 55 c Abs. 1 Nr. 2 S. 3 SVG das Rentnerprivileg wieder eingeführt worden;[2] soweit vor Vollendung des 62. Lebensjahres eine Versorgung bezogen wird, wird der Versorgungsbezug erst dann gekürzt, wenn die ausgleichsberechtigte Person aus der ihr übertragenen Versorgung Leistungen bezieht.

In diesen Fällen kann die Durchführung des Versorgungsausgleichs nach Errei- 2
chen der Altersgrenze dazu führen, dass die Versorgung des ausgleichspflichtigen Ehegatten durch den Versorgungsausgleich massiv herabgesetzt wird, ohne

---

1   Besondere Altersgrenzen gelten nach § 45 Soldatengesetz insbesondere für Kampfflugzeugführer (40/41), Berufsunteroffiziere (55) und aufsteigende Dienstgrade.

2   Bundeswehr-Attraktivitätssteigerungsgesetz – BwAttraktStG, BGBl. 2015 I, 706.

dass er aus den ihm im Versorgungsausgleich übertragenen Versorgungen Leistungen erhält.

3   Die gleiche Situation kann bei **Invalidität des Ausgleichspflichtigen** gegeben sein, wenn dieser aus der ihm übertragenen Versorgung eine Invaliditätsrente nicht beziehen kann. Um in diesen Fällen eine möglicherweise existenzbedrohende Situation für die ausgleichspflichtige Person zu vermeiden, sieht § 35 Abs. 1 VersAusglG die Aussetzung der Kürzung der laufenden Versorgung vor. Diese Regelung belastet Versorgungsträger, die aufgrund interner oder externer Teilung für den ausgleichsberechtigten Gatten die volle Rente nach dessen Versorgungseintritt zu leisten haben und gleichzeitig für die ausgleichspflichtige Person so lange die volle Versorgungsleistung zu erbringen haben, falls diese aus den ihr im Versorgungsausgleich übertragenen Anrechten keine Leistungen erhält. Diese Mehrbelastung geht damit zulasten der Versichertengemeinschaft und kann sozialpolitisch gerechtfertigt werden.

4   **Abs. 2** verweist bzgl. des Bagatellausschlusses auf § 33 Abs. 2 VersAusglG, so dass Versorgungskürzungen um weniger als 59,50 EUR bei einem Rentenbetrag und 7.140 EUR[3] bei einem Kapitalbetrag nicht ausgesetzt werden (→ VersAusglG § 14 Rn. 12).

5   **Abs. 3** begrenzt die Höhe der **Aussetzung der Kürzung** auf die Höhe der Ausgleichswerte, aus denen der Ausgleichspflichtige noch keine Leistung beziehen kann. Dies dient dem nachvollziehbaren Besserstellungsverbot,[4] wonach der ausgleichspflichtige Gatte durch die Aussetzung der Kürzung nicht bessergestellt werden soll als in dem Fall, dass er aus den ihm übertragenen Versorgungen Leistungen beziehen würde.

6   Bezieht die ausgleichspflichtige Person mehrere Versorgungen, so sieht **Abs. 4** vor, dass die insgesamt vorzunehmende Aussetzung der Kürzung im Verhältnis der Ausgleichswerte der Versorgungen vorgenommen wird. Dies kann durchaus **kompliziert** werden. Da jedoch nur öffentlich-rechtliche Grundversorgungssysteme (§ 32 VersAusglG) betroffen sind, die regelmäßig Rentenzahlungen erbringen, ist auch diese Berechnung nachvollziehbar. Sie ist – anders als in § 33 VersAusglG – nicht vom Gericht, sondern von den Versorgungsträgern (§ 36 VersAusglG) vorzunehmen.

7   Die **Aussetzung oder Herabsetzung der Kürzung entfällt**, sobald die ausgleichspflichtige Person eine laufende Invaliditätsversorgung oder – im Fall besonderer Altersgrenzen – aus der ihr übertragenen Versorgung eine Versorgungsleistung bezieht, weil die Altersgrenze zwischenzeitlich auch in diesem Versorgungssystem erreicht ist. Vielfach wird insoweit die Aussetzung der Kürzung mit Erreichen der Regelaltersgrenze (§§ 35, 235 SGB VI) enden.

§ 36 VersAusglG   Durchführung einer Anpassung wegen Invalidität der ausgleichspflichtigen Person oder einer für sie geltenden besonderen Altersgrenze

(1) Über die Anpassung, deren Abänderung und Aufhebung entscheidet der Versorgungsträger, bei dem das auf Grund des Versorgungsausgleichs gekürzte Anrecht besteht.

---

3   Die Werte gelten für 2017.
4   JH/Holzwarth VersAusglG § 35 Rn. 9.

(2) Antragsberechtigt ist die ausgleichspflichtige Person.

(3) § 34 Abs. 3 und 4 gilt entsprechend.

(4) Sobald die ausgleichspflichtige Person aus einem im Versorgungsausgleich erworbenen Anrecht eine Leistung im Sinne des § 35 Abs. 1 beziehen kann, hat sie den Versorgungsträger, der die Kürzung ausgesetzt hat, unverzüglich darüber zu unterrichten.

§ 36 VersAusglG ist die Durchführungsnorm für die Durchführung der Anpassung nach § 35 VersAusglG. 1

Abs. 1 stellt klar, dass der nach § 35 Abs. 1 VersAusglG von der ausgleichspflichtigen Person zu stellende **Antrag** an den **Versorgungsträger** zu richten ist, bei dem das aufgrund des Versorgungsausgleichs gekürzte Anrecht besteht. Über diesen Antrag entscheidet der Versorgungsträger, anders also als beim Unterhaltsprivileg (§ 33 VersAusglG). **Antragsberechtigt** ist die ausgleichspflichtige Person. 2

Der Verweis in **Abs. 3** auf § 34 Abs. 3 u. 4 VersAusglG ist erforderlich, um die zeitlichen Regularien festzulegen. Die Aussetzung der Kürzung des Anrechts wirkt ab dem ersten Tag des Monats, der auf den Monat der Antragstellung folgt. Ebenso wie bei der Unterhaltsanpassung ist auch bei der Invaliditäts- und Frühverrentungsanpassung der Übergang des Anspruchs **auf die Erben** angeordnet. Die Hinterbliebenen haben insoweit keinen Anspruch, es sei denn, sie sind auch Erben. 3

Abs. 4 schützt den Versorgungsträger. Die darin begründete **Pflicht zur Information des Versorgungsträgers durch die ausgleichspflichtige Person** beinhaltet, den Versorgungsträger, der die versorgungsausgleichsbedingte Kürzung der Versorgung ausgesetzt hat, unverzüglich über die Möglichkeit des Leistungsbezugs aus einer ihr übertragenen Versorgung zu unterrichten. Unterlässt die ausgleichspflichtige Person diese Unterrichtung, kann der Versorgungsträger unberechtigterweise erbrachte Leistungen zurückfordern. 4

Die **Anwaltschaft** sollte darauf achten, in den entsprechenden Fällen ihre Mandantschaft über die Notwendigkeit der Antragstellung nach §§ 35, 36 VersAusglG zu unterrichten und ggf. bereits bei laufendem Versorgungsbezug einen entsprechenden Antrag an den Versorgungsträger stellen. 5

§ 37 VersAusglG Anpassung wegen Tod der ausgleichsberechtigten Person

(1) [1]Ist die ausgleichsberechtigte Person gestorben, so wird ein Anrecht der ausgleichspflichtigen Person auf Antrag nicht länger auf Grund des Versorgungsausgleichs gekürzt. [2]Beiträge, die zur Abwendung der Kürzung oder zur Begründung von Anrechten zugunsten der ausgleichsberechtigten Person gezahlt wurden, sind unter Anrechnung der gewährten Leistungen an die ausgleichspflichtige Person zurückzuzahlen.

(2) Die Anpassung nach Absatz 1 findet nur statt, wenn die ausgleichsberechtigte Person die Versorgung aus dem im Versorgungsausgleich erworbenen Anrecht nicht länger als 36 Monate bezogen hat.

(3) Hat die ausgleichspflichtige Person im Versorgungsausgleich Anrechte im Sinne des § 32 von der verstorbenen ausgleichsberechtigten Person erworben, so erlöschen diese, sobald die Anpassung wirksam wird.

I. Allgemeines

1　§ 37 VersAusglG und die darin geregelte Anpassung wegen des Tods der ausgleichsberechtigten Person ist die Konsequenz eines Urteils des Bundesverfassungsgerichts[1] und soll verhindern, dass die Versorgungen der ausgleichspflichtigen Person gekürzt werden, obwohl die ausgleichsberechtigte Person aus den im Versorgungsausgleich übertragenen Anrechten wegen ihres Vorversterbens keine Leistungen bezieht. In dem bis zum 31.8.2009 geltenden Recht war dies in § 4 VAHRG geregelt. Da im alten Recht das Prinzip des saldierenden Einmalausgleichs herrschte, war die Antragstellung immer sinnvoll.

2　Im neuen Versorgungsausgleichsrecht ist dagegen die „Annullierung der Wirkungen des Versorgungsausgleichs" zum einen auf die in § 32 VersAusglG genannten Regelversorgungssysteme beschränkt und zum anderen nicht zwingend immer sinnvoll, weil in jedem Fall eine bilanzierende Übersicht der übertragenen und erhaltenen Versorgungsanteile erstellt werden muss.

II. Einzelheiten

3　Die Anpassung nach § 37 VersAusglG setzt voraus, dass die ausgleichsberechtigte Person verstirbt, bevor sie länger als **36 Monate Leistungen** aus einem ihr übertragenen Anrecht iSd § 32 VersAusglG bezogen hat. Rechtsfolge des Vorversterbens der ausgleichsberechtigten Person ist, dass die Versorgung nicht länger gekürzt wird (Abs. 1 S. 1).

4　Sofern **Beiträge zur Abwendung der Kürzung**[2] oder zur Begründung von Anrechten zugunsten der ausgleichsberechtigten Person gezahlt worden sind, werden diese Beiträge unter Berücksichtigung der gewährten Leistungen an die ausgleichsverpflichtete Person (maximal bis 36 Monate) zurückgezahlt. Dies betrifft die Fälle, in denen nach altem Recht Leistungen nach § 1587 b Abs. 3 oder gem. § 3 b Abs. 1 Nr. 2 VAHRG erbracht worden sind. Betroffen sind jedoch auch Leistungen aufgrund von Parteivereinbarungen nach § 1587 o aF. Das neue, ab 1.9.2009 geltende Versorgungsausgleichsrecht kennt verpflichtende Beitragsleistungen nur als Folge von Parteivereinbarungen nach § 6 VersAusglG. Zwar wird dies von der Gesetzesbegründung negiert.[3] Zu Recht ist jedoch darauf hinzuweisen, dass kein Grund erkennbar ist, warum Ausgleichszahlungen nach § 6 VersAusglG anders zu behandeln sein sollen als solche nach § 1587 o aF.[4]

5　Die **Wiederauffüllung** der durch den Versorgungsausgleich bewirkten Versorgungslücken durch Beitragszahlung ist in Phasen niedriger Marktzinsen attraktiv. In der gesetzlichen Rentenversicherung und der Beamten- und Soldatenversorgung werden lang- und mittelfristig Renditen von ca. 2,5 % erzielt. Da die Wiederauffüllung auch steuerlich als **Sonderausgabe** nach § 10 Abs. 1 a Nr. 3

1　BVerfG FamRZ 1980, 326.
2　ZB § 187 SGB VI, § 58 BeamtVG, § 55 d SVG.
3　BT-Drs. 16/10144, 76.
4　So zu Recht NK-BGB/Rehbein VersAusglG § 37 Rn. 14; wohl auch FAKomm-FamR/Wick VersAusglG § 37 Rn. 6; MK/Gräper VersAusglG § 32 Rn. 9.

EStG geltend gemacht werden kann,[5] kann sie als sinnvolle Geldanlage angesehen werden. Das gilt umso mehr für die Wiederauffüllung von Beamtenversorgungen nach durchgeführtem Versorgungsausgleich. Die dafür aufgewendeten Mittel können unbegrenzt als **Werbungskosten** abgezogen werden.[6] Das gilt auch dann, wenn zur Optimierung des steuerlichen Ergebnisses Ratenzahlung geleistet wird.

§ 38 VersAusglG   Durchführung einer Anpassung wegen Tod der ausgleichsberechtigten Person

(1) [1]Über die Anpassung entscheidet der Versorgungsträger, bei dem das auf Grund eines Versorgungsausgleichs gekürzte Anrecht besteht. [2]Antragsberechtigt ist die ausgleichspflichtige Person.

(2) § 34 Abs. 3 und 4 gilt entsprechend.

(3) [1]Die ausgleichspflichtige Person hat die anderen Versorgungsträger, bei denen sie Anrechte der verstorbenen ausgleichsberechtigten Person auf Grund des Versorgungsausgleichs erworben hat, unverzüglich über die Antragstellung zu unterrichten. [2]Der zuständige Versorgungsträger unterrichtet die anderen Versorgungsträger über den Eingang des Antrags und seine Entscheidung.

§ 38 VersAusglG ist die Durchführungsnorm für die Anpassung wegen Todes der ausgleichsberechtigten Person. **Abs. 1** weist die Entscheidung in den **Zuständigkeitsbereich der Versorgungsträger**, bei denen das aufgrund eines Versorgungsausgleichs gekürzte Anrecht besteht. Antragsberechtigt ist die ausgleichspflichtige Person (Abs. 1 S. 2).   1

Durch die Zuständigkeit der Versorgungsträger zur Entscheidung über den Antrag sind Streitigkeiten den **Fachgerichten**, also vor allem den Sozial- und Verwaltungsgerichten, zugewiesen.   2

Für die **Zahlungsmodalitäten** gilt gem. Abs. 2 § 34 Abs. 3 VersAusglG entsprechend. Die Anpassung wirkt ab dem ersten Tag des Monats, der auf den Monat der Antragstellung folgt.   3

Genau wie bei der Unterhalts- oder Invaliditätsanpassung geht der Anspruch auf die Erben über, wenn der Erblasser den Antrag vor seinem Tod gestellt hat. Der Anspruch auf Anpassung ist damit **vererblich**.   4

Abs. 3 S. 1 begründet eine umfassende **Informationspflicht** der ausgleichspflichtigen Person gegenüber den anderen Versorgungsträgern, bei denen die ausgleichspflichtige Person Anrechte der verstorbenen ausgleichsberechtigten Person erworben hat. Diese **Unterrichtungspflicht** soll die Realisierung von § 37 Abs. 3 VersAusglG (Erlöschen der im Versorgungsausgleich erworbenen Anrechte durch die ausgleichspflichtige Person) ermöglichen und Überzahlungen der Versorgungsträger verhindern.   5

Diese **Informationspflicht** wird auf den **zuständigen Versorgungsträger** (Abs. 3 S. 2) erweitert. Auch den Versorgungsträger, bei dem die Anpassung wegen Todes beantragt wird, trifft die umfassende Informationspflicht den anderen Ver-   6

---

5   Engels, Steuerrecht für die familienrechtliche Praxis, 2. Aufl. 2015, Rn. 1059; Ruland, Versorgungsausgleich Rn. 1328.
6   BFH FamRZ 2006, 621; Engels, Steuerrecht für die familienrechtliche Praxis, Rn. 1065.

sorgungsträgern gegenüber. Dies soll sicherstellen, dass die Versorgungsträger verlässlich Kenntnis vom Zeitpunkt der Antragstellung erlangen.[1]

Teil 2 Wertermittlung

Kapitel 1
Allgemeine Wertermittlungsvorschriften

Vorbemerkung zu § 39 VersAusglG

1   Einer der wesentlichen Gründe für den Systemwechsel im Versorgungsausgleich im Jahr 2009 vom bilanzierenden Einmalausgleich hin zum Hin- und Herausgleich jedes einzelnen Anrechts war die Erkenntnis, dass die Vergleichbarkeit von Anrechten nicht ohne Weiteres errechnet werden kann. Bei der **internen Teilung** ist dieses Ziel auch erreicht worden, sofern der Versorgungsträger bei der Begründung der Versorgung für die ausgleichsberechtigte Person die gleichen Berechnungsparameter wie bei der Quellversorgung anwendet. Dies ist aber schwierig zu kontrollieren, weil niemand ohne aufwändige Berechnungen in der Lage ist zu prüfen, ob für die ausgleichsberechtigte Person aus dem Ausgleichswert auch tatsächlich eine Versorgung in richtiger Höhe und bezogen auf den richtigen Zeitpunkt begründet worden ist. Noch schwieriger ist es bei dem Versuch, saldierende Vereinbarungen zur Vermeidung externer Teilungsvorgänge zu schließen, wenn die Berechnungsparameter der Versorgungen, ihre steuerliche und sozialrechtliche Belastung differieren. Um diesem Mangel abzuhelfen, werden im Nachfolgenden die Grundsätze der finanzmathematischen Rentenberechnung kurz dargestellt.

2   Die Berechnung der Kapitalwerte von Versorgungen folgt eigentlich einfachen und logischen Grundsätzen.

In einem **ersten Schritt** ist der Barwert der ab Rentenbeginn zu leistenden Rente, bezogen auf das Datum des Renteneintritts zu ermitteln. Die Höhe dieses Barwerts wird maßgeblich durch die **Rentenhöhe**, den anzunehmenden **Leistungszeitraum** und den anzuwendenden **Rechnungszins** bestimmt.

a) Ohne Kenntnis der monatlichen ehezeitlich erdienten **Rentenhöhe** kann die Berechnung des Kapitalwerts einer Versorgung nicht vorgenommen werden. Deswegen ist es misslich, dass die Versorgungsträger nicht zwingend sofort die ehezeitlich erworbene Rentenhöhe mitteilen müssen. Spätestens wenn sie aber die Höhe des von Ihnen dem Familiengericht mitgeteilten Kapitalwerts erläutern sollen (§ 220 Abs. 4 S. 2 FamFG), kommen sie nicht umhin, die angenommene Rentenhöhe mitzuteilen. Gleichzeitig ist das **Leistungsspektrum** einer Versorgung wertbestimmend. Wird neben der Altersversorgung auch Invaliditäts- und Hinterbliebenenversorgung gewährt, wirkt dies werterhöhend.

b) Der **Leistungszeitraum** ergibt sich aus den **Sterbetafeln**. Dazu werden die Sterbetafeln V2 des statistischen Bundesamtes verwandt. Diese weisen für jeden Geburtsjahrgang die Lebenserwartung im jeweiligen Alter geschlechtsdifferenziert aus.

---

1   BT-Drs. 16/10144, 76.

c) Der **Rechnungszins** wird in der Regel dem Handelsrechtlichen Rückstellungszins (§ 253 HGB) entnommen.[1] Dabei ist auf die Zinssätze der Tabelle mit dem 7-Jahres-Durchschnitt abzustellen.[2] Bei lebenslangen Renten wird der BilMoG-Zins nach § 253 HGB für eine 15-jährige Laufzeit aus der Tabelle der Bundesbank[3] entnommen. Für Zeiträume vor Ermittlung des BilMoG-Zinses (vor dem 1.12.2008), wird empfohlen, auf den ersten veröffentlichten BilMoG-Zinssatz abzustellen (5,25%).[4] Bei einem Ehezeitende in den 90er Jahren kann auch auf einen oberhalb 5,25% liegenden Zinssatz abgestellt werden. Da der gleiche Rechnungszins auch für die Verzinsung (Aufzinsung → VersAusglG § 14 Rn. 18) zugrunde zu legen wäre, treten keine nicht hinzunehmenden Wertverzerrungen durch Verwendung hoher Zinssätze ein. Wendet der Versorgungsträger einen niedrigeren Zinssatz an, ist dagegen nichts einzuwenden. Letztendlich ist maßgeblich, mit welchem Rechnungszins zu dem dem Ehezeitende vorausgehenden Bilanzierungsstichtag die Versorgung bewertet wurde. Dies hat der Versorgungsträger ggf. mitzuteilen.

d) Befindet sich die Versorgung bereits in der **Leistungsphase**, wäre das Leistungsspektrum der Versorgung noch zu reduzieren, da ab Leistungsbeginn allenfalls noch Hinterbliebenenversorgung werterhöhend hinzuzurechnen ist.

e) Befindet sich die Versorgung noch in der **Anwartschaftsphase**, ist der Barwert, der auf das Datum des Renteneintritts ermittelten Versorgung auf den Berechnungsstichtag (Ehezeitende) abzuzinsen. Dazu verwendet man den vom Versorgungsträger mitgeteilten Rechnungszins (siehe c)).

f) Sichert die Versorgung neben der Altersrente auch eine Hinterbliebenen- oder eine Invaliditätsversorgung zu, wäre diese noch einzupreisen, dh der Barwert der Altersversorgung wäre um das Risiko der Invaliditäts- oder Hinterbliebenenversorgung zu erhöhen.

g) Schließlich ist das „**Vorversterbensrisiko**" zu bewerten, also das Risiko, dass der Versorgungsinhaber vor Erreichen der Regelaltersgrenze verstirbt. Auch dieses Risiko kann man aus den Sterbetafeln, der Tabelle der „Kohortensterblichkeit", ermitteln. Dazu dividiert man die Anzahl der aus einer Kohorte von 100.000 Geborenen, die im Renteneintrittsalter noch leben, durch die Anzahl der im Berechnungsstichtag noch Lebenden. Mit dieser Zahl, die immer kleiner als eins ist, multipliziert man den zuvor stichtagsbezogenen Barwert.

h) Das alles erfordert Fleiß und Genauigkeit, will man den Barwert mit dem Taschenrechner ermitteln. Fleiß, weil man in Tabellen nachschauen und die Werte heraussuchen muss, Genauigkeit, weil die Formel zur Ermittlung des Kapitalwerts nicht banal ist.

---

1 BGH FamRZ 2016, 781.
2 BGH FamRZ 2016, 2000.
3 www.bundesbank.de/Navigation/DE/Statistiken/Geld_und_Kapitalmaerkte/Zinssaetze_un d_Renditen/Abzinsungssaetze/Tabellen/tabellen.html.
4 Kirchmeier FamRZ 2016, 2059 (2060).

Eine Rente in der Anwartschaftsphase errechnet sich aus der Formel:

$$\text{Barwert einer Rente} = \frac{\frac{\text{Rente}}{\text{Zinssatz}} \times \left(1 - \frac{1}{(1 + \text{Zinssatz})^{\text{Leistungszeit}}}\right)}{(1 + \text{Zinssatz})^{\text{Anwartschaftszeit}}} \times \text{IRFaktor} \times \text{HRFaktor}$$

Dabei bilden IRFaktor und HRFaktor die Multiplikatoren für den Wert von Invaliditäts- und Hinterbliebenenversorgung.

Der Kapitalwert einer „laufenden Rente" ist ein bisschen einfacher zu berechnen:

$$\text{Jahresrente} = \frac{\text{Kapital} \times (1 + \text{Zinssatz})^{\text{Leistungszeit}} \times \text{Zinssatz}}{(1 + \text{Zinssatz})^{\text{Leistungszeit}} - 1} \times \text{HRFaktor}$$

Konkret sieht dann eine solche Berechnung wie folgt aus:[5]

Ausgleichspflichtiger geboren:	31.12.1959 (m)
Ausgleichsberechtigte geboren:	2.2.1965 (w)
Ehezeitende (1. Berechnungszeitpunkt):	31.12.2014
2. Berechnungszeitpunkt:	31.10.2016
zu kapitalisierende Monatsrente:	**500 EUR**

Berechnung der Versorgung zum Ehezeitende, 31.12.2014

Alter Ausgleichspflichtiger im Berechnungszeitpunkt:	55,00
BilMoG-Zins nach § 253 HGB aus 7-jährigem Durchschnitt	4,53 %
Rententrend:	1,00 %
Renteneintrittsalter:	66,33
Lebenserwartung im Renteneintritt in Jahren*:	19,1
Zuschlag für Hinterbliebenenversorgung:	10,34 %
Zuschlag für Invaliditätsversorgung:	23,11 %
Vorversterbensrisiko nach Kohortensterblichkeit**:	79.769 / 87.934
Kapitalwert der Versorgung*:**	**61.181 EUR**

*) Berechnet nach Generationensterbetafeln V2 des stat. Bundesamtes
**) Ermittelt aus der Kohortensterblichkeit der Generationensterbetafeln
***) Barwert einer Rente = (Jahresrente/Zinssatz × (1-1/(1+Zinssatz)^Leistungszeit))/(1+Zinssatz)^Anwartschaftszeit x Vorversterbensrisiko x Hinterbliebenenversorgungszuschlag x Invaliditätsversorgungszuschlag

Will man „umgekehrt" errechnen, welche Versorgung aus einem Ausgleichswert für die ausgleichsberechtigte Person gewährt werden müsste, werden die gleichen Formeln modifiziert eingesetzt. Ohne Rechenhilfe ist eine solche Rechnung in der Praxis nicht vorzunehmen. Ein entsprechendes Programm kann kostenlos im Internet heruntergeladen werden.[6]

---

5 Berechnet mit Hauß/Glockner, Kapitalwertkontrolle im Versorgungsausgleich, www.famr
   b.de/muster_formulare.html.
6 www.anwaelte-du.de/sites/elternunterhalt.htm.

Die **Zuschläge für Invaliditäts- und Hinterbliebenenversorgung** können aus der 3
nachfolgenden Tabelle abgelesen werden. Insbesondere der niedrigere Wert der
Hinterbliebenenversorgung für Frauen kompensiert deren Längerlebigkeit, weswegen die Kapitalwerte von Versorgungen für Männer und Frauen weitgehend
gleich sind, solange kein großer Altersunterschied (> 5 Jahre) zwischen ihnen
besteht oder ein inkomplettes Leistungsspektrum offeriert wird.

Alter	Zuschläge zum Barwert für			Zuschläge zum Barwert für		
	Anteil IR	Anteil HR	Gesamt IR + HR	Anteil IR	Anteil HR	Gesamt IR + HR
30	19.80%	37.46%	57.25%	19.36%	9.40%	28.76%
31	19.57%	36.98%	56.55%	19.03%	9.21%	28.24%
32	19.27%	36.48%	55.75%	18.69%	9.01%	27.71%
33	18.95%	35.99%	54.94%	18.31%	8.78%	27.08%
34	18.67%	35.49%	54.16%	17.91%	8.57%	26.48%
35	18.33%	34.96%	53.29%	17.48%	8.32%	25.80%
36	17.95%	34.38%	52.33%	17.00%	8.10%	25.10%
37	17.60%	33.79%	51.39%	16.50%	7.85%	24.35%
38	17.18%	33.18%	50.35%	16.01%	7.60%	23.62%
39	16.76%	32.53%	49.29%	15.47%	7.36%	22.83%
40	16.31%	31.88%	48.19%	14.95%	7.09%	22.04%
41	15.87%	31.19%	47.06%	14.40%	6.85%	21.25%
42	15.43%	30.51%	45.94%	13.85%	6.60%	20.45%
43	14.97%	29.79%	44.77%	13.29%	6.35%	19.63%
44	14.52%	29.05%	43.57%	12.72%	6.08%	18.81%
45	14.08%	28.34%	42.42%	12.16%	5.83%	17.99%
46	13.60%	27.59%	41.19%	11.55%	5.57%	17.11%
47	13.11%	26.87%	39.98%	10.95%	5.31%	16.26%
48	12.59%	26.14%	38.74%	10.34%	5.07%	15.42%
49	12.06%	25.41%	37.48%	9.69%	4.83%	14.52%
50	11.50%	24.68%	36.18%	9.03%	4.58%	13.61%
51	10.92%	23.95%	34.87%	8.35%	4.35%	12.70%
52	10.28%	23.23%	33.51%	7.65%	4.11%	11.77%
53	9.61%	22.50%	32.11%	6.94%	3.89%	10.83%
54	8.88%	21.77%	30.64%	6.21%	3.68%	9.89%
55	8.11%	21.06%	29.17%	5.48%	3.47%	8.95%
56	7.27%	20.34%	27.61%	4.72%	3.27%	7.99%
57	6.37%	19.64%	26.01%	3.96%	3.09%	7.05%
58	5.41%	18.94%	24.35%	3.22%	2.92%	6.14%
59	4.41%	18.26%	22.67%	2.52%	2.76%	5.28%
60	3.39%	17.60%	20.98%	1.86%	2.61%	4.48%
61	2.38%	16.96%	19.34%	1.27%	2.47%	3.74%
62	1.46%	16.35%	17.80%	0.76%	2.33%	3.09%
63	0.70%	15.75%	16.45%	0.36%	2.20%	2.55%
64	0.18%	15.17%	15.35%	0.10%	2.06%	2.15%
65	0.00%	14.58%	14.58%	0.00%	1.92%	1.92%

§ 39 VersAusglG Unmittelbare Bewertung einer Anwartschaft

(1) Befindet sich ein Anrecht in der Anwartschaftsphase und richtet sich sein
Wert nach einer Bezugsgröße, die unmittelbar bestimmten Zeitabschnitten zugeordnet werden kann, so entspricht der Wert des Ehezeitanteils dem Umfang der
auf die Ehezeit entfallenden Bezugsgröße (unmittelbare Bewertung).

(2) Die unmittelbare Bewertung ist insbesondere bei Anrechten anzuwenden, bei denen für die Höhe der laufenden Versorgung Folgendes bestimmend ist:

1. die Summe der Entgeltpunkte oder vergleichbarer Rechengrößen wie Versorgungspunkten oder Leistungszahlen,
2. die Höhe eines Deckungskapitals,
3. die Summe der Rentenbausteine,
4. die Summe der entrichteten Beiträge oder
5. die Dauer der Zugehörigkeit zum Versorgungssystem.

I. Allgemeines

1 Die §§ 39–42 VersAusglG sind allgemeine Wertermittlungsvorschriften, die sich mit der Ermittlung des **Ehezeitanteils** einer Versorgung befassen. Sie haben damit im Versorgungsausgleichsrecht für das Versorgungsausgleichsergebnis zentrale Bedeutung.

2 Die unterschiedlichen Bewertungsmethoden stehen in einem vom Gesetzgeber eindeutig definierten hierarchischen Verhältnis. In jedem Fall hat die **unmittelbare Bewertung** des § 39 VersAusglG **Vorrang vor der zeitratierlichen Bewertung** einer Anwartschaft nach § 40 VersAusglG, wobei in den §§ 43–46 VersAusglG Besonderheiten für einzelne Versorgungstypen (gesetzliche Rentenversicherung, § 43 VersAusglG; Beamtenversorgung, § 44 VersAusglG; Betriebsrenten, § 45 VersAusglG; Privatrenten, § 46 VersAusglG) vorgesehen sind.

3 Die Methodik des Gesetzes weicht von der Methodik des bis zum 31.8.2009 geltenden Rechts deutlich ab. Wie der Ehezeitanteil zu bestimmen ist, wird nicht vom Gesetz für einzelne Versorgungen festgelegt, vielmehr bestimmt die innere Struktur einer Versorgung die Methode der Bemessung des Ehezeitanteils. Durch diese versorgungstypische Ausrichtung des Bewertungssystems wird das Gesetz der unterschiedlichen Versorgungslandschaft gerecht und ist insbesondere auch für das Aufkommen neuer Versorgungstypen offen.

II. Einzelheiten

4 **1. Zuständigkeit für die Bewertung.** Nach § 5 Abs. 1 VersAusglG berechnet der Versorgungsträger die Ehezeit eines Anrechts in Form der für das jeweilige Versorgungssystem maßgeblichen Bezugsgröße. Da der Versorgungsträger vom Gesetz mit der Ermittlung des Ehezeitanteils betraut wird, hat das Gericht ihm die Ehezeit mitzuteilen. Sache des Versorgungsträger ist es, zum dem **Bewertungsstichtag** „Ende der Ehezeit" (§ 3 Abs. 1 VersAusglG) den Wert der Versorgung zu ermitteln und dem Gericht einen Vorschlag für den Ausgleichswert (§ 5 Abs. 3 VersAusglG) zu unterbreiten.

Die Zuständigkeit des Versorgungsträgers für die Ermittlung des Ausgleichs- 5
werts birgt Gefahren, weil die hinter den Versorgungsausgleichsauskünften liegenden versicherungsmathematischen Berechnungen für Juristen schwer zu
durchschauen und daher die Auskünfte schwer zu kontrollieren sind. In der Praxis muss daher sorgfältig darauf geachtet werden, dass aus der Auskunft, die
der Versorgungsträger nach § 220 FamFG dem Gericht erteilt hat, sämtliche
notwendigen Bewertungsparameter hervorgehen (→ VersAusglG § 4 Rn. 24).

2. Unmittelbare Bewertung. Abs. 1 definiert den Begriff der **unmittelbaren Be-** 6
wertung einer Anwartschaft. Kennzeichen einer unmittelbar zu bewertenden
Versorgung ist, dass ihr Wert durch in definierten Zeitabschnitten erworbene
Bezugsgrößen bestimmt wird. Dabei ist die Art der Bezugsgröße beliebig. Sie
kann, was Abs. 2 deutlich macht, sowohl in einer Währungseinheit oder einem
Deckungskapital als auch in einer mittelbaren Berechnungseinheit ausgedrückt
werden. In Betracht kommen Entgelt- oder Versorgungspunkte, Leistungs- oder
Steigerungszahlen, Rentenbausteine, Beiträge oder auch die Dauer der Zugehörigkeit zu einem Versorgungssystem. Diese Bezugsgrößen müssen sich **unmittel-**
bar bestimmten Zeitabschnitten zuordnen lassen, und zwar dergestalt, dass der
Wert des Ehezeitanteils aus der Summe der in der Ehezeit angesammelten Bezugsgrößen zum Ehezeitende als maßgeblichem Bewertungsstichtag berechnet
werden kann.

Die Versorgungsträger ist berechtigt, die Höhe der Versorgung ausschließlich 7
durch Bekanntgabe der **ehezeitlich erworbenen Bezugsgröße** mitzuteilen. Dies
wird von einigen Versorgungsträgern auch so gehandhabt. Für die Ehegatten
verursacht dies Verständnisprobleme, wenn die Höhe der mit der Bezugsgröße
korrespondierenden Monats- oder Jahresrente nicht mitgeteilt wird. Gerade im
Versorgungsausgleich ist es wichtig, dass die Parteien sich der Auswirkungen des
Versorgungsausgleichs auf ihre spätere Rentenerwartung bewusst sind. Dies
kann nur geschehen, wenn die Versorgungsträger mit den für alle Beteiligten eines Versorgungsausgleichsverfahrens leicht nachvollziehbar zu erwartenden
Rentenwerten operieren. Gleichzeitig ermöglicht die Mitteilung eines Rentenwerts durch den Versorgungsträger die versicherungsmathematische Kontrolle
der Kapitalwerte (→ VersAusglG Vor § 39 Rn. 2) oder der korrespondierenden
Kapitalwerte, deren Plausibilität mit hinreichender Sicherheit auch von versicherungsmathematischen Laien durchgeführt werden kann (→ VersAusglG § 47
Rn. 15). Es ist daher in der Praxis von großer Wichtigkeit, dass in den Fällen, in
denen die Versorgung auf eine Rente gerichtet ist, der Versorgungsträger dazu
angehalten wird, auch die einem von ihm mitgeteilten Kapitalwert entsprechende Rente mitzuteilen.

3. Anwendungsfälle und versorgungstypische Einzelheiten. § 39 Abs. 2 8
VersAusglG enumeriert beispielhaft (nicht abschließend) Bezugsgrößen, deren
Versorgungssysteme die unmittelbare Bewertung zulassen.

a) Entgeltpunkte (Nr. 1). Entgeltpunkte prägen die Höhe der Versorgung aus 9
der **gesetzlichen Rentenversicherung.** Ein Entgeltpunkt entspricht dem Rentenerwerb eines sozialversicherungspflichtigen Beschäftigten, dessen Verdienst dem
Durchschnittsentgelt der in der gesetzlichen Rentenversicherung versicherten
Personen entspricht. Da der gesetzlichen Rentenversicherung die Höhe des sozialversicherungspflichtigen Entgelts durch die Arbeitgeber zu melden ist, kann
für jeden Zeitraum die Höhe des Versorgungserwerbs in Entgeltpunkten durch
Division des individuellen sozialversicherungspflichtigen Entgelts durch das für

diesen Zeitraum geltende Durchschnittsentgelt festgestellt werden. Dementsprechend bestimmt § 63 Abs. 1 SGB VI, dass sich die Höhe einer Rente vor allem nach der Höhe der während des Versicherungslebens durch Beiträge versicherten Arbeitsentgelte und Arbeitseinkommen richtet. Da Beiträge zur gesetzlichen Rentenversicherung nach § 157 SGB VI lediglich bis zur **Beitragsbemessungsgrenze** erhoben werden und die Beitragsbemessungsgrenze sich an dem doppelten Durchschnittsentgelt orientiert, ist in der gesetzlichen Rentenversicherung maximal ein Versorgungserwerb von zwei Entgeltpunkten pro Jahr als für den Versorgungsausgleich bestimmende Bezugsgröße möglich. Die Höhe der ehezeitlich erworbenen Anwartschaft ergibt sich aus der Multiplikation der ehezeitlich erworbenen Entgeltpunkte mit dem **aktuellen Rentenwert**, der jährlich zum 1.7. eines Jahres durch Verordnung festgelegt wird. Bezugsgröße in der gesetzlichen Rentenversicherung ist daher nicht etwa die Rentenhöhe der ehezeitlich erworbenen Rente, sondern es sind die die Höhe der Rente bestimmenden Entgeltpunkte.

10 **b) Versorgungspunkte (Nr. 1).** Versorgungspunkte sind die Bezugsgröße in der **Zusatzversorgung des öffentlichen Dienstes** nach der Reform der Zusatzversorgung, also ab dem 1.1.2002. Versorgungspunkte werden für Beiträge erworben, sind also einkommensorientiert. Der Versicherte erhält pro Versorgungspunkt eine Versorgungszusage in Höhe einer Rente von 4 EUR pro Monat. Die Besonderheit der Zusatzversorgung des öffentlichen Dienstes ist, dass für Zwecke des Versorgungsausgleichs die durch die Versorgungspunkte repräsentierte Rente in ein fiktives Deckungskapital umgerechnet wird und die Teilung des Ehezeitanteils nicht auf der Basis der Versorgungspunkte, sondern auf der Basis des Deckungskapitals geschieht. Dieses wird entsprechend den biometrischen Faktoren[1] der ausgleichsberechtigten Person sodann wieder in Entgeltpunkte umgerechnet. Diese Form der Auskunftserteilung und der Berechnung des Ausgleichswerts löst in der Praxis regelmäßig Irritationen aus. Diese sind unberechtigt.[2] Allerdings ist zu bemängeln, dass die öffentlich-rechtlichen Zusatzversorgungen des öffentlichen Dienstes die für ihre Versorgungen geltenden Berechnungsparameter und Barwertfaktoren nicht offenlegen. Dadurch ist eine Kontrolle der Auskünfte und der Berechnungen im Prinzip nicht möglich. Man muss insoweit wissen, dass die öffentlich-rechtlichen Zusatzversorgungen mit einem Rechnungszins von 5,25 %, einem Anwartschaftsrechnungszins von 2 % und einer Leistungsdynamik (Rententrend) von 1 % rechnen. Die Praxis der Zusatzversorgung des öffentlichen Dienstes, die Teilung über ein fiktives Deckungskapital und nicht über die Versorgungspunkte durchzuführen, ist versicherungsmathematisch zutreffend, aber **versorgungsausgleichsrechtlich bedenklich**. In der Zusatzversorgung wird nämlich tatsächlich kein Deckungskapital gebildet. Dieses ist nur eine fiktive Rechengröße. Soweit die Träger der Zusatzversorgung daher auf der Basis einer fiktiven Bezugsgröße (Deckungskapital) die Teilung vornehmen, führt dies entgegen der Annahme des OLG Celle[3] eben nicht zu einer gleich hohen, sondern nur zu einer gleichwertigen Rente. Dass gleichwohl die Teilungsmethode der Zusatzversorgungskassen auch versorgungsausgleichsrechtlich **zu billigen** ist, hängt damit zusammen, dass die Teilung auf Kapitalwertbasis dem fiktiven kapitalgedeckten Ansatz des Versorgungssystems der

---

1 Ablehnend zu geschlechtsspezifischen Werten OLG Celle FamRZ 2014, 305.
2 OLG Celle FamRZ 2011, 723.
3 OLG Celle FamRZ 2011, 223 (226).

öffentlich-rechtlichen Zusatzversorgungskassen entspricht. Danach wird die Einzahlung von 4 % des zusatzversorgungspflichtigen Entgelts in ein kapitalgedecktes Versorgungssystem fingiert. Dieses fiktive Deckungskapital wird mit altersbedingten, geschlechtsneutralen Berechnungsfaktoren in Versorgungspunkte umgerechnet.[4] Da die Zusatzversorgung des öffentlichen Dienstes Versorgungspunkte als maßgebliche Bezugsgröße definiert, wird vertreten, die von den Zusatzversorgungen des öffentlichen Dienstes praktizierte Teilungsmethode auf Kapitalbasis mit anschließender geschlechtsspezifischer Umrechnung in Versorgungspunkte entspräche nicht § 39 VersAusglG.[5] Dies hat der Bundesgerichtshof nun entschieden. Die Methode der Zusatzversorgungskassen, die ehezeitlich erworbenen Versorgungspunkte in einen Kapitalwert umzurechnen, hat der Bundesgerichtshof gebilligt,[6] die Anwendung geschlechtsspezifischer Barwertfaktoren für die Begründung der Versorgung zugunsten der ausgleichsberechtigten Person hat er verworfen.[7] In der Praxis spielt die Verwendung geschlechtsspezifischer Barwertfaktoren materiell nur bei großen Altersunterschieden (> 5 Jahre) zwischen den Ehegatten eine Rolle.[8] Durch die niedrigeren Werte der Invaliditäts- und insbesondere der Hinterbliebenenversorgung von Frauen werden die der weiblichen Längerlebigkeit geschuldeten Mehrkosten meist kompensiert.

c) Leistungs- und Steigerungszahlen (Nr. 1). Steigerungs- und Leistungszahlen 11 kommen in **berufsständischen Versorgungen** und in der **Alterssicherung der Landwirte** vor. Ihre Funktionsweise entspricht derjenigen der Entgeltpunkte. Regelmäßig wird auch in diesen Fällen ein individueller Beitrag des Versicherten am Durchschnittsbeitrag der Versicherten oder einer anderen Kenngröße gemessen. Der sich daraus ergebende Faktor kann Leistungs- oder Steigerungszahl genannt oder mit einem beliebigen anderen Begriff versehen werden.

d) Deckungskapital (Nr. 2). Deckungskapital ist die traditionell **klassische Me- 12 thode** der Finanzierung einer privaten Altersversorgung. Anders als bei **umlagefinanzierten Versorgungssystemen**, bei denen die Beiträge der Mitglieder, die in der Anwartschaftsphase gezahlt werden, genutzt werden, um die Renten der Versorgungsberechtigten in der Leistungsphase zu finanzieren, beruht eine deckungskapitalgestützte Altersversorgung auf dem **Prinzip der Ansammlung von verzinslich angelegtem Kapital auf einem Versicherungskonto** des Versorgungsberechtigten, das durch Beitragseinträge und Zinserträge genährt wird bis zum Auszahlungszeitpunkt, nämlich dem Renteneintritt des Versorgungsberechtigten. Ab dem Zeitpunkt der Leistungserbringung wird die Versorgung aus dem angesammelten Deckungskapital einschließlich der darauf noch anfallenden Zinserträge finanziert (Formel → VersAusglG Vor § 39 Rn. 2).

Für die Höhe der Rente ist deren voraussichtliche Laufzeit von maßgeblicher 13 Bedeutung. Die Laufzeit ist abhängig von der Alterserwartung des Versorgungsberechtigten. Diese Alterserwartung ist geschlechtsabhängig. In der versicherungsmathematischen Kalkulation wird zur Bestimmung der Alterserwartung nicht auf die sog Perioden-, sondern auf die **Generationensterbetafeln** zurückge-

---

4 Vgl. zum System der Zusatzversorgung die knappe und übersichtliche Darstellung bei Ruland, Versorgungsausgleich, Rn. 304.
5 OLG Frankfurt/M. FamRZ 2014, 755; aA OLG Frankfurt/M. 18.12.2012 – 5 UF 15/12.
6 BGH 8.3.2017 – XII ZB 697/13.
7 BGH 8.3.2017 – XII ZB 697/13.
8 Vgl. OLG Celle FamRZ 2014, 305.

griffen.[9] Die Lebenserwartung ab Renteneintritt ändert sich mit fortschreitendem Alter. Der überlebende Versorgungsberechtigte hat das Risiko, im Zeitraum von einem Jahr zu versterben, im wahrsten Wortsinn überlebt, so dass sich mit dem Älterwerden um ein Jahr seine Lebenserwartung nicht um ein Jahr sondern um einen geringeren Zeitabschnitt verkürzt. Dies führt dazu, dass ein Versorgungsträger das für eine bestimmte Rente hinterlegte Deckungskapital stets anpassen muss. Faktisch erfolgt die Anpassung in Jahresabständen. Da die aus einem Deckungskapital finanzierte Versorgung nicht nur aus Zinsen gespeist wird, sondern ein tatsächlicher **Kapitalverzehr durch die Rentenleistungen** eintritt, vermindert sich das Deckungskapital während der Leistungsphase kontinuierlich.

14 Dieser Kapitalverzehr kapitalgestützter Versorgungssysteme bereitet bei einer **Rentnerscheidung** erhebliche Probleme. Der Versorgungsausgleich wird durchgeführt – bezogen auf das Ehezeitende. Die tatsächliche Durchführung des Versorgungsausgleichs erfolgt jedoch erst nach Rechtskraft der Versorgungsausgleichsentscheidung und Rechtskraft der Ehescheidung. Zwischen Ehezeitende und der tatsächlichen Durchführung des Versorgungsausgleichs können daher oftmals mehrere Jahre liegen. Während dieser Zeit bezieht der Versorgungsberechtigte eine zu hohe Versorgung, weil diese im Prinzip – bezogen auf das Ehezeitende – bereits aus dem um den Versorgungsausgleich verminderten Deckungskapital zu zahlen gewesen wäre. Würde der Versorgungsträger zum Zeitpunkt der Durchführung des Versorgungsausgleichs den über die Laufzeit des Verfahrens aufgezinsten Ausgleichswert dem Deckungskapital der Versorgung entnehmen, müsste die Versorgung des Versorgungsberechtigten überproportional gekürzt werden, weil dessen Rentenbezüge während der Laufzeit des Verfahrens das Stammdeckungskapital und die darauf anfallenden Zinserträge gemindert haben. Die Überzahlung an den Versorgungsberechtigten während der Laufzeit des Verfahrens führt mithin – je länger das Verfahren dauert – zu einer überproportionalen Kürzung der Versorgung bei Durchführung des Versorgungsausgleichs nach Rechtskraft der Versorgungsausgleichs- und Ehescheidungsentscheidung.

15 Der Bundesgerichtshof[10] hat entschieden, die durch laufende Rentenzahlungen an die ausgleichspflichtige Person eintretenden Verminderung des Barwerts einer Versorgung wegen der für den Versorgungsträger gebotenen **Kostenneutralität des Versorgungsausgleichs** im Wege eines gleichmäßigen Abzugs auf beide Ehegatten zu verteilen.[11] Der Bar- oder Kapitalwert einer Versorgung sei zeitnah zum Entscheidungszeitpunkt neu zu beauskunften und zwischen den Gatten zu teilen. Faktisch führt dies indessen zu einer einseitigen Belastung der ausgleichsberechtigten Person. Mit der Halbteilung des verbliebenen Kapitalwertes wird der Ehezeitanteil der Rente der ausgleichspflichtigen Person halbiert. Der gegenüber dem Wert zum Ehezeitende verminderte Ausgleichswert verschafft der ausgleichsberechtigten Person indessen nur eine die Halbteilung deutlich unterschreitende Rente. Dies wird durch die Verfahrenslaufzeit begründet, in der die ausgleichsberechtigte Person älter geworden ist und damit die Anwartschaftszeit verkürzt hat, in der ein rechnungszinsbedingter Wertzuwachs des Ausgleichswertes erfolgt wäre.

---

9 Die Generationensterbetafeln können beim Statistischen Bundesamt kostenlos heruntergeladen werden, www.destatis.de.
10 BGH FamRZ 2016, 775.
11 BGH FamRZ 2016, 775 Rn. 55.

Denn Kostenneutralität wird nur gewahrt, wenn aus der Hälfte des verbliebenen ehezeitlichen Kapitalwertes eine Rente für die ausgleichsberechtigte Person nicht rückbezogen auf das Ehezeitende sondern auf die Rechtskraft der Entscheidung begründet wird. Dann aber dient der Ehezeitbezug nur noch zur Feststellung des Ehezeitanteils der Versorgung und löst sich vollständig von ihrem Kapitalwert. Dieser Effekt wird dadurch verstärkt, dass der Bundesgerichtshof die Versorgungsträger gehalten sieht, die Kapitalwerte entscheidungszeitnah unter den dann jeweils aktuellen biometrischen und versicherungsmathematischen Parametern zu berechnen.[12] Derzeit wird wegen der aktuell sinkenden Rechnungszinsen und der dadurch ansteigenden Kapitalwerte die Problematik des Kapitalverzehrs abgedämpft. Wenn aber die Marktzinsen wieder steigen, tritt auch ein beschleunigter Kapitalverzehr ein, der dann zu tatsächlich massiven Verletzungen des Halbteilungsgebots führen kann. **Unbilligkeiten** sind nach der Entscheidung des Bundesgerichtshofs ggf. durch Anwendung von § 27 VersAusglG durch einen Voll- oder Teilausschluss eines kompensatorischen Anrechts zu korrigieren.[13] Eine Korrektur über § 27 VersAusglG ist nicht erforderlich, wenn die ausgleichsberechtigte Person durch Unterhaltszahlungen an der Versorgungsleistung an die ausgleichspflichtige Person partizipiert ist.

Für die Gerichte ist die Unkalkulierbarkeit der Höhe der nachehezeitlichen Einkünfte des Versorgungsbeziehers ein Problem bei der Ausurteilung nachehezeitlichen Unterhalts. Die praktikabelste Lösung, ein im Verbund geltend gemachtes nacheheliches Unterhaltsverfahren aus dem Verbund abzutrennen, scheitert an der Strenge von § 140 FamFG. Danach kann eine Unterhaltsfolgesache nur unter den Voraussetzungen des Abs. 1 (weiterer Beteiligter) abgetrennt werden oder wenn die Voraussetzungen von § 140 Abs. 2 Nr. 5 FamFG vorliegen. Da jedoch die Rechtskraft des Scheidungsausspruchs Voraussetzung für die Feststellung der Höhe der nachehezeitlichen Einkünfte der Ehegatten ist, liegen auch die Voraussetzungen von § 140 Abs. 2 Nr. 5 FamFG nicht vor. 16

Wie dieses prozessuale Dilemma bei nicht mitwirkenden Parteien gelöst werden kann, ist unklar. Ob durch eine **Teilentscheidung** gem. § 38 FamFG, § 301 ZPO das Problem zu lösen ist, erscheint fraglich, wäre jedoch lösungsorientiert. Anderenfalls bliebe nichts anderes übrig, als den Unterhaltsschuldner auf die Möglichkeit des Änderungsverfahrens zu verweisen, sobald die unterhaltsbestimmende Höhe der nachehezeitlichen Versorgungsbezüge klar ist. Der Unterhaltsschuldner könnte durch isolierte Anfechtung der Unterhaltsentscheidung darüber hinaus deren Rechtskraft verhindern. Im Verlauf dieses Verfahrens würde wegen der Rechtskraft der Scheidung und damit auch der Rechtskraft der Entscheidung über den Versorgungsausgleich die Höhe der nachehezeitlichen Versorgungsbezüge feststellbar und damit auch der Unterhaltsanspruch letztendlich zu bestimmen sein. 17

Deckungskapitalgestützte Versorgungen sind grundsätzlich alle Versorgungen bei privaten Versorgungsträgern (Versicherungsgesellschaften). Darüber hinaus treten deckungskapitalgestützte Versorgungen auch in **berufsständischen Versor-** 18

---

12 BGH FamRZ 2016, 2000, Rn. 30.
13 BGH FamRZ 2016, 775 Rn. 60.

gungssystemen auf.[14] Ebenso sind **betriebliche Anrechte** aus Direktversicherungen und Pensionskassen kapitalgedeckte Versorgungen.

19 Soweit die Versorgungsträger teilweise das ehezeitlich erworbene Deckungskapital ausweisen und Zinsgutschriften und Überschussanteile gesondert mitteilen, weil diese noch nicht abschließend zugewiesen seien, sind auch diese Bestandteile des Deckungskapitals im Versorgungsausgleich auszugleichen.[15] Die Überschussanteile werden erst am Ende des Versicherungsjahres abschließend gutgeschrieben, sind jedoch bereits Bestandteil des Deckungskapitals und können daher ausgeglichen werden.

20 **e) Rentenbausteine (Nr. 3).** **Rentenbaustein-Versorgungen** sind im Bereich der **betrieblichen Altersversorgungen** anzutreffen. In derartigen Versorgungssystemen wird zu einem bestimmten Zeitpunkt dem Arbeitnehmer entweder durch Leistung des Arbeitgebers oder durch Eigenbeitrag des Arbeitnehmers ein bestimmter Kapitalbetrag in ein Versorgungssystem eingezahlt, aus dem nach einem bestimmten, meist altersabhängigen Faktor, eine Rentenzusage erfolgt.[16] Bei derartigen Versorgungssystemen ist nicht das Deckungskapital, sondern der Rentenbaustein **Bezugsgröße und bestimmender Faktor** der Versorgungszusage, so dass weder die daraus resultierende Rente noch das dahinterliegende Deckungskapital, sondern vielmehr der **Rentenbaustein selbst** der Realteilung unterliegt. Der Versorgungsträger hat in diesen Fällen die Anzahl der ehezeitlich erworbenen Rentenbausteine anzugeben. Vielfach gewährt ein Versorgungsträger unterschiedliche Rentenbausteine, weswegen diese im Versorgungsausgleich nicht zusammengerechnet werden können, sondern wegen der meist unterschiedlichen Berechnungsparameter einzeln auszugleichen sind.[17]

21 **f) Beiträge (Nr. 4).** **Beitragsabhängige Anwartschaften** zeichnen sich dadurch aus, dass aus den in sie eingezahlten Beiträgen nach einem bestimmten Verrentungsprozentsatz eine Rente gezahlt wird. In diesen Systemen ist der Beitrag die Bezugsgröße. Hauptanwendungsfall dieser Versorgungen sind einige **berufsständische Versorgungen.**[18] Der die Rentenhöhe bestimmende Verrentungsfaktor wird zur Bestimmung des Ehezeitanteils der Versorgung mit den in der Ehezeit eingezahlten Beiträgen multipliziert.

22 **g) Zugehörigkeitsdauer (Nr. 5).** Richtet sich die Höhe der Versorgung nach der Dauer der Zugehörigkeit des Versorgungsberechtigten zum Versorgungssystem, wird ihm idR pro Beschäftigungsjahr oder Monat ein bestimmter Versorgungsbetrag zugesagt. In diesem Fall wird die Bestimmung des Ehezeitanteils durch Multiplikation der Zusage für einen bestimmten Zeitraum mit der ehezeitlichen Verweildauer im Versorgungssystem ermittelt. Sagt bspw. ein Arbeitgeber einem Arbeitnehmer eine Altersvorsorge iHv 20 EUR pro Beschäftigungsjahr zu, bestimmt sich der Ehezeitanteil dieser Versorgung aus der Multiplikation der ehe-

---

14 Vgl. die Aufzählung bei MK/Glockner VersAusglG § 39 Rn. 13: Apotheker: Bayern/ Baden-Württemberg/Rheinland-Pfalz/Saarland/Hessen/Nordrhein, Westfalen-Lippe; Ärzte: Hessen, Baden-Württemberg/Schleswig-Holstein, Bayern/Niedersachsen/Rheinland-Pfalz; für Tierärzte: Hessen, Nordrhein, Westfalen-Lippe; Zahnärzte: Niedersachsen, Rheinland-Pfalz, Schleswig-Holstein, Westfalen-Lippe; Ingenieure: Niedersachsen.
15 BGH FamRZ 2016, 775.
16 Vgl. die Darstellung bei MK/Glockner VersAusglG § 39 Rn. 15.
17 BGH FamRZ 2016, 1435; 2015; 2125; 2012, 1555.
18 Kassenärztliche Vereinigung Hessen: BGH FamRZ 1989, 951; Zahnärzteversorgung Schleswig-Holstein: BGH FamRZ 1996, 481; Architektenversorgung Baden-Württemberg: BGH FamRZ 2008, 1602; Landesärztekammer: BGH FamRZ 2006, 997.

zeitlichen Verweildauer in diesem Versorgungssystem mit dem zugesagten Versorgungssatz. Für den Fall, dass eine sehr lange Dauer der Zugehörigkeit zum Versorgungssystem Bemessungsfaktor ist, kann eine zeitratierliche Bewertung (§ 40 VersAusglG) notwendig sein.[19]

h) Abgeordnetenversorgung. Nach § 25 a Abs. 3 AbgG ist für die Abgeordnetenversorgung des Bundes die unmittelbare Bewertung nach § 39 VersAusglG angeordnet. Die Höhe der Abgeordnetenversorgung bemisst sich nach der Dauer der Mitgliedschaft im Bundestag und beträgt 2,5 % der Abgeordnetenbezüge, höchstens 67,5 % (§ 20 AbgG). 23

4. Eliminierung vorehezeitlichen Versorgungserwerbs. Bei der Bestimmung des Ehezeitanteils einer Versorgung durch die Versorgungsträger soll nur der **ehezeitliche Versorgungserwerb** ausgeglichen werden. Dies bereitet bei den nach §§ 39 ff. VersAusglG zu bewertenden Versorgungen, die nach einer Bezugsgröße bemessen sind, idR keine Probleme. Lediglich bei den deckungskapitalgestützten Versorgungssystemen (Abs. 2 Nr. 2) ist die genaue Abgrenzung des Ehezeitanteils der Versorgung schwierig. Nur in diesen Versorgungen hat nämlich vorehezeitlich erworbenes Deckungskapital Einfluss auf den ehezeitlichen Versorgungserwerb, weil dieser durch die Zinszuflüsse vorehezeitlich erworbenen Deckungskapitals beeinflusst wird. 24

Beispiel: Hatte einer der Ehegatten zum Ehezeitanfang in einem kapitalgedeckten Versorgungssystem bereits eine Versorgung iHv 100.000 EUR und zahlt er in das Versorgungssystem jährlich 10.000 EUR in zehnjähriger Ehe ein, dann würde, eine vierprozentige Verzinsung unterstellt, am Ehezeitende ein Deckungskapital iHv ca. 268.000 EUR vorhanden sein. In diesem Deckungskapital sind jedoch nicht nur 100.000 EUR Anfangskapital, sondern auch die in den zehn Jahren auf dieses Kapital entfallenden Zinsen (ca. 48.000 EUR) enthalten. Durch die jährlich eingebrachten 10.000 EUR wäre in der Ehezeit nur ein Versorgungserwerb von 120.000 EUR (einschließlich Zinsen) erfolgt. 48.000 EUR des am Ehezeitende vorhandenen Deckungskapitals sind damit Erträge des am Ehezeitanfang vorhandenen Deckungskapitals. 25

Ob diese auf das Anfangsdeckungskapital entfallenden Erträge im Versorgungsausgleich auszugleichen oder zu eliminieren sind, ist bislang nicht abschließend geklärt. 26

In dem bis zum 31.8.2009 geltenden Versorgungsausgleichsrecht galt es für derartige Versorgungen § 1587 a Abs. 2 Nr. 5 lit. a aF anzuwenden. Danach wurde im Versorgungsausgleich die **beitragsfreie Differenzrente** bewertet. Bei dieser Art der Versorgungsbewertung wurden **Kapitalerträge aus vorehezeitlichem Versorgungserwerb** aus der Bewertung des ehezeitlichen Versorgungserwerbs **eliminiert.** Die Gesetzesbegründung zum Versorgungsausgleichsgesetz[20] führt aus, dass das Deckungskapital sich aus den eingezahlten Beiträgen, den erzielten Zinsgewinnen und den zugeteilten Überschussanteilen zusammensetzt, das um Risiko-, Verwaltungs- und sonstige Kosten zu vermindern ist. Die spätere Versorgung errechnet sich durch Verrentung des Deckungskapitals unter Anwendung versicherungsmathematischer Grundsätze und Rechnungsgrundlagen.[21] 27

---

19 Borth, Versorgungsausgleich, Rn. 172 ff.
20 BT-Drs. 16/10144, 78.
21 BT-Drs. 16/10144, 78.

Ausdrücklich weist der Gesetzgeber darauf hin, dass es angesichts dieser Bewertung von deckungskapitalgestützten Versorgungen des Rückgriffs auf das Bewertungssystem nach der prämienfreien Differenzrente des § 1587 a Abs. 2 Nr. 5 aF nicht mehr bedarf. Die Formulierung des Gesetzgebers macht deutlich, dass eine Abkehr von der **Unbeachtlichkeit des auf vorehezeitliches Versorgungsvermögen entfallenden ehezeitlichen Versorgungserwerbs** nicht beabsichtigt war.

28　Gleichwohl vertritt die hM die Auffassung, die **Differenz des Deckungskapitals** zwischen Ehezeitende und Ehezeitanfang stelle den ehezeitlichen Versorgungszuwachs dar.[22]

29　Diese Auffassung verkennt, dass die Einbeziehung des auf das Ehezeitanfangsvermögen entfallenden Versorgungszuwachses in den Versorgungsausgleich **nur bei kapitalgedeckten Versorgungen** erfolgen würde. **In allen anderen Versorgungssystemen** ist ein auf ein ehezeitanfänglich vorhandenes Versorgungsniveau entfallender Versorgungszuwachs versorgungsausgleichsrechtlich **unbeachtlich**. Die gesetzliche Rentenversicherung macht dies besonders deutlich: Ein vorehezeitlicher Versorgungserwerb von 20 Entgeltpunkten würde einen Versorgungsstand von 500 EUR ausmachen, wenn ein aktueller Rentenwert von 25 EUR angenommen wird. Wächst der aktuelle Rentenwert während der Ehezeit von 25 EUR auf 28 EUR an und beträgt der ehezeitliche Versorgungserwerb 20 Entgeltpunkte, so wird gleichwohl nur der Anstieg der Entgeltpunkte um 20 ausgeglichen, dh ein Rentenwert von 560 EUR würde geteilt, der Ausgleichswert betrüge zehn Entgeltpunkte à 28 EUR. Ausgeglichen wird hier also nur der reine ehezeitliche Versorgungserwerb. Gleichwohl ist auch auf den vorehezeitlichen Versorgungserwerb von 20 Entgeltpunkten ein Zuwachs erfolgt. Diese haben sich nämlich wegen der Steigerung des aktuellen Rentenwerts von 25 EUR auf 28 EUR um 60 EUR erhöht. Diese Erhöhung der Versorgung ist ehezeitlich erfolgt, weil ehezeitlich der aktuelle Rentenwert gestiegen ist. Gleichwohl erfolgt kein Ausgleich.

30　Auch in den Versorgungssystemen, in denen **Rentenbausteine** (§ 39 Abs. 2 Nr. 3 VersAusglG) ausgeglichen werden, wird eine ehezeitliche Entwicklung vorehezeitlichen Rentenerwerbs nicht ausgeglichen, da nur die ehezeitlich erworbenen Rentenbausteine ausgeglichen werden. Gleiches gilt für Rentensysteme, bei denen die Versorgung sich nach einem bestimmten **Prozentsatz an entrichteten Beiträgen** ausrichtet. Auch in diesen Fällen wird nur die Versorgung ausgeglichen, die aufgrund ehezeitlich eingezahlter Beiträge erworben worden ist. Dies gilt auch für die Beamtenversorgung und **zeitratierlich** zu bewertende Versorgungen. An der **Beamtenversorgung** kann dies besonders deutlich gemacht werden: Wenn ein Beamter nach zehn Jahren Dienstzeit heiratet und 4.000 EUR ruhegehaltsfähige Bezüge bezieht, hätte er, vierzig Dienstjahre bis zu seiner Pensionierung unterstellt, eine Versorgung von 10/40stel von 4.000 EUR, also 1.000 EUR ehezeitanfängliche Versorgung erworben. Lässt er sich nach zehn Jahren scheiden bei einem ruhegehaltsfähigen Einkommen von 5.000 EUR, betrüge die Versorgung am Ehezeitende 20/40stel von 5.000 EUR, also 2.500 EUR. Die Diffe-

---

22　So ausdrücklich Borth, Versorgungsausgleich, Rn. 557; Hoffmann/Raulf/Gerlach, Berechnung des Ausgleichswertes von Lebensversicherungen, FamRZ 2011, 333 (334); JH/Holzwarth VersAusglG § 39 Rn. 22; JH/Holzwarth VersAusglG § 46 Rn. 19; FAKomm-FamR/Wick VersAusglG § 39 Rn. 12; Ruland, Versorgungsausgleich, Rn. 519; Engbroks/Griep ua, Aktuelle Aspekte des VersAusglG im Hinblick auf die betriebliche Altersversorgung, 2013, S. 4, https://aktuar.de/politik-und-presse/positionen-und-stellungnahmen/Stellungnahmen/UT_AV_1-2013-12-04-Hinweis-VersAusglG.pdf.

renz der beiden Versorgungswerte beträgt 1.500 EUR. Tatsächlich werden jedoch nur 10/40stel von 5.000 EUR, also 1.250 EUR, im Versorgungsausgleich ausgeglichen. Der ehezeitliche Zuwachs vorehezeitlich erworbener Versorgung bleibt auch bei der Beamtenversorgung unausgeglichen. Nichts spricht dafür, dass der Gesetzgeber den kapitalgedeckten Versorgungen insoweit eine Sonderstellung einräumen wollte, vielmehr spricht alles dafür, der Logik des Versorgungsausgleichs zu folgen und nicht nur den vorehezeitlichen Versorgungserwerb aus dem Versorgungsausgleich auszuschließen, sondern auch den ehezeitlichen Versorgungserwerb, der auf den vorehezeitlichen Versorgungserwerb zurückzuführen ist (Zinserträge). Würde man anders entscheiden, müsste man auch die Indexierung des ehezeitlichen Zinszuwachses und des vorehezeitlichen Versorgungserwerbs erwägen.[23] Dies wäre indessen eine vollständige Durchbrechung des Versorgungsausgleichsprinzips und ist daher abzulehnen.

Für die Praxis folgt daraus: Bestand eine kapitalgedeckte Versorgung bereits am Ehezeitanfang, ist der Versorgungsträger aufzufordern, den Ehezeitanteil der kapitalgedeckten Versorgung unter Ausschluss der auf das am Ehezeitanfang vorhandene Deckungskapital entfallenden Zins-, Gewinn- und Überschussanteile mitzuteilen. Ggf. kann dies auch durch Sachverständige aufgeklärt werden.   31

§ 40 VersAusglG Zeitratierliche Bewertung einer Anwartschaft

(1) Befindet sich ein Anrecht in der Anwartschaftsphase und richtet sich der Wert des Anrechts nicht nach den Grundsätzen der unmittelbaren Bewertung gemäß § 39, so ist der Wert des Ehezeitanteils auf der Grundlage eines Zeit-Zeit-Verhältnisses zu berechnen (zeitratierliche Bewertung).

(2) [1]Zu ermitteln ist die Zeitdauer, die bis zu der für das Anrecht maßgeblichen Altersgrenze höchstens erreicht werden kann (n). [2]Zudem ist der Teil dieser Zeitdauer zu ermitteln, der mit der Ehezeit übereinstimmt (m). [3]Der Wert des Ehezeitanteils ergibt sich, wenn das Verhältnis der in die Ehezeit fallenden Zeitdauer und der höchstens erreichbaren Zeitdauer (m/n) mit der zu erwartenden Versorgung (R) multipliziert wird (m/n x R).

(3) [1]Bei der Ermittlung der zu erwartenden Versorgung ist von den zum Ende der Ehezeit geltenden Bemessungsgrundlagen auszugehen. [2]§ 5 Abs. 2 Satz 2 bleibt unberührt.

(4) Die zeitratierliche Bewertung ist insbesondere bei Anrechten anzuwenden, bei denen die Höhe der Versorgung von dem Entgelt abhängt, das bei Eintritt des Versorgungsfalls gezahlt werden würde.

(5) Familienbezogene Bestandteile des Ehezeitanteils, die die Ehegatten nur auf Grund einer bestehenden Ehe oder für Kinder erhalten, dürfen nicht berücksichtigt werden.

I. Anwendungsbereich (Abs. 1)

Die Methoden zur Bestimmung des Ehezeitanteils einer Versorgung stehen im neuen Versorgungsausgleichsrecht in einem klaren hierarchischen Verhältnis. **Vorrang** hat stets die **unmittelbare Bewertung** einer Versorgung nach § 39 VersAusglG. Nur die unmittelbare Bewertung einer Versorgung, also die präzise Ermittlung des in der Ehezeit erworbenen Versorgungspotentials bildet den ehe-   1

---

23 BGH FamRZ 1974, 114.

zeitlich erbrachten Versorgungserwerb präzise ab. Wenn gleichwohl eine alternative Methode zur Bewertung des Ehezeitanteils einer Versorgung vom Gesetz angeboten wird, so deshalb, weil es nicht möglich ist, alle Versorgungen unmittelbar zu bewerten, ohne erhebliche Verletzungen der Ausgleichsgerechtigkeit zu riskieren. Die zeitratierliche Berechnung des Ehezeitanteils einer Versorgung ist die alternative Bewertungsmethode, wenn die unmittelbare Bewertung versagt.

2 Sagt ein Arbeitgeber seinem Arbeitnehmer im zehnten Beschäftigungsjahr eine Versorgung iHv 500 EUR pro Monat ab Erreichen der Regelaltersgrenze (in zehn Jahren) zu und erfolgt diese Zusage im dritten Jahr der Ehe, die nach Ablauf des fünften Jahres geschieden wird, wäre der Erwerbsvorgang der Versorgung „in der Ehezeit" abgeschlossen, obwohl die Versorgungszusage für die gesamte Beschäftigungszeit erfolgt ist. Es wäre daher zwar möglich, aber eine eindeutige Verkennung der Ausgleichsgerechtigkeit, würde man den Versorgungerwerb in die Ehezeit verlagern, statt ihn als kontinuierlichen Versorgungserwerb über die Beschäftigungszeit verteilt zu begreifen. Dies unterscheidet die nach § 40 VersAusglG grundsätzlich von den nach § 39 VersAusglG zu bewertenden Versorgungen. Der unmittelbaren Bewertung sind solche Versorgungen zugänglich, die konkreten Zeitabschnitten (Ehezeit) konkrete Leistungen (zB Beiträgen) zuordnen. Bei zeitratierlich zu bewertenden Versorgungen (§ 40) läuft der Versorgungserwerb pauschaler ab.

3 Versuche, den Versorgungserwerb bei den nach § 40 VersAusglG zu bewertenden Versorgungen abstrakt zu beschreiben,[1] sind schwierig und eigentlich immer ungenau. Die Höchstbegrenzung einer Versorgung ist nicht zwingend ein Indiz für die Notwendigkeit, sie nach § 40 VersAusglG zu bewerten. Wenn in einem bestimmten Zeitraum kein Versorgungserwerb mehr stattfindet, wird für diesen Zeitraum die Versorgung auch nicht zwischen den Ehegatten verteilt, weil nichts da ist, das zu verteilen wäre. Es existieren betriebliche Altersversorgungen, in denen aus Gründen der Verbesserung der Altersstruktur der Beschäftigten ein Versorgungserwerb ab einem bestimmten Alter nicht mehr stattfindet. Eine solche Höchstbegrenzung zwingt nicht zur Bewertung nach § 40 VersAusglG. Nur wenn ein Ausscheiden des Versorgungsberechtigten vor **Erreichen der Regelaltersgrenze mit Versorgungsabschlägen** verbunden ist, macht der Versorgungsträger deutlich, dass der Versorgungserwerb über die gesamte Arbeitszeit bis zur Regelaltersgrenze stattfindet. Nur in diesen Fällen ist daher (wie bei der Beamtenversorgung nach § 44 VersAusglG) die zeitratierliche Bewertungsmethode sachgerecht, um den ehezeitlichen Versorgungserwerb zu bestimmen (→ VersAusglG § 44 Rn. 2).

4 **Hauptanwendungsgebiet der zeitratierlichen Bemessung** des Ehezeitanteils einer Versorgung ist die Beamten-, Richter- und Soldatenversorgung, der betrieblichen Anrechte und solcher Versorgungen, die nach beamtenrechtlichen Grundsätzen zugesagt worden sind. § 44 VersAusglG weist diese Anrechte ausdrücklich der zeitratierlichen Bemessung des Ehezeitanteils zu.

II. Methode zeitratierlicher Bewertung (Abs. 2, 3)

5 **Abs. 2** bestimmt, wie die zeitratierliche Bewertung zu erfolgen hat: der Ehezeitanteil einer Versorgung wird bestimmt durch den Quotienten aus der ehezeitlichen

---

1 FAKomm-FamR/Wick VersAusglG § 40 Rn. 2.

Zugehörigkeit zum Versorgungssystem (m) und der gesamtmöglichen Zugehörigkeit zum Versorgungssystem (n), was zu folgender Bewertungsformel führt:

$$\text{Ehezeitanteil der Versorgung} = \frac{\text{ehezeitliche Zugehörigkeit zur Versorgung(m)}}{\text{gesamtmögliche Zugehörigkeit zur Versorgung (n)}}$$

6

Die Bestimmung der **gesamtmöglichen Zugehörigkeit** zu einem Versorgungssystem 7 ist dabei manchmal schwierig. Zunächst ist die **Regelaltersgrenze** des Versorgungssystems zu ermitteln, die sich idR aus dem Gesetz, der Versorgungsordnung oder -zusage ergibt. Dabei ist der Begriff der Regelaltersgrenze nicht für die Versorgung generell, sondern **individuell auf die Person des Versorgungsberechtigten** zu bestimmen. Sonderregelungen für **Kriminalbeamte, Strahlflugzeugführer und Offiziere** (→ VersAusglG § 36 Rn. 2) führen zu einem schnelleren Versorgungserwerb. Auch wenn die Ehe lange vor Erreichen der Regelaltersgrenze in der Beamtenversorgung geschieden wird, ist der Versorgungserwerb abgeschlossen, wenn der Versorgungsberechtigte die **individuelle Altersgrenze** erreicht. Wer mit Vollendung des 50. Lebensjahres in Ruhestand gehen kann, erdient die volle Versorgung in kürzerer Zeit als derjenige, der erst mit 67 in Ruhestand geht.

Sodann ist zu bestimmen, ab wann die Mitgliedschaft zu dem entsprechenden 8 Versorgungssystem anzunehmen ist. Dies kann schwierig sein, wenn Zurechnungs- oder Zuschlagszeiten (Vordienstzeiten) vor Dienstbeginn als die Versorgung erhöhende Zeiten zu berücksichtigen sind. Es muss daher stets genau geprüft werden, **ab wann** die Zugehörigkeit zu dem Versorgungssystem beginnt. Die der Betriebszugehörigkeit arbeitsvertraglich gleichgestellten Zeiten sind im Versorgungsausgleich somit nur dann beachtlich, wenn sie für die Erwerbsdauer der Versorgung und deshalb auch für die Höhe der Versorgungszusage Bedeutung haben.[2]

Der **Ehezeitanteil der zeitratierlichen Versorgung** bestimmt sich dann durch 9 Multiplikation der zu erwartenden Versorgung (R) mit der oben (→ Rn. 6) wiedergegebenen Formel zur Berechnung des Ehezeitanteils:

$$\text{Ehezeitanteil} = R \times \frac{\text{ehezeitliche Zugehörigkeit}}{\text{gesamtmögliche Zugehörigkeit}} \text{ zum Versorgungssystem}$$

Die **ehezeitliche Zugehörigkeit** zum Versorgungssystem steht zum Ehezeitende 10 fest und kann sich auch nicht mehr verändern. Die **gesamtmögliche Zugehörigkeit zum Versorgungssystem** kann sich jedoch durch Frühpensionierung oder -verrentung, wie freiwilliges oder erzwungenes Ausscheiden aus dem Dienstverhältnis vor Erreichen der Altersgrenze, verändern. Praktische Bedeutung hat dabei nur das **vorzeitige Ausscheiden** aus dem die Versorgung begründenden Dienstverhältnis, entweder durch Früh-Invalidisierung oder anderweitiges vorzeitiges Ausscheiden. In diesen Fällen verkleinert sich der Nenner mit der Folge, dass sich der Ehezeitanteil der Versorgung vergrößert. Derartige Veränderungen sind in öffentlich-rechtlichen Grundversorgungssystemen zu korrigieren (§ 32 VersAusglG). Wird jedoch eine zeitratierliche Versorgung aus einem privaten Arbeitsverhältnis bezogen, sind derartige Korrekturen nicht mehr möglich, weil

---

2 BGH FamRZ 2017, 705; Borth, Der Versorgungsausgleich, Rn. 420; JH/Holzwarth VersAusglG § 45 Rn. 38 (vgl. BGH 24.6.2009 – XII ZB 137/07, FamRZ 2009, 1735 Rn. 26).

§ 225 FamFG iVm § 32 VersAusglG die Korrekturmöglichkeit lediglich für öffentlich-rechtliche Grundversorgungen zulässt.

11 **Veränderungen** der Versorgung aufgrund tatsächlicher oder rechtlicher Veränderungen **während der Laufzeit des Versorgungsausgleichsverfahrens** sind im Ausgangsverfahren bis zum Zeitpunkt der Entscheidung über den Versorgungsausgleich zu berücksichtigen[3] (Abs. 3).

III. Entgeltabhängige Versorgungen (Abs. 4)

12 § 40 Abs. 4 VersAusglG ordnet die zeitratierliche Berechnung für alle **entgeltabhängige Versorgungen** an. Solche Versorgungen sind dadurch gekennzeichnet, dass der Versorgungsträger eine Versorgung verspricht, deren Höhe an dem Entgelt orientiert wird, das der Versorgungsberechtigte zu einem bestimmten Zeitpunkt (meist bei Erreichen der Regelaltersgrenze oder Eintritt in den Ruhestand) bezieht. IdR steigt dabei der Anteil pro Jahr der Beschäftigung um einen bestimmten Prozentsatz (zB 0,5 %) kontinuierlich oder diskontinuierlich (zB in den ersten zehn Jahren um 0,3 %, in den nächsten zehn um 0,5 % und danach um 0,7 % pro Beschäftigungsjahr an, wobei teilweise eine Oberbegrenzung besteht. Die Beamten-, Soldaten- und Richterversorgung ist entgeltbezogen, der Versorgungserwerb vollzieht sich dabei bis zum 40. Dienstjahr kontinuierlich. Danach findet kein Versorgungserwerb mehr statt. Wiese ein Versorgungssystem einen kontinuierlichen Versorgungserwerb ohne Obergrenze auf, würden sich zeitratierliche und unmittelbare Bewertung des Ehezeitanteils entsprechen, weil dann die „Bezugsgröße" nach § 39 Abs. 1 VersAusglG der ehezeitlich erworbene Ruhegehaltssatz wäre (zB 40 % des ruhegehaltsfähigen Einkommens).

13 Bedeutung gewinnt die zeitratierlich vorzunehmende entgeltbezogene Versorgung im Fall einer **Versorgung eines beherrschenden**[4] **Gesellschafter-Geschäftsführers** einer GmbH. Eine solche Versorgung unterliegt nicht den Vorschriften des Betriebsrentengesetzes.[5] Sie wird nicht für die „Dauer der Betriebszugehörigkeit", sondern für die „Dauer der Geschäftsführertätigkeit" gewährt. Deshalb hat der Bundesgerichtshof die zeitratierliche Berechnung für derartige Versorgungen über die Dauer der Geschäftsführertätigkeit vorgeschrieben.[6]

IV. Unbeachtlichkeit familienbezogener Versorgungsbestandteile (Abs. 5)

14 Der Versorgungsausgleich verteilt den ehezeitlichen Versorgungserwerb durch Arbeit oder Vermögen (§ 2 Abs. 2 Nr. 1 VersAusglG). **Statusbedingte Versorgungsbestandteile**, die an der familienrechtlichen Situation des Versorgungsempfängers anknüpfen, wie familienbezogene Entgeltbestandteile oder Familienzuschläge etc., die ausschließlich als Folge einer konkreten Lebenssituation gezahlt werden, bei deren Änderung sie wegfallen, werden im Versorgungsausgleich nicht ausgeglichen. Versorgungszuschläge, die wegen Geburt oder Erziehung von Kindern gewährt werden, und die auch dann nicht wegfallen, wenn die Kindererziehung beendet ist, sondern vielmehr dauerhaft die Versorgung erhöhen (§§ 50 a und b BeamtVG), werden im Versorgungsausgleich ausgeglichen.

---

3 Seit BGH FamRZ 1990, 605.
4 Mehr als 50% der Anteile.
5 BGH FamRZ 2014, 731.
6 BGH FamRZ 2007, 891; OLG Stuttgart FamRZ 2010, 1987.

V. Praktische Probleme zeitratierlich zu bewertender Versorgungen

Die Bestimmung des Ehezeitanteils einer Versorgung nach der zeitratierlichen 15
Methode unter Nutzung der Berechnungsformel (→ Rn. 6) ist eigentlich leicht.
Da die Ehezeit nach § 3 Abs. 1 VersAusglG immer in vollen Monaten berechnet
wird, ist die Verhältniszahl (m/ntel) nach Monaten zu errechnen. Für die Ehezeit
ist das banal. Betriebliche Beschäftigungszeiten werden indessen nicht immer
zum Monatsersten beginnen und auch nicht stets am Ende eines Monats enden.
Wie in diesen Fällen zu rechnen ist, ist unklar. Normative Vorgaben dazu bestehen nicht. Da die Ermittlung des Ehezeitanteils einer Versorgung nach § 5
VersAusglG Aufgabe des Versorgungsträgers ist, kann dieser mit vollen Monaten, gerundeten Monatswerten, aber auch mit Dezimaljahren rechnen. Schließlich ist festzustellen, dass viele – insbesondere kleinere Versorgungsträger – keine Programme zur Berechnung des Ehezeitanteils nutzen; solche Programme
sind – insbesondere bei Schaltjahren – oft auch nicht fehlerfrei. In der **Praxis**
bleibt nichts anderes übrig, als den Ehezeitanteil, den der Versorgungsträger als
zur Bestimmung des auszugleichenden Anrechts maßgeblich mitteilt, nachzu-
rechnen. Da die Fehlerhaftigkeit einer Auskunft des Versorgungsträgers insoweit
offenkundig sein wird, wenn Beginn und angenommenes Ende der Beschäftigung mitgeteilt werden, können nur so Haftungsrisiken vermieden werden.

§ 41 VersAusglG Bewertung einer laufenden Versorgung

(1) Befindet sich ein Anrecht in der Leistungsphase und wäre für die Anwartschaftsphase die unmittelbare Bewertung maßgeblich, so gilt § 39 Abs. 1 entsprechend.

(2) ¹Befindet sich ein Anrecht in der Leistungsphase und wäre für die Anwartschaftsphase die zeitratierliche Bewertung maßgeblich, so gilt § 40 Abs. 1 bis 3
entsprechend. ²Hierbei sind die Annahmen für die höchstens erreichbare Zeitdauer und für die zu erwartende Versorgung durch die tatsächlichen Werte zu
ersetzen.

I. Allgemeines

Laufende Versorgungen bereiten im Versorgungsausgleich erhebliche Probleme, 1
weil ihre Teilung unmittelbar die Leistung beeinflusst und daher oft ganz andere
familienrechtliche Ausgleichssysteme – wie zB der Unterhalt – massiv von der
Teilung betroffen sind. Für die **Wahl der Bewertungsmethode** des Ehezeitanteils
einer laufender Versorgung hat dies keine Auswirkungen, wohl aber – unter
Umständen – für die Bestimmung des Bewertungsstichtages (→ VersAusglG § 39
Rn. 14). § 41 VersAusglG ordnet daher lediglich an, dass auch bei laufenden
Versorgungen die Methode zur Bestimmung des Ehezeitanteils zu wählen ist, die
in der Anwartschaftsphase des Anrechts zur Anwendung gekommen wäre. Bei
einer laufenden Versorgung steht indessen – anders als bei einem Ausgleich in
der Anwartschaftsphase – die Höhe der Versorgung, die auszugleichen ist, fest.
Ebenso ist bei zeitratierlich zu bewertenden Versorgungen der Ehezeitanteil
durch das Datum des Versorgungseintritts fixiert. Die dem Versorgungsausgleich eigenen Prognosen entfallen daher weitgehend.

II. Einzelheiten der Bewertung einer laufenden Versorgung

2 **1. Unmittelbar zu bewertende Versorgungen (Abs. 1).** Ist für die Höhe des Ehezeitanteils einer Versorgung eine **Bezugsgröße maßgeblich**, ist die Versorgung unmittelbar – auf der Ebene der Bezugsgröße – zu teilen. Betrug der ehezeitliche Versorgungserwerb in der gesetzlichen Rentenversicherung 40 EP, wären 20 EP auch dann auszugleichen, wenn die ausgleichspflichtige Person bereits 90, die ausgleichsberechtigte Person aber erst 40 Jahre alt ist. Der Versorgungsträger hätte in diesem Fall die ungekürzte Versorgung bereits bis zum statistischen Ende (und darüber hinaus) gezahlt und müsste nun an die ausgleichsberechtigte Person die Versorgung erneut in Höhe des Ausgleichswertes zahlen. Von Kostenneutralität (dazu → VersAusglG § 11 Rn. 20) könnte daher nicht gesprochen werden.

3 **a) Bezugsgrößenorientierte Versorgungen.** In der **gesetzlichen Rentenversicherung** wird tatsächlich auf der Ebene der Entgeltpunkte die Versorgung unmittelbar geteilt und – auch bei einer bereits laufenden Versorgung – der ausgleichsberechtigten Person die Hälfte der ehezeitlich erworbenen Entgeltpunkte gutgeschrieben. Dies ist für den Versorgungsträger nicht immer in jedem Einzelfall kostenneutral, egalisiert sich aber bei der Masse der Fälle.

4 **Andere bezugsgrößenorientierte Versorgungssysteme** verfahren zur Herstellung der Kostenneutralität[1] des Versorgungsausgleichs anders: Sie bestimmen den Ehezeitanteil einer Versorgung anhand der ehezeitlich erworbenen Bezugsgrößen und wandeln diese in ein Kapital um, das dann halbiert wird. Dies geschieht so in der **Zusatzversorgung des öffentlichen Dienstes**, wobei die Umwandlung in einen Kapitalwert den biometrischen Daten der ausgleichspflichtigen Person folgt[2] (→ VersAusglG § 39 Rn. 10). Dadurch wird – bei einer laufenden Versorgung – die vom Versorgungsträger bereits erbrachte Versorgungsleistung in einem sinkenden Kapitalwert wiedergegeben. Auch diese Methode der Teilung des Ehezeitanteils einer Versorgung entspricht den Regelungen des Versorgungsausgleichsrechts,[3] weil letztendlich nur so Kostenneutralität für den Versorgungsträger garantiert und eine Belastung der Versichertengemeinschaft mit den Kosten der Scheidung ihrer Mitglieder vermieden werden kann.[4]

5 **Erwerbsminderungsrenten** aus der gesetzlichen Rentenversicherung werden – im Unterschied zu privaten Berufs- oder Erwerbsunfähigkeitsrenten (vgl. dazu die Sondernorm des § 28 VersAusglG) – durch eine mindestens gleich hohe Altersversorgung abgelöst (§ 88 SGB VI). Aus diesem Grund wird bei einer endgültigen Erwerbsminderungsrente[5] deren Höhe für den Versorgungsausgleich herangezogen.

6 **b) Kapitalgedeckte Versorgungen.** Bei Versorgungssystemen, die die Teilung der Versorgung auf Kapitalbasis durchführen, ist das Problem der Teilung des Ehezeitanteils der Versorgung evident. Zwar ist der ehezeitliche Versorgungserwerb auszugleichen, die Höhe des Versorgungserwerbs ist aber zum Stichtag Ehezeitende zu bewerten (dazu → VersAusglG § 39 Rn. 13). Zu diesem Zeitpunkt hat

---

1 Anerkanntes Ziel der Reform des Versorgungsausgleichs, BT-Drs. 16/10144, 39.
2 Gebilligt durch BGH 8.3.2017 – XII ZB 697/13.
3 BGH 8.3.2017 – XII ZB 697/13.
4 BGH 8.3.2017 – XII ZB 697/13; OLG Frankfurt/M. FamRZ 2014, 755; aA OLG Frankfurt/M. 18.12.2012 – 5 UF 15/12.
5 BGH FamRZ 1997, 160; 1990, 1341.

die Verminderung des Barwerts durch Versorgungsleistungen des Versorgungsträgers bereits eingesetzt, so dass nur noch der zum Ehezeitende zur Leistung der versprochenen Versorgung vorhandene Barwert geteilt werden könnte. Betrug die Höhe des Deckungskapitals im Renteneintrittszeitpunkt zB 100.000 EUR, von denen 50.000 EUR ehezeitlich erworben waren, beträgt die aus einem Kapital von 100.000 EUR resultierende Monatsrente ca. 500 EUR. Wird die Scheidung zehn Jahre nach Renteneintritt eingereicht, beträgt das Deckungskapital noch ca. 67.000 EUR. Maßgeblicher Teilungsfaktor bleibt der bis zum Versorgungsbeginn erworbene Faktor von 50 % der Versorgung und nicht ein ehezeitlicher Anteil von 50.000 EUR.[6] Der ausgleichsberechtigte Ehegatte hat in der Ehezeit nach dem Versorgungseintritt der ausgleichspflichtigen Person am Versorgungsverzehr partizipiert. Praktisch bedeutet dies, dass bei kapitalgedeckten Versorgungen in der Leistungsphase nicht die absolute Höhe des ehezeitlichen Erwerbs an Deckungskapital, sondern auch der ehezeitliche Verzehr des Deckungskapitals[7] durch den Versorgungsbezug auszugleichen ist.[8]

Gegen diesen verminderten Ausgleich kann der ausgleichsberechtigte Gatte nicht 7 einwenden, er habe am Versorgungserwerb nicht partizipiert, weil die Eheleute in dieser Zeit bereits getrennt gelebt hätten und Unterhaltsleistungen nicht erfolgt seien. § 27 VersAusglG ermöglicht nur die Verminderung des Versorgungsausgleichs, nicht aber eine Erhöhung über den Halbteilungsgrundsatz hinaus.

2. Zeitratierlich zu bewertende laufende Versorgungen (Abs. 2). Anrechte, deren 8 Ehezeitanteil in der Anwartschaftsphase zeitratierlich zu bewerten war, werden auch dann zeitratierlich bewertet, wenn sie sich in der Leistungsphase befinden. Gegenüber der prognostischen Kalkulation der „gesamtmöglichen Verweildauer" im Versorgungssystem aus der Anwartschaftsphase (→ VersAusglG § 40 Rn. 6) besteht nach Eintritt des Versorgungsfalls Klarheit über den Ehezeitanteil der Versorgung, weil alle erforderlichen Daten, einschließlich der Bemessungsgrundlage der Versorgung (meist das „ruhegehaltsfähige Einkommen"), bekannt sind. Die Berechnungsformel lautet daher:

$$\text{ehezeitliche Rente} = \frac{\text{ehezeitliche Verweildauer im Versorgungssystem}}{\text{Gesamtbetriebszugehörigkeit}}$$

3. Vorgezogene Versorgungen, Versorgungsabschläge, Versorgungszuschläge. 9 Versorgungsabschläge wegen **vorzeitigen Versorgungsbezugs** sind in der gesetzlichen Rentenversicherung und anderen unmittelbar zu bewertenden Versorgungen unbeachtlich.[9] Dies hängt mit dem Teilungssystem des Versorgungsausgleichs auf der Basis der Bezugsgröße zusammen.[10] Dementsprechend hat der Bundesgerichtshof auch entschieden, dass der Versorgungsabschlag, der in der gesetzlichen Rentenversicherung durch Verminderung des **Zugangsfaktors** (§ 77 SGB VI) bei vorgezogenem Ruhestand realisiert wird, im Versorgungsausgleich unbeachtlich ist.[11]

---

6 BGH FamRZ 2016, 775.
7 Borth, Versorgungsausgleich, Rn. 179 ff.
8 BT-Drs. 16/10144, 79.
9 FAKomm-FamR/Wick VersAusglG § 41 Rn. 6; JH/Holzwarth VersAusglG § 41 Rn. 11.
10 BT-Drs. 16/10144, 80.
11 BGH FamRZ 2016, 1343.

10   Anders wird von der hM unter Berufung auf die Ausführungen in der Gesetzes-begründung[12] für die zeitratierlich zu bemessenden Versorgungen entschieden.[13] Bei diesen Versorgungssystemen steige mit der vorgezogenen Versorgung auch deren Ehezeitanteil, wodurch der Versorgungsabschlag kompensiert werde.[14] Dies ist jedoch ungenau. Bei vorzeitigem Versorgungsbezug findet in der Beam-tenversorgung ein Versorgungsabschlag von 0,3 % pro Monat vorzeitigen Ver-sorgungsbezugs statt. Die vorzeitige Inanspruchnahme ist auf 36 Monate be-grenzt, die maximale Kürzung beträgt daher 10,8 %. Nur in seltenen Fällen kompensiert der steigende Ehezeitanteil bei einer vorzeitigen Inanspruchnahme der Versorgung durch den Versorgungsberechtigten tatsächlich den Versor-gungsabschlag. Ab 30 Jahre Gesamtdienstzeit ist dies im Prinzip nicht mehr ge-geben, so dass der ausgleichsberechtigte Ehegatte Versorgungsnachteile durch den vorzeitigen Versorgungsbezug erleidet, obwohl er selbst nicht an dem aus vorzeitigem Versorgungsbezug resultierenden längeren Versorgungsbezug parti-zipiert. Es wäre daher konsequent, im Hinblick auf eine gleichförmige Behand-lung der Versorgungen, deren Ehezeitanteil nach der unmittelbaren Methode (§ 3 VersAusglG) bewertet wird, bei zeitratierlich zu bewertenden Versorgungen Versorgungsabschläge wegen vorzeitigen Versorgungsbezugs ebenso unbeachtet zu lassen wie die Erhöhung des Ehezeitanteils der Versorgung aufgrund des vor-zeitigen Versorgungsbezugs. Im Einzelfall können dann Korrekturen über § 27 bzw. § 42 VersAusglG erfolgen.[15]

11   In Fällen vorzeitigen Versorgungsbezugs als Folge eingetretener **Dienstunfähig-keit** ist indessen vom tatsächlichen Versorgungsbezug und einer verkürzten Dienstzeit auszugehen.[16] Auch wenn die Zurechnungszeit außerhalb der Ehezeit liegt, soll dies nicht zu einer Verminderung des Ehezeitanteils führen. Billigkeits-korrekturen sind über § 27 VersAusglG vorzunehmen.

Dies gilt auch für **betriebliche Invaliditätsversorgungen**. Tritt die Invalidität in der Ehezeit ein, ist die gesamte Versorgung ehezeitlich erworben und daher hälf-tig auszugleichen.

Für **private Invaliditätsversorgungen** gilt § 28 VersAusglG.

Ein Invaliditätseintritt zwischen Ehezeitende und der Entscheidung über den Versorgungsausgleich kann nur in den Fällen einer Versorgung des § 32 VersAusglG zur Berücksichtigung im Versorgungsausgleich führen. In diesen Fällen ist die Durchbrechung des Stichtagsprinzips gerechtfertigt, um aus pro-zessökonomischen Gründen ein Abänderungsverfahren zu vermeiden. Da aber private und betriebliche Anrechte nicht der Abänderung unterliegen, muss es beim strengen Stichtagsprinzip bleiben.

§ 42 VersAusglG   Bewertung nach Billigkeit

Führt weder die unmittelbare Bewertung noch die zeitratierliche Bewertung zu einem Ergebnis, das dem Grundsatz der Halbteilung entspricht, so ist der Wert nach billigem Ermessen zu ermitteln.

---

12   BT-Drs. 16/10144, 80.
13   Ruland, Versorgungsausgleich, Rn. 389.
14   FAKomm-FamR/Wick VersAusglG § 41 Rn. 9; Borth, Versorgungsausgleich, Rn. 167; NK-BGB/Rehbein VersAusglG § 41 Rn. 14.
15   Ruland, Versorgungsausgleich, Rn. 415 ff.
16   BGH FamRZ 2015, 1004.

Die Norm ist eine **Auffangnorm**, die dem Familiengericht eine sachgerechte und 1
dem Prinzip des Halbteilungsgrundsatzes verpflichtete Bewertung des Ehezeitanteils ermöglicht, wenn die unmittelbare und die zeitratierliche Methode zu keinem angemessenen Ergebnis gelangen. Das kann insbesondere in Fällen vorzeitigen Versorgungsbezugs bei einer zeitratierlich zu bewertenden Versorgung der Fall sein. Andere inländische Versorgungen lassen sich entweder nach der einen oder anderen Methode hinreichend sicher bewerten,[1] so dass derzeit für die Anwendung der Billigkeitsbewertung noch kein Raum erkennbar ist.

Glockner weist zu Recht darauf hin, dass Versorgungen, bei denen die Berech- 2
nungsgrundlage der Durchschnittswert zukünftiger Beiträge[2] oder Umsätze ist, ggf. nach § 42 FamFG zu bewerten seien.[3] Solche Versorgungen sehen zB vor, dass das jahresdurchschnittliche Honorareinkommen der letzten drei Jahre vor Erreichen der Altersgrenze Maßstab für die Bemessung des Ruhegehalts ist. Wenn im Ehezeitende diese Bemessungsgrundlage nicht bekannt ist, kann nicht ohne Weiteres die Bemessungsgrundlage der entsprechenden dem Ehezeitende vorausgehenden Periode herangezogen werden.[4] Es muss dann vielmehr eine konkrete Schätzung der Bemessungsgrundlage erfolgen, wozu § 42 VersAusglG die Möglichkeit eröffnet.

Kapitel 2
Sondervorschriften für bestimmte Versorgungsträger

§ 43 VersAusglG   Sondervorschriften für Anrechte aus der gesetzlichen Rentenversicherung

(1) Für Anrechte aus der gesetzlichen Rentenversicherung gelten die Grundsätze der unmittelbaren Bewertung.

(2) Soweit das Anrecht auf eine abzuschmelzende Leistung nach § 19 Abs. 2 Nr. 2 gerichtet ist, ist der Ehezeitanteil für Ausgleichsansprüche nach der Scheidung nach dem Verhältnis der auf die Ehezeit entfallenden Entgeltpunkte (Ost) zu den gesamten Entgeltpunkten (Ost) zu bestimmen.

(3) Besondere Wartezeiten sind nur dann werterhöhend zu berücksichtigen, wenn die hierfür erforderlichen Zeiten bereits erfüllt sind.

---

1 MK/Glockner VersAusglG § 42 Rn. 2.
2 MK/Glockner VersAusglG § 42 Rn. 3.
3 Einen solchen Fall hatte der BGH zu lösen: Die Höhe der Versorgung bestimmte sich aus einem Prozentsatz der aus den letzten drei Jahren vor Erreichen der Regelaltersgrenze erzielten Honorarumsätze aus dem Verkauf von Glücksspiellosen, BGH NJW 2011, 601 mAnm Hauß.
4 BGH FamRZ 2011, 183.

I. Allgemeines

1 § 43 VersAusglG ist eine Sondervorschrift für die Bewertung des Ehezeitanteils
von Versorgungen aus der gesetzlichen Rentenversicherung. Zwar wird bereits
in § 39 Abs. 2 Nr. 1 VersAusglG erkennbar, dass für die aus der gesetzlichen
Rentenversicherung resultierenden Versorgungen die **unmittelbare Bewertung**
angeordnet ist, gleichwohl präzisiert § 43 VersAusglG diese Anordnung weiter.

II. Geltungsbereich (Abs. 1)

2 **1. Überblick.** Für Anrechte aus der gesetzlichen Rentenversicherung gelten die
Grundsätze der unmittelbaren Bewertung. Die für die gesetzliche Rentenversicherung geltenden Regeln sind im SGB VI enthalten. Die unmittelbare Bewertung gilt demnach für die **allgemeine Rentenversicherung, die knappschaftliche
Rentenversicherung, die allgemeine Rentenversicherung (Ost), die knappschaftliche Rentenversicherung (Ost), die Höherversicherung** (§ 269 SGB VI) und die
Anrechte auf eine **abschmelzende Leistung.**

3 In der gesetzlichen Rentenversicherung werden Anwartschaften auf eine Versorgung durch Zahlung von Beiträgen auf sozialversicherungspflichtiges Einkommen in Höhe des Beitragssatzes erworben. Für die auf das **Durchschnittsentgelt**
erbrachten Beiträge wird ein **Entgeltpunkt** erworben. Die ab Erreichen der Altersgrenze zu leistende **Rente** bemisst sich aus der Multiplikation der im Laufe
des Erwerbslebens erworbenen Entgeltpunkte mit dem **aktuellen Rentenwert.**
Um in den Fällen vorzeitigen Versorgungsbezugs (§ 63 Abs. 5 SGB VI) einen
sachgerechten Versorgungsabschlag und in den Fällen hinausgeschobenen Versorgungsbezugs einen Zuschlag zu gewährleisten (§ 77 Abs. 2 SGB VI), wird
durch den **Rentenzugangsfaktor** ein Korrektiv eingeführt. Die erworbenen Entgeltpunkte werden durch Multiplikation mit dem Rentenzugangsfaktor zu den
„persönlichen Entgeltpunkten" (§ 64 Nr. 1 SGB VI). Schließlich werden die unterschiedlichen Rentenarten durch den **Rentenartfaktor** abgebildet. Für Alters-
und volle Erwerbsminderungsrenten beträgt der Rentenartfaktor 1 (§ 67 Nr. 1
SGB VI), für Renten aus der knappschaftlichen Rentenversicherung 1,3333
(§ 82 Nr. 1 SGB VI) und für Erwerbsminderungsrenten ist er geringer als 1.

4 Die **gesetzliche Rentenversicherung** ist die wichtigste Stütze der Altersvorsorge
in der Bundesrepublik Deutschland. Ca. 51 Mio. Menschen stehen zu den verschiedenen gesetzlichen Rentenversicherungen in einem Versicherungsverhältnis.[1] Die deutschen Rentenversicherer zahlen an ca. 24 Mio. Rentner eine Rente.
Damit spielt die gesetzliche Rentenversicherung auch im Rahmen der Familien-
altersvorsorge und des Versorgungsausgleichs die überragende Rolle.

---

1 Quelle: VDR, Verband Deutscher Rentenversicherungsträger, www.vdr.de.

Versicherte in der gesetzlichen Rentenversicherung sind die in § 1 SGB VI be- 5
zeichneten abhängig Beschäftigten, die in § 2 SGB VI bezeichneten selbstständig
Tätigen, die in § 3 SGB VI benannten „sonstigen Versicherten" und die nach § 7
SGB VI freiwillig Versicherten. Im familiengerichtlichen Verfahren ist die Kenntnis der Versicherung in der gesetzlichen Rentenversicherung bei den Versicherten stets gegeben. Teilweise ist jedoch der von der Pflichtversicherung in der gesetzlichen Rentenversicherung erfasste Kreis selbstständig Tätiger (§ 2 SGB VI)
unbekannt. Danach sind Pflichtmitglieder in der gesetzlichen Rentenversicherung: selbstständige **Lehrer und Erzieher, Kranken-, Wochen-, Säuglings- und
Kinderpfleger,** soweit sie keinen Arbeitnehmer beschäftigen, **Hebammen** und
Entbindungshelfer, Seelotsen, Künstler und **Publizisten, Hausgewerbetreibende**
(nach § 12 Abs. 1 SGB IV), **Küstenschiffer** mit nicht mehr als vier abhängig Beschäftigten, **Handwerker, Scheinselbstständige** (arbeitnehmerähnlich Selbstständige) und **Existenzgründer** (die nach SGB III gefördert werden).

2. Grundprinzipien der gesetzlichen Rentenversicherung. Die gesetzliche Ren- 6
tenversicherung ist eine **beitragsbezogene Altersversorgung.** Dies bedeutet, dass
die Versicherten aus ihrem versicherungspflichtigen Einkommen entsprechend
dem Beitragssatz (2017: 18,7 %) Beiträge zahlen. Versicherungspflichtig ist das
Einkommen nur bis zur Beitragsbemessungsgrenze, die jährlich festgelegt wird
(2017: West = 76.200 EUR, Ost = 68.400 EUR).

Nach § 63 Abs. 2 SGB VI werden die vom Versicherungsnehmer gezahlten Beiträge 7
in Entgeltpunkte umgerechnet. Dabei wird der Versicherungsbeitrag, der dem
Durchschnittsentgelt der Versicherten in der gesetzlichen Rentenversicherung eines
Kalenderjahres[2] entspricht, mit einem **Entgeltpunkt** bewertet. Zur Bestimmung
der Anzahl erworbener Entgeltpunkte ist daher das individuelle Einkommen des
Arbeitnehmers durch das durchschnittliche Einkommen zu teilen.

Die Entwicklung der durchschnittlichen Bruttogehälter bietet nicht nur Material 8
zur Berechnung der Entgeltpunkte, sondern eignet sich auch zur Eliminierung
des Karrieresprungs bei nachehezeitlicher Einkommenssteigerung im (schuldrechtlichen) Versorgungsausgleich nach der Scheidung (→ VersAusglG § 20
Rn. 20). Allerdings ist nach § 76 Abs. 2 S. 3 SGB VI die Höchstgrenze für die
Begründung von Entgeltpunkten auf zwei pro Jahr festgelegt. Insgesamt ergibt
sich die Anzahl der persönlichen Entgeltpunkte aus den **Beitragszeiten, beitragsfreien Zeiten,** den Zuschlägen für **beitragsgeminderte Zeiten** und den Zu- bzw.
Abschlägen aus einem **Versorgungsausgleich** (§ 66 SBG VI).

Zur **Ermittlung der Rentenhöhe** muss die Anzahl erworbener **Entgeltpunkte** mit 9
dem **aktuellen Rentenwert** multipliziert werden. Der aktuelle Rentenwert bestimmt sich nach der sog Rentenformel in § 68 SGB VI. Der aktuelle Rentenwert
wird jeweils zum 1.7. eines jeden Jahres neu bestimmt. Die **Rentenformel** lautet
daher:

Anzahl der Entgeltpunkte × aktueller Rentenwert = Rente

a) Entgeltpunkte. Nach § 70 SGB VI werden **Entgeltpunkte** berechnet, indem 10
die individuelle **Beitragsbemessungsgrundlage** (sozialversicherungspflichtiges
Einkommen) durch das Durchschnittsentgelt der in der gesetzlichen Rentenversicherung Versicherten dividiert wird. Beträgt also das Durchschnittsentgelt für

---

2 2017: West = 37.103 EUR; Ost = 33.148 EUR.

das Jahr 2017 37.103 EUR, dann wird darauf ein Beitrag iHv 18,7% erbracht und damit für einen Entgeltpunkt ein Beitrag iHv 6.938,2610 EUR gezahlt. Beträgt der aktuelle Rentenwert für 2017 in den alten Bundesländern 30,45 EUR, kostet mithin im Jahr 2017 1 EUR Rentenzahlung in der gesetzlichen Rentenversicherung 6.938,2610 / 30,45 = 227,8575 EUR. Nach dieser Methode berechnete Entgeltpunkte werden für **Beitragszeiten** (→ Rn. 11), **Kindererziehungszeiten** (→ Rn. 12 ff.), **Kindererziehungsberücksichtigungszeiten** (→ Rn. 15) und zahlreiche Sonderregelungszeiten (vgl. §§ 256 ff. SGB VI) errechnet.

11 **b) Beitragszeiten.** Im Versorgungsausgleich werden nur die in der Ehezeit erworbenen Anwartschaften und Versorgungen ausgeglichen. Da die Versorgungen der gesetzlichen Rentenversicherung beitragsbezogene Versorgungen sind, bedarf es im Versorgungsausgleich auch nur der Betrachtung der **ehezeitlichen** Beitragszeiten. Beitragszeiten sind nach der gesetzlichen **Definition** (§ 55 SGB VI) Zeiten, für die Pflichtbeiträge oder freiwillige Beiträge gezahlt oder Entgeltpunkte gutgeschrieben wurden, weil gleichzeitig Berücksichtigungszeiten wegen Kindererziehung oder Pflege eines pflegebedürftigen Kindes vorliegen.

12 **c) Kindererziehungszeiten.** Einer der wichtigsten die Rentenhöhe bestimmenden **Zuschlagsfaktoren** ist die Kindererziehungszeit (§ 56 SGB VI). Danach sind für vor dem 1.1.1992 geborene Kinder insgesamt 24,3 für danach geborene Kinder 36 Monate Kindererziehungszeit anzurechnen. Kindererziehungszeiten werden nach § 70 Abs. 2 SGB VI mit 0,0833 (ursprünglich 0,0625) Entgeltpunkten pro Monat bewertet, also mit knapp einem Entgeltpunkt pro Jahr, was zur Folge hat, dass für ab 1992 geborene Kinder immerhin drei Entgeltpunkte gutgeschrieben werden bzw. – nach Werten für das Jahr 2017 – eine Rentenanwartschaft von 91,35 EUR[4] entsteht. Kindererziehungszeiten können kumulativ neben den Regelbeitragszeiten aus Erwerbstätigkeit erworben werden,[5] so dass nunmehr Beiträge aus Kindererziehungszeiten und Erwerbseinkommen bis zur Höchstgrenze des Beitrags zulässig sind. Wird während dieses Zeitraums vom erziehenden Elternteil ein weiteres Kind erzogen, wird die Kindererziehungszeit für dieses und jedes weitere Kind um die Anzahl an Kalendermonaten der gleichzeitigen Erziehung verlängert (§ 56 Abs. 5 SGB VI). Durch diese Regelung wird sichergestellt, dass auch bei überlappenden Kindererziehungszeiten tatsächlich für jedes Kind die volle Kindererziehungszeit gutgeschrieben wird. Kindererziehungszeiten führen zu einer versorgungsausgleichspflichtigen Rentenerhöhung und sind daher im Versorgungsausgleich zu berücksichtigen.[6] Soweit die dem Versorgungsausgleich zugrunde liegende Rentenauskunft vor dem 1.7.1998 oder 1.7.2014 erfolgt ist, kann daher eine Korrektur des Versorgungsausgleichs nach § 226 FamFG iVm § 32 VersAusglG möglich sein, weil die Bewertung der Kindererziehungszeiten in der gesetzlichen Rentenversicherung zu diesen Daten zugunsten des kindererziehenden Elternteils geändert wurde.

13 Die **Kindererziehungszeiten** können nach § 56 Abs. 2 SGB VI dem erziehenden Elternteil oder – durch übereinstimmende Erklärung bei gemeinsamer Erziehung des Kindes durch die Eltern – einem der beiden Elternteile ganz oder teilweise zugeordnet werden. Liegt keine gemeinsame Erklärung der Eltern über die Zu-

---

3 Seit 1.7.2014 § 249 SGB VI geändert durch RVLeistungsverbesserungsG BTDrs. 24/14.
4 3 x aktueller Rentenwert – 3 x 30,45 EUR = 91,35 EUR.
5 BVerfG FamRZ 1996, 1141.
6 BGH FamRZ 2000, 746; OLG Brandenburg FamRZ 2000, 891; Schwab/Hahne VI Rn. 95.

ordnung der Kindererziehungszeiten vor, werden die Kindererziehungszeiten der Mutter zugeordnet. Sollen die Kindererziehungszeiten dem Vater zugeordnet werden, muss eine entsprechende übereinstimmende Erklärung der Eltern gegenüber dem Rentenversicherungsträger abgegeben werden, die lediglich auf maximal zwei Monate zurückwirkt (§ 56 Abs. 2 SGB VI). Die Kindererziehungszeiten werden damit nur dann Manipulationsmasse, solange die Kindererziehungszeit von 36 Monaten nicht abgelaufen ist.

d) Trümmerfrauenregelung. Von den aufgrund von Kindererziehungszeiten gutgeschriebenen Entgeltpunkten sind die auf Grundlage des **Kindererziehungsleistungsgesetzes** für die vor dem 1.1.1921 geborenen Eltern gutgeschriebenen Entgeltpunkte zu unterscheiden. Diese Anwartschaften (**Trümmerfrauenregelung**) unterliegen nicht dem Versorgungsausgleich und sind daher nicht ausgleichspflichtig.[7] **14**

e) Berücksichtigungszeiten wegen Kindererziehung (§§ 57, 70 Abs. 3 a SGB VI). Nach § 57 SGB VI sind die Zeiten der Erziehung eines Kindes bis zu dessen zehntem Geburtstag sog **Kindererziehungs-Berücksichtigungszeiten**, falls in dieser Zeit die Voraussetzung für die Anrechnung einer Kindererziehungszeit vorgelegen hat. Die Höhe der danach im Versorgungsausgleich einzubeziehenden Zuschlagsentgeltpunkte für **Berücksichtigungszeiten** ergibt sich aus § 70 Abs. 3 a SGB VI. Danach erhalten Versicherte, die 25 Jahre rentenrechtliche Zeiten aufweisen können, denen Kindererziehungszeiten oder Zeiten der Pflege eines pflegebedürftigen Kindes bis zur Vollendung des 18. Lebensjahres gutgeschrieben wurden, zusätzliche Entgeltpunkte für jeden Kalendermonat, der mit Pflichtbeiträgen belegt ist. Die Höhe der gutgeschriebenen Entgeltpunkte ist auf die Hälfte der durch Pflichtbeiträge begründeten Entgeltpunkte, maximal auf 0,0278 pro Monat begrenzt. Zum Ehezeitende steht idR nicht fest, inwieweit die Berücksichtigungszeiten die Höhe der Rente beeinflussen werden, weil deren Voraussetzungen noch nicht erfüllt sind. **15**

Die Berücksichtigungszeiten sind sozialpolitisch problematisch, weil sie nur sozialversicherungspflichtig Beschäftigten zukommen. Im günstigsten Fall können so pro Kind sieben Jahre lang 0,0278 EP pro Monat im Versorgungsausgleich unberücksichtigt bleiben. **16**

f) Beitragsfreie Zeiten. In der persönlichen Rentenbiographie, die sich aus dem Versicherungsverlauf ergibt, können beitragsfreie Zeiten vermerkt sein. Nach der gesetzlichen Definition sind **beitragsfreie Versicherungszeiten** solche Monate, die mit **Anrechnungs-, Zurechnungs- und Ersatzzeiten** belegt sind, ohne dass in diesen Monaten Beiträge zur Rentenversicherung erbracht worden sind. **17**

Anrechnungszeiten in der gesetzlichen Rentenversicherung **sind Zeiten der Arbeitsunfähigkeit oder Rehabilitationszeiten**, Zeiten, in denen aufgrund der Vorschriften des **Mutterschutzgesetzes** eine Tätigkeit unterblieb, Zeiten **der Arbeitslosigkeit**, soweit durch die Bundesanstalt für Arbeit keine Beiträge erstattet wurden, Zeiten **der ersten drei Berufsjahre** (Ausbildungszeit) und **Zurechnungszeiten wegen Rentenbezugs** (§ 58 SGB VI). **18**

Zurechnungszeiten sind nach § 59 SGB VI Zeiten des Bezuges einer **Erwerbsminderungsrente** vor Vollendung des 60. Lebensjahres. Zurechnungszeiten, dh Zeiten zwischen dem Eintritt des Versicherungsfalls der Berufs- oder Erwerbsun- **19**

---

7 BGH FamRZ 1991, 675.

fähigkeit und der Vollendung des 60. Lebensjahres des Versicherten, sind durch das Arbeiterrentenversicherungs-Neuregelungsgesetz (ArVNG)[8] eingeführt worden, um den Versicherten auch im Fall frühzeitiger Invalidität eine ausreichende Rente zu gewährleisten.

20 **Ersatzzeiten** sind nach § 250 SGB VI ua Zeiten von Krieg, Internierung, Gefangenschaft, Vertreibung.

21 Die Bewertung von **beitragsfreien Zeiten** in der gesetzlichen Rentenversicherung richtet sich nach § 71 SGB VI. Danach werden beitragsfreie Zeiten mit dem Durchschnittswert an Entgeltpunkten bewertet, der sich aus der Gesamtleistung an Beiträgen im belegungsfähigen Zeitraum ergibt.

22 **Beitragsgeminderte Versicherungszeiten** (§ 54 Abs. 1 Nr. 1 lit. b SGB VI) sind Kalendermonate, die sowohl mit beitragsfreien Zeiten als auch mit Beitragszeiten belegt sind. Für diese Versicherungszeiten ist in einer Vergleichsrechnung festzustellen, wie hoch sie rentenrechtlich zu bewerten wären, wenn keinerlei Beträge gezahlt worden wären (beitragsfreie Zeiten, → Rn. 17). Diese Bewertung stellt die Untergrenze dar. Die Obergrenze der Bewertung beitragsgeminderter Zeiten wird durch die tatsächlich entrichteten Beiträge markiert. Bzgl. der Bewertung beitragsgeminderter Zeiten gilt wie bei beitragsfreien Zeiten, dass nacheheheitliche Veränderungen auf die Bewertung dieser Zeiten einwirken.

23 **g) Nachentrichtung und freiwillige Beitragszahlung, Höherversicherung, das „In-Prinzip".** Werden Beiträge zur gesetzlichen Rentenversicherung zeitversetzt zu den Versicherungszeiten erbracht, sind sie dann im Versorgungsausgleich auszugleichen, wenn die **Beiträge innerhalb der Ehezeit** erbracht werden (**In-Prinzip**).[9] Danach werden aus freiwilligen Beiträgen und Beitragserstattungen stammende Rentenanwartschaften dann in den Versorgungsausgleich einbezogen, wenn Beiträge innerhalb der Ehezeit geleistet werden. Dies gilt unabhängig davon, für welche Zeiten sie erbracht werden.[10] Innerhalb der Ehezeit geleistete Beiträge werden daher auch dann im Versorgungsausgleich berücksichtigt, wenn sie für außerehezeitliche Versicherungszeiten geleistet wurden.[11]

24 Hintergrund des strengen In-Prinzips ist der Zusammenhang zwischen Zugewinn- und Versorgungsausgleich: Innerhalb der Ehe betriebener Vermögensaufwand für Beitragszahlungen würde, falls man den Versorgungsausgleich nicht auf außerehelichen Versicherungszeiten in diesem Fall erstreckte, dazu führen, dass der Ehegatte weder am Vermögen noch an der damit erworbenen Rentenanwartschaft beteiligt wäre. Wegen dieses vermögensrechtlichen Bezugs und der notwendigen Gesamtsicht aller familienrechtlichen Ausgleichssysteme sind denn auch Rentenanwartschaften, die durch eine **Nachzahlung während der Ehezeit** begründet worden sind, im Versorgungsausgleich dann nicht zu berücksichtigen, wenn die Nachzahlung zu einem Zeitpunkt geleistet worden ist, in dem die Vermögensauseinandersetzung der Eheleute bereits abgeschlossen war.[12]

25 **Ausnahmen** vom strengen In-Prinzip werden nur für die Fälle anerkannt, in denen eine erhebliche Anwartschaftsbegründung in einem im Versorgungsaus-

---

8   ArVNG v. 23.2.1957, BGBl. I, 45.
9   BGH FamRZ 1993, 292; OLG Köln FamRZ 2000, 157; OLG Hamm FamRZ 1998, 297; OLG Nürnberg FamRZ 1996, 1550.
10 Borth, Versorgungsausgleich, Rn. 66; FA-FamR/Gutdeutsch Kap. 7 Rn. 45.
11 BGH FamRZ 1997, 414.
12 OLG Köln FamRZ 1996, 1549.

gleich ausgleichspflichtigen Versorgungssystem zwischen dem Monatsanfang des Heiratsmonats und der Eheschließung erfolgt,[13] weil vor der Eheschließung eine Versorgungsgemeinschaft noch nicht besteht. Ausnahmen sind auch dann zu machen, wenn der ehezeitliche Versorgungserwerb mit Vermögen erfolgt, das bereits Gegenstand eines Vermögensausgleichs gewesen ist,[14] oder wenn Gütertrennung zwischen den Parteien vereinbart wurde.[15]

Derartige **Nachzahlungsmöglichkeiten** sind durch die Rentenreformen der Vergangenheit weitgehend beschnitten worden, was insbesondere für die Nachentrichtung der Heiratserstattung zutrifft. Von Bedeutung sind jedoch derzeit noch die Fälle der Beitragsnachentrichtung für nicht berücksichtigungsfähige Ausbildungszeiten nach § 207 SGB VI. Von dieser Möglichkeit kann insbesondere bei Lücken in der Versorgungsbiographie Gebrauch gemacht werden, um **Wartezeiten** zu erfüllen (→ VersAusglG § 16 Rn. 8). Werden derartige Nachzahlungen innerhalb der Ehezeit für innerhalb der Ehezeit liegende Zeiträume erbracht, bestehen keine Schwierigkeiten. Die aus ehezeitlichen Nachzahlungen resultierenden Anwartschaften sind ehezeitliche Anwartschaften, die in den Versorgungsausgleich einzubeziehen sind,[16] gleichgültig ob sie für außereheliche Zeiten erbracht werden. **26**

h) Regelaltersgrenze. Die Regelaltersgrenze ist in § 235 SGB VI definiert und wird stufenweise angehoben: **27**

Renteneintrittstabelle, § 235 SGB VI		
Für den Geburtsjahrgang	erfolgt eine Anhebung um ... Monate	auf Vollendung eines Lebensalters von
1900		65,00	65 Jahre
1947	1	65,08	65 Jahren und 1 Monat
1948	2	65,17	65 Jahren und 2 Monaten
1949	3	65,25	65 Jahren und 3 Monaten
1950	4	65,33	65 Jahren und 4 Monaten
1951	5	65,42	65 Jahren und 5 Monaten
1952	6	65,50	65 Jahren und 6 Monaten
1953	7	65,58	65 Jahren und 7 Monaten
1954	8	65,67	65 Jahren und 8 Monaten
1955	9	65,75	65 Jahren und 9 Monaten
1956	10	65,83	65 Jahren und 10 Monaten
1957	11	65,92	65 Jahren und 11 Monaten
1958	12	66,00	66 Jahren
1959	14	66,17	66 Jahren und 2 Monaten
1960	16	66,33	66 Jahren und 4 Monaten

13 BGH FamRZ 1993, 292.
14 BGH FamRZ 1992, 790; OLG Koblenz FamRZ 2001, 1221; OLG Köln FamRZ 1996, 1549 (1550).
15 KG FamRZ 2003, 39.
16 Borth, Versorgungsausgleich, Rn. 104.

Renteneintrittstabelle, § 235 SGB VI			
Für den Geburtsjahrgang	erfolgt eine Anhebung um ... Monate	auf Vollendung eines Lebensalters von	
1961	18	66,50	66 Jahren und 6 Monaten
1962	20	66,67	66 Jahren und 8 Monaten
1963	22	66,83	66 Jahren und 10 Monaten
1964	24	67,00	67 Jahren

28 **i) Rentenzugangsfaktor, vorzeitiger Rentenbeginn (§ 77 SGB VI).** Der Rentenzugangsfaktor ist ein altersabhängiger Berechnungsfaktor und richtet sich nach dem Alter des Versicherten bei Rentenbeginn. Er bestimmt, in welchem Umfang Entgeltpunkte bei der Ermittlung des Monatsbetrags der Rente als persönliche Entgeltpunkte zu berücksichtigen sind. Bei erstmaligem Altersrentenbezug mit Vollendung des 65. Lebensjahres ist der Zugangsfaktor 1. Für jeden Monat **vorzeitiger Inanspruchnahme** von Rente wird der Zugangsfaktor um 0,003 niedriger und für jeden Monat späterer Inanspruchnahme um 0,005 höher als 1. Aufgrund der ausdrücklichen Teilung einer in der gesetzlichen Rentenversicherung erworbenen Versorgung auf der Ebene ihrer Bezugsgröße Entgeltpunkte bleibt ein **Rentenzu- oder -abschlag im Versorgungsausgleich** immer unberücksichtigt[17] (→ VersAusglG § 5 Rn. 14).

29 **j) Aktueller Rentenwert (aktRW).** Der aktuelle Rentenwert ist der Betrag, der einer Rente entspricht, die für den Jahresbeitrag eines Versicherten erworben wird, dessen Einkommen dem Durchschnittseinkommen der in der gesetzlichen Rentenversicherung Versicherten entspricht. Der aktuelle Rentenwert wird durch die Bundesregierung mit Zustimmung des Bundesrats jeweils am 1.7. eines Jahres festgelegt (§ 68 SGB VI). Durch die Erhöhung des aktuellen Rentenwerts wird die Rente an die Veränderung der Löhne und Gehälter angepasst. Der aktuelle Rentenwert spiegelt die **Entwicklung der Dynamik** der Rentenversicherung wider. Wegen der unterschiedlichen Lebensverhältnisse in den alten und neuen Bundesländern ist der aktuelle Rentenwert unterschiedlich.

Rentenwerte seit 1977 in EUR		
Jahr	West	Ost
1.1.1977	12,88 EUR	
1.1.1978	13,81 EUR	
1.7.1978	13,47 EUR	
1.7.1979	13,47 EUR	
1.1.1980	14,00 EUR	
1.1.1981	14,56 EUR	
1.7.1982	15,40 EUR	
1.7.1983	16,26 EUR	
1.7.1984	16,82 EUR	

---

17 BT-Drs. 16/10144, 80; BGH FamRZ 2016, 35.

Rentenwerte seit 1977 in EUR		
Jahr	West	Ost
1.7.1985	17,32 EUR	
1.7.1986	17,82 EUR	
1.7.1987	18,50 EUR	
1.7.1988	19,06 EUR	
1.7.1989	19,63 EUR	
1.7.1990	20,24 EUR	8,16 EUR
1.1.1991	20,24 EUR	9,38 EUR
1.7.1991	21,19 EUR	10,79 EUR
1.1.1992	21,19 EUR	12,05 EUR
1.7.1992	21,80 EUR	13,59 EUR
1.1.1993	21,80 EUR	14,41 EUR
1.7.1993	22,75 EUR	16,45 EUR
1.1.1994	22,75 EUR	17,05 EUR
1.7.1994	23,52 EUR	17,63 EUR
1.1.1995	23,52 EUR	17,61 EUR
1.7.1995	23,64 EUR	18,58 EUR
1.1.1996	23,64 EUR	19,39 EUR
1.7.1996	23,86 EUR	19,62 EUR
1.7.1997	24,26 EUR	20,71 EUR
1.7.1998	24,36 EUR	20,90 EUR
1.7.1999	24,69 EUR	21,48 EUR
1.7.2000	24,84 EUR	21,61 EUR
1.7.2001	25,31 EUR	22,06 EUR
1.7.2002	25,86 EUR	22,70 EUR
1.7.2003	26,13 EUR	22,97 EUR
1.7.2004	26,13 EUR	22,97 EUR
1.7.2005	26,13 EUR	22,97 EUR
1.7.2006	26,13 EUR	22,97 EUR
1.7.2007	26,27 EUR	23,09 EUR
1.7.2008	26,56 EUR	23,34 EUR
1.7.2009	27,20 EUR	24,13 EUR
1.7.2010	27,20 EUR	24,13 EUR
1.7.2011	27,47 EUR	24,37 EUR
1.7.2012	28,07 EUR	24,92 EUR
1.7.2013	28,14 EUR	25,74 EUR
1.7.2014	28,61 EUR	26,39 EUR
1.7.2015	29,21 EUR	27,05 EUR

Hauß

Rentenwerte seit 1977 in EUR		
Jahr	West	Ost
1.7.2016	30,45 EUR	28,66 EUR
1.7.2017	31,03 EUR	29,69 EUR

30 **k) Steuerliche Behandlung von Renten der gesetzlichen Rentenversicherung.** Mit dem **Alterseinkünftegesetz (AEG)** ist die gesetzgeberische Konsequenz aus dem Urteil des Bundesverfassungsgerichts v. 6.3.2002[18] gezogen worden, in dem die unterschiedliche Besteuerung von Pensionen und Renten aus der gesetzlichen Rentenversicherung als verfassungswidrig verworfen wurde. Ziel des Gesetzes ist die steuerliche Gleichbehandlung der verschiedenen Formen der Alterseinkommen. Bis 31.12.2004 wurden Renteneinkünfte aus der gesetzlichen Rentenversicherung lediglich mit ihrem Ertragsteil besteuert (§ 22 Nr. 1 S. 3 lit. a EStG). Dieser beträgt bei einem mit Vollendung des 65. Lebensjahres in den Ruhestand getretenen Rentner 27 %. Diese geringe Anteilbesteuerung trug dazu bei, dass Altersrenten idR überhaupt nicht besteuert wurden.

31 Das **Alterseinkünftegesetz** ändert dies insoweit, als ab 2005 der zu versteuernde Rentenanteil von 50% schrittweise bis zum Jahr 2040 auf 100 % angehoben wird. Diese schrittweise Einführung der nachgelagerten Besteuerung wird schrittweise durch eine steuerliche Freistellung von Altersvorsorgeaufwendungen kompensiert, die einen Höchststand von max. 20.000 EUR pro Jahr erreicht und im Jahr 2005 mit einem Betrag von 12.000 EUR (60 % des Höchstbetrages) eingesetzt hat.

32 **3. Besonderheiten in den neuen Bundesländern. Angleichungsdynamische Rechte** sind nach dem Recht der früheren DDR erworbene Versorgungsanwartschaften, die nicht nach dem Fremdrentengesetz bewertet, sondern durch das RÜG in das Rentensystem der gesetzlichen Rentenversicherung überführt wurden. Darüber hinaus sind **angleichungsdynamische Anwartschaften** – auch die nach dem 18.5.1990 und vor Herstellung der Einkommensangleichung im Beitrittsgebiet – in der gesetzlichen Rentenversicherung erworbene Anwartschaften sowie in den neuen Bundesländern vor Einkommensangleichung erworbene Aussichten auf eine Beamtenversorgung. Angleichungsdynamische Anrechte haben einen geringeren Kapitalwert, obgleich wegen der höheren Dynamik ihr Wert eigentlich höher sein müsste. In den nächsten Jahren wird die Angleichung der Ost- an die Westrenten vollzogen werden. Während 2017 1 EUR Rente West 227,8575 EUR kostet (→ Rn. 10), beträgt der Beitragswert für eine Rente (Ost) in gleicher Höhe nur 216,2832[19] EUR. Bei saldierenden Vergleichen auf Kapital- oder Rentenwertbasis ist dieser Unterschied zu beachten und verbietet eine Saldierung der Rentenwerte auf Nominalwertbasis.

33 **Angleichungsdynamische Rechte minderer Art** sind solche in den neuen Ländern erworbene Versorgungsrechte, deren Dynamik über der Volldynamik der gesetzlichen Rentenversicherung der alten Bundesländer, aber unter der Dynamik angleichungsdynamischer Rechte liegt.

---

18 BVerfG FamRZ 2002, 809.
19 Abweichung 5,4 %.

III. Bewertung abzuschmelzender Anrechte (Abs. 2)

Abzuschmelzende Anrechte oder Anrechtsteile werden nach § 19 Abs. 2 Nr. 2 34
VersAusglG schuldrechtlich ausgeglichen. Nach § 120 h SGB VI sind Auffüllbe-
träge (§ 315 a SGB VI), Rentenzuschläge (§ 319 a SGB VI), Übergangszuschläge
(§ 319 b SGB VI) und die Beträge nach § 307 b Abs. 6 SGB VI vom Wertausgleich bei der Scheidung ausgenommen und schuldrechtlich auszugleichen. Der
Ehezeitanteil abzuschmelzender Anrechte aus der gesetzlichen Rentenversicherung ist im Unterschied zu den beitragsbegründeten Versorgungsbestandteilen
zeitratierlich zu berechnen (Abs. 2). Da die Höhe der Abschmelzbeträge im Zeitpunkt der Durchführung des schuldrechtlichen Versorgungsausgleichs feststeht,
kann der Ehezeitanteil des um Kranken- und Pflegeversicherungsbeiträge bereinigten (§ 20 Abs. 1 S. 2 VersAusglG) Rentenzahlbetrags entsprechend dem Verhältnis der ehezeitlichen Entgeltpunkte zu den insgesamt erworbenen Entgeltpunkten berechnet werden.[20] Da Abschmelzbeträge sich idR mit jeder Renten-
anpassung vermindern, ist die Anpassung der Ausgleichsrente nach §§ 20 ff.
VersAusglG zu beachten.

IV. Besondere Wartezeiten (Abs. 3)

Die gesetzliche Rentenversicherung kennt unterschiedliche Wartezeiten. Die Er- 35
füllung der **allgemeinen Wartezeit** (§ 50 Abs. 1 SGB VI) von 60 Monaten, die
Voraussetzung für den Bezug der Regelaltersrente ist, ist für den Versorgungsausgleich unbeachtlich. Im Versorgungsausgleich wird unterstellt, diese werde
zukünftig (oder durch den Versorgungsausgleich) erfüllt. Nach § 52 SGB VI werden im Fall des Versorgungsausgleichs pro Entgeltpunkt 31,9489 Monate Wartezeit begründet, so dass bei Übertragung einer Rente iHv 1,878 Entgeltpunkten
entsprechend 57,19 EUR[21] bereits eine eigene Versorgung aus der gesetzlichen
Rentenversicherung bezogen werden kann (→ VersAusglG § 16 Rn. 8). Die **besonderen Wartezeiten** des § 43 Abs. 3 VersAusglG sind Wartezeiten nach § 70
Abs. 3 SGB VI (Kinderberücksichtigungszeiten, 25 Jahre), Mindestentgeltpunkte
bei geringem Arbeitsentgelt (§ 262 Abs. 2 SGB VI) und die Voraussetzung für
die Inanspruchnahme vorzeitiger Rente (§ 50 Abs. 2–4 SGB VI). Rentenerhöhend wirken allenfalls die ersten beiden Wartezeiten, die zum Zeitpunkt der
Entscheidung über den Versorgungsausgleich bereits erfüllt sein müssen.[22]

V. Praktische Hinweise

IdR bereitet der Ausgleich von Anrechten aus der gesetzlichen Rentenversiche- 36
rung kaum Probleme. Die Auskünfte der Versorgungsträger sind klar und übersichtlich und geben den Ehegatten und den sonstigen Beteiligten wichtige Hinweise auch jenseits des unmittelbaren Versorgungsausgleichs über die Erwerbsbiographie und die zu erwartende Alterseinkommenssituation.

---

20 NK-BGB/Götsche VersAusglG § 43 Rn. 8.
21 Im Jahr 2017.
22 So richtig Bergner VersAusglG § 43 Rn. 8; FAKomm-FamR/Wick VersAusglG § 43 Rn. 46.

§ 44 VersAusglG   Sondervorschriften für Anrechte aus einem öffentlich-rechtlichen Dienstverhältnis

(1) Für Anrechte

1. aus einem Beamtenverhältnis oder einem anderen öffentlich-rechtlichen Dienstverhältnis und

2. aus einem Arbeitsverhältnis, bei dem ein Anspruch auf eine Versorgung nach beamtenrechtlichen Vorschriften oder Grundsätzen besteht,

sind die Grundsätze der zeitratierlichen Bewertung anzuwenden.

(2) Stehen der ausgleichspflichtigen Person mehrere Anrechte im Sinne des Absatzes 1 zu, so ist für die Wertberechnung von den gesamten Versorgungsbezügen, die sich nach Anwendung der Ruhensvorschriften ergeben, und von der gesamten in die Ehezeit fallenden ruhegehaltfähigen Dienstzeit auszugehen.

(3) [1]Stehen der ausgleichspflichtigen Person neben einem Anrecht im Sinne des Absatzes 1 weitere Anrechte aus anderen Versorgungssystemen zu, die Ruhens- oder Anrechnungsvorschriften unterliegen, so gilt Absatz 2 sinngemäß. [2]Dabei sind die Ruhens- oder Anrechnungsbeträge nur insoweit zu berücksichtigen, als das nach Satz 1 berücksichtigte Anrecht in der Ehezeit erworben wurde und die ausgleichsberechtigte Person an diesem Anrecht im Versorgungsausgleich teilhat.

(4) Bei einem Anrecht aus einem Beamtenverhältnis auf Widerruf oder aus einem Dienstverhältnis einer Soldatin oder eines Soldaten auf Zeit ist der Wert maßgeblich, der sich bei einer Nachversicherung in der gesetzlichen Rentenversicherung ergäbe.

I. Allgemeines

1   § 44 VersAusglG ordnet für Anrechte aus der Beamtenversorgung oder beamtenähnlichen (Abs. 1 Nr. 2) Versorgung die **zeitratierliche Berechnung des Ehezeitanteils** an. Dies wäre entbehrlich, wenn der Erwerb der Beamtenversorgung über die gesamte Dienstzeit hinweg kontinuierlich erfolgen und ein vorzeitiger Ruhestand nicht zu Abschlägen im Versorgungsniveau führen würde. Beides ist jedoch nicht der Fall. Der Versorgungserwerb eines Beamten vollzieht sich – bis zum Erreichen des Höchstruhegehaltssatzes von 71,75 % – in 40 Dienstjahren linear. Eine darüber hinausgehende Diensttätigkeit begründet keinen weiteren

Versorgungserwerb. Gleichzeitig wird ein Versorgungseintritt vor Erreichen der Regelaltersgrenze[1] (→ VersAusglG § 43 Rn. 27) mit Abschlägen kompensiert. Beides macht deutlich, dass der Versorgungsträger vom vollen Versorgungserwerb während der gesamten Dienstzeit ausgeht. Der raschere Vollerwerb der Versorgungsleistung ist historischen Besonderheiten geschuldet. Dies rechtfertigt, für die Zwecke des Versorgungsausgleichs von einem fiktiv über die gesamte Dienstzeit bis zum Erreichen der Regelaltersgrenze gleichmäßigen Versorgungserwerb auszugehen. Statt eines Versorgungserwerbs von 1,79375 % der ruhegehaltsfähigen Bezüge ist bei einer angenommenen Dienstzeit von 45 Jahren von einem jahresdurchschnittlichen Steigerungsbetrag des Ruhegehalts von nur 1,5944 % auszugehen. Je länger die Beschäftigung andauert, umso mehr verringert sich der jährliche Ruhegehaltserwerb.

Arbeitet der Beamte über die **Regelaltersgrenze** (§ 69 h BeamtVG) hinaus, findet **2** kein weiterer Ruhegehaltserwerb statt, sofern die Dienstzeit bereits 40 Jahre betragen hat. Für den Versorgungsausgleich ist jedoch stets auf den Versorgungserwerb bis zur Regelaltersgrenze abzustellen,[2] solange der Zeitpunkt des Ruhestandseintritts nicht bekannt ist. Im Fall der **Pensionärsscheidung** steht der Ruhestandseintritt indessen fest, so dass von diesem auszugehen ist,[3] auch wenn er jenseits der Regelaltersgrenze liegt und sich der Ehezeitanteil der Versorgung dadurch vermindert.

II. Grundstruktur der Beamtenversorgung

1. Betroffener Personenkreis. a) Beamte (Abs. 1 Nr. 1). In einem **innerstaatli- 3 chen**[4] öffentlich-rechtlichen Dienstverhältnis iSd Abs. 1 Nr. 1 stehen zunächst einmal alle **Beamten, Richter** und **Soldaten.** Ihre Versorgungsansprüche sind im Beamtenversorgungsgesetz, das nach § 1 Abs. 2 DRiG auch für Richter gilt, und dem Soldatenversorgungsgesetz geregelt. Ihre Versorgungen sind daher nach Abs. 2 Nr. 1 zu bewerten.

Das Gleiche gilt für **Beamte auf Zeit,**[5] also zB kommunale Wahlbeamte, es sei **4** denn, ihre Versetzung in den Ruhestand ist unzulässig und ihre Altersversorgung wird nach Entlassung aus dem Beamtenverhältnis durch **Nachversicherung** (→ Rn. 35) in der gesetzlichen Rentenversicherung bewerkstelligt. In diesem Fall ist der **Nachversicherungsanspruch** nach Abs. 5 im Versorgungsausgleich zu bewerten. Der Nachversicherungsanspruch ist grundsätzlich fragwürdig geworden, seit der EuGH[6] diesen als europarechtswidrige Diskriminierung für die Fälle des Wechsels eines deutschen Beamten in ein anderes Mitgliedsland verworfen hat. Ob dies auch unter dem Aspekt der Inländerdiskriminierung beim Wechsel aus dem Beamtenverhältnis in ein Arbeitsverhältnis gilt, ist anzunehmen aber nicht entschieden.[7] Sollte sich der Nachversicherungsanspruch, der zu einem erheblichen Versorgungsverlust führt, insgesamt als rechtswidrig erweisen, stünde das Abänderungsverfahren als Korrekturmodus offen.

---

1 Diese ist in § 69 h BeamtVG der Regelaltersgrenze in der gesetzlichen Rentenversicherung angepasst worden.
2 JH/Holzwarth VersAusglG § 44 Rn. 43.
3 JH/Holzwarth VersAusglG § 44 Rn. 65.
4 BGH FamRZ 1996, 98; 1988, 273; FAKomm-FamR/Wick VersAusglG § 44 Rn. 3.
5 BGH FamRZ 1995, 414.
6 EuGH FamRZ 2016, 1737.
7 Anm.Borth FamRZ 2016, 1737; Ruland FamRZ 2016, 1831.

5 **Nicht unter Nr. 1 fallen** Personen, die in einem öffentlich-rechtlichen Amtsverhältnis stehen; das sind Mitglieder der Bundesregierung, Parlamentarische
Staatssekretäre, der Wehrbeauftragte des Deutschen Bundestages, der Bundesbe-
auftragte für den Datenschutz, die Mitglieder des Direktoriums der Deutschen
Bundesbank, die Abgeordneten des Deutschen Bundestages und der Landespar-
lamente oder des Europaparlamentes.[8] Dass die Versorgungen dieser Personen
nicht nach Nr. 1 bewertet werden, hat seine Ursache darin, dass ihre ruhegehaltsfähige Amtszeit angesichts der Begründung des Amtsverhältnisses durch
eine Wahl nicht mit annähernder Sicherheit bestimmt werden kann.[9] Ebenso
wenig fallen die Versorgungen von Personen unter die Vorschrift, die in einem
öffentlich-rechtlichen Dienstverhältnis zu ausländischen Staaten oder inter- oder
supranationalen Organisationen stehen.

6 Die Versorgungsanwartschaften von **Widerrufsbeamten** und **Zeitsoldaten** werden im Versorgungsausgleich nicht nach Abs. 4 mit dem Pensionsanspruch, sondern mit dem **Nachversicherungsanspruch** in der gesetzlichen Rentenversicherung bewertet (→ Rn. 35). Dieser Nachversicherungsanspruch ist regelmäßig
niedriger als der beamtenrechtliche Versorgungsanspruch. Weil aber noch nicht
feststeht, ob der Widerrufsbeamte ins Beamtenverhältnis auf Probe berufen oder
der Zeitsoldat Berufssoldat wird, kann selbst dann im Versorgungsausgleich nur
vom Nachversicherungsanspruch ausgegangen werden, wenn ein nachehezeitlicher Wechsel in ein Beamtenverhältnis erfolgt.[10]

7 Die Versorgungsansprüche von **Beamten auf Probe** werden dagegen nach § 44
VersAusglG bewertet,[11] weil sie von der hM als rechtlich so verfestigt angesehen
werden, dass sie zwar noch nicht als Anwartschaft, wohl aber als **Versorgungs-
aussicht iSv Abs. 2 Nr. 1** anzusehen sind.

8 **b) Versorgung nach beamtenrechtlichen Grundsätzen (Abs. 1 Nr. 2).** Die Versorgung sonstiger **Beschäftigter mit Anspruch auf eine Versorgung nach beamtenrechtlichen Vorschriften oder Grundsätzen** ist ebenfalls nach Abs. 1 Nr. 2 zu bewerten. Die Vorschrift erfasst daher alle diejenigen Arbeitnehmer, die zu öffentlichen oder privaten Arbeitgebern in einem Beschäftigungsverhältnis stehen und
auf der Basis eines Gesetzes, einer Dienstordnung, Satzung, einzel- oder kollektivvertraglicher Regelung eine Versorgung nach beamtenrechtlichen Grundsätzen zugesagt bekommen haben, wobei unerheblich ist, ob die Zusage unter Einbeziehung anderer Versorgungen erteilt worden ist. Die Vorschrift lehnt sich an
die sozialgesetzliche Formulierung der Versicherungsfreiheit in § 5 Abs. 1 Nr. 2
SGB VI an. Der Kreis der so zu bewertenden Versorgungen geht jedoch über den
Kreis der Versicherungsfreiheit nach § 5 Abs. 1 Nr. 2 SGB VI hinaus. Soweit **private Arbeitgeber**[12] beamtenrechtsähnliche Versorgungszusagen machen, ist die
Versorgung nach § 44 Abs. 1 Nr. 2 VersAusglG zu bewerten.[13]

---

8   Vgl. die Darstellung und Fundstellen bei Soergel/Minz § 1587 a Rn. 6.
9   Borth, Versorgungsausgleich, Rn. 219.
10 BGH FamRZ 1987, 921; 2003, 29.
11 Borth, Versorgungsausgleich, Rn. 212; zum früheren Recht: BGH FamRZ 1982, 362.
12 JH/Holzwarth VersAusglG § 44 Rn. 10.
13 BGH FamRZ 2016, 617.

Beispiele:[14] Lehrer an Privatschulen,[15] Professoren an privaten Hochschulen,[16] Pfarrer der öffentlich-rechtlichen Religionsgemeinschaften,[17] wissenschaftliche Mitarbeiter der Max-Planck-Gesellschaft.[18]

2. Berechnung der Altersversorgung von Beamten. Im Regelfall berechnet sich **9** das Ruhegehalt eines Beamten, Richters oder Berufssoldaten nach der Formel:

Ruhegehaltsfähige Dienstbezüge × Ruhegehaltssatz = Ruhegehalt

Dabei bestimmt sich der Ruhegehaltssatz aus der ruhegehaltsfähigen Dienstzeit und einem vom Gesetzgeber pro Dienstjahr festgesetzten Multiplikationsfaktor.

a) Bestimmung der ruhegehaltsfähigen Dienstzeit. Die **ruhegehaltsfähige Dienst- 10 zeit** ist in §§ 6–13 BeamtVG geregelt. Sie ist die Zeit vom Beginn des Beamtenverhältnisses bis zur Altersgrenze. Dabei ist im Normalfall von der Regelaltersgrenze auszugehen (→ Rn. 1).

Besondere Altersgrenzen bestehen zT bei besonderen Berufsgruppen, zB bei **Be- 11 rufssoldaten** (Düsenflugzeugpiloten: Vollendung des 41. Lebensjahres). Diese sind dann für die Berechnung der Dienstzeit zu berücksichtigen,[19] wenn regelmäßig davon auszugehen ist, dass der Dienstherr von der Versetzung in den Ruhestand Gebrauch macht.[20] Diese Regelung führt letztendlich dazu, dass der Ehezeitanteil der Versorgung besonders hoch ist, weil die Dienstzeit, in der die Versorgung erworben wird, gegenüber der Regeldienstzeit besonders kurz ist. Dies kann insbesondere bei der Scheidung von zwei Beamten zu Akzeptanzproblemen führen, weil bei gleichem Zeitpunkt der Berufung ins Beamtenverhältnis der Beamte mit der kürzeren Altersgrenze einen erheblich höheren Teil seiner Versorgung in den Versorgungsausgleich einführt als sein Ehegatte. Gleichwohl ist insbesondere bei bereits erfolgter Pensionierung von der verkürzten Dienstzeit als Gesamtdienstzeit auszugehen. Es entspricht der gesetzgeberischen Konzeption, den **ehezeitlichen Versorgungserwerb** in den Versorgungsausgleich einzubeziehen.[21] Diese gesetzgeberische Konzeption wird nicht dadurch konterkariert, dass eine gegenüber dem Normalmaß erheblich höhere Versorgung in der Ehezeit erworben wird.[22] Dies gilt umso mehr, als der Altersvorsorgeerwerb eines von einer frühen Altersgrenze profitierenden Beamten idR mit Erreichen der vorverlegten Altersgrenze nicht abgeschlossen ist.

Auch bei **vorzeitiger Pensionierung** als Folge von **Truppenreduzierungen** ist für **12** die Berechnung des Dienstzeitendes nicht vom regelmäßigen, sondern vom tatsächlichen Ende der Dienstzeit auszugehen.[23]

Die **Bewertung von Teilzeitarbeit** erfolgt im Rahmen der ruhegehaltsfähigen **13** Dienstzeit im Verhältnis der Teil- zur Vollzeitbeschäftigung (§ 6 Abs. 1 S. 3 BeamtVG). Ist vom Diensterren über das Ehezeitende hinaus Teilzeittätigkeit bereits bewilligt, wird diese für die Berechnung der Gesamtzeit über den gesam-

---

14 Vgl. dazu ausführlich JH/Holzwarth VersAusglG § 44 Rn. 5 ff.
15 BGH FamRZ 1999, 221.
16 OLG Köln FamRZ 1984, 400.
17 OLG Frankfurt/M. FamRZ 1987, 719.
18 BGH FamRZ 1986, 248.
19 BGH FamRZ 1996, 215; 1993, 302; 1982, 1005; 1982, 1003.
20 OLG Frankfurt/M. NJW 1982, 2374.
21 BGH FamRZ 1993, 302.
22 BGH FamRZ 2013, 435; 2013, 121.
23 BGH FamRZ 1996, 215–217.

ten Bewilligungszeitraum zugrunde gelegt. Die versorgungsrechtliche Berücksichtigung von Teilzeitarbeit eines Beamten erfolgt mithin über die ruhegehaltsfähige Dienstzeit und nicht etwa über eine anteilige Verminderung der ruhegehaltsfähigen Bezüge. Diese werden vielmehr ungekürzt in die Berechnung des Ruhegeldes einbezogen.

14 In Fällen der **Teilzeitbeschäftigung eines Beamten** kann **Korrekturbedarf** in den Fällen bestehen, in denen zwar zum Ehezeitende Teilzeitarbeit bewilligt war, vor Ablauf des Bewilligungszeitraums jedoch der Umfang der Teilzeittätigkeit ggf. bis zur Vollzeittätigkeit erweitert wird. In diesen Fällen sollte regelmäßig eine Kontrolle der Berechnung des Versorgungsträgers eingeholt werden, falls **vor der Entscheidung über den Versorgungsausgleich** ein Wechsel des bei Auskunftserteilung zugrunde gelegten Arbeitszeitvolumens erfolgt. In diesen Fällen kann der Wechsel in Vollzeit noch im Ausgangsverfahren berücksichtigt werden (§ 5 Abs. 2 VersAusglG). Wird die Teilzeit erst nach der Entscheidung über den Versorgungsausgleich in Richtung Vollzeit und nach dem Abweichen von den Annahmen in der Versorgungsausgleichsauskunft erweitert, kann es ggf. erforderlich sein, eine Abänderung der Entscheidung nach § 226 FamFG herbeizuführen.[24]

15 **b) Ruhegehaltssatz.** Der Ruhegehaltssatz ist abhängig von der ruhegehaltsfähigen Dienstzeit (§§ 6–12 BeamtVG). Der Ruhegehaltssatz gibt an, zu welchem Prozentsatz das Ruhegehalt den ruhegehaltsfähigen Dienstbezügen entspricht.

16 Für Dienstverhältnisse, die vor dem 1.1.1992 begründet wurden, galt folgende Staffelung: Für die ersten zehn Dienstjahre wurde eine Sockelversorgung von 35 %, danach 15 Jahre lang eine Steigerung von 2 % pro Jahr und in den letzten zehn Jahren eine Steigerung von 1 % pro Jahr gewährt. Vom 1.1.1992 bis zum 31.12.2001 stieg der Ruhegehaltssatz pro Dienstjahr einheitlich um 1,875 %, bis er nach 40 Dienstjahren die maximale Höhe von 75 % erreichte.

17 Durch das Versorgungsänderungsgesetz vom 20.12.2001[25] wurde das Ruhegehalt ab 1.1.2003 auf 1,79375 % der ruhegehaltsfähigen Bezüge pro Jahr abgesenkt. Der höchstmögliche Ruhegehaltssatz wurde demgemäß von 75 % auf 71,75 % abgesenkt (bei 40 Dienstjahren als Obergrenze). Die Minderungen der Beamtenversorgung greifen ab 1.1.2003 in acht Stufen ein.

Jahr	2003	2004	2005	2006	2007	2008	2009	2010
Anpassungsfaktoren	0,99458	0,98917	0,98375	0,97833	0,97292	0,9675	0,96208	0,95667

18 Erstmals zum 1.1.2003 beträgt der Anpassungsfaktor für die erste Anpassung 0,99458. Mit diesem Anpassungsfaktor sind die ruhegehaltsfähigen Bezüge zu multiplizieren, so dass die Berechnung bei einer angenommenen Anpassung der Bezüge um 1,9 % wie folgt zu erfolgen hätte: **Ruhgehaltsfähiges Einkommen** 3.000 EUR, Ruhegehaltssatz 75 %, Anpassungsfaktor nach § 69 e Versorgungsänderungsgesetz 0,99458 = **Angepasstes Ruhegehalt**: 3.000 x 0,99458 = 2.983,74. **Abschmelzbetrag** ist die Differenz zwischen dem ruhegehaltsfähigen Bezug und dem durch Multiplikation mit dem Anpassungsfaktor angepassten ruhegehaltsfähigen Einkommen, also 16,26 EUR (Abschmelzbetrag des ruhegehaltsfähigen Einkommens). Das um 1,9 % dynamisierte ruhegehaltsfähige Ein-

---

24 JH/Holzwarth VersAusglG § 44 Rn. 66.
25 BGBl. I 3926 ff.

kommen des Beamten beträgt 3.000 x 1,019 = 3.057 EUR. Das um den **Ab-schmelzbetrag** des ruhegehaltsfähigen Einkommens verminderte ruhegehaltsfähige Einkommen beträgt demnach 3.057 – 16,26 = 3.040,74 EUR. Zur Berechnung des Ruhegehalts ist dieses verminderte ruhegehaltsfähige Einkommen mit dem Ruhegehaltssatz zu multiplizieren. Beträgt dieser 75 %, so erhielte der Beamte ein vermindertes Ruhegehalt iHv 3.040,74 x 0,75 = 2.280,56 EUR.

Für die **Auskünfte der Träger der Beamtenversorgung** im Versorgungsausgleich   19
ist entscheidend, von welchem Ruhegehaltssatz auszugehen ist. Richtigerweise ist nach Inkrafttreten des Versorgungsänderungsgesetzes vom 20.12.2001 für Fälle, in denen die regelmäßige Pensionierung nicht vor dem Jahr 2010 erfolgt, von einem Höchstruhegehaltssatz von 71,75 % der ruhegehaltsfähigen Dienstbezüge auszugehen.[26] Aufgabe des Versorgungsträgers ist es mithin, das fiktive Ruhegehalt zu errechnen, das sich bei Ehezeitende als Versorgung ergäbe. Dies bedeutet, dass die Grundlage der fiktiven Berechnung das die Versorgung dauerhaft prägende Recht ist.[27] Für diejenigen Beamten, die daher zwischen dem Jahr 2003 und 2010 in den Ruhestand gehen, ist der höchstmögliche Ruhegehaltssatz des jeweiligen Ruhestandsjahres zugrunde zu legen bzw. der jeweilige Ruhegehaltssatz mit dem Anpassungsfaktor der obigen Tabelle zu multiplizieren.[28]

Da Scheidungsverfahren teilweise über einen langen Zeitraum laufen, liegt zwi-   20
schen dem Ehezeitende und der Entscheidung über den Versorgungsausgleich gelegentlich viel Zeit. Zur Vermeidung von Abänderungsanträgen nach § 225 FamFG ist stets **der zum Zeitpunkt der letzten tatrichterlichen Entscheidung gültige Bemessungsfaktor** zugrunde zu legen.[29] Dies folgt dem Grundsatz, dass im Versorgungsausgleich zur Vermeidung von Abänderungsverfahren nachehezeitliche Veränderungen der Versorgung, die sich auf den Ehezeitanteil auswirken, stets zu berücksichtigen sind.[30]

In der Altersversorgung der Beamten gilt der Grundsatz, dass die Versorgung   21
71,75 % des Endgehaltes der Besoldungsgruppe nicht übersteigen soll. Dies führt dazu, dass beim Zusammentreffen einer Beamtenversorgung mit einer Rente aus der gesetzlichen Rentenversicherung oder der Zusatzversorgung des öffentlichen Dienstes die Beamtenversorgung gekürzt wird (→ Rn. 37 f.), es sei denn, die Rentenversorgung stammt aus freiwillig entrichteten Beiträgen.

c) **Ruhegehaltsfähige Dienstbezüge.** Für die Bewertung von Beamtenversorgun-   22
gen im Versorgungsausgleich ist von der (fiktiven) Versorgung auszugehen, die sich ergäbe, wenn der Beamte im Zeitpunkt der Zustellung des Scheidungsantrages Ruhegehalt bezöge. Es sind daher die **ruhegehaltsfähigen (Brutto-)**[31] **Dienstbezüge** des Beamten zu diesem Zeitpunkt zugrunde zu legen. Regelmäßig

---

26 BGH FamRZ 2011, 706.
27 Vgl. auch Rundschreiben des Bundesjustizministeriums v. 2.4.2002, FamRZ 2002, 804 sowie Bergner, Zu den Auswirkungen des Versorgungsänderungsgesetzes 2001 auf den Versorgungsausgleich, FamRZ 2002, 1229 und Dörr/Hansen, Die Entwicklung des Familienrechts seit Mitte 2001, NJW 2002, 3140 (3143); Anm. Deisenhofer FamRZ 2002, 288.
28 BGH BGHReport 2004, 378; zuvor OLG Celle FamRZ 2002, 823 mAnm Deisenhofer FamRZ 2002, 288; Goering, Die Rentenreform 2001 und ihre Auswirkungen auf den Versorgungsausgleich, FamRB 2002, 190; OLG Celle FamRZ 2003, 1291.
29 OLG Celle FamRZ 2002, 170.
30 BGH FamRZ 2003, 437.
31 BGH FamRZ 1994, 560.

setzen sich die Dienstbezüge aus dem **Grundgehalt**, dem **Familienzuschlag 1** (früher Ortszuschlag), etwaigen **Zulagen** und der **Sonderzuwendung** zusammen.

23 Das **Grundgehalt** eines Beamten (§§ 18 ff. BBesG) richtet sich nach dem ihm zugewiesenen Amt. Auszugehen ist von dem zum Ehezeitende geltenden Grundgehalt. Nach § 5 Abs. 3 BeamtVG berechnet sich das Ruhegehalt eines Beamten aus dem Grundgehalt des letzten Amtes nur dann, wenn dieses im Versorgungsfall bereits zwei Jahre lang innegehabt wurde. Auch wenn diese Bedingung zum Ehezeitende nicht vorliegt, ist gleichwohl das letzte Grundgehalt Berechnungsgrundlage für die im Versorgungsausgleich auszugleichende Versorgungsanwartschaft. **Rückwirkende Besoldungserhöhungen** sind im Grundgehalt zu berücksichtigen, sofern sie auf den Zeitpunkt des Ehezeitendes zurückwirken.[32] Die **nachehezeitliche Beförderung** hat auf das die Höhe der auszugleichenden Versorgungsanwartschaft bestimmende Grundgehalt auch dann keinen Einfluss, wenn sie vor der Entscheidung über den Versorgungsausgleich erfolgt.[33] Dies ist mit dem fehlenden ehelichen Bezug der Beförderung und dem im Versorgungsausgleich herrschenden Stichtagsprinzip zu begründen.

24 Nach § 40 Abs. 5 VersAusglG sind **familienbezogene Bestandteile** der Versorgung für den Versorgungsausgleich zu eliminieren (→ VersAusglG § 40 Rn. 14). Kinder- und familienbezogene Elemente im **Orts- und Familienzuschlag** sind daher zwar ruhegehaltsfähig aus Sicht des Versorgungsrechts, aber für die Bewertung der Versorgung im Versorgungsausgleich aus den ruhegehaltsfähigen Dienstbezügen heraus zu rechnen. Der bis 30.6.1977 geltende Ortszuschlag war daher nur mit Stufe 1 zu berücksichtigen. Er ist seither in das Grundgehalt eingearbeitet. Der seit dem 1.7.1977 geltende beamtenrechtliche **Familienzuschlag** ist demgemäß nicht für die Berechnung des Ruhegehalts im Versorgungsausgleich zu berücksichtigen.

25 Stellenbezogene **Zulagen** sind im Versorgungsausgleich nur dann als ruhegehaltsfähige Zulagen zu berücksichtigen, wenn sie ruhegehaltsfähig sind.[34]

26 Diese Bezüge sind zu ergänzen um 1/12 der seit Dezember 1993 **eingefrorenen** Sonderzuwendung (13. Monatsgehalt). Da die Sonderzuwendung an der Einkommensdynamik nicht teilnimmt und daher statisch ist, für den Versorgungsausgleich aber gleichwohl in die Berechnung des Ruhegehalts einbezogen werden muss, wurde teilweise die Auffassung vertreten, dass die jährliche Sonderzuwendung zu dynamisieren sei. Diese Auffassung ist vom Bundesgerichtshof seit der Grundsatzentscheidung vom 3.2.1999[35] immer wieder zurückgewiesen worden. Eine Dynamisierung der statischen Sonderzuwendung hat daher zu unterbleiben. Die Sonderzuwendung ist stattdessen mit 1/12 ihres jeweiligen Wertes der monatlichen dynamischen Versorgung zu berechnen. Eine Dynamisierung etwa mithilfe eines Barwertfaktors unterbleibt,[36] weil die Sonderzuwendung einheitlicher Bestandteil der Beamtenversorgung ist und ihre Statik die Gesamtdynamik der Versorgung beeinflusst.[37]

---

32 BGH FamRZ 2012, 941; 1999, 157; OLG Saarbrücken FamRZ 1994, 758.
33 BGH FamRZ 1999, 157.
34 BGH FamRZ 1986, 975 (ruhegehaltsfähige Zulage für fliegendes Personal der Bundeswehr); 1995, 27 (Stellenzulage für vollzugspolizeiliche Aufgaben).
35 BGH FamRZ 1999, 713.
36 BGH FamRZ 2003, 437; 2003, 435.
37 BGH FamRZ 1999, 713.

3. Berechnungsformel für Ruhegehalt. Die Formel für die Berechnung des Ru- 27
hegehaltes eines Beamten ergibt sich mithin nach § 14 BeamtVG:

$$\text{Ruhegehalt} = \text{ruhegehaltsf. Einkommen} \times \text{ruhegehaltsf. Dienstzeit} \times 1{,}79375\% + \frac{1}{12} \times \text{Sonderzahlung}$$

4. Berechnung des Ehezeitanteils der Beamtenversorgung. § 44 Abs. 1 28
VersAusglG schreibt für die Berechnung des Ehezeitanteils der auszugleichenden
Beamtenversorgung vor, dass dieser aus dem **Verhältnis der in die Ehezeit fallen-
den ruhegehaltsfähigen Dienstzeit zur Gesamtzeit** zu bestimmen ist.

a) Berechnung des Ehezeitanteils bei aktiven Beamten. Gesamtzeit ist dabei die 29
bis zur Altersgrenze erweiterte Dienstzeit. Dabei kommt es auf die **tatsächlich
zurückgelegte** Dienstzeit an. Soweit im Zuge der Vereinigung nach § 3 Beamt-
VÜV bei Verwendung von Beamten aus den alten in den neuen Bundesländern
eine **Verdoppelung der ruhegehaltsfähigen Dienstzeit** angeordnet war, hat dies
im Zusammenhang mit der Berechnung des Ehezeitanteils der Versorgung keine
Bedeutung, weil es insoweit nur auf tatsächlich zurückgelegte Dienstzeiten ankommt.[38] Die Berechnung des Ehezeitanteils der Versorgung erfolgt daher nach
der Formel:

$$\text{auszugleichender Versorgungsteil} = \frac{\text{ehezeitl. ruhegehaltsf. Dienstzeit}}{\text{Gesamtzeit bis Altersgrenze}} \times \text{fiktives Ruhegehalt}$$

Dies gilt auch für Beamte mit vorgezogener Altersgrenze (→ Rn. 11). In diesen 30
Fällen können Akzeptanzprobleme auftreten, weil in den Fällen einer außergewöhnlich frühen Pensionierung (zB bei der Strahlflugzeugführern) auch bei relativ kurzer Ehe ein sehr hoher Anteil der Versorgung in die Ehezeit fällt.

Der **Kindererziehungszuschlag** nach § 50 a BeamtVG wird dagegen nicht zeitratierlich, sondern unmittelbar nach § 39 VersAusglG bewertet.[39]

b) Berechnung des Ehezeitanteils bei Ruhestandsbeamten. Für Ruhestandsbe- 31
amte ist die Berechnung des im Versorgungsausgleich zu berücksichtigenden
Ehezeitanteils der Versorgung einfacher, weil in diesem Fall nicht mit der doppelten Fiktion eines Ruhegehaltes und einer Gesamtzeit gerechnet werden muss.
Beides steht fest. Die daraus resultierende Formel lautet daher:

$$\text{auszugleichender Versorgungsteil} = \frac{\text{ehezeitl. ruhegehaltsf. Dienstzeit}}{\text{tats. Gesamtzeit}} \times \text{tats. Ruhegehalt}$$

Dienstunfall: Ist der Beamte aufgrund eines Dienstunfalls vorzeitig in den Ruhe- 32
stand getreten, werden seine Ruhebezüge um 20 % erhöht (§ 36 Abs. 3
BeamtVG). Diese Erhöhung wird im Versorgungsausgleich ebenso wenig berücksichtigt wie die nach § 37 BeamtVG erfolgte Anhebung der Besoldungsgruppe (§ 1587 a Abs. 1 Nr. 1 S. 4).

Versorgungsbezüge von **Beamten im einstweiligen Ruhestand** können nicht mit 33
Versorgungsbezügen vorzeitig oder endgültig pensionierter Beamten gleichge-
setzt werden. Bei ihnen ist die ruhegehaltsfähige Dienstzeit (Gesamtzeit) von der
Berufung ins Beamtenverhältnis bis zur Regelaltersgrenze zu bestimmen.[40]

---

38 BGH FamRZ 1995, 28.
39 OLG Celle FamRZ 1999, 861; OLG Celle 13.5.2011 – 10 UF 65/11.
40 JH/Holzwarth VersAusglG § 44 Rn. 69.

34 Tritt zwischen **Ehezeitende und Entscheidung** über den Versorgungsausgleich ein
Beamter in den Ruhestand, so ist **aus Sicht des Ausgleichsberechtigten** in jedem
Fall eine neue Auskunft über die ehezeitliche Versorgung des Ausgleichspflichtigen einzuholen. Handelt es sich um einen Fall **vorzeitiger Pensionierung**, so verringert sich in den obigen Berechnungsformeln der Divisor mit der Folge, dass
der auszugleichende Versorgungsanteil größer wird.

35 **5. Nachehezeitliches Ausscheiden eines Beamten.** Scheidet ein Beamter nach Ende der Ehezeit aus dem Beamtenverhältnis aus, entfallen auch gleichzeitig mit
dem Ausscheiden seine Versorgungsansprüche gegenüber dem Dienstherren.
Dieser Versorgungswegfall führt zur Nachversicherung des Beamten in der gesetzlichen Rentenversicherung. Die **Nachversicherung** erfolgt nach §§ 181 ff.
SGB VI auf der Basis des beitragspflichtigen Entgelts im Nachversicherungszeit-
raum. Bemessungsgrundlage ist damit die tatsächlich gezahlte Bruttovergütung.[41] Dies stellt eine erhebliche Benachteiligung des Beamten durch die Nachversicherung dar, weil die Beamtenvergütung in ihrem Bruttobetrag regelmäßig
deutlich unterhalb des Bruttoentgelts für eine vergleichbare sozialversicherungspflichtige Tätigkeit liegt. Dies hängt mit dem Wegfall von Kranken-, Pflege-,
Arbeitslosen- und Rentenversicherungsanteilen in der Vergütung zusammen. Da
der Arbeitnehmeranteil dieser Sozialabgaben in den Bruttoeinkünften enthalten
ist, wird auf den Arbeitnehmeranteil demgemäß auch Rentenversicherungsbei-
trag gezahlt. Im Fall der Nachversicherung eines aus dem Beamtenverhältnis
ausscheidenden Beamten ohne Versorgung, ist daher die Bemessungsgrundlage
für die in die gesetzliche Rentenversicherung einzuzahlende Nachversicherung
um diese Anteile verkürzt. Bei einem Arbeitnehmeranteil der Sozialversicherungsbeiträge von insgesamt ca. 18,7 % (im Jahr 2017) bedeutet dies einen
Transferverlust der Versorgung aufgrund des Systemwechsels iHv ca. 5 % der
Bruttovergütung des Beamten. Beim Wechsel von Versorgungssystemen treten
immer Transferverluste in erheblicher Höhe auf. Gerade beim Wechsel von der
Beamtenversorgung in die gesetzliche Rentenversicherung sind diese Transferverluste mit mehr als 20 % ganz besonders hoch. Ob der Versorgungsausgleich
auch nach der Entscheidung des EuGH[42] (→ Rn. 4) zur europarechtlichen Diskriminierung durch den Nachversicherungsanspruch auf dieser Basis durchgeführt werden kann, bleibt abzuwarten.

36 Für den Versorgungsausgleich bedeutet dies, dass bei einem nachehezeitlichen
Ausscheiden eines Gatten aus der Beamtenversorgung in jedem Fall eine Abänderung des Versorgungsausgleichs nach § 225 FamFG erforderlich ist, weil unabhängig von vielen anderen Berechnungsfaktoren der Nachversicherungsanspruch des Beamten immer zu einer geringeren Rente in der gesetzlichen Rentenversicherung führen wird, als die Versorgung nach beamtenrechtlichen Grundsätzen bedeutet hätte. Dies gilt besonders bei hohen Beamtengehältern, da der
Nachversicherungsanspruch in der gesetzlichen Rentenversicherung in der Höhe
auf die Beitragsbemessungsgrenze (→ VersAusglG § 43 Rn. 6) beschränkt ist.

III. Berücksichtigung von Ruhensvorschriften (Abs. 2, 3)

37 **Überversorgungen** von Beamten können entstehen, wenn mehrere Versorgungen
aus beamtenrechtlichen Versorgungssystemen zusammentreffen oder zusätzliche

---

41 Für Soldatinnen und Soldaten wird diese um 20 % erhöht (§ 181 Abs. 2 a SGB VI).
42 EuGH FamRZ 2016, 1737.

Anrechte aus gesetzlicher oder betrieblicher Altersversorgung bestehen. Für diese Fälle sind in den §§ 54 ff. BeamtVG Regelungen getroffen worden. Diese Regelungen sind auch im Rahmen des Versorgungsausgleichsverfahrens beachtlich, was sich aus § 44 Abs. 2 VersAusglG ergibt.[43]

§ 54 Abs. 2 und § 55 Abs. 2 BeamtVG gehen in dieser Situation davon aus, dass **38** der Beamte **mindestens die Endstufe der Besoldungsgruppe** des ersten Dienstverhältnisses erreicht hätte, wäre er nicht in ein anderes Beschäftigungsverhältnis gewechselt. Deshalb werden für die Berechnung der Altersversorgung die Dienstbezüge der Endstufe dieser Besoldungsgruppe als ruhegehaltsfähiger Dienstbezug eingesetzt.

Zur Bildung des Ruhegehaltssatzes, der durch die Dienstzeit bestimmt wird **39** (Dienstjahre x 1,79375 %, § 14 Abs. 1 BeamtVG), ist im Fall des Aufeinandertreffens zweier Beamtenversorgungen nach § 54 BeamtVG von der in beiden (oder mehreren) Beamtenverhältnissen zurückgelegten Dienstzeit auszugehen. Nach § 55 Abs. 2 Nr. 1 lit. b BeamtVG wird die ruhegehaltsfähige Dienstzeit im Fall der Konkurrenz von Rente und Beamtenversorgung berechnet vom 17. Lebensjahr bis zum Ruhestandsalter, abzüglich der Ausbildungszeiten.[44]

Daraus ergibt sich aber gleichzeitig auch eine wesentliche Einschränkung des **40** Geltungsbereichs von § 44 Abs. 2 VersAusglG: Nur tatsächlich konkurrierende und im Rahmen des Versorgungsausgleichs ausgleichspflichtige Rechte iSv § 44 Abs. 2 VersAusglG, die innerhalb der Ehezeit erworben wurden, sind betroffen.[45] Nicht konkurrierende Rechte sind zB eine laufende Beamtenversorgung, die nach § 53 BeamtVG aufgrund laufenden Verwendungseinkommens gekürzt wird. In diesen Fällen wird die Beamtenversorgung ungekürzt in den Versorgungsausgleich einbezogen. Nur solche Rechte, die innerhalb der Ehezeit erworben worden sind, können über § 44 Abs. 2 VersAusglG zur Kürzung der Beamtenversorgung im Versorgungsausgleich berücksichtigt werden.

1. Zusammentreffen zweier Beamtenversorgungen (Abs. 2). Treffen zwei (oder **41** mehrere) Versorgungen aus einem öffentlich-rechtlichen Dienstverhältnis zusammen, ist zum Zwecke der Berechnung der Versorgung im Versorgungsausgleich auf die Versorgung abzustellen, die sich auf der Basis der zusammengerechneten **konkurrierenden Versorgungen** und der anschließenden Kürzung nach den Ruhensvorschriften der §§ 53 ff. BeamtVG ergibt.[46] Dies geschieht, indem die Höhe der Versorgung beider Versorgungen aus der gesamten Dienstzeit bis zur Altersgrenze errechnet wird. Sodann ist der Höchstbetrag der früheren Versorgung zu ermitteln. Übersteigt die Summe der Versorgungen diesen Höchstbetrag, ist die frühere Versorgung zu kürzen.[47] Erst anschließend ist der Ehezeitanteil der Versorgung zu bilden.[48]

2. Zusammentreffen Beamten- und sonstige Versorgung. Komplizierter ist die **42** Berechnung des Ruhensbetrags und seiner Verteilung im Versorgungsausgleich beim Aufeinandertreffen von Anwartschaften aus der gesetzlichen Rentenversi-

---

43 Schmitz, Versorgungsausgleich und Kürzung nach §§ 55, 56 BeamtVG, FamRZ 1989, 124 ff., spricht in diesem Zusammenhang von höherer Mathematik für Familienrechtler.
44 Weitere Einzelheiten sind dem Gesetz zu entnehmen.
45 BGH FamRZ 1988, 273 ff.
46 JH/Holzwarth VersAusglG § 44 Rn. 82.
47 Ruland, Versorgungsausgleich, Rn. 419.
48 Vgl. die Darstellung bei JH/Holzwarth VersAusglG § 44 Rn. 81; Ruland, Versorgungsausgleich, Rn. 419.

cherung oder aus Zusatzversorgungen mit Ansprüchen aus einem Beamtenverhältnis. Derartige Konstellationen sind in der Praxis recht häufig. Die Berechnung erfolgt in mehreren Schritten: Zunächst ist die **Höchstversorgung nach
§ 55 Abs. 2 BeamtVG** zu ermitteln. Diese Ermittlung ist fiktiv und geht von der
Endstufe der letzten Besoldungsstufe aus. Zur Bestimmung des Ruhegehaltssatzes ist (etwas vereinfacht ausgedrückt) die maximale Dienstzeit anzunehmen
(§ 55 Abs. 2 Nr. 1 lit. b BeamtVG). In einem weiteren Rechenschritt ist dann die
tatsächliche Versorgungshöhe zu ermitteln und diese Versorgung **zu dem Anspruch aus der Rentenversicherung** zu addieren, so dass sich die Gesamtver-
gung (Summe der beiden Alterssicherungen) ergibt. Übersteigt diese Summe die
zuvor errechnete Höchstgrenze nach § 55 Abs. 2 BeamtVG, ergibt sich aus der
Differenz die Höhe des Ruhensbetrags. Sodann ist zu prüfen, ob der Ruhensbetrag in den Versorgungsausgleich einzubeziehen ist. Ursache des Ruhensbetrags
ist eine Rentenzahlung neben der Beamtenversorgung. Beruht diese Rentenzahlung auf einer **ehezeitlichen Versicherungszeit** muss sich der Gatte den Ruhensbetrag anrechnen lassen,[49] weil er schließlich insoweit auch an der Rente im
Rahmen des Versorgungsausgleichs partizipiert (§ 44 Abs. 3 S. 2 VersAusglG). In
diesem Fall muss der Ehegatte den Ruhensbetrag in dem Maße gegen sich gelten
lassen, in dem die Versicherungszeit wegen derer er berechnet wird, in die Ehezeit fällt. Liegt die der Rentenzahlung zugrunde liegende Versicherungszeit jedoch außerhalb der Ehezeit, partizipiert der Gatte im Rahmen des Versorgungsausgleichs auch nicht an den aus der Beitragszahlung folgenden Rentenleistungen, so dass er den Ruhensbetrag auch nicht gegen sich gelten lassen muss. Im
nachfolgend letzten Berechnungsschritt ist zunächst der gesamte tatsächlich gezahlte Versorgungsbetrag zu quotieren und von diesem Ergebnis dann der quo-
tierte Ruhensbetrag abzuziehen.[50]

IV. Prüfung der Auskünfte zum Versorgungsausgleich

43   Die Struktur der Beamtenversorgung und die damit zusammenhängende spezifische Berechnung der auszugleichenden Versorgung erfordert besondere Sorgfalt
bei der Prüfung der von den Versorgungsträgern erteilten Auskünfte. Oftmals
werden die Auskünfte entgegen ihres Anscheins nicht EDV-gestützt berechnet,
sondern manuell. Wichtig ist die **Prüfung der ruhegehaltsfähigen Dienstzeit**, die
Berechnung der Gesamtzeit und die Prüfung der **ehezeitlichen Dienstzeit**. Das
Gleiche gilt für die Anrechnungsregeln. Die **Anwaltschaft** sollte in jedem Fall die
Auskünfte der Versorgungsträger bzgl. der Anrechnungsvorschriften nach § 44
Abs. 2 und 3 VersAusglG prüfen.

§ 45 VersAusglG   Sondervorschriften für Anrechte nach dem
Betriebsrentengesetz

(1) [1]Bei einem Anrecht im Sinne des Betriebsrentengesetzes ist der Wert des Anrechts als Rentenbetrag nach § 2 des Betriebsrentengesetzes oder der Kapitalwert nach § 4 Abs. 5 des Betriebsrentengesetzes maßgeblich. [2]Hierbei ist anzunehmen, dass die Betriebszugehörigkeit der ausgleichspflichtigen Person spätestens zum Ehezeitende beendet ist.

---

49 Ruland, Versorgungsausgleich, Rn. 419.
50 BGH FamRZ 2000, 746.

(2) [1]Der Wert des Ehezeitanteils ist nach den Grundsätzen der unmittelbaren Bewertung zu ermitteln. [2]Ist dies nicht möglich, so ist eine zeitratierliche Bewertung durchzuführen. [3]Hierzu ist der nach Absatz 1 ermittelte Wert des Anrechts mit dem Quotienten zu multiplizieren, der aus der ehezeitlichen Betriebszugehörigkeit und der gesamten Betriebszugehörigkeit bis zum Ehezeitende zu bilden ist.

(3) Die Absätze 1 und 2 gelten nicht für ein Anrecht, das bei einem Träger einer Zusatzversorgung des öffentlichen oder kirchlichen Dienstes besteht.

I. Allgemeines

§ 45 VersAusglG ist die Sondervorschrift für die Bewertung des Ehezeitanteils 1 betrieblicher Altersversorgungen. Betriebliche Altersversorgungen haben in der Praxis eine wachsende Bedeutung. Ihre konkrete Ausgestaltung ist sehr vielfältig. Dies gilt sowohl für die Form der Organisation als auch für das aus ihnen erbrachte Leistungsspektrum.

II. Anrecht iSd Betriebsrentengesetzes (Abs. 1)

1. Erfasster Personenkreis. Altersversorgungsansprüche werden nur insoweit 2 ausgeglichen, als es sich um Ansprüche von Arbeitnehmern handelt, die diesen **aufgrund eines Arbeitsverhältnisses** zustehen. Nicht erfasst werden daher Ansprüche von Unternehmern oder solchen Personen, die trotz eines Dienstvertrages keine Arbeitnehmer sind, wie zB der maßgeblichen Unternehmereinfluss ausübende Geschäftsführer.[1] Dieser Umstand ist letztendlich aber für den Versorgungsausgleich unbeachtlich. Anrechte von Geschäftsführern werden gleichwohl im Versorgungsausgleich erfasst und nach § 2 VersAusglG ausgeglichen.

2. Regelungsgegenstand. Voraussetzung für die Berechnung des Ehezeitanteils 3 einer Versorgung nach § 45 BetrAVG ist, dass es sich um Leistungen, Anwartschaften oder Aussichten auf Leistungen der **betrieblichen Altersversorgung** handelt. Ausgeglichen werden daher diejenigen Anwartschaften, die einem Arbeitnehmer von seinem Arbeitgeber aufgrund eines Arbeitsvertrages zugesagt werden. Die gesetzlichen Grundlagen für die betriebliche Altersversorgung sind im Gesetz zur Verbesserung der betrieblichen Altersversorgung (BetrAVG) geregelt. Nach § 1 Abs. 1 BetrAVG sind Leistungen der **Alters-, Invaliditäts- und Hinter-**

---

1 BGH FamRZ 1993, 684; OLG Hamm FamRZ 1989, 290.

bliebenenversorgung, die einem Arbeitnehmer aus Anlass eines Arbeitsverhältnisses zugesagt sind, betriebliche Altersversorgung. Gegenstand des Versorgungsausgleichs ist nur die Alters- und Invaliditätsversorgung. Kann die **Hinterbliebenenversorgung** aus dem Wert der Versorgung klar abgegrenzt werden,
könnte sie vom Versorgungsausgleich ausgenommen werden.[2] In der Praxis geschieht dies selten. In der gesetzlichen Rentenversicherung ist der Wert der Hinterbliebenenversorgung mit ca. 15 % zu bewerten.[3]

4 Es gibt insgesamt **fünf Durchführungswege** der betrieblichen Altersversorgung:

5 **Direktzusage:** Der Arbeitgeber verpflichtet sich, eine seinem Arbeitnehmer erteilte Versorgungszusage unmittelbar selbst zu erfüllen (§ 1 Abs. 1 BetrAVG).

6 Der Arbeitgeber kann sich zur Erfüllung der Versorgungszusage auch eines anderen Versorgungsträgers bedienen. Hierzu stehen nach dem Betriebsrentengesetz folgende Durchführungswege zur Verfügung:

7 **Direktversicherung:** Der Arbeitgeber schließt mit einer privaten Versicherung
auf das Leben des Arbeitnehmers eine Kapital- oder Rentenversicherung ab, ist
Versicherungsnehmer und zahlt die Versicherungsbeiträge ein. Bezugsberechtigt
ist jedoch der Arbeitnehmer (§ 1 b Abs. 2 BetrAVG). Ist der Arbeitnehmer Versicherungsnehmer, liegt unabhängig davon, wer die Beiträge zur Versicherung
zahlt, keine Direktversicherung iSd Betriebsrentenrechts vor, sondern eine private Versorgung des Arbeitnehmers (unechte Direktversicherung),[4] die nach § 46
VersAusglG zu bewerten ist. Ob die Leistung auf eine Rente oder ein Kapital gerichtet ist, ist gleichgültig. Nach § 2 Abs. 2 Nr. 3 Hs. 2 VersAusglG unterfallen
alle Versorgungen nach dem Betriebsrentengesetz unabhängig von ihrer Leistungsform dem Versorgungsausgleich (→ VersAusglG § 2 Rn. 18).

8 **Pensionskassen** und **Pensionsfonds** (§ 1 b Abs. 3 BetrAVG) gewähren dem Arbeitnehmer oder seinen Hinterbliebenen einen Rechtsanspruch auf die vom Arbeitgeber zugesagten Versorgungsleistungen. Gegenüber den Pensionskassen haben Pensionsfonds erweiterte Spielräume der Geldanlage. Beide Formen der betrieblichen Altersversorgung sind kapitalgedeckte Altersversorgungssysteme
(§ 112 Abs. 1 Nr. 1 VAG).

9 **Unterstützungskassen** (§ 1 b Abs. 4 BetrAVG) sind rechtsfähige Einrichtungen
der betrieblichen Altersvorsorge, die den Arbeitnehmern keinen Rechtsanspruch
auf die versprochenen Leistungen gewähren. Dennoch: Dies steht ihrer Einbeziehung in den Versorgungsausgleich nicht entgegen.[5]

10 **3. Unverfallbarkeitsvoraussetzung (Abs. 2 Nr. 3 S. 3).** Versorgungsanwartschaften aus der betrieblichen Altersversorgung werden nur dann in den Versorgungsausgleich einbezogen, wenn sie unverfallbar sind. **Maßgeblicher Zeitpunkt**
für die Unverfallbarkeit ist der **Erlass der Versorgungsausgleichsentscheidung**
(letzte Tatsacheninstanz).[6] Es ist daher stets positiv zu prüfen, wann die Unverfallbarkeit der betrieblichen Versorgung eintritt. Tritt die Unverfallbarkeit einer
betrieblichen Altersversorgung **während des Laufes eines Scheidungsverfahrens**
ein, ist die Versorgung im öffentlich-rechtlichen Versorgungsausgleich zu be-

---

2 FAKomm-FamR/Wick VersAusglG § 45 Rn. 6.
3 15 % der Rentenleistungen der GRV werden für die Hinterbliebenenversorgung, Waisen
   und Witwen-/Witwerversorgung ausgegeben, RVaktuell 2016, 233.
4 FAKomm-FamR/Wick VersAusglG § 45 Rn. 5.
5 BGH FamRZ 1995, 1275.
6 Seit BGH FamRZ 1991, 1421.

rücksichtigen, wobei jedoch der Ehezeitanteil dieser Versorgung nur bis zum vor Eintritt der Unverfallbarkeit liegenden Ehezeitende gerechnet wird.

Die **Unverfallbarkeitsregelungen für betriebliche Altersversorgungen** sind in 11 § 1 b BetrAVG, in Satzungen, Versorgungsordnungen und anderen Vorschriften der Versorgungsträger bzw. in vertraglichen Vereinbarungen des Arbeitgebers mit dem Arbeitnehmer oder im Fall kollektivrechtlicher Vereinbarungen in Tarifverträgen zu finden. Arbeitsrechtlich kann eine betriebliche Altersversorgung unter bestimmten, teilweise umstrittenen seltenen Voraussetzungen widerrufen werden. Diese **arbeitsrechtliche Widerruflichkeit** ist von der Unverfallbarkeit in versorgungsausgleichsrechtlicher Hinsicht zu unterscheiden. Ist **Unverfallbarkeit** zum Zeitpunkt der Entscheidung über den Versorgungsausgleich[7] eingetreten, wird die Versorgung im Versorgungsausgleich ausgeglichen. Ein späterer Widerruf der Versorgung, der zu ihrem Verlust führt, kann den Ausgleich der Versorgung nicht mehr beeinflussen, da durch interne oder externe Realteilung ein vom Schicksal der Quellversorgung unabhängiges Anrecht geschaffen wurde.

Vorbehaltlich günstigerer individual- oder kollektivvertraglicher Regelungen gelten für die betriebliche Altersversorgung folgende Unverfallbarkeitsbestimmungen: 12

Für **Versorgungszusagen**, die **vor dem 1.1.2001** erteilt wurden, gilt § 1 BetrAVG 13 (alte Fassung), wonach Unverfallbarkeit einer betrieblichen Versorgungszusage vorliegt, wenn die Versorgungszusage zehn Jahre bestanden hat und der Arbeitnehmer mindestens 35 Jahre alt ist oder die Versorgungszusage mindestens drei Jahre bestanden hat und der Beginn der Betriebszugehörigkeit zwölf Jahre zurückliegt.

Für **Versorgungszusagen**, die **ab dem 1.1.2001** erteilt wurden, ist die Unverfall- 14 barkeit nunmehr in § 1 b Abs. 1 BetrAVG neu geregelt worden. Danach tritt Unverfallbarkeit einer betrieblichen Altersversorgung dann ein, wenn die Versorgungszusage fünf Jahre bestanden und der Arbeitnehmer das 25. Lebensjahr vollendet hat oder die Versorgungszusage noch keine fünf Jahre bestanden hat, der Arbeitnehmer aber aufgrund einer Vorruhestandsregelung aus dem Betrieb ausscheidet und ohne das Ausscheiden die Wartezeit und die sonstigen Voraussetzungen für den Bezug der Altersversorgung hätte erfüllen können, oder die betriebliche Altersversorgung durch Entgeltumwandlung erfolgt (§§ 1 a, 1 b Abs. 5 BetrAVG).

In den öffentlich-rechtlichen Versorgungsausgleich bei der Scheidung werden 15 nur solche Anwartschaften einbezogen, die **im Zeitpunkt des Erlasses der Entscheidung unverfallbar** sind. Dies bedeutet, dass Veränderungen bis zum Schluss der mündlichen Verhandlung der jeweiligen Tatsacheninstanz[8] zu berücksichtigen sind, was auch für den Fall der Veränderung der Versorgungsordnung gilt (§ 5 Abs. 2 VersAusglG).[9]

Von der **Unverfallbarkeit dem Grunde** nach ist die **Unverfallbarkeit der Höhe** 16 nach zu unterscheiden. Nicht selten sehen die Versorgungsordnungen betrieblicher Altersversorgungen vor, dass die Versorgung auch zwischen dem Zeitpunkt des Eintritts der Unverfallbarkeit nach § 1 b BetrAVG und dem Versicherungs-

---

7 Es kommt für die Frage der Unverfallbarkeit nicht auf den Zeitpunkt Ehezeitende, sondern auf den Zeitpunkt der Entscheidung über den Versorgungsausgleich an.
8 BGH NJW 1983, 38.
9 BGH FamRZ 1986, 976.

zeitpunkt Änderungen erfahren kann. Im öffentlich-rechtlichen Versorgungsausgleich werden Rechte nur insoweit berücksichtigt, als sie sowohl dem Grunde als auch der Höhe nach unverfallbar sind. Soweit bei Eintritt der Unverfallbarkeit ein Teil des Rechts noch nicht unverfallbar ist, wird der Versorgungsausgleich auf den Teil des Rechts beschränkt, dessen Unverfallbarkeit gesichert ist. Typischerweise treten derartige Probleme bei den sog zweistufigen Versorgungen[10] auf, deren häufigster Vertreter die Zusatzversorgung des öffentlichen Dienstes war. In diesen Fällen wird der Teil der Versorgung, dessen Unverfallbarkeit durch § 1 b BetrAVG gesichert ist, in den Versorgungsausgleich einbezogen. Der noch verfallbare Teil der Versorgung (in der Zusatzversorgung des öffentlichen Dienstes die sog Versorgungsrente), wird in den Versorgungsausgleich nach der Scheidung verlagert.

17 Ebenfalls verfallbar bleibt bei einkommensbezogenen Versorgungen die sog **Einkommensdynamik**,[11] die daraus resultiert, dass das Einkommen als Bemessungsbasis für die Höhe der Versorgung auch nach dem Ehezeitende bis zum Leistungsbezug des Versorgungsempfängers steigt. Da in den Fällen andauernder Betriebszugehörigkeit dieser Anstieg der Bemessungsgrundlage nicht absehbar und durch Beendigung der Betriebszugehörigkeit vor einem Leistungsbezug jederzeit limitierbar ist, kann sie im öffentlich-rechtlichen Versorgungsausgleich zum Zeitpunkt der Scheidung nicht ausgeglichen werden, obwohl sie – wegen der zeitratierlichen Berechnung des Ehezeitanteils – im Versorgungsausgleich zu erfassen wäre. Auch die Einkommensdynamik ist nach hM, als noch verfallbarer Teil der betrieblichen Altersversorgung schuldrechtlich auszugleichen (→ VersAusglG § 19 Rn. 10).

18 **4. Bemessung des Ehezeitanteils einer betrieblichen Altersversorgung (Abs. 1). a) Methodenwahlrecht des Versorgungsträgers (Abs. 1 S. 1).** Für die Bewertung des Ehezeitanteils einer Versorgung verweist Abs. 1 auf die Vorschriften des Betriebsrentengesetzes und stellt dem betrieblichen Versorgungsträger frei, die Versorgung entweder als Rente nach § 2 BetrAVG oder mit ihrem „Portabilitätswert" nach § 4 Abs. 5 BetrAVG zu bewerten. Der Gesetzgeber wollte durch diese **Wahlmöglichkeit** den betrieblichen Versorgungsträgern die Möglichkeit einräumen, die ihren Versorgungssystemen entsprechende Bewertungsform zu finden und gleichzeitig auf die gewachsene Komplexität und Vielfalt betrieblicher Versorgung reagieren.[12] Tatsächlich hat der Gesetzgeber den Betrieben damit die Möglichkeit eröffnet, nach dem Selbstbegünstigungsprinzip die Bewertung vorzunehmen.

19 Die **Bewertung einer Versorgung nach § 2 BetrAVG** dient zunächst einmal dazu, den bis zum Stichtag Ehezeitende erreichten Wert der betrieblichen Versorgungszusage zu ermitteln. Dieser wird danach zeitratierlich nach folgender Formel berechnet.

$$\text{Betriebliches Anrecht} = \frac{\text{tatsächliche Betriebszugehörigkeit bis EzE}}{\text{gesamtmögliche Betriebszugehörigkeit bis Renteneintritt}}$$

---

10 BGH FamRZ 1989, 844; 1988, 1251.
11 OLG Celle FamRZ 1986, 402; vgl. auch die Darstellung bei Hauß/Eulering, Versorgungsausgleich und Verfahren, Rn. 616 ff.; JH/Holzwarth VersAusglG § 20 Rn. 17; Borth, Versorgungsausgleich, Rn. 507.
12 BT-Drs. 16/10144, 83.

Die Bewertung einer Versorgung nach ihrem **Kapital-** oder **Portabilitätswert** ent- 20
spricht nach § 4 Abs. 5 BetrAVG dem Barwert der nach § 2 BetrAVG bemessenen künftigen Versorgungsleistung im Zeitpunkt des Ehezeitendes. Bei der Berechnung des **Barwerts** sind die Rechnungsgrundlagen sowie die anerkannten
Regeln der Versicherungsmathematik maßgebend. Soweit die betriebliche Altersversorgung über einen Pensionsfonds, eine Pensionskasse oder eine Direktversicherung durchgeführt worden ist, entspricht der Übertragungswert dem gebildeten Kapital im Zeitpunkt der Übertragung. Für die Durchführungswege der
betrieblichen Altersversorgung über Pensionsfonds, Pensionskassen und Direktversicherung stellt die Bewertung einer betrieblichen Altersversorgung nach § 4
Abs. 5 BetrAVG kein Problem dar, weil in diesen Fällen das tatsächlich gebildete
Deckungskapital dem Wert der Versorgung entspricht.

Anders allerdings, wenn bei einer betrieblichen Direktzusage ein Deckungskapi- 21
tal nicht vorhanden ist. In diesen Fällen ist der **Barwert der Versorgungszusage
nach den anerkannten Regeln der Versicherungsmathematik** zu bilden. Dies bedeutet, dass zunächst der **Barwert** der Versorgungsleistung ab Versorgungseintritt zu ermitteln ist. Dieser Barwert ist auf das Ehezeitende hin abzuzinsen und
insoweit zu korrigieren, als die Wahrscheinlichkeit zu berechnen ist, mit der der
Versorgungsberechtigte den Versorgungsfall erlebt (vgl. Darstellung VersAusglG
Vor § 39).

Nach § 16 BetrAVG hat der betriebliche Versorgungsträger die Rentenleistungen 22
anzupassen. Dieser Verpflichtung genügt er entweder durch eine Anpassung alle
drei Jahre an die Entwicklung der Verbraucherpreise oder die Nettolohnent-
wicklung im Unternehmen oder aber durch eine 1 %ige Dynamisierung pro
Jahr. Bei den externen Durchführungswegen der betrieblichen Altersversorgung
(Direktversicherung und Pensionskasse) reicht als Dynamisierung die Verwendung sämtlicher Überschüsse zur Rentenerhöhung aus (§ 16 Abs. 2 BetrAVG).

Die zu berücksichtigende **Leistungsdynamik** oder der **Rententrend** schlägt sich 23
dabei in einer Verminderung des Rechnungszinses um den angenommenen Zinssatz der Leistungsdynamik nieder. Im zehnjährigen Durchschnitt beträgt die an
der Entwicklung des Verbraucherpreisindexes orientierte Dynamik 1,2 % pro
Jahr. Die Versicherungsmathematik nimmt eine Leistungsdynamik auf der Basis
der Lebenshaltungskosten[13] von 1,5 % bis 2 % an. Erteilt der Versorgungsträger
– ggf. auf Anfrage – Auskunft über die Höhe der Leistungsdynamik in der Vergangenheit, wären diese Dynamiksätze zugrunde zu legen. Der Rententrend ist
bei der Bewertung der Versorgung zu berücksichtigen.[14] Dies folgt schon daraus, dass bei der Bilanzierung der Versorgung der Rententrend ein wichtiger
wertbildender Faktor ist, der regelmäßig in die Bilanzierung einfließt.

Die betrieblichen Versorgungsträger wählen als Zinssatz für die Barwertbildung 24
regelmäßig den sog **BilMoG**[15]**-Zins** des § 253 HGB. Dieser wird monatlich von

---

13 Nach dem Verbraucherpreisindex VPI.
14 OLG München FamRZ 2012, 130 (131); OLG Koblenz FamRZ 2013, 462 (464); OLG
    Nürnberg FamRZ 2014, 1703 (1705); Wick, Der Versorgungsausgleich, Rn. 304;
    BeckOGK/Scholer VersAusglG § 45 Rn. 81; Glockner/Hoenes/Weil, Der Versorgungsaus-
    gleich, § 8 Rn. 48; Engbroks/Heubeck BetrAV 2009, 16 (19); Höfer DB 2010, 1010
    (1012); Budinger/Wrobel BetrAV 2013, 210 (212); offengelassen BGH FamRZ 2016,
    781 Rn. 57; dagegen OLG Frankfurt/M. 7.8.2012 – 1 UF 192/11.
15 Bilanzmodernisierungsgesetz.

der Deutschen Bundesbank[16] für verschiedene Laufzeiten ermittelt und veröffentlicht. Ob Versorgungen mit diesem Zins auch für den Versorgungsausgleich bewertet werden können, war streitig. Der Bundesgerichtshof hat die Anwendbarkeit des BilMoG-Zinses auch für die Berechnung des Kapitalwertes einer Versorgung im Versorgungsausgleich gebilligt[17] (→ VersAusglG § 14 Rn. 9).

25 **b) Fiktion der Beendigung der Betriebszugehörigkeit (Abs. 1 S. 2).** Abs. 1 S. 2 macht deutlich, dass für die Bewertung der betrieblichen Versorgung das Ehezeitende maßgeblich ist. Zu diesem Zeitpunkt ist das Ausscheiden aus dem Betrieb zu simulieren und die Höhe der Versorgung festzustellen. Ist dies angesichts der konkreten Versorgung nicht möglich, sind die Höhe und der Wert der Versorgung zum Versorgungszeitpunkt zu bestimmen und zeitratierlich auf die Ehezeit zu verteilen.[18]

26 **5. Berechnung des Ehezeitanteils (Abs. 2). a) Unmittelbare Bewertung (Abs. 2 S. 1).** Auch bei der Bewertung des Ehezeitanteils betrieblicher Altersversorgungen gilt das Prinzip des **Vorrangs der unmittelbaren** vor der zeitratierlichen **Bewertung** einer Versorgung (→ VersAusglG § 39 Rn. 2). Die unmittelbare Bewertung ist dabei bei kapitalgedeckten oder bausteinorientierten Versorgungen immer möglich. Bei diesen Versorgungen ist vom Versorgungsträger die Höhe des ehezeitlich gebildeten Deckungskapitals mitzuteilen.

27 **b) Zeitratierliche Bewertung (Abs. 2 S. 2).** Die zeitratierliche Bewertung des Ehezeitanteils eines Anrechts aus der betrieblichen Altersversorgung ist gegenüber der unmittelbaren Bewertung **nachrangig**. Dies macht der Wortlaut der Vorschrift deutlich. Die Durchführung der zeitratierlichen Berechnung folgt den in → VersAusglG § 40 Rn. 5 ff. beschriebenen Regeln.

28 Trotz der Nachrangigkeit der zeitratierlichen Bewertung und der gerade bei kapitalgedeckten Versorgungen grundsätzlich bestehenden Möglichkeit einer unmittelbaren Bewertung scheitert diese vielfach, weil sie von den Betrieben entweder überhaupt nicht oder nur mit unverhältnismäßigem Aufwand geleistet werden könnte. Dies ist vor allem dann der Fall, wenn nach Zusammenführungen von Betrieben und Versorgungssystemen die zeitbezogene Zuordnung des Erwerbs von Anrechten nicht mehr möglich ist, weil entsprechende Daten fehlen. Auch in diesen Fällen ist die zeitratierliche Bewertung zulässig, wenn die unmittelbare Bewertung aufgrund der Datenlage nicht möglich oder der Ermittlungsaufwand unzumutbar ist.

29 **Bei noch bestehender Betriebszugehörigkeit** kann eine doppelte Quotierung erforderlich sein. Zunächst ist der betriebliche Anteil der Versorgung nach dem Verhältnis der bis Ehezeitende zurückgelegten Betriebszugehörigkeit zur gesamtmöglichen Betriebszugehörigkeit zu quotieren (Abs. 1) und danach nach dem Verhältnis der in die Ehezeit fallenden Betriebszugehörigkeit zur Ehezeit zu quotieren. Beide Schritte können zu der Formel zusammengefasst werden:

$$\text{auszugleichendes Anrecht} = \text{erreichbare volle Versorgung} \times \frac{\text{ehezeitliche Betriebszugehörigkeit}}{\text{gesamte Betriebszugehörigkeit bis Altersgrenze}}$$

---

16 www.bundesbank.de/statistik/statistik_zinsen.php#abzinsung.
17 BGH FamRZ 2016, 1651; 2016, 1654; 2016, 1247; 2016, 781.
18 NK-BGB/Rehbein VersAusglG § 45 Rn. 36.

Bei beendeter Betriebszugehörigkeit lautet dementsprechend die Berechnungs- 30
formel:

$$\text{auszugleichendes Anrecht} = \text{erworbene volle Versorgung} \times \frac{\text{ehezeitliche Betriebszugehörigkeit}}{\text{gesamte Betriebszugehörigkeit}}$$

III. Zusatzversorgung des öffentlichen Dienstes (Abs. 3)

Die Zusatzversorgung des öffentlichen Dienstes ist als öffentlich-rechtliches Ver- 31
sorgungssystem gem. Abs. 3 von den Bewertungen nach § 45 Abs. 1 und 2
VersAusglG ausdrücklich ausgenommen. Die Bewertung der Anrechte folgt ausschließlich §§ 39, 40 VersAusglG.

1. Organisation der Zusatzversorgung. In der öffentlich-rechtlichen Zusatzver- 32
sorgung des kirchlichen und öffentlichen Dienstes bestehen drei voneinander zu
unterscheidende Versicherungsarten. In der **Pflichtversicherung** sind alle Arbeitnehmer des öffentlichen Dienstes ab Vollendung des 17. Lebensjahres bis zum
Erreichen der Regelaltersgrenze versichert, es besteht eine fünfjährige Wartezeit
(§ 34 Abs. 1 VBLS).[19] In der **beitragsfreien Versicherung** sind die aus dem öffentlichen Dienst ausgeschiedenen Arbeitnehmer versichert (§ 30 VBLS) und in der
freiwilligen Versicherung (§ 54 VBLS) können die Versicherten durch eigene Beiträge zusätzlich zur Pflichtversicherung eine kapitalgedeckte eigene Versorgung
aufbauen, die als zertifizierte Versorgung[20] steuerliche Förderung genießt. Die
freiwillige Versicherung wird entweder in Form des Punktemodells oder einer
fondsgebundenen Rentenversicherung geführt (§ 54 Abs. 2, 3 VBLS).

Die **Leistungen der ZVK** bestehen in Alters-, Erwerbsminderungs- und Hinter- 33
bliebenenrenten. Kleinstrenten (unter 30 EUR) werden abgefunden (§ 43 VBLS).
Beiträge von Versicherten, die die fünfjährige Wartezeit nicht erfüllen, werden
auf Antrag erstattet (§ 44 VBLS).

Unverfallbarkeit der Ansprüche aus der ZVK tritt nach Erfüllung der fünfjähri- 34
gen Wartezeit ohne Erfüllung eines Mindestalters (25 Jahre in der betrieblichen
Altersvorsorge, § 1 b Abs. 1 BetrAVG) ein.

Die **Anspruchsvoraussetzungen** für den Versicherungsfall entsprechen denen der 35
gesetzlichen Rentenversicherung.

2. Höhe der ZVK-Rente. Seit dem 1.1.2002 ist die Zusatzversorgung des öf- 36
fentlichen Dienstes nach einem Punktesystem organisiert. Danach erhalten die
Beschäftigten **Versorgungspunkte** nach der Formel Versorgungspunkte = monatliches Entgelt dividiert durch 1.000 x Altersfaktor. Der Altersfaktor ist ein Multiplikator, der die biometrischen Faktoren eines Unisextarifs wiedergibt (§ 36
Abs. 3 VBLS). Er basiert auf einer (fiktiven) Anwartschaftsdynamik von 3,25 %
und einer Leistungsdynamik von 5,25 %. In der **Leistungsphase** wird pro Versorgungspunkt eine Versorgung iHv 4 EUR pro Monat gezahlt (§ 35 Abs. 1
VBLS).

Bis zum 31.12.2001 war die Zusatzversorgung des öffentlichen Dienstes als **Ge-** 37
samtversorgungssystem ausgestaltet. Aus der Umstellung der Versorgung auf
das neue Punktesystem resultiert die **Startgutschrift**, die den vor dem 1.1.2002
pflichtversicherten Mitgliedern der Zusatzversorgung für die bis zum Umstel-
lungsstichtag erworbene Versorgung erteilt wurde. Der Bundesgerichtshof hat

---

19 Es wird Bezug genommen auf die Satzung der VBL.
20 Nach dem Altersvorsorgeverträge-Zertifizierungsgesetz.

die Berechnung der Startgutschrift für die **rentenfernen Jahrgänge** (§ 79 VBLS), das sind diejenigen, die nach dem 1.1.1947 geboren sind, als gleichheitswidrig verworfen.[21] Die Tarifvertragsparteien haben im Jahr 2011[22] dann eine Neuregelung vereinbart, die zur Satzungsänderung führte.[23] Diese ist jedoch vom Bundesgerichtshof erneut als rechtswidrig verworfen worden.[24] Die Versorgungsausgleichsverfahren unter Beteiligung der Zusatzversorgung einer nach dem 1.1.1947 geborenen Person mit Beteiligung einer Startgutschrift werden daher auszusetzen sein[25] (→ VersAusglG § 10 Rn. 6). Möglich ist aber auch, die Verfahren gleichwohl auf der Basis der erteilten Auskünfte abzuschließen, weil auch die neue Änderung keinen wesentlichen Versorgungsgewinn erbringen wird.[26]

38 Die **Startgutschrift der rentennahen Jahrgänge** (vor dem 1.1.1947 geboren) ist wirksam ermittelt worden.[27] Die daraus resultierenden Versorgungen müssen **zeitratierlich bewertet** werden, weil sie in der Zeit vom Eintritt in das Versorgungssystem bis zum 31.12.2001 erworben wurden. Der Ehezeitanteil der Startgutschriftversorgung berechnet sich daher nach der Formel:

$$\text{Ehezeitanteil d. Startgutschrift} = \text{Startgutschrift} \times \frac{\text{ehezeitl. Beschäftigungszeit bis 31.12.2001}}{\text{Gesamtbeschäftigungszeit bis 31.12.2001}}$$

Nicht betroffen von der Startgutschriftproblematik sind neben den vor dem 1.1.1947 Geborenen diejenigen, die am 1.1.2002 beitragsfrei versichert waren, also die nicht mehr im öffentlichen Dienst Tätigen, die aber eine Anwartschaft in der Zusatzversorgung erworben hatten und diejenigen, die nach dem 31.12.2001 geheiratet haben. Deren ehezeitlicher Versorgungsanteil bestimmt sich ausschließlich nach den Versorgungspunkten und wird durch die Startgutschrift nicht beeinträchtigt.[28]

39 In Fällen wirksam berechneter Startgutschriften hat die Bewertung des Ehezeitanteils der Versorgung in zwei Schritten zu erfolgen: im ersten Schritt zeitratierlich, im zweiten Schritt unmittelbar nach den ehezeitlich erworbenen Versorgungspunkten.[29]

§ 46 VersAusglG Sondervorschriften für Anrechte aus Privatversicherungen

[1]Für die Bewertung eines Anrechts aus einem privaten Versicherungsvertrag sind die Bestimmungen des Versicherungsvertragsgesetzes über Rückkaufswerte anzuwenden. [2]Stornokosten sind nicht abzuziehen.

I. Allgemeines

1 § 46 VersAusglG regelt die Bewertung des Ehezeitanteils eines Anrechts aus einem privaten Versicherungsvertrag und bestimmt, dass die Bestimmungen des

21 BGH FamRZ 2008, 1343; 2008, 395.
22 Änderungsvertrag Nr. 5 v. 30.5.2011.
23 17. Satzungsänderung v. 30.11.2011, BAnz Nr. 14 v. 25.1.2012.
24 BGH 9.3.2016 – IV ZR 9/15, FamRZ 2016, 902.
25 BGH FamRZ 2009, 591; 2009, 296; 2009, 211.
26 Hauß, FamRB 2016, 238.
27 BGH FamRZ 2009, 36.
28 Hauß, FamRB 2016, 238.
29 JH/Holzwarth VersAusglG § 45 Rn. 99; Hauß/Bührer, Rn. 957, 958.

Versicherungsvertragsgesetzes über den Rückkaufswert eines Anrechts Anwendung finden, ohne allerdings Stornokosten zu berücksichtigen.

II. Einzelheiten

1. Erfasste Verträge. Private Versicherungsverträge (Leibrentenverträge) werden 2 vielfach und aus unterschiedlichsten Gründen abgeschlossen. Als **Kapitalversicherungen** werden sie im Versorgungsausgleich nicht erfasst (Ausnahme Direktversicherung, → VersAusglG § 45 Rn. 7; → VersAusglG § 2 Rn. 25). Dies gilt auch dann, wenn eine Rentenwahloption besteht, diese aber bis zum Ehezeitende nicht ausgeübt wurde. Dient eine private Rentenversicherung der **Kreditsicherung** (→ VersAusglG § 2 Rn. 12 f.), kommt es auf den Einzelfall an, ob das Anrecht im Versorgungsausgleich oder im Zugewinnausgleich zu berücksichtigen ist. Der Bundesgerichtshof hält den Ausgleich im Versorgungsausgleich für geboten, wenn angesichts der konkreten Verhältnisse davon auszugehen ist, die Versorgung werde nicht tatsächlich zur Tilgung der gesicherten Forderung benötigt, sondern diene nur der Sicherung einer Forderung.[1] Die interne Teilung einer abgetretenen Versorgung ist immer möglich.[2] Gepfändete Anrechte können wegen des Verfügungsverbots (§ 829 Abs. 1 ZPO; §§ 135, 136 BGB) nicht intern geteilt werden sondern sind schuldrechtlich auszugleichen.[3] **Riester-Versorgungen** werden von § 46 VersAusglG erfasst.[4] **Risikoversicherungen** (Invaliditätsversicherung) werden nur dann im Versorgungsausgleich ausgeglichen, wenn der Versicherungsfall in der Ehezeit eingetreten ist und die ausgleichsberechtigte Person ebenfalls eine Versorgung bezieht (vgl. § 28 VersAusglG).

Nicht von § 46 VersAusglG erfasst werden Basisrentenverträge (§ 10 Abs. 1 3 Nr. 2 b EStG) nach dem AltZertG (**Rürup-Rente**). Diese Versorgungen können nicht kapitalisiert, dh als Kapitalbetrag ausgezahlt werden, weswegen die Bildung eines Rückkaufswerts nicht möglich ist.[5] Diese Versorgungen werden nach § 39 VersAusglG bewertet. Ebenso werden keine **Risikolebensversicherungen** von § 46 VersAusglG erfasst, falls der Versicherungsfall nicht in der Ehezeit eingetreten ist. Nicht dem Versorgungsausgleich unterworfen werden auch private Rentenversicherungen, die der Vermögensbildung dienen[6] und deren **Leistungsbeginn vor dem Abschluss der Erwerbsphase** liegt[7] (regelmäßig vor der Vollendung des 60. Lebensjahres).

Ausgleichspflichtige Person bei Versorgungen aus privaten Versicherungsverträ- 4 gen **ist der Versicherungsnehmer**, es sei denn, er hat **unwiderruflich** eine andere Person als **bezugsberechtigte Person** eingesetzt.[8] Ist die unwiderruflich eingesetzte bezugsberechtigte Person der Ehegatte, wird diesem die Versorgung zugerechnet (geschenkte Versorgung). Ist die Schenkung nicht durch den Ehegatten, sondern durch einen Dritten erfolgt, findet ein Versorgungsausgleich bzgl. dieser Versorgung nicht statt, weil die Versorgung weder durch Arbeit noch durch Vermögen

---

1 BGH NJW 2011, 1671; JH/Holzwarth VersAusglG § 46 Rn. 2; aA OLG Nürnberg FamRZ 2007, 1246.
2 BGH FamRZ 2014, 635.
3 OLG Stuttgart FamRZ 2013, 1658; OLG Hamm FamRZ 2013, 1909.
4 FAKomm-FamR/Wick VersAusglG § 46 Rn. 3.
5 NK-BGB/Rehbein VersAusglG § 46 Rn. 2; FAKomm-FamR/Wick VersAusglG § 46 Rn. 5.
6 FAKomm-FamR/Wick VersAusglG § 46 Rn. 2.
7 BGH FamRZ 2007, 889; OLG Oldenburg FamRZ 2008, 2038.
8 JH/Holzwarth VersAusglG § 46 Rn. 2; FAKomm-FamR/Wick VersAusglG § 46 Rn. 6.

der Gatten erworben wurde[9] (→ VersAusglG § 2 Rn. 8). Ist die **Bezugsberechtigung** noch **widerruflich**, bleibt der Versicherungsnehmer ausgleichspflichtige Person, weil die Bezugsberechtigung jederzeit zu ändern ist. Soweit dagegen vorgeschlagen wird, die Versorgung schuldrechtlich auszugleichen,[10] weil das Bezugsrecht noch „verfallbar" sei, wird verkannt, dass es dann völlig in der Hand der ausgleichspflichtigen Person läge, einen Ausgleich der Versorgung zu verhindern. Bestimmt der Versicherungsnehmer nach Abschluss des Versorgungsausgleichsverfahrens eine dritte Person – unwiderruflich – zur bezugsberechtigten Person, ginge der ausgleichsberechtigten Person der schuldrechtliche Ausgleichsanspruch kompensationslos verloren. Auch könnte die ausgleichspflichtige Person (der Versicherungsnehmer) bei widerruflicher Bestimmung eines außerhalb der Ehe stehenden Fremden zur bezugsberechtigten Person die Versorgung vollständig aus dem familienrechtlichen Ausgleich herauslösen, wenn Gütertrennung vereinbart ist. Das gilt auch für die Fälle, in denen ein Kind bezugsberechtigt ist. Hierzu wird vertreten, eine solche Versorgung sei nicht auszugleichen, weil sie nicht zur Versorgung eines Gatten bestimmt sei. Bei frei widerruflicher Einräumung der Bezugsberechtigung kann die Versorgung als Anrecht des Versicherungsnehmers real geteilt werden. Die Versorgung wird in diesem Fall einschließlich der Bestimmung des Dritten als Bezugsberechtigten geteilt. Der ausgleichsberechtigte Gatte kann die Bezugsberechtigung jederzeit widerrufen, so dass auch die Einräumung der Bezugsberechtigung für ein gemeinsames Kind ohne Weiteres bestehen bleiben kann. Die vorherige Widerruflichkeit der Bezugsberechtigung macht deutlich, dass sich der Versicherungsnehmer des Anrechts nicht abschließend begeben wollte, so dass es letztendlich seinem Vermögen (in Form von Versorgungsvermögen) zuzurechnen ist.

5   **2. Bewertung über den Rückkaufswert.** Die Bewertung der Versorgung nach § 46 VersAusglG folgt den Regeln der zu teilenden Versorgung und damit § 169 VVG. In den **Auskünften privater Versicherer** sind demgemäß die Rückkaufswerte meist ergänzt um „noch nicht abschließend zugeteilte" **Überschussanteile** und **Bewertungsreserven**, sowie **Schlussüberschussanteile** mitgeteilt. Diese Form der Mitteilung verleitet vielfach dazu, nur die (meist fett gedruckten) Rückkaufswerte auszugleichen und die gesondert mitgeteilten Überschussanteile und Bewertungsreserven wegen der nicht verbindlichen Zusage nicht mit auszugleichen. Indessen werden diese Versorgungsbestandteile nur aus technischen Gründen gesondert ausgewiesen, weil sie nach § 153 Abs. 3 VVG jährlich neu zu ermitteln sind und sich das Ehezeitende und der für die Neubewertung der Überschussanteile und Bewertungsreserven maßgebliche Zeitpunkt nur selten decken. Die in den Versorgungsauskünften der privaten Versicherungswirtschaft ausgewiesenen **Überschussbeteiligungen und Bewertungsreserven sind daher im Versorgungsausgleich auszugleichen.**[11]

6   Die **Berechnung des Rückkaufswerts** privater Rentenversicherungen ist zum **1.1.2008** geändert worden. Nach § 169 Abs. 3 VVG ist der Rückkaufswert das nach den anerkannten Regeln der Versicherungsmathematik mit den Rechnungsgrundlagen der Prämienkalkulation zum Schluss der laufenden Versicherungsperiode berechnete Deckungskapital der Versicherung. Dabei werden

---

9   JH/Holzwarth VersAusglG § 46 Rn. 2; Ruland, Versorgungsausgleich, Rn. 772.
10   So aber Ruland, Versorgungsausgleich, Rn. 772.
11   BGH FamRZ 2016, 775.

Abschluss- und Vertriebskosten auf die ersten fünf Versicherungsjahre gleichmäßig verteilt. Bei den **bis 31.12.**2007 abgeschlossenen Verträgen ist der **Zeitwert** der Versicherung zum Abschluss der Versicherungsperiode nach den anerkannten Regeln der Versicherungsmathematik zu ermitteln.[12] Prämienrückstände können danach abgesetzt werden, weil diese den Zeitwert prägen.[13] Soweit danach Abschluss- und Vertriebskosten den Zeitwert der Versicherung übermäßig beeinträchtigt haben, hat die Rechtsprechung eine Korrektur der Berechnungsmethode entsprechend der nunmehr geltenden gleichmäßigen Verteilung auf die ersten fünf Versicherungsjahre verlangt.[14] **Stornokosten** dürfen bei der Bewertung nicht in Abzug gebracht werden (S. 2). Das gilt selbst dann, wenn sie ausdrücklich zwischen den vertragsschließenden Parteien vereinbart wurden.[15]

Ein **Sonderproblem** ergibt sich bei **fondsgebundenen Rentenversicherungen.** Diese bilden kein eigentliches Deckungskapital, sondern halten Anteile an – meist wechselnden – Fonds. Dies bedeutet, dass ein zum Ehezeitende vorhandener Wert des Fondsvermögens zum Zeitpunkt der Durchführung des Ausgleichs nicht mehr vorhanden oder anders vorhanden ist oder sein kann. Dem will Gutdeutsch damit begegnen, dass er am Kapitalwert zum Ehezeitende festhält und nur diesen ausgleichen will.[16] Ruland schlägt eine „offene Tenorierung" vor, also den Ausgleichswert ins Verhältnis zum gesamten Vertragsvermögen des Versorgungsinhabers zu setzen und zum Ausgleichszeitpunkt (erster Börsentag nach Eingang der Rechtskraftmitteilung) diesen prozentualen Anteil des Versorgungsvermögens neu durch den Versorgungsträger bestimmen und ausgleichen zu lassen. Das dabei entstehende Problem ist evident: Die Vollstreckbarkeit einer nur prozentual bestimmten Forderung ist nicht gegeben.[17] Leichter wäre es, den Anteil des Versicherungsnehmers am Fondsvermögen in Anteilen statt in Kapital auszudrücken. Bezugsgröße iSd § 39 VersAusglG wären daher die Fondsanteile, die intern übertragen werden können. Nur bei einer – vom Versorgungsträger im Bagatellfall verlangten – externen Teilung träte damit das Problem mangelnder Bestimmbarkeit des Ausgleichswerts auf, der dann im Sinne von Ruland gelöst werden könnte. Die von Gutdeutsch favorisierte Lösung der stichtagsgenauen Bewertung schneidet – insbesondere bei langlaufenden Versorgungsausgleichsverfahren – die ausgleichsberechtigte Person von den Chancen, aber auch von den einer fondsgebundenen Versorgung innewohnenden Risiken unzulässig ab.

7

Kapitel 3
Korrespondierender Kapitalwert als Hilfsgröße

§ 47 VersAusglG Berechnung des korrespondierenden Kapitalwerts

(1) Der korrespondierende Kapitalwert ist eine Hilfsgröße für ein Anrecht, dessen Ausgleichswert nach § 5 Abs. 3 nicht bereits als Kapitalwert bestimmt ist.

---

12 BGH FamRZ 2012, 694.
13 FAKomm-FamR/Wick VersAusglG § 46 Rn. 9.
14 Ruland, Versorgungsausgleich, Rn. 523 mwN.
15 Ruland, Versorgungsausgleich, Rn. 523.
16 Gutdeutsch FamRB 2011, 57.
17 BGH FamRZ 2007, 2055.

(2) Der korrespondierende Kapitalwert entspricht dem Betrag, der zum Ende der Ehezeit aufzubringen wäre, um beim Versorgungsträger der ausgleichspflichtigen Person für sie ein Anrecht in Höhe des Ausgleichswerts zu begründen.

(3) Für Anrechte im Sinne des § 44 Abs. 1 sind bei der Ermittlung des korrespondierenden Kapitalwerts die Berechnungsgrundlagen der gesetzlichen Rentenversicherung entsprechend anzuwenden.

(4) [1]Für ein Anrecht im Sinne des Betriebsrentengesetzes gilt der Übertragungswert nach § 4 Abs. 5 des Betriebsrentengesetzes als korrespondierender Kapitalwert. [2]Für ein Anrecht, das bei einem Träger einer Zusatzversorgung des öffentlichen oder kirchlichen Dienstes besteht, ist als korrespondierender Kapitalwert der Barwert im Sinne des Absatzes 5 zu ermitteln.

(5) Kann ein korrespondierender Kapitalwert nach den Absätzen 2 bis 4 nicht ermittelt werden, so ist ein nach versicherungsmathematischen Grundsätzen ermittelter Barwert maßgeblich.

(6) Bei einem Wertvergleich in den Fällen der §§ 6 bis 8, 18 Abs. 1 und § 27 sind nicht nur die Kapitalwerte und korrespondierenden Kapitalwerte, sondern auch die weiteren Faktoren der Anrechte zu berücksichtigen, die sich auf die Versorgung auswirken.

I. Allgemeines

1 Auch wenn die Überschrift der Norm Zweifel erweckt, ist der **korrespondierende Kapitalwert**[1] eine der zentralen Institutionen des neuen Versorgungsausgleichsrechts. Die Umstellung des bis zum 31.8.2009 geltenden Systems vom bilanzierenden Einmalausgleich auf das kapitalorientierte System der Realteilung jeden einzelnen Anrechts hat den Kapitalwert von Versorgungen in den Fokus des Versorgungsausgleichs gerückt.

2 Auch wenn das neue Versorgungsausgleichsrecht mit dem Prinzip der Realteilung jedes einzelnen Anrechts eine „Vergleichbarkeit" von Anrechten eigentlich entbehrlich macht, weil die Versorgungen unabhängig von ihrem Wert ausgeglichen werden, sind die Durchbrechungen dieses Prinzips allgegenwärtig: der Ausschluss von **Bagatellversorgungen** (§ 18 VersAusglG), die Erweiterung der **Vergleichsmöglichkeiten** (§§ 6 ff. VersAusglG) und die eigentlich systemwidrige Einführung externer Teilung von **Anwartschaften aus** einer **Direktzusage** oder betrieblichen **Unterstützungskasse** (§ 17 VersAusglG) machen die Vergleichbarkeit der Anrechte erforderlich. Diese Vergleichbarkeit wurde im alten Versorgungsausgleichsrecht über die Rentenhöhe hergestellt, im neuen Versorgungsausgleichsrecht über den Kapitalwert eines Anrechts. Beide Methoden sind eigentlich untauglich, beide Methoden sind jedoch erforderlich, wenn der Versorgungsausgleich nicht zu einem blind ablaufenden Ausgleichsautomatismus verkommen soll, in dem jedes einzelne Anrecht, unabhängig von seinem Wert und seiner Bedeutung, geteilt werden soll. Jede „Vergleichbarmachung" vergleicht die berühmten Äpfel mit Birnen, weil jede Versorgung in ihrer spezifischen Valenz, Leistungsfähigkeit und Leistungssicherheit bewertet werden muss und gleichzeitig die Bedeutung der Versorgung im Versorgungsbukett des bezugsberechtigten Ehegatten zu beurteilen ist.

---

1 BT-Drs. 16/10144, 83 ff.

Wenn das Gesetz den korrespondierenden Kapitalwert als „Hilfsgröße" bezeich- 3
net, zeigt allein dies, wie vorsichtig mit ihm umzugehen ist. Der korrespondierende Kapitalwert ist ein ganz schlechter Vergleichswert. Ein besserer ist jedoch
bislang wohl niemandem eingefallen.

II. Einzelheiten

1. Korrespondierender Kapitalwert und Kapitalwert (Abs. 1).

Abs. 1 bezeichnet 4
den korrespondierenden Kapitalwert als **Hilfsgröße** zur Bestimmung des Werts
eines Anrechts, dessen Ausgleichswert nicht nach § 5 Abs. 3 VersAusglG als Kapitalwert bestimmt ist. Nach § 5 Abs. 1 VersAusglG wird der Ehezeitanteil einer
Versorgung vom Versorgungsträger in Form der für das jeweilige Versorgungssystem maßgeblichen Bezugsgröße berechnet. Bezugsgröße können nach § 39
VersAusglG die Monatsrente, Entgelt- oder Versorgungspunkte, Rentenbausteine, ein Zeitfaktor, die Summe der in der Ehezeit entrichteten Beiträge oder anderes sein. Lediglich wenn die Bezugsgröße eine Monats- oder Jahresrente ist, können die Beteiligten eine vage Vorstellung vom Wert der Versorgung haben. Aber
auch in diesen Fällen ist für die Beteiligten unklar, ob die Versorgung eine
Anwartschafts- und/oder Leistungsdynamik hat. Die Mitteilung an einen 40
Jahre alten Ausgleichspflichtigen, der Ehezeitanteil seiner Versorgung betrage
1.000 EUR (monatlicher Altersrente ab Vollendung des 67. Lebensjahres) bedeutet nicht viel. Unterstellt man eine Anwartschaftsdynamik von nur 1,7 %
(was in etwa dem Inflationsausgleich entsprechen wird), könnte der Ausgleichspflichtige im Rentenalter mit einer Versorgung iHv 1.576 EUR rechnen. Handelt
es sich dagegen um eine statische Versorgung, deren Wert zum Ehezeitende
1.000 EUR beträgt, kann der Ausgleichspflichtige bei 1,7 % jährlicher Geldentwertung im Rentenalter nur mit einer Kaufkraft von 630 EUR rechnen. Dass
Dynamik und **Statik der Versorgung** maßgeblich deren Wert bestimmen, wissen
die meisten. Eine Abschätzung der Dimension dieser wertbeeinflussenden Faktoren gelingt den Betroffenen meist nicht.

Insoweit ist es richtig, dass das Gesetz den Versorgungsträgern auferlegt, den 5
Wert der Versorgung als Kapitalbetrag mitzuteilen, wenn nicht ohnehin ein Kapitalbetrag als Ausgleichswert mitgeteilt wird. In der **Praxis** teilen private Leib-
rentenversicherungen den Kapitalwert der Versorgung als „Rückkaufswert" mit
(§ 46 VersAusglG). Betriebliche Altersversorgungen machen von der ihnen eingeräumten Wahlmöglichkeit – auch wenn eine Rentenversicherung zugesagt
worden ist – den Kapitalwert (**bilanzielle Bewertung**) der Versorgung mitzuteilen (§ 45 Abs. 1 VersAusglG) meist gern Gebrauch, weil dadurch teilweise Gewinne realisiert werden können oder jedenfalls sichergestellt ist, dass der Versorgungsausgleich kostenneutral ausgeht. Die anderen Versorgungsträger dürfen als
Ausgleichswert den Kapitalwert nicht mitteilen, weil ihre Bezugsgröße nicht der
Kapitalwert, sondern ein anderer Wert ist (Entgelt-, Versorgungspunkte etc oder
Rente). Sie müssen daher neben dem Ausgleichswert in der für ihr Versorgungssystem zutreffenden Bezugsgröße auch den korrespondierenden Kapitalwert
mitteilen.

In der versorgungsausgleichsrechtlichen Diskussion spielen die Begriffe **Kapital-** 6
wert, **korrespondierender Kapitalwert** und **Barwert** eine große Rolle. **Kapital-**
wert und korrespondierender Kapitalwert sind durchaus unterschiedliche Werte:
Der korrespondierende Kapitalwert ist letztlich ein fiktiver Wert. Der Kapitalwert ist meist ein tatsächlich hinter einer Versorgung stehender realer Wert,

meist das tatsächlich vorhandene Deckungskapital und der Barwert ist der gegenwärtige Wert einer zukünftigen Leistung. Das Problem dieser Begriffswelt ist, dass es sich um Wertbegriffe handelt, die keinerlei Bezug zum „subjektiven Wert" einer Versorgung für die ausgleichspflichtige oder ausgleichsberechtigte Person aufweisen. Scheidungswillige, Anwälte und Gerichte haben spontan immer einen subjektiven Wertbegriff, indem sie den Wert eines Vermögensgegenstandes nach seinem Nutzungswert für den Inhaber des Vermögensgegenstandes beurteilen. Bevor dieser aber aus einer Versorgung Nutzen zieht, also ihren Wert realisiert, wird dieser von Steuern und Sozialabgaben und auch von Versicherungsbedingungen, die einen Leistungsbezug einschränken oder verhindern, geschmälert. All diese Faktoren spiegeln sich in den Wertbegriffen des Versorgungsausgleichs nicht wieder. Werden einem 63-jährigen Beamten in der gesetzlichen Rentenversicherung 1,5 EP gutgeschrieben, beträgt der „korrespondierende Kapitalwert" dieser Gutschrift im Jahr 2016 10.172 EUR. Einen Versorgungswert hat diese Gutschrift indessen nicht, weil dadurch die allgemeine Wartezeit von 60 Monaten für den Bezug einer Altersrente nicht erfüllt wird[2] sondern nur knapp 48 Monate. Weil die Voraussetzungen für den Versorgungsbezug nicht gegeben sind, wird die Hälfte der Beiträge rückerstattet.[3] Da die Beitragserstattung aber erst bei Erreichen der Regelaltersgrenze erfolgt, wäre noch eine Abzinsung vorzunehmen. Der tatsächliche Kapitalwert für den Versicherten beträgt dann nicht einmal 5.000 EUR, der Barwert der Rente betrüge Null, weil nie eine Rente daraus erzielt werden kann. Bei Abschluss von **Vergleichen** nach § 6 VersAusglG kommt es auf diese Unterschiede an.

7   **2. Definition des korrespondierenden Kapitalwerts (Abs. 2).** Abs. 2 definiert den korrespondierenden Kapitalwert als „Beitrittswert", also als den Betrag, den die ausgleichspflichtige Person aufbringen müsste, um bei dem Versorgungsträger zum Ende der Ehezeit ein Anrecht in Höhe des Ausgleichswerts zu begründen. Diese Definition enthält für den Versorgungsausgleich wichtige Klarstellungen: Der korrespondierende Kapitalwert wird immer auf das Ehezeitende und die Person des ausgleichsberechtigten Ehegatten projiziert. Der korrespondierende Kapitalwert einer Versorgung von 1.000 EUR einer 60 Jahre alten Frau entspricht etwa 138.760 EUR.[4] Lässt sie sich von ihrem 80 Jahre alten Mann scheiden und würde das Anrecht auf Kapitalwertbasis ausgeglichen, erhielte dieser aus der Hälfte des Kapitals (69.380 EUR) eine Versorgung iHv ca. 830 EUR monatlich,[5] also weit mehr als die Hälfte, während der Frau 500 EUR Rente verblieben. Dies hängt mit den unterschiedlichen biometrischen Daten der Ehegatten zusammen. Der 80 Jahre alte Mann hat nur noch eine Lebenserwartung von 8,04 Jahren, die Frau jedoch eine solche von 21,03 Jahren. Würde in diesem Beispiel die Versorgung tatsächlich nach zweijährigem Versorgungsausgleichsverfahren geteilt werden und der Zinszuwachs während der Verfahrenslaufzeit dem Ausgleichswert zugeschlagen, würde dem Mann sogar eine Versorgung iHv ca. 983 EUR zustehen, weil durch die Verfahrenslaufzeit seine Lebenserwartung auf nunmehr lediglich 7,12 Jahre verkürzt wurde. Diese Überlegungen haben jedoch auf die Bestimmung des korrespondierenden Kapitalwerts kei-

---

2   Nach § 52 SGB VI wird durch den Versorgungsausgleich auch Wartezeit begründet, indem die begründeten EP durch 0,0313 geteilt werden.
3   § 210 Abs. 1 Nr. 2 SGB VI.
4   Rechnungszins 3,25 %, ohne Hinterbliebenen- und Invaliditätsversorgung.
5   Lebenserwartung M: 8,04 Jahre.

nen Einfluss, weil allein der **Beitrittswert der ausgleichspflichtigen Person zur Begründung einer Versorgung in Höhe des Ausgleichswerts** für die Bestimmung des korrespondierenden Kapitalwerts maßgeblich ist.

Dabei tritt das Problem auf, dass Versorgungssysteme völlig unterschiedlich fi- 8
nanziert (Beiträge, Kapital, Umlage) werden und oftmals auf eine „freiwillige Anwartschaftsbegründung" gar nicht ausgelegt sind.[6] Für einen 30-jährigen Mann kostet die Begründung von 1 EUR lebenslanger Altersversorgung zum Stichtag 1.1.2017 bei gleicher Annahme von Dynamik und Versicherungsumfang:

- in der gesetzlichen Rentenversicherung   227,86 EUR (West),
- in der gesetzlichen Rentenversicherung   216,28 EUR (Ost),
- in einer privaten Leibrentenversicherung[7] ca.   147 EUR (Männertarif),

Im Alter von 60 Jahren bleiben die Beträge zur Begründung einer Versorgung in der gesetzlichen Rentenversicherung gleich. Wegen der andersartigen Finanzierungsweise über Deckungskapitalien betragen sie indessen

- in einer privaten Leibrentenversicherung[8] ca.   211 EUR (Männertarif).

Korrespondierende Kapitalwerte sind daher bei unterschiedlichen Versorgungen 9
nicht miteinander vergleichbar.

In der **gesetzlichen Rentenversicherung** bestimmt sich der korrespondierende 10
Kapitalwert einer Versorgung aus den Beiträgen, die zur Begründung einer Rente in Höhe des Ausgleichswerts zum Ehezeitende zu zahlen wären. Für das Jahr 2017 (erste Hälfte) bedeutet dies: Für das Durchschnittsentgelt von 37.103 EUR wäre bei einem Beitragssatz von 18,7 % eine Rentenanwartschaft von 30,45 EUR zu erwerben gewesen. Pro Euro Altersrente wären daher 227,86 EUR korrespondierender Kapitalwert zu rechnen.

3. Korrespondierender Kapitalwert in der Beamtenversorgung (Abs. 3). Abs. 3 11
bestimmt, dass zur Ermittlung des korrespondierenden Kapitalwerts einer Beamtenversorgung oder einer Versorgung, die nach beamtenrechtlichen Grundsätzen organisiert ist, die Berechnungsgrundlage der gesetzlichen Rentenversicherung entsprechend anzuwenden ist. Dies ist berechtigt, weil beide Versorgungssysteme Unisextarife anwenden und seit Jahren eine nahezu gleiche Wertentwicklung aufweisen.

Von der Regel, dass korrespondierende Kapitalwerte generell nicht miteinander 12
vergleichbar sind, kann daher für die Versorgungen aus der gesetzlichen Rentenversicherung und der Beamtenversorgung eine Ausnahme gemacht werden. Es gilt daher: Die **korrespondierenden Kapitalwerte identischer oder gleichartiger Versorgungen** können durchaus miteinander verglichen werden.

4. Korrespondierender Kapitalwert bei Betriebsrenten (Abs. 4 S. 1). Für Be- 13
triebsrenten ordnet § 47 Abs. 4 S. 1 VersAusglG an, dass der korrespondierende Kapitalwert nach den Grundsätzen der Ermittlung des Portabilitätswerts zu ermitteln ist (§ 4 Abs. 5 BetrAVG). Damit wird gleichzeitig deutlich, dass Betriebs-

---

6 Hauß FPR 2009, 214.
7 Es müssen noch die Abschluss- und Verwaltungskosten preiserhöhend eingerechnet werden, die jedoch von Versicherung zu Versicherung unterschiedlich sind, Rechnungszins 1,25%, Renteneintrittsalter 67.
8 Es müssen noch die Abschluss- und Verwaltungskosten preiserhöhend eingerechnet werden, die jedoch von Versicherung zu Versicherung unterschiedlich sind.

renten auch bei der Berechnung des korrespondierenden Kapitalwerts deutlich unterbewertet werden, weil der für ihre Bewertung genutzte Rechnungszins dem Bilanzrecht entnommen ist. Kein Versorgungssystem erzielt vergleichbare Renditen, die dem bilanziellen Rechnungszins entsprächen.

14 Da auch die **Zusatzversorgung des öffentlichen Dienstes** eine betriebliche Altersversorgung darstellt, die aber besonderen Regeln folgt, ordnet Abs. 4 S. 2 an, dass der korrespondierende Kapitalwert als Barwert nach versicherungsmathematischen Grundsätzen ermittelt wird. Diese im Prinzip unproblematische Anordnung wird indessen dadurch intransparent, dass die Zusatzversorgungen die von ihnen benutzten Barwertfaktoren nicht bekanntgeben, sondern in den Auskünften jeweils nur den einzelnen Barwertfaktor mitteilen. Nutzt man allerdings die aus den Satzungen der Zusatzversorgung bekannten Zinsfaktoren,[9] lassen sich die von den Zusatzversorgungen mitgeteilten korrespondierenden Kapitalwerte unter Einrechnung eines Zuschlags von 24 % für die Invaliditäts- und Hinterbliebenenversorgung hinreichend genau nachvollziehen.

15 **5. Berechnung nach versicherungsmathematischen Grundsätzen (Abs. 5).** Für Versorgungen, deren korrespondierender Kapitalwert nicht nach den für die gesetzliche Rentenversicherung oder Betriebsrenten geltenden Grundsätzen berechnet werden kann, ordnet Abs. 5 die Berechnung des korrespondierenden Kapitalwerts nach den für die Barwertberechnung geltenden versicherungsmathematischen Grundsätzen an.[10] Diese **Berechnung** ist unter → VersAusglG Vor § 39 Rn. 2 dargestellt worden. Als Berechnungshilfe wird verwiesen auf das **Berechnungstool.**[11]

16 **6. Beim Vergleich von Versorgungen zu berücksichtigende Faktoren (Abs. 6).** Abs. 6 ist der **legislative Warnhinweis**, nicht zu vergleichen, was nicht miteinander vergleichbar ist (→ Rn. 8 f.). Weil Versorgungen unterschiedlicher Provenienz in Leistungsumfang, Sicherheit und Dynamik voneinander abweichen, sind auch ihre als Beitrittswerte verstandenen „korrespondierenden Kapitalwerte" nicht miteinander vergleichbar. Ein jüngeres Beispiel mag verdeutlichen, wie schwer die wirtschaftliche Bewertung von Versorgungen ist: Im Jahr 2010 wäre aus wirtschaftlichen Gründen eine Absenkung des Rentenniveaus durch Senkung des aktuellen Rentenwerts erforderlich gewesen. Da dieser jedoch bereits seit 2007 nicht mehr erhöht worden ist, war diese Lösung nicht politisch kommunizierbar. Die Absenkung unterblieb. Dieses Beispiel zeigt deutlich, dass auch politische Faktoren in die Bewertung einer Versorgung einzubeziehen sind. Die Unmöglichkeit, derartige Faktoren in einen „korrespondierenden Kapitalwert" einzupreisen, liegt auf der Hand. Deswegen ist es richtig, wenn das **Gesetz in Abs. 6 vor einer kritiklosen Anwendung** des korrespondierenden Kapitalwerts als Vergleichsmaßstab der Versorgungen ausdrücklich **warnt.**

17 Dies sollte jedoch nicht dazu führen, korrespondierende Kapitalwerte für Vergleichsschlüsse völlig zu ignorieren. Insbesondere für die Parteien sind sie zunächst einmal **wichtige Anhaltspunkte, die Erwartungshaltungen wecken.** Bei der Diskussion von **Vergleichsabschlüssen** sind die korrespondierenden Kapitalwerte der Versorgungen daher stets Ausgangspunkt der Betrachtung.

---

9 Anwartschaftsphase 5,25 %, Leistungsphase 3,25 %.
10 Vgl. auch OLG Koblenz FamRZ 2015, 925.
11 Kapitalwertkontrolle im Versorgungsausgleich.xls, www.famrb.de/muster_formulare.html.

Innerhalb des gleichen Versorgungstyps oder der gleichen Versorgungsgruppe **18** können die korrespondierenden Kapitalwerte miteinander verglichen werden. Daher können saldierende Vereinbarungen zum Versorgungsausgleich unter Einbeziehung der Gruppe öffentlich-rechtlicher Grundversorgungen (Beamtenversorgung und gesetzliche Rentenversicherung) idR durchgeführt werden. Auch innerhalb der **berufsständischen Versorgungen** besteht weitgehende Vergleichbarkeit der Kapitalwerte. Ebenso kann die Gruppe der kapitalgedeckten privaten Rentenversicherungen (Riester-, Rürup-Versorgungen, nicht zertifizierte private Rentenversicherungen) miteinander verglichen werden. **Fondsgebundene Rentenversicherungen** sind wegen ihrer starken Abhängigkeit von den Aktien- und Finanzmärkten in ihrem Kapitalwert nicht mit anderen Versorgungen vergleichbar. **Betriebliche Altersversorgungen** können wegen ihrer völlig unterschiedlichen Struktur im korrespondierenden Kapitalwert meist nicht miteinander verglichen werden.

Bagatellversorgungen (§ 18 VersAusglG) können auf der Basis ihrer korrespon- **19** dierenden Kapitalwerte verglichen werden. Auch bei Abweichung des korrespondierenden Kapitalwerts vom tatsächlichen Wert einer Versorgung bleibt eine Bagatellversorgung für das Versorgungsniveau eine Bagatelle.

Im Übrigen bleibt den Beteiligten die Möglichkeit, eine Vergleichbarkeit der Ver- **20** sorgungen selbst herzustellen. Mithilfe der unter → Rn. 15 dargestellten Methode kann für jede der beteiligten Versorgungen ein eigener Kapitalwert gebildet werden, nach einheitlichem Rechnungszins. Notwendig dafür sind in jedem Fall die Kenntnis der **Höhe des ehezeitlichen Versorgungswerts als Rente** und deren **Dynamisierung**. Sofern diese Werte von den Versorgungsträgern mitgeteilt worden sind, kann eine einheitliche Berechnung der Versorgungen erfolgen und auf der Basis der so berechneten einheitlichen Kapitalwerte ein Ausgleich der Versorgungen unter Einschluss auch anderer Vermögenswerte durchgeführt werden.

Teil 3 Übergangsvorschriften

§ 48 VersAusglG Allgemeine Übergangsvorschrift

(1) In Verfahren über den Versorgungsausgleich, die vor dem 1. September 2009 eingeleitet worden sind, ist das bis dahin geltende materielle Recht und Verfahrensrecht weiterhin anzuwenden.

(2) Abweichend von Absatz 1 ist das ab dem 1. September 2009 geltende materielle Recht und Verfahrensrecht anzuwenden in Verfahren, die
1. am 1. September 2009 abgetrennt oder ausgesetzt sind oder deren Ruhen angeordnet ist oder
2. nach dem 1. September 2009 abgetrennt oder ausgesetzt werden oder deren Ruhen angeordnet wird.

(3) Abweichend von Absatz 1 ist in Verfahren, in denen am 31. August 2010 im ersten Rechtszug noch keine Endentscheidung erlassen wurde, ab dem 1. September 2010 das ab dem 1. September 2009 geltende materielle Recht und Verfahrensrecht anzuwenden.

I. Allgemeines

1 Das Übergangsrecht des neuen Versorgungsausgleichs beginnt in § 48 VersAusglG mit dem **Übergangsrecht für laufende Versorgungsausgleichsverfahren** (Erstverfahren). Der Gesetzgeber hat für laufende Verfahren bewusst eine kurze Übergangsfrist vom materiellen alten ins neue Versorgungsausgleichsrecht gewählt, um das Nebeneinander unterschiedlicher Regelungen über einen längeren Zeitraum zu vermeiden.[1]

II. Einzelheiten

2 Für die bereits am 1.1.2009 anhängigen Versorgungsausgleichsverfahren gilt nach **Abs. 1** das bis zum 31.8.2009 geltende materielle und formelle[2] Recht fort. Das Gesetz benutzt den Begriff der **Einleitung** eines Versorgungsausgleichsverfahrens, der im Verfahrensrecht nirgends definiert ist. Es besteht Einigkeit, dass ein Versorgungsausgleichsverfahren in dem Moment eingeleitet ist, in dem der **Scheidungsantrag** bei Gericht **anhängig** und der Versorgungsausgleich im Verbund durchzuführen ist.[3]

3 Bei **isolierten Versorgungsausgleichsverfahren**, die nicht im Scheidungsverbund geführt werden, ist der Zeitpunkt des Antrages bei Gericht entscheidend.[4]

4 Für ausgesetzte oder ruhende Verfahren bestimmt **Abs. 2**, dass diese unabhängig vom Zeitpunkt der Aussetzung nach dem 1.9.2009 immer nach neuem Versorgungsausgleichsrecht zu entscheiden sind. Dies gilt auch dann, wenn in am 1.9.2009 laufenden Ehescheidungsverfahren der Versorgungsausgleich abgetrennt und ausgesetzt wird und anschließend wieder aufgenommen und mit dem Scheidungsverfahren im Verbund (vor dem 1.9.2010, Abs. 3) entschieden worden ist.

5 Nach **Abs. 3** gilt für alle erstinstanzlichen Verfahren neues Versorgungsausgleichsrecht, wenn diese über den 31.8.2010 hinaus anhängig sind.

6 Für die **Beschwerde- und Revisionsinstanz** gilt immer das für das Erstverfahren geltende Recht fort. Wird aber das Verfahren in der Beschwerde- oder Revisionsinstanz ausgesetzt und anschließend wieder aufgenommen, gilt neues materielles und formelles Recht.

§ 49 VersAusglG Übergangsvorschrift für Auswirkungen des Versorgungsausgleichs in besonderen Fällen

Für Verfahren nach den §§ 4 bis 10 des Gesetzes zur Regelung von Härten im Versorgungsausgleich, in denen der Antrag beim Versorgungsträger vor dem 1. September 2009 eingegangen ist, ist das bis dahin geltende Recht weiterhin anzuwenden.

---

1 BT-Drs. 16/10144, 85.
2 Vgl. Art. 111 FGG-RG.
3 BT-Drs. 16/10144, 87; JH/Holzwarth VersAusglG § 48 Rn. 4; FAKomm-FamR/Wick VersAusglG § 48 Rn. 7; NK-BGB/Rehbein VersAusglG § 48 Rn. 5; MK/Dörr VersAusglG § 48 Rn. 7.
4 Kemper, Die Übergangsregelungen des Referentenentwurfs zur Strukturreform des Versorgungsausgleichs, ZFE 2008, 164; Holzwarth, Die Übergangsvorschriften nach dem Entwurf der Bundesregierung für ein Gesetz zur Strukturreform des Versorgungsausgleichs, FamRZ 2008, 2168; MK/Dörr VersAusglG § 48 Rn. 4.

Nach Art. 23 Nr. 2 VAStrRefG trat das VAHRG zum 1.9.2009 außer Kraft. An **1** die Stelle der Härtefallregelungen der §§ 4–10 VAHRG traten die Vorschriften des neuen Rechts, §§ 32 ff. VersAusglG. In den Fällen, in denen daher Verfahren nach dem VAHRG bereits vor dem 1.9.2009 anhängig waren, bestimmt § 49 VersAusglG, dass diese nach altem materiellen und formellen Recht zu entscheiden sind. Dies gilt für alle Instanzen. Da für die Härtefallentscheidungen der §§ 4–10 VAHRG die Versorgungsträger zuständig waren, ist für die Frage des anzuwendenden Rechts der **Eingang des Antrags beim Versorgungsträger** maßgebend, auch wenn sich ein gerichtliches Verfahren angeschlossen hat.[1]

§ 50 VersAusglG   Wiederaufnahme von ausgesetzten Verfahren nach dem Versorgungsausgleichs-Überleitungsgesetz

(1) Ein nach § 2 Abs. 1 Satz 2 des Versorgungsausgleichs-Überleitungsgesetzes ausgesetzter Versorgungsausgleich

1. ist auf Antrag eines Ehegatten oder eines Versorgungsträgers wieder aufzunehmen, wenn aus einem im Versorgungsausgleich zu berücksichtigenden Anrecht Leistungen zu erbringen oder zu kürzen wären;
2. soll von Amts wegen spätestens bis zum 1. September 2014 wieder aufgenommen werden.

(2) Der Antrag nach Absatz 1 Nr. 1 ist frühestens sechs Monate vor dem Zeitpunkt zulässig, ab dem auf Grund des Versorgungsausgleichs voraussichtlich Leistungen zu erbringen oder zu kürzen wären.

§ 50 VersAusglG regelt die Wiederaufnahme von Versorgungsausgleichsverfah- **1** ren, die nach § 2 Abs. 1 S. 1 VAÜG ausgesetzt wurden. In diesen Fällen muss nach altem Recht der Versorgungsausgleich ausgesetzt werden, weil die wechselseitigen regel- und angleichungsdynamischen Anrechte unterschiedliche Ausgleichsrichtungen des Versorgungsausgleichs verursacht hätten, ein Ergebnis, das mit dem im alten Recht herrschenden Prinzip des Einmalausgleichs nicht harmoniert hätte.

Abs. 1 Nr. 1 regelt die **Wiederaufnahme** eines ausgesetzten Versorgungsaus- **2** gleichsverfahrens **bei** (absehbarem, Abs. 2) **Leistungsbezug** oder einer **Kürzungsnotwendigkeit** in Folge der Leistungsaufnahme aus dem Versorgungsausgleich an den anderen Gatten. Dies entspricht der für das alte Recht geltenden Regelung des § 2 Abs. 2 VAÜG. Die Norm soll sicherstellen, dass der Versorgungsausgleich durchgeführt wird, wenn – wie im Leistungsfall – die ökonomischen Interessen eines der Ehegatten oder auch der Versorgungsträger (Fall der Leistungskürzung) betroffen werden.[1]

Antragsberechtigt sind **Ehegatten** und die betroffenen **Versorgungsträger.** Die Hinterbliebenen haben kein Antragsrecht, weil mit dem Tod der ausgleichsberechtigten Person der Anspruch auf Wertausgleich erlischt (§ 31 VersAusglG). Ein abgetrenntes Versorgungsausgleichsverfahren bleibt Verbundsache,[2] weswegen der **Anwaltszwang** bestehen bleibt.

---

1   FAKomm-FamR/Wick VersAusglG § 49 Rn. 1.
1   BT-Drs. 16/10144, 88.
2   BT-Drs. 16/10144, 230.

3 Nach **Abs. 2** kann der Antrag nach Abs. 1 Nr. 1 bis zu sechs Monate vor dem Zeitpunkt gestellt werden, zu dem Leistungen aus dem Versorgungsausgleich bezogen oder gekürzt werden. Die Sechsmonatsregel ist sinnvoll, weil Versorgungsausgleichsverfahren oftmals ungebührlich viel Zeit in Anspruch nehmen und auch einfach gelagerte Sachverhalte wegen der einzuholenden Versorgungsausgleichsauskünfte bei den Versorgungsträgern sowie einer oftmals bei den Gerichten fehlenden Routine und Kenntnis des materiellen Versorgungsausgleichsrechts vielfach deutlich mehr Zeit als sechs Monate in Anspruch nehmen. Für den ausgleichsberechtigten Gatten und die Versorgungsträger ist es daher wichtig, rechtzeitig vor der Bewilligung von Versorgungsleistungen über deren Höhe abschließend entscheiden zu können. Für den ausgleichsberechtigten Gatten ist das von existentieller Bedeutung. Die vom Gesetzgeber vorgesehene Frist ist angesichts der praktischen Erfahrungen zu kurz bemessen. Sie sollte auf zwölf Monate ausgeweitet werden.

4 **Abs. 1 Nr. 2** ordnet an, dass die Gerichte die nach § 2 Abs. 1 S. 2 VAÜG ausgesetzten Verfahren bis zum 1.9.2014 wieder aufzunehmen haben.

§ 51 VersAusglG   Zulässigkeit einer Abänderung des öffentlich-rechtlichen Versorgungsausgleichs

(1) Eine Entscheidung über einen öffentlich-rechtlichen Versorgungsausgleich, die nach dem Recht getroffen worden ist, das bis zum 31. August 2009 gegolten hat, ändert das Gericht bei einer wesentlichen Wertänderung auf Antrag ab, indem es die in den Ausgleich einbezogenen Anrechte nach den §§ 9 bis 19 teilt.

(2) Die Wertänderung ist wesentlich, wenn die Voraussetzungen des § 225 Abs. 2 und 3 des Gesetzes über das Verfahren in Familiensachen und in den Angelegenheiten der freiwilligen Gerichtsbarkeit vorliegen, wobei es genügt, dass sich der Ausgleichswert nur eines Anrechts geändert hat.

(3) [1]Eine Abänderung nach Absatz 1 ist auch dann zulässig, wenn sich bei Anrechten der berufsständischen, betrieblichen oder privaten Altersvorsorge (§ 1587 a Abs. 3 oder 4 des Bürgerlichen Gesetzbuchs in der bis zum 31. August 2009 geltenden Fassung) der vor der Umrechnung ermittelte Wert des Ehezeitanteils wesentlich von dem dynamisierten und aktualisierten Wert unterscheidet. [2]Die Aktualisierung erfolgt mithilfe der aktuellen Rentenwerte der gesetzlichen Rentenversicherung. [3]Der Wertunterschied nach Satz 1 ist wesentlich, wenn er mindestens 2 Prozent der zum Zeitpunkt der Antragstellung maßgeblichen monatlichen Bezugsgröße nach § 18 Abs. 1 des Vierten Buches Sozialgesetzbuch beträgt.

(4) Eine Abänderung nach Absatz 3 ist ausgeschlossen, wenn für das Anrecht nach einem Teilausgleich gemäß § 3 b Abs. 1 Nr. 1 des Gesetzes zur Regelung von Härten im Versorgungsausgleich noch Ausgleichsansprüche nach der Scheidung gemäß den §§ 20 bis 26 geltend gemacht werden können.

(5) § 225 Abs. 4 und 5 des Gesetzes über das Verfahren in Familiensachen und in den Angelegenheiten der freiwilligen Gerichtsbarkeit gilt entsprechend.

I. Allgemeines

§ 51 VersAusglG stellt nach dem bis zum 31.8.2009 geltenden Recht die Möglichkeit der **Totalrevision**[1] und Umstellung des nach altem Recht in Form des bilanzierenden Einmalausgleichs ergangenen Versorgungsausgleichs auf das neue Recht des Ausgleichs jedes einzelnen Anrechts auf Kapitalwertbasis dar. Da der Versorgungsausgleich nach altem Recht vielfach den Halbteilungsgrundsatz deutlich verfehlte, ist die Aufrechterhaltung einer Abänderungsmöglichkeit dieser Entscheidungen aus verfassungsrechtlichen Gründen[2] geboten gewesen. Alle in den Versorgungsausgleich nach altem Recht einbezogenen Anrechte werden demnach dem neuen Teilungsprinzip unterworfen, sofern die Voraussetzungen der Abänderbarkeit nach Abs. 2 und 3 vorliegen. 1

II. Einzelheiten

1. Betroffene Anrechte. Nach Abs. 1 werden nur **die in den Ausgleich** (nach altem Recht) **einbezogenen Anrechte** dem neuen Ausgleichsstatut der §§ 9–19 VersAusglG unterworfen. Wörtlich interpretiert würde dies bedeuten, dass nur Anrechte des in der Bilanz ausgleichspflichtigen Gatten vom neuen Ausgleich ergriffen werden. Die Anrechte der bilanziell ausgleichsberechtigten Person sind in den Ausgleich nach altem Recht nicht einbezogen worden, sie wurden nur summiert, um die Höhe des Bilanzunterschiedes festzulegen. Indessen würde eine so enge Auslegung des Normwortlautes letztendlich die Intention des Gesetzgebers konterkarieren, eine tatsächliche Revisionsmöglichkeit für nach dem alten Versorgungsausgleichsrecht ergangene Entscheidungen zu schaffen. Es ist daher richtig, alle Versorgungen, die in einer Altentscheidung bilanziert wurden, auch dem neuen Ausgleichsprinzip zu unterwerfen, wenn die Abänderungsmöglichkeiten im Übrigen gegeben sind. 2

Alle Anrechte der nach altem Recht bilanziell **ausgleichsberechtigten Person** werden daher bei einer Revision der Altentscheidung ins neue Recht nach § 51 VersAusglG dem neuen Ausgleichsmodus unterworfen, soweit sie in der Altentscheidung bilanziert und zur Feststellung der Höhe der Ausgleichsdifferenz herangezogen worden sind. Dies gilt auch für **schuldrechtlich auszugleichende Versorgungen**, wie zB ausländische Versorgungen, soweit sie bilanziert werden. Lediglich zwingend dem schuldrechtlichen Ausgleich unterliegende Anrechte der ausgleichsberechtigten Person, die nicht in die Ausgleichsbilanz einbezogen wurden,[3] bleiben auch über § 51 VersAusglG dem Ausgleich entzogen. 3

Anrechte der nach altem Recht bilanziell **ausgleichspflichtigen Person**, die vom öffentlich-rechtlichen Versorgungsausgleich betroffen waren, die also durch Splitting (§ 1587 b Abs. 1 aF), Quasisplitting (§ 1587 b Abs. 2 aF), Realteilung (§ 1 Abs. 2 VAHRG aF) und analoges Quasisplitting (§ 1 Abs. 3 VAHRG aF) tatsächlich verringert wurden, sind als „in den Ausgleich einbezogene" Versorgungen nach neuem Versorgungsausgleichsrecht zu teilen. 4

Nach altem Versorgungsausgleichsrecht waren betriebliche und private Anrechte der ausgleichspflichtigen Person – mit Ausnahme des Ausgleichs nach § 3 b VAHRG – nur schuldrechtlich auszugleichen. Auch diese **schuldrechtlich auszu-** 5

---

1 BT-Drs. 16/10144, 89.
2 BVerfG FamRZ 1993, 161.
3 NK-BGB/Götsche VersAusglG § 51 Rn. 14, 19.

gleichenden Anrechte unterliegen der Abänderung nach § 51 Abs. 1 VersAusglG[4] und damit dem neuen Ausgleichsstatut.

6 Bei schuldrechtlich auszugleichenden Versorgungen der nach altem Recht bilanziell ausgleichspflichtigen Person ist jedoch zu beachten, dass – wenn diese **teilweise** unter Anwendung des **Supersplittings** nach § 3 b Abs. 1 Nr. 1 VAHRG aF ausgeglichen wurden, was bei den Anrechten lediglich bis zu einer Höhe von zuletzt 50,40 EUR möglich war – die Abänderung nach Abs. 3 mit dem Ergebnis einer Totalrevision nicht möglich (Abs. 4), aber auch nicht notwendig ist, weil die Korrektur des fehlerhaften Ausgleichs über den schuldrechtlichen Versorgungsausgleich auch im neuen Recht erfolgen kann.[5] Wurde dagegen ein **vollständiger Ausgleich** des schuldrechtlich auszugleichenden Anrechts nach altem Recht im Wege des öffentlich-rechtlichen Versorgungsausgleichs durchgeführt, ist der Ausgleich dieses Rechts nach § 51 VersAusglG im neuen Ausgleichssystem möglich.

7 **Nicht dem Ausgleichsmodus des neuen Rechts** können jedoch im alten Recht zu Recht oder Unrecht nicht berücksichtigte Versorgungen unterworfen werden.[6] Wurde in einer Altentscheidung eine Versorgung **vergessen** oder **verheimlicht**, kann sie bei der Revision der Entscheidung ins neue Recht nicht ausgeglichen werden.[7]

8 **2. Antragserfordernis (Abs. 1).** Die Abänderung von Versorgungsausgleichsentscheidungen, die nach altem Recht ergangen sind, geschieht nur auf Antrag. Wegen des geltenden Amtsermittlungsgrundsatzes braucht dieser **Antrag nicht beziffert** zu sein.[8] Ausreichend ist vielmehr darzulegen, dass ein Versorgungsausgleich nach altem Recht durchgeführt worden ist und eine Abänderung der Entscheidung nach § 51 Abs. 1 VersAusglG in Betracht kommt. Für den Antrag gilt nach § 52 VersAusglG § 226 FamFG. **Antragsberechtigt** sind danach die früheren Ehegatten, die Hinterbliebenen und die betroffenen Versorgungsträger. In der Praxis ist festzustellen, dass viele Träger der Beamtenversorgung eigenständige Abänderungsanträge stellen, weil durch verschiedene Beamtenversorgungsrechtsänderungen, insbesondere die Absenkung des Ruhegehaltshöchstsatzes von 75 % auf 71,75 %, in der Beamtenversorgung teilweise erhebliches Abänderungspotential für Versorgungsausgleiche gegeben ist.

9 Das Gericht ist nicht gehindert, den nach altem Recht durchgeführten Versorgungsausgleich nur zugunsten des antragstellenden Beteiligten abzuändern.[9] Bis zur **Rechtskraft der Abänderungsentscheidung**[10] kann der Antragsteller den Antrag zurücknehmen, um eine ihm nachteilige Abänderung des Versorgungsausgleichs zu verhindern. Eine Antragsrücknahme hindert indessen den Beteiligten, zu dessen Gunsten die Abänderung erfolgen würde, nicht, erneut einen Abänderungsantrag zu stellen. Da auch Abänderungsverfahren in der Praxis oft lange Laufzeiten haben und ein nicht unerheblicher Versorgungsverlust während der Laufzeit des Verfahrens begründet werden kann, ist stets sorgfältig zu erwägen,

---

4 MK/Dörr VersAusglG § 51 Rn. 11; JH/Holzwarth VersAusglG § 51 Rn. 2.
5 JH/Holzwarth VersAusglG § 51 Rn. 12.
6 BGH FamRZ 2013, 1642; OLG München FamRZ 2015, 1302.
7 BT-Drs. 16/10144, 89; JH/Holzwarth VersAusglG § 51 Rn. 2.
8 BGH FamRZ 2003, 1738; Weil, Die Abänderung von Altentscheidungen im Versorgungsausgleich, FF 2010, 195.
9 BGH FamRZ 2007, 360.
10 FAKomm-FamR/Wick VersAusglG § 51 Rn. 7.

einen Abänderungsantrag mit einem ebensolchen Gegenantrag zu beantworten, es sei denn, Abänderungspotenzial läge nur auf Seiten des Antragstellers vor. Nach § 226 FamFG kann der Antrag frühestens sechs Monate vor dem Zeit- 10 punkt gestellt werden, zu dem einer der Gatten voraussichtlich eine Versorgung aus der auszugleichenden Versorgung bezieht.

3. Wesentliche Wertänderung (Abs. 2). Der Abänderungsantrag nach § 51 11 Abs. 1 VersAusglG ist zulässig, wenn eine **wesentliche Wertänderung auch nur eines** der in den Versorgungsausgleich nach altem Recht einbezogenen Anrechte vorliegt (§ 51 Abs. 2 Hs. 2 VersAusglG). Dabei ist das Abänderungspotential nicht auf die öffentlich-rechtlichen Grundversorgungen des § 32 VersAusglG beschränkt.[11]

Die wesentliche Wertänderung muss **bezogen auf das Ehezeitende** gegeben sein. 12 Dabei ist unstreitig, dass nachehezeitliche Veränderungen zu berücksichtigen sind, soweit diese auf den Ehezeitanteil zurückwirken (→ VersAusglG § 5 Rn. 10 ff.).[12] Solche nachehezeitlichen Veränderungen des Anrechts können bis zum Zeitpunkt der letzten Tatsacheninstanz zu berücksichtigen sein.[13] In Zweifelsfällen sind bei lang dauernden Verfahren neue Auskünfte der Versorgungsträger zeitnah zum Entscheidungszeitpunkt einzuholen.[14]

Wesentlich ist nach Abs. 2 iVm § 225 Abs. 2 u. 3 FamFG die Veränderung des 13 Ausgleichswertes um 5 % gegenüber dem in der Ausgangsentscheidung bilanzierten Wert des Anrechts. Dieser Wertvergleich ist nur möglich, wenn der Versorgungsträger den nach neuem Recht auf das Ehezeitende bezogenen **Ausgleichswert als Rentenwert** mitteilt, wozu er nach § 52 Abs. 2 VersAusglG verpflichtet ist (**relative Wesentlichkeitsgrenze**).[15]

Daneben ist als **absolute Wesentlichkeitsgrenze** die **Bagatellgrenze** des § 225 14 Abs. 3 FamFG zu beachten. Danach ist eine Wertänderung nur wesentlich, wenn sie bei einem Rentenbetrag 1 % der am Ende der Ehezeit maßgeblichen Bezugsgröße übersteigt. Da der Vergleich regelmäßig auf Rentenbasis erfolgt, sind die Werte der absoluten Wesentlichkeitsgrenze aus der Tabelle (→ VersAusglG § 14 Rn. 12) zu entnehmen.

Zur Erreichung einer Abänderung nach § 51 Abs. 1 VersAusglG ist die kumula- 15 tive Erfüllung der absoluten und relativen Wesentlichkeitsgrenze bezogen auf jedes einzelne Anrecht erforderlich.[16] Ob und inwieweit sich bei Bildung einer Ausgleichsbilanz aller in den alten Versorgungsausgleich einbezogenen Anrechte eine Differenz ergibt, ist unerheblich.[17]

Für die anwaltliche Praxis bedeuten Abänderungsverfahren nach § 51 16 VersAusglG immer ein Risiko. Die Entwicklung von Anrechten zwischen der Ausgangsentscheidung und dem Zeitpunkt der Abänderung ist oft schwierig einzuschätzen. Solange beiden Ehegatten daher keine laufenden Versorgungen gezahlt werden, deren Höhe bekannt ist, kann der Ausgang eines Abänderungs-

---

11 BGH FamRZ 2015, 1688.
12 FAKomm-FamR/Wick VersAusglG § 51 Rn. 13; JH/Holzwarth VersAusglG § 51 Rn. 11; NK-BGB/Götsche VersAusglG § 51 Rn. 9.
13 BGH FamRZ 1982, 1195.
14 FAKomm-FamR/Wick VersAusglG § 51 Rn. 13.
15 FAKomm-FamR/Wick VersAusglG § 51 Rn. 15.
16 BT-Drs. 16/10144, 89.
17 BT-Drs. 16/10144, 89.

verfahrens nur nach genauer Ermittlung im Vorfeld prognostiziert werden. In der Regel haben die **Bewertungen von Versorgungen mithilfe der BarwertVO** zu Unterbewertungen der Versorgungen im alten Versorgungsausgleich geführt, so dass in diesen Fällen nahezu immer ein Abänderungspotenzial zugunsten der ausgleichsberechtigten Person besteht. Bei **Beamtenversorgungen** haben die seit 2001 vorgenommenen Veränderungen des Versorgungsniveaus und die Anhebung der Altersgrenze zu einer Überbewertung im alten Versorgungsausgleich geführt, die ggf. zu korrigieren ist. Bei einem in zeitlichem Abstand hinzutretenden weiteren Abänderungsgrund ist die zeitlich gestaffelte Abänderung im Tenor auszusprechen.[18] Die durch das VersAusglG geschaffene Möglichkeit, Beamtenversorgungen im Wege der externen Teilung ohne **Begrenzung auf einen Höchstbetrag** öffentlich-rechtlich auszugleichen, stellt dagegen keine nacheheitliche Wertänderung der Versorgung dar und berechtigt daher nicht zur Abänderung nach § 51 VersAusglG.[19] Rechenfehler im Ausgangsverfahren berechtigen ebenso wenig zur Abänderung nach § 51 VersAusglG.[20]

Die wichtigsten Gründe, die zu einer Abänderung eines nach altem Recht durchgeführten Versorgungsausgleichs nach § 51 VersAusglG und nach neuem Recht gem. § 225 FamFG führen, sind in der nachfolgenden Tabelle gelistet.

Änderungs-datum	Versor-gung	Grund	Gesetz	Fundstelle
1.1.1982	Beamte	örtliche Sonderzuschlag bei Wohnsitz in Berlin gestrichen	Haushaltsstrukturgesetz v. 22.12.1981	BGBl. I, 1523
1.1.1982	Beamte	Streichung der Anrechnungsvorschrift § 10 Abs. 2 BeamtVG für vor dem 1.1.1966 begründete Beamtenverhältnisse, Ersetzung durch § 55 BeamtVG	Haushaltsstrukturgesetz v. 22.12.1981	BGBl. I, 1523
1.5.1984	BAV	Dynamik in der BarwertVO eingeführt		BGBl. I, 692
1.6.1984	BAV	BarwertVO geändert		
1.1.1986	Beamte	für vor 1.1.1966 begründete Beamtenverhältnisse ist § 55 BeamtVG mit der Maßgabe anzuwenden, dass der anzurechnende Rentenbetrag um 20% zu vermindern ist	Siebtes Gesetz zur Änderung dienstrechtlicher Vorschriften v. 18.7.1985	BGBl. I, 1513
1.1.1986	DRV	Einführung von KEZ pro Kind 1 Entgeltpunkt	Hinterbliebenenrenten- und Erziehungszeitengesetz v. 11.7.1985	BGBl. I, 1450
1.7.1990	DRV	Fremdrentengesetz geändert		
1.1.1992	Beamte	Änderung des Ruhegehaltssatzes auf max. 75% linear		BT-Drs. 7/650, 155
1.1.1992	DRV	für ab 1.1.1992 geborene Kinder Verlängerung der KEZ auf 3 Entgeltpunkte	RRG 1992	
1.1.1992	DRV	Gesamtleistungsbewertung, § 71 ff. SGB VI, geändert		

18 BGH FamRZ 2016, 791 (für die Mütterrente).
19 BGH FamRZ 2016, 620; 2015, 1688; 2015, 1100.
20 BGH FamRZ 2015, 125; 2013, 1548.

Änderungs-datum	Versor-gung	Grund	Gesetz	Fundstelle
1.1.1997	DRV	Absenkung der Anrechnungszeiten wg. Ausbildung nach dem 17. Lj auf drei Jahre		
1.1.1997	DRV	Änderung der Pflichtbeitragszeiten für Berufsausbildung	WFG v. 25.9.1996	BGBl. I, 1461
1.1.1998	BAV	BarwertVO geändert	Rentenreformgesetz 1999 v. 16.12.1997	BGBl. I, 2998
1.7.1998	DRV	Änderung der KEZ-Anrechnung	Gesetz zur Reform der ges. Rentenversiche-rung v. 16.12.1997	BGBl. I, 2998
1.1.2001	Beamte	Änderung der Zurechnungszeiten bei Dienstunfähigkeit	BeamtVG-ÄndG v. 18.12.1989	BGBl. I, 2218
1.1.2002	Beamte	Änderung des Ruhegehaltssatzes auf max. 71,75 % linear		
1.7.2003	BAV	BarwertVO geändert	Zweite ÄndVO 26.5.2003	BGBl. I, 728
1.7.2006	BAV	BarwertVO geändert	Dritte ÄndVO 3.5.2006	BGBl. I, 1144
1.7.2008	BAV	BarwertVO geändert	Vierte ÄndVO 2.6.2008	BGBl. I, 969
1.9.2009	BAV	BarwertVO abgeschafft	Art. 22 S. 2 Nr. 1 G zur Strukturreform des Versorgungsausgleichs	BGBl. I, 700
1.7.2014	DRV	Kindererziehungszeiten für vor dem 1.1.1992 geborene Kinder um 1 EP erhöht	RVLeistungsverbesse-rungsG	BT-Drs. 24/14

III. Abänderungsmöglichkeit nach Abs. 3

Eine Totalrevision eines nach altem Recht durchgeführten Versorgungsaus- 17
gleichs ist auch bei Unterschreitung der relativen Wesentlichkeitsgrenze
(→ Rn. 13) möglich, wenn sich bezüglich einer berufsständischen, betrieblichen
oder privaten Altersversorgung der vor der Umrechnung nach altem Recht (Dynamisierung) ermittelte Wert von dem dynamisierten und aktualisierten Wert
des Anrechts um mindestens 2 % der monatlichen Bezugsgröße nach § 18 Abs. 1
SGB IV unterscheidet. Dabei erfolgt die Dynamisierung mithilfe der aktuellen
Rentenwerte.

Der Normwortlaut ist nicht sehr leicht verständlich. Anhand des in der Geset- 18
zesbegründung[21] enthaltenen Beispiels lässt sich indessen die **Struktur der Abänderungsmöglichkeit** nach Abs. 3 leicht darstellen und verstehen:

1	Datum der Entscheidung	1.1.2000	aktRW 48,29 DM	aktRW 24,69 EUR	
2	Ehezeitanteil der auszugleichenden Versorgung (aus der Versorgungsausgleichsentscheidung zu entnehmen)				120 EUR
3	bilanzierter dynamisierter Ehezeitanteil der Versorgung (aus Versorgungsausgleichsentscheidung zu entnehmen)				54,26 EUR

---

21 BT-Drs. 16/10144, 89.

4	Datum der Abänderung	1.11.2016		aktRW: 30,45 EUR	
5	dynamisierter Ehezeitanteil des bilanzierten Ehezeitanteils 54,26 x 30,45 / 24,69 =				66,92 EUR
6	Differenz des Ehezeitanteils (1) und des aktualisierten dynamisierten Ehezeitanteils (5): 120 – 66,92 =				53,08 EUR
7	Wesentlichkeitsgrenze nach § 18 Abs. 1 SGB IV, 2 % von 2.520 =				50,40 EUR
8	Abänderung nach § 51 Abs. 3, Abs. 1 VersAusglG möglich, da 53,08 > 50,40				

19　Allerdings schränkt **Abs. 4** die Abänderungsmöglichkeit nach Abs. 3 für die Fälle ein, in denen der Ausgleich der berufsständischen, betrieblichen oder privaten Altersversorgung im alten Versorgungsausgleich nicht vollständig über § 3 Abs. 1 Nr. 1 VAHRG durch das sogenannte **Supersplitting** durchgeführt werden konnte, sondern noch ein überschießender Versorgungsteil dem schuldrechtlichen Versorgungsausgleich unterlag. Da der nicht öffentlich-rechtlich ausgeglichene Teil der Versorgung auch nach neuem Versorgungsausgleichsrecht schuldrechtlich nach §§ 20 ff. VersAusglG ausgeglichen werden kann und die Dynamisierung der Ausgleichswerte nach § 53 VersAusglG deren Wertentwicklung angemessen nachzeichnet, bestand für eine Anpassung dieser Versorgungsausgleichsentscheidungen an das neue Ausgleichssystem kein Rechtsschutzbedürfnis.[22]

IV. Abänderung zum Zwecke der Wartezeiterfüllung (Abs. 4)

20　Durch Verweis auf § 225 Abs. 4 FamFG wird deutlich, dass unabhängig von allen Wesentlichkeitsgrenzen[23] (→ Rn. 13 f.) eine Transformation einer nach altem Versorgungsausgleichsrecht ergangenen Entscheidung ins neue Recht möglich ist, wenn dadurch eine **Wartezeit** erfüllt und damit die Voraussetzungen für den Rentenbezug der ausgleichsberechtigten Person geschaffen werden. Wartezeiten sind vor allem in der gesetzlichen Rentenversicherung von Bedeutung (→ VersAusglG § 43 Rn. 32). Wegen der überragenden Bedeutung der Wartezeiten muss daher auch bei bagatellhaften Abänderungsbeträgen eine Abänderung möglich sein. Die Auswirkung einer Abänderung auf die Wartezeiten ist von Amts wegen zu prüfen und im Rahmen der Begründetheit der Entscheidung darzulegen.

V. Missbrauchsklausel (Abs. 5)

21　Abs. 5 verweist auch auf § 223 Abs. 5 FamFG und damit darauf, dass eine Abänderung nur dann verlangt werden darf, wenn sie sich zugunsten eines der beteiligten Gatten auswirkt. Erforderlich ist immer eine konkret positive Auswirkung. Eine nur positive Auswirkung einer Entscheidung auf einen Versorgungsträger (zB bei Tod seines Versorgungsempfängers) ist nicht ausreichend.

22　BT-Drs. 16/10144, 90.
23　BT-Drs. 16/10144, 90.

VI. Verfahrenshinweise

Örtlich zuständig ist das nach § 218 FamFG zu bestimmende Gericht. Danach 22
gilt folgende Reihenfolge:

- das Gericht des **gemeinsamen gewöhnlichen Aufenthaltes**, wenn einer der Ehegatten dort weiterhin seinen gewöhnlichen Aufenthalt hat;
- das **Wohnsitzgericht des Antragsgegners**;
- das **Wohnsitzgericht des Antragstellers**;
- das **Amtsgericht Schöneberg**.

Die geschiedenen Ehegatten und die Träger der in der Ausgangsentscheidung betroffenen Versorgungen sind Beteiligte des Verfahrens (§ 219 FamFG).

Das Gericht hat bei den Versorgungsträgern **neue Auskünfte** über den ehezeitli- 23
chen Anteil der Versorgungen der früheren Ehegatten einzuholen, bezogen auf das Ehezeitende unter Berücksichtigung der seitherigen tatsächlichen und rechtlichen Veränderungen (§ 5 Abs. 2 VersAusglG). Die Auskünfte sind nach neuem Recht, also in der Form des § 220 FamFG, unter Mitteilung auch des korrespondierenden Kapitalwertes zu erteilen.

Die **Entscheidung des Gerichts** ändert die Erstentscheidung über den Versor- 24
gungsausgleich ab und zwar „**bezogen auf das Ehezeitende**";[24] die auf die Ehezeit rückwirkenden Wertentwicklungen der Anrechte nach § 5 Abs. 2 VersAusglG sind im Ausgleichswert enthalten. Gerade bei lang dauernden Abänderungsverfahren ist diesem Aspekt besondere Aufmerksamkeit zu widmen. Begründet der Versorgungsträger im Fall interner Teilung den auf das Ehezeitende berechneten Ausgleichswert erst zum Zeitpunkt der Rechtskraft der Entscheidung, gehen die dem Ausgleichswert zwischen Ehezeitende und Rechtskraft der Abänderungsentscheidung zuzurechnenden Zinsgewinne verloren. Teilweise sehen die Teilungsordnungen der Versorgungsträger dies so vor.[25] Nimmt dann der Tenor Bezug auf die Teilungsordnung, kann sich der Versorgungsträger möglicherweise auf die rechtsgestaltende Wirkung der familienrechtlichen Entscheidung berufen. Richtigerweise ist in solchen Fällen auch bei der internen Teilung bereits im Tenor anzuordnen, dass der Ausgleichswert zwischen Ehezeitende und Rechtskraft der Abänderungsentscheidung mit dem angewendeten Rechnungszins zu verzinsen ist.

§ 52 VersAusglG Durchführung einer Abänderung des öffentlich-rechtlichen Versorgungsausgleichs

(1) Für die Durchführung des Abänderungsverfahrens nach § 51 ist § 226 des Gesetzes über das Verfahren in Familiensachen und in den Angelegenheiten der freiwilligen Gerichtsbarkeit anzuwenden.

(2) Der Versorgungsträger berechnet in den Fällen des § 51 Abs. 2 den Ehezeitanteil zusätzlich als Rentenbetrag.

(3) Beiträge zur Begründung von Anrechten zugunsten der ausgleichsberechtigten Person sind unter Anrechnung der gewährten Leistungen zurückzuzahlen.

Das Verfahren nach § 51 VersAusglG ist nach § 226 FamFG abzuwickeln. Da- 1
nach ist der Antrag frühestens sechs Monate vor dem Zeitpunkt zulässig, ab

---

24 So richtig JH/Holzwarth VersAusglG § 51 VersAusglG Rn. 15.
25 ZB BASF.

dem ein Ehegatte voraussichtlich eine Versorgung aus dem auszugleichenden Anrecht bezieht. Diese Zulässigkeitsvoraussetzung ist von der antragstellenden Partei gesondert darzulegen und gegebenenfalls unter Hinweis auf die konkrete Versorgungsordnung nachzuweisen. Allgemeine Hinweise zum Alter der antragstellenden Person reichen nicht aus, da die Versorgungsvoraussetzungen in den einzelnen Versorgungssystemen stark voneinander abweichen. Auch die Voraussetzungen des § 226 Abs. 5 FamFG, wonach sich die Abänderung zum Vorteil eines Ehegatten auswirkt, sind darzulegen. Dabei sollte das Gericht an die Darlegung der Vorteilsvoraussetzung keine allzu strengen Anforderungen stellen. Vor Vorliegen der Auskünfte der Versorgungsträger können die Antragsteller dazu oftmals nur pauschale Angaben machen. Zwar steht den früheren Ehegatten im Vorfeld eines Abänderungsverfahrens der **Auskunftsanspruch nach § 4 VersAusglG** zur Seite, um entsprechende Auskünfte einzuholen. Bei Beteiligung betrieblicher und privater Versorgungsträger ist dieser Auskunftsanspruch jedoch oft sperrig und langwierig. Da nach § 226 Abs. 4 FamFG die Abänderung ab dem ersten Tag des Monats, der dem Monat der Antragstellung folgt, gilt, ist zur Vermeidung von Nachteilen für die antragstellende Person teilweise auch eine Antragstellung vor Kenntnis der konkreten Auswirkungen der Abänderungen angezeigt. Es muss daher ausreichen, wenn die antragstellende Person Tatsachen vorträgt, aus denen sich der Vorteil der Abänderung für einen der früheren Ehegatten ergibt. Dieser Vorteil muss nicht quantifiziert werden.

2 Abweichend vom sonst geltenden Versorgungsausgleichsrecht muss der Versorgungsträger bei einer Abänderung nach § 51 Abs. 1 VersAusglG den **Ausgleichswert als Rentenwert** mitteilen (**§ 52 Abs. 2 VersAusglG**). Dies ist deswegen erforderlich, weil ansonsten der Vergleich mit dem alten Versorgungsausgleichsrecht nicht gezogen werden kann. Da sich bei Abänderungsverfahren nach § 51 Abs. 3 VersAusglG die Möglichkeit der Abänderung ohne Auskunft des Versorgungsträgers ergibt, bedarf es in diesen Fällen lediglich der Versorgungsausgleichsauskunft nach neuem Recht.

3 § 226 Abs. 3 FamFG verweist auch bezüglich des Abänderungsverfahrens nach § 51 VersAusglG auf die Möglichkeit, **§ 27 VersAusglG** anzuwenden. Dies ist eigentlich überflüssig, da § 27 VersAusglG für das gesamte Versorgungsausgleichsrecht, also auch für Abänderungsverfahren gilt. Über § 27 VersAusglG können nämlich die Rentnerfälle gelöst werden, in denen zum Zeitpunkt der Abänderung der Versorgungsausgleichsentscheidung nach § 51 VersAusglG einer der Gatten bereits (möglicherweise viele Jahre lang) eine Versorgung bezogen hat. In deckungskapitalgestützten Versorgungssystemen wird durch die geleistete Versorgung ein Verzehr des Deckungskapitals ausgelöst. Das bei Ehezeitende vorhandene Deckungskapital ist mithin im Abänderungszeitpunkt nicht mehr vorhanden. Ein Fall des § 5 Abs. 2 VersAusglG, wonach „tatsächliche nachehezeitliche Veränderungen", die auf den Ehezeitanteil zurückwirken, bei der Bestimmung des Ausgleichswertes zu berücksichtigen sind, liegt nicht vor. Der nachehezeitliche Rentenbezug des Ehegatten verändert den Ehezeitanteil der Versorgung nicht.

4 Gleichwohl würde der Entzug des auf das Ehezeitende berechneten Ausgleichswertes einschließlich darauf entfallender Zinsen die Versorgung überproportional kürzen. Grob unbillig wäre dies in jedem Fall, wenn der ausgleichsberechtigte Gatte zwischen Ehezeitende und der Abänderungsentscheidung durch Unterhaltszahlungen an der Versorgung partizipiert hätte, da in diesem Fall eine ver-

botene **Doppelverwertung** vorläge. Aber auch wenn keine Unterhaltszahlungen geflossen sind und keine Teilhabe des Gatten am Kapitalverzehr stattgefunden hat, kann die auf die Ehezeit bezogene Halbteilung des Kapitalwertes der Versorgung zu großen Unbilligkeiten führen, die über § 27 VersAusglG wegen der dort erforderlichen Gesamtschau unter Würdigung der wirtschaftlichen und persönlichen Verhältnisse der Beteiligten gut zu lösen sind.

Hat einer der Ehegatten **Beiträge** nach altem Versorgungsausgleichsrecht zur Begründung von Anrechten (in der gesetzlichen Rentenversicherung) gezahlt, sind diese nach Rechtskraft der Abänderungsentscheidung kraft Gesetz von dem Versorgungsträger, der die Beiträge empfangen hat, unter Anrechnung darauf erbrachter Leistungen zurückzuzahlen. Anders als im alten Recht (§ 10 a Abs. 8 VAHRG) ist die Rückzahlungspflicht nun gesetzlich angeordnet und muss daher nicht mehr vom Gericht ausgesprochen werden.[1] Sie ist Rechtsfolge der Abänderungsentscheidung.

§ 53 VersAusglG Bewertung eines Teilausgleichs bei Ausgleichsansprüchen nach der Scheidung

Ist bei Ausgleichsansprüchen nach der Scheidung gemäß den §§ 20 bis 26 ein bereits erfolgter Teilausgleich anzurechnen, so ist dessen Wert mithilfe der aktuellen Rentenwerte der gesetzlichen Rentenversicherung zu bestimmen.

Ist in einer nach altem Recht ergangenen Versorgungsausgleichsentscheidung ein **öffentlich-rechtlicher Teilausgleich** nach § 3 b VAHRG ergangen oder eine Versorgung wegen der **Höchstbetragsbegrenzung** nach § 1587 b Abs. 5 aF nicht vollständig ausgeglichen worden, ist bei der Berechnung der Höhe der schuldrechtlichen Ausgleichsrente der öffentlich-rechtliche Teilausgleich nach § 53 VersAusglG mithilfe der **aktuellen Rentenwerte** zu dynamisieren. Die Dynamisierung erfolgt, indem der öffentlich-rechtlich (in die gesetzliche Rentenversicherung) ausgeglichene Teilbetrag mit dem zum Zeitpunkt der Durchführung des Versorgungsausgleichs nach der Scheidung geltenden aktuellen Rentenwert multipliziert und durch den aktuellen Rentenwert des Ehezeitendes dividiert wird. Die Berechnungsformel lautet:

$$\text{aktualisierter Teilausgleich} = \frac{\text{aktueller Rentenwert zum Abänderungszeitpunkt}}{\text{aktueller Rentenwert Ehezeitende}}$$

aktueller Rentenwert in EUR		
Jahr	West	Ost
1.1.1977	12,88 EUR	
1.1.1978	13,81 EUR	
1.7.1978	13,47 EUR	
1.7.1979	13,47 EUR	
1.1.1980	14,00 EUR	
1.1.1981	14,56 EUR	
1.7.1982	15,40 EUR	

---

1 BT-Drs. 16/10144, 91.

aktueller Rentenwert in EUR		
Jahr	West	Ost
1.7.1983	16,26 EUR	
1.7.1984	16,82 EUR	
1.7.1985	17,32 EUR	
1.7.1986	17,82 EUR	
1.7.1987	18,50 EUR	
1.7.1988	19,06 EUR	
1.7.1989	19,63 EUR	
1.7.1990	20,24 EUR	8,16 EUR
1.1.1991	20,24 EUR	9,38 EUR
1.7.1991	21,19 EUR	10,79 EUR
1.1.1992	21,19 EUR	12,05 EUR
1.7.1992	21,80 EUR	13,59 EUR
1.1.1993	21,80 EUR	14,41 EUR
1.7.1993	22,75 EUR	16,45 EUR
1.1.1994	22,75 EUR	17,05 EUR
1.7.1994	23,52 EUR	17,63 EUR
1.1.1995	23,52 EUR	17,61 EUR
1.7.1995	23,64 EUR	18,58 EUR
1.1.1996	23,64 EUR	19,39 EUR
1.7.1996	23,86 EUR	19,62 EUR
1.7.1997	24,26 EUR	20,71 EUR
1.7.1998	24,36 EUR	20,90 EUR
1.7.1999	24,69 EUR	21,48 EUR
1.7.2000	24,84 EUR	21,61 EUR
1.7.2001	25,31 EUR	22,06 EUR
1.7.2002	25,86 EUR	22,70 EUR
1.7.2003	26,13 EUR	22,97 EUR
1.7.2004	26,13 EUR	22,97 EUR
1.7.2005	26,13 EUR	22,97 EUR
1.7.2006	26,13 EUR	22,97 EUR
1.7.2007	26,27 EUR	23,09 EUR
1.7.2008	26,56 EUR	23,34 EUR
1.7.2009	27,20 EUR	24,13 EUR
1.7.2010	27,20 EUR	24,13 EUR
1.7.2011	27,47 EUR	24,37 EUR
1.7.2012	28,07 EUR	24,92 EUR
1.7.2013	28,14 EUR	25,74 EUR

aktueller Rentenwert in EUR		
Jahr	West	Ost
1.7.2014	28,61 EUR	26,39 EUR
1.7.2015	29,21 EUR	27,05 EUR
1.7.2016	30,45 EUR	28,66 EUR
1.7.2017	31,03 EUR	29,69 EUR

§ 54 VersAusglG Weiter anwendbare Übergangsvorschriften des Ersten Gesetzes zur Reform des Ehe- und Familienrechts und des Gesetzes über weitere Maßnahmen auf dem Gebiet des Versorgungsausgleichs für Sachverhalte vor dem 1. Juli 1977

Artikel 12 Nr. 3 Satz 1, 4 und 5 des Ersten Gesetzes zur Reform des Ehe- und Familienrechts vom 14. Juni 1976 (BGBl. I S. 1421), das zuletzt durch Artikel 142 des Gesetzes vom 19. April 2006 (BGBl. I S. 866) geändert worden ist, und Artikel 4 § 4 des Gesetzes über weitere Maßnahmen auf dem Gebiet des Versorgungsausgleichs vom 8. Dezember 1986 (BGBl. I S. 2317), das zuletzt durch Artikel 143 des Gesetzes vom 19. April 2006 (BGBl. I S. 866) geändert worden ist, sind in der bis zum 31. August 2009 geltenden Fassung weiterhin anzuwenden.

Verordnung (EG) Nr. 2201/2003 des Rates vom 27. November 2003 über die Zuständigkeit und die Anerkennung und Vollstreckung von Entscheidungen in Ehesachen und in Verfahren betreffend die elterliche Verantwortung und zur Aufhebung der Verordnung (EG) Nr. 1347/2000 (EheVO 2003 | Brüssel IIa-VO)

(ABl. L 338 vom 23.12.2003, 1)
geändert durch VO (EG) Nr. 2116/2004 des Rates vom 2.12.2004
(ABl. L 367 vom 14.12.2004, 1)

DER RAT DER EUROPÄISCHEN UNION –

gestützt auf den Vertrag zur Gründung der Europäischen Gemeinschaft, insbesondere auf Artikel 61 Buchstabe c) und Artikel 67 Absatz 1,

auf Vorschlag der Kommission),[1]

nach Stellungnahme des Europäischen Parlaments),[2]

nach Stellungnahme des Europäischen Wirtschafts- und Sozialausschusses),[3]

in Erwägung nachstehender Gründe:

(1)   Die Europäische Gemeinschaft hat sich die Schaffung eines Raums der Freiheit, der Sicherheit und des Rechts zum Ziel gesetzt, in dem der freie Personenverkehr gewährleistet ist. Hierzu erlässt die Gemeinschaft unter anderem die Maßnahmen, die im Bereich der justiziellen Zusammenarbeit in Zivilsachen für das reibungslose Funktionieren des Binnenmarkts erforderlich sind.

(2)   Auf seiner Tagung in Tampere hat der Europäische Rat den Grundsatz der gegenseitigen Anerkennung gerichtlicher Entscheidungen, der für die Schaffung eines echten europäischen Rechtsraums unabdingbar ist, anerkannt und die Besuchsrechte als Priorität eingestuft.

(3)   Die Verordnung (EG) Nr. 1347/2000 des Rates vom 29. Mai 2000[4] enthält Vorschriften für die Zuständigkeit und die Anerkennung und Vollstreckung von Entscheidungen in Ehesachen sowie von aus Anlass von Ehesachen ergangenen Entscheidungen über die elterliche Verantwortung für die gemeinsamen Kinder der Ehegatten. Der Inhalt dieser Verordnung wurde weitgehend aus dem diesbezüglichen Übereinkommen vom 28. Mai 1998 übernommen.[5]

(4)   Am 3. Juli 2000 hat Frankreich eine Initiative im Hinblick auf den Erlass einer Verordnung des Rates über die gegenseitige Vollstreckung von Entscheidungen über das Umgangsrecht vorgelegt.[6]

(5)   Um die Gleichbehandlung aller Kinder sicherzustellen, gilt diese Verordnung für alle Entscheidungen über die elterliche Verantwortung, ein-

---

1   ABl. C 203 E vom 27.8.2002, S. 155.
2   Stellungnahme vom 20.9.2002 (noch nicht im Amtsblatt veröffentlicht).
3   ABl. C 61 vom 14.3.2003, S. 76.
4   ABl. L 160 vom 30.6.2000, S. 19.
5   Bei der Annahme der Verordnung (EG) Nr. 1347/2000 hatte der Rat den von Frau Professorin Alegria Borras erstellten erläuternden Bericht zu dem Übereinkommen zur Kenntnis genommen (ABl. C 221 vom 16.7.1998, S. 27).
6   ABl. C 234 vom 15.8.2000, S. 7.

schließlich der Maßnahmen zum Schutz des Kindes, ohne Rücksicht darauf, ob eine Verbindung zu einem Verfahren in Ehesachen besteht.

(6) Da die Vorschriften über die elterliche Verantwortung häufig in Ehesachen herangezogen werden, empfiehlt es sich, Ehesachen und die elterliche Verantwortung in einem einzigen Rechtsakt zu regeln.

(7) Diese Verordnung gilt für Zivilsachen, unabhängig von der Art der Gerichtsbarkeit.

(8) Bezüglich Entscheidungen über die Ehescheidung, die Trennung ohne Auflösung des Ehebandes oder die Ungültigerklärung einer Ehe sollte diese Verordnung nur für die Auflösung einer Ehe und nicht für Fragen wie die Scheidungsgründe, das Ehegüterrecht oder sonstige mögliche Nebenaspekte gelten.

(9) Bezüglich des Vermögens des Kindes sollte diese Verordnung nur für Maßnahmen zum Schutz des Kindes gelten, das heißt i) für die Bestimmung und den Aufgabenbereich einer Person oder Stelle, die damit betraut ist, das Vermögen des Kindes zu verwalten, das Kind zu vertreten und ihm beizustehen, und ii) für Maßnahmen bezüglich der Verwaltung und Erhaltung des Vermögens des Kindes oder der Verfügung darüber.
In diesem Zusammenhang sollte diese Verordnung beispielsweise für die Fälle gelten, in denen die Eltern über die Verwaltung des Vermögens des Kindes im Streit liegen. Das Vermögen des Kindes betreffende Maßnahmen, die nicht den Schutz des Kindes betreffen, sollten weiterhin unter die Verordnung (EG) Nr. 44/2001 des Rates vom 22. Dezember 2000 über die gerichtliche Zuständigkeit und die Anerkennung und Vollstreckung von Entscheidungen in Zivil- und Handelssachen[7] fallen.

(10) Diese Verordnung soll weder für Bereiche wie die soziale Sicherheit oder Maßnahmen allgemeiner Art des öffentlichen Rechts in Angelegenheiten der Erziehung und Gesundheit noch für Entscheidungen über Asylrecht und Einwanderung gelten. Außerdem gilt sie weder für die Feststellung des Eltern-Kind-Verhältnisses, bei der es sich um eine von der Übertragung der elterlichen Verantwortung gesonderte Frage handelt, noch für sonstige Fragen im Zusammenhang mit dem Personenstand. Sie gilt ferner nicht für Maßnahmen, die im Anschluss an von Kindern begangenen Straftaten ergriffen werden.

(11) Unterhaltspflichten sind vom Anwendungsbereich dieser Verordnung ausgenommen, da sie bereits durch die Verordnung (EG) Nr. 44/2001 geregelt werden. Die nach dieser Verordnung zuständigen Gerichte werden in Anwendung des Artikels 5 Absatz 2 der Verordnung (EG) Nr. 44/2001 in der Regel für Entscheidungen in Unterhaltssachen zuständig sein.

(12) Die in dieser Verordnung für die elterliche Verantwortung festgelegten Zuständigkeitsvorschriften wurden dem Wohle des Kindes entsprechend und insbesondere nach dem Kriterium der räumlichen Nähe ausgestaltet. Die Zuständigkeit sollte vorzugsweise dem Mitgliedstaat des gewöhnlichen Aufenthalts des Kindes vorbehalten sein außer in bestimmten Fällen, in denen sich der Aufenthaltsort des Kindes geändert hat oder in denen die Träger der elterlichen Verantwortung etwas anderes vereinbart haben.

---

7 ABl. L 12 vom 16.1.2001, S. 1. Zuletzt geändert durch die Verordnung (EG) Nr. 1496/2002 der Kommission (ABl. L 225 vom 22.8.2002, S. 13).

(13) Nach dieser Verordnung kann das zuständige Gericht den Fall im Interesse des Kindes ausnahmsweise und unter bestimmten Umständen an das Gericht eines anderen Mitgliedstaats verweisen, wenn dieses den Fall besser beurteilen kann. Allerdings sollte das später angerufene Gericht nicht befugt sein, die Sache an ein drittes Gericht weiterzuverweisen.

(14) Die Anwendung des Völkerrechts im Bereich diplomatischer Immunitäten sollte durch die Wirkungen dieser Verordnung nicht berührt werden. Kann das nach dieser Verordnung zuständige Gericht seine Zuständigkeit aufgrund einer diplomatischen Immunität nach dem Völkerrecht nicht wahrnehmen, so sollte die Zuständigkeit in dem Mitgliedstaat, in dem die betreffende Person keine Immunität genießt, nach den Rechtsvorschriften dieses Staates bestimmt werden.

(15) Für die Zustellung von Schriftstücken in Verfahren, die auf der Grundlage der vorliegenden Verordnung eingeleitet wurden, gilt die Verordnung (EG) Nr. 1348/2000 des Rates vom 29. Mai 2000 über die Zustellung gerichtlicher und außergerichtlicher Schriftstücke in Zivil- oder Handelssachen in den Mitgliedstaaten.[8]

(16) Die vorliegende Verordnung hindert die Gerichte eines Mitgliedstaats nicht daran, in dringenden Fällen einstweilige Maßnahmen einschließlich Schutzmaßnahmen in Bezug auf Personen oder Vermögensgegenstände, die sich in diesem Staat befinden, anzuordnen.

(17) Bei widerrechtlichem Verbringen oder Zurückhalten eines Kindes sollte dessen Rückgabe unverzüglich erwirkt werden; zu diesem Zweck sollte das Haager Übereinkommen vom 24. Oktober 1980, das durch die Bestimmungen dieser Verordnung und insbesondere des Artikels 11 ergänzt wird, weiterhin Anwendung finden. Die Gerichte des Mitgliedstaats, in den das Kind widerrechtlich verbracht wurde oder in dem es widerrechtlich zurückgehalten wird, sollten dessen Rückgabe in besonderen, ordnungsgemäß begründeten Fällen ablehnen können. Jedoch sollte eine solche Entscheidung durch eine spätere Entscheidung des Gerichts des Mitgliedstaats ersetzt werden können, in dem das Kind vor dem widerrechtlichen Verbringen oder Zurückhalten seinen gewöhnlichen Aufenthalt hatte. Sollte in dieser Entscheidung die Rückgabe des Kindes angeordnet werden, so sollte die Rückgabe erfolgen, ohne dass es in dem Mitgliedstaat, in den das Kind widerrechtlich verbracht wurde, eines besonderen Verfahrens zur Anerkennung und Vollstreckung dieser Entscheidung bedarf.

(18) Entscheidet das Gericht gemäß Artikel 13 des Haager Übereinkommens von 1980, die Rückgabe abzulehnen, so sollte das zuständige Gericht oder die Zentrale Behörde des Mitgliedstaats, in dem das Kind vor dem widerrechtlichen Verbringen oder Zurückhalten seinen gewöhnlichen Aufenthalt hatte, hiervon unterrichten. Wurde dieses Gericht noch nicht angerufen, so sollte dieses oder die Zentrale Behörde die Parteien entsprechend unterrichten. Diese Verpflichtung sollte die Zentrale Behörde nicht daran hindern, auch die betroffenen Behörden nach nationalem Recht zu unterrichten.

---

8 ABl. L 160 vom 30.6.2000, S. 37.

(19) Die Anhörung des Kindes spielt bei der Anwendung dieser Verordnung eine wichtige Rolle, wobei diese jedoch nicht zum Ziel hat, die diesbezüglich geltenden nationalen Verfahren zu ändern.

(20) Die Anhörung eines Kindes in einem anderen Mitgliedstaat kann nach den Modalitäten der Verordnung (EG) Nr. 1206/2001 des Rates vom 28. Mai 2001 über die Zusammenarbeit zwischen den Gerichten der Mitgliedstaaten auf dem Gebiet der Beweisaufnahme in Zivil- oder Handelssachen[9] erfolgen.

(21) Die Anerkennung und Vollstreckung der in einem Mitgliedstaat ergangenen Entscheidungen sollten auf dem Grundsatz des gegenseitigen Vertrauens beruhen und die Gründe für die Nichtanerkennung auf das notwendige Minimum beschränkt sein.

(22) Zum Zwecke der Anwendung der Anerkennungs- und Vollstreckungsregeln sollten die in einem Mitgliedstaat vollstreckbaren öffentlichen Urkunden und Vereinbarungen zwischen den Parteien „Entscheidungen" gleichgestellt werden.

(23) Der Europäische Rat von Tampere hat in seinen Schlussfolgerungen (Nummer 34) die Ansicht vertreten, dass Entscheidungen in familienrechtlichen Verfahren „automatisch unionsweit anerkannt" werden sollten, „ohne dass es irgendwelche Zwischenverfahren oder Gründe für die Verweigerung der Vollstreckung geben" sollte. Deshalb sollten Entscheidungen über das Umgangsrecht und über die Rückgabe des Kindes, für die im Ursprungsmitgliedstaat nach Maßgabe dieser Verordnung eine Bescheinigung ausgestellt wurde, in allen anderen Mitgliedstaaten anerkannt und vollstreckt werden, ohne dass es eines weiteren Verfahrens bedarf. Die Modalitäten der Vollstreckung dieser Entscheidungen unterliegen weiterhin dem nationalen Recht.

(24) Gegen die Bescheinigung, die ausgestellt wird, um die Vollstreckung der Entscheidung zu erleichtern, sollte kein Rechtsbehelf möglich sein. Sie sollte nur Gegenstand einer Klage auf Berichtigung sein, wenn ein materieller Fehler vorliegt, dh, wenn in der Bescheinigung der Inhalt der Entscheidung nicht korrekt wiedergegeben ist.

(25) Die Zentralen Behörden sollten sowohl allgemein als auch in besonderen Fällen, einschließlich zur Förderung der gütlichen Beilegung von die elterliche Verantwortung betreffenden Familienstreitigkeiten, zusammenarbeiten. Zu diesem Zweck beteiligen sich die Zentralen Behörden an dem Europäischen Justiziellen Netz für Zivil- und Handelssachen, das mit der Entscheidung des Rates vom 28. Mai 2001 zur Einrichtung eines Europäischen Justiziellen Netzes für Zivil- und Handelssachen[10] eingerichtet wurde.

(26) Die Kommission sollte die von den Mitgliedstaaten übermittelten Listen mit den zuständigen Gerichten und den Rechtsbehelfen veröffentlichen und aktualisieren.

(27) Die zur Durchführung dieser Verordnung erforderlichen Maßnahmen sollten gemäß dem Beschluss 1999/468/EG des Rates vom 28. Juni 1999 zur

---

9 ABl. L 174 vom 27.6.2001, S. 1.
10 ABl. L 174 vom 27.6.2001, S. 25.

Festlegung der Modalitäten für die Ausübung der der Kommission übertragenen Durchführungsbefugnisse[11] erlassen werden.

(28) Diese Verordnung tritt an die Stelle der Verordnung (EG) Nr. 1347/2000, die somit aufgehoben wird.

(29) Um eine ordnungsgemäße Anwendung dieser Verordnung sicherzustellen, sollte die Kommission deren Durchführung prüfen und gegebenenfalls die notwendigen Änderungen vorschlagen.

(30) Gemäß Artikel 3 des dem Vertrag über die Europäische Union und dem Vertrag zur Gründung der Europäischen Gemeinschaft beigefügten Protokolls über die Position des Vereinigten Königreichs und Irlands haben diese Mitgliedstaaten mitgeteilt, dass sie sich an der Annahme und Anwendung dieser Verordnung beteiligen möchten.

(31) Gemäß den Artikeln 1 und 2 des dem Vertrag über die Europäische Union und dem Vertrag zur Gründung der Europäischen Gemeinschaft beigefügten Protokolls über die Position Dänemarks beteiligt sich Dänemark nicht an der Annahme dieser Verordnung, die für Dänemark nicht bindend oder anwendbar ist.

(32) Da die Ziele dieser Verordnung auf Ebene der Mitgliedstaaten nicht ausreichend erreicht werden können und daher besser auf Gemeinschaftsebene zu erreichen sind, kann die Gemeinschaft im Einklang mit dem in Artikel 5 des Vertrags niedergelegten Subsidiaritätsprinzip tätig werden. Entsprechend dem in demselben Artikel genannten Verhältnismäßigkeitsprinzip geht diese Verordnung nicht über das für die Erreichung dieser Ziele erforderliche Maß hinaus.

(33) Diese Verordnung steht im Einklang mit den Grundrechten und Grundsätzen, die mit der Charta der Grundrechte der Europäischen Union anerkannt wurden. Sie zielt insbesondere darauf ab, die Wahrung der Grundrechte des Kindes im Sinne des Artikels 24 der Grundrechtscharta der Europäischen Union zu gewährleisten.

HAT FOLGENDE VERORDNUNG ERLASSEN:

Literatur: *Althammer*, Brüssel IIa Rom III, Kommentar, 2014; *Andrae*, Internationales Familienrecht, 3. Aufl. 2014; *Andrae*, Zur Abgrenzung des räumlichen Anwendungsbereichs von EheVO, MSA, KSÜ und autonomem IZPR/IPR, IPRax 2006, 82 ff; *Bauer*, Wechsel des gewöhnlichen Aufenthalts und perpetuatio fori in Sorgerechtsverfahren, IPRax 2003, 135 ff; *Bauer*, Neues internationales Verfahrensrecht im Licht der Kindesentführungsfälle, IPRax 2002, 179 ff; *Brand* u.a., Formularbuch zum Europäischen und Internationalen Zivilprozessrecht, 2011; *Busch*, Schutzmaßnahmen für Kinder und der Begriff der „elterlichen Verantwortung" im internationalen und europäischen Recht – Anmerkungen zur Ausweitung der Brüssel-II-Verordnung, IPRax 2003, 218 ff; *Coester-Waltjen*, Die Berücksichtigung der Kindesinteressen in der neuen EU-Verordnung „Brüssel IIa", FamRZ 2005, 241 ff; *Dilger*, Stille Wasser gründen tief – die Cour de Cassation zur EheVO aF, IPRax 2006, 617 ff; *Dilger*, EuEheVO: Identische Doppelstaater und forum patriae, IPRax 2010, 54 ff; *Eckebrecht* u.a., Verfahrenshandbuch Familiensachen, 2. Aufl. 2010; *Finger*, Internationale Zuständigkeit und (versteckte) Rückverweisung, FuR 2009, 181 ff; *Gruber*, Die neue EheVO und die deutschen Ausführungsgesetze, IPRax 2005, 293 ff; *Gruber*, Zur Konkurrenz zwischen einem selbstständigen Sorgerechtsverfahren und einem Verbundverfahren nach der EheVO, IPRax 2004, 507 ff; *Hohloch*, Feststellungsentscheidung im Eltern-Kind-Verhältnis – Zur Anwendbarkeit von MSA, KSÜ und EuEheVO, IPRax 2010, 567 ff; *Jayme/Kohler*, Europäisches Kollisionsrecht 2004: Territoriale Erweiterung und methodische Rückgriffe, IPRax 2004, 481 ff; *Jayme/Kohler*, Europäisches Kollisionsrecht 2005: Hegemonialgesten auf dem Weg zu einer Gesamtvereinheitlichung, IPRax 2005, 481 ff; *Jayme/Kohler*, Europäisches Kollisionsrecht 2006: Eu-

---

11 ABl. L 184 vom 17.7.1999, S. 23.

rozentrismus ohne Kodifikationsidee?, IPRax 2006, 537 ff; *Kohler*, Internationales Verfahrensrecht in Ehesachen in der Europäischen Union: Die Verordnung Brüssel II, NJW 2001, 10 ff; *Rauscher*, Europäisches Zivilprozessrecht, 4. Aufl. 2015; *Rauscher/Pabst*, Die Rechtsprechung zum Internationalen Privatrecht 2009–2010, NJW 2010, 3487 ff; *Rieck* (Hrsg.), Ausländisches Familienrecht, 14. Aufl. 2016 (zitiert: Rieck/Bearbeiter, AuslFam); *Rieck*, Scheidungsfolgenvereinbarungen gemäß § 630 ZPO und ihre Anerkennung und Vollstreckung nach der EheEuGVVO 2003, FPR 2007, 425–427; *Rieck*, Die Umwandlungskompetenz nach Art. 5 EheEuGVVO 2003 und ihre Bedeutung im Verhältnis zu den weiteren Zuständigkeiten in Ehesachen, FPR 2007, 427–431; *Rieck*, Kindesentführung und die Konkurrenz zwischen dem HKÜ und der EheEuGVVO 2003 (Brüssel IIa), NJW 2008, 182–185; Scholz/Kleffmann/Doering-Striening, Praxishandbuch Familienrecht, 31. Aufl. 2016; *Schulz*, Die Zeichnung des Haager Kinderschutzübereinkommens von 1996 und der Kompromiss zur Brüssel IIa-Verordnung, FamRZ 2003, 1351 ff; *Solomon*, Brüssel IIa – Die neuen europäischen Regeln zum internationalen Verfahrensrecht in Fragen der elterlichen Verantwortung, FamRZ 2004, 1409 ff; *Teixeira de Sousa*, Ausgewählte Fragen aus dem Anwendungsbereich der VO (EG) Nr. 2201/2003 und des Haager Übereinkommens vom 19.10.1996 über den Schutz von Kindern, FamRZ 2005, 1612 ff; *Wagner*, Die Anerkennung und Vollstreckung von Entscheidungen nach der Brüssel II-Verordnung, IPRax 2001, 73 ff.

Vorbemerkung zur EheVO 2003

I. Übersicht über die Rechtsakte der Europäischen Union

Die Verordnung (EG) Nr. 2201/2003 (EheVO 2003, im Folgenden „VO") stellt 1 eine umfassende, für alle Mitgliedstaaten der EU mit Ausnahme Dänemarks[1] geltende Regelung über die **Zuständigkeit** sowie die **Anerkennung und Vollstreckung von Entscheidungen** in den genannten Materien dar. Sie regelt weder Kollisionsrecht noch materielles Recht.[2]

Die VO steht im Rahmen folgender weiterer Rechtsakte der EU:[3] VO (EG) Nr. 44/2001 vom 22.12.2000 über die gerichtliche Zuständigkeit und die Anerkennung und Vollstreckung von Entscheidungen in Zivil- und Handelssachen,[4] die für das Güterrecht anwendbar ist;[5] VO (EG) Nr. 1348/2000 vom 29.5.2000 über die Zustellung gerichtlicher und außergerichtlicher Schriftstücke in Zivil- und Handelssachen in den Mitgliedstaaten;[6] VO (EG) Nr. 1206/2001 vom 28.5.2001 über die Zusammenarbeit zwischen den Gerichten der Mitgliedstaaten auf dem Gebiet der Beweisaufnahme in Zivil- und Handelssachen;[7] Europäisches Justizielles Netz für Zivil- und Handelssachen vom 28.5.2001;[8] VO (EG) Nr. 4/2009 über die Zuständigkeit, das anwendbare Recht, die Anerkennung und Vollstreckung von Entscheidungen und die Zusammenarbeit in Unterhaltssachen (EuUnthVO);[9] Leitfaden der Kommission vom 1.6.2005 gemäß Beschluss des Rates 1999/468 vom 28.6.1999.[10]

---

1 Leitfaden 1 a); Erwägungsgrund 31. S. zum Geltungsbereich auch Althammer/Althammer Vorbemerkungen Rn. 3.
2 Kohler, Internationales Verfahrensrecht in Ehesachen in der EU, NJW 2001, 10 ff.; Althammer Rn. 10.
3 Die VO (EG) Nr. 1347/2000 (Brüssel II-VO), wird hier nicht mehr aufgeführt, da sie durch die VO aufgehoben ist.
4 ABl. L 12 v. 16.1.2001.
5 Erwägungsgründe 9 ii, 11.
6 ABl. L 160 v. 30.6.2000 S. 37.
7 ABl. L 174 v. 27.6.2001 S. 1 ff.
8 ABl. L 174 v. 27.6.2001 S. 25.
9 ABl. L 7 v. 10.1.2009 S. 1.
10 ABl. L 184 v. 17.7.1999 S. 23.

Am 21.6.2012 ist die Verordnung (EU) Nr. 1259/2010 des Rates vom 20.12.2010 zur Durchführung einer verstärkten Zusammenarbeit im Bereich des auf die Ehescheidung und Trennung ohne Auflösung des Ehebandes anzuwendenden Rechts[11] mit Geltung zwischen den Mitgliedstaaten Belgien, Bulgarien, Deutschland, Frankreich, Griechenland (2013), Italien, Lettland, Litauen (2014), Luxemburg, Malta, Österreich, Portugal, Rumänien, Slowenien, Spanien und Ungarn in Kraft getreten.[12]

II. Sonstige internationale Übereinkommen

2 Sonstige internationale Übereinkommen auf dem Gebiet des Familienrechts, die durch die VO berührt oder verdrängt werden: Genfer UN-Abkommen vom 28.7.1951 (Rechtsstellung der Flüchtlinge);[13] Genfer Protokoll vom 31.1.1967 (Rechtsstellung der Flüchtlinge);[14] New Yorker UN-Übereinkommen vom 28.9.1954 (Rechtsstellung der Staatenlosen);[15] Haager Abkommen vom 12.6.1902 (Vormundschaft über Minderjährige, nur noch im Verhältnis zu Belgien gültig);[16] Haager Übereinkommen über die Zuständigkeit, das anzuwendende Recht, die Anerkennung, Vollstreckung und Zusammenarbeit auf dem Gebiet der elterlichen Verantwortung und der Maßnahmen zum Schutz von Kindern vom 19.10.1996 (KSÜ);[17] Haager Übereinkommen vom 25.10.1980 (zivilrechtliche Aspekte internationaler Kindesentführungen – HKÜ);[18] Luxemburger Europäisches Übereinkommen vom 20.5.1980 (Anerkennung und Vollstreckung von Entscheidungen über das Sorgerecht für Kinder und die Wiederherstellung des Sorgerechts – ESÜ);[19] Haager Übereinkommen vom 1.3.1954 (Zivilprozess);[20] Haager Übereinkommen vom 15.11.1965 (Zustellung gerichtlicher und außergerichtlicher Schriftstücke im Ausland);[21] Haager Übereinkommen vom 18.3.1970 (Beweisaufnahme im Ausland);[22] Londoner Europäisches Übereinkommen vom 7.6.1968 (Auskünfte über ausländisches Recht);[23] Haager Übereinkommen vom 5.10.1961 (Befreiung von der Legalisation).[24]

3 **Zum Umfang der Verdrängung** und zur Weitergeltung dieser internationalen Übereinkommen gilt: Die VO ist auf die Personen anzuwenden, die in folgenden Abkommen genannt sind: Genfer UN-Abkommen vom 28.7.1951 (Rechtsstellung der Flüchtlinge), Genfer Protokoll vom 31.1.1967 (Rechtsstellung der Flüchtlinge), New Yorker UN-Übereinkommen vom 28.9.1954 (Rechtsstellung der Staatenlosen) (Art. 3 VO). Das Haager Abkommen vom 12.6.1902 (Vormundschaft über Minderjährige, nur noch im Verhältnis zu Belgien gültig) und

---

11 ABl. L 343 v. 29.12.2010 S. 10–16. S. zur Entstehungsgeschichte Rauscher/Pabst NJW 2010, 3493.
12 Zum räumlichen Geltungsbereich s. Althammer/Althammer Vorbemerkungen Rn. 5.
13 BGBl. II 1953, 559.
14 BGBl. II 1969, 1293.
15 BGBl. II 1976, 473.
16 RGBl II 1904, 240.
17 BGBl. II 2010, 1527. Dieses Übereinkommen (BGBl. II 2009, 602) hat mit Wirkung v. 1.1.2011 das Haager Übereinkommen (MSA) von 1961 ersetzt.
18 BGBl. II 1990, 206.
19 BGBl. II 1990, 220.
20 BGBl. II 1958, 576.
21 BGBl. II 1977, 1452.
22 BGBl. II 1977, 1472.
23 BGBl. II 1974, 937.
24 BGBl. II 1965, 875.

das Haager Übereinkommen über die Zuständigkeit, das anzuwendende Recht, die Anerkennung, Vollstreckung und Zusammenarbeit auf dem Gebiet der elterlichen Verantwortung und der Maßnahmen zum Schutz von Kindern vom 19.10.1996 (KSÜ) sind fast vollständig verdrängt (Art. 20, 60 VO). Das Haager Übereinkommen vom 25.10.1980 (zivilrechtliche Aspekte internationaler Kindesentführungen – HKÜ) gilt weiter, soweit nicht in Art. 10 und 11 VO eine abweichende Regelung getroffen wurde. Das Luxemburger Europäische Übereinkommen vom 20.5.1980 (Anerkennung und Vollstreckung von Entscheidungen über das Sorgerecht für Kinder und die Wiederherstellung des Sorgerechts – ESÜ) ist weitestgehend verdrängt (Art. 60 VO). Nachstehende Abkommen sind durch die bei → Rn. 1 genannten Gemeinschaftsregeln überholt: Haager Übereinkommen vom 1.3.1954 (Zivilprozess), Haager Übereinkommen vom 15.11.1965 (Zustellung gerichtlicher und außergerichtlicher Schriftstücke im Ausland), Haager Übereinkommen vom 18.3.1970 (Beweisaufnahme im Ausland), Londoner Europäisches Übereinkommen vom 7.6.1968 (Auskünfte über ausländisches Recht). Das EuGVÜ, jetzt EuGVVO, wird nicht berührt, da der von der VO geregelte Bereich von Art. 1 Abs. 2 Nr. 1 EuGVÜ ausgenommen ist. Das Haager Übereinkommen vom 5.10.1961 (Befreiung von der Legalisation) ist innereuropäisch bedeutungslos geworden.

III. Ausführungsbestimmungen

Zu beachtende Ausführungsbestimmungen sind: Der „Leitfaden zur Anwen- 4
dung der neuen Verordnung Brüssel II" vom 1.6.2005[25] (**Leitfaden**) und das Gesetz zum internationalen Familienrecht vom 26.1.2005[26] (IntFamRVG). Ferner sind zu beachten die Erwägungsgründe am Beginn der VO (Egrund) sowie die Anhänge I bis VI (Anh.).

IV. Praktische Bedeutung der VO

Zusammengefasst hat die VO zum Inhalt: 5
- die Zuständigkeit in Ehesachen,
- die Anerkennung und Vollstreckung von Entscheidungen in den Ehesachen Ehescheidung, Trennung, Nichtigerklärung bzw. Aufhebung einer Ehe (Art. 1 Abs. 1 lit. a VO),
- die Zuständigkeit in jeglichen Sachen elterlicher Verantwortung, des Umgangsrechts und jeglicher Schutzmaßnahmen,
- die Anerkennung und Vollstreckung von Entscheidungen in diesen Sachen (Art. 1 Abs. 1 lit. b und Abs. 2 VO), jedoch **nicht** in Sachen Abstammung, Adoption, Name, Unterhalt (Art. 1 Abs. 3 VO).

Die VO regelt nicht das internationale Privatrecht – anders die og Verordnung 6
(EU) Nr. 1259/2010 des Rates vom 20.12.2010 zur Durchführung einer verstärkten Zusammenarbeit im Bereich des auf die Ehescheidung und Trennung ohne Auflösung des Ehebandes anzuwendenden Rechts – und enthält keine Normen materiellen Rechts. Darüber hinaus ist die VO stets anzuwenden, gleichgültig, ob es sich um Teilbereiche oder um vollständige Regelungen der elterlichen

---

25 Ec.europa.eu.
26 BGBl. I 2005, 162 ff.; s. hierzu auch Gruber, EheVO, IPRax 2005, 293 ff.

Verantwortung handelt,[27] und gleichgültig, ob das Kind ehelich oder nichtehelich ist und weiter unabhängig davon, ob die Sorgerechtssache im Zusammenhang mit einer Ehesache oder in einem selbstständigen Verfahren behandelt wird.[28] Sie gilt unabhängig vom Alter des noch minderjährigen Kindes[29] und betrifft auch gerichtlich für vollstreckbar erklärte Vereinbarungen.[30] In Ehesachen gilt die VO nicht für die Folgesachen Güterrecht, Unterhalt, Versorgungsausgleich, Hausrat und Ehewohnung.[31] Das hat etwa zur Konsequenz, dass bei einer in der BRD ergangenen Verbundentscheidung die Regelung der genannten Folgesachen im Ausland nicht anerkannt werden muss, also dort abändernde oder ergänzende Verfahren und Entscheidungen zulässig sein können.

Die VO ist auch anzuwenden auf Angehörige eines Drittstaats, sofern diese ihren gewöhnlichen Aufenthalt in einem Mitgliedstaat haben. Die Staatsangehörigkeit ist insoweit ohne Belang.[32]

V. Auslegung

7   Die Begriffe der VO sind im Sinne der VO und ohne Rekurs auf das nationale Recht auszulegen. Hierfür wird auch der Begriff der verordnungsautonomen Auslegung verwendet.[33] Es ist jedoch der Begriff der verordnungskonformen und europarechtskonformen Auslegung vorzuziehen, weil die Verwendung des Begriffes „autonom" in der Literatur zeigt, dass dieser zu Verwechslungen führen kann und führt.

Kapitel I
Anwendungsbereich und Begriffsbestimmungen

Artikel 1 EheVO 2003   Anwendungsbereich

(1) Diese Verordnung gilt, ungeachtet der Art der Gerichtsbarkeit, für Zivilsachen mit folgendem Gegenstand:

a) die Ehescheidung, die Trennung ohne Auflösung des Ehebandes und die Ungültigerklärung einer Ehe,

b) die Zuweisung, die Ausübung, die Übertragung sowie die vollständige oder teilweise Entziehung der elterlichen Verantwortung.

(2) Die in Absatz 1 Buchstabe b) genannten Zivilsachen betreffen insbesondere:

a) das Sorgerecht und das Umgangsrecht,

b) die Vormundschaft, die Pflegschaft und entsprechende Rechtsinstitute,

c) die Bestimmung und den Aufgabenbereich jeder Person oder Stelle, die für die Person oder das Vermögen des Kindes verantwortlich ist, es vertritt oder ihm beisteht,

---

27 Nach EuGH 21.10.2015 – C-215/15, NJW 2016, 1007 ff. – Gogova/liev ist die VO auch anzuwenden auf die Ersetzung der Einwilligung eines Elternteils zur Ausstellung eines Reisepasses für das Kind.
28 Leitfaden 2.2.
29 Leitfaden 2.1. a).
30 Art. 46 VO, Leitfaden 2.2.
31 S. zB NK-BGB/Gruber EheVO 2003 Vor Rn. 7.
32 Althammer/Althammer Vorbemerkungen Rn. 5.
33 HK-ZPO/Dörner EheVO 2003 Vor Rn. 10 unter Verweis auf EuGH FamRZ 2008, 125, 127.

d) die Unterbringung des Kindes in einer Pflegefamilie oder einem Heim,
e) die Maßnahmen zum Schutz des Kindes im Zusammenhang mit der Verwaltung und Erhaltung seines Vermögens oder der Verfügung darüber.

(3) Diese Verordnung gilt nicht für
a) die Feststellung und die Anfechtung des Eltern-Kind-Verhältnisses,
b) Adoptionsentscheidungen und Maßnahmen zur Vorbereitung einer Adoption sowie die Ungültigerklärung und den Widerruf der Adoption,
c) Namen und Vornamen des Kindes,
d) die Volljährigkeitserklärung,
e) Unterhaltspflichten,
f) Trusts und Erbschaften,
g) Maßnahmen infolge von Straftaten, die von Kindern begangen wurden.

I. Ehesachen

Die Begriffe Ehescheidung sowie Trennung ohne Auflösung des Ehebandes sind 1 klar und eindeutig. Sie bedürfen keiner Interpretation.[1] Allerdings muss es sich um ein zivilgerichtliches oder ein dem gleichstehendes Verfahren handeln.[2] Privatscheidungen und vor allem Privattrennungen sind durch die VO nicht erfasst.[3] Unklar ist, ob eine vor einem deutschen Notar beurkundete Scheidungsfolgenvereinbarung nach früherem § 630 ZPO der VO unterliegt.[4] Nach richtigem Verständnis der Bestimmungen der Art. 38 und 46 VO sowie Art. 1 Abs. 2 Brüssel II-VO muss jedoch eine solche Urkunde anerkannt werden und vollstreckbar sein. Gleichgeschlechtliche Partnerschaften und nichteheliche Gemeinschaften fallen mangels „Ehe" nicht unter die VO.[5] Lässt jedoch die Rechtsordnung eines Mitgliedstaates die Ehe Gleichgeschlechtlicher[6] zu, so fällt auch diese Ehe in den Anwendungsbereich der VO.[7]

Nicht so eindeutig ist es bei der „Ungültigerklärung der Ehe". Unstreitig ist, 2 dass hiermit jede Form der Aufhebung oder Nichtigerklärung der Ehe, damit auch der negativen Feststellungsklage gemeint ist. Jedoch lässt diese Formulierung offen, ob auch die iactatio matrimonii, dh die Ehebehauptungsklage, unter die VO fällt.[8] Die wohl überwiegende Literatur will den Begriff „Ungültigerklärung" nicht wörtlich verstehen, sondern auf alle Arten der Ehestatusklagen be-

---

1 Anknüpfungsbegriffe sind autonom zu qualifizieren, dh so, wie sie der Zielsetzung der VO entsprechen, Thomas/Putzo/Hüßtege EheVO 2003 Art. 1 Rn. 1.
2 Brüssel II-VO Art. 1 Abs. 1 lit. a, Abs. 2.
3 HK-ZPO/Dörner EheVO 2003 Art. 1 Rn. 4. S. dazu nun aber den Vorlagebeschluss des OLG München 2.6.2015 – 34 Wx 146/14.
4 NK-BGB/Gruber EheVO 2003 Art. 1 Rn. 7; bezieht sich nur auf die gerichtlichen Verfahren der Anerkennung solcher Vereinbarungen; s. demgegenüber Rieck FPR 2007, 425–427. Dafür Zöller/Geimer EheVO 2003 Art. 1 Rn. 42.
5 NK-BGB/Gruber EheVO 2003 Art. 1 Rn. 3; Kohler NJW 2001, 15; HK-ZPO/Dörner EheVO 2003 Art. 1 Rn. 3.
6 So seit dem 1.5.2009 Schweden, Rieck/Firsching, AuslFam, Schweden Rn. 4.
7 PG/Völker EheVO 2003 Art. 1 Rn. 1; aA Althammer/Arnold Art. 1 Rn. 6.
8 Dagegen Thomas/Putzo/Hüßtege EheVO 2003 Art. 1 Rn. 3; HK-ZPO/Dörner EheVO 2003 Art. 1 Rn. 8.

ziehen.[9] Die Bestimmung des Art. 1 Abs. 1 lit. a gilt, soweit es die Ungültigerklärung einer Ehe nach dem Tode eines der Ehegatten betrifft, auch für Dritte. Sonst jedoch nur für die Ehegatten.[10]

II. Elterliche Verantwortung

3 Von dem Anwendungsbereich der VO erfasst sind alle – nicht nur, aber auch die mit einer Ehesache verbundenen[11] – Verfahren der vollständigen oder teilweisen Entziehung oder Übertragung der elterlichen Sorge und über die Ausübung derselben (Art. 1 Abs. 1 lit. b VO). Dazu gehört auch die Regelung des Umgangs[12] und die Zustimmung eines Verfahrenspflegers, auch wenn er einer Maßnahme im Erbrecht zustimmt.[13] Was unter diesen Begriff fällt, bestimmt – nicht abschließend[14] – Art. 1 Abs. 2 lit. a–e VO. S. zur Klarstellung und Abgrenzung auch Art. 1 Abs. 3 lit. a–g VO. Dennoch wirft diese Bestimmung einige Fragen auf:

4 Aus Art. 2 Nr. 7 und Art. 46 VO ist zu entnehmen, dass die elterliche Verantwortung auf dem Gesetz, einer gerichtlichen oder behördlichen Entscheidung oder einer verbindlichen Vereinbarung beruhen kann.[15] Aus diesem Grunde wird man auch eine nach §§ 1626 a–e abgegebene Sorgerechtserklärung dem Anwendungsbereich der VO zurechnen müssen.

5 Die VO gilt für **alle**[16] Verfahren über die elterliche Verantwortung, soweit sie nicht unter Abs. 3 fallen. Da nach der Entscheidung des EuGH[17] die Ersetzung der Einwilligung eines Elternteils dem Anwendungsbereich der VO unterfällt, muss dies auch gelten, wenn es sich um Zustimmungen zu den in Abs. 3 genannten Rechtsgebieten und Maßnahmen handelt. Die VO erfasst anders als die Brüssel II-VO auch die nichtehelichen Kinder,[18] ist also auch nicht von einem Eheverfahren abhängig. Dies beruht auf den Gründen der Gleichbehandlung aller Kinder.[19] Sie gilt jedoch nur für minderjährige Kinder, dh nicht für volljährig erklärte oder durch Eheschließung volljährig gewordene Kinder unter 18 Jah-

---

9 S. NK-BGB/Gruber EheVO 2003 Art. 1 Rn. 8, 9; zum Meinungsstand, der die VO nicht für anwendbar hält, sondern an § 606 a ZPO anknüpfen will, s. Andrae § 2 Rn. 15; aA Staudinger/Spellenberg EheVO 2003 Art. 1 Rn. 8; Zöller/Geimer EheVO 2003 Art. 1 Rn. 1 will nur Feststellungsklagen zur Ungültigerklärung zulassen, andere jedoch nicht. Das erscheint inkonsequent. Althammer/Arnold Art. 1 Rn. 12 begründet dies damit, dass die Ungültigerklärung in der Rom III-VO ausdrücklich vom dortigen Anwendungsbereich ausgenommen sei.

10 EuGH 13.10.2016 – C-294/15, NIW 2017, 375 ff.

11 Leitfaden 2.2.; Zöller/Geimer EheVO 2003 Art. 1 Rn. 25.

12 OLG Düsseldorf FamRZ 2010, 915.

13 EuGH 6.10.2015 – C-404/14, NJW 2016, 387 ff.

14 EuGH FamRZ 2008, 125.

15 Ebenso NK-BGB/Gruber EheVO 2003 Art. 1 Rn. 19.

16 EuGH 21.10.2015 – C-215/15, NJW 2016, 1007 ff.

17 EuGH 21.10.2015 – C-215/15, NJW 2016, 1007 ff.

18 Musielak/Borth EheVO 2003 Art. 1 Rn. 1.

19 Egrund 5, Leitfaden 2.2.

ren.[20] Ob ein Nasciturus als Kind gilt soll ebenfalls dem nationalen Recht unterliegen.[21]

Der Begriff „Zivilsachen" ist aus der Sicht der VO konform und nicht nach   6
staatlichem Recht auszulegen.[22] In der VO ist der Begriff breit definiert als
„dem Zivilrecht zugehörend", mögen einzelne Maßnahmen wie die Unterbringung des Kindes in einem Heim oder einer Pflegefamilie auch öffentlich-
rechtlich geregelt sein.[23] Diese Fälle unterliegen gleichwohl der VO.[24] Zu den
sonstigen Schutzmaßnahmen s. Art. 20 VO.

Artikel 2 EheVO 2003 Begriffsbestimmungen

Für die Zwecke dieser Verordnung bezeichnet der Ausdruck

1. „Gericht" alle Behörden der Mitgliedstaaten, die für Rechtssachen zuständig
   sind, die gemäß Artikel 1 in den Anwendungsbereich dieser Verordnung fallen;
2. „Richter" einen Richter oder Amtsträger, dessen Zuständigkeiten denen eines Richters in Rechtssachen entsprechen, die in den Anwendungsbereich
   dieser Verordnung fallen;
3. „Mitgliedstaat" jeden Mitgliedstaat mit Ausnahme Dänemarks;
4. „Entscheidung" jede von einem Gericht eines Mitgliedstaats erlassene Entscheidung über die Ehescheidung, die Trennung ohne Auflösung des Ehebandes oder die Ungültigerklärung einer Ehe sowie jede Entscheidung über
   die elterliche Verantwortung, ohne Rücksicht auf die Bezeichnung der jeweiligen Entscheidung, wie Urteil oder Beschluss;
5. „Ursprungsmitgliedstaat" den Mitgliedstaat, in dem die zu vollstreckende
   Entscheidung ergangen ist;
6. „Vollstreckungsmitgliedstaat" den Mitgliedstaat, in dem die Entscheidung
   vollstreckt werden soll;
7. „elterliche Verantwortung" die gesamten Rechte und Pflichten, die einer natürlichen oder juristischen Person durch Entscheidung oder kraft Gesetzes
   oder durch eine rechtlich verbindliche Vereinbarung betreffend die Person
   oder das Vermögen eines Kindes übertragen wurden. Elterliche Verantwortung umfasst insbesondere das Sorge- und das Umgangsrecht;
8. „Träger der elterlichen Verantwortung" jede Person, die die elterliche Verantwortung für ein Kind ausübt;
9. „Sorgerecht" die Rechte und Pflichten, die mit der Sorge für die Person eines
   Kindes verbunden sind, insbesondere das Recht auf die Bestimmung des
   Aufenthaltsortes des Kindes;

---

20 Leitfaden 2.1.a); Solomon, Brüssel IIa – Die neuen europäischen Regeln zum internatio-
    nalen Verfahrensrecht in Fragen der elterlichen Verantwortung, FamRZ 2004, 1409
    (1410); Zöller/Geimer EheVO 2003 Art. 1 Rn. 30 stellen fest, dass eine ausdrückliche Al-
    tersgrenze nicht genannt ist, befürworten jedoch eine Festlegung auf 18 Jahre. Sie lassen
    dabei außer Acht, dass in Deutschland volljährig ist, wer das 18. Lebensjahr vollendet
    hat, auch wenn er damit nach ausländischen Rechten noch nicht volljährig ist. AA Alt-
    hammer/Arnold Art. 1 Rn. 20 der diese ausdehnende Interpretation ablehnt.
21 Althammer/Arnold Art. 1 Rn. 21.
22 Zöller/Geimer EheVO 2003 Art. 1 Rn. 6.
23 EuGH 21.10.2015 – C-215/15, NJW 2016, 1007 ff.
24 Egrund 9; Leitfaden 2.1.a); NK-BGB/Gruber EheVO 2003 Art. 1 Rn. 21.

10. „Umgangsrecht" insbesondere auch das Recht, das Kind für eine begrenzte Zeit an einen anderen Ort als seinen gewöhnlichen Aufenthaltsort zu bringen;

11. „widerrechtliches Verbringen oder Zurückhalten eines Kindes" das Verbringen oder Zurückhalten eines Kindes, wenn

    a) dadurch das Sorgerecht verletzt wird, das aufgrund einer Entscheidung oder kraft Gesetzes oder aufgrund einer rechtlich verbindlichen Vereinbarung nach dem Recht des Mitgliedstaats besteht, in dem das Kind unmittelbar vor dem Verbringen oder Zurückhalten seinen gewöhnlichen Aufenthalt hatte, und

    b) das Sorgerecht zum Zeitpunkt des Verbringens oder Zurückhaltens allein oder gemeinsam tatsächlich ausgeübt wurde oder ausgeübt worden wäre, wenn das Verbringen oder Zurückhalten nicht stattgefunden hätte. Von einer gemeinsamen Ausübung des Sorgerechts ist auszugehen, wenn einer der Träger der elterlichen Verantwortung aufgrund einer Entscheidung oder kraft Gesetzes nicht ohne die Zustimmung des anderen Trägers der elterlichen Verantwortung über den Aufenthaltsort des Kindes bestimmen kann.

I. Gericht/Richter (Nr. 1, 2)

1 Den Gerichten sind zuständige Behörden gleichgestellt. Die VO gilt deshalb für gerichtliche und behördliche Verfahren und Entscheidungen. Voraussetzung ist allerdings, dass die Gerichte und Behörden für solche Rechtssachen zuständig sind, die gem. Art. 1 VO in den Anwendungsbereich der VO fallen. Dem entsprechend ist unter „Richter" auch ein Beamter zu verstehen.[1]

II. Mitgliedstaat (Nr. 3)

2 Dänemark gilt iSd VO nicht als Mitgliedstaat.[2] Dänemark beurteilt somit seine Zuständigkeit und ebenso die Fragen der Anerkennung und Vollstreckung nach dem autonomen dänischen Recht.[3] Das gilt jedoch im umgekehrten Verhältnis nur eingeschränkt, denn die Beurteilung der **Zuständigkeit** folgt nach Art. 3 VO, nicht der Staatsangehörigkeit. Wird die VO jedoch auch im Verhältnis zu Drittstaaten angewendet,[4] so muss dies natürlich auch gegenüber einem dänischen Staatsangehörigen gelten. Die **Anerkennung und Vollstreckung** der Entscheidungen dänischer Gerichte folgt jedoch nicht der VO.

III. Entscheidung (Nr. 4)

3 Dies umfasst auch behördliche Entscheidungen (→ Rn. 1). Soweit stets erwähnt wird, dass damit Privatscheidungen nicht von der VO erfasst würden,[5] ist das zwar richtig, aber bedeutungslos, denn es sind noch keine EU-Mitgliedstaaten

---

1 HK-ZPO/Dörner EheVO 2003 Art. 2 Rn. 2, 3.
2 Althammer/Arnold Art. 2 Rn. 4.
3 NK-BGB/Gruber EheVO 2003 Art. 2 Rn. 1. Zöller/Geimer EheVO 2003 Art. 2 Rn. 1 fordern jedoch gegenüber allen Staaten, für die die EheVO gilt, die vom nationalen Recht losgelöste autonome Auslegung der Begriffe im Sinne der VO. Das ist richtig im Interesse einer einheitlichen Anwendung.
4 BGH NJW RR 2007, 145.
5 NK-BGB/Gruber EheVO 2003 Art. 2 Rn. 2.

bekannt, die solch eine Privatscheidung zulassen.[6] Gegenüber (meist islamischen) Drittstaaten, die solche Institute kennen, gilt die VO nur für die Zuständigkeit, nicht aber für die Anerkennung und Vollstreckung. Ist aber eine solche Privatscheidung in einem Mitgliedstaat von der dort zuständigen Behörde anerkannt worden,[7] so fällt diese Anerkennungsentscheidung in den Regelungsbereich der VO. Siehe nun aber dazu die ROM III-VO und den Vorlagebeschluss des OLG München.[8] Von erheblicherer Bedeutung ist jedoch die Frage, welche Entscheidungen anzuerkennen sind, dh ob darunter auch abweisende Entscheidungen fallen. Letzteres ist zu verneinen, denn aus dem Zweck der VO ergibt sich, dass es sich nur um positive Sachentscheidungen handeln kann, die vollstreckbar sind.[9] Zu beachten ist, dass auf dem Gebiet der elterlichen Verantwortung viele Entscheidungen dem öffentlichen Recht unterliegen und von Verwaltungsbehörden getroffen werden,[10] wofür die VO ebenfalls anwendbar ist. Zu den „Entscheidungen" gehören auch Maßnahmen des einstweiligen Rechtsschutzes.[11]

IV. Elterliche Verantwortung (Nr. 7)

Der Begriff ist weit definiert und umfasst die gesamten Rechte und Pflichten des 4
– nicht nur leiblich verwandten[12] – Trägers der elterlichen Verantwortung (Nr. 8) gegenüber dem Kind und dessen Vermögen. Darunter sind nicht nur die Ausübung der elterlichen Sorge und das Umgangsrecht, sondern auch die Vormundschaft und die Unterbringung des Kindes in einem Heim oder in einer Pflegefamilie zu verstehen.[13] Darunter fallen auch staatliche Schutzmaßnahmen durch behördlichen Akt.[14]

---

6 Es ist jedoch zu beobachten, dass andere EU-Mitgliedstaaten umdenken: Seit dem 11.11.2014 gilt in Italien das Gesetz Nr. 132 v. 12.9.2014 über das Verfahren der einvernehmlichen Trennung und Auflösung der Ehe. Auch Spanien kennt seit dem 27.7.2015 die einverständliche Scheidung, wenn die Eheleute keine minderjährigen Kinder (mehr) haben. Es genügt ein Vertrag, der vor dem Justizsekretär oder dem Notar zu beurkunden ist (Art. 90 CC). Auch die Niederlande diskutieren die einvernehmliche Scheidung vor dem Standesbeamten. Die Gesetzesentwürfe sind aber noch nicht verabschiedet. Griechenland ist der einzige EU-Mitgliedstaat, der ein interreligiöses Statut für die Muslime kennt. In dem östlichen Landesteil Thrakien gilt muslimisches Familienrecht, allerdings mit der Maßgabe, dass die Scheidung nur im Gericht erklärt werden kann.
7 Das soll auch für sog Delibationsentscheidungen gelten, mit denen die staatlichen Gerichte die Entscheidung eines religiösen Gerichts anerkennen, Thomas/Putzo/Hüßtege EheVO 2003 Art. 2 Rn. 4.
8 Vorlagebeschluss OLG München 2.6.2015 – 34 Wx 146/14.
9 Thomas/Putzo/Hüßtege EheVO 2003 Art. 2 Rn. 4; NK-BGB/Gruber EheVO 2003 Art. 2 Rn. 2; Zöller/Geimer EheVO 2003 Art. 2 Rn. 4; HK-ZPO/Dörner EheVO 2003 Art. 2 Rn. 5; Althammer/Arnold Art. 2 Rn. 8 halten hierfür das autonome Verfahrensrecht für anwendbar.
10 Leitfaden 2.1.a).
11 EuGH 9.11.2010 – C-296/10 – Purrucker, http://curia.europa.eu/juris/document/docume nt.jsf?text=&docid=79166&pageIndex=0&doclang=DE&mode=req&dir=&occ=first&p art=1.
12 HK-ZPO/Dörner EheVO 2003 Art. 2 Rn. 8.
13 Leitfaden 2.1. a); so auch Busch IPRax 2003, 219 (220), der vor allem zutreffend darauf hinweist, dass wegen der unterschiedlichen Zielrichtungen in den verschiedenen Regelungswerken der Begriff nicht einfach von der einen Konvention in die andere oder der VO übernommen werden kann.
14 EuGH FamRZ 2008, 125.

V. Widerrechtliches Verbringen (Nr. 11)

5 Die in lit. a und b genannten Kriterien entsprechen Art. 3 HKÜ. Gleichwohl liegt **keine Identität mit Art.** 3 HKÜ vor, denn letztere Bestimmung gilt nur für Kinder bis zum 16. Lebensjahr,[15] während die EheVO für Kinder ohne Altersbegrenzung, dh bis zur Volljährigkeit gilt.[16] Da auch die Art. 10, 11 VO nicht auf das Alter der Kinder abstellen, für die sie gelten sollen, ist zu fragen, ob die EheVO 2003 den Anwendungsbereich des HKÜ zwischen den Mitgliedstaaten erweitern will. Der Verfasser sieht keine Verdrängung des HKÜ zwischen den Mitgliedstaaten. Soweit die Regelungen der VO vom HKÜ abweichen, werden zwischen den Mitgliedstaaten zusätzliche Regelungen geschaffen. Diese zusätzlichen Regelungen, und nur diese, gehen dem HKÜ vor.[17]

6 Der letzte Satz der Nr. 11 lit. b enthält eine **gesetzliche Vermutung für eine gemeinsame Sorgerechtsausübung,** wenn der betreuende Elternteil den Aufenthaltsort des Kindes nicht allein bestimmen kann. Auch dies erweitert den Anwendungsbereich des HKÜ und birgt deshalb erhebliche Konflikte in sich. Nach dieser Interpretation kann auch der inaktive Elternteil, der sich auf die Bezahlung des Unterhalts und die Ausübung des Umgangsrechts beschränkt, aus dem Rest der ihm verbliebenen elterlichen Verantwortung eine gemeinsame Ausübung der elterlichen Verantwortung ableiten.[18] Hier steht als erstes zu vermuten, dass dies zu einer Ungleichbehandlung von Kindern führen kann, je nachdem, ob sie aus einem Mitgliedstaat oder aus einem anderen HKÜ-Staat kommen. Da nicht in die nationalen materiellen Rechte der Mitgliedstaaten eingegriffen werden soll, ist es einem Mitgliedstaat nicht verwehrt, den Erwerb der elterlichen Sorge von einer Gerichtsentscheidung abhängig zu machen.[19] Eine allgemeine Anwendung im Verhältnis zu Nichtmitgliedstaaten, jedoch HKÜ-Staaten, scheidet nach Ansicht des Verfassers aus, weil der andere HKÜ-Staat nach seinem internen Recht an diese Qualifikation nicht gebunden ist. Dann aber wird man in Zukunft zwischen Kindern aus Mitgliedstaaten und Kindern aus anderen HKÜ-Staaten differenzieren müssen und ganz zwangsläufig zu einer Ungleichbehandlung kommen.

---

15 Das wird in nahezu keiner Abhandlung erkannt.
16 Leitfaden 2.1.a).
17 Der von Solomon FamRZ 2004, 1409 (1410 re. Sp). vertretenen Auffassung der autonomen Abgrenzung ist daher nicht zu folgen; ebenso abzulehnen Rauscher EZPR Nr. 6, der gar das Kindesentführungsübereinkommen gänzlich durch die VO verdrängt sehen will. Dagegen Coester-Waltjen FamRZ 2005, 247, die das HKÜ grundsätzlich unberührt sieht; Staudinger/Spellenberg EheVO 2003 Art. 11 Rn. 10 sieht einen Vorrang des HKÜ, jedoch bei Art. 19 Rn. 11 auch Kinder von 17 und 18 Jahren durch die VO erfasst; s. hierzu ausführlich Rieck, Kindesentführung, NJW 2008, 182–185.
18 Thomas/Putzo/Hüßtege EheVO 2003 Art. 2 Rn. 10.
19 EuGH FamFR 2010, 576 mAnm Rieck.

Kapitel II
Zuständigkeit

Abschnitt 1 Ehescheidung, Trennung ohne Auflösung des Ehebandes und Ungültigerklärung einer Ehe

Artikel 3 EheVO 2003 Allgemeine Zuständigkeit

(1) Für Entscheidungen über die Ehescheidung, die Trennung ohne Auflösung des Ehebandes oder die Ungültigerklärung einer Ehe, sind die Gerichte des Mitgliedstaats zuständig,

a) in dessen Hoheitsgebiet
   – beide Ehegatten ihren gewöhnlichen Aufenthalt haben oder
   – die Ehegatten zuletzt beide ihren gewöhnlichen Aufenthalt hatten, sofern einer von ihnen dort noch seinen gewöhnlichen Aufenthalt hat, oder
   – der Antragsgegner seinen gewöhnlichen Aufenthalt hat oder
   – im Fall eines gemeinsamen Antrags einer der Ehegatten seinen gewöhnlichen Aufenthalt hat oder
   – der Antragsteller seinen gewöhnlichen Aufenthalt hat, wenn er sich dort seit mindestens einem Jahr unmittelbar vor der Antragstellung aufgehalten hat, oder
   – der Antragsteller seinen gewöhnlichen Aufenthalt hat, wenn er sich dort seit mindestens sechs Monaten unmittelbar vor der Antragstellung aufgehalten hat und entweder Staatsangehöriger des betreffenden Mitgliedstaats ist oder, im Fall des Vereinigten Königreichs und Irlands, dort sein „domicile" hat;

b) dessen Staatsangehörigkeit beide Ehegatten besitzen, oder, im Fall des Vereinigten Königreichs und Irlands, in dem sie ihr gemeinsames „domicile" haben.

(2) Der Begriff „domicile" im Sinne dieser Verordnung bestimmt sich nach dem Recht des Vereinigten Königreichs und Irlands.

I. Regelungszweck

Es ist zu unterscheiden zwischen: 1
■ Zuständigkeit in Ehesachen (Art. 3–7 VO) und
■ Zuständigkeit in Sachen über die elterliche Verantwortung (Art. 8–15 VO).

Art. 3 betrifft nur Ehesachen. Die früher in der EheVO 2000 enthaltene Annexzuständigkeit gibt es nicht mehr. Die Zuständigkeit in einer Ehesache begründet keine Zuständigkeit für Folgesachen, sofern sich diese nicht aus anderen Unionsregelungen oder völkervertraglichen Rechtsgrundlagen ergibt, **denn es geht hier nur um die internationale Zuständigkeit.**[1] § 98 FamFG (früher § 606 a ZPO) ist nach einhelliger Meinung zwischen den Mitgliedstaaten nicht mehr an-

---

1 PG/Völker EheVO 2003 Art. 3 Rn. 1, 2.

wendbar.[2] Die interne örtliche Zuständigkeit ergibt sich sodann nach nationalem Recht, also nach § 122 FamFG.[3]

II. Aufenthaltszuständigkeit (Abs. 1 lit. a)

2   **1. Grundsätzliches.** Es handelt sich um den weit überwiegenden,[4] weil universellen Anknüpfungspunkt bei der Prüfung der internationalen Zuständigkeit. Dies hat seinen Grund darin, dass die Staatsangehörigkeitszuständigkeit zum einen fakultativ ist und zum anderen auf eine enge Fallgruppe zugeschnitten ist (→ Rn. 14). Auch werden wegen des Fakultativcharakters[5] aller Anknüpfungspunkte (→ Rn. 3) zahlreiche, wenn nicht gar die meisten Paare gemeinsamer Staatsangehörigkeit von der Aufenthaltszuständigkeit Gebrauch machen. Von größerer Bedeutung ist jedoch, dass der Begriff „gewöhnlicher Aufenthalt" nicht definiert ist. Es wird die Meinung vertreten, der gewöhnliche Aufenthalt sei nach objektiven Kriterien autonom zu bestimmen.[6] Hiergegen bestehen Bedenken. Man wird als Hauptquelle des Unionsrechts die Auslegung des Begriffs durch den EuGH zu beachten haben:[7] Den Ort, den eine Person als ständigen gewöhnlichen Mittelpunkt ihrer Lebensinteressen mit der Absicht der Dauerhaftigkeit gewählt hat.[8] Eine nationale Auslegung nach den Rechten der einzelnen Mitgliedstaaten ist abzulehnen,[9] da dies mit dem Sinn und Zweck der VO nicht zu vereinbaren ist. Eine Mindestdauer des Aufenthalts ist nicht vorgeschrieben. Die Dauer kann nur Indizwirkung haben.[10]

3   **2. Einzelaufzählungen.** Es handelt sich dabei um **alternative Anknüpfungen**, da die Fallgruppen ohne Rangordnung[11] und jeweils mit einem „oder" verbunden aufgezählt werden. Es gibt kein Stufenverhältnis.[12] Dabei darf jedoch nicht verkannt werden, dass auch die Staatsangehörigkeitsanknüpfung eine Alternative ist. Zwei Angehörige des Mitgliedstaates A können sich im Aufenthaltsstaat B scheiden lassen, müssen dies aber nicht, sondern können sich als Ausnahme von dem Aufenthaltsgrundsatz in ihrem Heimatstaat scheiden lassen.

4   **a) Spiegelstrich 1.** Zuständig ist das Gericht stets dann, wenn beide Ehegatten im Zeitpunkt der Anrufung des Gerichts/der Behörde[13] dort ihren gewöhnlichen

---

2   Wegen der Unterschiede zwischen Art. 3 und dem früheren, nun durch § 98 FamFG ersetzten § 606 a ZPO s. anschaulich NK-BGB/Gruber EheVO 2003 Art. 3 Rn. 2.

3   Thomas/Putzo/Hüßtege EheVO 2003 Art. 3 Rn. 1; NK-BGB/Gruber EheVO 2003 Art. 2 Rn. 1. Die Bestimmung des Art. 3 EheVO 2003 ist identisch mit Art. 2 der EheVO 2000.

4   Thomas/Putzo/Hüßtege EheVO 2003 Art. 3 Rn. 2 meint „zentralen"; NK-BGB/Gruber EheVO 2003 Art. 3 Rn. 1 spricht von „Dominanz".

5   Unlogisch daher die von PG/Völker EheVO 2003 Art. 3 Rn. 4 vorgeschlagene Prüfungsreihenfolge.

6   ZB Thomas/Putzo/Hüßtege EheVO 2003 Art. 3 Rn. 2.

7   Zustimmung Althammer/Großerichter Art. 3 Rn. 6.

8   EuGH Slg 1994 I-4295. Im Gegensatz dazu nimmt HK-ZPO/Dörner EheVO 2003 Art. 3 Rn. 12 an, dass ein rechtsgeschäftlicher Wille zum Aufenthalt nicht erforderlich sei.

9   Thomas/Puttzo/Hüßtege EheVO 2003 Art. 3 Rn. 2 fordern die Auslegung auf staatsvertraglicher Ebene.

10   Althammer/Großerichter Art. 3 Rn. 9.

11   Hk-ZPO/Dörner EheVO Art. 3 Rn. 1.

12   HM; Thomas/Putzo/Hüßtege EheVO 2003 Art. 3 Rn. 1; NK-BGB/Gruber EheVO 2003 Art. 3 Rn. 4; Staudinger/Spellenberg EheVO 2003 Art. 3 Rn. 5; Zöller/Geimer EheVO 2003 Art. 3 Rn. 1; HK-ZPO/Dörner EheVO 2003 Art. 3 Rn. 1 sprechen von konkurrierenden Zuständigkeiten.

13   Althammer/Großerichter Art. 3 Rn. 15.

Aufenthalt haben. Das schließt sowohl eigene Staatsangehörige als auch die anderer Mitgliedstaaten als auch die von Drittstaaten ein.[14]

b) Spiegelstrich 2. Er entspricht dem früheren deutschen § 606 Abs. 2 S. 1 ZPO, 5 der sich jedoch in dem heute geltenden § 98 FamFG nicht wiederfindet. Somit hält Art. 3 Abs. 1 lit. a zweiter Spiegelstrich VO den alten Rechtszustand des früheren § 606 a ZPO aufrecht. Dabei ist es gleichgültig, wer geblieben ist, ob Kläger oder Beklagter. Aus den Worten „noch hat" ist zu entnehmen, dass es keine Unterbrechung des Aufenthalts durch Wegzug gegeben haben darf.[15]

c) Spiegelstrich 3. Als problemlos wird die Zuständigkeit des gewöhnlichen 6 Aufenthalts des Antragsgegners/Beklagten angesehen.[16] Dabei wird die Ansicht vertreten, diese Zuständigkeit entstehe bereits in dem Augenblick der Aufenthaltsbegründung, also des Zuzugs des Antragsgegners dorthin.[17] Hier wird man – wie auch im Falle der → Rn. 7 – die Zulassung einer stillschweigenden Gerichtsstandswahl als Grund der Regelung erkennen können, ebenso gut jedoch den sich aus → Rn. 7 ergebenden Grundsatz, dass ein gemeinsamer Antrag überall möglich sein soll, wie dies aus → Rn. 7 und → Rn. 14 (gemeinsame Staatsangehörigkeit) ersichtlich ist. Anderenfalls wäre an die Beachtung der Sperrfristen nach Spiegelstrich 5 und 6 zu denken. Mitursächlich dürfte weiter der Gedanke sein, dass in allen betroffenen Rechtsordnungen dieser Gerichtsstand als der originäre gilt. Gleichwohl schließt dies Missbrauch nicht aus, indem der künftige Beklagte in einen Staat mit den für das Vorhaben der Parteien günstigsten Bedingungen zieht. **Zeitpunkt:** Die Meinung, die es genügen lassen will, wenn der Aufenthalt des Antragsgegners erst während des laufenden Verfahrens begründet wird,[18] widerspricht dem Wortlaut der VO und wird nicht geteilt;[19] dies auch schon deshalb nicht, weil die Zuständigkeit vom Gericht zu Beginn des Verfahrens von Amts wegen zu prüfen ist.[20]

d) Spiegelstrich 4. Bei einem gemeinsamen Antrag genügt der Aufenthalt eines 7 Ehegatten. Auch hier ist fraglich, ob der gerade erst erfolgte Zuzug genügt. Da der zuziehende Antragsteller der Sperre durch die Spiegelstriche 5 oder 6 unterliegen würde, für den zuziehenden Antragsgegner schon eine Regelung getroffen wurde (→ Rn. 6), für den verbliebenen Antragsgegner oder Antragsteller bereits in → Rn. 5 gesorgt ist, bleibt als vernünftige Erklärung, wenn man nicht die Zulassung einer Gerichtsstandvereinbarung erblicken will, dass bei einem gemeinsamen Antrag die Sperren aus den Spiegelstrichen 5 und 6 aufgehoben sind. Den von Gruber[21] vertretenen Standpunkt einer quasi Gerichtsstandsvereinbarung lehnt der Verfasser ab.[22] Als zumindest für Deutschland nur theoretisch wird

---

14 So schon zu Art. 2 Abs. 1 a u. 2 Abs. 2 der EheVO 2000 (syrische Flüchtlinge) BGH NJW-RR 2007, 145.
15 PG/Völker EheVO 2003 Art. 3 Rn. 8.
16 ZB Thomas/Putzo/Hüßtege EheVO 2003 Art. 3 Rn. 5.
17 Thomas/Putzo/Hüßtege EheVO 2003 Art. 3 Rn. 6; NK-BGB/Gruber EheVO 2003 Art. 3 Rn. 20.
18 NK-BGB/Gruber EheVO 2003 Art. 3 Rn. 21; HK-ZPO/Dörner EheVO 2003 Art. 3 Rn. 14.
19 Ebenso Thomas/Putzo/Hüßtege EheVO 2003 Art. 3 Rn. 6; Andrae § 2 Rn. 25; offen Staudinger ua/Spellenberg EheVO 2003 Art. 3 Rn. 121–124, der den Meinungsstand dokumentiert; wie hier Zöller/Geimer EheVO 2003 Art. 3 Rn. 1.
20 BGH NJW 2003, 426.
21 NK-BGB/Gruber EheVO 2003 Art. 3 Rn. 8.
22 AA PG/Völker EheVO 2003 Art. 3 Rn. 10, der eine solche verdeckte Gerichtsstandsvereinbarung für unbedenklich hält.

vom Verfasser die Frage empfunden, ob derselbe Scheidungsgrund zugrunde liegen muss, um von einem gemeinsamen Antrag sprechen zu können.[23]

8 e) **Spiegelstrich 5.** Hier wird die Zuständigkeit an den Aufenthalt des Antragstellers angeknüpft. Allerdings ist zur Verhinderung von Missbrauch[24] eine Sperrfrist von einem Jahr angeordnet. Diese Bestimmung wirft Fragen auf, deren wichtigste sind:

9 Einigkeit besteht darüber, dass es auf die Staatsangehörigkeit nicht ankommt. Auch Drittstaater und Dänen fallen hierunter ebenso wie EU-Bürger, soweit sie nicht unter Spiegelstrich 6 einzuordnen sind.[25]

10 Unterschiedliche Ansichten werden zum Aufenthalt vertreten. Zunächst besteht noch Einigkeit darüber, dass ein gewöhnlicher Aufenthalt vorliegen muss und dass ein einfacher oder schlichter Aufenthalt nicht genügt. Weiter ist man sich auch noch darüber einig, dass der Aufenthalt ununterbrochen bestanden haben muss und dass Urlaube und Geschäftsreisen diesen nicht unterbrechen.[26]

11 Kontrovers diskutiert wird jedoch, ob auf den Zeitpunkt der Verfahrenseinleitung,[27] den des Abschlusses (Urteil)[28] oder gar auf den der Prüfung in der zweiten Instanz[29] abzustellen sei. Da es aber auch um die Sperre sonstiger Zuständigkeiten (Art. 19 VO) und damit um die Rechte anderer Prozessparteien geht, kann nur der strengen Auslegung gefolgt werden.[30]

12 Schließlich gibt es noch das Problem der Ungleichbehandlung, da andere Parteien (vgl. mit Spiegelstrich 6)[31] nur 6 Monate warten müssen. Das Problem bleibt ungelöst.

13 f) **Spiegelstrich 6 (Heimatland).** Gehört der zuziehende Ehegatte dem Zuzugsstaat an, so werden dessen Gerichte bereits nach einem Aufenthalt von 6 Monaten für die Ehesache zuständig, sofern der Antrag einseitig gestellt wird und nicht ein gemeinsamer Antrag (→ Rn. 7) gestellt wird, oder der zuziehende Ehegatte Antragsgegner ist (→ Rn. 6). Die Staatsangehörigkeit muss bei Antragstellung vorliegen. Wird der Antrag verfrüht gestellt, ist er aus den in → Rn. 11 genannten Gründen abzuweisen.[32] Der Staatsangehörigkeit steht das „domicile" (UK und Irland) gleich.

---

23 So Zöller/Geimer EheVO 2003 Art. 3 Rn. 5. Diese meinen zwar, ein gemeinsamer Antrag liege vor, wenn der Antragsgegner dem Antrag des Antragstellers zustimmen könne, jedoch lässt dies außer Acht, dass die Voraussetzungen für die Zuständigkeit bei Antragstellung vorliegen müssen.

24 Scholz/Kleffmann/Doering-Striening P 138; spricht von der Vermeidung des forum shopping; HK-ZPO/Dörner EheVO 2003 Art. 3 Rn. 8 will diese Frist als Schutzmaßnahme gegen ein Verfahren vor einem für die Partei fremden Forum sehen.

25 Thomas/Putzo/Hüßtege EheVO 2003 Art. 3 Rn. 8.

26 NK-BGB/Gruber EheVO 2003 Art. 3 Rn. 30; Thomas/Putzo/Hüßtege EheVO 2003 Art. 3 Rn. 8.

27 So Thomas/Putzo/Hüßtege EheVO 2003 Art. 3 Rn. 8 wegen des prozessualen Interesses der anderen Partei.

28 NK-BGB/Gruber EheVO 2003 Art. 3 Rn. 30 will wegen der Prozessökonomie auf diesen Zeitpunkt abstellen; ebenso HK-ZPO/Dörner EheVO 2003 Art. 3 Rn. 14 aus dem Grunde, dass ja die abgewiesene Partei sogleich einen neuen Antrag würde stellen können.

29 NK-BGB/Gruber EheVO 2003 Art. 3 Rn. 39 hält dies für vertretbar.

30 Anders Zöller/Geimer EheVO 2003 Art. 3 Rn. 8; MK/Gottwald EheVO 2003 Art. 3 Rn. 20, die der in Rn. 7 zu diesem Artikel vertretenen Auffassung den Vorzug geben. Wie hier Althammer/Großericher Art. 3 Rn. 25.

31 S. dazu überzeugend Thomas/Putzo/Hüßtege EheVO 2003 Art. 3 Rn. 9.

32 Thomas/Putzo/Hüßtege EheVO 2003 Art. 3 Rn. 10.

3. Zuständigkeit nach gemeinsamer Staatsangehörigkeit. Vorab ist erneut da- 14
rauf zu verweisen, dass diese Zuständigkeit **fakultativ** ist. Zwei Angehörige des
Staates A, die im Staate B ihren gewöhnlichen Aufenthalt haben, können sich
auch im Staate B scheiden lassen. Wollen sie sich jedoch lieber im Heimatstaat A
an das Gericht wenden, ist es nur erforderlich, dass sie beide die Staatsangehörigkeit des Staates A haben.[33] Es ist weder ein gewöhnlicher Aufenthalt erforderlich, dh ein schlichter genügt, noch gibt es eine Sperrfrist. Hier besteht in der
Tat die freie Wahl des Gerichtsortes. Nach einhelliger Meinung genügt es bei
Mehrstaatern, wenn sie eine gemeinsame Staatsangehörigkeit haben, auch wenn
sie nicht die effektive ist.[34] Mehrstaater können auch Gerichte unterschiedlicher
Mitgliedstaaten anrufen. Der Begriff der effektiven Staatsangehörigkeit ist dabei
unbeachtlich.[35] Für Deutschland ist die Frage, ob auch zwei gleiche, nicht effektive Staatsangehörigkeiten genügen, wegen Art. 5 Abs. 1 S. 2 EGBGB obsolet.

Artikel 4 EheVO 2003   Gegenantrag

**Das Gericht, bei dem ein Antrag gemäß Artikel 3 anhängig ist, ist auch für einen
Gegenantrag zuständig, sofern dieser in den Anwendungsbereich dieser Verordnung fällt.**

I. Regelungszweck

Es wird meist argumentiert, es gehe um eine Ausnahme von Art. 19 VO (doppel- 1
te Rechtshängigkeit).[1] Dem kann aus praktischen Gründen nicht gefolgt werden. Es kommt nämlich vor, dass die Ehegatten zeitgleich bei verschiedenen Gerichten die Scheidung beantragen. Dies ist der Anwendungsfall des Art. 19 VO.
Wer einen Gegenantrag[2] stellen will, wird dies auch tun. Es dürfte eher das
rechtliche Gehör und die Möglichkeit wirksamer Verteidigung eigener Rechte
für die Zulassung des Gegenantrags (Widerklage) gerade bei dem vom Prozessgegner angerufenen Gericht sprechen. Etwa dann, wenn das Verschulden von
Bedeutung ist, der schuldige Teil klagt und der andere sich wehren können
muss. Darüber hinaus treffen dann natürlich auch die Erwägungen aus Art. 19
VO zu, wonach der Prozessgegner seine Prozessziele nicht verfolgen könnte,
wenn er bis zur Rechtskraft oder dem anderweitigen Abschluss des anhängigen
Verfahrens gehindert wäre.[3]

II. Voraussetzung

Bedingung ist jedoch stets, dass der Gegenantrag in den Anwendungsbereich der 2
VO fällt.[4] Es können also keine anderen Sachen außer der Ehesache selbst und
der elterlichen Verantwortung über Art. 4 VO zur Zuständigkeit führen. Das ist

---

33 Anders als bei dem früheren § 606 a ZPO genügt es nicht, wenn nur einer die Staatsange-
    hörigkeit des Entscheidungsstaats hat.
34 NK-BGB/Gruber EheVO 2003 Art. 3 Rn. 51; Thomas/Putzo/Hüßtege EheVO 2003 Art. 3
    Rn. 11; Andrae § 2 Rn. 28; HK-ZPO/Dörner EheVO 2003 Art. 3 Rn. 17. Ebenso Zöller/
    Geimer EheVO 2003 Art. 3 Rn. 4, die von Abfederung der Sperre des Art. 19 sprechen.
35 EuGH FamFR 2009, 32 mAnm Rieck; EuGH FamRZ 2009, 32 mAnm Kohler. Ausführ-
    lich Dilger, IPRax 2010, 54 ff.
 1 NK-BGB/Gruber EheVO 2003 Art. 4 Rn. 2; Thomas/Putzo/Hüßtege EheVO 2003 Art. 4
    Rn. 1; PG/Völker EheVO 2003 Art. 4 Rn. 1.
 2 HK-ZPO/Dörner EheVO 2003 Art. 4 Rn. 1 sieht hierin den Hauptzweck der Norm.
 3 Ebenso Althammer/Großerichter Art. 4 Rn. 2.
 4 MK/Gottwald EheVO 2003 Art. 4 Rn. 2.

insbesondere zu beachten, wenn mit dem Gegenantrag Folgesachen anhängig gemacht werden sollen. Über die Zuständigkeit für andere als die beiden genannten Folgesachen ist nach anderen völkervertraglichen Regeln oder nach nationalem Recht zu entscheiden.[5] Die sog „Annexzuständigkeit" in Fragen der elterlichen Verantwortung (Art. 3 EheVO 2000) besteht nicht mehr, da die Zuständigkeit nicht mehr nur bei ehelichen, sondern auch bei nichtehelichen Kindern besteht (Art. 8, 9 VO).

Artikel 5 EheVO 2003   Umwandlung einer Trennung ohne Auflösung des Ehebandes in eine Ehescheidung

Unbeschadet des Artikels 3 ist das Gericht eines Mitgliedstaats, das eine Entscheidung über eine Trennung ohne Auflösung des Ehebandes erlassen hat, auch für die Umwandlung dieser Entscheidung in eine Ehescheidung zuständig, sofern dies im Recht dieses Mitgliedstaats vorgesehen ist.

I. Regelungszweck

1   Es handelt sich um die fortbestehende Zuständigkeit des Gerichts, das die Trennungsentscheidung erlassen hat, für die Umwandlung derselben in eine Scheidung auch dann, wenn sonst die Zuständigkeit nach Art. 3 VO nicht mehr besteht.[1]

II. Voraussetzungen

2   Es muss eine gerichtliche Trennungsentscheidung vorliegen; einvernehmliche, vertragliche oder schlichte tatsächliche Trennung genügen nicht. Die Umwandlungsbefugnis muss im Recht des betreffenden Staates vorgesehen sein. Nach hM ist unter „Recht" auch das internationale Privatrecht zu verstehen, so dass auch Deutschland bei Anwendung entsprechenden ausländischen Sachrechts zu diesen Staaten gehören kann.[2]

III. Umwandlung

3   Fraglich ist, ob eng oder weit auszulegen ist, ob also nur die Umwandlung oder auch die selbstständige Scheidung, deren Voraussetzung ein gerichtliches Trennungsurteil ist, hierunter fällt. Da die Fortdauer der Zuständigkeit die Ausnahme zu sein hat, kann nur die strikt wörtliche Auslegung zulässig sein.

IV. Zuständigkeit

4   Nach dem Sinn der Norm ist auch zu entscheiden, ob die Zuständigkeit nach Art. 5 VO fakultativ ist oder über Art. 19 VO andere Zuständigkeiten sperrt. Die Fortdauer der Zuständigkeit hat ihre Wurzel in dem prozessualen Zusam-

---

5   Thomas/Putzo/Hüßtege EheVO 2003 Art. 4 Rn. 2; NK-BGB/Gruber EheVO 2003 Art. 4 Rn. 3; HK-ZPO/Dörner EheVO 2003 Art. 4 Rn. 2 beschreibt dies zutreffend so, dass die nationalen Rechtsordnungen darüber entscheiden, ob die Konnexität besteht; Staudinger/Spellenberg EheVO 2003 Art. 4 Rn. 7.

1   HK-ZPO/Dörner EheVO 2003 Art. 5 Rn. 1 spricht von Annexzuständigkeit; NK-BGB/Gruber EheVO 2003 Art. 5 Rn. 1 Folgekompetenz. Richtig Thomas/Putzo/Hüßtege EheVO 2003 Art. 5 Rn. 1.

2   NK-BGB/Gruber EheVO 2003 Art. 5 Rn. 5; Thomas/Putzo/Hüßtege EheVO 2003 Art. 5 Rn. 2; BGH FamRZ 1987, 793; HK-ZPO/Dörner EheVO 2003 Art. 5 Rn. 2; Staudinger/Spellenberg EheVO 2003 Art. 5 Rn. 6; Zöller/Geimer EheVO 2003 Art. 5 Rn. 3.

menhang, der zwischen dem Trennungs- und dem Umwandlungsurteil besteht. Dann ist die Zuständigkeit nach Art. 5 VO bindend und sperrt über Art. 19 VO andere Zuständigkeiten.[3] Die Gegenmeinung,[4] wonach die auf Art. 3 VO gestützte Zuständigkeit unberührt bleibe, verdient jedoch den Vorzug, denn Art. 5 stellt eine Alternativzuständigkeit dar.[5]

Artikel 6 EheVO 2003   Ausschließliche Zuständigkeit nach den Artikeln 3, 4 und 5

Gegen einen Ehegatten, der

a) seinen gewöhnlichen Aufenthalt im Hoheitsgebiet eines Mitgliedstaats hat oder

b) Staatsangehöriger eines Mitgliedstaats ist oder im Fall des Vereinigten Königreichs und Irlands sein „domicile" im Hoheitsgebiet eines dieser Mitgliedstaaten hat,

darf ein Verfahren vor den Gerichten eines anderen Mitgliedstaats nur nach Maßgabe der Artikel 3, 4 und 5 geführt werden.

I. Regelungszweck

Die Zuständigkeit der Art. 3–5 VO ist ausschließlich für Maßnahmen, die sich   1 gegen Personen richten, die ihren gewöhnlichen Aufenthalt in einem Mitgliedstaat haben oder Staatsangehörige eines Mitgliedstaates sind.[1]

Die Literatur,[2] die den Zweck der Norm darin sieht, zwischen den Zuständigkeiten nach Art. 3–5 und der Restzuständigkeit nach Art. 7 VO abzugrenzen, greift zu kurz: Man wird in diesem Zusammenhang auch Art. 3 Abs. 1 lit. a Spiegelstrich 6 VO sehen müssen mit dem Ergebnis, dass bis zum Ablauf der Sperrfrist die Gerichte des früheren Aufenthaltsstaates, sofern dieser ein Mitgliedstaat ist, ausschließlich zuständig sind. Es dürfte sich daher um eine Regelung gegen forum shopping handeln.[3]

II. Anwendungsbereich

Es wird nur wenige Fälle geben, in denen nicht bereits eine Zuständigkeit nach   2 Art. 3–5 VO begründet ist. Daher ist Art. 6 VO so zu verstehen, dass durch ihn

---

3 So im Ergebnis Thomas/Putzo/Hüßtege EheVO 2003 Art. 5 Rn. 3; gegen die Wertung von NK-BGB/Gruber EheVO 2003 Art. 5 Rn. 7, wonach es eine Frage der Begründetheit und nicht der Zuständigkeit sei, ob ein Trennungsurteil als konstitutiv anzusehen sei, bestehen Bedenken.

4 HK-ZPO/Dörner EheVO 2003 Art. 5 Rn. 1.

5 S. eingehend dazu Rieck FPR 2007, 425–427; ebenso Thomas/Putzo/Hüßtege EheVO 2003 Art. 6 Rn. 2.

1 HK-ZPO/Dörner EheVO 2003 Art. 6 Rn. 1 begründet dies mit dem Vorrang vor den nationalen Zuständigkeitsregeln. Das ist unzutreffend, denn diese sind ja vollständig verdrängt. Bei dieser Argumentation wird zu wenig beachtet, dass es sich nur bei gegen die Person gerichteten Anträgen um ausschließliche Zuständigkeiten handelt. PG/Völker EheVO 2003 Art. 6 Rn. 1 sieht die Norm im Zusammenhang mit Art. 7.

2 NK-BGB/Gruber EheVO 2003 Art. 6 Rn. 1; Thomas/Putzo/Hüßtege EheVO 2003 Art. 6 Rn. 1; HK-ZPO/Dörner EheVO 2003 Art. 6 Rn. 1.

3 Althammer/Großerichter Art. 6 Rn. 1–4 bezeichnet dies als „Abgeschlossenheitsregelung", was aber auch nicht mehr Klarheit vermittelt.

der Rückgriff auf nationale Zuständigkeitsnormen verhindert werden soll,[4] soweit dies möglich ist. Insbesondere soll – außer im Verhältnis zu Drittstaaten – ausgeschlossen werden, dass die Zuständigkeit allein an die Staatsangehörigkeit des Antragstellers angeknüpft wird, wenn der Antragsgegner in einem EU-Mitgliedstaat lebt.[5] Maßgeblicher Zeitpunkt für die Beurteilung der Voraussetzungen ist allein der der Antragstellung (→ EheVO 2003 Art. 3 Rn. 6).

III. Erweiterte Anwendung

3 Der EuGH hat in seiner Entscheidung vom 29.11.2007[6] den Anwendungsbereich des Art. 6 VO im Zusammenhang mit Art. 7 VO erweitert, indem er die Zuständigkeit durch Rückgriff auf das nationale Recht auch dann verwehrt, wenn die Maßnahme sich nicht gegen den Betreffenden richtet, aber für den Antragsteller eine (andere) Zuständigkeit eines Mitgliedstaates nach Art. 3 VO begründet ist.[7]

IV. Einschränkende Auslegung

4 Es besteht Streit darüber, ob es nach dieser Vorschrift überhaupt noch Notzuständigkeiten geben kann.[8] Der Verfasser schließt Notzuständigkeiten aus, wenn eine Zuständigkeit des Gerichts eines Mitgliedstaates nach Art. 3–5 dieser VO besteht. Im Verhältnis zu Drittstaaten sieht der Verfasser jedoch Art. 6 der VO nicht für anwendbar.[9]

Artikel 7 EheVO 2003 Restzuständigkeit

(1) Soweit sich aus den Artikeln 3, 4 und 5 keine Zuständigkeit eines Gerichts eines Mitgliedstaats ergibt, bestimmt sich die Zuständigkeit in jedem Mitgliedstaat nach dem Recht dieses Staates.

(2) Jeder Staatsangehörige eines Mitgliedstaats, der seinen gewöhnlichen Aufenthalt im Hoheitsgebiet eines anderen Mitgliedstaats hat, kann die in diesem Staat geltenden Zuständigkeitsvorschriften wie ein Inländer gegenüber einem Antragsgegner geltend machen, der seinen gewöhnlichen Aufenthalt nicht im Hoheitsgebiet eines Mitgliedstaats hat oder die Staatsangehörigkeit eines Mitgliedstaats besitzt oder im Fall des Vereinigten Königreichs und Irlands sein „domicile" nicht im Hoheitsgebiet eines dieser Mitgliedstaaten hat.

---

4 Zutreffend NK-BGB/Gruber EheVO 2003 Art. 6 Rn. 6; Zöller/Geimer EheVO 2003 Art. 6 Rn. 5; Althammer/Großerichter Art. 6 Rn. 5 sprechen von einer „privilegierenden Schutzvorschrift für Antragsgegner".
5 Thomas/Putzo/Hüßtege EheVO 2003 Art. 5 Rn. 1, 3.
6 EuGH 29.11.2007 – C-68/07, NJW 2008, 207.
7 Die Gerichte eines Mitgliedstaats können, wenn der Antragsgegner in einem Ehescheidungsverfahren weder seinen gewöhnlichen Aufenthalt in einem Mitgliedstaat hat noch die Staatsbürgerschaft eines Mitgliedstaats besitzt, ihre Zuständigkeit für die Entscheidung über den entsprechenden Antrag nicht aus nationalen Recht herleiten, wenn die Gerichte eines anderen Mitgliedstaats nach Art. 3 dieser Verordnung zuständig sind.
8 Zum Meinungsstreit s. statt vieler Althammer/Großerichter Art. 6 Rn. 8, 11.
9 Das ergibt sich zwingend aus Art. 7 VO.

I. Regelungszweck

Es handelt sich um eine Auffangnorm, die – s. Art. 6 VO – nur eingreifen kann, **1** wenn keine internationale Zuständigkeit irgendeines anderen Mitgliedstaates nach den Art. 3–5 VO begründet werden kann.[1]

Soweit vorgeschlagen wird, Art. 7 Abs. 1 VO auch dann anzuwenden, wenn die Wartefrist nach Art. 3 Abs. 1 lit. a Spiegelstriche 5 und 6 VO noch nicht abgelaufen ist,[2] kann dem aus den bei → EheVO 2003 Art. 6 Rn. 1 und → EheVO 2003 Art. 3 Rn. 6 genannten Gründen nicht gefolgt werden.

II. Gleichstellung

Die Bestimmung schließt eine Lücke. Wenn etwa der Antragsgegner weder Auf- **2** enthalt in einem Mitgliedstaat hat noch ihm angehört, der Antragsteller hingegen zwar Angehöriger eines Mitgliedstaates ist, jedoch nicht des Mitgliedstaates, in dem er seinen gewöhnlichen Aufenthalt hat, und **wenn keine Zuständigkeit nach Art. 3–5 VO besteht,**[3] kann sich auch der ausländische EU-Einwohner auf die für Staatsangehörige[4] geltenden autonomen Zuständigkeitsnormen (etwa § 98 FamFG) stützen.[5]

Abschnitt 2 Elterliche Verantwortung

Artikel 8 EheVO 2003   Allgemeine Zuständigkeit

(1) Für Entscheidungen, die die elterliche Verantwortung betreffen, sind die Gerichte des Mitgliedstaats zuständig, in dem das Kind zum Zeitpunkt der Antragstellung seinen gewöhnlichen Aufenthalt hat.

(2) Absatz 1 findet vorbehaltlich der Artikel 9, 10 und 12 Anwendung.

I. Regelungszweck

Dem Abs. 1 ist zu entnehmen, dass, von Ausnahmen abgesehen (vgl. Art. 15 **1** VO), die Gerichte des Mitgliedstaates, in dem das Kind seinen rechtmäßigen gewöhnlichen Aufenthalt hat, die geeigneten Gerichte für Verfahren über die elterliche Verantwortung sind.[1] Zeitpunkt für das Vorliegen dieser Voraussetzung ist der der Antragstellung. Das bedeutet:

Lag der gewöhnliche Aufenthalt im Zeitpunkt der Verfahrenseinleitung (noch) **2** nicht vor, so ist das Gericht unzuständig und hat den Antrag abzuweisen.

Lag der gewöhnliche Aufenthalt vor, und wird nach der Begründung dieses Auf- **3** enthalts das Kind rechtswidrig in einen anderen Mitgliedstaat verbracht, so bleibt die Zuständigkeit des zuerst angerufenen oder zuständigen Gerichts beste-

---

1   S. auch EuGH 29.11.2007 – C-68/07, NJW 2008, 207.
2   Zum Meinungsstand NK-BGB/Gruber EheVO 2003 Art. 7 Rn. 2. Die dort zitierte Ungleichbehandlung ist mE hinzunehmen, weil Ungleiches nicht gleich behandelt werden muss.
3   S. hierzu EuGH NJW 2008, 207.
4   Thomas/Putzo/Hüßtege EheVO 2003 Art. 7 Rn. 2.
5   NK-BGB/Gruber EheVO 2003 Art. 7 Rn. 4; Thomas/Putzo/Hüßtege EheVO 2003 Art. 7 Rn. 4; Andrae § 2 Rn. 49–52; HK-ZPO/Dörner EheVO 2003 Art. 7 Rn. 8; Zöller/Geimer EheVO 2003 Art. 7 Rn. 1.
1   Leitfaden S. 16.

hen.[2] Wird das Kind rechtmäßig in einen anderen Mitgliedstaat verbracht, bleibt das zuerst angerufene Gericht zuständig, da das nach Art. 8 VO (durch den Zuzug des Kindes) neu zuständig gewordene Gericht nicht etwa unzuständig ist, sondern nach Art. 19 Abs. 2 VO das Verfahren so lange auszusetzen hat, bis feststeht, dass das zuerst angerufene Gericht zuständig war (Art. 19 Abs. 3 VO).[3]

4 Lag der gewöhnliche Aufenthalt vor, und wurde bereits eine Umgangsentscheidung getroffen, so bleibt für deren Abänderung das zuerst angerufene Gericht weiterhin für die Dauer von drei Monaten zuständig (Art. 9 Abs. 1 VO).

II. Gewöhnlicher Aufenthalt

5 Der Begriff bereitet Schwierigkeiten (→ EheVO 2003 Art. 3 Rn. 2). Soweit die Begriffe der „autonomen"[4] oder „verordnungsautonomen"[5] Auslegung verwendet wird, während andere[6] die Auslegung nach MSA oder KSÜ vornehmen wollen, sei vor der Übernahme von Begriffen aus anderen Regelungen gewarnt.[7]

6 Der Leitfaden der Kommission besagt, dass der gewöhnliche Aufenthalt durch den Richter im Einzelfall festzustellen ist. Dies hat in Übereinstimmung mit den Zielen und Zwecken der VO zu geschehen.[8] Der Begriff ist nach Unionsrecht zu verstehen. Der Erwerb des gewöhnlichen Aufenthalts in einem Mitgliedstaat hat grundsätzlich den Verlust des gewöhnlichen Aufenthalts im anderen zur Folge (kein doppelter gewöhnlicher Aufenthalt). Das Wort „gewöhnlich" lässt zwar auf eine gewisse Dauer schließen, jedoch soll es nicht ausgeschlossen sein, dass das Kind seinen gewöhnlichen Aufenthalt am Tage der Ankunft im Mitgliedstaat erwirbt.[9] Hieraus ergibt sich, dass der gewöhnliche Aufenthalt nicht schematisch, sondern nach den Umständen des Einzelfalls als Tatfrage durch das angerufene Gericht zu prüfen und zu entscheiden ist.[10]

III. Mehrere Kinder

7 Aus der Formulierung „das Kind" ist zu entnehmen, dass der gewöhnliche Aufenthalt bei mehreren Kindern jeweils einzeln geprüft werden muss, und dass sich aus der Zuständigkeit für ein Kind nicht automatisch die Zuständigkeit für

---

2 IE übereinstimmend Solomon FamRZ 2004, 1411; Thomas/Putzo/Hüßtege EheVO 2003 Art. 8 Rn. 5; NK-BGB/Gruber EheVO 2003 Art. 8 Rn. 3; gegen den Begriff der „perpetuatio fori" bestehen Bedenken, weil sich dieser weder aus Art. 8 noch aus Art. 19 EheVO 2003 ergibt.

3 Thomas/Putzo/Hüßtege EheVO 2003 Art. 5 Rn. 5.

4 Thomas/Putzo/Hüßtege EheVO 2003 Art. 8 Rn. 4 und 5 unter Hinweis auf BGH NJW 2010, 1351; „autonom" wird für missverständlich gehalten, weil dies als Auslegung nach nationalem Recht verstanden werden könnte.

5 HK-ZPO/Dörner EheVO 2003 Art. 8 Rn. 3; Solomon FamRZ 2004, 1411; das Wort ist ein Ungetüm, das zwar inhaltlich richtig ist, aber leider oft verkürzt zitiert wird.

6 NK-BGB/Gruber EheVO 2003 Art. 8 Rn. 5.

7 Busch IPRax 2003, 221 bezieht dies zwar auf die elterliche Verantwortung, jedoch ist der Hinweis auch bei dem gewöhnlichen Aufenthalt richtig.

8 EuGH FamRZ 2009, 843.

9 Leitfaden S. 16.

10 Zöller/Geimer EheVO 2003 Art. 8 Rn. 5 stellen auf den Schwerpunkt der familiären Beziehungen des Kindes ab, da es noch an Rspr. des EuGH fehle.

weitere Kinder ergibt.[11] Es kommt auch nicht darauf an, ob das Kind selbst Kläger oder Beklagter, dh Partei ist.[12]

IV. Spätere Anhängigkeit einer Ehesache

Wird eine isolierte Sache „elterliche Verantwortung" vor dem zuständigen deut-   8
schen Gericht anhängig gemacht, und wird danach eine Ehesache anhängig, so
ist nach § 153 FamFG die Sache der elterlichen Verantwortung an das Gericht
der Ehesache abzugeben und zu verweisen. Fraglich ist, ob dies auch im Verhältnis zu anderen Mitgliedstaaten gilt.[13] Das ist zu verneinen,[14] da die Verfahren
über die elterliche Verantwortung anders als unter der VO 1347/2000 nicht
mehr unselbstständig sind und nach → Rn. 1 die Zuständigkeit fortbesteht.
S. hierzu Art. 12 VO. Ob ein Fall des Art. 15 VO vorliegt, soll dort erörtert werden. Umgekehrt kann jedoch die Verselbstständigung der Sachen über die elterliche Verantwortung auch nicht die Konsequenz haben, dass etwa im Inland
§ 153 FamFG nicht mehr zu beachten sei, da die VO das interne prozessuale
und materielle Recht der Mitgliedstaaten unberührt lässt, sondern nur die internationale Zuständigkeit betrifft.[15]

Artikel 9 EheVO 2003   Aufrechterhaltung der Zuständigkeit des früheren gewöhnlichen Aufenthaltsortes des Kindes

(1) Beim rechtmäßigen Umzug eines Kindes von einem Mitgliedstaat in einen
anderen, durch den es dort einen neuen gewöhnlichen Aufenthalt erlangt, verbleibt abweichend von Artikel 8 die Zuständigkeit für eine Änderung einer vor
dem Umzug des Kindes in diesem Mitgliedstaat ergangenen Entscheidung über
das Umgangsrecht während einer Dauer von drei Monaten nach dem Umzug
bei den Gerichten des früheren gewöhnlichen Aufenthalts des Kindes, wenn sich
der laut der Entscheidung über das Umgangsrecht umgangsberechtigte Elternteil
weiterhin gewöhnlich in dem Mitgliedstaat des früheren gewöhnlichen Aufenthalts des Kindes aufhält.

(2) Absatz 1 findet keine Anwendung, wenn der umgangsberechtigte Elternteil
im Sinne des Absatzes 1 die Zuständigkeit der Gerichte des Mitgliedstaats des
neuen gewöhnlichen Aufenthalts des Kindes dadurch anerkannt hat, dass er sich
an Verfahren vor diesen Gerichten beteiligt, ohne ihre Zuständigkeit anzufechten.

I. Regelungszweck

Die Bestimmung hat eine größere Bedeutung als es auf den ersten Blick scheint.   1
Sie soll eine befristete fortgesetzte Zuständigkeit für die Abänderung von Um-
gangsentscheidungen bewirken, ist aber in engem Zusammenhang mit Art. 8
VO zu sehen.[1]

---

11 Thomas/Putzo/Hüßtege EheVO 2003 Art. 8 Rn. 1; Musielak/Borth EheVO 2003 Art. 8
    Rn. 2.
12 Ebenso Coester-Waltjen FamRZ 2005, 242.
13 OLG Karlsruhe IPRax 2004, 524 f.; Gruber IPRax 2004, 507.
14 PG/Völker EheVO 2003 Art. 8 Rn. 5.
15 So auch Althammer/Schäuble, Art. 8 Rn. 1.
1   Althammer/Schäuble Art. 9 Rn. 16, 17 sehen einen Vorrang des Art. 9 vor Art. 8. Der
    Verfasser möchte diesen Vorrang nur für den Unterhalt und auch dort nur befristet beja-
    hen.

II. Neue Zuständigkeit

2 Anders als bei Ehesachen (Art. 3 Abs. 1 lit. a Spiegelstriche 5, 6 VO) gibt es **bei Kindern keine Sperrfrist**. Art. 9 Abs. 1 S. 1 VO bestätigt, dass das Kind mit dem rechtmäßigen Umzug einer neuen Zuständigkeit unterliegt.[2] Nur dann, wenn der umgangsberechtigte Elternteil im früheren Aufenthaltsstaat zurückgeblieben ist, und wenn eine im früheren Aufenthaltsstaat ergangene Umgangsentscheidung besteht, bleiben für die Dauer von drei Monaten die Gerichte des früheren Aufenthaltsstaates **für eine Abänderung** zuständig, nicht jedoch für den erstmaligen Erlass einer Umgangsentscheidung.[3]

III. Frist

3 Der Änderungsantrag muss innerhalb von drei Monaten gestellt sein. Das soll genügen, damit die Zuständigkeit des Gerichts des früheren Aufenthalts fortbesteht.[4] Adressat der Norm ist der im früheren Aufenthaltsstaat verbliebene umgangsberechtigte Elternteil, der davor bewahrt werden soll, nach dem berechtigten Wegzug des Kindes vor Gerichten im Ausland um sein Umgangsrecht zu kämpfen.[5]

IV. Zuständigkeitssperre

4 Während dieser drei Monate sind die Gerichte des Mitgliedstaates des neuen gewöhnlichen Aufenthalts des Kindes nur für die Abänderung von Umgangsentscheidungen nicht zuständig, wohl aber für alle anderen Fragen der elterlichen Verantwortung.

V. Umgangsentscheidung

5 Die Literatur vertritt einhellig die Auffassung, Art. 9 Abs. 1 VO gelte nicht für die Abänderung von Umgangsvereinbarungen.[6] Hiergegen bestehen Bedenken wegen Art. 2 Nr. 1 VO. Wegen der Gleichsetzung von Gerichten mit Behörden wird man sowohl (auch nicht familiengerichtlich genehmigte) Prozessvergleiche, notarielle Vereinbarungen als auch unter dem Beistand des Jugendamts getroffene Umgangsregelungen dem Art. 9 Abs. 1 VO zurechnen müssen,[7] zumal eine Vielzahl von Mitgliedstaaten eine Gerichtsentscheidung in Fragen der elterlichen Verantwortung nicht vorschreiben.

VI. Unrechtmäßiger Umzug

6 Art. 9 Abs. 1 VO ist auch eine wichtige Auslegungsregel für Art. 8 VO zu entnehmen. Die Zuständigkeit nach Art. 8 VO wird nur durch die rechtmäßige Begründung des gewöhnlichen Aufenthalts des Kindes erworben. Fehlt es hieran,

---

2 Dies bestätigt die Aussage des Leitfadens S. 16.
3 MK/Siehr EheVO 2003 Art. 9 Rn. 84 bezeichnet die Zuständigkeit nach Art. 9 Abs. 1 EheVO 2003 als Änderungszuständigkeit. Solomon FamRZ 2004, 1412; Thomas/Putzo/Hüßtege EheVO 2003 Art. 9 Rn. 1.
4 Solomon FamRZ 2004, 1412; Gruber IPRax 2005, 297; NK-BGB/Gruber EheVO 2003 Art. 9 Rn. 2.
5 Leitfaden S. 17.
6 Thomas/Putzo/Hüßtege EheVO 2003 Art. 9 Rn. 2; Solomon FamRZ 2004, 1412; Gruber IPRax 2005, 297; NK-BGB/Gruber EheVO 2003 Art. 9 Rn. 4; Leitfaden S. 17.
7 PG/Völker EheVO 2003 Art. 9 Rn. 3 für ausdrücklich gebilligte Vergleiche.

so verbleibt es bei der Zuständigkeit des Gerichts des früheren gewöhnlichen Aufenthalts,[8] zumindest bis zum Ablauf der Frist des Art. 10 lit. b VO.

VII. Drittstaaten

Art. 9 VO gilt nicht bei einem Umzug in einen Drittstaat. Das ergibt sich bereits   7
aus dem Wortlaut des S. 1.[9]

VIII. Abs. 2

Der Wortlaut des Textes ist missverständlich. Die Anfechtung der Zuständigkeit   8
ist wohl als Rüge derselben oder als Geltendmachung der Unzuständigkeit zu verstehen.[10]

Artikel 10 EheVO 2003   Zuständigkeit in Fällen von Kindesentführung

Bei widerrechtlichem Verbringen oder Zurückhalten eines Kindes bleiben die Gerichte des Mitgliedstaats, in dem das Kind unmittelbar vor dem widerrechtlichen Verbringen oder Zurückhalten seinen gewöhnlichen Aufenthalt hatte, so lange zuständig, bis das Kind einen gewöhnlichen Aufenthalt in einem anderen Mitgliedstaat erlangt hat und

a) jede sorgeberechtigte Person, Behörde oder sonstige Stelle dem Verbringen oder Zurückhalten zugestimmt hat

oder

b) das Kind sich in diesem anderen Mitgliedstaat mindestens ein Jahr aufgehalten hat, nachdem die sorgeberechtigte Person, Behörde oder sonstige Stelle seinen Aufenthaltsort kannte oder hätte kennen müssen und sich das Kind in seiner neuen Umgebung eingelebt hat, sofern eine der folgenden Bedingungen erfüllt ist:

   i)   Innerhalb eines Jahres, nachdem der Sorgeberechtigte den Aufenthaltsort des Kindes kannte oder hätte kennen müssen, wurde kein Antrag auf Rückgabe des Kindes bei den zuständigen Behörden des Mitgliedstaats gestellt, in den das Kind verbracht wurde oder in dem es zurückgehalten wird;

   ii)   ein von dem Sorgeberechtigten gestellter Antrag auf Rückgabe wurde zurückgezogen, und innerhalb der in Ziffer i) genannten Frist wurde kein neuer Antrag gestellt;

   iii)   ein Verfahren vor dem Gericht des Mitgliedstaats, in dem das Kind unmittelbar vor dem widerrechtlichen Verbringen oder Zurückhalten seinen gewöhnlichen Aufenthalt hatte, wurde gemäß Artikel 11 Absatz 7 abgeschlossen;

   iv)   von den Gerichten des Mitgliedstaats, in dem das Kind unmittelbar vor dem widerrechtlichen Verbringen oder Zurückhalten seinen gewöhnlichen Aufenthalt hatte, wurde eine Sorgerechtsentscheidung erlassen, in der die Rückgabe des Kindes nicht angeordnet wird.

---

8 NK-BGB/Gruber EheVO 2003 Art. 9 Rn. 9; Zöller/Geimer EheVO 2003 Art. 9 Rn. 2.
9 Coester-Waltjen FamRZ 2005, 244.
10 Coester-Waltjen FamRZ 2005, 244; Solomon FamRZ 2004, 1412, HK-ZPO/Dörner EheVO 2003 Art. 9 Rn. 10.

I. Regelungszweck

1 Die VO ergänzt in Art. 10 und 11 das Haager Übereinkommen von 1980 (HKÜ).[1] Jedoch bleibt das HKÜ zwischen den Mitgliedstaaten, die auch dem HKÜ angehören, anwendbar. Soweit die VO das HKÜ ergänzt und bezüglich der Instrumente erweitert, hat die VO Vorrang.[2] Kindesentführung umfasst sowohl unberechtigtes Verbringen als auch unberechtigtes Zurückhalten des Kindes.[3]

II. Zuständigkeit

2 Art. 10 VO bewirkt eine **Zuständigkeitssperre** in Sachen der elterlichen Verantwortung.[4] Die Gerichte des Mitgliedstaates, in dem das Kind vor der Kindesentführung seinen rechtmäßigen gewöhnlichen Aufenthalt hatte, bleiben so lange zuständig, bis kumulativ vorliegen: der neue gewöhnliche Aufenthalt des Kindes in einem anderen Mitgliedstaat und die Zustimmung aller Berechtigten (Personen, Behörden, Stellen). Die Norm ist im Verhältnis zu Drittstaaten jedoch keine Neuerung, weil ja auch schon nach Art. 16 HKÜ den Gerichten des Staats, in den entführt wurde, Sachentscheidungen über die elterliche Verantwortung[5] verwehrt sind.[6] Der Sinn der Norm erschließt sich erst daraus, dass zwischen den Mitgliedstaaten die freie Niederlassung als oberstes Vertragsprinzip gilt und es ermöglicht, dass das Kind rein faktisch auch durch ein unrechtmäßiges Verbringen seinen gewöhnlichen Aufenthalt im neuen Aufenthaltsstaat erwirbt.[7] Art. 10 VO hat nun den Sinn, dass eine Kindesentführung zwar einen neuen gewöhnlichen Aufenthalt, jedoch keine neue Zuständigkeit nach Art. 8 VO begründen kann, sondern dass es bei der Zuständigkeit der Gerichte des früheren gewöhnlichen Aufenthalts verbleibt, da das Verbringen nicht rechtmäßig war.[8]

III. Kind

3 Obwohl Art. 10 lediglich das Abkommen HKÜ ergänzt, ist als Kind im Sinne des Art. 10 jedes Kind unter 18 Jahren zu verstehen.[9]

---

1 Leitfaden S. 37. AA Zöller/Geimer EheVO 2003 Art. 10 Rn. 2, die von einer eigenständigen europäischen Lösung sprechen. Sie begründen dies mit den (unbesonnenen) textlichen Abweichungen von den Regeln des HKÜ. PG/Völker EheVO 2003 Art. 10 Rn. 2: „Art. 10 und 11 VO ergänzen und verstärken" das HKÜ.
2 Leitfaden S. 37.
3 Leitfaden S. 37.
4 PG/Völker EheVO 2003 Art. 10 Rn. 2; Thomas/Putzo/Hüßtege EheVO 2003 Art. 10 Rn. 1 nehmen an, dass es sich um eine Sonderregelung zu Art. 8 handele.
5 EuGH FamRZ 2010, 1229: vorläufige Regelungen fallen nicht darunter.
6 Insoweit erscheint die Hervorhebung der Zuständigkeitssperre in der Literatur nicht als so bedeutungsvoll.
7 Coester-Waltjen FamRZ 2005, 244 findet es erstaunlich, dass keine Sperrfrist besteht.
8 MK/Siehr EheVO 2003 Art. 10 Rn. 92; Solomon FamRZ 2004, 1417; Leitfaden S. 37. Dies verkennen Zöller/Geimer EheVO 2003 Art. 10 Rn. 5, wenn sie davon ausgehen, dass mit der Verbringung des Kindes die neue Zuständigkeit bereits eröffnet ist. Richtig ist wie hier, dass zwar ein neuer gewöhnlicher Aufenthalt begründet sein kann, die Zuständigkeit jedoch am alten Aufenthaltsort verbleibt, wenn nicht alle, die zustimmen müssen, zugestimmt haben.
9 Althammer/Schäuble Art. 10 Rn. 4.

IV. Gleichstellung

Dem Erwerb der neuen Zuständigkeit durch gewöhnlichen Aufenthalt und Zu- 4
stimmung aller Berechtigten (lit. a) werden die unter lit. b genannten Alternativen gleichgestellt. Allen gemeinsam ist, dass das Kind sich ein Jahr lang am neuen gewöhnlichen Aufenthalt aufgehalten und dort eingelebt haben muss mit Kenntnis aller Sorgeberechtigten, und dass dann noch eine der vier Alternativen hinzukommen muss.

V. Fehlende Rückgabeentscheidung

Diese Alternative ist im Verhältnis zum HKÜ ein Novum. Eine Mitwirkung der 5
Gerichte des früheren gewöhnlichen Aufenthalts des Kindes ist im HKÜ nur bei der Widerrechtlichkeitsbescheinigung nach Art. 15 HKÜ vorgesehen. Die VO geht darüber hinaus und sieht die Möglichkeit vor, dass die Gerichte des Staates des früheren gewöhnlichen Aufenthalts die Rückgabe des Kindes nicht anordnen. Nur vorläufige Nichtanordnung der Rückgabe genügt nicht. Dadurch wird die originäre (Allein-)Zuständigkeit nicht geändert.[10] Natürlich können sie die Rückgabe – s. dazu Art. 11 VO – auch anordnen.[11] Diese – die Instrumente des HKÜ erweiternde – Entscheidungsbefugnis der Gerichte des Staates des früheren gewöhnlichen Aufenthalts ermöglicht die sofortige Rückführung des Kindes, weil die Rückgabeentscheidung des Gerichts des Ursprungsmitgliedstaates ohne Exequaturverfahren unmittelbar vollstreckbar ist. Das steht auch einer Weiterentführung in andere Mitgliedstaaten entgegen.

Artikel 11 EheVO 2003 Rückgabe des Kindes

(1) Beantragt eine sorgeberechtigte Person, Behörde oder sonstige Stelle bei den zuständigen Behörden eines Mitgliedstaats eine Entscheidung auf der Grundlage des Haager Übereinkommens vom 25. Oktober 1980 über die zivilrechtlichen Aspekte internationaler Kindesentführung (nachstehend „Haager Übereinkommen von 1980" genannt), um die Rückgabe eines Kindes zu erwirken, das widerrechtlich in einen anderen als den Mitgliedstaat verbracht wurde oder dort zurückgehalten wird, in dem das Kind unmittelbar vor dem widerrechtlichen Verbringen oder Zurückhalten seinen gewöhnlichen Aufenthalt hatte, so gelten die Absätze 2 bis 8.

(2) Bei Anwendung der Artikel 12 und 13 des Haager Übereinkommens von 1980 ist sicherzustellen, dass das Kind die Möglichkeit hat, während des Verfahrens gehört zu werden, sofern dies nicht aufgrund seines Alters oder seines Reifegrads unangebracht erscheint.

(3) Das Gericht, bei dem die Rückgabe eines Kindes nach Absatz 1 beantragt wird, befasst sich mit gebotener Eile mit dem Antrag und bedient sich dabei der zügigsten Verfahren des nationalen Rechts.

Unbeschadet des Unterabsatzes 1 erlässt das Gericht seine Anordnung spätestens sechs Wochen nach seiner Befassung mit dem Antrag, es sei denn, dass dies aufgrund außergewöhnlicher Umstände nicht möglich ist.

(4) Ein Gericht kann die Rückgabe eines Kindes aufgrund des Artikels 13 Buchstabe b) des Haager Übereinkommens von 1980 nicht verweigern, wenn nachge-

---

10 EuGH 1.7.2010 – C-211/10 PPU, NJW 2010, 2863.
11 Leitfaden S. 38 „Die wichtigsten Grundsätze Nr. 4".

wiesen ist, dass angemessene Vorkehrungen getroffen wurden, um den Schutz des Kindes nach seiner Rückkehr zu gewährleisten.

(5) Ein Gericht kann die Rückgabe eines Kindes nicht verweigern, wenn der Person, die die Rückgabe des Kindes beantragt hat, nicht die Gelegenheit gegeben wurde, gehört zu werden.

(6) Hat ein Gericht entschieden, die Rückgabe des Kindes gemäß Artikel 13 des Haager Übereinkommens von 1980 abzulehnen, so muss es nach dem nationalen Recht dem zuständigen Gericht oder der Zentralen Behörde des Mitgliedstaats, in dem das Kind unmittelbar vor dem widerrechtlichen Verbringen oder Zurückhalten seinen gewöhnlichen Aufenthalt hatte, unverzüglich entweder direkt oder über seine Zentrale Behörde eine Abschrift der gerichtlichen Entscheidung, die Rückgabe abzulehnen, und die entsprechenden Unterlagen, insbesondere eine Niederschrift der Anhörung, übermitteln. Alle genannten Unterlagen müssen dem Gericht binnen einem Monat ab dem Datum der Entscheidung, die Rückgabe abzulehnen, vorgelegt werden.

(7) Sofern die Gerichte des Mitgliedstaats, in dem das Kind unmittelbar vor dem widerrechtlichen Verbringen oder Zurückhalten seinen gewöhnlichen Aufenthalt hatte, nicht bereits von einer der Parteien befasst wurden, muss das Gericht oder die Zentrale Behörde, das/die die Mitteilung gemäß Absatz 6 erhält, die Parteien hiervon unterrichten und sie einladen, binnen drei Monaten ab Zustellung der Mitteilung Anträge gemäß dem nationalen Recht beim Gericht einzureichen, damit das Gericht die Frage des Sorgerechts prüfen kann.

Unbeschadet der in dieser Verordnung festgelegten Zuständigkeitsregeln schließt das Gericht den Fall ab, wenn innerhalb dieser Frist keine Anträge bei dem Gericht eingegangen sind.

(8) Ungeachtet einer nach Artikel 13 des Haager Übereinkommens von 1980 ergangenen Entscheidung, mit der die Rückgabe des Kindes verweigert wird, ist eine spätere Entscheidung, mit der die Rückgabe des Kindes angeordnet wird und die von einem nach dieser Verordnung zuständigen Gericht erlassen wird, im Einklang mit Kapitel III Abschnitt 4 vollstreckbar, um die Rückgabe des Kindes sicherzustellen.

I. Regelungszweck

1 Die Vorschrift engt die Befugnisse des Mitgliedstaates, in den entführt wurde, nach Art. 12 und 13 HKÜ ein,[1] ohne diese zu verdrängen.[2] Im Verhältnis zu Drittstaaten, die dem HKÜ angehören, gilt die VO nicht.[3] Die Änderungen durch die VO sind erheblich. Sie ist keine wirkliche Zuständigkeitsnorm,[4] sondern eine Ergänzung und Erweiterung des HKÜ.

2 **1. Vorsorge.** In den Fällen des Art. 13 lit. b HKÜ kann die Rückgabe des Kindes nicht verweigert werden, wenn nachgewiesen ist, dass angemessene Vorsorge ge-

---

1   S. hierzu eingehend Rieck NJW 2008, 182–185. Althammer/Schäuble Art. 11 Rn. 3.
2   Egrund 17; NK-BGB/Gruber EheVO 2003 Art. 11 Rn. 1; Thomas/Putzo/Hüßtege EheVO 2003 Art. 11 Rn. 1; Staudinger/Spellenberg EheVO 2003 Art. 11 Rn. 4; s. zur Konkurrenz zwischen EheVO und HKÜ ausführlich Rieck NJW 2008, 182–185; Zöller/Geimer EheVO 2003 Art. 11 Rn. 2; MK/Siehr EheVO 2003 Art. 10 Rn. 87 mit dem Hinweis, dass Art. 11 EheVO 2003 die Herausgabe des Kindes ausdrücklich nicht regle und insoweit das HKÜ ergänze.
3   Solomon FamRZ 2004, 1417.
4   Thomas/Putzo/Hüßtege EheVO 2003 Art. 11 Rn. 1.

troffen ist, oder das Gericht sich vergewissert hat, dass Schutzmaßnahmen bestehen, oder darauf hinwirkt, dass solche ergriffen werden,[5] um den Schutz des
Kindes nach seiner Rückkehr zu gewährleisten (Abs. 4).[6]

2. Vorläufigkeit. Auch wenn die Rückgabe durch das Gericht des Mitgliedstaa-   3
tes, in den entführt wurde, nach Art. 13 lit. b HKÜ rechtskräftig abgelehnt wurde, ist dies nur vorläufig, denn das Gericht des früheren gewöhnlichen Aufenthalts des Kindes kann später noch die Rückgabe anordnen, was nach der VO
vollstreckbar ist (Abs. 8).[7] Das gilt auch, wenn keine endgültige Entscheidung
vorausgegangen ist.[8]

3. Unterrichtung der Gerichte des früheren gewöhnlichen Aufenthalts durch die   4
Gerichte des neuen gewöhnlichen Aufenthalts über die Ablehnung der Rückga-
be. Soweit aus dem Wortlaut des Abs. 6 entnommen werden könnte, die Pflicht
zur Unterrichtung bestehe nur bei Ablehnung der Rückgabe nach Art. 13 HKÜ,
steht dem Abs. 7 entgegen, denn bei einem bereits anhängigen Verfahren über
die elterliche Verantwortung vor dem nach Art. 8 VO zuständigen Gericht
kommt es nicht darauf an, aus welchen Gründen das Gericht des Zuflucht mitgliedstaates die Rückgabe verweigert.[9] Durch die Unterrichtung erhält der „verletzte Zustimmungsberechtigte" (Person, Behörde, Stelle) am früheren gewöhnlichen Aufenthalt die Möglichkeit, innerhalb von drei Monaten bei seinem Hei-
matgericht Anträge zu stellen, damit das bisher zuständige Gericht das Sorgerecht prüfen kann,[10] sofern er nicht bereits zuvor den diesbezüglichen Antrag
gestellt hat (Abs. 7).[11]

Im Ergebnis greift die VO tief in das Verhältnis zwischen den Mitgliedstaaten   5
nach dem HKÜ ein, macht die Entscheidung des Gerichts des neuen gewöhnlichen Aufenthalts zu einer einstweiligen Entscheidung, der die Entscheidung des
Gerichts des früheren gewöhnlichen Aufenthalts vorgeht.[12] Das kann die Rückgabe sehr beschleunigen und die Weiterwanderung verhindern, da die Entscheidung des Heimatgerichts ohne weitere Förmlichkeit und Exequatur in jedem
Mitgliedstaat vollstreckbar ist.

---

5 S. hierzu ausführlich Thomas/Putzo/Hüßtege EheVO 2003 Art. 11 Rn. 4.
6 Praktischer Anwendungsfall ist zB OLG Düsseldorf 2.2.2011 – 1 UF 110/10, FamFR
   2011, 144 mAnm Rieck, obwohl dieser die Türkei betrifft, die ja kein Mitgliedstaat, sondern nur Vertragsstaat des HKÜ ist.
7 Egrund 17; Staudinger/Spellenberg EheVO 2003 Art. 11 Rn. 7; Zöller/Geimer EheVO
   2003 Art. 11 Rn. 10; Thomas/Putzo/Hüßtege EheVO 2003 Art. 11 Rn. 8.
8 EuGH 1.7.2010 – C-211/10 PPU, NJW 2010, 2863.
9 Unter Hinweis auf EuGH NJW 2008, 2976 weisen HK-ZPO/Dörner EheVO 2003
   Art. 11 Rn. 12 darauf hin, dass die ablehnende Entscheidung nicht rechtskräftig sein
   muss.
10 Das schließt nach Thomas/Putzo/Hüßtege EheVO 2003 Art. 11 Rn. 7 auch andere Entscheidungen als nur die Herausgabe ein.
11 Leitfaden S. 47; ebenso Zöller/Geimer EheVO 2003 Art. 11 Rn. 12.
12 EuGH FamRZ 2010, 1229.

II. Sonstige Regelungen

6 ■ Kindesanhörung stets, sofern nicht mangels Alters und Reife völlig unangebracht (Abs. 2).
   ■ Beschleunigung, dh Erledigung[13] in sechs Wochen (Abs. 3).[14]
   ■ Keine Verweigerung der Rückgabe des Kindes bei Nachweis angemessenen Schutzes (Abs. 4).
   ■ Anhörung des Antragstellers vor einer Ablehnung (Abs. 5).
   ■ Anhörung des Kindes (Abs. 2).
   ■ Unterrichtung der Gerichte des Ursprungsstaates bei Ablehnung der Rückgabe innerhalb eines Monats durch Abdruck der Entscheidung und der Protokolle (Abs. 6).
   ■ Aufforderung des „verletzten Berechtigten" durch das Gericht des Ursprungsstaates, binnen drei Monaten einen Antrag zu stellen (Abs. 7).
   ■ Rückgabeentscheidung durch das Gericht des Ursprungsstaates trotz Rechtskraft der Entscheidung des Gerichts des Zufluchtsmitgliedstaats (Abs. 8).

III. Nationales Verfahren

7 Für Deutschland sind die §§ 9, 11 und 12 IntFamRVG zu beachten. Dabei ist insbesondere das Jugendamt zwingend zu beteiligen, was die Rechte des Kindes verstärken soll. Art. 11 Abs. 7 und 8 untersagen es einem Mitgliedstaat grundsätzlich nicht, im Rahmen des durch diese Bestimmungen vorgesehenen Verfahrens einem spezialisierten Gericht die Zuständigkeit für die Prüfung von Fragen der Rückgabe des Kindes oder des Sorgerechts zu übertragen, selbst wenn bereits ein Gerichtshof oder ein Gericht mit einem Hauptsacheverfahren über die elterliche Verantwortung in Bezug auf das Kind befasst wurde.[15]

Artikel 12 EheVO 2003 Vereinbarung über die Zuständigkeit

(1) Die Gerichte des Mitgliedstaats, in dem nach Artikel 3 über einen Antrag auf Ehescheidung, Trennung ohne Auflösung des Ehebandes oder Ungültigerklärung einer Ehe zu entscheiden ist, sind für alle Entscheidungen zuständig, die die mit diesem Antrag verbundene elterliche Verantwortung betreffen, wenn

a) zumindest einer der Ehegatten die elterliche Verantwortung für das Kind hat und

b) die Zuständigkeit der betreffenden Gerichte von den Ehegatten oder von den Trägern der elterlichen Verantwortung zum Zeitpunkt der Anrufung des Gerichts ausdrücklich oder auf andere eindeutige Weise anerkannt wurde und im Einklang mit dem Wohl des Kindes steht.

(2) Die Zuständigkeit gemäß Absatz 1 endet,

a) sobald die stattgebende oder abweisende Entscheidung über den Antrag auf Ehescheidung, Trennung ohne Auflösung des Ehebandes oder Ungültigerklärung einer Ehe rechtskräftig geworden ist,

---

13 Im VO-Text heißt es, dass das Gericht seine Entscheidung spätestens sechs Wochen seit seiner Befassung trifft. S. zum Meinungsstreit Zöller/Geimer EheVO 2003 Art. 11 Rn. 2–5. S. dazu auch die Vollstreckung innerhalb der sechs Wochen einschließen.

14 S. hierzu § 38 IntFamRVG; auf die Sanktionslosigkeit für den Fall der Überschreitung weisen HK-ZPO/Dörner EheVO 2003 Art. 11 Rn. 6 hin.

15 EuGH 9.1.2015 – C-498/14, NJW 2015, 1809 ff.

b) oder in den Fällen, in denen zu dem unter Buchstabe a) genannten Zeitpunkt noch ein Verfahren betreffend die elterliche Verantwortung anhängig ist, sobald die Entscheidung in diesem Verfahren rechtskräftig geworden ist,

c) oder sobald die unter den Buchstaben a) und b) genannten Verfahren aus einem anderen Grund beendet worden sind.

(3) Die Gerichte eines Mitgliedstaats sind ebenfalls zuständig in Bezug auf die elterliche Verantwortung in anderen als den in Absatz 1 genannten Verfahren, wenn

a) eine wesentliche Bindung des Kindes zu diesem Mitgliedstaat besteht, insbesondere weil einer der Träger der elterlichen Verantwortung in diesem Mitgliedstaat seinen gewöhnlichen Aufenthalt hat oder das Kind die Staatsangehörigkeit dieses Mitgliedstaats besitzt, und

b) alle Parteien des Verfahrens zum Zeitpunkt der Anrufung des Gerichts die Zuständigkeit ausdrücklich oder auf andere eindeutige Weise anerkannt haben und die Zuständigkeit in Einklang mit dem Wohl des Kindes steht.

(4) Hat das Kind seinen gewöhnlichen Aufenthalt in einem Drittstaat, der nicht Vertragspartei des Haager Übereinkommens vom 19. Oktober 1996 über die Zuständigkeit, das anzuwendende Recht, die Anerkennung, Vollstreckung und Zusammenarbeit auf dem Gebiet der elterlichen Verantwortung und der Maßnahmen zum Schutz von Kindern ist, so ist davon auszugehen, dass die auf diesen Artikel gestützte Zuständigkeit insbesondere dann in Einklang mit dem Wohl des Kindes steht, wenn sich ein Verfahren in dem betreffenden Drittstaat als unmöglich erweist.

I. Regelungszweck

Die Norm behandelt die Möglichkeit, die **Zuständigkeit des Gerichts** für Fragen der elterlichen Verantwortung[1] in bestimmten Fällen **zu vereinbaren.**[2] Diese Fälle sind (immer mit dem Erfordernis weiterer Tatbestandsvoraussetzungen): Der Verbund mit einer Ehesache (Abs. 1 und 2), die wesentliche Verbindung zum Gerichtsstaat (Abs. 3) und die Unmöglichkeit des Verfahrens in einem Drittstaat (Abs. 4).   1

II. Vereinbarung

Die Überschrift deutet auf die Freiwilligkeit, also auf die freie Gerichtsstandsvereinbarung[3] hin. Das ist jedoch umstritten. Der Text des Art. 12 VO erwähnt die Vereinbarung selbst nicht, jedoch wird man die Norm so verstehen müssen, dass die Parteien faktisch durch die Anrufung des Gerichts den Gerichtsstand wäh-   2

---

1 Dies gilt nach Zöller/Geimer EheVO 2003 Art. 12 Rn. 1 für alle Kinder der Ehegatten und nicht nur für die gemeinsamen.

2 Nach dem Wortlaut der VO genügt die ausdrückliche Anerkennung der Zuständigkeit. Dazu genügt auch die rügelose Einlassung, Zöller/Geimer EheVO 2003 Art. 12 Rn. 9, 10. Trotz Einlassung soll jedoch keine Anerkennung vorliegen, wenn in einem anderen Mitgliedstaat ein isoliertes Sorgerechtsverfahren anhängig ist. Auch vice versa Beteiligung genügt nach Zöller/Geimer EheVO 2003 Art. 12 Rn. 11 nicht.

3 In diesem Sinne Thomas/Putzo/Hüßtege EheVO 2003 Art. 12 Rn. 1 unter Berufung auf Coester-Waltjen FamRZ 2005, 241 (244); HK-ZPO/Dörner EheVO 2003 Art. 12 Rn. 1 sprechen gar von der Förderung einvernehmlicher Regelungen zwischen den Parteien.

len.[4] Auch können die Parteien die Wahl dadurch ausüben, dass sie einen Verbundantrag stellen. Das ist zumindest aus deutscher Sicht fakultativ. Schließlich erklärt die VO die Zuständigkeit nach Art. 12 VO nicht für ausschließlich.[5]

III. Bedingungen (Abs. 1, 2)

3 Zu der Anhängigkeit einer Ehesache muss ein mit dieser verbundener Antrag[6] auf elterliche Verantwortung hinzukommen. Das kann entweder bei Verfahrenseinleitung durch Verbundantrag oder zumindest gleichzeitigen Antrag beim Scheidungsgericht oder durch nachträgliche Erweiterung des Antrags geschehen.[7] Weiter ist Bedingung für diese Zuständigkeit, dass mindestens einer der Ehegatten die elterliche Verantwortung für das Kind hat **und** dass die Zuständigkeit dem Kindeswohl dient.[8]

IV. Einverständnis

4 Der Vereinbarungscharakter ergibt sich zwingend aus Abs. 1 lit. b. Hiernach ist gefordert, dass die Träger der elterlichen Verantwortung[9] die Zuständigkeit ausdrücklich oder auf andere eindeutige Weise anerkennen.[10] Dabei soll es genügen, wenn die Träger der elterlichen Verantwortung die Zuständigkeit des Gerichts vor dem Erlass einer Entscheidung anerkennen.[11] Dazu reicht rügeloses Einlassen nicht aus,[12] sicher aber ein Gegenantrag oder ein Mitantrag. Die Bestimmung des Art. 9 Abs. 2 VO kann nicht auf Art. 12 Abs. 1 lit. b VO übertragen werden, da der Regelungsinhalt sich qualitativ unterscheidet.[13] Außerdem stellt Abs. 1 lit. b auf den Zeitpunkt der Anrufung des Gerichts ab,[14] wozu rügelose Einlassung nicht passt. Als Zeitpunkt muss freilich bei einer bereits anhän-

---

4 So auch Leitfaden S. 21. PG/Völker EheVO 2003 Art. 12 Rn. 2 fordert, dass alle Träger der elterlichen Verantwortung die Zuständigkeit des angerufenen Gerichts durch eindeutiges Verhalten anerkennen.

5 Dies verkennt die Literatur, die gestützt auf OLG Karlsruhe NJW-RR 2004, 1084 die Abgabe der Sache elterliche Verantwortung auch an das ausländische Scheidungsgericht fordert.

6 Dazu Thomas/Putzo/Hüßtege EheVO 2003 Art. 12 Rn. 3 a.

7 Thomas/Putzo/Hüßtege EheVO 2003 Art. 12 Rn. 3 a; NK-BGB/Gruber EheVO 2003 Art. 12 Rn. 3; Gruber IPRax 2005, 298; Coester-Waltjen FamRZ 2005, 242 mit besonderer Betonung des Einverständnisses; Solomon FamRZ 2004, 1412; Musielak/Borth EheVO 2003 Art. 12 Rn. 1.

8 Wobei Coester-Waltjen FamRZ 2005, 243 zutreffend auf ein ungewöhnliches Ermessen in der Beurteilung der Zuständigkeitsvoraussetzungen hinweist. AA Zöller/Geimer EheVO 2003 Art. 12 Rn. 13, die nur einen Beurteilungsspielraum, keinen Ermessensspielraum sehen; HK-ZPO/Dörner EheVO 2003 Art. 12 Rn. 13; MK/Siehr EheVO 2003 Art. 12 Rn. 89.

9 Auch die Zustimmung eines Verfahrenspflegers fällt hierunter, EuGH 6.10.2015 – C-404/14, NJW 2016, 387 ff.

10 OLG Düsseldorf FamRZ 2010, 915.

11 OLG Düsseldorf FamRZ 2010, 915.

12 Thomas/Putzo/Hüßtege EheVO 2003 Art. 12 Rn. 5; NK-BGB/Gruber EheVO 2003 Art. 12 Rn. 4; Coester-Waltjen FamRZ 2005, 242; unentschieden HK-ZPO/Dörner EheVO 2003 Art. 12 Rn. 11 mit Hinweis auf Art. 9 Abs. 2; aA PG/Völker EheVO 2003 Art. 12 Rn. 2.

13 Thomas/Putzo/Hüßtege EheVO 2003 Art. 12 Rn. 5; Leitfaden S. 21, der in Situation 5 auf den Zeitpunkt der Anrufung des Gerichts hinweist, was bei einem rügelosen Einlassen eben gerade nicht vorliegt.

14 Leitfaden S. 21.

gigen Ehesache der Zeitpunkt der Antragstellung in der Sache elterliche Verantwortung genügen.

V. Dauer der Zuständigkeit (Abs. 2)

Die Dauer der Zuständigkeit endet grundsätzlich mit dem Ende der Ehesache [5] oder mit der rechtskräftigen Entscheidung über die elterliche Verantwortung, je nachdem, welcher der spätere Zeitpunkt ist.[15] Ist die Ehesache bereits beendet, so kann kein Antrag auf elterliche Verantwortung mehr nach Art. 12 VO anhängig gemacht werden.[16]

VI. Kindeswohl

Der Begriff Kindeswohl ist rein zuständigkeitsrechtlich zu verstehen.[17] Es [6] kommt nur darauf an, ob es dem Wohl des Kindes dient, wenn die Frage der elterlichen Verantwortung vor dem mit der Ehesache befassten Gericht verhandelt und durch dieses entschieden wird, obwohl das Kind dort keinen gewöhnlichen Aufenthalt hat. Die VO will damit zu Vereinbarungen ermuntern,[18] weshalb die Übereinstimmung der Träger der elterlichen Verantwortung über die Zuständigkeit nach der Absicht der VO in aller Regel dem Kindeswohl dient.[19]

VII. Bindung (Abs. 3)

Auch ohne die Anhängigkeit einer Ehesache und Verbindung der Sache elterliche Verantwortung mit dieser kann das Gericht eines anderen Mitgliedstaates [7] zuständig sein, wenn das Kind, das seinen gewöhnlichen Aufenthalt in einem anderen Mitgliedstaat hat,[20] zu dem Gerichtsstaat eine wesentliche Bindung, etwa durch Staatsangehörigkeit oder dort lebende Träger der elterlichen Verantwortung hat, **und** wenn alle Träger der elterlichen Verantwortung ausdrücklich oder auf eindeutige Weise zustimmen, und die Zuständigkeit mit dem Kindeswohl in Einklang steht. Die Aufzählung dieser Merkmale ist nicht ausschließlich.[21] Diese Zustimmung liegt jedoch nicht vor, wenn dem Beklagten die Klage nicht zugestellt werden konnte, und ein Abwesenheitspfleger für den Beklagten zugestimmt hat.[22] Sie liegt auch nicht vor, wenn die Partei, um deren Zustimmung es geht, später in einem anderen Verfahren und in der ersten von ihr in dem ersten Verfahren vorzunehmenden Handlung die Unzuständigkeit dieses Gerichts geltend macht.[23]

---

15 MK/Siehr EheVO 2003 Art. 12 Rn. 107.
16 NK-BGB/Gruber EheVO 2003 Art. 12 Rn. 9; Thomas/Putzo/Hüßtege EheVO 2003 Art. 12 Rn. 7.
17 Thomas/Putzo/Hüßtege EheVO 2003 Art. 12 Rn. 6; Coester-Waltjen FamRZ 2005, 243; Bedenken hegt NK-BGB/Gruber EheVO 2003 Art. 12 Rn. 8, der den Begriff materiell auslegen will.
18 Leitfaden S. 21.
19 So bestehen Bedenken gegen die Auffassung von Coester-Waltjen FamRZ 2005, 243, die Zustimmung müsse nicht unbedingt kindeswohlorientiert sein.
20 EuGH 1.10.2014 – C-656/13, NJW 2015, 40.
21 Leitfaden S. 22; Thomas/Putzo/Hüßtege EheVO 2003 Art. 12 Rn. 11; NK-BGB/Gruber EheVO 2003 Art. 12 Rn. 12.
22 EuGH 21.10.2015 – C-215/15, NJW 2016, 1007 ff.
23 EuGH 12.11.2014 – C-656/13, NJW 2015, 40.

Die Vereinbarung erlischt mit dem Erlass einer rechtskräftigen Entscheidung in dem entsprechenden Verfahren.[24]

VIII. Drittstaat

8 Es handelt sich um eine Auslegung des Merkmals Wohl des Kindes. Dieses wird durch die Zuständigkeit verwirklicht, wenn im Staat des gewöhnlichen Aufenthalts (Drittstaat) das Verfahren nicht durchführbar wäre,[25] etwa weil keine völkerrechtsvertraglichen Grundlagen bestehen.

Artikel 13 EheVO 2003 Zuständigkeit aufgrund der Anwesenheit des Kindes

(1) Kann der gewöhnliche Aufenthalt des Kindes nicht festgestellt werden und kann die Zuständigkeit nicht gemäß Artikel 12 bestimmt werden, so sind die Gerichte des Mitgliedstaats zuständig, in dem sich das Kind befindet.

(2) Absatz 1 gilt auch für Kinder, die Flüchtlinge oder, aufgrund von Unruhen in ihrem Land, ihres Landes Vertriebene sind.

I. Regelungszweck

1 Hier wird auf den **schlichten Aufenthalt**[1] abgestellt (Gegensatz zu Art. 8 VO). Es handelt sich um eine **Auffangzuständigkeit**,[2] die nur eingreifen kann, wenn sich ein gewöhnlicher Aufenthalt nicht feststellen lässt, und wenn auch keine vereinbarte Zuständigkeit besteht. Die Zuständigkeit nach Art. 13 VO ist also subsidiär.[3]

II. Zeitpunkt

2 Die VO erwähnt keinen Zeitpunkt für das Vorliegen der Voraussetzung des schlichten Aufenthalts. Es wird deshalb die Meinung vertreten, dass es genüge, wenn das Kind im Zeitpunkt der Entscheidung physisch anwesend ist.[4] Dem kann mit Hinweis auf Art. 17 VO nicht gefolgt werden, weil die Gerichte stets zu Verfahrensbeginn ihre Zuständigkeit zu prüfen haben.

III. Flüchtlinge

3 Der Begriff des Flüchtlings oder Vertriebenen ist durch die VO nicht definiert (Art. 2 VO). Er ist nach völkerrechtsvertraglichen Grundlagen zu bestimmen.[5] Nicht erforderlich ist es, dass die Kinder durch die Eltern begleitet an den Aufenthaltsort gelangt sind.[6]

---

24 EuGH 1.10.2014 – C-436/13, NJW 2014, 3355.
25 Zöller/Geimer EheVO 2003 Art. 12 Rn. 14. PG/Völker EheVO 2003 Art. 12 Rn. 5 setzt der Unmöglichkeit die Unzumutbarkeit gleich. Die sprachliche Begründung vermag jedoch nicht zu überzeugen.
1 Thomas/Putzo/Hüßtege EheVO 2003 Art. 13 Rn. 1; HK-ZPO/Dörner EheVO 2003 Art. 13 Rn. 2 spricht von bloßer physischer Präsenz; Coester-Waltjen FamRZ 2005, 243; Zöller/Geimer EheVO 2003 Art. 13 Rn. 1.
2 Solomon FamRZ 2004, 1413; Coester-Waltjen FamRZ 2005, 243; Thomas/Putzo/ Hüßtege EheVO 2003 Art. 13 Rn. 1.
3 NK-BGB/Gruber EheVO 2003 Art. 12 Rn. 2.
4 HK-ZPO/Dörner EheVO 2003 Art. 12 Rn. 4.
5 HK-ZPO/Dörner EheVO 2003 Art. 12 Rn. 6.
6 HK-ZPO/Dörner EheVO 2003 Art. 12 Rn. 6.

Artikel 14 EheVO 2003 Restzuständigkeit

Soweit sich aus den Artikeln 8 bis 13 keine Zuständigkeit eines Gerichts eines Mitgliedstaats ergibt, bestimmt sich die Zuständigkeit in jedem Mitgliedstaat nach dem Recht dieses Staates.

Es handelt sich um eine Auffangnorm hinter der Auffangnorm, ist also höchst **1** subsidiär.[1] Ist nach Art. 8–13 VO keine Zuständigkeit – man beachte – in irgendeinem Mitgliedstaat gegeben, also weder ein gewöhnlicher Aufenthalt des Kindes (Art. 8 VO) noch fortdauernde Zuständigkeit (Art. 9 VO) noch aufgrund Kindesentführung (Art. 10 VO), auch nicht aufgrund Vereinbarung (Art. 12 VO) und ebenso nicht wegen physischer Präsenz (Art. 13 VO), so gelten die autonomen Zuständigkeitsregeln der einzelnen Mitgliedstaaten.[2]

Bejaht ein Mitgliedstaat seine Zuständigkeit nach Art. 14 VO, so müssen die so **2** ergangenen Entscheidungen in allen anderen Mitgliedstaaten anerkannt und vollstreckt werden.[3]

Artikel 15 EheVO 2003 Verweisung an ein Gericht, das den Fall besser beurteilen kann

(1) In Ausnahmefällen und sofern dies dem Wohl des Kindes entspricht, kann das Gericht eines Mitgliedstaats, das für die Entscheidung in der Hauptsache zuständig ist, in dem Fall, dass seines Erachtens ein Gericht eines anderen Mitgliedstaats, zu dem das Kind eine besondere Bindung hat, den Fall oder einen bestimmten Teil des Falls besser beurteilen kann,

a) die Prüfung des Falls oder des betreffenden Teils des Falls aussetzen und die Parteien einladen, beim Gericht dieses anderen Mitgliedstaats einen Antrag gemäß Absatz 4 zu stellen, oder

b) ein Gericht eines anderen Mitgliedstaats ersuchen, sich gemäß Absatz 5 für zuständig zu erklären.

(2) Absatz 1 findet Anwendung

a) auf Antrag einer der Parteien oder

b) von Amts wegen oder

c) auf Antrag des Gerichts eines anderen Mitgliedstaats, zu dem das Kind eine besondere Bindung gemäß Absatz 3 hat.

Die Verweisung von Amts wegen oder auf Antrag des Gerichts eines anderen Mitgliedstaats erfolgt jedoch nur, wenn mindestens eine der Parteien ihr zustimmt.

(3) Es wird davon ausgegangen, dass das Kind eine besondere Bindung im Sinne des Absatzes 1 zu dem Mitgliedstaat hat, wenn

a) nach Anrufung des Gerichts im Sinne des Absatzes 1 das Kind seinen gewöhnlichen Aufenthalt in diesem Mitgliedstaat erworben hat oder

b) das Kind seinen gewöhnlichen Aufenthalt in diesem Mitgliedstaat hatte oder

c) das Kind die Staatsangehörigkeit dieses Mitgliedstaats besitzt oder

---

1 PG/Völker EheVO 2003 Art. 14 Rn. 1.

2 Soweit Thomas/Putzo/Hüßtege EheVO 2003 Art. 14 Rn. 1 und NK-BGB/Gruber EheVO 2003 Art. 14 Rn. 1 auf (andere) völkerrechtsvertragliche Zuständigkeiten zurückgreifen, steht dies nicht im Einklang mit dem Text der VO; MK/Siehr EheVO 2003 Art. 12 Rn. 3.

3 Leitfaden S. 23.

d) ein Träger der elterlichen Verantwortung seinen gewöhnlichen Aufenthalt in diesem Mitgliedstaat hat oder

e) die Streitsache Maßnahmen zum Schutz des Kindes im Zusammenhang mit der Verwaltung oder der Erhaltung des Vermögens des Kindes oder der Verfügung über dieses Vermögen betrifft und sich dieses Vermögen im Hoheitsgebiet dieses Mitgliedstaats befindet.

(4) Das Gericht des Mitgliedstaats, das für die Entscheidung in der Hauptsache zuständig ist, setzt eine Frist, innerhalb deren die Gerichte des anderen Mitgliedstaats gemäß Absatz 1 angerufen werden müssen.

Werden die Gerichte innerhalb dieser Frist nicht angerufen, so ist das befasste Gericht weiterhin nach den Artikeln 8 bis 14 zuständig.

(5) Diese Gerichte dieses anderen Mitgliedstaats können sich, wenn dies aufgrund der besonderen Umstände des Falls dem Wohl des Kindes entspricht, innerhalb von sechs Wochen nach ihrer Anrufung gemäß Absatz 1 Buchstabe a) oder b) für zuständig erklären. In diesem Fall erklärt sich das zuerst angerufene Gericht für unzuständig. Anderenfalls ist das zuerst angerufene Gericht weiterhin nach den Artikeln 8 bis 14 zuständig.

(6) Die Gerichte arbeiten für die Zwecke dieses Artikels entweder direkt oder über die nach Artikel 53 bestimmten Zentralen Behörden zusammen.

I. Regelungszweck

1 Es handelt sich um eine für das deutsche Recht neue Regelung.[1] Allerdings wird die Verweisung nach Art. 15 VO ausdrücklich als Ausnahme[2] bezeichnet, die eine **besondere Bindung des Kindes an den anderen Mitgliedstaat** voraussetzt. Was unter einer besonderen Bindung zu verstehen ist, bestimmt Abs. 3 (hierzu auch.[3] Weiter muss die Verweisung dem Wohl des Kindes dienen.[4] Art. 15 ist auch auf behördliche Unterschutzstellungen anzuwenden.[5]

II. Verweisung

2 Abs. 2 sieht drei Möglichkeiten vor, wobei der Verordnungstext die ganz natürliche Möglichkeit des Antrags beider Parteien nicht erwähnt, wohl deshalb, weil sie einer Vereinbarung nach Art. 12 VO gleichkommt. Auch ist keine Meinung dazu auffindbar, ob etwa das selbst bestimmende Kind (über 14 Jahre) die Verweisung beantragen kann. Man wird beides zulassen müssen. Der gemeinsame Antrag der Träger der elterlichen Verantwortung ist ebenso zuzulassen wie der Gegenantrag oder die bloße Zustimmung. Bei dem selbst bestimmenden Kind wird es die Auslegung gebieten, diesem ggf. einen Prozesspfleger beizuordnen, der für das Kind die Verweisung beantragt. Die Verweisung kann auch erfolgen auf Antrag nur einer Partei, von Amts wegen und auf Antrag des Gerichts eines anderen Mitgliedstaates. In den beiden letzteren Fällen jedoch nur, wenn mindestens eine der Parteien zustimmt (Abs. 2). Der Begriff Verweisung ist irreführ-

---

1 Sie wird dem anglo-amerikanischen Rechtskreis zugeordnet; Thomas/Putzo/Hüßtege EheVO 2003 Art. 15 Rn. 1; HK-ZPO/Dörner EheVO 2003 Art. 15 Rn. 2.

2 Die Bestimmung ist daher eng auszulegen, Thomas/Putzo/Hüßtege EheVO 2003 Art. 15 Rn. 1 unter Bezugnahme auf KG NJW 2006, 3503.

3 S. hierzu auch Art. 12 Abs. 3 EheVO 2003; diese Aufzählung ist jedoch nicht ausschließlich, Thomas/Putzo/Hüßtege EheVO 2003 Art. 15 Rn. 2.

4 Zöller/Geimer EheVO 2003 Art. 15 Rn. 3.

5 EuGH 27.10.2016 – C-428/15, NJW 2017, 541 ff.

rend. Der Natur nach handelt es sich nicht um eine rechtstechnische Verweisung, sondern um die Alternativen, die Abs. 1 beschreibt.[6]

III. Zuständigkeitsprüfung

Dem Antragsrecht und der Verweisung sind Schranken gesetzt. Selbst bei gemeinsamem Verweisungsantrag der Parteien bleibt die Verweisung eine Ausnahme.[7]

3

Das nach Art. 8–14 VO angerufene oder zuständige Gericht hat die Frage zu prüfen und muss zu der Überzeugung gelangt sein, dass das Kind zu dem anderen Mitgliedstaat eine besondere Bindung hat, dass das Gericht des anderen Mitgliedstaates den Fall insgesamt oder einen Teil desselben besser beurteilen kann, und dass die Verweisung dem Wohl des Kindes dient.[8] Dabei ist auch das Verfahrensrecht zu berücksichtigen.[9] Jedoch kommt es nur auf die Auswirkungen für das Kind und nicht auf die anderer Beteiligter an.[10]

4

Nach Abs. 5 haben die Gerichte des anderen Mitgliedstaates innerhalb von sechs Wochen zu prüfen, ob sie sich aufgrund der besonderen Umstände des Falles zum Wohl des Kindes für zuständig erklären wollen.

5

IV. Verfahren

Abs. 1 gibt dem Gericht, das verweisen will oder auf Antrag soll, folgende **Alternativen** an die Hand:

6

- Aussetzung des Verfahrens und Aufforderung an die Parteien, bei dem Gericht des anderen Mitgliedstaates einen Antrag zu stellen, oder
- das Gericht des anderen Mitgliedstaates zu ersuchen, sich nach Abs. 5 für zuständig zu erklären.

Geschieht dies innerhalb der gesetzten Fristen nicht, so bleibt das mit der Sache befasste Gericht weiter zuständig (Art. 4 und 5 VO).

V. Rechtsmittel

Die Entscheidung über die Verweisung ist nach § 57 FamFG angreifbar.[11] Dasselbe wird auch für die Ablehnung der Verweisung gelten müssen.

7

VI. Weiterverweisung

Eine Weiterverweisung ist im Text der VO nicht vorgesehen und scheidet aus.[12]

8

---

6   Musielak/Borth EheVO 2003 Art. 15 Rn. 1 bezeichnet dies zutreffend als die Verständigung der Gerichte verschiedener Mitgliedstaaten über die Übertragung des Verfahrens auf ein anderes Gericht.

7   HK-ZPO/Dörner EheVO 2003 Art. 15 Rn. 8.

8   EuGH 27.10.2016 – C-428/15, NJW 2017, 541 ff. fordert einen realen Mehrwert an Kindeswohl. Leitfaden S. 24, 25; KG 10.7.2006 – 16 UF 90/06 = NJW 2006, 3503 stellt darauf ab, dass der zu beurteilende Sachverhalt ganz oder überwiegend im Bereich der Zuständigkeit des ausländischen Gerichts zu klären ist.

9   EuGH 27.10.2016 – C-428/15, NJW 17, 541 ff.

10 EuGH 27.10.2016 – C-428/15, NJW 17, 541 ff.

11 KG NJW 2006, 3503; s. Zöller/Geimer EheVO 2003 Art. 15 Rn. 7 aE; Thomas/Putzo/Hüßtege EheVO 2003 Art. 15 Rn. 9. AA Althammer/Schäuble Art. 15 Rn. 17, die diese Entscheidung für unangreifbar halten.

12 Egrund 13; Thomas/Putzo/Hüßtege EheVO 2003 Art. 15 Rn. 4.

VII. Zusammenarbeit

9 Die Gerichte arbeiten entweder direkt oder über die zentralen Behörden (Art. 53 VO) zusammen (Abs. 6).[13]

VIII. Anwendbares Recht/Form

10 Die Form des Ersuchens und der Erklärung der Zuständigkeit richten sich nach den jeweiligen nationalen Rechten.[14]

Abschnitt 3 Gemeinsame Bestimmungen

Artikel 16 EheVO 2003   Anrufung eines Gerichts

(1) Ein Gericht gilt als angerufen

a) zu dem Zeitpunkt, zu dem das verfahrenseinleitende Schriftstück oder ein gleichwertiges Schriftstück bei Gericht eingereicht wurde, vorausgesetzt, dass der Antragsteller es in der Folge nicht versäumt hat, die ihm obliegenden Maßnahmen zu treffen, um die Zustellung des Schriftstücks an den Antragsgegner zu bewirken, oder

b) falls die Zustellung an den Antragsgegner vor Einreichung des Schriftstücks bei Gericht zu bewirken ist, zu dem Zeitpunkt, zu dem die für die Zustellung verantwortliche Stelle das Schriftstück erhalten hat, vorausgesetzt, dass der Antragsteller es in der Folge nicht versäumt hat, die ihm obliegenden Maßnahmen zu treffen, um das Schriftstück bei Gericht einzureichen.

I. Regelungszweck

1 Die Bedeutung der Vorschrift liegt in ihrem **Zusammenwirken mit Art. 19 Abs. 2 VO**;[1] s. national dazu § 123 FamFG. Richtig dürfte sein, dass es für die internationale Zuständigkeit nicht auf die Rechtshängigkeit, sondern auf die Anhängigkeit ankommt.[2] Ob die Anhängigkeit[3] mit Rechtshängigkeit gleichzusetzen ist,[4] wird jedenfalls dann zu bejahen sein, wenn der Antragsteller die notwendigen Voraussetzungen für die Zustellung geschaffen hat.[5] Die Bestimmung wird auch als „autonome Legaldefinition" des Zeitpunkts der Rechtshängigkeit gesehen.[6] Hieran sind Zweifel angebracht (→ Rn. 3).

---

13 KG NJW 2006, 3503.
14 ÖstOGH 24.6.2015 – 9 Ob 14/15 x, FamRZ 2016, 543.
1   Leitfaden S. 29 weist darauf hin, dass hierdurch sich widersprechende Entscheidungen in verschiedenen Mitgliedstaaten vermieden werden sollen.
2   Thomas/Putzo/Hüßtege EheVO 2003 Art. 16 Rn. 1 sehen in dieser Bestimmung eine autonome Festlegung des Zeitpunkts der Rechtshängigkeit eines Antrags.
3   NK-BGB/Gruber EheVO 2003 Art. 16 Rn. 1. Zutreffend weisen Zöller/Geimer darauf hin, dass Art. 16 EheVO 2003 nicht nur bei der Anwendung des Art. 19 EheVO 2003 von Bedeutung ist, sondern dass Art. 16 EheVO 2003 auch im Rahmen der Prüfung der internationalen Zuständigkeit zu beachten ist.
4   Unklar PG/Völker EheVO 2003 Art. 16 Rn. 1.
5   Thomas/Putzo/Hüßtege EheVO 2003 Art. 16 Rn. 3; HK-ZPO/Dörner EheVO 2003 Art. 16 Rn. 2.
6   Althammer/Schäuble Art. 19 Rn. 1.

Die VO will die Rechte der Mitgliedstaaten gerade nicht vereinheitlichen.[7] Man 2
könnte nun die Verdrängung nationalen Prozessrechts in Fragen der Zuständigkeit[8] extensiv so auslegen, dass damit auch die Frage der Rechtshängigkeit vereinheitlicht sei. Sprache und Regelwerk der VO sprechen jedoch dagegen.

Die VO unterscheidet zwischen Anrufung und Zustellung, hebt also nicht die 3
unterschiedlichen Rechtsfolgen auf, sondern verlagert lediglich die Sperre des
Art. 19 VO auf den Zeitpunkt der Einreichung des Antrags – sofern dieser vollständig ist.[9] Die Verpflichtung des Antragstellers, alles Notwendige zu tun, um
die Zustellung zu bewirken, hat daher eher den Zweck, die Blockade von Verfahren durch unvollständige Anträge zu verhindern.

Art. 19 VO bewirkt für das später angerufene Gericht eine Zuständigkeitssperre 4
bei Rechtshängigkeit und bei Anhängigkeit. Hieraus ergibt sich, dass die Anhängigkeit zur Erreichung der Zwecke der VO nicht der Rechtshängigkeit gleichgesetzt werden muss.[10]

II. Sperre

Um sich widersprechende Entscheidungen durch Gerichte verschiedener Mit- 5
gliedstaaten zu vermeiden, legt Art. 16 den Zeitpunkt für die sich aus Art. 19
VO ergebende Zuständigkeitssperre auf den frühesten gültigen Akt, nämlich den
vollständigen und zustellungsfähigen Antrag (Abs. 1) oder die Zustellung an den
Prozessgegner (wo vorgeschrieben), wenn diese unverzüglich dem Gericht bekannt gegeben wird.

III. Antrag

Ein vollständiger und zustellungsfähiger Antrag liegt vor, wenn folgende **Forma-** 6
lien eingereicht wurden: richtige Adresse des Antragsgegners, erforderliche Abschriften der Antragschrift, Kostenvorschuss oder ordnungsmäßiger Antrag auf
VKH.[11]

IV. Rechtsfolge

Die Rechtsfolge ist Art. 19 VO zu entnehmen. Das zuerst angerufene Gericht ist 7
in erster Linie zuständig, und das später angerufene Gericht hat das Verfahren
auszusetzen, bis die Zuständigkeit des zuerst angerufenen Gerichts geklärt ist.[12]
Gleichwohl wird es künftig Probleme aufgrund der deutschen Rechtspraxis geben, Anträge auf Bewilligung der VKH zuerst der Gegenpartei zur Stellungnahme zuzuleiten, wodurch diese vorgewarnt und in die Lage versetzt wird, durch
die sofortige Zustellung des in einem anderen Mitgliedstaat eingereichten An-

---

7 Kohler NJW 2001, 10. Die Egründe sehen dies nur bei der Zustellung (15) und bei der
   Frage des Rechtsmittels gegen die Vollstreckung (24) vor.
8 HM Musielak/Borth EheVO 2003 Vor Rn. 7; Thomas/Putzo/Hüßtege EheVO 2003 Vor
   Art. 1 Rn. 7; NK-BGB/Gruber 1 EheVO 2003 Vor Art. Rn. 16.
9 Zutreffend lässt Thomas/Putzo/Hüßtege EheVO 2003 Art. 16 Rn. 1 offen, ob die Anhängigkeit der Rechtshängigkeit gleichzusetzen sei. Staudinger/Spellenberg EheVO 2003
   Art. 16 Rn. 7 verweist auf die unterschiedlichen nationalen Systeme der Verfahrenseinleitung.
10 PG/Völker EheVO 2003 Art. 16 Rn. 2 spricht von Vorwirkung.
11 Thomas/Putzo/Hüßtege EheVO 2003 Art. 16 Rn. 3.
12 Leitfaden S. 29.

trags, die Rechtshängigkeit in einem anderen Mitgliedstaat herbeizuführen.[13] Die Ziele der VO werden nur dann erreicht werden, wenn entweder die deutschen Gerichte ihre Praxis ändern und die VKH gleich bewilligen, oder die ausländischen Gerichte die Anhängigkeit in einem anderen Mitgliedstaat der Rechtshängigkeit im eigenen Staat vorgehen lassen. Das dürfte nun durch den EuGH in dem Sinne geklärt sein, dass die rein zeitlich vorgehende Anhängigkeit sperrt.[14] Man wird nun auch nicht fordern dürfen, dass die VKH-Unterlagen vollständig sein müssen. Erledigt sich wegen der Unvollständigkeit der VKH-Unterlagen das Verfahren, so wird das zweite zum ersten.

Artikel 17 EheVO 2003   Prüfung der Zuständigkeit

Das Gericht eines Mitgliedstaats hat sich von Amts wegen für unzuständig zu erklären, wenn es in einer Sache angerufen wird, für die es nach dieser Verordnung keine Zuständigkeit hat und für die das Gericht eines anderen Mitgliedstaats aufgrund dieser Verordnung zuständig ist.

I. Regelungszweck

1 Das angerufene Gericht eines Mitgliedstaates hat von Amts wegen die Zuständigkeit zu prüfen. Auch ergibt sich aus dem Wort „angerufen", dass diese Prüfung im Zeitpunkt der Verfahrenseinleitung zu erfolgen hat.[1]

II. Zuständigkeitsprüfung

2 Sie hat in zweierlei Richtung zu erfolgen, so dass von einer **Amtsermittlungspflicht**[2] auszugehen ist. Das Gericht hat von Amts wegen zu prüfen, ob es selbst nach Art. 3–13 VO zuständig ist, und es hat von Amts wegen zu prüfen, ob das Gericht eines anderen Mitgliedstaates für die Sache aufgrund der VO zuständig ist. Erst danach kann das Gericht eine etwa bestehende Restzuständigkeit beanspruchen. Diese doppelte Prüfungs- und Ausschlusspflicht vor der Annahme einer Restzuständigkeit nach Art. 14 VO kommt einer Amtsermittlungspflicht gleich.[3]

III. Rechtsfolge

3 Ist das Gericht nach der VO unzuständig und gleichzeitig das Gericht eines anderen Mitgliedstaates nach der VO zuständig, so hat sich das angerufene Gericht für unzuständig zu erklären.

Ist jedoch kein Gericht eines anderen Mitgliedstaates zuständig, so kann eine etwaige Restzuständigkeit (Art. 7, 14 VO) angenommen werden.[4]

---

13 S. zum Problem auch Rieck, Ehescheidung bei ausländischen Ehepartnern, FPR 2007, 253.
14 EuGH 6.10.2015 – C-489/14 (A/B), NJW 2015, 3776 ff.
1 Das entspricht den dem deutschen Juristen bekannten Regeln; Thomas/Putzo/Hüßtege EheVO 2003 Art. 17 Rn. 1; NK-BGB/Gruber EheVO 2003 Art. 17 Rn. 1.
2 NK-BGB/Gruber EheVO 2003 Art. 17 Rn. 2 unter Berufung auf Spellenberg in: FS Geimer 2002, S. 1277; Staudinger/Spellenberg EheVO 2003 Art. 17 Rn. 4; PG/Völker EheVO 2003 Art. 17 Rn. 1.
3 NK-BGB/Gruber EheVO 2003 Art. 17 Rn. 3 lehnt dies wegen mangelnder Bindungswirkung ab; ebenso ablehnend Thomas/Putzo/Hüßtege EheVO 2003 Art. 17 Rn. 1; HK-ZPO/Dörner EheVO 2003 Art. 17 Rn. 2.
4 NK-BGB/Gruber EheVO 2003 Art. 17 Rn. 4; Zöller/Geimer EheVO 2003 Art. 17 Rn. 6.

Artikel 18 EheVO 2003   Prüfung der Zulässigkeit

(1) Lässt sich ein Antragsgegner, der seinen gewöhnlichen Aufenthalt nicht in dem Mitgliedstaat hat, in dem das Verfahren eingeleitet wurde, auf das Verfahren nicht ein, so hat das zuständige Gericht das Verfahren so lange auszusetzen, bis festgestellt ist, dass es dem Antragsgegner möglich war, das verfahrenseinleitende Schriftstück oder ein gleichwertiges Schriftstück so rechtzeitig zu empfangen, dass er sich verteidigen konnte, oder dass alle hierzu erforderlichen Maßnahmen getroffen wurden.

(2) Artikel 19 der Verordnung (EG) Nr. 1348/2000 findet statt Absatz 1 Anwendung, wenn das verfahrenseinleitende Schriftstück oder ein gleichwertiges Schriftstück nach Maßgabe jener Verordnung von einem Mitgliedstaat in einen anderen zu übermitteln war.

(3) Sind die Bestimmungen der Verordnung (EG) Nr. 1348/2000 nicht anwendbar, so gilt Artikel 15 des Haager Übereinkommens vom 15. November 1965 über die Zustellung gerichtlicher und außergerichtlicher Schriftstücke im Ausland in Zivil- und Handelssachen, wenn das verfahrenseinleitende Schriftstück oder ein gleichwertiges Schriftstück nach Maßgabe des genannten Übereinkommens ins Ausland zu übermitteln war.

I. Regelungszweck

Die Vorschrift dient der Sicherung des **rechtlichen Gehörs**, dem Schutz des Antragsgegners[1] und der (späteren) **Anerkennungsfähigkeit** der Entscheidung (Art. 22 lit. b; 23 lit. c VO).[2]   1

II. Nichteinlassung

Es ist fraglich, ob unter „einlassen" nur die sachliche Erwiderung oder auch die Rüge der Unzuständigkeit zu verstehen ist. Zwar deutet die Formulierung „sich verteidigen konnte" auf eine sachliche Erwiderung hin, jedoch wird man nach dem Sinn der Vorschrift, die lediglich sicherstellen will, dass der sich in einem anderen Mitgliedstaat gewöhnlich aufhaltende Prozessgegner das verfahrenseinleitende Schriftstück empfängt, annehmen müssen, dass auch die Unzuständigkeitsrüge eine Einlassung ist.[3]   2

III. Anderer Staat

Fraglich ist, ob hierunter nur ein Mitgliedstaat[4] oder auch ein Drittstaat[5] zu verstehen ist. Wegen Abs. 3 (Anwendung des HZÜ) ist davon auszugehen, dass Art. 18 Abs. 1 VO auch im Verhältnis zu Drittstaaten gilt. Dies auch deshalb, weil die zu treffende Entscheidung von den anderen Mitgliedstaaten anzuerkennen ist.   3

---

1   PG/Völker EheVO 2003 Art. 18 Rn. 1.
2   NK-BGB/Gruber EheVO 2003 Art. 18 Rn. 1; Thomas/Putzo/Hüßtege EheVO 2003 Art. 18 Rn. 1; HK-ZPO/Dörner EheVO 2003 Art. 18 Rn. 1.
3   NK-BGB/Gruber EheVO 2003 Art. 18 Rn. 2 unter Berufung auf Rauscher Brüssel IIa-VO Art. 10 Rn. 6; Staudinger/Spellenberg EheVO 2003 Art. 18 Rn. 14.
4   NK-BGB/Gruber EheVO 2003 Art. 18 Rn. 3.
5   HK-ZPO/Dörner EheVO 2003 Art. 18 Rn. 4.

IV. Rechtsfolge

4   Lässt sich der Verfahrensgegner nicht ein, so hat das angerufene Gericht das Verfahren so lange auszusetzen, bis feststeht, dass dem Prozessgegner das verfahrenseinleitende Schriftstück so rechtzeitig zugegangen ist, dass er sich verteidigen konnte. Die Aussetzung hat also auch zeitlich nicht nur den Zugang, sondern auch die Fristen für die Verteidigung zu berücksichtigen.[6]

V. Zustellvorschriften

5   Für die Zustellung finden Art. 19 der VO (EG) Nr. 1348/2000 sowie Art. 15 HZÜ Anwendung.

Artikel 19 EheVO 2003   Rechtshängigkeit und abhängige Verfahren

(1) Werden bei Gerichten verschiedener Mitgliedstaaten Anträge auf Ehescheidung, Trennung ohne Auflösung des Ehebandes oder Ungültigerklärung einer Ehe zwischen denselben Parteien gestellt, so setzt das später angerufene Gericht das Verfahren von Amts wegen aus, bis die Zuständigkeit des zuerst angerufenen Gerichts geklärt ist.

(2) Werden bei Gerichten verschiedener Mitgliedstaaten Verfahren bezüglich der elterlichen Verantwortung für ein Kind wegen desselben Anspruchs anhängig gemacht, so setzt das später angerufene Gericht das Verfahren von Amts wegen aus, bis die Zuständigkeit des zuerst angerufenen Gerichts geklärt ist.

(3) Sobald die Zuständigkeit des zuerst angerufenen Gerichts feststeht, erklärt sich das später angerufene Gericht zugunsten dieses Gerichts für unzuständig.

In diesem Fall kann der Antragsteller, der den Antrag bei dem später angerufenen Gericht gestellt hat, diesen Antrag dem zuerst angerufenen Gericht vorlegen.

I. Regelungszweck

1   Die Bestimmung regelt Fälle, in denen dasselbe Verfahren **bei Gerichten verschiedener Mitgliedstaaten anhängig** gemacht wird. Soweit es in der Überschrift zu diesem Artikel heißt „Rechtshängigkeit und abhängige Verfahren" dürfte ein Redaktionsversehen oder ein Schreibfehler vorliegen. Gemeint ist ganz offensichtlich „anhängige Verfahren". Dabei wird wegen der Beschreibung der Identität des Streitgegenstands zwischen Ehesachen (Abs. 1) und Sachen elterlicher Verantwortung (Abs. 2) unterschieden. Hieraus ergibt sich, dass Identität des Streitgegenstands (besonders → Rn. 4) und der Parteien bestehen muss, um die Rechtsfolgen des Abs. 3 auszulösen.[1]

---

6   HK-ZPO/Dörner EheVO 2003 Art. 18 Rn. 2.

1   NK-BGB/Gruber EheVO 2003 Art. 19 Rn. 2; Coester-Waltjen FamRZ 2005, 246; Musielak/Borth EheVO 2003 Art. 19 Rn. 1; Zöller/Geimer EheVO 2003 Art. 19 Rn. 5; aA Thomas/Putzo/Hüßtege EheVO 2003 Art. 19 Rn. 3, die in Ehesachen keine Identität des Streitgegenstands für erforderlich halten, wohl aber einen Sachzusammenhang.

II. Anwendungsbereich

Die Vorschrift gilt nur zwischen Mitgliedstaaten.[2] Im Verhältnis zu Drittstaaten 2
bleibt es bei völkerrechtsvertraglichen Regeln oder dem unvereinheitlichten nationalen Recht.[3]

III. Ehesachen

Die Identität des Streitgegenstandes ergibt sich aus der Identität der Parteien, 3
mögen die mit der Ehesache verfolgten Anträge auch verschieden sein.[4] Wird also in einem Mitgliedstaat eine Ehesache Trennung ohne Auflösung des Ehebandes anhängig gemacht, so schließt dies aus, gleichzeitig in einem anderen Mitgliedstaat eine Ehesache mit dem Ziel der Auflösung des Ehebandes anhängig zu machen.[5] Das ergibt sich aus dem Wort „Anträge".[6]

IV. Elterliche Verantwortung

Hier wird die Identität des Streitgegenstandes durch die Person des Kindes („ein 4
Kind") bestimmt.[7] Allerdings wird es meist nur zu Konflikten zwischen dem Antrag elterliche Sorge, Antrag auf einstweilige Anordnung, Schutzmaßnahmen und dem Antrag Umgangsrecht kommen, da das Kind seinen gewöhnlichen Aufenthalt in der Regel nur in einem Mitgliedstaat hat.[8] Das wird jedoch durch Abs. 3 gemildert (→ Rn. 8). Die Wirkungen des Art. 19 Abs. 2 VO treten nicht ein, wenn in einem Mitgliedstaat ein Antrag auf einstweilige Anordnung und im anderen ein Hauptsachenantrag elterliche Sorge anhängig ist.[9] In diesen Fällen fehlt es an der Identität des Streitgegenstands.

V. Gleicher Anspruch

Die Formulierung „wegen desselben Anspruchs" bereitet Probleme.[10] Der Begriff 5
soll „**autonom**" ausgelegt werden.[11] Der Begriff „autonom" ist unglücklich. In Sachen elterliche Verantwortung ist der Begriff iSv Art. 2 Nr. 7 VO zu verstehen, wonach die gesamten das Kind betreffenden Rechte und Pflichten gemeint sind.

VI. Rechtsfolge

Die Frage nach dem später oder zuerst angerufenen Gericht ist in rein chronologischer Reihenfolge zu verstehen.[12] Das später angerufene Gericht setzt die bei 6
ihm anhängige Sache von Amts wegen aus. Nicht geregelt ist die Rechtsfolge,

2 NK-BGB/Gruber EheVO 2003 Art. 19 Rn. 5.
3 NK-BGB/Gruber EheVO 2003 Art. 19 Rn. 6.
4 PG/Völker EheVO 2003 Art. 19 Rn. 3.
5 NK-BGB/Gruber EheVO 2003 Art. 19 Rn. 7; wie hier HK-ZPO/Dörner EheVO 2003 Art. 19 Rn. 3.
6 Coester-Waltjen FamRZ 2005, 246 spricht davon, dass der Anspruch nicht durch den Antrag bestimmt werde.
7 PG/Völker EheVO 2003 Art. 19 Rn. 4; Musielak/Borth EheVO 2003 Art. 19 Rn. 1.
8 Leitfaden S. 29.
9 EuGH NJW 2011, 363.
10 Coester-Waltjen FamRZ 2005, 246 hält unterschiedliche Auslegungen in den Mitgliedstaaten für möglich.
11 Worunter allerdings Thomas/Putzo/Hüßtege EheVO 2003 Art. 19 Rn. 4 und NK-BGB/Gruber EheVO 2003 Art. 19 Rn. 12 verordnungsautonom verstehen.
12 EuGH 6.10.2015 – C-489/14 (A/B), NJW 2015, 3776 ff.

die eintritt, wenn die Aussetzung nicht erfolgt. Hierzu hat der EuGH entschieden, dass die zweite Sache zur ersten wird, wenn sich die erste Sache erledigt hat.[13] In den Anerkennungshindernissen (Art. 22, 23 VO) ist der Verstoß gegen Art. 19 VO nicht angesprochen. Bei verordnungskonformer Auslegung wird man nach dieser Entscheidung des EuGH nun jedoch annehmen müssen, dass die ursprüngliche Unzuständigkeit des Gerichts für Ehesachen nach Art. 22 lit. c die Anerkennung nicht hindert.

VII. Dauer der Aussetzung

7 Der Text der VO ist verkürzt. Wenn es heißt: „bis die Zuständigkeit des zuerst angerufenen Gerichts geklärt ist", bedeutet dies im Hinblick auf Abs. 3 „ablehnend". Denn, wenn die Zuständigkeit des zuerst angerufenen Gerichts positiv (rechtskräftig) festgestellt ist, hat sich das später angerufene für unzuständig zu erklären und den Antrag abzuweisen.[14] Die Klärung kann aber auch durch Erledigung einer Sache eintreten.[15]

VIII. Vorlage

8 Diese Befugnis besteht nur für die Partei, nicht aber für das Gericht. Über Zweck und Inhalt des Art. 19 Abs. 3 UAbs. 2 VO wird gerätselt.[16] Man wird ihn so zu verstehen haben, dass die Abweisung des Antrags wegen Unzuständigkeit keine Rechtskraft in Bezug auf den Streitgegenstand entfaltet, also keine materielle Rechtskraft nach sich zieht, die zum Verlust des Klagerechts führen würde.[17] Art. 19 Abs. 3 VO wird auch so verstanden, dass er eine doppelte Rechtshängigkeit verhindern soll, indem ein Antrag nicht bei zwei Gerichten vorgelegt werden kann, sondern abgewartet werden muss, bis die Zuständigkeit eines der Gerichte erledigt ist.[18]

IX. Konflikt mit Art. 15 VO

9 Wenn das zuerst angerufene Gericht zu der Auffassung gelangt, die Sache nach Art. 15 VO an ein anderes Gericht zu verweisen, so wird das später angerufene Gericht zum zuerst angerufenen Gericht und kann sein Verfahren fortsetzen.[19] Die frühere Anhängigkeit geht also durch die Verweisung verloren.

Artikel 20 EheVO 2003 Einstweilige Maßnahmen einschließlich Schutzmaßnahmen

(1) Die Gerichte eines Mitgliedstaats können in dringenden Fällen ungeachtet der Bestimmungen dieser Verordnung die nach dem Recht dieses Mitgliedstaats vorgesehenen einstweiligen Maßnahmen einschließlich Schutzmaßnahmen in Bezug auf in diesem Staat befindliche Personen oder Vermögensgegenstände auch

---

13 EuGH 6.10.2015 – C-489/14 (A/B), NJW 2015, 3776 ff.
14 Thomas/Putzo/Hüßtege EheVO 2003 Art. 19 Rn. 6; NK-BGB/Gruber EheVO 2003 Art. 19 Rn. 16.
15 EuGH 6.10.2015 – C-489/14 (A/B), NJW 2015, 3776 ff.
16 Tomas/Putzo/Hüßtege EheVO 2003 Art. 19 Rn. 7 mwN.
17 HK-ZPO/Dörner EheVO 2003 Art. 19 Rn. 6, 7.
18 Althammer/Althammer Art. 19 Rn. 23.
19 Leitfaden S. 29.

dann anordnen, wenn für die Entscheidung in der Hauptsache gemäß dieser Verordnung ein Gericht eines anderen Mitgliedstaats zuständig ist.

(2) Die zur Durchführung des Absatzes 1 ergriffenen Maßnahmen treten außer Kraft, wenn das Gericht des Mitgliedstaats, das gemäß dieser Verordnung für die Entscheidung in der Hauptsache zuständig ist, die Maßnahmen getroffen hat, die es für angemessen hält.

I. Regelungszweck

Die Bestimmung ermöglicht in **dringenden Fällen**[1] Schutzmaßnahmen für in diesem Mitgliedstaat befindliche Personen.[2] Soweit erörtert wird, dass Schutzmaßnahmen des nationalen Rechts (zB Gewaltschutz) nach Art. 20 getroffen werden können,[3] will die VO zwar in diese nationalen Rechte nicht eingreifen, jedoch können diese mit der Sache (zB Trennung ohne Auflösung des Ehebandes) kollidieren.[4] Die Schutzmaßnahmen können auch von einer Behörde getroffen werden.[5] Ein gewöhnlicher Aufenthalt ist dazu nicht erforderlich. Zwar wird man idR von Schutzmaßnahmen für Kinder ausgehen,[6] jedoch ergibt sich aus dem Verordnungstext nicht, dass eine Anwendung in Ehesachen nicht möglich wäre.   1

II. Wirkung

Die Befugnis eröffnet zugleich die internationale Zuständigkeit,[7] soweit sie sich   2
nicht bereits aus den Art. 3–15 VO ergibt. Jedoch muss sich aus der Entscheidung ergeben, dass die Zuständigkeit nach den Art. 8–14 EheVO geprüft wurde.[8] Davon hängt ab, ob die Öffnungsklausel des Art. 20 EheVO eingreift und ob die Entscheidung vollstreckbar ist.

III. Vorläufigkeit

Die Schutzmaßnahmen sind unzulässig, wenn sie einer bereits in einem anderen   3
Mitgliedstaat getroffenen Schutzmaßnahme, die anzuerkennen ist, zuwiderlaufen.[9] Im Übrigen sind sie nur vorläufig und treten außer Kraft, wenn das Gericht des Mitgliedstaates, das in der Hauptsache zuständig ist, die Sache später regelt. Fraglich ist, ob die Schutzmaßnahmen bis dahin territorial auf den Gerichtsstaat beschränkt wirken,[10] oder auch in anderen Mitgliedstaaten anerkannt und vollstreckt werden müssen.[11] Diese Frage wurde nun vom EuGH auf-

---

1   Das wurde bisher in Kindschaftssachen in Gesundheitsfragen bejaht, EuGH 2.4.2009 –
    C-523/07, FamRZ 2009, 843. Es ist zweifelhaft, ob auch ein einfacher Umgangsantrag
    darunter fällt.
2   EuGH FamRZ 2010, 525.
3   Zöller/Geimer EheVO 2003 Art. 20 Rn. 3; HK-ZPO/Dörner EheVO 2003 Art. 20 Rn. 2.
4   Ablehnend Althammer/Schäuble Art. 20 Rn. 12.
5   Leitfaden S. 14.
6   Leitfaden S. 14.
7   Thomas/Putzo/Hüßtege EheVO 2003 Art. 20 Rn. 3, 4; NK-BGB/Gruber EheVO 2003
    Art. 20 Rn. 7; HK-ZPO/Dörner EheVO 2003 Art. 20 Rn. 3 sehen eine Annexzuständig-
    keit ebenso wie eine Zuständigkeit für Schutzmaßnahmen nach nationalem Recht; dem-
    gegenüber Leitfaden S. 14, wonach Art. 20 keine die Zuständigkeit begründende Bestim-
    mung sei.
8   BGH 10.2.2016 – XII ZB 38/15, NJW 2016, 1445.
9   EuGH FamR 2010, 166 mAnm Rieck.
10 Thomas/Putzo/Hüßtege EheVO 2003 Art. 20 Rn. 5.
11 NK-BGB/Gruber EheVO 2003 Art. 20 Rn. 12. AA Zöller/Geimer EheVO 2003 Art. 20
    Rn. 13.

grund der Vorlage des Bundesgerichtshofs[12] ablehnend entschieden: Die Art. 21 ff. VO sind nicht auf einstweilige Maßnahmen hinsichtlich des Sorgerechts anwendbar.[13]

Ob dies umgekehrt bedeutet, dass der Staat der vorläufigen Maßnahme die Entscheidung des Gerichts der Hauptsache anerkennen muss, also etwa eine zur Sicherung des Rechtsfriedens getroffene Maßnahme rückgängig zu machen ist, hängt davon ab, ob die Maßnahme in den Anwendungsbereich der VO fällt[14] und dass aus dem Beschluss hervorgeht, dass dies geprüft und bejaht wurde.[15] Nicht jedoch in anderen Fällen, da die Befugnis zu einstweiligen Maßnahmen stets besteht, diese jedoch auf das Gebiet des betreffenden Staates beschränkt sind.[16]

Kapitel III
Anerkennung und Vollstreckung
Abschnitt 1 Anerkennung

Artikel 21 EheVO 2003   Anerkennung einer Entscheidung

(1) Die in einem Mitgliedstaat ergangenen Entscheidungen werden in den anderen Mitgliedstaaten anerkannt, ohne dass es hierfür eines besonderen Verfahrens bedarf.

(2) Unbeschadet des Absatzes 3 bedarf es insbesondere keines besonderen Verfahrens für die Beischreibung in den Personenstandsbüchern eines Mitgliedstaats auf der Grundlage einer in einem anderen Mitgliedstaat ergangenen Entscheidung über Ehescheidung, Trennung ohne Auflösung des Ehebandes oder Ungültigerklärung einer Ehe, gegen die nach dem Recht dieses Mitgliedstaats keine weiteren Rechtsbehelfe eingelegt werden können.

(3) Unbeschadet des Abschnitts 4 kann jede Partei, die ein Interesse hat, gemäß den Verfahren des Abschnitts 2 eine Entscheidung über die Anerkennung oder Nichtanerkennung der Entscheidung beantragen.

Das örtlich zuständige Gericht, das in der Liste aufgeführt ist, die jeder Mitgliedstaat der Kommission gemäß Artikel 68 mitteilt, wird durch das nationale Recht des Mitgliedstaats bestimmt, in dem der Antrag auf Anerkennung oder Nichtanerkennung gestellt wird.

(4) Ist in einem Rechtsstreit vor einem Gericht eines Mitgliedstaats die Frage der Anerkennung einer Entscheidung als Vorfrage zu klären, so kann dieses Gericht hierüber befinden.

---

12 BGH NJW 2007, 2768.
13 EuGH NJW 2010, 2861.
14 EuGH FamRZ 2009, 843.
15 BGH 10.2.2016 – XII ZB 38/15, NJW 2016, 1445.
16 So Thomas/Putzo/Hüßtege EheVO 2003 Art. 20 Rn. 5 unter Berufung auf EuGH EuZW 1999, 414; 1999, 727.

I. Regelungszweck

Die Vorschrift gewährt einen individuellen Anerkennungsanspruch: Wer eine 1
rechtskräftige Entscheidung[1] des hierfür zuständigen Gerichts in einem Mitgliedstaat erwirkt hat, kann die Anerkennung beantragen.[2] Zuständig sind die
Gerichte, die die Mitgliedstaaten in einer von Art. 68 vorgesehenen Liste der
Kommission mitteilen (Abs. 3). Welches Gericht das ist, bestimmt sich nach nationalem Recht (vgl. hierzu die §§ 10 und 12 IntFamRVG).

II. Kein besonderes Verfahren

Abs. 1 regelt die Anerkennung **ipso iure** (dazu → Rn. 9). Damit ist in Ehesachen 2
zwischen den Mitgliedstaaten § 107 FamFG, vormals Art. 7 § 1 FamRÄndG,
nicht (mehr) anwendbar,[3] wenn es um Entscheidungen[4] anderer Mitgliedstaaten
geht.[5] Gleichwohl gibt es ein Verfahren der Anerkennung und Vollstreckbarerklärung außer im Falle der → Rn. 5. In Ehesachen ist nach § 10 Nr. 1
IntFamRVG das Familiengericht zuständig, das für den Antragsgegner zuständig
ist oder in dessen Bezirk nach Nr. 2 das Interesse an der Feststellung oder Nichtfeststellung hervortritt. In Fragen der elterlichen Verantwortung ist nach § 10
Nr. 1 IntFamRVG das Gericht zuständig, in dessen Bezirk sich das Kind gewöhnlich aufhält oder das Bedürfnis hervortritt. Beachte die **Zuständigkeitskonzentration**: Es entscheidet das Gericht, in dessen Bezirk ein Oberlandesgericht
seinen Sitz hat.[6]

III. Verfahren

Das Verfahren richtet sich gem. § 14 IntFamRVG, nach der ZPO bzw. dem 3
FamFG und PStG.[7]

IV. Anerkennung

Aus der Formulierung „werden anerkannt" ist abzuleiten, dass anzuerkennen 4
ist, sofern nicht einer der in den Art. 22, 23 VO abschließend[8] genannten Gründe (s. dort) vorliegt. Insbesondere die (häufig umstrittene) Frage nach der Zuständigkeit rechtfertigt keine Ablehnung der Anerkennung (Art. 24 VO). Anerkennung und Vollstreckbarerklärung sind unverzüglich[9] auszusprechen.

---

1   Hierunter fallen nicht Schutzanordnungen nach Art. 20 VO, EuGH NJW 2010, 2861.
2   Ebenso Leitfaden S. 30, der einen Anerkennungsanspruch formuliert.
3   Zöller/Geimer EheVO 2003 Art. 21 Rn. 13, 26.
4   Nach Zöller/Geimer EheVO 2003 Art. 21 Rn. 4 sind nur gestaltende Urteile, nicht feststellende Entscheidungen erfasst. Gewöhnungsbedürftig ist bei diesen Trennungsentscheidungen ohne Auflösung des Ehebandes die Unterscheidung zwischen Statusentscheidungen (nach ausländischem Recht) und einfachen Entscheidungen über das Recht zum Getrenntleben (nach § 1353 Abs. 2). Letztere sind so unbedeutend, dass dies hier keiner Erörterung bedarf. Nach Thomas/Putzo/Hüßtege EheVO 2003 Art. 21 Vor Rn. 1 b fallen abweisende Entscheidungen nicht hierunter.
5   Thomas/Putzo/Hüßtege EheVO 2003 Art. 21 Rn. 2; NK-BGB/Andrae EheVO 2003 Art. 21 Rn. 20; Zöller/Geimer EheVO 2003 Art. 21 Rn. 3; PG/Völker EheVO 2003 Art. 21 Rn. 2.
6   In Berlin das Familiengericht Pankow/Weißensee.
7   Thomas/Putzo/Hüßtege EheVO 2003 Art. 21 Rn. 6.
8   Althammer/Weller Art. 21 Rn. 2.
9   Leitfaden S. 30.

V. Ehesachen

5 Sog. **Statusurteile,** die nicht vollstreckt, sondern in Register- und Personen-standsbüchern beigeschrieben werden, werden ohne besonderes Verfahren (Aus-nahme Abs. 3)[10] durch Beischreibung anerkannt. Das bedeutet, dass ein rechts-kräftiges Scheidungsurteil, das von einem zuständigen Gericht in einem anderen Mitgliedstaat erlassen und mit der Bescheinigung nach Art. 39 VO versehen wurde, ohne Förmlichkeit vom Standesbeamten in das Personenstandsbuch ein-zutragen (beizuschreiben) ist.[11] Zwar formuliert Abs. 2 die Anerkennungspflicht nur für die Behörden, die Personenstandsbücher führen, jedoch ergibt sich die Anerkennungspflicht für alle Behörden aus Abs. 1.[12]

VI. Elterliche Verantwortung

6 Obwohl der Text des Art. 21 VO nur auf Ehesachen abzustellen scheint, gilt er auch für die Anerkennung von Entscheidungen über die elterliche Verantwor-tung.[13] Die – von der Anerkennung unabhängige – Vollstreckbarerklärung re-geln die Art. 28–36 VO. Unter elterlicher Verantwortung iSv Art. 21 VO sind nur die Zuweisung, Entziehung, Übertragung oder Ausübung der elterlichen Sorge zu verstehen,[14] da für den Umgang in Art. 40, 41 VO Sonderregeln beste-hen (s. dort)[15] und für die Rückgabe Art. 42 VO eingreift.

VII. Entscheidungen

7 Unter Art. 21 VO sollen nur Entscheidungen anerkannt werden können, nicht aber Vergleiche und öffentliche Urkunden. Dazu s. aber Art. 46 VO. Unter Ent-scheidungen sind jedoch keine einstweiligen Anordnungen zu verstehen.[16]

VIII. Verfahrenskostenhilfe

8 VKH wird nach Art. 50 VO (Näheres s. dort) im Vollstreckungs- und Anerken-nungsverfahren dann gewährt, wenn die Partei bereits im Ursprungsstaat VKH hatte.[17] Das erscheint im Ergebnis als unbillig. Man wird deshalb aus Gründen der Gleichbehandlung auch die VKH ohne die Voraussetzungen des Art. 50 VO zu gewähren haben, wenn die autonomen Vorschriften des Gerichtsstaates diese ermöglichen.[18]

IX. Selbstständiges Verfahren nach Abs. 3

9 Während Abs. 1 die Anerkennung ipso iure[19] behandelt, weil es keines besonde-ren Verfahrens bedarf, regelt Abs. 3 ein selbstständiges Verfahren der Anerken-nung bzw. der Nichtanerkennung. Da kaum eine Partei ein Anerkennungsver-

---

10 NK-BGB/Andrae EheVO 2003 Art. 21 Rn. 21.
11 Thomas/Putzo/Hüßtege EheVO 2003 Art. 21 Rn. 6 weist zutreffend darauf hin, dass die Frage der Anerkennung oder der Nichtanerkennung im Zweifel dem zuständigen Amts-gericht (§ 45 Abs. 2 PStG) vorzulegen ist.
12 So auch Althammer/Weller Art. 21 Rn. 10 am Ende.
13 Leitfaden S. 30; Althammer/Weller Art. 21 Rn. 8.
14 NK-BGB/Andrae EheVO 2003 Art. 21 Rn. 13.
15 Leitfaden S. 30.
16 EuGH NJW 2010, 2861.
17 Leitfaden S. 30.
18 NK-BGB/Andrae EheVO 2003 Art. 50 Rn. 3.
19 NK-BGB/Andrae EheVO 2003 Art. 21 Rn. 15; Thomas/Putzo/Hüßtege EheVO 2003 Art. 21 Rn. 6; HK-ZPO/Dörner EheVO 2003 Art. 21 Rn. 3.

fahren betreiben wird, wo es eines solchen wegen der ipso iure-Anerkennung des Abs. 1 nicht bedarf, dient Abs. 3 in erster Linie den Verfahren zur Beseitigung von Zweifeln oder der Feststellung der Nichtanerkennung.[20] Hierfür ist § 32 IntFamRVG zu beachten.

X. Vorfrage

Hängt die Entscheidung davon ab, ob eine Entscheidung eines Gerichts eines   10 anderen Mitgliedstaates anzuerkennen sei, so eröffnet Abs. 4 die Möglichkeit, hierüber durch ein **Zwischenfeststellungsurteil** zu befinden. Dieses Urteil kann jedoch die Rechtskraft einer anzuerkennenden Entscheidung eines anderen Mitgliedstaates nicht beseitigen.[21]

Artikel 22 EheVO 2003   Gründe für die Nichtanerkennung einer Entscheidung über eine Ehescheidung, Trennung ohne Auflösung des Ehebandes oder Ungültigerklärung einer Ehe

Eine Entscheidung, die die Ehescheidung, die Trennung ohne Auflösung des Ehebandes oder die Ungültigerklärung einer Ehe betrifft, wird nicht anerkannt,

a) wenn die Anerkennung der öffentlichen Ordnung des Mitgliedstaats, in dem sie beantragt wird, offensichtlich widerspricht;

b) wenn dem Antragsgegner, der sich auf das Verfahren nicht eingelassen hat, das verfahrenseinleitende Schriftstück oder ein gleichwertiges Schriftstück nicht so rechtzeitig und in einer Weise zugestellt wurde, dass er sich verteidigen konnte, es sei denn, es wird festgestellt, dass er mit der Entscheidung eindeutig einverstanden ist;

c) wenn die Entscheidung mit einer Entscheidung unvereinbar ist, die in einem Verfahren zwischen denselben Parteien in dem Mitgliedstaat, in dem die Anerkennung beantragt wird, ergangen ist; oder

d) wenn die Entscheidung mit einer früheren Entscheidung unvereinbar ist, die in einem anderen Mitgliedstaat oder in einem Drittstaat zwischen denselben Parteien ergangen ist, sofern die frühere Entscheidung die notwendigen Voraussetzungen für ihre Anerkennung in dem Mitgliedstaat erfüllt, in dem die Anerkennung beantragt wird.

I. Regelungszweck

Die Bestimmung regelt die **ausschließlich**[1] beachtlichen Gründe für die Nichtanerkennung von Entscheidungen in Ehesachen. Zu den Gründen für die Nichtanerkennung von Entscheidungen in Sachen der elterlichen Verantwortung s. Art. 23 VO. Andere als die hier genannten Gründe sind nicht zugelassen. S. insbesondere Art. 24 VO, wonach die internationale Zuständigkeit des Ge-

---

20   Ebenso NK-BGB/Andrae EheVO 2003 Art. 21 Rn. 21. Es ist jedoch unzulässig im Fall der Art. 11 Abs. 8 und 42 EheVO 2003: EuGH NJW 2008, 2958 ff. mAnm Rieck.

21   HM Thomas/Putzo/Hüßtege EheVO 2003 Art. 21 Rn. 13; NK-BGB/Andrae EheVO 2003 Art. 21 Rn. 41; HK-ZPO/Dörner EheVO 2003 Art. 21 Rn. 9; Rauscher/Rauscher EheVO 2003 Art. 14 Rn. 7;PG/Völker EheVO 2003 Art. 21–27 Rn. 4.

1   NK-BGB/Andrae EheVO 2003 Art. 22 Rn. 1; Thomas/Putzo/Hüßtege EheVO 2003 Vor Art. 22–27 Rn. 1; HK-ZPO/Dörner EheVO 2003 Art. 22 Rn. 1; Althammer/Weller Art. 22 Rn. 1, 2.

richts, welches entschieden hat, nicht, dh auch nicht über die „ordre public"-Klausel, geprüft werden darf; Art. 25 VO, wonach in Ehesachen die Entscheidung deshalb nicht anerkannt werden darf, weil der Anerkennungsstaat das geregelte Institut nicht kennt (zB Ehetrennung); Art. 26 VO, wonach jede Nachprüfung in der Sache ausscheidet. Zu den Gründen im Einzelnen:

II. Ordre public

2 Der Begriff des „ordre public" ist iSd VO[2] auszulegen und nicht national.[3] Gegen die nationale Auslegung sprechen bereits die Ausschlüsse der Art. 24–26 VO.[4] Da der „ordre public" jedoch einen totalitären Anspruch hat (die Entscheidung ist entweder vereinbar oder nicht), kann in lit. a nur ein mit der Verordnung konformer Begriff gemeint sein.

Es werden Grundrechtsverletzungen genannt.[5] Jedoch bestehen auch hier Bedenken, da die VO auf der allen Mitgliedstaaten gemeinsamen Grundrechtscharta beruht.[6] Für diese restriktive Handhabung spricht auch das Wort „offensichtlich". Ein etwaiger Fall wäre eine in einem anderen Mitgliedstaat ergangene Entscheidung über die Wiederherstellung der ehelichen Gemeinschaft. Diese dürfte wohl wegen der deutschen Freiheit zur jederzeitigen Trennung nicht in Deutschland vollstreckbar sein.

Gleichwohl dürften die Fälle des materiellen „ordre public" seltener sein als die des prozessualen „ordre public",[7] wenngleich die wichtigsten Fälle des prozessualen „ordre public" nachfolgend genannt sind.

III. Nichteinlassung

3 Dies wird regelmäßig mit der Verletzung des rechtlichen Gehörs[8] umschrieben.[9] Was unter Nichteinlassung zu verstehen und wie zu verfahren ist, ergibt sich aus Art. 19 VO (EG) Nr. 1348/2000.

Zunächst ist festzuhalten, dass es in Ehesachen – im Gegensatz zu Brüssel II – nicht mehr auf die Verletzung wesentlicher verfahrensrechtlicher Grundsätze ankommt, sondern auf die für die Wahrnehmung der Verteidigungsrechte geeignete **Zustellung**. Wird gerügt, dass die Zustellung fehlerhaft (zB ohne Übersetzung) oder nicht rechtzeitig erfolgte, so stellt dies keine Einlassung dar.[10]

4 **1. Rechtzeitigkeit.** Diese liegt dann vor, wenn zwischen dem Tage des Zugangs und der gerichtlichen Handlung (Verhandlung oder Entscheidung) eine ausrei-

---

2 Zöller/Geimer EuEhe VO Art. 22 Rn. 1 sehen hierin eine Nachbildung der Art. 34, 35 EuGVVO.
3 Unverständlich NK-BGB/Andrae EheVO 2003 Art. 22 Rn. 3, die auf den nationalen Begriff abstellt.
4 Thomas/Putzo/Hüßtege EheVO 2003 Art. 22 Rn. 1 spricht von Einschränkungen des ordre public.
5 NK-BGB/Andrae EheVO 2003 Art. 22 Rn. 3.
6 EMRK und Egrund 33.
7 NK-BGB/Andrae EheVO 2003 Art. 22 Rn. 4, 5.
8 MK/Siehr EheVO 2003 Art. 22 Rn. 194 weist zutreffend darauf hin, dass nur das rechtliche Gehör bei Verfahrenseinleitung geschützt ist.
9 HK-ZPO/Dörner EheVO 2003 Art. 22 Rn. 3; NK-BGB/Andrae EheVO 2003 Art. 22 Rn. 7; PG/Völker EheVO 2003 Art. 21–27 Rn. 6.
10 MK/Siehr EheVO 2003 Art. 22 Rn. 195.

chend bemessene Frist für die Einlassung bestand.[11] Was als **angemessene Frist** gilt, richtet sich wohl nach dem Grundsatz der Gleichbehandlung nach dem nationalen Prozessrecht.

2. In einer Weise. „In einer Weise" meint eine **Sprache**, die der Prozessgegner 5 verstehen kann,[12] also mit den erforderlichen Übersetzungen nach Art. 8–10 VO (EG) Nr. 1348/2000, sofern der Prozessgegner hierauf besteht. Das ist bei der Fristenberechnung zu beachten. Ebenso wird man hierunter die Vollständigkeit des Schriftstücks sehen müssen.

3. Kein Einverständnis. Der Mangel der Zustellung und die fehlende Einlassung 6 können durch eindeutiges Einverständnis geheilt werden. Das Einverständnis kann sich – begriffsnotwendig – auch aus Handlungen nach Abschluss des Verfahrens ergeben. Es müssen aber eindeutige Handlungen wie Rechtsakte und Klagen sein, die die Anerkennung der Gültigkeit der Entscheidung voraussetzen. Stillschweigender Verzicht auf Rechtsmittel oder Erklärungen genügt nicht.[13]

IV. Unvereinbarkeit

Die Bestimmung erscheint wegen Art. 19 VO überflüssig, weil der geschilderte 7 Fall eigentlich nicht eintreten kann. Sie erlangt jedoch einen Sinn dann, wenn man davon ausgeht, dass der Streitgegenstand der sich widersprechenden Entscheidungen nicht identisch sein muss,[14] und dass das Prioritätsprinzip des Art. 19 VO hier nicht gelten soll.[15] Für diese Auslegung spricht, dass im Gegensatz zu lit. a nicht auf „frühere" Entscheidungen abgestellt wird. Mögliche Anwendungsfälle sind Widerspruch gegen inländische Feststellungsurteile[16] oder negative Sachentscheidungen.

V. Frühere anzuerkennende Entscheidung

Die Bestimmung bezieht sowohl dritte Mitgliedstaaten als auch Drittstaaten mit 8 ein.[17] Aus dem Wort „frühere" ist zu entnehmen, dass hier wieder, die Anerkennungsfähigkeit vorausgesetzt, das Prioritätsprinzip gilt.[18]

Für die Anerkennung genügt es, dass die Entscheidung des Drittstaates die Voraussetzungen für die Anerkennung in dem Mitgliedstaat erfüllt, in dem die Anerkennung beantragt wird. Nicht notwendig ist, dass bereits anerkannt worden ist. Worauf die Anerkennungsfähigkeit beruht – Staatsvertrag, VO oder nationales Recht – ist belanglos.[19]

---

11 NK-BGB/Andrae EheVO 2003 Art. 22 Rn. 10, die auch auf außergewöhnliche Hindernisse hinweist.
12 Thomas/Putzo/Hüßtege EheVO 2003 Art. 22 Rn. 2; PG/Völker EheVO 2003 Art. 21–27 Rn. 6.
13 Thomas/Putzo/Hüßtege EheVO 2003 Art. 22 Rn. 2; NK-BGB/Andrae EheVO 2003 Art. 22 Rn. 12; HK-ZPO/Dörner EheVO 2003 Art. 22 Rn. 3; PG/Völker EheVO 2003 Art. 21–27 Rn. 6.
14 Thomas/Putzo/Hüßtege EheVO 2003 Art. 22 Rn. 3; NK-BGB/Andrae EheVO 2003 Art. 22 Rn. 13.
15 NK-BGB/Andrae EheVO 2003 Art. 22 Rn. 14.
16 Nach MK/Siehr EheVO 2003 Art. 22 Rn. 197 haben Inlandsentscheidungen stets Vorrang.
17 NK-BGB/Andrae EheVO 2003 Art. 22 Rn. 17 spricht richtig von einer Dreierbeziehung.
18 HK-ZPO/Dörner EheVO 2003 Art. 22 Rn. 6; NK-BGB/Andrae EheVO 2003 Art. 22 Rn. 18.
19 Thomas/Putzo/Hüßtege EheVO 2003 Art. 22 Rn. 4; NK-BGB/Andrae EheVO 2003 Art. 22 Rn. 18.

Artikel 23 EheVO 2003　Gründe für die Nichtanerkennung einer Entscheidung über die elterliche Verantwortung

Eine Entscheidung über die elterliche Verantwortung wird nicht anerkannt,

a) wenn die Anerkennung der öffentlichen Ordnung des Mitgliedstaats, in dem sie beantragt wird, offensichtlich widerspricht, wobei das Wohl des Kindes zu berücksichtigen ist;

b) wenn die Entscheidung – ausgenommen in dringenden Fällen – ergangen ist, ohne dass das Kind die Möglichkeit hatte, gehört zu werden, und damit wesentliche verfahrensrechtliche Grundsätze des Mitgliedstaats, in dem die Anerkennung beantragt wird, verletzt werden;

c) wenn der betreffenden Person, die sich auf das Verfahren nicht eingelassen hat, das verfahrenseinleitende Schriftstück oder ein gleichwertiges Schriftstück nicht so rechtzeitig und in einer Weise zugestellt wurde, dass sie sich verteidigen konnte, es sei denn, es wird festgestellt, dass sie mit der Entscheidung eindeutig einverstanden ist;

d) wenn eine Person dies mit der Begründung beantragt, dass die Entscheidung in ihre elterliche Verantwortung eingreift, falls die Entscheidung ergangen ist, ohne dass diese Person die Möglichkeit hatte, gehört zu werden;

e) wenn die Entscheidung mit einer späteren Entscheidung über die elterliche Verantwortung unvereinbar ist, die in dem Mitgliedstaat, in dem die Anerkennung beantragt wird, ergangen ist;

f) wenn die Entscheidung mit einer späteren Entscheidung über die elterliche Verantwortung unvereinbar ist, die in einem anderen Mitgliedstaat oder in dem Drittstaat, in dem das Kind seinen gewöhnlichen Aufenthalt hat, ergangen ist, sofern die spätere Entscheidung die notwendigen Voraussetzungen für ihre Anerkennung in dem Mitgliedstaat erfüllt, in dem die Anerkennung beantragt wird; oder

g) wenn das Verfahren des Artikels 56 nicht eingehalten wurde.

I. Regelungszweck

1 Die Bestimmung zählt abschließend[1] die Gründe für die Nichtanerkennung einer Entscheidung über die elterliche Verantwortung auf.

II. Ordre public

2 Hier gelten dieselben Grundsätze wie bei → EheVO 2003 Art. 22 Rn. 2. Jedoch ist in Sachen der elterlichen Verantwortung der ordre public um das Merkmal des **Kindeswohls** erweitert. Begriffsnotwendig ist das Kindeswohl national, dh nach dem Recht des Anerkennungsstaates auszulegen.[2] Das gilt jedoch nicht für die Beurteilung, ob Grundrechte (Menschenrechte) verletzt wurden. Hierüber entscheidet nur der Ursprungsmitgliedstaat.[3] Aus dem Wort „wobei" ist jedoch abzuleiten, dass die vorher genannten Gründe auch für die Beurteilung des Kin-

---

1 NK-BGB/Andrae EheVO 2003 Art. 22 Rn. 1; Thomas/Pützo/Hüßtege EheVO 2003 Vor Art. 22–27 Rn. 1; HK-ZPO/Dörner EheVO 2003 Art. 22 Rn. 1; PG/Völker EheVO 2003 Art. 21–27 Rn. 4.

2 Thomas/Putzo/Hüßtege EheVO 2003 Art. 23 Rn. 1; HK-ZPO/Dörner EheVO 2003 Art. 23 Rn. 2; PG/Völker EheVO 2003 Art. 21–27 Rn. 7.

3 EuGH FamRZ 2011, 355.

deswohls gelten, also das Kindeswohl offensichtlich, dh massiv,[4] verletzt sein müsste, wenn die Entscheidung anerkannt würde. Eine einfach kindeswohlwidrige Entscheidung dürfte für die Nichtanerkennung nicht ausreichen, wohl aber, dass überhaupt keine Kindeswohlprüfung stattgefunden hat.[5] Das ergibt sich aus dem Gebot der Berücksichtigung des Kindeswohls. Der EuGH hat dies nun so konkretisiert, dass die Entscheidungen des Gerichts eines anderen Mitgliedstaates anzuerkennen sind, sofern keine offensichtliche Verletzung der Rechtsordnung, einer als wesentlich geltenden Rechtsnorm oder grundlegend anerkannten Rechts vorliegt.[6]

III. Anhörung des Kindes

Die Bestimmung trägt dem Umstand Rechnung, dass für die Anwendung der VO die Anhörung des Kindes wichtig ist.[7] Wo das nationale Recht die Anhörung des Kindes vorsieht (§ 159 FamFG), hat sie – außer bei Eilmaßnahmen – stattzufinden. Das deutsche Recht verlangt die Anhörung des Kindes durch den Richter ab Vollendung des dritten Lebensjahrs.[8] S. im Übrigen dazu § 159 FamFG. Die Unterlassung ist ein Anerkennungshindernis.[9] Wo das nationale Recht die Anhörung des Kindes nicht kennt, will die VO diese jedoch nicht vorschreiben.[10]   3

IV. Nichteinlassung

S. hierzu → EheVO 2003 Art. 22 Rn. 3 ff.   4

V. Eingriff in die elterliche Verantwortung

Aus den Wörtern „eine Person" ist abzuleiten, dass es sich hier um das **Interventionsrecht Dritter**[11] handelt, wenn in deren elterliche Verantwortung eingegriffen wurde.   5

VI. Spätere Entscheidung

Hiermit will die VO dem Umstand Rechnung tragen, dass aus Gründen des Kindeswohls Entscheidungen über die elterliche Verantwortung abänderbar sind und die jüngere der beiden Entscheidungen gelten soll.[12] Weiterer Grund ist etwa der Widerspruch von Entscheidungen mit nicht identischem Streitgegenstand.[13]   6

---

4 NK-BGB/Andrae EheVO 2003 Art. 23 Rn. 2.
5 Thomas/Putzo/Hüßtege EheVO 2003 Art. 23 Rn. 1.
6 EuGH 19.11.2015 – C-455/15 PPU, NJW 2016, 307 ff.
7 Egrund 19.
8 PG/Völker EheVO 2003 Art. 21–27 Rn. 7 unter Hinweis auf BVerfG FamRZ 2007, 1761. S. dazu auch Brückner, Richterliche Anhörung des Kindes in Kindschaftssachen trotz sachverständiger Begutachtung, Juris-PR FamR 2009, 217.
9 Thomas/Putzo/Hüßtege EheVO 2003 Art. 23 Rn. 2; HK-ZPO/Dörner EheVO 2003 Art. 23 Rn. 3; einschränkend NK-BGB/Andrae EheVO 2003 Art. 23 Rn. 4, die die Vorschrift nur zurückhaltend anwenden will.
10 Egrund 19.
11 NK-BGB/Andrae EheVO 2003 Art. 23 Rn. 6; HK-ZPO/Dörner EheVO 2003 Art. 23 Rn. 5 spricht von jeder „Person"; PG/Völker EheVO 2003 Art. 21–27 Rn. 6 nennt als Beispiel den Streit zwischen den Eltern, während die Sorge einem Vormund zusteht.
12 NK-BGB/Andrae EheVO 2003 Art. 23 Rn. 7; HK-ZPO/Dörner EheVO 2003 Art. 23 Rn. 6.
13 Thomas/Putzo/Hüßtege EheVO 2003 Art. 23 Rn. 6.

VII. Drittstaat

7 Hier gelten dieselben Grundsätze wie bei → EheVO 2003 Art. 22 Rn. 6 ff. sowie vorstehend → Rn. 6 mit dem Unterschied, dass es aus den dort genannten Gründen auf die Posteriorität der Entscheidung ankommt.[14]

VIII. Unterbringung

8 Besondere Vorschriften und Verfahrensweisen gelten für die Unterbringung von Kindern nach Art. 56 VO. Deren Verletzung stellt einen Grund für die Nichtanerkennung dar.[15]

Artikel 24 EheVO 2003   Verbot der Nachprüfung der Zuständigkeit des Gerichts des Ursprungsmitgliedstaats

Die Zuständigkeit des Gerichts des Ursprungsmitgliedstaats darf nicht überprüft werden. Die Überprüfung der Vereinbarkeit mit der öffentlichen Ordnung gemäß Artikel 22 Buchstabe a) und Artikel 23 Buchstabe a) darf sich nicht auf die Zuständigkeitsvorschriften der Artikel 3 bis 14 erstrecken.

1 Die Norm bezweckt, dass die Zuständigkeit bei der Prüfung des Art. 23 VO nicht dem ordre public zugehört.[1] Es sind daher die Entscheidungen der Gerichte anderer Mitgliedstaaten auch dann anzuerkennen, wenn diese ihre Zuständigkeit zu Unrecht angenommen haben.[2] Die Zuständigkeit eines Gerichts allein befugt dieses nicht, die Entscheidung des Gerichts eines anderen Mitgliedstaates nicht anzuerkennen.[3] Stets müssen die Gründe des Art. 23 VO vorliegen. Das mag unbefriedigend erscheinen, soll jedoch den Verfahrensgegner veranlassen, die Unzuständigkeit vor dem Ursprungsgericht zu rügen. Konnte er dies nicht, ist er über Art. 22 und 23 VO geschützt.

Artikel 25 EheVO 2003   Unterschiede beim anzuwendenden Recht

Die Anerkennung einer Entscheidung darf nicht deshalb abgelehnt werden, weil eine Ehescheidung, Trennung ohne Auflösung des Ehebandes oder Ungültigerklärung einer Ehe nach dem Recht des Mitgliedstaats, in dem die Anerkennung beantragt wird, unter Zugrundelegung desselben Sachverhalts nicht zulässig wäre.

1 Für die deutsche Rechtsanwendung dürfte diese Regelung kein Problem darstellen, da die deutschen Gerichte nach dem IPR und unter der ROM III-VO ggf. auch ausländisches Recht anzuwenden haben, das Regelungen enthält, die das deutsche Recht nicht kennt (zB die Ehetrennung).[1] Die Norm versteht sich vor

---

14 HK-ZPO/Dörner EheVO 2003 Art. 23 Rn. 6.
15 Leitfaden S. 30.
1 Thomas/Putzo/Hüßtege EheVO 2003 Art. 24 Rn. 1; HK-ZPO/Dörner EheVO 2003 Art. 24 Rn. 2 formulieren dies so, dass mit Unzuständigkeit nicht gegen den ordre public verstoßen wird.
2 Thomas/Putzo/Hüßtege EheVO 2003 Art. 24 Rn. 1; NK-BGB/Andrae EheVO 2003 Art. 24 Rn. 1.
3 EuGH 19.11.2015 – C-455/15 PPU, NJW 2016, 307 ff.
1 Zöller/Geimer EheVO 2003 Art. 25 Rn. 1 begründen dies mit der grundsätzlichen Ablehnung von jeder Art kollisionsrechtlicher Kontrolle.

dem Hintergrund, dass sowohl das jeweilige IPR als auch die jeweiligen Sach-
normen der Mitgliedstaaten nicht vereinheitlicht sind.[2]

Es wird abzuwarten sein, wie Art. 25 VO angewandt werden wird, nachdem am [2]
21.6.2012 die Verordnung (EU) Nr. 1259/2010 des Rates vom 20.12.2010 zur
Durchführung einer verstärkten Zusammenarbeit im Bereich des auf die Ehescheidung und Trennung ohne Auflösung des Ehebandes anzuwenden Rechts[3]
mit Geltung zwischen den Mitgliedstaaten Belgien, Bulgarien, Deutschland,
Frankreich, Griechenland,[4] Italien, Lettland, Litauen,[5] Luxemburg, Malta,
Österreich, Portugal, Rumänien, Slowenien und Spanien in Kraft getreten ist. Es
ist zu fragen, ob etwa die Wahl eines Rechts, das kein Trennungsjahr kennt,
durch zwei Deutsche im Ausland hingenommen werden muss, also die Anerkennung der Scheidung auch ohne Trennungsjahr zu erfolgen hat. Ebenso fehlen
noch Erfahrungen mit den Neuerungen der einvernehmlichen Scheidung in Itali-
en[6] und Spanien.[7]

Da es jedoch um die Anerkennung und nicht um die Anwendung fremder Normen geht, ist zu fordern, dass auch einvernehmliche in einem anderen Mitgliedstaat erfolgte Scheidungen (Konventionalscheidungen) anzuerkennen sind.[8]

Artikel 26 EheVO 2003 Ausschluss einer Nachprüfung in der Sache

Die Entscheidung darf keinesfalls in der Sache selbst nachgeprüft werden.

Die Vorschrift verbietet jegliche über Art. 22 und 23 VO hinausgehende Nach- [1]
prüfung, etwa der Rechtsanwendung, der Tatsachenfeststellungen oder der richterlichen Würdigung.

Es ist wie folgt zu unterscheiden:

- Bei der Ehesache ist jegliche inhaltliche Nachprüfung ausgeschlossen.
- Bei einer Entscheidung über die elterliche Verantwortung kann das Anerken-
  nungsgericht prüfen, ob das Kindeswohl eine Änderung erfordert.[1]

Artikel 27 EheVO 2003 Aussetzung des Verfahrens

**(1) Das Gericht eines Mitgliedstaats, vor dem die Anerkennung einer in einem
anderen Mitgliedstaat ergangenen Entscheidung beantragt wird, kann das Ver-**

---

2 NK-BGB/Andrae EheVO 2003 Art. 25 Rn. 1; Thomas/Putzo/Hüßtege EheVO 2003 Art. 25
   Rn. 1 mit dem Hinweis, dass eine extensive Auslegung des ordre public verhindert werden
   solle; HK-ZPO/Dörner EheVO 2003 Art. 25 Rn. 1.

3 ABl. L 343 v. 29.12.2010, S. 10–16. S. zur Entstehungsgeschichte Rauscher/Pabst NJW
   2010, 3493. Die VO (EU) Nr. 1259/2010 des Rates v. 20.12.2010 ist mit vollem Wortlaut
   im Anschluss an diese VO wiedergegeben.

4 Althammer/Althammer Vorb Rn. 5.

5 Althammer/Althammer Vorb Rn. 5.

6 S. zu den Einzelheiten Cubeddu Wiedemann FamRZ 2015, 1253 ff.

7 Henrich FamRZ 2015, 1572 (1573).

8 S. dazu den Vorlagebeschluss OLG München 2.6.2015 – 34 Wx 146/14.

1 HK-ZPO/Dörner EheVO 2003 Art. 27 Rn. 1; NK-BGB/Andrae EheVO 2003 Art. 27
   Rn. 1; Thomas/Putzo/Hüßtege EheVO 2003 Art. 27 Rn. 1; PG/Völker EheVO 2003
   Art. 21–27 Rn. 12. Unpräzise Zöller/Geimer EheVO 2003 Art. 27 Rn. 2, wenn es heißt,
   Art. 26 EheVO 2003 schließe „ein Änderungsverfahren hinsichtlich der Scheidungsfolgen
   nicht aus", da es außer der Sorge wegen des Anwendungsbereichs der VO keine Schei-
   dungsfolgen geben kann.

fahren aussetzen, wenn gegen die Entscheidung ein ordentlicher Rechtsbehelf eingelegt wurde.

(2) Das Gericht eines Mitgliedstaats, bei dem die Anerkennung einer in Irland oder im Vereinigten Königreich ergangenen Entscheidung beantragt wird, kann das Verfahren aussetzen, wenn die Vollstreckung der Entscheidung im Ursprungsmitgliedstaat wegen der Einlegung eines Rechtsbehelfs einstweilen eingestellt ist.

I. Regelungszweck

1 Die Norm bezieht sich auf das Verfahren nach Art. 21 VO iVm §§ 14–32 IntFamRVG. Sie bietet eine **Aussetzungsmöglichkeit**. Das Gericht ist jedoch zur Aussetzung nicht verpflichtet. Die Unterscheidung zwischen Mitgliedstaaten nach Abs. 1 und denen nach Abs. 2 hat ihre Ursache in der unterschiedlichen Vollziehbarkeit von Entscheidungen nach nationalen Rechten.

II. Ordentlicher Rechtsbehelf

2 Dieser Begriff ist weit auszulegen.[1] Danach sind nicht nur förmliche Rechtsmittel wie Berufung, Revision, Beschwerde sondern auch alle nach dem Recht des Entscheidungsstaates mögliche Verfahren wie Feststellungsklagen, Vollstreckungsgegenklagen etc als ordentliche Rechtsbehelfe zu verstehen.[2]

III. Antrag

3 Das Gericht kann von Amts wegen und nach eigenem Ermessen aussetzen. Ein Antrag ist weder erforderlich noch zu befolgen.[3]

Abschnitt 2 Antrag auf Vollstreckbarerklärung

Vorbemerkung zu Art. 28 ff. EheVO 2003

I. Regelungsgehalt

1 Abschnitt 2 regelt – über den Wortlaut der Überschrift hinaus – das Verfahren über die Vollstreckbarerklärung. Damit ist die Vereinheitlichung des Klauselerteilungsverfahrens gemeint, da die Zwangsvollstreckung selbst sich nach dem nationalen Recht richtet (Art. 47 Abs. 1 VO).[1] Das Klauselerteilungsverfahren ist nach Art. 31 Abs. 1 VO einseitig. Der Vollstreckungsgegner und das Kind sollen keine Gelegenheit erhalten, sich im Verfahren zu äußern. Das entspricht dem nationalen Vollstreckungsrecht, wonach der Schuldner vor den Vollstreckungsmaßnahmen keine Zustellung erhält und auch nicht gehört wird. Die Klauselerteilung kann dort, wo sie nötig ist, nur aus den in Art. 22, 23 VO genannten Gründen abgelehnt werden.

---

1 BGH NJW 1986, 3026 (zu Art. 46 EuGVVO); EuGH NJW 1978, 1107.
2 Thomas/Putzo/Hüßtege EheVO 2003 Art. 27 Rn. 2; sa Thomas/Putzo/Hüßtege EuGVVO Art. 46 Rn. 2; MK/Siehr EheVO 2003 Art. 27 Rn. 205.
3 Thomas/Putzo/Hüßtege EheVO 2003 Art. 27 Rn. 4; HK-ZPO/Dörner EheVO 2003 Art. 27 Rn. 1.
1 Leitfaden S. 52; Thomas/Putzo/Hüßtege Vor EheVO 2003 Art. 28 Rn. 1; NK-BGB/Andrae EheVO 2003 Vor Art. 28–36 Rn. 1, 3; PG/Völker EheVO 2003 Art. 28–36 Rn. 1.

II. Klauselerteilung

Einer Klauselerteilung bedarf es nicht in Fällen der Kindesentführung und des   2
Umgangsrechts (Art. 40, 41 VO).[2] Das beruht auf der Rechtsprechung des
Europäischen Gerichtshofs für Menschenrechte zu Art. 8 EMRK, wonach die
Staaten zu angemessenen und effizienten Anstrengungen verpflichtet sind, um
die baldige Rückgabe des Kindes zu gewährleisten. Eine Unterlassung dieser An-
strengungen stellt einen Verstoß gegen Art. 8 EMRK dar.[3]

III. Vollstreckbarerklärung

Die Vollstreckbarerklärung erfolgt gem. Art. 28 VO nur auf Antrag des Berech-   3
tigten,[4] jedoch nicht von Amts wegen. Für das Verfahren gelten die §§ 16–23
des IntFamRVG.

Artikel 28 EheVO 2003   Vollstreckbare Entscheidungen

(1) Die in einem Mitgliedstaat ergangenen Entscheidungen über die elterliche
Verantwortung für ein Kind, die in diesem Mitgliedstaat vollstreckbar sind und
die zugestellt worden sind, werden in einem anderen Mitgliedstaat vollstreckt,
wenn sie dort auf Antrag einer berechtigten Partei für vollstreckbar erklärt wurden.

(2) Im Vereinigten Königreich wird eine derartige Entscheidung jedoch in Eng-
land und Wales, in Schottland oder in Nordirland erst vollstreckt, wenn sie auf
Antrag einer berechtigten Partei zur Vollstreckung in dem betreffenden Teil des
Vereinigten Königreichs registriert worden ist.

I. Regelungszweck

Die Norm betrifft nur **Entscheidungen über die elterliche Verantwortung**. Vgl.   1
aber auch Art. 49 VO, wonach Art. 28 VO entgegen seinem Wortlaut **auch für
Kostenentscheidungen** in Ehesachen gilt.[1] Zu den Entscheidungen gehören auch
einstweilige Maßnahmen.[2] Obwohl in Abs. 1 nur von Entscheidungen die Rede
ist, sollen auch öffentliche Urkunden, Prozessvergleiche und vollstreckbare Parteivereinbarungen unter Art. 28 VO fallen.[3]

II. Elterliche Verantwortung

Vgl. dazu Art. 1 Abs. 2 VO und Art. 2 Nr. 7 VO. Soweit hierunter allerdings die   2
Herausgabe des Kindes und Umgangsrechte fallen, bedarf es der Vollstreckbarerklärung nicht (→ EheVO 2003 Vor Art. 28 ff. Rn. 2).

III. Vollstreckbarkeit

Die für die Vollstreckbarerklärung notwendige vorherige Anerkennung und da-   3
mit die Vollstreckbarerklärung kommen jedoch nicht in Betracht, wenn sich weder aus der Begründung noch aus dem Sachverhalt der Entscheidung ganz offen-

---

2 Leitfaden S. 52.
3 S. die im Leitfaden S. 52, Abs. 3 zitierten Entscheidungen.
4 PG/Völker EheVO 2003 Art. 28–36 Rn. 3.
1 Zöller/Geimer EheVO 2003 Art. 28 Rn. 1.
2 BGH NJW 2011, 869; NJW 2016, 1445.
3 Thomas/Putzo/Hüßtege EheVO 2003 Art. 28 Rn. 1.

sichtlich die Zuständigkeit des ausländischen Gerichts nach Art. 8–14 der VO ergibt.[4]
Die Entscheidung muss nach dem Recht des Ursprungsstaates vollstreckbar sein. Vorläufige Vollstreckbarkeit genügt.[5] Dies wird durch die in Art. 37 und 39 VO vorgesehenen Urkunden und durch die Anhänge I (Ehesachen) und II (elterliche Verantwortung) nachgewiesen.

IV. Zustellung

4 Die Entscheidung muss zugestellt sein. Im Grundsatz ist davon auszugehen, dass die Zustellung durch das Ursprungsgericht geschieht, was auch in der Bescheinigung Anhang II unter Ziff. 9.2.1.3. bestätigt wird. Die fehlende Zustellung kann noch während des Verfahrens, ja sogar noch während des Rechtsbehelfsverfahrens nachgeholt werden.[6] Es genügt auch noch, wenn die Zustellung mit dem die Vollstreckbarkeit anordnenden Beschluss erfolgt.[7]

V. Antrag

5 Es ist ein Antrag des Berechtigten erforderlich.[8] Maßgebend für die Form ist das Recht des Vollstreckungsstaates (Art. 30 Abs. 1 VO). Dabei hat der Antragsteller (wegen der vereinfachten Zustellung) ein – dem deutschen Recht unbekanntes – Wahldomizil zu begründen oder einen Zustellungsbevollmächtigten zu benennen (Art. 30 Abs. 2 VO).[9] Der Zustellungsbevollmächtigte muss kein Rechtsanwalt sein (§ 17 Abs. 2 IntFamRVG). Der Antrag kann auch mündlich zu Protokoll der Geschäftsstelle gestellt werden (§ 16 Abs. 2 IntFamRVG).

VI. Sonderregelung (Abs. 2)

6 Die Sonderregelung des Abs. 2 beruht darauf, dass in dem genannten Rechtskreis die ausländischen Entscheidungen dadurch inländischen Entscheidungen gleichgestellt werden, dass sie (bei dem Vollstreckungsgericht) registriert werden.

Artikel 29 EheVO 2003 Örtlich zuständiges Gericht

(1) Ein Antrag auf Vollstreckbarerklärung ist bei dem Gericht zu stellen, das in der Liste aufgeführt ist, die jeder Mitgliedstaat der Kommission gemäß Artikel 68 mitteilt.

(2) Das örtlich zuständige Gericht wird durch den gewöhnlichen Aufenthalt der Person, gegen die die Vollstreckung erwirkt werden soll, oder durch den gewöhnlichen Aufenthalt eines Kindes, auf das sich der Antrag bezieht, bestimmt.

Befindet sich keiner der in Unterabsatz 1 angegebenen Orte im Vollstreckungsmitgliedstaat, so wird das örtlich zuständige Gericht durch den Ort der Vollstreckung bestimmt.

---

4 BGH NJW 2016, 1445.
5 Thomas/Putzo/Hüßtege EheVO 2003 Art. 28 Rn. 4; Zöller/Geimer EheVO 2003 Art. 28 Rn. 2.
6 HK-ZPO/Dörner EheVO 2003 Art. 28 Rn. 5; Thomas/Putzo/Hüßtege EheVO 2003 Art. 28 Rn. 5; aA NK-BGB/Andrae EheVO 2003 Art. 28 Rn. 4.
7 BGH NJW RR 2005, 295.
8 HK-ZPO/Dörner EheVO 2003 Art. 29 Rn. 6.
9 PG/Völker EheVO 2003 Art. 28–36 Rn. 5.

I. Regelungszweck

Die Norm will eine möglichst große Vereinheitlichung erreichen, betrifft dabei 1
aber nicht nur die örtliche[1] sondern auch die **internationale Zuständigkeit**. Sachliche und funktionale Zuständigkeit werden durch das Recht des Vollstreckungsmitgliedstaates bestimmt.[2] Für die Zwecke der justiziellen Zusammenarbeit zwischen den Mitgliedstaaten sieht Abs. 1 vor, dass jeder Mitgliedstaat der Kommission mitteilt, welche Gerichte in seinem Geltungsbereich zuständig sind. Diese werden nach Art. 68 VO in einer Liste[3] mitgeteilt.

II. Geltende Bestimmungen des IntFamRVG

Für das **deutsche Recht** gelten die §§ 10–13 des IntFamRVG.								2

III. Zuständigkeit

Der Antragsteller soll hiernach bei einer Entscheidung über die elterliche Verant- 3
wortung zwischen dem Gericht des gewöhnlichen Aufenthalts des Vollstreckungsgegners und dem Gericht des gewöhnlichen Aufenthalts des Kindes wählen können.[4] Diese Auslegung ist zu eng, denn auch das Gericht hat seine Zuständigkeit nach Art. 29 VO zu prüfen.[5]

IV. Ort der Vollstreckung

Hierbei handelt es sich um eine Ersatzzuständigkeit, wenn sich die gewöhnli- 4
chen Aufenthalte weder des Kindes noch des Vollstreckungsgegners im Vollstreckungsmitgliedstaat befinden.[6] Das dürfte auch die Vollstreckung der Herausgabe des Kindes im Urlaubsland oder Fluchtland ermöglichen.

Artikel 30 EheVO 2003 Verfahren

(1) Für die Stellung des Antrags ist das Recht des Vollstreckungsmitgliedstaats maßgebend.

(2) Der Antragsteller hat für die Zustellung im Bezirk des angerufenen Gerichts ein Wahldomizil zu begründen. Ist das Wahldomizil im Recht des Vollstreckungsmitgliedstaats nicht vorgesehen, so hat der Antragsteller einen Zustellungsbevollmächtigten zu benennen.

(3) Dem Antrag sind die in den Artikeln 37 und 39 aufgeführten Urkunden beizufügen.

---

1 NK-BGB/Andrae EheVO 2003 Art. 29 Rn. 1.
2 NK-BGB/Andrae EheVO 2003 Art. 29 Rn. 1; Thomas/Putzo/Hüßtege EheVO 2003 Art. 29 Rn. 1; HK-ZPO/Dörner EheVO 2003 Art. 29 Rn. 1.
3 ABl. 2005 C 40 v. 17.2.2005 S. 2; www.europa.eu.int/eur-lex; die Liste ist dreigeteilt; s. die bei Art. 68 EheVO 2003 abgedruckte Liste.
4 NK-BGB/Andrae EheVO 2003 Art. 29 Rn. 2.
5 HK-ZPO/Dörner EheVO 2003 Art. 29 Rn. 2 und Thomas/Putzo/Hüßtege EheVO 2003 Art. 29 Rn. 2 sprechen daher richtig von der Bestimmung der örtlichen Zuständigkeit.
6 Thomas/Putzo/Hüßtege EheVO 2003 Art. 29 Rn. 2; NK-BGB/Andrae EheVO 2003 Art. 29 Rn. 2 wollen jedoch den Zweck dieser Zuständigkeit auf Kostenentscheidungen sowie auf Kindesvermögen beschränken.

I. Regelungszweck

1 Die Norm schreibt vor, was ein ordnungsgemäßer Antrag zu enthalten hat und wonach sich seine Form richtet. Die Überschrift ist daher so zu verstehen, dass ein(e) Vollstreckung(sverfahren) nur auf formgültigen Antrag stattfindet.

II. Abs. 1

2 Bezüglich Form, Inhalt und Sprache des Antrags ist auf das Recht des Vollstreckungsmitgliedstaates verwiesen.[1] Für Deutschland gilt § 16 IntFamRVG.

III. Abs. 2

3 Soweit hier entweder ein Wahldomizil oder ein Zustellungsbevollmächtigter gefordert werden, beruht dies auf den Unterschieden zwischen den nationalen Prozessrechten.[2] Überwiegend sehen die Mitgliedstaaten des romanischen Rechtskreises vor, dass ein Wahldomizil begründet wird.[3] Für Deutschland kommt nur ein Zustellungsbevollmächtigter infrage,[4] der jedoch kein Rechtsanwalt sein muss[5] (s. § 17 IntFamRVG).

IV. Urkunden

4 Wegen der beizufügenden Urkunden s. bei Art. 37, 39 VO und die Anhänge I und II zur VO. Werden diese Urkunden nicht beigefügt, so kann – muss aber nicht – das Gericht eine Frist zur Beibringung nach Art. 38 VO setzen, jedoch auch den Antrag zurückweisen, da dieser wiederholt werden kann.[6]

Artikel 31 EheVO 2003 Entscheidung des Gerichts

(1) Das mit dem Antrag befasste Gericht erlässt seine Entscheidung ohne Verzug und ohne dass die Person, gegen die die Vollstreckung erwirkt werden soll, noch das Kind in diesem Abschnitt des Verfahrens Gelegenheit erhalten, eine Erklärung abzugeben.

(2) Der Antrag darf nur aus einem der in den Artikeln 22, 23 und 24 aufgeführten Gründe abgelehnt werden.

(3) Die Entscheidung darf keinesfalls in der Sache selbst nachgeprüft werden.

I. Regelungszweck

1 Die Norm schreibt ein beschleunigtes Verfahren vor und verbietet deshalb die Anhörung des Vollstreckungsgegners und des betroffenen Kindes und verweist auf die Einschränkung des Prüfungsrechts. Hierbei ist an Art. 26 VO zu erinnern. Unerörtert ist, ob Schutzschriften zu beachten sind. Das wird wohl nur dann der Fall sein, wenn Versagungsgründe des Abs. 2 genannt werden.

---

1 NK-BGB/Andrae EheVO 2003 Art. 30 Rn. 1; Thomas/Putzo/Hüßtege EheVO 2003 Art. 30 Rn. 1; HK-ZPO/Dörner EheVO 2003 Art. 30 Rn. 2.
2 NK-BGB/Andrae EheVO 2003 Art. 30 Rn. 2.
3 ZB Frankreich Art. 682 nCPrC: „La notification d'un jugement est valablement faite au domicile élu en France par la partie demeurant à l'étranger"; auf deutsch: „Die Zustellung eines Urteils ist wirksam erfolgt an dem von der im Ausland lebenden Partei in Frankreich gewählten Domizil".
4 PG/Völker EheVO 2003 Art. 28–36 Rn. 5.
5 MK/Siehr EheVO 2003 Art. 30 Rn. 222.
6 NK-BGB/Andrae EheVO 2003 Art. 30 Rn. 3.

II. Prüfungsumfang

Das mit der Vollstreckbarerklärung befasste Gericht hat nur zu prüfen, ob die [2] VO überhaupt anwendbar ist, ob seine Zuständigkeit gegeben ist, ob die Entscheidung vollstreckbar und zugestellt ist (Art. 28 VO), ob ein formgültiger Antrag (Art. 30 VO) vorliegt und ob Anerkennungshindernisse (Art. 22, 23 VO) bestehen.[1] Weiterhin prüft das Gericht, ob der Antragsteller berechtigt ist und ob der ausländische Titel hinreichend bestimmt ist.[2]

III. Geltende Bestimmungen des IntFamRVG

Vgl. dazu für Deutschland §§ 20, 23 IntFamRVG.   [3]

Artikel 32 EheVO 2003 Mitteilung der Entscheidung

Die über den Antrag ergangene Entscheidung wird dem Antragsteller vom Urkundsbeamten der Geschäftsstelle unverzüglich in der Form mitgeteilt, die das Recht des Vollstreckungsmitgliedstaats vorsieht.

Die Norm gebietet die Zustellung der Entscheidung an den Antragsteller. [1] Die Zustellung richtet sich nach dem Recht des Vollstreckungsmitgliedstaates, also in Deutschland nach § 21 IntFamRVG.

Artikel 33 EheVO 2003 Rechtsbehelf

(1) Gegen die Entscheidung über den Antrag auf Vollstreckbarerklärung kann jede Partei einen Rechtsbehelf einlegen.

(2) Der Rechtsbehelf wird bei dem Gericht eingelegt, das in der Liste aufgeführt ist, die jeder Mitgliedstaat der Kommission gemäß Artikel 68 mitteilt.

(3) Über den Rechtsbehelf wird nach den Vorschriften entschieden, die für Verfahren mit beiderseitigem rechtlichen Gehör maßgebend sind.

(4) Wird der Rechtsbehelf von der Person eingelegt, die den Antrag auf Vollstreckbarerklärung gestellt hat, so wird die Partei, gegen die die Vollstreckung erwirkt werden soll, aufgefordert, sich auf das Verfahren einzulassen, das bei dem mit dem Rechtsbehelf befassten Gericht anhängig ist. Lässt sich die betreffende Person auf das Verfahren nicht ein, so gelten die Bestimmungen des Artikels 18.

(5) Der Rechtsbehelf gegen die Vollstreckbarerklärung ist innerhalb eines Monats nach ihrer Zustellung einzulegen. Hat die Partei, gegen die die Vollstreckung erwirkt werden soll, ihren gewöhnlichen Aufenthalt in einem anderen Mitgliedstaat als dem, in dem die Vollstreckbarerklärung erteilt worden ist, so beträgt die Frist für den Rechtsbehelf zwei Monate und beginnt mit dem Tag, an dem die Vollstreckbarerklärung ihr entweder persönlich oder in ihrer Wohnung zugestellt worden ist. Eine Verlängerung dieser Frist wegen weiter Entfernung ist ausgeschlossen.

---

1 Thomas/Putzo/Hüßtege EheVO 2003 Art. 31 Rn. 3; HK-ZPO/Dörner EheVO 2003 Art. 31 Rn. 3, 4; PG/Völker EheVO 2003 Art. 28–36 Rn. 6.
2 NK-BGB/Andrae EheVO 2003 Art. 31 Rn. 3; gegen die Prüfung der ausreichenden Bestimmtheit bestehen Bedenken wegen Abs. 3 und Art. 26 VO.

I. Regelungszweck

1   Die Vorschrift regelt ein für die Anwendung der VO vereinheitlichtes Rechtsmittelsystem, das jedoch hinsichtlich Form, Sprache, Inhalt der Rechtsmittelschrift und des Verfahrens den nicht vereinheitlichten nationalen Rechten der Mitgliedstaaten unterworfen ist.[1] Abs. 3 bestimmt für die Anwendung der VO, dass im Rechtsmittelverfahren die Gegenpartei zu beteiligen ist (beiderseitiges rechtliches Gehör). Die Bestimmung „jede Partei" ist iSv Art. 28 Abs. 1 VO („einer berechtigten Partei") so auszulegen, dass jede berechtigte Partei gemeint ist, wozu auch das betroffene Kind selbst gehört.[2] Das dürfte zur Folge haben, dass in jedem Rechtsmittelverfahren dem Kind ein Verfahrenspfleger beizuordnen ist. Jedenfalls ist das Kind zu hören.[3] Beachte zum Verfahren im Übrigen die Art. 34–36 VO.

II. Geltende Bestimmungen des IntFamRVG

2   Für Deutschland sind ergänzend zu Art. 33–36 VO die §§ 22, 24–27 IntFamRVG anzuwenden.

III. Zuständigkeit

3   Hier wird auf die Liste zu Art. 68 VO (s. dort) verwiesen. → EheVO 2003 Art. 29 Rn. 1.

IV. Rechtliches Gehör

4   In jedem Rechtsbehelfsverfahren, gleich ob dieses gegen die Ablehnung des Antrags oder gegen die Erteilung der Vollstreckungsklausel gerichtet ist, sind beide Parteien und das Kind zu hören (→ Rn. 1). Die Formulierung „mit beiderseitigem rechtlichem Gehör" ist wegen Art. 31 Abs. 1 VO wohl so zu verstehen, dass anders als beim Antrag auf Vollstreckbarerklärung die **Gegenpartei zu hören** ist. Ob damit das Kind auch ein Antragsrecht[4] erlangt, erscheint fraglich, denn dann müsste man dem Kind das Recht zugestehen, sich im Rechtsbehelfsverfahren auch gegen den Vollstreckungsgegner zu stellen, bei dem sich das Kind befindet, um den Vollstreckungsantrag zu unterstützen. Davon gehen jedoch selbst Art. 31 Abs. 1 VO und auch Art. 28 Abs. 1 VO nicht aus.

V. Aufforderung zur Einlassung

5   Diese Norm erklärt sich aus Art. 31 Abs. 1 VO, denn im Fall der Ablehnung des Antrags auf Erteilung der Vollstreckungsklausel weiß der Vollstreckungsgegner hiervon nichts. Seine Beteiligung und die des Kindes können daher nur über ein Verfahren der vorgeschriebenen Unterrichtung gesichert werden. Zu den Rechtsfolgen der Nichteinlassung s. Art. 18 VO.

---

1   HK-ZPO/Dörner EheVO 2003 Art. 33 Rn. 1; Thomas/Putzo/Hüßtege EheVO 2003 Art. 33 Rn. 1 (geschlossenes Rechtsmittelsystem); NK-BGB/Andrae EheVO 2003 Art. 332 Rn. 1.

2   NK-BGB/Andrae EheVO 2003 Art. 33 Rn. 6; HK-ZPO/Dörner EheVO 2003 Art. 33 Rn. 2; Zöller/Geimer EheVO 2003 Art. 33 Rn. 1.

3   Egrund 19.

4   Thomas/Putzo/Hüßtege EheVO 2003 Art. 33 Rn. 3; NK-BGB/Andrae EheVO 2003 Art. 33 Rn. 3.

VI. Fristen

Für das Rechtsmittel gegen die Vollstreckungsklausel schreibt die VO in Abs. 5   6
S. 1 **einen Monat**, gerechnet ab der Zustellung, vor. Daraus wird abgeleitet, dass
das Rechtsmittel gegen die stattgebende Entscheidung die befristete Beschwerde[5]
ist. Nachdem auch § 24 Abs. 3 IntFamRVG (→ Rn. 2) nur die Beschwerde gegen die stattgebende Entscheidung befristet (Notfrist gem. Abs. 4), ist die An-
tragstellerbeschwerde als unbefristet anzusehen.[6] Die Frist für die Antragsgeg-
nerbeschwerde beträgt bei einer Zustellung ins Ausland, was hier ja ein Drittstaat zu sein hätte, **zwei Monate**. Eine Verlängerung der Frist ist ausgeschlossen.

VII. Form

Diese unterliegt dem nationalen Recht. Für Deutschland bestimmt § 24   7
IntFamRVG, dass die Einlegung der Beschwerde entweder zu Protokoll der Ge-
schäftsstelle (mit Rücksicht auf Abs. 2 auch der des Amtsgerichts) oder durch
Beschwerdeschrift zum Oberlandesgericht eingelegt wird. Sie kann auch beim
Erstgericht eingelegt werden. Die Zustellung an den Beschwerdegegner erfolgt
von Amts wegen.

VIII. Verfahren

S. hierzu §§ 25–27 IntFamRVG.   8

Artikel 34 EheVO 2003   Für den Rechtsbehelf zuständiges Gericht und Anfechtung der Entscheidung über den Rechtsbehelf

**Die Entscheidung, die über den Rechtsbehelf ergangen ist, kann nur im Wege
der Verfahren angefochten werden, die in der Liste genannt sind, die jeder Mitgliedstaat der Kommission gemäß Artikel 68 mitteilt.**

Die Norm verweist wegen der möglichen Rechtsmittel gegen die Entscheidung   1
über den Rechtsbehelf nach Art. 33 VO auf das nationale Recht. Soweit auf die
Liste nach Art. 68 VO hingewiesen wird,[1] greift dies zu kurz. Art. 34 VO lässt
auch zu, dass ein Mitgliedstaat kein Verfahren des weiteren Angriffs bereithält.
Ob sich aus Art. 34 VO eine europaweit geltende Garantie für eine 3. Instanz
ergibt,[2] ist zu bezweifeln. Das gibt der Wortlaut der Bestimmung nicht her.

Für Deutschland gelten die §§ 28–31 IntFamRVG.   2

Artikel 35 EheVO 2003   Aussetzung des Verfahrens

**(1) Das nach Artikel 33 oder Artikel 34 mit dem Rechtsbehelf befasste Gericht
kann auf Antrag der Partei, gegen die die Vollstreckung erwirkt werden soll, das
Verfahren aussetzen, wenn im Ursprungsmitgliedstaat ein ordentlicher Rechts-**

---

5   Thomas/Putzo/Hüßtege EheVO 2003 Art. 33 Rn. 1; NK-BGB/Andrae EheVO 2003 Art. 33
    Rn. 5; HK-ZPO/Dörner EheVO 2003 Art. 33 Rn. 4.
6   Zöller/Geimer EheVO 2003 Art. 33 Rn. 1 sehen hierin eine Parallelnorm zu Art. 43
    EuGVVO.
1   HK-ZPO/Dörner EheVO 2003 Art. 34 Rn. 1.
2   NK-BGB/Andrae EheVO 2003 Art. 34 Rn. 1 unter Berufung auf den Bericht von Borrás
    ABl. 1998 C 221, 56 Nr. 93. Dagegen Althammer/Arnold Art. 34 Rn. 1.

behelf gegen die Entscheidung eingelegt wurde oder die Frist für einen solchen Rechtsbehelf noch nicht verstrichen ist. In letzterem Fall kann das Gericht eine Frist bestimmen, innerhalb deren der Rechtsbehelf einzulegen ist.

(2) Ist die Entscheidung in Irland oder im Vereinigten Königreich ergangen, so gilt jeder im Ursprungsmitgliedstaat statthafte Rechtsbehelf als ordentlicher Rechtsbehelf im Sinne des Absatzes 1.

I. Regelungszweck

1 Die Norm will die Aussetzung des Verfahrens dann ermöglichen, wenn die zu vollstreckende Entscheidung im Ursprungsmitgliedstaat mit zulässigem Rechtsbehelf angegriffen wurde oder noch angegriffen werden kann. Dies wirft mehrere Fragen auf.

II. Instanz

2 Soweit in der Literatur darauf verwiesen wird, dass die Aussetzung nur im Rechtsmittelverfahren, nicht aber im Vollstreckungsklauselverfahren möglich sei,[1] bestehen Bedenken. Die Regelung erklärt sich nämlich aus Art. 31 Abs. 1 VO, nach der der Vollstreckungsgegner ja regelmäßig nicht gehört wird. Wenn er aber vorsorglich in einer Schutzschrift dem mit der Vollstreckbarerklärung befassten Gericht das Rechtsmittel gegen die zu vollstreckende Entscheidung anzeigt, muss auch dieses Gericht zur Aussetzung befugt sein.[2]

III. Antrag

3 Es ist stets ein Antrag erforderlich. Zu den Berechtigten muss auch das Kind gezählt werden (→ EheVO 2003 Art. 33 Rn. 1).

IV. Ermessen

4 Das Beschleunigungsgebot gebietet es, nur dann auszusetzen, wenn das Rechtsmittel des Vollstreckungsgegners Aussicht auf Erfolg haben kann.[3] Das erlegt dem Gericht eine sehr weitgehende Prüfungspflicht[4] auf. Es verträgt sich nicht mit Art. 26 VO, wenn das Gericht die Erfolgsaussichten des Rechtsmittels einschätzen, vielleicht sogar noch durch Rechtsgutachten prüfen soll. Es ist deshalb besonders darauf hinzuweisen, dass das Gericht zum Schutz des Kindes auch einstweilige Maßnahmen nach § 15 IntFamRVG treffen kann.

Artikel 36 EheVO 2003   Teilvollstreckung

(1) Ist mit der Entscheidung über mehrere geltend gemachte Ansprüche entschieden worden und kann die Entscheidung nicht in vollem Umfang zur Vollstreckung zugelassen werden, so lässt das Gericht sie für einen oder mehrere Ansprüche zu.

(2) Der Antragsteller kann eine teilweise Vollstreckung beantragen.

---

1 NK-BGB/Andrae EheVO 2003 Art. 35 Rn. 1; Thomas/Putzo/Hüßtege EheVO 2003 Art. 35 Rn. 1.
2 HK-ZPO/Dörner EheVO 2003 Art. 35 Rn. 3.
3 NK-BGB/Andrae EheVO 2003 Art. 35 Rn. 3; HK-ZPO/Dörner EheVO 2003 Art. 35 Rn. 2; Thomas/Putzo/Hüßtege EheVO 2003 Art. 35 Rn. 4.
4 Thomas/Putzo/Hüßtege EheVO 2003 Art. 35 Rn. 4 sprechen von Ermessen.

Die Bestimmung will vermeiden, dass – insbesondere bei Verbundentscheidun- 1
gen – unnötige Verzögerungen dadurch eintreten, dass nicht alle Teile der Entscheidung vollstreckbar sind.[1] Das Gericht entscheidet nach Abs. 1 von Amts
wegen. Der Antragsteller kann seinen Antrag nach Abs. 2 auch auf einen Teil
der Entscheidung beschränken.[2] Das kommt etwa in Betracht bei einer Verbundentscheidung bezüglich des Teils der elterlichen Verantwortung, wenn die
Scheidung noch nicht rechtskräftig ist oder wenn es nach Art. 21 Abs. 2 VO keiner Vollstreckung bedarf.

Es ist auf § 23 Abs. 2 IntFamRVG zu verweisen.   2

Abschnitt 3 Gemeinsame Bestimmungen für die Abschnitte 1 und 2

Artikel 37 EheVO 2003 Urkunden

(1) Die Partei, die die Anerkennung oder Nichtanerkennung einer Entscheidung
oder deren Vollstreckbarerklärung erwirken will, hat Folgendes vorzulegen:

a) eine Ausfertigung der Entscheidung, die die für ihre Beweiskraft erforderlichen Voraussetzungen erfüllt, und

b) die Bescheinigung nach Artikel 39.

(2) Bei einer im Versäumnisverfahren ergangenen Entscheidung hat die Partei,
die die Anerkennung einer Entscheidung oder deren Vollstreckbarerklärung erwirken will, ferner Folgendes vorzulegen:

a) die Urschrift oder eine beglaubigte Abschrift der Urkunde, aus der sich ergibt, dass das verfahrenseinleitende Schriftstück oder ein gleichwertiges
   Schriftstück der Partei, die sich nicht auf das Verfahren eingelassen hat, zugestellt wurde, oder

b) eine Urkunde, aus der hervorgeht, dass der Antragsgegner mit der Entscheidung eindeutig einverstanden ist.

I. Regelungszweck

Gem. Abs. 1 ist für die Verfahren der Anerkennung (Art. 21–23 VO), der Nicht- 1
anerkennung[1] (Art. 21 Abs. 3 VO) und der Vollstreckbarerklärung (Art. 28–36
VO)[2] die Vorlage von zwei Urkunden erforderlich, nämlich eine Ausfertigung
der betreffenden Entscheidung und die Bescheinigung nach Art. 39 VO (Anhänge I und II, vgl. dort). Besondere Anforderungen gelten nach Abs. 2 für die Anerkennung bzw. Nichtanerkennung oder Vollstreckbarerklärung von Säumnisentscheidungen.

II. Entscheidung

Erforderlich ist eine Ausfertigung, die die für ihre Beweiskraft erforderlichen 2
Voraussetzungen erfüllt. Das bedeutet, dass die Urkunde den vollen Beweis für

---

1 So iE, wenn auch mit anderer Begründung, NK-BGB/Andrae EheVO 2003 Art. 36 Rn. 1;
   HK-ZPO/Dörner EheVO 2003 Art. 36 Rn. 1.
2 MK/Siehr EheVO 2003 Art. 36 Rn. 236 verweist nur auf Art. 28 EheVO 2003.
1 Verkürzt ist die Darstellung bei Thomas/Putzo/Hüßtege EheVO 2003 Art. 37 Rn. 1.
2 Thomas/Putzo/Hüßtege EheVO 2003 Art. 37 Rn. 1; HK-ZPO/Dörner EheVO 2003
   Art. 37 Rn. 1.

ihre Echtheit und den Inhalt der Entscheidung erbringen muss.[3] Welche Anforderungen das sind, regelt das Recht des Staates des Ursprungsgerichts.[4] Für Deutschland ist dies § 317 ZPO zu entnehmen.

III. Keine Legalisierung

3   Nach Art. 52 VO ist bezüglich der vorzulegenden Urkunden keine Legalisierung oder vergleichbare Förmlichkeit zulässig. Anerkennung und Vollstreckung sollen auf dem Grundsatz des gegenseitigen Vertrauens beruhen.[5] Zur Übersetzung s. Art. 38 Abs. 2 VO.

IV. Bescheinigung

4   Die Bescheinigungen nach Art. 39 VO sind den Anhängen I (Entscheidungen in Ehesachen) und II (Entscheidungen über die elterliche Verantwortung) zu entnehmen. Gegen die Ausstellung dieser Bescheinigungen gibt es kein Rechtsmittel,[6] sondern nur das Verfahren der Berichtigung. Für Deutschland s. hierzu §§ 48, 49 IntFamRVG.

V. Säumnisentscheidungen

5   Die Regelung gilt für echte wie für unechte Säumnisentscheidungen.[7] Die Vorschrift soll auch für jedes einseitige Verfahren gelten, auf das sich die andere Partei nicht eingelassen hat.[8] Die Vorlage der Nachweise dient der Prüfung der Anerkennungsvoraussetzungen nach Art. 22, 23 VO.[9] Hier ist zu unterscheiden:

6   **1. Verfahrenseinleitendes Schriftstück.** Hier genügt der Nachweis der Zustellung durch Urkunde/Urkundsabschrift. Der Nachweis der Rechtzeitigkeit wird von Art. 37 Abs. 2 lit. a VO nicht gefordert. In Art. 22, 23 VO wird jedoch auf die Rechtzeitigkeit abgestellt. Es erscheint problematisch, dass der Tatrichter autonom über die Rechtzeitigkeit (nach eigenem Recht) entscheidet[10] und nicht nach dem Recht des Ursprungsgerichts. Hier besteht noch Klärungsbedarf.

7   **2. Eindeutiges Einverständnis.** Hier wird eine Urkunde gefordert. Diese kann auch eine privatschriftliche und muss keine öffentliche sein.[11] Das steht im Gegensatz zu Art. 22, 23 VO, wo auch schlüssiges Handeln als Nachweis genügt.

Artikel 38 EheVO 2003   Fehlen von Urkunden

(1) Werden die in Artikel 37 Absatz 1 Buchstabe b) oder Absatz 2 aufgeführten Urkunden nicht vorgelegt, so kann das Gericht eine Frist setzen, innerhalb deren die Urkunden vorzulegen sind, oder sich mit gleichwertigen Urkunden begnügen

---

3   Thomas/Putzo/Hüßtege EuGVVO Art. 53 Rn. 2.
4   NK-BGB/Andrae EheVO 2003 Art. 37 Rn. 2; HK-ZPO/Dörner EheVO 2003 Art. 37 Rn. 2.
5   Egrund 21.
6   Egrund 24.
7   Thomas/Putzo/Hüßtege EheVO 2003 Art. 37 Rn. 4; NK-BGB/Andrae EheVO 2003 Art. 37 Rn. 3; HK-ZPO/Dörner EheVO 2003 Art. 37 Rn. 5.
8   Thomas/Putzo/Hüßtege EheVO 2003 Art. 37 Rn. 4.
9   Thomas/Putzo/Hüßtege EheVO 2003 Art. 37 Rn. 6.
10 Thomas/Putzo/Hüßtege EheVO 2003 Art. 37 Rn. 6.
11 NK-BGB/Andrae EheVO 2003 Art. 37 Rn. 3; Thomas/Putzo/Hüßtege EheVO 2003 Art. 37 Rn. 7; HK-ZPO/Dörner EheVO 2003 Art. 37 Rn. 6.

oder von der Vorlage der Urkunden befreien, wenn es eine weitere Klärung nicht für erforderlich hält.

(2) Auf Verlangen des Gerichts ist eine Übersetzung der Urkunden vorzulegen. Die Übersetzung ist von einer hierzu in einem der Mitgliedstaaten befugten Person zu beglaubigen.

Die Vorschrift bezweckt eine **Beweiserleichterung**, indem das Gericht Fristen setzen, sich mit gleichwertigen Urkunden begnügen oder ganz auf sie verzichten kann. Das beruht darauf, dass ein abgelehnter Antrag neu gestellt werden könnte und eine Ablehnung aus formalen Gründen vermieden werden soll.[1] Gleichwohl wird zu beachten sein, dass die Verfahren nicht endlos verzögert werden sollten, was auch die Rechtssicherheit und das Interesse des Vollstreckungsschuldners gebieten. Werden die Urkunden nicht beigebracht, ist der Antrag abzuweisen.[2]   1

Abs. 2 ist zu entnehmen, dass die nach Art. 37 VO vorzulegenden Urkunden, auch im Falle von Art. 37 Abs. 2 VO, **nicht übersetzt** sein müssen. Vgl. auch § 16 Abs. 3 IntFamRVG und die Möglichkeit des § 54 IntFamRVG, wonach die Übersetzungen auch von der zentralen Behörde veranlasst werden können.   2

Artikel 39 EheVO 2003 Bescheinigung bei Entscheidungen in Ehesachen und bei Entscheidungen über die elterliche Verantwortung

Das zuständige Gericht oder die Zuständige Behörde des Ursprungsmitgliedstaats stellt auf Antrag einer berechtigten Partei eine Bescheinigung unter Verwendung des Formblatts in Anhang I (Entscheidungen in Ehesachen) oder Anhang II (Entscheidungen über die elterliche Verantwortung) aus.

I. Regelungszweck

Durch die Bescheinigungen, die das Ursprungsgericht oder der Ursprungsstaat auf Antrag ausstellen, wird dem mit der Anerkennung, der Nichtanerkennung oder der Vollstreckbarerklärung befassten Gericht die Prüfung der Voraussetzungen erleichtert.[1]   1

II. Antrag

Die Bescheinigungen werden zwar nur auf Antrag erteilt, sind jedoch über Art. 37 Abs. 1 lit. b VO obligatorisch.   2

III. Anhänge I und II VO

Es handelt sich um zwei verschiedene Anhänge: Anhang I VO umfasst Entscheidungen in Ehesachen, Anhang II VO Entscheidungen über elterliche Verantwortung.   3

---

1 NK-BGB/Andrae EheVO 2003 Art. 38 Rn. 1; HK-ZPO/Dörner EheVO 2003 Art. 38 Rn. 1.
2 Thomas/Putzo/Hüßtege EheVO 2003 Art. 38 Rn. 3.
1 NK-BGB/Benicke EheVO 2003 Art. 39 Rn. 1; Thomas/Putzo/Hüßtege EheVO 2003 Art. 39 Rn. 1; HK-ZPO/Dörner EheVO 2003 Art. 39 Rn. 2.

Abschnitt 4 Vollstreckbarkeit bestimmter Entscheidungen über das Umgangsrecht und bestimmter Entscheidungen, mit denen die Rückgabe des Kindes angeordnet wird

Artikel 40 EheVO 2003 Anwendungsbereich

(1) Dieser Abschnitt gilt für

a) das Umgangsrecht
und

b) die Rückgabe eines Kindes infolge einer die Rückgabe des Kindes anordnenden Entscheidung gemäß Artikel 11 Absatz 8.

(2) Der Träger der elterlichen Verantwortung kann ungeachtet der Bestimmungen dieses Abschnitts die Anerkennung und Vollstreckung nach Maßgabe der Abschnitte 1 und 2 dieses Kapitels beantragen.

I. Regelungszweck und Anwendungsbereich

1 Die Bestimmungen des Abschnitts gelten für das Umgangsrecht und die Rückgabe des Kindes nach Art. 11 Abs. 8 VO. Unterbringungssachen fallen nicht darunter. Für diese s. Art. 56 VO.[1] Hierunter ist die Entscheidung des nach Art. 8 oder 9 VO zuständigen Gerichts zu verstehen, mit der die Rückgabe des Kindes angeordnet wird, obwohl die nach Art. 10 und 11 VO angerufenen Gerichte die Herausgabe des Kindes nach einer Kindesentführung nicht angeordnet haben (→ EheVO 2003 Art. 11 Rn. 3). Die Entscheidungen können als europäische, dh europaweit in allen Mitgliedstaaten geltende, Vollstreckungstitel bezeichnet werden.[2]

II. Umgangsrecht

2 S. zunächst hierzu Art. 2 Abs. 10 VO. Die Bestimmungen gelten für alle Bereiche des Umgangsrechtes, also auch für den Umgang mit Dritten.[3] Sie umfassen auch sämtliche Formen des Kontakts, eingeschlossen Telefon, E-Mail oder Webcam.[4]

III. Rückgabe des Kindes

3 Die Norm ist in ihrer Anwendung auf die Entscheidung nach Art. 11 Abs. 8 VO beschränkt. Das setzt demnach voraus, dass ein Herausgabeantrag nach Art. 13 HKÜ abgelehnt worden sein muss und dass danach das weiterhin für die elterliche Verantwortung zuständig gebliebene Gericht des Ursprungsmitgliedstaates die Rückgabe angeordnet hat.[5] Eine analoge Anwendung auf andere Herausgabeentscheidungen scheidet aus.[6]

---

1 EuGH 26.4.2012 – C-92/12, http://curia.europa.eu/juris/document/document.jsf?text.
2 Thomas/Putzo/Hüßtege EheVO 2003 Vor Art. 40 Rn. 1.
3 Leitfaden S. 32; Coester-Waltjen FamRZ 2005, 248 Fn. 50.
4 Leitfaden S. 32 Ziff. 2.
5 Thomas/Putzo/Hüßtege EheVO 2003 Vor Art. 40 Rn. 12 unter Hinweis auf EuGH NJW 2008, 2973. S. dazu auch Rieck, Neues Eilvorlageverfahren zum EuGH, NJW 2008, 2958–2962 zu EuGH 11.7.2008 – C-195/08 (Sorgerechtsvollstreckung, Litauen).
6 MK/Siehr EheVO 2003 Art. 40 Rn. 240.

IV. Unmittelbare Vollstreckbarkeit

Um eines der Hauptziele der VO zu erreichen, nämlich die Aufrechterhaltung [4] des Kontaktes zwischen dem Kind und den Trägern der elterlichen Verantwortung,[7] war es notwendig, die unmittelbare Vollstreckbarkeit der Entscheidungen vorzusehen, die den Umgang regeln. Dadurch soll ein weiteres sich Widersetzen gegen die Anerkennung und Vollstreckung der Entscheidung verhindert werden.[8]

V. Verfahren

Das Verfahren nach dem 4. Abschnitt ist **fakultativ**.[9] Es kann auch die Anerkennung und Vollstreckbarerklärung nach den Abschnitten 2 und 3 beantragt werden. [5]

VI. Kindeswohl

Gemäß dem Grundsatz der Anwendung wechselseitigen Vertrauens[10] und gemäß der Schlussfolgerung Nr. 34 des Europäischen Rates von Tampere[11] war es notwendig, die unmittelbare Vollstreckbarkeit dadurch zu erreichen, dass keinerlei Zwischenverfahren und Kindeswohlprüfungen[12] mehr möglich sein sollen. Der Verfasser schließt sich den Bedenken von Coester-Waltjen[13] an, weil das Kindeswohl eines der grundlegenden Prinzipien der VO zu sein hat. [6]

VII. Geltende Bestimmungen des IntFamRVG

Für Deutschland regelt § 44 IntFamRVG die Vollstreckung ausländischer Entscheidungen. [7]

Artikel 41 EheVO 2003 Umgangsrecht

(1) Eine in einem Mitgliedstaat ergangene vollstreckbare Entscheidung über das Umgangsrecht im Sinne des Artikels 40 Absatz 1 Buchstabe a), für die eine Bescheinigung nach Absatz 2 im Ursprungsmitgliedstaat ausgestellt wurde, wird in einem anderen Mitgliedstaat anerkannt und kann dort vollstreckt werden, ohne dass es einer Vollstreckbarerklärung bedarf und ohne dass die Anerkennung angefochten werden kann.

Auch wenn das nationale Recht nicht vorsieht, dass eine Entscheidung über das Umgangsrecht ungeachtet der Einlegung eines Rechtsbehelfs von Rechts wegen vollstreckbar ist, kann das Gericht des Ursprungsmitgliedstaats die Entscheidung für vollstreckbar erklären.

---

7   Leitfaden S. 32 Ziff. 1.
8   Leitfaden S. 32 Ziff. 1.
9   Nach Thomas/Putzo/Hüßtege EheVO 2003 Art. 40 Rn. 3 besteht kein Vorrang des Verfahrens nach Art. 40 EheVO 2003 vor dem Verfahren nach Art. 28 EheVO 2003; PG/Völker EheVO 2003 Art. 40 Rn. 1.
10 Egrund 21.
11 Egrund 23.
12 AA Coester-Waltjen FamRZ 2005, 248, die am Wert der in Art. 41 vorgeschriebenen Bescheinigung zweifelt.
13 Coester-Waltjen FamRZ 2005, 248.

(2) Der Richter des Ursprungsmitgliedstaats stellt die Bescheinigung nach Absatz 1 unter Verwendung des Formblatts in Anhang III (Bescheinigung über das Umgangsrecht) nur aus, wenn

a) im Fall eines Versäumnisverfahrens das verfahrenseinleitende Schriftstück oder ein gleichwertiges Schriftstück der Partei, die sich nicht auf das Verfahren eingelassen hat, so rechtzeitig und in einer Weise zugestellt wurde, dass sie sich verteidigen konnte, oder wenn in Fällen, in denen bei der Zustellung des betreffenden Schriftstücks diese Bedingungen nicht eingehalten wurden, dennoch festgestellt wird, dass sie mit der Entscheidung eindeutig einverstanden ist;

b) alle betroffenen Parteien Gelegenheit hatten, gehört zu werden, und

c) das Kind die Möglichkeit hatte, gehört zu werden, sofern eine Anhörung nicht aufgrund seines Alters oder seines Reifegrads unangebracht erschien.

Das Formblatt wird in der Sprache ausgefüllt, in der die Entscheidung abgefasst ist.

(3) Betrifft das Umgangsrecht einen Fall, der bei der Verkündung der Entscheidung einen grenzüberschreitenden Bezug aufweist, so wird die Bescheinigung von Amts wegen ausgestellt, sobald die Entscheidung vollstreckbar oder vorläufig vollstreckbar wird. Wird der Fall erst später zu einem Fall mit grenzüberschreitendem Bezug, so wird die Bescheinigung auf Antrag einer der Parteien ausgestellt.

I. Regelungszweck

1 Die Norm regelt die **unmittelbare** Vollstreckung von Umgangsentscheidungen[1] zwischen den Mitgliedstaaten. Die Entscheidung wird mit der Ausstellung der Bescheinigung gemäß Anhang III VO vollstreckbar.[2] Zuständig hierfür ist ausschließlich das Gericht des Ursprungsmitgliedstaates. Dieses ist auch allein zuständig dafür, zu befinden ob ein Verstoß gegen die Grundrechtscharta vorliegt. Der Vollstreckungsmitgliedstaat darf die Vollstreckung nicht aus dem Grunde verweigern, dass gegen Grundrechte verstoßen worden sei.[3]

II. Voraussetzungen

2 Die Entscheidung muss selbst nicht unmittelbar vollstreckbar sein.[4] Sie wird es durch die Ausstellung der vorgenannten Bescheinigung. Diese soll die Einhaltung verfahrensrechtlicher Schutzmaßnahmen im Ursprungsstaat dokumentieren.[5] Gegen die Ausstellung der Bescheinigung sind keine Rechtsmittel zulässig (s. Art. 43 Abs. 2 VO), sondern nur die Berichtigung(sklage) nach Art. 43 Abs. 1 VO (s. dort).

1 Die Gerichte des Vollstreckungsstaates werden mit Entscheidungen über die Vollstreckbarkeit nicht befasst. Ebenso Thomas/Putzo/Hüßtege EheVO 2003 Art. 41 Rn. 1.

2 Leitfaden S. 33; Gruber IPrax 2005, 299; Solomon FamRZ 2004, 1419; MK/Siehr EheVO 2003 Art. 41 Rn. 243 bezeichnet dies als Europäischen Vollstreckungstitel.

3 EuGH 22.12. 2010 – C-491/10, FamRZ 2011, 355.

4 AA MK/SiehrEheVO 2003 Art. 41 Rn. 246.

5 Leitfaden S. 33.

III. Kriterien

Hier werden die Tatbestände nach Art. 23 lit. c VO wiederholt, die ein Anerken-   3
nungshindernis darstellen und die nicht vorliegen dürfen. Ferner wird die Wahrung des rechtlichen Gehörs des Antragsgegners und des Kindes genannt[6] (s. dazu Art. 23 VO). Es genügt, dass dem Kind die Möglichkeit gegeben wurde, sich
zu äußern, was nicht zwingend Anhörung des Kindes bedeutet.[7]

IV. Zeitpunkt

Ist die Regelung von Anfang an grenzüberschreitend, so wird die Bescheinigung   4
gemäß Anhang III VO von Amts wegen ausgestellt, sobald die Umgangsregelung
vollziehbar ist. Wird der Umgang erst später grenzüberschreitend, so ist die Bescheinigung zu beantragen. Eine Frist zwischen Entscheidung und Bescheinigung
ist nicht genannt, so dass die Bescheinigung auch noch später beantragt werden
kann.

V. Rechtsschutzbedürfnis

Auch hierüber ist sowohl der VO als auch der Literatur nichts zu entnehmen. Es   5
entspricht jedoch allein schon wegen der Aktenführung dem praktischen Bedürfnis – analog der Zustellung beim vollstreckbaren Vergleich als Vollstreckungsvoraussetzung – bei Abschluss einer Sache den Titel auch in den Mitgliedstaaten vollstreckbar sein zu lassen. Es muss deshalb gefordert werden,
dass die Bescheinigung auf Antrag auch dann ausgestellt wird, wenn konkret
noch keine Grenzüberschreitung nachweisbar ist.

Artikel 42 EheVO 2003   Rückgabe des Kindes

(1) Eine in einem Mitgliedstaat ergangene vollstreckbare Entscheidung über die
Rückgabe des Kindes im Sinne des Artikels 40 Absatz 1 Buchstabe b), für die
eine Bescheinigung nach Absatz 2 im Ursprungsmitgliedstaat ausgestellt wurde,
wird in einem anderen Mitgliedstaat anerkannt und kann dort vollstreckt werden, ohne dass es einer Vollstreckbarerklärung bedarf und ohne dass die Anerkennung angefochten werden kann.

Auch wenn das nationale Recht nicht vorsieht, dass eine in Artikel 11 Absatz 8
genannte Entscheidung über die Rückgabe des Kindes ungeachtet der Einlegung
eines Rechtsbehelfs von Rechts wegen vollstreckbar ist, kann das Gericht des
Ursprungsmitgliedstaats die Entscheidung für vollstreckbar erklären.

(2) Der Richter des Ursprungsmitgliedstaats, der die Entscheidung nach Artikel 40 Absatz 1 Buchstabe b) erlassen hat, stellt die Bescheinigung nach Absatz 1 nur aus, wenn

a) das Kind die Möglichkeit hatte, gehört zu werden, sofern eine Anhörung
    nicht aufgrund seines Alters oder seines Reifegrads unangebracht erschien,
b) die Parteien die Gelegenheit hatten, gehört zu werden, und
c) das Gericht beim Erlass seiner Entscheidung die Gründe und Beweismittel
    berücksichtigt hat, die der nach Artikel 13 des Haager Übereinkommens von
    1980 ergangenen Entscheidung zugrunde liegen.

---

6   HK-ZPO/Dörner EheVO 2003 Art. 42 Rn. 8; PG/Völker EheVO 2003 Art. 42 Rn. 1.
7   EuGH 22.12. 2010 – C-491/10, FamRZ 2011, 355.

Ergreift das Gericht oder eine andere Behörde Maßnahmen, um den Schutz des Kindes nach seiner Rückkehr in den Staat des gewöhnlichen Aufenthalts sicherzustellen, so sind diese Maßnahmen in der Bescheinigung anzugeben.

Der Richter des Ursprungsmitgliedstaats stellt die Bescheinigung von Amts wegen unter Verwendung des Formblatts in Anhang IV (Bescheinigung über die Rückgabe des Kindes) aus.

Das Formblatt wird in der Sprache ausgefüllt, in der die Entscheidung abgefasst ist.

I. Regelungszweck

1 Die Norm erklärt sich vor dem Hintergrund des Art. 11 Abs. 8 VO und ergänzt[1] diesen. Das Gericht des Staates, in den entführt wurde, könnte ja seine Entscheidung selbst vollstrecken. Art. 42 VO ist deshalb nur zur Durchsetzung des Art. 11 Abs. 8 VO geschaffen. Im Übrigen entspricht er weitgehend den Regeln, die Art. 41 VO aufstellt. Gegen die unmittelbare Vollstreckbarkeit kann auch kein ordre public eingewendet werden.[2]

II. Geltung

2 Art. 42 VO gilt für alle Mitgliedstaaten („in einen anderen") und nicht nur für den Ursprungsstaat und den Staat, dessen Gerichte ggf. die Rückgabe abgelehnt haben.[3] Die Norm ist auch anzuwenden, wenn die Entscheidung nach dem HKÜ nicht beantragt oder noch nicht ergangen ist, und insbesondere auch bei Flucht des Elternteils mit Kind in einen dritten Mitgliedstaat.[4]

III. Voraussetzungen

3 Abs. 2 führt zunächst dieselben Voraussetzungen auf wie Art. 41 VO (s. dort). Es werden hier jedoch zusätzlich Maßnahmen zum Schutz des Kindes genannt, die in Fällen des Art. 13 HKÜ den Gründen für die Nichtrückgabe des Kindes abhelfen sollen.[5] Abs. 2 lit. c ist eine Verpflichtung zu entnehmen. Folgerichtig müssten die Gerichte des Vollstreckungsstaates die Vollstreckung ablehnen (dürfen), wenn solche Schutzmaßnahmen nicht getroffen sind. Das ist jedoch nicht gesichert, wenn es ausreichen soll, dass das Gericht des Ursprungsmitgliedstaates die Gründe des Gerichts des Vollstreckungsmitgliedstaates (nach Art. 13 HKÜ) nur zu berücksichtigen aber nicht zu befolgen braucht.[6]

IV. Bescheinigung

4 Zum Wortlaut der Bescheinigung s. Anhang IV VO.

V. Geltende Bestimmungen des IntFamRVG

5 Für Deutschland gilt § 48 Abs. 2 IntFamRVG.

1 Thomas/Putzo/Hüßtege EheVO 2003 Art. 42 Rn. 1.
2 EuGH 22.10.2010 – C-491/10 PPU, FamRZ 2011, 355.
3 Zu kurz gegriffen daher NK-BGB/Benicke EheVO 2003 Art. 42 Rn. 6, der dies nur auf das bilaterale Verhältnis beschränkt.
4 Leitfaden S. 48.
5 HK-ZPO/Dörner EheVO 2003 Art. 42 Rn. 4.
6 Das ist jedoch derzeitige Entscheidungslage nach EuGH 22.10.2010 – C-491/10 PPU, FamRZ 2011, 355.

Artikel 43 EheVO 2003   Klage auf Berichtigung

(1) Für Berichtigungen der Bescheinigung ist das Recht des Ursprungsmitgliedstaats maßgebend.

(2) Gegen die Ausstellung einer Bescheinigung gemäß Artikel 41 Absatz 1 oder Artikel 42 Absatz 1 sind keine Rechtsbehelfe möglich.

I. Regelungszweck

Die Norm verbietet Rechtsmittel – zulässig ist nur die Berichtigung nach dem [1] Recht des Ursprungsmitgliedstaates[1] – gegen die Ausstellung der Bescheinigung, um weitere Verzögerungen zu vermeiden.[2] Die Bescheinigung ist wohl am besten als „Vollziehbarkeitsnachweis" zu bezeichnen, denn die VO greift hier auch in das nationale materielle Recht ein und schafft die Vollstreckungsmöglichkeit auch für den Fall, dass das nationale Recht die Vollstreckung (in diesem Stadium) nicht vorsieht.[3]

II. Kein Rechtsmittel

Die Norm erlaubt kein Rechtsmittel, und zwar weder im Ursprungsstaat noch [2] im Vollstreckungsstaat.[4] Ob allerdings im Vollstreckungsstaat alle Rechtsbehelfe gegen die Vollstreckung möglich sind, wie sie auch gegen die Vollstreckung einer inländischen Entscheidung zulässig sind,[5] ist angesichts dieser Regelung zweifelhaft. Das ist trotz der Ziele der VO aus Gründen der Gleichheit hinzunehmen, denn die Vollstreckung aus einem ausländischen Titel kann ja nicht leichter sein als aus einem inländischen. Siehe dazu Art. 47 VO.

III. Geltende Bestimmung des IntFamRVG

§ 49 IntFamRVG regelt die Berichtigung von Bescheinigungen.   [3]

Artikel 44 EheVO 2003   Wirksamkeit der Bescheinigung

Die Bescheinigung ist nur im Rahmen der Vollstreckbarkeit des Urteils wirksam.

Die Bestimmung schränkt die Bedeutung der Bescheinigung ein mit der Folge, [1] dass aus der Bescheinigung keine weiteren Vollstreckungsinhalte entnommen werden dürfen als aus der Entscheidung, für die sie ausgestellt worden ist.[1]

Artikel 45 EheVO 2003   Urkunden

(1) Die Partei, die die Vollstreckung einer Entscheidung erwirken will, hat Folgendes vorzulegen:

a) eine Ausfertigung der Entscheidung, die die für ihre Beweiskraft erforderlichen Voraussetzungen erfüllt, und

b) die Bescheinigung nach Artikel 41 Absatz 1 oder Artikel 42 Absatz 1.

---

1 S. eingehend dazu MK/Siehr EheVO 2003 Art. 43 Rn. 261.
2 Leitfaden S. 50 Abs. 1.
3 Leitfaden S. 50 Abs. 3.
4 Thomas/Putzo/Hüßtege EheVO 2003 Art. 43 Rn. 2.
5 Thomas/Putzo/Hüßtege EheVO 2003 Art. 43 Rn. 2; NK-BGB/Benicke EheVO 2003 Art. 43 Rn. 9; PG/Völker EheVO 2003 Art. 43 Rn. 2.
1 HK-ZPO/Dörner EheVO 2003 Art. 44 Rn. 1; PG/Völker EheVO 2003 Art. 44 Rn. 1.

(2) Für die Zwecke dieses Artikels

– wird der Bescheinigung gemäß Artikel 41 Absatz 1 eine Übersetzung der Nummer 12 betreffend die Modalitäten der Ausübung des Umgangsrechts beigefügt;

– wird der Bescheinigung gemäß Artikel 42 Absatz 1 eine Übersetzung der Nummer 14 betreffend die Einzelheiten der Maßnahmen, die ergriffen wurden, um die Rückgabe des Kindes sicherzustellen, beigefügt.

Die Übersetzung erfolgt in die oder in eine der Amtssprachen des Vollstreckungsmitgliedstaats oder in eine andere von ihm ausdrücklich zugelassene Sprache. Die Übersetzung ist von einer hierzu in einem der Mitgliedstaaten befugten Person zu beglaubigen.

I. Regelungszweck

1　Die Norm schreibt vor, welche Urkunden für die Vollstreckung vorzulegen sind. Das bedeutet auch, dass die Gerichte keine weiteren Urkunden verlangen dürfen. Es sind dies: Eine Ausfertigung der zu vollstreckenden Entscheidung und die jeweilige Bescheinigung.

II. Bescheinigung

2　Hier ist zu unterscheiden zwischen der Bescheinigung für Entscheidungen über die Ausübung des Umgangsrechts (Spiegelstrich 1) – s. Anhang III VO – und der Bescheinigung für Entscheidungen über die Herausgabe des Kindes (Spiegelstrich 2) – s. Anhang IV VO.

III. Übersetzung

3　Diese ist in die Sprache des Vollstreckungsstaates vorzunehmen. Das ist vor allem bei ausgehenden, also in einem anderen Mitgliedstaat zu vollstreckenden, Entscheidungen zu beachten. Andererseits ist die Vorlage der Übersetzung im Inland Vollstreckungsvoraussetzung mit der Folge, dass bei deren Fehlen die Vollstreckung abzulehnen ist.

Abschnitt 5 Öffentliche Urkunden und Vereinbarungen

Artikel 46 EheVO 2003

Öffentliche Urkunden, die in einem Mitgliedstaat aufgenommen und vollstreckbar sind, sowie Vereinbarungen zwischen den Parteien, die in dem Ursprungsmitgliedstaat vollstreckbar sind, werden unter denselben Bedingungen wie Entscheidungen anerkannt und für vollstreckbar erklärt.

I. Regelungszweck

1　Öffentliche Urkunden und Parteivereinbarungen, die im Ursprungsmitgliedstaat vollstreckbar sind, werden für die Zwecke der Anerkennung und Vollstreckung

Entscheidungen gleichgestellt. Voraussetzung ist jedoch, dass sie einen vollstreckungsfähigen Inhalt haben.[1]

II. Öffentliche Urkunden

Was eine öffentliche Urkunde ist, bestimmt das autonome Recht des Staates, in 2 dem die Urkunde aufgenommen wurde. Hieraus können Probleme erwachsen. Man wird jedoch diesen Begriff weit auszulegen haben, um die Anwendungsziele der VO nicht zu gefährden. Prozessvergleiche fallen unter diese Vorschrift.[2]

Es sind mit Abs. 1 alle öffentlichen Urkunden erfasst, die in einem Mitgliedstaat 3 aufgenommen wurden und dort vollstreckbar sind. Aus dieser Einschränkung der Vollstreckbarkeit (Grundlage für eine Titulierung genügt nicht)[3] wird abgeleitet, dass nur Kostentitel[4] und Herausgabeansprüche[5] infrage kommen. Da die Versagungsgründe des Art. 22 VO jedoch zu einem großen Teil nicht für Vereinbarungen passen, sollen die Anerkennungs- und Vollstreckungshindernisse auf die Fälle der Verletzung des ordre public beschränkt sein.[6]

Zur deutschen notariellen Scheidungsfolgenvereinbarung nach dem früheren 4 § 630 ZPO, heute Prozessvergleich oder Anwaltsvergleich[7] (→ EheVO 2003 Art. 1 Rn. 1), wird man die Gleichbehandlung mit einer Entscheidung anerkennen müssen, wenn die darin getroffene Regelung der elterlichen Verantwortung hinreichend konkret ist.[8] Dann wird das zuständige Gericht analog zu § 48 IntFamRVG die Bescheinigung[9] auszustellen haben, da sie als umfassende Scheidungsfolgenregelung genügt.[10]

Auch wird zu unterscheiden sein müssen zwischen der Anerkennung und der 5 Vollstreckbarkeit.[11] Die Regelung zu öffentlicher Urkunde wird zumindest auch dann, wenn sie keinen vollstreckungsfähigen Inhalt hat, anzuerkennen sein und damit als Vorentscheidung bzw. Lösung der Vorfrage zu beachten sein. Wird deshalb eine Sorgerechtsregelung beantragt, die die zu öffentlicher Urkunde getroffene Regelung ändert, so handelt es sich um eine Abänderung der Sorgerechtsregelung und nicht um eine Neuregelung. Das hat Bedeutung etwa dann, wenn eine Regelung nur unter erschwerten Bedingungen (§ 1696) abgeändert werden kann.

---

1 Thomas/Putzo/Hüßtege EheVO 2003 Art. 46 Rn. 4; NK-BGB/Benicke EheVO 2003 Art. 46 Rn. 6; HK-ZPO/Dörner EheVO 2003 Art. 46 Rn. 1; Zöller/Geimer EheVO 2003 Art. 46 Rn. 1; MK/Siehr EheVO 2003 Art. 46 Rn. 264.

2 Thomas/Putzo/Hüßtege EheVO 2003 Art. 46 Rn. 2.

3 NK-BGB/Benicke EheVO 2003 Art. 46 Rn. 11.

4 Thomas/Putzo/Hüßtege EheVO 2003 Art. 46 Rn. 4.

5 NK-BGB/Benicke EheVO 2003 Art. 46 Rn. 3.

6 Zöller/Geimer EheVO 2003 Art. 46 Rn. 2.

7 Altmann/Gärtner Art. 46 Rn. 4: nur dann, wenn sie nach § 796 c ZPO für vollstreckbar erklärt wurden.

8 HK-ZPO/Dörner Rn. 2 halten jede notariell beurkundete Sorgerechtsregelung für anerkennungsfähig.

9 HK-ZPO/Dörner EheVO 2003 Art. 46 Rn. 2; Zöller/Geimer EheVO 2003 Art. 46 Rn. 9 meinen, es müsse eine den Gegebenheiten des Art. 46 angepasste Bescheinigung erteilt werden. Solche Bescheinigungen existieren allerdings nicht.

10 Thomas/Putzo/Hüßtege ZPO § 630 Rn. 3.

11 Eine Unterscheidung, die in der Literatur bisher nicht aufgeworfen wurde. S. zur Behandlung der Vereinbarung nach § 630 ZPO eingehend Rieck FPR 2007, 425–427.

III. Parteivereinbarungen

6 Sonstige Parteivereinbarungen sind nicht vollstreckbar und scheiden aus.[12] Gerichtsvergleiche sind deshalb nicht erwähnt, weil sie öffentliche Urkunden sind. Sie sind anzuerkennen und vollstreckbar, wenn sie einen vollstreckungsfähigen Inhalt haben. Dazu gehört in Deutschland, dass die Regelungen der elterlichen Verantwortung die familiengerichtliche Billigung gefunden haben (§ 156 Abs. 2 FamFG).

Abschnitt 6 Sonstige Bestimmungen

Artikel 47 EheVO 2003 Vollstreckungsverfahren

(1) Für das Vollstreckungsverfahren ist das Recht des Vollstreckungsmitgliedstaats maßgebend.

(2) Die Vollstreckung einer von einem Gericht eines anderen Mitgliedstaats erlassenen Entscheidung, die gemäß Abschnitt 2 für vollstreckbar erklärt wurde oder für die eine Bescheinigung nach Artikel 41 Absatz 1 oder Artikel 42 Absatz 1 ausgestellt wurde, erfolgt im Vollstreckungsmitgliedstaat unter denselben Bedingungen, die für in diesem Mitgliedstaat ergangene Entscheidungen gelten.

Insbesondere darf eine Entscheidung, für die eine Bescheinigung nach Artikel 41 Absatz 1 oder Artikel 42 Absatz 1 ausgestellt wurde, nicht vollstreckt werden, wenn sie mit einer später ergangenen vollstreckbaren Entscheidung unvereinbar ist.

I. Regelungszweck

1 Es wird bezüglich des Vollstreckungsverfahrens und damit auch der Rechtsmittel gegen dieses[1] auf das **nationale Recht** verwiesen und die Gleichstellung[2] anerkannter und für vollstreckbar erklärter oder mit einer Bescheinigung nach Art. 41 oder 42 VO versehener ausländischer Entscheidungen mit inländischen Entscheidungen angeordnet.

II. Geltende Bestimmung des IntFamRVG

2 Für Deutschland regelt § 44 IntFamRVG die Ordnungsmittel und den unmittelbaren Zwang. Hierdurch sind §§ 88 ff. FamFG (früher § 33 FGG) in Sachen, die unter den Anwendungsbereich der VO fallen, verdrängt.[3]

III. Einschränkung

3 Die erleichterte Vollstreckung nach Art. 41 Abs. 1 oder Art. 42 Abs. 1 VO darf jedoch nicht stattfinden, wenn dies mit einer später ergangenen vollstreckbaren

---

12 Althammer/Gärtner Art. 46 Rn. 4.
1 Zöller/Geimer EheVO 2003 Art. 47 Rn. 4.
2 PG/Völker EheVO 2003 Art. 47 Rn. 1. Einer „Besserstellung" ausländischer Titel treten Zöller/Geimer EheVO 2003 Art. 47 Rn. 3 damit entgegen, dass es sich nur um ein Diskriminierungsverbot handele.
3 Thomas/Putzo/Hüßtege EheVO 2003 Art. 47 Rn. 1; NK-BGB/Benicke EheVO 2003 Art. 47 Rn. 2.

Entscheidung[4] unvereinbar ist.[5] Im Vollstreckungsmitgliedstaat kann auch keine schwerwiegende Änderung der Verhältnisse für das Kindeswohl eingewendet werden. Das hat im Ursprungsmitgliedstaat zu geschehen.[6] Das bedeutet: Keine Durchsetzung vorläufig vollstreckbarer Entscheidungen, wenn die Endentscheidung dem widerspricht.[7]

Artikel 48 EheVO 2003   Praktische Modalitäten der Ausübung des Umgangsrechts

(1) Die Gerichte des Vollstreckungsmitgliedstaats können die praktischen Modalitäten der Ausübung des Umgangsrechts regeln, wenn die notwendigen Vorkehrungen nicht oder nicht in ausreichendem Maße bereits in der Entscheidung der für die Entscheidung der in der Hauptsache zuständigen Gerichte des Mitgliedstaats getroffen wurden und sofern der Wesensgehalt der Entscheidung unberührt bleibt.

(2) Die nach Absatz 1 festgelegten praktischen Modalitäten treten außer Kraft, nachdem die für die Entscheidung in der Hauptsache zuständigen Gerichte des Mitgliedstaats eine Entscheidung erlassen haben.

I. Regelungszweck

Die Vorschrift trägt den nicht vereinheitlichten nationalen Rechten und Standards Rechnung. Ergeben sich aus den Umgangsentscheidungen praktische Durchsetzungsprobleme oder Regelungslücken,[1] so kann das Gericht des Vollstreckungsmitgliedstaates diese Lücken selbst schließen, sofern die Ursprungsentscheidung dadurch im Kern nicht verändert wird.[2]   1

II. Geltungsbereich

Die Norm gilt nur für Entscheidungen über die Ausübung des Umgangsrechts,   2 nicht für andere Entscheidungen.

III. Dauer

Die abweichenden Regelungen treten außer Kraft, wenn das in der Hauptsache   3 zuständige Gericht eine rechtskräftige Umgangsentscheidung getroffen hat. Unklar bleibt, wie danach noch bestehende praktische Umsetzungsprobleme zu behandeln sind, die gleichwohl verbleiben.[3]

---

4   Gemeint ist des Ursprungsmitgliedstaates: Althammer/Gärtner Art. 47 Rn. 4.
5   Darunter fallen nicht vorläufige Entscheidungen: EuGH FamRZ 2010, 1229.
6   EuGH FamRZ 2010, 1229.
7   HK-ZPO/Dörner EheVO 2003 Art. 47 Rn. 1; MK/Siehr EheVO 2003 Art. 47 Rn. 266. So nunmehr auch EuGH 1.7.2010 – C-211/10 PPU, NJW 2010, 2863.
1   PG/Völker EheVO 2003 Art. 48 Rn. 1 bezieht dies insbesondere auf die Fälle, in denen die Umgangsregelung nicht detailliert genug ist.
2   HK-ZPO/Dörner EheVO 2003 Art. 48 Rn. 3; Thomas/Putzo/Hüßtege EheVO 2003 Art. 48 Rn. 1.
3   Hier werden die Gerichte die Verfahren der justiziellen Zusammenarbeit auszuschöpfen haben, Egrund 25.

Artikel 49 EheVO 2003 Kosten

Die Bestimmungen dieses Kapitels mit Ausnahme der Bestimmungen des Abschnitts 4 gelten auch für die Festsetzung der Kosten für die nach dieser Verordnung eingeleiteten Verfahren und die Vollstreckung eines Kostenfestsetzungsbeschlusses.

I. Regelungszweck

1 Die Anerkennungs- und Vollstreckungsvorschriften gelten auch für die Kostenfestsetzung und Kostenfestsetzungsbeschlüsse.[1]

II. Kosten

2 Soweit die Literatur dies auch auf Kostengrundentscheidungen[2] anwenden will, bestehen wegen des Wortes „Festsetzung" Bedenken. Die Kostengrundentscheidung hat auch selbst keinen vollstreckungsfähigen Inhalt. Es ist auch nicht vorstellbar, dass das für die Anerkennung und Vollstreckbarerklärung zuständige Gericht die Kosten festsetzt. Die Norm ist vielmehr so zu verstehen, dass die durch das Ursprungsgericht festgesetzten Kosten anzuerkennen und Kostenfestsetzungsbeschlüsse zu vollstrecken sind.[3]

III. Vollstreckung

3 Die Kostenfestsetzungen und Festsetzungsbeschlüsse bedürfen der Anerkennung (Art. 21 ff. VO) und Vollstreckbarerklärung (Art. 28 ff. VO).

Artikel 50 EheVO 2003 Prozesskostenhilfe

Wurde dem Antragsteller im Ursprungsmitgliedstaat ganz oder teilweise Prozesskostenhilfe oder Kostenbefreiung gewährt, so genießt er in dem Verfahren nach den Artikeln 21, 28, 41, 42 und 48 hinsichtlich der Prozesskostenhilfe oder der Kostenbefreiung die günstigste Behandlung, die das Recht des Vollstreckungsmitgliedstaats vorsieht.

I. Regelungszweck

1 Der bedürftigen Partei soll, soweit das Recht des Vollstreckungsmitgliedstaates dies ermöglicht, die günstigste Kostenbehandlung[1] gewährt werden, ohne dass es eines Antrags bedarf. Das ist auf die aufgezählten Verfahren und Instanzen beschränkt. Es ist zu beachten, dass die frühere PKH durch das FamFG in VKH umbenannt wurde (§§ 76 ff. FamFG).

II. Voraussetzung

2 Voraussetzung ist, dass dem Antragsteller im Ursprungsmitgliedstaat PKH, VKH oder Kostenvergünstigung gewährt wurde. Dieser Nachweis ist durch die

---

1 Darunter fallen jedoch nur die Parteikosten, nicht Kostenansprüche des Staates, Zöller/Geimer EheVO 2003 Art. 49 Rn. 1.

2 NK-BGB/Benicke EheVO 2003 Art. 49 Rn. 1; Thomas/Putzo/Hüßtege EheVO 2003 Art. 49 Rn. 1.

3 HK-ZPO/Dörner EheVO 2003 Art. 49 Rn. 1.

1 MK/Siehr EheVO 2003 Art. 50 Rn. 269.

Bescheinigungen nach Art. 39 VO (Anhänge I und II VO, s. dort) zu führen.[2] Im Anhang I ist die PKH unter Ziff. 6, im Anhang II unter Ziff. 8 aufgeführt. Ist dies bescheinigt, bedarf es keines Antrags.[3]

III. Umfang

Der Umfang der Kostenvergünstigung richtet sich nach nationalem Recht. Sie ist 3 jedoch obligatorisch und hat nach dem Wortlaut des Art. 50 VO maximal zu sein.

IV. Nicht ausschließlich

Die Vorschrift hindert nicht, einem Ausländer nach deutschen Vorschriften 4 VKH zu gewähren.[4] S. hierzu § 43 IntFamRVG.

Artikel 51 EheVO 2003   Sicherheitsleistung, Hinterlegung

Der Partei, die in einem Mitgliedstaat die Vollstreckung einer in einem anderen Mitgliedstaat ergangenen Entscheidung beantragt, darf eine Sicherheitsleistung oder Hinterlegung, unter welcher Bezeichnung es auch sei, nicht aus einem der folgenden Gründe auferlegt werden:

a) weil sie in dem Mitgliedstaat, in dem die Vollstreckung erwirkt werden soll, nicht ihren gewöhnlichen Aufenthalt hat, oder

b) weil sie nicht die Staatsangehörigkeit dieses Staates besitzt oder, wenn die Vollstreckung im Vereinigten Königreich oder in Irland erwirkt werden soll, ihr „domicile" nicht in einem dieser Mitgliedstaaten hat.

Zwischen den Mitgliedstaaten gibt es für die Anrufung der Gerichte durch 1 Staatsangehörige der Mitgliedstaaten keine Anforderungen bezüglich einer Prozesskostensicherheit.[1] Das ergibt sich schon daraus, dass die Anerkennung und die Vollstreckung von Kostenentscheidungen durch die EuGVVO gesichert sind. Sinn der Norm ist, wegen der Aufenthaltszuständigkeit (Art. 3, 8 VO), die auch Angehörige von Drittstaaten einschließt, die sonst Prozesskostensicherheit leisten müssten, diese von der Sicherheitsleistung für das Vollstreckungsverfahren zu befreien, um die schnelle Vollstreckung, die das Ziel der VO ist, zu sichern.[2]

Die Norm hindert jedoch nicht den Ursprungsmitgliedstaat, im Ursprungsverfahren Kostensicherheit zu verlangen. Ebenso hindert sie nicht daran, Sicherheitsleistungen als Vollstreckungssicherheit zu fordern.

Artikel 52 EheVO 2003   Legalisation oder ähnliche Förmlichkeit

Die in den Artikeln 37, 38 und 45 aufgeführten Urkunden sowie die Urkunde über die Prozessvollmacht, falls eine solche erteilt wird, bedürfen weder der Legalisation noch einer ähnlichen Förmlichkeit.

---

2   Thomas/Putzo/Hüßtege EheVO 2003 Art. 50 Rn. 1.
3   HK-ZPO/Dörner EheVO 2003 Art. 50 Rn. 1.
4   NK-BGB/Benicke EheVO 2003 Art. 50 Rn. 3; PG/Völker EheVO 2003 Art. 50 Rn. 1.
1   Zu § 110 ZPO s. den ausdrücklichen Gesetzeswortlaut.
2   Sa Art. 51 EuGVVO.

1 Mit der Beseitigung der Legalisation und anderer Förmlichkeiten für bestimmte Urkunden[1] sollen zwischenstaatliche Vollstreckungshemmnisse abgebaut werden. Damit ist § 438 Abs. 2 ZPO zwischen den Mitgliedstaaten für die genannten Urkunden verdrängt.[2] Es handelt sich um:

- die Ausfertigung der zu vollstreckenden Entscheidung (Art. 37 lit. a VO),
- die Bescheinigung nach Art. 39 VO,
- die Nachweise im Fall der Säumnis nach Art. 37 Abs. 2 VO,
- die Übersetzung nach Art. 38 Abs. 2 VO,
- die Bescheinigungen nach Art. 45 VO,
- die Prozessvollmacht.

Kapitel IV
Zusammenarbeit zwischen den zentralen Behörden bei Verfahren betreffend die elterliche Verantwortung

Vorbemerkung zu Art. 53 ff. EheVO 2003

1 Die Art. 53–58 VO regeln die Zusammenarbeit der Mitgliedstaaten über und durch ihre Zentralen Behörden. Die Zentralen Behörden sind Bestandteil des Netzes der justiziellen Zusammenarbeit.[1] Ihnen wird eine wichtige Rolle bei der Anwendung der VO zugeschrieben, weshalb die Mitgliedstaaten zur hinreichenden finanziellen und personellen Ausstattung der Zentralen Behörden verpflichtet sind.[2] Zu den Aufgaben der Zentralen Behörden s. Art. 54, 55 VO.

Artikel 53 EheVO 2003   Bestimmung der Zentralen Behörden

Jeder Mitgliedstaat bestimmt eine oder mehrere Zentrale Behörden, die ihn bei der Anwendung dieser Verordnung unterstützen, und legt ihre räumliche oder sachliche Zuständigkeit fest. Hat ein Mitgliedstaat mehrere Zentrale Behörden bestimmt, so sind die Mitteilungen grundsätzlich direkt an die zuständige Zentrale Behörde zu richten. Wurde eine Mitteilung an eine nicht zuständige Zentrale Behörde gerichtet, so hat diese die Mitteilung an die zuständige Zentrale Behörde weiterzuleiten und den Absender davon in Kenntnis zu setzen.

1 Über die Anzahl der Zentralen Behörden und deren räumliche und sachliche Zuständigkeit entscheidet jeder Mitgliedstaat selbst. Die Zentrale Behörde ist ua Ansprechpartner für zwischenstaatliche Mitteilungen (vgl. Art. 54 VO). Der Zentralen Behörde kann aber auch eine wichtige Aufgabe bei Schutzmaßnahmen und einstweiligen dringlichen Maßnahmen zukommen, weshalb sie unmittelbare Ansprechpartner für solche Maßnahmen sind.[1]

2 Zentrale Behörde nach Art. 53 VO, Art. 6 HKÜ und Art. 2 ESÜ ist das Bundesamt für Justiz (s. hierzu §§ 3–5 IntFamRVG). Sie ist auch zuständig für die Aufenthaltsermittlung (§ 7 IntFamRVG).[2]

---

1 Egrund 23.
2 NK-BGB/Benicke EheVO 2003 Art. 52 Rn. 1; PG/Völker EheVO 2003 Art. 52 Rn. 2.
1 Leitfaden S. 55.
2 Leitfaden S. 55.
1 EuGH 2.4.2009 – C-523/07, FamRZ 2009, 843.
2 Althammer/Großerichter Art. 53 Rn. 2.

Artikel 54 EheVO 2003   Allgemeine Aufgaben

Die Zentralen Behörden stellen Informationen über nationale Rechtsvorschriften und Verfahren zur Verfügung und ergreifen Maßnahmen, um die Durchführung dieser Verordnung zu verbessern und die Zusammenarbeit untereinander zu stärken. Hierzu wird das mit der Entscheidung 2001/470/EG eingerichtete Europäische Justizielle Netz für Zivil- und Handelssachen genutzt.

Die Norm beschreibt die Aufgaben der Zentralen Behörden. Sie stellen nach Art. 55 VO zugleich eine Informationsstelle für ausländisches Recht dar und sind in Sachen über die elterliche Verantwortung wichtige Ermittlungsorgane.   1

Die Aufgaben werden für Deutschland durch §§ 6 und 7 IntFamRVG beschrieben.   2

Artikel 55 EheVO 2003   Zusammenarbeit in Fällen, die speziell die elterliche Verantwortung betreffen

Die Zentralen Behörden arbeiten in bestimmten Fällen auf Antrag der Zentralen Behörde eines anderen Mitgliedstaats oder des Trägers der elterlichen Verantwortung zusammen, um die Ziele dieser Verordnung zu verwirklichen. Hierzu treffen sie folgende Maßnahmen im Einklang mit den Rechtsvorschriften dieses Mitgliedstaats, die den Schutz personenbezogener Daten regeln, direkt oder durch Einschaltung anderer Behörden oder Einrichtungen:

a) Sie holen Informationen ein und tauschen sie aus über
      i)   die Situation des Kindes,
      ii)   laufende Verfahren oder
      iii)   das Kind betreffende Entscheidungen.
b) Sie informieren und unterstützen die Träger der elterlichen Verantwortung, die die Anerkennung und Vollstreckung einer Entscheidung, insbesondere über das Umgangsrecht und die Rückgabe des Kindes, in ihrem Gebiet erwirken wollen.
c) Sie erleichtern die Verständigung zwischen den Gerichten, insbesondere zur Anwendung des Artikels 11 Absätze 6 und 7 und des Artikels 15.
d) Sie stellen alle Informationen und Hilfen zur Verfügung, die für die Gerichte für die Anwendung des Artikels 56 von Nutzen sind.
e) Sie erleichtern eine gütliche Einigung zwischen den Trägern der elterlichen Verantwortung durch Mediation oder auf ähnlichem Wege und fördern hierzu die grenzüberschreitende Zusammenarbeit.

I. Regelungszweck

Die Norm beschreibt die besonderen Aufgaben der Zentralen Behörden in Sachen der elterlichen Verantwortung. Sie fungieren dabei als Bindeglied zwischen den nationalen Gerichten und den Zentralen Behörden anderer Mitgliedstaaten.[1]   1

---

1   Leitfaden S. 55.

II. Antrag

2 Sie können auf Antrag von Einzelpersonen (Trägern der elterlichen Verantwortung), der Zentralen Behörden eines anderen Mitgliedstaates, bei ausgehenden Ersuchen des nationalen Gerichts, aber auch von sich aus tätig werden.[2]

III. Ausführung

3 Sie erfüllen ihre Aufgaben entweder selbst oder durch Einschaltung anderer Behörden und Einrichtungen.[3] Welche Behörden dies sein können, ist nicht genannt, dürfte sich also nach nationalem Recht richten. Der deutsche Gesetzgeber hielt eine Festlegung nicht für erforderlich.[4]

IV. Mediation

4 Diese wird insbesondere bei lit. e als Mittel zur Beilegung von Streitigkeiten in Sachen der elterlichen Verantwortung beschrieben. Sie spielt auch in Fällen der Kindesentführung eine wichtige Rolle, darf jedoch nicht dazu benutzt werden, die Rückgabe des Kindes unrechtmäßig zu verzögern.[5]

Artikel 56 EheVO 2003 Unterbringung des Kindes in einem anderen Mitgliedstaat

(1) Erwägt das nach den Artikeln 8 bis 15 zuständige Gericht die Unterbringung des Kindes in einem Heim oder in einer Pflegefamilie und soll das Kind in einem anderen Mitgliedstaat untergebracht werden, so zieht das Gericht vorher die Zentrale Behörde oder eine andere zuständige Behörde dieses Mitgliedstaats zurate, sofern in diesem Mitgliedstaat für die innerstaatlichen Fälle der Unterbringung von Kindern die Einschaltung einer Behörde vorgesehen ist.

(2) Die Entscheidung über die Unterbringung nach Absatz 1 kann im ersuchenden Mitgliedstaat nur getroffen werden, wenn die zuständige Behörde des ersuchten Staates dieser Unterbringung zugestimmt hat.

(3) Für die Einzelheiten der Konsultation bzw der Zustimmung nach den Absätzen 1 und 2 gelten das nationale Recht des ersuchten Staates.

(4) Beschließt das nach den Artikeln 8 bis 15 zuständige Gericht die Unterbringung des Kindes in einer Pflegefamilie und soll das Kind in einem anderen Mitgliedstaat untergebracht werden und ist in diesem Mitgliedstaat für die innerstaatlichen Fälle der Unterbringung von Kindern die Einschaltung einer Behörde nicht vorgesehen, so setzt das Gericht die Zentrale Behörde oder eine zuständige Behörde dieses Mitgliedstaats davon in Kenntnis.

I. Regelungszweck

1 Es geht um ein Sonderverfahren der Konsultation vor einer Unterbringung eines Kindes in einem Heim oder einer Pflegefamilie. Dieses Konsultationsverfahren ist obligatorisch, da seine Unterlassung ein Anerkennungshindernis nach Art. 23 lit. g VO darstellt.[1]

---

2 § 8 Abs. 1 IntFamRVG; s. Art. 53 Abs. 2 VO.
3 Leitfaden S. 55.
4 HK-ZPO/Dörner EheVO 2003 Art. 55 Rn. 3.
5 Leitfaden S. 55.
1 HK-ZPO/Dörner EheVO 2003 Art. 56 Rn. 3.

II. Voraussetzung

Das Gericht bzw. die Behörde muss nach Art. 8–15 VO zuständig sein, obwohl 2
sich das Kind in einem anderen Mitgliedstaat befindet. Die Zustimmung nach
Abs. 2 kann nicht einer Dritten Stelle wie etwa dem Heim selbst überlassen werden. Ist sie befristet, gilt sie auch nicht für Verlängerungen, sondern es dedarf
dann stets einer neuen Zustimmung.[2]

III. Konsultation

Die Konsultation erfolgt in Anwendung der beteiligten nationalen Rechte 3
(Abs. 3). Sie ist nur erforderlich, wenn der andere Mitgliedstaat, in dem das
Kind untergebracht werden soll, eine derartige Konsultation oder Mitwirkung
kennt. Ist dies nicht der Fall, so erfolgt lediglich die Mitteilung nach Abs. 4.

IV. Praxis

Die praktische Bedeutung dieser Norm wird erkennbar, wenn sich eine Familie 4
aus Mitgliedstaat A zum Urlaub in Mitgliedstaat B aufhält und dann – etwa wegen eines Unfalls – das Kind bei Verwandten im Land B als Pflegefamilie dauerhaft untergebracht werden soll.

V. Geltende Bestimmungen des IntFamRVG

Für Deutschland gelten die §§ 45–47 IntFamRVG.   5

Artikel 57 EheVO 2003   Arbeitsweise

(1) Jeder Träger der elterlichen Verantwortung kann bei der Zentralen Behörde
des Mitgliedstaats, in dem er seinen gewöhnlichen Aufenthalt hat, oder bei der
Zentralen Behörde des Mitgliedstaats, in dem das Kind seinen gewöhnlichen
Aufenthalt hat oder in dem es sich befindet, einen Antrag auf Unterstützung gemäß Artikel 55 stellen. Dem Antrag werden grundsätzlich alle verfügbaren Informationen beigefügt, die die Ausführung des Antrags erleichtern können. Betrifft dieser Antrag die Anerkennung oder Vollstreckung einer Entscheidung
über die elterliche Verantwortung, die in den Anwendungsbereich dieser Verordnung fällt, so muss der Träger der elterlichen Verantwortung dem Antrag die betreffenden Bescheinigungen nach Artikel 39, Artikel 41 Absatz 1 oder Artikel 42
Absatz 1 beifügen.

(2) Jeder Mitgliedstaat teilt der Kommission die Amtssprache(n) der Organe der
Gemeinschaft mit, die er außer seiner/seinen eigenen Sprache(n) für Mitteilungen an die Zentralen Behörden zulässt.

(3) Die Unterstützung der Zentralen Behörden gemäß Artikel 55 erfolgt unentgeltlich.

(4) Jede Zentrale Behörde trägt ihre eigenen Kosten.

---

2 EuGH 26.4.2012 – C-92/12, FamRZ 2012, 1466.

I. Regelungszweck

1 Die Norm eröffnet dem einzelnen Träger der elterlichen Verantwortung den direkten Zugang zur Zentralen Behörde.[1] Diese entscheidet dann nach § 8 Abs. 1 IntFamRVG, ob sie den Auftrag ausführt oder nicht. Diese Ablehnungsbefugnis hat die Zentrale Behörde jedoch nur bei dem Antrag des Trägers der elterlichen Verantwortung, nicht jedoch, wenn sie auf Ersuchen eines Gerichts tätig werden soll.[2] Dabei muss es gleichgültig sein, ob dies ein nationales Gericht oder das Gericht eines anderen Mitgliedstaates ist.

2 Nicht geregelt ist, ob die Zentrale Behörde eines Landes, etwa im Falle eines von einem Träger der elterlichen Verantwortung bei der Zentralen Behörde eines anderen Mitgliedstaates gestellten Antrages, diesen ablehnen kann oder den Antrag ausführen muss. Da der Träger der elterlichen Verantwortung des Landes A auswählen kann, ob er sich an die Zentrale Behörde des Landes A wendet oder an die Zentrale Behörde des Landes B, in welchem das Bedürfnis auftritt, wird man die Ablehnungsbefugnis der Zentralen Behörde des Landes B nicht gänzlich ausschließen können.

3 Lehnt die deutsche Zentrale Behörde ein Tätigwerden ab, so kann das für den Sitz der Zentralen Behörde zuständige Oberlandesgericht (Köln) angerufen werden (s. § 8 IntFamRVG). Ob es in anderen Mitgliedstaaten im Falle einer Ablehnung einen Rechtsbehelf gibt, entscheidet sich nach dem jeweiligen nationalen Recht.

II. Urkunden

4 Soll eine Entscheidung über die elterliche Verantwortung vollstreckt werden, so sind dieselben Urkunden beizubringen wie nach Art. 45 VO.

III. Kosten

5 Die Tätigkeit der Zentralen Behörden ist kostenfrei.

Artikel 58 EheVO 2003 Zusammenkünfte

(1) Zur leichteren Anwendung dieser Verordnung werden regelmäßig Zusammenkünfte der Zentralen Behörden einberufen.

(2) Die Einberufung dieser Zusammenkünfte erfolgt im Einklang mit der Entscheidung 2001/470/EG über die Einrichtung eines Europäischen Justiziellen Netzes für Zivil- und Handelssachen.

1 Die Zusammenarbeit der Zentralen Behörden und deren Einbindung in das Netz der Justiziellen Zusammenarbeit bedürfen keiner Erörterung, da sich hieraus keine Rechtsansprüche für den Rechtsanwender herleiten.

---

1 MK/Siehr EheVO 2003 Art. 57 Rn. 291 sieht eine Mitwirkungspflicht des Trägers der elterlichen Verantwortung.
2 EuGH 2.4.2009 – C-523/97, FamRZ 2009, 843.

Kapitel V
Verhältnis zu anderen Rechtsinstrumenten

Artikel 59 EheVO 2003 Verhältnis zu anderen Rechtsinstrumenten

(1) Unbeschadet der Artikel 60, 61, 62 und des Absatzes 2 des vorliegenden Artikels ersetzt diese Verordnung die zum Zeitpunkt des Inkrafttretens dieser Verordnung bestehenden, zwischen zwei oder mehr Mitgliedstaaten geschlossenen Übereinkünfte, die in dieser Verordnung geregelte Bereiche betreffen.

(2) a) Finnland und Schweden können erklären, dass das Übereinkommen vom 6. Februar 1931 zwischen Dänemark, Finnland, Island, Norwegen und Schweden mit Bestimmungen des internationalen Verfahrensrechts über Ehe, Adoption und Vormundschaft einschließlich des Schlussprotokolls anstelle dieser Verordnung ganz oder teilweise auf ihre gegenseitigen Beziehungen anwendbar ist. Diese Erklärungen werden dieser Verordnung als Anhang beigefügt und im *Amtsblatt der Europäischen Union* veröffentlicht. Die betreffenden Mitgliedstaaten können ihre Erklärung jederzeit ganz oder teilweise widerrufen.

b) Der Grundsatz der Nichtdiskriminierung von Bürgern der Union aus Gründen der Staatsangehörigkeit wird eingehalten.

c) Die Zuständigkeitskriterien in künftigen Übereinkünften zwischen den in Buchstabe a) genannten Mitgliedstaaten, die in dieser Verordnung geregelte Bereiche betreffen, müssen mit den Kriterien dieser Verordnung im Einklang stehen.

d) Entscheidungen, die in einem der nordischen Staaten, der eine Erklärung nach Buchstabe a) abgegeben hat, aufgrund eines Zuständigkeitskriteriums erlassen werden, das einem der in Kapitel II vorgesehenen Zuständigkeitskriterien entspricht, werden in den anderen Mitgliedstaaten gemäß den Bestimmungen des Kapitels III anerkannt und vollstreckt.

(3) Die Mitgliedstaaten übermitteln der Kommission

a) eine Abschrift der Übereinkünfte sowie der einheitlichen Gesetze zur Durchführung dieser Übereinkünfte gemäß Absatz 2 Buchstaben a) und c),

b) jede Kündigung oder Änderung dieser Übereinkünfte oder dieser einheitlichen Gesetze.

I. Regelungszweck

Abs. 1 bestimmt, dass die VO **alle** zwischen den Mitgliedstaaten geltenden zwischenstaatlichen **Abkommen verdrängt,** soweit sie die durch die VO geregelten Bereiche betreffen.[1] Ausnahmen können Finnland und Schweden regeln. Eine über die Bereiche der Regelung der VO hinausgehende Befugnis besteht nicht.[2]   1

II. Ausnahmen

Da Finnland und Schweden – zu Dänemark s. Art. 72 VO – mit den als Drittstaaten zu behandelnden nordischen Staaten Dänemark, Island und Norwegen   2

---

1 Auf die Aufzählung wird verzichtet. S. hierzu HK-ZPO/Dörner EheVO 2003 Art. 59 Rn. 1 und Althammer/Großerichter Art. 59 Rn. 3.

2 Althammer/Großerichter, Art. 59 Rn. 5.

durch ein Übereinkommen vom 6.2.1931 gebunden sind,[3] dessen international-verfahrensrechtliche Bestimmungen durch die VO betroffen sind, war zu regeln, ob Finnland und Schweden untereinander die VO oder das nordische Abkommen anwenden wollen oder dürfen. Der Verordnungsgeber hat sich entschlossen, dies den Staaten Finnland und Schweden freizustellen. Hiervon wurde in Anhang VI VO Gebrauch gemacht.

III. Bindung

3 Dennoch sind Finnland und Schweden durch die VO gebunden, wenn es um bilaterale Verhältnisse zu anderen Mitgliedstaaten wie etwa Deutschland geht. Ferner ist der Grundsatz der Nichtdiskriminierung auch durch die beiden genannten Staaten zu wahren. Künftige Vereinbarungen zwischen Finnland und Schweden sowie den anderen nordischen Staaten dürfen der VO nicht widersprechen.

IV. Anerkennung

4 Nach Abs. 2 lit. d sind Entscheidungen, die zwischen Finnland und Schweden (aufgrund des nordischen Übereinkommens) anerkennungs- und vollstreckungsfähig sind, auch in den anderen Mitgliedstaaten anzuerkennen und zu vollstrecken.

Artikel 60 EheVO 2003 Verhältnis zu bestimmten multilateralen Übereinkommen

Im Verhältnis zwischen den Mitgliedstaaten hat diese Verordnung vor den nachstehenden Übereinkommen insoweit Vorrang, als diese Bereiche betreffen, die in dieser Verordnung geregelt sind:

a) Haager Übereinkommen vom 5. Oktober 1961 über die Zuständigkeit der Behörden und das anzuwendende Recht auf dem Gebiet des Schutzes von Minderjährigen,

b) Luxemburger Übereinkommen vom 8. September 1967 über die Anerkennung von Entscheidungen in Ehesachen,

c) Haager Übereinkommen vom 1. Juni 1970 über die Anerkennung von Ehescheidungen und der Trennung von Tisch und Bett,

d) Europäisches Übereinkommen vom 20. Mai 1980 über die Anerkennung und Vollstreckung von Entscheidungen über das Sorgerecht für Kinder und die Wiederherstellung des Sorgeverhältnisses und

e) Haager Übereinkommen vom 25. Oktober 1980 über die zivilrechtlichen Aspekte internationaler Kindesentführung.

1 Die genannten Übereinkommen sind zwischen den Mitgliedstaaten nicht anzuwenden, soweit sie Bereiche regeln, für die die VO Regelungen trifft. Dabei ist festzuhalten, dass das unter lit. b genannte Übereinkommen für Deutschland nicht gilt.[1]

---

3 Rieck/Firsching, AuslFam, Schweden Rn. 57.
1 HK-ZPO/Dörner EheVO 2003 Art. 60 Rn. 1.

Die Verdrängung ist nur auf den Bereich beschränkt, den die VO **regelt**. Es geht 2
nicht um die Anwendbarkeit, sondern nur um die Regelung. Da in materielles
Recht nicht eingegriffen wird und werden soll, gelten die internationalprivat-
rechtlichen Normen des KSÜ[2] fort und sind durch die VO nicht verdrängt.[3]

Artikel 61 EheVO 2003   Verhältnis zum Haager Übereinkommen vom 19. Oktober 1996 über die Zuständigkeit, das anzuwendende Recht, die Anerkennung, Vollstreckung und Zusammenarbeit auf dem Gebiet der elterlichen Verantwortung und der Maßnahmen zum Schutz von Kindern

Im Verhältnis zum Haager Übereinkommen vom 19. Oktober 1996 über die
Zuständigkeit, das anzuwendende Recht, die Anerkennung, Vollstreckung und
Zusammenarbeit auf dem Gebiet der elterlichen Verantwortung und der Maß-
nahmen zum Schutz von Kindern ist diese Verordnung anwendbar,

a) wenn das betreffende Kind seinen gewöhnlichen Aufenthalt im Hoheitsgebiet eines Mitgliedstaats hat;

b) in Fragen der Anerkennung und der Vollstreckung einer von dem zuständigen Gericht eines Mitgliedstaats ergangenen Entscheidung im Hoheitsgebiet
eines anderen Mitgliedstaats, auch wenn das betreffende Kind seinen gewöhnlichen Aufenthalt im Hoheitsgebiet eines Drittstaats hat, der Vertragspartei des genannten Übereinkommens ist.

Die Norm verdrängt das KSÜ vollständig im Verhältnis zwischen den Mitglied- 1
staaten, wenn das Kind seinen gewöhnlichen Aufenthalt in einem Mitgliedstaat
hat. Das gilt auch für Kinder, die einem Drittstaat oder Vertragsstaat des KSÜ
angehören (vgl. lit. a).

Lit. b betrifft den Fall, dass ein Gericht eines Mitgliedstaates die Entscheidung 2
des Gerichtes eines Drittstaates, der zugleich Vertragsstaat[1] des KSÜ ist, anerkannt und für vollstreckbar erklärt hat oder als zuständiges Gericht über die el-

---

2 Das im Text der VO genannte MSA ist laut Art. 51 KSÜ durch das KSÜ ersetzt. Dem KSÜ
  gehört die EU nicht an. Die hierdurch entstehende Lücke wird durch Art. 61 der VO ausgefüllt. Zur Weitergeltung des MSA siehe Thomas/Putzo/Hüßtege EheVO 2003 Art. 60
  Rn. 1, wovon nun allerdings die Türkei auszunehmen ist, da diese seit dem 1.2.2017 auch
  dem HSÜ angehört.

3 MK/Siehr EheVO 2003 Art. 60 Rn. 295. Unverständlich deshalb NK-BGB/Benicke EheVO
  2003 Art. 60 Rn. 1, der nur auf den Anwendungsbereich abstellt.

1 Zu den Vertragsstaaten s. HCCH unter www.hcch.net: Am 1.2.2017 ist die Konvention
  zwischen den folgenden Staaten in Kraft getreten: Albanien 1.4.2007, Armenien 1.5.2008,
  Australien 1.8.2003, Belgien 1.9.2014, Bulgarien 1.2.2007, Dänemark 1.10.2011,
  Deutschland 1.1.2011, Dominikanische Republik 1.10.2010, Ecuador 1.9.2003, Estland
  1.6.2003, Finnland 1.3.2011, Frankreich 1.2.2011, Georgien 1.3.2015, Griechenland
  1.6.2012, Irland 1.1.2011, Italien 1.1.2016, Kroatien 1.1.2010, Kuba 1.12.2017, Lesotho
  1.6.2013, Lettland 1.4.2003, Litauen 1.9.2004, Luxemburg 1.12.2010, Malta 1.1.2012,
  Marokko 1.12.2002, Monaco 1.1.2002, Montenegro 1.1.2013, Niederlande 1.5.2011,
  Norwegen 1.7.2016, Österreich 1.4.2011, Polen 1.11.2010, Portugal 1.8.2011, Rumänien
  1.1.2011, Russische Föderation 1.6.2013, Schweden 1.1.2013, Schweiz 1.7.2009, Serbien
  1.11.2016, Slowakei 1.1.2002, Slowenien 1.2.2005, Spanien 1.1.2011, Tschechische Republik 1.1.2002, Türkei 1.2.2017, Ukraine 1.2.2008, Ungarn 1.5.2006, Uruguay
  1.3.2010, Vereinigtes Königreich Großbritannien 1.11.2012, Zypern 1.11.2010.

terliche Verantwortung für ein Kind entschieden hat, das seinen gewöhnlichen Aufenthalt in einem Vertragsstaat hat.[2]

Artikel 62 EheVO 2003   Fortbestand der Wirksamkeit

(1) Die in Artikel 59 Absatz 1 und den Artikeln 60 und 61 genannten Übereinkünfte behalten ihre Wirksamkeit für die Rechtsgebiete, die durch diese Verordnung nicht geregelt werden.

(2) Die in Artikel 60 genannten Übereinkommen, insbesondere das Haager Übereinkommen von 1980, behalten vorbehaltlich des Artikels 60 ihre Wirksamkeit zwischen den ihnen angehörenden Mitgliedstaaten.

1   Diese auf den ersten Blick als überflüssig erscheinende[1] Norm bestätigt nochmals, dass die genannten Übereinkünfte insoweit auch zwischen den Mitgliedstaaten weiter gelten, als sie Rechtsgebiete[2] betreffen, die durch die VO keine Regelung erfahren haben.

2   Die Norm erlangt ihre Bedeutung durch die Unterscheidung zwischen **Anwendungsbereich** und **Regelung** eines Rechtsgebietes (→ EheVO 2003 Art. 60 Rn. 2). Soweit die VO eine Regelung trifft, sind im Anwendungsbereich der VO die genannten Übereinkünfte verdrängt und unanwendbar.

Artikel 63 EheVO 2003   Verträge mit dem Heiligen Stuhl

(1) Diese Verordnung gilt unbeschadet des am 7. Mai 1940 in der Vatikanstadt zwischen dem Heiligen Stuhl und Portugal unterzeichneten Internationalen Vertrags (Konkordat).

(2) Eine Entscheidung über die Ungültigkeit der Ehe gemäß dem in Absatz 1 genannten Vertrag wird in den Mitgliedstaaten unter den in Kapitel III Abschnitt 1 vorgesehenen Bedingungen anerkannt.

(3) Die Absätze 1 und 2 gelten auch für folgende internationalen Verträge (Konkordate) mit dem Heiligen Stuhl:

a) Lateranvertrag vom 11. Februar 1929 zwischen Italien und dem Heiligen Stuhl, geändert durch die am 18. Februar 1984 in Rom unterzeichnete Vereinbarung mit Zusatzprotokoll,

b) Vereinbarung vom 3. Januar 1979 über Rechtsangelegenheiten zwischen dem Heiligen Stuhl und Spanien,

c) Vereinbarung zwischen dem Heiligen Stuhl und Malta über die Anerkennung der zivilrechtlichen Wirkungen von Ehen, die nach kanonischem Recht geschlossen wurden, sowie von diese Ehen betreffenden Entscheidungen der Kirchenbehörden und -gerichte, einschließlich des Anwendungsprotokolls vom selben Tag, zusammen mit dem zweiten Zusatzprotokoll vom 6. Januar 1995.

(4) Für die Anerkennung der Entscheidungen im Sinne des Absatzes 2 können in Spanien, Italien oder Malta dieselben Verfahren und Nachprüfungen vorgegeben

---

2   NK-BGB/Benicke EheVO 2003 Art. 61 Rn. 1; HK-ZPO/Dörner EheVO 2003 Art. 61 Rn. 1.

1   Was wohl der Grund dafür ist, dass alle anderen Kommentare schweigen.

2   Irreführend HK-ZPO/Dörner EheVO 2003 Art. 62 Rn. 1, soweit sie vom „Anwendungsbereich" sprechen. Art. 62 VO stellt hingegen auf Regelungen ab.

werden, die auch für Entscheidungen der Kirchengerichte gemäß den in Absatz 3 genannten internationalen Verträgen mit dem Heiligen Stuhl gelten.

(5) Die Mitgliedstaaten übermitteln der Kommission

a) eine Abschrift der in den Absätzen 1 und 3 genannten Verträge,

b) jede Kündigung oder Änderung dieser Verträge.

I. Regelungszweck

Da einige Mitgliedstaaten wie Italien, Malta, Portugal und Spanien die interne 1
Zuständigkeit kirchlicher Gerichte in Ehesachen bei kanonischen Ehen regeln, stellt Art. 63 VO klar, inwieweit diese Entscheidungen von den anderen Mitgliedstaaten anzuerkennen und zu vollstrecken sind.

II. Reziprozität

Die Norm wirkt gem. Abs. 4 auch in Richtung auf die genannten Länder, die 2
Konkordats-Ehen kennen. Sie können in anderen Mitgliedstaaten ergangene Entscheidungen kirchlicher Gerichte in Ehesachen denselben Verfahren und Nachprüfungen unterwerfen, wie sie für im eigenen Land ergangene Entscheidungen kirchlicher Gerichte gelten.

III. Erweiterung

Durch die VO (EG) Nr. 2116/2004 des Rates vom 2.12.2004[1] wurde die folgen- 3
de Änderung des Art. 63 VO vorgenommen: In Abs. 3 wurde lit. c und in Abs. 4 neben Spanien und Italien der Ländername Malta eingefügt. Die oben wiedergegebene Fassung ist die heutige, dh die seit dem 1.3.2005 geltende Fassung.

Kapitel VI
Übergangsvorschriften

Artikel 64 EheVO 2003

(1) Diese Verordnung gilt nur für gerichtliche Verfahren, öffentliche Urkunden und Vereinbarungen zwischen den Parteien, die nach Beginn der Anwendung dieser Verordnung gemäß Artikel 72 eingeleitet, aufgenommen oder getroffen wurden.

(2) Entscheidungen, die nach Beginn der Anwendung dieser Verordnung in Verfahren ergangen sind, die vor Beginn der Anwendung dieser Verordnung, aber nach Inkrafttreten der Verordnung (EG) Nr. 1347/2000 eingeleitet wurden, werden nach Maßgabe des Kapitels III der vorliegenden Verordnung anerkannt und vollstreckt, sofern das Gericht aufgrund von Vorschriften zuständig war, die mit den Zuständigkeitsvorschriften des Kapitels II der vorliegenden Verordnung oder der Verordnung (EG) Nr. 1347/2000 oder eines Abkommens übereinstimmen, das zum Zeitpunkt der Einleitung des Verfahrens zwischen dem Ursprungsmitgliedstaat und dem ersuchten Mitgliedstaat in Kraft war.

(3) Entscheidungen, die vor Beginn der Anwendung dieser Verordnung in Verfahren ergangen sind, die nach Inkrafttreten der Verordnung (EG)

---

1 ABl. L 367 v. 14.12.2004 S. 1.

Nr. 1347/2000 eingeleitet wurden, werden nach Maßgabe des Kapitels III der vorliegenden Verordnung anerkannt und vollstreckt, sofern sie eine Ehescheidung, Trennung ohne Auflösung des Ehebandes oder Ungültigerklärung einer Ehe oder eine aus Anlass eines solchen Verfahrens in Ehesachen ergangene Entscheidung über die elterliche Verantwortung für die gemeinsamen Kinder zum Gegenstand haben.

(4) Entscheidungen, die vor Beginn der Anwendung dieser Verordnung, aber nach Inkrafttreten der Verordnung (EG) Nr. 1347/2000 in Verfahren ergangen sind, die vor Inkrafttreten der Verordnung (EG) Nr. 1347/2000 eingeleitet wurden, werden nach Maßgabe des Kapitels III der vorliegenden Verordnung anerkannt und vollstreckt, sofern sie eine Ehescheidung, Trennung ohne Auflösung des Ehebandes oder Ungültigerklärung einer Ehe oder eine aus Anlass eines solchen Verfahrens in Ehesachen ergangene Entscheidung über die elterliche Verantwortung für die gemeinsamen Kinder zum Gegenstand haben und Zuständigkeitsvorschriften angewandt wurden, die mit denen des Kapitels II der vorliegenden Verordnung oder der Verordnung (EG) Nr. 1347/2000 oder eines Abkommens übereinstimmen, das zum Zeitpunkt der Einleitung des Verfahrens zwischen dem Ursprungsmitgliedstaat und dem ersuchten Mitgliedstaat in Kraft war.

I. Regelungszweck

1   Die Norm regelt, ab wann die VO anzuwenden ist.

Dabei wird zwischen folgenden Fällen unterschieden:

- Verfahren, die nach dem 1.3.2005 eingeleitet[1]wurden (Abs. 1), vgl. auch Art. 72 VO;
- Entscheidungen, die nach dem 1.3.2005 ergangen sind aufgrund von Verfahren, die nach dem 1.3.2001 eingeleitet wurden (Abs. 2);
- Entscheidungen, die vor dem 1.3.2005 ergangen sind in Verfahren, die nach dem 1.3.2001 eingeleitet wurden (Abs. 3);
- Entscheidungen, die vor dem 1.3.2005, aber nach dem 1.3.2001 in Verfahren ergangen sind, die vor dem 1.3.2001 eingeleitet wurden (Abs. 4).

II. Fälle nach Abs. 1

2   Die VO ist uneingeschränkt anwendbar.

III. Fälle nach Abs. 2

3   Hier hängt die Anerkennung und Vollstreckung davon ab, dass das Ursprungsgericht entweder nach dieser VO oder nach der im Zeitpunkt der Verfahrenseinleitung zwischen den Mitgliedstaaten geltenden Brüssel II-VO zuständig war.

IV. Fälle nach Abs. 3

4   Diese Regelung gilt für Ehesachen und im Zusammenhang damit ergangene Entscheidungen in Sachen über die elterliche Verantwortung. Auf einen Verbund

---

1   Thomas/Putzo/Hüßtege EheVO 2003 Art. 64 Rn. 2 stellen auf die Anhängigkeit ab, was Art. 19 VO entspricht.

kommt es nicht an, sondern es genügt der zeitliche und räumliche Zusammenhang.[2]

V. Fälle nach Abs. 4

Hier hängen Anerkennung und Vollstreckbarkeit davon ab, dass das Ursprungs- 5
gericht zu Recht seine Zuständigkeit nach der Brüssel II-VO oder einem zwischenstaatlichen Übereinkommen[3] angenommen hat, das zwischen dem Staat
des Ursprungsgerichts und dem Staat des ersuchten Gerichts bei Einleitung des
Verfahrens in Kraft war.

Kapitel VII
Schlussbestimmungen

Artikel 65 EheVO 2003   Überprüfung

Die Kommission unterbreitet dem Europäischen Parlament, dem Rat und dem
Europäischen Wirtschafts- und Sozialausschuss spätestens am 1. Januar 2012
und anschließend alle fünf Jahre auf der Grundlage der von den Mitgliedstaaten
vorgelegten Informationen einen Bericht über die Anwendung dieser Verordnung, dem sie gegebenenfalls Vorschläge zu deren Anpassung beifügt.

Hieraus ergeben sich keine Rechtsfolgen für die Rechtsanwendung. Daher hier 1
keine weitere Erläuterung der Mechanismen.

Artikel 66 EheVO 2003   Mitgliedstaaten mit zwei oder mehr
Rechtssystemen

Für einen Mitgliedstaat, in dem die in dieser Verordnung behandelten Fragen in
verschiedenen Gebietseinheiten durch zwei oder mehr Rechtssysteme oder Regelwerke geregelt werden, gilt Folgendes:
a) Jede Bezugnahme auf den gewöhnlichen Aufenthalt in diesem Mitgliedstaat
    betrifft den gewöhnlichen Aufenthalt in einer Gebietseinheit.
b) Jede Bezugnahme auf die Staatsangehörigkeit oder, im Fall des Vereinigten
    Königreichs, auf das „domicile" betrifft die durch die Rechtsvorschriften
    dieses Staates bezeichnete Gebietseinheit.
c) Jede Bezugnahme auf die Behörde eines Mitgliedstaats betrifft die zuständige Behörde der Gebietseinheit innerhalb dieses Staates.
d) Jede Bezugnahme auf die Vorschriften des ersuchten Mitgliedstaats betrifft
    die Vorschriften der Gebietseinheit, in der die Zuständigkeit geltend gemacht
    oder die Anerkennung oder Vollstreckung beantragt wird.

Die Norm betrifft in erster Linie das Vereinigte Königreich, das aus mehreren 1
rechtlich selbstständigen Gebietseinheiten besteht, nämlich England und Wales,[1]

---

2 Thomas/Putzo/Hüßtege EheVO 2003 Art. 64 Rn. 5; NK-BGB/Benicke EheVO 2003
   Art. 64 Rn. 2.
3 S. hierzu Art. 59 Abs. 1 VO.
1 Rieck/Woelke, AuslFam, England und Wales.

Schottland[2] und Nordirland.[3] Allerdings kennt auch Griechenland verschiedene Rechtsgebiete. In dem östlichen Landesteil Thrakien gilt muslimisches Familienrecht, allerdings mit der Maßgabe, dass die Scheidung nur im Gericht erklärt werden kann.[4] Zwar kennt auch Spanien familienrechtliche Autonomien in bestimmten Gebieten, den sog Foralrechtsgebieten,[5] jedoch haben die dort geltenden Rechtsnormen keinen Einfluss auf den Regelungsbereich der VO.

Artikel 67 EheVO 2003 Angaben zu den Zentralen Behörden und zugelassenen Sprachen

Die Mitgliedstaaten teilen der Kommission binnen drei Monaten nach Inkrafttreten dieser Verordnung Folgendes mit:

a) die Namen und Anschriften der Zentralen Behörden gemäß Artikel 53 sowie die technischen Kommunikationsmittel,

b) die Sprachen, die gemäß Artikel 57 Absatz 2 für Mitteilungen an die Zentralen Behörden zugelassen sind, und

c) die Sprachen, die gemäß Artikel 45 Absatz 2 für die Bescheinigung über das Umgangsrecht zugelassen sind.

Die Mitgliedstaaten teilen der Kommission jede Änderung dieser Angaben mit.

Die Angaben werden von der Kommission veröffentlicht.

1 Art. 67 VO regelt die Verpflichtung der Mitgliedstaaten. Für die Rechtsanwendung ist lediglich die Veröffentlichung der Kommission über die zugelassenen Sprachen von Interesse.

Artikel 68 EheVO 2003 Angaben zu den Gerichten und den Rechtsbehelfen

Die Mitgliedstaaten teilen der Kommission die in den Artikeln 21, 29, 33 und 34 genannten Listen mit den zuständigen Gerichten und den Rechtsbehelfen sowie die Änderungen dieser Listen mit.

Die Kommission aktualisiert diese Angaben und gibt sie durch Veröffentlichung im *Amtsblatt der Europäischen Union* und auf andere geeignete Weise bekannt.

1 Die für den Rechtsanwender wichtige Veröffentlichung hat folgenden Wortlaut:[1]

Angaben zu den Gerichten und den Rechtsbehelfen gemäß Artikel 68 der Verordnung (EG) Nr. 2201/2003 des Rates vom 27. November 2003 über die Zuständigkeit und die Anerkennung und Vollstreckung von Entscheidungen in Ehesachen und in Verfahren betreffend die elterliche Verantwortung und zur Aufhebung der Verordnung (EG) Nr. 1347/2000 (2005/C 40/02)

---

2 Rieck/Voigt, AuslFam, Schottland.
3 Das für Nordirland geltende Familienrecht ist derzeit nicht feststellbar.
4 Gärtner, Die Privatscheidung im deutschen und gemeinschaftlichen Internationalen Privat- und Verfahrensrecht, 2008, S. 19.
5 Rieck/Adam/Feu-Perona, AuslFam, Spanien.
1 ABl. C 85 v. 23.3.2013 S. 6.

Alle Angaben zu den Gerichten und den Rechtsbehelfen, die der Kommission nach diesem Datum mitgeteilt werden, sowie alle diesbezüglichen Änderungen werden zu einem späteren Zeitpunkt veröffentlicht

Liste 1

Anträge nach den Artikeln 21 und 29 sind bei folgenden Gerichten zu stellen:

- in Belgien beim „tribunal de première instance"/„Rechtbank van eerste aanleg"/„erstinstanzlichen Gericht",
- in Bulgarien beim „окръжният съд",
- in der Tschechischen Republik beim „okresnímu soudu" oder beim „soudnímu exekutorovi",
- in Deutschland:
  - a) im Bezirk des „Kammergerichts (Berlin)" beim „Familiengericht Pankow/Weißensee",
  - b) im Bezirk der Oberlandesgerichte „Braunschweig", „Celle" und „Oldenburg" beim „Familiengericht Celle",
  - c) in den Bezirken der übrigen „Oberlandesgerichte" beim „Familiengericht" am Sitz des betreffenden „Oberlandesgerichts",
- in Estland beim „maakohus",
- in Griechenland beim „Πρωτοδικείο",
- in Spanien beim „Juzgado de Primera Instancia",
- in Frankreich beim Präsidenten des „Président du Tribunal de grande instance",
- in Irland beim „High Court",
- in Italien beim „Corte d'appello",
- in Zypern beim „Οικογενειακό Δικαστήριο Λευκωσίας-Κερύνειας", beim „Οικογενειακό Δικαστήριο Λεμεσού-Πάφου" oder beim „Οικογενειακό Δικαστήριο Λάρνακας-Αμμοχώστου",
- in Lettland beim „rajona (pilsētas) tiesā",
- in Litauen beim „Lietuvos apeliaciniam teismui",
- in Luxemburg beim vorsitzenden Richter des „Tribunal d'arrondissement",
- in Ungarn beim „helyi bíróság" und in Budapest beim „Budai Központi Kerületi Bíróság",
- in Malta beim „Prim'Awla tal-Qorti Ċivili" oder beim „il-Qorti tal-Maġistrati ta' Għawdex fil-ġurisdizzjoni superjuri tagħha",
- in den Niederlanden beim „voorzieningenrechter van de rechtbank",
- in Österreich beim „Bezirksgericht",
- in Polen beim „sąd okręgowy",
- in Portugal beim „Tribunal de comarca" oder beim „Tribunal de Família e Menores",
- in Rumänien beim „tribunalul",
- in Slowenien beim „okrožno sodišče",
- in der Slowakischen Republik:
  - a) beim „Krajský súd v Bratislave" für Anträge auf Ehescheidung, Trennung ohne Auflösung des Ehebandes oder Ungültigerklärung einer Ehe,
  - b) beim „Okresný súd" für den gewöhnlichen Aufenthalt des Kindes oder beim „Okresný súd Bratislava I" für Anträge in Bezug auf die elterliche Verantwortung, wenn das Kind keinen gewöhnlichen Aufenthalt in der Slowakischen Republik hat,

- in Finnland beim „käräjäoikeus/tingsrätt",
- in Schweden beim „Svea hovrätt",
- im Vereinigten Königreich:
  a) in England und Wales beim „High Court of Justice Principal Registry of the Family Division",
  b) in Schottland beim „Court of Session, Outer House",
  c) in Nordirland beim „High Court of Justice".

Liste 2

Der Rechtsbehelf gemäß Artikel 33 ist bei folgenden Gerichten einzulegen:
- in Belgien:
  a) kann die Person, die den Antrag auf Vollstreckbarerklärung gestellt hat, einen Rechtsbehelf beim „cour d'appel" oder beim „Hof van beroep" einlegen,
  b) kann die Person, gegen die die Vollstreckung erwirkt werden soll, beim „tribunal de première instance"/„Rechtbank van eerste aanleg"/„erstinstanzlichen Gericht" Einspruch einlegen,
- in Bulgarien beim „апелативен съд София",
- in der Tschechischen Republik beim „okresního soudu",
- in Deutschland beim „Oberlandesgericht",
- in Estland beim „ringkonnakohus",
- in Griechenland beim „Εφετείο",
- in Spanien beim „Audiencia Provincial",
- in Frankreich beim „Cour d'appel",
- in Irland, beim „High Court",
- in Italien beim „Corte d'appello",
- in Zypern beim „Δευτεροβάθμιο Οικογενειακό Δικαστήριο",
- in Lettland beim „apgabaltiesā ar rajona (pilsētas) tiesas starpniecību",
- in Litauen beim „Lietuvos apeliaciniam teismui",
- in Luxemburg beim „Cour d'appel",
- in Ungarn beim „helyi bíróság" und in Budapest beim „Budai Központi Kerületi Bíróság",
- in Malta beim „Qorti tal-Appell" nach dem in der Zivilprozessordnung („Kodiċi tal-Organizzazzjoni u Proċedura Ċivili – Kap. 12") festgelegten Verfahren,
- in den Niederlanden beim „rechtbank",
- in Österreich beim „Bezirksgericht",
- in Polen beim „sąd apelacyjny za pośrednictwem sądu okręgowego",
- in Portugal beim „Tribunal da Relação",
- in Rumänien beim „Curtea de Apel",
- in Slowenien beim „okrožno sodišče",
- in der Slowakischen Republik beim „Okresný súd",
- in Finnland beim „hovioikeus/hovrätt",
- in Schweden beim „Svea hovrätt",

- im Vereinigten Königreich:
  - a) in England und Wales beim „High Court of Justice Principal Registry of the Family Division",
  - b) in Schottland beim „Court of Session, Outer House",
  - c) in Nordirland beim „High Court of Justice".

Liste 3

Rechtsbehelfe gemäß Artikel 34 können nur eingelegt werden:

- in Belgien, Griechenland, Spanien, Italien, Luxemburg und in den Niederlanden mit einer Kassationsbeschwerde,
- in Bulgarien mit einem „касационно обжалване" beim "Върховния касационен съд",
- in der Tschechischen Republik mit einem „žalobou pro zmatečnost" und einem „dovoláním",
- in Deutschland mit einer „Rechtsbeschwerde",
- in Estland mit einem „kassatsioonkaebus",
- in Frankreich mit einem „pourvoi en cassation" beim „Cour de cassation",
- in Irland mit einem auf Rechtsfragen beschränkten Rechtsbehelf beim „Supreme Court",
- in Zypern können keine weiteren Rechtsbehelfe eingelegt werden,
- in Lettland mit einem „pārsūdzību kasācijas kārtībā Augstākās tiesas Senātā ar apgabaltiesas starpniecību",
- in Litauen mit einer Kassationsbeschwerde beim „Lietuvos Aukščiausiajam Teismui",
- in Ungarn mit einem „felülvizsgálati kérelem",
- in Malta können keine weiteren Rechtsbehelfe eingelegt werden,
- in Österreich mit einem „Revisionsrekurs",
- in Polen mit einem „skarga kasacyjna do Sądu Najwyższego",
- in Portugal mit einem „recurso restrito à matéria de direito" beim "Supremo Tribunal de Justiça",
- in Rumänien mit einer „contestaţia în anulare" und einer „revizuirea",
- in Slowenien mit einem „pritožba" beim „Vrhovnem sodišču Republike Slovenije",
- in der Slowakischen Republik mit einem „dovolanie",
- in Finnland mit einem Rechtsbehelf beim „korkeimpaan oikeuteen/genom besvär hos högsta domstolen",
- in Schweden mit einem Rechtsbehelf beim „Högsta domstolen",
- im Vereinigten Königreich mit einem einzigen weiteren, auf Rechtsfragen beschränkten Rechtsbehelf:
  - a) in England und Wales beim „Court of Appeal",
  - b) in Schottland beim „Court of Session, Inner House",
  - c) in Nordirland beim „Northern Ireland Court of Appeal".

Artikel 69 EheVO 2003 Änderungen der Anhänge

Änderungen der in den Anhängen I bis IV wiedergegebenen Formblätter werden nach dem in Artikel 70 Absatz 2 genannten Verfahren beschlossen.

1 Da die genannten Anhänge als amtliche Bescheinigungen von ausschlaggebender Bedeutung für die Anerkennung und Vollstreckbarkeit sind, sind Änderungen daran nur in dem in Art. 70 Abs. 2 VO genannten Verfahren möglich.

Artikel 70 EheVO 2003 Ausschuss

(1) Die Kommission wird von einem Ausschuss (nachstehend „Ausschuss" genannt) unterstützt.

(2) Wird auf diesen Absatz Bezug genommen, so gelten die Artikel 3 und 7 des Beschlusses 1999/468/EG.

(3) Der Ausschuss gibt sich eine Geschäftsordnung.

1 Für die Erarbeitung der zur Durchführung der VO erforderlichen Maßnahmen wird ein die Kommission unterstützender Ausschuss gebildet. Er legt die Modalitäten für die Ausübung der der Kommission übertragenen Befugnisse fest.[1]

Artikel 71 EheVO 2003 Aufhebung der Verordnung (EG) Nr. 1347/2000

(1) Die Verordnung (EG) Nr. 1347/2000 wird mit Beginn der Geltung dieser Verordnung aufgehoben.

(2) Jede Bezugnahme auf die Verordnung (EG) Nr. 1347/2000 gilt als Bezugnahme auf diese Verordnung nach Maßgabe der Entsprechungstabelle in Anhang VI.

1 In Art. 71 VO handelt es sich bei dem Anhang um ein Redaktionsversehen. Richtig muss es heißen: „Anhang V".

Artikel 72 EheVO 2003 In-Kraft-Treten

Diese Verordnung tritt am 1. August 2004 in Kraft.

Sie gilt ab 1. März 2005 mit Ausnahme der Artikel 67, 68, 69 und 70, die ab dem 1. August 2004 gelten.

Diese Verordnung ist in allen ihren Teilen verbindlich und gilt gemäß dem Vertrag zur Gründung der Europäischen Gemeinschaft unmittelbar in den Mitgliedstaaten.

Geschehen zu Brüssel am 27. November 2003.

1 Hervorzuheben ist die **unmittelbare Geltung** (Art. 288 Abs. 2 AEUV). Es bedarf keiner Umsetzung durch den nationalen Gesetzgeber, soweit die VO nicht ausdrücklich ein Handeln vorschreibt.

---

1 Egrund 27.

Anhang I Bescheinigung gemäß Artikel 39 über Entscheidungen in Ehesachen[1]

1. Ursprungsmitgliedstaat
2. Ausstellendes Gericht oder ausstellende Behörde
   - 2.1. Bezeichnung
   - 2.2. Anschrift
   - 2.3. Telefon/Fax/E-Mail
3. Angaben zur Ehe
   - 3.1. Ehefrau
     - 3.1.1. Name, Vornamen
     - 3.1.2. Anschrift
     - 3.1.3. Staat und Ort der Geburt
     - 3.1.4. Geburtsdatum
   - 3.2. Ehemann
     - 3.2.1. Name, Vornamen
     - 3.2.2. Anschrift
     - 3.2.3. Staat und Ort der Geburt
     - 3.2.4. Geburtsdatum
   - 3.3. Staat, Ort (soweit bekannt) und Datum der Eheschließung
     - 3.3.1. Staat der Eheschließung
     - 3.3.2. Ort der Eheschließung (soweit bekannt)
     - 3.3.3. Datum der Eheschließung
4. Gericht, das die Entscheidung erlassen hat
   - 4.1. Bezeichnung des Gerichts
   - 4.2. Gerichtsort
5. Entscheidung
   - 5.1. Datum
   - 5.2. Aktenzeichen
   - 5.3. Art der Entscheidung
     - 5.3.1. Scheidung
     - 5.3.2. Ungültigerklärung der Ehe
     - 5.3.3. Trennung ohne Auflösung des Ehebandes
   - 5.4. Erging die Entscheidung im Versäumnisverfahren?
     - 5.4.1. Nein
     - 5.4.2. Ja[2]
6. Namen der Parteien, denen Prozesskostenhilfe gewährt wurde
7. Können gegen die Entscheidung nach dem Recht des Ursprungsmitgliedstaats weitere Rechtsbehelfe eingelegt werden?
   - 7.1. Nein
   - 7.2. Ja

---

1 Verordnung (EG) Nr. 2201/2003 des Rates v. 27.11.2003 über die Zuständigkeit und Anerkennung und Vollstreckung von Entscheidungen in Ehesachen und in Verfahren betreffend die elterliche Verantwortung und zur Aufhebung der Verordnung (EG) Nr. 1347/2000.
2 Die in Art. 37 Abs. 2 genannten Urkunden sind vorzulegen.

8. **Datum der Rechtswirksamkeit in dem Mitgliedstaat, in dem die Entscheidung erging**
   8.1. Scheidung
   8.2. Trennung ohne Auflösung des Ehebandes

Geschehen zu ... am ...

Unterschrift und/oder Dienstsiegel

Anhang II   Bescheinigung gemäß Artikel 39 über Entscheidungen über die elterliche Verantwortung[1]

1. Ursprungsmitgliedstaat
2. Ausstellendes Gericht oder ausstellende Behörde
   2.1. Bezeichnung
   2.2. Anschrift
   2.3. Telefon/Fax/E-Mail
3. Träger eines Umgangsrechts
   3.1. Name, Vornamen
   3.2. Anschrift
   3.3. Geburtsdatum und -ort (soweit bekannt)
4. Träger der elterlichen Verantwortung, die nicht in Nummer 3 genannt sind[2]
   4.1.1. Name, Vornamen
   4.1.2. Anschrift
   4.1.3 Geburtsdatum und -ort (soweit bekannt)
   4.2.1. Name, Vornamen
   4.2.2. Anschrift
   4.2.3. Geburtsdatum und -ort (soweit bekannt)
   4.3.1. Name, Vornamen
   4.3.2. Anschrift
   4.3.3. Geburtsdatum und -ort (soweit bekannt)
5. Gericht, das die Entscheidung erlassen hat
   5.1. Bezeichnung des Gerichts
   5.2. Gerichtsort
6. Entscheidung
   6.1. Datum
   6.2. Aktenzeichen
   6.3. Erging die Entscheidung im Versäumnisverfahren?
      6.3.1. Nein
      6.3.2. Ja[3]

---

1 Verordnung (EG) Nr. 2201/2003 des Rates v. 27.11.2003 über die Zuständigkeit und Anerkennung und Vollstreckung von Entscheidungen in Ehesachen und in Verfahren betreffend die elterliche Verantwortung und zur Aufhebung der Verordnung (EG) Nr. 1347/2000.
2 Im Fall des gemeinsamen Sorgerechts kann die in Nummer 3 genannte Person auch in Nummer 4 genannt werden.
3 Die in Art. 37 Abs. 2 genannten Urkunden sind vorzulegen.

7. Kinder, für die die Entscheidung gilt[4]
   7.1. Name, Vornamen und Geburtsdatum
   7.2. Name, Vornamen und Geburtsdatum
   7.3. Name, Vornamen und Geburtsdatum
   7.4. Name, Vornamen und Geburtsdatum
8. Namen der Parteien, denen Prozesskostenhilfe gewährt wurde
9. Bescheinigung über die Vollstreckbarkeit und Zustellung
   9.1. Ist die Entscheidung nach dem Recht des Ursprungsmitgliedstaats vollstreckbar?
      9.1.1. Ja
      9.1.2. Nein
   9.2. Ist die Entscheidung der Partei, gegen die vollstreckt werden soll, zugestellt worden?
      9.2.1. Ja
         9.2.1.1. Name, Vornamen der Partei
         9.2.1.2. Anschrift
         9.2.1.3. Datum der Zustellung
      9.2.2. Nein
10. Besondere Angaben zu Entscheidungen über das Umgangsrecht, wenn die Vollstreckbarkeitserklärung gemäß Artikel 28 beantragt wird. Diese Möglichkeit ist in Artikel 40 Absatz 2 vorgesehen:
   10.1. Modalitäten der Ausübung des Umgangsrechts (soweit in der Entscheidung angegeben)
      10.1.1. Datum, Uhrzeit
         10.1.1.1. Beginn
         10.1.1.2. Ende
      10.1.2. Ort
      10.1.3. Besondere Pflichten des Trägers der elterlichen Verantwortung
      10.1.4. Besondere Pflichten des Umgangsberechtigten
      10.1.5. Etwaige Beschränkungen des Umgangsrechts
11. Besondere Angaben zu Entscheidungen über die Rückgabe von Kindern, wenn die Vollstreckbarkeitserklärung gemäß Artikel 28 beantragt wird. Diese Möglichkeit ist in Artikel 40 Absatz 2 vorgesehen:
   11.1. In der Entscheidung wird die Rückgabe der Kinder angeordnet.
   11.2. Rückgabeberechtigter (soweit in der Entscheidung angegeben)
      11.2.1. Name, Vornamen
      11.2.2 Anschrift

Geschehen zu ... am ...

Unterschrift und/oder Dienstsiegel

---

4 Gilt die Entscheidung für mehr als vier Kinder, ist ein weiteres Formblatt zu verwenden.

Anhang III Bescheinigung gemäß Artikel 41 Absatz 1 über Entscheidungen über das Umgangsrecht[1]

1. Ursprungsmitgliedstaat
2. Ausstellendes Gericht bzw. ausstellende Behörde
   2.1. Bezeichnung
   2.2. Anschrift
   2.3. Telefon/Fax/E-Mail
3. Träger eines Umgangsrechts
   3.1. Name, Vornamen
   3.2. Anschrift
   3.3. Geburtsdatum und -ort (soweit vorhanden)
4. Träger der elterlichen Verantwortung, die nicht in Nummer 3 genannt sind,[2, 3]
   4.1.1. Name, Vornamen
   4.1.2. Anschrift
   4.1.3 Geburtsdatum und -ort (soweit bekannt)
   4.2.1. Name, Vornamen
   4.2.2. Anschrift
   4.2.3. Geburtsdatum und -ort (soweit bekannt)
   4.3. Andere
      4.3.1. Name, Vornamen
      4.3.2. Anschrift
      4.3.3. Geburtsdatum und -ort (soweit bekannt)
5. Gericht, das die Entscheidung erlassen hat
   5.1. Bezeichnung des Gerichts
   5.2. Gerichtsort
6. Entscheidung
   6.1. Datum
   6.2. Aktenzeichen
7. Kinder, für die die Entscheidung gilt[4]
   7.1. Name, Vornamen und Geburtsdatum
   7.2. Name, Vornamen und Geburtsdatum
   7.3. Name, Vornamen und Geburtsdatum
   7.4. Name, Vornamen und Geburtsdatum
8. Ist die Entscheidung im Ursprungsmitgliedstaat vollstreckbar?
   8.1. Ja
   8.2. Nein
9. Im Fall des Versäumnisverfahrens wurde das verfahrenseinleitende Schriftstück oder ein gleichwertiges Schriftstück der säumigen Person so rechtzeitig und in einer Weise zugestellt, dass sie sich verteidigen konnte, oder, falls es

---

1 Verordnung (EG) Nr. 2201/2003 des Rates v. 27.11.2003 über die Zuständigkeit und Anerkennung und Vollstreckung von Entscheidungen in Ehesachen und in Verfahren betreffend die elterliche Verantwortung und zur Aufhebung der Verordnung (EG) Nr. 1347/2000.

2 Im Fall des gemeinsamen Sorgerechts kann die in Nummer 3 genannte Person auch in Nummer 4 genannt werden.

3 Das Feld ankreuzen, das der Person entspricht, gegenüber der die Entscheidung zu vollstrecken ist.

4 Gilt die Entscheidung für mehr als vier Kinder, ist ein weiteres Formblatt zu verwenden.

nicht unter Einhaltung dieser Bedingungen zugestellt wurde, wurde festgestellt, dass sie mit der Entscheidung eindeutig einverstanden ist.

10. Alle betroffenen Parteien hatten Gelegenheit, gehört zu werden.

11. Die Kinder hatten die Möglichkeit, gehört zu werden, sofern eine Anhörung nicht aufgrund ihres Alters oder ihres Reifegrads unangebracht erschien.

12. Modalitäten der Ausübung des Umgangsrechts (soweit in der Entscheidung angegeben)

    12.1. Datum, Uhrzeit

        12.1.1. Beginn

        12.1.2. Ende

    12.2. Ort

    12.3. Besondere Pflichten des Trägers der elterlichen Verantwortung

    12.4. Besondere Pflichten des Umgangsberechtigten

    12.5. Etwaige Beschränkungen des Umgangsrechts

13. Namen der Parteien, denen Prozesskostenhilfe gewährt wurde

Geschehen zu … am …

Unterschrift und/oder Dienstsiegel

Anhang IV Bescheinigung gemäß Artikel 42 Absatz 1 über Entscheidungen über die Rückgabe des Kindes[1]

1. Ursprungsmitgliedstaat

2. Ausstellendes Gericht oder ausstellende Behörde

    2.1. Bezeichnung

    2.2. Anschrift

    2.3. Telefon/Fax/E-Mail

3. Rückgabeberechtigter (soweit in der Entscheidung angegeben)

    3.1. Name, Vornamen

    3.2. Anschrift

    3.3. Geburtsdatum und -ort (soweit bekannt)

4. Träger der elterlichen Verantwortung[2]

    4.1. Mutter

        4.1.1. Name, Vornamen

        4.1.2. Anschrift

        4.1.3 Geburtsdatum und -ort (soweit bekannt)

    4.2. Vater

        4.2.1. Name, Vornamen

        4.2.2. Anschrift

        4.2.3. Geburtsdatum und -ort (soweit bekannt)

    4.3. Andere

        4.3.1. Name, Vornamen

        4.3.2. Anschrift (soweit bekannt)

        4.3.3. Geburtsdatum und -ort (soweit bekannt)

---

1 Verordnung (EG) Nr. 2201/2003 des Rates v. 27.11.2003 über die Zuständigkeit und Anerkennung und Vollstreckung von Entscheidungen in Ehesachen und in Verfahren betreffend die elterliche Verantwortung und zur Aufhebung der Verordnung (EG) Nr. 1347/2000.

2 Dieser Punkt ist fakultativ.

5. Beklagte Partei (soweit bekannt)
    5.1. Name, Vornamen
    5.2. Anschrift (soweit bekannt)
6. Gericht, das die Entscheidung erlassen hat
    6.1. Bezeichnung des Gerichts
    6.2. Gerichtsort
7. Entscheidung
    7.1. Datum
    7.2. Aktenzeichen
8. Kinder, für die die Entscheidung gilt[3]
    8.1. Name, Vornamen und Geburtsdatum
    8.2. Name, Vornamen und Geburtsdatum
    8.3. Name, Vornamen und Geburtsdatum
    8.4. Name, Vornamen und Geburtsdatum
9. In der Entscheidung wird die Rückgabe des Kindes angeordnet.
10. Ist die Entscheidung im Ursprungsmitgliedstaat vollstreckbar?
    10.1. Ja
    10.2. Nein
11. Die Kinder hatten die Möglichkeit, gehört zu werden, sofern eine Anhörung nicht aufgrund ihres Alters oder ihres Reifegrads unangebracht erschien.
12. Die Parteien hatten die Möglichkeit, gehört zu werden.
13. In der Entscheidung wird die Rückgabe der Kinder angeordnet, und das Gericht hat in seinem Urteil die Gründe und Beweismittel berücksichtigt, auf die sich die nach Artikel 13 des Haager Übereinkommens vom 25. Oktober 1980 über die zivilrechtlichen Aspekte internationaler Kindesentführung ergangene Entscheidung stützt.
14. Gegebenenfalls die Einzelheiten der Maßnahmen, die von Gerichten oder Behörden ergriffen wurden, um den Schutz des Kindes nach seiner Rückkehr in den Mitgliedstaat seines gewöhnlichen Aufenthalts sicherzustellen
15. Namen der Parteien, denen Prozesskostenhilfe gewährt wurde

Geschehen zu ... am ...

Unterschrift und/oder Dienstsiegel

Anhang V Entsprechungstabelle zur Verordnung (EG) Nr. 1347/2000

Aufgehobene Artikel	Entsprechende Artikel	Aufgehobene Artikel	Entsprechende Artikel
1	1, 2	27	34
2	3	28	35
3	12	29	36
4		30	50
5	4	31	51
6	5	32	37
7	6	33	39

---

3 Gilt die Entscheidung für mehr als vier Kinder, ist ein weiteres Formblatt zu verwenden.

Aufgehobene Artikel	Entsprechende Artikel	Aufgehobene Artikel	Entsprechende Artikel
8	7	34	38
9	17	35	52
10	18	36	59
11	16, 19	37	60, 61
12	20	38	62
13	2, 49, 46	39	
14	21	40	63
15	22, 23	41	66
16		42	64
17	24	43	65
18	25	44	68, 69
19	26	45	70
20	27	46	72
21	28	Anhang I	68
22	21, 29	Anhang II	68
23	30	Anhang III	68
24	31	Anhang IV	Anhang I
25	32	Anhang V	Anhang II
26	33		

ANHANG VI

Erklärungen Schwedens und Finnlands nach Artikel 59 Absatz 2 Buchstabe a) der Verordnung des Rates über die Zuständigkeit und Anerkennung und Vollstreckung von Entscheidungen in Ehesachen und in Verfahren betreffend die elterliche Verantwortung und zur Aufhebung der Verordnung (EG) Nr. 1347/2000.

Erklärung Schwedens

Gemäß Artikel 59 Absatz 2 Buchstabe a) der Verordnung des Rates über die Zuständigkeit und Anerkennung und Vollstreckung von Entscheidungen in Ehesachen und in Verfahren betreffend die elterliche Verantwortung und zur Änderung der Verordnung (EG) Nr. 1347/2000 erklärt Schweden, dass das Übereinkommen vom 6. Februar 1931 zwischen Dänemark, Finnland, Island, Norwegen und Schweden mit Bestimmungen des internationalen Verfahrensrechts über Ehe, Adoption und Vormundschaft einschließlich des Schlussprotokolls anstelle dieser Verordnung ganz auf die Beziehungen zwischen Schweden und Finnland anwendbar ist.

Erklärung Finnlands

Gemäß Artikel 59 Absatz 2 Buchstabe a) der Verordnung des Rates über die Zuständigkeit und Anerkennung und Vollstreckung von Entscheidungen in Ehesachen und in Verfahren betreffend die elterliche Verantwortung und zur Änderung der Verordnung (EG) Nr. 1347/2000 erklärt Finnland, dass das Übereinkommen vom 6. Februar 1931 zwischen Finnland, Dänemark, Island, Norwegen und Schweden mit Bestimmungen des internationalen Verfahrensrechts über Ehe, Adoption und Vormundschaft einschließlich des Schlussprotokolls anstelle dieser Verordnung in den gegenseitigen Beziehungen zwischen Finnland und Schweden in vollem Umfang zur Anwendung kommt.

Anhang zur EheVO 2003:

Gesetz zur Aus- und Durchführung bestimmter Rechtsinstrumente auf dem Gebiet des internationalen Familienrechts (Internationales Familienrechtsverfahrensgesetz – IntFamRVG)

Vom 26. Januar 2005 (BGBl. I S. 162)
(FNA 319-109)
zuletzt geändert durch Art. 4 G zur Änd. von Vorschriften im Bereich des Internationalen Privat- und Zivilverfahrensrechts vom 11. Juni 2017
(BGBl. I S. 1607)

Abschnitt 1 Anwendungsbereich; Begriffsbestimmungen

§ 1 IntFamRVG Anwendungsbereich

Dieses Gesetz dient

1. der Durchführung der Verordnung (EG) Nr. 2201/2003 des Rates vom 27. November 2003 über die Zuständigkeit und die Anerkennung und Vollstreckung von Entscheidungen in Ehesachen und in Verfahren betreffend die elterliche Verantwortung und zur Aufhebung der Verordnung (EG) Nr. 1347/2000 (ABl. EU Nr. L 338 S. 1);
2. der Ausführung des Haager Übereinkommens vom 19. Oktober 1996 über die Zuständigkeit, das anzuwendende Recht, die Anerkennung, Vollstreckung und Zusammenarbeit auf dem Gebiet der elterlichen Verantwortung und der Maßnahmen zum Schutz von Kindern (BGBl. 2009 II S. 602, 603) – im Folgenden: Haager Kinderschutzübereinkommen;
3. der Ausführung des Haager Übereinkommens vom 25. Oktober 1980 über die zivilrechtlichen Aspekte internationaler Kindesentführung (BGBl. 1990 II S. 207) – im Folgenden: Haager Kindesentführungsübereinkommen;
4. der Ausführung des Luxemburger Europäischen Übereinkommens vom 20. Mai 1980 über die Anerkennung und Vollstreckung von Entscheidungen über das Sorgerecht für Kinder und die Wiederherstellung des Sorgeverhältnisses (BGBl. 1990 II S. 220) – im Folgenden: Europäisches Sorgerechtsübereinkommen.

§ 2 IntFamRVG Begriffsbestimmungen

Im Sinne dieses Gesetzes sind „Titel" Entscheidungen, Vereinbarungen und öffentliche Urkunden, auf welche die durchzuführende EG-Verordnung oder das jeweils auszuführende Übereinkommen Anwendung findet.

Abschnitt 2 Zentrale Behörde; Jugendamt

§ 3 IntFamRVG Bestimmung der Zentralen Behörde

(1) Zentrale Behörde nach
1. Artikel 53 der Verordnung (EG) Nr. 2201/2003,
2. Artikel 29 des Haager Kinderschutzübereinkommens,
3. Artikel 6 des Haager Kindesentführungsübereinkommens,
4. Artikel 2 des Europäischen Sorgerechtsübereinkommens
ist das Bundesamt für Justiz.

(2) Das Verfahren der Zentralen Behörde gilt als Justizverwaltungsverfahren.

§ 4 IntFamRVG Übersetzungen bei eingehenden Ersuchen

(1) Die Zentrale Behörde, bei der ein Antrag aus einem anderen Staat nach der Verordnung (EG) Nr. 2201/2003 oder nach dem Europäischen Sorgerechtsübereinkommen eingeht, kann es ablehnen, tätig zu werden, solange Mitteilungen oder beizufügende Schriftstücke nicht in deutscher Sprache abgefasst oder von einer Übersetzung in diese Sprache begleitet sind.

(2) Ist ein Schriftstück nach Artikel 54 des Haager Kinderschutzübereinkommens oder nach Artikel 24 Abs. 1 des Haager Kindesentführungsübereinkommens ausnahmsweise nicht von einer deutschen Übersetzung begleitet, so veranlasst die Zentrale Behörde die Übersetzung.

§ 5 IntFamRVG Übersetzungen bei ausgehenden Ersuchen

(1) Beschafft die antragstellende Person erforderliche Übersetzungen für Anträge, die in einem anderen Staat zu erledigen sind, nicht selbst, veranlasst die Zentrale Behörde die Übersetzungen auf Kosten der antragstellenden Person.

(2) Das Amtsgericht befreit eine antragstellende natürliche Person, die ihren gewöhnlichen Aufenthalt oder bei Fehlen eines gewöhnlichen Aufenthalts im Inland ihren tatsächlichen Aufenthalt im Gerichtsbezirk hat, auf Antrag von der Erstattungspflicht nach Absatz 1, wenn sie die persönlichen und wirtschaftlichen Voraussetzungen für die Gewährung von Verfahrenskostenhilfe ohne einen eigenen Beitrag zu den Kosten nach den Vorschriften des Gesetzes über das Verfahren in Familiensachen und in Angelegenheiten der freiwilligen Gerichtsbarkeit erfüllt.

§ 6 IntFamRVG Aufgabenerfüllung durch die Zentrale Behörde

(1) [1]Zur Erfüllung der ihr obliegenden Aufgaben veranlasst die Zentrale Behörde mit Hilfe der zuständigen Stellen alle erforderlichen Maßnahmen. [2]Sie verkehrt unmittelbar mit allen zuständigen Stellen im In- und Ausland. [3]Mitteilungen leitet sie unverzüglich an die zuständigen Stellen weiter.

(2) [1]Zum Zweck der Ausführung des Haager Kindesentführungsübereinkommens und des Europäischen Sorgerechtsübereinkommens leitet die Zentrale Behörde erforderlichenfalls gerichtliche Verfahren ein. [2]Im Rahmen dieser Übereinkommen gilt sie zum Zweck der Rückgabe des Kindes als bevollmächtigt, im Namen der antragstellenden Person selbst oder im Weg der Untervollmacht durch Vertreter gerichtlich oder außergerichtlich tätig zu werden. [3]Ihre Befugnis, zur Sicherung der Einhaltung der Übereinkommen im eigenen Namen entsprechend zu handeln, bleibt unberührt.

§ 7 IntFamRVG Aufenthaltsermittlung

(1) Die Zentrale Behörde trifft alle erforderlichen Maßnahmen einschließlich der Einschaltung von Polizeivollzugsbehörden, um den Aufenthaltsort des Kindes zu ermitteln, wenn dieser unbekannt ist und Anhaltspunkte dafür vorliegen, dass sich das Kind im Inland befindet.

(2) Soweit zur Ermittlung des Aufenthalts des Kindes oder zur Feststellung eines früheren oder des gegenwärtigen gewöhnlichen Aufenthalts des Kindes erforderlich, darf die Zentrale Behörde im automatisierten Abrufverfahren nach § 38 des Bundesmeldegesetzes über die in § 38 Absatz 1 des Bundesmeldegesetzes aufgeführten Daten hinaus folgende Daten abrufen:

1. derzeitige Staatsangehörigkeiten,
2. frühere Anschriften, gekennzeichnet nach Haupt- und Nebenwohnung und
3. Einzugsdatum und Auszugsdatum.

(3) Soweit zur Ermittlung des Aufenthalts des Kindes erforderlich, darf die Zentrale Behörde bei dem Kraftfahrt-Bundesamt erforderliche Halterdaten nach § 33 Abs. 1 Satz 1 Nr. 2 des Straßenverkehrsgesetzes erheben und die Leistungsträger im Sinne der §§ 18 bis 29 des Ersten Buches Sozialgesetzbuch um Mitteilung des derzeitigen Aufenthalts einer Person ersuchen.

(4) [1]Unter den Voraussetzungen des Absatzes 1 kann die Zentrale Behörde die Ausschreibung zur Aufenthaltsermittlung durch das Bundeskriminalamt veranlassen. [2]Sie kann auch die Speicherung eines Suchvermerks im Zentralregister veranlassen.

(5) Soweit andere Stellen eingeschaltet werden, übermittelt sie ihnen die zur Durchführung der Maßnahmen erforderlichen personenbezogenen Daten; diese dürfen nur für den Zweck verwendet werden, für den sie übermittelt worden sind.

§ 8 IntFamRVG Anrufung des Oberlandesgerichts

(1) Nimmt die Zentrale Behörde einen Antrag nicht an oder lehnt sie es ab, tätig zu werden, so kann die Entscheidung des Oberlandesgerichts beantragt werden.

(2) Zuständig ist das Oberlandesgericht, in dessen Bezirk die Zentrale Behörde ihren Sitz hat.

(3) [1]Das Oberlandesgericht entscheidet im Verfahren der freiwilligen Gerichtsbarkeit. [2]§ 14 Abs. 1 und 2 sowie die Abschnitte 4 und 5 des Buches 1 des Gesetzes über das Verfahren in Familiensachen und in den Angelegenheiten der freiwilligen Gerichtsbarkeit gelten entsprechend.

§ 9 IntFamRVG Mitwirkung des Jugendamts an Verfahren

(1) [1]Unbeschadet der Aufgaben des Jugendamts bei der grenzüberschreitenden Zusammenarbeit unterstützt das Jugendamt die Gerichte und die Zentrale Behörde bei allen Maßnahmen nach diesem Gesetz. [2]Insbesondere

1. gibt es auf Anfrage Auskunft über die soziale Lage des Kindes und seines Umfelds,
2. unterstützt es in jeder Lage eine gütliche Einigung,
3. leistet es in geeigneten Fällen Unterstützung bei der Durchführung des Verfahrens, auch bei der Sicherung des Aufenthalts des Kindes,
4. leistet es in geeigneten Fällen Unterstützung bei der Ausübung des Rechts zum persönlichen Umgang, der Heraus- oder Rückgabe des Kindes sowie der Vollstreckung gerichtlicher Entscheidungen.

(2) [1]Zuständig ist das Jugendamt, in dessen Bereich sich das Kind gewöhnlich aufhält. [2]Solange die Zentrale Behörde oder ein Gericht mit einem Herausgabe- oder Rückgabeantrag oder dessen Vollstreckung befasst ist, oder wenn das Kind keinen gewöhnlichen Aufenthalt im Inland hat, oder das zuständige Jugendamt nicht tätig wird, ist das Jugendamt zuständig, in dessen Bereich sich das Kind tatsächlich aufhält. [3]In den Fällen des Artikels 35 Absatz 2 Satz 1 des Haager Kinderschutzübereinkommens ist das Jugendamt örtlich zuständig, in dessen Bezirk der antragstellende Elternteil seinen gewöhnlichen Aufenthalt hat.

(3) Das Gericht unterrichtet das zuständige Jugendamt über Entscheidungen nach diesem Gesetz auch dann, wenn das Jugendamt am Verfahren nicht beteiligt war.

Abschnitt 3 Gerichtliche Zuständigkeit und Zuständigkeitskonzentration

§ 10 IntFamRVG Örtliche Zuständigkeit für die Anerkennung und Vollstreckung

Örtlich ausschließlich zuständig für Verfahren nach

– Artikel 21 Abs. 3 und Artikel 48 Abs. 1 der Verordnung (EG) Nr. 2201/2003 sowie für die Zwangsvollstreckung nach den Artikeln 41 und 42 der Verordnung (EG) Nr. 2201/2003,
– den Artikeln 24 und 26 des Haager Kinderschutzübereinkommens,
– dem Europäischen Sorgerechtsübereinkommen

ist das Familiengericht, in dessen Zuständigkeitsbereich zum Zeitpunkt der Antragstellung

1. die Person, gegen die sich der Antrag richtet, oder das Kind, auf das sich die Entscheidung bezieht, sich gewöhnlich aufhält oder
2. bei Fehlen einer Zuständigkeit nach Nummer 1 das Interesse an der Feststellung hervortritt oder das Bedürfnis der Fürsorge besteht,
3. sonst das im Bezirk des Kammergerichts zur Entscheidung berufene Gericht.

§ 11 IntFamRVG   Örtliche Zuständigkeit nach dem Haager Kindesentführungsübereinkommen

Örtlich zuständig für Verfahren nach dem Haager Kindesentführungsübereinkommen ist das Familiengericht, in dessen Zuständigkeitsbereich

1. sich das Kind beim Eingang des Antrags bei der Zentralen Behörde aufgehalten hat oder
2. bei Fehlen einer Zuständigkeit nach Nummer 1 das Bedürfnis der Fürsorge besteht.

§ 12 IntFamRVG   Zuständigkeitskonzentration

(1) In Verfahren über eine in den §§ 10 und 11 bezeichnete Sache sowie in Verfahren über die Vollstreckbarerklärung nach Artikel 28 der Verordnung (EG) Nr. 2201/2003 entscheidet das Familiengericht, in dessen Bezirk ein Oberlandesgericht seinen Sitz hat, für den Bezirk dieses Oberlandesgerichts.

(2) Im Bezirk des Kammergerichts entscheidet das Familiengericht Pankow/Weißensee.

(3) [1]Die Landesregierungen werden ermächtigt, diese Zuständigkeit durch Rechtsverordnung einem anderen Familiengericht des Oberlandesgerichtsbezirks oder, wenn in einem Land mehrere Oberlandesgerichte errichtet sind, einem Familiengericht für die Bezirke aller oder mehrerer Oberlandesgerichte zuzuweisen. [2]Sie können die Ermächtigung auf die Landesjustizverwaltungen übertragen.

§ 13 IntFamRVG   Zuständigkeitskonzentration für andere Familiensachen

(1) [1]Das Familiengericht, bei dem eine in den §§ 10 bis 12 bezeichnete Sache anhängig wird, ist von diesem Zeitpunkt an ungeachtet des § 137 Abs. 1 und 3 des Gesetzes über das Verfahren in Familiensachen und in den Angelegenheiten der freiwilligen Gerichtsbarkeit für alle dasselbe Kind betreffenden Familiensachen nach § 151 Nr. 1 bis 3 des Gesetzes über das Verfahren in Familiensachen und in den Angelegenheiten der freiwilligen Gerichtsbarkeit einschließlich der Verfügungen nach § 44 und den §§ 35 und 89 bis 94 des Gesetzes über das Verfahren in Familiensachen und in den Angelegenheiten der freiwilligen Gerichtsbarkeit zuständig. [2]Die Zuständigkeit nach Satz 1 tritt nicht ein, wenn der Antrag offensichtlich unzulässig ist. [3]Sie entfällt, sobald das angegangene Gericht auf Grund unanfechtbarer Entscheidung unzuständig ist; Verfahren, für die dieses Gericht hiernach seine Zuständigkeit verliert, sind nach näherer Maßgabe des § 281 Abs. 2 und 3 Satz 1 der Zivilprozessordnung von Amts wegen an das zuständige Gericht abzugeben.

(2) Bei dem Familiengericht, das in dem Oberlandesgerichtsbezirk, in dem sich das Kind gewöhnlich aufhält, für Anträge der in Absatz 1 Satz 1 genannten Art zuständig ist, kann auch eine andere Familiensache nach § 151 Nr. 1 bis 3 des Gesetzes über das Verfahren in Familiensachen und in den Angelegenheiten der freiwilligen Gerichtsbarkeit anhängig gemacht werden, wenn ein Elternteil seinen gewöhnlichen Aufenthalt in einem anderen Mitgliedstaat der Europäischen Union oder in einem anderen Vertragsstaat des Haager Kinderschutzübereinkommens, des Haager Kindesentführungsübereinkommens oder des Europäischen Sorgerechtsübereinkommens hat.

(3) [1]Im Falle des Absatzes 1 Satz 1 hat ein anderes Familiengericht, bei dem eine dasselbe Kind betreffende Familiensache nach § 151 Nr. 1 bis 3 des Gesetzes über das Verfahren in Familiensachen und in den Angelegenheiten der freiwilligen Gerichtsbarkeit im ersten Rechtszug anhängig ist oder anhängig wird, dieses Verfahren von Amts wegen an das nach Absatz 1 Satz 1 zuständige Gericht abzugeben. [2]Auf übereinstimmenden Antrag beider Elternteile sind andere Familiensachen, an denen diese beteiligt sind, an das nach Absatz 1 oder Absatz 2 zuständige Gericht abzugeben. [3]§ 281 Abs. 2 Satz 1 bis 3 und Abs. 3 Satz 1 der Zivilprozessordnung gilt entsprechend.

(4) [1]Das Familiengericht, das gemäß Absatz 1 oder Absatz 2 zuständig oder an das die Sache gemäß Absatz 3 abgegeben worden ist, kann diese aus wichtigen Gründen an das nach den allgemeinen Vorschriften zuständige Familiengericht abgeben oder zurückgeben, soweit dies nicht zu einer erheblichen Verzögerung des Verfahrens führt. [2]Als wichtiger Grund ist es in der Regel anzusehen, wenn die besondere Sachkunde des erstgenannten Gerichts für das Verfahren nicht oder nicht mehr benötigt wird. [3]§ 281 Abs. 2 und 3 Satz 1 der Zivilprozessordnung gilt entsprechend. [4]Die Ablehnung einer Abgabe nach Satz 1 ist unanfechtbar.

(5) §§ 4 und 5 Abs. 1 Nr. 5, Abs. 2 und 3 des Gesetzes über das Verfahren in Familiensachen und in den Angelegenheiten der freiwilligen Gerichtsbarkeit bleibt unberührt.

§ 13 a IntFamRVG Verfahren bei grenzüberschreitender Abgabe

(1) [1]Ersucht das Familiengericht das Gericht eines anderen Vertragsstaats nach Artikel 8 des Haager Kinderschutzübereinkommens um Übernahme der Zuständigkeit, so setzt es eine Frist, innerhalb derer das ausländische Gericht die Übernahme der Zuständigkeit mitteilen kann. [2]Setzt das Familiengericht das Verfahren nach Artikel 8 des Haager Kinderschutzübereinkommens aus, setzt es den Parteien eine Frist, innerhalb derer das ausländische Gericht anzurufen ist. [3]Ist die Frist nach Satz 1 abgelaufen, ohne dass das ausländische Gericht die Übernahme der Zuständigkeit mitgeteilt hat, so ist in der Regel davon auszugehen, dass das ersuchte Gericht die Übernahme der Zuständigkeit ablehnt. [4]Ist die Frist nach Satz 2 abgelaufen, ohne dass eine Partei das ausländische Gericht angerufen hat, bleibt es bei der Zuständigkeit des Familiengerichts. [5]Das Gericht des ersuchten Staates und die Parteien sind auf diese Rechtsfolgen hinzuweisen.

(2) Ersucht ein Gericht eines anderen Vertragsstaats das Familiengericht nach Artikel 8 des Haager Kinderschutzübereinkommens um Übernahme der Zuständigkeit oder ruft eine Partei das Familiengericht nach dieser Vorschrift an, so kann das Familiengericht die Zuständigkeit innerhalb von sechs Wochen übernehmen.

(3) Die Absätze 1 und 2 sind auf Anträge, Ersuchen und Entscheidungen nach Artikel 9 des Haager Kinderschutzübereinkommens entsprechend anzuwenden.

(4) [1]Der Beschluss des Familiengerichts,
1. das ausländische Gericht nach Absatz 1 Satz 1 oder nach Artikel 15 Absatz 1 Buchstabe b der Verordnung (EG) Nr. 2201/2003 um Übernahme der Zuständigkeit zu ersuchen,
2. das Verfahren nach Absatz 1 Satz 2 oder nach Artikel 15 Absatz 1 Buchstabe a der Verordnung (EG) Nr. 2201/2003 auszusetzen,

3. das zuständige ausländische Gericht nach Artikel 9 des Kinderschutzübereinkommens oder nach Artikel 15 Absatz 2 Buchstabe c der Verordnung (EG) Nr. 2201/2003 um Abgabe der Zuständigkeit zu ersuchen,

4. die Parteien einzuladen, bei dem zuständigen ausländischen Gericht nach Artikel 9 des Haager Kinderschutzübereinkommens die Abgabe der Zuständigkeit an das Familiengericht zu beantragen, oder

5. die Zuständigkeit auf Ersuchen eines ausländischen Gerichts oder auf Antrag der Parteien nach Artikel 9 des Haager Kinderschutzübereinkommens an das ausländische Gericht abzugeben,

ist mit der sofortigen Beschwerde in entsprechender Anwendung der §§ 567 bis 572 der Zivilprozessordnung anfechtbar. [2]Die Rechtsbeschwerde ist ausgeschlossen. [3]Die in Satz 1 genannten Beschlüsse werden erst mit ihrer Rechtskraft wirksam. [4]Hierauf ist in dem Beschluss hinzuweisen.

(5) Im Übrigen sind Beschlüsse nach den Artikeln 8 und 9 des Haager Kinderschutzübereinkommens und nach Artikel 15 der Verordnung (EG) Nr. 2201/2003 unanfechtbar.

(6) [1]Parteien im Sinne dieser Vorschrift sowie der Artikel 8 und 9 des Haager Kinderschutzübereinkommens und des Artikels 15 der Verordnung (EG) Nr. 2201/2003 sind die in § 7 Absatz 1 und 2 Nummer 1 des Gesetzes über das Verfahren in Familiensachen und in den Angelegenheiten der freiwilligen Gerichtsbarkeit genannten Beteiligten. [2]Die Vorschriften über die Hinzuziehung weiterer Beteiligter bleiben unberührt.

Abschnitt 4 Allgemeine gerichtliche Verfahrensvorschriften

§ 14 IntFamRVG Familiengerichtliches Verfahren

Soweit nicht anders bestimmt, entscheidet das Familiengericht

1. über eine in den §§ 10 und 12 bezeichnete Ehesache nach den hierfür geltenden Vorschriften des Gesetzes über das Verfahren in Familiensachen und in den Angelegenheiten der freiwilligen Gerichtsbarkeit,

2. über die übrigen in den §§ 10, 11, 12 und 47 bezeichneten Angelegenheiten als Familiensachen im Verfahren der freiwilligen Gerichtsbarkeit.

§ 15 IntFamRVG Einstweilige Anordnungen

Das Gericht kann auf Antrag oder von Amts wegen einstweilige Anordnungen treffen, um Gefahren von dem Kind abzuwenden oder eine Beeinträchtigung der Interessen der Beteiligten zu vermeiden, insbesondere um den Aufenthaltsort des Kindes während des Verfahrens zu sichern oder eine Vereitelung oder Erschwerung der Rückgabe zu verhindern; Abschnitt 4 des Buches 1 des Gesetzes über das Verfahren in Familiensachen und in den Angelegenheiten der freiwilligen Gerichtsbarkeit gilt entsprechend.

Abschnitt 5 Zulassung der Zwangsvollstreckung, Anerkennungsfeststellung und Wiederherstellung des Sorgeverhältnisses

Unterabschnitt 1 Zulassung der Zwangsvollstreckung im ersten Rechtszug

§ 16 IntFamRVG Antragstellung

(1) Mit Ausnahme der in den Artikeln 41 und 42 der Verordnung (EG) Nr. 2201/2003 aufgeführten Titel wird der in einem anderen Staat vollstreckbare Titel dadurch zur Zwangsvollstreckung zugelassen, dass er auf Antrag mit der Vollstreckungsklausel versehen wird.

(2) Der Antrag auf Erteilung der Vollstreckungsklausel kann bei dem zuständigen Familiengericht schriftlich eingereicht oder mündlich zu Protokoll der Geschäftsstelle erklärt werden.

(3) Ist der Antrag entgegen § 184 des Gerichtsverfassungsgesetzes nicht in deutscher Sprache abgefasst, so kann das Gericht der antragstellenden Person aufgeben, eine Übersetzung des Antrags beizubringen, deren Richtigkeit von einer

1. in einem Mitgliedstaat der Europäischen Union oder
2. in einem anderen Vertragsstaat eines auszuführenden Übereinkommens

hierzu befugten Person bestätigt worden ist.

§ 17 IntFamRVG Zustellungsbevollmächtigter

(1) Hat die antragstellende Person in dem Antrag keinen Zustellungsbevollmächtigten im Sinne des § 184 Abs. 1 Satz 1 der Zivilprozessordnung benannt, so können bis zur nachträglichen Benennung alle Zustellungen an sie durch Aufgabe zur Post (§ 184 Abs. 1 Satz 2, Abs. 2 der Zivilprozessordnung) bewirkt werden.

(2) Absatz 1 gilt nicht, wenn die antragstellende Person einen Verfahrensbevollmächtigten für das Verfahren bestellt hat, an den im Inland zugestellt werden kann.

§ 18 IntFamRVG Einseitiges Verfahren

(1) [1]Im Anwendungsbereich der Verordnung (EG) Nr. 2201/2003 und des Haager Kinderschutzübereinkommens erhält im erstinstanzlichen Verfahren auf Zulassung der Zwangsvollstreckung nur die antragstellende Person Gelegenheit, sich zu äußern. [2]Die Entscheidung ergeht ohne mündliche Verhandlung. [3]Jedoch kann eine mündliche Erörterung mit der antragstellenden oder einer von ihr bevollmächtigten Person stattfinden, wenn diese hiermit einverstanden ist und die Erörterung der Beschleunigung dient.

(2) Abweichend von § 114 Absatz 1 des Gesetzes über das Verfahren in Familiensachen und in den Angelegenheiten der freiwilligen Gerichtsbarkeit ist in Ehesachen im ersten Rechtszug eine anwaltliche Vertretung nicht erforderlich.

§ 19 IntFamRVG   Besondere Regelungen zum Europäischen Sorgerechtsübereinkommen

Die Vollstreckbarerklärung eines Titels aus einem anderen Vertragsstaat des Europäischen Sorgerechtsübereinkommens ist auch in den Fällen der Artikel 8 und 9 des Übereinkommens ausgeschlossen, wenn die Voraussetzungen des Artikels 10 Abs. 1 Buchstabe a oder b des Übereinkommens vorliegen, insbesondere wenn die Wirkungen des Titels mit den Grundrechten des Kindes oder eines Sorgeberechtigten unvereinbar wären.

§ 20 IntFamRVG   Entscheidung

(1) ¹Ist die Zwangsvollstreckung aus dem Titel zuzulassen, so beschließt das Gericht, dass der Titel mit der Vollstreckungsklausel zu versehen ist. ²In dem Beschluss ist die zu vollstreckende Verpflichtung in deutscher Sprache wiederzugeben. ³Zur Begründung des Beschlusses genügt in der Regel die Bezugnahme auf die Verordnung (EG) Nr. 2201/2003 oder den auszuführenden Anerkennungs- und Vollstreckungsvertrag sowie auf die von der antragstellenden Person vorgelegten Urkunden.

(2) Auf die Kosten des Verfahrens ist § 81 des Gesetzes über das Verfahren in Familiensachen und in den Angelegenheiten der freiwilligen Gerichtsbarkeit entsprechend anzuwenden; in Ehesachen gilt § 788 der Zivilprozessordnung entsprechend.

(3) ¹Ist der Antrag nicht zulässig oder nicht begründet, so lehnt ihn das Gericht durch mit Gründen versehenen Beschluss ab. ²Für die Kosten gilt Absatz 2; in Ehesachen sind die Kosten dem Antragsteller aufzuerlegen.

§ 21 IntFamRVG   Bekanntmachung der Entscheidung

(1) ¹Im Falle des § 20 Abs. 1 sind der verpflichteten Person eine beglaubigte Abschrift des Beschlusses, eine beglaubigte Abschrift des noch nicht mit der Vollstreckungsklausel versehenen Titels und gegebenenfalls seiner Übersetzung sowie der gemäß § 20 Abs. 1 Satz 3 in Bezug genommenen Urkunden von Amts wegen zuzustellen. ²Ein Beschluss nach § 20 Abs. 3 ist der verpflichteten Person formlos mitzuteilen.

(2) ¹Der antragstellenden Person sind eine beglaubigte Abschrift des Beschlusses nach § 20, im Falle des § 20 Abs. 1 ferner eine Bescheinigung über die bewirkte Zustellung zu übersenden. ²Die mit der Vollstreckungsklausel versehene Ausfertigung des Titels ist der antragstellenden Person erst dann zu übersenden, wenn der Beschluss nach § 20 Abs. 1 wirksam geworden und die Vollstreckungsklausel erteilt ist.

(3) In einem Verfahren, das die Vollstreckbarerklärung einer die elterliche Verantwortung betreffenden Entscheidung zum Gegenstand hat, sind Zustellungen auch an den gesetzlichen Vertreter des Kindes, an den Vertreter des Kindes im Verfahren, an das Kind selbst, soweit es das 14. Lebensjahr vollendet hat, an einen Elternteil, der nicht am Verfahren beteiligt war, sowie an das Jugendamt zu bewirken.

(4) Handelt es sich bei der für vollstreckbar erklärten Maßnahme um eine Unterbringung, so ist der Beschluss auch dem Leiter der Einrichtung oder der Pflegefamilie bekannt zu machen, in der das Kind untergebracht werden soll.

§ 22 IntFamRVG Wirksamwerden der Entscheidung

(1) [1]Der Beschluss nach § 20 wird erst mit Rechtskraft wirksam. [2]Hierauf ist in dem Beschluss hinzuweisen.

(2) [1]Absatz 1 gilt nicht für den Beschluss, mit dem eine Entscheidung über die freiheitsentziehende Unterbringung eines Kindes nach Artikel 56 der Verordnung (EG) Nr. 2201/2003 für vollstreckbar erklärt wird. [2]In diesem Fall hat das Gericht die sofortige Wirksamkeit des Beschlusses anzuordnen. [3]§ 324 Absatz 2 Satz 2 Nummer 3 und Satz 3 des Gesetzes über das Verfahren in Familiensachen und in Angelegenheiten der freiwilligen Gerichtsbarkeit gilt entsprechend.

§ 23 IntFamRVG Vollstreckungsklausel

(1) Auf Grund eines wirksamen Beschlusses nach § 20 Abs. 1 erteilt der Urkundsbeamte der Geschäftsstelle die Vollstreckungsklausel in folgender Form: „Vollstreckungsklausel nach § 23 des Internationalen Familienrechtsverfahrensgesetzes vom 26. Januar 2005 (BGBl. I S. 162). Gemäß dem Beschluss des ... (Bezeichnung des Gerichts und des Beschlusses) ist die Zwangsvollstreckung aus ... (Bezeichnung des Titels) zugunsten ... (Bezeichnung der berechtigten Person) gegen ... (Bezeichnung der verpflichteten Person) zulässig.
Die zu vollstreckende Verpflichtung lautet:
... (Angabe der aus dem ausländischen Titel der verpflichteten Person obliegenden Verpflichtung in deutscher Sprache; aus dem Beschluss nach § 20 Abs. 1 zu übernehmen)."

(2) Wird die Zwangsvollstreckung nur für einen oder mehrere der durch den ausländischen Titel zuerkannten oder in einem anderen ausländischen Titel niedergelegten Ansprüche oder nur für einen Teil des Gegenstands der Verpflichtung zugelassen, so ist die Vollstreckungsklausel als „Teil-Vollstreckungsklausel nach § 23 des Internationalen Familienrechtsverfahrensgesetzes vom 26. Januar 2005 (BGBl. I S. 162)" zu bezeichnen.

(3) [1]Die Vollstreckungsklausel ist von dem Urkundsbeamten der Geschäftsstelle zu unterschreiben und mit dem Gerichtssiegel zu versehen. [2]Sie ist entweder auf die Ausfertigung des Titels oder auf ein damit zu verbindendes Blatt zu setzen. [3]Falls eine Übersetzung des Titels vorliegt, ist sie mit der Ausfertigung zu verbinden.

Unterabschnitt 2 Beschwerde

§ 24 IntFamRVG Einlegung der Beschwerde; Beschwerdefrist

(1) [1]Gegen die im ersten Rechtszug ergangene Entscheidung findet die Beschwerde zum Oberlandesgericht statt. [2]Die Beschwerde wird bei dem Oberlandesgericht durch Einreichen einer Beschwerdeschrift oder durch Erklärung zu Protokoll der Geschäftsstelle eingelegt.

(2) Die Zulässigkeit der Beschwerde wird nicht dadurch berührt, dass sie statt bei dem Oberlandesgericht bei dem Gericht des ersten Rechtszugs eingelegt wird; die Beschwerde ist unverzüglich von Amts wegen an das Oberlandesgericht abzugeben.

(3) Die Beschwerde gegen die Zulassung der Zwangsvollstreckung ist einzulegen

1. innerhalb eines Monats nach Zustellung, wenn die beschwerdeberechtigte Person ihren gewöhnlichen Aufenthalt im Inland hat;

2. innerhalb von zwei Monaten nach Zustellung, wenn die beschwerdeberechtigte Person ihren gewöhnlichen Aufenthalt im Ausland hat. Die Frist beginnt mit dem Tag, an dem die Vollstreckbarerklärung der beschwerdeberechtigten Person entweder persönlich oder in ihrer Wohnung zugestellt worden ist. Eine Verlängerung dieser Frist wegen weiter Entfernung ist ausgeschlossen.

(4) Die Beschwerdefrist ist eine Notfrist.

(5) Die Beschwerde ist dem Beschwerdegegner von Amts wegen zuzustellen.

(6) Im Fall des § 22 Absatz 2 kann das Beschwerdegericht durch Beschluss die Vollstreckung des angefochtenen Beschlusses einstweilen einstellen.

§ 25 IntFamRVG Einwendungen gegen den zu vollstreckenden Anspruch

Die verpflichtete Person kann mit der Beschwerde gegen die Zulassung der Zwangsvollstreckung aus einem Titel über die Erstattung von Verfahrenskosten auch Einwendungen gegen den Anspruch selbst insoweit geltend machen, als die Gründe, auf denen sie beruhen, erst nach Erlass des Titels entstanden sind.

§ 26 IntFamRVG Verfahren und Entscheidung über die Beschwerde

(1) Der Senat des Oberlandesgerichts entscheidet durch Beschluss, der mit Gründen zu versehen ist und ohne mündliche Verhandlung ergehen kann.

(2) [1]Solange eine mündliche Verhandlung nicht angeordnet ist, können zu Protokoll der Geschäftsstelle Anträge gestellt und Erklärungen abgegeben werden. [2]Wird in einer Ehesache die mündliche Verhandlung angeordnet, so gilt für die Ladung § 215 der Zivilprozessordnung.

(3) Eine vollständige Ausfertigung des Beschlusses ist den Beteiligten auch dann von Amts wegen zuzustellen, wenn der Beschluss verkündet worden ist.

(4) § 20 Abs. 1 Satz 2, Abs. 2 und 3, § 21 Abs. 1, 2 und 4 sowie § 23 gelten entsprechend.

§ 27 IntFamRVG Anordnung der sofortigen Wirksamkeit

(1) [1]Der Beschluss des Oberlandesgerichts nach § 26 wird erst mit seiner Rechtskraft wirksam. [2]Hierauf ist in dem Beschluss hinzuweisen.

(2) Das Oberlandesgericht kann in Verbindung mit der Entscheidung über die Beschwerde die sofortige Wirksamkeit eines Beschlusses anordnen.

Unterabschnitt 3 Rechtsbeschwerde

§ 28 IntFamRVG Statthaftigkeit der Rechtsbeschwerde

Gegen den Beschluss des Oberlandesgerichts findet die Rechtsbeschwerde zum Bundesgerichtshof nach Maßgabe des § 574 Abs. 1 Nr. 1, Abs. 2 der Zivilprozessordnung statt.

§ 29 IntFamRVG Einlegung und Begründung der Rechtsbeschwerde

[1]§ 575 Abs. 1 bis 4 der Zivilprozessordnung ist entsprechend anzuwenden. [2]Soweit die Rechtsbeschwerde darauf gestützt wird, dass das Oberlandesgericht von einer Entscheidung des Gerichtshofs der Europäischen Gemeinschaften abgewichen sei, muss die Entscheidung, von der der angefochtene Beschluss abweicht, bezeichnet werden.

§ 30 IntFamRVG Verfahren und Entscheidung über die Rechtsbeschwerde

(1) [1]Der Bundesgerichtshof kann nur überprüfen, ob der Beschluss auf einer Verletzung des Rechts der Europäischen Gemeinschaft, eines Anerkennungs- und Vollstreckungsvertrags, sonstigen Bundesrechts oder einer anderen Vorschrift beruht, deren Geltungsbereich sich über den Bezirk eines Oberlandesgerichts hinaus erstreckt. [2]Er darf nicht prüfen, ob das Gericht seine örtliche Zuständigkeit zu Unrecht angenommen hat.

(2) [1]Der Bundesgerichtshof kann über die Rechtsbeschwerde ohne mündliche Verhandlung entscheiden. [2]§ 574 Abs. 4, § 576 Abs. 3 und § 577 der Zivilprozessordnung sind entsprechend anzuwenden; in Angelegenheiten der freiwilligen Gerichtsbarkeit bleiben § 574 Abs. 4 und § 577 Abs. 2 Satz 1 bis 3 der Zivilprozessordnung sowie die Verweisung auf § 556 in § 576 Abs. 3 der Zivilprozessordnung außer Betracht.

(3) § 20 Abs. 1 Satz 2, Abs. 2 und 3, § 21 Abs. 1, 2 und 4 sowie § 23 gelten entsprechend.

§ 31 IntFamRVG Anordnung der sofortigen Wirksamkeit

Der Bundesgerichtshof kann auf Antrag der verpflichteten Person eine Anordnung nach § 27 Abs. 2 aufheben oder auf Antrag der berechtigten Person erstmals eine Anordnung nach § 27 Abs. 2 treffen.

Unterabschnitt 4 Feststellung der Anerkennung

§ 32 IntFamRVG Anerkennungsfeststellung

[1]Auf das Verfahren über einen gesonderten Feststellungsantrag nach Artikel 21 Absatz 3 der Verordnung (EG) Nr. 2201/2003, nach Artikel 24 des Haager Kinderschutzübereinkommens oder nach dem Europäischen Sorgerechtsübereinkommen, einen Titel aus einem anderen Staat anzuerkennen oder nicht anzuerkennen, sind die Unterabschnitte 1 bis 3 entsprechend anzuwenden. [2]§ 18 Absatz 1 Satz 1 ist nicht anzuwenden, wenn die antragstellende Person die Feststellung begehrt, dass ein Titel aus einem anderen Staat nicht anzuerkennen ist. [3]§ 18 Absatz 1 Satz 3 ist in diesem Falle mit der Maßgabe anzuwenden, dass die mündliche Erörterung auch mit weiteren Beteiligten stattfinden kann.

Unterabschnitt 5 Wiederherstellung des Sorgeverhältnisses

§ 33 IntFamRVG　Anordnung auf Herausgabe des Kindes

(1) Umfasst ein vollstreckungsfähiger Titel im Anwendungsbereich der Verordnung (EG) Nr. 2201/2003, des Haager Kinderschutzübereinkommens oder des Europäischen Sorgerechtsübereinkommens nach dem Recht des Staates, in dem er geschaffen wurde, das Recht auf Herausgabe des Kindes, so kann das Familiengericht die Herausgabeanordnung in der Vollstreckungsklausel oder in einer nach § 44 getroffenen Anordnung klarstellend aufnehmen.

(2) Liegt im Anwendungsbereich des Europäischen Sorgerechtsübereinkommens ein vollstreckungsfähiger Titel auf Herausgabe des Kindes nicht vor, so stellt das Gericht nach § 32 fest, dass die Sorgerechtsentscheidung oder die von der zuständigen Behörde genehmigte Sorgerechtsvereinbarung aus dem anderen Vertragsstaat anzuerkennen ist, und ordnet zur Wiederherstellung des Sorgeverhältnisses auf Antrag an, dass die verpflichtete Person das Kind herauszugeben hat.

Unterabschnitt 6 Aufhebung oder Änderung von Beschlüssen

§ 34 IntFamRVG　Verfahren auf Aufhebung oder Änderung

(1) [1]Wird der Titel in dem Staat, in dem er errichtet worden ist, aufgehoben oder abgeändert und kann die verpflichtete Person diese Tatsache in dem Verfahren der Zulassung der Zwangsvollstreckung nicht mehr geltend machen, so kann sie die Aufhebung oder Änderung der Zulassung in einem besonderen Verfahren beantragen. [2]Das Gleiche gilt für den Fall der Aufhebung oder Änderung von Entscheidungen, Vereinbarungen oder öffentlichen Urkunden, deren Anerkennung festgestellt ist.

(2) Für die Entscheidung über den Antrag ist das Familiengericht ausschließlich zuständig, das im ersten Rechtszug über den Antrag auf Erteilung der Vollstreckungsklausel oder auf Feststellung der Anerkennung entschieden hat.

(3) [1]Der Antrag kann bei dem Gericht schriftlich oder durch Erklärung zu Protokoll der Geschäftsstelle gestellt werden. [2]Die Entscheidung ergeht durch Beschluss.

(4) Auf die Beschwerde finden die Unterabschnitte 2 und 3 entsprechend Anwendung.

(5) [1]Im Falle eines Titels über die Erstattung von Verfahrenskosten sind für die Einstellung der Zwangsvollstreckung und die Aufhebung bereits getroffener Vollstreckungsmaßregeln die §§ 769 und 770 der Zivilprozessordnung entsprechend anzuwenden. [2]Die Aufhebung einer Vollstreckungsmaßregel ist auch ohne Sicherheitsleistung zulässig.

§ 35 IntFamRVG　Schadensersatz wegen ungerechtfertigter Vollstreckung

(1) [1]Wird die Zulassung der Zwangsvollstreckung aus einem Titel über die Erstattung von Verfahrenskosten auf die Rechtsbeschwerde aufgehoben oder abgeändert, so ist die berechtigte Person zum Ersatz des Schadens verpflichtet, welcher der verpflichteten Person durch die Vollstreckung des Titels oder durch eine Leistung zur Abwendung der Vollstreckung entstanden ist. [2]Das Gleiche gilt,

wenn die Zulassung der Zwangsvollstreckung nach § 34 aufgehoben oder abgeändert wird, sofern der zur Zwangsvollstreckung zugelassene Titel zum Zeitpunkt der Zulassung nach dem Recht des Staates, in dem er ergangen ist, noch mit einem ordentlichen Rechtsbehelf angefochten werden konnte.

(2) Für die Geltendmachung des Anspruchs ist das Gericht ausschließlich zuständig, das im ersten Rechtszug über den Antrag, den Titel mit der Vollstreckungsklausel zu versehen, entschieden hat.

Unterabschnitt 7 Vollstreckungsabwehrklage

§ 36 IntFamRVG Vollstreckungsabwehrklage bei Titeln über Verfahrenskosten

(1) Ist die Zwangsvollstreckung aus einem Titel über die Erstattung von Verfahrenskosten zugelassen, so kann die verpflichtete Person Einwendungen gegen den Anspruch selbst in einem Verfahren nach § 767 der Zivilprozessordnung nur geltend machen, wenn die Gründe, auf denen ihre Einwendungen beruhen, erst

1. nach Ablauf der Frist, innerhalb deren sie die Beschwerde hätte einlegen können, oder
2. falls die Beschwerde eingelegt worden ist, nach Beendigung dieses Verfahrens

entstanden sind.

(2) Die Klage nach § 767 der Zivilprozessordnung ist bei dem Gericht zu erheben, das über den Antrag auf Erteilung der Vollstreckungsklausel entschieden hat.

Abschnitt 6 Verfahren nach dem Haager Kindesentführungsübereinkommen

§ 37 IntFamRVG Anwendbarkeit

Kommt im Einzelfall die Rückgabe des Kindes nach dem Haager Kindesentführungsübereinkommen und dem Europäischen Sorgerechtsübereinkommen in Betracht, so sind zunächst die Bestimmungen des Haager Kindesentführungsübereinkommens anzuwenden, sofern die antragstellende Person nicht ausdrücklich die Anwendung des Europäischen Sorgerechtsübereinkommen begehrt.

§ 38 IntFamRVG Beschleunigtes Verfahren

(1) [1]Das Gericht hat das Verfahren auf Rückgabe eines Kindes in allen Rechtszügen vorrangig zu behandeln. [2]Mit Ausnahme von Artikel 12 Abs. 3 des Haager Kindesentführungsübereinkommens findet eine Aussetzung des Verfahrens nicht statt. [3]Das Gericht hat alle erforderlichen Maßnahmen zur Beschleunigung des Verfahrens zu treffen, insbesondere auch damit die Entscheidung in der Hauptsache binnen der in Artikel 11 Abs. 3 der Verordnung (EG) Nr. 2201/2003 genannten Frist ergehen kann.

(2) Das Gericht prüft in jeder Lage des Verfahrens, ob das Recht zum persönlichen Umgang mit dem Kind gewährleistet werden kann.

(3) Die Beteiligten haben an der Aufklärung des Sachverhalts mitzuwirken, wie es einem auf Förderung und Beschleunigung des Verfahrens bedachten Vorgehen entspricht.

§ 39 IntFamRVG Übermittlung von Entscheidungen

Wird eine inländische Entscheidung nach Artikel 11 Abs. 6 der Verordnung (EG) Nr. 2201/2003 unmittelbar dem zuständigen Gericht oder der Zentralen Behörde im Ausland übermittelt, ist der Zentralen Behörde zur Erfüllung ihrer Aufgaben nach Artikel 7 des Haager Kindesentführungsübereinkommens eine Abschrift zu übersenden.

§ 40 IntFamRVG Wirksamkeit der Entscheidung; Rechtsmittel

(1) Eine Entscheidung, die zur Rückgabe des Kindes in einen anderen Vertragsstaat verpflichtet, wird erst mit deren Rechtskraft wirksam.

(2) [1]Gegen eine im ersten Rechtszug ergangene Entscheidung findet die Beschwerde zum Oberlandesgericht nach Unterabschnitt 1 des Abschnitts 5 des Buches 1 des Gesetzes über das Verfahren in Familiensachen und in den Angelegenheiten der freiwilligen Gerichtsbarkeit statt; § 65 Abs. 2, § 68 Abs. 4 sowie § 69 Abs. 1 Satz 2 bis 4 jenes Gesetzes sind nicht anzuwenden. [2]Die Beschwerde ist innerhalb von zwei Wochen einzulegen und zu begründen. [3]Die Beschwerde gegen eine Entscheidung, die zur Rückgabe des Kindes verpflichtet, steht nur dem Antragsgegner, dem Kind, soweit es das 14. Lebensjahr vollendet hat, und dem beteiligten Jugendamt zu. [4]Eine Rechtsbeschwerde findet nicht statt.

(3) [1]Das Beschwerdegericht hat nach Eingang der Beschwerdeschrift unverzüglich zu prüfen, ob die sofortige Wirksamkeit der angefochtenen Entscheidung über die Rückgabe des Kindes anzuordnen ist. [2]Die sofortige Wirksamkeit soll angeordnet werden, wenn die Beschwerde offensichtlich unbegründet ist oder die Rückgabe des Kindes vor der Entscheidung über die Beschwerde unter Berücksichtigung der berechtigten Interessen der Beteiligten mit dem Wohl des Kindes zu vereinbaren ist. [3]Die Entscheidung über die sofortige Wirksamkeit kann während des Beschwerdeverfahrens abgeändert werden.

§ 41 IntFamRVG Bescheinigung über Widerrechtlichkeit

[1]Über einen Antrag, die Widerrechtlichkeit des Verbringens oder des Zurückhaltens eines Kindes nach Artikel 15 Satz 1 des Haager Kindesentführungsübereinkommens festzustellen, entscheidet das Familiengericht,

1. bei dem die Sorgerechtsangelegenheit oder Ehesache im ersten Rechtszug anhängig ist oder war, sonst
2. in dessen Bezirk das Kind seinen letzten gewöhnlichen Aufenthalt im Geltungsbereich dieses Gesetzes hatte, hilfsweise
3. in dessen Bezirk das Bedürfnis der Fürsorge auftritt.

[2]Die Entscheidung ist zu begründen.

§ 42 IntFamRVG Einreichung von Anträgen bei dem Amtsgericht

(1) [1]Ein Antrag, der in einem anderen Vertragsstaat zu erledigen ist, kann auch bei dem Amtsgericht als Justizverwaltungsbehörde eingereicht werden, in dessen Bezirk die antragstellende Person ihren gewöhnlichen Aufenthalt oder, mangels eines solchen im Geltungsbereich dieses Gesetzes, ihren tatsächlichen Aufenthalt hat. [2]Das Gericht übermittelt den Antrag nach Prüfung der förmlichen Voraussetzungen unverzüglich der Zentralen Behörde, die ihn an den anderen Vertragsstaat weiterleitet.

(2) Für die Tätigkeit des Amtsgerichts und der Zentralen Behörde bei der Entgegennahme und Weiterleitung von Anträgen werden mit Ausnahme der Fälle nach § 5 Abs. 1 Kosten nicht erhoben.

§ 43 IntFamRVG Verfahrenskosten- und Beratungshilfe

Abweichend von Artikel 26 Abs. 2 des Haager Kindesentführungsübereinkommens findet eine Befreiung von gerichtlichen und außergerichtlichen Kosten bei Verfahren nach diesem Übereinkommen nur nach Maßgabe der Vorschriften über die Beratungshilfe und Verfahrenskostenhilfe statt.

Abschnitt 7 Vollstreckung

§ 44 IntFamRVG Ordnungsmittel; Vollstreckung von Amts wegen

(1) [1]Bei Zuwiderhandlung gegen einen im Inland zu vollstreckenden Titel nach Kapitel III der Verordnung (EG) Nr. 2201/2003, nach dem Haager Kinderschutzübereinkommen, dem Haager Kindesentführungsübereinkommen oder dem Europäischen Sorgerechtsübereinkommen, der auf Herausgabe von Personen oder die Regelung des Umgangs gerichtet ist, soll das Gericht Ordnungsgeld und für den Fall, dass dieses nicht beigetrieben werden kann, Ordnungshaft anordnen. [2]Verspricht die Anordnung eines Ordnungsgeldes keinen Erfolg, soll das Gericht Ordnungshaft anordnen.

(2) Für die Vollstreckung eines in Absatz 1 genannten Titels ist das Oberlandesgericht zuständig, sofern es die Anordnung für vollstreckbar erklärt, erlassen oder bestätigt hat.

(3) [1]Ist ein Kind heraus- oder zurückzugeben, so hat das Gericht die Vollstreckung von Amts wegen durchzuführen, es sei denn, die Anordnung ist auf Herausgabe des Kindes zum Zweck des Umgangs gerichtet. [2]Auf Antrag der berechtigten Person soll das Gericht hiervon absehen.

Abschnitt 8 Grenzüberschreitende Unterbringung

§ 45 IntFamRVG Zuständigkeit für die Zustimmung zu einer Unterbringung

[1]Zuständig für die Erteilung der Zustimmung zu einer Unterbringung eines Kindes nach Artikel 56 der Verordnung (EG) Nr. 2201/2003 oder nach Artikel 33 des Haager Kinderschutzübereinkommens im Inland ist der überörtliche Träger der öffentlichen Jugendhilfe, in dessen Bereich das Kind nach dem Vorschlag der

ersuchenden Stelle untergebracht werden soll, andernfalls der überörtliche Träger, zu dessen Bereich die Zentrale Behörde den engsten Bezug festgestellt hat. [2]Hilfsweise ist das Land Berlin zuständig.

§ 46 IntFamRVG Konsultationsverfahren

(1) Dem Ersuchen soll in der Regel zugestimmt werden, wenn

1. die Durchführung der beabsichtigten Unterbringung im Inland dem Wohl des Kindes entspricht, insbesondere weil es eine besondere Bindung zum Inland hat,

2. die ausländische Stelle einen Bericht und, soweit erforderlich, ärztliche Zeugnisse oder Gutachten vorgelegt hat, aus denen sich die Gründe der beabsichtigten Unterbringung ergeben,

3. das Kind im ausländischen Verfahren angehört wurde, sofern eine Anhörung nicht auf Grund des Alters oder des Reifegrades des Kindes unangebracht erschien,

4. die Zustimmung der geeigneten Einrichtung oder Pflegefamilie vorliegt und der Vermittlung des Kindes dorthin keine Gründe entgegenstehen,

5. eine erforderliche ausländerrechtliche Genehmigung erteilt oder zugesagt wurde,

6. die Übernahme der Kosten geregelt ist.

(2) Im Falle einer Unterbringung, die mit Freiheitsentziehung verbunden ist, ist das Ersuchen ungeachtet der Voraussetzungen des Absatzes 1 abzulehnen, wenn

1. im ersuchenden Staat über die Unterbringung kein Gericht entscheidet oder

2. bei Zugrundelegung des mitgeteilten Sachverhalts nach innerstaatlichem Recht eine Unterbringung, die mit Freiheitsentziehung verbunden ist, nicht zulässig wäre.

(3) Die ausländische Stelle kann um ergänzende Informationen ersucht werden.

(4) Wird um die Unterbringung eines ausländischen Kindes ersucht, ist die Stellungnahme der Ausländerbehörde einzuholen.

(5) [1]Die zu begründende Entscheidung ist auch der Zentralen Behörde und der Einrichtung oder der Pflegefamilie, in der das Kind untergebracht werden soll, mitzuteilen. [2]Sie ist unanfechtbar.

§ 47 IntFamRVG Genehmigung des Familiengerichts

(1) [1]Die Zustimmung des überörtlichen Trägers der öffentlichen Jugendhilfe nach den §§ 45 und 46 ist nur mit Genehmigung des Familiengerichts zulässig. [2]Das Gericht soll die Genehmigung in der Regel erteilen, wenn

1. die in § 46 Abs. 1 Nr. 1 bis 3 bezeichneten Voraussetzungen vorliegen und

2. kein Hindernis für die Anerkennung der beabsichtigten Unterbringung erkennbar ist.

[3]§ 46 Abs. 2 und 3 gilt entsprechend.

(2) [1]Örtlich zuständig ist das Familiengericht am Sitz des Oberlandesgerichts, in dessen Zuständigkeitsbereich das Kind untergebracht werden soll, für den Bezirk dieses Oberlandesgerichts. [2]§ 12 Abs. 2 und 3 gilt entsprechend.

(3) Der zu begründende Beschluss ist unanfechtbar.

Abschnitt 9 Bescheinigungen zu inländischen Entscheidungen nach der Verordnung (EG) Nr. 2201/2003

§ 48 IntFamRVG Ausstellung von Bescheinigungen

(1) Die Bescheinigung nach Artikel 39 der Verordnung (EG) Nr. 2201/2003 wird von dem Urkundsbeamten der Geschäftsstelle des Gerichts des ersten Rechtszugs und, wenn das Verfahren bei einem höheren Gericht anhängig ist, von dem Urkundsbeamten der Geschäftsstelle dieses Gerichts ausgestellt.

(2) Die Bescheinigung nach den Artikeln 41 und 42 der Verordnung (EG) Nr. 2201/2003 wird beim Gericht des ersten Rechtszugs von dem Familienrichter, in Verfahren vor dem Oberlandesgericht oder dem Bundesgerichtshof von dem Vorsitzenden des Senats für Familiensachen ausgestellt.

§ 49 IntFamRVG Berichtigung von Bescheinigungen

Für die Berichtigung der Bescheinigung nach Artikel 43 Abs. 1 der Verordnung (EG) Nr. 2201/2003 gilt § 319 der Zivilprozessordnung entsprechend.

Abschnitt 10 Kosten

§§ 50 bis 53 IntFamRVG (aufgehoben)

§ 54 IntFamRVG Übersetzungen

Die Höhe der Vergütung für die von der Zentralen Behörde veranlassten Übersetzungen richtet sich nach dem Justizvergütungs- und -entschädigungsgesetz.

Abschnitt 11 Übergangsvorschriften

§ 55 IntFamRVG Übergangsvorschriften zu der Verordnung (EG) Nr. 2201/2003

Dieses Gesetz findet sinngemäß auch auf Verfahren nach der Verordnung (EG) Nr. 1347/2000 des Rates vom 29. Mai 2000 über die Zuständigkeit und die Anerkennung und Vollstreckung von Entscheidungen in Ehesachen und in Verfahren betreffend die elterliche Verantwortung für die gemeinsamen Kinder der Ehegatten (ABl. EG Nr. L 160 S. 19) mit folgender Maßgabe Anwendung:
Ist ein Beschluss nach § 21 an die verpflichtete Person in einem weder der Europäischen Union noch dem Übereinkommen vom 16. September 1988 über die gerichtliche Zuständigkeit und die Vollstreckung gerichtlicher Entscheidungen in Zivil- und Handelssachen (BGBl. 1994 II S. 2658) angehörenden Staat zuzustellen und hat das Familiengericht eine Beschwerdefrist nach § 10 Abs. 2 und § 50 Abs. 2 Satz 4 und 5 des Anerkennungs- und Vollstreckungsausführungsgesetzes bestimmt, so ist die Beschwerde der verpflichteten Person gegen die Zulassung der Zwangsvollstreckung innerhalb der vom Gericht bestimmten Frist einzulegen.

§ 56 IntFamRVG Übergangsvorschriften zum Sorgerechtsübereinkommens-Ausführungsgesetz

[1]Für Verfahren nach dem Haager Kindesentführungsübereinkommen und dem Europäischen Sorgerechtsübereinkommen, die vor Inkrafttreten dieses Gesetzes eingeleitet wurden, finden die Vorschriften des Sorgerechtsübereinkommens-Ausführungsgesetzes vom 5. April 1990 (BGBl. I S. 701), zuletzt geändert durch Artikel 2 Abs. 6 des Gesetzes vom 19. Februar 2001 (BGBl. I S. 288, 436), weiter Anwendung. [2]Für die Zwangsvollstreckung sind jedoch die Vorschriften dieses Gesetzes anzuwenden. [3]Hat ein Gericht die Zwangsvollstreckung bereits eingeleitet, so bleibt seine funktionelle Zuständigkeit unberührt.

Verordnung (EG) Nr. 1393/2007 des Europäischen Parlaments und des Rates vom 13. November 2007 über die Zustellung gerichtlicher und außergerichtlicher Schriftstücke in Zivil- oder Handelssachen in den Mitgliedstaaten („Zustellung von Schriftstücken") und zur Aufhebung der Verordnung (EG) Nr. 1348/2000 des Rates

(ABl. L 324, 79)

geändert durch Verordnung (EU) Nr. 517/2013 vom 13.5.2013 (ABl. L 158, 1)

– Auszug –

Artikel 8 Verweigerung der Annahme eines Schriftstücks

(1) Die Empfangsstelle setzt den Empfänger unter Verwendung des Formblatts in Anhang II davon in Kenntnis, dass er die Annahme des zuzustellenden Schriftstücks bei der Zustellung verweigern oder das Schriftstück der Empfangsstelle binnen einer Woche zurücksenden darf, wenn das Schriftstück nicht in einer der folgenden Sprachen abgefasst oder keine Übersetzung in einer der folgenden Sprachen beigefügt ist:

a) einer Sprache, die der Empfänger versteht,
   oder

b) der Amtssprache des Empfangsmitgliedstaats oder, wenn es im Empfangsmitgliedstaat mehrere Amtssprachen gibt, der Amtssprache oder einer der Amtssprachen des Ortes, an dem die Zustellung erfolgen soll.

(2) Wird der Empfangsstelle mitgeteilt, dass der Empfänger die Annahme des Schriftstücks gemäß Absatz 1 verweigert hat, so setzt sie die Übermittlungsstelle unter Verwendung der Bescheinigung nach Artikel 10 unverzüglich davon in Kenntnis und sendet den Antrag sowie die Schriftstücke, um deren Übersetzung ersucht wird, zurück.

(3) Hat der Empfänger die Annahme des Schriftstücks gemäß Absatz 1 verweigert, kann die Zustellung dadurch bewirkt werden, dass dem Empfänger im Einklang mit dieser Verordnung das Dokument zusammen mit einer Übersetzung des Schriftstücks in eine der in Absatz 1 vorgesehenen Sprachen zugestellt wird. In diesem Fall ist das Datum der Zustellung des Schriftstücks das Datum, an dem die Zustellung des Dokuments zusammen mit der Übersetzung nach dem Recht des Empfangsmitgliedstaats bewirkt wird. Muss jedoch nach dem Recht

eines Mitgliedstaats ein Schriftstück innerhalb einer bestimmten Frist zugestellt werden, so ist im Verhältnis zum Antragsteller als Datum der Zustellung der nach Artikel 9 Absatz 2 ermittelte Tag maßgeblich, an dem das erste Schriftstück zugestellt worden ist.

(4) Die Absätze 1, 2 und 3 gelten auch für die Übermittlung und Zustellung gerichtlicher Schriftstücke nach Abschnitt 2.

(5) Für die Zwecke von Absatz 1 gilt Folgendes: Erfolgt die Zustellung gemäß Artikel 13 durch diplomatische oder konsularische Vertretungen bzw. gemäß Artikel 14 durch eine Behörde oder Person, so setzen die diplomatischen oder konsularischen Vertretungen bzw. die zustellende Behörde oder Person den Empfänger davon in Kenntnis, dass er die Annahme des Schriftstücks verweigern darf und dass Schriftstücke, deren Annahme verweigert wurden, diesen Vertretungen bzw. dieser Behörde oder Person zu übermitteln sind.

Artikel 9   Datum der Zustellung

(1) Unbeschadet des Artikels 8 ist für das Datum der nach Artikel 7 erfolgten Zustellung eines Schriftstücks das Recht des Empfangsmitgliedstaats maßgeblich.

(2) Muss jedoch nach dem Recht eines Mitgliedstaats ein Schriftstück innerhalb einer bestimmten Frist zugestellt werden, so ist im Verhältnis zum Antragsteller als Datum der Zustellung der Tag maßgeblich, der sich aus dem Recht dieses Mitgliedstaats ergibt.

(3) Die Absätze 1 und 2 gelten auch für die Übermittlung und Zustellung gerichtlicher Schriftstücke nach Abschnitt 2.

Artikel 10   Bescheinigung über die Zustellung und Abschrift des zugestellten Schriftstücks

(1) Nach Erledigung der für die Zustellung des Schriftstücks vorzunehmenden Schritte wird nach dem Formblatt in Anhang I eine entsprechende Bescheinigung ausgestellt, die der Übermittlungsstelle übersandt wird. Bei Anwendung von Artikel 4 Absatz 5 wird der Bescheinigung eine Abschrift des zugestellten Schriftstücks beigefügt.

(2) Die Bescheinigung ist in der Amtssprache oder in einer der Amtssprachen des Übermittlungsmitgliedstaats oder in einer sonstigen Sprache, die der Übermittlungsmitgliedstaat zugelassen hat, auszustellen. Jeder Mitgliedstaat gibt die Amtssprache oder die Amtssprachen der Organe der Europäischen Union an, die er außer seiner oder seinen eigenen Amtssprache(n) für die Ausfüllung des Formblatts zulässt.

Artikel 19   Nichteinlassung des Beklagten

(1) War ein verfahrenseinleitendes Schriftstück oder ein gleichwertiges Schriftstück nach dieser Verordnung zum Zweck der Zustellung in einen anderen Mitgliedstaat zu übermitteln und hat sich der Beklagte nicht auf das Verfahren eingelassen, so hat das Gericht das Verfahren auszusetzen, bis festgestellt ist,

a) dass das Schriftstück in einem Verfahren zugestellt worden ist, das das Recht des Empfangsmitgliedstaats für die Zustellung der in seinem Hoheitsgebiet ausgestellten Schriftstücke an dort befindliche Personen vorschreibt, oder

b) dass das Schriftstück tatsächlich entweder dem Beklagten persönlich ausgehändigt oder nach einem anderen in dieser Verordnung vorgesehenen Verfahren in seiner Wohnung abgegeben worden ist,

und dass in jedem dieser Fälle das Schriftstück so rechtzeitig zugestellt oder ausgehändigt bzw. abgegeben worden ist, dass der Beklagte sich hätte verteidigen können.

(2) Jeder Mitgliedstaat kann nach Artikel 23 Absatz 1 mitteilen, dass seine Gerichte ungeachtet des Absatzes 1 den Rechtsstreit entscheiden können, auch wenn keine Bescheinigung über die Zustellung oder die Aushändigung bzw. Abgabe eingegangen ist, sofern folgende Voraussetzungen gegeben sind:

a) Das Schriftstück ist nach einem in dieser Verordnung vorgesehenen Verfahren übermittelt worden.

b) Seit der Absendung des Schriftstücks ist eine Frist von mindestens sechs Monaten verstrichen, die das Gericht nach den Umständen des Falles als angemessen erachtet.

c) Trotz aller zumutbaren Schritte bei den zuständigen Behörden oder Stellen des Empfangsmitgliedstaats war eine Bescheinigung nicht zu erlangen.

(3) Unbeschadet der Absätze 1 und 2 kann das Gericht in dringenden Fällen einstweilige Maßnahmen oder Sicherungsmaßnahmen anordnen.

(4) War ein verfahrenseinleitendes Schriftstück oder ein gleichwertiges Schriftstück nach dieser Verordnung zum Zweck der Zustellung in einen anderen Mitgliedstaat zu übermitteln und ist eine Entscheidung gegen einen Beklagten ergangen, der sich nicht auf das Verfahren eingelassen hat, so kann ihm das Gericht in Bezug auf Rechtsmittelfristen die Wiedereinsetzung in den vorigen Stand bewilligen, sofern

a) der Beklagte ohne sein Verschulden nicht so rechtzeitig Kenntnis von dem Schriftstück erlangt hat, dass er sich hätte verteidigen können, und nicht so rechtzeitig Kenntnis von der Entscheidung erlangt hat, dass er sie hätte anfechten können, und

b) die Verteidigung des Beklagten nicht von vornherein aussichtslos scheint.

Ein Antrag auf Wiedereinsetzung in den vorigen Stand kann nur innerhalb einer angemessenen Frist, nachdem der Beklagte von der Entscheidung Kenntnis erhalten hat, gestellt werden.

Jeder Mitgliedstaat kann nach Artikel 23 Absatz 1 erklären, dass dieser Antrag nach Ablauf einer in seiner Mitteilung anzugebenden Frist unzulässig ist; diese Frist muss jedoch mindestens ein Jahr ab Erlass der Entscheidung betragen.

(5) Absatz 4 gilt nicht für Entscheidungen, die den Personenstand betreffen.

Haager Übereinkommen über die Zustellung gerichtlicher und außergerichtlicher Schriftstücke in Zivil- und Handelssachen

vom 15. November 1965 (BGBl. 1977 II, 1453)

– Auszug –

Artikel 15 HZÜ

War zur Einleitung eines gerichtlichen Verfahrens eine Ladung oder ein entsprechendes Schriftstück nach diesem Übereinkommen zum Zweck der Zustellung in das Ausland zu übermitteln und hat sich der Beklagte nicht auf das Verfahren eingelassen, so hat der Richter das Verfahren auszusetzen, bis festgestellt ist,

a) daß das Schriftstück in einer der Formen zugestellt worden ist, die das Recht des ersuchten Staates für die Zustellung der in seinem Hoheitsgebiet ausgestellten Schriftstücke an dort befindliche Personen vorschreibt, oder

b) daß das Schriftstück entweder dem Beklagten selbst oder aber in seiner Wohnung nach einem anderen in diesem Übereinkommen vorgesehenen Verfahren übergeben worden ist

und daß in jedem dieser Fälle das Schriftstück so rechtzeitig zugestellt oder übergeben worden ist, daß der Beklagte sich hätte verteidigen können.

Jedem Vertragsstaat steht es frei zu erklären, daß seine Richter ungeachtet des Absatzes 1 den Rechtsstreit entscheiden können, auch wenn ein Zeugnis über die Zustellung oder die Übergabe nicht eingegangen ist, vorausgesetzt,

a) daß das Schriftstück nach einem in diesem Übereinkommen vorgesehenen Verfahren übermittelt worden ist,

b) daß seit der Absendung des Schriftstücks eine Frist verstrichen ist, die der Richter nach den Umständen des Falles als angemessen erachtet und die mindestens sechs Monate betragen muß, und

c) dass trotz aller zumutbaren Schritte bei den zuständigen Behörden des ersuchten Staates ein Zeugnis nicht zu erlangen war.

Dieser Artikel hindert nicht, daß der Richter in dringenden Fällen vorläufige Maßnahmen einschließlich solcher, die auf eine Sicherung gerichtet sind, anordnet.

Verordnung (EU) Nr. 1259/2010 des Rates vom 20. Dezember 2010 zur Durchführung einer Verstärkten Zusammenarbeit im Bereich des auf die Ehescheidung und Trennung ohne Auflösung des Ehebandes anzuwendenden Rechts (Rom III-VO)

(ABl. Nr. L 343 S. 10)
(CELEX 3 2010 R 1259)

DER RAT DER EUROPÄISCHEN UNION –

gestützt auf den Vertrag über die Arbeitsweise der Europäischen Union, insbesondere auf Artikel 81 Absatz 3,

gestützt auf den Beschluss 2010/405/EU des Rates vom 12. Juli 2010 über die Ermächtigung zu einer Verstärkten Zusammenarbeit im Bereich des auf die Ehescheidung und Trennung ohne Auflösung des Ehebandes anzuwendenden Rechts,[1]

auf Vorschlag der Europäischen Kommission,

nach Zuleitung des Entwurfs des Gesetzgebungsakts an die nationalen Parlamente,

nach Stellungnahme des Europäischen Parlaments,

nach Stellungnahme des Europäischen Wirtschafts- und Sozialausschusses,

gemäß einem besonderen Gesetzgebungsverfahren,

in Erwägung nachstehender Gründe:

(1) Die Union hat sich zum Ziel gesetzt, einen Raum der Freiheit, der Sicherheit und des Rechts, in dem der freie Personenverkehr gewährleistet ist, zu erhalten und weiterzuentwickeln. Zum schrittweisen Aufbau eines solchen Raums muss die Union im Bereich der justiziellen Zusammenarbeit in Zivilsachen, die einen grenzüberschreitenden Bezug aufweisen, Maßnahmen erlassen, insbesondere wenn dies für das reibungslose Funktionieren des Binnenmarkts erforderlich ist.

(2) Nach Artikel 81 des Vertrags über die Arbeitsweise der Europäischen Union fallen darunter auch Maßnahmen, die die Vereinbarkeit der in den Mitgliedstaaten geltenden Kollisionsnormen sicherstellen sollen.

(3) Die Kommission nahm am 14. März 2005 ein Grünbuch über das anzuwendende Recht und die gerichtliche Zuständigkeit in Scheidungssachen an. Auf der Grundlage dieses Grünbuchs fand eine umfassende öffentliche Konsultation zu möglichen Lösungen für die Probleme statt, die bei der derzeitigen Sachlage auftreten können.

(4) Am 17. Juli 2006 legte die Kommission einen Vorschlag für eine Verordnung zur Änderung der Verordnung (EG) Nr. 2201/2003 des Rates[2] im Hinblick auf die Zuständigkeit in Ehesachen und zur Einführung von Vorschriften betreffend das anwendbare Recht in diesem Bereich vor.

---

1 **Amtl. Anm.:** ABl. L 189 vom 22.7.2010, S. 12.
2 **Amtl. Anm.:** Verordnung (EG) Nr. 2201/2003 des Rates vom 27. November 2003 über die Zuständigkeit und die Anerkennung und Vollstreckung von Entscheidungen in Ehesachen und in Verfahren betreffend die elterliche Verantwortung und zur Aufhebung der Verordnung (EG) Nr. 1347/2000 (ABl. L 338 vom 23.12.2003, S. 1).

(5) Auf seiner Tagung vom 5./6. Juni 2008 in Luxemburg stellte der Rat fest, dass es keine Einstimmigkeit für diesen Vorschlag gab und es unüberwindbare Schwierigkeiten gab, die damals und in absehbarer Zukunft eine einstimmige Annahme unmöglich machen. Er stellte fest, dass die Ziele der Verordnung unter Anwendung der einschlägigen Bestimmungen der Verträge nicht in einem vertretbaren Zeitraum verwirklicht werden können.

(6) In der Folge teilten Belgien, Bulgarien, Deutschland, Griechenland, Spanien, Frankreich, Italien, Lettland, Luxemburg, Ungarn, Malta, Österreich, Portugal, Rumänien und Slowenien der Kommission mit, dass sie die Absicht hätten, untereinander im Bereich des anzuwendenden Rechts in Ehesachen eine Verstärkte Zusammenarbeit zu begründen. Am 3. März 2010 zog Griechenland seinen Antrag zurück.

(7) Der Rat hat am 12. Juli 2010 den Beschluss 2010/405/EU über die Ermächtigung zu einer Verstärkten Zusammenarbeit im Bereich des auf die Ehescheidung und Trennung ohne Auflösung des Ehebandes anzuwendenden Rechts erlassen.

(8) Gemäß Artikel 328 Absatz 1 des Vertrags über die Arbeitsweise der Europäischen Union steht eine Verstärkte Zusammenarbeit bei ihrer Begründung allen Mitgliedstaaten offen, sofern sie die in dem hierzu ermächtigenden Beschluss gegebenenfalls festgelegten Teilnahmevoraussetzungen erfüllen. Dies gilt auch zu jedem anderen Zeitpunkt, sofern sie neben den genannten Voraussetzungen auch die in diesem Rahmen bereits erlassenen Rechtsakte beachten. Die Kommission und die an einer Verstärkten Zusammenarbeit teilnehmenden Mitgliedstaaten stellen sicher, dass die Teilnahme möglichst vieler Mitgliedstaaten gefördert wird. Diese Verordnung sollte in allen ihren Teilen verbindlich sein und gemäß den Verträgen unmittelbar nur in den teilnehmenden Mitgliedstaaten gelten.

(9) Diese Verordnung sollte einen klaren, umfassenden Rechtsrahmen im Bereich des auf die Ehescheidung und Trennung ohne Auflösung des Ehebandes anzuwendenden Rechts in den teilnehmenden Mitgliedstaaten vorgeben, den Bürgern in Bezug auf Rechtssicherheit, Berechenbarkeit und Flexibilität sachgerechte Lösungen garantieren und Fälle verhindern, in denen ein Ehegatte alles daran setzt, die Scheidung zuerst einzureichen, um sicherzugehen, dass sich das Verfahren nach einer Rechtsordnung richtet, die seine Interessen seiner Ansicht nach besser schützt.

(10) Der sachliche Anwendungsbereich und die Bestimmungen dieser Verordnung sollten mit der Verordnung (EG) Nr. 2201/2003 im Einklang stehen. Er sollte sich jedoch nicht auf die Ungültigerklärung einer Ehe erstrecken. Diese Verordnung sollte nur für die Auflösung oder die Lockerung des Ehebandes gelten. Das nach den Kollisionsnormen dieser Verordnung bestimmte Recht sollte für die Gründe der Ehescheidung und Trennung ohne Auflösung des Ehebandes gelten.
Vorfragen wie die Rechts- und Handlungsfähigkeit und die Gültigkeit der Ehe und Fragen wie die güterrechtlichen Folgen der Ehescheidung oder der Trennung ohne Auflösung des Ehebandes, den Namen, die elterliche Verantwortung, die Unterhaltspflicht oder sonstige mögliche Nebenaspekte sollten nach den Kollisionsnormen geregelt werden, die in dem betreffenden teilnehmenden Mitgliedstaat anzuwenden sind.

(11) Um den räumlichen Geltungsbereich dieser Verordnung genau abzugrenzen, sollte angegeben werden, welche Mitgliedstaaten sich an der Verstärkten Zusammenarbeit beteiligen.

(12) Diese Verordnung sollte universell gelten, dh kraft ihrer einheitlichen Kollisionsnormen sollte das Recht eines teilnehmenden Mitgliedstaats, eines nicht teilnehmenden Mitgliedstaats oder das Recht eines Drittstaats zur Anwendung kommen können.

(13) Für die Anwendung dieser Verordnung sollte es unerheblich sein, welches Gericht angerufen wird. Soweit zweckmäßig, sollte ein Gericht als gemäß der Verordnung (EG) Nr. 2201/2003 angerufen gelten.

(14) Um den Ehegatten die Möglichkeit zu bieten, das Recht zu wählen, zu dem sie einen engen Bezug haben, oder um, in Ermangelung einer Rechtswahl, dafür zu sorgen, dass dieses Recht auf ihre Ehescheidung oder Trennung ohne Auflösung des Ehebandes angewendet wird, sollte dieses Recht auch dann zum Tragen kommen, wenn es nicht das Recht eines teilnehmenden Mitgliedstaats ist. Ist das Recht eines anderen Mitgliedstaats anzuwenden, könnte das mit der Entscheidung 2001/470/EG des Rates vom 28. Mai 2001 über die Einrichtung eines Europäischen Justiziellen Netzes für Zivil- und Handelssachen[3] eingerichtete Netz den Gerichten dabei helfen, sich mit dem ausländischen Recht vertraut zu machen.

(15) Eine erhöhte Mobilität der Bürger erfordert gleichermaßen mehr Flexibilität und mehr Rechtssicherheit. Um diesem Ziel zu entsprechen, sollte diese Verordnung die Parteiautonomie bei der Ehescheidung und Trennung ohne Auflösung des Ehebandes stärken und den Parteien in gewissen Grenzen die Möglichkeit geben, das in ihrem Fall anzuwendende Recht zu bestimmen.

(16) Die Ehegatten sollten als auf die Ehescheidung oder Trennung ohne Auflösung des Ehebandes anzuwendendes Recht das Recht eines Landes wählen können, zu dem sie einen besonderen Bezug haben, oder das Recht des Staates des angerufenen Gerichts. Das von den Ehegatten gewählte Recht muss mit den Grundrechten vereinbar sein, wie sie durch die Verträge und durch die Charta der Grundrechte der Europäischen Union anerkannt werden.

(17) Für die Ehegatten ist es wichtig, dass sie vor der Rechtswahl auf aktuelle Informationen über die wesentlichen Aspekte sowohl des innerstaatlichen Rechts als auch des Unionsrechts und der Verfahren bei Ehescheidung und Trennung ohne Auflösung des Ehebandes zugreifen können. Um den Zugang zu entsprechenden sachdienlichen, qualitativ hochwertigen Informationen zu gewährleisten, werden die Informationen, die der Öffentlichkeit auf der durch die Entscheidung 2001/470/EG des Rates eingerichteten Website zur Verfügung stehen, regelmäßig von der Kommission aktualisiert.

(18) Diese Verordnung sieht als wesentlichen Grundsatz vor, dass beide Ehegatten ihre Rechtswahl in voller Sachkenntnis treffen. Jeder Ehegatte sollte sich genau über die rechtlichen und sozialen Folgen der Rechtswahl im Klaren sein. Die Rechte und die Chancengleichheit der beiden Ehegatten dürfen durch die Möglichkeit einer einvernehmlichen Rechtswahl nicht be-

---

3 Amtl. Anm.: ABl. L 174 vom 27.6.2001, S. 25.

einträchtigt werden. Die Richter in den teilnehmenden Mitgliedstaaten sollten daher wissen, dass es darauf ankommt, dass die Ehegatten ihre Rechtswahlvereinbarung in voller Kenntnis der Rechtsfolgen schließen.

(19) Regeln zur materiellen Wirksamkeit und zur Formgültigkeit sollten festgelegt werden, so dass die von den Ehegatten in voller Sachkenntnis zu treffende Rechtswahl erleichtert und das Einvernehmen der Ehegatten geachtet wird, damit Rechtssicherheit sowie ein besserer Zugang zur Justiz gewährleistet werden. Was die Formgültigkeit anbelangt, sollten bestimmte Schutzvorkehrungen getroffen werden, um sicherzustellen, dass sich die Ehegatten der Tragweite ihrer Rechtswahl bewusst sind. Die Vereinbarung über die Rechtswahl sollte zumindest der Schriftform bedürfen und von beiden Parteien mit Datum und Unterschrift versehen werden müssen. Sieht das Recht des teilnehmenden Mitgliedstaats, in dem beide Ehegatten zum Zeitpunkt der Rechtswahl ihren gewöhnlichen Aufenthalt haben, zusätzliche Formvorschriften vor, so sollten diese eingehalten werden. Beispielsweise können derartige zusätzliche Formvorschriften in einem teilnehmenden Mitgliedstaat bestehen, in dem die Rechtswahlvereinbarung Bestandteil des Ehevertrags ist. Haben die Ehegatten zum Zeitpunkt der Rechtswahl ihren gewöhnlichen Aufenthalt in verschiedenen teilnehmenden Mitgliedstaaten, in denen unterschiedliche Formvorschriften vorgesehen sind, so würde es ausreichen, dass die Formvorschriften eines dieser Mitgliedstaaten eingehalten werden. Hat zum Zeitpunkt der Rechtswahl nur einer der Ehegatten seinen gewöhnlichen Aufenthalt in einem teilnehmenden Mitgliedstaat, in dem zusätzliche Formvorschriften vorgesehen sind, so sollten diese Formvorschriften eingehalten werden.

(20) Eine Vereinbarung zur Bestimmung des anzuwendenden Rechts sollte spätestens bei Anrufung des Gerichts geschlossen und geändert werden können sowie gegebenenfalls sogar im Laufe des Verfahrens, wenn das Recht des Staates des angerufenen Gerichts dies vorsieht. In diesem Fall sollte es genügen, wenn die Rechtswahl vom Gericht im Einklang mit dem Recht des Staates des angerufenen Gerichts zu Protokoll genommen wird.

(21) Für den Fall, dass keine Rechtswahl getroffen wurde, sollte diese Verordnung im Interesse der Rechtssicherheit und Berechenbarkeit und um zu vermeiden, dass ein Ehegatte alles daran setzt, die Scheidung zuerst einzureichen, um sicherzugehen, dass sich das Verfahren nach einer Rechtsordnung richtet, die seine Interessen seiner Ansicht nach besser schützt, harmonisierte Kollisionsnormen einführen, die sich auf Anknüpfungspunkte stützen, die einen engen Bezug der Ehegatten zum anzuwendenden Recht gewährleisten. Die Anknüpfungspunkte sollten so gewählt werden, dass sichergestellt ist, dass die Verfahren, die sich auf die Ehescheidung oder die Trennung ohne Auflösung des Ehebandes beziehen, nach einer Rechtsordnung erfolgen, zu der die Ehegatten einen engen Bezug haben.

(22) Wird in dieser Verordnung hinsichtlich der Anwendung des Rechts eines Staates auf die Staatsangehörigkeit als Anknüpfungspunkt verwiesen, so wird die Frage, wie in Fällen der mehrfachen Staatsangehörigkeit zu verfahren ist, weiterhin nach innerstaatlichem Recht geregelt, wobei die allgemeinen Grundsätze der Europäischen Union uneingeschränkt zu achten sind.

(23) Wird das Gericht angerufen, damit eine Trennung ohne Auflösung des Ehebandes in eine Ehescheidung umgewandelt wird, und haben die Parteien keine Rechtswahl getroffen, so sollte das Recht, das auf die Trennung ohne Auflösung des Ehebandes angewendet wurde, auch auf die Ehescheidung angewendet werden. Eine solche Kontinuität würde den Parteien eine bessere Berechenbarkeit bieten und die Rechtssicherheit stärken. Sieht das Recht, das auf die Trennung ohne Auflösung des Ehebandes angewendet wurde, keine Umwandlung der Trennung ohne Auflösung des Ehebandes in eine Ehescheidung vor, so sollte die Ehescheidung in Ermangelung einer Rechtswahl durch die Parteien nach den Kollisionsnormen erfolgen. Dies sollte die Ehegatten nicht daran hindern, die Scheidung auf der Grundlage anderer Bestimmungen dieser Verordnung zu beantragen

(24) In bestimmten Situationen, in denen das anzuwendende Recht eine Ehescheidung nicht zulässt oder einem der Ehegatten aufgrund seiner Geschlechtszugehörigkeit keinen gleichberechtigten Zugang zu einem Scheidungs- oder Trennungsverfahren gewährt, sollte jedoch das Recht des angerufenen Gerichts maßgebend sein. Der **Ordre-public**-Vorbehalt sollte hiervon jedoch unberührt bleiben.

(25) Aus Gründen des öffentlichen Interesses sollte den Gerichten der teilnehmenden Mitgliedstaaten in Ausnahmefällen die Möglichkeit gegeben werden, die Anwendung einer Bestimmung des ausländischen Rechts zu versagen, wenn ihre Anwendung in einem konkreten Fall mit der öffentlichen Ordnung (**Ordre public**) des Staates des angerufenen Gerichts offensichtlich unvereinbar wäre. Die Gerichte sollten jedoch den **Ordre-public**-Vorbehalt nicht mit dem Ziel anwenden dürfen, eine Bestimmung des Rechts eines anderen Staates auszuschließen, wenn dies gegen die Charta der Grundrechte der Europäischen Union und insbesondere gegen deren Artikel 21 verstoßen würde, der jede Form der Diskriminierung untersagt.

(26) Wird in der Verordnung darauf Bezug genommen, dass das Recht des teilnehmenden Mitgliedstaats, dessen Gericht angerufen wird, Scheidungen nicht vorsieht, so sollte dies so ausgelegt werden, dass im Recht dieses teilnehmenden Mitgliedstaats das Rechtsinstitut der Ehescheidung nicht vorhanden ist. In solch einem Fall sollte das Gericht nicht verpflichtet sein, aufgrund dieser Verordnung eine Scheidung auszusprechen.
Wird in der Verordnung darauf Bezug genommen, dass nach dem Recht des teilnehmenden Mitgliedstaats, dessen Gericht angerufen wird, die betreffende Ehe für die Zwecke eines Scheidungsverfahrens nicht als gültig angesehen wird, so sollte dies unter anderem so ausgelegt werden, dass im Recht dieses teilnehmenden Mitgliedstaats eine solche Ehe nicht vorgesehen ist. In einem solchen Fall sollte das Gericht nicht verpflichtet sein, eine Ehescheidung oder eine Trennung ohne Auflösung des Ehebandes nach dieser Verordnung auszusprechen.

(27) Da es Staaten und teilnehmende Mitgliedstaaten gibt, in denen die in dieser Verordnung geregelten Angelegenheiten durch zwei oder mehr Rechtssysteme oder Regelwerke erfasst werden, sollte es eine Vorschrift geben, die festlegt, inwieweit diese Verordnung in den verschiedenen Gebietseinheiten dieser Staaten und teilnehmender Mitgliedstaaten Anwendung findet oder inwieweit diese Verordnung auf verschiedene Kategorien von Personen dieser Staaten und teilnehmender Mitgliedstaaten Anwendung findet.

(28) In Ermangelung von Regeln zur Bestimmung des anzuwendenden Rechts sollten Parteien, die das Recht des Staates wählen, dessen Staatsangehörigkeit eine der Parteien besitzt, zugleich das Recht der Gebietseinheit angeben, das sie vereinbart haben, wenn der Staat, dessen Recht gewählt wurde, mehrere Gebietseinheiten umfasst und jede Gebietseinheit ihr eigenes Rechtssystem oder eigene Rechtsnormen für Ehescheidung hat.

(29) Da die Ziele dieser Verordnung, nämlich die Sicherstellung von mehr Rechtssicherheit, einer besseren Berechenbarkeit und einer größeren Flexibilität in Ehesachen mit internationalem Bezug und damit auch die Erleichterung der Freizügigkeit in der Europäischen Union, auf Ebene der Mitgliedstaaten allein nicht ausreichend verwirklicht werden können und daher wegen ihres Umfangs und ihrer Wirkungen besser auf Unionsebene zu erreichen sind, kann die Union im Einklang mit dem in Artikel 5 des Vertrags über die Europäische Union niedergelegten Subsidiaritätsprinzip gegebenenfalls im Wege einer Verstärkten Zusammenarbeit tätig werden. Entsprechend dem in demselben Artikel genannten Verhältnismäßigkeitsprinzip geht diese Verordnung nicht über das für die Erreichung dieser Ziele erforderliche Maß hinaus.

(30) Diese Verordnung wahrt die Grundrechte und achtet die Grundsätze, die mit der Charta der Grundrechte der Europäischen Union anerkannt wurden, namentlich Artikel 21, wonach jede Diskriminierung insbesondere wegen des Geschlechts, der Rasse, der Hautfarbe, der ethnischen oder sozialen Herkunft, der genetischen Merkmale, der Sprache, der Religion oder der Weltanschauung, der politischen oder sonstigen Anschauung, der Zugehörigkeit zu einer nationalen Minderheit, des Vermögens, der Geburt, einer Behinderung, des Alters oder der sexuellen Ausrichtung verboten ist. Bei der Anwendung dieser Verordnung sollten die Gerichte der teilnehmenden Mitgliedstaaten diese Rechte und Grundsätze achten –

HAT FOLGENDE VERORDNUNG ERLASSEN:

Kapitel I
Anwendungsbereich, Verhältnis zur Verordnung (EG) Nr. 2201/2003, Begriffsbestimmungen und universelle Anwendung

Artikel 1 Anwendungsbereich

(1) Diese Verordnung gilt für die Ehescheidung und die Trennung ohne Auflösung des Ehebandes in Fällen, die eine Verbindung zum Recht verschiedener Staaten aufweisen.

(2) Diese Verordnung gilt nicht für die folgenden Regelungsgegenstände, auch wenn diese sich nur als Vorfragen im Zusammenhang mit einem Verfahren betreffend die Ehescheidung oder Trennung ohne Auflösung des Ehebandes stellen:

a) die Rechts- und Handlungsfähigkeit natürlicher Personen,

b) das Bestehen, die Gültigkeit oder die Anerkennung einer Ehe,

c) die Ungültigerklärung einer Ehe,

d) die Namen der Ehegatten,

e) die vermögensrechtlichen Folgen der Ehe,
f) die elterliche Verantwortung,
g) Unterhaltspflichten,
h) Trusts und Erbschaften.

Literatur: *Althammer*, Brüssel IIa Rom III, Kommentar, 2014; *Hausmann*, Internationales und Europäisches Scheidungsrecht, 2013 (zit.: Hausmann, IntEuSchR); *Rieck* (Hrsg.), Ausländisches Familienrecht, 14. Aufl. 2016 (zitiert: Rieck/Bearbeiter, AuslFam).

I. Regelungszweck

1 Während in Bezug auf Sachen betreffend die Auflösung oder die Trennung von Ehen durch die VO (EG) Nr. 2201/2003 (EheVO 2003) nur die internationale Zuständigkeit und die Anerkennung von Entscheidungen in Ehesachen, nicht aber das anwendbare Recht geregelt wurden, ist der Anwendungsbereich der Verordnung (EU) Nr. 1259/2010 (Rom III-VO) das anzuwendende Recht im Einklang[1] mit der EheVO 2003. Begriffe und Anwendungsbereich sind zu bestimmen wie bei der VO (EG) Nr. 2201/2003. Letztere bleibt in ihrer Anwendung durch diese VO unberührt (Art. 2).

Weiteres Ziel der Rom III-VO ist die Stärkung der Parteiautonomie durch Rechtswahl[2] und die Abkehr von der Staatsangehörigkeit als Hauptanknüpfungspunkt mangels einer Rechtswahl.

Siehe aber auch unten Art. 19 Rom III-VO.

Räumlich gilt die VO nur zwischen den an der verstärkten Zusammenarbeit teilnehmenden Mitgliedstaaten Belgien, Bulgarien, Deutschland, Frankreich, Italien, Lettland, Litauen,[3] Luxemburg, Malta, Österreich, Portugal, Rumänien, Slowenien, Spanien, Ungarn.[4]

II. Anwendungsbereich

2 Art. 1 Abs. 1 Rom III-VO beschränkt die Anwendung der VO nicht nur auf die Scheidung von Ehen und die Trennung ohne Auflösung des Ehebandes, sondern auch noch auf Fälle, die eine Verbindung zum Recht verschiedener Staaten, nicht notwendig Mitgliedstaaten,[5] aufweisen. Auf die Scheidung von zwei Deutschen in Deutschland ist sie nicht anzuwenden.[6] Weiter ergibt sich aus Abs. 1, dass die Rom III-VO nicht auf die Auflösung von nichtehelichen oder eingetragenen Lebenspartnerschaften anzuwenden ist. Unerörtert ist in der Literatur und Rechtsprechung, wie mit gleichgeschlechtlichen Verbindungen zu verfahren ist, die in dem anderen Staat als Ehen, in Deutschland aber nur als Lebenspartnerschaften gelten. Wird die Verbindung im anderen Staat als Ehe anerkannt, so ist die Rom III-VO auch darauf anzuwenden.

---

1 Egrund 10.
2 Althammer/Althammer Rom III-VO Vorbemerkungen Rn. 15.
3 Ab dem 22.5.2014.
4 Zur Geschichte des Entstehens der VO siehe die umfangreiche Literatur bei Althammer/Althammer. Rom III-VO Vorbemerkungen.
5 Althammer/Arnold Art. Rom III-VO Art. 1 Rn. 5.
6 Das hat jedoch den deutschen Gesetzgeber nicht daran gehindert, in Art. 17 Abs. 1 EGBGB auf die Rom III-VO zu verweisen.

Diese VO ist nach ihrem Art. 1 Abs. 2 **nicht** auf die folgenden Sachen anzuwenden:

a) betreffend die Rechts- und Handlungsfähigkeit natürlicher Personen. Dies auch nicht in Verbindung mit Fragen der Ungültigkeit der Ehe (lit. b)

b) das Bestehen, die Gültigkeit oder die Anerkennung einer Ehe. Damit scheidet auch die Anwendung auf Nichtigkeitsklagen oder Aufhebungsverfahren aus.[7] Umso mehr verwundert es, dass die deutschen OLG-Präsidenten auf die Anerkennung von ausländischen Ehescheidungen die Bestimmungen der Rom III-VO anwenden. Erst das OLG München hat dies mit seinen Vorlagebeschlüssen[8] in Frage gestellt. Der EuGH hat die Rom III-VO dafür für nicht anwendbar gehalten,[9] jedoch über den zweiten Vorlagebeschluss[10] vom 29.6.2016 noch nicht entschieden. Der Verfasser hält die Rom III-VO nicht auf die Anerkennung ausländischer Scheidungen für anwendbar.

c) die Ungültigerklärung einer Ehe. Hier gilt dasselbe wie unter b).

d) die Namen der Ehegatten.

e) die vermögensrechtlichen Folgen der Ehe. Dazu werden voraussichtlich ab dem 29.1.2019 für die Mitgliedstaaten Belgien, Bulgarien, Tschechische Republik, Deutschland, Griechenland, Spanien, Frankreich, Kroatien, Italien, Luxemburg, Malta, Niederlande, Österreich, Portugal, Slowenien, Finnland, Schweden und Zypern die VO (EU) 2016/1103 des Rates vom 24.6.2016 zur Durchführung einer verstärkten Zusammenarbeit im Bereich der Zuständigkeit, des anzuwendenden Rechts und der Anerkennung und Vollstreckung von Entscheidungen in Fragen des ehelichen Güterstands[11] und die VO (EU) 2016/1104 des Rates vom 24.6.2016 zur Durchführung der verstärkten Zusammenarbeit im Bereich der Zuständigkeit, des anzuwendenden Rechts und der Anerkennung und Vollstreckung von Entscheidungen in Fragen güterrechtlicher Wirkungen eingetragener Partnerschaften[12] in Kraft treten.[13]

f) die elterliche Verantwortung. Hierfür gelten weiterhin die EheVO 2003[14] und das KSÜ.[15]

g) Unterhaltspflichten. Hierfür gelten die EU-Unterhaltsverordnung VO (EG) Nr. 4/2009[16] und das Haager Übereinkommen vom 23.11.2007 über die internationale Geltendmachung der Unterhaltsansprüche von Kindern und anderen Familienangehörigen[17] nebst dem Haager Protokoll zum anwendbaren Recht.[18]

---

7   Althammer/Arnold Rom III-VO Art. 1 Rn. 6.
8   OLG München 2.6.2015 – 34 Wx 146/14.
9   EuGH 12.5.2016 – C-281/15.
10 www.gesetze-bayern.de/Content/Document/Y-300-Z-BECKRS-B-2016-N-12020?hl=true.
11 ABl. L 183 v. 8.7.2016, S. 1 ff.
12 ABl. L 183 v. 8.7.2016, S. 30 ff.
13 Siehe dazu Rieck, Ehe- und Partnerschaftsverträge in Anwendung der EU-Verordnungen, NJW 2016, 3755.
14 http://eur-lex.europa.eu/legal-content/DE/TXT/?uri=celex:32003R2201.
15 www.hcch.net/de/instruments/conventions/full-text/?cid=70.
16 http://eur-lex.europa.eu/LexUriServ/LexUriServ.do?uri=OJ:L:2009:007:0001:0079:de:PDF.
17 www.hcch.net/de/instruments/conventions/full-text/?cid=131.
18 www.hcch.net/de/instruments/conventions/full-text/?cid=133.

h) Trusts und Erbschaften. Für Letztere gelten die VO (EU) Nr. 650/2012 (Erbrechtsverordnung)[19] und das Haager Übereinkommen vom 5.10.1961 über das auf die Form letztwilliger Verfügungen anzuwendende Recht.[20]

3 Unter Ehesachen sind keine Verfahren der Feststellung der Ungültigkeit einer Ehe zu verstehen.[21] Ebenso keine Verfahren über die Auflösung eingetragener Lebenspartnerschaften.

Vorfragen unterliegen nicht dieser VO. Das ergibt sich schon daraus, dass nach Abs. 2 lit. c die Rom III-VO nicht für die Frage der Ungültigkeit der Ehe gilt. Das wäre jedoch eine typische Vorfrage.[22] Das wird angesichts des unvereinheitlichten Sachrechts der Mitgliedstaaten als unbefriedigend empfunden.[23]

II. Rechtswahl

4 Die VO betrifft nur das anwendbare Recht. Die **Rechtswahl** durch die Ehegatten und die sich hieraus ergebenden Probleme nehmen einen besonderen Vorrang ein.

Die **Zuständigkeit** richtet sich weiter nach den Art. 3–7 der VO (EG) Nr. 2201/2003 (arg. ex Art. 2).

IV. Universelle Anwendung

5 Siehe dazu Art. 4 Rom III-VO.

V. Ordre Public

6 Siehe dazu Art. 12 Rom III-VO.

Artikel 2   Verhältnis zur Verordnung (EG) Nr. 2201/2003

Diese Verordnung lässt die Anwendung der Verordnung (EG) Nr. 2201/2003 unberührt.

1 Der Regelungszweck ist nicht leicht erkennbar. Die Norm wird gar für überflüssig gehalten.[1] Der zu dieser Norm spärlichen Literatur ist ebenfalls nichts Konkretes zu entnehmen. Dies wird jedoch anders zu sehen sein:

Beweist schon die oben in → Rom III-VO Art. 1 Rn. 2 erwähnte Auslegung der Rom III-VO durch die Eheanerkennungsbehörden, dass man die Rom III-VO entgegen ihrem Wortlaut auch auf das Anerkennungsverfahren anwenden will, so ist es richtig, dass der Normgeber klarstellt:

Zuständigkeit[2] sowie Anerkennung und Vollstreckung richten sich nach der EheVO 2003;[3] Rechtswahl und IPR nach der Rom III-VO.

---

19 http://eur-lex.europa.eu/LexUriServ/LexUriServ.do?uri=OJ:L:2012:201:0107:0134:DE:PDF.
20 www.hcch.net/de/instruments/conventions/full-text/?cid=40.
21 Egrund 10 Abs. 1.
22 Im Ergebnis wie hier Althammer/Arnold Rom III-VO Art. 1 Rn. 12.
23 Althammer/Arnold Rom III-VO Art. 1 Rn. 12.
1 Althammer/Arnold Rom III-VO Art. 2 Rn. 2.
2 Einschließlich der Vereinbarung der Zuständigkeit.
3 http://eur-lex.europa.eu/legal-content/DE/TXT/?uri=celex:32003R2201.

Artikel 3 Begriffsbestimmungen

Für die Zwecke dieser Verordnung bezeichnet der Begriff:

1. „teilnehmender Mitgliedstaat" einen Mitgliedstaat, der auf der Grundlage des Beschlusses 2010/405/EU des Rates vom 12. Juli 2010 oder auf der Grundlage eines gemäß Artikel 331 Absatz 1 Unterabsatz 2 oder 3 des Vertrags über die Arbeitsweise der Europäischen Union angenommenen Beschlusses an der Verstärkten Zusammenarbeit im Bereich des auf die Ehescheidung und Trennung ohne Auflösung des Ehebandes anzuwendenden Rechts teilnimmt;

2. „Gericht" alle Behörden der teilnehmenden Mitgliedstaaten, die für Rechtssachen zuständig sind, die in den Anwendungsbereich dieser Verordnung fallen.

I. Regelungszweck

Die Norm legt fest, was unter einem teilnehmenden Mitgliedstaat zu verstehen ist. Das ist erforderlich, weil die VO nicht für alle Mitgliedstaaten gilt, sondern nur für die Mitgliedstaaten, die an der Verstärkten Zusammenarbeit im Bereich des auf die Ehescheidung und Trennung ohne Auflösung des Ehebandes anzuwendenden Rechts teilnehmen. Das sind derzeit Belgien, Bulgarien, Deutschland, Spanien, Frankreich, Italien, Lettland, Litauen,[1] Luxemburg, Ungarn, Malta, Österreich, Portugal, Rumänien und Slowenien.[2] **1**

II. Gericht

Wie bei der VO (EG) Nr. 2201/2003 umfasst auch hier der Begriff „Gericht" alle Behörden, die für Rechtssachen zuständig sind, die in den Anwendungsbereich dieser VO fallen. Dies allerdings nur beschränkt auf die teilnehmenden Mitgliedstaaten. Hieraus folgt, dass die Gerichte anderer Mitgliedstaaten durch die VO nicht angesprochen sind. Soweit diese Norm für zurzeit wenig relevant gehalten wird, weil in allen teilnehmenden Mitgliedstaaten die Ehen durch Gerichte aufgelöst werden,[3] berücksichtigt dies nicht die anderen Orts im Gang befindlichen Reformen.[4] **2**

Artikel 4 Universelle Anwendung

Das nach dieser Verordnung bezeichnete Recht ist auch dann anzuwenden, wenn es nicht das Recht eines teilnehmenden Mitgliedstaats ist.

---

1 Seit dem 22.5.2014, Althammer/Arnold Rom III-VO Art. 1 Rn. 2.
2 Zur Historie siehe die Egründe 1 bis 9 zu dieser VO.
3 Althammer/Arnold Rom III-VO Art. 3 Rn. 3.
4 Seit dem 11.11.2014 gilt in Italien das Gesetz Nr. 132 v. 12.9.2014 über das Verfahren der einvernehmlichen Trennung und Auflösung der Ehe, siehe zu den Einzelheiten Cubeddu Wiedemann FamRZ 2015, 1253 ff.; auch Spanien kennt seit dem 27.7.2015 die einverständliche Scheidung, wenn die Eheleute keine minderjährigen Kinder (mehr) haben. Es genügt ein Vertrag, der vor dem Justizsekretär oder dem Notar zu beurkunden ist (Art. 90 CC), Henrich FamRZ 2015, 1572 (1573). Auch die Niederlande diskutieren die einvernehmliche Scheidung vor dem Standesbeamten. Die Gesetzesentwürfe sind aber noch nicht verabschiedet, Boele-Woelki FamRZ 2015, 1554 ff.

I. Regelungszweck

1 Was mit universeller Anwendung gemeint ist, beschreibt Egrund 12. Nimmt ein Mitgliedstaat an dieser VO teil, so hat er – falls gewählt – sowohl das Recht eines teilnehmenden Mitgliedstaats als auch das Recht eines nicht teilnehmenden Mitgliedstaats oder eines Drittstaates anzuwenden. Das entspricht der allgemeinen Tendenz des europäischen Kollisionsrechts,[1] weil es an den Aufenthalt und nicht an die Staatsangehörigkeit anknüpft, und somit auch für Angehörige von nicht teilnehmenden Mitgliedstaaten und von Drittstaaten gilt. Das allerdings gilt nicht uneingeschränkt (Bezug, Sachnähe).

II. Gericht

2 Es soll für die Anwendung unerheblich sein, welches Gericht angerufen wird.[2] Dies ist stets in dem Sinne der Begriffsbestimmung des Art. 3 zu sehen. Wenn ein Gericht gemäß der VO (EG) Nr. 2201/2003 angerufen werden soll,[3] ist stets nur ein Gericht eines teilnehmenden Mitgliedstaats gemeint und kein Gericht anderer Mitgliedstaaten.

III. Schranken der Rechtswahl

3 Den Ehegatten soll die Möglichkeit gegeben werden, ein Recht zu wählen oder angewendet zu wissen, zu dem sie einen **Bezug** haben.[4] Da dieser Bezug auch zu einem Recht bestehen kann, das nicht das Recht eines teilnehmenden Mitgliedstaats ist, soll dieser Rechtswahl gleichwohl gefolgt werden und dieses Recht angewendet werden.

4 Wird eine Rechtswahl ausgeübt, so soll diese nur zugelassen sein, wenn das Recht eines Landes (nicht notwendig eines Mitgliedstaates) gewählt wird, zu dem die Parteien entweder einen besonderen Bezug haben oder welches das Recht des Staates (Mitgliedstaat) des angerufenen Gerichts ist.[5] Da der besondere Bezug auch zu einem Drittstaat bestehen kann, soll auch das Recht dieses Landes gewählt werden können, wenn es mit den Grundrechten vereinbar ist, die den Verträgen und der Europäischen Charta eigen sind.[6] Das schließt die Anerkennung einer Rechtswahl aus, die zu einer **Ungleichbehandlung der Geschlechter**, wie zB in einigen islamischen Rechtsordnungen, oder zu Diskriminierung führen würde. Siehe dazu Art. 5 ff. Rom III-VO.

IV. Informationswege

5 Die Gerichte (der teilnehmenden Mitgliedstaaten) werden auf die Nutzung des Europäischen Justiziellen Netzes verwiesen,[7] die Bürger auf die Website, die von der Kommission regelmäßig aktualisiert werden soll.[8]

---

1 Althammer/Arnold Rom III-VO Art. 4 Rn. 2.
2 Egrund 13 S. 1.
3 Egrund 13 S. 2.
4 Egrund 14 S. 1.
5 Egrund 16 S. 1.
6 Egrund 16 S. 2.
7 Egrund 14 S. 2; ABl. L 174 v. 27.6.2001, S. 25.
8 Egrund 17 S. 2; ABl. L 174 v. 27.6.2001, S. 25.

Kapitel II
Einheitliche Vorschriften zur Bestimmung des auf die Ehescheidung und Trennung ohne Auflösung des Ehebandes anzuwendenden Rechts

Artikel 5 Rechtswahl der Parteien

(1) Die Ehegatten können das auf die Ehescheidung oder die Trennung ohne Auflösung des Ehebandes anzuwendende Recht durch Vereinbarung bestimmen, sofern es sich dabei um das Recht eines der folgenden Staaten handelt:

a) das Recht des Staates, in dem die Ehegatten zum Zeitpunkt der Rechtswahl ihren gewöhnlichen Aufenthalt haben, oder

b) das Recht des Staates, in dem die Ehegatten zuletzt ihren gewöhnlichen Aufenthalt hatten, sofern einer von ihnen zum Zeitpunkt der Rechtswahl dort noch seinen gewöhnlichen Aufenthalt hat, oder

c) das Recht des Staates, dessen Staatsangehörigkeit einer der Ehegatten zum Zeitpunkt der Rechtswahl besitzt, oder

d) das Recht des Staates des angerufenen Gerichts.

(2) Unbeschadet des Absatzes 3 kann eine Rechtswahlvereinbarung jederzeit, spätestens jedoch zum Zeitpunkt der Anrufung des Gerichts, geschlossen oder geändert werden.

(3) [1]Sieht das Recht des Staates des angerufenen Gerichts dies vor, so können die Ehegatten die Rechtswahl vor Gericht auch im Laufe des Verfahrens vornehmen. [2]In diesem Fall nimmt das Gericht die Rechtswahl im Einklang mit dem Recht des Staates des angerufenen Gerichts zu Protokoll.

I. Regelungszweck

Die Norm führt die Möglichkeit der Rechtswahl im Scheidungsrecht neu ein und **limitiert** einerseits die durch die Ehegatten wählbaren Rechte, legt jedoch andererseits auch den **Zeitpunkt** der Rechtswahl fest. Grund hierfür ist die Absicht, der Freizügigkeit und der dadurch bedingten Mobilität der Bürger eine Flexibilität der Anknüpfungsregeln zuzuordnen.[1] Es ist zu fragen, wie im Falle der Abweichung von der nationalen Regelung zu verfahren ist, und zu fordern, dass die Regeln der VO dem nationalen Recht vorgehen, weil anders die Ziele der VO[2] nicht erreicht werden können. Man kann also davon ausgehen, dass die hier enthaltenen Regeln die nationalen Kollisionsnormen verdrängen,[3] soweit der Regelungsumfang der VO reicht. Die Limitierung der wählbaren Rechte soll verhindern, dass Rechtsordnungen zur Anwendung kommen, die zu der konkret in Rede stehenden Ehe keinen oder nur geringen Bezug aufweisen.[4] Einzelfälle: 1

---

1 Palandt/Thorn Rom III-VO Art. 5 Rn. 1.
2 Siehe dazu Egrund 9.
3 Dem hat der deutsche Gesetzgeber mit der Neufassung des Art. 17 EGBGB bereits Rechnung getragen.
4 Egrund 16.

II. Recht des Aufenthalts (Abs. 1 lit. a, b)

2   Das Recht des Staates des gemeinsamen gewöhnlichen Aufenthalts[5] zum Zeitpunkt der Rechtswahl ist zwar an erster Stelle genannt, jedoch besteht kein Rangverhältnis, denn die Möglichkeiten der Rechtswahl sind **alternativ** aufgezählt.[6] Diese Regelung verdrängt Art. 14 Abs. 3 Nr. 2 EGBGB. Kritisiert wird diese Wahl für den Fall, dass die Parteien anschließend noch ihren Aufenthalt wechseln.[7]

3   Das Recht des Staates des letzten gemeinsamen Aufenthalts kann dann gewählt werden, wenn einer der Ehegatten zum Zeitpunkt der Rechtswahl dort noch seinen gewöhnlichen Aufenthalt hatte. Diese Formulierung bedeutet, dass dieser Ehegatte zwischenzeitlich nicht weggezogen und zurückgekehrt war.

III. Staatsangehörigkeit (Abs. 1 lit. c)

4   Es kann das Recht des Staates gewählt werden, dem ein Ehegatte zum Zeitpunkt der Rechtswahl angehört. Die Formulierung ist trügerisch. Sie wäre klarer, wenn die Worte „auch nur eines der Ehegatten" gewählt worden wären. Natürlich können die Ehegatten auch ihr gemeinsames Heimatrecht wählen.[8] Auch hier wird Art. 14 Abs. 3 Nr. 1 und 2 EGBGB verdrängt, da es auf den Aufenthalt nicht ankommt. Bei mehrfacher Staatsangehörigkeit der/eines Ehegatten gelten weiterhin die autonomen nationalen Regeln des betreffenden Staates, soweit dies nicht die europäischen Rechtsregeln verletzt.[9] Allerdings können die Ehegatten, die mehreren Staaten angehören, auch die nicht effektive Staatsangehörigkeit wählen.[10] Art. 5 EGBGB ist nicht anzuwenden.

5   Das wirft **Fragen** auf: Ungeklärt ist, welche nationalen Regeln anzuwenden sind; nämlich die des Staates, an dessen Staatszugehörigkeit angeknüpft wird, oder die des Staates der Rechtsanwendung. Zwar wird in der Praxis wohl selten die Staatsangehörigkeit eines Ehegatten gewählt werden, sondern das konkrete Recht bezeichnet sein, doch ist nicht mehr zu fragen, ob die Wahl des Rechts der **nicht effektiven Staatsangehörigkeit** möglich ist. Demnach können zwei Deutsche, die jeweils noch eine nicht effektive weitere Staatsangehörigkeit haben, diese oder eine von diesen wählen. Richtschnur wird die Rechtsprechung des EuGH sein müssen, wonach es gerade bei der Zuständigkeit in Ehesachen nicht auf die effektive Staatsangehörigkeit ankommt.[11] Bei Mehrrechtsstaaten können die Ehegatten im Rahmen des Art. 5 Rom III-VO auch die Teilrechtsordnung wählen.[12]

---

5   Es ist zu wünschen, dass eine einheitliche Definition für den gewöhnlichen Aufenthalt gefunden wird. Unerträglich erscheint es, wenn Gerichte etwa über den Daumen gepeilt den neuen Aufenthalt annehmen, wenn er 6 Monate gedauert hat. Der Verfasser plädiert für eine gleichartige Auslegung wie für die Brüssel IIa-VO. EuGH C-497/10 PPU, Slg 2010, 14309.

6   Althammer/Mayer Rom III-VO Art. 5 Rn. 9.

7   Palandt/Thorn Rom III-VO Art. 5 Rn. 3 spricht von Konservierung des Statuts, die die Wirkung des Statutenwechsels beseitige.

8   Althammer/Mayer Rom III-VO Art. 5 Rn. 17.

9   Egrund 22.

10 Palandt/Thorn Rom III-VO Art. 5 Rn. 4.

11 EuGH FamFR 2009, 32 mAnm Rieck; EuGH FamRZ 2009, 1571 mAnm Kohler. Ausführlich Dilger IPRax 2010, 54 ff.

12 Althammer/Mayer Rom III-VO Art. 5 Rn. 21.

Wenn bei Staatenlosen ersatzweise der Wohnsitz und bei Flüchtlingen der Aufenthalt maßgebend sein soll,[13] stellt sich die Frage der Rechtswahl kaum anders. Allerdings wird man zu fragen haben, ob bei Flüchtlingen die Wahl des Heimatrechts anzuerkennen ist, fliehen sie doch gerade vor diesem.

IV. Lex fori

Alternativ dazu kann auch das Recht des Staates des angerufenen Gerichts gewählt werden. Das soll den Gleichlauf zwischen Zuständigkeit und anwendbarem Recht ermöglichen.[14] Es soll jedoch unzulässig sein, pauschal das „Recht des Gerichtsortes" zu wählen. Gefordert wird die Wahl einer bestimmten Rechtsordnung.[15] Das ist eine **völlige Neuheit** für den deutschen Rechtsbereich. In die deutschen IPR-Normen wird dadurch in großem Umfang eingegriffen: Art. 17 EGBGB kannte bislang keine Rechtswahl. Diese konnte nur über das Ehewirkungsstatut, das einer Rechtswahl zugänglich ist, zur Geltung kommen. Dieses Junktim des deutschen Rechts ist durch die VO beseitigt, denn es wird künftig möglich sein, das auf die Scheidung anzuwendende Recht zu wählen, ohne zugleich die Ehewirkungen zu gestalten. Soweit die Meinung vertreten wird, die Wahl eines Rechts für Privatscheidungen sei nicht möglich, verkennt dies sowohl die Diskussion um die Vorlageschlüsse des OLG München,[16] als auch die Gesetzesentwicklung in den EU-Staaten.[17]

Mit dem Recht des Gerichtsstaates ist eine völlig neue Möglichkeit der Rechtswahl eröffnet, die den Rahmen des deutschen Rechts erheblich erweitert.

V. Zeitpunkt

Die Rechtswahl kann in allen teilnehmenden Mitgliedstaaten jederzeit bis spätestens zum Zeitpunkt der **Anrufung des Gerichts** getroffen oder geändert werden (Art. 5 Abs. 2 Rom III-VO). Wenn das Recht des Gerichtsstaates es erlaubt, kann die Rechtswahl auch im Laufe des Verfahrens zu Protokoll des Gerichts getroffen werden (Art. 5 Abs. 3 Rom III-VO).[18] Dies erweckt zwar den Eindruck der Beliebigkeit des anzuwendenden Rechts, ist jedoch vor dem Verordnungsziel folgerichtig, das dem forum shopping begegnen will.[19] An dieser Stelle ist jedoch darauf hinzuweisen, dass zwar nach Art. 1 Abs. 2 Rom III-VO die VO nicht auf die Scheidungsfolgen anwendbar ist, jedoch die Mitgliedstaaten frei sind, die Scheidungsfolgen an das auf die Scheidung angewendete Recht anzuknüpfen. Das sollte bei der Rechtswahl bedacht werden.[20]

Artikel 6 Einigung und materielle Wirksamkeit

(1) Das Zustandekommen und die Wirksamkeit einer Rechtswahlvereinbarung oder einer ihrer Bestimmungen bestimmen sich nach dem Recht, das nach dieser

---

13 Palandt/Thorn Rom III-VO Art. 5 Rn. 4; Althammer/Mayer Rom III-VO Art. 5 Rn. 20.
14 Palandt/Thorn Rom III-VO Art. 5 Rn. 4; Althammer/Mayer Rom III-VO Art. 5 Rn. 22.
15 Palandt/Thorn Rom III-VO Art. 5 Rn. 5.
16 OLG München 2.6.2015 – 34 Wx 146/14; EuGH 12.5.2016 – C-281/15.
17 Siehe Rieck, Personenstand und Islam in Deutschland, Leipziger Beiträge zur Orientforschung, Heft 34, Beiträge zum islamischen Recht, XI S. 89 ff.
18 Deutschland erlaubt dies: Art. 46 d Abs. 2 S. 1 EGBGB, § 127 a BGB.
19 Egrund 21.
20 Siehe dazu Rieck, Möglichkeiten und Risiken der Rechtswahl bei der Gestaltung von Ehevereinbarungen, NJW 2014, 257 ff.

Verordnung anzuwenden wäre, wenn die Vereinbarung oder die Bestimmung wirksam wäre.

(2) Ergibt sich jedoch aus den Umständen, dass es nicht gerechtfertigt wäre, die Wirkung des Verhaltens eines Ehegatten nach dem in Absatz 1 bezeichneten Recht zu bestimmen, so kann sich dieser Ehegatte für die Behauptung, er habe der Vereinbarung nicht zugestimmt, auf das Recht des Staates berufen, in dem er zum Zeitpunkt der Anrufung des Gerichts seinen gewöhnlichen Aufenthalt hat.

I. Regelungszweck

1 Die Norm bestimmt das Kollisionsrecht, das für die Beurteilung des Zustandekommens und der Wirksamkeit der Rechtswahl maßgebend sein soll. Zur Formgültigkeit siehe Art. 7 Rom III-VO. Sie berührt nicht die Auslegung.[1] Grundsätzlich sollen sich das Zustandekommen und die Wirksamkeit der Rechtswahl nach dem gewählten Recht richten (Art. 6 Abs. 1 Rom III-VO). Siehe aber die Einschränkung nach Abs. 2.

II. Vereinbarung

2 Die Bestimmung wirft einige kritische Probleme auf: Die Rechtswahl ist eine Vereinbarung. Es gelten daher für ihre Gültigkeit in materieller Hinsicht alle Vorschriften, die für die Gültigkeit einer **Willenserklärung** maßgebend sind. Legt man die Bestimmung des Abs. 1 zugrunde, so sind Fragen wie Irrtum, Anfechtung oder Willensmängel nach dem gewählten Recht zu prüfen. Das jedoch greift tief in die nationalen Rechte der Mitgliedstaaten ein. Ob dies sachgerecht ist, muss jedoch vor dem Hintergrund der gesetzlichen Anknüpfung gesehen werden (Art. 8 Rom III-VO). Ist es möglich, das anwendbare Recht über die gesetzliche Anknüpfung durch eine faktische Handlung der Wohnsitznahme auszulösen, so kann die Anknüpfung des Abs. 1 keinen ernsthaften Bedenken unterliegen[2]

III. Information

3 Die Wahl zwischen mehreren Rechten setzt – anders als die gesetzliche Anknüpfung – **Kenntnis** der Wählenden über die Möglichkeiten voraus. Dieses Erfordernis ist jedoch für die Mitgliedstaaten, die bisher schon die Rechtswahl kennen, keine Neuigkeit, also auch nicht für Deutschland. Gleichwohl ist der Rahmen der Wahlmöglichkeiten nun jedoch weiter als bisher im deutschen Recht erlaubt. Deshalb ist für eine bessere Unterrichtung der EU-Bürger zu sorgen.[3] Gleichwohl erscheint die einfache Behauptung, man habe nicht zugestimmt, in Anbetracht eines Vertrages, der ja auch mit Gegenleistungen verbunden sein kann und wird, als sinnentstellend und kaum hinnehmbar.[4] Besser wäre es gewesen, mit Eingriffsnormen zu arbeiten, wie dies in den Güterrechtsverordnungen geregelt ist.[5]

---

1 Palandt/Thorn Rom III-VO Art. 6 Rn. 1.
2 AA Palandt/Thorn Rom III-VO Art. 6 Rn. 2.
3 Egrund 18 S. 1.
4 Palandt/Thorn Rom III-VO Art. 6 Rn. 2 zweifelt an der praktischen Bedeutung der Norm.
5 Siehe Rieck, Ehe- und Partnerschaftsverträge in Anwendung der EU-Verordnungen, NJW 2016, 3755.

IV. Einschränkungen

Rechte und Chancengleichheit der Ehegatten dürfen durch die Rechtswahl nicht beeinträchtigt werden.[6]   4

Die Wahl von Rechten, die gegen den ordre public des teilnehmenden Mitgliedstaats verstoßen, muss nicht anerkannt und befolgt werden (Art. 12 Rom III-VO).   5

Es geht gerade nicht darum, ob es zweifelhaft ist, ob die Rechtswahl gültig zustande gekommen ist, sondern es genügt, dass es sich aus den Umständen ergibt, dass es nicht gerechtfertigt wäre, einen Ehegatten an der unzweifelhaft gültig zustande gekommenen Rechtswahl festhalten zu lassen. So soll diese Frage abweichend nach dem Recht des Staates (nicht unbedingt eines Mitgliedstaates, sondern auch eines Drittstaates) geprüft werden,[7] in dem der betreffende Ehegatte im Zeitpunkt der behaupteten Vereinbarung seinen gewöhnlichen Aufenthalt hatte (Abs. 2), wenn dieser Zweifel besteht.[8]   6

V. Natur der Rechtswahl

Es handelt sich um eine **Sachnormbestimmung** unter Ausschluss der Regeln des betreffenden Rechts über das IPR. Rückverweisung und Weiterverweisung sind ausgeschlossen (Art. 11 Rom III-VO).   7

Artikel 7 Formgültigkeit

(1) [1]Die Rechtswahlvereinbarung nach Artikel 5 Absätze 1 und 2 bedarf der Schriftform, der Datierung sowie der Unterzeichnung durch beide Ehegatten. [2]Elektronische Übermittlungen, die eine dauerhafte Aufzeichnung der Vereinbarung ermöglichen, erfüllen die Schriftform.

(2) Sieht jedoch das Recht des teilnehmenden Mitgliedstaats, in dem beide Ehegatten zum Zeitpunkt der Rechtswahl ihren gewöhnlichen Aufenthalt hatten, zusätzliche Formvorschriften für solche Vereinbarungen vor, so sind diese Formvorschriften anzuwenden.

(3) Haben die Ehegatten zum Zeitpunkt der Rechtswahl ihren gewöhnlichen Aufenthalt in verschiedenen teilnehmenden Mitgliedstaaten und sieht das Recht beider Staaten unterschiedliche Formvorschriften vor, so ist die Vereinbarung formgültig, wenn sie den Vorschriften des Rechts eines dieser Mitgliedstaaten genügt.

(4) Hat zum Zeitpunkt der Rechtswahl nur einer der Ehegatten seinen gewöhnlichen Aufenthalt in einem teilnehmenden Mitgliedstaat und sind in diesem Staat zusätzliche Formanforderungen für diese Art der Rechtswahl vorgesehen, so sind diese Formanforderungen anzuwenden.

I. Regelungszweck

Die Norm schreibt in Übereinstimmung mit Egrund 19 eine Mindestform vor, die als Schutzmaßnahme verstanden wird, damit sich die Ehegatten der Trag-   1

---

6   Egründe 18 S. 3, 24, 25.
7   Palandt/Thorn Rom III-VO Art. 6 Rn. 2 hält dies in Anbetracht der Formvorschriften des Art. 7 für nicht gerechtfertigt. Auch dem ist zuzustimmen.
8   Althammer/Mayer Rom III-VO Art. 6 Rn. 7 weisen auf die Konsequenzen in der Interessenabwägung hin. Dem kann nur zugestimmt werden.

weite der Vereinbarung bewusst sind oder werden. Mindestform ist danach für alle Mitgliedstaaten – hier ist nur von Mitgliedstaaten die Rede – die **Schriftform mit Unterschrift**. Allerdings enthält Abs. 1 S. 2 eine wichtige Öffnung in die digitale Moderne, die dem Schutzgedanken zu widersprechen scheint: Elektronische Übermittlung soll ausreichen, wenn sie durch beide Parteien aufgezeichnet werden kann.[1] Da diese Bedingung jedes brauchbare Smartphone erfüllt, ist somit auch ein Vorgang wie der „talaq" durch Smartphone möglich, mindestens aber dessen Auslegung als Rechtswahl. Verlangt ein teilnehmender Mitgliedstaat jedoch höhere Anforderungen, so sind diese zu erfüllen, wenn die Ehegatten bei der Rechtswahl dort ihren gewöhnlichen Aufenthalt hatten. An dem deutschen Erfordernis der notariellen Beurkundung (Art. 46 d Abs. 1 EGBGB) oder der Protokollierung in einer gerichtlichen Vereinbarung (§ 127 a) wird also nicht gerüttelt. Dennoch bleiben Fragen:

II. Drittstaaten

2   Diese werden in Art. 7 Rom III-VO nicht genannt. Dennoch soll auch das Recht von Drittstaaten gewählt werden können.[2] Da es auch möglich ist, dass sich Bürger von teilnehmenden Mitgliedstaaten in Drittstaaten aufhalten und das Recht dieser Staaten wählen wollen, wird man wohl in **analoger Anwendung** des Art. 7 auch eine Rechtswahl anerkennen müssen, die nach dem Recht dieses Drittstaates gültig zustande gekommen ist. Ob dies unbedingt dasselbe Recht ist, wie es Art. 14 Abs. 4 S. 2 EGBGB vorschreibt, ist jedoch zu bezweifeln. Daher ist anzunehmen, dass Art. 14 Abs. 4 S. 2 EGBGB durch Art. 7 Rom III-VO teilweise verdrängt wird.

III. Strengeres Recht

3   Hat nur einer der Ehegatten seinen gewöhnlichen Aufenthalt in einem teilnehmenden Mitgliedstaat, so sind die strengeren Anforderungen der beiden Staaten zu erfüllen (Abs. 4). Hier schlägt sich dasselbe **Prinzip** nieder, das bereits in Art. 6 Abs. 2 Rom III-VO zum Ausdruck gekommen ist.[3]

IV. Unterscheidung nach Mitgliedstaaten

4   Art. 7 Abs. 3 Rom III-VO behandelt den Fall, dass die Ehegatten ihren gewöhnlichen Aufenthalt in unterschiedlichen, aber teilnehmenden Mitgliedstaaten haben, während Abs. 4 den Fall betrifft, dass nur einer der Ehegatten seinen Aufenthalt in einem teilnehmenden Mitgliedstaat hat. Haben jedoch die Ehegatten ihren gewöhnlichen Aufenthalt in unterschiedlichen teilnehmenden Mitgliedstaaten, so soll es genügen, wenn die Form eines dieser Mitgliedstaaten eingehalten worden ist. Dies natürlich stets unter dem Vorbehalt des Art. 6 Abs. 2 Rom III-VO. Das wird für verfehlt gehalten.[4] Besser wäre es gewesen, zu fordern, dass die strengeren Anforderungen erfüllt werden.

---

1   Palandt/Thorn Rom III-VO Art. 7 Rn. 2 verlangt dazu die elektronische Signatur. Das geht jedoch am Gesetzestext vorbei.
2   Egrund 12.
3   Siehe auch Egrund 19.
4   Althammer/Mayer/Tolani Rom III-VO Art. 7 Rn. 8. Siehe dazu auch Hau FamRZ 13, 249 ff.

Artikel 8 In Ermangelung einer Rechtswahl anzuwendendes Recht

Mangels einer Rechtswahl gemäß Artikel 5 unterliegen die Ehescheidung und die Trennung ohne Auflösung des Ehebandes:

a) dem Recht des Staates, in dem die Ehegatten zum Zeitpunkt der Anrufung des Gerichts ihren gewöhnlichen Aufenthalt haben, oder anderenfalls

b) dem Recht des Staates, in dem die Ehegatten zuletzt ihren gewöhnlichen Aufenthalt hatten, sofern dieser nicht vor mehr als einem Jahr vor Anrufung des Gerichts endete und einer der Ehegatten zum Zeitpunkt der Anrufung des Gerichts dort noch seinen gewöhnlichen Aufenthalt hat, oder anderenfalls

c) dem Recht des Staates, dessen Staatsangehörigkeit beide Ehegatten zum Zeitpunkt der Anrufung des Gerichts besitzen, oder anderenfalls

d) dem Recht des Staates des angerufenen Gerichts.

I. Regelungszweck

Die Norm postuliert zunächst den Vorrang der Rechtswahl,[1] weil sie als Auffangnorm formuliert ist (mangels einer Rechtswahl). Sie bestimmt das auf die Ehescheidung dann anwendbare Recht, wenn keine Rechtswahl getroffen wurde. Dem steht es gleich, wenn die getroffene Rechtswahl nicht gültig ist.[2] Es handelt sich um eine den ehemaligen Art. 17 EGBGB zumindest im Verhältnis zu den teilnehmenden Mitgliedstaaten vollständig verdrängende Bestimmung.[3] Dies soll der Rechtssicherheit und Berechenbarkeit dienen sowie dem **forum shopping vorbeugen**.[4] Es soll damit auch sichergestellt werden, dass die Ehescheidung oder Trennung nach dem Recht erfolgt, zu dem die Ehegatten einen engen Bezug haben. Weiteres Ziel der Regelung ist es, die Staatsangehörigkeit in Ihrer Bedeutung als Mobilitätshindernis zurückzudrängen.[5]
1

II. Rangordnung

Aus den Worten „oder anderenfalls" ist zu entnehmen, dass zwischen den Anknüpfungen ein sich **gegenseitig ausschließendes Rangverhältnis** besteht.[6] Dadurch ist im Verhältnis zum früheren deutschen Recht (Art. 17 Abs. 1 EGBGB) das Anknüpfungsverhältnis verändert, weshalb eine vollständige Verdrängung des Art. 17 Abs. 1 EGBGB erfolgt. Beachte aber, dass die Parteien mit ihrer Rechtswahl an dieses zwingend sich gegenseitig ausschließende Rangverhältnis nicht gebunden sind, und ihre Rechtswahl vorgeht.
2

III. Anknüpfungsfolge

lit. a: In erster Linie gilt ungeachtet der Staatsangehörigkeit der Ehegatten das Recht ihres **gemeinsamen gewöhnlichen Aufenthalts** zum Zeitpunkt der Anrufung des Gerichts. Dieser Regelung haftet der Mangel an, dass der gewöhnliche
3

---

1 Althammer/Tolani Rom III-VO Art. 8 Rn. 1.
2 Palandt/Thorn Rom III-VO Art. 8 Rn. 1; Althammer/Tolani Rom III-VO Art. 8 Rn. 1.
3 Was der deutsche Gesetzgeber in Art. 17 Abs. 1 EGBGB bereits umgesetzt hat.
4 Egrund 21.
5 Althammer/Tolani Rom III-VO Art. 8 Rn. 6. Wobei jedoch die unter Rn. 2 zu Art. 8 genannten „Probleme" keine solchen sind.
6 Althammer/Tolani Rom III-VO Art. 8 Rn. 5 aE.

Aufenthalt nicht allgemeingültig definiert ist.[7] Auch wird kritisiert, dass diese Anknüpfung gerade das forum shopping fördere statt es zu verhindern.[8] Diese Kritik dürfte sich aber eher auf lit. b nachstehend beziehen.

lit. b: Fehlt es an einem Aufenthalt nach lit. a, gilt das Recht des **letzten gemeinsamen gewöhnlichen Aufenthalts,** wenn einer der Ehegatten diesen beibehalten hat. Dies allerdings mit der Einschränkung, dass für einen der Ehegatten dieser Aufenthalt nicht seit mehr als einem Jahr vor der Anrufung des Gerichts geendet hat. Zur Lücke siehe lit. d. Für diese Jahresfrist gibt es eigentlich keine Rechtfertigung. Es wäre richtiger gewesen, es bei der Anknüpfung an den letzten gemeinsamen Wohnsitz zu belassen, solange der andere Ehegatte dort weiterhin ununterbrochen seinen Wohnsitz beibehält.[9]

lit. c: Liegt auch dieser zweite Fall nicht vor, so soll an das Recht der **gemeinsamen Staatsangehörigkeit** im Zeitpunkt der Anrufung des Gerichts, also der dann aktuellen Staatsangehörigkeit[10] angeknüpft werden. Hat ein Ehegatte mehrere Staatsangehörigkeiten, so kommt es bei der Regelanknüpfung anders als bei der Rechtswahl auf die effektive Staatsangehörigkeit an.[11] Dieser Unterscheidung zwischen der Anwendung der effektiven und der Anwendung der deutschen Staatsangehörigkeit vermag hier nicht gefolgt zu werden, weil sie zwei grundlegend verschiedene Sachverhalte betrifft: Ist keine der mehrfachen Staatsangehörigkeiten die deutsche, so kann nur die effektive ermittelt werden. Ist aber eine die deutsche, so kann es nicht verwerflich oder europarechtswidrig sein, wenn der Gesetzgeber diese in Deutschland für effektiv definiert.

lit. d: Schließlich soll in allen anderen Fällen das Recht des **Gerichtsstaates** angewendet werden. Diese mit dem strikten Territorialprinzip übereinstimmende Lösung ist nicht bedenkenfrei. Im Zusammenhang mit den zahlreichen möglichen Gerichtsständen nach der EheVO 2003 eröffnet dies eine Palette von faktischen einseitigen Rechtswahlmöglichkeiten.[12]

IV. Drittstaaten

4   Es ist diesem Artikel nicht zu entnehmen, dass diese Anknüpfungspunkte sich nur auf teilnehmende Mitgliedstaaten beziehen sollen. Folglich ist wegen der universellen Anwendung nach Art. 4 Rom III-VO davon auszugehen, dass diese Anknüpfungspunkte auch im Verhältnis zu anderen, nicht teilnehmenden Mitgliedstaaten und in Drittstaaten verwirklicht werden und maßgebend sein sollen.[13]

---

7   Althammer/Tolani Rom III-VO Art. 8 Rn. 6.
8   Palandt/Thorn Rom III-VO Art. 8 Rn. 3.
9   Palandt/Thorn Rom III-VO Art. 8 Rn. 3 nennt dies Manipulation des anwendbaren Rechts. Ebenso Althammer/Tolani Rom III-VO Art. 8 Rn. 8 aE.
10   Althammer/Tolani Rom III-VO Art. 8 Rn. 10.
11   Widersprüchlich Palandt/Thorn Rom III-VO Art. Rn. 4, der einerseits Art. 5 Abs. 1 S. 1 EGBGB für anwendbar hält, darin aber weiter unten eine Bevorzugung der deutschen Staatsangehörigkeit für europarechtswidrig hält, also Art. 5 Abs. 1 S. 2 EGBGB nicht anwenden will. Ebenso Althammer/Tolani Rom III-VO Art. 8 Rn. 11.
12   Palandt/Thorn Rom III-VO Art. Rn. 5.
13   Egrund 12.

Artikel 9   Umwandlung einer Trennung ohne Auflösung des Ehebandes in eine Ehescheidung

(1) Bei Umwandlung einer Trennung ohne Auflösung des Ehebandes in eine Ehescheidung ist das auf die Ehescheidung anzuwendende Recht das Recht, das auf die Trennung ohne Auflösung des Ehebandes angewendet wurde, sofern die Parteien nicht gemäß Artikel 5 etwas anderes vereinbart haben.

(2) Sieht das Recht, das auf die Trennung ohne Auflösung des Ehebandes angewendet wurde, jedoch keine Umwandlung der Trennung ohne Auflösung des Ehebandes in eine Ehescheidung vor, so findet Artikel 8 Anwendung, sofern die Parteien nicht gemäß Artikel 5 etwas anderes vereinbart haben.

I. Regelungszweck (Abs. 1)

Abs. 1 ist nur scheinbar selbsterklärend und bedarf dennoch einer Erläuterung.[1]   1 Das auf die Trennung angewendete Recht muss nicht das Recht eines teilnehmenden Mitgliedstaates sein.[2] Zu beachten ist jedoch, dass die Parteien an dieses Recht nicht gebunden sind, sondern dass auch hier die Rechtswahl Vorrang hat (letzter Hs.), und zwar auch dann, wenn die Umwandlung vor den Gerichten desselben Staates begehrt wird.[3]

Zu fragen ist dennoch, ob die frühere deutsche Praxis, dass das deutsche Gericht das ausländische Umwandlungsstatut anwendet,[4] beibehalten werden kann oder ob nun nach Abs. 2 deutsches Recht anzuwenden ist.[5] Es ist nach dem eindeutigen Wortlaut des Art. 9 Rom III-VO jedoch der ersten Meinung (Beibehaltung der früheren Praxis) der Vorzug zu geben, denn Art. 9 Abs. 2 Rom III-VO betrifft einen anderen Fall, nämlich den, dass das auf die Trennung angewendete Recht keine (Umwandlung in eine) Scheidung kennt.[6]

II. Fluchtregel (Abs. 2)

Abs. 2 ist von erheblicher Bedeutung, weil er es zwar den Ehegatten ermöglicht,   2 durch die Wahl des Rechtes oder des gemeinsamen Aufenthalts die Hindernisse des Trennungsrechts zu umgehen. Hierdurch greift die VO mittels Rechtswahl oder Bestimmung des anwendbaren Rechts tief in das materielle Recht der Mitgliedstaaten ein. Gerechtfertigt wird dies damit, dass die Möglichkeit der Scheidung überhaupt als europäisches Grundprinzip abgesichert sein soll.[7] Die VO macht aber die Scheidbarkeit gerade nicht von der Rechtswahl abhängig, sondern erklärt für diesen Fall die allgemeine Anknüpfungsregel des Art. 8 Rom III-VO für anwendbar. Denn es kann Parteien geben, die sich der Rechtswahl verweigern. Es ist eine Folge der **Freizügigkeit**, die es den Bürgern ermöglichen soll, durch Niederlassung das für sie günstigste Recht zu wählen und damit etwaige

---

1   Siehe zur Problematik im Übrigen *Rieck*, Die Umwandlungskompetenz nach Art. 5 EheEuGVVO 2003 und ihre Bedeutung im Verhältnis zu den weiteren Zuständigkeiten für Ehesachen, FPR 2007, 427 ff.; ferner zur Historie *Althammer/Tolani* Rom III-VO Art. 9 Rn. 1, 2.
2   *Palandt/Thorn* Rom III-VO Art. 9 Rn. 1.
3   *Palandt/Thorn* Rom III-VO Art. 9 Rn. 1 aE nennt dies Durchbrechung der Kontinuität durch Rechtswahl.
4   Siehe dazu die bei *Palandt/Thorn* Rom III-VO Art. 9 Rn. 1 zitierten Entscheidungen.
5   So wohl *Hausmann*, IntEuSchR, A Rn. 334.
6   Wie die Philippinen. Siehe dazu *Rieck/Bueb*, AuslFam, Philippinen Rn. 13.
7   *Palandt/Thorn* Rom III-VO Art. 9 Rn. 2.

Hürden ihres Herkunftslandes zu umgehen. Da der Entscheidung auch dann nicht die Anerkennung versagt werden kann, ist damit die Ermöglichung der Ehescheidung zu einem europäischen Rechtsgedanken erwachsen.

Gleichwohl ist zu fragen, ob es der Vorschrift des Art. 9 Abs. 2 Rom III-VO in Ansehung des Art. 10 Rom III-VO überhaupt bedurfte, denn dieser Fall wird ja durch Art. 10 Rom III-VO mit aufgefangen.[8] Es kann auch nicht dem Gedanken der Vorzug gegeben werden, dass der Normgeber auch für diesen Fall den Vorrang der Rechtswahl verankern wollte,[9] denn diese ist im Falle des Art. 10 Rom III-VO belanglos.

III. Vereinbarungsschranke

3 Die Ehegatten haben es auch nicht in der Hand, durch Rechtswahl die Unscheidbarkeit ihrer (getrennten) Ehe zu vereinbaren. Siehe dazu Art. 10 Rom III-VO. Es bleibt festzustellen, dass sich der Normzweck des Art. 9 Abs. 2 Rom III-VO darin erschöpft, die Abweichung von Abs. 1 zu formulieren.

Artikel 10 Anwendung des Rechts des Staates des angerufenen Gerichts

Sieht das nach Artikel 5 oder Artikel 8 anzuwendende Recht eine Ehescheidung nicht vor oder gewährt es einem der Ehegatten aufgrund seiner Geschlechtszugehörigkeit keinen gleichberechtigten Zugang zur Ehescheidung oder Trennung ohne Auflösung des Ehebandes, so ist das Recht des Staates des angerufenen Gerichts anzuwenden.

1 Die Norm sieht zwei verschiedene Tatbestände vor, nämlich:

- Das anzuwendende Recht kennt keine Scheidung;[1] oder
- Das anzuwendende Recht benachteiligt Geschlechter.

Die Vorschrift gilt sowohl für das gewählte Recht als auch für das subsidiär mangels Rechtswahl anzuwendende Recht.

Man wird die beiden Alternativen abweichend von Althammer/Tolani[2] als Inhaltskontrolle der Rechtswahl bezeichnen dürfen. Der Begriff „Inhaltskontrolle des kollisionsrechtlichen Sachrechts" erscheint als missglückt. Ein besonderer Inlandsbezug ist – über die internationale Zuständigkeit hinaus – nicht erforderlich.[3]

I. Keine Scheidungsmöglichkeit

2 Die Norm des Art. 10 Rom III-VO darf nur angewendet werden, wenn das gewählte oder das mangels Rechtswahl anzuwendende Recht überhaupt keine Scheidung kennt. Andere oder schwerere Gründe rechtfertigen die Anwendung

---

8 Unbefriedigend Althammer/Tolani Rom III-VO Art. 9 Rn. 6, der auf die Einheit abstellen will, wo es sie gerade nicht gibt.

9 Zu weit gegriffen erscheint der Gedanke von Palandt/Thorn Rom III-VO Art. 9 Rn. 2, der die Eheschließungsfreiheit der Kontinuität vorgehen lässt, was die Scheidung nötig mache.

1 Althammer/Tolani Rom III-VO Art. 10 Rn. 1 nennen dies einen speziellen ordre public, der eine Inhaltskontrolle des kollisionsrechtlichen Sachrechts bewirke.

2 Althammer/Tolani Rom III-VO Art. 10 Rn. 1.

3 Palandt/Thorn Rom III-VO Art. 10 Rn. 2.

der lex fori nicht.[4] Ob Art. 12 Rom III-VO für diesen Fall Auswege eröffnet, wäre dort zu prüfen.

II. Geschlechterdiskriminierung

Die Norm will allen Bürgern den gleichberechtigten Zugang zu den Gerichten garantieren und sieht deshalb zur Vermeidung von Diskriminierung wegen des Geschlechts vor, dass an Stelle eines gewählten oder anwendbaren Rechts das Recht des Gerichtsstaates anzuwenden ist. Hier ist als praktischer Anwendungsfall an islamische Staaten zu denken, deren Recht als Drittstaatenrecht auch in Betracht kommt. Das ist als spezieller **„europäischer ordre public"** einzustufen.[5]

Die Diskussion ist noch im Fluss. Es geht um zwei Fragen:

1. Muss die lex fori angewendet werden oder kann sie angewendet werden. Art. 10 erklärt eindeutig: das befasste Gericht hat keine Wahl, es muss sein eigenes Recht anwenden.[6] Der gleichberechtigte Zugang zum Recht ist somit ein Grundrecht. Vorbei sind die unseligen Zeiten, in denen deutsche Gerichte meinten, sie müssten den dreimaligen talaq aussprechen lassen, um eine gültige Scheidung nach islamischem Recht zu bewirken.[7]

2. Ist die Geschlechterdiskriminierung abstrakt maßgeblich oder muss sie konkret in einem Nachteil vorliegen? Meist ist es so, dass die Frau in islamischen Rechtsordnungen sich zwar auch scheiden lassen kann, dann aber ihren Anspruch auf die Morgengabe verliert. Lässt der Mann sich scheiden, muss er die Morgengabe bezahlen.[8] Die Frage ist also, ob ein konkreter Schaden vorliegen muss[9] oder ob die abstrakte Benachteiligung ausreicht, um Art. 10 Rom III-VO anzuwenden. Der Meinung, es komme auf die konkrete Benachteiligung an, kann sich der Verfasser nicht anschließen. Denn einerseits hätte der Normgeber dies auch zum Ausdruck bringen können, tat es jedoch nicht. Und andererseits wird der Tatrichter schlicht überfordert, wenn er zu Beginn des Verfahrens abschätzen soll, ob ein konkreter Nachteil eintreten wird.

Artikel 11 Ausschluss der Rück- und Weiterverweisung

Unter dem nach dieser Verordnung anzuwendenden Recht eines Staates sind die in diesem Staat geltenden Rechtsnormen unter Ausschluss derjenigen des Internationalen Privatrechts zu verstehen.

Die Rechtswahl ist ebenso wie die Bestimmung des anwendbaren Rechts in Art. 8 Rom III-VO eine Sachnormverweisung und schließt die Verweisung auf IPR-Normen aus.

Der Sinn der Norm liegt jedoch tiefer. Es geht darum, dass in **einem** Raum der Sicherheit und des Rechts[1] der Mobilität der Menschen und dem Abbau von

---

4 Palandt/Thorn Rom III-VO Art. 10 Rn. 2, Althammer/Tolani Rom III-VO Art. 10 Rn. 2.
5 Siehe dazu auch Egrund 24.
6 Palandt/Thorn Rom III-VO Art. 10 Rn. 3.
7 Deshalb wird die Norm als eindeutig gegen den Islam gerichtet kritisiert. S. Palandt/Thorn Rom III-VO Art. 10 Rn. 3.
8 Siehe dazu grundlegend Rieck, Personenstand und Islam in Deutschland, Leipziger Beiträge zur Orientforschung, Heft 34, Beiträge zum Islamischen Recht XI 2016 S. 89 ff.
9 So Althammer/Tolani Rom III-VO Art. 10 Rn. 4.
1 Egrund 1.

Hemmnissen entsprochen werden soll. Wenn heftig kritisiert wird, es werde tief und umwälzend in die nationalen Rechte eingegriffen,[2] so ist zu fragen, was daran so schlecht ist. Es gilt eben, alte Zöpfe abzuschneiden. Meist ist das Ergebnis ja dasselbe wie bei Rückverweisung.[3] Der Verfasser vermag dieser Kritik nicht zu folgen, zumal den Mehrrechtsstaaten in Art. 14 Rom III-VO Rechnung getragen wurde. Siehe dort.

Artikel 12   Öffentliche Ordnung (Ordre public)

Die Anwendung einer Vorschrift des nach dieser Verordnung bezeichneten Rechts kann nur versagt werden, wenn ihre Anwendung mit der öffentlichen Ordnung (Ordre public) des Staates des angerufenen Gerichts offensichtlich unvereinbar ist.

1   Die Norm birgt Anlässe zu erheblichen Diskussionen. Dies umso mehr, als der Begriff des ordre public nicht umschrieben ist.[1] Fraglich ist auch, ob es möglich ist, „eine Begriffsprägung durch den EuGH" zu konstatieren.[2] Bei dem von Althammer/Arnold herangezogenen Fall[3] ging es um das Arbeitsrecht.

2   Näheren Aufschluss über das Verständnis des Normgebers vom ordre public im Sinne dieser VO geben die Erwägungsgründe 16 und 25. Danach ist stets der ordre public verletzt, wenn die Anwendung einer Norm, die ja auch die eines Drittstaates sein kann, mit den Grundrechten unvereinbar ist, wie sie durch die Verträge und durch die Charta der Grundrechte der Europäischen Union anerkannt werden.[4] Die Anwendung des ordre public darf jedoch nicht dazu führen, eine Norm auszuschließen, wenn dies die Charta der Grundrechte der Europäischen Union und insbesondere deren Art. 21 (Diskriminierungsverbot)[5] verletzen würde.

3   Anwendungsfälle werden sein können: Völlige Unscheidbarkeit nach dem anwendbaren Recht,[6] Ungleichheit der Scheidungsgründe und Mangel des gleichen Zugangs zum Recht,[7] Scheidungsstrafen,[8] Gesetzesumgehung.[9] Eine solche ist bei Muslimen sehr beliebt, etwa wenn zwei Ägypter in Deutschland leben, einer von ihnen in Deutschland die Scheidung beantragt, und der andere unter Verwendung nicht aktueller Adressen, ohne selbst anwesend zu sein, durch einen

---

2   Althammer/Tolani Rom III-VO Art. 11 Rn. 3.
3   Lebten früher zwei Engländer in Hamburg, wurden sie dort nach deutschem Recht kraft Rückverweisung geschieden, heute werden sie es kraft Aufenthalts.
1   Einen allgemeinen ordre public, wie dies Palandt/Thorn Rom III-VO Art. 12 Rn. 1 nennt, gibt es nicht. Der ordre Public ist naturgemäß ein nationaler.
2   Althammer/Arnold Rom III-VO Art. 12 Rn. 2.
3   https://dejure.org/dienste/vernetzung/rechtsprechung?Text=C-.
4   Egrund 16.
5   Egrund 25.
6   Althammer/Arnold Rom III-VO Art. 12 Rn. 21, die darunter auch so lange Trennungsfristen fallen lassen, dass damit die Scheidung nahezu ausgeschlossen ist; Palandt/Thorn Rom III-VO Art. 12 Rn. 3.
7   Zwar war der erste Vorlagebeschluss des OLG München (OLG München 2.6.2015 – 34 Wx 146/14) nicht erfolgreich, jedoch wird man die Fragen des OLG München dem ordre public unterwerfen müssen, da sie auf klarer Ungleichbehandlung der Geschlechter beruhen.
8   Palandt/Thorn Rom III-VO Art. 12 Rn. 3.
9   Palandt/Thorn Rom III-VO Art. 12 Rn. 3.

Anwalt die Scheidung beantragt, und dabei ein Versäumnisurteil gegen den in Deutschland lebenden Ehegatten ergeht.

Art. 12 wird noch Anlass zu heftigen Diskussionen geben, denen hier nicht einmal annähernd Raum gegeben werden kann. Es wird stets ein Kampf zwischen nur sehr restriktiver Anwendung[10] und Wahrung des wohlverstandenen Rechts[11] zu führen sein.   4

Artikel 13   Unterschiede beim nationalen Recht

Nach dieser Verordnung sind die Gerichte eines teilnehmenden Mitgliedstaats, nach dessen Recht die Ehescheidung nicht vorgesehen ist oder die betreffende Ehe für die Zwecke des Scheidungsverfahrens nicht als gültig angesehen wird, nicht verpflichtet, eine Ehescheidung in Anwendung dieser Verordnung auszusprechen.

Die teilnehmenden Mitgliedstaaten sollen nicht gezwungen sein, Rechtstatbestände anerkennen und Rechtsregeln anwenden zu müssen, die nach ihrer eigenen inneren Ordnung nicht bestehen.[1] Die Norm behandelt zwei Alternativen: 1

1. Es soll nach Art. 5–8 Rom III-VO ein Recht angewendet werden, das die Scheidung kennt, während die lex fori diese nicht kennt. In der Literatur wird dies als obsolet bezeichnet, weil alle Mitgliedstaaten nunmehr die Scheidung kennen.[2]
2. Die Ehe wird nicht als gültig angesehen. Die Literatur nennt diese Bestimmung zu Recht als unklar.[3] Hierfür nennt die Literatur als Anwendungsfall die gleichgeschlechtliche Ehe.[4] Dem kann nicht beigepflichtet werden, denn diese Diskussion lässt den fehlenden Anwendungsbereich (Art. 1 Abs. 2 Rom III-VO) außer Acht. Unverständlich ist auch die Normkritik, die als Normgrund „unterschiedliche Auffassungen in den Mitgliedstaaten vom Institut der Ehe" nennt.[5]

Der Verfasser sieht den Normzweck darin, dass es auch um Ehen aus Drittstaaten gehen kann. So muss der befasste Staat nach Art. 13 Alt. 2 Rom III-VO nichts mitmachen, was ihm wesensfremd ist. Beispielsfälle könnten sein: Die Scheidung der Ehe nach dem Recht von Sri Lanka, das vereinbart sei, per SMS,[6] die Urfi-Ehe,[7] die common law Ehe.[8] Es wird aber auch noch andere Anwendungsfälle geben.

---

10   Althammer/Arnold Rom III-VO Art. 12 Rn. 10.
11   Wobei es nach Althammer/Arnold Rom III-VO Art. 12 Rn. 5 nicht auf die abstrakte sondern nur auf die konkrete Rechtswidrigkeit ankommen soll. Zweifel daran sind angebracht.
1   Es handelt sich nicht um einen Unterfall des ordre public, sondern um die Ablehnung einer wesensfremden Zuständigkeit (Palandt/Thorn Rom III-VO Art. 13 Rn. 1).
2   Palandt/Thorn Rom III-VO Art. 13 Rn. 1; Althammer/Arnold Rom III-VO Art. 13 Rn. 1.
3   Palandt/Thorn Rom III-VO Art. 13 Rn. 2; Althammer/Arnold Rom III-VO Art. 13 Rn. 3.
4   Palandt/Thorn Rom III-VO Art. 13 Rn. 2; Althammer/Arnold Rom III-VO Art. 13 Rn. 3.
5   Althammer/Arnold Rom III-VO Art. 13 Rn. 5 am Anfang.
6   http://366225.forumromanum.com/member/forum/entry_ubb.user_366225.1179643366.1104785235.1104785235.1.arabische_maenner_lassen_sich_per_sms_scheiden-sri_lanka_news.html.
7   Siehe dazu Rieck, Leipziger Beiträge zur Orientforschung, Heft 34, Beiträge zum Islamischen Recht XI 2016 S. 89 ff.
8   Siehe dazu näher Rieck/Rieck, AuslFam, USA Rn. 10.

Artikel 14 Staaten mit zwei oder mehr Rechtssystemen – Kollisionen hinsichtlich der Gebiete

Umfasst ein Staat mehrere Gebietseinheiten, von denen jede ihr eigenes Rechtssystem oder ihr eigenes Regelwerk für die in dieser Verordnung geregelten Angelegenheiten hat, so gilt Folgendes:

a) Jede Bezugnahme auf das Recht dieses Staates ist für die Bestimmung des nach dieser Verordnung anzuwendenden Rechts als Bezugnahme auf das in der betreffenden Gebietseinheit geltende Recht zu verstehen;

b) jede Bezugnahme auf den gewöhnlichen Aufenthalt in diesem Staat ist als Bezugnahme auf den gewöhnlichen Aufenthalt in einer Gebietseinheit zu verstehen;

c) jede Bezugnahme auf die Staatsangehörigkeit betrifft die durch das Recht dieses Staates bezeichnete Gebietseinheit oder, mangels einschlägiger Vorschriften, die durch die Parteien gewählte Gebietseinheit oder, mangels einer Wahlmöglichkeit, die Gebietseinheit, zu der der Ehegatte oder die Ehegatten die engste Verbindung hat bzw. haben.

1 Beachte zur Unterscheidung zwischen Art. 14 und Art. 15 Rom III-VO, dass es bei Art. 14 Rom III-VO um räumlich spezifizierte Gebietseinheiten geht, während es bei Art. 15 Rom III-VO um die interpersonale Anknüpfung, also um personenbezogene Eigenschaften geht, wie zB die Religion.

Beispiele für solche Staaten mit mehreren Gebietseinheiten gibt es insbesondere bei Drittstaaten (die hier ebenfalls angesprochen sind) wie die USA[1] oder Kanada,[2] Mexiko,[3] aber auch in Europa mit dem Vereinigten Königreich (England und Wales,[4] Nordirland, Schottland).[5] In Spanien ist die Ehe dem Bundesrecht unterworfen und Foralrechte greifen insoweit nicht ein,[6] sondern behandeln meist nur das Güterrecht und das Erbrecht. Auch die Niederlande[7] haben ein territorial gespaltenes Recht.

Die praktische Auswirkung des Art. 14 besteht darin, dass keine internen Kollisionsregeln mehr befragt werden, sondern dass eine Verweisung von früher USA nunmehr als Verweisung auf Texas gilt, und dass bei einer Rechtswahl das Teilrechtsgebiet unmittelbar gewählt wird. Das kann jedoch zu erheblichen Anerkennungsproblemen führen, wenn etwa die continuing jurisdiction[8] nicht beachtet wird.

---

1 Siehe Rieck/Rieck, AuslFam, USA.
2 Dazu Rieck/Hewel, AuslFam, Kanada.
3 Rieck/Pareja de Conrad, AuslFam, Mexico.
4 Rieck/Woelke, AuslFam, England und Wales.
5 Rieck/Voigt, AuslFam, Schottland. Das schottische Recht ist stärker als das englische Recht vom römischen Recht beeinflusst.
6 Rieck/Adam/Feu/Perona, AuslFam, Spanien Rn. 1.
7 http://deutschland.nlbotschaft.org/you-and-netherlands/die-niederlande-auf-einen-blick/sta at-und-verwaltung/das-konigreich-der-niederlande-ein-reich-vier-lander-%E2%80%93-in-europa-und-in-der-karibik.html.
8 Rieck/Rieck, AuslFam, USA Rn. 56.

Artikel 15 Staaten mit zwei oder mehr Rechtssystemen – Kollisionen hinsichtlich der betroffenen Personengruppen

[1]In Bezug auf einen Staat, der für die in dieser Verordnung geregelten Angelegenheiten zwei oder mehr Rechtssysteme oder Regelwerke hat, die für verschiedene Personengruppen gelten, ist jede Bezugnahme auf das Recht des betreffenden Staates als Bezugnahme auf das Rechtssystem zu verstehen, das durch die in diesem Staat in Kraft befindlichen Vorschriften bestimmt wird. [2]Mangels solcher Regeln ist das Rechtssystem oder das Regelwerk anzuwenden, zu dem der Ehegatte oder die Ehegatten die engste Verbindung hat bzw. haben.

Bei Art. 15 geht es um die interne interpersonale Rechtsspaltung, die in erster   1
Linie an die Religion anknüpft.[1] Auch hier sollen die internen Kollisionsregeln nicht mehr angerufen sein, sondern das sich aus diesen ergebende Recht unmittelbar berufen sein.

Die Vorschrift betrifft zwar überwiegend Drittstaaten, jedoch sollte nicht übersehen werden, dass auch Griechenland in den östlichen Landesteilen diese interpersonale Spaltung kennt.[2]

Artikel 16 Nichtanwendung dieser Verordnung auf innerstaatliche Kollisionen

Ein teilnehmender Mitgliedstaat, in dem verschiedene Rechtssysteme oder Regelwerke für die in dieser Verordnung geregelten Angelegenheiten gelten, ist nicht verpflichtet, diese Verordnung auf Kollisionen anzuwenden, die allein zwischen diesen verschiedenen Rechtssystemen oder Regelwerken auftreten.

Der Zweck der Norm ist selbsterklärend. Hierin kommt der Grundsatz zum   1
Ausdruck, dass die Union die Eigenheiten der Mitgliedstaaten achtet.

Kapitel III
Sonstige Bestimmungen

Artikel 17 Informationen der teilnehmenden Mitgliedstaaten

(1) Die teilnehmenden Mitgliedstaaten teilen bis spätestens zum 21. September 2011 der Kommission ihre nationalen Bestimmungen, soweit vorhanden, betreffend Folgendes mit:
a) die Formvorschriften für Rechtswahlvereinbarungen gemäß Artikel 7 Absätze 2 bis 4, und
b) die Möglichkeit, das anzuwendende Recht gemäß Artikel 5 Absatz 3 zu bestimmen.

Die teilnehmenden Mitgliedstaaten teilen der Kommission alle späteren Änderungen dieser Bestimmungen mit.

---

1 Palandt/Thorn Rom III-VO Art. 15 Rn. 1.
2 Siehe dazu Rieck, Leipziger Beiträge zur Orientforschung, Heft 34, Beiträge zum Islamischen Recht XI 2016 S. 89 ff.

(2) Die Kommission macht die nach Absatz 1 übermittelten Informationen auf geeignetem Wege, insbesondere auf der Website des Europäischen Justiziellen Netzes für Zivil- und Handelssachen, öffentlich zugänglich.

1 Der Rechtsanwender soll auf eine Informationsplattform der EU zugreifen können. Dazu müssen die Informationen zusammengetragen werden.[1]

Artikel 18 Übergangsbestimmungen

(1) Diese Verordnung gilt nur für gerichtliche Verfahren und für Vereinbarungen nach Artikel 5, die ab dem 21. Juni 2012 eingeleitet beziehungsweise geschlossen wurden.

Eine Rechtswahlvereinbarung, die vor dem 21. Juni 2012 geschlossen wurde, ist ebenfalls wirksam, sofern sie die Voraussetzungen nach den Artikeln 6 und 7 erfüllt.

(2) Diese Verordnung lässt Rechtswahlvereinbarungen unberührt, die nach dem Recht eines teilnehmenden Mitgliedstaats geschlossen wurden, dessen Gerichtsbarkeit vor dem 21. Juni 2012 angerufen wurde.

1 Unter Einleitung gerichtlicher Verfahren im Sinne des Abs. 1 ist auch die Einleitung von Verfahren vor zuständigen Behörden zu verstehen. Einleitung von Verfahren bedeutet Anrufung des Gerichts.[1] Soweit die Meinung vertreten wird,[2] dass es bei der Anerkennung auf die Einleitung des Anerkennungsverfahrens ankomme, ist dem zu widersprechen, da die VO nicht für die Anerkennung ausländischer Scheidungen gilt.

2 Soweit früher getroffene Rechtswahlvereinbarungen gelten, sofern sie den Art. 5–7 Rom III-VO entsprechen, ist eine feine Unterscheidung zu machen: in Abs. 2 geht es um Rechtswahlvereinbarungen, die in Mitgliedstaaten vor dem 21.6.2012 getroffen wurden. Soweit in Abs. 2 die Bezugnahme auf Art. 5–7 VO nicht enthalten ist, soll das ein Redaktionsversehen sein.[3] Dem vermag nicht zugestimmt zu werden. Es ist der Lesart der Vorzug zu geben, wonach die früheren Rechtswahlvereinbarungen gültig sind, wenn sie entweder den Art. 5–7 Rom III-VO entsprechen oder nach dem Recht des teilnehmenden Mitgliedstaates, in dem sie geschlossen wurden, gültig waren.

Artikel 19 Verhältnis zu bestehenden internationalen Übereinkommen

(1) Unbeschadet der Verpflichtungen der teilnehmenden Mitgliedstaaten gemäß Artikel 351 des Vertrags über die Arbeitsweise der Europäischen Union lässt diese Verordnung die Anwendung internationaler Übereinkommen unberührt, denen ein oder mehrere teilnehmende Mitgliedstaaten zum Zeitpunkt der Annahme dieser Verordnung oder zum Zeitpunkt der Annahme des Beschlusses gemäß Artikel 331 Absatz 1 Unterabsatz 2 oder 3 des Vertrags über die Arbeitsweise der Europäischen Union angehören und die Kollisionsnormen für Ehescheidung oder Trennung ohne Auflösung des Ehebandes enthalten.

---

1 Siehe Egrund 17.
1 Palandt/Thorn Rom III-VO Art. 18 Rn. 1.
2 Henrich FamRZ 2013, 1485.
3 Althammer/Mayer Rom III-VO Art. 18 Rn. 3; Palandt/Thorn Rom III-VO Art. 18 Rn. 1.

(2) Diese Verordnung hat jedoch im Verhältnis zwischen den teilnehmenden Mitgliedstaaten Vorrang vor ausschließlich zwischen zwei oder mehreren von ihnen geschlossenen Übereinkommen, soweit diese Bereiche betreffen, die in dieser Verordnung geregelt sind.

Die Vorschrift bestimmt den Vorrang der VO in den Bereichen, die den Anwendungsbereich dieser VO betreffen (Abs. 2). Im Übrigen wird die Anwendung internationaler Übereinkommen durch die VO nicht berührt. Freilich gelten zumindest für Deutschland kaum internationale Vereinbarungen, die den Regelungsbereich der VO betreffen.[1] **1**

Soweit hier das deutsch-iranische Niederlassungsabkommen[2] zu zitieren wäre, ist jedoch festzustellen, dass dieses nur selten mit dieser VO kollidiert.[3] **2**

Artikel 20 Revisionsklausel

(1) [1]Die Kommission legt dem Europäischen Parlament, dem Rat und dem Europäischen Wirtschafts- und Sozialausschuss spätestens zum 31. Dezember 2015 und danach alle fünf Jahre einen Bericht über die Anwendung dieser Verordnung vor. [2]Dem Bericht werden gegebenenfalls Vorschläge zur Anpassung dieser Verordnung beigefügt.

(2) Die teilnehmenden Mitgliedstaaten übermitteln der Kommission zu diesem Zweck sachdienliche Angaben betreffend die Anwendung dieser Verordnung durch ihre Gerichte.

Kapitel IV
Schlussbestimmungen

Artikel 21 Inkrafttreten und Geltungsbeginn

Diese Verordnung tritt am Tag nach ihrer Veröffentlichung im Amtsblatt der Europäischen Union in Kraft.

Sie gilt ab dem 21. Juni 2012, mit Ausnahme des Artikels 17, der ab dem 21. Juni 2011 gilt.

Für diejenigen teilnehmenden Mitgliedstaaten, die aufgrund eines nach Artikel 331 Absatz 1 Unterabsatz 2 oder Unterabsatz 3 des Vertrags über die Arbeitsweise der Europäischen Union angenommenen Beschlusses an der Verstärkten Zusammenarbeit teilnehmen, gilt diese Verordnung ab dem in dem betreffenden Beschluss angegebenen Tag.

Diese Verordnung ist in allen ihren Teilen verbindlich und gilt gemäß den Verträgen unmittelbar in den teilnehmenden Mitgliedstaaten.

Die VO wurde am 29.12.2010 im Amtsblatt[1] veröffentlicht. Sie ist somit am 30.12.2010 in Kraft getreten.[2] Die VO hat somit an diesem Tag Wirkung er- **1**

---

1 Rieck/Rieck, AuslFam, Internationales Ehe- und Verfahrensrecht Rn. 16.
2 RGBl. 1930 II, 1006.
3 Althammer/Mayer Rom III-VO Art. 19 Rn. 3; Palandt/Thorn Rom III-VO Art. 19 Rn. 1.
1 ABl. L 343/10, 10 ff.
2 http://eur-lex.europa.eu/LexUriServ/LexUriServ.do?uri=OJ:L:2010:343:0010:0016:de: PDF.

langt. Soweit in Abs. 2 die Wirkung ab dem 21.6.2012 bestimmt wird, ist das das Datum, ab dem der Anwendungsbefehl des Gesetzgebers gilt. Für die Auskunftspflichten der teilnehmenden Mitgliedstaaten gilt der Anwendungsbefehl ab dem 21.6.2011.[3]

Die VO ist in allen ihren Teilen verbindlich und gilt unmittelbar in den teilnehmenden Mitgliedstaaten, ohne einer Umsetzung zu bedürfen (Art. 288 Abs. 2 AEUV).[4]

3　Siehe dazu grundlegend Klein, Unmittelbare Geltung, Anwendbarkeit und Wirkung von europ. Gemeinschaftsrecht, 1988, II S. 8, http://europainstitut.de/fileadmin/schriften/119 .pdf.

4　www.europarl.europa.eu/brussels/website/media/Basis/Vertragsartikel/Pdf/Art_288_AEUV .pdf.

Schwerpunktbeitrag 1:
Ehebezogene Zuwendungen

Literatur: *Herr*, Nebengüterrecht, 2013 (mit umfangreichem Rechtsprechungsregister); *Münch*, Ehebezogene Rechtsgeschäfte, 3. Aufl. 2011; *Schulz/Hauß*, Vermögensauseinandersetzung bei Trennung und Scheidung, 6. Aufl. 2015; *Wever*, Vermögensauseinandersetzung der Ehegatten außerhalb des Güterrechts, 6. Aufl. 2014; Familienrechtliche Berechnungssoftware „WinFam", Modul Nebengüterrecht.

I. Einleitung

1. Allgemeines. Ehebezogene Zuwendungen sind Teil des sog Nebengüterrechts. 1
Das Nebengüterrecht wurde von der Rechtsprechung entwickelt, um unerwünschte Ergebnisse zu korrigieren, die insbesondere bei Gütertrennung oder gestörtem Zugewinnausgleich entstehen.

Das kausale schuldrechtliche Verpflichtungsgeschäft ist ein familienrechtlicher Vertrag sui generis, das Erfüllungsgeschäft die Übereignung von Vermögenswerten.

Der familienrechtliche Vertrag sui generis kommt in zwei verschiedenen Formen vor. Ist er auf die Übereignung von Vermögenswerten gerichtet, spricht man von ehebezogener Zuwendung, ist er auf die Erbringung von Arbeitsleistungen gerichtet, vom familienrechtlichen Kooperationsvertrag (siehe Schwerpunktbeitrag 2: Familienrechtlicher Kooperationsvertrag, in diesem Buch).

Diese Verträge werden in der Regel stillschweigend abgeschlossen. Sie beruhen auf der Geschäftsgrundlage des Fortbestands der Ehe. Die Ehegatten gehen, ohne dies ausdrücklich zu formulieren, davon aus, an ihrer Wertschöpfung auch künftig teilzuhaben. Die Existenz des sui generis-Vertrages wird daher erst im Fall der endgültigen Trennung virulent.

2 Häufig wenden sich Ehegatten während der Ehe und ohne ausdrücklich eine Gegenleistung zu verlangen, Vermögenswerte zu. Über die beiderseitigen Motive bestehen idR nur unklare oder rechtlich falsche Vorstellungen. Häufig werden derartige Vermögenstransfers als Schenkung bezeichnet.

Oft steht das **Familienheim** im Mittelpunkt derartiger unbenannter Zuwendungen. Eine künftige gemeinsame Immobilie wird je zur Hälfte im Grundbuch eingetragen oder auf einen Ehegatten allein. Es kommt auch vor, dass eine bereits vorhandene, insbesondere von einem Ehegatten ererbte Immobilie auf das Drängen des anderen zur Hälfte übertragen wird. Häufige Motive sind die Herstellung der Vermögensparität unter den Ehegatten (dann idR hälftige Übertragung) oder die haftungsmäßig günstige Organisation des Familienvermögens (v.a. bei Selbstständigen), um den Zuwendungsgegenstand dem Zugriff von Gläubigern zu entziehen (dann idR Alleineigentum).[1] Steuerliche Ziele (Verlagerung von Einkommensquellen hinsichtlich der Einkommensteuer, Schaffen zusätzlicher Freibeträge durch Kettenschenkungen in Vorbereitung der Übergabe an gemeinsame Abkömmlinge bezüglich der Erbschaft-/Schenkungsteuer) sind ebenfalls Anlass für unbenannte Zuwendungen; weiterhin die zweckmäßigere Verteilung von Ehegattenvermögen zur Vermögensbildung des nicht erwerbstätigen Ehegatten, zu dessen Alterssicherung oder zur Verbesserung der erbrechtlichen Stellung gegenüber einseitigen Kindern.

3 Allen Fällen gemeinsam ist die meist unausgesprochene Erwartung, den Zuwendungsgegenstand im Rahmen der (weiter)bestehenden ehelichen Lebensgemeinschaft mitnutzen zu können: die Übertragung erfolgt zur Ausgestaltung, Verwirklichung, Erhaltung oder Sicherung der ehelichen Lebensgemeinschaft. Der zuwendende Ehegatte geht davon aus, dass die eheliche Lebensgemeinschaft Bestand haben und er innerhalb dieser Gemeinschaft am Vermögenswert und dessen Früchten weiter partizipieren werde.[2]

Die endgültige Trennung der Ehegatten bewirkt zweierlei. Zum einen können ab dann Vermögenstransfers nicht mehr auf der Geschäftsgrundlage des Fortbestands der Ehe erfolgen, weil ein entsprechendes Vertrauen nicht mehr existiert. Zum anderen kann durch die Trennung der Ausgleichsanspruch wegen ehebezogener Zuwendung ausgelöst werden.

Leben die Ehegatten noch nicht getrennt, ist die Ehe aber gleichwohl endgültig gescheitert („am Ende"), kommen ehebezogene Zuwendungen ebenfalls nicht mehr in Betracht. Hier kommt eine ehebezogene Schenkung unter Anwendung von ebenfalls § 313 in Betracht.[3]

---

1 BGHZ 142, 137 (148); BGH FamRZ 1989, 599; 1990, 600 (601); 1997, 933; OLG Brandenburg 17.12.2008 – 13 U 17/08; OLG Düsseldorf FamRZ 1990, 945; OLG Düsseldorf NJW-RR 2003, 1513; OLG Hamm FamRZ 2001, 1075; OLG Hamm 21.9.2010 – I-25 U 58/08; 12.10.2010 – 25 U 58/08.
2 BGH 19.9.2012 – XII ZR 136/10.
3 BGH FamRZ 2012, 1363 bzw. 1623.

Ausdrückliche Regelungen zur **Störfallvorsorge**[4] werden nur ausnahmsweise getroffen. Scheitert die Ehe später, so möchte der einst Großzügige die Zuwendung idR zurück. Die Analyse, welchen Zwecken die Zuwendung gedient hat oder hätte dienen sollen, wird oft erst bei dieser Auseinandersetzung nachgeholt.[5]   4

Ob der begünstigte Ehegatte die Zuwendung (ganz oder teilweise) behalten   5
darf, oder ob er zur Rückgabe verpflichtet ist, und wenn ja, in welcher Form –
dingliche **Rückgewähr** oder lediglich **Wertersatz** –, ob er dann seinerseits Wertersatz verlangen kann, hängt von der rechtlichen Einordnung der Zuwendung, der Abgrenzung von Verkehrsgeschäften (Kaufvertrag, Darlehen, Treuhandgeschäfte/Auftrag) und Schenkung einerseits und vom Verhältnis zum Ehegüterrecht andererseits ab.

2. Rechtsgeschichte. Bis Anfang der 70er-Jahre wendete die Rechtspraxis auf al-   6
le Zuwendungen unter Ehegatten hinsichtlich Voraussetzungen und Rechtsfolgen unterschiedliche Anspruchsgrundlagen an, insbesondere Auftragsrecht,[6] um dem benachteiligten Ehegatten zu einem Anspruch zu verhelfen.

Dann hat der Bundesgerichtshof rechtsfortbildend in Anlehnung an Lieb[7] in der   7
„**unbenannten Zuwendung**" einen neuen Rechtsgeschäftstyp geschaffen, weil die Voraussetzungen für Rückgewähransprüche nach §§ 527 ff. als zu eng erschienen[8] und die Einordnung einer Zuwendung des Geldeinkommen erzielenden Ehemannes an die sich der Familienarbeit widmende „nicht arbeitende" Ehefrau als großzügige Schenkung darüber hinaus nicht mehr mit dem gewandelten gesellschaftlichen Eheverständnis – den Gedanken der Gleichberechtigung, Partnerschaft, Emanzipation und Teilhabegerechtigkeit – vereinbar schien.[9] Stattdessen wollte man sie als „**Beitrag zur finanziellen Verwirklichung einer partnerschaftlichen Ehe**" oder „vorweggenommenen Zugewinnausgleich" verstehen.[10]

Die Terminologie war insbesondere in der Rechtsprechung des Bundesgerichts-   8
hofs von Anfang an uneinheitlich. Wurde zunächst nur von „Zuwendung" gesprochen,[11] hieß es danach „unbenannte" Zuwendung,[12] ehebedingte Zuwendung[13] und ehebezogene Zuwendung.[14] Wurden in vielen Entscheidungen zwei oder alle drei Bezeichnungen verwendet, heißt es in den letzten Entscheidungen ausschließlich „unbenannte Zuwendung".[15] Die Begriffe sind zwar synonym, jedoch ist, der Empfehlung des Arbeitskreises 18 des Deutschen Familiengerichts-

---

4 Ausführlich dazu zB Münch, Ehebezogene Rechtsgeschäfte, Rn. 1110 ff.
5 Jaeger, Zur rechtlichen Deutung ehebezogener (sog unbenannter) Zuwendungen und zu
    ihrer Rückabwicklung nach Scheitern der Ehe, DNotZ 1991, 433.
6 Herr, Nebengüterrecht, Rn. 37.
7 Lieb, Die Ehegattenmitarbeit im Spannungsfeld zwischen Rechtsgeschäft, Bereicherungs-
    ausgleich und gesetzlichem Güterstand, 1970, S. 124; BGH FamRZ 1982, 246 (247).
8 BGH FamRZ 1972, 201 = NJW 1972, 580; Wever Rn. 402.
9 Koch, Entgeltlichkeit in der Ehe, FamRZ 1995, 321 (326).
10 Kollhosser, Ehebezogene Zuwendungen und Schenkungen unter Ehegatten, NJW 1994,
    2313 (2315).
11 BGH FamRZ 1972, 201; 1974, 592; BGHZ 65, 320; 68, 299.
12 BGHZ 82, 227.
13 BGH MDR 1988, 655.
14 BGH FamRZ 1990, 855.
15 BGH FamRZ 2013, 296; BGH VersR 2013, 302; BGH FamRZ 2013, 1030; 2014, 784;
    2015, 490.

tages 2015[16] folgend, „ehebezogene" Zuwendung richtig, da die Zuwendung idR keineswegs unbenannt ist, sondern (falsch) als Schenkung bezeichnet wird und dieses nicht unter einer Bedingung iSd § 158 erfolgt, sondern auf einer Geschäftgrundlage.

9 Nach mittlerweile ständiger Rechtsprechung des Bundesgerichtshofes liegt eine ehebezogene Zuwendung vor, wenn ein Ehegatte dem anderen einen Vermögenswert um der Ehe willen und als **Beitrag zur Verwirklichung und Ausgestaltung, Erhaltung oder Sicherung der ehelichen Lebensgemeinschaft** zukommen lässt, wobei er die Vorstellung oder Erwartung hegt, dass die eheliche Lebensgemeinschaft Bestand haben und er innerhalb dieser Gemeinschaft am Vermögenswert und dessen Früchten weiter teilhaben werde. Darin liegt die Geschäftsgrundlage der Zuwendung.[17]

10 In der Literatur ist der Rechtsgeschäftstypus „ehebezogene Zuwendung" umstritten.[18] Dies betrifft jedoch nur die dogmatische Konstruktion und die nicht überzeugenden Unterschiede zur konkludenten Ehegatteninnengesellschaft und nicht das Ergebnis, einen Vermögensausgleich zu ermöglichen, wo ein Zugewinnausgleich insbesondere wegen Gütertrennung oder atypischer Störungen (insbesondere Verbrauch des Anfangsvermögens des Zuwendenden) nicht möglich ist.

11 Da aber auch unter Ehegatten echte Schenkungen und andere Rechtsgeschäfte nach wie vor möglich sind,[19] kommt der Abgrenzung entscheidende Bedeutung zu.

II. Begriff der Zuwendung

12 Nicht jeder Vermögensvorteil eines Ehegatten, an dem der andere Ehegatte mitgewirkt hat, ist „Zuwendung", weder im Sinne des Schenkungsrechts (§ 516 Abs. 1), noch nach der von der Rechtsprechung geprägten Rechtsfigur der ehebedingten Zuwendung. Eine „Zuwendung" liegt nur vor, wenn eine Vermögenssubstanz dergestalt übertragen wird, dass sich das Vermögen des Zuwendenden mindert, das des Zuwendungsempfängers mehrt,[20] zB durch Geldzahlung (für die Anschaffung einer Immobilie, den Aufbau eines Handelsgeschäftes oder einer Kanzlei/Praxis), Übertragen oder Belassen von beweglichen Gegenständen, Immobilien oder Rechten.

13 Die typischen Fälle lassen sich im Wesentlichen in **fünf Fallgruppen** einteilen:[21]

- Zuwendungen rund ums **Familienheim**: zB die Verschaffung von (Mit-)Eigentum an der Familienheim-Immobilie, Investitionen in das nicht oder nicht ganz im eigenen Eigentum stehende Familienheim; Übertragung

---

16 Brühler Schriften zum Familienrecht, Bd. 19, 2016, S. 176.
17 Beispielhaft: BGH FamRZ 2006, 1022 mwN.
18 Umfassend zum Nebengüterrecht insoweit Herr, Kritik der konkludenten Ehegatteninnengesellschaft, 2008; Koch FamRZ 1995, 321; Schotten, Die ehebedingte Zuwendung, ein überflüssiges Rechtsinstitut?, NJW 1990, 2841; MK/Gernhuber Vor § 1361 Rn. 18 ff.
19 Schulz/Hauß, Vermögensauseinandersetzung, Rn. 1558, 1616: „... können im Grunde nur noch Geburtstags-, Weihnachts- und andere Gelegenheitsgeschenke als „echte" Geschenke behandelt werden".
20 Wever Rn. 404 mit zahlreichen weiteren Beispielen.
21 BGH MittBayNot 1990, 178 (181 f.) mAnm Frank; Münch Rn. 1114; vgl. die ausführliche Zusammenfassung zusprechender und ablehnender Entscheidungen bei Herr, Nebengüterrecht, S. 206–212.

Brandt/Herr

von Miteigentumsanteilen am Familienwohnheim; Finanzierung des Eigentumserwerbs, aber nur hinsichtlich des Tilgungs-, nicht hinsichtlich des Zinsanteils;[22]

■ Zuwendungen an einen Ehegatten zu dessen Altersvorsorge; die Übertragung von Vermögensobjekten zur **haftungsgünstigen Verteilung des Vermögens** desjenigen Ehegatten, der den größeren Haftungsrisiken/erbrechtlichen Risiken ausgesetzt ist zwecks Sicherung der Wirtschaftsgrundlage der Ehe und Familie;

■ Zuwendungen an einen Ehegatten zur **allgemeinen – auch gemeinsamen – Vermögensbildung** durch Investition nur eines Ehegatten (auch und gerade zur Kompensation bei Vereinbarung der Gütertrennung oder Modifikationen der Zugewinngemeinschaft) oder Zuwendungen an einen Ehegatten für Investitionen in dessen **Unternehmen oder zum Aufbau von dessen eigener beruflicher Existenz;**

■ Vermögensübertragungen aus steuerlichen Gründen.

Weil es schon an einer Zuwendung im vorgenannten Sinn fehlt, **kommen Rückgewähransprüche** aus der Rechtsfigur der ehebedingten Zuwendung nach gescheiterter Beziehung in folgenden Gestaltungen **nicht infrage:** 14

■ Vermögensmehrungen beim Ehepartner durch Investition von Arbeitskraft und -zeit;[23]

■ bloße Mithaftung für Darlehen (ohne tatsächliche Inanspruchnahme);[24]

■ bloßes Stellen dinglicher Sicherheit;

■ Tilgung gemeinsamer gesamtschuldnerischer Verbindlichkeiten;[25]

■ Erträge aus ehebezogenen Zuwendungen (zB Zinsvorteile aus Geldzuwendungen, Mieterträge aus Wohnung);[26]

■ Einzahlungen auf das Einzelkonto des Ehepartners;

■ Steuererstattungen.[27]

III. Abgrenzung

Ein Rückgewähr- bzw. (Wert-)Ausgleichsanspruch unter Ehegatten hängt nach 15
Voraussetzungen und Rechtsfolgen entscheidend von der dogmatischen Einordnung, dh der Zuordnung zu oder Abgrenzung von gesetzlich normierten Rechtsgeschäften ab.[28]

Zuwendungen von Ehegatten, die nicht als Schenkung, Auftrag oder Darlehen 16
eingeordnet werden können (→ Rn. 25), erfolgen nicht rechtsgrundlos, sondern aufgrund eines **familienrechtlichen Vertrages eigener Art,** der allgemein ausge-

---

22 BGH FamRZ 2012, 1798.
23 BGH NJW 1994, 2545 = FamRZ 1994, 1167; BGH NJW 1982, 2236 ff.; Ausgleichsansprüche aber unter Umständen im Rahmen von Ehegatteninnengesellschaft oder familienrechtlichem Kooperationsvertrag nach denselben Grundsätzen wie bei ehebezogener Zuwendung; dazu Schulz/Hauß, Vermögensauseinandersetzung, Rn. 1685 ff.; Jaeger DNotZ 1995, 674 ff.; Wever Rn. 406; → Rn. 30 ff.
24 BGH FamRZ 1989, 835 = NJW 1989, 1920; OLG Düsseldorf FamRZ 1995, 1148; dazu auch Wever Rn. 377.
25 OLG Bremen FamRZ 1999, 1503 = NJW 2000, 82.
26 BGH NJW 1999, 2962 (2967).
27 OLG Düsseldorf FamRZ 1995, 1148 f.
28 Wever Rn. 407.

richtet ist auf den **Zweck,** die eheliche Lebens- und Versorgungsgemeinschaft auszugestalten[29] (zu Fallgruppen → Rn. 13).

17 **1. Ehebezogene Zuwendung und Schenkung.** Der Vertragsschluss erfolgt idR konkludent uno actu mit dem dinglichen Zuwendungsakt. Dieser Vertrag soll nach hM nicht forderungsbegründend sein, jedoch einen Rechtsgrund für das Behaltendürfen der Leistung schaffen.[30] Bedeutung hat dies, wenn es um die Erfüllung eines Zuwendungsversprechens geht, weil dann die weitere Streitfrage, ob die Formvorschriften des § 518 Abs. 1 analog anzuwenden sind, Bedeutung erlangt. In der Regel würde § 518 Abs. 2 mindestens zur Heilung führen.[31]

18 Die höchstrichterliche Rechtsprechung ordnet nunmehr die ehebezogene Zuwendung ebenso wie die Schenkung als **objektiv unentgeltliches Rechtsgeschäft**[32] ein. Unterschiede sollen danach nur im subjektiven Bereich liegen, weswegen grundsätzlich **Drittschutz** wie bei Schenkungen gewährt wird, dh im Einzelnen:[33]

- Gläubigerschutz: Anfechtungsrechte greifen nach § 134 InsO, § 4 AnfG.[34] Gleiches gilt im Rahmen des Bereicherungsrechts, §§ 816 Abs. 2, 822.
- Erbrecht: §§ 2113 Abs. 2, 2375, 205, 2287, 2288, 2325, 2329.[35]
- Steuerrecht: § 7 Abs. 1 Nr. 1 ErbStG – außer Familienheim § 13 Abs. 1 Nr. 4 a ErbStG.[36]

19 Lediglich **ausnahmsweise** wertet der Bundesgerichtshof Zuwendungen unter Ehegatten im Rahmen einer nach den konkreten Verhältnissen angemessenen Altersversorgung oder zur nachträglichen Vergütung langjähriger Dienste als **entgeltlich.**[37]

20 Die Abgrenzung im subjektiven Bereich erfolgt anhand der **Zweckrichtung** der Zuwendung.[38] Um eine Schenkung handelt es sich dann, wenn nach dem Willen beider Ehepartner aus echter Freigiebigkeit und uneigennützig dem Zuwendungsempfänger zu dessen uneingeschränkter Disposition geleistet wird, ohne die Erwartung weiterer Teilhabe des Zuwendenden und unabhängig vom Fortbestand der Ehe.[39] Letzteres ist das entscheidende Kriterium: Hätte der Zuwendende den Vermögensgegenstand auch dann übertragen, wenn er gewusst hätte, dass die Ehe scheitert? Beim Geber tritt nur eine Entreicherung und nur beim Empfänger eine Bereicherung ein, ohne dass damit zugleich gemeinschaftliche Zwecke verfolgt werden.[40]

---

29 BGH FamRZ 1999, 855; 1982, 910; Jaeger DNotZ 1999, 431 (444 f.); Schwab/Borth IX Rn. 64 f.
30 OLG Schleswig NJW 2007, 508 = FamRZ 2007, 820–823; Wever Rn. 417, noch in der 4. Aufl.; Sandweg, Ehebedingte Zuwendungen und ihre Drittwirkung, NJW 1989, 1965 (1968); aA jetzt Wever Rn. 417.
31 Schulz/Hauß, Vermögensauseinandersetzung, Rn. 1564; Wever Rn. 417 a.
32 Wever Rn. 422, Fn. 77 mzN.
33 Ausführlich dazu: Wever Rn. 423 mzN in Fn. 83.
34 BGH ZNotP 2000, 27; BGH NJW-RR 2001, 6; OLG München DNotI-Report 1997, 82; Münch, Zur Pfändbarkeit von Rückforderungsrechten bei ehebedingten Zuwendungen, FamRZ 2004, 1329.
35 BGHZ 116, 167 = NJW 1992, 564.
36 Schulz/Hauß, Vermögensauseinandersetzung, Rn. 1561.
37 BGH NJW 1992, 564.
38 Wever Rn. 420.
39 OLG Schleswig NJW-RR 2007, 93; Wever Rn. 419.
40 Jaeger DNotZ 1991, 431 (440).

Auch noch in der Ehekrise sind ehebezogene Zuwendungen denkbar, wenn dadurch die Ehe stabilisiert werden soll, nicht aber wenn Zuwendungen mit Rücksicht auf ein bevorstehendes Scheidungsverfahren erfolgen.[41] 21

Wenn der Wert von Gelegenheitsgeschenken, wie sie nach den Lebensverhältnissen der Ehegatten üblich sind, überschritten ist und die Zuwendung nicht ausdrücklich als Geburtstags- oder Weihnachtsgeschenk[42] ausgewiesen ist, liegt also eine ehebezogene Zuwendung vor.[43] Nach der Rechtsprechung erfolgt die Übertragung größerer Vermögenswerte in der Ehe regelmäßig **um der Ehe willen und als Beitrag zur Verwirklichung und Ausgestaltung, Erhaltung oder Sicherung der ehelichen Lebensgemeinschaft.**[44] Im Zweifel sei daher von einer ehebedingten Zuwendung auszugehen.[45] Davon weicht der Bundesgerichtshof auch in der Entscheidung vom 28.3.2006[46] nicht ab, wenn dort ausgeführt wird, dass „... von ehebezogener Zuwendung nicht zwangsläufig bei jeder Zuwendung unter Ehegatten ausgegangen werden (kann), die ohne Gegenleistung erfolgt ist. Es sind vielmehr positive Feststellungen dazu erforderlich, dass die in der ständigen Rechtsprechung des Bundesgerichtshofes entwickelten Voraussetzungen vorgelegen haben, die zu einer Würdigung der Zuwendung als ehebezogene Zuwendung führen".[47] Das heißt nicht, dass ein schenkungsrechtlicher Rückgabeanspruch erst dann zu verneinen ist, wenn sich positiv feststellen lässt, dass es sich um eine ehebedingte Zuwendung handelt. Vielmehr ist es ausreichend, dass sich ein Schenkungswille nicht feststellen lässt und damit das Vorliegen einer ehebedingten Zuwendung möglich erscheint.[48] Das hat erhebliche Konsequenzen für die anwaltliche Verteidigung: Soll eine Schenkung vorliegen, muss dazu substantiiert vorgetragen werden.

Die **Bezeichnung des Rechtsgrundes** der Zuwendung durch die Beteiligten selbst 23 – zB in Buchungsunterlagen und Bilanzen[49] – hat nur geringe Beweiskraft. Entscheidend ist der objektive rechtliche Charakter der familieninternen Zahlungsvorgänge (zB, ob bei „Darlehen" ernstgemeinte und verbindliche Rückzahlungspflichten vereinbart sind).

Der Wortwahl in einer notariellen Urkunde kommt für die Beurteilung des 24 rechtsgeschäftlichen Inhalts erhebliches Gewicht zu, weil die Urkunde die Vermutung der Richtigkeit und Vollständigkeit für sich hat.[50] Dies gilt nicht für ältere Urkunden, welche rechtlich unzutreffend den Begriff „Schenkung" verwendeten. Dies schloss eine ehebezogene Zuwendung jedenfalls bis zum Ende der 1960er[51] bzw. für die 1970er-Jahre aufgrund der damaligen rechtlichen Erkenntnisse und des Sprachgebrauchs nicht aus.[52] Die notarielle Praxis änderte

---

41 OLG Schleswig FamRZ 2007, 820–823; Wever Rn. 420.
42 Vgl. AG Bensheim 19.6.2012 – 73 F 190/12 RI.
43 Wever Rn. 420; Schulz/Hauß, Vermögensauseinandersetzung, Rn. 1558.
44 BGH FamRZ 1993, 1297 (1298); 1992, 293 (294); 1990, 600 (601); Wever FamRZ 2006, 1023 (1024) (Anm.).
45 Vgl. auch KG FamRZ 2010, 33.
46 FamRZ 2006, 1022.
47 BGH FamRZ 2006, 1022 (1023) = NJW 2006, 2330.
48 Wever FamRZ 2006, 1023 (1024).
49 ZB OLG Köln FamRZ 2000, 227.
50 BGH FamRZ 2006, 1022 (1023).
51 OLG Düsseldorf NJW-RR 1996, 467 (468).
52 BGH FamRZ 1990, 600 (602); 1992, 293; jeweils mit Hinweis auf BGH NJW 1981, 2687 (2688); OLG Bamberg FamRZ 1996, 1221 (1222); OLG Karlsruhe FamRZ 2001, 1075.

sich erst 1981, als sich die ehebezogene Zuwendung zu einer eigenen Rechtsfigur verselbstständigt hatte.[53]

25 **2. Abgrenzung von Verkehrsgeschäften (Darlehen, Treuhandauftrag). a) Geld- oder Sachdarlehen (§§ 488 ff., 607 ff.).** Wenn Investitionen in das Familienwohnheim im Alleineigentum des Ehegatten erfolgt sind, werden teilweise Rückforderungsansprüche aus Darlehensvertrag geltend gemacht. Die Rechtsprechung stellt aber strenge Anforderungen, weil sich Ehegatten idR Geld oder sonstige Leistungen ohne Erstattung zuwenden.[54] Voraussetzung für einen Rückforderungsanspruch ist, dass ein **eindeutiger diesbezüglicher Rechtsbindungswillen**, v.a. hinsichtlich der Rückgabepflicht zu einem bestimmten Zeitpunkt bzw. nach Kündigung, vorliegt.[55] Die Darlegungs- und Beweislast trägt der vermeintliche Darlehensgeber. Die Bezeichnung durch die Vertragsteile selbst – zB in Buchhaltungs- oder Steuerunterlagen – ist lediglich ein Indiz für die Annahme eines Darlehensverhältnisses, aus weiteren Umständen und der tatsächlichen Durchführung kann sich trotzdem anderes ergeben.[56]

26 **b) Treuhandverhältnisse.** Vermögensverlagerungen unter Ehegatten zur Haftungsvermeidung haben nicht selten einen treuhänderischen Einschlag.[57] Bei echten Treuhandverhältnissen verfügt der Treuhänder nach dem Willen der Vertragsteile nach außen uneingeschränkt über das ihm übertragene Treugut, unterliegt im Innenverhältnis aber Bindungen und ist nach Beendigung des Treuhandverhältnisses – aus Auftragsrecht (§ 667) – zur Rückübertragung auf den Treugeber verpflichtet. Bei Grundstückszuwendungen ist die Treuhandabrede beurkundungspflichtig; Heilung mit Vollzug der Auflassung ist möglich.[58] Der Rückfordernde trägt die Darlegungs- und Beweislast für das Bestehen einer wirksamen Treuhandabrede – dh eine vertraglich begründete Verpflichtung zur Rückübertragung – und die Beendigung des Treuhandverhältnisses.[59] Soweit nicht ausdrückliche Regelungen getroffen sind, ist das Treuhandverhältnis beendet, wenn die Umstände entfallen sind, die zu seiner Begründung geführt haben. Das Scheitern der Ehe reicht jedenfalls dann nicht, wenn ein vom Fortbestand der Ehe unabhängiger Zweck verfolgt wurde, zB Unterhaltssicherung des Treuhänders oder Schutz vor Gläubigern.

27 **3. Ehegatteninnengesellschaft.** Eine Ehegatteninnengesellschaft (vgl. dazu auch Schwerpunktbeitrag 4: Ehegatteninnengesellschaft, in diesem Buch) kann stillschweigend begründet worden sein, wenn Ehegatten durch beiderseitige Leistungen einen **über den typischen Rahmen der ehelichen Lebensgemeinschaft hinausgehenden Zweck** verfolgt haben – zB durch Einsatz von Vermögenswerten und Arbeitsleistung gemeinsam ein Unternehmen oder Immobilienvermögen aufgebaut oder eine berufliche oder gewerbliche Tätigkeit ausgeübt haben – und

---

53 OLG Düsseldorf NJW-RR 1996, 467 (468).
54 OLG Schleswig FamRZ 1988, 165.
55 OLG Karlsruhe FamRZ 2004, 1028 (bei vorehel. Zuwendung); OLG Koblenz FamRZ 2005, 898, mAnm Wever (Darlehen der Schwiegereltern); Wever Rn. 410.
56 OLG Köln FamRZ 2000, 227; Wever Rn. 411.
57 Vgl. dazu Wever Rn. 409, 943 ff.; Schulz/Hauß, Vermögensauseinandersetzung, Rn. 1946 ff.; v.a. unter beurkundungsrechtlichen Gesichtspunkten: Arend, Übertragung zwischen Ehegatten, MittRhNotK 1990, 65 (67).
58 BGH FamRZ 1991, 168 (169).
59 Schulz/Hauß, Vermögensauseinandersetzung, Rn. 1949; Wever Rn. 946 f.

weitere Indizien den Schluss auf einen entsprechenden Rechtsbindungswillen zulassen.[60]

Die Rechtsfigur hat – v.a. auch in der Abgrenzung zur ehebezogenen Zuwendung – neue Bedeutung gewonnen durch die BGH-Entscheidung vom 30.6.1999.[61] Die Lösung über das Gesellschaftsrecht ist v.a. in Betracht zu ziehen, wenn ein Ehegatte absprachegemäß durch Vermögenszuwendungen (Geldoder Sachzuwendungen) oder Mitarbeit zum Aufbau eines Unternehmens oder Immobilienvermögens in erheblicher Weise beigetragen hat.[62] **28**

Wenn eine Ehegatteninnengesellschaft vorliegt, ist eine Zuwendung unter Ehegatten nur als Einlage bei der Auseinandersetzung der BGB-Gesellschaft nach §§ 730 ff. zu berücksichtigen. **29**

Eine besondere Bedeutung der ehebezogenen Zuwendung liegt darin begründet, dass der Bundesgerichtshof Zwecke, deren Verfolgung sich bereits aus der ehelichen Lebensgemeinschaft ergibt, im Rahmen einer konkludenten Ehegatteninnengesellschaft nicht anerkennt. Damit fallen vor allem alle Vermögenstransfers, die mit dem Familienheim zusammenhängen (Kauf, Finanzierung), aus dem Anwendungsbereich heraus[63] und müssen über die ehebezogene Zuwendung gelöst werden.

4. Bereicherungsrecht. Eine Rückabwicklung ehebezogener Zuwendungen über das Bereicherungsrecht wird zu Recht abgelehnt.[64] Sie erfolgen nicht rechtsgrundlos. Vielmehr liegt ihre causa im vorerwähnten idR konkludent abgeschlossenen **familienrechtlichen Vertrag sui generis.** Dieser ist nach wohl noch hA nicht forderungsbegründend, schafft jedoch einen Rechtsgrund für das Behaltendürfen der Leistung.[65] Der Zweck dieses Vertrages kann nach Scheitern der Ehe für die Zukunft nicht mehr erreicht werden, für die Vergangenheit war dies während bestehender Ehe jedoch der Fall. Von Bedeutung ist die Differenzierung nur, wenn die Zuwendung zugesagt, aber nicht erfüllt ist. Folgt man Wever in seiner neuen Ansicht, so stellt sich jedoch die Frage nach der Formbedürftigkeit der ehebezogenen Zuwendung bzw. der analogen Anwendbarkeit von § 518 Abs. 1, die sonst wegen der Heilungsvorschrift des Abs. 2 dahinstehen kann. **30**

---

60 Wever Rn. 413 und 603 ff. mwN aus der Rspr.
61 BGHZ 142, 17 = FamRZ 1999, 1580 = NJW 1999, 2962.
62 Wever Rn. 612.
63 BGH FamRZ 2012, 1789; 1990, 973; 1990, 855; BGH NJW 1974, 1554; OLG Oldenburg DNotZ 1957, 319; KG MDR 1960, 586; OLG Köln DNotZ 1967, 501 (beachte hierzu BGH NJW 1982, 170!); OLG Düsseldorf FamRZ 2009, 1834; OLG Hamm FamRZ 1983, 494 (Leistungen in der Verlobungszeit); 2010, 1737; OLG Hamm 21.9.2010 – I-25 U 58/08; 12.10.2010 – 25 U 58/08; OLG Karlsruhe 27.1.2015 – 20 UF 168/12; OLG Karlsruhe FamRZ 2001, 1075; 2009, 1670; OLG Karlsruhe NJW 2009, 2750; OLG München ErbR 2010, 59; OLG Nürnberg 3.3.2000 – 1 U 4025/98, EzFamR aktuell 2000, 223; nachfolgend BGH FamRZ 2003, 1009; LG Ulm 16.4.2008 – 3 O 225/07.
64 Beispielhaft: BGH FamRZ 1990, 855; BGH NJW 1982, 22 (36); 1982, 1093; Jaeger DNotZ 1991, 431 (451); Wever Rn. 432.
65 OLG Schleswig FamRZ 2007, 820–823; dazu jetzt aA Wever Rn. 417 a; Sandweg NJW 1989, 1965 (1968).

IV. Rückabwicklung von ehebezogenen Zuwendungen

31 **1. Anspruchsgrundlage und deren Tatbestandsmerkmale.** Eine ehebezogene Zuwendung liegt nur vor, wenn **in Erwartung des Bestandes der ehelichen Lebensgemeinschaft geleistet** worden war. Scheitert die Ehe, so entfällt hierfür die Geschäftsgrundlage.[66] Ansprüche auf Rückabwicklung können sich dann aus § 313 (vor der Schuldrechtsreform § 242) ergeben.

32 Tatbestandliche Voraussetzung des § 313 Abs. 1 ist neben dem Wegfall der Geschäftsgrundlage in Gestalt der endgültigen Trennung der Ehegatten, dass dem Vertragspartner **unter Berücksichtigung aller Umstände des Einzelfalles** insbesondere der vertraglichen oder gesetzlichen Risikoverteilung das **Festhalten am unveränderten Vertrag nicht zugemutet** werden kann.

33 Entscheidend für die Zumutbarkeit sind primär der Güterstand und die Frage, ob das gesetzliche Ausgleichssystem des Zugewinnausgleichs nicht bereits zu angemessenen Ergebnissen führt. Daneben sind der einstmals verfolgte individuelle Zweck der Zuwendung (Fallgruppen → Rn. 13)[67] und alle sonstigen Umstände des Einzelfalles abzuwägen und in eine **Gesamtwürdigung** einzustellen, die Beurteilungselemente aus Vergangenheit, Gegenwart und Zukunft berücksichtigt, insbesondere:

- **Art und Umfang** der geleisteten Zuwendungen;
- beim Empfänger dadurch bedingter und in seinem Vermögen noch vorhandener **Wertzuwachs;**
- beiderseitige **Einkommens- und Vermögensverhältnisse** im Zeitpunkt des Scheiterns und deren zu erwartende weitere Entwicklung;
- absolute **Ehedauer** und Ehedauer seit der Zuwendung, die sog Abschreibung (Anspruchsminderung durch Zeitablauf): Ein Wegfall der Geschäftsgrundlage kommt ex post nicht mehr für die sog Eheverweildauer des Zuwendungsgegenstandes in Betracht. Die Einzelheiten und Berechnungsmethoden sind streitig.[68] Die Abschreibung ist von erheblicher praktischer Bedeutung. Auch bei Vorliegen der übrigen Voraussetzungen kann ein Anspruch wegen Zeitablaufs nicht mehr vorliegen.[69] Nachdem der Bundesgerichtshof zur vergleichbaren Rechtsfrage bei Schwiegereltern eine absolute zeitliche Obergrenze abgelehnt hat,[70] ist die von Wever entwickelte Methode zu bevorzugen, wonach die bisherige Eheverweildauer mit der fiktiven Eherestdauer, gemessen an der Lebenserwartung, ins Verhältnis gesetzt wird.[71] Das familienrechtliche Programm WinFam („Gutdeutsch") bietet eine synoptische Berechnung mit allen vertretenen Methoden an.[72]

34 Eheverfehlungen ohne wirtschaftlichen Bezug, die „Schuld" am Scheitern der Ehe[73] oder der Tod des Zuwendenden sind ohne Bedeutung. Auch ein Ehebruch

---

66 Beendigung der Ehe durch Tod führt idR nicht zum Wegfall der Geschäftsgrundlage, insoweit ist das Erbrecht vorrangig; vgl. dazu BGH NJW-RR 1990, 834 (835).
67 Dazu Jaeger DNotZ 1991, 431 (463); kritisch Wagenitz S. 161, 173.
68 Ausführlich Herr, Nebengüterrecht, Rn. 362 ff.
69 Dazu Herr NZFam 2015, 1033.
70 BGH FamRZ 2015, 490.
71 Vgl. Brühler Schriften zum Familienrecht, Bd. 17, 2012, S. 119 f.
72 Pfad: WinFam > neu > Nebengüterrecht > ehebezogene Zuwendung > Abschreibung.
73 Wever Rn. 428 und 464 mwN; differenzierend bei Rücksichtnahme Jaeger DNotZ 1991, 431 (471) mwN bei Fn. 178.

ist unerheblich.[74] Für extreme Ausnahmefälle wie bei einem Mordfall kommt eine abweichende Beurteilung in Betracht.[75]

Unzumutbar sind lediglich krass ungerechte Ergebnisse, wenn die Aufrecht- 35 erhaltung des geschaffenen Vermögenszustandes schlechthin unangemessen und untragbar wäre.

Die Schuldrechtsreform hat hinsichtlich der Voraussetzungen und Rechtsfolgen 36 bei der Rückforderung ehebezogener Zuwendungen nicht zu sachlichen Ände- rungen geführt.[76]

2. Rückabwicklung bei gesetzlichem Güterstand. Beim gesetzlichen Güterstand 37 ist der **Zugewinnausgleich vorrangig**[77] und führt grundsätzlich zu einem ange- messenen Wertausgleich, so dass darüber hinaus weder Wertausgleich noch dingliche Rückgewähr wegen Wegfalls der Geschäftsgrundlage infrage kommen.

Weil Zuwendungen unter Ehegatten nicht gem. § 1374 Abs. 2 zum Anfangsver- 38 mögen zählen,[78] – auch nicht, wenn sie mit Rücksicht auf ein künftiges Erbrecht erfolgen[79] – werden sie gem. § 1380 in der Ausgleichsbilanz als Rechnungspos- ten berücksichtigt; der Zuwendende erhält somit wertmäßig im Regelfall jeden- falls einen Teil seiner Zuwendung zurück. Zuwendungen aus ausgleichspflichti- gem Vermögen verändern daher die Vermögenssituation der Ehegatten im Zuge- winnausgleich zwar dinglich, jedoch nicht wirtschaftlich. Die Zumutbarkeit er- fordert idR keine Korrektur.

Beispiel: Übertragung eines Hälfteanteils an einer während der Ehe angeschaff- 39 ten Immobilie.

Zuwendungen aus dem Anfangsvermögen (bzw. dem privilegierten Erwerb nach 40 § 1374 Abs. 2) eines Ehepartners erhöhen ebenfalls das Endvermögen des Emp- fängers und fließen daher im Zugewinnausgleich regelmäßig zumindest teilweise zurück. Solange dadurch dem Zuwendenden jedenfalls die Hälfte des Wertes der Zuwendung gutgebracht wird, ist die eingetretene Vermögenslage nach der Rechtsprechung des Bundesgerichtshofs **nicht schlechthin unangemessen und untragbar** und bedarf deshalb im Regelfall keiner Korrektur.[80] Das Prinzip der hälftigen Aufteilung entspreche den Grundgedanken des Zugewinnausgleichs (vgl. § 1380 Abs. 1) und sei deshalb nicht unangemessen und untragbar. Auch in einer im Einzelfall erheblich geringeren Ausgleichsquote sei nur ein noch normal zu nennendes Risiko verwirklicht, das im Zugewinnausgleich angelegt, deshalb idR nicht unerträglich sei und nur ausnahmsweise bei Vorliegen **weiterer Grün-**

---

74 OLG Bamberg FamRZ 1995, 234 (235).
75 Vgl. OLG Celle FamRZ 2003, 233 (Schwiegerkindkonstellation nach alter Rechtspre- chung).
76 Koch, Die Entwicklung der Rechtsprechung zum Zugewinnausgleich, FamRZ 2003, 197 (209); Wagenitz S. 161; Wever Rn. 466.
77 St. Rspr; vgl. BGH FamRZ 1997, 933; 1991, 1169 (1171) = NJW 1991, 2553 (2554); 1990, 855.
78 Gefestigte Rechtsprechung, teils heftige Kritik in der Literatur: Netzer, Die Berücksichti- gung von Zuwendungen zwischen Ehegatten im Zugewinnausgleich – §§ 1372 ff BGB, FamRZ 1988, 676 ff; Seutemann, Anrechnung, Hinzurechnung und „Rückrechnung" von Ehegattenzuwendungen im Rahmen des Zugewinnausgleichs, FamRZ 1989, 1023; Jeep, Ehegattenzuwendungen im Zugewinnausgleich, Diss. 1999.
79 BGH NJW 2011, 72 = MittBayNot 2011, 64; Braeuer FamRZ 2010, 2057; Kogel FF 2011, 29.
80 BGH FamRZ 2005, 1974 (1978); Revision zu: OLG München FamRZ 2003, 312 (313); BGH FamRZ 2003, 230.

de korrigiert werden müsse und dürfe. So etwa, wenn die Zuwendung noch im Endvermögen des Empfängers vorhanden, dieser aber nicht ausgleichspflichtig ist, weil die Zuwendung zur Erhaltung des Anfangsvermögens diente **und** der Zuwendende mit den verbliebenen Mitteln das eigene Auskommen nicht bestreiten kann[81] (entspricht Notbedarfsfall § 528 bei Schenkung).

41 Noch strenger sind im gesetzlichen Güterstand die Voraussetzungen für einen Anspruch nicht nur auf Wertausgleich, sondern auf dingliche Rückgewähr des Zugewandten. Dies kommt nur dann infrage, wenn der Zuwendende hieran ein **besonders schutzwürdiges Interesse** hat und es unerträglich erscheint, dass der andere Ehegatte auf dem Eigentum beharrt, statt es gegen Zahlung eines angemessenen Ausgleichs zurück zu übertragen,[82] zB bei Zuwendung einer auf die Bedürfnisse des Zuwendenden besonders zugeschnittenen Immobilie, etwa behindertengerechtem Ausbau.[83]

42 Dies scheidet aus, wenn die dingliche Lage über § 1383 beim Zugewinnausgleich korrigiert werden kann.

43 Der dingliche Rückgewähranspruch und evtl. finanzielle Gegenausgleichsansprüche sind als Abrechnungsposten beim Zugewinnausgleich zu berücksichtigen.[84]

Da der Berechtigte aufgrund der Abschreibung (→ Rn. 33) im Falle dinglicher Rückgewähr mehr erhält als bei finanziellem Ausgleich, muss er eine Zug-um-Zug-Verpflichtung beantragen.[85]

44 **3. Rückabwicklung bei Gütertrennung.** Leben Ehegatten in Gütertrennung,[86] so werden Ansprüche wegen Wegfalls der Geschäftsgrundlage nicht durch güterrechtliche Regelungen verdrängt.

45 Eine Rückabwicklung über den Wegfall der Geschäftsgrundlage kommt aber nur infrage, wenn es dem Zuwendenden **unzumutbar** ist, die von ihm geschaffene Vermögenslage beizubehalten. Im Rahmen der erforderlichen **Gesamtwürdigung** aller Umstände des Einzelfalles, die auch Beurteilungselemente aus Vergangenheit, Gegenwart und Zukunft zu berücksichtigen hat (→ Rn. 33),[87] ist zwar der Maßstab gegenüber dem gesetzlichen Güterstand etwas abgemildert, doch ist zu berücksichtigen, dass auch bei vereinbarter Gütertrennung eine angemessene Beteiligung beider Ehegatten am gemeinsam Erarbeiteten dem Charakter der ehelichen Lebensgemeinschaft als einer Schicksals- und Risikogemeinschaft[88] entspricht und es der Zuwendende trotz Gütertrennung für richtig gehalten hat, dem anderen Ehegatten etwas zukommen zu lassen.[89] Der Parteiwillen, der in Verträgen zum Ausdruck gekommen ist, auch und gerade hinsichtlich

---

81 BGH NJW 1991, 2553 (2555).
82 BGH NJW 1991, 2553 (2555).
83 Schulz FamRB 2004, 364 (367).
84 BGH NJW 2007, 1744.
85 BGH FamRZ 1998, 669 (670); BGH 7.9.2005 – XII ZR 316/02; BGH FamRZ 2006, 394 auch zur Bemessung der Ausgleichszahlung; OLG Celle FamRZ 2000, 668.
86 Dasselbe gilt, wenn der gesetzliche Güterstand ehevertraglich modifiziert ist (sog modifizierte Zugewinngemeinschaft), dazu: Arens, Rückabwicklung ehebedingter Zuwendungen und die Rechtsfigur der „konkludent vereinbarten Innengesellschaft" – Allzweckwaffen zur Herbeiführung gerechter Vermögensregelungen?, FamRZ 2000, 266 (267).
87 BGH FamRZ 1989, 599 (600).
88 BGH FamRZ 1990, 855 (856).
89 Wever Rn. 486.

des Zweckes der Zuwendung, muss gewahrt bleiben,[90] auch wenn er sich später einseitig ändert. Die Gütertrennung darf nicht ausgehöhlt, nicht zur Zugewinngemeinschaft kraft Richterrechts werden. Die jetzt kodifizierte Anspruchsgrundlage des Wegfalls der Geschäftsgrundlage ist nicht dazu bestimmt, den Zuwendenden vor den Konsequenzen seiner eigenen Entscheidungen zu bewahren und ihn besser zu stellen, als er durch den Zugewinnausgleich im gesetzlichen Güterstand stünde.[91]

Der Inhalts- und Ausübungskontrolle von Eheverträgen kommt daher eine besondere Bedeutung zu. Die Wirksamkeit von Gütertrennungsklauseln ist insofern die entscheidungserhebliche Vorfrage.[92] Ist der Ehevertrag nicht kontrollfest, ist die Prüfung des Zugewinnausgleichs eröffnet und damit die nebengüterrechtliche Anspruchsgrundlage der ehebezogenen Zuwendung entbehrlich.

Bei der erforderlichen Gesamtwürdigung aller Umstände des Einzelfalles kommt in Gütertrennungsfällen dem ursprünglich von den Parteien gewollten individuellen **Zweck der Zuwendung** innerhalb des größeren Rahmens der Verwirklichung der ehelichen Lebensgemeinschaft vorrangige Bedeutung zu („Steuerelement").[93]   46

Rückforderungsbegehren sind deshalb idR nicht erfolgreich, wenn die Zuwendung „der Preis" für die Vereinbarung der Gütertrennung war oder eine angesichts der Aufteilung von Familien- und Erwerbsarbeit angemessene Beteiligung am während der Ehe erworbenen oder zu erwerbenden Vermögen bzw. der Sicherung der Altersversorgung dienen sollte. War jedoch die Dauer der Ehe unverhältnismäßig kurz, so ist auch in diesen Versorgungsfällen eine Rückgewähr denkbar, wenn nicht wegen besonderer Umstände beim Zuwendungsempfänger (Leistungen und Opfer über das übliche Maß hinaus, hohes Alter, ungünstige eigene Einkommens- und Vermögensverhältnisse, familienbedingte Aufgabe eigener Berufstätigkeit und damit Möglichkeit zur Vermögensbildung/Altersvorsorge) aus Vertrauensschutzgründen die Rückgewähr versagt bleibt.   47

Erfolgversprechender ist das Rückgewährverlangen, wenn die Zuwendung aus rein steuerlichen Gründen (Verlagerung von Einkommensquellen oder Vermeidung der Entstehung von Betriebsvermögen/Betriebsaufspaltungsfälle) erfolgte oder dem Schutz vor Gläubigern des Zuwendenden dienen sollte.   48

Wenn überhaupt, wird nur ein finanzieller Ausgleich infrage kommen, in seltenen **Ausnahmefällen dingliche Rückgewähr.**   49

4. Inhalt und Umfang des Anspruchs auf Rückabwicklung. Anpassung der Vermögensverhältnisse nach Wegfall der Geschäftsgrundlage durch Scheitern der Ehe bei ehebezogenen Zuwendungen heißt also nicht automatisch vollständige Rückgewähr des Zugewandten in Natur.   50

a) Finanzieller Ausgleichsanspruch. In der Regel ist die Hinnahme der dinglichen Rechtssituation gegen einen **Ausgleich in Geld zumutbar.** Obergrenze des Ausgleichsanspruchs ist die Höhe der durch die Zuwendung bedingten und im Zeitpunkt des Scheiterns der Ehe noch im Vermögen des Empfängers vorhande-   51

---

90 Jaeger DNotZ 1991, 431 (463); Wever Rn. 488.
91 Wever Rn. 491.
92 Vgl. Herr, Nebengüterrecht, Rn. 105 ff.
93 Jaeger DNotZ 1991, 431 (463); Wever Rn. 488.

nen Vermögensmehrung,[94] weil der Wegfall der Geschäftsgrundlage nicht ex tunc, sondern nur pro futuro wirkt.

52 Darüber hinaus ist eine **Gesamtabwägung** aller Umstände des Einzelfalles aber nicht nur hinsichtlich des Grundes, sondern auch **hinsichtlich der Höhe** des Ausgleichsanspruches erforderlich. Je länger die Ehe gedauert hat, insbesondere je länger sie nach der Zuwendung noch gedauert hat, desto mehr hat sich der Zweck der Zuwendung realisiert und desto weniger ist im Regelfall auszugleichen.[95]

53 Entscheidendes Gewicht kommt somit bei der Abwägung dem **individuellen Zweck der Zuwendung** zu: Eine Zuwendung zur „haftungsmäßig günstigeren Organisation des Familienvermögens" durch einen Selbstständigen, aus Vermögen, das auch und gerade dessen eigene Altersversorgung sichern sollte, wird sehr viel länger Ausgleichsansprüchen ausgesetzt sein, als eine Zuwendung, die eine angemessene Beteiligung am während der Ehezeit erworbenen Vermögen für die auf Zugewinnausgleichsansprüche verzichtende Ehefrau sicherstellen sollte.[96]

54 Diese umfassende Würdigung ganz unterschiedlicher Gesichtspunkte sieht sich aus dogmatischen Gründen und wegen der Gefahr der Beliebigkeit des gefundenen Ergebnisses in der Kritik.[97]

55 **b) Dingliche Rückgewähr.** Eine Rückgabe des zugewandten Gegenstandes kommt nur in Betracht, wenn ausschließlich dadurch ein „untragbarer, mit den Grundsätzen von Treu und Glauben unvereinbarer Zustand" vermieden werden kann.

56 Erforderlich ist somit, dass der Zuwendende ein **besonders schutzwürdiges Interesse** hat und es unerträglich erscheint, dass der andere Ehegatte auf dem Eigentum beharrt, statt es gegen Zahlung eines angemessenen Ausgleichs zurück zu übertragen,[98] zB bei Zuwendung einer auf die Bedürfnisse des Zuwendenden besonders zugeschnittenen Immobilie[99] (Beispiel: behindertengerechter Ausbau)[100], bei Zuwendungen aus Gründen der Haftungsverschiebung („treuhänderischer Einschlag")[101] oder wenn ein besonderes affektives Interesse am zugewandten Vermögensgegenstand besteht (zB Familienschmuck).[102]

57 Der (dingliche) Rückgewähranspruch kann nur Zug um Zug gegen Zahlung eines **angemessenen finanziellen Ausgleichs** erfolgen. Eine Einrede muss nicht erhoben, ein Zurückbehaltungsrecht nicht geltend gemacht werden.[103] Die aufgrund eines Wegfalls der Geschäftsgrundlage grundsätzlich vorzunehmende Anpassung führt nur in seltenen Ausnahmefällen zu dinglicher Rückgewähr; idR kann nur Ausgleich in Geld verlangt werden. Ausnahmen sind denkbar, wenn

---

94 BGH FamRZ 1982, 910 (912); Wagenitz S. 161, 171; Wever Rn. 498; Schulz/Hauß, Vermögensauseinandersetzung, Rn. 1601.
95 BGH NJW 1999, 353 = FamRZ 1999, 365 (367).
96 Vgl. Schulz/Hauß, Vermögensauseinandersetzung, Rn. 1584.
97 Ausführlich Wagenitz S. 161, 173 f.
98 BGH NJW 1991, 2553 (2555); OLG München NJW-RR 2002, 3 (4); für geringere Anforderungen nach der Schuldrechtsreform: Wagenitz S. 161, 175.
99 BGH FamRZ 1998, 669 (vom Schwiegervater); 2002, 494.
100 Schulz FamRB 2004, 367 (367).
101 Dazu Jaeger DNotZ 1991, 431 (467 ff).
102 OLG Celle FamRZ 1997, 381; Wever Rn. 500.
103 BGH NJW 1999, 353 = FamRZ 1999, 365 (366); Wever Rn. 502, 511; Rn. 1589.

nur die gegenständliche Rückgabe des Zugewandten einen untragbaren, mit den Grundsätzen von Treu und Glauben unvereinbaren Zustand vermeiden kann – zB weil eigener Wohnbedarf gesichert werden soll.[104] Aber auch dann kann von vornherein nur die Rückgewähr unter Berücksichtigung des nach den Umständen des Einzelfalles gerechtfertigten Ausgleichs in Betracht kommen. „Denn die Rückgewährpflicht ist hier nur Element einer Anpassung nach den Regeln über den Wegfall der Geschäftsgrundlage, dh ihr ist die gleichzeitige Berücksichtigung der Belange des Verpflichteten, idR ein finanzieller Ausgleich, immanent. Unabhängig von einer Einrede des Verpflichteten oder der Geltendmachung eines Zurückbehaltungsrechtes kann also eine Verurteilung zur Rückgewähr idR nur Zug um Zug gegen Zahlung eines angemessenen Ausgleichs in Geld erfolgen".[105]

In die **Berechnung des Ausgleichsbetrages** fließen ein: 58
Wertsteigernde Investitionen, sonstige Erhaltungs- und Verschönerungsaufwendungen ohne dauernde Wertsteigerung; Arbeitsleistungen auch aus der Zeit vor der Ehe. Bei Grundstücken ggf. Befreiung von übernommenen Darlehensverbindlichkeiten und Rückgabe gewährter Sicherheiten (persönliche Haftung aus Grundschuld).

Für die Dauer der Ehe ist der Zweck erreicht, also die Zuwendung nicht vollständig zurück zu gewähren. Bei einem Geldausgleich würde dies zur Minderung des Anspruchs des Zuwendenden führen, bei dinglicher Rückgewähr erfolgt die Kompensation über den Ausgleichsbetrag, den der Zuwendende zu leisten hat. Zur Ermittlung dieses Abschlags (Abschreibung)[106] (→ Rn. 33) kann die bisherige Eheverweildauer des Zuwendungsgegenstandes zu der künftigen fiktiven (statistischen) Eheerwartung ins Verhältnis gesetzt werden.[107] Eine feste zeitliche Obergrenze wird vom Bundesgerichtshof bei Schwiegereltern abgelehnt,[108] was auf ehebezogene Zuwendungen übertragbar ist. Obergrenze des Ausgleichsanspruchs ist in jedem Fall der im Zeitpunkt des Scheiterns der Ehe noch vorhandene Wert der Zuwendung. Darüber hinaus soll der auf Billigkeit beruhende Anspruch aus § 313 gedeckt sein durch die Anspruchshöhe, die sich bei ungestörtem Zugewinnausgleich ergäbe.[109]

5. Fazit. Die Lösung der Rückforderungsproblematik bei der ehebezogenen Zuwendung über den Wegfall der Geschäftsgrundlage ist dogmatisch begründet 59 und nicht Ausdruck reiner Billigkeitsjustiz.[110] Damit lassen sich **befriedigende und flexible Lösungen für den Einzelfall** finden. Dass die Ergebnisse (eines Rechtsstreits) schwer vorhersehbar sind, und dadurch die Rechtssicherheit leidet, ist der Preis der Einzelfallgerechtigkeit und unvermeidbare Konsequenz der Tatbestandsvoraussetzung „Zumutbarkeit", die eine richterliche Gesamtabwägung fordert. Dem lässt sich durch die Bildung von Fallgruppen als Steuerungselemente entgegenwirken.

---

104 ZB BGH VIZ 1998, 262.
105 BGH NJW 1977, 1234; 1982, 1093; 1991, 2553; BGH VIZ 1998, 262 (264).
106 Vgl. Herr, Nebengüterrecht, Rn. 362 ff.
107 OLG Bremen NZFam 2015, 959.
108 BGH FamRZ 2015, 490.
109 BGH FamRZ 1982, 910 (912); Wever Rn. 498; zweifelnd: Jaeger DNotZ 1991, 431 (466).
110 So Koch FamRZ 1995, 322 (323).

Ist die ehebezogene Zuwendung für sich gesehen geeignet, unerträgliche Ergebnisse vor allem bei Gütertrennung zu korrigieren, wird dennoch Kritik auf übergeordneter Ebene geübt. Von dogmatischen Bedenken ganz abgesehen kann das Zusammenspiel insbesondere von ehebezogener Zuwendung und konkludenter Ehegatteninnengesellschaft nicht überzeugen angesichts stark differierender Tatbestandsvoraussetzungen und Rechtsfolgen. Als Beispiel sei nur genannt, dass ein Vermögenstransfer als Zuwendung einen Anspruch in Höhe zwischen minimal 0 EUR und maximal dem Wert der Zuwendung auslöst, beim selben Vermögensgegenstand, ist er als Beitrag einer konkludenten Innengesellschaft einzuordnen, aber eine Verlusthaftung eintreten kann oder auch eine Gewinnbeteiligung in Höhe eines Vielfaches des Wertes des Gegenstandes.

Eins synoptische Darstellung der unterschiedlichen Tatbestandsvoraussetzungen und Rechtsfolgen findet sich bei Herr, Nebengüterrecht.[111]

60 **6. Rückabwicklung bei mehreren Zuwendungen.** Wiederholte ehebedingte Zuwendungen führen – anders als beim Zugewinnausgleich – nicht zu einem einheitlichen Ausgleichsanspruch auf Basis einer Gesamtsaldierung zu einem bestimmten Stichtag.[112] Wenn die erforderlichen Voraussetzungen vorliegen, kann und muss **jede Zuwendung einzeln** zurückgefordert werden. Ob jedoch das Beibehalten der bestehenden Vermögenslage hinsichtlich einer einzelnen Zuwendung unzumutbar ist, kann nur im Zusammenhang mit der Gesamtvermögenslage bzw. deren Korrektur beurteilt werden, so dass es sich empfiehlt, die verschiedenen Rückgewähransprüche in einem Verfahren geltend zu machen.[113] Im Interesse des Kostenrisikos sollte im Einzelfall geprüft werden, auch gegenläufige Ausgleichsansprüchen vorzutragen, sofern diese unstreitig oder bewiesen sind.

61 Bei mehrmaliger Zuwendung von Vermögenswerten ist zu beachten, dass der Bundesgerichtshof[114] das Bestehen von Ehegatteninnengesellschaften nunmehr auch in Fällen annimmt, in denen das Ziel einer – über den Zweck der Verwirklichung der ehelichen Lebensgemeinschaft hinausgehenden – gemeinsamen Vermögensbildung in der Weise verwirklicht wird, dass ein Ehegatte über Jahre hinweg (nur) nennenswerte Geld- und Sachleistungen zu dem Vermögen beiträgt, das formal allein dem anderen Ehegatten zusteht. Dann scheidet eine Rückabwicklung über den Wegfall der Geschäftsgrundlage aus.

62 **7. Darlegungs- und Beweislast. a) Allgemeines.** Wer Rückabwicklung gem. § 313 verlangt, muss schlüssig darlegen und erforderlichenfalls beweisen, dass der Zuwendung die Vorstellung und Erwartung zugrunde lag, die eheliche Lebensgemeinschaft werde Bestand haben,[115] weiterhin, dass es ihm unzumutbar ist, die geschaffene Vermögenslage beizubehalten, wenn Gütertrennung vereinbart ist, bzw. dass das Ergebnis des Zugewinnausgleichs unter Berücksichtigung der Zuwendung schlechthin unangemessen und unzumutbar ist (dazu im Einzelnen → Rn. 37 ff., 44 ff.),[116] wenn gesetzlicher Güterstand vorliegt. Insbesondere zur Frage der Unzumutbarkeit wird häufig unzureichend vorgetragen.

---

111 Herr, Nebengüterrecht, S. 127 ff.
112 Wever Rn. 431, 505 ff.
113 Wever Rn. 506.
114 BGHZ 142, 17 = FamRZ 1999, 1580 = NJW 1999, 2962.
115 BGH FamRZ 2003, 223 (224); 1995, 229 (232).
116 BGHZ 119, 392 = FamRZ 1993, 289 (291); BGHZ 115, 132 = FamRZ 1991, 1169 (1172) = NJW 1991, 2553.

Bei wiederholten ehebezogenen Zuwendungen ist auch der Verbleib des übrigen **63** Vermögens darzulegen.[117] Ist streitig, ob eine Zweckbestimmung getroffen wurde, die der Rückabwicklung entgegensteht (zB Versorgungscharakter beim Bezugsrecht einer Lebensversicherung), muss der Zurückfordernde darlegen und beweisen, dass dies nicht der Fall war.[118] Auch bei Streit über die (teilweise) Unentgeltlichkeit der Zuwendung (Abgrenzung zum Kaufvertrag) trifft die Beweislast für die Unentgeltlichkeit den Zurückfordernden.[119]

b) Sonderfall dingliche Rückgewähr. Dingliche Rückgewähr kann, wenn über- **64** haupt, nur unter Berücksichtigung des nach den Umständen gerechtfertigten Ausgleichsbetrages verlangt werden, den der Zurückfordernde den Anspruchsvoraussetzungen und der Höhe nach schlüssig darlegen und anbieten muss. Denn die Rückgewährpflicht ist hier nur **Element einer Anpassung nach den Regeln über den Wegfall der Geschäftsgrundlage**, dh ihr ist die gleichzeitige Berücksichtigung der Belange des Verpflichteten, idR ein finanzieller Ausgleich, immanent. Unabhängig von einer Einrede des Verpflichteten oder der Geltendmachung eines Zurückbehaltungsrechtes kann also eine Verurteilung zur Rückgewähr nur Zug um Zug gegen Zahlung eines angemessenen Ausgleichs in Geld erfolgen.[120]

Einschränkungen gelten allerdings hinsichtlich der Berücksichtigung von Eigen- **65** leistungen des Verpflichteten, wenn und weil hier der Rückfordernde außerhalb der maßgeblichen Geschehensabläufe steht, keine näheren Kenntnisse hat, dem Verpflichteten aber nähere Angaben zumutbar sind.

8. Sonstiges. a) Maßgeblicher Stichtag. Maßgeblicher Zeitpunkt für das Entste- **66** hen und die Berechnung der Höhe des Rückgewähranspruchs ist das endgültige Scheitern der Ehe, weil damit die Geschäftsgrundlage entfällt.[121] In der Regel ist der Tag der endgültigen Trennung maßgebend,[122] spätestens der Tag der Scheidungsrechtskraft.[123]

Der Tod eines Ehegatten bewirkt das natürliche Ende der ehelichen Lebensgemeinschaft und führt daher nicht zum Wegfall der Geschäftsgrundlage.[124]

Beim gesetzlichen Güterstand entscheidet jedoch das Ergebnis des vorrangigen **67** Zugewinnausgleichs, ob und ggf. in welcher Höhe Ausgleichsansprüche wegen einer ehebedingten Zuwendung bestehen. Da das Endvermögen erst mit Zustellung des Scheidungsantrags berechnet werden kann (§ 1384), kann ein ggf. mit Scheitern der Ehe entstandener Ausgleichsanspruch jedenfalls erst nach Zustellung des Scheidungsantrags geltend gemacht werden, weil erst zu diesem Zeitpunkt die Höhe des Zugewinnausgleichsanspruchs berechnet und damit geprüft werden kann, ob das Ergebnis „schlechthin unangemessen und untragbar"

---

117 BGHZ 119, 392 = FamRZ 1993, 289 (291); BGHZ 115, 132 = FamRZ 1991, 1169 (1172) = NJW 1991, 2553; Wever Rn. 510, 505.
118 BGH FamRZ 1995, 599 (601); OLG Bremen FamRZ 2008, 2117 = NJW-RR 2008, 1475; OLG Hamm MDR 2002, 1253.
119 BGH FamRZ 2003, 223 (224) = NJW 2003, 510.
120 BGH NJW 1977, 1234; 1982, 1093; 1991, 2553; 1999, 353 (354); BGH VIZ 1998, 262, 264.
121 BGHZ 127, 48 = NJW 1994, 2545; BGH FamRZ 1982, 910 (912); 2007, 877 mAnm Schröder; 1998, 669 (670).
122 BGH FamRZ 2007, 877; BGHZ 142, 137, 149; für den Fall der Gütertrennung OLG Bremen FamRZ 2008, 2117; OLG Hamm FamRZ 1988, 620.
123 BGH 7.9.2005 – XII ZR 316/02; OLG Düsseldorf FamRZ 2003, 872.
124 BGH FamRZ 2013, 1030.

ist.[125] Der Anspruch entsteht also im gesetzlichen Güterstand (idR, → Rn. 66) mit der Trennung, ist aber erst ab Rechtshängigkeit des Scheidungsantrags klagbar.

68 Brudermüller hält mit dieser BGH-Entscheidung die Behandlung des Anspruchs auf Rückgewähr ehebedingter Zuwendungen im Zugewinnausgleich für teilweise geklärt. Geht dieser bei schutzwürdigem Interesse am übertragenen Gegenstand ausnahmsweise auf Rückübertragung gegen Geldausgleich, ist er bereits mit endgültiger Trennung entstanden. Um den Zugewinnausgleich nicht zu verfälschen, ist die geschuldete Ausgleichszahlung nach Ansicht des Bundesgerichtshofs idR in Höhe des Wertes der Zuwendung anzusetzen – was bei Gütertrennung nach Ansicht Brudermüllers nicht zwingend ist.[126] Nicht zu entscheiden war die häufigere Alternative des nur auf Geldzahlung gerichteten Rückgewähranspruchs. Ob auch er schon vor Rechtshängigkeit entsteht und damit zum Endvermögen gehört oder erst später geltend gemacht werden kann,[127] ist höchstrichterlich nicht geklärt. Der vorliegenden Entscheidung des Bundesgerichtshofs kann hierzu nichts Eindeutiges entnommen werden.

69 **b) Ausschlussfristen, Verjährung, Verwirkung.** Die Ausschlussfrist beim Schenkungswiderruf von drei Jahren (§ 532) gilt für die Rückabwicklung ehebezogener Zuwendungen nicht.[128]

70 Ein Rückforderungsanspruch aus ehebedingter Zuwendung verjährt in drei Jahren (§ 195), bei Rückforderung eines Grundstücks oder eines Rechts an einem Grundstück in zehn Jahren (§ 196).[129] Die Verjährung beginnt am Schluss des Kalenderjahres, in dem der Anspruch entstanden ist (§ 199 Abs. 1 Nr. 1, 2).

71 Durfte der Zuwendungsempfänger davon ausgehen, dass das Rückforderungsrecht nicht ausgeübt würde, so kann eine Verwirkung des Rückgewähranspruchs nach allgemeinen Grundsätzen infrage kommen, nicht jedoch bei Eheverfehlungen ohne wirtschaftlichen Bezug. Wer die Geschäftsgrundlage eines Vertrages zerstört, verwirkt nicht Ausgleichsansprüche hinsichtlich der von ihm erbrachten vermögensrechtlichen Leistungen.[130]

72 Zu beachten ist die **Verjährungshemmung** des § 207 Abs. 1 bei bestehender Ehe; diese gilt allerdings nicht bei Zuwendungen von Schwiegereltern.[131]

73 **c) Gerichtliche Zuständigkeit.** Ausgleichsansprüche aus ehebezogener Zuwendung sind sonstige Familiensachen gem. §§ 111, 266 Abs. 1 Nr. 3 FamFG, für die die Familiengerichte zuständig sind (§§ 23 a Abs. 1 Nr. 1, 23 b Abs. 1 GVG). Als Familienstreitsachen (§ 112 Nr. 3 FamFG) unterliegen sie der Anwaltspflicht (§ 114 Abs. 1 FamFG).[132]

---

125 BGH NJW 2007, 1744; Brudermüller, Die Entwicklung des Familienrechts seit Mitte 2006 – Güterrecht und Versorgungsausgleich, NJW 2007, 2967; Schulz/Hauß, Vermögensauseinandersetzung, Rn. 1594; Wever Rn. 517.
126 NJW 1998, 2600.
127 Wever Rn. 515 ff.
128 BGH NJW 1992, 2962 = FamRZ 1999, 1580 (1585); Wever Rn. 521.
129 BGH FamRZ 2016, 457 (die Entscheidung betrifft eine Schwiegerelternschenkung, ist aber ohne Weiteres auf die ehebezogene Zuwendung übertragbar).
130 BGH NJW 1992, 427 (428); differenzierend: Jaeger DNotZ 1991, 431 (471).
131 Bergschneider in: FS Schwab, S. 459, 463.
132 Für Altfälle vor Einführung des Großen Familiengerichts: Wever Rn. 530, 397.

V. Rückabwicklung von Schenkungen

Liegt ausnahmsweise eine echte Ehegattenschenkung vor, so kommt Rückab- 74
wicklung aufgrund – in der Praxis auch bei ehebezogenen Zuwendungen immer
häufiger gewünschter – ausdrücklich vorbehaltener Rückforderungsrechte, oder
wegen groben Undankes (§ 530) in Betracht.[133]

1. Rückgewähranspruch nach Widerruf einer Schenkung. § 530 Abs. 1 lässt den 75
Widerruf einer Schenkung zu, wenn sich der Beschenkte durch eine schwere Verfehlung gegenüber dem Schenker groben Undanks schuldig gemacht hat. Die
Rechtsprechung stellt strenge Anforderungen und verlangt eine objektiv schwere
Verfehlung des Beschenkten, die Ausdruck einer Gesinnung ist, die in erhebli-
chem Maß diejenige Dankbarkeit vermissen lässt, die der Schenker erwarten
darf.[134] Dabei ist das **Gesamtverhalten beider Ehegatten** bis zum Widerruf zu
bewerten. Selbst grobe Beschimpfungen reichen idR nicht,[135] ebenso wenig die
Trennung kurz nach der Schenkung.[136] Grober Undank kann zwar auch nach
Abschaffung des Verschuldensprinzips im Scheidungsrecht in einer schweren
Eheverfehlung liegen,[137] jedoch indiziert eine Verletzung der ehelichen Treuepflicht nicht bereits den groben Undank. Das Verhalten des Schenkers ist in jedem Fall mit zu berücksichtigen.

Den Schenker trifft die Darlegungs- und Beweislast für die Widerrufsvorausset- 76
zungen einschließlich des Nichtvorliegens den Beschenkten entlastender Tatsachen und Umstände (zB sein eigenes Fehlverhalten).[138]

Mit dem Zugang der Widerrufserklärung entfällt der Rechtsgrund, das Ge- 77
schenk kann nach Bereicherungsrecht zurückgefordert werden (§ 531).

Neben grobem Undank nach § 530 kann auch die Nichtvollziehung einer Auflage (§ 527) oder Verarmung des Schenkers (§ 528) greifen. Im Falle der Verarmung sollte auf der Passivseite darauf geachtet werden, ob nur so viel zurückge-
währt werden kann, wie der andere Teil für seinen Unterhalt monatlich benötigt.

2. Konkurrenz von schenkungsrechtlichen Rückgewähransprüchen und Zuge- 78
winnausgleichsansprüchen. Etwaige Zugewinnausgleichsansprüche verdrängen
Rückgewähransprüche aus Schenkungsrecht nicht. Schenkungsrechtliche Rückgewähransprüche gem. §§ 527 ff. sind im Endvermögen beider Ehegatten als
Aktiv- oder Passivposten einzustellen, wenn sich der Anlass zum Widerruf vor
dem Stichtag ereignet hat,[139] auch wenn der Widerruf noch nicht erklärt ist. Es
kommt also auf den Widerrufssachverhalt und nicht auf die Widerrufserklärung
an.

---

133 Rückforderung wegen Notbedarfs (§ 528) hat unter Eheleuten nur im Zusammenhang
mit dem Sozialhilferegress Bedeutung; vgl. Wever Rn. 436; Haarmann FamRZ 1996,
522; Franzen, Der Rückforderungsanspruch des verarmten Schenkers nach § 528 BGB
zwischen Geschäftsgrundlagenlehre, Unterhalts- und Sozialhilferecht, FamRZ 1997,
528.
134 BGH FamRZ 2005, 511; 2005, 337; Wever Rn. 438.
135 BGH NJW 1999, 1623 = FamRZ 1999, 705; Wever Rn. 439; Schulz/Hauß, Vermögensauseinandersetzung, Rn. 1617.
136 OLG Hamm FamRZ 2001, 546; Wever Rn. 439.
137 BGHZ 87, 145 = NJW 1983, 1611.
138 Schulz/Hauß, Vermögensauseinandersetzung, Rn. 1619; Wever Rn. 440.
139 Wever Rn. 448; Schulz/Hauß, Vermögensauseinandersetzung, Rn. 1621.

79 Nur wenn dem Schenker gerade der geschenkte Gegenstand, nicht nur dessen Wert wichtig ist, oder wenn sich im Endvermögen des Beschenkten nicht mindestens dessen Wert befindet, ist der Schenkungswiderruf beim gesetzlichen Güterstand wirtschaftlich sinnvoll. Im Übrigen wird er durch den Zugewinnausgleichsanspruch wertmäßig neutralisiert.

Etwas anderes gilt auch hier, wenn der Zugewinnausgleich atypisch gestört ist (zB Verbrauch des Anfangsvermögens in der Ehezeit).

80 Liegt der Anlass zum Widerruf nach dem Stichtag, so ist ein etwaiger Rückgewähranspruch bei der Durchführung des Zugewinnausgleichs nicht zu berücksichtigen.

VI. Vereinbarung der Gütergemeinschaft als ehebezogene Zuwendung

81 Vereinbarung der Gütergemeinschaft ist auch bei unterschiedlichem Anfangsvermögen keine Schenkung, sondern ehebezogene Zuwendung. Die Rückabwicklung ist jedoch in §§ 1471 ff. abschließend familienrechtlich geregelt, ein Rückgriff auf die allgemeinen schuldrechtlichen Regelungen und damit auch auf § 313 ist ausgeschlossen.[140]

Zuwendungen bei bestehender Gütergemeinschaft werden nicht ausgeglichen, weil der Ehegatte an der Wertschöpfung bereits kraft Gesetzes partizipiert.[141]

VII. Zuwendungen aus der Zeit vor der Ehe

82 **1. Zuwendungen unter Verlobten.** Es ist zu unterscheiden zwischen dem Fall, dass das Verlöbnis scheitert, und dem Fall, dass die Verlobten später heiraten.

Ob ein Anspruch aus „verlöbnisbezogener Zuwendung" möglich ist, ist streitig und wird teilweise angenommen,[142] selbst bei Auflösung des Verlöbnisses.[143] Diese Auffassung übersieht jedoch die einschlägige Sonderregelung des § 1301, dessen Zuwendungsbegriff weit auszulegen ist.[144] Daher sind Zuwendungen, die unter Ehegatten als „ehebedingt" einzuordnen wären, unter Verlobten nach § 1301 zurück zu fordern. Dazu gehören auch Arbeitsleistungen am Aufbau des Familienheims.[145] Diese Auffassung überzeugt auch deshalb, weil Verlobte in einem rechtlichen Sonderverhältnis zueinander stehen und unbenannte Zuwendungen selbst unter nichtehelichen Lebensgemeinschaftern auszugleichen sind[146] (gemeinschaftsbezogene Zuwendungen).[147]

Die Frage ist wegen der Rechtsfolgen des § 1301 (Bereicherungsrecht, keine Billigkeitsprüfung) von Bedeutung.

---

140 Schotten NJW 1990, 2841 (2848); Kleinle, Die Ehegattenzuwendung und ihre Rückabwicklung bei Scheitern der Ehe, FamRZ 1997, 1383 (1389); Wever Rn. 533; ausnahmsweise können Zuwendungen zum Vorbehaltsgut wie in Gütertrennungsfällen zurückforderbar sein, wenn sie nur aus Gründen der Haftungsverlagerung zugewandt worden waren (treuhänderischer Einschlag), Wever Rn. 534.
141 BGH FamRZ 1994, 295 (297).
142 BGH FamRZ 1992, 160 = NJW 1992, 427.
143 OLG Oldenburg FamRZ 2009, 2004.
144 Palandt/Brudermüller § 1301 Rn. 4; Hoppenz/Burandt § 1301 mit Hinweis auf BGH FamRZ 2005, 1151.
145 MK/Roth § 1301 Rn. 3 mit Hinweis auf Soergel/Lange § 1301 Rn. 3.
146 Erman/K. Kroll-Ludwigs § 1301 Rn. 5.
147 Vgl. hierzu Herr, Nebengüterrecht, Rn. 54 f.

Heiraten die Verlobten später, gewährt die Rechtsprechung nach den Grundsätzen der Rückabwicklung ehebezogener Zuwendungen einen ergänzenden Ausgleichsanspruch im Hinblick auf Werte, die nicht dem eigentlichen Zugewinn unterfallen,[148] wenn Leistungen erheblichen Umfangs in der Verlobungszeit dazu dienen, die Voraussetzungen für die Verwirklichung der später tatsächlich zustande gekommenen ehelichen Lebensgemeinschaft zu schaffen, ohne dass besondere Abreden getroffen worden sind.[149]

Das zugrunde liegende Problem besteht darin, dass der begünstigte Verlobte die Zuwendung als Anfangsvermögen mit in die Ehe bringt und sie dann nicht, insbesondere nicht über den Zugewinnausgleich, ausgleichen müsste.

Begründet wird dies mit dem **rechtlich geregelten personenrechtlichen Gemein-** 83
schaftsverhältnis im Verlöbnis, das die Annahme stillschweigend geschlossener familienrechtlicher Verträge eigener Art im o.a. Sinne zulässt. Da Zuwendungen vor der Ehe das Anfangsvermögen des Empfängers erhöhen und damit dessen Zugewinn verringern, fließt im Gegensatz zu einer Zuwendung während der Ehezeit nicht einmal ein Teil über den Zugewinnausgleich an den Zuwendenden zurück. Dies hält der Bundesgerichtshof für unzumutbar, beschränkt jedoch die Ausgleichsansprüche wegen Wegfalls der Geschäftsgrundlage der Höhe nach auf den Betrag, der sich in einem fiktiven Zugewinnausgleich unter der Annahme ergäbe, die Zuwendung sei erst nach der Eheschließung erfolgt.[150] Eine Besserstellung gegenüber der grundsätzlich hälftigen Beteiligung im Zugewinnausgleich soll so vermieden werden.

Zum gleichen wirtschaftlichen Ergebnis käme man einfacher, wenn man die Zu- 84
wendung aus der Verlobungszeit von vornherein beim Anfangsvermögen des Zuwendungsempfängers unberücksichtigt ließe und den Zugewinnausgleich im Übrigen tatsächlich berechnen würde.[151]

Dieser ergänzende Ausgleichsanspruch besteht nicht nur hinsichtlich eigener Zu- 85
wendungen, sondern auch hinsichtlich der Zuwendungen naher Angehöriger.

Bei vorehelichen Schenkungen, die nicht um der erwarteten Ehe und deren Be- 86
stand willen erfolgen, sind Rückforderungsansprüche nur aus Schenkungsrecht
– insbesondere wegen groben Undanks (§§ 527 ff.) – denkbar.

Entscheidend für den Erfolg eines Rückforderungsbegehrens ist also, ob ein **Ver-** 87
löbnis iSd § 1297 vorlag. Ein solches kann formfrei, auch konkludent zustande kommen, mit oder ohne Zusammenleben der Partner. Erforderlich und ausreichend ist, dass die Partner ausdrücklich oder durch ihr Verhalten ihre Einigkeit zum Ausdruck gebracht haben, dass sie heiraten wollen.[152] Dies wird man bei größeren Geldzuwendungen oder umfangreicheren Arbeitsleistungen idR annehmen dürfen.[153]

Für **Verjährung** und gerichtliche **Zuständigkeit** ergeben sich hinsichtlich dieses 88
ergänzenden Ausgleichsanspruches keine Besonderheiten.

---

148 BGH NJW 1992, 427 (429); Wever Rn. 536 mwN.
149 BGH NJW 1992, 427.
150 BGHZ 115, 261 = NJW 1992, 427; OLG Oldenburg NJW-RR 2009, 938 gewährt Ausgleichsansprüche sogar bei Auflösung des Verlöbnisses vor Eheschließung; OLG Köln NJW 2002, 3784; ausführlich zum Ganzen: Schulz/Hauß, Vermögensauseinandersetzung, Rn. 1711 ff; Wever Rn. 539.
151 Schulz/Hauß, Vermögensauseinandersetzung, Rn. 1741 ff.; zustimmend Wever Rn. 539.
152 Wever Rn. 541.
153 Schulz/Hauß, Vermögensauseinandersetzung, Rn. 1718.

89 **2. Zuwendungen ohne Verlöbnis.** Ist ein Verlöbnis im Zeitpunkt der Zuwendung nicht nachweisbar, so ließ der Bundesgerichtshof ursprünglich einen Ausgleich wie bei nichtehelichen Lebensgemeinschaften nur nach den gesellschaftsrechtlichen Grundsätzen zu.[154] Nun gewährt er auch für „gemeinschaftsbezogene Zuwendungen" in nichtehelichen Lebensgemeinschaften ohne Heiratsabsicht **Ausgleichsansprüche nach § 313**, unabhängig davon, ob es später doch zu einer gescheiterten Ehe gekommen ist.[155]

Neuerdings unterscheidet der Bundesgerichtshof nicht mehr zwischen Leistungen vor und nach der Eheschließung, soweit es sich – wie bei einem Finanzierungsdarlehen – um einen **einheitlichen Vorgang** handelt.[156]

Ein Problem eröffnet sich allerdings bei vorehelichen Zuwendungen, die das Anfangsvermögen des anderen Ehegatten erhöhen und damit den Zugewinnausgleichsanspruch des benachteiligten Ehegatten vermindern. Das offensichtlich unbillige Ergebnis wird dadurch korrigiert, dass er einen weiteren Ausgleichsanspruch nach § 242 erhält, welchen er nicht in sein Anfangsvermögen einbuchen muss, wie es der Bundesgerichtshof für die voreheliche Zuwendung entschieden hat. Die Anspruchshöhe ergibt sich aus einer Vergleichsberechnung des Zugewinnausgleichs einmal mit und einmal ohne die voreheliche Gesellschaftszeit analog der vorehelichen Zuwendung, wo der tatsächliche Zugewinnausgleich (ohne Zuwendung) dem fiktiven (mit Zuwendung) gegenübergestellt wird.[157]

---

154 BGH NJW 1992, 427 (428); 1982, 2863; OLG Celle NJW-RR 2000, 1675 (1676); aA – Anwendung der Grundsätze des Wegfalls der Geschäftsgrundlage ohne Eingehen auf die Besonderheiten des Einzelfalles: OLG Naumburg NJW Spezial 2006, 396.
155 BGH FamRZ 2014, 1547; 2013, 1295; 2011, 1563; 2008, 1822.
156 BGH FamRZ 2012, 1789 = NJW 2012, 3374.
157 BGH FamRZ 1992, 160 = NJW 1992, 427; OLG Hamm FamRZ 1983, 494; OLG Karlsruhe FamRZ 2004, 1028; OLG Köln FamRZ 2002, 1404; vgl. Schulz in: FS für Brudermüller, 2014, 717 (719).

Brandt/Herr

Schwerpunktbeitrag 2:
Der familienrechtliche Kooperationsvertrag

Literatur: *Herr*, Nebengüterrecht, 2013 (mit umfangreichem Rechtsprechungsregister); *Münch*, Ehebezogene Rechtsgeschäfte, 3. Aufl. 2011; *Schulz/Hauß*, Vermögensauseinandersetzung bei Trennung und Scheidung, 6. Aufl. 2015; *Wever*, Vermögensauseinandersetzung der Ehegatten außerhalb des Güterrechts, 6. Aufl. 2014; Familienrechtliche Berechnungssoftware „WinFam", Modul Nebengüterrecht.

I. Allgemeines

Der familienrechtliche Kooperationsvertrag ist Teil des sog Nebengüterrechts.   1
Das Nebengüterrecht wurde von der Rechtsprechung entwickelt, um unerwünschte Ergebnisse zu korrigieren, die insbesondere bei Gütertrennung oder gestörtem Zugewinnausgleich entstehen.

Das kausale schuldrechtliche Verpflichtungsgeschäft ist ein familienrechtlicher Vertrag sui generis, das Erfüllungsgeschäft die Erbringung von Arbeits- bzw. Dienstleistungen.

Der familienrechtliche Vertrag sui generis kommt in **zwei verschiedenen Formen**   2 vor. Ist er auf die Erbringung von Arbeitsleistungen gerichtet, spricht man vom familienrechtlichen Kooperationsvertrag, ist er auf die Übertragung von Vermögenswerten gerichtet, von ehebezogener Zuwendung (siehe Schwerpunktbeitrag 1: Ehebezogene Zuwendung, in diesem Buch).

Diese Verträge werden in der Regel **stillschweigend** abgeschlossen. Sie beruhen auf der Geschäftsgrundlage des Fortbestands der Ehe. Die Ehegatten gehen, ohne dies ausdrücklich zu formulieren, davon aus, an ihrer Wertschöpfung auch künftig teilzuhaben. Die Existenz des sui generis-Vertrages wird daher erst im Fall der endgültigen Trennung virulent.

Der familienrechtliche Kooperationsvertrag folgt hinsichtlich der **Anspruchsvoraussetzungen** den Grundsätzen der ehebezogenen Zuwendung (siehe Schwerpunktbeitrag 1: Ehebezogene Zuwendung, in diesem Buch).   3

Dies gilt auch für die Rechtsfolgen mit Ausnahme der Anspruchsberechnung, welche, der Natur der Sache folgend, nicht an einen übertragenen Vermögenswert anknüpft, sondern an die Wertigkeit der erbrachten Arbeitsleistungen, die sich aus Art (etwa facharbeiterliche Gewerke) und Umfang (Anzahl der Arbeitsstunden) der erbrachten Leistungen ergibt, im Verfahren ggf. durch ein Sachverständigengutachten zu verifizieren und im Übrigen durch zahlreiche Billigkeitskriterien begrenzt ist.[1]

II. Familienrechtlicher Kooperationsvertrag

Vermögensmehrungen eines Ehegatten durch Arbeitsleistung kommen haupt-   4 sächlich im Zusammenhang mit dem Familienheim, gelegentlich auch bei der lang andauernden Mitarbeit im Unternehmen des Ehegatten vor.[2] Sie sind keine ehebezogenen Zuwendungen (→ Schwerpunktbeitrag 1: Ehebezogene Zuwen-

---

1 Vgl BGH FamRZ 1982, 910.
2 Vgl. Sachverhalte BGH NJW 1982, 2236 = FamRZ 1982, 910 und BGH NJW 1994, 2545 = FamRZ 1994, 1167; Schulz/Hauß, Vermögensauseinandersetzung, Rn. 1685 ff.; sehr ausführlich: Wever Rn. 667 ff.

dung, Rn. 1, 12)[3] und können nicht über die Rechtsfigur der Ehegatteninnengesellschaft gelöst werden, soweit es an einer gleichberechtigten partnerschaftlichen Zusammenarbeit fehlt oder keine über die Verwirklichung der ehelichen Lebensgemeinschaft hinausgehenden Ziele verfolgt werden.

5 Der Bundesgerichtshof[4] gesteht wegen der wirtschaftlichen Gleichwertigkeit Ausgleichsansprüche auf der Basis eines **konkludent** geschlossenen familienrechtlichen Kooperationsvertrages zu, dessen Geschäftsgrundlage mit dem Scheitern der Ehe weggefallen sei. Die Rechtsgrundsätze, die zur ehebezogenen Zuwendung entwickelt worden sind, werden ausdrücklich auf ehebezogene Arbeitsleistungen übertragen.

6 Die **Voraussetzungen** für einen solchen angeblich stillschweigend geschlossenen familienrechtlichen Vertrag definiert der Bundesgerichtshof[5] wie folgt: „Erbringt – insbesondere bei Gütertrennung – ein Ehepartner Arbeitsleistungen, die lediglich das Vermögen des anderen mehren und deren Umfang über das hinausgeht, was er im Rahmen der unter Ehegatten bestehenden gegenseitigen Beistands- und Unterstützungspflicht oder seiner Unterhaltspflicht schuldet, so ist – wie bei der Zuwendung von Vermögenssubstanz – in der Regel davon auszugehen, daß diese Arbeitsleistungen nach einer stillschweigenden Übereinkunft der Ehegatten zur Ausgestaltung der ehelichen Lebensgemeinschaft erbracht werden und darin ihre Geschäftsgrundlage haben. Das gilt nicht nur, wenn durch die (Mit-)Arbeit bestimmte Vermögenswerte – wie ein Familienheim – geschaffen werden; vielmehr kann das auch für den Fall in Betracht kommen, daß ein Ehegatte sonst in besonderem Maße durch persönliche Leistungen das Vermögen des anderen vermehrt." Der Bundesgerichtshof lässt auch einfache und untergeordnete Tätigkeiten genügen und verlangt insbesondere **keine irgendwie geartete Entlohnung** mehr.[6] Ausreichend soll das Vertrauen der Parteien sein, „daß sie im Rahmen der ehelichen Lebensgemeinschaft in einer ihren Verhältnissen entsprechenden Weise an den gemeinsam erarbeiteten Überschüssen teilhaben und auf diese Weise in den Genuss der Früchte ihrer Arbeit gelangen."

7 Von einem auf einen Vertragsschluss gerichteten Parteiwillen geht der Bundesgerichtshof allerdings nur aus, „wenn die Mitarbeit von einer gewissen Dauer und Regelmäßigkeit ist oder gar die Beschäftigung einer anderen Arbeitskraft erspart. Gelegentliche oder kurzzeitige Hilfeleistungen sowie Geringfügigkeit der Mitarbeit genügen nicht."[7]

8 Ein familienrechtlicher Kooperationsvertrag soll nach dieser Konzeption jedoch nur vorliegen, wenn beim Partner ein **messbarer Vermögenszuwachs** eingetreten ist.[8] Ausgeglichen werden sollen nämlich auf diese Weise nicht erbrachte Ar-

---

3 BGH NJW 1994, 2545.
4 BGH NJW 1982, 2236; 1994, 2545; Jaeger DNotZ 1995, 674 ff.
5 BGH NJW 1994, 2545. Im Schrifttum – zB Tiedtke JZ 1984, 1078 (1085) und Olzen JR 1982, 495 – wird demgegenüber kritisiert, dass der einzige Zweck dieser Figur darin bestehe, durch ihren Wegfall Ansprüche aus dem Wegfall der Geschäftsgrundlage hervorzubringen.
6 In BGH NJW 1982, 2236 war noch auf das versprochene Wohnungsrecht für den Mitarbeitenden abgestellt worden.
7 BGH FamRZ 2013, 269 = NJW 2013, 457; OLG Hamm 11.1.2016 – 4 UF 141/15; AG Bensheim FamRZ 2013, 821.
8 Die bei Scheitern der Ehe ggf. noch vorhandene Vermögensmehrung begrenzt einen etwa bestehenden Ausgleichsanspruch der Höhe nach. Vgl. BGH NJW 1994, 2545 (2546).

beitsleistungen, sondern – nach Scheitern der Ehe unzumutbare – ehebezogene Vermögensverschiebungen.

Indizien für einen konkludent abgeschlossenen Kooperationsvertrag sah der Bundesgerichtshof insbesondere, wenn die Mitarbeit die Beschäftigung einer anderen Arbeitskraft einsparte,[9] die Mitarbeit über einen besonders langen Zeitraum erfolgte und die soziale Absicherung, insbesondere die Altersversorgung des mitarbeitenden Ehegatten, durch den Betrieb erfolgen sollte.[10]

9

Arbeitsleistungen an einer Immobilie der Eltern des nichtehelichen Lebenspartners begründen nicht ohne Weiteres einen familienrechtlichen Kooperationsvertrag.[11]

Da die Rechtsprechung hinsichtlich der weiteren Tatbestandsvoraussetzungen und der Rechtsfolgen für Ausgleichsansprüche aus ehebezogenen Zuwendungen und aus familienrechtlichem Kooperationsvertrag nicht wesentlich unterscheidet, gelten die Ausführungen zum Schwerpunktthema ehebezogene Zuwendungen auch für den familienrechtlichen Kooperationsvertrag.

10

---

9   AG Bensheim FamRZ 2013, 821.
10   Wever Rn. 673.
11   BGH 4.3.2015 – XII ZR 46/13, FamRZ 2015, 833.

Schwerpunktbeitrag 3:
Ehegatteninnengesellschaft

Literatur: *Herr*, Nebengüterrecht, 2013 (mit umfangreichem Rechtsprechungsregister); *Münch*, Ehebezogene Rechtsgeschäfte, 3. Aufl. 2011; *Schulz/Hauß*, Vermögensauseinandersetzung bei Trennung und Scheidung, 6. Aufl. 2015; *Wever*, Vermögensauseinandersetzung der Ehegatten außerhalb des Güterrechts, 6. Aufl. 2014; Familienrechtliche Berechnungssoftware „WinFam", Modul Nebengüterrecht.

I. Einleitung

1 Ansprüche aus konkludenter Ehegatteninnengesellschaft sind Teil des sog Nebengüterrechts.

Die Ehegatten arbeiten wie Gesellschafter zusammen, ohne jemals ausdrücklich einen Vertrag iSd § 705 abgeschlossen zu haben. Der Bundesgerichtshof nimmt jedoch den stillschweigenden Abschluss an, wenn die Ehegatten gemeinsam, planvoll und zielstrebig am Aufbau eines Vermögens mitgearbeitet haben und dabei die Vorstellung hatten, dass dieses Vermögen **dinglich zwar formal** nur einem zugeordnet ist, von beiden Ehegatten **wirtschaftlich aber als gemeinsames** Vermögen angesehen wurde.[1] Dies muss im Verfahren durch hinreichende Indizien vorgetragen bzw. gerichtlich festgestellt werden.

Insbesondere im Bereich der Landwirtschaft, in handwerklichen oder Gewerbebetrieben, aber auch bei Freiberuflern, haben Ehepartner seit jeher in mehr oder weniger großem Umfang **im Betrieb des Unternehmensinhabers mitgearbeitet.** Ausdrückliche gesellschaftsrechtliche[2] oder arbeitsvertragliche Regelungen sind für Ehegatten selbstverständlich möglich. Solange jedoch die Ehe besteht und beide Partner oder die ganze Familie von den gemeinsam erzielten Einkünften profitieren, scheint eine **klare rechtliche Qualifizierung derartiger Mitarbeit** unnötig, eine vertragliche Regelung der gegenseitigen Rechte und Pflichten im Hin-

---

1 BGHZ 142, 137.
2 BGB-Gesellschaft oder Handelsgesellschaften.

blick auf die persönlichen Beziehungen eher „unpassend". Wenn auf diese Weise das Vermögen des Betriebsinhabers über die Jahre vermehrt wird, die Ehe aber später scheitert, profitiert der mitarbeitende Ehegatte beim gesetzlichen Güterstand über den Zugewinnausgleich von den Werten, die er mit geschaffen hat. War jedoch Gütertrennung vereinbart, so geht er leer aus. Der Ruf nach gesonderten Ausgleichsansprüchen liegt nahe. Damit haben sich die Gerichte seit langer Zeit zu beschäftigen.[3] In neuerer Zeit werden auch Ansprüche wegen der Mitarbeit des späteren Ehegatten vor der Eheschließung und über den Einsatzzeitpunkt für einen etwaigen Zugewinnausgleich hinaus geltend gemacht.

II. Ausdrückliche vertragliche Regelungen

Die Mitarbeit eines Ehegatten kann – unabhängig vom Güterstand – ausdrück- 2
lich vertraglich geregelt werden, etwa durch Abschluss eines Vertrages über die Gründung einer (Außen- oder Innen-)**Gesellschaft bürgerlichen Rechts** oder einer **Handelsgesellschaft**. Der Gesellschaftszweck kann dann frei gewählt werden. Er muss nicht über die Verwirklichung der ehelichen Lebensgemeinschaft hinausgehen (zB Halten des Familienwohnheims in einer Gesellschaft bürgerlichen Rechts)[4] und kann auch familienrechtliche Verpflichtungen ausgestalten, die sich bereits aus dem Gesetz ergeben.[5] Die Abwicklung bei Beendigung des Gesellschaftsverhältnisses erfolgt dann nach den hierfür geltenden Regeln (zB §§ 730 ff. bei der Gesellschaft bürgerlichen Rechts).

Arbeitsverhältnisse unter Ehegatten sind möglich und anerkannt, müssen jedoch 3
ernsthaft gewollt und praktiziert werden und hinsichtlich des Inhalts und der Durchführung einem Fremdvergleich standhalten. Liegt ein **wirksamer Arbeitsvertrag** vor und handelt es sich nicht lediglich um ein **Scheingeschäft**, so ergibt sich daraus abschließend der Vergütungsanspruch, ein gesonderter Ausgleichsanspruch beim Scheitern der Ehe besteht daneben nicht und darf auch nicht auf der Basis eines angeblich konkludent gebildeten Rechtsbindungswillens zum Abschluss einer Gesellschaft fingiert werden.[6] Zuständig sind dann die Arbeitsgerichte (Ausnahmetatbestand § 266 Abs. 1 Hs. 2 FamFG).

Allerdings muss ein Arbeitsverhältnis, um eine konkludente Ehegatteninnengesellschaft auszuschließen, einem objektiven Drittvergleich standhalten (→ Rn. 6).[7]

---

3 Vgl. BGHZ 8, 249 = NJW 1953, 418; vgl. weiter die Rechtssprechungsübersichten bei Herr, Nebengüterrecht, Rn. 546–563 und 591 f.
4 BGH NJW 2012, 3374; BGH FamRZ 2012, 1789; 1990, 973; 855; 989, 147; NJW 1974, 1554; OLG Oldenburg DNotZ 1957, 319; KG MDR 1960, 586; OLG Köln DNotZ 1967, 501 (beachte hierzu BGH NJW 1982, 170); OLG Düsseldorf FamRZ 2009, 1834; OLG Hamm FamRZ 1983, 494 (Leistungen in der Verlobungszeit); 2010, 1737; OLG Hamm 21.9.2010 – I-25 U 58/08; 12.10.2010 – 25 U 58/08; OLG Karlsruhe 27.1.2015 – 20 UF 168/12; OLG Karlsruhe FamRZ 2001, 1075; 2009, 1670; OLG Karlsruhe NJW 2009, 2750; OLG München ErbR 2010, 59; OLG Nürnberg 3.3.2000 – 1 U 4025/98, Ez-FamR aktuell 2000, 223; nachfolgend BGH 13.3.2003 – XII ZR 144/00, FamRZ 2003, 1009; LG Ulm 16.4.2008 – 3 O 225/07.
5 Wever Rn. 581.
6 Wever Rn. 586.
7 BGH FamRZ 2006, 607.

III. Fehlen ausdrücklicher vertraglicher Regelungen

4   **1. Gesetzliche Anspruchsgrundlagen.** Gesetzliche Anspruchsgrundlagen für Entgelt- oder Ausgleichsansprüche aus Ehegattenmitarbeit gibt es nicht,[8] gleich ob sie über das unterhaltsrechtlich Geschuldete hinausgeht oder nicht. Direkte Ansprüche aus der **Generalklausel § 1353** scheiden insoweit ebenso aus wie bereicherungsrechtliche Ansprüche (→ Schwerpunktbeitrag 1: Ehebezogene Zuwendung, in diesem Buch).

5   **2. Stillschweigend geschlossene Verträge. a) Arbeitsverträge.** Grundsätzlich können Arbeitsverträge auch unter Ehegatten **durch schlüssiges Handeln** begründet werden.

6   Ehegatten stehen sich jedoch grundsätzlich gleichberechtigt gegenüber, während ein **Arbeitsverhältnis fremdbestimmt und weisungsgebunden** ist. Daher sind die Anforderungen für die Annahme eines Arbeitsvertrages streng, keinesfalls reichen tatsächlich erbrachte Arbeitsleistungen zur Annahme eines Arbeitsvertrages aus. Auf einen diesbezüglichen **Rechtsbindungswillen** kann man nur schließen, wenn tatsächlich fremdbestimmte und weisungsgebundene Tätigkeiten erbracht wurden und daneben weitere klare objektive Anhaltspunkte, wie zB Abführen von Lohnsteuern und Sozialversicherungsbeiträgen, vorliegen.[9]

7   **b) Ehegatteninnengesellschaften.** Seit Anfang der 1950er-Jahre entwickelte die Rechtsprechung die Figur der Ehegatteninnengesellschaft als **Gesellschaft bürgerlichen Rechts ohne Gesamthandsvermögen und rechtsgeschäftliche Vertretung,** um Ausgleichsansprüche beim Scheitern der Ehe für die Mitarbeit eines Ehegatten im Betrieb oder Investitionen in das Vermögen des anderen Ehegatten zu schaffen.[10]

8   Prägende Gemeinsamkeit ist in all diesen Fällen, dass die Ehegatten abredegemäß durch beiderseitige Leistungen einen **über den typischen Rahmen der ehelichen Lebensgemeinschaft hinausgehenden Zweck**[11] verfolgt haben. Ein Ehegatte hat über das unterhaltsrechtlich geschuldete Maß hinaus in der Erwartung mitgearbeitet, durch diese Arbeitsleistung – im eigenen Interesse, nicht nur um der Ehe willen – jedenfalls wirtschaftliche Teilhabe am Gesamtergebnis zu erhalten.

9   In der Rechtsprechung der 1980er- und 1990er-Jahre wurde die Ehegatteninnengesellschaft weitgehend von Ausgleichsansprüchen wegen **ehebedingter Zuwendungen** (→ Schwerpunktbeitrag 1: Ehebezogene Zuwendung, Rn. 27, in diesem Buch) bzw. aus **familienrechtlichen** Kooperationsverträgen (→ Schwerpunktbeitrag 2: Familienrechtlicher Kooperationsvertrag, in diesem Buch) verdrängt.[12]

10 Seit dem Urteil vom 30.6.1999,[13] in dem der Bundesgerichtshof über die Fälle der Mitarbeit eines Ehegatten bzw. dessen Mitarbeit neben geleisteten Vermögensbeiträgen hinaus auch bloße Vermögensbeiträge eines Ehegatten ohne jede

---

8 Wever Rn. 588.
9 Noch bejahend: BGH FamRZ 1954, 136 (137); ablehnend: BGHZ 84, 361; OLG Bremen FamRZ 1999, 227; vgl. auch BGH FamRZ 2006, 607.
10 Grundlegend: BGHZ 8, 249; Schulz/Hauß, Vermögensauseinandersetzung, Rn. 1626 ff.; ausführlich: Wever Rn. 600 ff.
11 ZB BGH NJW 2006, 1268 (1269).
12 BGH NJW 1953, 418; 1999, 2962 (2964); Nonnenkamp/Zysk, Neue Rechtsprechung zur vermögensrechtlichen Auseinandersetzung unter Ehegatten nach gescheiterter Ehe, DRiZ 1990, 437 (441).
13 BGHZ 142, 137 = NJW 1999, 2962 = FamRZ 1999, 1580 = DNotZ 2000, 514 ff.

persönliche Mitarbeit ausdrücklich für ausreichend erklärt hat, ist die Ehegatteninnengesellschaft zentraler Lösungsansatz für Ausgleichsansprüche außerhalb des Güterrechts. Anders nur dann, wenn es ausschließlich um das **Familienwohnheim** oder einen anderen eheimmanenten Zweck (Rn. 13) geht.[14] Dies gilt ausdrücklich auch für die Fälle, die früher über den Wegfall der Geschäftsgrundlage gelöst wurden.

IV. Stillschweigend geschlossene Ehegatteninnengesellschaft

Gesellschaftsrechtliche Ausgleichsansprüche wegen Ehegattenmitarbeit können **11** sich ohne ausdrückliche vertragliche Vereinbarung nur aus einer **Innengesellschaft** ergeben, weil allein der andere Ehegatte formal-dinglich Berechtigter, insbesondere Eigentümer eines Unternehmens ist, in welchem der benachteiligte Ehegatte mitgearbeitet hat; Gesamthandsvermögen iSd § 718, das auseinandergesetzt werden könnte, ist nicht vorhanden. Eine eventuelle Beteiligung erfolgt ausschließlich schuldrechtlich (Beteiligung am laufenden Gewinn, Abfindung bei Beendigung).[15]

1. Konkludenter Gesellschaftsvertrag. a) Voraussetzungen. Grundvorausset- **12** zung für die Annahme eines konkludent zustande gekommenen Gesellschaftsverhältnisses ist nach der Rechtsprechung ein über die Verwirklichung der ehelichen Lebensgemeinschaft hinausgehender **Gesellschaftszweck:**[16] „Die Eheleute müssen abredegemäß durch beiderseitige Leistungen einen über den typischen Rahmen der ehelichen Lebensgemeinschaft hinausgehenden Zweck verfolgt haben, indem sie etwa durch den Einsatz von Vermögenswerten und Arbeitsleistungen gemeinsam ein Unternehmen oder Immobilienvermögen aufgebaut oder gemeinsam eine berufliche oder gewerbliche Tätigkeit ausgeübt haben",[17] auch wenn das Geschäft nur oder im Wesentlichen den Familienunterhalt sichern sollte.[18] „Denn in Fällen (…), in denen die Ehegatten über Jahre hinweg planvoll und zielstrebig am Aufbau eines Vermögens (hier Immobilien) mitgearbeitet haben, um – auch im Alter – aus dessen Erträgen zu leben und daraus auch weiteres Vermögen zu bilden, liegt die Annahme eines gesellschaftsrechtlichen Verhältnisses zwischen den Ehegatten nahe (sog Ehegatteninnengesellschaft). Eine Abwicklung nach gesellschaftsrechtlichen Grundsätzen führt zu Ergebnissen, die dem Typus ihrer Erwerbsgemeinschaft angemessener und im Übrigen praxisgerechter sind, wenn die Ehegemeinschaft scheitert und der dinglich nicht berechtigte Ehegatte an den Früchten der Vermögensbildung nicht mehr teilhaben kann."

Abgrenzungskriterium zur ehebezogenen Zuwendung, die nur zur Verwirk- **13** lichung der ehelichen Lebensgemeinschaft erfolgt, ist also der **eheüberschreitende Zweck.** Die Beteiligung an einer Ehegatteninnengesellschaft erfolgt ganz we-

---

14 BGH NJW 1999, 2962 (2964); BGH FamRZ 1999, 1580 (1583); 1998, 1063 (1068); 1990, 855; 1989, 147 (148); Schulz/Hauß, Vermögensauseinandersetzung, Rn. 1647, 1570; Münch Rn. 1296; Wever Rn. 602.

15 Arens, Rückabwicklung ehebedingter Zuwendungen und die Rechtsfigur der „konkludent vereinbarten Innengesellschaft" – Allzweckwaffen zur Herbeiführung gerechter Vermögensausgleichsregelungen?, FamRZ 2000, 266 (268).

16 Sonst soll es am Rechtsbindungswillen fehlen, der für die Annahme einer auch konkludenten Willenserklärung vorausgesetzt wird: Haas, Ehegatteninnengesellschaft und familienrechtlicher Vertrag sui generis, FamRZ 2002, 205 (213); Wever Rn. 603.

17 BGH NJW 1999, 2962 mwN.

18 BGH NJW 2006, 1268 (1269); BGH FamRZ 1990, 973.

sentlich auch im eigenen (Teilhabe-)Interesse, bei der ehebezogenen Zuwendung steht die Vermögensmehrung des anderen Partners (wenn auch um der Ehe willen) im Vordergrund.[19] Dies trifft auch bei der Vermögensverlagerung aus Haftungsgründen zu,[20] denn der Zuwendende will das verlagerte Vermögen gerade um der Ehe und der Familie willen vor seinen Gläubigern schützen.

14 Nach der Rechtsprechung des Familiensenats des Bundesgerichtshofs reicht für die Annahme einer Ehegatteninnengesellschaft eine nur **faktische Willensübereinstimmung der Ehegatten** nicht aus.[21] Zwar müssen die Partner ihr Verhalten nicht bewusst als gesellschaftsrechtlich einordnen.[22] Es muss aber ein zweckgerichtetes Verhalten sein, das vom erkennbaren Interesse bestimmt ist, dauerhaft und gemeinsam zur Vermögensbildung zusammenzuarbeiten.[23] Nur wenn den Ehegatten bewusst ist, dass sie über das eheliche Band hinaus zusätzliche rechtliche Bindungen eingehen, kann man von dem für einen (wenn auch schlüssig zustande gekommenen) Vertrag erforderlichen **Rechtsbindungswillen** ausgehen.[24]

15 Allen **ausdrücklichen Vereinbarungen** der Eheleute kommt Vorrang gegenüber der Annahme einer schlüssig zustande gekommenen Innengesellschaft zu. Soweit darin ein Rechtsgestaltungs- und Rechtsfolgewillen klar und unzweideutig artikuliert wird, ist kein Raum für die Annahme eines davon abweichenden Willens, der sich schlüssig aus ihrem Verhalten ergeben könnte.[25] Derartige ausdrückliche Vereinbarungen müssen allerdings erkennbar ernsthaft gewollt – nicht lediglich zum Schein getroffen[26] – und auch in der Folgezeit so praktiziert worden sein (zB schriftlicher Anstellungsvertrag eines Geschäftsführers). Gerade bei Arbeits-/Dienstverhältnissen ist dabei neben der tatsächlichen Durchführung auch auf die Angemessenheit[27] der getroffenen Vereinbarungen zu achten.

16 Typischerweise fehlt dieser für die Annahme eines gesellschaftsrechtlichen Verhältnisses erforderliche eheüberschreitende Zweck beim bloßen gemeinsamen Bemühen um die Schaffung eines **Familienwohnheims** oder beim gemeinsamen Sparen.[28] Hier steht das Element des Gebens um der persönlichen Bindung der Ehegatten willen im Vordergrund. Er kann jedoch bejaht werden, wenn ein Hausgrundstück für den Familienwohnsitz samt Erwerbsgeschäft des Ehemannes vorgesehen war, aber zusätzlich durch teilweise Vermietung als Vermögensanlage für die Altersversorgung dienen sollte.[29]

17 **b) Indizien für oder gegen ein konkludent begründetes Gesellschaftsverhältnis.** Das Vorliegen eines eheüberschreitenden Zwecks der Zusammenarbeit al-

---

19 So auch Wever Rn. 613.
20 AA Münch, Die Ehegatteninnengesellschaft – Ein Vorschlag zu ihrer inhaltlichen Ausgestaltung, FamRZ 2004, 233 (234).
21 BGH FamRZ 2006, 607 (609).
22 BGH NJW-RR 1988, 260 = FamRZ 1987, 807.
23 BGH NJW 1999, 2962 (2964).
24 BGH NJW 2006, 1268 = FamRZ 2006, 711; Schulz/Hauß, Vermögensauseinandersetzung, Rn. 1636; Wever Rn. 605.
25 BGH NJW 2006, 1268 (1269); 1995, 3383 (3384) mwN; BGH FamRZ 1990, 1219 (1220); BGH NJW-RR 1988, 260; Schulz, Ausgleichsansprüche für die Mitarbeit eines Ehegatten – Ehegatteninnengesellschaft und familienrechtlicher Kooperationsvertrag, FamRB 2005, 111 (112).
26 ZB BGH NJW-RR 1990, 736; dazu und zur Beweislast Schulz FamRB 2005, 111 (112) mwN.
27 BGH NJW 2006, 1268 (1269); BGH NJW-RR 1990, 736.
28 BGH FamRZ 1989, 147 (148); 2005, 689.
29 OLG Schleswig FamRZ 2004, 1375 = NJW-RR 2004, 972.

lein reicht allerdings für das Zustandekommen einer Innengesellschaft nicht aus. Weitere Indizien müssen die Annahme eines **rechtlichen Bindungswillens der Partner über die eheliche Gemeinschaft hinaus** rechtfertigen. Dies kann nur nach Würdigung aller Umstände des Einzelfalles erfolgen,[30] insbesondere der Planung, dem Umfang und der Dauer der Vermögensbildung und dem Vorliegen von Absprachen über die Verwendung und Wiederanlage erzielter Erträge.[31]

aa) Arbeitseinsatz, Geld- und Sachleistungen. Wichtige **Indizien** sind **Art und** 18 **Weise** sowie **Umfang des Arbeitseinsatzes** des mitwirkenden Partners. Die Mitarbeit muss auf gleichberechtigter Ebene, nicht notwendigerweise gleichartig oder vom Umfang her gleichwertig erfolgen.[32] Lediglich untergeordnete Tätigkeiten mit Weisungsbefugnis des Inhabers ließen früher – auch wenn die Arbeitskraft voll zur Verfügung gestellt wird – nicht den Schluss auf den Rechtsbindungswillen der Ehegatten hinsichtlich der aus einem Gesellschaftsvertrag resultierenden Gewinn- aber auch Verlustbeteiligung zu (zB Sprechstundenhilfe in Arztpraxis,[33] gelegentliche Aushilfe in Gaststätte). Der Bundesgerichtshof hat dieses Kriterium inzwischen deutlich abgeschwächt: Eine Überbetonung der Gleichberechtigung der Mitarbeit sei nicht angebracht, solange der Ehegatte überhaupt nur maßgebliche Beiträge geleistet habe.[34]

Wenn die Mitarbeit von **Umfang und Dauer** her nicht über unbedeutende oder 19 gelegentliche Hilfeleistung hinausgeht oder im Rahmen der ehelichen Lebensgemeinschaft erfolgt, soll es ebenfalls am rechtlichen Bindungswillen fehlen. Die wirtschaftliche Bedeutung gilt als Seriositätsindiz, das den rechtlichen vom außerrechtlichen Bereich abgrenzen soll.[35] Eine zeitlich begrenzte Mitarbeit reicht allerdings in den Fällen aus, in denen der mitarbeitende Ehegatte über besondere Berufsqualifizierung verfügt und nicht weisungsgebunden ist.[36]

Wenn neben dem persönlichen Einsatz auch **Kapital** eingebracht wird, liegt hier- 20 in ein zusätzliches Indiz für einen gesellschaftsrechtlichen Bindungswillen.[37]

Seit der Leitentscheidung des Bundesgerichtshofs vom 30.6.1999[38] kann im Ge- 21 gensatz zur früheren Rechtsprechung für die Annahme einer Ehegatteninnengesellschaft auch **bloßer Kapitaleinsatz** des Ehegatten ohne jede Mitarbeit ausreichen. Entscheidend für die Abgrenzung ist danach nicht mehr die Art der Vermögensmehrung (durch Sach- oder Arbeitsleistung), sondern dass der Ehegatte für die Gesellschaft „einen nennenswerten und für den erstrebten Erfolg bedeutsamen Beitrag geleistet hat".

In ausdrücklicher Fortführung seiner Leitentscheidung von 1999[39] hat der nun- 22 mehr zuständige XII. (Familien-)Senat des Bundesgerichtshofs die Grundsätze

---

30 BGH NJW-RR 1988, 260; Kogel, Zugewinn oder Ehegatteninnengesellschaft? Eine Gratwanderung in der Vermögensauseinandersetzung, FamRZ 2006, 1799; Wever Rn. 605.
31 BGH NJW 2003, 2982 (2983); 1999, 2962 (2966).
32 Schulz FamRB 2005, 111 (113); Schulz, Vermögensauseinandersetzung der nichtehelichen Lebensgemeinschaft, FamRZ 2007, 596; Schulz/Hauß, Vermögensauseinandersetzung, Rn. 1640.
33 Vgl. dazu KG FamRZ 2013, 787.
34 BGHZ 142, 137.
35 Haas FamRZ 2002, 208; MK/Wacke § 1356 Rn. 20 f.
36 BGH NJW 1986, 1870; Wever Rn. 609. Konsequenzen ergeben sich in diesen Fällen bei der Beteiligungsquote. Vgl. BGH FamRZ 1990, 973.
37 Wever Rn. 610.
38 BGHZ 142, 137 = NJW 1999, 2962 = FamRZ 1999, 1580.
39 BGH NJW 1999, 2962 ff.

der Ehegatteninnengesellschaft auch auf **nichteheliche Lebensgemeinschaften** ausgedehnt.[40] Der Familiensenat lehnt das Zustandekommen einer „faktischen Gesellschaft" ab, die der II. Zivilsenat des Bundesgerichtshofs früher in ständiger Rechtsprechung angenommen hatte, und betont, dass eine nach gesellschaftsrechtlichen Grundsätzen zu beurteilende Zusammenarbeit bei einer eheähnlichen Gemeinschaft – wie bei einer Ehegatteninnengesellschaft – einen zumindest schlüssig zustande gekommenen Vertrag voraussetzt, jedenfalls dann, wenn sie später in eine Ehe mündete.[41]

23 **bb) Verhältnis zum Güterrecht.** Ehegatteninnengesellschaften können – ausdrücklich oder konkludent – im gesetzlichen, aber auch in jedem vertraglichen Güterstand begründet werden,[42] grundsätzlich ausgenommen die Gütergemeinschaft (→ Rn. 30). Wenn der Bundesgerichtshof[43] ausführt: „Bei Ehegatten, die im Güterstand der Zugewinngemeinschaft leben, hat der Bundesgerichtshof nur in seltenen Fällen den Bestand einer Innengesellschaft angenommen, weil der im Falle der Scheidung gebotene Vermögensausgleich in der Regel bereits durch die Vorschriften über den Zugewinnausgleich gesichert ist", kann daraus im Gegensatz zu den Rückabwicklungsansprüchen beim Vorliegen ehebezogener Zuwendungen **kein grundsätzlicher Vorrang des Güterrechts** gefolgert werden.[44] Gesellschaftsrechtliche Ausgleichsansprüche bestehen, wenn und weil ein entsprechender (ausdrücklich oder konkludent zum Ausdruck gebrachter) Rechtsbindungswillen der Ehegatten hinsichtlich eines zusätzlichen, über das Familienrecht hinausgehenden Rechtsverhältnisses festgestellt werden kann. Anders als bei der Rückabwicklung ehebezogener Zuwendungen über den Wegfall der Geschäftsgrundlage ist dies keine Frage der Billigkeit des Ergebnisses.[45]

24 Wer – wie der Bundesgerichtshof – die Ehegatteninnengesellschaft auf den Willen der Parteien stützt, wird deshalb den Vertragswillen der Ehegatten bei gesetzlichem Güterstand besonders kritisch hinterfragen müssen.[46] Weil den Ehegatten idR bewusst ist, dass das Güterrecht bei Beendigung der Ehe zu einer Teilhabe am gemeinsam Erwirtschafteten führt, werden sie zusätzliche gesellschaftsrechtliche Regelungen nur ausnahmsweise für nötig halten.[47] Wenn kein – auch kein konkludent zum Ausdruck gebrachter – **Rechtsbindungswille** feststellbar ist, darf er auch nicht fingiert werden. Wird aber ein gesellschaftsrechtlicher Bindungswille festgestellt, so kann er, wie der Bundesgerichtshof[48] nun mehrfach ausdrücklich festgestellt hat, nicht wegen eines angeblichen Vorrangs des güterrechtlichen Ausgleichs ignoriert werden: „Er besteht deshalb neben

---

40 BGH FamRZ 2006, 607 (609).
41 Schulz FamRZ 2007, 593 (595).
42 BGH NJW 2006, 1268; 2003, 2982 (2983); 1986, 1870; 1974, 2045; 1554; 1986, 1870 = FamRZ 1986, 558 (559); Schulz/Hauß, Vermögensauseinandersetzung, Rn. 1670 ff.; Schulz FamRB 2005, 142 f.; Wever Rn. 580, 624 ff.
43 BGH NJW 1986, 1870.
44 BGH FamRZ 2006, 607; OLG Brandenburg FF 2015, 172 = NZFam 2015, 380.
45 So ausdrücklich BGH NJW 2006, 1268 (1269) = FamRZ 2006, 607 (609) m. zust. Anm. Hoppenz; BGH FamRZ 2003, 1454; Schulz/Hauß, Vermögensauseinandersetzung, Rn. 1671 ff.; Wever Rn. 659; Arens FamRZ 2000, 266 (269); aA Schwab/Schwab VII Rn. 249; Schwab/Borth IX Rn. 31; Volmer FamRZ 2006, 844 (Anm. zu BGH FamRZ 2006, 607).
46 Wagenitz, Vermögensrechtliche Auseinandersetzung unter Ehegatten außerhalb des Güterrechts, in: Schwab/Hahne (Hrsg.), Familienrecht im Brennpunkt, 2004, S. 161, 179.
47 So BGH NJW 2006, 1268 (1269) unter Berufung auf Wever Rn. 625.
48 BGH NJW 2006, 1268 (1269) ausdrücklich im Anschluss an BGH NJW 2003, 2982.

einem Anspruch auf Zugewinnausgleich." Die Frage, ob und gegebenenfalls inwieweit sich der Auseinandersetzungsanspruch wegen der Systematik des Zugewinnausgleichs auswirkt, ist insofern ohne Bedeutung.[49]

Dieses Nebeneinander gilt also ausdrücklich nicht nur für Ansprüche, die im Güterrecht nicht vorgesehen sind (zB den Anspruch auf steuerrechtliche Zusammenveranlagung) und für solche gesellschaftsrechtlichen Ausgleichsansprüche, die aus der Zeit vor der Eheschließung oder nach dem Stichtag für einen etwaigen Zugewinnausgleich herrühren,[50] sondern auch für reine Vermögensausgleichsansprüche. 25

Bei der Durchführung des Zugewinnausgleichs sind **Abfindungsansprüche aus einer Ehegatteninnengesellschaft** beim Berechtigten als Aktiva, beim Verpflichteten als Passiva zu berücksichtigen (und daher notwendig vorrangig zu berechnen)[51] und wirken sich deshalb in den meisten Fällen (insbesondere, wenn der Innengesellschafter einen Zugewinn erzielt hat) wirtschaftlich nicht aus. Hat jedoch der gesellschaftsrechtlich ausgleichsberechtigte Innengesellschafter einen „negativen Zugewinn" erzielt, so lohnt es sich für ihn, den Abfindungsanspruch geltend zu machen. Je nach Sachlage können sich die Ergebnisse grundlegend unterscheiden und kann unter Umständen sogar die Ausgleichsrichtung im Zugewinnausgleich verändert werden.[52] Das Gleiche gilt für sonstige atypische Störungen des Zugewinnausgleichs, insbesondere den Verlust des Anfangsvermögens des anderen Ehegatten in der Ehezeit. 26

Problematisch scheint dieses Nebeneinander auch, wenn die gesellschaftsrechtliche Bindung über den Stichtag für die Berechnung des Zugewinnausgleichs – Vereinbarung der Gütertrennung oder Rechtshängigkeit des Scheidungsantrags § 1384 – hinaus besteht. Weil ein gesellschaftsrechtlicher Ausgleichsanspruch erst mit der Beendigung der Zusammenarbeit entsteht (→ Rn. 33), kann er in die Berechnung des Zugewinnausgleichs nicht eingestellt werden. Der Bundesgerichtshof[53] lässt zu, dass er „neben der erfolgten Zugewinnausgleichsregelung geltend gemacht werden (kann), soweit er darin nicht – teilweise – berücksichtigt worden ist." Daraus ist ein **Verbot der Doppelinanspruchnahme** abgeleitet worden:[54] Weitere Ausgleichsansprüche aus der beendeten Ehegatteninnengesellschaft sollen ausscheiden, wenn in die Zugewinnberechnung ein (latenter) Ausgleichsanspruch bis zum Stichtag der Zugewinnberechnung oder der Wert des Anteils des Nichteigentümer-Ehegatten[55] eingestellt worden ist, oder wenn beim nach außen berechtigten Inhaber das Vermögen der Ehegatteninnengesellschaft als Endvermögen berücksichtigt wurde.[56] 27

Richtigerweise wird man die nachträgliche Verfolgung gesellschaftsrechtlicher Ansprüche weder unter Berufung auf eine angebliche Subsidiarität gegenüber 28

---

49 Vgl. dazu die Beispiele bei Schulz FamRB 2005, 142.
50 BGH NJW 2006, 1268 ff.
51 Arens FamRZ 2000, 266 (269); Haußleiter, Zum Ausgleichsanspruch bei einer Ehegatteninnengesellschaft neben einem Anspruch auf Zugewinnausgleich NJW 2006, 2741; Anm. Münch MittBayNot 2006, 420 (424).
52 Sehr ausführlich mit Berechnungsbeispielen und Hinweisen zur Prozesstaktik: Schulz/ Hauß, Vermögensauseinandersetzung, Rn. 1673 ff.; Schulz FamRB 2005, 142 ff.; Wever Rn. 659.
53 BGH NJW 2006, 1268 (1270).
54 Münch MittBayNot 2006, 420 (424).
55 Anm. Hoppenz FamRZ 2006, 610.
56 Münch MittBayNot 2006, 420 (424).

güterrechtlichen Ansprüchen beschränken können, noch schließt § 242 grundsätzlich deren Geltendmachung aus (zB beim Vergessen einer Forderung im Zugewinnausgleich).[57] Bewusstes Verschweigen wird idR als Arglist mit der Folge unzulässiger Rechtsausübung zu werten sein.[58]

29 Die Vereinbarung von Gütertrennung rechtfertigt nicht die Annahme, die Ehegatten lehnten jede **Teilhabe am gemeinsam Erwirtschafteten** ab und spricht als solche nicht gegen das Zustandekommen eines Gesellschaftsverhältnisses.[59] Weil sich damit aber die ehevertraglichen Vereinbarungen im wirtschaftlichen Ergebnis in ihr Gegenteil verkehren, darf man nicht leichtfertig von der Annahme eines entsprechenden Rechtsbindungswillens ausgehen.[60]

30 Bei einem ins Gesamtgut der Gütergemeinschaft fallenden Geschäftsbetrieb lehnt die Rechtsprechung die Annahme einer Ehegatteninnengesellschaft ab, weil bereits das Güterrecht einen sachgerechten Ausgleich biete.[61] Man kann nicht annehmen, dass die Ehegatten – konkludent – ein „doppelstöckiges" gesellschaftsrechtliches Verhältnis vereinbaren wollten.

31 Gehört der Betrieb zum Vorbehaltsgut eines Ehegatten, so ergeben sich keine Besonderheiten gegenüber der Situation bei der Gütertrennung.

32 **2. Auseinandersetzung der Innengesellschaft.**[62] Der Ausgleichsanspruch, der sich nach den §§ 738 ff. sowie einzelnen Vorschriften der §§ 730 ff. bestimmt, besteht in der Form eines **schuldrechtlichen Anspruchs auf Zahlung eines Auseinandersetzungsguthabens** nach Bestandsaufnahme und Vermögensbewertung.[63] Gesamthandsvermögen, das auseinanderzusetzen wäre, gibt es bei einer Innengesellschaft nicht. Die dingliche Rechtslage bleibt von der Beendigung der Gesellschaft unberührt,[64] insbesondere kann der ausgleichsberechtigte Ehegatte nicht die Verwertung der im Eigentum oder der Berechtigung des anderen Ehegatten stehenden Vermögensgegenstände verlangen. Dieser auf Geld gerichtete Auseinandersetzungsanspruch ist kein nachträgliches Entgelt für geleistete Arbeit,[65] sondern eine rein schuldrechtliche Ergebnisbeteiligung, sowohl am **Gewinn** wie auch an eventuellen **Verlusten.**[66] Das Zusammenwirken auf gesellschaftsrechtlicher Basis begründet eine Risikogemeinschaft, aufgrund derer der mitarbeitende Ehegatte im Innenverhältnis für die Schulden der Gesellschaft mithaftet. Diesen Freistellungsanspruch können Gläubiger der Gesellschaft verwerten.[67]

---

57 AA Hansen-Tilker, Zugewinnausgleich und streitige gegenseitige Forderungen im Endvermögen, FamRZ 1997, 1188 (1193).

58 Haußleiter NJW 2006, 2741 (2742).

59 BGH NJW 1999, 2962 (2964) mwN; Wever Rn. 626.

60 Missverständlich daher Wever Rn. 626: „Der Rückgriff auf die Rechtsfigur der Innengesellschaft ist daher auch bei Gütertrennung auf Fälle krasser Benachteiligung eines Ehegatten zu beschränken".

61 BGH DNotZ 1994, 265 = MittBayNot 1994, 227 = FamRZ 1994, 295; Wever Rn. 627 mwN; Schröder/Bergschneider/Wever 5.154.

62 Schulz/Hauß, Vermögensauseinandersetzung, Rn. 1651 ff.

63 BGH NJW 2006, 1268 (1269); 1999, 2962 (2967) mwN.

64 LG Düsseldorf FamRZ 2004, 1035.

65 BGHZ 8, 249, 253 = NJW 1953, 418; Wever Rn. 646.

66 BGH FamRZ 1990, 973 (974) = NJW-RR 1990, 736; Haas FamRZ 2002, 205 (215, 217); Schulz/Hauß, Vermögensauseinandersetzung, Rn. 1651, 1662; Wever Rn. 646.

67 Schulz/Hauß, Vermögensauseinandersetzung, Rn. 1650; Kogel FamRZ 2006, 1177 f.

a) **Stichtag für die Entstehung des Abfindungsanspruchs.** Einheitlicher Stichtag 33
für die Bestandsaufnahme und Vermögensbewertung ist der **Zeitpunkt der Auflösung** der Gesellschaft, dh der Zeitpunkt, in dem die Zusammenarbeit beendet
und der Betrieb wieder vom Inhaber allein geführt worden ist.[68] Meist, aber
nicht notwendigerweise,[69] wird dies der Tag der Trennung oder der Einreichung
des Scheidungsantrags sein.

Stellt der mitarbeitende Ehegatte seine Tätigkeit ein, um die zur Vorbereitung 34
der Scheidung erforderliche Trennung herbeizuführen, so führt dies grundsätzlich weder zu Schadensersatzansprüchen noch beeinträchtigt es entstandene
Ausgleichsansprüche.[70]

Der Tod eines Gesellschafters führt ebenfalls zur Auflösung der Gesellschaft, 35
wenn nicht andere Absprachen getroffen sind. Der Auseinandersetzungsanspruch geht auf die Erben über und führt – im Gegensatz zum vergleichbaren
Fall bei der ehebezogenen Zuwendung – faktisch zur Rückgewähr des Eingebrachten.[71]

b) **Höhe des Auseinandersetzungsanspruchs. aa) Umfang und Bewertung des re-** 36
levanten Vermögens. Zu ermitteln ist zunächst das im Zeitpunkt der Auflösung
der Gesellschaft vorhandene **gemeinsam erwirtschaftete Nettovermögen.**[72] Unberücksichtigt bleibt hier, was der Inhaber des Unternehmens eventuell vor dem
Entstehen der Innengesellschaft bereits erworben hatte oder was aus Zuwendungen Dritter oder Erbschaften stammt. Schulden sind nur dann mindernd zu
berücksichtigen, wenn sie mit der Gesellschaft zusammenhängen – beispielsweise betriebliche oder das Immobilienvermögen betreffende Kredite –, persönliche
Schulden scheiden aus.[73]

Die Bewertung erfolgt nach allgemeinen Grundsätzen.[74] Bei der Bewertung von 37
Unternehmen ist auf den vollen wirklichen Wert des „lebenden" Unternehmens
unter Einbeziehung stiller Reserven und eines etwa vorhandenen Geschäftswer-
tes abzustellen, nicht auf die Steuerbilanz. Maßgeblich ist der Wert, der bei einer
Veräußerung erzielt werden könnte.[75] Hierbei sollte man sich an denselben Bewertungsmethoden orientieren wie beim Zugewinnausgleich, da der Ausgleichsanspruch aus konkludenter Ehegatteninnengesellschaft Rechnungsposten im
Zugewinnausgleich ist (→ Rn. 26).

bb) **Beteiligungsquote.** Die Beteiligungsquote richtet sich bei gesellschaftsrecht- 38
lichen Ausgleichsansprüchen grundsätzlich nach den **Vereinbarungen im Gesellschaftsvertrag** (§ 722 Abs. 1 Alt. 1). Solche fehlen jedoch notwendig beim konkludenten Vertragsabschluss.[76] Daher ist durch ergänzende Vertragsauslegung
zu ermitteln, ob sich aus anderen feststellbaren Umständen Hinweise auf eine

---

68 BGH NJW 2006, 1268 (1270); 1999, 2962 (2967); OLG Schleswig NJW-RR 2004, 972;
    Schulz/Hauß, Vermögensauseinandersetzung, Rn. 1649; Kogel FamRZ 2006, 1799
    (1800); Wever Rn. 647.
69 Vgl. BGH NJW 2006, 1268 ff.; Kogel FamRZ 2006, 1799 (1800).
70 BGH FamRZ 1986, 40 (42); Schulz/Hauß, Vermögensauseinandersetzung, Rn. 1650;
    Wever Rn. 664; Schröder/Bergschneider/Wever 5.181.
71 Wagenitz S. 161, 176.
72 BGH WM 1978, 377; Schulz/Hauß, Vermögensauseinandersetzung, Rn. 1652 ff., 181;
    Wever Rn. 649.
73 BGH NJW 1999, 2962 (2967); NJW-RR 1990, 736.
74 Schulz/Hauß, Vermögensauseinandersetzung, Rn. 1656; Schulz FamRB 2005, 111 (114).
75 BGH NJW 1980, 229 = MittBayNot 1980, 26.
76 BGH FamRB 2016, 212.

bestimmte Verteilungsabsicht ergeben.[77] Im Zweifel gewährt § 722 **Abs. 1** jedem Gesellschafter einen **gleich hohen Anteil**. Beansprucht ein Ehegatte mehr als die Hälfte der Erträgnisse bzw. will er weniger als die Hälfte der Verluste tragen, so muss er die von der Halbteilung abweichende Quote nach allgemeinen Grundsätzen des Beweisrechts darlegen und beweisen.[78] Indizien für eine vom Halbteilungsgrundsatz abweichende Verteilungsquote[79] können sich aus Art und Umfang der beiderseits geleisteten Beiträge ergeben, zB Teilzeitmitarbeit der berufsqualifizierten und von der Funktion her gleichberechtigten Ehefrau (→ Rn. 18) oder zusätzliches finanzielles Engagement eines Partners bei gleichem Arbeitsumfang. Die alleinige Haftungsübernahme im Außenverhältnis rechtfertigt für sich kein Abweichen von der Halbteilung, da auch der schuldrechtliche Anspruch des ausgleichsberechtigten Ehegatten dem Gläubigerzugriff ausgesetzt ist.[80]

39 Bei der Feststellung der Beteiligungsquote sind nicht nur Arbeits-, sondern auch Geld- und Sachleistungen zu berücksichtigen.[81] Bei einer Ehegatteninnengesellschaft sind alle (Geld- und Sach-)Leistungen des mitarbeitenden Ehegatten einheitlich als **Einlage** zu qualifizieren, die einheitlich durch den Abfindungsanspruch ausgeglichen werden. Daneben scheidet – auch für Zuwendungen von Geld oder Grundstücken – ein Rückgriff auf die Figur der ehebezogenen Zuwendung aus.[82] Auch Art und Umfang der Mitarbeit beeinflussen die Quote, auch wenn dafür bei der Auseinandersetzung einer Außengesellschaft kein Ersatz verlangt werden kann (§ 733 Abs. 2 S. 3).

40 **c) Durchsetzung des Ausgleichsanspruchs.** Sobald nachgewiesen ist, dass eine Ehegatteninnengesellschaft zustande gekommen ist, ist die beweisrechtliche Situation für den ausgleichsbegehrenden Ehegatten erheblich günstiger als bei der Rückforderung mehrerer Zuwendungen auf der Grundlage des Wegfalls der Geschäftsgrundlage. Er muss nicht jede einzelne Vermögensübertragung beweisen, sondern kann grundsätzlich hälftige Beteiligung am gemeinsam Erwirtschafteten nach einer **Gesamtabrechnung** verlangen.[83]

41 **3. Sonstiges. a) Verjährung, Verwirkung.** Der Ausgleichsanspruch unterliegt als rein schuldrechtlicher[84] Anspruch der regelmäßigen Verjährungsfrist von **drei Jahren** (§§ 195, 200).[85] Verjährungsbeginn ist der Tag, an dem die Eheleute ihre Zusammenarbeit beendet haben.[86] Soweit der Anspruch vor dem 1.1.2002 entstanden ist, beginnt die Verjährung erst an diesem Tag (Art. 229 § 6 Abs. 1 EGBGB).

---

77 BGH FamRB 2016, 212.
78 BGH NJW 1999, 2962 (2967) = FamRZ 1999, 1580 (1585); BGH NJW-RR 1990, 736 = FamRZ 1990, 973 (974); Schulz/Hauß, Vermögensauseinandersetzung, Rn. 1660.
79 BGH NJW 1999, 2962 (2967) = FamRZ 1999, 1580 (1585); BGH NJW-RR 1990, 736 = FamRZ 1990, 973 (974).
80 Schulz/Hauß, Vermögensauseinandersetzung, Rn. 1650; Wever Rn. 654.
81 Wever Rn. 652.
82 Wever Rn. 655.
83 BGH FamRZ 2003, 1648; BGH NJW-RR 1991, 1049; Schulz/Hauß, Vermögensauseinandersetzung, Rn. 1668; Schulz FamRB 2005, 111, 115.
84 So jetzt auch bei Rückforderungsansprüchen aus ehebedingter Zuwendung, dazu Schulz/Hauß, Vermögensauseinandersetzung, Rn. 1608.
85 Schulz/Hauß, Vermögensauseinandersetzung, Rn. 1608; Wever Rn. 661.
86 Schulz FamRB 2005, 142 (143).

Verwirkung eines entstandenen Ausgleichsanspruchs kann nach allgemeinen 42
Grundsätzen infrage kommen, wenn sich der Verpflichtete nach dem Verhalten
des Berechtigten darauf einstellen durfte, dass Ansprüche nicht geltend gemacht
würden.[87] Die entsprechende Anwendung eherechtlicher Vorschriften (zB
§ 1579) scheidet aus, eine **Verwirkung oder Kürzung wegen Eheverfehlungen**
gibt es nicht.[88]

b) Gerichtliche Zuständigkeit. Streitigkeiten über die Auseinandersetzung einer 43
BGB-Gesellschaft auch unter Ehegatten waren bis zum 31.8.2009 keine Familiensachen, sondern unterfielen der Zuständigkeit der **Zivilgerichte.** Seit 1.9.2009
sind für diese „sonstige Familiensachen" die Familiengerichte zuständig (§ 266
Abs. 1 Nr. 3 FamFG).

Um einander widersprechende Entscheidungen hinsichtlich gesellschaftsrechtli- 44
cher Ausgleichsansprüche einerseits und Ansprüchen aus dem Zugewinnausgleich andererseits auszuschließen, kann eine Aussetzung des güterrechtlichen
Verfahrens gem. § 148 ZPO oder eine Verfahrensverbindung gem. § 147 ZPO,
§§ 112 ff. FamFG empfehlenswert sein.[89]

---

87 Palandt/Grüneberg § 242 Rn. 87 ff.
88 BGH NJW 1999, 2262 (2269); Schulz/Hauß, Vermögensauseinandersetzung, Rn. 1609;
   Wever Rn. 662; aA Haas FamRZ 2002, 205 (217).
89 Wever Rn. 665 f.

Schwerpunktbeitrag 4:
Schenkungen und Arbeitsleistungen von Schwiegereltern

I. Zuwendungen unter Ehegatten und Schwiegereltern

1 1. Ehegatte an Schwiegereltern.[1] Vermögensmehrungen der Schwiegereltern durch das Schwiegerkind kommen häufig im Zusammenhang mit dem **wertverbessernden Aus- oder Umbau von Hausgrundstücken** oder Wohnungseigentum vor, die von der jungen Familie unentgeltlich bewohnt werden. Nach dem Scheitern der Ehe verlangt das (ehemalige) Schwiegerkind regelmäßig Wertausgleich.

2 Der Bundesgerichtshof[2] löst diese Fälle ausschließlich über **Bereicherungsrecht.** Aus einem Wegfall der Geschäftsgrundlage können keinerlei Ansprüche geltend gemacht werden, weil Interessenlage und Risikoverteilung anders sind als bei unbenannten Zuwendungen unter Ehegatten. Den Rechtsgrund für erbrachte Arbeits- oder Sachleistungen des Schwiegerkindes sieht der Bundesgerichtshof in einem stillschweigend geschlossenen Leihvertrag, der nicht mit dem Scheitern der Ehe, sondern nur und erst mit Beendigung des Leihverhältnisses mit beiden Ehegatten wegfällt. Dann kann ein bereicherungsrechtlicher Anspruch wie beim Ausgleich von Mieterleistungen bei vorzeitiger Beendigung von langfristigen Miet- und Pachtverhältnissen entstehen.[3] In Form einer Geldrente auszugleichen ist jedoch nur der durch die Investition geschaffene/erhöhte Ertragswert, nicht der Wert der Investition oder die geschaffene Verkehrswerterhöhung.[4]

3 Die Ausgleichsansprüche sind rein schuldrechtlicher Natur und verjähren gem. § 195 in **drei Jahren.** Zuständig sind für diese „sonstigen Familiensachen" (§ 266 Abs. 1 Nr. 3 FamFG) die Familiengerichte.

4 Wird das Grundstück später unentgeltlich auf das eigene Kind übertragen, so sind die Zuwendungsempfänger entreichert (§ 818 Abs. 3), Ansprüche entstehen für das Schwiegerkind dann unter Umständen gem. § 822 gegen den eigenen Ehepartner.[5]

5 2. Schwiegereltern an Ehegatten. a) Allgemeines. Zuwendungen ohne Gegenleistungen von Schwiegereltern an (oder: auch an) Schwiegerkinder erfolgen häufig im Zusammenhang mit dem Bau oder Erwerb eines **Familienheimes** (Geldzuwendungen an beide oder an das Schwiegerkind, das Grundstückseigentümer ist, Grundstücksübertragungen an beide Eheleute). Soweit es sich nicht um beurkundungspflichtige Vorgänge handelt, bleibt bei der Zuwendung oft unklar, wer eigentlich Leistungsempfänger ist oder sein sollte (folglich später Schuldner des Rückforderungsanspruchs ist): das eigene Kind, das Schwiegerkind oder beide. Es gibt weder einen Erfahrungssatz, noch eine tatsächliche Vermutung, dass Zuwendungsempfänger der dem Leistenden nahestehende oder mit ihm verwandte Ehegatte sei[6] (→ Rn. 10).

---

1 Münch Rn. 1361.
2 BGH NJW 1990, 1789; 1985, 313.
3 BGHZ 29, 289 (292 ff.); BGH NJW 1967, 2255 (2256); Wever Rn. 545 ff.
4 Einzelheiten: Wever Rn. 548 ff.
5 BGH NJW 2005, 3710; Vorinstanz OLG München FamRZ 2003, 312; sehr ausführlich dazu: Schulz/Hauß, Vermögensauseinandersetzung, Rn. 2121 ff.
6 BGH NJW 1995, 1889; OLG Bremen NJW 2016, 83; Entscheidungskriterien bei Wever Rn. 554.

b) Frühere Rechtsprechung. Seit 1995 hatte der Bundesgerichtshof finanzielle 6
Zuwendungen an Kind und Schwiegerkind rechtlich unterschiedlich bewertet:[7]

- Gegenüber dem **eigenen Kind** handelte es sich um eine **Schenkung** (§ 516).
  Die Zuwendung geschah aus echter Freigebigkeit und reiner Uneigennützigkeit. Das Kind konnte über das erhaltene Geld frei verfügen.

- Gegenüber dem **Schwiegerkind** erfolgte die Zuwendung nicht uneigennützig
  zur freien Verfügung des Empfängers, sondern zur Stärkung und Erhaltung
  der ehelichen Lebensgemeinschaft des eigenen Kindes. Bei Zuwendungen der
  Schwiegereltern an das Schwiegerkind handelte es sich daher – wie bei Zuwendungen unter Eheleuten – um **ehebezogene Zuwendungen**.[8]

Diese unterschiedliche Bewertung hatte rechtlich zur Folge, dass das leibliche 7
Kind die Zuwendung als Schenkung (von dritter Seite) nach § 1374 Abs. 2 in
sein Anfangsvermögen einstellen durfte. Das Schwiegerkind dagegen konnte die
Zuwendung als ehebezogene Zuwendung nicht zu seinem Anfangsvermögen
rechnen. Auf diese Weise floss über den Zugewinnausgleich die Hälfte der Zuwendung an das eigene Kind zurück. Damit erfolgte nach der früheren Anschauung des Bundesgerichtshofs eine angemessene Berücksichtigung der Zuwendung idR bereits im Rahmen des Zugewinnausgleichs zwischen Kind und
Schwiegerkind. In diesem Fall stand den Schwiegereltern kein eigener Rückgewährsanspruch mehr zu.

c) Neue Rechtsprechung. Der Bundesgerichtshof hat mit den Entscheidungen 8
vom 3.2.2010[9] und 21.7.2010[10] seine frühere Rechtsprechung aufgegeben[11]
und danach seine geänderte Rechtsprechung mit weiteren Entscheidungen verfestigt und verfeinert.[12] Zuwendungen der Schwiegereltern an das Schwiegerkind ordnet der Bundesgerichtshof nunmehr tatbestandlich als echte Schenkungen iSd § 516 Abs. 1 ein, auch wenn sie um der Ehe des eigenen Kindes willen
erfolgten. Es fehlt weder an einer Einigung über die Unentgeltlichkeit noch an
der den Empfänger einseitig begünstigenden und frei disponiblen Bereicherung
und der dauerhaften Vermögensminderung beim Zuwendenden.

Trotz der Spezialregeln im Schenkungsrecht wendet der Bundesgerichtshof die
Regeln über den **Wegfall der Geschäftsgrundlage** an, da der Sachverhalt außerhalb des Bereichs der speziellen Herausgabeansprüche des Schenkungsrechts
liegt, die insoweit keine Sperrwirkung entfalten können. Die güterrechtlichen
Vorschriften des Zugewinnausgleichs und der güterrechtliche Halbteilungsgrundsatz gelten unter Ehegatten, aber nicht im Verhältnis zu den Schwiegereltern. Deshalb können sie nicht die allgemeinen Grundsätze des § 313 verdrängen.

Geschäftsgrundlage einer schwiegerelterlichen Schenkung ist regelmäßig die
auch für das Schwiegerkind erkennbare Erwartung, die Ehe mit dem eigenen
Kind werde Bestand haben und die Schenkung werde dem leiblichen Kind auf
Dauer zugutekommen. Scheitert die Ehe, so entfällt die Geschäftsgrundlage für
die Schenkung. Daraus resultiert für die Schwiegereltern aus § 313 ein **unmittel-**

---

7 BGH FamRZ 1999, 365; 1998, 669; 1995, 1060 (1061).
8 Schulz/Hauß, Vermögensauseinandersetzung, Rn. 2034.
9 BGH FamRZ 2010, 958.
10 BGH FamRZ 2010, 1626.
11 Hierzu kritisch Schulz FF 2010, 273 ff.; Kogel FF 2010, 319 ff.; Wever FamRZ 2010,
   1047 ff.
12 BGH FamRZ 2016, 457; BGH FuR 2015, 490; 411; 393; 2013, 269; 2011, 273.

barer Anspruch gegen das Schwiegerkind. Das Ergebnis eines etwaigen Zuge-winnausgleichs unter den Eheleuten ist dabei für die Schwiegereltern, die nicht in die Wirtschafts- und Risikogemeinschaft der Eheleute einbezogen sind, ohne Bedeutung.[13]

9 Die schwiegerelterlichen Rückforderungsansprüche sind **fällig**, wenn die Ehe zwischen Kind und Schwiegerkind gescheitert ist. Dieses Scheitern liegt spätes-tens mit der Zustellung des Scheidungsantrags vor.[14] Damit hat der Bundesge-richtshof zum Ausdruck gebracht, dass dieser Zeitpunkt auch vor der Rechts-hängigkeit liegen kann, insbesondere ab der Trennung,[15] was von ihm nur des-halb nicht zu entscheiden war, weil der Scheidungsantrag bereits rechtshängig war. Entscheidend ist die Geschäftsgrundlage „eheliche Lebensgemeinschaft" und deren Fortbestand bzw. Wegfall bzw. die diesbezüglich subjektive Vorstel-lung, die Schenkung werde auch dem eigenen Kind dauerhaft zugutekommen.[16] Die Trennung ist auch bei der ehebezogenen Zuwendung zwischen Ehegatten, die hinsichtlich der Geschäftsgrundlage und ihres Wegfalls vollkommen ver-gleichbar ist, der entscheidende Zeitpunkt.[17]

Ist maßgeblicher Stichtag die endgültige Trennung, ist somit beim Zugewinnaus-gleich zwischen den Eheleuten der früher entstandene Rückforderungsanspruch der Schwiegereltern bereits zu berücksichtigen.

Direkte Rückforderungsansprüche der Schwiegereltern müssen nicht versagt werden, um eine doppelte Inanspruchnahme des Schwiegerkindes einerseits im Zugewinnausgleich mit dem Ehepartner und andererseits nach den Grundsätzen über den Wegfall der Geschäftsgrundlage gegenüber den Schwiegereltern auszu-schließen, weil schwiegerelterliche Zuwendungen (als „tatbestandliche Schen-kungen") im Gegensatz zur früheren Rechtsprechung sowohl im Anfangs- wie auch im Endvermögen berücksichtigt werden und sich deshalb rechnerisch im Regelfall nicht auswirken.[18] Die Indexierung bleibt hierbei unberücksichtigt.[19]

10 Die **Höhe des Anspruchs** wird im Rahmen einer Gesamtwürdigung nach densel-ben Maßstäben wie bei den ehebezogenen Zuwendungen bestimmt (→ Schwer-punktbeitrag 1: Ehebezogene Zuwendung, Rn. 51 ff., in diesem Buch).[20] Inhalt und Umfang des Anspruchs hat der streitentscheidende Richter unter Zumut-barkeitsgesichtspunkten (§ 313) festzusetzen.[21] Im Rahmen dieser **Billigkeitsab-wägung** ist in erster Linie die Dauer der Ehe des Kindes mit dem Schwiegerkind von Bedeutung, da für den Zeitraum, in dem die Ehe Bestand hatte, der Zweck der ehebezogenen Schenkung erreicht ist. Weil die erwiesene Zuwendung nur für die Zeit nach dem Scheitern der Ehe zu entziehen ist, muss der Wert regel-mäßig nicht voll zurückgegeben werden. Insoweit ist auf die Ausführungen zur Abschreibung der ehebezogenen Zuwendung zu verweisen (→ Schwerpunktbei-trag 1: Ehebezogene Zuwendung, Rn. 33, 43, in diesem Buch), wobei die famili-

---

13 BGH NJW 2010, 2202 (2205) = FamRZ 2010, 958 (960); NJW 2010, 2884 = FamRZ 2010, 1626.
14 BGH FamRZ 2016, 165.
15 BGH FamRZ 2016, 165 Rn. 9.
16 BGH FamRZ 2015, 393 (394); 490 (492).
17 BGH FamRZ 2007, 877; OLG Bremen FamRZ 2008, 2117; OLG Hamm FamRZ 1988, 620.
18 BGH FamRZ 2010, 958 (960).
19 OLG Düsseldorf NJW 2014, 2512.
20 Schulz/Hauß, Vermögensauseinandersetzung, Rn. 2039 ff.
21 BGH ZEV 2010, 371 (376) mAnm Langenfeld.

enrechtliche Berechnungssoftware WinFam im Modul Nebengüterrecht ein Berechnungsprogramm auch für die Schwiegerelternschenkungen anbietet[22].

Obere Grenze ist im Übrigen stets der Betrag, um den das Vermögen des Schwiegerkindes bei Trennung infolge der schwiegerelterlichen Zuwendung noch gemehrt war. Ist davon wertmäßig nichts mehr vorhanden, bleibt ein Ausgleich ausgeschlossen.[23] Im Rahmen dieser Billigkeitsentscheidung will der Bundesgerichtshof Härtefälle lösen, bei denen über den Zugewinnausgleich noch nach der alten Rechtsprechung zur ehebezogenen Schwiegerelternzuwendung entschieden wurde.

Wie bei der ehebezogenen Zuwendung ist von praktischer Bedeutung, dass der Ausgleichsanspruch nicht automatisch entsteht, sondern die **Feststellung der Unzumutbarkeit** voraussetzt. Hierzu können zwar die vom Bundesgerichtshof zur früheren Rechtsprechung entwickelten Grundsätze zu Schwiegerelternzuwendungen herangezogen werden.[24] Es muss dazu aber Sachvortrag gehalten werden.

Von praktischer Bedeutung ist – unter Beweisgesichtspunkten – häufig die Frage, wer die Schwiegerelternschenkung erhalten hat: das Schwiegerkind, das eigene Kind oder beide. Nach einer neueren Entscheidung des OLG Bremen können bei Geldtransfers folgende **Indizien** entscheiden: die Angaben auf dem Überweisungsträger, die Art und die Zweckbestimmung des Empfängerkontos sowie der vorgesehene Verwendungszweck.[25]

Der Bundesgerichtshof lässt nunmehr – in ausdrücklicher Aufgabe seiner bisherigen Rechtsprechung – neben den Ansprüchen wegen Wegfalls der Geschäftsgrundlage auch einen **Bereicherungsanspruch wegen Zweckverfehlung** (§ 812 Abs. 1 S. 1 Alt. 2) zu, wenn die Schwiegereltern nachweisbar den Zweck verfolgten, dass die Schenkung dem eigenen Kind dauerhaft zugutekommen sollte (und dies dem Zuwendungsempfänger bekannt war) und dabei beide Parteien vom Fortbestand der Ehe ausgingen.[26] Der Familiensenat weist jedoch an gleicher Stelle darauf hin, dass derartige Zweckvereinbarungen kaum je festgestellt werden dürften.   11

d) Konsequenzen für den Zugewinnausgleich zwischen den Ehegatten. Nach   12
früherer Rechtsprechung mehrte die Zuwendung an das eigene Kind dessen Anfangsvermögen gem. § 1374 Abs. 2, während dem Schwiegerkind diese Privilegierung versagt blieb. War die Zuwendung wertmäßig am Stichtag noch vorhanden, so kam sie dem eigenen Kind jedenfalls hälftig zugute. Dieser güterrechtliche Ausgleich schien dem Bundesgerichtshof angemessen und den Schwiegereltern zumutbar.[27]

Nach der neuen einheitlichen Betrachtung wird die Schenkung als **privilegierter**   13
Erwerb (§ 1374 Abs. 2) beim eigenen Kind wie beim Schwiegerkind mit dem gleichen Wert im Anfangsvermögen eingestellt (→ Rn. 9). Da der Zuwendungsgegenstand nach der Auffassung des Bundesgerichtshofs von vornherein mit der Be-

---

22 Pfad: WinFam > neu > Nebengüterrecht > Schwiegerelternschenkung.
23 Schulz/Hauß, Vermögensauseinandersetzung, Rn. 2044, 1601.
24 BGH FamRZ 2016, 457.
25 OLG Bremen NJW 2016, 83.
26 BGH NJW 2010, 2202 (2206) = FamRZ 2010, 958 (962); NJW 2010, 2884 = FamRZ 2010, 1626; für die nichteheliche Lebensgemeinschaft BGH FamRZ 2009, 849 (850).
27 BGH FamRZ 1995, 1060 (1062); Schulz/Hauß, Vermögensauseinandersetzung, Rn. 2050.

lastung erworben wird, ihn bei Scheitern der Ehe zurückzugeben, ist der **Rückforderungsanspruch der Schwiegereltern** gegen das Schwiegerkind als **Passivposten** beim Zugewinnausgleich zu berücksichtigen. Im Ergebnis kann man den Rückgewährsanspruch allerdings außer Betracht lassen, weil er nach der neuen BGH-Rechtsprechung mit dem **gleichen Wert im Anfangs- und im Endvermögen** des Schwiegerkindes anzusetzen ist.[28] Die Schenkung und der Rückforderungsanspruch sind damit zugewinnausgleichsneutral.[29] Das Stichtagsprinzip und die Grundsätze der Bewertung unsicherer Rechte lässt der Bundesgerichtshof dabei im Interesse der Vereinfachung außer Betracht.

Für das eigene Kind/den Ehepartner ist die Zuwendung allerdings endgültig verloren, auch wenn die Schwiegereltern den Rückforderungsanspruch nicht geltend machen.

14 **e) Wertung der neuen Rechtsprechung.** Teilweise werden die Entscheidungen des Bundesgerichtshofs, den zuwendenden Schwiegereltern eigene, vom Innenausgleich unter den Ehegatten unabhängige Rückforderungsansprüche zuzugestehen, als begrüßenswerte Abkehr vom Institut der „unbenannten Zuwendung" bewertet[30] und mit dem Rat verbunden, künftig in Schenkungsverträgen neben etwaigen Rückforderungsrechten für den Scheidungsfall auch die Motive des Schenkers prägnant festzuhalten, da diese unter Umständen später bei der Definition der Geschäftsgrundlage von Bedeutung sein könnten. Langenfeld[31] begrüßt die Möglichkeit, „einen grundsätzlich sowohl einfachen wie elastischen direkten Ausgleich zwischen Zuwendenden und Zuwendungsempfänger zu ermöglichen". Ob es dabei allerdings immer zu einer „billigen und in der Begründung für den Laien einsichtigen Lösung"[32] durch den Richter kommt, mag bezweifelt werden.

Zu begrüßen ist an der neuen Linie des Bundesgerichtshofs, dass über eine etwaige Rückforderung entsprechend den ursprünglichen Leistungsbeziehungen ohne „Umweg" über die güterrechtlichen Beziehungen der Ehegatten entschieden werden kann. Dass dies unter Umständen zu einem Nachteil – oder besser zum Wegfall eines aus Billigkeitsgründen gewährten Vorteils – für das eigene Kind führen kann, ist folgerichtig. Die neue Rechtsprechung ist dogmatisch gut begründet. Es ist vollkommen richtig, dass es sich bei einer Zuwendung unter Ehegatten um einen Vorgang innerhalb der ehelichen Lebensgemeinschaft handelt, in dessen Vordergrund die persönliche Beziehung des Zuwendenden zu seinem Ehegatten steht. Aus dieser Nähebeziehung gerade zum Empfänger der Zuwendung rechtfertige sich der grundsätzliche Vorrang des Güterrechts, das den vermögensrechtlichen Ausgleich zwischen den Eheleuten bei Scheitern der Ehe ausgestaltet, so der Bundesgerichtshof. Anders als bei ehebezogenen Zuwendungen der Ehegatten untereinander geht es bei Zuwendungen von Schwiegereltern um Leistungen von Personen, die außerhalb der ehelichen Lebensgemeinschaft stehen, also insbesondere nicht in die Wirtschafts- und Risikogemeinschaft der Eheleute einbezogen sind.[33]

---

28 Schulz/Hauß, Vermögensauseinandersetzung, Rn. 2051.
29 Wever, Qualifizierung der Zuwendungen durch die Schwiegereltern als Schenkung, FamRZ 2010, 1047.
30 Schmitz NJW 2010, 2208; BGH FamFR 2010, 448.
31 ZEV 2010, 371 (376).
32 Langenfeld ZEV 2010, 371 (376).
33 BGH FamRZ 2010, 958.

Bedenklich bleiben die Abkehr vom Stichtagsprinzip und die Bewertung unsicherer Rechte in der Rückschau statt in der Prognose.[34]

II. Mitarbeit von Schwiegereltern

Der Bundesgerichtshof hat bei der Entwicklung seiner Rechtsprechung zu ehebezogenen Zuwendungen, die er gegen Schenkungen abgrenzen musste, darauf erkannt, dass Mitarbeit nicht zugewendet werden könne.[35] Daraus entwickelte er den **familienrechtlichen Kooperationsvertrag** für Ehegatten (→ Schwerpunktbeitrag 2: Familienrechtlicher Kooperationsvertrag, in diesem Buch). Diese Anspruchsgrundlage wendet er, da Mitarbeit nicht geschenkt werden kann, auch für schwiegerelterliche Mitarbeit an,[36] wie sie zB häufig in Gestalt von Arbeitsleistungen bei der Errichtung des Familienheims von Kind und Schwiegerkind vorkommt. 15

Damit sind für vermögenswerte schwiegerelterliche Transferleistungen **zwei verschiedene Anspruchsgrundlagen** einschlägig: für Sachleistungen (inklusive Geld, Rechten usw.) die ehebezogene Schenkung, für Arbeitsleistungen der Kooperationsvertrag. Diese Struktur entspricht derjenigen bei Ehegatten (ehebezogene Zuwendung, familienrechtlicher Kooperationsvertrag). Der Unterschied ist im Wesentlichen dogmatischer Natur und betrifft nur den Transfer von sachlichen Vermögenswerten (also nicht die Mitarbeit): ehebezogene Zuwendung bei Ehegatten, Schenkung bei Schwiegereltern.

Die Tatbestandsvoraussetzungen und Rechtsfolgen des schwiegerelterlichen Kooperationsvertrages entsprechen denen des Kooperationsvertrages zwischen Ehegatten, so dass auf → Schwerpunktbeitrag 2: Familienrechtlicher Kooperationsvertrag, in diesem Buch, verwiesen wird.

---

34 Schulz/Hauß, Vermögensauseinandersetzung Rn. 2061 ff.
35 BGHZ 84, 361 (365).
36 BGH FamRZ 2013, 269.

Schwerpunktbeitrag 5:
Vermögensauseinandersetzung der nichtehelichen Lebensgemeinschaft

A. Überblick

1 Das „Zusammenleben ohne Trauschein" ist keineswegs eine Erscheinung der Neuzeit. Im römischen Reich gab es neben der regulären Ehe, dem Matrimonium, als rechtlich mindere Form das Konkubinat, das bis ins Mittelalter bestanden hat.[1] Außereheliche Verbindungen wurden erst unter kirchlichem Einfluss

---

1 Hinweise zum Schrifttum bei Grziwotz, Nichteheliche Lebensgemeinschaft, 5. Aufl. 2014, 1. Teil § 1 Fn. 1.

verboten.[2] Bis weit in das 20. Jahrhundert galt unverheiratetes Zusammenleben als „unsittlich" und wurde dementsprechend von der Gesellschaft geächtet und konnte auch bestraft werden.[3]

Seit den siebziger Jahren des vorigen Jahrhunderts führte aber der Weg der unverheiratet zusammenlebenden Paare „von der Verteufelung zur gesellschaftlichen Akzeptanz".[4] Nichteheliche Lebensgemeinschaften nahmen in allen Bevölkerungskreisen rapide zu und wurden in der Folgezeit zum „Alltagsproblem der Justiz".[5] In Deutschland stieg ihre Zahl von 1,8 Millionen im Jahre 1996 auf über 2,8 Millionen im Jahre 2015.[6] Jedes dritte unverheiratete Paar hat gemeinsame Kinder.   2

B. Bestimmung der nichtehelichen Lebensgemeinschaft

I. Definition

Eine einheitliche Definition der nichtehelichen Lebensgemeinschaft kann es angesichts der Vielfalt partnerschaftlicher Lebensformen nicht geben. Das **Bundesverfassungsgericht**[7] hat 1992 in einer grundlegenden Entscheidung den Begriff der eheähnlichen Gemeinschaft als eine „**Verantwortungs- und Einstehensgemeinschaft**" ausgelegt: „Gemeint ist eine Lebensgemeinschaft zwischen einem Mann und einer Frau, die auf Dauer angelegt ist, daneben keine weitere Lebensgemeinschaft gleicher Art zulässt und sich durch innere Bindungen auszeichnet, die ein gegenseitiges Einstehen der Partner füreinander begründen, also über die Beziehungen in einer reinen Haushalts- und Wirtschaftsgemeinschaft hinausgehen." Danach ist für eine solche Lebensgemeinschaft weniger ein räumliches Zusammenleben oder ein gemeinsamer Haushalt von Bedeutung als vielmehr eine Verflechtung der Lebensbereiche iS einer Verantwortungs- und Einstehensgemeinschaft.[8]   3

Anhaltspunkte für das Vorliegen einer solchen Lebensgemeinschaft können sich ergeben aus   4

- einem langen Zusammenleben,
- einem gemeinsamen Wirtschaften in einem gemeinsamen Haushalt,
- gegenseitiger Betreuung,
- dem Auftreten in der Öffentlichkeit.

Statt der Bezeichnung „eheähnliche Gemeinschaft" für das ehelose Zusammenleben hat sich heute allgemein der Begriff „nichteheliche Lebensgemeinschaft" durchgesetzt.   5

---

2 Allerdings hatte schon Abraham neben seiner Ehefrau Sarah als Nebenfrau noch Hagar, die ihm den Sohn Ismael gebar (Moses 1, 16).
3 Staudinger/Löhnig Anh. zu §§ 1297 ff. Rn. 1; Schwab, Eheschließungsrecht und nichteheliche Lebensgemeinschaft, FamRZ 1981, 1151 (1153).
4 Kingreen, Die verfassungsrechtliche Stellung der nichtehelichen Lebensgemeinschaft, 1995, S. 53.
5 Derleder, Vermögenskonflikte zwischen Lebensgefährten bei Auflösung ihrer Gemeinschaft, NJW 1980, 545.
6 Mikrozensus 2017.
7 BVerfG FamRZ 1993, 164 (168).
8 Vgl. BGH FamRZ 2008, 247 (248).

II. Unterhaltsanspruch für nichteheliche Lebensgemeinschaften?

6 In den vergangenen Jahren haben viele Autoren[9] eine gesetzliche Unterhaltsregelung für den nichtehelichen Lebensgefährten gefordert. Die Partner einer nichtehelichen Lebensgemeinschaft leben – so die Begründung – nach wie vor in einem weitgehend rechtsfreien Raum. Scheitert die nichteheliche Lebensgemeinschaft, gibt es keinen Versorgungsausgleich, keinen Zugewinnausgleich und – mit Ausnahme des § 1615 l Abs. 2 „aus Anlass der Geburt" – auch keinen Unterhaltsanspruch.

7 Auch im Palandt hält es Brudermüller[10] de lege ferenda für erwägenswert, bei arbeitsteiligen Lebensgemeinschaften im Fall nachhaltiger Erwerbseinbußen einen zeitlich begrenzten gesetzlichen Unterhaltsanspruch aus Gründen des Vertrauensschutzes zu gewähren.

8 Eine „Verrechtlichung" der nichtehelichen Lebensgemeinschaft und die Forderung nach unterhaltsähnlichen Ansprüchen widerspricht jedoch der **Freiheit** der Paare, die Bedingungen ihres Zusammenlebens selbstständig zu gestalten. Nichtehelichen Lebensgefährten steht es frei, die für Eheleute gesetzlich geregelten Ausgleichsfunktionen im Unterhaltsrecht, Güterrecht und Versorgungsausgleichsrecht vertraglich zu vereinbaren.

C. Die Änderung der Rechtsprechung des Bundesgerichtshofs

I. Die frühere Rechtsprechung

9 „Wer nicht heiratet, will sich rechtlich nicht binden." Diese Ansicht führte dazu, dass die Gerichte, wenn eine nichteheliche Lebensgemeinschaft zerbrach, den Partnern eine Auseinandersetzung ihres Vermögens weitgehend versagten. Der früher zuständige II. Zivilsenat des Bundesgerichtshofs verneinte Ausgleichsansprüche für finanzielle Zuwendungen und auch für erhebliche Arbeitsleistungen zugunsten des Lebensgefährten. Nur in **extremen Härtefällen** konstruierte der Bundesgerichtshof eine faktische BGB-Gesellschaft und sprach einen Ausgleich nach Billigkeitsgesichtspunkten zu.

10 Die Zuständigkeit für die Vermögensauseinandersetzung nichtehelicher Lebensgemeinschaften beim Bundesgerichtshof hat sich im Jahre 2003 geändert. Nach der Geschäftsverteilung ist nicht mehr der II. Zivilsenat, sondern der XII., der sogenannte Familiensenat, zuständig. Mit der Änderung der Zuständigkeit hat sich auch die Rechtsprechung des Bundesgerichtshofs grundlegend gewandelt.

Bedauerlicherweise hat der Gesetzgeber die Zuständigkeit für die Vermögensauseinandersetzung nichtehelicher Lebensgemeinschaften (noch) nicht den Familiengerichten zugeteilt. Es sind immer noch die **allgemeinen Zivilgerichte zuständig.** Hier verhält sich der Gesetzgeber konservativer als der XII. Senat des Bundesgerichtshofs, der die Vermögensauseinandersetzung ehelicher und nichtehelicher Lebensgemeinschaften nach den gleichen Grundsätzen behandelt.

---

9 Zuletzt Wellenhofer FamRZ 2015, 973; Empfehlungen des 57. Deutschen Juristentages 1988; Gesetzentwurf der BT-Fraktion Die Grünen, BT-Drs. 13/7228, 2; Dethloff, Unterhalt, Zugewinn, Versorgungsausgleich – Sind unsere familienrechtlichen Ausgleichssysteme noch zeitgemäß?, Gutachten zum 67. Deutschen Juristentag 2008.

10 Palandt/Brudermüller, Einl. vor § 1297 Rn. 17.

II. Die aktuelle Rechtsprechung des Bundesgerichtshofs

Der Familiensenat des Bundesgerichtshofs, der sich schon mit den Urteilen vom 28.9.2005[11] und 31.10.2007[12] in Teilbereichen von der früheren Rechtsprechung gelöst hatte, hat mit den beiden grundlegenden Entscheidungen vom 9.7.2008[13] den Vermögensausgleich zwischen nichtehelichen Lebenspartnern auf eine neue Grundlage gestellt und **Ansprüche** nach Beendigung einer nichtehelichen Lebensgemeinschaft **ausdrücklich bejaht.**   11

Zur **Begründung** hat der Familiensenat des Bundesgerichtshofs – „in Abkehr von der bisherigen Rechtsprechung" – hierzu ausgeführt:[14]   12

„Das Argument, der leistende Partner einer nichtehelichen Lebensgemeinschaft habe deren Scheitern bewusst in Kauf genommen, mithin nicht auf deren Bestand vertrauen dürfen, vermag nicht länger zu überzeugen. Der Partner weiß zwar, dass die Lebensgemeinschaft jederzeit beendet werden kann, seiner Zuwendung wird aber regelmäßig die Erwartung zugrunde liegen, dass die Gemeinschaft von Bestand sein werde. Soweit er hierauf tatsächlich und für den Empfänger der Leistung erkennbar vertraut hat, erscheint dies schutzwürdig. Dass nur das Vertrauen von Ehegatten in die lebenslange Dauer ihrer Verbindung rechtlich geschützt ist (§ 1353 Abs. 1 Satz 1 BGB), vermag mit Blick auf die hohe Scheidungsquote eine unterschiedliche Behandlung nicht überzeugend zu begründen."

Die Entscheidung für eine nichteheliche Lebensgemeinschaft bedeutet – so der Bundesgerichtshof[15] – nur eine Entscheidung gegen die Rechtsform der Ehe, enthält aber keinen Verzicht darauf, Konflikte nach festen Rechtsregeln auszutragen. Ansprüche, die nach allgemeinen Regeln begründet sind, können nicht deshalb versagt werden, weil die Partner unverheiratet zusammengelebt haben.[16] Seit den beiden grundlegenden Urteilen vom 9.7.2008[17] hat der XII. Senat des Bundesgerichtshofs in allen Fällen, in denen er über die Vermögensauseinandersetzung nichtehelicher Lebensgemeinschaften zu entscheiden hatte, die **Parallele zur Rechtslage bei der Ehe** gezogen. Der Bundesgerichtshof hat damit anerkannt, dass es zwischen Ehe und nichtehelicher Lebensgemeinschaft nicht nur faktisch, sondern auch rechtlich, viele Gemeinsamkeiten gibt.[18]   13

D. Vermögensrechtliche Ausgleichsansprüche[19]

I. Kein Ausgleich für Ausgaben des täglichen Lebens

Partner einer nichtehelichen Lebensgemeinschaft können, wenn ihre Gemeinschaft zerbricht, für die laufenden Kosten der Lebenshaltung, für die Haushaltsführung oder für die Finanzierung eines Urlaubs **nicht nachträglich einen Aus-**   14

---

11 BGH FamRZ 2006, 711.
12 BGH FamRZ 2008, 247 (249) mAnm Grziwotz.
13 BGH FamRZ 2008, 1822; 2008, 1828 mAnm Grziwotz; bestätigt FamRZ 2009, 849 mAnm Grziwotz; 2010, 277 mAnm Grziwotz; 2010, 542 mAnm Wellenhofer.
14 BGH FamRZ 2008, 1822 (1826) unter Bezugnahme auf Hausmann/Hohloch, Kap. 4 Rn. 156 und Schulz FamRZ 2007, 593 (599).
15 BGH FamRZ 2008, 247 (249); 2008, 1822 (1825) unter Bezugnahme auf Soergel/Lange, Nichteheliche Lebensgemeinschaften, Rn. 6.
16 BGH FamRZ 2008, 1822 (1825) unter Bezugnahme auf Schulz FamRZ 2007, 593 (594).
17 BGH FamRZ 2008, 247; 2008, 1828.
18 Wellenhofer FamRZ 2010, 544 (Urteilsanmerkung); Grziwotz FamRZ 2009, 750 (753).
19 Rechtsprechungsübersicht: Grziwotz NZFam 2015, 543 (548).

gleich verlangen.[20] Auch für eine langjährige Pflege und Betreuung des kranken Lebensgefährten kann der Partner nachträglich kein Entgelt fordern.[21] Selbst wenn ein Partner das Zusammenleben mit Krediten finanziert und die Schulden bei Trennung noch nicht getilgt hat, gibt es hierfür keinen Ausgleich.[22]

15 Als allgemeine **Regel** gilt: Bei Beendigung einer nichtehelichen Lebensgemeinschaft besteht für Leistungen im Rahmen der Haushalts- und Lebensführung ein **Abrechnungs- und Verrechnungsverbot**.[23] „Alltägliche" Zuwendungen der Partner werden grundsätzlich nicht ausgeglichen.[24]

16 Das Abrechnungsverbot gilt auch für Verpflichtungen, die ein Partner während des Zusammenlebens für die Gemeinschaft gegenüber Dritten eingegangen ist. In einem vom Bundesgerichtshof[25] entschiedenen Fall hatte ein Partner im eigenen Namen Handwerksarbeiten für das Haus der Lebensgefährtin in Auftrag gegeben. Die Kosten wurden erst nach der Trennung in Rechnung gestellt. Der Partner musste sie allein tragen, da er kein Geschäft der Partnerin geführt und auch nicht die Absicht gehabt hatte, Ersatz zu verlangen (§ 685).

II. Rückgewähr gemeinschaftsbezogener Zuwendungen

17 **1. Bestimmung einer gemeinschaftsbezogenen Zuwendung.** Zuwendungen eines Ehegatten an seinen Ehepartner, die „um der Ehe willen" erfolgen, nannte der Bundesgerichtshof zunächst „unbenannte" Zuwendungen, später „ehebedingte" Zuwendungen und nunmehr „ehebezogene" Zuwendungen.[26] Leistungen unverheirateter Partner, die „im Vertrauen auf den Fortbestand der nichtehelichen Lebensgemeinschaft erfolgt sind", bezeichnet der Familiensenat des Bundesgerichtshofs seit 2008 als **gemeinschaftsbezogene Zuwendungen**.[27]

18 **2. Anspruch wegen Wegfalls der Geschäftsgrundlage (§ 313).** Geschäftsgrundlage einer gemeinschaftsbezogenen Zuwendung ist die Erwartung des Lebensgefährten, die Lebensgemeinschaft, deren Ausgestaltung sie gedient hat, werde Bestand haben. Scheitert die nichteheliche Lebensgemeinschaft, so fällt die Geschäftsgrundlage weg. Ein Anspruch auf Rückgewähr einer gemeinschaftsbezogenen Zuwendung kann sich dann nach den Regeln über den Wegfall der Geschäftsgrundlage gem. § 313 Abs. 1 ergeben, wenn dem leistenden Lebenspartner die Beibehaltung der herbeigeführten Vermögensverhältnisse „nach Treu und Glauben" nicht zugemutet werden kann.[28]

19 **a) Art der Rückgewähr.** Ein Ausgleich gemeinschaftsbezogener Zuwendungen erfolgt in der Regel – wie bei ehebezogenen Zuwendungen – nicht durch Rückgabe des zugewendeten Gegenstandes, sondern durch **Zahlung in Geld**. Ausnahmsweise kann eine Rückgabe in Natur verlangt werden, wenn der zuwen-

---

20 BGH FamRZ 2014, 1547 Rn. 17 mAnm Grziwotz; 2013, 1295 Rn. 18 mAnm Grziwotz; 2010, 542 (543); 2010, 277 (280); 2009, 849 (850); OLG Hamm FamRZ 2014, 228 (229); OLG Bremen FamRZ 2013, 1826.
21 OLG Frankfurt/M. FamRZ 1982, 265; Palandt/Brudermüller Vor § 1297 Rn. 32.
22 BGH FamRZ 1983, 1213; OLG Oldenburg FamRZ 1986, 465.
23 OLG Bremen FamRZ 2013, 1826 (1827); MK/Wellenhofer Nach § 1302 Rn. 57; Bergschneider/Burger Rn. 7.17; Schulz FPR 2010, 373; Schulz FamRZ 2007, 593 (594).
24 BGH FamRZ 2008, 247 (249) mAnm Grziwotz.
25 BGH FamRZ 1983, 349.
26 Vgl. Schulz/Hauß, Vermögensauseinandersetzung, Rn. 1551.
27 BGH FamRZ 2008, 247 (249); 2008, 1822 (1826); 2008, 1828; 2010, 277 (279).
28 BGH FamRZ 2008, 1822 Rn. 40; 2013, 1295 Rn. 24; 2010, 277 Rn. 25; 2011, 1563 Rn. 19; 2013, 1295 Rn. 18.

Schulz

dende Lebensgefährte ein besonders schützenswertes Interesse gerade am Erhalt des zugewendeten Gegenstandes hat.[29] Eine dingliche Rückgewähr kann aber regelmäßig nur Zug um Zug gegen Zahlung eines finanziellen Ausgleichs erfolgen.[30]

b) Grund und Höhe der Rückgewähr. Die Beurteilung, ob und in welcher Höhe 20 ein Anspruch besteht, richtet sich nach den **Umständen des Einzelfalles.** Der XII. Senat des Bundesgerichtshofs hat hierzu ausgeführt:[31]

„Bei der Abwägung, ob und gegebenenfalls in welchem Umfang Zuwendungen zurückerstattet oder Arbeitsleistungen ausgeglichen werden müssen, ist zu berücksichtigen, dass der Partner es einmal für richtig erachtet hat, dem anderen diese Leistungen zu gewähren. Ein korrigierender Eingriff ist grundsätzlich nur gerechtfertigt, wenn dem Leistenden die Beibehaltung der durch die Leistungen geschaffenen Vermögensverhältnisse nach Treu und Glauben nicht zuzumuten ist. Insofern erscheint es sachgerecht, auf den Maßstab zurückzugreifen, der für den Ausgleich von Zuwendungen **unter Ehegatten** gilt, die im Güterstand der Gütertrennung leben." Zusätzlich muss – so der Bundesgerichtshof – beachtet werden, dass für die erbrachten Leistungen keine Bezahlung, sondern nur eine angemessene Beteiligung an dem gemeinsam Erarbeiteten verlangt werden kann. Der Ausgleichsanspruch ist dabei in zweifacher Weise begrenzt: zum einen durch den Betrag, um den das Vermögen des anderen zur Zeit des Wegfalls der Geschäftsgrundlage noch vermehrt ist, zum anderen durch die ersparten Kosten einer fremden Arbeitskraft.

Zur **Höhe des Rückgewährsanspruchs** ist – wie nach der Rechtsprechung des 21 Bundesgerichtshofs[32] zu ehebezogenen Zuwendungen – im Rahmen einer „Gesamtwürdigung" auf folgende **Kriterien** abzustellen:[33]

- Dauer der Lebensgemeinschaft von der Zuwendung bis zur Trennung;
- Einkommens- und Vermögensverhältnisse der Lebenspartner;
- Alter der Partner im Zeitpunkt der Trennung;
- künftige Einkommens- und Vermögensverhältnisse.

Sexuelle Untreue eines Lebensgefährten ist in der Regel nicht zu berücksichtigen.[34]

Der Bundesgerichtshof[35] hat – bei Zuwendungen zwischen Eheleuten – wieder- 22 holt darauf hingewiesen, dass bei der Abwägung nach § 313 in erster Linie die **Dauer der Lebensgemeinschaft** von Bedeutung ist. Für den Zeitraum, in dem die Gemeinschaft Bestand hatte, ist der Zweck der gemeinschaftsbezogenen Leistungen erreicht. Regelmäßig hat dies zur Folge, dass der Wert des Zugewendeten **nicht voll** zurückgegeben werden muss, denn die erwiesene Begünstigung ist nur für die Zeit nach dem Scheitern der Lebensgemeinschaft zu entziehen.

---

29 Vgl. zuletzt BGH FamRZ 2006, 394 (395).
30 BGH FamRZ 1999, 365 (367).
31 BGH FamRZ 2008, 1822 (1827); 2008, 1828; 2014, 1547 Rn. 17; 2013, 1295 Rn. 21; 2011, 1563 Rn. 23.
32 BGH FamRZ 2006, 394 (395); 1999, 365 (367); 1998, 669 (670); 1995, 1060 (1061).
33 BGH FamRZ 2013, 1295 Rn. 22; 2011, 1563 Rn. 24.
34 BGH FamRZ 1992, 160 (162) (bei Verlobten); vgl. Grziwotz NZFam 2015, 543 (546); Schulz/Hauß, Vermögensauseinandersetzung, Rn. 2175.
35 BGH FamRZ 2006, 394 (395); 1999, 365 (367); 1998, 669 (670); 1995, 1060 (1061).

23 Bei **Eheleuten** wird im Schrifttum[36] und in der Rechtsprechung[37] häufig angenommen, dass nach einer **Ehedauer** von **20 Jahren** ab der Zuwendung der Zweck der ehebezogenen Zuwendung – Verwirklichung und Erhaltung der Lebensgemeinschaft – im Regelfall als erreicht angesehen werden kann. Ein Rückgewähranspruch besteht dann nicht mehr. Ist die Ehe zehn Jahre nach der Zuwendung gescheitert, kann es angemessen erscheinen, wenn nur noch die Hälfte des Werts zurückzuerstatten ist.[38]

24 Der Bundesgerichtshof ist der Meinung, die Nutzung der Zuwendung sei schon dann als hinreichend zu betrachten, wenn eine Ehedauer von 20 Jahren erreicht ist, jedoch nicht gefolgt. Eine allgemeine zeitliche Grenze, nach der die vorgestellte Nutzungsdauer abgelaufen ist, lasse sich ohne „konkrete Anhaltspunkte" nicht angeben.[39]

25 **Obere Grenze** des Rückgewährsanspruchs ist – worauf der Bundesgerichtshof[40] nochmals hingewiesen hat – stets der Betrag, um den das Vermögen des Partners bei Trennung der Lebensgefährten infolge der Leistungen des anderen Partners **noch gemehrt ist.**[41] Ist von der Zuwendung wertmäßig nichts mehr vorhanden, gibt es keinen Ausgleich.

26 **c) Entstehung des Anspruchs.** Der Ausgleichsanspruch der Lebensgefährten wegen Wegfalls der Geschäftsgrundlage (§ 313) **entsteht** mit dem **Scheitern der nichtehelichen Lebensgemeinschaft.** Maßgeblicher Stichtag ist in der Regel die endgültige Trennung der Lebensgefährten.[42]

III. Ausgleich für Arbeitsleistungen

27 Arbeitsleistungen, die ein Partner zugunsten des anderen erbringt und mit denen er dessen Vermögen steigert, können begrifflich nicht als Zuwendungen angesehen werden, weil es insofern nicht zu einer Übertragung von Vermögenssubstanz kommt. Daraus folgt aber nicht, dass Arbeitsleistungen – im Gegensatz zu gemeinschaftsbezogenen Leistungen – nach dem Scheitern einer Lebensgemeinschaft nicht zu Ausgleichsansprüchen führen können, denn wirtschaftlich betrachtet stellen sie ebenso eine geldwerte Leistung dar wie die Übertragung von Vermögenssubstanz.[43] Der Bundesgerichtshof hat dafür die Bezeichnung **gemeinschaftsbezogene Arbeitsleistungen** geschaffen.[44]

28 Gemeinschaftsbezogene Arbeitsleistungen in diesem Sinne müssen aber erheblich über bloße Gefälligkeiten oder das, was das tägliche Zusammenleben erfordert, hinausgehen und zu einem messbaren und noch vorhandenen **Vermögenszuwachs** des anderen Partners geführt haben. Erbringt einer der Partner unter

---

36 Schulz/Hauß, Vermögensauseinandersetzung, Rn. 1596; zust. Kogel FamRZ 2013, 512; Büte, Zugewinnausgleich bei Ehescheidung, 4. Aufl. 2012, Rn. 544; ders. FuR 2011, 664 (665); ebenfalls Schulz FPR 2012, 79 (81); 2010, 373 (375); ders. FamRB 2004, 364 (368); 2004, 48 (51).
37 OLG Frankfurt/M. FamRB 2013, 237 = FF 2013, 378 und OLG Düsseldorf FamRZ 2014, 161 (162): jeweils bei Zuwendungen von Schwiegereltern.
38 So Schulz/Hauß, Vermögensauseinandersetzung, Rn. 2187.
39 BGH FamRZ 2015, 490 Rn. 28 mAnm Wever.
40 BGH FamRZ 2008, 1822 (1827); 2008, 1828.
41 BGH FamRZ 2006, 394 (395); 1982, 910 (912).
42 BGH FamRZ 2007, 877 Rn. 15 (zu ehebezogenen Zuwendungen) mAnm Schröder.
43 BGH FamRZ 2008, 1822 (1827); 2008, 1828 unter Bezugnahme auf BGH FamRZ 1982, 910; 1994, 1167.
44 BGH FamRZ 2008, 1822 (1827); 2008, 1828.

solchen Umständen Arbeitsleistungen, so kann davon auszugehen sein, dass diese Leistungen nach einer stillschweigenden Übereinkunft mit dem anderen Partner zur Ausgestaltung der Lebensgemeinschaft erbracht werden und darin ihre Geschäftsgrundlage haben. In diesem Fall ist – wie bei Eheleuten[45] – ein **Kooperationsvertrag**, ein sog Vertrag sui generis, zustande gekommen.[46]

Die in Rechnung gestellten Arbeitsleistungen des Lebensgefährten am **Bau des** **29** **Familienheims** müssen ins Verhältnis gesetzt werden zu den Arbeitsstunden der Partnerin für Haushaltsführung und Kinderbetreuung. Nur dann, wenn die beiderseitigen Beiträge zur Lebensgemeinschaft nicht mehr gleichwertig sind, vielmehr der Arbeitsaufwand des Partners unverhältnismäßig hoch ist, erscheint es recht und billig, dass er einen finanziellen Ausgleich verlangen kann.[47]

IV. Ansprüche aus ungerechtfertigter Bereicherung

Nach der Rechtsprechung des Bundesgerichtshofs[48] kann ein Partner bei Been- **30** digung der nichtehelichen Lebensgemeinschaft die Rückforderung einer gemeinschaftsbezogenen Zuwendung oder den Ausgleich für gemeinschaftsbezogene Arbeitsleistungen sowohl auf den Wegfall der Geschäftsgrundlage als auch auf ungerechtfertigte Bereicherung stützen. Nach § 812 Abs. 1 S. 2 Alt. 2 besteht für den Empfänger einer Leistung die Pflicht zur Rückgabe, sofern der mit der Leistung nach dem Inhalt des Rechtsgeschäfts bezweckte Erfolg nicht eingetreten ist. Ein derartiger Anspruch wegen **Zweckverfehlung** kann sich ergeben, wenn der verfolgte Zweck darin bestand, dass die Zuwendung oder der Arbeitserfolg dem Lebensgefährten dauerhaft zugutekommen sollte und die Partner dabei vom **Fortbestehen** der nichtehelichen Lebensgemeinschaft ausgingen.

Die bereicherungsrechtliche Rückabwicklung setzt aber voraus, dass mit dem **31** Empfänger der Leistung eine **Willensübereinstimmung** über den mit der Leistung verfolgten Zweck erzielt worden ist; einseitige Vorstellungen genügen nicht. Eine stillschweigende Einigung in diesem Sinn kann angenommen werden, wenn der eine Teil mit seiner Leistung einen bestimmten Erfolg bezweckt, der andere Teil dies **erkennt** und die Leistung entgegennimmt, ohne zu widersprechen. Erforderlich ist somit eine **gemeinsame konkrete Zweckabrede**, wie sie etwa dann vorliegen kann, wenn die Partner zwar keine gemeinsamen Vermögenswerte schaffen wollten, der eine aber das Vermögen des anderen in der Erwartung vermehrt hat, an dem erworbenen Gegenstand langfristig partizipieren zu können.[49]

Eine hinreichend konkrete Zweckabrede dürfte (worauf auch der **Bundesge-** **32** **richtshof**[50] hinweist) in der familiengerichtlichen Praxis nicht leicht festzustellen sein. Eine Zweckabrede im Sinne des § 812 Abs. 1 S. 2 Alt. 2 setzt **positive** **Kenntnis** von der Zweckvorstellung des anderen Teils voraus, vage Hoffnungen

---

45 BGH FamRZ 1982, 910 (911); 1994, 1167 (1168); 1999, 1580 (1582).
46 Schulz/Hauß, Vermögensauseinandersetzung, Rn. 2169.
47 Schulz/Hauß, Vermögensauseinandersetzung, Rn. 2191; Grziwotz Anm. zu BGH FamRZ 2013, 1295 (1298).
48 BGH FamRZ 2013, 1295 Rn. 37; 2011, 1563 Rn. 30; 2010, 277 Rn. 32; 2008, 1822 Rn. 34.
49 BGH FamRZ 2011, 1563 Rn. 31, 32; 2009, 849 (850); 2008, 1822 Rn. 34; 1992, 160 (161); OLG Brandenburg FamRZ 2015, 1308 (1309); OLG Hamm FamRZ 2014, 228 (230).
50 BGH FamRZ 2010, 958 (963) (zu Schwiegereltern-Zuwendungen).

genügen nicht. Die Lebensgefährten denken im Zeitpunkt der Schenkung zumeist nicht an ein späteres Scheitern der Gemeinschaft. Ein Rückzahlungsanspruch wegen Zweckverfehlung (§ 812 Abs. 1 S. 2 Alt. 2) dürfte daher nur in Ausnahmefällen begründet sein.[51]

V. Ansprüche aus Gesellschaftsrecht

33 Ein Ausgleich nach gesellschaftlichen Regeln gem. §§ 730 ff. kann in Betracht kommen, wenn die Partner einer nichtehelichen Lebensgemeinschaft ausdrücklich oder durch schlüssiges Verhalten einen Gesellschaftsvertrag geschlossen haben.[52] Das gemeinsame Wohnen und Wirtschaften allein stellt keinen ausreichend konkreten Gesellschaftszweck dar.[53] Dies kann jedoch der Fall sein, wenn die Partner die Absicht verfolgt haben, mit dem Erwerb oder Umbau einer Immobilie ein gemeinsames Vermögen zu schaffen, das sie für die Dauer der Partnerschaft nicht nur gemeinsam nutzen, sondern das ihnen nach ihrer Vorstellung auch gemeinsam gehört. Eine Innengesellschaft (dazu Schwerpunktbeitrag 3: Ehegatteninnengesellschaft, in diesem Buch) kann nur entstehen, wenn die Lebensgefährten einen Zweck verfolgen, der über die Verwirklichung und Ausgestaltung ihrer nichtehelichen Lebensgemeinschaft hinausgeht.[54] Indizien für eine nach gesellschaftsrechtlichen Grundsätzen zu bewertende Zusammenarbeit können sich – wie bei einer Ehegatteninnengesellschaft – aus Planung, Umfang und Dauer der Zusammenarbeit ergeben.[55] Ein Ausgleich erfolgt in der Regel gem. § 722 Abs. 1 durch Halbteilung.[56]

34 Ein Gesellschaftsverhältnis entsteht beim Erwerb oder Bau einer Immobilie jedoch dann nicht, wenn die Lebensgefährten einer nichtehelichen Gemeinschaft damit ein Familienheim schaffen wollen, in dem sie künftig zusammenwohnen wollen. Hier steht als Ziel ihrer Bemühungen – wie bei Eheleuten – nicht so sehr die Vermögensbildung, sondern mehr die Verwirklichung ihrer Lebensgemeinschaft im Vordergrund. In diesem Fall sind die finanziellen Beiträge eines Lebenspartners als gemeinschaftsbezogene Zuwendungen zu werten.[57] Erbringt ein Lebensgefährte zusätzlich erhebliche Arbeitsleistungen, kommt durch die Mitarbeit ein sogenannter Kooperationsvertrag (dazu Schwerpunktbeitrag 2: Familienrechtlicher Kooperationsvertrag, in diesem Buch) zustande. Der geschaffene Vermögenszuwachs – durch Zuwendungen oder Arbeitsleistungen – wird beim Scheitern der Lebensgemeinschaft nach den Regeln über den Wegfall der Geschäftsgrundlage ausgeglichen.[58]

---

51 Schulz/Hauß, Vermögensauseinandersetzung, Rn. 2172; FA-FamR/Weinreich Kap. 11 Rn. 176; MK/Wellenhofer Nach § 1302 Rn. 71; Schlögel, Die Vermögensauseinandersetzung der nichtehelichen Lebensgemeinschaft in der notariellen Praxis, MittBayNot 2009, 100 (101); Bruch, Ausgleichsansprüche beim Scheitern einer nichtehelichen Lebensgemeinschaft, MittBayNot 2009, 142 (143).
52 Vgl. Schulz/Hauß, Vermögensauseinandersetzung, Rn. 2173.
53 OLG Bremen FamRZ 2013, 1826, Grziwotz NZFam 2015, 543 (546); Schulz FamRZ 2007, 593 (594).
54 BGH FamRZ 2013, 1295 Rn. 15 f.; 2011, 1563 Rn. 14, 16; 2008, 1822 Rn. 22; OLG Bremen FamRZ 2015, 1308; 2013, 1826 (1827).
55 Vgl. Schulz FamRZ 2007, 593 (595); MK/Wellenhofer Nach § 1302 Rn. 62; Schlögel MittBayNot 2009, 100 (101).
56 Schlögel MittBayNot 2009, 100 (101).
57 Schulz/Hauß, Vermögensauseinandersetzung, Rn. 2174.
58 Vgl. Schulz FamRZ 2007, 593 (599); FamRB 2005, 142 (144).

VI. Rückforderung einer Schenkung

Eine Zuwendung unter Lebensgefährten erfolgt in der Regel im Hinblick auf die bestehende Lebensgemeinschaft.[59] Handelt es sich im Ausnahmefall um eine „reine" Schenkung, kann diese nach § 530 widerrufen werden, wenn sich der Beschenkte durch eine schwere Verfehlung gegen den Schenker groben Undanks schuldig macht. Eine schwere Verfehlung setzt objektiv ein gewisses Maß an Schwere voraus und subjektiv eine tadelnswerte Gesinnung, die einen erheblichen Mangel an Dankbarkeit erkennen lässt.[60] Ein Widerrufsgrund liegt nicht schon vor, wenn der beschenkte Partner die Lebensgemeinschaft verlässt und sich einem neuen Partner zuwendet.[61] Als grober Undank ist es jedoch anzusehen, wenn ein Partner noch Geschenke annimmt, obwohl er sich von seinem ahnungslosen Lebensgefährten bereits ab- und einem neuen Partner zugewandt hat.[62]

VII. Zusammenfassung

Seit den beiden grundlegenden Urteilen vom 9.7.2008[63] hat der XII. Senat des Bundesgerichtshofs in allen Fällen, in denen er über die Vermögensauseinandersetzung nichtehelicher Lebensgemeinschaften zu entscheiden hatte, die Parallele zur Rechtslage bei Eheleuten und eingetragenen Lebenspartnern gezogen. Der Bundesgerichtshof hat damit anerkannt, dass es zwischen Ehe und nichtehelicher Lebensgemeinschaft nicht nur faktisch, sondern auch rechtlich viele Gemeinsamkeiten gibt.[64] Zusammenfassend kann nach dieser neueren Rechtsprechung des Familiensenats beim Bundesgerichtshof festgestellt werden:

Die **Vermögensauseinandersetzung nichtehelicher Lebensgemeinschaften** erfolgt nach den **gleichen Grundsätzen** wie bei Eheleuten, die im Güterstand der **Gütertrennung** leben.[65]

Allerdings ist darauf hinzuweisen, dass die Rückgewähr ehebezogener Zuwendungen auch bei Gütertrennung auf Ausnahmefälle beschränkt ist. Bei der Abwägung, ob eine gemeinschaftsbezogene Zuwendung wieder zurückerstattet werden muss, ist – wie bei Eheleuten[66] – zu berücksichtigen, dass es schließlich einmal einen Grund gab, warum ein Lebensgefährte seinem Partner eine größere Zuwendung gemacht hat.[67]

Hinweis: Der Anwalt muss, um eine Haftung zu vermeiden, den Mandanten auf das Risiko einer Klage vor dem Zivilgericht eingehend hinweisen und sollte dessen Entscheidung schriftlich festhalten. Der pauschale Hinweis, dass der Prozess auch verloren gehen könne, genügt nicht.[68]

---

59 BGH FamRZ 2014, 1547; Grziwotz NZFam 2015, 543 (546).
60 BGH FamRZ 2006, 196 (197); 2005, 511; 2000, 1490.
61 OLG Düsseldorf FamRZ 2005, 1089; Grziwotz NZFam 2015, 543 (546); Schulz/Hauß, Vermögensauseinandersetzung, Rn. 2175.
62 OLG Hamm NJW 1978, 224 (225); Grziwotz NZFam 2015, 543 (546).
63 BGH FamRZ 2008, 1822 (1828).
64 Wellenhofer FamRZ 2010, 544 (Urteilsanmerkung); Grziwotz FamRZ 2009, 750 (753).
65 Schulz/Hauß, Vermögensauseinandersetzung, Rn. 2194; Schulz FPR 2010, 373 (378); Grziwotz § 5 Rn. 51.
66 OLG Bremen FamRZ 2008, 2117 (2118); Wever Rn. 487; Schulz FamRB 2004, 364 (367).
67 Grziwotz NZFam 2015, 543 (546).
68 Vgl. Schulz/Hauß, Vermögensauseinandersetzung, Rn. 1615.

E. Vermögensausgleich in Einzelfällen

I. Die gemeinsam genutzte Wohnung[69]

38 **1. Nur ein Lebensgefährte ist Mieter. a) Aufnahme des Lebensgefährten in die Wohnung.** Will ein Lebensgefährte seinen Partner in die von ihm gemietete Wohnung aufnehmen, benötigt er dazu grundsätzlich die Erlaubnis des Vermieters (§ 540 Abs. 1 S. 1).[70] Der Mieter kann vom Vermieter die Zustimmung verlangen, wenn er ein berechtigtes Interesse hat. Der Wunsch des Mieters, eine hetero- oder homosexuelle Lebensgemeinschaft zu bilden oder fortzusetzen, ist in aller Regel ein ausreichender Grund, einen Partner in die Wohnung aufzunehmen. Der Mieter hat einen klagbaren Rechtsanspruch gegen den Vermieter auf Erteilung der Erlaubnis.[71] Der Vermieter kann seine Zustimmung nur dann versagen, wenn ihm die Aufnahme des Lebensgefährten nicht zuzumuten ist (§ 553 Abs. 1 S. 2).[72] Ein wichtiger Grund wäre die Überbelegung der Wohnung.[73]

39 **b) Rauswurf des Lebensgefährten.** Der Alleinmieter kann seinen aufgenommenen Lebensgefährten nicht aus der Wohnung aussperren, indem er das Türschloss auswechselt. Als Mitbewohner hat der Partner in der Regel auch Mitbesitz an der Wohnung. Ein Indiz für Mitbesitz ist, wenn ihm der Lebensgefährte die Wohnungsschlüssel ausgehändigt hat. Der ausgesperrte Partner kann mit einstweiliger Verfügung die Wiedereinräumung des Mitbesitzes (§ 861) verlangen.[74] Im Streitfall muss der Mieter gegen seinen Partner eine Räumungsklage erheben. Dieser könnte Räumungsschutz nach § 721 ZPO beantragen.[75] Der **Vermieter** benötigt für die Räumungsvollstreckung einen Vollstreckungstitel gegen den Lebensgefährten, wenn dieser Mitbesitz an der Wohnung begründet hatte.[76]

40 **2. Beide Lebensgefährten sind Mieter.** Haben beide Lebensgefährten gemeinsam einen Mietvertrag abgeschlossen, bleibt dieser beim Auszug eines Partners bestehen. Der ausgezogene Lebensgefährte hat gegen den Vermieter keinen Anspruch, aus dem Mietverhältnis entlassen zu werden. Beide Lebensgefährten haften gegenüber dem Vermieter auf Zahlung der vollen Miete (§§ 421, 427).

41 **a) Freistellungsanspruch.** Im Innenverhältnis richtet sich die weitere Haftung für die Mietschulden in erster Linie danach, welche Regelung die Lebensgefährten ausdrücklich oder stillschweigend getroffen haben. Haben sie sich hierüber nicht geeinigt, war aber der in der Wohnung verbliebene Lebensgefährte mit dem Auszug einverstanden und will er die Wohnung auch behalten, so folgt – wie bei Eheleuten[77] – aus dieser „tatsächlichen Gestaltung" (§ 426 Abs. 1 S. 1 Hs. 2), dass er für die Miete allein aufzukommen hat. Der ausgezogene Partner

---

69 Dazu ausführlich Grziwotz §§ 13, 14.
70 BGH FamRZ 2004, 91, krit.Anm. hierzu Brudermüller FamRZ 2004, 358 (359); Palandt/Weidenkaff § 543 Rn. 5.
71 So BGH FamRZ 2004, 91 (93).
72 BGH FamRZ 1988, 42; Grziwotz § 14 Rn. 28.
73 MK/Wellenhofer Nach § 1302 Rn. 41; Bergschneider/Burger Rn. 7.145.
74 MK/Wellenhofer Nach § 1302 Rn. 45; Staudinger/Löhnig Anh. zu §§ 1297 Rn. 204; Grziwotz § 14 Rn. 10.
75 MK/Wellenhofer Nach § 1302 Rn. 44.
76 BGH FamRZ 2008, 1174 (1175).
77 OLG Köln FamRZ 2003, 1664 (1665) m. zust. Anm. Wever; OLG München FamRZ 1996, 291.

hat in diesem Fall gegen den in der Wohnung verbliebenen Lebensgefährten einen **Freistellungs- oder Befreiungsanspruch**[78] (→ § 426 Rn. 85 ff.).

b) Anspruch auf Mitwirkung bei der Kündigung. Für den Lebensgefährten, der 42 die Wohnung verlassen hat, bleibt jedoch das Risiko, dass der Vermieter von ihm als Gesamtschuldner die volle Miete verlangt. Sein Freistellungsanspruch gegenüber dem früheren Partner nützt ihm nichts, wenn von diesem nichts zu holen ist. Vor einer weiteren Haftung ist er nur sicher, wenn das Mietverhältnis durch gemeinsame Kündigung beendet wird.

Nach allgemeiner Meinung hat jeder Partner gegen den anderen einen **Anspruch** 43 **auf Zustimmung zur Kündigung** des Mietverhältnisses.[79] Gestützt wird der Anspruch auf Mitwirkung bei der Kündigung auf die Bestimmungen über die Auflösung der Gesellschaft (§§ 705, 723 Abs. 1 S. 1) oder der Gemeinschaft (§§ 741, 749, 242).[80] Die Kündigungsfristen zwischen Mieter und Vermieter (§ 573 c) gelten im Innenverhältnis zwischen den Partnern nicht, da ihre Lebensgemeinschaft jederzeit beendet werden kann.[81] Die Kündigungsfrist muss aber nach Treu und Glauben (§ 242) angemessen sein.[82]

Anfallende Kosten, zB für eine Renovierung, sind grundsätzlich hälftig zu teilen. 44 Ist jedoch ein Lebensgefährte Alleinverdiener, so ist er gegenüber der Partnerin, die den Haushalt und die Kinder betreut, im Innenverhältnis allein zu den Zahlungen aus dem Mietverhältnis verpflichtet und hat deshalb auch die Schönheitsreparaturen allein zu begleichen.[83]

3. Ein Lebensgefährte ist Eigentümer der Wohnung. Steht die gemeinsam ge- 45 nutzte Wohnung im alleinigen Eigentum eines Lebensgefährten, ist beim Scheitern der Lebensgemeinschaft zu klären, ob ein Mietverhältnis mit dem Partner zustande gekommen ist. Ist ein Mietverhältnis anzunehmen, so ist dieses nach den mietrechtlichen Bestimmungen durch Kündigung zu beenden. Besteht kein Mietvertrag, so gelten die Regeln, die für den Alleinmieter einer gemeinsam genutzten Wohnung maßgeblich sind.

4. Wohnungszuweisung nach dem Gewaltschutzgesetz. Bei Gewalttaten und wi- 46 derrechtlichen Drohungen kann der verletzte Partner einer nichtehelichen oder nicht eingetragenen Lebensgemeinschaft nach § 2 **GewSchG** die Zuweisung der gemeinsam genutzten Wohnung zur alleinigen Benutzung verlangen, wenn er mit dem Täter „einen auf Dauer angelegten gemeinsamen Haushalt geführt" hat. Das Opfer kann die Überlassung der Wohnung auch dann beanspruchen, wenn der Täter alleiniger Mieter oder Eigentümer ist (→ GewSchG § 2 Rn. 20 ff.).

---

78 BGH FamRZ 1983, 349; OLG Düsseldorf FamRZ 1998, 739 (740); MK/Wellenhofer Nach § 1302 Rn. 45; vgl. Schulz/Hauß, Vermögensauseinandersetzung, Rn. 2198.
79 BGH NJW 2005, 1715 (1716); OLG Düsseldorf FamRZ 2008, 154; 1998, 739 (740); 1993, 575 (576); Staudinger/Löhnig Anh. zu § 1297 Rn. 185; Bergschneider/Burger Rn. 7.170; MAH/Kleinwegener § 26 Rn. 28; Weinreich FuR 1999, 356 (357); Schulz/ Hauß, Vermögensauseinandersetzung, Rn. 2199.
80 LG Karlsruhe FamRZ 1995, 94; MK/Wellenhofer Nach § 1302 Rn. 35; Grziwotz § 14 Rn. 45; FA-FamR/Weinreich NELG Rn. 94; Schulz/Hauß, Vermögensauseinandersetzung, Rn. 2199.
81 LG Karlsruhe FamRZ 1995, 94 (95); Schulz/Hauß, Vermögensauseinandersetzung, Rn. 2200.
82 Bergschneider/Burger Rn. 7.170; Schulz/Hauß, Vermögensauseinandersetzung, Rn. 2200.
83 OLG Köln 20.12.2005 – 4 U 17/05; LG Oldenburg FamRZ 2008, 155; Schulz/Hauß, Vermögensauseinandersetzung, Rn. 2201.

II. Haushaltsgegenstände

47 **1. Feststellung des Eigentümers.** Haben die Lebensgefährten längere Zeit zusammengelebt, ist es meist schwierig, das Eigentum an den einzelnen Gegenständen festzustellen. Einfach ist es nur bei den Sachen, die ein Partner in die Gemeinschaft eingebracht hat. Diese bleiben in seinem alleinigen Eigentum, auch wenn sie vom anderen Partner mitbenutzt werden.[84]

48 Gegenstände des **persönlichen oder beruflichen Gebrauchs**, wie Kleidung, Schmuck, Andenken, Briefmarkenalbum, Münzsammlung und Werkzeuge, gehören nach allgemeiner Meinung[85] dem Lebensgefährten, für dessen Gebrauch sie bestimmt sind.

49 Bei Gegenständen, die die Partner während des Zusammenlebens erwerben, richtet sich der Eigentumserwerb nach den allgemeinen Vorschriften der §§ 929 ff. Beim Erwerb von Hausrat ist es dem Verkäufer regelmäßig gleichgültig, wer Eigentümer wird. Er übereignet an den, „den es angeht".[86] Abzustellen ist somit darauf, ob der Käufer den Haushaltsgegenstand für sich allein oder auch für seinen Partner mit erwerben wollte.[87] Beim Kauf von Haushaltsgegenständen während intakter Lebensgemeinschaft wird – wie bei Eheleuten – im Allgemeinen ein Miteigentumserwerb für den Partner (§§ 741 ff.) gewollt sein.[88]

50 Bei langem Zusammenleben werden die Lebensgefährten regelmäßig gemeinsames Eigentum erwerben wollen. Dies ist vor allem bei einer nichtehelichen Lebensgemeinschaft zu bejahen, die von der Arbeitsteilung her einer Hausfrauen-Ehe entspricht.[89] Zur Feststellung der Eigentumsverhältnisse kann auch darauf abgestellt werden, ob beide Partner beim Kauf mit dabei waren, wer die Sache ausgesucht und wer bezahlt hat. Allerdings kommt es auf die Finanzierung dann nicht entscheidend an, wenn ein Partner nur den Haushalt führt und auf ein eigenes Erwerbseinkommen verzichtet. Dieser würde ansonsten unangemessen benachteiligt, wenn stets Alleineigentum des allein verdienenden Lebensgefährten unterstellt würde.[90]

51 Im jeweiligen Einzelfall kann auch darauf abgestellt werden, ob die Lebensgefährten stets getrennte Kassen geführt und auf strenge Gütertrennung geachtet haben, oder ob sie wirtschaftlich eng verbunden waren und nicht jeden Cent abgerechnet haben.[91]

52 **2. Gesetzliche Eigentumsvermutung.** Bei einer Trennung der Lebenspartner werden sich die Eigentumsverhältnisse an den Haushaltsgegenständen häufig nicht klären lassen. Die Miteigentumsvermutung nach § 1568 b Abs. 2 für gemeinsam angeschaffte Haushaltsgegenstände gilt nur für Eheleute. Bei einer nichtehelichen oder nicht eingetragenen Partnerschaft greift jedoch die **gesetzliche Eigen-**

---

84 HM; vgl. Palandt/Brudermüller Einl. vor § 1297 Rn. 22.
85 Grziwotz § 20 Rn. 5; Staudinger/Löhnig Anh. zu § 1297 Rn. 66; MK/Wellenhofer Nach § 1302 Rn. 28.
86 BGH FamRZ 1991, 923 (924); vgl. Palandt/Heinrichs § 164 Rn. 8.
87 OLG Düsseldorf MDR 1999, 233 (234); OLG Düsseldorf FamRZ 1992, 670 (671); Bergschneider/Burger Rn. 7.151; FA FamR/Weinreich Kap. 11 Rn. 113.
88 Staudinger/Löhnig Anh. zu §§ 1297 ff. Rn. 67.
89 MK/Wellenhofer Nach § 1302 Rn. 28; Schulz/Hauß, Vermögensauseinandersetzung, Rn. 2204.
90 LG Aachen FamRZ 1983, 61; Bergschneider/Burger Rn. 7.187.
91 Grziwotz § 20 Rn. 6; Schulz/Hauß, Vermögensauseinandersetzung, Rn. 2207; Bergschneider/Burger Rn. 7.187.

tumsvermutung des § 1006 ein. Die Partner sind regelmäßig Mitbesitzer der Haushaltsgegenstände, die während des Zusammenlebens erworben und gemeinsam genutzt wurden. Bei **Mitbesitz wird Miteigentum vermutet.**[92] Bei Miteigentum handelt es sich um Bruchteilseigentum nach §§ 741 ff., 1008 ff.[93]

Die gesetzliche Vermutung des § 1362 bei Vollstreckungen, dass die im Besitz   53
beider Ehegatten befindlichen Sachen dem Schuldner allein gehören, ist auf nichteheliche Lebensgemeinschaften nicht entsprechend anzuwenden.[94]

3. Auseinandersetzung der Haushaltsgegenstände. Die Vorschrift des § **1568 b**   54
über die endgültige Zuteilung von Haushaltsgegenständen gilt nur für Eheleute und ist auch **nicht analog** für nichteheliche Lebensgemeinschaften anzuwenden. Kann ein Lebensgefährte sein Alleineigentum nachweisen, steht ihm der Herausgabeanspruch nach § 985 zu. Dagegen kann bei Miteigentum kein Teilhaber vom anderen Haushaltsgegenstände herausverlangen.

Die Auseinandersetzung von Miteigentum erfolgt über das Gemeinschaftsrecht   55
nach §§ 741 ff. Den Lebenspartnern kann in ihrem eigenen Interesse nur dringend geraten werden, sich über eine Verteilung zu einigen. Denn sonst müsste, falls eine Teilung in Natur (§ 752) nicht möglich ist, der gemeinsame Hausrat nach den Vorschriften des Pfandverkaufs (§§ 753 Abs. 1, 1235 Abs. 1, 383 Abs. 3) versteigert werden. Der Erlös wäre dann hälftig zu teilen (§§ 742, 753 Abs. 1).[95]

Ein **Antrag** ist darauf zu richten, dass der Partner   56

- die Veräußerung nach den Vorschriften über den Pfandverkauf duldet,
- die Sachen an den Gerichtsvollzieher herausgibt,
- einwilligt, dass der Erlös zur Hälfte geteilt wird.

III. Der Streit um den Hund

Mit gleicher Leidenschaft wie Eheleute kämpfen auch nichteheliche Lebensge-   57
fährten, wenn sie sich getrennt haben, um ihren Hund. Bei Eheleuten kann der Familienrichter den Hund einem Ehegatten vorläufig und endgültig gem. §§ 1361 a, 1568 b zuteilen.[96]

Das AG Walsrode[97] hat in einem Streit zweier Lebensgefährten um ihren Hund   58
zunächst festgestellt, dass der Labrador gemäß der Eigentumsvermutung des § 1006 beiden gemeinsam gehört. Eine „Aufhebung der Gemeinschaft" hat danach gem. §§ 741, 752, 753 zu erfolgen. Eine Teilung in Natur (§ 752) ist nicht möglich. Eine Teilung durch Verkauf (§ 753) sei den Parteien nicht zumutbar, weil das immaterielle Interesse durch den Teilungsverkauf nicht berücksichtigt werden könnte. Es bestehe ein Interesse daran, den Besitz wenigstens einer der Parteien zu erhalten. In diesem Fall sei eine Entscheidung unter Berücksichtigung aller Umstände gem. § 242 nach billigem Ermessen zu treffen. Die Billigkeitslösung hat – so das AG Walsrode – in der Art zu erfolgen, dass der Labra-

---

92 OLG Köln FamRZ 2002, 322 (323); Palandt/Bassenge § 1006 Rn. 1.
93 MK/Wellenhofer Nach § 1302 Rn. 28; Bergschneider/Burger Rn. 7.192.
94 BGH FamRZ 2007 mAnm Böttcher; aA Palandt/Brudermüller Einl. vor § 1297 Rn. 28; Palandt/Brudermüller § 1362 Rn. 1.
95 Schulz/Hauß, Vermögensauseinandersetzung, Rn. 2208.
96 Vgl. dazu Schulz/Hauß, Vermögensauseinandersetzung, Rn. 1253.
97 AG Walsrode NJW-RR 2004, 365 = FamRZ 2004, 1724 (Ls.).

dor einem der Teilhaber zugewiesen wird und dieser eine angemessene Entschädigung zu leisten hat.[98]

59 Der Familienrichter kann bei Ehegatten nach ganz hM mangels rechtlicher Grundlagen kein Umgangsrecht mit dem Hund anordnen.[99] Das LG Duisburg[100] hat jedoch in einem Streit zweier nichtehelicher Lebensgefährten um ihren Hund folgende Entscheidung getroffen: „Der Beklagte wird verurteilt, den braunen Labrador „…", geboren am …, weiterhin alle vier Wochen donnerstags um 18.30 Uhr zur Wohnung der Klägerin zu bringen und ihn am Freitag der jeweils übernächsten Woche um 15.30 Uhr in seiner Wohnung wieder entgegenzunehmen."

IV. Kraftfahrzeuge

60 Wer den Wagen bekommt, wenn die Lebensgefährten sich trennen, hängt davon ab, wem das Fahrzeug gehört. Hat ein Partner den Pkw mit in die Lebensgemeinschaft eingebracht, so behält er regelmäßig sein **Alleineigentum.** Grundsätzlich kann ein Lebensgefährte den ihm gehörenden Wagen bei der Trennung auch dann mitnehmen, wenn sein Partner laufend für die Wartung aufgekommen ist und werterhaltende Reparaturen finanziert hat.[101] Für seine Aufwendungen kann der Partner wegen des Abrechnungsverbots keinen Ersatz verlangen (→ Rn. 15).

61 Wurde das Fahrzeug **während des Zusammenlebens gekauft**, ist zur Feststellung des Eigentümers auf die beim Erwerb gem. § 929 abgegebenen Erklärungen abzustellen. Der Abschluss des Kaufvertrages durch nur einen Partner beweist noch nicht dessen Alleineigentum.[102] Bei der Anschaffung größerer Hausratsgegenstände wird der Kaufvertrag vielfach wegen besonderer Kenntnisse oder Erfahrungen auf einem bestimmten Gebiet nur von einem Partner abgeschlossen. Der andere Partner kann jedoch auch in diesem Fall ein gleich hohes Interesse am Eigentumserwerb haben. Auch die Eintragung des Halters im Kfz-Brief (Zulassungsbescheinigung Teil II) ist nur ein Indiz für Alleineigentum.[103] Eingetragen wird im Brief nicht der Eigentümer, sondern der „Verfügungsberechtigte", der die Zulassung beantragt und erhalten hat.

62 **Anhaltspunkte**, welchem Partner das Eigentum am Pkw zuzuordnen ist, können sich aus der Beantwortung folgender Fragen ergeben:[104]

■ Wer war im Kaufvertrag, im Kfz-Brief (Zulassungsbescheinigung Teil II) und im Kfz-Schein (Zulassungsbescheinigung Teil I) eingetragen?
■ Wer hat den Wagen ausgesucht?
■ Wer hat das Fahrzeug bezahlt?
■ Wer hat einen Führerschein und saß regelmäßig am Steuer?

---

98 Zustimmend Palandt/Sprau § 753 Rn. 8.
99 Schulz/Hauß, Vermögensauseinandersetzung, Rn. 1255.
100 LG Duisburg 14.7.2011 – 5 S 26/11.
101 OLG Hamm FamRZ 2003, 529 (530); Bergschneider/Burger Rn. 7.188.
102 BGH FamRZ 2004, 1016.
103 BGH FamRZ 2004, 1016 (1018); OLG Köln FamRZ 2002, 322 (323); MK/Wellenhofer § 1568 b Rn. 26; Palandt/Brudermüller § 1568 b Rn. 6; JH/Götz § 1361 a Rn. 10; Staudinger/Langhein § 741 Rn. 32; Wönne FPR 2009, 293 (295); Krumm FamRZ 2014, 1241 (1242); Schulz/Hauß, Vermögensauseinandersetzung, Rn. 1247.
104 Vgl. Schulz/Hauß, Vermögensauseinandersetzung, Rn. 1248; Bergschneider/Burger Rn. 7.188; Kogel, Der Familien-Pkw in der Vermögensauseinandersetzung der Eheleute, FamRB 2007, 215 f.

- Von wem und zu welchen Zwecken wurde das Fahrzeug genutzt?
- Wer bezahlte die Kfz-Steuer und die Versicherungsprämie?
- Wer kam für Pflege, Wartung und Reparaturen auf?
- War die Lebensgemeinschaft zum Zeitpunkt des Erwerbs stabil?

Kann sich jeder Partner auf Indizien berufen, die für ihn günstig sind, ist **in der** 63 **Regel Miteigentum** anzunehmen. Bei gemeinsamer Nutzung spricht auch die Eigentumsvermutung des § 1006 für Miteigentum. Wer sich auf Alleineigentum beruft, hat dieses zu beweisen.[105]

Die **Finanzierung und Unterhaltung** des Fahrzeugs allein durch einen Lebensge- 64 fährten ist dann kein starkes Indiz für Alleineigentum, wenn der andere gleichwertige Gegenleistungen erbracht hat, zB den Haushalt geführt hat. Sonst würde der nicht berufstätige Partner bei der Vermögensauseinandersetzung stets leer ausgehen. Bei Doppelverdienern ist darauf abzustellen, ob der Partner andere gemeinsame Anschaffungen bezahlt oder gemeinschaftliche Schulden getilgt hat.

Hat ein Lebenspartner einen Pkw zu **Alleineigentum** erworben, zu dessen **Finan-** 65 **zierung** seine Lebensgefährtin einen Kredit aufnehmen musste, so ist zwischen den Partnern ein Auftragsverhältnis entstanden. Für die Darlehensraten, die nach der Trennung fällig und von der Partnerin bezahlt wurden, schuldet der Eigentümer Aufwendungsersatz nach § 670.[106] Für die Raten, die die Partnerin während des Zusammenlebens geleistet hat, kann sie wegen des Abrechnungsverbots keinen Ausgleich verlangen. Ein Ersatzanspruch entfällt ganz, wenn sie – wie von vornherein beabsichtigt – das Fahrzeug gleichermaßen genutzt hat. In diesem Fall hat sie den Kredit auch im eigenen Interesse aufgenommen, so dass kein Auftragsverhältnis zwischen den Partnern entstanden ist.[107]

Steht das Fahrzeug im **Miteigentum** beider Partner, sollten sie sich bei der Tren- 66 nung unbedingt darüber verständigen, wer es gegen **Ersatz des halben Werts**[108] übernimmt. Kommt keine Einigung zustande, müsste das Fahrzeug nach §§ 753 Abs. 1, 1235 Abs. 1, 383 Abs. 3 versteigert werden. Vom Erlös gebührt jedem Partner die Hälfte ohne Rücksicht darauf, wer wie viel zum Erwerb und zur Instandhaltung beigetragen hat. Bei der Halbteilung gem. § 742 bleibt es auch dann, wenn nur ein Partner finanziell für das Fahrzeug aufgekommen ist. Dies entspricht dem Grundsatz, dass nach der Trennung die einzelnen während des Zusammenlebens geleisteten Beiträge nicht gegeneinander zu verrechnen sind.[109] Eine Ausnahme kann nur dann gemacht werden, wenn sich die Partner schon vorher über verschieden hohe Anteile geeinigt haben.

V. Bankkonten

1. Einzelkonto. Ist nur ein Lebensgefährte **Kontoinhaber**, steht ihm das Gutha- 67 ben grundsätzlich allein zu. Hat ein Lebensgefährte auf das Alleinkonto seines Partners erhebliche Beträge einbezahlt oder sein Gehalt auf dessen Konto über-

---

105 Schulz/Hauß, Vermögensauseinandersetzung, Rn. 1249.
106 BGH FamRZ 1981, 530.
107 OLG Oldenburg FamRZ 1986, 465; Schulz/Hauß, Vermögensauseinandersetzung, Rn. 2216.
108 Zur Wertermittlung eines Pkw vgl. Schulz/Hauß, Vermögensauseinandersetzung, Rn. 559.
109 BGH FamRZ 1983, 1213.

wiesen, ist zu prüfen, ob zwischen den Lebensgefährten eine Bruchteilsgemeinschaft gem. §§ 741 ff. am Guthaben auf dem Einzelkonto entstanden ist.

68 Bei **Eheleuten** hat der Familiensenat des Bundesgerichtshofs[110] entschieden, dass diese – auch stillschweigend – eine **Bruchteilsberechtigung des Ehegatten**, der nicht Kontoinhaber ist, an der Kontoforderung vereinbaren können. Davon sei regelmäßig auszugehen, wenn beide Ehegatten Einzahlungen auf ein Sparkonto leisten und zwischen ihnen Einvernehmen besteht, dass die Ersparnisse beiden zugutekommen sollen.[111] In diesem Fall steht ihnen die Forderung gegen die Bank im Innenverhältnis gem. § 742 zu gleichen Teilen zu.

69 Diese Grundsätze müssen auch für nichteheliche Lebensgemeinschaften gelten, da hier ein vergleichbares Interesse an einer gemeinsamen Teilhabe des von beiden Lebensgefährten angesparten Geldes besteht.[112]

70 Anhaltspunkte für eine Bruchteilsgemeinschaft der Partner am Guthaben des Einzelkontos können sich aus der **tatsächlichen oder beabsichtigten Verwendung des Guthabens** ergeben. Wurden die abgehobenen Beträge für gemeinsame Anschaffungen (wie Wohnung, Einrichtung, Kunstgegenstände, Pkw, Sportausrüstung) oder für gemeinsame Unternehmungen (wie Urlaub, Reisen, Konzert- und Theaterbesuche) ausgegeben, so spricht diese Verwendungsart der Gelder dafür, dass zwischen den Partnern während des Zusammenlebens eine Bruchteilsgemeinschaft gem. § 741 entstanden ist.[113] In diesem Fall steht ihnen die Forderung gegen die Bank im Innenverhältnis gem. § 742 zu gleichen Teilen zu.

71 Die **Höhe des Teilungsanspruchs** richtet sich nach dem Kontostand im Zeitpunkt der Trennung. Ein gleicher Anteil steht dem Partner, der nicht Kontoinhaber ist, im Zweifel auch dann zu, wenn der andere Partner, auf dessen Namen das Konto lautet, wesentlich mehr als er einbezahlt hat.[114]

72 Hat ein Partner dem anderen eine **Bankvollmacht** erteilt, erlischt diese – wie bei Eheleuten – im Innenverhältnis bei endgültiger Trennung. Im Außenverhältnis, also der Bank gegenüber, gilt die Vollmacht jedoch weiter bis zu ihrem förmlichen Widerruf (§ 170). Dem Partner ist es daher auch nach der Trennung noch möglich, Geld vom Alleinkonto des anderen abzuheben. Der Kontoinhaber kann in diesem Fall Herausgabe gem. § 687 Abs. 2 oder Schadensersatz nach §§ 280 Abs. 1, 823 Abs. 2, 826 verlangen.[115] Der Bank gegenüber sollte die Vollmacht sofort widerrufen werden.

73 **2. Gemeinschaftskonto.** Für Abhebungen eines Partners vom Gemeinschaftskonto gelten die gleichen Regeln wie für Eheleute. Das Guthaben steht ihnen nach § 430 grundsätzlich zu gleichen Anteilen zu und zwar unabhängig davon, von wem und aus wessen Mitteln das Konto finanziert wurde.[116]

---

110 BGH FamRZ 2002, 1696 (1697); 2000, 948 (949) jeweils unter Bezugnahme auf BGH FamRZ 1966, 442 (443).
111 BGH FamRZ 2002, 1696 (1697).
112 So auch MK/Wellenhofer Nach § 1302 Rn. 56; Staudinger/Löhnig Anh. zu §§ 1297 ff. Rn. 148; Schulz FamRZ 2007, 593 (603); Schulz/Hauß, Vermögensauseinandersetzung, Rn. 2219.
113 Vgl. BGH FamRZ 1966, 442 (443); Schulz/Hauß, Vermögensauseinandersetzung, Rn. 1766.
114 BGH FamRZ 2002, 1696 (1697); OLG Bremen FamRZ 2006, 1121.
115 Schulz/Hauß, Vermögensauseinandersetzung, Rn. 1771.
116 BGH FamRZ 1990, 370 (371); OLG Düsseldorf FamRZ 1999, 1504 (1505).

Hebt ein Partner während des intakten Zusammenlebens mehr als die Hälfte ab, **74** ist er nicht zum Ausgleich verpflichtet, wenn er das Geld für gemeinsame Zwecke der Lebenspartner verwendet hat.[117]

Bei Trennung der Partner sind vorhandene Guthaben **hälftig zu teilen**.[118] Hat **75** ein Partner nach Beendigung der Lebensgemeinschaft das Konto „abgeräumt", muss er die Hälfte zurückzahlen. Aber auch wenn ein Lebensgefährte vor der Trennung Beträge abgehoben hat, die über eine ordentliche Wirtschaftsführung hinausgehen, ist er zum Ausgleich verpflichtet.[119]

VI. Schuldenausgleich

1. Einzelschulden. In einer nichtehelichen oder nicht eingetragenen Lebensge- **76** meinschaft haftet jeder Partner grundsätzlich nur für seine eigenen Verbindlichkeiten. In Ausnahmefällen kann es Ausgleichsansprüche geben, wenn ein Lebensgefährte einen Kredit im alleinigen Interesse seines Partners aufgenommen hat. Hier ist allerdings zwischen Schuldtilgungen während bestehender und nach beendeter Lebensgemeinschaft zu unterscheiden. Für die in der Zeit des Zusammenlebens geleisteten Zahlungen gibt es wegen des Abrechnungsverbots generell keinen Ausgleich.[120]

Für die **nach der Trennung** getilgten Schulden kann der Kreditnehmer vom ehe- **77** maligen Partner, in dessen Interesse er das Darlehen aufgenommen hat, Ersatz seiner Aufwendungen nach § 670 verlangen.[121] Hat er den Kredit noch nicht getilgt, kann er auch Freistellung von den künftigen Rückzahlungen beanspruchen.[122] War der Kreditnehmer zum Zeitpunkt der Trennung mit seinen Zins- und Tilgungsleistungen in Rückstand, so kann er für die noch ausstehenden Zahlungen ebenfalls Ersatz oder Freistellung fordern. Hat ein Lebensgefährte ein Darlehen aufgenommen, um damit Altschulden seines Partners abzulösen, steht ihm für die nach der Trennung geleisteten Tilgungen ebenfalls ein Ersatzanspruch nach Auftragsrecht (§ 670) zu.[123]

2. Gesamtschulden. Partner einer nichtehelichen oder nicht eingetragenen Le- **78** bensgemeinschaft haften wie Eheleute häufig als Gesamtschuldner, da Banken einem Lebensgefährten regelmäßig nur dann einen Kredit geben, wenn der Partner eine Mithaftung übernimmt.[124] Trennen sich die Partner, besteht meist Streit, wer im Innenverhältnis für die Verbindlichkeiten aufzukommen hat und ob ein Partner für von ihm getilgte Schulden einen Ausgleich verlangen kann.

---

117 Schulz/Hauß, Vermögensauseinandersetzung, Rn. 2221.
118 OLG Celle FamRZ 1982, 63.
119 Bergschneider/Burger Rn. 7.223; FAKomm-FamR/Weinreich Rn. 188; Schulz/Hauß, Vermögensauseinandersetzung, Rn. 2221; Schulz FPR 2010, 373 (378).
120 BGH FamRZ 1980, 664; 1981, 530; MK/Wellenhofer Nach § 1302 Rn. 80; Bergschneider/Burger Rn. 7.230; Schulz/Hauß, Vermögensauseinandersetzung, Rn. 2222; Schulz FamRZ 2007, 593 (603).
121 BGH FamRZ 1981, 530 (531).
122 OLG Saarbrücken FamRZ 1998, 738 (739); MK/Wellenhofer Nach § 1302 Rn. 81; Bergschneider/Burger Rn. 7.237; Palandt/Brudermüller Vor § 1297 Rn. 34; Schulz/ Hauß, Vermögensauseinandersetzung, Rn. 2223.
123 OLG Frankfurt/M. FamRZ 1984, 1013; Bergschneider/Burger Rn. 7.237; Schulz/Hauß, Vermögensauseinandersetzung, Rn. 2223.
124 FAKomm-FamR/Weinreich, NELG Rn. 190; Schulz FPR 2010, 373 (376); FamRZ 2007, 593 (603).

79 **a) Sittenwidrigkeit der Mithaftung.** Bevor geklärt wird, wie die Gesamtschulden intern auszugleichen sind, ist erst zu prüfen, ob die von den Banken als Bedingung für die Kreditgewährung geforderte Mitverpflichtung eines Lebenspartners nicht sittenwidrig ist. Die Grundsätze des Bundesgerichtshofs zur **Sittenwidrigkeit von Schuldbeitritt und Bürgschaft** beziehen sich in gleicher Weise auf Eheleute wie auf Partner einer nichtehelichen oder nicht eingetragenen Lebensgemeinschaft. Eine Mithaftung oder Bürgschaft verstößt nach dem Bundesgerichtshof[125] gegen die guten Sitten und ist damit nichtig (§ 138), wenn sie den verpflichteten Ehe- oder Lebenspartner **finanziell krass überfordert** und wenn er die ruinöse Haftung aus emotionaler Verbundenheit mit dem Hauptschuldner übernommen hat.[126]

80 **b) Gesetzliche Regel und anderweitige Bestimmung.** Nach der Grundregel des § 426 Abs. 1 S. 1 hat jeder Partner im Innenverhältnis die Hälfte der Schulden zu tragen. Die gesetzliche Regelung gilt jedoch nur, „soweit nicht ein anderes bestimmt ist". Eine von der **Halbteilung** abweichende Bestimmung kann sich ergeben aus Gesetz, einer Vereinbarung oder aus der Natur der Sache, mithin der besonderen Gestaltung des tatsächlichen Geschehens.[127]

81 Die Rechtsprechung unterscheidet grundsätzlich zwischen dem Ausgleich für Schuldtilgungen während des Zusammenlebens der Partner und nach der Beendigung der Lebensgemeinschaft.

c) Schuldtilgungen während des Zusammenlebens

82 **Beispiel:**[128] Die Partner M und F einer nichtehelichen Lebensgemeinschaft bewohnten zusammen eine Wohnung, die sie gemeinsam gemietet hatten. M war Alleinverdiener, F versorgte den Haushalt und betreute das kleine gemeinsame Kind. M bezahlte unregelmäßig die monatliche Miete. Kurz vor Trennung der Lebenspartner beglich M einen Teil der Mietrückstände in Höhe von 2.200 EUR. Nach Beendigung ihrer Lebensgemeinschaft wurden beide ehemaligen Partner als Gesamtschuldner zur Zahlung weiterer offener Mietforderungen von insgesamt 2.000 EUR verurteilt. Nachdem M diesen Betrag bezahlt hatte, beantragte er beim Amtsgericht, seine ehemalige Partnerin zur Erstattung von 2.100 EUR, der Hälfte der von ihm geleisteten Zahlungen, zu verpflichten.

83 Im Beispielsfall führte der Bundesgerichtshof[129] zunächst allgemein aus, dass die Lebensgefährten als Gesamtschuldner im Verhältnis zueinander **zu gleichen Anteilen** verpflichtet sind, soweit nicht ein anderes bestimmt ist (§ 426 Abs. 2 S. 1). Während einer Ehe kann die grundsätzliche Haftung von Gesamtschuldnern zu gleichen Teilen von der ehelichen Lebensgemeinschaft der Partner in der Weise überlagert werden, dass sich im Innenverhältnis eine andere Aufteilung etwa dergestalt ergibt, dass der alleinverdienende Teil zugunsten des haushaltführenden Teils die gemeinsamen Verpflichtungen allein trägt und daher ein Ausgleichsanspruch ausscheidet.[130]

---

125 BGH FamRZ 2006, 1024 (1025); 2002, 1694 (1695); 2002, 1253.
126 Ausführlich Schulz/Hauß, Vermögensauseinandersetzung, Rn. 1452.
127 BGH FamRZ 2005, 1236 (1237); 2002, 1025; vgl. Palandt/Grüneberg § 426 Rn. 9.
128 Nach BGH FamRZ 2010, 542.
129 BGH FamRZ 2010, 542 (543) mAnm Wellenhofer; kritisch Wever FamRZ 2011, 413 (417).
130 BGH FamZ 2010, 542 (543) unter Hinweis auf BGH FamRZ 1993, 676 (678); 1995, 216 (217).

Auch bei einer nichtehelichen Lebensgemeinschaft – so fuhr der Bundesgerichts- 84
hof[131] fort – kann „aus der Natur der Sache", also der besonderen Gestaltung
des tatsächlichen Geschehens, zu folgern sein, dass – wenn die Partner nicht etwas Besonderes unter sich geregelt haben – persönliche und wirtschaftliche Leistungen nicht gegeneinander aufgerechnet werden. Solche Beiträge werden, wenn
entsprechende Bedürfnisse auftreten, von beiden Partnern erbracht oder von
demjenigen geleistet, der dazu besser in der Lage ist.[132] Von einer derartigen Gestaltung ist nach dem Bundesgerichtshof im Beispielsfall auszugehen, so dass der
alleinverdienende Partner M die Miete im Innenverhältnis allein zu tragen hat
und keinen Ausgleich von F verlangen kann.

Der **Ausschluss der internen Haftung** der ehemaligen Lebensgefährtin F umfasst 85
nicht nur die während der nichtehelichen Lebensgemeinschaft tatsächlich geleisteten Zahlungen, sondern – so der Bundesgerichtshof[133] – auch diejenigen Leistungen, die für die gewählte Art und Weise des täglichen Zusammenlebens zu
erbringen gewesen wären. Nach der von den Lebensgefährten gewählten Aufgabenverteilung oblag es dem Partner M, für die eingegangenen Zahlungsverpflichtungen allein aufzukommen, was auch seiner Unterhaltspflicht nach
§ 1615 l Abs. 1 und 2 entsprach. Daran änderte sich nichts dadurch, dass M die
Miete nicht fristgemäß, sondern erst zu einem Zeitpunkt beglich, als die nichteheliche Lebensgemeinschaft bereits beendet war. Maßgebend ist hier der Verwendungszweck, der den täglichen Bedürfnissen und damit der Verwirklichung
der nichtehelichen Lebensgemeinschaft zuzuordnen ist, und nicht der Zeitpunkt
der Leistung.[134]

Der Feststellung des Familiensenats, dass der Partner auch für die Zahlungen, 86
die er nach Auflösung der nichtehelichen Lebensgemeinschaft geleistet hat, keinen Ausgleich verlangen kann, ist zuzustimmen.[135] Der Partner M war im Innenverhältnis allein verpflichtet, die Miete während des Zusammenlebens zu bezahlen. Es kann nicht darauf abgestellt werden, wann er dieser Verpflichtung
nachgekommen ist, ansonsten würde der säumige Schuldner auch noch belohnt.

d) **Schuldtilgungen nach der Trennung.** Nach der gesetzlichen Regel (§ 426 87
Abs. 1 S. 1) kann ein Lebenspartner für die von ihm getilgten Schulden grundsätzlich einen **hälftigen Ausgleich** verlangen.[136] Nach Aufhebung der Lebensgemeinschaft besteht – wie bei Eheleuten[137] – im Allgemeinen kein Grund mehr,
dem bisherigen Partner eine weitere Vermögensmehrung zukommen zu lassen.
Ab diesem Zeitpunkt hat ein Gesamtschuldner gegen den anderen einen Anspruch auf hälftige Freistellung oder Befreiung von der Verbindlichkeit (→
§ 426 Rn. 34).

---

131 BGH FamRZ 2010, 542 (543).
132 BGH FamRZ 2010, 542 (543) unter Hinweis auf BGH FamRZ 1980, 664; 1992, 408;
     1993, 939 (940); 1997, 1533; 2004, 94.
133 BGH FamRZ 2010, 542 (543).
134 BGH FamRZ 2010, 542 (543).
135 Ebenso Wellenhofer FamRZ 2010, 544 (Anm. zu BGH FamRZ 2010, 542 [543]); MK/
     Wellenhofer Nach § 1302 Rn. 82; Schulz/Hauß, Vermögensauseinandersetzung, Rn.
     2230.
136 OLG Hamm FamRZ 2001, 95.
137 BGH FamRZ 1983, 795; 1993, 676; BGH FuR 2003, 374.

88 **Ausnahmen** von der gesetzlichen Regel, dass Gesamtschulden ab Trennung von jedem Partner zur Hälfte zu tragen sind, ergeben sich „aus der Natur der Sache" in folgenden Fällen:[138]

89 ■ Wurden Verbindlichkeiten gemeinsam, aber im ausschließlichen Interesse nur eines Partners (zB für dessen Gewerbebetrieb) eingegangen, so hat sie dieser im Innenverhältnis auch allein abzutragen.[139] Einen Ausgleich gibt es dafür nicht.

90 ■ Haben die Partner mit dem Darlehen einen Gegenstand erworben, der einem Partner allein gehört (zB für die Errichtung eines Hauses im Alleineigentum eines Partners), so hat dieser die Schuldtilgungen allein zu tragen.[140]

91 ■ Wird nach dem Scheitern der Lebensgemeinschaft der mit einem gemeinschaftlichen Kredit angeschaffte Gegenstand (zB ein Pkw) allein von einem Partner weiter genutzt, so hat dieser im Innenverhältnis auch allein für die nach der Trennung fällig gewordenen Kreditraten aufzukommen.[141]

92 ■ Die Haftung für Mietschulden nach dem Auszug eines Lebensgefährten aus der gemeinsam gemieteten Wohnung wird sich – wie bei Eheleuten – danach richten, ob die Partner hierüber eine Regelung getroffen haben. Haben sie sich nicht geeinigt, war aber der in der Wohnung verbliebene Partner mit dem Auszug einverstanden und will er die Wohnung auch behalten, so hat er grundsätzlich für die künftige Miete allein aufzukommen.[142] Der ausgezogene Partner hat gegen den früheren Lebensgefährten einen Freistellungsanspruch.

93 ■ Ist ein Partner jedoch ohne Einverständnis des anderen ausgezogen, so hat er sich nach der Regel des § 426 Abs. 1 S. 1 an den Mietkosten bis zum Ablauf der gesetzlichen Kündigungsfrist (§ 573 c Abs. 1 S. 1) – also drei Monate – zur Hälfte weiter zu beteiligen.[143]

94 ■ Haben die Lebensgefährten mit einem neu aufgenommenen gemeinsamen Kredit Altschulden eines Partners abbezahlt, haftet dieser im Innenverhältnis für die noch offene Schuld allein.[144]

95 ■ Haben die Partner mit dem Darlehen nur den laufenden Bedarf gedeckt, haften sie nach der gesetzlichen Regel je zur Hälfte. Anders kann es dann sein, wenn ein Partner zur Zeit der Kreditaufnahme ohne Einkommen und Vermögen war. In diesem Fall hat der finanzstarke Partner im Innenverhältnis die Schulden auch nach der Trennung allein zu tragen, weil davon auszugehen ist, dass er seinen vermögenslosen Partner von vornherein nicht mit den Schuldtilgungen belasten wollte.[145]

VII. Bürgschaften

96 Wie bei der Schuldmitübernahme ist auch bei der Bürgschaft zuerst zu klären, ob die Mitverpflichtung des Lebenspartners **sittenwidrig** ist. Die Übernahme

---

138 Vgl. Schulz/Hauß, Vermögensauseinandersetzung, Rn. 2232.
139 BGH FamRZ 1988, 596 (597) für Eheleute.
140 BGH FamRZ 1980, 664 (665); KG FamRZ 1999, 1502 (bei Eheleuten).
141 KG FamRZ 1999, 1502 (bei Eheleuten); MK/Wellenhofer Nach § 1302 Rn. 84.
142 Für Eheleute: OLG Köln FamRZ 2003, 1664 (1665); OLG München FamRZ 1996, 291; Staudinger/Noack § 426 Rn. 222.
143 Für Eheleute: OLG Dresden FuR 2003, 185; LG Mönchengladbach FamRZ 2003, 1839 (Ls.); OLG Frankfurt/M. FamRZ 2002, 27; LG Hannover FamRZ 2002, 29 (30).
144 OLG Hamm FamRZ 2001, 95.
145 Bergschneider/Burger Rn. 7.236; Schulz/Hauß, Vermögensauseinandersetzung, Rn. 2232.

einer Bürgschaft verstößt nach dem Bundesgerichtshof[146] gegen die guten Sitten (§ 138), wenn sie den Partner finanziell krass überfordert.

Befriedigt der Bürge den Gläubiger, so geht die Forderung des Gläubigers gegen den Hauptschuldner auf ihn über (§ 774 Abs. 1 S. 1). Der Hauptschuldner ist zu einem Ausgleich jedoch nur im Rahmen des Innenverhältnisses zwischen den Lebenspartnern verpflichtet.[147] Es hängt von den Umständen des Einzelfalls ab, ob der Bürge, wenn er die Schuld während der Lebensgemeinschaft begleicht, einen Rückgriffanspruch gegen den Hauptschuldner hat.[148]   97

Befriedigt der Bürge den Gläubiger nach Beendigung der Lebensgemeinschaft, so ist zu unterscheiden:[149]

- Wurde der Kredit ausschließlich im Interesse des Hauptschuldners aufgenommen, so kann der Bürge volle Erstattung verlangen. Der Hauptschuldner kann dagegen keine Einwendungen aus dem Innenverhältnis nach § 774 Abs. 1 S. 3 erheben. Zwischen dem Bürgen und dem Hauptschuldner besteht in der Regel ein Auftragsverhältnis,[150] aus dem sich nach Trennung der Partner ein Ersatzanspruch gem. § 670 ergibt. Unter den Voraussetzungen des § 775 kann der Bürge auch „Befreiung von der Bürgschaft" verlangen.   98

- Wurde der Kredit im alleinigen Interesse des Bürgen aufgenommen, kann der Hauptschuldner dem Bürgen diese Einwendung aus dem Innenverhältnis entgegensetzen. Zu einem Ausgleich ist er in diesem Fall nicht verpflichtet.   99

- Kommt der vom Schuldner aufgenommene Kredit beiden Lebenspartnern zugute, zB zur Anschaffung gemeinsam genutzter Gegenstände, so erscheint eine gleichmäßige Belastung der Partner sachgerecht. Der Bürge kann daher – wie bei einer Gesamtschuld zwischen den Partnern – grundsätzlich einen hälftigen Ausgleich verlangen.[151]   100

VIII. Darlehen

1. Beweislast. Nach Beendigung einer Lebensgemeinschaft verlangt häufig ein Partner Geld, das er dem anderen gegeben hat, als Darlehen wieder zurück. Der begünstigte Partner wendet dagegen ein, das Geld sei ihm geschenkt worden. Der Lebensgefährte, der eine Rückzahlung fordert, muss beweisen, dass sich die Partner über eine Darlehensgewährung einig waren, eine **Rückzahlungsverpflichtung** also verbindlich vereinbart wurde.[152] Liegt kein schriftlicher Darlehensvertrag vor, scheitert eine Rückforderung meist an der Beweislage. Behauptet die Lebensgefährtin beispielsweise, das Geld sei ihr zur Vermögensbildung zur Verfügung gestellt worden, um sie für ihre Leistungen im Rahmen der Lebensgemeinschaft zu entschädigen und um sie dauerhaft zu versorgen, muss der Partner diese Behauptung widerlegen.[153] Die Beweisführung kann im Einzelfall   101

---

146 Zuletzt BGH FamRZ 2006, 1024 (1025); vgl. Schulz/Hauß, Vermögensauseinandersetzung, Rn. 1917.

147 Palandt/Sprau § 774 Rn. 11; Schulz/Hauß, Vermögensauseinandersetzung, Rn. 2240.

148 Bejahend OLG Hamm NJW-RR 1989, 624; verneinend LG Bamberg NJW 1988, 1219.

149 Vgl. Schulz/Hauß, Vermögensauseinandersetzung, Rn. 2241.

150 Palandt/Sprau Vor § 765 Rn. 5.

151 Bergschneider/Burger Rn. 7.233; Staudinger/Löhnig Anh. zu §§ 1297 ff. Rn. 136; Schulz/Hauß, Vermögensauseinandersetzung, Rn. 2241.

152 BGH FamRZ 1987, 676 (678); Palandt/Weidenkaff § 488 Rn. 38; Palandt/Weidenkaff § 516 Rn. 19.

153 BGH FamRZ 1987, 676 (678).

durch eine tatsächliche Vermutung für ein Darlehen erleichtert werden.[154] Derartige Vermutungen können sich aber stets nur im Rahmen der freien Beweiswürdigung nach § 286 ZPO auswirken.

102 **2. Fälligkeit des Darlehens.** Liegt ein Darlehen vor, ist die Fälligkeit des Anspruchs auf Rückzahlung zu klären. Haben die Partner dafür keinen festen Zeitpunkt bestimmt, hängt die Fälligkeit von einer Kündigung ab (§ 488 Abs. 3). Partner einer Lebensgemeinschaft vereinbaren meistens – entweder ausdrücklich oder stillschweigend – eine feste Laufzeit für das Darlehen. Für eine von der gesetzlichen Kündigungsmöglichkeit abweichende Regelung trifft den Darlehensnehmer die Darlegungs- und Beweislast.[155]

103 In einem vom Bundesgerichtshof[156] entschiedenen Fall hatte der Lebensgefährte seiner Partnerin zum Kauf eines Hauses ein Darlehen gegeben, das sie „nur im Falle einer freiwilligen Veräußerung des Objekts oder bei ihrem Tode" zurückzahlen musste. Nach der Trennung kündigte der Lebenspartner das Darlehen und verlangte das Geld zurück. Der Bundesgerichtshof stellte fest, das Hausgrundstück sei nicht verkauft worden und auch die zweite Bedingung sei noch nicht eingetreten, damit sei die Rückforderung des Darlehensbetrags wegen fehlender Fälligkeit ausgeschlossen.

104 In einem ähnlichen Fall[157] hatte der Lebensgefährte seiner Partnerin ein Darlehen von 47.000 EUR gegeben und diese hatte in einem Schuldschein vermerkt: „Falls mir etwas zustoßen sollte, ist die Summe an ihn zurückzuzahlen." Der Bundesgerichtshof[158] legte diese Erklärung so aus, dass das Darlehen erst beim Tod der ehemaligen Lebensgefährtin fällig wird. Die Rückzahlungspflicht trifft daher erst die Erben.

F. Verfahren

105 Die Vermögensauseinandersetzung nichtehelicher Lebensgemeinschaften wurde – bedauerlicherweise – im FamFG nicht den Familiengerichten zugeordnet.[159] Zuständig sind weiterhin die **allgemeinen Zivilgerichte**. Beim Bundesgerichtshof ist nach der Geschäftsverteilung der XII., der sogenannte Familiensenat – allerdings als Zivilsenat – zuständig.

---

154 Vgl. OLG Koblenz MDR 1998, 540; OLG Hamm FamRZ 1978, 224; Bergschneider/
   Burger Rn. 7.212.
155 BGH FamRZ 1987, 676 (678).
156 BGH FamRZ 1987, 676 (679).
157 BGH FamRZ 1997, 1533.
158 BGH FamRZ 1997, 1533; abl. Palandt/Brudermüller Einl. vor § 1297 Rn. 34.
159 Dafür schon Peschel-Gutzeit NJW 2002, 2737.

Schwerpunktbeitrag 6:
Sozialrechtliche Bezüge im Familienrecht

Literatur: *Brand,* SGB III, 7. Aufl. 2015; *Bieritz-Harder/Conradis/Thie* (Hrsg.), LPK-SGB XII, 10. Aufl. 2015; *Conradis,* Sozialrechtliche Folgen von Trennung und Scheidung, 3. Aufl. 2014; *Eicher* (Hrsg.), SGB II, 3. Aufl. 2013; *Felix,* Kindergeldrecht, 2005; *Gagel,* SGB II, SGB III, Loseblatt Stand 1.10.2016; *Grube,* Unterhaltsvorschussgesetz, Kommentar, 2009; *Grube/Wahrendorf* (Hrsg.), SGB XII, 5. Aufl. 2014; *Hauck/Noftz,* Sozialgesetzbuch II, Loseblatt Stand 1.10.2016; *Niesel* (Hrsg.), SGB III, 4. Aufl. 2007; *Münder* (Hrsg.), LPK-SGB II, 5. Aufl. 2013; *Körner/Leitherer/Mutschler* (Hrsg.), Kasseler Kommentar, Sozialversicherungsrecht, Loseblatt Stand 1.9.2016; *Ramsauer/Stallbaum*, BAföG, 6. Aufl. 2016; *Rancke* (Hrsg.), Handkommentar Mutterschutz, Elterngeld, Elternzeit, 4. Aufl. 2014; *Richter* ua, Die sozialen Rechte der jungen Familie, 2007; *Sartorius/Bubeck*, Sozialrecht in der arbeitsrechtlichen und familienrechtlichen Praxis, 2. Aufl. 2004; *Schellhorn/Schellhorn/Hohm*, SGB XII, 19. Aufl. 2015; *Schürmann*, Sozialrecht für die familienrechtliche Praxis, 2016; *Zimmermann*, Wohngeldgesetz, 2014.

A. Schnittstellen Familienrecht/Sozialrecht

1 Familienrecht und Sozialrecht weisen eine Vielzahl von Bezügen auf. Sie sind eng miteinander verzahnt, wenn auch **nicht immer genau aufeinander abgestimmt**. Manche sozialrechtlichen Ansprüche ändern sich mit der Eheschließung, weitere sozialrechtliche Probleme entstehen bei Trennung und bei Scheidung. Dabei werden zunächst in Kapitel B die sozialrechtlichen Auswirkungen erörtert, die sich unabhängig von konkreten Unterhaltsansprüchen im Sozialrecht ergeben. Probleme des Versorgungsausgleichs werden nicht behandelt, da diese im Einzelnen im VersAusglG geregelt sind und dort kommentiert werden. Die **Auswirkungen des Versorgungsausgleichs auf die Rentenansprüche** werden jedoch kurz dargestellt, da sich diese aus den Vorschriften des SGB VI ergeben. Einbezogen wird auch das **Kindergeld**, obwohl es rechtlich als eine Leistung des Steuerrechts einzuordnen ist, da es sich faktisch um eine Sozialleistung handelt.

2 Mit der Trennung und der Scheidung können Unterhaltsansprüche entstehen, die sich auf sozialrechtliche Ansprüche auswirken. Umgekehrt aber ist bei einer Vielzahl von Sozialleistungen zu beachten, dass sich diese auf die Höhe des Unterhalts auswirken oder aber auch ganz oder teilweise bei der Unterhaltsberechnung nicht berücksichtigt werden. Diese Fragestellung wird vor allem bei § 1610 a sowie bei den Vorschriften über den Unterhaltsbedarf berücksichtigt. Bei der Geltendmachung von Unterhaltsansprüchen ist von Bedeutung, dass diese zum Teil **auf Sozialleistungsträger übergehen oder übergeleitet** werden können (→ Rn. 139 ff.). Dies ist nicht im BGB selbst geregelt, sondern ergibt sich aus verschiedenen Bestimmungen in den einzelnen Sozialgesetzen. Zwar gibt es auch im Unterhaltsrecht Vorschriften über den Übergang von Ansprüchen (§ 1607 Abs. 2 S. 2 und 3), doch handelt es sich hierbei nicht um einen Anspruchsübergang auf Sozialleistungsträger, so dass die Problematik nicht vergleichbar ist.

3 Schließlich gibt es eine **Wechselbeziehung** zwischen weiteren familienrechtlichen Ansprüchen, wie zB Teilung der Haushaltsgegenstände, Umgangsrecht und Zugewinnausgleich, und verschiedenen sozialrechtlichen Regelungen. Dies gilt vor allem dann, wenn Leistungen nach dem SGB II oder SGB XII beantragt oder bezogen werden. Die praktisch wichtigen Fragestellen werden in Kapitel D (→ Rn. 161 ff.) dargestellt.

B. Auswirkung von Eheschließung, Trennung und Scheidung auf sozialrechtliche Ansprüche

4 Unabhängig von der Frage des Unterhalts bezieht sich das Sozialrecht in vielen Teilen auf das Bestehen einer Ehe bzw. es zieht Konsequenzen aus der Trennung und Scheidung. Die **Konsequenzen für die Betroffenen sind nicht einheitlich**: Während sich in einigen Sozialgesetzen positive Folgerungen für die Betroffenen ergeben können, kann es gleichzeitig in anderen Sozialgesetzen zu einem An-

spruchsausschluss oder einer Anspruchsminderung kommen. Es wird nachfolgend der Einfluss von Eheschließung, Trennung und Scheidung auf die wichtigsten Sozialleistungen dargestellt.

I. Rentenversicherung

Eine bedeutende Auswirkung der Heirat bedeutet im Rentenrecht die gegenseitige Beteiligung der Ehegatten an den Rentenanwartschaften. Neben der Möglichkeit einer Witwen- bzw. Witwerrente, geschieht dies vor allem durch den **Versorgungsausgleich**, der die während der Ehe erworbenen Rentenanwartschaften erfasst. Berücksichtigt wird hierbei die Zeit ab dem 1. des Monats, in dem die Ehe geschlossen wurde, bis zu dem Ende des Monats vor Eintritt der Rechtshängigkeit der Scheidung (§ 3 Abs. 1 VersAusglG). Weiterhin können Ehegatten vereinbaren, dass schon während der Ehe das **Rentensplitting** durchgeführt wird (§ 120 a SGB VI). Möglich ist dies bei Ehen, die nach dem 31.12.2001 geschlossen wurden, oder für ältere Ehen, sofern beide Ehegatten nach dem 1.1.1962 geboren sind (§ 120 a Abs. 2 SGB VI). Da dieses Rentensplitting nur durchgeführt wird, wenn 25 Jahre rentenrechtliche Zeit vorhanden ist[1] (§ 120 a Abs. 4 SGB VI), spielt es bisher praktisch noch keine Rolle.

1. Hinterbliebenenrente. Durch die Heirat kann bei dem Tode des anderen Ehegatten ein Anspruch auf Witwen- oder Witwerrente entstehen (§ 46 SGB VI). Ein Anspruch besteht nur, wenn der verstorbene Ehegatte die **allgemeine Wartezeit** von 60 Kalendermonaten erfüllt hat. Voraussetzung ist weiter, dass die Ehe **mindestens ein Jahr** gedauert hat, es sei denn, dass nach den besonderen Umständen nicht angenommen werden kann, dass es der alleinige oder überwiegende Zweck der Heirat war, einen Anspruch auf Hinterbliebenenrente zu begründen (§ 46 Abs. 2 a SGB VI). Hierzu gibt es eine sehr differenzierte Rechtsprechung.[2]

Die Hinterbliebenenrente wird als **kleine Witwen-/Witwerrente** nur für 24 Monate gezahlt, wenn nicht die besonderen Voraussetzungen für die große Witwen-/Witwerrente (→ Rn. 8) vorliegen. Diese zeitliche Beschränkung gilt nicht, wenn der Sterbefall vor dem 1.1.2002 lag oder mindestens ein Ehegatte vor dem 2.1.1962 geboren ist und die Ehe vor dem 1.1.2002 geschlossen wurde (§ 242 a SGB VI). Die Höhe der Hinterbliebenenrente entspricht in den ersten drei Monaten – **Sterbevierteljahr** – dem Betrag, der bei einer Erwerbsminderungsrente des Verstorbenen zu zahlen gewesen wäre; sie wird nach dem Rentenartfaktor 1,0 berechnet. Danach beträgt der Rentenartfaktor für die kleine Witwen-/Witwerrente lediglich 0,25 (§ 67 Nr. 5 SGB VI).

Anspruch auf die **große Witwen-/Witwerrente** besteht, solange ein Kind unter 18 Jahren erzogen wird sowie ab Vollendung des 47. Lebensjahres oder bei Vorliegen einer Erwerbsminderung. Nach dem Sterbevierteljahr gilt der Rentenartfaktor 0,55 (§ 67 Nr. 6 SGB VI).

2. Auswirkungen des Versorgungsausgleichs. Durch den Versorgungsausgleich werden nicht nur Rentenanwartschaften der Höhe nach übertragen, sondern gleichzeitig **Zeiten, die bei der Wartezeit berücksichtigt werden** (§ 52 SGB VI). Die einzelnen Wartezeiten sind in § 50 SGB VI aufgeführt. Von Bedeutung ist die **Wartezeit von fünf Jahren** für die Regelaltersrente, die Rente wegen Erwerbs-

---

1 Vgl. Schürmann Rn. 243.
2 Vgl. Kasseler Kommentar/Gürtner SGB VI § 46 Rn. 46 a ff.

minderung und die Hinterbliebenenrente sowie für die **Erziehungsrente**. Für die Altersrente für langjährig Versicherte und die Altersrente für Schwerbehinderte ist eine Wartezeit von 35 Jahren erforderlich.

10 Hingegen führen die übertragenen Zeiten **nicht zur Erfüllung der besonderen versicherungsrechtlichen Voraussetzungen** für eine Rente wegen Erwerbsminderung (§ 43 SGB VI). Nach § 43 Abs. 1 Nr. 2 SGB VI besteht ein Anspruch auf Erwerbsminderungsrente nur, wenn in den letzten fünf Jahren vor Eintritt der Erwerbsminderung drei Jahre Pflichtbeiträge für eine versicherte Tätigkeit entrichtet worden sind; der Zeitraum kann durch bestimmte Zeiten, insbesondere Anrechnungszeiten, verlängert werden. Für diese Pflichtbeiträge muss ein Beschäftigungsverhältnis vorgelegen haben; Kindererziehungszeiten oder die übertragenen Wartezeiten durch den Versorgungsausgleich reichen hierfür nicht aus.

11 Bei der **Berechnung der Monate, die gutgeschrieben werden**, wird ein Quotient von 0,0313 zugrunde gelegt (§ 52 Abs. 1 SGB VI). Damit wird erreicht, dass der oder die Begünstigte unter Zugrundelegung eines Arbeitsentgelts von lediglich 75 % des Durchschnittsverdienstes ebenso viele Monate auf die Wartezeit angerechnet bekommt wie der Ehegatte, zu dessen Lasten der Versorgungsausgleich durchgeführt wird. Daraus folgt,[3] dass bei der Übertragung von einem Entgeltpunkt (EP) – der erreicht wird, wenn in einem Jahr das durchschnittliche Einkommen aller Versicherten erzielt wird – 32 Monate auf die Wartezeit angerechnet werden.

12 Die **Erfüllung der Wartezeit** ist in zwei Fällen von entscheidender Bedeutung. Zwar ist es grundsätzlich möglich, durch Zahlung von freiwilligen Beiträgen (§ 7 Abs. 2 S. 1 SGB VI) diese allgemeine Wartezeit zu erreichen, da diese als Beitragszeiten gelten (§ 55 Abs. 1 S. 1 SGB VI). Dies ist jedoch nicht (mehr) möglich, wenn es um die Voraussetzungen für die Bewilligung einer Erziehungsrente geht. Weiterhin können Personen, die versicherungsfrei sind (§ 5 SGB VI), nur dann freiwillige Beiträge entrichten, wenn sie die allgemeine Wartezeit schon erfüllt haben. Damit können **Beamte** nur dann aus übertragenen Rentenanwartschaften eine Altersrente erwerben, wenn damit – ggf. unter Einbeziehung eigener Anwartschaften – eine Wartezeit von 60 Monaten erreicht wird. Sind keine eigenen Anwartschaften vorhanden, müssen daher monatliche Rentenanwartschaften in Höhe von etwa 50 EUR übertragen werden, um einen Anspruch auf eine Rente zu erwerben.

13 Würde eine geringere Anwartschaft übertragen, wäre die **Durchführung des Versorgungsausgleichs unwirtschaftlich, da keine Rentenanwartschaft erreicht werden kann** und die Anwartschaften – zugunsten des Rentenversicherungsträgers – verloren wären. Bei einer Übertragung von zB 40 EUR Rentenanwartschaft ginge damit ein Wert von über 9.000 EUR verloren.[4] Wird durch den Versorgungsausgleich noch nicht einmal die Wartezeit von fünf Jahren erreicht, sollte eine

---

3 Einzelheiten der Berechnung vgl. Conradis Rn. 51 ff.
4 Der Rentenwert von 1 EUR (monatliche Rente von 1 EUR) im Jahr 2017 in den alten Bundesländern kann wie folgt ermittelt werden: Nach dem Durchschnittsentgelt in Höhe von 37.103 EUR ist der Rentenbeitrag von 18,7 % zu berechnen, dies ergibt 6.938,26 EUR. Dies entspricht dem aktuellen Rentenwert – ab 1.7.2017 – von 31,03 EUR. Der Rentenwert von 1 EUR hat mithin den Wert von 223,60 EUR. In den neuen Bundesländern sind dies 208,78 EUR.

Vereinbarung getroffen werden, die zu einem wirtschaftlich sinnvollen Ergebnis führt.[5]

3. Ansprüche nach der Scheidung. Mit Rechtskraft der Scheidung kann **keine** **Hinterbliebenenrente** an den Ehegatten mehr gezahlt werden; er ist allein auf den Versorgungsausgleich angewiesen. Mit Rechtskraft der Scheidung kann eine **Witwen-** bzw. **Witwerrente nach dem vorletzten Ehegatten wieder aufleben** (§ 46 Abs. 3 SGB VI). Es müssen die übrigen Voraussetzungen des § 46 SGB VI gegeben sein. Hierbei ist zu beachten, dass seit dem 1.1.2002 die kleine Witwenrente nur für höchstens 24 Kalendermonate gezahlt wird (→ Rn. 7). Das Wiederaufleben kann nur nach einer weiteren Ehe erfolgen, auf weitere Ehen kann nicht zurückgegriffen werden.[6] Von erheblicher Bedeutung ist hierbei, dass auf solche Witwen- bzw. Witwerrenten nach dem vorletzten Ehegatten Ansprüche ua auf Unterhalt nach dem letzten Ehegatten angerechnet werden. Hierbei kommt es nicht darauf an, ob Unterhalt tatsächlich geltend gemacht und gezahlt wird, sondern **ob Unterhaltsansprüche bestehen.** Ein Verzicht auf Unterhalt oder eine entsprechende Unterhaltsvereinbarung ist nur dann von der Rentenversicherung zu beachten, wenn die Witwe bzw. der Witwer einen verständlichen Grund für den Verzicht auf den gesetzlichen Unterhaltsanspruch geltend machen kann.[7] Dabei ist es grundsätzlich zumutbar, bestehende Unterhaltsansprüche zu realisieren, sofern nicht besondere Umstände entgegenstehen. Die Anrechnung des Unterhaltsanspruchs hat zur Folge, dass sich die wieder aufgelebte Witwen- bzw. Witwerrente in Höhe des Anspruchs vermindert. Die dann zu zahlende – restliche – aufgelebte Rente ist nicht auf den Unterhaltsanspruch anzurechnen.[8] Bei besonderen Konstellationen, insbesondere bei Billigkeitsunterhalt oder ähnlichen Unterhaltsfällen, in denen die Billigkeit eine Rolle spielt, könnte etwas anderes gelten.[9] Soweit eine **Unterhaltsvereinbarung** getroffen wird, die von der gesetzlichen Lage abweicht, ist in einer solchen Konstellation äußerste Vorsicht geboten. Es kann ggf. günstiger sein, einen Unterhaltsanspruch – oder dessen Versagung – ausurteilen zu lassen als einen Vergleich zu schließen, der dann von der Rentenversicherung nicht anerkannt wird. Soweit der Rentenversicherungsträger einen Unterhaltsverzicht nicht anerkennt und daher die Rentenzahlung reduziert, wird ggf. im Sozialgerichtsverfahren die Frage der Berechtigung des Unterhaltsanspruchs bzw. dessen Verzicht von Amts wegen in vollem Umfang ermittelt.

Liegt ein **Unterhaltsverzicht anlässlich des früheren Scheidungsverfahrens** vor, der vom Rentenversicherungsträger nicht anerkannt wird, kann zweigleisig verfahren werden. Zum einen besteht die Möglichkeit, gegen die Kürzung der aufgelebten Hinterbliebenenrente Widerspruch und Klage beim Sozialgericht zu erheben. Zum anderen kann vor dem Familiengericht der vermeintliche (vom Rentenversicherungsträger unterstellte) Unterhaltsanspruch eingeklagt werden. Falls vom Familiengericht die Klage (bzw. das vorhergehende Verfahrenskosten-

14

15

---

5 Zu den verschiedenen Gestaltungsformen: Goering, Vereinbarungen über den Versorgungsausgleich (IV), FamRB 2004, 166.
6 BVerfG 21.10.1980 – 1 BvR 179, 464/78, NJW 1981, 107.
7 BSG 1.2.1983 – 4 RJ 101/81, NJW 1984, 326.
8 BGH 4.6.1986 – IV b ZR 48/85, FamRZ 1986, 889 für die vergleichbare Vorschrift des § 44 BVG.
9 Ausführlich zur Problematik Dieckmann, Nachehelicher Unterhalt und Wiederaufleben von Witwen- und Witwerrenten, FamRZ 1987, 231.

hilfegesuch) zurückgewiesen wird, werden der Rentenversicherungsträger und das Sozialgericht den Beschluss kaum ignorieren können – wenn auch eine zwingende rechtliche Bindung nicht besteht.

16 **4. Scheidungen bis zum 30.6.1977.** Zum 1.7.1977 wurde der Versorgungsausgleich eingeführt, so dass ein entsprechender Schutz für zuvor geschiedene Ehen nicht bestand. In diesen Altfällen kann nach § 243 SGB VI die sog **Geschiedenenwitwenrente** beansprucht werden, wenn die „Witwe" vor dem Tod des früheren Ehegatten tatsächlich Unterhalt bezogen hat oder ein Anspruch hierauf bestand und sie nicht wieder geheiratet hat. Wann die Voraussetzungen im Einzelnen erfüllt sind, ist in der Rechtsprechung in vielen Entscheidungen detailliert erörtert worden, so dass auf die Kommentare zu § 243 SGB VI verwiesen wird.[10] Von Bedeutung ist diese Rente vor allem deshalb, weil sie zwar bei einer Wiederverheiratung entfällt, jedoch unter den Voraussetzungen des § 243 Abs. 1 und 2 SGB VI **wieder auflebt**, wenn die neue Ehe aufgelöst wurde. In solchen Konstellationen ist daher auf diese Möglichkeit hinzuweisen, da die Rentenzahlung nur auf Antrag wieder einsetzt. Es werden dabei jedoch Ansprüche auf andere Renten und auf Unterhalt angerechnet (§ 90 SGB VI).

17 **5. Erziehungsrente.** Nach § 47 SGB VI haben Versicherte bis zur Vollendung des 65. Lebensjahres Anspruch auf Erziehungsrente, wenn sie nach dem 30.6.1977 (in den neuen Bundesländern jedoch auch bei Scheidungen vor dem 1.7.1977: § 243 a SGB VI) geschieden und ihr **geschiedener Ehegatte verstorben** ist und sie ein eigenes Kind oder ein Kind des geschiedenen Ehegatten erziehen und nicht wieder geheiratet haben. Dies gilt nur dann, wenn sie die allgemeine Wartezeit von fünf Jahren erfüllt haben. Diese kann auch durch Übertragung und Begründung von Rentenanwartschaften durch den Versorgungsausgleich erreicht werden. Insbesondere geschiedene Ehefrauen können daher eine solche Erziehungsrente möglicherweise über lange Jahre bekommen, wenn der geschiedene Ehegatte stirbt. Es ist allerdings zu bedenken, dass die **Rente aus den Rentenanwartschaften des Erziehungsberechtigten gebildet wird.** Insoweit greift auch hier das Prinzip, dass mit der Scheidung und der Durchführung des Versorgungsausgleichs die Rentenschicksale grundsätzlich getrennt sind. Lediglich der Tod des geschiedenen Ehegatten und der Wegfall der damit potenziell bestehenden Unterhaltpflicht soll ausgeglichen werden durch die Möglichkeit, eine solche Erziehungsrente zu erlangen.

II. Krankenversicherung

18 Für Ansprüche in der gesetzlichen Krankenversicherung ist durch die Eheschließung die Möglichkeit der Familienversicherung des Ehegatten von erheblicher Bedeutung. Hingegen kann im Hinblick auf die Familienversicherung von Kindern die Heirat zu einem Ausschluss führen – und die Scheidung kann damit zur Folge haben, dass diese Versicherung wieder auflebt (→ Rn. 29).

19 **1. Mitversicherung des Ehegatten durch Heirat.** Durch die Heirat wird der Ehegatte, der über kein oder nur ein geringes Einkommen verfügt, mitversichert. Diese Familienversicherung nach § 10 SGB V ist **beitragsfrei** (§ 3 S. 3 SGB V). Ehegatten und Kinder sind nach § 10 SGB V über den anderen Ehegatten versichert, wenn dieser Mitglied der gesetzlichen Krankenkasse ist und der Ehegatte und die Kinder kein **Gesamteinkommen** haben, das regelmäßig im Monat ein

---

10 Kasseler Kommentar/Gürtner SGB VI § 243 Rn. 1 ff.

Siebtel der monatlichen Bezugsgröße nach § 18 SGB IV überschreitet. Die Bezugsgröße ist in den alten und neuen Bundesländern unterschiedlich, jedoch für die Kranken- und Pflegeversicherungsbeträge einheitlich. Sie beträgt im Jahr 2017 monatlich 2.975 EUR. Ein Siebtel hiervon sind 425 EUR. Für die Definition des Gesamteinkommens ist § 16 SGB IV zugrunde zu legen. Es sind also die Werbungskosten abzuziehen, so dass durch entsprechende Geltendmachung ggf. die Grenze unterschritten werden kann. Es ist darüber hinaus auch der Sparerfreibetrag bei der Ermittlung des Einkommens abzuziehen.[11] Soweit Einkommen aus **geringfügiger Beschäftigung** iSv §§ 8, 8 a SGB IV erzielt wird, gilt die hierfür maßgebende Grenze von 450 EUR (§ 10 Abs. 1 S. 1 Nr. 5 Hs. 2 SGB V).

2. Trennung. In der Regel führt die **Trennung** von Ehepartnern noch nicht zu 20 Konsequenzen im Hinblick auf die gesetzliche Krankenversicherung. Möglich ist dies jedoch, wenn Unterhaltsleistungen erbracht werden, die den Betrag von 415 EUR überschreiten.[12] Gem. § 10 Abs. 1 Nr. 1 EStG können die Unterhaltsleistungen an den dauernd getrennt lebenden Ehegatten als Sonderausgaben abgesetzt werden. Beim Unterhaltsempfänger ist der Unterhalt in diesem Fall nach § 22 Nr. 1 a EStG zu versteuern. Der Unterhalt gilt mithin als Einkommen nach § 10 Abs. 1 Nr. 5 SGB V.[13] Wird ein Unterhaltsbetrag von mehr als 415 EUR im Wege dieses sog **begrenzten Realsplittings** steuerlich geltend gemacht, erlischt nach dem Wortlaut des § 10 Abs. 1 Nr. 5 SGB V die kostenfreie Familienversicherung.

In der **Praxis** scheint dies bisher nur selten eine Rolle zu spielen; die Kranken- 21 kassen prüfen anscheinend diese Frage in der Regel nicht nach. Auch steht zumeist erst im Nachhinein fest, dass die Versteuerung entsprechend vorgenommen wird. Wird jedoch für die Zeit des Getrenntlebens eine Unterhaltsvereinbarung getroffen mit der Verpflichtung, der Zahlung des Unterhalts als Sonderausgabe zuzustimmen – in der Regel heißt dies, die Anlage U zur Steuererklärung des unterhaltspflichtigen Ehegatten zu unterschreiben –, besteht die Gefahr, dass die Krankenkassen sich doch im Einzelfall hierauf berufen. Es besteht jedoch auch die Möglichkeit, nur einen Betrag bis zu dem Grenzbetrag von derzeit 415 EUR nach § 10 Abs. 1 Nr. 1 EStG abzusetzen, um die mögliche Krankenversicherungspflicht des unterhaltsberechtigten Ehegatten zu vermeiden.[14]

Endet die Familienversicherung wegen der Einkommensüberschreitung, setzt 22 sich die Krankenversicherung als freiwillige Versicherung fort. Denn durch das GKV-Wettbewerbsstärkungsgesetz vom 28.3.2007 wurde ab 1.4.2007 die **Versicherungspflicht** für alle Personen eingeführt, die keinen anderweitigen Anspruch auf Absicherung im Krankheitsfall haben und zuletzt gesetzlich krankenversichert waren oder bisher weder gesetzlich noch privat versichert waren (§ 5 Abs. 1 Nr. 13 SGB V). Waren sie nicht zuletzt gesetzlich krankenversichert, besteht jedoch keine Versicherungspflicht – und damit auch keine Möglichkeit des Beitritts –, wenn die Betroffenen hauptberuflich **selbstständig** tätig oder nach § 6 Abs. 1 SGB V versicherungsfrei sind (zB Beamte). Ebenfalls nicht pflichtversichert sind Sozialhilfeempfänger nach dem 3. Kapitel des SGB XII (§ 5 Abs. 8 a SGB V).

---

11 BSG 22.5.2003 – B 12 KR 13/02 R, NJW 2003, 2853.
12 Vgl. Schürmann Rn. 177.
13 BSG 3.2.1994 – 12 KR 5/92, FamRZ 1994, 1239; hierzu Böhmel, Getrenntlebendunterhalt zwischen Zivilrecht, Steuerrecht und Sozialversicherungsrecht, FamRZ 1995, 270.
14 Hierzu: Sartorius/Bubeck S. 156 f.

23 Diese Versicherungspflicht tritt kraft Gesetzes ein, es muss also kein Antrag gestellt werden; es gibt auch keine Stelle, die zur Meldung verpflichtet wäre. Es besteht jedoch nach § 206 SGB V eine Auskunftspflicht der Versicherten. Ist die Mitgliedschaft strittig, muss ggf. ein Feststellungsverfahren gegen die Krankenkasse durchgeführt werden. Da seit dem 1.4.2007 die Versicherungspflicht besteht, können Beiträge auch rückwirkend verlangt werden, wenn die Mitgliedschaft erst später festgestellt wird.

24 **3. Scheidung.** Mit der Rechtskraft der Scheidung endet die Familienversicherung. **Sie setzt sich jedoch kraft Gesetz als freiwillige Versicherung fort.** Dies ist mit der Einfügung von § 188 Abs. 4 SGB V durch das Gesetz vom 15.7.2013[15] eingeführt worden. Diese Fortsetzung erfolgt nur dann nicht, wenn das Mitglied innerhalb von zwei Wochen nach einem Hinweis der Krankenkasse über die Austrittsmöglichkeit den Austritt erklärt. Der Austritt wird nur wirksam, wenn das Bestehen eines anderweitigen Anspruchs auf Absicherung im Krankenfall nachgewiesen wird.

25 **4. Pflichtversicherung.** Für die 2007 eingeführte **Versicherungspflicht** für alle Personen, die keinen anderweitigen Anspruch auf Absicherung im Krankheitsfall haben und zuletzt gesetzlich krankenversichert waren oder bisher weder gesetzlich noch privat versichert waren (§ 5 Abs. 1 Nr. 13 SGB V), besteht jedoch keine Versicherungspflicht – und damit auch keine Möglichkeit des Beitritts –, wenn die Betroffenen nach § 6 Abs. 1 SGB V versicherungsfrei (zB Beamte) sind. Ebenfalls nicht pflichtversichert sind Sozialhilfeempfänger nach dem 3. Kapitel des SGB XII (§ 5 Abs. 8 a SGB V), hingegen können Bezieher der Grundsicherung im Alter und bei Erwerbsminderung nach dem 4. Kapitel des SGB XII auf diesem Weg die Pflichtmitgliedschaft erreichen.

26 Bei einer Scheidung von **Beamten-Ehegatten,** die bisher über die Beihilfe den Schutz für die Krankheitskosten hatten, kann hiernach nur dann die Mitgliedschaft in der gesetzlichen Krankenversicherung erreicht werden, wenn sie zuvor nicht privat versichert waren. Meistens wird jedoch in Ergänzung der Beihilfe eine private Zusatzkrankenversicherung abgeschlossen, so dass dann lediglich der **Abschluss einer privaten Krankenversicherung** möglich ist. Diese kann nach dem Basistarif durchgeführt werden, der sich aus § 315 SGB V ergibt, nämlich in Höhe des Höchstbetrages in der gesetzlichen Krankenversicherung zuzüglich des durchschnittlichen Zusatzbetrages. Im Jahr 2017 errechnet sich dieser Beitrag mit 682,95 EUR. Der tatsächliche Tarif kann abhängig von Alter und Geschlecht niedriger sein. In sozialen Härtefällen wird der Betrag auf die Hälfte reduziert und beträgt mithin 341,48 EUR. Dieser halbe Basistarif gilt insbesondere für Leistungsempfänger nach dem SGB II. Das Bundessozialgericht hat klargestellt, dass dieser Betrag vom Leistungsträger übernommen werden muss.[16]

27 Zur Berechnung der Höhe des Beitrags bei Unterhaltsberechtigten → Rn. 167. Werden die Beiträge zur freiwilligen Versicherung nicht gezahlt, kann die Krankenversicherung die Versicherung nicht kündigen, sondern lediglich den Leistungsumfang vermindern. Voraussetzung ist ein Beitragsrückstand von zwei Monaten und eine Mahnung der Krankenkasse. Die Leistungen werden erheblich reduziert auf: Untersuchungen zur Früherkennung von Krankheiten, Behandlungen akuter Erkrankungen und Schmerzzustände sowie bei Schwanger-

---

15 BGBl. I 2423.
16 BSG 18.1.2011 – B 4 AS 108/10, BSGE 107, 217.

schaft und Mutterschaft (§ 16 Abs. 3 a SGB V). Dieses Ruhen der sonstigen Leistungsansprüche tritt jedoch nicht ein oder endet, wenn diese Versicherten hilfebedürftig sind oder werden. Bei der Prüfung einer Ruhensanordnung müssen die Krankenkassen von Amts wegen Feststellungen zum Eintritt von Hilfebedürftigkeit des Versicherten treffen.[17]

5. Familienversicherung der Kinder. Kinder von Versicherten sind nach Maßgabe des § 9 SGB V **kostenfrei mitversichert.** Die kostenfreie Mitversicherung gilt nach § 9 Abs. 2 SGB V jedoch nicht, wenn ein Ehegatte nicht Mitglied einer gesetzlichen Krankenkasse ist und sein Gesamteinkommen regelmäßig im Monat ein Zwölftel der Jahresarbeitsentgeltgrenze[18] übersteigt und regelmäßig höher als das Gesamteinkommen des Mitgliedes ist. Dies gilt unabhängig von der Anzahl der Kinder, die sonst als Familienversicherte in Betracht kämen.[19] Es soll keine verfassungswidrige Ungleichbehandlung vorliegen, dass Kinder einer eheähnlichen Gemeinschaft insoweit besser gestellt sind, als das Einkommen des nicht verheirateten Elternteils nicht zum Ausschluss führen kann.[20] Ebenso wenig sei es verfassungswidrig, dass diese Vorschrift auch bei getrennt lebenden Ehegatten gilt.[21]   **28**

Der Ausschluss der Familienversicherung von Kindern während des Bestehens der Ehe wegen des zu hohen Einkommens des nicht versicherten Ehegatten endet mit der Rechtskraft der Scheidung, da die Eltern nun nicht mehr Ehegatten sind. Für diesen Fall besteht nach § 9 Abs. 1 Nr. 2 SGB V die Möglichkeit, die freiwillige Mitversicherung innerhalb von drei Monaten zu beantragen.[22]   **29**

III. Pflegeversicherung

Die im SGB XI geregelte Pflegeversicherung wurde in den letzten Jahren mehrfach geändert. Die wichtigsten Neuerungen traten zum 1.1.2017 in Kraft. Durch das Zweite Pflegestärkungsgesetz vom 21.12.2015[23] wurden die bisherigen drei Pflegestufen in fünf Pflegegrade umgewandelt und hierbei eine weitgehende Neubewertung der Pflegebedürftigkeit vorgenommen.[24]   **30**

Die Eheschließung hat in der sozialen Pflegeversicherung grundsätzlich die gleichen Auswirkungen wie in der gesetzlichen Krankenversicherung. Danach sind alle Personen in der sozialen Pflegeversicherung versichert, die in der gesetzlichen Krankenversicherung versichert sind. Wer jedoch gegen Krankheit bei einer privaten Krankenversicherung versichert ist, muss eine **private Pflegeversicherung** abschließen (§ 1 Abs. 2 SGB XI). Durch §§ 23 und 110 SGB X ist geregelt, dass in der privaten Pflegeversicherung die versicherungsrechtlichen Voraussetzungen und die Leistungsansprüche denjenigen der sozialen Pflegeversicherung entsprechen. Die private Pflegeversicherung richtet sich nach den allgemeinen Versicherungsbedingungen für die private Pflegepflichtversicherung Bedingungs-   **31**

---

17 BSG 8.3.2016 – B 1 KR 31/15 R.
18 Die Jahresarbeitsentgeltgrenze beträgt im Jahr 2017 57.150 EUR, mithin monatlich 4.762,50 EUR.
19 BSG 15.1.2001 – B 12 KR 8/00 R, NZS 2001, 493 (Ls.); BSG SozR 3 2500 § 10 SGB V Nr. 21.
20 BSG 25.1.2001 – B 12 KR 12/00 R, NZS 2001, 489. Die Entscheidung wurde vom BVerfG bestätigt, BVerfG 12.2.2003 – 1 BvR 624/01, FamRZ 2003, 356.
21 BSG 25.1.2001 – B 12 KR 5/00 R, SozR 3 2500 § 10 SGB V Nr. 22.
22 Ausführlich Richter Rn. 105 f.
23 BGBl. I 2424.
24 Hierzu Richter, Die neue soziale Pflegeversicherung, NJW 2016, 598.

teil MB/PPV 2015. Durch die Eheschließung kann sich ein etwas geringerer **Beitrag für die Pflegeversicherung** ergeben, wenn der Ehegatte ein Kind hat. Denn von der Beitragsermäßigung sind Stiefeltern auch dann erfasst, wenn sie selbst ein Kind nicht erzogen haben.[25]

32 **1. Probleme bei Getrenntleben.** In der **sozialen Pflegeversicherung** sind die Ehegatten während der Ehe in der gleichen Weise kostenfrei mitversichert wie in der gesetzlichen Krankenversicherung (→ Rn. 19). Die Regelungen in der **privaten Pflegeversicherung** sind im Hinblick auf die Ehegatten anders ausgestaltet: Hier findet eine selbstständige Versicherung des Ehegatten statt. Es muss ein gesonderter Beitrag gezahlt werden, der 50 % des Beitrages des anderen Ehegatten darstellt. Nach § 110 Abs. 1 Nr. 2 g SGB XI darf die Prämie für beide Ehegatten zusammen nicht mehr als 150 % des Höchstbeitrages der sozialen Pflegeversicherung betragen. Erzielt der Ehegatte aufgrund von Arbeit oder aufgrund des im Wege des Realsplittings gezahlten Unterhaltes ein Gesamteinkommen von mehr als einem Siebtel der monatlichen Bezugsgröße, endet diese Vergünstigung mit der Folge, dass die Versicherung zwar fortgesetzt wird, jedoch der volle Beitrag gezahlt werden muss.

33 Die Pflegeversicherung zahlt für Pflegepersonen, die nicht mehr als 30 Stunden wöchentlich erwerbstätig sind und mindestens 10 Stunden wöchentlich, verteilt auf mindestens zwei Tage, pflegen, **Beiträge zur gesetzlichen Rentenversicherung**. In § 44 SGB XI sind die Grundsätze hierfür geregelt. Die Versicherungspflicht im Einzelnen ergibt sich aus § 166 SGB VI. Die Höhe des Beitrages richtet sich gem. § 166 Abs. 2 SGB VI nach dem Pflegegrad und der Art der Pflegeleistung (Pflegegeld, Kombinationsleistung/Pflegesachleistung). Soweit ein Ehegatte, der eine im Haushalt lebende Person gepflegt hat, sich trennt und aus der ehelichen Wohnung auszieht, entfällt in der Regel die Voraussetzung, es sei denn, dass trotz der Trennung die Pflegetätigkeit in demselben Umfang fortgeführt wird.

34 **2. Beendigung der Mitgliedschaft durch die Scheidung.** Mit Rechtskraft der Scheidung **erlischt die Familienversicherung** ebenso wie in der gesetzlichen Krankenversicherung. Es besteht die Möglichkeit der Weiterversicherung nach § 26 SGB XI. Nach Ausscheiden aus der Familienversicherung kann nach § 26 Abs. 1 S. 3 SGB XI innerhalb von drei Monaten der Antrag auf Weiterversicherung gestellt werden. Unter den gleichen Voraussetzungen wie in der gesetzlichen Krankenversicherung (→ Rn. 25) besteht eine Versicherungspflicht (§ 20 Abs. 1 S. 2 Nr. 12 SGB XI).

35 Für Ehegatten, die in der **privaten Pflegeversicherung** Mitglied sind, stellt sich im Falle der Scheidung nicht das Problem der Weiterversicherung, weil sie eigenständig versichert sind. Es ist lediglich zu beachten, dass nunmehr die Prämie in der Regel steigt, da die Vergünstigung für Ehegatten nicht mehr besteht. Es muss also nunmehr beim nachehelichen Unterhalt der entsprechend höhere Beitrag für die private Pflegeversicherung einbezogen werden.

IV. Unfallversicherung

36 **1. Keine Mitversicherung des Ehegatten.** In der gesetzlichen Unfallversicherung besteht **grundsätzlich keine Familienversicherung**, eine Ausnahme besteht ledig-

---

25 BSG 18.7.2007 – B 12 P 4/06 R, NZS 2008, 215 (Ls.).

lich für Ehegatten von Unternehmern eines landwirtschaftlichen Unternehmens nach § 2 Abs. 1 Nr. 5 lit. a SGB VII. Diese Mitversicherung endet mit der rechtskräftigen Scheidung, weil der geschiedene Ehegatte kein Ehegatte im Sinne des Gesetzes ist. Sollte also ein geschiedener Ehegatte nach der Scheidung noch mitarbeiten, muss er sich selbst versichern.

2. Hinterbliebenenrente. Geschiedene Ehegatten können Anspruch auf Witwen- 37 bzw. Witwerrente haben, wenn der frühere Ehegatte aufgrund eines Arbeitsunfalls oder aufgrund einer Berufskrankheit gestorben ist. Dem geschiedenen, früheren Ehegatten des Verstorbenen wird eine solche Rente auf Antrag bewilligt, und zwar vom Beginn des Monats an, der der Antragstellung folgt (§ 72 Abs. 2 SGB VII). Voraussetzung ist jedoch, dass der Versicherte dem geschiedenen Ehegatten während des letzten Jahres vor dem Tod Unterhalt geleistet hat oder dem früheren Ehegatten im letzten wirtschaftlichen Dauerzustand vor dem Tod des Versicherten einen Anspruch auf Unterhalt zustand (§ 66 Abs. 1 SGB VII). Diese Vorschrift ist vergleichbar mit der Regelung des § 243 SGB VI für die gesetzliche Rentenversicherung von Ehegatten, die vor dem 1.7.1977 geschieden wurden, bei denen also im Scheidungsverfahren kein Versorgungsausgleich durchgeführt wurde. Zur Rechtsprechung und Auslegung ist daher im Wesentlichen auf die Ausführungen zur vergleichbaren Vorschrift im Rentenrecht zu verweisen (→ Rn. 16). Entscheidend ist auch hier, dass als **Unterhalt** bzw. **Unterhaltsanspruch** nur ein solcher Betrag angesehen wird, der mindestens 25 % des Mindestbedarfs nach den Regelungen des SGB XII beträgt.

Sind **mehrere Berechtigte** vorhanden, erhält jeder von ihnen den Teil, der im 38 Verhältnis zu den anderen Berechtigten der Dauer seiner Ehe mit dem Versicherten entspricht (§ 66 Abs. 2 SGB VII). In diese Berechnung sind nicht nur die geschiedenen Ehegatten einzubeziehen, sondern auch der Witwer bzw. die Witwe. Stirbt beispielsweise ein Versicherter, der zehn Jahre in der ersten Ehe, fünf Jahre in der zweiten und sodann ein Jahr in der dritten Ehe verheiratet war, und war er beiden geschiedenen Ehegatten unterhaltspflichtig, so erhält die erste Ehefrau 10/16, die zweite 5/16 und die Witwe lediglich 1/16 der Witwenrente. Es wird also allein die Ehedauer berücksichtigt; keine Rolle spielt demgegenüber das Verhältnis der Unterhaltsleistungen, auch wenn die Höhe der aufgeteilten Renten in einem offensichtlichen Missverhältnis zu dem zuvor gezahlten Unterhalt steht.[26]

Auf diese Rente für geschiedene Ehegatten besteht nur Anspruch, solange diese 39 nicht wieder geheiratet haben.[27] Ansonsten besteht der Anspruch zeitlich unbegrenzt, wobei jedoch in § 66 Abs. 1 SGB VII folgende Ausnahme gemacht wird: Beruht der Unterhaltsanspruch auf §§ 1572, 1573, 1575 oder 1576, wird die Rente nur so lange gezahlt, wie der frühere Ehegatte ohne den Versicherungsfall unterhaltsberechtigt gewesen wäre. Diese **zeitliche Begrenzung** gilt mithin nicht für einen Unterhaltsanspruch, der auf § 1570 gestützt wird.[28]

Schließlich ist bei Scheidungen zu beachten, dass hierdurch eine **Witwen- oder** 40 **Witwerrente wieder aufleben kann.** Entsprechend der Regelung in § 46 Abs. 3 SGB VI für die Rentenversicherung ist in § 65 Abs. 5 SGB VII geregelt, dass die

---

26 BSG 22.4.1986 – 1 RA 21/85, BSGE 51, 1.
27 Kasseler Kommentar/Ricke SGB VII § 66 Rn. 4.
28 BSG 30.1 2007 – B 2 U 22/05 R, NZS 2007, 665. Kritisch hierzu: Kasseler Kommentar/ Ricke SGB VII § 66 Rn. 3 a.

Witwen- bzw. Witwerrente an den überlebenden Ehegatten, der wieder geheiratet hat, gezahlt werden kann, wenn die erneute Ehe aufgelöst ist und im Zeitpunkt der Wiederheirat Anspruch auf eine solche Rente bestand. Allerdings werden – auch hier wie in der Rentenversicherung – für denselben Zeitraum bestehende Ansprüche auf Witwen- oder Witwerrente, auf Versorgung, auf Unterhalt oder sonstige Rente nach dem letzten Ehegatten angerechnet, es sei denn, dass die Ansprüche nicht zu verwirklichen sind (§ 65 Abs. 5 SGB VII). Hier stellt sich das gleiche Problem der Obliegenheit, Unterhaltsansprüche geltend zu machen, wie in der Rentenversicherung (→ Rn. 14 f.).

V. Arbeitslosenversicherung

41 **1. Höhe des Arbeitslosengeldes während der Ehe.** Durch die Heirat kann sich das Arbeitslosengeld erhöhen, wenn der **Ehegatte ein Kind hat.** Der Leistungssatz beträgt grundsätzlich 60 % des pauschalierten Nettoentgelts (Leistungsentgelt), § 149 Nr. 2 SGB III. Er wird auf 67 % erhöht, wenn der Arbeitslose oder dessen Ehegatte mindestens ein Kind im Sinne des EStG hat.

42 Die Höhe des Arbeitslosengeldes hängt weiterhin von der Steuerklasse ab. Grundsätzlich gilt die **Steuerklasse,** die zu Beginn des Kalenderjahres in der Lohnsteuerkarte eingetragen ist (§ 153 Abs. 2 SGB III). Je weniger Steuern nach der Steuerklasse gezahlt werden müssen, umso höher ist das Arbeitslosengeld. Bei Ehegatten wird daher das höchste Arbeitslosengeld bei Steuerklasse III gezahlt. Ein Wechsel der Steuerklasse während des Bezuges von Arbeitslosengeld ist nach Maßgabe von § 153 Abs. 3 SGB III möglich.[29] Danach hat der Steuerklassenwechsel Auswirkungen auf die Höhe des Arbeitslosengeldes, wenn die neu eingetragenen Lohnsteuerklassen dem Verhältnis der Arbeitsentgelte der Ehegatten entsprechen oder sich dadurch ein geringeres Arbeitslosengeld ergibt. Wegen dieser Auswirkungen besteht eine erhöhte Beratungspflicht durch die Bundesagentur für Arbeit.[30]

43 **2. Auswirkung der Trennung.** Auswirkungen bezüglich der Arbeitslosenversicherung treten bereits bei der Trennung der Ehegatten – nicht erst bei der Scheidung – auf. Soweit es darum geht, ob ein Anspruch aufgrund der Vorversicherungszeiten noch erreicht werden kann, ist zu beachten, dass es bei der **Vorversicherungszeit** auf die taggenaue Berechnung ankommt. So kann die einen Tag zu spät erfolgte Arbeitslosmeldung dazu führen, dass ein Anspruch auf Arbeitslosengeld auf Dauer ausgeschlossen ist, wenn der Antragsteller innerhalb der Rahmenfrist von zwei Jahren (§ 143 Abs. 1 SGB III) nicht mindestens zwölf Monate eine versicherungspflichtige Tätigkeit ausgeübt hat (§ 142 SGB III).

44 Die oben (→ Rn. 41) dargestellte Erhöhung gilt nicht mehr, wenn die Ehegatten dauernd getrennt leben (§ 149 Nr. 1 SGB III). Die **Trennung bei nicht gemeinschaftlichen Kindern** führt mit dem Tag der Trennung zu einer Senkung des Arbeitslosengeldes für den Arbeitslosen, der selbst nicht Elternteil ist.

45 Im Fall der dauernden Trennung von Ehegatten besteht die Verpflichtung, von der Steuerklasse III auf die **Steuerklasse** I bzw. II zu wechseln, allerdings erst für das Kalenderjahr, welches der Trennung folgt. Damit ergibt sich für den Bezug von Arbeitslosengeld eine Verminderung der Leistungen ab dem folgenden Jahr.

---

29 Einzelheiten hierzu: Sartorius/Bubeck S. 168.
30 Gagel/Rolfs SGB III § 153 Rn. 47.

Conradis

Eine Rückwirkung der Änderung für das Trennungsjahr ist nicht möglich.[31] Es wird daher oft während der Trennungszeit einverständlich von den Ehegatten die Änderung der Lohnsteuerkarte nicht durchgeführt, so dass weiterhin die Lohnsteuerklasse III auf der Steuerkarte enthalten ist. An diesen **Eintrag** ist die **Agentur für Arbeit gebunden**, die Eintragung hat Tatbestandswirkung. Die Agentur für Arbeit hat damit keine Möglichkeit, die steuerrechtliche Richtigkeit zu überprüfen.[32] Sie könnte höchstens bei der zuständigen Behörde auf eine Berichtigung der Steuerkarte hinwirken.[33]

3. Kinderbetreuung. Grundsätzlich muss **Verfügbarkeit** bestehen, um Leistungen zu erhalten. Dabei reicht es aus, sich für **15 Stunden** dem Arbeitsmarkt zur Verfügung zu stellen (§§ 138 Abs. 2 SGB III). Besondere Gründe für die zeitliche Einschränkung müssen nicht geltend gemacht werden. Wird von dieser Möglichkeit Gebrauch gemacht, verringert sich jedoch das Arbeitslosengeld entsprechend (§ 151 Abs. 5 S. 1 SGB III).   46

Meldet sich ein alleinerziehender Elternteil arbeitslos, muss für die Zeit, für die die Arbeitslosmeldung erfolgt, die **Versorgung der Kinder** gesichert sein. Ansonsten steht die Person dem Arbeitsmarkt nicht zur Verfügung. Voraussetzung ist also, dass die Betreuung für den Fall der Arbeitsaufnahme anderweitig sichergestellt ist, wobei es nicht erforderlich ist, die anderweitige Versorgung schon vor der Aufnahme der Arbeit tatsächlich durchzuführen. Denn grundsätzlich steht die Führung eines Haushaltes mit Kindern der objektiven Verfügbarkeit nicht entgegen.[34] Es reicht aus, wenn die Bereitschaft einer anderen Person besteht, im Falle der Arbeitsaufnahme die Betreuung zu übernehmen bzw. wenn ein Platz in einem Kindergarten frei ist, in den das Kind jederzeit gehen könnte. Soweit beide Ehegatten arbeitslos sind, sind sie verfügbar, solange jeder Ehegatte bereit ist, die Kinder bis zur Aufnahme einer eigenen Arbeit zu betreuen. Dies gilt auch im Falle des Getrenntlebens und nach der Scheidung.   47

VI. Unterhaltsvorschuss

1. Verlust des Anspruchs durch Heirat. Der Unterhaltsvorschuss – im Gesetz als Unterhaltsleistung bezeichnet – stellt eine Sozialleistung für Kinder dar, die noch nicht das zwölfte Lebensjahr vollendet haben und bei einem **alleinstehenden Elternteil** leben. Auch wenn es Ziel des Gesetzes ist, die alleinstehenden Elternteile zu entlasten, so handelt es sich doch um eine Leistung, die **an die Kinder** erbracht wird. Insoweit unterscheidet sich diese Sozialleistung vom Kindergeld und vom Elterngeld, welche den Elternteilen zustehen. Allerdings wird in § 2 UVG eine Anrechnung des Kindergeldes – welches der Elternteil erhält – auf die Leistung nach dem UVG vorgenommen.   48

Die erste Anspruchvoraussetzung betrifft den **Personenstand des Elternteils**, bei dem das Kind lebt. Der Elternteil muss ledig, verwitwet oder geschieden sein. Ist der Elternteil verheiratet, muss er von seinem Ehegatten dauernd getrennt leben, wobei in Abs. 2 eine Definition des Getrenntlebens vorgesehen ist. Damit sind Kinder vom Unterhaltsvorschuss ausgeschlossen, wenn der Elternteil heiratet und mithin das Kind in einer **Stiefelternfamilie** lebt. Die verfassungsrechtlichen   49

---

31 BSG 28.11.2002 – B 7 AL 36/01 R, SozR 2 4100 § 113 Nr. 4.
32 BSG 21.4.1993 – 11 RAr 47/92, SozR 2 4100 § 113 Nr. 9.
33 BSG 12.7.1989 – 7 RAr 58/88, SozR 4100 § 113 Nr. 9.
34 BSG 12.12.1990 – 11 RAr 137/89, SozR 3 4100 § 103 Nr. 4.

Bedenken in einer Vorlage des Verwaltungsgerichts Göttingen[35] an das Bundesverfassungsgericht wurden von diesem[36] nicht geteilt. Die Vorlage wurde als unzulässig zurückgewiesen, das Bundesverfassungsgericht machte jedoch deutlich, dass es die Zweifel nicht teilt.

50 **2. Umfang des Anspruchs.** Der Unterhaltsvorschuss soll eintreten, wenn der **Unterhalt ganz oder teilweise ausbleibt** oder nicht rechtzeitig gezahlt wird. Dem gleichgestellt werden Waisenbezüge und die in § 2 Abs. 3 Nr. 2 UVG genannten Schadensersatzansprüche. Letztere werden zwar in § 1 Abs. 1 Nr. 3 lit. b UVG nicht genannt; durch die Anrechnung nach § 2 Abs. 3 UVG erfolgt jedoch im Ergebnis eine Gleichstellung. Der Ausfall des Unterhalts wird nur bis zu der Höhe ausgeglichen, in der ein Anspruch auf Leistungen nach § 2 Abs. 1 und 2 UVG besteht. Ein darüber hinausgehender Unterhaltsanspruch bleibt vom UVG unberührt.

51 Eine **nicht ausreichende Zahlung** von Unterhalt nach dieser Vorschrift liegt auch dann vor, wenn der Unterhaltspflichtige wegen mangelnder Leistungsfähigkeit keinen oder nur geringeren Unterhalt zahlen muss als die Beträge nach § 2 Abs. 1 und 2 UVG. Eine nicht regelmäßige Zahlung liegt vor, wenn der Unterhalt nicht im Fälligkeitsmonat gezahlt wird. Auch wenn der Unterhalt tituliert ist, die Zwangsvollstreckung jedoch nicht oder nur teilweise erfolgreich ist, liegt keine regelmäßige Zahlung vor, so dass die Voraussetzung für einen Anspruch vorliegt. Als Unterhalt gilt nur eine Geldzahlung, andere Arten von geldwerten Leistungen sind nicht als Unterhalt zu werten.[37]

52 Es liegt hingegen **kein Ausbleiben von Unterhalt** vor, wenn nach der Trennung jeweils ein Kind bei den Elternteilen lebt und dort vollständig versorgt wird und die Eltern vereinbart haben, dass **für die Kinder jeweils kein Unterhalt gezahlt wird**.[38] Jedes Kind wird so behandelt, als ob jeweils der andere Elternteil Unterhalt mindestens in Höhe der Unterhaltsleistung erbringt. Wenn ein Elternteil leistungsunfähig wird, gilt dies jedoch nicht. Nach § 1 Abs. 3 UVG besteht kein Anspruch auf diese Leistung, wenn sich der Elternteil weigert, die Auskünfte zu erteilen, die zur Durchführung des Gesetzes notwendig sind. Da der Leistungsträger versuchen muss, Rückgriff bei dem anderen Elternteil zu nehmen, müssen hierzu Angaben gemacht und auch an der Feststellung der Vaterschaft mitgewirkt werden. Sofern die Mutter angibt, dass sie keine Angaben über den Vater machen kann, weil es sich um eine kurze Bekanntschaft, zB im Ausland gehandelt hat, ist fraglich, ob dies als mangelnde Mitwirkung angesehen werden kann.[39] Auf eine analoge Anwendung von § 1 Abs. 3 UVG stützt sich das BVerwG,[40] wenn ein Kind mittels einer anonymen Samenspende gezeugt wird.[41]

53 Wird die Unterhaltspflicht durch **Vorausleistung** erfüllt, besteht nach **Abs. 4** kein Anspruch auf Unterhaltsvorschussleistungen, da für die Monate, für die im Vor-

---

35 VG Göttingen 29.9.1999 – 2 A 2045/96, FamRZ 2001, 56; hierzu Niemeyer, Der Stiefvater als Ausschlussgrund für den Anspruch des Kindes nach dem Unterhaltsvorschussgesetz verfassungswidrig?, FuR 2001, 205.
36 BVerfG 3.3.2004 – 1 BvL 13/00, BVerfGK 3, 22 Nr. 5.
37 Grube UVG § 1 Rn. 61 f.
38 VGH Hessen 1.7.2004 – 10 UZ 1802/03, FamRZ 2005, 483.
39 Ausführlich hierzu: Jeschke, Besteht ein Anspruch auf Unterhaltsvorschuss nach One-Night-Stand?, FamRZ 2015, 22.
40 BVerwG 16.5.2013 – 5 C 28.12, FamRZ 2013, 1399.
41 Das VG Frankfurt/M. 23.2.2011 – 3 K 4145/10, NJW 2011, 2603 hatte dies als planwidriges Ausbleiben von Unterhalt angesehen und deshalb den Anspruch abgelehnt.

aus geleistet wurde, der Unterhalt nicht ausbleibt. Ist der durch die Vorauszahlung geleistete Unterhalt niedriger als der nach § 2 Abs. 1 und 2 UVG zu leistende Unterhaltsvorschuss, besteht ein Anspruch auf die monatliche Differenz.

Die Änderung des UVG mit Wirkung ab 1.7.2017[42] hat zu einer erheblichen Erweiterung der Ansprüche geführt. Zuvor war die Leistungsdauer nach § 3 UVG auf 72 Monate beschränkt. Außerdem endete die Bezugsdauer mit der Vollendung des zwölften Lebensjahres. § 3 UVG wurde aufgehoben und grundsätzlich die **Bezugsdauer bis zur Vollendung des 18.** Lebensjahres verlängert, sodass jetzt einen Leistungsbezug bis zur Dauer von 18 Jahren möglich ist. Der Anspruch für die dritte Altersstufe ist jedoch nur unter besonderen Voraussetzungen gegeben.

Zur Berechnung wird auf den **Mindestunterhalt nach § 1612 a** verwiesen. Dieser richtet sich nach dem sächlichen Existenzminimum des Kindes nach § 32 Abs. 6 S. 1 EStG. Hierbei sind in der ersten Altersstufe 87 %, in der zweiten 100 % und in der dritten 117 % zugrunde zu legen und dieser Betrag zu verdoppeln. Hierauf ist das Kindergeld für das erste Kind anzurechnen, so dass sich ab 1.1.2010 folgende Beträge ergeben:

	ab 1.1.2010	ab 1.7.2015	ab 1.1.2016	ab 1.1.2017	ab 1.7.2017
Bis 6 Jahre	133	144	145	150	
Bis 12 Jahre	190	192	194	201	
Bis 18 Jahre					268

Auf diese Beträge sind Unterhaltszahlungen und Waisenbezüge anzurechnen (§ 2 Abs. 3 UVG). Ein Anspruch auf die Leistung nach dem UVG besteht für Kinder bis zur Vollendung des zwölften Lebensjahres unabhängig davon, wie hoch das Einkommen oder Vermögen der Person ist, bei der das Kind lebt. Für Kinder zwischen dem zwölften und 18. Lebensjahr sind zusätzliche Voraussetzungen geschaffen worden, die für die jüngeren Kinder nicht gelten. Nach § 1 Abs. 1 a besteht ein Anspruch nur, wenn das Kind **keine Leistungen nach dem SGB II** bezieht oder durch den Bezug der Leistung die Hilfebedürftigkeit vermieden wird. Diese Einschränkung gilt nicht im Hinblick auf Leistungen nach dem SGB XII. Auch wenn Leistungen bezogen werden, besteht dennoch ein Anspruch, wenn das Bruttoeinkommen des Elternteils mindestens 600 EUR beträgt. Grund ist, dass für Alleinerziehende mit älteren Kindern ein Impuls gegeben werden soll, mithilfe eines Ausbaus der Erwerbstätigkeit die Hilfebedürftigkeit zu überwinden.[43]

Weiterhin wird bei Kindern, die keine allgemeinbildende Schule mehr besuchen, nach dem neu eingeführten § 2 Abs. 4 UVG **Einkommen** aus zumutbarer Tätigkeit sowie Einkünfte aus Vermögen **angerechnet**. Bei Auszubildenden wird ein Freibetrag von 100 EUR berücksichtigt. Das Einkommen und die Einkünfte aus Vermögen werden nach § 2 Abs. 4 S. 3 UVG zur Hälfte angerechnet. Zu den Problemen bei dem Übergang von Unterhaltsansprüchen auf den Leistungsträger → Rn. 147 ff.

---

42 Gesetz vom 14.8.2017, BGBl. 3122 (3153).
43 Vgl. Bömelburg FamRB 2017, 266 (271).

VII. Wohngeld

55 **1. Überblick.** Wohngeld wird zur wirtschaftlichen Sicherung angemessenen und familiengerechten Wohnens geleistet (§ 1 Abs. 1 WoGG). Das WoGG ist zum 1.1.2016 umfangreich geändert worden. Für Mietwohnungen wird das Wohngeld als Mietzuschuss geleistet, für Eigentumswohnungen bzw. selbst bewohnte Häuser als Lastenzuschuss (§ 1 Abs. 2 WoGG). Für Empfänger von Leistungen der Sozialhilfe und Kriegsopferfürsorge wurde früher die Leistung als Mietzuschuss (früher: pauschaliertes Wohngeld) gezahlt. Empfänger von Leistungen nach dem SGB II, SGB XII, der Kriegsopferfürsorge und nach dem AsylbLG haben jedoch seit dem 1.1.2005 **keinen Anspruch** auf Wohngeld.

56 Wohngeld und Lastenzuschuss werden nur auf **Antrag** bewilligt (§ 22 Abs. 1 WoGG), dabei beginnt der Bewilligungszeitraum am Ersten des Monats, in dem der Antrag gestellt wird (§ 25 Abs. 2 S. 1 WoGG). Auch wenn die Formulare noch nicht vollständig ausgefüllt sind, kann zunächst der Antrag formlos schriftlich gestellt werden, die amtlichen Vordrucke müssen dann nachgereicht werden. Eine rückwirkende Bewilligung ist nur unter der Voraussetzung der Wiedereinsetzung in den vorigen Stand möglich (§ 27 SGB X). Hingegen ist nach Auffassung des BVerwG[44] aus anderen Gründen keine nachträgliche Bewilligung zulässig, auch nicht unter dem Gesichtspunkt des sozialrechtlichen Herstellungsanspruchs, wenn aufgrund einer falschen Beratung zunächst kein Antrag gestellt wurde.

57 Wohngeld wird in der Regel für zwölf Monate bewilligt (§ 25 Abs. 1 S. 1 WoGG). Allerdings kann der Bewilligungszeitraum verkürzt werden, wenn zu erwarten ist, dass die für die Leistung des Wohngeldes maßgeblichen Verhältnisse sich vor Ablauf von zwölf Monaten erheblich verändern (§ 25 Abs. 1 S. 2 WoGG). Ist der Unterhalt noch nicht geklärt und steht zu erwarten, dass alsbald eine Regelung erfolgt, wird dies Anlass sein, nur für einige Monate Wohngeld zu bewilligen. Erzielt eines der Haushaltsmitglieder Einkommen aus selbstständiger Tätigkeit, kann die Bewilligung mit der Auflage verbunden werden, nach Ende des Bewilligungszeitraums die Einkommensteuerbescheide für diesen Zeitraum vorzulegen (§ 24 Abs. 4 WoGG).

58 Die **Höhe des Wohngeldes** hängt zum einen von der zu berücksichtigenden Miete oder Belastung ab sowie zum anderen von der Anzahl der Haushaltsmitglieder (§ 11 WoGG). Weiter hängt die Höhe des Wohngeldes von dem Gesamteinkommen ab. Nach § 21 WoGG besteht ein Anspruch auf Wohngeld dann nicht, wenn die Inanspruchnahme missbräuchlich wäre; dies wird nach § 21 Nr. 2 WoGG angenommen, wenn erhebliches **Vermögen** vorhanden ist. Nach der Allgemeinen Verwaltungsvorschrift[45] soll Vermögen erheblich sein, wenn es für das erste Haushaltsmitglied 60.000 EUR und für die weiteren Personen je 30.000 EUR übersteigt.

59 **2. Ansprüche aufgrund einer Trennung.** Während Eheschließung und Scheidung keine Auswirkungen auf die Höhe des Wohngeldes haben, kann als Folge einer Trennung von Ehegatten ein Anspruch auf Wohngeld entstehen oder sich ein bestehender Anspruch verändern, da sich die Anzahl der Haushaltsmitglieder sowie das zur Verfügung stehende Einkommen verändern. Zwar gehören auch vorübergehend abwesende Familienmitglieder zum Haushalt. Liegt jedoch ein

---

44 BVerwG 18.4.1997 – 8 C 38/95, NJW 1997, 2966.
45 BR-Drs. 968/08, Nr. 21.36.

dauerndes Getrenntleben vor, ist eine Berechnung nur im Hinblick auf die im Haushalt verbleibenden Familienmitglieder vorzunehmen. Ehegatten, die innerhalb der Wohnung – dauernd – getrennt leben, gehören nicht mehr zu diesem Personenkreis. Voraussetzung ist, dass tatsächlich ein getrenntes Wohnen vorliegt und dass die Ansprüche nicht als missbräuchlich anzusehen sind, da sonst nach § 21 Nr. 3 WoGG kein Anspruch besteht. Beide Ehegatten können durchaus in diesem Fall jeweils einen eigenen Antrag stellen.

Ein **Kind gehört zum Haushalt**, wenn es sich bei beiden getrennt lebenden Ehegatten abwechselnd und regelmäßig aufhält und dort betreut wird.[46] Damit ist möglich, dass das Kind beiden Haushalten zugeordnet wird, so dass jeweils eine günstigere Berechnung des Wohngeldes möglich ist. Zahlung von Kindesunterhalt wird beim empfangenden Haushalt als Einnahme des Kindes berücksichtigt, beim leistenden Elternteil ist ein Abzug nach § 18 WoGG möglich.[47] Betreuen zwei Elternteile ein Kind oder mehrere Kinder zu annähernd gleichen Teilen, ist jedes dieser Kinder bei beiden Elternteilen Haushaltsmitglied (§ 5 Abs. 4 WoGG), so dass sich hierdurch das Wohngeld erhöhen kann.

Bei der Berechnung des Wohngeldes wird das **Gesamteinkommen** der zum Haushalt rechnenden Familienmitglieder zugrunde gelegt (§ 13 WoGG). Bei einer Trennung wird jedem Ehegatten nur das Einkommen zugerechnet, welches nun die in dem jeweiligen Haushalt lebenden Personen zusammen haben. Für den Unterhaltsberechtigten sind als Einkommen auch die **Unterhaltszahlungen** zu berücksichtigen, die vom getrennt lebenden Ehegatten gezahlt werden. Soweit sie nach § 22 Nr. 1 a EStG dem Unterhaltsberechtigten als zu versteuerndes Einkommen zuzurechnen sind, erfolgt die Anrechnung nach § 14 Abs. 1 WoGG. Nach § 14 Abs. 2 WoGG werden auch verschiedene steuerfreie Einnahmen dem Einkommen zugerechnet, ua der Unterhalt, der wegen des nicht durchgeführten Realsplitting nicht zu versteuern ist.

Soweit das Gesamteinkommen nicht ausreicht, den Lebensunterhalt einschließlich Miete sicherzustellen, wird in der Praxis Wohngeld häufig mit der Begründung abgelehnt, dass ein solch **geringes Einkommen nicht glaubhaft** sei und daher vermutet werden müsse, dass weitere Einkünfte verschwiegen werden. Als Maßstab wird zumeist der Sozialhilfebedarf zugrunde gelegt; dieser beträgt seit dem 1.1.2017 409 EUR für den Haushaltsvorstand zuzüglich Regelbedarfe für Kinder zuzüglich Unterkunftskosten. Liegt das tatsächliche Einkommen wesentlich unter dieser Grenze, ist daher nachzuweisen, wie die fehlende Differenz aufgebracht wird. Als Möglichkeiten kommen in Betracht das Aufbrauchen eigenen Vermögens oder Darlehensgewährung von Freunden (jeweils nicht als Einkommen bei der Berechnung des Wohngeldes anrechenbar) oder auch das Verzehren von Mahlzeiten bei Bekannten oder Verwandten (anzurechnen nach der Sachbezugsverordnung).

Für den Unterhaltspflichtigen **mindern Unterhaltsbeträge das anrechenbare Einkommen** nach Maßgabe des § 18 WoGG. Hierbei genügt das Bestehen einer gesetzlichen Unterhaltspflicht dem Grunde nach; es wird nicht geprüft, ob Bedürftigkeit des Unterhaltsberechtigten und Leistungsfähigkeit des Unterhaltspflichtigen besteht.[48] Auch Unterhaltszahlungen nach § 7 UVG an das Land stellen

60

61

62

63

---

46 Ziff. 4.34 WoGVwV.
47 Ziff. 4.34 WoGVwV.
48 Schwerz WoGG § 13 Rn. 7.

Aufwendungen zur Erfüllung der gesetzlichen Unterhaltspflicht dar.[49] Dasselbe muss auch gelten, soweit Unterhalt aufgrund übergegangener Unterhaltsansprüche nach dem SGB II oder SGB XII gezahlt wird.

64 Die Aufwendungen zur Erfüllung gesetzlicher Unterhaltsverpflichtungen können in voller Höhe abgesetzt werden, wenn eine notariell beurkundete Unterhaltsvereinbarung, ein **Unterhaltstitel** oder ein Bescheid vorliegt (§ 18 S. 2 WoGG; der Wortlaut der Vorschrift ist allerdings ungenau, weil es Bescheide über die Festsetzung von Unterhalt nicht gibt). Der Unterhaltspflichtige kann also durch Titulierung des Unterhalts höhere Absetzungen und damit höheres Wohngeld erreichen. Liegt eine Urkunde oder ein Unterhaltstitel nicht vor, können bis zu 6.000 EUR für einen nicht zum Haushalt rechnenden geschiedenen oder dauernd getrennt lebenden Ehegatten abgesetzt werden (§ 18 S. 1 Nr. 3 WoGG). Für weitere gesetzliche Unterhaltspflichten kann für jede Person, die nicht zum Haushalt rechnet, der tatsächlich gezahlte Unterhalt bis zum Höchstbetrag von jeweils 3.000 EUR abgesetzt werden (§ 18 S. 1 WoGG).

65 Ändern sich die Verhältnisse im Laufe des Bewilligungszeitraumes, wird eine **Änderung** nur nach Maßgabe des § 27 WoGG vorgenommen. Bei Trennung von Ehegatten ergeben sich mithin folgende Konstellationen: Zieht ein Ehegatte aus, der über Einkommen verfügt und verringert sich dadurch das Gesamteinkommen der in der Wohnung verbliebenen Personen um mehr als 15 %, wird das Wohngeld auf Antrag neu bewilligt, wenn dies zu einer Erhöhung des Wohngeldes führt (§ 27 Abs. 1 WoGG).

66 **Zieht der Ehegatte aus, der kein Einkommen erzielt,** führt dies zu keiner Änderung. Allein die Tatsache, dass ein Ehegatte auszieht und sich dadurch die Berechnungsgrundlage ändern würde, führt nicht dazu, dass über das Wohngeld während des laufenden Bewilligungszeitraumes neu zu entscheiden ist. Denn nur die in §§ 27, 28 WoGG genannten Umstände führen zu einer Änderung des Anspruchs, dazu gehört nicht die Verringerung der Personenzahl im Haushalt während des Bewilligungszeitraums. Auch kann nicht auf § 48 SGB X zurückgegriffen werden, da die Regelungen der §§ 27, 28 WoGG vorgehen.[50] Bei einem späteren Weiterbewilligungsantrag muss jedoch die veränderte Situation angegeben und berücksichtigt werden. Laufende Wohngeldbewilligung ändert sich also durch Trennung nicht zulasten des Betroffenen, sondern führt nur ggf. zu einer Erhöhung, wozu jedoch ein Antrag erforderlich ist. Wird jedoch die Wohnung nicht mehr bewohnt, entfällt der Anspruch auf Wohngeld nach § 28 WoGG, ohne dass ein Aufhebungsbescheid erlassen werden muss. Damit muss zuviel gezahltes Wohngeld zurückgezahlt werden, ohne dass es auf Verschulden oder Vertrauensschutz ankommt.

---

49 Ziff. 13.22 WoGVwV.
50 BVerwG 21.3.2002 – 5 C 4.01, NDV-RD 2002, 61.

VIII. Kindergeld

1. Höhe des Kindergeldes. Das Kindergeld beträgt seit dem 1.1.2010 (§ 6 **67** Abs. 1 BKGG; § 66 Abs. 1 EStG):

	ab 1.1.2010	ab 1.1.2015	ab 1.1.2016	ab 1.1.2017	ab 1.1.2018
1. und 2. Kind	184	188	190	192	194
3. Kind	190	194	196	198	200
ab 4. Kind	215	219	221	223	225

Die Zuordnung des Kindergeldes erfolgt auf die einzelnen Kinder so, wie es den Kindern zusteht. Eine gleichmäßige Verteilung des Gesamtbetrages auf die Kinder erfolgt nicht. Die Bewilligung des Kindergeldes erfolgt seit dem 1.1.2007 aufgrund der Änderung des § 70 EStG schriftlich. Auf Antrag wird eine Bescheinigung über das im Kalenderjahr gezahlte Kindergeld erteilt (§ 68 Abs. 3 EStG).

Es gibt **keine Antragsfrist** für das Kindergeld, so dass es für lange zurückliegen- **68** de Zeiträume nachgezahlt werden kann. Dies hat vor allem dann Bedeutung, wenn bei getrennt lebenden Ehegatten das Kindergeld an den Nichtberechtigten gezahlt wurde: Der Berechtigte kann eine entsprechende Nachzahlung verlangen. Eingeschränkt ist der Zeitraum der Nachzahlung nur durch die Festsetzungsverjährung von vier Jahren nach § 171 AO.

2. Kindergeldanspruch bei Trennung. Soweit die Eheleute nach der Trennung **69** noch **in einer Wohnung** wohnen, sind beide im Prinzip berechtigt, das Kindergeld zu erhalten, da das Kind im gemeinsamen Haushalt lebt. Einigen sich die Eltern nicht darüber, wer Berechtigter sein soll, entscheidet das Familiengericht auf Antrag eines Beteiligten (§ 64 Abs. 2 S. 3 EStG; § 3 Abs. 2 BKGG).

Wird eine **räumliche Trennung** vorgenommen, indem ein Ehegatte auszieht, ist **70** nur der Ehegatte kindergeldberechtigt, der weiterhin zusammen mit dem Kind im Haushalt lebt (§ 64 Abs. 2 S. 1 EStG). Eine einvernehmliche Regelung der Eltern in dem Sinne, dass der Elternteil, der die Kinder nicht bei sich im Haushalt hat, weiterhin das Kindergeld erhält, ist gegenüber der Familienkasse nicht wirksam. Zieht ein Ehegatte, der das Kindergeld erhalten hat, ohne das Kind aus, verliert er den Anspruch auf das Kindergeld, was zur Aufhebung des Bescheides nach § 70 Abs. 2 EStG führt, und zwar ab Beginn des folgenden Monats. Überzahlungen sind nach § 37 Abs. 2 AO zu erstatten.

Lebt das Kind **in beiden Haushalten** der Eltern in etwa gleichem Umfang, ist **71** § 64 Abs. 2 EStG analog anzuwenden: Die Eltern bestimmen dann einvernehmlich den Berechtigten[51] und müssen, wenn keine Einigung erzielt wird, das Familiengericht einschalten.

Lebt das Kind nicht im Haushalt der Eltern und auch nicht in dem Haushalt ei- **72** nes sonst möglichen Kindergeldberechtigten, erhält derjenige das Kindergeld, der den höheren Barunterhalt zahlt. Hierbei bleibt das Kindergeld außer Betracht, welches ein Elternteil erhält und dem Kind als Unterhalt weiterleitet.[52] Praktisch relevant wird dies zB bei volljährigen Kindern, die außer Haus leben

---

51 Felix EStG § 64 Rn. 25.
52 BFH 2.6.2005 – III R 66/04, FamRB 2006, 16.

und deren Eltern noch dem Grunde nach kindergeldberechtigt sind. Bei gleich hohem Unterhalt können sie selbst den Berechtigten bestimmen. Kann keine Einigung erzielt werden, entscheidet auch hier das Familiengericht auf Antrag (§ 64 Abs. 3 EStG).

73 Erhebliche Probleme können sich dann ergeben, wenn der Auszug des Kindergeldberechtigten aus dem gemeinsamen Haushalt der Familienkasse nicht mitgeteilt wird, sondern wenn diese erst sehr viel später davon erfährt. Der nicht berechtigte Ehegatte muss dann möglicherweise für mehrere Jahre das **Kindergeld zurückerstatten.** Auf der anderen Seite hat in einem solchen Fall der Ehegatte, der mit dem Kind in dem Haushalt verblieben ist, einen Anspruch, auch zeitlich unbeschränkt rückwirkend das Kindergeld zu erlangen. Bei streitigen Auseinandersetzungen kann es passieren, dass nach längerer Zeit der eigentlich Berechtigte nunmehr auf die Idee kommt, rückwirkend das Kindergeld zu verlangen mit der Folge, dass der andere Ehegatte für den gleichen Zeitraum das Kindergeld an die Familienkasse zurückzahlen muss.

74 Der nicht berechtigte Ehegatte kann die Rückzahlung nur vermeiden, wenn er beweisen kann, dass er das Kindergeld an den anderen Ehegatten weitergeleitet hat. Nach dem sog **Weiterleitungserlass** vom 30.6.1997[53] ist in Fällen, in denen das Kindergeld zwar an eine nachrangig berechtigte Person gezahlt worden ist, die vorrangig berechtigte Person es jedoch im Ergebnis erhalten hat, von einer Rückabwicklung abzusehen und sind bestandskräftige Aufhebungsbescheide nicht mehr zu vollziehen. In diesem Fall muss eine schriftliche Bestätigung der vorrangig berechtigten Person vorgelegt werden über den Erhalt – die Weiterleitung – des Kindergeldes. Durch eine solche bestätigte Weiterleitung gilt der grundsätzlich bestehende Erstattungsanspruch der Familienkasse gegenüber der nachrangig berechtigten Person als auch der entsprechende Zahlungsanspruch der vorrangig berechtigten Person gegenüber der Familienkasse als erfüllt.

75 **3. Kinderzuschlag (§ 6 a BKGG).** Mit Wirkung zum 1.1.2005 wurde der Kinderzuschlag nach § 6 a Abs. 1 BKGG eingeführt, durch den **vermieden** werden soll, dass Eltern aufgrund der Unterhaltsbelastung für ihre minderjährigen Kinder **Leistungen nach dem SGB II** in Anspruch nehmen müssen. Hingegen wird dieser Zuschlag nicht bewilligt, wenn dadurch Leistungen nach dem SGB XII vermieden werden könnten. Diese Ungleichbehandlung ist verfassungsrechtlich nicht verständlich. Die Begrenzung der Bezugsdauer auf 36 Monate ist seit dem 1.1.2008 entfallen.[54]

76 Der Kinderzuschlag steht einem Elternteil zu, wird jedoch dem jeweiligen Kind als Einkommen zugerechnet (§ 11 Abs. 1 S. 2 SGB II). Aus dem Gesetz ist nicht zu entnehmen, ob der Kinderzuschlag die **Bedürftigkeit des Kindes oder des Elternteils mindert.**[55] Praktisch kommt es häufig dann zur Antragstellung, wenn Leistungen nach dem SGB II abgelehnt werden. In der Begründung des Ablehnungsbescheides heißt es dann, dass das Einkommen so gering unter dem Gesamtbedarf liegt, dass durch Zahlung des Kinderzuschlags die Bedürftigkeit vermieden werden kann. Dies ist dann Anlass, den Kinderzuschlag zu beantragen.

---

53 BStBl. I 1997, 654.
54 Gesetz v. 18.12.2007, BGBl. I, 3022.
55 Hauß, Der Kinderzuschlag nach § 6 BKGG und das Unterhaltsrecht, FamRB 2005, 146 (148); Klinkhammer, Änderungen im Unterhaltsrecht nach „Hartz IV", FamRZ 2004, 1909; Schürmann Rn. 993.

Keineswegs heißt dies aber, dass dieser dann tatsächlich bewilligt wird, da die Familienkasse eine eigene Prüfung durchführt.

Der Kinderzuschlag betrug zunächst höchstens 140 EUR und wurde erstmals zum 1.7.2016 auf **160 EUR** erhöht und kurz darauf zum 1.1.2017 auf 170 EUR, und zwar monatlich **für jedes zu berücksichtigende Kind.** Damit soll erreicht werden, dass der Zuschlag zusammen mit dem Kindergeld von 192 EUR (bzw. 198 EUR für das dritte und 223 EUR ab dem vierten Kind) und dem auf das Kind entfallenden Wohngeldanteil den durchschnittlichen Bedarf eines Kindes abdeckt.   77

Der Kinderzuschlag mindert sich um das **Einkommen und Vermögen des Kindes**, wobei das Kindergeld und das Wohngeld außer Betracht bleiben. Es muss also für jedes Kind zunächst eine – negative – Vermögensüberprüfung erfolgen. Liegt das Vermögen oberhalb der Freigrenzen nach dem SGB II, besteht kein Anspruch. Soweit das Kind seinen Bedarf teilweise selbst decken kann, zB durch eine Halbwaisenrente oder eine Ausbildungsvergütung, wird der Kinderzuschlag entsprechend gemindert. Er entfällt daher ganz, wenn das eigene Einkommen aus Unterhalt oder Unterhaltsvorschuss den Betrag von 170 EUR erreicht oder überschreitet. Ältere Kinder, die Unterhaltsvorschuss in Höhe von 201 EUR beziehen, können daher keinen Kinderzuschlag beziehen.   78

Weitere Voraussetzung für die Bewilligung des Kinderzuschlags ist, dass die Eltern bzw. deren Partner nach § 7 SGB II zusammen **mindestens ein Einkommen** (mit Ausnahme des Wohngeldes) erzielen, welches ihren eigenen Bedarf nach dem SGB II deckt. Seit dem 1.10.2008 ist diese Regelung vereinfacht worden, indem als Mindesteinkommen folgende Beträge vorgesehen sind: 79

- für Eltern 900 EUR,
- für Alleinerziehende 600 EUR.

Der volle Kinderzuschlag kann dann beansprucht werden, wenn den Eltern ein Einkommen zur Verfügung steht, welches genau den Bedarf nach dem SGB II abdeckt, was in der Praxis mithin recht selten sein dürfte.

Bei der Berücksichtigung des Einkommens sind die **Kosten für Unterkunft und Heizung** in dem Verhältnis aufzuteilen, das sich aus den im jeweils letzten Bericht der Bundesregierung über die Höhe des Existenzminimums von Erwachsenen und Kindern festgestellten entsprechenden Bedarfen für Alleinstehende, Ehepaare und Kinder ergibt (§ 6 a Abs. 4 S. 2 BKGG). Diese Regelung unterscheidet sich also von der üblichen Aufteilung der Unterkunftskosten, die nach Kopfteilen erfolgt.   80

Das über dem Bedarf liegende Einkommen, welches nicht Erwerbseinkommen ist, vermindert den Kinderzuschlag in voller Höhe. Dies gilt auch für Unterhaltsleistungen. Wird **Erwerbseinkommen** erzielt, wird es, soweit es die Bedarfsgrenze überschreitet, stufenweise angerechnet, und zwar wird für je 10 EUR Erwerbseinkommen der Kinderzuschlag um 5 EUR gemindert. Demnach entfällt der Zuschlag, wenn das – bereinigte und auch um den Erwerbsfreibetrag geminderte – Erwerbseinkommen 320 EUR über dem Eigenbedarf der Eltern liegt.[56] Insgesamt ist die Berechnung sehr kompliziert.[57] Die Erwartung, dass mit einer Neuregelung auch die Berechnung vereinfacht wird, hat sich leider nicht bestä-   81

---

56 Vgl. LPK-SGB II/Schwitzky SGB II Anh. § 12 a Rn. 55.
57 Vgl. auch HK-MuSchG/BEEG/Conradis BKGG § 6 a Rn. 6 ff.

tigt. Da eine monatsweise Berechnung vorgenommen wird, ist besonders bei wechselnden Erwerbseinkünften der Eltern die Durchführung äußerst kompliziert; es kann bei Neuberechnungen durchaus zu Rückzahlungsverpflichtungen kommen.

IX. Grundsicherung für Arbeitsuchende

82 **1. Überblick.** Die Eheschließung hat in der Regel keinen Einfluss auf Ansprüche der Grundsicherung und der Sozialhilfe, da es auf das tatsächliche Zusammenleben ankommt und Partner nach § 7 Abs. 3 Nr. 4 SGB II wie Ehegatten behandelt werden. In vielen Fällen führt die Trennung von Ehegatten zur **Hilfebedürftigkeit** eines – manchmal auch beider – Ehegatten. Vor allem wenn nunmehr zwei Wohnungen zu finanzieren sind, reicht auch das durchschnittliche Einkommen eines Alleinverdieners, der noch ein oder mehrere minderjährige Kinder zu versorgen hat, nicht aus. Durch die Scheidung ändert sich hieran in der Regel nichts; nur wenn der nacheheliche Unterhalt geringer ausfällt als der eheliche Unterhalt, kann hierdurch eine (weitergehende) Hilfebedürftigkeit verursacht werden. Im Prinzip sind daher sämtliche Überlegungen bereits anlässlich der Trennung der Ehegatten vorzunehmen.

83 Das Recht der Grundsicherung bzw. Sozialhilfe ist durch die Aufteilung in SGB II und SGB XII zum 1.1.2005 durch die sog Hartz-IV-Reform **unübersichtlich** geworden, da in zwei teilweise sehr ähnlichen Gesetzen die Grundsicherung geregelt wird, auch wenn die Leistungen nur im SGB XII „Sozialhilfe", hingegen im SGB II „Arbeitslosengeld II" und „Sozialgeld" genannt werden. Die Begriffsverwirrung erhöht sich noch dadurch, dass im SGB II die Leistungen insgesamt als „Grundsicherung für Arbeitsuchende" bezeichnet werden, während die Leistung im Vierten Kapitel des SGB XII „Grundsicherung im Alter und bei Erwerbsminderung" genannt wird. Materiellrechtlich handelt es sich in beiden Gesetzen jeweils um Sozialhilfe, die jeweils dem Grunde nach der bis Ende 2004 im BSHG geregelten „Hilfe zum Lebensunterhalt" entspricht.

84 **2. Leistungen nach dem SGB II.** In den meisten Fällen, in denen die Trennung vom Ehegatten zur Bedürftigkeit führt, kommen Leistungen nach dem SGB II in Betracht. Soweit Hilfebedürftigkeit vorliegt, sind Berechtigte nach diesem Gesetz alle Personen, die das 15. Lebensjahr vollendet und das 65. Lebensjahr[58] noch nicht vollendet haben und erwerbsfähig sind (§ 7 Abs. 1 SGB II). Die Altersgrenze ist für Personen, die nach dem 31.12.1946 geboren sind, in § 7 a SGB II stufenweise höher. Diese als **„erwerbsfähige Hilfebedürftige"** bezeichneten Personen erhalten die Leistungen als „Arbeitslosengeld II" (§ 19 Abs. 1 SGB II). Außerdem erhalten Leistungen nach dem Gesetz Personen, die mit erwerbsfähigen Hilfebedürftigen in einer Bedarfsgemeinschaft leben (§ 7 Abs. 2 S. 1 SGB II). Sie erhalten die Leistungen als „Sozialgeld" (§ 19 Abs. 1 S. 1 SGB II).

85 Gegenüber der „restlichen" Sozialhilfe, die im SGB XII geregelt ist, gibt es im SGB II einige **wichtige Unterschiede.** Dies sind zum einen verfahrensrechtliche Fragen, wobei hervorzuheben ist, dass Leistungen erst ab Antragstellung bewilligt werden können (§ 37 SGB II); seit dem 1.1.2011 wirkt ein Antrag auf den Monatsersten zurück. Hierbei wird eine Person der Bedarfsgemeinschaft als Ver-

---

58 Die Altersgrenze wird für Personen, die nach dem 31.12.1946 geboren sind, gem. § 7 a SGB II angehoben.

treter vermutet und ist damit empfangsberechtigt für die Bescheide und die Leistungen (§ 38 SGB II). Diese Vertretung gilt jedoch nicht für ein gerichtliches Verfahren.[59] Weiter sind es die im SGB II günstigere Regelung im Hinblick auf die **Anrechnung von Vermögen** sowie die unterschiedliche Ausgestaltung des **Übergangs von Unterhaltsansprüchen** (→ Rn. 139 ff.). Ein wesentlicher Vorteil für Leistungen nach dem SGB II besteht schließlich in der Versicherungspflicht in der gesetzlichen Krankenversicherung (§ 5 Abs. 1 Nr. 2 a SGB V) und Pflegeversicherung (§ 20 Abs. 1 Nr. 2 a SGB XI). Die Versicherungspflicht in der Rentenversicherung ist hingegen seit dem 1.1.2011 entfallen. Es ist jeweils zunächst zu klären, ob Leistungen nach dem SGB II oder SGB XII in Betracht kommen. Denn es kann entweder nach dem SGB II oder dem SGB XII geleistet werden; die Anspruchsberechtigung nach dem einen Gesetz schließt Ansprüche nach dem anderen Gesetz – bis auf Leistungen, die der bisherigen Hilfe in besonderen Lebenslagen entsprechen – aus (§ 5 Abs. 2 SGB II, § 21 S. 1 SGB XII).

Soweit das 65. Lebensjahr (bzw. nach § 7 a SGB II stufenweise das 67. Lebensjahr) noch nicht vollendet ist, besteht ein Anspruch nach dem SGB II dem Grunde nach, wenn in der Bedarfsgemeinschaft mindestens eine erwerbsfähige Person lebt. Entscheidend ist mithin die Definition der **Erwerbsfähigkeit**. Nach § 8 Abs. 1 SGB II ist erwerbsfähig, wer nicht wegen Krankheit oder Behinderung auf nicht[60] absehbare Zeit außerstande ist, unter den üblichen Bedingungen des allgemeinen Arbeitsmarktes mindestens drei Stunden täglich erwerbstätig zu sein. Damit werden – bis auf andere kleinere Personengruppen, die für diese Darstellung keine Rolle spielen – nur die Erwerbsgeminderten vom SGB II nicht erfasst. Allein das Beziehen einer Rente wegen Erwerbsminderung bedeutet nicht, dass das SGB II nicht anzuwenden ist, da auch bei teilweiser Erwerbsminderung – wenn Leistungsfähigkeit für 3 bis 6 Stunden besteht (§ 43 Abs. 1 S. 2 SGB VI) – ein Rentenanspruch bestehen kann. 86

Das SGB II findet auch Anwendung, wenn aus persönlichen Gründen eine **Arbeit derzeit nicht zugemutet** werden kann, zB wegen der **Erziehung von kleinen Kindern** oder der Pflege von Angehörigen. Denn dies ist eine Frage der Zumutbarkeit der Arbeitsaufnahme (geregelt in § 10 SGB II), nicht aber eine Frage der Erwerbsfähigkeit. Der typische Fall der getrennt lebenden Ehefrau, die mit mehreren minderjährigen Kindern zusammenlebt und derzeit deshalb an einer Arbeitsaufnahme gehindert ist (§ 10 Abs. 1 Nr. 3 SGB II), fällt daher unter das SGB II. 87

Seit dem 1.1.2011 ist die Höhe der Leistungen in einem besonderen Gesetz, dem Gesetz zur Ermittlung der Regelbedarfe (RBEG) vom 24.3.2011,[61] festgelegt; dieses Gesetz gilt sowohl für das SGB II als auch für das SGB XII. Es war fraglich, ob diese Bedarfsermittlung den Maßstäben der Entscheidung des Bundesverfassungsgerichts vom 9.2.2010[62] entsprach. Es gibt erhebliche Zweifel, doch eine erneute Überprüfung der Verfassungsmäßigkeit durch das Bundesverfassungsgericht ergab, dass die Bemessung als gegenwärtig verfassungskonform gebilligt wurde.[63] Zugleich hat es dem Gesetzgeber aufgegeben, in mehreren Punk- 88

---

59 Eicher SGB II § 38 Rn. 47.
60 Das Wort „nicht" wurde im Gesetz vergessen, muss aber hineingelesen werden, vgl. Eicher/Blüggel SGB II § 8 Rn. 29.
61 BGBl. I, 453.
62 BVerfG 9.2.2010 – 1 BvL 1/09 ua, NJW 2010, 505.
63 BVerfG 23.7.2014 – 1 BvL 10/12 ua, FamRZ 2014, 1765.

ten eine Überprüfung vorzunehmen, was jedoch, soweit bisher ersichtlich, nicht bzw. nicht ausreichend geschehen ist.

Die **Regelbedarfe** unterscheiden sich nach Alter und Stellung in der Bedarfsgemeinschaft. Die Höhe der Regelbedarfe beträgt ab dem 1.1.2017:

- für Alleinstehende/Alleinerziehende: 409 EUR,
- für Kinder bis zur Vollendung des 6. Lebensjahres 237 EUR,
- für Kinder bis zur Vollendung des 14. Lebensjahres 291 EUR,
- für Kinder bis zur Vollendung des 18. Lebensjahres 311 EUR,
- für zwei Volljährige in einer Bedarfsgemeinschaft je 368 EUR,
- für Erwachsene bis zur Vollendung des 25. Lebensjahres, die in einer Bedarfsgemeinschaft leben (§ 20 Abs. 2 Nr. 2 SGB II) 327 EUR.

89 Die Regelleistungen umfassen den **gesamten Bedarf** zur Sicherung des Lebensunterhalts, insbesondere Ernährung, Kleidung, Körperpflege, Hausrat, Bedarfe des täglichen Lebens sowie in vertretbarem Umfang auch die Teilhabe am sozialen und kulturellen Leben in der Gemeinschaft (§ 20 Abs. 1 S. 1 SGB II). Bis auf die wenigen Ausnahmen für die Bewilligung von weiteren Leistungen muss damit der gesamte Lebensbedarf abgedeckt werden, zB auch Strom- und Telefonkosten, Eigenbeteiligungen und Zuzahlungen bei Krankheitskosten.

90 **3. Unterkunftskosten.** Die Leistungen für **Unterkunft und Heizung** werden nach Kopfteilen auf alle Mitglieder der Bedarfsgemeinschaft aufgeteilt.[64] Sie werden in tatsächlicher Höhe nur dann übernommen, wenn diese angemessen sind (§ 22 Abs. 1 S. 1 SGB II). Zu den Unterkunftskosten zählen auch Aufwendungen für **Schönheitsreparaturen** sowie Auszugs- und Einzugsrenovierungen.[65] Die Kosten der **Warmwasserbereitung** werden als Mehrbedarf nach § 21 Abs. 7 SGB II gesondert übernommen. Erfolgt die Warmwasserbereitung über die Zentralheizung, darf kein Abzug mehr vorgenommen werden. Von den Kosten für ein selbst genutztes Eigenheim sind neben den Betriebskosten jedenfalls die Zinsen zu berücksichtigen. Tilgungsbeträge müssen auch anerkannt werden, wenn diese nicht vermeidbar sind und soweit insgesamt die angemessenen Kosten einer vergleichbaren Mietwohnung nicht überschritten werden.[66]

91 Die **Angemessenheit der Höhe der Mietkosten** wird nach der Produkttheorie bestimmt.[67] Danach gilt als angemessene Miete das Produkt aus angemessener Wohnfläche und angemessenem Quadratmeterzins. Wenn diese Größe nicht überschritten wird, kommt es mithin auf die Größe der Wohnung nicht an. Während in der Praxis früher oft auf die Nettokaltmiete abgestellt wurde, wurde nach einer Entscheidung des Bundessozialgerichts[68] in der Regel die Bruttokaltmiete zugrunde gelegt. Nunmehr ist nach der Neuregelung durch das 9. SGB II ÄndG vom 26.7.2016[69] in § 22 Abs. 10 SGB II eine Gesamtangemessenheitsgrenze – einschließlich Heizkosten – zugelassen worden.[70]

92 Der **Quadratmeterpreis** richtet sich nach den örtlichen Verhältnissen, daher gibt es bisher in jeder Gemeinde unterschiedliche Richtsätze. Dies wurde bisher we-

---

64 LPK-SGB II/Berlit SGB II § 22 Rn. 41 mit Nachweisen der Rechtsprechung.
65 LPK-SGB II/Berlit SGB II § 22 Rn. 33, 31.
66 BSG 18.6.2009 – B 14/11 b AS 67/06 R; BSG NDV-RD 2009, 14.
67 Hierzu LPK-SGB II/Berlit SGB II § 22 Rn. 35.
68 BSG 19.10.2010 – B 14 AS 50/10 R, Rn. 33, NZS 2011, 712 (Ls.).
69 BGBl. I 1824.
70 Hierzu Berlit, SGB II-„Reform" ohne klares Profil – zu einigen Änderungen durch das 9. SGB II-Änderungsgesetz, info also 2016, 195 (200).

der bundeseinheitlich noch landeseinheitlich geregelt. Durch Rechtsverordnung kann bestimmt werden, welche Kosten für Unterkunft und Heizung angemessen sind und unter welchen Voraussetzungen eine Pauschalierung dieser Kosten erfolgen kann (§ 27 SGB II). Solange diese Rechtsverordnung nicht vorliegt, ist zu erwarten, dass es bei unterschiedlichen Regelungen in den einzelnen Gemeinden bleibt. Diese müssen bei dem jeweiligen Sozialleistungsträger erfragt werden.

Im Hinblick auf die **Wohnfläche** der angemessenen Unterkunft hat sich jedoch 93 schon eine bestimmte Größenordnung durchgesetzt, auch wenn es teilweise kleinere Abweichungen gibt. Die Praxis und die Rechtsprechung orientieren sich hierbei an den Verwaltungsvorschriften zum Wohnungsbindungsgesetz über die Angemessenheit von Wohnungsgrößen im sozialen Wohnungsbau. Damit wird häufig von folgenden Werten ausgegangen:

- für eine Person 45 qm,
- für jede weitere Person zusätzlich 15 qm.
- In einigen Bundesländern wird für eine Person von 50 qm ausgegangen, zB in Nordrhein-Westfalen.[71]

Besonderheiten liegen vor, wenn eine Behinderung vorliegt, dann kann ein etwas höherer Raumbedarf anerkannt werden. Auf der anderen Seite waren bisher Sozialhilfeträger zuweilen der Auffassung, dass bei sehr jungen Kindern ein entsprechender Raumbedarf noch nicht vorhanden ist. Dieses Argument kann aber in der Regel damit entkräftet werden, dass zwar der Raumbedarf für ein sechs Monate altes Kind noch nicht so groß sein mag, dies sich jedoch alsbald ändert und dann ggf. ein weiterer Umzug erforderlich wäre, was in der Regel unwirtschaftlich ist. Soweit die Aufwendungen für die Unterkunft den angemessenen Umfang übersteigen, können sie in der Regel nur noch **längstens für sechs Monate** übernommen werden (§ 22 Abs. 1 S. 2 SGB II).

Erhebliche Probleme können entstehen, wenn Hilfebedürftige **umziehen** wollen 94 oder müssen. Die Trennung vom Ehegatten führt oft dazu, dass eine kleine Wohnung bezogen werden soll, weil die bisherige zu groß für die Restfamilie ist. Dann ist darauf zu achten, dass die **vorherige Zustimmung** des Leistungsträgers für den Umzug einzuholen ist. Nur dann werden die Umzugskosten (Kosten des eigentlichen Umzugs, evtl. Kaution, evtl. Renovierungskosten) vom Leistungsträger getragen (§ 22 Abs. 6 SGB II). Die Leistungsträger genehmigen den Umzug nur, wenn die bisherige Wohnung erheblich zu teuer ist oder andere gravierende Gründe für den Auszug sprechen und die zu beziehende Wohnung angemessen ist. In diesem Fall ist der kommunale Träger zur Zusicherung verpflichtet (§ 22 Abs. 4 SGB II). Durch diese Vorschrift wird klargestellt, dass es sich um einen Verwaltungsakt handelt, auf den ein Anspruch besteht, wenn die Voraussetzungen vorliegen. Damit kann eine solche Zusicherung gesondert bei Gericht eingeklagt werden.

Wird eine Wohnung bezogen, deren Kosten höher sind als der Betrag, der vom 95 örtlichen Leistungsträger anerkannt wird, ist die Miete in der Höhe als Bedarf anzuerkennen, die als angemessen angesehen wird. Die teilweise entgegenstehende Rechtsprechung zum BSHG, wonach noch nicht einmal der Mietanteil in angemessener Höhe zu übernehmen war, gilt für das SGB II nicht.[72] Allerdings sollte nachgewiesen werden können, dass der **Rest der Miete aufgebracht** wer-

---

71 Einzelheiten vgl. LPK-SGB II/Berlit SGB II § 22 Rn. 47.
72 LPK-SGB II/Berlit SGB II § 22 Rn. 79.

den kann. Handelt es sich nur um einen geringfügigen Betrag, wird dieser aus der Regelleistung aufgebracht werden können. Beträgt die Differenz jedoch mehr als etwa 20 % der Regelleistung, kann die Vermutung aufgestellt werden, dass eine solche Ausgabe auf Dauer nicht möglich ist. Stehen weitere Beträge zuzüglich zur Regelleistung zur Verfügung, zB ein Mehrbedarfszuschlag für Alleinerziehende, kann dieser Zuschlag hierfür verwandt werden.

96 Entstehen **bei einem notwendigen Umzug weitere Kosten**, wie Wohnraumbeschaffungskosten und Aufwendungen für Mietkautionen, werden diese übernommen, wenn eine vorherige Zusicherung des kommunalen Trägers eingeholt wird (§ 22 Abs. 6 SGB II). Die Zusicherung soll erteilt werden, wenn der Umzug durch den kommunalen Träger veranlasst oder aus anderen Gründen notwendig ist und ohne diese Zusicherung eine Unterkunft in einem angemessenen Zeitraum nicht gefunden werden kann (§ 22 Abs. 6 S. 2 SGB II). Die **Kaution** soll als Darlehen bewilligt werden (§ 22 Abs. 6 S. 3 SGB II). Das Darlehen wird in monatlichen Raten von 10 % des Regelbedarfs aufgerechnet (§ 42 a Abs. 2 SGB II). Zu den Wohnraumbeschaffungskosten können Maklergebühren gehören sowie nicht vermeidbare Aufwendungen für eine doppelte Miete, wenn sich der Neubezug mit der Beendigung des alten Mietverhältnisses überschneidet.

97 **4. Mehrbedarfszuschläge.** Von Bedeutung sind der Mehrbedarf für **werdende Mütter** (§ 21 Abs. 2 SGB II) in Höhe von 17 % der maßgebenden Regelleistung und der Mehrbedarfszuschlag wegen **kostenaufwändiger Ernährung** (§ 23 Abs. 5 SGB II).[73] **Alleinerziehenden** wird ebenfalls ein höherer Bedarf in Form eines Mehrbedarfszuschlages zuerkannt (§ 21 Abs. 3 SGB II). Für jedes minderjährige Kind ist der Mehrbedarfszuschlag zu zahlen. Damit ergeben sich folgende Zuschläge für Alleinerziehende ab 1.1. 2017:

- 1 Kind unter 7 Jahren (36 %) 147,24 EUR,
- 1 Kind zwischen 8 und 17 Jahren (12 %) 49,08 EUR,
- 2 Kinder unter 16 Jahren (36 %) 147,24 EUR,
- 2 Kinder, davon ein Kind über 7 Jahre, das andere über 16 Jahre (24 %) 98,16 EUR,
- 3 Kinder (36 %) 147,24 EUR,
- 4 Kinder (48 %) 196,32 EUR,
- 5 Kinder oder mehr (60 %) 245,40 EUR.

98 Der Mehrbedarfszuschlag entfällt nicht, wenn beispielsweise die Mutter in einem Frauenhaus wohnt und zeitweise auch **andere Personen für die Betreuung** des Kindes zur Verfügung stehen. Auch wenn das Kind oder die Kinder im Kindergarten (ganztags) sind, ändert dies nichts an der Alleinerziehung. Etwas anderes gilt jedoch, wenn das Kind überwiegend beispielsweise bei einem Großelternteil untergebracht ist. Auch wenn ein Elternteil zusammen mit den Großeltern in deren Haushalt lebt und diese die Pflege und Erziehung für einen Teil des Tages sicherstellen, soll kein Mehrbedarfszuschlag in Betracht kommen.[74] Leben Alleinerziehende in einer eheähnlichen Gemeinschaft, ist die alleinige Erziehung und Pflege gegeben, wenn sich der Partner nicht wesentlich an der Erziehung beteiligt.[75] Wenn der andere Elternteil regelmäßig am Wochenende die Kinder ver-

---

73 Einzelheiten und eine Übersicht über die einzelnen Krankheiten, bei denen ein Mehrbedarf anerkannt wird, bei LPK-SGB II/Münder SGB II § 21 Rn. 28.
74 OVG Lüneburg 9.10.2003 – 12 ME 425/03, FEVS 55, 452.
75 OVG Lüneburg 24.2.1972 – IV A 141/70, FEVS 21, 258.

sorgt, soll kein Mehrbedarfsanspruch für Alleinerziehende bestehen.[76] Soweit sich die Eltern etwa **zur Hälfte bei der Versorgung des Kindes abwechseln**, zB wenn das Kind eine Woche bei dem einen und die andere Wochen bei dem anderen Elternteil wohnt, liegt bei beiden Elternteilen jeweils für diese Zeiträume Alleinerziehung vor und sie haben somit Anspruch auf jeweils den halben Mehrbedarf.[77] Liegt keine hälftige Versorgung vor, scheidet ein Mehrbedarfszuschlag für den Elternteil, der weniger als die Hälfte versorgt, aus.[78] In diesem Fall erhält der andere Elternteil gegebenenfalls den vollen Mehrbedarfszuschlag.

5. Weitere Leistungen. Mit der Regelleistung werden grundsätzlich alle weiteren 99 Bedarfe, die im Sozialhilferecht als **einmalige Leistungen** gesondert bewilligt werden konnten, abgedeckt. Gesondert bewilligt werden können nach § 24 Abs. 3 SGB II nur noch folgende Bedarfe:

- Erstausstattungen für die Wohnung einschließlich Haushaltsgeräten (hierzu → Rn. 173);
- Erstausstattungen für Bekleidung und Erstausstattungen bei Schwangerschaft und Geburt;
- Anschaffung und Reparatur von orthopädischen Schuhen, Reparaturen von therapeutischen Geräten und Ausrüstungen sowie die Miete von therapeutischen Geräten.

Bei **weiteren notwendigen Anschaffungen** und sonstigen Ausgaben kann eine 100 Leistung als **Darlehen** erfolgen (§ 24 Abs. 1 S. 1 SGB II); nach dem Gesetzeswortlaut muss der Bedarf unabweisbar sein. Das Darlehen wird durch monatliche Aufrechnung von 10 % des Regelbedarfs getilgt (§ 42 a Abs. 2 S. 3 SGB II). Damit handelt es sich letztlich nicht um eine Bedarfsdeckung durch den Sozialleistungsträger, sondern um eine Zahlung aus dem eigenen Regelsatz. Als einzige Möglichkeit, die Reduzierung zu vermeiden, kann versucht werden, den **Erlass der Rückforderung** nach § 44 SGB II zu erreichen.[79]

6. Bedarfsgemeinschaft. In den Bescheiden nach dem SGB II werden alle Perso- 101 nen der Bedarfsgemeinschaft zusammengefasst. Der Bescheid wird nur an eine Person gerichtet, da nach § 38 SGB II ein erwerbsfähiger Hilfebedürftiger als bevollmächtigt gilt. Aus den Bescheiden kann – wenn auch manchmal nur mit Mühe – entnommen werden, welche Person in welcher Höhe Leistungen erhält. Dabei werden die Unterkunftskosten zu gleichen Anteilen nach der Kopfzahl aufgeteilt. Die Bedarfsgemeinschaft ist in § 7 Abs. 3 SGB II definiert. Zu ihr gehören neben dem nicht getrennt lebenden Ehegatten und den minderjährigen Kindern auch die eheähnlichen Partner und die nicht getrennt lebenden Lebenspartner. Außerdem werden in die Bedarfsgemeinschaft auch die minderjährigen, unverheirateten Kinder des Partners aufgenommen.

Die Personen der Bedarfsgemeinschaft werden **im Hinblick auf das Einkommen** 102 **und das Vermögen gemeinsam betrachtet**, indem Einkommen und Vermögen allen zugerechnet werden, für die dies in § 9 Abs. 2 SGB II vorgesehen ist. Nach § 9 Abs. 2 S. 1 SGB II gilt dieser gegenseitige Einsatz bei Partnern (ehelichen, eheähnlichen und Lebenspartnern), nach § 9 Abs. 2 S. 2 SGB II bei Eltern gegenüber ihren minderjährigen Kindern. Nicht hingegen müssen Kinder ihr Einkom-

---

76 LSG Berlin-Brandenburg 15.9.2010 – L 20 AS 902/10 B, FamRZ 2011, 683.
77 BSG 3.3.2009 – B 4 AS 50/07 R, NZS 2010, 106.
78 BSG 12.11.2015 – B 14 AS 23/14 R.
79 Vgl. LPK-SGB II/Conradis SGB II § 44 Rn. 4.

men und Vermögen für die Eltern einsetzen; wird der Bedarf des Kindes gedeckt, gehört es nicht mehr zur Bedarfsgemeinschaft. In die Bedarfsgemeinschaft werden zum einen Kinder bis zur Vollendung des 25. Lebensjahres einbezogen, zum anderen **Stiefeltern** den leiblichen Eltern gleichgestellt. Ob dies verfassungsrechtlich haltbar ist, scheint fraglich.

103   Nach **§ 9 Abs. 2 S. 3 SGB II** gilt jede Person der Bedarfsgemeinschaft im Verhältnis des eigenen Bedarfs zum Gesamtbedarf als bedürftig, wenn der gesamte Bedarf nicht gedeckt werden kann. Das Bundessozialgericht hält die Vorschrift für verfassungsmäßig, weist jedoch darauf hin, dass hinsichtlich der Konsequenzen gegebenenfalls eine verfassungskonforme Auslegung erfolgen muss.[80] Dies kann zB bei der Überleitung von Unterhaltsansprüchen eine Rolle spielen (→ Rn. 140). Es wird daher vorgeschlagen, die Vorschrift – die es im Übrigen im SGB XII nicht gibt – zu ändern.[81]

104   **7. Einkommen und Vermögen.** Die Einzelheiten zum Problem der **Abgrenzung und Anrechnung** von Einkommen und Vermögen sind umfangreich und kompliziert, so dass vorliegend nur einige Grundsätze erörtert werden sollen. Während Einkommen grundsätzlich in voller Höhe anzurechnen ist (hiervon gibt es Ausnahmen, insbesondere beim Erwerbseinkommen), gibt es bei Vermögen nach § 12 SGB II nicht unerhebliche Freibeträge. Wenn eine Zahlung eingeht, ist es daher für den Betroffenen in der Regel günstiger, wenn sie als Vermögen anzusehen ist, weil sie dann ganz oder teilweise anrechnungsfrei ist. Es muss also zunächst geklärt werden, wie eingehende Zahlungen zu qualifizieren sind.

105   Nach der Definition in § 11 Abs. 1 S. 1 SGB II gehören zum Einkommen alle Einkünfte in Geld. Bis Ende 2016 gehörten auch Einnahmen in **Geldeswert** zu dem Einkommen, also zB Geschenke. Jetzt ist es möglich, ein Kfz an einen Leistungsempfänger zu verschenken, ohne dass dies Einfluss auf dessen Leistung hat, sofern die Freigrenze für Vermögen nicht überschritten wird (→ Rn. 111).[82] Diese Einkünfte müssen zur Deckung des Bedarfs tatsächlich zur Verfügung stehen. Nach der Rechtsprechung des Bundesverwaltungsgerichts aus dem Jahre 1999[83] wird dabei alles als Einkommen berücksichtigt, was jemand in der Bedarfszeit wertmäßig erhält. Vermögen ist damit nur das, was er in der Bedarfszeit bereits hat. Als Bedarfszeit wird in der Regel ein Kalendermonat angenommen. Nach dieser Rechtsprechung werden sämtliche Zahlungen, die eingehen und für einen vergangenen Zeitraum gedacht sind, dennoch als Einkommen angerechnet. Dies gilt zB für Steuererstattungen, für eine Nachzahlung von Wohngeld,[84] für die Nachzahlung einer Überstundenvergütung[85] oder auch für eine **Nachzahlung von Unterhalt.** Hingegen soll es sich bei einer Kfz-Steuererstattung um Vermögen handeln, weil es sich hier um einen Rückfluss handelt.[86] Diese

---

80   BSG 7.11.2006 – B 7 b AS 8/06 R, FamRZ 2007, 724; hierzu auch Spellbrink, Die Bedarfsgemeinschaft gemäß § 7 SGB II – eine Fehlkonstruktion?, NZS 2007, 121.
81   Positionspapier des Deutschen Vereins, NDV 2007, 431.
82   Vgl. Sehmsdorf, Anrechnung von Einkommen sowie Leistungen für Auszubildende – Änderungen durch das 9. SGB-Änderungsgesetz, info also 2016, 205.
83   BVerwG 18.2.1999 – 5 C 35.97, FamRZ 1999, 1653; hierzu LPK-SGB II/Geiger SGB II § 11 Rn. 12.
84   VGH Mannheim 17.3.2004 – 12 S 1615/03, FEVS 56, 90.
85   VGH Kassel 22.7.2004 – 10 UE 2988/02, FEVS 56, 42.
86   VGH Baden-Württemberg 1.9.2004 – 12 S 844/04, FEVS 56, 128.

Rechtsprechung ist nicht unproblematisch.[87] So ist es wenig plausibel, dass eine Realisierung einer bestehenden Forderung eine Einnahme sein soll,[88] während der Erlös aus einem Verkauf ebenso wie die Rückerstattung einer Schenkung als Vermögensumschichtung anzusehen ist.[89]

Der Grundsatz, dass jeglicher Zufluss als Einkommen anzurechnen ist, wird in mehreren Bestimmungen durchbrochen. In sehr verstreuten einzelnen Bestimmungen ist geregelt, dass Sozialleistungen nicht als Einkommen angerechnet werden.[90] **Anrechnungsfrei** sind unter anderem das Elterngeld in Höhe des **Sockelbetrages von bis zu 300 EUR nach § 10 BEEG**, soweit dies nach zuvor erzieltem Erwerbseinkommen berechnet wird. Wurde kein Erwerbseinkommen im Jahr vor der Geburt erzielt, wird der Sockelbetrag – bis auf die Pauschale von 30 EUR – voll angerechnet. Diese vollständige Anrechnung erscheint verfassungsrechtlich problematisch.[91] In der Praxis wird von den Jobcentern häufig übersehen, dass es, wenn der Sockelbetrag gezahlt wird, möglich ist, dass ein Teil hiervon auf vorherigem Einkommen beruht und damit nicht angerechnet werden darf. | 106

Weiterhin bleiben ua anrechnungsfrei: die Grundrente nach dem BVG (§ 11 Abs. 1 Nr. 2 SGB II) und Leistungen nach dem Gesetz zur Errichtung der Stiftung Mutter und Kind – Schutz des ungeborenen Lebens (§ 5 Abs. 2 des Gesetzes). Weitere Einzelheiten ergeben sich aus der Alg II-Verordnung. Nach § 1 Abs. 1 Nr. 1 der Verordnung werden einmalige Einnahmen, die im Kalendermonat 10 EUR nicht übersteigen, nicht angerechnet. Für private Versicherungen wird ein Pauschbetrag von monatlich 30 EUR anerkannt, der vom Einkommen volljähriger Hilfebedürftiger abgesetzt wird (§ 6 Abs. 1 Nr. 1 Alg II-V). | 107

Grundsätzlich, aber gerade auch bei Unterhaltszahlungen, ist zu unterscheiden, ob es sich um laufendes Einkommen oder eine einmalige Einnahme handelt. Laufende Einnahmen werden nur in dem Kalendermonat angerechnet, in dem sie gezahlt werden. Handelt es sich um **einmalige Einnahmen**, werden diese nach § 11 Abs. 3 SGB II nur dann in einem Monat berücksichtigt, wenn dadurch der Hilfebedarf nicht entfällt. Andernfalls erfolgt eine Verteilung auf sechs Monate. Falls nach den sechs Monaten noch restliches Geld von der einmaligen Einnahme vorhanden ist, erfolgt keine weitere Anrechnung als Einnahme. Es handelt sich dann insoweit um Vermögen.[92] | 108

Die **Freibeträge von Einkommen aus Erwerbstätigkeit** werden als Absetzbeträge bezeichnet; sie sind in § 11 b SGB II geregelt. Abzusetzen sind vom Erwerbseinkommen ua Sozialversicherungsbeiträge und weitere notwendige Ausgaben. Der Freibetrag bei Erwerbseinkommen berechnet sich wie folgt: Nach § 11 b Abs. 2 SGB II wird zunächst ein Freibetrag von 100 EUR für die Kosten nach § 11 b Abs. 1 S. 1 Nr. 3–5 SGB II eingeräumt. Nur bei einem Einkommen über 400 EUR kann sich dieser Freibetrag erhöhen, wenn höhere Kosten nachgewie- | 109

---

87 Kritisch hierzu Brühl, Der höchstrichterliche Vermögensraub und die Thronräuber, info also 2000, 124 (185) und Conradis, Einkommen und Vermögen im SGB II – Probleme der Abgrenzung, info also 2007, 10.
88 Vgl. Hauck/Noftz/Hengelhaupt SGB II § 12 Rn. 76.
89 Hauck/Noftz/Hengelhaupt SGB II § 12 Rn. 71.
90 LPK-SGB II/Geiger SGB II § 11 a Rn. 6.
91 Lenze, Die Streichung des Elterngeldes für GrundsicherungsempfängerInnen – ein gleichheitsrechtliches Desaster, info also 2011, 3.
92 LPK-SGB II/Geiger SGB II § 11 Rn. 42; LSG Bayern 9.8.2012 – L 7 AS 511/12 B ER.

sen werden. Von dem Einkommen, das 100 EUR übersteigt, sind nach § 11 b Abs. 3 SGB II folgende weitere Freibeträge nach dem Bruttoeinkommen zu berechnen:

- über 100 EUR bis 1.000 EUR 20 %,
- über 1.000 EUR bis 1.200 EUR 10 %,
- über 1.200 EUR bis 1.500 EUR 10 %, wenn der Hilfesuchende mindestens ein minderjähriges Kind hat oder mit einem minderjährigen Kind zusammen wohnt.

110 Einige Probleme können sich bei der Zahlung von Unterhalt ergeben. Grundsätzlich werden **laufende Unterhaltszahlungen** in dem Kalendermonat als Einkommen berücksichtigt, in dem sie gezahlt werden. Hierbei ist der Pauschbetrag für private Versicherungen von 30 EUR pro Monat abzusetzen. Treten Veränderungen bei dem Bezug von Unterhaltszahlungen ein, gibt es in der Praxis zwei Probleme zu beachten. Fällt bei laufendem Bezug von Alg II unter Anrechnung von laufend gezahltem Unterhalt die Unterhaltszahlung in einem Monat aus, ist nach § 48 SGB X eine Änderung zu beantragen, die auch rückwirkend erfolgen kann. Umgekehrt gilt Folgendes: Wird Alg II ohne Anrechnung von Unterhalt gezahlt, weil der Unterhaltsschuldner bisher nicht gezahlt hat, und gelingt es nun, beispielsweise durch Pfändung, eine Zahlung zu erreichen, wird die Zahlung in dem Kalendermonat des Eingangs auf das Alg II angerechnet mit der Folge, dass die betroffene Person zu viel Alg II erhalten hat. Der Leistungsbescheid ist also insoweit rechtswidrig, ohne dass es auf Verschulden des Unterhaltsberechtigten ankommt. Auch wenn der Leistungsempfänger die erhaltene Zahlung sofort mitteilt, ist objektiv zu viel Alg II für den Kalendermonat gezahlt worden. Der Sozialleistungsträger kann eine Änderung nach § 48 SGB X vornehmen.

111 Die Vorschrift über das zu berücksichtigende **Vermögen** (§ 12 SGB II) ist dem Grundsatz nach aus dem Recht der Arbeitslosenhilfe übernommen worden und steht in erheblichem Gegensatz zu den Regelungen im SGB XII, wonach nur sehr viel geringere Vermögenswerte geschützt sind. Grundsätzlich ist alles verwertbare Vermögen zu berücksichtigen (§ 12 Abs. 1 SGB II). Schon die Frage der **Verwertbarkeit** kann zu erheblichen Rechtsproblemen führen.[93] Die geschützten Vermögenswerte sind in § 12 SGB II im Einzelnen aufgeführt. Erwähnt werden sollen hier folgende geschützte Gegenstände: angemessener Hausrat, ein selbst genutztes Hausgrundstück von angemessener Größe oder eine entsprechende Eigentumswohnung sowie für jeden erwerbsfähigen Hilfebedürftigen ein angemessenes **Kraftfahrzeug**. Das Bundessozialgericht sieht einen Wert bis 7.500 EUR als angemessen an.[94]

112 Nach § 12 Abs. 3 Nr. 4 SGB II ist ein **selbstgenutztes Haus** bzw. eine **Eigentumswohnung** von angemessener Größe als Schonvermögen geschützt. Im Gegensatz zu § 90 SGB XII kommt es allein auf die Größe an. Das Bundessozialgericht hat bereits hinsichtlich der Angemessenheit der Größe von Häusern[95] und Eigentumswohnungen[96] entschieden, dass in der Regel folgende Größen nicht überschritten werden dürfen:

---

93 Einzelheiten vgl. LPK-SGB II/Geiger SGB II § 12 Rn. 12 ff.
94 BSG 6.9.2007 – B 14/7 b AS 66/06 R, NJW 2008, 2281.
95 BSG 16.5.2007 – B 11 b AS 37/06 R, NZS 2008, 263.
96 BSG 7.11.2006 – B 7 b AS 2/05 R, NZS 2007, 428.

- 1 oder 2 Personen: Haus 90 qm, Eigentumswohnung 80 qm;
- 3 Personen: Haus 110 qm, Eigentumswohnung 100 qm;
- 4 Personen: Haus 130 qm, Eigentumswohnung 120 qm.

Als **Geldvermögen** bleibt für jeden erwerbsfähigen Hilfebedürftigen (also auch für Kinder ab Vollendung des 15. Lebensjahres, § 7 Abs. 1 Nr. 1 SGB II) ein Betrag von **150 EUR pro vollendetem Lebensjahr** anrechnungsfrei, mindestens jeweils 3.100 EUR. Weiter wird für jeden in der Bedarfsgemeinschaft lebenden Hilfebedürftigen ein **Freibetrag von 750 EUR** eingeräumt (§ 12 Abs. 2 Nr. 4 SGB II), der für notwendige Anschaffungen dienen soll, jedoch keineswegs für diese Zwecke ausgegeben werden muss.

Für die **Altersvorsorge** bleibt ein **Freibetrag von je 750 EUR pro vollendetem Lebensjahr** für jeden erwerbsfähigen Hilfebedürftigen anrechnungsfrei. Voraussetzung ist, dass der Inhaber die Altersversorgung aufgrund einer vertraglichen Vereinbarung nicht vor Eintritt in den Ruhestand verwerten kann. Bei laufenden Verträgen ist daher zu beachten, dass die Grenze nicht überschritten wird. Daneben wird auch das nach Bundesrecht ausdrücklich als Altersvorsorge geförderte Vermögen in Form der sog Riester-Rente nicht als Vermögen berücksichtigt. 113

Als Vermögen sind nach § 12 Abs. 3 Nr. 6 SGB II solche Vermögenswerte nicht zu berücksichtigen, deren **Verwertung offensichtlich unwirtschaftlich** oder für den Betroffenen eine **besondere Härte** bedeuten würde. Nach der bisherigen Praxis der Bundesagentur für Arbeit zur Arbeitslosenhilfe wurde ein Wertverlust bis 10 % nicht als unwirtschaftlich angesehen. Ist der Verlust höher als 20 %, liegt es daher nahe, Unwirtschaftlichkeit anzunehmen, besonders bei für das Alter angelegtem Vermögen.[97] 114

Trotz vorhandenen Vermögens, welches nicht nach § 12 SGB II geschützt ist, kann die Grundsicherung für Arbeitsuchende als **Darlehen** geleistet werden, wenn der sofortige Verbrauch oder die **sofortige Verwertung nicht möglich** ist oder eine besondere Härte bedeuten würde (§ 24 Abs. 5 SGB II). Bei einer solchen darlehensweisen Bewilligung besteht keine Mitgliedschaft in der Kranken- und Pflegeversicherung. Es ist in einem solchen Fall zu beachten, dass innerhalb von drei Monaten nach Beendigung der Mitgliedschaft vorsorglich der Beitritt zur Krankenversicherung erklärt wird, soweit die Pflichtversicherung (→ Rn. 25) nicht greift. Daneben kann auch der Kranken- und Pflegeversicherungsbeitrag als Darlehen beim Sozialleistungsträger beantragt werden. In geeigneten Fällen ist es möglich, diese Beträge unterhaltsrechtlich als Kranken- und Pflegeversicherungsunterhalt geltend zu machen. 115

8. Arbeitspflicht. Ein getrennt lebender Ehegatte hat unabhängig davon, ob er gegenüber dem anderen Ehegatten eine **Pflicht** hat, **erwerbstätig zu sein** (diese Pflicht wurde 2008 durch die Unterhaltsrechtsreform verschärft), eine weitgehende Pflicht gegenüber dem Träger der Grundsicherung. Grundsätzlich ist jeder, der hierzu gesundheitlich in der Lage ist, verpflichtet, sich um eine Arbeit zu bemühen und damit unabhängig von der Grundsicherung zu werden. Die sehr weitgehenden Anforderungen werden in § 2 SGB II als Grundsatz des Forderns formuliert. Die Anforderungen und die Sanktionen bei der Weigerung, diesen Anforderungen nachzukommen, sind im Einzelnen in § 31 ff. SGB II enthalten. 116

---

97 Einzelheiten bei LPK-SGB II/Geiger SGB II § 12 Rn. 61 ff.; vgl. auch Faber, Das neue SGB II – eine Lösung des Problems der Langzeitarbeitslosigkeit?, NZS 2005, 75 (78).

Die Einzelheiten sind sehr umfangreich und sollen in vorliegendem Zusammenhang nicht weiter ausgeführt werden. Hinzuweisen ist jedoch auf die im Gesetz enthaltene Möglichkeit, dass auch die Ableistung von Ein-Euro-Jobs (genannt: Arbeitsgelegenheiten) verlangt werden kann und dass die Sanktionen der Absenkung und des Wegfalls des Alg II drei Monate dauern, ohne dass eine Änderung des Verhaltens des Betroffenen hieran etwas ändern kann (§ 31 b Abs. 1 SGB II).[98]

117 In § 10 SGB II ist im Einzelnen geregelt, wann eine Arbeit nicht zugemutet werden kann. Dies gilt insbesondere dann, wenn die **Erziehung eines Kindes oder eines Kindes des Partners** gefährdet würde. Dies wird generell angenommen, wenn das Kind noch nicht das dritte Lebensjahr vollendet hat und damit auch in der Regel noch nicht den Kindergarten besucht (§ 10 Abs. 1 Nr. 3 SGB II). Bis zur Vollendung des dritten Lebensjahres eines Kindes besteht also grundsätzlich keine Arbeitspflicht gegenüber dem Träger der Grundsicherung. Hat das Kind jedoch das dritte Lebensjahr vollendet, wird vermutet, dass in der Regel die Erziehung des Kindes nicht gefährdet ist, wenn dessen Betreuung in einer Tageseinrichtung oder in Tagespflege sichergestellt ist. Dabei muss der Träger der Grundsicherung darauf hinwirken, dass Erziehenden vorrangig ein Platz zur Tagesbetreuung des Kindes angeboten wird.

X. Sozialhilfe und Grundsicherung im Alter und bei Erwerbsminderung (SGB XII)

118 Im SGB XII ist sowohl die Hilfe zum Lebensunterhalt (3. Kapitel) als auch die Grundsicherung im Alter und bei Erwerbsminderung (4. Kapitel) geregelt. Die Leistungen entsprechen im Wesentlichen denen des SGB II. Nachstehend werden daher nur die wichtigen Unterschiede erläutert, soweit sie für das Familienrecht von Bedeutung sind.

119 Die Regelung über den **Einsatz des Einkommens und Vermögens** in einer Einsatzgemeinschaft entspricht dem Grunde nach den Vorschriften des SGB II (→ Rn. 104 ff.). Allerdings ist in das SGB XII keine Vorschrift aufgenommen worden, die § 9 Abs. 2 S. 3 SGB II entspricht (hierzu → Rn. 103). Die Anrechnung des Einkommens aus Erwerbstätigkeit ist etwas anders geregelt als im SGB II. Zunächst sind die in § 82 Abs. 2 SGB XII aufgeführten Ausgaben abzusetzen. Zur Berechnung der Einkünfte und Werbungskosten finden sich Einzelheiten in der VO zur Durchführung des § 82 SGB XII vom 27.12.2003.[99] Sodann wird nach § 82 Abs. 3 S. 1 SGB XII ein Betrag in Höhe von 30 % des Einkommens aus selbstständiger und nichtselbstständiger Tätigkeit als Freibetrag abgesetzt. Diese einfache und praktikable Lösung ermöglicht eine leichtere Überprüfung der Berechnung durch den Sozialhilfeträger.

120 Die Vorschriften zu den **einmaligen Leistungen** (§ 31 SGB XII) entsprechen im Wesentlichen denen des SGB II (→ Rn. 99). Etwas anders geregelt ist die Rückzahlung von Darlehen, die nach § 37 SGB XII für einmalige Leistungen bewilligt werden können. Nach § 37 Abs. 4 SGB XII kann die Rückzahlung durch Aufrechnung mit bis zu 5 % des Regelsatzes erfolgen, mithin ist eine Ermessensentscheidung zu treffen.

---

98 Nur bei Hilfebedürftigen zwischen 15 und 25 Jahren ist eine Verkürzung auf sechs Wochen möglich (§ 31 b Abs. 1 S. 4 SGB II).
99 BGBl. I, 3022, 3059.

Die Höhe des **Schonvermögens**, welches nicht eingesetzt werden muss, unterscheidet sich jedoch wesentlich von den Regelungen des SGB II (→ Rn. 111). Es werden lediglich recht niedrige Freibeträge zugebilligt, die sich nicht wesentlich unterscheiden von den Beträgen, die bis Ende 2004 nach dem BSHG und der VO zu § 88 BSHG galten. Nach der VO zur Durchführung des § 90 Abs. 2 Nr. 9 SGB XII vom 27.12.2003[100] sind folgende Freibeträge für die Hilfe zum Lebensunterhalt festgesetzt: 121

- Hilfesuchende 1.600 EUR,
- für jede überwiegend unterhaltene Person 256 EUR,
- Ehegatte 614 EUR,
- Bei Minderjährigen mit ihren Eltern:
  - ein Elternteil 1.600 EUR,
  - anderer Elternteil 614 EUR,
  - Kind 256 EUR.

Personen, die das 60. Lebensjahr vollendet haben, oder voll erwerbsgeminderte Personen haben einen Freibetrag von 2.600 EUR. Nach § 2 der VO zu § 90 SGB XII ist der Freibetrag angemessen zu erhöhen, wenn im Einzelfall eine besondere Notlage der nachfragenden Person besteht. Dies kann zB der Fall sein, wenn bei Beginn des Getrenntlebens ein etwa höherer Betrag vorhanden ist, der für die Kosten anlässlich des Auszugs bzw. der Neueinrichtung der Wohnung benötigt wird. Einen gesonderten Freibetrag für die Altersvorsorge gibt es – im Gegensatz zum SGB II (→ Rn. 113) – nicht. Es müssen daher auch Lebensversicherungen eingesetzt werden, soweit deren Wert die Freibeträge überschreitet.[101]

Wohl mit Absicht unterschiedlich zum SGB II wird hingegen im SGB XII der Einsatz des Einkommens und Vermögens in der **Haushaltsgemeinschaft** geregelt. Während im SGB II nur Verwandte und Verschwägerte erfasst werden, sind für die Sozialhilfe in § 36 Abs. 1 S. 1 SGB XII alle Personen der Haushaltsgemeinschaft einbezogen, soweit gemeinsam gewirtschaftet wird. Nach § 36 Abs. 1 S. 2 SGB XII ist jedoch Hilfe zum Lebensunterhalt zu gewähren, wenn die nachfragende Person keine ausreichenden Leistungen zum Lebensunterhalt erhält. Für die Grundsicherung im Alter und bei Erwerbsminderung ist die Anrechnung in einer Haushaltsgemeinschaft nicht vorgesehen (§ 41 Abs. 2 SGB XII). 122

In der Praxis von erheblicher Bedeutung ist die Auswirkung einer Trennung des Ehepaares, wenn ein Ehegatte **in einer Einrichtung** (Pflegeheim, Altersheim) untergebracht ist. Liegt keine Trennung vor, werden beide Ehegatten im Hinblick auf Einkommen und Vermögen als Einsatzgemeinschaft angesehen mit der Folge, dass dem Ehegatten, der außerhalb der Einrichtung wohnt, nicht mehr als einem Sozialhilfeempfänger zusteht. Das räumliche Getrenntleben und die Auflösung der Wirtschaftsgemeinschaft begründet nur dann ein rechtlich relevantes Getrenntleben, wenn sich aus den Umständen ergibt, dass mindestens einem Ehegatten der Wille zur Fortsetzung der Lebensgemeinschaft fehlt und er sich vom anderen Ehegatten unter Aufgabe dieser Gemeinschaft auf Dauer trennen will.[102] 123

---

100 BGBl. I, 3022, 3060.
101 BVerwG 13.5.2004 – 5 C 3/03, NJW 2004, 3647.
102 LSG NRW 28.6.2007 – L 20 B 37/07 SO ER, FEVS 59, 42; BSG 16.4.2013 – B 14 AS 71/12 R, NDV-RD 2014, 3.

XI. Ausbildungsförderung

124 Die Eheschließung spielt bei der Ausbildungsförderung eine erhebliche Rolle, da das **Einkommen des Ehegatten auf den Bedarf von Auszubildenden** nach § 11 Abs. 2 BAföG angerechnet wird. Die Modalitäten finden sich in § 25 BAföG. Es wird bei nicht getrennt lebenden Ehegatten eine eigenständige Berechnung vorgenommen, ohne dass es darauf ankommt, ob ein Anspruch auf Familienunterhalt in dieser Höhe besteht. Dies gilt nur, solange die Ehegatten zusammenleben.

125 Die Rechtslage ändert sich erheblich, wenn die Ehegatten **dauernd getrennt** leben. Die Regelung der Einbeziehung des Ehegatten bei dauerndem Getrenntleben hat eine wechselvolle Geschichte: Nachdem zunächst die dauernd getrennt lebenden Ehegatten völlig von der Anrechnung ausgenommen wurden, führte eine spätere Änderung dazu, dass Einkommen und Vermögen des dauernd getrennt lebenden Ehegatten stets in vollem Umfang angerechnet wurden. Diese Regelung wurde durch das Bundesverfassungsgericht[103] als verfassungswidrig angesehen und die Vorschrift wurde für nichtig erklärt. Daraufhin hat der Gesetzgeber die Regelung geschaffen, wonach die tatsächlich gezahlten Unterhaltsleistungen von getrennt lebenden Ehegatten auf den Bedarf anzurechnen sind (§ 23 Abs. 3 Nr. 4 BAföG).

126 Soweit vom getrennt lebenden oder geschiedenen Ehegatten **Unterhalt tatsächlich gezahlt** wird, werden diese Unterhaltsleistungen voll auf den Bedarf angerechnet (§ 23 Abs. 4 Nr. 4 BAföG), unabhängig davon, ob insoweit eine gerichtliche Regelung erfolgt ist. Auch hier gilt, dass eine Anrechnung nur insoweit erfolgen kann, als diese nach § 25 BAföG bei nicht getrennt lebenden Ehegatten vorzunehmen wäre. Ein Übergang oder eine Überleitung eines Unterhaltsanspruchs gegen den Ehegatten ist nicht vorgesehen, diesen gibt es nur bei Unterhaltsansprüchen gegen Eltern im Fall der Vorausleistung (→ Rn. 152).

127 Verfügt der Auszubildende über Einkommen und sein Ehegatte nicht, kann sich die Trennung hingegen dahin gehend auswirken, dass nunmehr der Anspruch auf BAföG-Leistungen reduziert wird oder entfällt. Denn nach § 23 Abs. 1 Nr. 2 bleibt vom Einkommen des Auszubildenden ein **Freibetrag für den Ehegatten** anrechnungsfrei, es sei denn, dieser befindet sich in einer förderungsfähigen Ausbildung. Der Freibetrag erhöht sich bei Zusammenleben mit einem Kind unter zehn Jahren im Haushalt des Auszubildenden. Daneben gibt es für jedes Kind noch einen weiteren Freibetrag. Diese Vorschrift gilt auch im Falle des dauernden Getrenntlebens – bis auf den erhöhten Freibetrag, da es hierbei auf den gemeinsamen Haushalt ankommt. Mit Rechtskraft der Scheidung entfällt jedoch dieser Freibetrag. An dessen Stelle tritt kein Freibetrag für Unterhaltsleistungen, da ein solcher Freibetrag im BAföG nicht vorgesehen ist, so dass Unterhaltsverpflichtungen nicht zu einer Erhöhung des BAföG führen können.

128 Eine weitere Konsequenz aufgrund einer Trennung ergibt sich, wenn sich die **Eltern eines Auszubildenden trennen**. Bei der Regelung über die Anrechnung des Einkommens der Eltern eines Auszubildenden wird zwischen getrennt lebenden und nicht getrennt lebenden Eltern unterschieden: Leben die Eltern dauernd getrennt oder sind geschieden, erhöhen sich die Freibeträge. Nach den zum 1.8.2016 erfolgten Änderungen beträgt der Freibetrag für zusammenlebende Eltern 1.715 EUR, bei getrennt lebenden Eltern wird hingegen für jeden ein Frei-

---

103 BVerfG 6.11.1985 – 1 BvL 47/83, FamRZ 1986, 143.

betrag von 1.145 EUR berechnet (§ 25 Abs. 1 BAföG). Somit kann sich durch Trennung der Eltern eines Auszubildenden ggf. ein höherer Anspruch auf Ausbildungsförderung nach dem BAföG ergeben.

Bei der **Rückzahlung** des darlehensweise gewährten Teils der BAföG-Leistung 129 kann sich die Scheidung ebenfalls auswirken: Auf Antrag kann nach § 18 a BAföG der Verpflichtete zur Rückzahlung freigestellt werden, soweit sein Einkommen den Betrag von 1.145 EUR nicht übersteigt. Dieser Betrag erhöht sich für den Ehegatten und die Kinder, wobei es hier nicht darauf ankommt, ob die Kinder im selben Haushalt leben. Da das Einkommen des Ehegatten bzw. der Kinder auf den Freibetrag angerechnet wird, wirkt sich diese Regelung dann aus, wenn der Ehegatte über kein oder nur geringes Einkommen verfügt. Hingegen mindern Unterhaltsverpflichtungen an den Ehegatten den Freibetrag nicht.

XII. Sonstige Sozialleistungen

Auch bei weiteren Sozialleistungen können Eheschließung, Trennung oder Schei- 130 dung von Bedeutung sein, in der Praxis jedoch in nur sehr geringem Maß.

1. Elterngeld. Während für das frühere Erziehungsgeld die Eheschließung von 131 erheblicher Bedeutung war, da das Einkommen des Ehegatten bei der Berechnung berücksichtigt wurde,[104] spielt die Heirat für das Elterngeld fast keine Rolle: Das Einkommen des Ehegatten hat für diese Sozialleistung keine Bedeutung mehr.[105] Nur bei der Leistungsberechtigung kann in einem besonderem Fall die Heirat eine Rolle spielen: Denn das Elterngeld kann auch für ein Kind des Ehegatten, welches nicht das eigene ist, bezogen werden (§ 2 Abs. 3 Nr. 2 BEEG).

2. Asylbewerberleistungen. Die Leistungen nach dem Asylbewerberleistungsge- 132 setz sind erheblich **eingeschränkt gegenüber den regulären Sozialhilfeleistungen**. Liegen jedoch die Voraussetzungen des § 2 Abs. 1 AsylbLG vor, erhalten die Betroffenen Leistungen entsprechend dem SGB XII. In diesen Fällen gelten die Vorschriften des SGB XII und es gibt insoweit keine Besonderheiten.

Die Berücksichtigung von **Einkommen des Ehegatten** ist in § 7 Abs. 1 AsylbLG 133 geregelt. Hiernach sind Einkommen und Vermögen, über das verfügt werden kann, von dem Leistungsberechtigten und seinen Familienangehörigen, wozu auch die Ehegatten gehören, die im selben Haushalt leben, vor Eintritt von Leistungen aufzubrauchen. Hierbei wird angenommen, dass eine gemeinsame Haushaltsführung auch dann vorliegen kann, wenn tatsächlich ein Zusammenwohnen erfolgt und nur aus rechtlichen Gründen noch eine weitere Wohnung unterhalten wird.

Leben die Ehegatten **getrennt**, kann eine solche Anrechnung nicht mehr erfol- 134 gen. Getrenntleben wird nicht schon dann angenommen, wenn faktisches Getrenntleben vorliegt, weil die eine Ehegatte in einer Unterkunft leben muss, der andere Ehegatte hingegen nicht. Vielmehr wird verlangt, dass sich die Ehegatten innerlich getrennt haben – und dies auch nach außen deutlich wird.

3. Bundesversorgungsgesetz. Nach § 5 SGB I besteht ein Recht auf Sozialleis- 135 tungen für denjenigen, der einen Gesundheitsschaden erleidet, für dessen Folgen der Staat dem Grunde nach einsteht. Durch das BVG werden die Ansprüche ge-

---

104 Einzelheiten bei Conradis S. 124 ff.
105 Ein Anspruch entfällt jedoch, wenn das gemeinsame Einkommen mehr als 500.000 EUR beträgt (§ 1 Abs. 8 S. 2 BEEG).

regelt. Weitere Gesetze des sozialen Entschädigungsrechtes sind zB das OEG und das HHG, wobei im Hinblick auf den Umfang der Ansprüche auf das BVG verwiesen wird. Bei der **Berechnung der Ausgleichsrente** kann es durch die Trennung der Ehegatten zu einer Verringerung kommen, weil nunmehr ein Unterhaltsanspruch angerechnet wird. Nach § 4 Ausgleichs-VO werden Unterhaltsansprüche auf die Ausgleichsrente angerechnet. Dies gilt jedoch nicht für zusammenlebende Ehegatten. Bei getrennt lebenden und geschiedenen Ehegatten ist der Unterhaltsbetrag auf die Ausgleichsrente anzurechnen, der gerichtlich festgesetzt ist. Andernfalls wird der Unterhaltsanspruch ermittelt, wobei die bürgerlich-rechtlichen Vorschriften zugrunde gelegt werden. Überschreitet das Einkommen des unterhaltspflichtigen Ehegatten nicht eine Freigrenze, die in der Anrechnungsverordnung bei Beschädigten der Stufenzahl 170 als Höchstbetrag der übrigen Einkünfte zugeordnet ist, kommt eine Anrechnung von Unterhaltsleistungen nicht in Betracht. Dies ist für die Zeit ab 1.7.2016 ein Betrag von 1.353 EUR.[106]

136 Es erfolgt im Übrigen nicht die **Anrechnung von** tatsächlichen Unterhaltsleistungen, sondern von **Unterhaltsansprüchen.** Wenn ein Anspruch auf Leistung besteht und dieser Anspruch zu verwirklichen ist, erfolgt bereits die Anrechnung, ohne dass es darauf ankommt, ob die Unterhaltsleistungen tatsächlich erbracht werden (§ 1 Abs. 2 S. 1 Ausgleichs-VO).

137 **Witwen** bzw. **Witwer eines Beschädigten** nach dem BVG erhalten eine Grundrente nach § 40 BVG in Höhe von derzeit 435 EUR sowie, soweit die Voraussetzungen hierfür vorliegen, eine Ausgleichsrente nach § 41 BVG in Höhe von 479 EUR. Diese Beträge werden durch Anpassungsverordnungen jedes Jahr zum 1.7. erhöht. Mit der Wiederverheiratung entfällt die Rente und stattdessen entsteht ein Anspruch auf Abfindung in Höhe des Fünffachen der monatlichen Grundrente (§ 44 Abs. 1 BVG). Wird die neue Ehe wieder aufgelöst, lebt der durch die Wiederheirat verloren gegangene Anspruch wieder auf (§ 40 Abs. 2 BVG). Geschieht dies vor Ablauf von 50 Monaten nach der Wiederheirat, so ist bis zum Ablauf dieses Zeitraums für jeden Monat 1/50 der Abfindung auf die Witwenrente anzurechnen.

138 Nach § 42 BVG kann auch dem **früheren Ehegatten** eines verstorbenen Beschädigten die Witwenversorgung zustehen, obwohl dieser im Zeitpunkt des Todes bereits geschieden war (Geschiedenenwitwenrente). Dieser Anspruch besteht jedoch nur, wenn im Zeitpunkt des Todes Unterhalt zu leisten war oder im letzten Jahr vor dem Tod tatsächlich geleistet wurde. Die Voraussetzungen zur Erlangung dieser Rente sind im Wesentlichen die gleichen wie bei der Geschiedenenwitwenrente in der gesetzlichen Rentenversicherung nach altem Rentenrecht, so dass auf die Ausführungen dort (→ Rn. 16) verwiesen wird.

C. Übergang und Überleitung von Unterhaltsansprüchen

139 Einige wichtige Sozialleistungen sind gegenüber Unterhaltsleistungen subsidiär. Wird der Unterhalt nicht gezahlt und muss der Sozialleistungsträger vorleisten, wird der **Nachrang dadurch verwirklicht,** dass der Unterhaltsanspruch auf den Sozialleistungsträger übergeht. Während früher hierfür die Überleitung des An-

---

106 48. AnrechnungsVO vom 20.6.2016, BGBl. I, 1364.

spruchs durch den Sozialleistungsträger in der Regel erforderlich war,[107] ist heute bei den meisten Sozialleistungen der gesetzliche Übergang vorgesehen. Nur vereinzelt findet sich noch im Hinblick auf Unterhaltsansprüche die Überleitung (→ Rn. 158).

I. Übergang von Ansprüchen nach dem SGB II

Ebenso wie bisher im Sozialhilferecht ist auch für Leistungen nach dem SGB II 140 grundsätzlich der Rückgriff des Sozialleistungsträgers möglich. Während bis zum 31.7.2006 eine Überleitung erforderlich war, erfolgte mit Wirkung zum 1.8.2006 der **gesetzliche Forderungsübergang.** Dieser gesetzliche Forderungsübergang erbrachte nicht nur eine Angleichung an die Regelung des SGB XII, sondern geht darüber hinaus, da sämtliche Ansprüche übergehen, die sich auf die Leistung nach dem SGB II auswirken (hierzu → Rn. 175). Der Personenkreis, dessen Unterhaltsansprüche auf den Sozialleistungsträger übergehen, ist kleiner als der nach dem SGB XII. Vor allem geht ein Anspruch auf Verwandtenunterhalt nur über, soweit ein Kind minderjährig ist oder das 25. Lebensjahr noch nicht vollendet und eine Erstausbildung noch nicht abgeschlossen hat (§ 33 Abs. 2 SGB II).

Bei **mehreren Personen** in einer Bedarfsgemeinschaft ist genau zu beachten, wie 141 hoch die Leistungen für die einzelnen Personen sind. Soweit sich dies aus dem Bescheid nicht entnehmen lässt, muss eine gesonderte Aufstellung vom Leistungsträger angefordert werden. Legt der Unterhaltsberechtigte nicht im Einzelnen dar, wie die Leistungen zugeordnet wurden, kann der Unterhaltpflichtige entsprechende Einwendungen erheben. Bei rückständigem Unterhalt dürfte eine Klage ohne eine solche Berechnung unschlüssig sein, wenn die nach dem SGB II bezogenen Leistungen nicht in der richtigen Höhe angegeben werden. Problematisch ist in diesem Zusammenhang die Regelung des § 9 Abs. 2 S. 3 SGB II (→ Rn. 103), wonach auch eine Person hilfebedürftig sein kann, deren Bedarf eigentlich durch eigene Einnahmen gedeckt ist. Es dürfte wohl in verfassungskonformer Auslegung[108] insoweit kein Übergang erfolgen.

Nach § 33 Abs. 2 S. 2 SGB II erfolgt der **Übergang eines Unterhaltsanspruchs** 142 nur, soweit das Einkommen und Vermögen der unterhaltpflichtigen Person das nach §§ 11 und 12 SGB II zu berücksichtigende Einkommen und Vermögen übersteigt. Auch wenn es nach dem Wortlaut den Anschein hat, dass beide Alternativen kumulativ vorliegen müssen – also eine Überleitung auch dann nicht erfolgen dürfte, wenn zwar ausreichendes Einkommen vorhanden, nicht jedoch der Grenzwert für das Schonvermögen erreicht ist –, ist davon auszugehen, dass gemeint ist: Der Übergang erfolgt nicht, soweit der Unterhaltpflichtige leistungsberechtigt nach dem SGB II ist oder durch die Inanspruchnahme würde. Nur eine derartig einschränkende Auslegung ist mit der Intention des Gesetzes vereinbar, zumal in der Parallelvorschrift des § 94 Abs. 3 Nr. 1 SGB XII eine solche Formulierung enthalten ist. Es ist daher eine **Vergleichsberechnung** nach dem SGB II vorzunehmen, wobei weitere Leistungen wie Mehrbedarfszuschläge

---

107 Hierzu im Einzelnen: Conradis, Die Systematik der subsidiären Sozialleistungen und die Ausgestaltung des Unterhaltsregresses, 1996, S. 19 ff.
108 Vgl. BSG 7.11.2006 – B 7 b AS 8/06 R, FamRZ 2007, 724; vgl. auch Spellbrink, NZS 2007, 121, 122.

und der befristete Zuschlag nach Bezug von Arbeitslosengeld einbezogen werden müssen.

143 Hierbei können nur die tatsächlichen Einnahmen berücksichtigt werden, nicht hingegen fiktive Einkünfte, wenn zB der Unterhaltspflichtige die Arbeit aufgegeben hat, um nicht Unterhalt zahlen zu müssen. Daher kann bürgerlich-rechtlich ein Unterhaltsanspruch – aufgrund des fiktiven Einkommens – bestehen, der jedoch nicht übergeht, weil das tatsächliche Einkommen dies nicht zulässt. Diese Rechtslage unter Geltung des BSHG gilt für das SGB II unverändert weiter.[109] Werden also vom Sozialleistungsträger Unterhaltsansprüche geltend gemacht und hat der Unterhaltspflichtige seine Arbeit aufgegeben, um keinen Unterhalt zahlen zu können, kann kein Unterhalt geltend gemacht werden, weil insoweit kein Unterhaltsanspruch übergegangen ist. Hieraus folgt andererseits, dass der Unterhaltsberechtigte selbst einen Unterhaltsanspruch gegebenenfalls aus einem fiktiven Arbeitseinkommen durchsetzen kann. Dabei wird vom Bundesgerichtshof die Auffassung vertreten, dass eine Einschränkung der Geltendmachung aufgrund von Treu und Glauben erfolgen kann.[110] Praktisch hat dies jedenfalls zur Folge, dass in solchen Fällen die Unterhaltsberechtigten auch einen Unterhaltstitel für Zeiten erlangen können, in denen sie Leistungen erhalten haben. Kann später dann der Unterhaltsanspruch eingetrieben werden, kann dies zu einer ungerechtfertigten Bereicherung des Unterhaltsberechtigten führen, die aber durch die Systematik der Rechtsprechung des Bundesgerichtshofs abgedeckt ist.

144 Es war zunächst nicht abschließend geklärt, ob die **Angehörigen des Unterhaltspflichtigen** bei der Vergleichsberechnung einzubeziehen sind oder nicht. Überwiegend wurde die Auffassung vertreten, dass nur der Unterhaltspflichtige zu berücksichtigen ist. Aufgrund der Konstruktion der Bedarfsgemeinschaft im SGB II muss für das SGB II jedoch eine Einbeziehung der Mitglieder der Bedarfsgemeinschaft erfolgen, weil jede Person bei nicht ausreichendem Einkommen für alle als bedürftig gilt. Daher hat der BGH[111] entschieden, dass die Angehörigen der Bedarfsgemeinschaft einbezogen werden müssen.

145 Nach § 33 Abs. 4 SGB II kann der Unterhaltsanspruch im Einvernehmen zwischen dem Sozialhilfeträger und dem Hilfeempfänger zur gerichtlichen Geltendmachung **zurückübertragen** werden. Voraussetzung hierfür ist, dass die Kosten, die hierdurch entstehen, von dem Sozialleistungsträger übernommen werden (§ 33 Abs. 4 S. 2 SGB II). Im Hinblick auf die materielle Klagebegründung sind jedoch die sozialhilferechtlichen Einschränkungen zu beachten. Problematisch wirkt sich die Rechtsprechung zu der Nichtberücksichtigung fiktiver Einkünfte dann aus, wenn vom Unterhaltsberechtigten auch übergegangene Unterhaltsansprüche aufgrund einer Vereinbarung nach § 33 Abs. 4 SGB II mit geltend gemacht werden. In diesen Fällen wird in der Regel von keiner Seite, auch nicht vom Familiengericht, die Unterscheidung gesehen.

II. Übergang von Unterhaltsansprüchen nach dem SGB XII

146 Grundsätzlich ist der Übergang von Unterhaltsansprüchen im SGB XII in derselben Weise geregelt wie im SGB II. Es gibt jedoch **Unterschiede:** Zum einen ist

---

109 Ausführlicher Götsche, Aktuelles zum Bezug von Hartz-IV-Leistungen, FamRB 2006, 373; LPK-SGB II/Münder SGB II § 33 Rn. 37 ff.
110 BGH 11.3.1998 – XII ZR 190/96, NJW 1998, 2219.
111 BGH 23.10.2013 – XII ZB 570/12, BGHZ 138, 305.

der Personenkreis in § 94 SGB XII weiter, insbesondere ist der gesamte Verwandtenunterhalt ersten Grades erfasst. Da im SGB XII weiterhin jede Person für sich betrachtet wird und nur der Einsatz des übersteigenden Einkommens auf die anderen Personen erfolgt, bleibt es nach Meinung des BGH (→ Rn. 144) dabei, dass beim Übergang nach § 94 SGB XII nur der Unterhaltspflichtige bei der Vergleichsberechnung berücksichtigt wird. Nach der bisherigen Rechtslage erfolgte in Höhe eines fiktiven Wohngeldes kein Übergang (§ 94 Abs. 1 S. 6 SGB XII iVm § 105 Abs. 2 SGB XII). Zum 1.1.2017 ist § 105 Abs. 2 SGB XII gestrichen worden, so dass es diese Einschränkung des Übergangs nicht mehr gibt. Wie im SGB II findet auch kein Übergang statt, wenn nur fiktives Einkommen anzurechnen wäre (→ Rn. 143).

III. Übergang von Unterhaltsansprüchen nach dem UVG

Im Hinblick auf die Geltendmachung von rückständigem und künftigem Unterhalt bei Zahlung von Unterhaltsvorschuss durch den Leistungsträger gilt mit § 7 UVG eine vergleichbare Vorschrift wie in § 94 SGB XII für den Sozialhilfe. Bei der Geltendmachung von Unterhaltsansprüchen durch die Unterhaltsberechtigten ist also der gesetzliche Übergang zu beachten. Für die Vergangenheit kann ggf. die Unterhaltsspitze eingeklagt werden, für die Zukunft kann jedoch der Unterhalt in voller Höhe an das Kind selbst verlangt werden. Die Rechtsprobleme stellen sich grundsätzlich in der gleichen Weise wie in der Sozialhilfe, so dass auf die Ausführungen dort verwiesen wird. 147

Häufig ist der **bürgerlich-rechtliche Unterhaltsanspruch höher** als der Betrag, der von der Unterhaltsvorschusskasse geleistet wird. Damit wird in diesen Fällen rückständiger Spitzenunterhalt für die Kinder geltend gemacht und der Unterhaltspflichtige sieht sich ggf. zwei Prozessen gegenüber. Dies kann nur dadurch vermieden werden, dass die Unterhaltsvorschusskasse und das Kind den Spitzenbetrag als Streitgenossen gemeinsam einklagen.[112] 148

Der Bundesgerichtshof hat entschieden, dass ein Grundsatz, der für übergegangene Sozialhilfeansprüche gilt, beim UVG nicht gelten soll: Bei der Geltendmachung von übergegangenen Sozialhilfeleistungen findet eine Begrenzung dadurch statt, dass der Unterhaltspflichtige nicht sozialhilfebedürftig werden darf. Dieser Grundsatz gilt für die Geltendmachung von übergegangenen Unterhaltsansprüchen nach dem UVG nicht. Daher ist die Unterhaltsvorschusskasse auch nicht darauf beschränkt, nur tatsächlich erzieltes Einkommen bei dem Unterhaltspflichtigen zugrunde zu legen, es kann also **auch fiktives Einkommen** berücksichtigt werden. Die analoge Anwendung der Vorschriften des BSHG auf das UVG ist vom Bundesgerichtshof[113] ausdrücklich abgelehnt worden. 149

Nach § 7 Abs. 3 S. 2 UVG darf der Übergang nicht zum Nachteil des Unterhaltsberechtigten geltend gemacht werden. Diese Einschränkung der Geltendmachung beim Übergang nach § 7 Abs. 2 UVG ist bereits im Erkenntnisverfahren zu beachten.[114] Mit Wirkung zum 1.7.2017 wurde in § 7 a UVG eine weitere Einschränkung eingefügt. Danach wird ein übergegangener Unterhaltsanspruch gegen den anderen Elternteil nicht verfolgt, solange dieser Leistungen nach dem 150

---

112 Zur gerichtlichen Durchsetzung vgl. HK-MuSchG/BEEG/Conradis UVG § 7 Rn. 8 ff.
113 BGH 27.9.2000 – XII ZR 174/ 98, FamRZ 2001, 619.
114 BGH 17.9.2014 – VII ZR 21/13, FamRZ 2014, 1918.

SGB II bezieht und über kein Einkommen verfügt. Nicht verständlich ist, weshalb diese Regelung nicht auch für Leistungsempfänger nach dem SGB XII gilt.

151 Ähnlich wie in der Sozialhilfe entstehen praktische Probleme bei der „freiwilligen" Zahlung durch den Unterhaltpflichtigen an das Kind oder bei **Vollstreckung** von Unterhaltsansprüchen für das Kind. Soweit keine Rückübertragung durch die Unterhaltsvorschusskasse erfolgt ist, steht in Höhe der geleisteten Zahlungen der Unterhaltsvorschusskasse die Nachzahlung zu. Zwar ist bei der Erlangung des Unterhaltstitels – wenn dies korrekt vorgenommen wurde – nur Unterhalt zugesprochen worden, der tatsächlich dem Kind zusteht. Durch Zeitablauf und Zahlung des Unterhaltsvorschusses gehen jedoch auch Unterhaltsansprüche auf die Unterhaltsvorschusskasse über, die zugunsten des Kindes tituliert sind. Bei korrekter Verfahrensweise dürften eigentlich insoweit keine Ansprüche vollstreckt werden, auch wenn dem Kind der Anspruch zusteht.

IV. BAföG

152 Ein Rückgriff auf die Eltern von Leistungsempfängern nach dem BAföG erfolgt nur, wenn die Zahlungen als **Vorausleistung** erbracht wurden. Nach § 36 BAföG erfolgt eine Vorausleistung, wenn die Eltern den nach dem BAföG angerechneten Unterhaltsbetrag nicht leisten. Nach § 50 Abs. 2 Nr. 5 BAföG ist in dem Bescheid „die Höhe der auf den Bedarf angerechneten Beträge ... von Einkommen ... seiner Eltern" anzugeben. Die Vorausleistung soll nicht nur dazu dienen, die zahlungsunwilligen Eltern belangen zu können, sondern es soll auch die Lücke zwischen dem bürgerlichen Unterhaltsrecht und dem Ausbildungsförderungsrecht geschlossen werden.[115] Ergibt sich, dass ein Unterhaltsanspruch nicht (oder nur in geringerem Maße) besteht, erfolgt die Zahlung nur scheinbar (teilweise) als Vorausleistung.

153 Nach § 37 BAföG erfolgt ein gesetzlicher Forderungsübergang des Unterhaltsanspruchs, der dem Auszubildenden gegen seine Eltern zusteht. Aufgrund der **vielfachen Unterschiede in den Berechnungsmethoden** zwischen dem angerechneten Betrag und dem bürgerlich-rechtlichen Unterhalt ergeben sich häufig ganz erhebliche Differenzen zwischen den beiden Berechnungen. Einige wichtige Punkte:

■ Nach § 24 Abs. 1 BAföG wird für die Berechnung das Einkommen des vorletzten Jahres zugrunde gelegt, im BGB das aktuelle Einkommen.

■ Im BAföG findet keine Verrechnung mit Verlusten statt, im Unterhaltsrecht hingegen durchaus.

■ Im BAföG werden Freibeträge berücksichtigt; vom übersteigenden Rest muss nur ein Teil eingesetzt werden. Im BGB gibt es einen Selbstbehalt, sodann muss das gesamte übersteigende Einkommen für Unterhaltszwecke eingesetzt werden.

■ Bestimmte Einkünfte werden im BAföG nicht berücksichtigt; im Unterhaltsrecht muss grundsätzlich jedes Einkommen eingesetzt werden.

■ Die Freibeträge vom Einkommen der Auszubildenden sind im BAföG höher als diejenigen nach der Rechtsprechung im Unterhaltsrecht.

■ Der Bedarf ist im Unterhaltsrecht in der Regel höher als die Leistungsbeträge nach dem BAföG.

---

115 Ramsauer/Stallbaum BAföG § 36 Rn. 2.

- Nach dem BAföG wird eine Einzelberechnung bei getrennt lebenden Eltern vorgenommen; nach § 1606 Abs. 3 S. 1 hingegen haften Eltern anteilig nach ihren Erwerbs- und Vermögensverhältnissen.
- Nach dem geänderten § 29 BAföG hat der Auszubildende einen Vermögensfreibetrag von nunmehr 7500 EUR. Im Unterhaltsrecht wird zumeist nur ein „Notgroschen" in Höhe des Schonvermögens nach dem SGB XII – zurzeit 1.600 EUR – anerkannt.
- Die Berücksichtigung des Vermögens der Eltern ist nunmehr auch bei der Vorausleistung entfallen; im Unterhaltsrecht kann jedoch Unterhalt auch aus Vermögen der Eltern verlangt werden.

Der angerechnete Betrag stellt also nicht den Unterhaltsanspruch dar. Dem Auszubildenden kann daher durchaus unterhaltsrechtlich ein höherer Betrag zustehen; Eltern sind jedoch meist der Ansicht, dass sich ihre Unterhaltpflicht auf den Anrechnungsbetrag beschränkt. Macht das Amt für Ausbildungsförderung den Unterhalt in Höhe des vorgeleisteten Anrechnungsbetrages geltend, so muss unterhaltsrechtlich geprüft werden, ob ein Unterhaltsanspruch in dieser Höhe besteht. Bei einem solchen Prozess kann vom Unterhaltspflichtigen eingewandt werden, dass eine unzutreffende Berechnung vorgenommen wurde, der Betrag also falsch berechnet wurde (vgl. § 37 BAföG). Dies ist – da auch im BAföG der gesetzliche Übergang die Überleitung abgelöst hat – vom Familiengericht zu überprüfen. 154

Eine Besonderheit ist bei Vorliegen einer **Vorausleistung** zu beachten: Wird auch die Rückforderung von Beträgen verlangt, die als Vorausleistung gezahlt wurden, kann eingewandt werden, dass sich das Amt nicht ausreichend um die Durchsetzung und ggf. Vollstreckung des Unterhaltsanspruchs gegen die Eltern bemüht hat; der Rückzahlungsbescheid ist dann insoweit rechtswidrig.[116] Sofern jedoch die Durchsetzung des Unterhaltsanspruchs unwahrscheinlich ist und wenn ein Vergleich im Unterhaltsprozess geschlossen wird, dem nachvollziehbare vernünftige Überlegungen zugrunde lagen, handelt das Amt nicht pflichtwidrig.[117] 155

V. Sonstiger Übergang von Unterhaltsansprüchen

Bei der **Berufsausbildungsbeihilfe** nach dem SGB III kann – wie bei Leistungen nach dem BAföG – eine Vorausleistung vorgenommen werden (§ 68 Abs. 1 SGB III). Ein möglicher Unterhaltsanspruch geht auf die Agentur für Arbeit über (§ 68 Abs. 2 SGB III). Die Problematik bezüglich der unterschiedlichen Berechnungsweisen ist dieselbe wie beim BAföG (→ Rn. 153). Im Gegensatz zum BAföG ist hier eine Rückübertragung des Anspruchs möglich (§ 68 Abs. 5 SGB III). 156

In der **Kriegsopferfürsorge** ist der Übergang von Unterhaltsansprüchen in § 27 h BVG geregelt wie früher in § 91 BSHG und nun in § 94 SGB XII. Es erfolgt also ein gesetzlicher Übergang; wegen der Einzelheiten kann auf die Erläuterungen zu § 33 SGB II verwiesen werden (→ Rn. 140 ff.). Der Bundesminister für Arbeit hat zur Frage der Heranziehung Unterhaltspflichtiger am 8.6.1998 Empfehlungen erlassen. Aus diesen Empfehlungen ergibt sich eine teilweise geringere 157

---

116 OVG Münster 22.1.1997 – 15 A 3619/94, FamRZ 1997, 1183; 20.4.2016 – 12 A 1410/14.
117 OVG Münster 5.2.2015 – 12 A 31/14, NJW 2015, 3179.

Heranziehung als in der Sozialhilfe, insbesondere im Hinblick auf die Besonderheiten der Kriegsopferfürsorge.

158 Liegt Getrenntleben vor und hat der nach dem **AsylbLG** Berechtigte einen Unterhaltsanspruch, geht dieser nicht, wie in § 94 SGB XII, per Gesetz über. Vielmehr kann nach § 7 Abs. 4 AsylbLG die zuständige Behörde den Unterhaltsanspruch in entsprechender Anwendung des § 93 SGB XII auf sich überleiten.[118] Es bedarf daher gegenüber dem Unterhaltspflichtigen eines ausdrücklichen Schreibens, nämlich einer **Überleitungsanzeige**. In der Praxis spielt dies allerdings nur eine geringe Rolle, weil meist die Ehegatten von Asylbewerbern selbst Leistungen nach diesem Gesetz erhalten (vgl. § 1 Abs. 1 Nr. 6 AsylbLG) oder über so geringe Einkünfte, oft Sozialhilfe, verfügen, dass Unterhaltsansprüche nicht gegeben sind.

159 Der Nachrang in der **Kinder- und Jugendhilfe** wird in erster Linie durch den Kostenersatz nach §§ 90 ff. SGB VIII hergestellt. Nur wenn der Unterhaltspflichtige kein Kostenersatzpflichtiger ist, kommt eine Überleitung von Unterhaltsansprüchen nach § 95 SGB VIII in Betracht.

160 Im **BVG** ist ebenfalls eine Überleitung von Unterhaltsansprüchen möglich. Dies ergibt sich daraus, dass Unterhaltsansprüche, die sich aus der neuen Ehe herleiten, auf die wieder aufgelebte Witwen- oder Witwerversorgung angerechnet werden. Die Ermittlung von Unterhaltsansprüchen erfolgt jedoch nur, soweit diese zu verwirklichen sind (§ 44 Abs. 5 BVG). Die Verwaltung hat auch die Möglichkeit, in Vorleistung zu treten und durch schriftliche Anzeige den Unterhaltsanspruch auf sich überzuleiten (§ 81 c BVG). Eine solche Überleitung steht im Ermessen des Sozialleistungsträgers, dem jedoch im Hinblick auf Sinn und Zweck der Vorschrift kein großer Spielraum verbleibt. Die Witwen sollen nicht gezwungen werden, die Unterhaltsansprüche mit dem damit verbundenen Prozessrisiko gerichtlich geltend zu machen. In der Praxis wird daher die Überleitung vorgenommen, wenn der Unterhaltspflichtige nicht freiwillig zahlt und die Witwe die Vorausleistung wünscht. Hervorzuheben ist hierbei die besondere Intention der Vorschrift, die sich von den anderen Übergangsregelungen, insbesondere § 94 SGB XII, unterscheidet. Vorrangiger Zweck ist hier nämlich, die Unterhaltsberechtigten von der Durchsetzung des Unterhaltsanspruches zu entlasten und Sicherheit durch die Gewährung der ungekürzten Sozialleistungen zu verschaffen.

D. Wechselwirkungen zwischen Familienrecht und Sozialleistungen

161 In manchen Bereichen entsteht eine Wechselwirkung zwischen Familienrecht und Sozialrecht in der Weise, dass sich die Regelungen gegenseitig beeinflussen. Dies zeigt sich an einigen Konstellationen im Unterhaltsrecht und Sozialrecht (→ Rn. 162 ff.). Daneben kann auch die Ausgestaltung von Sozialleistungen in anderen Bereichen des Familienrechts dazu führen, dass die Ansprüche dort differenzierter betrachtet werden müssen (→ Rn. 169 ff.).

I. Wechselwirkung von Unterhalt und Sozialleistungen

162 Aus der Durchführung des Realsplittings ist eine Wechselwirkung von Unterhalt und Steuerzahlung bekannt: Durch die Unterhaltszahlung ergibt sich eine Steu-

---

118 LPK-SGB XII/Birk AsylbLG § 7 Rn. 13.

erersparnis, hierdurch steigt die Leistungsfähigkeit, so dass höherer Unterhalt verlangt werden kann, der wiederum zu einer höheren Steuerersparnis führt.[119] Ähnlich verhält es sich beim Krankenvorsorgeunterhalt, da dieser von der Höhe des Unterhalts abhängt. Eine solche Wechselwirkung besteht auch zwischen Wohngeld und Unterhalt.

1. Wohngeld und Unterhalt. Nach der Rechtsprechung des Bundesgerichts-   163
hofs[120] und nach den Leitlinien der Oberlandesgerichte wird Wohngeld grundsätzlich sowohl beim Unterhaltpflichtigen als auch beim Unterhaltsberechtigten als Einkommen berücksichtigt. Eingeschränkt wird dies allerdings mit der Bemerkung, dass keine Anrechnung erfolgt, soweit das Wohngeld lediglich überhöhten Wohnbedarf ausgleicht oder zur Deckung übermäßiger Mietbelastung verwendet werden muss. Diese Auffassung erscheint jedoch nicht mehr haltbar, da davon auszugehen ist, dass zumindest seit der Neufassung zum 1.1.2009 das Wohngeld den regelmäßigen üblichen Wohnbedarf ausgleichen soll.[121] Es muss mithin damit gerechnet werden, dass einige Familiengerichte das Wohngeld in voller Höhe als Einkommen berücksichtigen.[122]

Zu Komplikationen kann es jedoch kommen, weil sich **durch die Berücksichti-**   164
gung des Wohngeldes auch die **Unterhaltspflichten verändern** können. Beantragt ein getrennt lebender Ehegatte nach Auszug des Einkommen erzielenden anderen Ehegatten Wohngeld und werden Unterhaltsansprüche geltend gemacht, so kann bei der Berechnung des Anspruchs – solange über den Wohngeldantrag noch nicht entschieden ist – das Wohngeld nicht als Einkommen berücksichtigt werden. Wird später dann Wohngeld bewilligt, kann dies dazu führen, dass der Unterhaltsverpflichtete berechtigt ist, eine Abänderung zu verlangen.

Noch komplizierter ist die Lage auf Seiten des **Unterhaltspflichtigen:** Da die Un-   165
terhaltsleistungen das anzurechnende Einkommen mindern, wobei die im Gesetz vorgesehenen Höchstbeträge überschritten werden können, wenn eine Titulierung erfolgt ist (→ Rn. 64), kann dies zu einem nicht unerheblichen Wohngeldanspruch des Unterhaltspflichtigen führen, der damit höheres Einkommen zur Verfügung hat als bei der Unterhaltsbemessung zugrunde gelegt wurde. Dies wiederum kann ein Abänderungsverlangen der Unterhaltsberechtigten rechtfertigen.

Will man von Anfang an eine „richtige" Unterhaltsberechnung durchführen,   166
muss versucht werden, die Höhe des Wohngeldes zu ermitteln unter Berücksichtigung des voraussichtlich zu zahlenden Unterhalts. Sodann muss eine **Kontroll-**
berechnung vorgenommen werden unter Berücksichtigung der beiderseitig zu erwartenden Wohngeldansprüche. Nun ist dieses Verfahren so kompliziert und aufwändig, dass es in der Praxis, soweit bekannt, nicht durchgeführt wird.[123] Auch wird in manchen Fällen die beiderseitige Berücksichtigung des Wohngeldes in etwa zu gleichen Ergebnissen führen. Da das Wohngeld jedoch auch von anderen Faktoren (Größe der Wohnung etc) abhängt, kann es sein, dass es in

---

119 Ausführlich Christl, Abtastverfahren zwischen Sozialrecht und Unterhaltsrecht, NZS 2016, 499.
120 BGH 17.3.1982 – IVb ZR 646/80, FamRZ 1982, 587; 19.2.2003 – XII ZR 67/00, FamRZ 2003, 860.
121 Vgl. Conradis S. 136 f.; ebenso Schürmann Rn. 561.
122 Ebenso Götsche, Wohngeldbezug im Unterhaltsrecht, FamRB 2010, 376 (378).
123 Mit der Änderung des WoGG hat sich das Wohngeld erheblich erhöht (BT-Drs. 16/6543), so dass die praktische Bedeutung dieses Problems zunehmen dürfte.

dem einen Fall nur dem Unterhaltsberechtigten und in dem anderen Fall nur dem Unterhaltsverpflichteten zusteht und sich dadurch nicht unerhebliche Unterschiede zur Berechnung ohne Berücksichtigung des Wohngeldes ergeben.

167 **2. Kranken- und Pflegeversicherungsunterhalt.** Für die **Berechnung des Krankenvorsorgeunterhalts** ist die Regelung in § 240 SGB V entscheidend, wonach bei der Berechnung die gesamte wirtschaftliche Leistungsfähigkeit zu berücksichtigen ist, mithin auch der Betrag, der als Kranken- und Pflegevorsorgeunterhalt gezahlt wird. Dies hatte das Bundessozialgericht bereits im Jahre 1988 festgestellt.[124] Auch der Altersvorsorgeunterhalt ist bei der Berechnung des Beitrags zugrunde gelegt worden. Dies wurde später vom Bundessozialgericht bestätigt.[125] Zur Berechnung dieses Beitrags sind verschiedene Vorschläge gemacht worden.[126] Soweit kein Altersvorsorgeunterhalt geltend gemacht wird, ist eine Berechnung möglich mithilfe einer Formel.[127]

168 **3. Erweiterung der Unterhaltspflicht durch § 11 Abs. 2 Nr. 7 SGB II?** Nach § 11 Abs. 2 Nr. 7 SGB II werden vom Einkommen **Aufwendungen zur Erfüllung gesetzlicher Unterhaltspflichten** abgesetzt, soweit ein Unterhaltstitel vorliegt. Damit ist diese Zahlung für den Unterhaltspflichtigen, der Einkommen erzielt, praktisch überwiegend ein durchlaufender Posten. Da die Unterhaltspflicht gegebenenfalls schon durch die Aufnahme einer geringfügigen Tätigkeit erfüllt werden kann, ist fraglich, ob sich der Unterhaltspflichtige in solchen Fällen darauf berufen kann, wegen Unterschreiten seines Selbstbehaltes nicht leistungsfähig zu sein, obwohl er faktisch in der Lage ist, den Unterhalt zu zahlen. Da der Sozialleistungsträger faktisch den Unterhalt leistet, wurde zum Teil die Auffassung vertreten, dass er den Leistungsberechtigten auffordern kann, eine Abänderung des Unterhaltstitels zu bewirken, sofern dieser nicht mehr zutreffend ist.[128] Das Bundessozialgericht ist hingegen der Auffassung, dass sich eine solche Obliegenheit nicht aus dem SGB II entnehmen lässt.[129] Sofern der Unterhalt noch nicht tituliert ist, führt § 11 b Abs. 1 Nr. 7 SGB II nicht zu einer Ausweitung der unterhaltsrechtlichen Leistungsfähigkeit des Unterhaltsschuldners.[130]

II. Familienrechtliche Sonderfragen und Sozialleistungen

169 **1. Angemessenheit der Kosten der Unterkunft.** Recht häufig entsteht die Konstellation, dass auch nach Beginn des Getrenntlebens die bisherige Wohnung beibehalten werden soll, obwohl diese nach den Richtlinien des Leistungsträgers zu teuer ist. Soweit die Scheidung noch nicht eingereicht ist, muss der Leistungsträger in der Regel akzeptieren, dass bis zu einem Jahr des Getrenntlebens die Wohnung zunächst weiter finanziert wird. Denn im Scheidungsverfahren wird in der Regel verlangt, dass **ein Jahr des Getrenntlebens** vorliegt, und zwar vor dem Hintergrund, dass bis dahin noch eine Versöhnung der Ehegatten stattfinden kann bzw. in der Regel nach einem Jahr nicht mehr vermutet wird. Liegen

---

124 BSG 22.9.1988 – 12 BK 12/86, BSGE 64, 100.
125 BSG 19.8.2015 – B 12 KR 11/14 R, FamRZ 2016, 304.
126 Weil, Die konkrete Berechnung des Krankenvorsorgeunterhalts, FamRZ 2016, 684; Hauß, Die Berechnung des Kranken- und Pflegevorsorgeunterhalts wird kompliziert, FamRB 2016, 273.
127 Conradis, Die Berechnung des Vorsorgeunterhalts für Kranken- und Pflegeversicherungsbeiträge, FamRZ 2004, 1156.
128 LSG Sachsen-Anhalt 8.9.2010 – L 2 AS 292/10 B ER, FamRZ 2011, 682.
129 BSG 9.11.2010 – B 4 AS 78/10 R, BSGE 107, 108.
130 OLG Düsseldorf 9.6.2010 – II-8 UF 46/10, NZS 2011, 189.

auch nur gewisse Anzeichen dafür vor, dass es zu einer Versöhnung der Ehegatten innerhalb des Trennungsjahres kommen könnte, darf der Leistungsträger diese Möglichkeit nicht dadurch verhindern, dass er bereits den Umzug in eine kleinere Wohnung verlangt, in die der getrennt lebende Ehegatte nicht oder nur unter erschwerten Bedingungen mit einziehen könnte. Insofern liegt dann eine Abweichung von der Regelfrist von sechs Monaten vor, die in § 22 Abs. 1 S. 2 SGB II vorgesehen ist. Ist das Trennungsjahr jedoch bereits abgelaufen, müssen besondere Gründe vorliegen, um die zu teure Wohnung halten zu können. Ein Grund kann zB sein, dass der Schulabschluss eines Kindes in Kürze bevorsteht oder aus Krankheitsgründen eines Kindes oder der betroffenen Person ein baldiger Umzug zu besonderen Schwierigkeiten führen würde.

2. Kosten des Umgangsrechts. Das Bundessozialgericht hat sich in einer der ersten Entscheidungen zum SGB II ausführlich mit den Kosten des Umgangsrechts befasst.[131] Diese Rechtsprechung kann Rückwirkungen auf familienrechtliche Ansprüche haben. Es handelt sich bei den Kosten um zum Teil nicht unerhebliche Beträge, nämlich die Fahrtkosten des Umgangsberechtigten, die Fahrtkosten der Kinder und den Bedarf der Kinder während des Aufenthalts beim Umgangsberechtigten. Die **Fahrtkosten** stellten nach dem BSHG einen besonderen Bedarf dar, der von den Regelsätzen nicht abgegolten war.[132] Um den Umgangsberechtigten nicht in seinem verfassungsrechtlich garantierten Recht auf den Umgang mit den eigenen Kindern – welches zugleich ein Recht der Kinder ist – zu behindern bzw. diesen dadurch zu erschweren, dass die hierfür erforderlichen Kosten zu einer faktischen Senkung der Regelleistung führen, ist eine gesonderte Bewilligung erforderlich. 170

Das Bundessozialgericht hat grundsätzlich diesen Bedarf anerkannt. Die Fahrtkosten können nach § 21 Abs. 6 SGB II als besonderer Bedarf geltend gemacht werden. Soweit es um die Kosten für die Kinder während des Aufenthalts beim Umgangsberechtigten geht, soll nach Auffassung des Bundessozialgerichts eine **zeitweise Bedarfsgemeinschaft** bestehen. Damit kann der Umgangsberechtigte diese Kosten beantragen. Durch die Regelung des § 38 Abs. 2 SGB II kann der umgangsberechtigte Elternteil die Kosten beantragen, ohne dass er die elterliche Sorge haben muss. Für jeden Tag, an dem das Kind sich mehr als zwölf Stunden bei dem Elternteil aufhält, besteht ein Anspruch in Höhe von 1/30 des Regelbedarfs für das Kind.[133] Allerdings ist ein Problem bisher ungelöst: Nicht geklärt ist, ob für die Dauer dieser zeitweisen Bedarfsgemeinschaft diejenige zum anderen Elternteil aufgehoben ist, so dass dieser – für die Kinder – weniger erhalten würde. 171

Das Bundessozialgericht vertritt in dieser Entscheidung zugleich die Auffassung, dass trotz der Möglichkeit der Hilfegewährung keine unbeschränkte Sozialisierung der Scheidungsfolgekosten erfolgen soll.[134] Hierbei soll zum einen überprüft werden, ob die Art der Durchführung des Umgangsrechts erforderlich ist und zum anderen, ob eine Inanspruchnahme des anderen Elternteils möglich und zumutbar ist. Dabei kann nach dem Bundessozialgericht ein gegenseitiger Wille der Eltern, füreinander einzustehen, vorausgesetzt werden, der über beste- 172

---

131 BSG 7.11.2006 – B 76 AS 14/06 R, FamRZ 2007, 465.
132 BVerwG 22.8.1995 – 5 C 15/94, NJW 1996, 1838.
133 BSG 2.7.2009 – B 14 AS 75/08 R, NJW 2010, 2381.
134 BSG 7.11.2006 – B 7 b AS 14/06 R, FamRZ 2007, 465.

hende Unterhaltspflichten hinausgeht. Im Anschluss hieran vertritt das LSG NRW[135] die Auffassung, dass sich der **betreuende Elternteil am Aufwand für den Besuch des Kindes zu beteiligen** hat, wenn der besuchsberechtigte Elternteil nur über bescheidene Einkünfte – hier: Leistungen nach dem SGB II – verfügt. Daher könnten im Licht dieser Entscheidungen weitergehende Ansprüche anlässlich der Ausübung des Umgangsrechts denkbar sein als bisher von der Rechtsprechung zugestanden.

173 **3. Zuweisung von Haushaltsgegenständen und Sozialrecht.** Nach dem SGB II und SGB XII können nicht mehr (anders als im BSHG) einzelne Haushaltsgegenstände bewilligt werden (→ Rn. 89), nur eine Übernahme als Darlehen ist im Einzelfall möglich. Hingegen kann ein Anspruch auf Leistungen zur **Erstausstattung für die Wohnung** bestehen. Ein solcher Anspruch besteht auch bei Trennung von Eheleuten für die neue Wohnung. Die Leistungen der Erstausstattung können als Geldleistungen oder Sachleistungen oder in Form von Pauschalen bewilligt werden (§ 24 Abs. 3 S. 4 SGB II). In der Praxis wird häufig – wie früher in der Sozialhilfe – die Erstausstattung durch Sachleistungen (Möbellager) zur Verfügung gestellt. Im Übrigen ist es auch möglich, dass nur ein Gegenstand als Erstausstattung beantragt und bewilligt wird, wenn nur dieser in der neuen Wohnung fehlt, zB wenn die Waschmaschine in der bisherigen Wohnung bleibt.[136] Zu beachten ist, dass ein Fernsehgerät nach der Entscheidung des Bundessozialgerichts[137] nicht zum Hausrat gehören soll, weil es der Befriedigung von Unterhaltungs- und Informationsbedürfnissen diene.

174 Da dem in der Wohnung verbleibenden Ehegatten ein Anspruch auf Erstausstattung nicht zusteht, ist bei einer Regelung über die Zuweisung von Haushaltsgegenständen zu berücksichtigen, ob einer der Ehepartner auf Leistungen nach dem SGB II angewiesen sein wird und nur für die neue Wohnung ein Anspruch bestehen kann – wobei jedoch die Beschaffung eines Fernsehgerätes ausgeschlossen ist.

175 **4. Übergang von weiteren Ansprüchen.** Im Gegensatz zum BSHG und SGB XII gehen nach § 33 SGB II nicht nur Unterhaltsansprüche, sondern sämtliche denkbaren Ansprüche auf den Sozialleistungsträger über, mithin auch Ansprüche aus dem Zugewinnausgleich. Hierbei ist zu klären, ob die Zahlung von **Zugewinnausgleichsansprüchen** als Einkommen zu werten ist oder – als Realisierung des vorhandenen Anspruchs – als Vermögen. Dazu ist Folgendes zu erwägen: Der Zugewinnausgleichsanspruch wird fällig mit Rechtskraft der Scheidung. In diesem Moment entsteht die Forderung. Dies ist ein Vermögenswert, der anzurechnen ist, wenn er sofort realisierbar ist. Zahlungen auf den Anspruch aus Zugewinnausgleich stellen daher Vermögen dar.[138]

176 Allerdings hat die Rechtsprechung dieses Problem noch nicht abschließend entschieden. Der Zugewinnanspruch wird zum Teil als Einkommen angesehen,[139] zum Teil jedoch als Vermögen.[140] Damit der Zugewinn nicht durch die Anrechnung nach dem SGB II verloren geht, ist eine rechtzeitige Beratung zu möglichen

135 LSG NRW 10.5.2007 – L 20 B 24/07 SO ER, FEVS 58, 555.
136 BSG 19.9.2008 – B 14 AS 64/07 R, BSGE 101, 268.
137 BSG 24.2.2011 – B 14 AS 75/10 R, FEVS 63, 145.
138 Schellhorn/Schellhorn/Hohm SGB XII § 90 Rn. 28.
139 SG Münster 14.12.2012 – S 3 AS 992/10, FamRZ 2013, 1431; LSG LSA 13.5.2015 – L 4 AS 168/15 NZB.
140 SG Berlin 28.1.2010 – S 128 AS 25352/07, ZFSH/SGB 2010, 183.

Gestaltungsformen unabdingbar. Handelt es sich um eine geringe Zugewinnausgleichsforderung, ist daher zu überlegen, ob statt Zahlung eines Zugewinnausgleichsbetrages zB Haushaltsgegenstände oder ein Kraftfahrzeug in Empfang genommen werden, die in der Regel nicht als verwertbares Vermögen angerechnet werden können (§ 12 Abs. 2 S. 1 Nr. 1 SGB II). Es sind daher nicht nur andere mögliche Gestaltungsformen zu bedenken,[141] sondern es ist vor allem der gesetzliche Forderungsübergang in die Überlegung einzubeziehen, falls der Zugewinnanspruch als Einkommen gewertet wird.

---

141 Hierzu auch Doering-Striening, Eheliche Vermögensauseinandersetzung und Arbeitslosenhilfe, FamRB 2004, 270.

Schwerpunktbeitrag 7:
Steuerrechtliche Bezüge im Familienrecht

Literatur: *Engels*, Steuerrecht für die familienrechtliche Praxis, 2. Aufl. 2015; *Maier, R.*, Das unterhaltsrechtliche Einkommen bei Selbständigen – Rechtliche, betriebswirtschaftliche und steuerliche Bestimmungsgründe, 1996; *Schmidt*, Einkommensteuergesetz, Kommentar, 35. Aufl. 2016.

I. Einkommensteuertarif im Überblick

1. Tarifaufbau. In der nachfolgenden Übersicht sind die wesentlichen Grundbe- 1
griffe des Einkommensteuertarifs nach § 32 a Abs. 1 und 5 EStG für den Veranlagungszeitraum 2017 zusammengestellt (ohne die Besonderheiten aufgrund der
sog Reichensteuer):[1]

---

1 Im Sonderfall der sog Reichensteuer ergeben sich nach § 32 a Abs. 1 S. 2 Nr. 5 EStG folgende Besonderheiten: Obere Proportionalstufe mit konstantem Grenzsteuersatz von 45 %
ab einem „zu versteuernden Einkommen" von 256.304 EUR p.a. (Grundtarif) bzw.
512.608 EUR p.a. (Splittingtarif).

	Tarif 2017
Grundfreibetrag	
Grundtarif p.a.	8.820 €
Splittingtarif p.a.	17.640 €
Progressionszone mit ansteigenden	
Grenzsteuersätzen von	14 % bis 42 %
Obere Proportionalstufe mit konstantem	
Grenzsteuersatz von	42 %
ab einem „zu versteuernden Einkommen" von	
Grundtarif p.a.	54.058 €
Splittingtarif p.a.	108.116 €

2 In den Einkommensteuertarif ist ein **Grundfreibetrag** eingearbeitet, der zur Sicherung des Existenzminimums steuerfrei bleiben muss.[2] Der **Splittingtarif** kommt insbesondere bei der Zusammenveranlagung von Ehegatten zur Anwendung.[3] Ansonsten ist der **Grundtarif** relevant (→ Rn. 17 ff.). Im Splittingtarif ist der doppelte Grundfreibetrag berücksichtigt.

3 Für das „zu versteuernde Einkommen" oberhalb des Grundfreibetrags steigt der Grenzsteuersatz bis zu den Einkommensgrenzen der **oberen Proportionalstufe**. In der oberen Stufe ist der Grenzsteuersatz konstant.

4 **2. Tabelle zum Einkommensteuertarif.** In der nachfolgenden Übersicht werden die Höhe der „tariflichen Einkommensteuer" sowie die Durchschnitts- und Grenzsteuersätze jeweils für Grund- und Splittingtarif in Abhängigkeit von der Höhe des „zu versteuernden Einkommens" für den Veranlagungszeitraum 2017 zusammengestellt. Die zusätzliche Belastung durch die Zuschlagsteuern (Solidaritätszuschlag und ggf. Kirchensteuer) ist nicht berücksichtigt.

---

2 BVerfG FamRZ 1999, 291; 1993, 285; 1990, 965; 1990, 955.
3 Es verstößt nicht gegen Art. 3 Abs. 1 GG, dass der Splittingtarif auf Partner eheähnlicher Lebensgemeinschaften nicht anwendbar ist: BFH 24.7.2014 – III B 28/13, BFH/NV 2014, 1741; 21.3.2012 – III B 52/11, BFH/NV 2012, 1125 = FamRZ 2012, 1218 (Ls.).

R. Maier

Zu ver- steuerndes Einkommen €	Einkommensteuer		Durchschnittssteuersatz		Grenzsteuersatz	
	Grund- tarif €	Splitting- tarif €	Grund- tarif %	Splitting- tarif %	Grund- tarif %	Splitting- tarif %
8,000	0	0	0	0	0	0
10,000	179	0	1.8	0	16.4	0
17,000	1,737	0	10.2	0	25.4	0
20,000	2,520	358	12.6	1.8	26.8	16.4
40,000	8,766	5,040	21.9	12.6	35.7	26.8
55,000	14,624	9,304	26.6	16.9	**42.0**	30.1
80,000	25,124	17,532	31.4	21.9	42.0	35.7
110,000	37,724	29,248	34.3	26.6	42.0	**42.0**
120,000	41,924	33,448	34.9	27.9	42.0	42.0

Der **Durchschnittssteuersatz** ist die Einkommensteuer im prozentualen Verhält- 5 nis zum „zu versteuernden Einkommen". Er liegt stets unter dem Grenzsteuer- satz, nicht zuletzt wegen des in den Tarif eingearbeiteten Grundfreibetrags. Der **Grenzsteuersatz** ist der Prozentsatz, mit dem (theoretisch beliebig kleine) Ein- kommenszuwächse bzw. -verringerungen steuerlich be- bzw. entlastet werden. Für realistische Einkommensveränderungen ist der Grenzsteuersatz ein Nähe- rungswert.

Beispiel: Ein Alleinstehender (Einzelveranlagung, dh Besteuerung nach dem Grundtarif) mit einem „zu versteuernden Einkommen" iHv 40.000 EUR p.a. muss für eine Einkommensverbesserung um 500 EUR p.a. näherungsweise 35,7 % = rd. 179 EUR abführen (zzgl. Solidaritätszuschlag und ggf. Kirchen- steuer).

3. Ermittlung des „zu versteuernden Einkommens" und der „festzusetzenden 6 **Einkommensteuer".** In der nachfolgenden Übersicht wird die Ermittlung des „zu versteuernden Einkommens" nach § 2 Abs. 1 bis 5 EStG entwickelt, wobei nur die wesentlichen Posten aufgeführt sind:

	Summe der Einkünfte aus den sieben Einkunftsarten (§ 2 Abs. 1 und 2 EStG)
abzgl.	Altersentlastungsbetrag (§ 24a EStG)
abzgl.	Entlastungsbetrag für Alleinerziehende (§ 24b EStG)
=	Gesamtbetrag der Einkünfte (§ 2 Abs. 3 EStG)
abzgl.	Verlustabzug nach § 10d EStG
abzgl.	Sonderausgaben (§§ 10 bis 10c EStG)
abzgl.	außergewöhnliche Belastungen (§§ 33 bis 33b EStG)
=	Einkommen (§ 2 Abs. 4 EStG)
abzgl.	Freibeträge für Kinder (§§ 31, 32 Abs. 6 EStG)
abzgl.	Härteausgleich nach § 46 Abs. 3 EStG, § 70 EStDV
=	zu versteuerndes Einkommen (§ 2 Abs. 5 EStG)

7 Das „zu versteuernde Einkommen" bildet die Bemessungsgrundlage für die tarifliche Einkommensteuer (nach dem Grundtarif oder nach dem Splittingtarif).

8 Die „**festzusetzende Einkommensteuer**" ist wie folgt zu ermitteln (Beschränkung auf wesentliche Posten):

	tarifliche Einkommensteuer nach Grund- oder Splittingtarif (§ 32a Abs. 1, 5 EStG)
abzgl.	ausländische Steuern (§ 34c Abs. 1 und 6 EStG)
abzgl.	Steuerermäßigungen (z.B. für haushaltsnahe Dienstleistungen und Handwerkerleistungen nach § 35a EStG)
zzgl.	Anspruch auf Kindergeld, soweit in den Fällen des § 31 EStG das Einkommen um Freibeträge für Kinder gemindert wurde
=	festzusetzende Einkommensteuer (§ 2 Abs. 6 EStG)

II. Veranlagung von Ehegatten im Einkommensteuerrecht: Ehe, Trennung, Scheidung

9 **1. Veranlagung zur Einkommensteuer. a) Wahlrecht.** Während der Ehe können Ehegatten nach dem **Steuerrecht** grundsätzlich zwischen der Zusammenveranlagung und der Einzelveranlagung wählen; zu den steuerrechtlichen und zivilrechtlichen Grenzen des Wahlrechts → Rn. 28 ff. Nach § 26 Abs. 1 EStG ist Voraussetzung, dass beide Ehegatten unbeschränkt einkommensteuerpflichtig sind und nicht dauernd getrennt leben; diese Voraussetzungen müssen zu einem beliebigen Zeitpunkt im Veranlagungszeitraum sämtlich gleichzeitig vorgelegen haben (→ Rn. 50 ff.).

10 Die Veranlagungsart kann jedes Jahr neu bestimmt werden. Nach § 26 Abs. 2 S. 1 EStG werden Ehegatten einzeln veranlagt, wenn einer der Ehegatten die Einzelveranlagung wählt. Ehegatten werden zusammen veranlagt, wenn beide Ehegatten die Zusammenveranlagung wählen. Die Wahl wird für den betreffenden Veranlagungszeitraum durch Angabe in der Einkommensteuererklärung getroffen, und zwar durch einen entsprechenden Vermerk auf dem Hauptvordruck (Mantelbogen). Wird von dem Wahlrecht nach § 26 Abs. 2 EStG nicht oder nicht wirksam Gebrauch gemacht, so wird das Finanzamt eine Zusammenveranlagung durchführen (§ 26 Abs. 3 EStG).

11 In der Insolvenz wird das Wahlrecht der Ehegatten für eine Einzelveranlagung oder eine Zusammenveranlagung eines Ehegatten durch den Insolvenzverwalter und im vereinfachten Insolvenzverfahren durch den Treuhänder ausgeübt.[4] Nach dem Tode eines Ehegatten steht das Veranlagungswahlrecht dessen Erben zu.[5]

---

4 BGH 18.5.2011 – XII ZR 67/09, FamRZ 2012, 357; 18.11.2010 – IX ZR 240/07, FamRZ 2011, 210; 24.5.2007 – IX ZR 8/06, FamRZ 2007, 1320 (1321). Zur Rechtsprechung im Steuerrecht vgl. BFH BStBl. II 2000, 573; Schmidt/Seeger EStG § 26 Rn. 17. Allerdings verbleibt das Recht zur Wahl der Lohnsteuerklasse beim Insolvenzschuldner: BFH 27.7.2011 – VI R 9/11, BFH/NV 2011, 2111; 24.2.2011 – VI R 21/10, BStBl. II 2011, 520.

5 BFH BStBl. II 2007, 770 = FamRZ 2007, 1735.

Vor Eintritt der Unanfechtbarkeit des Einkommensteuerbescheids kann im **Einspruchsverfahren** die Veranlagungsart geändert werden.[6] Die Einspruchsfrist beträgt einen Monat nach Bekanntgabe des Steuerbescheids (§ 355 Abs. 1 AO). Innerhalb der Einspruchsfrist kann auch eine schlichte Änderung des Steuerbescheids beantragt werden. Falls ein Ehegatte die Zustimmung zur Zusammenveranlagung zivilrechtlich erwirken möchte, sollte er seinen Einkommensteuerbescheid durch Einlegung eines Einspruchs offenhalten. Selbst wenn der Steuerbescheid eines Ehegatten bereits bestandskräftig ist, steht dem anderen Ehegatten, dessen Steuerbescheid noch nicht unanfechtbar ist, das Wahlrecht zivilrechtlich zu.[7]

Die **Wahl der Veranlagungsart** durch die Ehegatten löst nur die Rechtsfolgen der §§ 26 a und 26 b EStG aus, lässt im Übrigen aber die **Besteuerungsgrundlagen unberührt**. Beantragen die Ehegatten innerhalb der Frist für einen Einspruch gegen den Zusammenveranlagungsbescheid die Einzelveranlagung, ist das Finanzamt bei der daraufhin für jeden durchzuführenden Einzelveranlagung an die tatsächliche und rechtliche Beurteilung der Besteuerungsgrundlagen im Zusammenveranlagungsbescheid gebunden.[8]

Nach Eintritt der Unanfechtbarkeit des Steuerbescheids kann die Wahl der Veranlagungsart innerhalb eines Veranlagungszeitraums nach § 26 Abs. 2 S. 4 EStG nur noch geändert werden, wenn

- ein Steuerbescheid, der die Ehegatten betrifft, aufgehoben, geändert oder berichtigt wird **und**
- die Änderung der Wahl der Veranlagungsart der zuständigen Finanzbehörde bis zum Eintritt der Unanfechtbarkeit des Änderungs- oder Berichtigungsbescheids schriftlich oder elektronisch mitgeteilt oder zur Niederschrift erklärt worden ist **und**
- der Unterschiedsbetrag aus der Differenz der festgesetzten Einkommensteuer entsprechend der bisher gewählten Veranlagungsart und der festzusetzenden Einkommensteuer, die sich bei einer geänderten Ausübung der Wahl der Veranlagungsarten ergeben würde, positiv ist. Die Einkommensteuer der einzeln veranlagten Ehegatten ist hierbei zusammenzurechnen.

Die drei Voraussetzungen für ein Wiederaufleben des Wahlrechts müssen **kumulativ** gegeben sein. Bei der ersten Voraussetzung ist es unerheblich, nach welcher Korrekturnorm der AO die Änderung oder Berichtigung erfolgt. Die Änderung der Wahl der Veranlagungsart hängt dann wieder vom Antrag eines oder beider Ehegatten ab.

b) Einkommensteuererklärung. Die Verpflichtung zur Abgabe einer Einkommensteuererklärung ist im Einzelnen in § 56 EStDV geregelt. Ehegatten, die beide keinen Arbeitslohn bezogen haben und eine Zusammenveranlagung durchführen, müssen beispielsweise auf jeden Fall eine Einkommensteuererklärung einreichen, wenn der „Gesamtbetrag der Einkünfte" (§ 2 Abs. 3 EStG) mehr als 17.640 EUR p.a. betragen hat. Bei Einzelveranlagung liegt die Grenze des „Gesamtbetrags der Einkünfte" bei 8.820 EUR p.a. Die genannten Beträge entsprechen dem Grundfreibetrag nach § 32 a EStG (für Veranlagungszeitraum 2017),

---

6 Schmidt/Seeger EStG § 26 Rn. 23.
7 OLG Koblenz 24.5.2016 – 13 WF 501/16, FamRZ 2016, 2013 (2014).
8 BFH 31.1.2013 – III R 15/10, BFH NV 2013, 1071 Rn. 17; 15.12.2005 – III R 49/05, BFH/NV 2006, 933; 3.3.2005 – III R 60/03, BStBl. II 2005, 564.

der allerdings an das „zu versteuernde Einkommen" (§ 2 Abs. 5 EStG) anknüpft. Nach § 149 Abs. 1 S. 2 AO ist eine Einkommensteuererklärung außerdem abzugeben, wenn das Finanzamt dazu auffordert (unabhängig von der Höhe der Einkünfte etc). Zur Veranlagung bei Arbeitnehmern → Rn. 33.

17 **c) Zusammenveranlagung von Ehegatten. aa) Steuerliche Konsequenzen.** Die Zusammenveranlagung nach § 26 b EStG ist der „Regelfall" und hat zur Folge, dass die Eheleute nach dem **Splittingtarif** besteuert werden. Ohne besonderen Antrag werden die Ehegatten vom Finanzamt gemeinsam veranlagt (§ 26 Abs. 3 EStG). Im Rahmen der Zusammenveranlagung bleiben die Ehegatten Einzelsteuersubjekte. Die Einkünfte der Eheleute sind erst einmal getrennt zu ermitteln. Im Bereich der Erzielung und der Ermittlung der Einkünfte gilt der Grundsatz der Individualbesteuerung.[9] Die Einkünfte eines jeden Ehegatten werden zu einem einheitlichen „Gesamtbetrag der Einkünfte" zusammengerechnet. Die Sonderausgaben, außergewöhnlichen Belastungen etc werden dann gemeinsam ermittelt. Bei Ehegatten, die nach § 26 b EStG zusammen zur Einkommensteuer veranlagt werden, kommt es für den Abzug von Sonderausgaben nicht darauf an, ob sie der Ehemann oder die Ehefrau geleistet hat (vgl. R 10.1 EStR).

18 **bb) Vorteile.** Beim Splitting-Verfahren wird die Einkommensteuer von der Hälfte des „zu versteuernden Einkommens" nach dem Grundtarif berechnet und dann verdoppelt (§ 32 a Abs. 5 EStG). Die progressive Wirkung des Tarifs wird dadurch gemildert. Zusammenveranlagte Ehegatten werden einkommensteuerrechtlich im Ergebnis so behandelt, als würde jeder Ehegatte an den Einkünften und Lasten des anderen wirtschaftlich jeweils zur Hälfte teilnehmen.[10] Im Rahmen des Splittingtarifs ist der Grundfreibetrag verdoppelt, und zwar auf insgesamt 17.640 EUR (für Veranlagungszeitraum 2017). Wenn einer der beiden Partner ein anteiliges „zu versteuerndes Einkommen" unterhalb seines anteiligen Grundfreibetrags nach § 32 a Abs. 1 S. 2 Nr. 1 EStG iHv 8.820 EUR p.a. erzielt, steht im materiellen Ergebnis dem anderen Partner ein höherer Grundfreibetrag (im Vergleich zu einer getrennten Veranlagung) zur Verfügung. Die Anwendbarkeit des Splittingtarifs führt dann zur höchstmöglichen **Steuerersparnis**, wenn nur ein Ehegatte Einkünfte erzielt während der andere kein eigenes Einkommen hat; zur Ermittlung des Splittingvorteils → Rn. 171.

19 Liegt hingegen das „zu versteuernde Einkommen" beider Ehegatten auf gleichem Niveau, bietet der Splittingtarif bei Zusammenveranlagung gegenüber dem Grundtarif bei getrennter Veranlagung **keinen Vorteil.** Der Splittingtarif führt gegenüber dem Grundtarif auch dann in der Summe zum materiell gleichen Ergebnis, wenn sich das „zu versteuernde Einkommen" jedes Partners in den Einkommensbereichen bewegt, die mit dem Höchststeuersatz (obere Proportionalstufe mit konstantem Grenzsteuersatz) belegt werden; dies gilt in der oberen Proportionalstufe auch dann, wenn das Einkommen der Partner auf unterschiedlichem Niveau liegt.

20 Neben der Anwendbarkeit des Splittingtarifs können sich aus der Zusammenveranlagung im Einzelfall **weitere Vorteile** ergeben, beispielsweise die grundsätzliche Verrechnungsmöglichkeit von Verlusten zwischen den Ehegatten,[11] die Verdoppelung der Höchstbeträge für Vorsorgeaufwendungen (§ 10 Abs. 3 EStG)

---

9 BFH BStBl. II 1986, 713.
10 BFH BStBl. II 1989, 164 (168) mwN.
11 Beschränkungen des Verlustabzugs ergeben sich beispielsweise aus § 10 d EStG.

und bei der Berechnung des Sonderausgaben-Pauschbetrags (§ 10 c EStG) sowie die Verdoppelung des Sparer-Pauschbetrags (§ 20 Abs. 9 S. 2 und S. 3 EStG). Im Rahmen der Einkommensteuerveranlagung wirkt sich dieser Sparer-Pauschbetrag nur für den Fall der Option nach § 32 d Abs. 6 EStG aus.

Statt der Abgeltung der Steuer auf Kapitaleinkünfte mit einem einheitlichen **21** Steuersatz von 25 % zzgl. Solidaritätszuschlag zzgl. ggf. Kirchensteuer (§ 32 d Abs. 1 EStG) besteht ein Wahlrecht, zB im Fall einer geringen Steuerprogression, diese im Rahmen der Veranlagung zu erklären (Günstiger-Prüfung nach § 32 d Abs. 6 EStG). Dieses Wahlrecht kann nur einheitlich für alle Kapitaleinkünfte in Anspruch genommen werden. Eheleute können im Fall der Zusammenveranlagung ebenfalls das Wahlrecht nur einheitlich für alle Kapitaleinkünfte ausüben.

cc) Verwitweten- und Geschiedenen-Splitting. Hauptanwendungsfall des Split- **22** tingtarifs ist die Zusammenveranlagung von Ehegatten. Der Splittingtarif wird auch angewendet bei Verwitweten für das Kalenderjahr, das dem Todesjahr des Ehegatten folgt, wenn im Zeitpunkt des Todes die Voraussetzungen für das Veranlagungswahlrecht erfüllt waren („**Verwitweten-Splitting**" nach § 32 a Abs. 6 Nr. 1 EStG).

Des Weiteren wird der Splittingtarif angewendet bei einem Steuerpflichtigen, **23** dessen Ehe im Kalenderjahr aufgelöst worden ist (durch Scheidung, Aufhebung oder Nichtigerklärung der Ehe) und dessen bisheriger Ehegatte im Scheidungs-jahr **wieder geheiratet** hat, wenn sowohl der Steuerpflichtige und sein bisheriger Ehegatte als auch sein bisheriger Ehegatte und dessen neuer Ehegatte die Vor-aussetzungen für das Veranlagungswahlrecht erfüllt haben; dies gilt nicht, wenn auch der Steuerpflichtige wieder geheiratet hat und getrennt zur Einkommen-steuer veranlagt wird („**Geschiedenen-Splitting**" nach § 32 a Abs. 6 Nr. 2 EStG). Trotz Splittingtarif wird das „zu versteuernde Einkommen" nach den Grundsät-zen der Einzelveranlagung ermittelt.

d) Einzelveranlagung von Ehegatten. aa) Steuerliche Konsequenzen. Ehegatten **24** werden einzeln veranlagt, wenn einer der Eheleute diese Veranlagung wählt oder beide es beantragen (§ 26 Abs. 2 EStG). Wie bei der Zusammenveranlagung werden jedem Ehegatten die Einkünfte zugerechnet, die er bezogen hat. Im Ge-gensatz zur Zusammenveranlagung werden jedoch auch die Sonderausgaben, außergewöhnlichen Belastungen etc getrennt abgezogen, so dass für jeden Part-ner ein „zu versteuerndes Einkommen" ermittelt und der **Grundtarif** angewen-det wird. Hat ein Ehegatte die Einzelveranlagung gewählt, ist für jeden Ehegat-ten eine Veranlagung durchzuführen, auch wenn sich jeweils eine Steuerschuld von 0 EUR ergibt (R 25 S. 1 EStR).

bb) Aufteilung. Die Einzelveranlagung von Ehegatten muss **nicht** völlig iden- **25** tisch mit einer **Einzelveranlagung Alleinstehender** sein.[12] Nach § 26 a Abs. 2 S. 1 EStG werden Sonderausgaben, außergewöhnliche Belastungen und die Steuerer-mäßigung nach § 35 a EStG demjenigen Ehegatten zugerechnet, der die Aufwen-dungen wirtschaftlich getragen hat. Auf übereinstimmenden Antrag der Ehegat-ten werden sie jeweils zur Hälfte abgezogen; eine solche „Halbteilung" wäre bei einer reinen Einzelveranlagung nicht möglich.

---

12 Nach BFH BStBl. II 2004, 982, stellen Einzelveranlagung (§ 25 EStG), Zusammenveran-lagung (§ 26 b EStG) und Einzelveranlagung von Ehegatten (§ 26 a EStG) … jeweils we-sensverschiedene Veranlagungsverfahren dar; vgl. auch BFH BStBl. II 2009, 808 = FamRZ 2009, 1219.

26 Können die Ehegatten den Antrag auf hälftige Verteilung von Abzugsbeträgen nicht gemeinsam stellen, weil einer der Ehegatten dazu aus zwingenden Gründen nicht in der Lage ist, kann das Finanzamt den Antrag des anderen Ehegatten als genügend ansehen (§ 61 EStDV, R 26 a Abs. 2 EStR).

27 cc) **Vorteile.** In einer Ehe wird grundsätzlich die Zusammenveranlagung günstig oder zumindest nicht schädlich sein. In bestimmten Einzelfällen kann jedoch eine Einzelveranlagung zu empfehlen sein.[13] Mögliche Vorteile können sich beispielsweise ergeben durch die bessere Nutzung eines Verlustrücktrags oder im Zusammenhang mit dem Verlustvortrag (§ 10 d EStG). Eine Vergleichsrechnung kann auch angezeigt sein, wenn ein Ehegatte (fast) ausschließlich außerordentliche Einkünfte hatte, die entsprechend der sog Fünftel-Regelung besteuert werden und der andere Ehepartner nennenswerte laufende positive Einkünfte hat; hier kann im Einzelfall die Steuersenkung durch Anwendung eines besonderen Steuersatzes bei außerordentlichen Einkünften (§ 34 EStG) im Falle einer Zusammenveranlagung verloren gehen. Ein möglicher **Vorteil der Einzelveranlagung** kann sich auch ergeben zur Vermeidung des Progressionsvorbehalts (§ 32 b EStG), der sich bei einer Einzelveranlagung nicht auswirkt, wenn der Partner mit den Vorbehaltseinkünften kein steuerpflichtiges Einkommen hat. Schließlich ist anzumerken, dass sich die Nichtveranlagungsgrenze von Nebeneinkünften bis 410 EUR (§ 46 Abs. 2 Nr. 1 EStG) bei zusammen veranlagten Ehegatten nicht verdoppelt.

28 e) **Pflicht zur Mitwirkung und Zustimmung. aa) Steuerrecht.** Wählt ein Ehegatte mit eigenen Einkünften die Einzelveranlagung, so hat das Finanzamt grundsätzlich einzeln zu veranlagen.[14] Der einseitige Antrag eines Ehegatten auf Einzelveranlagung ist steuerrechtlich nur dann rechtsunwirksam, wenn dieser Ehegatte im Veranlagungszeitraum keine positiven oder negativen Einkünfte erzielt hat oder wenn seine positiven Einkünfte so gering sind, dass weder eine Einkommensteuer festzusetzen ist noch die Einkünfte einem Steuerabzug zu unterwerfen waren, und zwar selbst dann, wenn dem anderen Ehegatten eine Steuerstraftat zur Last gelegt wird (R 26 Abs. 3 S. 4 EStR; H 26 „Ehegatte ohne Einkünfte" EStH). Im Fall eines solchen Antrags sind die Ehegatten nach § 26 Abs. 3 EStG zusammen zu veranlagen, wenn der andere Ehegatte dies beantragt[15] (**Missbrauchs- und Willkürverbot**). Dies entspricht dem Rechtsgedanken des § 226. Das Finanzamt kann sich bei dieser Konstellation über die Wahl der Einzelveranlagung hinwegsetzen, da diese dem betreffenden Gatten keinen Vorteil und dem anderen Gatten nur Nachteile bringen.

29 bb) **Zivilrecht.** Über Missbrauchstatbestände hinaus kann sich jedoch zivilrechtlich eine Zustimmungspflicht aus § 1353 Abs. 1 S. 2 ergeben. Ehegatten, die im Veranlagungszeitraum nicht dauernd getrennt gelebt haben, steht es zwar frei, für welche Veranlagung sie sich entscheiden. Das Wesen der Ehe und die Pflicht zur gegenseitigen Rücksichtnahme erfordert jedoch auch, die finanziellen Lasten des anderen Teils nach Möglichkeit zu vermindern, soweit dies ohne eine Verletzung eigener Interessen möglich ist. Daraus resultiert die grundsätzliche Pflicht, in die vom anderen Ehegatten gewünschte Zusammenveranlagung zur Einkom-

---

13 Vgl. auch die Auflistung bei Schmidt/Seeger EStG § 26 Rn. 19.
14 FG Köln EFG 2005, 703.
15 BFH FamRZ 2008, 888 (Ls.); BFH BStBl. II 2005, 690; 2004, 980 (984); 1992, 297; 1992, 123; 1991, 451; 1973, 625; Schmidt/Seeger EStG § 26 Rn. 22.

mensteuer einzuwilligen, wenn dadurch die Steuerschuld des anderen verringert, der auf Zustimmung in Anspruch genommene Ehegatte aber keiner zusätzlichen steuerlichen Belastung ausgesetzt wird.[16] Ein Ehegatte ist auch dann verpflichtet, einer Zusammenveranlagung zuzustimmen, wenn es zweifelhaft erscheint, ob die Wahlmöglichkeit nach § 26 Abs. 1 S. 1 EStG besteht.[17] Ausgeschlossen ist der geltend gemachte Anspruch aus steuerrechtlichen Gründen dann, wenn eine gemeinsame Veranlagung zweifelsfrei nicht in Betracht kommt.

Die Zustimmung zur Zusammenveranlagung kann vom anderen Ehegatten zivilrechtlich durch **Antrag** beim Familiengericht nach § 266 Abs. 1 Nr. 2 FamFG erwirkt werden.[18]   30

f) Ausgleich von Nachteilen. Wenn ein Ehegatte die Zustimmung des anderen 31 verlangt, hat er diesem eventuell entstehende steuerliche Nachteile als Folge der Zusammenveranlagung grundsätzlich auszugleichen,[19] ähnlich wie beim sog begrenzten Realsplitting. Der Zustimmende kann den Ersatz von Steuerberatungskosten nur verlangen, wenn ihm die Zustimmung zur Zusammenveranlagung ohne die Aufwendung dieser Kosten nicht zugemutet werden kann.[20]

Umgekehrt gilt: Verweigert der Ehegatte die Zustimmung zur Zusammenveranlagung zu Unrecht bzw. grundlos (zB nach der Trennung für das Trennungsjahr und das vorangegangene Jahr), ist er dem anderen zum Ausgleich des dadurch entstehenden Steuernachteils verpflichtet.[21] Durch die unberechtigte Verweigerung der Zustimmung macht sich der betreffende Ehegatte schadensersatzpflichtig.[22] Zum Ausgleich von Nachteilen, wenn die Ehegatten eine Aufteilung der Steuerschulden (ggf. konkludent durch Leistung von Einkommensteuer-Vorauszahlungen durch einen Partner) vereinbart bzw. die Kombination der Lohnsteuerklassen III/V gewählt haben → Rn. 137.   32

2. Lohnsteuer als Erhebung der Einkommensteuer. a) Steuerabzug vom Arbeitslohn. Bei „Einkünften aus nichtselbstständiger Arbeit" wird die Einkommensteuer durch Abzug vom Arbeitslohn erhoben (Lohnsteuer). Mit dem Lohnsteu-   33

---

16 BGH FamRZ 2010, 269 (270); 2007, 1229; 2005, 182 (183); 2003, 1454 (1455); 2002, 1024 (1025); 1988, 143 (144); 1977, 38 (40 f.); OLG Hamm FamRZ 1998, 241; OLG Köln FamRZ 1993, 806; OLG Karlsruhe FamRZ 1991, 441; OLG Düsseldorf FamRZ 1990, 160; AG Dillingen FamRZ 2001, 99.
Zur Zustimmungspflicht durch den Insolvenzverwalter des anderen Ehegatten vgl. BGH 18.11.2010 – IX ZR 240/07, FamRZ 2011, 210. Dagegen hat der Insolvenzverwalter keinen Anspruch gegen den anderen Ehegatten auf Zustimmung zur steuerlichen Zusammenveranlagung, um dem anderen Ehegatten zustehende Verlustvortrag zu nutzen: OLG Schleswig 23.5.2014 – 10 UF 63/13, FamRZ 2014, 1924.
Zum Verlust des Zustimmungsanspruchs bei Verstoß gegen die eheliche Friedenspflicht (hier häusliche Gewalt) vgl. LG Leipzig FamRZ 2010, 1802.
17 BGH FamRZ 2005, 182 (183) m. krit. Anm. Meyer; OLG Naumburg 28.6.2012 – 8 UF 12/12, FamRZ 2013, 550 (Ls.); aA OLG Hamm FamRZ 1994, 893.
18 BGH 12.6.2002 – XII ZR 288/00, FamRZ 2002, 1024; BGH FamRZ 1977, 38; OLG Koblenz FamRZ 2005, 224; OLG Stuttgart FamRZ 1992, 1447; OLG Düsseldorf FamRZ 1990, 160; OLG Frankfurt/M. FamRZ 1989, 1321; vgl. auch Engels, Steuerrecht für die familienrechtliche Praxis, 2. Aufl. 2015, S. 51 ff.
19 BGH 18.11.2010 – IX ZR 240/07, FamRZ 2011, 210; BGH FamRZ 2007, 1320 (1321); 2007, 1229; 2005, 182 (183); 1977, 38 (41); OLG Hamm FamRZ 1990, 291; LG Gießen FamRZ 2001, 97. Zum Schadensersatz bei Umschreibung des Kinderfreibetrags mangels steuerlicher Auswirkung vgl. LG Konstanz FamRZ 2005, 799.
20 BGH FamRZ 2002, 1024 (1027).
21 OLG Hamm FamRZ 2001, 98.
22 BGH FamRZ 2010, 269 (270).

erabzug gilt die Einkommensteuerschuld als abgegolten, sofern nicht eine Veranlagung vorgeschrieben ist (**Pflichtveranlagung** nach § 46 Abs. 2 Nr. 1 bis 7 EStG) oder vom Arbeitnehmer beantragt wird (**Antragsveranlagung** nach § 46 Abs. 2 Nr. 8 EStG). Im Falle einer (späteren) Einkommensteuer-Veranlagung wird die einbehaltene Lohnsteuer auf die festzusetzende Einkommensteuer angerechnet. Eine Pflichtveranlagung ist bei Arbeitnehmern nur in bestimmten Fällen erforderlich, zB: positive Summe der Einkünfte, von denen keine Lohnsteuer einbehalten worden ist, beträgt mehr als 410 EUR; positive Summe bestimmter Lohnersatzleistungen beträgt mehr als 410 EUR; bei Ehegatten mit Steuerklassenkombinationen III/V oder „IV/IV mit Faktor"; bei Berücksichtigung eines Freibetrags im Lohnsteuer-Ermäßigungsverfahren.

34 Beim ELStAM-Verfahren (elektronische Lohnsteuer-Abzugsmerkmale) teilt das Finanzamt die von ihm festzustellenden Lohnsteuer-Abzugsmerkmale dem Bundeszentralamt für Steuern zum Zweck der Bereitstellung für den automatisierten Abruf durch den Arbeitgeber mit (§ 39 e Abs. 1 EStG). Als Lohnsteuer-Abzugsmerkmale werden bspw. die Steuerklasse, die Zahl der Kinderfreibeträge, die Religionszugehörigkeit sowie ggf. ein Behinderten- und Hinterbliebenenpauschbetrag berücksichtigt. Die Zahl der **Kinderfreibeträge** spielt zwar für die Höhe des Lohnsteuerabzugs keine Rolle, beeinflusst jedoch die Höhe der Zuschlagsteuern (Solidaritätszuschlag und Kirchensteuer).

35 **b) Steuerklassen.** Die Steuerklasse beeinflusst die Höhe des Lohnsteuerabzugs in der Regel am stärksten:

In die **Steuerklasse I** gehören insbesondere Ledige, Geschiedene, Getrennt lebende und Verwitwete, deren Partner im vorvergangenen Jahr verstorben ist.

36 Die **Steuerklasse II** gibt es für Alleinerziehende, die mindestens für ein Kind Kindergeld oder den Kinderfreibetrag erhalten und die tatsächlich alleine leben, also nicht in einer Haushaltsgemeinschaft mit anderen volljährigen Personen (ausgenommen ein volljähriges Kind, für das Anspruch auf Kindergeld oder Kinderfreibetrag besteht). An die Steuerklasse II knüpft der Entlastungsbetrag für Alleinerziehende an (§ 24 b EStG).

37 Die **Steuerklasse III** ist insbesondere für verheiratete Arbeitnehmer, die beide im Inland wohnen, nicht dauernd getrennt leben und von denen nur ein Ehepartner Arbeitslohn bezieht. Wenn beide Arbeitslohn erhalten, wird der andere Ehepartner auf Antrag in die (ungünstige) **Steuerklasse V** eingereiht. Die Steuerklasse III hat den geringsten Lohnsteuerabzug.

38 Die **Steuerklasse IV** ist für verheiratete Arbeitnehmer, die beide im Inland wohnen, nicht dauernd getrennt leben und bei denen beide Ehepartner Arbeitslohn beziehen. Zur Steuerklasse „IV mit Faktor" → Rn. 44 ff.

39 Die (ungünstige) **Steuerklasse VI** gilt bei Arbeitnehmern, die nebeneinander von mehreren Arbeitgebern Arbeitslohn beziehen, für die Einbehaltung der Lohnsteuer aus dem zweiten und weiteren Dienstverhältnis.

40 **c) Berücksichtigung Freibetrag.** Auf Antrag des Arbeitnehmers, bei Ehegatten auf gemeinsamen Antrag, können nach § 39 a EStG vom Finanzamt über die als Lohnsteuer-Abzugsmerkmale bereits berücksichtigten Freibeträge hinaus bestimmte steuerlich anzuerkennende Aufwendungen bereits beim Lohnsteuerabzug im laufenden Kalenderjahr steuerermäßigend berücksichtigt werden. Der Antrag muss bis spätestens 30.11. des laufenden Kalenderjahres beim Finanzamt gestellt werden.

Im sog **Lohnsteuer-Ermäßigungsverfahren** können unter anderem folgende Beträge nach § 39 a Abs. 1 EStG berücksichtigt werden: erhöhte **Werbungskosten** bei Arbeitnehmern (soweit sie den Arbeitnehmer-Pauschbetrag übersteigen), **Sonderausgaben** (ausgenommen Vorsorgeaufwendungen und Altersvorsorgebeiträge, soweit sie den Sonderausgaben-Pauschbetrag übersteigen, zB Unterhaltsleistungen im Rahmen des Realsplittings), **außergewöhnliche Belastungen** (zB Aufwendungen für Unterhalt nach § 33 a Abs. 1 EStG) und die negative Summe von Einkünften (die sich ergibt, wenn alle anderen Einkunftsarten, mit Ausnahme des Arbeitslohns und der positiven Einkünfte aus Kapitalvermögen, zusammengerechnet werden, zB Verluste aus Vermietung und Verpachtung). 41

Der Antrag ist unzulässig, wenn die geltend gemachten Aufwendungen für Werbungskosten, Sonderausgaben und bestimmte außergewöhnliche Belastungen 600 EUR nicht übersteigen. Für die Feststellung dieser Antragsgrenze dürfen die Werbungskosten nur mit dem Betrag angesetzt werden, der den Arbeitnehmer-Pauschbetrag übersteigt. Die Geltendmachung negativer Einkünfte aus anderen Einkunftsarten ist jedoch an diese Antragsgrenze nicht gebunden. Die Berücksichtigung eines Freibetrags führt zur Pflichtveranlagung (§ 46 Abs. 2 Nr. 4 EStG). 42

d) Gesamtsteuerlast. Aus rein steuerrechtlicher Sicht haben die Steuerklasse und die übrigen Lohnsteuer-Abzugsmerkmale „nur" Auswirkungen auf die Lohnsteuer als Vorauszahlung zur Einkommensteuer und damit auf die Steuerbelastung im Jahresverlauf, soweit eine Pflichtveranlagung oder eine Antragsveranlagung zur Einkommensteuer durchgeführt wird. Die Gesamtsteuerlast bzw. die Jahres-Einkommensteuer wird durch die Steuerklasse nicht beeinflusst; für die Höhe der Einkommensteuer ist der Tarif entscheidend (Grund- oder Splittingtarif). Wird eine Veranlagung zur Einkommensteuer durchgeführt, werden zu wenig oder zu viel vorausgezahlte Lohnsteuern ausgeglichen. 43

e) Wahl bei Ehegatten. Arbeiten beide Ehepartner, haben sie die Wahl zwischen den **Steuerklassenkombinationen** IV/IV (ohne Faktor) oder III/V oder IV/IV mit Faktor (Faktorverfahren). Die Kombination IV/IV (ohne Faktor) geht davon aus, dass beide Ehegatten in etwa gleich viel verdienen. Bezieht ein Partner etwa 60 % oder mehr des gemeinsamen zu versteuernden Einkommens, ist die Lohnsteuerlast während des Jahres insgesamt am geringsten, wenn der höher verdienende Partner die Klasse III wählt (insbesondere wegen des verdoppelten Grundfreibetrags); der andere (geringer verdienende) erhält dann die Klasse V mit hohen Lohnsteuerabzügen (ua kein Grundfreibetrag). Nach § 39 Abs. 6 EStG können Ehepaare auf gemeinsamen Antrag bis zum 30.11. des laufenden Jahres mit Wirkung ab dem Folgemonat beim Finanzamt die Änderung der Steuerklasse beantragen; der Wechsel der Steuerklassen kann im Laufe eines Kalenderjahres nur einmal vorgenommen werden. Bei den Kombinationen III/V oder IV/IV mit Faktor besteht die Pflicht, eine Einkommensteuererklärung abzugeben (§ 46 Abs. 2 Nr. 3 a EStG). Die Erklärungspflicht besteht bereits dann, wenn beide Ehegatten Arbeitslohn bezogen haben und einer von ihnen für einen Teil des Veranlagungszeitraums nach der Steuerklasse V besteuert worden ist. Zu Fragen des Splittingvorteils bei der Wahl der Steuerklassen → Rn. 176. 44

Die mit hohen Abschlägen verbundene und deshalb unbeliebte Steuerklasse V kann durch das optionale **Faktorverfahren** entschärft werden. Nach Angaben des Bundesfinanzministeriums sind über 90 % der Steuerpflichtigen mit Steuerklasse V Frauen. Die Steuerklasse V gilt (politisch) als Beschäftigungshemmnis 45 für Frauen und schafft „objektive Motivationsprobleme". Der Partner mit Steuerklasse V erwirbt zugleich geringere Ansprüche auf Sozialleistungen, die sich am letzten Nettolohn orientieren.

46 Das Faktorverfahren ist für Ehepaare mit unterschiedlich hohem Arbeitnehmereinkommen vorgesehen (§ 39 f EStG). Bei Ehegatten, die in die Steuerklasse IV gehören, hat das Finanzamt auf Antrag beider Ehegatten anstelle der Steuerklassenkombination III/V als Lohnsteuer-Abzugsmerkmal jeweils die Steuerklasse IV in Verbindung mit einem Faktor zur Ermittlung der Lohnsteuer zu berücksichtigen. Der Faktor (kleiner eins) wird vom Finanzamt berechnet. Für die Einbehaltung der Lohnsteuer vom Arbeitslohn hat der Arbeitgeber Steuerklasse IV und den Faktor anzuwenden. Mit dem Verfahren wird der Splittingvorteil durch die gemeinsame Besteuerung auf beide verteilt; die einbehaltene Lohnsteuer wird in Anlehnung an das Splittingverfahren ermittelt. Das Faktorverfahren führt für den Lohnsteuerabzug zu genaueren Ergebnissen. Das Verfahren bewirkt in der Regel einen „gerechteren" monatlichen Lohnsteuerabzug. Es ist vor allem für Ehegatten mit einem größeren Gehaltsunterschied (als Alternative zur Steuerklassenkombination III/V) interessant.

47 **f) Auswirkungen auf Sozialleistungen.** In der Praxis ist bei der Wahl der Steuerklasse von Ehegatten zu beachten, dass es Auswirkungen auf die Höhe bestimmter Sozialleistungen gibt. Die Steuerklasse V führt dazu, dass solche Leistungen geringer ausfallen, als dies bei Steuerklasse IV und insbesondere bei Steuerklasse III der Fall wäre. Insoweit sollte die Wahl der Steuerklasse wohl überlegt werden. Zu viel gezahlte Lohnsteuer kann über die Einkommensteuer-Jahreserklärung zurückgeholt werden, Lohnersatzleistungen hingegen sind womöglich verloren.

48 Zu den nettolohnabhängigen Lohnersatzleistungen gehören beispielsweise Alg I, Elterngeld, Krankengeld und Mutterschaftsgeld. Ein **Beispiel** zum Elterngeld: Maßgeblich für die Höhe des Elterngeldes ist das Durchschnittseinkommen der letzten zwölf Kalendermonate vor der Geburt des Kindes ohne sog „sonstige Bezüge" (§§ 2 b Abs. 1, 2 c Abs. 1 S. 2 BEEG iVm § 38 a Abs. 1 S. 3 EStG).[23] Der Elternteil, der die Betreuung des Kindes übernehmen wird, sollte frühzeitig dafür sorgen, dass für ihn die (günstigere) Steuerklasse III eingetragen ist.[24] Der Wechsel in die Steuerklasse III muss mindestens sieben Monate vor Beginn des Mutterschutzes (für die Mutter) bzw. sieben Monate vor der Geburt (für den Vater) durchgeführt worden sein (§ 2 c Abs. 3 S. 2 BEEG).

49 **g) Ausgleich von Lohnsteuer-Nachteilen.** Zum Ausgleich von Nachteilen, wenn die Ehegatten die Kombination der Lohnsteuerklassen III/V gewählt haben → Rn. 138.

50 **3. Veranlagung und Lohnsteuerabzug im Trennungsjahr. a) Getrenntleben. aa) Steuerrechtliche Grundsätze.** Bei der Frage, ob Ehegatten als dauernd getrennt lebend anzusehen sind, wird steuerrechtlich einer auf Dauer herbeigeführten räumlichen Trennung regelmäßig besondere Bedeutung zukommen.[25] Die eheliche Lebens- und Wirtschaftsgemeinschaft ist im Allgemeinen nicht auf-

---

23 Zum Begriff der „sonstigen Bezüge" iSv § 38 a Abs. 1 S. 3 EStG vgl. die Aufstellung in R 39 b.2 Abs. 2 LStR. Zu den sonstigen Bezügen gehören insbesondere einmalige Arbeitslohnzahlungen, die neben dem laufenden Arbeitslohn gezahlt werden.
24 BSG FamRZ 2009, 1749 (Ls.): Ein Lohnsteuerklassenwechsel ist zulässig.
25 BFH/NV 2010, 2042.

gehoben, wenn sich die Ehegatten nur vorübergehend räumlich trennen, zB bei einem beruflich bedingten Auslandsaufenthalt eines der Ehegatten (vgl. R 26 Abs. 1 EStR).

Beispiel aus einem Verfahren beim Bundesfinanzhof: Die bloße Ankündigung der Ehefrau im November, sich vom Antragsteller trennen zu wollen, war für eine Beendigung der Lebens- und Wirtschaftsgemeinschaft nicht ausreichend. Diese endete vielmehr erst, als der Ehemann nach der Kur, im Januar des Folgejahres, seine persönlichen Gegenstände aus der Wohnung abholte und in eine andere Wohnung zog.[26]

Steuerrechtlich ist ein dauerndes Getrenntleben anzunehmen, wenn die zum Wesen der Ehe gehörende Lebens- und Wirtschaftsgemeinschaft nach dem Gesamtbild der Verhältnisse auf die Dauer nicht mehr besteht. Dabei ist unter **Lebensgemeinschaft** die räumliche, persönliche und geistige Gemeinschaft der Ehegatten, unter **Wirtschaftsgemeinschaft** die gemeinsame Erledigung der die Ehegatten gemeinsam berührenden wirtschaftlichen Fragen ihres Zusammenlebens zu verstehen[27] (zB gemeinsames Konto für das Familieneinkommen, für das beide einzeln Verfügungsmacht besitzen).[28] In der Regel sind die Angaben der Ehegatten, sie lebten nicht dauernd getrennt, von der Finanzverwaltung anzuerkennen, es sei denn, dass die äußeren Umstände das Bestehen einer ehelichen Lebens- und Wirtschaftsgemeinschaft fraglich erscheinen lassen (vgl. H 26 „Getrenntleben" EStH). 51

Auf freiem Entschluss beruhendes räumliches Getrenntleben begründet die (widerlegbare) Vermutung, dass eine eheliche Lebensgemeinschaft nicht mehr besteht. Leben Ehegatten zwar für eine nicht absehbare Zeit räumlich voneinander getrennt und halten sie die eheliche Wirtschaftsgemeinschaft dadurch aufrecht, dass sie die sie berührenden wirtschaftlichen Fragen gemeinsam erledigen und gemeinsam über die Verwendung des Familieneinkommens entscheiden, so kann dies – ggf. zusammen mit anderen Umständen – dazu führen, dass ein nicht dauerndes Getrenntleben anzunehmen ist;[29] die weitergehende Lebensgemeinschaft muss aber weiterhin angestrebt werden.[30] Es ist eine Würdigung nach dem Gesamtbild der Verhältnisse vorzunehmen.[31] Im Rahmen der gebotenen Gesamtwürdigung misst die Rechtsprechung auch der inneren Einstellung zur ehelichen Lebensgemeinschaft entscheidungserhebliche Bedeutung zu. 52

bb) Feststellungen des Scheidungsverfahrens. In einem Scheidungsverfahren zum Getrenntleben getroffene Feststellungen (§ 1565) sind für die steuerliche Beurteilung womöglich ein gewichtiges Indiz, jedoch nicht unbedingt rechtlich bindend (H 26 „Getrenntleben" EStH).[32] 53

Im finanzgerichtlichen Verfahren ist die Beiziehung der Akten des Ehescheidungsverfahrens generell zulässig.[33] Für das Finanzgericht kann sich jedoch ein Verwertungsverbot der Erkenntnisse aus der Beiziehung der familiengerichtlichen Scheidungsakten ergeben, wenn die Ehegatten der Beiziehung widerspre- 54

---

26 BFH/NV 2010, 2042.
27 BFH BStBl. II 1973, 640; OLG Hamm FamRZ 1994, 893.
28 BGH FamRZ 2005, 182 (183 f.).
29 BFH/NV 1997, 139 (140).
30 BFH/NV 2002, 483 (484).
31 BFH/NV 1999, 951; Schmidt/Seeger EStG § 26 Rn. 11 f.
32 BFH/NV 1998, 163; BFH BStBl. II 1986, 486.
33 BFH/NV 2004, 210.

chen und die Erhebung unmittelbarer Beweise möglich ist. Wenn das Finanzgericht dennoch den Inhalt der Scheidungsakten seiner Entscheidung zugrunde legt, verstößt es gegen den Grundsatz der Unmittelbarkeit der Beweisaufnahme. Ist die Erhebung des unmittelbaren Beweises nicht möglich, zulässig oder zumutbar, so sind die familiengerichtlichen Akten ohne das Einverständnis der Ehegatten nur beizuziehen, wenn dies im überwiegenden Interesse der Allgemeinheit unter strikter Wahrung des Verhältnismäßigkeitsgebots erforderlich ist.[34]

55 **b) Versöhnung.** Getrennt lebende Ehegatten, die ihre Lebens- und Wirtschaftsgemeinschaft **dauerhaft** wieder aufnehmen, können auch wieder die Zusammenveranlagung wählen. Wenn beispielsweise ein Ehepaar sich zu Beginn eines Kalenderjahres trennt und sich am Ende des folgenden Kalenderjahres wieder auf Dauer versöhnt, können die Ehegatten in beiden Kalenderjahren eine Zusammenveranlagung vornehmen, da in beiden Jahren die Voraussetzungen für die Zusammenveranlagung erfüllt waren.

56 Wenn der Versöhnungsversuch nach kurzer Zeit wieder **scheitert** ist zu prüfen, ob gleichwohl steuerrechtlich eine Ehegattenveranlagung für den fraglichen Zeitraum beansprucht werden kann.[35] Voraussetzung hierfür ist, dass die **Ernsthaftigkeit** des (fehlgeschlagenen) Versöhnungsversuchs nach außen durch objektive Umstände erkennbar sein muss. Der Versöhnungsversuch wird vorbehaltlos in der festen Absicht unternommen, die eheliche Gemeinschaft wieder in vollem Umfang herzustellen.[36]

57 Hinsichtlich der zeitlichen Komponente des Zusammenlebens haben die Finanzgerichte unterschiedliche Zeiten zwischen drei und sieben Wochen für ausreichend angesehen.[37] Hin und wieder gemeinsam in Urlaub fahren oder sich gegenseitig besuchen ist steuerrechtlich noch kein ernsthafter Versuch der Versöhnung.[38] Die zivilrechtliche Behandlung des Versöhnungsversuchs nach § 1567 Abs. 2 ist für das Steuerrecht unerheblich.

58 **c) Veranlagung im Trennungsjahr.** In dem Kalenderjahr der Trennung erfüllt das Ehepaar noch die Voraussetzungen für das Wahlrecht einer Zusammenveranlagung oder (im Einzelfall) einer Einzelveranlagung. Es genügt, dass die Voraussetzungen **zu irgendeinem Zeitpunkt** des Veranlagungsjahres erfüllt waren. Die grundsätzliche zivilrechtliche Pflicht, der Zusammenveranlagung zuzustimmen, gilt auch für das Trennungsjahr als Nachwirkung der Ehe[39] (→ Rn. 29).

59 Eine Trennung der Ehegatten sollte dem Finanzamt ggf. mitgeteilt werden. Bei der Abgabe der „letzten" gemeinsamen Steuererklärung(en) kann von jedem Partner schriftlich beantragt werden, dass er eine Ausfertigung des gemeinsamen Einkommensteuerbescheids an die jetzige neue Adresse erhält (§ 122 Abs. 7 S. 2

---

34 BFH BStBl. II 1991, 806; OLG Köln FamRZ 1995, 751 (752).
35 BFH 23.10.2006 – III B 5/06, BFH/NV 2007, 458.
36 BFH/NV 2002, 483; BFH BStBl. III 1967, 84.
37 FG Nürnberg DStRE 2005, 938 (eine Woche nicht ausreichend; mindestens ein Monat erforderlich); FG Münster EFG 1996, 921 (sechs Wochen); FG Köln EFG 1994, 771 (drei bis vier Wochen), bestätigt durch BFH/NV 1998, 163 (im Verfahren nach BFH-Entlastungsgesetz); FG Hessen EFG 1988, 639 (sieben Wochen).
38 FG Köln EFG 1993, 379.
39 BGH FamRZ 1988, 607 (608); 1988, 143; OLG Hamm FamRZ 1998, 241. Zu möglichen Schadensersatzansprüchen bei mangelnder Mitwirkung vgl. BGH FamRZ 1988, 476 (477 f.); OLG Hamm FamRZ 2001, 98.

AO). Wenn der Finanzbehörde bekannt ist, dass zwischen den Partnern ernstliche Meinungsverschiedenheiten bestehen, müsste sie von Amts wegen jeweils einen Einkommensteuerbescheid an jeden Ehegatten versenden.

d) Lohnsteuer im Trennungsjahr. Im Trennungsjahr ändert sich beim Abzug der Lohnsteuer (als Erhebung der Einkommensteuer bei Arbeitnehmern) grundsätzlich nichts. Es besteht keine Verpflichtung, die Lohnsteuer-Abzugsmerkmale zu berichtigen. Nach § 39 Abs. 6 EStG können jedoch Ehegatten, die beide Arbeitslohn beziehen, **bis zum 30.11.** des laufenden Jahres beim Finanzamt die **Änderung der Steuerklassen** gemeinsam beantragen. Wenn für den Ehegatten mit der (ungünstigen) Steuerklasse V für den Rest des Trennungsjahres die **Steuerklasse IV** (ohne Faktor) oder „IV mit Faktor" gewählt wird, bedeutet dies, dass auch für den anderen Partner seine bisherige Steuerklasse III in die Klasse IV (ohne Faktor) oder IV mit Faktor geändert wird. In der Praxis kann sich ein frühzeitiger Antrag empfehlen, um die Abweichung von der individuell auf den Arbeitslohn tatsächlich geschuldeten Einkommensteuer und damit auch das spätere Streitpotenzial für das Trennungsjahr zu vermindern. Der Steuerklassenwechsel wird zu Beginn des Kalendermonats wirksam, der auf die Antragstellung folgt. Der Antrag wird vom Finanzamt nur bearbeitet, wenn ihn beide Ehegatten unterschrieben haben. 60

Bei Ehegatten kommt im Trennungsjahr nur ein Steuerklassenwechsel nach § 39 Abs. 6 S. 3 EStG in Betracht, also im Ergebnis ein Wechsel zwischen den Kombinationen III/V und IV/IV (ohne Faktor) und IV/IV mit Faktor (R 39.2 Abs. 1 LStR). Im Trennungsjahr kann daher nicht die Steuerklasse I oder II gewählt werden (R 39.2 Abs. 2 LStR). 61

e) Ausgleich von Steuervorteilen und Steuernachteilen. Zum Ausgleich von Steuervorauszahlungen und Steuererstattungen und zum Ausgleich von Nachteilen, wenn die Ehegatten die Kombination der Lohnsteuerklassen III/V gewählt haben → Rn. 137. 62

4. Veranlagung und Lohnsteuerabzug nach Trennung bzw. Scheidung. a) Einzelveranlagung. Vom Kalenderjahr nach der Trennung an (Folgejahr) werden die Ehegatten wie Einzelpersonen nach dem **Grundtarif** besteuert; es ist auch keine hälftige Aufteilung von Sonderausgaben und außergewöhnlichen Belastungen wie bei einer Einzelveranlagung von Ehegatten (auf übereinstimmenden Antrag) möglich. Wenn Ehegatten während des ganzen Kalenderjahres dauernd getrennt leben, kommt nur noch eine Einzelveranlagung (§ 25 EStG) in Betracht. 63

b) Lohnsteuer. Arbeitnehmer-Ehegatten verlieren für das Jahr nach der Trennung das Recht auf Wahl der Steuerklasse. Für getrennt Lebende gilt nur noch die Steuerklasse I, bei Anspruch auf den Entlastungsbetrag für Alleinerziehende die Steuerklasse II.[40] Sollten die Lohnsteuer-Abzugsmerkmale hinsichtlich der Steuerklasse nicht zutreffend sein, besteht die Verpflichtung, dies ändern zu lassen (§ 39 Abs. 5 EStG). 64

---

40 Zur Abänderung von Unterhaltszahlungen vgl. OLG Naumburg FamRZ 2008, 797: Zur Problematik der Steuerklassenänderung wird bemerkt, dass darin kein Abänderungsgrund liegt, weil diese Änderung schon im Vorverfahren hätte geltend gemacht werden können. Die Änderung war im Zeitpunkt der dortigen letzten mündlichen Verhandlung kurz vor Jahresschluss absehbar, denn ab dem 1.1. des Folgejahres musste ein Steuerklassenwechsel erfolgen.

65 Im **Unterhaltsrecht** trifft den Unterhaltspflichtigen grundsätzlich eine Obliegenheit, mögliche **Steuervorteile zu realisieren**, soweit dadurch nicht eigene Interessen verletzt werden.[41] Hieraus resultiert die Verpflichtung des Leistenden (und des Berechtigten, wenn er eigenes Einkommen hat), bereits im Lohnsteuer-Ermäßigungsverfahren einen unstreitigen (Teil-)**Freibetrag** als Lohnsteuer-Abzugsmerkmal berücksichtigen zu lassen (→ Rn. 40). In der Rechtsprechung wird diese Pflicht insbesondere im Zusammenhang mit dem Realsplitting artikuliert (→ Rn. 87). Dies gilt entsprechend für andere Beträge, zB Freibeträge bei Arbeitnehmern wegen erhöhter Werbungskosten, namentlich Fahrtkosten.[42]

66 **c) Scheidungskosten. aa) Außergewöhnliche Belastung.** Seit dem Veranlagungszeitraum 2013 sind Aufwendungen für die Führung eines Verfahrens (Prozesskosten) grundsätzlich vom Abzug als außergewöhnliche Belastung ausgeschlossen.[43] Berücksichtigt werden nach § 33 Abs. 2 S. 4 EStG nur noch solche Aufwendungen, ohne die der Steuerpflichtige Gefahr liefe, seine Existenzgrundlage zu verlieren und seine lebensnotwendigen Bedürfnisse in dem üblichen Rahmen nicht mehr befriedigen zu können. Beim Bundesfinanzhof sind Verfahren zu der Frage anhängig, ob Verfahrenskosten für eine Ehescheidung nach der gesetzlichen Neuregelung (seit 2013) als außergewöhnliche Belastung abziehbar sind.[44] Bis zur Entscheidung des Bundesfinanzhofs kann Einspruch eingelegt und das Ruhen des Verfahrens nach § 363 Abs. 2 AO beantragt werden.

67 **bb) Zumutbare Belastung.** Nach § 33 Abs. 1 EStG mindern außergewöhnliche Belastungen den Gesamtbetrag der Einkünfte nur, soweit die Aufwendungen die sog zumutbare Belastung übersteigen. Wie hoch diese ist, hängt nach § 33 Abs. 3 EStG von der Zahl der zu berücksichtigenden Kinder, vom Steuertarif (Grund- oder Splittingtarif) und von der Höhe der Einkünfte ab. Prozentual liegt die zumutbare Belastung zwischen 1 % und 7 % des „Gesamtbetrags der Einkünfte". Wegen der zumutbaren Eigenbelastung kann es empfehlenswert sein, Kosten in einem Kalenderjahr zusammenzuziehen. Die Geltendmachung der Kosten richtet sich nach dem **Abflussprinzip** gem. § 11 Abs. 2 S. 1 EStG, dh sie werden in dem Jahr anerkannt, in dem die Beträge tatsächlich gezahlt werden[45] (H 33.1–33.4 „Verausgabung" EStH). Das gilt grundsätzlich auch für

---

41 Vgl. BGH FamRZ 2007, 1232 (1234) für Steuervorteile im Wege des Realsplittings.
42 OLG Hamburg FamRZ 1992, 1308; OLG Koblenz FamRZ 1988, 402 (403) (unterhaltsrechtliche Verpflichtung, Freibeträge berücksichtigen zu lassen, soweit dies möglich ist); ua Unterhaltsrechtliche Leitlinien der Familiensenate in Süddeutschland, Nr. 10.1.
43 Vgl. Engels, Sind die Kosten des Scheidungsverfahrens steuerlich noch abzugsfähig? – Ein Zwischenstand, FamRZ 2016, 1989.
44 Anhängige Verfahren BFH VI R 66/14, VI R 81/14 und VI R 19/15. Vgl. in diesem Zusammenhang BFH 17.12.2015 – VI R 7/14, BFH/NV 2016, 817 = FamRZ 2016, 905 (Ls.): Kosten im Zusammenhang mit einem Zivilprozess sind nicht als außergewöhnliche Belastung abziehbar, soweit der Prozess die Geltendmachung von Schmerzensgeldansprüchen betrifft.
   Zur Rechtslage bis Veranlagungszeitraum 2012 vgl. BFH 28.4.2016 – VI R 5/15, BFH/NV 2016, 1543; 10.3.2016 – VI R 38/13, BFH/NV 2016, 1009 = FamRZ 2016, 1359; 20.1.2016 – VI R 66/12, BFH/NV 2016, 998; 20.1.2016 – VI R 70/12, BFH/NV 2016, 905.
45 BFH BStBl. II 1988, 814; 1982, 744.

Vorauszahlungen.[46] Wenn die Ausgaben über Darlehen finanziert werden, tritt die Belastung gleichfalls bereits im Zeitpunkt der Verausgabung ein.[47]

III. Unterhalt als Sonderausgabe oder außergewöhnliche Belastung

1. Ehegattenunterhalt als Sonderausgabe: Realsplitting. a) Grundsatz der ein- 68 **kommensteuerlichen Irrelevanz.** Nach § 12 Nr. 2 EStG sind Unterhaltsleistungen steuerrechtlich grundsätzlich „nicht abzugsfähige Ausgaben". Unterhaltsleistungen, die während intakter Ehe erbracht werden, gelten durch die Sonderregelungen des Splittingtarifs als abgegolten. Dies gilt unabhängig davon, welche Art der Ehegattenveranlagung vorgenommen wird. Soweit die Zuwendungen nicht abzugsfähig sind, sind sie nach dem sog Korrespondenzprinzip auch beim Empfänger nicht zu versteuern. Die Ausnahmen vom Abzugsverbot sind in § 12 EStG ausdrücklich genannt: Der Sonderausgabenabzug nach § 10 Abs. 1 a Nr. 1 EStG oder der Abzug als außergewöhnliche Belastung nach § 33 a Abs. 1 EStG.

b) Trennungsjahr. Für den Veranlagungszeitraum der Trennung hat der Bundes- 69 finanzhof entschieden, dass Aufwendungen für den Unterhalt des dauernd getrennt lebenden Ehegatten nicht als außergewöhnliche Belastung nach § 33 a Abs. 1 EStG abziehbar sind. Die allgemeine Vorschrift über den Unterhaltsabzug wird „durch die Sonderregelungen über die Ehegattenbesteuerung (§§ 26–26 b, 32 a Abs. 5 EStG) verdrängt".[48] Die Vorschriften über die Ehegattenbesteuerung behandeln Ehegatten im Jahr des Eintritts der dauernden Trennung für den gesamten Veranlagungszeitraum steuerlich noch als Gemeinschaft des Erwerbs und Verbrauchs. Diese im Einkommensteuerrecht weitestgehende Berücksichtigung der Einkünfte- und Lastenverteilung zwischen Ehegatten konsumiert den allgemeinen Unterhaltsabzug.

Meines Erachtens gelten die Ausführungen des Bundesfinanzhofs für das Real- 70 splitting entsprechend, so dass eventuelle Unterhaltsleistungen im Trennungsjahr steuerlich nach § 12 Nr. 2 EStG nicht als Abzugsposten berücksichtigt werden.[49] Für den Fall der Zusammenveranlagung im Trennungsjahr wäre das Realsplitting aufgrund des sog Korrespondenzprinzips in der Regel ohnehin nicht interessant. Die Nichtberücksichtigung gilt aber auch in den Fällen der Einzelveranlagung im Trennungsjahr, „weil den Ehegatten regelmäßig die Möglichkeit offensteht, die Zusammenveranlagung zu wählen und damit in den Genuss der Vorteile einer Besteuerung nach dem Splittingverfahren zu gelangen."[50]

c) Folgejahr. Vom Kalenderjahr nach der Trennung an (Folgejahr) liegen die 71 Voraussetzungen der Ehegattenbesteuerung nicht mehr vor; der Splittingtarif kann nicht mehr zur Anwendung kommen. Eventuelle Unterhaltsleistungen an den dauernd getrennt lebenden oder geschiedenen Ehegatten können jetzt steuerlich als Abzugsposten geltend gemacht werden. Das EStG sieht **zwei Möglich-**

---

46 Nach BFH BStBl. II 1989, 702 kann ein Missbrauch von Gestaltungsmöglichkeiten (§ 42 AO) vorliegen, wenn Leistungen ohne wirtschaftlich vernünftigen Grund im Voraus erbracht werden.

47 BFH BStBl. II 1988, 814.

48 BFH BStBl. II 1989, 658 (659) = FamRZ 1989, 1172 (Ls.); ebenso BFH BStBl. II 1989, 164 (168) = FamRZ 1989, 385 (Ls.).

49 Ebenso Göppinger/Wax/Märkle, 4. Teil Rn. 4059.

50 BFH BStBl. II 1989, 164 (168) für Unterhaltsleistungen als außergewöhnliche Belastung nach § 33 a Abs. 1 EStG.

keiten vor: Der Regelfall bei höheren Unterhaltsbeträgen ist der Sonderausgabenabzug in Form des sog begrenzten Realsplittings (§ 10 Abs. 1 a Nr. 1 EStG). Alternativ ist der Abzug als außergewöhnliche Belastung (§ 33 a Abs. 1 EStG) möglich (→ Rn. 102).

72 **d) Wirkung und Vorteile des Realsplittings. aa) Wirkung.** Beim Realsplitting kann der Unterhaltsleistende seine Zahlungen bis zu einer bestimmten Höhe als Sonderausgabe abziehen (daher „begrenztes" Realsplitting). Die persönliche Steuerlast des Zahlenden sinkt; in der Progressionszone mit ansteigenden Grenzsteuersätzen reduziert sich dadurch auch sein persönlicher Grenzsteuersatz. Nach dem sog **Korrespondenzprinzip** steht dem Abzug beim Zahler die Versteuerung beim Empfänger nach § 22 Nr. 1 a EStG gegenüber; er muss die erhaltenen Unterhaltszahlungen als „sonstige Einkünfte" versteuern.

73 **bb) Vorteile.** Es entsteht – betrachtet man beide Ex-Gatten zusammen – dann ein steuerlicher Vorteil, wenn der unterhaltsempfangende Ehegatte weniger bzw. erheblich weniger verdient als der unterhaltspflichtige Geber. Hat der Unterhaltsempfänger keine oder nur geringe andere steuerpflichtige Einkünfte, etwa weil er Kinder betreut, bewirken der steuerliche Grundfreibetrag und der günstige Grenzsteuersatz bei geringen Einkünften, dass es bei ihm zu keiner oder zu keiner erheblichen Steuerbelastung kommt.

74 Da der Antrag auf Abzug als Sonderausgabe auf einen Teil der Unterhaltsleistungen begrenzt werden kann, lässt sich die Gesamtsteuerlast von Unterhaltsgeber und Unterhaltsempfänger optimieren.

75 **e) Unterhaltsleistungen. aa) Aufwendungen für Unterhalt.** Unterhaltsleistungen im steuerlichen Sinne sind alle Zuwendungen, die ohne Gegenleistung gewährt werden, gleichgültig, ob es sich um **laufende oder einmalige** Leistungen handelt und ob sie in Geld oder Geldeswert (Sachleistungen)[51] bestehen. Auch die im Rahmen des Realsplittings auf die Unterhaltsleistungen entfallende Einkommensteuer, die der Unterhaltsleistende dem Unterhaltsempfänger zu erstatten hat (→ Rn. 97 ff.), gehört zu den Unterhaltsleistungen.[52] Es ist unerheblich, ob die Unterhaltsleistungen **freiwillig oder aufgrund gesetzlicher Unterhaltspflicht** erbracht werden (vgl. H 10.2 „Unterhaltsleistungen" EStH). Die Zuwendungen stellen auch dann Unterhaltsleistungen dar, wenn sie auf vertraglicher Vereinbarung beruhen. Ohne Bedeutung ist, ob sie über den Rahmen dessen hinausgehen, was der Empfänger nach bürgerlichem Recht beanspruchen kann und für welchen Zweck der Empfänger die Geldleistungen verwendet. Es kommt nicht darauf an, ob der Empfänger wegen seiner Einkommens- und Vermögensverhältnisse und seiner Erwerbsmöglichkeiten nach bürgerlichem Recht Unterhaltsleistungen fordern könnte und ob der Geber aufgrund seiner Leistungsfähigkeit zu entsprechenden Unterhaltsleistungen verpflichtet ist.

76 **bb) Wohnungsüberlassung.** Bei unentgeltlicher Überlassung einer eigenen Wohnung kann der Mietwert als Sonderausgabe abgezogen werden. Befindet sich die überlassene Wohnung im Miteigentum des geschiedenen oder dauernd getrennt lebenden Ehegatten, kann der überlassende Ehegatte neben dem Mietwert seines Miteigentumsanteils auch die von ihm aufgrund der Unterhaltsvereinbarung ge-

---

51 BFH BStBl. II 2002, 130 = FamRZ 2000, 1360.
52 BFH/NV 2008, 372 = FamRZ 2008, 888.

tragenen verbrauchsunabhängigen Kosten für den Miteigentumsanteil des anderen Ehegatten als Sonderausgabe nach § 10 Abs. 1 a Nr. 1 EStG abziehen.[53]

Ist der Unterhaltsverpflichtete nicht frei in der Art der Unterhaltsgewährung, **77** sondern besteht eine **Unterhaltsverpflichtung** in der Form der Gewährung einer Geldrente, sind die Unterhaltszahlungen einerseits und die Erfüllung der mietvertraglichen Verpflichtungen andererseits steuerrechtlich voneinander zu trennen. Steuerrechtlich ist ein Mietverhältnis mit dem geschiedenen oder dauernd getrennt lebenden Ehegatten daher nicht rechtsmissbräuchlich iSd § 42 AO, wenn die Miete mit dem geschuldeten Barunterhalt verrechnet wird.[54] Wird dagegen eine Wohnung aufgrund einer **Unterhaltsvereinbarung** zu Wohnzwecken überlassen und dadurch der Anspruch des Unterhaltsberechtigten auf Barunterhalt vermindert, liegt steuerrechtlich kein Mietverhältnis vor.[55]

cc) Keine Unterhaltsleistungen. Rechtsanwaltskosten, die ein Steuerpflichtiger **78** aufwendet, um die Zustimmung seines geschiedenen oder dauernd getrennt lebenden unbeschränkt steuerpflichtigen Ehegatten zum begrenzten Realsplitting zu erlangen, sind keine Unterhaltsleistungen.[56] Die Tilgung von gemeinsamen **Schulden** des Unterhaltsverpflichteten und -berechtigten sind ebenfalls keine Unterhaltsleistungen.[57] Übernimmt der unterhaltspflichtige Ehegatte, der nicht Erbe ist, die **Bestattungskosten** des unterhaltsberechtigten Ehegatten, kann er diese Kosten nicht als Unterhaltsleistungen abziehen.[58]

f) Höhe. Unterhaltsleistungen sind in der tatsächlich geleisteten Höhe, höchs- **79** tens aber **bis zu 13.805 EUR im Kalenderjahr** abziehbar. Der Antrag auf Sonderausgabenabzug darf jedoch auf einen niedrigeren Betrag beschränkt werden, auch wenn die tatsächlichen Unterhaltsleistungen den geltend gemachten Teilbetrag übersteigen (vgl. R 10.2 Abs. 1 EStR). Die den geltend gemachten Betrag oder den Höchstbetrag übersteigenden Unterhaltsleistungen können nicht als außergewöhnliche Belastungen berücksichtigt werden.[59] Durch Antrag und Zustimmung nach § 10 Abs. 1 a Nr. 1 EStG werden alle in dem betreffenden Veranlagungszeitraum geleisteten Unterhaltsaufwendungen zu Sonderausgaben umqualifiziert.

Leistet eine steuerpflichtige Person Unterhalt an mehrere Ehegatten, gilt der **80** **Höchstbetrag von 13.805 EUR für jeden geschiedenen oder dauernd getrennt lebenden Ehegatten** (vgl. R 10.2 Abs. 3 EStR). Es ist für jeden Empfänger gesondert zu beurteilen, ob der Sonderausgabenabzug zulässig ist.

Der Höchstbetrag von 13.805 EUR erhöht sich um den Betrag der im jeweiligen **81** Veranlagungszeitraum für die Absicherung des geschiedenen oder dauernd getrennt lebenden Ehegatten aufgewandten Beiträge zur **Kranken- und Pflegeversicherung** (§ 10 Abs. 1 a Nr. 1 S. 2 EStG). Die Beiträge können geltend gemacht werden, soweit die Versicherungsleistungen in Art, Umfang und Höhe mit denen der gesetzlichen Krankenversicherung vergleichbar sind; der Abzug ist also auf die Basisversorgung begrenzt (§ 10 Abs. 1 Nr. 3 EStG). Im Rahmen des Realsplittings ist es unerheblich, welcher Ehegatte Versicherungsnehmer ist, da eine

---

53 BFH BStBl. II 2002, 130.
54 BFH BStBl. II 1996, 214; vgl. auch H 21.4 „Vermietung an Unterhaltsberechtigte" EStH.
55 BFH BStBl. II 1992, 1009.
56 BFH BStBl. II 1999, 522 = FamRZ 2000, 226 (Ls.).
57 BFH/NV 1989, 779.
58 BFH 20.8.2014 – X R 26/12, BFH/NV 2015, 14 = FamRZ 2015, 259 (Ls.).
59 BFH BStBl. II 2001, 338; 2000, 218.

Doppelberücksichtigung der Beiträge gesetzlich ausgeschlossen ist (§ 10 Abs. 1 Nr. 3 S. 3 EStG). Es sind insbesondere Fallgestaltungen betroffen, in denen der Unterhaltsberechtigte selbst Versicherungsnehmer ist und vom Unterhaltsverpflichteten Geld für die Finanzierung seiner Basiskranken- und Pflegepflichtversicherung erhält. Der Erhöhungsbetrag wirkt sich allerdings erst dann aus, wenn der Verpflichtete insgesamt den Maximalbetrag von 13.805 EUR leistet und daneben tatsächlich noch weitere Leistungen für die Basiskranken- und Pflegepflichtversicherung erbringt.

82 Die Geltendmachung der Sonderausgaben richtet sich nach dem **Abflussprinzip** gem. § 11 Abs. 2 S. 1 EStG (H 10.1 „Abzugshöhe/Abzugszeitpunkt" EStH). Der Höchstbetrag kann auch dann in voller Höhe berücksichtigt werden, wenn der Unterhalt nicht während des ganzen Kalenderjahres geleistet worden ist, die Unterhaltspflicht nur während eines Teils des Kalenderjahres bestand oder der im Kalenderjahr geleistete Unterhalt Nachzahlungen oder Vorauszahlungen betrifft.[60]

83 Der Leistende muss beweisen, dass er auch tatsächlich Unterhalt bezahlt. Sonst kann ihm das Realsplitting, unabhängig von der Zustimmung des Empfängers, verweigert werden.[61] Das Realsplitting gilt nicht für Unterhaltsleistungen an Kinder.

84 **g) Antrag des Leistenden. aa) Antragstellung.** Die Behandlung als Sonderausgaben ist durch den Geber nach § 10 Abs. 1 a Nr. 1 S. 1 EStG ausdrücklich zu beantragen. Der Antrag bedarf keiner besonderen Form. In der Praxis erfolgt der Antrag in der Regel durch die Einreichung der „Anlage U" zur Einkommensteuererklärung, zum Lohnsteuer-Ermäßigungsantrag oder zum Antrag auf Anpassung des Einkommensteuer-Vorauszahlungen.

85 **bb) Höhe, Erweiterung.** Der Antrag kann der Höhe nach begrenzt werden. § 10 Abs. 1 a Nr. 1 S. 3 EStG verbietet zwar die nachträgliche Einschränkung (→ Rn. 86), nicht aber die betragsmäßige Erweiterung eines bereits vorliegenden begrenzten Antrags zum Realsplitting. Für die Antragstellung ist **keine Frist** vorgesehen. Ein betragsmäßig begrenzter Antrag, der unterhalb des Höchstbetrags liegt, kann auch nach Bestandskraft des Einkommensteuerbescheids erweitert werden. Die nachträgliche betragsmäßige Erweiterung eines bereits vorliegenden Antrags stellt in Verbindung mit der erweiterten Zustimmungserklärung ein rückwirkendes Ereignis iSv § 175 Abs. 1 S. 1 Nr. 2 AO dar.[62] Ein Einkommensteuerbescheid ist ebenso nach § 175 Abs. 1 S. 1 Nr. 2 AO zu ändern, wenn nach Eintritt der Bestandskraft sowohl die Zustimmung zur Anwendung des Realsplittings erteilt als auch der Antrag gestellt werden.[63]

86 **cc) Wirksamkeit, Ermäßigung.** Ist der Antrag beim Finanzamt gestellt, kann er nach § 10 Abs. 1 a Nr. 1 S. 3 EStG nicht mehr zurückgenommen und **nicht nachträglich ermäßigt** werden.[64] Er ist nur für das Kalenderjahr bindend, für das der

---

60 BFH BStBl. II 2001, 338.
61 BFH/NV 1990, 98.
62 BFH BStBl. II 2007, 5 (6).
63 BFH BStBl. II 1989, 957. Dagegen ist ein erst nach Bestandskraft des Einkommensteuerbescheids gestellter Antrag auf Abzug von Unterhaltsleistungen im Wege des Realsplittings kein rückwirkendes Ereignis, wenn die Zustimmungserklärung des Unterhaltsempfängers dem Geber bereits vor Eintritt der Bestandskraft vorlag: BFH 20.8.2014 – X R 33/12, BStBl. II 2015, 138 = FamRZ 2015, 259 (Ls.).
64 BFH BStBl. II 2000, 218.

R. Maier

Sonderausgabenabzug beantragt wird, und muss für **jedes Kalenderjahr neu** gestellt werden. Der Antrag darf nicht an eine Bedingung geknüpft werden; er bindet den Steuerzahler für ein Jahr.

dd) Verpflichtung. Ein unterhaltspflichtiger Ehegatte hat, soweit zumutbar, alle 87 Einkommensmöglichkeiten auszuschöpfen, um seine Leistungsfähigkeit zu stärken. Hieraus folgt **zivilrechtlich** (unterhaltsrechtlich) grundsätzlich eine Obliegenheit für den Leistenden, mögliche Steuervorteile im Wege des Realsplittings zu realisieren, soweit dadurch nicht eigene Interessen verletzt werden.[65] Eigene Interessen des Unterhaltspflichtigen sind insbesondere gewahrt, sofern die sich hieraus ergebenden steuerlichen Vorteile per Saldo höher sind als die möglicherweise sich ergebenden Nachteile, die dem Empfänger zu ersetzen sind.[66] Der Bundesgerichtshof hat eine Verpflichtung des Gebers bis zur Höhe des unstreitigen Unterhalts angenommen.[67] Den Unterhaltsschuldner trifft eine Obliegenheit zur Geltendmachung des Realsplittings nur insoweit, als er den Unterhaltsanspruch anerkannt hat, dieser rechtskräftig feststeht oder soweit er den Unterhaltsanspruch freiwillig erfüllt.[68]

Die unterhaltsrechtliche Verpflichtung des Leistenden besteht nicht erst im Rahmen 88 der Einkommensteuerveranlagung, sondern bereits im Lohnsteuer-Ermäßigungs- oder Einkommensteuer-Vorauszahlungsverfahren.[69] Bei fehlender Berücksichtigung eines unstreitigen (Teil-)Freibetrags aus Realsplitting als Lohnsteuer-Abzugsmerkmal ist eine fiktive Steuerberechnung und damit unterhaltsrechtlich eine fiktive Zurechnung von Steuervorteilen durchzuführen.[70] Auf der Grundlage der Obliegenheit des Verpflichteten zur Realisierung aller möglichen Steuervorteile können auch im Lohnsteuer-Ermäßigungs- oder Einkommensteuer-Vorauszahlungsverfahren nur entweder tatsächlich geleistete Zahlungen oder – auf der Grundlage fiktiver Zurechnung – schuldhaft unterlassene Zahlungen, die aufgrund Verurteilung oder Anerkenntnis hätten erbracht werden müssen, berücksichtigt werden.[71]

h) Zustimmung des Empfängers. aa) Erteilung. Da der Empfänger die Unter- 89 haltsleistungen zu versteuern hat, ist das Realsplitting von seiner Zustimmung abhängig.[72] Die Zustimmung des Empfängers muss der Unterhaltsgeber – und nicht das Finanzamt – einholen. In der Praxis erteilt der Empfänger seine Zustimmung in der Regel auf dem Antragsformular des Leistenden, dh auf der „Anlage U" zur Einkommensteuererklärung, zum Lohnsteuer-Ermäßigungsantrag oder zum Antrag auf Anpassung der Einkommensteuer-Vorauszahlungen des Leistenden. Die Unterzeichnung des Vordrucks „Anlage U" kann jedoch nicht verlangt werden. Die Zustimmung bedarf keiner besonderen Form, son-

---

65 BGH FamRZ 2008, 968 (971); 2007, 1233 (1234); 2007, 793 (797); 1998, 953 (954).
66 OLG Hamm FamRZ 2000, 608 (keine Verpflichtung, wenn die Steuerersparnis beim Leistenden durch den Nachteilausgleich gegenüber dem Empfänger aufgezehrt wird).
67 BGH FamRZ 1999, 372 (375); aA OLG Naumburg FamRZ 2002, 959 (960).
68 BGH FamRZ 2008, 968 (971); 2007, 1233 (1234); 2007, 882 (885); 2007, 793 (797); OLG Hamm FamRZ 2010, 1452 (1453); OLG Brandenburg FamRZ 2009, 1837 (1838); OLG Saarbrücken FuR 2005, 90 (92).
69 BGH FamRZ 1983, 673; OLG Düsseldorf FamRZ 1987, 1259 (1260).
70 BGH FamRZ 2008, 968 (971); 1999, 372 (375); OLG Hamm FamRZ 1999, 851; OLG Frankfurt/M. FamRZ 1990, 63 (64); OLG Bamberg FamRZ 1987, 1031 (1032); aA OLG Bamberg FamRZ 1988, 727 (728).
71 BGH FamRZ 2007, 1232 (234); 2007, 793 (797).
72 BFH 21.2.2013 – X B 53/11, BFH/NV 2013, 972 = FamRZ 2013, 953 (Ls.).

dern es genügt, dass sie nachweisbar – etwa schriftlich oder zur Niederschrift des Finanzamts – erklärt wird.[73] Die Zustimmung zur Durchführung des begrenzten Realsplittings muss in der Weise erfolgen, dass der mit ihr verfolgte Zweck, nämlich die Anerkennung des geleisteten Unterhalts als Sonderausgabe, ohne Weiteres zu erreichen ist.[74]

90 **bb) Höhe, Erweiterung.** Die Zustimmung kann dem Grunde nach erteilt werden, dh, sie bezieht sich nicht auf die Höhe der Unterhaltsleistungen, sondern darauf, dass der Geber den tatsächlich geleisteten Unterhalt bis zum Höchstbetrag von 13.805 EUR grundsätzlich als Sonderausgaben abziehen kann. Sie kann aber auch der Höhe nach auf einen bestimmten Betrag unterhalb des Höchstbetrages beschränkt werden.[75] Für die Erteilung der Zustimmung ist **keine Frist** vorgesehen; die Zustimmung kann wie der Antrag über die Bestandskraft beider Bescheide hinaus nachgeholt werden.[76] Die betragsmäßig begrenzte Zustimmung, die unterhalb des Höchstbetrags liegt, kann ebenso nach Bestandskraft des Einkommensteuerbescheids erweitert werden.

91 **cc) Wirksamkeit, Ermäßigung.** Während der Antrag auf Sonderausgabenabzug beim Leistenden jährlich neu gestellt werden muss, ist die Zustimmung des Empfängers **bis auf Widerruf** wirksam. Die Zustimmung kann nur vor Beginn des Kalenderjahrs, für das sie erstmals nicht mehr gelten soll, gegenüber dem für den Unterhaltsleistenden oder Unterhaltsempfänger zuständigen Wohnsitz-Finanzamt ausdrücklich widerrufen werden (§ 10 Abs. 1 a Nr. 1 S. 4 und S. 5 EStG). Damit kann der Grenzbetrag nach Beginn des Abzugsjahrs für den laufenden Veranlagungszeitraum **nicht nachträglich ermäßigt** werden. In diesem Fall kann nur vor Beginn des Kalenderjahres mit Wirkung für das Folgejahr eine neue Zustimmung erteilt werden.

92 Ein Widerruf gegenüber dem Wohnsitz-Finanzamt des Empfängers schließt den Sonderausgabenabzug des Leistenden aus.[77] Nach R 10.2 Abs. 2 EStR wirkt die Zustimmung auch dann bis auf Widerruf, wenn sie im Rahmen eines Vergleichs erteilt wird.

93 **dd) Verweigerung, Verpflichtung.** Ohne die Zustimmung des Empfängers kommt der Sonderausgabenabzug beim Geber nicht in Betracht.[78] Die Finanzbehörden sind nicht verpflichtet zu prüfen, ob die Verweigerung der Zustimmung rechtsmissbräuchlich ist.[79] Ein **Rechtsmissbrauch** liegt vor, wenn der Empfänger durch die (theoretische) Steuerpflicht tatsächlich nicht belastet ist, weil er (auch unter Einbeziehung der Unterhaltsleistungen als „sonstige Einkünfte") keine Steuern zu zahlen hat. In einem solchen Fall ist er **zivilrechtlich** nach § 242 (Grundsatz von Treu und Glauben) zur Zustimmung verpflichtet. Des Weiteren ist er zur Zustimmung verpflichtet, wenn der Unterhaltsleistende sich seinerseits verpflichtet, steuerliche und eventuelle andere Nachteile finanzi-

---

73 BGH FamRZ 1998, 953 (954); OLG Koblenz FamRZ 2002, 1129 (1130); OLG Stuttgart FamRZ 1993, 206.
74 OLG Oldenburg 28.10.2010 – 14 UF 141/10, FamRZ 2011, 1226.
75 BFH BStBl. II 2005, 825 = FamRZ 2005, 1904 (Ls.).
76 Schmidt/Heinicke EStG § 10 Rn. 135.
77 BFH BStBl. II 2003, 803.
78 BFH BStBl. II 1989, 957; AG Regensburg FamRZ 1987, 715.
79 BFH BStBl. II 1990, 1022 = FamRZ 1991, 75.

ell auszugleichen[80] und dazu notfalls entsprechende Sicherheitsleistungen zu erbringen. Eine Sicherheitsleistung muss der Unterhaltspflichtige lediglich leisten, wenn zu befürchten ist, dass er seine Verpflichtung zum Ausgleich der finanziellen Nachteile nicht oder nicht rechtzeitig erfüllt,[81] zB wenn Anhaltspunkte für eine Aufrechnungsabsicht des Leistenden mit anderen bestrittenen Forderungen bestehen.[82]

Der Unterhaltsberechtigte darf seine Zustimmung jedoch nicht davon abhängig machen, an den Steuervorteilen des Unterhaltsleistenden aus dem Realsplitting beteiligt zu werden.[83] Ein Ehegatte ist auch dann zur Abgabe der Zustimmungserklärung verpflichtet, wenn es zweifelhaft erscheint, ob steuerlich geltend gemachte Aufwendungen dem Grunde und der Höhe nach als Unterhaltsleistungen iSd § 10 Abs. 1 a Nr. 1 EStG anerkannt werden;[84] es ist **Sache der Finanzbehörden, über die Abzugsfähigkeit zu entscheiden.** 94

Der Geber kann den Anspruch auf Zustimmung **zivilrechtlich geltend machen.** 95 Die Zustimmung kann in diesem Fall durch einen rechtskräftigen Beschluss zu ihrer Abgabe nach § 894 S. 1 ZPO oder durch einen entsprechenden Vergleich (Einigung im Verfahren) ersetzt werden. Ist die Zustimmung davon abhängig, dass der Geber Sicherheit leistet, so wird die Zustimmung mit Erteilung der vollstreckbaren Ausfertigung des rechtskräftigen Beschlusses wirksam.[85] Im Fall des rechtskräftigen Beschlusses zur Erteilung der Zustimmung nach § 894 S. 1 ZPO wirkt die Zustimmung nur für das Kalenderjahr, das Gegenstand des Verfahrens war; die Zustimmung hat daher für die Folgejahre keine Bindungswirkung.

i) Einkünfte beim Empfänger. Stimmt der Empfänger dem Antrag zu, werden 96 ihm die Unterhaltsleistungen bis zum Höchstbetrag von 13.805 EUR als „sonstige Einkünfte" nach § 22 Nr. 1 a EStG zugerechnet und zusammen mit seinen anderen Einkünften der Einkommensbesteuerung unterworfen. Der Unterhaltsempfänger muss beim Realsplitting auch evtl. zusätzlich gezahlte Beiträge zur Kranken- und Pflegeversicherung (Basisversorgung) versteuern; er kann sie aber im Gegenzug als Sonderausgaben absetzen. Bei der Ermittlung der sonstigen Einkünfte werden die mit ihnen zusammenhängenden Werbungskosten abgezogen, mindestens mit einem Pauschbetrag, der für diese Unterhaltsleistungen, für Leibrenten und andere wiederkehrende Bezüge nach § 9 a S. 1 Nr. 3 EStG zusammen 102 EUR beträgt. Als Werbungskosten kommen Rechtsanwalts- und Verfahrenskosten in Betracht, die unmittelbar mit der Geltendmachung der Unterhaltsansprüche und der Ausgleichsleistungen für steuerliche und sonstige Nachteile durch die Zustimmung zum Realsplitting zusammenhängen.

j) Ausgleich von Nachteilen. aa) Steuerliche Nachteile. Der Unterhaltsleistende 97 ist zivilrechtlich verpflichtet, alle sich ergebenden steuerlichen Nachteile (insbesondere höhere Belastung mit Einkommensteuer, Solidaritätszuschlag und Kir-

---

80 BGH FamRZ 2005, 1162 (1163); 1998, 953 (954); 1988, 820 (821); OLG Brandenburg 22.10.2015 – 9 UF 72/15, FamRZ 2016, 817.
81 BGH FamRZ 2002, 1024 (1027); 1983, 576 (578); OLG Brandenburg 22.10.2015 – 9 UF 72/15, FamRZ 2016, 817; OLG Düsseldorf FamRZ 1999, 1132.
82 OLG Köln FamRZ 1988, 1059.
83 BGH FamRZ 1985, 1232; 1984, 1211 (1212); 1983, 576.
84 BGH FamRZ 1998, 953; OLG Hamburg FamRZ 1991, 831.
85 BFH BStBl. II 1989, 192 = FamRZ 1989, 738.

chensteuer) und sonstigen Nachteile zu ersetzen.[86] Im Jahr der Wiederheirat des Empfängers beschränkt sich der Ausgleich jedoch auf die steuerlichen Nachteile, die auch ohne die Wiederheirat entstanden wären;[87] der Unterhaltsberechtigte kann von dem Unterhaltspflichtigen höchstens den Ausgleich des steuerlichen Nachteils verlangen, der ihm bei Einzelveranlagung (§ 26 a EStG) durch die Besteuerung der Unterhaltsbezüge gem. § 22 Nr. 1 a EStG entstanden wäre. Aufteilungsmaßstab ist gem. § 270 AO die Steuer, die sich bei fiktiver Einzelveranlagung ergeben hätte.[88]

98 Soweit beim Empfänger die „sonstigen Einkünfte" nicht bereits im Rahmen des Einkommensteuer-Vorauszahlungsverfahrens berücksichtigt werden,[89] wirken sich die steuerlichen Nachteile erst bei seiner Veranlagung zur Einkommensteuer aus und können regelmäßig erst dann (abschließend) berechnet werden.[90] Für die Berechnung ist die fiktive Steuerlast zu ermitteln, die sich ergibt, wenn der Empfänger keine Unterhaltsleistungen als Einkünfte zu versteuern hätte. Für als Vorschuss bzw. Abschlag gezahlte Ausgleichsleistungen (zB Einkommensteuer-Vorauszahlungen) besteht Rückerstattungspflicht, soweit die Nachteile nicht bzw. nicht in dieser Höhe eintreten.[91]

99 **bb) Sonstige Nachteile.** Im Einzelfall können **Nachteile bei der Krankenversicherung** entstehen (Wegfall der beitragsfreien Familienmitversicherung)[92] und höhere Zuzahlungen für Arzneimittel anfallen (soweit die Befreiung von Zuzahlungen vom Bruttojahreseinkommen abhängig ist). Des Weiteren kann die steuerliche Zurechnung der Unterhaltseinkünfte zum **Verlust von staatlichen Förderungsleistungen** führen, zB der Wohnungsbauprämie, der Arbeitnehmer-Sparzulage für vermögenswirksame Leistungen, der Gewährung von Waisen-, Eltern- und Ausgleichsrenten nach dem Bundesversorgungsgesetz sowie von Leistungen nach dem **BAföG**. Nachteile können ferner durch höhere Beiträge im Kindergarten, bei Stipendien und bei Darlehensrückzahlungen nach dem Gradu-

---

86 BGH FamRZ 2010, 717 (718); 2005, 1162 (1163); 1998, 953 (954); 1984, 1211; 1983, 576 (577); OLG Schleswig 19.12.2013 – 13 UF 138/13, FamRZ 2014, 798; OLG Saarbrücken FamRZ 2009, 1905 (1906); OLG Nürnberg FamRZ 2004, 1967; OLG Köln FamRZ 1999, 31; OLG Hamm FamRZ 1988, 1059. Zum Antrag des Unterhaltsberechtigten gegen seinen dauernd getrennt lebenden oder geschiedenen Ehegatten auf Erstattung der ihm durch das begrenzte Realsplitting entstandenen Nachteile vgl. BGH FamRZ 2008, 40 (41).

87 BGH FamRZ 2010, 717 (718); 1992, 1050; 1992, 534.

88 BGH FamRZ 2010, 717 (719) mit Verweis auf BGH FamRZ 2006, 1178 (1180 f.): Im Innenverhältnis der Ehegatten zueinander gilt dieser Aufteilungsmaßstab entsprechend.

89 OLG Brandenburg 1.2.2016 – 13 UF 170/14, FamRZ 2016, 1684 (wenn die Entrichtung der Vorauszahlungen die Mittel schmälert, die zum Lebensunterhalt des Unterhaltsberechtigten zur Verfügung stehen); OLG Frankfurt/M. 20.7.2006 – 1 UF 180/05, NJW-RR 2007, 219 (220); OLG Hamburg FamRZ 2005, 519 (520); 1991, 831; OLG Köln FamRZ 1988, 951; 1986, 951 (952); OLG Bamberg FamRZ 1987, 1047 (1048); AG Biedenkopf FamRZ 2009, 607 (Abwägung im Einzelfall, auch abhängig von der Höhe der Vorauszahlungen); AG Mannheim FamRZ 1988, 842.

90 BGH FamRZ 2008, 40 (43); OLG Hamm 22.5.2014 – II-2 UF 6/14, FamRZ 2014, 1926 (Ls.) und OLG Karlsruhe FamRZ 2001, 99 (Ls.), jeweils zur Vorlagepflicht des Einkommensteuerbescheids des Ausgleichsberechtigten; OLG Karlsruhe FamRZ 1992, 67 (68).

91 Arens, Neue und alte Praxisprobleme im Zusammenhang mit dem sogenannten begrenzten Realsplitting, FamRZ 1999, 1558 (1561).

92 BSG FamRZ 1994, 1239; vgl. auch BSG FamRZ 2003, 1747 (Ls.); OLG Nürnberg FamRZ 2004, 1967 (1968).

iertenförderungsgesetz eintreten. Der unterhaltsberechtigte Ehegatte hat die sonstigen Nachteile im Einzelfall substanziiert darzulegen.[93]

Den Ersatz von **Steuerberatungskosten** kann der Zustimmende nur verlangen, 100 wenn ihm die Zustimmung zum Realsplitting ohne die Aufwendung dieser Kosten nicht zugemutet werden kann.[94]

Gleicht der Geber die Nachteile durch zusätzliche Zahlungen an den Empfänger 101 aus, sind diese Mehrleistungen ebenfalls Unterhaltsleistungen.[95] Durch die Zurechnung dieser Mehrbeträge können sich weitere Nachteile ergeben.

2. Unterhalt als außergewöhnliche Belastung. a) Ehegattenunterhalt: Alternati- 102
ve zum Realsplitting. Wird ein Antrag auf Sonderausgabenabzug der Unterhaltsleistungen an den Ehegatten (Realsplitting) nicht gestellt, die Zustimmung vom Empfänger wirksam widerrufen oder nicht erteilt, können Unterhaltsleistungen beim Geber durch eine Steuerermäßigung wegen außergewöhnlicher Belastung nach § 33 a Abs. 1 EStG berücksichtigt werden. Die Einkommensteuer wird dann dadurch ermäßigt, dass die Unterhaltsleistungen (für Veranlagungszeitraum 2017) bis zu einem **Höchstbetrag von 8.820 EUR** im Kalenderjahr (pro Unterhaltsberechtigtem)[96] vom Gesamtbetrag der Einkünfte abgezogen werden. Der Höchstbetrag muss jedoch um alle Einkünfte und Bezüge des Empfängers, die zur Bestreitung seines Unterhalts bestimmt oder geeignet sind, gekürzt werden, soweit sie 624 EUR jährlich übersteigen. Weitere Voraussetzung ist, dass der Empfänger kein oder nur ein geringes Vermögen besitzt. Der Abzug als außergewöhnliche Belastung ist also keine echte Alternative zum Realsplitting. Die Anwendbarkeit in der Praxis wird begrenzt durch eigenständige, enge Voraussetzungen (zB geringe „Einkünfte und Bezüge" sowie geringes Vermögen des Empfängers).

Die Unterhaltsleistungen, gleich welcher Höhe, die der Unterhaltsleistende als 103 außergewöhnliche Belastung geltend macht, unterliegen beim Unterhaltsempfänger nicht der Einkommensteuer. Es bedarf daher weder einer Zustimmung des Empfängers noch einem Ausgleich von steuerlichen Nachteilen oder sonstigen Nachteilen.

Unterhaltsleistungen an den geschiedenen oder dauernd getrennt lebenden Ehe- 104 gatten, für die der Sonderausgabenabzug in Anspruch genommen wird, können nicht als außergewöhnliche Belastung abgezogen werden (vgl. § 33 Abs. 2 S. 2 EStG). Dies gilt auch, soweit die Unterhaltsleistungen den als Sonderausgaben abziehbaren Teil übersteigen.[97]

Nur wenn die Ehegatten bereits zu Beginn des Kalenderjahrs geschieden waren 105 oder während des ganzen Kalenderjahrs dauernd getrennt gelebt haben, können Unterhaltsleistungen als außergewöhnliche Belastung berücksichtigt werden.[98]

---

93 OLG Koblenz 18.7.2014 – 7 WF 587/14, FamRZ 2015, 260.
94 BGH FamRZ 2002, 1024 (1027); 1988, 820 (821); 1977, 40; OLG Hamm FamRZ 1993, 205; 1987, 1046; AG Biedenkopf FamRZ 2009, 607 (Kosten eines Steuerberaters zur Ermittlung des Nachteils aus dem Realsplitting).
95 BFH/NV 2008, 372 = FamRZ 2008, 888.
96 Zur Aufteilung des nachgewiesenen Zahlungsbetrags nach Köpfen, wenn der Steuerpflichtige mehrere Personen, die einen gemeinsamen Haushalt führen, unterhält vgl. BFH BStBl. II 2002, 753; 1994, 731.
97 BFH BStBl. II 2001, 338; 2000, 218.
98 BFH BStBl. II 1989, 658 = FamRZ 1989, 1172 (Ls.); BStBl. II 1989, 164 (168) = FamRZ 1989, 385 (Ls.).

106 **b) Gesetzlich unterhaltsberechtigte Person.** § 33 a Abs. 1 EStG gilt nicht nur für den Ehegattenunterhalt. Nach § 33 a Abs. 1 S. 1 EStG ist für den Abzug außergewöhnlicher Belastungen Voraussetzung, dass Aufwendungen für den Unterhalt einer dem Steuerpflichtigen gegenüber gesetzlich unterhaltsberechtigten Person erwachsen.[99] Gesetzlich unterhaltsberechtigt sind Personen, denen gegenüber der Steuerpflichtige nach dem BGB unterhaltsverpflichtet ist. Ausgenommen ist der Kindesunterhalt, wenn der Steuerpflichtige oder eine andere Person Anspruch auf einen Kinderfreibetrag oder auf Kindergeld für die unterhaltene Person hat (§ 33 a Abs. 1 S. 4 EStG). Insbesondere folgende Unterhaltstatbestände kommen für § 33 a Abs. 1 EStG in Betracht: Trennungsunterhalt, nachehelicher Ehegattenunterhalt, Elternunterhalt, Unterhalt nach § 1615 l,[100] nicht mehr kindergeldberechtigte Studenten nach Vollendung des 25. Lebensjahres sowie arbeitslose Kinder nach Vollendung des 21. Lebensjahres, bei denen kein Verlängerungstatbestand gem. § 32 Abs. 5 EStG in Betracht kommt.

107 Voraussetzung für die Annahme einer gesetzlichen Unterhaltsberechtigung nach § 33 a Abs. 1 EStG ist die **Bedürftigkeit** des Unterhaltsempfängers nach dem BGB. Die konkrete Betrachtungsweise führt dazu, dass die zivilrechtlichen Voraussetzungen eines Unterhaltsanspruchs vorliegen müssen und die Unterhaltskonkurrenzen zu beachten sind. Die Bedürftigkeit volljähriger Kinder ist beispielsweise gegeben, wenn diese weder Vermögen haben noch Einkünfte aus einer Erwerbstätigkeit erzielen. Mögliche Einkünfte aus einer unterlassenen Erwerbstätigkeit stehen der Bedürftigkeit entgegen, falls eine Erwerbstätigkeit zumutbar ist. Insoweit besteht insbesondere für volljährige Kinder eine generelle Erwerbsobliegenheit, es sei denn, dieser kann aufgrund besonderer Umstände, wie zB Krankheit, Behinderung oder Arbeitslosigkeit, trotz ordnungsgemäßer Bemühung um eine Beschäftigung, nicht Folge geleistet werden.[101]

108 **c) Gleichgestellte Person.** Der gesetzlich unterhaltsberechtigten Person gleichgestellt ist nach § 33 a Abs. 1 S. 3 EStG eine Person, wenn bei ihr zum Unterhalt bestimmte inländische öffentliche Mittel (zB Alg II, Sozialhilfe) mit Rücksicht auf die Unterhaltsleistungen des Steuerpflichtigen ganz nicht gewährt oder gekürzt werden. Als gleichgestellte Personen kommen nur Partner einer eheähnlichen Gemeinschaft oder in Haushaltsgemeinschaft mit dem Steuerpflichtigen lebende Verwandte und Verschwägerte in Betracht (sozialrechtliche Bedarfsge-

---

99 BFH 27.7.2011 – VI R 13/10, BStBl. II 2011, 965 = FamRZ 2011, 1793; BFH/NV 2008, 1320 = FamRZ 2008, 1529: Keine Angehörige in der Seitenlinie; ebenso BFH BStBl. II 2003, 187 = FamRZ 2003, 451 (Ls.).
Zur „Berücksichtigung von Aufwendungen für den Unterhalt von Personen im Ausland" vgl. ausführlich BMF-Schreiben vom 7.6.2010, BStBl. I 2010, 588, und ergänzend BMF-Schreiben vom 27.5.2015, IV C 4 – S 2285/07/0003:006, BStBl. I 2015, 474. Zu den erforderlichen Nachweisen bei Unterhaltsaufwendungen für im Ausland lebende Eltern vgl. BFH 7.5.2015 – VI R 32/14, BFH/NV 2015, 1248 = FamRZ 2015, 1604. Zur Ländergruppeneinteilung vgl. BFH 25.11.2010 – VI R 28/10, BStBl. II 2011, 283 = FamRZ 2011, 562 (Ls.).
100 BFH BStBl. II 2004, 943.
101 BFH 5.5.2010 – VI R 29/09, BStBl. II 2011, 116 = FamRZ 2010, 1662 (Ls.). Zur generellen Erwerbsobliegenheit volljähriger Personen vgl. auch BFH 15.4.2015 – VI R 5/14, BStBl. II 2016, 148 = FamRZ 2015, 2053.

meinschaft).[102] Bei eheähnlichen Gemeinschaften kann als Nachweis die Vorlage eines Kürzungs- oder Ablehnungsbescheids dienen.[103]

d) Unterhaltsaufwendungen. Abziehbare Aufwendungen iSd § 33 a Abs. 1 S. 1   109
EStG sind solche für den typischen Unterhalt, dh die üblichen für den laufenden Lebensunterhalt bestimmten Leistungen. Dazu können **auch gelegentliche oder einmalige** Leistungen gehören.[104] Die Geltendmachung der außergewöhnlichen Belastungen richtet sich grundsätzlich nach dem **Abflussprinzip** gem. § 11 Abs. 2 S. 1 EStG (H 33.1–33.4 „Verausgabung" EStH). Diese dürfen daher regelmäßig nicht als Unterhaltsleistungen für Vormonate und auch nicht zur Deckung des Unterhaltsbedarfs für das Folgejahr berücksichtigt werden.[105] Gehört die unterhaltsberechtigte Person zum Haushalt des Steuerpflichtigen, wird steuerrechtlich regelmäßig davon ausgegangen, dass ihm dafür Unterhaltsaufwendungen in Höhe des maßgeblichen Höchstbetrags erwachsen (R 33 a.1 Abs. 1 S. 5 EStR); ein Einzelnachweis von Aufwendungen ist hier nicht erforderlich.

Der Höchstbetrag von 8.820 EUR[106] (für Veranlagungszeitraum 2017) erhöht   110
sich um den Betrag der im jeweiligen Veranlagungszeitraum für die Absicherung der unterhaltsberechtigten Person aufgewandten Beiträge zur **Kranken- und Pflegeversicherung** (§ 33 a Abs. 1 S. 2 EStG). Die Beiträge können geltend gemacht werden, soweit die Versicherungsleistungen in Art, Umfang und Höhe mit denen der gesetzlichen Krankenversicherung vergleichbar sind; der Abzug ist also auf die Basisversorgung begrenzt (§ 10 Abs. 1 Nr. 3 EStG).

e) Nur geringes Vermögen des Empfängers. Die zu unterhaltende Person muss   111
zunächst ihre Arbeitskraft und ihr eigenes Vermögen, wenn es nicht geringfügig ist, einsetzen und verwerten. Als geringfügig kann nach R 33 a.1 Abs. 2 S. 3 EStR in der Regel ein Vermögen **bis zu** einem gemeinen Wert von **15.500 EUR** angesehen werden. Für die Entscheidung, ob ein Vermögen gering ist, ist immer der Verkehrswert abzüglich der darauf entfallenden Verbindlichkeiten maßgebend.[107] Entgegen R 33 a.1 Abs. 2 S. 4 Nr. 2 EStR ist auch ein **angemessenes Hausgrundstück** iSv § 90 Abs. 2 Nr. 8 SGB XII mit dem Verkehrswert anzusetzen.[108]

Nicht gering kann auch Vermögen sein, das keine anzurechnenden Einkünfte   112
abwirft; Vermögen ist auch dann zu berücksichtigen, wenn es die unterhaltene Person für ihren künftigen Unterhalt benötigt.[109]

---

102 BFH BStBl. II 2010, 343 = FamRZ 2010, 902; BStBl. II 2009, 363 = FamRZ 2008, 2026; BStBl. II 2003, 187 = FamRZ 2003, 451 (Ls.).
103 Vgl. hierzu und zum Verzicht auf die Vorlage eines Kürzungs- oder Ablehnungsbescheids BMF-Schreiben vom 7.6.2010, BStBl. I 2010, 582.
104 BFH BStBl. II 2009, 365 = FamRZ 2008, 2024; 1982, 21; 1981, 713; 1981, 31.
105 BFH 5.5.2010 – VI R 40/09, BStBl. II 2011, 164 = FamRZ 2010, 1733 (Ls.); BFH BStBl. II 1987, 341.
106 Zur Beschränkung der Abziehbarkeit von Unterhaltsaufwendungen durch die sog Opfergrenze vgl. ausführlich mit Beispielsberechnung BMF-Schreiben vom 7.6.2010, BStBl. I 2010, 582. Zur Opfergrenze vgl. auch BFH 28.4.2016 – VI R 21/15, BStBl. II 2016, 742 = FamRZ 2016, 1584; 6.2.2014 – VI R 34/12, BStBl. II 2014, 619 = FamRZ 2014, 1458; 28.3.2012 – VI R 31/11, BStBl. II 2012, 769 = FamRZ 2012, 1137.
107 BFH/NV 2010, 2322 = FamRZ 2010, 2076 (Ls.); BFH BStBl. II 2010, 628 = FamRZ 2010, 904 (Ls.); BStBl. II 2009, 361 = FamRZ 2008, 2277 (Ls.); BStBl. II 2003, 655.
108 BFH/NV 2010, 2322 = FamRZ 2010, 2076 (Ls.).
109 BFH BStBl. II 1998, 241.

113 **f) Einkünfte und Bezüge des Empfängers.** Der Höchstbetrag von 8.820 EUR (für Veranlagungszeitraum 2017) ist um alle Einkünfte und Bezüge der unterhaltenen Person, die zur Bestreitung ihres Unterhalts bestimmt oder geeignet sind, zu kürzen, soweit sie den Betrag von 624 EUR im Kalenderjahr übersteigen. Für die Ermittlung der **Einkünfte** sind die steuerrechtlichen Einkünfte nach § 2 Abs. 1 EStG maßgebend. Einkünfte sind stets in vollem Umfang zu berücksichtigen, also auch soweit sie zur Bestreitung des Unterhalts nicht zur Verfügung stehen oder die Verfügungsbefugnis beschränkt ist. Pflichtbeiträge zur gesetzlichen Renten- und Arbeitslosenversicherung werden von den Einkünften nicht abgezogen.[110] Des Weiteren sind die Einkünfte weder um Steuern noch um Beiträge zu einer privaten Zusatzkrankenversicherung zu kürzen.[111] Im Rahmen der Einkünfteermittlung bei vom Steuerpflichtigen unterstützten unterhaltsberechtigten Eltern sind deren Einkünfte zusammenzuzählen und gleichmäßig den Ehegatten zuzurechnen.[112]

114 **Bezüge** sind alle Einnahmen in Geld oder Geldeswert, die nicht im Rahmen der einkommensteuerrechtlichen Ermittlung der Einkünfte erfasst werden. Zu diesen Bezügen gehören zB bestimmte steuerfreie Einnahmen (Alg II, Wohngeld, steuerfreie Zuschläge nach § 3 b EStG etc), dem Progressionsvorbehalt unterliegende Leistungen nach § 32 b EStG (Alg I, Krankengeld, Mutterschaftsgeld, das den Sockelbetrag nach § 2 Abs. 4 BEEG übersteigende Elterngeld[113] etc), die nicht der Besteuerung unterliegenden Rentenanteile sowie pauschal versteuerter Arbeitslohn nach § 40 a EStG (Einnahmen aus einem Mini-Job). Bei der Feststellung der anzurechnenden Bezüge sind aus Vereinfachungsgründen insgesamt 180 EUR im Kalenderjahr abzuziehen, wenn nicht höhere Aufwendungen, die im Zusammenhang mit dem Zufluss der entsprechenden Einnahmen stehen, nachgewiesen oder glaubhaft gemacht werden (R 33 a.1 Abs. 3 EStR).

115 **g) Zeitanteilige Kürzung.** Der Höchstbetrag von 8.820 EUR (für Veranlagungszeitraum 2017) sowie der anrechnungsfreie Betrag von 624 EUR ermäßigen sich für jeden vollen Kalendermonat, in dem die Voraussetzungen für den Abzug von Unterhaltsaufwendungen nicht vorgelegen haben, um je ein Zwölftel (§ 33 a Abs. 3 EStG). Unterhaltsleistungen können nicht auf Monate vor ihrer Zahlung zurückbezogen werden; der Höchstbetrag nach § 33 a Abs. 1 EStG ist daher zeitanteilig zu kürzen, wenn bei laufenden Unterhaltszahlungen die erste Zahlung erst im Laufe des Jahres erfolgt.[114] In die Anrechnung eigener Einkünfte und Bezüge sind dann nur solche einzubeziehen, die auf den Unterstützungszeitraum entfallen, dh ihm wirtschaftlich zuzuordnen sind.

---

110 BFH 18.6.2015 – VI R 45/13, BStBl. II 2015, 928 = FamRZ 2015, 1892 (Ls.). Revision anhängig BVerfG 2 BvR 1853/15.
111 BFH BStBl. II 2008, 738 = FamRZ 2008, 509 (Ls.).
112 BFH 24.8.2011 – VI B 18/11, BFH/NV 2011, 2062 = FamRZ 2011, 1868 (Ls.).
113 Bei der Ermittlung der Bezüge ist der Mindestbetrag des Elterngeldes auszunehmen; vgl. OFD Münster, aktualisierte Kurzinformation ESt 20/2008 vom 16.11.2010. Zur Klarstellung: Nach BFH/NV 2009, 1898 = FamRZ 2009, 1905 (Ls.) unterliegt steuerrechtlich auch das Mindestelterngeld dem Progressionsvorbehalt. Demgegenüber wird im Rahmen der unterhaltsrechtlichen Einkommensermittlung der Sockelbetrag regelmäßig nicht als Einkommen behandelt (vgl. die jeweiligen Leitlinien zum Unterhaltsrecht Nr. 2.5).
114 BFH 5.5.2010 – VI R 40/09, BStBl. II 2011, 164 = FamRZ 2010, 1733 (Ls.); 11.11.2010 – VI R 16/09, BStBl. II 2011, 966 = FamRZ 2011, 372 (Ls.).

R. Maier

IV. Aufteilung der Einkommensteuer bei Ehegatten

1. Aufteilung im Steuerrecht (Außenverhältnis zum Finanzamt). a) Gesamt- 116
schuldner. Ehegatten sind im Fall der Einkommensteuer-Zusammenveranlagung
stets Gesamtschuldner nach § 44 Abs. 1 AO. Gem. § 155 Abs. 3 S. 1 AO kann
daher gegen sie ein zusammengefasster Steuerbescheid erlassen werden.[115] Dabei handelt es sich formal um die Zusammenfassung zweier Bescheide zu einer –
nur äußerlich gemeinsamen – Festsetzung (AEAO zu § 122, Nr. 2.1.1). Auf Basis
des einheitlichen Steuerbescheids ist jeder Ehegatte gegenüber dem Finanzamt
für die festgesetzte gemeinsame Steuerschuld Gesamtschuldner. Gesamtschuld
bedeutet, dass jeder Gesamtschuldner (also hier jeder Ehegatte) die gesamte
Leistung schuldet, die jedoch vom Gläubiger nur einmal gefordert werden kann.

Leistet einer der Partner Zahlungen an das Finanzamt, werden insoweit beide 117
Ehegatten von ihrer Steuerschuld befreit, da nach § 44 Abs. 2 AO die Erfüllung
durch einen Gesamtschuldner auch für die übrigen Schuldner wirkt. Die Erfüllung einer Gesamtschuld im Außenverhältnis zum Finanzamt verdrängt nicht
die Vorschriften über eine eventuelle Ausgleichspflicht im Innenverhältnis nach
§ 426 Abs. 1 (→ Rn. 135).

b) Aufteilung von Steuernachzahlungen. aa) Antrag. Um die gesamtschuldneri- 118
sche Haftung zu vermeiden, kann jeder Ehegatte gegenüber dem Finanzamt die
Aufteilung der Gesamtschuld nach §§ 268–278 AO beantragen. Auch der Ehegatte, der Gesamtrechtsnachfolger seines verstorbenen Ehepartners ist, kann
eine Aufteilung der Steuern beantragen.[116] Das Recht zur Aufteilung (§ 268 AO)
setzt einen entsprechenden Antrag beim zuständigen Finanzamt schriftlich oder
zur Niederschrift voraus (§ 269 Abs. 1 AO). Dem Antrag muss ein wirksamer
Steuerbescheid mit Fristsetzung für den Nachzahlungsbetrag zugrunde liegen
(sog Leistungsgebot durch Verwaltungsakt nach § 254 Abs. 1 S. 2 AO).[117] In der
Praxis empfiehlt es sich, den Antrag rechtzeitig zu stellen, dh bevor die Steuerschuld fällig ist und bevor gar die Vollstreckung angekündigt wurde.

Mit einer Aufteilung können einerseits die Vorteile der Zusammenveranlagung 119
(Splittingtarif) erhalten bleiben, andererseits wird jeder Ehegatte im Fall der
Zwangsvollstreckung nicht schlechter gestellt, als er im Fall der Einzelveranlagung stehen würde. Ein solcher Antrag begrenzt die Zwangsvollstreckung entsprechend der Aufteilung.[118] Ist die Gesamtschuld aufgeteilt, darf das Finanzamt bei jedem nur bis zur anteiligen Höhe der Steuerschuld vollstrecken (§ 278
Abs. 1 AO).

Nach vollständiger Tilgung der rückständigen Steuer ist der Antrag nicht mehr 120
zulässig (§ 269 Abs. 2 S. 2 AO). Sind Teile der Steuerschuld bereits bezahlt, kann
die Aufteilung nur noch in Höhe der zu diesem Zeitpunkt rückständigen Steuerbeträge erfolgen. Davon unberührt kann weiterhin ein interner Ausgleich unter
den Ehegatten nach § 426 Abs. 1 in Betracht kommen.

bb) Aufteilung nach Vorschlag. Nach welchem Maßstab die Steuerschuld unter 121
Eheleuten aufzuteilen ist, können diese selbst bestimmen, indem sie dem Finanz-

---

115 Zur Zulässigkeit eines Abrechnungsbescheids an Eheleute (zusammengefasster Be-
    scheid) vgl. BFH 14.4.2015 – VII B 149/14, BFH/NV 2015, 1073 = FamRZ 2015,
    1392 (Ls.).
116 BFH BStBl. II 2008, 418 = FamRZ 2008, 985 (Ls.).
117 BFH BStBl. II 2003, 109.
118 BFH BStBl. II 1991, 493.

amt einvernehmlich einen Aufteilungsmaßstab vorschlagen. Unterbreiten die Ehegatten einen Vorschlag, ist das Finanzamt daran gebunden, wenn die Tilgung der rückständigen Steuer sichergestellt ist (§ 274 AO). Der gemeinschaftliche Vorschlag ist schriftlich beim Finanzamt einzureichen oder zur Niederschrift zu erklären und von allen Gesamtschuldnern zu unterschreiben. In der Praxis kann es sich auch aus zeitlichen Gründen anbieten, nach Abfrage der offenen Steuerschuld dem Finanzamt einen eigenen Vorschlag für die Aufteilung der Steuernachzahlung zu unterbreiten.

122 **cc) Aufteilung nach Gesetz.** Schlagen die Eheleute gemeinschaftlich keinen Aufteilungsmaßstab vor, erfolgt die Aufteilung nach dem Gesetz (§§ 270–273 AO). Nach § 270 S. 1 AO gilt als Maßstab das Verhältnis der Steuerbeträge, die sich bei **fiktiver Einzelveranlagung** der Ehegatten nach Maßgabe des § 26 a EStG und der §§ 271–276 AO ergeben würden[119] (Beispiel → Rn. 146). Die Gesamtschuld der Eheleute wird durch die fiktive Einzelveranlagung in Teilschulden aufgeteilt. Wenn ein Ehegatte keine oder so geringe Einkünfte hat, dass sich bei Einzelveranlagung für ihn keine Steuerschuld ergeben würde, führt der Antrag auf Aufteilung dazu, dass er von der Inanspruchnahme für die festgesetzte Steuer freigestellt wird.

123 Nach § 270 S. 2 AO sind in dem Aufteilungsverfahren die tatsächlichen und rechtlichen Feststellungen zugrunde zu legen, die bei der Steuerfestsetzung (Zusammenveranlagung) maßgebend waren, wobei Abweichungen nur insoweit zulässig sind, als sie durch die Anwendung der Vorschriften über die Einzelveranlagung bedingt sind.[120] Soweit gesetzliche Regelungen fehlen, sind die davon betroffenen Besteuerungsgrundlagen dem Ehegatten zuzuordnen, in dessen Person der Tatbestand verwirklicht worden ist. Wird die Steuerfestsetzung in dem Zusammenveranlagungsbescheid geändert, ist auch der Aufteilungsbescheid nach § 280 Abs. 1 Nr. 2 AO zu ändern.

124 Einbehaltene Lohnsteuer wird zugunsten des Ehegatten berücksichtigt, zu dessen Lasten die Beträge einbehalten wurden. Das Gleiche gilt für Einkommensteuer-Vorauszahlungen, soweit sie für den einzelnen Ehegatten getrennt festgesetzt wurden (§ 276 Abs. 3 AO).

125 **Rückständige Vorauszahlungen** sind im Verhältnis der Beträge aufzuteilen, die sich bei einer getrennten Festsetzung der Vorauszahlungen ergeben würden (§ 272 Abs. 1 S. 1 AO). Wenn beispielsweise ein Ehegatte ausschließlich lohnsteuerpflichtige „Einkünfte aus nichtselbstständiger Arbeit" hat, werden auf ihn regelmäßig keine Einkommensteuer-Vorauszahlungen entfallen, wenn er nach der Lohnsteuerklasse IV oder gar V besteuert wird. Der Antrag auf Aufteilung von Vorauszahlungen gilt zugleich als Antrag auf Aufteilung der weiteren im gleichen Veranlagungszeitraum fällig werdenden Vorauszahlungen und einer etwaigen Abschlusszahlung (§ 272 Abs. 1 S. 2 AO). Nach Durchführung der Veranlagung hat das Finanzamt von Amts wegen eine abschließende Aufteilung vorzunehmen (§ 272 Abs. 1 S. 3 AO).

126 **c) Aufteilung von Steuererstattungen. aa) Erstattungsberechtigte.** Ehegatten, die nach § 44 AO Gesamtschuldner sind, sind nicht Gesamtgläubiger eines Erstattungsanspruchs nach § 37 Abs. 2 AO.[121] Im Steuerrecht ist Erstattungsberechtig-

---

119 BFH/NV 2004, 1624.
120 BFH/NV 2001, 1521 (1522); 1991, 214.
121 BFH BStBl. II 1983, 162.

ter der Gesamtschuldner, auf dessen Rechnung die Zahlung geleistet worden ist. Es kommt nicht darauf an, von wem oder mit wessen Mitteln gezahlt worden ist. Maßgeblich ist vielmehr, wessen Steuerschuld nach dem Willen des Zahlenden, wie er im Zeitpunkt der Zahlung dem Finanzamt erkennbar hervorgetreten ist, getilgt werden sollte (AEAO zu § 37, Nr. 2.2.1).[122]

Wenn sich im Fall der Zusammenveranlagung zur Einkommensteuer ein Anspruch auf Steuererstattung gegen das Finanzamt ergibt, gilt für das Außenverhältnis zum Finanzamt § 37 Abs. 2 AO: Die Erstattung steht grundsätzlich demjenigen zu, auf dessen Rechnung die Zahlung bewirkt worden ist; Steuererstattungen sind im **Verhältnis der geleisteten Zahlungen** bzw. einbehaltenen Beträge auf die Ehegatten zu verteilen. Es geht also um die Frage, auf wessen Rechnung gezahlt wurde bzw. von wessen Lohn/Gehalt die Steuer einbehalten wurde. 127

bb) Anrechnung von Lohnsteuer. Hat sich eine Überzahlung ausschließlich durch den Einbehalt von Lohnsteuer ergeben (§ 36 Abs. 2 Nr. 2 EStG), steht den Ehegatten die Erstattung in dem Verhältnis zu, in dem die Lohnsteuerzahlungen stehen.[123] 128

Beispiel: Die dauernd getrennt lebenden Ehegatten haben aus ihrer letzten Zusammenveranlagung einen Erstattungsanspruch von 1.000 EUR. Die vom Arbeitgeber einbehaltene Lohnsteuer beträgt beim Ehemann 7.000 EUR und bei der Ehefrau 3.000 EUR. Das Finanzamt muss vom gesamten Erstattungsbetrag 70 % (also 700 EUR) an den Mann und 30 % (also 300 EUR) an die Frau zahlen. Das würde auch für den Fall gelten, dass die Erstattung ausschließlich auf anderen Verlusteinkünften des Ehemanns beruht.[124]

Welcher Ehegatte den Tatbestand der Steuerminderung erfüllt hat, ist unerheblich. Die schematische Aufteilung des Erstattungsanspruchs ist somit nur grob und ungenau.[125] So hängt die Höhe der Lohnsteuer auch von der Steuerklasse und der Berücksichtigung von Freibeträgen ab. Wer die Lohnsteuerklasse V hat, hat mehr Lohnsteuer bezahlt und hätte demzufolge auch einen höheren Anteil am Erstattungsanspruch als derjenige mit der Lohnsteuerklasse III. 129

cc) Anrechnung von Vorauszahlungen. Schwieriger kann die Zuordnung bei allgemeinen Einkommensteuer-Vorauszahlungen (§ 36 Abs. 2 Nr. 1 EStG) bzw. Abschlusszahlungen sein.[126] Ist für das Finanzamt erkennbar für gemeinsame Rechnung der Ehegatten (als Gesamtschuldner) geleistet worden bzw. fehlen im Zeitpunkt der Zahlung Anhaltspunkte für eine bestimmte andere Tilgungsabsicht des zahlenden Ehegatten, so sind diese im Zweifel nach Köpfen erstattungsberechtigt[127] (AEAO zu § 37, Nr. 2.2.2); der Erstattungsbetrag steht beiden jeweils zur Hälfte zu. 130

---

122 BFH 30.9.2008 – VII R 18/08, BStBl. II 2009, 38; BFH BStBl. II 2006, 453 = FamRZ 2006, 333 (Ls.); BStBl. II 1995, 492; 1991, 47.
123 BFH BStBl. II 1990, 520.
124 BFH BStBl. II 1991, 47, für den Fall eines Verlustrücktrags nach § 10 d EStG, der ausschließlich einem Ehegatten zuzurechnen ist.
125 Vgl. auch die Formulierungen des BGH FamRZ 2006, 1178 (1180), im Zusammenhang mit einer Aufteilung der Einkommensteuer im Innenverhältnis der Ehegatten.
126 BFH BStBl. II 1990, 41.
127 BFH 13.5.2015 – VII R 41/14, BFH/NV 2015, 1347; 22.3.2011 – VII R 42/10, BStBl. II 2011, 607 = FamRZ 2011, 1145; 30.9.2008 – VII R 18/08, BStBl. II 2009, 38 = FamRZ 2008, 2277 (Ls.); BFH BStBl. II 2006, 453 (454) = FamRZ 2006, 333 (Ls.); vgl. auch OLG Oldenburg FamRZ 2008, 1852.

131 Um eine Erstattungsberechtigung des anderen Ehegatten zu verhindern, sollte der die Vorauszahlungen leistende Ehegatte jeweils ausdrücklich angeben, dass nur seine eigene Steuerschuld mit der Zahlung getilgt werden soll. Ist vor Zahlung ein Hinweis an das Finanzamt erfolgt, dass die Steuerschuld des Zahlenden getilgt wird,[128] dann darf das Finanzamt die Vorauszahlungen auch nur ihm allein zurechnen, so dass der sich darauf ergebende Erstattungsanspruch ihm allein zusteht.

132 **dd) Auszahlung.** Hinsichtlich der Auszahlung eines Erstattungsbetrags gilt für das Finanzamt zunächst die gesetzliche Regel nach § 36 Abs. 4 S. 3 EStG: Bei Ehegatten, die zusammen veranlagt worden sind, wirkt die Auszahlung an einen Ehegatten auch für und gegen den anderen Ehegatten. Wird auf dem Mantelbogen der gemeinsamen Einkommensteuererklärung das Konto eines der Ehegatten angegeben, bedeutet dies grundsätzlich, dass der angegebene Kontoinhaber ermächtigt ist, die Steuererstattungen entgegenzunehmen. Damit darf das Finanzamt die Erstattung auch mit befreiender Wirkung gegenüber dem anderen Ehegatten auf das angegebene Konto zahlen.

133 Abweichend von § 36 Abs. 4 S. 3 EStG kann das Finanzamt eine Erstattung **nicht beliebig an einen Ehegatten** mit schuldbefreiender Wirkung erbringen, wenn es erkennt oder erkennen musste, dass der andere Ehegatte damit aus beachtlichen Gründen nicht einverstanden ist.[129] In diesem Fall kann das Finanzamt mit schuldbefreiender Wirkung nur an den materiell erstattungsberechtigten Ehegatten auszahlen.[130] Dies gilt insbesondere, wenn dem Finanzamt bekannt ist, dass die Eheleute dauernd getrennt leben bzw. dass sie hinsichtlich des Erstattungsbetrags widerstrebende Interessen haben. Das Gleiche gilt, wenn ein Ehegatte ausdrücklich und rechtzeitig einen Widerruf an das Finanzamt übermittelt,[131] wonach ein Erstattungsbetrag nicht auf das in der gemeinsamen und beiderseits unterschriebenen Einkommensteuererklärung angegebene Konto überwiesen werden soll. In der Praxis kommt es vor, dass das Finanzamt bei Unsicherheiten hinsichtlich des Erstattungskontos einen Antwortbogen versendet, auf dem das Bankkonto für die Überweisung des Steuerguthabens mitzuteilen ist; auf dem Antwortschreiben mit der Anforderung der Bankverbindung sind bei Einkommensteuer-Zusammenveranlagung die Unterschriften beider Ehegatten erforderlich.

134 **ee) Abrechnungsbescheid.** Über Streitigkeiten, die Erstattungsansprüche betreffen, entscheidet das Finanzamt durch Abrechnungsbescheid nach § 218 Abs. 2 AO (AEAO zu § 218, Nr. 3). Als Rechtsbehelf gegen den Abrechnungsbescheid ist der Einspruch gegeben.

135 **2. Aufteilung im Zivilrecht (Innenverhältnis der Ehegatten). a) Ausgleichspflicht im Innenverhältnis.** Zwischen Gesamtschuldnern (also hier zwischen Ehegatten) besteht im Innenverhältnis eine Ausgleichspflicht nach § 426 Abs. 1 S. 1. Danach haften sie im Verhältnis zueinander zu gleichen Anteilen, soweit nicht ein anderes bestimmt ist. Eine solche abweichende Bestimmung kann sich aus dem Gesetz, einer Vereinbarung, dem Inhalt und Zweck des Rechtsverhältnisses oder

---

128 BFH BStBl. II 2006, 453 (455) = FamRZ 2006, 333 (Ls.).
129 BMF-Schreiben vom 14.1.2015, IV A 3 – S 0160/11/10001, BStBl. I 2015, 83, Nr. 2.2.1.
130 BFH BStBl. II 1991, 442; 1990, 719.
131 FG Rheinland-Pfalz EFG 1988, 336.

R. Maier

der Natur der Sache, mithin aus der besonderen Gestaltung des tatsächlichen Geschehens ergeben.[132]

b) Vorrang einer (konkludenten) Vereinbarung, Ehegattenunterhalt. aa) Grundsatz. Vorrangig ist grundsätzlich, was die Ehegatten ausdrücklich (evtl. sogar in einem Ehevertrag)[133] oder nach ihrer bisherigen Handhabung konkludent vereinbart haben.[134] Auch die (nachfolgend unter → Rn. 144 ff. dargelegten) güterrechtlichen Beziehungen werden durch eine (konkludente) Vereinbarung überlagert. — 136

bb) Steuerzahlungen bis zur Trennung. (1) Steuervorauszahlungen. Wenn die Ehegatten die Vorauszahlung von Steuern vereinbart haben, sind sie an diese Aufteilung grundsätzlich gebunden. Wenn ein Ehegatte im Innenverhältnis die Einkommensteuer-Vorauszahlungen alleine leistet bzw. auch für den anderen getragen hat, steht ihm insoweit kein Erstattungsanspruch zu.[135] Aus einer ständigen Übung der Ehegatten ist zu schließen, dass ggf. konkludent die Abrede getroffen wurde,[136] die Steuervorauszahlungen werden von einem Partner geleistet. Der ehelichen Lebensgemeinschaft liegt die Anschauung zugrunde, mit dem Einkommen der Ehegatten gemeinsam zu wirtschaften und finanzielle Mehrbelastungen nicht auszugleichen.[137] Deshalb kann bei solchen Konstellationen eine besondere Vereinbarung erforderlich sein, wenn sich ein Partner die Rückforderung von Mehrleistungen für den Fall der Trennung vorbehalten will. Dies kann auch für die Zeit zwischen Trennung und Ende des Trennungsjahrs gelten, wenn die Ehegatten stillschweigend eine nicht reversible Regelung getroffen haben. — 137

(2) Nachteile bei Steuerklasse V. Haben die Ehegatten die Kombination der Lohnsteuerklassen III/V gewählt, erhält der Ehegatte mit der Steuerklasse V nachträglich keinen Ausgleich, wenn die Ehegatten mit dem beiderseitigen Einkommen gemeinsam gewirtschaftet und gelebt haben.[138] Aufgrund einer langjährigen entsprechenden Übung der Ehegatten kann von einer konkludenten Vereinbarung des Inhalts ausgegangen werden, dass der eine Partner seine Einkünfte nach der Lohnsteuerklasse V versteuert, ohne vom anderen Partner, dessen Lohn dem Abzug nach der Steuerklasse III unterliegt, einen Ausgleich zu erhalten.[139] Dann haben die Beteiligten durch ihre bisherige Handhabung eine anderweitige Bestimmung iSd § 426 Abs. 1 S. 1 getroffen. Entsprechend hat auch der Ehegatte mit der (ungünstigen) Steuerklasse V die Steuerschuld insoweit zu tragen, als Lohnsteuer im Abzugsverfahren entrichtet wurde.[140] — 138

---

132 BGH FamRZ 2007, 1229 (230); 2006, 1178 (1179); 2002, 739 (740); 1995, 216 (217); 1993, 676 (677 f.); 1983, 795; 1980, 664.
133 Zur Auslegung einer Vereinbarung BGH FamRZ 1990, 374; OLG Hamm FamRZ 1998, 242.
134 BGH FamRZ 2007, 1229 (1230); 2006, 1178 (1179).
135 BGH FamRZ 2002, 739 (740); vgl. auch den Hinweis bei BGH FamRZ 2007, 1320 (1321): Aufteilung der Einkommensteuerlast durch konkludentes Handeln.
136 Zum allgemeinen Grundsatz, dass für die Zeit des Zusammenlebens kein nachträglicher Ausgleich erfolgt und das bisher gelebten Verhältnisse als konkludente Regelung anzusehen sind, vgl. Garbe/Ullrich/Ullrich § 8 Rn. 3 mwN.
137 BGH FamRZ 2002, 739 (740).
138 OLG Karlsruhe FamRZ 1991, 441.
139 BGH FamRZ 2002, 1024 (1026); vgl. auch den Hinweis bei BGH FamRZ 2007, 1320 (1321): Aufteilung der Einkommensteuerlast durch konkludentes Handeln.
140 BGH FamRZ 2007, 1229 (1230); OLG Bremen 28.3.2011 – 5 WF 20/11, FamRZ 2011, 1794.

139 **cc) Trennung.** Nach Aufhebung der ehelichen Lebensgemeinschaft besteht für einen Ehegatten grundsätzlich kein Anlass mehr, an der früheren Übung festzuhalten. Mit dem Scheitern der Ehe ist von einer grundlegenden Veränderung des Gesamtschuldverhältnisses auszugehen.[141] Wird für die Monate zwischen der Trennung und dem Ende des Trennungsjahrs kein Trennungsunterhalt (auf der Grundlage der nach den Steuerklassen III und V erzielten Einkünfte) gezahlt und ist auch ansonsten keine (stillschweigende) anderweitige Regelung getroffen bzw. weitergeführt worden, kann für den Ehegatten mit der Steuerklasse V für die Monate ab der Trennung ein Nachteilsausgleich in Betracht kommen.[142] In diesem Fall ist für das gesamte Trennungsjahr eine fiktive Einzelveranlagung durchzuführen und der Steuererstattungsanspruch (oder die Steuernachzahlung) pro rata temporis (monatsweise) aufzuteilen.[143]

140 Bei Trennung sollte ggf. eine klare Vereinbarung über die Ausgleichspflicht von steuerlichen Vorteilen und Nachteilen getroffen werden, insbesondere wenn kein Trennungsunterhalt gezahlt wird. Es kann auch im Trennungsjahr ein Steuerklassenwechsel gem. § 39 Abs. 6 S. 3 und 5 EStG von der Kombination III/V nach IV/IV (ohne Faktor) oder IV/IV mit Faktor zu empfehlen sein, um das spätere Streitpotenzial für das Trennungsjahr zu vermindern (→ Rn. 60).

141 **dd) Ehegattenunterhalt.** Wird für die Monate zwischen der Trennung und dem Ende des Trennungsjahrs Trennungsunterhalt (auf der Grundlage der nach den Steuerklassen III und V erzielten Einkünfte) gezahlt, ist der Unterhaltsberechtigte an dem Gesamteinkommen beteiligt und kann keinen weiteren Nachteilsausgleich verlangen.[144] Letztendlich kommt es immer auf die Fallgestaltung im Einzelfall an.

142 Ein **Beispiel** im Zusammenhang mit dem Ehegatten-Trennungsunterhalt:

Die ehelichen Lebensverhältnisse waren davon geprägt, dass die jährlichen Einkommensteuer-Erstattungen stets auf das Hauskonto für das gemeinsame Vermietungsobjekt geflossen sind. Das Vermietungsobjekt erzielt steuerrechtlich Verluste. Unter anderem aufgrund der Verschuldung ermittelt sich auch auf der Liquiditätsebene ein Überschuss der Ausgaben über die Einnahmen; der Ehemann gleicht eventuelle Unterdeckungen auf dem (gemeinsamen) Hauskonto aus. Die Steuererstattungen resultieren nicht nur aus den „Verlusten aus Vermietung", sondern auch aus der (ungünstigen) Steuerklasse V der Ehefrau. Während der Trennung wird diese „ständige Übung" (übereinstimmend) weitergeführt (zumindest für das Trennungsjahr, längstens bis zum Zeitpunkt einer eventuellen Vermögensauseinandersetzung). Eine während der Trennung (auf dem Hauskonto) vereinnahmte Steuererstattung aus der Zeit der (vorletzten und/oder letzten) Zusammenveranlagung würde in diesem Fall zwischen den Ehegatten nicht aufgeteilt werden. Die Steuererstattung ist aber dann in die **unterhaltsrechtliche Einkommensermittlung** für den Trennungsunterhalt beim Ehemann einzubeziehen (ebenso das Vermietungsobjekt). Die Steuererstattung wird bei

---

141 BGH FamRZ 2007, 1229 (1230); 2006, 1178 (1180); 2002, 739 (740); 1995, 216 (217 f.).
142 BGH FamRZ 2007, 1229 (1231); OLG Hamm FamRZ 1998, 241 (242).
143 Vgl. Anm. Engels FamRZ 2007, 1231, zum Urteil des BGH.
144 BGH FamRZ 2007, 1229 (1230); OLG Bremen 30.3.2011 – 5 UF 6/11, FamRZ 2011, 1226; OLG Bremen FamRZ 2005, 800 (kein Nachteilsausgleich für den Zeitraum, in dem die Eheleute gemeinsam gewirtschaftet haben oder Ehegattenunterhalt gezahlt wurde).

Anwendung des „In-Prinzips" (insbesondere geeignet für klassische Arbeitnehmer) regelmäßig auf das jeweilige Kalenderjahr der Rückzahlung umgelegt und in diesem Fall wohl nicht für die Zukunft fortgeschrieben, da mit dieser Steuererstattung nicht weiter zu rechnen ist.[145]

Insoweit gilt: Wenn die Steuererstattung bereits in die Unterhaltsberechnung eingeflossen ist, liegt darin eine anderweitige Bestimmung iSd § 426 Abs. 1 S. 1 und es scheidet ein isolierter Ausgleich unter den Ehegatten aus.[146]   143

c) **Güterrechtliche Beziehungen.** Wenn keine (konkludente) Vereinbarung bzw.   144
keine anderweitige „familienrechtliche Überlagerung"[147] (zB Einbeziehung in die Bemessungsgrundlage des Ehegattenunterhalts) vorliegt, kann sich bei Ehegatten die Notwendigkeit, eine Aufteilung von Steuern abweichend von der Grundregel des § 426 Abs. 1 S. 1 vorzunehmen (also abweichend vom hälftigen Ausgleich), insbesondere aus den güterrechtlichen Beziehungen ergeben. Diese sind sowohl im Güterstand der Gütertrennung (§ 1414) als auch im gesetzlichen Güterstand der Zugewinngemeinschaft (§ 1363 Abs. 2 S. 1) hinsichtlich ihres Vermögens und ihrer Schulden selbstständig. Deshalb hat im Verhältnis der Ehegatten zueinander grundsätzlich jeder von ihnen für die **Steuer, die auf seine Einkünfte entfällt**, selbst aufzukommen.[148] Begleicht ein Ehegatte die Einkommensteuer (und damit eine Verbindlichkeit) des anderen, so ergibt sich im Hinblick auf die rechtliche Selbstständigkeit der beiderseitigen Vermögen, dass er gegen den anderen Ehegatten einen Anspruch auf Ersatz der Aufwendungen hat. Dies führt im Falle der Zusammenveranlagung dazu, dass bei der Aufteilung der Steuerschuld die Höhe der beiderseitigen Einkünfte zu berücksichtigen ist, die der Steuerschuld zugrunde liegen.[149] Für die Aufteilung von Steuern finden sich in der Rechtsprechung und außergerichtlichen Praxis unterschiedliche Methoden, die nachfolgend unter → Rn. 145–169 aufgezeigt werden.

d) **Aufteilung durch fiktive Einzelveranlagung. aa) Aufteilungsmaßstab**   145
§ 270 AO. Wenn die Aufteilung der Einkommensteuer bzw. die Ermittlung eines internen Ausgleichsanspruchs zwischen den Ehegatten in Analogie zum steuerrechtlichen Aufteilungsmaßstab nach § 270 AO vorgenommen wird, berücksichtigt diese Methode am ehesten die Höhe der Einkünfte und die konkrete steuerrechtliche Situation der Ehegatten. Danach ist die Steuer nach dem Verhältnis der Beträge aufzuteilen, die sich bei fiktiver Einzelveranlagung nach Maßgabe des § 26 a EStG ergeben würden.[150] Wenn ein Ehegatte keine oder so geringe Einkünfte hat, dass sich bei Einzelveranlagung für ihn keine Steuer-

---

145 Vgl. die Formulierung in den Unterhaltsrechtlichen Leitlinien der Familiensenate des KG Berlin, Nr. 1.7.
146 Vgl. Anm. Wever FamRZ 2006, 1181 (1182), zum Urteil des BGH.
147 Vgl. zum Begriff der „familienrechtlichen Überlagerung" Anm. Wever FamRZ 2006, 1181, zum Urteil des BGH.
148 BGH FamRZ 2007, 1229 (1230); 2006, 1178 (1179); 2002, 739 (740); 1990, 374 (376); 1979, 115.
149 BGH FamRZ 2006, 1178 (1179); 2002, 739 (740).
150 BGH FamRZ 2006, 1178 (1180); OLG Düsseldorf FamRZ 2001, 96; 1998, 1236; 1991, 1315 (1316); 1991, 194 (195); OLG Hamm FamRZ 1998, 1166 (1167); OLG Köln FamRZ 1995, 55 (56); OLG Karlsruhe FamRZ 1991, 832 (834); LG Bochum FamRZ 1987, 828 (829); LG Essen FamRZ 1987, 592 (593).

schuld ergeben würde, ist er von der Inanspruchnahme für die festgesetzte Steuer freigestellt; auch an einer Steuererstattung nimmt er nicht teil.[151]

Nach Auffassung des Bundesgerichtshofs führt der Aufteilungsmaßstab nach § 270 AO für die Steuerschuld und die sich hieraus ergebenden Steuererstattungs- bzw. Steuernachzahlungsansprüche zu einer angemessenen Verteilung zwischen den Ehegatten (auch wenn das die aufwendigere Vorgehensweise ist).[152] Das **Steuerrecht** hingegen wendet den **Aufteilungsmaßstab nach § 270 AO nur für Steuernachzahlungen** an (→ Rn. 122), nicht jedoch für Steuererstattungen. Dem Bundesgerichtshof ist im Grundsatz zuzustimmen, diese Aufteilung im Innenverhältnis als „Regel" einheitlich vorzusehen; jede Regel lässt bei besonderen Konstellationen Ausnahmen zu.

146 **bb) Aufteilung des Einkommens.** In dem nachfolgenden **Beispiel** ist der in der Spalte „Gesamt" ausgewiesene Betrag des „zu versteuernden Einkommens" lt. Einkommensteuerbescheid (Zusammenveranlagung) ermittelt und wird auf Ehemann und Ehefrau „intern" fiktiv aufgeteilt. Das Beispiel ist authentisch, jedoch gestrafft und die Werte sind gerundet.

	Ehemann €	Ehefrau €	Gesamt €
Einkünfte aus nichtselbständiger Arbeit	95.000	25.000	120.000
Einkünfte aus Vermietung	- 20.000	-	- 20.000
Gesamtbetrag der Einkünfte	75.000	25.000	100.000
Sonderausgaben:			
Kirchensteuer	- 1.400	-	- 1.400
Spenden nach § 10b EStG	- 168	- 100	- 268
Vorsorgeaufwendungen			
(soweit steuerlich abzugsfähig)	- 10.000	- 3.240	- 13.240
Außergewöhnliche Belastung:			
Ausbildungsfreibetrag	- 924	-	- 924
Freibeträge für Kinder	- 3.624	-	- 7.248
Ist-zu versteuerndes Einkommen			76.920
Fiktiv zu versteuerndes Einkommen	58.884	21.660	

147 Die **Aufteilung der Einkünfte** kann in der Regel aus dem Einkommensteuerbescheid übernommen werden, da die Einkünfte der Eheleute bei Zusammenveranlagung bereits steuerlich getrennt ermittelt werden (→ Rn. 17). Bei den sog Überschusseinkünften (Einkünfte als Arbeitnehmer, Einkünfte aus Kapitalvermögen, Einkünfte aus Vermietung und sonstige Einkünfte) sind die Einkünfte der Überschuss der Einnahmen über die Werbungskosten (§ 2 Abs. 2 Nr. 2

---

151 OLG Düsseldorf FamRZ 1998, 1235; AG Dortmund MDR 1999, 1388; anders OLG Köln FamRZ 1999, 656.
152 BGH FamRZ 2006, 1178 (1180); vgl. auch den Hinweis bei BGH FamRZ 2010, 717 (719): Im Innenverhältnis der Ehegatten zueinander gilt der Aufteilungsmaßstab nach § 270 AO entsprechend.

EStG). Bei den sog **Gewinneinkünften** (Einkünfte aus Gewerbebetrieb, selbstständiger Arbeit sowie Land- und Forstwirtschaft) sind die Einkünfte der Gewinn (§ 2 Abs. 2 Nr. 1 EStG). Im Fall der „Gewinnermittlung durch Einnahmen-Überschussrechnung" nach § 4 Abs. 3 EStG ist der Gewinn der Überschuss der Betriebseinnahmen über die Betriebsausgaben. Mithin werden bereits steuerrechtlich die Werbungskosten (zB bei Arbeitnehmern) bzw. die Betriebsausgaben (bei Selbstständigen) für die Ehegatten getrennt ermittelt, auch bei einer Zusammenveranlagung.

Gleichwohl kann es in der Praxis **Ausnahmefälle** geben, in denen man in Erwägung ziehen kann, von der steuerrechtlichen Zurechnung abzuweichen. Wenn es beispielsweise ständige Übung der Ehegatten war, dass bei einem gemeinsamen Vermietungsobjekt (Beteiligung laut Grundbuch jeweils 50 %) die Einnahmen und Ausgaben vollumfänglich (einschließlich der Annuitäten für Schulden etc) über einen Partner laufen, dieser auch für das Verlustobjekt Unterdeckungen ausgleicht, dann kann statt der jeweils hälftigen Zuordnung auch die volle Absetzung des Verlusts aus Vermietung bei dem einen Partner sinnvoll sein. Meines Erachtens gelten grundsätzlich die Regeln der Einzelveranlagung von Ehegatten (→ Rn. 25 und → Rn. 123), jedoch sind im Einzelfall (einvernehmliche) Anpassungen für eine sachgerechte Lösung möglich.[153] Dem Verfasser ist es in der Praxis schon vereinzelt begegnet, dass selbst das Finanzamt die Aufteilung der „Einkünfte aus Vermietung" zwischen den Ehegatten nicht zutreffend bzw. in den Jahren uneinheitlich vorgenommen hat (womöglich ist auch die Zurechnung der Einkünfte in der „Anlage V" zur Einkommensteuererklärung nicht immer klar eingetragen worden). 148

Schwierigkeiten in der Praxis ergeben sich regelmäßig bei der **Aufteilung der Abzugsposten** bis zur Bestimmung des „zu versteuernden Einkommens", da diese Posten bei Zusammenveranlagung im Einkommensteuerbescheid für beide Ehegatten in einer Summe ausgewiesen sind. Hier muss man sich ggf. individuell auf die Fallkonstellation einstellen. 149

Im Beispiel wird bei den **Sonderausgaben** hinsichtlich der **Kirchensteuer** unterstellt, dass der Ehemann kirchensteuerpflichtig und die Ehefrau konfessionslos ist. Bei den **Spenden** wird angenommen, dass bekannt ist, welcher Ehegatte welchen Betrag geleistet hat. Sollten im Beispiel die Spenden vollumfänglich dem Ehemann zuzurechnen sein, müsste man bei konsequenter Durchführung der Einzelveranlagung bei der Ehefrau den Sonderausgaben-Pauschbetrag nach § 10 c EStG iHv 36 EUR absetzen. 150

Bei den **Vorsorgeaufwendungen** ist steuerlich zwischen Altersvorsorgeaufwendungen nach § 10 Abs. 1 Nr. 2 EStG (Beiträge zur Basisversorgung),[154] Beiträgen zur Basiskranken- und Pflegepflichtversicherung nach § 10 Abs. 1 Nr. 3 EStG 151

---

153 Dostmann will keine Ausnahmen von den steuerrechtlichen Regeln der Einzelveranlagung zulassen, vgl. Dostmann, Bürgerlich-rechtlicher Einkommensteuerausgleich zwischen Ehegatten, FamRZ 1991, 760 (762).

154 Zu den Altersvorsorgeaufwendungen gehören Beiträge zu den gesetzlichen Rentenversicherungen oder landwirtschaftlichen Alterskassen sowie zu berufsständischen Versorgungseinrichtungen, die den gesetzlichen Rentenversicherungen vergleichbare Leistungen erbringen (zB Rechtsanwaltsversorgung, Ärzteversorgung, Architektenversorgung). Des Weiteren gehören hierzu Beiträge zum Aufbau einer eigenen kapitalgedeckten Altersversorgung (sog Rürup-Rente).

und „übrigen Vorsorgeaufwendungen" nach § 10 Abs. 1 Nr. 3 a EStG[155] zu unterscheiden. Hier muss man ggf. zusammen mit der Einkommensteuererklärung nebst Anlagen und Beilagen (zB Anlage Vorsorgeaufwand, Lohnsteuerbescheinigung) die Aufteilung eruieren.

152 In dem Beispiel ist der Ehemann beherrschender GmbH-Gesellschafter-Geschäftsführer. Er bezieht zwar steuerrechtlich „Einkünfte aus nichtselbstständiger Arbeit", er ist aber in der Sozialversicherung regelmäßig versicherungsfrei.[156] Dies ist bei der Aufteilung der Vorsorgeaufwendungen zu beachten.[157]

153 Die als **außergewöhnliche Belastung** geltend gemachten Ausbildungskosten betreffen den Ausbildungsfreibetrag nach § 33 a Abs. 2 EStG für das volljährige Kind, das sich im Studium befindet. Nach § 33 a Abs. 2 S. 4 EStG steht jedem Elternteil grundsätzlich die Hälfte des Abzugsbetrags zu; auf gemeinsamen Antrag der Eltern ist eine andere Aufteilung möglich. Im Beispiel wurde der Freibetrag voll dem Ehemann zugerechnet, da dieser hier wesentlich zum Unterhalt für das auswärtig untergebrachte Kind beigetragen hat. Würde man die Einzelveranlagung vom Finanzamt durchführen lassen und keinen Antrag zur Aufteilung stellen, wird für jeden Ehegatten ein halber Freibetrag in Abzug gebracht. Die volle Zurechnung beim Ehemann ist einkommensteuerrechtskonform und entspricht den Regeln der Einzelveranlagung, da dies auf Antrag möglich und zulässig ist.

154 Nach § 26 a Abs. 2 S. 1 EStG werden bei einer Einzelveranlagung außergewöhnliche Belastungen demjenigen Ehegatten zugerechnet, der die Aufwendungen wirtschaftlich getragen hat; auf übereinstimmenden Antrag der Ehegatten werden sie zur Hälfte abgezogen (→ Rn. 25). In der Praxis ist es meines Erachtens immer wieder sinnvoll, von einer möglichen Halbteilung Abstand zu nehmen und die Aufwendungen demjenigen Ehegatten zuzurechnen, der sie wirtschaftlich getragen hat: Wenn bspw. ein Ehepartner seinen Eltern gegenüber Unterhaltsaufwendungen nach § 33 a Abs. 1 EStG erbringt (Elternunterhalt), ist eine „Halbteilung" nach den Regeln der Einzelveranlagung weder zwingend noch einsichtig.

155 Die **Freibeträge für Kinder** nach § 32 Abs. 6 S. 1 EStG (= Summe aus Kinderfreibetrag im engeren Sinne und Betreuungsfreibetrag) verdoppeln sich im Falle der Zusammenveranlagung auf 7.248 EUR (§ 32 Abs. 6 S. 2 EStG),[158] wenn das Kind zu beiden Ehegatten in einem Kindschaftsverhältnis steht (wie im Beispiel angenommen). Bei konsequenter Anwendung der Einzelveranlagung werden die Freibeträge auf die beiden Elternteile aufgeteilt, das sind mithin insgesamt

---

155 Zu den sonstigen Vorsorgeaufwendungen gehören zB Beiträge zur Erwerbs- und Berufsunfähigkeitsversicherung, Arbeitslosenversicherung, Privat-Haftpflichtversicherung, privaten Unfallversicherung, Risiko-Lebensversicherung. Häufig wirken sich diese Vorsorgeaufwendungen bei der Einkommensteuer-Veranlagung nicht aus, da die Höchstbeträge bereits durch den unbegrenzten Abzug der Beiträge zur Basiskranken- und Pflegepflichtversicherung ausgeschöpft sind.

156 Ggf. wird im Hinblick auf § 2 S. 1 Nr. 9 und S. 2 Nr. 3 SGB VI eine sog Statusprüfung bei der Clearingstelle der Deutschen Rentenversicherung durchgeführt; vgl. § 7 a Abs. 1 S. 2 SGB IV.

157 Vgl. BMF-Schreiben vom 22.5.2007, BStBl. I 2007, 493 („Berücksichtigung von Vorsorgeaufwendungen bei Gesellschafter-Geschäftsführern von Kapitalgesellschaften").

158 Kinderfreibetrag (2.304 EUR x 2) zzgl. Betreuungsfreibetrag (1.320 EUR x 2) = 7.248 EUR im Veranlagungszeitraum 2016 (7.356 EUR in 2017 und 7.428 EUR in 2018).

3.624 EUR für jeden Ehegatten; eine Verdoppelung gibt es nur bei Zusammenveranlagung. Eine Übertragung der vollen Freibeträge auf einen Elternteil, zB den Ehemann, nach § 32 Abs. 6 S. 6 EStG ist bei einer Einzelveranlagung nicht möglich, da hier die Voraussetzungen des § 26 Abs. 1 S. 1 EStG vorliegen.

Die Freibeträge für Kinder werden bei der Ermittlung des „zu versteuernden Einkommens" jedoch nur dann berücksichtigt, wenn deren einkommensteuerliche Auswirkungen größer als das im laufenden Kalenderjahr gezahlte **Kindergeld** sind. Werden steuerrechtlich Freibeträge für Kinder abgezogen, so wird das gezahlte Kindergeld der tariflichen Einkommensteuer hinzugerechnet, um eine doppelte Berücksichtigung zu vermeiden (sog Familienleistungsausgleich nach § 31 S. 4 EStG).[159] Diese „Entlastungswirkung" tritt im Beispiel bei der Zusammenveranlagung und bei der Einzelveranlagung für den Ehemann ein. Hingegen ist bei der Einzelveranlagung für die Ehefrau kein Freibetrag abzusetzen, da sich hier per Saldo eine Belastungswirkung ergeben würde.

Das „zu versteuernde Einkommen" bei Einzelveranlagung muss also bei Addition nicht zwingend mit dem „zu versteuernden Einkommen" laut Zusammenveranlagung übereinstimmen. Die vorstehenden Hinweise zur Aufteilung des Einkommens zeigen, dass hier steuerrechtliche Zusammenhänge zu beachten sind. Selbst wenn man das Ganze mit einem Steuerberechnungsprogramm[160] durchführt, ist zu bedenken, dass man das Programm erst einmal richtig „füttern" muss. Dies ist einfacher, wenn nur Arbeitnehmereinkünfte vorliegen. Es wird umso komplexer bei mehreren Einkunftsarten, Selbstständigen, beherrschende GmbH-Gesellschafter-Geschäftsführer mit Gewinnausschüttungen etc. Wenn bei der gemeinsamen Steuererklärung der Ehegatten der Steuerberater mitgewirkt hat, sollte dieser mit seiner EDV-Software (bei Steuerberatern ist DATEV verbreitet) eine fiktive Einzelveranlagung durchführen können.

cc) Aufteilung der Einkommensteuer. Für den Ehemann ermittelt sich bei einer fiktiven Einzelveranlagung ein fiktiv „zu versteuerndes Einkommen" iHv 58.884 EUR (vgl. das Ergebnis der obigen Übersicht). Hierfür beläuft sich die fiktiv tarifliche Steuer bei Zugrundelegung des **Grundtarifs** auf 16.300 EUR (vgl. nachfolgende Übersicht); für die Ehefrau ist entsprechend zu verfahren. Wie ausgeführt, ist beim Ehemann zur fiktiven tariflichen Einkommensteuer das anteilige Kindergeld (Halbanteil Ehemann) hinzuzurechnen; das Ergebnis ist die fiktiv festzusetzende Einkommensteuer.

156

157

158

---

159 BFH 20.12.2012 – III R 29/12, BFH/NV 2013, 723 = FamRZ 2013, 699 (Ls.);
     13.9.2012 – V R 59/10, BStBl. II 2013, 228 = FamRZ 2012, 1875 (Ls.).
160 Vgl. auch Anm. Wever FamRZ 2006, 1181, zum Urteil des BGH.

	Ehemann €	Ehefrau €	Gesamt €
Fiktiv tarifliche Einkommensteuer nach **Grundtarif**	16.300	3.000	19.300
zzgl. Kindergeld (Anteil Ehemann)	1.140	-	1.140
Fiktiv festzusetzende Einkommensteuer	17.440	3.000	20.440
Anteil an fiktiv festzusetzender Einkommensteuer in %	**85,32%**	**14,68%**	100,00%
Ist-tarifliche Einkommensteuer nach **Splittingtarif**			16.500
zzgl. Kindergeld			2.280
Ist-festzusetzende Einkommensteuer			**18.780**
Aufteilung: Ehemann 85,32 % und Ehefrau 14,68 %	**16.024**	**2.756**	
abzgl. einbehaltene Lohnsteuer	- 20.600	- 5.400	- 26.000
Anteil Ehemann / Ehefrau am Steuererstattungsanspruch	- 4.576	- 2.644	- 7.220

159 Der Ehemann hat an der gesamten fiktiven Steuerschuld bei einer Einzelveranlagung einen Anteil von 85,32 %. Von der tatsächlich festgesetzten Einkommensteuer laut Einkommensteuer-Bescheid für die Ehegatten (Zusammenveranlagung mit **Splittingtarif**) sind dem Ehemann somit 85,32 % zuzurechnen, hier also 16.024 EUR. Der ganze Aufwand mit der fiktiven Einzelveranlagung wird nur dafür getrieben, einen **Prozentsatz für die Aufteilung** der tatsächlich festgesetzten Einkommensteuer zu erhalten.

160 Im Beispiel hat die Ehefrau einen relativ hohen Anteil am Steuererstattungsanspruch, obgleich dem Ehemann steuerlich „Verluste aus Vermietung und Verpachtung" zuzurechnen sind (für die im Beispiel als Lohnsteuerabzugsmerkmal kein „Freibetrag wegen negativer Einkünfte" berücksichtigt war, vgl. § 39 a Abs. 1 Nr. 5 lit. b EStG und R 39 a.2 LStR). Dies resultiert daraus, dass bei der Ehefrau Lohnsteuer auf Basis der (ungünstigen) **Steuerklasse V** einbehalten wurde, während der Ehemann in den Genuss der Steuerklasse III gekommen ist.

161 Das Ergebnis verwundert nicht weiter, wenn man sich Folgendes klarmacht: Von dem Bruttojahresgehalt der Ehefrau wurden immerhin 5.400 EUR (rd. 22 %) Lohnsteuer auf Basis der (ungünstigen) Steuerklasse V einbehalten. Demgegenüber wurden beim Ehemann vom Bruttojahresgehalt „lediglich" 20.600 EUR (rd. 22 %) Lohnsteuer auf Basis der Steuerklasse III abgezogen. Die Ehefrau mit signifikant geringeren Einkünften muss prozentual ebenso viel Lohnsteuer abführen wie der Ehemann.

Die fiktive Einzelveranlagung nach den vorstehenden Übersichten und Überle- 162
gungen ist noch konsequent für die Zuschlagsteuern weiterzuführen, und zwar
für **Solidaritätszuschlag** und ggf. **Kirchensteuer.** Auf die Darstellung der Berechnungen wird hier verzichtet. Bei der Ermittlung ist zu beachten, dass die Freibeträge nach § 32 Abs. 6 EStG (Kinderfreibetrag im engeren Sinne zzgl. Betreuungsfreibetrag) für die Berechnung der Zuschlagsteuern maßgeblich sind (§ 51 a
Abs. 2 EStG, § 3 Abs. 2 SolzG). So ist ggf. ein „zu versteuerndes Einkommen
unter Berücksichtigung von Freibeträgen für Kinder" zu berechnen.

e) Aufteilung nach dem Verhältnis der Einkünfte. In der Praxis wird auch gerne 163
eine unkomplizierte „Faustregel" für die Aufteilung der Einkommensteuer angewendet. Nach dieser einfachen Methode wird die Einkommensteuer im Verhältnis der beiderseitigen Einkünfte aufgeteilt. Bei Zusammenveranlagung wird im
Einkommensteuerbescheid bis zum „Gesamtbetrag der Einkünfte" für die Ehegatten getrennt gerechnet. Für das obige Beispiel ergibt sich folgende Verteilung:

	Ehemann €	Ehefrau €	Gesamt €
Einkünfte aus nichtselbständiger Arbeit	95.000	25.000	120.000
Einkünfte aus Vermietung	- 20.000	-	- 20.000
Gesamtbetrag der Einkünfte	75.000	25.000	100.000
Anteil an Einkünften in %	**75,00%**	**25,00%**	100,00%
Festzusetzende Einkommensteuer			**18.780**
Aufteilung: Ehemann 75 % und Ehefrau 25 %	**14.085**	**4.695**	
abzgl. einbehaltene Lohnsteuer	- 20.600	- 5.400	- 26.000
Anteil Ehemann / Ehefrau am Steuererstattungsanspruch	- 6.515	- 705	- 7.220

Nicht nur in der außergerichtlichen Praxis,[161] sondern auch vereinzelt in der 164
veröffentlichten Rechtsprechung ist diese Verteilungsvariante angewendet worden; die „praktische Handhabbarkeit"[162] spreche für dieses Vorgehen.[163] Diese
Aufteilungsmethode ist zwar in der Tat einfach, man muss sich jedoch bei der
Anwendung bewusst sein, dass sie in der Regel mehr oder weniger unpräzise ist.

Die Methode hat zwei wesentliche Ungenauigkeiten: Zum einen wird die **Steuer-** 165
progression nicht hinreichend berücksichtigt. Der Fehler ist umso gravierender,
wenn ein Partner Einkünfte im Eingangsbereich der Progressionszone bezieht

---

161 LG Aachen FamRZ 1999, 381 (382) (Angebot eines Beteiligten, eine eventuelle künftige Steuerrückerstattung im Verhältnis der Einkünfte aufzuteilen).
162 LG Hannover FamRZ 2002, 29 (30).
163 OLG Nürnberg 11.12.2014 – 10 UF 1182/14, FamRZ 2015, 940; OLG Hamm
FamRZ 2005, 297 (Ls.); OLG Düsseldorf FamRZ 2001, 96; OLG Stuttgart FamRZ
1991, 1063 (1064); OLG Düsseldorf FamRZ 1988, 951 (Ls.).

(mit ansteigenden Grenzsteuersätzen von 15 % bis 42 %), während der andere Partner Einkünfte in der oberen Proportionalzone zu verzeichnen hat (mit einem konstanten Grenzsteuersatz von 42 % oder gar 45 % im Sonderfall der sog Reichensteuer; vgl. § 32 a Abs. 1 EStG). Entsprechend wird im Beispiel die Ehefrau benachteiligt: Wenn die Ehefrau 25 % des „Gesamtbetrags der Einkünfte" erzielt, schuldet sie nicht 25 % der gemeinsamen Steuerschuld, sondern aufgrund der Progression (spürbar) weniger als 25 %. Der „Progressions-Fehler" wird umso unwesentlicher, je mehr sich der Partner mit den geringeren Einkünften der oberen Proportionalstufe (mit konstantem Grenzsteuersatz) nähert.

166 Des Weiteren wird bei dieser Methode unterstellt, dass die einkommensteuerrechtlich vom „Gesamtbetrag der Einkünfte" **abzugsfähigen Beträge** (namentlich Sonderausgaben, außergewöhnliche Belastungen, Freibeträge für Kinder) den Ehegatten im Verhältnis der Einkünfte zuzurechnen sind, im Beispiel also im Verhältnis von 75 % zu 25 %; wenn das tatsächlich so sein sollte, wäre dies ein Zufall. Dieses Aufteilungsprinzip ist somit auch aus diesem Grund ungenau.

167 Aufgrund der Unzulänglichkeiten sieht der Bundesgerichtshof diese Methode für das Zivilrecht als „nicht ausreichend zuverlässig".[164] Für das Steuerrecht kommt der Bundesfinanzhof zum gleichen (ablehnenden) Ergebnis: „Der Ansatz, die rückständige Steuerschuld nach dem Verhältnis der Einkünfte aufzuteilen, wurde vom Gesetzgeber bewusst nicht gewählt, weil dieses Verfahren den Gesamtschuldner mit dem niedrigeren Einkommen benachteiligt hätte; denn dieser wäre dann für einen höheren Betrag" als bei Einzelveranlagung in Anspruch genommen worden.[165]

168 **f) Aufteilung nach dem Verhältnis der geleisteten Zahlungen.** In der Praxis und vereinzelt in der veröffentlichten Rechtsprechung[166] wird noch eine weitere Möglichkeit – jedenfalls soweit es um Steuererstattungen geht – befürwortet: Eine Aufteilung entsprechend § 37 Abs. 2 AO nach dem Verhältnis der Steuerbeträge, die von den Ehegatten im Veranlagungszeitraum tatsächlich auf die gemeinsame Steuerschuld geleistet worden sind. Für das obige Beispiel ermittelt sich folgendes Ergebnis:

	Ehemann	Ehefrau	Gesamt
Einbehaltene Lohnsteuer	- 20.600	- 5.400	-26.000 €
Anteil an Lohnsteuer in %	**79,23%**	**20,77%**	100,00%
Steuererstattungsanspruch			**- 7.220 €**
Aufteilung: Ehemann 79,23 % und Ehefrau 20,77 %	- 5.720 €	- 1.500 €	

---

164 BGH FamRZ 2006, 1178 (1180). In einer früheren Entscheidung hat der BGH FamRZ 1979, 115 (117) die Anwendung der Methode noch offengelassen; er hat allerdings bereits hier zu Recht auf das Problem hingewiesen, dass „die Progressionswirkung des Einkommensteuertarifs nicht immer hinreichend berücksichtigt würde".
165 BFH/NV 2004, 1624 (1625).
166 OLG Hamm FamRZ 2001, 98; LG Stuttgart FamRZ 1998, 241; OLG Düsseldorf FamRZ 1993, 70 f.; LG Köln NJW-RR 1991, 1027.

R. Maier

Nach der Rechtsprechung des Bundesgerichtshofs ist dieser Maßstab im Innenver- 169
hältnis der Ehegatten „grundsätzlich als zu ungenau und deshalb wenig sachgerecht anzusehen".[167] Zur Kritik im Außenverhältnis zum Finanzamt → Rn. 129.

g) Unterhaltsrecht. aa) Einkommensermittlung. Im Rahmen der Ermittlung des 170
Einkommens im Unterhaltsrecht ist man in der Praxis immer wieder mit Fragen
der Aufteilung von Steuern konfrontiert. Hier geht es dann nicht um einen materiellen Ausgleich zwischen den Ehegatten, sondern um die Einkommensermittlung für einen Partner, der einer Unterhaltsverpflichtung nachzukommen hat,
während der andere Partner mit dieser Verpflichtung nicht direkt etwas zu tun
hat. Hierzu nachfolgend einige Anmerkungen zum Ehegattenunterhalt, zum
Kindesunterhalt und zum Elternunterhalt, soweit es um die Aufteilung von Steuern geht.

bb) Splittingvorteil neue Ehe. (1) Fiktive Einzelveranlagung. Steuerliche Vorteile 171
eines Unterhaltspflichtigen aus einer neuen Ehe werden bei der Bemessung des
an den ehemaligen Ehegatten zu leistenden Unterhalts nicht berücksichtigt.[168]
Die Höhe des Splittingvorteils ergibt sich aus der Differenz der bei Einzelveranlagung und Zusammenveranlagung anfallenden Steuer.[169] Das Bundesverfassungsgericht hat in seiner Entscheidung zur Ablehnung der sog Dreiteilungsmethode des Bundesgerichtshofs[170] im Ergebnis bekräftigt, dass der durch die Wiederverheiratung erzielte Splittingvorteil bei der Feststellung des nachehelichen
Unterhaltsbedarfs nicht einzubeziehen ist.[171] Beim Anspruch auf Betreuungsunterhalt des nichtehelichen Elternteils nach § 1615 l Abs. 2 S. 2 ist ebenfalls ein
fiktives Einkommen nach dem Grundtarif anzusetzen, jedenfalls wenn aus der
Ehe keine Kinder hervorgegangen sind.[172]

Wenn man auf das Jahreseinkommen und damit auf die Jahressteuer abstellt, ist 172
eine fiktive Einzelveranlagung nach Maßgabe des § 26 a EStG erforderlich. Im
Beispiel (→ Rn. 158) wäre für unterhaltsrechtliche Zwecke vom Jahreseinkommen
des Ehemanns (der neu verheiratet ist und an den ehemaligen Ehegatten Unterhalt
zu leisten hat) eine fiktiv festzusetzende Einkommensteuer (auf Basis des **Grundtarifs**) iHv 17.440 EUR abzusetzen. Der Splittingvorteil iHv 1.416 EUR
(= 17.440 EUR abzgl. 16.024 EUR) kommt ausschließlich der bestehenden Ehe
zugute.[173] Der Rückgriff auf die fiktiv festzusetzende Jahressteuer führt zur
Anwendung des „**Für-Prinzips**" im Rahmen der unterhaltsrechtlichen Einkommensermittlung, dh es wird die Steuer abgesetzt, die „für" das Jahr (fiktiv)
festgesetzt wurde, für das unterhaltsrechtlich gerechnet wird. Insbesondere bei

---

167 BGH 31.5.2006 – XII ZR 111/03, FamRZ 2006, 1178 (1180).
168 BVerfG FamRZ 2003, 1821 (1824); BGH FamRZ 2008, 1739 (1746); 2008, 968
(970); 2007, 1232 (1233); 2007, 983 (986); 2007, 882 (884); 2007, 793 (796); 2005,
1817 (1819); 2005, 1154 (1158); OLG Oldenburg FamRZ 2006, 1842 (1845); OLG
Hamm FamRZ 2005, 1177 (1178).
169 Vgl. Anm. Schürmann FamRZ 2003, 1825 (1828), zum Urteil des BVerfG.
170 BGH FamRZ 2008, 1911. In dieser ersten Entscheidung zur sog Dreiteilung hat der
Bundesgerichtshof die Auffassung vertreten, es könne der Bedarfsermittlung das tatsächliche Einkommen des Unterhaltspflichtigen einschließlich des Splittingvorteils aus
der neuen Ehe zugrunde gelegt werden.
171 BVerfG 25.1.2011 – 1 BvR 918/10, FamRZ 2011, 437 (438, 443, 445), insbesondere
Rn. 26, 67 und 80 (Umrechnung auf Nettoeinkommen, welches der Antragsteller bei
Veranlagung nach Steuerklasse I erzielen würde).
172 BGH FamRZ 2008, 1739 (1746).
173 Zur exakten Ermittlung des Splittingvorteils aus dem Einkommensteuerbescheid vgl.
OLG Koblenz FamRZ 2005, 720 (721).

Selbstständigen ist das Für-Prinzip zu empfehlen.[174] Der BGH hat formuliert, dass es im Einzelfall (hier bei Einkommen aus selbstständiger Tätigkeit) zulässig und geboten sein kann, die abzuziehende Einkommensteuer nicht nach dem sog In-Prinzip, sondern nach dem Für-Prinzip zu ermitteln.[175]

173 In dem vorstehend ausgeführten Beispiel ist der Splittingvorteil relativ hoch. Zu den Fällen, in denen der Splittingtarif bei Zusammenveranlagung gegenüber dem Grundtarif bei Einzelveranlagung keinen Vorteil bietet, → Rn. 19.

174 **(2) Freibeträge für Kinder.** Hinsichtlich der Freibeträge für Kinder hat der Bundesgerichtshof entschieden, dass im Rahmen der fiktiven Einzelveranlagung die Freibeträge nach § 32 Abs. 6 S. 1 EStG (= Summe aus Kinderfreibetrag im engeren Sinne und Betreuungsfreibetrag) zu berücksichtigen sind. Dagegen ist die Verdoppelung der Freibeträge (im Falle der Zusammenveranlagung) nach § 32 Abs. 6 S. 2 EStG außer Betracht zu lassen.[176] Hierzu bedarf es meines Erachtens keiner gesonderten BGH-Entscheidung, sondern der konsequenten Anwendung einer fiktiven Einzelveranlagung. Im Beispiel werden beim Ehemann im Rahmen der Ermittlung des „fiktiv zu versteuernden Einkommens" nur die Freibeträge nach § 32 Abs. 6 S. 1 EStG abgesetzt, denn eine Verdoppelung gibt es nur bei Zusammenveranlagung. Wenn sich der Bundesgerichtshof zur Absetzung der Freibeträge für Kinder äußert, hätte er konsequenterweise die Hinzurechnung des Kindergelds einbeziehen müssen. Denn wenn steuerrechtlich Freibeträge für Kinder abgezogen werden, so wird das gezahlte Kindergeld nach § 31 S. 4 EStG der tariflichen Einkommensteuer hinzugerechnet, um eine doppelte Berücksichtigung zu vermeiden. Diese Hinzurechnung darf dann auch nur anteilig für den Ehemann vorgenommen werden (→ Rn. 156).

175 **(3) Realsplitting.** Wenn der wieder verheiratete Unterhaltspflichtige für seinen an den ehemaligen Ehegatten zu leistenden Unterhalt das Realsplitting in Anspruch nimmt (bzw. in Anspruch nehmen könnte, → Rn. 87), sind diese Sonderausgaben im Rahmen der Ermittlung des „fiktiv zu versteuernden Einkommens" dem Unterhaltspflichtigen zuzurechnen. Somit bemisst sich die steuerliche Entlastung durch das Realsplitting im Ergebnis nach dem Grundtarif.[177] Diese Konsequenz ist meines Erachtens sachgerecht und ergibt sich wiederum (wie bei der Berücksichtigung der Freibeträge für Kinder) aus der konsequenten Anwendung einer fiktiven Einzelveranlagung.

176 **(4) Steuerklasse bei Arbeitnehmern.** Bei Arbeitnehmern wird regelmäßig das „In-Prinzip" angewendet. Hier kann der fiktive Wechsel in eine andere Steuerklasse eine Näherungslösung zur Ermittlung bzw. Eliminierung des Splittingvorteils sein.[178] Es kann jedoch durch einen fiktiven Steuerklassenwechsel auch zu

---

174 In den „Leitlinien zum Unterhalt" des OLG Düsseldorf, Nr. 1.7, wird zur Absetzung von Steuern unter anderem ausgeführt: Bei „Selbständigen kann zur Ermittlung eines repräsentativen Einkommens auf den Zeitraum der Veranlagung abgestellt werden (Für-Prinzip)". Vgl. zum „Für-Prinzip" grundlegend Fischer-Winkelmann/Maier, Ermittlung der unterhaltsrechtlich anrechenbaren Steuerlast bei Selbständigen: Faktische Steuerzahlung versus fiktive Steuerberechnung?, FamRZ 1993, 884 ff. und FamRZ 1995, 79 f.; vgl. Maier, R., Das unterhaltsrechtliche Einkommen bei Selbständigen, 1996, S. 373–394 mit Beispielsrechnungen.

175 BGH 21.9.2011 – XII ZR 121/09, FamRZ 2011, 1851.

176 BGH FamRZ 2008, 968 (975); 2007, 983 (986); 2007, 882 (885).

177 BGH FamRZ 2008, 968 (971); 2007, 1232 (1234).

178 BVerfG 25.1.2011 – 1 BvR 918/10, FamRZ 2011, 437 (445), hier Rn. 80: Fiktiver Wechsel in die Steuerklasse I.

kleineren oder größeren Verwerfungen kommen. Es ist nicht stets so, dass die Steuerklassen I und IV mit dem Grundtarif und die Steuerklasse III mit dem Splittingtarif gleichzusetzen sind und die Differenz wäre der Splittingvorteil. Bei Arbeitnehmern gilt ebenfalls: Eine sichere und genaue Ermittlung des Splittingvorteils wird mit einer fiktiven Einzelveranlagung auf Basis der jährlichen Einkommensteuer-Veranlagung ermöglicht, soweit eine Pflicht- oder Antragsveranlagung zur Einkommensteuer durchgeführt wird.

Für die Lohnsteuer führen die Steuerklasse I und die Steuerklasse IV zum gleichen Ergebnis. Dies hängt damit zusammen, dass bei der **Steuerklassenkombination IV/IV** für die Ehegatten die zutreffende Lohnsteuer einbehalten wird, wenn **beide gleich viel verdienen**: Liegt das „zu versteuernde Einkommen" beider Ehegatten auf gleichem Niveau, gibt es keinen Splittingvorteil (→ Rn. 19). 177

Würde im Beispiel (→ Rn. 158) beim Ehemann fiktiv Lohnsteuer nach der Steuerklasse IV oder I[179] (statt Steuerklasse III) ermittelt, wären das bezogen auf ein Jahr statt 20.600 EUR immerhin 28.600 EUR Lohnsteuer. Der Abzug für die unterhaltsrechtliche Einkommensermittlung wäre viel zu hoch, denn der Splittingvorteil beläuft sich nicht auf 8.000 EUR (= 28.600 EUR abzgl. 20.600 EUR). Der Splittingvorteil lässt sich hier (Doppelverdiener-Ehe, zwei Einkunftsarten, Kinderfreibetrag) nicht einfach durch einen fiktiven Wechsel von der Steuerklasse III in die Steuerklasse IV oder I berechnen;[180] im Beispiel wäre das selbst dann nicht möglich, wenn der Ehemann Alleinverdiener wäre. 178

Den Verfahrensbeteiligten kann man in solchen Fällen (womöglich noch mit mehreren Einkunftsarten) vorschlagen, es für unterhaltsrechtliche Zwecke zunächst bei der Steuerklasse III zu belassen,[181] also im Beispiel Lohnsteuer iHv 20.600 EUR in Abzug zu bringen. Die Problematik des Splittingvorteils wird erst **im Rahmen der jährlichen Einkommensteuer-Veranlagung** nach Vorlage des Einkommensteuerbescheids geprüft und exakt berücksichtigt. Will man nicht bis zur Erteilung des Einkommensteuerbescheids warten, kann der Splittingvorteil überschlägig berechnet und (vorläufig) berücksichtigt werden (im Beispiel überschlägig 1.200 EUR p.a. = 100 EUR pro Monat). 179

Wenn zunächst Lohnsteuer unverändert nach der Steuerklasse III in Abzug gebracht wird, ermittelt sich nach Vorlage des Einkommensteuer-Bescheids für den unterhaltspflichtigen Ehemann im Beispiel ein fiktiver Anteil am Erstattungsanspruch iHv 3.160 EUR (= 20.600 EUR abzgl. 17.440 EUR). Per Saldo über die Jahre hinweg führt das (rechnerisch zwingend) zum gleichen Resultat wie beim „Für-Prinzip", also zur Absetzung einer fiktiv festzusetzenden Einkommensteuer (auf Basis des Grundtarifs) iHv 17.440 EUR (zunächst 20.600 EUR Abzug Lohnsteuer abzgl. später 3.160 EUR Erstattungsanspruch). Im Ergebnis wird der tatsächliche Anteil des Ehemanns am Erstattungsanspruch iHv 4.576 EUR um den Splittingvorteil iHv 1.416 EUR gemindert. 180

---

179 Unterschiede zwischen Steuerklasse I und Steuerklasse IV können sich hingegen bei den Zuschlagsteuern (Solidaritätszuschlag und ggf. Kirchensteuer) ergeben, die sich im Beispiel lediglich auf rd. 84 EUR p.a. (Solidaritätszuschlag) bzw. rd. 122 EUR p.a. (Kirchensteuer) belaufen.

180 OLG Koblenz FamRZ 2005, 720 (721); vgl. Anm. Schürmann FamRZ 2003, 1825 (1828) zum Urteil des BVerfG (für den Fall der „Doppelverdiener-Ehe").

181 In der Rechtsprechung wird der fiktive Wechsel in die Steuerklasse I vorgeschlagen zB bei OLG Hamm FamRZ 2005, 1177 (1178). Vgl. auch BVerfG 25.1.2011 – 1 BvR 918/10, FamRZ 2011, 437 (445), hier Rn. 80.

181 **cc) Kindesunterhalt.** Hier geht es um Fallkonstellationen, bei denen der Ehemann eine Unterhaltsverpflichtung gegenüber einem Kind zu erfüllen hat (Kind aus einer früheren Ehe oder ein nichteheliches Kind), zu der die Ehefrau in keinem Kindschaftsverhältnis steht. Ein Aufteilungsproblem hinsichtlich der Steuern kann sich insbesondere dann stellen, wenn die Ehefrau ein anteiliges „zu versteuerndes Einkommen" erzielt, das über dem steuerlichen Grundfreibetrag iHv 8.820 EUR p.a. für den Veranlagungszeitraum 2017 liegt (§ 32 a Abs. 1 EStG).

182 Wie unter bb) aufgezeigt, ist für die Ermittlung des unterhaltsrelevanten Einkommens des – wiederverheirateten – Unterhaltspflichtigen bei der Bemessung des Ehegattenunterhalts ein gegebenenfalls vorhandener Splittingvorteil außer Betracht zu lassen und eine fiktive Steuerberechnung anhand des Grundtarifs vorzunehmen. Kindern aus einer früheren Ehe des Unterhaltspflichtigen kommt demgegenüber der mit der Wiederheirat verbundene Steuervorteil zugute, da es im Verwandtenunterhalt grundsätzlich auf das tatsächlich vorhandene Einkommen, mithin auch auf die reale Steuerbelastung ankommt.[182]

183 Im obigen Beispiel zur fiktiven Einzelveranlagung[183] (→ Rn. 158) wäre für unterhaltsrechtliche Zwecke vom Jahreseinkommen des Ehemanns eine für ihn anteilig festzusetzende (reale) Einkommensteuer (auf Basis des Splittingtarifs) iHv 16.024 EUR abzusetzen. Der Rückgriff auf die festzusetzende Jahressteuer führt wie beschrieben zur Anwendung des „Für-Prinzips" im Rahmen der unterhaltsrechtlichen Einkommensermittlung. Auch bei Anwendung des „In-Prinzips" bedarf es einer Aufteilung des Steuererstattungsanspruchs oder der Steuernachzahlung. Im Beispiel (zur fiktiven Einzelveranlagung) ermittelt sich für den unterhaltspflichtigen Ehemann ein Anteil am Erstattungsanspruch iHv 4.576 EUR.

184 **dd) Elternunterhalt.** Hier geht es um Konstellationen, bei denen ein Partner eine Unterhaltsverpflichtung gegenüber seinen Eltern zu erfüllen hat. Da es beim Verwandtenunterhalt auf die tatsächliche Steuerbelastung (also einschließlich Splittingvorteil) ankommt,[184] gelten für den Elternunterhalt die Ausführungen unter → Rn. 181 zum Kindesunterhalt entsprechend. Für dieses Vorgehen (zumindest bei einer die ehelichen Lebensverhältnisse prägenden Elternunterhaltsverpflichtung)[185] spricht auch die Rechtsprechung zum Unterhalt aus einem Taschengeldanspruch des unterhaltspflichtigen Kindes gegen das gut verdienende Schwiegerkind (Taschengeld als Bestandteil des Familienunterhalts).[186]

---

182 BGH FamRZ 2010, 1318 (1319); 2008, 2189 (2190); 2008, 968 (970 f.); 2007, 983 (987); 2007, 882 (884); 2005, 1817 (1819); OLG Nürnberg 11.12.2014 – 10 UF 1182/14, FamRZ 2015, 940; OLG Hamm FamRZ 2008, 1278 (1279); OLG Köln FamRZ 2005, 650; OLG München FamRZ 2004, 1892; OLG Hamm FamRZ 2004, 1575.

183 BGH FamRZ 2010, 1318 (1320); 2008, 2189 (2191 f.); jeweils mit Hinweis auf BGH FamRZ 2006, 1178 (1180): Splittingvorteil ist zwischen den Ehegatten nach dem Maßstab einer fiktiven Einzelveranlagung aufzuteilen.

184 BGH 17.6.2015 – XII ZB 458/14, FamRZ 2015, 1594 Rn. 50. Vgl. Anm. Graba FamRZ 2008, 2189 (2193) zum Urteil des BGH: Auch beim Elternunterhalt ist der Splittingvorteil als Einkommen zu berücksichtigen.

185 Zum Begriff der prägenden Elternunterhaltslast vgl. BGH FamRZ 2004, 186.

186 BGH 1.10.2014 – XII ZR 133/13, FamRZ 2014, 1990; 23.7.2014 – XII ZB 489/13, FamRZ 2014, 1540; 5.2.2014 – XII ZB 25/13, FamRZ 2014, 538; 12.12.2012 – XII ZR 43/11, FamRZ 2013, 363; 15.10.2003 – XII ZR 122/00, FamRZ 2004, 366.

Bei Ehegatten, die beide Arbeitnehmer sind, hat der BGH für die Aufteilung der Steuern die fiktive Einzelveranlagung angewendet: Ist der Elternunterhaltspflichtige verheiratet und bei Zusammenveranlagung in Steuerklasse III und sein Ehegatte in Steuerklasse V eingruppiert, ist für die Leistungsfähigkeit nicht von dessen tatsächlicher Steuerlast (nach Lohnsteuerklasse III) auszugehen. Auch der Ansatz der Vorinstanz, die Steuerlast der Ehegatten nach Steuerklasse IV bezogen auf ihr jeweiliges Einkommen umzurechnen, ist fehlerhaft. Vielmehr ist in Anlehnung an § 270 AO zunächst anhand der **fiktiven** Steuerlast bei einer **Einzelveranlagung** die **Relation** der individuellen Steuerlast zur gesamten Steuerlast zu ermitteln und anhand des entsprechenden Prozentsatzes die Steuerlast des Unterhaltspflichtigen am Maßstab der bei Zusammenveranlagung **tatsächlich bestehenden Steuerschuld** (auf Grundlage des Splitting-Verfahrens) zu berechnen.[187]

Hat das unterhaltspflichtige Kind die ungünstige Steuerklasse V gewählt (und damit das Schwiegerkind die Steuerklasse III), kann es angezeigt sein, diese Verschiebung der Steuerbelastung durch einen tatrichterlich zu schätzenden Abschlag zu korrigieren, ggf. näherungsweise durch einen fiktiven Wechsel in die Steuerklasse IV[188] (soweit beide Ehegatten in etwa ähnlich viel verdienen); eine exakte Aufteilung wird regelmäßig erst durch eine fiktive Einzelveranlagung auf Basis der Jahressteuer ermöglicht.[189] Zu Fragen des fiktiven Wechsels der Steuerklasse → Rn. 176.

h) Zugewinnausgleich. Für Steuererstattungen und Steuernachzahlungen ist auf mögliche Konkurrenzen zwischen Unterhalt und Zugewinnausgleich hinzuweisen. Wenn eine Steuererstattung (wie im Regelfall) im Rahmen der unterhaltsrechtlichen Einkommensermittlung berücksichtigt wird, kann sie nicht beim Zugewinn eingesetzt werden.[190] Das **Verbot der Doppelverwertung** gilt auch für Schulden, und damit auch für eine Steuernachzahlung. Soweit Steuerschulden über das Güterrecht ausgeglichen werden, sind sie bei der Berechnung des Unterhalts grundsätzlich nicht mehr berücksichtigungswürdig.[191] Eine mögliche Konkurrenz zwischen den Ausgleichssystemen Unterhalt und Zugewinn ist allerdings zeitlich begrenzt. Ein Ungleichgewicht kann insbesondere ab Rechtshängigkeit des Scheidungsantrags (§ 1384) bis zur Rechtskraft der Scheidung, längstens bis zur Rechtskraft der Entscheidung über den Zugewinnausgleich eintreten ("kritische Phase").

Fragen der Doppelberücksichtigung sind beispielsweise hinfällig, wenn "nur" der Zugewinn zu ermitteln ist, weil unterhaltsrechtlich von vornherein kein Unterhaltsanspruch vorliegt (zB mangels Bedürftigkeit) oder weil der Unterhaltsanspruch (im Laufe der Zeit) wegfällt. Mithin kann sich selbst beim Zugewinnausgleich das Problem der Aufteilung sowohl für einen Steuererstattungsanspruch[192] als auch für eine Steuernachzahlung stellen. Als sachgerechte Auftei-

185

186

187

188

---

187 BGH 17.6.2015 – XII ZB 458/14, FamRZ 2015, 1594.
188 BGH FamRZ 2004, 443; vgl. Hauß, Elternunterhalt – Grundlagen und anwaltliche Strategien, 5. Aufl. 2015, Rn. 308.
189 Vgl. Anm. Schürmann FamRZ 2004, 446 (447) zum Urteil des BGH.
190 Schulz, Zur Doppelberücksichtigung von Vermögenspositionen beim Unterhalt und Zugewinn, FamRZ 2006, 1237 (1239) mwN.
191 Schulz FamRZ 2006, 1237 (1241) mwN.
192 OLG Dresden 25.6.2010 – 24 UF 800/09, FamRZ 2011, 113; OLG Köln FamRZ 1999, 656.

lung bietet sich hier (wiederum) eine fiktive Einzelveranlagung nach Maßgabe des § 26 a EStG an, so wie dargestellt (→ Rn. 158). Man kann aus Praktikabilitätsgründen auch eine andere Methode anwenden (zB wie aufgezeigt nach dem Verhältnis der Einkünfte), man muss sich dann nur bewusst sein, dass das in der Regel mehr oder weniger unpräzise ist.

189 Beim Zugewinnausgleich kommt es auf den **Zeitpunkt der Entstehung**[193] (und nicht der Fälligkeit) von Ansprüchen und Schulden an. Nach § 36 Abs. 1 EStG entsteht die Einkommensteuer mit Ablauf des Veranlagungszeitraums, dh zum 31.12. des jeweiligen Steuerjahres. Die Fälligkeit tritt hingegen bei der Einkommensteuer nach § 36 Abs. 4 EStG (vgl. auch § 220 Abs. 1 AO) nicht vor Bekanntgabe des Steuerbescheids ein. Eine sachgerechte Lösung wäre, dass beim Zugewinnausgleich nicht mehr auf die Entstehung der Einkommensteuer gemäß dem Steuerrecht abgestellt wird, sondern eine stichtagsbezogene Berechnung der Einkommensteuer – vom Beginn des Kalenderjahres bis zur Rechtshängigkeit des Scheidungsantrags – erfolgt.[194]

---

193 BGH 24.10.1990 – XII ZR 101/89, FamRZ 1991, 43; OLG Dresden 25.6.2010 – 24 UF 800/09, FamRZ 2011, 113.
194 Eingehend Schulz/Maier/Gutdeutsch, Stichtagsbezogene Berechnung der Einkommensteuer beim Zugewinnausgleich, FamRZ 2015, 2097.

Schwerpunktbeitrag 8:
Sorgerechtsgutachten in der gerichtlichen Praxis

I. Einleitung

Im Rahmen familiengerichtlicher Verfahren, die das Kind betreffen, stellt das 1
sog **Kindeswohl** die handlungsleitende Maxime dar. „Kindeswohl" ist ein unbe-

stimmter Rechtsbegriff[1] und umfasst ua neben dem körperlichen auch das seelische Befinden des Kindes. Um im Verbund mit weiteren Informationsquellen und unter Beachtung der Elternrechte eine kindeswohlgemäße Entscheidung treffen zu können, greift der Familienrichter bei hochstrittigen Fällen immer wieder auf die Hilfe eines **psychologischen Sachverständigen** zurück.

2 Neben der **Datenerhebung** und deren **Bewertung** im Hinblick auf die gerichtliche Fragestellung aus psychologischer Sicht, die die wesentlichen Aufgaben des Sachverständigen darstellen, wurde der Auftrag des psychologischen Sachverständigen durch § 163 Abs. 2 FamFG auf das Hinwirken auf Einvernehmen erweitert. Damit wird die besondere Möglichkeit des Sachverständigen genutzt, den Eltern und dem Kind zu helfen, eine dem Kind angemessene Regelung für den Aufenthalt des Kindes, die verschiedenen Aspekte elterlicher Verantwortung oder den Umgang des Kindes zum getrennt lebenden Elternteil oder zu weiteren Bezugspersonen zu erarbeiten.

3 Neben Fragen zur Regelung der elterlichen Sorge und dem Umgang stellen familiengerichtliche Verfahren bei **Kindeswohlgefährdung** gem. § 1666 die wohl höchsten Anforderungen an den familienrechtspsychologischen Sachverständigen. Die Verfahren nach § 1666 betreffen die Herausnahme des Kindes aus bestehenden Familien, die Trennung von einem sorgeberechtigten Elternteil oder von Pflegeeltern bzw. die Rückführung eines fremd untergebrachten Kindes.

Die familialen Probleme, die sich im Zusammenhang mit dem Kindeswohl in den einzelnen Familien stellen und gerichtliches Handeln erfordern, sind **äußerst vielfältig** und **häufig mit weitreichenden Konsequenzen** für die Betroffenen verbunden. Jeder Sachverständige, der mit diesen familialen Konflikten befasst wird, sieht sich vor Aufgaben gestellt, die besonderes Fachwissen erfordern und die über Kompetenzen hinausgehen, die ein Psychologe in der Regel für seine berufliche Tätigkeit benötigt. Im Einzelfall sind die familiengerichtlichen Fragestellungen nur in Zusammenarbeit mit anderen Fachkollegen und Sachverständigen der medizinischen Fachgebiete einer Klärung und/oder Intervention zugänglich.

II. Formale Aspekte der Beauftragung einer familienrechtspsychologischen Begutachtung

4 **1. Auswahl des Sachverständigen.** Die Auswahl eines Sachverständigen steht dem **Gericht** nach § 404 Abs. 1 ZPO im Rahmen seiner Amtsermittlung nach pflichtgemäßem Ermessen zu. Der Familienrichter wird aber seine Auswahl in der Regel mit den Verfahrensbeteiligten gem. § 404 Abs. 1 ZPO besprechen und begründete Einwände oder auch Vorschläge, sofern diese von beiden Parteien gemeinsam vorgetragen werden, berücksichtigen. Bindend sind die Vorschläge der Parteien jedoch nicht.

5 Wird ein Sachverständiger im Vorfeld bereits **von einer Partei** entschieden **abgelehnt**, so ist es häufig nicht ratsam, diesen zu bestellen, um nicht bereits vor Beginn die Tätigkeit des Sachverständigen durch formale Auseinandersetzungen zu belasten.[2] Abzuraten ist die Bestellung eines bereits in der Familie tätigen Therapeuten, Mediatoren, da durch die Begutachtung deren therapeutische Rolle be-

---

1 *Coester*, Das Kindeswohl als Rechtsbegriff, 1982.
2 Die Reform der ZPO sieht eine Einbeziehung der Parteien bei der Auswahl des Sachverständigen vor.

lastet wird. Zudem wird vom Sachverständigen eine neutrale und unbelastete Einstellung erwartet, über die ein bereits mit der Familie befasster Therapeut nicht mehr verfügt.

2. Qualifikation des Sachverständigen. Während sich Staatsanwälte und Richter im Strafrecht zumeist bereits im Vorfeld Kenntnis von der Qualifikation des Sachverständigen verschaffen, findet die Beauftragung eines familienpsychologischen Sachverständigen oftmals spontan statt. Dies führt dann nicht zuletzt zu der im familiengerichtlichen Verfahren immer wieder auftretenden **Kritik an der mangelnden Kompetenz** der psychologischen Sachverständigen.[3] § 163 Abs. 1 FamFG grenzt nun die Auswahl ein und gibt verbindliche Vorgaben für die grundsätzliche Berufsqualifikation. Da auch im Rahmen eines Psychologiestudiums nur eine Grundqualifikation für die Tätigkeit als familienforensischer Sachverständiger erworben werden kann, ist es erforderlich, sich die dringend notwendige fachliche Qualifikation in Weiter- und Fortbildungen und/oder im Rahmen einer Mitarbeit bei erfahrenen Sachverständigen zu erwerben. Neben der Empfehlung durch Richterkollegen sollten sich daher sowohl Anwälte als auch Familienrichter bereits im Vorfeld über die jeweilige **Qualifikation** eines zu bestellenden Sachverständigen, seine **berufliche Erfahrung** und seine **Einbindung in ein fachliches Team** informieren. Als weitere Orientierungshilfe können Qualifikationsmerkmale wie die öffentliche Bestellung und Vereidigung eines Sachverständigen,[4] der Titel „Fachpsychologe für Rechtspsychologie",[5] der von den psychologischen Berufsverbänden BDP[6] und DGPs[7] verliehen wird, oder die Zertifizierung durch Psychotherapeutenkammern[8] dienlich sein. Solche Bescheinigungen lassen zumindest den Schluss zu, dass der als Sachverständige zu beauftragende Psychologe für die anzuwendenden Fachgebiete der Psychologie, die für die Beurteilung im familiengerichtlichen Verfahren Anwendung finden können, entsprechendes Fachwissen nachgewiesen hat.

Neben Diplom-Psychologen erstellen vereinzelt auch **Ärzte für Kinderpsychiatrie oder auch Diplom-Pädagogen** Gutachten, wobei Diplom-Pädagogen eine Ausbildung in Bezug auf psychologische Diagnostik nachzuweisen haben.

3. Abgrenzung der Fachkompetenzen. Der **Arzt für Kinder- und Jugendpsychiatrie (Pädiatrie)** ist in erster Linie für die Beantwortung von krankheitswertigen Auffälligkeiten bei (Klein-)Kindern und Jugendlichen kompetent und bei entsprechenden Krankheitsbildern vom Gericht oder vom beauftragten familienpsychologischen Sachverständigen ergänzend vorzuschlagen, sollten diese fachmedizinischen Fragestellungen relevant sein. Der **Facharzt für Psychiatrie** sollte beauftragt oder beigezogen werden, wenn bei einem Elternteil oder beiden Elternteilen krankheitswertige Auffälligkeiten in ihrer Relevanz auf die Erziehungsfähigkeit abzuklären sind, was oftmals bei Fragen nach § 1666 der Fall ist.

---

3 ZB Salewski/Stürmer, Qualität familienrechtspsychologischer Gutachten, ZKJ 2015, 4.
4 Nur in Bayern. Seit 2008 werden aber keine Diplom-Psychologen mehr öffentlich bestellt, da die gesetzliche Grundlage gestrichen wurde.
5 Kannegießer, Besondere Qualifikationen der Sachverständigen erforderlich?, NZFam 2015, 620.
6 Berufsverband Deutscher Psychologinnen und Psychologen.
7 Die „Deutsche Gesellschaft für Psychologie eV" (DGPs) ist eine Vereinigung der in Forschung und Lehre tätigen Psychologen und Psychologinnen.
8 Prinzipiell ist für die Familienrechtsbegutachtung keine Approbation Voraussetzung: Arbeitsgruppe Familienrechtliche Gutachten 2015, Mindestanforderungen an die Qualität von Sachverständigengutachten im Kindschaftsrecht, FF 2015, 428.

Bei einer **infrage stehenden Erziehungsfähigkeit eines Elternteils** sollte vor einer weitgehenden Diagnostik des familienforensischen Sachverständigen der Psychiater seine gutachterliche Einschätzung abgeben. Wird die Erziehungsfähigkeit vom psychiatrischen Sachverständigen **verneint**, erübrigt diese Einschätzung oftmals eine weitergehende familienpsychologische Begutachtung. Wird vom Facharzt aber die Erziehungsfähigkeit prinzipiell **bejaht**, macht diese Bewertung die weitere Tätigkeit eines familienpsychologischen Sachverständigen nicht entbehrlich. Es müssen dennoch **weitere psychologische Kriterien** geprüft werden, so zum Beispiel die notwendige Feinfühligkeit eines psychisch belasteten Elternteils, der möglicherweise zwar medikamentös gut eingestellt ist, gleichwohl aber doch erheblich in seinen elterlichen Kompetenzen eingeschränkt sein könnte, so dass er ggf. dem Kindeswohl nicht ausreichend entsprechen kann.

9 **4. Beweisbeschluss.** Der Sachverständige ist in der Regel gem. § 358 ZPO durch einen **förmlichen Beweisbeschluss (Strengbeweis)** zu beauftragen, wobei dazu vorher die Betroffenen gehört werden müssen. Zur Einholung eines Sachverständigengutachtens bedarf es aber keines Antrags. Die Beauftragung eines Sachverständigen obliegt der Entscheidungskompetenz des Familiengerichts im Rahmen seiner Amtsermittlungspflicht.[9] Nach § 404 Abs. 1 ZPO muss dem Sachverständigen zur Erstattung des Gutachtens eine zeitliche Frist vorgegeben werden, wobei der Sachverständige die Möglichkeit hat, um Fristverlängerung nachzusuchen. Nach § 163 Abs. 2 FamFG kann das Gericht zudem anordnen, dass der Sachverständige bei der Erstellung des Gutachtenauftrags auch auf die Herstellung des Einvernehmens zwischen den Beteiligten hinwirken soll. Oftmals wird diese Ergänzung auch ohne Formulierung im Beweisbeschluss vom Richter erwartet.

10 **5. Inhalt des Beweisbeschlusses.** Das Gericht muss im Beweisbeschluss die Beweisfrage(n) angeben (§§ 359, 402 ZPO). Regelmäßig wird auch der **beauftragte Sachverständige** benannt, jedoch kann die persönliche Bestellung des Sachverständigen auch später erfolgen. Die Beauftragung eines Sachverständigen nach § 163 FamFG und §§ 358, 358 a ZPO fällt nicht zwingend mit der richterlichen Beweisanordnung zusammen.

In der Regel wird der Sachverständige nicht damit beauftragt, dem Gericht nur theoretische Erfahrungssätze seiner Wissenschaft zur Verfügung zu stellen, sondern die Beauftragung sieht in der Regel vor, für die konkrete Familie einen Regelungsvorschlag zu unterbreiten und diesen fachlich zu begründen. Üblicherweise werden ihm dazu die Anknüpfungstatsachen in Form der Akten zur Verfügung gestellt. Die Auswahl der Akten obliegt dem Gericht, so dass der Anwalt nicht in jedem Fall davon ausgehen kann, dass dem Sachverständigen alle auch ihm vorliegenden Anknüpfungstatsachen zur Verfügung gestellt worden sind.

11 Der Sachverständige sollte **nicht mit normativen Fragen**, wie zB nach der juristischen Sorgerechtsgestaltung beauftragt werden. Sollte der Sachverständige dennoch solche Fragen zur Beantwortung erhalten, könnte er zumindest bei der Beantwortung der Fragen gegenüber dem Gericht deutlich machen, dass es nicht seine Aufgabe ist, normative Empfehlungen abzugeben. Die Aufgabe und Kompetenz des Sachverständigen bezieht sich vielmehr darauf, die **Lebenssituation des Kindes** und der Eltern differenziert aus psychologischer Sicht darzustellen. Inwieweit diese Darlegungen dann sorgerechtsrelevante Eingriffe des Familien-

---

9 Es ist auch keine Beschwerde möglich.

gerichts – auch unter Berücksichtigung der jeweiligen Elternrechte – notwendig machen, berührt die Entscheidungskompetenz des Richters und das Verhandlungsgeschick der Anwälte. Dies könnte im Einzelfall dazu führen, dass der Richter bei seiner Entscheidung von der sachverständigen Empfehlung abrückt, da der Richter neben dem vom Sachverständigen beschriebenen **Kindeswohlregelungsvorschlag** auch die **Elternrechte** abwägen und diese ebenfalls berücksichtigen muss. Zudem hat er zu prüfen, ob die psychologischen Erkenntnisse den gesetzlich vorgegebenen Kindeswohlschwellen genügen, um eine Entscheidung zu treffen.

In der Frage, wie **konkret** der Beweisbeschluss formuliert werden sollte, gehen die Meinungen auseinander. Für einen konkreten Beweisbeschluss spricht, dass dem Familienrichter eher die Möglichkeit eingeräumt wird, den Sachverständigen anzuleiten und dessen Tätigkeit zu überprüfen. Zudem ermöglicht es die **differenzierte Fragestellung**, sicherzustellen, welche Fragen der Familienrichter konkret vom Sachverständigen beantwortet haben möchte. **12**

Eine **zu konkret** formulierte Beweisfrage umfasst andererseits möglicherweise Aspekte, die sich bei der speziellen Familie als nicht relevant erweisen, aber dann dennoch diagnostisch und damit ökonomisch aufwendiger erfasst werden müssen. Ein erfahrener Sachverständiger wird seine Tätigkeit auf das Notwendigste beschränken und wird auch eine allgemein gehaltene Beweisfrage so beantworten, dass alle wesentlichen Kindeswohlaspekte abgeklärt sind. **13**

Die Umgangsfrage ist psychologisch fast immer mit der Frage des Aufenthalts des Kindes verknüpft, so dass der Sachverständige bei **Fragen zum Aufenthalt** – sollte absehbar sein, dass der Kontakt des Kindes zum getrennt lebenden Elternteils Konflikte erwarten lässt – auch einen **Vorschlag zur Umgangsgestaltung** abgeben kann; gleichwohl empfiehlt es sich, die erweiterte Beantwortung vorab mit dem Gericht abzusprechen. **14**

Eine pauschale Empfehlung, wie die Beweisfrage an den Sachverständigen seitens des Gerichts zu formulieren ist, kann aus sachverständiger Sicht nicht gegeben werden. Die Richter und Anwälte sollten aber darauf achten, dass in der Beweisfrage **die wesentlichen Aspekte**, die in der Familie forensisch zu klären sind, angesprochen werden. Zusätzlich sollte sich ihr Augenmerk darauf richten, ob die richtigen, gesetzlich vorgegebenen **Kindeswohlschwellen** genannt sind.[10] Nicht selten wird bei Kindeswohlgefährdung nur nach den dem Kindeswohl am besten entsprechenden Gründen gefragt, oder bei Umgangsfragen wird fälschlicherweise nach einer Kindeswohlgefährdung gefragt, bei Fragen nach einer Aussetzung des Umgangs wird dagegen die Schwelle der Kindeswohlgefährdung nicht vorgegeben. **15**

Der Sachverständige **muss die Fragestellung des Gerichts beantworten**. Nicht immer sind die psychologischen Sachverständigen über die im Gesetz vorgesehenen Kindeswohlschwellen ausreichend informiert, noch weniger fühlen sie sich kompetent, den Richter auf Mängel in der Beschlussfassung hinzuweisen. Die Überprüfung der Beweisfrage und damit indirekt auch der Tätigkeit des Sachverständigen ist damit auch Aufgabe der Anwälte. **16**

Sind **spezielle Probleme in der Familie** abzuklären, wie zB der Verdacht eines sexuellen Missbrauchs, körperliche oder psychische Erkrankung oder Alkohol- **17**

---

10 Siehe: BVerfG JAmt 2014, 419; BVerfG FamRZ 2014, 1772; 2016, 439.

und Drogenabhängigkeit, die die Beiziehung von weiterer Fachkompetenz notwendig machen, sollte bereits in der Fragestellung die Abklärung dieser besonderen Bereiche benannt werden. Es könnte auch bereits die Schweigepflichtsentbindung der Fachpersonen im Beschluss aufgenommen werden.

18 **6. Persönliche Beauftragung.** Der Sachverständige ist persönlich zu bestellen (§ 407 a Abs. 1 ZPO). Sollte eine **Institution** beauftragt werden, so wäre in der Regel der Leiter dieser Institution der benannte Sachverständige. Wird der Leiter der Institution nur gebeten, einen Sachverständigen vorzuschlagen, sollte das Familiengericht im Beweisbeschluss vorbehalten, dass der Sachverständige noch namentlich benannt wird. Erst eine namentliche Nennung des Sachverständigen vervollständigt den Bestellungsbeschluss, da ein Sachverständiger **höchstpersönlich** die Verantwortung für die Erstellung des Gutachtens übernehmen muss.

19 Ein Familienrichter kann auch gleichzeitig **mehrere Sachverständige** für verschiedene Teilbereiche beauftragen, die dann in einem gemeinsam erstellten Gutachten kenntlich machen müssen, für welche Teile des Gesamtgutachtens sie verantwortlich sind.

20 Nur der Sachverständige, der persönlich beauftragt worden ist, kann für Tätigkeiten **Hilfspersonen** heranziehen, für die er die Verantwortung selbst übernimmt. Der Sachverständige kann Hilfskräfte für vorbereitende und Hilfstätigkeiten (zB Schreibarbeiten), aber auch für alle Aufgabenbereiche beiziehen, für die er selbst die erforderliche Sachkunde besitzt. Dadurch kann er die Tätigkeit seiner Hilfskräfte anleiten, supervidieren und verantworten. Bedenklich ist, wenn der beauftragte Sachverständige keinen persönlichen Kontakt zu den Parteien aufnimmt und alle Gespräche vollständig an die Hilfskräfte delegiert. Für die Beiziehung von Hilfskräften gilt, dass im Gutachten kenntlich gemacht werden muss, für welche Bereiche der hauptverantwortliche Sachverständige seine Hilfskräfte herangezogen hat (§ 407 a Abs. 3 ZPO). Der beauftragte Sachverständige muss die Ergebnisse der Hilfskräfte bei einer Anhörung höchstpersönlich verantworten können.

21 Das schriftliche Gutachten muss vom persönlich beauftragten Sachverständigen **unterzeichnet** werden. Die von ihm herangezogenen Hilfskräfte könnten ein Gutachten zwar mit unterzeichnen, dies hätte aber keine praktische und juristische Relevanz, da diese nicht beauftragt sind und für das Gutachten keine Verantwortung übernehmen können. Durch die Mitunterzeichnung eines Gutachtens wird eine beigezogene Fachperson nicht Gerichtsgutachter und ist somit auch nicht haftbar, die **Verantwortung** für das erstattete Gutachten liegt ausschließlich beim beauftragten Sachverständigen.

22 Der Psychologe kann nur Kollegen seines Kompetenzbereichs beiziehen, **nicht** jedoch **fachgebietsfremde Sachverständige** wie Psychiater oder weitere Fachärzte (und umgekehrt), ohne das Einverständnis des beauftragenden Richters eingeholt zu haben, da die psychiatrische Fachkompetenz ein anderes Fachgebiet umfasst und den Kompetenzbereich des Psychologen verlässt.

23 **7. Verpflichtung des Sachverständigen.** Wird der Psychologe vom Gericht mit einem Beweisbeschluss zur Gutachtenerstellung verpflichtet, so kann er diesen Auftrag in der Regel **nicht ablehnen.** Die Annahme des Gutachtenauftrags ist eine **staatsbürgerliche Pflicht.** Er kann nur von der Begutachtung **Abstand nehmen,** wenn die Begutachtung nicht in sein Fachgebiet fällt, oder wenn er Gründe vorbringt, die zur Ablehnung wegen Befangenheit führen können (§ 407 a

ZPO), dh wenn er mit dem erweiterten Personenkreis verwandt oder anderweitig eng bekannt ist oder er bereits durch bestimmte Tätigkeiten mit dieser Familie befasst war. Ist er aus **zeitlichen Gründen** nicht in der Lage, den Auftrag in angemessener Zeit auszuführen, kann er das Gericht um Entbindung von der Begutachtungspflicht nachsuchen. Der beauftragte Sachverständige kann sich nicht selbst ablehnen, über etwaige Ablehnungsgründe entscheidet das Gericht.

8. Kontroll- und Anleitungspflicht des Familienrichters. Nach § 286 ZPO muss 24 der Familienrichter sich seine **eigene Überzeugung** bilden. Daraus erwächst seine Pflicht gem. § 404 a ZPO, den Sachverständigen bei seiner Tätigkeit zu kontrollieren und anzuleiten.

Bei der konkreten Begutachtung beschränkt sich die **Anleitungsfunktion** des Familienrichters darauf, dem Sachverständigen – sollte dieser säumig sein – einen 25 Zeitrahmen vorzugeben oder sich nach dem Sachstand zu erkundigen. Der Richter kann auch im Vorfeld einen finanziellen Rahmen vorgeben.

Die Anleitungspflicht und Kontrollfunktion des Familienrichters erweist sich **für** 26 **den Sachverständigen** als bedeutsam, da er sich bei Fragen seinen Auftrag betreffend an den Familienrichter wenden kann und sollte.

Sollten **Eltern** die Begutachtung **verweigern**, so hat der Sachverständige sein weiteres Vorgehen mit dem Familienrichter abzustimmen. Sofern Sorgerechtsinha- 27 ber die Einbeziehung des betroffenen Kindes ablehnen, kann das Gericht für das Kind beispielsweise unter bestimmten Voraussetzungen einen Ergänzungspfleger, zB das Jugendamt, bestellen. Dieser kann dann die Frage entscheiden, ob und in welcher Weise die Begutachtung des Kindes zu ermöglichen ist.[11] Im Einzelfall ist allerdings abzuwägen, ob die seitens des Ergänzungspflegers geplante Zuführung des Kindes zur Begutachtung nicht zu einer Gefährdung des Kindeswohls führen könnte.[12]

Das Gericht kann den Sachverständigen bei weiter bestehender Weigerung der 28 Beteiligten, an der Begutachtung bzw. an Teilen der Begutachtung teilzunehmen, **auffordern**, trotz der nur eingeschränkt vorhandenen Datenbasis ein Gutachten zu erstellen.

Die **Einbeziehung von Personen** in die Begutachtung, deren **Beteiligung über die** 29 **Fragestellung hinausginge**, sollte mit dem Familiengericht abgeklärt werden, da diese Befragung streng genommen eine Zeugenvernehmung darstellt, die der Aufgabe des Familiengerichts obliegt. Das Familiengericht kann den Sachverständigen jedoch beauftragen, einen bestimmten Personenkreis mit in die gutachterliche Befragung einzubeziehen oder ihm Akten aus anderen zB strafrechtlichen Verfahren zugänglich machen.

9. Richterliche Würdigung des Gutachtens. Hat das Familiengericht ein Gutach- 30 ten in Auftrag gegeben, muss es sich mit dem erstellten Gutachten **auseinandersetzen**, es **überprüfen** und im Beschluss **begründen**, warum es der gutachtlichen Einschätzung folgt bzw. warum es von der Empfehlung des Sachverständigen abweicht.

Die Kontrolle der gutachterlichen Tätigkeit durch das Familiengericht bezieht 31 sich sowohl auf die **formale Richtigkeit** des Gutachtens als auch auf die **inhaltli-**

---

11 Vor allem, wenn zB ein sexueller Missbrauch abgeklärt werden soll und der mutmaßliche übergriffige Elternteil die Einwilligung zur Befragung des Kindes verweigert.
12 Salzgeber, Kindeswohlgefährdung durch Begutachtung?, ZKJ 2007, 1274.

chen Ergebnisse des Sachverständigen in Bezug auf das Kindeswohl. Unvollstän-
digkeiten, Unklarheiten und Zweifel hat das Familiengericht von Amts wegen so
weit wie möglich auszuräumen.

32 In der Regel wird weniger von Seiten des Gerichts als vielmehr **von den beteiligten Anwälten und Parteien**, wenn sie mit dem Ergebnis der Begutachtung nicht
einverstanden sind, Kritik am schriftlichen Gutachten vorgebracht. Manchmal
wird das Gutachten von Rechtsanwälten im Gesamten abgelehnt, manchmal
wird auf Ergänzung des Gutachtens gedrängt oder aber es werden im Vorfeld
der gerichtlichen Anhörung Fragen an den Sachverständigen formuliert, die dieser schriftlich beantworten oder im Rahmen einer mündlichen Verhandlung erläutern soll.

33 **10. Weitere Gutachten.** Sollte das erstellte Gutachten inhaltlich nicht ausreichend sein, so könnte das Gericht ein weiteres Gutachten einholen, was in der
Praxis sehr selten geschieht, außer das Gutachten wäre gem. § 412 ZPO fehlerhaft, oder der Sachverständige würde wegen Besorgnis der Befangenheit abgelehnt. Ein weiteres Gutachten (trotz eventueller Mängel des ersten Gutachtens)
wird in der Praxis am ehesten dann eingeholt, wenn nach Erstattung des ersten
Gutachtens eine gewisse **Zeit vergangen** ist und sich bereits durch den Zeitablauf neue Tatsachen ergeben haben. Diesem neuen Gutachten kommt zwar formal kein größeres Gewicht zu, aber durch die Aktualität hat es inhaltlich größere Bedeutung. Ein **Obergutachten** ist ein Gutachten, das sich mit zwei vorliegenden Gutachten auseinandersetzt und die Richtigkeit eines oder beider Gutachten
beurteilt.

34 Unter **Privat- und Parteiengutachten** werden schriftliche oder mündliche Ausführungen verstanden, die parallel oder im Nachgang zum gerichtlich beauftragten
Gutachten erfolgen. Diese beruhen sowohl auf der möglichen inhaltlichen Auseinandersetzung mit dem vorliegenden Gutachten als auch auf eigenen diagnostischen Untersuchungen und kommen fast immer zu einer anderslautenden
Empfehlung der gerichtlichen Fragestellung.

35 Da private Parteiengutachten in der Regel **nur auf Angaben eines Elternteils** beruhen, können sie sich dem Kindeswohl nur sehr einseitig nähern. Zudem fehlt
zur Einbeziehung des Kindes[13] fast immer die Einwilligung des anderen sorgeberechtigten Elternteils.

36 Von Privatgutachten ist eine **privat erstellte Gutachtensexpertise** zu unterscheiden, welche die kritische Argumentation einer Partei zu einem vorliegenden gerichtlich beauftragten schriftlichen Gutachten unterstützt. Streng genommen
kann eine Gutachtensexpertise zu einer gerichtlichen Fragestellung keine inhaltliche Aussage machen, sondern kann ein vorliegendes schriftliches Gutachten
nur nach formal-inhaltlichen Kriterien dahin gehend beurteilen, ob das Gutachten den Standards der Fachwissenschaft im Hinblick auf die Ausarbeitung von
Gutachten[14] genügt und ob die darin enthaltenen Schlussfolgerungen aufgrund
der dargelegten Untersuchungsberichte nachvollziehbar sind.

37 Für **Anwälte** kann die private Stellungnahme zum Gutachten eine **Hilfe** darstellen, das schriftliche Gutachten des vom Gericht beauftragten Sachverständigen
fachlich fundiert zu überprüfen, da dazu in der Regel den Juristen die Fachkom-

---

13 Diese Parteiengutachter gehen somit auch ein rechtliches Risiko ein.
14 Arbeitsgruppe Familienrechtliche Gutachten 2015, Mindestanforderungen an die Qualität von Sachverständigengutachten im Kindschaftsrecht, NZFam 2015, 937.

petenz fehlt. Leider kranken private Stellungnahmen häufig daran, dass sie polemisch verfasst und damit in der Regel nicht geeignet sind, Verständnis für die Anliegen des Auftraggebers zu erreichen, oder der Beurteilungsstandard wird so hoch angelegt, dass eine Gutachtenerstellung nicht mehr möglich wäre, auch nicht vom Verfasser der Expertise.

Bei der Erstellung privater Stellungnahmen sollten ebenfalls **fachliche und ethische Grundlagen** beachtet werden. Auch wenn die Stellungnahmen privat vergütet werden, sollen sie unter dem Primat der Neutralität und Unparteilichkeit und nicht als Gefälligkeitsgutachten erstellt werden. Jedes Gutachten kann kritisiert werden. Inhaltlich fundierte Beurteilungen können aber nur professionell tätige Sachverständige vornehmen, da nur diese über die erforderliche Sachkunde verfügen. **38**

Wird ein Gutachten in einem privaten Auftrag erstellt und von einer Partei in das Verfahren eingebracht, so ist dieses Gutachten **kein Sachverständigengutachten** im Sinne des Beweises durch Sachverständige nach §§ 402 ff. ZPO, sondern **reiner Parteivortrag.** Das Gutachten muss aber als urkundlich substantiierter Sachvortrag gewertet werden. Das Gericht hat sich mit diesem Gutachten genauso wie mit Schriftsätzen der Parteien auseinanderzusetzen. **39**

III. Rolle und Aufgaben des Sachverständigen gegenüber den von der Begutachtung betroffenen Erwachsenen

Die **Beziehung zwischen Sachverständigen und Betroffenen** ist nicht freiwilliger Natur, sondern vom Familiengericht vorgegeben. Die Beziehung des Sachverständigen zu den am familiengerichtlichen Verfahren beteiligten Personen ist in weiten Bereichen durch **rechtliche Vorschriften** geregelt. Diese begrenzen einerseits den Umfang der anwendbaren psychologischen Diagnostik und Intervention, andererseits ermöglichen sie die Definition eines Bezugsrahmens, innerhalb dessen sachverständige Tätigkeit möglich und hilfreich sein kann, ohne die Rechte anderer zu verletzen. **40**

1. Stellung des Sachverständigen zu den Eltern. Bei der Beauftragung eines Sachverständigen besteht in der Regel **für die Parteien keine Auswahlmöglichkeit,** die Auswahl und Bestellung obliegt dem Gericht. Von der Begutachtung betroffene Personen haben aber das Recht, sich über die Person des Sachverständigen und seine Vorgehensweise zu erkundigen und dem Gericht einen Vorschlag zu unterbreiten. Eine Beschwerde gegen die Auswahl des Sachverständigen kann aber nicht eingelegt werden. **41**

Nach der Beauftragung eines Sachverständigen können die Betroffenen den Sachverständigen aber nicht in einem ersten Gespräch quasi einer Überprüfung unterziehen, um sich anschließend zu überlegen, ob sie bereit sind, sich auf den Sachverständigen und eine Begutachtung einzulassen. In dem Moment, in dem der Sachverständige gerichtlich bestellt ist, handelt er bereits als Sachverständiger. Auch ein Gespräch mit dem Sachverständigen, das die Begutachtung allgemein und/oder die Person des Sachverständigen zum Inhalt hat, ist bereits Bestandteil der Begutachtung, auch wenn aus diesem Gespräch relativ geringe Rückschlüsse auf die Beantwortung der Fragestellung gezogen werden können. **42**

Sollte nach Beginn des Gutachtens ein **Elternteil** aus subjektiven Gründen **nicht bereit** sein, sich auf einen Sachverständigen weiter einzulassen, so wird dies nur in ganz vereinzelten Fällen dazu führen, dass der Sachverständige ersetzt wird. **43**

Vielmehr wird der Richter den betreffenden Elternteil über die Anwälte darauf hinweisen, dass er an der Begutachtung mitwirken müsse, da ansonsten das Gutachten ohne seine Mitwirkung erstellt wird. **In der Praxis** kommt eine solche Verweigerung **relativ selten** vor, da es auch Aufgabe eines erfahrenen Sachverständigen ist, motivierend auf die Eltern einzuwirken und Ängste abzubauen. In der Regel haben die Eltern wenig Möglichkeit, ihre Mitwirkung an der Begutachtung ohne Nachteile zu verweigern, außer sie hätten nachvollziehbare Gründe, zB solche, die eine Besorgnis der Befangenheit rechtfertigen würden. Dennoch gilt, dass niemand zur Begutachtung im familiengerichtlichen Verfahren gezwungen werden kann. Bei fortgesetzter Weigerung steht dem Gericht – trotz der Pflicht der Beteiligten, bei der Sachverhaltsaufklärung mitzuwirken – nur die Möglichkeit zu, den die Begutachtung verweigernden Elternteil in Anwesenheit eines Sachverständigen gem. § 165 Abs. 2 FamFG zur mündlichen Anhörung zu laden.[15]

44 Die Durchführung der Begutachtung bedarf immer der **Einwilligung** der Beteiligten, wobei diese als gegeben anzunehmen ist, wenn der Elternteil bei der Begutachtung mitwirkt. Anders als im Straf- und im Zivilprozess unterliegt der Sachverständige im Verfahren der freiwilligen Gerichtsbarkeit gegenüber den zu begutachtenden Personen **keiner allgemeinen Aufklärungspflicht**.[16] Dennoch ergibt sich aus der speziellen Situation der familiengerichtlichen Begutachtung eine **besondere Verantwortung** zur Aufklärung über das beabsichtigte Vorgehen des Sachverständigen. Fragen der Eltern zur Begutachtung oder zu seiner fachlichen Qualifikation sollte der Sachverständige offen und ehrlich beantworten. In der Regel wird der Sachverständige den Eltern bei entsprechenden Fragen angemessen den Sinn und Zweck des sachverständigen Vorgehens erläutern. Bereits bei der Erläuterung des Ablaufs und des vorgesehenen Verfahrens bedarf es oftmals eines besonderen Einfühlungsvermögens. So sollte bei Hochkonfliktfamilien nicht gleich zu Beginn ein gemeinsames Elterngespräch oder bei Umgang verhindernden Eltern eine Begegnung des Kindes mit dem getrennt lebenden Elternteil als Bestandteil der Begutachtung verlangt werden. Hier sollte sich der Sachverständige zunächst um die Bereitschaft der Eltern bemühen, mit den Kindern an der Begutachtung mitzuwirken.

45 Der Sachverständige hat **keine Drohungen** auszusprechen oder auf rechtliche Konsequenzen hinzuweisen, die eine gesamte oder teilweise Verweigerung der Teilnahme an der Begutachtung mit sich bringen könnte, da er darüber keine Aussage treffen kann und diese Beurteilung nicht in seinem Kompetenzbereich liegt. Er hat aber die Möglichkeit, auf die Folgen einer Verweigerung hinzuweisen.

46 Dennoch darf nicht verkannt werden, dass die Rolle des Sachverständigen als Helfer des Gerichts diesem auch **quasi richterliche Macht und Autorität** zukommen lässt, die bei den Eltern eine höhere Mitwirkungsbereitschaft bewirken.

47 Bei der Erhebung von Informationen hat der Sachverständige auf die **Privatsphäre der Beteiligten** zu achten. So ist es nicht fachgerecht, ohne Wissen der Eltern Drittpersonen zu befragen. Die Eltern müssen damit einverstanden sein,

---

15 BGH 17.2.2010 – XII ZB 68/09, FamRZ 2010, 720; Bohnert, Mitwirkungspflichten bei der Beweisaufnahme in Familiensachen, NZFam 2014, 107.
16 Rakete-Dombek, Familienrecht und Strafrecht – Unterschiede und Zusammenhänge am Beispiel des Missbrauchsverdachts, FPR 1997, 219.

dass zB Erzieher, Lehrer und andere Fachpersonen – wie Vertreter des Jugend-amts, wenn das Jugendamt nicht verfahrensbeteiligt ist – befragt werden. Auch die Befragung von Nachbarn ohne Einwilligung durch das Gericht und ohne Kenntnis der Eltern ist nicht zulässig. Die Einsicht in Tagebuchaufzeichnungen, die vom jeweils anderen Elternteil beschafft worden sind und dem Sachverstän-digen zur Verfügung gestellt werden sollen, muss verweigert werden. Auch heimlich aufgenommene Tonbandaufzeichnungen von Telefongesprächen sind keine Tatsachen, die der Sachverständige verwerten kann. Sollten Internetrecher-chen vorgenommen worden sein, so müssen die Informationen mit den Eltern in Hinblick auf ihre Relevanz besprochen werden.

Um die Dokumentation der Gespräche ausreichend zu gewährleisten, reichen **48** **schriftliche Notizen** während des Gesprächs **oder diktierte Aufzeichnungen** aus.

Die Gespräche mit dem Sachverständigen können **auf Tonband aufgezeichnet** **49** werden, eine fachliche Notwendigkeit besteht hierzu nicht. Sollte eine Aufzeich-nung erfolgen, dann nur durch den Sachverständigen selbst, der die Aufzeich-nung unter Berücksichtigung des Datenschutzes und der Schweigepflicht ver-wahrt. Bei Verwahrung durch die befragte Person kann hingegen der Daten-schutz der im Gespräch genannten Personen vom Sachverständigen nicht garan-tiert werden.

Jeder Elternteil hat das Recht, sich **von seinem Anwalt** oder Beistand zu den Ter-**50** minen beim Sachverständigen **begleiten zu lassen**. Wenn ein Elternteil aufgrund von besonderer Ängstlichkeit wünscht, dass eine Person seines Vertrauens bei der Begutachtung anwesend ist, darf dies kein generelles Hindernis darstellen,[17] sofern diese Person die Begutachtung nicht stört. Die Hoheit über die Ge-sprächsführung obliegt dem Sachverständigen. In der Regel wird der Sachver-ständige dann eine digitale Gesprächsaufnahme durchführen, um nicht bei wi-derstreitendem Vorbringen bezüglich angeblicher Äußerungen in der Beweislast zu stehen.

Der Sachverständige sollte möglichst **keine schriftlichen Unterlagen der Parteien** **51** in Empfang nehmen, was bei E-Mails nicht immer möglich ist. Um die Papier-flut (und damit auch die Aktenumfänge) einzudämmen, sollten die Eltern alle ihnen bedeutsam erscheinenden Dokumente oder Schriftsätze über ihre Anwälte dem Gericht und auf diesem formalen Wege dem Sachverständigen zuleiten. Nur in diesem Fall ist gewährleistet, dass die gegnerische Seite die Bedeutung der Dokumente für das weitere Verfahren einordnen kann. Sollten sich die un-aufgefordert zugeleiteten Unterlagen auf private Aufzeichnungen beschränken, die sich auch im Explorationsgespräch wiederfinden oder die keine entschei-dungserhebliche Bedeutung haben, so genügt es, die Schriftsätze im Gutachten zu erwähnen oder dem schriftlichen Gutachten im Anhang beizufügen.

2. Stellung des Sachverständigen zum Kind. Prinzipiell hat der Sachverständige **52** **mit dem Kind Kontakt aufzunehmen.** Die Entscheidung über die Teilnahme des Kindes an der Begutachtung obliegt aber den Sorgerechtsinhabern. Der Sachver-ständige wird den Kontakt zum Kind über die Eltern aufnehmen. Bei über 14-jährigen Jugendlichen sollten diese unabhängig von den Eltern ebenfalls ein Einladungsschreiben zum Gespräch erhalten.

---

17 OLG Hamm NZFam 2015, 425.

53 Auch das Kind kann prinzipiell die **Teilnahme verweigern.** Der Sachverständige hat aber motivierend auf das Kind einzugehen, wobei letztendlich ein erheblich ablehnender Kindeswille zu berücksichtigen ist. Dies betrifft vor allem Begegnungen des Kindes mit dem seitens des Kindes massiv und unter Ausbildung psychosomatischer Reaktionen abgelehnten Elternteil. Gewinnt der Sachverständige die Überzeugung, dass eine Begegnung zu erheblichen Belastungen beim Kind führen würde, so gehört es zu seiner Verantwortung, dem Kind durch seine Begutachtung keinen weiteren Schaden zuzufügen. Umgekehrt gehört es zu seiner Pflicht, die tatsächliche Eltern-Kind-Beziehung auszuloten und sich nicht vorschnell der Ablehnung des Kindes und des betreuenden Elternteils anzuschließen.

54 Eine autonome strikte Ablehnung der Begutachtung durch das Kind selbst, die nicht durch Beeinflussung eines Elternteils bedingt ist, kommt **in der Praxis** auch bei älteren Kindern **kaum** vor.

55 **3. Stellung des Sachverständigen zu den Anwälten.** Das Verhältnis der Sachverständigen zu den Anwälten ist immer noch von gegenseitiger **Berührungsangst** gekennzeichnet. Den Sachverständigen sind zudem enge Grenzen für die Kontaktaufnahme mit dem Anwalt gesetzt, da eine einseitige Kontaktaufnahme mit dem Anwalt, verbunden mit einer Vermittlung von vorläufigen Begutachtungsergebnissen, zur **Besorgnis der Befangenheit** führen könnte.

56 Im Rahmen des FamFG und den sich entwickelnden Modellen konfliktvermindernden Vorgehens kommt einem **kooperativeren Zusammenwirken** vermehrte Bedeutung zu. Interdisziplinäre Arbeitskreise, wie sie nach dem FamFG gefordert werden, werden die Kontaktaufnahme des Sachverständigen zum Anwalt und umgekehrt weiter erleichtern.

57 Im Einzelfall kann eine **Kontaktaufnahme** mit dem Anwalt – bei Unklarheit am besten nach Rücksprache mit dem Gericht – helfen, das **Konfliktniveau zu reduzieren,** da der Anwalt seinerseits auf seinen Mandanten einwirken kann.

58 Es besteht aber auch jetzt bereits die Möglichkeit, dass sich der Anwalt beim Sachverständigen **über den Sachstand informiert oder zB auf Eilbedürftigkeit hinweist.**

59 Nicht hilfreich ist die **direkte Übersendung von Schriftsätzen** an den Sachverständigen. Der Anwalt sollte auf dem Schriftsatz stets vermerken, ob er diesen auch dem Gericht hat zukommen lassen. Werden Schriftsätze nur an den Sachverständigen geleitet, muss sie dieser an das Gericht weiterleiten.

60 **4. Stellung des Sachverständigen zum Jugendamt/Umgangspfleger.** Mit dem Jugendamt oder Umgangspfleger kann der Sachverständige in der Regel Kontakt aufnehmen, vor allem wenn es verfahrensbeteiligt ist, da beide Institutionen gegenüber dem Gericht berichtspflichtig sind.

Es empfiehlt sich, die **Eltern** über eine beabsichtige Kontaktaufnahme **zu informieren.**

61 **5. Stellung des Sachverständigen zu dritten Personen.** Der Sachverständige hat eigentlich nicht per se das Recht, mit Personen, die aktuell (außer Pflegeeltern, wenn die elterliche Sorge entzogen wurde) oder zukünftig in Beziehung zum betroffenen Kind stehen und die nicht unmittelbar im Beweisbeschluss erfasst sind, Kontakt aufzunehmen, um wesentliche Informationen zu erheben, die für die Beantwortung der gerichtlichen Fragestellung oder seine Vermittlungsbemühungen hilfreich sind.

Dritte Personen, wie etwa Kinderärzte, Erzieherinnen, Lehrer, Großeltern, die   62
nicht verfahrensbeteiligt sind, können immer nur dann befragt werden, wenn
die **Sorgerechtsinhaber** ihre **Zustimmung erteilt** haben.[18] Dabei kann die Ausweitung der Ermittlungstätigkeit nicht grenzenlos sein, sondern ist an einen **engen Rahmen** gebunden. Da die Befragung von Drittpersonen Zeugenvernahme
ist, sollte diese Maßnahme bereits in den **Gerichtsbeschluss** aufgenommen werden. Gewinnt der Sachverständige erst im Laufe der Begutachtung die Erkenntnis, er müsse weitere Personen einbeziehen, sollte er beim beauftragenden Familienrichter die **Einwilligung** einholen und ihn bitten, dass die diesbezügliche Einwilligung zumindest in einer **Aktennotiz** festgehalten wird oder er kann die richterliche Einwilligung für eine Einbeziehung weiterer Personen im Rahmen einer
schriftlichen Anfrage einholen. Das Gericht kann die Befragung von dritten Personen bereits im Beweisbeschluss beauftragen und dazu die Schweigepflichtsent-
bindungen einholen.

Ein Sachstand oder Zwischenbericht stellt sicher, dass auch die Anwälte der Parteien über die geplante Vorgehensweise informiert werden und möglicherweise
ihre Bedenken äußern können, denn immer ist sichergestellt, dass die Betroffenen einen engen Informationskontakt zu ihren Anwälten halten.

Das Gericht kann dem Sachverständigen wegen seiner besonderen Sachkunde   63
die Entscheidung überlassen, welche Bezugspersonen des Kindes er in die Begutachtung einbezieht, dh welche Anknüpfungstatsachen er im vermuteten Einverständnis des Gerichts erhebt.[19] Diese Möglichkeit sollte der Sachverständige
nicht als Freibrief ansehen, vor allem dann nicht, wenn eine Einbeziehung weiterer Personen zu einer besonderen Belastung für die Familie führen könnte (wie
die Befragung von Arbeitgebern).

6. **Ablehnung des Sachverständigen.** Der Sachverständige kann wie auch der   64
Richter nach § 406 ZPO und dem Verweis auf §§ 41, 42 ZPO **abgelehnt** wer-
den. Nicht abgelehnt werden können **Hilfskräfte** des Sachverständigen, da der
Sachverständige alleinverantwortlich für das Gutachten zeichnet.

7. **Verpflichtungen des Sachverständigen bei der Begutachtung.** Die wesentli-   65
chen Verpflichtungen des Sachverständigen sind in §§ 406 Abs. 2 und 42 Abs. 1
ZPO niedergelegt. Der Sachverständige hat **unparteiisch** vorzugehen. Dies bedeutet auch, dass er keine Weisungen entgegenzunehmen hat, die das Ergebnis
des Gutachtens oder die hierfür maßgeblichen Feststellungen verfälschen könnten. Er darf sich neben der gesetzlichen Vergütung keine weiteren Vorteile verschaffen oder gewähren lassen und er darf kein weiteres Vertragsverhältnis mit
den von der Begutachtung betroffenen Personen eingegangen sein oder eingehen.

Daneben hat der Sachverständige, wie aus der Eidesformel ableitbar, sein Gut-   66
achten **nach bestem Wissen und Gewissen** zu erstellen. Daraus folgt, dass er dem
aktuellen Stand der Wissenschaft entsprechend vorzugehen und sich rein subjektiver Eindrücke zu enthalten hat. Sollte der Sachverständige eine persönliche
Meinung kundtun, so hat er diese kenntlich zu machen und darf diese nicht als
wissenschaftliches Ergebnis darstellen.

---

18 Finke, Die rechtlichen Grundlagen der Sachverständigentätigkeit in der Familiengerichts-
    barkeit nach der Kindschaftsrechtsreform vom 1.7.1998, FPR 2003, 504.
19 OLG Stuttgart FamRZ 2003, 316; Korn-Bergmann, Gutachter – „Heimlicher Richter"
    im Kindschaftsverfahren?, FamRB 2013, 302.

67 Weiter besteht die Verpflichtung, **sorgfältig** und **ökonomisch** zu handeln. Dies ist bereits dem meist beiliegenden Auftragsschreiben zu entnehmen, in dem der Sachverständige bei der Beauftragung aufgefordert wird, sein Vorgehen auf das Notwendigste zu beschränken. Diese Forderung ergibt sich zudem aus dem JVEG (Justizvergütungs- und -entschädigungsgesetz). Der Aspekt der Ökonomie bezieht sich sowohl inhaltlich auf die Verwendung angemessener Methoden und Verfahren, die die Beteiligten am wenigsten belasten, als auch auf den Umfang und Aufwand der Begutachtung.

68 Darüber hinaus unterliegt der Sachverständige dem **Datenschutz** und der **Verschwiegenheitspflicht**, wobei die Verschwiegenheitspflicht nicht gegenüber dem den Auftrag erteilenden Gericht gilt. Der Sachverständige ist vielmehr verpflichtet, alle wesentlichen Daten dem Gericht mitzuteilen. Er hat **kein Zeugnisverweigerungsrecht**. Daten, die dem Sachverständigen anvertraut worden sind (wobei es in der Verantwortung des Sachverständigen liegt, dafür zu sorgen, dass ihm möglichst keine Informationen „anvertraut" werden, die der Gesprächspartner ihm aus äußerst persönlichen Gründen eigentlich nicht übermitteln möchte) und welche keinen Bezug zur Fragestellung haben, braucht er dem Gericht von sich aus nicht mitzuteilen, es sei denn, das Gericht fordert diese Informationen an.

69 Das Familiengericht allein hat zudem die Möglichkeit, **alle Unterlagen** des Sachverständigen **anzufordern (§ 407 a Abs. 5 ZPO)**, in denen die Informationen niedergelegt sind, die der Sachverständige bei seiner Datenerhebung verfasst hat. Unterlagen, die nur **persönliche Notizen und Entwürfe** enthalten, brauchen dem Gericht nicht ausgehändigt bzw. mitgeteilt werden.

Dem Sachverständigen ist es dagegen untersagt, seine Untersuchungsunterlagen an die Parteien herauszugeben, da es sich um Beweismittel handelt.

70 Die **Haftung** des Sachverständigen ist durch § 839 a geregelt.

IV. Fragestellungen an den Sachverständigen

71 Die Fragestellungen an den psychologischen Sachverständigen umfassen zumeist die Regelung des Aufenthaltes des Kindes, der **elterlichen Sorge** bei Trennung und Scheidung, die Ausübung des **Umgangs** und Fragen nach einer **Kindeswohlgefährdung**. Dem Sachverständigen können zudem eine Reihe weiterer Fragestellungen[20] im familiengerichtlichen Verfahren vorgelegt werden, wie zB die Regelung der elterlichen Sorge nach Ableben eines Elternteils. Diese Fragestellungen kommen aber in der Praxis selten vor.

72 **1. Frage nach dem Sorgerecht.** Die Frage nach einer umfassenden **Sorgerechtsregelung** wird **nur noch selten** gestellt. In der Regel werden Fragen zum Aufenthalt des Kindes an den Sachverständigen formuliert und Vorschläge bezüglich der Regelung des Umgangs angefragt.

73 Für den psychologischen Sachverständigen ist die Frage nach dem Sorgerecht eigentlich **zweitrangig**, da es sich um eine **juristische Frage** handelt, die nur im Einzelfall mit psychologischen Untersuchungsergebnissen zu beantworten ist. In einem Fall kann die Übertragung des Aufenthaltsbestimmungsrechtes aus juristischer Sicht ausreichend sein, im anderen Fall genügt eine Elterneinigung, im

---

20 Hierzu Salzgeber, Familienpsychologische Gutachten, 2015; Castellanos/Hertkorn, Psychologische Sachverständigengutachten im Familienrecht, 2. Aufl. 2016.

dritten Fall kann eine Vollmachtserteilung oder eine Entscheidung nach § 1628 ausreichend sein.

Dies sind allesamt rechtliche Aspekte der kindeswohlgemäßen Verfahrensgestaltung, die der psychologische Sachverständige in ihrer Tragweite meist nicht abschätzen kann.

Der Sachverständige befasst sich aus psychologischer Sicht mit Fragen des **Lebensschwerpunktes des Kindes** sowie mit dem Kindeswohl entsprechenden **Betreuungs- und Beziehungsgestaltungen**, die dann in verschiedenen juristisch zu definierenden Sorgerechtsregelungen zum Tragen kommen können. 74

Hinsichtlich der **Anforderungen an die Kooperationsbereitschaft der Eltern** im Falle der Beibehaltung der oder beim Eintritt in die gemeinsame elterliche Sorge bestehen keine verbindlichen Kriterien, so dass die Folgen fehlender Kooperationsfähigkeit und -bereitschaft vor dem Hintergrund der Befindlichkeit des betroffenen Kindes individuell festzustellen und unter Berücksichtigung möglicher Interventionen für die Zukunft zu prognostizieren sind. Der **Alltagsentscheid** (**§ 1687**), der ohnehin dem jeweils betreuenden Elternteil obliegt, bedeutet für eine Sachverständigenintervention, dass nicht mehr die umfassende Kooperation der Eltern, sondern ein Konsens bezüglich der Kompetenzverteilungen zu entwickeln und die grundsätzliche Mitwirkungsbereitschaft eines Elternteils bezüglich der bedeutsamen Entscheidungen des jeweils anderen Elternteils für das gemeinsame Kind anzustreben ist. Es ist ein von Eltern immer wieder vorgebrachtes **Missverständnis**, dass sie nach der Trennung und bei Ausübung der gemeinsamen elterlichen Sorge zeitintensive Gespräche miteinander führen müssten. Die Erörterung dessen, was unter Alltagsentscheid zu verstehen ist, kann bei den Eltern oftmals derartige Befürchtungen abbauen. Häufig kann der Vorschlag, dass sich die Eltern gegenseitig Vollmachten ausstellen könnten, Reibungen zwischen den Eltern reduzieren, gerade, wenn es um das Anliegen der Eltern geht, in der Praxis handlungsfähig zu bleiben und zB notwendige Unterschriften, wie etwa für die Ausstellung eines Kinderausweises, zu erhalten. Zur Ausübung der gemeinsamen elterlichen Sorge wird von den Eltern weniger ein Miteinander, ferner auch keine umfassende Betreuungsleistung durch den getrennt lebenden Elternteil und keine kontinuierlichen Dialoge verlangt, als zumindest ein relativ friedliches Nebeneinander im Sinne einer **parallelen Elternschaft**. 75

Es ist die Aufgabe des Sachverständigen im Rahmen seiner diagnostischen Arbeit herauszufinden, inwieweit zwischen den Eltern auf der konkreten Ebene tatsächlich **Uneinigkeit** vorliegt, welche Problemlösefähigkeit sich im Laufe der Zeit entwickelt hat und prognostisch weiter entwickeln könnte, ob sich die Uneinigkeit der Eltern bei Erhalt der gemeinsamen Sorge tatsächlich auf das Kind auswirkt, ob deren Aufhebung eine schädliche Konfliktsituation zum Besseren verändert und welche **Konfliktregelungen** geeignet sein könnten. 76

Kann bei Konflikten während der Trennungsauseinandersetzung auch mit Hilfe des Sachverständigen in entscheidungserheblichen Fragen das Kind betreffend **keine Einigung** erzielt werden, so sollte der Sachverständige bedenken, ob **im näher liegenden Zeitraum weitere erhebliche Entscheidungen** anstehen, über welche die Eltern Einigung erzielen müssten. Kann etwa im Schulbereich kein Konsens hergestellt werden, so wären zB angesichts wechselnder Leistungen des Kindes und angesichts zeitlich nahe anstehender Entscheidungen (freiwillige Wiederholung der Klasse, Wechsel der Schule, Internatsunterbringung, Wechsel 77 in einen anderen Schulzweig) Dauerkonflikte auf Elternebene zu erwarten. Anders verhielte es sich aus psychologischer Sicht, wenn die nächste erhebliche Entscheidung erst Jahre später, zB anlässlich der Berufswahl des Kindes, anstünde.

78 In den **ersten Lebensjahren eines Kindes** steht eine Reihe von **Entscheidungen von erheblicher Bedeutung** an. So müssen Impfungen geklärt werden, die Zugehörigkeit zu einer Religionsgemeinschaft steht möglicherweise an oder die Unterbringung des Kindes in einer Kinderkrippe. Besteht Dissens bei den Eltern – trotz Einigkeit über den Aufenthalt – über diese Fragen, ist es Aufgabe des Sachverständigen, diese **Konfliktfelder zu benennen** und dabei die **Bedeutung** des Konflikts für das Kind zu beschreiben und zu bewerten. In der Folge ist es dann die Aufgabe und Verantwortung der Juristen, die Sorgerechtsrelevanz dieser Probleme abzuwägen und entsprechende Entscheidungen zu treffen.

79 **2. Fragestellungen an den Sachverständigen zum Aufenthalt oder Lebensschwerpunkt des Kindes.** Bei Fragen, die den **Aufenthalt** betreffen, äußern die Eltern dem Sachverständigen gegenüber häufig **starre Vorstellungen**, da sie meist von der fehlenden Erziehungs- und Förderkompetenz des jeweils anderen Elternteils überzeugt sind. Vor allem, wenn die Wohnorte der Eltern weit voneinander entfernt liegen, erweisen sich die intervenierenden Bemühungen des Sachverständigen, den ständigen Aufenthalt des Kindes betreffend eine Einigung zu erzielen, oftmals als vergeblich.

80 Es werden im Zusammenhang mit der Betreuung des Kindes unterschiedliche Betreuungsmodelle diskutiert, wobei das **Nestmodell** – das Kind bleibt im gleichen Haushalt und die Eltern wechseln sich in bestimmten Abständen in der Betreuung und Erziehung ab – **meist nur innerhalb gewisser Übergangszeiträume** praktiziert werden kann, da ein Elternteil immer wieder in den Privatbereich des anderen Elternteils eindringt und damit Einblick in dessen private Angelegenheiten erhält. Wird das Nestmodell erfolgreich und über längere Zeit praktiziert, so handelt es sich meist um wohlhabende Eltern, die sich manchmal sogar drei Haushalte leisten können, wobei das Kind in einer Wohnung lebt und beide Elternteile jeweils zusätzlich noch eine eigene Wohnung unterhalten.

81 Beim **Wechselmodell** lebt das Kind abwechselnd beim Vater und bei der Mutter. Betreut ein Elternteil das Kind mehr als 30 % der Zeit, entspricht dies dem Wechselmodell aus psychologischer Sicht (ca. 14 % der Betreuungszeit besteht bei einer Übernachtung alle zwei Wochen, 20–30 % entspricht einer 14-täglichen Umgangsregelung von Freitag bis Sonntag, 35 % fünf Übernachtungen innerhalb von zwei Wochen, 40 % zwölf Übernachtungen während der Woche im Monat bei einem Elternteil nach der Schule oder auch Ganztagskindergarten). Wenn sich also die Eltern die Betreuungszeiten in diesem Ausmaß teilen, sich das Kind bei beiden Eltern zu Hause fühlt und beide Eltern die elterliche Verantwortung gemeinsam tragen, kann von einem Wechselmodell gesprochen werden.

Beim paritätischen Wechselmodell lebt das Kind zu gleichen Zeitanteilen bei beiden Eltern.[21]

---

21 Sünderhauf, Wechselmodell Psychologie – Recht – Praxis, 2013; Salzgeber, Die Diskussion um die Einführung des Wechselmodells als Regelfall der Kindesbetreuung getrennt lebender Eltern aus Sicht der Psychologie, FamRZ 2015, 2018.

Dieses Betreuungskonzept kann durchgeführt werden, wenn die Betreuung tatsächlich in beiden Haushalten gesichert ist und die sozialen Bezüge, soweit sie für das Kind wesentlich sind, erhalten bleiben können. Üben die Eltern das paritätische Wechselmodell nicht einvernehmlich aus, fehlen dazu oftmals die Voraussetzungen der räumlichen Nähe beider Wohnungen und des notwendigen kooperativen ko-elterlichen Verhaltens. Dieses Modell entspricht dann meist eher dem Bedürfnis der Eltern nach einer gerechten Regelung der Betreuung und des Aufenthalts des Kindes und **weniger dem Bedürfnis der Kinder.**[22] Das Wechselmodell kann empfohlen werden, wenn sich das Konfliktniveau der Eltern ohne diese Regelung noch mehr zum Schaden der Kinder auswirken würde, das Kind sich eine solche Betreuungsaufteilung ausdrücklich wünscht, oder dieses Modell schon eine Zeitlang von den Eltern einvernehmlich und zum Wohl des Kindes praktiziert wurde. Das Wechselmodell kann auch bei jüngeren Kindern erfolgreich praktiziert werden, wenn das Kind unkompliziert ist, auf die regelmäßigen Veränderungen nicht mit Ablehnung reagiert und keine Belastungssymptome zeigt. Außerdem müssen die Eltern bereit sein, sich gegenseitig das Kind zu unterstützen. Auch ähnliche Verhaltensweisen und Erziehungsmaximen bei der Kindesbetreuung, ferner die Bereitschaft der Eltern, miteinander über das Kind zu sprechen und ggf. auch flexibel auf Veränderungen zu reagieren, wären notwendige Voraussetzungen für ein Gelingen.

Bisher wird in der Praxis hauptsächlich das **Domizil- oder Residenzmodell** gewählt, dh das Kind lebt schwerpunktmäßig bei einem Elternteil und hält die Beziehung zum anderen Elternteil über Besuche bzw. kürzere Betreuungszeiten aufrecht. 82

Können die **divergierenden Standpunkte der Eltern** nicht angenähert bzw. durch 83 eine dem Kind und den Möglichkeiten der Eltern gemäße Gestaltung der Aufenthalte des Kindes beim getrennt lebenden Elternteil zum Ausgleich gebracht werden, besteht die **Aufgabe des Sachverständigen** in erster Linie darin, die Situation des Kindes zu beschreiben und die jeweiligen Vor- und Nachteile des Umfeldes jedes Elternteils für das Kind zu erfassen. Bei Nichteinigung der Eltern wird das **Gericht** angesichts hochstrittiger Auseinandersetzungen den Aufenthalt oder die Obhut des Kindes, ferner auch die Aufenthaltsmodalitäten des Kindes beim nicht betreuenden Elternteil regeln müssen.

Sollten die Wohnorte der Eltern nicht weit auseinander liegen und der Lebens- 84 schwerpunkt des Kindes noch nicht verfestigt sein, so hat der Sachverständige im Rahmen seines diagnostischen Vorgehens oder gem. § 163 Abs. 2 FamFG die Möglichkeit, ein **Betreuungsmodell begleitend erproben zu lassen**, das dem Kind und den Eltern eine Neuorientierung eröffnet. Dabei kann auch, nach Einbeziehung des Kindes, ein Wechselmodell angezeigt sein und entsprechend versucht werden.

Der Sachverständige sollte in Trennungsfällen mit den Eltern konkrete Betreu- 85 ungsmodelle entwerfen, die **am speziellen familiären Alltag orientiert** sind. Es ist nicht prinzipiell dem Kindeswohl dienlich, wenn die Betreuung des betroffenen Kindes gleichmäßig zwischen den Eltern aufgeteilt wird oder Wochenenden generell bei einem Elternteil, der schulische Alltag immer beim anderen Elternteil stattfindet. Vielmehr ist es wesentlich, die Beziehungen, den Willen des Kindes, den Förderbedarf oder das soziale Umfeld des Kindes zu betrachten, ferner auch

---

22 Zur Situation des Kindes: Marquardt, Between Two Worlds, 2005.

die Bereitschaft und die individuelle Förderkompetenz der Eltern in Bezug auf die entwicklungsmäßigen Bedürfnisse des Kindes zu berücksichtigen. Der Sachverständige hat sowohl die Belastungen bzw. die Nachteile als auch die Vorteile einer möglichen Regelung für das Kind zu berücksichtigen und somit **das Wohl des Kindes** in den Mittelpunkt seiner Arbeit zu stellen.

86 Die sachverständige Tätigkeit sollte auch **Alternativregelungen** angesichts bestehender Probleme bei der Kooperation vorsehen. Dabei sollte der Vorschlag des Sachverständigen nicht in Interventionsempfehlungen für die Familie münden, die zeit- oder kostenintensive Beratungs- und Therapieverpflichtungen vorsehen, die im Vorfeld bereits gescheitert sind, oder Maßnahmen, deren Bestimmung in der alleinigen Kompetenz der Jugendämter liegt.

87 **3. Fragestellungen an den Sachverständigen zum Umgang des Kindes bei Trennung und Scheidung. a) Ausgangslage für den Sachverständigen.** Der Sachverständige wird die Hypothese vertreten, dass der **Umgang zum getrennt lebenden Elternteil dem Kindeswohl dienlich** ist (§ 1626). Eine längere Aussetzung oder erhebliche Beschränkung des Umgangs ist gem. § 1684 Abs. 4 nur dann möglich, wenn eine erhebliche Gefährdung des Kindeswohls zu befürchten ist. Die gesetzlichen Rahmenbedingungen fordern vom betreuenden Elternteil alles ihm Mögliche zu leisten, um mit angemessenen erzieherischen Mitteln den Kontakt des Kindes zum getrennt lebenden Elternteil zu ermöglichen.

88 Per se ist eine strittige Umgangsregelung keine originäre Frage an die Psychologie, wohl aber die Frage nach dem **Kindeswohl in der konkreten Familie.** Zwar kann eine konkrete Besuchsregelung nicht wissenschaftlich begründet werden, sie kann aber mithilfe der psychologischen Erkenntnisse sich dem Kindeswohl annähernd, pragmatisch gestaltet werden. Kein Sachverständiger kann die Auswirkungen von Umgangsregelungen für längere Zeit vorhersehen; nicht immer sind starre und übliche Umgangsregelungen[23] kindeswohlgemäß, oftmals wäre Flexibilität notwendig.

89 Die relativ junge **Scheidungsforschung,**[24] die laufend neue und meist keine eindeutigen und einfach umzusetzenden Erkenntnisse vermittelt, stellt das bisher eher pauschal angewandte forensische Wissen erheblich in Frage und verlangt – unter dem Gesichtspunkt des Kindeswohls im Einzelfall – eine **differenzierte Einschätzung des Umgangs.** So muss sich der Sachverständige auch mit der Frage befassen, **welchem Zweck** der Umgang im Einzelnen dem Kind dienen soll und wie sich der Umgang an diesem Zweck ausrichten ließe. Soll der Umgang gleichberechtigte Elternschaft schaffen und ist dies überhaupt möglich? Hier stellen sich **beispielsweise folgende Fragen:** Soll der Umgang der **Aufrechterhaltung der emotionalen Beziehungen** dienen, und wie häufig und in welcher Form ist der Kontakt dann in Abhängigkeit vom Alter des Kindes und dem Engagement des Elternteils erforderlich? Sollen durch die Umgangskontakte **Erziehungsdefizite** beim anderen Elternteil ausgeglichen werden? Dient der Umgang dem Kindeswohl oder nur der Bekämpfung der **Verlustängste oder Vereinsa-**

---

23 So hat sich die 14-tägliche Umgangsregelung als nicht so günstig herausgestellt. Für Kinder, die einen engen Bezug zum Vater haben, ist es zu wenig, für die anderen zu häufig: Pryor/Rodgers, Children in Changing Families, 2001, 215.
24 Walper/Wendt, Nicht mit beiden Eltern aufwachsen – ein Risiko?, 2005; Hetherington/Kelly, Scheidung. Die Perspektive der Kinder, 2002.

mungsgefühle eines Elternteils und ist eine solche Motivation für das Kind per se schon schädlich oder sogar förderlich?

Welche Rolle spielt überhaupt das **Lebens- und Entwicklungsalter eines Kindes** 90 für die Umgangskontakte? Der Umgang des getrennt lebenden Elternteils mit einem Säugling hat mit Sicherheit eine andere Bedeutung als der Umgang eines Elternteils mit einem Jugendlichen. Dabei ist nicht geklärt, ob der Umgang mit einem Säugling einem Bindungsaufbau dienen soll und welche Häufigkeiten dazu nötig sind. Auch bleibt unklar, ob in Anbetracht bestehender Spannungen zwischen den Eltern ein solcher Kontakt für das Kind überhaupt förderlich ist. Infrage steht auch, welche **Häufigkeit der Besuche** bei hochkonflikthaften Eltern bei gleichzeitig bestehendem großem Nähebedürfnis des Kindes zum getrennt lebenden Elternteil kindeswohlgemäß ist. Oft ist auch strittig, wie häufig der Umgang stattfinden soll, damit sich das Kind dem getrennt lebenden Elternteil nahe fühlen kann, ebenso auch, welche Häufigkeit des Kontaktes ein Elternteil benötigt, um autoritativ zu erziehen, das heißt zwar einerseits Grenzen zu setzen, aber zugleich feinfühlig Vater oder Mutter bleiben zu können und sich nicht zum Schaden des Kindes enttäuscht von den Kontakten zurückzuziehen.

Auch wenn eine gute Beziehung des Kindes zu beiden Eltern als wesentlicher 91 Stützfaktor für das Kind als erwiesen gilt, sind allgemeine Behauptungen, wie Vaterabwesenheit[25] führe zwangsläufig beim Kind zu Schäden, ebenso falsch, wie die Behauptung, häufige Kontakte dienen in jedem Fall dem Kindeswohl. Sofern Unterbrechungen des Kontakts sinnvoll im Sinn einer Intervention genutzt werden, können sie bei Hochkonfliktfamilien oftmals dem Kindeswohl besser dienen, als mit großem Aufwand gegen den Kindeswillen angebahnte Umgangskontakte.[26] Zugleich stehen auch noch keine sicheren Diagnoseinstrumente zur Verfügung, die indizieren, ob sich eine Kontakt initiierende Maßnahme mittelfristig förderlich auf das Kindeswohl auswirkt oder nicht.

b) Kontakt des Kindes zu den Eltern. Die Scheidungsforschung belegt, dass Kin- 92 der die Trennungsfolgen besser verarbeiten, wenn sie nach der Trennung der Eltern **ungestörten Kontakt zum getrennt lebenden Elternteil** haben.[27] Dabei sollte das Kind möglichst nicht in die Konflikte der Eltern einbezogen oder gar Anlass des Konflikts sein. Ob aber der Umgang des Kindes seinem Wohl dient oder es gar gefährdet, hängt von vielen Einflussgrößen ab, die oftmals ineinander verwoben sind.

Es ist die Aufgabe des Sachverständigen, die Bedingungszusammenhänge **der** 93 **Belastungs-, aber auch der Stütz- und Bewältigungsfaktoren** zu bestimmen. Dazu wird er die Beziehungsqualität des Kindes zu seinen Eltern erheben, Hinweisen auf das Kindeswohl belastende Persönlichkeits- und Verhaltensaspekte oder auf Anpassungsschwierigkeiten an die Trennung nachgehen, die Vorstellung des Kindes zur Beziehungsgestaltung erfragen, das familiäre Konfliktniveau bestimmen und weitmöglichst die Zufriedenheit der Beteiligten mit den Umgangsmo-

---

25 Zur Bedeutung des Vaters für die Entwicklung des Kindes: siehe Tamis-LeMonda/Cabrera (Hrsg.), Handbook of Father Involvement, 2002; Lamb, The role of the father in child development, 2004.

26 Johnston, Children of Divorce who refuse Visitation, in: Depner/Bray (Hrsg.), Nonresidential Parenting, 2003, S. 109; Fthenakis (Hrsg.), Begleiteter Umgang von Kindern, 2008.

27 Über die Folgen der Ausblendung des getrennt lebenden Elternteils sei auf Wallerstein/Blakeslee, Gewinner und Verlierer, 1989, verwiesen.

dalitäten sowie die Bedeutung weiterer Bezugspersonen[28] erfassen. Darauf aufbauend wird der Sachverständige eine bestehende das Kindeswohl belastende Situation mittels einer angemessenen Intervention einer positiven Veränderung zuführen.

94 **c) Herstellung des Elternkontaktes.** Der Sachverständige wird in Anbetracht unterbrochener Besuchskontakte bestrebt sein, den **Kontakt unter günstigeren Bedingungen wieder anzubahnen,** um überhaupt eine Stellungnahme zum Umgang abgeben zu können. Hierzu sind vorbereitende Gespräche mit dem Kind und den Bezugspersonen notwendig. In diesem Gespräch müssen die Rahmenbedingungen erklärt, der Ablauf geplant und Abbruchkriterien[29] für die Intervention vorgestellt werden. Vor allem ist dem **Schutzbedürfnis des Kindes** Rechnung zu tragen, das meist – unabhängig davon, wie der ablehnende Kindeswille zustande gekommen ist – unter starker Anspannung steht. Der Sachverständige sollte mit dem Kind im Vorfeld die Begegnungssituation besprechen und bei den Gesprächen mit dem besuchenden Elternteil anwesend sein.

95 **d) Umgang mit einem fremd untergebrachten Kind.** Beim Umgang eines fremd untergebrachten Kindes mit den Eltern ist zu beachten, dass die Mehrheit der in Pflege genommenen Kinder in ihrer Herkunftsfamilie traumatisierenden Erfahrungen ausgesetzt gewesen war. Darüber hinaus sollte aber nicht übersehen werden, dass eine Reihe von Pflegeverhältnissen **durch freiwillige Absprachen und Eigeninitiative der Herkunftseltern,** die ihre Überforderung erkennen konnten, entstanden sind.

96 Bei möglichen Umgangskontakten mit der Herkunftsfamilie muss gewährleistet sein, dass das Kind nicht nur vor körperlichen, sondern auch vor psychischen **Übergriffen,** zB in Form von Vorwürfen, aber auch von Ankündigungen, das Kind zur Unzeit bald zurückzuführen, **geschützt wird.** Das Kind darf nicht mehr das Gefühl haben, den erlebten Traumata erneut ausgeliefert zu sein.

97 Umgangsregelungen, die sich bei Trennung und Scheidung bewährt haben, können nicht einfach auf fremd untergebrachte Kinder übertragen werden, sondern hier müssen **die möglichen Risiken** im Zuge der Umgangskontakte **in besonderer Weise** beachtet werden.

98 **e) Umgang mit weiteren Bezugspersonen.** Das Kindeswohl umfasst bei systemischer Sichtweise die sozialen Beziehungen des Kindes zu allen wesentlichen Bezugspersonen, worauf auch das **Recht des Kindes auf Umgang mit weiteren Bezugspersonen** (§ 1685) begründet ist. Der weitestgehende Erhalt dieser Beziehungen sollte in den Fällen, in denen weitere Bezugspersonen zu stützenden, emotional wesentlichen Personen des Kindes geworden sind, das Ziel der sachverständigen Intervention und Empfehlung sein. Dies aber auch unter Berücksichtigung der Entwicklungsaufgaben und des Anspruches des Kindes, eigenen Interessen nachzugehen. Das Kind kann auch in diesen Fällen unter Loyalitätskonflikten leiden, die in ihrer Heftigkeit den **Loyalitätskonflikten** angesichts sich trennender Eltern nicht nachstehen. Beim Versuch, sich bei Umgangsauseinandersetzungen dem Kindeswohl zu nähern, sollte nicht nur der Beziehungsaspekt, der bei dieser gesetzlichen Regelung im Vordergrund steht, berücksichtigt wer-

---

28 Hierzu Dunn, Annotation: Children's relationships with their nonresident fathers, Journal of Child Psychology and Psychiatry 2004, 659.
29 Rohmann, Entwicklungen des psychologischen Sachverstandes als Leitlinie der Sachverständigentätigkeit bei familiengerichtlichen Verfahren, KindPrax 2000, 71.

den, sondern auch Aspekte wie Erziehungskontinuität, soziale Kontakte zu Gleichaltrigen, Anspruch auf Freizeit, Kindeswille und schulische Erfordernisse.

f) Ordnungsmittel. Als Ordnungsmittel **gegen einen umgangsverhindernden Elternteil** könnte nur das **Ordnungsgeld** empfohlen werden. Dabei hätte der Sachverständige zu bedenken, dass diese Maßnahme keine psychologische Intervention, sondern eine ausschließlich gerichtliche Maßnahme darstellt. Zudem ist naheliegend, dass Ordnungsgeld meist auch zur Reduzierung des Haushaltseinkommens führt, ferner zur Verschärfung des Konfliktes und weniger zur Einsicht des den Umgang verweigernden Elternteils beiträgt. Sowohl Ordnungshaft, die für das Kind zugleich den Verlust der betreuenden Person im Alltag bedeutet, als auch das Ordnungsgeld können vom psychologischen Sachverständigen fachlich begründet nicht empfohlen werden. Der Sachverständige wird auch erkennen müssen, dass bei einigen wenigen Familien weder Interventionen noch Ordnungsmittel zu einer Änderung eines ablehnenden Elternverhaltens – zumindest für einige Zeit – führen. 99

g) Umgangspflegschaft. Im Einzelfall kann die Empfehlung einer Umgangspflegschaft (§ 1684 Abs. 3) angezeigt sein. Die **Empfehlung Umgangspfleger** sollte nur dann erfolgen, wenn der Sachverständige deutliche Hinweise hat, dass das Kind einen Umgang auch wirklich möchte. Es sollte keine Maßnahme sein, welche das Kind zum Umgang zwingt. Der Sachverständige, der möglicherweise mit seiner Intervention gescheitert ist, sollte aber das Problem, wenn keine Intervention mehr greift, nicht auf den Umgangspfleger verschieben. 100

h) Wechsel des Lebensschwerpunktes. Es ist nicht auszuschließen, dass im Einzelfall ein Wechsel des Lebensschwerpunktes **zum anderen Elternteil** für das Kind angezeigt ist, wenn der bisher sorgeberechtigte Elternteil jede Umgangsregelung zum Schaden des Kindes unterläuft und dem Kind der Wechsel ohne Gefährdung zugemutet werden kann. Dabei kann ein Wechsel des Lebensschwerpunktes nur dann empfohlen werden, wenn der umgangsverweigernde Elternteil darüber hinaus **Defizite in seiner Förderkompetenz** ausweist, die der andere Elternteil dann beim Kind ausgleichen kann. 101

i) Aufgabe des Sachverständigen. Angesichts der erheblichen Veränderungen in Bezug auf den Kontakt des Kindes zum getrennt lebenden Elternteil nach erfolgter Trennung der Eltern darf sich der Sachverständige nicht allein auf die Äußerungen der Eltern verlassen. Er muss auch **die kindlichen Äußerungen** erheben und diese überprüfen, ob sie auf Erleben begründet sind, was am ehesten im Rahmen einer **Interaktionsbeobachtung** erfolgen kann. Im weiteren Schritt ist zu überprüfen, ob im Hinblick auf den ggf. einem Umgang entgegenstehenden kindlichen Willen und in Anbetracht des Alters des Kindes und der entwicklungspsychologischen Vorgegebenheiten ein Umgang zu einer **Gefährdung des Kindes** führen würde. Beim Hinwirken auf Einvernehmen wird der Sachverständige angemessene Interventionen durchführen, um bei hochstrittigen Betroffenen Veränderungen herbeiführen zu können. Hierzu ist der Sachverständige aufgrund seiner Profession, Berufserfahrung und seiner Kompetenzen, nicht zuletzt auch aufgrund seiner informellen Macht, die ihm als Mittler im familiengerichtlichen Verfahren zukommt, in besonderer Weise geeignet.[30] 102

---

30 Fichtner, Trennungsfamilien – lösungsorientierte Begutachtungen und gerichtsnahe Beratung, 2015.

103   Bei der **konkreten Ausgestaltung des Umgangs des Kindes** mit dem nicht im Haushalt lebenden Elternteil sind vom Sachverständigen **beraterische Qualitäten** gefordert. So sollte er die Umgangsgestaltung pragmatisch den persönlichen Möglichkeiten der Eltern und dem Konfliktniveau anpassen, aber auch die Beziehungsqualität des Kindes zu den Eltern und die Vorstellungen und die Bedürfnisse des Kindes berücksichtigen. Es gibt aus psychologischer Sicht unter dem Aspekt des Kindeswohls keine Hinweise, die belegen, dass ein Kind um 17 Uhr oder 18 Uhr zurückgebracht werden soll. Es sind vielmehr die gewohnten Zubettgehenszeiten des Kindes zu beachten, die wieder abhängig sind vom Alter des Kindes, von den Jahreszeiten, den Alltagsverpflichtungen des Kindes oder den Gewohnheiten des betreuenden Elternteils, zB dem Zeitpunkt des gemeinsamen Abendessens.

104   Oftmals bewährt es sich, die **Besuchsregelung bei Kindern** ab dem Kindergartenalter mit der Übergabe am Kindergarten oder in der Schule beginnen und enden zu lassen, wobei es dem Kind in Einzelfällen nicht zugemutet werden sollte, Kleidung und die Dinge, die es für den Verbleib beim anderen Elternteil benötigt, in die Institutionen mitnehmen zu müssen, so dass der Elternteil möglichst selbst einen Grundbestand an Wechselwäsche etc in seinem Haushalt vorhält. Für das Kind bedeutet die **Schule** einen **neutralen Bereich**, in dem das Kind im Rahmen dort stattfindender Übergaben nicht direkt von einem Elternteil zum anderen wechseln muss und dadurch ggf. konflikthafte persönliche Begegnungen der Eltern vermieden werden können. Zudem hat der Elternteil, bei dem das Kind nicht lebt, die Möglichkeit, zB bezüglich der schulischen Anforderungen mit einbezogen zu sein, da das Kind die Schulsachen freitags mit zu ihm bringt. Diese Regelung kann dann empfohlen werden, wenn sich dieser Elternteil angemessen um die schulischen Belange kümmert.

105   **Wohnen die Eltern weit voneinander entfernt**, gibt es aus psychologischer Sicht keine prinzipiellen Erkenntnisse, wonach **lange Fahrten** mit dem Auto das Kindeswohl belasten. Sinnvoll wäre aber dennoch, nicht zuletzt wegen der Verkehrsgefährdung, sog **Fenstertage** (Tage, die zwischen Feiertagen und Wochenende liegen) für Umgangskontakte zu nutzen und dem Kind damit einen längeren Aufenthalt beim anderen Elternteil zu ermöglichen, dafür könnte man dann das eine oder andere Umgangswochenende ausfallen lassen. Eine weitere Möglichkeit sind Wochenendbesuche des getrennt lebenden Elternteils am Wohnort des Kindes, wobei in diesem Fall meist Übernachtungskosten als zusätzliche Belastungen zu berücksichtigen sind. Diese Möglichkeit empfiehlt sich vor allem bei sehr jungen Kindern, denen lange Fahrtstrecken oftmals noch nicht zuzumuten sind.

106   Der Umgang mit dem getrennt lebenden Elternteil ist ein wesentlicher Gesichtspunkt des Kindeswohls. Noch wichtiger ist die **Stabilität der Familienstruktur**, in der sich das Kind lebensschwerpunktmäßig befindet. Eine Erschütterung und Schwächung dieses Systems hat auch erhebliche Auswirkungen auf das Kindeswohl, was es bei Umgangsfragen immer mit abzuwägen gilt.

107   **4. Fragestellungen an den Sachverständigen bei Gefährdung des Kindeswohls.** Bei der Beantwortung der Frage nach einer Kindeswohlgefährdung mit der möglichen Folge eines Entzugs der elterlichen Sorge ist es sowohl die Aufgabe des beauftragten Sachverständigen als auch des Familienrichters eine festgestellte oder in naher Zukunft bevorstehende **Gefährdung** abzuwenden und größtmögliche **Sicherheit für das betroffene Kind** herzustellen; es geht hingegen

nicht um die Feststellung und das Anbahnen möglichst positiver Lebens- und Entwicklungsbedingungen.

Meist wird der Sachverständige bei Kindeswohlgefährdungen mit Fragestellungen befasst, die im gerichtlichen Beschluss zusammenfassend mit dem Begriff „Erziehungsfähigkeit" benannt werden. Häufig finden sich bei diesen Familien bereits im Jugendamtsbericht Hinweise auf bestehende Einschränkungen der Erziehungskompetenz, die eine vertiefte Abklärung erforderlich machen. **108**

a) **Kindeswohlgefährdung und Erziehungsfähigkeit.** Kindeswohlgefährdungen können durch Erziehungsmängel im Zusammenhang mit elterlichem Verhalten entstehen. Als Komponenten der Erziehungskompetenz gelten: Beziehungsfähigkeit, Interaktions- und Kommunikationsfähigkeit, Grenzsetzungsfähigkeit, Förderfähigkeit, Vorbildfähigkeit und Fähigkeit zum Alltagsmanagement.[31] **109**

Die Erziehungsfähigkeit der jeweiligen Eltern kann im Einzelfall durch eine psychisch oder somatisch bedingte Erkrankung, durch Lebenskrisen oder aus Gründen, die in der Persönlichkeit verankert sind, **eingeschränkt** sein. Die Eltern können sich dem Kind gegenüber auch übergriffig und unangemessen verhalten oder nicht ausreichend in der Lage sein, die altersentsprechenden oder besonderen Bedürfnisse ihres Kindes zu erkennen und zu befriedigen.

Der Begriff „Erziehungsfähigkeit" darf **nicht als ein Rechtsbegriff** – etwa wie der Begriff der Schuld- oder der Geschäftsfähigkeit – missverstanden werden, der eine normative Grenze für die Ausübung der elterlichen Sorge, sei es durch die Praxis der Gerichte oder durch die Sozialwissenschaften, darstellt. **110**

Es wird fachlich zwischen allgemeiner und spezieller Erziehungsfähigkeit unterschieden. Bei Fragen nach der „allgemeinen Erziehungsfähigkeit" mit klinischem Hintergrund werden die Untersuchungen bezüglich der zugrunde liegenden Erkrankung von einem Sachverständigen, der über medizinisch-psychiatrische Kompetenz verfügt, vorgenommen. Danach sind die Auswirkungen einer bestehenden klinisch relevanten Erkrankung eines Elternteils in Bezug auf das zu versorgende Kind festzustellen. Unter dieser dann speziellen Erziehungsfähigkeit versteht man die Fähigkeit eines Elternteils, in der konkret vorliegenden Lebenssituation die Bedürfnisse des Kindes realitätsgerecht wahrzunehmen und zu beantworten. So ist es zB unterschiedlich zu bewerten, ob der kranke Elternteil einen Säugling oder ein Schulkind zu versorgen hat. **111**

b) **Vernachlässigung.** Bei zwei von drei Kindern, bei denen vom Jugendamt eine Kindeswohlgefährdung festgestellt worden ist, lag auch Vernachlässigung vor, bei jedem vierten Kind wurden Anzeichen von psychischer Misshandlung festgestellt, ebenso häufig fand man Anzeichen für körperliche Misshandlung. Bei 5 % wurde sexuelle Gewalt diagnostiziert.[32] **112**

Unter Vernachlässigung wird ein dauerndes oder wiederholtes Unterlassen fürsorglichen Handelns verstanden oder das Unterlassen der Beauftragung geeigneter Dritter.

Vernachlässigung **im Hinblick auf die körperliche Versorgung** bezieht sich auf Defizite in Bezug auf die Ernährung des Kindes, die altersentsprechende Körperpflege, die Versorgung des Kindes mit Kleidung und Wohnraum und die Gewährung eines ausreichenden Schutzes vor Gewalt und Erkrankung.

---

31 Petermann/Petermann, Erziehungskompetenz, Kindheit und Entwicklung 2006, 1.
32 Destatis.de.

Das Kind benötigt zum gedeihlichen Aufwachsen neben der körperlichen Versorgung **liebevolle und relativ stabile Zuwendung.** Die Eltern sollten dem Kind zuverlässig und vorhersehbar als Ansprechpartner zur Verfügung stehen und ihm Orientierungshilfe geben können. Die Eltern müssen zudem ausreichend in der Lage sein, die kindlichen Bedürfnisse zu erkennen und auf diese angemessen einzugehen.

Ein weiterer Aspekt der Kindeswohlgefährdung ist das Fehlen einer **angemessenen Förderung des Kindes** und das Unvermögen der Eltern, dem Kind Lernerfahrungen auf seinem altersspezifischen Niveau zu ermöglichen.[33]

Die Vernachlässigung und Verwahrlosung kann durch die Lebensumstände der Familie, aber auch durch psychische Erkrankungen der Eltern bedingt sein, die zB bei einem Vermüllungssyndrom zugrunde liegt.

113 **c) Kindesmisshandlung.** Unter Kindesmisshandlung werden sowohl physische als auch psychische Misshandlungen subsumiert, der Misshandlungsbegriff beinhaltet den **sexuellen Missbrauch** des Kindes, **Gewalt** gegenüber dem Kind oder in der Familie und die Vernachlässigung des Kindes.

114 **d) Aufgabe des Sachverständigen.** Der Sachverständige wird bei **Verdacht auf Kindeswohlgefährdung** das Befinden des Kindes erheben und versuchen, mögliche Risiko- und Schutzfaktoren zu erfassen.[34] Dabei wird er sich der Abklärung des Verdachts auf Kindeswohlgefährdung auf verschiedenen Ebenen nähern.

115 Auf der **Ebene des Kindes** können Erkrankungen, Behinderungen, Entwicklungsstörungen oder Gründe, die in der Persönlichkeit des Kindes liegen, das elterliche Stressniveau erheblich erhöhen und infolge der dadurch bedingten Überforderung die Erziehungsfähigkeit der Eltern einschränken.

116 Auf der **individuellen Elternebene** kann die Bezugsperson ggf. aufgrund ihrer eigenen Sozialisation oder Krankheit nicht in der Lage sein, das Kind emotional, kognitiv und spielerisch zu fördern. Zeigt das Kind deshalb zugleich eine massive Bindungsstörung, auffälliges Sozialverhalten, Entwicklungsstörungen oder gesundheitliche Einschränkungen, so besteht eine Gefährdung des Kindeswohls, ebenso, wenn dem Kind beim Verbleib bei dem betreffenden Elternteil die Chance, eine normale Lebenstüchtigkeit zu erlangen, genommen wird und dies **prognostisch deutlich aus dem psychologischen Befund ableitbar** ist. Hier sind elterliche Ängstlichkeit, Überfürsorge und Infantilisierung zu nennen, die zu entsprechenden Risiken für die Autonomieentwicklung führen, wenn dem Kind Entwicklungsaufgaben abgenommen werden. Gefährdendes Elternverhalten kann in einer nahezu emotionslosen Interaktion zwischen Eltern und Kind bestehen, in impulsiven Strafaktionen, in einer aggressiven Beziehung der Eltern zueinander oder in einem Verhalten, das zur sozialen Isolation der Familie führt. Weiter sind ambivalente Einstellung zur Elternschaft, verringerte Stresstoleranz und fehlende Impulskontrolle Hinweise, denen der Sachverständige nachgehen wird. Daneben kann Kindeswohlgefährdung auch durch Inhaftierung eines Elternteils oder perverse sexuelle Ausrichtung eines Elternteils bedingt werden, wobei sit-

---

33 Kindler/Lillig/Blüml/Meysen/Werner (Hrsg.), Handbuch Kindeswohlgefährdung nach § 1666 BGB und Allgemeiner Sozialer Dienst (ASD), 2006.

34 Deegener/Körner, Risikoerfassung bei Kindesmisshandlung und Vernachlässigung, 2006; Egle/Hoffmann/Joraschky, Sexueller Missbrauch, Misshandlung, Vernachlässigung, 1997; Helfer/Kempe/Krugman (Hrsg.), Das misshandelte Kind, 2002; Ziegenhain/Fegert, Kindeswohlgefährdung und Vernachlässigung, 2007.

tenwidriges Verhalten eines Elternteils, das keine Auswirkungen auf das Kind zeigt, außer Beachtung bleiben muss.

Auf der **Ebene der Familie** kann Gewalt in der Familie das Kindeswohl gefähr- 117 den. Dabei ist zu unterscheiden, ob es sich in Verbindung mit auffälligen Persönlichkeitsstrukturen der Eltern um eine **dauerhafte Beziehungsgewalt** handelt oder ob es sich nur um eine **einmalige Gewaltauseinandersetzung** im Rahmen der Trennung und Scheidung gehandelt hat. Neben **unmittelbarer Gewalt gegenüber dem Kind** kann auch durch das Ausmaß, in dem das Kind familiäre Gewalt **mittelbar miterlebt** hat, die Grenze des § 1666 erreicht werden. So können Kinder schon auf das mittelbare akustische Miterleben von Partnerschaftsgewalt aus dem Nachbarzimmer oder auf die Konfrontation mit elterlichen Reaktionen nach körperlicher Gewalteinwirkung mit entsprechenden Belastungen reagieren. Eine erhebliche Belastung kann weiterhin dadurch entstehen, dass das Kind explizit oder indirekt **in die Drohungen** des gewalttätigen Elternteils **einbezogen** wird.

Auch **unangemessene Rollenzuweisungen** können das Kind erheblich in seiner 118 Entwicklung gefährden, zB bei Ausbeutung des Kindes als Arbeitskraft, Anhalten zum Betteln oder zu sonstigen strafbaren Handlungen, Anhalten zu sexuellen Handlungen, zur Prostitution, aber auch bei Duldung ungünstiger Erziehungseinflüsse Dritter auf das Kind.

Auf der **Ebene des sozialen Umfeldes** der Familie können sich neben **ökonomi-** 119 **schen Faktoren** auch **Auswirkungen der Religions- oder Weltanschauungslehren** als kindeswohlgefährdend erweisen, wenn sie gegen **gesetzliche Regelungen**, zB gegen Kindesschutzvorschriften oder Schulgesetze verstoßen. Bei religiös oder weltanschaulich bedingten Konflikten steht nicht die Beurteilung der praktizierten Religionslehre an, sondern die Einschätzung elterlichen Verhaltens auf das Kind, zB ob der Schulbesuch ermöglicht wird, ob elterliche Verantwortung auf Dritte delegiert wird. In diesem Rahmen wäre beispielsweise zu untersuchen, ob das Kind durch die soziale Umgebung isoliert wird, ob dem Kind die Möglichkeit gegeben wird, seinen Entwicklungsaufgaben nachzukommen, ob es durch intensives Arbeiten oder Spendensammeln ausgebeutet wird, ob die psychosexuelle Entwicklung behindert wird, ob bei den Erziehungsmethoden Angst und Schuldzuweisung vorherrschen, ob ein wahnhaftes Wirklichkeitsverständnis aufgebaut wird, ob die gesundheitliche Vorsorge gewährleistet wird, ob das Leitbild bezüglich der Rolle der Geschlechter unserem Gesellschaftsbild entspricht und nicht zuletzt, welchen Stellenwert Schule und berufliche Perspektive einnehmen.

Als Nächstes wird der psychologische Sachverständige die **Auswirkungen der** 120 **Risikofaktoren**, unter denen ein Kind aufwächst, sowie die familiären und außerfamiliären Faktoren, die die Bewältigung altersabhängiger Entwicklungsaufgaben gefährden könnten, abwägen. Zur Erfassung der Risikofaktoren sind Angaben über Form, Ausmaß, Häufigkeit und Anlass der elterlichen Verhaltensweisen, aber auch dritter Personen, sofern diese auch zur Gefährdung des Kindes beitragen, notwendig. Diese belastenden Bedingungen müssen in Verhältnis zum untersuchten Kind mit seinem besonderen Erziehungsbedarf und seinen physischen, psychischen und sozialen Bedürfnissen und Kompetenzen in Bezug gesetzt werden. Neben den **Belastungsfaktoren** sind daher auch die **Bewältigungsmechanismen** des Kindes zu erheben.

121 Bei der Einschätzung der elterlichen Erziehungsfähigkeit wird der Sachverständige die **Grenze** zu bestimmen haben, die noch ausreicht, Elternschaft auszuüben und ob eine aktuelle oder in unmittelbarer Zukunft bevorstehende Kindeswohlgefährdung vorliegt.[35] Gefordert ist die Erhebung der **zumindest notwendigen Elternkompetenz.** Der Sachverständige wird daher auch retrospektiv elterliches Fürsorgeverhalten bewerten und berücksichtigen. Da die Kinder meist durch vorangegangene familiäre Probleme und defizitäre Entwicklungsverläufe, häufig einhergehend mit Bindungsstörungen, einen wesentlich erhöhten Förderbedarf haben und verstärkt vulnerabel sind, wird daran der Anspruch an die elterliche Erziehungskompetenz zu messen sein, auch unter Einbeziehung elterlicher Ressourcen und staatlicher Unterstützungsmöglichkeiten. Eine **nur verbal bekundete Einsichtsfähigkeit** der Eltern oder das Versprechen, sich zB therapeutischen Maßnahmen zu unterziehen, wird hingegen nicht ausreichen, Gefährdungen abzuwenden.

V. Psychologische Kriterien

122 Der Sachverständige wird sich den gerichtlichen Fragestellungen nach Aufenthalt oder Umgang des Kindes mit seinen Eltern oder weiteren Bezugspersonen anhand psychologischer Kriterien nähern.[36]

123 **1. Förderkompetenz.** Der Begriff „Förderkompetenz" umfasst persönliche Aspekte der Bezugspersonen des Kindes und ihrer erzieherischen Eignung, ihre innere Einstellung zum Kind und ihre Bereitschaft, für die Versorgung, Erziehung und Beaufsichtigung des Kindes Verantwortung zu tragen. Weiter beinhaltet der Förderaspekt die Einschätzung, welcher Elternteil dem Kind voraussichtlich die besseren Entwicklungsmöglichkeiten vermittelt und ihm das vergleichsweise höchste Maß an Unterstützung für den Aufbau seiner Persönlichkeit sowie eine gleichmäßige Betreuung und Erziehung gewährleisten kann.

124 Förderkompetenz wird neben der Bereitschaft zur Übernahme der elterlichen Sorge wesentlich durch **Erziehungssituationen** und **Motivkonstellationen** der Eltern bestimmt. Hierzu zählen ua die Feinfühligkeit gegenüber den Bedürfnissen des Kindes, inwieweit Eltern entwicklungsangemessen auf das Kind eingehen und in der Lage sind, die Perspektive des Kindes einzunehmen, die Kontrollüberzeugungen der Eltern, die Rollenverteilung der Eltern, und nicht zuletzt die Häufigkeit und Qualität von Sozialkontakten der Eltern. Erzieherverhalten ist nicht unabhängig von sozioökonomischen Faktoren zu bewerten.

125 Die Förderkompetenz wird im **Gespräch** über die bisherigen Erziehungsleistungen der Eltern erfasst, aber auch durch **Verhaltensbeobachtungen** und **Fragebogenverfahren,** die Informationen und Kenntnisse über die Erziehung und das Kind zum Inhalt haben. Weitere wesentliche Informationen werden **beim Kind selbst** erhoben. Auch **Gespräche mit professionellen Dritten,** wie Erzieher und Lehrer, können wesentliche Hinweise geben.

126 **2. Bindung.** Ein weiterer Aspekt sachverständiger Diagnostik ist die Erfassung der **Bindungsqualität des Kindes** zu seinen wichtigsten Bezugspersonen. Unter

---

35 BVerfG FF 2014, 295.
36 Dettenborn/Walter, Familienrechtspsychologie, 2015; Salzgeber, Familienpsychologische Gutachten, 2015; Castellanos/Hertkorn, Psychologische Sachverständigengutachten im Familienrecht, 2. Aufl. 2016.

Bindung im Sinne der **Bindungstheorie**[37] wird – aus kindlicher Sicht – der Vertrauensaspekt der Beziehung des Kindes zu der jeweiligen Bindungsperson in einem dyadischen Bezug verstanden. Bindung vermittelt dem Kind das Gefühl von Sicherheit und Geborgenheit. Diese Gefühle werden im Kind durch angemessene Reaktionsmuster der Bezugsperson auf die Bedürfnisse des Kindes begründet. Welche Bindungsmuster ein Kind zu seinen Bezugspersonen entwickelt, hängt von den täglichen Interaktionsangeboten der Bezugspersonen ab. Als wesentliches Kriterium der elterlichen Interaktionsqualität im Hinblick auf den Aufbau einer sicheren Beziehung wird hierbei die „**Feinfühligkeit**" genannt. Der Bindungsaufbau beginnt schon **im ersten Lebensjahr**, am Ende des ersten Lebensjahres sind die Bindungen bereits stabil, die Bindungspersonen sind ab diesem Zeitpunkt nicht mehr ohne Weiteres austauschbar. Die im ersten Lebensjahr erworbenen Bindungserfahrungen beeinflussen den Aufbau neuer Beziehungen im weiteren Leben. Bindungsmuster bleiben relativ stabil, sind gleichwohl nicht statisch. Forschungsergebnisse weisen auf die Weitergabe von Bindungsmustern über Generationen hinweg hin.

Bindung erklärt einen wesentlichen Ausschnitt der Eltern-Kind-Beziehung. Als einer der wichtigsten Schutzfaktoren für die psychische Entwicklung des Kindes gilt eine **sichere Bezugsperson**. 127

Sowohl die Anwendung des diagnostischen Instrumentariums als auch die Interpretation der Ergebnisse im Hinblick auf Bindungsqualitäten bedarf der **speziellen Ausbildung**. 128

Bei **Säuglingen und Kleinkindern** lassen sich Verhaltens- und Reaktionsmuster, die auf die Bindungsqualität schließen lassen, nur mit **systematischer Verhaltensbeobachtung** bestimmen. In bestimmten Settings kann nach kurzer Trennung von der Bezugsperson am Muster der kindlichen Reaktionen während der Trennungszeit und anlässlich der Wiedervereinigungssituation auf die Bindungsqualität geschlossen werden.[38] Das Verhalten des Kindes nach einer durch Trennung herbeigeführten Verunsicherung, sei es in Form der Suche nach Nähe, sei es in Form einer zum Ausdruck gebrachten Ablehnung, lässt Rückschlüsse auf die Bindungsqualität des Kindes zur mütterlichen Bindungsperson zu. Für Väter sind zur Bindungsentwicklung eher das Spielverhalten und stimulierende Interaktionen wesentlich.[39] Mittlerweile wurden Erfassungsinstrumente **für ältere Kinder bis hin zu Erwachsenen** entwickelt, mit denen auf zugrunde liegende Bindungsrepräsentationen geschlossen werden kann. 129

Für den Sachverständigen kann eine „**desorganisierte Bindung**"[40] oder „**Bindungsstörung**" einen entscheidungserheblichen Hinweis geben und führt möglicherweise in der Folge dazu, einen Wechsel des Lebensschwerpunktes zu empfehlen. Eine gestörte Bindung zeigt sich in einem durchgehenden Mangel an sozialen Interaktionen mit gehemmtem, hypervigilantem oder ambivalent- 130

---

37 Bindung im Sinne der Bindungstheorie geht auf das Werk Bowlbys, Bindung, 1975, zurück.

38 Fremde Situations-Test: Main/Solomon, Procedures for identifying infants as disorganized/disoriented during Ainsworth strange situation, in: Grennberg/Cicchetti/Cummings (Hrsg.), Attachment in the preschool years, 1990, 21.

39 Lamb, Infant-Father Attachment and their Impact on Child Development, in: Tamis-LeMonda/Cabrera, Handbook of Father Involvement, 2002, 93.

40 Dazu: Main, Desorganisation im Bindungsverhalten, in: Spangler/Zimmermann (Hrsg.), Die Bindungstheorie, 1995, 120; Brisch, Bindungsstörungen, 2003.

widersprüchlichem kindlichem Verhalten (Mischung aus Annäherung und Vermeidung), des Weiteren in diffusen Bindungen mit wahllosen Personen, ausgeprägter Distanzlosigkeit gegenüber Fremden und einem Mangel an Selektivität in der Auswahl der Beziehungen.

131 **3. Beziehungen.** Neben der Bindung spielt der **Beziehungsaspekt**[41] eine wesentliche Rolle für das Kindeswohl. Als „**Hauptbezugsperson**" wird die Person bezeichnet, die sich hauptsächlich um das Kind kümmert und dieses in folgenden Bereichen versorgt: Zubereitung und Planung der Mahlzeiten; Baden, Anziehen und körperliche Pflege des Kindes; Bereitstellung und Pflege der Wäsche des Kindes; medizinische Versorgung; Arrangement sozialer Aktivitäten für das Kind; Organisation durchgehender Betreuung des Kindes einschließlich notwendiger Fremdbetreuung (Babysitter, Au-pair-Mädchen, pädagogische Institutionen); Zubettbringen und Aufwecken des Kindes sowie weitere Erfordernisse und Rituale im Rahmen der Alltagserziehung des Kindes; Vermittlung religiöser, kultureller und sozialer Erfahrungen mittels entsprechender Angebote für das Kind; Vermittlung grundsätzlicher Fertigkeiten (mit Besteck essen, sich anziehen, Reinlichkeitserziehung ua). Mit der Bestimmung der Hauptbezugsperson werden **nicht schon Bindungsqualitäten** erfasst. So könnte ein Elternteil zwar Hauptbezugsperson sein, aber kaum emotionale Beziehungen oder auch Bindungen zum Kind entwickelt haben, was aber eine seltene Ausnahme darstellt. Der Bindungsaspekt ist **aber nicht höher zu bewerten** als die Bedeutung der Hauptbezugsperson für ein Kind, dh es wäre unabhängig von der vorgefundenen Bindungsqualität beachtlich, wenn ein Erwachsener nach der bisherigen Biographie für das Kind eindeutig die Rolle der hauptsächlichen Bezugsperson darstellt. Wesentlich ist jedoch, dass sich die Bindungsqualität noch im Rahmen der Norm bewegt und keine klinische Auffälligkeit aufweist. Neben dem Gespräch mit dem Kind, der Verhaltensbeobachtung, unterstützt eine Reihe diagnostischer Verfahren den Sachverständigen bei seiner Aufgabe, die **Qualität des Beziehungsnetzes** des Kindes zu seinen wichtigsten Bezugspersonen zu bestimmen. Von Familienklima-Skalen über Verfahren, die die Beziehungen des Kindes im Hinblick auf reale und ideale Selbst- und Fremdkonzepte beschreiben, bis hin zu (semi-)projektiven Testverfahren, die die Beziehung aus der Sicht des Kindes erfassen, existieren eine ganze Reihe mehr oder minder valider psychodiagnostischer Methoden. Damit kann zB explorationsunterstützend erhoben werden, an wen sich das Kind als Ansprechperson für alltägliche Belange gewöhnt hat, an wen es sich bei welchen Problemen wendet. Diese Verfahren geben dem Sachverständigen auch Hinweise und Argumentationshilfen bezüglich stabilisierender Faktoren für das Kind in der Konfliktphase der Familie.

132 Die **Beziehungen der Geschwister zueinander** sind besonders zu beachten, dabei sind in erster Linie ein expliziter Platzierungswunsch der Geschwister und der Altersabstand der Kinder maßgeblich. Eine Geschwistertrennung sollte nicht leichtfertig oder aus Gründen der Elterngerechtigkeit empfohlen werden, da sich gerade in familiären Konfliktsituationen Geschwister gegenseitig stützen.[42]

133 Die grundsätzliche **Ablehnung einer Geschwistertrennung kann** aber umgekehrt im Einzelfall ebenfalls **dem Kindeswohl entgegenstehen.** Zum Beispiel können

---

41 Asendorpf/Banse, Psychologie der Beziehung, 2000.
42 Die Qualität der Geschwisterbindungen beschreiben: Bank/Kahn, Geschwisterbindungen, 1989.

Salzgeber

sich Geschwister aufgrund ihres Alters oder gegenläufiger Bedürfnisse in ihrer Entwicklung behindern oder ggf. emotional stark ablehnen und miteinander rivalisieren. Eltern-Kind-Beziehungen sind insgesamt gewichtiger zu bewerten als die Geschwisterbeziehungen.[43]

4. Wille des Kindes. Während in der Rechtsprechung von einem **Willen als Ausdruck juristisch verstandener Eigenverantwortlichkeit und eines „wohlverstandenen Interesses"**[44] ausgegangen wird, wenn dieser Wille auf subjektiv beachtlichen oder verständlichen Beweggründen basiert, wird der Sachverständige bei der Bewertung des Willens des Kindes auch dessen Alter, seine Persönlichkeitsentwicklung und den Entwicklungsstand berücksichtigen.   134

Aus **psychologischer Sicht** kann der Kindeswille als altersgemäß stabile und autonome Ausrichtung des Kindes auf mittelfristig angestrebte, persönlich bedeutsame Zielzustände verstanden werden. Um vom **Vorliegen eines kindlichen Willens** ausgehen zu können, sollten folgende Kriterien erfüllt sein:[45]   135

- Zielorientierung, dh die Absicht, einen bestimmten Zustand zu erreichen, beizubehalten oder zu vermeiden;
- Intensität, dh die Nachdrücklichkeit und Entschiedenheit, mit der Ziele angestrebt werden, in Abhängigkeit von der subjektiven Bedeutsamkeit des Veränderungswunsches und der Attraktivität der Zielzustände;
- Stabilität, dh die Konstanz der Willensorientierung über unterschiedliche Kontexte und Zeiten hinweg;
- Autonomie im Sinne des Ausdrucks individueller, selbstinitiierter Bestrebungen.

Je stärker diese Merkmale jeweils ausgeprägt sind, umso größeres Gewicht ist dem Kindeswillen als Kriterium des Kindeswohls beizumessen, sofern kein selbstgefährdender Kindeswille vorliegt.

Der **Kindeswunsch** ist aber allein nicht maßgeblich, maßgeblich ist immer das **Kindeswohl.** Ein nicht maßgeblicher Kindeswille wäre dann gegeben, wenn im Verhalten der Eltern Gründe vorliegen, die das Kindeswohl gefährden oder der mündlich zum Ausdruck gebrachte Wunsch der eigentlichen Tendenz widerspricht und erkennbar deshalb geäußert wird, weil das Kind seitens eines Elternteils infolge seiner Willensäußerungen Nachteile oder Repressalien befürchtet. Ist das Ergebnis einer Beeinflussung bereits in eine identifikatorische Übernahme der einseitigen Elternargumente übergegangen, dann ist die Position des Kindes auch Ausdruck der erlebten Beziehung und damit oftmals doch wieder entscheidungserheblich.   136

Oftmals steht aber auch der verbal geäußerte Wunsch im **Widerspruch zur realen Eltern-Kind-Beziehung,** die im nonverbalen Verhalten, in der Verhaltensbeobachtung bei der Begegnung mit dem getrennt lebenden Elternteil, aber auch in den Testverfahren zum Ausdruck kommen kann.   137

Der Kindeswille zur Frage der Umgangsregelung lässt sich **oftmals nur schwer erfassen.**[46] In vielen Fällen ist es dem Sachverständigen unmöglich, die wahren Gründe der Kindeswillensbildung herauszufinden, da diese von Ambivalenzen oder Loyalitäten gekennzeichnet ist. Stereotyp vorgetragene Äußerungen des   138

---

43 Lempp, Die Ehescheidung und das Kind, 1982.
44 So Coester, Kindeswohl als Rechtsbegriff, S. 277.
45 Ausführlich: Dettenborn, Kindeswohl und Kindeswille, 2014.
46 Hilfreich: Carl/Karle/Clauss, Kindesanhörung im familiengerichtlichen Verfahren, 2015.

Kindes, die den Argumenten des im Alltag betreuenden Elternteils gleichen oder Argumente eines Kindes, die erkennbar außerhalb seines möglichen Erfahrungsschatzes liegen, geben Hinweise darauf, dass das Kind die Einstellung des mit ihm zusammenlebenden Elternteils übernommen hat. Eine **valide diagnostische Methode** für den Sachverständigen stellt dann nur die Interaktions- und Verhaltensbeobachtung im Rahmen einer konkreten Begegnung des Kindes mit dem anderen Elternteil dar, es sei denn, das Kind weigert sich heftig, daran teilzunehmen, und der Sachverständige hat bereits aufgrund der kindlichen Weigerungshaltung Bedenken bezüglich des Kindeswohls.

139 Die Durchführung einer **Begegnung mit dem getrennt lebenden Elternteil** ist trotz ablehnendem Kindeswillen sachverständig **immer angezeigt** (ausgenommen bei Hinweisen auf erwartbare Kindeswohlgefährdung), da die Verhaltensebene verfälschungssicherer ist als die verbale Ebene und somit wahre Beziehungen eher auf der Verhaltensebene erkennbar werden und ggf. auch verbale Bekundungen relativiert oder aber bestätigt werden. Die vom Sachverständigen geplanten Begegnungen haben aber niemals den Sinn, den Willen des Kindes zu brechen, sondern nur die Willensäußerung einer **Überprüfung zu unterziehen**. Dazu reichen ein oder höchstens zwei Begegnungstermine aus, die mit dem Beteiligten sorgfältig abgesprochen und geplant werden sollten.

140 **5. Bindungs-/Beziehungstoleranz.** Der Begriff der „Bindungs-/Beziehungstoleranz"[47] wird gelegentlich auch synonym mit dem der **Kooperationsbereitschaft** oder **Umgangsloyalität** benutzt und verpflichtet den Sachverständigen zu überprüfen, welcher Elternteil am ehesten die Einsicht besitzt, dass es für das Kindeswohl wesentlich ist, den Kontakt des Kindes zum getrennt lebenden Elternteil zuzulassen. Dabei ist für das Wohl des Kindes aus psychologischer Sicht entscheidend, wie sehr der getrennt lebende Elternteil im Leben des Kindes präsent bleibt, auch unabhängig davon, wie häufig dieser physisch anwesend ist.

141 Bei der Frage der Bindungs-/Beziehungstoleranz hat der Sachverständige daher zu erheben, ob und wie in der Familie, in der das Kind lebt, über den getrennt lebenden Elternteil gesprochen wird, ob zB ein Bild von ihm vorhanden sein darf, oder ob er negiert und tabuisiert wird und wer welchen Koalitionsdruck auf das Kind ausübt. Dazu gehört auch die Frage, wer von den Eltern das Kind im Kontakt zum getrennt lebenden Elternteil unterstützt.[48]

142 **6. Kontinuität und Stabilität.** Der Aspekt **Kontinuität** erfasst die Bewahrung aktuell bestehender Bindungen und Erziehungsverhältnisse bzw. den bisherigen Anteil der Eltern oder weiterer Personen an der Erziehung und Betreuung des Kindes. Der Aspekt **Stabilität** erfasst prospektiv auch zukünftige Erziehungsverhältnisse. Die Aspekte Kontinuität und Stabilität stellen wesentliche Kriterien dar, da bei Trennung und Scheidung vieles im Leben des Kindes bereits Veränderungen erfährt, so dass weitere destabilisierende Faktoren vermieden werden sollten. Gerade bei Trennung und Scheidung können **Freunde, Schule, sowie nahe Bekannte und Verwandte** dem Kind helfen, den Trennungskonflikt zu verringern. Je größer die Anzahl der erlebten Veränderungen ist, desto größer ist die

---

47 Balloff/Vogel, Alter und Entwicklungsstand des Kindes sowie Ausgestaltung des Umgangs, FF 2017, 98.
48 Der oftmals gebrauchte Begriff PAS (Parental Alienation Syndrom) fasst meist die Ablehnung des getrennt lebenden Elternteils durch das Kind zu kurz und wird den vielfältigen Wirkmechanismen nicht gerecht.

Anpassungsleistung, die seitens des betroffenen Kindes erbracht werden muss, was oftmals mit Verhaltensproblemen einhergeht.

In der Regel kann davon ausgegangen werden, dass eine **Änderung des Lebens-** 143 **schwerpunktes** aus psychologischer Sicht nur dann empfohlen werden sollte, wenn besondere Gründe für eine solche Veränderung sprechen, insbesondere dann, wenn ansonsten bei beiden Eltern in etwa gleichwertige Umstände herrschen.

7. Kulturspezifische Aspekte. Bei **Migrations- und binationalen Familien** müs- 144 sen kulturspezifische Hintergründe zwar mitberücksichtigt werden, aber – sofern das Kind hier in Deutschland sozialisiert wird – nur insoweit, als kulturspezifische Erziehungseinstellungen nicht zu den Sozialisationsmöglichkeiten des Kindes in Deutschland im Widerspruch stehen.

Ganz allgemein ist bei sachverständiger Tätigkeit mit Migranten neben den 145 auch für deutsche Familien geltenden Grundsätzen **zusätzlich auf drei Analysestrukturen** zu achten: Einmal die migrationsspezifische, dann die kulturspezifische und nicht zuletzt die persönlichkeitsspezifische Ebene. Jede Ebene erfordert spezifisches Hintergrundwissen vom Sachverständigen, um die Lebens- und Wertewelt der betroffenen Familienmitglieder valide zu erfassen. Der Sachverständige wird sicherlich kein Experte für alle Kulturen sein können, es kann aber erwartet werden, dass er wesentliche Faktoren berücksichtigt. Dazu gehört der Grad der Akkulturation, also der Integration und Übernahme der kulturellen Werte, die im Lande gelten. Weiter sollte der Sachverständige die Werte, die ausländische Mitbürger der Ehe, Scheidung und Elternschaft beimessen, erfassen. Wichtige Aspekte sind: Rollenverhalten und Erwartungen innerhalb einer Partnerbeziehung oder Ehe, Erziehungsvorstellungen und Verhalten gegenüber Kindern, Kinderbetreuungskonzepte, Bedeutung der Familie, Art des Ausdrucks von Emotionen – auch gegenüber Kindern –, Selbstwertgefühl der Minderheit in der dominanten Gesellschaft, Bedeutung der Religion, Zeitkonzept sowie Akzeptanz von Hilfen von außen.[49]

VI. Sachverständiges Vorgehen

Unter **diagnostischer Strategie** werden die Erhebung der relevanten Informatio- 146 nen, deren Interpretation und Verdichtung, die Intervention sowie die Beantwortung der Fragestellung verstanden.[50] Der familienrechtspsychologische Sachverständige sollte seine Aufgabe aber nicht ausschließlich im Ermitteln von Tatsachen sehen, sondern sich darüber hinaus gem. § 163 Abs. 2 FamFG bemühen, mit seinem Wissen und seiner Erfahrung, **den Familien Hilfestellungen zu geben.**

Dabei kann es schon wegen der vorzufindenden Vielzahl unterschiedlicher Fa- 147 milien und der Komplexität der jeweiligen Bedingungsgefüge **keine a priori geltende Strategie** geben. Aus diesem Grund wird sich der Sachverständige den familiären Problemen mittels der Anwendung von einer Reihe mehr oder weniger valider Verfahren nähern. Zudem können nicht alle Aspekte eines ggf. viel-

---

49 Stahl, Complex Issues in Child Evaluations, 1999, 153; McGoldrick/Pearce/Giordano, Ethnicity and family therapy, 1982; Condie, Parenting Evaluations for the Court, 2003, 135.

50 Vgl. Kubinger/Jäger, Schlüsselbegriffe der Psychologischen Diagnostik, 2003, 230; Amelang/Schmidt-Atzert/Fydrich/Zielinski, Psychologische Diagnostik und Intervention, 2006.

schichtigen familiären Konflikts von einem (oder gar mehreren) Sachverständigen immer angemessen sachkundig erfasst oder gar einer Lösung zugeführt werden.

148 Der Sachverständige wird anhand dieser oben genannten Kriterien seine **diagnostische Strategie festlegen**. Dazu wird er mit den Eltern Gespräche führen, er wird mit dem Kind altersgemäß sprechen und dabei auch Testverfahren und andere psychodiagnostische Verfahren einsetzen.

149 Nachdem der Sachverständige Informationen generiert hat und er – zumindest ansatzweise – eine am Kindeswohl orientierte Regelung für die spezifische Familie entwickelt hat, wird er sich darum bemühen, im Dialog mit den Eltern eine **Veränderung des Status Quo zu erreichen.** Es entspräche indes keinem korrekten sachverständigen Vorgehen, mit der Intervention zu beginnen, ohne über das Kind genügend Daten erhoben und den Konflikt der Eltern verstanden zu haben, da eine vorschnelle einvernehmliche Lösung zwischen den Eltern nicht zwangsläufig dem Kindeswohl entspricht. Sollte ein Elternteil von der bereits zu Beginn der Begutachtung durchgeführten Intervention Abstand nehmen wollen, so ist eine neutrale Erstellung eines Sachverständigengutachtens im Nachgang nicht mehr in jedem Fall zu erwarten.[51]

150 Der Sachverständige, der gem. § 163 Abs. 2 FamFG auf Einvernehmen hinwirkt, wird auf der Grundlage seines psychologischen Befunds sowohl eine **Änderung des Verhaltens** der beteiligten Personen – insbesondere der Eltern, zB eine Reduzierung des Konfliktniveaus und die Verbesserung ihrer Kommunikationsfähigkeit – als auch **neue Bedingungen durch „Probehandeln"** anstreben. Der Sachverständige hat die Möglichkeit, den Eltern, neben der Vermittlung von Erkenntnissen über Trennung und Scheidung, Vorschläge zu unterbreiten und bei der Umsetzung behilflich zu sein. Auf der Basis seiner Diagnostik und in Absprache mit den Beteiligten wird der Sachverständige versuchen, **in einem gewissen überschaubaren Zeitrahmen** Veränderungen zu bewirken, um eine zukünftig stabilere Kindeswohlregelung herbeizuführen. Die Erfolge der Interventionsmaßnahmen werden kontrolliert, gegebenenfalls verändert und den Beteiligten rückgemeldet.

151 Es kann **nicht das einzige Ziel** einer Sachverständigenintervention sein, die Betroffenen zu einer einvernehmlichen Lösung oder zu einem Kompromiss zu bewegen. Der Sachverständige hat auch **keinen Herstellungsauftrag** zu einer vorab geltenden oder alltagspsychologisch begründeten Sorge- oder Umgangsregelung. Jeder Regelungsvorschlag oder jede elterliche Einigung darf das Kindeswohl nicht belasten und die Belange des Kindes nicht außer Acht lassen. Gleichwohl ist zu konstatieren, dass ein **elterlicher Konsens auch** für das Kind das Konfliktniveau entscheidend senken und damit zur emotionalen Entlastung des Kindes beitragen kann. Neben diesem Aspekt müssen jedoch weitere Faktoren Berücksichtigung finden.

152 Dabei sollte der Sachverständige seine Interventionsschritte **immer auch dem Gericht** mitteilen, damit sowohl das Gericht als auch die Anwälte über das aktuelle Vorgehen des Sachverständigen in Kenntnis gesetzt werden.

153 In vielen Fällen wird der Sachverständige mit seinen Interventionsbemühungen **keine vollständig einvernehmliche Regelung** erreichen. Häufig kann durch seine

---

51 OLG Celle 19.7.2012 – 15 UF 81/12.

Prozessdiagnostik aber die **Erstarrung**, in der sich die Familie befunden hat, **aufgebrochen** werden.

Bei vielen hochkonflikthaften Familien wird das Familiengericht eine Entscheidung finden müssen. Auch gerichtliche Entscheidungen stellen oftmals psychologisch relevante Maßnahmen dar.

VII. Das mündliche Gutachten

Die **Anhörung des Sachverständigen** wird angeordnet, wenn der Richter dessen 154 Anwesenheit beim Gerichtstermin wünscht oder wenn eine oder beide Parteien das Erscheinen des Sachverständigen anregen. Dabei soll den Betroffenen die Möglichkeit eingeräumt werden, sich mit der Tätigkeit des Sachverständigen kritisch auseinanderzusetzen oder bezüglich noch offener Fragen eine Klärung herbeizuführen.

Eine Ladung des Sachverständigen zum Zwecke einer mündlichen Gutachtener- 155 stattung empfiehlt sich auch, **um erwartbare negative Folgewirkungen** aus einer schriftlichen und umfangreichen Darstellung des familiären Konfliktes **zu vermeiden.** Dies gilt vor allem bei Problemlagen gem. § 1666. Im Anhörungstermin kann der Sachverständige **Rücksicht auf die Verletzlichkeiten** der Betroffenen nehmen, er kann aus psychologischer Sicht die positiven Auswirkungen seiner Empfehlung hervorheben.

Ein mündliches Gutachten ist aus Sicht des Sachverständigen weiter sinnvoll, 156 wenn die Eltern vom Sachverständigen während seines Befasstseins mit der Familie über den Begutachtungsstand und die sachverständige Empfehlung bereits informiert worden sind, der Familienrichter ebenfalls über die Vorgänge und Ergebnisse der Begutachtung bereits in Kenntnis gesetzt worden ist und vor diesem Hintergrund noch einige **Fragen gemeinsam geklärt** werden sollen. Hierbei wird die mündliche Verhandlung – unter Leitung des Richters – zum **Teamgespräch,** in dem familiäre Konflikte zusammen mit den Betroffenen, den Anwälten, dem Jugendamt, eventuell dem Verfahrensbeistand und dem Sachverständigen besprochen werden und der Versuch unternommen wird, gemeinsam einen Lösungsweg zu finden.

Eine mündliche Gutachtenerstellung kann helfen, **Kosten zu sparen,** da im Ein- 157 zelfall die schriftliche Ausarbeitung weitgehend entfällt. Zudem ermöglicht ein mündliches Gutachten einen **erheblichen Zeitgewinn,** da die zeitintensive schriftliche Ausarbeitung nicht erforderlich ist. Es kann aber im Bedarfsfall ein schriftliches Gutachten erstellt und nachgereicht werden.

Neben der mündlichen Gutachtenerstattung am Ende eines Begutachtungspro- 158 zesses kann der Sachverständige **schon zu Beginn einer Begutachtung** bzw. **vor Auftragserteilung zu Gericht geladen** werden, um den Eltern und den anderen am Verfahren beteiligten Personen das sachverständige Vorgehen vorzustellen und/oder Erwartungen an den Sachverständigen abzuklären und ohne Zeitverlust erste Untersuchungstermine abzusprechen und zu vereinbaren. Auch **während des Begutachtungsprozesses** wird der Sachverständige im Einzelfall geladen, beispielsweise, wenn notwendige Zwischenentscheidungen zu treffen sind, bei denen der Sachverständige einen Beitrag leisten kann, zB bei vorübergehender Regelung und Gestaltung des Umgangsrechts oder angesichts kurzfristig zu treffender Ferienregelungen.

VIII. Das schriftliche Gutachten

159   In der Regel wird der familienpsychologische Sachverständige ein **schriftliches Gutachten** zu erstellen haben, in dem er seine Untersuchungsdaten niederlegt und diese Untersuchungsdaten anhand der psychologischen Kriterien diskutiert, die dann letztendlich in die Beantwortung der gerichtlichen Fragestellung münden. Vermehrt werden vom Gericht **kürzere schriftliche Gutachten**, wie zB Zwischenberichte, abschließende Stellungnahmen zur Beantwortung der gerichtlichen Fragestellung, gefordert (Kurzgutachten oder Stellungnahmen).

160   **1. Bestandteile eines schriftlichen Gutachtens.** Es besteht **kein allgemein anerkannter Standard** bezüglich der Abfassung schriftlicher Gutachten. Dennoch entspricht es dem fachwissenschaftlichen Standard[52] und der üblichen Praxis, Fragestellung und Auftraggeber zu nennen, ferner die angewandten Methoden des Sachverständigen im Gutachten offenzulegen. Die **Untersuchungsdaten** sollten **frei von Wertung und Interpretationen** dargestellt werden, so dass sich der unbefangene Leser unbeeinflusst von vorweggenommener sachverständiger Wertung ein Bild über die Familie machen kann. Erst im Befund oder bei der Beantwortung der Fragestellung sind die Untersuchungsdaten mit den **Anknüpfungstatsachen**, also den Akten, die im Gutachten in der Regel nicht mehr inhaltlich ausgeführt werden, zu diskutieren.

161   Dabei hat der Sachverständige sein **Bewertungssystem** offenzulegen und darzulegen, welchen Kriterien er mehr und welchen er weniger Gewicht beimisst und aus welchen Gründen diese Gewichtung erfolgt. Die Bewertung der psychologischen Kriterien mündet dann in die Beantwortung der gerichtlichen Fragestellung. Sinnvoll ist zudem die Darstellung der Alternativen mit den jeweiligen Folgen für das Kindeswohl.[53]

162   Eine **Zusammenfassung** erleichtert den beteiligten juristischen Professionen, einen kurzen Überblick über das Ergebnis des Gutachtens zu erhalten. Das Gutachten muss vom Sachverständigen, der damit die Verantwortung für den Inhalt des Gutachtens übernimmt, **eigenhändig unterschrieben** sein.

163   Darüber hinaus finden sich **in der Literatur aber auch weitere Empfehlungen** bezüglich der Ausarbeitung eines schriftlichen Gutachtens, die aber nach Ansicht des Autors den Erstellungsaufwand erheblich aufblähen und die Kosten unnötig erhöhen, ohne dass damit ein erkennbar höherer Nutzen verbunden ist. Sollten seitens des Gerichts im Nachhinein Informationen über Test-Gütekriterien, genaue Angaben über den zeitlichen Ablauf, die angewandten Verfahren sowie Angaben zur Fachliteratur gewünscht werden, so können diese Informationen vom Sachverständigen **nachgereicht werden.** Dies gilt ebenso für die Übersetzung der gerichtlichen Fragestellung in psychologische Fragestellungen und die differenzierte Darlegung der einzelnen hypothetischen Annahmen, welche den Prozess der Untersuchungen leiten.

164   **2. Beurteilung eines schriftlichen Gutachtens.** Die Beurteilung eines schriftlichen Gutachtens ist für den Juristen häufig schwierig. Auch die Anwendung von Checklisten erfahrener Autoren trägt meist nicht dazu bei, leichtere Fehler von entscheidungserheblichen Mängeln zu unterscheiden.[54]

---

52 Westhoff/Kluck, Psychologische Gutachten schreiben und beurteilen, 2014.
53 BVerfG FamRZ 2014, 1772.
54 Baumgärtel, Methodenkritische Stellungnahmen in der Familienrechtsbegutachtung, in: Dauer et al. (Hrsg.), Rechtspsychologie zwischen Politik, Justiz und Medien, 2009, 271.

Als ein wesentlicher Beurteilungsaspekt gilt, dass Untersuchungsdaten immer **165** **frei von Wertungen** dargelegt werden müssen. Werden die Untersuchungsdaten bereits interpretierend ausgeführt, ist ein objektives Nachvollziehen des Gutachtens auch im Hinblick auf ein möglicherweise abweichendes Ergebnis nicht mehr möglich.

Auch ist zu fordern, dass Ausführungen, die im Befundteil oder in der Beant- **166** wortung der Fragestellung zu Kriterien wie zB zur „Bindung" oder zu „Beziehungen" gemacht werden, **auch im Untersuchungsteil verankert** sind, so dass sich hierzu auch entsprechende Untersuchungen finden lassen. Auch zu konkreten Regelungsvorschlägen müssen die notwendigen Informationen erhoben worden sein und sie müssen sich auf psychologisches Fachwissen und nicht auf Alltagspsychologie oder allgemeine Annahmen beziehen.

Im schriftlichen Gutachten sind **beleidigende und einseitig wertende Äußerungen** **167** unbedingt zu vermeiden. Der Sachverständige sollte sein Gutachten prinzipiell am Kindeswohl ausrichten und es dementsprechend erstellen und abfassen.

3. Einwendungen gegen das Gutachten. Bei Einwendungen gegen das Gutach- **168** ten sollten diese dem Sachverständigen **schriftlich** zugeleitet werden, damit der Sachverständige dazu Stellung nehmen kann.

Auch im Rahmen **einer mündlichen Verhandlung** kann das Gutachten erläutert **169** werden. Auch hier wäre es günstig, wenn **wesentliche Fragen** an den Sachverständigen **im Vorfeld** zur Verfügung gestellt werden, da auch ein erfahrener Sachverständiger nicht jede Frage zB zu theoretischen Grundlagen der Testverfahren immer angemessen aus dem Stegreif beantworten kann.

IX. Vergütung

Die **Vergütung des Sachverständigen** orientiert sich nach dem JVEG. Der Stun- **170** densatz für psychologische Sachverständige liegt derzeit bei 100 EUR zuzüglich Mehrwertsteuer. Abgerechnet wird nach der erforderlichen Zeit, die ein durchschnittlich erfahrener Sachverständiger für die Erstellung des Gutachtens benötigt.

Weiter werden die **angefallenen Kosten** wie zB Fahrt-, Schreib- und Telefonkos- **171** ten nach den gesetzlichen Vorgaben vergütet, zusätzlich fällt die jeweils gültige Mehrwertsteuer an.

X. Zusammenfassung

Das psychologische Sachverständigengutachten ist besonders bei hochstrittigen **172** Familien **für den Familienrichter** eine wichtige Hilfe und Entscheidungsgrundlage und sollte im günstigen Fall auch **für die Beteiligten** eine strukturbildende Hilfestellung sein.

Das Hinwirken auf Einvernehmen gem. § 163 Abs. 2 FamFG stellt **eine eigene** **173** **Interventionsmaßnahme** dar, die in vielen Fällen und insbesondere bei hochstrittigen Familien **erfolgreicher als andere Interventionsmaßnahmen** ist.

Bei **Hochkonfliktfamilien** sind Mediation und auch Erziehungsberatung oftmals **174** keine wirksamen Hilfen mehr. Bei diesen Familien sind eher **Strukturierungshil-** **fen notwendig.**[55] Der Sachverständige, der nicht zuletzt durch seine Stellung und seine Funktion im Verfahren **besondere Autorität** genießt, kann die Eltern mit-

---

55 Wie sie der Parent Coordinator einbringt, ein Modell das sich in den USA bewährt.

hilfe seines auf Sorge- und Umgangsrechtsfragestellungen fokussierten psychologischen Instrumentariums dazu motivieren, sich auf den Begutachtungsprozess einzulassen, seine Informationen und Ergebnisse bezüglich des Kindeswohls zu bedenken und eine Veränderung der bestehenden festgefahrenen Situation zu erproben.

175 Dabei fährt der Sachverständige **zweigleisig**, da er einmal **diagnostisch den Veränderungsprozess begleitet,** was ihm wiederum Hinweise für die Beantwortung der gerichtlichen Fragestellung gibt, er aber zum anderen den Eltern auch die **Sicherheit vermittelt,** sie mit Problemen nicht allein zu lassen und ihnen als Psychologe, mit besonderer Kenntnis und Erfahrungen bei Trennung und Scheidung, als Ansprechpartner zur Verfügung zu stehen.

176 Damit ein **hoher Qualitätsstandard** gehalten oder erreicht wird, sind neben der Eigenverantwortung des Sachverständigen, den Fortbildungsbemühungen der Berufsverbände (Fachpsychologe für Rechtspsychologie), dem Kompetenzzentrum Gutachten,[56] den Weiterbildungen und Supervisionsangeboten der privaten und öffentlichen Sachverständigenorganisationen auch die Gerichte und Anwälte gefordert, darauf zu achten, dass Sachverständige ausgewählt werden, die über die erforderlichen fachbezogenen Erfahrungen verfügen.[57] Nur solche können Begutachtungen und die angemessenen Interventionen kompetent und kindeswohlorientiert, ferner neutral und mit der notwendigen Objektivität, also sachverständig, vornehmen.

---

56 www.kompetenz-rpm.de/gutachten_aktuell.php.
57 Dem entspricht auch die Nennung des Hochschulabschlusses als Eingangsqualifikation bei der ZPO-Reform.

Schwerpunktbeitrag 9:
Kosten in Familiensachen

Literatur: *Baronin von König/Bischof*, Kosten in Familiensachen, 2009; *Brieske/Teubel/ Scheungrab*, Münchener Anwaltshandbuch Vergütungsrecht, 2. Aufl. 2011; *Gerold/Schmidt* (Hrsg.), RVG, 22. Aufl. 2015; *Groß*, Anwaltsgebühren in Ehe- und Familiensachen, 4. Aufl. 2014; *Hansens/Braun/Schneider*, Praxis des Vergütungsrechts, 2. Aufl. 2007; *Hartmann* (Hrsg.), KostG, 46. Aufl. 2016; *Hartung/Schons/Enders*, RVG, 3. Aufl. 2016; *Horndasch/ Viefhues* (Hrsg.), Kommentar zum Familienverfahrensrecht, 2. Aufl. 2011; *Jungbauer*, Abrechnung in Familiensachen, 2009; *Kindermann*, Die Abrechnung in Ehe- und Familiensachen, 2004; *Lappe*, Kosten in Familiensachen, 6. Aufl. 1994; *Mayer*, Gebührenformulare, 2008; *Mayer/Kroiß* (Hrsg.), RVG, 6. Aufl. 2014; *Meyer*, GKG/FamGKG, 15. Aufl. 2016; *Schneider*, Gebühren in Familiensachen, 2010; *Schneider/Herget*, Streitwertkommentar, 14. Aufl. 2016; *Schneider/Wolf* (Hrsg.), AnwaltKommentar RVG, 8. Aufl. 2017 (zit.: AnwK-RVG/Bearbeiter); *Schneider/Thiel*, Fälle und Lösungen zur Abrechnung in Familiensachen, 2015; *Schneider/Volpert/Fölsch*, Gesamtes Kostenrecht, Handkommentar, 2. Aufl. 2017; *Schneider/Wolf/Volpert*, FamGKG, Handkommentar, 2. Aufl. 2014; *van Bühren/Plote*, ARB, 2. Aufl. 2008; *Zimmermann*, Anwaltsvergütung außerhalb des RVG, 2007.

N. Schneider

A. Einführung

I. Überblick

1 Ebenso wie das materielle Familienrecht und das Verfahrensrecht in Familiensachen gesondert geregelt sind, ergeben sich auch für die Kosten in Familiensachen zahlreiche Besonderheiten. Zwar gelten auch hier grundsätzlich die Regelungen für allgemeine Zivilsachen; zu beachten sind jedoch zahlreiche **Sonderregelungen,** die sich gerade aus den besonderen Verfahren, die es in Familiensachen gibt, erklären. Dies gilt sowohl für die Rechtsanwaltsgebühren als auch für die Gerichtskosten, für die Kostenentscheidung, für die Festsetzung des Verfahrenswertes, für Verfahrenskostenhilfe (VKH) und auch für die Rechtsschutzversicherung.

II. Die Änderungen durch das FGG-ReformG

2 Zu beachten ist, dass seit dem 1.9.2009 das FGG-ReformG[1] in Kraft ist. Auf ältere Rechtsprechung und Literatur kann daher nur noch eingeschränkt zurückgegriffen werden. Soweit der Gesetzgeber die früheren Regelungen, wenn auch in anderen Gesetzen, aufrechterhalten hat, hat insoweit auch die Rechtsprechung zum Kostenrecht weiterhin Gültigkeit.

---

1 Gesetz v. 17.12.2008, BGBl. I, 2586 ff.

N. Schneider

Die Novelle des FGG-ReformG hat nicht nur das Verfahrensrecht in Familiensachen grundlegend umgestaltet, sondern hat auch zu zahlreichen **Änderungen des Kostenrechts in Familiensachen** geführt. So musste das RVG der neuen verfahrensrechtlichen Systematik angepasst werden. Grundlegende Änderungen gegenüber dem früheren Recht haben sich zB bei den Rechtsmittelverfahren ergeben, da seitdem einheitlich nur noch die Beschwerde und die Rechtsbeschwerde gegeben sind. Auch die Abrechnung einstweiliger Anordnungen ist neu geregelt worden. Auch hinsichtlich der Abtrennung einzelner Folgesachen aus dem Verbund haben sich Änderungen ergeben. Darüber hinaus hat der Gesetzgeber die Gelegenheit genutzt, Streitfragen zu klären und redaktionelle Fehler im RVG auszubessern. 3

Besondere Bedeutung hat das **FamGKG**. In diesem Gesetz sind nicht nur die Gerichtskosten in Familiensachen neu und selbstständig geregelt worden; auch die Vorschriften zum Kostenansatz, zur Fälligkeit, zur Kostenschuldnerschaft etc sind in diesem Gesetz selbstständig für Familiensachen enthalten. Kernstück des FamGKG war die Neuregelung der Verfahrenswerte in Familiensachen. Hier sind erstmals alle Verfahrenswerte in Familiensachen konzentriert geregelt worden. Die frühere Mehrspurigkeit beim Streit-/Verfahrenswert (RVG, GKG, ZPO und KostO) hat damit ein Ende gefunden. 4

Darüber hinaus sind im FamFG die Voraussetzungen der Verfahrenskostenhilfe zum Teil neu geregelt worden. 5

Die Vorschriften zur Kostenentscheidung in Familiensachen mit teilweise wichtigen Neuregelungen (zB §§ 80 ff., § 243 FamFG) finden sich im **FamFG**. 6

III. Die Änderungen durch 2. KostRMoG

Ebenso hat das zum 1.8.2013 in Kraft getretene **2. KostRMoG**[2] wichtige Änderungen – auch im Familienrecht – mit sich gebracht. Auch hier ist bei einem Rückgriff auf ältere Rechtsprechung und Literatur zu hinterfragen, ob diese noch verwertet werden kann. 7

IV. Übergangsrecht

Für beide Gesetze sind **Übergangsregelungen** zu beachten, aus denen sich ergibt, ab wann die Vorschriften anwendbar sind und bis wann noch die alten Regelungen gelten. Für die durch das FGG-ReformG eingeführten Änderungen enthält Art. 111 FGG-ReformG eine eigenständige Regelung. Im Übrigen gelten die Übergangsregelungen der jeweiligen Kostengesetze. 8

Nach Art. 111 FGG-ReformG gilt im Einzelnen Folgendes: 9
(1) Auszugehen ist von der Anwendung des neuen Rechts nach dem FGG-ReformG.
(2) Ist das Verfahren vor dem 1.9.2009 eingeleitet worden (Amtsverfahren) oder ist seine Einleitung vor dem 1.9.2009 beantragt worden (Antragsverfahren), gilt grundsätzlich das frühere Recht (Art. 111 Abs. 1 S. 1 FGG-ReformG). Dabei ist unter Verfahren idS nach Art. 111 Abs. 1 S. 2 FGG-ReformG jedes gerichtliche Verfahren zu verstehen, das mit einer Endentscheidung abgeschlossen wird.

---

2 Gesetz v. 23.7.2013, BGBl. I, 2586 ff.

(3) Auch wenn die Voraussetzungen des Art. 111 Abs. 1 S. 1 FGG-ReformG vorliegen, gilt dennoch neues Recht,

- wenn das Verfahren am 1.9.2009 ausgesetzt oder zum Ruhen gebracht war oder später ausgesetzt oder zum Ruhen gebracht und nach dem 1.9.2009 fortgesetzt wird (Art. 111 Abs. 3 FGG-ReformG),
- wenn ein Versorgungsausgleichsverfahren am 1.9.2009 abgetrennt war oder danach abgetrennt wird (Art. 111 Abs. 4 S. 1 FGG-ReformG). Das gilt auch für alle weiteren Folgesachen, die mit dem abgetrennten Versorgungsausgleichsverfahren noch im Verbund stehen. Diese werden zu selbstständigen Familiensachen und richten sich dann nach neuem Recht (Art. 111 Abs. 4 S. 2 FGG-ReformG). Hierzu → Rn. 238 ff.
- wenn in einem Versorgungsausgleichsverfahren am 31.8.2010 im ersten Rechtszug noch keine Endentscheidung erlassen wurde. Das gilt auch auf für die mit solchen Verfahren im Verbund stehenden Scheidungs- und Folgesachen (Art. 111 Abs. 5 FGG-ReformG).

10 Für das **FamGKG** ist die Übergangsregelung des § 63 FamGKG zu beachten. Danach werden die Kosten noch nach früherem Recht erhoben, wenn das Verfahren in der jeweiligen Instanz vor dem Inkrafttreten einer Gesetzesänderung anhängig geworden oder eingeleitet worden ist. Anderenfalls gilt das neue Recht.

11 Für die Änderungen durch das 2. KostRMoG hinsichtlich der Anwaltsgebühren gilt § 61 RVG. Abzustellen ist danach grundsätzlich auf den **Tag der unbedingten Auftragserteilung** zur Erledigung derselben Angelegenheit iSd § 15 RVG, bzw. auf den Tag der Bestellung oder Beiordnung (§ 61 Abs. 1 S. 1 RVG). Vereinfacht ausgedrückt:

- Ist dem Anwalt der Auftrag vor dem 1.8.2013 erteilt worden, ist er vor diesem Tag bestellt oder beigeordnet worden, dann gilt nach wie vor noch altes Recht.
- Ist der Anwalt nach dem 31.7.2013 beauftragt, beigeordnet oder bestellt worden, gilt neues Recht.

Zu beachten ist, dass auf die jeweilige Auftragserteilung, Bestellung oder Beiordnung zur jeweiligen Angelegenheit iSd § 15 RVG abzustellen ist. Dies kann dazu führen, dass sich während eines laufenden Mandats das zugrunde liegende Recht ändert, wenn eine neue Angelegenheit beginnt.

B. Anwaltsvergütung

I. Überblick

12 Die Vergütung des Anwalts richtet sich grundsätzlich nach dem **RVG**[3] (§ 1 Abs. 1 S. 1 RVG). Keine Anwendung findet das RVG gem. § 1 Abs. 2 RVG, wenn der Anwalt als Vormund, Betreuer, Pfleger, Verfahrenspfleger oder in ähnlicher Funktion tätig wird.[4]

13 Auch in Familiensachen gelten zunächst einmal die **allgemeinen Vorschriften** des Paragrafenteils. So richten sich auch hier die Gebühren grundsätzlich gem. § 2 Abs. 1 RVG nach dem **Wert der anwaltlichen Tätigkeit** (Gegenstandswert). Eine

---

3 Gesetz über die Vergütung der Rechtsanwältinnen und Rechtsanwälte (Rechtsanwaltsvergütungsgesetz – RVG) v. 5.5.2004, BGBl. I, 718, 788, BGBl. III 368–3.
4 S. dazu Zimmermann, Anwaltsvergütung außerhalb des RVG, 2007 sowie AnwK-RVG/Onderka RVG § 1 Rn. 71 ff.

Ausnahme gibt es hier nur im Rahmen der Beratungshilfe, für die Festgebühren vorgesehen sind (Teil 2 Abschnitt 5 RVG-VV).

Der Anwalt muss nach § 49 b Abs. 5 BRAO vor Annahme des Mandats darauf hinweisen, dass sich die Gebühren nach dem Gegenstandswert berechnen. Die Verpflichtung besteht nur zum Hinweis darauf, dass nach dem Gegenstandswert abzurechnen ist. Der Anwalt muss nicht ungefragt über die Höhe des Gegenstandswerts Auskunft erteilen. Der Verstoß gegen die Hinweispflicht nach § 49 b Abs. 5 BRAO kann zum **Ersatz des Vertrauensschadens** verpflichten.[5] Dabei trifft den Auftraggeber die **Darlegungs- und Beweislast** sowohl dafür, dass der Hinweis unterblieben ist als auch für den ihm daraus entstandenen Vertrauensschaden.[6]   14

Nur in Ausnahmefällen ist der Anwalt verpflichtet, auf die Höhe der Vergütung hinzuweisen. Das wird der Fall sein, wenn sich ungewöhnlich oder unverhältnismäßig hohe Kosten ergeben, mit denen der Auftraggeber nicht rechnet.[7]   15

Auch in Familiensachen kann der Anwalt eine **Vergütungsvereinbarung** mit dem Auftraggeber treffen. Nach der zum 1.7.2008 in Kraft getretenen Neufassung des Gesetzes (jetzt §§ 3 a ff. RVG)[8] bedarf die Vereinbarung nur noch der Textform (§ 3 a Abs. 1 S. 1 RVG iVm § 126 b BGB). Eine eigenhändige Unterschrift des Auftraggebers ist nicht mehr erforderlich. Nach wie vor muss die Vergütungsvereinbarung aber von einer Vollmacht und anderweitigen Erklärungen deutlich getrennt[9] sein und als Vergütungsvereinbarung oder in ähnlicher Weise bezeichnet werden (§ 3 a Abs. 1 S. 2 RVG). Fehlt es an diesen Formalien, ist die Vereinbarung zwar nicht unwirksam, aber unverbindlich, soweit sich daraus eine höhere Vergütung als die gesetzliche ergibt (§ 4 b S. 1 RVG).[10] Eventuelle Zahlungen des Mandanten, die über die gesetzliche Vergütung hinausgehen, sind nach § 812 zurückzuzahlen (§ 4 b S. 2 RVG).[11] Einen Rückforderungsausschluss wie nach altem Recht bei freiwilliger und vorbehaltloser Leistung (§ 4 Abs. 1 S. 3 RVG aF) gibt es nicht mehr.   16

Ferner muss der Auftraggeber darauf hingewiesen werden, dass vereinbarte Vergütungen nur bis zur Höhe der gesetzlichen Vergütung erstattet werden (§ 3 a Abs. 1 S. 3 RVG). Der Verstoß gegen diese Hinweispflicht führt allerdings nicht zur Unwirksamkeit, sondern kann lediglich Schadensersatzansprüche zur Folge haben.[12]   17

Möglich ist nach neuem Recht auch die Vereinbarung eines **Erfolgshonorars** (§ 4 a RVG). Angesichts der engen Voraussetzungen, unter denen eine solche Vereinbarung zulässig ist, dürfte das Erfolgshonorar in Familiensachen keine   18

---

5 BGH AGS 2007, 386 = FamRZ 2007, 1322 = AnwBl. 2007, 628 = NJW 2007, 2332.
6 BGH AGS 2008, 9 mAnm Schons = FamRZ 2008, 144 = AnwBl. 2008, 68 = NJW 2008, 371.
7 OLG Düsseldorf AnwBl. 2010, 807 = MDR 2010, 1496.
8 BGBl. I 2008, 1000.
9 Siehe hierzu BGH AGS 2016, 56 = AnwBl 2016, 268 = ZfSch 2016, 164 = NJW 2016, 1596 = WM 2016, 1560 = RVGreport 2016, 91 = FamRZ 2016, 465.
10 BGH AGS 2014, 319 = WM 2014, 1351 = ZIP 2014, 1338 = AnwBl 2014, 758 = MDR 2014, 931 = BRAK-Mitt. 2014, 220 = ZInsO 2014, 1663 = NJW 2014, 2653 = BB 2014.
11 BGH AGS 2015, 557 = ZInsO 2015, 2481 = AnwBl 2016, 79 = NJW-Spezial 2016, 28 = NZFam 2016, 81.
12 BGH MDR 2016, 915 = AnwBl 2016, 692; OLG Karlsruhe AGS 2015, 9 = AnwBl 2015, 182 = NJW 2015, 418 = FamRZ 2015, 782 = FF 2015, 130 = FamRB 2015, 182.

Rolle spielen, zumal die Anforderungen häufig nicht zu erfüllen sein werden.[13] Neu geregelt ist mit dem 2. KostRMoG insoweit allerdings, dass die Möglichkeit, Beratungs- oder Verfahrenskostenhilfe zu beantragen, die Vereinbarung eines Erfolgshonorars nicht (mehr) hindert.

19 Vergütungsvereinbarungen im Rahmen der **Beratungshilfe** waren früher unzulässig (§ 3 a Abs. 4 RVG aF iVm § 8 BerHG aF). Der Anwalt kann seit dem 1.1.2014 mit dem Rechtsuchenden eine Vergütungsvereinbarung treffen. Sobald und solange allerdings Beratungshilfe bewilligt ist, kann diese Vergütung nicht geltend gemacht werden (§ 8 Abs. 2 BerHG). Soweit die Beratungshilfebewilligung jedoch aufgehoben wird, kann er den Rechtsuchenden aus der – dann auflebenden Vergütungsvereinbarung – in Anspruch nehmen.

20 Vereinbarungen im Rahmen der **VKH** sind bis zur Höhe der gesetzlichen (Wahlanwalts-)Gebühren möglich (§ 3 a Abs. 3 S. 1 RVG), wobei im Hinblick auf § 122 Abs. 1 Nr. 3 ZPO unklar ist, ob der Anwalt diese Vergütung einfordern kann.[14] Darüber hinausgehende Vereinbarungen sind – im Gegensatz zum früheren Recht – nichtig. Auch hier darf der Anwalt freiwillige und vorbehaltlose Leistungen nicht mehr behalten (anders noch § 4 Abs. 5 S. 2 RVG aF).

21 Die **Fälligkeit** der anwaltlichen Vergütung ist in § 8 Abs. 1 RVG geregelt. Der Anwalt kann seine Vergütung erst verlangen, wenn das Mandat beendet oder die Angelegenheit erledigt ist (§ 8 Abs. 1 S. 1 RVG). Daneben sieht § 8 Abs. 1 S. 2 RVG für gerichtliche Verfahren weitere Fälligkeitstatbestände vor, die insbesondere in Familiensachen häufig vorkommen, nämlich die Beendigung des Rechtszuges (etwa bei Vorwegentscheidung über die elterliche Sorge, § 140 FamFG, § 627 Abs. 1 ZPO), bei Ergehen einer Kostenentscheidung (etwa im Falle der Vorabentscheidung über die Ehesache, § 140 FamFG, § 628 Abs. 1 ZPO aF) oder dann, wenn das Verfahren mehr als drei Monate ruht. Hier kann es im Gegensatz zur außergerichtlichen Tätigkeit auch zu **Teilfälligkeiten** kommen.

22 **Beispiel:** Das Familiengericht trennt im Scheidungsverbundverfahren die Folgesache Versorgungsausgleich gem. § 140 Abs. 2 Nr. 2 FamFG ab und entscheidet vorweg über die Ehesache.

Das Verbundverfahren, das nach § 16 Nr. 4 RVG eine einzige Gebührenangelegenheit darstellt, ist noch nicht abgeschlossen; jedoch ist der Rechtszug hinsichtlich der Ehesache beendet. Die Vergütung nach dem Wert der Ehesache wird mit Erlass der Vorwegentscheidung daher bereits fällig (§ 8 Abs. 1 S. 2 RVG), zumal auch idR eine Kostenentscheidung ergeht. Die weitere Vergütung aus dem Versorgungsausgleich wird dagegen erst später fällig.

23 Mit Eintritt der Fälligkeit beginnt der Ablauf der **Verjährungsfrist** des § 199 Abs. 1 S. 1. Die Verjährung wird allerdings gehemmt, solange das Verfahren noch nicht rechtskräftig abgeschlossen ist (§ 8 Abs. 2 S. 1 RVG).

24 Bis zur Fälligkeit kann der Anwalt jederzeit angemessene **Vorschüsse** nach § 9 RVG fordern. Angemessen ist ein Vorschuss in der Höhe, in der erwartungsgemäß Gebühren und Auslagen anfallen werden. Der Anwalt ist also nicht auf bereits fällige Gebühren beschränkt (anders in der VKH – § 47 RVG). Das Recht

---

13 Siehe LG Berlin AGS 2011, 14 = AnwBl. 2011, 150 = RVGreport 2011, 55.
14 Siehe hierzu N. Schneider, Vergütungsvereinbarung bei Prozess- oder Verfahrenskostenhilfe, NJW-Spezial 2016, 91 ff.

auf Vorschuss ist nicht einmalig. Der Anwalt kann auch sukzessive mehrere Vorschüsse anfordern.[15]

Auch in Familiensachen gilt, dass der Anwalt seine Vergütung nur einfordern 25 kann, wenn er zuvor dem Auftraggeber eine **ordnungsgemäße Berechnung** erteilt hat (§ 10 Abs. 1 S. 1 RVG). Bis zur Erteilung einer ordnungsgemäßen Rechnung besteht nur eine Naturalobligation, die erfüllbar, aber nicht durchsetzbar ist.[16]

In einigen Fällen sieht das RVG **Rahmengebühren** vor, so insbesondere bei der 26 Geschäftsgebühr nach Nr. 2300 RVG-VV. Hier bestimmt der Anwalt die Höhe der im konkreten Fall abzurechnenden Gebühr selbst (§ 315). Ausschlaggebende Kriterien für die Bestimmung des Anwalts sind insbesondere der Umfang und die Schwierigkeit der anwaltlichen Tätigkeit, die Bedeutung der Sache für den Auftraggeber sowie die Einkommens- und Vermögensverhältnisse des Auftraggebers (§ 14 Abs. 1 S. 1 RVG). Hinzukommen kann das besondere Haftungsrisiko (§ 14 Abs. 1 S. 2 RVG), wenn sich Gegenstandswert und Haftungsrisiko nicht decken, zB in Unterhaltssachen, bei denen der Gegenstandswert für die zukünftigen Leistungen auf die nächsten zwölf Monate begrenzt ist (§ 51 Abs. 1 S. 1 FamGKG), nicht aber die Haftung. Gleiches gilt in sonstigen vermögensrechtlichen Angelegenheiten, in denen der Regelwert nicht dem Haftungsrisiko entspricht.

Auch in Familiensachen gilt, dass jede **Angelegenheit** zunächst einmal für sich 27 gesondert abzurechnen ist. Der Anwalt erhält in jeder Angelegenheit die Gebühren und Auslagen gesondert; in derselben Angelegenheit können Gebühren und Auslagen dagegen nur einmal entstehen (§ 15 Abs. 2 RVG). Auch insoweit gelten die §§ 16–21 RVG.

Hier sind neben den allgemeinen Vorschriften spezielle Regelungen für Familien- 28 sachen enthalten, so etwa dass das vereinfachte Verfahren über die Festsetzung des Unterhalts Minderjähriger (§§ 249 ff. FamFG) und das nachfolgende streitige Verfahren (§ 255 FamFG) zwei **verschiedene Angelegenheiten** sind (§ 16 Nr. 5 RVG), ebenso das Vermittlungsverfahren nach § 165 FamFG (§ 52 a FGG aF) und das nachfolgende Umgangsrechtsverfahren (§ 17 Nr. 8 RVG).

Eine **einzige Angelegenheit** ist dagegen das gesamte Scheidungsverfahren, also 29 Ehesache und Folgesachen (§ 16 Nr. 4 RVG) sowie das Verfahren über die VKH und das Verfahren, für das VKH beantragt ist (§ 16 Nr. 2 RVG). Ebenso zählen mehrere VKH-Verfahren, insbesondere Bewilligungs- und Überprüfungsverfahren, als eine Angelegenheit (§ 16 Nr. 3 RVG). Gleiches gilt für die für die Geltendmachung im Ausland vorgesehene Vervollständigung der Entscheidung und die Bezifferung eines dynamisierten Unterhaltstitels (§ 19 Abs. 1 S. 2 Nr. 8 RVG).

Einstweilige Anordnungen sowie **Arrestverfahren** sind gegenüber der jeweiligen 30 Hauptsache eine gesonderte Angelegenheit (§ 17 Nr. 4 Buchst. a und b RVG). Auch untereinander sind mehrere einstweilige Anordnungen immer verschiedene Angelegenheiten, selbst wenn sie dieselbe Hauptsache betreffen. Die frühere Zusammenfassung mehrerer einstweiligen Anordnungsverfahren (§ 18 Nr. 1, 2

---

15 BGH AGS 2004, 145 = NJW 2004, 1043 = AnwBl 2004, 251 = FamRZ 2004, 535 = BRAK-Mitt. 2004, 75.
16 Zu den Anforderungen an eine ordnungsgemäße Rechnung s. AnwK-RVG/N. Schneider RVG § 10 Rn. 1 ff.

RVG aF) ist aufgehoben. Dagegen sind die Anordnung einerseits sowie die Aufhebung und Abänderung andererseits dieselbe Angelegenheit (§ 16 Nr. 5 RVG).

31 Auch in Familiensachen gilt, dass ein **Verfahren nach Zurückverweisung** gegenüber dem Ausgangsverfahren eine neue Angelegenheit darstellt, so dass die Gebühren erneut entstehen (§ 21 Abs. 1 RVG). Zu beachten ist allerdings die Anrechnung der Verfahrensgebühr nach Vorbem. 3 Abs. 6 RVG-VV. Eine Besonderheit besteht hier lediglich in Ehesachen nach § 21 Abs. 2 RVG, wenn gegen die Zurückweisung des Scheidungsantrags Rechtsmittel eingelegt wird. Hält das Rechtsmittelgericht den Scheidungsantrag für begründet, so hebt es den vorinstanzlichen Beschluss auf und verweist die Sache zur erneuten Entscheidung auch über vorinstanzlich noch anhängige Folgesachen zurück (§ 146 FamFG – § 629 b ZPO aF). In diesem Fall stellt das Verfahren vor und nach Zurückverweisung nur eine einzige Angelegenheit dar.

32 Der **Gegenstandswert** richtet sich auch in Familiensachen nach den §§ 22 ff. RVG. Es gilt auch hier folgende Reihenfolge:

(1) Zunächst ist zu prüfen, ob das **RVG** selbst besondere Wertvorschriften enthält (zB § 25 RVG für Vollstreckungen; § 23 a RVG für Verfahren über die VKH, § 23 Abs. 2 RVG für bestimmte Beschwerde- und Erinnerungsverfahren).

(2) Alsdann ist gem. § 23 Abs. 1 RVG auf die Vorschriften des **FamGKG** abzustellen, wenn es sich

  – um ein gerichtliches Verfahren handelt,
  – in dem sich die Gerichtsgebühren nach dem Gegenstandswert richten (§ 23 Abs. 1 S. 1 RVG),
  – in dem Festgebühren vorgesehen sind (§ 23 Abs. 1 S. 2 RVG),
  – in dem gar keine Gebühren erhoben werden (§ 23 Abs. 1 S. 2 RVG)
  oder
  – es sich um eine außergerichtliche Tätigkeit handelt, die auch Gegenstand eines der vorgenannten gerichtlichen Verfahren sein könnte (§ 23 Abs. 1 S. 3 RVG).

(3) Ist ein Fall des § 23 Abs. 1 RVG nicht gegeben, sind bestimmte Vorschriften des **GNotKG** entsprechend heranzuziehen (§ 23 Abs. 3 S. 1 RVG), so zB für Eheverträge § 100 GNotKG.

(4) Sind auch die in § 23 Abs. 3 S. 1 RVG zitierten Vorschriften des GNotKG nicht ergiebig, so ist zu differenzieren:

  (a) Handelt es sich um eine nichtvermögensrechtliche Streitigkeit, gilt ein **Auffangwert** iHv 5.000 EUR (§ 23 Abs. 3 S. 2 Hs. 2 RVG), der je nach Lage des Einzelfalls niedriger oder höher angenommen werden kann, jedoch 500.000 EUR nicht übersteigen darf.

  (b) In sonstigen Fällen
    – ist der Gegenstand nach billigem Ermessen zu schätzen (§ 23 Abs. 3 S. 2 Hs. 1 RVG);
    – gilt ebenfalls der Auffangwert von 5.000 EUR, wenn für die Ausübung des billigen Ermessens keine Anhaltspunkte gegeben sind (§ 23 Abs. 3 S. 2 Hs. 2 RVG).

33 **Mehrere Gegenstände** in derselben Angelegenheit werden grundsätzlich zusammengerechnet. Soweit sich der Gegenstandswert unmittelbar aus dem RVG ergibt, folgt dies aus § 22 Abs. 1 RVG; soweit sich der Gegenstandswert nach dem

FamGKG berechnet (§ 23 Abs. 1 S. 1, 3 RVG), folgt dies aus § 33 Abs. 1 FamGKG, sofern nicht bereits die Spezialregelung des § 44 Abs. 2 S. 2 FamGKG für Verbundverfahren greift.

Eine **Zusammenrechnung** unterbleibt, wenn in einem isolierten Verfahren mit 34 einem nichtvermögensrechtlichen Anspruch ein aus ihm hergeleiteter vermögensrechtlicher Anspruch verbunden wird (§ 33 Abs. 1 S. 2 FamGKG). Ebenso besteht ein Additionsverbot bei Stufenanträgen (§ 38 FamGKG) und bei Antrag und Widerantrag sowie Antrag und Hilfsantrag, soweit derselbe Gegenstand betroffen ist (§ 39 Abs. 1 S. 3 FamGKG). In diesen Fällen gilt nur der höhere Wert. Eine Zusammenrechnung unterbleibt ebenfalls in bestimmten Kindschaftssachen, die mehrere Kinder betreffen (§§ 44 Abs. 2 S. 1 Hs. 2, 45 Abs. 2 FamGKG). Es bleibt auch dann bei den entsprechenden Regelwerten.

In gerichtlichen Verfahren ergibt sich der Gegenstandswert aus den Vorschriften 35 des FamGKG (§§ 33 bis 52 FamGKG). Ist ein solcher Wert gerichtlich festgesetzt, so ist er für die Anwaltsgebühren bindend (§ 32 Abs. 1 RVG). Dem Anwalt steht insoweit allerdings sowohl ein eigenes Antragsrecht zu (§ 32 Abs. 2 RVG) als auch ein eigenes Beschwerderecht gegen die Festsetzung (§ 32 Abs. 2 RVG iVm § 59 FamGKG).

Soweit im gerichtlichen Verfahren nicht nach dem Gegenstandswert abgerechnet 36 wird oder sich die Gebühren des Anwalts nicht nach dem Wert des gerichtlichen Verfahrens richten, steht dem Anwalt und dem Auftraggeber nach § 33 Abs. 1 RVG jeweils ein eigenes Antragsrecht auf **Festsetzung des Gegenstandswertes** zu. Auch hier kann der Anwalt in eigenem Namen Beschwerde einlegen (§ 33 Abs. 3 RVG). Im Gegensatz zu der Beschwerde nach § 32 Abs. 2 RVG iVm §§ 59 Abs. 1 S. 3, 55 Abs. 3 S. 2 FamGKG (sechs Monate nach Rechtskraft bzw. anderweitiger Beendigung des Verfahrens) gilt für die Beschwerde nach § 33 RVG eine Zweiwochenfrist (§ 33 Abs. 3 S. 2 RVG).

Für Fälle des **Übergangsrechts** gelten die §§ 60, 61 RVG. Die Vorschrift des § 61 37 RVG regelt die Frage, wann noch die BRAGO anzuwenden ist und wann bereits das RVG gilt, während § 60 RVG regelt, welche Fassung des RVG gilt, soweit sich zwischenzeitliche Änderungen ergeben haben. Beide Regelungen stellen auf das Datum der unbedingten Auftragserteilung ab. So gelten zB für ein Scheidungsverbundverfahren, für das vor dem 1.8.2013 der Auftrag erteilt worden ist, insgesamt noch alten Gebührenbeträge, auch wenn jetzt noch Folgesachen anhängig gemacht werden.[17] Strittig ist, wie abzurechnen ist, wenn der Auftrag im VKH-Prüfungsverfahren vor dem Stichtag erteilt, die VKH dagegen erst nach dem Stichtag bewilligt worden ist.

Beispiel: Der Anwalt war im Juni 2013 beauftragt worden, für ein Scheidungs- 38 verfahren VKH zu beantragen und für den Fall der Bewilligung den Scheidungsantrag zu erheben. Im August 2013 wurde VKH bewilligt.

Nach zutreffender Ansicht sind noch die alten Gebührenbeträge anzuwenden, da das Verfahren über die VKH und das Verfahren, für das VKH beantragt ist, nach § 16 Nr. 2 RVG nur eine einzige Angelegenheit darstellen und damit der unbedingte Auftrag für die Angelegenheit vor dem Stichtag erteilt worden ist

---

17 OLG Schleswig SchlHA 2007, 39 = OLGReport 2006, 73 = FuR 2006, 141 (hier Erweiterung um Folgesache Aufenthaltsbestimmungsrecht).

und sich der Scheidungsauftrag lediglich als Erweiterung des ursprünglich auf die VKH beschränkten Auftrags darstellt.[18]

II. Allgemeine Gebühren

39 **1. Überblick.** Neben den Gebühren der Teile 2 und 3 RVG-VV können auch Allgemeine Gebühren nach Teil 1 RVG-VV anfallen. Hier kommen insbesondere die Einigungsgebühr (Nr. 1000 RVG-VV) sowie die Aussöhnungsgebühr (Nr. 1001 RVG-VV) in Betracht. Die Gebührenerhöhung bei Vertretung mehrerer Auftraggeber nach Nr. 1008 RVG-VV kommt in Familiensachen kaum vor, da hier nach Wertgebühren abgerechnet wird und die Erhöhung damit denselben Gegenstand voraussetzt, an dem es in Familiensachen idR fehlt.[19] Bedeutung hat die Erhöhung daher nur in der Beratungshilfe (→ Rn. 86). Auch die Hebegebühr nach Nr. 1009 RVG-VV spielt in der familienrechtlichen Praxis keine große Rolle. Ebenso wenig hat die zum 1.8.2013 eingeführte Zusatzgebühr für besonders umfangreiche Beweisaufnahmen (Nr. 1010 RVG-VV) in der familiengerichtlichen Praxis Bedeutung.

40 **2. Einigungsgebühr. a) Voraussetzungen der Einigungsgebühr.** Eine Einigungsgebühr verdient der Anwalt, wenn er an einer Einigung der Beteiligten mitwirkt (Nr. 1000 RVG-VV). Voraussetzung ist der Abschluss eines **gegenseitigen Vertrages**, durch den der **Streit oder die Ungewissheit über ein Rechtsverhältnis** durch **Nachgeben** beseitigt wird. Ein gegenseitiges Nachgeben ist im Gegensatz zur früheren Vergleichsgebühr nicht mehr erforderlich. Andererseits reichen ein **Anerkenntnis oder ein Verzicht** nicht aus (Anm. Abs. 1 S. 1 zu Nr. 1000 RVG-VV).

41 Klargestellt ist jetzt, dass eine Einigungsgebühr auch in Kindschaftssachen für die außergerichtliche Mitwirkung an einer Vereinbarung, über deren Gegenstand nicht vertraglich verfügt werden kann, anfallen kann (Anm. Abs. 5 S. 2 zu Nr. 1000 RVG-VV). Gleiches gilt in gerichtlichen Verfahren für die Mitwirkung am Abschluss eines gerichtlich gebilligten Vergleichs (§ 156 Abs. 2 FamFG), wenn hierdurch eine gerichtliche Entscheidung entbehrlich wird oder wenn die Entscheidung der getroffenen Vereinbarung folgt (Anm. Abs. 2 zu Nr. 1003; Anm. Abs. 2 zu Nr. 1004 RVG-VV).

42 Die Einigung kann grundsätzlich formlos geschlossen werden. Soweit allerdings nach materiellem Recht ein **Formzwang** besteht, setzt auch die Einigungsgebühr voraus, dass die Form gewahrt wird. Solche **Formvorschriften** bestehen insbesondere nach § 311 b S. 1 (Grundstücksgeschäfte, insbesondere Auseinandersetzung des ehelichen Grundvermögens), nach § 1378 Abs. 3 S. 2 (Zugewinnausgleich während des Ehescheidungsverfahrens oder für den Fall der Scheidung), § 1585 c S. 2 (Vereinbarung über den nachehelichen Unterhalt vor Rechtskraft der Scheidung), § 1408 BGB iVm § 7 VersAusglG (Vereinbarung über den Versorgungsausgleich). Ist eine Einigung danach formbedürftig, so ersetzt die **gerichtliche Protokollierung als Vergleich** gem. § 127 a jegliche Form, so dass die Einigung mit der Protokollierung zustande kommt. Ist eine gesetzliche Form dagegen nicht gewahrt, so liegt auch kein wirksamer Vertrag iSd Nr. 1000 RVG-

---

18 OLG Saarbrücken AGS 2014, 275 = NZFam 2014, 711.

19 Möglich ist die Gebührenerhöhung bei Vertretung beider Eltern im Sorgerechtsverfahren (OLG Karlsruhe AGS 2007, 522 = OLGReport 2008, 44). Siehe auch N. Schneider, Gebührenerhöhung bei Vertretung beider Elternteile in Verfahren auf Entziehung der elterlichen Sorge, ZAP Fach 24, 1239; ders., Vertretung beider Elternteile im Sorgerechtsverfahren, NZFam 2016, 225.

N. Schneider

VV vor, so dass auch keine Einigungsgebühr ausgelöst wird.[20] Gleiches gilt im Falle einer gerichtlichen Feststellung nach § 113 Abs. 1 S. 2 FamFG iVm § 278 Abs. 6 ZPO.[21]

Schließen die Beteiligten eine Einigung unter einer **aufschiebenden Bedingung,** 43 so wird die Einigungsgebühr erst ausgelöst, wenn die Bedingung eingetreten ist (Anm. Abs. 3 zu Nr. 1000 RVG-VV). Die Bedingung kann sich auch aus den Umständen ergeben. Dies ist idR bei einer Scheidungsfolgenvereinbarung der Fall. Hier entsteht die Einigungsgebühr erst mit Eintritt der Rechtskraft des Scheidungsbeschlusses.[22]

Schließen die Beteiligten einen Vergleich, der einer **gerichtlichen Genehmigung** 44 bedarf, so entsteht die Einigungsgebühr erst mit Erteilung der Genehmigung, weil die Einigung erst damit wirksam wird. Dies gilt insbesondere dann, wenn die Beteiligten auf die Durchführung des Versorgungsausgleichs verzichten und dieser Verzicht nach § 1587 o Abs. 2 S. 3 vom Gericht zu genehmigen ist. Ist ein Prozessvergleich **vormundschaftsgerichtlich zu genehmigen,** so fällt die Einigungsgebühr erst mit Vollzug der vormundschaftlichen Genehmigung an.[23]

b) Höhe der Einigungsgebühr. Hinsichtlich der Höhe der Einigungsgebühr sind 45 drei Gebührensätze vorgesehen. Grundsätzlich entsteht eine 1,5-Einigungsgebühr (Nr. 1000 RVG-VV). Ist der Gegenstand, über den sich die Beteiligten einigen, gerichtlich anhängig, entsteht die Gebühr nur zu 1,0 (Nr. 1003 RVG-VV) und zu 1,3, wenn der Gegenstand in einem Beschwerde- oder Rechtsbeschwerdeverfahren anhängig ist (Anm. Abs. 1 zu Nr. 1004 RVG-VV).

Die frühere Streitfrage, ob die 1,3-Einigungsgebühr in **Verfahren nach den Vor-** 46 **bem. 3.2.1 Abs. 1 Nr. 2 a, Vorbem. 3.2.2 RVG-VV,** also in Verfahren über Beschwerden oder Rechtsbeschwerden gegen die den Rechtszug beendenden Entscheidungen in Familiensachen gilt,[24] ist mit der Neufassung der Anm. zu Nr. 1004 RVG-VV erledigt. Es entsteht hier die höhere 1,3-Gebühr nach Nr. 1004 RVG-VV.

Abgestellt wird nur darauf, ob der Gegenstand, über den sich die Beteiligten einigen, anhängig ist und ggf. in welcher Instanz. Darauf, wo sich die Beteiligten einigen (außergerichtlich, erstinstanzlich oder in einem Beschwerdeverfahren), kommt es für die Höhe nicht an. 47

Hinsichtlich der Einigungsgebühr kann es auch zu Mischfällen kommen, also 48 wenn die Beteiligten sich sowohl über anhängige als auch über nicht anhängige Ansprüche einigen oder über Ansprüche, die sowohl in erster Instanz als auch in einem Beschwerde- oder Rechtsbeschwerdeverfahren anhängig sind. Zu verfahren ist in solchen Fällen nach § 15 Abs. 3 RVG. Soweit unterschiedliche Gebührensätze anfielen, sind zunächst nach den jeweiligen Gebührensätzen Teilgebühren zu berechnen. Insgesamt darf der Anwalt jedoch nicht mehr fordern als eine Gebühr aus dem höchsten Gebührensatz nach dem Gesamtwert.

---

20 AnwK-RVG/N. Schneider Nr. 1000 Rn. 48 ff.
21 BGH NZFam 2017, 279 = FF 2017, 174 = MDR 2017, 416.
22 OLG Hamm Rpfleger 1980, 445; OLG Düsseldorf FamRZ 1999, 1683 = FF 1999, 93 = OLGReport 1999, 279.
23 OLG Koblenz Rpfleger 1982, 441 = JurBüro 1982, 1829 = VersR 1983, 567.
24 Bejahend OLG Nürnberg AGS 2007, 493 = MDR 2007, 1105 = FamRZ 2007, 1672; verneinend dagegen OLG Hamm AGS 2007, 238 m.abl.Anm. N. Schneider = RVGreport 2007, 223.

49 **Beispiel:** In einem Verfahren auf Ehegattenunterhalt (Wert: [12 x 575 =] 6.900 EUR) einigen sich die Beteiligten unter Mitwirkung ihrer Anwälte auch über den nicht anhängigen Zugewinnausgleich (Wert: 6.000 EUR).

1.	1,0-Einigungsgebühr, Nrn. 1000, 1003 RVG-VV (Wert: 6.900 EUR)	405,00 EUR
2.	1,5 Einigungsgebühr, Nr. 1000 RVG-VV (Wert: 6.000 EUR)	531,00 EUR
	gem. § 15 Abs. 3 RVG nicht mehr als 1,5 aus 12.900 EUR, also:	906,00 EUR

50 Soweit Gegenstände aus einem Rechtsmittelverfahren mit einbezogen werden, entsteht unter Beachtung des § 15 Abs. 3 RVG eine 1,3 Einigungsgebühr (Anm. Abs. 1 zu Nr. 1004 RVG-VV).

51 In der Anm. S. 1 zu Nr. 1003 RVG-VV wird klargestellt, dass eine Anhängigkeit auch dann gegeben ist, wenn ein Verfahren über die VKH anhängig ist, soweit VKH nicht nur für die gerichtliche Protokollierung der Einigung beantragt wird oder sich die Beiordnung nach § 48 Abs. 3 RVG auf die Protokollierung einer Einigung erstreckt (Vereinbarung im Verbundverfahren). Der Antrag auf VKH zur Durchführung eines Verfahrens (sei es als Antragsteller oder Antragsgegner) führt also bereits zur Reduzierung auf 1,0 oder 1,3. Wird dagegen die VKH nur für den Mehrwert eines Vergleichs beantragt oder erstreckt sie sich kraft Gesetzes (§ 48 Abs. 3 RVG) auf den Mehrwert, bleibt es bei der 1,5-Einigungsgebühr, soweit der Mehrwert nicht anderweitig anhängig ist.

52 **Beispiel:** Der Anwalt ist im Rahmen der VKH beigeordnet und hat für den Auftraggeber 3.000 EUR rückständigen Unterhalt geltend gemacht. Im Termin vergleichen sich die Beteiligten sodann unter Mitwirkung des Anwalts auch über weitere 5.000 EUR Zugewinn, die nicht anhängig sind. Für den Mehrwert des Vergleichs wird VKH bewilligt.

Die Reduzierung der Nr. 1003 RVG-VV gilt nur für die anhängigen 3.000 EUR, nicht auch für den Mehrwert des Vergleichs. Es entstehen jetzt unter Beachtung des § 15 Abs. 3 RVG zwei Einigungsgebühren:

1.	1,0-Einigungsgebühr, Nrn. 1000, 1003 RVG-VV (Wert: 3.000 EUR)	201,00 EUR
2.	1,5-Einigungsgebühr, Nr. 1000 RVG-VV, § 49 RVG (Wert: 5.000 EUR)	385,50 EUR
	gem. § 15 Abs. 3 RVG nicht mehr als 1,5 aus 8.000 EUR nach der Tabelle des § 49 RVG, also:	430,50 EUR

Wäre der Zugewinnausgleich in einem anderen Verfahren anhängig gewesen, dann wäre insgesamt nur eine 1,0-Einigungsgebühr nach Nrn. 1000, 1003 RVG-VV angefallen.

53 Der **Gegenstandswert** der Einigungsgebühr bemisst sich danach, über welche streitigen Ansprüche sich die Beteiligten geeinigt haben. Es kommt nicht darauf an, worauf sich die Beteiligten geeinigt haben, also welche Leistungen im Wege der Einigung übernommen worden sind.[25]

---

25 Schneider/Herget/Kurpat Rn. 5462 ff.

Beispiel: Eingefordert sind 5.000 EUR Zugewinn. Die Beteiligten einigen sich, 54
dass zum Ausgleich der Forderung 2.500 EUR gezahlt werden.
Der Gegenstandswert der Einigung beträgt 5.000 EUR.

3. Aussöhnungsgebühr. Wirkt der Anwalt an einer Aussöhnung der Eheleute 55
mit, kommt eine Einigungsgebühr nicht in Betracht (Anm. Abs. 5 S. 1 zu
Nr. 1000 RVG-VV). Stattdessen erhält der Anwalt eine Aussöhnungsgebühr
nach Nr. 1001 RVG-VV, die sich im Falle der Anhängigkeit allerdings lediglich
auf 1,0 beläuft (Nr. 1003 RVG-VV), bei Anhängigkeit in einem Beschwerde-
oder Rechtsbeschwerdeverfahren iHv 1,3 (Anm. Abs. 1 zu Nr. 1004 RVG-VV).
Voraussetzung für die Aussöhnungsgebühr ist, dass die Beteiligten den ernsthaften Willen hatten, die eheliche Lebensgemeinschaft zu beenden und dass unter
Mitwirkung des Anwalts die eheliche Lebensgemeinschaft wieder aufgenommen
wird. Ein bloßer Versöhnungsversuch ist insoweit nicht ausreichend.[26]

Der **Gegenstandswert** der Aussöhnungsgebühr bemisst sich nach dem für die 56
Ehesache festgesetzten Wert bzw. bei Aussöhnung vor Anhängigkeit gem. § 23
Abs. 1 S. 3 RVG nach dem Wert, der der Ehesache zugrunde zu legen gewesen
wäre.[27]

III. Beratung

Ist dem Anwalt ein Vertretungsauftrag erteilt worden, so wird mit den Gebüh- 57
ren für die Vertretung auch die Beratung mit abgegolten (§ 19 Abs. 1 S. 1 RVG).
Lediglich dann, wenn der Anwalt (zunächst) ausschließlich mit einer Beratung
beauftragt wird, ist die Beratungstätigkeit gesondert abzurechnen. Insoweit enthält das RVG keine Gebührentatbestände mehr. Nach § 34 Abs. 1 S. 1 RVG soll
der Anwalt eine **Gebührenvereinbarung** treffen.

Möglich sind hier Zeithonorare, Pauschalen oder auch frei vereinbarte Wertge- 58
bühren (zB eine 1,0 Ratsgebühr aus dem Gegenstandswert) ua.[28] Die Gebührenvereinbarung nach § 34 Abs. 1 S. 1 RVG bedarf nicht der Form des § 3 a Abs. 1
S. 1, 2 RVG, da es sich nicht um eine Vergütungsvereinbarung, sondern nur um
eine Gebührenvereinbarung handelt (§ 3 a Abs. 1 S. 4 RVG). Soweit allerdings
auch höhere Auslagen als die gesetzlichen vereinbart werden, ist wiederum auf
die Formvorschriften zu achten.

Trifft der Anwalt keine Vereinbarung, so erhält er lediglich eine Vergütung nach 59
den **Vorschriften des bürgerlichen Rechts**, also nach § 612 eine angemessene
ortsübliche Vergütung (§ 34 Abs. 1 S. 2 RVG), die nach den Kriterien des § 14
Abs. 1 RVG zu bestimmen ist (§ 34 Abs. 1 S. 3 RVG). Soweit der Anwalt gegenüber einem **Verbraucher** tätig wird – und das dürfte in Familiensachen immer
der Fall sein –, ist die Gebühr zudem auf einen **Höchstbetrag** von 250 EUR beschränkt; im Fall eines **ersten Beratungsgesprächs** (sog Erstberatung) gilt sogar
eine Höchstgrenze von 190 EUR (§ 34 Abs. 1 S. 3 RVG).

Kommt es zu einer Einigung oder Aussöhnung im Rahmen der Beratung, kann 60
der Anwalt auch eine **Einigungs- oder Aussöhnungsgebühr** (Nrn. 1000, 1001

---

26 Zu Einzelheiten s. AnwK-RVG/N. Schneider Nr. 1001.
27 AnwK-RVG/N. Schneider Nr. 1001 Rn. 24 f.
28 S. zu den verschiedenen Möglichkeiten einer Vereinbarung AnwK-RVG/N. Schneider
    RVG § 3 a Rn. 52 ff.; Mayer/Kroiß/Teubel RVG § 3 a Rn. 206 ff.

RVG-VV) verdienen. Diese Gebühren sind im Rahmen der Beratung nach wie vor anwendbar.[29]

61 Hinzukommen ebenso die gesetzlichen **Auslagen nach Teil 7 RVG-VV.** Die Postentgeltpauschale im Rahmen der Beratung erhält der Anwalt allerdings nur, wenn tatsächlich auch Postentgelte angefallen sind, etwa wenn er das Beratungsergebnis schriftlich zusammenfasst und dem Auftraggeber zuschickt. Fallen keine Telekommunikationsentgelte an, können diese auch nicht pauschalisiert abgerechnet werden.[30]

62 Kommt es nach einer Beratung zu einem weiteren Auftrag für eine außergerichtliche oder gerichtliche Vertretung, so ist die Beratungsgebühr gem. § 34 Abs. 2 RVG auf die Gebühren einer nachfolgenden Angelegenheit **anzurechnen,** sofern der Anwalt mit seinem Mandanten nichts anderes vereinbart hat.

IV. Gutachten

63 Für die Erstellung eines Gutachtens sind ebenfalls keine Gebühren im RVG vorgesehen. Es gilt das Gleiche wie bei der Beratung. Der Anwalt soll auch hier eine **Gebührenvereinbarung** treffen (§ 34 Abs. 1 S. 1 RVG). Geschieht dies nicht, erhält er wiederum nur eine Gebühr nach den Vorschriften des bürgerlichen Rechts (§ 34 Abs. 1 S. 2 RVG), die auch hier gegenüber einem **Verbraucher** auf höchstens 250 EUR begrenzt ist (§ 34 Abs. 1 S. 2 RVG). Eine **Anrechnung** der Gutachtengebühr auf Gebühren nachfolgender Tätigkeiten ist nicht vorgesehen.

V. Mediation

64 Für die Tätigkeit als Mediator waren ohnehin noch nie Gebühren vorgesehen. Auch hier soll der Anwalt eine Vereinbarung mit den Mandanten treffen (§ 34 Abs. 1 S. 1 RVG). Geschieht dies nicht, ist wiederum nur eine Vergütung nach bürgerlichem Recht geschuldet (§ 34 Abs. 1 S. 2 RVG). Eine Höchstgrenze ist hier allerdings nicht vorgesehen.

65 Von der Mediation iSd § 34 RVG abzugrenzen ist die gerichtsnahe Mediation, die nach § 19 Abs. 1 S. 2 Nr. 1 RVG mit zum Rechtszug gehört.

VI. Prüfung der Erfolgsaussicht eines Rechtsmittels

66 Wird der Anwalt zunächst einmal lediglich mit der Prüfung der Erfolgsaussicht eines Rechtsmittels beauftragt, ist dies eine **außergerichtliche Tätigkeit,** die nach Teil 2 Abschnitt 1 RVG-VV abzurechnen ist. Nur dann, wenn dem Anwalt von vornherein ein Rechtsmittelauftrag erteilt worden ist, wird die Prüfung durch die jeweiligen Verfahrensgebühren des Rechtsmittelverfahrens mitabgegolten (§ 19 Abs. 1 S. 1 RVG). Häufig wird ein sog **Kombi-Auftrag** erteilt. Der Anwalt soll die Erfolgsaussicht einer Beschwerde prüfen und für den Fall, dass er die Erfolgsaussicht bejaht, soll er das Rechtsmittel dann auch einlegen. Insoweit handelt es sich um einen unbedingten Auftrag zur vollumfänglichen Prüfung und um einen bedingten Auftrag, im Rahmen der Erfolgsprognose das Rechtsmittel auch durchzuführen.[31]

---

29 AG Neumünster zfs 2011, 406.
30 Zuletzt AG Koblenz AGS 2004, 158 mAnm N. Schneider.
31 LG Köln AGS 2012, 385 = NJW-RR 2012, 1471.

Für die Prüfung der Erfolgsaussicht eines Rechtsmittels erhält der Anwalt eine 67
Prüfungsgebühr nach Nr. 2100 RVG-VV iHv 0,5 bis 1,0 (Mittelgebühr 0,75). Soweit die Prüfung der Erfolgsaussicht mit einem **Gutachten** verbunden ist, erhält der Anwalt die Prüfungsgebühr nach Nr. 2101 RVG-VV. Sie beträgt dann 1,3.

Kommt es anschließend zur Durchführung des Rechtsmittelverfahrens, ist die 68
Prüfungsgebühr in voller Höhe auf die Verfahrensgebühr des Rechtsmittelverfahrens **anzurechnen**, soweit die Gegenstände identisch sind. Ist der Anwalt mit der Prüfung des Rechtsmittels beauftragt und wird dieses anschließend nur teilweise durchgeführt, dann ist auch nur nach dem Wert des Rechtsmittelverfahrens anzurechnen.

Beispiel: Gegen seine erstinstanzliche Verpflichtung auf Zahlung von laufendem 69
Unterhalt iHv 800 EUR monatlich sowie fälliger Beträge für 13 Monate (Gesamtwert: 20.000 EUR) will der Antragsgegner Beschwerde einlegen und lässt sich beraten, ob die Beschwerde Aussicht auf Erfolg hat. Der beauftragte Anwalt prüft dies und bejaht die Erfolgsaussicht iHv 400 EUR monatlich (Wert: 10.000 EUR). In dieser Höhe wird ihm der Auftrag zur Beschwerde erteilt und diese auch durchgeführt.

I.	Prüfung der Erfolgsaussicht (Wert: 20.000 EUR)		
1.	0,75-Prüfungsgebühr, Nr. 2100 RVG-VV		556,50 EUR
2.	Postentgeltpauschale, Nr. 7002 RVG-VV		20,00 EUR
	Zwischensumme	576,50 EUR	
3.	19 % Umsatzsteuer, Nr. 7008 RVG-VV		109,54 EUR
Gesamt			**686,04 EUR**
II.	Rechtsmittelverfahren (Wert: 10.000 EUR)		
1.	1,6-Verfahrensgebühr, Vorbem. 3.2.1 Nr. 1 Buchst. b), Nr. 3200 RVG-VV		892,80 EUR
2.	1,2-Terminsgebühr, Vorbem. 3.2.1 Nr. 1 Buchst. b), Nr. 3202 RVG-VV		669,60 EUR
3.	gem. Anm. zu Nr. 2100 RVG-VV anzurechnen 0,75 aus 10.000 EUR		-418,50 EUR
4.	Postentgeltpauschale, Nr. 7002 RVG-VV		20,00 EUR
	Zwischensumme	1.163,90 EUR	
5.	19 % Umsatzsteuer, Nr. 7008 RVG-VV		221,14 EUR
Gesamt			**1.388,04 EUR**

VII. Außergerichtliche Vertretung

Für die außergerichtliche Vertretung, also die Vertretung des Auftraggebers au- 70
ßerhalb eines gerichtlichen Verfahrens, erhält der Anwalt die Vergütung nach Teil 2 Abschnitt 3 RVG-VV. Sie entsteht für das Betreiben des Geschäfts einschließlich der Entgegennahme der Information sowie für die Mitwirkung bei der Gestaltung eines Vertrags. Der Anwalt erhält dann eine **Geschäftsgebühr nach Nr. 2300 RVG-VV** (Vorbem. 2.3 Abs. 3 RVG-VV). Vorgesehen ist ein Gebührenrahmen von 0,5 bis 2,5, aus dem der Anwalt nach den Kriterien des § 14 Abs. 1 RVG die im Einzelfall angemessene Vergütung bestimmt. Die Mittelgebühr beträgt 1,5. Nach der Rechtsprechung steht dem Anwalt insoweit ein Toleranzbereich von 20 % zu.[32]

---

32 AnwK-RVG/N. Schneider, RVG § 14 Rn. 79 ff. m. umfangr. Nachw.

71 Ist die Sache weder umfangreich noch schwierig, so kann der Anwalt nicht mehr als eine 1,3-Gebühr nach der Anm. zu Nr. 2300 RVG-VV verlangen (sog **Schwellengebühr**). Solche Fälle sind in Familiensachen allerdings selten. So hält das OLG Düsseldorf[33] in Unterhaltssachen eine 1,8-Geschäftsgebühr für unbedenklich.

72 Zu beachten ist, dass bei fehlender Schwierigkeit und fehlendem Umfang die Toleranzrechtsprechung nicht greift. Bei den Begriffen von Umfang und Schwierigkeit handelt es sich um Rechtsbegriffe, die gerichtlich voll überprüfbar sind.[34]

73 Eine Besonderheit sieht Nr. 2302 RVG-VV vor. Danach kann der Anwalt nur eine Gebühr von 0,3 verlangen, wenn er lediglich mit der Erstellung eines **einfachen Schreibens** beauftragt ist, also mit einem Schreiben einfacher Art, das weder schwierige rechtliche Ausführungen noch größere sachliche Auseinandersetzungen enthalten soll (Anm. zu Nr. 2303 RVG-VV). Der Auftrag muss von vornherein auf ein solches einfaches Schreiben gerichtet sein, ohne dass dem Anwalt ein weiterer Vertretungsauftrag erteilt ist. Solche Fälle sind in der Praxis die Ausnahme. Hinzu kommt, dass ein Mandant auch aus Gründen der Kostenerstattung grundsätzlich nicht verpflichtet ist, den Auftrag auf ein einfaches Schreiben zu beschränken.[35]

74 **Beispiel:** Die Ehefrau beauftragt den Anwalt, den Kindesvater darauf hinzuweisen, dass das gemeinsame Kind im nächsten Monat 12 Jahre alt wird und sich demzufolge nach der Düsseldorfer Tabelle (Einkommensgruppe 4) ein um 76 EUR höherer monatlicher Unterhaltsbetrag ergibt.

Hier wäre von einem einfachen Schreiben auszugehen, so dass wie folgt abzurechnen wäre:

1.	0,3-Geschäftsgebühr, Nr. 2300, 2301 RVG-VV (Wert: 12 x 73 EUR = 912 EUR)	24,00 EUR
2.	Postentgeltpauschale, Nr. 7002 RVG-VV	4,80 EUR
	Zwischensumme	28,80 EUR
3.	19 % Umsatzsteuer, Nr. 7008 RVG-VV	5,47 EUR
Gesamt		**34,27 EUR**

75 Zu beachten ist, dass der Anwalt die Geschäftsgebühr in **jeder Angelegenheit gesondert** erhält. Insoweit ist § 15 RVG zu beachten. Von derselben Angelegenheit ist auszugehen, wenn ein einheitlicher Auftrag zugrunde liegt, die Tätigkeit sich im gleichen Rahmen hält und ein innerer Zusammenhang besteht.[36] Einen außergerichtlichen „Vertretungs-Verbund" kennt das RVG nicht. Insoweit dürfte vielmehr jede „außergerichtliche Folgesache" eine eigene Angelegenheit sein. Dies gilt zB für die Tätigkeit hinsichtlich des Sorge- und des Umgangsrechts.[37] Auseinandersetzung des Haushalts, Unterhalt, Zugewinn, Versorgungsausgleich etc dürften ebenfalls eigene Angelegenheiten sein. Das gilt insbesondere auch für Zugewinnausgleich und Vermögensauseinandersetzung.[38] Nur eine Angelegen-

33 OLG Düsseldorf FamRZ 2009, 2029 = OLGReport 2009, 853.
34 BGH AGS 2012, 373 = AnwBl 2012, 775 = NJW 2012, 2813 = FamRB 2012, 311 = BRAK-Mitt. 2012, 246; BGH AnwBl 2013, 295 = AGS 2013, 111 = NJW-RR 2013, 1020 = NJW 2013, 2441.
35 BGH AGS 2015, 589 = NJW 2015, 3793 = AnwBl 2016, 77.
36 AnwK-RVG/N. Schneider RVG § 15 Rn. 22 ff.
37 AG Unna FamRZ 2008, 800.
38 OLG Saarbrücken AGS 2011, 123.

N. Schneider

heit ist idR dagegen bei Ehegatten- und Kindesunterhalt anzunehmen, da hier die tatsächlichen und rechtlichen Fragen die gleichen sind und zwischen den einzelnen Ansprüchen eine Wechselbezüglichkeit besteht. Ansonsten dürfte im Zweifel eher von verschiedenen Angelegenheiten auszugehen sein, zumal im Falle eines gerichtlichen Verfahrens die Angelegenheiten jeweils gesondert geltend zu machen wären.

Gesonderte Angelegenheiten sind auch außergerichtlich gegeben, wenn der Anwalt sowohl hinsichtlich der Hauptsache als auch hinsichtlich der Eilsache tätig wird (analog § 17 Nr. 4 RVG).[39] 76

Der **Gegenstandswert** der außergerichtlichen Tätigkeit richtet sich nach § 23 77 Abs. 1 S. 3 oder Abs. 3 RVG (→ Rn. 32 ff.). Maßgebend ist der Wert aller Gegenstände, mit denen der Anwalt im Verlaufe der außergerichtlichen Vertretung beauftragt war (§ 23 Abs. 1 S. 3 RVG iVm § 33 Abs. 1 FamGKG; § 22 RVG).

Wird der Anwalt mit der Durchsetzung von fälligem und laufendem Unterhalt 78 beauftragt, gilt für den zukünftigen Unterhalt der Wert der auf die Beendigung der außergerichtlichen Tätigkeit folgenden zwölf Monate. Hinzukommen sämtliche bei Beendigung der Angelegenheit fälligen Beträge. Eine Zäsur wie in gerichtlichen Verfahren (Zeitpunkt der Antragseinreichung) ist bei der außergerichtlichen Vertretung nicht vorgesehen.[40]

Beispiel: Der Anwalt wird im Januar beauftragt, vom Antragsgegner Auskunft 79 über dessen Einkommen zu verlangen. Nach Auskunftserteilung im Mai wird im Juni der Unterhalt beziffert. Der Anwalt verlangt für seine Mandantin 500 EUR monatlich, rückwirkend ab Januar. Im Oktober wird schließlich eine Einigung getroffen, dass der Unterhaltsschuldner rückwirkend ab Januar monatlich 400 EUR zahlt.

Der Gegenstandswert berechnet sich wie folgt:

künftiger Bezug, § 51 Abs. 1 FamGKG (12 x 500 EUR)	6.000 EUR
fällige Beträge, § 51 Abs. 2 FamGKG (10 x 500 EUR)	5.000 EUR
Gesamt	**11.000 EUR**

Kommt es im Rahmen der außergerichtlichen Vertretung zu einer Einigung, er- 80 hält der Anwalt zusätzlich eine **1,5-Einigungsgebühr** (Nr. 1000 RVG-VV), sofern die Gegenstände noch nicht anhängig sind (anderenfalls gelten die Nrn. 1003, 1004 RVG-VV). Der Gegenstandswert der Einigungsgebühr bemisst sich nach dem Wert aller Gegenstände, über die sich geeinigt wurde. Es kommt nicht darauf an, auf welchen Betrag man sich geeinigt hat. Der Wert der Einigung muss allerdings nicht mit dem Wert der Geschäftstätigkeit identisch sein. Der Gegenstandswert kann geringer – niemals aber höher – sein.

Beispiel: Der Anwalt macht für seinen Auftraggeber einen monatlichen Unter- 81 halt iHv 500 EUR geltend. Der Gegner erkennt 300 EUR monatlich an und zahlt diese auch. Über die weiteren 200 EUR wird ein Vergleich geschlossen.

---

39 BGH AGS 2009, 261 = AnwBl 2009, 462 = NJW 2009, 2068; N. Schneider, Gebühren in Familiensachen, Rn. 322.
40 OLG Nürnberg AGS 2002, 232; N. Schneider, Gebührenberechnung bei außergerichtlichem Vergleich über Unterhaltszahlungen, AGS 2004, 58; aA Kindermann Rn. 126: nur bei Auftragserteilung fällige Beträge.

Während für die Geschäftsgebühr von dem Monatsbetrag 500 EUR auszugehen ist, ist für die Einigungsgebühr lediglich von dem streitigen Differenzbetrag iHv 200 EUR auszugehen.

82 Ausdrücklich darauf hinzuweisen ist, dass im Rahmen einer außergerichtlichen Vertretung **keine Terminsgebühr** anfallen kann. Der Gesetzgeber hat mit der Änderung der Vorbem. 3 Abs. 1 S. 1 RVG-VV klargestellt, dass diese Variante der Terminsgebühr nur dann anfallen kann, wenn ein unbedingter gerichtlicher Auftrag erteilt worden ist (Vorbem. 3 Abs. 1 S. 1 VV).[41] Damit ist insbesondere klargestellt worden, dass im Rahmen einer außergerichtlichen Vertretung nach Teil 2 VV keine Terminsgebühr anfallen kann. Es ist also schlechterdings unmöglich, dass neben einer Geschäftsgebühr eine Terminsgebühr anfällt. Die Betriebsgebühr für eine Terminsgebühr kann nur eine Verfahrensgebühr sein.

VIII. Beratungshilfe

83 In der Beratungshilfe bestimmt sich die Vergütung des Anwalts nach Teil 2 Abschnitt 5 RVG-VV. Der Anwalt erhält ausschließlich die in diesem Abschnitt vorgesehenen Gebühren (Vorbem. 2.5 RVG-VV).

84 Zunächst einmal erhält der Anwalt von dem Rechtsuchenden eine **Beratungshilfegebühr** iHv 15 EUR. Diese Gebühr beinhaltet bereits Auslagen (Anm. S. 1 zu Nr. 2500 RVG-VV), also auch die Umsatzsteuer, und beläuft sich damit netto auf 12,60 EUR. Der Anwalt darf die Gebühr dem Rechtsuchenden erlassen (Anm. S. 2 zu Nr. 2500 RVG-VV). Wird der Anwalt von mehreren Rechtsuchenden beauftragt, kann er von jedem eine volle Gebühr verlangen.[42]

85 Ist der Anwalt ausschließlich mit einer Beratung beauftragt (Anm. Abs. 1 zu Nr. 2501 RVG-VV), erhält er eine **Beratungsgebühr** nach Nr. 2501 RVG-VV iHv 35 EUR. Die Gebühr ist bei mehreren Auftraggebern um jeweils 30 % zu erhöhen.[43] Kommt es nach der Beratung zu einer weitergehenden Tätigkeit, also zu einer außergerichtlichen oder gerichtlichen Vertretung, ist die Beratungsgebühr in voller Höhe auf die Gebühren eines nachfolgenden Verfahrens **anzurechnen** (Anm. Abs. 2 zu Nr. 2501 RVG-VV).

86 Vertritt der Anwalt den Rechtsuchenden außergerichtlich, so erhält er für das Betreiben des Geschäfts einschließlich der Entgegennahme der Information (Anm. Abs. 1 zu Nr. 2503 RVG-VV) eine **Geschäftsgebühr** nach Nr. 2503 RVG-VV iHv 85 EUR. Vertritt der Anwalt **mehrere Auftraggeber**, erhöht sich die Geschäftsgebühr um 0,3 je weiterer Auftraggeber.[44] Unerheblich ist insoweit, ob der Tätigkeit derselbe Gegenstand zugrunde liegt oder nicht. Bei Festgebühren kommt es darauf nicht an.

Beispiel: Im Rahmen der Beratungshilfe lässt sich die Ehefrau vom Anwalt wegen eigener nachehelicher Unterhaltsansprüche sowie wegen Kindesunterhalts für ihre beiden Kinder im Rahmen der Beratungshilfe vertreten.

---

41 Gesetzesbegründung, BT-Drs. 17/11471 (neu), 274 re. Sp.
42 AnwK-RVG/N. Schneider Nr. 2500 Rn. 3.
43 AnwK-RVG/N. Schneider Nr. 2501 Rn. 3; aA KG AGS 2007, 312 = Rpfleger 2007, 401 = MDR 2007, 805.
44 OLG Düsseldorf AGS 2006, 244 = RVGreport 2006, 225; LG Kleve AGS 2006, 244; OLG Oldenburg AGS 2007, 45 = OLGReport 2007, 164 = JurBüro 2007, 140; KG AGS 2007, 466 = KGReport 2007, 703 = RVGreport 2007, 299; AG Heidenheim AGS 2009, 338.

N. Schneider

Es liegen drei Auftraggeber vor.[45] Abzurechnen ist wie folgt:

1.	Geschäftsgebühr, Nrn. 2503, 1008 RVG-VV		136,00 EUR
2.	Postentgeltpauschale, Nr. 7002 RVG-VV		20,00 EUR
	Zwischensumme	156,00 EUR	
3.	19 % Umsatzsteuer, Nr. 7008 RVG-VV		29,64 EUR
Gesamt			**185,64 EUR**

Schließt sich an die außergerichtliche Vertretung ein gerichtliches Verfahren an, **87** so ist die Geschäftsgebühr der Nr. 2503 RVG-VV zur Hälfte auf die Verfahrensgebühr des gerichtlichen Verfahrens **anzurechnen** (Anm. Abs. 2 S. 1 zu Nr. 2503 RVG-VV).

Schließlich kann der Anwalt auch eine **Einigungsgebühr** im Rahmen der Bera- **88** tungshilfe verdienen (Nr. 2508 RVG-VV). Die Gebühr entsteht unter den gleichen Voraussetzungen wie die Einigungsgebühr der Nr. 1000 RVG-VV (Anm. Abs. 1 zu Nr. 2508 RVG-VV) und beläuft sich auf 150 EUR.

Strittig ist, ob auch eine **Aussöhnungsgebühr** nach Nr. 1001 RVG-VV im Rah- **89** men der Beratungshilfe anfallen kann. Die Rechtsprechung verneint dies.[46] Sinn und Zweck sprechen jedoch dafür, Nr. 2508 RVG-VV ist auf die Aussöhnungsgebühr analog anzuwenden.[47]

Im Rahmen der Beratungshilfe erhält der Anwalt auch seine **Auslagen nach** **90** **Teil 7 RVG-VV** (§§ 44, 46 RVG). Die **Postentgeltpauschale** der Nr. 7002 RVG-VV richtet sich nach den Beratungshilfegebühren und nicht nach den fiktiven gesetzlichen Wahlanwaltsgebühren. Dies hat der Gesetzgeber in Anm. Abs. 2 zu Nr. 7002 RVG-VV ausdrücklich klargestellt. Die frühere Streitfrage ist damit überholt.

In der Praxis und der Rechtsprechung ist höchst umstritten, wann in familien- **91** rechtlichen Beratungshilfeangelegenheiten **von einer Angelegenheit** und wann **von mehreren Angelegenheiten** auszugehen ist. Während die frühere Rechtsprechung überwiegend bei mehreren Familiensachen grundsätzlich einen inneren Zusammenhang bejaht hat und im Zweifel immer von einer Angelegenheit mit mehreren Gegenständen ausgegangen ist, differenziert die jüngere Rechtsprechung und geht bei verschiedenen Familiensachen auch im Rahmen der Beratungshilfe von verschiedenen Angelegenheiten aus. Zum Teil wird bei der Differenzierung auf § 111 FamFG abgestellt. Eine einheitliche Rechtsprechung hat sich jedoch nicht herausgebildet. Die Rechtsprechung ist bislang je nach OLG-Bezirk uneinheitlich.

---

45 Darauf, ob die Ehe rechtskräftig geschieden ist oder nicht, kommt es nicht an. Die Verfahrensstandschaft nach § 1629 Abs. 3 gilt nur für das gerichtliche Verfahren, nicht auch für die außergerichtliche Vertretung: AG Heidenheim AGS 2009, 338.
46 LG Darmstadt KostRsp. BRAGO § 132 Nr. 47; AG Meppen NdsRpfl 1995, 105; LG Kleve JurBüro 1985, 1844.
47 AnwK-RVG/N. Schneider Nr. 2508 Rn. 8 ff., Nr. 1001 Rn. 36.

92 Übersicht über die Rechtsprechung der Oberlandesgerichte seit Inkrafttreten des
FGG-ReformG

KG[48]	Bei der Tätigkeit in den Bereichen „Ehescheidung", „Hausrat/Wohnungszuweisung" und „Umgangsrecht/ Sorgerecht" handelt es sich jeweils um eigene gebühren-rechtliche Angelegenheiten, da zwischen diesen Angelegenheiten kein innerer Zusammenhang besteht.
OLG Brandenburg[49]	Die Regelung von Trennungsunterhaltsansprüchen und vermögensrechtlichen Angelegenheiten während des Getrenntlebens bei noch bestehender Ehe sind als jeweils verschiedene Angelegenheiten anzusehen.
OLG Brandenburg[50]	Der gebührenrechtliche Begriff der „Angelegenheit" ist auch für die Bestimmung des Begriffs der „Angelegenheit" im Sinne des Beratungshilfegesetzes maßgebend. Die Scheidung und die dazugehörigen Folgesachen Versorgungsausgleich, Zugewinnausgleich und nachehelicher Unterhalt sind dieselbe Angelegenheit. Der Ehegattentrennungsunterhalt ist eine davon verschiedene Angelegenheit.
OLG Celle[51]	Wenn Beratungshilfe für die Angelegenheiten „Unterhalt, Scheidung oder Personensorge" gewährt wird, ist für die Frage, ob „dieselbe Angelegenheit" vorliegt, zwischen der Scheidung und den zugehörigen Folgesachen sowie den Angelegenheiten im Zusammenhang mit der Trennung zu differenzieren und sind insgesamt vier Komplexe, nämlich 1. Scheidung als solche, 2. Angelegenheiten im Zusammenhang mit dem persönlichen Verhältnis zu den Kindern (Personensorge, Umgangsrecht), 3. Angelegenheiten im Zusammenhang mit der Ehewohnung und dem Hausrat und 4. finanzielle Auswirkung von Trennung und Scheidung (Unterhaltsansprüche, Güterrecht und Vermögensauseinandersetzung) zu bilden.
OLG Dresden[52]	§ 16 Nr. 4 RVG ist auf das Beratungshilfeverfahren nicht analog anwendbar. Gewährt ein Rechtsanwalt daher pflichtgemäß Beratungshilfe in mehreren unterschiedlichen Familiensachen, deren Gemeinsamkeit le-

48 KG AGS 2010, 612 = RVGreport 2010, 141.
49 OLG Brandenburg FamRZ 2010, 833.
50 OLG Brandenburg AGS 2009, 593 = OLGR 2009, 965 = FamRZ 2010, 1187 = FamRB 2010, 113.
51 OLG Celle AGS 2011, 504 = FamFR 2011, 372 = NJW 2011, 3109 = FamRZ 2011, 1894.
52 OLG Dresden AGS 2011, 138 = NJW-RR 2011, 713 = FamRZ 2011, 1684.

	diglich darin liegt, dass sie Folge desselben Trennungskonflikts sind, so kann er grundsätzlich auch dann, wenn nur ein Berechtigungsschein erteilt ist, seine anwaltliche Tätigkeit in mehreren Angelegenheiten, entsprechend der Anzahl der betroffenen Lebenssachverhalte, gegenüber der Staatskasse abrechnen.
OLG Dresden[53]	1. Gegenständlich unterschiedliche Familiensachen, für die ein Beratungshilfeschein (Beratung wegen Ehescheidung und Folgesachen) erteilt ist, stellen in der Regel vergütungsrechtlich unterschiedliche Angelegenheiten dar. 2. Eine analoge Anwendung von § 16 Nr. 4 RVG auf das Beratungshilfeverfahren scheidet aus, da es zum einen bereits an einer erforderlichen Regelungslücke im Gesetz fehlt und § 16 RVG zum anderen auf die kostenrechtliche Abwicklung des Beratungshilfeverfahrens nicht passt, weil im gerichtlichen Verbundverfahren der anwaltlichen Vergütung die kumulierten Gegenstandswerte der verbundenen Verfahrensgegenstände zugrunde gelegt werden, während bei der Abrechnung der Beratungshilfetätigkeit pro Angelegenheit lediglich eine streitwertunabhängige Festgebühr in Ansatz gebracht wird.
OLG Düsseldorf[54]	Im Rahmen der Beratungshilfe für die Trennung und deren Folgen ist gebührenrechtlich von verschiedenen Angelegenheiten auszugehen.
OLG Düsseldorf[55]	1. Scheidungssachen und Scheidungsfolgesachen sind für die Festsetzung der Beratungsgebühr selbstständige Angelegenheiten. 2. Die Regelung des § 16 Nr. 4 RVG betrifft lediglich das gerichtliche Verbundverfahren und erfasst nicht die vorgelagerte außergerichtliche Beratungshilfe in Scheidungs- und Folgesachen. Eine analoge Anwendung des § 16 Nr. 4 RVG kommt nicht in Betracht. 3. Bei einer Beratungshilfetätigkeit für die Scheidung und deren Folgen ist gebührenrechtlich von verschiedenen Angelegenheiten auch dann auszugehen, wenn diese später im gerichtlichen Verbundverfahren geltend zu machen wären.
OLG Düsseldorf[56]	Ein Berechtigungsschein betreffend anwaltliche Beratungshilfe für „Trennung und alle daraus resultierenden Angelegenheiten" beschränkt den Vergütungsanspruch des Rechtsanwalts gegen die Staatskasse nicht auf eine Angelegenheit, sondern kann Gebührenansprüche für

53 OLG Dresden 7.2.2011 – 20 WF 1311/10.
54 OLG Düsseldorf AGS 2008, 556 = AnwBl 2009, 69 = FamRZ 2009, 713.
55 OLG Düsseldorf AGS 2009, 79 = NJW-RR 2009, 430 = FamRZ 2009, 1244.
56 OLG Düsseldorf AGS 2012, 591 = FamRZ 2013, 725 = AnwBl 2013, 236.

	verschiedene Angelegenheiten (hier: Beratungshilfe für Trennungsunterhalt, Kindesunterhalt, Versorgungsausgleich, Vermögensauseinandersetzung, Scheidung, Besuchsrecht bei den Kindern, elterliche Sorge und Hausrat) begründen.
OLG Düsseldorf[57]	1. Der Begriff der „Angelegenheit" ist für den Bereich einer außergerichtlichen Beratung hinsichtlich der Folgen von Trennung oder Scheidung gebührenrechtlich dahin zu bestimmen, dass grundsätzlich von vier typisierten Komplexen ausgehen ist; jeder kann für sich eine „Angelegenheit" darstellen. Es sind dies 2. die Scheidung als solche, 3. das persönliche Verhältnis zu den Kindern (Personensorge, Umgangsrecht), 4. Fragen im Zusammenhang mit der Ehewohnung und dem Hausrat sowie 5. die finanziellen Auswirkungen von Trennung und Scheidung (Unterhaltsansprüche, Güterrecht und Vermögensauseinandersetzung). Erfolgte Beratungstätigkeiten sind diesen vier Bereichen zuzuordnen, so dass maximal vier Angelegenheiten vorliegen können.
OLG Frankfurt/M.[58]	Die verschiedenen Trennungsfolgen (hier: Ehegattenunterhalt, Kindesunterhalt, Hausratsteilung, Auflösung der Ehewohnung) stellen im Bereich der Beratungshilfe verschiedene Angelegenheiten dar.
OLG Frankfurt/M.[59]	Eine unbewusste Regelungslücke im Beratungshilferecht als Voraussetzung für eine entsprechende Anwendung des § 16 Nr. 4 RVG bei den Trennungsfolgen liegt nicht vor.
OLG Frankfurt/M.[60]	1. Im Rahmen der Beratungstätigkeit des Rechtsanwalts im Zusammenhang mit den Folgen von Trennung und Scheidung können mehrere gesondert aus der Staatskasse nach § 44 RVG zu vergütende Angelegenheiten vorliegen. § 16 Nr. 4 RVG ist in diesen Fällen nicht anwendbar (Fortführung Senat 26.8.2009 – 20 W 254/09 u. 12.8.2009 – 20 W 197/09). 2. Im Regelfall richtet sich die Abgrenzung der dabei zu vergütenden Angelegenheiten nach typisierten Komplexen (Anschluss an OLG Nürnberg 29.3.2011 – 11 WF 1590/10). Dazu gehört der

---

57 OLG Düsseldorf 11.8.2016 – I-10 W 106/16.
58 OLG Frankfurt/M. AGS 2009, 593 = FamRZ 2010, 230 = FamFR 2010, 65.
59 OLG Frankfurt/M. AGS 2010, 192.
60 OLG Frankfurt/M. 12.5.2014 – 20 W 236/13 und 20 W 237/13.

N. Schneider

	Komplex „finanzielle Auswirkungen von Trennung und Scheidung (Unterhaltsansprüche, Güterrecht und Vermögensauseinandersetzung)"; alle innerhalb dieses Komplexes vorgenommenen anwaltlichen Geschäfte sind als eine Angelegenheit zur vergüten.
OLG Hamm[61]	Im Rahmen der Beratungshilfe ist für die Folgen der Trennung von verschiedenen Angelegenheiten auszugehen. Es erscheint angemessen, wenn die ohnehin schon geringe Vergütung nicht durch eine vom Gesetzgeber nicht ausdrücklich vorgesehene Ausweitung des gebührenrechtlichen Begriffs der „Angelegenheit" noch weiter reduziert wird.
OLG Hamm[62]	1. Der beratungshilferechtliche Begriff der Angelegenheit iSd § 2 Abs. 2 BerHG bildet die Grundlage für den Vergütungsanspruch des die Beratungshilfe gewährenden Rechtsanwalts. 2. Die Beurteilung, ob die Gewährung von Beratungshilfe in einer familienrechtlichen Auseinandersetzung, die mehrere der in § 111 FamFG aufgeführten Arten von Familiensachen beinhaltet, eine Angelegenheit oder mehrere Angelegenheiten darstellt, ist von den konkreten Umständen des Einzelfalls abhängig, wobei eine typisierende Betrachtung geboten ist. 3. Im Regelfall dürfte es angemessen sein, zwischen bis zu sechs verschiedenen beratungshilferechtlichen Angelegenheiten – Ehesachen, Kindschaftssachen, Ehewohnungs- und Hausratssachen, Versorgungsausgleichssachen, Unterhaltssachen sowie Güterrecht und sonstige Vermögensauseinandersetzungen – im Zusammenhang mit der Beendigung der Ehe zu unterscheiden.
OLG Koblenz[63]	1. Für das Vorliegen einer Angelegenheit im gebührenrechtlichen Sinn ist entscheidend, ob ein gleichzeitiger Auftrag, ein gleicher Rahmen und ein innerer Zusammenhang zwischen den verschiedenen Gegenständen der anwaltlichen Tätigkeit gegeben sind. 2. Bei der Geltendmachung des Ehegattenunterhalts und des Kindesunterhalts handelt es sich nur um eine gebührenrechtliche Angelegenheit.
OLG Köln[64]	Auch wenn nur ein Beratungshilfeschein erteilt worden ist, sind die Beratung/Vertretung in Fragen

---

61 OLG Hamm FamFR 2011, 377 = FamRZ 2011, 1685.
62 OLG Hamm 8. 9.4.2016 – 25 W 295/15, AGS 2016, 539 = NZFam 2017, 35.4.2016 – 25 W 295/15.
63 OLG Koblenz JurBüro 2012, 419 = FamFR 2012, 67.
64 OLG Köln AGS 2009, 422 = FamRZ 2009, 1345.

	■ des Ehegattenunterhalts, ■ des Kindesunterhalts, ■ des Umgangsrechts und ■ des ehelichen Güterrechts einschließlich Haushalt und Vermögensauseinandersetzung vier verschiedene Angelegenheiten.
OLG München[65]	Wird in einer familienrechtlichen Angelegenheit Beratungshilfe zur Regelung von mehreren Trennungsfolgen und gleichzeitig für den Fall der Scheidung nebst Folgesachen bewilligt, so liegen für den die Beratungshilfe leistenden Rechtsanwalt mindestens zwei Angelegenheiten im Sinne des Beratungshilfegesetzes vor.
OLG Naumburg[66]	1. Im Verfahren auf Festsetzung der Vergütung eines Beratungshilfe gewährenden Rechtsanwalts kommt es für die Entscheidung, ob mehrere Tätigkeiten als eine Angelegenheit anzusehen sind, nicht darauf an, ob ein oder mehrere Berechtigungsscheine erteilt worden sind. 2. Für die Abgrenzung der erforderlichen anwaltlichen Tätigkeiten in einer familienrechtlichen Auseinandersetzung ist zu unterscheiden zwischen Streitgegenständen einer (unter Umständen vorübergehenden) Trennung und einer (endgültigen) Beendigung der Ehe bzw. Lebenspartnerschaft. 3. Ausgehend von den im Rahmen der Gewährung von Beratungshilfe zu berücksichtigenden Lebenssachverhalten, deren Abgrenzbarkeit untereinander und den jeweils angesprochenen Tätigkeitsfeldern des Anwalts wird es im Regelfall angemessen sein, zwischen folgenden, bis zu sechs verschiedenen beratungshilferechtlichen Angelegenheiten im Zusammenhang mit der Beendigung der Ehe zu unterscheiden: – Ehesachen iSv §§ 111 Nr. 1, 121 FamFG, – Kindschaftssachen iSv §§ 111 Nr. 2, 151 FamFG (gegebenenfalls auch §§ 111 Nr. 10 iVm 266 Abs. 1 Nr. 4 und Nr. 5 FamFG), – Ehewohnungs- und Haushaltssachen iSv §§ 111 Nr. 5, 200 FamFG, – Versorgungsausgleichssachen iSv §§ 111 Nr. 7, 217 FamFG, – Unterhaltssachen iSv §§ 111 Nr. 8, 231 FamFG (dh sowohl Kindes- als auch Ehegattenunterhalt) sowie – Güterrecht iSv §§ 111 Nr. 9, 261 FamFG und sonstige Vermögensauseinandersetzungen (gege-

65 OLG München AGS 2012, 25 = FamRZ 2012, 326.
66 OLG Naumburg AGS 2013, 353 = FamFR 2013, 356 = FamRZ 2014, 238.

N. Schneider

	benenfalls auch §§ 111 Nr. 10 iVm 266 Abs. 1 Nr. 2 und Nr. 3 FamFG).
OLG Nürnberg[67]	Wird von dem Amtsgericht ein Beratungshilfeschein für die Angelegenheiten „Getrenntleben, Scheidung mit Folgesachen" erteilt, sind bei einer anschließenden umfassenden Beratung durch einen Rechtsanwalt die vier Komplexe Scheidung, Angelegenheiten im Zusammenhang mit dem persönlichen Verhältnis zu Kindern, Angelegenheiten im Zusammenhang mit der Ehewohnung und dem Hausrat sowie sonstige finanzielle Auswirkungen von Trennung und Scheidung (Unterhaltsansprüche, Güterrecht und Vermögensauseinandersetzung) jeweils als gesonderte gebührenrechtliche Angelegenheiten zu behandeln, so dass die Beratungsgebühr für insgesamt bis zu vier Angelegenheiten geltend gemacht werden kann.
OLG Rostock[68]	§ 16 Nr. 4 RVG findet für die außergerichtliche Beratungshilfe keine Anwendung. Die Vorschrift betrifft lediglich das gerichtliche Verbundverfahren. Für die Frage, ob dieselbe Angelegenheit vorliegt, kommt es darauf an, ob die Beratung in unterschiedlichen Lebensbereichen bzw. zu unterschiedlichen Lebenssachverhalten erfolgt ist.
OLG Schleswig[69]	Im Bereich familienrechtlicher Beratungsgegenstände werden unterschiedliche juristische Auffassungen vertreten. Der Senat schließt sich der Auffassung an, dass in generalisierender Betrachtung von bis zu vier möglichen Angelegenheiten auszugehen sei, nämlich: ■ Scheidung als solche, ■ persönliches Verhältnis zu den Kindern (Personensorge, Umgangsrecht), ■ Fragen im Zusammenhang mit der Ehewohnung und den Haushaltsgegenständen, finanzielle Auswirkungen von Trennung und Scheidung (Unterhalt, Güterrecht, Vermögensauseinandersetzung).
OLG Stuttgart[70]	Wird ein Beratungshilfeschein für die Angelegenheiten „Trennung, Scheidung und Folgesachen" erteilt, sind bei einer anschließenden umfassenden Beratung durch einen Rechtsanwalt die vier Komplexe: ■ Scheidung als solche, ■ das persönliche Verhältnis zu den Kindern (Personensorge, Umgangsrecht),

---

67 OLG Nürnberg AGS 2011, 298 = NJW 2011, 3108 = FamRZ 2011, 1687 = FuR 2011, 588.
68 OLG Rostock AGS 2011, 80 = FamRZ 2011, 834 = NJW-RR 2011, 871.
69 OLG Schleswig AGS 2013, 301 = FamFR 2013, 329.
70 OLG Stuttgart AGS 2012, 589 = FamRZ 2013, 726 = FamFR 2012, 569 = AnwBl 2013, 236.

> - Fragen im Zusammenhang mit Ehewohnung und Hauhaltsgegenständen,
> - finanzielle Auswirkungen von Trennung und Scheidung (Unterhaltsansprüche, Güterrecht, Vermögensauseinandersetzung)
> - jeweils als gesonderte gebührenrechtliche Angelegenheiten zu behandeln, so dass die Beratungsgebühr für insgesamt bis zu vier Angelegenheiten geltend gemacht werden kann.

93 Um verschiedene Angelegenheiten handelt es sich wiederum, wenn ein Rechtsanwalt im Rahmen der Beratungshilfe von einem Unterhaltsschuldner beauftragt wird, die Neuberechnung der Unterhaltsansprüche für drei Kinder von drei verschiedenen Müttern vorzunehmen und entsprechende Korrespondenz mit den Anspruchsberechtigten zu führen.[71]

IX. Gerichtliche Verfahren

94 **1. Überblick.** Die Vergütung des Anwalts in gerichtlichen Verfahren richtet sich nach Teil 3 RVG-VV. **Erstinstanzlich gilt Teil 3 Abschnitt 1 RVG-VV (Nr. 3100 ff. RVG-VV)**, unabhängig davon, ob es sich um ein Verbundverfahren, eine Familienstreitsache oder eine Familiensache der freiwilligen Gerichtsbarkeit handelt. Darüber hinaus regelt Teil 3 RVG-VV auch einige **besondere Verfahren**, für die gesonderte Vergütungen vorgesehen sind, wie zB Mahnverfahren, Vereinfachtes Verfahren auf Festsetzung des Unterhalts Minderjähriger, Vermittlungsverfahren, VKH-Bewilligungs- und Überprüfungsverfahren, Zwangsvollstreckung etc. Ebenso sind hier der Terminsvertreter und der Verkehrsanwalt geregelt.

95 Hinzukommen die **Allgemeinen Gebühren** nach Teil 1 RVG-VV (insbesondere Einigungs- und Aussöhnungsgebühr).

96 **2. Erstinstanzliche Verfahren nach Teil 3 Abschnitt 1 RVG-VV. a) Allgemeines. aa) Überblick.** Richten sich die Verfahren nach Teil 3 Abschnitt 1 RVG-VV, so erhält der Anwalt die Gebühren nach den Nrn. 3100 ff. RVG-VV, also eine Verfahrensgebühr und eine Terminsgebühr. Hinzukommen kann eine Einigungs- oder Aussöhnungsgebühr nach Teil 1 RVG-VV. Möglich ist auch eine Zusatzgebühr für besonders umfangreiche Beweisaufnahmen (Nr. 1010 RVG-VV), die in der Praxis jedoch keine Bedeutung hat.

97 **bb) Verfahrensgebühr.** Für das **Betreiben des Geschäfts einschließlich der Entgegennahme der Information** erhält der Anwalt eine Verfahrensgebühr (Vorbem. 3 Abs. 2 RVG-VV). Die Höhe der Verfahrensgebühr beläuft sich grundsätzlich auf 1,3 (Nr. 3100 RVG-VV).

98 Unter den Voraussetzungen der Nr. 3101 RVG-VV **reduziert** sich die 1,3-Verfahrensgebühr der Nr. 3100 RVG-VV auf 0,8.

> - Dies ist der Fall, wenn sich die Sache vorzeitig erledigt, bevor also der Anwalt einen das Verfahren einleitenden Antrag, oder einen Schriftsatz mit Sachanträgen oder Sachvortrag einreicht und bevor er einen gerichtlichen Termin wahrnimmt (Nr. 3101 Nr. 1 RVG-VV).

---

71 AG Mülheim AGS 2009, 510.

N. Schneider

- Ebenso ermäßigt sich die 1,3-Verfahrensgebühr auf 0,8, soweit der Anwalt lediglich eine Einigung der Beteiligten oder mit Dritten über nicht anhängige Gegenstände zu Protokoll nimmt
- oder soweit er lediglich über solche Gegenstände erörtert oder verhandelt (Nr. 3101 Nr. 2 RVG-VV).

In Familiensachen der freiwilligen Gerichtsbarkeit ist darüber hinaus nach 99 Nr. 3101 Nr. 3 RVG-VV eine weitere Ermäßigung vorgesehen, wenn das Verfahren lediglich die Erteilung einer Genehmigung oder die Zustimmung des Familiengerichts zum Gegenstand hat und lediglich ein Antrag gestellt und/oder die Entscheidung des Gerichts entgegengenommen wird. Allerdings ist diese Ermäßigung nach Anm. Abs. 2 zu Nr. 3101 RVG-VV nicht anwendbar in streitigen Verfahren. Die Ermäßigungsvorschrift hat daher nur geringe Bedeutung, zB wenn im Zusammenhang mit einer Familiensache eine vormundschaftliche Genehmigung eingeholt wird oÄ.

Möglich ist auch, dass die Verfahrensgebühr aus einem Teil der Gegenstände 100 iHv 1,3 entsteht und aus einem weiteren Teil lediglich iHv 0,8. In diesem Fall sind dann nach § 15 Abs. 3 RVG die Gebühren aus den Teilwerten zunächst gesondert zu berechnen. Der Gesamtbetrag beider Gebühren darf aber eine 1,3-Verfahrensgebühr aus dem Gesamtwert nicht übersteigen.

Beispiel: In einem Verfahren auf Ehegattenunterhalt über 10.000 EUR ver- 101 suchen sich die Beteiligten unter Mitwirkung ihrer Anwälte im Termin über den Ehegattenunterhalt und über weitergehende nicht anhängige 5.000 EUR (Zugewinnausgleich) zu einigen. Eine Einigung kommt jedoch nicht zustande.

1.	1,3-Verfahrensgebühr, Nr. 3100 RVG-VV		
	(Wert: 10.000 EUR)	725,40 EUR	
2.	0,8-Verfahrensgebühr, Nr. 3101 Nr. 2 RVG-VV		
	(Wert: 5.000 EUR)	242,40 EUR	
	gem. § 15 Abs. 3 RVG nicht mehr als 1,3 aus 15.000 EUR		845,00 EUR
3.	1,2-Terminsgebühr, Nr. 3104 RVG-VV		
	(Wert: 15.000 EUR)		780,00 EUR
4.	Postentgeltpauschale, Nr. 7002 RVG-VV		20,00 EUR
	Zwischensumme	1.645,00 EUR	
5.	19 % Umsatzsteuer, Nr. 7008 RVG-VV		312,55 EUR
Gesamt			**1.957,55 EUR**

War der Anwalt zuvor außergerichtlich tätig, ist die dort verdiente **Geschäftsge-** 102 **bühr** nach der Vorbem. 3 Abs. 4 S. 1 RVG-VV hälftig, höchstens jedoch zu 0,75 auf die Verfahrensgebühr **anzurechnen.** Angerechnet wird nur, soweit die Gegenstände von außergerichtlicher Vertretung und Rechtsstreit identisch sind (Vorbem. 3 Abs. 4 S. 2 RVG-VV).

Ebenso ist eine außergerichtlich entstandene **Beratungsgebühr anzurechnen,** so- 103 fern nichts anderes vereinbart worden ist (§ 34 Abs. 2 RVG). Des Weiteren ist gegebenenfalls eine zuvor im **Mahnverfahren** verdiente Verfahrensgebühr anzurechnen (Anm. zu Nr. 3305, Anm. zu Nr. 3307 RVG-VV), eine Verfahrensgebühr im **vereinfachten Verfahren auf Festsetzung von Unterhalt Minderjähriger** (Anm. Abs. 1 zu Nr. 3100 RVG-VV) sowie die in einem **Vermittlungsverfahren nach § 165 FamFG** (§ 52 a FGG aF) angefallene Verfahrensgebühr (Anm. Abs. 3 zu Nr. 3100 RVG-VV). Ebenso ist eine Verfahrensgebühr anzurechnen, die in einem vorangegangenen Verfahren für das Mitverhandeln oder Miterörtern von

Gegenständen entstanden ist und diese nunmehr gerichtlich geltend gemacht werden (Anm. Abs. 1 zu Nr. 3101 RVG-VV).

104 **cc) Terminsgebühr.** Neben der Verfahrensgebühr kann der Anwalt eine Terminsgebühr verdienen. Die Terminsgebühr entsteht unter den Voraussetzungen der Vorbem. 3 Abs. 3 RVG-VV, und zwar

- bei Wahrnehmung eines **gerichtlichen Termins** (Vorbem. 3 Abs. 3 S. 1 RVG-VV),
- bei Wahrnehmung eines von einem **gerichtlichen Sachverständigen anberaumten Termins** (Vorbem. 3 Abs. 3 S. 3 Nr. 1 RVG-VV) oder
- bei der Mitwirkung an **Besprechungen, die auf die Erledigung oder Vermeidung eines gerichtlichen Verfahrens gerichtet sind** (Vorbem. 3 Abs. 3 S. 3 Nr. 2 RVG-VV).

Daneben kann der Anwalt die Terminsgebühr auch dann verdienen, wenn in einem Verfahren, für das die mündliche Verhandlung vorgeschrieben ist, im Einverständnis der Beteiligten **ohne mündliche Verhandlung entschieden** wird, oder wenn die Beteiligten dort einen **schriftlichen Vergleich** schließen, zB im Verfahren nach § 113 Abs. 1 S. 2 FamFG iVm § 278 Abs. 6 ZPO[72] (Anm. Abs. 1 zu Nr. 3104 RVG-VV). Ein gerichtlich protokollierter oder nach § 113 Abs. 1 S. 2 FamFG iVm § 278 Abs. 6 ZPO festgestellter Vergleich ist allerdings nicht erforderlich. Auch ein einfacher privatschriftlicher Vergleich genügt.[73]

105 Strittig ist, ob eine Terminsgebühr nach Anm. Abs. 1 Nr. 1 zu Nr. 3104 RVG-VV auch in Familiensachen der freiwilligen Gerichtsbarkeit entstehen kann (→ Rn. 152).

106 Die Terminsgebühr entsteht auch, soweit über **nicht anhängige Gegenstände** erörtert oder verhandelt wird. Die Gebühr kann auch schon **vor Anhängigkeit** anfallen, sofern bereits ein Verfahrensauftrag besteht.[74]

107 Die **Höhe der Terminsgebühr** beläuft sich grundsätzlich auf 1,2 (Nr. 3104 RVG-VV). Ob streitig oder nicht streitig verhandelt wird, ist unerheblich. Es muss nicht einmal verhandelt werden. Die Teilnahme am Termin reicht aus.

108 Lediglich unter den Voraussetzungen der Nr. 3105 RVG-VV **ermäßigt** sich die 1,2-Terminsgebühr der Nr. 3104 RVG-VV auf 0,5. Diese Ermäßigung kommt allerdings nur in Familienstreitsachen in Betracht, wenn der Gegner nicht erschienen oder nicht ordnungsgemäß vertreten ist und daraufhin sogleich der Antrag auf Erlass einer Versäumnisentscheidung oder ein Antrag zur Verfahrens- oder Sachleitung gestellt wird, sowie in Ehesachen, wenn der Antragsteller nicht erscheint (s. § 130 FamFG). Gleiches gilt, wenn das Gericht in diesen Verfahren von Amts wegen zur Verfahrens- und Sachleitung entscheidet (Anm. Abs. 1 Nr. 1 zu Nr. 3105 RVG-VV). Diese Ermäßigung gilt auch dann, wenn ein Versäumnisbeschluss im schriftlichen Vorverfahren nach § 113 Abs. 1 S. 2 FamFG iVm § 331 Abs. 3 ZPO ergeht (Anm. Abs. 1 Nr. 2 zu Nr. 3105 RVG-VV).[75] In

72 BGH AGS 2005, 540 = FamRZ 2006, 118 = NJW 2006, 157; AGS 2006, 488 = FamRZ 2006, 1373; AGS 2007, 341 = FamRZ 2007, 1013.
73 OLG Köln AnwBl 2016, 934 = FamRB 2017, 24; RVGreport 2016, 259 = AGS 2016, 391 = JurBüro 2016, 467.
74 BGH AGS 2007, 166 = FamRZ 2007, 721 = AnwBl. 2007, 381.
75 OLG Hamm AGS 2012, 16 = FamRZ 2012, 246 = FamRB 2011, 276 = FamFR 2011, 475.

N. Schneider

Familiensachen der freiwilligen Gerichtsbarkeit kommt eine Ermäßigung nicht in Betracht, da dort der Erlass eines Versäumnisbeschlusses nicht vorgesehen ist,

Wird nach einem Versäumnisbeschluss Einspruch eingelegt und ergeht hierauf- 109 hin ein **zweiter Versäumnisbeschluss,** entsteht die volle 1,2-Terminsgebühr.[76] Ebenso entsteht die volle 1,2-Terminsgebühr, wenn bei Säumnis des Gegners mit dem Gericht oder mit dem nicht postulationsfähigen Beteiligten **erörtert** wird.[77]

War ein Mahnverfahren oder ein vereinfachtes Verfahren auf Festsetzung des 110 Unterhalts Minderjähriger vorangegangen, ist eine dort eventuell verdiente Terminsgebühr **anzurechnen** (Anm. Abs. 4 zu Nr. 3104 RVG-VV). Ebenso ist eine Terminsgebühr anzurechnen, die in einem vorangegangenen Verfahren für das Mitverhandeln oder Miterörtern von Gegenständen entstanden ist, die nunmehr eingeklagt werden (Anm. Abs. 2 zu Nr. 3104 RVG-VV). In allen anderen Fällen ist eine Anrechnung der Terminsgebühr nicht vorgesehen (so zB im Verfahren nach § 165 FamFG, § 52 a FGG aF).

dd) Einigungsgebühr. Neben der Verfahrens- und Terminsgebühr kann der An- 111 walt eine Einigungsgebühr nach Nrn. 1000 ff. RVG-VV verdienen, wenn er an einer Einigung der Beteiligten mitwirkt (→ Rn. 40 ff.). Die Gebühr entsteht auch in Kindschaftssachen für die Mitwirkung am Abschluss eines gerichtlich gebilligten Vergleichs (§ 156 Abs. 2 FamFG) oder einer sonstigen Vereinbarung, wenn hierdurch eine gerichtliche Entscheidung entbehrlich wird (Anm. Abs. 2 zu Nr. 1003 RVG-VV).

Die **Höhe der Einigungsgebühr** beläuft sich hinsichtlich der anhängigen Gegen- 112 stände lediglich auf 1,0 (Nr. 1003 RVG-VV). Soweit nicht anhängige Gegenstände mit in die Einigung einbezogen werden, entsteht insoweit unter Beachtung des § 15 Abs. 3 RVG eine 1,5-Einigungsgebühr und soweit Gegenstände aus einem Rechtsmittelverfahren mit einbezogen werden, eine 1,3-Einigungsgebühr (Nr. 1004 RVG-VV). Zu Einzelheiten → Rn. 45 ff.

ee) Aussöhnungsgebühr. Wirkt der Anwalt an einer Aussöhnung der Eheleute 113 mit, erhält er eine Aussöhnungsgebühr nach Nrn. 1001 ff. RVG-VV, die sich im Fall der Anhängigkeit allerdings lediglich auf 1,0 beläuft (Nr. 1003 RVG-VV). Zu Einzelheiten → Rn. 55 f.

ff) Terminsvertreter. Wird der Anwalt lediglich damit beauftragt, einen Termin 114 iSd Vorbem. 3 Abs. 3 RVG-VV wahrzunehmen, ohne dass er mit der Prozessführung insgesamt beauftragt ist, erhält er zunächst einmal eine Verfahrensgebühr in Höhe der Hälfte der **Verfahrensgebühr** eines Hauptbevollmächtigten (Nr. 3401 RVG-VV). Endet der Auftrag, bevor der Termin begonnen hat, ermäßigt sich die Verfahrensgebühr nach Nr. 3405 Nr. 2 RVG-VV auf einen Höchstsatz von 0,5.

Nimmt der Terminsvertreter an einem Termin teil, so erhält er nach Nr. 3402 115 RVG-VV die **Terminsgebühr,** die einem Verfahrensbevollmächtigten für die Wahrnehmung des Termins zustehen würde, erstinstanzlich also eine 1,2-Terminsgebühr (Nr. 3104 RVG-VV).

Soweit der Terminsvertreter an einer Einigung mitwirkt, erhält er auch eine **Ei-** 116 **nigungsgebühr** nach den Nrn. 1000, 1003 RVG-VV.

---

76 BGH AGS 2006, 487 = NJW 2006, 2927; AGS 2006, 366 = FamRZ 2006, 1273.
77 BGH AGS 2007, 226 = NJW 2007, 1692.

117 Der **Gegenstandswert** der Tätigkeit des Terminsvertreters bestimmt sich danach, hinsichtlich welcher Gegenstände er im Termin tätig werden soll. In der Regel wird dies der volle Hauptsachewert sein. Es kann aber auch ein geringerer Wert maßgebend sein, etwa wenn nur über einen Teil des Verfahrensgegenstands verhandelt wird.

118 **gg) Verkehrsanwalt. (1) Verkehr mit dem Prozessbevollmächtigten.** Wird der Anwalt lediglich damit beauftragt, den Verkehr eines Beteiligten mit dem Verfahrensbevollmächtigten zu führen, erhält er die gleiche **Verfahrensgebühr** wie der Hauptbevollmächtigte, allerdings höchstens 1,0. Erledigt sich der Verkehrsanwaltsauftrag, bevor der Verfahrensbevollmächtigte beauftragt oder der Verkehrsanwalt gegenüber dem Verfahrensbevollmächtigten tätig geworden ist, reduziert sich die Höchstgrenze für den Verkehrsanwalt auf eine 0,5-Verfahrensgebühr (Nr. 3405 Nr. 1 RVG-VV).

119 Eine **Terminsgebühr** kann der Verkehrsanwalt nicht verdienen, weil diese für den Verkehrsanwalt nicht vorgesehen ist.

120 Hinzukommen kann eine **Einigungsgebühr** (Nrn. 1000, 1003 RVG-VV), da die Gebühren nach Teil 1 RVG-VV in allen Angelegenheiten gelten, also auch für den Verkehrsanwalt. Der Verkehrsanwalt erhält daher eine Einigungsgebühr, wenn er an dem Zustandekommen einer Einigung mitwirkt. Dies kann etwa dadurch geschehen, dass er dem Hauptbevollmächtigten die Vorgaben an die Hand gibt, wie und in welchem Umfang er eine Einigung mit dem Gegner suchen und abschließen soll.[78] Die Einigungsgebühr entsteht aber auch dann, wenn der Hauptbevollmächtigte einen Vergleich unter Widerrufsvorbehalt schließt und der Verkehrsanwalt anschließend die Sache mit dem Mandanten bespricht und vom Widerruf abrät.[79]

121 **(2) Übersendung der Handakten mit gutachterlichen Äußerungen.** Eine besondere Verkehrsanwaltsgebühr entsteht nach der Anm. zu Nr. 3400 RVG-VV, wenn der Verfahrensbevollmächtigte seine Handakten an den Rechtsmittelanwalt versendet und er die Übersendung mit gutachterlichen Äußerungen verbindet. Erforderlich ist ein ausdrücklicher Auftrag.[80] Der Anwalt erhält dann ebenfalls eine **1,0-Verfahrensgebühr**, die sich bei vorzeitiger Erledigung auf 0,5 ermäßigt (Nr. 3405 Nr. 1 RVG-VV).

122 **Gegenstandswert** ist hier der Wert derjenigen Gegenstände, gegen die sich das Rechtsmittel richten soll.

123 **b) Selbstständige Verfahren. aa) Überblick.** In selbstständigen Verfahren, also in Familiensachen, die nicht im Verbund nach § 137 FamFG geführt werden, gelten die Gebühren nach Teil 3 Abschnitt 1 RVG-VV. Der Gegenstandswert richtet sich gem. § 23 Abs. 1 S. 1 RVG nach dem jeweiligen Verfahrenswert des FamGKG. Zu unterscheiden sind hier

■ Ehesachen,
■ Familienstreitsachen,
■ Verfahren der freiwilligen Gerichtsbarkeit.

124 **bb) Ehesache.** Der Anwalt erhält im Fall einer isolierten Ehesache eine **Verfahrensgebühr** (Nr. 3100 RVG-VV).

---

78 AnwK-RVG/N. Schneider Nr. 3400 Rn. 61 ff.
79 OLG Frankfurt/M. AnwBl. 1983, 186; OLG Schleswig JurBüro 1989, 632.
80 BGH NJW 1991, 2084 = JurBüro 1991, 1647.

Hinzukommen kann eine **Terminsgebühr** (Nr. 3104 RVG-VV). Eine Reduzie- 125
rung der Terminsgebühr auf 0,5 (Nr. 3105 RVG-VV) kommt nur für den Anwalt des Antragsgegners in Betracht (siehe § 130 FamFG).

Eine **Einigungsgebühr** kann nicht entstehen (Anm. Abs. 5 S. 1 zu Nr. 1000 RVG- 126
VV). Es kommt allerdings die **Aussöhnungsgebühr** nach Nr. 1001 RVG-VV in
Betracht, die sich gem. Nr. 1003 RVG-VV lediglich auf 1,0 beläuft.

Der **Gegenstandswert** richtet sich nach § 43 Abs. 1 S. 1 FamGKG. Das Gericht 127
hat den Wert unter Berücksichtigung aller Umstände des Einzelfalls, insbesondere unter Beachtung des Umfangs und der Bedeutung der Sache sowie der
Vermögens- und Einkommensverhältnisse der Beteiligten zu bewerten. Hinsichtlich der Vermögens- und Einkommensverhältnisse ist auf das in drei Monaten
erzielte Nettoeinkommen abzustellen (§ 43 Abs. 2 S. 1 FamGKG). Der Wert
muss mindestens 3.000 EUR betragen; er darf jedoch den Betrag von 1 Mio.
EUR nicht übersteigen (§ 43 Abs. 2 S. 2 FamGKG). Eine pauschale Bewertung
mit dem Mindestwert im Falle beiderseitiger VKH ist verfassungswidrig.[81]

cc) Familienstreitsachen. (1) Überblick. Die Gebühren in Familienstreitsachen 128
richten sich nach den Nrn. 3100 ff. RVG-VV. Der Anwalt erhält also eine 1,3-
Verfahrensgebühr nach Nr. 3100 RVG-VV, die sich nach Nr. 3101 Nr. 1 u. Nr. 2
RVG-VV auf 0,8 ermäßigen kann. Eine Ermäßigung nach Nr. 3101 Nr. 3 RVG-
VV kommt dagegen nicht in Betracht.

Hinzu kommt unter den Voraussetzungen der Vorbem. 3 Abs. 3 RVG-VV eine 129
1,2-**Terminsgebühr**, die sich allerdings nach Nr. 3105 RVG-VV auf 0,5 ermäßigen kann, da hier Versäumnisentscheidungen möglich sind. Da in Familienstreitsachen mündlich zu verhandeln ist (§ 113 Abs. 1 S. 2 FamFG iVm § 128 Abs. 1
ZPO), kann hier die Terminsgebühr auch nach Anm. Abs. 1 Nr. 1 zu Nr. 3104
RVG-VV bei einer Entscheidung ohne mündliche Verhandlung, bei einem Anerkenntnisbeschluss oder bei Abschluss eines schriftlichen Vergleichs entstehen.

Darüber hinaus kann eine Einigungsgebühr nach den Nrn. 1000 ff. RVG-VV 130
entstehen, da in allen Familienstreitsachen der Streitstoff zur Disposition der Beteiligten steht.

(2) Unterhalt. In Verfahren auf Ehegatten- oder Kindesunterhalt erhält der An- 131
walt die Gebühren nach den Nrn. 3100 ff. RVG-VV, also eine 1,3-
Verfahrensgebühr (Nr. 3100 RVG-VV) sowie eine 1,2-Terminsgebühr (Nr. 3104
RVG-VV), wobei eine Ermäßigung nach Nr. 3105 RVG-VV in Betracht kommt.
Möglich ist auch hier eine Einigungsgebühr (Nrn. 1000 ff. RVG-VV).

Der **Gegenstandswert** richtet sich nach § 35 FamGKG, soweit Unterhalt in Geld 132
verlangt wird. Naturalunterhalt wäre nach § 42 Abs. 1 FamGKG zu bewerten.

Zu beachten ist § 51 Abs. 1 u. 2 FamGKG, wenn Unterhalt als wiederkehrende 133
Leistung geltend gemacht wird. Maßgebend ist für den zukünftigen Unterhalt
der Betrag, der für die auf die Antragseinreichung folgenden zwölf Monate ver-
langt wird (§ 51 Abs. 1 S. 1 FamGKG). Die bei Einreichung des Antrags fälligen
Beträge sind hinzuzurechnen (§ 51 Abs. 2 S. 1 FamGKG). Da der Unterhalt am
Ersten eines Monats im Voraus zu zahlen ist (§ 1612 Abs. 3 S. 1), ist der Wert

---

81 BVerfG AGS 2005, 424 = NJW 2005, 2980; AGS 2006, 352 mAnm Madert; BVerfG
NJW 2006, 1581 = FamRZ 2006, 841; BVerfG 4.4.2006 – 1 BvR 1183/05; siehe ausführlich dazu Thiel, Verfassungswidrigkeit der Annahme eines Mindeststreitwerts „stets"
und „im Regelfall" in Ehesachen bei beidseits bewilligter Prozesskostenhilfe, AGS 2009,
257.

des laufenden Monats hinzuzurechnen. Soweit dem Verfahren ein Antrag auf Verfahrenskostenhilfe vorausgeht, ist auf den Eingang des VKH-Antrags abzustellen (§ 51 Abs. 2 S. 2 FamGKG).

134 Wird lediglich **Abänderung** (§ 238 FamFG) beantragt, so gelten die gleichen Bewertungsgrundsätze. Es kommt dann allerdings nur auf die Abänderungsbeträge an.[82] Fällige (Abänderungs-)Beträge sind auch hier zu berücksichtigen. Wird **wechselseitig Abänderung** beantragt, sind die Werte von Antrag und Widerantrag zusammenzurechnen (§ 39 Abs. 1 S. 1 FamGKG). Es liegt nicht derselbe Verfahrensgegenstand zugrunde.[83]

Wird ein Verfahren auf **Feststellung der Vaterschaft** mit einem Antrag auf Unterhalt verbunden, so handelt es sich um eine Unterhaltssache. Es gilt dann nach § 33 Abs. 1 S. 2 FamGKG nur der höhere Wert, in der Regel also der Wert des Unterhaltsantrags, so dass der Wert der Vaterschaftsfeststellung dann außer Ansatz bleibt.[84]

135 **(3) Zugewinnausgleich.** Wird Zugewinnausgleich beantragt, erhält der Anwalt wiederum eine 1,3-Verfahrensgebühr (Nr. 3100 RVG-VV) sowie eine 1,2-Terminsgebühr (Nr. 3104 RVG-VV) und im Fall der Einigung eine 1,0 Einigungsgebühr (Nr. 1000 RVG-VV).

136 Der **Gegenstandswert** richtet sich nach dem Wert der Zugewinnforderung, die geltend gemacht wird (§ 35 FamGKG). Wird **wechselseitig Zugewinn** verlangt, sind die Verfahrenswerte von Antrag- und Widerantrag zu addieren (§ 39 Abs. 1 S. 1 FamGKG). Es liegt nicht derselbe Verfahrensgegenstand zugrunde.[85]

137 Verlangt der Antragsgegner mit einem unechten Hilfswiderantrag die **Stundung der Zugewinnforderung** (§ 1382 Abs. 5), so handelt es sich insoweit um einen eigenen selbstständigen Gegenstand, der den Verfahrenswert erhöht, soweit darüber entschieden wird (§ 52 FamGKG). Maßgeblich ist hier das Interesse des Beklagten, sich die Kosten der Finanzierung der Forderung zu ersparen.[86]

138 Sofern der Antragsteller mit einem unechten Hilfsantrag die Übertragung von Vermögensgegenständen unter Anrechnung auf den Zugewinnausgleich verlangt (§ 1383 Abs. 3), liegt ebenfalls ein gesonderter Gegenstand vor, der zu einer Werterhöhung führt, sofern darüber entschieden wird (§ 52 FamGKG). Maßgeblich ist hier der Verkehrswert des zu übertragenden Gegenstands.

139 **(4) Vorzeitige Beendigung der Zugewinngemeinschaft.** Wird nach §§ 1385, 1386 die vorzeitige Beendigung der Zugewinngemeinschaft beantragt, mit der Folge, dass ab Rechtskraft der Entscheidung Gütertrennung eintreten und der

---

82 OLG Brandenburg 12.9.2016 – 13 WF 214/16; OLG München FamRZ 2005, 1766; OLG Hamm AGS 2004, 30; OLG Karlsruhe FamRZ 2011, 1813.

83 OLG München AGS 2007, 364 = FamRZ 2007, 750; aA OLG Hamm AGS 2004, 32 m. abl. Anm. N. Schneider.

84 OLG Hamm JurBüro 1984, 1214 = FamRZ 1984, 820; OLG Celle OLGReport 1995, 284.

85 OLG Köln AGS 2014, 282 = NJW-Spezial 2014, 380 = NZFam 2014, 607 = FamRB 2014, 304; OLG Hamm (7. Senat) AGS 2016, 230 = NZFam 2016, 423; OLG Celle AGS 2010, 614 = FamRZ 2011, 134; OLG Stuttgart AGS 2007, 47 = FamRZ 2006, 1055; OLG Karlsruhe NJW 1976, 3247; OLG Bamberg FamRZ 1995, 492; OLG München FamRZ 1997, 41; OLG Köln FamRZ 1997, 41; OLG Köln BRAGOreport 2001, 63 (N. Schneider) = FamRZ 2001, 1386; OLG Hamburg AGS 2000, 230 = OLGReport 2000, 306; Schneider/Herget Rn. 5140; aA OLG Hamm (10. Senat) RVGreport 2007, 38; OLG Hamm 9.8.2008 – 10 WF 154/06.

86 OLG Köln AGS 2003, 362 mAnm N. Schneider.

N. Schneider

Anspruch auf Zugewinnausgleich fällig werden soll, handelt es sich um eine Güterrechtssache nach § 261 Abs. 1 FamFG und damit um eine **Familienstreitsache.**

Es gelten daher die gleichen Gebühren wie im Verfahren auf Zugewinnausgleich. Auch eine Einigungsgebühr ist möglich.   140

Eine besondere Wertvorschrift ist im FamGKG nicht vorgesehen, so dass auf § 42 FamGKG zurückzugreifen ist, und zwar auf dessen Abs. 1, da es sich um eine vermögensrechtliche Angelegenheit handelt.   141

Zutreffend ist wie folgt zu **bewerten:**   142

- Wird der Antrag auf vorzeitigen Zugewinnausgleich gestellt, nachdem der Scheidungsantrag bereits rechtshängig geworden ist, richtet sich das Interesse nur danach, dass der Ausgleichsanspruch zu einem früheren Zeitpunkt fällig wird. Das Interesse des Antragstellers ist in diesem Fall daher nur auf das (Vor-)Fälligkeitsinteresse beschränkt und nach § 42 Abs. 1 FamGKG zu schätzen. Fehlen jegliche Angaben, kann gegebenenfalls auf den Auffangwert des § 43 Abs. 3 FamGKG abgestellt werden.

  Das OLG Nürnberg[87] will den Wert regelmäßig mit einem Fünftel des Zugewinnanspruchs annehmen. Das erscheint jedoch willkürlich, weil dies das Zeitmoment außer Ansatz lässt.

- Wird der Antrag auf vorzeitigen Zugewinnausgleich gestellt, bevor der Scheidungsantrag rechtshängig war oder wird ein Scheidungsantrag gar nicht gestellt, so ist für die Berechnung des Endvermögens anstelle der Rechtshängigkeit des Scheidungsantrags jetzt der Zeitpunkt der Rechtshängigkeit des Aufhebungsantrags maßgebend (§ 1387). Wird später noch der Scheidungsantrag eingereicht, ändert dies nichts daran, dass der frühere Zeitpunkt der Einreichung des Aufhebungsantrags für die Berechnung des Endvermögens maßgebend bleibt.

  Das Interesse des Antragstellers im Falle des vorzeitigen Zugewinnausgleichs besteht also in diesem Fall nicht nur darin, den Zugewinnausgleich früher als erst bei Rechtskraft der Scheidung verlangen zu können, sondern auch darin, dass sich der Zugewinnausgleich nunmehr zu einem früheren Zeitpunkt berechnet. Beide Aspekte sind bei der Wertfestsetzung jetzt zu berücksichtigen.

  Das Vorfälligkeitsinteresse ist wie vorstehend zu bewerten.

  Das Interesse an einem **anderen Endvermögensstichtag** ist zusätzlich zu bewerten. Es ist danach zu fragen, mit welchem Zugewinn nach dem früheren Stichtag des Aufhebungsverfahrens zu rechnen ist und mit welchem Zugewinnausgleich zum späteren Zeitpunkt der Zustellung des Scheidungsantrags zu rechnen gewesen wäre. Dabei ist auch die Gefahr von illoyalen Vermögensverschiebungen zu berücksichtigen. In der Regel dürften keine greifbaren Anhaltspunkte gegeben sein, so dass grundsätzlich vom Auffangwert des § 42 Abs. 3 FamGKG iHv 5.000 EUR auszugehen sein wird.[88]

  Die Rechtsprechung des Bundesgerichtshofs,[89] grundsätzlich ein Viertel des zu erwartenden Zugewinnausgleichsanspruchs anzunehmen,[90] erscheint

---

87 OLG Nürnberg FamRZ 1998, 685 = AGS 1999, 187 = AnwBl 1999, 131.
88 OLG Schleswig SchlHA 2012, 191 = AGS 2012, 35 = FamRZ 2012, 897; OLG Köln AGS 2014, 567 = FamRZ 2015, 528 = FamRB 2014, 380.
89 BGH NJW 1973, 369.
90 So auch das OLG Karlsruhe AGS 2015, 34 = FamRB 2014, 380.

willkürlich. Es gibt keinen Erfahrungsgrundsatz, dass der vorzeitige Zugewinnausgleichsanspruch gegenüber einem späteren Zugewinnausgleichsanspruch anlässlich der Ehescheidung um 25 % höher ausfällt.

143 **(5) Sonstige Familienstreitsachen.** In sonstigen Familienstreitsachen, etwa Streitigkeiten im Zusammenhang mit der steuerlichen Veranlagung der Ehegatten
(Zustimmung zum Realsplitting oder Abgabe der Anlage U zur Einkommensteuererklärung, Schadensersatz wegen unterlassener gemeinsamer Steuerveranla-
gung etc), auf Vermögensauseinandersetzung, Gesamtschuldausgleich etc., erhält der Anwalt ebenfalls die Gebühren nach den Nrn. 3100 ff. RVG-VV. Eine
Ermäßigung der Terminsgebühr nach Nr. 3105 RVG-VV ist möglich, ebenso wie
eine Einigungsgebühr.

144 Der Gegenstandswert richtet sich nach § 35 FamGKG oder § 42 Abs. 1
FamGKG.

Wird auf Zustimmung zu einer bestimmten steuerlichen Veranlagung geklagt, so
ist der Wert nach dem Steuervorteil zu bemessen, der sich für den Kläger bei Abgabe der Zustimmungserklärung ergibt.[91] Ein Abschlag, weil „nur" die Abgabe
einer Willenserklärung beantragt wird, ist nicht vorzunehmen.

145 Wird Freistellung von gemeinschaftlich eingegangenen Verpflichtungen beantragt, bemisst sich der Verfahrenswert nach dem Wert der Forderungen, von denen der Kläger freigestellt werden will. Sofern nur die hälftige Freistellung beantragt wird, ist auch nur der hälftige Wert anzusetzen (§ 42 FamGKG).

146 Wird für die Zeit nach der Scheidung eine **Nutzungsentschädigung** geltend gemacht, handelt es sich um eine sonstige Familiensache gem. § 266 FamFG. Die
Wertberechnung für diesen Anspruch richtet sich nach § 35 FamGKG.[92] Soweit
für die Zeit nach Einreichung des Antrags wiederkehrende Beträge geltend gemacht werden, sind diese analog § 51 Abs. 1 S. 1 FamGKG mit dem Betrag von
12 Monatsraten anzusetzen. Die Werte für die rückständigen und laufenden
Nutzungsentschädigungen sind zu addieren.[93]

147 **c) Familiensachen der freiwilligen Gerichtsbarkeit. aa) Überblick.** Auch in
selbstständigen Verfahren der freiwilligen Gerichtsbarkeit richten sich die Gebühren nach **Teil 3 Abschnitt 1 RVG-VV.**

148 Der Anwalt erhält also auch hier eine **Verfahrensgebühr** nach Nr. 3100 RVG-
VV. Eine Ermäßigung nach Nr. 3101 Nr. 1 oder Nr. 2 RVG-VV ist möglich.

149 Darüber hinaus kommt eine Ermäßigung nach Nr. 3101 Nr. 3 RVG-VV in Betracht, wenn in einer Familiensache der freiwilligen Gerichtsbarkeit, die nur die
Erteilung einer Genehmigung oder die Zustimmung des Familiengerichts zum
Gegenstand hat, lediglich ein Antrag gestellt und eine Entscheidung entgegengenommen wird.

150 Neben der Verfahrensgebühr entsteht unter den Voraussetzungen der Vorbem. 3
Abs. 3 RVG-VV eine **1,2 Terminsgebühr** nach Nr. 3104 RVG-VV.

---

91 OLG Frankfurt/M. AGS 2016, 294 = NZFam 2016, 472.
92 OLG Hamm (1. Senat) AGS 2016, 336 = FamRB 2015, 286; aA OLG Hamm (6. Senat)
 AGS 2013, 183 = FamFR 2013, 254.
93 OLG Naumburg AGS 2015, 36 = NZFam 2015, 136 = FamRZ 2015, 953; OLG Braunschweig, 21.3.2017 – 1 UF 106/16; aA OLG Frankfurt/M. AGS 2013, 341
 = FamRZ 2014, 1732 = FamRB 2013, 360 = FF 2013, 512 (3,5-facher Jahresbetrag nach
 § 9 ZPO).

Eine Ermäßigung auf eine 0,5-Terminsgebühr nach Nr. 3105 RVG-VV kommt 151
in Familiensachen der freiwilligen Gerichtsbarkeit nicht in Betracht, da hier eine
Versäumnisentscheidung nicht möglich ist.

Strittig ist, ob in Familiensachen der freiwilligen Gerichtsbarkeit eine Terminsge- 152
bühr nach Anm. Abs. 1 Nr. 1 zu Nr. 3104 RVG-VV anfallen kann. In Familiensachen der freiwilligen Gerichtsbarkeit ist eine mündliche Verhandlung grundsätzlich nicht vorgesehen, da in Verfahren der freiwilligen Gerichtsbarkeit nicht
mündlich verhandelt, sondern erörtert wird (vgl. § 32 FamFG). Diese Erörterung in Familiensachen der freiwilligen Gerichtsbarkeit steht aber der Verhandlung in den sonstigen Verfahren gleich, so dass die Anm. Abs. 1 Nr. 1 zu
Nr. 3104 RVG-VV so zu lesen ist, dass es sich um ein Verfahren handeln muss,
in dem eine Erörterung vorgeschrieben ist. Dabei wiederum reicht es aus, dass
das Gesetz davon spricht, es solle erörtert werden. Die gesetzliche Formulierung
„soll" bedeutet in diesem Zusammenhang, dass das Gericht mündlich erörtern
muss, wenn einer der Beteiligten dies beantragt. Nur wenn alle Beteiligten durch
Unterlassen des Antrags im Termin konkludent zu erkennen geben, dass Sie mit
einer Entscheidung im schriftlichen Verfahren einverstanden sind, darf das Gericht ohne Erörterungstermin entscheiden. Auch Sinn und Zweck der Anm.
Abs. 1 zu Nr. 3104 RVG-VV sprechen für deren Anwendung. Es wäre beim besten Willen nicht einzusehen, wieso für die Anwälte ein Anreiz geschaffen werden soll, in Familienstreitsachen den obligatorischen gerichtlichen Termin entbehrlich zu machen, in Familiensachen der freiwilligen Gerichtsbarkeit den obligatorischen Erörterungstermin aber nicht. Diese Gesetzesauslegung würde nicht
dem Willen des Gesetzgebers entsprechen, durch einen Gebührenanreiz eine Vereinfachung und Beschleunigung der Verfahren und eine Entlastung der Gerichte
zu erreichen. Dies alles spricht dafür, Anm. Abs. 1 Nr. 1 zu Nr. 3104 VV in diesen Fällen entsprechend anzuwenden und eine Terminsgebühr zu gewähren.[94]

Hinzukommen kann eine **Einigungsgebühr** nach den Nrn. 1000 ff. RVG-VV. In 153
den meisten Familiensachen der freiwilligen Gerichtsbarkeit kann über den Verfahrensgegenstand eine Einigung getroffen werden.

bb) Vermittlungsverfahren nach § 165 FamFG (52 a FGG aF). Im Vermittlungs- 154
verfahren nach § 165 FamFG (§ 52 a Abs. 1 S. 2 FGG aF) erhält der Anwalt die
Vergütung nach den Nrn. 3100 ff. RVG-VV, also eine **1,3-Verfahrensgebühr**
nach Nr. 3100 RVG-VV und unter den Voraussetzungen der Vorbem. 3 Abs. 3
RVG-VV eine **1,2-Terminsgebühr** nach Nr. 3104 RVG-VV. Möglich ist auch eine
1,0-Einigungsgebühr (Nrn. 1000, 1003 RVG-VV).

Kommt es im Anschluss an das Vermittlungsverfahren zu einem gerichtlichen 155
Umgangsrechtsverfahren, ist dies nach § 17 Nr. 8 RVG eine neue Angelegenheit.
Allerdings wird die Verfahrensgebühr des Vermittlungsverfahrens auf die Ver-
fahrensgebühr des nachfolgenden Umgangsrechtsverfahrens **angerechnet**. Eine

---

94 Zutreffend OLG Stuttgart AGS 2010, 586 = NJW 2010, 3524; OLG Schleswig
AGS 2007, 502 = OLGReport 2007, 475; AG Aucherbach AGS 2013, 238 = FamRZ
2013, 729; N. Schneider, Gebühren in Familiensachen, Rn. 405 ff.; Keuter, NJW 2009,
2922; aA AG Koblenz FamRZ 2007, 233; OLG Koblenz AGS 2008, 339 = FamRZ
2008, 1971; OLG Celle AGS 2011, 580 = NJW 2011, 3793 = FamRZ 2012, 245 =
FamFR 2011, 492; OLG München AGS 2012, 134 = FamRZ 2012, 1582 = FF 2012,
466; OLG Hamm AGS 2012, 562 = FamFR 2012, 543 = FamRZ 2013, 728; OLG
Schleswig SchlHA 2014, 416 = AGS 2014, 121 = NZFam 2014, 470; OLG Karlsruhe
FamRZ 2014, 1941 = AGS 2015, 69 = NZFam 2015, 41.

Terminsgebühr bleibt anrechnungsfrei. Die Kosten des Vermittlungsverfahrens gelten dann als Teil der Kosten des anschließenden Verfahrens (§ 165 Abs. 5 S. 3 FamFG, § 52 a Abs. 5 S. 3 FGG aF). Zur Abrechnung → Rn. 163.

156 Der **Gegenstandswert** bemisst sich nach § 45 FamGKG.[95] Auszugehen ist von einem Regelwert iHv **3.000 EUR.**

157 **cc) Bestimmte Kindschaftssachen.** In bestimmten Kindschaftssachen, also in Verfahren über das Umgangsrecht, das Sorgerecht, die Auskunft über die persönlichen Verhältnisse des Kindes oder die Herausgabe eines Kindes (§§ 151 ff. FamFG) erhält der Anwalt eine **1,3-Verfahrensgebühr** (Nr. 3100 RVG-VV) und unter den Voraussetzungen der Vorbem. 3 Abs. 3 RVG-VV eine **1,2-Terminsgebühr** (Nr. 3104 RVG-VV).

158 Auch dann, wenn über das Sorge- oder das Umgangsrecht im Einverständnis der Beteiligten **ohne Erörterung** entschieden wird, entsteht die Terminsgebühr und zwar nach Anm. Abs. 1 zu Nr. 3104 RVG-VV, da nach § 157 FamFG eine Erörterung und darüber hinaus nach §§ 159, 160 FamFG auch eine Anhörung vorgeschrieben ist (→ Rn. 152).

159 Möglich ist weiterhin eine **Einigungsgebühr** (Anm. Abs. 2 zu Nr. 1003 RVG-VV). Auch wenn Umgangs- und Sorgerecht nicht zur freien Disposition der Beteiligten stehen, können sie doch Einigungen treffen, an die das Gericht im Rahmen seiner Entscheidung gebunden ist.[96]

160 Der **Gegenstandswert** bemisst sich nach § 45 Abs. 1 FamGKG. Es ist von einem Regelwert iHv 3.000 EUR auszugehen. Der Wert kann nach Lage des Falles niedriger oder höher liegen (§ 45 Abs. 3 FamFKG). Sind **mehrere Kinder** betroffen, so ist auch dann nur von einem Gegenstand auszugehen (§ 45 Abs. 2 FamGKG); es ist keinesfalls je Kind der Regelbetrag anzusetzen und sodann zu addieren. Der Regelwert von 3.000 EUR gilt grundsätzlich auch für Verfahren betreffend mehrere Kinder.[97] Der Ausgangswert kann allerdings entsprechend dem größeren Umfang und der höheren Bedeutung der Sache anzuheben sein.[98]

161 Wird in einem Verfahren über das Umgangsrecht die nicht anhängige elterliche Sorge mit verhandelt oder darüber eine Einigung erzielt oder wird im Verfahren über die elterliche Sorge über das nicht anhängige Umgangsrecht verhandelt oder eine Einigung erzielt, so liegen verschiedene Gegenstände vor, so dass sich der Wert entsprechend erhöht.[99] Der Anwalt erhält also eine höhere Verfahrens- und eine höhere Terminsgebühr. Soweit sich die Beteiligten über das anhängige Sorge- oder Umgangsrecht einigen, entsteht die Einigungsgebühr zu 1,0 (Nr. 1003 RVG-VV), soweit sie sich über das nicht anhängige Umgangs- oder Sorgerecht einigen, entsteht die Einigungsgebühr zu 1,5 (Nr. 1000 RVG-VV).

162 **Beispiel:** Die Ehefrau beantragt die Übertragung der elterlichen Sorge. Im Termin verhandeln die Beteiligten auch zum Umgangsrecht und erzielen eine Einigung zum Sorge- und zum Umgangsrecht. Die Geschäftswerte werden auf jeweils 3.000 EUR für Umgangs- und Sorgerecht festgesetzt.

---

95 OLG Karlsruhe AGS 2012, 578 = FamRZ 2013, 722 = FuR 2013, 175 = FF 2013, 131 u. 262.
96 OLG Koblenz AGS 2005, 433 = NJW-RR 2005, 1160 = FamRZ 2005, 1846.
97 OLG Karlsruhe AGS 2007, 426 = FamRZ 2007, 848 = ZFE 2006, 475; OLG Naumburg OLGReport 2006, 511.
98 KG FamRZ 2006, 438.
99 OLG Zweibrücken AGS 2002, 125 = OLGReport 2002, 130.

1.	1,3-Verfahrensgebühr, Nr. 3100 RVG-VV	
	(Wert: 3.000 EUR)	261,30 EUR
2.	0,8-Verfahrensgebühr, Nrn. 3100, 3101 RVG-VV	
	(Wert: 3.000 EUR)	160,80 EUR
	(der Höchstbetrag des § 15 Abs. 3 RVG,	
	1,3 aus 6.000 EUR = 460,20 EUR ist nicht überschritten)	
2.	1,2-Terminsgebühr, Nr. 3104 RVG-VV	
	(Wert: 6.000 EUR)	424,80 EUR
3.	1,0-Einigungsgebühr, Nrn. 1000, 1003 RVG-VV	
	(Wert: 3.000 EUR)	201,00 EUR
4.	1,5-Einigungsgebühr, Nr. 1000 RVG-VV	
	(Wert: 3.000 EUR)	301,50 EUR
	(der Höchstbetrag des § 15 Abs. 3 RVG,	
	1,5 aus 6.000 EUR = 531,00 EUR ist nicht überschritten)	
5.	Postentgeltpauschale, Nr. 7002 RVG-VV	20,00 EUR
	Zwischensumme 1.407,50 EUR	
6.	19 % Umsatzsteuer, Nr. 7008 RVG-VV	267,43 EUR
Gesamt		**1.674,93 EUR**

Ist ein Vermittlungsverfahren nach § 165 FamFG vorangegangen, ist die dortige **163** Verfahrensgebühr **anzurechnen** (Anm. Abs. 3 zu Nr. 3100 RVG-VV), nicht aber auch eine Terminsgebühr.

Beispiel: Vor dem Familiengericht findet zunächst ein Vermittlungsverfahren **164** nach § 165 FamFG statt. Da die Vermittlung trotz eines Vermittlungstermins (§ 165 FamFG) scheitert, leitet die Mutter ein Umgangsrechtsverfahren ein, in dem wieder ein Termin stattfindet.

I.	**Verfahren nach § 165 FamFG (Wert: 3.000 EUR)**	
1.	1,3-Verfahrensgebühr, Nr. 3100 RVG-VV	261,30 EUR
2.	1,2-Terminsgebühr, Nr. 3104 RVG-VV	241,20 EUR
3.	Postentgeltpauschale, Nr. 7002 RVG-VV	20,00 EUR
	Zwischensumme 522,50 EUR	
4.	19 % Umsatzsteuer, Nr. 7008 RVG-VV	99,28 EUR
Gesamt		**621,78 EUR**
II.	**Gerichtliches Umgangsrechtsverfahren (Wert: 3.000 EUR)**	
1.	1,3-Verfahrensgebühr, Nr. 3100 RVG-VV	261,30 EUR
2.	gem. Anm. Abs. 3 zu Nr. 3100 RVG-VV anzurechnen,	
	1,3 aus 3.000 EUR	-261,30 EUR
3.	1,2-Terminsgebühr, Nr. 3104 RVG-VV	241,20 EUR
4.	Postentgeltpauschale, Nr. 7002 RVG-VV	20,00 EUR
	Zwischensumme 261,20 EUR	
5.	19 % Umsatzsteuer, Nr. 7008 RVG-VV	49,63 EUR
Gesamt		**310,83 EUR**

dd) Versorgungsausgleich. In isolierten Verfahren über den Versorgungsaus- **165** gleich erhält der Anwalt eine **1,3-Verfahrensgebühr** (Nr. 3100 RVG-VV) und unter den Voraussetzungen der Vorbem. 3 Abs. 3 RVG-VV eine **1,2-Terminsgebühr** (Nr. 3104 RVG-VV). Auch hier kann eine 1,2-Terminsgebühr nach Anm. Abs. 1 Nr. 1 zu Nr. 3104 RVG-VV anfallen, da nach § 222 FamFG ein Erörterungstermin vorgeschrieben ist (→ Rn. 152).[100]

---

100   AA KG AGS 2011, 324.

166 Der **Gegenstandswert** für den Versorgungsausgleich richtet sich nach § 50 FamGKG.

- Soweit Ausgleichsansprüche nach der Scheidung betroffen sind, ist von 20 % des dreifachen Nettoeinkommens beider Ehegatten auszugehen.

- In allen andern Fällen ist von 10 % des dreifachen Nettoeinkommens beider Ehegatten auszugehen. Da über diese Ansprüche der Versorgungsausgleich idR im Verbund geführt wird, sind hier idR nur die Abänderungsverfahren betroffen sowie die kaum noch vorkommenden abgetrennten Verfahren nach altem Recht (Art. 111 Abs. 4 FGG-ReformG).

167 Im Einzelfall kann das Gericht auch einen höheren oder einen niedrigeren Wert festsetzen (§ 50 Abs. 3 FamGKG). Der Mindestwert beträgt 1.000 EUR (§ 50 Abs. 1 S. 2 FamGKG).

168 In Verfahren über einen Auskunftsanspruch oder über die Abtretung von Versorgungsansprüchen beträgt der Verfahrenswert 500 EUR.

169 **ee) Haushaltssachen.** In Haushaltssachen erhält der Anwalt die **1,3-Verfahrensgebühr** nach Nr. 3100 RVG-VV. Daneben entsteht eine **1,2-Terminsgebühr** nach Nr. 3104 RVG-VV. Eine Gebühr nach Anm. Abs. 1 Nr. 1 zu Nr. 3104 RVG-VV ist möglich, da gem. § 207 FamFG ein Erörterungstermin vorgeschrieben ist (→ Rn. 152). Der Erlass eines Versäumnisbeschlusses ist nicht möglich, so dass eine 0,5-Gebühr nach Nr. 3105 RVG-VV ausscheidet. Möglich ist daneben noch die **1,0-Einigungsgebühr** nach Nrn. 1000, 1003 RVG-VV.

170 Der **Gegenstandswert** bestimmt sich nach § 48 Abs. 2 FamGKG und beläuft sich für die Zeit der Trennung auf 2.000 EUR und für die Zeit nach der Trennung auf 3.000 EUR, wobei der Wert nach § 48 Abs. 3 FamGKG im Einzelfall auch höher oder niedriger festgesetzt werden kann.[101] Der Verkehrswert des Haushalts ist unerheblich.

171 **ff) Ehewohnungssachen.** Auch in Verfahren über die Ehewohnung erhält der Anwalt die **1,3-Verfahrensgebühr** nach Nr. 3100 RVG-VV.

172 Daneben entsteht eine **1,2-Terminsgebühr** nach Nr. 3104 RVG-VV. Auch hier kann die 1,2-Terminsgebühr nach Anm. Abs. 1 Nr. 1 zu Nr. 3104 RVG-VV anfallen, da nach § 222 FamFG ein Erörterungstermin vorgeschrieben ist (→ Rn. 152). Hinzukommen kann die **1,0-Einigungsgebühr** nach Nrn. 1000, 1003 RVG-VV.

173 Der **Gegenstandswert** bestimmt sich nach § 48 Abs. 1 FamGKG und beläuft sich für die Zeit der Trennung auf 3.000 EUR und für die Zeit nach der Trennung auf 4.000 EUR, wobei der Wert nach § 48 Abs. 3 FamGKG im Einzelfall auch höher oder niedriger festgesetzt werden kann.[102]

174 Dieser Wert gilt auch für Verfahren auf Zahlung einer Nutzungsentschädigung während der Zeit der Trennung,[103] wobei auch hier der Regelwert nach § 48 Abs. 3 FamGKG angehoben werden kann.[104]

---

101 OLG Celle AGS 2014, 279.
102 OLG Köln AGS 2014, 130 = FamRB 2014, 220 = NZFam 2014, 41.
103 OLG Bamberg AGS 2011, 197 = NJW-Spezial 2011, 252; OLG Koblenz AGS 2013, 287 = FamFR 2013, 354 = FF 2013, 380; OLG Brandenburg AGS 2015, 183 = NJW-Spezial 2015, 252 = NZFam 2015, 371 = FamRZ 2015, 1317.
104 OLG Celle AGS 2015, 430 = FamRZ 2015, 1193 = FamRB 2015, 204 = FuR 2015, 542.

N. Schneider

gg) Kindergeldverfahren. Verfahren auf Bestimmung des Kindergeldberechtigten 175
nach § 64 Abs. 2 S. 3 EStG oder § 3 Abs. 2 BKKG sind Familiensachen der
freiwilligen Gerichtsbarkeit. Die Gebühren richten sich nach den Nrn. 3100 ff.
RVG-VV. Eine Ermäßigung nach Nr. 3101 Nr. 3 RVG-VV ist allerdings nicht
möglich. Auch eine Terminsgebühr nach Anm. Abs. 1 Nr. 1 zu Nr. 3104 RVG-VV
kommt nicht in Betracht. Eine Einigungsgebühr dürfte dagegen möglich sein.

Der Gegenstandswert bestimmt sich nach § 51 Abs. 3 FamGKG. Es gilt ein Aus- 176
gangswert von 500 EUR (§ 51 Abs. 3 S. 1 FamGKG), der gegebenenfalls heraufgesetzt werden kann (§ 51 Abs. 3 S. 2 FamGKG). Soweit es um den Kindergeldbezug für mehrere Kinder geht, liegen gesonderte Gegenstände vor, so dass die
Werte zu addieren sind.[105]

hh) Zugewinnverfahren. Auch im Rahmen des Zugewinnausgleichs gibt es iso- 177
lierte Verfahren der freiwilligen Gerichtsbarkeit, nämlich in Verfahren auf **Stundung des Zugewinnausgleichs** (§ 1382) und auf **Übertragung von Vermögensgegenständen** (§ 1383). Es gelten dann die Gebühren nach den Nrn. 3100 RVG-
VV ff.

Der **Verfahrenswert** richtet sich nach § 42 Abs. 1 FamGKG. 178

Bei dem Stundungsantrag ist das Interesse am Zahlungsaufschub maßgebend,[106] 179
beim Zuweisungsantrag der Verkehrswert der beanspruchten Gegenstände.[107]

ii) Verfahren nach dem GewSchG. Verfahren nach dem GewSchG werden nach 180
den Nrn. 3100 ff. RVG-VV vergütet. Eine Ermäßigung der Terminsgebühr nach
Nr. 3105 RVG-VV ist nicht möglich. Ebenso wenig kann hier eine Terminsgebühr nach Anm. Abs. 1 Nr. 1 zu Nr. 3104 RVG-VV anfallen, da ein Erörterungstermin nicht vorgeschrieben ist.

Bei den Verfahren gerichtet auf Erlass einer Gewaltschutzanordnung und auf 181
Verlängerung der Befristung dieser Anordnung handelt es sich um zwei selbstständige Angelegenheiten iSd § 15 RVG, in denen die Gebühren und Auslagen
jeweils gesondert entstehen.[108]

Der **Gegenstandswert** richtet sich nach § 49 FamGKG. Für Ansprüche nach § 1 182
GewSchG gilt ein Regelwert iHv 2.000 EUR und für Ansprüche nach § 2
GewSchG iHv 3.000 EUR.

Werden mehrere Gewaltschutzanordnungen beantragt, die sämtlich auf der 183
Grundlage des § 1 GewSchG ergehen (also zB ein Näherungsverbot, ein Kontaktaufnahmeverbot usw.), so ist dafür insgesamt nur einmal der Verfahrenswert nach
§ 49 FamGKG anzusetzen, nicht für jede Einzelanordnung gesondert.[109]

Soweit Gegenstand des Verfahrens sowohl Ansprüche nach § 1 GewSchG als 184
auch nach § 2 GewSchG sind, werden die Werte nach § 33 Abs. 1 S. 1 FamGKG
zusammengerechnet.[110]

---

105 OLG Dresden AGS 2014, 479 = FamRZ 2014, 1055 = NZFam 2014, 230 = FamRB 2014,
166.
106 OLG Köln AGS 2003, 362 mAnm N. Schneider; Schneider/Wolf/Volpert FamGKG § 52
Rn. 56.
107 Schneider/Wolf/Volpert FamGKG § 52 Rn. 57.
108 OLG Frankfurt/M. FamRZ 2007, 849; OLG Zweibrücken AGS 2012, 461
= FamRZ 2013, 324 = NJW 2012, 3045.
109 AG Bergen AGS 2014, 418; OLG Frankfurt/M. AGS 2014, 522 = NZFam 2015, 84 =
FF 2015, 130 = FamRB 2015, 183.
110 OLG Frankfurt/M. AGS 2014, 522 = NZFam 2015, 84 = FF 2015, 130 = FamRB 2015,
183.

185 Auch hier besteht die Möglichkeit, Unbilligkeiten durch eine Herauf- oder Herabsetzung der Regelwerte zu begegnen (§ 49 Abs. 2 FamGKG).

186 Vertritt der Anwalt in einem Gewaltschutzverfahren **mehrere Auftraggeber**, die eine Maßnahme nach dem GewSchG begehren, liegen verschiedene Verfahrensgegenstände vor, deren Werte nach § 33 Abs. 1 FamGKG zu addieren sind; eine Gebührenerhöhung nach Nr. 1008 RVG-VV kommt daneben nicht in Betracht.[111]

187 **jj) Abstammungssachen.** In Verfahren auf Feststellung oder Anfechtung der Vaterschaft richten sich die Gebühren wiederum nach den Nrn. 3100 ff. RVG-VV. Der Anwalt erhält eine Verfahrens- und eine Terminsgebühr. Eine Terminsgebühr nach Anm. Abs. 1 Nr. 1 zu Nr. 3104 RVG-VV ist möglich, da nach § 175 FamFG ein Erörterungstermin vorgeschrieben ist (→ Rn. 152). Eine Einigungsgebühr ist hier nicht möglich.

188 Der **Gegenstandswert** bemisst sich nach § 47 Abs. 3 S. 3 FamGKG. Für die Verfahren auf Feststellung oder Anfechtung gilt ein Regelwert iHv 2.000 EUR, in den übrigen Abstammungssachen ein Regelwert von 1.000 EUR.

189 Zum Verfahren auf Feststellung der Vaterschaft, verbunden mit einem Antrag auf Unterhalt → Rn. 134.

190 **kk) Anerkennung ausländischer Entscheidungen in Ehesachen.** In Verfahren auf Anerkennung ausländischer Entscheidungen in Ehesachen gelten die Gebühren nach Teil 3 Abschnitt 1 RVG-VV. Der Anwalt erhält also eine 1,3-Verfahrensgebühr (Nr. 3100 RVG-VV) und eine 1,2-Terminsgebühr (Nr. 3104 RVG-VV).

191 Der **Gegenstandswert** richtet sich, da in den gerichtlichen Verfahren Festgebühren vorgesehen sind (Nrn. 1710 ff. FamGKG-KV), nach § 23 Abs. 1 S. 1 und 2 RVG iVm §§ 42 Abs. 2, 43 FamGKG. Der Wert der Ehesache ist auch hier anzusetzen.[112]

192 **ll) Vollstreckbarerklärung ausländischer Entscheidungen.** In Verfahren auf Vollstreckbarerklärung ausländischer Entscheidungen gelten wiederum die Gebühren nach Teil 3 Abschnitt 1 RVG-VV.

193 Der **Gegenstandswert** richtet sich nach der Höhe der geltend gemachten Hauptforderung (§ 42 Abs. 1 FamGKG).[113] Zinsen und Nebenforderungen sind nicht hinzuzurechnen (§ 38 Abs. 1 FamGKG).[114]

194 **d) Verbundverfahren. aa) Umfang der Angelegenheit.** Das gesamte Verbundverfahren (§ 137 FamFG), also Ehesache und Folgesachen, sind nach § 16 Nr. 4 RVG eine einzige Angelegenheit, so dass der Anwalt seine Gebühren nur einmal erhält (§ 15 Abs. 2 RVG) und zwar aus den zusammengerechneten Werten (§ 44 Abs. 2 S. 2 FamGKG).

195 Der Verbund bleibt grundsätzlich auch dann erhalten, wenn das Gericht eine Folgesache abtrennt (§ 137 Abs. 5 S. 1 FamFG). Es handelt sich insoweit nur um Teilentscheidungen. Das gesamte Verfahren bleibt aber auch hier gem. § 16 Nr. 4 RVG eine einzige Angelegenheit.

196 Nur bei der Abtrennung von Kindschaftssachen führt die Abtrennung zur Herauslösung aus dem Verbund (§ 137 Abs. 5 S. 2, Abs. 3 FamFG), → Rn. 226.

---

111 OLG Frankfurt/M. AGS 2016, 189 = NZFam 2016, 277.
112 BayObLG FamRZ 1999, 604 = NJW-RR 1999, 1375.
113 Kindermann Rn. 304.
114 BGH Rpfleger 1957, 15; OLG Frankfurt/M. JurBüro 1994, 117; Kindermann Rn. 304.

N. Schneider

Eine weitere Besonderheit, die zur Auflösung des Verbundes führt, ergibt sich 197
bei der Wiederaufnahme abgetrennter Altverfahren (→ Rn. 238).

bb) Gebühren. Der Anwalt erhält im Scheidungsverbund zunächst einmal eine 198
1,3-Verfahrensgebühr nach Nr. 3100 RVG-VV, die sich bei vorzeitiger Erledigung nach Nr. 3101 Nr. 1 RVG-VV auf 0,8 ermäßigt. Soweit lediglich über nicht anhängige Folgesachen verhandelt oder erörtert wird oder soweit lediglich eine Einigung über nicht anhängige Folgesachen geschlossen wird, ermäßigt sich die Verfahrensgebühr ebenfalls auf 0,8. Entsteht die Verfahrensgebühr sowohl zu 1,3 als auch zu 0,8, darf der Anwalt nicht mehr abrechnen als eine 1,3-Verfahrensgebühr aus dem Gesamtwert (§ 15 Abs. 3 RVG).

Der Anwalt erhält darüber hinaus eine **1,2-Terminsgebühr** (Nr. 3104 RVG-VV). 199
Die 1,2-Terminsgebühr erhält er auch, soweit über nicht anhängige Folgesachen verhandelt oder erörtert wird.

Eine Ermäßigung auf eine 0,5-Terminsgebühr (Nr. 3105 RVG-VV) ist nur in 200
Folgesachen möglich, die als isolierte Verfahren Familienstreitsachen wären, und in der Ehesache für den Anwalt des Antragsgegners bei Zurückweisung des Scheidungsantrags durch Versäumnisbeschluss (§ 130 FamFG).

Soweit sich die Beteiligten einigen, erhält der Anwalt auch eine **Einigungsgebühr** 201
(Nrn. 1000 ff. RVG-VV). Aus dem Wert der Ehesache kann eine Einigungsgebühr allerdings nicht anfallen (Anm. Abs. 5 S. 1 zu Nr. 1000 RVG-VV), da die Beteiligten sich über die Ehesache nicht einigen können. Der Gegenstandswert der Einigungsgebühr richtet sich daher nur nach dem Wert der Folgesachen, über die die Beteiligten sich einigen (Anm. Abs. 5 S. 1 zu Nr. 1000 RVG-VV). Denkbar ist hinsichtlich der Ehesache allerdings eine Aussöhnungsgebühr nach Nr. 1001 RVG-VV.

Soweit **nicht anhängige Gegenstände** (insbesondere bei Folgenvereinbarungen) 202
mit in die Einigung einbezogen werden, entsteht insoweit unter Beachtung des § 15 Abs. 3 RVG eine 1,5-Einigungsgebühr. Bei der 1,5-Gebühr verbleibt es selbst dann, wenn VKH für die gerichtliche Protokollierung des Vergleichs beantragt wird oder wenn sich die Beiordnung in der Ehesache auf den Abschluss der Einigung erstreckt (§ 48 Abs. 3 RVG).

Beispiel: In einem Verbundverfahren (Ehesache 6.000 EUR; Versorgungsaus- 203
gleich 1.200 EUR) einigen sich die Beteiligten nach Verhandlungen im Termin unter Mitwirkung ihrer Anwälte über den Versorgungsausgleich und weitergehende nicht anhängige 10.000 EUR Zugewinnausgleich.

Hinsichtlich der Verfahrensgebühr ist zu differenzieren: Aus dem Wert von Ehesache und Versorgungsausgleich entsteht die Gebühr zu 1,3 (Nr. 3100 RVG-VV). Aus dem Wert des nicht anhängigen Zugewinns entsteht lediglich eine 0,8-Verfahrensgebühr nach Nr. 3101 RVG-VV

Die Terminsgebühr entsteht ebenfalls aus dem Gesamtwert.

Hinsichtlich der Einigungsgebühr ist ebenfalls zu differenzieren: Aus dem anhängigen Versorgungsausgleich entsteht die Gebühr zu 1,0 (Nr. 1003 RVG-VV). Aus dem Wert des nicht anhängigen Zugewinns verbleibt es bei der vollen 1,5-Gebühr.

1.	1,3-Verfahrensgebühr, Nr. 3100 RVG-VV		
	(Wert: 7.200 EUR)	592,80 EUR	
2.	0,8-Verfahrensgebühr, Nr. 3100, 3101 RVG-VV		
	(Wert: 10.000 EUR)	446,40 EUR	
	gem. § 13 Abs. 3 RVG nicht mehr als 1,3 aus 17.200 EUR		904,80 EUR
3.	1,2-Terminsgebühr, Nr. 3104 RVG-VV		
	(Wert: 17.200 EUR)		835,20 EUR
4.	1,0-Einigungsgebühr, Nrn. 1000, 1003 RVG-VV		
	(Wert: 1.200 EUR)	115,00 EUR	
5.	1,5-Einigungsgebühr, Nr. 1000 RVG-VV		
	(Wert: 10.000 EUR)	837,00 EUR	
	gem. § 15 Abs. 3 RVG nicht mehr als		
	1,5 aus 11.200 EUR, also:		906,00 EUR
6.	Postentgeltpauschale, Nr. 7002 RVG-VV		20,00 EUR
	Zwischensumme	2.666,00 EUR	
7.	19 % Umsatzsteuer, Nr. 7008 RVG-VV		506,54 EUR
Gesamt			**3.172,54 EUR**

204 **cc) Gegenstandswerte.** Der **Verfahrenswert** richtet sich nach § 44 FamGKG. Die Werte von Ehesache und Folgesachen sind nach § 44 Abs. 2 S. 2 FamGKG **zusammenzurechnen.**

205 Der Gegenstandswert der **Ehesache** richtet sich nach § 43 FamGKG. Insoweit gilt das Gleiche wie bei einer isolierten Ehesache (→ Rn. 124).

206 Der Gegenstandswert für den **Versorgungsausgleich** richtet sich nach § 50 FamGKG. Es ist hier immer von 10 % des dreifachen Nettoeinkommens beider Ehegatten auszugehen, da es sich um ein Verfahren anlässlich der Scheidung handelt. Der Abzug eines Freibetrages für unterhaltsberechtigte Kinder kommt hier nicht in Betracht.[115]

207 Bei der Bemessung des Verfahrenswerts sind **alle Anrechte** zu berücksichtigen, über deren Behandlung entschieden worden ist und die damit Gegenstand des Verfahrens waren. Anrechte sind auch dann zu bewerten, wenn der Versorgungsausgleich unterbleibt

- nach § 3 Abs. 3 VersAusglG wegen kurzer Ehezeit,[116]
- nach § 18 VersAusglG wegen Geringfügigkeit,[117]
- nach §§ 6, 8 VersAusglG wegen vertraglichen Ausschlusses[118] oder
- nach § 27 VersAusglG wegen grober Unbilligkeit.[119]

208 Nach OLG Bamberg[120] reicht es für die Berücksichtigung beim Gegenstandswert nicht aus, dass bei Versorgungsträgern Anfragen erfolgt sind und diese das Ergebnis hatten, dass in der Ehezeit keine relevanten Anrechte erworben wurden. Nach OLG Stuttgart[121] sind dagegen auch verfallbare Anrechte oder Anrechte

---

115 OLG Dresden AGS 2012, 246 = FamRZ 2012, 1750 = FF 2012, 263 = FuR 2012, 497; AG Ludwigslust AGS 2010, 350; OLG Stuttgart AGS 2010, 265 = NJW 2010, 2221; OLG Koblenz AGS 2011, 392 = NJW-Spezial 2011, 445.
116 OLG Düsseldorf AGS 2010, 398 = FuR 2010, 525 = FamRZ 2010, 2102; OLG Jena AGS 2011, 387 = FamRZ 2012, 128 = FuR 2011, 540.
117 OLG Brandenburg FamRZ 2014, 1808 = AGS 2014, 569 = NZFam 2014, 1158.
118 OLG München AGS 2011, 389 = FamRZ 2011, 1813 = FF 2012, 43.
119 OLG Köln FF 2013, 332 = FamRZ 2013, 1910.
120 OLG Bamberg NZFam 2016, 133; ebenso OLG Frankfurt/M. 3.4.2017 – 5 WF 45/17.
121 OLG Stuttgart AGS 2010, 557 = FamRZ 2011, 134 = FamFR 2010, 493 = FF 2011, 130.

N. Schneider

ohne Ehezeitanteil zu berücksichtigen; sie können jedoch nach Billigkeit von der Festsetzung des Verfahrenswerts im Versorgungsausgleich ausgenommen werden. **Ost- und Westanrechte** sind gesondert zu bewerten.[122] 209

Vorgesehen ist ein **Mindestwert von 1.000 EUR.** Dieser kommt nur dann zum 210 Tragen, wenn die Summe aller prozentual errechneten Werte unter 1.000 EUR liegt. Der Mindestwert gilt nicht etwa für jedes Anrecht gesondert.

Wird lediglich Auskunft oder Abtretung verlangt, ist ein **Regelwert von** 211 **500 EUR** anzusetzen (§ 50 Abs. 2 FamGKG).

Auch hier ist für alle Werte eine **Anpassung** vorgesehen, wenn die Regelbewer- 212 tung zu unbilligen Ergebnissen führt (§ 50 Abs. 3 FamGKG). Eine Herabsetzung kommt allerdings nur ausnahmsweise in Betracht, nämlich nur dann, wenn der regelrecht ermittelte Wert in keinem angemessenen Verhältnis zum Umfang, zur Schwierigkeit und zur Bedeutung der Sache mehr steht. Ein solcher Ausnahmefall liegt nicht schon dann vor, wenn wegen der Geringfügigkeit der Anrechte vom Ausgleich abgesehen wird.[123]

Möglich sind auch **Teil- oder Zwischeneinigungen.** In diesem Fall richtet sich 213 der Wert der Einigung nur nach dem Wert der Anwartschaften, über die eine Einigung getroffen worden ist, so bei einer Einigung über Startgutschriften für eine einzelne Anwartschaft,[124] bei einem beschränkten Verzicht auf ausländische Anwartschaften,[125] Verzicht auf Betriebsrenten[126] oder bei einer Einigung über ein ungeklärtes Versicherungskonto.[127] Zu beachten ist, dass in diesem Fall der Mindestwert nach § 50 FamGKG nicht greift, da der Mindestwert nur für den Gesamtwert gilt, nicht aber für Teilwerte.

Die Gegenstandswerte für **elterliche Sorge, Umgang und Kindesherausgabe** richten 214 sich nach § 44 Abs. 1 S. 1 FamGKG und belaufen sich auf 20 % des Wertes der Ehesache, höchstens jedoch 3.000 EUR. Der Wert kann auch höher oder niedriger angesetzt werden (§ 44 Abs. 3 FamGKG). Jede Kindschaftssache ist auch dann „als ein Gegenstand zu bewerten", wenn sie **mehrere Kinder** betrifft (§ 44 Abs. 2 S. 2 FamGKG). Soweit allerdings mehrere Kindessachen anhängig sind (also zB elterliche Sorge und Umgangsrecht), ist zu addieren (§ 44 Abs. 2 S. 2 FamGKG).

Dieser Wert gilt allerdings nicht, wenn im Scheidungsverbundverfahren ein Fol- 215 genvergleich über Kindschaftssachen geschlossen wird, ohne dass diese als Folgesache anhängig waren. In diesem Fall bleibt es beim Regelwert des § 45 FamGKG.[128]

Für die Folgesache **Unterhalt** gilt § 51 Abs. 1 FamGKG. Auch insoweit kann auf 216 die isolierten Verfahren Bezug genommen werden (→ Rn. 131 f.). Fällige Beträge können hier zulässigerweise nicht geltend gemacht werden.

Für die Zuweisung der **Ehewohnung** nach der Scheidung gilt § 48 Abs. 1 217 FamGKG mit dem Regelwert von 4.000 EUR.

---

122 OLG Dresden AGS 2014, 480 = NZFam 2014, 617 = FamRZ 2014, 1808.
123 OLG Naumburg AGS 2013, 413 = FamRZ 2014, 1809.
124 OLG Hamm AGS 2012, 464 = MDR 2012, 1468 = FamRZ 2013, 397 = FamFR 2012, 377.
125 OLG Karlsruhe AGS 2015, 125 = FamRZ 2015, 1827 = NZFam 2015, 324.
126 OLG Karlsruhe AGS 2013, 169 = FamRZ 2013, 395.
127 AG Unna 15.8.2016 – 12 F 933/15, AGS 2016, 460 = NZFam 2016, 896.
128 OLG Karlsruhe AGS 2015, 456 = NZFam 2015, 1021.

N. Schneider

218 Für Streitigkeiten über die Verteilung des **Haushalts** oder eine Ausgleichszahlung nach der Scheidung ist § 48 Abs. 2 FamGKG anzuwenden. Es gilt ein Regelwert von 3.000 EUR.

219 Die Bemessung des Gegenstandswertes für den **Zugewinn** folgt aus § 35 FamGKG. Zu beachten sein kann § 52 FamGKG. Es gelten auch hier dieselben Grundsätze wie beim isolierten Verfahren (→ Rn. 135 f.).

220 Soweit im Verbundverfahren unzulässige Gegenstände anhängig gemacht werden, sind sie bis zu ihrer Trennung zu bewerten.[129]

221 **dd) Trennung einer Folgesache aus dem Verbund. (1) Überblick.** Gesonderte Angelegenheiten entstehen, wenn der Verbund aufgelöst wird, also wenn eine Folgesache aus dem Verbund abgetrennt und als selbstständige Angelegenheit fortgeführt wird. In einem solchen Falle gilt § 16 Nr. 4 RVG nicht mehr. Das abgetrennte Verfahren ist eine neue Angelegenheit iSd § 15 RVG.

222 Eine Verfahrenstrennung nach § 20 FamFG ist allerdings nicht möglich. Dies würde dem Prinzip des Verbundverfahrens widersprechen.

223 **(2) Grundsatz: Keine Auflösung des Verbunds.** Grundsätzlich führt die Abtrennung einer Folgesache nicht zur Auflösung des Verbunds. Das abgetrennte Verfahren bleibt vielmehr Folgesache (§ 137 Abs. 5 S. 1 FamFG). Dies hat für die Abrechnung zur Folge, dass die Gebühren im gesamten Verbundverfahren nach wie vor nur einmal abgerechnet werden können, da § 16 Nr. 4 RVG weiterhin gilt. Auch die Verfahrenswerte ändern sich durch die Abtrennung nicht.

224 **Beispiel:** Während des Scheidungsverfahrens wird, nachdem bereits verhandelt worden war, die Folgesache Kindesunterhalt nach § 140 Abs. 1 S. 1 FamFG wegen Eintritts der Volljährigkeit abgetrennt (Werte: Ehesache 6.000 EUR; Versorgungsausgleich 1.200 EUR; Kindesunterhalt 3.600 EUR).

Es gilt § 137 Abs. 2, Abs. 5 S. 1 FamFG. Die Unterhaltssache bleibt Folgesache. Insgesamt abzurechnen ist wie bei einer einheitlichen Entscheidung.

1.	1,3-Verfahrensgebühr, Nr. 3100 RVG-VV (Wert: 10.800 EUR)		785,20 EUR
2.	1,2-Terminsgebühr, Nr. 3104 RVG-VV (Wert: 10.800 EUR)		724,80 EUR
3.	Postentgeltpauschale, Nr. 7002 RVG-VV		20,00 EUR
	Zwischensumme	1.530,00 EUR	
4.	19 % Umsatzsteuer, Nr. 7008 RVG-VV		290,70 EUR
	Gesamt		**1.820,70 EUR**

225 Infolge der Abtrennung und der damit verbundenen Teilentscheidungen können jetzt allerdings Teilfälligkeiten eintreten (→ Rn. 21).

226 **(3) Ausnahme: Abtrennung einer Kindschaftssache.** Nur ausnahmsweise führt die Abtrennung zu einer Herauslösung der Folgesache aus dem Verbund, nämlich bei Abtrennung einer Kindschaftssache nach § 140 Abs. 2 Nr. 3 FamFG (§ 137 Abs. 3, Abs. 5 S. 2 FamFG).

227 Wird eine Kindschaftssache abgetrennt, so wird das abgetrennte Kindschaftsverfahren damit zur selbstständigen Familiensache. Die Vorschrift des § 16 Nr. 4 RVG gilt hinsichtlich des abgetrennten Verfahrens nicht mehr, sondern nur noch hinsichtlich des verbliebenen Restverbundes, der (jetzt ohne Kindschaftssache) weiterhin erhalten bleibt. Das abgetrennte Kindschaftsverfahren wird mit der

---

129 OLG Stuttgart AGS 2012, 33 = FamRZ 2012, 393 = FamFR 2012, 16 = FamRB 2012, 214.

Abtrennung vielmehr zu einer selbstständigen Angelegenheit iSd § 15 RVG. Allerdings sind das fortgeführte isolierte Kindschaftsverfahren und das frühere Kindschafts(folgesachen)verfahren dieselbe Angelegenheit (§ 21 Abs. 3 RVG). Die Gebühren entstehen also aus dem Wert des abgetrennten Verfahrens nicht zweimal – einmal im Verbund und einmal im isolierten Verfahren; der Anwalt hat vielmehr ein Wahlrecht, wie er abrechnet, wobei die getrennte Abrechnung idR schon deshalb die günstigere ist, weil neben der Auflösung der Gebührendegression noch eine Erhöhung des Verfahrenswertes hinzukommt.

Beispiel: In einem Verbundverfahren (Ehesache 6.000 EUR, Versorgungsaus- 228 gleich 1.200 EUR, elterliche Sorge 1.200 EUR) wird nach mündlicher Verhandlung gem. § 140 Abs. 2 Nr. 3 FamFG die Folgesache elterliche Sorge abgetrennt. Sowohl im Verbund als auch im isolierten Verfahren wird nach der Abtrennung erneut verhandelt.

Es gilt § 137 Abs. 3, Abs. 5 S. 2 FamFG. Die Kindschaftssache wird selbstständige Familiensache. Der Anwalt kann wählen, ob er gemeinsam oder getrennt abrechnet, wobei hier zu beachten ist, dass mit der Abtrennung der Kindschaftssache diese zu einer selbstständigen Familiensache wird und daher nicht mehr der Wert des § 44 Abs. 1 S. 1 FamGKG gilt, sondern der des § 45 FamGKG.

I. Gemeinsame Abrechnung Verbundverfahren

1.	1,3-Verfahrensgebühr, Nr. 3100 RVG-VV (Wert: 8.400 EUR)	659,10 EUR
2.	1,2-Terminsgebühr Nr. 3104 RVG-VV (Wert: 8.400 EUR)	608,40 EUR
3.	Postentgeltpauschale, Nr. 7002 RVG-VV	20,00 EUR
	Zwischensumme 1.287,50 EUR	
4.	19 % Umsatzsteuer, Nr. 7008 RVG-VV	244,63 EUR
Gesamt		**1.532,13 EUR**

II. Getrennte Abrechnung
a) Verbundverfahren ohne elterliche Sorge

1.	1,3-Verfahrensgebühr, Nr. 3100 RVG-VV (Wert: 7.200 EUR)	592,80 EUR
2.	1,2-Terminsgebühr Nr. 3104 RVG-VV (Wert: 7.200 EUR)	547,20 EUR
3.	Postentgeltpauschale, Nr. 7002 RVG-VV	20,00 EUR
	Zwischensumme 1.160,00 EUR	
4.	19 % Umsatzsteuer, Nr. 7008 RVG-VV	220,40 EUR
Gesamt		**1.380,40 EUR**

b) Isoliertes Verfahren über elterliche Sorge

1.	1,3-Verfahrensgebühr, Nr. 3100 RVG-VV (Wert: 3.000 EUR)	261,30 EUR
2.	1,2-Terminsgebühr Nr. 3104 RVG-VV (Wert: 3.000 EUR)	241,20 EUR
3.	Postentgeltpauschale, Nr. 7002 RVG-VV	20,00 EUR
	Zwischensumme 522,50 EUR	
4.	19 % Umsatzsteuer, Nr. 7008 RVG-VV	99,28 EUR
Gesamt		**621,78 EUR**
Gesamt II. a) + b)		**2.002,18 EUR**

Die getrennte Abrechnung ist günstiger.

Erforderlich ist in diesen Fällen ein neuer Verfahrenskostenhilfeantrag, da die 229 Voraussetzungen für die Bewilligung im Verbund und für ein isoliertes Verfahren gesondert zu beurteilen sind.[130]

---

130 OLG Braunschweig AGS 2003, 167.

230 **(4) Ausnahme: Fortführung einer Folgesache nach Rücknahme oder Abweisung des Scheidungsantrags.** Eine bisherige Folgesache wird auch dann zu einer selbstständigen Familiensache, wenn ihre Fortführung

- bei Rücknahme des Scheidungsantrags (§ 141 FamFG) oder
- bei Abweisung des Scheidungsantrags (§ 142 FamFG)

vorbehalten bleibt.

231 Auch hier wird die ursprüngliche Folgesache zu einer selbstständigen Familiensache. Im Gegensatz zur Abtrennung, bei der das selbstständige Verfahren jetzt neben dem Verbund anhängig wird, fällt in den Fällen der §§ 141, 142 FamFG der Verbund weg. Es existiert dann nur noch das isolierte Verfahren.

232 **Beispiel:** Der Scheidungsantrag wird zurückgenommen, nachdem bereits verhandelt worden war. Die Antragstellerin beantragt jedoch nach § 141 S. 2 FamFG die Folgesache Kindesunterhalt fortzuführen (Ehesache 6.000 EUR; Versorgungsausgleich 1.200 EUR; Unterhalt 3.600 EUR).

I. Gemeinsame Abrechnung – Verbundverfahren mit Unterhalt

1.	1,3-Verfahrensgebühr, Nr. 3100 RVG-VV (Wert: 10.800 EUR)		785,20 EUR
2.	1,2-Terminsgebühr, Nr. 3104 RVG-VV (Wert: 10.800 EUR)		724,80 EUR
3.	Postentgeltpauschale, Nr. 7002 RVG-VV		20,00 EUR
	Zwischensumme	1.530,00 EUR	
4.	19 % Umsatzsteuer, Nr. 7008 RVG-VV		290,70 EUR
Gesamt			**1.820,70 EUR**

II. Getrennte Abrechnung
a) Verbundverfahren ohne Unterhalt

1.	1,3-Verfahrensgebühr, Nr. 3100 RVG-VV (Wert: 7.200 EUR)		592,80 EUR
2.	1,2-Terminsgebühr, Nr. 3104 RVG-VV (Wert: 7.200 EUR)		547,20 EUR
3.	Postentgeltpauschale, Nr. 7002 RVG-VV		20,00 EUR
	Zwischensumme	1.160,00 EUR	
4.	19 % Umsatzsteuer, Nr. 7008 RVG-VV		220,40 EUR
Gesamt			**1.380,40 EUR**

b) Unterhaltsverfahren nach Fortführung (Wert: 3.600 EUR)

1.	1,3-Verfahrensgebühr, Nr. 3100 RVG-VV (Wert: 3.600 EUR)		327,60 EUR
2.	1,2-Terminsgebühr Nr. 3104 RVG-VV (Wert: 3.600 EUR)		302,40 EUR
3.	Postentgeltpauschale, Nr. 7002 RVG-VV		20,00 EUR
	Zwischensumme	650,00 EUR	
4.	19 % Umsatzsteuer, Nr. 7008 RVG-VV		123,50 EUR
Gesamt			**773,50 EUR**
Gesamt a) + b)			**2.153,90 EUR**

Der Anwalt stellt sich also auch hier bei getrennter Berechnung günstiger.

233 **ee) Aufnahme einer isolierten Folgesache in den Verbund.** Möglich ist, dass eine zunächst isolierte Familiensache durch Anhängigkeit einer Scheidungssache kraft Gesetzes gem. § 137 Abs. 4 FamFG oder durch Verbindung nach § 20 FamFG in den Verbund aufgenommen wird. Dann gilt ab der Aufnahme § 16 Nr. 4 RVG. Die Gebühren entstehen nach der Aufnahme nur einmal aus dem Gesamtwert (§ 23 Abs. 1 S. 1 RVG, § 44 Abs. 1 FamGKG). Für die Zeit bis zur Aufnahme in den Verbund bleibt die Angelegenheit dagegen gesondert abrechenbar. Die Berechnung der mehrfach – also vor und nach Aufnahme – ausgelösten Gebührentatbestände ist nach dem Grundsatz einer Verfahrensverbin-

dung zu behandeln, wobei bereits einmal entstandene Gebühren nicht durch die nachträgliche Verbindung in Wegfall geraten können, andererseits aus dem bereits berücksichtigten Wert nicht noch einmal neu anfallen können.[131]

Beispiel: Der Anwalt war zunächst vom Mandanten in einem isolierten Verfahren auf Kindesunterhalt vor dem AG Stuttgart beauftragt worden (Wert: 3.660 EUR – § 51 Abs. 1 FamGKG). Nach Umzug der Kindesmutter nach Frankfurt/M. wurde dort die Scheidung eingereicht (Werte: Ehesache 6.000 EUR – § 43 FamGKG; Versorgungsausgleich 1.200 EUR – § 50 Abs. 1 FamGKG). Das isolierte Unterhaltsverfahren wurde daraufhin gem. § 231 S. 1 FamFG an das AG Frankfurt/M. als Gericht der Ehesache (§ 122 FamFG) abgegeben und gem. § 137 Abs. 4 FamFG als Folgesache in das Verbundverfahren übernommen. Anschließend wurde erstmals verhandelt. 234

Im isolierten Unterhaltsverfahren vor dem AG Stuttgart ist folgende Vergütung angefallen:

I. Isoliertes Verfahren über Kindsunterhalt

1.	1,3-Verfahrensgebühr, Nr. 3100 RVG-VV (Wert: 3.660 EUR)		327,60 EUR
2.	Postentgeltpauschale, Nr. 7002 RVG-VV		20,00 EUR
	Zwischensumme	347,60 EUR	
3.	19 % Umsatzsteuer, Nr. 7008 RVG-VV		66,04 EUR
Gesamt			**413,64 EUR**

Diese Vergütung kann nachträglich nicht entfallen, sondern bleibt dem Anwalt erhalten. Nur die weiteren Gebühren richten sich jetzt nach den Regelungen des Verbundverfahrens. Allerdings muss der Wert der Unterhaltssache jetzt im Verbundverfahren bei der Berechnung der Verfahrensgebühr außer Ansatz gelassen werden. Der Anwalt kann die Gebühren aus der Unterhaltssache nicht zweimal abrechnen. Lediglich bei der Terminsgebühr besteht kein Wahlrecht, weil diese Gebühr nicht auch isoliert angefallen ist, sondern nur im Verbund.

II. Verbundverfahren

1.	1,3-Verfahrensgebühr, Nr. 3100 RVG-VV (Wert: 7.200 EUR – ohne Kindesunterhalt)		592,80 EUR
2.	1,2-Terminsgebühr Nr. 3104 RVG-VV (Wert: 10.860 EUR – mit Kindesunterhalt)		724,80 EUR
3.	Postentgeltpauschale, Nr. 7002 RVG-VV		20,00 EUR
	Zwischensumme	1.337,60 EUR	
4.	19 % Umsatzsteuer, Nr. 7008 RVG-VV		254,14 EUR
Gesamt			**1.591,74 EUR**
Gesamt I. + II.			**2.005,38 EUR**

Stattdessen kann der Anwalt aber auch nur die Gebühren des Verbundverfahrens abrechnen. Dann darf er den Wert der Kindschaftssache im Verbund mit berücksichtigen. Andererseits könnte er im isolierten Verfahren dann aber keine Vergütung geltend machen. Im Falle einer solchen gemeinsamen Abrechnung würde der Anwalt erhalten:

---

131 OLG Frankfurt/M. AGS 2006, 193; OLG Zweibrücken AGS 2006, 303.

Gemeinsame Abrechnung Verbundverfahren

1.	1,3-Verfahrensgebühr, Nr. 3100 RVG-VV (Wert: 10.860 EUR)	785,20 EUR
2.	1,2-Terminsgebühr Nr. 3104 RVG-VV (Wert: 10.860 EUR)	724,80 EUR
3.	Postentgeltpauschale, Nr. 7002 RVG-VV	20,00 EUR
	Zwischensumme	1.530,00 EUR
4.	19 % Umsatzsteuer, Nr. 7008 RVG-VV	290,70 EUR
Gesamt		**1.820,70 EUR**

Diese Berechnung wäre für den Anwalt also ungünstiger.

235 Handelt es sich bei dem aufgenommenen Verfahren um eine Kindschaftssache ist zudem zu beachten, dass sich der Wert der Kindschaftssache mit der Aufnahme in den Verbund ändert.

236 **Beispiel:** Der Anwalt war zunächst vom Mandanten in einem isolierten Umgangsrechtsverfahren vor dem AG Köln beauftragt worden (Wert: 3.000 EUR – § 45 Abs. 1 FamGKG). Nach Umzug der Kindesmutter nach München wurde dort die Scheidung eingereicht (Werte: Ehesache 6.000 EUR – § 43 FamGKG; Versorgungsausgleich 1.200 EUR – § 50 Abs. 1 FamGKG). Das isolierte Umgangsrechtsverfahren wurde daraufhin gem. § 153 S. 1 FamFG an das AG München als Gericht der Ehesache (§ 122 FamFG) abgegeben und dort gem. § 137 Abs. 4 FamFG als Folgesache in das Verbundverfahren übernommen. Im isolierten Verfahren war bereits verhandelt worden. Im Verbundverfahren wird eine Einigung der Beteiligten über das Umgangsrecht getroffen und gerichtlich gebilligt (§ 156 Abs. 2 S. 2 FamFG).

Im isolierten Kindschaftsverfahren ist vor dem AG Köln folgende Vergütung angefallen:

I. Isoliertes Verfahren über elterliche Sorge

1.	1,3-Verfahrensgebühr, Nr. 3100 RVG-VV (Wert: 3.000 EUR)	261,30 EUR
2.	1,2-Terminsgebühr, Nr. 3104 RVG-VV (Wert: 3.000 EUR)	241,20 EUR
3.	Postentgeltpauschale, Nr. 7002 RVG-VV	20,00 EUR
	Zwischensumme	522,50 EUR
4.	19 % Umsatzsteuer, Nr. 7008 RVG-VV	99,28 EUR
Gesamt		**621,78 EUR**

Diese Vergütung kann nachträglich nicht entfallen, sondern bleibt dem Anwalt erhalten. Nur die weiteren Gebühren richten sich jetzt nach den Regelungen des Verbundverfahrens, so dass jetzt für die Kindschaftssache der Wert des § 44 Abs. 2 S. 1 FamGKG gilt (20 % des Wertes der Ehesache = 1.200 EUR). Allerdings muss der Wert der Kindschaftssache jetzt im Verbundverfahren bei der Berechnung der Verfahrens- und Terminsgebühr außer Ansatz gelassen werden. Der Anwalt kann die Gebühren aus der Kindschaftssache nicht zweimal abrechnen. Lediglich die Einigungsgebühr kann im Verbundverfahren gesondert erhoben werden.

II. Verbundverfahren

1.	1,3-Verfahrensgebühr, Nr. 3100 RVG-VV (Wert: 7.200 EUR – ohne elterliche Sorge)	592,80 EUR
2.	1,2-Terminsgebühr Nr. 3104 RVG-VV (Wert: 7.200 EUR – ohne elterlicher Sorge)	547,20 EUR
3.	1,0-Einigungsgebühr, Nrn. 1000, 1003 RVG-VV (Wert: 1.200 EUR)	115,00 EUR
4.	Postentgeltpauschale, Nr. 7002 RVG-VV	20,00 EUR
	Zwischensumme	1.275,00 EUR

N. Schneider

5.	19 % Umsatzsteuer, Nr. 7008 RVG-VV	242,25 EUR
Gesamt		**1.517,25 EUR**
Gesamt I. + II.		**2.139,03 EUR**

Stattdessen kann der Anwalt aber auch nur die Gebühren des Verbundverfahrens abrechnen. Dann darf er den Wert der Kindschaftssache im Verbund mit berücksichtigen. Im Falle einer solchen gemeinsamen Abrechnung würde der Anwalt erhalten:

Gemeinsame Abrechnung Verbundverfahren

1.	1,3-Verfahrensgebühr, Nr. 3100 RVG-VV (Wert: 8.400 EUR)		659,10 EUR
2.	1,2-Terminsgebühr Nr. 3104 RVG-VV (Wert: 8.400 EUR)		608,40 EUR
3.	1,0-Einigungsgebühr, Nrn. 1000, 1003 RVG-VV		
	(Wert: 1.200 EUR)		115,00 EUR
4.	Postentgeltpauschale, Nr. 7002 RVG-VV		20,00 EUR
	Zwischensumme	1.402,50 EUR	
5.	19 % Umsatzsteuer, Nr. 7008 RVG-VV		266,48 EUR
Gesamt			**1.668,98EUR**

Diese Berechnung wäre für den Anwalt wiederum ungünstiger.

ff) Verspätetes Anhängigmachen einer Folgesache. Zu beachten ist, dass ein Verfahren über eine an sich verbundfähige Folgesache, das nicht spätestens zwei Wochen vor der mündlichen Verhandlung in der Scheidungssache anhängig gemacht wird, nach § 137 Abs. 2 S. 1 FamFG nicht mehr Teil des Verbundes werden kann. Das gilt auch für ein Umgangsrechtsverfahren selbst dann, wenn nach Vorabentscheidung über die Ehesache noch ein Verfahren hinsichtlich des Sorgerechts anhängig geblieben ist.[132] Es gilt dann auch nicht § 16 Nr. 4 RVG. Das neue Verfahren wird vielmehr ein isoliertes Verfahren und damit eine selbstständige Angelegenheit iSd § 15 Abs. 1 RVG, selbst wenn das Gericht sie irrtümlich als Folgesache behandelt. 237

gg) Anhang: Abrechnung in wieder aufgenommenen Versorgungsausgleichsverfahren. Zu einer Trennung des Verbunds konnte es auch in Altfällen dann gekommen sein, wenn das Scheidungsverfahren nach altem Recht – also noch nach der ZPO idF vor dem 1.9.2009 – eingeleitet worden war und die Folgesache Versorgungsausgleich bereits am 1.9.2009 aus dem Verbund abgetrennt oder in der Zeit vom 1.9.2009 bis zum 31.8.2010 aus dem Verbund abgetrennt worden ist. Es gilt dann Art. 111 Abs. 4 FGG-ReformG. Da solche Fälle heute kaum noch anhängig sein dürften, wird auf die ausführliche Darstellung in der Vorauflage verwiesen (dort Rn. 209 ff.). 238

3. Arrestverfahren. Bei Arrestverfahren, die nur in Familienstreitsachen möglich sind (§ 113 Abs. 1 S. 2 FamFG), handelt es sich nach § 17 Nr. 4 Buchst. a RVG gegenüber der jeweiligen Hauptsache um eine **eigene Angelegenheit.** Die Gebühren entstehen daher gesondert und richten sich ebenfalls nach den Nrn. 3100 ff. RVG-VV. 239

Der **Verfahrenswert** bemisst sich nach § 42 Abs. 1 FamGKG und nicht nach § 41 FamGKG.[133] Maßgebend ist der Wert der Hauptsache, wobei ein Abschlag we- 240

---

132 OLG München AGS 2004, 253 mAnm N. Schneider = FamRB 2004, 223 = OLGReport 2004, 194.

133 OLG München FamRZ 2011, 746; OLG Brandenburg AGS 2010, 556 = FamRZ 2011, 758; OLG Celle AGS 2010, 555 = FamRZ 2011, 759.

gen der Vorläufigkeit der dort ergehenden Entscheidung vorzunehmen ist. IdR ist von einem Drittel der Hauptsache auszugehen.[134] Soweit das Arrestverfahren die Hauptsache vorwegnimmt und faktisch zu einer endgültigen Regelung führt, kann auch der Hauptsachewert anzunehmen sein.

241 **4. Einstweilige Anordnungen. a) Überblick.** Einstweilige Anordnungen sind **gegenüber der Hauptsache** jeweils **selbstständige Angelegenheiten** (§ 17 Nr. 4 Buchst. b RVG). Ob es sich bei der Hauptsache um eine isolierte Familiensache handelt oder um ein Verbundverfahren, ist unerheblich.

242 Auch untereinander sind **mehrere Anordnungsverfahren** immer gesonderte Angelegenheiten. Die frühere Regelung, wonach mehrere Anordnungsverfahren zu einer Angelegenheit zusammengefasst werden konnten (§ 18 Nr. 1 u. 2 RVG aF) ist aufgehoben worden.

243 **b) Gebühren.** Die Vergütung für einstweilige Anordnungen richtet sich nach den Nrn. 3100 ff. RVG-VV. Der Anwalt erhält also eine **1,3-Verfahrensgebühr** (Nr. 3100 RVG-VV), die sich unter den Voraussetzungen der Nr. 3101 RVG-VV auf 0,8 ermäßigen kann.

244 Hinzu kommt eine **1,2-Terminsgebühr** (Nr. 3104 RVG-VV), die zum einen unter den Voraussetzungen der Vorbem. 3 Abs. 3 RVG-VV entsteht, aber auch nach Anm. Abs. 1 Nr. 1 zu Nr. 3104 RVG-VV entstehen kann, da es sich nach der Rechtsprechung des Bundesgerichtshofs[135] wegen der Möglichkeit des § 54 Abs. 2 FamFG um ein Verfahren mit vorgeschriebener mündlicher Verhandlung handelt. Eine Entscheidung nach § 51 Abs. 2 S. 2 FamFG löst die Terminsgebühr allerdings nicht aus, da diese Entscheidung nicht der Zustimmung der Beteiligten bedarf. Wohl löst ein schriftlicher Vergleich eine Terminsgebühr aus,[136] ebenso ein Anerkenntnisbeschluss[137] sowie eine Entscheidung im schriftlichen Verfahren nach einem Antrag gem. § 54 Abs. 2 FamFG, wenn hier im Einverständnis der Beteiligten nach § 113 Abs. 1 S. 2 FamFG iVm § 128 Abs. 2 ZPO im schriftlichen Verfahren entschieden wird.

245 Wird die einstweilige Anordnung beantragt, während die Hauptsache beim Beschwerdegericht anhängig und damit das Beschwerdegericht als Gericht der Hauptsache zuständig ist, gelten dennoch nur die Gebühren der Nr. 3100 ff. RVG-VV. Das ist in Vorbem. 3.2 Abs. 2 RVG-VV ausdrücklich geregelt.

246 Hinzukommen kann eine **Einigungsgebühr.** Wird die Einigung im einstweiligen Anordnungsverfahren zugleich auch über die Hauptsache geschlossen, liegt insoweit ein Vergleichsmehrwert in Höhe der Hauptsache vor.[138]

Beispiel: Der Antragsteller beantragt den Erlass einer einstweiligen Anordnung zum Umgangsrecht. Das Gericht beraumt Termin zur mündlichen Verhandlung im einstweiligen Anordnungsverfahren an. Dort wird eine Einigung über eine

---

134 OLG München FamRZ 2011, 746; OLG Brandenburg AGS 2010, 556 = FamRZ 2011, 758.
135 AGS 2012, 10 = FamRZ 2012, 110 = NJW 2012, 459 = FF 2012, 43 = FuR 2012, 93 = FamFR 2012, 36 = FamRB 2012, 47.
136 OLG Brandenburg 29.3.2017 – 15 W 40/17; siehe ausführlich N. Schneider, Terminsgebühr für schriftlichen Vergleich im einstweiligen Anordnungsverfahren?, NZFam 2016, 738; unzutreffend: OLG Köln AGS 2017, 70 = NZFam 2017, 129.
137 OLG Brandenburg 29.3.2017 – 15 W 40/17.
138 OLG Karlsruhe FamRZ 2011, 1813; OLG Schleswig AGS 2012, 39 = FamRZ 2011, 1424; aA OLG Düsseldorf AGS 2006, 37 mAnm N. Schneider = JurBüro 2005, 310 (Erhöhung des Verfahrenswerts).

N. Schneider

vorläufige Regelung getroffen und gleichzeitig auch über das endgültige Umgangsrecht, das allerdings nicht anhängig ist.
Der Wert des Verfahrens beträgt 1.500 EUR. Durch die Einbeziehung der Hauptsache entsteht für den Vergleich ein Mehrwert von 3.000 EUR. Die Verfahrens- und die Terminsgebühr entstehen aus dem Gesamtwert (§ 22 RVG). Die Einigungsgebühr entsteht zu 1,0 aus 1.500 EUR (Nr. 1003 RVG-VV) und zu 1,5 aus 3.000 EUR (Nr. 1000 RVG-VV). Zu beachten ist § 15 Abs. 3 RVG.

1.	1,3-Verfahrensgebühr, Nr. 3100 RVG-VV (Wert: 1.500 EUR)	149,50 EUR
2.	0,8-Verfahrensgebühr, Nrn. 3100, 3101 RVG-VV (Wert: 3.000EUR) die Grenze des § 15 Abs. 3 RVG, nicht mehr als 1,3 aus 4.500 EUR (393,90 EUR) ist nicht Überschritten	160,80 EUR
3.	1,2-Terminsgebühr, Nr. 3104 RVG-VV (Wert: 4.500 EUR)	424,80 EUR
4.	1,0-Einigungsgebühr, Nrn. 1000, 1003 RVG-VV (Wert: 1.500 EUR)	115,00 EUR
5.	1,5-Einigungsgebühr, Nr. 1000 RVG-VV (Wert: 3.000 EUR) (die Grenze des § 15 Abs. 3 RVG, 1,5 aus 4.500 EUR ist nicht überschritten)	301,50 EUR
6.	Postentgeltpauschale, Nr. 7002 RVG-VV	20,00 EUR
	Zwischensumme 1.171,60 EUR	
7.	19 % Umsatzsteuer, Nr. 7008 RVG-VV	222,60 EUR
	Gesamt	1.394,20 EUR

c) Anordnungs- und Abänderungsverfahren. Ist zunächst eine einstweilige Anordnung ergangen und wird später deren Abänderung beantragt, gilt § 16 Nr. 5 RVG. Das Anordnungs- und das Abänderungsverfahren bilden **eine Angelegenheit.** Es gilt nur der einfache Wert. Im Gegensatz zur früheren Rechtslage[139] können die Werte von Anordnung und Abänderung nicht mehr addiert werden.   247

Beispiel: Der Anwalt erwirkt eine einstweilige Anordnung zur elterlichen Sorge (Wert: 1.500 EUR). Später wird deren Abänderung beantragt (Wert: ebenfalls 1.500 EUR). Sowohl über den Antrag als auch über die Abänderung wird verhandelt.   248
Es gilt § 16 Nr. 5 RVG. Der Anwalt erhält seine Gebühren nur einmal aus dem Wert von 1.500 EUR.

1.	1,3-Verfahrensgebühr, Nr. 3100 RVG-VV	149,50 EUR
2.	1,2-Terminsgebühr, Nr. 3104 RVG-VV	138,00 EUR
3.	Postentgeltpauschale, Nr. 7002 RVG-VV	20,00 EUR
	Zwischensumme 307,50 EUR	
4.	19 % Umsatzsteuer, Nr. 7008 RVG-VV	58,43 EUR
Gesamt		**365,93 EUR**

5. Beschwerde gegen eine den Rechtszug beendende Entscheidung. Wird gegen eine den Rechtszug beendende Entscheidung Beschwerde erhoben – dazu gehören auch Entscheidungen in Arrest- und in einstweiligen Anordnungsverfahren, so gelten nach Vorbem. 3.2.1 Nr. 2 b RVG-VV die Vorschriften der Nrn. 3200 ff. RVG-VV entsprechend. Obwohl es sich um Beschwerdeverfahren handelt, erhält der Anwalt also nicht die 0,5-Gebühren nach den Nrn. 3500, 3513 RVG-   249

---

139 Siehe dazu OLG München AGS 2007, 424 = FamRZ 2006, 1218 = NJW 2006, 2196; OLG Koblenz AGS 2007, 425 = FamRZ 2007, 1114; Gerold/Schmidt/Müller-Rabe RVG § 18 Rn. 8; aA Groß Rn. 575.

VV. Ihm stehen vielmehr die höheren Gebühren nach den Nrn. 3200 ff. RVG-VV zu, also eine **1,6-Verfahrensgebühr** (Nr. 3200 RVG-VV) und eine **1,2-Terminsgebühr** (Nr. 3202 RVG-VV).

250 Vorbem. 3.2.1 Nr. 2 b RVG-VV ist nur anwendbar, wenn eine Entscheidung betreffend den Hauptgegenstand angefochten wird. Dabei kann es sich auch um einen Teilbeschluss handeln.[140] Bei den Nrn. 3500 ff. RVG-VV bleibt es dagegen, wenn Neben- oder Zwischenentscheidungen angefochten werden wie zB eine Kostenentscheidung.[141]

251 Auch die **Einigungsgebühr** erhöht sich nach Nr. 1004 RVG-VV. Das ist jetzt in Anm. Abs. 1 zu Nr. 1004 RVG-VV klargestellt.

252 **6. Rechtsbeschwerde gegen eine den Rechtszug beendende Entscheidung.** In Verfahren über eine Rechtsbeschwerde gegen eine den Rechtszug beendende Entscheidung richten sich die Gebühren nach den Nrn. 3206 ff. RVG-VV (Vorbem. 3.2.2 Nr. 1 Buchst. b RVG-VV).

253 Der Anwalt erhält also eine **2,3-Verfahrensgebühr** nach den Nrn. 3206, 3208 RVG-VV und eine **1,5-Terminsgebühr** nach Nr. 3210 RVG-VV. Im Falle einer Einigung entsteht eine **1,3-Einigungsgebühr** nach Nrn. 1000, 1004 RVG-VV (Anm. Abs. 1 zu Nr. 1004 RVG-VV).

254 **7. Allgemeine Beschwerdeverfahren.** In allgemeinen Beschwerdeverfahren, also solchen, in denen sich die Beschwerde nicht gegen eine Endentscheidung richtet, erhält der Anwalt eine **0,5-Verfahrensgebühr** nach Nr. 3500 RVG-VV[142] sowie im Falle eines Termins die **0,5-Terminsgebühr** nach Nr. 3513 RVG-VV. Hinzukommen kann wiederum eine **1,0-Einigungsgebühr** (Nrn. 1000, 1003 RVG-VV).

255 **8. Besondere Verfahren. a) Mahnverfahren.** Soweit lediglich fällige Zahlungsansprüche verfolgt werden, etwa fälliger Unterhalt, Zugewinnausgleich oÄ kommt auch in Familienstreitsachen das Mahnverfahren in Betracht (§ 113 Abs. 2 FamFG).

256 Der **Anwalt des Antragstellers** erhält hierfür eine **1,0-Verfahrensgebühr** nach Nr. 3305 RVG-VV, die sich im Falle vorzeitiger Erledigung auf 0,5 reduziert (Nr. 3306 RVG-VV). Hinzukommen kann eine **1,2-Terminsgebühr** (Vorbem. 3.3.2 iVm Nr. 3104 RVG-VV). Für den Antrag auf Erlass eines Vollstreckungsbescheids erhält der Anwalt eine weitere **0,5-Verfahrensgebühr** nach Nr. 3308 RVG-VV.

257 Der **Anwalt des Antragsgegners** erhält lediglich eine **0,5-Verfahrensgebühr** für seine gesamte Tätigkeit im Mahnverfahren (Nr. 3307 RVG-VV). Auch er kann allerdings zusätzlich eine **1,2-Terminsgebühr** verdienen (Vorbem. 3.3.2 iVm Nr. 3104 RVG-VV).

258 Im Falle einer Einigung erhalten die beteiligten Anwälte, also sowohl der Anwalt des Antragstellers als auch der des Antragsgegners, eine **1,0-Einigungsgebühr** (Nrn. 1000, 1003 RVG-VV).

259 Kommt es nach dem Mahnverfahren zur Durchführung des streitigen Verfahrens, ist sowohl die Verfahrensgebühr nach Nr. 3305 RVG-VV als auch die nach Nr. 3507 RVG-VV **anzurechnen** (Anm. zu Nr. 3305; Anm. zu Nr. 3307 RVG-

---

140 OLG München 30.8.2016 – 11 WF 885/16, AGS 2016, 507 = NZFam 2016, 948.
141 OLG Hamm AGS 2013, 171 = FamRZ 2014, 1874 = FF 2015, 41.
142 OLG Hamm AGS 2013, 171 = FamRZ 2014, 1874 = FF 2015, 41.

N. Schneider

VV). Ebenso ist die Terminsgebühr anzurechnen (Anm. Abs. 4 zu Nr. 3104 RVG-VV).

b) Vereinfachtes Verfahren auf Festsetzung des Unterhalts Minderjähriger. aa) Überblick. Das Verfahren auf Festsetzung des Unterhalts Minderjähriger ist eine Familienstreitsache (§§ 112 Abs. 1 Nr. 1, 231 Abs. 1 FamFG).   260

Allerdings gelten hier besondere Vorschriften. In Betracht kommen   261

- ■ das Festsetzungsverfahren nach §§ 249 ff. FamFG,
- ■ das Beschwerdeverfahren nach §§ 58, 256 FamFG und
- ■ das anschließende streitige Verfahren nach § 255 FamFG.

Ein vereinfachtes Abänderungsverfahren ist nach dem FamFG nicht mehr möglich. Daher ist der hierfür früher vorgesehene Gebührentatbestand der Nr. 3331 RVG-VV aF zum 1.9.2009 ersatzlos aufgehoben worden.   262

Zu beachten ist, dass das vereinfachte Verfahren und das nachfolgende streitige Verfahren zwei verschiedene Angelegenheiten sind (§ 17 Nr. 3 RVG), so dass die Gebühren – vorbehaltlich einer Anrechnung – gesondert entstehen.   263

bb) Vertretung im vereinfachten Festsetzungsverfahren. (1) Erstinstanzliches Festsetzungsverfahren nach § 249 FamFG. Vertritt der Anwalt einen Beteiligten im vereinfachten Verfahren auf Festsetzung des Unterhalts eines minderjährigen Kindes nach §§ 249 ff. FamFG, richtet sich die Vergütung nach Teil 3 Abschnitt 1 RVG-VV. Die Gebühren bestimmen sich also nach den Nrn. 3100 ff. RVG-VV.   264

Der Anwalt erhält zunächst einmal eine 1,3-Verfahrensgebühr nach Nr. 3100 RVG-VV, die sich unter den Voraussetzungen der Nr. 3101 Nr. 1 und 2 RVG-VV auf 0,8 ermäßigt. Eine Ermäßigung nach Nr. 3101 Nr. 3 RVG-VV ist nicht möglich. War eine außergerichtliche Vertretung vorausgegangen, ist die dort verdiente Geschäftsgebühr hälftig, höchstens mit 0,75, auf die Verfahrensgebühr anzurechnen (Vorbem. 3 Abs. 4 RVG-VV).   265

Eine Gebührenerhöhung nach Nr. 1008 RVG-VV bei Vertretung mehrerer Geschwisterkinder kommt nicht in Betracht, da der Unterhaltsanspruch jedes einzelnen Kindes ein gesonderter Gegenstand ist. Der Rechtsanwalt wird zwar in derselben Angelegenheit tätig (siehe § 250 Abs. 3 FamFG), aber nicht wegen desselben Gegenstandes. Nach § 23 Abs. 1 S. 1 RVG iVm § 33 Abs. 1 S. 1 FamGKG werden die Werte der einzelnen Festsetzungsanträge zusammengerechnet.   266

Hinzukommen kann eine 1,2-Terminsgebühr nach Nr. 3104 RVG-VV. Da hier gerichtliche Termine grundsätzlich nicht vorgesehen sind, kommt die Terminsgebühr in der Regel nur in Betracht, wenn der Anwalt eine Besprechung zur Vermeidung oder Erledigung des Verfahrens führt (Vorbem. 3 Abs. 3 S. 3 Nr. 2 RVG-VV). Die gegenteilige Rechtsprechung[143] ist unzutreffend. Eine Terminsgebühr für Besprechungen zur Vermeidung oder Erledigung des Verfahrens setzt nicht voraus, dass in dem Verfahren eine mündliche Verhandlung vorgeschrieben ist.[144] Die Terminsgebühr nach Vorbem. 3 Abs. 3 S. 3 Nr. 2 RVG-VV kann daher auch in Verfahren anfallen, in denen eine mündliche Verhandlung nicht obligatorisch ist. Dies ergibt sich für die Terminsgebühr im Verfahren auf vereinfachte Festsetzung des Unterhalts Minderjähriger schon aus der Anrech-   267

---

143 OLG Brandenburg AGS 2009, 107 = FamRZ 2009, 1089.
144 Siehe OLG Dresden AGS 2008, 333 = NJW-RR 2008, 1667.

nungsbestimmung der Anm. Abs. 4 zu Nr. 3104 RVG-VV. Diese Anrechnungs-bestimmung wäre sinnlos und überflüssig, wenn im vereinfachten Verfahren auf Festsetzung des Unterhalts Minderjähriger eine Terminsgebühr nicht anfallen könnte. Der Gesetzgeber wollte hier bewusst einen Anreiz schaffen, durch au-ßergerichtliche Verhandlungen und Gespräche das Verfahren zu erledigen und die weitere Inanspruchnahme des Gerichts zu vermeiden.

268 Unanwendbar ist dagegen Anm. Abs. 1 zu Nr. 3104 RVG-VV. Da im vereinfach-ten Festsetzungsverfahren eine mündliche Verhandlung nicht vorgesehen ist, ent-steht folglich keine Terminsgebühr bei einer Entscheidung im schriftlichen Ver-fahren oder bei Abschluss eines schriftlichen Vergleichs.

269 Soweit die Beteiligten sich im vereinfachten Verfahren einigen, entsteht eine Ei-nigungsgebühr nach Nr. 1000 RVG-VV und zwar iHv 1,0 (Nr. 1003 RVG-VV), da der Festsetzungsantrag bereits zur Anhängigkeit führt.

270 **(2) Beschwerdeverfahren nach §§ 58, 256 FamFG.** Wird gegen einen Festset-zungsbeschluss nach § 253 FamFG Beschwerde eingelegt (§§ 58, 256 FamFG), erhält der Anwalt im Beschwerdeverfahren die Gebühren nach Teil 3 Ab-schnitt 2 RVG-VV, da es sich bei dem Festsetzungsbeschluss um eine den Rechtszug abschließende Entscheidung iSd Vorbem. 3.2.1 Nr. 2 Buchst. b RVG-VV handelt (→ Rn. 249 ff.).

271 **(3) Rechtsbeschwerde nach §§ 70, 256 FamFG.** Im Verfahren der Rechtsbe-schwerde – einschließlich des Verfahrens auf Zulassung der Sprungrechtsbe-schwerde (§ 16 Nr. 11 RVG) – richten sich die Gebühren nach Teil 3 Abschnitt 2 Unterabschnitt 2 RVG-VV, den Nrn. 3206 ff. RVG-VV (Vorbem. 3.2.2 Nr. 1 Buchst. b RVG-VV).

272 **(4) Abänderung.** Im Gegensatz zum früheren Recht ist eine vereinfachte Abän-derung nicht mehr vorgesehen. Daher ist auch der gesonderte Gebührentatbe-stand der Nr. 3331 RVG-VV aF entfallen. Möglich ist nur ein Abänderungsver-fahren nach § 240 FamFG (→ Rn. 279).

273 **(5) Streitiges Verfahren nach § 255 FamFG.** Kommt es auf Antrag eines Betei-ligten zur Durchführung des streitigen Verfahrens nach § 255 FamFG, stellt die-ses nach § 17 Nr. 3 RVG gegenüber dem Festsetzungsverfahren eine eigene Ge-bührenangelegenheit iSd § 15 RVG dar, in der sämtliche Gebühren erneut ent-stehen können. Insbesondere entsteht auch eine gesonderte Postentgeltpauschale nach Nr. 7002 RVG-VV. Abzurechnen ist wie in einem Unterhaltsverfahren.

274 Zu beachten ist allerdings, dass die Verfahrensgebühr des vereinfachten Verfah-rens nach Anm. Abs. 1 zu Nr. 3100 RVG-VV auf die Verfahrensgebühr des nachfolgenden streitigen Verfahrens anzurechnen ist. Gleiches gilt für eine im vereinfachten Verfahren entstandene Terminsgebühr (Anm. Abs. 4 zu Nr. 3104 RVG-VV). Auch diese Gebühr ist in voller Höhe anzurechnen.

275 **Beispiel:** Im Januar wird von dem dreijährigen Kind ein vereinfachtes Verfah-ren nach §§ 249 ff. FamFG auf Festsetzung eines monatlichen Unterhalts iHv 120 % des Mindestunterhalts ab Februar eingeleitet. Der Unterhaltsschuldner erhebt Einwendungen, so dass nach § 255 FamFG das streitige Verfahren durch-geführt wird.

I. Vereinfachtes Verfahren

1.	1,3-Verfahrensgebühr, Nr. 3100 RVG-VV (Wert: 3.684 EUR)		327,60 EUR
2.	Postentgeltpauschale, Nr. 7002 RVG-VV		20,00 EUR
	Zwischensumme	347,60 EUR	
3.	19 % Umsatzsteuer, Nr. 7008 RVG-VV		66,04 EUR
Gesamt			**413,64 EUR**

II. Streitiges Verfahren

1.	1,3-Verfahrensgebühr, Nr. 3100 RVG-VV (Wert: 3.684 EUR)		327,60 EUR
2.	gem. Anm. Abs. 1 zu Nr. 3100 RVG-VV anzurechnen, 1,3 aus 3.684 EUR		-327,60 EUR
3.	1,2-Terminsgebühr, Nr. 3104 RVG-VV (Wert: 3.684 EUR)		302,40 EUR
4.	Postentgeltpauschale, Nr. 7002 RVG-VV		20,00 EUR
	Zwischensumme	322,40 EUR	
5.	19 % Umsatzsteuer, Nr. 7008 RVG-VV		61,26 EUR
Gesamt			**383,66 EUR**

Hat das streitige Verfahren nur einen geringeren Wert, ist nur nach diesem Wert abzurechnen. **276**

Beispiel: Wie vorstehendes Beispiel, jedoch wird im streitigen Verfahren lediglich Unterhalt iHv 100 % des Mindestunterhalts verlangt. **277**

An der Vergütung für das vereinfachte Verfahren ändert sich nichts. Die Gebühren für das streitige Verfahren berechnen sich dagegen jetzt nur aus einem Wert iHv 2.880 EUR.

I. Vereinfachtes Verfahren
(wie vorstehendes Beispiel)

II. Streitiges Verfahren

1.	1,3-Verfahrensgebühr, Nr. 3100 RVG-VV (Wert: 2.880 EUR)		261,30 EUR
2.	gem. Anm. Abs. 1 zu Nr. 3100 RVG-VV anzurechnen, 1,3 aus 2.880 EUR		-261,30 EUR
3.	1,2-Terminsgebühr, Nr. 3104 RVG-VV (Wert: 2.880 EUR)		241,20 EUR
4.	Postentgeltpauschale, Nr. 7002 RVG-VV		20,00 EUR
	Zwischensumme	261,20 EUR	
5.	19 % Umsatzsteuer, Nr. 7008 RVG-VV		49,63 EUR
Gesamt			**310,83 EUR**

(6) Beschwerde/Rechtsbeschwerde. Wird gegen die im streitigen Verfahren ergangene Entscheidung Beschwerde oder Rechtsbeschwerde eingelegt, so gelten die Gebühren nach Teil 3 Abschnitt 2 RVG-VV (Vorbem. 3.2.1 Nr. 2 Buchst. b; Vorbem. 3.2.2 Nr. 1 Buchst. b RVG-VV). **278**

(7) Abänderungsverfahren nach § 240 FamFG. Soll die in einem streitigen Verfahren ergangene Entscheidung abgeändert werden, so ist der Abänderungsantrag nach § 240 FamFG gegeben. Die Gebühren in diesem Verfahren richten sich wiederum nach Teil 3 Abschnitt 1 RVG-VV. Abzurechnen ist wie in einem Abänderungsverfahren nach § 238 FamFG (→ Rn. 134). Eine Anrechnung der im vereinfachten Verfahren angefallenen Gebühren ist nicht vorgesehen. **279**

cc) Verfahrenswert. Der Verfahrenswert des vereinfachten Verfahrens auf Festsetzung von Unterhalt Minderjähriger (§§ 249 ff. FamFG) bemisst sich nach § 51 FamGKG. Dieser Wert gilt auch für die Anwaltsgebühren (§ 23 Abs. 1 S. 3 RVG). **280**

281 Für den künftigen Unterhalt gilt § 51 Abs. 1 S. 2 FamGKG. Maßgebend ist, da es sich um Unterhaltsansprüche nach den §§ 1612 a–1612 c handelt, das Zwölffache des bei Antragseinreichung maßgebenden Betrags (→ Rn. 133). Bei Einreichung werden fällige Beträge hinzugerechnet (§ 51 Abs. 2 S. 3 iVm S. 1 u. 2 FamGKG).[145]

282 **Beispiel:** Im April 2016 wird die vereinfachte Festsetzung iHv 120 % des Mindestunterhalts (Altersstufe 6–11 Jahre) beantragt, und zwar rückwirkend ab Januar 2016. Im Juni 2016 ergeht der Festsetzungsbeschluss.

Abzustellen ist zum einen nach § 51 Abs. 1 S. 2 FamGKG auf den zwölffachen Wert des bei Einreichung maßgebenden Mindestunterhalts, multipliziert mit dem entsprechenden Prozentsatz. Das ergibt hier einen Betrag iHv 461 EUR. Eine eventuelle spätere Veränderung des Mindestunterhalts hat auf den Verfahrenswert keinen Einfluss.

Von diesem Betrag abzuziehen ist allerdings das hälftige Kindergeld,[146] zurzeit 95 EUR, so dass ein Monatsbetrag iHv 366 EUR verbleibt. Das ergibt also nach Abs. 1 S. 1 u. 2 einen Verfahrenswert iHv 12 x 366 EUR = 4.392 EUR.

Hinzuzurechnen sind die fälligen Beträge (§ 51 Abs. 2 S. 3 iVm S. 1 FamGKG), also weitere 4 x 366 EUR = 1.464 EUR.

Insgesamt ergibt sich damit ein Wert iHv 5.856 EUR.

283 Im Gegensatz zu Verfahren mit bezifferten Unterhaltsforderungen (§ 51 Abs. 1 S. 1 FamGKG), für die der Wert der auf die Einreichung des Antrags folgenden zwölf Monate gilt, bleiben hier Veränderungen innerhalb der ersten zwölf Monate nach Antragseinreichung unberücksichtigt.

284 **Beispiel:** Wie vorangegangenes Beispiel; im März 2016 wird das Kind zwölf Jahre alt.

Abzustellen ist auch hier auf den zwölffachen Wert des bei Einreichung maßgebenden prozentualen Mindestunterhalts zuzüglich der fälligen Beträge. Erhöhungen innerhalb der ersten zwölf Monate nach Antragseinreichung sind bei Ansprüchen nach §§ 1612 a–1612 c irrelevant. Obwohl also für die Monate ab März 2016 ein Unterhalt iHv (540 EUR – 95 EUR =) 448 EUR verlangt wird, bleibt diese Erhöhung ohne Auswirkungen.

285 Kommt es nach einer vereinfachten Festsetzung zur Durchführung des streitigen Verfahrens (§ 255 FamFG), richtet sich der Verfahrenswert dort wiederum nach § 51 FamGKG. Abzustellen ist dabei auch für die Berechnung des Verfahrenswertes im streitigen Verfahren auf den Zeitpunkt des Antragseingangs (§ 34 FamGKG) im vereinfachten Festsetzungsverfahren, nicht auf den späteren Zeitpunkt, zu dem der Antrag auf Durchführung des streitigen Verfahrens bei Ge-

---

145 OLG München AGS 2005, 165 = FamRZ 2005, 1766; OLG Brandenburg FamRZ 2004, 962.

146 OLG München AGS 2005, 165 = FamRZ 2005, 1766; OLG Köln FamRZ 2002, 684 = JAmt 2002, 272 (unter Aufgabe seiner früheren gegenteiligen Rspr. AGS 2002, 178 = FamRZ 2001, 778, 1384 = OLGReport 2001, 224); AG Groß-Gerau FamRZ 2001, 432.

N. Schneider

richt eingeht.[147] Weitere fällige Beträge, die sich im Verlaufe des vereinfachten Verfahrens ergeben, erhöhen nicht den Wert des streitigen Verfahrens.[148]

dd) Verfahrenskostenhilfe. Die Bewilligung von Verfahrenskostenhilfe kommt 286 auch im vereinfachten Festsetzungsverfahren in Betracht.[149] Die Bewilligung richtet sich nach § 113 Abs. 1 S. 1 FamFG iVm §§ 114 ff. ZPO.

ee) Verfahren nach § 179 Abs. 1 S. 2 FamFG iVm § 237 FamFG. (1) Über- 287 **blick.** Mit einem Verfahren auf Feststellung der Vaterschaft kann ein Verfahren auf Zahlung des Mindestunterhalts verbunden werden (§ 179 Abs. 1 S. 2 FamFG iVm § 237 FamFG).

(2) Festsetzungsverfahren nach § 237 FamFG. Wird Vaterschaftsfeststellung be- 288 antragt und gleichzeitig Zahlung des Mindestunterhalts verlangt, so liegt insgesamt nur ein Verfahren mit mehreren Gegenständen vor, und zwar eine Unterhaltssache. Es gelten wiederum die Nrn. 3100 ff. RVG-VV.

Hinsichtlich des Verfahrenswertes gilt einerseits § 47 FamGKG (Vaterschafts- 289 feststellung) und andererseits §§ 35, 51 FamGKG (Unterhalt). Zusätzlich greift die Regelung des § 33 Abs. 1 S. 2 FamGKG. Danach ist bei der Verbindung eines vermögensrechtlichen Anspruchs mit einem zugrunde liegenden nichtvermögensrechtlichen Anspruch für die Verfahrenswertbemessung der höhere Verfahrenswert maßgebend. Dies ist idR der vermögensrechtliche Anspruch auf Zahlung der Mindestbeträge.[150]

Beispiel: Das Kind beantragt im Verfahren auf Feststellung der Vaterschaft zu- 290 gleich gem. §§ 179 Abs. 1 S. 2, 237 FamFG die Zahlung eines monatlichen Unterhalts in Höhe des Mindestbetrages (12 x [335 EUR – 95 EUR] = 240 EUR). Der Wert für den Feststellungsantrag wird auf 2.000 EUR festgesetzt (§ 47 Abs. 1 FamGKG) und der Wert für den Zahlungsantrag auf 2.880 EUR (§§ 35, 51 FamGKG).

Es gilt gem. § 33 Abs. 1 S. 2 FamGKG nur der höhere Wert, hier also der Wert des Zahlungsantrags mit 2.880 EUR.

c) Verfahren über die Verfahrenskostenhilfe. Für den im Hauptsacheverfahren 291 tätigen Anwalt gilt § 16 Nr. 2 RVG. Danach zählen das Verfahren über die VKH und das Hauptsacheverfahren als eine einzige Angelegenheit, so dass die Tätigkeit des Anwalts im Verfahrenskostenhilfeverfahren durch die Gebühren der Hauptsache mit abgegolten wird. Ist der Anwalt dagegen nur im Verfahrenskostenhilfeverfahren tätig, erhält er gesonderte Gebühren. In mehreren Verfahrenskostenhilfeverfahren desselben Rechtszugs erhält der Anwalt die Gebühren nur einmal (§ 16 Nr. 3 RVG).

Zunächst erhält der Anwalt nach Nr. 3335 RVG-VV eine **1,0-Verfahrensgebühr,** 292 sofern in der Hauptsache nicht geringere Gebühren vorgesehen sind. Erledigt sich der Auftrag vorzeitig, so ermäßigt sich die Verfahrensgebühr der Nr. 3335 RVG-VV nach Nr. 3337 RVG-VV auf 0,5. Das Gleiche gilt, soweit lediglich be-

---

147 N. Schneider ZFE 2007, 107.
148 OLG Brandenburg FamRZ 2004, 962; Groß Rpfleger 1999, 303 (305); vergleichbar: OVG Münster zur Frage, ob fällige Beträge nach § 43 Abs. 3 GKG (§ 17 Abs. 3 GKG aF) während eines Widerspruchsverfahrens erhöhend wirken, RiA 1983, 79 = ZBR 1983, 158 = AnwBl. 1983, 281 = NVwZ 1984, 187.
149 OLG Koblenz AGS 2010, 182; OLG Zweibrücken AGS 2006, 140 = MDR 2006, 577; aA KG JurBüro 2000, 311 = FamRZ 2000, 762.
150 AG Hainichen FamRZ 2002, 256.

antragt ist, eine Einigung der Beteiligten zu Protokoll zu nehmen (Anm. zu Nr. 3337 RVG-VV).

293 Kommt es zu einem Termin iSd Vorbem. 3 Abs. 3 RVG-VV, erhält der Anwalt nach Vorbem. 3.3.6 RVG-VV die **Terminsgebühr** nach Abschnitt 1, also nach Nr. 3104 RVG-VV. Eine Terminsgebühr nach Anm. Abs. 1 zu Nr. 3104 RVG-VV kommt nicht in Betracht, da in diesem Verfahren keine mündliche Verhandlung vorgeschrieben ist. Nach Auffassung des KG soll die Terminsgebühr nach Anm. Abs. 1 Nr. 1 zu Nr. 3104 RVG-VV im Verfahrenskostenhilfeverfahren allerdings dann anfallen, wenn dort ein Vergleich nach § 278 Abs. 6 ZPO geschlossen wird.[151]

294 Hinzukommen kann auch eine **Einigungsgebühr** nach den Nrn. 1000 ff. RVG-VV. Soweit sich die Beteiligten über die im Verfahrenskostenhilfeverfahren anhängigen Gegenstände einigen, entsteht die Gebühr nur zu 1,0 (Anm. S. 1 zu Nr. 1003 RVG-VV). Soweit nicht anhängige Gegenstände in die Einigung einbezogen werden, entsteht unter Beachtung des § 15 Abs. 3 RVG eine 1,5-Einigungsgebühr (Nr. 1000 RVG-VV).

295 Kommt es im Anschluss an das Bewilligungsverfahren zur **Hauptsache**, so gehen die nach den Nrn. 3335 f. RVG-VV verdienten Gebühren in denen des Hauptsacheverfahrens auf. Dies gilt unabhängig davon, ob die VKH bewilligt worden ist oder nicht.

296 Das Verfahren über die **Beschwerde** gegen die Ablehnung der Verfahrenskostenhilfebewilligung ist eine gesonderte Angelegenheit (§ 18 Abs. 1 Nr. 3 RVG). Dafür erhält der Anwalt die Gebühren nach den Nrn. 3500, 3513 RVG-VV.

297 Im Verfahren auf Bewilligung oder Aufhebung der VKH beläuft sich der **Gegenstandswert** auf den Wert der Hauptsache (§ 23 a Abs. 1 RVG). Wird die VKH nur hinsichtlich eines Teils der Hauptsache beantragt, so ist dieser Wert maßgebend. In allen anderen Fällen ist der Wert gemäß billigem Ermessen nach dem Kosteninteresse zu schätzen (§ 23 a Abs. 2 RVG).

298 **9. Einzeltätigkeit.** Wird der Anwalt in einem gerichtlichen Verfahren nur mit einer Einzeltätigkeit beauftragt, insbesondere mit dem Einreichen, Anfertigen oder Unterzeichnen eines Schriftsatzes oder mit der ausschließlichen Vertretung in einem Annexverfahren, für das keine besonderen Gebühren vorgesehen sind, wie zB in einem Kostenfestsetzungsverfahren nach den §§ 103 ff. ZPO oder in einem Vergütungsfestsetzungsverfahren nach § 11 RVG,[152] erhält er nach Nr. 3403 RVG-VV eine **0,8-Verfahrensgebühr**, die sich bei vorzeitiger Erledigung auf 0,5 ermäßigt (Anm. zu Nr. 3405 RVG-VV) und im Falle eines einfachen Schreibens auf 0,3 (Nr. 3404 RVG-VV).

299 **10. Zwangsvollstreckung, Vollstreckung und Vollziehung.** In der Zwangsvollstreckung, der Vollstreckung und der Vollziehung erhält der Anwalt die Gebühren nach den Nrn. 3309 f. RVG-VV (Vorbem. 3.3.3 RVG-VV).

300 Nach § 18 Abs. 1 Nr. 1 RVG zählt **jede Vollstreckungsmaßnahme** zusammen mit den durch diese vorbereiteten weiteren Vollstreckungshandlungen bis zur Befriedigung des Gläubigers als **eine Angelegenheit.**

301 Der **Gegenstandswert** bemisst sich in der Vollstreckung grundsätzlich nach § 25 RVG. Wird wegen Unterhalts eine Vorratspfändung ausgebracht, so bemisst sich

---

151 KG AGS 2008, 68 = JurBüro 2008, 29.
152 AnwK-RVG/N. Schneider Nrn. 3403–3404 Rn. 22 mwN.

N. Schneider

der Wert der zu vollstreckenden Forderung gem. § 25 Abs. 1 Nr. 1 RVG entsprechend § 51 Abs. 1 S. 1 FamGKG nach dem Wert der zukünftig fällig werdenden Forderungen, höchstens nach dem Wert der nächsten zwölf Monate. Hinzuzurechnen sind entsprechend § 51 Abs. 2 S. 1 FamGKG die bei Einreichung des Pfändungsantrags fälligen Beträge.

X. Auslagen

1. Überblick. Neben den Gebühren erhält der Anwalt auch seine Auslagen vergütet. **Allgemeine Geschäftskosten** werden dagegen durch die Gebühren mit abgegolten und sind nicht gesondert zu vergüten (Vorbem. 7 Abs. 1 S. 1 RVG-VV). 302

2. Dokumentenpauschale. Für das **Herstellen von Abschriften, Ablichtungen und Ausdrucken** erhält der Anwalt die Dokumentenpauschale nach Nr. 7000 Nr. 1 RVG-VV. Eine Übermittlung durch den Rechtsanwalt per Telefax steht der Herstellung einer Ablichtung gleich (Anm. Abs. 1 S. 2 zu Nr. 7000 RVG-VV). Die Höhe der Dokumentenpauschale beläuft sich auf je 0,50 EUR für die ersten 50 abzurechnenden Seiten und auf 0,15 EUR für jede weitere Seite. 303

Für die **Überlassung von elektronisch gespeicherten Daten** erhält der Anwalt je Datei eine Vergütung iHv 2,50 EUR (Nr. 7000 Nr. 2 RVG-VV). 304

3. Post- und Telekommunikationsentgelte. Die Kosten für Post- und Telekommunikationsentgelte sind neben den Gebühren immer gesondert zu vergüten. Hierzu zählen insbesondere die Portokosten sowie die Gebühren für Telefonate, Telefax etc. Die Kosten für die Übersendung einer Rechnung können dagegen nicht abgerechnet werden (Anm. zu Nr. 7001 RVG-VV). Der Anwalt hat die Wahl zwischen einer **konkreten Abrechnung** (Nr. 7001 RVG-VV) und einer **Pauschale** iHv 20 % der gesetzlichen Gebühren, höchstens aber 20 EUR je Angelegenheit (Nr. 7002 RVG-VV). Zur Abrechnung der Pauschale in der Beratungshilfe → Rn. 90. 305

4. Geschäftsreisen. Auslagen für Geschäftsreisen des Anwalts werden nach den Nrn. 7003–7006 RVG-VV vergütet. Erfasst werden 306

- **Fahrtkosten** für den eigenen Pkw (Nr. 7003 RVG-VV),
- Kosten für **sonstige Verkehrsmittel**, soweit sie angemessen sind (Nr. 7004 RVG-VV),
- **Tage- und Abwesenheitsgelder** (Nr. 7005 RVG-VV) und
- **sonstige Auslagen**, soweit sie angemessen sind (Nr. 7006 RVG-VV).

Als **Tage- und Abwesenheitsgelder** erhält der Anwalt bei einer Abwesenheit von nicht mehr als vier Stunden 25 EUR, von vier bis acht Stunden 40 EUR und bei mehr als acht Stunden 70 EUR (Nr. 7005 RVG-VV). 307

Darüber hinaus sind dem Anwalt **sonstige Kosten**, wie zB Übernachtungskosten, Parkgebühren ua in Höhe der tatsächlichen Aufwendungen zu erstatten, soweit sie angemessen sind (Nr. 7006 RVG-VV). 308

5. Sonstige Aufwendungen. Soweit kein Fall der Nrn. 7000 ff. RVG-VV gegeben ist und es sich auch nicht um allgemeine Geschäftskosten nach Vorbem. 7 Abs. 1 S. 1 RVG-VV handelt, kann der Anwalt seine Aufwendungen gem. §§ 675, 670 ersetzt verlangen (Vorbem. 7 Abs. 1 S. 2 RVG-VV). Dies gilt insbesondere für vorgelegte Gerichts- und Gerichtsvollzieherkosten sowie für Kosten von Meldeamts- und Registeranfragen oder auch die Aktenversendungspauschale. 309

310 **6. Umsatzsteuer.** Nach Nr. 7008 RVG-VV kann der Anwalt seinem Auftraggeber ferner die Umsatzsteuer in Rechnung stellen.

C. Beratungshilfe

311 In familienrechtlichen Angelegenheiten kann Beratungshilfe bewilligt werden
und zwar sowohl für die Beratung als auch für die Vertretung. Beratungshilfe
wird gewährt, wenn nach den persönlichen und wirtschaftlichen Verhältnissen
des Ratsuchenden ratenfreie VKH zu bewilligen wäre (§ 1 Abs. 2 BerHG).

312 Der Antrag kann unmittelbar beim Amtsgericht oder auch beim Anwalt gestellt
werden (§ 4 BerHG). Wird der Antrag beim Anwalt gestellt, so muss vor Auftragserteilung klargestellt werden, dass dieser im Rahmen der Beratungshilfe beauftragt werden soll. Der Antrag muss im zeitlichen Zusammenhang mit der anwaltlichen Tätigkeit ausgefüllt und unterschrieben werden.[153] Eine nachträgliche Beratungshilfebewilligung ist nicht möglich. Wohl kann der vom Anwalt
dann weiterzuleitende Antrag auf Bewilligung von Beratungshilfe auch noch innerhalb einer Frist von vier Wochen bei Gericht eingereicht werden (§ 6 Abs. 2
S. 2 BerHG).

313 Eine Aufhebung der Beratungshilfe bei Veränderung der wirtschaftlichen Verhältnisse ist – im Gegensatz zur VKH – nicht möglich. Also auch dann, wenn
der Rechtsuchende zB durch Unterhalt zu Einkommen gelangt oder durch Zugewinnausgleich zu Vermögen kommt, braucht er die gewährte Beratungshilfe
nicht zurückzuzahlen. Der Anwalt kann ihm gegenüber auch nicht die Wahlanwaltsgebühren abrechnen.

314 Soweit dem Rechtsuchenden ein **Erstattungsanspruch** gegen Dritte zusteht, geht
dieser nach § 9 S. 2 BerHG auf den Anwalt über.

315 Zur Höhe der Vergütung in der Beratungshilfe → Rn. 83 ff.

D. Verfahrenskostenhilfe

316 Soweit ein Beteiligter im gerichtlichen Verfahren nicht in der Lage ist, die Verfahrenskosten zu bestreiten, kann ihr unter den entsprechenden wirtschaftlichen
und persönlichen Voraussetzungen VKH bewilligt und ein Anwalt beigeordnet
werden. Das Bewilligungsverfahren richtet sich für **Verbundverfahren und Familienstreitsachen** unmittelbar nach den §§ 114 ff. ZPO (§ 113 Abs. 1 S. 2
FamFG). Für Familiensachen der freiwilligen Gerichtsbarkeit gelten die §§ 76 ff.
FamFG, die zwar auf die §§ 114 ff. ZPO verweisen, aber einige Besonderheiten
enthalten. So ist hier die Beiordnung eines Anwalts nur geboten, wenn die Sache
rechtlich oder tatsächlich schwierig ist (§ 78 Abs. 2 FamFG).

317 Wird einem Beteiligten ein Anwalt im Wege der VKH beigeordnet, erhält dieser
nach § 44 RVG seine **Vergütung aus der Staatskasse.** Die Inanspruchnahme des
Auftraggebers im Rahmen der Bewilligung ist nach § 121 Abs. 1 Nr. 3 ZPO unzulässig. Soweit der Anwalt nicht beigeordnet wird, kann er dagegen den Auftraggeber in Anspruch nehmen und seine Vergütung auch nach § 11 RVG festsetzen lassen.[154]

---

153 BVerfG Rpfleger 2008, 855.
154 OLG Celle FamRZ 2011, 666 = NdsRpfl 2011, 44.

Beispiel: Im Scheidungsverfahren ist der Ehefrau VKH bewilligt und ein Anwalt beigeordnet worden. Für die Folgesache Unterhalt wird VKH mangels Erfolgsaussicht verweigert.

Aus dem Wert von Ehesache und Versorgungsausgleich kann der Anwalt seine Auftraggeberin nicht in Anspruch nehmen (§ 121 Abs. 1 Nr. 3 ZPO). In Höhe der Gebührendifferenz der Wahlanwaltsvergütung aus dem bewilligten Wert (Ehesache und Versorgungsausgleich) zum Gesamtwert (zuzüglich Unterhalt) kann der Anwalt die Auftraggeberin dagegen in Anspruch nehmen und diese Differenz auch nach § 11 RVG festsetzen lassen.[155]

Der beigeordnete Anwalt erhält die gleichen Gebühren wie ein Wahlanwalt, allerdings ab einem Streitwert von über 4.000 EUR nach **geringeren Beträgen,** nämlich nach denen des § 49 RVG. Bei Streitwerten von über 35.000 EUR erhöhen sich die Gebührenbeträge des § 49 RVG nicht mehr. 318

Neben den Gebühren erhält der Anwalt auch Ersatz seiner **Auslagen** und Aufwendungen (§ 46 RVG). 319

Insbesondere erhält der Anwalt auch Ersatz seiner **Reisekosten.** 320

■ Hat der Anwalt seine Kanzlei im Gerichtsbezirk, darf er nicht eingeschränkt beigeordnet werden. Die Reisekosten sind ihm aus der Staatskasse auf Antrag in vollem Umfang zu erstatten.[156]

■ Hat der Anwalt seine Kanzlei nicht im Gerichtsbezirk und ist er dort auch nicht wohnhaft, so ist zu prüfen, ob die Voraussetzungen für die zusätzliche Beiordnung eines Verkehrsanwalts nach § 113 Abs. 1 S. 2 FamFG iVm § 124 Abs. 4 ZPO bzw. § 78 Abs. 4 FamFG vorliegen.

– Ist das nicht der Fall, kommt eine einschränkende Beiordnung in Betracht. Diese darf dann aber nur dahin lauten, dass er zu den Bedingungen eines im Gerichtsbezirk niedergelassenen Anwalts beigeordnet wird. Eine Einschränkung zu den Bedingungen eines „am Gericht ansässigen" Anwalts ist nicht zulässig.[157]

– Ist eine solche Einschränkung vorgenommen, erhält der auswärtige Anwalt seine tatsächlichen Reisekosten bis zur fiktiven Höhe der Reisekosten eines im Gerichtsbezirk niedergelassenen Anwalts. Abzustellen ist insoweit auf die weiteste Entfernung zwischen dem Gerichtssitz und der Grenze des Gerichtsbezirks.[158]

– Soweit schon im Rahmen der Beiordnung feststeht, dass die höchstmöglichen Reisekosten im Bezirk höher sind als die tatsächlichen Reisekosten des auswärtigen Anwalts kann auch schon von vornherein uneingeschränkt beigeordnet werden.[159]

– Liegen die Voraussetzungen für die zusätzliche Beiordnung eines Verkehrsanwalts dagegen vor, dann ist eine eingeschränkte Beiordnung nur

155 Zur Berechnung OLG Celle FamRZ 2011, 666 = NdsRpfl 2011, 44.
156 OLG Oldenburg AGS 2006, 110 mAnm N. Schneider = NJW 2006, 851 = FamRZ 2006, 629.
157 OLG Celle AGS 2011, 365 = NdsRpfl 2011, 240 = FamFR 2011, 281.
158 LAG Hessen AGS 2010, 299 = NJW-Spezial 2010, 380; VG Oldenburg AGS 2009, 467 = NJW-Spezial 2009, 460; OLG Oldenburg JurBüro 2010, 433.
159 OLG Bamberg AGS 2014, 353 u. 529 = NJW-RR 2015, 187 = JurBüro 2015, 372 = NZFam 2014, 1103 = FamRZ 2015, 353; OLG Frankfurt/M. AGS 2014, 138; OLG Brandenburg AGS 2015, 584 = NJW-Spezial 2015, 763 = NZFam 2016, 87; AGS 2016, 196.

dahingehend zulässig, dass seine Reisekosten bis zur Höhe der Kosten eines Verkehrsanwalts übernommen werden, soweit sie die Reisekosten eines im Bezirk des angerufenen Gerichts niedergelassenen Anwalts übersteigen. Das bedeutet, dass seine Reisekosten zu übernehmen sind bis zur Höhe der Kosten eines Verkehrsanwalts zuzüglich der höchstmöglichen Reisekosten im Gerichtsbezirk.[160]

Ist der Anwalt gesetzeswidrig nur eingeschränkt beigeordnet worden, muss der Beschluss innerhalb der Monatsfrist des § 127 Abs. 3 S. 2, 3 ZPO (§§ 76 Abs. 2, 113 Abs. 1 S. 2 FamFG) angefochten werden. Insoweit ist der Rechtsanwalt aus eigenem Recht beschwerdebefugt.[161] Ist eine gesetzeswidrig erfolgte eingeschränkte Beiordnung bestandskräftig geworden, so sind die Festsetzungsorgane daran gebunden (§ 48 RVG). Eine Festsetzung der Reisekosten ist dann nicht mehr möglich.

Wird ein Anwalt, der seinen Kanzleisitz nicht im Gerichtsbezirk unterhält, uneingeschränkt beigeordnet, so ist diese uneingeschränkte Beiordnung für das Verfahren auf Festsetzung der Vergütung des beigeordneten Anwalts auch dann bindend, wenn der Anwalt nur zu den Bedingungen eines im Gerichtsbezirk niedergelassenen Anwalts hätte beigeordnet werden dürfen. Der Anwalt erhält daher seine gesamten Reisekosten aus der Landeskasse.[162]

321 Dem Anwalt steht nach § 47 RVG auch ein Recht auf **Vorschuss** zu, allerdings nur für solche Gebühren, die bereits entstanden sind. Auslagen müssen dagegen noch nicht entstanden sein. Hier können auch zukünftig anfallende Beträge angefordert werden.

322 Der **Umfang der Beiordnung** ergibt sich aus den Beschlüssen, durch die die VKH bewilligt und der Rechtsanwalt beigeordnet worden ist (§ 48 Abs. 1 RVG).

323 In Scheidungssachen ist § 149 FamFG zu beachten. Danach erstreckt sich die Bewilligung der Verfahrenskostenhilfe kraft Gesetzes auf eine **Versorgungsausgleichsfolgesache**, sofern nicht eine Erstreckung ausdrücklich ausgeschlossen wird.

324 In Ehesachen und in Lebenspartnerschaftssachen nach § 269 Abs. 1 Nr. 1 und 2 FamFG erstreckt sich die bewilligte Verfahrenskostenhilfe auf die Rechtsverteidigung gegen einen **Widerantrag** (§ 48 Abs. 5 Nr. 4 RVG).

325 Ist dem bedürftigen Beteiligten Verfahrenskostenhilfe für eine Beschwerde oder Rechtsbeschwerde bewilligt worden, so erstreckt sich die Bewilligung und Beiordnung kraft Gesetzes auch auf die Rechtsverteidigung gegen eine Anschlussbeschwerde oder Anschlussrechtsbeschwerde des Gegners (§ 48 Abs. 2 S. 1 RVG), sofern der Beiordnungsbeschluss nichts anderes bestimmt (§ 48 Abs. 2 S. 2 RVG).

326 Besondere Bedeutung hat die Vorschrift des § 48 Abs. 3 RVG. Danach erstreckt sich die **Beiordnung in einer Ehesache** auch auf den Abschluss eines Vertrags iSd Nr. 1000 RVG-VV, der den gegenseitigen Unterhalt der Ehegatten, den Unterhalt gegenüber den Kindern im Verhältnis der Ehegatten zueinander, die Sorge für die Person der gemeinschaftlichen minderjährigen Kinder, die Regelung des Umgangs mit einem Kind, die Rechtsverhältnisse an der Ehewohnung und dem

---

160 OLG Brandenburg 7.3.2017 – 13 WF 56/17.
161 OLG Köln AGS 2006, 139 = MDR 2005, 1130 = FamRZ 2005, 2008.
162 OLG Düsseldorf AGS 2014, 196 = FamRZ 2011, 835.

N. Schneider

Haushalt sowie die Ansprüche aus dem ehelichen Güterrecht betrifft. Nicht erforderlich ist, dass die Einigung vor Gericht geschlossen wird. Sie muss nur während des anhängigen Scheidungsverfahrens geschlossen werden und eine der vorgenannten Gegenstände betreffen.[163] Insoweit reicht es aus, wenn die Beteiligten unter Mitwirkung ihrer Anwälte während des Verbundverfahrens eine notarielle Vereinbarung schließen[164] oder wenn sie über den Kindesunterhalt, auf den sie sich geeinigt haben, eine Jugendamtsurkunde errichten lassen.[165] Auch die Mitwirkung an einer während des Verbundverfahrens geschlossenen notariellen Vereinbarung der Beteiligten kann ausreichen.[166]

Aufgrund der Neufassung des § 48 Abs. 3 RVG ist klargestellt, dass sich die Beiordnung in diesen Fällen auf alle mit der Herbeiführung der Einigung erforderlichen Gebühren erstreckt, also auch auf die Verfahrensdifferenzgebühr und die Terminsgebühr.   327

Im Falle einer einstweiligen Anordnung oder eines Arrestes erstreckt sich die bewilligte VKH auch auf die **Vollstreckung der Anordnung oder Vollziehung des Arrestes** einschließlich der Zustellung (§ 48 Abs. 4 S. 2 Nr. 2 RVG).   328

Strittig ist, ob für ein aus dem Verbund abgetrenntes Verfahren (→ Rn. 226 ff.) ein **gesonderter Verfahrenskostenhilfeantrag** erforderlich ist oder ob eine für das Verbundverfahren bewilligte VKH sich auf das abgetrennte Verfahren erstreckt. Die Rechtsprechung lehnt eine Erstreckung grundsätzlich ab.[167]   329

Zu beachten ist, dass für ein **einstweilige Anordnungsverfahren gesondert VKH** zu beantragen ist. Die VKH in der Hauptsache erstreckt sich nicht auch auf das einstweilige Anordnungsverfahren.[168]   330

E. Nach § 138 FamFG beigeordneter Rechtsanwalt

Der dem Antragsgegner in einer Ehesache nach § 138 FamFG (§ 625 ZPO aF) beigeordnete Rechtsanwalt wird gebührenrechtlich wie ein Verfahrensbevollmächtigter behandelt, so dass er vom Antragsgegner alle Gebühren der Nrn. 3100 ff. RVG-VV erhalten kann. Er hat auch einen Anspruch auf einen Vorschuss nach § 9 RVG (§ 39 S. 1 RVG). Der Vergütungsanspruch steht dem Anwalt auch dann zu, wenn der Antragsgegner, dem er beigeordnet ist, mit der Beiordnung nicht einverstanden war.   331

Der beigeordnete Rechtsanwalt kann seine Vergütung auch aus der Landeskasse verlangen (§ 45 Abs. 2 RVG). Dies setzt jedoch voraus, dass der Antragsgegner mit der Zahlung der Vergütung in Verzug ist (§ 45 Abs. 2 RVG). Das gilt auch für eine Vorschussanforderung (§ 47 Abs. 1 S. 2 RVG). Gegen die Landeskasse steht dem Anwalt allerdings nur ein Anspruch auf Vergütung eines VKH-Anwalts zu, da sich die Vergütung dann nach Abschnitt 8 des RVG richtet und   332

---

163 OLG Köln AGS 2006, 138; OLG Rostock FamRZ 2008, 708.
164 OLG Brandenburg AGS 2007, 146 = FamRZ 2005, 1264.
165 OLG Celle AGS 2007, 514 = JurBüro 2006, 319.
166 OLG Brandenburg AGS 2007, 146 = FamRZ 2005, 1264.
167 OLG Braunschweig AGS 2003, 167 m. abl. Anm. N. Schneider; so wohl auch BGH AGS 2011, 167 = NJW 2011, 1141 = FamRZ 2011, 635 = MDR 2011, 442 = FF 2011, 205.
168 OLG Naumburg AGS 2003, 23 mAnm N. Schneider = FamRB 2003, 11 mAnm N. Schneider = MDR 2002, 515; N. Schneider, Einstweilige Anordnungen in selbständigen Familiensachen, Anwaltsgebühren – Gegenstandswert – Prozesskostenhilfe, AGS 2003, 50.

folglich bei Werten von über 4.000 EUR die Gebührentabelle des § 49 RVG gilt. Hat der Anwalt vom Antragsgegner bereits Teilzahlungen erhalten, sind diese nach § 58 Abs. 2 RVG anzurechnen. Hat die Landeskasse gezahlt, so kann der Anwalt den Auftraggeber wegen der weitergehenden Differenz bis zur Höhe der vollen Wahlanwaltsgebühren noch in Anspruch nehmen. Im Übrigen geht der Anspruch auf die Staatskasse über (§ 59 Abs. 1 RVG).

F. Durchsetzung der anwaltlichen Vergütung

333 Muss der Anwalt aus einem familienrechtlichen Mandat seine Vergütung gerichtlich durchsetzen, gelten auch hier die allgemeinen Vorschriften.

334 Sofern die Vergütung aus einem gerichtlichen Verfahren stammt, ist eine **Vergütungsfestsetzung nach § 11 RVG** möglich. Zuständig ist das erstinstanzliche Familiengericht und im Beschwerdeverfahren das Oberlandesgericht.

335 Muss Klage erhoben werden, kommt der besondere Gerichtsstand des § 34 ZPO (**Gerichtsstand des Hauptprozesses**) in Betracht. Zuständig ist dann allerdings nicht das Familiengericht, sondern die Prozessabteilung des jeweiligen Amtsgerichts.[169]

G. Verfahrenswerte

I. Überblick

336 Im Gegensatz zur früheren Rechtslage, nach der die Regelungen zu den Werten in Familiensachen in den verschiedensten Gesetzen enthalten waren (GKG, KostO, RVG, ZPO), sind jetzt alle Wertvorschriften in einem Gesetz zusammengefasst, nämlich im FamGKG. Dort finden sich nicht nur sämtliche Wertvorschriften, sondern auch die Vorschriften zur Festsetzung des Verfahrenswertes, so dass auch insoweit nicht mehr auf unterschiedliche Gesetze zurückgegriffen werden muss.

II. Die Wertfestsetzung

337 **1. Überblick.** Richten sich in einem gerichtlichen Verfahren die Gerichtsgebühren nach dem Verfahrenswert (§ 3 FamGKG), so muss das Gericht einen Wert festsetzen (§ 55 Abs. 2 FamGKG). Diese Wertfestsetzung ist auch für den Anwalt und seinen Auftraggeber bindend (§ 32 Abs. 1 RVG).

338 Soweit keine Gerichtsgebühren anfielen oder Festgebühren erhoben werden, erfolgt die Verfahrenswertfestsetzung nur auf Antrag des Anwalts oder Auftraggebers im Verfahren nach § 33 RVG (→ Rn. 36).

339 **2. Endgültige Wertfestsetzung.** Sobald eine Entscheidung über den gesamten Verfahrensgegenstand ergangen ist oder sich das Verfahren anderweitig erledigt hat, muss der Verfahrenswert vom Gericht endgültig festgesetzt werden, und zwar auch dann, wenn als Gegenstand des Verfahrens eine bestimmte Geldsumme in Euro oder ein gesetzlicher Festwert vorgesehen ist (§ 55 Abs. 2 FamGKG).

340 Der Wert ist grundsätzlich **von Amts wegen** festzusetzen (§ 55 Abs. 2 S. 1 FamGKG).

341 Das Gericht kann die Festsetzung **nachträglich abändern** (§ 55 Abs. 3 S. 1 FamGKG). Insoweit gilt der Grundsatz der Verfahrenswertwahrheit. Erkennt

---

169 BGHZ 97, 79 = FamRZ 1986, 347 = NJW 1986, 1178.

das Gericht später, dass seine vorangegangene Festsetzung unzutreffend war, kann und muss es neu festsetzen. Der Wert der Neufestsetzung kann dabei höher oder niedriger liegen. Das Verschlechterungsverbot gilt hier nicht, da von Amts wegen richtig festzusetzen ist.

Die Abänderung ist nur zulässig **innerhalb von sechs Monaten,** nachdem die 342 Entscheidung in der Hauptsache Rechtskraft erlangt oder sich das Verfahren anderweitig erledigt hat (§ 55 Abs. 3 S. 2 GKG). Auch ein Rechtsmittelgericht kann jederzeit den Verfahrenswert der Vorinstanz abändern, wenn es mit der Sache befasst ist (§ 55 Abs. 3 S. 1 FamGKG). Es darf aber nicht erstmals für die untere Instanz festsetzen.

3. Beschwerde gegen die endgültige Wertfestsetzung. Die endgültige Wertfestset- 343 zung nach § 55 Abs. 2 FamGKG kann mit der (einfachen) Beschwerde gem. § 59 Abs. 1 FamGKG angefochten werden. Voraussetzung ist, dass der Wert des Beschwerdegegenstands **200 EUR** übersteigt (§ 59 Abs. 1 S. 1 FamGKG) oder das Familiengericht die Beschwerde in seinem Wertfestsetzungsbeschluss zugelassen hat (§ 59 Abs. 1 S. 2 FamGKG).

Der **Wert des Beschwerdegegenstands** bemisst sich nach dem Kosteninteresse 344 des Beschwerdeführers, nicht nach der Differenz des festgesetzten zum beantragten Verfahrenswert.[170] Bei einer Beschwerde des Anwalts ist auf die Differenz seines Gebührenaufkommens abzustellen, das sich aus dem festgesetzten Wert und dem beabsichtigten höheren Wert ergibt. Bei der Beschwerde eines Beteiligten ist gegebenenfalls auch die Differenz der Gerichtskosten und einer eventuellen Kostenerstattungspflicht zu berücksichtigen.

Sinkt der Wert des Beschwerdegegenstands infolge einer Teilabhilfe auf unter 345 200,01 EUR, wird die Beschwerde **unzulässig,** so dass das Familiengericht abschließend entscheidet, es sei denn, die Beschwerde ist zugelassen.

4. Gegenvorstellung gegen die endgültige Wertfestsetzung. Ist eine Beschwerde 346 mangels Erreichen des Wertes und mangels Zulassung nicht zulässig oder ohnehin ausgeschlossen (zB bei Wertfestsetzungen eines Oberlandesgerichts oder des Bundesgerichtshofs), kommt lediglich eine Gegenvorstellung in Betracht. Hierauf muss das Gericht reagieren, da nach § 55 Abs. 3 S. 1 FamGKG jederzeit bei besserer Erkenntnis eine fehlerhafte Wertfestsetzung von Amts wegen korrigiert werden muss, solange die Frist des § 55 Abs. 3 S. 2 FamGKG (→ Rn. 342 f.) noch nicht abgelaufen ist.

5. Weitere Beschwerde, Rechtsbeschwerde. Eine **weitere Beschwerde** ist unstatt- 347 haft. Sie ist im FamGKG nicht vorgesehen und wäre zudem nicht statthaft, da eine Beschwerde gegen eine Entscheidung des Oberlandesgerichts ausgeschlossen ist (§ 59 Abs. 1 S. 5 FamGKG iVm § 57 Abs. 7 FamGKG).

Auch eine **Rechtsbeschwerde** ist nicht vorgesehen, so dass das Oberlandesge- 348 richt immer letztinstanzlich entscheidet.

III. Die Wertvorschriften in Familiensachen

1. Überblick. Sämtliche Wertvorschriften in Familiensachen sind jetzt im 349 FamGKG geregelt, und zwar in Abschnitt 7. Dieser Abschnitt enthält zwei Unterabschnitte. Unterabschnitt 1 behandelt allgemeine Wertvorschriften, während sich Unterabschnitt 2 mit besonderen Wertvorschriften befasst.

---

170 OLG Karlsruhe AGS 2006, 30 = OLGReport 2005, 562 = JurBüro 2005, 542.

350 Nach § 23 Abs. 1 S. 1 u. 2 RVG richtet sich auch der Gegenstandswert für die **Anwaltsgebühren** in familiengerichtlichen Angelegenheiten nach den Vorschriften des FamGKG. Die vom Gericht festgesetzten Verfahrenswerte sind für die Abrechnung der Anwaltsgebühren bindend (§ 32 Abs. 1 RVG).

351 Die Wertvorschriften finden ferner entsprechende Anwendung für **außergerichtliche Tätigkeiten** in Familiensachen (§ 23 Abs. 1 S. 3 RVG).

352 **2. Allgemeine Wertvorschriften. a) § 33 FamGKG (Grundsatz).** In § 33 FamGKG werden zwei Grundsätze geregelt, nämlich die Zusammenrechnung der Werte einzelner Verfahrensgegenstände und der Höchstwert.

353 **aa) Zusammenrechnung.** Die Werte **mehrerer Gegenstände** sind, sofern das FamGKG nichts Abweichendes bestimmt, zusammenzurechnen (§ 33 Abs. 1 S. 1 FamGKG).

354 **Ausnahmen** vom Grundsatz der Zusammenrechnung finden sich in § 33 Abs. 1 S. 2 FamGKG. Wird aus einem nichtvermögensrechtlichen Anspruch ein vermögensrechtlicher hergeleitet, gilt nur der höhere Wert. Diese Regelung betrifft vor allem den Fall, dass ein Verfahren auf Feststellung der Vaterschaft (§ 169 Nr. 1 FamFG) mit einem Verfahren auf Mindestunterhalt nach § 237 FamFG gem. § 179 Abs. 1 S. 2 FamFG verbunden wird. Während sich der Wert der Vaterschaftsfeststellung nach § 47 FamGKG richtet und grundsätzlich 2.000 EUR beträgt (§ 47 Abs. 1 FamGKG), richtet sich der Wert des Unterhaltsanspruchs nach §§ 35, 51 FamGKG. Er wird in der Regel einen höheren Wert (zwölf Monate zuzüglich der fälligen Beträge) haben, so dass grundsätzlich auf den Wert des Unterhaltsanspruchs abzustellen ist.

355 Das Additionsverbot des § 33 Abs. 1 S. 2 FamGKG gilt allerdings nicht im Verbundverfahren (§ 44 Abs. 2 S. 2 FamGKG).

356 **Weitere Ausnahmen vom Grundsatz der Addition** finden sich in

§ 36 Abs. 2 FamGKG	Mehrere Erklärungen, die denselben Gegenstand betreffen: gelten als ein Gegenstand
§ 37 Abs. 1 FamGKG	Früchte, Nutzungen, Zinsen oder Kosten, die als Nebenforderung neben dem Hauptgegenstand des Verfahrens betroffen sind: bleiben unberücksichtigt
§ 38 FamGKG	Stufenantrag: es gilt nur der höhere Wert
§ 39 Abs. 1 S. 3 FamGKG	Antrag- und Widerantrag betreffend denselben Gegenstand: es gilt nur der höhere Wert
§ 39 Abs. 1 S. 2 FamGKG	nicht beschiedener Hilfsantrag: bleibt unberücksichtigt
§ 39 Abs. 1 S. 2 FamGKG	beschiedener Hilfsantrag betreffend denselben Gegenstand: es gilt nur der höhere Wert
§ 39 Abs. 2 FamGKG	wechselseitig eingelegte Rechtsmittel betreffend denselben Verfahrensgegenstand: es gilt nur der höhere Wert
§ 39 Abs. 3 und 4 FamGKG	nicht beschiedene und nicht verglichene Hilfsaufrechnung mit einer bestrittenen Gegenforderung: bleibt unberücksichtigt
§§ 44 Abs. 2 S. 1, 45 Abs. 2 FamGKG	Kindschaftssachen betreffend mehrere Kinder: gelten als ein Gegenstand

N. Schneider

§ 52 FamGKG nicht beschiedene Anträge auf Übertragung von Vermögensgegenständen nach § 1383 Abs. 1 oder auf Stundung des Zugewinns (§ 1382 Abs. 1): bleiben unberücksichtigt

Darüber hinaus gilt auch in Familiensachen ein allgemeines ungeschriebenes Additionsverbot, nämlich soweit zwischen mehreren Verfahrensgegenständen wirtschaftliche Identität besteht. 357

bb) Höchstwert. Nach § 33 Abs. 2 FamGKG beträgt der Höchstwert 30 Mio. EUR, soweit kein geringerer Höchstwert vorgesehen ist, wie zB bei der Scheidung (§ 43 Abs. 1 S. 2 FamGKG: 1 Mio. EUR) oder beim Auffangwert (§ 42 Abs. 2 FamGKG) und in übrigen Kindschaftssachen (§ 45 Abs. 3 FamGKG: 500.000 EUR). Praktische Bedeutung hat die Begrenzung allenfalls für Verfahren auf Zugewinnausgleich oder für anderweitige Verfahren betreffend die Vermögensauseinandersetzung. 358

b) § 34 FamGKG (Zeitpunkt der Wertberechnung). § 34 FamGKG regelt den Zeitpunkt der Wertberechnung. Zu unterscheiden ist zwischen Antragsverfahren und Amtsverfahren. 359

aa) Antragsverfahren. In Antragsverfahren ist auf den Zeitpunkt der den jeweiligen Verfahrensgegenstand betreffenden ersten Antragstellung abzustellen (§ 34 S. 1 FamGKG). Abzustellen ist auf den Eingang des die Instanz einleitenden Antrags, der schriftsätzlich, zu Protokoll der Geschäftsstelle oder auch in der mündlichen Verhandlung gestellt werden kann. Nachträgliche Wertveränderungen sind unerheblich. 360

Bedeutung hat diese Vorschrift vor allem in Ehesachen, für die ua auf das dreifache Monatseinkommen abgestellt wird (§ 43 Abs. 2 FamGKG). Maßgebend ist insoweit das Einkommen der letzten drei Monate vor Einreichung des Scheidungsantrags. Werden wechselseitig Scheidungsanträge gestellt, so ist jeder der beiden Anträge nach dem Zeitpunkt zu bewerten, in dem er bei Gericht eingereicht worden ist. Dies kann also zu unterschiedlichen Bewertungen führen. Es gilt dann der höhere Wert (§ 39 Abs. 1 S. 1, 3 FamGKG). 361

bb) Verfahren von Amts wegen. In Verfahren, die von Amts wegen eingeleitet werden, wird auf den Zeitpunkt abgestellt, zu dem die Gebühr fällig wird (§ 34 S. 2 FamGKG). Die Fälligkeit wiederum ergibt sich aus den §§ 9 bis 11 FamGKG, wobei für Amtsverfahren nur eine Fälligkeit nach § 11 FamGKG in Betracht kommt. Nach der Rechtsprechung[171] gilt dies auch dann, wenn solche Verfahren auf Antrag eingeleitet werden, weil auch hier eine Bewertung, insbesondere zu Umfang und Schwierigkeit erst im Nachhinein möglich ist. 362

c) § 35 FamGKG (Geldforderung). Soweit eine bezifferte Geldforderung geltend gemacht wird, ist gem. § 35 FamGKG deren Wert maßgebend. 363

Die Vorschrift des § 35 FamGKG betrifft vor allem Unterhaltsforderungen und Forderungen auf Zugewinnausgleich, gilt aber ebenso für sonstige Zahlungsansprüche. Ein Abschlag wegen eines bloßen Titulierungsinteresses ist nach neuem Recht nicht mehr möglich.[172] 364

---

171 OLG Brandenburg 14.6.2016 – 13 WF 126/16, NZFam 2016, 1109 = AGS 2016, 526 = FamRZ 2017, 56.
172 OLG Hamburg AGS 2013, 184 = FamFR 2013, 185 = RVGreport 2013, 244.

365 **d) § 36 FamGKG (Genehmigung einer Erklärung oder deren Ersetzung).** § 36 FamGKG regelt den Wert in Verfahren auf Genehmigung oder Ersetzung einer Erklärung in einer **vermögensrechtlichen Angelegenheit.** Insoweit wird auf die einschlägigen Vorschriften der KostO verwiesen (§ 36 Abs. 1 FamGKG). Mehrere Erklärungen, die denselben Gegenstand betreffen, sind als ein Verfahrensgegenstand zu bewerten (§ 36 Abs. 2 FamGKG). Der Wert darf höchstens 1 Mio. EUR betragen.

Betrifft die Genehmigung nur die Veräußerung eines Miteigentumsanteils, so ist nur dessen Wert maßgebend.[173]

366 Ist eine **nichtvermögensrechtliche** Angelegenheit betroffen, so richtet sich der Wert nach § 42 Abs. 2 FamGKG.

367 **e) § 37 FamGKG (Früchte, Nutzungen, Zinsen und Kosten).** Werden neben der Hauptforderung auch Zinsen, Früchte oder Nutzungen als Nebenforderung geltend gemacht, so werden deren Werte nach § 37 Abs. 1 FamGKG dem Wert der Hauptforderung nicht hinzugerechnet.

368 Sind Zinsen, Früchte oder Nutzungen ohne die Hauptsache betroffen, ist deren Wert maßgebend, wobei der Wert der Hauptsache nicht überschritten werden darf (§ 37 Abs. 2 FamGKG).

369 Sind (Verfahrens-)Kosten ohne die Hauptsache betroffen, ist der Betrag der Kosten maßgebend, der wiederum den Wert der Hauptsache nicht überschreiten darf (§ 37 Abs. 3 FamGKG).

370 Voraussetzung für das Additionsverbot nach § 37 Abs. 1 FamGKG ist eine Abhängigkeit von der Hauptsache. Eine solche Abhängigkeit ist nur gegeben, wenn die Hauptsache auch anhängig ist. Soweit Zinsen oder Kosten aus nicht (mehr) anhängigen Gegenständen geltend gemacht werden, ist ihr Wert zu berücksichtigen.[174]

Beispiel: Der Antragsgegner wird außergerichtlich durch den Anwalt aufgefordert Gesamtschuldnerausgleich iHv 12.000 EUR zu zahlen. Er zahlt freiwillig 7.500 EUR. Wegen der weiteren 4.500 EUR wird das gerichtliche Verfahren eingeleitet.

Der Anwalt rechnet außergerichtlich wie folgt ab:

1.	1,3-Geschäftsgebühr aus 12.000 EUR, Nr. 2300 RVG-VV		785,20 EUR
2.	Postentgeltpauschale, Nr. 7002 RVG-VV		20,00 EUR
	Zwischensumme	805,20 EUR	
3.	19 % Umsatzsteuer, Nr. 7008 RVG-VV		152,99 EUR
Gesamt			**958,19 EUR**

Diesen Betrag macht der Antragsteller als materiellrechtlichen Schaden mit geltend.

Der Wert der anhängigen Forderungen beläuft sich auf **4.500 EUR.**

Die mit geltend gemachten 958,18 EUR Anwaltskosten aus 12.000 EUR sind anteilig, soweit aus 4.500 EUR entstanden, nach § 37 Abs. 1 FamGKG Nebenforderung und im Übrigen Hauptforderung. Ausgehend von einer 1,3-

---

173 OLG Stuttgart NZFam 2017, 277.
174 BGH AGS 2008, 107 = AnwBl 2008, 210 = NJW 2008, 1888; AGS 2009, 344 = FamRZ 2009, 867.

Geschäftsgebühr ist daher folgender Anteil der vorgerichtlichen Kosten Hauptforderung und damit werterhöhend zu berücksichtigen.

1.	1,3-Geschäftsgebühr aus 7.500 EUR, Nr. 2300 RVG-VV		592,80 EUR
2.	Postentgeltpauschale, Nr. 7002 RVG-VV		20,00 EUR
	Zwischensumme	612,80 EUR	
3.	19 % Umsatzsteuer, Nr. 7008 RVG-VV		116,43 EUR
Gesamt			**729,23 EUR**
Der Verfahrenswert beläuft sich damit auf insgesamt			**5.229,23 EUR**

f) § 38 FamGKG (Stufenantrag). § 38 FamGKG regelt den Wert eines Stufenan- 371
trags, also eines Antrags, mit dem ein Anspruch auf Rechnungslegung oder Erstellung eines Vermögensverzeichnisses und/oder Abgabe der eidesstattlichen Versicherung mit einem zunächst unbezifferten Leistungsantrag verbunden wird (§ 113 Abs. 1 S. 2 FamFG iVm § 254 ZPO).

In diesen Fällen liegt eine objektive Antragshäufung vor. Beide Ansprüche wer- 372
den sofort rechtshängig und sind daher gesondert zu bewerten, wobei der zunächst noch unbezifferte Leistungsantrag nach den Erwartungen des Antragstellers zu schätzen ist.[175] Fehlen jegliche Anhaltspunkte, ist vom Regelwert des § 42 Abs. 3 FamGKG auszugehen.[176]

Entgegen § 33 Abs. 1 S. 1 FamGKG werden die Werte jedoch nicht zusammengerechnet. Vielmehr gilt nach § 38 FamGKG nur der höhere Wert.

Dieser Wert ist auch für die Anwaltsgebühren maßgebend (§§ 23 Abs. 1 S. 2, 33 373
Abs. 1 RVG). Hier kann es allerdings zu gestaffelten Werten kommen.

Beispiel 1: Die Antragstellerin hat Stufenantrag auf Auskunft und auf Zahlung 374
eines noch zu beziffernden Unterhalts erhoben. Zunächst wird über die Auskunft verhandelt und der Antragsgegner zur Auskunft verpflichtet. Nach Auskunftserteilung wird zur Höhe verhandelt und entschieden. Auszugehen ist von folgenden Werten: Unterhalt 6.000 EUR, Auskunft 1.500 EUR.

Abzurechnen sind alle Gebühren gem. § 38 FamGKG nach dem höheren Wert, also nach 6.000 EUR.

1.	1,3-Verfahrensgebühr, Nr. 3100 RVG-VV (Wert: 6.000 EUR)		460,20 EUR
2.	1,2-Terminsgebühr, Nr. 3104 RVG-VV (Wert: 6.000 EUR)		424,80 EUR
3.	Postentgeltpauschale, Nr. 7002 RVG-VV		20,00 EUR
	Zwischensumme	905,00 EUR	
4.	19 % Umsatzsteuer, Nr. 7008 RVG-VV		171,95 EUR
Gesamt			**1.076,95 EUR**

Beispiel 2: Die Antragstellerin hat Stufenantrag auf Auskunft und auf Zahlung 375
eines noch zu beziffernden Unterhalts erhoben. Der Stufenantrag wird nach Verhandlung insgesamt abgewiesen. Auszugehen ist von folgenden Werten: Unterhalt 6.000 EUR, Auskunft 1.500 EUR.

---

175 OLG Jena AGS 2013, 469 = FamRZ 2013, 489 = FamFR 2012, 447; OLG Schleswig AGS 2015, 458 = NZFam 2015, 931 = FuR 2015, 741.
176 OLG Frankfurt/M. NZFam 2016, 182 = NJW-Spezial 2016, 316; ebenso OLG Hamm FamRZ 2011, 582 = FamFR 2011, 41 = FF 2011, 219; OLG Jena AGS 2014, 338 = NJW-Spezial 2014, 443, allerdings jeweils noch zum alten Auffangwert. Der Auffangwert des § 42 Abs. 3 FamGKG ist zum 1.8.2013 auf 5.000 EUR angehoben worden.

N. Schneider

Abzurechnen ist wie im vorangegangenen Beispiel, da über den Leistungsantrag entschieden worden ist. Die Abweisung des Stufenantrags erwächst hinsichtlich des vollen Anspruchs – auch des Leistungsantrags – in Rechtskraft.[177]

376 **Beispiel 3:** Die Antragstellerin verlangt Unterhalt und geht im Wege des Stufenantrags (Auskunft und Zahlung) gegen den Antragsgegner vor. Über den Auskunftsantrag wird verhandelt. Sodann wird die Auskunft erteilt und der Antrag insgesamt zurückgenommen.

Die Verfahrensgebühr (Nr. 3100 RVG-VV) ist aus dem höheren Wert des Zahlungsantrags angefallen.[178] Die Terminsgebühr (Nr. 3104 RVG-VV) ist dagegen nur aus dem geringeren Wert des Auskunftsantrags entstanden.

1.	1,3-Verfahrensgebühr, Nr. 3100 RVG-VV (Wert: 6.000 EUR)		460,20 EUR
2.	1,2-Terminsgebühr, Nr. 3104 RVG-VV (Wert: 1.500 EUR)		138,00 EUR
3.	Postentgeltpauschale, Nr. 7002 RVG-VV		20,00 EUR
	Zwischensumme	618,20 EUR	
4.	19 % Umsatzsteuer, Nr. 7008 RVG-VV		117,46 EUR
Gesamt			**735,66 EUR**

377 **g) § 39 FamGKG (Antrag- und Widerantrag, Hilfsanspruch, wechselseitige Rechtsmittel, Aufrechnung). aa) Antrag- und Widerantrag.** Im Falle von Antrag- und Widerantrag gilt § 39 Abs. 1 S. 1 FamGKG. Die Werte beider Anträge werden zusammengerechnet, es sei denn, es liegt derselbe Gegenstand zugrunde. Dann gilt nur der höhere der beiden Werte (§ 39 Abs. 1 S. 3 FamGKG).

378 Derselbe Verfahrensgegenstand liegt zB dann vor, wenn beide Ehegatten wechselseitig die Scheidung beantragen. Gleiches gilt, wenn die Eheleute wechselseitig die Übertragung der elterlichen Sorge beantragen oder wechselseitige Anträge zum Umgangsrecht stellen. Dagegen liegt nicht derselbe Gegenstand vor, wenn wechselseitig Zugewinn (→ Rn. 136), Unterhalt, Unterhaltsabänderung (→ Rn. 134) oder Auskunft beantragt wird. In diesen Fällen fehlt es an einer wirtschaftlichen Identität, so dass die Werte zusammenzurechnen sind.

379 **bb) Haupt- und Hilfsantrag.** Wird neben einem Hauptantrag ein Hilfsantrag gestellt, so ist der Wert des Hilfsantrages nur dann hinzuzurechnen, wenn über den Hilfsantrag entschieden wird (§ 39 Abs. 1 S. 2 FamGKG). Soweit der Hilfsantrag allerdings denselben Gegenstand betrifft wie der Hauptantrag, gilt nur der höhere Wert (§ 39 Abs. 1 S. 3 FamGKG).

380 **cc) Wechselseitige Rechtsmittel.** Auch die Werte wechselseitiger Rechtsmittel werden zusammengerechnet, sofern sie nicht denselben Verfahrensgegenstand betreffen (§ 39 Abs. 2 FamGKG).

Beispiel: Die Scheidungsanträge beider Ehegatten sind erstinstanzlich abgewiesen worden. Beide Ehegatten legen Beschwerde ein.

Es gilt nur der höherwertige Antrag.

381 Beantragt der zu befristeten Unterhaltszahlungen verpflichtete Beschwerdeführer Antragsabweisung bzw. eine kürzere Befristung, während der Gegner mit der Anschlussbeschwerde eine Verlängerung oder den Wegfall der Befristung errei-

---

177 KG AGS 2008, 40.
178 OLG Hamm AGS 2011, 91 = NJW-Spezial 2011, 71; OLG Karlsruhe ZEV 2009, 40; KG KGReport 2006, 1005 = FamRZ 2007, 69; OLG Saarbrücken AGS 2011, 91 = NJW-Spezial 2011, 71.

N. Schneider

chen will, betreffen die Ansprüche denselben Gegenstand iSv § 39 Abs. 2, Abs. 1 S. 1 und 3 FamGKG mit der Folge, dass sich der Verfahrenswert nur nach dem höheren Wert richtet.[179]

Beispiel: Der Ehemann ist zur befristeten Unterhaltszahlung für drei Jahre verpflichtet worden. Er legt Beschwerde ein mit dem Ziel der Abweisung des Antrags. Die Ehefrau legt Beschwerde ein mit dem Ziel, die Befristung auf fünf Jahre heraufzusetzen.

Es liegt derselbe Gegenstand zugrunde, so dass nach § 39 Abs. 2 FamGKG nur der höherwertige Antrag gilt.

dd) Streitige Hilfsaufrechnung. Verteidigt sich der Antragsgegner mit einer streitigen Hilfsaufrechnung, so erhöht sich der Verfahrenswert, soweit über die zur Hilfsaufrechnung gestellte Forderung eine der Rechtskraft fähige Entscheidung ergeht (§ 39 Abs. 3 FamGKG).   382

Gleiches gilt, soweit die Beteiligten sich über eine streitige Hilfsaufrechnungsforderung vergleichen (§ 39 Abs. 4 FamGKG).   383

Ergeht keine Entscheidung über die Hilfsaufrechnungsforderung und wird auch kein Vergleich darüber geschlossen, bleibt der Wert der Hilfsaufrechnung außer Ansatz.   384

Beispiel: In einem Verfahren über 10.000 EUR Zugewinn erklärt der Antragsgegner die Hilfsaufrechnung mit einer streitigen Gegenforderung auf Unterhaltsrückstände iHv 5.000 EUR. Im Termin erzielen die Beteiligten eine Einigung auch über die Gegenforderung.

Aus dem Wert von 15.000 EUR entsteht sowohl eine 1,3-Verfahrensgebühr nach Nr. 3100 RVG-VV, eine 1,2-Terminsgebühr (Nr. 3104 RVG-VV) und eine Einigungsgebühr nach Nr. 1000 RVG-VV, wobei hier verschiedene Gebührensätze zur Anwendung kommen. Aus dem Wert des Zugewinns entsteht lediglich die 1,0-Einigungsgebühr (Nr. 1003 RVG-VV), aus dem Wert der Hilfsaufrechnungsforderung entsteht dagegen eine 1,5-Einigungsgebühr, da die Hilfsaufrechnung nicht zur Anhängigkeit führt.[180]

1.	1,3-Verfahrensgebühr, Nr. 3100 RVG-VV (Wert: 15.000 EUR)		845,00 EUR
2.	1,2-Terminsgebühr, Nr. 3104 RVG-VV (Wert: 15.000 EUR)		780,00 EUR
3.	1,0-Einigungsgebühr, Nrn. 1000, 1003 RVG-VV (Wert: 10.000 EUR)	558,00 EUR	
4.	1,5-Einigungsgebühr, Nr. 1000 RVG-VV (Wert: 5.000 EUR)	454,50 EUR	
	gem. § 15 Abs. 3 RVG nicht mehr als 1,5 aus 15.000 EUR		975,00 EUR
5.	Postentgeltpauschale, Nr. 7002 RVG-VV		20,00 EUR
	Zwischensumme	2.620,00 EUR	
6.	19 % Umsatzsteuer, Nr. 7008 RVG-VV		497,80 EUR
Gesamt			**3.117,80 EUR**

ee) Geltung auch für Anwaltsgebühren. Die Vorschrift des § 39 FamGKG gilt nach der Rechtsprechung des Bundesgerichtshofs zu § 45 GKG auch für die Anwaltsgebühren.[181] Will der Anwalt insoweit nicht das Risiko eingehen, kosten-   385

---

179   OLG Oldenburg AGS 2009, 83 = FamRZ 2009, 73 = FPR 2009, 136 = FamRB 2009, 114.
180   OLG Hamm JurBüro 1999, 470; AnwK-RVG/N. Schneider Nr. 1000 Rn. 166.
181   BGH AGS 2008, 584 = NJW 2009, 231 = FamRZ 2009, 43 (Hilfsaufrechnung).

los zu arbeiten, sind hier unbedingt Vergütungsvereinbarungen (§§ 3 a ff. RVG) erforderlich.

386 **h) § 40 FamGKG (Rechtsmittelverfahren).** § 40 FamGKG regelt den Verfahrenswert im Rechtsmittelverfahren.

387 Maßgebend ist nach § 40 Abs. 1 S. 1 FamGKG der Rechtsmittelantrag.

388 Wird kein Antrag gestellt oder wird der Antrag erst nach Ablauf einer dafür vorgesehenen Frist eingereicht, ist der Wert der Beschwer maßgebend (§ 40 Abs. 1 S. 2 FamGKG).

389 Der Wert eines Rechtsmittelverfahrens ist begrenzt auf den Wert der Vorinstanz, es sei denn, der Verfahrensgegenstand wird im Rechtsmittelverfahren erweitert (§ 40 Abs. 2 FamGKG). Bedeutung hat diese Vorschrift insbesondere in Unterhaltsverfahren, wenn die Beschwerde auf bestimmte Unterhaltsbeträge beschränkt wird. Ein solcher Fall kommt insbesondere dann vor, wenn sich die Beschwerde gegen eine Befristung richtet.[182]

Beispiel: Das Familiengericht hat den Ehemann verurteilt, für die ersten zwölf Monate nach Antragseinreichung einen monatlichen Unterhalt iHv 1.000 EUR zu zahlen und ab dann iHv monatlich 1.200 EUR. Der Ehemann wendet sich mit der Beschwerde nur dagegen, dass er für einen längeren Zeitraum als ein Jahr zu Unterhaltszahlungen verpflichtet worden ist.

Der Wert des erstinstanzlichen Verfahrens beläuft sich nach
§ 51 Abs. 1 FamGKG auf 12 x 1.000 EUR =   12.000 EUR.
Der Wert des Beschwerdeverfahrens würde sich nach
§ 40 Abs. 1 S. 1 FamGKG iVm § 51 Abs. 1 FamGKG auf 12 x 1.200 EUR =   14.400 EUR
belaufen.
Gem. § 40 Abs. 2 S. 1 FamGKG kann der Wert aber nicht höher liegen als
in erster Instanz. Er wird also auf   12.000 EUR
begrenzt.

390 Die Wertvorschriften des § 40 Abs. 1 u. 2 FamGKG gelten entsprechend in einem **Verfahren auf Zulassung der Sprungrechtsbeschwerde** nach § 75 FamFG (§ 40 Abs. 3 FamGKG), bei denen es sich nicht um Rechtsmittelverfahren handelt.

391 **i) § 41 FamGKG (Einstweilige Anordnungen).** Verfahrenswerte in einstweiligen Anordnungsverfahren sind in § 41 FamGKG geregelt. Das FamGKG sieht im Gegensatz zum bisherigen Recht davon ab, besondere Vorschriften für die jeweiligen einstweiligen Anordnungsverfahren vorzugeben.

392 Es ist vielmehr zunächst vom jeweiligen Hauptsachewert auszugehen. Soweit die einstweilige Anordnung eine geringere Bedeutung gegenüber der Hauptsache hat, ist der Hauptsachewert zu ermäßigen (§ 41 S. 1 FamGKG). Mangels konkreter Umstände ist dabei grundsätzlich vom halben Wert des Hauptsacheverfahrens auszugehen ist (§ 42 Abs. 1 S. 2 FamGKG).

393 Da im Gegensatz zur früheren Rechtslage ein einstweiliges Anordnungsverfahren kein Hauptsacheverfahren mehr voraussetzt, sondern das Anordnungsverfahren isoliert geführt werden kann, ist nicht grundsätzlich eine geringere Be-

---

182 OLG Stuttgart AGS 2008, 192 mAnm N. Schneider = FamRZ 2008, 1205 = FamRB 2008, 77 = FPR 2008, 121; siehe auch BGH AGS 2004, 76 = FamRZ 2003, 1274 = NJW-RR 2003, 1657; OLG Oldenburg AGS 2009, 83 = FamRZ 2009, 73 = FPR 2009, 136.

deutung gegeben. Insbesondere in Anordnungsverfahren, die faktisch die Hauptsache vorwegnehmen, dürfte daher eine Reduzierung des Hauptsachewertes ausscheiden. So ist für einstweilige Anordnungen auf Verfahrenskostenvorschuss der volle Wert der Hauptsache anzunehmen,[183] da hier in Abweichung zu § 49 FamGKG nicht nur eine vorläufige Regelung getroffen, sondern auch Zahlung angeordnet wird (§ 246 Abs. 1 FamFG). Gleiches gilt für sonstige einstweilige Anordnungen auf Unterhalt, da auch hier eine einstweilige Anordnung für die Zeit ihrer Dauer idR einen endgültigen Zustand schafft und nicht § 49 FamG gilt, sondern § 246 FamFG.[184] Die bei Einreichung fälligen Beträge sind auch in einstweiligen Anordnungsverfahren gem. § 51 Abs. 2 FamGKG dem Wert der laufenden Leistungen – ggf. hälftig – gem. § 51 Abs. 1 FamGKG hinzuzurechnen.[185]

Auch in Gewaltschutzsachen kann mangels geringerer Bedeutung vom vollen Wert der Hauptsache auszugehen sein.[186]

Auf **Arrestverfahren** ist § 41 FamGKG nicht anzuwenden; es gilt vielmehr § 42 FamGKG (→ Rn. 395). **394**

j) § 42 FamGKG (Auffangwert). Soweit im FamGKG keine Regelungen zur Höhe des Verfahrenswertes enthalten sind, gilt nach § 42 FamGKG ein Auffangwert. **395**

Der Wert des Verfahrens richtet sich dann in **vermögensrechtlichen Angelegenheiten** nach billigem Ermessen (§ 42 Abs. 1 FamGKG). Hierzu zählen zB Ansprüche auf Freistellung von gemeinsamen Verbindlichkeiten[187] oder das Verlangen auf Zustimmung zu einer bestimmten steuerlichen Veranlagung.[188] **396**

In **nichtvermögensrechtlichen Angelegenheiten** ist der Wert unter Berücksichtigung aller Umstände des Einzelfalls, insbesondere des Umfangs und der Bedeutung der Sache und der Vermögens- und Einkommensverhältnisse der Beteiligten, nach billigem Ermessen zu bestimmen. Es darf jedoch kein höherer Wert als 500.000 EUR angenommen werden (§ 42 Abs. 2 FamGKG). **397**

Fehlen Anhaltspunkte für eine solche Bewertung, dann ist von einem Regelwert iHv 5.000 EUR auszugehen (§ 42 Abs. 3 FamGKG). **398**

In **Arrestverfahren** ist vom Wert der Hauptsache auszugehen und ein Abschlag wegen der Vorläufigkeit der dort ergehenden Entscheidung vorzunehmen.[189] IdR ist von einem Drittel der Hauptsache auszugehen.[190] Soweit das Arrestver- **399**

---

183 OLG Bamberg RVGreport 2011, 271 = AGS 2011, 454; ebenso: OLG Frankfurt/M. AGS 2013, 585; OLG Düsseldorf AGS 2014, 237; OLG Hamm RVGreport 2014, 365; OLG Frankfurt/M. MDR 2014, 902; OLG Frankfurt/M. AGS 2013, 585 = FamFR 2013, 471 = FF 2013, 466; aA OLG Celle AGS 2013, 423 = FamFR 2013, 426.
184 So OLG Düsseldorf AGS 2010, 105 = NJW 2010, 1385 = JurBüro 2010, 305; AG Lahnstein AGS 2010, 264 = NJW-Spezial 2010, 412.
185 OLG München AGS 2011, 306 = NJW-Spezial 2011, 476; OLG Köln AGS 2010, 618 = FamRZ 2011, 758 = RVGreport 2011, 114.
186 OLG Düsseldorf FuR 2010, 526 = FamRZ 2010, 1936 = RVGreport 2011, 32.
187 OLG Karlsruhe AGS 2014, 414 = FamRZ 2014, 1225; OLG Brandenburg 11.10. 2016 – 13 WF 231/16; OLG Frankfurt/M. AGS 2013, 341 = FamRZ 2014, 1732 = NJW-Spezial 2013, 539 = FamRB 2013, 360 = FF 2013, 512.
188 OLG Frankfurt/M. AGS 2016, 294 = NZFam 2016, 472.
189 OLG München FamRZ 2011, 746; OLG Brandenburg AGS 2010, 556 = FamRZ 2011, 758; OLG Celle AGS 2010, 555 = FamRZ 2011, 759.
190 OLG München FamRZ 2011, 746; OLG Brandenburg AGS 2010, 556 = FamRZ 2011, 758.

fahren die Hauptsache vorwegnimmt und faktisch zu einer endgültigen Regelung führt, kann der Hauptsachewert anzunehmen sein.

400 **3. Besondere Wertvorschriften. a) § 43 FamGKG (Ehesachen).** Der Wert einer Ehesache (§ 121 FamFG) bemisst sich wie auch früher (§ 48 Abs. 2 S. 1 GKG aF) nach den Umständen des Einzelfalls, insbesondere nach den Einkommens- und Vermögensverhältnissen der Beteiligten (§ 43 Abs. 1 S. 1 FamGKG).

401 Für die Einkommensverhältnisse maßgebend ist das Einkommen beider Ehegatten der letzten drei Monate (§ 43 Abs. 2 FamGKG) vor Einreichung des Antrags.[191] Spätere Veränderungen sind unerheblich.[192]

402 Der Wert einer Ehesache ist mindestens mit 3.000 EUR zu bewerten (§ 43 Abs. 1 S. 2 FamGKG). Eine pauschale Bewertung mit dem Mindestwert, weil beiden Beteiligten ratenfreie Verfahrenskostenhilfe bewilligt worden ist, ist verfassungswidrig, wie das Bundesverfassungsgericht inzwischen mehrmals klarstellen musste.[193]

403 Der Wert einer Ehesache darf nicht über 1 Mio. EUR angesetzt werden (§ 43 Abs. 1 S. 2 FamGKG).

404 **b) § 44 FamGKG (Verbund). aa) Zusammenrechnung.** Das Scheidungsverbundverfahren gilt als ein Verfahren (§ 44 Abs. 1 FamGKG). Dies entspricht der Regelung in § 16 Nr. 4 RVG für die Anwaltsgebühren.

405 Im Scheidungsverbundverfahren sind die Werte von Ehe- und Folgesachen daher zusammenzurechnen (§ 44 Abs. 2 S. 2 FamGKG).

406 Das Additionsverbot des § 33 Abs. 1 S. 2 FamGKG gilt nicht (§ 44 Abs. 2 S. 3 FamGKG). Hier werden also auch vermögensrechtliche Ansprüche mit einem nichtvermögensrechtlichen Anspruch, aus dem sie hervorgegangen sind, zusammengerechnet.

407 **bb) Einzelwerte.** Hinsichtlich der Werte für Ehe- und Folgesache gelten grundsätzlich die jeweiligen Besonderen Wertvorschriften, wobei für die Folgesache Versorgungsausgleich nur 10 % anzusetzen sein können und in Unterhaltssachen fällige Beträge (§ 51 Abs. 2 FamGKG) nicht vorkommen dürften.

408 **cc) Kindschaftssachen.** Wird im Scheidungsverbund auch eine Kindschaftssache anhängig gemacht, so gilt nicht der Regelwert des § 45 FamGKG (→ Rn. 413); vielmehr „erhöht" sich der Wert der Ehesache um 20 % (§ 44 Abs. 2 S. 1 Hs. 1 FamGKG), höchstens jedoch um 3.000 EUR. Dies gilt nicht, wenn über eine nicht anhängige Kindschaftssache lediglich eine Einigung getroffen wird. In diesem Fall bleibt es beim Regelwert des § 45 FamGKG.[194]

409 Entgegen der gesetzlichen Formulierung wird aber nicht die Kindschaftssache im Rahmen der Ehesache mitbewertet. Vielmehr soll ausweislich der Begründung des Gesetzgebers für die Kindschaftssache ein zusätzlicher Wert festgesetzt werden, der sich prozentual aus dem Wert der Ehesache ableitet.

---

191 Die Einreichung des Verfahrenskostenhilfeantrags ist insoweit unerheblich (OLG Oldenburg AGS 2009, 129 = OLGReport 2009, 278).

192 OLG Oldenburg AGS 2009, 129 = OLGReport 2009, 278.

193 BVerfG AGS 2005, 424 = NJW 2005, 2980; AGS 2006, 352 mAnm Madert; BVerfG NJW 2006, 1581 = FamRZ 2006, 841; BVerfG 4.4.2006 – 1 BvR 1183/05; siehe ausführlich dazu Thiel AGS 2009, 257.

194 OLG Karlsruhe AGS 2015, 456 = NZFam 2015, 1021.

Kindschaftssachen, die mehrere Kinder betreffen, gelten als ein Gegenstand **410** (§ 44 Abs. 2 S. 1 Hs. 2 FamGKG). Sie führen also nicht zu einer Wertaddition.

Dagegen sind die Werte mehrerer Kindschaftssachen (zB Umgangsrecht und el- **411** terliche Sorge) gesondert zu bewerten und zusammenzurechnen. Werden also elterliche Sorge und Umgangsrecht als Folgesache geltend gemacht, so ist jeweils ein Wert von 20 % der Ehesache anzusetzen.

Soweit der prozentual errechnete Betrag oder Höchstbetrag des § 44 Abs. 2 **412** FamGKG unbillig ist, kann das Gericht nach § 44 Abs. 3 FamGKG auch einen höheren oder niedrigeren Wert festsetzen.

c) § 45 FamGKG (bestimmte Kindschaftssachen). Kindschaftssachen, die den **413** Umgang der Eltern mit dem Kind, die elterliche Sorge, die Auskunft über die persönlichen Verhältnisse des Kindes oder die Kindesherausgabe (§ 151 Nr. 1–3 FamFG) betreffen, werden als isolierte Familiensachen nach § 45 FamGKG bewertet. Es gilt ein Regelwert von 3.000 EUR (§ 45 Abs. 1 FamGKG), der bei Unbilligkeit herauf- oder herabgesetzt werden kann (§ 45 Abs. 3 FamGKG).

Betrifft das Verfahren mehrere Kinder, ist dies dennoch nur als ein Gegenstand **414** zu bewerten (§ 45 Abs. 2 FamGKG). Werden dagegen im Verfahren mehrere Kindschaftssachen behandelt (etwa Umgangs- und Sorgerecht), so sind die Werte zusammenzurechnen (§ 33 Abs. 1 S. 1 FamGKG).

Wird die Kindschaftssache im Verbund geltend gemacht, gilt nicht § 45 **415** FamGKG, sondern § 44 Abs. 2 S. 1 FamGKG (→ Rn. 408).

Wird eine Kindschaftssache zunächst im Verbund geltend gemacht und dann ab- **416** getrennt, so dass sie als selbstständige Familiensache fortgeführt wird (§ 137 Abs. 3, Abs. 5 S. 2 FamFG), ändert sich damit auch gegebenenfalls ihr Wert. Im Verbundverfahren richtet sich die Bewertung nach § 44 Abs. 2 S. 1 FamGKG. Mit der Abtrennung richtet sich der Wert nach § 45 FamGKG (→ Rn. 226 f.).

Wird eine Kindschaftssache in den Verbund aufgenommen, so gilt bis zur Auf- **417** nahme in den Verbund der Wert nach § 45 FamGKG und nach Aufnahme der des § 44 Abs. 1 S. 1 FamGKG. Gebühren, die vor Aufnahme aus dem Wert des § 45 FamGKG im isolierten Verfahren entstanden sind, bleiben bestehen.[195] Soweit der Anwalt diese abrechnet, bleibt hinsichtlich dieser Gebühr der entsprechende Wert im Verbundverfahren außer Ansatz (→ Rn. 233 f.).

d) § 46 FamGKG (übrige Kindschaftssachen). Für die übrigen **vermögensrechtli- 418 chen** Kindschaftssachen gilt § 46 FamGKG, der auf die einschlägigen Vorschriften der KostO verweist. Für die dann noch verbleibenden nichtvermögensrechtlichen Kindschaftssachen dürfte § 42 FamGKG gelten. Die Überschrift „Übrige Kindschaftssachen" ist insoweit irreführend.

e) § 47 FamGKG (Abstammungssachen). In Verfahren auf **Feststellung des Be- 419 stehens oder Nichtbestehens der Vaterschaft** gilt nach § 47 Abs. 1 FamGKG ein Wert von 2.000 EUR, der zur Vermeidung von Unbilligkeiten herauf- oder herabgesetzt werden kann (§ 47 Abs. 2 FamGKG).

In den **übrigen Verfahren** ist ein Regelwert von 1.000 EUR vorgesehen (§ 47 **420** Abs. 1 FamGKG).

---

195 OLG Frankfurt/M. AGS 2006, 193 = NJW-RR 2006, 655 = FamRZ 2006, 1057.

421 f) § 48 FamGKG (Wohnungszuweisungs- und Haushaltssachen). Die Vorschrift des § 48 FamGKG betrifft in Abs. 1 die Verfahren auf Wohnungszuweisung und in Abs. 2 FamGKG die Verfahren über die Behandlung des Haushalts.

422 aa) Wohnungszuweisungssachen. In Wohnungszuweisungssachen ist für den Trennungszeitraum und den nachehelichen Zeitraum gesondert zu bewerten. Für den Zeitraum nach der Trennung gilt ein Regelwert von 3.000 EUR; für den Zeitraum nach der Scheidung ein Regelwert iHv 4.000 EUR (§ 48 Abs. 1 FamGKG). Der Gesetzgeber ist hier bewusst von der Bewertung nach dem Mietwert abgerückt und hat feste Regelwerte eingeführt. Damit soll insbesondere ein Streit um die fiktive Miethöhe vermieden und eine einfache Abrechnung ermöglicht werden.

423 Beide Werte können nach § 48 Abs. 3 FamGKG zur Vermeidung von Unbilligkeiten herauf- oder herabgesetzt werden.

424 Die Wertvorschrift gilt auch für Verfahren auf Nutzungsentschädigung für die Zeit der Trennung.[196]

425 bb) Haushaltssachen. Für die Zuordnung des Haushalts hat der Gesetzgeber ebenfalls Regelwerte eingeführt (§ 48 Abs. 2 FamGKG), so dass hier nicht mehr auf den Verkehrswert der betreffenden Haushaltsgegenstände abzustellen ist. Auch hier hat er die Werte danach gestaffelt, ob eine Regelung für den Zeitraum der Trennung (2.000 EUR) oder den Zeitraum nach Scheidung der Ehe (3.000 EUR) begehrt wird. Auch hier besteht nach § 48 Abs. 3 FamGKG die Möglichkeit, bei Unbilligkeiten die Regelwerte herauf- oder herabzusetzen.[197] Der Verkehrswert des Haushalts ist unerheblich.

426 g) § 49 FamGKG (Gewaltschutzsachen). In Gewaltschutzsachen hat der Gesetzgeber ebenfalls Regelwerte eingeführt. Bei Ansprüchen nach § 1 GewSchG ist ein Wert von 2.000 EUR anzusetzen (§ 49 Abs. 1 S. 1 Hs. 1 FamGKG). Bei Ansprüchen nach § 2 GewSchG ist dagegen von einem Wert iHv 3.000 EUR auszugehen (§ 49 Abs. 1 S. 1 Hs. 2 FamGKG). Soweit Gegenstand des Verfahrens sowohl Ansprüche nach § 1 als auch nach § 2 GewSchG sind, werden die Werte nach § 33 Abs. 1 S. 1 FamGKG zusammengerechnet.

427 Werden mehrere Gewaltschutzanordnungen beantragt, die sämtlich auf der Grundlage des § 1 GewSchG ergehen (also zB ein Näherungsverbot, ein Kontaktaufnahmeverbot usw.), so ist dafür insgesamt nur einmal der Verfahrenswert nach § 49 FamGKG anzusetzen, nicht für jede Einzelanordnung gesondert.[198]

428 Soweit Gegenstand des Verfahrens sowohl Ansprüche nach § 1 GewSchG als auch nach § 2 GewSchG sind, werden die Werte nach § 33 Abs. 1 S. 1 FamGKG zusammengerechnet.[199]

429 Auch hier besteht die Möglichkeit, Unbilligkeiten durch eine Herauf- oder Herabsetzung der Regelwerte zu begegnen (§ 49 Abs. 2 FamGKG).

---

196 OLG Bamberg AGS 2011, 197 = NJW-Spezial 2011, 252; OLG Koblenz AGS 2013, 287 = FamFR 2013, 354 = FF 2013, 380.
197 OLG Celle AGS 2014, 279.
198 AG Bergen AGS 2014, 418; OLG Frankfurt/M. AGS 2014, 522 = NZFam 2015, 84 = FF 2015, 130 = FamRB 2015, 183.
199 OLG Frankfurt/M. AGS 2014, 522 = NZFam 2015, 84 = FF 2015, 130 = FamRB 2015, 183.

Vertritt der Anwalt in einem Gewaltschutzverfahren **mehrere Auftraggeber**, die 430
eine Maßnahme nach dem GewSchG begehren, liegen verschiedene Verfahrensgegenstände vor, deren Werte nach § 33 Abs. 1 FamGKG zu addieren sind.[200]

Auch hier besteht die Möglichkeit, **Unbilligkeiten** durch eine Herauf- oder Her- 431
absetzung der Regelwerte zu begegnen (§ 49 Abs. 2 FamGKG).

Zu beachten ist, dass ein Verfahren nach § 2 Abs. 2 S. 1 u. 2 GewSchG und ein 432
Verfahren nach § 2 Abs. 2 S. 3 GewSchG auf Verlängerung einer Maßnahme
zwei verschiedene gebührenrechtliche Angelegenheiten sind.[201] Insoweit sind daher jeweils gesonderte Werte festzusetzen. Das Verlängerungsverfahren hat
grundsätzlich den gleichen Regelwert wie das Anordnungsverfahren.

h) § 50 FamGKG (Versorgungsausgleichssachen). Für Verfahren über den Ver- 433
sorgungsausgleich anlässlich der Scheidung, also insbesondere für den Versorgungsausgleich im Verbundverfahren, sind je Anrecht, das Gegenstand des Verfahrens ist, **10 % des dreifachen Nettoeinkommens der Ehegatten** anzusetzen
(§ 50 Abs. 1 FamGKG). Abzustellen ist auf das Einkommen beider Ehegatten
und zwar zum Zeitpunkt, zu dem das Verfahren betreffend das jeweilige Anrecht eingeleitet wird (§ 34 FamGKG). Dabei ist jedes gesetzliche und jedes
sonstige Anrecht gesondert zu bewerten.

Beispiel: Beide Eheleute haben jeweils gesetzliche Anwartschaften; der Ehemann darüber hinaus auch noch eine betriebliche Altersversorgung.

Verfahrensgegenstand sind drei Anrechte, so dass für jedes Anrecht 10 % des
dreifachen Nettoeinkommens der Eheleute anzusetzen ist.

Ein Abzug von **Kinderfreibeträgen** kommt nicht in Betracht.[202]

Bei der Bemessung des **Verfahrenswerts** sind alle Anrechte zu berücksichtigen, 434
über deren Behandlung entschieden worden ist und die damit Gegenstand des
Verfahrens waren. Anrechte sind auch dann zu bewerten, wenn der Versorgungsausgleich unterbleibt

- nach § 3 Abs. 3 VersAusglG wegen kurzer Ehezeit,[203]
- nach § 18 VersAusglG wegen Geringfügigkeit,[204]
- nach §§ 6, 8 VersAusglG wegen vertraglichen Ausschlusses[205] oder
- nach § 27 VersAusglG wegen grober Unbilligkeit.[206]

Nach OLG Bamberg[207] reicht es für die Berücksichtigung beim Gegenstands- 435
wert nicht aus, dass bei Versorgungsträgern Anfragen erfolgt sind und diese das
Ergebnis hatten, dass in der Ehezeit keine relevanten Anrechte erworben wurden. Nach OLG Stuttgart[208] sind dagegen auch verfallbare Anrechte oder An-

200 OLG Frankfurt/M. AGS 2016, 189 = NZFam 2016, 277.
201 OLG Frankfurt/M. FamRZ 2007, 849; AG Bad Kreuznach 2009, 64 = NJW-Spezial
     2009, 124.
202 OLG Dresden AGS 2012, 246 = FamRZ 2012, 1750 = FF 2012, 263 = FuR 2012, 497;
     AG Ludwigslust AGS 2010, 350; OLG Stuttgart AGS 2010, 265 = NJW 2010, 2221;
     OLG Koblenz AGS 2011, 392 = JurBüro 2011, 305 = NJW-Spezial 2011, 445.
203 OLG Düsseldorf AGS 2010, 398 = FuR 2010, 525 = FamRZ 2010, 2102; OLG Jena
     AGS 2011, 387 = FamRZ 2012, 128 = FuR 2011, 540.
204 OLG Brandenburg FamRZ 2014, 1808 = AGS 2014, 569 = NZFam 2014, 1158.
205 OLG München AGS 2011, 389 = FamRZ 2011, 1813 = FF 2012, 43.
206 OLG Köln FF 2013, 332 = FamRZ 2013, 1910.
207 OLG Bamberg NZFam 2016, 133.
208 OLG Stuttgart AGS 2010, 557 = FamRZ 2011, 134 = FamFR 2010, 493 = FF 2011,
     130.

rechte ohne Ehezeitanteil zu berücksichtigen; sie können jedoch nach Billigkeit von der Festsetzung des Verfahrenswerts im Versorgungsausgleich ausgenommen werden.

436 **Ost- und Westanrechte** sind gesondert zu bewerten.[209]

437 Vorgesehen ist ein **Mindestwert von 1.000 EUR.** Dieser kommt nur dann zum Tragen, wenn die Summe aller prozentual errechneten Werte unter 1.000 EUR liegt. Der Mindestwert gilt nicht etwa für jedes Anrecht gesondert.

438 Wird lediglich Auskunft oder Abtretung verlangt, ist ein **Regelwert von 500 EUR** anzusetzen (§ 50 Abs. 2 FamGKG).

439 Auch hier ist für alle Werte eine **Anpassung** vorgesehen, wenn die Regelbewertung zu unbilligen Ergebnissen führt (§ 50 Abs. 3 FamGKG). Eine Herabsetzung kommt allerdings nur ausnahmsweise in Betracht, nämlich nur dann, wenn der regelrecht ermittelte Wert in keinem angemessenen Verhältnis zum Umfang, zur Schwierigkeit und zur Bedeutung der Sache mehr steht. Ein solcher Ausnahmefall liegt nicht schon dann vor, wenn wegen der Geringfügigkeit der Anrechte vom Ausgleich abgesehen wird.[210]

440 Möglich sind auch **Teil- oder Zwischeneinigungen.** In diesem Fall richtet sich der Wert der Einigung nur nach dem Wert der Anwartschaften, über die eine Einigung getroffen worden ist, so bei einer Einigung über Startgutschriften für eine einzelne Anwartschaft,[211] bei einem beschränkten Verzicht auf ausländische Anwartschaften,[212] Verzicht auf Betriebsrenten[213] oder bei einer Einigung über ein ungeklärtes Versicherungskonto.[214] Zu beachten ist, dass in diesem Fall der Mindestwert nach § 50 FamGKG nicht greift, da der Mindestwert nur für den Gesamtwert gilt, nicht aber für Teilwerte.

441 Bei Ausgleichsansprüchen **nach der Scheidung** beträgt der Verfahrenswert für jedes Anrecht 20 % des in drei Monaten erzielten Nettoeinkommens der Ehegatten. In Verfahren über einen Auskunftsanspruch oder über die Abtretung von Versorgungsansprüchen beträgt der Verfahrenswert 500 EUR (§ 50 Abs. 2 FamGKG). Ist der nach den Abs. 1 und 2 bestimmte Wert nach den besonderen Umständen des Einzelfalls unbillig, kann das Gericht einen höheren oder einen niedrigeren Wert festsetzen (§ 50 Abs. 3 FamGKG).

442 **Ost- und Westanrechte** gelten als verschiedene Anrechte.[215]

443 Ein Anrecht ist auch dann bei der Bewertung zu berücksichtigen, wenn der Ausgleich letztlich wegen **Geringfügigkeit,** kurzer Ehedauer oder vertraglichem Ausschluss unterbleibt.[216] Zum Teil wird allerdings vertreten, in diesem Fall sei der Regelwert herabzusetzen.[217]

---

209 OLG Dresden AGS 2014, 480 = NZFam 2014, 617 = FamRZ 2014, 1808.
210 OLG Naumburg AGS 2013, 413 = FamRZ 2014, 1809.
211 OLG Hamm AGS 2012, 464 = FamRZ 2013, 397 = FamFR 2012, 377.
212 OLG Karlsruhe AGS 2015, 125 = FamRZ 2015, 1827 = NZFam 2015, 324.
213 OLG Karlsruhe AGS 2013, 169 = FamRZ 2013, 395.
214 AG Unna 15.8.2016 – 12 F 933/15, AGS 2016, 460 = NZFam 2016, 896.
215 OLG Nürnberg NJW 2011, 620 = FamRZ 2011, 641; OLG Dresden NJW 2010, 3309 = FamRZ 2010, 1804 = FamRB 2010, 300; OLG Stuttgart AGS 2010, 399; AG Ludwigslust AGS 2010, 357.
216 OLG Karlsruhe AGS 2011, 37 = FamRZ 2011, 668; OLG Stuttgart AGS 2010, 620 = NJW 2011, 540; OLG Schleswig AGS 2010, 505 = FamRZ 2011, 133.
217 So OLG Hamburg ZFE 2011, 232; ablehnend OLG Schleswig AGS 2010, 505 = FamRZ 2011, 133.

N. Schneider

i) **§ 51 FamGKG (Unterhalt). aa) Familienstreitsachen.** Die Vorschrift des § 51   444
FamGKG betrifft der Überschrift nach alle Unterhaltssachen. Geregelt wird hier
jedoch nur der Fall, dass Unterhalt als **wiederkehrende Leistung** geltend gemacht wird. Im Übrigen gilt § 35 FamGKG, soweit der Unterhalt auf eine Geldzahlung gerichtet ist (§§ 1585 S. 1, 1612 Abs. 1 S. 1) und § 42 FamGKG für den
seltenen Ausnahmefall, dass Unterhalt nicht in Geld verlangt wird (§ 1612
Abs. 1 S. 2).

Wird Unterhalt als wiederkehrende Leistung geltend gemacht, so richtet sich der   445
Wert des laufenden Unterhalts nach dem Betrag der auf die Antragstellung folgenden zwölf Monate. Bei Einreichung fällige Beträge sind hinzuzurechnen. Fällig ist der Unterhalt am ersten eines Monats im Voraus (§ 1612 Abs. 3), so dass
der laufende Monat als fälliger stets hinzuzurechnen ist.

Bei dem laufenden Unterhalt kommt es nach der ausdrücklichen gesetzlichen   446
Regelung auf die der Antragstellung folgenden zwölf Monate an. Schwankungen bei der Höhe des Unterhalts in diesem Zeitraum sind also zu berücksichtigen. Das gilt insbesondere, wenn beziffertier Kindesunterhalt geltend gemacht
wird und das Kind während der folgenden zwölf Monate in eine höhere Altersgruppe einzuordnen sein wird.

Sofern der Unterhalt nicht für die auf die Antragstellung folgenden zwölf Mona-   447
te ununterbrochen geltend gemacht wird, richtet sich der Wert nach den ersten
zwölf Monaten, für die Unterhalt verlangt wird.

Wird Unterhalt nach § 1612 a verlangt, sei es im Wege des Antrags beim Fami-   448
liengericht oder im vereinfachten Verfahren auf Festsetzung des Unterhalts Minderjähriger (§§ 249 ff. FamFG), gelten nicht die Beträge der ersten zwölf auf die
Antragseinreichung folgenden Monate. Maßgebend ist vielmehr das Zwölffache
des Monatsbetrages bei Einreichung des Antrags (§ 51 Abs. 1 S. 2 FamGKG).
Auch wenn das Gesetz hier – ebenso wie die Vorgängervorschrift des § 42
Abs. 1 FamGKG – vom Mindestbetrag spricht, ist der prozentuale Betrag des
Mindestbetrages gemeint, nicht durchgängig die niedrigste Stufe (100 %). Kin-
dergeld ist abzuziehen.[218]

Soweit zunächst Verfahrenskostenhilfe bewilligt wird und der Antrag dann als-   449
bald nach der Entscheidung über die Verfahrenskostenhilfe oder alsbald nach
einer eingelegten Beschwerde eingereicht wird, tritt an die Stelle der Antragseinreichung der Zeitpunkt der Einreichung eines Antrages auf Bewilligung von Verfahrenskostenhilfe (§ 51 Abs. 2 S. 2 FamGKG).

Wird Abänderung verlangt, ist ebenfalls nach § 51 FamGKG zu bewerten, wo-   450
bei auf den geforderten Abänderungsbetrag abzustellen ist.

Wird die Abänderung von einem statischen auf einen dynamischen Unterhaltstitel über Kindesunterhalt verlangt, sind 15 % der in zwölf Monaten ab Antragseinreichung anfallenden Unterhaltsbeträge zu veranschlagen.[219]

bb) Kindergeldverfahren. In Verfahren auf Bestimmung des Kindergeldberech-   451
tigten nach § 64 Abs. 2 S. 3 EStG oder § 3 Abs. 2 BKKG gilt ein Ausgangswert
von 500 EUR (§ 51 Abs. 3 S. 1 FamGKG), der ggf. heraufgesetzt werden kann

---

218 OLG München AGS 2005, 165 = FamRZ 2005, 1766.
219 OLG Hamm AGS 2015, 40 = FamRZ 2015, 954 = NZFam 2015, 40; OLG Branden-
     burg 12.9.2016 – 13 WF 214/16.

(§ 51 Abs. 3 S. 2 FamGKG).[220] Soweit es um den Kindergeldbezug für mehrere Kinder geht, liegen gesonderte Gegenstände vor, so dass die Werte zu addieren sind.[221]

452 **j) § 52 FamGKG (Güterrechtssachen).** Auch wenn § 52 FamGKG mit „Güterrechtssachen" überschrieben ist, regelt diese Vorschrift nur einen bestimmten Fall der Zusammenrechnung im sog kleinen Amtsverbund.

453 Güterrechtssachen, insbesondere Zugewinnanträge, die auf Geldzahlung gerichtet sind, werden nach § 35 FamGKG bemessen. Sonstige Anträge, zB der Antrag auf Stundung oder Zuweisung bestimmter Vermögensgegenstände, auf Sicherheitsleistung oÄ sind nach § 42 FamGKG (Auffangwert) zu bewerten.

454 § 52 FamGKG regelt lediglich den Fall, dass Zahlung des Zugewinnausgleichs beantragt wird und gleichzeitig die Übertragung bestimmter Vermögensgegenstände (§ 1383 Abs. 1) oder der Antragsgegner Stundung des Zugewinns verlangt (§ 1382 Abs. 1). In diesen Fällen sind die Werte von Zahlungsantrag und Stundungs- bzw. Zuweisungsantrag nur dann zusammenzurechnen, sofern darüber entschieden wird.

455 Für den Antrag auf Zahlung gilt dabei gem. § 35 FamGKG der Wert der Forderung. Der Zuweisungsantrag richtet sich nach dem Verkehrswert derjenigen Gegenstände, deren Übertragung beantragt wird (§ 42 Abs. 1 FamGKG). Der Wert der Stundungsforderung wird in der Regel mit dem Interesse des Zugewinnschuldners bewertet, das dieser daran hat, die Zugewinnausgleichsforderung nicht sofort aufbringen zu müssen. In der Regel werden hier die ersparten Finanzierungskosten als Wert angesetzt (§ 42 Abs. 1 FamGKG).[222]

456 **Beispiel:** Die Ehefrau beantragt Zugewinnausgleich iHv 20.000 EUR. Der Ehemann beantragt Antragsabweisung, hilfsweise Stundung des Zugewinns. Das Gericht spricht den Zugewinn zu und entscheidet über den Stundungsantrag. Der Wert des Stundungsantrags wird auf 2.000 EUR festgesetzt.

Die Werte von Zugewinn- und Stundungsantrag werden nach § 52 FamGKG addiert. Abzurechnen ist nach einem Wert von 22.000 EUR.

H. Kostenentscheidung

I. Überblick

457 Auch in Familiensachen hat das Gericht spätestens mit Abschluss des Verfahrens eine Kostenentscheidung zu treffen. Dies gilt sowohl in Ehe- und Verbundsachen und in Familienstreitsachen als auch in Familiensachen der freiwilligen Gerichtsbarkeit. Geregelt ist dies

- für Ehe- und Verbundsachen sowie Familienstreitsachen in § 113 Abs. 1 S. 2 FamFG iVm § 308 Abs. 2 ZPO und
- für Familiensachen der freiwilligen Gerichtsbarkeit sowie für Verfahren mit Auslandsbezug in § 82 FamFG.

458 Nach welchen Vorschriften die Kostenentscheidung zu treffen ist, hängt davon ab, um **welche Art Verfahren** es sich handelt.

---

220 Ausführlich Thiel, Der Verfahrenswert in Unterhaltssachen nach § 231 Abs. 2 FamFG, AGS 2011, 157 ff.

221 OLG Dresden AGS 2014, 479 = FamRZ 2014, 1055 = NZFam 2014, 230 = FamRB 2014, 166.

222 OLG Köln AGS 2003, 362 mAnm N. Schneider.

N. Schneider

- In Ehe- und Verbundsachen sowie Familienstreitsachen gilt grundsätzlich § 113 Abs. 1 S. 2 FamFG iVm den Vorschriften der ZPO (insbesondere §§ 91 ff. ZPO).
- In Familiensachen der freiwilligen Gerichtsbarkeit sowie in Verfahren mit Auslandsbezug (§§ 107 ff. FamFG) gelten grundsätzlich die §§ 81, 83, 84 FamFG.

In beiden Fällen enthält das FamFG aber auch besondere Vorschriften zur Kostenentscheidung, die den allgemeinen Regelungen vorgehen.

II. Familienstreitsachen

1. Grundsatz. a) Überblick. In Familienstreitsachen gelten die allgemeinen Kostenvorschriften des FamFG (§§ 80–85 FamFG) nicht. Diese sind durch § 113 Abs. 1 S. 1 FamFG ausdrücklich ausgeschlossen. Insoweit verweist § 113 Abs. 1 S. 2 FamFG vielmehr auf die Allgemeinen Vorschriften der ZPO, also auf die §§ 91 ff. ZPO und die Vorschriften der ZPO über das Verfahren vor den Landgerichten mit den dort geregelten Kostenvorschriften der §§ 269, 281, 344 ZPO. Lediglich für Unterhaltssachen ist in § 243 FamFG eine Sonderregelung enthalten, die die Vorschriften der ZPO verdrängt (→ Rn. 475).   459

b) Die einzelnen Kostenvorschriften der ZPO. Grundsätzlich hat der **unterlegene Beteiligte** die Kosten des Verfahrens zu tragen (§ 91 Abs. 1 S. 1 ZPO).   460

Haben die Parteien das Verfahren in der **Hauptsache übereinstimmend für erledigt** erklärt, so richtet sich die Kostenentscheidung nach § 91 a ZPO, soweit die Beteiligten sich nicht über die Kosten geeinigt haben.   461

Sofern jeder Beteiligte **teilweise obsiegt und teilweise unterliegt,** sind die Kosten gegeneinander aufzuheben oder verhältnismäßig zu teilen (§ 92 Abs. 1 S. 1 ZPO). Das Gericht kann aber auch einem der Beteiligten die gesamten Kosten des Verfahrens auferlegen, wenn   462

- die Zuvielforderung des anderen Beteiligten verhältnismäßig geringfügig war und keine oder nur geringfügig höhere Kosten veranlasst hat (§ 92 Abs. 2 Nr. 1 ZPO) oder
- der Betrag der Forderung des anderen Beteiligten von der Festsetzung durch richterliches Ermessen, der Ermittlung durch Sachverständige oder von einer gegenseitigen Berechnung abhängig war (§ 92 Abs. 2 Nr. 2 ZPO).

Ergeht eine Entscheidung aufgrund eines **Anerkenntnisses,** so sind die Kosten des Verfahrens nach § 93 ZPO dem Antragsteller aufzuerlegen, wenn der Antragsgegner nach Einreichung des Antrags sofort anerkannt hat und er zur Einreichung des Antrags auch keine Veranlassung gegeben hatte.   463

Macht der Antragsteller einen auf ihn **übergegangenen Anspruch** geltend, ohne dass er zuvor dem Antragsgegner den Übergang mitgeteilt und auf Verlangen nachgewiesen hat, können ihm die Kosten insoweit auferlegt werden, als sie dadurch entstanden sind, dass sich der Antragsgegner deshalb veranlasst sah, den Anspruch zu bestreiten (§ 94 ZPO). Es handelt sich hierbei um einen Fall der Kostentrennung.   464

Nach § 95 ZPO können bestimmte **Kosten der Säumnis,** einer **verschuldeten Terminsverlegung** oder **verschuldeten Fristversäumung** dem jeweiligen Beteiligten vorab auferlegt werden. Auch hier handelt es sich um einen Fall der Kostentrennung.   465

466 Die Kosten eines **erfolglosen Rechtsmittels** trägt der Beteiligte, der das Rechtsmittel eingelegt hat (§ 97 Abs. 1 ZPO). Obsiegt ein Beteiligter im Beschwerdeverfahren ganz oder teilweise aufgrund **neuen Vorbringens**, das er bereits in der ersten Instanz hätte geltend machen können, so können ihm trotz Obsiegens in der Beschwerdeinstanz die Kosten des Beschwerdeverfahrens auferlegt werden (§ 97 Abs. 2 ZPO).

467 Schließen die Beteiligten einen **Vergleich**, ohne dass sie eine Regelung über die Kosten treffen, sind die Kosten des Vergleichs nach § 98 ZPO gegeneinander aufzuheben (§ 98 S. 1 ZPO). Das Gleiche gilt für die Kosten des Verfahrens, soweit über sie nicht schon rechtskräftig entschieden worden ist (§ 98 S. 2 ZPO). Etwas anderes iSd § 98 ZPO gilt dann, wenn die Beteiligten zum Ausdruck gebracht haben, dass das Gericht nach Sach- und Rechtslage entscheiden soll und gerade nicht nach der vorgegebenen Kostenfolge des § 98 ZPO. Das ist dann der Fall, wenn die Beteiligten die Kostentragung ausdrücklich einer Entscheidung des Gerichts überlassen. Sie geben damit zu erkennen, dass die Regelung des § 98 ZPO ausgeschlossen sein soll und das Gericht die Kostenentscheidung (streitig) zu treffen hat.[223]

468 Im Falle einer **Antragsrücknahme** sind nach § 269 Abs. 3 S. 2 ZPO die Kosten dem Antragsteller aufzuerlegen. Ist allerdings der Anlass zur Einreichung des Antrags bereits vor Anhängigkeit weggefallen und wird der Antrag daraufhin umgehend zurückgenommen, ist die Kostenentscheidung entsprechend dem bisherigen Sach- und Streitstand nach billigem Ermessen zu treffen, und zwar auch dann, wenn der Antrag nicht zugestellt wurde (§ 269 Abs. 3 S. 3 ZPO).

469 Wird nach einem Versäumnisbeschluss Einspruch eingelegt und das Verfahren fortgesetzt, so sind die **Kosten der Säumnis** dem säumigen Beteiligten aufzuerlegen und zwar auch dann, wenn er im Verfahren obsiegt (§ 344 ZPO). Da durch eine Säumnisentscheidung keine zusätzlichen Gerichts- und Anwaltskosten mehr entstehen, werden von dieser Regelung lediglich noch Auslagen erfasst.

470 Hatte der Antragsteller zunächst ein unzuständiges Gericht angerufen, so sind die **Mehrkosten der Verweisung** nach § 281 Abs. 3 ZPO dem Antragsteller vorab aufzuerlegen, auch wenn er im Verfahren obsiegt.

471 Hinsichtlich der Kosten bei **Rücknahme eines Rechtsmittels** enthält das FamFG keine Vorschriften. Die allgemeine Vorschrift des § 83 FamFG ist nach § 113 Abs. 1 S. 1 FamFG nicht anwendbar. Auf die Regelung der ZPO in § 513 Abs. 3 ZPO u. § 565 ZPO iVm § 515 Abs. 3 ZPO wird in § 113 Abs. 1 S. 2 FamFG nicht verwiesen. In analoger Anwendung des § 113 Abs. 1 S. 2 FamFG dürfte jedoch auf diese Vorschriften der ZPO abzustellen sein, so dass bei Rücknahme der Beschwerde oder Rechtsbeschwerde die Kosten dem Beschwerdeführer zur Last fallen.

472 **c) Anfechtung der Kostenentscheidung.** In Familienstreitsachen kommt die isolierte Anfechtung einer Kostenentscheidung grundsätzlich nicht in Betracht (§ 113 Abs. 1 S. 2 FamFG iVm § 99 Abs. 1 ZPO). Die Kostenentscheidung kann grundsätzlich nur zusammen mit der Hauptsache angefochten werden.

473 Lediglich dann, wenn in der Hauptsache ein Anerkenntnis- oder Verzichtsbeschluss ausgesprochen worden ist, kann gegen die Kostenentscheidung nach § 99 Abs. 2 S. 1 ZPO sofortige Beschwerde erhoben werden. Gleiches gilt für die

---

223 OLG Brandenburg AGS 2009, 139 = FamRZ 2009, 1171 = FPR 2009, 252.

N. Schneider

Kostenentscheidung nach übereinstimmend für erledigt erklärter Hauptsache (§ 91 a Abs. 2 ZPO) und für einen Beschluss nach § 269 Abs. 4 ZPO (§ 269 Abs. 5 ZPO).

Die sofortige Beschwerde richtet sich nach § 113 Abs. 1 S. 2 FamFG iVm § 567 **474** ZPO. Sie muss innerhalb von zwei Wochen eingelegt werden. Erforderlich ist eine Mindestbeschwer von über 200 EUR (§ 567 Abs. 2 ZPO). Darüber hinaus muss in der Hauptsache ein Rechtsmittel möglich gewesen sein (§§ 91 a Abs. 2 S. 1, 99 Abs. 2 S. 1, 269 Abs. 5 S. 1 ZPO).

2. Unterhaltssachen. a) Kostenentscheidung. In isolierten Unterhaltsverfahren **475** nach § 231 Abs. 1 FamFG richtet sich die Kostenentscheidung nach § 243 FamFG.

Abweichend von § 113 Abs. 1 S. 2 FamFG iVm §§ 91 ff. ZPO regelt § 243 **476** FamFG, dass das Gericht in Unterhaltssachen über die Verteilung der Kosten des Verfahrens nach billigem Ermessen bestimmen soll (§ 243 S. 1 FamFG).

Bei den Billigkeitserwägungen des Gerichts ist nach § 243 S. 2 FamFG insbeson- **477** dere zu berücksichtigen:

- das Verhältnis von Obsiegen und Unterliegen der Beteiligten einschließlich der Dauer der Unterhaltsverpflichtungen (Nr. 1),
- der Umstand, dass ein Beteiligter vor Beginn des Verfahrens einer Aufforderung des Gegners zur Erteilung der Auskunft und Vorlage von Belegen über das Einkommen nicht oder nicht vollständig nachgekommen ist, es sei denn, dass eine Verpflichtung hierzu nicht bestand (Nr. 2),
- der Umstand, dass ein Beteiligter einer Aufforderung des Gerichts nach § 235 Abs. 1 FamFG innerhalb der gesetzten Frist nicht oder nicht vollständig nachgekommen ist (Nr. 3) sowie
- ein sofortiges Anerkenntnis nach § 93 ZPO (Nr. 4).

b) Anfechtung der Kostenentscheidung. Nach dem Wortlaut des Gesetzes ist die **478** Kostenentscheidung gem. § 243 FamFG nicht anfechtbar, da in Ehe- und Familienstreitsachen die allgemeinen Vorschriften der ZPO gelten und damit auch § 99 Abs. 1 ZPO. Nach Viefhues[224] soll die Kostenentscheidung nach § 243 FamFG jedoch isoliert mit der Beschwerde nach den §§ 58 ff. FamFG angegriffen werden können. Jedenfalls dann, wenn die Kostenentscheidung auf einem Anerkenntnis, einer Rücknahme oder einer Hauptsacheerledigung beruht, kann die Kostenentscheidung isoliert angefochten werden.

III. Ehe- und Verbundverfahren

1. Überblick. Auch in Ehesachen und in Verbundverfahren gilt an sich § 113 **479** Abs. 1 S. 2 FamFG mit der Verweisung auf die entsprechenden Vorschriften der ZPO, also wiederum insbesondere die §§ 91 ff. ZPO. Hier enthält § 150 FamFG jedoch eine Sonderregelung, die die Vorschriften der ZPO weitgehend verdrängt.

2. Scheidung. Wird die Scheidung der Ehe ausgesprochen, so sind die Kosten **480** der Scheidungssache und der Folgesachen nach § 150 Abs. 1 FamFG gegeneinander aufzuheben.

---

224 HK-FamFG/Viefhues FamFG § 243 Rn. 30 ff.

481 Soweit der Scheidungsantrag abgewiesen oder zurückgenommen wird, trägt nach § 150 Abs. 2 S. 1 FamFG der Antragsteller die Kosten der Scheidungssache und der Folgesachen.

482 Werden die Scheidungsanträge beider Ehegatten zurückgenommen oder abgewiesen oder ist das Verfahren in der Hauptsache erledigt, so sind nach § 150 Abs. 2 S. 2 FamFG die Kosten der Scheidungssache und der Folgesachen gegeneinander aufzuheben.

483 Sind in einer Folgesache weitere Beteiligte vorhanden, tragen diese nach § 150 Abs. 3 FamFG ihre außergerichtlichen Kosten selbst.

484 Nach § 150 Abs. 4 S. 1 FamFG kann das Gericht die Kosten auch **nach billigem Ermessen** anderweitig verteilen, wenn die Kostenteilung unbillig wäre. Dabei darf das Gericht nach § 150 Abs. 4 S. 2 FamFG auch berücksichtigen, ob ein Beteiligter einer richterlichen Anordnung zur Teilnahme an einem Informationsgespräch nach § 135 Abs. 1 FamFG nicht nachgekommen ist, sofern der Beteiligte dies nicht genügend entschuldigt hat. Nach § 135 Abs. 1 FamFG kann das Gericht anordnen, dass die Ehegatten einzeln oder gemeinsam an einem kostenfreien Informationsgespräch über Mediation oder eine sonstige Möglichkeit der außergerichtlichen Streitbeilegung anhängiger Folgesachen bei einer von dem Gericht benannten Person oder Stelle teilnehmen oder eine Bestätigung hierüber vorlegen. Für den Fall, dass die Ehegatten dieser gerichtlichen Anordnung nicht Folge leisten, kann das Gericht dies nach § 150 Abs. 4 S. 2 FamFG im Rahmen der Kostenverteilung sanktionieren.

485 Auch auf **abgetrennte Folgesachen** nach § 137 Abs. 5 S. 1 FamFG, über die gesondert zu entscheiden ist, finden nach § 150 Abs. 5 S. 1 FamFG die Vorschriften des § 150 Abs. 1–4 FamFG Anwendung. Nach § 150 Abs. 5 S. 2 FamFG gilt dies nicht, wenn Folgesachen als selbstständige Familiensachen fortgeführt werden (§§ 137 Abs. 5 S. 2, 141 S. 3, 142 Abs. 2 S. 2 FamFG; Art. 111 Abs. 4 S. 2 FGG-ReformG). Dann sind die hierfür jeweils geltenden Kostenvorschriften anzuwenden.

486 **3. Aufhebung der Ehe.** Wird die Aufhebung der Ehe ausgesprochen, sind die Kosten des Verfahrens nach § 132 Abs. 1 S. 1 FamFG **gegeneinander aufzuheben.** Nach § 132 Abs. 1 S. 2 FamFG hat das Gericht die Möglichkeit, von dieser Kostenverteilung abzusehen, wenn dies unbillig erscheint. Diese Regelung ist nach § 132 Abs. 2 FamFG jedoch nicht anzuwenden, wenn eine Ehe auf Antrag der zuständigen Verwaltungsbehörde oder bei Verstoß gegen § 1306 auf Antrag des Dritten aufgehoben wird. Es gelten dann die allgemeinen kostenrechtlichen Regeln der ZPO.

487 **4. Feststellung des Bestehens oder Nichtbestehens einer Ehe.** Für Ehesachen nach § 121 Nr. 3 FamFG, also Verfahren, die auf Feststellung des Bestehens oder Nichtbestehens einer Ehe zwischen den Beteiligten gerichtet sind, gelten nach § 113 Abs. 1 S. 1 FamFG die allgemeinen Vorschriften der ZPO, also insbesondere die §§ 91 ff. ZPO.

488 **5. Anfechtung der Kostenentscheidung.** Soweit sich die Kostenentscheidung in Ehe- und Verbundverfahren entgegen § 113 Abs. 1 S. 2 FamFG nicht nach den Vorschriften der ZPO richtet, sondern das FamFG spezielle Kostenregelungen vorhält, dürfte auch hier wiederum hinsichtlich der Anfechtung der Kostenentscheidung auf die Regelungen des FamFG abzustellen sein. Danach kann eine Kostenentscheidung isoliert angefochten werden, in vermögensrechtlichen Ange-

legenheiten dagegen nur, wenn der Wert des Beschwerdegegenstandes 600 EUR übersteigt oder das Gericht die Beschwerde zugelassen hat.

Soweit die Kostenentscheidung nach den Vorschriften der ZPO erfolgt, ist die **489** isolierte Beschwerde dagegen ausgeschlossen (§ 99 Abs. 1 ZPO).

IV. Familiensachen der freiwilligen Gerichtsbarkeit und Verfahren mit Auslandsbezug

1. Überblick. In Familiensachen der freiwilligen Gerichtsbarkeit und in Verfah- **490** ren mit Auslandsbezug (§§ 107 ff. FamFG) gelten grundsätzlich die §§ 80 ff. FamFG. Hier orientiert sich die Kostenentscheidung nicht am Ausgang des Verfahrens, sondern vor allem an dem Verhalten der Beteiligten im Verfahren. Daneben sieht das Gesetz auch hier zu bestimmten Verfahren wiederum vorrangige Sonderregelungen vor.

2. Allgemeine Kostenvorschriften des FamFG. a) Überblick. Die allgemeinen **491** Kostenvorschriften des FamFG finden sich in den §§ 81, 83 und 84 FamFG. Sie gelten, soweit keine besonderen Vorschriften vorgesehen sind, die sie verdrängen.

b) Generalklausel. Nach § 81 Abs. 1 S. 1 FamFG trifft das Gericht die Kosten- **492** entscheidung nach billigem Ermessen.

Ob man aus der Aufzählung in § 81 Abs. 2 FamFG im Umkehrschluss herleiten **493** kann, dass in anderen als den in § 81 Abs. 2 FamFG erfassten Fällen grundsätzlich davon abgesehen werden soll, die Kosten einem Beteiligten aufzuerlegen, erscheint fraglich, da in § 81 Abs. 2 FamFG nur eine Aufzählung bestimmter Umstände vorgenommen worden ist, die dem Gesetzgeber besonders wichtig waren. Die Aufzählung in § 81 Abs. 2 FamFG ist aber nicht abschließend, so dass ein Umkehrschluss hier nicht zulässig sein dürfte.

Nach § 81 Abs. 1 S. 1 FamFG trifft das Gericht seine Entscheidung nach billi- **494** gem Ermessen. Das Gericht muss also in jedem Fall, auch wenn es zu dem Ergebnis kommt, dass eine Kostenerstattung nicht vorzunehmen ist, die gesamten Umstände des jeweiligen Einzelfalls gegeneinander abwägen. Die Rechtsprechung wird sicherlich zu den einzelnen Verfahren Grundsätze herausarbeiten. Insoweit ist allerdings Zurückhaltung geboten. Das Gesetz selbst gibt keine Grundsätze vor. Die pauschalisierte Anwendung von Grundsätzen dürfte auch letztlich keine sachgerechte Ausübung des billigen Ermessens sein.

Im Rahmen des billigen Ermessens muss das Gericht insbesondere die in § 81 **495** Abs. 2 FamFG genannten Sanktionsmöglichkeiten berücksichtigen. Die dort genannten Fälle enthalten jedoch keine zwingenden Regelungen. Sie sind lediglich Anleitungen dazu, wie in bestimmten Fällen das Ermessen nach § 81 Abs. 1 S. 1 FamFG auszuüben ist. Die Regelungen sind auch nicht abschließend. Das Gericht kann auch aus anderen Gründen nach Billigkeit eine Kostenerstattung anordnen. Das „Obsiegen und Unterliegen" eines Beteiligten soll für die Kostenentscheidung allerdings grundsätzlich keine Bedeutung haben.

Nach § 81 Abs. 2 FamFG soll das Gericht die Kosten des Verfahrens ganz oder **496** teilweise einem Beteiligten auferlegen, wenn

- er durch grobes Verschulden Anlass für das Verfahren gegeben hat (Nr. 1),
- sein Antrag von vornherein keine Aussicht auf Erfolg hatte und der Beteiligte dies erkennen musste (Nr. 2),

- er zu einer wesentlichen Tatsache schuldhaft unwahre Angaben gemacht hat (Nr. 3),
- er durch schuldhaftes Verletzen seiner Mitwirkungspflichten das Verfahren erheblich verzögert hat (Nr. 4) oder
- er einer richterlichen Anordnung zur Teilnahme an einer Beratung nach § 156 Abs. 1 S. 4 FamFG nicht nachgekommen ist, sofern er dies nicht genügend entschuldigt (Nr. 5).

497 Einem minderjährigen Beteiligten können Kosten in Verfahren, die seine Person betreffen, nicht auferlegt werden (§ 81 Abs. 3 FamFG).

498 Einem Dritten können Kosten des Verfahrens nur auferlegt werden, soweit die Tätigkeit des Gerichts durch ihn veranlasst wurde und ihn ein grobes Verschulden trifft (§ 81 Abs. 4 FamFG).

499 **c) Erledigung des Verfahrens durch Vergleich.** Wird das Verfahren durch einen Vergleich nach § 36 FamFG erledigt und haben die Beteiligten keine Bestimmung über die Kosten getroffen, gelten die Kosten nach § 83 FamFG als gegeneinander aufgehoben. Die Gerichtskosten fallen jedem Teil zu gleichen Teilen zur Last (§ 83 Abs. 1 S. 1 FamFG). Die außergerichtlichen Kosten trägt jeder Beteiligte selbst (§ 83 Abs. 1 S. 2 FamFG).

500 **d) Erledigung des Verfahrens in anderer Weise.** Wird ein Verfahren auf sonstige Weise erledigt, ist § 81 FamFG entsprechend anzuwenden (§ 83 Abs. 2 FamFG). Das betrifft vor allem den Fall der übereinstimmend erklärten Erledigung der Hauptsache.

501 **e) Kosten nach Rücknahme des Antrags.** Endet das Verfahren durch Antragsrücknahme, ist § 81 FamFG wiederum entsprechend anzuwenden (§ 83 Abs. 2 FamFG). Die Rücknahme führt hier also nicht – wie bei Familienstreitsachen – grundsätzlich zur Kostenbelastung des Antragstellers.

502 **f) Erfolgloses Rechtsmittel.** Die Kosten eines erfolglosen Rechtsmittels sollen dem Beteiligten auferlegt werden, der es eingelegt hat (§ 84 FamFG). Diese Kostenfolge ist nicht zwingend. Das Gericht kann auch anders – nämlich nach § 81 FamFG – entscheiden. Ein solcher Fall ist insbesondere dann angebracht, wenn sich erst im Laufe des Rechtsmittelverfahrens herausstellt, dass der Antrag keinen Erfolg haben wird. Die Kosten können auch dem Rechtsmittelgegner aufzuerlegen sein, wenn sich die Erfolglosigkeit des Rechtsmittels erst aus neuem Vorbringen ergibt, das der Rechtsmittelgegner im Beschwerdeverfahren vorträgt, obwohl ihm dies in erster Instanz möglich gewesen wäre.

503 Über die Kosten eines erfolgreichen Rechtsmittels ist nach § 81 FamFG zu entscheiden, bei einem Vergleich oder einer anderweitigen Erledigung im Rechtsmittelverfahren gilt § 83 FamFG.

504 **3. Kostenentscheidung in Abstammungssachen.** Abstammungssachen gem. § 169 FamFG sind Verfahren der freiwilligen Gerichtsbarkeit. Es gelten auch hier grundsätzlich die Vorschriften der §§ 80 ff. FamFG. In § 183 FamFG ist eine Spezialvorschrift enthalten, die nur den Fall der erfolgreichen Anfechtung der Vaterschaft regelt. Hat ein Antrag auf Anfechtung der Vaterschaft Erfolg, tragen die Beteiligten, mit Ausnahme des minderjährigen Kindes, die Gerichtskosten zu gleichen Teilen; ihre außergerichtlichen Kosten tragen sie selbst. Im Übrigen bleibt es bei den §§ 80 ff. FamFG.

505 **4. Mehrkostentrennung bei Verweisung und Abgabe.** Wird ein Verfahren an ein Familiengericht abgegeben oder verwiesen, zählen die Kosten vor dem verwei-

senden Gericht zu den Kosten vor dem Empfangsgericht. Eine Austrennung der Mehrkosten ist nach dem FamFG jedoch nicht möglich. Dies ist weder in § 3 FamFG vorgesehen noch in den §§ 153, 202, 233 FamFG, die nur auf § 281 Abs. 3 S. 1 ZPO verweisen, nicht auch auf § 281 Abs. 3 S. 2 ZPO.

5. Anfechtung der Kostenentscheidung. Ein Ausschluss der isolierten Anfecht- 506 barkeit einer Kostenentscheidung, wie er in § 20 a FGG enthalten war und wie er für die Ehesachen und Familienstreitsachen noch in § 99 Abs. 1 ZPO (§ 113 Abs. 1 S. 2 FamFG) enthalten ist, wurde bewusst nicht in das FamFG aufgenommen.[225] Daher ist hier die isolierte Anfechtung grundsätzlich möglich.[226]

Insoweit ist die **Beschwerde** nach §§ 58 ff. FamFG gegeben.[227] Das gilt unab- 507 hängig davon, ob die Kostenentscheidung in der Endentscheidung enthalten ist oder ob ein isolierter Kostenbeschluss ergangen ist.[228] Die Kostenentscheidung kann dabei zusammen mit der Hauptsache angefochten werden oder isoliert.

Erforderlich für die isolierte Anfechtbarkeit ist allerdings, dass die Hauptsache 508 selbst anfechtbar wäre. Daher ist eine isolierte Anfechtung der Kostenentscheidung zB in einem einstweiligen Anordnungsverfahren ausgeschlossen, wenn die einstweilige Anordnung nicht angefochten werden kann.[229]

Da eine Beschwerde in **vermögensrechtlichen Angelegenheiten** nach § 61 Abs. 1 509 FamFG nur zulässig ist, wenn der Wert des Beschwerdegegenstandes 600 EUR übersteigt, muss hier für die isolierte Anfechtung der Kostenentscheidung ein Beschwerdewert von mehr als 600 EUR erreicht werden,[230] es sei denn, das Gericht hat die Beschwerde zugelassen (§ 61 Abs. 2 FamFG).

In den Verfahren, die eine **nichtvermögensrechtliche Angelegenheit** betreffen, ist eine Beschwer dagegen nicht erforderlich (arg. e § 61 FamFG).[231] Die isolierte Anfechtung der Kostenentscheidung führt nicht dazu, dass aus einer nichtvermögensrechtlichen Angelegenheit eine vermögensrechtliche wird.[232]

I. Gerichtskosten

I. Überblick

Die Gerichtskosten in Familiensachen sind in Anlage 1 des FamGKG, dem Kos- 510 tenverzeichnis (**FamGKG-KV**), geregelt (§ 3 Abs. 2 FamGKG). Das FamGKG-KV ist in zwei Teile aufgeteilt:

---

225 Gesetzesbegründung, BT-Drs. 16/6308, 477.
226 OLG Koblenz FamRZ 2010, 2013; OLG Zweibrücken FamRZ 2010, 1835 = FF 2010, 508; OLG Stuttgart AGS 2010, 41; OLG Nürnberg AGS 2010, 383 = NJW 2010, 383 = FamRZ 2010, 664; OLG Nürnberg AGS 2010, 252 = MDR 2010, 403 = NJW 2010, 1468 = FamRZ 2010, 998; OLG Köln Rpfleger 2010, 547 = FamRZ 2010, 1834 = FamFR 2010, 278; OLG München MDR 2010, 714 = FamRZ 2010, 1465; OLG Naumburg FamRZ 2011, 577 = FF 2011, 219; OLG Oldenburg AGS 2010, 249 = FamRZ 2010, 1466; OLG Hamm FF 2010, 257 = JAmt 2010, 327 = FamRZ 2010, 1838; OLG Köln Rpfleger 2010, 547 = FamRZ 2010, 1834 = FF 2010, 508; OLG Karlsruhe FuR 2010, 526 = FamRZ 2010, 1695; OLG Hamburg FamRZ 2010, 665 = AGS 2010, 252 = ZFE 2010, 156.
227 Fölsch, Das neue FamFG in Familiensachen, 2. Aufl. 2009 § 5 Rn. 15; § 8 Rn. 6; Zimmermann Rn. 237.
228 Fölsch § 5 Rn. 16.
229 OLG Hamburg MDR 2011, 104; KG MDR 2011, 232 = AGS 2011, 95 mAnm Thiel.
230 Fölsch § 5 Rn. 16.
231 Fölsch § 5 Rn. 15.
232 BGH AGS 2013, 505 = FamRZ 2013, 1876 = NJW-Spezial 2013, 699 = FamRB 2013, 393 = FamRZ 2013, 1961 = FF 2013, 511.

- Teil 1 betrifft die **Gebühren,**
- Teil 2 betrifft die **Auslagen.**

II. Die Gebühren

511 **1. Überblick.** Die Gerichtsgebühren in Familiensachen sind in neun Hauptabschnitten geregelt, wobei die Hauptabschnitte wiederum in Abschnitte und zum Teil auch in Unterabschnitte aufgeteilt sind. Die neun Hauptabschnitte beinhalten:

Hauptabschnitt 1	Hauptsacheverfahren in Ehesachen einschließlich aller Folgesachen
Hauptabschnitt 2	Hauptsacheverfahren in selbstständigen Familienstreitsachen
	■ Abschnitt 1 Vereinfachtes Verfahren über den Unterhalt Minderjähriger
	■ Abschnitt 2 Verfahren im Übrigen
Hauptabschnitt 3	Hauptsacheverfahren in selbstständigen Familiensachen der freiwilligen Gerichtsbarkeit
	■ Abschnitt 1 Kindschaftssachen
	■ Abschnitt 2 Übrige Familiensachen der freiwilligen Gerichtsbarkeit
Hauptabschnitt 4	Einstweiliger Rechtsschutz
	■ Abschnitt 1 Einstweilige Anordnung in Kindschaftssachen
	■ Abschnitt 2 Einstweilige Anordnung in den übrigen Familiensachen und Arrest
Hauptabschnitt 5	Besondere Gebühren
Hauptabschnitt 6	Vollstreckung
Hauptabschnitt 7	Verfahren mit Auslandsbezug
Hauptabschnitt 8	Rüge wegen Verletzung des Anspruchs auf rechtliches Gehör
Hauptabschnitt 9	Rechtsmittel im Übrigen

512 **2. Hauptsacheverfahren in Ehesachen einschließlich aller Folgesachen. a) Erste Instanz.** In Hauptsacheverfahren in isolierten Ehesachen und in Verbundverfahren einschließlich aller Folgesachen wird im ersten Rechtszug für das Verfahren im Allgemeinen **eine Gebühr iHv 2,0** erhoben (Nr. 1110 FamGKG-KV). Unter den Voraussetzungen der Nr. 1111 FamGKG-KV kann sich diese 2,0-Gebühr ganz oder teilweise auf **0,5 ermäßigen,** nämlich bei Beendigung des Verfahrens durch

1. Zurücknahme des Antrags
   a) vor dem Schluss der mündlichen Verhandlung,
   b) in den Fällen des § 128 Abs. 2 ZPO vor dem Zeitpunkt, der dem Schluss der mündlichen Verhandlung entspricht,
   c) im Fall des § 331 Abs. 3 ZPO vor Ablauf des Tages, an dem die Endentscheidung der Geschäftsstelle übermittelt wird,
2. Anerkenntnis- oder Verzichtsentscheidung oder Endentscheidung, die nach § 38 Abs. 4 Nr. 2 und 3 FamFG keine Begründung enthält oder nur deshalb eine Begründung enthält, weil zu erwarten ist, dass der Beschluss im Aus-

land geltend gemacht wird (§ 38 Abs. 5 Nr. 4 FamFG), mit Ausnahme der Endentscheidung in einer Scheidungssache,

3. gerichtlichen Vergleich,

4. Erledigung in der Hauptsache, wenn keine Entscheidung über die Kosten ergeht oder die Entscheidung einer zuvor mitgeteilten Einigung über die Kostentragung oder einer Kostenübernahmeerklärung folgt.

Ausgeschlossen ist eine Ermäßigung in allen Fällen, wenn bereits eine andere als   513 in Nr. 1111 Nr. 2 FamGKG-KV genannte, privilegierte Entscheidung vorausgegangen ist. Ein solcher Fall ist zB dann gegeben, wenn ein Teilbeschluss, ein Grundbeschluss oder eine Versäumnisentscheidung ergangen ist. Hiernach bleibt eine Kostenerstattung ausgeschlossen.

Beispiel: In der Folgesache Zugewinn wird ein Stufenantrag gestellt. Das Ge-   514 richt verpflichtet den Antragsgegner durch Beschluss zunächst zur Auskunft. Über die Höhe wird später ein Vergleich geschlossen.

Eine Gerichtskostenermäßigung kommt nicht in Betracht, da hinsichtlich der Auskunft bereits eine nicht privilegierte Endentscheidung ergangen ist.

Kommt es zur **Erledigung mehrerer Folgesachen,** dann ist aus dem Gesamtwert   515 (§ 44 FamGKG) derjenigen Verfahrensgegenstände, für die der Ermäßigungstatbestand greift, lediglich eine 0,5-Gebühr zu erheben. Im Übrigen bleibt es bei der 2,0-Gebühr nach Nr. 1110 FamGKG-KV. Insgesamt darf aber nicht mehr abgerechnet werden als eine 2,0-Gebühr aus dem Gesamtbetrag (§ 30 Abs. 3 FamGKG).

Beispiel: In der Ehesache (5.400 EUR), Versorgungsausgleich (1.080 EUR),   516 Unterhalt (3.600 EUR) und Zugewinn (10.000 EUR) vergleichen sich die Beteiligten über den Unterhalt und den Zugewinn.

Die Ermäßigung berechnet sich aus dem Gesamtwert von Unterhalt und Zugewinn. Es entsteht eine 2,0-Gebühr aus 7.000 EUR und eine 0,5-Gebühr aus 13.600 EUR.

1.	2,0-Gebühr aus 6.480 EUR, Nr. 1110 FamGKG-KV.	302,00 EUR
2.	0,5-Gebühr aus 13.600 EUR, Nrn. 1110, 1111 FamGKG-KV	121,00 EUR
Gesamt		**423,00 EUR**

Die Höchstgrenze einer 2,0-Gebühr aus dem Gesamtbetrag (576 EUR) ist nicht überschritten (§ 30 Abs. 3 FamGKG).

Eine Teilermäßigung hinsichtlich der Ehesache ist nicht möglich. In Betracht kä-   517 me hier ohnehin nur eine Teilermäßigung nach Nr. 1111 Nr. 2 FamGKG-KV in der Variante, die nach § 38 FamFG keine Begründung erforderlich macht. Diese Variante gilt jedoch nicht für die Endentscheidung in einer Scheidungssache (Nr. 1111 Nr. 2 aE FamGKG-KV).

b) Beschwerde. Wird gegen eine Verbundentscheidung insgesamt oder nur hin-   518 sichtlich einer Folgesache Beschwerde eingelegt (Vorbem. 1.1.2 FamGKG-KV), fällt für das Beschwerdeverfahren vor dem Oberlandesgericht eine **3,0-Gebühr** nach Nr. 1120 FamGKG-KV an.

Endet das gesamte Verfahren durch **Zurücknahme** der Beschwerde oder des An-   519 trags, bevor die Beschwerdebegründung bei Gericht eingegangen ist, ermäßigt sich die Gebühr der Nr. 1120 FamGKG-KV auf 0,5 (Nr. 1121 FamGKG-KV). Gleiches gilt, wenn die Hauptsache übereinstimmend für erledigt erklärt wird und keine Entscheidung über die Kosten ergeht oder die Entscheidung über die Kosten einer zuvor mitgeteilten Einigung über die Kostentragung folgt oder ein Beteiligter eine Kostenübernahmeerklärung abgibt (Anm. zu Nr. 1121 FamGKG-KV).

520 Nach Einreichung der Beschwerdebegründung kommt eine **Ermäßigung** nur noch nach Nr. 1122 FamGKG-KV in Betracht. Die Gebühr ermäßigt sich dann lediglich auf 1,0. Auch hier ist die Ermäßigung ausgeschlossen, wenn eine andere als in Nr. 1122 Nr. 2 FamGKG-KV genannte Endentscheidung vorausgegangen ist. Möglich sind aber auch hier wieder Teilermäßigungen (Anm. Abs. 1 zu Nr. 1122 FamGKG-KV).

521 Ebenso tritt auch hier die Ermäßigung ein, wenn **mehrere Ermäßigungstatbestände** erfüllt sind (Anm. Abs. 2 zu Nr. 1122 FamGKG-KV).

522 **c) Rechtsbeschwerde.** Im Verfahren über die Rechtsbeschwerde gegen die in einer isolierten Ehesache oder im Verbund ergangene Endentscheidung, auch gegen die Anfechtung lediglich einer Folgesache (Vorbem. 1.1.3 FamGKG-KV), wird eine 4,0-Gebühr für das Verfahren im Allgemeinen erhoben (Nr. 1130 FamGKG-KV). Die Gebühr ermäßigt sich nach Nr. 1311 FamGKG-KV bei Beendigung des gesamten Verfahrens durch Zurücknahme der Rechtsbeschwerde oder des Antrags, bevor die Begründung der Rechtsbeschwerde bei Gericht eingegangen ist. Die Erledigung der Hauptsache steht nach Anm. zu Nr. 1311 FamGKG-KV der Zurücknahme gleich, wenn keine Entscheidung über die Kosten ergeht oder die Entscheidung einer zuvor mitgeteilten Einigung über die Kostentragung oder eine Kostenübernahmeerklärung folgt. Nach Eingang der Rechtsbeschwerdebegründung kommt eine Ermäßigung nur noch nach Nr. 1132 FamGKG-KV auf eine 2,0-Gebühr in Betracht, wenn die Rechtsbeschwerde oder der Antrag vor Ablauf des Tages zurückgenommen wird, an dem die Endentscheidung der Geschäftsstelle übermittelt wird.

523 **d) Verfahren auf Zulassung der Sprungrechtsbeschwerde.** Im Verfahren auf Zulassung der Sprungrechtsbeschwerde vor dem Bundesgerichtshof wird eine 1,0-Gebühr nach Nr. 1140 FamGKG-KV erhoben, wenn der Antrag abgelehnt wird. Im Übrigen ist das Verfahren gebührenfrei.

524 **3. Vereinfachtes Verfahren auf Festsetzung des Unterhalts Minderjähriger.** Im Verfahren über einen Antrag auf Festsetzung des Unterhalts nach § 249 Abs. 1 FamFG entsteht für das Verfahren eine Gebühr iHv 0,5 (Nr. 1210 FamGKG-KV), soweit das Gericht eine Entscheidung erlässt. Im Übrigen ist das Verfahren gebührenfrei.

525 In Beschwerdeverfahren nach § 256 FamFG über die Festsetzung von Unterhalt im vereinfachten Verfahren wird eine Gebühr iHv 1,0 nach Nr. 1211 FamGKG-KV erhoben, die sich nach Nr. 1212 FamGKG-KV auf 0,5 ermäßigen kann.

526 In Verfahren einer Rechtsbeschwerde gegen die vereinfachte Festsetzung entsteht eine 1,5-Gebühr nach Nr. 1213 FamGKG-KV, die sich unter den Voraussetzungen der Nr. 1214 FamGKG-KV auf 0,5 ermäßigt, und unter den Voraussetzungen der Nr. 1215 FamGKG-KV auf 1,0.

527 In einem Verfahren auf Zulassung der Sprungrechtsbeschwerde wird nach Nr. 1316 FamGKG-KV eine 0,5-Gebühr erhoben, soweit der Antrag abgelehnt wird. Im Übrigen ist das Verfahren gebührenfrei.

528 **4. Sonstige Hauptsacheverfahren in Familienstreitsachen. a) Erstinstanzliche Verfahren.** In sonstigen Familienstreitsachen entsteht in erster Instanz für das

Verfahren im Allgemeinen eine **3,0-Gebühr**. War ein Mahnverfahren vorausgegangen, so ist vor dem Mahngericht eine 0,5-Gebühr nach Nr. 1110 GKG-KV angefallen, die angerechnet wird (Anm. zu Nr. 1220 FamGKG-KV).

Bei vorzeitiger Beendigung des gesamten Verfahrens ermäßigt sich die Gebühr 529 nach Nr. 1221 FamGKG-KV auf 1,0. Die Ermäßigung tritt ein bei Beendigung des gesamten Verfahrens durch

1. Zurücknahme des Antrags
    a) vor dem Schluss der mündlichen Verhandlung,
    b) in den Fällen des § 128 Abs. 2 ZPO vor dem Zeitpunkt, der dem Schluss der mündlichen Verhandlung entspricht,
    c) im Fall des § 331 Abs. 3 ZPO vor Ablauf des Tages, an dem die Endentscheidung der Geschäftsstelle übermittelt wird,

    wenn keine Entscheidung nach § 269 Abs. 3 S. 3 ZPO über die Kosten ergeht oder die Entscheidung einer zuvor mitgeteilten Einigung über die Kostentragung oder einer Kostenübernahmeerklärung folgt;
    die Zurücknahmen des Antrags auf Durchführung des streitigen Verfahrens (§ 696 Abs. 1 ZPO), des Widerspruchs gegen den Mahnbescheid oder des Einspruchs gegen den Vollstreckungsbescheid stehen der Zurücknahme des Antrags gleich (Anm. Abs. 2 zu Nr. 1221 FamGKG-KV),
2. Anerkenntnis- oder Verzichtsentscheidung oder Endentscheidung, die nach § 38 Abs. 4 Nr. 2 oder 3 FamFG keine Begründung enthält oder nur deshalb eine Begründung enthält, weil zu erwarten ist, dass der Beschluss im Ausland geltend gemacht wird (§ 38 Abs. 5 Nr. 4 FamFG),
3. gerichtlichen Vergleich,
4. Erledigung in der Hauptsache, wenn keine Entscheidung über die Kosten ergeht oder die Entscheidung einer zuvor mitgeteilten Einigung über die Kostentragung oder einer Kostenübernahmeerklärung folgt.

Erforderlich ist, dass sich das gesamte Verfahren erledigt. Teilermäßigungen sind 530 – im Gegensatz zum Verbundverfahren – ausgeschlossen (Anm. Abs. 3 zu Nr. 1221 FamGKG-KV).

Ausgeschlossen ist eine Ermäßigung in allen Fällen, wenn bereits eine andere als 531 in Nr. 1221 Nr. 2 FamGKG-KV genannte privilegierte Entscheidung vorausgegangen ist. Ein solcher Fall wäre zB gegeben, wenn eine Teilentscheidung, eine Grundentscheidung oder eine Versäumnisentscheidung ergeht. Hiernach bleibt eine Kostenerstattung ausgeschlossen.

Unerheblich ist dagegen im Falle der Anm. Abs. 2 zu Nr. 1221 FamGKG-KV die 532 Vervollständigung einer ohne Begründung hergestellten Endentscheidung (§ 38 Abs. 4 FamFG). Diese steht einer Ermäßigung nicht entgegen.

b) Beschwerde. In Beschwerdeverfahren wird für das Verfahren im Allgemeinen 533 eine **4,0-Gebühr** erhoben.

Endet das gesamte Verfahren durch Zurückweisung der Beschwerde oder des 534 Antrags, bevor die Beschwerdebegründung bei Gericht eingegangen ist, ermäßigt sich die Gebühr auf 1,0 (Nr. 1223 FamGKG-KV). Die Erledigung in der Hauptsache steht der Zurücknahme gleich, wenn keine Entscheidung über die Kosten ergeht oder die Entscheidung einer zuvor mitgeteilten Einigung über die Kostentragung oder einer Kostenübernahmeerklärung folgt (Anm. zu Nr. 1223 FamGKG-KV).

535 Nach Eingang der Beschwerdebegründung kann sich die Gebühr nur noch nach Nr. 1224 FamGKG-KV auf 2,0 ermäßigen, wenn sich das gesamte Verfahren durch einen oder mehrere der dort genannten Ermäßigungstatbestände (Anm. zu Nr. 1224 FamGKG-KV) erledigt. Ausgeschlossen ist die Ermäßigung allerdings, wenn bereits eine andere Endentscheidung als eine der in Nr. 1224 Nr. 2 FamGKG-KV genannten Entscheidungen vorausgegangen ist. Hierzu zählen ein Grundbeschluss, ein Teilbeschluss oder eine Versäumnisentscheidung.

536 **c) Rechtsbeschwerde.** In Verfahren der Rechtsbeschwerde entsteht eine 5,0-Gebühr nach Nr. 1225 FamGKG-KV, die sich wiederum ermäßigen kann.

537 Wird die Rechtsbeschwerde zurückgenommen, bevor die Beschwerdebegründung bei Gericht eingegangen ist, ermäßigt sich die Verfahrensgebühr auf 1,0 (Nr. 1226 FamGKG-KV). Dies gilt auch dann, wenn der Hauptsacheanspruch übereinstimmend für erledigt erklärt wird und entweder keine Entscheidung über die Kosten ergeht oder die Kostenentscheidung einer zuvor mitgeteilten Einigung über die Kostentragung oder der Kostenübernahmeerklärung eines Beteiligten folgt (Anm. zu Nr. 1225 FamGKG-KV).

538 Nach Eingang der Beschwerdebegründung kommt nur noch eine Ermäßigung nach Nr. 1227 FamGKG-KV auf 3,0 in Betracht, nämlich wenn die Rechtsbeschwerde oder der Antrag vor Ablauf des Tages zurückgenommen wird, an dem die Endentscheidung der Geschäftsstelle übermittelt wird.

539 **d) Zulassung der Sprungrechtsbeschwerde.** Im Verfahren über die Zulassung der Sprungrechtsbeschwerde entsteht eine 1,5-Gebühr, soweit der Antrag abgelehnt wird (Nr. 1228 FamGKG-KV). Im Übrigen ist das Verfahren gebührenfrei (Anm. zu Nr. 1229 FamGKG-KV).

540 **5. Kindschaftssachen. a) Überblick.** In Kindschaftssachen (§ 151 FamFG) richten sich die Gebühren nach Abschnitt 1 FamGKG-KV. **Keine Gebühren** werden allerdings gem. Vorbem. 3.1.2 Abs. 1 FamGKG-KV erhoben für

■ die Pflegschaft einer Leibesfrucht,

■ ein Verfahren, das die freiheitsentziehende Unterbringung eines Minderjährigen betrifft,

■ ein Verfahren, das Aufgaben nach dem JGG betrifft.

541 Von einem Minderjährigen werden Gebühren nur erhoben, wenn sein Vermögen nach Abzug der Verbindlichkeiten mehr als 25.000 EUR beträgt (Vorbem. 1.3.1 Abs. 2 Hs. 1 FamGKG-KV). Der in § 90 Abs. 2 Nr. 8 SGB XII genannte Vermögenswert wird dabei nicht mitgerechnet (Vorbem. 1.3.1 Abs. 2 Hs. 2 FamGKG-KV).

542 **b) Erstinstanzliche Verfahren.** Im erstinstanzlichen Verfahren wird eine 0,5-Gebühr erhoben. Eine Ermäßigung ist hier nicht vorgesehen. Diese Gebühr entsteht nicht in Verfahren, die in den Rahmen einer Vormundschaft oder Pflegschaft fallen (Anm. Abs. 1 zu Nr. 1310 FamGKG-KV). Für eine Umgangspflegschaft werden neben der Gebühr nach Nr. 1310 FamGKG-KV keine besonderen Gebühren erhoben (Anm. Abs. 2 zu Nr. 1310 FamGKG-KV).

543 Bei einer Vormundschaft oder Dauerpflegschaft wird nach Nr. 1311 FamGKG-KV eine Jahresgebühr erhoben. Diese beläuft sich auf 5 EUR je angefangene 5.000 EUR des zu berücksichtigenden Vermögens, mindestens auf 50 EUR.

544 Bei einer Dauerpflegschaft, die nicht unmittelbar das Vermögen oder Teile des Vermögens zum Gegenstand hat, wird nach Nr. 1312 FamGKG-KV eine Jahres-

gebühr iHv 200 EUR erhoben, jedoch nicht mehr als sich nach Nr. 1311 FamGKG-KV ergeben würde.

Betrifft das Verfahren bei einer Pflegschaft nur einzelne Rechtshandlungen, wird eine Gebühr iHv 0,5 erhoben, jedoch wiederum nicht mehr als eine Gebühr nach Nr. 1311 FamGKG-KV.

c) Beschwerdeverfahren. Im Beschwerdeverfahren entsteht für das Verfahren im Allgemeinen eine **1,0-Gebühr** nach Nr. 1314 FamGKG-KV. Diese Gebühr ermäßigt sich nach Nr. 1315 FamGKG-KV auf 0,5, wenn sich das Verfahren ohne Endentscheidung erledigt. Wird die Entscheidung nicht durch Vorlesen der Entscheidungsformel bekanntgegeben, ermäßigt sich die Gebühr auch im Fall der Zurücknahme der Beschwerde vor Ablauf des Tages, an dem die Endentscheidung der Geschäftsstelle übermittelt wird (Anm. Abs. 1 zu Nr. 1314 FamGKG-KV). Des Weiteren tritt die Ermäßigung ein, wenn nur eine Entscheidung über die Kosten ergeht und diese Entscheidung einer zuvor mitgeteilten Einigung über die Kostentragung oder einer Kostenübernahmeerklärung folgt (Anm. Abs. 2 zu Nr. 1314 FamGKG-KV).

d) Rechtsbeschwerde. Im Verfahren über die Rechtsbeschwerde gegen eine Endentscheidung entsteht eine **1,5-Gebühr** nach Nr. 1316 FamGKG-KV.

Endet das Verfahren, bevor die Beschwerdebegründung bei Gericht eingegangen ist, ermäßigt sich die Gebühr nach Nr. 1317 FamGKG-KV auf 0,5.

Nach Eingang der Beschwerdebegründung kommt nur noch eine Ermäßigung nach Nr. 1318 FamGKG-KV auf 1,0 in Betracht, wenn das gesamte Verfahren durch Beendigung oder Rücknahme der Rechtsbeschwerde vor Ablauf des Tages, an dem die Endentscheidung der Geschäftsstelle übermittelt wird, endet.

e) Verfahren auf Zulassung der Sprungrechtsbeschwerde. Im Verfahren über den Antrag auf Zulassung der Sprungrechtsbeschwerde wird eine **0,5-Gebühr** erhoben, soweit der Antrag abgelehnt wird (Nr. 1319 FamGKG-KV). Im Übrigen ist das Verfahren gebührenfrei.

6. Übrige Familiensachen der freiwilligen Gerichtsbarkeit. a) Überblick. Für die übrigen Familiensachen der freiwilligen Gerichtsbarkeit gilt Abschnitt 2 (Nr. 1320 ff. FamGKG-KV). Dieser Abschnitt gilt nach Vorbem. 1.3.2 Abs. 1 FamGKG-KV für

1. Abstammungssachen,
2. Adoptionssachen, die einen Volljährigen betreffen,
3. Ehewohnungs- und Haushaltssachen,
4. Gewaltschutzsachen,
5. Versorgungsausgleichssachen,
6. Unterhaltssachen, Güterrechtssachen und sonstige Familiensachen (§ 111 Nr. 10 FamFG), die keine Familienstreitsachen sind.

In Adoptionssachen werden für das Verfahren auf Ersetzung der Einwilligung zur Annahme als Kind neben den Gebühren für das Verfahren über die Annahme als Kind keine Gebühren erhoben (Vorbem. 1.3.2 Abs. 1 FamGKG-KV).

b) Erster Rechtszug. Im ersten Rechtszug wird nach Nr. 1320 FamGKG-KV für das Verfahren im Allgemeinen eine **Gebühr iHv 2,0** erhoben. Diese Gebühr ermäßigt sich nach Nr. 1321 FamGKG-KV auf 0,5 bei der Beendigung des gesamten Verfahrens unter Berücksichtigung eines oder mehrerer der dort aufgeführten Ermäßigungstatbestände. Erforderlich ist eine Beendigung des gesamten Verfahrens. Teilermäßigungen sind hier nicht möglich.

554 c) **Beschwerdeverfahren.** Im Beschwerdeverfahren wird nach Nr. 1322 FamGKG-KV eine **3,0-Gebühr** für das Verfahren im Allgemeinen erhoben.

555 Diese Gebühr ermäßigt sich nach Nr. 1323 FamGKG-KV auf 0,5, wenn das Verfahren durch Zurücknahme der Beschwerde oder des Antrags endet, bevor eine Schrift zur Begründung der Beschwerde bei Gericht eingegangen ist (Nr. 1323 FamGKG-KV).

556 Nach Eingang der Schrift zur Begründung der Beschwerde kommt eine Ermäßigung nur nach Nr. 1324 FamGKG-KV auf 1,0 in Betracht, wenn das Verfahren ohne Endentscheidung beendet wird. Wird die Entscheidung nicht durch Vorlesen der Entscheidungsformel bekanntgegeben, ermäßigt sich die Gebühr auch im Falle der Zurücknahme der Beschwerde vor Ablauf des Tages, an dem die Endentscheidung der Geschäftsstelle übermittelt wird (Anm. Abs. 1 zu Nr. 1324 FamGKG-KV). Eine Entscheidung über die Kosten steht der Ermäßigung nicht entgegen, wenn die Kostenentscheidung einer zuvor mitgeteilten Einigung über die Kostentragung oder einer Kostenübernahmeerklärung eines der Beteiligten folgt (Anm. Abs. 2 zu Nr. 1324 FamGKG-KV).

557 d) **Rechtsbeschwerde.** In der Rechtsbeschwerde wird für das Verfahren im Allgemeinen eine **4,0-Gebühr** nach Nr. 1325 FamGKG-KV erhoben.

558 Die Gebühr ermäßigt sich nach Nr. 1326 FamGKG-KV auf 1,0, wenn die Rechtsbeschwerde oder der Antrag zurückgenommen werden, bevor die Beschwerdebegründung bei Gericht eingegangen ist.

559 Nach Eingang der Beschwerdebegründung kommt eine Ermäßigung nur nach Nr. 1327 FamGKG-KV auf 2,0 in Betracht, nämlich durch Rücknahme der Rechtsbeschwerde oder des Antrags vor Ablauf des Tages, an dem die Endentscheidung der Geschäftsstelle übermittelt wird.

560 e) **Zulassung der Sprungrechtsbeschwerde.** Im Verfahren über die Zulassung der Sprungrechtsbeschwerde wird eine **1,0-Gebühr** erhoben, soweit der Antrag abgelehnt wird. Im Übrigen ist das Verfahren gebührenfrei.

561 **7. Einstweilige Anordnung in Kindschaftssachen.** Für das erstinstanzliche Verfahren im Allgemeinen wird eine **0,3-Gebühr** nach Nr. 1410 FamGKG-KV erhoben. Eine Ermäßigung ist nicht vorgesehen. Diese Gebühr entsteht nicht für Verfahren, die in den Rahmen einer Vormundschaft oder Pflegschaft fallen (Anm. zu Nr. 1410 FamGKG-KV).

562 Nach Vorbem. 1.4 S. 1 FamGKG-KV werden im Verfahren über den Erlass einer einstweiligen Anordnung und im Verfahren über deren Aufhebung oder Abänderung die Gebühren nur einmal erhoben.

563 Im Beschwerdeverfahren (zulässig nur in Verfahren betreffend die elterliche Sorge, die Kindesherausgabe und das Verbleiben des Kindes bei einer Pflege- oder Bezugsperson, § 57 Nr. 1, 2 und 3 FamFG) entsteht nach Nr. 1411 FamGKG-KV eine 0,5-Gebühr, die sich nach Nr. 1412 FamGKG-KV auf 0,3 reduziert, wenn sich das Verfahren ohne Endentscheidung erledigt. Wird die Entscheidung nicht durch Vorlesen der Entscheidungsformel bekanntgegeben, so ermäßigt sich die Gebühr auch im Falle der Zurücknahme der Beschwerde vor Ablauf des Tages, an dem die Endentscheidung der Geschäftsstelle übermittelt wird (Anm. Abs. 1 zu Nr. 1412 FamGKG-KV). Eine Ermäßigung tritt ferner ein, wenn eine

Entscheidung über die Kosten ergeht und diese Kostenentscheidung einer zuvor mitgeteilten Einigung über die Kostentragung entspricht oder einer Kostenübernahmeerklärung eines Beteiligten folgt (Anm. Abs. 2 zu Nr. 1412 FamGKG-KV).

8. Einstweilige Anordnungen in den übrigen Familiensachen und Arrestverfahren. a) Überblick. In einstweiligen Anordnungsverfahren und übrigen Familiensachen sowie in allen Arrestverfahren richten sich die Gebühren nach Abschnitt 2 (Nrn. 1420 ff. FamGKG-KV). Dieser Abschnitt gilt nach Vorbem. 1.4.2 FamGKG-KV für alle Familienstreitsachen und die in Vorbem. 1.3.2 FamGKG-KV genannten Familiensachen der freiwilligen Gerichtsbarkeit, also

1. Abstammungssachen,
2. Adoptionssachen, die einen Volljährigen betreffen,
3. Ehewohnungs- und Haushaltssachen,
4. Gewaltschutzsachen,
5. Versorgungsausgleichssachen,
6. Unterhaltssachen, Güterrechtssachen und sonstige Familiensachen (§ 111 Nr. 10 FamFG), die nicht Familienstreitsachen sind.

Nach Vorbem. 1.4 S. 1 FamGKG-KV werden im Verfahren über den Erlass einer einstweiligen Anordnung und im Verfahren über deren Aufhebung oder Abänderung die Gebühren nur einmal erhoben. In Arrestverfahren gilt die gleiche Regelung (Vorbem. 1.4 S. 2 FamGKG-KV).

b) Erstinstanzliche Verfahren. Für das erstinstanzliche Verfahren wird eine 1,5-Gebühr erhoben (Nr. 1420 FamGKG-KV). Die Gebühr ermäßigt sich nach Nr. 1421 FamGKG-KV auf 0,5, wenn das gesamte Verfahren ohne Endentscheidung endet. Die Ermäßigung tritt auch dann ein, wenn die Entscheidung nicht durch Vorlesen der Entscheidungsformel bekanntgegeben wird und der Antrag vor Ablauf des Tages zurückgenommen wird, an dem die Endentscheidung der Geschäftsstelle übermittelt wird (Anm. Abs. 1 zu Nr. 1421 FamGKG-KV). Entscheidet das Gericht nur über die Kosten, so tritt die Ermäßigung nach Anm. Abs. 2 S. 2 zu Nr. 1421 FamGKG-KV auch dann ein, wenn die Kostenentscheidung einer dem Gericht zuvor mitgeteilten Einigung der Beteiligten oder einer Kostenübernahmeerklärung eines Beteiligten folgt.

c) Beschwerde. Im Verfahren über die Beschwerde gegen eine Endentscheidung im einstweiligen Anordnungs- oder Arrestverfahren entsteht nach Nr. 1422 FamGKG-KV eine 2,0-Gebühr.

Wird das Verfahren durch Rücknahme der Beschwerde oder des Antrags beendet, bevor die Schrift zur Begründung der Beschwerde bei Gericht eingegangen ist, ermäßigt sich die Gebühr nach Nr. 1423 FamGKG-KV auf 0,5.

Nach Eingang der Beschwerdebegründung kommt eine Ermäßigung nur noch nach Nr. 1424 FamGKG-KV auf 1,0 in Betracht, wenn sich das gesamte Verfahren ohne Endentscheidung erledigt. Wird die Entscheidung nicht durch Vorlesen der Entscheidungsformel bekanntgegeben, so ermäßigt sich die Gebühr im Falle der Zurücknahme der Beschwerde auch dann, wenn die Rücknahme vor Ablauf des Tages erklärt wird, an dem die Endentscheidung der Geschäftsstelle übermittelt wird (Anm. Abs. 1 zu Nr. 1424 FamGKG-KV). Wird nur über die Kosten entschieden, tritt Ermäßigung auf 1,0 ebenfalls ein, wenn die Kostenentscheidung einer zuvor mitgeteilten Einigung der Beteiligten über die Kostentragung

564

565

566

567

568

569

oder der Kostenübernahme eines Beteiligten folgt (Anm. Abs. 2 zu Nr. 1424 FamGKG-KV).

570 **9. Besondere Gebühren. a) Vergleichsgebühr.** Schließen die Beteiligten einen gerichtlichen Vergleich über Gegenstände, die nicht Gegenstand des Verfahrens sind, so entsteht aus dem Mehrwert des Vergleichs eine **0,25-Gebühr.** Erforderlich ist ein gerichtlicher Vergleich. Die Gebühr entsteht nicht bei einem außergerichtlichen Vergleich, selbst wenn dieser dem Gericht mitgeteilt wird. Die Vergleichsgebühr entsteht grundsätzlich in allen Verfahren, jedoch nicht in einem Verfahren über die Verfahrenskostenhilfe (Anm. zu Nr. 1500 FamGKG-KV).

571 Die Vergleichsgebühr der Nr. 1500 FamGKG-KV richtet sich nicht nach dem Verfahrenswert, sondern nach dem Wert des Vergleichs, soweit er den Wert des Verfahrensgegenstandes übersteigt.

572 **Beispiel:** Im Verbundverfahren (Ehesache: 6.000 EUR; Versorgungsausgleich: 1.200 EUR) schließen die Beteiligten einen Vergleich über den nicht anhängigen Zugewinn (Wert: 10.000 EUR).

Neben der 2,0-Gebühr aus Nr. 1110 FamGKG-KV aus dem Verfahrenswert von Ehesache und Versorgungsausgleich (§ 44 Abs. 2 FamGKG) entsteht aus dem Mehrwert des Vergleichs eine 0,25-Vergleichsgebühr aus 10.000 EUR.

1.	2,0-Gebühr, Nr. 1110 FamGKG-KV (Wert: 7.200 EUR)	332,00 EUR
2.	0,25-Gebühr, Nr. 1500 FamGKG-KV (Wert: 10.000 EUR)	49,00 EUR
Gesamt		**381,00 EUR**

573 **b) Verzögerungsgebühr.** Nach § 32 FamGKG kann das Gericht einem Beteiligten eine Verzögerungsgebühr auferlegen. Die Höhe der Verzögerungsgebühr beläuft sich grundsätzlich auf **1,0** (Nr. 1501 FamGKG-KV) und bemisst sich nach dem Verfahrenswert (§ 3 FamGKG) oder nach dem Teilwert des Verfahrens hinsichtlich dessen die Verzögerung eingetreten ist. Das Gericht kann die Gebühr auf einen Gebührensatz von bis zu 0,3 ermäßigen.

574 Hat das Familiengericht einem Beteiligten nach § 32 FamGKG eine Verzögerungsgebühr auferlegt, ist hiergegen die Beschwerde gegeben, wenn der Wert des Beschwerdegegenstands den Betrag von 200 EUR übersteigt, oder das Familiengericht die Beschwerde wegen grundsätzlicher Bedeutung zugelassen hat (§ 60 FamGKG). Die Verfahrensvorschriften für die Beschwerde im Kostenansatzverfahren sind dann entsprechend anzuwenden.

575 **c) Anordnung von Zwangsmaßnahmen.** Wird durch Beschluss nach § 35 FamFG eine Zwangsmaßnahme angeordnet, so entsteht nach Nr. 1502 FamGKG-KV eine Festgebühr iHv 15 EUR je Anordnung.

576 **d) Selbstständiges Beweisverfahren.** In selbstständigen Beweisverfahren, die in Familienstreitsachen möglich sind (§ 113 Abs. 1 S. 2 FamFG), entsteht eine **1,0-**Gebühr nach Nr. 1503 FamGKG-KV. Die Gebühr wird nicht angerechnet, wenn es nachfolgend zur Hauptsache kommt.

577 **10. Vollstreckung.** Die Gebühren für Vollstreckungstätigkeiten sind in Teil 1 Hauptabschnitt 6 FamGKG-KV geregelt. Diese Gebühren gelten für die Vollstreckung nach Buch 1 Abschnitt 8 des FamFG, soweit das Familiengericht zuständig ist. Für Handlungen durch das Vollstreckungs- oder Arrestgericht werden Gebühren nach dem GKG erhoben (Vorbem. 1.6 S. 2 FamGKG-KV).

In der Zwangsvollstreckung werden folgende Gebühren erhoben: 578

- Für ein Verfahren über den Antrag auf Erteilung einer weiteren **vollstreckbaren Ausfertigung** (§ 95 FamFG iVm § 733 ZPO) wird nach Nr. 1600 FamGKG-KV eine Gebühr iHv 15 EUR erhoben. Die Gebühr wird für jede weitere vollstreckbare Ausfertigung gesondert erhoben (Anm. zu Nr. 1600 FamGKG-KV).

- Für die Anordnung zur **Vornahme einer vertretbaren Handlung** durch einen Dritten fällt ebenfalls eine Festgebühr iHv 15 EUR an (Nr. 1601 FamGKG-KV).

- Für die Anordnung von **Zwangs- oder Ordnungsmitteln** wird je Anordnung eine Gebühr iHv 15 EUR erhoben (Nr. 1602 FamGKG-KV). Mehrere Anordnungen gelten dabei als eine Anordnung, wenn sie dieselbe Verpflichtung betreffen (Anm. S. 1 zu Nr. 1602 FamGKG-KV). Dies gilt nicht, wenn Gegenstand der Verpflichtung die wiederholte Vornahme einer Handlung oder einer Unterlassung ist (Anm. S. 2 zu Nr. 1602 FamGKG-KV).

- Im Verfahren zur Abnahme einer **eidesstattlichen Versicherung** nach § 94 FamFG wird eine Gebühr iHv 30 EUR nach Nr. 1603 FamGKG-KV erhoben. Die Gebühr entsteht mit der Anordnung des Gerichts, dass der Verpflichtete eine eidesstattliche Versicherung abzugeben hat, oder mit dem Eingang des Antrags des Berechtigten (Anm. zu Nr. 1603 FamGKG-KV).

11. Verfahren mit Auslandsbezug. Die Gerichtsgebühren für Verfahren mit Auslandsbezug nach § 107 ff. FamFG richten sich nach Hauptabschnitt 7 FamGKG-KV, den Nrn. 1710 ff. FamGKG-KV. Vorgesehen sind hier in allen Instanzen ausschließlich **Festgebühren**. 579

12. Rüge wegen der Verletzung des Anspruchs auf rechtliches Gehör. In einem Verfahren über die Rüge wegen der Verletzung des Anspruchs auf rechtliches Gehör (§ 44 FamFG) wird nach Nr. 1800 FamGKG-KV eine Gebühr iHv 50 EUR erhoben, wenn die Rüge in vollem Umfang oder teilweise zurückgenommen wird. Hat die Rüge Erfolg, werden keine Gebühren erhoben. 580

Nr. 1800 FamGKG-KV gilt nicht für die Gehörsrüge nach § 61 FamGKG; diese ist gebührenfrei (§ 61 Abs. 6 FamGKG). Dagegen gilt die Vorschrift über § 1 S. 1 FamGKG für die Gehörsrüge nach § 12 a RVG im Verfahren nach § 11 RVG oder § 33 RVG. 581

13. Rechtsmittel im Übrigen. Die Rechtsmittel im Übrigen, also soweit sie nicht schon in den Hauptabschnitten 1–7 FamGKG geregelt sind, finden sich in Hauptabschnitt 9 FamGKG-KV (Nrn. 1910 ff. FamGKG-KV). Vorgesehen sind ausschließlich Festgebühren. Geregelt sind hier: 582

Beschwerden in den Fällen der §§ 71 Abs. 2, 91 a Abs. 2, 99 Abs. 2 und 269 Abs. 5 ZPO. Es entsteht eine Gerichtsgebühr iHv 75 EUR, die sich nach Nr. 1911 FamGKG-KV auf 50 EUR ermäßigen kann. 583

Sonstige Beschwerdeverfahren, die weder in den Hauptabschnitten 1–7 noch in den Nrn. 1910, 1911 FamGKG-KV aufgeführt sind. Hier entsteht eine Gebühr iHv 50 EUR, allerdings nur dann, wenn die Beschwerde verworfen oder zurückgewiesen wird (Nr. 1912 FamGKG-KV). Wird die Beschwerde nur teilweise verworfen oder zurückgewiesen, kann das Gericht die Gebühr nach billigem Ermessen auf die Hälfte ermäßigen oder bestimmen, dass eine Gebühr gar nicht zu erheben ist (Anm. zu Nr. 1912 FamGKG-KV). 584

585 **Rechtsbeschwerden** nach den §§ 71 Abs. 1, 91 a Abs. 1, 99 Abs. 2 und § 269 Abs. 5 ZPO. Hier wird eine Festgebühr iHv 150 EUR nach Nr. 1920 FamGKG-KV erhoben, die sich nach Nr. 1921 FamGKG-KV auf 50 EUR oder nach Nr. 1922 auf 75 EUR ermäßigen kann.

586 **Sonstige Rechtsbeschwerden**, die weder in den Hauptabschnitten 1–7 FamGKG-KV noch in Nr. 1920 FamGKG-KV aufgezählt sind. Hier wird nach Nr. 1923 FamGKG-KV eine Gebühr iHv 100 EUR erhoben, allerdings nur, sofern die Rechtsbeschwerde verworfen und zurückgewiesen wird. Wird die Rechtsbeschwerde nur teilweise verworfen oder teilweise zurückgewiesen, kann das Gericht die Gebühr nach billigem Ermessen auf die Hälfte ermäßigen oder bestimmen, dass eine Gebühr gar nicht zu erheben ist (Anm. zu Nr. 1923 FamGKG-KV). Endet das Verfahren durch Zurücknahme der Rechtsbeschwerde oder des Antrags vor Ablauf des Tages, an dem die Endentscheidung der Geschäftsstelle übermittelt wird, ermäßigt sich die Gebühr nach Nr. 1924 FamGKG-KV auf 50 EUR.

587 **14. Zulassung der Sprungrechtsbeschwerde.** Soweit die Gebühren nicht bereits in den Hauptabschnitten 1–7 FamGKG-KV geregelt sind, entsteht nach Nr. 1930 FamGKG-KV eine Gebühr iHv 50 EUR, wenn der Antrag abgelehnt wird. Im Übrigen ist das Verfahren gebührenfrei.

III. Die Auslagen

588 Gerichtliche Auslagen werden nach Teil 2 FamGKG-KV (Nr. 2000–2014 FamGKG-KV) zusätzlich neben den Gebühren erhoben.

J. Kostenerstattung
I. Überblick

589 Soweit ein prozessualer Kostenerstattungsanspruch besteht, kann der erstattungsberechtigte Beteiligte vom erstattungspflichtigen Beteiligten die Erstattung seiner Kosten ganz oder teilweise verlangen, sofern sie notwendig waren. Diese werden dann im Verfahren nach den (§§ 87, 113 Abs. 1 S. 2 FamFG iVm §§ 103 ff. ZPO festgesetzt. Hinsichtlich des Umfangs der Kostenerstattung ist zwischen

- Ehe- und Verbundsachen sowie Familienstreitsachen einerseits und
- Familiensachen der freiwilligen Gerichtsbarkeit andererseits

zu unterscheiden.

590 Gemeinsame Voraussetzung ist, dass eine entsprechende Kostenentscheidung ergangen ist, also ein zur Zwangsvollstreckung geeigneter Titel über die Erstattung von Prozesskosten (§§ 87, 113 Abs. 1 S. 2 FamFG iVm § 103 Abs. 1 ZPO). Eine solche Kostenentscheidung ergibt sich

- in Ehe- und Verbundsachen sowie in Familienstreitsachen aus § 113 Abs. 1 S. 2 iVm den §§ 91 ff., 269, 281, 344 ZPO ua oder aus einer Kostenentscheidung nach § 150 FamFG (Ehesache) oder § 243 FamFG (Unterhalt);
- in Familiensachen der freiwilligen Gerichtsbarkeit aus den §§ 82, 83, 84, 87 oder 183 FamFG.

591 Darüber hinaus kommt in allen Familiensachen auch eine **Kostenregelung aufgrund eines Vergleichs** in Betracht. Voraussetzung ist, dass es sich um einen

formwirksamen protokollierten Vergleich handelt, der einen zur Zwangsvollstreckung geeigneten Titel darstellt (§ 103 Abs. 1 ZPO).

Lediglich im Rahmen der Zwangsvollstreckung, die nach den Vorschriften der ZPO durchgeführt wird (§ 95 Abs. 1 FamFG), ist eine Kostenentscheidung nicht erforderlich. Hier ergibt sich die Kostenpflicht des Schuldners unmittelbar aus dem Gesetz, nämlich aus § 788 ZPO, der sowohl in Ehe- und Verbundverfahren als auch in Familienstreitsachen und in Familiensachen der freiwilligen Gerichtsbarkeit anzuwenden ist. **592**

II. Umfang der Kostenerstattung in Ehe- und Verbundverfahren sowie Familienstreitsachen

Hinsichtlich der Kostenerstattung in Ehe- und Verbundverfahren sowie in Familienstreitsachen gilt nach § 113 Abs. 1 S. 2 ZPO die Vorschrift des **§ 91 Abs. 1 ZPO**. **593**

Danach sind insbesondere auch die gesetzlichen Gebühren und Auslagen des Rechtsanwalts in allen Verfahren zu erstatten (§ 91 Abs. 2 S. 1 ZPO). Eine Notwendigkeitsprüfung hinsichtlich der Rechtsanwaltskosten findet dem Grunde nach nicht statt. Nach der gesetzlichen Regelung sind in allen Verfahren Rechtsanwaltskosten als notwendig anzusehen. Lediglich zur Höhe ist die Notwendigkeit überprüfbar. **594**

Wegen der Einzelheiten zur Kostenerstattung wird insoweit auf § 91 ZPO verwiesen. **595**

III. Umfang der Kostenerstattung in Familiensachen der freiwilligen Gerichtsbarkeit

In Familiensachen der freiwilligen Gerichtsbarkeit ergibt sich der Umfang der Kostenerstattung unmittelbar aus dem FamFG, nämlich aus § 80 FamFG. **596**

Danach sind ebenso wie in den Ehe- und Verbundsachen sowie den Familienstreitsachen die von einem Beteiligten vorgelegten Gerichtskosten stets erstattungsfähig. **597**

Gleiches gilt für notwendige Aufwendungen der Beteiligten, also zB Reisekosten. Auch die durch Zeitversäumnis entstandenen Kosten sind in Familiensachen der freiwilligen Gerichtsbarkeit zu erstatten. § 80 S. 2 FamFG nimmt insoweit ausdrücklich Bezug auf § 91 Abs. 1 S. 2 ZPO. **598**

Anders verhält es sich dagegen mit den Rechtsanwaltskosten der Beteiligten. Auf die Vorschrift des § 92 Abs. 2 ZPO wird in § 80 FamFG nicht verwiesen. Das bedeutet, dass die Kosten eines hinzugezogenen Rechtsanwalts nur dann zu erstatten sind, wenn sie notwendig waren. Im Gegensatz zu den Ehe- und Verbundverfahren sowie den Familienstreitsachen wird die Notwendigkeit eines Rechtsanwalts also nicht gesetzlich fingiert, sondern ist stets im Einzelfall zu prüfen. **599**

Insoweit kann das Gericht bereits in der Kostenentscheidung anordnen, dass die Hinzuziehung eines Rechtsanwalts notwendig war.[233] Dann sind die Festsetzungsorgane daran gebunden. Fehlt ein solcher Ausspruch, wird die Notwendigkeit der Hinzuziehung eines Rechtsanwalts im Festsetzungsverfahren geprüft und darüber entschieden. **600**

---

233 Zimmermann, Das neue FamFG, 2009, Rn. 200.

N. Schneider

IV. Zwangsvollstreckung

601 In der Zwangsvollstreckung ist wiederum zu differenzieren.

- Soweit nach § 95 FamFG die Vorschriften der ZPO Anwendung finden, richtet sich die Kostenerstattung nach § 788 ZPO, der in seinem Abs. 2 wiederum auf **§ 91 ZPO** verweist.
- Soweit sich die Zwangsvollstreckung nach dem FamFG richtet (§ 86 ff. FamFG), richtet sich die Kostenentscheidung nach den §§ 82 und 84 FamFG (§ 87 Abs. 5 FamFG). Der Umfang der Kostenpflicht ergibt sich wiederum aus **§ 80 FamFG** (§ 87 Abs. 5 FamFG).

V. Materiellrechtliche Erstattungsansprüche

602 Von den prozessualen Kostenerstattungsansprüchen zu unterscheiden ist der „materiellrechtliche Kostenerstattungsanspruch". Darunter sind Ansprüche auf Ersatz von aufgewandten Rechtsverfolgungskosten zu verstehen, die auf einer materiellrechtlichen Grundlage verlangt werden können, etwa aus Verzug oder Delikt. Entgegen dem Sprachgebrauch handelt es sich hierbei nicht um Kosten*erstattungs*ansprüche, sondern um **Kosten*ersatz*ansprüche**. Auf diese Ansprüche finden weder § 91 ZPO noch § 80 FamFG Anwendung. Der Umfang der zu ersetzenden Kosten richtet sich vielmehr nach § 249. Wohl kann das Gericht im Rahmen seiner Kostenentscheidung, soweit es dabei Billigkeitsgesichtspunkte berücksichtigen kann (§ 91 a ZPO, § 81 FamFG), solche materiellrechtlichen Ansprüche in seine Erwägungen mit einbeziehen.

603 Materiellrechtliche Kostenerstattungsansprüche können sich auch in Familiensachen ergeben, obwohl sie hier nicht so häufig vorkommen, erst recht nicht in den Familiensachen der freiwilligen Gerichtsbarkeit.

604 Ein materiellrechtlicher Kostenerstattungsanspruch kann sich zum einen aus **Verzug** ergeben. Er setzt also einen fälligen Leistungsanspruch voraus, der in den Familiensachen der freiwilligen Gerichtsbarkeit – im Gegensatz zu Unterhalts- oder Zugewinnsachen – aber selten vorkommt. Wenn solche Ansprüche in Betracht kommen, müssen die zu erstattenden Kosten – in der Regel Anwaltskosten – verzugsbedingt sein, also erst nach Verzug entstanden sein. Daran fehlt es in Familiensachen in der Regel, weil durch den Anwalt häufig erst die Fälligkeit oder der Verzug hergestellt wird und damit eine verzugsbedingte Kausalität ausscheidet.[234]

605 Materiellrechtliche Kostenerstattungsansprüche können sich ferner aus sonstigen **Verletzungen vertraglicher Pflichten** ergeben. Da vertragliche Verpflichtungen im Bereich der Familiensachen selten sind, kommen solche Ansprüche in der Praxis kaum vor. Denkbar sind solche Fälle zB bei einem Verstoß gegen eine vertragliche Vereinbarung zur Nutzung der Ehewohnung oder in sonstigen Familienstreitsachen nach § 266 FamFG.

606 Schließlich können sich materiellrechtliche Kostenerstattungsansprüche darüber hinaus auch aus **Delikt** (§§ 823 ff.) ergeben. Solche Ansprüche können insbesondere in Gewaltschutzsachen häufig vorkommen, wenn der Beteiligte zur Abwehr und Unterlassung von Übergriffen des anderen Ehegatten einen Anwalt einschalten muss.

---

234 OLG Oldenburg AGS 2009, 307 = FamRZ 2009, 1238 = NJW-Spezial 2009, 283.

Für einen **Anspruchsgegner** werden materiellrechtliche Erstattungsansprüche in 607 der Regel nicht in Betracht kommen, da das Geltendmachen unberechtigter Ansprüche nur dann zum Schadensersatz führt, wenn zwischen den Beteiligten eine Sonderbeziehung besteht und der Anspruchstellende Forderungen erhebt, von denen er weiß oder wissen müsste, dass sie unberechtigt sind.[235]

Materiellrechtliche Kostenerstattungsansprüche können nicht festgesetzt wer- 608 den. Sie müssen notfalls zusammen mit der Hauptsache oder isoliert eingeklagt werden. Soweit materiellrechtliche Ansprüche gerichtlich geltend gemacht werden, ist die **Zuständigkeit des Familiengerichts** gegeben. Das galt bereits nach altem Recht[236] und gilt gem. § 266 Abs. 1 FamFG erst recht.

K. Rechtsschutzversicherung

In familienrechtlichen Angelegenheiten ist Versicherungsschutz im Rahmen einer 609 Rechtsschutzversicherung **grundsätzlich ausgenommen** (§ 3 Abs. 2 Buchst. g ARB 2000). Versichert ist grundsätzlich **nur die Erteilung eines Rates oder einer Auskunft,** wenn diese nicht mit einer anderen gebührenpflichtigen Tätigkeit zusammenhängen (§ 2 Buchst. k ARB 2000). Kein Versicherungsschutz besteht für die Erstellung eines Gutachtens.[237]

Je nach Bedingungen entfällt der Versicherungsschutz nachträglich, wenn sich 610 an die Beratung eine weitere Angelegenheit anschließt.[238] Bereits an den Anwalt gezahlte Beträge sind dann vom Auftraggeber an den Versicherer zurückzuerstatten.[239]

Bleibt es dagegen bei einer Beratung, dann bleibt der Versicherungsschutz beste- 611 hen. Der Versicherungsschutz umfasst dann nicht nur die Beratungsgebühr (§ 34 Abs. 1 RVG), sondern auch die gesetzlichen Auslagen, die im Zusammenhang mit der Beratung anfallen (Nr. 7000 ff. RVG-VV) sowie eine eventuelle Einigungsgebühr (Nr. 1000 RVG-VV), wenn der Anwalt durch seine Beratung an einer Einigung der Beteiligten mitwirkt, die diese dann untereinander selbst schließen (zB bei einer begleitenden Beratung zu einem Ehe- oder Auseinandersetzungsvertrag). Dazu → Rn. 60.

Nach neueren Bedingungswerken kann eine Rechtsschutzversicherung auch für 612 Familiensachen abgeschlossen werden, insbesondere für Unterhaltssachen und auch für das Scheidungsverfahren.

---

235 BGH AGS 2007, 267 = BGHReport 2007, 293 = FamRZ 2007, 550.
236 OLG Saarbrücken AGS 2000, 52 = OLGReport 2009, 54; OLG München AGS 2007, 157 = OLGReport München 2006, 282 = FamRZ 2006, 721.
237 Van Bühren/Plote ARB § 2 Rn. 79.
238 Van Bühren/Plote ARB § 2 Rn. 85.
239 Van Bühren/Plote ARB § 2 Rn. 85.

L. Übersicht Verfahrens- und Gegenstandswerte in familienrechtlichen Angelegenheiten[240]

I. Allgemeine Regelungen

613

Gegenstand	Vorschrift	Bemessung
1. Abänderung eines Arrestes	§ 42 Abs. 1 FamGKG	Wert des Arrestverfahrens, soweit Abänderung begehrt wird[241]
2. Abänderung einer einstweiligen Anordnung	§ 41 FamGKG	Wert des Anordnungsverfahrens, soweit Abänderung begehrt wird[242]
3. Arrestverfahren (§ 113 Abs. 1 S. 2 FamFG iVm §§ 916 ff. ZPO)	§ 42 Abs. 1 FamGKG[243]	Bewertung nach billigem Ermessen, Interesse an der Sicherung des Anspruchs, idR ein Drittel der Hauptforderung[244]
	§ 42 Abs. 3 FamGKG	Bestehen keine genügenden Anhaltspunkte, ist von einem Auffangwert von 5.000 EUR auszugehen
4. Aufhebung eines Arrests	§ 42 Abs. 1 FamGKG	Wert des Arrestverfahrens, soweit Aufhebung begehrt wird[245]

---

240 Die Werte gelten in Lebenspartnerschaftssachen entsprechend (§ 5 FamGKG).

241 Für das Abänderungsverfahren werden neben dem Anordnungsverfahren keine Gerichtsgebühren erhoben (Vorbem. 1.4 S. 2 FamGKG-KV; § 16 Nr. 5 RVG).
Auch für den Anwalt sind Anordnungs- und Abänderungsverfahren nur eine Angelegenheit (§ 16 Nr. 5 RVG), so dass die Gebühren nur einmal anfallen (§ 15 Abs. 2 RVG). Bedeutung hat der Wert der Abänderung daher nur, wenn der Anwalt ausschließlich im Abänderungsverfahren beauftragt ist. Der Wert ist dann gegebenenfalls nach § 33 Abs. 1 RVG gesondert festzusetzen.

242 Für das Abänderungsverfahren werden neben dem Anordnungsverfahren keine Gerichtsgebühren erhoben (Vorbem. 1.4 S. 1 FamGKG-KV; § 16 Nr. 5 RVG).
Auch für den Anwalt sind Anordnungs- und Abänderungsverfahren nur eine Angelegenheit (§ 16 Nr. 5 RVG), so dass die Gebühren nur einmal anfallen (§ 15 Abs. 2 RVG). Bedeutung hat der Wert der Abänderung daher nur, wenn der Anwalt ausschließlich im Abänderungsverfahren beauftragt ist. Der Wert ist dann gegebenenfalls nach § 33 Abs. 1 RVG gesondert festzusetzen.

243 § 41 FamGKG ist nicht anwendbar. Diese Vorschrift gilt nur für einstweilige Anordnungsverfahren (OLG Brandenburg AGS 2010, 556 = FamRZ 2011, 758; OLG München FamRZ 2011, 746; OLG Celle AGS 2010, 555 = NJW-Spezial 2010, 699 = FamRZ 2011, 759; Schneider/Wolf/Thiel FamGKG § 42 Rn. 70).

244 OLG Brandenburg AGS 2010, 556 = FamRZ 2011, 758; OLG München FamRZ 2011, 746; OLG Celle AGS 2010, 555 = NJW-Spezial 2010, 699 = FamRZ 2011, 759.

245 Für das Abänderungsverfahren werden neben dem Anordnungsverfahren keine Gerichtsgebühren erhoben (Vorbem. 1.4 S. 2 FamGKG-KV; § 16 Nr. 5 RVG).
Auch für den Anwalt sind Anordnungs- und Abänderungsverfahren nur eine Angelegenheit (§ 16 Nr. 5 RVG), so dass die Gebühren nur einmal anfallen (§ 15 Abs. 2 RVG). Bedeutung hat der Wert der Abänderung daher nur, wenn der Anwalt ausschließlich im Abänderungsverfahren beauftragt ist. Der Wert ist dann gegebenenfalls nach § 33 Abs. 1 RVG gesondert festzusetzen.

Gegenstand	Vorschrift	Bemessung
5. Aufhebung einer einstweiligen Anordnung	§ 41 FamGKG	Wert des Anordnungsverfahrens, soweit Aufhebung begehrt wird[246]
6. Auskunft über die persönlichen Verhältnisse des Kindes	§ 45 Abs. 1 Nr. 3 FamGKG	Regelwert 3.000 EUR
	§ 45 Abs. 3 FamGKG	Der Wert kann bei Unbilligkeit herauf- oder herabgesetzt werden
7. Beschwerde		
a) im gerichtlichen Verfahren richten sich die Gebühren nach dem Wert	§ 40 Abs. 1 S. 1 FamGKG	Anträge des Beschwerdeführers
	§ 40 Abs. 1 S. 2 FamGKG	Werden keine Anträge gestellt, ist die Beschwer maßgebend
	§ 39 Abs. 2, Abs. 1 FamGKG	Die Werte wechselseitiger Beschwerden werden zusammengerechnet, es sei denn, der Gegenstand ist derselbe; dann gilt nur der höhere Wert
	§ 40 Abs. 2 FamGKG	Der Wert des Beschwerdeverfahrens darf nicht höher sein als der der Vorinstanz, es sei denn, der Gegenstand wird im Beschwerdeverfahren erweitert oder der Wert richtet sich nach Umfang und Schwierigkeit des Verfahrens[247]
b) im gerichtlichen Verfahren werden Festgebühren erhoben oder gar keine Gebühren	§ 23 Abs. 2 S. 1 RVG	Interesse des Beschwerdeführers gem. § 23 Abs. 3 S. 2 RVG, soweit sich aus dem RVG nichts anderes ergibt
	§ 23 Abs. 2 S. 2 RVG	Der Gegenstandswert wird durch den Wert des zugrunde liegenden Verfahrens begrenzt

---

246 Für das Abänderungsverfahren werden neben dem Anordnungsverfahren keine Gerichtsgebühren erhoben (Vorbem. 1.4 S. 1 FamGKG-KV; § 16 Nr. 5 RVG).
Auch für den Anwalt sind Anordnungs- und Abänderungsverfahren nur eine Angelegenheit (§ 16 Nr. 5 RVG), so dass die Gebühren nur einmal anfallen (§ 15 Abs. 2 RVG). Bedeutung hat der Wert der Abänderung daher nur, wenn der Anwalt ausschließlich im Abänderungsverfahren beauftragt ist. Der Wert ist dann gegebenenfalls nach § 33 Abs. 1 RVG gesondert festzusetzen.
247 OLG Dresden MDR 2016, 915 = NZFam 2016, 665.

Gegenstand	Vorschrift	Bemessung
8. Einstweilige Anordnung[248]	§ 41 S. 1 FamGKG	Auszugehen ist vom Wert der Hauptsache. Sofern das einstweilige Anordnungsverfahren eine geringere Bedeutung hat, ist der Hauptsachewert herabzusetzen
	§ 41 S. 2 FamGKG	Bei geringerer Bedeutung ist grundsätzlich vom hälftigen Hauptsachewert auszugehen
9. Feststellungsantrag	§ 42 FamGKG	Wert der Hauptsache abzüglich Feststellungsabschlag (idR 20 %)
10. Hilfsantrag		
a) verschiedene Gegenstände	§ 39 Abs. 1 S. 2 FamGKG	Zusammenrechnung mit dem Hauptantrag, sofern über Hilfsantrag entschieden wird
b) derselbe Gegenstand	§ 39 Abs. 1 S. 3, 2 FamGKG	Wert des höheren Anspruchs, sofern über Hilfsantrag entschieden wird
11. Hilfsaufrechnung		
a) es ergeht eine Entscheidung über die Hilfsaufrechnung	§ 39 Abs. 3 FamGKG	Addition der Werte, soweit eine der Rechtskraft fähige Entscheidung ergeht
b) Vergleich über Hilfsaufrechnung	§ 39 Abs. 4, Abs. 3 FamGKG	Addition der Werte, soweit eine entsprechende Entscheidung der Rechtskraft fähig wäre[249]
12. Höchstwert[250]	§ 30 Abs. 3 FamGKG	30 Mio. EUR
13. Antrag und Widerantrag		
a) verschiedene Gegenstände	§ 39 Abs. 1 S. 1 FamGKG	Die Werte von Antrag und Widerantrag werden zusammengerechnet
b) derselbe Gegenstand	§ 39 Abs. 1 S. 3, 1 FamGKG	Es gilt nur der Wert des höheren Anspruchs
14. Mehrere Gegenstände		
a) Grundsatz	§ 33 Abs. 1 S. 1 FamGKG	Zusammenrechnung
b) vermögensrechtlicher Anspruch verbunden mit einem daraus hergeleiteten nichtvermögensrechtlichen Anspruch	§ 33 Abs. 1 S. 2 FamGKG	Wert des höheren Anspruchs ist maßgebend

---

248 Dazu auch → Rn. 391 ff.

249 Soweit der Vergleich darüber hinaus geht, ist ein Vergleichs(mehr)wert gegeben, aus dem die Vergleichsgebühr der Nr. 1500 FamGKG-KV anfällt.

250 In den besonderen Wertvorschriften sind zum Teil geringere Höchstwerte vorgesehen.

Gegenstand	Vorschrift	Bemessung
15. Kosten des Verfahrens		
a) neben der Hauptsache	§ 37 Abs. 1 FamGKG	bleiben unberücksichtigt
b) ohne die Hauptsache	§ 37 Abs. 3 FamGKG	Wert der Kosten, begrenzt auf den Wert der Hauptsache
16. Nebenforderungen		
a) neben der Hauptsache	§ 37 Abs. 1 FamGKG	bleiben unberücksichtigt
b) ohne die Hauptsache	§ 37 Abs. 2 FamGKG	Wert der Nebenforderung, begrenzt auf den Wert der Hauptforderung
17. Rechtsbeschwerde	§ 40 Abs. 1 S. 1 FamGKG	Anträge des Rechtsmittelführers
	§ 40 Abs. 1 S. 2 FamGKG	Werden keine Anträge gestellt, ist die Beschwer maßgebend
	§ 39 Abs. 2, Abs. 1 FamGKG	Die Werte wechselseitiger Rechtsbeschwerden werden zusammengerechnet, es sei denn, der Gegenstand ist derselbe; dann gilt nur der höhere Wert
	§ 40 Abs. 2 FamGKG	Der Wert des Rechtsbeschwerdeverfahrens darf nicht höher sein als der der Vorinstanz es sei denn, der Wert richtet sich nach Umfang und Schwierigkeit des Verfahrens[251]
18. Rechtsmittel	§ 40 FamGKG	siehe Beschwerde, Rechtsbeschwerde, Zulassung der Rechtsbeschwerde
19. Stufenantrag	§ 38 FamGKG	Alle Anträge sind gesondert zu bewerten; es gilt jedoch nur der höhere Wert. Ist der Leistungsantrag noch nicht beziffert, so ist er zu schätzen.[252]
20. Teilungsversteigerung		**Gericht:** Keine Werte vorgesehen, da Festgebühren erhoben werden
	§ 26 Nr. 2 RVG	**Anwalt:** Wert des dem Beteiligten zustehenden Rechts
21. Verbundverfahren (§ 137 FamFG)[253]	§ 44 Abs. 2 FamGKG	Die Werte von Ehe- und Folgesachen werden zusammengerechnet

---

251 OLG Dresden MDR 2016, 915 = NZFam 2016, 665.
252 OLG Stuttgart FamRZ 2011, 387; OLG Stuttgart AGS 2007, 632 = FuR 2007, 547 = FamRZ 2008, 534.
253 Zu den Werten von Ehe- und Folgesachen im Verbund s. u. IV., → Rn. 616.

Gegenstand	Vorschrift	Bemessung
22. Vollstreckungsabwehran- trag		
a) Geldforderung	§§ 42 Abs. 1, 35 FamGKG	Wert der abzuwehrenden Forde- rung
b) sonstige Ansprüche	§ 42 Abs. 1 FamGKG	Wert des abzuwehrenden An- spruchs
23. Zeitpunkt der Bewertung		
a) Antragsverfahren	§ 34 S. 1 FamGKG	Zeitpunkt der erstmaligen An- tragstellung
b) Amtsverfahren	§ 34 S. 2 FamGKG	Fälligkeit der Gerichtsgebühr
24. Zulassung der Sprung- rechtsbeschwerde	§ 40 Abs. 3 FamGKG	Wert der zuzulassenden Rechts- beschwerde
25. Vollstreckung		
a) Gericht		Keine Werte vorgesehen, da Festgebühren erhoben werden
b) Anwalt		
■ Geldforderung	§ 25 Nr. 1 Hs. 1 RVG	Betrag der zu vollstreckenden Geldforderung einschließlich der Nebenforderungen
	§ 25 Nr. 1 Hs. 1 RVG	Soll ein bestimmter Gegenstand gepfändet werden und hat die-ser einen geringeren Wert, ist der geringere Wert maßgebend
	§ 25 Nr. 1 Hs. 2 RVG	Wird künftig fällig werdendes Arbeitseinkommen nach § 850 d Abs. 3 ZPO gepfändet, sind die noch nicht fälligen Ansprüche nach § 51 Abs. 1 S. 1 FamGKG zu bewerten. Fällige Ansprüche sind entspre-chend § 51 Abs. 2 FamGKG in voller Höhe hinzuzurechnen.
■ herauszugebende Sache	§ 25 Nr. 2 Hs. 1 RVG	Wert der herauszugebenden Sa-che
	§ 25 Nr. 2 Hs. 2 RVG	Der Gegenstandswert darf je-doch den Wert nicht überstei-gen, mit dem der Herausgabe- oder Räumungsanspruch nach den für die Berechnung von Ge-richtskosten maßgeblichen Vor-schriften zu bewerten ist[254]

---

[254] Bei Herausgabe der Ehewohnung gilt daher § 48 Abs. 1, 3 FamGKG; bei der Herausga-be von Haushaltsgegenständen gelten die Werte des § 48 Abs. 2, 3 FamGKG.

N. Schneider

Gegenstand	Vorschrift	Bemessung
■ Handlung, Duldung oder Unterlassung	§ 25 Nr. 3 RVG	Wert, den die zu erwirkende Handlung, Duldung oder Unterlassung für den Gläubiger hat[255]
■ Verfahren über die Erteilung der Vermögensauskunft nach § 802 c ZPO	§ 25 Nr. 4 RVG	Betrag, der einschließlich der Nebenforderungen aus dem Vollstreckungstitel noch geschuldet wird; der Wert beträgt jedoch höchstens 2.000 EUR
■ Anträge des Schuldners	§ 25 Abs. 2 RVG	Interesse des Schuldners nach billigem Ermessen

II. Selbstständige Familiensachen

Gegenstand	Vorschrift	Bemessung	
1. Abstammungssachen (§§ 169 ff. FamFG)			614
a) Verfahren auf Feststellung des Bestehens oder Nichtbestehens eines Eltern-Kind-Verhältnisses, insbesondere der Wirksamkeit oder Unwirksamkeit einer Anerkennung der Vaterschaft (§ 169 Nr. 1 FamFG) und auf Anfechtung der Vaterschaft (§ 169 Nr. 4 FamFG)	§ 47 Abs. 1 Hs. 1 FamGKG	2.000 EUR Regelwert	
	§ 47 Abs. 2 FamGKG	Bei Unbilligkeit kann ein höherer oder niedrigerer Wert festgesetzt werden	
b) Verfahren auf Ersetzung der Einwilligung in eine Abstammungsuntersuchung (§ 169 Nr. 2 FamFG) oder Einsichtnahme in ein Abstammungsgutachten (§ 169 Nr. 3 FamFG)	§ 47 Abs. 1 Hs. 2 FamGKG	1.000 EUR Regelwert	
	§ 47 Abs. 2 FamGKG	Bei Unbilligkeit kann ein höherer oder niedrigerer Wert festgesetzt werden	

---

255 Auf die Höhe des Ordnungs- oder Zwangsgeldes kommt es nicht an (OLG Köln AGS 2005, 262 = OLGReport 2005, 259 = RVGreport 2005, 237).

N. Schneider

Gegenstand	Vorschrift	Bemessung
c) Verbindung mehrerer Verfahren betreffend dasselbe Kind (§ 179 Abs. 1 S. 1 FamFG)[256]	§ 47 Abs. 1, 2 FamGKG	Es bleibt beim einfachen Regelwert; der höhere Umfang oder eine höhere Schwierigkeit können gegebenenfalls durch eine Werterhöhung nach § 47 Abs. 2 FamGKG berücksichtigt werden
d) Verfahren auf Feststellung der Vaterschaft verbunden mit einem Verfahren auf Zahlung von Kindesunterhalt (§ 179 Abs. 1 S. 2 iVm § 237 FamFG)	§§ 47 Abs. 1, 35, 51 Abs. 1, 2, 33 Abs. 1 S. 2 FamGKG	Für die Vaterschaftsfeststellung gilt der Wert nach § 47 Abs. 1 FamGKG (siehe a)). Für den Unterhalt gelten die §§ 35, 51 FamGKG (siehe unten III). Gem. § 33 Abs. 1 S. 2 FamGKG gilt nur der höhere Wert, also idR der Wert des Zahlungsantrags.
2. Adoptionssachen (§ 186 Nr. 1–4 FamFG)	§ 42 Abs. 2 FamGKG	Berücksichtigung aller Umstände des Einzelfalls, insbesondere des Umfangs und der Bedeutung der Sache und der Vermögens- und Einkommensverhältnisse der Beteiligten, nach billigem Ermessen
	§ 42 Abs. 2 FamGKG	Höchstwert 500.000 EUR
	§ 42 Abs. 3 FamGKG	Bestehen keine genügenden Anhaltspunkte, ist von einem Auffangwert von 5.000 EUR auszugehen[257]
3. Anerkennung ausländischer Entscheidungen		
a) in Ehesachen (§ 107 FamFG)		**Gericht:** Keine Werte vorgesehen, da im gerichtlichen Verfahren Festgebühren erhoben werden (Nr. 1710 ff. FamGKG-KV)
	§ 23 Abs. 1 S. 2 RVG iVm §§ 42, 43 FamGKG	**Anwalt:** Entsprechende Anwendung der Wertvorschriften des FamGKG[258]

---

256 Da nach § 179 FamFG – im Gegensatz zu § 640 c ZPO – eine Verbindung von mehreren Abstammungssachen verschiedener Kinder nicht möglich ist, stellt sich die Frage der Bewertung bei mehreren Kindern nicht.

257 OLG Celle AGS 2013, 420 = FamFR 2013, 330 = RVGreport 2013, 361; OLG Düsseldorf AGS 2011, 562 = FamRZ 2010, 1937 = NJW-RR 2010, 1661 = FamRB 2010, 371 = RVGreport 2011, 154.

258 Die Wertfestsetzung nur für die Anwaltsgebühren erfolgt nur auf Antrag nach § 33 Abs. 1 RVG.

N. Schneider

Gegenstand	Vorschrift	Bemessung
b) in anderen Sachen (§ 108 FamFG)		**Gericht:** Keine Werte vorgesehen, da im gerichtlichen Verfahren Festgebühren erhoben werden (Nr. 1710 ff. FamGKG-KV)
	§ 23 Abs. 1 S. 2 RVG iVm § 42 FamGKG unter Berücksichtigung der besonderen Wertvorschriften:	**Anwalt:** Entsprechende Anwendung der Wertvorschriften des FamGKG[259]
aa) bezifferte Geldforderung	§ 35 FamGKG	titulierter Betrag
bb) Unterhalt als wiederkehrende Leistung	§ 51 Abs. 1, 2 FamGKG	Der geforderte Betrag für die folgenden zwölf Monate zuzüglich fälliger Beträge. Der Zeitpunkt der Fälligkeit iSd § 51 Abs. 1, 2 FamGKG richtet sich dabei nach zutreffender Ansicht nach dem Zeitpunkt der Antragstellung im zugrunde liegenden ausländischen gerichtlichen Verfahren[260]
		Fällige Beträge aus der Zeit nach dessen Erlass sind jedenfalls nach allen Auffassungen nicht hinzuzurechnen[261]
cc) Soweit keine besondere Wertvorschrift greift		
■ **vermögensrechtliche Angelegenheit**	§ 42 Abs. 1 FamGKG	Bestimmung nach billigem Ermessen
	§ 42 Abs. 3 FamGKG	Bestehen keine genügenden Anhaltspunkte, ist von einem Auffangwert von 5.000 EUR auszugehen

---

259 Die Wertfestsetzung nur für die Anwaltsgebühren erfolgt nur auf Antrag nach § 33 Abs. 1 RVG.

260 OLG Bremen 11.12.1992 – 2 W 101/91. Handelt es sich dabei um einen Titel, der ohne Antrag erlassen worden ist, so sind die Beträge, die bis zu dem Erlass des Titels fällig geworden sind, maßgebend (OLG Hamburg OLGReport 1997, 164). Nach anderer Auffassung soll wohl stets auf den Zeitpunkt des Erlasses des ausländischen Urteils abzustellen sein (OLG Dresden OLGReport 2006, 60 = FamRZ 2006, 563 = OLG-NL 2006, 111).

261 BGH AGS 2009, 47 = FamRZ 2009, 222 = MDR 2009, 173; OLG Zweibrücken JurBüro 1986, 1404; OLG Zweibrücken 24.1.1990 – 2 WF 11/90; OLG Düsseldorf OLGReport 2008, 190 = FamRZ 2008, 904.

Gegenstand	Vorschrift	Bemessung
■ nichtvermögensrechtliche Angelegenheit	§ 42 Abs. 2 FamGKG	Berücksichtigung aller Umstände des Einzelfalls, insbesondere des Umfangs und der Bedeutung der Sache und der Vermögens- und Einkommensverhältnisse der Beteiligten, nach billigem Ermessen
	§ 42 Abs. 2 FamGKG	Höchstwert 500.000 EUR
	§ 42 Abs. 3 FamGKG	Bestehen keine genügenden Anhaltspunkte, ist von einem Auffangwert von 5.000 EUR auszugehen
4. Ehesachen (§ 121 FamFG)		
a) Scheidung der Ehe (§ 121 Nr. 1 FamFG)	§ 43 Abs. 1 S. 1 FamGKG	Umstände des Einzelfalls, insbesondere Umfang und Bedeutung der Sache, Vermögens- und Einkommensverhältnisse der Ehegatten
	§ 43 Abs. 2 FamGKG	Für die Einkommensverhältnisse ist auf das dreifache Nettoeinkommen der Ehegatten abzustellen
	§ 43 Abs. 1 S. 2 FamGKG	Mindestwert 2.000 EUR[262]
	§ 43 Abs. 1 S. 2 FamGKG	Höchstwert 1 Mio. EUR
b) wechselseitige Scheidungsanträge	§§ 43, 39 Abs. 1 S. 3 FamGKG	Jeder Antrag ist auf den Tag seiner Einreichung (§ 34 FamGKG) zu bewerten. Es gilt der höhere Wert.
c) Aufhebung der Ehe (§ 121 Nr. 2 FamFG)	§ 43 Abs. 1 FamGKG	wie Ehesache (siehe a))
d) Feststellung des Bestehens oder Nichtbestehens der Ehe (§ 121 Nr. 3 FamFG)	§ 43 Abs. 1 FamGKG	wie Ehesache (siehe a))

---

262 Beiderseitige Verfahrenskostenhilfe ist kein Grund, lediglich den Mindestwert anzunehmen (ständige Rechtsprechung des BVerfG). Siehe ausführlich Thiel AGS 2009, 257.

Gegenstand	Vorschrift	Bemessung
e) Wechselseitige Anträge auf Scheidung und Aufhebung der Ehe	§§ 43 Abs. 1, 39 Abs. 1 S. 3 FamGKG	Scheidung und Aufhebung werden jeweils nach § 43 Abs. 1 FamGKG bewertet (siehe a) u. c)). Die Werte werden anschließend zusammengerechnet (§ 39 Abs. 1 S. 1 FamGKG), da es sich um verschiedene Gegenstände handelt. Aufhebung und Scheidung sind nicht derselbe Gegenstand iSd § 39 Abs. 1 S. 3 FamGKG.[263]
f) Antrag auf Scheidung, Hilfswiderantrag auf Aufhebung der Ehe (oder umgekehrt)	§§ 43, 39 Abs. 1 S. 2, 3 FamGKG	Bewertung wie e); jedoch Addition gem. § 39 Abs. 1 S. 3 FamGKG nur, wenn über Hilfsantrag entschieden wird
5. Ehewohnungssachen (§ 200 Abs. 1 FamFG)		
a) Zuweisungsantrag nach § 1568 a	§ 48 Abs. 1 S. 1 Hs. 2 FamGKG	Regelwert 4.000 EUR
	§ 48 Abs. 3 FamGKG	Bei Unbilligkeit kann ein höherer oder niedrigerer Wert festgesetzt werden
b) Zuweisungsantrag nach § 1361 b	§ 48 Abs. 1 S. 1 Hs. 1 FamGKG	Regelwert 3.000 EUR
	§ 48 Abs. 3 FamGKG	Bei Unbilligkeit kann ein höherer oder niedrigerer Wert festgesetzt werden
c) Ausgleichszahlung (Nutzungsentschädigung nach §§ 1361 b Abs. 3 S. 2)	§ 48 Abs. 1 S. 1 Hs. 1 FamGKG	Regelwert 3.000 EUR[264]
	§ 48 Abs. 3 FamGKG	Bei Unbilligkeit kann ein höherer oder niedrigerer Wert festgesetzt werden
6. Elterliche Sorge (§ 151 Nr. 1 FamFG)	§ 45 Abs. 1 FamGKG	Regelwert 3.000 EUR
	§ 45 Abs. 3 FamGKG	Bei Unbilligkeit kann ein höherer oder niedrigerer Wert festgesetzt werden

---

263 OLG Zweibrücken AGS 2002, 38 u. 156 = OLGReport 2001, 492 = FamRZ 2002, 255.
264 OLG Bamberg AGS 2011, 197 mAnm Thiel = NJW-Spezial 2011, 252; OLG Koblenz AGS 2013, 287 = FamFR 2013, 354 = FF 2013, 380.

N. Schneider

Gegenstand	Vorschrift	Bemessung
	§ 45 Abs. 2 FamGKG	Betrifft das Verfahren mehrere Kinder, liegt nur ein Gegenstand vor, so dass nur ein Wert festzusetzen ist, gegebenenfalls erhöht nach § 45 Abs. 3 FamGKG[265]
7. Gewaltschutzsachen (§§ 210 ff. FamFG)		
a) Verfahren über Maßnahmen nach § 1 GewSchG	§ 49 Abs. 1 Hs. 1 FamGKG	Regelwert 2.000 EUR
	§ 49 Abs. 2 FamGKG	Bei Unbilligkeit kann ein höherer oder niedrigerer Wert festgesetzt werden
b) Ansprüche nach § 2 GewSchG	§ 49 Abs. 1 Hs. 2 FamGKG	Regelwert 3.000 EUR
	§ 49 Abs. 2 FamGKG	Bei Unbilligkeit kann ein höherer oder niedrigerer Wert festgesetzt werden
c) Verfahren nach §§ 1 und 2 GewSchG	§§ 49 Abs. 1, 2, 33 Abs. 1 S. 1 FamGKG	Die jeweiligen Werte (siehe a) u. b)) werden zusammengerechnet (§ 33 Abs. 1 FamGKG)[266]
8. Güterrechtssachen (§§ 261 ff. FamFG) – ohne Zugewinn[267]		
a) auf Geldzahlung gerichtete Verfahren	§ 35 FamGKG	Wert der Forderung
b) Aufhebung der Gütergemeinschaft nach §§ 1447 f., 1449 ff.	§ 42 Abs. 1 FamGKG	Interesse an der Aufhebung, idR Hälfte des Anteils des Antragstellers am Gesamtgut[268]
c) Auseinandersetzung der Gütergemeinschaft nach §§ 1471 ff.	§ 42 Abs. 1 FamGKG	Interesse an der Auseinandersetzung; idR Wert des auf den Antragsteller bei der Teilung entfallenden Teils des Gesamtguts[269]
d) Verfahren auf Genehmigung einer Erklärung oder deren Ersetzung	§ 36 Abs. 1 S. 1 FamGKG	Wert des zugrunde liegenden Geschäfts
	§ 36 Abs. 1 S. 2 FamGKG	§ 18 Abs. 3, §§ 19–25, §§ 39 Abs. 2, 40 Abs. 2 und § 46 Abs. 4 KostO gelten entsprechend

---

265 Werden dagegen im Verfahren mehrere Kindschaftssachen behandelt (etwa Umgangs- und Sorgerecht), so sind die Werte zusammenzurechnen (§ 33 Abs. 1 S. 1 FamGKG).
266 OLG Frankfurt/M. AGS 2014, 522 = NZFam 2015, 84 = FF 2015, 130 = FamRB 2015, 183.
267 Zum Zugewinn s. u. II 22.
268 Kindermann Rn. 274.
269 Ein Abzug der Schulden ist nicht vorzunehmen (BGH NJW 1975, 1425).

Gegenstand	Vorschrift	Bemessung
	§ 36 Abs. 2 FamGKG	Soweit Gegenstand des Verfahrens mehrere Erklärungen sind, werden diese als ein Gegenstand bewertet (Ausnahme von § 33 Abs. 1 S. 1 FamGKG)
	§ 36 Abs. 3 FamGKG	Höchstwert 1 Mio. EUR
e) Sonstige Anträge		
aa) vermögensrechtliche Angelegenheiten	§ 42 Abs. 1 FamGKG	Bestimmung nach billigem Ermessen
	§ 42 Abs. 3 FamGKG	Bestehen keine genügenden Anhaltspunkte, ist von einem Auffangwert von 5.000 EUR auszugehen
bb) nichtvermögensrechtliche Angelegenheiten	§ 42 Abs. 2 FamGKG	Berücksichtigung aller Umstände des Einzelfalls, insbesondere des Umfangs und der Bedeutung der Sache und der Vermögens- und Einkommensverhältnisse der Beteiligten, nach billigem Ermessen
	§ 42 Abs. 2 FamGKG	Höchstwert 500.000 EUR
	§ 42 Abs. 3 FamGKG	Bestehen keine genügenden Anhaltspunkte, ist von einem Auffangwert von 5.000 EUR auszugehen
9. Haushaltssachen (§ 200 Abs. 2 FamFG)		
a) Ansprüche nach § 1361 a	§ 48 Abs. 2 S. 1 Hs. 1 FamGKG	Regelwert 2.000 EUR
	§ 48 Abs. 3 FamGKG	Bei Unbilligkeit kann ein höherer oder niedrigerer Wert festgesetzt werden[270]
b) Ausgleichsansprüche nach § 1568 b	§ 35 FamGKG	Betrag der Forderung
	§ 48 Abs. 3 FamGKG	Bei Unbilligkeit kann ein höherer oder niedrigerer Wert festgesetzt werden
10. Kindesherausgabe (§ 151 Nr. 3 FamFG)	§ 45 Abs. 1 FamGKG	Regelwert 3.000 EUR
	§ 45 Abs. 3 FamGKG	Bei Unbilligkeit kann ein höherer oder niedrigerer Wert festgesetzt werden

---

270 OLG Celle AGS 2014, 279.

Gegenstand	Vorschrift	Bemessung
	§ 45 Abs. 2 FamGKG	Betrifft das Verfahren mehrere Kinder, liegt nur ein Gegenstand vor, so dass nur ein Wert festzusetzen ist, gegebenenfalls erhöht nach § 45 Abs. 3 FamGKG[271]
11. Kostenvorschuss für ein gerichtliches Verfahren (Unterhaltssache nach § 231 FamFG)	§ 35 FamGKG	geforderter Betrag[272]
12. Sonstige Familiensachen (§ 266 Abs. 1 FamFG)		
a) Zahlungsanträge	§ 35 FamGKG	Betrag der Forderung
b) Vermögensrechtliche Ansprüche	§ 42 Abs. 1 FamGKG	Bestimmung nach billigem Ermessen
	§ 42 Abs. 3 FamGKG	Bestehen keine genügenden Anhaltspunkte, ist von einem Auffangwert von 5.000 EUR auszugehen
c) Nichtvermögensrechtliche Ansprüche	§ 42 Abs. 2 FamGKG	Berücksichtigung aller Umstände des Einzelfalls, insbesondere des Umfangs und der Bedeutung der Sache und der Vermögens- und Einkommensverhältnisse der Beteiligten, nach billigem Ermessen
	§ 42 Abs. 2 FamGKG	Höchstwert 500.000 EUR
	§ 42 Abs. 3 FamGKG	Bestehen keine genügenden Anhaltspunkte, ist von einem Auffangwert von 5.000 EUR auszugehen
13. Übrige Kindschaftssachen (§§ 151 FamFG)[273]		
a) § 151 Nr. 1 FamFG, soweit die Vermögenssorge betroffen und § 36 FamGKG nicht einschlägig ist	§ 46 Abs. 1 FamGKG	Entsprechende Anwendung der §§ 18 Abs. 3, 19–25, 39 Abs. 2 und 46 Abs. 4 KostO
	§ 46 Abs. 3 FamGKG	Höchstwert 1 Mio. EUR

271 Werden dagegen im Verfahren mehrere Kindschaftssachen behandelt (etwa Umgangs- und Sorgerecht), so sind die Werte zusammenzurechnen (§ 33 Abs. 2 S. 1 FamGKG).
272 Unerheblich ist, ob Zahlung oder Freistellung verlangt wird. Ebenso unerheblich ist, wie sich die Kostenforderung zusammensetzt (Gerichtskosten, Anwaltsgebühren, Auslagen, Umsatzsteuer etc).
273 Siehe zur elterlichen Sorge II 6, zur Kindesherausgabe II 10 und zum Umgangsrecht II 14.

N. Schneider

Gegenstand	Vorschrift	Bemessung
b) § 151 Nr. 4 FamFG, soweit der Vormund für das Vermögen des Mündels zu sorgen hat (§§ 1773 ff.)	§ 46 Abs. 1 FamGKG	Entsprechende Anwendung der §§ 18 Abs. 3, 19–25, 39 Abs. 2 und 46 Abs. 4 KostO
	§ 46 Abs. 3 FamGKG	Höchstwert 1 Mio. EUR
c) § 151 Nr. 5 FamFG, soweit ein Pfleger für die Verwaltung des Vermögens zuständig ist (§§ 1909 ff.)	§ 46 Abs. 1 FamGKG	Entsprechende Anwendung der §§ 18 Abs. 3, 19–25, 39 Abs. 2 und 46 Abs. 4 KostO
	§ 46 Abs. 3 FamGKG	Höchstwert 1 Mio. EUR
d) Verfahren, die nicht die Übertragung oder Entziehung der elterlichen Sorge oder eines Teils betreffen (§ 151 Nr. 4–8 FamFG)		
aa) Gegenstand des Verfahrens sind Pflegschaften für einzelne Rechtshandlungen	§ 46 Abs. 2 FamGKG	Wert der Rechtshandlung
	§ 46 Abs. 3 FamGKG	Höchstwert 1 Mio. EUR
bb) sonstige Gegenstände	§ 42 Abs. 2 FamGKG	Berücksichtigung aller Umstände des Einzelfalls, insbesondere des Umfangs und der Bedeutung der Sache und der Vermögens- und Einkommensverhältnisse der Beteiligten, nach billigem Ermessen
	§ 42 Abs. 3 FamGKG	Bestehen keine genügenden Anhaltspunkte, ist von einem Auffangwert von 5.000 EUR auszugehen.
e) Kindschaftssachen, soweit nichtvermögensrechtliche Angelegenheiten betroffen sind, die nicht die Entziehung der elterlichen Sorge oder eines Teils derselben betreffen (§ 151 Nr. 1 FamFG)	§ 42 Abs. 2 FamGKG	Berücksichtigung aller Umstände des Einzelfalls, insbesondere des Umfangs und der Bedeutung der Sache und der Vermögens- und Einkommensverhältnisse der Beteiligten, nach billigem Ermessen
	§ 42 Abs. 2 FamGKG	Höchstwert 500.000 EUR
	§ 42 Abs. 3 FamGKG	Bestehen keine genügenden Anhaltspunkte, ist von einem Auffangwert von 5.000 EUR auszugehen

Gegenstand	Vorschrift	Bemessung
14. Umgangsrecht (Kindschaftssache nach § 151 Nr. 2 FamFG)[274]	§ 45 Abs. 1 FamGKG	Regelwert 3.000 EUR
	§ 45 Abs. 3 FamGKG	Bei Unbilligkeit kann ein höherer oder niedrigerer Wert festgesetzt werden[275]
	§ 45 Abs. 2 FamGKG	Betrifft das Verfahren mehrere Kinder, liegt nur ein Gegenstand vor, so dass nur ein Wert festzusetzen ist, gegebenenfalls erhöht nach § 45 Abs. 3 FamGKG[276]
15. Unterhalt, vertraglicher	§ 51 oder §§ 35, 42 FamGKG	Nach der Begründung des Gesetzgebers sollen die Regelungen des § 51 FamGKG (s. III) jetzt auch – im Gegensatz zum bisherigen Recht – für vertragliche Unterhaltsansprüche gelten. Nach dem Wortlaut des § 51 FamGKG gelten sie dagegen nicht, da § 51 FamGKG nur von Unterhaltssachen spricht. Unterhaltssachen sind nach § 231 Abs. 1 FamFG aber wiederum nur Verfahren, die die gesetzliche Unterhaltspflicht betreffen. Soweit man nicht auf § 51 FamGKG abstellt, würden § 35 oder § 42 FamGKG gelten
16. Unterhaltssachen nach § 231 Abs. 1 FamFG[277]		
a) fälliger Unterhalt	§ 35 FamGKG	geforderter Betrag
b) Unterhalt als wiederkehrende Leistung		
aa) bezifferte Unterhaltsbeträge	§ 51 Abs. 1 S. 1 FamGKG	Wert der für die ersten zwölf Monate nach Antragseinreichung geforderten Beträge

---

274 Siehe auch Vermittlungsverfahren nach § 165 FamFG, unter II 19.
275 KG AGS 2011, 199 mAnm Thiel = FF 2011, 127 = FamRZ 2011, 825 = FamFR 2011, 141.
276 Werden dagegen im Verfahren mehrere Kindschaftssachen behandelt (etwa Umgangs- und Sorgerecht), so sind die Werte zusammenzurechnen (§ 33 Abs. 1 S. 1 FamGKG).
277 Zum besonderen Fall des Kostenvorschusses für ein gerichtliches Verfahren siehe II 11, zum Vereinfachten Verfahren auf Festsetzung des Unterhalts Minderjähriger II 18.

Gegenstand	Vorschrift	Bemessung
bb) Unterhalt nach §§ 1612 a–1612 c	§ 51 Abs. 1 S. 2 FamGKG	Zwölffacher Monatsbetrag des zum Zeitpunkt der Einreichung des Antrags geltenden Mindestunterhalts nach der zu diesem Zeitpunkt maßgebenden Altersstufe,[278] es sei denn, der verlangte Betrag ist geringer
c) fällige Beträge neben Unterhalt als wiederkehrende Leistung	§§ 35, 51 Abs. 1, 2 FamGKG	**wiederkehrende Leistung** wie b) bei Antragseinreichung[279] **fällige Beträge** wie a) Beide Werte werden anschließend **zusammengerechnet** (§ 51 Abs. 2 S. 1 FamGKG).
17. Unterhaltssachen nach § 231 Abs. 2 FamFG	§ 51 Abs. 3 S. 1 FamGKG	Regelwert 500 EUR[280]
	§ 51 Abs. 3 S. 2 FamGKG	Bei Unbilligkeit kann ein höherer Wert festgesetzt werden.
18. Vereinfachtes Verfahren auf Festsetzung des Unterhalts Minderjähriger		
a) zukünftiger Unterhalt	§ 51 Abs. 1 S. 2 FamGKG	Zwölffache des bei Antragseinreichung[281] maßgebenden Betrags[282]

---

278 Das anzurechnende Kindergeld ist abzuziehen (OLG Celle AGS 2011, 301 = FamFR 2011, 254 = NJW-Spezial 2011, 476; OLG München AGS 2005, 165 = FamRZ 2005, 1766; OLG Köln FamRZ 2002, 684 = JAmt 2002, 272 (unter Aufgabe seiner früheren gegenteiligen Rspr. AGS 2002, 178 = FamRZ 2001, 778, 1384 = OLGReport 2001, 224); AG Groß-Gerau FamRZ 2001, 432.

279 Der Einreichung des Hauptsacheantrags steht die Einreichung eines Antrags auf Bewilligung der Verfahrenskostenhilfe gleich, wenn der Antrag alsbald nach Mitteilung der Entscheidung über den Antrag oder über eine alsbald eingelegte Beschwerde eingereicht wird (§ 51 Abs. 1 S. 2 FamGKG).

280 Bei mehreren Kindern sind die Werte zu addieren (OLG Dresden AGS 2014 479 = FamRZ 2014, 1055 = NZFam 2014, 230 = FamRB 2014, 166).

281 Dem Antragseingang steht die Einreichung eines Antrags auf Bewilligung der Verfahrenskostenhilfe gleich, wenn der Antrag alsbald nach Mitteilung der Entscheidung über den Antrag oder über eine alsbald eingelegte Beschwerde eingereicht wird (§ 51 Abs. 2 S. 3, 2 FamGKG).

282 Das anzurechnende Kindergeld ist abzuziehen (OLG Celle AGS 2011, 301 = FamFR 2011, 254 = NJW-Spezial 2011, 476; OLG München AGS 2005, 165 = FamRZ 2005, 1766 = FamRB 2005, 106; OLG Köln FamRZ 2002, 684 = JAmt 2002, 272 (unter Aufgabe seiner früheren gegenteiligen Rspr. AGS 2002, 178 = FamRZ 2001, 778, 1384 = OLGReport 2001, 224); AG Groß-Gerau FamRZ 2001, 432.

N. Schneider

Gegenstand	Vorschrift	Bemessung
b) fällige Beträge	§ 51 Abs. 2 S. 3 iVm S. 1 u. 2 FamGKG	Bei Antragseinreichung[283] fällige Beträge werden hinzugerechnet.[284]
19. Vermittlungsverfahren (§ 165 FamFG)	§ 45 Abs. 1 FamGKG	Regelwert 3.000 EUR[285]
	§ 45 Abs. 2 FamGKG	Betrifft das Verfahren mehrere Kinder, liegt nur ein Gegenstand vor
	§ 45 Abs. 3 FamGKG	Bei Unbilligkeit kann ein höherer oder niedrigerer Wert festgesetzt werden
20. Versorgungsausgleich (§§ 217 ff. FamFG)		
a) Verfahren anlässlich der Scheidung[286]	§ 50 Abs. 1 S. 1 FamGKG	je Anrecht 10 % des Drei-Monats-Nettoeinkommens beider Ehegatten
		Auch Anrechte, die nicht ausgeglichen werden, sind zu bewerten[287]
		Ost- und Westanwartschaften sind gesondert zu bewerten.[288]
		Kinderfreibeträge sind nicht abzuziehen[289]
	§ 50 Abs. 1 S. 2 FamGKG	Mindestwert 1.000 EUR

---

283 Dem Antragseingang steht die Einreichung eines Antrags auf Bewilligung der Verfahrenskostenhilfe gleich, wenn der Antrag alsbald nach Mitteilung der Entscheidung über den Antrag oder über eine alsbald eingelegte Beschwerde eingereicht wird (§ 51 Abs. 2 S. 3, 2 FamGKG).

284 OLG München AGS 2005, 165 = FamRZ 2005, 1766 = FamRB 2005, 106; OLG Brandenburg FamRZ 2004, 962.

285 Die frühere Streitfrage zur Höhe des Gegenstandswertes ist überholt, da im Vermittlungsverfahren jetzt Gerichtsgebühren erhoben werden und somit auch der Wert nach dem FamGKG gilt.

286 Isolierte Versorgungsausgleichsverfahren anlässlich der Scheidung sind insbesondere möglich in abgetrennten Verfahren nach Art. 111 Abs. 4 FGG-ReformG.

287 OLG Stuttgart AGS 2010, 620 = NJW 2011, 540 = ZFE 2011, 234 = FamRZ 2011, 994.

288 OLG Jena AGS 2010, 352 mAnm Thiel; OLG Nürnberg AGS 2010, 401 mAnm N. Schneider; OLG Dresden NJW 2010, 3309 = FamRZ 2010, 1804 = FamRB 2010, 300 = FF 2010, 506; AG Ludwigslust AGS 2010, 357 mAnm Thiel; OLG Nürnberg NJW 2011, 620 = FamRZ 2011, 641; OLG Stuttgart AGS 2010, 399; aA AG Erfurt AGS 2010, 403.

289 OLG Stuttgart AGS 2010, 399 mAnm Thiel = NJW-RR 2010, 1376 = FamRZ 2010, 2098 = FPR 2010, 359; OLG Stuttgart AGS 2010, 265 = NJW 2010, 2221; OLG Koblenz AGS 2011, 392 mAnm Thiel = JurBüro 2011, 305 = NJW-Spezial 2011, 445; AG Ludwigslust AGS 2010, 350.

N. Schneider

Gegenstand	Vorschrift	Bemessung
	§ 50 Abs. 3 FamGKG	Bei Unbilligkeit kann ein höherer oder niedrigerer Wert festgesetzt werden
b) Ausgleichsansprüche nach der Scheidung	§ 50 Abs. 1 S. 1 FamGKG	je Anrecht 20 % des Drei-Monats-Nettoeinkommens beider Ehegatten
	§ 50 Abs. 1 S. 2 FamGKG	Mindestwert 1.000 EUR
	§ 50 Abs. 3 FamGKG	Bei Unbilligkeit kann ein höherer oder niedrigerer Wert festgesetzt werden
c) Auskunft (§ 220 FamFG iVm § 4 VersAusglG)	§ 50 Abs. 2 FamGKG	Regelwert 500 EUR
	§ 50 Abs. 3 FamGKG	Bei Unbilligkeit kann ein höherer oder niedrigerer Wert festgesetzt werden
d) Stufenantrag auf Auskunft und Ausgleich	§§ 50, 38 FamGKG	Bewertung der einzelnen Ansprüche wie a) bis c) Maßgebend ist nur der höhere Wert, in der Regel der Wert des Ausgleichsanspruchs.
e) Abtretung	§ 50 Abs. 2 FamGKG	Regelwert 500 EUR
	§ 50 Abs. 3 FamGKG	Bei Unbilligkeit kann ein höherer oder niedrigerer Wert festgesetzt werden
21. Vollstreckbarerklärung ausländischer Entscheidungen (§ 110 FamFG)		
a) Unterhaltstitel über wiederkehrende Leistungen	§ 42 Abs. 1 FamGKG iVm §§ 35, 51 Abs. 1 u. Abs. 2 FamGKG	Zwölfmonatiger Bezug zuzüglich fälliger Beträge[290]

---

290 Der Zeitpunkt der Fälligkeit iSd § 51 Abs. 2 S. 1 FamGKG richtet sich nach zutreffender Ansicht nach dem Zeitpunkt der Antragstellung im zugrunde liegenden ausländischen gerichtlichen Verfahren (OLG Bremen 11.12.1992 – 2 W 101/91). Handelt es sich dabei um einen Titel, der ohne Antrag erlassen worden ist, so sind die Beträge, die bis zu dem Erlass des Titels fällig geworden sind, maßgebend (OLG Hamburg OLGReport 1997, 164). Nach anderer Auffassung soll wohl stets auf den Zeitpunkt des Erlasses des ausländischen Urteils abzustellen sein (OLG Dresden OLGReport 2006, 60 = FamRZ 2006, 563). Fällige Beträge aus der Zeit nach dessen Erlass sind jedenfalls nach allen Auffassungen nicht hinzuzurechnen (BGH AGS 2009, 47 = FamRZ 2009, 222 = MDR 2009, 173; OLG Zweibrücken JurBüro 1986, 1404; OLG Zweibrücken 24.1.1990 – 2 WF 11/90; OLG Düsseldorf OLGReport 2008, 190 = FamRZ 2008, 904).

N. Schneider

Gegenstand	Vorschrift	Bemessung
b) sonstige Titel über eine bezifferte Geldforderung	§ 42 Abs. 1 FamGKG iVm § 35 FamGKG	Betrag der Forderung[291]
c) sonstige Titel über vermögensrechtliche Ansprüche	§ 42 Abs. 1 FamGKG	Bewertung nach billigem Ermessen
	§ 42 Abs. 3 FamGKG	Bestehen keine genügenden Anhaltspunkte, ist von einem Auffangwert von 5.000 EUR auszugehen
d) Titel über nichtvermögensrechtliche Ansprüche	§ 42 Abs. 2 FamGKG	Bewertung unter Berücksichtigung aller Umstände des Einzelfalls, insbesondere des Umfangs und der Bedeutung der Sache und der Vermögens- und Einkommensverhältnisse der Beteiligten, nach billigem Ermessen
		Höchstwert 500.000 EUR
	§ 42 Abs. 3 FamGKG	Bestehen keine genügenden Anhaltspunkte, ist von einem Auffangwert von 5.000 EUR auszugehen
22. Zugewinn (Güterrechtssache nach §§ 261 ff. FamFG)		
a) Zahlungsantrag	§ 35 FamGKG	Wert des verlangten Ausgleichs
b) Zahlungsanspruch und Anspruch nach § 40 FGB/DDR	§§ 35, 33 Abs. 1 FamGKG	Die Werte beider Anträge sind nach a) zu bewerten und zusammenzurechnen[292]
c) Antrag und Widerantrag auf Zahlung	§§ 35, 39 Abs. 1 S. 1 FamGKG	Die Werte von Antrag und Widerantrag, jeweils berechnet nach a), werden addiert[293]
d) negativer Feststellungsantrag	§ 35 FamGKG	Wert der Forderung, deren Nichtbestehen festgestellt werden soll[294]

---

291 Eine gegebenenfalls vorzunehmende Währungsumrechnung erfolgt auf den Zeitpunkt der Einreichung des Antrags auf Vollstreckbarerklärung (§ 34 FamGKG).

292 Koch, Die Entwicklung der Rechtsprechung zum Zugewinnausgleich, FamRZ 2003, 197 (210); Kindermann Rn. 264.

293 Es liegt nicht derselbe Verfahrensgegenstand iSd § 39 Abs. 1 S. 3 FamGKG vor (zuletzt OLG Celle 2010, 614 = FamRZ 2011, 134 = NJW-RR 2011, 223 = MDR 2011, 492; OLG Köln BRAGOreport 2001, 63 mAnm N. Schneider = FamRZ 2001, 1386 = MDR 2001, 941; OLG Hamburg AGS 2000, 230 = OLGReport 2000, 306; ausführlich N. Schneider, Gegenstandswerte bei Klage und Widerklage auf Zugewinnausgleich, FamRZ 2002, 379; Kindermann Rn. 256 ff.

294 Ein Feststellungsabschlag ist nicht vorzunehmen, da die negative Feststellung über den Anspruch endgültig entscheidet: Schneider/Wolf FamGKG § 52 Rn. 52.

Gegenstand	Vorschrift	Bemessung
e) Antrag und Widerantrag, einerseits auf Zahlung (Teilantrag), andererseits auf negative Feststellung	§§ 35, 39 Abs. 1 S. 1 FamGKG	Die Werte von Antrag und Widerantrag, jeweils berechnet nach a) und c), werden addiert, soweit die Beträge sich nicht decken[295]
f) Auskunft	§ 42 Abs. 1 FamGKG	Bruchteil des erwarteten Zahlungsanspruchs[296]
	§ 40 FamGKG	Bei einem Rechtsmittel des Auskunftsverpflichteten richtet sich der Wert nach den Aufwendungen an Zeit und Geld für die Erteilung der Auskunft[297]
	§ 42 Abs. 3 FamGKG	Bestehen keine genügenden Anhaltspunkte, ist von einem Auffangwert von 5.000 EUR auszugehen
g) Antrag und Widerantrag auf Auskunft	§§ 42 Abs. 1, 39 Abs. 1 S. 1 FamGKG	Die Werte von Antrag und Widerantrag, jeweils berechnet nach e) werden addiert[298]
h) Antrag und Widerantrag einerseits auf Zahlung, andererseits auf Auskunft	§§ 35, 42 Abs. 1, 39 Abs. 1 S. 1 FamGKG	Die Werte von Antrag und Widerantrag, jeweils berechnet nach a) und f), werden addiert[299]
i) Stufenantrag (Auskunft, eidesstattliche Versicherung und Zahlung)		Sofern die Gebühren in mehreren Stufen ausgelöst werden, ist der höhere Wert maßgebend
aa) Auskunft	§ 42 Abs. 1 FamGKG	wie f)
bb) eidesstattliche Versicherung	§ 42 Abs. 1 FamGKG	Bruchteil des erwarteten Zahlungsanspruchs; in der Regel unterhalb des Auskunftswertes
cc) Zahlungsantrag	§ 35 FamGKG	Wert des Ausgleichsanspruchs, wie er sich bei objektiver Betrachtung nach den Vorstellungen des Antragstellers ergibt[300]

---

295 OLG Düsseldorf MDR 2003, 236 mAnm N. Schneider.

296 Die Höhe des Bruchteils richtet sich danach, wie sehr der Anspruchsteller auf die Auskunft angewiesen ist, idR 1/10 bis 1/3: Schneider/Wolf FamGKG § 52 Rn. 42.

297 Schneider/Wolf FamGKG § 52 Rn. 27.

298 Es liegt nicht derselbe Verfahrensgegenstand iSd § 39 Abs. 1 S. 3 FamGKG vor (zuletzt OLG Köln BRAGOreport 2001, 63 mAnm N. Schneider = FamRZ 2001, 1386; OLG Hamburg AGS 2000, 230 = OLGReport 2000, 306; ausführlich N. Schneider FamRZ 2002, 379; Kindermann Rn. 256 ff.).

299 Es liegt nicht derselbe Verfahrensgegenstand iSd § 39 Abs. 1 S. 3 FamGKG vor (zuletzt OLG Köln BRAGOreport 2001, 63 mAnm N. Schneider = FamRZ 2001,; OLG Hamburg AGS 2000, 230 = OLGReport 2000, 306; ausführlich N. Schneider FamRZ 2002, 379; Kindermann Rn. 256 ff.).

300 OLG Düsseldorf JurBüro 1986, 1685; zum Streitstand siehe Kindermann Rn. 255.

Gegenstand	Vorschrift	Bemessung
j) isolierter Antrag auf Stundung des Zugewinnausgleichs	§ 42 Abs. 1 FamGKG	Kosten der ersparten Finanzierung[301]
	§ 42 Abs. 3 FamGKG	Bestehen keine genügenden Anhaltspunkte, ist von einem Auffangwert von 5.000 EUR auszugehen
k) Zahlungsantrag und Gegenantrag auf Stundung der Ausgleichsforderung	§§ 35, 42 Abs. 1, 52 FamGKG	Die Werte von Zahlungsantrag (s. o. a)) und Stundungsantrag (s. o. j) sind zusammenzurechnen, sofern eine Entscheidung über den Stundungsantrag ergeht[302]
l) isolierter Antrag auf vorzeitigen Zugewinnausgleich	§ 42 Abs. 1 FamGKG	Interesse am vorzeitigen Zugewinnausgleich[303]
	§ 42 Abs. 3 FamGKG	Bestehen keine genügenden Anhaltspunkte, ist von einem Auffangwert von 5.000 EUR auszugehen
m) Antrag auf vorzeitigen Zugewinnausgleich und gleichzeitiger Zahlungsantrag	§§ 35, 42 Abs. 1, 33 Abs. 1 FamGKG	Die Werte des Antrags auf vorzeitigen Zugewinnausgleich (s. o. l) und des Zahlungsantrags (s. o. a) sind zu addieren[304]
n) isolierter Antrag auf Übertragung von Vermögensgegenständen	§ 42 Abs. 1 FamGKG	Wert der zu übertragenden Gegenstände; Belastungen bleiben außer Ansatz[305]
	§ 42 Abs. 3 FamGKG	Bestehen keine genügenden Anhaltspunkte, ist von einem Auffangwert von 5.000 EUR auszugehen
		Bei nichtvermögensrechtlichen Angelegenheiten: Höchstwert 500.000 EUR
o) Zahlungsantrag und Antrag auf Übertragung von Vermögensgegenständen	§§ 35, 42 Abs. 1, 52 FamGKG	Die Werte des Zahlungsantrags (s. o. a)) und des Antrags auf Übertragung (s. o. n)) sind zu addieren, sofern über den Übertragungsanspruch entschieden wird

---

301 OLG Köln AGS 2003, 362 mAnm N. Schneider.
302 Maßgebend ist nur der Wert der Stundung, soweit dem Zahlungsantrag stattgegeben wird.
303 Kindermann Rn. 265; Koch FamRZ 2003, 197 (210).
304 Kindermann Rn. 266.
305 OLG Frankfurt/M. MDR 1990, 58.

N. Schneider

Gegenstand	Vorschrift	Bemessung
p) Sicherheitsleistung bei vorzeitigem Zugewinnausgleich (§ 1385 und bei Stundung § 1382 Abs. 3)	§ 42 Abs. 1 FamGKG	Interesse des Antragstellers an der Sicherheitsleistung[306]
	§ 42 Abs. 3 FamGKG	Bestehen keine genügenden Anhaltspunkte, ist von einem Auffangwert von 5.000 EUR auszugehen
q) vorzeitiger Zugewinnausgleich und Sicherheitsleistung	§§ 35, 42 Abs. 1, 33 Abs. 1 FamGKG	Die Werte von vorzeitigem Zugewinnausgleich (s. o. l)) und Sicherheitsleistung (s. o. p)) sind zu addieren

III. Besondere Verfahrenssituationen in Unterhaltssachen

Gegenstand	Vorschrift	Bemessung	
1. Außergerichtliche Vertretung (Nr. 2300 RVG-VV)			615
a) fälliger Unterhalt	§ 23 Abs. 1 S. 3 u. 1 RVG iVm § 35 FamGKG	verlangter Betrag	
b) Unterhalt als wiederkehrende Leistung			
aa) zukünftige Beträge	§ 23 Abs. 1 S. 3 u. 1 RVG iVm §§ 35, 51 Abs. 1 FamGKG	Betrag der auf die Beendigung der Angelegenheit folgenden zwölf Monate, sofern der weitere Zeitraum, für den Unterhalt verlangt wird, nicht geringer ist	
bb) fällige und zukünftige Beträge	§ 23 Abs. 1 S. 3 u. 1 RVG iVm §§ 35, 51 Abs. 1 u. 2 FamGKG	Alle bei Erledigung fälligen Beträge werden dem Wert der künftigen Beträge hinzugerechnet, da es bei außergerichtlichen Tätigkeiten keine Antragseinreichung gibt[307]	

---

306 Dieses Interesse wird umso höher zu bewerten sein, je größer das Ausfallrisiko ist. Je geringer das Risiko, den Zugewinnausgleich später nicht durchsetzen zu können, desto geringer ist der Wert anzusetzen.

307 N. Schneider AGS 2004, 58; siehe auch zur vergleichbaren Rechtslage bei Schadensersatzrenten: OLG Nürnberg AGS 2002, 232.

Gegenstand	Vorschrift	Bemessung
2. Antrag auf Zahlung von Trennungsunterhalt und nachehelichem Unterhalt	§§ 35, 51, 33 Abs. 1 FamGKG	Die Werte von Trennungsunterhalt und nachehelichem Unterhalt sind gesondert zu bewerten und dann nach § 33 Abs. 1 S. 1 FamGKG zu addieren, da es sich um verschiedene Gegenstände handelt[308]
3. Auskunft	§ 42 Abs. 1 FamGKG	Bruchteil des Wertes des erwarteten Unterhaltsanspruchs
		Die Höhe des Bruchteils richtet sich danach, wie sehr der Anspruchsteller auf die Auskunft angewiesen ist; idR wird 1/10 bis 1/4 der zu erwartenden Forderung angenommen[309]
	§ 40 FamGKG	Bei einem Rechtsmittel des Auskunftsverpflichteten richten sich die Beschwer und der Verfahrenswert für das Rechtsmittelverfahren nach den Aufwendungen an Zeit und Geld für die Erteilung der Auskunft[310]
4. Auskunft für mehrere Beteiligte	§§ 33 Abs. 1 S. 1, 42 Abs. 1 FamGKG	Die Werte der einzelnen nach III 3 zu bewertenden Auskunftsansprüche werden zusammengerechnet[311]
5. Stufenantrag		
a) Auskunftsantrag	§ 42 Abs. 1 FamGKG	wie III 3
b) Antrag auf Abgabe der eidesstattlichen Versicherung	§ 42 Abs. 1 FamGKG	Bruchteil des erwarteten Zahlungsanspruchs; in der Regel unterhalb des Auskunftswertes[312]

---

308 Schneider/Wolf FamGKG § 51 Rn. 81. Dies ergibt sich an sich schon aus den allgemeinen Vorschriften, da ein gemeinsamer Antrag auf Trennungs- und nachehelichen Unterhalt nur nach Rechtskraft der Scheidung möglich ist und dann der Trennungsunterhalt bereits fällig sein muss, so dass er insgesamt unter § 51 Abs. 2 FamGKG fällt.

309 Siehe Schneider/Wolf/Thiel FamGKG § 42 Rn. 88.

310 Siehe Schneider/Wolf/Schneider FamGKG § 40 Rn. 27.

311 Jeder Auskunftsanspruch ist ein eigener Gegenstand. Es liegt daher kein Fall der Nr. 1008 RVG-VV vor (siehe Schneider/Wolf/Schneider FamGKG § 51 Rn. 92).

312 Schneider/Wolf/Schneider FamGKG § 51 Rn. 115.

Gegenstand	Vorschrift	Bemessung
c) Leistungsantrag	§§ 35, 51 Abs. 1 u. 2 FamGKG	wie II 16[313]
		Maßgebend ist weder der letztlich bezifferte Betrag noch bei fehlender Bezifferung infolge vorzeitiger Erledigung die Erfolgsaussichten des Unterhaltsantrags, sondern die dem Antrag bei seiner Einreichung zugrunde liegende Erwartung des Antragstellers[314]
d) Gesamt	§ 38 FamGKG	Keine Addition; der höchste Wert ist maßgebend
6. Abänderungsverfahren	§§ 35, 51 Abs. 1 FamGKG	Geforderter Abänderungsbetrag der auf die Antragseinreichung[315] folgenden zwölf Monate, sofern der Zeitraum, für den Unterhalt verlangt wird, nicht geringer ist
	§ 51 Abs. 2 S. 1 FamGKG	Bei Einreichung fällige Beträge[316] werden hinzugerechnet[317]
7. Wechselseitige Abänderungsverfahren	§§ 39 Abs. 1 S. 1, 35, 51 Abs. 1 u. 2 FamGKG	Die Werte der wechselseitigen Abänderungsanträge sind zu addieren[318]

---

313 Für die Beurteilung der fälligen und der zukünftigen Beträge ist hinsichtlich der Leistungsstufe – obwohl noch nicht beziffert – auf den Antragseingang abzustellen bzw. auf den Eingang des Antrags auf Bewilligung von Verfahrenskostenhilfe (§ 51 Abs. 1 S. 2 FamGKG), wenn der Leistungsantrag alsbald nach Mitteilung der Entscheidung über den Verfahrenskostenhilfeantrag oder über eine alsbald eingelegte Beschwerde eingereicht wird.

314 OLG Köln AGS 2005, 451; OLG Hamm AGS 2005, 452.

315 Wird Verfahrenskostenhilfe beantragt, zählt bereits der Tag der Einreichung des Verfahrenskostenhilfeantrags (§ 51 Abs. 2 S. 2 FamGKG), wenn der Antrag alsbald nach Mitteilung der Entscheidung über den Verfahrenskostenhilfeantrag oder über eine alsbald eingelegte Beschwerde eingereicht wird.

316 Das Gesetz spricht ausdrücklich von „fälligen Beträgen" und nicht mehr wie früher von Rückständen. Die Fälligkeit richtet sich nach § 1612 Abs. 3 S. 1: Eine Geldrente ist monatlich im Voraus zu zahlen. Der laufende Monat ist daher bereits ein fälliger.

317 OLG München AGS 2005, 165 = OLGReport 2005, 115 = FamRZ 2005, 1766 = FamRB 2005, 106.
Wird Verfahrenskostenhilfe beantragt, zählt bereits der Tag der Einreichung des Verfahrenskostenhilfeantrags (§ 51 Abs. 2 S. 2 FamGKG), wenn der Hauptsacheantrag alsbald nach Mitteilung der Entscheidung über den Antrag oder über eine alsbald eingelegte Beschwerde eingereicht wird.

318 Es liegt nicht derselbe Verfahrensgegenstand zugrunde; OLG München AGS 2007, 364 = FamRZ 2007, 750 = OLGReport 2007, 416 = ZFE 2007, 315; aA OLG Hamm AGS 2004, 30 m. abl. Anm. N. Schneider.

Gegenstand	Vorschrift	Bemessung
8. Antragserweiterung bei wiederkehrenden Leistungen		
a) ursprünglicher Antrag	§§ 35, 51 FamGKG	Bewertung nach §§ 35, 51 Abs. 1, 2 FamGKG
b) Antragserweiterung	§§ 35, 51 FamGKG	Erhöhung des Verfahrenswertes um die verlangten weiteren Beträge der auf die Einreichung des Erweiterungsantrags folgenden zwölf Monate
		Die fälligen Erweiterungsbeträge,[319] die auf die Zeit zwischen Antragseinreichung und Antragserweiterung fallen, sind hinzuzurechnen[320]
9. Negativer Feststellungsantrag		
a) fällige Beträge	§ 35 FamGKG	Voller Wert der Unterhaltsforderungen, deren Nichtbestehen festgestellt werden soll[321]
b) Unterhalt als wiederkehrende Leistung		
aa) fällige Beträge	§ 35 FamGKG	Voller Wert der bei Antragseinreichung fälligen Unterhaltsforderungen, deren Nichtbestehen festgestellt werden soll[322]
bb) zukünftige Beträge	§ 51 Abs. 1 FamGKG	Betrag der auf die Antragseinreichung folgenden zwölf Monate, sofern der Zeitraum, für den das Nichtbestehen festgestellt werden soll, nicht geringer ist[323]

---

319 Das Gesetz spricht ausdrücklich von „fälligen Beträgen" und nicht mehr wie früher von Rückständen. Die Fälligkeit richtet sich nach § 1612 Abs. 3 S. 1: Eine Geldrente ist monatlich im Voraus zu zahlen.

320 Str., wie hier: OLG Köln AGS 2004, 32 = OLGReport 2003, 301 = FamRB 2004, 45 = FamRZ 2004, 1226 = FuR 2004, 380; OLG Celle FamRZ 2009, 74 = OLGReport Celle 2009, 198; aA OLG München EzFamR aktuell 2000, 7 = OLGReport 2000, 73 = FuR 2000, 298 = FamRZ 2001, 239; OLG Schleswig AGS 2001, 35 = 2000, 477.

321 Ein Feststellungsabschlag ist nicht vorzunehmen, da bei Stattgabe des Antrags über den Anspruch endgültig entschieden wird.

322 Ein Feststellungsabschlag ist nicht vorzunehmen, da bei Stattgabe des Antrags über den Anspruch endgültig entschieden wird.

323 Wird Verfahrenskostenhilfe beantragt, zählt bereits der Tag der Einreichung des Verfahrenskostenhilfeantrags (§ 51 Abs. 2 S. 2 FamGKG), wenn der Antrag alsbald nach Mitteilung der Entscheidung über den Antrag oder über eine alsbald eingelegte Beschwerde eingereicht wird.

Gegenstand	Vorschrift	Bemessung
c) fällige und zukünftige Beträge	§ 51 Abs. 1, 2 FamGKG	Die Werte gemäß a) und b) werden zusammengerechnet[324]
10. Negativer Feststellungsantrag verbunden mit Rückzahlungsantrag		
a) negativer Feststellungsantrag	§ 35 FamGKG	wie III 9
b) Rückzahlung	§ 35 FamGKG	Für die Rückzahlung gilt der volle Wert
c) Gesamt	§ 33 Abs. 1 S. 1 FamGKG	Beide Werte sind zu addieren, sofern sie nicht denselben Gegenstand betreffen
11. Sicherheitsleistung gem. § 1585 a	§ 42 Abs. 1 FamGKG	Bruchteil der verlangten Sicherheit, idR 50 %, also bei dem Höchstfall des Jahresbetrags der Bezug von sechs Monaten[325]
12. Nachforderungsantrag nach § 324 ZPO[326]	§ 42 Abs. 1 FamGKG	Bruchteil der Nachforderung
13. Zahlung und Sicherheitsleistung gem. § 1585 a	§§ 33, 42 Abs. 1, 35, 51 FamGKG	Die Werte von Zahlung und Sicherheit werden addiert[327]
14. Vollstreckungsabwehrantrag		
a) fällige Beträge	§ 35 FamGKG	voller Wert
b) wiederkehrende Leistungen		
aa) zukünftige Beträge	§§ 35, 52 Abs. 1 FamGKG	Betrag der auf die Einreichung des Antrags folgenden zwölf Monate, sofern der Zeitraum, für den Unterhalt abgewehrt werden soll, nicht geringer ist
bb) zukünftige und fällige Beträge	§§ 35, 52 Abs. 1, 2 FamGKG	Die bei Einreichung fälligen Beträge[328] werden dem Wert der zukünftigen Beträge (siehe aa)) hinzugerechnet[329]

---

324 OLG Köln FamRZ 2001, 1385.
325 Schneider/Wolf/Schneider FamGKG § 51 Rn. 153.
326 Das Verfahren nach § 324 ZPO ist versehentlich nicht mit in das FamFG übernommen worden.
327 Kindermann Rn. 182.
328 Wird Verfahrenskostenhilfe beantragt, zählt bereits der Tag der Einreichung des Verfahrenskostenhilfeantrags (§ 51 Abs. 2 S. 2 FamGKG), sofern alsbald über den Verfahrenskostenhilfeantrag entschieden wird.
329 OLG München OLGReport 1994, 23.

Gegenstand	Vorschrift	Bemessung
15. Vollstreckungsabwehran-trag gegen Trennungsunter-haltstitel nach Rechtskraft der Scheidung	§ 42 Abs. 1 FamGKG	Beseitigungsinteresse[330]
16. Rückzahlungsantrag	§ 35 FamGKG	geforderter Betrag
17. Vollstreckungsabwehran-trag mit Rückzahlungsan-trag	§ 35 FamGKG	Vollstreckungsabwehrantrag wie oben Nr. 14 Rückzahlungsantrag wie Nr. 16 Keine Addition, soweit beide Anträge dieselben Unterhaltsbe-träge betreffen, da wirtschaftli-che Identität
18. Umwandlung von stati-schem Titel in dynamischen Titel	§ 42 Abs. 1 FamGKG	15 % der in zwölf Monaten ab Antragseinreichung anfallenden Unterhaltsbeträge[331]
19. Beschwerde		
a) fällige Beträge	§ 40 Abs. 1 S. 1 FamGKG	Wert der angefochtenen Ver-pflichtung
	§ 40 Abs. 1 S. 2 FamGKG	mangels Antrag Wert der Be-schwer
b) Wiederkehrende Leistungen		
aa) fällige Beträge	§ 40 Abs. 1 S. 1 FamGKG	Wert der angefochtenen Ver-pflichtung
bb) zukünftige Beträge	§§ 40 Abs. 1 S. 1, 51 Abs. 1 FamGKG	Betrag der auf die Einreichung der erstinstanzlichen Antrags-einreichung[332] folgenden ersten zwölf angefochtenen Monate[333]
	§ 40 Abs. 1 S. 1 FamGKG	höchstens Wert der ersten In-stanz[334]
cc) fällige und zukünftige Beträge	§§ 40 Abs. 1 S. 1, 35, 51 Abs. 1, 2 FamGKG	Die Werte der fälligen Beträge (aa)) und der zukünftigen Beträ-ge (bb)) werden zusammenge-rechnet

---

330 OLG Koblenz JurBüro 1987, 108 (ein Drittel der Hauptforderung); ebenso Kinder-mann Rn. 173.

331 OLG Hamm AGS 2015, 40 = FamRZ 2015, 954 = NZFam 2015, 40; OLG Branden-burg 12.9.2016 – 13 WF 214/16.

332 Wird Verfahrenskostenhilfe beantragt, zählt bereits der Tag der Einreichung des Verfah-renskostenhilfeantrags (§ 51 Abs. 2 S. 2 FamGKG), wenn der Hauptsacheantrag alsbald nach Mitteilung der Entscheidung über den Antrag oder über eine alsbald eingelegte Beschwerde eingereicht wird.

333 Wird die Verurteilung für die Zeit der ersten zwölf Monate nach Antragseinreichung nicht oder nur teilweise mit der Beschwerde angefochten, so ist auf den streitigen Wert für die ersten zwölf im Beschwerdeverfahren noch im Streit befindlichen Monate abzu-stellen (siehe OLG Stuttgart AGS 2008, 192 = OLGReport 2008, 148 = FamRZ 2008, 1205; OLG Oldenburg AGS 2009, 83 = OLGReport 2008, 955 = FamRZ 2009, 73).

334 BGH AGS 2004, 76 mAnm N. Schneider.

N. Schneider

Gegenstand	Vorschrift	Bemessung
	§ 40 Abs. 1 S. 2 FamGKG	mangels Antrag Wert der Beschwer
20. Wechselseitige Beschwerden	§ 39 Abs. 2 FamGKG	Die Werte wechselseitiger Beschwerden sind zu addieren.
21. Rechtsbeschwerde		
a) fällige Beträge	§ 40 Abs. 1 S. 1 FamGKG	Wert der angefochtenen Verpflichtung
	§ 40 Abs. 1 S. 2 FamGKG	mangels Antrag Wert der Beschwer
b) Wiederkehrende Leistungen		
aa) fällige Beträge	§ 40 Abs. 1 S. 1 FamGKG	Wert der angefochtenen Verurteilung
bb) zukünftige Beträge	§§ 40 Abs. 1 S. 1, 51 Abs. 1 FamGKG	Betrag der auf die Einreichung der erstinstanzlichen Antragseinreichung[335] folgenden ersten zwölf angefochtenen Monate[336]
	§ 40 Abs. 1 S. 1 FamGKG	höchstens Wert der ersten Instanz[337]
cc) fällige und zukünftige Beträge	§§ 40 Abs. 1 S. 1, 35, 51 Abs. 1, 2 FamGKG	Die Werte der fälligen Beträge (aa)) und der zukünftigen Beträge (bb)) werden zusammengerechnet
	§ 40 Abs. 1 S. 2 FamGKG	mangels Antrag Wert der Beschwer
22. Zulassung der Sprungrechtsbeschwerde	§ 40 Abs. 3 FamGKG	Wert der zuzulassenden Sprungrevision
23. Einigung über nichtanhängige Unterhaltsforderungen	§§ 35, 51 FamGKG	Beträge der auf die Einigung folgenden zwölf Monate, sofern der Zeitraum, für den Unterhalt verlangt wird, nicht geringer ist
		Bei Einigung fällige Beträge werden hinzugerechnet[338]

---

335 Wird Verfahrenskostenhilfe beantragt, zählt bereits der Tag der Einreichung des Verfahrenskostenhilfeantrags (§ 51 Abs. 2 S. 2 FamGKG), wenn der Hauptsacheantrag alsbald nach Mitteilung der Entscheidung über den Antrag oder über eine alsbald eingelegte Beschwerde eingereicht wird.

336 Wird die Verurteilung für die Zeit der ersten zwölf Monate nach Antragseinreichung nicht oder nur teilweise mit der Beschwerde angefochten, so ist auf den streitigen Wert für die ersten zwölf im Beschwerdeverfahren noch im Streit befindlichen Monate abzustellen (siehe OLG Stuttgart AGS 2008, 192 = OLGReport 2008, 148 = FamRZ 2008, 1205; OLG Oldenburg AGS 2009, 83 = OLGReport 2008, 955 = FamRZ 2009, 73).

337 BGH AGS 2004, 76 mAnm N. Schneider.

338 Bei Einbeziehung nicht anhängiger Unterhaltsforderungen gibt es keine Antragseinreichung, so dass alle fälligen Beträge bis zur Einigung nach § 51 Abs. 2 S. 2 FamGKG zu berücksichtigen sind: N. Schneider AGS 2004, 58.

N. Schneider

Gegenstand	Vorschrift	Bemessung
24. Unterhaltsverzicht		Umstände des Einzelfalls, insbesondere die Höhe zukünftiger möglicher Ansprüche[339]
25. Anfechtungsklage vor dem Verwaltungsgericht gegen die Überleitung von Unterhaltsansprüchen		
a) Höhe der übergeleiteten Ansprüche steht fest	§ 52 GKG iVm dem Streitwertkatalog der Verwaltungsgerichtsbarkeit. Einschlägig ist Nr. 21.3 (Kinder- und Jugendhilferecht – Überleitung von Ansprüchen)	Höhe der übergeleiteten Forderungen[340]
		höchstens Jahresbetrag[341]
		Eine Hinzurechnung fälliger Beträge ist nicht vorgesehen[342]
b) Höhe der übergeleiteten Ansprüche ist nicht bekannt	§ 52 Abs. 2 GKG	Regelwert 5.000 EUR

IV. Verbundverfahren (§ 137 FamFG)[343]

616

Gegenstand	Vorschrift	Bemessung
1. Ehesache (§ 121 FamFG)	§ 43 Abs. 1 FamGKG	Siehe II 4
2. Versorgungsausgleichssachen (§ 217 FamFG)	§ 50 Abs. 1 S. 1 FamGKG	je Anrecht 10 % des Drei-Monats-Nettoeinkommens beider Ehegatten
		Auch Anrechte, die nicht ausgeglichen werden, sind zu bewerten[344]
		Ost- und Westanwartschaften sind gesondert zu bewerten[345]

---

339 OLG Dresden FamRZ 1999, 1290 = MDR 1999, 1201 = OLGReport 1999, 284; aA OLG Düsseldorf JurBüro 1992, 52: regelmäßig Jahresbetrag.
340 BVerwG NVwZ-RR 1998, 142 = DVBl 1997, 1448 = FamRZ 1998, 108.
341 BVerwG NVwZ-RR 1998, 142 = DVBl 1997, 1448 = FamRZ 1998, 108.
342 BVerwG NVwZ-RR 1998, 142 = DVBl 1997, 1448 = FamRZ 1998, 108.
343 Die Werte von Ehe- und Folgesachen werden zusammengerechnet (§ 44 Abs. 2 FamGKG).
344 OLG Stuttgart AGS 2010, 620 = NJW 2011, 540 = FamRZ 2011, 994.
345 OLG Jena AGS 2010, 352 mAnm Thiel; OLG Nürnberg AGS 2010, 401 mAnm N. Schneider; OLG Dresden NJW 2010, 3309 = FamRZ 2010, 1804 = FamRB 2010, 300; AG Ludwigslust AGS 2010, 357 mAnm Thiel; OLG Nürnberg NJW 2011, 620 = FamRZ 2011, 641; OLG Stuttgart AGS 2010, 399; aA AG Erfurt AGS 2010, 403.

Gegenstand	Vorschrift	Bemessung
		Kinderfreibeträge sind nicht abzuziehen[346]
	§ 50 Abs. 1 S. 2 FamGKG	Mindestwert 1.000 EUR
	§ 50 Abs. 3 FamGKG	Der Wert kann herauf- oder herabgesetzt werden, wenn er nach den Umständen des Einzelfalls unbillig wäre
3. Ehewohnungssachen (§ 200 Abs. 1 FamFG)	§ 48 Abs. 1 FamGKG	Regelwert 4.000 EUR
	§ 48 Abs. 2 FamGKG	Der Wert kann herauf- oder herabgesetzt werden, wenn er nach den Umständen des Einzelfalls unbillig wäre
4. Elterliche Sorge (§ 151 Nr. 1 FamFG)	§ 44 Abs. 2 S. 1 Hs. 1 FamGKG	Regelwert 20 % der Ehesache
	§ 44 Abs. 2 S. 1 Hs. 2 FamGKG	Sind mehrere Kinder betroffen, gelten sie als ein Gegenstand und rechtfertigen grundsätzlich keine Erhöhung des Verfahrenswertes
	§ 44 Abs. 2 S. 1 Hs. 1 FamGKG	Höchstwert 3.000 EUR
	§ 44 Abs. 3 FamGKG	Die Werte können herauf- oder herabgesetzt werden, wenn sie nach den Umständen des Einzelfalls unbillig wären
5. Haushaltssachen (§ 200 Abs. 2 FamFG)	§ 48 Abs. 2 FamGKG	Regelwert 3.000 EUR
	§ 48 Abs. 3 FamGKG	Der Wert kann herauf- oder herabgesetzt werden, wenn er nach den Umständen des Einzelfalls unbillig wäre
6. Kindesherausgabe (§ 151 Nr. 3 FamFG)	§ 44 Abs. 2 S. 1 Hs. 1 FamGKG	Regelwert 20 % der Ehesache
	§ 44 Abs. 1 S. 1 Hs. 2 FamGKG	Sind mehrere Kinder betroffen, gelten sie als ein Gegenstand und rechtfertigen grundsätzlich keine Erhöhung des Verfahrenswertes.
	§ 44 Abs. 2 S. 1 FamGKG	Höchstwert 3.000 EUR

---

346 OLG Stuttgart AGS 2010, 399 mAnm Thiel = NJW-RR 2010, 1376 = FamRZ 2010, 2098 = FPR 2010, 359; OLG Stuttgart AGS 2010, 265 = NJW 2010, 2221; OLG Koblenz AGS 2011, 392 mAnm Thiel = JurBüro 2011, 305 = NJW-Spezial 2011, 445; AG Ludwigslust AGS 2010, 350.

Gegenstand	Vorschrift	Bemessung
	§ 44 Abs. 3 FamGKG	Die Werte können herauf- oder herabgesetzt werden, wenn sie nach den Umständen des Einzelfalls unbillig wären
7. Umgangsrecht (§ 151 Nr. 2 FamFG)	§ 44 Abs. 2 S. 1 Hs. 1 FamGKG	Regelwert 20 % der Ehesache
	§ 44 Abs. 1 S. 1 Hs. 2 FamGKG	Sind mehrere Kinder betroffen, gelten sie als ein Gegenstand und rechtfertigen grundsätzlich keine Erhöhung des Verfahrenswertes
	§ 44 Abs. 2 S. 1 FamGKG	Höchstwert 3.000 EUR
	§ 44 Abs. 3 FamGKG	Die Werte können herauf- oder herabgesetzt werden, wenn sie nach den Umständen des Einzelfalls unbillig wären
8. Unterhaltssachen		
a) nachehelicher Ehegattenunterhalt	§§ 35, 51 Abs. 1 FamGKG	Wert der für die ersten zwölf Monate nach Rechtskraft der Scheidung geforderten Beträge[347]
b) Kindesunterhalt	§§ 35, 51 Abs. 1 S. 1, 2 FamGKG	Wert der für die ersten zwölf Monate nach Scheidung geforderten Beträge[348]
	§§ 35, 51 Abs. 1 S. 2, 2 FamGKG	Zwölffacher Monatsbetrag des zum Zeitpunkt der Einreichung des Antrags geltenden Mindestunterhalts nach der zu diesem Zeitpunkt maßgebenden Altersstufe,[349] es sei denn, der verlangte Betrag ist geringer
c) Stufenantrag auf Auskunft, gegebenenfalls eidesstattliche Versicherung und Zahlung	§ 38 FamGKG	**Auskunft:** Bruchteil des erwarteten Anspruchs (s. III 5 a)) **Eidesstattliche Versicherung:** Bruchteil des Auskunftsanspruchs (s. III 5 b) **Zahlung:** (s. o. a)) insgesamt gilt aber nur der höhere Wert

347 Fällige Beträge kommen im Verbund nicht in Betracht.
348 Fällige Beträge kommen im Verbund nicht in Betracht.
349 Das anzurechnende Kindergeld ist abzuziehen, OLG Celle AGS 2011, 301 = FamFR 2011, 254 = NJW-Spezial 2011, 476; OLG München AGS 2005, 165 = FamRZ 2005, 1766 = FamRB 2005, 106; OLG Köln FamRZ 2002, 684 = JAmt 2002, 272 (unter Aufgabe seiner früheren gegenteiligen Rspr. AGS 2002, 178 = FamRZ 2001, 778, 1384 = OLGReport 2001, 224); AG Groß-Gerau FamRZ 2001, 432.

Gegenstand	Vorschrift	Bemessung
9. Zugewinn		
a) Zahlung	§ 35 FamGKG	verlangter Betrag
b) Zahlung, Antrag und Widerantrag	§§ 35, 39 Abs. 1 S. 1 FamGKG	Die Werte von Antrag- und Widerantrag werden zusammengerechnet (s. o. II 22 c)
c) Stufenantrag auf Auskunft, gegebenenfalls eidesstattliche Versicherung und Zahlung	§ 38 FamGKG	**Auskunft:** Bruchteil des erwarteten Anspruchs (s. o. II 22 f)) **Eidesstattliche Versicherung:** Bruchteil des Auskunftsanspruchs (s. o. II 22 i) bb)) **Zahlung:** (s. o. a)) insgesamt gilt aber nur der höhere Wert
d) Zahlungs- und Stundungsantrag nach § 1382 Abs. 1	§§ 52, 35, 42 Abs. 1 FamGKG	Dem Wert des Stundungsantrags (siehe II 22 k) wird der Wert des Zahlungsantrags (siehe a)) hinzugerechnet, soweit darüber entschieden wird
e) Zahlungsantrag und Antrag auf Übertragung bestimmter Gegenstände nach § 1383 Abs. 1	§§ 52, 35, 42 Abs. 1 FamGKG	Dem Wert des Zuweisungsantrags (siehe II 22 o) wird der Wert des Zahlungsantrags (§ 35 FamGKG) hinzugerechnet, soweit darüber entschieden wird

V. Einstweilige Anordnungsverfahren (§§ 49 ff. FamFG)

Gegenstand	Vorschrift	Bemessung
1. Ehewohnungssachen (§ 200 Abs. 1 FamFG)		
a) Überlassung nach § 1568 a	§§ 48 Abs. 1, 41 FamGKG	Auszugehen ist vom Hauptsacheregelwert iHv 4.000 EUR. Bei geringerer Bedeutung ist dieser Wert zu ermäßigen, mangels konkreter Umstände auf die Hälfte, also auf 2.000 EUR.
b) Überlassung nach § 1361 b	§§ 48 Abs. 1, 41 FamGKG	Auszugehen ist vom Hauptsacheregelwert iHv 3.000 EUR. Bei geringerer Bedeutung ist dieser Wert zu ermäßigen, mangels konkreter Umstände auf die Hälfte, also auf 1.500 EUR.
c) Ausgleichszahlung (Nutzungsentschädigung) nach § 1361 b Abs. 3 S. 2	§§ 48 Abs. 1, 41 FamGKG	Auszugehen ist vom Hauptsacheregelwert iHv 4.000 EUR oder 3.000 EUR. Bei geringerer Bedeutung ist dieser Wert zu ermäßigen, mangels konkreter Umstände auf die Hälfte, also auf 2.000 EUR oder 1.500 EUR.

Gegenstand	Vorschrift	Bemessung
2. Elterliche Sorge	§§ 45, 41 FamGKG	Auszugehen ist vom Hauptsacheregelwert iHv 3.000 EUR. Bei geringerer Bedeutung ist dieser Wert zu ermäßigen, mangels konkreter Umstände auf die Hälfte, also auf 1.500 EUR.
3. Gewaltschutzsachen (§§ 210 ff. FamFG)		
a) Verfahren über Maßnahmen nach § 1 GewSchG	§§ 49, 41 FamGKG	Auszugehen ist vom Hauptsacheregelwert iHv 2.000 EUR. Bei geringerer Bedeutung ist dieser Wert zu ermäßigen,[350] mangels konkreter Umstände auf die Hälfte, also auf 1.000 EUR.
b) Ansprüche nach § 2 GewSchG	§§ 49, 41 FamGKG	Auszugehen ist vom Hauptsacheregelwert iHv 3.000 EUR. Bei geringerer Bedeutung ist dieser Wert zu ermäßigen,[351] mangels konkreter Umstände auf die Hälfte, also auf 1.500 EUR.
c) Verfahren nach § 1 und 2 GewSchG	§§ 49, 41 FamGKG	Auszugehen ist vom Hauptsacheregelwert iHv 5.000 EUR.[352] Bei geringerer Bedeutung ist dieser Wert zu ermäßigen,[353] mangels konkreter Umstände auf die Hälfte, also auf 2.500 EUR.

---

350 Da die vom Antragsteller begehrte Schutzwirkung hier regelmäßig bereits durch Erlass und Zustellung der einstweiligen Anordnung erreicht wird, ohne dass für den Antragsteller in der Folge noch die Notwendigkeit besteht, ein Hauptsacheverfahren anhängig zu machen, ist es – vor allem bei massiven Rechtsverletzungen – gerechtfertigt, den Streitwert des einstweiligen Anordnungsverfahrens mit dem der Hauptsache zu bemessen: OLG Düsseldorf AGS 2008, 364 = FamRZ 2008, 1096 = OLGReport 2008, 507; LG Flensburg NJW-RR 2004, 1509 = FPR 2005, 53.

351 Da die vom Antragsteller begehrte Schutzwirkung hier regelmäßig bereits durch Erlass und Zustellung der einstweiligen Anordnung erreicht wird, ohne dass für den Antragsteller in der Folge noch die Notwendigkeit besteht, ein Hauptsacheverfahren anhängig zu machen, ist es – vor allem bei massiven Rechtsverletzungen – gerechtfertigt, den Streitwert des einstweiligen Anordnungsverfahrens mit dem der Hauptsache zu bemessen: OLG Düsseldorf AGS 2008, 364 = FamRZ 2008, 1096 = OLGReport 2008, 507; LG Flensburg NJW-RR 2004, 1509 = FPR 2005, 53.

352 AG Bergen AGS 2014, 418; OLG Frankfurt/M. AGS 2014, 522 = NZFam 2015, 84 = FF 2015, 130 = FamRB 2015, 183.

353 Da die vom Antragsteller begehrte Schutzwirkung hier regelmäßig bereits durch Erlass und Zustellung der einstweiligen Anordnung erreicht wird, ohne dass für den Antragsteller in der Folge noch die Notwendigkeit besteht, ein Hauptsacheverfahren anhängig zu machen, ist es – vor allem bei massiven Rechtsverletzungen – gerechtfertigt, den Streitwert des einstweiligen Anordnungsverfahrens mit dem der Hauptsache zu bemessen: OLG Düsseldorf AGS 2008, 364 = FamRZ 2008, 1096 = OLGReport 2008, 507; LG Flensburg NJW-RR 2004, 1509 = FPR 2005, 53.

N. Schneider

Gegenstand	Vorschrift	Bemessung
4. Haushaltssachen		
a) Überlassung nach § 1568 b	§§ 48 Abs. 2, 41 FamGKG	Auszugehen ist vom Hauptsacheregelwert iHv 2.000 EUR. Bei geringerer Bedeutung ist dieser Wert zu ermäßigen, mangels konkreter Umstände auf die Hälfte, also auf 1.000 EUR.
b) Überlassung nach § 1361 a	§§ 48 Abs. 2, 41 FamGKG	Auszugehen ist vom Hauptsacheregelwert iHv 3.000 EUR. Bei geringerer Bedeutung ist dieser Wert zu ermäßigen, mangels konkreter Umstände auf die Hälfte, also auf 1.500 EUR.
c) Ausgleichszahlung (Nutzungsentschädigung nach § 1361 b Abs. 3 S. 2)	§§ 48 Abs. 2, 41 FamGKG	Auszugehen ist vom Hauptsacheregelwert iHv 2.000 EUR oder 3.000 EUR. Bei geringerer Bedeutung ist dieser Wert zu ermäßigen, mangels konkreter Umstände auf die Hälfte, also auf 1.000 EUR oder 1.500 EUR.
5. Kindesherausgabe	§§ 45, 41 FamGKG	Auszugehen ist vom Hauptsacheregelwert iHv 3.000 EUR. Bei geringerer Bedeutung ist dieser Wert zu ermäßigen, mangels konkreter Umstände auf die Hälfte, also auf 1.500 EUR.
6. Kostenvorschuss für ein gerichtliches Verfahren	§§ 35, 41 FamGKG	Voller Wert, da vollständige Vorwegnahme der Hauptsache
7. Umgangsrecht	§§ 45, 41 FamGKG	Auszugehen ist vom Hauptsacheregelwert iHv 3.000 EUR. Bei geringerer Bedeutung ist dieser Wert zu ermäßigen, mangels konkreter Umstände auf die Hälfte, also auf 1.500 EUR.
8. Unterhalt	§§ 51, 41 FamGKG	Auszugehen ist vom Hauptsachewert nach § 51 Abs. 1 u. 2 FamGKG einschließlich der fälligen Beträge. Bei geringerer Bedeutung ist dieser Wert zu ermäßigen,[354] mangels konkreter Umstände auf die Hälfte.

---

354 Jedenfalls bei isolierten einstweiligen Anordnungen wird idR keine geringere Bedeutung gegeben sein, so dass in diesen Fällen auf den vollen Hauptsachewert abzustellen ist (OLG Düsseldorf AGS 2010, 105 = NJW 2010, 1385 = JurBüro 2010, 305 = NJW-Spezial 2010, 220; AG Lahnstein AGS 2010, 264 = NJW-Spezial 2010, 412; Schneider/ Wolf/Fölsch FamGKG § 41 Rn. 14).

Gegenstand	Vorschrift	Bemessung
9. Versorgungsausgleich	§§ 41, 50 FamGKG	Auszugehen ist vom Hauptsachewert nach § 50 FamGKG. Bei geringerer Bedeutung ist dieser Wert zu ermäßigen, mangels konkreter Umstände auf die Hälfte.
10. Zugewinn	§§ 41, 35, 42 FamGKG	Auszugehen ist vom Hauptsachewert nach § 50 FamGKG. Bei geringerer Bedeutung ist dieser Wert zu ermäßigen, mangels konkreter Umstände auf die Hälfte.
11. Sonstiges	§§ 41, 35, 42 FamGKG	Auszugehen ist vom Hauptsachewert. Bei geringerer Bedeutung ist dieser Wert zu ermäßigen, mangels konkreter Umstände auf die Hälfte.

VI. Außergerichtliche Tätigkeiten

618

Gegenstand	Vorschrift	Bemessung
1. Gegenstand kann Gegenstand eines gerichtlichen Verfahrens sein	§ 23 Abs. 1 S. 3 iVm S. 1 u. 2 RVG	Die Werte für gerichtliche Verfahren gelten entsprechend (siehe I.)
		Wird außergerichtlich Unterhalt als wiederkehrende Leistung geltend gemacht, gelten alle bis zur Erledigung fällig geworden Unterhaltsbeträge[355]
2. Gegenstand kann nicht Gegenstand eines gerichtlichen Verfahrens sein		
a) Bestimmte Vorschriften des GNotKG gelten entsprechend	§ 23 Abs. 3 S. 1 RVG	
aa) Grundsatz	§ 36 Abs. 1 GNotKG	Hauptgegenstand des Geschäfts[356]
bb) Austauschverträge	§ 97 GNotKG	Wert der Leistungen eines Vertragspartners und, wenn der Wert der Leistungen verschieden ist, der höhere

---

355 N. Schneider AGS 2004, 58; siehe auch zur vergleichbaren Rechtslage bei Schadensersatzrenten: OLG Nürnberg AGS 2002, 232.

356 Früchte, Nutzungen, Zinsen, Vertragsstrafen und Kosten werden nur berücksichtigt, wenn sie Gegenstand eines besonderen Geschäfts sind (§ 37 GNotKG).

N. Schneider

Gegenstand	Vorschrift	Bemessung
cc) Miet- und Pachtrechte	§ 99 Abs. 1 GNotKG	Wert aller Leistungen des Mieters oder Pächters während der ganzen Vertragszeit[357]
dd) Dienstverträge	§ 99 Abs. 2 GNotKG	Wert aller Bezüge des zur Dienstleistung Verpflichteten während der ganzen Vertragszeit, höchstens jedoch nach dem dreifachen Jahresbetrag der Bezüge
ee) wiederkehrende Nutzungen oder Leistungen	§ 52 GNotKG	
ff) Güterrechtliche Angelegenheiten	§ 100 GNotKG	zusammengerechneter Wert der gegenwärtigen Vermögen beider Ehegatten
		Wert des gegenwärtigen Vermögens eines Ehegatten, wenn der Ehevertrag nur das Vermögen dieses Ehegatten betrifft
		Betrifft der Ehevertrag nur bestimmte Gegenstände, so ist deren Wert maßgebend
		Bei der Ermittlung des Vermögens werden die Schulden abgezogen
gg) Erbrechtliche Angelegenheiten	§ 101 GNotKG	Wert des nach Abzug der Verbindlichkeiten verbleibenden reinen Vermögens oder der Wert des entsprechenden Bruchteils des reinen Vermögens[358]
b) Die in § 23 Abs. 3 S. 1 RVG genannten Vorschriften sind nicht einschlägig	§ 23 Abs. 3 S. 1 RVG	
aa) Vermögensrechtliche Angelegenheit		
■ für Ermessensausübung sind Anhaltspunkte gegeben	§ 23 Abs. 3 S. 2 Hs. 1 RVG	Bestimmung nach billigem Ermessen
■ für eine Ermessensausübung liegen keine Anhaltspunkte vor	§ 23 Abs. 3 S. 2 Hs. 2 RVG	Regelwert iHv 4.000 EUR

---

357 Bei Miet- oder Pachtrechten von unbestimmter Vertragsdauer ist der Wert von fünf Jahren maßgebend; ist jedoch die Auflösung des Vertrags erst nach einem längeren Zeitraum zulässig, so ist dieser maßgebend. In keinem Fall darf der Wert den fünfundzwanzigfachen Betrag der einjährigen Leistung übersteigen.

358 Vermächtnisse, Pflichtteilsrechte und Auflagen werden nicht abgezogen (§ 46 Abs. 4 S. 2 KostO).

Gegenstand	Vorschrift	Bemessung
		Der Regelwert kann herauf- oder herabgesetzt werden. Er darf jedoch den Betrag iHv 500.000 EUR nicht übersteigen.
bb) nichtvermögensrechtliche Angelegenheit	§ 23 Abs. 3 S. 2 Hs. 2 aE RVG	Regelwert iHv 4.000 EUR
		Der Regelwert kann herauf- oder herabgesetzt werden
		Höchstwert 500.000 EUR

M. Übersicht: Gebühren und Auslagen in Familiensachen

619

Angelegenheit	Gebührentatbestand	Gebührensatz
I. Beratung[359]	Gebührenvereinbarung	§ 34 Abs. 1 S. 1 RVG
	ansonsten BGB[360]	§§ 675, 612
II. Gutachten	Gebührenvereinbarung	§ 34 Abs. 1 S. 1 RVG
	ansonsten BGB[361]	§§ 675, 612
III. Mediation	Gebührenvereinbarung	§ 34 Abs. 1 S. 1 RVG
	ansonsten BGB	§§ 675, 612
IV. Prüfung der Erfolgsaussicht eines Rechtsmittels		
1. Prüfung[362]		
a) Gebührenrahmen	Nr. 2100 RVG-VV	0,5–1,0
b) Mittelgebühr		0,75
2. Prüfung mit Gutachten[363]	Nrn. 2100, 2101 RVG-VV	1,3
V. Außergerichtliche Vertretung		
1. Geschäftsgebühr[364]		
a) Geschäftsgebühr	Nr. 2300 RVG-VV	0,5–2,5
b) Mittelgebühr		1,5

---

359 In voller Höhe anzurechnen auf die Gebühren einer nachfolgenden Angelegenheit, sofern nichts anderes vereinbart (§ 34 Abs. 2 RVG).

360 Bei einem Verbraucher nicht mehr als 250 EUR und im Falle eines ersten Beratungsgesprächs nicht mehr als 190 EUR (§ 34 Abs. 1 S. 2 RVG).

361 Bei einem Verbraucher nicht mehr als 250 EUR (§ 34 Abs. 1 S. 2 RVG).

362 In voller Höhe anzurechnen auf die Verfahrensgebühr des nachfolgenden Rechtsmittelverfahrens.

363 In voller Höhe anzurechnen auf die Verfahrensgebühr des nachfolgenden Rechtsmittelverfahrens.

364 Zur Hälfte anzurechnen auf eine Verfahrensgebühr nach Teil 3 RVG-VV, höchstens zu 0,75.

N. Schneider

Angelegenheit	Gebührentatbestand	Gebührensatz
c) Schwellengebühr	Anm. zu Nr. 2300 RVG-VV	max. 1,3
d) Schreiben einfacher Art	Nr. 2302 RVG-VV	0,3
2. Einigungsgebühr	Nr. 1000 RVG-VV	1,5
3. Aussöhnungsgebühr	Nr. 1001 RVG-VV	1,5
VI. Beratungshilfe		
1. Beratungshilfegebühr[365]	Nr. 2500 RVG-VV	12,60 EUR[366]
2. Beratungsgebühr	Nr. 2501 RVG-VV	35 EUR[367]
3. Geschäftsgebühr	Nr. 2503 RVG-VV	85 EUR[368]
4. Einigungsgebühr	Nr. 2508 RVG-VV	150 EUR
5. Aussöhnungsgebühr	analog Nr. 2508 RVG-VV[369]	150 EUR
VII. Isolierte Verfahren		
1. Erste Instanz		
a) Verfahrensgebühr	Nr. 3100 RVG-VV	1,3
b) ermäßigte Verfahrensgebühr	Nrn. 3100, 3101 RVG-VV	0,8
c) Terminsgebühr	Nr. 3104 RVG-VV	1,2
d) ermäßigte Terminsgebühr[370]	Nrn. 3104, 3105 RVG-VV	0,5
e) Einigungsgebühr[371]	Nrn. 1000, 1003 RVG-VV	1,0
f) Aussöhnungsgebühr	Nrn. 1001, 1003 RVG-VV	1,0
2. Beschwerde gegen Hauptsacheendentscheidung		
a) Verfahrensgebühr	Vorbem. 3.2.1 Abs. 1 Nr. 2 Buchst. b, Nr. 3200 RVG-VV	1,6

---

365 Bei mehreren Auftraggebern je Auftraggeber (→ Rn. 84).
366 Netto; die im Gesetz aufgeführten 15 EUR beinhalten bereits die Umsatzsteuer (→ Rn. 84).
367 Erhöhung nach Nr. 1008 RVG-VV um 30 % je weiterer Auftraggeber auch bei verschiedenen Gegenständen (str., → Rn. 86).
368 Erhöhung nach Nr. 1008 RVG-VV um 30 % je weiterer Auftraggeber auch bei verschiedenen Gegenständen (→ Rn. 86).
369 Str., → Rn. 89.
370 Nur in Familienstreitsachen möglich und in der Ehesache bei Säumnis des Antragstellers.
371 Zur Einigung auch über weitergehende Gegenstände s. XV.

Angelegenheit	Gebührentatbestand	Gebührensatz
b) ermäßigte Verfahrensgebühr	Vorbem. 3.2.1 Abs. 1 Nr. 2 Buchst. b, Nrn. 3200, 3201 RVG-VV	1,1
c) Terminsgebühr	Vorbem. 3.2.1 Abs. 1 Nr. 2 Buchst. b, Nr. 3202 RVG-VV	1,2
d) ermäßigte Terminsgebühr[372]	Vorbem. 3.2.1 Abs. 1 Nr. 2 Buchst. b, Nrn. 3202, 3203 RVG-VV	0,5
e) Einigungsgebühr[373]	Nr. 1000, Anm. Abs. 1 zu Nr. 1004 RVG-VV	1,3
f) Aussöhnungsgebühr	Nr. 1001, Anm. Abs. 1 zu Nr. 1004 RVG-VV	1,3
3. Rechtsbeschwerde gegen eine Hauptsacheendentscheidung[374]		
a) Verfahrensgebühr	Vorbem. 3.2.2 Abs. 1 Nr. 1 Buchst. b, Nrn. 3206, 3208 RVG-VV	2,3
b) ermäßigte Verfahrensgebühr	Vorbem. 3.2.2 Abs. 1 Nr. 1 Buchst. b, Nrn. 3206, 3207, 3209 RVG-VV	1,8
c) Terminsgebühr	Vorbem. 3.2.2 Abs. 1 Nr. 1 Buchst. b, Nr. 3210 RVG-VV	1,5

372 Nur in Familienstreitsachen möglich und in der Ehesache bei Säumnis des Antragstellers.
373 Zur Einigung auch über weitergehende Gegenstände s. XV.
374 Die Beteiligten können sich nur durch einen am Bundesgerichtshof zugelassenen Anwalt vertreten lassen (§ 78 Abs. 1 S. 3 ZPO).

Angelegenheit	Gebührentatbestand	Gebührensatz
d) ermäßigte Terminsgebühr[375]	Vorbem. 3.2.2 Abs. 1 Nr. 1 Buchst. b, Nrn. 3210, 3211 RVG-VV	0,8
e) Einigungsgebühr[376]	Nr. 1000, Anm. Abs. 1 zu Nr. 1004 RVG-VV	1,3
f) Aussöhnungsgebühr	Nr. 1001, Anm. Abs. 1 zu Nr. 1004 RVG-VV	1,3
VIII. Besondere Verfahren		
1. Mahnverfahren		
a) Verfahrensgebühr Antragsteller	Nr. 3305 RVG-VV	1,0[377]
b) ermäßigte Verfahrensgebühr Antragsteller	Nrn. 3305, 3306 RVG-VV	0,5
c) Verfahrensgebühr Antragsgegner	Nr. 3307 RVG-VV	0,5[378]
d) Verfahrensgebühr Vollstreckungsbescheid	Nr. 3308 RVG-VV	0,5
e) Terminsgebühr	Vorbem. 3.3.2, Nr. 3104 RVG-VV	1,2
f) Einigungsgebühr[379]	Nrn. 1000, 1003 RVG-VV	1,0
2. Vereinfachtes Festsetzungsverfahren über den Unterhalt Minderjähriger		
a) Verfahrensgebühr	Nr. 3100 RVG-VV	1,3[380]
b) ermäßigte Verfahrensgebühr	Nrn. 3100, 3101 RVG-VV	0,8
c) Terminsgebühr	Nr. 3104 RVG-VV	1,2
d) Einigungsgebühr[381]	Nrn. 1000, 1003 RVG-VV	1,0

---

375 Nur in Familienstreitsachen möglich und in der Ehesache bei Säumnis des Antragstellers.
376 Zur Einigung auch über weitergehende Gegenstände s. XV.
377 Gem. Anm. zu Nr. 3305 RVG-VV anzurechnen auf die Verfahrensgebühr des streitigen Verfahrens.
378 Gem. Anm. zu Nr. 3507 RVG-VV anzurechnen auf die Verfahrensgebühr des streitigen Verfahrens.
379 Zur Einigung auch über weitergehende Gegenstände s. XV.
380 Gem. Anm. Abs. 1 zu Nr. 3100 RVG-VV anzurechnen auf die Verfahrensgebühr des streitigen Verfahrens.
381 Zur Einigung auch über weitergehende Gegenstände s. XV.

Angelegenheit	Gebührentatbestand	Gebührensatz
3. Vermittlungsverfahren nach § 165 FamFG		
a) Verfahrensgebühr	Nr. 3100 RVG-VV	1,3[382]
b) ermäßigte Verfahrensgebühr	Nrn. 3100, 3101 RVG-VV	0,8
c) Terminsgebühr	Nr. 3104 RVG-VV	1,2
d) Einigungsgebühr	Nrn. 1000, 1003 RVG-VV	1,0
IX. Einstweilige Anordnungen		
1. Einstweilige Anordnungen in erster Instanz		
a) Verfahrensgebühr	Nr. 3100 RVG-VV	1,3
b) ermäßigte Verfahrensgebühr	Nrn. 3100, 3101 RVG-VV	0,8
c) Terminsgebühr	Nr. 3104 RVG-VV	1,2
d) ermäßigte Terminsgebühr[383]	Nrn. 3104, 3105 RVG-VV	0,5
e) Einigungsgebühr[384]	Nrn. 1000, 1003 RVG-VV	1,0
2. Einstweilige Anordnungen im Beschwerdeverfahren		
a) Verfahrensgebühr	Vorbem. 3.2 Abs. 2 S. 2, Nr. 3100 RVG-VV	1,3
b) ermäßigte Verfahrensgebühr	Vorbem. 3.2 Abs. 2 S. 2, Nrn. 3100, 3101 RVG-VV	0,8
c) Terminsgebühr	Vorbem. 3.2 Abs. 2 S. 2, Nr. 3104 RVG-VV	1,2
d) ermäßigte Terminsgebühr[385]	Vorbem. 3.2 Abs. 2 S. 2, Nrn. 3104, 3105 RVG-VV	0,5
e) Einigungsgebühr[386]	Nrn. 1000, 1003 RVG-VV	1,0

---

382 Gem. Anm. Abs. 3 zu Nr. 3100 RVG-VV anzurechnen auf die Verfahrensgebühr des streitigen Verfahrens.

383 Nur in Familienstreitsachen möglich und in der Ehesache bei Säumnis des Antragstellers.

384 Zur Einigung auch über weitergehende Gegenstände s. XV.

385 Nur in Familienstreitsachen möglich und in der Ehesache bei Säumnis des Antragstellers.

386 Zur Einigung auch über weitergehende Gegenstände s. XV.

N. Schneider

Angelegenheit	Gebührentatbestand	Gebührensatz
3. Einstweilige Anordnungen im Rechtsbeschwerdeverfahren	wie IX 1	wie IX 1
4. Beschwerden gegen einstweilige Anordnungen		
a) Verfahrensgebühr	Vorbem. 3.2.1 Nr. 2 b, Nr. 3200 RVG-VV	1,6
b) ermäßigte Verfahrensgebühr	Vorbem. 3.2.1 Nr. 2 b, Nrn. 3200, 3201 RVG-VV	1,1
c) Terminsgebühr	Vorbem. 3.2.1 Nr. 2 b, Nr. 3202 RVG-VV	1,2
d) Einigungsgebühr[387]	Nr. 1000, Anm. Abs. 1 zu Nr. 1004 RVG-VV	1,3
X. Verfahrenskostenhilfeverfahren		
1. Verfahrensgebühr[388]	Nr. 3335 RVG-VV	1,0[389]
2. ermäßigte Verfahrensgebühr	Nr. 3337 RVG-VV	0,5[390]
3. Terminsgebühr[391]	Vorbem. 3.3.6, Nr. 3104 RVG-VV	1,2[392]
4. Einigungsgebühr[393]	Nr. 1000 RVG-VV, Anm. zu Nr. 1003 RVG-VV	1,0
5. Aussöhnungsgebühr	Nr. 1001 RVG-VV, Anm. zu Nr. 1003 RVG-VV	1,0
XI. Allgemeine Beschwerdeverfahren		
1. Verfahrensgebühr	Nr. 3500 RVG-VV	0,5
2. Terminsgebühr	Nr. 3513 RVG-VV	0,5
3. Einigungsgebühr[394]	Nrn. 1000, 1003 RVG-VV	1,0

---

387 Zur Einigung auch über weitergehende Gegenstände s. XV.
388 Kommt es nachfolgend zum Verfahren, geht die Gebühr in der Verfahrensgebühr des betreffenden Verfahrens auf (§ 16 Nr. 2 RVG).
389 Jedoch nicht mehr als eine Gebühr, die für die Hauptsache vorgesehen ist.
390 Kommt es nachfolgend zum Verfahren, geht die Gebühr in der Verfahrensgebühr des betreffenden Verfahrens auf (§ 16 Nr. 2 RVG).
391 Kommt es nachfolgend zum Verfahren, geht die Gebühr in der Verfahrensgebühr des betreffenden Verfahrens auf (§ 16 Nr. 2 RVG).
392 Jedoch nicht mehr als eine Gebühr, die für die Hauptsache vorgesehen ist.
393 Zur Einigung auch über weitergehende Gegenstände s. XV.
394 Zur Einigung auch über weitergehende Gegenstände s. XV.

Angelegenheit	Gebührentatbestand	Gebührensatz
XII. Rechtsbeschwerde nach § 574 ZPO[395]		
1. Verfahrensgebühr	Nr. 3502 RVG-VV	1,0
2. ermäßigte Verfahrensgebühr	Nrn. 3502, 3503 RVG-VV	0,5
3. Terminsgebühr	Nr. 3516 RVG-VV	1,2
4. Einigungsgebühr	Nrn. 1000, 1003 RVG-VV	1,0
XIII. Einzeltätigkeiten		
1. Terminsvertreter		
a) Erste Instanz		
aa) Verfahrensgebühr	Nrn. 3401, 3100 RVG-VV	0,65
bb) ermäßigte Verfahrensgebühr	Nrn. 3401, 3405 RVG-VV	0,5
cc) Terminsgebühr	Nrn. 3402, 3104 RVG-VV	1,2
dd) ermäßigte Terminsgebühr[396]	Nrn. 3402, 3105 RVG-VV	0,5
ee) Einigungsgebühr	Nr. 1000, 1003 RVG-VV	1,0
b) Beschwerdeverfahren gegen Endentscheidungen betreffend die Hauptsache		
aa) Verfahrensgebühr	Nrn. 3401, 3200 RVG-VV	0,8
bb) ermäßigte Verfahrensgebühr	Nrn. 3401, 3405 RVG-VV	0,5
cc) Terminsgebühr	Nrn. 3402, 3202 RVG-VV	1,2
dd) ermäßigte Terminsgebühr[397]	Nrn. 3402, 3203 RVG-VV	0,5
ee) Einigungsgebühr[398]	Nr. 1000, Anm. Abs. 1 zu Nr. 1004 RVG-VV	1,3
2. Verkehrsanwalt		
a) Erste Instanz		
aa) Verfahrensgebühr	Nrn. 3400, 3100 RVG-VV	1,0

---

395 Nur möglich in Familienstreitsachen.
396 Nur in ZPO-Verfahren.
397 Nur in Familienstreitsachen möglich.
398 Zur Einigung auch über weitergehende Gegenstände s. XV.

N. Schneider

Angelegenheit	Gebührentatbestand	Gebührensatz
bb) ermäßigte Verfahrensgebühr	Nrn. 3400, 3405 RVG-VV	0,5
cc) Einigungsgebühr	Nrn. 1000, 1003 RVG-VV	1,0
b) Beschwerdeverfahren gegen Endentscheidungen betreffend die Hauptsache		
aa) Verfahrensgebühr	Nrn. 3400, 3200 RVG-VV	1,0
bb) ermäßigte Verfahrensgebühr	Nrn. 3400, 3405 RVG-VV	0,5
cc) Einigungsgebühr	Nrn. 1000, Anm. Abs. 1 zu Nr. 1004 RVG-VV	1,3
c) Rechtsbeschwerdeverfahren		
aa) Verfahrensgebühr	Nrn. 3400, 3206 RVG-VV	1,0
bb) ermäßigte Verfahrensgebühr	Nrn. 3400, 3405 RVG-VV	0,5
cc) Einigungsgebühr[399]	Nrn. 1000, Anm. Abs. 1 zu Nr. 1004 RVG-VV	1,3
3. Sonstige Einzeltätigkeiten, insbes. Protokollierung einer Einigung oder Erklärung eines Rechtsmittelverzichts (Fluranwalt)		
a) Verfahrensgebühr	Nr. 3403 RVG-VV	0,8
b) ermäßigte Verfahrensgebühr	Nrn. 3403, 3405 RVG-VV	0,5
c) Schreiben einfacher Art	Nrn. 3403, 3404 RVG-VV	0,3
d) Einigungsgebühr[400]	Nrn. 1000, 1003 RVG-VV	1,0
XIV. Vollstreckung und Vollziehung		
Zwangsvollstreckung		
1. Verfahrensgebühr	Nr. 3309 RVG-VV	0,3
2. Terminsgebühr	Nr. 3310 RVG-VV	0,3

---

399 Zur Einigung auch über weitergehende Gegenstände s. XV.
400 Zur Einigung auch über weitergehende Gegenstände s. XV.

Angelegenheit	Gebührentatbestand	Gebührensatz
3. Einigungsgebühr	Nrn. 1000, 1003 RVG-VV[401]	1,0
XV. Einigungsgebühr bei Einigung auch über weitergehende Gegenstände		
1. weitergehende Gegenstände sind nicht anhängig	Nr. 1000 RVG-VV	1,5
2. weitergehende Gegenstände sind erstinstanzlich anhängig	Nrn. 1000, 1003 RVG-VV[402]	1,0
3. weitergehende Gegenstände sind in einem Beschwerdeverfahren nach Vorbem. 3.2.1 Nr. 2 Buchst. b, 3.2.2 Nr. 1 Buchst. b RVG-VV anhängig	Nrn. 1000, Anm. Abs. 1 zu Nr. 1004 RVG-VV	1,3
XVI. Auslagen		
1. Verauslagte Beträge	Vorbem. 7 Abs. 1 S. 2 RVG-VV, § 675 iVm § 670 BGB	0,3
2. Dokumentenpauschale		
a) für Ablichtungen und Ausdrucke		
aa) aus Behörden- und Gerichtsakten	Nr. 7000 Nr. 1 Buchst. a RVG-VV	je Seite
bb) zur Zustellung oder Mitteilung	Nr. 7000 Nr. 1 Buchst. b RVG-VV	ab S. 101
cc) zur Unterrichtung des Auftraggebers	Nr. 7000 Nr. 1 Buchst. c RVG-VV	ab S. 101
dd) in sonstigen Fällen	Nr. 7000 Nr. 1 Buchst. d RVG-VV	je Seite
	für die ersten 50 Seiten	0,50 EUR/Seite
	für alle weiteren Seiten	0,15 EUR/Seite

---

401 Soweit Vollstreckungsmaßnahme anhängig ist. Dazu zählt auch ein Verfahren vor dem Gerichtsvollzieher (Anm. S. 2 zu Nr. 1003 RVG-VV); ansonsten 1,5 nach Nr. 1000 RVG-VV.

402 Auch dann, wenn für die Einigung über die nicht anhängigen Gegenstände Verfahrenskostenhilfe bewilligt worden ist oder sich die in der Ehesache bewilligte Verfahrenskostenhilfe nach § 48 Abs. 3 RVG auf den Abschluss der Einigung erstreckt (Anm. zu Nr. 1003 RVG-VV).

N. Schneider

Angelegenheit	Gebührentatbestand	Gebührensatz
b) für die Überlassung von elektronisch gespeicherten Dateien	Nr. 7000 Nr. 2 RVG-VV	1,50 EUR/Datei, höchstens jedoch 5 EUR für die in einem Arbeitsgang überlassenen, bereitgestellten oder in einem Arbeitsgang auf denselben Datenträger übertragenen Dokumente
3. Telekommunikations-entgelte		
a) konkrete Abrechnung	Nr. 7001 RVG-VV	tatsächliche Entgelte
b) pauschale Abrechnung	Nr. 7002 RVG-VV	20 % der gesetzlichen Gebühren
4. Reisekosten		
a) Fahrkosten		
aa) Pkw	Nr. 7003 RVG-VV	0,30 EUR/km
bb) sonstige Verkehrsmittel	Nr. 7004 RVG-VV	soweit angemessen
b) Abwesenheitsentgelt	Nr. 7005 RVG-VV	
aa) bis zu 4 Stunden		
▪ Inland	Nr. 7005 Nr. 1 RVG-VV	25 EUR
▪ Ausland	Anm. zu Nr. 7005 RVG-VV	bis 37,50 EUR
bb) 4 bis 8 Stunden		
▪ Inland	Nr. 7005 Nr. 2 RVG-VV	40 EUR
▪ Ausland	Anm. zu Nr. 7005 RVG-VV	bis 60 EUR
cc) über 8 Stunden		
▪ Inland	Nr. 7005 Nr. 3 RVG-VV	70 EUR
▪ Ausland	Anm. zu Nr. 7005 RVG-VV	bis 105 EUR
c) Sonstige Auslagen anlässlich der Reise	Nr. 7006 RVG-VV	soweit angemessen
5. Haftpflichtversicherungs-prämie		soweit Prämie auf Haftungsbeträge über 30 Mio. EUR entfällt
6. Umsatzsteuer	Nr. 7008 RVG-VV	soweit Tätigkeit des Anwalts umsatzsteuerpflichtig

Schwerpunktbeitrag 10:
Verfahrenskostenhilfe und Beratungshilfe

Literatur: *Büttner/Wrobel-Sachs/Gottschalk/Dürbeck*, Prozess- und Verfahrenskostenhilfe – Beratungshilfe, 7. Aufl. 2014; *Dörndorfer*, Kostenhilferecht für Anfänger, 6. Aufl. 2014; *Eckebrecht* ua, Verfahrenshandbuch Familiensachen, 2. Aufl. 2010; *Glasmacher*, Der Anspruch auf Prozesskostenvorschuss gem. § 1360 a IV BGB, 2003; *Künzl/Koller*, Prozesskostenhilfe, 2. Aufl. 2003; *Lissner/Dietrich/Eilzer/Germann/Kessel*, Beratungshilfe mit Prozess- und Verfahrenskostenhilfe, 2. Aufl. 2014; *Rahm/Künkel*, Handbuch Familien- und Familienverfahrensrecht; *Zimmermann*, Prozesskosten- und Verfahrenskostenhilfe – insbesondere in Familiensachen, 4. Aufl. 2012.

Baumbach/Lauterbach/Albers/Hartmann, ZPO, 72. Aufl. 2014; *Gerold/Schmidt*, RVG, 22. Aufl. 2015; *Groß*, Beratungshilfe – Prozesskostenhilfe – Verfahrenskostenhilfe, 12. Aufl. 2014; *Horndasch/Viefhues*, FamFG, 3. Aufl. 2014; *Mayer/Kroiß*, RVG, 6. Aufl. 2013; *Musielak/Voit*, ZPO, 12. Aufl. 2015; *Musielak/Borth*, Familiengerichtliches Verfahren, 5. Aufl. 2015; *Poller/Teubel*, Gesamtes Kostenhilferecht, 2. Aufl. 2013; *Prütting/Helms*, FamFG, 3. Aufl. 2014; *Schneider/Wolf/Volpert*, Familiengerichtskostengesetz, 2. Aufl. 2014; *Thomas/Putzo*, ZPO, 36. Aufl. 2015; *Rauscher* (Hrsg.), Münchener Kommentar zum FamFG, 2. Aufl. 2013 (zit.:MK-FamFG/Bearbeiter); *Zöller*, ZPO, 31. Aufl. 2016.

Giers, Die Reform der Prozesskosten-, Verfahrenskosten- und Beratungshilfe, FamRZ 2013, 1341 ff.; *Kilian*, Die Bedeutung der Prozesskostenhilfe in der anwaltlichen Praxis, AnwBl 2012, 330 ff.; *Nickel*, Das neue Beratungshilferecht, MDR 2013, 950; *Nickel*, PKH – Das neue Prozesskostenhilferecht, MDR 2013, 890; *Nickel/Götsche*, Änderungen der Verfahrenskostenhilfe zum 1.1.2014, FamRB 2013, 403; *Stein*, Gebührentipps für Familienrechtler, FamFR 2010, 31; *Viefhues*, Die geänderten Vorschriften zur Prozesskostenhilfe und die Auswirkungen auf die familiengerichtliche Praxis, FF 2014, 385 ff.; *Viefhues*, Die Reform der Prozesskostenhilfe und die Auswirkungen in familiengerichtlichen Verfahren, FuR 2013, 488 ff.; *Zempel*, Entwurf eines Gesetzes zur Änderung des Prozesskostenhilfe- und Beratungshilferechts, FF 2013, 275 ff.; *Zempel*, Regierungsentwurf eines Gesetzes zur Änderung des Prozesskostenhilfe- und Beratungshilferechts, FPR 2013, 265 ff.

A. Verfahrenskostenhilfe

I. Allgemeines

1 Art. 3 Abs. 1 GG gebietet in Verbindung mit dem Rechtsstaatsprinzip eine **weitgehende Angleichung der Situation von Bemittelten und Unbemittelten** bei der Verwirklichung ihres Rechtsschutzes.[1] Mit der Gewährung von Prozesskostenhilfe soll verhindert werden, dass Bedürftige aus wirtschaftlichen Gründen gehindert sind, ihr Recht vor Gericht zu suchen.[2] Die Prozesskostenhilfe stellt eine besondere Form der Sozialhilfe im Bereich der Rechtspflege dar[3] und wird von der hM als **Sozialhilfe im Bereich der Rechtspflege** nach dem fünften bis neunten Kapitel des SGB XII betrachtet, deren Bewilligung außer in Strafsachen für alle Verfahrensarten vor deutschen staatlichen Gerichten in Betracht kommt.

2 Seit der **Einführung des FamFG** zum 1.9.2009 wird die Prozesskostenhilfe im Bereich des Familienrechts als **Verfahrenskostenhilfe** (VKH) bezeichnet (vgl. §§ 76 ff., 115 Abs. 5 Nr. 1 FamFG). Erhebliche Veränderungen im Vergleich zur früheren Rechtslage sind nicht eingetreten,[4] da sich § 76 FamFG im Wesentlichen darauf beschränkt, die Vorschriften der ZPO über die Prozesskostenhilfe für entsprechend anwendbar zu erklären. Auch hinsichtlich der Beiordnungspraxis im Bereich der Familiensachen der freiwilligen Gerichtsbarkeit (FG-Familiensachen) sind die Auswirkungen überschaubar. In Ehe- und Familien-

---

1 BVerfG 3.3.2014 – 1 BvR 1671/13, NJW 2014, 1291 Rn. 12; BGH 29.2.2012 – XII ZB 198/11, FamRZ 2012, 783 Rn. 26.
2 Zöller/Geimer, ZPO Vor § 114 Rn. 1 mwN.
3 BGH 30.9.2009 – XII ZB 135/07, FamRZ 2009, 1994 Rn. 9; 26.1.2005 – XII ZB 234/03, FamRZ 2005, 605.
4 Vogel, Die Verfahrenskostenhilfe in Familiensachen nach dem FamFG, FPR 2009, 381; Götsche, Die neue Verfahrenskostenhilfe nach dem FamFG, FamRZ 2009, 383; Schürmann, Die Verfahrenskostenhilfe nach dem FamFG, FamRB 2009, 58.

streitsachen finden die PKH-Vorschriften der ZPO gem. § 113 Abs. 1 S. 2 FamFG unmittelbare Anwendung.

Am 1.1.2014 ist das „Gesetz zur Änderung des Prozesskostenhilfe- und Bera- 3 tungshilferechts" vom 31.8.2013[5] in Kraft getreten. Auf die sich daraus im Einzelnen ergebenden Änderungen wird an geeigneter Stelle eingegangen.

II. Antragstellung

1. Ordnungsgemäßer Antrag. VKH wird gem. § 76 Abs. 1 FamFG, § 117 ZPO 4 nur auf Antrag gewährt (vgl. §§ 114, 117 ZPO). Der bedürftige Beteiligte kann selbst einen VKH-Antrag stellen (§ 76 Abs. 1 FamFG, §§ 117 Abs. 1 S. 1 Hs. 1, 78 Abs. 5 ZPO), insoweit besteht **kein Anwaltszwang.**[6] Ein konkreter Sachantrag ist nicht erforderlich; ausreichend ist die Darstellung des Sachverhalts, die eine Prüfung der Erfolgsaussichten ermöglicht.[7] Anlässlich der Antragstellung hat das Gericht ggf. auch die Verfahrensfähigkeit des Antragstellers zu überprüfen.[8]

Hat der Antragsteller bereits einen Anwalt beauftragt, hat dieser seinen Man- 5 danten auch bei Vorliegen nur geringer Anhaltspunkte auf die Möglichkeit der Inanspruchnahme von VKH hinzuweisen; anderenfalls riskiert er seinen Vergütungsanspruch.[9]

In jedem Fall empfiehlt sich eine **ausdrückliche Klarstellung,** ob lediglich die Ge- 6 währung von VKH begehrt wird oder der Antrag sogleich förmlich zugestellt werden soll.[10] Vom Gebrauch von Überschriften wie „Verfahrenskostenhilfegesuch und Antrag" ist abzuraten.[11]

Der **Antrag auf Gewährung von VKH** kann etwa lauten: 7

▶ Wir beantragen, der Antragstellerin im Hinblick für den im Entwurf beiliegenden Antrag Verfahrenskostenhilfe zu bewilligen und ihr den Unterzeichner für dieses Verfahren beizuordnen.

Der beabsichtigte Antrag hat hinreichende Aussicht auf Erfolg und ist nicht mutwillig, was sich aus dem beiliegenden Antragsentwurf ergibt. Die Antragstellerin ist aufgrund ihrer persönlichen und wirtschaftlichen Verhältnisse nicht in der Lage, die Kosten der Verfahrensführung aufzubringen. Dies ergibt sich aus ihrer ebenfalls beigefügten Erklärung über ihre persönlichen und wirtschaftlichen Verhältnisse. Die notwendigen Belege liegen bei. (Ggf. bei drohender Verjährung, → Rn. 76: Ausdrücklich wird darum gebeten, die Bekanntgabe dieses VKH-Gesuchs an den Antragsgegner unabhängig von den Erfolgsaussichten zu veranlassen.)[12] ◀

---

5 BGBl. I 2013, 3533.
6 OLG München 17.2.2011 – 1 W 237/11.
7 OLG Naumburg 17.7.2007 – 3 WF 219/07, FamRZ 2008, 68 (auch im Verbundverfahren).
8 OLG Hamm 22.2.2012 – I-13 W 44/11, FamRZ 2012, 1318; vgl. OLG Hamm 10.6.2014 – I-11 SchH 27/12, MDR 2014, 1044 und OLG Karlsruhe 31.3.2015 – 2 Ws 48/15, FamRZ 2015, 1312.
9 AG Marburg 6.2.2012 – 9 C 883/11.
10 BGH 9.2.2005 – XII ZB 146/04, FamRZ 2005, 794; 27.5.2009 – III ZB 30/09, FamRZ 2009, 1408.
11 Vgl. OLG Schleswig 18.2.2010 – 13 UF 167/09, FamRZ 2010, 1359; siehe auch BGH 24.3.2009 – VI ZB 89/08, FamRZ 2009, 1056.
12 Vgl. BGH 24.1.2008 – IX ZR 195/06, NJW 2008, 1939; BVerfG 19.7.2010 – 1 BvR 1873/09, NJW 2010, 3083.

8 Die **Bewilligung** von VKH ist auch **ohne entsprechenden Antrag wirksam** und kann wegen des durch sie begründeten Vertrauens des Beteiligten in den Fortbestand der für ihn günstigen Entscheidung von Amts wegen im Rahmen einer Abhilfe nur unter den Voraussetzungen der §§ 120 Abs. 4, 124 ZPO aufgehoben werden.[13]

9 **2. Formularzwang.** Zu einer ordnungsgemäßen Antragstellung gehört jedenfalls im Regelfall eine vollständig ausgefüllte und unterschriebene **VKH-Erklärung** auf dem amtlichen Vordruck; die Verwendung des amtlichen Vordrucks ist zwingend.[14] Die Einreichung nur der **Kopie einer früheren Erklärung** ist unzulässig,[15] auch im Falle der **Eröffnung eines Insolvenzverfahrens** über das Vermögen des Antragstellers[16] (zur Berücksichtigung von Zahlungen gemäß Schuldenbereinigungsplan und Anordnung von Ratenzahlungen bei laufender Verbraucherinsolvenz → Rn. 233). Allerdings kann der Antragsteller unter Umständen gleichwohl darauf vertrauen, die wirtschaftlichen Voraussetzungen für die Bewilligung der VKH genügend dargetan zu haben, wenn seine Antworten im amtlichen Vordruck zwar einzelne Lücken aufweisen, diese jedoch auf andere Weise geschlossen oder Zweifel beseitigt werden können, etwa durch beigefügte Unterlagen[17] oder aus dem Vortrag der Beteiligten,[18] insbesondere aus der Bezugnahme auf vorinstanzliches Vorbringen.[19] Wird der Antrag erst im Verlauf des Verfahrens gestellt, ist er im Zweifel auf eine VKH-Bewilligung ab Antragseingang gerichtet.[20]

10 Eine **fehlende Unterschrift** ist unschädlich, wenn feststeht, von wem das VKH-Gesuch und die Erklärung über die persönlichen und wirtschaftlichen Verhältnisse stammen.[21]

11 Als von der Praxis nur wenig beachtet erweist sich die Vorschrift des § 2 PKH-FV:[22] Danach kann ein **minderjähriges unverheiratetes Kind**, das in einer Abstammungssache nach § 169 FamFG oder in einem Verfahren über den Unterhalt seine Rechte verfolgen oder verteidigen oder das einen Unterhaltsanspruch vollstrecken will, die Erklärung gem. § 117 Abs. 2 S. 1 ZPO oder § 120 a Abs. 1 S. 3 ZPO ohne Benutzung des amtlichen Formulars abgeben, wenn es über Einkommen und Vermögen, das nach § 115 ZPO einzusetzen ist, nicht verfügt, wenn das Gericht nicht die Benutzung des amtlichen Vordrucks anordnet. Die Erklärung des Kindes muss in diesem Fall enthalten:

---

13 OLG Zweibrücken 1.8.2002 – 2 WF 80/02, FamRZ 2003, 1021; LAG Köln 15.10.2007 – 11 Ta 287/07.

14 So BSG 27.5.2010 – B 4 AS 37/10 B; für ein Rechtsmittelverfahren: BGH 19.5.2004 – XII ZA 11/03, FamRZ 2004, 1548.

15 LAG Schleswig-Holstein 24.9.2008 – 1 Ta 135/08, veröffentlicht unter www.schleswig-h olstein.de/LAG/DE/Service/Entscheidungssammlung/entscheidungenLAG.html; vgl. OLG Frankfurt/M. 17.6.2010 – 5 WF 131/10 und LAG Schleswig-Holstein 4.6.2013 – 5 Ta 82/13; aA LAG Köln 9.9.1996 – 3 Ta 187/96; vgl. OLG Karlsruhe 7.12.1995 – 2 WF 145/95, FamRZ 1996, 805.

16 BGH 4.7.2002 – IX ZB 221/02, NJW 2002, 2793; LAG Schleswig-Holstein 5.1.2007 – 2 Ta 294/06, NZA-RR 2007, 265.

17 BGH 19.11.2008 – IV ZB 38/08, FamRZ 2009, 318.

18 BGH 20.2.2008 – XII ZB 83/07, FamRZ 2008, 868.

19 BGH 18.11.2009 – XII ZB 79/09, FamRZ 2010, 283.

20 LAG Sachsen-Anhalt 28.10.2008 – 8 Ta 72/08, FamRZ 2010, 314.

21 OLG Karlsruhe 25.9.2003 – 16 WF 43/03, FamRZ 2004, 647; BSG 27.5.2010 – B 4 AS 37/10 B; LSG Berlin-Brandenburg 6.6.2011 – L 25 AS 1211/10 B PKH.

22 BGBl. I 2014, 34.

- Angaben darüber, wie es seinen Lebensunterhalt bestreitet, welche Einnahmen es im Monat durchschnittlich hat und welcher Art diese sind;
- die Erklärung, dass es über Vermögen, das nach § 115 ZPO einzusetzen ist, nicht verfügt; dabei ist, soweit das Kind oder sein gesetzlicher Vertreter davon Kenntnis hat, anzugeben,
  - welche Einnahmen im Monat durchschnittlich brutto (!) die Personen haben, die dem Kind aufgrund gesetzlicher Unterhaltspflicht Unterhalt gewähren;
  - ob diese Personen über Vermögensgegenstände verfügen, deren Einsatz oder Verwertung zur Bestreitung eines dem Kind zu leistenden Prozesskostenvorschusses in Betracht kommt; die Gegenstände sind in der Erklärung unter Angabe ihres Verkehrswertes zu bezeichnen.

Wird das Kind in einem solchen Verfahren gem. § 1629 Abs. 2 S. 2 durch einen Elternteil vertreten, ist dieser Elternteil nicht verpflichtet, eine Erklärung über seine persönlichen und wirtschaftlichen Verhältnisse abzugeben.[23]

3. Belege. Wer **Sozialhilfe** bezieht, erfüllt die persönlichen und wirtschaftlichen   12
Voraussetzungen für die Bewilligung von VKH ohne Ratenzahlungsverpflichtung.[24] In einem solchen Fall rechtfertigen sonstige unvollständige Angaben keine Auflagen iSv § 118 Abs. 2 S. 1 und 2 ZPO.[25] Insbesondere darf VKH nicht versagt werden, wenn sich der Sozialhilfebescheid in der Gerichtsakte befindet.[26] Nach Auffassung des OLG Brandenburg hingegen genießen Hartz IV-Empfänger hinsichtlich der Darlegung ihrer Bedürftigkeit grundsätzlich keine besondere Stellung.[27]

Ansonsten hat der Antragsteller am Verfahren aktiv mitzuwirken[28] und sich   13
über sein Vermögen grundsätzlich auch ohne gerichtliche Aufforderung **vollständig zu erklären,**[29] erst recht im Falle anwaltlicher Vertretung.[30] Bei unzureichendem Vortrag bereits zu den persönlichen und wirtschaftlichen Verhältnissen kann VKH nicht gewährt werden.[31] Dies gilt jedenfalls für den anwaltlich vertretenen Antragsteller,[32] der nicht besonders auf die drohende Ablehnung hingewiesen werden muss, wenn er mit seinem Antrag keinen einzigen Beleg vor-

---

23 OLG Brandenburg 23.2.2011 – 15 WF 40/11, FF 2011, 258.
24 OLG Karlsruhe 22.8.2006 – 20 WF 106/06, FamRZ 2007, 155 zu den Regelleistungen zur Sicherung des Lebensunterhalts gem. § 20 SGB II.
25 LAG Köln 18.9.2003 – 8 Ta 209/03, AGS 2004, 26; LG Bremen 18.10.2010 – 6 T 497/10, FamRZ 2011, 389.
26 VGH Mannheim 22.10.2002 – 7 S 2198/02, FamRZ 2003, 775; vgl. LAG Schleswig-Holstein 18.10.2004 – 2 Ta 206/04; BFH 14.6.2011 – II S 2/11 (PKH); vgl. LAG Schleswig-Holstein 18.10.2004 – 2 Ta 206/04; siehe aber auch OLG Jena 9.1.2015 – 1 WF 624/14, NZS 2015, 229.
27 OLG Brandenburg 1.9.2009 – 9 WF 257/09, FamRZ 2010, 1266.
28 OLG Brandenburg 21.12.2005 – 9 WF 353/05, FamRB 2006, 145; 8.3.2006 – 9 UF 229/05, FamRZ 2006, 1396; OVG Lüneburg 25.8.2006 – 2 PA 1148/06, FamRZ 2007, 295.
29 OLG Brandenburg 20.1.2003 – 9 WF 9/03, FamRZ 2004, 120.
30 OLG Brandenburg 8.3.2006 – 9 UF 229/05, FamRZ 2006, 1396.
31 OLG Brandenburg 26.3.2007 – 9 WF 35/07, FamRZ 2007, 1336.
32 OLG Brandenburg 8.3.2006 – 9 UF 229/05, FamRZ 2006, 1396.

legt.[33] Nach anderer Ansicht ist der Antragsteller zuvor aufzufordern, seine Erklärung zu vervollständigen.[34]

14 Seinem VKH-Antrag hat der Antragsteller neben der Erklärung über seine persönlichen und wirtschaftlichen Verhältnisse auch die entsprechenden **Belege** beizufügen,[35] auch im Falle der Eröffnung des Insolvenzverfahrens über sein Vermögen.[36] Grundsätzlich zulässig ist auch das Verlangen nach Vorlage **lückenloser Kontoauszüge** über einen längeren Zeitraum, in der Regel von bis zu drei Monaten, unter besonderen Voraussetzungen – insbesondere bei undurchsichtigen Einkommens- oder Vermögensverhältnissen, widersprüchlichen Angaben in der VKH-Erklärung oder Vorliegen bestimmter Verdachtsmomente – auch für längere Zeiträume.[37] Das **Schwärzen von Kontoauszügen** ist grundsätzlich unzulässig[38] und wird von den Gerichten allenfalls hinsichtlich der Geheimhaltung des Verwendungszwecks bzw. des Empfängers der Überweisung, nicht deren Höhe für zulässig erachtet.[39] Allerdings darf die Verletzung einer gerichtlichen Auflage, Belege über grundsätzlich abzugsfähige Belastungen aus Kreditverträgen, Abzahlungsverpflichtungen, Versicherungen oÄ beizubringen, nur dazu führen, dass die geltend gemachten Abzugsbeträge nicht berücksichtigt werden, nicht aber zur Ablehnung der VKH insgesamt.[40]

15 „Jedenfalls" angesichts einer **Vielzahl von Belegen** wird erwartet, dass der Antragsteller die Belege **sortiert** und unter Verwendung der im Antragsformular eingetragenen **Belegnummern** vorlegt.[41] Trägt der Antragsteller vor ohne Einkommen zu sein und von Dritten unterstützt zu werden, muss er dies zumindest anhand von Namen und Adressen der unterstützenden Personen und der Art und Weise der jeweiligen Unterstützung konkretisieren. Etwa vorhandene Belege sind auch hier beizufügen.[42]

16 Bei **unzureichendem Vortrag** zu den persönlichen und wirtschaftlichen Verhältnissen kann VKH grundsätzlich nicht gewährt werden.[43] Dennoch ist ihre Versagung aufgrund eines unvollständig ausgefüllten Vordrucks nur dann gerechtfertigt, wenn sich das Gericht sonst kein zuverlässiges Bild über die wirtschaftlichen Verhältnisse machen kann,[44] vor allem im Fall eines nicht anwaltlich ver-

33 OLG Brandenburg 26.7.2013 – 13 WF 145/1, FamRZ 2014, 58.
34 OLG Celle OLGR 2003, 214; VGH Baden-Württemberg FamRZ 2004, 125; OVG Lüneburg FamRZ 2007, 295; OLG Saarbrücken FamRZ 2012, 806; LAG Schleswig-Holstein 17.1.2013 – 5 Ta 10/13; LAG Hamm 17.6.2013 – 14 Ta 77/13; OLG Naumburg FamRZ 2015, 946.
35 BGH 24.11.1999 – XII ZB 134/99, NJW-RR 2000, 879; 9.10.2003 – IX ZA 8/03, FamRZ 2004, 99; 31.8.2005 – XII ZB 116/05, FamRZ 2005, 1901; vgl. BGH 2.4.2008 – XII ZB 131/06, FamRZ 2008, 1166; aM im Falle auch sonst glaubhafter Angaben: OLG Karlsruhe 25.7.2006 – 16 WF 37/06, FamRZ 2006, 1852; OLG Köln 30.3.2006 – 4 WF 50/06, FamRZ 2006, 1854.
36 LAG Schleswig-Holstein 5.1.2007 – 2 Ta 294/06, NZA-RR 2007, 265.
37 OLG Celle 9.3.2010 – 17 WF 28/10, FamRZ 2010, 1751.
38 OLG Brandenburg 10.5.2006 – 9 WF 127/06, FamRZ 2006, 1376.
39 BSG 19.9.2008 – B 14 AS 45/07 R, NJW 2009, 3743; 19.2.2009 – B 4 AS 10/08 R, info also 2009, 136.
40 LAG Köln 12.1.2015 – 7 Ta 312/14.
41 LAG Schleswig-Holstein 19.2.2015 – 5 Ta 25/15.
42 OVG Münster FuR 2015, 121.
43 OLG Brandenburg 26.3.2007 – 9 WF 35/07, FamRZ 2007, 1336.
44 BGH 21.9.2005 – IV ZB 21/05, FamRZ 2005, 2062; 13.2.2008 – XII ZB 151/07, FamRZ 2008, 871.

tretenen Beteiligten.[45] Darüber hinaus muss das Gericht den Beteiligten auch im Falle anwaltlicher Vertretung auf die Unvollständigkeit hinweisen und ihm eine angemessene Frist zur Nachbesserung und ggf. Nachreichung des fehlenden Formulars setzen.[46] Jedoch besteht keine allgemeine Hinweispflicht, nicht angegebene Belastungen nur wegen ihrer hypothetischen Möglichkeit abzufragen.[47] Dem Beteiligten darf auch angesichts absichtlich oder aus grober Nachlässigkeit unrichtiger Angaben über die persönlichen oder wirtschaftlichen Verhältnisse im Bewilligungsverfahren VKH nicht in entsprechender Anwendung von § 124 Abs. 1 Nr. 2 ZPO versagt werden.[48]

Werden fehlende Unterlagen erst nach Anfall aller Gebühren im Hauptverfahren, insbesondere **nach Abschluss der Instanz**, vorgelegt, kann VKH grundsätzlich nicht mehr gewährt werden.[49] Etwas anderes gilt nur dann, wenn der VKH-Antrag rechtzeitig vor Instanzende bewilligungsreif gestellt worden ist[50] oder das Gericht ausnahmsweise die Abgabe der Erklärung binnen einer bestimmten Frist, die entweder zu verkünden oder förmlich zuzustellen ist,[51] nach Ende der Instanz gestattet hat und die erforderlichen Unterlagen auch innerhalb dieser Frist vorgelegt werden[52] oder die Verfahrensbeendigung oder -verzögerung nicht dem Betroffenen zuzurechnen ist und er alles für die Bewilligung der VKH Erforderliche getan hat.[53] Fehlende Unterlagen können auch noch im VKH-Beschwerdeverfahren nachgereicht werden.[54] **17**

Das Gericht kann gem. § 118 Abs. 2 S. 1 ZPO verlangen, dass die tatsächlichen Angaben glaubhaft gemacht werden. Die **Glaubhaftmachung** ersetzt allerdings nicht die Pflicht, Belege nach § 117 Abs. 2 S. 1 ZPO einzureichen, sondern tritt neben sie. Daher reicht es zB nicht aus, dass der Antragsteller die Höhe seiner Wohnkosten an Eides Statt versichert, wenn er vorhandene Belege nicht vorlegt.[55] **18**

Im **höheren Rechtszug** müssen die VKH-Unterlagen grundsätzlich erneut eingereicht werden.[56] Zu weiteren Einzelheiten → Rn. 39. **19**

---

45 OLG Rostock 31.1.2003 – 10 WF 146/02, FamRZ 2003, 1396.
46 OLG Celle 17.1.2003 – 6 W 2/03; VGH Baden-Württemberg 14.7.2003 – 7 S 536/03, FamRZ 2004, 125; OVG Lüneburg 25.8.2006 – 2 PA 1148/06, FamRZ 2007, 295; OLG Brandenburg 25.3.2014 – 10 WF 19/1, FamRZ 2015, 352; aA OVG Münster 20.8.2014 – 18 E 953/13, FuR 2015, 121.
47 LAG Hamm 17.6.2013 – 14 Ta 77/13.
48 BGH FamRZ 2015, 1874; anders noch OLG Stuttgart NZFam 2015, 1020 (Nr. 1); OLG Bamberg MDR 2013, 1120.
49 OLG Naumburg 3.7.2006 – 14 WF 108/06, NJOZ 2007, 157; LAG Köln 6.5.2010 – 11 Ta 114/10; OVG Lüneburg 1.7.2010 – 2 PA 238/10, NVwZ-RR 2010, 863; aM OLG Karlsruhe 25.7.2006 – 16 WF 37/06, FamRZ 2006, 1852.
50 OLG Saarbrücken 20.7.2009 – 9 WF 75/09, FamRZ 2010, 313.
51 OLG Naumburg 15.4.2008 – 8 WF 70/08, FamRZ 2008, 1963; OLG Hamburg 28.5.1990 – 4 W 13/90, WuM 1993, 462.
52 KG 28.8.2003 – 8 W 188/03; OLG Karlsruhe 6.10.2003 – 16 WF 161/03, FamRZ 2004, 1217; OLG Zweibrücken 10.9.2002 – 6 WF 106/02, FamRZ 2004, 1500; OLG Brandenburg 3.2.2005 – 10 WF 18/05, FuR 2005, 426; LAG Köln 6.5.2010 – 11 Ta 114/10, AA 2010, 162; OLG Saarbrücken 19.4.2010 – 9 WF 31/10, FamRZ 2010, 1750.
53 OVG Koblenz 17.3.2010 – 5 E 1700/09, NVwZ-RR 2010, 742.
54 So VGH Kassel 27.1.2010 – 10 D 2892/09, NVwZ-RR 2010, 584; aM OVG Magdeburg 30.3.2010 – 4 O 80/10.
55 OLG Brandenburg 26.11.2001 – 10 WF 169/01, FamRZ 2002, 1415.
56 BGH 21.1.2009 – IV ZA 17/08.

20 Zwar erlangt ein die VKH versagender Beschluss auch nach der Neufassung des § 127 Abs. 2 S. 2 ZPO im Falle seiner Unanfechtbarkeit **keine materielle Rechtskraft**.[57] Jedoch kann ein **wiederholter Antrag** ohne inhaltliche Prüfung zurückgewiesen werden, wenn bereits wegen mehrfacher unrichtiger Angaben zu den persönlichen und wirtschaftlichen Verhältnissen VKH versagt wurde[58] oder kein neuer sachlicher Vortrag erfolgt.[59]

21 Nach § 117 Abs. 2 S. 2 ZPO ist es zulässig, die **VKH-Erklärung der Gegenseite zu übermitteln**, sofern der Gegner gegen den Antragsteller nach den Vorschriften des bürgerlichen Rechts einen Anspruch auf Auskunft über dessen Einkünfte und Vermögen hat.[60] Es reicht aus, dass ein Auskunftsanspruch überhaupt besteht; er muss weder fällig noch Gegenstand des Verfahrens sein.[61] Nicht ausreichend ist ein Auskunftsanspruch gem. § 836 Abs. 3 ZPO.[62] Das Einsichtsrecht ist ausgeschlossen, wenn dem Verfahrensgegner unter keinen Umständen ein Auskunftsanspruch gegen den Antragsteller zusteht.[63]

22 Dem **VKH-Antragsteller** ist vor der Übermittlung seiner Erklärung an den Gegner **Gelegenheit zur Stellungnahme** zu geben,[64] außerdem ist er von der Übermittlung zu **unterrichten**.[65] Entscheidet sich das Gericht für eine Übersendung, ist er **beschwerdeberechtigt**.[66] **Umgekehrt** steht dem VKH-Antragsgegner gegen die Ablehnung seines Antrags auf Einsichtnahme kein Beschwerderecht zu,[67] denn die Bestimmung dient allein einer verbesserten Aufklärung der persönlichen und wirtschaftlichen Verhältnisse durch das Gericht im Interesse rechtmäßiger Gewährung von VKH.[68] Sie gewährt dem Antragsgegner daher kein subjektives Recht[69] und stellt während des laufenden Verfahrens folgerichtig auch keine Akteneinsicht iSv §§ 13 FamFG, 299 ZPO dar.[70] Nach Abschluss des Verfahrens hingegen unterfällt das Einsichtsgesuch § 13 FamFG, § 299 Abs. 2 ZPO. Hierüber entscheidet in diesem Fall die Gerichtsverwaltung.[71]

---

57 BVerfG 15.5.2007 – 1 BvR 2347/05, WM 2007, 1170; BGH 3.3.2004 – IV ZB 43/03, FamRZ 2004, 940; 31.8.2005 – XII ZB 116/05, FamRZ 2005, 1901 mwN; 16.12.2008 – VIII ZB 78/06, FamRZ 2009, 496; wohl überholt OLG Oldenburg 4.4.2003 – 2 W 23/03, FamRZ 2003, 1302.
58 OLG Naumburg 14.9.2006 – 14 WF 155/06, FamRZ 2007, 649 m. krit. Anm. Büttner.
59 AG Lüdenscheid 13.3.2007 – 5 F 1011/06, FamRZ 2008, 1089.
60 Insgesamt hierzu Härtl, § 117 Abs. 2 Satz 2 ZPO – Unkomplizierte Erkenntnisquelle über die wirtschaftlichen Verhältnisse des Gegners?!, NZFam 2014, 1032.
61 So OLG Koblenz 4.11.2010 – 7 WF 872/10, FamRZ 2011, 389 und OLG Karlsruhe 29.8.2014 – 2 WF 167/14, FamRZ 2015, 597.
62 OLG Brandenburg 1.9.2010 – 9 WF 222/10, FamRZ 2011, 125.
63 OLG Naumburg, NZFam 2014, 1057.
64 OLG Naumburg 20.9.2013 – 8 WF 140/13 (VKH), NZFam 2014, 1057.
65 OLG Koblenz 4.11.2010 – 7 WF 872/10, FamRZ 2011, 389.
66 OLG Naumburg 20.9.2013 – 8 WF 140/13 (VKH), NZFam 2014, 1057; Fischer, Sofortige Beschwerde gegen Entscheidungen über die Einsicht in die PKH-Erklärung und Belege des Gegners?, MDR 2015, 1112.
67 OLG Bremen 12.10.2011 – 5 WF 100/11, FamRZ 2012, 649; OLG Oldenburg 21.11.2012 – 4 WF 216/12, FamRZ 2013, 805; OLG Schleswig 15.12.2014 – 13 WF 189/14, FamRZ 2015, 685; OLG Nürnberg 10.10.2014 – 9 WF 1163/14, FamRZ 2015, 684.
68 OLG Frankfurt/M. 13.11.2015 – 4 WF 198/15, NZFam 2016, 135.
69 BGH 29.4.2015 – XII ZB 214/14, NJW 2015, 1827 mAnm Zempel.
70 Viefhues, Anm. zu OLG Bremen 12.10.2011 – 5 WF 100/11, FuR 2012, 195.
71 BGH 29.4.2015 – XII ZB 214/14, NJW 2015, 1827 mAnm Zempel; siehe auch Longrée/Maiwurm, Das Recht auf Einsichtnahme in die Akten fremder Verfahren, MDR 2015, 805.

4. Zuständigkeit. Zuständig für die Entscheidung über den Antrag auf Gewäh- 23
rung von VKH ist das **Gericht der Hauptsache** (§ 76 Abs. 1 FamFG, §§ 117
Abs. 1 S. 1, 127 Abs. 1 S. 2 ZPO).[72] Bei Zuständigkeitszweifeln sind nach allgemeiner Meinung § 5 FamFG[73] bzw. §§ 36, 281 ZPO im VKH-Verfahren zumindest analog anwendbar, so dass auch eine verbindliche **Zuständigkeitsbestim-
mung** bzw. eine bindende Verweisung erfolgen kann.[74] Lehnt ein Gericht die
Übernahme eines verwiesenen VKH-Verfahrens ab, ist das zuständige Gericht
analog § 5 Abs. 1 Nr. 4 FamFG bzw. § 36 Abs. 1 Nr. 6 ZPO zu bestimmen.[75]

5. Prüfungsverfahren. In Ehe- und Familienstreitsachen kann für das VKH- 24
Prüfungsverfahren selbst VKH nicht gewährt werden,[76] auch nicht für den Antragsgegner.[77] Insbesondere entsteht kein Verfahrensrechtsverhältnis zwischen
VKH-Antragsteller und seinem Gegner.[78] Daher sollte der Rechtsanwalt den
von ihm vertretenen Beteiligten darüber aufklären, dass auch im VKH-
Verfahren **Kosten** entstehen, anderenfalls die Kostenfestsetzung nach § 11 RVG
ausscheidet (→ Rn. 28).[79] Zur Gewährung von VKH im VKH-
Beschwerdeverfahren → Rn. 384, zur Gewährung von VKH im Rechtsbeschwerdeverfahren → Rn. 407.

Demgegenüber hat eine Zustellung in **FG-Verfahren** keine für die Entstehung ei- 25
nes Verfahrensrechtsverhältnisses konstitutive Wirkung. Der verfahrenseinleitende Antrag ist vielmehr bereits mit seinem Eingang beim Gericht wirksam gestellt, ohne dass es hierfür einer Zustellung bedarf. Mit Eingang eines Antrages,
der nicht ausdrücklich von der Bewilligung von VKH abhängig gemacht wurde,
ist das angerufene Familiengericht daher mit der Angelegenheit befasst, was verfahrensrechtlich der zivilrechtlichen Rechtshängigkeit entspricht.[80] Beteiligt sich
ein weiterer Beteiligter iSv § 7 Abs. 2 FamFG ab diesem Zeitpunkt am Verfahren, ist ihm bei Vorliegen der sonstigen Voraussetzungen auf entsprechenden
Antrag hin VKH zu bewilligen.[81] Soll ein solcher verfahrenseinleitender Schriftsatz dem Antragsgegner **nur zur Stellungnahme im VKH-Prüfungsverfahren**
übermittelt werden, hat das Gericht darauf **ausdrücklich hinzuweisen.** Fehlt ein
solcher Hinweis und nimmt die Gegenseite in der Sache selbst Stellung, so erfolgt diese Stellungnahme im Gegensatz zum ZPO-Verfahren nicht mehr lediglich im Rahmen der bloßen VKH-Prüfung, weil der verfahrenseinleitende Antrag bereits mit Eingang bei Gericht wirksam gestellt worden ist. Erfolgt eine

72 OLG Koblenz 4.11.2010 – 7 WF 872/10, FamRZ 2011, 389 Rn. 6.
73 OLG Köln 25.2.2008 – 2 Wx 48/07, FamRZ 2008, 1547.
74 Vgl. BGH 30.7.2009 – Xa ARZ 167/09, FamRZ 2009, 1746; vgl. OLG Brandenburg
   5.2.2009 – 9 AR 2/09.
75 Vgl. Gsell/Mehring, Kompetenzkonflikte bei Prozesskostenhilfeverfahren vor Zivilgerich-
   ten, NJW 2002, 1991; OLG Düsseldorf 22.9.2005 – 5 Sa 71/05, NJW-RR 2006, 431;
   OLG Hamm 2.9.2008 – 2 Sdb (FamS) Zust. 15/08, FamRZ 2009, 442.
76 BGH 30.5.1984 – VIII ZR 298/83, NJW 1984, 2106; zuletzt OLG Koblenz 4.5.2010 –
   11 WF 364/10, FamRZ 2010, 1687; Kalthoener/Büttner/Wrobel-Sachs Rn. 158 ff. mwN.
77 Dort aber Beratungshilfe, solange noch kein Schriftsatz bei Gericht eingereicht wurde!
78 BGH 10.7.2003 – IX ZR 113/01, NJW-RR 2003, 1558; Zöller/Geimer ZPO § 118 Rn. 2
   mwN.
79 OLG Koblenz 22.12.2005 – 14 W 816/05, FamRZ 2006, 636; zu den Gebühren im Prüfungsverfahren vgl. Mock, Die anwaltlichen Gebühren im Prozesskostenhilfe-
   Prüfungsverfahren, RVG-Berater 2005, 186.
80 MK-FamFG/Ulrici, FamFG § 23 Rn. 43; Prütting/Helms/Ahn-Roth FamFG § 23 Rn. 22.
81 OLG Stuttgart 8.12.2015 – 11 WF 193/15; aA OLG Dresden 8.2.2011 – 20 WF
   0135/11, FamRZ 2011, 1242.

Stellungnahme durch den Antragsgegner und verschlechtern sich dadurch die Erfolgsaussichten für den Antragsteller, darf dieser Umstand bei der Entscheidung über den VKH-Antrag berücksichtigt werden.[82]

26 Der Mandant sollte über die verschiedenen auch dem VKH-Verfahren innewohnenden wirtschaftlichen Risiken belehrt werden und den Erhalt der Belehrung bestätigen. Eine passende Gelegenheit dazu ist die Dokumentierung des von ihm erteilten Vertretungsauftrags (→ Rn. 330).

27 Darüber hinaus bietet es sich an, anlässlich der Erledigung des Mandats ein Abschlussschreiben an den Mandanten zu richten, in dem er auf seine Verpflichtungen nochmals hingewiesen wird.

28 Im Gegensatz zum VKH-Prüfungsverfahren soll VKH für ein **Vergütungsfestsetzungsverfahren** nach § 11 RVG bewilligt werden können. Bringt dabei ein Mandant vor, der Rechtsanwalt habe ihn über die Möglichkeit des Entstehens von Rechtsanwaltskosten im VKH-Verfahren und für die Mediation nicht aufgeklärt, stehen Einwendungen nicht gebührenrechtlicher Art der vereinfachten Festsetzung entgegen.[83]

29 **6. Vergleich im VKH-Prüfungsverfahren. a) EG-Richtlinie 2002/8/EG.** Umstritten ist, ob im Falle eines im VKH-Prüfungsverfahren geschlossenen Vergleichs VKH für das gesamte Verfahren zu bewilligen ist.[84] Nachdem die hM in der Rechtsprechung VKH in solchen Fällen nach und nach zuerkannt hat,[85] hat sich der Bundesgerichtshof erneut dagegen entschieden.[86] Ob seine Auffassung jedoch angesichts des Wortlauts der **Richtlinie 2002/8/EG**[87] aufrechterhalten werden kann, erscheint zumindest fraglich: Nach dem Wortlaut von Abs. 20 der Vorbemerkungen muss sich die Gewährung von PKH ausdrücklich auf das gesamte Verfahren erstrecken, und zwar sogar einschließlich der Kosten für die Vollstreckung eines Urteils. Zwar gilt die Richtlinie gem. Kapitel I Art. I (1) insbesondere im Bereich der justiziellen Zusammenarbeit in Zivilsachen mit grenzüberschreitendem Bezug. Jedoch hat der Mitgliedstaat sein eigenes Recht gem. Kapitel I Art. I (23) unter Wahrung der in dieser Richtlinie festgeschriebenen

---

82 OLG Dresden 8.2.2011 – 20 WF 135/11, FamRZ 2011, 1242; OLG Schleswig 6.3.2012 – 15 WF 407/11, FamRZ 2013, 62.

83 OLG Schleswig 9.6.2008 – 15 W 2/08, AGS 2008.

84 Ablehnend bereits BGH 30.5.1984 – VIII ZR 298/83, NJW 1984, 2106.

85 OLG Köln 31.8.2001 – 25 WF 123/01, FamRZ 2002, 760 mwN; OLG Hamm 9.1.2004 – 7 WF 226/03, MDR 2004, 832; nur auf besonderen Antrag: OLG Köln 4.1.2000 – 14 WF 195/99, FamRZ 2000, 1094; zu den Gebühren vgl. OLG München 23.6.2003 – 11 W 1489/03, FamRZ 2004, 965.

86 BGH 8.6.2004 – VI ZB 49/03, NJW 2004, 2595; hierzu Krause, Prozesskostenhilfe – ein Segen für den Mandanten, ein Problem für den Rechtsanwalt, FamRZ 2005, 862; OLG Frankfurt/M. 18.6.2003 – 23 W 12/03; siehe auch OLG Zweibrücken 8.11.2007 – 2 WF 165/07; OLG Frankfurt/M. 15.2.2007 – 6 WF 254/06, NJOZ 2007, 2995; OLG Hamm 3.7.2008 – 10 WF 77/08, FamRZ 2009, 136; OLG Oldenburg 25.5.2009 – 13 WF 87/09, FamRZ 2009, 1776; KG 3.6.2009 – 19 WF 40/09, FamRZ 2010, 1586; ebenso, aber ohne jede Begründung, OLG München 15.9.2009 – 4 WF 314/09, FamRZ 2010, 143; ebenso zur Höhe der Einigungsgebühr vgl. OLG Koblenz 25.11.2005 – 7 WF 974/05, FamRZ 2006, 1693; ebenso und zum Mehrvergleich vgl. OLG Bamberg 21.3.2011 – 4 W 42/10, FamRZ 2011, 1605; Wax, Prozesskostenhilfe für den Vergleichsabschluss im Prozesskostenhilfeverfahren, LMK 2004, 235, empfiehlt die schlichte Nichtbeachtung der BGH-Entscheidung.

87 Richtlinie zur Verbesserung des Zugangs zum Recht bei Streitsachen mit grenzüberschreitendem Bezug durch Festlegung gemeinsamer Mindestvorschriften für die PKH in derartigen Streitsachen vom 27.1.2003.

Grundsätze anzuwenden. Da die Richtlinie eine angemessene und EU-weite PKH vor allem dadurch gewährleisten soll, indem sie gemeinsame Mindestvorschriften festlegt,[88] dürfte die Auffassung des Bundesgerichtshofs gegen höherrangiges (EU-)Recht verstoßen.[89]

Im Bereich des FamFG wird zusätzlich zu beachten sein, dass der Gesetzgeber 30 mit der Einführung des § 36 FamFG den **Abschluss von Vergleichen fördern** wollte,[90] was jedenfalls im Bereich des FamFG dazu führen dürfte, die VKH eher großzügig zu behandeln.[91]

Mit dieser Problematik hat sich auch das **Bundesverfassungsgericht** beschäftigt[92] 31 und entschieden, dass die Rechtsverfolgung des Antragstellers durch eine auf den Vergleich beschränkte Prozesskostenhilfe nicht unverhältnismäßig erschwert werde, da es ihm freistehe, den Vergleich zunächst abzulehnen und weiterhin die Bewilligung von Prozesskostenhilfe für die Hauptsache zu verlangen. Darüber hinaus sei nicht erkennbar, dass die Vergütung des beigeordneten Rechtsanwalts unangemessen sei, wenn ihm bei einer auf den Vergleich beschränkten Prozesskostenhilfe die ihm zustehende Verfahrens- und Terminsgebühr nicht aus der Staatskasse erstattet werde.

Die Entscheidung ist allerdings **alles andere als praxistauglich**, führt sie doch im 32 Ergebnis nur dazu, dass sich die Verfahren bei Gericht unnötig in die Länge ziehen, weil der Anwalt, der von seinem bedürftigen Mandanten in der Regel keine Zahlung zu erwarten hat, schon aus eigenem Interesse einen frühzeitigen Vergleichsabschluss verhindern muss. Der Grundsatz der Beschleunigung der Gerichtsverfahren wird dadurch geradezu konterkariert.

Jedenfalls hat das Gericht den Antragsteller vor Vergleichsabschluss darauf **hin-** 33 **zuweisen**, wenn es VKH allein für den Vergleich[93] gewähren will. Wird ein solcher Hinweis unterlassen, ist auch nach Vergleichsabschluss VKH für das gesamte Verfahren zu gewähren.[94]

Im Übrigen wird trotz der BGH-Rechtsprechung vertreten, dass im Falle des 34 Abschlusses eines Vergleichs im VKH-Prüfungsverfahren für das gesamte Verfahren dann VKH zu bewilligen ist,

- wenn dem eigentlichen Zweck des VKH-Prüfungsverfahrens zuwider bereits **schwierige Rechts- oder Tatfragen** abschließend beantwortet werden[95] oder

---

88 Kap. 1 Art. 1 (1) der Richtlinie 2002/8/EG; Künzl/Koller Rn. 781 ff.
89 Ebenso JH/Markwardt ZPO § 118 Rn. 8; angesprochen, aber offengelassen OLG Koblenz 12.2.2009 – 11 WF 127/09, FamRZ 2009, 1232; abl. OLG Karlsruhe 2.4.2015 – 18 WF 218/14, FamRZ 2015, 1920 mAnm Romeyko.
90 BT-Drs. 16/6308, 166.
91 Götsche FamRZ 2009, 385; auch schon vor dem 1.9.2009: OLG Koblenz 12.2.2009 – 11 WF 127/09, FamRZ 2009, 1232.
92 BVerfG 2.7.2012 – 2 BvR 2377/10, NJW 2012, 3293.
93 Insoweit sind keine Erfolgsaussichten erforderlich: LG Bremen 27.6.2013 – 1 T 113/13, NJW-RR 2013, 1344.
94 So jedenfalls OLG Schleswig 13.1.2005 – 5 W 72/04, AGS 2005, 213.
95 OLG Hamm 9.1.2004 – 7 WF 226/03, MDR 2004, 832; für den Antragsteller: OLG Bamberg 26.2.2005 – 4 W 1/05, FamRZ 2005, 2001; für den Antragsgegner: OLG Karlsruhe 28.11.2007 – 18 WF 289/07, FamRZ 2008, 1354.

- das Verfahren in Folge richterlicher Hinweise nach Bewilligungsreife in gütlicher Weise eine **Erledigung** findet[96] oder

- der Beteiligte durch das Gericht zur **Stellungnahme durch einen Rechtsanwalt** aufgefordert wird[97] oder

- der Austausch von Argumenten und Tatsachen bereits einem **Hauptsacheverfahren gleichkommt**[98] und das Antragsbegehren deswegen nach teilweiser Bewilligung im Übrigen nicht weiter verfolgt wird.[99]

35 Auch im VKH-Verfahren kann in entsprechender Anwendung von § 278 Abs. 6 ZPO ein Vergleich durch **Annahme eines schriftlichen Vergleichsvorschlags** des Gerichts geschlossen werden.[100] **Umstritten** ist, ob in diesem Fall eine **Terminsgebühr** entsteht.[101] Angenommen werden kann der gerichtliche Vergleichsvorschlag nur durch **Einreichung eines Schriftsatzes**, nicht zu Protokoll im Rahmen einer Gerichtsverhandlung.[102]

36 Für den Abschluss eines **Vergleichs mit Widerrufsvorbehalt** kann VKH bis zum Ablauf der Widerrufsfrist beantragt werden.[103] Wird VKH ausdrücklich für einen Widerrufsvergleich bewilligt, wird der VKH-Beschluss mit erfolgtem Widerruf gegenstandslos; er bezieht sich auch nicht auf einen von den Beteiligten später geschlossenen Vergleich, selbst wenn dieser mit dem widerrufenen inhaltsgleich ist.[104] Zu **beachten** ist jedoch, dass der Verzicht auf ein in einem Vergleich vereinbartes Widerrufsrecht und die daraus folgende Beendigung des Verfahrens zeitlich nicht mit der VKH-Antragstellung zusammenfallen darf.[105]

37 **b) Kostenübernahme.** Ein in der Praxis **vielfach übersehenes Problem** bestand bis zum 31.7.2013 im Abschluss von Vergleichen, in denen die „Kosten gegeneinander aufgehoben" werden: Von einem „reichen" Antragsteller konnten nämlich in einem solchen Fall verauslagte Gerichtskosten auch gegen den „armen" Antragsgegner festgesetzt werden, der mit einer solchen Vereinbarung zum sog „**Übernahmeschuldner**" wurde.[106] Hat der VKH-Beteiligte in einem solchen Fall **dem Gegner** von diesem verauslagte Gerichtskosten zu erstatten, kann er den

---

96 So trotz BGH 8.6.2004 – VI ZB 49/03, NJW 2004, 2595: OLG Braunschweig 28.3.2006 – 1 WF 74/06, FamRZ 2006, 961; ein PKH-Verfahren erledigt sich nicht durch übereinstimmende Erledigungserklärungen im Hauptsacheverfahren: BGH 15.7.2009 – I ZB 118/08, FamRZ 2009, 1663; vgl. OLG Köln 28.6.2010 – 4 WF 79/10, FamRZ 2011, 124 und OLG Frankfurt/M. 6.7.2010 – 15 W 52/10, FamRZ 2011, 126.

97 KG 18.8.2005 – 19 UF 46/05, FamRZ 2006, 1284; im Falle einer unbedingt erhobenen Klage: OLG Karlsruhe 24.1.2006 – 5 WF 9/06, FamRZ 2006, 798.

98 OLG Bamberg 26.2.2005 – 4 W 1/05, FamRZ 2005, 2001; OLG Nürnberg 9.1.2007 – 7 WF 5/07, FamRZ 2007, 1662; vgl. insgesamt Fischer MDR 2008, 477; Götsche FamRZ 2009, 384.

99 OLG Nürnberg 4.10.2001 – 10 WF 3299/01, FamRZ 2002, 758.

100 LG Lüneburg 12.3.2003 – 6 T 20/03, FamRZ 2003, 1935; einschränkend für ein Verfahren wegen Abänderung des Aufenthaltsbestimmungsrechts: OLG Düsseldorf 5.2.2009 – 10 WF 31/08, FamRB 2009, 145; Schneider NJW-Spezial 2009, 379.

101 Dafür wegen § 155 Abs. 2 FamFG: OLG Stuttgart 14.9.2010 – 8 WF 133/10, FamRZ 2011, 591 (Sorgerechtsverfahren); dagegen: OLG Celle 13.9.2011 – 10 WF 227/1, JurBüro 2011, 641 (Umgangsverfahren); LG Osnabrück 14.7.2011 – 7 O 2730/10, JurBüro 2011, 640 (Zivilsache).

102 BGH 14.7.2015 – VI ZR 326/14, AnwBl 2015, 814.

103 LG Hamburg 19.10.1998 – 304 S 35/98, FamRZ 1999, 600.

104 OLG Brandenburg 18.7.2008 – 6 W 28/08, JurBüro 2009, 369.

105 LAG Nürnberg 28.1.2011 – 7 Ta 96/10.

106 So ua BGH 23.10.2003 – III ZB 11/03, FamRZ 2004, 178; vgl. BGH 7.2.2013 – VII ZB 58/12, MDR 2013, 560.

Vergleich später nicht etwa wegen Irrtums anfechten.[107] **Abhilfe** hat hier die Erweiterung von § 26 FamGKG zum 1.8.2013 gebracht: Nach dessen Abs. 4 ist Abs. 3 entsprechend anzuwenden, soweit der Kostenschuldner aufgrund des § 24 Nr. 2 FamGKG haftet, wenn

- der Kostenschuldner die Kosten in einem vor Gericht abgeschlossenen, gegenüber dem Gericht angenommenen oder in einem gerichtlich gebilligten Vergleich übernommen hat,
- der Vergleich einschließlich der Verteilung der Kosten, bei einem gerichtlich gebilligten Vergleich allein die Verteilung der Kosten, von dem Gericht vorgeschlagen worden ist und
- das Gericht in seinem Vergleichsvorschlag ausdrücklich festgestellt hat, dass die Kostenregelung der sonst zu erwartenden Kostenentscheidung entspricht.

Dabei muss die erforderliche **gerichtliche Feststellung**, dass die Kostenregelung der sonst zu erwartenden Kostenentscheidung entspricht, bereits Teil des gerichtlichen Vergleichsvorschlags sein und kann **nicht nachgeholt** werden.[108] Sind die Voraussetzungen **kumulativ** erfüllt, scheidet eine Inanspruchnahme eines VKH-Beteiligten aus.[109] 38

7. VKH für Rechtsmittel.[110] **a) Gesonderte Antragstellung und Belege.** Nach § 119 Abs. 1 S. 1 ZPO erfolgt die Bewilligung der VKH für jeden Rechtszug besonders, dh für jede Instanz ist eine gesonderte Antragstellung erforderlich.[111] Der VKH-Antrag einschließlich aller erforderlichen Belege muss **innerhalb der Rechtsbehelfsfrist** beim zuständigen Gericht eingehen, das ist seit dem 1.1.2013 das Amtsgericht (§ 64 Abs. 1 S. 2 FamFG).[112] Daher gilt der VKH-Antrag in der Beschwerdeinstanz dann nicht als fristgerecht gestellt, wenn er zwar rechtzeitig beim OLG, aber erst nach Ablauf der Beschwerdefrist beim Amtsgericht eingegangen ist und der Antragsteller auch nicht mit einer fristgerechten Weiterleitung an das Amtsgericht rechnen konnte,[113] selbst wenn er seinen Fehler noch rechtzeitig vor Fristablauf bemerkt.[114] Die strikte Einhaltung der Förmlichkeiten hat vor allem Bedeutung für die Frage der Wiedereinsetzung (hierzu → Rn. 47 ff.).[115] Umgekehrt jedoch wirkt die für die gesamte untere Instanz ausgesprochene VKH-Bewilligung bei einer Zurückverweisung der Sache durch das höhere Gericht an das Gericht des unteren Rechtszugs fort.[116] 39

---

107 OLG Hamm 17.5.2011 – I-28 U 60/10, NJW-RR 2011, 1436.
108 OLG Bamberg 19.8.2014 – 2 UF 77/1, FamRZ 2015, 525.
109 Schneider/Thiel, Vergleichsabschluss (auch) über Kosten für die bedürftige Partei, NJW 2013, 3222.
110 Weitere Einzelheiten zur Beschwerde → Rn. 63 ff.; zu Einzelheiten bei der Wiedereinsetzung → Rn. 47 ff.
111 BGH 6.7.2006 – IX ZA 10/06, FamRZ 2006, 1522; BFH 24.11.2005 – V S 11/05 (PKH); vgl. Dörndorfer NJW 2009, 1397.
112 OLG Zweibrücken 11.7.2013 – 2 UF 90/13, FamFR 2013, 498.
113 BGH 19.12.2012 – XII ZB 61/12, FamRZ 2013, 437; OLG Zweibrücken 11.7.2013 – 2 UF 90/13, FamFR 2013, 498; vgl. BGH 14.5.2014 – XII ZB 689/13, NJW-RR 2014, 1347 Rn. 28; 26.6.2013 – XII ZB 83/13, NJW-RR 2014, 1; 12.6.2013 – XII ZB 394/12, NJW-RR 2014, 2.
114 BGH 28.6.2007 – V ZB 187/06, FamRZ 2007, 1640.
115 BGH 21.1.2009 – IV ZA 17/08; OLG Oldenburg 15.5.2008 – 13 UF 41/08, FamRZ 2009, 1167.
116 BVerwG 9.6.2008 – 5 B 204/07, NJW 2008, 3157.

40 Innerhalb der Beschwerdefrist müssen die notwendigen Angaben über die **persönlichen und wirtschaftlichen Verhältnisse** des Antragstellers gemacht werden,[117] dh dem Antrag sind innerhalb der Beschwerdefrist neben der VKH-Erklärung auch die erforderlichen Belege beizufügen.[118] Treten dabei Mängel auf, kann dem Antragsteller Wiedereinsetzung in den vorigen Stand (→ Rn. 47 ff.) nur dann gewährt werden, wenn sie unverzüglich beseitigt werden.[119]

41 War ihm in erster Instanz VKH bereits gewährt worden, darf er bei **unveränderten Verhältnissen** davon ausgehen, dass seine Bedürftigkeit auch in zweiter Instanz bejaht werden wird.[120] Dann muss aber zugleich **unmissverständlich erklärt** werden, dass keine Änderungen eingetreten sind.[121] Dies gilt nicht, wenn der Beteiligte oder sein anwaltlicher Vertreter erkennen kann, dass die persönlichen und wirtschaftlichen Voraussetzungen für die Gewährung von VKH nicht (mehr) gegeben sind.[122] Wurde aufgrund einer solchen Erklärung VKH bewilligt, obwohl sich die wirtschaftlichen Verhältnisse entgegen dem Erklärungsinhalt positiv verändert haben, kommt eine Ablehnung der Wiedereinsetzung dennoch nicht in Betracht, wenn der Antragsteller vernünftigerweise nicht mit der Ablehnung seines VKH-Antrags rechnen musste.[123] Daher bleibt eine solche falsche Angabe sanktionslos, wenn auch bei Berücksichtigung der wahrheitsgemäßen Angaben VKH zu bewilligen gewesen wäre.[124]

42 Zwar reicht es aus, wenn das vollständige[125] VKH-Gesuch für die Rechtsmittelinstanz **am letzten Tag** der laufenden Rechtsmittelfrist beim zuständigen Gericht eingeht.[126] Steht aber der Ablauf einer Rechtsmittelfrist unmittelbar bevor, muss sich der Bevollmächtigte **mit besonderer Sorgfalt** dafür einsetzen, dass die Frist noch gewahrt werden kann.[127] Eine Übertragung per Fax muss jedenfalls vor 24 Uhr abgeschlossen sein.[128] Der Anwalt muss ggf. einen Zeitpuffer einplanen[129] und darf Zustellversuche nicht „vorschnell" aufgeben.[130] Geht ein noch am letzten Tag der Beschwerdebegründungsfrist gesendeter 19-seitiger Schriftsatz vollständig **erst nach Mitternacht** und damit nach Fristablauf beim Beschwerdege-

---

117 BGH 21.1.2009 – IV ZA 17/08; 26.9.2002 – I ZB 20/02, FamRZ 2003, 89.
118 BGH 31.8.2005 – XII ZB 116/05, FamRZ 2005, 1901; 6.7.2006 – IX ZA 10/06, FamRZ 2006, 1522; vgl. OLG Zweibrücken 26.7.2007 – 6 UF 92/07, FuR 2007, 548.
119 OLG Oldenburg 29.1.2008 – 2 UF 145/07, FamRZ 2008, 1869; nachsichtiger wohl BGH 26.5.2008 – II ZB 19/07, FamRZ 2008, 1925.
120 BGH 7.10.2004 – V ZA 8/04, FamRZ 2004, 1961; 23.2.2005 – XII ZB 71/00, FamRZ 2005, 789.
121 BGH 12.6.2001 – XI ZR 161/01, NJW 2001, 2720.
122 BGH 13.1.2015 – VI ZB 61/14, MDR 2015, 790.
123 Eingehend hierzu BGH 23.4.2013 – VI ZB 30/12, FamRZ 2013, 1124.
124 BGH 23.4.2013 – VI ZB 30/12, FamRZ 2013, 1124 mAnm Fischer LMK 2013, 347493.
125 Vgl. OLG Nürnberg 7.1.2015 – 7 UF 1410/14, NZFam 2015, 1024.
126 BGH 8.2.2012 – XII ZB 462/11, FamRZ 2012, 705; vgl. OLG Köln 18.12.2012 – II-4 UF 196/12, FamRZ 2013, 1503.
127 BGH 7.11.1979 – IV ZB 157/79, MDR 1980, 295; 7.3.1985 – IX ZB 16/85, VersR 1985, 551.
128 OLG Saarbrücken 1.8.2013 – 5 U 368/12, NJW 2013, 3797, auch zu den Anforderungen an die Sorgfaltspflichten des Rechtsanwalts in einem solchen Fall.
129 BGH 27.11.2014 – III ZB 24/14, FamRZ 2015, 323; BVerwG 1.9.2014 – 2 B 93/13, AnwBl 2014, 1058 („Mitternachtsfaxen"); Toussaint, Form- und Fristwahrung durch Telefax im Zivilprozess, NJW 2015, 3207.
130 Die Beendigung der Zustellversuche um 19.02 Uhr ist jedenfalls vorschnell: BGH 4.11.2014 – II ZB 25/13, NJW 2015, 1027; hierzu auch Klotz, Die vorschnelle Aufgabe bei der Übermittlung fristgebundener Schriftsätze per Telefax, MDR 2015, 988.

richt ein, kann dem Beschwerdeführer keine Wiedereinsetzung in den vorigen Stand gewährt werden.[131] Eine spätere Wiedereinsetzung bei unvollständigem VKH-Antrag während der Rechtsmittelfrist ist ausgeschlossen, selbst bei fehlerhafter Rechtsmittelbelehrung.[132] Allerdings kann der fristwahrende Eingang eines Schriftsatzes zu fingieren sein, wenn die Übermittlung laut gerichtlichem Empfangsprotokoll durch die Sendestelle abgebrochen wurde, jedoch feststeht, dass dieser laut Sendebericht vollständig übermittelt wurde.[133]

b) „Bedingte" und „unbedingte" Beschwerde.[134] In seiner Entscheidung vom 11.3.2010 hat das Bundesverfassungsgericht[135] ausgeführt, dass dem – potenziellen – Rechtsmittelführer grundsätzlich **zwei Möglichkeiten** gegeben sind, sein Verfahren zu gestalten: 43

- **Entweder** kann er VKH für ein beabsichtigtes („bedingtes") Rechtsmittel beantragen
- **oder** das Rechtsmittel bereits („unbedingt") zusammen mit dem Antrag auf Bewilligung von VKH einreichen.

Die Bewilligung von VKH steht in ersterem Fall unter der zulässigen, weil innerprozessualen Bedingung, dass die Zulässigkeitsvoraussetzungen der Beschwerde gewahrt werden.[136] Wird hingegen in erster Linie die „Berichtigung" eines Beschlusses des Erstgerichts beantragt und nur „hilfsweise" Beschwerde eingelegt, handelt es sich um eine unzulässige, weil bedingte Beschwerde.[137] Ob ein Rechtsmittel „bedingt" oder „unbedingt" eingelegt worden ist, richtet sich allein nach dem objektiven Erklärungswert, wie er dem Rechtsmittelgericht innerhalb der Rechtsmittelfrist erkennbar war; spätere „klarstellende" Erklärungen können dabei nicht berücksichtigt werden.[138]

Dazu führt das Bundesverfassungsgericht weiter aus, die **fehlende Begründung**   44 des Rechtsmittels müsse allerdings gerade **auf die Bedürftigkeit des Beteiligten zurückzuführen** sein. Zwar könne die erforderliche Kausalität verneint werden, wenn nicht zu erkennen sei, dass der Rechtsanwalt zu einem weiteren Tätigwerden im Beschwerdeverfahren nur dann bereit sei, wenn VKH bewilligt werde. Dies habe der Bevollmächtigte im entschiedenen Fall aber bereits in der Rechtsmittelschrift eindeutig zum Ausdruck gebracht.

131 OLG Saarbrücken 1.8.2013 – 5 U 368/12, MDR 2014, 179.
132 BGH 9.10.2013 – XII ZB 311/13, NJW-RR 2013, 1527.
133 OLG München 11.2.2014 – 31 Wx 468/13, NJW-RR 2014, 1405.
134 Hierzu Toussaint, Rechtsmittel für die auf Prozesskostenhilfe angewiesene Partei, NJW 2014, 3209; Nickel, Die „bedingte" Beschwerde – Fluch oder Segen?, FamRB 2015, 428.
135 BVerfG 11.3.2010 – 1 BvR 290/10, NJW 2010, 2567.
136 OLG Bamberg 25.6.2014 – 2 UF 79/14, FamRZ 2015, 349.
137 OLG Nürnberg 26.3.2014 – 11 UF 1513/13, MDR 2014, 798; siehe auch BGH 20.7.2005 – XII ZB 31/05, FamRZ 2005, 1537.
138 BGH 7.3.2012 – XII ZB 421/11, NJW-RR 2012, 755; 24.5.2000 – III ZB 8/00, NJW-RR 2000, 1590 mwN.

45 Von diesen Konstellationen unterscheidet sich die Entscheidung des Bundesgerichtshofs vom 6.5.2008:[139] Dort war zunächst Berufung „unbedingt"[140] eingelegt worden. Noch im Lauf der Berufungsbegründungsfrist, jedoch vor der Entscheidung über die Gewährung von PKH wurde ein Schriftsatz eingereicht, der zwar den Anforderungen an eine Berufungsbegründung entsprach und insbesondere auch unterzeichnet,[141] jedoch ausdrücklich als „Entwurf" bezeichnet war.[142] Der Bundesgerichtshof hat die durch das Berufungsgericht verweigerte Wiedereinsetzung bestätigt mit der Begründung, die **Kostenarmut** der Antragstellerin sei **nicht ursächlich** für die Versäumung der Berufungsfrist geworden,[143] nachdem der Bevollmächtigte bereit gewesen sei, die Berufung auch ohne die Bewilligung von PKH zu begründen, was sich daraus ergebe, dass er vor Ablauf der Frist eine vollständige, insbesondere unterzeichnete, wenngleich als „Entwurf" bezeichnete Berufungsbegründungsschrift eingereicht habe.[144] Ist ein Schriftsatz demnach nicht als Beschwerde oder Beschwerdebegründung gemeint, obwohl er den gesetzlichen Anforderungen entspricht, muss sich dies mit einer jeden vernünftigen Zweifel ausschließenden Deutlichkeit ergeben.[145]

46 Der **VKH-Antrag an das Amtsgericht** kann etwa lauten:

▶ ... beantragen wir, der Antragsgegnerin Verfahrenskostenhilfe für ihre beabsichtigte Beschwerde zu bewilligen. Die Erklärung über ihre persönlichen und wirtschaftlichen Verhältnisse liegt einschließlich der erforderlichen Belege und einer Abschrift des Beschlusses vom ... bei. Die erforderlichen Erfolgsaussichten ergeben sich aus dem ebenfalls beiliegenden Begründungsentwurf. ◀

47 **c) Wiedereinsetzung.** Sofern über den VKH-Antrag nicht vor Ablauf der Beschwerdebegründungsfrist entschieden wird und der Beschwerdeführer die Beschwerde deshalb nicht rechtzeitig hat begründen können, ist ihm hinsichtlich der versäumten Beschwerdebegründungsfrist **Wiedereinsetzung** in den vorigen Stand zu gewähren, wenn er sich für bedürftig halten durfte und aus seiner Sicht alles Erforderliche getan hat, damit aufgrund der von ihm eingereichten Unterlagen ohne Verzögerung über sein VKH-Gesuch entschieden werden kann.[146]

48 Eine Wiedereinsetzung in den vorigen Stand nach der Entscheidung über die Verfahrenskostenhilfe kommt nur in Betracht, wenn die **Mittellosigkeit für die**

---

139 BGH 6.5.2008 – VI ZB 16/07, NJW 2008, 2855 mAnm Schneider = FamRZ 2008, 1520 mAnm Zimmermann; vgl. BGH 29.3.2012 – IV ZB 16/11, NJW 2012, 2041 Rn. 15; 28.11.2012 – XII ZB 235/09, NJW 2013, 697 Rn. 18; 19.9.2013 – IX ZB 67/12, FamRZ 2014, 31 Rn. 7; vgl. Weinreich, VKH für eine noch einzulegende Beschwerde, FuR 2013, 269.
140 Vgl. hierzu BGH 19.5.2004 – XII ZB 25/04, FamRZ 2004, 1553; 20.7.2005 – XII ZB 31/05, FamRZ 2005, 1537; 7.3.2012 – XII ZB 421/11, FamRZ 2012, 962.
141 Im Unterschied zu BGH 19.9.2013 – IX ZB 67/12, FamRZ 2014, 31.
142 Entwurf ohne Unterschrift: BGH 28.11.2012 – XII ZB 235/09, NJW 2013, 697.
143 Vgl. hierzu BGH 16.11.2010 – VIII ZB 55/10, FamRZ 2011, 289; 29.3.2012 – IV ZB 16/11, NJW 2012, 2041; 19.9.2013 – IX ZB 67/12, FamRZ 2014, 31.
144 Vgl. zu dieser Problematik auch OLG Schleswig 18.2.2010 – 13 UF 167/09, FamRZ 2010, 1359: „unbedingte" Klage, es fehlte die Bezeichnung des Schriftsatzes als Entwurf.
145 BGH 17.12.2008 – XII ZB 185/08, FamRZ 2009, 494; 8.12.2010 – XII ZB 140/10, FamRZ 2011, 366; vgl. BGH 24.3.2009 – VI ZB 89/08, FamRZ 2009, 1056; 27.5.2009 – III ZB 30/09, FamRZ 2009, 1408; 8.12.2010 – XII ZB 140/10, FamRZ 2011, 366; 7.3.2012 – XII ZB 421/11, FamRZ 2012, 962; 17.7.2013 – XII ZB 174/10, FamRZ 2013, 1720.
146 BVerfG 11.3.2010 – 1 BvR 290/10, NJW 2010, 2567.

Fristversäumung kausal geworden ist.[147] Ein Beteiligter ist nur so lange als schuldlos an der Fristwahrung gehindert anzusehen, wie er nach den gegebenen Umständen **vernünftigerweise nicht mit einer die VKH ablehnenden Entscheidung rechnen** muss, weil er sich für bedürftig halten darf und aus seiner Sicht alles Erforderliche getan hat, damit ohne Verzögerung über sein VKH-Gesuch entschieden werden kann.[148] Die Mittellosigkeit als das zur Fristversäumung führende Hindernis **fällt weg**, wenn sich seine Vermögensverhältnisse in einer Weise ändern, die ihn objektiv in die Lage versetzt, die Verfahrenskosten aus eigenen Mitteln aufzubringen, und er dies auch erkennt oder jedenfalls bei Anwendung der gebotenen Sorgfalt erkennen könnte.[149]

Unabdingbare Voraussetzung für die Wiedereinsetzung ist weiter, dass der Beteiligte seinen **VKH-Antrag innerhalb der Rechtsmittelfrist** gestellt und dabei alle für die Bewilligung erforderlichen Unterlagen beigefügt hat.[150] Zwar besteht für seinen Anwalt bei rechtzeitiger Aufgabe der Schriftstücke zur Post grundsätzlich keine Nachfrageverpflichtung beim Empfangsgericht. Dies gilt jedoch nicht, wenn er das Schriftstück in einen Briefkasten einwirft, dessen unzuverlässige und unregelmäßige Leerung ihm vorher bekannt ist[151] oder wenn er ausnahmsweise nicht auf die Einhaltung normaler Postlaufzeiten vertrauen darf, beispielsweise angesichts angekündigter Poststreiks.[152] Unterbleibt in solchen Fällen eine Nachfrage beim Empfangsgericht hinsichtlich des Eingangs, ist die Fristversäumnis nicht unverschuldet. **49**

In **Ehe- und Familienstreitsachen** richtet sich die Wiedereinsetzung nach den **50** §§ 233 ff. ZPO. Danach ist einem Beteiligten auf Antrag Wiedereinsetzung in den vorigen Stand zu gewähren, wenn er ohne sein Verschulden verhindert war, eine Notfrist oder die Frist zur Begründung der Berufung, der Revision, der Nichtzulassungsbeschwerde oder der Rechtsbeschwerde oder die Frist des § 234 Abs. 1 ZPO einzuhalten. Generell ist die Versäumung einer Frist unverschuldet und Wiedereinsetzung in den vorigen Stand zu gewähren, wenn die rechtzeitige Vornahme einer fristwahrenden Handlung wegen des wirtschaftlichen Unvermögens des Beteiligten unterbleibt.[153] Darüber hinaus wird ein Fehlen des Verschuldens **vermutet**, wenn eine Rechtsbehelfsbelehrung unterblieben oder fehlerhaft ist.

Gem. § 234 Abs. 1 ZPO muss die **Wiedereinsetzung beantragt** werden **51**

- innerhalb einer Frist von **zwei Wochen,**
- innerhalb einer Frist von **einem Monat,** wenn die Partei verhindert ist, die Frist zur Begründung der **Berufung, der Revision, der Nichtzulassungsbeschwerde oder der Rechtsbeschwerde** einzuhalten.

Nach Abs. 2 **beginnt** die Frist mit dem Tag, an dem das Hindernis behoben ist, **52** für den VKH-Antragsteller daher **mit Zugang der Entscheidung über den VKH-**

---

147 BGH 29.3.2012 – IV ZB 16/11, NJW 2012, 2041.
148 BGH 14.5.2014 – XII ZB 689/13, NJW-RR 2014, 1347.
149 BGH 23.9.2014 – II ZB 14/13, NJW-RR 2015, 753.
150 BGH 16.12.2014 – VI ZA 15/14, NJW 2015, 1312; 9.10.2013 – XII ZB 311/13, FamRZ 2013, 1966; siehe auch OVG Hamburg 14.1.2015 – 4 Bf 196/14.Z, FamRZ 2015, 1418; Jungk, Wiedereinsetzung in Prozesskosten- und Verfahrenskostenhilfe-Mandaten, NJW 2013, 667.
151 OLG Schleswig 20.10.2014 – 10 UF 105/14, FamRZ 2015, 429 (die zugelassene Rechtsbeschwerde wurde nicht eingelegt).
152 OLG Jena 2.10.2015 – 1 UF 147/15.
153 BGH 16.12.2014 – VI ZA 15/14, NJW 2015, 1312.

Antrag,[154] bei bestehendem **Anwaltszwang** mit **Zugang des Beiordnungsbeschlusses**[155] bzw. mit dem Zugang eines gerichtlichen Hinweises, dass die Voraussetzungen für die Bewilligung von VKH nicht vorliegen.[156] Ein **stillschweigender Antrag** auf Wiedereinsetzung kann nicht angenommen werden, wenn die fristgebundene Verfahrenshandlung in der unzutreffenden Annahme erbracht wird, die Frist sei noch nicht abgelaufen.[157] Nach Abs. 3 kann die Wiedereinsetzung nach Ablauf eines Jahres ab dem Ende der versäumten Frist an nicht mehr beantragt werden.

53 Die **Monatsfrist für die Beschwerdebegründung** nach §§ 113 Abs. 1 S. 2, 236 Abs. 2 S. 2 ZPO beginnt für den mittellosen Beteiligten erst mit der Mitteilung der Wiedereinsetzung in den vorigen Stand gegen die Versäumung der Beschwerdefrist.[158] Im Übrigen hat es der Bundesgerichtshof für ausreichend erachtet, zur **Begründung der Beschwerde** auf Schriftsätze im VKH-Prüfungsverfahren Bezug zu nehmen,[159] was allerdings die Beachtung der Erfordernisse aus §§ 113 Abs. 1 S. 2, 519, 520, 130 ZPO (insbes. die Unterzeichnung) voraussetzen dürfte.

54 Nach § 236 Abs. 1 ZPO richtet sich die **Form des Antrags** auf Wiedereinsetzung nach den Vorschriften, die für die **versäumte Verfahrenshandlung** gelten. Nach Abs. 2 muss der Antrag die Angabe der die Wiedereinsetzung begründenden Tatsachen enthalten; diese sind bei der Antragstellung oder im Verfahren über den Antrag glaubhaft zu machen. **Innerhalb der Antragsfrist ist die versäumte Verfahrenshandlung nachzuholen,** dh, **innerhalb von zwei Wochen** muss auch die Beschwerde eingelegt und binnen Monatsfrist begründet werden. Die Frist zur Einlegung der Beschwerde läuft ebenfalls bereits ab Bekanntgabe der Bewilligung der VKH,[160] nicht etwa erst ab Mitteilung der Wiedereinsetzungsentscheidung.[161] Sind alle formellen Voraussetzungen erfüllt, kann **Wiedereinsetzung auch ohne Antrag** gewährt werden.[162]

Vor allem dann, wenn der Wiedereinsetzungsantrag fälschlicherweise beim Amtsgericht und nicht beim OLG eingereicht wurde und der Wiedereinsetzungsantrag die die Wiedereinsetzung begründenden **Tatsachen nebst Glaubhaftmachung** enthält und nach Bewilligung von PKH innerhalb der Wiedereinsetzungsfrist die **versäumte Verfahrenshandlung nachgeholt** wird, ist die Wiedereinsetzung auch ohne Antrag in Betracht zu ziehen.[163]

---

154 BGH 19.11.2008 – XII ZB 102/08, FamRZ 2009, 217.
155 BGH 22.3.2001 – IX ZR 407/98, NJW 2001, 2545 (2546); 17.6.2004 – IX ZB 208/03, NJW 2004, 2902 (2903); 16.1.2014 – XII ZB 571/12, FamRZ 2014, 550.
156 BGH 14.5.2014 – XII ZB 689/13, FamRZ 2014, 1362.
157 BGH 5.6.2012 – VI ZB 76/11, FamRZ 2012, 1379.
158 BGH 30.4.2014 – III ZB 86/13, NJW 2014, 2442; 29.5.2008 – IX ZB 197/07, NJW 2008, 3500; 19.6.2007 – XI ZB 40/06, NJW 2007, 3354; 26.5.2008 – II ZB 19/07, NJW-RR 2008, 1306.
159 BGH 5.3.2008 – XII ZB 182/04, NJW 2008, 1740.
160 So BGH 11.6.2008 – XII ZB 184/05, NJW-RR 2008, 1313; 29.5.2008 – IX ZB 197/07, FamRZ 2008, 1616; ebenso OLG Zweibrücken 12.1.2012 – 2 UF 92/11, FamRZ 2012, 1238.
161 BGH 30.4.2014 – III ZB 86/13, NJW 2014, 2442; 19.6.2007 – XI ZB 40/06, FamRZ 2007, 1640; BGH FamRZ 2008, 1925; 2008, 1616.
162 Vgl. BGH 6.10.2010 – XII ZB 22/10, NJW 2011, 153; 13.7.2010 – VI ZB 1/10, NJW 2011, 151.
163 Vgl. BGH NJW 2011, 153 sowie BGH 13.7.2010 – VI ZB 1/10, NJW 2011, 151 mwN zu Haftungsfragen; OLG Celle 16.1.2014 – 10 UF 248/13, NZFam 2014, 236.

Der **Wiedereinsetzungsantrag an das OLG** kann etwa lauten: 55

▶ ... wird beantragt, der Antragstellerin wegen der Versäumung der Beschwerdefrist (ggf.: und der Beschwerdebegründungsfrist) Wiedereinsetzung in den vorigen Stand zu gewähren.
Die Antragstellerin war bedingt durch ihre Kostenarmut ohne Verschulden gehindert, die Frist gem. § 63 Abs. 1 FamFG (ggf.: sowie die Frist gem. § 117 Abs. 1 S. 3 FamFG) zu wahren (ggf.: Die Beschwerde wird wie folgt begründet: ...). ◀

Über den Antrag auf Wiedereinsetzung entscheidet gem. § 113 Abs. 1 FamFG, 56
§ 237 ZPO das Gericht, dem die Entscheidung über die nachgeholte Verfahrenshandlung zusteht. Der Antrag ist daher **an das Beschwerdegericht** zu richten.[164]

Die **Beschwerde an das Amtsgericht** kann etwa lauten: 57

▶ ... legen wir nunmehr namens der Antragstellerin gegen den am ... verkündeten und am ... zugestellten Beschluss des Amtsgerichts Beschwerde ein. Die Antragstellerin war bedingt durch ihre Kostenarmut ohne Verschulden gehindert, die Frist gem. § 63 Abs. 1 FamFG zu wahren. Mit Beschluss vom ..., zugestellt am ..., hat das OLG ... VKH für die beabsichtigte Beschwerde bewilligt. Mit gleicher Post wird ein Wiedereinsetzungsantrag nebst Beschwerdebegründung beim OLG ... eingereicht. ◀

In **FG-Familiensachen** richtet sich das Verfahren nach den weitgehend gleichlau- 58
tenden Vorschriften der §§ 17 ff. FamFG. § 17 Abs. 2 FamFG enthält eine Vermutung für fehlendes Verschulden für den Fall, dass eine Rechtsbehelfsbelehrung unterblieben oder fehlerhaft ist.

III. Erfolgsaussichten

1. Anforderungen. Die Abhängigkeit der Gewährung von VKH vom Vorliegen 59
von Erfolgsaussichten ist **verfassungsrechtlich unbedenklich**.[165] Allerdings kann vom Antragsteller nicht auch noch verlangt werden, die Einwendungen des Antragsgegners zu widerlegen, für die der Antragsgegner die Beweislast trägt.[166]

An die Erfolgsaussichten sind **keine überspannten Anforderungen** zu stellen.[167] 60
Die VKH soll den Zugang zum Rechtsschutz lediglich **ermöglichen** und ihn nicht bereits selbst bieten.[168] Hinreichende Erfolgsaussichten iSv § 114 ZPO sind dann gegeben, wenn es aufgrund **summarischer Prüfung** der Sach- und Rechtslage möglich ist, dass der Antragsteller bei vertretbarem Vortrag[169] mit seinem Begehren durchdringen wird.[170] VKH ist daher schon dann zu bewilligen, wenn eine erfolgreiche Beweisaufnahme ernsthaft in Betracht kommt,[171]

---

164 BGH 17.8.2011 – XII ZB 50/11, FamRZ 2011, 1649 (1650); OLG Bremen 14.4.2011 – 4 UF 163/10, FamRZ 2011, 1741; OLG Celle 16.1.2014 – 10 UF 248/13, NJW 2014, 1828; HK-ZPO/Saenger ZPO § 237 Rn. 2; Nickel MDR 2010, 1227 (1230); vgl. Born, Die Rechtsprechung des BGH zur Wiedereinsetzung in den vorigen Stand, NJW 2011, 2022; aA Weinreich FuR 2011, 301 (306).
165 BVerfG 13.3.1990 – 2 BvR 94/88, NJW 1991, 413; vgl. BVerfG 29.9.2015 – 1 BvR 1125/14, FamRZ 2016, 30.
166 VerfGH Berlin 30.9.2014 – 97/13, FamRZ 2015, 593.
167 BVerfG 8.12.2009 – 1 BvR 2733/06, NJW 2010, 1129; 11.3.2010 – 1 BvR 3031/08, NJW 2010, 1658; KG 3.11.2008 – 9 W 143/08; vgl. OLG Frankfurt/M. 26.1.2010 – 19 W 84/09, FamRZ 2010, 1750.
168 OLG Naumburg 25.8.2015 – 1 W 34/15, AnwBl 2016, 360.
169 LAG Köln 2.9.2004 – 4 Ta 230/04.
170 Grds. zu den Anforderungen BVerfG 4.2.2004 – 1 BvR 596/03, NJW 2004, 1789; 4.2.2004 – 1 BvR 1715/02, FuR 2004, 400.
171 LAG Schleswig-Holstein 6.10.2008 – 1 Ta 94/08; OVG Magdeburg 7.6.2010 – 4 O 111/10.

oder das Gericht bereits wegen grundsätzlicher Bedeutung ein Rechtsmittel zugelassen hat[172] oder im Bewilligungsverfahren der Ansicht ist, dass die Voraussetzungen für die Zulassung der Rechtsbeschwerde gegeben sind.[173] **Grundsätzliche Bedeutung** einer Rechtssache und **Einzelrichterzuständigkeit** schließen sich gegenseitig aus: Misst der Einzelrichter der Sache grundsätzliche Bedeutung zu, hat er das Verfahren zwingend der Beschwerdekammer zu übertragen, anderenfalls ist das Verfassungsgebot des gesetzlichen Richters verletzt.[174] Hinreichende Erfolgsaussichten sind auch anzunehmen, wenn zu erwarten ist, dass in der Sache ein Vergleich zustande kommt, was allerdings von der Bereitschaft des Verfahrensgegners abhängt, hierüber zu verhandeln.[175] Die fehlende Begründung eines Antrags allein rechtfertigt noch nicht die Ablehnung der Bewilligung von VKH.[176] Jedoch kann VKH wegen fehlender Erfolgsaussichten verweigert werden, wenn ein Anspruch offensichtlich nicht besteht.[177]

61 Die Prüfung der Erfolgsaussichten darf nicht dazu führen, die Rechtsverfolgung oder Rechtsverteidigung in das **Nebenverfahren der VKH** vorzuverlagern und es an die Stelle des Hauptverfahrens treten zu lassen,[178] denn das VKH-Prüfungsverfahren dient nicht dazu, streitige Tatsachen- oder Rechtsfragen endgültig zu beantworten.[179] VKH darf daher insbesondere dann nicht versagt werden, wenn die Entscheidung in der Hauptsache von einer **schwierigen, bisher ungeklärten Rechts**-[180] **oder Tatfrage**[181] abhängt und die beabsichtigte Rechtsverfolgung oder Rechtsverteidigung damit **grundsätzliche Bedeutung**[182] hat oder Fragen aufwirft, die einer Klärung durch **höchstrichterliche Entscheidung** bedürfen.[183] Dies gilt vor allem für eine offene, höchstrichterlich noch **nicht entschie-**

---

172 OVG Bremen 1.12.2010 – 2 S 14/10, NJW 2011, 1018.
173 BGH 21.11.2002 – V ZB 40/02, NJW 2003, 1126 (1127); 27.2.2003 – III ZB 29/02, AGS 2003, 213; 4.5.2011 – XII ZB 69/11, FamRZ 2011, 1137.
174 BGH 25.11.2015 – XII ZB 105/13, FamRZ 2016, 451; vgl. BGH 22.11.2011 – VIII ZB 81/11, NJW-RR 2012, 125; 13.3.2003 – IX ZB 134/02, FamRZ 2003, 669; 11.9.2003 – XII ZB 188/02, FamRZ 2003, 1922; siehe auch KG 29.10.2012 – 12 W 103/12, MDR 2013, 114; OLG Celle 26.8.2014 – 10 W 3/14, MDR 2014, 1150.
175 LAG Mecklenburg-Vorpommern 24.11.2015 – 5 Ta 40/15.
176 OVG Münster 3.2.2009 – 13 E 1694/08, NJW 2009, 2395.
177 OLG Stuttgart 8.12.2009 – 12 W 59/09.
178 St. Rspr: BVerfG 11.3.2010 – 1 BvR 365/09, FamRZ 2010, 867; OVG Lüneburg 9.5.2005 – 12 PA 154/05, FamRZ 2006, 963; OLG Naumburg 29.1.2006 – 8 WF 14/06, FamRZ 2006, 1286; zusammenfassend OLG Saarbrücken 1.3.2006 – 9 WF 39/06, FamRZ 2006, 1395; insbesondere bei Verfahren nach § 1666: OLG Brandenburg 15.12.2005 – 10 WF 295/05, FamRZ 2006, 1775.
179 BVerfG 30.8.2006 – 1 BvR 955/06, NJW 2007, 2393; einschränkend BVerfG 19.2.2008 – 1 BvR 1807/07, NJW 2008, 1060.
180 St. Rspr: vgl. BVerfG 29.9.2015 – 1 BvR 1125/14, FamRZ 2016, 30; 28.1.2013 – 1 BvR 274/12, FamRZ 2013, 685; BGH 12.12.2012 – XII ZB 190/12, NJW 2013, 1310; 8.5.2013 – XII ZB 624/12, NJW 2013, 2198; 10.7.2013 – XII ZB 34/13, FamRZ 2013, 1799.
181 Keine Vorwegnahme der Hauptsache: BVerfG 19.2.2008 – 1 BvR 1807/07, NJW 2008, 1060; BGH 7.3.2007 – IV ZB 37/06, FamRZ 2007, 1006; unterhaltsrechtliche Leistungsfähigkeit: OLG Brandenburg 25.11.2008 – 10 WF 163/08.
182 Siehe hierzu BAG 5.10.2010 – 5 AZN 666/10, NJW 2011, 1099; 28.6.2011 – 3 AZN 146/11, NJW 2011, 2828.
183 BVerfG 14.6.2006 – 2 BvR 626/06, NJW 2006, 3412; BGH 21.11.2002 – V ZB 40/02, FamRZ 2003, 671; vgl. OLG Brandenburg 14.2.2005 – 10 WF 10/05, FamRZ 2006, 644 (Kosten für eine Feier zur Jugendweihe als unterhaltsrechtlicher Sonderbedarf) und OLG Brandenburg 30.9.2005 – 10 WF 207/05, FamRZ 2006, 1849 (Abänderung einer Jugendamtsurkunde ohne Bindungen).

dene **Rechtsfrage**.[184] In solchen Fällen muss das Gericht VKH selbst dann bewilligen, wenn es die Auffassung vertritt, dass die Rechtsfrage zuungunsten des Antragstellers zu entscheiden ist.[185] Dies gilt erst recht dann, wenn die Rechtsfrage zwar höchstrichterlich geklärt ist, das Instanzgericht jedoch von der höchstrichterlichen Rechtsauffassung abweichen will.[186] Insoweit darf VKH selbst dann nicht versagt werden, wenn Erfolgsaussichten fehlen, um dem Antragsteller den Zugang zur Revisionsinstanz nicht bereits im Vorfeld abzuschneiden.[187] VKH kann jedoch nicht mehr gewährt werden, wenn die entscheidenden schwierigen, zunächst ungeklärten Rechtsfragen im Laufe des VKH-Verfahrens höchstrichterlich in einem für den Antragsteller ungünstigen Sinne entschieden werden.[188]

Die beabsichtigte **Rechtsverteidigung** bietet schon dann hinreichende Aussicht 62 auf Erfolg, wenn das Verhalten des Antragsgegners im Verfahren der zweckentsprechenden Wahrnehmung seiner Interessen dient[189] oder die vorgebrachten Einwände gegen die Antragsbegründung zumindest eine Anhörung der Beteiligten gebieten,[190] ebenso bei einer vom Antragsteller verursachten fehlerhaften Vertretung des Antragsgegners. Dieser Mangel ist von Amts wegen zu berücksichtigen und bewirkt eine hinreichende Erfolgsaussicht der Rechtsverteidigung des Antragsgegners unabhängig von der Frage, ob seine materiellen Einwendungen gegen die erhobene Forderung Erfolg versprechend sind; ob sich die Erfolgsaussichten nach Beseitigung dieses Mangels möglicherweise ändern, ist unerheblich.[191] Ausreichend ist zB, dass zweifelhaft ist, ob der Unterhaltsschuldner das der Unterhaltsberechnung des Antragstellers zugrunde liegende Einkommen nach seiner beruflichen Qualifikation erzielen kann[192] oder wenn aufgrund zwischenzeitlich ergangener Gesetzesänderungen fraglich ist, ob zum alten Recht ergangene höchstrichterliche Rechtsprechung auch auf die neue gesetzliche Regelung Anwendung findet.[193]

2. VKH für Rechtsmittel. Auch für Rechtsmittel kann VKH nur bei bestehen- 63 den Erfolgsaussichten gewährt werden.[194] Dabei kommt es auf den voraussichtlichen **Erfolg in der Sache** selbst und nicht auf einen davon losgelösten Erfolg des Rechtsmittels an.[195] Kann demnach die angefochtene erstinstanzliche Entscheidung zwar formell keinen Bestand haben, wird sich jedoch das materielle Ergebnis nach einer Zurückverweisung voraussichtlich nicht ändern, kann VKH nicht bewilligt werden.[196]

---

184 OLG Saarbrücken 29.7.2011 – 6 WF 72/11, FamRZ 2012, 807.
185 BGH 8.5.2013 – XII ZB 624/12, FamRZ 2013, 1214; 5.3.2014 – XII ZB 220/11, FamRZ 2014, 826.
186 BVerfG 29.5.2006 – 1 BvR 430/03, FamRZ 2007, 1876; vgl. OLG Köln 28.2.2000 – 14 WF 11/00, FamRZ 2000, 1022.
187 OLG Hamburg 28.7.2004 – 2 UF 73/03, FamRZ 2005, 927.
188 BGH 27.1.1982 – IVb ZB 925/80, FamRZ 1982, 367.
189 OLG Hamm 8.5.2015 – I-12 W 7/15, MDR 2015, 727.
190 OLG Koblenz 7.5.2015 – 10 W 173/15, MDR 2015, 854.
191 OLG Karlsruhe 23.3.2015 – 9 W 6/15, FamRZ 2015, 1413 (hier: Vertretung eines minderjährigen Kindes durch die Mutter allein statt durch beide Eltern gemeinsam).
192 OLG Schleswig 22.3.2006 – 10 WF 42/06, FamRZ 2007, 486.
193 OLG Bremen 30.9.2008 – 3 W 17/08, MDR 2009, 219.
194 BGH 24.6.2003 – VI ZR 130/03, FamRZ 2003, 1378.
195 BGH 12.10.2006 – IX ZB 107/05, AnwBl 2007, 94.
196 BGH 15.11.2011 – II ZR 6/11, FamRZ 2012, 362.

64　Der VKH-Antrag eines anwaltlich vertretenen Beteiligten für eine beabsichtigte Beschwerde in Ehe- oder Familienstreitsachen muss **wenigstens stichwortartig** darlegen, warum und in welchen Punkten der anzufechtende Beschluss unrichtig sein soll,[197] wenngleich die Begründung nicht den Erfordernissen des § 117 Abs. 1 S. 1 FamFG entsprechen muss.[198] Für eine Beschwerde, die sich in Angriffen auf die **Beweiswürdigung** erschöpft, kann VKH nur gewährt werden, wenn Tatsachen aufgezeigt werden, die durchgreifende Zweifel an der Beweiswürdigung des Erstgerichts wecken.[199] Wird Beschwerde in vollem Umfang eingelegt und damit die **Beschwerdesumme** erreicht, ist hinsichtlich ihres Erfolg versprechenden Teils VKH selbst dann zu bewilligen, wenn dieser Teil allein die Beschwerdesumme nicht erreicht.[200]

65　Die **gleichzeitige Verwerfung** der Beschwerde mangels ordnungsgemäßer Begründung und Versagung von VKH für das Beschwerdeverfahren ist unzulässig,[201] dh, der Antrag darf nicht allein mit der Begründung abgelehnt werden, dass „die Beschwerde aus den Gründen des Beschlusses vom heutigen Tage keine hinreichende Aussicht auf Erfolg biete",[202] anderenfalls die Grundsätze eines fairen Verfahrens verletzt sind.[203] Hat das Beschwerdegericht über den vor Ablauf der Frist zur Begründung der zugelassenen Beschwerde gestellten (ordnungsgemäßen) Antrag auf Bewilligung von VKH nicht vorab entschieden, darf es die Beschwerde nicht wegen Versäumung der Beschwerdebegründungsfrist als unzulässig verwerfen.[204]

66　Für eine bereits zugelassene **Rechtsbeschwerde** ist VKH dennoch nicht zu gewähren, wenn der Grund für die Zulassung der Rechtsbeschwerde tatsächlich nicht besteht.[205]

67　Bei der Prüfung der Erfolgsaussichten ist das Rechtsmittelgericht grundsätzlich an eine inzwischen **eingetretene Rechtskraft der Hauptsacheentscheidung** gebunden,[206] es sei denn, eine zweifelhafte Rechtsfrage wurde verfahrensfehlerhaft in das VKH-Verfahren verlagert oder das erstinstanzliche Gericht hat die Entscheidung verzögert und die Erfolgsaussicht ist in der Zwischenzeit entfallen.[207]

197　OLG Celle 22.1.2003 – 3 U 278/02, MDR 2003, 470; OLG Schleswig 21.1.2004 – 7 U 30/03; OLG Dresden 30.7.2003 – 10 UF 447/03, FamRZ 2004, 121 mAnm Philippi FamRZ 2004, 648; für ein Beschwerdeverfahren vgl. BVerwG 8.9.2008 – 3 PKH 3.08.

198　OLG Celle 22.1.2003 – 3 U 278/02, MDR 2003, 470; keine Berufungsbegründung mit Textbausteinen: BGH 27.5.2008 – XI ZB 41/06, AnwBl 2008, 792; vgl. BGH 27.1.2015 – VI ZB 40/14, AnwBl 2015, 814.

199　OLG Dresden 13.9.2002 – 10 UF 504/02, FamRZ 2003, 459.

200　OLG Karlsruhe 1.6.2006 – 2 UF 163/05, FamRZ 2006, 1396.

201　BGH 3.12.2003 – VIII ZB 80/03, FamRZ 2004, 699; vgl. OLG Düsseldorf 31.3.2011 – I-3 Wx 43/11, FamRZ 2011, 1744.

202　BVerfG 26.6.2003 – 1 BvR 1152/02, NJW 2003, 3190; vgl. BVerfG 19.12.2007 – 1 BvR 2036/07, FamRZ 2008, 581.

203　OLG Naumburg 24.6.2003 – 8 WF 84/03, MDR 2004, 357.

204　BGH 8.2.2012 – XII ZB 462/11, FamRZ 2012, 705; vgl. BGH 8.5.2007 – VIII ZB 113/06, FamRZ 2007, 1319; siehe auch BVerwG 23.7.2003 – 1 B 386/02, NJW 2004, 791.

205　Revisionsverfahren: BGH 16.7.2003 – IV ZR 73/03, FamRZ 2003, 1552; 11.9.2002 – VIII ZR 235/02, NJW-RR 2003, 130 (131); Rechtsbeschwerdeverfahren: BGH 27.6.2003 – IXa ZB 21/03, NJW-RR 2003, 1648 (1649).

206　BGH 7.3.2012 – XII ZB 391/10, FamRZ 2012, 964 m. krit. Anm. Zimmermann; OLG Koblenz 26.8.2014 – 13 WF 704/14, FamRZ 2015, 355; vgl. OLG Celle 15.3.2013 – 10 WF 86/13, FamRZ 2013, 1754 mAnm Simon FamFR 2013, 282.

207　BGH 7.3.2012 – XII ZB 391/10, FamRZ 2012, 964 m. krit. Anm. Zimmermann.

Die Beauftragung eines Rechtsanwaltes durch den **Rechtsmittelgegner** ist regel- 68
mäßig schon ab dem Zeitpunkt der Zustellung der Rechtsmittelschrift notwendig, auch wenn sie nicht mit einer Begründung versehen und ausdrücklich nur zur Fristwahrung eingelegt wird.[208] Die **Verfahrensgebühr** für die Rechtsmittelinstanz nach Nr. 3201 VV RVG verdient der Rechtsanwalt bereits dann, wenn er vom Rechtsmittelgegner Informationen zur Verteidigung gegen das eingelegte Rechtsmittel entgegennimmt;[209] eine nach außen erkennbare Tätigkeit des beauftragten Rechtsanwalts ist nicht erforderlich. Spätestens nach Einlegung und Begründung des Rechtsmittels sind durch den Abweisungsantrag entstandene Anwaltsgebühren notwendige Kosten der Rechtsverteidigung, selbst wenn sich der Rechtsmittelgegner mit der Rechtsmittelbegründung inhaltlich nicht auseinandersetzt.[210] Ein Verfahrensauftrag für die Rechtsmittelinstanz wird vermutet, wenn der Bevollmächtigte bereits erstinstanzlich mit der Vertretung beauftragt war und das Rechtsmittelverfahren eine erneute anwaltliche Vertretung erheischt.[211]

Für die Rechtsverteidigung ist grundsätzlich der Sach- und Streitstand zur Zeit 69
der Rechtsmittelentscheidung maßgebend.[212]

3. Maßgebender Zeitpunkt, rückwirkende Bewilligung. Der maßgebende Zeit- 70
punkt für die Beurteilung der Erfolgsaussicht ist nach inzwischen wohl überwiegender Auffassung der Zeitpunkt der Entscheidungsreife,[213] nach aM der **Zeitpunkt der tatsächlichen Entscheidung**, auch wenn bei Entscheidungsreife des VKH-Antrags Erfolgsaussicht noch zu bejahen war.[214] Dies gilt jedenfalls dann, wenn alsbald nach Entscheidungsreife entschieden wird,[215] und auch für das gerichtliche Eilverfahren.[216] Entscheidungsreife eines VKH-Gesuchs ist regelmäßig anzunehmen nach Vorlage der vollständigen VKH-Unterlagen durch den Antragsteller sowie nach Anhörung der Gegenseite mit angemessener Frist zur Stellungnahme.[217]

Ausnahmsweise ist auf die Sachlage abzustellen, die für den Antragsteller zur 71
Zeit der Antragstellung bei verständiger Würdigung bestand, wenn das Gericht über einen Antrag auf Gewährung von VKH pflichtwidrig nicht vorab, sondern **erst mit der Hauptsache entschieden hat.**[218] In einem Unterhaltsverfahren kann

---

208 OLG Koblenz 4.4.2012 – 14 W 171/12, FamRZ 2013, 1064; KG 21.1.2009 – 2 W 57/08, JurBüro 2009, 261.
209 OLG Düsseldorf 14.8.2008 I-24 W 62/08, JurBüro 2009, 28.
210 BGH 2.10.2008 – I ZB 111/07, JurBüro 2009, 142.
211 OLG Koblenz 4.4.2012 – 14 W 171/12, FamRZ 2013, 1064.
212 OLG Hamm 11.5.2011 – 8 WF 310/10, FamRZ 2011, 1973.
213 OVG Hamburg 6.8.2003 – 4 So 3/02, FamRZ 2005, 44 m. zahlr. Nachw.; KG 29.4.2009 – 3 WF 57/09, FamRZ 2009, 1505; OVG Lüneburg 27.4.2010 – 4 PA 117/10; vgl. OLG Karlsruhe 24.1.2006 – 5 WF 9/06, FamRZ 2006, 798 für ein vergleichsweises Anerkenntnis des geltend gemachten Anspruchs; bei vom Gericht zu vertretender Verzögerung der Entscheidung vgl. KG 28.3.2007 – 13 WF 23/07, FamRZ 2007, 1469; differenzierend LAG Köln 12.9.2007 – 2 Ta 317/07.
214 OLG Köln 24.5.2000 – 14 WF 58/00, OLGR 2000, 356; LAG Hamm 15.4.2003 – 4 Ta 866/02; OLG Saarbrücken 10.11.2008 – 9 WF 97/08, FamRZ 2009, 894 mAnm Gottwald.
215 LAG Berlin-Brandenburg 22.11.2010 – 7 Ta 2084/10, NJW-Spezial 2011, 125.
216 OVG Hamburg 10.9.2003 – 4 So 81/03, FamRZ 2005, 464, auch zur Bestimmung des Zeitpunkts der Entscheidungsreife.
217 OVG Münster 3.2.2009 – 13 E 1694/08, NVwZ-RR 2009, 502.
218 OLG Stuttgart 1.2.2006 – 16 WF 36/06, FamRZ 2006, 797; OVG Münster 17.3.2010 – 5 E 1700/09, NVwZ-RR 2010, 742 mwN.

nicht nachträglich die Erfolgsaussicht mit der Begründung verneint werden, der Antragsgegner habe inzwischen – dem Hinweis des Gerichts folgend – eine dem Sachantrag entsprechende Jugendamtsurkunde errichten lassen, so dass nunmehr das Rechtsschutzinteresse für den Unterhaltsantrag fehle.[219] Dies gilt jedoch nicht, wenn es der Antragsteller **selbst in der Hand** hat, die ihm bekannten Umstände für eine Verschlechterung der Erfolgsprognose zu steuern und zu verhindern, dass sich allein durch den Zeitablauf Rechtsnachteile für ihn ergeben.[220] Wird ein VKH-Antrag namentlich nach der Beweisaufnahme und nach Zahlung eines Kostenvorschusses gestellt, ist das Ergebnis der Beweisaufnahme bei der Würdigung der Erfolgsaussichten zu berücksichtigen.[221]

72 In jedem Fall kommt eine **rückwirkende Bewilligung** von VKH frühestens von dem Zeitpunkt an in Betracht, in dem über den entsprechenden Antrag positiv hätte entschieden werden können, was insbesondere auch die Vorlage einer vollständigen Erklärung über die persönlichen und wirtschaftlichen Verhältnisse voraussetzt.[222] Dies gilt auch dann, wenn das Gericht die Vorlage ergänzender Nachweise fordert und diese innerhalb der gesetzten Frist beigebracht werden.[223] Die rückwirkende VKH-Bewilligung führt dazu, dass ein etwa mit dem Antrag eingezahlter **Gerichtskostenvorschuss** zu erstatten ist.[224] Sofern die Bewilligungsvoraussetzungen vor der Rücknahme eines Sachantrags vorgelegen haben, kann VKH auch noch nach Antragsrücknahme bewilligt werden.[225] Allerdings ist der Antragsteller gehalten, entweder zugleich in der Antragsrücknahme oder jedenfalls im engen zeitlichen Zusammenhang damit deutlich zu machen, dass er trotz der Antragsrücknahme an seinem VKH-Antrag festhalten will.[226]

73 Für die **Rechtsverteidigung** gegen einen Antrag bzw. Gegenantrag kann VKH erst nach Zustellung des Antrags gewährt werden.[227] Maßgebender Zeitpunkt für die Beurteilung der hinreichenden Erfolgsaussichten ist in diesen Fällen der Zeitpunkt der Entscheidungsreife, die bei Anhörung des Gegners erst nach Ablauf der gesetzten Frist eintreten kann.[228] Im Falle der Verteidigung in einer Unterhaltsangelegenheit kann VKH erst nach Rechtshängigkeit des Sachantrags ge-

---

219 Vgl. OLG Köln 24.5.2000 – 14 WF 58/00, FamRZ 2000, 1588; vgl. hierzu OLG Stuttgart 12.1.2005 – 16 WF 184/04, FamRZ 2005, 1266; OLG Rostock 22.3.2002 – 11 WF 55/02, JurBüro 2002, 376; sa OLG Hamm 2.6.2004 – 11 WF 116/04, FamRZ 2005, 527; insoweit zur Problematik insgesamt vgl. Burschel, Praktische Probleme bei der Titulierung durch Jugendamtsurkunde während laufenden PKH-Verfahrens auf Zahlung von Kindesunterhalt, FamRB 2009, 183.
220 OLG Köln 29.10.1998 – 14 WF 153/98, FamRZ 1999, 1143.
221 OLG Celle 13.11.2006 – 6 W 112/06, FamRZ 2007, 485.
222 BGH 30.9.1981 – IVb ZR 694/80, NJW 1982, 446; 13.11.1991 – VIII ZR 187/90, JurBüro 1992, 466; 17.3.1992 – 4 StR 95/92, JurBüro 1992, 823; zur Auslegung des VKH-Beschlusses bei fehlender Angabe zum Wirkungszeitpunkt siehe OLG Brandenburg 5.12.2007 – 9 WF 341/07, FamRZ 2008, 1963 (Bewilligungsreife).
223 OLG Nürnberg 12.9.2001 – 10 WF 2815/01, FamRZ 2002, 759.
224 OLG Karlsruhe 1.2.2007 – 5 WF 12/07, FamRZ 2007, 1028.
225 OLG Rostock 20.3.2001 – 10 WF 48/01, FamRZ 2001, 1468; OLG Hamm 17.3.2004 – 11 WF 4/04, FamRZ 2005, 463; zur Kostentragung vgl. BGH 9.2.2005 – XII ZB 146/04, FamRZ 2005, 794; 18.11.2009 – XII ZB 152/09, JurBüro 2010, 152 mwN.
226 OVG Hamburg 26.10.2009 – 5 So 178/09, NJW 2010, 695.
227 OLG Rostock 10.9.2007 – 10 WF 162/07, FamRZ 2008, 67.
228 OLG Celle 15.8.2001 – 14 W 26/01.

währt werden,[229] während in einem Anordnungsverfahren VKH bereits nach Einreichung eines entsprechenden VKH-Antrags zu gewähren ist.[230]

4. Günstige Beweisprognose. Die Bewilligung von VKH setzt voraus, dass ein **74** günstiges Beweisergebnis **zumindest hinreichend wahrscheinlich** ist.[231] Dies ist nicht anzunehmen bei nur Beteiligtenvernahme als Beweismittel,[232] ebenso dann nicht, wenn der Antragsgegner im VKH-Verfahren substantiiert das Vorbringen des Antragstellers bestreitet und dieser dadurch offensichtlich in unüberwindbare Beweisschwierigkeiten gerät.[233] Bei nur fern liegenden Erfolgschancen darf VKH verweigert werden.[234]

Eine **Beweisantizipation** im VKH-Prüfungsverfahren ist nur in eng begrenztem **75** Rahmen verfassungsrechtlich nicht zu beanstanden[235] und kommt ausnahmsweise dann in Betracht, wenn ein vernünftig und wirtschaftlich denkender Beteiligter, der das Verfahren selbst finanzieren müsste, wegen des absehbaren Misserfolgs der Beweisaufnahme von einer Durchführung des Verfahrens absehen würde.[236] Insbesondere kann der Beweiswert einer Zeugenaussage ausnahmsweise vorweggenommen werden, wenn durch den angebotenen Zeugenbeweis die Vermutung der Vollständigkeit und Richtigkeit einer Privaturkunde widerlegt werden soll[237] oder der benannte Zeuge den Sachverhalt in früheren Zeugenaussagen bereits zweimal bestritten hat und insoweit behauptete Widersprüche nicht substantiiert dargelegt werden.[238] Die Einholung einer **gutachterlichen Stellungnahme** nach § 118 Abs. 2 S. 2 ZPO kommt nur dann in Betracht, wenn der zeitliche und materielle Aufwand für die Erhebung des Sachverständigenbeweises gering, die hinreichende Erfolgsaussicht zweifelhaft und der Verfahrenswert hoch ist.[239]

5. Verjährung. Eine nach der VKH-Entscheidung **unverzüglich erfolgte Zustellung** des Antrags gilt als „demnächst" im Sinne des § 270 Abs. 3 ZPO.[240] Sieht **76** ein Beteiligter mit geringfügigem Einkommen von einer unbedingten Einzahlung eines Gerichtskostenvorschusses bis zum Ausgang des VKH-Verfahrens ab, ist dies nicht als Verletzung der im Verkehr erforderlichen Sorgfalt anzusehen, selbst wenn die Höhe seines Einkommens zu einer Ratenzahlungsanordnung

---

229 Vgl. aber OLG Karlsruhe 10.8.1999 – 2 WF 144/98, FamRZ 2000, 1022.
230 KG 25.10.2004 – 3 WF 211/04, FamRZ 2005, 526.
231 BGH 27.6.2003 – IXa ZB 21/03, MDR 2003, 1245; OLG Koblenz 27.2.2002 – 5 W 131/02, JurBüro 2002, 376.
232 OLG Köln 11.4.1996 – 1 W 36/96, NJW-RR 1997, 636; 28.9.2000 – 14 WF 105/00, FamRZ 2001, 1532; OLG Koblenz 27.2.2002 – 5 W 131/02, JurBüro 2002, 376; OLG Köln 26.4.2004 – 14 WF 82/04, FamRZ 2005, 43.
233 OLG Brandenburg 9.4.2008 – 3 W 60/07, WM 2008, 1617.
234 BVerfG 13.3.1990 – 2 BvR 94/88, NJW 1991, 413.
235 BVerfG 29.9.2004 – 1 BvR 1281/04, NJW-RR 2005, 140; 1.7.2009 – 1 BvR 560/08, JurBüro 2009, 547; 15.10.2009 – 2 BvR 2438/08, NJW 2010, 287; OLG München 1.9.2010 – 5 W 1810/10, MDR 2010, 1342.
236 OLG Köln 30.1.2004 – 2 W 384/04.
237 OLG Celle 13.6.2002 – 6 W 66/02; vgl. auch OLG Brandenburg 10.7.2002 – 9 WF 100/02, FamRZ 2003, 1019.
238 BVerfG 15.10.2009 – 2 BvR 2438/08, NJW 2010, 287.
239 OLG Schleswig 23.6.2008 – 4 W 32/08.
240 14 Tage: LG Düsseldorf 26.8.2008 – 16 S 5/08; drei Wochen: OLG München 10.7.2008 – 19 U 5500/07, WM 2009, 217.

führt.[241] Ob für die Wahrung der Zeitschranke des § 1585 b Abs. 3 bereits der Zugang eines VKH-Gesuchs ausreicht[242] oder ob nach § 15 Nr. 3 FamGKG vorgegangen werden muss,[243] ist umstritten.

77 Daher ist die Verjährung des verfolgten Anspruchs regelmäßig gehemmt, wenn der Antragsteller vor Eintritt der Verjährung ein ordnungsgemäß begründetes, **vollständiges VKH-Gesuch** einreicht.[244] Eine Hemmung der Verjährung tritt jedoch nicht ein, wenn dem VKH-Antrag die gem. § 253 ZPO erforderlichen Angaben,[245] namentlich die richtige Anschrift des Beklagten fehlen.[246] Allerdings ist der Antragsteller ohne konkrete Anzeichen für einen Wohnungswechsel des Antragsgegners nicht verpflichtet, vor Einreichung eines VKH-Antrags beim Einwohnermeldeamt dessen ihm bekannte Anschrift überprüfen zu lassen.[247] Eine Hemmung der Verjährung tritt ebenfalls nicht ein, wenn das Gericht die **Bekanntgabe an den Gegner** nicht veranlasst (vgl. § 204 Abs. 1 Nr. 14). Bei drohender Verjährung empfiehlt es sich daher für den Antragsteller, stets zusätzlich die Bekanntgabe des VKH-Gesuchs an die Gegenseite ausdrücklich unabhängig von der Beurteilung der Erfolgsaussichten durch das Gericht zu beantragen, weil das Gericht diesem Antrag entsprechen muss.[248] Dies gilt auch für den nicht anwaltlich vertretenen Antragsteller.[249]

78 Im Falle der Erhebung eines **Teilantrags** erstreckt sich die Hemmung der Verjährung nur auf den geltend gemachten Teilanspruch.[250] Wird VKH nur **teilweise bewilligt**, darf sich der Beteiligte nicht darauf verlassen, dass das Gericht den Antrag von sich aus im Umfang der bewilligten VKH zustellt; vielmehr muss er innerhalb einer Frist von zwei Wochen einen dem Bewilligungsbeschluss entsprechenden Antrag einreichen, sich zumindest aber beim Gericht erkundigen, ob trotz des unklaren Antrags die Zustellung veranlasst worden ist.[251] Ggf. empfiehlt es sich, dem Gericht nach Bewilligung der VKH einen förmlichen Antrag nur mit ausdrücklicher Bezugnahme auf die bereits erfolgte VKH-Bewilligung vorzulegen.[252]

79 **6. Beispiele. a) Scheidung.** Eine Bewilligung von PKH für einen Scheidungsantrag vor Ablauf des **Trennungsjahres** kommt trotz Vorliegens der Voraussetzungen für eine einverständliche Scheidung nicht in Betracht, wenn keine Härte-

---

241 OLG Schleswig 4.3.2002 – 15 UF 99/01, FamRZ 2002, 1635; zur Frist und zur Zurechnung von Anwaltsverschulden vgl. LG Nürnberg-Fürth 1.10.2008 – 14 S 4986/08, NJW 2009, 374.
242 So OLG Düsseldorf 20.3.2001 – 1 UF 92/00, FamRZ 2002, 327; OLG Hamm 10.11.2006 – 7 WF 166/06, FamRZ 2007, 1468; so auch BGH 30.11.2006 – III ZB 22/06, NJW 2007, 439 ff. zur Wahrung der Frist gem. § 13 Abs. 1 S. 2 StREG.
243 So OLG Schleswig 6.11.1987 – 10 UF 259/85, FamRZ 1988, 961, noch zu § 65 Abs. 7 GKG.
244 Vgl. § 204 Abs. 1 Nr. 14; Feststellungsinteresse bei rückständigem Kindesunterhalt: OLG Oldenburg 29.1.2009 – 11 WF 12/09, FamRZ 2009, 997.
245 OLG Stuttgart 1.6.2004 – 18 WF 106/04, FamRZ 2005, 526.
246 BGH 10.9.2015 – IX ZR 255/14, NJW 2016, 151.
247 BGH 10.9.2015 – IX ZR 255/14, NJW 2016, 151.
248 BGH 24.1.2008 – IX ZR 195/06, NJW 2008, 1939.
249 OLG Frankfurt/M. 29.9.2014 – 1 U 55/13, MDR 2015, 53.
250 BGH 9.1.2008 – XII ZR 33/06, FamRZ 2008, 675; vgl. BGH 19.1.1994 – XII ZR 190/92, FamRZ 1994, 751.
251 LG Bremen 14.1.2010 – 6 O 1095/08, FamRZ 2011, 1529; vgl. BGH 3.9.2015 – III ZR 66/14, NJW 2015, 3101: gescheiterte Prozessfinanzierung.
252 Vgl. OLG Koblenz 11.1.2011 – 14 W 14/11, JurBüro 2011, 538.

gründe vorgetragen werden.[253] Auch nach Ablauf der Jahresfrist kann VKH nicht bewilligt werden, wenn keine Seite mehr das Scheidungsverfahren betreibt.[254] Der Bewilligung von VKH steht jedoch nicht entgegen, dass das Verfahren zurzeit nicht betrieben wird, weil die Eheleute einen **Versöhnungsversuch** unternehmen.[255]

An der Stellung eines **eigenen Scheidungsantrags** besteht auch dann ein anerkennenswertes Interesse, wenn bereits der andere Ehegatte einen entsprechenden Antrag gestellt hat, denn hierdurch behält der Ehegatte den Ablauf des Verfahrens selbst in der Hand, nicht zuletzt um die Gegenseite daran zu hindern, durch Rücknahme des Scheidungsantrags die Ehezeitdauer iSv §§ 1384, 1579 Nr. 1, § 3 VersAusglG zu verschieben. Ihm ist daher VKH auch dann zu gewähren, wenn er dem Scheidungsantrag des anderen Ehegatten nicht entgegentritt.[256] Ebenso findet keine Prüfung der Erfolgsaussicht der **Rechtsverteidigung** statt, wenn der andere Elternteil im Rahmen eines Scheidungsverfahrens die Übertragung der elterlichen Sorge für die gemeinsamen Kinder auf sich allein begehrt.[257] 80

Wird VKH erst im Haupttermin einer Ehesache beantragt, scheitert die Bewilligung nicht allein daran, dass in diesem Verfahrensstadium keine weiteren Kosten mehr anfallen können, denn die Terminsgebühr nach Nr. 3104 VV RVG entsteht – anders als die Verhandlungsgebühr nach § 31 Abs. 1 Nr. 2 BRAGO – bereits mit der bloßen vertretungsbereiten Anwesenheit des Rechtsanwalts im Termin.[258] Verzögert sich der Termin, darf er allerdings das Gericht auch nicht vorzeitig wieder verlassen.[259] 81

Die Erfolgsaussichten eines **Scheidungsantrags nach türkischem Recht** dürfen nicht im Hinblick auf einen – wenn auch begründeten – Widerspruch des anderen Ehegatten verneint werden.[260] Für den Scheidungsantrag des Ehemannes nach pakistanischem Recht („talaq") liegen hinreichende Erfolgsaussichten vor, wenn die Ehefrau mit der Scheidung einverstanden ist.[261] 82

b) Unterhalt. Die **Darlegung von Unterhaltsansprüchen** durch eine computergestützte Berechnung soll zwar grundsätzlich schlüssig sein,[262] obgleich ein Unterhaltsbeschluss mit seitenlangen Computerberechnungen ohne jede Erläuterung als nicht ausreichend begründet erachtet wird und das Verfahren in erster Instanz daher an einem wesentlichen Verfahrensmangel leiden soll.[263] Es dürfte sich daher dringend empfehlen, die Berechnungen so hinreichend zu erläutern, dass ein Zusammenhang mit dem konkreten Einzelfall noch erkennbar ist. 83

---

253 OLG Celle 17.1.2014 – 10 WF 4/14, MDR 2014, 229; OLG Stuttgart 29.1.2004 – 15 WF 1/04, FamRZ 2004, 1298; OLG Köln 5.11.2003 – 26 WF 258/03, FamRZ 2004, 1117; OLG Dresden 6.12.2001 – 20 WF 794/01, FamRZ 2002, 890.
254 OLG Stuttgart 18.11.2004 – 15 WF 239/04, FamRZ 2005, 810.
255 OLG Hamburg 17.1.2003 – 12 WF 5/03, FamRZ 2003, 1017.
256 Prütting/Helms FamFG § 126 Rn. 9.
257 OLG Rostock 31.3.2005 – 10 WF 60/05, FamRZ 2005, 1913.
258 OLG Karlsruhe 16.3.2006 – 20 WF 28/06, FamRZ 2006, 874.
259 OLG Zweibrücken 13.9.2011 – 2 WF 165/11, NJW 2012, 1601.
260 OLG Düsseldorf 13.10.2008 – II-7 WF 176/08, FamRZ 2009, 135.
261 OLG Frankfurt/M. 11.5.2009 – 5 WF 66/09, FamRZ 2009, 1504.
262 OLG Köln 13.4.2006 – 14 WF 60/06, FamRZ 2006, 1044.
263 OLG Hamm 19.12.2000 – 13 UF 132/00, FamRZ 2001, 1161; OLG Zweibrücken FamRZ 2004, 1735.

84 Bei nicht vorgetragenem Einkommen des Antragsgegners kann VKH hinsichtlich des **Kindesunterhalts** (nur) iHv 100 % des Mindestunterhalts bewilligt werden,[264] die Vorschaltung einer Auskunftsstufe ist nicht erforderlich.[265]

85 **c) Sorgerecht und Umgang.** Ein **Sorgerechtsverfahren** nach § 1672 kann nur dann Aussicht auf Erfolg haben, wenn konkrete Tatsachen die **Notwendigkeit** einer Regelung deutlich werden lassen und mitgeteilt wird, ob und mit welchem Ergebnis ambulante Maßnahmen beim Jugendamt oder bei anderen Beratungsdiensten in Anspruch genommen werden. Hinreichende Erfolgsaussichten bestehen bereits dann, wenn das Familiengericht den Antrag nicht ohne Weiteres zurückweisen kann, sondern eine Regelung treffen muss und den Sachverhalt dazu zu ermitteln hat.[266] Die Erfolgsaussicht kann auch nicht mit der Erwägung verneint werden, eine Sorgerechtsregelung sei nicht erforderlich, weil die Eltern nicht getrennt lebten.[267]

86 Zwar umfasst die Bewilligung von VKH für ein Sorgerechtsverfahren nicht zugleich den Abschluss eines Vergleichs zum gerichtlich nicht anhängigen Umgangsrecht.[268] Andererseits wird erwartet, dass der Antragsteller wegen des für die VKH geltenden „Grundsatzes der Kosten sparenden Verfahrensführung" gleichzeitig eingereichte Anträge auf Übertragung des Aufenthaltsbestimmungsrechts sowie auf Regelung des Umgangs in einem Verfahren geltend macht.[269]

87 Im Rahmen eines **Umgangsverfahrens** ist hinreichende Erfolgsaussicht bereits dann gegeben, wenn der Antragsteller in diesem Verfahren seine **Lage verbessern** kann,[270] was in der Regel bereits dann der Fall ist, wenn das Familiengericht im Kindeswohlinteresse eine Regelung treffen muss und sich dabei nicht auf die Zurückweisung des Antrags beschränken kann.[271] Die Gewährung von VKH kann insoweit nicht mit der Begründung verweigert werden, der andere Elternteil habe am Umgang kein Interesse.[272] Dabei ist **umstritten**, ob die Bewilligung von VKH von der vorherigen Inanspruchnahme des Jugendamtes abhängig gemacht werden darf.[273]

---

264 OLG München 18.1.2005 – 12 WF 606/05, FamRZ 2005, 1859.
265 OLG München 18.1.2005 – 12 WF 606/05, FamRZ 2005, 1859.
266 OLG Saarbrücken FamRZ 2012, 1157.
267 OLG Zweibrücken 14.10.1986 – 2 WF 191/86.
268 OLG Celle 8.8.2008 – 17 WF 110/08, FamRZ 2009, 715.
269 OLG Koblenz 17.7.2014 – 7 WF 355/14, NJW-RR 2015, 388.
270 Erweiterung von Umgangskontakten: OLG Stuttgart 3.7.2008 – 16 WF 150/08, FamRZ 2009, 531.
271 OLG Nürnberg 23.3.2001 – 11 WF 697/01, FamRZ 2002, 109; OLG Brandenburg 28.2.2005 – 10 WF 38/05, FamRZ 2005, 2011; großzügig OLG Hamm 23.10.2007 – 1 WF 284/07, FamRZ 2008, 420 („nicht völlig aussichtslos oder mutwillig"); VKH für Antrag des Kindes: OLG Stuttgart 7.8.2008 – 16 WF 194/08, FamRZ 2009, 354.
272 OLG Stuttgart 31.3.2006 – 17 WF 80/06, FamRZ 2006, 1060.
273 Dafür: OLG Koblenz 16.8.2004 – 9 WF 791/04, FamRZ 2005, 1915; OLG Brandenburg 22.3.2005 – 9 WF 67/05, FamRZ 2005, 1914; OLG Stuttgart 31.3.2006 – 17 WF 80/06, FamRZ 2006, 1060; OLG Stuttgart 7.8.2008 – 16 WF 194/08, FamRZ 2009, 354; Keuter, Verfahrenskostenhilfe in Kindschaftssachen des § 151 Nr. 1–3 FamFG ohne vorherige Einschaltung des Jugendamtes?, FamRZ 2009, 1891; dagegen: OLG Karlsruhe 14.2.2003 – 2 WF 142/02, FamRZ 2004, 1115; OLG Hamm 18.12.2003 – 2 WF 420/03, FamRZ 2004, 1116; 5.1.2007 – 12 WF 194/06, FamRZ 2007, 1337; OLG München 26.11.2007 – 26 WF 1792/07, FamRZ 2008, 1089; vgl. OLG Düsseldorf 10.8.2010 – II-5 WF 98/10, FamRZ 2011, 51; siehe auch OLG Brandenburg 22.3.2006 – 9 UF 243/05, FamRZ 2006, 1549.

d) Abstammungssachen. In Abstammungssachen ist grundsätzlich wegen ihrer **88** **existenziellen Bedeutung** die Beiordnung eines Anwalts erforderlich, denn die Aufklärungs- und Beratungspflicht eines Anwalts geht über die Reichweite der Amtsermittlungspflicht des Richters hinaus.[274]

In **Vaterschaftsfeststellungsverfahren** ergeben sich hinreichende Erfolgsaussich- **89** ten für die Rechtsverteidigung im Regelfall bereits infolge der notwendigen förmlichen Beweisaufnahme (§ 177 Abs. 2 FamFG) und der strengen Anforderungen des Bundesgerichtshof an die Beweiserhebung in Abstammungsprozessen.[275] Jedoch müssen ernsthafte Zweifel an der Vaterschaft dargelegt werden.[276] Der Vortrag des Antragstellers, er wisse nicht, ob er der einzige Geschlechtspartner der Mutter gewesen sei, reicht zur Schlüssigkeit des Antrags auf Anfechtung der Vaterschaft nicht aus,[277] ebenso nicht der Vortrag, die Kindesmutter habe dem Antragsteller erklärt, er sei nicht der Vater;[278] auch nicht der Hinweis, dass es in der Ehe bereits erfolgreiche Vaterschaftsanfechtungen im Hinblick auf andere Kinder gegeben habe.[279] Auch ein anonymer Telefonanruf, wonach das Kind nicht vom rechtlichen Vater abstamme, ist unzureichend.[280] Demgegenüber begründet eine ärztlich attestierte **eingeschränkte Fertilität** in Verbindung mit der Weigerung der Mutter, an einem außergerichtlichen Vaterschaftstest mitzuwirken, einen Anfangsverdacht für einen Vaterschaftsanfechtungsantrag, der die Bewilligung von VKH rechtfertigt.[281] Andererseits kann einem Antragsgegner, der sich gegen eine Anfechtung der Vaterschaft verteidigen will, VKH nicht schon deshalb versagt werden, weil er dem Antrag nicht entgegentritt[282] bzw. ihn sogar unterstützt.[283] Zu weiteren Einzelheiten unter dem Gesichtspunkt der Mutwilligkeit → Rn. 136 ff.

Zur **Wahrung der Anfechtungsfrist** des § 1600 b Abs. 1 genügt unter den Vor- **90** aussetzungen des § 204 Abs. 1 Nr. 14 ein am letzten Tag der Frist bei Gericht eingereichtes VKH-Gesuch.[284]

e) Vorläufiger Rechtsschutz. VKH für ein Verfahren auf Erlass einer einstweili- **91** gen Anordnung ist **ausdrücklich zu beantragen** und ausdrücklich zu bewilligen oder zu versagen.[285] Wird VKH für das Hauptsacheverfahren bewilligt und ergibt die Auslegung dieses Beschlusses, dass sich die Bewilligung sowohl auf das

---

274 OLG Frankfurt/M. 9.10.2006 – 5 WF 175/06, NJW 2007, 230; einschränkend KG 31.1.2007 – 3 WF 7/07, FamRZ 2007, 1472; Anwaltsbeiordnung für das minderjährige Kind: OLG Rostock 20.8.2009 – 10 WF 184/09, JurBüro 2009, 647 (Wahlrecht zwischen Vertretung durch Jugendamt und Anwalt).
275 OLG Dresden 30.6.2010 – 24 WF 558/10, FamRZ 2010, 2007.
276 So ua OLG Brandenburg 13.10.2005 – 10 WF 243/05, FamRZ 2007, 151; vgl. OLG Dresden 11.10.2005 – 21 WF 744/05, FamRB 2006, 75; zum „Anfangsverdacht" in Vaterschaftsanfechtungsverfahren vgl. BGH 12.12.2007 – XII ZR 173/04, FamRZ 2008, 501; OLG Brandenburg 24.9.2009 – 9 WF 287/09, FamRZ 2010, 1174.
277 OLG Köln 20.1.2003 – 14 WF 195/02, FamRZ 2003, 1018; zu den Schlüssigkeitsvoraussetzungen für den Anfechtungsantrag vgl. OLG Jena 6.3.2003 – 1 UF 358/02, FamRZ 2003, 944.
278 OLG Köln 26.4.2004 – 14 WF 82/04, FamRZ 2005, 43.
279 OLG Köln 14.4.2005 – 14 WF 29/05, FamRB 2005, 359.
280 BGH 12.12.2007 – XII ZR 173/04, FamRZ 2008, 501.
281 OLG Dresden 11.10.2005 – 21 WF 744/05, FamRZ 2006, 1129.
282 OLG Koblenz 6.6.2001 – 13 WF 330/01, FamRZ 2002, 1194; aM OLG Köln 11.4.1996 – 1 W 36/96, NJW-RR 1997, 636.
283 OLG Hamm 18.5.2007 – 9 WF 40/07, FamRZ 2007, 1753.
284 OLG Dresden 27.7.2005 – 20 WF 337/05, FamRZ 2006, 55.
285 OLG Karlsruhe 20.5.2003 – 16 WF 20/03, OLGR 2004, 306.

Hauptsacheverfahren als auch auf das einstweilige Anordnungsverfahren erstreckt, muss ein späterer Beschluss, durch den VKH für das einstweilige Anordnungsverfahren versagt wird, aufgehoben werden.[286]

92 Wird ein Antrag auf **vorläufigen Rechtsschutz** neben einem Hauptsacheantrag gestellt, kann nicht die Erfolgsaussicht für die einstweilige Anordnung bejaht, für das Hauptsacheverfahren dagegen verneint werden.[287] Im Falle der **Verteidigung in einer Unterhaltsangelegenheit** kann im Hauptsacheverfahren VKH erst nach Rechtshängigkeit gewährt werden,[288] während dem Verfahrensgegner in einem Anordnungsverfahren VKH bereits nach Einreichung eines entsprechenden VKH-Antrags des den Erlass der einstweiligen Anordnung begehrenden Beteiligten zu gewähren ist.[289]

93 Der Verweis auf eine mögliche Bezifferung im Hauptsacheverfahren mit dem Hinweis, die zusätzlich durch ein einstweiliges Anordnungsverfahren entstehenden Kosten würde ein verständiger Beteiligter aus eigenen Mitteln nicht aufwenden, steht mit dem Gesetz nicht im Einklang, weil die Voraussetzungen für eine Sachentscheidung des Gerichts gegeben sind. Insbesondere besteht ein **Rechtsschutzbedürfnis** für die beantragte Eilmaßnahme, denn damit soll dem Unterhaltsgläubiger unverzüglich ein vollstreckbarer Titel zur Verfügung gestellt werden. Unterbleibt in dieser Situation eine Sachentscheidung des Gerichts über die beantragte einstweilige Anordnung, ist dies als greifbar gesetzwidrig anzusehen.[290]

94 **f) Anerkenntnis.**[291] Ein Antragsgegner, der den Anspruch anerkennt, verteidigt sich nicht und erhält deshalb grundsätzlich keine VKH.[292] Etwas anderes gilt jedoch dann, wenn er für die Antragstellung **keine Veranlassung** gegeben hat.[293] In derartigen Fällen werden regelmäßig hinreichende Aussichten auf Erfolg dafür gegeben sein, dass eine **Kostenentscheidung zugunsten des Antragsgegners** iSv § 93 ZPO zu erwarten ist. In diesem Sinn hat der Antragsgegner auch dann keine Veranlassung zur Antragstellung gegeben, wenn er sich vorgerichtlich gegen einen unschlüssig begründeten Anspruch wendet[294] sowie im Falle fehlender vorheriger außergerichtlicher Aufforderung zur Erfüllung des geltend gemachten Anspruchs.[295] Dies gilt auch dann, wenn der nach einer Antragsänderung neu

---

286 OLG Brandenburg 11.7.2006 – 10 WF 123/06, FamRZ 2007, 57.
287 ZB in Gewaltschutzsachen: OLG Jena 13.3.2007 – 1 WF 31/07, FamRZ 2007, 1337; vgl. aber OLG Zweibrücken 18.11.2009 – 2 WF 215/09, NJW 2010, 540.
288 Vgl. aber OLG Karlsruhe 10.8.1999 – 2 WF 144/98, FamRZ 2000, 1022.
289 KG 25.10.2004 – 3 WF 211/04, FamRZ 2005, 526.
290 OLG Frankfurt/M. 19.6.2001 – 1 WF 93/01, FamRZ 2002, 401.
291 Reinken, Die Behandlung von Verfahrenskostenhilfeanträgen bei Hauptsacheerledigung, Anerkenntnis und Stufenklagen, FPR 2009, 406.
292 OLG Brandenburg 21.12.2000 – 10 WF 9/00, FamRZ 2002, 1270 mwN; OLG Naumburg 31.1.2000 – 14 WF 20/99, FamRZ 2001, 923; aM OLG Karlsruhe 29.8.2001 – 5 WF 133/01, FamRZ 2002, 1132; unentschieden OLG Karlsruhe 22.7.2003 – 16 WF 74/03, FamRZ 2004, 1659.
293 OLG Naumburg 31.1.2000 – 14 WF 20/99, FamRZ 2001, 923; OLG Stuttgart 13.9.2000 – 17 WF 316/00, OLGR 2001, 45; OLG Hamm 8.4.2002 – 4 WF 69/02, FamRZ 2003, 459; LG Leipzig 20.1.2009 – 3 T 37/09, JurBüro 2009, 264.
294 OLG Hamm 29.12.2005 – 2 WF 426/05, FamRZ 2006, 1770: bei verfrühtem Anerkenntnis „erst recht".
295 OLG Karlsruhe 20.7.2009 – 18 WF 65/09, FamRZ 2009, 1932.

gefasste Antrag umgehend anerkannt wird, denn der Antragsgegner hat den Rechtsstreit insoweit nicht veranlasst.[296]

Andererseits gibt ein Unterhaltsschuldner, der nur **Teilleistungen** auf den geschuldeten Unterhalt erbringt, auch dann Veranlassung für einen gerichtlichen Antrag auf den vollen Unterhalt, wenn er zuvor nicht zur Titulierung des freiwillig gezahlten Teils aufgefordert worden ist,[297] wobei der Verfahrenswert durch die freiwilligen Leistungen nicht verringert wird.[298]   95

Ein Anerkenntnis in der Antragserwiderung ist auch dann als „**sofortiges**" anzusehen, wenn der Antragsgegner im VKH-Verfahren **keine Stellungnahme** abgegeben hat,[299] denn hierzu ist er nicht verpflichtet (sehr streitig; zu weiteren Einzelheiten → Rn. 102 ff.). Dies gilt jedoch nicht, wenn er im VKH-Prüfungsverfahren **Antragsabweisung beantragt** hat.[300] Im Übrigen kann ein Anerkenntnis als „sofortiges" iSv § 93 ZPO nur bis zum Ablauf der Antragserwiderungsfrist gem. § 276 Abs. 1 S. 2 ZPO abgegeben werden.[301]   96

g) Teilrücknahme und Antragsänderung. Erfolgt auf die Antragserwiderung eine Teilrücknahme des Antrags, ist dem Antragsgegner für diesen Teil der Rechtsverteidigung keine VKH mehr zu bewilligen, da insoweit ein Kostenerstattungsanspruch besteht.[302] Die Bewilligung von VKH gilt nicht für eine **nachträgliche Antragsänderung.**[303]   97

IV. Mutwilligkeit

1. Allgemeines. Die Gewährung von VKH nur bei fehlender Mutwilligkeit ist verfassungsrechtlich unbedenklich.[304] Seit dem 1.1.2014 ist der Begriff der Mutwilligkeit in § 114 Abs. 2 ZPO gesetzlich geregelt. Mutwillig ist danach die Rechtsverfolgung oder Rechtsverteidigung, wenn ein Beteiligter, der keine VKH beansprucht, **bei verständiger Würdigung aller Umstände von der Rechtsverfolgung oder Rechtsverteidigung absehen würde,** *obwohl* eine hinreichende Aussicht auf Erfolg besteht. Eine wirkliche Neuerung ist dies jedoch nicht: Nach der zuvor bereits ergangenen Rechtsprechung handelte ein Beteiligter stets dann mutwillig, wenn er bei der Verfolgung seiner Rechte einen Weg einschlägt, den ein Beteiligter, der selbst für die Kosten aufkommen müsste, nicht wählen wür-   98

296 BGH 17.12.2008 – IV ZB 40/08; OLG Celle 22.1.2009 – 6 W 5/09, NJW-Spezial 2009, 459.
297 BGH 2.12.2009 – XII ZB 207/08, FamRZ 2010, 195 mAnm Gottwald sowie Schmidt FamRZ 2010, 447.
298 OLG Hamm 5.9.2006 – 1 WF 211/06, FamRZ 2007, 163.
299 OLG Bremen 14.1.2009 – 3 U 50/08, NJW 2009, 2318.
300 OLG Stuttgart 7.5.1999 – 5 W 16/99, MDR 1999, 1189; BGH 30.5.2006 – VI ZB 64/05, NJW 2006, 2490; OLG Naumburg 26.2.2007 – 8 WF 44/07, FamRZ 2007, 1584; LG Nürnberg-Fürth 25.6.2008 – 7 O 4785/08, NJOZ 2008, 4820; OLG Naumburg 11.12.2007 – 8 UF 230/07, FamRZ 2008, 1643.
301 OLG Schleswig 13.10.2010 – 3 W 10/10, AGS 2011, 147.
302 OLG Hamm 31.1.2003 – 11 WF 364/02, FamRZ 2003, 1761.
303 BGH 22.9.2005 – IX ZB 163/04, FamRZ 2006, 37.
304 BVerfG 29.9.2015 – 1 BvR 1125/14, FamRZ 2016, 30.

de[305] oder wenn er seine Rechte in gleicher Weise, jedoch **auf einem billigeren Wege** verfolgen könnte.[306]

99 Maßstab ist damit noch immer das hypothetische Verhalten eines selbstzahlenden Beteiligten, der sich in der Situation des Antragstellers befindet, seine Verfahrensaussichten **vernünftig abwägt** und dabei auch das **Kostenrisiko** berücksichtigt.[307] Daher kann die Rechtsverfolgung oder -verteidigung auch dann mutwillig sein, wenn hinreichende Erfolgsaussichten bestehen.[308] Dennoch ist ein gerichtliches Verfahren mit einer aus ex-ante-Sicht **lediglich risikobehafteten Vollstreckung** auch auf der Grundlage der neuen gesetzlichen Bestimmungen nicht mutwillig.[309] Lediglich dann, wenn die Vollstreckung „bei zurückhaltender Beurteilung dauernd aussichtslos" erscheint, kommt die Annahme einer mutwilligen Rechtsverfolgung in Betracht.[310] Die gesetzliche Änderung betrifft demnach zB die Fälle

- einer bekannten **Vermögenslosigkeit** des Schuldners,[311]
- einer unrealistischen Zwangsvollstreckung im Ausland,[312]
- **nicht** aber per se Fälle mit **geringem Verfahrenswert**, da auch Selbstzahler Verfahren um niedrige Beträge führen.[313]

100 Mutwillig handelt in diesem Sinne, wer von zwei gleichwertigen verfahrensrechtlichen Wegen denjenigen beschreitet, von dem er von vornherein annehmen muss, dass er für ihn der **kostspieligere** ist. Hierunter fällt zB die Erhebung eines Abänderungsantrags wegen Unterhalts gegen zwei Antragsgegner in getrennten Verfahren, ohne dass ein vernünftiger Grund für die getrennte Verfahrensführung vorliegt. Ebenso ist die Gewährung von VKH nicht erforderlich, solange das Betreiben des eigenen Verfahrens in zumutbarer Weise zurückgestellt oder ruhend gestellt werden kann, wenn zum Zeitpunkt der Einleitung des Verfahrens bereits **Musterverfahren** beim Rechtsbeschwerdegericht anhängig sind[314] oder im Beschwerdeverfahren die Möglichkeit einer Zurückweisung des Rechtsmittels nach §§ 113 Abs. 1 S. 2, 522 Abs. 2 ZPO besteht; dies jedenfalls dann, wenn das Beschwerdegericht mit der Übersendung der Rechtsmittelschrift bereits darauf hinweist, dass es das Rechtsmittel durch einstimmigen Beschluss zurückweisen will.[315] Mutwilligkeit liegt auch vor, wenn ein nicht kostenarmer Be-

---

305 BGH 21.11.2013 – III ZA 28/13, JurBüro 2014, 203; vgl. BGH 28.4.2010 – XII ZB 180/06, FamRZ 2010, 1147; 28.4.2010 – XII ZB 180/06, FamRZ 2010, 1423; vgl. OVG Saarlouis 20.11.2013 – 2 D 439/13, NJW 2014, 713; Verhältnis von Kosten zu wirtschaftlichem Erfolg: LSG Berlin-Brandenburg 6.11.2008 – L 29 B 1644/08 AS PKH.

306 OLG Brandenburg 25.2.2003 – 9 WF 23/03, FamRZ 2003, 1760.

307 BT-Drs. 17/11472, 29; vgl. BVerfG 18.11.2009 – 1 BvR 2455/08, NJW 2010, 988 f.

308 Zempel FF 2013, 275 ff.

309 OLG Hamm 27.9.1996 – 12 WF 424/96, FamRZ 1997, 619 f.; vgl. OLG Koblenz 3.2.2000 – 8 W 68/00, FamRZ 2001, 234; OLG Dresden 23.12.2003 – 8 W 781/03, NJW-RR 2004, 1078; OLG Hamburg 27.1.2003 – 2 WF 6/03, FamRZ 2003, 1102; OLG Köln 8.6.2004 – 4 WF 65/04, FamRZ 2005, 460.

310 BT-Drs. 17/13538, 38 (39).

311 OLG Koblenz 3.2.2000 – 8 W 68/00, FamRZ 2001, 234; OLG Dresden, NJW-RR 2004, 1078; vgl. aber LG Osnabrück 12.10.2009 – 7 T 615/09, JurBüro 2010, 40 im Falle von Schmerzensgeldansprüchen.

312 So entschieden für Kasachstan: OLG Saarbrücken 18.10.2006 – 9 WF 76/06, JAmt 2007, 223.

313 Zempel FPR 2013, 265; Nickel MDR 2013, 890.

314 BVerfG FamRZ 2010, 188.

315 OLG München MDR 2014, 1288.

teiligter vor der Inanspruchnahme gerichtlicher Hilfe eine außergerichtliche Streitschlichtung[316] oder eine außergerichtliche Einigung versucht hätte.[317] Allerdings existiert kein Erfahrungssatz, wonach ein bemittelter Beteiligter regelmäßig zunächst die außergerichtliche Streitschlichtung suchen werde.[318]

Wird dennoch VKH bewilligt, kann diese nicht später im Rahmen der Festset- 101 zung der VKH-Vergütung wieder eingeschränkt werden.[319] Generell sind Sachverhalte, die das Gericht bei der Bewilligung der VKH geprüft hat oder hätte prüfen müssen, im Vergütungsfestsetzungsverfahren bindend.[320]

2. Stellungnahme im VKH-Prüfungsverfahren. Immer noch nicht abschließend 102 geklärt ist die Frage, ob einem Antragsgegner, der im VKH-Prüfungsverfahren keine Stellungnahme abgegeben hat, nach Rechtshängigkeit des Antrags die Gewährung von VKH für die eigene Verteidigung wegen Mutwilligkeit verweigert werden kann.[321] Dagegen spricht allerdings bereits, dass er zu einer solchen Stellungnahme nach dem eindeutigen Wortlaut von § 118 Abs. 1 S. 1 ZPO nicht verpflichtet ist. Art. 103 Abs. 1 GG gibt dem bedürftigen Antragsgegner zwar ein Anhörungsrecht, verpflichtet ihn jedoch nicht zur Abgabe einer Stellungnahme gegenüber dem VKH-Antragsteller oder gar der Staatskasse.[322] Zwar wurde der Wortlaut von § 118 Abs. 1 S. 1 ZPO zum 1.1.2014 geändert. Jedoch soll die Änderung nur „klarstellen, dass das Gericht dem Gegner umfassend Gelegenheit zur Äußerung zu geben hat, ob er die Voraussetzungen für eine Bewilligung von Prozesskostenhilfe für gegeben hält". Eine Neuerung in der Sache ist damit nicht verbunden.

Auch **differenziert** § 118 Abs. 1 S. 1 ZPO hinsichtlich des gegnerischen Beteilig- 103 ten nicht zwischen bemittelten und unbemittelten Beteiligten. Ein VKH-Beteiligter kann damit nicht weiter in die Pflicht genommen werden als der bemittelte Beteiligte. Hinzu kommt, dass das VKH-Verfahren nur ein Verfahren zwischen Gericht und Antragsteller ist, in dessen Rahmen der Antragsgegner zwar rechtliches Gehör erhält, an dem er jedoch ansonsten gar nicht beteiligt ist

---

316 OLG Saarbrücken 25.8.2009 – 9 WF 77/09, FamRZ 2010, 310.
317 OLG München 29.9.2010 – 33 WF 1567/10, FamRZ 2011, 386.
318 OLG Brandenburg 24.9.2012 – 3 WF 85/12; OLG Hamm 14.3.2011 – II-8 WF 61/11, FamFR 2011, 304.
319 So OLG Schleswig 12.2.2008 – 15 WF 14/08, FamRZ 2009, 537; aM OLG Hamm 30.10.2008 – II-6 WF 400/08, FamRZ 2009, 362.
320 OLG Schleswig 12.2.2008 – 15 WF 14/08, FamRZ 2009, 537.
321 **Nicht mutwillig:** OLG Karlsruhe 29.8.2001 – 5 WF 133/01, FamRZ 2002, 1132; OLG Hamm 5.9.2003 – 10 WF 170/03, FamRZ 2004, 466; OLG Schleswig 6.7.2005 – 15 WF 152/05; OLG Hamm 7.12.2006 – 2 WF 194/06, FamRZ 2008, 1264; OLG Brandenburg (3. FamS) 9.9.2009 – 15 WF 98/09, FamRZ 2010, 142; Büte FuR 2006, 533 (535); differenzierend Fischer, PKH-Prüfungsverfahren – Verweigerung der PKH bei Zurückhaltung von Einwänden?, MDR 2006, 661 ff.; OLG Karlsruhe 20.7.2009 – 18 WF 65/09, FamRZ 2009, 1932; jedenfalls bei fehlender anwaltlicher Vertretung: OLG Oldenburg (13. Senat) 17.2.2009 – 13 WF 24/09, FamRZ 2009, 895; **mutwillig:** OLG Düsseldorf 15.1.1997 – 3 WF 234/96, FamRZ 1997, 1017; OLG Naumburg 31.1.2000 – 14 WF 20/99, FamRZ 2001, 923; OLG Oldenburg (12. Senat) 13.5.2002 – 12 WF 81/02, FamRZ 2002, 1712; OLG Brandenburg (1. FamS) 5.4.2005 – 9 WF 79/05, FamRZ 2006, 349 mit überzeugender Abl. Benkelberg FamRZ 2006, 869; OLG Brandenburg (1. FamS) 19.7.2007 – 9 WF 197/07, FamRZ 2008, 70 m. abl. Anm. Gottwald und abl. Anm. Nickel MDR 2008, 65; neuerdings auch OLG Köln 25.9.2008 – 2 W 63/08, JurBüro 2009, 145; offengelassen OLG Köln 19.7.2010 – 4 WF 68/10, FamRZ 2011, 120; vgl. die Empfehlungen des Vorstandes des 17. Deutschen Familiengerichtstages, FuR 2008, 79 (81).
322 So bereits Brieske AnwBl 1988, 578.

(→ Rn. 102).[323] Insbesondere kann dem Antragsgegner zu diesem Zeitpunkt VKH noch nicht bewilligt werden (→ Rn. 24).[324]

104 Erst recht ist der **Anwalt** des Gegners, der stets nur seinen eigenen Mandanten vertritt, nicht zu einer Äußerung verpflichtet, denn er selbst hat insoweit ersichtlich keinerlei Pflichten gegenüber einer VKH-Partei auf der Gegenseite oder gar der Staatskasse.[325]

105 Sehr treffend formuliert das OLG Köln:[326] „§ 118 Abs. 1 S. 1 ZPO enthält keine Verpflichtung des Gegners zur Stellungnahme im Prozesskostenhilfeprüfungsverfahren. Ihm obliegen keine Pflichten gegenüber dem Prozesskostenhilfe begehrenden Kläger oder der Staatskasse, diese vor Kosten zu bewahren. Bei einem Vortrag erst im Klageverfahren erhält der Beklagte, sein Obsiegen unterstellt, einen prozessualen Kostenerstattungsanspruch gegen den Kläger. Er hat daher ein anerkennungswertes Interesse, sich im Prozesskostenhilfeprüfungsverfahren noch nicht zu äußern."

106 Inzwischen hat sich auch der 21. Deutsche Familiengerichtstag dafür ausgesprochen, dass der Antrag auf VKH nicht allein deshalb als mutwillig abgelehnt werden kann, wenn der Antragsgegner im Rahmen eines VKH-Prüfungsverfahrens von der Gelegenheit zur Stellungnahme gem. § 118 Abs. 1 ZPO keinen Gebrauch macht.[327]

107 **Etwas anderes** mag allerdings mit Rücksicht auf § 243 FamFG gelten, wenn auf ein Auskunftsverlangen zum Unterhalt nicht Stellung genommen, sondern der (durchgreifende) Einwand der Leistungsunfähigkeit bis zur förmlichen Zustellung des Auskunftsantrags zurückgehalten wird.[328] Dem Unterhaltsschuldner können nämlich gem. § 243 FamFG die Verfahrenskosten auch dann auferlegt werden, wenn er Anlass zu einem Unterhaltsstufenantrag gegeben hat, selbst wenn sich die Hauptsache im VKH-Verfahren noch vor Antragszustellung erledigt.[329] Gleiches wird für eine unterlassene Stellungnahme im vereinfachten Unterhaltsfestsetzungsverfahren zu gelten haben.[330]

---

323 OLG Karlsruhe 29.8.2001 – 5 WF 133/01, FamRZ 2002, 1132; OLG Schleswig 6.7.2005 – 15 WF 152/05, FuR 2006, 142; Fischer, PKH-Verfahren – Bewilligung der PKH ohne Anhörung des Gegners?, MDR 2004, 667 f.; Walter, Mitwirkungspflicht des Antragsgegners im Prozesskostenhilfeverfahren?, JurBüro 1991, 1601 f.
324 OLG Naumburg 11.9.2007 – 3 WF 260/07, FamRZ 2008, 1088.
325 Brieske, Nicht mauern, AnwBl 1988, 578; Cambeis, Die Mitwirkungspflicht des Antragsgegners im Prozesskostenhilfeverfahren, JurBüro 1991, 1603 f.; Walter JurBüro 1991, 1601 (1603).
326 OLG Köln 30.8.2010 – 11 W 57/10, MDR 2011, 259.
327 Götz/Schürmann FamRZ 2016, 105 (107).
328 OLG Celle 12.8.2011 – 10 WF 299/10, FamRZ 2012, 47 mAnm Schwolow FamFR 2011, 444 = FuR 2012, 42 mAnm Soyka; OLG Hamm 1.8.2011 – II-8 WF 10/11, FuR 2012, 202 mAnm Viefhues.
329 OLG Düsseldorf 31.10.2003 – 3 WF 113/03, FamRZ 2004, 1661; OLG Celle 5.6.2008 – 12 WF 120/08, FamRZ 2009, 72; vgl. OVG Münster 12.1.2010 – 18 E 1195/09, RVGreport 2010, 435: Keine Prozesskostenhilfe bei Erledigung im PKH-Verfahren vor Klageerhebung; Reinken FPR 2009, 406.
330 OLG Celle 29.5.2013 – 10 WF 100/13, FamRZ 2013, 1592; vgl. aber OLG Köln 12.9.2013 – II-26 WF 110/13, FamRZ 2014, 961 („einfach und ohne besonderen Kostenaufwand darzustellende Umstände, mit denen er den geltend gemachten Unterhaltsanspruch ganz oder teilweise zu Fall bringen kann").

Wird jedoch eine Stellungnahme durch den Antragsgegner abgegeben und verschlechtern sich dadurch die Erfolgsaussichten für den Antragsteller, darf dieser Umstand bei der Entscheidung über den VKH-Antrag berücksichtigt werden.[331] 108

3. Beispiele. a) Unterhalt. Mutwilligkeit liegt vor, 109

■ wenn ein Unterhaltsberechtigter, der fortlaufend Sozialhilfe bezieht, Unterhaltsansprüche geltend macht, die seine Sozialhilfeleistungen nicht übersteigen, sofern der Sozialhilfeträger aufgrund eingehender Prüfung der persönlichen und wirtschaftlichen Verhältnisse des Unterhaltspflichtigen bereits zu dem Ergebnis gekommen ist, dass dieser leistungsunfähig ist und erklärt hat, auch in Zukunft Leistungen nach dem SGB II/SGB XII zu erbringen;[332]

■ wenn der Antrag auf „Leistungen nach den Unterhaltsleitlinien" gerichtet ist;[333]

■ im Falle eines in gesetzlicher Verfahrensstandschaft gem. § 1629 Abs. 3 S. 1 eingeleiteten Verfahrens, wenn zwischen den Kindeseltern eine Freistellungsvereinbarung besteht;[334]

■ wenn ein Abänderungsantrag wegen Unterhalts gegen zwei Antragsgegner in getrennten Verfahren erhoben werden soll, ohne dass ein vernünftiger Grund für die getrennte Verfahrensführung[335] vorliegt; wird jedoch in einem solchen Fall VKH für die getrennte Verfahrensführung bewilligt, kann diese nicht später im Rahmen der Festsetzung der VKH-Vergütung wieder eingeschränkt werden;[336]

■ im Falle der Erhebung eines **Stufenantrags** mit dem Ziel der Zahlung von Kindes- und Trennungsunterhalt, wenn zeitgleich ein Stufenantrag mit dem Ziel der Zahlung von nachehelichem Unterhalt im Rahmen des Scheidungsverbundverfahrens erhoben wird;[337]

■ wenn die Regelung der elterlichen Sorge für ein Kind und des Umgangs in getrennten Verfahren verfolgt werden.[338]

Ein Beteiligter, der in einem Unterhaltsverfahren im Wege eines **Mehrvergleichs** 110
die Verpflichtung zur Übertragung des Miteigentumsanteils an einem Grundstück sowie eine Schuldenübernahme regelt, die nicht in einem Abhängigkeitsverhältnis zum Streitgegenstand des Unterhaltsverfahrens stehen, handelt dann mutwillig, wenn er einen vom Schuldner ausdrücklich anerkannten Freistellungsanspruch auf dem Gerichtsweg verfolgt, ohne den Schuldner zuvor zur Titulierung durch notarielle Urkunde aufgefordert zu haben.[339] Umgekehrt ist es ebenfalls mutwillig, wenn der Unterhaltsschuldner VKH für einen Antrag auf Herabsetzung des Unterhalts nach § 240 FamFG erstrebt, nachdem der Unter-

---

331 OLG Schleswig 6.3.2012 – 15 WF 407/11, FamRZ 2013, 62.

332 OLG Koblenz 12.12.2003 – 13 WF 978/03, FamRZ 2004, 1119 (noch im Geltungsbereich des BSHG).

333 OLG Naumburg 26.10.2004 – 8 WF 166/04, FamRZ 2005, 1913.

334 AG Ludwigslust 17.3.2005 – 5 F 70/05, FamRZ 2005, 1915.

335 BGH 11.12.2003 – IX ZR 109/00, NJW 2004, 1043; vgl. OLG Nürnberg 6.12.2010 – 12 W 2270/10, MDR 2011, 256.

336 So OLG Schleswig 12.2.2008 – 15 WF 14/08, FamRZ 2009, 537; aA OLG Hamm 30.10.2008 – II-6 WF 400/08, FamRZ 2009, 362; 22.8.2013 – II-6 WF 210/13, FamFR 2013, 545.

337 OLG Zweibrücken 12.5.2006 – 2 WF 101/06, FamRZ 2007, 152.

338 OLG Hamm 22.8.2013 – II-6 WF 210/13, MDR 2014, 286; aA OLG Bremen 11.6.2015 – 5 WF 20/15, FF 2015, 370.

339 OLG Zweibrücken 15.8.2001 – 4 W 45/01, OLGR 2001, 501; vgl. OLG Brandenburg 20.8.2013 – 3 WF 61/13, NZFam 2014, 656.

haltsgläubiger ihm bereits mitgeteilt hat, künftig nur noch den reduzierten Unterhalt zu verlangen.[340]

111 Der Verfahrensablauf an sich kann nach förmlicher Zustellung des Stufenantrags keine Mutwilligkeit mehr begründen.[341] Sachverhalte, die das Gericht bei der Bewilligung der VKH geprüft hat oder hätte prüfen müssen, sind im Vergütungsfestsetzungsverfahren bindend.[342]

112 **Nicht mutwillig** ist die Einleitung eines Unterhaltsverfahrens auf den vollen Unterhaltsbetrag, wenn der Unterhaltspflichtige nur einen **Teilunterhalt** zahlt; in diesen Fällen ist VKH für den auf den vollen Unterhaltsbetrag gerichteten Antrag zu bewilligen.[343] Das Gleiche gilt dann, wenn sich der Unterhaltsschuldner weigert, einen Titel über den freiwillig gezahlten Sockelbetrag zu errichten.[344] In diesem Zusammenhang ist insbesondere zu berücksichtigen, dass ein Schuldner Anlass zur Antragstellung iSv § 243 S. 2 Nr. 4 FamFG, § 93 ZPO gibt, wenn er nur **Teilleistungen** erbringt, denn dazu ist er nicht berechtigt (§ 266).[345] Bei einem Streit um sog **Spitzenbeträge** wird jedoch auch vertreten, dass VKH für den unstreitigen und tatsächlich bezahlten Betrag nicht bewilligt werden kann, weil ein solches Verfahren mutwillig wäre.[346] Dies erscheint jedoch zweifelhaft, da der Schuldner zu Teilleistungen eben nicht berechtigt ist.[347] Ein Antrag auf VKH für ein Hauptsacheverfahren ist nicht mutwillig, auch wenn bereits eine inhaltsgleiche einstweilige Anordnung ergangen ist.[348]

113 Aber auch bei regelmäßiger und rechtzeitiger Unterhaltszahlung besteht ein sog **Titulierungsinteresse**[349] zumindest dann, wenn der Pflichtige vorab in Höhe dieses Betrages zur außergerichtlichen – kostenfreien – Titulierung aufgefordert

---

340 OLG Hamburg 5.12.2012 – 7 WF 117/12, NJW 2013, 2042.
341 OLG Hamm FamRZ 2007, 152; aA aber wohl OLG Koblenz FamRZ 2015, 433.
342 So OLG Bremen 11.6.2015 – 5 WF 20/15, FamRZ 2015, 2171; LAG Nürnberg 22.10.2015 – 2 Ta 118/15, NZA-RR 2016, 36; OLG Schleswig 12.2.2008 – 15 WF 14/08, FamRZ 2009, 537; OLG Zweibrücken 14.12.1994 – 6 WF 91/94, FamRZ 1996, 682; Zimmermann Rn. 198; aA aber offenbar OLG Hamm 30.1.2014 – II-6 WF 143/13, FamRZ 2014, 1880 und OLG Koblenz 17.7.2014 – 7 WF 355/14, FamRZ 2015, 433.
343 OLG Hamm 9.1.1992 – 2 WF 508/91, FamRZ 1992, 577; OLG München 11.11.1993 – 12 WF 1033/93, FamRZ 1994, 1126; OLG Nürnberg 25.1.2002 – 10 WF 4230/01, MDR 2002, 886; OLG Koblenz 28.4.2006 – 13 WF 415/06, FamRZ 2006, 1611; OLG Naumburg 12.4.2006 – 14 WF 62/06, OLGR 2006, 893; OLG Hamm 2.12.2005 – 11 WF 354/05, FamRZ 2006, 627; OLG Karlsruhe 14.10.2008 – 5 WF 74/08, FamRZ 2009, 361; vgl. BGH 2.12.2009 – XII ZB 207/08, NJW 2010, 238.
344 OLG Karlsruhe 14.10.2008 – 5 WF 74/08, FamRZ 2009, 361; vgl. BGH 2.12.2009 – XII ZB 207/08, NJW 2010, 238.
345 OLG Köln 29.6.1998 – 27 WF 35/98, NJW-RR 1998, 1703; vgl. BGH 2.12.2009 – XII ZB 207/08, FamRZ 2010, 195 mAnm Gottwald.
346 OLG Nürnberg 16.10.1998 – 10 WF 3032/98, FuR 1999, 343; OLG Nürnberg 15.1.2002 – 10 WF 4230/01, FuR 2002, 280; OLG Karlsruhe 4.1.2002 – 2 (20) WF 44/01, FamRZ 2003, 102.
347 Daher zu Recht aA OLG Hamm 2.12.2005 – 11 WF 354/05, FamRZ 2006, 627; vgl. BGH 2.12.2009 – XII ZB 207/08, FamRZ 2010, 195 mAnm Gottwald.
348 OLG München 29.1.2015 – 12 WF 85/15, NJW-Spezial 2015, 221.
349 OLG Hamm 21.4.1999 – 5 WF 116/99, FuR 1999, 478; 2.12.2005 – 11 WF 354/05, FamRZ 2006, 627; aA OLG Köln 29.12.2003 – 14 WF 180/03, FamRZ 2004, 1114.

worden ist.[350] Erklärt der Unterhaltsschuldner hierzu seine Bereitschaft, kann VKH für einen Antrag auf Zahlung von Ehegattenunterhalt wegen Mutwilligkeit nicht bewilligt werden.[351] Nach anderer Meinung soll die Mutwilligkeit der beabsichtigten Rechtsverfolgung nicht generell danach beurteilt werden, ob der Schuldner die Erstellung eines außergerichtlichen Titels verweigert hat; vielmehr soll maßgebend sein, ob im Einzelfall das Verhalten des Schuldners trotz bisher freiwilliger Zahlungen die Besorgnis künftigen **Zahlungsverzugs** begründet und damit **Veranlassung zur Verfahrenseinleitung** gibt.[352] Auch in diesen Fällen ist als **Verfahrenswert** nach § 51 Abs. 1 S. 1 FamGKG der Jahresbetrag des Unterhalts anzusetzen und nicht nur ein geringerer Wert als bloßes „Titulierungsinteresse", weil der Wortlaut der Vorschrift insoweit keine Unterscheidung trifft.[353]

Der Bewilligung von VKH steht nicht entgegen, dass die Rechtsverfolgung nur 114 hinsichtlich geringer Beträge im „Centbereich" Erfolgsaussichten aufweist. Insbesondere sind Rechtsstreitigkeiten um geringe Beträge nicht (allein) wegen ihres niedrigen Streitwerts mutwillig.[354] Ebenso ist es nicht mutwillig, ein auf die Erlangung eines **dynamischen Titels** gerichtetes Unterhaltsverfahren durchzuführen, wenn nur ein statischer Titel existiert.[355] Die Stellung eines **Teilantrags** ist nicht per se mutwillig.[356]

Ein Unterhaltsantrag ist nicht schon deshalb mutwillig, wenn mit der Einleitung 115 des Verfahrens zugewartet wurde mit der Folge des Entstehens von den Verfahrenswert erhöhenden **Unterhaltsrückständen**.[357] Ebenso wenig ist es mutwillig, neben einem Antrag auf Auskunft einen (Teil-)Unterhalt in bezifferter Höhe geltend zu machen.[358] Erforderlich ist allerdings, dass der Unterhaltsberechtigte den Unterhaltsverpflichteten vor dessen gerichtlicher Inanspruchnahme zur kos-

---

350 OLG Köln 26.9.1996 – 14 WF 175/96, FamRZ 1997, 822 differenzierend zwischen Kindes- und Ehegattenunterhalt; BGH 1.7.1998 – XII ZR 271/97, FamRZ 1998, 1165; OLG Zweibrücken 19.2.1999 – 5 WF 15/99; OLG Naumburg 23.8.2005 – 8 WF 170/05; OLG Hamm 11.12.2007 – 2 WF 227/07, FamRZ 2008, 1260; 27.3.2012 – II-9 WF 33/12, FamRZ 2012 1157; 30.1.2013 – II-9 WF 256/12, FamFR 2013, 130; vgl. BGH 2.12.2009 – XII ZB 207/08, NJW 2010, 238; OLG Hamm 27.3.2012 – II-9 WF 33/12, NJW-RR 2012, 968 und OLG Saarbrücken 11.1.2008 – 6 WF 121/07, NJW-RR 2008, 1244.
351 OLG Hamm 20.12.2006 – 2 WF 269/06, FamRZ 2007, 1660.
352 OLG Karlsruhe 27.3.2003 – 20 (16) WF 44/02, FamRZ 2003, 1763 mwN; im entschiedenen Fall hatte der Schuldner sich allerdings lediglich geweigert, einen Vollstreckungstitel auf seine Kosten zu errichten; zum Gegenteil vgl. OLG Hamm 20.12.2006 – 2 WF 269/06, FamRZ 2007, 1660.
353 OLG Celle 1.10.2002 – 10 WF 251/02, FamRZ 2003, 465; OLG Hamburg 13.3.2013 – 7 WF 21/13, FamRZ 2013, 2010; anders bei Streit nur um Spitzenbeträge: OLG Brandenburg 23.8.1995 – 9 WF 50/95, JurBüro 1996, 589.
354 LSG Niedersachsen-Bremen 22.3.2013 – L 11 AS 949/10 B; vgl. aber BVerfG 21.3.2013 – 1 BvR 68/12, NJW 2013, 2013.
355 OLG Hamm 20.9.2010 – 13 WF 207/10, FamRZ 2011, 1158.
356 BGH 6.12.2010 – II ZB 13/09, MDR 2011, 321.
357 OLG Zweibrücken 1.7.2004 – 5 WF 104/04, FPR 2004, 630; vgl. OLG Brandenburg 16.4.2007 – 10 WF 18/07, FamRZ 2008, 533 und OLG Saarbrücken 21.1.2014 – 6 WF 7/14, FamRZ 2014, 1475 („stets konkrete Einzelfallprüfung"); aA OLG Celle 5.7.2010 – 10 WF 209/10, FamRZ 2011, 50; 12.5.2011 – 10 WF 135/11, FamRZ 2012, 38: nachvollziehbarer Grund erforderlich; ebenso KG 8.4.2013 – 18 WF 55/13, FamRZ 2014, 55 im Falle der mehrfachen Geltendmachung rückständiger Unterhaltsbeträge anstelle laufenden Unterhalts.
358 OLG Stuttgart 6.3.2007 – 18 WF 18/07, FamRZ 2007, 1109.

tenfreien Titulierung des Kindesunterhalts durch Errichtung einer Jugendamtsurkunde aufgefordert hat.[359]

116 Dem minderjährigen Kind steht ein **Wahlrecht** zu, ob es seinen Unterhalt mit einem Antrag auf festen Betrag, auf Prozentsatz des Mindestunterhalts oder im **vereinfachten Verfahren** nach §§ 249 ff. FamFG geltend macht. VKH kann für beide Verfahren bewilligt werden.[360] Das gilt insbesondere dann, wenn die Beteiligten im Wesentlichen über schwierige Rechtsfragen[361] und nicht über die Höhe des Einkommens des Antragsgegners streiten, da in diesem Fall das vereinfachte Verfahren weder schneller noch billiger ist[362] oder wenn absehbar ist, dass ein gerichtliches Verfahren nicht vermieden werden kann.[363] Ein Vorrang des vereinfachten Verfahrens besteht jedenfalls dann nicht, wenn der Unterhaltsschuldner mangelnde Leistungsfähigkeit einwendet,[364] weil dann in einem gegen ihn betriebenen vereinfachten Verfahren mit einer Überleitung in ein normales Verfahren zu rechnen ist.[365] Hinsichtlich des **Antragsgegners** spricht eine generelle Vermutung dafür, dass er ohne anwaltliche Hilfe nicht in der Lage ist, seine Verfahrensrechte sachgemäß und wirksam wahrzunehmen.[366]

117 Für die Einhaltung der **Monatsfrist für einen Korrekturantrag** nach § 240 Abs. 2 S. 1 FamFG **reicht der VKH-Antrag nicht aus**, sondern es ist für die rückwirkende Unterhaltsherabsetzung die Einleitung eines Verfahrens erforderlich.[367] Das Korrekturverfahren soll vorrangig vor einem **Unterhaltsabänderungsantrag** sein.[368] Nach Eintritt der Volljährigkeit ist die Durchführung des vereinfachten Verfahrens allerdings nicht mehr statthaft; maßgebend ist der Zeitpunkt der Beschlussfassung.[369]

118 Werden mit einem Unterhaltsantrag neben laufendem Unterhalt auch vom Sozialleistungsträger **rückübertragene Unterhaltsansprüche** geltend gemacht, war die Bewilligung von VKH auch vor dem Hintergrund möglicher Mutwilligkeit um-

---

359 OLG Hamm 27.3.2012 – II-9 WF 33/12, FamRZ 2012, 1157; vgl. aber BGH 2.12.2009 – XII ZB 207/08, NJW 2010, 238.
360 OLG Naumburg 29.10.1999 – 3 WF 169/99, FamRZ 2001, 924; OLG Köln 5.11.2001 – 21 WF 208/01, FamRB 2002, 106; OLG Rostock 30.5.2006 – 10 WF 239/05, FamRZ 2006, 1394; aA KG 4.10.1999 – 16 WF 7918/99, FuR 2000, 350; OLG Frankfurt/M. 14.8.2001 – 1 WF 135/01, EzFamR aktuell 2002, 77; unentschieden OLG Hamm 12.6.2001 – 9 WF 136/01, FamRZ 2002, 403; einschränkend OLG Hamm 26.9.2013 – II-2 WF 176/13, FamRZ 2014, 1042.
361 BGH 4.8.2004 – XII ZA 6/04, FamRZ 2004, 1633; vgl. OLG Naumburg 22.12.2005 – 14 WF 189/05, FamRZ 2006, 1281: Kosten der Kommunion als Sonderbedarf?
362 OLG Rostock 30.5.2006 – 10 WF 239/05, FamRZ 2006, 1394.
363 OLG Schleswig 26.4.2001 – 10 WF 57/01, OLGR 2001, 421; OLG Zweibrücken 14.2.2000 – 6 WF 8/00, FamRZ 2001, 229; OLG Nürnberg 26.10.2001 – 7 WF 3620/01, FamRZ 2002, 891.
364 OLG Naumburg 29.10.1999 – 3 WF 169/99, FamRZ 2001, 924; OLG Rostock 30.5.2006 – 10 WF 239/05, FamRZ 2006, 1394; differenzierend OLG Zweibrücken 14.2.2000 – 6 WF 8/00, JurBüro 2000, 655; für ein freies Wahlrecht nach §§ 249 ff. FamFG: Vogel FF 2009, 285 (297).
365 OLG Nürnberg 26.10.2001 – 7 WF 3620/01, FamRZ 2002, 891; zur Verletzung des Anspruchs auf rechtliches Gehör im vereinfachten Verfahren vgl. BVerfG 5.4.2012 – 2 BvR 2126/11, NJW 2012, 2262.
366 OLG Brandenburg 27.4.2015 – 13 WF 85/15, FamRZ 2015, 1923.
367 OLG Zweibrücken 12.11.2007 – 5 WF 194/07, FamRZ 2008, 799.
368 OLG Frankfurt/M. 14.8.2001 – 1 WF 135/01, EzFamR aktuell 2002, 77.
369 OLG Schleswig FamRB 2002, 108.

stritten.[370] Dieser Streit ist allerdings aufgrund der Entscheidung des Bundesgerichtshofs vom 2.4.2008 obsolet:[371] Danach besteht gegenüber dem Sozialleistungsträger ein Vorschussanspruch, der die Bedürftigkeit beseitigt.[372]

b) Ehesachen. Für einen **Eheaufhebungsantrag** kann VKH wegen Mutwilligkeit 119 nicht gewährt werden, wenn davon ausgegangen werden kann, dass die Schließung und die Aufhebung der Ehe von vornherein von einem einheitlichen Willen umfasst war.[373]

Das Gleiche gilt für den Fall, dass dem antragstellenden Beteiligten bei Einge- 120 hung der Ehe bewusst war, dass diese an einem erheblichen Mangel leidet und er daher von Beginn an mit dem Antrag auf Aufhebung der Ehe rechnen musste bzw. selbst vorhatte, diesen Antrag zu stellen.[374]

Auch nach dem 31.12.2013 ist die Gewährung von VKH unter Beiordnung ei- 121 nes Rechtsanwalts für eine **einverständliche Scheidung** jedenfalls dann nicht mutwillig, wenn der Antragsteller einen eigenen Sachantrag stellen will.[375]

Der Antrag auf Bewilligung von VKH zur Scheidung einer **Scheinehe** ist **nicht** 122 **per se missbräuchlich.**[376] Etwas anderes mag gelten, wenn der Antragsteller die Ehe rechtsmissbräuchlich geschlossen und hierfür ein Entgelt erhalten hat.[377] Das Verschweigen dieses Umstandes soll indes kein Aufhebungsgrund sein.[378] Der „Scheinehegatte" muss jedoch auch dann, wenn er für die Eheschließung kein Entgelt erhalten hat, Rücklagen für die Kosten des Eheaufhebungsverfahrens bilden.[379] Nach anderer Auffassung darf einem armen Beteiligten nicht die Möglichkeit genommen werden, die Aufhebung der Scheinehe zu erreichen, wenn die erforderlichen wirtschaftlichen Verhältnisse für die Bewilligung von VKH gegeben sind. Unter diesen Voraussetzungen soll ein Antrag auf VKH jedoch dann mutwillig sein, wenn bereits der andere Ehegatte einen Scheidungsantrag gestellt hat.[380] Haben die Beteiligten bereits ein Scheidungsverfahren unter Gewährung von VKH **unter falschem Namen** geführt, kann für die Durchführung eines zweiten Scheidungsverfahrens VKH wegen Mutwilligkeit nicht gewährt werden.[381]

Mutwillig ist ein Antrag auf Gewährung von VKH für ein beabsichtigtes Schei- 123 dungsverfahren, wenn die **internationale Zuständigkeit** hierfür auf dem gewöhn-

---

370 Vgl. Nickel, Übergang von Unterhaltsansprüchen aufgrund fiktiven Einkommens und Rückübertragung vom Sozialhilfeträger, FamRB 2004, 92.

371 BGH FamRZ 2008, 1159 mAnm Günther.

372 BGH FamRB 2008, 207; hierzu auch → Rn. 176.

373 OLG Koblenz 22.8.2003 – 13 WF 647/03, FamRZ 2004, 548; BGH 22.6.2005 – XII ZB 247/03, FamRZ 2005, 1477; OLG Saarbrücken 11.11.2008 – 9 WF 26/08, FamRZ 2009, 628; OLG Koblenz 20.4.2009 – 11 WF 274/09, FamRZ 2009, 1932.

374 OLG Naumburg 31.1.2003 – 14 WF 6/03, FamRZ 2004, 548.

375 OLG Dresden 26.3.2014 – 21 WF 102/14, FamRZ 2014, 1720.

376 BGH 30.3.2011 – XII ZB 212/09, FamRZ 2011, 872; vgl. aber OLG Koblenz 22.8.2003 – 13 WF 647/03, FamRZ 2004, 548; anders noch BGH 22.6.2005 – XII ZB 247/03, FamRZ 2005, 1477.

377 BGH 22.6.2005 – XII ZB 247/03, FamRZ 2005, 1477; OLG Frankfurt/M. 14.10.2005 – 5 WF 203/05, FamRZ 2006, 1128; vgl. OLG Schleswig 28.3.2006 – 12 WF 37/06, FamRB international 2007, 1.

378 OLG Frankfurt/M. 1.4.2004 – 2 WF 61/04, FamRZ 2004, 1882.

379 BGH 30.3.2011 – XII ZB 212/09, FamRZ 2011, 872; OLG Rostock 5.4.2007 – 11 WF 59/07, FamRZ 2007, 1335.

380 OLG Köln 14.12.2007 – II-4 WF 193/07, FamRZ 2008, 1260.

381 OLG Koblenz 20.6.2008 – 7 WF 412/08, FamRZ 2008, 2286.

lichen Inlandsaufenthalt eines **Drittstaatsangehörigen** beruht, wenn der deutsche Scheidungsbeschluss im Heimatstaat nicht anerkannt wird und ein Interesse an einer in ihrer Wirkung auf Deutschland beschränkten Ehescheidung nicht ersichtlich ist.[382] Dies gilt auch dann, wenn ein beabsichtigtes Scheidungsverfahren zwingend zur Aussetzung führt, solange der Aussetzungsgrund fortbesteht.[383] Mutwillig ist ebenfalls, ein inländisches Scheidungsverfahren neu einzuleiten, wenn die Anerkennung eines Scheidungsbeschlusses des gemeinsamen Heimatstaates der Beteiligten nur davon abhängt, dass sich die Antragstellerin nicht auf den Mangel ordnungsgemäßer Zustellung des ausländischen Scheidungsantrags beruft.[384]

124   c) **Verbundsachen.** Zur **Herbeiführung des Scheidungsverbundes** genügt bereits die Einreichung eines VKH-Antrags für eine Folgesache gem. § 137 Abs. 2 S. 1 Hs. 2 FamFG spätestens zwei Wochen vor der mündlichen Verhandlung im ersten Rechtszug in der Scheidungssache;[385] diese muss hierzu noch nicht als solche anhängig sein. Nur so ist dem Grundgedanken des Scheidungsverbundes gerecht zu werden, dass zugleich mit der Scheidung die wichtigsten Scheidungsfolgen geregelt werden, um den Ehegatten vor Augen zu führen, welche Auswirkungen ihre Scheidung haben wird, und den sozial schwächeren Ehegatten zu schützen.[386]

125   Der Termin in einer Scheidungssache ist so zu bestimmen, dass es den beteiligten Ehegatten nach Zugang der Ladung möglich ist, unter Einhaltung der Zweiwochenfrist nach § 137 Abs. 2. S. 1 FamFG eine Folgesache anhängig zu machen. Dazu muss den Ehegatten **zusätzlich eine Woche** zur Verfügung stehen.[387] Anderenfalls haben die Ehegatten einen Anspruch auf Terminsverlegung, es sei denn, sie machen die Folgesache noch bis zur mündlichen Verhandlung anhängig.[388] Für eine rechtzeitige Geltendmachung reicht aus, dass die Folgesache innerhalb der gesetzlichen Frist vor dem Verhandlungstermin anhängig gemacht wird, auf den die Scheidung ausgesprochen wird.[389] Behandelt das Gericht einen als Folgesache im Scheidungsverfahren anhängig gemachten Antrag wegen Nichteinhaltung der Frist gem. § 137 Abs. 2 FamFG als gesondertes Verfahren, ist seine Entscheidung nur im Rahmen eines Rechtsmittels gegen den Scheidungsbeschluss überprüfbar.[390]

126   Im Scheidungsverbund muss für sonstige **Folgesachen** außer dem Versorgungsausgleich[391] VKH **grundsätzlich gesondert beantragt** und bewilligt werden; die

382   OLG Stuttgart 23.2.2004 – 17 WF 31/04, FamRZ 2004, 1382.
383   OLG Zweibrücken 10.3.2006 – 6 WF 41/06, FamRZ 2006, 1043.
384   OLG Stuttgart 17.1.2003 – 17 WF 179/02, FamRZ 2003, 1019.
385   OLG Hamm 17.10.2011 – II-6 UF 144/11, NJW 2012, 240; OLG Bamberg 26.10.2010 – 2 UF 180/10, FamFR 2011, 164; aA AG Mülheim 20.11.2014 – 20 F 527/14, FamRZ 2015, 1128; vgl. § 137 Abs. 2 S. 1 FamFG.
386   OLG Koblenz 29.5.2008 – 7 UF 812/07, NJW 2008, 2929.
387   BGH 21.3.2012 – XII ZB 447/10, NJW 2012, 1734 Rn. 24; zur Berechnung der Fristen vgl. BGH 5.6.2013 – XII ZB 427/11, NJW 2013, 2199 Rn. 11.
388   BGH 21.3.2012 – XII ZB 447/10, NJW 2012, 1734 Rn. 25.
389   BGH 21.3.2012 – XII ZB 447/10, NJW 2012, 1734 Rn. 36.
390   OLG Bremen 22.11.2010 – 4 WF 151/10, FamRZ 2011, 753.
391   Götsche ZFE 2009, 368; auch nicht bei einem nach § 50 Abs. 1 Nr. 2 VersAusglG wieder aufgenommenen abgetrennten Versorgungsausgleichsverfahren: OLG Rostock 19.7.2010 – 10 WF 106/10, FamRZ 2011, 223.

uneingeschränkte Bewilligung von VKH erstreckt sich nicht ohne Weiteres auf alle zu diesem Zeitpunkt anhängigen sonstigen Folgesachen.[392]

Die Beantragung von VKH für die Geltendmachung von **Verbundsachen außer-** 127 **halb des Verbundes** ist nicht mutwillig.[393] Dennoch wird die Einleitung eines Sorgerechtsverfahrens isoliert nach Abschluss des Scheidungsverfahrens für mutwillig erachtet, sofern die Voraussetzungen für eine Regelung des Sorgerechts bereits während des Scheidungsverfahrens vorlagen.[394]

Sowohl nach dem bis Ende August 2009 geltenden früheren Recht (§ 628 ZPO 128 aF) als auch nach dem seit September 2009 geltenden neuen Recht (§ 137 Abs. 5 S. 1 FamFG) bleibt ein vom Scheidungsverbund abgetrenntes Verfahren zum Versorgungsausgleich grundsätzlich Folgesache. Dies gilt jedoch nicht für **Übergangsfälle**, in denen auf das vor dem 1.9.2009 eingeleitete Scheidungsverfahren noch früheres Recht anwendbar war, die vom Scheidungsverbund abgetrennte Folgesache über den Versorgungsausgleich aber gem. Art. 111 Abs. 4 FGG-RG als selbstständige Familiensache nach neuem Recht fortzuführen ist. In solchen Übergangsfällen entfällt mit dem Wegfall der Qualifikation als Folgesache auch die Erstreckung der bewilligten VKH nach § 624 Abs. 2 ZPO aF auf das Verfahren über den Versorgungsausgleich. Die früher bewilligte VKH nimmt daher dem Antrag auf Bewilligung von VKH für die selbstständige Familiensache nicht das Rechtsschutzbedürfnis.[395] Für das nach dem 1.9.2009 neu aufgenommene Verfahren gilt neues Verfahrensrecht.[396]

Zu beachten ist, dass Anträge und Beschlüsse aus dem Scheidungsverbund nach 129 der **Abtrennung** von Verbundsachen gem. § 137 Abs. 2 FamFG nicht mehr fortwirken, weshalb insoweit ein erneuter VKH-Antrag erforderlich wird.[397] Die nach § 140 FamFG abgetrennten Folgesachen gem. § 137 Abs. 2 FamFG bleiben auch nach ihrer Abtrennung Folgesachen.[398] Werden mehrere Folgesachen abgetrennt, besteht unter ihnen der Verbund fort und über sie ist zusammen zu verhandeln und zu entscheiden (§ 137 Abs. 1 FamFG).[399] Hingegen werden die Folgesachen nach § 137 Abs. 3 FamFG als selbstständige Familiensachen weitergeführt.[400] Zwar erhält der beigeordnete Rechtsanwalt auch hierfür eine Vergütung aus der Staatskasse; darauf sind jedoch die vor Abtrennung entstandenen Gebühren anzurechnen, und zwar mit der Differenz zwischen den Gebühren

---

392 OLG Zweibrücken 26.2.2001 – 5 WF 15/01, FamRZ 2001, 1466; VKH für Beschwerde im Versorgungsausgleichsverfahren: OLG Karlsruhe 22.1.2004 – 16 UF 227/03, FamRZ 2004, 1500; vgl. OLG Karlsruhe 31.3.2006 – 20 UF 145/05, FamRZ 2006, 1134; OLG Zweibrücken 10.8.2006 – 5 WF 99/06, NJW-RR 2007, 6; Dörndorfer NJW 2009, 1397.

393 BGH 10.3.2005 – XII ZB 20/04, FamRZ 2005, 786 mAnm Viefhues FamRZ 2005, 881; 10.3.2005 – XII ZB 19/04, FamRZ 2005, 788; OLG Naumburg 20.1.2009 – 4 WF 89/08, FamRZ 2009, 1423; siehe auch Kogel, Zugewinn im Verbund – Ein Muss oder ein Anwaltsregress?, FamRB 2002, 243.

394 OLG Karlsruhe 10.10.2005 – 5 WF 175/05, FamRZ 2006, 494 trotz BGH 10.3.2005 – XII ZB 20/04, FamRZ 2005, 786.

395 BGH 16.2.2011 – XII ZB 261/10, NJW 2011, 1141.

396 OLG Naumburg 4.3.2010 – 8 WF 33/10, FamRZ 2011, 391.

397 OLG Hamm 22.11.2010 – II-6 WF 383/10, FamRZ 2011, 662; OLG Naumburg 12.2.2001 – 14 WF 229/00, FamRZ 2001, 1469.

398 Bumiller/Harders FamFG § 137 Rn. 11; Horndasch/Viefhues FamFG § 137 Rn. 56.

399 Bumiller/Harders FamFG § 137 Rn. 11.

400 Horndasch/Viefhues FamFG § 137 Rn. 58.

nach dem Gesamtstreitwert und den Gebühren ohne die abgetrennte Folgesache.[401]

130 **d) Isolierte Verfahren. aa) Sorgerecht.** Umstritten ist, ob die Einreichung eines isolierten **Sorgerechtsantrags** nach Abschluss des Scheidungsverfahrens mutwillig ist, wenn die angestrebte Sorgerechtsregelung im Scheidungsverbund hätte wesentlich kostengünstiger geltend gemacht werden können.[402] Anders als bei der Geltendmachung von zivilrechtlichen Scheidungsfolgesachen außerhalb des Verbunds ergeben sich durch das Verbundverfahren gegenüber einem FG-Verfahren keine kostenrechtlichen Nachteile, weil in beiden Verfahren die Verfahrenskosten in der Regel gegeneinander aufgehoben werden.[403] Jedoch wird zT vertreten, VKH könne in einem solchen Fall nur in dem Umfang bewilligt werden, in dem Kosten für einen im Scheidungsverbund gestellten Sorgerechtsantrag angefallen wären.[404]

131 Ein **ohne jeden erforderlichen konkreten Vortrag** eingeleitetes Sorgerechtsverfahren ist per se mutwillig.[405] Mutwillig handelt auch derjenige, der Gesprächstermine beim Jugendamt nicht wahrnimmt, nachdem er beantragt hat, ihm die **elterliche Sorge** für ein gemeinsames Kind zu übertragen.[406] Umstritten ist, ob VKH wegen Mutwilligkeit zu versagen ist, wenn lediglich die deklaratorische gerichtliche Feststellung des **Ruhens der elterlichen Sorge** begehrt wird.[407] Allerdings kann die Feststellung der tatsächlichen Verhinderung des Sorgeberechtigten nach § 1674 Abs. 1 sowohl hinsichtlich der tatsächlichen Grundlagen wie auch der rechtlichen Würdigung mit erheblichen Unsicherheiten behaftet sein.[408]

132 Für eine **Schutzschrift** gegen den drohenden Erlass einer einstweiligen Anordnung ist VKH zu gewähren, wenn die Schutzschrift genauso dringend geboten erscheint wie eine entsprechende einstweilige Anordnung selbst.[409] Dies gilt in Sorgerechtssachen dann, wenn der Erlass einer einstweiligen Anordnung ohne vorherige Anhörung der Beteiligten und ohne Berücksichtigung der in der Schutzschrift vorgetragenen Argumente das Kindeswohl erheblich gefährden

---

401 OLG Köln 28.11.2006 – 10 WF 172/06, FamRZ 2007, 647; AG Vechta 3.9.2010 – 12 F 667/09 VA, FamRZ 2011, 238; OLG Celle 16.9.2010 – 12 WF 102/10, FamRZ 2011, 240.

402 Mutwillig: OLG Karlsruhe 10.10.2005 – 5 WF 175/05, FamRZ 2006, 494 in Abgrenzung zu BGH 10.3.2005 – XII ZB 20/04, FamRZ 2005, 786; bei Anhängigkeit einer Ehesache vgl. OLG Hamm 21.3.1996 – 5 WF 36/96, FamRZ 1997, 183; 23.2.2000 – 10 WF 150/99, FamRZ 2000, 1092; nicht mutwillig: OLG Saarbrücken 5.1.1989 – 9 WF 304/88, FamRZ 1989, 530; OLG Hamburg 14.2.1990 – WF 28/90 S, FamRZ 1990, 642; OLG Naumburg 5.9.1995 – 8 WF 68/95, FamRZ 1996, 752: eigenverantwortliche Entscheidung des Beteiligten.

403 OLG Karlsruhe 10.10.2005 – 5 WF 175/05, FamRZ 2006, 494.

404 OLG Karlsruhe 10.10.2005 – 5 WF 175/05, FamRZ 2006, 494.

405 AG Kerpen 31.12.1994 – 51 F 115/94, FamRZ 1995, 953.

406 OLG Karlsruhe 4.6.2003 – 16 WF 32/03, FamRZ 2004, 549; generell zur Mutwilligkeit der Rechtsverfolgung wegen Verweigerung einer außergerichtlichen Einigung vgl. OLG Celle 5.2.2007 – 14 W 78/06, OLGR 2007, 309.

407 Dafür: OLG Rostock 30.11.2007 – 10 WF 204/07, FamRZ 2008, 1090; dagegen: OLG Hamm 14.11.2013 – II-2 WF 238/13, FamRZ 2014, 2018.

408 Daher dagegen OLG Hamm 27.3.2012 – II-2 WF 213/11, FamRZ 2012, 1657.

409 LG Lübeck 7.2.2005 – 10 O 40/05, JurBüro 2005, 265; Zöller/Geimer ZPO § 114 Rn. 2; Büttner/Wrobel-Sachs/Gottschalk/Dürbeck Rn. 418; aA OLG Düsseldorf 6.3.1985 – 3 WF 35/85, FamRZ 1985, 502; AG Lübeck 19.12.2005 – 31 C 3830/05, SchlHA 2006, 315; Zimmermann Rn. 13.

würde.[410] Die Schutzschrift ist ausschließlich auf elektronischem Weg beim zentralen Schutzschriftenregister einzureichen.[411]

bb) Umgangsrecht. Ein Verfahren über das Umgangsrecht für ein gemeinsames 133 Kind ist **mutwillig**, wenn und solange der nicht sorgeberechtigte Elternteil sich nicht zumindest um eine Kontaktaufnahme zu einem bereits halbwüchsigen Kind bemüht.[412] Ebenfalls wird es als mutwillig erachtet, wenn VKH zum Umgangsrecht erst in der Beschwerdeinstanz für dort neu gestellte Anträge begehrt wird, wenn diese Anträge bereits in 1. Instanz hätten gestellt werden können.[413] Umgangsvereinbarungen oder gerichtlich angeordnete Umgangsregelungen müssen zunächst „gelebt" werden, bevor ein Änderungsverfahren eingeleitet werden kann. Ein Verstoß hiergegen ist mutwillig iSv § 114 ZPO.[414]

Im Übrigen ist umstritten, ob die Einleitung eines gerichtlichen **Umgangsverfah-** 134 **rens ohne vorherige Inanspruchnahme des Jugendamtes** mutwillig ist:[415]

- zum Teil wird die Einleitung eines gerichtlichen Umgangsverfahrens ohne vorherige **Inanspruchnahme des Jugendamtes** für mutwillig erachtet.[416] Dabei wird zum Teil vertreten, dass Mutwilligkeit dann vorliegt, wenn die Tätigkeit des Jugendamtes voraussichtlich zum Erfolg geführt hätte.[417]
- Zum Teil wird vertreten, dieses Vorgehen sei nicht mutwillig.[418]

---

410 OLG Jena 7.1.2009 – 1 WF 473/08, FamRZ 2010, 141 mAnm van Els.
411 https://schutzschriftenregister.hessen.de/.
412 OLG Dresden 30.11.2005 – 20 WF 0887/05, FamRZ 2006, 808.
413 OLG Brandenburg 22.3.2006 – 9 UF 243/05, FamRZ 2006, 1549.
414 OLG Brandenburg 16.9.2015 – 9 WF 207/15, MDR 2016, 216.
415 Keuter, Verfahrenskostenhilfe in Kindschaftssachen des § 151 Nr. 1–3 FamFG ohne vorherige Einschaltung des Jugendamtes?, FamRZ 2009, 1891; zur Inanspruchnahme von Beratungshilfe vor Beratung durch das Jugendamt vgl. AG Leverkusen 26.2.2002 – 16 UR II 254/01 – B, FamRZ 2002, 1715 und AG Lahnstein 8.7.2003 – 1 UR II 6/03, FamRZ 2004, 1299.
416 OLG Brandenburg 25.2.2003 – 9 WF 23/03, FamRZ 2003, 1760; 22.3.2005 – 9 WF 67/05, FamRZ 2005, 1914; OLG Stuttgart 7.8.2008 – 16 WF 194/08, FamRZ 2009, 354; „im Regelfall mutwillig": OLG Koblenz 16.8.2004 – 9 WF 791/04, FamRZ 2005, 1915; OLG Rostock 8.3.2011 – 10 WF 23/11, MDR 2011, 790; OLG Köln 17.12.2012 – II-4 WF 156/12, FamRZ 2013, 1241; es sei denn, ein solcher Versuch erscheint von vornherein aussichtslos: OLG Rostock 8.3.2011 – 10 WF 23/11, MDR 2011, 790.
417 OLG Koblenz 16.2.2009 – 11 WF 135/09, NJW 2009, 1425; vgl. OLG Stuttgart 1.3.2011 – 11 WF 38/11, FamRZ 2011, 1160; OLG Schleswig 4.10.2013 – 13 WF 119/13, NJW 2014, 477; OLG Brandenburg 2.2.2015 – 9 WF 323/14, NZFam 2015, 471; OLG Hamm 14.10.2014 – II-6 WF 110/14, NZFam 2015, 510; OLG Nürnberg 22.7.2015 – 11 WF 700/15, NZFam 2015, 975; OLG Karlsruhe 7.1.2016 – 20 WF 209/15, MDR 2016, 162.
418 OLG Karlsruhe 17.5.2002 – 16 WF 39/02, FamRZ 2002, 1712; OLG Hamm 5.1.2007 – 12 WF 194/06, FamRZ 2007, 1337; OLG München 26.11.2007 – 26 WF 1792/07, FamRZ 2008, 1089; OLG Brandenburg 10.3.2010 – 13 UF 72/09, FamRZ 2010, 1357; OLG Hamm 3.3.2011 – 8 WF 34/11, NJW-RR 2011, 1577; 14.3.2011 – II-8 WF 61/11, FamFR 2011, 304; OLG Karlsruhe 7.1.2016 – 20 WF 209/15, NZFam 2016, 184; einzelfallabhängig: OLG Celle 27.4.2012 – 10 WF 323/11, FamRZ 2013, 141; OLG Stuttgart FamRZ 2006, 1060, FamRZ 2006, 1060; OLG Düsseldorf 10.8.2010 – II-5 WF 98/10, FamRZ 2011, 51; „in der Regel nicht mutwillig": OLG Karlsruhe 14.2.2003 – 2 WF 142/02, FamRZ 2004, 1115; OLG Hamm 18.12.2003 – 2 WF 420/03, FamRZ 2004, 1116.

135 Die vorherige Inanspruchnahme eines **Mediationsangebots** des Jugendamts ist nach überwiegender Meinung nicht erforderlich,[419] namentlich dann nicht, wenn der sorgeberechtigte Elternteil jeglichen Umgang des anderen Elternteils mit dem Kind ablehnt[420] oder das Recht insgesamt oder wesentliche Elemente seiner Gestaltung im Streit sind.[421] Kosten für eine Mediation können jedenfalls selbst dann nicht über die VKH abgerechnet werden, wenn sie in einem anhängigen Sorgerechtsverfahren, für das VKH bereits bewilligt wurde, auf Empfehlung des Gerichts durchgeführt wurde, weil sie nicht zu den in § 122 ZPO aufgeführten Kosten zählen.[422]

136 **cc) Abstammungssachen.** Die Einleitung eines Abstammungsverfahrens ist jedenfalls dann nicht mutwillig, wenn begründete Zweifel an der Vaterschaft des Anerkennenden bestehen.[423] Wird die **Vaterschaftsanfechtung** nach § 1599 Abs. 1 anstelle des Verfahrens nach § 1599 Abs. 2 gewählt, ist dies ebenfalls nicht mutwillig.[424] Auch ist ein Antrag auf Feststellung der Vaterschaft nicht mutwillig, wenn der Antragsgegner die Vaterschaft nicht innerhalb eines Jahres anerkannt hat.[425] Wird das antragstellende Kind nicht durch das Jugendamt als Beistand vertreten, ist ihm im Rahmen der VKH auf Antrag grundsätzlich ein Rechtsanwalt beizuordnen; der Verzicht auf eine Beistandschaft durch das Jugendamt ist nicht mutwillig, da es sich um ein freiwilliges Hilfsangebot handelt.[426]

137 Sowohl der Bundesgerichtshof als auch das Bundesverfassungsgericht haben entschieden, dass sog **heimliche DNA-Vaterschaftstests** rechtswidrig und im Anfechtungsverfahren gegen den Willen des Kindes oder seines gesetzlichen Vertreters nicht verwertbar, dh zur schlüssigen Darlegung von Zweifeln an der Vaterschaft im Sinne des § 1600 b nicht geeignet sind, weil auch dies einen erneuten Verstoß gegen das Persönlichkeitsrecht und die informationelle Selbstbestimmung des Kindes bedeutet.[427]

---

419 Nicht mutwillig: OLG Karlsruhe 17.5.2002 – 16 WF 39/02, FamRZ 2002, 1712; OLG Brandenburg 22.3.2005 – 9 WF 67/05, FamRZ 2005, 1914; vgl. OLG Düsseldorf 10.8.2010 – II-5 WF 98/10, FamRZ 2011, 51; mutwillig: AG Bochum 20.12.2002 – 59 F 335/02, FamRZ 2003, 772; OLG Brandenburg 25.2.2003 – 9 WF 23/03, FamRZ 2003, 1760.

420 OLG Hamm 20.3.2003 – 3 WF 44/03, FamRZ 2003, 1758.

421 OLG Karlsruhe 17.3.2005 – 18 WF 12/05, FamRZ 2005, 2004; rechtlich schwierige Fälle: OLG Frankfurt/M. 25.2.2005 – 2 WF 61/05, FamRZ 2005, 2005; vgl. aber OLG Brandenburg 22.3.2006 – 9 UF 243/05, FamRZ 2006, 1549 und hierzu – ablehnend – Büte FuR 2006, 533 (535).

422 OLG Dresden 9.10.2006 – 20 WF 0739/06, FamRZ 2007, 489; aM KG 31.3.2009 – 1 W 176/07, NJW 2009, 2754; OLG Rostock 5.1.2007 – 8 W 67/06, JurBüro 2007, 194; bei entsprechender Anordnung: AG Eilenburg 20.4.2007 – 2 F 168/07, FamRZ 2007, 1670; hierzu abl. OLG Stuttgart 10.1.2007 – 17 UF 190/06, FamRZ 2007, 1682.

423 ZB bei Anhaltspunkten für Mehrverkehr der Mutter: OLG Hamburg 25.1.2012 – 12 WF 263/11, FamRZ 2012, 1156.

424 OLG Brandenburg 21.11.2006 – 10 WF 218/06, FamRZ 2008, 68; vgl. aber OLG Naumburg 27.6.2007 – 3 WF 197/07, FamRZ 2008, 432.

425 OLG Hamm 12.8.2003 – 9 WF 118/03, FamRZ 2004, 549.

426 OLG Karlsruhe 21.1.2009 – 2 WF 205/08, FamRZ 2009, 900 mAnm Kemper FamRZ 2009, 1614 und Müller, FamRB 2009, 142; OLG Celle 17.11.2011 – 15 WF 230/11, NJW 2012, 466.

427 BGH 12.1.2005 – XII ZR 60/03, FamRZ 2005, 342; BVerfG 13.2.2007 – 1 BvR 421/05, NJW 2007, 753.

Mutwillig ist es hingegen, bewusst und aus sachfremden Motiven heraus eine 138
tatsächlich nicht bestehende Vaterschaft anzuerkennen und diese anschließend
auf Kosten der Allgemeinheit wieder anzufechten.[428] Dies gilt auch dann, wenn
bereits ein gerichtliches Abstammungsgutachten mit eindeutigem Ergebnis vorliegt und der Antragsteller nicht auf bessere Methoden der Abstammungsklärung hinweist.[429]

dd) Gewaltschutzsachen. Die gleichzeitige Einleitung eines Hauptsacheverfah- 139
rens sowie einer einstweiligen Anordnung nach dem **Gewaltschutzgesetz** ist
nicht mutwillig,[430] es sei denn, dass beide Anträge auf das gleiche Rechtsschutzziel gerichtet sind und keine Notwendigkeit für die besseren Erkenntnismöglichkeiten im Hauptsacheverfahren besteht.[431] Hat das Gericht die einstweilige Anordnung jedoch bereits erlassen, ist die Verfolgung des gleichen Ziels im Hauptsacheverfahren nur dann nicht mutwillig, wenn die einstweilige Anordnung
noch nicht zu einer dauerhaften Befriedigung der Beteiligten geführt hat.[432] Im
Übrigen liegt Mutwilligkeit vor, wenn der einzige Unterschied zwischen den Verfahren darin besteht, dass anstatt oder neben der eigenen eidesstattlichen Versicherung die Vernehmung von Zeugen angeregt wird.[433]

e) Fehlende Vollstreckungsmöglichkeiten. Vertreten wird, dass ein Verfahren ge- 140
gen einen völlig **vermögenslosen Antragsgegner** ohne jede Aussicht auf künftige
erfolgreiche Vollstreckung mutwillig und VKH deshalb zu versagen ist.[434] Die
Auffassung ist jedoch abzulehnen, da sie vor allem „Unterhaltsflüchtlinge" belohnt.[435] Besteht auf einem Unterhaltstitel ein **Rückstand** von rund 15.000 EUR,
soll PKH für einen Antrag auf Heraufsetzung des Unterhaltes wegen Mutwilligkeit zu versagen sein.[436] Auch diese Auffassung ist abzulehnen, denn auch sie
belohnt insbesondere den „Unterhaltsflüchtling", indem sie ihn wegen ange-
häufter Rückstände vor an sich weiter gehenden Unterhaltsansprüchen bewahrt.

Hingegen soll die Einleitung eines Verfahrens nicht allein schon deshalb mutwil- 141
lig sein, weil der Antragsgegner zurzeit **unbekannten Aufenthalts** ist.[437] Ebenso
wenig wird die Geltendmachung von Trennungsunterhaltsansprüchen vor Eröffnung eines Verbraucherinsolvenzverfahrens des Schuldners als mutwillig erachtet.[438] Insoweit dürfte zu den beiden erstgenannten Entscheidungen ein erheblicher Wertungswiderspruch bestehen.

---

428 AG Wuppertal 4.11.2005 – 67 F 280/05, FamRZ 2006, 493; aM OLG Köln 11.5.2006
– 14 WF 49/06, FamRZ 2006, 1280; siehe auch Zypries/Cludius, Missbräuchliche Vaterschaftsanerkennungen zur Erlangung von Aufenthaltstiteln, ZRP 2007, 1.
429 OLG Stuttgart 10.8.2009 – 17 WF 181/09, FamRZ 2010, 53.
430 OLG München 14.2.2012 – 26 WF 128/12, FamRZ 2012, 1234.
431 OLG Hamm 7.11.2013 – II-4 WF 242/13, FamRZ 2014, 585.
432 OLG Hamm 9.12.2009 – 10 WF 274/09, NJW 2010, 539; OLG Zweibrücken
18.11.2009 – 2 WF 215/09, NJW 2010, 540.
433 OLG Frankfurt/M. 7.7.2011 – 3 WF 150/11, FamRZ 2012, 144.
434 OLG Koblenz 3.2.2000 – 8 W 68/00, FamRZ 2001, 234; vgl. OLG Dresden
23.12.2003 – 8 W 0781/03, NJW-RR 2004, 1078; vgl. aber LG Osnabrück 12.10.2009
– 7 T 615/09, JurBüro 2010, 40 im Falle von Schmerzensgeldansprüchen.
435 Daher zu Recht aA OLG Karlsruhe 23.11.2004 – 16 WF 156/04, FamRZ 2005, 1099;
vgl. OLG Karlsruhe 29.8.2011 – 9 W 13/11, ZIP 2012, 494.
436 OLG Naumburg 17.10.2000 – 14 WF 127/00, FamRZ 2001, 1466.
437 OLG Köln 8.6.2004 – 4 WF 65/04, FamRZ 2005, 460; vgl. BGH 14.8.2013 – I ZB
76/10, NJW 2013, 2906.
438 OLG Hamburg 27.1.2003 – 2 WF 6/03, FamRZ 2003, 1102.

Nickel 2219

142 Die Gewährung von VKH für die Durchführung einer **Teilungsversteigerung** darf nicht schon deshalb wegen Mutwilligkeit versagt werden, weil das Grundstück hochgradig dinglich belastet ist.[439]

V. Einzusetzendes Vermögen

143 **1. Allgemeines.** Auch nach Einführung des FamFG sind die wirtschaftlichen Voraussetzungen unverändert nach § 115 ZPO zu beurteilen.[440] § 115 Abs. 3 S. 1 ZPO bestimmt, dass die Beteiligten zur Begleichung der Verfahrenskosten ihr Vermögen einzusetzen haben, soweit es verwertbar und seine Verwertung zumutbar ist. Es gilt der **umfassende Vermögensbegriff** des Sozialhilferechts.[441] Hat ein Beteiligter Vermögenswerte verschwendet, obwohl ein Verfahren absehbar war, kommt eine fiktive Anrechnung der verschwendeten Werte in Betracht.[442] Im VKH-Gesuch sind nur solche Vermögenswerte anzugeben, die für die Entscheidung darüber relevant sein können.[443] An der Verwertbarkeit einer Forderung kann es zB dann fehlen, wenn der Antragsteller hierüber aufgrund erfolgter Abtretung nicht verfügen kann.[444]

144 Ob ein einzusetzendes Vermögen vorhanden ist, ist durch Aufstellung einer **Vermögensbilanz**, dh **Saldierung von Aktiva und Passiva** zu ermitteln. Übersteigen die Verbindlichkeiten eines Beteiligten sein verwertbares Vermögen, scheidet eine Kostenbeteiligung mit seinem Vermögen aus.[445] Ein das Schonvermögen übersteigendes und auch nicht anderweitig geschütztes (Bar-)Vermögen ist jedoch auch dann zur Begleichung der Verfahrenskosten heranzuziehen, wenn der Antragsteller bei Gegenüberstellung aller Aktiva und Passiva über keinen positiven Vermögenssaldo verfügt.[446]

145 Bei einer anderweitigen Verwendung von Vermögenswerten trotz absehbaren Verfahrens kommt eine **fiktive Anrechnung** der verschwendeten Werte in Betracht.[447] Ein Verlegungsantrag des Antragstellers mit der Begründung, er plane eine Flugreise für einen mehrwöchigen Aufenthalt in seinem Herkunftsland, gibt ohne Weiteres Veranlassung, ergänzende Erklärungen dazu anzufordern, aus welchen Einkünften bzw. Vermögensreserven der Aufwand für diese Auslandsreise finanziert wird und in welchem Umfang der Antragsteller bzw. dessen Ehe-

---

439 LG Gießen 23.11.2007 – 7 T 454/07, FamRZ 2008, 1090.
440 Haferanke, Die Bedürftigkeitsprüfung im Verfahrenskostenhilfeverfahren, FPR 2009, 386; Nickel FPR 2009, 391.
441 Kalthoener/Büttner/Wrobel-Sachs Rn. 315 mwN; vgl. OLG Karlsruhe 11.5.2005 – 2 WF 51/05, FamRZ 2005, 1917.
442 BGH 25.11.1998 – XII ZB 117/98, FamRZ 1999, 644; OLG Brandenburg 27.1.2006 – 10 WF 3/06, FamRZ 2007, 154; OLG Saarbrücken 24.9.2007 – 9 WF 101/07, FuR 2008, 252; vgl. OLG Brandenburg 1.10.2007 – 9 WF 215/07, FamRZ 2008, 703.
443 BGH 29.10.2003 – IV ZR 26/03, FamRZ 2004, 177.
444 OLG Jena 31.3.2015 – 1 WF 73/15, NZFam 2016, 39.
445 BGH 25.11.1998 – XII ZB 117/98, FamRZ 1999, 644; BAG 22.12.2003 – 2 AZB 23/03, RVGreport 2004, 196; OLG Düsseldorf 25.10.2011 – II-3 WF 205/11; LAG Hamm 20.6.2006 – 5 Ta 185/06; differenzierend OLG Köln 10.8.2015 – 13 WF 765/15, MDR 2015, 1262; Zöller/Geimer ZPO § 115 Rn. 47.
446 OLG Koblenz 10.8.2015 – 13 WF 765/15, FamRZ 2016, 253.
447 OLG Brandenburg 27.1.2006 – 10 WF 3/06, FamRZ 2007, 154; OLG Saarbrücken 24.9.2007 – 9 WF 101/07, FuR 2008, 252; OLG Hamm 26.7.2011 – II-2 WF 75/11, FamFR 2011, 520 mAnm Cirullies; OLG Saarbrücken 16.1.2012 – 9 WF 135/11, FamRZ 2012, 1577; KG 24.1.2014 – 8 W 4/14, MDR 2014, 423; OLG Hamm 16.12.2014 – II-14 WF 219/14, FuR 2015, 614; vgl. OLG Brandenburg 1.10.2007 – 9 WF 215/07, FamRZ 2008, 703.

gatte noch über Einkommensquellen bzw. bewegliches oder/und unbewegliches Vermögen im gemeinsamen Herkunftsland verfügen.[448]

Für die **Höhe** der aus dem Vermögen zu leistenden Beiträge zu den Verfahrens- 146 kosten sind allein die persönlichen und wirtschaftlichen Verhältnisse des Antragstellers maßgebend; auf die Höhe der Verfahrenskosten kommt es nicht an.[449]

2. Verfahrenskostenvorschuss.[450] Ein **Antrag auf Verfahrenskostenvorschuss** 147 könnte lauten:

▶ ... wird beantragt, den Antragsgegner im Wege der einstweiligen Anordnung gem. § 246 FamFG zu verpflichten, an die Antragstellerin einen Verfahrenskostenvorschuss iHv ... EUR zu zahlen. Hilfsweise wird beantragt, der Antragstellerin Verfahrenskostenhilfe für den vorliegenden Antrag zu bewilligen. ◀

a) Vorrangigkeit. Bevor VKH bewilligt werden kann, ist ein Anspruch auf **Ver-** 148 **fahrenskostenvorschuss** (VKV) zu prüfen, denn dieser Anspruch ist **vorrangig** und geht der Gewährung von VKH vor,[451] auch in der Zwangsvollstreckung.[452] Für den Ehegatten ergibt sich der Anspruch ausdrücklich aus § 1360 a Abs. 4, der im Verwandtenunterhalt nach inzwischen wohl hM entsprechend gilt.[453] Der Anspruch wird zum **Vermögen** gerechnet.[454] Ebenso wie der Unterhaltsanspruch kann auch der Anspruch auf Zahlung eines Verfahrenskostenvorschusses verwirkt sein.[455] Sein Ersatz durch Darlehensgewährung ist ausgeschlossen.[456]

ZT wird vertreten, der Antragsteller habe bereits mit seinem VKH-Gesuch zu 149 erläutern, warum ihm ein Anspruch auf Verfahrenskostenvorschuss nicht zusteht und die dazu behaupteten Tatsachen glaubhaft zu machen.[457] Andererseits kann nicht erwartet werden, dass ein Beteiligter ohne konkreten gerichtlichen Hinweis darauf, welche Angaben von ihm erwartet werden, diejenigen Tatsachen darlegt, die das Gericht aus seiner Sicht zur Beurteilung der Frage benötigt, ob ein Anspruch auf PKV besteht.[458]

---

448 OLG Bamberg FamRZ 2014, 589.
449 OLG Brandenburg 15.1.2004 – 10 WF 262/03, FamRZ 2005, 2004.
450 Heistermann, Das Spannungsverhältnis von Prozesskostenvorschussanspruch und Verfahrenskostenhilfe, FPR 2009, 403.
451 OLG Celle 13.3.2015 – 4 W 15/15, FamRZ 2015, 1420; OLG Brandenburg 15.2.2013 – 3 WF 123/12, FamFR 2013, 547 (hier: Antragsgegner im Scheidungsverfahren); LSG Rheinland-Pfalz 9.6.2011 – L 1 SO 19/11, FamRZ 2011, 1969; KG 27.7.2001 – 18 WF 193/01, FPR 2002, 538 mwN; rechtzeitige Geltendmachung: OLG Hamm 17.6.2014 – II-11 WF 98/14, FamRZ 2014, 2016.
452 BGH 10.7.2008 – VII ZB 25/08, FamRZ 2008, 1842.
453 So BGH 23.3.2005 – XII ZB 13/05, FamRZ 2005, 883; OLG Schleswig 1.8.2008 – 4 U 52/08, FamRZ 2009, 897; OVG Bautzen 16.3.2011 – 5 D 181/10, FamRZ 2011, 1746; OVG Berlin-Brandenburg 13.9.2011 – OVG 5 M 44.10, NJW 2011, 3385; 2.7.2015 – OVG 6 M 23.14, NJW 2015, 3737; OLG Nürnberg 20.8.2014 – 11 UF 744/14, FamRZ 2015, 351; OVG Bautzen 20.3.2015 – 2 D 111/14.NC, FamRZ 2015, 1813.
454 OLG Dresden 6.2.2002 – 22 WF 0750/0, FamRZ 2002, 1412; OLG Köln 13.6.2003 – 26 WF 133/03, FamRB 2004, 9; Zöller/Geimer ZPO § 115 Rn. 67; Kalthoener/Büttner/Wrobel-Sachs Rn. 355 mwN; aA OVG Berlin-Brandenburg 2.7.2015 – OVG 6 M 23.14, FamRZ 2016, 313 (Einkommen).
455 OLG Brandenburg 10.9.2013 – 3 WF 97/13, FamFR 2013, 570; 3.9.2013 – 3 WF 50/13, FamRZ 2014, 2018.
456 OLG Frankfurt/M. 15.10.2013 – 2 UFH 8/13, FamRZ 2014, 1721.
457 OLG Celle 5.5.2006 – 17 WF 60/06, NJW-RR 2006, 1304; OLG Karlsruhe 30.6.2005 – 10 WF 155/05, FamRZ 2006, 1852; OLG Celle 15.9.2011 – 14 W 28/11, NJW-Spezial 2012, 10.
458 OLG Brandenburg 29.1.2001 – 10 WF 149/00, FamRZ 2002, 1414; aA aber OVG Bautzen 16.12.2013 – 3 D 72/13, FamRZ 2014, 1373: ungefragte Offenbarungspflicht.

150 Ein Beteiligter ist **nicht bedürftig** iSv § 114 ZPO, wenn er einen Anspruch auf Zahlung eines VKV hat,[459] insbes. auch im Scheidungsverfahren.[460] Für den Anspruch auf VKV gilt § 1606 Abs. 3 S. 2 nicht, weil es sich um Sonderbedarf handelt, weshalb auch der betreuende Elternteil gegebenenfalls mit Ratenzahlungen vorschusspflichtig sein kann.[461]

151 **b) Persönliche Angelegenheit.** Erforderlich ist ein „Rechtsstreit in einer **persönlichen Angelegenheit**" (§ 1360 a Abs. 4).[462] Die Einzelheiten hierzu sind umstritten.[463] Persönliche Angelegenheiten sind zunächst alle Familiensachen nach § 111 FamFG.[464] Eine persönliche Angelegenheit betreffen namentlich auch sozialgerichtliche Rentenverfahren sowie Verfahren, in denen ein Ehegatte Unterhaltsansprüche eines aus einer früheren Ehe stammenden Kindes abwehren[465] oder eines früheren Ehegatten herabsetzen oder beseitigen will,[466] sowie arbeitsrechtliche Bestandsstreitigkeiten[467] und Schadensersatzansprüche aus Arzthaftung,[468] Schmerzensgeldansprüche aus einem Unfallereignis,[469] wohl auch ein Verfahren um die Erlangung eines Studienplatzes[470] oder Räumungsverfahren[471] sowie ein Rechtsstreit um Gewährung von Ausbildungsförderung.[472] Im Falle von vermögensrechtlichen Streitigkeiten mit einem Dritten ist weiter Voraussetzung, dass das Verfahren eine **genügend enge Verbindung** zur Person des betroffenen Ehegatten aufweist.[473] Entscheidend ist auch, ob der Anspruch das wirtschaftliche Interesse nur eines oder – wie im Falle von Gesamtschuldnern oder -gläubigern – beider Ehepartner betrifft.[474] Eine allgemeingültige Formel, wann diese Voraussetzung erfüllt ist, wurde indes bislang nicht gefunden.[475]

152 Ob ein Anspruch auf Gewährung eines VKV für ein **Scheidungsverfahren** Härtegründe iSv § 150 Abs. 4 S. 1 FamFG (bis zum 31.8.2009: § 93 a Abs. 1 S. 2 Nr. 1

---

459 Vgl. Bißmaier, Prozesskostenvorschuss und Prozesskostenhilfe, FamRB 2003, 66.

460 KG 21.10.2002 – 18 WF 323/02, FamRZ 2003, 773; aA KG 21.10.1994 – 16 WF 6916/94, FamRZ 1995, 680.

461 OLG Dresden 6.2.2002 – 22 WF 0750/01, FamRZ 2002, 1412; BGH 4.8.2004 – XII ZA 6/04, FamRZ 2004, 1633; OLG Celle 23.1.2008 – 17 UF 190/07, FamRZ 2008, 2199; OLG Koblenz 22.7.2013 – 13 WF 650/13, FamRZ 2014, 846.

462 OLG Celle 13.3.2015 – 4 W 15/15, FamRZ 2015, 1420; OLG Frankfurt/M. 24.8.2000 – 4 WF 71/00, FamRZ 2001, 1148; verneint für einen Anspruch auf Rückforderung von Sozialhilfe: VG Sigmaringen 4.2.2004 – 2 K 236/02, FamRZ 2004, 1653; bejaht bei inzwischen weggefallenen wirtschaftlichen Voraussetzungen: KG 20.6.2008 – 17 UF 24/08, FamRZ 2008, 2201.

463 Eingehend hierzu BGH 25.11.2009 – XII ZB 46/09, FamRZ 2010, 189 mAnm Borth; vgl. die Übersicht bei Knops, Der familienrechtliche Prozesskostenvorschuss, NJW 1993, 1237 ff. sowie die Nachweise bei Groß ZPO § 115 Rn. 91; Bißmaier FamRZ 2002, 863; ders. FamRB 2003, 66; Huber, Prozessuale Geltendmachung des Anspruchs auf Prozesskostenvorschuss, FamRZ 2002, 1541.

464 Wendl/Dose/Klinkhammer § 6 Rn. 33.

465 OLG Karlsruhe 8.10.2004 – 16 WF 118/04, FamRZ 2005, 1744.

466 OLG Celle 23.1.2008 – 17 UF 190/07, FamRZ 2008, 2199.

467 BAG 5.4.2006 – 3 AZB 61/04, FamRZ 2006, 1117.

468 OLG Schleswig 1.8.2008 – 4 U 52/08, FamRZ 2009, 897.

469 OLG Frankfurt/M. 15.2.2010 – 4 W 85/09, NJW-RR 2010, 1689.

470 OVG Berlin-Brandenburg 13.9.2011 – OVG 5 M 44.10, NJW 2011, 3385.

471 LG Koblenz 18.4.2012 – 6 T 40/12, FamRZ 2013, 139.

472 OVG Berlin-Brandenburg 2.7.2015 – OVG 6 M 23.14, NJW 2015, 3737.

473 Dose, Einstweiliger Rechtsschutz in Familiensachen, 3. Aufl. 2010, Rn. 50.

474 OLG Celle 13.3.2015 – 4 W 15/15, FamRZ 2015, 1420.

475 BGH 25.11.2009 – XII ZB 46/09, FamRZ 2010, 189 mAnm Borth.

ZPO aF) voraussetzt,[476] erscheint zweifelhaft, weil die „nach billigem Ermessen" zu treffende Kostenentscheidung stets erst am Ende des Verfahrens fehlerfrei getroffen werden kann.[477]

c) Bedürftigkeit, Leistungsfähigkeit, Billigkeit. Der Anspruch auf VKV setzt die 153 **Bedürftigkeit** des Anspruchstellers und die **Leistungsfähigkeit** des in Anspruch Genommenen voraus; für beides ist der Gesichtspunkt der Billigkeit entscheidend:[478]

Bei **durchschnittlichen Einkommensverhältnissen** kommt wegen des Halbteilungsgrundsatzes bei ausschließlich eheprägenden Einkünften für Verfahren auf Ehegattenunterhalt ein VKV nicht in Betracht, da die gemeinsamen Einkünfte der Ehegatten bereits im Rahmen des Unterhalts verteilt werden.[479] Nach Auffassung des OLG Karlsruhe[480] kann ein VKH-Antrag für ein Scheidungsverfahren grundsätzlich nicht mit der Begründung abgelehnt werden, der Antragsgegner habe zunächst einen VKV in voller Höhe zu leisten, wenn dieser nur über ein monatliches Nettoeinkommen iHv 1.500 EUR verfügt. Das Gleiche gilt für die ratenweise Zahlung des Verfahrenskostenvorschusses; ebenso kann die Versagung der VKH für ein Scheidungsverfahren grundsätzlich nicht damit begründet werden, dass der Antragssteller zur Prüfung der Leistungsfähigkeit des Antragsgegners zunächst einen Auskunftsantrag vorschalten muss.[481]

d) Einsatz von Vermögen. Zwar kann der Einsatz von Vermögen für den VKV 154 nur **ausnahmsweise** verlangt werden, kommt aber namentlich dann in Betracht, wenn nur ein verhältnismäßig geringer Teil des Vermögens einzusetzen ist und die wirtschaftliche Sicherung des in Anspruch Genommenen nicht nennenswert beeinträchtigt wird,[482] also wohl bei einem Anteil von ca. 10 % oder weniger.[483]

e) Anspruchsinhaber. Inhaber des Anspruchs gem. § 1360 a Abs. 4 ist stets der 155 **Ehegatte.** Eine nachträgliche Zahlungsanordnung gem. § 120 a ZPO wegen durch zwischenzeitlich erfolgte Eheschließung veränderter Verhältnisse wird als nicht gerechtfertigt betrachtet.[484] Versäumt es ein Antragsteller, rechtzeitig **vor Rechtskraft des Scheidungsbeschlusses** eine einstweilige Anordnung auf VKV für eine Folgesache zu beantragen, besteht kein Anspruch auf VKH[485] oder es sind

---

476 So KG 21.10.1994 – 16 WF 6916/94, FamRZ 1995, 680, angesichts eigener VKH-Berechtigung des Anspruchsgegners gegen Ratenzahlung.
477 So KG 21.10.2002 – 18 WF 323/02, FamRZ 2003, 773 angesichts „günstiger Einkommensverhältnisse".
478 OLG Köln 6.3.2002 – 27 UF 182/01, FamRB 2003, 14; vgl. AG Kandel 13.3.2007 – 1 F 195/06 eA PKV, FamRZ 2008, 613.
479 OLG München 13.9.2005 – 16 WF 1542/05, FamRZ 2006, 791 (Ehefrau: Einkommen von 1.048 EUR, Kindergeld von 154 EUR, Mieteinkünfte von 255 EUR; Abzüge: Schulden von 700 EUR, Hausnebenkosten von 390 EUR; Ehemann: Einkommen von 1.800 EUR, Hypotheken von 700 EUR, Kindesunterhalt 327 EUR).
480 OLG Karlsruhe 29.3.2005 – 16 WF 11/05.
481 OLG Karlsruhe 29.3.2005 – 16 WF 11/05.
482 OLG Köln 29.8.1984 – 4 WF 244/84, FamRZ 1984, 1256; 19.8.1994 – 25 WF 151/94, FamRZ 1995, 941; Zimmermann Rn. 161.
483 OLG Zweibrücken 13.10.1998 – 5 UF 47/98 – EA, FamRZ 1999, 1149; vgl. OLG Köln 19.8.1994 – 25 WF 151/94, FamRZ 1995, 941 und AG Kandel 13.3.2007 – 1 F 195/06 eA PKV, FamRZ 2008, 614.
484 OLG Köln 26.7.2005 – 3 W 32/05, FamRZ 2007, 158.
485 OLG Zweibrücken 18.3.2011 – 6 WF 53/11, FamRZ 2011, 1603.

Raten aus dem Vermögen zu zahlen.[486] Wurde der Schuldner rechtzeitig vor Rechtskraft der Scheidung mit der Zahlung eines VKV in Verzug gesetzt, kommt zwar nach Rechtskraft der Scheidung grundsätzlich ein **Schadensersatzanspruch** in Betracht, der jedoch nicht mehr mit einer einstweiligen Anordnung gem. § 246 FamFG durchsetzbar ist.[487] Ein Anspruch auf Leistung eines VKV scheidet schließlich aus, wenn das Verfahren bereits abgeschlossen ist;[488] nach Abschluss des Verfahrens kann ein bedürftiger Beteiligter nicht mehr auf einen VKV-Anspruch verwiesen werden.[489]

156 Sowohl minderjährige[490] als auch volljährige **Kinder**[491] haben ebenfalls einen Anspruch auf VKV, und zwar grds. gegenüber jedem Elternteil,[492] auch für ein Unterhaltsverfahren gegen die Eltern selbst.[493] Dabei ist auch dem Kind VKH nur mit Ratenzahlung zu bewilligen, wenn das Kind von dem Elternteil, bei dem es lebt, einen VKV in Raten verlangen kann.[494] Im Rahmen der Unterhaltspflicht besteht jedoch ein Anspruch eines volljährigen Kindes grundsätzlich bis zum Regelabschluss eines in Abstimmung mit den Eltern begonnenen Studiums.[495]

157 Ob eine Vorschusspflicht des **Scheinvaters** auch gegenüber dem Kind als Antragsteller eines **Anfechtungsverfahrens** besteht, ist umstritten:[496] ZT wird dies mit der wohl zutreffenden Begründung abgelehnt, dass sich das die Vaterschaft bestreitende Kind mit dieser Forderung treuwidrig verhalte.[497]

158 Nach Auffassung des OLG München[498] soll auch der **nichtehelichen Mutter** für ein Unterhaltsverfahren gem. § 1615 l ein Anspruch auf VKV gegen den nichtehelichen Vater zustehen, weil nach § 1615 l Abs. 3 S. 1 die Vorschriften über

---

486 OLG Zweibrücken 14.2.2002 – 2 WF 5/02, FuR 2002, 272; OLG Schleswig 27.8.2007 – 12 UF 80/07, FamRZ 2008, 614; OLG Hamm 17.6.2014 – II-11 WF 98/14, FamRZ 2014, 2016: zwischenzeitlich eingetretene Leistungsunfähigkeit des VKV-Schuldners.
487 OLG Schleswig 27.8.2007 – 12 UF 80/07, FamRZ 2008, 614.
488 OLG Brandenburg 18.5.2010 – 9 WF 147/10, FamRZ 2011, 54.
489 OLG Stuttgart 29.9.2011 – 18 WF 191/11, FamRZ 2012, 318.
490 OLG Dresden 31.1.2013 – 20 WF 36/13, FamRZ 2013, 1597.
491 BGH 23.3.2005 – XII ZB 13/05, FamRZ 2005, 883.
492 KG 27.7.2001 – 18 WF 193/01, FPR 2002, 538.
493 OLG Köln 1.9.1999 – 27 WF 126/99, FamRZ 2000, 757; zur Situation des Scheinvaters vgl. Schwonberg, Probleme des Scheinvaterregresses, FuR 2006, 395, 443, 501 (502).
494 OLG Dresden 31.1.2013 – 20 WF 36/13, FamRZ 2013, 1597; OLG Naumburg 18.2.2005 – 8 WF 196/04, FamRZ 2005, 2001; OLG Brandenburg 20.10.2008 – 10 WF 206/08.
495 OVG Hamburg 21.6.2006 – 4 So 68/06, FamRZ 2006, 1615, hier: Masterprüfung; vgl. OVG Bautzen 16.12.2013 – 3 D 72/13, FamRZ 2014, 1373.
496 Dafür: OLG Celle 14.3.1994 – 15 W 52/93, NJW-RR 1995, 6; OLG Karlsruhe 30.8.1995 – 2 W 5/95, FamRZ 1996, 872.
497 Dagegen daher OLG Koblenz 16.5.1997 – 15 W 217/97, FamRZ 1998, 761; OLG Koblenz 27.2.1998 – 15 W 130/98, FamRZ 1999, 241; OLG Hamburg 21.7.1995 – 14 W 83/94, FamRZ 1996, 224; Zöller/Geimer FamFG § 76 Rn. 52; MK/Wellenhofer § 1599 Rn. 4.
498 OLG München 15.10.2001 – 4 UF 122/01, FamRZ 2002, 1219; wohl ebenso AG Koblenz 8.5.2007 – 18 F 50/07.PKH.I, FamRZ 2007, 1753.

den Verwandtenunterhalt und damit auch § 1610 Abs. 2 sinngemäß anzuwenden sind. Diese Ansicht wird in der Literatur jedoch abgelehnt.[499]

Umgekehrt steht den **Eltern gegenüber ihren Kindern kein Anspruch** auf Verfahrenskostenvorschuss zu.[500] **159**

f) Anspruchsgegner. Der Anspruch richtet sich stets gegen den „anderen **Ehegatten".** Die Auffassung, wonach vermögensrechtliche Ansprüche ihre Wurzeln in der (derzeitigen) ehelichen Lebensgemeinschaft oder in den aus der (derzeitigen) Ehe erwachsenen persönlichen oder wirtschaftlichen Beziehungen haben müssten und daher Unterhalts- oder Zugewinnausgleichsansprüche aus einer früheren Ehe vom jetzigen Ehepartner nicht zu finanzieren seien, weil ihnen die Beziehung zur gemeinsamen Lebensführung in der jetzigen Ehe fehle, findet im Gesetz keine Stütze. Vielmehr ist die Vorschusspflicht als eine Unterstützungspflicht des leistungsfähigen Ehegatten anzusehen, die ihre innere Rechtfertigung in der **gegenseitigen personalen Verantwortung** aus der ehelichen Lebensgemeinschaft findet und der allgemeinen unterhaltsrechtlichen Pflicht zum finanziellen Beistand am Nächsten komme. Eine Auslegung, die dazu führe, dass – entgegen dem Wortlaut des Gesetzes – nicht der leistungsfähige (neue) Ehepartner, sondern die staatliche Gemeinschaft in Form staatlicher Kostenhilfe ein gerichtliches Verfahren finanzieren müsse, ist abzulehnen.[501] **160**

Sehr umstritten ist die Frage, wie die Inanspruchnahme eines **selbst VKH-berechtigten Ehegatten** zu behandeln ist: **161**

- Hierzu wird zT vertreten, dass die Inanspruchnahme des Ehegatten bereits unbillig ist, wenn der Ehegatte selbst für ein eigenes Verfahren VKH ohne Ratenzahlung erhalten könnte.[502]
- Soweit er hingegen VKH-Raten zahlen müsste, ist wiederum umstritten, wie weiter zu verfahren ist:
  - Nach der in der Rechtsprechung überwiegend vertretenen Auffassung besteht bereits generell keine Verpflichtung zur Leistung eines VKV, wenn der Ehegatte selbst Anspruch auf Bewilligung von VKH – mit oder ohne Ratenzahlungsbestimmung – hätte[503] oder es wird auch insoweit die Inanspruchnahme für unbillig erachtet.[504]
  - Nach anderer Auffassung ist der Antragsteller zur Zahlung eben dieses Ratenbetrages aus seinem Vermögen verpflichtet, wobei Teilleistungen

---

499 Weil § 1615 l Abs. 3 S. 1 zwar auf die §§ 1601 ff., jedoch gerade nicht auf den den Vorschussanspruch regelnden § 1360 a verweist: Bißmaier FamRB 2003, 66; Büttner FamRZ 2000, 781 (785); FAKomm-FamR/Schwolow § 1615 l Rn. 28 mwN; Schilling FamRZ 2006, 1 (9) mwN; jurisPK-BGB/Viefhues, Bd. 4, 7. Aufl. 2009, Rn. 137.

500 OLG München 23.10.1992 – 26 WF 605/91, FamRZ 1993, 821.

501 BGH 25.11.2009 – XII ZB 46/09, FamRZ 2010, 189 mAnm Borth.

502 So VGH Kassel 27.2.1990 – 12 TH 2402/89, NVwZ-RR 1990, 518; OLG Karlsruhe 16.5.1991 – 16 WF 66/91, FamRZ 1992, 77.

503 So ua OLG Bamberg 9.7.1990 – 7 WF 109/90, JurBüro 1990, 1642; OLG Oldenburg 25.2.1994 – 5 W 17/94, MDR 1994, 618; OLG Rostock 21.6.1994 – 1 W 33/94, OLG-NL 1995, 88; OLG Düsseldorf 10.12.1992 – 1 WF 178/92, FamRZ 1995, 680; OLG München 4.11.1996 – 16 WF 1124/96, FamRZ 1997, 1088; OLG Oldenburg 19.11.1998 – 11 WF 168/98, FamRZ 1999, 1148; OLG Brandenburg 29.1.2001 – 10 WF 149/00, FamRZ 2002, 1414; OLG Celle 29.7.2009 – 10 WF 222/09, FamRZ 2010, 53; aM Büttner/Wrobel-Sachs/Gottschalk/Dürbeck Rn. 372.

504 So ua OLG Hamm 26.6.1986 – 2 WF 247/86, FamRZ 1986, 1013; OLG Zweibrücken 9.10.1986 – 2 WF 129/85, JurBüro 1987, 448; KG 21.10.1994 – 16 WF 6916/94, FamRZ 1995, 680.

angeordnet werden können.[505] Dieser Meinung hat sich der Bundesgerichtshof angeschlossen.[506] Im Übrigen ist eine eigene VKH-Rate des Ehegatten als besondere Belastung von seinem Einkommen abzuziehen.[507]

162 **g) Durchsetzbarkeit.** Weitere Voraussetzung ist, dass der geltend zu machende **Anspruch unzweifelhaft gegeben** ist[508] und **alsbald realisiert** werden kann[509] oder jedenfalls hinreichende Erfolgsaussichten bestehen.[510] Keinem Hilfebedürftigen ist zuzumuten, vor Beginn seines Verfahrens ein weiteres, unsicheres Verfahren um den Kostenvorschuss zu führen.[511] Daher kommt insbesondere im Eilverfahren die Verweisung auf einen Vorschussanspruch in aller Regel nicht in Betracht, wenn dieser ersichtlich zuvor erst noch gerichtlich durchgesetzt werden müsste.[512] Dies gilt erst recht dann, wenn eine anteilige Haftung mehrerer Vorschusspflichtiger in Betracht kommt.[513] Die **Darlegungslast** dafür, dass ein Anspruch auf VKV entweder nicht besteht oder nicht durchgesetzt werden kann, liegt beim Antragsteller,[514] der auch das ihm bekannte Vermögen des Ehegatten anzugeben hat, soweit dies für die Frage eines Anspruchs auf VKV erheblich sein kann, anderenfalls die gewährte VKH gem. § 124 Nr. 2 ZPO wieder entzogen werden kann.[515]

163 Versäumt es ein Antragsteller, rechtzeitig vor Rechtskraft des Scheidungsbeschlusses eine einstweilige Anordnung auf VKV für eine Folgesache zu beantragen, besteht kein Anspruch auf VKH oder es sind Raten aus dem Vermögen zu zahlen.[516] Wurde der Schuldner rechtzeitig vor Rechtskraft der Scheidung mit der Zahlung eines VKV in Verzug gesetzt, kommt zwar nach Rechtskraft der Scheidung grundsätzlich ein **Schadensersatzanspruch** in Betracht, der jedoch nicht mehr mit einer einstweiligen Anordnung gem. § 246 FamFG durchsetzbar

---

505 So ua OLG Köln 17.5.1994 – 25 WF 98/94, MDR 1995, 209; 19.8.1994 – 25 WF 151/94, FamRZ 1995, 941; OLG Nürnberg 22.9.1995 – 7 WF 2878/95, FamRZ 1996, 875; OVG Lüneburg 30.11.2004 – 2 PA 1276/04, NVwZ-RR 2005, 860; OLG Brandenburg 3.2.2003 – 9 WF 219/02, FamRZ 2003, 1933; AG Rosenheim 19.6.2006 – 3 F 684/06, FamRZ 2006, 1611; OLG Saarbrücken 20.8.2009 – 6 WF 84/09, FamRZ 2010, 749; ebenso bei volljährigen Kindern: OLG Schleswig 1.8.2008 – 4 U 52/08, FamRZ 2009, 897.
506 BGH 4.8.2004 – XII ZA 6/04, FamRZ 2004, 1633.
507 OLG Köln 12.4.1984 – 4 WF 64/84, FamRZ 1984, 723; AG Groß-Gerau 13.1.1988 – 7 F 665/87, FamRZ 1988, 417; KG 9.8.1989 – 18 UF 2689/89, FamRZ 1990, 183; OLG Stuttgart 11.2.2009 – 8 WF 17/09, FamRZ 2009, 1163.
508 OLG München 11.11.1993 – 12 WF 1033/93, FamRZ 1994, 1126.
509 BGH 10.7.2008 – VII ZB 25/08, FamRZ 2008, 1842; LAG Berlin-Brandenburg 26.6.2009 – 2a Ta 788/09, FamRZ 2010, 143; OLG Nürnberg 31.1.2013 – 7 WF 163/13, FamRZ 2013, 1325.
510 BGH 7.2.2001 – XII ZB 2/01, FamRZ 2001, 1363; Leistungsunwilligkeit des Schuldners reicht nicht: OLG Koblenz 23.9.2013 – 13 WF 860/13, MDR 2014, 48.
511 LAG Berlin-Brandenburg 26.6.2009 – 2a Ta 788/09, FamRZ 2010, 143.
512 OLG Saarbrücken 8.6.2010 – 6 WF 56/10, FamRZ 2010, 2094.
513 OLG Saarbrücken 8.6.2010 – 6 WF 56/10, FamRZ 2010, 2094.
514 OLG Koblenz 25.4.2002 – 9 WF 259/02, FamRZ 2003, 97; AG Westerburg 6.2.2003 – 11 M 194/03, FamRZ 2003, 1759.
515 OLG Koblenz 19.12.2005 – 7 WF 1126/05, FamRZ 2006, 630.
516 OLG Zweibrücken 14.2.2002 – 2 WF 5/02, FuR 2002, 272; OLG Schleswig 27.8.2007 – 12 UF 80/07, FamRZ 2008, 614.

ist.[517] Ein Anspruch auf Leistung eines Verfahrenskostenvorschusses scheidet schließlich aus, wenn das Verfahren bereits abgeschlossen ist.[518]

3. Verfahrensstandschaft. Im Falle der Verfahrensstandschaft[519] ist nach überwiegender Auffassung auf die **Verhältnisse des Vertreters** abzustellen.[520] Nach Bewilligung ratenfreier VKH für einen minderjährigen Beteiligten führt die Veränderung der Einkommensverhältnisse seines gesetzlichen Vertreters nach Abschluss dieses Verfahrens nicht zu einer Abänderung der VKH-Entscheidung im Überprüfungsverfahren nach § 120 a ZPO. Vielmehr kommt eine Abänderung nur dann in Betracht, wenn sich die Einkommens- und Vermögensverhältnisse des Minderjährigen selbst geändert haben.[521]

Wird hingegen auf die Verhältnisse des vertretenen Kindes abgestellt,[522] ist der VKV-Anspruch gegen den betreuenden Elternteil zu prüfen,[523] und zwar auch dann, wenn die Eltern im Falle eigener Verfahrensführung VKH mit Ratenzahlung erhalten könnten.[524] Dies gilt jedenfalls dann, wenn die Kosten des Verfahrens vier Monatsraten nicht übersteigen.[525]

Hat ein Elternteil Unterhaltsansprüche eines gemeinschaftlichen Kindes gegen den anderen Elternteil ursprünglich gem. § 1629 Abs. 3 S. 1 zulässigerweise im eigenen Namen geltend gemacht, dauert seine Verfahrensstandschaft über die Scheidung der Ehe hinaus bis zum Abschluss des Unterhaltsverfahrens fort. Dies gilt jedenfalls dann, wenn die elterliche Sorge für das Kind keinem anderen als ihm übertragen worden ist,[526] jedoch nur so lange, wie sich das unterhaltsberechtigte Kind in seiner Obhut befindet; nach einem Obhutswechsel erlischt die Ermächtigung zur Antragstellung und der gestellte Antrag wird unzulässig.[527] Der bisher vertretungsberechtigte Elternteil soll allerdings das (zulässigerweise begonnene) Verfahren als „Abwicklungsmaßnahme" gem. § 91 a ZPO, §§ 112,

164

165

166

---

517 OLG Schleswig 27.8.2007 – 12 UF 80/07, FamRZ 2008, 614.
518 OLG Brandenburg 18.5.2010 – 9 WF 147/10, FamRZ 2011, 54.
519 Vgl. Krause, § 1629 III BGB und Prozesskostenhilfe, FamRZ 2001, 1670; Wax, Einzelfragen der Prozesskostenhilfe für familiengerichtliche Verfahren, FPR 2002, 471 (474).
520 BGH 11.5.2005 – XII ZB 242/03, FamRZ 2005, 1164; 26.10.2005 – XII ZB 125/05, FamRZ 2006, 32; OLG Nürnberg 22.5.2006 – 9 WF 569/06, MDR 2007, 159; OLG Köln 10.12.2009 – II-4 WF 190/09, FamRZ 2010, 749.
521 OLG Karlsruhe 15.10.2012 – 18 WF 230/12, FamFR 2013, 42.
522 So ua OLG Bamberg 14.1.2005 – 2 WF 156/04, FamRZ 2005, 1101; OLG Nürnberg 22.5.2006 – 9 WF 569/06, FF 2007, 70; OLG Frankfurt/M. 20.1.2015 – 3 WF 11/15, FamRZ 2015, 1918.
523 So ua OLG Hamm 27.11.2012 – II-6 WF 260/12, FamFR 2013, 88; OLG Frankfurt/M. 20.1.2015 – 3 WF 11/15, MDR 2015, 402.
524 OLG Nürnberg 18.5.2000 – 10 WF 1888/00, FamRZ 2001, 233; OLG Köln 5.12.2001 – 27 WF 230/01, FamRZ 2003, 102; BGH 4.8.2004 – XII ZA 6/04, FamRZ 2004, 1633; aM OLG Bamberg 8.3.2000 – 2 WF 22/00, JurBüro 2000, 483; vgl. auch OLG Naumburg 7.7.1999 – 8 WF 199/99, FamRZ 2000, 1095.
525 OLG Naumburg 22.4.2002 – 8 WF 78/02, FamRZ 2002, 1711.
526 BGH 15.11.1989 – IVb ZR 3/89, FamRZ 1990, 283; 17.12.2008 – XII ZB 185/08, FamRZ 2009, 494.
527 OLG Köln 30.7.2008 – 4 WF 88/08, FamRZ 2009, 619; vgl. aber OLG Koblenz 19.9.2001 – 9 UF 164/01, FamRZ 2002, 562; zu den Voraussetzungen für einen Obhutswechsel vgl. OLG Celle 19.7.2012 – 15 UF 81/12, FamRZ 2013, 48; siehe auch Stockmann, Verfahrensstandschaft nach § 1629 Abs. 3 BGB und Beteiligtenwechsel, FamRB 2015, 393.

113 FamFG für erledigt erklären können,[528] jedoch nicht mehr erstmals in der Beschwerdeinstanz.[529] Nach anderer Ansicht wird mit dem Obhutswechsel ein vom bisher betreuenden Elternteil geltend gemachter Antrag auf Kindesunterhalt insgesamt und von Anfang an unzulässig, also auch hinsichtlich des vor dem Obhutswechsel fällig gewordenen Unterhalts,[530] auch im vereinfachten Verfahren.[531]

167 **4. Einzelne Vermögensbestandteile.** Die Behandlung von zum Ausgleich des Verlustes des Arbeitsplatzes gezahlten **Abfindungen** gem. §§ 9, 10 KSchG ist umstritten: Nach einer Auffassung gehören sie zum einzusetzenden Vermögen iSv § 115 Abs. 3 ZPO,[532] nach aM zum Einkommen iSv § 115 Abs. 1 ZPO.[533] Für ihre Anrechnung ist in jedem Fall Voraussetzung, dass sie tatsächlich bereits ausgezahlt sind[534] und nicht zur Tilgung bestehender Verbindlichkeiten eingesetzt werden müssen.[535] Jedenfalls ist es dem Antragsteller verwehrt, in Ansehung eines bereits laufenden Verfahrens eine erhaltene Kündigungsabfindung „nach Belieben auszugeben".[536]

168 Bei der Prüfung, ob und ggf. in welchem Umfang sie für Verfahrenskosten einzusetzen ist, ist zu berücksichtigen, dass dem Arbeitnehmer durch den Verlust des Arbeitsplatzes typischerweise Kosten[537] entstehen, die im Regelfall den Einsatz der gesamten Abfindung als unzumutbar iSv § 115 Abs. 3 S. 1 ZPO erscheinen lassen. Da die Höhe dieser Kosten von zahlreichen Faktoren abhängt, erweist sich nach Ansicht des Bundesarbeitsgerichts aus Gründen der Praktikabilität eine **Typisierung** als erforderlich. Als Anhaltspunkt für die Höhe der dem Arbeitnehmer durch den Verlust des Arbeitsplatzes typischerweise entstehenden Kosten kann damit die Höhe des Schonbetrages für Ledige nach der Durchführungsverordnung zu § 90 Abs. 2 Nr. 9 SGB XII dienen,[538] dh nur der das doppelte Schonvermögen übersteigende Anteil der Abfindung ist als Vermögen nach § 115 ZPO zu berücksichtigen.[539] Eine andere Auffassung hält bei Überschreiten des Freibetrags nach § 90 SGB XII den Einsatz von 10 % des Abfindungsbetrages für angemessen.[540]

---

528 OLG Köln 6.6.2005 – 4 UF 88/05, FamRZ 2005, 1999; OLG Köln 4.12.2012 – II-4 UF 158/12, FamRR 2013, 92; OLG Koblenz 21.5.2015 – 7 WF 353/15, MDR 2015, 836.
529 OLG Rostock 14.1.2012 – 10 UF 146/11, NJW 2012, 942.
530 OLG Koblenz 21.5.2015 – 7 WF 353/15, MDR 2015, 836.
531 OLG Koblenz 16.3.2015 – 13 WF 226/15, FamRZ 2015, 1514.
532 BAG 24.4.2006 – 3 AZB 12/05, NJW 2006, 2206; LAG Rheinland-Pfalz 23.12.2002 – 9 Ta 1066/02, FamRZ 2003, 1934; 13.8.2004 – 10 Ta 170; LAG Köln 28.7.2004 – 2 Ta 237/04; wohl ebenso LAG Berlin 4.5.2005 – 3 Ta 884/05; in Höhe von 1 % der Abfindung über dem Freibetrag: LAG Schleswig 16.2.2006 – 2 Ta 6/06, NZA-RR 2006, 541; LAG Hamm 3.4.2002 – 4 Ta 636/01.
533 OLG Karlsruhe 17.12.2001 – 16 WF 137/01, FamRZ 2002, 1196; BSG 3.3.2009 – AS 47/08 R, NJW 2009, 3323; differenzierend OLG Karlsruhe 24.10.2013 – 2 UF 213/12, NZFam 2014, 32 (Entscheidung zum Zugewinnausgleich).
534 LAG Schleswig-Holstein 28.4.2005 – 2 Ta 92/05, NZA 2005, 1430.
535 LAG Köln 24.8.2011 – 1 Ta 101/11; vgl. LAG Nürnberg 7.1.2016 – 7 Ta 94/14.
536 OLG Hamm 16.5.2007 – 5 WF 72/07.
537 Bewerbungen, Fahrten, uU auch Schulungen und Umzug.
538 BAG 24.4.2006 – 3 AZB 12/05, NZA 2006, 751.
539 LAG Berlin-Brandenburg 1.10.2008 – 15 Ta 1984/08.
540 LAG Köln 30.1.2002 – 7 Ta 220/01, NZA-RR 2005, 217; LAG Schleswig-Holstein 28.4.2005 – 2 Ta 92/05, NZA 2005, 1430.

Problematisch ist die Beantwortung der Frage nach der Angemessenheit eines **169** **Hausgrundstücks** iSv § 90 Abs. 2 Nr. 8 SGB XII[541] und dessen Berücksichtigung.[542] Sie richtet sich nach der Anzahl der Bewohner, dem Wohnbedarf (zB behinderter Menschen, Blinder oder Pflegebedürftiger), der Grundstücksgröße, der Hausgröße, dem Zuschnitt und der Ausstattung des Wohngebäudes sowie dem Wert des Grundstücks einschließlich des Wohngebäudes.[543] Dabei ist das Kriterium Grundstücksgröße unter dem Blickwinkel zu betrachten, dass die Fläche des Grundstücks den Gepflogenheiten des öffentlich geförderten Wohnungsbaus zu entsprechen hat.[544]

Maßgebend ist die gesamte Wohnfläche des Hauses.[545] Die Wohnflächengren- **170** zen betragen bei Familienheimen mit nur einer Wohnung 130 m² sowie bei Eigentumswohnungen 120 m².[546] Der **Grenzwert** ist entsprechend zu vermindern, wenn die Wohnfläche von weniger als vier Personen genutzt wird, und zwar in der Regel um 20 m² je Person.[547] 160 m² für einen Zwei-Personen-Haushalt sind jedenfalls deutlich zu viel.[548] Ist die Wohnfläche größer als angemessen, sind die Kosten nur prozentual abzugsfähig.[549] Eine Überschreitung der aufgeführten Wohnflächen ist zulässig, soweit die Mehrfläche ua zu einer angemessenen Unterbringung eines Haushalts mit mehr als vier Personen erforderlich ist,[550] wobei sich für jede weitere Person die Wohnfläche um 20 m² erhöht.[551]

Da die **Grundstücksgröße** ebenfalls den Gepflogenheiten des öffentlich geförder- **171** ten Wohnungsbaus zu entsprechen hat, ist für ein frei stehendes Haus ein Grundstück bis zu 500 m² als angemessen anzusehen.[552]

Nur das **selbst genutzte Familienheim** ist Schonvermögen[553] und muss in dem **172** Zeitpunkt, in dem der Anfall von Prozesskosten ersichtlich wird, bereits vorhanden sein; eine spätere Umschichtung ist unbeachtlich.[554] Das gilt auch im Falle eines durch Veräußerung des früheren Familienheims erlangten Vermögens,[555] selbst wenn damit ein neues angemessenes Hausgrundstück iSv § 90 Abs. 2 Nr. 8 SGB XII erworben wird,[556] und auch dann, wenn vorhandenes Vermögen für die äußere Gestaltung des Hausgrundstücks angespart wurde, es sei denn, die

---

541 OLG Celle 16.7.2008 – 17 UF 70/08, FamRZ 2009, 532.
542 Dazu BVerfG 3.3.2014 – 1 BvR 1671/13, NJW 2014, 1291.
543 OLG Karlsruhe 29.12.1999 – 2 WF 105/99, FamRZ 2001, 236; OLG Hamm 15.5.2012 – II-2 WF 249/11, FamRZ 2013, 142.
544 VGH Bayern 24.7.2003 – 12 B 01.1454, FamRZ 2004, 488 (dort ca. 500 m²).
545 BSG 12.12.2013 – B 14 AS 90/12 R, NJW 2014, 2752, zu § 12 SGB II, § 90 SGB XII.
546 OLG Saarbrücken 9.12.2010 – 9 WF 113/10, FamRZ 2011, 1159; OLG Karlsruhe 12.10.2011 – 5 WF 153/11, FamRZ 2012, 386; OLG Koblenz 6.9.2013 – 13 WF 745/13, FamFR 2013, 503.
547 OLG Karlsruhe 29.12.1999 – 2 WF 105/99, FamRZ 2001, 236.
548 LG Koblenz 8.11.2002 – 2 T 521/02, FamRZ 2003, 1935; vgl. BSG 7.11.2006 – B 7 b AS 2/05 R, FamRZ 2007, 729 und OLG Hamm 10.10.2014 – I-9 W 34/14, FamRZ 2015, 595.
549 OLG Brandenburg 22.11.2006 – 9 W 13/06.
550 Vgl. §§ 39 Abs. 2, 82 Abs. 2 II. WoBauG.
551 § 82 Abs. 3 II. WoBauG.
552 LSG NRW 12.12.2007 – L 12 SO 12/07.
553 OLG Koblenz 23.4.2004 – 9 WF 367/04, FamRZ 2005, 468; vgl. OLG Koblenz 10.3.2009 – 9 WF 152/09, FamRZ 2009, 1506 für nicht selbst genutzte Eigentumswohnung.
554 OLG Nürnberg 24.10.2001 – 10 WF 3471/01, FamRZ 2002, 759.
555 OLG Bremen 17.4.2008 – 5 WF 22/08, FamRZ 2009, 628.
556 BGH 31.10.2007 – XII ZB 55/07, FamRZ 2008, 250.

noch ausstehenden Arbeiten sind für ein angemessenes Wohnen in der Immobilie unbedingt erforderlich.[557]

173 VKH kann nicht bewilligt werden, wenn das Hausgrundstück als **Sicherheit für einen Kredit** verwendet werden kann und es dem Antragsteller nach seinen wirtschaftlichen Verhältnissen zuzumuten ist, den Kredit für die Verfahrenskosten aufzunehmen,[558] und zwar auch bei (nur) Miteigentum.[559] Dies gilt insbesondere für Grundvermögen, das nicht unter das Schonvermögen fällt und daher uneingeschränkt eingesetzt, dh belastet oder verwertet werden muss,[560] sowie auch dann, wenn dieses Hausgrundstück bisher mietfrei von einer Tochter des Antragstellers und deren Kindern bewohnt wird und diese laufende Hilfe zum Lebensunterhalt durch das Sozialamt beziehen.[561] Voraussetzung ist jedoch, dass die monatliche Kreditrate geringer ist als die nach der Tabelle zu § 115 ZPO geschuldete Monatsrate und der Kredit nicht länger als 48 Monate läuft.[562] Nimmt der Bedürftige ohnehin einen Kredit auf, kommt eine Bewilligung von VKH nicht in Betracht, wenn nicht ersichtlich ist, dass der Kredit nicht noch um den für die Verfahrensfinanzierung benötigten Betrag hätte erhöht werden können.[563]

174 **Innerhalb des Trennungsjahres** besteht für Eheleute keine Obliegenheit, ein Mehrfamilienhaus zu veräußern, insbesondere dann nicht, wenn ein Beteiligter noch in dem Haus wohnt,[564] es sei denn, dass sicher abzusehen ist, dass es in absehbarer Zeit zu dessen Veräußerung kommen wird. Bis dahin kann dem Beteiligten die Zahlungsverpflichtung gestundet werden.[565] Dies gilt auch für eine derzeitig wirtschaftlich unzumutbare Verwertung einer Eigentumswohnung, die kein Schonvermögen ist, bis ihre Verwertung zumutbar erscheint.

175 Die aus dem Vermögen zu zahlenden Beträge können wegen des beabsichtigten Verkaufs eines Anwesens gestundet werden.[566] Ist vorhandenes Grundvermögen jedoch **in absehbarer Zeit nicht verwertbar** und hängt die Verwertbarkeit nicht vom Willen des Vermögensinhabers ab, ist es nicht als berücksichtigungsfähiges

557 OLG Frankfurt/M. 26.6.2008 – 4 W 24/08, MDR 2009, 409.
558 OLG Koblenz 11.1.2001 – 9 WF 1/01, FamRZ 2002, 105; OLG Köln 16.6.2004 – 4 WF 63/04; OLG Karlsruhe 30.10.2003 – 15 W 3/03, FamRZ 2004, 1499; OLG Koblenz 6.7.2005 – 9 WF 544/05, FamRZ 2006, 136; OLG Frankfurt/M. 13.6.2013 – 2 UF 88/13, FamRZ 2014, 56 mAnm Gottwald; insoweit noch aM OLG Koblenz 23.4.2004 – 9 WF 367/04, FamRZ 2005, 468; Verwertung bei Belastung mit einer Grundschuld als Sicherung für darlehensweise gewährte Sozialhilfe: OLG Köln 17.12.2003 – 14 WF 210/03, FamRZ 2004, 1121; Wohngebäude mit sechs Wohneinheiten: OLG Koblenz 27.1.2004 – 13 WF 82/04, FamRZ 2004, 1298; zu Einzelheiten vgl. OLG Brandenburg 6.3.2007 – 3 W 68/06, FamRZ 2007, 1340.
559 OLG Karlsruhe 6.6.2000 – 2 WF 73/00; vgl. aber OLG Bremen 26.10.2010 – 4 WF 133/10, FamRZ 2011, 386: Stundung der Verfahrenskosten.
560 OLG Hamm 10.10.2014 – I-9 W 34/14, FamRZ 2015, 595.
561 OLG Celle 21.10.2002 – 6 W 121/02, MDR 2003, 356.
562 KG 18.7.2000 – 18 WF 5109/00, FamRZ 2001, 631.
563 OLG Koblenz 6.9.2013 – 13 WF 745/13; vgl. BGH 31.10.2007 – XII ZB 55/07, FamRZ 2008, 250.
564 OLG Koblenz 16.7.2003 – 11 WF 537/03, OLGR 2003, 460; OLG Karlsruhe 30.10.2003 – 15 W 3/03, FamRZ 2004, 1499; vgl. OLG Schleswig 24.6.2013 – 15 WF 186/13, FamRZ 2014, 57.
565 OLG Zweibrücken 6.1.2003 – 2 WF 144/02, FamRZ 2003, 1395; OLG Karlsruhe 26.9.2008 – 5 WF 66/08, FamRZ 2009, 138.
566 OLG Karlsruhe 26.9.2008 – 5 WF 66/08, FamRZ 2009, 138.

Vermögen im sozialrechtlichen Sinn anzusehen.[567] Nach anderer Ansicht ist in einem solchen Fall anzuordnen, dass die Zahlung der Verfahrenskosten aus dem Vermögen für einen angemessenen Zeitraum gestundet wird.[568] Bestehen Unsicherheiten, ob bei der Veräußerung eines Hauses ein Erlös erzielt wird, der die Belastungen des Hauses übersteigt, ist kein verwertbares Vermögen vorhanden.[569] Außerdem kann die Veräußerung eines Hauses im Einzelfall unzumutbar sein, wenn die mit dem Verkauf verbundenen Kosten (Maklerhonorar, Umzugskosten, Notarkosten, Kosten im Zusammenhang mit der Finanzierung) voraussichtlich weit höher sind als die zu erwartenden Verfahrenskosten[570] oder eine schnelle Veräußerung ausscheidet und es um die Durchsetzung von keinen Aufschub duldenden Forderungen, namentlich Unterhaltsforderungen, geht.[571] Der erzielte Veräußerungs- oder Zwangsversteigerungserlös ist nicht nach § 115 Abs. 3 ZPO iVm § 90 Abs. 2 SGB XII geschützt,[572] vielmehr ist dem bedürftigen Beteiligten zuzumuten, ein durch Veräußerung des früheren Familienheims erlangtes Vermögen auch für schon entstandene Verfahrenskosten einzusetzen, selbst wenn er damit ein neues angemessenes Hausgrundstück oder eine Eigentumswohnung erworben hat oder zu erwerben beabsichtigt.[573]

Kostenübernahmeansprüche des § 94 Abs. 5 S. 2 SGB XII („Kosten, mit denen 176 die leistungsberechtigte Person dadurch selbst belastet wird, sind zu übernehmen") und § 7 Abs. 4 S. 3 UVG („Kosten, mit denen der Unterhaltsleistungsempfänger dadurch selbst belastet wird, sind zu übernehmen") führen zu einem Anspruch auf Verfahrenskostenvorschuss gegen den Sozialhilfeträger, der die Bedürftigkeit beseitigt.[574]

Ein **Pkw** gehört auch dann zum geschützten Vermögen, wenn sein Wert 177 2.300 EUR übersteigt,

- Kleinwagen,[575] PKW der Mittelklasse,[576] Pkw der Oberklasse,[577] vier Jahre alter SUV,[578]

---

567 BSG 6.12.2007 – B 14/7 b AS 46/06 R, FamRZ 2008, 1250 (hier: Erbbaurecht, das mit einem lebenslangen Nießbrauchsrecht der Mutter des Antragstellers belastet ist).
568 OLG Bremen 26.10.2010 – 4 WF 133/10, FamRZ 2011, 386.
569 OLG Karlsruhe 30.10.2003 – 15 W 3/03, FamRZ 2004, 1499; OLG Brandenburg 9.2.2009 – 9 WF 352/08, FamRZ 2009, 1233.
570 OLG Karlsruhe 30.10.2003 – 15 W 3/03, FamRZ 2004, 1499; OLG Brandenburg 9.2.2009 – 9 WF 352/08, FamRZ 2009, 1233; vgl. BSG 6.12.2007 – B 14/7 b AS 46/06 R, FamRZ 2008, 1250.
571 OLG Brandenburg 9.2.2009 – 9 WF 352/08, FamRZ 2009, 1233.
572 OLG Celle 15.4.2015 – 18 WF 33/15; OLG Bremen 17.4.2008 – 5 WF 22/08, FamRZ 2009, 628.
573 Vgl. BGH 31.10.2007 – XII ZB 55/07, FamRZ 2008, 250; OLG Saarbrücken 8.12.2008 – 9 WF 107/08, MDR 2009, 634.
574 BGH 2.4.2008 – XII ZB 266/03, FamRZ 2008, 1159 mAnm Günther; OLG Naumburg 13.3.2008 – 4 WF 2/08 (PKH); OLG Köln 20.8.2008 – II-4 WF 94/08, FamRZ 2009, 135; OLG Düsseldorf 7.7.2008 – II-8 WF 109/08, FamRZ 2009, 530; aM und zum früheren Meinungsstand: OLG Schleswig 15.11.2007 – 15 WF 304/07, NJOZ 2008, 3207.
575 OLG Köln 1.8.1997 – 4 WF 184/97, FamRZ 1998, 1522.
576 SG Detmold 21.6.2005 – S 4 AS 17/05, info also 2005, 279, auf den Wert kommt es nicht an.
577 OLG Bamberg 10.2.1992 – 7 WF 7/92, JurBüro 1992, 346; 21.1.1999 – 7 WF 196/98.
578 OLG Bremen 25.7.2008 – 3 W 19/08, MDR 2009, 57.

■ Pkw bis zu 5.000 EUR[579] bzw. 10.000 EUR,[580]

wenn seine Nutzung zu beruflichen[581] oder persönlichen, anzuerkennenden Zwecken **erforderlich**[582] oder das Fahrzeug unverwertbar ist.[583] Eine später eintretende Arbeitslosigkeit führt unter diesen Umständen nicht zur Verwertbarkeit.[584] Seine Veräußerung zur Finanzierung der Verfahrenskosten kann jedenfalls dann nicht verlangt werden, wenn der – ggf. nach Abzug der restlichen Finanzierungskosten[585] – verbleibende Erlös nach Abzug der Verfahrenskosten nicht ausreicht, um einen angemessenen Ersatzwagen zu beschaffen.[586] Etwas anderes gilt jedoch, wenn der Wert des Pkw nicht mehr im angemessenen Verhältnis zu der als notwendig anzusehenden Nutzung steht.[587]

178 Nach aM ist ein Pkw mit einem Verkehrswert von über 7.500 EUR[588] im Regelfall ohne weitere Prüfung mit dem übersteigenden Wert zu berücksichtigen.[589] Das OLG Brandenburg[590] rechnet gar einen Opel Corsa mit einem Verkehrswert von 9.000 EUR bereits zur Mittelklasse, ohne dass der Verwendungszweck eine Rolle spielt. Und schließlich: „Wenn man einen Pkw für notwendig halten wollte, muss es kein Mercedes 280 im Wert von 13.000 EUR sein."[591] Zweit-[592] und Wohnwagen[593] sind in keinem Fall privilegiert.

179 Sehr umstritten war bisher die Behandlung des **Rückkaufswertes privater Lebens- und Rentenversicherungen**, die grundsätzlich auch zu dem gem. § 115

---

579 SG Duisburg 14.2.2006 – S 7 (32) AS 62/05, nv, zitiert unter www.dejure.org.
580 LSG Baden-Württemberg 1.8.2005 – L 7 AS 2875/05 ER-B, NJW 2006, 719, hier im Falle von Arbeitslosengeld II; vgl. SG Aurich 24.2.2005 – S 15 AS 11/05 ER, NJW 2005, 2030.
581 OLG Dresden 17.10.2001 – 10 WF 700/01, OLG-NL 2002, 144; OLG Koblenz 13.2.2002 – 9 WF 88/02, MDR 2002, 965; kurios, aber konsequent: KG 27.2.2006 – 12 W 5/06, FamRZ 2007, 158; OLG Hamm 11.9.2013 – II-2 WF 145/13, FamRZ 2014, 409.
582 OLG Koblenz 16.2.2004 – 13 WF 88/04, FamRZ 2004, 1880; OLG Stuttgart 9.4.2010 – 13 W 17/10, FamRZ 2010, 1685; OLG Bremen 29.1.2013 – 4 WF 155/12, FamRZ 2013, 1242 mAnm Galinsky FamFR 2013, 283 (hier: Gehbehinderung); vgl. OLG Hamm 11.9.2013 – II-2 WF 145/13, FamFR 2013, 544.
583 OLG Hamm 11.9.2013 – II-2 WF 145/13, MDR 2013, 1367.
584 LAG Chemnitz 13.2.1998 – 10 Ta 245/97.
585 OLG Brandenburg 5.1.2006 – 9 WF 358/05, FamRZ 2006, 1045.
586 OLG Karlsruhe 25.9.2003 – 5 WF 106/03, FamRZ 2004, 646; OLG Koblenz 16.2.2004 – 13 WF 88/04, FamRZ 2004, 1880; für den umgekehrten Fall siehe OLG Bamberg 10.2.1992 – 7 WF 7/92, JurBüro 1992, 346; vgl. OLG Nürnberg 11.10.2004 – 7 WF 2706/04, FuR 2005, 469; OLG Brandenburg 5.1.2006 – 9 WF 358/05, FamRZ 2006, 1045.
587 OLG Bamberg 21.1.1999 – 7 WF 196/98: hier bei einem Verkehrswert von 4.960 EUR nicht.
588 BSG 6.9.2007 – B 14/7 b AS 66/06 R, NJW 2008, 2281, hier: Seat Leon, Zeitwert 9.600 EUR.
589 Das BSG zieht den Anschaffungswert nach der Kraftfahrzeughilfe-VO als Maßstab heran: BSG 6.9.2007 – B 14/7 b AS 66/06 R, NJW 2008, 2281; vgl. SG Aachen 27.10.2005 – S 9 AS 31/05.
590 OLG Brandenburg 5.1.2006 – 9 WF 358/05, FamRZ 2006, 1045 m. abl. Anm. Gottwald.
591 OLG Stuttgart 9.4.2010 – 13 W 17/10, FamRZ 2010, 1685; vgl. OLG Bamberg 10.2.1992 – 7 WF 7/92, JurBüro 1992, 346.
592 OLG Stuttgart 22.1.2003 – 11 WF 5/03, FamRZ 2004, 1651; wohl ebenso OLG Brandenburg 8.3.2006 – 9 UF 229/05, FamRZ 2006, 1396.
593 OLG Stuttgart 22.1.2003 – 11 WF 5/03, FamRZ 2004, 1651.

Abs. 3 S. 1 ZPO einzusetzenden Vermögen gehören.[594] Unter ausführlicher Auseinandersetzung mit allen bisher hierzu vertretenen Auffassungen hat der Bundesgerichtshof[595] entschieden, dass eine Kapitallebensversicherung grundsätzlich für die Finanzierung der Verfahrenskosten unter folgenden Voraussetzungen einzusetzen ist:

- Handelt es sich um eine Lebensversicherung, die nicht durch staatliche Hilfe gefördert wird,[596] ist zunächst eine nur teilweise Verwertung der Lebensversicherung durch **Aufnahme eines Policendarlehens** in Betracht zu ziehen.[597] Dies setzt voraus, dass der Antragsteller unter Berücksichtigung seiner Einkommensverhältnisse die sich daraus ergebende zusätzliche monatliche Belastung tragen kann. Hierzu vermisste der Bundesgerichtshof offenbar substanziierten Vortrag, obwohl sich insbesondere die Einkommensverhältnisse aus der PKH-Erklärung mit hinreichender Deutlichkeit ergeben sollten.

- Scheidet eine Beleihung der Lebensversicherung mit einem Policendarlehen einkommensbedingt aus, kommt der Rückkauf der Versicherung in Betracht. Die an dieser Stelle auftauchende Frage, ob bereits das Verhältnis zwischen dem tatsächlichen Zeitwert und dem Rückkaufswert eine Härte begründen kann,[598] brauchte der Bundesgerichtshof hier konsequenterweise nicht zu entscheiden, sondern konnte sich mit einem Verweis auf die Entscheidung des BVerwG vom 13.5.2004[599] begnügen, die ihrerseits auf die Entscheidung des BVerwG vom 19.12.1997[600] Bezug nimmt. Danach begründet der Umstand, dass der Rückkaufswert einer Lebensversicherung um mehr als die Hälfte hinter den auf sie erbrachten Eigenleistungen des Versicherungsnehmers zurückbleibt, keine Härte iSv § 88 Abs. 3 BSHG.[601]

- Schließlich ist zu prüfen, ob durch die – teilweise – Verwertung der Lebensversicherung die angemessene Alterssicherung des Antragstellers wesentlich erschwert würde. Insoweit ist darzulegen:
  - eine entsprechende Zweckbestimmung der Lebensversicherung mit entsprechender vertraglicher Gestaltung (Fälligkeit der Auszahlung, Zweckbindung, sonstige Regelungen; vgl. § 12 Abs. 2 Nr. 3 SGB II),[602]

---

594 Liceni-Kierstein, Die Behandlung von Altersvorsorgeaufwendungen und -vermögen und ihre Berücksichtigung im Rahmen von § 76 FamFG i.V. mit § 115 ZPO unter besonderer Berücksichtigung von kapitalbildenden Lebensversicherungen, FPR 2009, 397.

595 BGH 9.6.2010 – XII ZB 120/08, FamRZ 2010, 1643 mAnm Zimmermann; vgl. OLG Brandenburg 21.6.2010 – 15 WF 194/10, FamRZ 2011, 53; Bruns, Der vorrangige Einsatz von kapitalbildenden Lebensversicherungen bei der Verfahrenskostenhilfe, FamRZ 2010, 457.

596 Wie die so genannte „Riester-Rente", die nicht zum einzusetzenden Schonvermögen gerechnet wird: OLG Brandenburg 8.2.2011 – 15 WF 21/11, FamRZ 2011, 1884; LAG Köln 19.2.2013 – 5 Ta 368/12; LSG Sachsen-Anhalt 4.3.2016 – L 3 R 122/14.

597 OLG Saarbrücken 21.1.2014 – 9 WF 131/13, FuR 2014, 370.

598 Dagegen zB LAG Sachsen-Anhalt 1.2.2013 – 2 Ta 142/12; LSG Sachsen-Anhalt 4.3.2016 – L 3 R 122/14; dafür: OLG Karlsruhe 11.5.2005 – 2 WF 51/05, FamRZ 2005, 1917; OLG Brandenburg 5.1.2006 – 9 WF 358/05, FamRZ 2006, 1045; KG 29.7.2010 – 16 WF 88/10, FamRZ 2011, 913: Rückkaufswert ca. ½ der eingezahlten Beträge.

599 BVerwG 13.5.2004 – 5 C 3/03, NJW 2004, 3647 (3648).

600 BVerwG 19.12.1997 – 5 C 7/96, NJW 1998, 1879.

601 Jetzt: § 90 Abs. 3 SGB XII; vgl. auch BSG 13.9.2006 – B 11 a AL 53/05 R, info also 2007, 117; 14.9.2005 – B 11a/11 AL 71/04 R, ArbRB 2005, 290.

602 OLG Brandenburg 3.4.2012 – 9 UF 250/11, JurBüro 2012, 595; OLG Naumburg 12.12.2012 – 3 WF 270/12 (VKH), FamRR 2013, 454.

- die fehlende Gewährleistung einer angemessenen Altersversorgung für den Fall, dass ohne das evtl. einzusetzende Kapital keine angemessene Altersversorgung des Antragstellers gewährleistet ist,[603]
- im Zusammenhang mit Scheidungsverfahren deren güterrechtliche und unterhaltsrechtliche Auswirkungen auf den Antragsteller.

180 Die sog **Riester-Rente** gehört wegen ihrer staatlichen Förderung gem. § 115 Abs. 3 S. 2 ZPO, § 90 Abs. 2 Nr. 2 SGB XII zum geschützten Vermögen.[604] Allerdings stellt sich die Frage, aus welchem Grund eine mit staatlicher Förderung aufgebaute zusätzliche Altersvorsorge geschützt sein soll, eine eigenverantwortlich aufgebaute hingegen nicht.

181 **Schmerzensgeld** gehört nicht zum einsatzpflichtigen Vermögen,[605] auch wenn es aufgrund eines Vergleichs in dem Verfahren gezahlt wird, für das VKH bewilligt wurde.[606] Die Bestreitung von Verfahrenskosten aus Schmerzensgeld dürfte dessen Genugtuungsfunktion zuwiderlaufen.

182 Ein **nachträglicher Vermögenserwerb** infolge des Verfahrens, für das VKH bewilligt worden war, beispielsweise im Zusammenhang mit der Durchführung des Zugewinnausgleichs,[607] ist für die entstandenen Verfahrenskosten einzusetzen,[608] auch noch nach bereits erfolgter Zahlung von 48 Monatsraten.[609] Da die Verauslagung der Verfahrenskosten durch die Staatskasse lediglich deren Stundung bewirkt und die Stundung endet, sobald der bedürftige Beteiligte zahlungsfähig geworden ist, muss er auch schon vor Einleitung des Verfahrens nach § 120 a ZPO mit der Verpflichtung zum Einsatz eines neu erlangten Vermögens für die Verfahrenskosten rechnen.[610] Jedenfalls rechtfertigt dieser Umstand eine Änderung der VKH-Ratenzahlungsanordnung.[611] Voraussetzung ist allerdings,

---

603 OLG Koblenz 10.4.2015 – 13 WF 297/15, FamRZ 2015, 1919; OLG Hamm 30.9.2015 – II-8 WF 158/15, FamRZ 2016, 393; vgl. OLG Koblenz 19.10.2015 – 13 WF 1013/15, FamRZ 2016, 393 mAnm Gottwald; im Falle selbstständig Tätiger vgl. OLG Düsseldorf 25.10.2011 – II-3 WF 205/11 einerseits und 12.6.2012 – II-3 WF 96/12, MDR 2012, 1249 andererseits.
604 BGH 9.6.2010 – XII ZB 55/08, FamRB 2010, 368; 9.6.2010 – XII ZB 120/08, FamRB 2010, 368; OLG BrandenburgFamRZ 2006, 1045 OLG Brandenburg8.3.2006 – 9 UF 229/05, FamRZ 2006, 1396; OLG Saarbrücken 30.3.2006 – 9 WF 55/06; OLG Stuttgart 8.4.2008 – 17 WF 66/08, FamRZ 2008, 2290; vgl. Bergschneider FamRZ 2003, 1609 (1616).
605 Ua OLG Köln 15.12.2003 – 12 W 50/03, FamRZ 2004, 1498; OLG Stuttgart 18.6.2007 – 18 WF 112/07, FamRZ 2007, 1661; BVerwG 26.5.2011 – 5 B 26/11, 5 B 26/11, NJW-Spezial 2011, 681; OLG Saarbrücken 25.2.2014 – 4 W 9/14, FamRZ 2014, 1725; aM OLG Jena 29.2.2000 – 4 W 81/00, MDR 2000, 852; einzelfallabhängig: BGH 10.1.2006 – VI ZB 26/05, FamRZ 2006, 548; weitere Nachweise bei Groß ZPO § 115 Rn. 84 f.
606 OLG Saarbrücken 25.2.2014 – 4 W 9/14, FamRZ 2014, 1725.
607 OLG Köln 17.6.2004 – 14 WF 119/04, FamRZ 2005, 2003; OLG Koblenz 19.6.2006 – 13 WF 575/06, FamRZ 2006, 1612, hier: 80.000 EUR, Anordnung einer Einmalzahlung; BGH 18.7.2007 – XII ZA 11/07, FamRZ 2007, 1720 (trotz zwischenzeitlichen Erwerbs eines angemessenen Hausgrundstücks: BGH 31.10.2007 – XII ZB 55/07, FamRZ 2008, 250); Looff, Abänderungsentscheidung nach § 120 IV ZPO trotz Verbrauchs des nachträglich erworbenen Vermögens?, FamRZ 2008, 1049.
608 OLG Celle 8.9.2000 – 16 W 33/00, MDR 2001, 230; OLG Brandenburg 30.6.2005 – 10 WF 155/05, FamRZ 2006, 1851; OLG Celle 16.8.2006 – 6 W 82/06, FamRZ 2007, 297.
609 OLG Hamm 16.1.2012 – II-8 WF 304/11, FamRZ 2012, 1158.
610 OLG Koblenz 18.3.2015 – 13 WF 199/15, MDR 2015, 1204.
611 OLG Koblenz 7.11.2005 – 5 W 691/05, FamRZ 2006, 1134; OLG Brandenburg 30.6.2005 – 10 WF 155/05, FamRZ 2006, 1851.

dass der erstrittene Betrag deutlich über der Freigrenze liegt.[612] Auch die Nachzahlung einer Rente wegen Berufsunfähigkeit soll als Vermögen für die Finanzierung von Verfahrenskosten einzusetzen sein,[613] nicht aber eine Nachzahlung von in gesetzlicher Verfahrensstandschaft tituliertem Kindesunterhalt.[614] Im Übrigen ist die Nachzahlung von Unterhaltsansprüchen in demjenigen Umfang für die Erstattung der Verfahrenskosten einzusetzen, wie sie im Fall einer rechtzeitigen Zahlung für die Verfahrenskosten heranzuziehen gewesen wäre.[615] Die Anordnung von Zahlungen aus nachgezahltem Unterhalt scheidet jedoch aus, wenn der Beteiligte hierüber schon zuvor anderweitig und in angemessener Weise disponiert hat, insbesondere zur Tilgung von Unterhaltsvorschussleistungen Dritter.[616]

5. Freibeträge. Welches Vermögen unberücksichtigt zu bleiben hat, ist in § 115 **183** Abs. 3 iVm § 90 Abs. 2 Nr. 9 SGB XII geregelt. Mit Wirkung zum 1.4.2017 wurden die Freibeträge grundlegend geändert. Nach der auf Grundlage des § 96 Abs. 2 SGB XII erlassenen Verordnung zur Durchführung des § 90 Abs. 2 Nr. 9 SGB XII idF durch die Zweite Verordnung zur Änderung der Verordnung zur Durchführung des § 90 Abs. 2 Nr. 9 SGB XII vom 22.3.2017 hat der Gesetzgeber die bisherige, nach der Art des Hilfefalls einerseits und der einstandspflichtigen Personengruppe andererseits differenzierende frühere Regelung durch **einheitliche Vermögensgrenzen** ersetzt. Damit verbunden ist eine deutliche Erhöhung der seit 1988 im Wesentlichen unveränderten Freibeträge. Der Vermögensfreibetrag beträgt nunmehr für jede volljährige oder alleinstehende minderjährige Person der Einsatzgemeinschaft einheitlich 5.000 EUR (im Falle von Ehegatten, Lebenspartnern bzw. einer weiteren Person in eheähnlicher Gemeinschaft jeweils 5.000 EUR, zusammen 10.000 EUR), zuzüglich weiterer 500 EUR für jede Person, die von einer dieser Personen überwiegend unterhalten wird.

Nach § 90 Abs. 3 SGB XII darf die Sozialhilfe und damit auch die VKH ferner **184** nicht vom Einsatz oder von der Verwertung eines Vermögens abhängig gemacht werden, soweit dies für den, der das Vermögen einzusetzen hat, und für seine unterhaltsberechtigten Angehörigen eine **Härte** bedeuten würde. Dies ist bei der Leistung nach dem Fünften bis Neunten Kapitel insbesondere der Fall, soweit eine angemessene Lebensführung oder die Aufrechterhaltung einer angemessenen Alterssicherung wesentlich erschwert würde. Dies bedeutet jedoch nicht, dass jegliche künftige Lebensführung zu berücksichtigen ist, sondern es ist nur der gegenwärtige Lebensbedarf etwa für die Dauer von drei Monaten gemeint.[617] Die Gerichte können damit dem Antragsteller im Einzelfall einen zusätzlichen Vermögensfreibetrag einräumen.

Innerhalb der EU bestehende Unterschiede hinsichtlich der Lebenshaltungskosten rechtfertigen grundsätzlich **keine Herabsetzung** der maßgebenden Vermögensfreibeträge, wenn ein in Deutschland den Antrag stellender Beteiligter seinen Wohnsitz oder seinen gewöhnlichen Aufenthaltsort in einem Mitgliedstaat mit niedrigeren Lebenshaltungskosten hat.[618]

---

612 OLG Celle 16.8.2006 – 6 W 82/06, FamRZ 2007, 297.
613 OLG Karlsruhe 28.11.2007 – 16 WF 200/07, FamRZ 2008, 1262 m.krit.Anm. Büttner.
614 OLG Nürnberg 22.5.2006 – 9 WF 569/06, FF 2007, 69.
615 KG 29.9.2008 – 16 WF 269/08, FamRZ 2009, 365.
616 OLG Dresden 14.12.2007 – 20 WF 1086/07, FamRZ 2008, 1543.
617 OLG Köln 13.11.2006 – 14 WF 220/06, FamRZ 2007, 488.
618 BGH 10.6.2008 – VI ZB 56/07, FamRZ 2009, 497.

VI. Einzusetzendes Einkommen, Raten

185 **1. Allgemeines.**[619] Gem. § 115 Abs. 1 S. 1 ZPO hat der Antragsteller sein Einkommen einzusetzen. Auch bei der Prüfung der wirtschaftlichen Verhältnisse gilt grundsätzlich das **Verbot überspannter Anforderungen.**[620] Dennoch werden an den Nachweis der Bedürftigkeit für den Anspruch auf VKH hohe Anforderungen gestellt, der Antragsteller muss seine aktuellen persönlichen und wirtschaftlichen Verhältnisse umfassend darlegen und seine Angaben belegen. Bei etwaigen Zahlungsverpflichtungen reicht es nicht aus, diese darzulegen, vielmehr muss der Antragsteller auch Angaben über seine tatsächlichen Zahlungen machen.[621] Bezieht er keine Sozialleistungen oder sonstige Einkünfte, muss er glaubhaft darlegen, wie er seinen Lebensunterhalt finanziert.[622]

186 Für die Gewährung von VKH ist nur das aktuelle[623] **Einkommen des Antragstellers selbst,** nicht das Familieneinkommen maßgebend.[624] Unterhaltsleistungen des Ehegatten an den Antragsteller gehören zum anzurechnenden Einkommen.[625] **Kindesunterhalt** ist Einkommen des Kindes und kein Einkommen der Eltern oder eines Elternteils.[626] Um im Falle der Trennung der Kindeseltern einen sachlich nicht gerechtfertigten Wegfall eines Kinderfreibetrages zu vermeiden, ist eine Anrechnung des gezahlten Kindesunterhalts auf den Freibetrag des anderen Elternteils nur insoweit vorzunehmen, als die Unterhaltszahlung den Freibetrag übersteigt.[627] Das OLG Saarbrücken[628] verneint die Bedürftigkeit, wenn der Beteiligte über einen titulierten Unterhaltsanspruch und damit über Einkommen iSv § 115 Abs. 1 S. 2 ZPO verfügt. Ohne zumindest konkrete Vollstreckungsaussichten erscheint dies jedoch zweifelhaft, da der Beteiligte stets nur bereite Mittel einzusetzen hat.[629]

187 **Maßgebender Zeitpunkt** für die Beurteilung der wirtschaftlichen Verhältnisse ist stets der Zeitpunkt der Entscheidung, nicht der Entscheidungsreife.[630]

188 **2. Verfahrensstandschaft.** Im Falle der Verfahrensstandschaft ist **umstritten,** ob es wegen des einzusetzenden Einkommens auf die **Verhältnisse des Kindes oder**

---

619 Zimmermann, Das einzusetzende Einkommen bei Prozess- bzw. Verfahrenskostenhilfe, FPR 2009, 388.
620 BVerfG 14.10.2003 – 1 BvR 901/03, NJW 2004, 1236.
621 LAG Schleswig-Holstein 17.11.2003 – 2 Ta 234/03.
622 OLG Brandenburg 6.3.2012 – 9 WF 49/12, FamRZ 2012, 1403.
623 OLG Stuttgart 30.6.2011 – 18 WF 131/11, FuR 2012, 334.
624 Für Ehegatten: OLG Köln 17.2.2003 – 14 WF 22/03, FamRZ 2003, 1394; für eheähnliche Gemeinschaft: OLG Karlsruhe 13.2.2004 – 16 WF 173/03, FamRZ 2005, 43; OLG Rostock 1.8.2008 – 10 WF 31/08, FamRZ 2008, 2291; für Bedarfsgemeinschaften nach SGB II vgl. OLG Dresden 29.2.2008 – 20 WF 884/07, FamRZ 2008, 2287.
625 BFH 13.5.2014 – XI S 4/14 (PKH), FamRZ 2014, 1368.
626 OLG Nürnberg MDR 2007, 159; OLG Bamberg 10.2.2006 – 2 WF 271/05, FamRZ 2007, 1339 mAnm Nickel FamRZ 2008, 157; OLG Saarbrücken 5.11.2010 – 6 WF 103/10, FamFR 2011, 7.
627 Eingehend hierzu Nickel, Kindergeld und Kindesunterhaltsfreibetrag in der Verfahrenskostenhilfe, FamRB 2014, 347.
628 OLG Saarbrücken 26.1.2009 – 9 WF 11/09, FamRZ 2009, 1233.
629 BVerwG 5.5.1983 – 5 C 112/81, FamRZ 1983, 903; BGH 30.9.2009 – XII ZB 135/07, FamRZ 2009, 1994.
630 OVG Hamburg 6.8.2003 – 4 So 3/02, FamRZ 2005, 44; OVG Lüneburg 4.2.2010 – 4 PA 117/09; VGH München 20.6.2012 – 8 C 12.653.

Nickel

des Vertreters ankommt.[631] Der Bundesgerichtshof hat sich für Letzteres entschieden.[632] Zu den Einzelheiten → Rn. 164.

3. Einzelne Einkommensbestandteile. Abfindungen zB gem. §§ 9, 10 KSchG **189** dienen jedenfalls teilweise dem Einkommensausgleich und sind daher unter Umrechnung auf das zuvor erzielte Arbeitsentgelt als Einkommen zu berücksichtigen; ein etwa nicht verbrauchter Rest rechnet zum Vermögen.[633]

Arbeitsentgelt ist ebenso wie eine Vergütung für selbstständige Tätigkeiten zu **190** berücksichtigendes Einkommen. Bei Arbeitnehmern kommt es auf Lohn, Gehalt sowie anteiliges Urlaubs- und Weihnachtsgeld an,[634] wobei einmalig gezahlte Leistungen anteilig auf den Monat umzulegen sind. Maßgeblich ist das **durchschnittliche Monatseinkommen des letzten vollen Kalenderjahres**[635] einschließlich der Zuschläge für Sonntags-, Feiertags- und Nachtarbeit sowie Zuschläge für Überstunden,[636] auch bei schwankenden Einkünften.[637] Eine kleinliche Berechnung ist zu vermeiden.[638] Es wird sich daher regelmäßig empfehlen, anhand der Dezemberabrechnung des vorangegangenen Jahres eine Berechnung der durchschnittlichen monatlichen Einkünfte vorzunehmen, zumal der amtliche Vordruck keine systemgerechte Möglichkeit zur Erfassung von Urlaubs- oder Weihnachtsgeld bietet, und eine aktuelle Lohnabrechnung beizufügen. Bei Strafgefangenen ist wegen der freien Verpflegung kein Unterhaltsfreibetrag in Abzug zu bringen, lediglich ein angemessenes Taschengeld und ein gewisser Erwerbstätigenfreibetrag[639] sowie das Überbrückungsgeld nach § 51 StVollzG.[640]

Arbeitslosengeld ist wegen seiner Lohnersatzfunktion als Einkommen zu be- **191** rücksichtigen.[641] Wegen seiner Lohnersatzfunktion wurde auch die frühere **Arbeitslosenhilfe** als zu berücksichtigendes Einkommen betrachtet.[642] Nach ihrer Einordnung in das Sozialgesetzbuch durch das Gesetz zur Einordnung des Sozi-

---

631 Vgl. Krause FamRZ 2001, 1670; Wax FPR 2002, 471 (474); Verhältnisse des Kindes: OLG Jena 19.3.1998 – WF 18/98, FamRZ 1998, 1302 mwN; OLG Köln 27.12.2000 – 27 WF 231/00, FamRZ 2001, 1535; OLG Dresden 6.2.2002 – 22 WF 750/01, FamRZ 2002, 1412; Verhältnisse des Vertreters: OLG Hamm 15.11.2000 – 10 WF 176/00, FamRZ 2001, 924; OLG Karlsruhe 8.1.2001 – 5 WF 168/00, FamRZ 2001, 1080; OLG Dresden 27.8.2001 – 10 WF 543/01, OLG-NL 2001, 261; 6.2.2002 – 22 WF 750/01, FamRZ 2002, 1412; OLG Celle 26.2.2002 – 21 WF 187/01, JurBüro 2002, 540.
632 BGH 11.5.2005 – XII ZB 242/03, FamRZ 2005, 1164; 26.10.2005 – XII ZB 125/05, FamRZ 2006, 32.
633 Büttner/Wrobel-Sachs/Gottschalk/Dürbeck Rn. 216.
634 OLG Karlsruhe 8.3.2004 – 5 WF 26/04, FamRZ 2004, 1651.
635 OLG Köln 15.2.1993 – 2 W 15/93, FamRZ 1993, 1333.
636 BGH 25.6.1980 – IVb ZR 530/80, NJW 1980, 2251.
637 OLG Brandenburg 10.12.2013 – 3 WF 125/13, NZFam 2014, 182.
638 OLG Düsseldorf 15.11.1988 – 6 WF 232/88, FamRZ 1989, 883.
639 OLG Karlsruhe 15.9.1997 – 16 WF 58/97, FamRZ 1998, 248.
640 Künzl/Koller Rn. 44.
641 OLG Naumburg 28.12.2000 – 8 WF 182/00, FamRZ 2001, 1471; Künzl/Koller Rn. 45.
642 OLG Naumburg 28.12.2000 – 8 WF 182/00, FamRZ 2001, 1471; OLG Dresden 13.2.2002 – 22 UF 562/01, FamRZ 2002, 1640; OLG Bremen 8.7.2003 – 5 WF 67/03, FamRZ 2004, 961; Künzl/Koller Rn. 45.

alhilferechts vom 27.12.2003[643] in das SGB II (**Hartz IV**) gilt nichts anderes.[644] Zur Behandlung von Sozialhilfe nach den Vorschriften des SGB XII → Rn. 198.

192 Die Behandlung der **Arbeitnehmersparzulage** ist streitig: Sie wird zT zum Einkommen,[645] zT mit Rücksicht auf ihre Zweckbestimmung zum Vermögen gerechnet.[646] Nach aM stellt sie kein Einkommen dar, weil der Arbeitnehmer darüber nicht laufend verfügen kann.[647]

193 Die Rechtsprechung zur Berücksichtigung von **Aufwandsentschädigungen** (hierzu gehören ua Fahrtkostenerstattung, Kilometergeld, Trennungsentschädigung, Auslösungen, Spesen und Auslandszulagen) ist uneinheitlich:

- ZT wird vertreten, sie können wegen der Ersparnis häuslicher Kosten wie bei der Berechnung von Unterhalt zu einem Drittel pauschaliert als Einkommen angerechnet werden.[648]
- ZT werden sie zwar als Einkommen betrachtet, jedoch im Rahmen von § 82 Abs. 2 Nr. 4 SGB XII als Abzugsposten berücksichtigt, weshalb sich allenfalls ein möglicher Überschuss auswirken soll.[649]
- ZT werden die **steuerfreien** Verpflegungsmehraufwendungen unberücksichtigt gelassen, weil sie nur einen tatsächlichen Mehraufwand abdecken und gerade deshalb steuerfrei sind,[650] die **steuerpflichtigen oder pauschal versteuerten** jedoch nur dann, wenn dazu ein konkreter Mehrbedarf nachgewiesen wird.[651]

194 Leistungen nach dem **BAföG** zählen idR zum Einkommen.[652]

195 **Einmalige Einkünfte** wie zB Steuererstattungen sind auf den Zeitraum umzulegen, für den sie gewährt wurden.[653] Maßgeblich ist wie im Unterhaltsrecht das durchschnittliche monatliche Nettoeinkommen.[654]

196 **Erziehungsgeld** ist kein Einkommen[655] und verringert daher den Unterhaltsfreibetrag für die Ehefrau des Antragstellers nicht.[656] Für das Elterngeld wird nichts anderes gelten.[657]

---

643 BGBl. I 2003, 3022.
644 BGH 5.5.2010 – XII ZB 65/10, FamRZ 2010, 1324; Götsche, Aktuelles zum Bezug von Hartz-IV-Leistungen, FamRB 2006, 373; OLG Karlsruhe 22.8.2006 – 20 WF 106/06, FamRZ 2007, 155.
645 OLG Frankfurt/M. 20.1.1982 – 1 WF 140/81, FamRZ 1982, 418; Groß ZPO § 115 Rn. 9.
646 Kalthoener/Büttner/Wrobel-Sachs Rn. 220; Zimmermann Rn. 52; Künzl/Koller Rn. 39.
647 Zimmermann Rn. 52.
648 So OLG Karlsruhe 24.9.2003 – 18 WF 161/02, FamRZ 2004, 645.
649 Büttner/Wrobel-Sachs/Gottschalk/Dürbeck Rn. 219; Künzl/Koller Rn. 46.
650 So OLG Nürnberg 15.5.2015 – 11 WF 511/15, FamRZ 2015, 1917; LAG Schleswig-Holstein 15.11.2012 – 5 Ta 189/12; LAG Köln 22.8.2011 – 1 Ta 214/11; 9.2.2011 – 5 Ta 397/10.
651 OLG Nürnberg 15.5.2015 – 11 WF 511/15, FamRZ 2015, 1917, die zugelassene Rechtsbeschwerde wurde nicht eingelegt.
652 AG Recklinghausen 19.2.1987 – 13 II 601/86, FamRZ 1987, 729; nur ausnahmsweise nicht: OLG Köln 30.11.1993 – 25 WF 201/93, FamRZ 1994, 1534; Groß ZPO § 115 Rn. 16.
653 Kalthoener/Büttner/Wrobel-Sachs Rn. 226.
654 LAG Berlin-Brandenburg 26.6.2009 – 26 Ta 788/09, FamRZ 2010, 143.
655 Ua OLG Koblenz 6.12.2000 – 13 WF 698/00, FamRZ 2001, 1153; OLG München 5.5.2004 – 12 WF 1039/04, FamRZ 2004, 1498; Büttner/Wrobel-Sachs/Gottschalk/Dürbeck Rn. 227.
656 OLG Nürnberg 19.1.2001 – 10 WF 4448/00, FamRZ 2002, 104.
657 Vgl. BVerwG 18.4.2013 – 5 C 18/12, FamRZ 2013, 1127.

In Rechtsprechung und Literatur wird zwar die Möglichkeit erwogen, einen ar- 197
beitsfähigen, tatsächlich aber nicht berufstätigen Antragsteller auf **fiktive Einkünfte** zu verweisen,[658] und zwar namentlich dann, wenn es ansonsten zu einer
missbräuchlichen Inanspruchnahme von VKH kommen würde.[659] Der Bundesgerichtshof hat inzwischen hierzu entschieden, dass die Zurechnung fiktiver Einkünfte ausnahmsweise nur dann in Betracht kommt, wenn der Antragsteller
rechtsmissbräuchlich handle. Davon sei allerdings regelmäßig nicht auszugehen,
wenn er ungekürzte Sozialleistungen nach dem SGB II oder SGB XII beziehe.[660]

Ob **Sozialhilfe** nach dem SGB XII als Einkommen im Sinne der VKH betrachtet 198
werden kann, ist umstritten:[661]

- Da § 115 Abs. 1 S. 3 Nr. 1 lit. a ZPO lediglich auf § 82 Abs. 2 SGB XII und
  nicht auch auf dessen Abs. 1 verweist, wonach Sozialhilfe gerade kein Einkommen ist, betrachtet ein Teil der Rechtsprechung Sozialhilfe als Einkommen.[662]

- Hingegen soll der Bezug von Sozialhilfe nach § 2 Abs. 2 SGB XII die anderen
  Träger von Sozialleistungen nicht entlasten, weshalb danach die Hilfe zum
  Lebensunterhalt bei der Überprüfung der Voraussetzungen für die VKH un-
  berücksichtigt zu bleiben hat.[663]

- Nach wiederum anderer Auffassung ist die Gewährung von Sozialhilfe zum
  Bestreiten des Lebensunterhalts, nicht aber der Verfahrenskosten bestimmt.[664]

Leistungen nach dem SGB II hat der Bundesgerichtshof inzwischen als zu berücksichtigendes Einkommen qualifiziert.[665] Dem hat sich das OLG Köln angeschlossen auch hinsichtlich von Leistungen, die dem Hilfebedürftigen als Allein-

---

658 OLG Karlsruhe 21.10.1998 – 16 WF 103/98, FamRZ 1999, 599; OLG Bremen
     10.3.1998 – 4 WF 11/98, FamRZ 1998, 1180; OLG Köln 7.3.1998 – 4 WF 42/98,
     MDR 1998, 1434; OLG Zweibrücken 31.10.2001 – 2 WF 84/01, FamRZ 2002, 892;
     Kalthoener/Büttner/Wrobel-Sachs Rn. 246 f.; Zimmermann Rn. 56, jeweils mwN;
     Künzl/Koller Rn. 44.
659 OLG Karlsruhe 28.3.2003 – 16 WF 191/02, FamRZ 2004, 644; KG 26.11.2003 – 12
     W 272/03, MDR 2004, 710; OLG Karlsruhe 24.10.2003 – 16 WF 182/03, FamRZ
     2004, 1120; OLG Köln 6.7.2006 – 4 WF 120/06, FamRZ 2006, 1549; BGH 3.12.2008
     – XII ZR 182/06, FamRZ 2009, 314; 30.9.2009 – XII ZB 135/07, FamRZ 2009, 1994
     mAnm Zimmermann; OLG Brandenburg 31.8.2009 – 15 WF 245/08, FamRZ 2010,
     827; fehlende Berufsausbildung: OLG Schleswig 4.11.2008 – 10 WF 139/08, FamRZ
     2009, 1163; beschränkt auf „krasse Ausnahmefälle": OLG Saarbrücken 29.8.2012 – 6
     WF 367/12, FuR 2013, 117; nach vorwerfbarer Arbeitsplatzaufgabe: OLG Hamm
     24.5.2013 – II-6 WF 87/13, FamRZ 2014, 410.
660 BGH 30.9.2009 – XII ZB 135/07, FamRZ 2009, 1994.
661 Vgl. Zöller/Geimer ZPO § 115 Rn. 18 mwN.
662 So BVerfG 26.4.1988 – 1 BvL 84/86, NJW 1988, 2231; OLG Celle 22.10.1985 – 5 W
     65/85, NdsRPfl 1985, 311; OLG Hamm 12.2.1986 – 20 W 9/86, JurBüro 1986, 768;
     OLG München 18.5.1995 – 2 WF 764/95, FamRZ 1996, 42; OLG Köln 14.2.1990 – 2
     W 191/89, FamRZ 1990, 642 mwN.
663 So OLG Koblenz 24.1.1992 – 13 WF 1154/91, FamRZ 1992, 966; OLG Köln
     30.3.1993 – 25 WF 35/93, FamRZ 1993, 1472; OLG Düsseldorf 12.7.1993 – 3 W
     289/93, JurBüro 1994, 480; OLG Koblenz 15.10.2007 – 7 WF 888/07, FamRZ 2008,
     421; Zöller/Geimer ZPO § 115 Rn. 18; HK-ZPO/Pukall ZPO § 115 Rn. 6.
664 So LSG Niedersachsen 14.2.1984 – L 2 J 290/83, FamRZ 1984, 794; OLG Koblenz
     24.1.1992 – 13 WF 1154/91, FamRZ 1992, 966 mwN; OLG Köln 30.3.1993 – 25 WF
     35/93, FamRZ 1993, 1472 mwN; OLG Karlsruhe 30.11.1993 – 2 WF 80/93, FamRZ
     1994, 714; 22.8.2006 – 20 WF 106/06, FamRZ 2007, 155.
665 BGH 5.5.2010 – XII ZB 65/10, FamRZ 2010, 1324; vgl. OLG Brandenburg
     18.11.2008 – 9 WF 333/08, FamRZ 2009, 896 mwN.

erziehendem für einen Mehrbedarf nach § 21 Abs. 3 SGB II pauschal gewährt werden.[666]

199 **Insolvenzausfallgeld** hat ebenfalls Lohnersatzfunktion und ist deshalb als Einkommen zu behandeln.[667]

200 **Kapitaleinnahmen**, insbesondere Zinsen, Dividenden und Gewinnanteile, rechnen zum einsatzpflichtigen Einkommen.[668]

201 Die Anrechnung von **Kindergeld** als Einkommen war in der Vergangenheit höchst umstritten.[669] Nach der Rechtsprechung des Bundesgerichtshofs ist Kindergeld in vollem Umfang anzurechnen, soweit es nicht zur Bestreitung des notwendigen Lebensunterhalts eines minderjährigen Kindes zu verwenden ist.[670] Hinsichtlich des Existenzminimums für ein Kind scheint der Bundesgerichtshof inzwischen auf die jeweiligen Freibeträge nach § 115 Abs. 1 S. 3 Nr. 2 lit. b ZPO abzustellen.[671]

202 **Bei näherer Betrachtung** stellt sich jedoch heraus, dass der Umweg über die **Aufspaltung des Kindergeldes** in einen für die Bedarfsdeckung zu verwendenden und nur im Übrigen in einen dem Antragsteller (oder ggf. dessen Ehegatten oder Lebenspartner) zuzurechnenden Einkommensanteil **überhaupt nicht erforderlich** ist. Für die korrekte Berücksichtigung des Kindergeldes reicht es völlig aus, auf die jeweiligen Freibeträge lediglich ein etwa vorhandenes eigenes Einkommen anzurechnen und sodann den ggf. verminderten Freibetrag ebenso zu berücksichtigen wie das Kindergeld in voller Höhe.[672]

203 **Kindergeld für ein volljähriges Kind** soll als Einkommen des Kindes und nicht des Zahlungsempfängers behandelt werden, da dem Kind ein zivilrechtlicher Anspruch auf Auskehrung unter Anrechnung auf den Unterhalt zusteht.[673] Dies gilt jedenfalls dann, wenn das Kindergeld direkt an das volljährige Kind ausgezahlt wird.[674]

204 **Krankengeld** hat Lohnersatzfunktion und ist somit Einkommen.[675] Wird das Krankengeld anstelle von Arbeitsentgelt gezahlt und der Höhe nach als Anteil vom Arbeitsentgelt berechnet, ist der gesetzliche Freibetrag für Einkünfte aus Erwerbstätigkeit (→ Rn. 221) in Ansatz zu bringen, nicht hingegen im Falle von Krankengeld, das während der Arbeitslosigkeit gezahlt wird.[676] Daher ist maßgebend, ob der Antragsteller Krankengeld bezieht, das nach § 47 SGB V oder § 47 b SGB V berechnet worden ist.

---

666 OLG Köln 21.5.2012 – 4 WF 49/12, FamRB 2012, 248.
667 Künzl/Koller Rn. 57, 67.
668 Künzl/Koller Rn. 60.
669 Vgl. die Übersicht bei Nickel FamRB 2003, 263.
670 BGH 26.1.2005 – XII ZB 234/03, FamRZ 2005, 605; OLG Bamberg 14.2.2014 – 2 WF 158/13, FamRZ 2015, 349; OLG Karlsruhe 29.6.2015 – 18 WF 70/15, MDR 2015, 1075; vgl. BSG 7.11.2006 – B 7 b AS 18/06 R, FamRZ 2007, 729; vgl. ergänzend OLG Karlsruhe 7.5.2008 – 2 WF 55/08, FamRZ 2008, 1960 im Hinblick auf § 82 Abs. 1 S. 2 SGB XII.
671 Vgl. BGH 5.5.2010 – XII ZB 65/10, FamRZ 2010, 1324 am Ende.
672 Mathematisch korrekter Nachweis bei Nickel, Kindergeld und Kindesunterhaltsfreibetrag in der Verfahrenskostenhilfe, FamRB 2014, 347 ff.
673 OLG Naumburg 18.2.2009 – 3 WF 35/09, FamRZ 2009, 1849.
674 OLG Naumburg 18.2.2009 – 3 WF 35/09, FamRZ 2009, 1849; bei Abzweigung gem. § 74 Abs. 1 EStG: BFH 15.10.2009 – III B 57/08, FamRZ 2010, 125 mwN.
675 LAG Berlin-Brandenburg 17.7.2008 – 21 Ta 1105/08; LAG Rheinland-Pfalz 21.4.2009 – 10 Ta 86/09.
676 BAG 22.4.2009 – 3 AZB 90/08, DB 2009, 1828.

Renten zählen zum Einkommen,[677] nicht jedoch Schmerzensgeldrenten.[678]   205

Steuererstattungen sind wie bei der Unterhaltsberechnung als Einkommen iSv   206
§ 115 Abs. 1 ZPO zu behandeln,[679] dh anteilig auf den laufenden Monat des
Jahres umzurechnen.[680]

An und für den Antragsteller als Berechtigten gezahlter **Unterhalt** ist zu berück-   207
sichtigendes Einkommen; Kindesunterhalt hingegen ist Einkommen des Kin-
des.[681] Erhält ein Antragsteller angesichts eines noch laufenden Unterhaltsverfahrens Unterhalt als rückzahlbares Darlehen, zählen die Unterhaltsraten als
Einkommen, aus dem Raten auf die Verfahrenskosten bezahlt werden können.[682] Unterhalt zur **Altersvorsorge** hingegen ist zweckgebunden und steht jedenfalls dann nicht für den allgemeinen Lebensunterhalt zur Verfügung, wenn er
zweckentsprechend verwendet wird; er ist daher kein Einkommen iSv § 115
Abs. 1 S. 1 ZPO.[683] Auch ein aufgelaufener und später in einem Betrag nachge-
zahlter **Unterhaltsrückstand** ist Vermögen im Sinne des § 120 ZPO, das der Antragsteller für die **Verfahrenskosten** einzusetzen hat.[684]

Eine **Unterhaltsabfindung** ist insoweit als Einkommen zu berücksichtigen, als sie   208
zur Sicherstellung eines ausreichenden Unterhalts des Beteiligten benötigt
wird.[685] Gegebenenfalls ist sie auf den Zeitraum umzurechnen, für den sie gezahlt wird.[686] Im Übrigen ist sie als Vermögen zu betrachten (→ Rn. 167).[687]
Auch Ratenzahlungen auf rückständigen Unterhalt sind regelmäßig nicht als
Einkommen, sondern als Vermögen zu berücksichtigen.[688]

Leistungen nach dem **Unterhaltsvorschussgesetz** sind zwar zu berücksichtigen,   209
jedoch als Einkommen des Kindes.[689]

Vermögenswirksame Leistungen sind Bestandteile des Arbeitslohns, stehen je-   210
doch wegen ihrer Zweckbindung nicht zur Verfügung und können daher bei der

---

677   Künzl/Koller Rn. 74 mwN; zur Bewertung von Einkünften eines unterhaltspflichtigen
      Rentenbeziehers vgl. OLG Düsseldorf 12.3.2009 – II-8 WF 210/08, FamRZ 2009,
      1231.
678   Kalthoener/Büttner/Wrobel-Sachs Rn. 237.
679   So ua OLG Nürnberg 19.4.2006 – 11 WF 240/06, FamRZ 2006, 1132.
680   Kalthoener/Büttner/Wrobel-Sachs Rn. 239.
681   OLG Koblenz 6.12.2000 – 13 WF 698/00, FamRZ 2001, 1153; OLG Bamberg
      10.2.2006 – 2 WF 271/05, FamRZ 2007, 1339 mAnm Nickel FamRZ 2008, 157;
      Künzl/Koller Rn. 84 mwN.
682   OLG Karlsruhe 9.7.1998 – 2 W 7/98, FamRZ 1999, 1286; OLG Koblenz 6.6.2001 –
      13 WF 330/01, FamRZ 2002, 1194.
683   OLG Stuttgart 26.10.2005 – 8 WF 140/05, FamRZ 2006, 1282.
684   OLG Zweibrücken 14.8.2006 – 5 WF 101/06.
685   OLG Koblenz 26.9.2000 – 9 WF 557/00, FamRZ 2001, 631; OLG Celle 29.12.2004 –
      21 WF 372/04, FamRZ 2005, 1917; OLG Nürnberg 23.1.2008 – 7 WF 92/08, MDR
      2008, 405.
686   Vgl. OLG Karlsruhe 23.1.2014 – 2 WF 271/13, FamRZ 2014, 1724 = FF 2014, 167
      mAnm Friederici; Büttner/Wrobel-Sachs/Gottschalk/Dürbeck Rn. 217.
687   Einschränkend OLG Saarbrücken 25.5.2010 – 9 WF 45/10, FamRZ 2010, 2001.
688   BGH 25.11.1998 – XII ZB 117/98, FamRZ 1999, 644; OLG Karlsruhe 18.2.2000 – 20
      WF 95/99, FamRZ 2000, 1585; OLG Hamm 31.5.2007 – 3 WF 44/07, FamRZ 2007,
      1661; OLG Koblenz 7.7.2008 – 9 WF 512/08, FamRZ 2008, 2288.
689   BVerwG 14.10.1993 – 5 C 10/91, NVwZ 1995, 81; OLG Brandenburg 13.11.2007 – 9
      WF 301/07; OLG Köln 2.12.2011 – 4 WF 190/11; OLG Saarbrücken 2.1.2013 – 6 WF
      420/12, JurBüro 2013, 208.

Einkommensfeststellung nicht berücksichtigt werden.[690] Nach anderer Auffassung zählen sie bereits nicht zum Einkommen.[691]

211 **Wohngeld** gehört zum Einkommen.[692]

212 **4. Abzüge und Freibeträge.**[693] **a) Gesetzliche Lohnabzüge (§ 115 Abs. 1 S. 3 Nr. 1 lit. a ZPO iVm § 82 Abs. 2 Nr. 1, 2 SGB XII).** Vom Bruttobetrag sind zunächst die tatsächlich entrichteten, nicht hingegen die voraussichtlich zu entrichtenden **Einkommen- und Kirchensteuern** sowie tatsächlich geleistete Steuervorauszahlungen in Abzug zu bringen, ebenso die **Arbeitnehmeranteile zur Sozialversicherung** bzw. die Versicherungsbeiträge für die Versicherung Selbstständiger.[694]

213 **b) Versicherungen (§ 115 Abs. 1 S. 3 Nr. 1 lit. a ZPO iVm § 82 Abs. 2 Nr. 3 SGB XII).** Ebenso abzuziehen sind Beiträge zu öffentlichen oder privaten Versicherungen oder ähnlichen Einrichtungen, soweit sie **gesetzlich vorgeschrieben oder nach Grund und Höhe angemessen**[695] sind, sowie geförderte Altersvorsorgebeiträge nach § 82 EStG, soweit sie den Mindesteigenbeitrag nach § 86 EStG nicht überschreiten (§ 115 Abs. 1 S. 3 ZPO iVm § 82 Abs. 2 Nr. 3 SGB XII).[696] Prämien für eine Ausbildungsversicherung für ein Kind des Antragstellers fallen nicht hierunter.[697] Nach Grund und Höhe angemessen sind Beiträge zur sogenannten Riester-Rente,[698] Beiträge für eine erforderliche zusätzliche Rentenversicherung können auch dann abgezogen werden, wenn die Rentenversicherung erst nach der Bewilligung von VKH abgeschlossen worden ist.[699]

214 Monatliche Prämien für eine **Lebensversicherung** sind abzuziehen, soweit sie einer angemessenen Altersvorsorge dienen.[700] Dies ist v.a. dann der Fall, wenn der Beteiligte nicht in der gesetzlichen Rentenversicherung versichert ist und die monatlichen Prämien das Doppelte des Arbeitnehmerbetrages zur gesetzlichen Rentenversicherung nicht überschreiten.[701] Nicht abzusetzen sind Aufwendungen für eine zusätzliche Altersvorsorge, die ausschließlich aus Altersvorsorgeunterhalt bestritten werden,[702] denn Altersvorsorgeunterhalt ist bereits kein zu berücksichtigendes Einkommen. Ebenfalls nicht abzusetzen sind Kosten für eine Lebensversicherung der Kinder.[703]

---

690 Kalthoener/Büttner/Wrobel-Sachs Rn. 244.
691 Künzl/Koller Rn. 86.
692 LAG Freiburg 5.11.1981 – 8 Ta 18/81, NJW 1982, 847; OLG Düsseldorf 24.3.1983 – 18 U 250/82, MDR 1984, 150; ArbG Regensburg 14.5.1990 – 6 Ca 670/90, JurBüro 1990, 1301; Künzl/Koller Rn. 90.
693 Nickel FK 2009, 197.
694 Vgl. Künzl/Koller Rn. 40.
695 Vgl. hierzu OLG Brandenburg 5.11.2008 – 9 WF 309/08, NJW 2009, 2069.
696 In den Jahren 2006 und 2007 betrug der Mindesteigenbeitrag jährlich 3 %, ab dem Jahr 2008 beträgt er 4 % der Summe der in dem vorangegangenen Kalenderjahr erzielten beitragspflichtigen Einnahmen im Sinne des SGB VI bzw. bezogenen Besoldung und Amtsbezüge (vgl. § 86 Abs. 1 EStG).
697 OLG Karlsruhe 19.2.2007 – 16 WF 25/07, FamRZ 2007, 1109.
698 OLG Karlsruhe 27.6.2003 – 16 WF 76/03, FamRZ 2004, 1122; Zöller/Geimer ZPO § 115 Rn. 23.
699 OLG Koblenz 22.9.2011 – 11 WF 935/11, FamRZ 2012, 1321.
700 OLG Köln 24.8.1992 – 16 W 39/92, FamRZ 1993, 579; OLG Karlsruhe 11.5.2005 – 2 WF 51/05, FamRZ 2005, 1917.
701 Zöller/Geimer ZPO § 115 Rn. 23; vgl. OLG Düsseldorf 12.6.2012 – II-3 WF 96/12, FamRR 2012, 398.
702 OLG Stuttgart 26.10.2005 – 8 WF 140/05, FamRZ 2006, 1282.
703 OLG Hamm 13.6.2006 – 6 WF 160/06, FamRZ 2007, 155.

Darüber hinaus sind auch Beiträge zu Sterbegeld-, Hausrat-, privaten Kranken- und Unfallversicherungen, Ausbildungs- und Aussteuerversicherungen,[704] Gebäudehaftpflichtversicherungen von Grundstückseigentümern sowie Hagelversicherungen für Landwirte angemessen, es sei denn, die Versicherungen sind erst nach Anhängigkeit des VKH-Verfahrens oder des Verfahrens abgeschlossen worden.[705] **Pkw-Haftpflichtversicherungen** und Steuern sind nach der neueren Rechtsprechung des Bundesgerichtshofs neben den Fahrtkosten zu berücksichtigen.[706]

215

Ob **Rechtsschutzversicherungsbeiträge** als Abzugspositionen anzuerkennen sind, ist zweifelhaft: Bei der Rechtsschutzversicherung handelt es sich regelmäßig nicht um eine zwingend gesetzlich vorgeschriebene Versicherung. Die Angemessenheit einer Versicherung richtet sich danach, ob diese Versicherung im Einzelfall erforderlich und sinnvoll ist, ob also der Versicherte ein Bedürfnis für den Abschluss einer solchen Versicherung hat. Die Umstände des Einzelfalls sind insoweit zu betrachten, wobei insbesondere die Höhe eines eventuellen Schadens und die allgemeine Einkommenssituation des Bedürftigen zu bewerten sind. Nach Auffassung des OLG Brandenburg[707] sollen unter Beachtung des Kosteninteresses der Allgemeinheit nur zwingend notwendig erscheinende Versicherungen zu berücksichtigen sein, die wirtschaftlich betrachtet existenzbedrohende Schäden vom Bedürftigen abwehren sollen.[708] In diesem Sinn handelt es sich bei Rechtsschutzversicherungen jedenfalls nicht im Allgemeinen um eine notwendige und daher von der Allgemeinheit auch nicht zu finanzierende Versicherung.

216

c) **Werbungskosten (§ 115 Abs. 1 S. 3 Nr. 1 lit. a ZPO iVm § 82 Abs. 2 Nr. 4 SGB XII).** Ebenfalls vom Einkommen abzusetzen sind Werbungskosten, namentlich Fahrtkosten. Nach § 115 Abs. 1 Nr. 1 lit. a ZPO iVm § 82 Abs. 2 Nr. 4 SGB XII iVm § 3 Abs. 6 der VO zur Durchführung des § 82 SGB XII ist bei (notwendiger!) Benutzung eines Pkw ein Betrag von 5,20 EUR (Kleinst-Kfz mit max. 500 cm³ Hubraum: 3,70 EUR, Motorrad oder -roller: 2,30 EUR, Mofa: 1,30 EUR) pro vollem Entfernungskilometer anzusetzen;[709] die Begrenzung des Fahrtkostenabzugs auf Fahrtstrecken von bis zu 40 Entfernungskilometern gilt hier nicht.[710]

217

Allerdings räumt auch der Bundesgerichtshof ein, dass die DVO nicht bindend ist, weil § 115 Abs. 1 S. 3 Nr. 1 lit. a ZPO allein auf § 82 Abs. 2 SGB XII und nicht auch auf die auf der Grundlage von § 96 Abs. 1 SGB XII erlassene DVO verweist. Vertreten wird daher auch, die Heranziehung der VO sei „wenig praktikabel", da die Kostenberechnung auf deren Grundlage der Realität nicht mehr entspreche, da der Betrag vom Verordnungsgeber seit Jahren nicht mehr angepasst worden sei.[711] Daher wird auch vertreten, dass für Fahrtkosten mit einem Pkw zur Arbeit in entsprechender Anwendung von § 5 Abs. 2 S. 1 Nr. 2 JVEG

218

---

704 AA OVG Lüneburg 26.6.1962 – IV A 75/61, FEVS 9, 27.
705 Zöller/Geimer ZPO § 115 Rn. 23 mwN.
706 BGH 13.6.2012 – XII ZB 658/11, FamRZ 2012, 1374.
707 OLG Brandenburg 18.11.2008 – 9 WF 333/08, FamRZ 2009, 896.
708 Vgl. Zimmermann Rn. 84.
709 BGH 13.6.2012 – XII ZB 658/11, FamRZ 2012, 1374: „Ein brauchbarer Orientierungsmaßstab".
710 BGH 8.8.2012 – XII ZB 291/11, FamRZ 2012, 1629.
711 So jedenfalls Büttner/Wrobel-Sachs/Gottschalk/Dürbeck Rn. 258; OLG Karlsruhe 7.5.2008 – 16 WF 65/08, FamRZ 2008, 2288; OLG Schleswig 25.1.2011 – 15 WF 322/10, FamRZ 2011, 1159.

0,30 EUR pro gefahrenem km zu berücksichtigen sind.[712] Nach wiederum anderer Auffassung sollen die notwendigen Fahrtkosten nach den im Unterhaltsrecht üblichen Kilometersätzen abzuziehen sein.[713]

219 **Voraussetzung** ist jedoch stets, dass keine zumutbare Verbindung mit öffentlichen Verkehrsmitteln zur Verfügung steht.[714] Gem. § 115 Abs. 1 S. 3 Nr. 1 lit. a ZPO iVm § 82 Abs. 2 Nr. 3 SGB XII sind in diesem Fall auch die Beiträge zur **Haftpflichtversicherung** und im Rahmen der Angemessenheit auch zu einer Kaskoversicherung in Abzug zu bringen,[715] ebenso notwendige Anschaffungskosten.[716] Die Fahrtkosten sind neben dem Erwerbstätigenfreibetrag zusätzlich zu berücksichtigen.[717] Hingegen sind Kosten für Benzinverbrauch, Wartung oder Ähnliches daneben nicht gesondert ansetzbar.[718]

220 **d) Arbeitsförderungsgeld (§ 115 Abs. 1 S. 3 Nr. 1 lit. a ZPO iVm § 82 Abs. 2 Nr. 5 SGB XII).** Behinderte, die in Behindertenwerkstätten arbeiten, erhalten gem. § 43 SGB IX über die Werkstätten ein sog Arbeitsförderungsgeld, das zusätzlich zur Arbeitsvergütung gezahlt wird und derzeit maximal 26 EUR monatlich beträgt. Der im Einzelfall konkret gezahlte Betrag ist gem. § 82 Abs. 2 Nr. 5 SGB XII vom Einkommen abzuziehen.[719]

221 **e) Pauschale Freibeträge (§ 115 Abs. 1 S. 3 Nr. 1 lit. b, Nr. 2 ZPO). Ab dem 1.1.2017** gelten nach der PKH-Bekanntmachung 2017 vom 12.12.2016 – PKHB 2017[720] – derzeit folgende Freibeträge:

712 So OLG Nürnberg 19.5.2008 – 9 WF 491/08, FamRZ 2008, 1961; OLG Karlsruhe 7.5.2008 – 16 WF 65/08, FamRZ 2008, 2288; OLG Celle 2.12.2010 – 10 WF 362/10, FamRZ 2011, 911 m. zahlr. Nachw.; OLG Dresden 25.10.2010 – 24 WF 914/10, FamRZ 2011, 911; Büttner/Wrobel-Sachs/Gottschalk/Dürbeck Rn. 258; Zimmermann Rn. 80.

713 OLG Koblenz 13.2.2002 – 9 WF 88/02, MDR 2002, 965; OLG Karlsruhe 22.3.2004 – 18 WF 3/04, FamRZ 2005, 465; 6.4.2009 – 5 WF 192/07, FamRZ 2009, 1424 (SüdL); OLG Jena 11.6.2009 – 1 WF 126/09, FamRZ 2009, 1848 (Ziff. 10.02.2. Thüringer Leitlinien); OLG Celle 9.7.2009 – 12 WF 132/09, FamRZ 2010, 55; OLG Hamm 6.5.2010 – II-2 WF 240/09, MDR 2010, 1344; OLG Schleswig 25.1.2011 – 15 WF 322/10, FamRZ 2011, 1159; OLG Rostock 24.5.2011 – 10 WF 107/11, FamRZ 2011, 1607.

714 BGH 13.6.2012 – XII ZB 658/11, FamRZ 2012, 1374 (1375); OLG Brandenburg 7.4.2008 – 9 WF 77/08, FamRZ 2008, 1962.

715 BGH 13.6.2012 – XII ZB 658/11, FamRZ 2012, 1374; LAG Hamm 15.1.2013 – 14 Ta 159/12; LAG Baden-Württemberg 2.9.2009 – 4 Ta 7/09; LAG Schleswig-Holstein 11.2.2005 – 2 Ta 21/05; aA OLG Brandenburg 13.11.2007 – 9 WF 301/07 (PKH); OLG Hamm 26.6.2014 – II-4 WF 115/14, JurBüro 2014, 542.

716 BGH 13.6.2012 – XII ZB 658/11, FamRZ 2012, 1374; 8.8.2012 – XII ZB 291/11, FamRZ 2012, 1629; OLG Bremen 16.5.2011 – 4 WF 71/11, FamRZ 2012, 48; OLG Stuttgart 23.9.2011 – 18 WF 203/11, FamRZ 2012, 649; aA OLG Koblenz 16.2.2004 – 13 WF 88/04, FamRZ 2004, 1880; wiederum aA hinsichtlich der Anschaffungskosten OLG Bremen 16.5.2011 – 4 WF 71/11, FamRZ 2012, 48; OLG Stuttgart 23.9.2011 – 18 WF 203/11, FamRZ 2012, 649.

717 OLG Karlsruhe 26.7.2007 – 5 WF 63/07, FamRZ 2008, 69; OLG Jena 11.6.2009 – 1 WF 126/09, FamRZ 2009, 1848; OLG Stuttgart 23.9.2011 – 18 WF 203/11, FamRZ 2012, 649.

718 BGH 8.8.2012 – XII ZB 291/11, FamRZ 2012, 1629.

719 Groß ZPO § 115 Rn. 44.

720 BGBl. I, 2869.

- für **Parteien**, die ein Einkommen aus Erwerbstätigkeit erzielen (§ 115 Abs. 1 S. 3 Nr. 1 lit. b ZPO): 215 EUR,[721]
- für die **Partei und ihren Ehegatten oder ihren Lebenspartner** (§ 115 Abs. 1 S. 3 Nr. 2 lit. a ZPO): 473 EUR,
- für **jede weitere Person**, der der Beteiligte aufgrund gesetzlicher Unterhaltspflicht Unterhalt leistet (§ 115 Abs. 1 S. 3 Nr. 2 lit. b ZPO):
  - Erwachsene: 377 EUR,
  - Jugendliche vom Beginn des 15. bis zur Vollendung des 18. Lebensjahres: 359 EUR,
  - Kinder vom Beginn des 7. bis zur Vollendung des 14. Lebensjahres: 333 EUR,
  - Kinder bis zur Vollendung des 6. Lebensjahres: 272 EUR.

Umstritten ist, ob der **Unterhaltsfreibetrag** für Angehörige im Falle gemeinsamer 222 Betreuung eines gemeinsamen Kindes dem Antragsteller und seinem Ehegatten jeweils in voller Höhe, jeweils zur Hälfte oder insgesamt nur einmal anzurechnen ist. Nach der hierzu früher in der Rechtsprechung vertretenen Auffassung[722] sollen die Freibeträge jeweils nur hälftig berücksichtigt werden. Nach neuerer Auffassung sind die Unterhaltsfreibeträge in diesen Fällen bei jedem Ehegatten ungeteilt zu berücksichtigen.[723] Letztere Auffassung verdient den Vorzug, weil innerhalb der Systematik der § 115 ZPO, § 82 SGB XII nur von einem einheitlichen Einkommensbegriff ausgegangen und deshalb das Einkommen des Ehegatten nicht anders ermittelt werden kann als das Einkommen des Antragstellers selbst.[724]

Aus demselben Grund ist **empfangener Kindesunterhalt** im Falle getrennter Kin- 223 deseltern mE nicht etwa undifferenziert auf den Unterhaltsfreibetrag anzurechnen, denn dies liefe auf eine Ungleichbehandlung von getrennten und nicht getrennt lebenden Kindeseltern hinaus: Führte nämlich im Fall der Trennung ein unterhalb des Freibetrags entrichteter Unterhalt bereits zu einer Schmälerung des dem betreuenden Elternteil zustehenden Unterhaltsfreibetrags, geriete dieser sogar gänzlich in Wegfall, läge der gezahlte Kindesunterhalt gar darüber. Im wirtschaftlichen Ergebnis käme der Unterhaltsfreibetrag somit im Falle des Zusammenlebens der Eltern zweimal, im Falle ihres Getrenntlebens jedoch in jedem Fall weniger als zweimal, im schlechtesten Fall gar nur einmal zur Anwendung. Daher ist der gezahlte Kindesunterhalt in diesen Fällen nur in dem Umfang auf den Unterhaltsfreibetrag des betreuenden Elternteils anzurechnen, als er diesen Freibetrag übersteigt.[725] Dafür dürfte weiterhin auch die Gleichwertigkeit zwischen Bar- und Betreuungsunterhalt gem. § 1606 Abs. 3 S. 2 sprechen.

---

721 Der sog Erwerbstätigenfreibetrag gilt über den Wortlaut der Bestimmung hinaus selbstverständlich auch entsprechend für den Ehegatten oder Lebenspartner, vgl. Nickel, Änderungen im Bereich der Prozesskostenhilfe 2005, MDR 2005, 729 und 1151; Lissner/Dietrich/Eilzer/Germann/Kessel Rn. 58; wohl auch Groß ZPO § 115 Rn. 47.

722 OLG Celle 18.2.1985 – 16 W 62/84, NdsRPfl 1986, 103; LAG Bremen 15.7.1982 – 4 Ta 25/82, NJW 1982, 2462; OVG Münster 13.5.1986 – 19 A 10068/86, Rpfleger 1986, 406; ebenso Zimmermann Rn. 97.

723 LAG Rheinland-Pfalz 2.10.2006 – 11 Ta 163/06, MDR 2007, 411; OLG Hamm 20.2.2007 – 19 W 1/07, MDR 2007, 973; OLG Dresden 5.8.2015 – 20 WF 294/15, FamRZ 2016, 253; ebenso Büttner/Wrobel-Sachs/Gottschalk/Dürbeck Rn. 269.

724 So zu Recht Büttner/Wrobel-Sachs/Gottschalk/Dürbeck Rn. 269; Lissner/Dietrich/Eilzer/Germann/Kessel Rn. 58.

725 Eingehend hierzu Nickel FamRB 2014, 347 (349 ff.); vgl. OLG Dresden 5.8.2015 – 20 WF 294/15, FamRB 2015, 422 (paritätisches Wechselmodell).

224 **f) Kosten der Unterkunft und Heizung (§ 115 Abs. 1 S. 3 Nr. 3 ZPO).** Das Einkommen ist gem. § 115 Abs. 1 S. 3 Nr. 3 ZPO um die Kosten für Unterkunft zu vermindern, soweit diese zu den Lebensverhältnissen der antragstellenden Partei nicht in einem **auffälligen Missverhältnis** stehen.[726] Ist die Wohnfläche größer als angemessen, sind die Kosten nur prozentual abzugsfähig.[727] Ergibt sich die Höhe der vom Antragsteller gezahlten Miete aus der vorgelegten Bescheinigung des Sozialamtes, ist die gesonderte Vorlage des Mietvertrages nicht erforderlich.[728] Lebt der Antragsteller auf der Straße und hat er deshalb keine Mietkosten, soll er gleichwohl Mietkosten in Höhe der im notwendigen Selbstbehalt enthaltenen Kaltmiete im Rahmen des § 115 ZPO geltend machen können.[729] Richtiger ist wohl, fehlende Wohnkosten dadurch zu berücksichtigen, dass eben keine Mietzahlungen anfallen.[730]

225 Neben den Kosten für die Unterkunft sind die **Heizkosten** in Abzug zu bringen. Wird die Energie für die Heizung auch anderweitig, zB für die Warmwasseraufbereitung genutzt, ist der Kostenanteil notfalls zu schätzen.[731] Allerdings hat der Bundesgerichtshof entschieden, dass die Nebenkostenabrechnung des Vermieters sämtliche Einzeldaten, die zur korrekten Aufteilung der Wärmekosten in Heiz- und Warmwasserkosten notwendig sind, enthalten muss.[732]

226 Zu den Kosten für Unterkunft und Heizung gehören auch die **Betriebskosten** iSv § 27 der Zweiten Berechnungsverordnung[733] einschließlich der auf einen Mieter umgelegten verbrauchsunabhängigen Nebenkosten,[734] ebenso die Kosten für Wasserverbrauch, die nicht mehr mit den Pauschalbeträgen abgegolten sind.[735]

227 **Nicht zu berücksichtigen** sind hingegen die Kosten für Elektrizität,[736] Kabelfernsehen,[737] Premiere („Sky") und Mobiltelefon,[738] die aus dem Grundfreibetrag zu entrichten sind. Die Kosten für eine **Pkw-Garage** bzw. einen **Pkw-Stellplatz** gehören zur privaten Lebensführung und sind im Rahmen der VKH ebenfalls nicht abzugsfähig.[739]

---

726 Bei mehr als 50 % des Nettoeinkommens: OLG Brandenburg 16.10.2000 – 9 WF 187/00, FamRZ 2001, 1085; vgl. BSG 7.11.2006 – B 7 b AS 18/06 R, FamRZ 2007, 729; hohe Wohnkosten des verbleibenden Ehegatten nach Trennung: OLG Schleswig 24.6.2013 – 15 WF 186/13, FamRZ 2014, 57; Deckelung der angemessenen Unterkunftskosten durch Wohngeldtabelle plus 10 %: BSG 12.12.2013 – B 4 AS 87/12 R, NJW 2014, 2752 zu § 22 SGB II, § 12 WOGG.
727 OLG Brandenburg 22.11.2006 – 9 W 13/06.
728 LAG Schleswig Holstein 18.10.2004 – 2 Ta 206/04.
729 OLG Köln 5.9.2002 – 14 WF 126/02, FamRZ 2003, 774; differenzierend Künzl/Koller Rn. 70.
730 Büttner/Wrobel-Sachs/Gottschalk/Dürbeck Rn. 233.
731 Vgl. Büttner/Wrobel-Sachs/Gottschalk/Dürbeck Rn. 273.
732 BGH 26.10.2011 – VIII ZR 268/10, NJW 2012, 603.
733 OLG Brandenburg 5.11.2008 – 9 WF 309/08, NJW 2009, 2069.
734 OLG Saarbrücken 13.12.2013 – 6 WF 191/13, NZFam 2014, 410.
735 OLG Brandenburg 29.5.2013 – 15 WF 129/13, FamRZ 2013, 1596, die zugelassene Rechtsbeschwerde wurde nicht eingelegt; OLG Frankfurt/M. 14.5.2013 – 4 WF 74/13, NJW 2013, 2370; OLG Dresden 15.1.2014 – 20 WF 1200/13, MDR 2014, 241; OLG Nürnberg 29.10.2014 – 11 WF 1363/14, FamRZ 2015, 596; OLG Celle 5.9.2014 – 10 WF 272/14, JurBüro 2014, 648; OLG Brandenburg 6.1.2015 – 10 UF 34/14, FamRZ 2015, 1314; überholt BGH 8.1.2008 – VIII ZB 18/06, FamRZ 2008, 781.
736 OLG Celle 5.9.2014 – 10 WF 272/14, JurBüro 2014, 648.
737 OLG Karlsruhe 14.3.2007 – 20 WF 10/07, FamRZ 2007, 1995.
738 OLG Nürnberg 27.1.2009 – 9 WF 1667/08, FamRZ 2009, 1424.
739 OLG Brandenburg 15.5.2007 – 10 WF 129/07, FamRZ 2008, 69; OLG Koblenz 20.11.2014 – 7 WF 1000/14, MDR 2015, 542.

Tilgungsleistungen für ein selbst genutztes Eigenheim oder eine selbst genutzte 228
Eigentumswohnung sind bis zur Höhe der Aufwendungen für eine angemessene
Mietwohnung als Kosten der Unterkunft zu berücksichtigen, ebenso Aufwendungen im Rahmen eines Mietkaufvertrages.[740] Auch Tilgungsleistungen für Be-
triebskredite, nicht aber Abschreibungen rechnen hierzu.

Leben mehrere Personen mit eigenen Einkünften zB im Rahmen einer **nichteheli-** 229
chen Lebensgemeinschaft in einer Wohnung zusammen, so sind die Kosten der
Unterkunft grundsätzlich nach Kopfteilen aufzuteilen.[741] Davon ist dann eine
Ausnahme möglich, wenn die Einkünfte der Mitbewohner deutlich unterschiedlich sind[742] oder aufseiten der Antragstellerin minderjährige Kinder vorhanden
sind, für die der Lebensgefährte nicht unterhaltspflichtig ist.[743] Auf die wirtschaftlichen Verhältnisse des nichtehelichen Lebenspartners kommt es nicht
an.[744] Ist der nichteheliche Lebenspartner selbst der Antragsteller und lebt er
mit der nicht unterhaltsberechtigten Mutter seines nichtehelichen Kindes in
einem Haushalt zusammen, dessen Aufwendungen er zumindest im Wesentlichen allein bestreitet, liegen Belastungen im Sinne von § 115 Abs. 1 S. 3 Nr. 5
ZPO vor, deren Höhe sich nach der Bestimmung des Freibetrags für einen Ehegatten richtet (§ 115 Abs. 1 S. 3 Nr. 2 ZPO).[745]

g) Besondere Belastungen (§ 115 Abs. 1 S. 3 Nr. 4 ZPO). Das Einkommen ist 230
weiterhin um tatsächlich bediente Verbindlichkeiten, namentlich VKH-Raten,
zB für das rechtshängige Scheidungsverfahren, zu ermäßigen.[746] Insbesondere ist
eine Anordnung unzulässig, wonach die Ratenzahlung im aktuellen VKH-
Verfahren (erst) nach vollständiger Leistung der Raten aus dem vorangegangenen Verfahren aufzunehmen ist.[747]

---

740 LAG Schleswig-Holstein 10.7.2008 – 1 Ta 35/08.
741 OLG Koblenz 28.12.1999 – 9 WF 760/99, MDR 2000, 728; LSG Thüringen 22.9.2004
– L 6 RJ 735/03; LAG Rheinland-Pfalz 31.10.2007 – 10 Ta 231/07; OLG Bamberg
10.2.2006 – 2 WF 271/05, FamRZ 2007, 1339 mAnm Nickel FamRZ 2008, 157; OLG
Celle 21.9.2011 – 17 UF 161/11, FamRZ 2012, 141; vgl. aber OLG Düsseldorf
7.9.2009 – II-8 WF 63/09, FuR 2009, 694 und BSG 19.3.2008 – B 11 b AS 13/06 R,
FamRZ 2008, 1527.
742 OLG Koblenz 28.12.1999 – 9 WF 760/99, MDR 2000, 728; aA OLG Karlsruhe
13.2.2004 – 16 WF 173/03, FamRZ 2005, 43, wonach es nur auf die tatsächlichen
Zahlungsverhältnisse ankommt und das Einkommen des Lebensgefährten im Übrigen
gänzlich unberücksichtigt bleibt.
743 OLG Karlsruhe 13.2.2004 – 16 WF 173/03, FamRZ 2005, 43; vgl. OLG Düsseldorf
7.9.2009 – II-8 WF 63/09, FamRZ 2010, 141.
744 OLG Karlsruhe 13.2.2004 – 16 WF 173/03, FamRZ 2005, 43; für den umgekehrten
Fall vgl. OLG Koblenz 10.7.1996 – 13 WF 576/96, JurBüro 1997, 30.
745 OLG Stuttgart 15.10.2004 – 8 WF 112/04, FamRZ 2005, 1182; zur grundsätzlichen
Angemessenheit von Unterkunftskosten in der Sozialhilfe vgl. BVerwG 31.8.2004 – 5 C
8/04, NJW 2005, 310.
746 OLG Stuttgart 11.2.2009 – 8 WF 17/09, FamRZ 2009, 1163; OLG Saarbrücken
2.1.2013 – 6 WF 420/12, FamRZ 2013, 1056; aA: OLG Schleswig 14.3.2000 – 13 WF
22/00, FamRZ 2000, 1586; OLG München 9.3.2007 – 12 UF 750/07, FamRZ 2007,
1340; OLG Köln 30.1.2013 – II-4 UF 218/12, FamRZ 2013, 1406; diese Auffassung ist
abzulehnen, nachdem das OLG Köln die Ratenzahlungen für PKH sogar bei der Berechnung von Unterhalt einkommensmindernd berücksichtigt: OLG Köln 14.11.2006 –
4 UF 79/06, FamRZ 2007, 1463.
747 OLG Saarbrücken 2.1.2013 – 6 WF 420/12, JurBüro 2013, 208.

231 **Unterhaltsleistungen** sind nur dann vom Einkommen abzusetzen, wenn sie tatsächlich erbracht werden,[748] im Falle der Zahlung an einen geschiedenen Ehegatten[749] oder einen Lebensgefährten[750] als besondere Belastungen. Dies gilt auch für Unterhaltsleistungen aufgrund sittlicher Verpflichtung, ohne dass eine gesetzliche Verpflichtung besteht.[751] Bei Strafgefangenen ist wegen der freien Verpflegung kein Unterhaltsfreibetrag in Abzug zu bringen, lediglich ein angemessenes Taschengeld und ein gewisser Erwerbstätigenfreibetrag[752] sowie das Überbrückungsgeld nach § 51 StVollzG.[753]

232 **Ratenzahlungen** auf einen vorfinanzierten Bausparvertrag sind vom einzusetzenden Einkommen abzusetzen,[754] nicht aber Bausparbeiträge in der Ansparungsphase.[755] Kreditverbindlichkeiten für die Verschönerung bzw. Instandhaltung eines Wohnhauses sind jedoch nicht zu berücksichtigen, wenn sie vom Antragsteller nach seinem Auszug und in Kenntnis des bevorstehenden Verfahrens aufgenommen werden.[756] Raten für die Ersatzbeschaffung einer Waschmaschine[757] und Kreditkosten für die beruflich bedingte Anschaffung eines Kfz mindern das einzusetzende Einkommen.[758] Allerdings ist bei Tilgungsraten[759] zu differenzieren:

- Auch bei der Aufnahme eines Kredits zu einem Zeitpunkt, zu dem die Erforderlichkeit eines Prozesses noch nicht erkennbar war, sollen die Raten nicht ohne Prüfung abzusetzen sein, ob die Übernahme der Verpflichtung angemessen und notwendig war.[760] Diese Auffassung dürfte allerdings zu weit gehen.

- Jedenfalls sind die Raten, wenn sie in Kenntnis des bevorstehenden oder gar bereits anhängigen Rechtsstreits begründet werden, auch dann vom Einkommen abzusetzen, wenn sie unabwendbar waren.[761] So sind zB Raten für ein zu Prozessbeginn aufgenommenes Kaufpreisdarlehen für einen Pkw abzusetzen, wenn der Antragsteller auf die berufliche Nutzung des Pkw angewiesen ist und die Raten in einem angemessenen Verhältnis zum Einkommen stehen.[762] Zusätzlich soll geprüft werden, ob der Kredit nicht noch um einen für die Verfahrensfinanzierung benötigten geringfügigen Betrag hätte erhöht werden können.[763]

---

748 OLG Stuttgart 25.10.2006 – 18 WF 176/06, FamRZ 2007, 486; LAG Rheinland-Pfalz 10.12.2008 – 9 Ta 210/08.
749 OLG Karlsruhe 11.11.2003 – 2 (20) WF 120/03, FamRZ 2004, 1119.
750 OLG Karlsruhe 7.11.2007 – 16 WF 164/07, FamRZ 2008, 421; einschränkend OLG Dresden 2.3.2009 – 24 WF 116/09, FamRZ 2009, 1425.
751 OLG Stuttgart 15.10.2004 – 8 WF 112/04, FamRZ 2005, 1182 mwN.
752 OLG München 18.6.2012 – 12 WF 980/12, FamRZ 2012, 1576; KG 22.3.2013 – 9 W 13/13, StRR 2013, 202 mwN.
753 Künzl/Koller Rn. 44.
754 OLG Karlsruhe 2.8.2007 – 16 WF 139/07, FamRZ 2008, 70.
755 OLG Dresden 15.1.2014 – 20 WF 1200/13, MDR 2014, 241.
756 OLG Naumburg 14.8.2008 – 3 WF 189/08 (PKH), FamRZ 2009, 628.
757 OLG Zweibrücken 6.4.2004 – 6 WF 48/04, FamRZ 2004, 1501.
758 OLG Bremen 16.5.2011 – 4 WF 71/11, FamRZ 2012, 48.
759 Hierzu OLG Brandenburg 22.4.2013 – 3 WF 48/13, FamRZ 2014, 963.
760 OLG Köln 12.9.1995 – 16 W 46/95, FamRZ 1996, 873.
761 OLG Brandenburg 6.3.2007 – 10 WF 267/06, FamRZ 2008, 158; LAG Köln 13.10.2010 – 1 Ta 297/10; vgl. OLG Naumburg 29.10.2008 – 3 WF 274/08.
762 OLG Hamburg 4.4.1995 – 12 WF 44/95, FamRZ 1996, 42; OLG Hamm 13.6.2006 – 6 WF 160/06, FamRZ 2007, 155.
763 OLG Koblenz 6.9.2013 – 13 WF 745/13, FamFR 2013, 503.

- Erfolgt die Aufnahme hingegen nach Bewilligung von VKH, ist in jedem Fall Voraussetzung, dass die Neuverschuldung zur Lebensführung unbedingt notwendig war.[764] In keinem Fall kann eine Berücksichtigung erfolgen, wenn sich der Antragsteller „böswillig arm gemacht" hat.[765]
- Jedenfalls darf der Antragsteller in Kenntnis der Rückzahlungspflicht oder Pflicht zur Tragung der Verfahrenskosten keine anderweitigen Verbindlichkeiten eingehen wie zB Konsumkredite.[766]

Tilgungsbeiträge, die Eingang in einen **Schuldenbereinigungsplan** gefunden haben, sind als besondere Belastungen gem. § 115 Abs. 1 S. 3 Nr. 5 ZPO vom Einkommen des Schuldners abzusetzen.[767] Abzugsfähig sind auch **Raten auf Anwaltskosten** aus früheren Prozessen,[768] Kostenerstattungsverpflichtungen nach § 123 ZPO und ärztliche Behandlungskosten[769] sowie Ausgaben für Nachhilfeunterricht.[770]

233

Als besondere Belastungen sind auch **Fahrtkosten** eines Verfahrensbeteiligten zur Verfahrenspflegerin des Kindes[771] ebenso zu berücksichtigen wie Reisekosten, die durch Besuche bei weit entfernt lebenden Kindern entstehen.[772]

234

Der **Verlust von Ansprüchen** von mit dem Antragsteller zusammenlebenden Personen nach dem SGB II oder dem SGB XII im Hinblick auf die Bedarfsgemeinschaft (§ 9 Abs. 1 SGB II, § 36 SGB XII) stellt im Umfang des Wegfalls besondere Belastungen im Sinne des § 115 Abs. 1 S. 3 Nr. 5 ZPO dar.[773] Umgekehrt mindern Leistungen, die der Antragsteller für seine Lebensgefährtin (und deren Kind) in einer (sozialrechtlichen) Bedarfsgemeinschaft im Rahmen der Bedarfsgemeinschaft erbringt, sein einzusetzendes Einkommen nicht.[774]

235

Sparleistungen des Antragstellers für einen Vertrag betreffend **vermögenswirksame Leistungen** sind vom Einkommen nicht abzusetzen, wohl aber der Zuschuss des Arbeitgebers.[775]

236

---

764 OLG Koblenz 7.11.2006 – 13 WF 953/06, FamRZ 2007, 645; OLG Naumburg 14.8.2008 – 3 WF 189/08 (PKH), FamRZ 2009, 628; OLG Brandenburg 18.2.2015 – 9 WF 37/15, FamRZ 2015, 1311; vgl. im Übrigen die Nachw. bei Zöller/Geimer ZPO § 115 Rn. 40.

765 OLG Köln 23.12.1982 – 21 WF 188/82, FamRZ 1983, 635; OLG Bamberg 20.8.1987 – 2 WF 210/87, JurBüro 1987, 1712.

766 OLG Naumburg 19.12.2008 – 3 WF 320/08, FamRZ 2009, 1233.

767 AG Nordenham 11.7.1999 – 7 IK 3/99, ZInsO 1999, 481.

768 OLG Köln 24.8.1992 – 16 W 39/92, FamRZ 1993, 579.

769 Vgl. OLG Düsseldorf 29.8.1980 – 3 WF 190/80, FamRZ 1981, 76.

770 OLG Karlsruhe 7.2.2001 – 16 WF 217/00; vgl. LAG Berlin-Brandenburg 29.9.2014 – 3 Ta 1494/14, NZFam 2015, 82.

771 OLG Rostock 10.2.2003 – 10 WF 136/02, FamRZ 2003, 1396.

772 BVerwG 18.2.1993 – 5 C 30/89, FamRZ 1994, 309; BVerfG 25.10.1994 – 1 BvR 1197/93, FamRZ 1995, 86; OLG Zweibrücken 2.11.2015 – 2 WF 240/15, FamRB 2016, 107.

773 OLG Frankfurt/M. 28.4.2015 – 5 WF 107/15, FamRZ 2015, 1918; KG 30.3.2006 – 3 WF 42/06, FamRZ 2006, 962; Schoreit, Die Bedarfsgemeinschaft des SGB II im Prozesskostenhilfeverfahren – Ansatzpunkte für die Ermittlung der Bedürftigkeit im Sinne von § 114 ZPO, FPR 2007, 364.

774 OLG Koblenz 2.12.2014 – 7 WF 1118/14, FamRZ 2015, 1312.

775 OLG Dresden 2.10.2002 – 10 WF 577/02, OLGR 2002, 551; OLG Stuttgart 15.10.2004 – 8 WF 112/04, FamRZ 2005, 1183; aA OLG Köln 15.2.1993 – 2 W 15/93, FamRZ 1993, 1333; OLG Düsseldorf 13.2.2001 – 5 WF 280/00, Rpfleger 2001, 434.

237 Die üblichen Aufwendungen für den **Kindergarten** gehören jedenfalls dann zu den Kosten des allgemeinen Lebensbedarfs, die durch Unterhalt und Freibeträge abgedeckt sind, wenn ein Kindesunterhalt gezahlt wird, der den monatlichen Regelsatz in der Sozialhilfe für das Kind mindestens erreicht, und sind unter diesen Voraussetzungen nicht vom Einkommen abzusetzen.[776] Essensgeld ist nicht nach § 115 Abs. 1 S. 3 ZPO vom Einkommen abzuziehen.[777]

238 Raten auf eine zu zahlende **Geldstrafe** sind nicht absetzbar.[778] Die gegenteilige Auffassung führt zu einer Besserstellung des straffälligen gegenüber dem gesetzestreuen Beteiligten.[779] Für die auf eine **Geldbuße** zu leistenden Raten kann nichts anderes gelten.[780]

239 Ausgaben für **Telefonkosten und Hundesteuer** sind vom Grundfreibetrag nach § 115 Abs. 1 S. 3 Nr. 2 lit. a ZPO erfasst und können nicht als besondere Belastungen berücksichtigt werden.[781]

240 **h) Weitere pauschale Freibeträge.** Nach § 115 Abs. 1 S. 3 Nr. 4 ZPO sind **Mehrbedarfe nach § 21 SGB II und § 30 SGB XII** vom Einkommen des Antragstellers abzusetzen. Dabei handelt es sich um Freibeträge

- für diejenigen, denen gem. § 69 SGB IX das **Merkzeichen „G"** zuerkannt wurde und die entweder die Altersgrenze nach § 41 Abs. 2 SGB XII erreicht haben oder voll erwerbsgemindert nach dem SGB VI sind (Mehrbedarf von 17 vom Hundert der maßgebenden Regelbedarfsstufe),[782]

- für **werdende Mütter** nach der zwölften Schwangerschaftswoche, entweder nach § 21 Abs. 2 SGB II (Mehrbedarf von 17 % des nach § 20 SGB II maßgebenden Regelbedarfs) oder nach § 30 Abs. 2 SGB XII (Mehrbedarf von 17 % der maßgebenden Regelbedarfsstufe, soweit nicht im Einzelfall ein abweichender Bedarf besteht),

- für Alleinerziehende,[783]

- nach § 21 Abs. 4 SGB II (unter weiteren Voraussetzungen) für **erwerbsfähige behinderte Leistungsberechtigte** (Mehrbedarf von 35 % des nach § 20 SGB II maßgebenden Regelbedarfs) bzw. nach § 30 Abs. 4 SGB XII (ebenfalls unter weiteren Voraussetzungen) für behinderte Menschen (Mehrbedarf von 35 % der maßgebenden Regelbedarfsstufe, soweit nicht im Einzelfall ein abweichender Bedarf besteht),

---

776 OLG Stuttgart 26.10.2005 – 8 WF 140/05, FamRZ 2006, 1282 m. krit. Anm. Gottwald.

777 OLG Koblenz 20.11.2014 – 7 WF 1000/14, MDR 2015, 542.

778 So BGH 12.1.2011 – XII ZB 181/10, FamRZ 2011, 554; aA noch OLG Hamburg 16.6.2000 – 12 WF 98/00, FamRZ 2001, 235; OLG Brandenburg 3.9.2003 – 9 WF 153/03, FamRZ 2004, 646.

779 Daher mit dieser Begründung zu Recht ablehnend AG Ludwigslust 22.1.2003 – 9 C 1020/01, FamRZ 2003, 1934.

780 So OLG Celle 16.2.2011 – 10 WF 18/11, FamRZ 2011, 1159; KG 2.11.2005 – 18 WF 192/05, FamRZ 2006, 871; OLG Brandenburg 3.9.2003 – 9 WF 153/03, FamRZ 2004, 646; aA OLG Koblenz 10.7.1996 – 13 WF 576/96, JurBüro 1997, 30.

781 LSG Thüringen 16.3.2006 – L 6 B 32/05 RA; OLG Brandenburg 5.11.2008 – 9 WF 309/08, FamRZ 2009, 897; LAG Köln 14.7.2010 – 1 Ta 161/10.

782 OLG Hamm 16.1.2015 – II-6 WF 325/14.

783 OLG Celle 5.9.2014 – 10 WF 272/14, JurBüro 2014, 648; vgl. OLG Brandenburg 8.12.2014 – 13 WF 288/14, NZFam 2015, 276; zur ggf. anteiligen Zuerkennung des Mehrbedarfs vgl. BSG 11.2.2015 – B 4 AS 26/14 R, FamRZ 2015, 1187.

- nach § 21 Abs. 5 SGB II bzw. § 30 Abs. 5 SGB XII für Leistungsberechtigte, die auf eine kostenaufwendige **Ernährung** angewiesen sind (Mehrbedarf in angemessener Höhe),
- (nur) nach § 21 Abs. 6 SGB II ein **Mehrbedarf** für Leistungsberechtigte, soweit im Einzelfall ein unabweisbarer, laufender, nicht nur einmaliger besonderer Bedarf besteht,
- nach § 21 Abs. 7 SGB II bzw. § 30 Abs. 7 SGB XII in Leistungsfällen, in denen Warmwasser durch in der Unterkunft installierte Vorrichtungen erzeugt wird (**dezentrale Warmwasserversorgung**). Der Mehrbedarf wird dabei prozentual gestaffelt in Abhängigkeit von im Haushalt lebenden leistungsberechtigten Personen, soweit nicht im Einzelfall ein abweichender Bedarf besteht oder ein Teil des angemessenen Warmwasserbedarfs nach § 22 Abs. 1 SGB II bzw. § 35 Abs. 4 SGB XII anerkannt wird.

Allerdings weisen § 21 SGB II und § 30 SGB XII unterschiedliche Inhalte auf: Die einzelnen Mehrbedarfsbeträge werden nicht schrankenlos addiert, sondern in unterschiedlicher Weise gedeckt, die Vorschriften in § 30 SGB XII sehen regelmäßig eine Erweiterungsklausel für den Mehrbedarf vor („soweit nicht im Einzelfall ein abweichender Bedarf besteht"; ebenso § 21 Abs. 7 SGB II). Eine bis ins Letzte gehende individuelle Prüfung im Rahmen des mehr oder weniger summarischen Prüfungsverfahrens[784] erscheint allerdings überzogen. Ein anzusetzender Mehrbedarf ist zwar zunächst als Einkommen zu behandeln, sodann aber wieder pauschal abzuziehen.[785] 241

Gem. Art. 1 § 8 des Gesetzes zur Ermittlung von Regelbedarfen sowie zur Änderung des Zweiten und des Zwölften Buches Sozialgesetzbuch vom 22.12.2016 gelten ab dem 1.1.2017 folgende Regelbedarfsstufen (§ 28 SGB XII, § 20 Abs. 1 a SGB II): 242

Stufe	1	2	3	4	5	6
	409 EUR	368 EUR	327 EUR	311 EUR	291 EUR	237 EUR

5. Ratenzahlung. a) Bis 31.12.2013. Überschreitet das einzusetzende, dh auf volle Euro abzurundende verbleibende Einkommen den Betrag von 15 EUR, hat das Gericht die Zahlung von Raten anzuordnen (§ 115 Abs. 1 S. 6 ZPO), es sei denn, der Antragsteller ist überschuldet. Dies gilt auch, wenn Zahlungen auf die Schuld nicht erfolgen und infolge der Pfändungsfreigrenzen nicht beigetrieben werden können.[786] 243

§ 115 Abs. 4 ZPO sah bis zum 31.12.2013 folgende **Ratentabelle** vor: 244

einzusetzendes Einkommen bis	Monatsrate	einzusetzendes Einkommen bis	Monatsrate
15 EUR	0 EUR	400 EUR	135 EUR
50 EUR	15 EUR	450 EUR	155 EUR
100 EUR	30 EUR	500 EUR	175 EUR
150 EUR	45 EUR	550 EUR	200 EUR

---

784 Vgl. OLG Düsseldorf 15.11.1988 – 6 WF 232/88, FamRZ 1989, 883.
785 OLG Saarbrücken 12.8.2014 – 6 WF 146/14, MDR 2014, 1325; vgl. OLG Celle 5.9.2014 – 10 WF 272/14, JurBüro 2014, 648.
786 OLG Nürnberg 4.2.2003 – 10 WF 141/03.

einzusetzendes Einkommen bis	Monatsrate	einzusetzendes Einkommen bis	Monatsrate
200 EUR	60 EUR	600 EUR	225 EUR
250 EUR	75 EUR	650 EUR	250 EUR
300 EUR	95 EUR	700 EUR	275 EUR
350 EUR	115 EUR	750 EUR	300 EUR

245 Bei einem einzusetzenden Einkommen von mehr als 750 EUR ist eine Rate von 300 EUR zuzüglich des 750 EUR übersteigenden Teils des einzusetzenden Einkommens zu entrichten, dh die Rate ist nach folgender Formel zu berechnen:

Rate = 300 + (einzusetzendes Einkommen – 750)

246 b) Ab 1.1.2014. Die Ratenzahlung durch den Antragsteller hat zum 1.1.2014 eine Änderung erfahren: Die Ratentabelle in § 115 Abs. 2 ZPO wurde abgeschafft, vom einzusetzenden Einkommen des Antragstellers sind seither Monatsraten in Höhe der Hälfte des einzusetzenden Einkommens festzusetzen, die Raten sind auf volle Euro abzurunden. Beträgt die Höhe einer Monatsrate weniger als 10 EUR, ist von der Festsetzung von Monatsraten abzusehen. Bei einem einzusetzenden Einkommen von mehr als 600 EUR beträgt die Monatsrate 300 EUR zuzüglich des Teils des einzusetzenden Einkommens, der 600 EUR übersteigt.

247 Unabhängig von der Zahl der Rechtszüge sind höchstens 48 Monatsraten aufzubringen. Dabei bilden das selbstständige Beweisverfahren und der Rechtsstreit bei Ermittlung der Höchstzahl der zu zahlenden Raten eine Einheit, wenn die Streitgegenstände beider Verfahren übereinstimmen.[787] Die Zahlung von 48 Monatsraten schließt allerdings nicht aus, dass darüber hinaus noch eine Verpflichtung zum Einsatz von Vermögen besteht: Nach Ansicht des OLG Hamm ist nämlich nicht einzusehen, warum bei Zahlung von 48 Monatsraten auf die VKH ein nachträglich erworbenes Vermögen nicht zum Einsatz für die Verfahrenskosten herangezogen werden soll, sondern diese vielmehr vom Steuerzahler aufgebracht werden müssen.[788]

248 c) Ratenfestsetzung. Die Festsetzung der zu zahlenden Monatsraten erfolgt grundsätzlich bei der Bewilligung der VKH; ihre Anordnung darf nicht auf die Zeit nach Erlass der Entscheidung zur Hauptsache hinausgeschoben werden.[789] Bei der Gewährung von VKH mit Anordnung von Ratenzahlung ist die Entscheidung über die Ratenhöhe anhand der Umstände des Einzelfalles nachvollziehbar zu begründen; fehlt die gebotene Begründung, liegt ein Verfahrensmangel vor, der die Zurückverweisung der Sache an die Vorinstanz rechtfertigt.[790] Die Ratenzahlungsanordnung kann mit der **sofortigen Beschwerde** gem. § 127 Abs. 3 ZPO angefochten werden.

249 Eine **Beschwerdeschrift gegen die Ratenzahlungsanordnung** könnte lauten:

▶ ... legen wir gegen den Ablehnungsbeschluss vom ... sofortige Beschwerde ein und beantragen, den angefochtenen Beschluss hinsichtlich der Ratenzahlungsanordnung

---

787 OLG Celle 21.7.2015 – 6 W 93/15, NJW 2015, 3108.
788 OLG Hamm 16.1.2012 – II-8 WF 304/11, FamRZ 2012, 1158.
789 OLG Hamm 28.3.2002 – 9 WF 242/01, FamRZ 2003, 1021.
790 OLG Brandenburg 24.4.2003 – 10 WF 89/03, FamRZ 2004, 389; OLG Köln 22.10.2008 – 2 W 100/08, FamRZ 2009, 634; OLG Saarbrücken 13.4.2010 – 9 WF 35/10, FamRZ 2010, 1753.

abzuändern und der Antragstellerin Verfahrenskostenhilfe ohne Ratenzahlungsverpflichtung unter Beiordnung des Unterzeichners zu bewilligen.

Aus den zusammen mit der Erklärung der Antragstellerin über ihre persönlichen und wirtschaftlichen Verhältnisse überreichten Belegen ergibt sich folgende Berechnung:

Einkünfte der Antragstellerin (§ 115 Abs. 1 S. 1, 2 ZPO):

Nicht selbstständige Arbeit:	1.900,00	
Kindergeld:	384,00	
Steuererstattung:	20,00	
Gesamteinkommen:		2.304,00

Steuern
(§§ 115 Abs. 1 S. 3 Nr. 1 lit. a ZPO, 82 Abs. 2 Nr. 1 SGB XII):

Lohn-/Einkommensteuer:	197,75	
Kirchensteuern:	17,80	
Solidaritätszuschlag:	10,87	
Summe der Steuern:		- 226,42

Sozialversicherungsbeiträge
(§§ 115 Abs. 1 S. 3 Nr. 1 lit. a ZPO, 82 Abs. 2 Nr. 2 SGB XII):

Krankenversicherung:	168,00	
Rentenversicherung:	187,00	
Arbeitslosenversicherung:	30,00	
Pflegeversicherung:	23,50	
Summe der Sozialversicherungsbeiträge:		- 408,50

gesetzliches Nettoeinkommen einschl. Kindergeld: 1.669,08

Versicherungsbeiträge
(§§ 115 Abs. 1 S. 3 Nr. 1 lit. a ZPO, 82 Abs. 2 Nr. 3 SGB XII):

Hausratversicherung:	10,00	
Haftpflichtversicherung:	5,00	
Lebensversicherung:	50,00	
Summe Versicherungsbeiträge:		- 65,00

Werbungskosten
(§§ 115 Abs. 1 S. 3 Nr. 1 lit. a ZPO, 82 Abs. 2 Nr. 4 SGB XII):

Fahrtkosten für 6 km (Pkw, VO zu § 82 SGB XII; vgl. BGH FamRZ 2012, 1374 und 1629):	31,20	
Arbeitsmittelpauschale (§ 82 Abs. 2 Nr. 4 SGB XII iVm § 3 Abs. 5 der Durchführungsverordnung zu § 82 SGB XII):	5,20	
Summe der Werbungskosten:		- 36,40

Nettoeinkommen: 1.567,68

Freibeträge der Antragstellerin:

Freibetrag für Erwerbstätige (§ 115 Abs. 1 S. 3 Nr. 1 lit. b ZPO):	215,00	
Grundfreibetrag: (§ 115 Abs. 1 S. 3 Nr. 2 lit. a ZPO)	473,00	
Freibetrag für Birgit (4):	272,00	

Freibetrag für Claudia (8):   333,00
Summe der Freibeträge: - 1.293,00

Mehrbedarf gem. § 115 Abs. 1 S. 3 Nr. 4 ZPO:
Mehrbedarf für Alleinerziehende:
(§§ 21 Abs. 3 SGB II, 30 Abs. 3 SGB XII)   147,24
Summe Mehrbedarf: - 147,24

Besondere Belastungen (§ 115 Abs. 1 S. 3 Nr. 5 ZPO):
Kredit (Sparkasse) Küche, 1.5.2016–30.4.2018   110,00
KiGa-Beiträge: 25,00
Summe besondere Belastungen: - 135,00

Es verbleibt kein einzusetzendes Einkommen. Einzusetzendes Vermögen ist nicht vorhanden. Der Antragstellerin steht ratenfreie Verfahrenskostenhilfe zu. ◀

250   Legt die Staatskasse erfolgreich **Beschwerde** gegen die raten- und beitragsfreie Bewilligung von VKH ein,[791] ist eine Ratenzahlungsanordnung mit Rückwirkung zwar zulässig, wegen Vertrauensschutzes in die angegriffene Entscheidung jedoch auf die Zeit ab der Kenntniserlangung des Beteiligten von der Beschwerdeeinlegung der Staatskasse beschränkt.[792]

251   Umstritten ist die Beantwortung der Frage, ob eine Ratenzahlungsanordnung zu treffen ist, wenn über das Vermögen des Antragstellers das **Verbraucherinsolvenzverfahren** eröffnet wurde.[793] Es dürfte allerdings Sinn und Zweck des Schuldenbereinigungsverfahrens widersprechen, durch Ratenzahlungsanordnungen die Beträge wieder einzufordern, die sodann die Durchführung des Schuldenbereinigungsplans gefährden oder ausschließen würden.[794]

252   Nach § 115 Abs. 4 ZPO ist schließlich zu beachten, dass VKH nicht bewilligt wird, wenn die Kosten der Verfahrensführung voraussichtlich **vier Monatsraten** und die ggf. aus dem Vermögen aufzubringenden Teilbeträge nicht übersteigen.[795] Bei der **Bestimmung der zu deckenden Kosten** ist auf die Kostenschuld nur des Antragstellers abzustellen, wobei nach seiner Stellung – Antragsteller oder Antragsgegner – zu differenzieren, denn die Zahlungen des Antragsgegners haben nicht auch die Gerichtskosten zu decken,[796] der bedürftige Antragsgegner ist nicht verpflichtet, das Verfahren für den Justizfiskus (zinslos) „vorzufinanzieren".[797] Liegen die Voraussetzungen für eine Anwaltsbeiordnung nicht vor, ist

791 BGH 17.11.2009 – VIII ZB 44/09, AnwBl 2010, 220.
792 OLG Karlsruhe 7.7.2006 – 20 WF 72/06, FamRZ 2006, 1614.
793 Dagegen: LAG Schleswig-Holstein 5.1.2007 – 2 Ta 294/06, NZA-RR 2007, 265; bereits nicht im Falle der Überschuldung: OLG Nürnberg 4.2.2003 – 10 WF 141/03; dafür: OLG Zweibrücken 4.10.2005 – 6 UF 87/05, FamRZ 2006, 436; OLG Celle 16.7.2008 – 17 UF 70/08, FamRZ 2009, 532 m. krit. Anm. Gottwald; OLG Koblenz 9.10.2008 – 9 WF 726/08, FamRZ 2009, 533; 6.4.2010 – 9 WF 159/10, FamRZ 2010, 1360.
794 So ausdrücklich AG Nordenham 11.7.1999 – 7 IK 3/99, ZInsO 1999, 481.
795 Vgl. BGH 25.9.2008 – VII ZA 7/08.
796 OLG Hamburg 21.9.2011 – 6 W 64/11, NJW 2011, 3589; OLG Hamm 25.10.2013 – II-2 WF 199/13, MDR 2014, 366.
797 Vgl. OLG Schleswig 4.3.1983 – 8 UF 94/82, SchlHA 1983, 142; aA Dölling, Die Vier-Raten-Grenze im Pkh-Bewilligungsverfahren, NJW 2016, 207; Zöller/Geimer ZPO § 120 Rn. 7.

für die Bestimmung der voraussichtlich aufzubringenden Kosten allein auf die eigenen Gerichtskosten abzustellen.[798]

Wird dem Beteiligten in erster Instanz VKH ohne Ratenzahlung, in zweiter Instanz aber mit Ratenzahlung gewährt, so dürfen nur Raten angefordert werden, bis die Kosten der zweiten Instanz gedeckt sind.[799] 253

VII. Entscheidung und Beiordnung[800]

1. Unverzügliche Entscheidung. Macht der Antragsteller ausdrücklich nur Ausführungen zur „vorläufigen Begründung" seines Antrags und verlangt er Einsicht in die Behördenakten, darf das Gericht die Entscheidung über die Bewilligung von VKH zunächst zurückstellen.[801] Ansonsten ist über einen VKH-Antrag **ohne Verzögerung** und grundsätzlich vor dem Termin in der Hauptsache zu entscheiden,[802] eine Aussetzung des Prüfungsverfahrens ist unzulässig.[803] Eine Bearbeitung des Antrags erst in der Verhandlung zur Hauptsache verletzt den Anspruch des Antragstellers auf ein faires Verfahren[804] und Rechtsschutzgleichheit, weil das Gericht dem Antragsteller die Möglichkeit nimmt, seinen Rechtsstandpunkt im Hauptsacheverfahren zu verfolgen.[805] Die durch die Eröffnung des Insolvenzverfahrens eintretende Verfahrensunterbrechung hindert die Entscheidung in einem laufenden PKH-Verfahren nicht.[806] 254

Das Gleiche gilt im Falle einer Entscheidung erst nach Durchführung der Beweisaufnahme[807] sowie dann, wenn die Entscheidung über einen entscheidungsreifen VKH-Antrag zurückgestellt und dem Beteiligten nach Erledigung des Verfahrens VKH verweigert wird.[808] Auch verstößt die Ablehnung eines VKH-Antrags für eine einstweilige Anordnung mit der Begründung, die am selben Tag ergangene Hauptsacheentscheidung habe für den Antragsteller nicht zum Erfolg geführt, gegen Art. 3 Abs. 1, 19 Abs. 4 GG.[809] Ebenso wenig ist die Ablehnung eines VKH-Gesuchs lediglich mit der Begründung, dass „die Berufung aus den Gründen des Urteils ... keine hinreichende Aussicht auf Erfolg bietet", mit dem Gebot der Rechtsschutzgleichheit vereinbar.[810] 255

Allerdings ist der Anspruch auf Entscheidung über ein VKH-Gesuch vor Eintritt in die mündliche Verhandlung nicht zwangsläufig verletzt, wenn das Gericht mit 256

---

798 OLG Celle 13.1.2012 – 10 WF 8/12, FamRZ 2012, 1159.
799 OLG Oldenburg 28.10.2002 – 11 WF 146/02, FamRZ 2003, 1020.
800 Henke, Verfassungsrechtliche Anforderungen an fachgerichtliche Prozesskostenhilfeentscheidungen, ZZP 2010, 193 ff.
801 VGH Baden-Württemberg 8.10.2008 – 13 S 1336/08.
802 OLG Naumburg 26.1.2004 – 8 WF 16/04, FamRZ 2005, 42; OLG Schleswig 4.7.2011 – 10 WF 82/11, FamRZ 2011, 1971; OLG Celle, FamRZ 2014, 588.
803 OLG Schleswig 13.9.2012 – 3 W 78/12, MDR 2013, 55.
804 OLG Naumburg 12.3.1999 – 8 WF 54/9, FamRZ 2000, 106; vgl. OLG Karlsruhe 22.7.1998 – 16 WF 44/98, FamRZ 1999, 994 einerseits und OLG Brandenburg 13.10.2008 – 9 WF 270/08 andererseits; s. auch VGH Kassel 13.9.2012 – 4 F 1443/12, NJW 2012, 3738.
805 BVerfG 4.2.2004 – 1 BvR 596/03, FamRZ 2004, 1013.
806 OLG Rostock 28.11.2014 – 1 W 82/14, MDR 2015, 297.
807 OLG Hamburg 11.2.1999 – 12 WF 13/99, FamRZ 2000, 1587.
808 OLG Köln 26.8.2009 – 25 WF 149/09, FamRZ 2010, 52.
809 BVerfG 8.7.2005 – 1 BvR 1078/05, FamRZ 2005, 1893; vgl. hierzu auch Büttner, Ist das Bundesverfassungsgericht das oberste Amtsgericht der Bundesrepublik?, FF 2008, 235.
810 BVerfG 19.12.2007 – 1 BvR 2036/07, FamRZ 2008, 581.

dem Termin eines VKH-Prüfungsverfahrens zugleich Termin in der Hauptsache bestimmt. In diesem Fall besteht bei Verweigerung der VKH die Möglichkeit, zur Durchführung des Beschwerdeverfahrens **Vertagung** zu beantragen. Wird gleichwohl die Hauptsache durchgeführt, darf ein Versäumnisurteil nicht ergehen.[811] Geschieht dies dennoch, ist die Zwangsvollstreckung aus dem Versäumnisurteil nach Einlegung des Einspruchs ohne Sicherheitsleistung einzustellen, weil das Urteil nicht in gesetzlicher Weise ergangen ist (§ 719 Abs. 1 S. 2 ZPO).

257 Hat der Beteiligte vor Ablauf der Beschwerdebegründungsfrist die Gewährung von VKH beantragt und beabsichtigt das Gericht, seinen VKH-Antrag zurückzuweisen, hat es **vor Verwerfung der Beschwerde** als unzulässig **über das VKH-Gesuch zu entscheiden.**[812] Durch die gleichzeitige Verwerfung der Beschwerde als unzulässig und die Versagung von VKH für das Beschwerdeverfahren wird die Durchführung der Beschwerde für den Antragsteller in unzumutbarer Weise erschwert und dadurch sein **Anspruch auf Gewährung effektiven Rechtsschutzes** verletzt, da er im Falle der Versagung von VKH die Gelegenheit haben muss, einen Antrag auf Wiedereinsetzung in den vorigen Stand zu stellen, wenn er beabsichtigt, die Beschwerde sodann auf eigene Kosten fortzuführen.[813] Nach Ablehnung des VKH-Antrags nach Ablauf der Rechtsmittelfrist bleibt dem Antragsteller dazu noch eine **Überlegungsfrist von höchstens drei bis vier Tagen,** sodann beginnen die zweiwöchige Frist des § 234 Abs. 1 S. 1 ZPO für das Wiedereinsetzungsgesuch und die mit ihm zu verbindende Einlegung des Rechtsmittels sowie die Frist zur Wiedereinsetzung in die Frist zur Begründung des Rechtsmittels nach § 234 Abs. 1 S. 2, Abs. 2 ZPO.[814] Das gilt auch dann, wenn das Gericht bei der Ablehnung des VKH-Gesuchs nicht die Mittellosigkeit des Beteiligten, sondern die Erfolgsaussicht der beabsichtigten Rechtsverfolgung verneint hat.[815]

258 **2. Bewilligung.** Die Bewilligung von VKH zugunsten eines **verstorbenen Beteiligten** oder seines Verfahrensbevollmächtigten ist ausgeschlossen.[816] Auch der Erbe des Antragstellers kann das begonnene Verfahren nicht fortführen, sondern muss gegebenenfalls einen eigenen, neuen VKH-Antrag stellen.[817] Eine Bewilligung von **VKH ohne entsprechenden Antrag** ist wirksam und kann wegen des durch sie begründeten Vertrauens des Antragstellers in den Fortbestand der für ihn günstigen Entscheidung von Amts wegen im Rahmen einer Abhilfe nur unter den Voraussetzungen der §§ 120 Abs. 4, 124 ZPO aufgehoben werden.[818]

---

811 OLG Zweibrücken 26.2.2003 – 2 WF 15/03, FamRZ 2004, 35.
812 BGH 4.11.2015 – XII ZB 289/15, FamRZ 2016, 209.
813 BGH 23.3.2011 – XII ZB 51/11, FamRZ 2011, 881.
814 St. Rspr; vgl. BGH 20.1.2009 – VIII ZA 21/08, NJW-RR 2009, 789; 20.1.2009 – VIII ZB 76/08, WuM 2009, 262; 19.7.2007 – IX ZB 86/07, MDR 2008, 99.
815 BAG 3.7.2013 – 2 AZN 250/13, NJW 2013, 3743.
816 OVG Bautzen 18.1.2001 – 5 BS 272/00, NJW 2002, 1667; OLG Celle 30.12.2011 – 10 WF 393/11, FamRZ 2012, 808; LSG Nordrhein-Westfalen 12.3.2012 – L 9 SO 516/11 B, FamRZ 2012, 1660; OVG Berlin-Brandenburg 12.10.2012 – OVG 10 M 20.12, NJW 2012, 3739; LSG Berlin-Brandenburg 10.2.2015 – L 7 KA 55/12 B PKH, FamRZ 2016, 250.
817 OLG Frankfurt/M. 23.2.2007 – 4 W 44/06, FamRZ 2007, 1995; OLG Stuttgart 5.5.2011 – 13 W 20/11, FamRZ 2011, 1604.
818 OLG Zweibrücken 1.8.2002 – 2 WF 80/02, FamRZ 2003, 1021; LAG Köln 15.10.2007 – 11 Ta 287/07.

Im **Scheidungsverbund** muss für **sonstige Folgesachen** außer dem Versorgungs- 259
ausgleich[819] VKH grundsätzlich gesondert beantragt und bewilligt werden; die
uneingeschränkte Bewilligung von VKH erstreckt sich nicht ohne Weiteres auf
alle zu diesem Zeitpunkt anhängigen sonstigen Folgesachen.[820]

3. Umfang der Bewilligung, Stufenantrag.[821] Die Bewilligung der VKH umfasst 260
das Verfahren **in vollem Umfang**, und zwar auch insoweit, als ein Vollstreckungsgegenantrag in einen Abänderungsantrag umzudeuten war.[822] Im Hinblick auf die Befreiung von den Gerichtsgebühren hat der Antragsteller ein Interesse an voller Bewilligung von VKH auch dann, wenn sich die Gebühren des
beigeordneten Anwalts wegen des Überschreitens eines Verfahrenswerts von
30.000 EUR nicht mehr erhöhen.[823] Bezieht sich die Bewilligung von VKH
nicht auf den erst später im Verfahren erörterten Gegenstand „Umgangsrecht",
sondern ausschließlich auf „die vorstehende Vereinbarung zum Umgangsrecht",
so umfasst die Bewilligung nur die Einigungsgebühr, nicht aber eine etwa angefallene Terminsgebühr.[824]

Bei einem **Stufenantrag** ist VKH sofort für alle Stufen zu bewilligen.[825] Die Be- 261
willigung umfasst damit in der Regel auch die spätere Bezifferung der Leistungsstufe,[826] worauf der Beteiligte auch vertrauen darf,[827] es sei denn, er fordert
mehr, als die Auskunft ergibt.[828] Einer späteren unangemessenen Bezifferung des
Zahlungsantrags kann dadurch vorgebeugt werden, dass das Gericht entweder
VKH von vornherein nur in dem Umfang bewilligt, der sich in einem durch die

819 Götsche, Verfahrenskostenhilfe in Versorgungsausgleichssachen nach neuem Recht, ZFE 2009, 368.
820 OLG Zweibrücken 26.2.2001 – 5 WF 15/01, FamRZ 2001, 1466; 25.1.2005 – 2 WF 9/05, FamRZ 2006, 133; VKH für Beschwerde im Versorgungsausgleichsverfahren: OLG Karlsruhe 22.1.2004 – 16 UF 227/03, FamRZ 2004, 1500; vgl. OLG Karlsruhe, FamRZ 2006, 1134 und OLG Zweibrücken, FamRB 2007, 106; Dörndorfer, Umfang von PKH-Bewilligung und Anwaltsbeiordnung, NJW 2009, 1397.
821 Reinken FPR 2009, 406.
822 OLG Brandenburg 7.1.2002 – 9 WF 152/01, FamRZ 2002, 1193.
823 OLG Celle 14.9.2004 – 12 WF 242/04, FamRZ 2005, 530.
824 OLG Düsseldorf 9.9.2008 – II-10 WF 23/08, FamRZ 2009, 714.
825 Ua KG 25.10.2007 – 16 WF 246/07, FamRZ 2008, 702; OLG Brandenburg 16.10.2008 – 10 WF 175/08, FamRZ 2009, 1226; jedenfalls bei Geltendmachung le-diglich des Mindestunterhalts: OLG Düsseldorf 18.12.2009 – II-8 WF 216/09, FamRZ 2010, 747; OLG Stuttgart 19.10.2010 – 11 WF 208/10, FamRZ 2011, 387; OLG Celle 9.5.2011 – 10 WF 341/10, NJW-Spezial 2011, 541; OLG Hamm 3.8.2011 – II-8 WF 177/11, FamFR 2011, 519; OLG Karlsruhe 3.8.2011 – 18 WF 154/11, FamRZ 2011, 1883; für den Antragsgegner vgl. OLG Stuttgart 27.3.2014 – 18 WF 75/14, FamRZ 2014, 1478; aM OLG Naumburg 31.3.1999 – 3 WF 35/99, FamRZ 2000, 101; 23.4.2007 – 8 WF 98/07, FamRZ 2007, 1755; 11.5.2009 – 3 WF 75/09, FamRZ 2009, 1848; 26.8.2011 – 8 WF 208/11 (VKH), FamRZ 2012, 466; OLG Celle 14.6.2012 – 6 W 77/12, FamRZ 2013, 391; OLG Koblenz 21.10.2014 – 5 W 645/14, MDR 2015, 105; bei Einwendungen bereits zum Unterhalts-Anspruchsgrund vgl. OLG Zweibrü-cken 20.4.2004 – 6 WF 7/04, FamRZ 2005, 46; zur Kostenentscheidung vgl. OLG Brandenburg 7.7.2008 – 10 WF 125/08, FamRZ 2009, 1699.
826 Ua OLG Jena 8.11.2004 – 1 WF 309/02, FamRZ 2005, 1186; OLG Hamm 21.8.2006 – 6 WF 221/06, FamRZ 2007, 152; OLG Brandenburg 8.3.2007 – 10 WF 57/07, FamRZ 2007, 1028; aM OLG Bamberg 15.1.1986 – 2 WF 267/85, FamRZ 1986, 371; OLG Naumburg 27.10.1993 – 3 WF 116/93, FamRZ 1994, 1042; KG 20.9.2004 – 3 WF 189/04, FamRZ 2005, 461; OLG Naumburg 23.4.2007 – 8 WF 98/07, FamRZ 2007, 1755.
827 OLG Zweibrücken 5.9.2006 – 2 WF 157/06, FamRZ 2007, 1109.
828 OLG Zweibrücken 20.4.2004 – 6 WF 7/04, FamRZ 2005, 46; OLG Hamm 3.6.2005 – 11 WF 154/05, FamRZ 2006, 133.

Auskunft ergebenden vernünftigen Rahmen hält, oder für Zwecke der VKH den Zahlungsantrag vorläufig beziffert.[829] Nach aM steht die Bewilligung der VKH für die Leistungsstufe unter dem Vorbehalt einer Konkretisierung und Erfolgsprüfung.[830]

262 Der Verfahrenswert des Stufenantrags richtet sich nach den Vorstellungen des Antragstellers nach dem (noch zu beziffernden) Leistungsanspruch bei Antragseinreichung, und zwar nach hM nach dem vollen Wert.[831] Dabei wird zT allerdings unterschieden zwischen dem Verfahrenswert insgesamt und dem Wert des reinen Auskunftsantrags, der regelmäßig mit einem Bruchteil von einem Viertel[832] bis zu einem Zehntel[833] angesetzt wird.

263 Eine spätere Versagung der VKH für die Leistungsstufe allein im Hinblick auf nunmehr fehlende wirtschaftliche Voraussetzungen ist ausgeschlossen.[834] Nach Ansicht des OLG Schleswig soll der Antragsteller mitteilen, in welcher Größenordnung nach Auskunftserteilung ein Zahlungsanspruch geltend gemacht werden soll.[835] Das mag angehen; abzulehnen ist jedoch die Entscheidung insoweit, als eine teilweise Antragsrücknahme vorliegen soll, sofern nach Auskunftserteilung ein der Größenordnung nach geringerer Zahlungsanspruch als ursprünglich mitgeteilt geltend gemacht wird, und es sich um eine Antragserweiterung handeln soll, wenn ein höherer Betrag verlangt wird, der von der bisherigen VKH-Bewilligung nicht umfasst ist.

264 Die VKH-Bewilligung umfasst nur die notwendigen Kosten. Der Einwand, es seien unnötige Kosten verursacht worden, betrifft ausschließlich die Höhe der festzusetzenden Kosten und kann somit im Verfahren über die Festsetzung der Vergütung des beigeordneten Rechtsanwalts noch von Seiten der Staatskasse geltend gemacht werden.[836]

265 Eine Stufenbewilligung im Falle der **Vaterschaftsfeststellung** bei gleichzeitigem Antrag auf Zahlung von 100 % des Mindestunterhalts scheidet hingegen aus, weil der Unterhaltsanspruch erst eine Rechtsfolge der Vaterschaft ist und es sich daher nicht um einen Stufenantrag, sondern um ein Annexverfahren handelt.[837]

266 Die Bewilligung von VKH gilt nicht für eine nachträgliche **Antragsänderung**.[838] Wurde dem Antragsgegner VKH bewilligt, erstreckt sich die Bewilligung nicht

---

829 OLG Karlsruhe 20.5.2003 – 16 WF 20/03.
830 OLG München 5.4.2004 – 16 WF 837/04, FamRZ 2005, 42; OLG Zweibrücken 5.9.2006 – 2 WF 157/06, FamRZ 2007, 1109; hinsichtlich erneuter Erfolgsprüfung aM OLG München 4.7.1996 – 16 WF 810/96; zur Kostenquotelung bei Rücknahme des Leistungsantrags vgl. OLG Rostock 31.1.2008 – 10 WF 22/08, FamRZ 2008, 1202; vgl. OLG Brandenburg 25.2.2008 – 9 WF 39/08, FamRZ 2008, 1354.
831 Ua OLG Koblenz 16.6.2005 – 13 WF 435/05, FuR 2005, 462; OLG Stuttgart 6.11.2007 – 8 WF 444/07, FamRZ 2008, 534; 9.8.2007 – 11 WF 134/07, FamRZ 2008, 534; OLG Celle 20.5.2008 – 10 WF 163/08, FamRZ 2008, 2137; 26.11.2008 – 15 WF 293/08, FamRZ 2009, 452; aM OLG München 3.4.2006 – 17 W 1187/06, MDR 2006, 1134: ¼.
832 OLG München 3.4.2006 – 17 W 1187/06, MDR 2006, 1134.
833 OLG Stuttgart 6.11.2007 – 8 W 444/07, FamRZ 2008, 534; 9.8.2007 – 11 WF 134/07, FamRZ 2008, 534; OLG Celle 26.11.2008 – 15 WF 293/08, FamRZ 2009, 452.
834 OLG Celle 9.5.2011 – 10 WF 341/10, JurBüro 2011, 430.
835 OLG Schleswig 31.1.2012 – 10 WF 249/11, FamFR 2012, 361.
836 OLG Koblenz 17.7.2014 – 7 WF 355/14, NJW-RR 2015, 388.
837 OLG Naumburg 26.1.2004 – 8 WF 16/04, FamRZ 2005, 42.
838 BGH 22.9.2005 – IX ZB 163/04, FamRZ 2006, 37.

auf die Verteidigung gegen eine später vorgenommene **Antragserweiterung** und einen hierüber geschlossenen Vergleich; insoweit muss vielmehr ein ergänzender VKH-Antrag gestellt werden.[839]

4. Beiordnung. a) Allgemeines. Ein Antrag auf Bewilligung von VKH für ein 267 Verfahren mit Anwaltszwang enthält jedenfalls in der Regel konkludent auch den Antrag auf Beiordnung eines Rechtsanwalts.[840] Da die Beiordnung auf Antrag des Beteiligten, nicht des Rechtsanwalts erfolgt, wurde sie früher als personen- und nicht sozietätsbezogen betrachtet.[841] Nach Auffassung des Bundesgerichtshofs ist jedoch § 121 Abs. 1 ZPO verfassungskonform dahin gehend auszulegen, dass nicht nur eine persönliche Beiordnung eines einzelnen Rechtsanwalts vom Gesetz gestattet wird, weshalb dem bedürftigen Beteiligten auch eine **Rechtsanwaltssozietät** (Anwalts-GbR) beigeordnet werden kann,[842] ebenso eine **Rechtsanwaltsgesellschaft** mit beschränkter Haftung.[843] Die Beiordnung anderer Rechtsbeistände oder Prozessagenten[844] oder gar Dolmetscher[845] scheidet aus, ebenso die Beiordnung eines Rechtsanwalts, der in **Bürogemeinschaft** mit dem Verfahrensbevollmächtigten der Gegenseite steht.[846]

In Anwaltsverfahren gehört es zur Pflicht des Antragstellers, einen Rechtsanwalt 268 seiner Wahl zu benennen.[847] Ihm ist in der Regel ein selbst gewählter, an seinem Wohnort ansässiger Rechtsanwalt beizuordnen.[848] Ein Rechtsanwalt, der den Beteiligten nie vertreten hat bzw. der zur Zeit der Beschlussfassung den Beteiligten nicht mehr vertritt, darf nicht (mehr) beigeordnet werden,[849] ebenso nicht ein Rechtsanwalt, der sein **Mandat niedergelegt** hat.[850] Beizuordnen ist der neue, zur Vertretung bereite Rechtsanwalt.[851] Dabei ist der Vergütungsanspruch eines neu beigeordneten Anwalts nur dann auf die vom früheren Anwalt noch nicht verdienten Gebühren beschränkt, wenn der Anwalt hierzu sein Einver-

---

839 OLG Koblenz 28.3.2007 – 5 W 206/07, FamRZ 2008, 67.
840 OLG München 22.1.2002 – 17 WF 524/02, FamRZ 2002, 1196.
841 LAG Nürnberg 27.5.2002 – 4 Ta 80/02, JurBüro 2002, 538; Zimmermann FPR 2002, 486; vgl. Ganter, Zum Gleichauf von Anwaltsmandat und Anwaltsbeiordnung, AnwBl. 2007, 847; hierzu ebenfalls BGH 15.7.2010 – IX ZR 227/09, NJW 2011, 229.
842 BGH 17.9.2008 – IV ZR 343/07, NJW 2009, 440 mAnm Horn; aM LSG Baden-Württemberg 2.9.2009 – L 8 U 5402/08, JurBüro 2010, 39.
843 OLG Nürnberg 1.7.2002 – 10 WF 1088/02, FamRZ 2003, 106; BGH 17.9.2008 – IV ZR 343/07, NJW 2009, 440.
844 BGH 26.3.2003 – VIII ZB 104/02, FamRZ 2003, 1379.
845 OLG Hamm 15.11.2007 – 2 WF 239/07, FamRZ 2008, 1463; vgl. OLG Düsseldorf 25.2.2010 – I-10 W 153/09, JurBüro 2010, 316: Keine Hinweispflicht auf mögliche Übersetzerentschädigung im VKH-Verfahren.
846 OLG Hamburg 24.9.2008 – 2 WF 104/08, FamRZ 2009, 631; OLG Frankfurt/M. 25.3.2010 – 4 WF 38/10, FamRZ 2010, 1687; aM OLG Hamburg 22.6.2010 – 7 WF 75/10, FamRZ 2010, 2011.
847 BVerwG 28.1.2004 – 6 PKH 15/03, NJW 2004, 2688; VerfG Brandenburg 18.3.2011 – 56/10, FamRZ 2011, 1243.
848 OLG Karlsruhe 20.7.2007 – 2 WF 51/07, FamRZ 2008, 163; im Falle überörtlicher Sozietäten vgl. BGH 16.4.2008 – XII ZB 214/04, NJW 2008, 2122.
849 OLG Brandenburg 19.2.2007 – 9 WF 358/06, FamRZ 2007, 1753.
850 OLG Brandenburg 19.2.2007 – 9 WF 358/06, FamRZ 2007, 1753; OLG Celle 12.4.2012 – 10 WF 111/12, FamRZ 2012, 1661; Ritter, Stolpersteine bei der Mandatsniederlegung, NJW 2015, 2008.
851 OLG Stuttgart 28.7.2005 – 15 WF 177/05, FamRZ 2006, 800.

ständnis erklärt hat.[852] Anderenfalls ist die Beschränkung auf die Beschwerde des neu beigeordneten Anwalts aufzuheben.[853]

269 Ein die VKH versagender Beschluss erlangt keine materielle Rechtskraft (→ Rn. 20). Dies gilt auch im Falle einer zunächst verweigerten Beiordnung, wenn ein entsprechender Beiordnungsantrag später gestellt wird, sogar nach Abschluss der Instanz.[854]

270 In **Verfahren mit Anwaltszwang** kann ergänzend zur bereits früher bewilligten VKH auch nach Abschluss der Instanz und auch nach formell rechtskräftiger, auf § 121 Abs. 3 ZPO gestützter Ablehnung der Anwaltsbeiordnung der in der Hauptsache tätig gewesene Verfahrensbevollmächtigte rückwirkend beigeordnet werden.[855]

271 **b) Ehe- und Familienstreitsachen.** Die Beiordnung richtet sich in **Familienstreitsachen** über § 113 Abs. 1 S. 2 FamFG nach § 121 ZPO:

- Ist eine **Vertretung** durch Anwälte **vorgeschrieben**, wird dem Antragsteller ein zur Vertretung bereiter Rechtsanwalt seiner Wahl beigeordnet.

- **Anderenfalls** wird ihm auf seinen Antrag ein zur Vertretung bereiter Rechtsanwalt seiner Wahl beigeordnet, wenn die Vertretung durch einen Rechtsanwalt **erforderlich** erscheint oder der Gegner durch einen Rechtsanwalt vertreten ist.

272 Ob die Beiordnung eines Rechtsanwalts erforderlich erscheint, beurteilt sich nicht nur nach Umfang und Schwierigkeit der Sache, sondern auch nach der Fähigkeit des Beteiligten, sich mündlich und schriftlich auszudrücken.[856] Es gilt auch hier das Gebot der **Waffengleichheit**.[857] Die Beiordnung eines Anwalts für ein Revisionsverfahren vor dem Bundesgerichtshof umfasst auch die Vertretung im **Vorabentscheidungsverfahren vor dem EuGH**.[858]

273 **c) FG-Familiensachen.** In **FG-Familiensachen** richtet sich die Beiordnung nach § 78 Abs. 2 FamFG. Danach ist die Feststellung erforderlich, dass die Vertretung durch einen Rechtsanwalt **erforderlich** erscheint, weil die Sach- *und* Rechtslage schwierig ist. Insoweit wird allerdings vertreten, dass es aufgrund verfassungsrechtlicher Vorgaben[859] ausreichend sein muss, wenn die Sach- *oder* Rechtslage schwierig ist.[860] Diese Feststellung lässt sich ohnehin nicht generell, sondern nur nach einer Abwägung im Einzelfall treffen,[861] wobei ein **objektiver Maßstab** an-

---

852 So OLG Hamm 26.6.2006 – 1 WF 157/06, FamRZ 2006, 1551.
853 So OLG Schleswig 18.2.2009 – 8 WF 27/09, FamRZ 2009, 1613.
854 OLG Karlsruhe 21.8.2007 – 2 WF 101/07, FamRZ 2008, 524.
855 OLG Karlsruhe 23.8.2007 – 20 WF 101/07, FamRZ 2008, 524.
856 BVerfG 12.4.1983 – 2 BvR 1304/80, NJW 1983, 1599; vgl. BVerfG 22.6.2007 – 1 BvR 681/07, NJW 2008, 430 (Schwerhörigkeit des Beteiligten).
857 BGH 18.5.2011 – XII ZB 265/10, FamRZ 2011, 1138 mAnm Schlünder FamRZ 2011, 1288.
858 BGH 16.1.2014 – IX ZR 265/12, AnwBl 2014, 273.
859 Vgl. BVerfG 18.12.2001 – 1 BvR 391/01, FamRZ 2002, 531 (532).
860 OLG Saarbrücken 12.12.2012 – 5 W 406/12, FamRZ 2013, 1757; zB in Fällen mit Auslandsberührung: OLG Bamberg 26.7.2011 – 2 WF 170/11, FamRZ 2011, 1970; ausf. hierzu Waller, Zur verfassungskonformen Auslegung des neuen § 78 Abs. 2 FamFG in Sorge- und Umgangsverfahren, FF 2010, 50 ff.; Schürmann FamRB 2009, 58 (60).
861 Rechtsprechungsübersicht für Kindschaftssachen: Nickel NJW 2011, 1117 ff.

zulegen ist.[862] Dabei ist nicht auf den Kenntnisstand eines erfahrenen Familienrichters, sondern die Perspektive eines juristischen Laien abzustellen, der ohne besondere Vorkenntnisse um Rechtsschutz nachsucht und sich unter Umständen nach Trennung oder Scheidung in einer schwierigen Lebensphase befindet.[863]

Eine Anwaltsbeiordnung ist auch erforderlich, wenn ein Beteiligter nicht in der Lage ist, die für die Wahrnehmung seiner Rechte gebotenen Schritte eigenständig zu unternehmen und sein Anliegen ausreichend schriftlich darzulegen.[864] Zudem ist das **Gebot eines fairen Verfahrens** zu berücksichtigen. Das bedeutet zB, dass eine Beiordnung auch dann zu erfolgen hat, wenn zwar die Voraussetzungen für eine Anwaltsbeiordnung nach § 78 Abs. 2 FamFG an sich nicht vorliegen, das Gericht jedoch vor dem unter Beteiligung des Rechtsanwalts stattfindenden Anhörungstermin weder über die nachgesuchte VKH einschließlich Beiordnung entschieden noch auf das Bestehen von Bedenken gegen eine Anwaltsbeiordnung hingewiesen hat.[865] Eine Anwaltsbeiordnung allein wegen Eilbedürftigkeit scheidet allerdings aus.[866]   274

Zwar soll der „dem Prozesskostenhilferecht immanente Grundsatz der Waffengleichheit"[867] in FG-Familiensachen wegen des hier geltenden Amtsermittlungsgrundsatzes in dieser Allgemeinheit keine Anwendung mehr finden.[868] Jedoch hat das Bundesverfassungsgericht[869] – für den Bereich des **Sozialrechts** – entschieden, dass ein pauschales Abstellen auf den verfahrensrechtlichen **Amtsermittlungsgrundsatz** gegen das durch das Grundgesetz garantierte Gebot der Gewährleistung effektiven Rechtsschutzes verstößt. Außerdem geht die Aufklärungs- und Beratungspflicht des Anwalts über die Reichweite der Amtsermittlungspflicht des Richters hinaus.[870] Insbesondere kann der Anwalt verpflichtet sein, auch solche tatsächlichen Ermittlungen anzuregen und zu fördern, die für den Richter aufgrund des Beteiligtenvorbringens nicht veranlasst sind.[871] Daher kann der Umstand der anwaltlichen Vertretung anderer Beteiligter ein   275

---

862 OLG Hamburg 3.5.2010 – 2 WF 49/10, FamRZ 2010, 1689; OLG München 25.2.2011 – 33 WF 328/11, FamRZ 2011, 1240; OLG Schleswig 23.2.2011 – 10 WF 29/11, FamRZ 2011, 1241.

863 OLG Düsseldorf 10.12.2009 – II-8 WF 204/09, FamRB 2010, 42.

864 OLG Zweibrücken 9.11.2009 – 2 WF 211/09, FamRB 2010, 80 (hier in Gewaltschutzsachen); OLG Celle 12.6.2015 – 2 W 137/15, NJW-RR 2015, 1535.

865 OLG Celle 18.2.2011 – 10 WF 53/11, FamRZ 2011, 1161.

866 OLG Celle 8.1.2014 – 10 WF 2/14, MDR 2014, 297.

867 BGH 17.9.2008 – IV ZR 343/07, NJW 2009, 440.

868 BT-Drs. 16/6308, 214; vgl. OLG Brandenburg 29.7.2008 – 9 WF 177/08, FamRZ 2009, 998; OLG Celle 25.7.2011 – 10 WF 220/11, FamRZ 2011, 1970.

869 BverfG 18.12.2001 – 1 BvR 391/01, FamRZ 2002, 531 f.; 22.6.2007 – 1 BvR 681/07, NJW-RR 2007, 1713 (1714).

870 OLG Celle 13.1.2010 – 17 WF 149/09, MDR 2010, 392; vgl. BVerfG 18.12.2001 – 1 BvR 391/01, FamRZ 2002, 531 f.; 22.6.2007 – 1 BvR 681/07, NJW-RR 2007, 1713 (1714); vgl. aber OLG Celle 15.2.2010 – 10 WF 59/10, FamRZ 2010, 1363 (Umgangsvermittlung); OLG Koblenz 3.1.2011 – 13 WF 1144/10, FamRZ 2011, 914 (Kindschaftssache); in Kindschaftssachen jedenfalls bei entgegengesetzten Zielen: OLG Schleswig 13.10.2010 – 13 WF 134/10, FamRZ 2011, 388; insoweit aA OLG Oldenburg 5.1.2011 – 11 WF 342/10, FamRZ 2011, 914.

871 OLG Celle 13.1.2010 – 17 WF 149/09, MDR 2010, 392; vgl. die Übersicht bei Nickel, Grundlagen der Gewährung von Beratungs- und Verfahrenskostenhilfe in Kindschaftssachen, NJW 2011, 1117.

Kriterium für die Erforderlichkeit zur Beiordnung eines Rechtsanwalts wegen der Schwierigkeit der Sach- oder Rechtslage sein.[872]

276 **d) Eingeschränkte Beiordnung. aa) Im Bezirk des Verfahrensgerichts niedergelassener Rechtsanwalt.** Grundsätzlich ist dem Antragsteller ein im Bezirk des Verfahrensgerichts niedergelassener Rechtsanwalt beizuordnen.[873] Daher ist dem Antragsteller ein **im Bezirk des Verfahrensgerichts niedergelassener Rechtsanwalt** in jedem Fall uneingeschränkt beizuordnen, selbst wenn wegen der Entfernung zwischen seinem Kanzleisitz und dem Verfahrensgericht Reisekosten entstehen.[874] Anders ausgedrückt: Die Beiordnung eines nicht in dem Bezirk des Verfahrensgerichts niedergelassenen Rechtsanwalts erfolgt stets dann ohne Einschränkung iSv § 121 Abs. 3 ZPO bzw. § 78 Abs. 3 FamFG, wenn seine Kanzlei nicht weiter vom Verfahrensgericht entfernt ist als der am weitesten im Gerichtsbezirk gelegene Ort.[875] Dies gilt auch dann, wenn sämtliche derzeit im Gerichtsbezirk ansässigen Rechtsanwälte näher am Gerichtsort residieren.[876] Eine Geschäftsreise liegt jedoch nicht vor, wenn eine Kanzlei am Gerichtsort eine Zweigstelle betreibt, der Anwalt aber dort nicht tätig ist.[877]

277 **bb) Nicht im Bezirk des Verfahrensgerichts niedergelassener Rechtsanwalt.** Ein dort nicht niedergelassener Rechtsanwalt kann nur beigeordnet werden, wenn dadurch weitere Kosten (§ 121 Abs. 3 ZPO) bzw. besondere Kosten nicht entstehen (§ 78 Abs. 3 FamFG). Unterschiede in der Handhabung beider Vorschriften ergeben sich durch die unterschiedliche Wortwahl ersichtlich nicht.[878] Für die Überprüfung der Frage nach weiteren bzw. besonderen Kosten ergibt sich folgende **Prüfungsreihenfolge:**

■ (Zusätzliche) Reisekosten können bereits nicht entstehen in Verfahren, in denen regelmäßig ohne mündliche Verhandlung entschieden wird wie beispielsweise in Beschwerdeverfahren. Ist die Entstehung von Reisekosten danach auszuschließen, besteht keine Veranlassung zu einer eingeschränkten Beiordnung.

■ Können hingegen Reisekosten entstehen, ist zunächst zu überprüfen,

---

872 BGH 23.6.2010 – XII ZB 232/09, NJW 2010, 3029 mAnm Büte; hierzu auch Wedel, Der 12. Zivilsenat des BGH und die verfassungskonforme Auslegung, JurBüro 2011, 400.
873 OLG Schleswig 24.7.2015 – 9 W 26/15, NJW 2015, 3311.
874 LG Bonn 11.12.2015 – 30 O 3/15, NZFam 2016, 187; OLG Brandenburg 6.10.2008 – 10 WF 205/08, FamRZ 2009, 1236; VG Oldenburg 12.5.2009 – 11 A 48/08, NJW-Spezial 2009, 460; OLG Karlsruhe 30.9.2010 – 18 WF 72/10, FamRZ 2010, 541; LG Krefeld 26.3.2014 – 2 O 294/13, NJW-Spezial 2014, 540; LG Düsseldorf 18.12.2014 – 6 O 455/11, NJW 2015, 498; AG Gießen 22.9.2014 – 47 C 329/12, NJW-Spezial 2015, 93; Schneider, Erstattung von Reisekosten eines Anwalts im Gerichtsbezirk, NJW-Spezial 2011, 603; Fellner, Prozesskostenhilfeverfahren – Beiordnung eines auswärtigen Anwalts, MDR 2015, 867.
875 OLG Schleswig 24.7.2015 – 9 W 26/15, NJW 2015, 3311; LG Düsseldorf 18.12.2014 – 6 O 455/11, NJW 2015, 498; OLG Frankfurt/M. 17.12.2013 – 6 WF 222/13, AGS 2014, 138; OLG Brandenburg 9.9.2015 – 13 WF 190/15, NZFam 2016, 87; vgl. OLG Köln 25.11.2015 – I-17 W 247/15, NZFam 2016, 186 und VG Freiburg 27.1.2016 – A 5 K 570/13; aA OLG Celle 22.6.2015 – 2 W 150/15, NJW 2015, 2670.
876 OLG Bamberg 22.7.2014 – 2 WF 173/14, FamRZ 2015, 353.
877 OLG Koblenz 27.4.2015 – 7 WF 407/15, NJW-RR 2015, 1408.
878 Vgl. hierzu Fölsch, Das Mehrkostenverbot im Arbeitsgerichtsverfahren seit dem Gesetz zur Stärkung der Selbstverwaltung der Rechtsanwaltschaft, NZA 2007, 418; vgl. LSG Hessen 29.9.2008 – L 9 B 242/08 AS; AG Büdingen 8.2.2008 – 53 F 884/07 – PKH 2, FamRZ 2008, 1461.

a) in welcher Entfernung die Niederlassung des von dem Beteiligten benannten Anwalts zum Verfahrensgericht belegen ist und

b) wie groß die Entfernung vom Verfahrensgericht zu demjenigen Ort in
seinem Bezirk ist, der am weitesten vom Verfahrensgericht entfernt
ist.[879]

Nur wenn die Entfernung zu a) die Entfernung zu b) übersteigt, können überhaupt „weitere Kosten" entstehen.

In diesem Fall ist wiederum zu differenzieren: 278

■ Ist die Sach- und Rechtslage so einfach, dass eine Information auf schriftli-
chem oder telefonischem Wege möglich erscheint, verursacht die Beiordnung
eines nicht im Bezirk des Verfahrensgerichts niedergelassenen Anwalts stets
höhere Kosten und ist einzuschränken.[880]

■ Ist hingegen eine persönliche Besprechung zwischen Anwalt und Mandant
und voraussichtlich auch nur ein Gerichtstermin erforderlich, ist eine uneingeschränkte Beiordnung gerechtfertigt, weil die Reisekosten des Anwalts
nicht höher sind als die seines Mandanten für eine Reise zur Besprechung.[881]

■ Sind demgegenüber Umfang und Schwierigkeit der Sache im Zeitpunkt der
Bevollmächtigung noch gar nicht absehbar, kann ebenfalls keine eingeschränkte Beiordnung ausgesprochen werden.[882]

Vor einer eingeschränkten Beiordnung ist ggf. zu prüfen, ob besondere Umstän- 279
de für die Beiordnung eines zusätzlichen **Verkehrsanwalts** vorliegen.[883] Trotz
voraussichtlich entstehender höherer (Reise-)Kosten ist eine uneingeschränkte
Beiordnung dennoch gerechtfertigt, wenn die Reisekosten voraussichtlich geringer sind als die zusätzlichen Kosten im Falle der zusätzlichen Beiordnung eines

---

879 So bereits OLG München 12.10.2006 – 16 WF 1593/06, FamRZ 2007, 489; vgl. OLG
Brandenburg 6.10.2008 – 10 WF 205/08, FamRZ 2009, 1236; OLG Frankfurt/M.
29.5.2009 – 2 WF 154/09, FamRZ 2009, 1615; OLG Rostock 17.1.2011 – 1 W 53/09,
JurBüro 2011, 372; OLG Brandenburg 8.1.2013 – 3 WF 130/12, FamRZ 2014, 230.
880 Vgl. OLG Celle 20.4.2012 – 10 WF 129/12, FamRZ 2012, 1161.
881 BGH 23.6.2004 – XII ZB 61/04, NJW 2004, 2749; OLG Hamm 5.4.2005 – 2 WF
110/05, FamRZ 2005, 2006; OLG Hamm FamRZ 2007, 155; OLG Dresden
28.9.2006 – 23 WF 0646/06, MDR 2007, 494; vgl. OLG Bamberg 27.5.2014 – 1 W
10/14, MDR 2014, 870; zum Fall besonderer Sachkenntnis des Anwalts zB aus Paral-
lelfällen vgl. VG München 30.4.2009 – M 16 M 09.947, JurBüro 2009, 434.
882 OLG Hamm 20.4.2005 – 5 WF 66/05, NJW 2005, 1724.
883 BGH 23.6.2004 – XII ZB 61/04, FamRZ 2004, 1362; BAG 18.7.2005 – 3 AZB 65/03,
NJW 2005, 3083; OLG Köln 28.4.2005 – 14 WF 35/05, FamRZ 2005, 2008; OLG
Karlsruhe 21.7.2005 – 17 W 30/05, NJW 2005, 2718; OLG Braunschweig 14.2.2006 –
2 WF 23/06, FamRZ 2006, 800; OLG Rostock 17.1.2011 – 1 W 53/09, JurBüro 2011,
372; OLG Düsseldorf 7.6.2011 – 24 W 48/11; im Revisionsverfahren: BGH
13.11.2014 – VII ZB 46/12, NJW 2015, 633; vgl. OLG Köln 27.8.2009 – 17 W
219/09, JurBüro 2010, 37: Erstattungsfähigkeit der Kosten eines Verkehrsanwalts bei
Einsparung von Übersetzungs- bzw. Dolmetscherkosten.

Verkehrsanwalts[884] oder die Reisekosten die Kosten der zusätzlichen Beiordnung eines Verkehrsanwalts jedenfalls „nicht wesentlich"[885] übersteigen.[886]

280 Ansonsten kann lediglich eine eingeschränkte **Beiordnung „zu den Bedingungen eines im Bezirk des Verfahrensgerichts niedergelassenen Anwalts"** erfolgen.[887] Die Beschränkung, die den Grundsatz des fairen Verfahrens zu beachten hat,[888] muss im Beschluss **klar zum Ausdruck** kommen,[889] anderenfalls die Einschränkungen des § 46 Abs. 1 RVG für die Erstattung von Fahrt- und Abwesenheitsgeldern aus Gründen des Vertrauensschutzes nicht gelten.[890]

281 Um die Fahrkosten voll auszuschöpfen, muss der Anwalt nicht nur die Adresse des Gerichts, sondern auch die Grenzen des jeweiligen Gerichtsbezirks kennen. Ist das ermittelt, muss er den vom Gericht am weitesten entfernten Ort innerhalb des Gerichtsbezirks heraussuchen, um per Routenplaner die Entfernung zwischen beiden Orten zu ermitteln – oder die **Reisekostentabelle für auswärtige Anwälte** 2017 von Schneider verwenden.[891]

---

884 Vgl. BGH 23.6.2004 – XII ZB 61/04, FamRZ 2004, 1362; OLG Hamm 15.8.2006 – 27 U 53/06, NJOZ 2006, 3647; OLG Köln 18.1.2007 – 14 WF 284/06, FamRZ 2008, 525; 8.10.2007 – 14 WF 212/07, MDR 2008, 352; 23.3.2015 – II-4 WF 28/15, FamRZ 2015, 1923; vgl. zum Ganzen Zöller/Geimer ZPO § 121 Rn. 13 b.

885 Mehrkosten bis zu 10 % sind unbeachtlich: BGH 16.10.2002 – VIII ZB 30/02, NJW 2003, 898 (899); vgl. BGH 10.7.2012 – VIII ZB 106/11, NJW 2012, 2888.

886 OLG Hamm 25.11.2004 – 6 WF 269/04, FamRZ 2005, 1264; OLG Frankfurt/M. 29.5.2009 – 2 WF 154/09, FamRZ 2009, 1615; OLG Karlsruhe 30.9.2010 – 18 WF 72/10, FamFR 2010, 541; OLG Brandenburg 8.1.2013 – 3 WF 130/12, FamRZ 2014, 230.

887 OLG Frankfurt/M. 17.12.2013 – 6 WF 222/13, AGS 2014, 138; hinsichtlich des „Rechtsanwalts am dritten Ort" vgl. BGH 13.9.2011 – VI ZB 42/10, NJW 2011, 3521; 20.12.2011 – XI ZB 13/11, MDR 2012, 312; 25.10.2011 – VIII ZB 93/10, FamRZ 2012, 214; OLG Nürnberg 3.4.2014 – 5 W 262/14, NJW 2014, 2967; vgl. auch OVG Berlin-Brandenburg 8.4.2013 – OVG 1 K 6.12, NJW 2013, 3388; nach OLG Frankfurt/M. 24.4.2013 – 4 WF 102/13, FamRZ 2014, 591 gibt es für die Beiordnung eines Rechtsanwalts unter der Einschränkung der „kostenrechtlichen Bedingungen eines Rechtsanwaltes mit Niederlassung im Bezirk des Verfahrensgerichts" keine gesetzliche Grundlage.

888 OLG Celle 29.2.2012 – 10 WF 37/12, FamRZ 2012, 1237; vgl. OLG München 10.7.2015 – 8 W 1169/15, FamRB 2016, 20.

889 OLG München 12.12.2001 – 11 W 2877/01, FamRZ 2002, 1505; OLG Koblenz 25.6.2001 – 14 W 525/01, AnwBl 2002, 117; OLG Schleswig 23.12.2002 – 15 WF 301/02, NJOZ 2004, 216; KG 29.8.2003 – 1 W 185/03, MDR 2004, 474; OLG Oldenburg 27.1.2004 – 4 WF 337/03; 4.3.2004 – 3 WF 22/04, FamRZ 2004, 1804; OLG Nürnberg 25.10.2007 – 7 WF 1336/07, MDR 2008, 112; OLG Celle 20.3.2007 – 23 W 31/07, FamRZ 2008, 162; OLG Stuttgart 16.1.2008 – 8 WF 172/07, FamRZ 2008, 1011.

890 OLG Koblenz 25.7.2001 – 14 W 525/01, MDR 2002, 175 noch zu dem insoweit wortgleichen § 126 Abs. 1 BRAGO; OLG Oldenburg 16.10.2003 – 12 WF 100/03, FamRZ 2004, 706; LG Magdeburg 21.1.2008 – 3 T 17/08 (014), AGS 2008, 458; OLG Celle 20.3.2007 – 23 W 31/07, FamRZ 2008, 162; OLG Nürnberg 25.10.2007 – 7 WF 1336/07, MDR 2008, 112; OLG Stuttgart 16.1.2008 – 8 WF 172/07, FamRZ 2008, 1011; OLG Brandenburg 1.10.2008 – 13 WF 68/08; OLG Naumburg 15.7.2008 – 8 WF 111/08, FamRZ 2009, 534; OLG Dresden 1.10.2008 – 8 W 958/08, JurBüro 2009, 368; KG 11.11.2010 – 19 WF 180/10, FamRZ 2011, 835; OLG Düsseldorf 23.1.2014 – II-10 WF 1/14, NJW-Spezial 2014, 253; insoweit aA BAG 18.7.2005 – 3 AZB 65/03, NJW 2005, 3083; vgl. aber BAG 17.9.2007 – 3 AZB 23/06, NZA 2007, 1317.

891 2. Aufl. 2017, Deutscher Anwalt Verlag, downloadbare E-Broschüre; siehe auch Schneider, Reisekosten des auswärtigen Anwalts bei Benutzung des eigenen Kraftfahrzeugs, ZAP 2016, 247.

Zwar enthält der Beiordnungsantrag eines nicht im Bezirk des Verfahrensgerichts niedergelassenen Rechtsanwalts regelmäßig das konkludente **Einverständnis** mit einer dem Mehrkostenverbot entsprechenden Einschränkung der Beiordnung,[892] keinesfalls jedoch einen konkludenten Verzicht auf die Erstattung jeglicher Reisekosten.[893] **Maßgeblich** für den Umfang der Beiordnung ist die Urschrift des Beschlusses und nicht eine falsche Ausfertigung.[894] Eine nachträgliche Einschränkung der Beiordnung ist unzulässig.[895]

Umstritten ist, ob bei einer eingeschränkten Beiordnung der Beteiligte[896] oder der Rechtsanwalt[897] beschwert ist oder ob beide beschwert sind.[898] Nach Auffassung des OLG Hamm[899] ist gar weder der Beteiligte noch der Anwalt beschwert. Legt der Anwalt gegen die eingeschränkte Beiordnung im eigenen Namen sofortige Beschwerde ein, ist er selbst und nicht der Beteiligte Kostenschuldner gem. § 21 Abs. 1 S. 1 FamGKG.[900] Im Rahmen seiner Beschwerde kann er die Aufhebung dieser Beiordnung verlangen.[901]

Ist die **eingeschränkte Beiordnung bestandskräftig** geworden, soll nach Auffassung des OLG Celle weder die zusätzliche Beiordnung eines örtlichen Terminanwalts für den Verhandlungstermin noch eine Umbestellung dahin gehend in Betracht kommen, dass nunmehr ein örtlicher Anwalt als Hauptbevollmächtigter und der auswärtige Anwalt als Korrespondenzanwalt beigeordnet werden.[902]

Sofern der Antragsteller im Gerichtsbezirk wohnhaft ist und ihm auf seinen Antrag hin bereits ein auswärtiger Rechtsanwalt zu den Bedingungen eines im Gerichtsbezirk ansässigen Rechtsanwalts beigeordnet wurde, kann ihm nicht noch zusätzlich ein weiterer Rechtsanwalt im Gerichtsbezirk als Verkehrsanwalt beigeordnet werden.[903]

cc) Verkehrsanwalt. Grundsätzlich hat ein Antragsteller ein **berechtigtes Interesse an einem persönlichen Informationsgespräch** mit einem Anwalt, weshalb ihm

---

892 BGH FamRZ 2007, 37; zweifelnd für ausländische Anwälte OLG Naumburg 13.9.2010 – 2 W 31/10, JurBüro 2011, 315.

893 So zu Recht LAG Nürnberg 25.3.2013 – 5 Ta 53/12, JurBüro 2013, 466; Zöller/Geimer ZPO § 121 Rn. 13 mwN; aA aber OLG Brandenburg 27.8.2009 – 6 W 13/09, JurBüro 2010, 434; ablehnend Aps, Anm. zu OLG Celle 28.4.2011 – 10 WF 123/11, FamRZ 2011, 1745 = FF 2011, 321 m. abl. Anm. Aps.

894 OLG Rostock 12.3.2009 – 10 WF 204/08, FamRZ 2009, 1235.

895 LAG Köln 9.9.2008 – 5 Ta 240/08; OLG Düsseldorf 19.12.2007 – II-4 WF 219/07, FamRZ 2008, 1358.

896 So OLG Düsseldorf 6.7.2006 – II-7 WF 92/06, FamRZ 2006, 1613 mit zahlreichen Nachw.

897 So BAG 18.7.2005 – 3 AZB 65/03, NJW 2005, 3083; BGH 10.10.2006 – XI ZB 1/06, FamRZ 2007, 37; vgl. OLG Celle 28.4.2011 – 10 WF 123/11.

898 So OLG Düsseldorf 8.1.2008 – II-10 WF 33/07, FamRZ 2008, 1767 mAnm Büttner und wN; OVG Hamburg 1.12.2008 – 4 So 75/08, NJW 2009, 1433; eingehend Schneider, Beschwer des beigeordneten Anwalts durch fehlerhafte Wertfestsetzung, NJW-Spezial 2013, 667.

899 OLG Hamm 8.8.2003 – 11 WF 123/03, FamRZ 2004, 708.

900 OLG Brandenburg 1.3.2007 – 9 WF 48/07, FamRZ 2008, 532 zum praktisch wortgleichen § 22 Abs. 1 S. 1 GKG.

901 OVG Hamburg 1.12.2008 – 4 So 75/08, FamRZ 2009, 633.

902 OLG Celle 1.3.2012 – 10 WF 21/12, FamRZ 2012, 1321; aA wohl OLG Köln 29.3.2012 – II-4 WF 28/12, FamRZ 2012, 1323.

903 VGH Mannheim 18.2.2015 – 9 S 2040/14, NJW 2015, 1708.

bei hinreichend weiter Entfernung zwischen Gerichts- und Wohnort neben dem Hauptbevollmächtigten ein Verkehrsanwalt beizuordnen ist.[904]

287 Anstelle der Beiordnung eines Verkehrsanwalts kommt ausnahmsweise auch die Beiordnung eines Anwalts am Wohnsitz des Antragstellers mit der Maßgabe in Betracht, dass seine Mehrkosten bis zur Höhe der Vergütung eines Verkehrsanwalts beschränkt werden.[905] Demgegenüber ist das OLG München der Ansicht, dass die durch Beauftragung eines Verkehrsanwalts anfallenden Mehrkosten auch dann zu genehmigen sind, wenn die Reisekosten des Beteiligten zu einem Anwalt am Sitz des Gerichts geringer gewesen wären.[906]

Auch in einer einfach gelagerten Scheidungs(verbund)sache ist das persönliche Beratungsgespräch mit einem Anwalt am Wohnsitz des Beteiligten zur zweckentsprechenden Rechtsverfolgung geboten. Besondere Umstände isv § 121 Abs. 4 ZPO sind daher regelmäßig zu bejahen, wenn einem auswärts wohnenden Beteiligten ein persönliches Beratungsgespräch wegen der Entfernung zur Kanzlei eines am Verfahrensgericht ansässigen Anwalts nicht zumutbar ist und auch ein vermögender Beteiligter die Mehrkosten eines Verkehrsanwalts aufbringen würde.[907] In diesem Fall kann anstelle der zusätzlichen Beiordnung eines Verkehrsanwalts ein auswärtiger Anwalt mit der Maßgabe beigeordnet werden, dass Mehrkosten, die dadurch entstehen, dass der beigeordnete Anwalt die Kanzlei nicht im Bezirk des Verfahrensgerichts hat, bis zur Höhe der Vergütung eines Verkehrsanwalts am Wohnort des Verfahrenskostenhilfe begehrenden Antragstellers erstattungsfähig sind.[908]

288 Liegen die Voraussetzungen für die Beiordnung eines Verkehrsanwalts vor, ist die Beiordnung eines nicht im Gerichtsbezirk ansässigen Anwalts auf die Kosten eines im Bezirk ansässigen Anwalts zuzüglich der Kosten für den Verkehrsanwalt am Wohnsitz des Beteiligten zu begrenzen.[909]

289 **dd) Unterbevollmächtigte, Terminsvertreter.**[910] Sind in besonders gelagerten Einzelfällen Reisekosten geschuldet, ist dem VKH-Beteiligten auf Antrag zusätzlich ein **unterbevollmächtigter Rechtsanwalt** zur Wahrnehmung des Verhandlungstermins beizuordnen, wenn die Reisekosten die Kosten des unterbevollmächtigten Rechtsanwalts annähernd erreichen[911] oder umgekehrt die Kosten des Unterbevollmächtigten die ersparten Reisekosten des Hauptbevollmächtigten „nicht wesentlich" überschreiten.[912] In diesem Fall sind die fiktiven Reisekosten des Hauptbevollmächtigten auch dann erstattungsfähig, wenn der Ter-

---

904 OLG Karlsruhe 31.1.2013 – 16 WF 22/13, FamRZ 2013, 1596.
905 OLG Bamberg 10.11.2011 – 2 WF 269/11, FamRZ 2012, 651.
906 OLG München 10.7.2015 – 8 W 1169/15, MDR 2015, 917.
907 OLG Bamberg 10.11.2011 – 2 WF 269/11, FamRZ 2012, 651.
908 OLG Bamberg 10.11.2011 – 2 WF 269/11, FamRZ 2012, 651.
909 OLG Naumburg 13.10.2011 – 3 WF 282/11, FamRZ 2012, 1160.
910 Enders, Die Kosten des Terminsvertreters in der Kostenfestsetzung, JurBüro 2012, 1, 57, 113.
911 BGH 23.6.2004 – XII ZB 61/04, FamRZ 2004, 1362; OLG Frankfurt/M. 18.11.2015 – 6 WF 185/15, NZFam 2016, 84; zum Verhältnis zwischen Haupt- und Unterbevollmächtigten vgl. OLG Brandenburg 6.10.2008 – 6 W 42/08, JurBüro 2009, 434; vgl. OVG Münster 16.11.2009 – 7 D 2/09.NE, NJW 2010, 459; zur Vergütung des Unterbevollmächtigten siehe OLG Hamm 18.10.2013 – II-6 WF 166/13, FamFR 2013, 564.
912 BGH 26.2.2014 – XII ZB 499/11, FamRZ 2014, 747; vgl. OLG Hamm 18.10.2013 – II-6 WF 166/13, MDR 2014, 308; um nicht mehr als 10 %: BGH 6.11.2014 – I ZB 38/14, FamRZ 2015, 1021; OLG Hamburg 2.11.2011 – 8 W 71/11, NJW-Spezial 2012, 188.

min nach Erteilung des Auftrags ersatzlos wegfällt. Maßgeblich sind allein die Erkenntnismöglichkeiten bei Erteilung des Mandats.[913]

Wird ein nicht beigeordneter Rechtsanwalt mit der Wahrnehmung eines Termins 290 beauftragt, hat er zwar keinen eigenen Vergütungsanspruch gegen die Landeskasse. Jedoch sind seine Kosten als notwendige Auslagen des beigeordneten Anwalts nach § 46 Abs. 1 RVG jedenfalls in dem Umfang erstattungsfähig, in dem sie bei einem persönlichen Auftreten des beigeordneten Rechtsanwalts vor dem Verfahrensgericht entstanden wären.[914] Werden lediglich die Verfahrens- und die Terminsgebühr sowie die Postpauschale geltend gemacht, so dass der Landeskasse durch die Terminsvertretung keine Mehrkosten entstehen, ist auch die Terminsgebühr, die zu den Auslagen des beigeordneten Rechtsanwalts gehört, erstattungsfähig.[915]

e) **Umfang des Vergütungsanspruchs.** Grundsätzlich bestimmt sich der Umfang 291 des Vergütungsanspruchs gem. § 48 Abs. 1 RVG nach dem Inhalt des VKH-Beschlusses.[916] Dieser entfaltet für das Kostenfestsetzungsverfahren Bindungswirkung.[917] Allerdings bedeutet dabei einerseits selbst eine uneingeschränkte Beiordnung keine generelle Feststellung der Erforderlichkeit von Reisekosten des beigeordneten Rechtsanwalts; deren Notwendigkeit ist gem. § 46 Abs. 1 RVG regelmäßig nicht im Bewilligungsverfahren, sondern erst im Vergütungsfestsetzungsverfahren des § 55 RVG zu überprüfen.[918] Zur Vermeidung unangenehmer Überraschungen sollte der Rechtsanwalt daher nach § 46 Abs. 2 RVG verfahren:[919] Stellt nämlich das Gericht – auf Antrag des Rechtsanwalts vor Antritt der Reise! – gem. § 46 Abs. 2 S. 1 RVG fest, dass seine **Reise erforderlich** ist,[920] ist diese Feststellung für das Festsetzungsverfahren nach § 55 RVG bindend. Gegen die Ablehnung der beantragten Feststellung sieht das RVG kein Rechtsmittel vor, dh, die Entscheidung über den Antrag des beigeordneten Anwalts auf Feststellung der Erforderlichkeit einer Reise ist unanfechtbar.[921]

Hinsichtlich der **Wahl des Verkehrsmittels** kann der Rechtsanwalt völlig frei ent- 292 scheiden, ob er zu einem Gerichtstermin mit der Bahn oder seinem eigenen Pkw fährt.[922] Eine Vergleichsberechnung hinsichtlich der Bahn- und Kfz-Kosten ist nicht durchzuführen, es sind nicht nur die Kosten des billigeren Verkehrsmittels zu erstatten.[923] Unter Umständen kommt auch die Anreise per Flugzeug in Be-

---

913 BGH FamRZ 2014, 747; OLG Koblenz 21.5.2012 – 14 W 262/12, JurBüro 2013, 202.
914 Vgl. BGH 10.7.2012 – VIII ZB 106/11, FamRZ 2012, 1561.
915 OLG Brandenburg 5.3.2007 – 10 WF 45/07, FamRZ 2008, 628.
916 So ua OLG Celle 21.1.2011 – 10 WF 6/11, FuR 2011, 238; LAG Nürnberg 25.3.2013 – 5 Ta 53/12, JurBüro 2013, 466; OLG Koblenz 16.9.2014 – 13 WF 810/14, FamRZ 2015, 434; 26.1.2015 – 13 WF 67/15, FamRZ 2015, 1825; vgl. aber LAG München 12.6.2007 – 10 Ta 229/05.
917 OLG Koblenz 16.9.2014 – 13 WF 810/14, FamRZ 2015, 434.
918 OLG Stuttgart 16.1.2008 – 8 WF 172/07, FamRZ 2008, 1011.
919 OLG Celle 1.6.2006 – 12 WF 121/06, FamRZ 2006, 1552.
920 Antrag etwa: „... beantragen wir, die Erforderlichkeit der Reise des Unterzeichners zum Termin am ... festzustellen".
921 OLG Celle 25.6.2012 – 2 Ws 169/12, NJW-Spezial 2012, 604.
922 LAG Niedersachsen 17.6.2011 – 17 Ta 520/10, NJW-Spezial 2011, 605; Nrn. 7003 und 7004 VV RVG; Enders, Reisekosten des Prozessbevollmächtigten, JurBüro 2012, 225 ff.
923 LAG Niedersachsen 17.6.2011 – 17 Ta 520/10, NJW-Spezial 2011, 605.

tracht.[924] Maßgebend für die Entscheidung der Frage, ob eine Geschäftsreise vorliegt, ist der Ort der tatsächlichen Abreise des Rechtsanwalts (Kanzleigemeinde oder Wohngemeinde).[925] Die Weigerung des Gerichts, einen Termin zu verlegen, weil der Bevollmächtigte aufgrund erheblicher Zugverspätung voraussichtlich nicht rechtzeitig erscheinen kann, rechtfertigt einen Ablehnungsantrag wegen **Befangenheit**, wenn das Gericht in Kenntnis dieser Umstände eine Versäumnisentscheidung trifft.[926]

293 Schließlich ist der Anwalt **nicht verpflichtet**, für seine Geschäftsreise den **kürzesten Weg** zu nehmen, sondern vielmehr berechtigt, den zweckmäßigsten und üblichen Weg zu wählen. Dabei sind angefangene Kilometer auf volle Kilometer aufzurunden.[927] Führt der Anwalt eine Geschäftsreise anlässlich mehrerer Angelegenheiten durch, sind die Reisekosten entsprechend § 7 Abs. 2 RVG aufzuteilen.[928]

294 Da der Anwalt regelmäßig zum Vorsteuerabzug berechtigt ist, darf er Reisekosten, in denen Umsatzsteuer enthalten ist, zunächst nur in Höhe der Nettobeträge in seine Abrechnung einstellen. Erst danach ist dann einheitlich nach Nr. 7008 VV RVG die Umsatzsteuer aus dem Gesamt-Nettobetrag zu ermitteln.[929]

295 Die **Forderungssperre** des § 122 Abs. 1 Nr. 3 ZPO hindert den Anwalt nicht daran, den bedürftigen Beteiligten wegen der Reisekosten unmittelbar in Anspruch zu nehmen,[930] denn die Sperrwirkung kann nicht weiter reichen als die Bewilligung von VKH bzw. die Beiordnung selbst.[931] Davon abgesehen ist der Rechtsanwalt berechtigt, seine Tätigkeit für den Antragsteller davon abhängig zu machen, dass dieser ihm (bereits entstandene und) von einer späteren Bewilligung von VKH nicht erfasste Gebühren vor Einreichung des gerichtlichen Antrags bezahlt. Verzichtet hingegen der Rechtsanwalt in Kenntnis der Bedürftigkeit seines Mandanten auf eine solche Vorleistung und tritt er einer nur eingeschränkten Beiordnung nicht entgegen, darf ein verständiger Mandant dies als stillschweigende Zusage dahin gehend verstehen, dass während des laufenden Verfahrens etwa bereits entstandene und nicht von der VKH erfasste Gebührenforderungen seines Rechtsanwalts nicht von diesem gerichtlich gegen ihn geltend gemacht werden. Anderenfalls ist dadurch ein veranlasster Wechsel in der Beiordnung des Verfahrensbevollmächtigten vom Rechtsanwalt iSv § 54 RVG schuldhaft herbeigeführt worden.[932]

---

924 OLG Celle 13.8.2013 – 2 W 176/13, MDR 2013, 1119 und OLG Brandenburg 9.9.2013 – 6 W 77/13, MDR 2014, 118 (aber nur die Kosten der Economy-Class!); generell hierzu BGH 6.11.2014 – I ZB 38/14, FamRZ 2015, 1021.

925 OLG Düsseldorf 23.2.2012 – I-10 W 97/11, JurBüro 2012, 299.

926 OLG Rostock 29.6.2011 – 3 W 94/11, FamRZ 2012, 889.

927 LG Rostock 30.7.2009 – 18 Qs 78/09, NJW-Spezial 2009, 715.

928 Hierzu im Einzelnen Schneider, Aufteilung der Reisekosten für mehrere Geschäfte, NJW-Spezial 2009, 315.

929 BGH 17.4.2012 – VI ZB 46/11, MDR 2012, 810.

930 Str.! So OLG Düsseldorf 8.1.2008 – II-10 WF 33/07, FamRZ 2008, 1767; OLG Nürnberg 6.3.2001 – 10 WF 62/01, FamRZ 2001, 1157; Zimmermann Rn. 330; aA OLG Frankfurt/M. 6.11.2001 – 1 WF 180/01, AGS 2002, 95; OLG Stuttgart 2.3.2007 – 16 WF 40/07, FamRZ 2007, 1111; KG 23.2.2011 – 19 WF 14/11, FamRZ 2012, 468.

931 So ausdr. OLG Düsseldorf 8.1.2008 – II-10 WF 33/07, FamRZ 2008, 1767 mAnm Büttner.

932 KG 13.10.2011 – 5 W 230/11, NJOZ 2012, 1114.

Die gewährte VKH erstreckt sich auch ohne ausdrückliche Erwähnung im Be- 296
willigungsbeschluss auf die **Reisekosten der Partei**,[933] die jedoch einem Sparsam-
keitsgebot unterliegt, um unnötige finanzielle Belastungen zu vermeiden und die
öffentliche Kasse nicht über Gebühr zu beanspruchen.[934] Im Übrigen sind ihre
Reisekosten zur Wahrnehmung von Gerichtsterminen in der Regel als Verdienstausfallentschädigung nach § 91 Abs. 1 S. 2 ZPO iVm § 22 JVEG erstattungsfähig.[935] Dazu ist nicht Voraussetzung, dass das Gericht das persönliche Erscheinen des Beteiligten angeordnet hat.[936] Dazu kommen nicht nur Reisen zum Termin, sondern auch solche zum Verfahrensbevollmächtigten in Betracht. Nimmt
ein Beteiligter zur notwendigen Wahrnehmung von Terminen bezahlten Urlaub,
steht ihm kein Anspruch auf Verdienstausfallentschädigung, sondern nur ein
Anspruch auf Versäumnisentschädigung gem. § 20 JVEG zu.[937] Legt der bedürftige Beteiligte trotz bewilligter VKH notwendige Reisekosten aus eigenen Mitteln vor, muss sie ihre Aufwendungen innerhalb einer angemessenen Zeit nach
dem wahrgenommenen Termin gegenüber der Staatskasse abrechnen, weil sonst
eine tatsächliche Vermutung dafür besteht, dass sie trotz ihrer Bedürftigkeit im
Übrigen zur Aufbringung der Reisekosten selbst in der Lage gewesen ist.[938] Zuständiges Beschwerdegericht bei gerichtlichen Entscheidungen des Amtsgerichts
nach dem JVEG ist iSv § 4 Abs. 4 S. 2 JVEG auch dann das Landgericht und
nicht das Oberlandesgericht, wenn das Amtsgericht als Familiengericht entschieden hat.[939]

f) Einzelfälle. aa) Scheidungssachen.[940] § 138 FamFG findet nur in Scheidungs- 297
sachen Anwendung. Daher scheidet die Beiordnung von Amts wegen in den
anderen Ehesachen nach § 121 Nr. 2, 3 FamFG aus. Auf die Lebenspartnerschaftssachen nach § 269 Abs. 1 Nr. 1 FamFG ist § 138 FamFG entsprechend
anzuwenden.

Auch in einfach gelagerten Scheidungs(verbund)sachen ist das persönliche Bera- 298
tungsgespräch mit einem Anwalt am Wohnsitz des Beteiligten zur zweckentsprechenden Rechtsverfolgung geboten (zu weiteren Einzelheiten → Rn. 287).

Von diesem Grundsatz macht § 48 Abs. 3 Satz 1 RVG eine **Ausnahme:** Danach 299
erstreckt sich die **Beiordnung in einer Ehesache** auch auf den Abschluss eines
Vertrags im Sinne der Nr. 1000 VV RVG, wenn der Vertrag eine Einigung über

---

933 OLG Dresden 6.12.2013 – 20 WF 1161/13, FamRZ 2014, 1872.
934 OLG Brandenburg 2.5.2013 – 13 UF 127/11, FamRZ 2014, 58; OLG Dresden
   6.12.2013 – 20 WF 1161/13, FamRZ 2014, 1872.
935 OLG Koblenz 22.11.2010 – 14 W 678/10, JurBüro 2011, 598; OLG Koblenz 3.7.2009
   – 14 W 442/09, FamRZ 2010, 1104; OLG Brandenburg 19.12.2008 – 6 W 166/08,
   NJW-RR 2010, 69; bei genommenem Urlaub keine Entschädigung für Verdienstausfall,
   sondern nur Entschädigung für Zeitversäumnis: BGH 26.1.2012 – VII ZB 60/09, NJW-
   Spezial 2012, 251; hierzu umfassend Schneider, Erstattung und Umfang von Parteireise-
   kosten, JurBüro 2011, 620; Hansens, Erstattungsfähigkeit von Terminreisekosten der
   Partei, RVGreport 2011, 411.
936 OLG Köln 19.4.2006 – 17 W 63/06, JurBüro 2006, 599 f.; Musielak/Voit/Lackmann
   ZPO § 91 Rn. 10.
937 BGH 26.1.2012 – VII ZB 60/09, JurBüro 2012, 254; OLG Celle 11.12.2008 – 2 W
   271/08, NJW-RR 2009, 503.
938 Ein Zeitraum von 20 Monaten zwischen Entstehung der Kosten und deren Abrechnung
   ist grundsätzlich nicht mehr angemessen und schließt eine Kostenerstattung daher aus:
   OLG Dresden 6.12.2013 – 20 WF 1161/13, MDR 2014, 423.
939 OLG Frankfurt/M. 16.5.2014 – 4 WF 95/14, AGS 2015, 406.
940 Schneider, Beiordnung eines Anwalts nach § 138 FamFG im Scheidungsverfahren,
   FamRB 2010, 384.

Ehegattenunterhalt,

Kindesunterhalt,

Sorgerecht,

Umgangsrecht,

Rechtsverhältnisse an Ehewohnung und Haushaltsgegenständen oder

eheliches Güterrecht

zum Gegenstand hat.[941] Insoweit war lange Zeit umstritten, ob der Anwalt mit Rücksicht auf den Wortlaut von § 48 Abs. 4 S. 1 RVG bei der Staatskasse nur die erhöhte 1,5-**Einigungsgebühr**,[942] die **Verfahrensdifferenzgebühr**[943] und die **Terminsgebühr**[944] verlangen kann.[945] Mit dem Inkrafttreten des 2. Kostenrechtsmodernisierungsgesetzes vom 23.7.2013[946] zum 1.8.2013 hat § 48 Abs. 1 RVG folgende Fassung erhalten:

Die Beiordnung in einer Ehesache erstreckt sich im Fall des Abschlusses eines Vertrags im Sinne der Nummer 1000 des Vergütungsverzeichnisses auf alle mit der Herbeiführung der Einigung erforderlichen Tätigkeiten, soweit der Vertrag ... betrifft.

Damit ist **klargestellt**, dass neben der Vergleichsgebühr auch die Verfahrensdifferenzgebühr und die erhöhte Terminsgebühr auszugleichen sind.[947] Diese Klarstellung gilt allerdings **nur für die Beiordnung in Ehesachen**; in allen anderen Verfahren ist die Problematik nach wie vor virulent.[948] Für andere Gegenstände

---

941 Schneider, Erstreckung der Beiordnung in Familiensachen, NZFam 2014, 732; ders., Augen auf beim Mehrwertvergleich in VKH-Mandaten, NZFam 2015, 451; zum Protokollierungsanspruch vgl. BGH FamRZ 2011, 1648 und OLG Koblenz NJW 2015, 1316.

942 Zuletzt OLG Koblenz NZFam 2014, 749; OLG Frankfurt/M. FamRZ 2013, 905.

943 Zuletzt OLG Schleswig FamRZ 2012, 1416 und 1418; OLG Hamm FamRZ 2013, 394; Gerold/Schmidt/Müller-Raabe, RVG § 48 Rn. 120.

944 Zuletzt OLG Nürnberg NJW 2011, 1297 mAnm N. Schneider FamFR 2011, 88; OLG Köln FamFR 2013, 300; Gerold/Schmidt/Müller-Raabe, RVG § 48 Rn. 124 mwN; Schneider, Gebühren in Familiensachen, Rn. 1336 mwN.

945 Frage der Auslegung des Bewilligungsbeschlusses: OLG Frankfurt/M. FamRZ 2013, 905; Meyer, Zu Fragen über das Entstehen der Verfahrensdifferenzgebühr und der erhöhten Terminsgebühr, JurBüro 2011, 239.

946 BGBl. 2013 I 2586.

947 OLG Celle FamRZ 2014, 1878; OLG Zweibrücken NZFam 2016, 711; wegen der Gerichtskosten: Schneider, Neues zur gerichtlichen Vergleichsgebühr, NZFam 2014, 550; ders., Der Wert des Vergleichs, NZFam 2017, 299.

948 Siehe OLG Karlsruhe NZFam 2016, 511; OLG Stuttgart NZFam 2016, 515; OLG Dresden NZFam 2016, 134 m. abl. Anm. Schneider; OLG Köln NZFam 2015, 231 m. abl. Anm. Schneider; OLG Dresden FamRZ 2015, 1826 (Umgangsvereinbarung); OLG Koblenz NZFam 2014, 749 (Gewaltschutzverfahren); OLG Naumburg FamFR 2013, 452 (einstweiliges Anordnungsverfahren über Sorge-/Aufenthaltsbestimmungsrecht) und OLG Köln FamFR 2013, 453 (Kindesunterhaltsverfahren); OLG Oldenburg FamRZ 2014, 1939 und OLG Zweibrücken FamRZ 2014, 1939 und KG FamRZ 2014, 1940 und OLG Dresden FamRB 2016, 140 (Zwischenvergleich in Sorge- und Umgangsverfahren); siehe auch OLG Karlsruhe FamRZ 2014, 1941 (Teileinigung im Umgangsverfahren); OLG Dresden MDR 2015, 713 (Umgangsvergleich in Sorgerechtssache); Schneider: Augen auf beim Mehrwertvergleich in VKH-Mandaten, NZFam 2015, 451; aA „bei engem Zusammenhang" OLG Zweibrücken NZFam 2015, 930 m. krit. Anm. Schneider.

wird ein „enger Zusammenhang" zwischen dem eigentlichen Verfahrensgegenstand und dem zusätzlichen Gegenstand des Mehrvergleichs gefordert.[949]

Wird ein Mehrwertvergleich **außerhalb des Regelungsbereichs von § 48 Abs. 3 RVG** geschlossen, muss nicht nur beantragt werden, die Verfahrenskostenhilfe auf den Mehrwert des Vergleichs zu erstrecken, sondern auf den Mehrwert des Vergleichs „einschließlich Verfahrens- und Terminsgebühr aus dem Mehrwert" oder, wie es in § 48 Abs. 3 RVG lautet, „auf alle mit der Herbeiführung der Einigung erforderlichen Tätigkeiten".[950]

Ferner ist umstritten, ob die Einigung außergerichtlich oder gerichtlich zustande gekommen sein muss:

■ Zum Teil wird gefordert, dass die Einigung im **gerichtlichen Verfahren** zustande gekommen ist.[951] Es reiche nicht aus, dass lediglich eine außergerichtliche Einigung zu Protokoll genommen wird.[952] Der Vergütungsanspruch des Anwalts gegen die Staatskasse umfasse die außergerichtliche Einigung nur dann, wenn sich die Beiordnung ausdrücklich auch darauf beziehe.[953] Die Einschränkung sei zudem erforderlich, weil das Gericht eine Kontrollmöglichkeit haben müsse, um Missbrauch zu verhindern.[954]

■ **Richtigerweise** ist jedoch dem für das Scheidungsverfahren beigeordneten Anwalt auch bei Abschluss einer **außergerichtlichen Einigung** eine Einigungsgebühr aus der Staatskasse zu vergüten.[955] Zwar erhält der Anwalt seine gesetzliche Vergütung gem. § 45 Abs. 1 RVG für eine Tätigkeit „in Verfahren vor Gerichten". Diese Voraussetzung ist allerdings auch dann erfüllt, wenn die Einigung im Rahmen eines gerichtlichen Verfahrens zustande kommt, selbst wenn sie dort nicht protokolliert wird. Dies ergibt sich aus § 19 Abs. 1 S. 2 Nr. 2 RVG, wonach bei vorhandenem unbedingten Verfahrensauftrag auch außergerichtliche Vergleichsverhandlungen zum Rechtszug gehören.[956]

bb) Versorgungsausgleichssachen. Im Versorgungsausgleichsverfahren, vor allem in wieder aufgenommenen Verfahren ist die Rechtslage grundsätzlich als schwierig iSv § 78 Abs. 2 FamFG anzusehen, so dass auch regelmäßig die Bei-   300

---

949 OLG Koblenz FamRZ 2015, 434; OLG Zweibrücken FamRZ 2016, 254; siehe auch Schneider: Mitvergleichen eines anderweitig anhängigen Verfahrens, NZFam 2017, 15.

950 So Schneider, Augen auf beim Mehrwertvergleich in VKH-Mandaten, NZFam 2015, 451 (452); siehe auch Enders, Mehrvergleich im Prozesskostenhilfeverfahren – Abrechnung der Differenzkosten mit dem Mandanten, JurBüro 2016, 59; Schneider/Thiel, Die Reichweite des § 48 III RVG, NZFam 2016, 844; anders jetzt aber OLG Karlsruhe NJW-RR 2017, 575 (576) mwN.

951 So ua OLG Brandenburg 11.10.2000 – 9 WF 199/00, FamRZ 2001, 1394; OLG Koblenz 28.9.2015 – 11 WF 888/15, NZFam 2016, 85 m. abl. Anm. Schneider; differenzierend OLG Schleswig 20.12.2002 – 9 W 113/02, AGS 2003, 166.

952 So ausdr. OLG Karlsruhe 3.2.2011 – 5 WF 220/10, FamRZ 2011, 1682.

953 OLG Brandenburg 11.10.2000 – 9 WF 199/00, FamRZ 2001, 1394.

954 OLG Karlsruhe 15.10.2007 – 18 WF 104/06, FamRZ 2008, 802.

955 BGH 21.10.1987 – IVa ZR 170/86, NJW 1988, 494; OLG München 16.10.2003 – 11 W 1806/03, FamRZ 2004, 966; OLG Brandenburg 20.12.2004 – 10 WF 234/04, FamRZ 2005, 1264; OLG Celle 9.1.2006 – 19 WF 294/05, JurBüro 2006, 319; OLG Köln 19.12.2005 – 27 WF 126/05, AGS 2006, 138; OLG Rostock 4.9.2007 – 11 WF 166/07, FamRZ 2008, 708; OLG Koblenz 15.10.2008 – 7 WF 803/08, NJW 2009, 237; Schneider, Anm. zu OLG Koblenz 28.9.2015 – 11 WF 888/15, NZFam 2016, 85.

956 So auch Gerold/Schmidt/Müller/Rabe RVG § 19 Rn. 26 ff. und RVG § 48 Rn. 28; Mayer/Kroiß/Ebert RVG § 48 Rn. 99.

ordnung eines Rechtsanwalts erforderlich ist.[957] Dies gilt auch in selbstständigen Versorgungsausgleichssachen.[958]

301 **cc) Unterhaltssachen.** Auch im **vereinfachten Verfahren** nach § 249 FamFG wird die Beiordnung für möglich,[959] teilweise sogar für in der Regel geboten[960] gehalten, auch für den Antragsgegner.[961] „Die eingeführten Formulare verweisen den Antragsgegner zu Recht auf die dringende Notwendigkeit fachkundiger Beratung."[962] Dabei wird wohl überwiegend eine Einzelfallprüfung für erforderlich erachtet.[963] Ob sich die Beiordnungspraxis nach der „Vereinfachung des vereinfachten Verfahrens" ab dem 1.1.2017[964] ändern wird, bleibt abzuwarten. Lässt sich im Unterhaltsrechtsstreit der Antragsgegner durch einen Rechtsanwalt vertreten, ist dem bedürftigen Antragsteller auch dann ein Rechtsanwalt beizuordnen, wenn er zunächst durch das Jugendamt vertreten war.[965] Im umgekehrten Fall, dh wenn der Gegner bereits fachkundig durch das Jugendamt vertreten ist, gilt nichts anderes.[966]

302 **dd) Kindschaftssachen.**[967] Im Verfahren auf Übertragung der alleinigen **elterlichen Sorge** war dem Antragsteller früher in der Regel bereits dann ein Rechtsanwalt beizuordnen, wenn der Gegner dem Sorgerechtsantrag widersprach,[968]

---

957 OLG Naumburg 9.11.2012 – 3 WF 257/12 (VKH), FamRZ 2014, 230.
958 OLG Jena 12.12.2012 – 1 WF 646/12, FamRZ 2013, 1594; OLG Brandenburg 22.4.2013 – 3 WF 48/12, AGS 2014, 36 = FamRZ 2014, 588; vgl. OLG Hamm 29.1.2013 – II-2 WF 255/12, FamRZ 2013, 1595.
959 OLG Naumburg 11.1.1999 – 3 WF 152/98; OLG Frankfurt/M. 31.8.2000 – 1 WF 23/00, AGS 2000, 253; OLG Hamm 24.5.2011 – II-2 WF 100/11, FamRZ 2011, 1745; 26.9.2013 – II-2 WF 176/13, MDR 2013, 1355.
960 OLG Braunschweig 18.6.1999 – 2 WF 101/99, FF 1999, 149 mAnm Kuhnigk FamRZ 2000, 762; OLG Schleswig 28.9.1999 – 15 WF 179/99, MDR 2000, 706; OLG Frankfurt/M. 31.8.2000 – 1 WF 23/00, AGS 2000, 253; OLG Hamm 30.5.2000 – 2 WF 155/00, FamRZ 2001, 1155; OLG Nürnberg 14.3.2001 – 10 WF 858/01, FamRZ 2001, 1715; OLG Naumburg 27.8.2001 – 14 WF 125/01: „nachgerade unerlässlich"; OLG Hamm 12.6.2001 – 9 WF 136/01, FamRZ 2002, 403: „jedenfalls in der Anfangsphase"; OLG München 3.12.2001 – 12 WF 1513/01, FamRZ 2002, 837; OLG Zweibrücken 7.3.2005 – 6 WF 175/04, FamRZ 2006, 212; OLG Oldenburg 14.12.2010 – 13 WF 154/10, FamRZ 2011, 917; aM OLG München 3.11.1998 – 16 WF 1249/98, FamRZ 1999, 1355; KG 4.10.1999 – 16 WF 7918/99, FamRZ 2000, 762; nur bei besonderen Schwierigkeiten: OLG Nürnberg 8.6.2000 – 10 WF 2079/00, EzFamR aktuell 2000, 364.
961 OLG Frankfurt/M. 13.3.2007 – 2 WF 111/07, FamRZ 2008, 420.
962 So wörtlich OLG Brandenburg 27.4.2015 – 13 WF 85/15, NJW 2015, 2741.
963 OLG München 16.11.1998 – 12 WF 1302/98, FamRZ 1999, 792; OLG Bamberg 1.3.2000 – 2 WF 26/00, FamRZ 2000, 1225; OLG Dresden 4.9.2000 – 22 WF 244/00, FamRZ 2001, 634; OLG Brandenburg 18.6.2001 – 9 WF 90/01, JurBüro 2002, 31; OLG Nürnberg 8.6.2000 – 10 WF 2079/00, EzFamR aktuell 2000, 364; OLG Hamm 24.2.2000 – 3 WF 276/99, Rpfleger 2000, 339.
964 Hierzu Nickel MDR 2015, 1389 ff. und MDR 2016, 3 ff.
965 OLG Karlsruhe 12.11.2003 – 16 WF 149/03, FamRZ 2005, 48.
966 OLG Bremen 1.3.2006 – 4 WF 18/06, FamRZ 2006, 964.
967 Ausführlich Nickel NJW 2011, 1117.
968 OLG Hamm 7.2.2003 – 11 WF 14/03, FamRZ 2003, 1936; vgl. OLG Brandenburg 9.3.2006 – 15 WF 103/06, FamRZ 2006, 1132 zu § 1632 Abs. 4; für „einfach gelagerte Fälle" vgl. OLG Hamm 9.2.2012 – II-8 WF 1/12, FamRZ 2012, 1577 und OLG Karlsruhe 8.10.2014 – 18 WF 147/14, NZFam 2015, 89; zur Rechtslage in Angelegenheiten gem. § 1626 a vgl. OLG Jena 19.1.2015 – 1 WF 43/15, NZFam 2015, 326.

ebenso im Falle der erstmaligen Regelung des **Umgangsrechts** und der Umgangspflicht des nichtehelichen Vaters mit seinem Kind.[969]

Nach Einführung des FamFG lässt sich dem Gesetz in selbstständigen Sorge- und Umgangsrechtssachen (§ 151 Nr. 1 und 2 FamFG) ein Regel-/Ausnahmeverhältnis für die Beiordnung eines Rechtsanwalts nicht entnehmen.[970] Das bedeutet, dass die Erforderlichkeit einer Beiordnung nach den Umständen des Einzelfalles zu beurteilen ist.[971] Insoweit wurden bereits anerkannt:[972]

- wiederholter Wechsel des Kindes zwischen den Haushalten der Eltern,
- fehlgeschlagene Vermittlungsbemühungen des Jugendamtes,
- massive Gewichtszunahme möglicherweise infolge psychischer Störungen,
- vom Antragsgegner beabsichtigte und von der Antragstellerin abgelehnte Inanspruchnahme eines Psychologen,
- mögliche Beeinflussung des Sorgerechtsstreits durch Unterhaltsfragen,
- drohender vollständiger oder teilweiser Entzug der elterlichen Sorge,[973]
- die Trennung des Kindes von seiner Familie wird in Betracht gezogen,[974]
- Abänderung einer Sorgerechtsentscheidung, bei der in Teilbereiche des elterlichen Sorgerechts in unterschiedlichem Ausmaß durch gerichtliche Bestimmung und elterliche Vereinbarung regulierend eingegriffen wurde, so dass das Ineinandergreifen der verschiedenen Teilbereiche des Sorgerechts nicht mehr ohne Weiteres nachzuvollziehen ist und der bedürftige Beteiligte darüber hinaus an einer psychischen Erkrankung leidet,[975]
- im Falle der Kindeswohlgefährdung,[976]
- eine Eskalation des Elternkonflikts,[977]
- Feststellung des Ruhens der elterlichen Sorge des Kindesvaters, der „untergetaucht" sein soll,[978]
- Antrag auf Durchführung eines Vermittlungsverfahren gem. § 165 FamFG, weil sich die Umsetzung eines anwaltlich vermittelten, gerichtlich gebilligten Umgangsvergleiches als schwierig erweist.[979]

Der Antrag auf Einrichtung der gemeinsamen elterlichen Sorge im **vereinfachten** 304 **Sorgerechtsverfahren** kann vom Elternteil allein oder aber über die Rechtsantragstelle beim Amtsgericht eingereicht werden. Im Falle eines widerspruchslosen Antrags kommt deshalb die Beiordnung eines Rechtsanwalts regelmäßig nicht in Betracht. Etwas anderes gilt, wenn im Verlauf des Verfahrens seitens des

---

969 OLG Hamm 18.12.2003 – 2 WF 420/03, FamRZ 2004, 1116; aM OLG Köln 10.9.2003 – 14 WF 143/03, FamRZ 2004, 289.
970 OLG Düsseldorf 10.12.2009 – II-8 WF 204/09, FamRZ 2010, 580.
971 BGH 18.2.2009 – XII ZB 137/08, FamRZ 2009, 857; vgl. OLG Dresden 16.6.2010 – 20 WF 460/10, FamRZ 2010, 2006; OLG Celle 28.4.2011 – 10 WF 127/11, MDR 2011, 1006; OLG Karlsruhe 26.10.2012 – 18 WF 303/12, FamRZ 2013, 895.
972 OLG Düsseldorf 10.12.2009 – II-8 WF 204/09, FamRZ 2010, 580.
973 OLG Frankfurt/M. 11.2.2010 – 1 WF 11/10, FamRZ 2010, 1094.
974 OLG Celle 11.4.2011 – 10 WF 91/11, FamRZ 2011, 1240.
975 KG 12.7.2011 – 17 WF 172/11, NJW-RR 2012, 132; vgl. OLG Stuttgart 22.1.2014 – 15 WF 254/13, FamRZ 2014, 1045.
976 OLG Schleswig 28.10.2011 – 10 WF 185/11, NJW 2012, 1014; OLG Saarbrücken 10.2.2012 – 6 WF 8/12, FamRZ 2012, 1157; OLG Düsseldorf 2.10.2012 – II-1 WF 229/12, FamRZ 2013, 897.
977 OLG Brandenburg 24.1.2013 – 15 WF 136/12, FamRZ 2013, 1593.
978 OLG Hamm 14.11.2013 – II-2 WF 238/13, MDR 2014, 284.
979 OLG Zweibrücken 2.1.2015 – 2 WF 297/14, FamRZ 2015, 1921; nicht in der Regel: OLG Köln 9.1.2015 – 4 WF 160/14, FamRZ 2015, 1921.

Antragsgegners Gründe vorgetragen werden, die der Übertragung der gemeinsamen elterlichen Sorge entgegenstehen können, oder solche Gründe sonst ersichtlich sind.[980] Nach anderer Ansicht ist im vereinfachten Sorgeverfahren für den Antragsgegner derzeit regelmäßig ein Rechtsanwalt beizuordnen, weil die Rechtslage für ihn Schwierigkeiten aufweist, die in Rechtsprechung und Literatur bislang noch nicht hinreichend geklärt sind.[981]

305 Dies gilt auch für **Umgangsrechtsverfahren**.[982] Die Durchführung des **Vermittlungsverfahrens** gem. § 165 FamFG weist hingegen jedenfalls an sich noch keine Schwierigkeiten auf, die besondere juristische Kenntnisse erfordern; dass die Beteiligten zerstritten sind, begründet die tatsächlichen und rechtlichen Schwierigkeiten der Sache noch nicht.[983] Im Übrigen wird die Beiordnung eines Rechtsanwalts in Kindschaftssachen wegen ihrer generellen Bedeutung auch weiterhin grundsätzlich für erforderlich gehalten,[984] und zwar insbesondere dann, wenn der Antragsteller sprachlich nicht voll in der Lage ist, seine Interessen zu vertreten.[985] Hingegen ist für ein Verfahren, das lediglich die Frage der weiteren Ausgestaltung des bereits durch gerichtliche Entscheidung geregelten Umganges zwischen minderjährigen Kindern und dem nicht betreuenden Elternteil betrifft, die Beiordnung eines Verfahrensbevollmächtigten regelmäßig nicht erforderlich.[986]

306 **ee) Abstammungssachen.**[987] In Statusverfahren war bis zum 31.8.2009 wegen der **persönlichen und existenziellen Bedeutung** des Verfahrens für die Beteiligten regelmäßig die Beiordnung eines Rechtsanwalts notwendig[988] und wegen der besonderen Schwierigkeit des Abstammungsverfahren nicht nur hinsichtlich des Antragstellers,[989] sondern auch für die weiteren Beteiligten regelmäßig geboten.[990] Von einer Beiordnung kann allenfalls in einfachen, unstreitigen Fällen

---

980 OLG Karlsruhe 8.10.2014 – 18 WF 147/14, FamRZ 2015, 948; Hamdan/Hamdan, Die anwaltliche Beiordnung im vereinfachten Sorgerechtsverfahren, MDR 2015, 249.
981 OLG Jena 19.1.2015 – 1 WF 43/15, NJW 2015, 1697.
982 OLG Celle 11.11.2009 – 17 WF 131/09, FamRZ 2010, 582; OLG Zweibrücken 28.12.2009 – 2 WF 237/09, FamRZ 2010, 1002; Schwierigkeit der Sachlage bei zwischen den Eltern bestehenden Kommunikationsprobleme, die über ein normales Maß „deutlich hinausgehen": OLG Brandenburg 17.11.2014 – 10 WF 121/14, FamRZ 2015, 1316.
983 OLG Hamm 15.6.2011 – II-8 WF 148/11, FamFR 2011, 521; vgl. OLG Karlsruhe 8.7.2010 – 2 WF 77/10, FamRZ 2010, 2010; OLG Oldenburg 22.12.2010 – 11 WF 325/10, FamRZ 2011, 916; OLG Hamm 30.3.2011 – 8 WF 319/10, NJW-RR 2011, 1230; OLG Hamm FamFR 2011, 521 und OLG Hamm 19.7.2012 – II-2 WF 88/12, FamRZ 2013, 565.
984 Vgl. OLG Stuttgart 1.3.2011 – 11 WF 38/11, FamRZ 2011, 1160.
985 So OLG Schleswig 10.12.2009 – 10 WF 199/09, FamRZ 2010, 826; vgl. OLG Dresden 16.6.2010 – 20 WF 460/10, FamRZ 2010, 2006; OLG Brandenburg 22.6.2010 – 9 WF 4/10, FamRZ 2010, 2009; bei massiven Kommunikationsproblemen: OLG Brandenburg 17.11.2014 – 10 WF 121/14, NZFam 2015, 329.
986 OLG Celle 15.2.2010 – 10 WF 59/10, FamRZ 2010, 1363.
987 Büte, Verfahrenskostenhilfe, Anwaltsbeiordnung und VKV-Vorschuss in Abstammungssachen, FPR 2011, 356.
988 OLG Schleswig 11.1.2002 – 12 WF 226/01, FamRZ 2002, 1417; 1.7.2004 – 12 WF 94/04, FamRZ 2004, 1881.
989 BGH 13.6.2012 – XII ZB 218/11, FamRZ 2012, 1290.
990 BGH 27.1.2016 – XII ZB 639/14, FamRZ 2016, 531.

abgesehen werden,[991] zB wenn einem beteiligten Kind bereits das Jugendamt als Verfahrenspfleger beigeordnet worden ist,[992] für die Mutter jedoch nicht, wenn als Kindesvater mehrere Männer in Betracht kommen.[993] Eine Verpflichtung zur Inanspruchnahme einer solchen Vertretung besteht allerdings nicht.[994]

Jedenfalls bei **Auslandsbezug** und bei eingeschränkten Kenntnissen der deut- **307** schen Sprache ist in Vaterschaftsanfechtungsverfahren sowohl dem beteiligten Kind als auch der Kindsmutter ein Rechtsanwalt beizuordnen.[995] Die Beiordnung eines Anwalts für den Antragsgegner als vermeintlichen Vater kommt aber dann nicht mehr in Betracht, wenn der VKH-Antrag erst gestellt wird, nachdem das Gericht bereits die Einholung eines Abstammungsgutachtens angeordnet hat.[996] Die Kindesmutter ist bei gemeinsamer elterlicher Sorge von der Vertretung des Kindes im Vaterschaftsanfechtungsverfahren ausgeschlossen.[997]

ff) Gewaltschutzsachen. Nach Auffassung des OLG Celle soll die Beiordnung **308** eines Anwalts im Rahmen eines einstweiligen Anordnungsverfahrens nach dem Gewaltschutzgesetz selbst dann nicht erforderlich sein, wenn der Antragsgegner die Antragstellerin wiederholt bedroht hat und infolgedessen bereits durch die Polizei ein Platzverweis ausgesprochen wurde.[998] Dem kann nicht gefolgt werden. Vielmehr dürfte eine anwaltliche Vertretung in der Regel erforderlich sein, weil der Antragsteller dem Eilbedürfnis nur dann wirksam gerecht werden kann, wenn er alle maßgeblichen Tatsachen selbst ermittelt und mit dem Antrag sogleich selbst vorträgt und glaubhaft macht.[999] Zu beachten ist auch der Umstand, dass auf beiden Seiten gewichtige Grundrechte betroffen sind.[1000] Richtigerweise dürfte daher auch angesichts des Amtsermittlungsgrundsatzes in Gewaltschutzsachen ein Anwalt beizuordnen sein, wenn ein bemittelter Beteiligter bei gleicher Sachlage anwaltliche Hilfe als notwendig ansehen würde.[1001]

Anders mag zu entscheiden sein, wenn der eidesstattlich versicherte einmalige **309** tätliche Übergriff bereits drei Wochen zurückliegt[1002] oder ein Antrag auf Erlass einer einstweiligen Anordnung von Gewaltschutzmaßnahmen gem. § 1

---

991 So ua OLG Frankfurt/M. 28.2.2006 – 3 WF 44/06, NJW-RR 2006, 1376; 9.10.2006 – 5 WF 175/06, NJW 2007, 230; BGH 11.9.2007 – XII ZB 27/07, NJW 2007, 3644; aM OLG Zweibrücken 12.6.2003 – 2 WF 101/03, FamRZ 2003, 1936; KG 31.1.2007 – 3 WF 7/07, FamRZ 2007, 1472; aufgehoben durch BGH 11.9.2007 – XII ZB 27/07, NJW 2007, 3644.

992 OLG Zweibrücken 12.6.2003 – 2 WF 101/03, FamRZ 2003, 1936; OLG Brandenburg 24.2.2011 – 10 WF 265/10, FamRZ 2011, 1311.

993 OLG Brandenburg 10.10.2013 – 3 WF 116/13, FamRZ 2014, 586.

994 OLG Köln 26.7.2004 – 14 WF 143/04, FamRZ 2005, 530; OLG Celle 17.1.2006 – 17 W 4/06, FamRZ 2006, 1612; Beiordnung unter dem Gesichtspunkt der „Waffengleichheit": KG 31.1.2007 – 3 WF 7/07, FamRZ 2007, 1472; OLG Karlsruhe 21.1.2009 – 2 WF 205/08, FamRZ 2009, 900; OLG Rostock 20.8.2009 – 10 WF 184/09, FamRZ 2010, 56.

995 OLG Bamberg 26.7.2011 – 2 WF 170/11, FamRZ 2011, 1970; OLG Celle 17.11.2011 – 15 WF 230/11, NJW 2012, 466; vgl. OLG Hamm 16.5.2011 – 8 WF 122/11, FamRZ 2011, 1971.

996 OLG Naumburg 21.5.2013 – 3 WF 152/13 (VKH), FamRZ 2014, 587.

997 § 1795 Abs. 1 Nr. 3; OLG Oldenburg, NJW 2013, 397; hierzu Keuter, Vertretung Minderjähriger im Vaterschaftsanfechtungsverfahren, FuR 2013, 249.

998 OLG Celle 1.7.2010 – 10 WF 215/10, FamRZ 2010, 2005.

999 OLG Brandenburg 29.9.2014 – 13 WF 215/14, FamRZ 2015, 353; vgl. OLG Brandenburg 13.11.2014 – 9 WF 269/14, MDR 2015, 298.

1000 OLG Frankfurt/M. 21.8.2014 – 5 WF 195/14, FamRZ 2015, 947.

1001 OLG Frankfurt/M. 28.7.2015 – 6 WF 150/15, FamRZ 2016, 394.

1002 OLG Celle 8.1.2014 – 10 WF 2/14, FamRZ 2014, 1046.

GewSchG auf die Darstellung der Antragstellerin sowie eine Urkunde über von dieser bei der Polizei gemachte Angaben gestützt wird, auch wenn die Antragstellerin „Ausländerin" ist und die deutsche Sprache nicht perfekt beherrscht.[1003]

310 In jedem Fall ist über die Frage der Beiordnung vor einer mündlichen Verhandlung zur und vor einer Entscheidung in der Hauptsache zu befinden.[1004]

311 **gg) Zwangsvollstreckung.** Eine Beiordnung ist nach wohl überwiegender Auffassung in der Rechtsprechung auch in der Zwangsvollstreckung möglich[1005] und wird im Bereich der Unterhaltsvollstreckung wegen der tatsächlichen und rechtlichen Schwierigkeiten in der Regel sogar für **generell geboten** erachtet,[1006] insbesondere bei der Pfändung von Arbeitseinkommen[1007] und Unfallrenten[1008] sowie für die Immobiliarzwangsvollstreckung[1009] sowie jedenfalls dann, wenn eine beabsichtigte Kontenpfändung[1010] im konkreten Fall mit tatsächlichen und rechtlichen Schwierigkeiten (zB Forderungsaufstellung aus zahlreichen Einzelpositionen mit diversen Teilzahlungen, Rückfragen des Gerichts zur Überprüfung bestimmter Unterhaltsbeträge) verbunden ist.[1011] Die Bewilligung von VKH für die Durchführung der Mobiliarzwangsvollstreckung ist nicht von der Vorlage des beabsichtigten Vollstreckungsantrages abhängig.[1012]

312 Die Verweisung des Unterhaltsgläubigers an die **Rechtsantragsstelle** bietet hierbei keinen gleichwertigen Beiordnungsersatz,[1013] ebenso nicht an das Jugendamt im Rahmen einer möglichen Beistandschaft.[1014] Ist eine titulierte Unterhaltsforderung auf das Jugendamt übergegangen, bedarf es zur Begründung der Erfolgsaussicht Darlegungen dazu, welche Vollstreckungsmaßnahmen seitens des Jugendamtes bereits unternommen wurden und inwieweit der Antragsteller noch zur Vollstreckung befugt ist.[1015] Allerdings ist eine genaue Einzelfallprüfung er-

---

1003 OLG Celle 30.6.2011 – 10 WF 176/11, FamRZ 2011, 1971.
1004 OLG Celle 24.9.2013 – 17 WF 199/13, NJW-RR 2014, 194; 8.1.2014 – 10 WF 2/14, FamRZ 2014, 1046.
1005 So BGH 30.1.2004 – IXa ZB 215/03, FamRZ 2004, 789; keine Beiordnung im Falle der Erteilung einer Rechtsnachfolgeklausel: OLG Koblenz 27.8.2009 – 13 WF 604/09, FamRZ 2010, 56.
1006 BGH 29.3.2006 – VII ZB 15/06, FamRZ 2006, 856; OLG Stuttgart 30.8.2010 – 8 W 354/10, FamRZ 2011, 128; nur bei besonderen rechtlichen oder tatsächlichen Schwierigkeiten: LG Bückeburg 23.7.2008 – 4 T 62/08, FamRZ 2008, 2293.
1007 BGH 18.7.2003 – IXa ZB 124/03, FamRZ 2003, 1547; 30.1.2004 – IXa ZB 215/03, FamRZ 2004, 789; aM LG Stade 17.7.2008 – 9 T 121/08, FamRZ 2008, 2292.
1008 LG Mainz 23.8.2007 – 3 T 183/06, FamRZ 2008, 161.
1009 LG Koblenz 31.3.2004 – 2 T 231/04, FamRZ 2005, 529.
1010 Hierzu LG Zweibrücken 4.3.2009 – 4 T 25/09, FamRZ 2009, 1613; Meyer, Zur Vergütung des Rechtsanwalts für die Abwehr von Zwangsvollstreckungsmaßnahmen bei Kontenpfändung, JurBüro 2012, 15.
1011 LG Bonn 1.2.2002 – 4 T 71/02, ZFE 2002, 134; LG Berlin 28.8.2002 – 81 T 838/02, FamRZ 2003, 318; auch im Vollstreckungsverfahren betr. Abgabe einer Willenserklärung: OLG München 10.10.2013 – 2 WF 1360/13, FamRZ 2014, 587.
1012 LG Kassel 4.10.2005 – 3 T 743/05, FamRZ 2006, 494.
1013 LG Köln 10.1.1994 – 6 T 229/93, AGS 1994, 35; LG Verden 16.3.2003 – 1 T 32/03, FamRZ 2003, 1938 mwN; überzeugend LAG Köln 5.9.2011 – 7 Ta 200/11; aM LG Deggendorf 28.3.1988 – T 37/88, Rpfleger 1988, 334; LG Stuttgart 4.4.1989 – 2 T 237/89, JurBüro 1990, 759; LG Münster 9.7.1992 – 5 T 474/92, JurBüro 1993, 360.
1014 BGH 20.12.2005 – VII ZB 94/05, FamRZ 2006, 481; 29.3.2006 – VII ZB 15/06, FamRZ 2006, 856; Beiordnung für das minderjährige Kind: OLG Dresden 24.1.2014 – 22 WF 15/14, FamRZ 2014, 1042.
1015 LG Kassel 4.10.2005 – 3 T 743/05, FamRZ 2006, 494.

forderlich.[1016] Mangelhafte Deutschkenntnisse des Gläubigers reichen für eine Beiordnung aus,[1017] nicht hingegen das Erfordernis besonderer (technischer) Schreib- und Lesehilfen für einen sehbehinderten Beteiligten.[1018]

Auch im **Zwangsversteigerungsverfahren**[1019] kommt eine Beiordnung in Betracht. Auch sie setzt voraus, dass die beabsichtigte Rechtsverfolgung hinreichende Aussicht auf Erfolg hat. Dies lässt sich hier nur dann beurteilen, wenn der Schuldner darlegt, gegen welche vollstreckungsgerichtliche Maßnahme er sich im Einzelnen wenden oder wie er sich sonst konkret am Verfahren beteiligen möchte; die pauschale Bewilligung von VKH für das Verfahren insgesamt kommt bei der Immobiliarvollstreckung nicht in Betracht.[1020] 313

Für die Vollstreckung von Unterhaltsansprüchen nach dem AUG im Ausland kann VKH nicht bewilligt werden, weil das Gericht weder als Prozessgericht noch als Vollstreckungsgericht fungiert.[1021] Für ein Verfahren über die Vollstreckbarerklärung eines bereits bestehenden Unterhaltstitels nach §§ 722, 723 ZPO iVm § 10 AUG ist zunächst abzuwarten, ob sich das Verfahren aufgrund der vom Generalbundesanwalt nach §§ 2, 8 AUG vorbereiteten Schriftsätze erledigt.[1022] 314

Die Beiordnung eines Rechtsanwalts kommt schließlich auch im Zwangsvollstreckungsverfahren wegen Verstoßes gegen Anordnungen nach dem Gewaltschutzgesetz in Betracht.[1023] 315

g) Aufhebung der Beiordnung. aa) Auf Antrag des Anwalts. Die einseitige Niederlegung des Mandats durch den beigeordneten Anwalt ist ausgeschlossen.[1024] Gem. § 48 Abs. 2 BRAO kann er lediglich beantragen, die Beiordnung aufzuheben, wenn hierfür **wichtige Gründe** vorliegen,[1025] es sei denn, das Verfahren befindet sich unmittelbar vor seinem Abschluss.[1026] Ein wichtiger Grund liegt zB vor, wenn das Vertrauensverhältnis zwischen dem Beteiligten und seinem An- 316

1016 BGH 25.9.2003 – IXa ZB 192/03, FamRZ 2003, 1921; 10.12.2009 – VII ZB 31/09, FamRZ 2010, 288; Wax FPR 2002, 471 (476).
1017 LG Duisburg 17.12.2003 – 7 T 312/03, FamRZ 2004, 1652; jedenfalls bei Auslandsbezug: OLG Bamberg 26.7.2011 – 2 WF 170/11, FamRZ 2011, 1970.
1018 AG Ludwigslust 8.3.2011 – 5 F 25/11, FamRZ 2011, 1970.
1019 Und Teilungsversteigerungsverfahren: LG Heilbronn 7.9.2010 – 1 T 260/10 Hn, JurBüro 2011, 40; Weinreich, Probleme der Teilungsversteigerung – Teil 3, FuR 2006, 455.
1020 BGH 31.10.2003 – IXa ZB 197/03, FamRZ 2004, 177.
1021 KG 7.7.2005 – 16 VA 11/05, FamRZ 2006, 1210.
1022 OLG Celle 17.1.2006 – 17 W 4/06, FamRZ 2006, 1612.
1023 OLG Brandenburg 9.1.2006 – 10 WF 317/05, FamRZ 2007, 57; OLG Saarbrücken 7.2.2011 – 9 WF 5/11, FamRZ 2011, 1609.
1024 LG Saarbrücken 2.1.2012 – 5 T 30/12, FamRZ 2012, 1658.
1025 Vgl. § 48 Abs. 2 BRAO; OLG Brandenburg 8.1.2001 – 9 WF 232/00, FamRZ 2002, 39; OLG Hamm 14.11.2011 – II-8 WF 256/11; LAG Köln 20.1.2013 – 6 Ta 329/13, NJW-Spezial 2014, 191; zB bei Zuständigkeitswechsel: OLG Bamberg 10.4.2000 – 7 WF 23/00, FamRZ 2001, 633; Interessenkollision: LG Siegen 29.7.1992 – 3 T 37/92, AnwBl 1993, 401; nach Kündigung des Mandatsverhältnisses durch den Mandanten: OLG Bamberg 21.6.1989 – 2 WF 139/89, JurBüro 1989, 1589; nicht bereits bei dessen bloßer Unerreichbarkeit: LAG Rheinland-Pfalz 28.10.2010 – 9 Ta 230/10; OLG Brandenburg 8.10.2008 – 9 WF 247/08, FamRZ 2009, 898.
1026 OLG Frankfurt/M. 16.9.1988 – 22 U 222/86, MDR 1989, 167; vgl. LAG Rheinland-Pfalz 4.7.2012 – 9 Ta 124/12.

walt nachhaltig gestört ist[1027] oder der Anwalt das Mandatsverhältnis kündigt, weil der Mandant eine vom Anwalt in rechtmäßiger Weise geforderte Vorschusszahlung nicht leistet.[1028] Ausreichend ist ebenfalls, dass der beigeordnete Anwalt trotz mehrerer Versuche keine Rückmeldung von seinem Mandanten erhält, wenn der Mandant direkt mit dem Gericht Kontakt hält.[1029]

317 Anderenfalls steht ihm ein Anspruch auf Vergütung insoweit nicht zu, als sein Mandant einen anderen Bevollmächtigten neu bestellen muss, mit dessen Vergütung auch die Tätigkeit des kündigenden Anwalts abgegolten werden muss.[1030]

318 **bb) Auf Antrag der Partei.** Auch der Beteiligte kann die Entpflichtung des ihm beigeordneten Rechtsanwalts verlangen.[1031] Dies folgt aus seiner gem. § 121 Abs. 1 ZPO bestehenden Befugnis, einen Anwalt seiner Wahl zu benennen.[1032] Die **Beiordnung eines anderen Anwalts** jedoch nur dann, wenn hierfür ein wichtiger Grund vorliegt[1033] oder der Staatskasse dadurch keine höheren Mehrkosten entstehen.[1034] Dies ist dann anzunehmen, wenn auch der nicht bedürftige Beteiligte Veranlassung hätte, einen Anwaltswechsel herbeizuführen,[1035] zB bei einem Verstoß gegen das Verbot der Vertretung widerstreitender Interessen, der auch die rückwirkende Aufhebung der Beiordnung rechtfertigen kann.[1036] Hat die Partei hingegen den Anwaltsvertrag selbst gekündigt oder die Mandatsniederlegung durch unzulässige Weisungen herbeigeführt, muss ihr anschließend kein Notanwalt beigeordnet werden.[1037] Im Übrigen besteht ein Anspruch auf Beiordnung eines anderen Anwalts grundsätzlich nur dann, wenn der Staatskasse dadurch keine höheren Kosten entstehen.[1038]

1027 BVerwG 29.11.2010 – 6 B 59/10, NJW 2011, 1894; vgl. BGH 15.9.2010 – IV ZR 240/08, RVGreport 2011, 37; VGH München 17.12.2009 – 11 B 07.30511; OLG Dresden 24.8.1998 – 7 W 1039/98, NJW-RR 1999, 643; OLG Zweibrücken 21.12.1987 – 2 WF 200/87, NJW 1988, 570.

1028 OLG Düsseldorf 12.5.2011 – I-24 U 212/10, FamRZ 2012, 746.

1029 LAG Berlin-Brandenburg 26.5.2014 – 10 Ta 901/14, NJW-Spezial 2014, 543.

1030 BGH 29.9.2011 – IX ZR 170/10, JurBüro 2012, 78.

1031 „Jederzeit": OLG Koblenz 8.6.2015 – 13 WF 549/15, MDR 2015, 1077; aA OLG Zweibrücken 2.2.1998 – 5 UF 56/97, JurBüro 1998, 315; OLG Brandenburg 8.1.2001 – 9 WF 232/00, FamRZ 2002, 39.

1032 OLG Rostock 7.5.2003 – 10 WF 61/03, FamRZ 2003, 1938.

1033 LAG Hamm 12.9.2003 – 4 Ta 470/02; OLG Brandenburg, FamRZ 2002, 89; aA OLG Nürnberg 13.1.2003 – 4 W 66/03, MDR 2003, 712; BVerwG 29.11.2010 – 6 B 59/10, NJW 2011, 1894; LAG Rheinland-Pfalz 23.11.2009 – 10 Ta 260/09; BSG 3.11.2009 – B 13 R 23/09 B, RVGreport 2010, 318; OLG Brandenburg 8.10.2008 – 9 WF 247/08, FamRZ 2009, 898; nicht bei mutwilligem Verhalten des Beteiligten: BGH 31.10.1991 – XII ZR 212/90, NJW-RR 1992, 189; offengelassen: BGH 23.9.2009 – IV ZR 259/08, NJOZ 2010, 239; gegen ein eigenes Antragsrecht des Mandanten: OLG Zweibrücken 2.2.1998 – 5 UF 56/97, JurBüro 1998, 315.

1034 OLG Koblenz 8.6.2015 – 13 WF 549/15, MDR 2015, 1077.

1035 OVG Lüneburg 30.11.2011 – 4 PA 315/11, NJW 2012, 698; vgl. OLG Köln 13.3.1992 – 13 W 8/92, FamRZ 1992, 966.

1036 BGH 16.1.2013 – IV ZB 32/12, NJW 2013, 1247.

1037 BGH 17.10.2013 – V ZR 1/13, FamRZ 2014, 196; kein Verlust des Vergütungsanspruchs des Anwalts in einem solchen Fall: BGH 26.9.2013 – IX ZR 51/13, FamRZ 2014, 205.

1038 OVG Lüneburg 30.11.2011 – 4 PA 315/11, NJW 2012, 698; OLG Rostock 7.5.2003 – 10 WF 61/03, FamRZ 2003, 1938; LAG Hamm 12.9.2003 – 4 Ta 470/02; OLG Brandenburg 8.1.2001 – 9 WF 232/00, FamRZ 2002, 39; vgl. BGH 22.8.2012 – XII ZB 183/11, FamRZ 2012, 1936; OLG Hamm 13.6.2012 – II-8 WF 131/12, FamRZ 2013, 393; VGH Kassel 16.5.2013 – 7 D 2046/12, NJW 2013, 3050.

cc) Auf übereinstimmenden Antrag. Beantragen sowohl der Beteiligte als auch 319
der ihm beigeordnete Anwalt übereinstimmend die Aufhebung der Beiordnung,
ist diesem Antrag stattzugeben.[1039] Ein anderer Anwalt ist dem Beteiligten jedoch ebenfalls nur dann beizuordnen, wenn entweder er dem beigeordneten Anwalt das Mandat aus triftigem Grund entzogen hat[1040] oder der Staatskasse keine höheren Kosten entstehen,[1041] wozu das ausdrückliche Einverständnis des
neuen Anwalts erforderlich ist.[1042] In diesem Fall ist eine entsprechende Beschränkung des Gebührenerstattungsanspruchs zulässig.[1043] Insoweit ist wie im
Falle der Reisekosten eines auswärtigen Anwalts zu den Bedingungen eines im
Bezirk des Verfahrensgerichts niedergelassenen Rechtsanwalts[1044] **umstritten,** ob
der neu beigeordnete Anwalt die bereits durch die Beiordnung des früheren Anwalts entstandenen Gebühren gegenüber seinem Mandanten geltend machen
kann.[1045] Bereits entstandene Gebührenansprüche des bisher beigeordneten Anwalts dürfen durch die Aufhebung nicht verkürzt werden, weshalb eine rückwirkende Aufhebung der Beiordnung grundsätzlich nicht in Betracht kommt.[1046]

dd) Entscheidung und Rechtsmittel. Über die Aufhebung der Beiordnung eines 320
Bevollmächtigten und Beiordnung eines neuen Rechtsanwalts ist **getrennt zu
entscheiden.**[1047]

Wird der Aufhebungsantrag des **Beteiligten** zurückgewiesen, ergibt sich sein Be- 321
schwerderecht aus § 121 Abs. 1 ZPO.[1048] Auch dem **Anwalt** steht gegen die Ablehnung seines Aufhebungsantrags ein Beschwerderecht zu,[1049] und zwar die so-

1039 OLG Düsseldorf 5.7.1994 – 1 WF 112/94, FamRZ 1995, 241; OLG Frankfurt/M.
3.8.2000 – 1 WF 143/00, FamRZ 2001, 237.
1040 OLG Hamm 20.10.2015 – II-2 WF 146/15, NZFam 2016, 282 (Vertrauensverhältnis
zwischen Anwalt und Mandant nachhaltig und tiefgreifend zerrüttet); OLG Saarbrücken 2.2.2015 – 9 WF 102/14, FamRZ 2015, 1922; OLG Frankfurt/M. 3.8.2000 – 1
WF 143/00, FamRZ 2001, 237; Vertrauensverlust: OLG Brandenburg 20.1.2003 – 15
WF 361/02, FamRZ 2004, 213; OVG Berlin-Brandenburg 22.12.2009 – OVG 10 B
4.9, NJW 2010, 954; OLG Köln 2.10.2009 – 4 WF 148/09, FamRZ 2010, 747; insoweit aA OLG Celle 12.3.2004 – 18 WF 32/04, FamRZ 2004, 1881; vgl. OLG Düsseldorf 8.1.2008 – II-10 WF 33/07, FamRZ 2008, 1767 mAnm Büttner.
1041 OLG Saarbrücken 2.2.2015 – 9 WF 102/14, NZFam 2016, 137; OLG Koblenz
8.6.2015 – 13 WF 549/15, FamRZ 2015, 1923; OLG Hamm 1.10.2004 – 11 WF
244/04, FamRZ 2005, 1263.
1042 OLG Köln 23.6.2003 – 14 WF 72/03, FamRZ 2004, 123; vgl. OVG Lüneburg
30.11.2011 – 4 PA 315/11, NJW 2012, 698 und OLG Karlsruhe 10.11.2006 – 16 WF
123/06, FamRZ 2007, 645.
1043 OLG Hamm 1.10.2004 – 11 WF 244/04, FamRZ 2005, 1263; zur Festsetzung der
von der Staatskasse insoweit nicht übernommenen Gebühren gegen die PKH-Partei
vgl. OLG Düsseldorf 8.1.2008 – II-10 WF 33/07, FamRZ 2008, 1767; aA OLG Celle
7.11.2007 – 18 WF 250/07, NJW 2008, 2511.
1044 Vgl. OLG Celle 28.4.2011 – 10 WF 123/11.
1045 Dafür: OLG Köln 10.1.1997 – 4 WF 152/96, FamRZ 1998, 1380; OLG Düsseldorf
23.3.1999 – 10 WF 2/99, AGS 1999, 108; dagegen: KG 5.1.2004 – 19 WF 372/03,
FamRZ 2004, 1737.
1046 OLG Brandenburg 20.1.2003 – 15 WF 361/02, FamRZ 2004, 213; OLG Köln
21.3.2005 – 14 WF 33/05, FamRZ 2005, 2007; Zöller/Geimer ZPO § 124 Rn. 24.
1047 OLG Celle 5.2.2007 – 6 W 2/07, NJOZ 2007, 4629; zum Prüfungsumfang vgl. OLG
Karlsruhe 10.11.2006 – 16 WF 123/06, FamRZ 2007, 645.
1048 OLG Düsseldorf 5.7.1994 – 1 WF 112/94, FamRZ 1995, 241; OLG Rostock
7.5.2003 – 10 WF 61/03, FamRZ 2003, 1938.
1049 OLG Zweibrücken 21.12.1987 – 2 WF 200/87, NJW 1988, 570; LAG Rheinland-
Pfalz 28.10.2010 – 9 Ta 230/10.

fortige Beschwerde analog § 78 c Abs. 3 ZPO.[1050] Ebenso ist der Anwalt gegen die seine Beiordnung aufhebende Entscheidung aus eigenem Recht beschwerdebefugt.[1051]

322 Gegen die Beiordnung eines neuen Anwalts steht dem **Bezirksrevisor** kein Rechtsmittel zu.[1052]

VIII. Rechtswirkungen der VKH-Bewilligung und Beiordnung

323 **1. Für den Antragsteller.** Infolge der Bewilligung der VKH wird der Beteiligte von der Verpflichtung zur Sicherheitsleistung für die Verfahrenskosten befreit (§ 122 Abs. 1 Nr. 3 ZPO). Dies gilt nicht für Kostenschulden, die schon vor dem Zeitpunkt fällig waren und bezahlt worden sind, von dem an die Bewilligung der VKH wirkt.[1053] Gleichwohl wird er nicht von jeglichem Verfahrenskostenrisiko ledig, denn die Bewilligung von VKH hat auf eine mögliche Verpflichtung, die dem Gegner entstandenen Kosten zu erstatten, keinen Einfluss (§ 123 ZPO).[1054] Wenngleich dem Gegner im Rahmen des VKH-Prüfungsverfahrens wegen § 118 Abs. 1 S. 4 ZPO entstandene Kosten nicht zu erstatten sind, schließt diese Vorschrift gleichwohl einen materiellrechtlichen Kostenerstattungsanspruch zB wegen Verzugs nicht aus.[1055] Insbesondere steht der Geltendmachung des gem. § 59 Abs. 1 RVG auf die Landeskasse übergegangenen Anspruchs gegen den erstattungspflichtigen Verfahrensgegner nicht entgegen, dass auch diesem VKH ohne Ratenzahlung bewilligt worden ist.[1056] Soll der Erstschuldner nach einem gerichtlichen Vergleich so viel Zahlungen erhalten, dass er die Gerichtskosten mühelos begleichen könnte, muss das Gericht die Zwangsvollstreckung zunächst beim ratenfrei VKH-berechtigten Erstschuldner versuchen, bevor es den Zweitschuldner in Anspruch nimmt.[1057] Hierauf sollte der Beteiligte vor Beginn unbedingt hingewiesen werden (siehe das Auftragsformular unter → Rn. 26).

324 Die Bewilligung der VKH ist auf den Beteiligten beschränkt, dem sie bewilligt worden ist, dh sie erstreckt sich **nicht auf Rechtsnachfolger,**[1058] Streitgenossen und Nebenintervenienten an seiner Seite, auch nicht auf den Rechtsanwalt, der nach § 126 Abs. 1 ZPO im eigenen Namen seine Gebühren bei dem in die Verfahrenskosten verpflichteten Gegner betreibt. Der in die Verfahrenskosten verpflichtete Gegner des bedürftigen Beteiligten kann gegen den Zahlungsanspruch

---

1050 OLG Naumburg 6.4.2005 – 8 WF 19/05.
1051 OLG Brandenburg 20.1.2003 – 15 WF 361/02, FamRZ 2004, 213; zum ganzen Müller, Prozesskostenhilfe und Anwaltswechsel, FuR 2004, 152.
1052 OLG Köln 22.9.2006 – 25 WF 232/06, AGS 2007, 96.
1053 AG Koblenz 29.3.2012 – 181 F 10/11, FamRZ 2012, 1238.
1054 OLG Oldenburg 7.11.2008 – 11 WF 248/08, FamRZ 2009, 633; BGH 9.7.2009 – VII ZB 56/08, NJW 2009, 2962.
1055 OLG Frankfurt/M. 27.10.2011 – 5 UF 221/11, FamRZ 2012, 1745.
1056 OLG Nürnberg 7.12.2007 – 7 WF 1494/07, FamRZ 2008, 803; OLG Koblenz 27.11.2007 – 13 WF 955/07, FamRZ 2008, 805 mAnm Prehn FF 2008, 165; OLG Zweibrücken 26.5.2008 – 5 WF 42/08, FamRZ 2008, 2140; OLG Oldenburg 7.11.2008 – 11 WF 248/08, FamRZ 2009, 633; OLG Dresden 1.9.2009 – 20 WF 751/09, FamRZ 2010, 583; aM OLG München 24.1.2001 – 11 WF 523/01, FamRZ 2001, 1156.
1057 OLG Dresden 23.11.2009 – 24 UF 710/06, FamRZ 2010, 753.
1058 OLG Stuttgart 5.5.2011 – 13 W 20/11, JurBüro 2011, 430.

der Gerichtskasse nicht mit einem titulierten Erstattungsanspruch gegen die Gerichtskasse aus einer anderen Sache aufrechnen.[1059]

Trotz des seinem beigeordneten Rechtsanwalt gem. § 126 Abs. 1 ZPO eingeräumten Beitreibungsrechts steht dem VKH-Beteiligten gegen seinen Gegner ein festsetzbarer **Kostenerstattungsanspruch** zu.[1060] § 126 Abs. 1 ZPO begründet lediglich eine **gesetzliche Prozessstandschaft** für den beigeordneten Rechtsanwalt;[1061] der Kostenerstattungsanspruch des Beteiligten und das Beitreibungsrecht seines Anwalts stehen selbstständig nebeneinander.[1062] Allerdings geht das gesetzliche Beitreibungsrecht des beigeordneten Rechtsanwalts einer Pfändung des Kostenerstattungsanspruchs seines Mandanten vor.[1063]

Dass der beigeordnete Rechtsanwalt trotz Bewilligung ratenfreier VKH gegen den bedürftigen Beteiligten einen Anspruch auf Zahlung seiner gesetzlichen Gebühren und Auslagen hat, ergibt sich mittelbar aus § 59 Abs. 1 RVG: Danach geht der Vergütungsanspruch des beigeordneten Rechtsanwalts gegen den von ihm vertretenen Beteiligten mit dessen Befriedigung durch die Staatskasse auf diese über. Wegen § 122 Abs. 1 Nr. 3 ZPO sind die Vergütungsansprüche wie bei einer Stundung lediglich in ihrer Durchsetzbarkeit gehemmt.[1064]

2. Für den Anwalt. Wird dem armen Beteiligten ein Anwalt beigeordnet, so kommt ein **Anwaltsvertrag** spätestens dadurch zustande, dass der Anwalt im Einverständnis mit dem Beteiligten tätig wird.[1065] Fehlt eine vertragliche Grundlage, kommt ein Gebührenanspruch des Anwalts nach den Grundsätzen der **Geschäftsführung ohne Auftrag** in Betracht.[1066]

Was **Gegenstand der anwaltlichen Vergütung** ist, richtet sich nicht nach dem Wortlaut der für das Außenverhältnis maßgeblichen Vollmacht, sondern nach dem für das Innenverhältnis zwischen Rechtsanwalt und Mandant maßgeblichen **Auftrag,**[1067] dessen ordnungsgemäße **Dokumentation** immer wieder vernachlässigt wird.[1068] Verkannt wird nämlich regelmäßig, dass sich die spätere Vergütung ausschließlich danach richtet, welcher Auftrag dem Anwalt erteilt worden ist (Beratung, außergerichtliche Vertretung, gerichtliche Vertretung?). Die Frage, welchen Auftrag er erteilt, ist ausschließlich Sache des Mandanten. So setzt die Festsetzung einer – ermäßigten – Verfahrensgebühr nach Rücknahme des Rechtsmittels durch den Gegner voraus, dass ein Auftrag zur Durchführung des Rechtsmittelverfahrens erteilt worden war. Eine vor Einreichung des Antrags „für alle Instanzen" erteilte Verfahrensvollmacht genügt hierfür

325

326

327

328

1059 BGH 25.5.2005 – XII ZR 204/02, FamRZ 2006, 190.
1060 BGH 14.2.2007 – XII ZB 112/06, FamRZ 2007, 710; 9.7.2009 – VII ZB 56/08, FamRZ 2009, 1577; 31.10.2012 – XII ZR 129/10, FamRZ 2013, 201.
1061 BGH 11.11.2015 – XII ZB 242/15, FamRZ 2016, 208.
1062 BGH 11.6.1997 – XII ZR 254/94, FamRZ 1997, 1141.
1063 BGH 11.11.2015 – XII ZB 241/15, FamRZ 2016, 206.
1064 BGH 9.7.2009 – VII ZB 56/08, FamRZ 2009, 1577.
1065 BGH FamRZ 2005, 261; für den Berufungsrechtszug vgl. OLG Karlsruhe 27.8.2004 – 16 W 1/04, FamRZ 2005, 384.
1066 OLG Celle 4.2.2009 – 3 U 178/08, FamRZ 2009, 1774.
1067 OLG Naumburg 2.6.2009 – 8 WF 122/09, FamRZ 2010, 59.
1068 Zu dessen Inhalt und Reichweite vgl. OLG Koblenz 20.1.2014 – 5 U 1591/13, MDR 2014, 1116.

nicht.[1069] Ebenso ist ein unterschriebener VKH-Antrag keine Vollmachtserteilung.[1070]

329 Nebenbei ist die Unterzeichnung des Auftrags eine gute Gelegenheit, den Mandanten auch (**drucktechnisch hervorgehoben!**) über die Abrechnung nach dem Gegenstandswert (§ 49 b Abs. 5 BRAO) sowie darüber zu belehren, dass er in VKH-Verfahren nicht generell damit rechnen kann, ohne jede Kostenbelastung zu bleiben. Wenn der Rechtsanwalt darüber aufklärt, dass sich die zu erhebenden Gebühren nach dem Gegenstandswert richten, muss er nicht auch weiter ungefragt über die Höhe der Vergütung aufklären,[1071] es sei denn, nach den Umständen des Einzelfalles konnte und musste der Anwalt ein entsprechendes Aufklärungsbedürfnis erkennen.[1072]

330 Ein entsprechender **Vertretungsauftrag** könnte lauten:

▶ Hierdurch beauftrage ich Rechtsanwalt ..., (Ort), mit der Durchführung meiner gerichtlichen Vertretung in Sachen ... / ... wegen: ...

Hinweis gem. § 49 b Abs. 5 BRAO: Ich bin darauf hingewiesen worden, dass sich die Anwaltsgebühren nach dem Gegenstandswert berechnen.

Für das Verfahren soll die Gewährung von Verfahrenskostenhilfe beantragt werden. Insoweit bin ich zusätzlich darauf hingewiesen worden, dass die Gewährung von Verfahrenskostenhilfe

– die Durchführung eines entsprechenden Prüfungsverfahrens voraussetzt, in dessen Verlauf bereits Gebühren zu meinen Lasten entstehen können,

– eine vorläufige, nicht notwendig auch endgültige Befreiung von entstehenden Kosten und Gebühren darstellt,

– vom Gericht unter Umständen auch nur eingeschränkt gewährt werden kann und die insoweit nicht von der Staatskasse übernommenen Gebührenanteile von mir selbst zu tragen sind,

– vom Gericht aufgehoben werden kann, soweit eine von mir beantragte Beweiserhebung aufgrund von Umständen, die im Zeitpunkt der Bewilligung der Verfahrenskostenhilfe noch nicht berücksichtigt werden konnten, keine hinreichende Aussicht auf Erfolg bietet oder der Beweisantritt mutwillig erscheint,

– widerrufen werden kann, wenn sich die Unrichtigkeit der von mir gemachten Angaben zu meinen persönlichen und wirtschaftlichen Verhältnissen herausstellt,

– bis zum Ablauf von 48 Monaten nach Beendigung des Verfahrens in persönlicher und wirtschaftlicher Hinsicht neu überprüft werden kann,

– keinen Einfluss auf meine etwaige Verpflichtung zur Erstattung von dem Gegner entstehenden Kosten hat,

– sich nicht auf die Durchführung etwa erforderlich werdender VKH-Rechtsmittel bezieht, sondern die insoweit entstehenden Gebühren von mir selbst entrichtet werden müssen,

– die Gewährung von Reisekosten des Anwalts für etwa erforderlich werdende auswärtige Termine nicht zwingend einschließt.

Ich bin ferner darauf hingewiesen worden, dass

– ich dem Gericht unverzüglich mitzuteilen habe, wenn

1069 LAG Berlin-Brandenburg 23.8.2012 – 17 Ta (Kost) 6079/12.
1070 OLG Koblenz 7.7.2015 – 7 UF 263/15, FamRZ 2016, 156.
1071 OLG Bamberg 5.2.2015 – 2 U 2/14, NZFam 2015, 462.
1072 BGH 14.12.2005 – IX ZR 210/03, FamRZ 2006, 478; 3.11.2011 – IX ZR 49/09, BRAK-Mitt. 2012, 26.

- sich vor Ablauf vor 48 Monaten nach Beendigung des Verfahrens meine Anschrift ändert oder
- sich mein Bruttoeinkommen nicht nur einmalig um 100 Euro oder mehr erhöht
  oder
- sich bei der VKH-Bewilligung berücksichtigte Belastungen im gleichen Umfang
  vermindern oder
- eine wesentliche Verbesserung meiner wirtschaftlichen Verhältnisse dadurch
  eintritt, dass ich durch die Rechtsverfolgung oder Rechtsverteidigung etwas er-
  lange,
- das Gericht die Bewilligung aufheben soll, wenn ich dort wesentliche Verbesserungen meiner Einkommens- und Vermögensverhältnisse oder Änderungen meiner
  Anschrift absichtlich oder aus grober Nachlässigkeit unrichtig oder nicht unverzüglich mitgeteilt habe,
- dass der Anwalt eine zusätzliche Vergütung verlangen kann, wenn ein VKH-
  Überprüfungsverfahren mehr als zwei Jahre nach Erledigung des Ausgangsverfah-
  rens eingeleitet wird und er hierfür von mir gesondert beauftragt wird.

Ich verpflichte mich zusätzlich, auch Rechtsanwalt ... innerhalb von 48 Monaten nach
Beendigung des Verfahrens jeglichen Wohnungswechsel unverzüglich anzuzeigen; mir
ist bekannt, dass Rechtsnachteile, die sich aus einer unterlassenen Mitteilung eines
Wohnungswechsels ergeben, ausschließlich zu meinen Lasten gehen und eine Verpflichtung des Anwalts zur Ermittlung einer geänderten Anschrift nicht besteht.

(Ort, Datum, Unterschrift) ◀

Schließlich kann ein Auftragsformular ohne Weiteres auch dafür verwendet wer- 331
den, bestimmte Bereiche aus dem erteilten Auftrag auszunehmen. Dies ist
manchmal genauso wichtig wie die Bezeichnung dessen, was eigentlich getan
werden soll.

Infolge der Bewilligung von VKH und seiner Beiordnung verliert der Rechtsan- 332
walt die Möglichkeit, seine Kostenansprüche unmittelbar gegen den bedürftigen
Beteiligten geltend zu machen (§ 122 Abs. 1 Nr. 3 ZPO; wegen seiner Reisekosten → Rn. 295). Dies gilt auch in Fällen des Vermögenserwerbs während oder
aufgrund des Verfahrens, für das VKH bewilligt worden ist.[1073]

Auch dem VKH-Anwalt steht ein **Vorschussanspruch** zu, sobald Gebühren ent- 333
standen sind.[1074] Seine Geltendmachung empfiehlt sich v.a. bei unzuverlässigen
Mandanten, denen VKH nur gegen Ratenzahlung bewilligt worden ist (vgl.
§ 124 Nr. 4 ZPO). Auch für Auslagen, die zur sachgemäßen Durchführung des
Auftrags erforderlich sind, steht dem beigeordneten Rechtsanwalt aus der
Staatskasse ein angemessener Vorschuss zu.[1075]

Nach § 126 Abs. 1 ZPO ist der für den Beteiligten bestellte Rechtsanwalt be- 334
rechtigt, seine Gebühren und Auslagen von dem in die Verfahrenskosten verpflichteten Gegner im eigenen Namen beizutreiben. Diese Berechtigung verliert
der Rechtsanwalt zB dann, wenn ein Kostenfestsetzungsbeschluss zugunsten des
von ihm vertretenen Beteiligten erlassen wird, denn der beigeordnete Rechtsanwalt und der von ihm vertretene Beteiligte werden nicht zu Gesamtgläubigern.

1073 OLG Stuttgart 23.3.2004 – 8 W 26/03, FamRZ 2004, 1802; zur Frage der Gebühren-
       überhebung vgl. BGH 29.4.1963 – AnwSt (R) 1/63, NJW 1963, 1318.
1074 AG Koblenz 27.4.2005 – 20 F 471/04.PKH.I, AGS 2005, 352.
1075 ZB für die Kosten für die Einholung eines für die sachgerechte Rechtsverfolgung oder
       Rechtsverteidigung seiner Partei erforderlichen Privatgutachtens: OLG Hamm
       14.5.2013 – I-25 W 94/13, AnwBl 2013, 771.

335 Ein **Kostenfestsetzungsantrag** nach § 126 Abs. 1 ZPO könnte lauten:

▶ ... beantragen wir im eigenen Namen,

– die nachstehenden Rechtsanwaltsgebühren und Auslagen gem. § 126 Abs. 1 ZPO gegen den in die Verfahrenskosten verpflichteten Gegner festzusetzen,

– auszusprechen, dass der festgesetzte Betrag gem. § 104 Abs. 1 ZPO mit fünf Prozentpunkten über dem Basiszinssatz p. a. zu verzinsen ist,

– die Erteilung einer vollstreckbaren Ausfertigung des Kostenfestsetzungsbeschlusses.

Es wird anwaltlich versichert, dass die nach Nr. 7001 VV-RVG angegebenen Entgelte für Post- und Telekommunikationsdienstleistungen im Rahmen der Beiordnung entstanden sind und die weiter angegebenen eigenen Auslagen und Aufwendungen im Rahmen der Beiordnung entstanden sind und erforderlich waren. ◀

336 Solange diese sog Verstrickung fortdauert, kann der Gegner keine Einreden aus der Person des anderen Beteiligten erheben (§ 126 Abs. 2 S. 1 ZPO).[1076] Vielmehr kann er nur mit Kosten aufrechnen, die in demselben Verfahren entstanden sind und auch nur dann, wenn in demselben Verfahren eine Kostenentscheidung auch zu seinen Gunsten ergangen ist (§ 126 Abs. 2 S. 2 ZPO).[1077] Eine solche Situation ist beispielsweise denkbar nach Einlegung einer Beschwerde mit anschließender Aufhebung des erstinstanzlichen Beschlusses und Zurückverweisung des Verfahrens an die erste Instanz. Sobald der beigeordnete Rechtsanwalt einen noch bestehenden Kostenerstattungsanspruch im eigenen Namen beitreibt, tritt eine dauerhafte Verstrickung ein.[1078]

337 Hat der beigeordnete Rechtsanwalt seine Gebühren aufgrund eines obsiegenden Beschlusses erster Instanz im eigenen Namen gem. § 126 ZPO beigetrieben, kann der Gegner diese Kosten gem. § 91 Abs. 4 ZPO im Kostenfestsetzungsverfahren gegen den beigeordneten Rechtsanwalt **rückfestsetzen** lassen, wenn er im höheren Rechtszug obsiegt.[1079]

338 **3. Für den Gegner.** Im Falle seines Obsiegens wird der Antragsgegner infolge der Bewilligung von VKH für den Antragsteller einstweilen davon befreit, rückständige und noch entstehende Gerichtskosten oder Gerichtsvollzieherkosten zu zahlen (§ 26 Abs. 3 S. 1 Hs. 1 FamGKG), dh im Ergebnis wird auch der Antragsgegner ebenso wie der Kläger von seiner Verpflichtung zur Zahlung von Gerichtskosten befreit (vgl. § 122 Abs. 2 ZPO).[1080] Vom Antragsteller bereits erhobene Kosten sind nach Bewilligung von VKH für den Antragsgegner an den Antragsteller zurückzuzahlen (§ 26 Abs. 3 S. 1 Hs. 2 FamGKG), es sei denn, die VKH-Bewilligung wird nachträglich wieder aufgehoben.[1081]

339 Ist dem Antragsgegner VKH ohne Ratenzahlung bewilligt worden, ist auch der Antragsteller von der Pflicht zur Zahlung eines Auslagenvorschusses befreit.[1082]

1076 BGH 14.2.2007 – XII ZB 112/06, FamRZ 2007, 710 mwN; vgl. OLG Koblenz 28.2.2012 – 14 W 111/12, FamRZ 2012, 1968.
1077 Vgl. OLG Schleswig 11.9.2006 – 15 WF 248/06, FamRZ 2007, 752.
1078 BGH 14.2.2007 – XII ZB 112/06, FamRZ 2007, 710 (711).
1079 BGH 20.11.2012 – VI ZB 64/11, FamRZ 2013, 291; OLG Hamburg 31.8.2011 – 8 W 26/11, FamRZ 2012, 736; OLG München 5.12.2012 – 11 W 2075/12, FamRZ 2013, 721.
1080 Schneider, Der unbekannte § 122 Abs. 2 ZPO, NJW-Spezial 2013, 91; ders., Einstweilige Gerichtskostenbefreiung des vermögenden Antragsgegners bei ratenfreier Verfahrenskostenhilfe des Antragstellers, NZFam 2015, 659.
1081 OLG Celle 17.6.2015 – 2 W 145/15, NJW-Spezial 2015, 444.
1082 OLG Karlsruhe 16.10.2012 – 2 UF 85/12, FamRZ 2013, 392.

Abreden unter den Beteiligten sind nur dann wirksam, wenn sie dazu führen, 340
dass ein Kostenerstattungsanspruch erst gar nicht entsteht und deshalb ein Beitreibungsrecht des beigeordneten Anwalts von vornherein ausschließen.[1083]

Zu beachten ist, dass von dem unterlegenen Antragsgegner, dem VKH bewilligt 341
worden war, keine **Erstattung der vom Antragsteller vorgeschossenen Gerichtskosten** verlangt werden kann (vgl. § 26 Abs. 2 S. 1 FamGKG), weil ihm die vom
Gesetzgeber eingeräumte Verfahrenskostenfreiheit des unbemittelten Beteiligten
ungeachtet seiner verfahrensrechtlichen Stellung als Antragsteller oder Antragsgegner zugutekommen muss.[1084] Insoweit kommt für den Antragsteller nur ein
Erstattungsanspruch gegen die Staatskasse im Rahmen von § 26 Abs. 1 Hs. 2
FamGKG in Betracht.

4. Für die Staatskasse. Der Beiordnungsbeschluss ist für das spätere Kostenfest- 342
setzungsverfahren **bindend.** Der Festsetzungsbeamte kann daher nicht überprüfen, ob der Beiordnungsbeschluss zu Recht ergangen ist.[1085]

Die **Erinnerung des Bezirksrevisors** gem. § 56 Abs. 1 RVG ist nicht fristgebun- 343
den. Das Erinnerungsrecht der Staatskasse erlischt jedoch in entsprechender Anwendung des § 19 Abs. 1 FamGKG mit Ablauf des auf die Kostenfestsetzung
folgenden Kalenderjahres. Im Übrigen ist eine Nach- oder Rückforderung von
Anwaltsgebühren nicht mehr möglich, wenn die Geltendmachung so lange verzögert wird, dass die Kostenberechnung längst abgewickelt ist und sich alle Beteiligten darauf eingestellt haben.[1086]

Soweit die Staatskasse die Vergütung des beigeordneten Rechtsanwalts bezahlt, 344
geht dessen Vergütungsanspruch gegen den von ihm vertretenen Beteiligten gem.
§ 59 RVG auf die Landeskasse über.[1087] Diese darf jedoch den übergegangenen
Anspruch nicht selbstständig gegen den Beteiligten geltend machen, sondern nur
mit den Monatsraten und/oder ggf. den nach dem Bewilligungsbeschluss aufzubringenden Beträgen aus dem Vermögen verrechnen. Sobald ein Beteiligter die
ihm auferlegten 48 Monatsraten gezahlt hat, besteht gegen ihn kein Anspruch
mehr. Insoweit ist ein Anspruchsübergang nach § 59 Abs. 1 RVG ausgeschlossen.

Die Staatskasse kann wegen der Zahlung von VKH-Vergütung auf sie überge- 345
gangene Ansprüche auch gegen einen Gegner geltend machen, dem ebenfalls
VKH bewilligt wurde (vgl. § 122 Abs. 1 Nr. 1 ZPO),[1088] nach anderer Ansicht
jedoch nicht oder nur im Rahmen einer etwaigen Ratenzahlungsverpflichtung.[1089]

1083 BGH 15.3.2006 – XII ZR 209/05, FamRZ 2006, 853; 11.10.2006 – XII ZR 285/02,
      FamRZ 2007, 123.
1084 BVerfG 23.6.1999 – 1 BvR 984/89, NJW 1999, 3186, noch zu § 58 GKG idF vom
      13.6.1980.
1085 OLG Düsseldorf 8.1.2008 – II-10 WF 33/07, FamRZ 2008, 1767 mAnm Büttner und
      wN; LAG Köln 1.9.2011 – 12 Ta 241/11.
1086 OLG Brandenburg 25.8.2009 – 2 Ws 111/09, AGS 2011, 280.
1087 Hierzu OLG Düsseldorf 17.2.2011 – II-10 WF 32/10, JurBüro 2011, 430; siehe auch
      Hansens, Die Crux mit dem Forderungsübergang auf die Landeskasse, RVGreport
      2016, 4.
1088 BGH 11.6.1997 – XII ZR 254/94, FamRZ 1997, 1141; OLG Celle MDR 2014, 923.
1089 OLG München FamRZ 2001, 1156; 2014, 1880; Zöller/Geimer ZPO § 122 Rn. 6;
      Thomas/Putzo/Seiler ZPO § 122 Rn. 1.

IX. Änderung und Aufhebung der Bewilligung

346 **1. Änderung.** Gem. § 120 Abs. 3 Nr. 1 ZPO *soll* das Gericht die vorläufige Einstellung der Zahlungen bestimmen, wenn die Zahlungen des Beteiligten die voraussichtlich entstehenden Kosten decken. Im Gegensatz zur Rechtslage vor dem 1.1.2014 muss die Kostendeckung nunmehr bereits eingetreten und nicht nur absehbar sein.[1090]

347 Im Übrigen ist eine Änderung der Bewilligung von VKH nur unter den Voraussetzungen von § 120 a Abs. 1 S. 1 ZPO[1091] bei **wesentlicher Änderung der persönlichen und wirtschaftlichen Verhältnisse** des Beteiligten zulässig,[1092] dh, eine (negative) Abänderung nur aufgrund **anderer Beurteilung** der Sach- und Rechtslage kommt **nicht** in Betracht.[1093] Deshalb berechtigen Vermögenswerte, die der Antragsteller von Anfang an angegeben hatte, nicht zu einer Abänderung der ursprünglichen VKH-Bewilligung.[1094] Auch § 120 a ZPO bietet daher keine Möglichkeit, eine im Nachhinein betrachtet falsche VKH-Entscheidung zu korrigieren.[1095] Dies gilt zB auch dann, wenn das Gericht in seiner ursprünglichen Entscheidung die Ratenhöhe fehlerhaft angesetzt hat.[1096]

348 Selbst erkennbare **Fehler bei der Ratenfestsetzung** können nur durch die **sofortige Beschwerde gegen die Ausgangsentscheidung** und nicht erst im Abänderungsverfahren nach § 120 a ZPO korrigiert werden; eine analoge Anwendung von § 44 SGB X scheidet aus.[1097]

349 Ebenso kann der Antragsteller nicht anlässlich der Überprüfungsentscheidung zu nachträglichen Leistungen herangezogen werden, wenn der Einsatz des Rückkaufwerts einer vorhandenen Lebensversicherung bei der Bewilligung der VKH als unzumutbar angesehen wurde, selbst wenn sich der Wert jener Versicherung zwischenzeitlich erhöht hat.[1098] Auch führt die Veränderung der Einkommensverhältnisse des gesetzlichen Vertreters eines Minderjährigen, dem ratenfreie VKH bewilligt wurde, nach Abschluss des Verfahrens nicht zu einer Abänderung der VKH-Entscheidung, wenn sich nicht die Einkommens- und Vermögensverhältnisse des minderjährigen Antragstellers selbst geändert haben.[1099] Unzulässig ist es schließlich auch, nach ratenloser Bewilligung der VKH in erster Instanz für diese eine Ratenzahlung anzuordnen, nachdem in der zweiten Instanz VKH mit Ratenzahlung bewilligt wurde.[1100] Da das Verfahren nach § 120

1090 Zempel FF 2013, 275 (277).

1091 Dörndorfer, Änderung der Verfahrenskostenhilfebewilligung wegen veränderter Verhältnisse, NZFam 2015, 349.

1092 OLG Brandenburg 12.7.2001 – 9 WF 112/01, FamRZ 2002, 403; OLG Bamberg 19.11.2002 – 2 WF 207/02, FamRZ 2003, 1199; OLG Brandenburg 15.1.2004 – 10 WF 262/03, FamRZ 2005, 2004.

1093 OLG Brandenburg 1.7.1999 – 9 WF 94/99, FamRZ 2000, 1229; OLG Nürnberg 12.2.2015 – 11 WF 172/15, NJW-RR 2015, 1340.

1094 BAG 25.11.2008 – 3 AZB 55/08, FamRZ 2009, 687.

1095 OLG Bamberg 14.1.2005 – 2 WF 156/04, NJW 2005, 1286; LAG Köln 8.7.2013 – 1 Ta 153/13.

1096 OLG Saarbrücken 30.3.2009 – 6 WF 36/09, FamRZ 2009, 1508; OLG Nürnberg 12.2.2015 – 11 WF 172/15, MDR 2015, 419.

1097 OLG Nürnberg 12.2.2015 – 11 WF 172/15, FamRZ 2015, 1315 mAnm Zimmermann.

1098 BAG 25.11.2008 – 3 AZB 55/08, FamRZ 2009, 687.

1099 OLG Karlsruhe 15.10.2012 – 18 WF 230/12, FamRZ 2013, 897; vgl. OLG Naumburg 13.8.2014 – 3 WF 152/14, FamRZ 2015, 687.

1100 OLG Stuttgart 6.6.2002 – 8 WF 96/00, FamRZ 2003, 106.

ZPO von Amts wegen betrieben wird, ist die Entscheidung über die Zahlungen an die Staatskasse rückwirkend auf den Zeitpunkt der Verschlechterung zu ändern, wenn sich die wirtschaftlichen Verhältnisse eines Beteiligten verschlechtern; auf den Zeitpunkt einer etwaigen Antragstellung durch den Beteiligten kommt es nicht an.[1101]

Seit dem 1.01.2014 hat der Beteiligte dem Gericht **unverzüglich und unaufgefordert mitzuteilen**, wenn sich vor dem Zeitpunkt nach § 120 a Abs. 1 S. 4 ZPO seine wirtschaftlichen Verhältnisse wesentlich verbessern oder sich seine Anschrift ändert. Bei laufendem monatlichem Einkommen ist eine Einkommensverbesserung nur wesentlich, wenn die Differenz zu dem bisher zugrunde gelegten Bruttoeinkommen nicht nur einmalig 100 EUR übersteigt (§ 120 a Abs. 2 S. 2 ZPO). Dies gilt gem. § 120 a Abs. 2 S. 3 ZPO entsprechend, soweit abzugsfähige Belastungen entfallen. Hierüber und über die Folgen eines Verstoßes wird der Beteiligte bei der Antragstellung in dem gem. § 117 Abs. 3 ZPO neu eingeführten Formular belehrt (§ 120 a Abs. 2 S. 4 ZPO). 350

Die Regelung ist missglückt: Für die Wesentlichkeit einer Einkommensverbesserung soll der **Bruttobetrag** maßgeblich sein, da er für den Beteiligten anders als ein Nettobetrag einfach und ohne weitere Rechenschritte zu ermitteln sei.[1102] Die Argumentation ist allerdings wenig überzeugend, da mit nur einem einzigen Blick auf das Ergebnis der Lohnabrechnung festgestellt werden kann, in welchem Umfang sich das Nettoeinkommen durch Lohnerhöhung oder Ähnliches verändert hat.[1103] Zudem würde ein **Steuerklassenwechsel** zB von IV nach III nach dem Wortlaut des Gesetzes überhaupt nicht ins Gewicht fallen, obwohl sich gerade dadurch im Bereich des Nettoeinkommens regelmäßig ganz erhebliche Unterschiede ergeben. 351

Der Grenzwert von 100 EUR[1104] soll auch für den **Wegfall oder die Verminderung abzugsfähiger Belastungen** gelten, etwa VKH-Raten aus früheren Verfahren, abzugsfähige Darlehensraten, entfallende Unterhaltslasten oder geringere Wohnungskosten nach einem Umzug. Eine wesentliche Veränderung kann sich auch (erst) durch die Saldierung höheren Einkommens und wegfallender Belastungen ergeben: Erhöht sich das Einkommen um 50 EUR und entfallen zum gleichen Zeitpunkt Schuldenbelastungen von 60 EUR, ist die Grenze überschritten. Folgt der Wegfall der Schuldenbelastung zu einem späteren Zeitpunkt, tritt die Wesentlichkeit der Veränderung an diesem Zeitpunkt ein.[1105] 352

Nicht völlig unproblematisch erscheint schließlich die Behandlung **mehrerer gleichzeitiger oder zeitversetzter Änderungen**: Der Antragsteller darf jedenfalls dann nicht von einer Mitteilung absehen, wenn sich zB das Einkommen um 120 EUR monatlich erhöht und eine Verbindlichkeit von 60 EUR hinzutritt, da die Frage, ob die neuen Schulden einkommensmindernd berücksichtigt werden können, allein vom Gericht zu entscheiden ist.[1106] Ob angesichts einer solchen Steigerung des Einkommens die Anzeigepflicht auch dann besteht, wenn statt einer neuen Verbindlichkeit bereits bestehende Unterhaltslasten zB durch die Erreichung einer neuen Altersstufe des Kindes/der Kinder, erhöht werden, er- 353

1101 OLG Brandenburg 23.7.2013 – 3 WF 73/13, FamRZ 2014, 1727.
1102 BT-Drs. 17/11472, 34.
1103 BT-Drs. 17/11472, 33.
1104 Hier allerdings offenkundig als **Nettobetrag** gemeint!
1105 Viefhues FuR 2013, 488 (497).
1106 Viefhues FuR 2013, 488 (497).

scheint zweifelhaft, da der Antragsteller nur wesentliche Veränderungen mitzuteilen hat und eine solche im Ergebnis nicht eingetreten ist, da erhöhte Unterhaltslasten vom Gericht ohne Weiteres zu berücksichtigen sind. Unterbleibt in einem solchen Fall eine Mitteilung an das Gericht, dürfte dies jedenfalls nicht den Entzug der VKH nach sich ziehen. Auch hier zeigt sich, wie wenig sinnvoll die Anknüpfung an eine Änderung des Einkommens im Bruttobereich ist, denn es ist im Ergebnis ein deutlicher Unterschied, ob der VKH-Beteiligte nun 100 EUR brutto monatlich mehr verdient oder eine Kreditrate in Höhe von 100 EUR netto monatlich entfällt.

354 Daneben hat sich der Beteiligte auch weiterhin auf **Verlangen des Gerichts** darüber zu erklären, ob eine Änderung der Verhältnisse eingetreten ist. Erklärt er sich auf wiederholte, berechtigte Aufforderung des Rechtspflegers nicht dazu, ob sich seine persönlichen und wirtschaftlichen Verhältnisse geändert haben, soll der Rechtspfleger die VKH-Bewilligung aufheben.[1107]

Eine Änderung der maßgebenden wirtschaftlichen Verhältnisse kann auch durch den **Erwerb von Vermögen** infolge eines gerichtlichen[1108] oder außergerichtlichen Verfahrens[1109] eintreten. Diesem Umstand trägt § 120 a Abs. 3 S. 1 ZPO Rechnung und ordnet in S. 2 an, dass das Gericht nach der rechtskräftigen Entscheidung oder der sonstigen Beendigung des Verfahrens prüfen *soll*, ob eine Änderung der Entscheidung über die zu leistenden Zahlungen mit Rücksicht auf das durch die Rechtsverfolgung oder Rechtsverteidigung Erlangte geboten ist. Dabei schließt § 120 a Abs. 3 S. 4 ZPO eine Änderung der Entscheidung aus, soweit der Beteiligte bei rechtzeitiger Leistung des durch die Rechtsverfolgung oder Rechtsverteidigung Erlangten ratenfreie VKH erhalten hätte.[1110] Auch dies entspricht allerdings bereits der Rechtslage vor dem 1.1.2014. Der Einsatz nachträglich erworbenen Vermögens ist ausgeschlossen, wenn es der Beteiligte für lebenswichtige Anschaffungen bereits wieder ausgegeben hat[1111] oder das Vermögen zum Wegfall eines ansonsten bestehenden Anspruchs auf Gewährung laufender Hilfe zum Lebensunterhalt durch das zuständige Sozialamt führt.[1112]

Im Rahmen einer Änderung der VKH-Bewilligung ist dem Antragsteller auch zuzumuten, ein durch **Veräußerung des früheren Familienheims** erlangtes Vermögen für schon entstandene Verfahrenskosten einzusetzen,[1113] selbst wenn er damit ein neues angemessenes Hausgrundstück isv § 90 Abs. 2 Nr. 8 SGB XII erworben hat.[1114] Eine Änderung in den wirtschaftlichen Verhältnissen tritt allerdings nicht schon dadurch ein, dass ein bei der Bewilligung von VKH bereits vorhanden gewesenes Hausgrundstück veräußert wird und dem bedürftigen Beteiligten der Verkaufserlös zufließt, denn dadurch wird nur ein bereits vorhande-

---

1107 LAG Rheinland-Pfalz 6.6.2011 – 1 Ta 98/11.
1108 OLG Stuttgart 23.3.2004 – 8 W 26/03, FamRZ 2004, 1802; OLG Koblenz 29.6.2004 – 5 W 433/04, JurBüro 2004, 656.
1109 LG Mainz 18.5.2004 – 4 O 102/03, NJW 2005, 230.
1110 Vgl. OLG Karlsruhe 23.1.2014 – 2 WF 271/13, FamRZ 2014, 1724 = FF 2014, 167 mAnm Friederici.
1111 OLG Koblenz 25.3.2014 – 3 W 162/14, FamRB 2014, 415.
1112 OLG Dresden 12.12.2014 – 22 WF 1298/14, FamRZ 2015, 1313.
1113 OLG Köln 6.10.2006 – 4 WF 142/06, FamRZ 2007, 296; OVG Lüneburg 7.1.2011 – 4 PA 162/10, NJW 2011, 1160; OLG Koblenz 4.9.2013 – 13 WF 682/13, auch zum Inhalt der Änderungsentscheidung.
1114 BGH 31.10.2007 – XII ZB 55/07, FamRZ 2008, 250 im Anschluss an BGH 18.7.2007 – XII ZA 11/07, FamRZ 2007, 1720.

ner Vermögenswert realisiert,[1115] es sei denn, infolge der Veräußerung entsteht ein überschießender Erlös, der vorrangig für die Kosten der eigenen Verfahrensführung einzusetzen ist.[1116] Eine nachträgliche Zahlungsanordnung kommt auch nicht in Betracht, wenn die Verbesserung der wirtschaftlichen Verhältnisse darauf beruht, dass die Antragstellerin nach Eheschließung im Rahmen einer reinen Hausfrauenehe ein Taschengeld von ca. 5 % des Nettoeinkommens bezieht.[1117] Vielmehr ist in einem solchen Fall die Verpflichtung des (neuen) Ehegatten zur Entrichtung eines Verfahrenskostenvorschusses zu prüfen.

Gänzlich neu ist die ergänzende Pflicht des VKH-Beteiligten, das Gericht auch über den **Wechsel seiner Anschrift** zu informieren. Teilt er einen Anschriftenwechsel nicht von sich aus mit, ist das Gericht nicht oder nur nach aufwendigen Ermittlungen in der Lage, ein Verfahren zur Änderung oder Aufhebung der Bewilligung zu betreiben.[1118]   355

§ 120 a Abs. 1 S. 1 ZPO ist als **Sollvorschrift** ausgestaltet, die das Ermessen des Gerichts bei Vorliegen der Voraussetzungen für eine Änderung auf atypisch gelagerte Einzelfälle beschränkt.[1119] Wie schon zuvor ist eine Änderung der maßgebenden Freibeträge nur auf Antrag und nur dann zu berücksichtigen, wenn sie dazu führt, dass keine Monatsrate zu zahlen ist (§ 120 a Abs. 1 S. 2 ZPO).[1120] Auch muss sich der Beteiligte gem. § 120 a Abs. 1 S. 3 ZPO auf Verlangen des Gerichts jederzeit erklären, ob eine Veränderung der Verhältnisse eingetreten ist.

Die relevante Änderung muss im **Vierjahreszeitraum** des § 120 a Abs. 1 S. 4 ZPO eingetreten sein; es genügt nicht, dass eine Änderung nur zu erwarten ist.[1121] Die **Frist beginnt mit** dem Zeitpunkt des Erlasses **der gerichtlichen Entscheidung in der Hauptsache**,[1122] bei einer Beendigung durch Abschluss eines unter Widerrufsvorbehalt geschlossenen **Vergleichs** erst mit dem Ablauf der Widerrufsfrist.[1123] Wird einem Scheidungsantrag gem. § 140 FamFG vor der Entscheidung über eine Folgesache stattgegeben, beginnt die Frist nicht bereits mit der Rechtskraft des Scheidungsausspruchs, sondern erst mit der Rechtskraft der Entscheidung über die letzte Folgesache.[1124]

Erforderlich ist weiterhin, dass der Beschluss noch vor Ablauf der Vierjahresfrist erlassen wird.[1125] Eine Änderung der VKH-Entscheidung auch noch nach Ablauf der Vierjahresfrist ist nur dann statthaft, wenn das Änderungsverfahren

---

1115 OLG Köln 6.10.2006 – 4 WF 142/06, FamRZ 2007, 296; OLG Koblenz 4.9.2013 – 13 WF 682/13; vgl. aber OLG Celle 5.11.2013 – 17 WF 223/13, FamRZ 2014, 963.
1116 OLG Celle 5.11.2013 – 17 WF 223/13, FamRZ 2014, 963.
1117 OLG Rostock 1.8.2008 – 10 WF 31/08, FamRZ 2008, 2291: hier 167 EUR.
1118 BT-Drs. 17/11472, 34; die dafür im Überprüfungsverfahren ggf. entstehenden Kosten werden allerdings bisher ohne Weiteres dem Anwalt zugemutet.
1119 Giers FamRZ 2013, 1341 (1343); Viefhues FuR 2013, 488 (496).
1120 Vgl. hierzu OLG Frankfurt/M. 22.11.2001 – 5 WF 197/01.
1121 BAG 25.11.2008 – 3 AZB 55/08, FamRZ 2009, 687.
1122 BAG 25.11.2008 – 3 AZB 55/08, FamRZ 2009, 687; OLG Brandenburg 14.9.2009 – 10 WF 165/10.
1123 OLG Saarbrücken 6.2.2014 – 9 WF 99/13, NJW-Spezial 2014, 253, noch zu § 120 Abs. 4 S. 3 ZPO aF.
1124 OLG Dresden 12.2.2002 – 22 WF 470/00, FamRZ 2002, 1415; OLG Brandenburg 26.7.2001 – 10 WF 112/00, FamRZ 2002, 1416; 3.3.2004 – 9 WF 49/04, FamRZ 2005, 47; KG 23.11.2006 – 13 WF 135/06, FamRZ 2007, 646; OLG Frankfurt/M. 4.3.2014 – 5 WF 15/14, FamRZ 2014, 1725; Schneider, Überprüfungsfrist im Verbundverfahren bei abgetrenntem Versorgungsausgleich, NZFam 2014, 687.
1125 So OLG Naumburg 15.1.2010 – 8 WF 275/09, FamRZ 2011, 130.

rechtzeitig eingeleitet und ausschließlich vom VKH-Beteiligten zB durch unvollständige oder verspätete Auskünfte verzögert wurde.[1126] Dagegen ist nicht erforderlich, dass die festgesetzte Leistung innerhalb der Frist erbracht wird.[1127] Hat der Beteiligte die ihm aufgegebenen 48 Monatsraten geleistet, ist er für dieses Verfahren nicht mehr zu Angaben über seine Einkommenssituation verpflichtet.[1128]

356 Da eine Verletzung der ungefragten Offenbarungsverpflichtungen regelmäßig zur Aufhebung der bewilligten VKH führen soll und in der alltäglichen Praxis davon auszugehen ist, dass die Beteiligten die in den amtlichen Formularen enthaltenen Belehrungen nicht immer lesen und ausreichend verstehen,[1129] **dürfte es sich für den Anwalt empfehlen, seinerseits den Beteiligten** zusätzlich zu den Informationen im amtlichen Formular **hierüber sehr deutlich zu belehren**[1130] **und die Belehrung zu dokumentieren** (vgl. das Auftragsmuster unter → Rn. 330). Ratsam ist auch, eine Ablichtung des VKH-Formulars bei den Anwaltsakten zu verwahren, um ggf. selbst überprüfen zu können, ob sich wesentliche Veränderungen ergeben haben.

357 Auch § 120 a Abs. 1 S. 1 ZPO ermöglicht infolge eingetretener wesentlicher Änderungen insbesondere die Geltendmachung der gesamten angefallenen Verfahrenskosten in einer **Einmalzahlung,**[1131] die ziffern- und datumsmäßig festzulegen ist.[1132] Hingegen ist eine **völlige Aufhebung** der bewilligten VKH aufgrund nachträglich eingetretener Verbesserung der wirtschaftlichen Verhältnisse **ausgeschlossen.**[1133]

358 Wird über das Vermögen des Antragstellers später das **Insolvenzverfahren** eröffnet, kann die Staatskasse die Gerichtskosten und verauslagten Rechtsanwaltsgebühren nicht mehr durch die nachträgliche Anordnung einer Ratenzahlung geltend machen, sondern hat die Forderung zur Tabelle anzumelden.[1134]

359 § 120 a Abs. 4 ZPO hat den **Formularzwang** zum 1.1.2014 (zum Übergangsrecht → Rn. 382) auch für das Überprüfungsverfahren eingeführt: Danach muss der Beteiligte für die Erklärung über die Änderung der persönlichen oder wirtschaftlichen Verhältnisse nach § 120 a Abs. 1 S. 3 ZPO das gem. § 117 Abs. 3 ZPO eingeführte Formular benutzen. Für die Überprüfung der persönlichen und wirtschaftlichen Verhältnisse gilt § 118 Abs. 2 ZPO entsprechend.

1126 So LAG Rheinland-Pfalz 23.2.2012 – 11 Ta 31/12; OLG Koblenz 21.11.2012 – 5 W 632/12, MDR 2013, 488; 21.11.2012 – 5 W 632/12, FamRZ 2013, 648 mAnm Götsche jurisPR-FamR 14/2013 Anm. 4.
1127 OLG Brandenburg 12.3.2013 – 3 WF 11/12, FuR 2014, 115.
1128 OLG Celle 21.5.2012 – 10 WF 186/11, MDR 2012, 1061.
1129 Viefhues FuR 2013, 488 (496).
1130 Viefhues FuR 2013, 488 (496); **spätestens** anlässlich der Beendigung des Mandats: Zempel FF 2013, 276.
1131 BAG 25.11.2008 – 3 AZB 55/08, FamRZ 2009, 687; OLG Dresden 12.2.2002 – 22 WF 470/00, FamRZ 2002, 1415.
1132 OLG Koblenz 18.4.2006 – 13 WF 376/06, FamRZ 2006, 1285; OLG Hamm 15.5.2012 – II-2 WF 249/11, FamRZ 2013, 142.
1133 OLG Naumburg 8.8.2008 – 8 WF 153/08, FamRZ 2009, 629; OLG Hamm 20.10.2010 – II-8 WF 266/10, FamRZ 2011, 918; OLG Saarbrücken 5.6.2012 – 6 WF 44/12, MDR 2012, 1186.
1134 OLG Bamberg 24.11.2003 – 2 WF 163/03, FamRZ 2005, 1187; zum Nachweis einer eingetretenen Verschlechterung in den Verhältnissen vgl. LAG Rheinland-Pfalz 16.9.2008 – 2 Ta 157/08.

Hiervon verspricht sich der Gesetzgeber eine **Vereinfachung des Überprüfungs-** **360**
verfahrens, weil das Gericht durch Vergleich von ursprünglicher und nachträglicher Erklärung ohne großen Aufwand feststellen kann, ob eine Änderung eingetreten und ob diese wesentlich ist. Zur Überprüfung der Angaben des Beteiligten über seine persönlichen und wirtschaftlichen Verhältnisse stehen dem Gericht die in § 118 Abs. 2 ZPO nF genannten Möglichkeiten – Abgabe einer Versicherung an Eides statt, Anstellen von Erhebungen, Ladung des Antragstellers zur mündlichen Erörterung seiner persönlichen und wirtschaftlichen Verhältnisse, Anordnung der Vorlage von Urkunden, Einholung von Auskünften – zur Verfügung.[1135]

2. Aufhebung. a) § 124 Abs. 1 ZPO. Hat das Gericht einem Beteiligten VKH **361**
bewilligt, *soll*[1136] es die Bewilligung unter den Voraussetzungen des § 124 ZPO aufheben, nämlich wenn

- der Beteiligte durch **unrichtige Darstellung des Streitverhältnisses** die für die Bewilligung der VKH maßgebenden Voraussetzungen vorgetäuscht hat (Nr. 1), wobei der Entziehung der VKH nicht entgegensteht, dass sich die Unwahrheit seines Vortrags erst nach Durchführung der Beweisaufnahme ergibt;[1137]

- der Beteiligte absichtlich oder aus grober Nachlässigkeit **unrichtige Angaben** über die persönlichen oder wirtschaftlichen Verhältnisse gemacht oder eine Erklärung nach § 120 a Abs. 1 S. 3 ZPO nicht oder ungenügend abgegeben hat (Nr. 2),[1138] wobei allein schon die absichtlich oder aus grober Nachlässigkeit gemachten Falschangaben eines Antragstellers sanktioniert werden sollen;[1139]

- die persönlichen oder wirtschaftlichen **Voraussetzungen** für die VKH **nicht vorgelegen** haben; in diesem Fall ist die Aufhebung ausgeschlossen, wenn seit der rechtskräftigen Entscheidung oder sonstigen Beendigung des Verfahrens vier Jahre vergangen sind (Nr. 3);[1140]

- der Beteiligte entgegen § 120 a Abs. 2 S. 1–3 ZPO dem Gericht **wesentliche Verbesserungen** seiner Einkommens- und Vermögensverhältnisse oder **Änderungen seiner Anschrift** absichtlich oder aus grober Nachlässigkeit **unrichtig oder nicht unverzüglich mitgeteilt** hat (Nr. 4);

- der Beteiligte länger als **drei Monate** mit der Zahlung einer Monatsrate oder mit der Zahlung eines sonstigen Betrages im **Rückstand** ist (Nr. 5).

Grundsätzlich will der Gesetzgeber bei Vorliegen der tatbestandlichen Voraus- **362**
setzungen des § 124 ZPO dem Gericht seit dem 1.1.2014 kein Ermessen mehr einräumen. Zur Vermeidung unangemessener Ergebnisse im Einzelfall hat er

---

1135 BT-Drs. 17/11472, 34.
1136 Bis zum 31.12.2013: *kann.*
1137 OLG Hamm 14.11.2014 – I-9 U 165/13, MDR 2015, 235; 23.3.2015 – II-4 WF 45/15, FamRZ 2015, 1418.
1138 ZB im Falle „vergessener" Angaben von Unterhaltszahlungen: LAG Rheinland-Pfalz 25.9.2008 – 7 Ta 160/08.
1139 BGH 10.10.2012 – IV ZB 16/12, FamRZ 2013, 124 mwN; OLG Hamm 23.3.2015 – II-4 WF 45/15, FamRZ 2015, 1418 mAnm Giers; Zapf, Verwirkung des Anspruchs auf Prozess-/Verfahrenskostenhilfe analog § 124 Abs. 1 Nr. 2 ZPO im Bewilligungsverfahren?, FamRZ 2015, 375; siehe hierzu auch BGH 19.8.2015 – XII ZB 208/15, FamRZ 2015, 1874; OLG Karlsruhe 6.6.2014 – 18 WF 76/14, NJW-RR 2014, 1403; OLG Stuttgart 9.9.2015 – 17 WF 122/15, FamRZ 2016, 395.
1140 Zum Lauf der Sperrfrist in Scheidungsverbundsachen vgl. OLG Frankfurt/M. 4.3.2014 – 5 WF 15/14, NZFam 2014, 465.

Abs. 1 nunmehr als **Sollvorschrift** ausgestaltet, die zwar bei Vorliegen der tatbeständlichen Voraussetzungen eine Aufhebung als Regelfall vorsieht, in atypischen Fällen aber eine andere Entscheidung zulässt.[1141] An das Vorliegen eines atypischen Falles dürfen unter Berücksichtigung des Charakters der Prozesskostenhilfe als besonderer Form der Sozialhilfe keine sehr hohen Anforderungen gestellt werden.[1142] Damit wurden die Aufhebungsmöglichkeiten verschärft.[1143]

§ 124 ZPO eröffnet dem Gericht jedoch weiterhin nicht die Möglichkeit, die bereits bewilligte VKH nur aufgrund nunmehr anderer Beurteilung der bei der Bewilligung zugrunde gelegten Verhältnisse aufzuheben,[1144] auch nicht bei einer Veränderung der Sachlage nach Durchführung einer Beweisaufnahme, weder unter dem Gesichtspunkt nunmehr fehlender Erfolgsaussicht noch wegen Mutwilligkeit der weiteren Rechtsverfolgung.[1145] Ebenso wenig kommt bei irrtümlicher VKH-Bewilligung ihre Aufhebung nur unter den Voraussetzungen des § 124 ZPO in Betracht.[1146]

363 Grundsätzlich können dem Rechtsanwalt bereits **entstandene Gebührenansprüche** gegen die Staatskasse bei einer späteren Aufhebung der VKH **nicht genommen** werden.[1147] Dies gilt jedoch nicht, wenn der Anwalt den falschen Sachvortrag selbst (mit) veranlasst hat[1148] oder seinem Mandanten VKH zu Unrecht entzogen wird und er dagegen kein Rechtsmittel einlegt.[1149]

364 **aa) Unrichtige Sachdarstellung (Nr. 1).** Eine unrichtige Darstellung des Streitverhältnisses liegt vor, wenn der Antragsteller **vorsätzlich falsche Tatsachen behauptet** oder **wahre Tatsachen verschwiegen** hat und das Gericht infolgedessen die Erfolgsaussicht der Rechtsverfolgung oder -verteidigung bejaht oder deren Mutwilligkeit nicht erkannt hat, ebenso dann, wenn der Antragsteller seinen Vortrag nicht berichtigt, obwohl dies geboten war.[1150] Ein etwaiges **Verschulden seines Anwalts** muss sich der Beteiligte auch im VKH-Verfahren nach § 85 Abs. 2 ZPO zurechnen lassen.[1151]

365 **bb) Unrichtige Angaben (Nr. 2 Alt. 1).** Die Bewilligung von VKH soll auch wegen unrichtiger Angaben über die persönlichen oder wirtschaftlichen Verhältnisse aufgehoben werden.[1152] Auf einen neuen – diesmal richtigen und vollständigen – Antrag kann VKH jedoch bewilligt werden. Ihre Verweigerung würde ohne ausreichenden sachlichen Grund den bedürftigen Beteiligten gegenüber einem vormals nicht bedürftigen Beteiligten unangemessen benachteiligen und ihm die

---

1141 BT-Drs. 17/11472, 34; Giers FamRZ 2013, 1341 (1343); Viefhues FuR 2013, 488 (496).
1142 LAG Baden-Württemberg 5.3.2015 – 17 Ta 2/15, JurBüro 2015, 486.
1143 Zempel FF 2013, 278.
1144 OLG Saarbrücken 9.4.2009 – 6 WF 37/09, FamRZ 2009, 1851.
1145 OLG Köln 20.2.2003 – 14 WF 21/03, FamRZ 2003, 1397; LAG Köln 4.8.2011 – 12 Ta 85/11; vgl. Christl FPR 2002, 494.
1146 OLG Hamm 17.12.2015 – II-2 WF 233/15, FamRZ 2016, 930.
1147 OLG Köln 21.3.2005 – 14 WF 33/05, FamRZ 2005, 2007 (hier: Aufhebung wegen fehlender Ratenzahlung); Schürmann in Rahm/Künkel, C. Verfahren und Rechtsmittel, Rn. 271.
1148 LAG Düsseldorf 8.2.1990 – 7 Ta 421/89, JurBüro 1990, 763.
1149 OLG Düsseldorf 28.7.2005 – I-24 U 45/05, FamRZ 2006, 636.
1150 OLG Hamm 9.12.2015 – II-2 WF 155/15, FamRZ 2016, 931; 20.11.2015 – II-2 WF 173/15, FamRZ 2016, 931.
1151 OLG Köln 4.6.2003 – 26 WF 121/03, OLGR 2003, 315.
1152 Vgl. hierzu OLG Hamm 23.3.2015 – II-4 WF 45/15, FamRZ 2015, 1418.

Rechtsverfolgung oder -verteidigung unangemessen erschweren.[1153] Die Tatsache, dass infolge der erneuten Bewilligung (ab Antragstellung) möglicherweise Gebührentatbestände abgedeckt werden, die bereits früher entstanden waren, führt zu keiner anderen Beurteilung.

Die Bewilligung von VKH soll auch dann aufgehoben werden, wenn **nachträg-** 366 **lich aufgetretene Umstände verschwiegen** werden, bei deren unverzüglichem Vortrag VKH nicht gewährt worden wäre.[1154] Ausreichend ist das **Verschweigen wesentlicher Umstände**, auf Verschulden kommt es nicht an.[1155] Dass die falschen Angaben des Antragstellers zu einer objektiv unrichtigen Bewilligung geführt haben und diese mithin auf den Falschangaben beruht, ist nicht erforderlich.[1156] Führen die wahren Verhältnisse nur zu einer teilweisen Abweichung von der auf den unrichtigen Grundlagen getroffenen Entscheidung, ist die bereits bewilligte VKH so zu ändern, dass dem Hilfebedürftigen diejenige VKH erhalten bleibt, auf die er ungeachtet der Unrichtigkeit seiner Angaben einen Anspruch hat.[1157] Darüber hinaus ist zu prüfen, ob angesichts absichtlich oder grob fahrlässig gemachter falscher Angaben des Beteiligten diese Angaben trotz Berichtigung insgesamt nicht mehr als ausreichend verlässlich angesehen oder aber die tatsächlichen Verhältnisse nunmehr ausreichend sicher festgestellt werden können.[1158] Dem Beteiligten obliegt es, insbesondere durch die Darlegung der Umstände, unter denen es zu den falschen Angaben kam, die Unsicherheit über die Richtigkeit seiner Angaben auszuräumen.

cc) Fehlende Erklärung (Nr. 2 Alt. 2). Die Aufhebung der Bewilligung von VKH 367 setzt voraus, dass eine Erklärung nach § 120 Abs. 4 S. 2 ZPO nicht abgegeben worden ist.[1159] Allerdings kann die Abgabe der **Erklärung nachgeholt** werden,[1160] auch noch in der Beschwerdeinstanz[1161] sowie selbst dann, wenn der Beteiligte die Frist für die Erklärung schuldhaft versäumt hat.[1162]

In Verfahren, in denen der VKH-Antrag nach dem 31.12.2013 gestellt wurde, 368 verpflichtet § 120 a Abs. 4 ZPO nF den Beteiligten dazu, für die Erklärung über die Änderung der persönlichen oder wirtschaftlichen Verhältnisse das gem.

1153 OLG Brandenburg 24.10.2008 – 9 WF 300/08, FamRZ 2009, 242.
1154 OLG Köln 4.6.2003 – 26 WF 121/03, OLGR 2003, 315; OLG Jena 10.3.2004 – 1 UF 87/01, FamRZ 2004, 1501; AG Westerburg 24.1.2006 – 41 F 411/05, FamRZ 2006, 1285: verschwiegener Unterhaltstitel im vereinfachten Verfahren.
1155 OLG Brandenburg 20.8.2001 – 9 WF 136/01, FamRZ 2002, 762; Verschweigen von Einkünften: OLG Brandenburg 18.4.2005 – 9 WF 98/05, FamRZ 2006, 213.
1156 BGH 10.10.2012 – IV ZB 16/12, NJW 2013, 68 = FF 2013, 73 mAnm Clausius; aA OVG Bautzen 18.2.2013 – 3 D 55/12.
1157 OLG Brandenburg 18.4.2005 – 9 WF 98/05, FamRZ 2006, 213; OLG Hamm 20.1.2005 – 2 WF 8/05, FamRZ 2006, 1133.
1158 OLG Zweibrücken 31.8.2007 – 5 W 5/07, FamRZ 2008, 160.
1159 OLG Frankfurt/M. 25.3.2015 – 6 WF 65/15, AGS 2015, 291; OLG Brandenburg 3.3.2004 – 9 WF 49/04, FamRZ 2005, 47: Sanktionscharakter!; LAG Rheinland-Pfalz 27.10.2008 – 3 Ta 178/08; unzureichender Vortrag: LAG Rheinland-Pfalz 25.9.2008 – 7 Ta 168/08.
1160 OLG Brandenburg FamRZ 2008, 72; OLG Saarbrücken FamRZ 2011, 662.
1161 OLG Saarbrücken FamRZ 2009, 1851; OLG Köln FamRZ 2009, 633; LAG Rheinland-Pfalz 12.11.2009 – 1 Ta 251/09; OVG Lüneburg 8.3.2012 – 4 PA 64/12, JurBüro 2012, 316; ausf. OLG Hamm 25.4.2014 – II-2 WF 44/14, FamRZ 2014, 2018; vgl. LAG Rheinland-Pfalz 25.9.2008 – 7 Ta 168/08: zwar Beschwerde eingelegt, aber keine Erklärung abgegeben.
1162 BAG 18.11.2003 – 5 AZB 46/03, FamRZ 2004, 623.

§ 117 Abs. 3 ZPO eingeführte Formular zu benutzen. Damit ist fraglich, ob die Vorlage einer Sozialhilfebescheinigung wie bisher ausreichend ist.[1163]

369 § 124 Abs. 1 Nr. 2 ZPO ist **im Bewilligungsverfahren nicht analog** anzuwenden.[1164]

370 **dd) Fehlende Voraussetzungen (Nr. 3).** Nr. 3 betrifft die Fälle, in denen der Beteiligte bei der Antragstellung nicht oder infolge leichter Fahrlässigkeit nicht wusste, dass die maßgeblichen Voraussetzungen für die VKH-Bewilligung nicht vorlagen.[1165]

371 **ee) Verletzung von Mitteilungspflichten (Nr. 4).** Seit dem 1.1.2014 sieht der neu eingefügte **§ 124 Abs. 1 Nr. 4 ZPO** die regelmäßige Aufhebung der VKH-Bewilligung vor, sofern der Beteiligte entgegen § 120 a Abs. 2 S. 1–3 ZPO dem Gericht wesentliche Verbesserungen seiner Einkommens- und Vermögensverhältnisse[1166] oder Änderungen seiner Anschrift absichtlich oder aus grober Nachlässigkeit unrichtig oder nicht unverzüglich mitgeteilt hat.

372 Seither führt nicht nur das **Unterlassen einer Änderungsmitteilung,** sondern auch eine zwar erstattete, aber **inhaltlich unrichtige Änderungsmitteilung** zur Aufhebung der Bewilligungsentscheidung. Darauf ist der bedürftige Beteiligte bereits bei der Antragstellung durch das Formular hingewiesen worden. Die Einschränkung auf absichtliche und grob nachlässige Pflichtverletzungen entspricht den subjektiven Voraussetzungen für eine Aufhebung gem. Abs. 1 Nr. 2; **einfache Fahrlässigkeit genügt nicht.**[1167] Sofern diese Voraussetzungen nicht vorliegen, bleibt gleichwohl die Möglichkeit einer rückwirkenden Änderung der Bewilligung gem. § 120 a Abs. 1 ZPO.[1168]

373 Damit kommt eine Aufhebung der VKH-Bewilligung nur in Betracht, wenn eine Einkommensverbesserung 100 EUR übersteigt und dies dazu führt, dass der VKH-Beteiligte nunmehr in der Lage wäre, die Kosten des Verfahrens ganz, teilweise oder in Raten zu erbringen.[1169] Angesichts einer wesentlichen Verbesserung der Vermögensverhältnisse ist es zumindest vertretbar und damit nicht grob nachlässig, den Beginn der Anzeigepflicht erst mit dem **tatsächlichen Zufluss** der fraglichen Mittel anzunehmen.[1170]

374 Der Verstoß gegen die Pflicht zur Anzeige der Anschriftenänderung muss „absichtlich" oder jedenfalls aufgrund „grober Nachlässigkeit" erfolgt sein.[1171] Es erscheint allerdings unverhältnismäßig, eine VKH-Entscheidung nur deshalb aufzuheben, weil der Antragsteller zwar umgezogen ist und diesen Umstand nicht angezeigt hat, der Umzug im Ergebnis jedoch keine wesentliche Änderung seiner Verhältnisse, dh eine Verringerung der insgesamt monatlich zu zahlenden Mietkosten von zumindest 100 EUR erbracht hat.

1163 OLG Oldenburg 19.6.2003 – 2 WF 97/03, FamRZ 2004, 36.
1164 BGH 19.8.2015 – XII ZB 208/15, FamRB 2015, 417; vgl. aber OLG Stuttgart 9.9.2015 – 17 WF 122/15, FamRZ 2016, 395; aA noch OLG Bamberg 2.8.2013 – 4 U 38/13, FamRZ 2014, 589.
1165 OLG Saarbrücken 9.4.2009 – 6 WF 37/09, FamRZ 2009, 1851.
1166 Hierzu OLG Celle 4.9.2015 – 10 WF 237/15, FF 2015, 506.
1167 Zempel FF 2013, 275 (278).
1168 Viefhues FuR 2013, 488 (496).
1169 LAG Baden-Württemberg 29.10.2015 – 4 Ta 26/15.
1170 OLG Celle 4.9.2015 – 10 WF 237/15, FF 2015, 506.
1171 LAG Köln 3.8.2015 – 4 Ta 148/15; LAG Berlin-Brandenburg 5.1.2016 – 6 Ta 2302/15.

ff) Ratenrückstand (Nr. 5). Ist der Beteiligte länger als drei Monate mit der 375
Zahlung einer Monatsrate oder mit der Zahlung eines sonstigen Betrages im
Rückstand, soll das Gericht die Bewilligung der VKH aufheben. Neuerdings ist
umstritten, ob die Aufhebung **Verschulden** des Bedürftigen voraussetzt.[1172] Eine
Nichtzahlung ist jedenfalls dann nicht als verschuldet anzusehen, wenn die jeweils zu zahlenden Raten materiell die Leistungsfähigkeit des Bedürftigen übersteigen, weil der ursprüngliche Beschluss schon nicht seiner Leistungsfähigkeit
entsprochen hat.[1173] Allerdings bleibt es bei den (bestandskräftig) festgesetzten
Raten, weil für eine Änderung der Bewilligungsentscheidung mangels Verschlechterung der wirtschaftlichen Lage kein Raum ist.[1174] Daraus ergibt sich
gleichzeitig, dass die eingetretene **Verschlechterung** der wirtschaftlichen Verhältnisse des VKH-Beteiligten **für das Ausbleiben der Raten ursächlich** gewesen sein
muss.[1175] Verschulden liegt ebenfalls nicht vor, wenn sich die Einkommensverhältnisse des Antragstellers inzwischen verschlechtert haben.[1176] Allerdings
muss der Antragsteller bis zum Eintritt der Einkommens-/Vermögensverschlech-
terung seiner Zahlungspflicht nachgekommen sein.[1177] Er kann nicht während
Zeiten seiner Leistungsfähigkeit gegen eine Ratenzahlungsanordnung verstoßen
und sich dann später darauf berufen, er könne nunmehr nach seinen wirtschaftlichen Verhältnissen keine Raten mehr zahlen.[1178] Verschulden liegt schließlich
auch nicht vor, wenn dem Schuldner durch die Eröffnung des Insolvenzverfahrens die Befugnis entzogen ist, über sein Vermögen zu verfügen.[1179]

Haben **rückständige Raten** zur Aufhebung der VKH geführt, kann noch im Be- 376
schwerdeverfahren eine Zahlung aller rückständigen Raten nachgeholt werden.[1180] Vor einer – auch erneuten – Aufhebung ist der Beteiligte auf die Rückstände hinzuweisen.[1181] Dabei ist sein Hinweis auf eine Verschlechterung seiner
wirtschaftlichen Lage als Antrag auf Abänderung der Ratenzahlungsanordnung
auszulegen; ein Wegfall bzw. eine Ermäßigung der Raten kommt ab dem Zeitpunkt der Verschlechterung der Vermögensverhältnisse des Beteiligten in Betracht.[1182]

Unter besonderen Umständen kann der Staatskasse gegenüber einer beabsichtig- 377
ten Aufhebung der VKH der Einwand der Verwirkung entgegengehalten werden.[1183]

1172 Wegen des Wortlautes in § 124 Abs. 1 Nr. 5 ZPO dafür OLG Stuttgart 23.7.2015 – 2
      W 21/15 („Rückstand" statt „Verzug") m. abl. Anm. Mayer FD-RVG 2015, 372184;
      dafür: OLG Koblenz 3.7.2013 – 13 WF 580/13, FamRZ 2014, 782 (Insolvenz des
      Schuldners); vgl. OLG Brandenburg 9.12.2014 – 13 WF 285/14, FamRZ 2015, 949.
1173 OLG Brandenburg 10.3.2015 – 13 WF 46/15, FamRZ 2015, 1924; OLG Dresden
      22.12.2014 – 20 WF 1354/14, FamRZ 2015, 948.
1174 OLG Dresden 22.12.2014 – 20 WF 1354/14, FamRZ 2015, 948.
1175 LAG Rheinland-Pfalz 27.10.2008 – 3 Ta 178/08; OLG Saarbrücken 25.3.2009 – 6
      WF 23/09, FamRZ 2009, 1616.
1176 KG 30.3.2006 – 3 WF 42/06, FamRZ 2006, 962.
1177 OLG Koblenz 2.9.2014 – 7 WF 775/14, FuR 2015, 299.
1178 OLG Koblenz 21.7.2014 – 13 WF 669/14, MDR 2014, 1471.
1179 OLG Köln 6.5.2002 – 2 W 59/02, NZI 2003, 119.
1180 OLG Karlsruhe 12.12.2001 – 16 WF 123/01, FamRZ 2002, 1199; OLG Zweibrü-
      cken 5.10.1999 – 5 WF 96/99.
1181 OLG Brandenburg 29.1.2001 – 10 WF 3/01, FamRZ 2002, 1419.
1182 OLG Nürnberg 5.1.2005 – 9 WF 4134/04, FamRZ 2005, 1265; OLG Brandenburg
      24.3.2005 – 10 WF 75/05, FamRZ 2006, 1854; vgl. aber OLG Koblenz 21.7.2014 –
      13 WF 669/14, MDR 2014, 1471.
1183 OLG Koblenz 8.4.2008 – 7 WF 277/08, FamRZ 2008, 1964.

378 Nach Entziehung der VKH wegen Ratenrückstandes gem. § 124 Nr. 5 ZPO ist eine **Neubewilligung** grundsätzlich ausgeschlossen, damit der Zweck des § 124 Nr. 5 ZPO nicht durch einen sofortigen Antrag auf erneute Gewährung von VKH unterlaufen werden kann.[1184] Dies gilt jedenfalls dann, wenn der Beteiligte die nunmehr geltend gemachte Verschlechterung seiner persönlichen und wirtschaftlichen Verhältnisse bereits im Aufhebungs- bzw. Beschwerdeverfahren hätte geltend machen können,[1185] es sei denn, dass nunmehr wegen einer Verschlechterung der persönlichen und wirtschaftlichen Verhältnisse die Anordnung von Ratenzahlungen nicht mehr in Betracht kommt,[1186] es sei wiederum denn, es sprechen greifbare Anhaltspunkte dafür, dass der Beteiligte die Anordnung von Ratenzahlung erneut missachten wird.[1187] Die Wiederholung des VKH-Antrags muss auch in diesem Fall beschieden werden.[1188]

379 **b) § 124 Abs. 2 ZPO.** Durch die ebenfalls zum 1.1.2014 neu eingefügte Vorschrift wurde erstmals die Möglichkeit einer **Teilaufhebung** der Bewilligung **für bestimmte Beweiserhebungen** eingeführt, die nicht auf mutwillige Beweisantritte beschränkt ist.[1189] Danach kann das Gericht die Bewilligung der VKH aufheben, soweit die vom Beteiligten beantragte Beweiserhebung keine hinreichende Aussicht auf Erfolg bietet oder sein Beweisantritt mutwillig erscheint.

380 Diese Regelung könnte insbesondere bei kostenträchtigen Beweisaufnahmen durch Sachverständige zu großer Bedeutung gelangen,[1190] zB dann, wenn der Antragsteller in einem Zugewinnausgleichsverfahren unrealistische Wertsteigerungen von Grundstücken durch Einholung eines Sachverständigengutachtens unter Beweis stellt.[1191] Eine Beweisantizipation zur Beurteilung der Erfolgsaussichten hat die Rechtsprechung grundsätzlich für zulässig[1192] und insbesondere dann für statthaft erachtet, wenn auch nach dem feststehenden Inhalt der Akten ein vernünftig und wirtschaftlich denkender Beteiligter, der das Verfahren selbst finanzieren müsste, wegen des absehbaren Misserfolgs der Beweisaufnahme von einem Verfahren absehen würde.[1193]

381 Es können **nur solche Umstände** zur teilweisen Aufhebung der VKH führen, **die im Zeitpunkt ihrer Bewilligung noch nicht berücksichtigt werden konnten.** Als Beurteilungsmaßstab soll derselbe Maßstab gelten wie für die Bewilligung der VKH. Die Entscheidung über die Teilaufhebung kann ebenso wie die vollständige Aufhebung gem. Abs. 1 mit der sofortigen Beschwerde gem. § 127 Abs. 2 S. 2 ZPO angefochten werden.[1194] Dem beigeordneten Rechtsanwalt steht kein eigenes Beschwerderecht zu.[1195] Bereits entstandene Gebührenansprüche können ihm jedoch infolge der Aufhebung nicht genommen werden.

1184 OLG Köln 19.12.2001 – 26 WF 223/01, OLGR 2002, 330.
1185 OLG Nürnberg 26.4.2004 – 9 WF 1213/04, FamRZ 2005, 531.
1186 OLG Zweibrücken 8.4.2002 – 5 WF 15/02, FamRZ 2002, 1418.
1187 BGH 12.7.2005 – VI ZB 72/03, FamRZ 2005, 2063.
1188 OLG Köln 21.3.2005 – 14 WF 33/05, FamRZ 2005, 2007.
1189 Giers FamRZ 2013, 1341 (1344).
1190 Zempel FF 2013, 276; vgl. AG Bremen 22.7.2015 – 10 C 234/13; 16.1.2015 – 10 C 409/13.
1191 Giers FamRZ 2013, 1341 (1344).
1192 BVerfG 29.9.2004 – 1 BvR 1281/04, NJW-RR 2005, 140; vgl. BVerfG 24.10.2007 – 1 BvR 1086/07, FamRZ 2008, 244 = FuR 2008, 82; 1.7.2009 – 1 BvR 560/08, JurBüro 2009, 547; 15.10.2009 – 2 BvR 2438/08, NJW 2010, 287.
1193 OLG Köln 30.1.2004 – 2 W 384/04.
1194 BT-Drs. 17/11472, 35.
1195 Viefhues FuR 2013, 488 (499).

c) Übergangsrecht. Nach Art. 20 des PKH-Änderungsgesetzes sind die Ände- 382
rungen zum 1.1.2014 in Kraft getreten. **Maßgebend** für die Frage der Anwendung alten oder neuen Rechts ist danach der Zeitpunkt, in dem eine Partei für
einen **Rechtszug VKH** beantragt hat. Wird dieser Antrag vor dem 1.1.2014 gestellt, sind die §§ 114–127 ZPO in der bis dahin geltenden Fassung anzuwenden. In diesem Fall richtet sich auch die Abänderung von Entscheidungen nach
altem Recht.[1196] Dies gilt sinngemäß auch für die Beratungshilfe.[1197]

X. VKH-Rechtsmittel

1. Verzögerungsrüge. Mit dem Inkrafttreten des Gesetzes über den Rechtsschutz 383
bei überlangen Gerichtsverfahren und strafrechtlichen Ermittlungsverfahren
(§§ 198–201 GVG) am 3.12.2011 ist für das von der Rechtsprechung entwickelte Institut der Untätigkeitsbeschwerde kein Raum mehr vorhanden.[1198] Die
aus dem Rechtsstaatsprinzip in Art. 2 Abs. 1 iVm Art. 20 Abs. 3 GG abzuleiten-
de **Garantie effektiven Rechtsschutzes**[1199] erfordert eine Entscheidung über den
Antrag auf VKH rechtzeitig vor einem Termin zur Verhandlung über die Hauptsache.[1200] Die Erhebung einer Verzögerungsrüge ist jedoch unzulässig, wenn
eine über das normale Maß hinausgehende unzumutbare, dh auf einen Rechtsverlust oder einer Rechtsverweigerung hinauslaufende Verzögerung nicht vorliegt und insbesondere ein VKH-Erörterungstermin anberaumt wird.[1201]

2. Sofortige Beschwerde. a) Zulässigkeit. Die sofortige Beschwerde ist (entwe- 384
der über § 76 Abs. 1 FamFG oder über § 113 Abs. 1 S. 2 FamFG iVm §§ 127
Abs. 3, 567 Abs. 1 ZPO) **nur gegen die im ersten Rechtszug ergangenen Entscheidungen der Amts- und Landgerichte** eröffnet[1202]

- gegen die vollständige **Verweigerung** von VKH insgesamt. Dies gilt grundsätzlich auch nach Abschluss des Verfahrens, für das VKH bewilligt werden
  sollte, denn es existiert kein allgemeiner Grundsatz, dass eine Beschwerde
  gegen die Versagung von VKH nach Abschluss des Verfahrens in der Hauptsache mangels Rechtsschutzbedürfnisses unzulässig ist;[1203]
- gegen die **Ratenzahlungsanordnung** im Falle der Gewährung von VKH mit
  Ratenzahlung. Das Beschwerdegericht prüft aber nur, ob die zugrunde geleg-

---

1196 Giers FamRZ 2013, 1341 (1344).
1197 Giers FamRZ 2013, 1341 (1346).
1198 BGH 20.11.2012 – VIII ZB 49/12, NJW 2013, 385; Greger, Überlange Gerichtsver-
      fahren: Anwaltsoptionen und Handlungspflichten, AnwBl 2015, 536; ders., Überlange
      Gerichtsverfahren: Vorbeugen ist besser als heilen, AnwBl 2015, 541.
1199 BVerfG 11.12.2000 – 1 BvR 661/00, FamRZ 2001, 753; 14.10.2003 – 1 BvR 901/03,
      NJW 2004, 1236; auch in angemessener Zeit: BVerfG 25.11.2003 – 1 BvR 834/03,
      FamRZ 2004, 689.
1200 OLG Jena 2.5.2003 – 2 WF 118/03, FamRZ 2003, 1673; aus diesem Grund wohl un-
      richtig OLG Naumburg 4.2.2009 – 3 WF 240/08, FamRZ 2009, 1427 m. abl. Anm.
      Gottwald.
1201 OLG Brandenburg 22.10.2007 – 10 WF 237/07, FamRZ 2008, 288 noch zur Untätig-
      keitsbeschwerde; Schenke, Die Klage auf Feststellung der unangemessenen Dauer ei-
      nes gerichtlichen Verfahrens, NJW 2015, 433.
1202 BGH 17.3.2011 – I ZB 12/11, GRUR-RR 2011, 344; OLG Rostock 9.12.2013 – 1 W
      83/13; OLG Karlsruhe 3.8.2006 – 15 W 35/06, OLGR 2007, 590; Zöller/Geimer
      ZPO § 127 Rn. 46; BLAH ZPO § 567 Rn. 4, jeweils mwN.
1203 OLG Nürnberg 31.10.2003 – 3 W 3340/03, FamRZ 2004, 1219 mwN.

ten Berechnungsgrundlagen formal richtig sind.[1204] Eine Erhöhung der Ratenzahlungsanordnung im Beschwerdeverfahren ist unzulässig;[1205]
- gegen den **Widerruf** der bewilligten VKH.[1206] Über die Abhilfe oder Nichtabhilfe der Beschwerde entscheidet der Rechtspfleger, der sie im letzteren Falle dem Rechtsmittelgericht vorzulegen hat.

Sie ist **nicht zulässig** in Verfahren, in denen die **Entscheidung zur Hauptsache** nicht anfechtbar ist, zB weil der Verfahrenswert der Hauptsache den in § 127 Abs. 2 S. 2 ZPO, § 61 Abs. 1 FamFG genannten Betrag nicht übersteigt oder gegen die Hauptsacheentscheidung keine Beschwerdebefugnis gem. § 59 FamFG gegeben wäre, denn im VKH-Verfahren kann der Beschwerderechtszug nicht weiter gehen als im Hauptsacherechtszug,[1207] es sei denn, das Gericht hat ausschließlich die persönlichen oder wirtschaftlichen Voraussetzungen für die VKH verneint.[1208] Ebenso wie für das VKH-Prüfungsverfahren (→ Rn. 24) kann auch für das Beschwerdeverfahren keine VKH gewährt werden.[1209]

385 Zwar ist auch die sofortige Beschwerde im Rahmen einer **einstweiligen Anordnung** unzulässig, die ihrerseits nach § 57 FamFG einer Anfechtung nicht unterliegt.[1210] Wird jedoch VKH für einen Antrag auf Erlass einer einstweiligen Anordnung beantragt („bedingter Antrag"), hängt die Zulässigkeit der Beschwerde davon ab, ob das Gericht aufgrund mündlicher Verhandlung entscheidet oder nicht (§ 51 Abs. 2 S. 2 FamFG), ohne dass der bedürftige Antragsteller dies beeinflussen könnte. Alternativ hat er nur die Möglichkeit, einen unbedingten Anordnungsantrag zu stellen, nach § 54 Abs. 2 FamFG eine mündliche Verhandlung zu erzwingen und erst dann eine VKH-Versagung anzufechten. Da auch im VKH-Verfahren an sich keine mündliche Verhandlung vorgeschrieben ist, muss die sofortige Beschwerde in solchen Fällen statthaft sein, anderenfalls der Zugang sozial Bedürftiger zum Rechtsschutz durch ein Rechtsmittelgericht unzumutbar erschwert wird.[1211]

386 Im Übrigen ist das **Erreichen der Beschwerdesumme** gem. § 61 Abs. 1 FamFG erforderlich. Maßgebend ist der **Gesamtwert der Hauptsache**, so dass die Beschwerde auch dann zulässig ist, wenn der Betrag, hinsichtlich dessen das Amtsgericht die Erfolgsaussicht verneint hat, den erforderlichen Wert der Beschwer für sich allein zwar nicht, jedoch zusammen mit dem Erfolg versprechenden Teil der beabsichtigten Forderung erreicht.[1212] Eine Beschwerde **scheidet auch dann aus**, wenn die angefochtene Entscheidung zwar formell keinen Bestand haben

---

1204 LAG Köln 22.12.1998 – 6 (12) Ta 311/98.
1205 LAG Köln 15.10.2007 – 11 Ta 287/07; LAG Rheinland-Pfalz 31.10.2007 – 10 Ta 231/07; vgl. aber OLG Naumburg 14.10.2002 – 12 W 168/02.
1206 OLG Naumburg 19.4.2002 – 8 WF 82/02, Rpfleger 2002, 526.
1207 BGH FamRZ 2005, 790, noch zu §§ 620, 620 b und 644 ZPO aF; OLG Köln 14.6.2010 – II-4 WF 101/10, FamRZ 2010, 1829; OLG Hamm 19.12.2014 – II-14 WF 224/14, FamRZ 2015, 950.
1208 Vgl. BGH 9.2.2005 – XII ZB 246/04, FamRZ 2005, 790; OLG Jena 16.2.2011 – 4 W 68/11; OLG Köln JurBüro 2011, 41; Götsche FamRZ 2009, 388.
1209 OLG Saarbrücken 25.5.2010 – 6 WF 57/10.
1210 KG 10.5.2013 – 17 WF 60/13, FamRZ 2013, 1326; vgl. § 127 Abs. 2 Hs. 2 ZPO.
1211 So OLG Hamm 7.1.2013 – II-4 WF 261/12, NJW 2013, 877 (hier: Gewaltschutzverfahren) mAnm Viefhues jurisPR-FamR 8/2013 Anm. 5 = FamFR 2013, 109 mAnm Cirullies; OLG Bremen 20.3.2013 – 4 WF 19/13, FamRZ 2013, 1916; OLG Frankfurt/M. 14.11.2013 – 5 WF 251/13, FamRZ 2014, 676; OLG Hamm 20.11.2013 – II-8 WF 240/13, NZFam 2014, 421.
1212 OLG Hamm 3.3.2015 – II-14 WF 34/15, MDR 2015, 792.

kann, sich aber das materielle Ergebnis nach Zurückverweisung voraussichtlich nicht oder jedenfalls nicht so ändert, dass die notwendige Beschwerdesumme (§ 61 Abs. 1 FamFG) für die Beschwerde erreicht würde.[1213] Ist VKH hingegen nur für einen Anspruchsteil, der als solcher unterhalb der Wertgrenze liegt, mangels Erfolgsaussicht versagt worden, ist die sofortige Beschwerde zulässig, weil nach dem Wortlaut des § 127 Abs. 2 S. 2 ZPO nicht auf die durch die VKH-Ablehnung bedingte Beschwer, sondern auf den Streitwert der Hauptsache insgesamt abzustellen ist.[1214]

b) Frist. Die Frist zur Einlegung der sofortigen Beschwerde beträgt gem. § 76 Abs. 1 FamFG, § 127 Abs. 3 S. 3 ZPO **einen Monat**[1215] (vgl. § 76 Abs. 2 FamFG). Eine nach Ablauf dieser Frist eingelegte Beschwerde ist als unzulässig zurückzuweisen.[1216] Die Frist beginnt mit dem Zugang der Entscheidung bei dem Verfahrensbevollmächtigten.[1217] Wird ein VKH-Beschluss sowohl den Beteiligten selbst als auch seinem Verfahrensbevollmächtigten mit unterschiedlichem Postlauf zugestellt, gilt der Grundsatz der **Meistbegünstigung**, dh der Beteiligte kann mit seinem Rechtsbehelf nicht wegen Fristablaufs ausgeschlossen werden, wenn sein Verfahrensbevollmächtigter seinerseits die sofortige Beschwerde fristgerecht einreicht.[1218]

c) VKH-Ablehnung. Ist die VKH-Beschwerde grundsätzlich zulässig, steht dem Antragsteller gegen die – auch teilweise – Verweigerung von VKH gem. §§ 127 Abs. 2 S. 2, 567 ff. ZPO die sofortige Beschwerde zu.[1219] Eine Beschwerde gegen die Versagung der VKH durch den Rechtsanwalt im eigenen Namen ist unzulässig.[1220] Dabei ist **umstritten**, ob im Rahmen der Beschwerde auch eine in der ersten Instanz unterbliebene **Vorlage erforderlicher Belege nachgeholt** werden kann oder nicht:

- ZT wird vertreten, § 118 Abs. 2 S. 4 ZPO bewirke lediglich, dass die VKH-Bewilligung ab Einreichung der vollständigen Unterlagen erfolgen kann. Hielte man den Erfolg einer Beschwerde (allein) auf der Basis von nachgereichten Unterlagen oder neuen Erklärungen für möglich, würde dies letztlich eine „Erstbewilligung durch die zweite Instanz" unter gleichzeitiger Korrektur einer an sich zutreffenden erstinstanzlichen Entscheidung bedeuten mit der Folge, dass die spezielle Fristenregelung des § 118 Abs. 2 S. 4 ZPO unter Hinweis auf die Möglichkeit neuen Sachvortrags im Beschwerdeverfahren nahezu vollständig ausgehöhlt würde.[1221] Das gilt selbst dann,

387

388

1213 OLG Celle 20.3.2013 – 10 UF 33/13, FamRZ 2013, 1572 mAnm Pauling FamFR 2013, 184.

1214 OLG Hamm 3.3.2015 – II-14 WF 34/15, MDR 2015, 792.

1215 BGH 12.4.2006 – XII ZB 102/04, NJW 2006, 2122; vgl. Decker, Die Beschwerdefrist im PKH-Verfahren der freiwilligen Gerichtsbarkeit, NJW 2003, 2291 und Zimmer, Die Beschwerdefrist der armen Partei im Prozesskostenhilfeverfahren, FamRZ 2005, 1145.

1216 OLG München 19.9.2008 – 1 W 1792/08.

1217 OLG Hamm 12.6.2006 – 1 WF 154/06, FamRZ 2006, 1553.

1218 OLG Bremen 20.12.2007 – 5 WF 45/07, FamRZ 2008, 1545; BGH 30.11.2010 – VI ZB 30/10, FamRZ 2011, 207.

1219 Auch in Familienstreitsachen: BGH 18.5.2011 – XII ZB 265/10, FamRZ 2011, 1288.

1220 OLG Frankfurt/M. 10.6.2010 – 3 WF 72/10, FamRZ 2011, 385; OLG Celle 12.4.2012 – 10 WF 111/12, FamRZ 2012, 1661.

1221 So BAG 3.12.2003 – 2 AZB 19/03, MDR 2004, 415; OVG Lüneburg 5.11.2013 – 13 PA 185/13, NJW 2014, 169; OLG Koblenz 20.11.2014 – 7 WF 1000/14, MDR 2015, 542.

wenn lediglich eine Herabsetzung der auferlegten Ratenzahlungen erstrebt wird.[1222]

■ Nach anderer Auffassung ist neuer Sachvortrag in der Beschwerde nach § 571 Abs. 2 S. 1 ZPO grundsätzlich zulässig, woran die Vorschrift des § 118 Abs. 2 S. 4 ZPO nichts ändert, weil diese Vorschrift **keine Ausschlussfrist** beinhalte,[1223] ebenso wenig eine Präklusion.[1224]

Letzteres dürfte richtig sein, um den Zugang des bedürftigen Beteiligten zum Recht nicht unnötig zu erschweren.[1225]

389 Legt der Antragsteller Beschwerde gegen die Ablehnung von VKH ohne Begründung ein, kündigt aber eine Begründung an, hat das Gericht deren Eingang abzuwarten.[1226] Ansonsten ist unverzüglich über die Beschwerde zu entscheiden. Im letzteren Fall ist das Hauptsacheverfahren regelmäßig wegen des Gebots der prozessualen Fairness nicht fortzusetzen, sondern die Entscheidung über die sofortige Beschwerde abzuwarten.[1227] Bei Vorlage an das Beschwerdegericht kann das Erstgericht seinen Nichtabhilfebeschluss auf neue Gründe stützen.[1228] Hebt das Beschwerdegericht einen negativen VKH-Beschluss in der Beschwerde auf und verweist das Verfahren zur erneuten Prüfung und Entscheidung an das Familiengericht zurück, hat das Familiengericht durch eine Erstentscheidung über den Antrag zu entscheiden, gegen den dann ggf. wiederum die Beschwerde zulässig ist.[1229]

390 Wird ein VKH-Gesuch zu Unrecht wegen mangelnder Erfolgsaussicht abgelehnt, kommt grundsätzlich ein Amtshaftungsanspruch gem. § 839 Abs. 3 in Betracht, der jedoch wegen einer anderweitigen Ersatzmöglichkeit (§ 839 Abs. 1 S. 2) ausgeschlossen ist, wenn der Antragsteller das Gesuch nicht mit ergänzter Begründung wiederholt hat. In einem solchen Fall stellt sich vielmehr die Frage nach einem Regress gegen den Verfahrensbevollmächtigten.[1230]

391 **d) Ratenzahlungsbeschwerde.** Auch gegen die **Ratenzahlungsanordnung** kann der Beteiligte sofortige Beschwerde einlegen.[1231] Das Beschwerdegericht prüft aber nur, ob die zugrunde gelegten Berechnungsgrundlagen formal richtig sind.[1232] Eine Erhöhung der Ratenzahlungsanordnung im Beschwerdeverfahren ist unzulässig.[1233]

1222 OLG Koblenz 20.11.2014 – 7 WF 1000/14, MDR 2015, 542.

1223 So OLG Celle 20.12.2012 – 4 W 212/12, MDR 2013, 364; OLG Hamm 25.4.2014 – II-2 WF 44/14, FamRB 2014, 302; OLG Hamburg 30.1.2015 – 7 WF 1/15, FamRZ 2015, 1315 mwN.

1224 OLG Karlsruhe 6.6.2014 – 18 WF 76/14, FamRZ 2015, 353; OLG Celle 20.12.2012 – 4 W 212/12, MDR 2013, 364; OLG Saarbrücken 28.10.2010 – 6 WF 101/10, FamRZ 2011, 663.

1225 Vgl. BVerfG 15.10.2015 – 1 BvR 1790/13, NJW 2016, 1377.

1226 OLG Koblenz 16.10.2007 – 13 WF 874/07, FamRZ 2008, 288.

1227 OLG Schleswig 4.7.2011 – 10 WF 82/11, FamFR 2011, 429.

1228 OLG Hamm 31.10.2014 – II-4 WF 240/14, MDR 2015, 795.

1229 OLG Naumburg 19.3.2009 – 3 WF 55/09, FamRZ 2009, 1852.

1230 OLG Frankfurt/M. 20.3.2013 – 1 W 42/12.

1231 OLG Celle 2.11.2005 – 3 W 145/05, OLGR Celle 2006, 383; OLG Köln 22.10.2008 – 2 W 100/08, FamRZ 2009, 634; OLG Saarbrücken 13.4.2010 – 9 WF 35/10, FamRZ 2010, 1753.

1232 LAG Köln 23.5.2003 – 2 Ta 124/03, RVGreport 2004, 197.

1233 LAG Köln 15.10.2007 – 11 Ta 287/07; LAG Rheinland-Pfalz 31.10.2007 – 10 Ta 231/07; vgl. OLG Naumburg 14.10.2002 – 12 W 168/02, OLG-NL 2004, 69.

Gegen die **Einstellung der Zahlungen wegen Kostendeckung** nach § 120 Abs. 3 **392** Nr. 1 ZPO ist die sofortige Beschwerde des beigeordneten Rechtsanwalts statthaft, der die Einziehung der Differenz zwischen den Wahlanwalts- und den ermäßigten VKH-Gebühren erstrebt.[1234] Dagegen ist der Anwalt gegen die Entscheidung, aufgrund veränderter wirtschaftlicher Verhältnisse des Beteiligten gem. § 120 a ZPO den **Wegfall der laufenden Ratenzahlungsverpflichtung** anzuordnen, nicht beschwerdebefugt.[1235]

e) Ablehnung der Beiordnung. Ein eigenes Beschwerderecht gegen den Beiord- **393** nungsbeschluss steht, von den Fällen des § 48 Abs. 2 RVG abgesehen, nur dem Beteiligten zu.[1236] Gegen die Ablehnung des Antrags auf Beiordnung eines Rechtsanwalts ist die sofortige Beschwerde auch dann statthaft, wenn die Entscheidung im zugehörigen Hauptsacheverfahren nicht anfechtbar ist.[1237] Der **Wert der Beschwerde** richtet sich in diesem Fall nach dem Wert der Hauptsache, nicht nach dem Kosteninteresse.[1238]

Nach Ausscheiden eines angestellten Rechtsanwalts, der während seiner Kanz- **394** leizugehörigkeit dem Beteiligten antragsgemäß beigeordnet worden war, steht keinem der verbliebenen Rechtsanwälte ein Beschwerderecht wegen der Aufhebung der Beiordnung bis zum Ausscheiden des beigeordneten Anwalts und stattdessen der Beiordnung eines Mitglieds der verbliebenen Kanzlei bis zu diesem Zeitpunkt zu. Anspruchsberechtigt gegenüber der Staatskasse bleibt nur der beigeordnete Anwalt; ob und inwieweit ein finanzieller Ausgleich stattzufinden hat, bleibt den Rechtsanwälten überlassen. Eine spätere Abänderung des Beiordnungsbeschlusses kann auch nicht im Einverständnis beider Rechtsanwälte erfolgen.[1239]

f) Aufhebung der VKH-Bewilligung. Auch gegen die Aufhebung der VKH- **395** Bewilligung ist binnen Monatsfrist die sofortige Beschwerde nach § 127 Abs. 2 ZPO zulässig.[1240] Gegen den Aufhebungsbeschluss ist der zuvor beigeordnete Verfahrensbevollmächtigte ebenfalls nicht im eigenen Namen beschwerdebefugt.[1241]

g) Sofortige Beschwerde der Staatskasse. Ziel der Beschwerde der Staatskasse **396** kann nur sein, eine **Zahlungsanordnung** nach § 120 ZPO zu erreichen, nicht aber die Versagung der VKH an sich,[1242] ebenso nicht die Heraufsetzung angeordneter Raten.[1243] Ihre sofortige Beschwerde gegen die Bewilligung von VKH mit dem Ziel, die dem Grunde nach gewährte VKH aus anderen Gründen zu

---

1234 OLG Celle 14.12.2012 – 12 WF 244/12, FamFR 2013, 60.
1235 OLG Celle 13.8.2014 – 10 WF 401/13, FamRZ 2015, 355; 12.4.2012 – 10 WF 111/12, FamRZ 2012, 1661.
1236 LAG Nürnberg 27.5.2002 – 4 Ta 80/02, MDR 2002, 1094.
1237 BGH 18.5.2011 – XII ZB 265/10, FamRZ 2011, 1138; OLG Köln 4.4.2012 – II-4 WF 24/12, FamRZ 2012, 1239.
1238 BGH 15.9.2010 – XII ZB 82/10, JurBüro 2011, 31.
1239 LAG Nürnberg 27.5.2002 – 4 Ta 80/02, MDR 2002, 1094.
1240 OLG Naumburg 19.4.2002 – 8 WF 82/02 (PKH), Rpfleger 2002, 526.
1241 OLG Celle 30.12.2011 – 10 WF 393/11, FamRZ 2012, 808; 13.8.2014 – 10 WF 401/13, MDR 2014, 1288.
1242 BGH 19.9.2012 – XII ZB 587/11, FamRZ 2013, 123; 17.11.2009 – VIII ZB 44/09, NJW RR 2010, 494.
1243 BGH 19.9.2012 – XII ZB 587/11, FamRZ 2013, 213.

verweigern, ist nicht statthaft,[1244] auch nicht wegen sog greifbarer Gesetzeswidrigkeit.[1245]

397 Daher steht der Staatskasse die sofortige Beschwerde insoweit zu, als zu Unrecht keine Monatsraten oder Zahlungen aus dem Vermögen angeordnet worden sind (§ 127 Abs. 2 S. 1, Abs. 3 ZPO).[1246] Beschwert sich die Staatskasse gegen eine zunächst ratenfrei bewilligte VKH und hilft das Gericht der Beschwerde durch die Anordnung von Ratenzahlungen ab, wird eine weitergehende Beschwerde unzulässig.[1247] Auch gegen Entscheidungen nach § 120 Abs. 4 ZPO, durch die eine Änderung der zuvor ratenfrei bewilligten VKH durch Anordnung von Zahlungen abgelehnt wird, ist die Staatskasse beschwerdebefugt.[1248]

398 Beschwerdeberechtigt ist die Staatskasse ferner dann, wenn eine bereits **ausgezahlte VKH-Vergütung** fehlerhaft zu hoch angesetzt worden ist. Überzahlte Beträge können ggf. in den Grenzen des § 19 Abs. 1 FamGKG zurückgefordert werden, wobei jedoch der Gesichtspunkt der Verwirkung in Betracht zu ziehen ist.[1249] Die Staatskasse kann ihre Beschwerde auch darauf stützen, dass der Antragsteller vom Gericht zu Unrecht nicht auf die Möglichkeit verwiesen worden ist, einen vorrangigen Anspruch auf Verfahrenskostenvorschuss geltend zu machen.[1250]

399 h) **Entscheidung.** Wird Beschwerde gegen die Ablehnung von VKH ohne **Begründung** eingelegt, eine Begründung aber angekündigt, so hat das Gericht deren Eingang abzuwarten, bevor die Sache dem Beschwerdegericht vorgelegt wird.[1251]

400 Bei ihrer Entscheidung haben sich sowohl das Amtsgericht[1252] als auch das Beschwerdegericht mit den Gründen der Beschwerde auseinanderzusetzen und in ihren Beschlüssen die Gründe offenzulegen, die zur Nichtabhilfe geführt haben.[1253] Das Gericht darf sich nicht darauf beschränken, auf die Gründe des angefochtenen Beschlusses Bezug zu nehmen.[1254] Erforderlich ist regelmäßig eine eingehende Auseinandersetzung insbesondere mit neu vorgebrachten Gründen der Beschwerde,[1255] anderenfalls der Anspruch auf rechtliches Gehör verletzt wird.[1256]

401 Für die sofortige Beschwerde gilt das **Verböserungsverbot**,[1257] dh das Gericht kann auf die sofortige Beschwerde des betroffenen Beteiligten einen VKH-

---

1244 BGH 17.11.2009 – VIII ZB 44/09, FamRZ 2010, 288; 19.9.2012 – XII ZB 587/11, FamRZ 2013, 123; OLG Düsseldorf 22.2.2012 – I-24 W 9/12, JurBüro 2012, 315; vgl. OLG Celle 30.12.2011 – 10 WF 393/11, FamRZ 2012, 808.
1245 OLG Nürnberg 9.1.2007 – 7 WF 5/07, FamRZ 2007, 1662.
1246 BGH 17.11.2009 – VIII ZB 44/09, AnwBl 2010, 220; 19.9.2012 – XII ZB 587/11, FamRZ 2013, 123; 8.5.2013 – XII ZB 282/12, FamRZ 2013, 1390.
1247 OLG Düsseldorf 22.2.2012 – I-24 W 9/12, JurBüro 2012, 315.
1248 BGH 8.5.2013 – XII ZB 282/12, NJW 2013, 2289.
1249 OLG Schleswig 26.6.2008 – 15 WF 92/08, FamRZ 2009, 451.
1250 OLG Celle 13.3.2015 – 4 W 15/15, FamRZ 2015, 1420.
1251 OLG Koblenz 16.10.2007 – 13 WF 874/07, FamRZ 2008, 288.
1252 OLG Düsseldorf 8.6.2006 – II-9 WF 68/06, FamRZ 2006, 1551.
1253 OLG Naumburg 29.1.2006 – 8 WF 14/06, FamRZ 2006, 1286.
1254 OLG Jena 30.4.2010 – 1 WF 114/10, FamRZ 2010, 1692.
1255 OLG München 12.9.2003 – 21 W 2186/03, MDR 2004, 291.
1256 OLG Saarbrücken 23.8.2011 – 6 WF 92/11, FamRZ 2012, 319.
1257 Verbot der reformatio in peius: BGH 6.5.2004 – IX ZB 349/02, NJW-RR 2004, 1422; OLG Naumburg 8.8.2008 – 8 WF 153/08, FamRZ 2009, 629.

Beschluss nicht gestützt auf § 124 ZPO aufheben.[1258] Die Einführung des FamFG hat auch daran nichts geändert.[1259]

Bei ihrer Entscheidung haben sich sowohl das Amtsgericht[1260] als auch das Be- 402
schwerdegericht mit den Gründen der Beschwerde auseinanderzusetzen und in ihren Beschlüssen die Gründe offen zu legen, die zur Nichtabhilfe geführt haben.[1261] In den Entscheidungsgründen darf sich das Gericht nicht darauf beschränken, auf die Gründe des angefochtenen Beschlusses Bezug zu nehmen.[1262] Erforderlich ist regelmäßig eine eingehende Auseinandersetzung insbesondere mit neu vorgebrachten Gründen der Beschwerde.[1263]

i) Gebühren. Hinsichtlich der **Anwaltsgebühren** ist das VKH-Beschwerdeverfah- 403
ren – anders als das dem Hauptsacheverfahren zugeordnete Verfahren über die Bewilligung von VKH (vgl. § 16 Nr. 2 RVG) – eine **besondere Angelegenheit** (vgl. § 18 RVG).[1264] Es entstehen Gebühren nach Nr. 3500 VV RVG in Höhe einer halben Gebühr. Die im VKH-Beschwerdeverfahren erwachsenen Kosten können auch im Falle des Obsiegens im nachfolgenden Verfahren nicht gegen den Gegner festgesetzt werden.[1265]

Die **Gerichtsgebühren** richten sich nach Nr. 1912 KV FamGKG.[1266] Die Gebühr 404
beträgt 60 EUR; sie entsteht nur dann, wenn die **Beschwerde verworfen oder zurückgewiesen** wird. Maßgebend ist, ob die entsprechende Entscheidung wirksam geworden ist, dh den inneren Bereich des Gerichts verlassen hat.[1267] Ist die Beschwerde nur teilweise erfolglos, so kann das Gericht die Gebühr auf die Hälfte ermäßigen oder bestimmen, dass eine Gebühr nicht erhoben wird.

Der **Gegenstandswert** einer Beschwerde gegen die **Versagung der VKH** sowie die 405
Ablehnung der Beiordnung richtet sich nach dem **Wert der Hauptsache**, nicht nach dem tatsächlichen Kosteninteresse.[1268]

Hingegen errechnet sich der **Wert der Ratenzahlungsbeschwerde** aus dem **Kos- 406
teninteresse** (§ 2 Abs. 2 RVG iVm der Anm. zu Nr. 3335 VV RVG, Hs. 2). Das ist der Betrag, den der Beteiligte bei Erfolg seines Rechtsmittels nicht bezahlen müsste.[1269] Er ergibt sich aus der Differenz zwischen max. Ratenanzahl x Monatsrate$_1$ und max. Ratenanzahl x Monatsrate$_2$ unter Berücksichtigung der maximal entstehenden Wahlanwalts- und Gerichtsgebühren.

Beispiel:[1270] Scheidungsverfahren, Wert 12.000 EUR

1258 OLG Bremen 3.9.2008 – 5 WF 37/08, FamRZ 2009, 366.
1259 Götsche FamRZ 2009, 388.
1260 OLG Düsseldorf 8.6.2006 – II-9 WF 68/06, FamRZ 2006, 1551.
1261 OLG Naumburg 29.1.2006 – 8 WF 14/06, FamRZ 2006, 1286.
1262 OLG Jena 30.4.2010 – 1 WF 114/10, FamRZ 2010, 1692.
1263 OLG München 12.9.2003 – 21 W 2186/03, MDR 2004, 291 = OLGReport 2003, 435.
1264 VGH München 23.2.2006 – 9 C 04.3335, NJW 2007, 861; VGH Mannheim 12.3.2009 – 9 S 2832/08, NJW 2009, 1692; VGH München 16.7.2009 – 10 C 09.874.
1265 OLG Hamburg 16.4.2002 – 8 W 72/02, MDR 2002, 910 mwN und krit. Anm. Benkelberg FuR 2004, 445.
1266 LG Koblenz FamRZ 2010, 227; FamRZ 2011, 1325.
1267 Schneider/Wolf/Volpert KV Nr. 1912 Rn. 3.
1268 BGH 15.9.2010 – XII ZB 82/10, FamRZ 2010, 1892; 28.4.2011 – IX ZB 145/09, AGS 2011, 385.
1269 BGH 12.9.2012 – XII ZB 658/11, FamRZ 2012, 1937.
1270 Nach BGH 12.9.2012 – XII ZB 658/11, FamRZ 2012, 1937.

Verfahrensgebühr gem. Nr. 3100 VV RVG		785,20 EUR
Terminsgebühr gem. Nr. 3104 VV RVG		724,80 EUR
Post- und Telekommunikationspauschale		
gem. Nr. 7002 VV RVG		20,00 EUR
Zwischensumme		1.530,00 EUR
19 % USt. gem. Nr. 7008 VV RVG		290,70 EUR
Summe		1.820,70 EUR

	Monate	Summe
Monatsrate		
60,00 EUR	48	2.880,00 EUR
Max. Gebühren		1.820,70 EUR
15,00 EUR	48	720,00 EUR
Differenz		1.100,70 EUR

Der Wert der Beschwerde beträgt in diesem Fall 1.100,70 EUR.

407 **3. Rechtsbeschwerde.** Gegen die Beschwerdeentscheidung des Oberlandesgerichts kommt nur noch die **zulassungsbedürftige Rechtsbeschwerde** in Betracht.[1271] Ihre Statthaftigkeit und Zulässigkeit richtet sich auch weiterhin nach § 574 Abs. 1 S. 1 Nr. 2 ZPO, nicht etwa nach den §§ 70 ff. FamFG,[1272] obwohl § 76 Abs. 2 FamFG zwar auf die §§ 569–572 ZPO, nicht aber auf die §§ 574 ff. ZPO verweist.[1273] Das folgt nach Ansicht des Bundesgerichtshofs daraus, dass sich nicht nur die Voraussetzungen für die Bewilligung der VKH, sondern auch die Modalitäten der Anfechtung ihrer Verweigerung nach der ZPO richten sollen.[1274] Das gilt auch für die Frage, ob die Zurückweisung einer Beschwerde mit der Rechtsbeschwerde angegriffen werden kann.[1275]

408 Auch die Rechtsbeschwerde in VKH-Sachen kann nach § 114 Abs. 2 FamFG wirksam nur durch einen beim Bundesgerichtshof zugelassenen Rechtsanwalt eingelegt werden.[1276] Bezirksrevisoren sind im Rechtsbeschwerdeverfahren vor dem Bundesgerichtshof nicht postulationsfähig.[1277]

409 Der **Verfahrenswert** der Rechtsbeschwerde richtet sich nach dem **Wert der Hauptsache.**[1278]

410 Die Rechtsbeschwerde kann nur wegen solcher Fragen **zugelassen** werden, die das Verfahren oder die persönlichen Voraussetzungen betreffen.[1279] Hat die beabsichtigte Rechtsverfolgung oder Rechtsverteidigung grundsätzliche Bedeutung oder wirft sie Fragen auf, die einer Klärung durch höchstrichterliche Entschei-

---

1271 BGH 13.7.2011 – IX ZA 77/11, FamRZ 2011, 1582; vgl. BGH 15.9.2010 – XII ZB 82/10, FamRZ 2010, 1892. Für den Bereich des FamFG vgl. Götsche FamRZ 2009, 388.

1272 So aber BGH 23.6.2010 – XII ZB 82/10, FamRZ 2010, 1427 mAnm Stößer; BGH FamRZ 2010, 1425 mAnm Rüntz; anders wiederum BGH 5.1.2011 – XII ZB 240/10, FamRZ 2011, 368.

1273 Fölsch FamRZ 2011, 260 mwN.

1274 BGH 4.3.2010 – V ZB 222/09, FamRZ 2010, 809; vgl. BT-Drs. 16/6308, 214 f.

1275 Prütting/Helms/Abramenko FamFG § 70 Rn. 2 aE; anders aber Prütting/Helms/Stößer FamFG § 76 Rn. 15.

1276 BGH 15.9.2010 – XII ZB 82/10, FamRZ 2010, 1892.

1277 BGH 7.7.2010 – XII ZB 149/10, FamRZ 2010, 1544.

1278 BGH 15.9.2010 – XII ZB 82/10, FamRZ 2010, 1892.

1279 BGH 21.11.2002 – V ZB 40/02, NJW 2003, 1126; 26.1.2005 – XII ZB 234/03, NJW 2005, 2393; 8.1.2008 – VIII ZB 18/06, AnwBl. 2008, 304.

dung bedürfen, so verspricht diese Aussicht auf Erfolg und es ist VKH zu bewilligen.[1280]

Für die Rechtsbeschwerde gegen die Entscheidung des Gerichts der sofortigen **411** Beschwerde kommt die Bewilligung von VKH in Betracht; **der Grundsatz „keine VKH für das VKH-Verfahren" gilt hier nicht.**[1281] Eine nur bedingt eingelegte Rechtsbeschwerde ist unzulässig.[1282] Rechtsbeschwerden beim Bundesgerichtshof können nur durch einen dort zugelassenen Rechtsanwalt eingelegt werden.[1283] Eine Erstattung der außergerichtlichen Kosten eines Rechtsbeschwerdeverfahrens im VKH-Prüfungsverfahren findet nicht statt.[1284]

Die Bewilligung von VKH kann **vom Gegner** mit der Rechtsbeschwerde selbst **412** dann nicht angefochten werden, wenn das Ausgangsgericht irrig die Rechtsbeschwerde zugelassen hat.[1285]

4. Anhörungsrüge. Gem. § 321 a Abs. 1 S. 1 ZPO ist das Verfahren auf die Rü- **413** ge der durch die Entscheidung beschwerten Partei fortzuführen, wenn ein Rechtsmittel oder ein anderer Rechtsbehelf gegen die Entscheidung nicht gegeben ist und das Gericht den Anspruch dieser Partei auf rechtliches Gehör in entscheidungserheblicher Weise verletzt hat. Liegen die gesetzlichen Voraussetzungen vor, kommt die Gehörsrüge für den **VKH-Antragsteller** auch im Falle einer an sich unanfechtbaren VKH-Entscheidung in Betracht.[1286] Für den **Antragsgegner** hingegen ist sie nicht statthaft, weil dieser nicht Beteiligter des Bewilligungsverfahrens und daher durch eine VKH-Bewilligung nicht beschwert ist.[1287] Für das Anhörungsrügeverfahren im Anschluss an ein VKH-Beschwerdeverfahren kann VKH nicht bewilligt werden.[1288]

Die Anhörungsrüge ist gem. § 321 a Abs. 2 S. 4 ZPO bei dem Gericht zu erhe- **414** ben, dessen Entscheidung angegriffen wird, und gem. § 321 a Abs. 4 ZPO ausschließlich von diesem Gericht – ohne weitere Anfechtungsmöglichkeit – zu bescheiden.[1289] Gleiches gilt für die Gegenvorstellung.[1290]

5. Gegenvorstellung. Die auf eine sofortige Beschwerde ergangene Entscheidung **415** kann im Übrigen nur noch mit einer **Gegenvorstellung** „angefochten" werden,[1291] jedoch nicht unbefristet:[1292] Spätestens nach Ablauf eines Monats,[1293]

1280 BGH 21.11.2002 – V ZB 40/02, NJW 2003, 1126; 17.3.2004 – XII ZB 192/02, NJW 2004, 2022.
1281 BGH 19.12.2002 – III ZB 33/02, NJW 2003, 1192.
1282 BayObLG 12.6.2002 – 1Z BRH 1/02, FamRZ 2003, 391.
1283 BGH 21.3.2002 – IX ZB 18/02, NJW 2002, 2181.
1284 BGH 9.3.2010 – VI ZB 56/07, FamRZ 2010, 808.
1285 BGH 12.9.2002 – III ZB 43/02, NJW 2002, 3554; vgl. BGH 23.5.2012 – XII ZB 417/11, FamRZ 2012, 1204, 1293; 7.2.2013 – VII ZB 58/12, FamRZ 2013, 697.
1286 Zimmermann Rn. 684.
1287 OLG Bremen 4.2.2014 – 4 WF 127/13, FamRZ 2014, 1723.
1288 OLG Köln 11.12.2014 – I-7 W 52/14, NJW-RR 2015, 576.
1289 BGH 5.7.2010 – IX ZA 27/10, WuM 2010, 647.
1290 BGH 26.4.2001 – IX ZB 25/01, NJW 2001, 2262.
1291 BFH 1.7.2009 – V S 10/07, FamRZ 2009, 1829; Kalthoener/Büttner/Wrobel-Sachs Rn. 862.
1292 Für eine unbefristete Gegenvorstellung, weil in jeder sofortigen Beschwerde als Minus eine Gegenvorstellung zu sehen ist, der bei Begründetheit stattzugeben und abzuhelfen ist, auch wenn die Gegenvorstellung im Rahmen einer unzulässigen Beschwerde erfolgte: LAG Rheinland-Pfalz 28.11.2011 – 1 Ta 238/11; 19.4.2010 – 1 Ta 65/10, AE 2010, 267; 25.11.2009 – 1 Ta 259/09.
1293 OLG Koblenz 12.1.2004 – 5 W 412/03, NJOZ 2004, 2541; OLG Celle 28.3.2003 – 11 W 38/02.

nach anderer Auffassung sogar nur von zwei Wochen[1294] seit der Bekanntgabe der Rechtsmittelentscheidung sind Gegenvorstellungen im VKH-Beschwerdeverfahren unzulässig. Die Gegenvorstellung kann nicht allein damit begründet werden, die Entscheidung des Oberlandesgerichts sei von einem falschen Sachverhalt ausgegangen.[1295]

416 **6. Keine weiteren Rechtsmittel.** Weitere VKH-Rechtsmittel existieren nicht, insbesondere keine „Ausnahmebeschwerde",[1296] deren Zulässigkeit verfassungsrechtlich auch nicht geboten ist.[1297]

XI. Gebührenfragen

417 **1. Allgemeines.** Der Anspruch des beigeordneten Rechtsanwalts umfasst die auf die Vergütung entfallende **Umsatzsteuer** auch dann, wenn sein Mandant zum Vorsteuerabzug berechtigt ist.[1298]

418 Die **Pauschale** für Entgelte für Post- und Telekommunikationsdienstleistungen (Nr. 7002 VV RVG) richtet sich in VKH-Angelegenheiten nach den **Wahlanwaltsgebühren** (Tabelle zu § 13 RVG) und nicht nach den VKH-Gebühren (Tabelle zu § 49 RVG).[1299]

419 Ist der erteilte Auftrag **seit mehr als zwei Kalenderjahren erledigt**, gilt die weitere Tätigkeit des Anwalts in gleicher Sache gem. § 15 Abs. 5 S. 2 RVG als **neue Angelegenheit**, dazu entfallen die im RVG bestimmten Anrechnungen von Gebühren. **Umstritten** ist allerdings, wann eine „**Erledigung des Auftrags**" iSv § 15 Abs. 5 S. 2 RVG eintritt:

- Dies ist nach einer Ansicht erst dann der Fall, wenn der Anwalt seine Verpflichtungen aus dem Anwaltsdienstvertrag vollständig erfüllt hat.[1300] Bei einem bloßen Nichtbetreiben des Verfahrens führt eine weitere Tätigkeit des Rechtsanwalts nach Ablauf von zwei Kalenderjahren allein nicht schon zu einer neuen Angelegenheit iSv § 15 Abs. 5 S. 2 RVG.[1301] Dies gilt auch für den Fall einer ausgesetzten und wieder aufgenommenen Folgesache Versorgungsausgleich.[1302]

- Nach anderer Ansicht ist als „Erledigung" iSv § 15 Abs. 5 RVG nicht der endgültige Abschluss einer rechtlichen Angelegenheit zu verstehen; maßgebend soll vielmehr die Fälligkeit der Vergütung nach § 8 RVG sein: In beiden Vorschriften ist als die Fälligkeit der Vergütung auslösender Zeitpunkt ua ausdrücklich das Ruhen des Verfahrens über mehr als drei Monate genannt. Führt der Bevollmächtigte eine „erledigte" Angelegenheit mit einer zeitlichen Unterbrechung von mehr als zwei Kalenderjahren fort, so fingiert das

---

1294 BGH 7.3.2002 – IX ZB 11/02, NJW 2002, 1577; analog § 321 a ZPO: OLG Rostock 10.6.2008 – 1 U 138/08, FamRZ 2009, 907; 16.7.2002 – 1 U 59/01, MDR 2002, 1393; 10.6.2008 – 1 U 138/08, FamRZ 2009, 907.
1295 OLG Hamburg 19.10.2006 – 10 WF 63/06, FamRZ 2007, 2089.
1296 BGH 7.3.2002 – IX ZB 11/02, NJW 2002, 1577; 20.9.2011 – IX ZA 42/11.
1297 BVerfG 30.4.2003 – 1 PBvU 1/02, NJW 2003, 1924.
1298 OLG Hamburg 19.6.2013 – 4 W 60/13, NJW-Spezial 2013, 572.
1299 OLG Nürnberg 13.10.2009 – 6 W 377/09, JurBüro 2010, 40.
1300 BGH 11.8.2010 – XII ZB 60/08, MDR 2010, 1218 Rn. 14; VGH München 8.12.2014 – 15 M 14.2529, NJW 2015, 648.
1301 OLG Schleswig 28.1.2013 – 15 WF 363/12, AGS 2013, 123 m. zust. Anm. Schneider und abl. Anm. Mayer FD-RVG 2013, 343922.
1302 KG 28.10.2010 – 19 WF 174/10, NJW-RR 2011, 371.

Gesetz dieses als Auftrag zu einer neuen Angelegenheit.[1303] Dies wird dem Umstand gerecht, dass ein Rechtsanwalt in der Regel nach Ablauf von zwei Kalenderjahren sich vollständig neu in ein Mandat einarbeiten muss und demzufolge eine weitere Tätigkeit ausgelöst wird.[1304]

Die **Festsetzung der Vergütung** nach §§ 45 ff. RVG ist kein Justizverwaltungsakt 420 iSv §§ 23 ff. EGGVG.[1305] Gegen die Festsetzung ist daher nicht der Antrag auf gerichtliche Entscheidung gem. § 23 EGGVG gegeben, sondern (nur) die Erinnerung bzw. Beschwerde nach § 56 RVG.[1306]

2. Anrechnung der Geschäftsgebühr.[1307] Nach § 15 a Abs. 2 RVG kann sich ein 421 Dritter auf die Anrechnung der Geschäftsgebühr nur berufen, wenn

- er den Anspruch auf eine der beiden Gebühren erfüllt hat (auch durch Aufrechnung)[1308] oder
- wegen einem dieser Ansprüche gegen ihn ein Vollstreckungstitel besteht oder
- beide Gebühren in demselben Verfahren gegen ihn geltend gemacht werden.

Bei der Staatskasse handelt es sich nicht um einen „Dritten" iSv § 15 a Abs. 2 422 RVG.[1309] Nach alledem kommt die Anrechnung der vorgerichtlichen Geschäftsgebühr auf die aus der Staatskasse zu zahlende VKH-Vergütung allenfalls noch dann in Betracht, wenn sie tatsächlich bezahlt worden ist.[1310] **In diesem Fall hat die Anrechnung zunächst auf die Gebühren nach der Wahlanwaltstabelle zu erfolgen.**[1311] Nur soweit der Anrechnungsbetrag den Differenzbetrag der VKH-Vergütung zur Regelvergütung übersteigt, kommt ein Abzug von dem gegen die Staatskasse festzusetzenden Anspruch in Betracht.[1312]

1303 So OLG Stuttgart 13.5.2002 – 8 W 640/01, MDR 2003, 117.
1304 So OLG Brandenburg 7.5.2009 – 6 W 219/08, AGS 2009, 432; zustimmend Mayer FD-RVG 2013, 343922; Mayer in Gerold/Schmidt, RVG, 22. Aufl., RVG § 15 Rn. 135.
1305 OLG Naumburg 18.6.2003 – 14 VA 2/03, NJW 2003, 2921.
1306 OLG Köln 4.7.2002 – 7 VA 1/02, NJW-RR 2003, 575.
1307 Schneider, Die Kettenanrechnung – Tipps und Kniffe bei mehrstufigen Mandaten, AnwBl 2015, 220.
1308 OLG Köln 15.8.2011 – I-17 W 153/11, NJW-Spezial 2011, 764.
1309 OLG Frankfurt/M. 12.12.2011 – 18 W 214/11, NJOZ 2012, 1501.
1310 OLG Frankfurt/M. 20.3.2012 – 4 WF 204/11, FamRZ 2013, 323; 21.5.2013 – 18 W 68/13, AGS 2013, 531; OLG Celle 7.11.2013 – 2 W 235/13, MDR 2014, 188.
1311 So OLG Frankfurt/M. 17.10.2012 – 14 W 88/12, NJW-RR 2013, 319; OLG Zweibrücken 11.5.2010 – 2 WF 33/10, FamRZ 2011, 138 mAnm Mayer FD-RVG 2010, 304771; OLG Braunschweig 22.3.2011 – 2 W 18/11, FamRZ 2011, 1683 mAnm Mayer FD-RVG 2011, 318162; OLG Oldenburg 1.9.2011 – 13 W 29/11, FamRZ 2012, 244.
1312 OLG Koblenz 30.7.2012 – 14 W 360/12, JurBüro 2013, 186; OLG Oldenburg 1.9.2011 – 13 W 29/11, FamRZ 2012, 244; OLG Zweibrücken 11.5.2010 – 2 WF 33/10, FamRZ 2011, 138; OLG Brandenburg 25.7.2011 – 6 W 55/10, JurBüro 2011, 580; OLG Braunschweig 22.3.2011 – 2 W 18/11, FamRZ 2011, 1683 = NJW-Spezial 2011, 635 mit Abrechnungsbeispiel; OLG Zweibrücken 16.3.2011 – 6 WF 46/11, FamRZ 2011, 1978; OLG München 10.12.2009 – 11 W 2649/09, FamRZ 2010, 923; vgl. Müller-Raabe, § 15 a RVG!, NJW 2009, 2913 ff. mwN; siehe auch Jüdt, Anmerkungen zur richtigen Anrechnung der Geschäftsgebühr im VKH-Verfahren, FuR 2015, 23; zur Anrechnung der Geschäftsgebühr auf die Verfahrensgebühr für die zweite Instanz vgl. BGH 20.12.2011 – XI ZB 17/11, FamRZ 2012, 366.

423 **Beispiel:** Gegenstandswert: 6.000 EUR

Geschäftsgebühr gem. Nr. 2300 VV RVG (1,8)	637,20 EUR
Post- und Telekommunikationspauschale gem. Nr. 7002 VV RVG	20,00 EUR
Zwischensumme	657,20 EUR
19 % USt. gem. Nr. 7008 VV RVG	124,87 EUR
Summe	782,07 EUR

Verfahrensgebühr gem. Nr. 3100 VV RVG (PKH-Tabelle)	347,10 EUR
anzurechnen gem. Vorbemerkung 3 Abs. 4 vor Nr. 3100 VV RVG	
1/2 der Geschäftsgebühr von 637,20 EUR, max. 1/2 aus 531,00 EUR = 265,50 EUR	
unter Berücksichtigung der Differenz zwischen VKH- und Wahlanwaltstabelle in Höhe von 265,50 EUR – (460,20 EUR – 347,10 EUR) =	- 152,40 EUR
Terminsgebühr gem. Nr. 3104 VV RVG	320,40 EUR
Post- und Telekommunikationspauschale gem. Nr. 7002 VV RVG	20,00 EUR
Zwischensumme	535,10 EUR
19 % USt. gem. Nr. 7008 VV RVG	101,67 EUR
Summe	636,77 EUR

Die anrechnungsfähige Geschäftsgebühr (½ von 531 EUR = 235,50 EUR) bleibt in Höhe von 113,10 EUR unberücksichtigt. Im Übrigen kommt die Anrechnung einer Geschäftsgebühr auf die Verfahrensgebühr im Kostenfestsetzungsverfahren nicht in Betracht, wenn beide Gebühren von verschiedenen Anwälten verdient worden sind.

424 Werden die außergerichtlich entstandenen Gebühren zusammen mit der Hauptsache geltend gemacht, handelt es sich um eine Nebenforderung, die nach § 37 Abs. 1 FamGKG nicht verfahrenswerterhöhend wirkt, solange die der Beauftragung zugrunde liegende Forderung Gegenstand des Verfahrens ist.[1313] Ein nur bedingt für den Fall des Scheiterns des vorgerichtlichen Mandats erteilter Verfahrensauftrag steht der Gebühr aus Nr. 2300 VV RVG nicht entgegen.[1314]

425 **3. Mehrvergleich.**[1315] § 48 Abs. 1 RVG enthält den **Grundsatz**, dass sich der Vergütungsanspruch des Rechtsanwalts nach den Beschlüssen bestimmt, durch die die VKH bewilligt und der Rechtsanwalt beigeordnet oder bestellt worden ist. Von diesem Grundsatz macht § 48 Abs. 3 S. 1 RVG eine **Ausnahme:** Danach erstreckt sich die **Beiordnung in einer Ehesache** auch auf den Abschluss eines Vertrags im Sinne der Nr. 1000 VV RVG, wenn der Vertrag eine Einigung über

- Ehegattenunterhalt,
- Kindesunterhalt,

1313 OLG Celle 5.11.2012 – 13 W 79/12, NJW-RR 2013, 188.
1314 BGH 26.2.2013 – XI ZR 345/10, JurBüro 2013, 418.
1315 Vgl. Enders, Anrechnung der Geschäftsgebühr und Höhe der Terminsgebühr bei Mietvergleichen nicht anhängiger Ansprüche und Prozesskostenhilfe, JurBüro 2009, 351; Volpert, Gerichtliche Mehrvergleichsgebühr und Gebührenvergleich gem. §§ 36 Abs. 3 GKG, 30 Abs. 3 FamGKG, AGS 2010, 53.

- Sorgerecht,
- Umgangsrecht,
- Rechtsverhältnisse an Ehewohnung und Haushaltsgegenständen oder
- eheliches Güterrecht

zum Gegenstand hat.[1316] Insoweit war lange Zeit hoch umstritten, ob der Anwalt mit Rücksicht auf den Wortlaut von § 48 Abs. 4 S. 1 RVG bei der Staatskasse nur die erhöhte 1,5-**Einigungsgebühr**,[1317] die **Verfahrensdifferenzgebühr**[1318] und die **Terminsgebühr**[1319] verlangen kann.[1320] Mit dem Inkrafttreten des 2. Kostenrechtsmodernisierungsgesetzes vom 23.7.2013[1321] zum 1.8.2013 hat § 48 Abs. 3 RVG folgende Fassung erhalten:

Die Beiordnung in einer Ehesache erstreckt sich im Fall des Abschlusses eines Vertrags im Sinne der Nummer 1000 des Vergütungsverzeichnisses auf alle mit der Herbeiführung der Einigung erforderlichen Tätigkeiten, soweit der Vertrag ... betrifft.

Damit ist klargestellt, dass neben der Vergleichsgebühr auch die Verfahrensdifferenzgebühr und die erhöhte Terminsgebühr auszugleichen sind. Diese Klarstellung gilt allerdings nur für die Beiordnung in Ehesachen und die in § 48 Abs. 3 RVG aufgeführten Gegenstände. In allen anderen Verfahren ist die Problematik nach wie vor virulent.[1322] Nach Auffassung des OLG Celle[1323] ist es jedoch nach dem Zweck der Neuregelung bereits von Verfassungs wegen (Art. 3 Abs. 1 GG) nicht gerechtfertigt, die Frage des Vergütungsanspruchs für die Herbeiführung eines Vergleichs bei selbstständigen Familiensachen anders zu behandeln als bei im Scheidungsverbund stehenden. ZT wird für andere Gegenstände ein „enger Zusammenhang" zwischen dem eigentlichen Verfahrensgegenstand und dem zusätzlichen Gegenstand des Mehrvergleichs gefordert.[1324] 426

Will der Anwalt auch in anderen als den Fällen des § 48 Abs. 3 RVG sicherstellen, dass sich ein Mehrwertbeschluss auch auf die Verfahrensdifferenzgebühr und die Terminsgebühr aus dem Mehrwert erstreckt, muss er die dahin gehende 427

1316 N. Schneider, Erstreckung der Verfahrenskostenhilfe in Familiensachen, NZFam 2014, 257; zum Protokollierungsanspruch vgl. BGH 3.8.2011 – XII ZB 153/10, FamRZ 2011, 1648.
1317 So ua zuletzt OLG Koblenz 19.5.2014 – 13 WF 369/14, NZFam 2014, 749.
1318 So ua zuletzt OLG Dresden 7.2.2014 – 23 WF 1209/13, MDR 2014, 686.
1319 So ua zuletzt OLG Hamm 24.9.2015 – II-6 WF 89/15, NZFam 2015, 1019.
1320 Frage der Auslegung des Bewilligungsbeschlusses: OLG Koblenz 19.5.2014 – 13 WF 369/14, FamRZ 2014, 1877; OLG Frankfurt/M. 8.10.2012 – 5 WF 230/12, FamRZ 2013, 905.
1321 BGBl. I, 2586.
1322 OLG Dresden 13.11.2015 – 22 WF 926/15, NZFam 2016, 134: „Umkehrschluss", m. abl. Anm. Schneider; OLG Dresden 7.5.2015 – 19 WF 1424/14, FamRZ 2015, 1826 (Umgangsvergleich im Sorgerechtsverfahren); OLG Dresden 7.2.2014 – 23 WF 1209/13, FamRZ 2014, 1879; OLG Koblenz 19.5.2014 – 13 WF 369/14, NZFam 2014, 749 (Gewaltschutzverfahren); OLG Dresden 7.2.2014 – 23 WF 1209/13, NJW 2014, 2804 (Zugewinnausgleich); OLG Köln 30.9.2014 – 12 WF 107/14, FamRZ 2015, 1314; OLG Köln 2.10.2014 – II-12 WF 130/14, NJW-Spezial 2015, 157; OLG Hamm 24.9.2015 – 6 WF 89/15; Schneider, Nochmals: Beiordnung für Mehrwertvergleich, NZFam 2015, 1052.
1323 OLG Celle 8.5.2014 – 15 UF 166/13, FamRZ 2014, 1878.
1324 OLG Koblenz 16.9.2014 – 13 WF 810/14, FamRZ 2015, 434; OLG Zweibrücken 3.7.2015 – 6 WF 40/15, FamRZ 2016, 254; gänzlich abl. OLG Dresden 13.11.2015 – 22 WF 926/15, JurBüro 2016, 87 m. abl. Anm. Mayer FD-RVG 2015, 374299.

Erstreckung der VKH sinnvollerweise bereits im ersten Beiordnungsantrag vorsorglich **beantragen.**[1325]

▶ Formulierungsvorschlag:

„Für den Fall des Abschlusses eines Mehrwertvergleichs wird bereits jetzt schon beantragt, dem Antragsteller/Antragsgegner auch insoweit Verfahrenskostenhilfe unter Beiordnung des Unterzeichners zu bewilligen und auszusprechen, dass sich die Verfahrenskostenhilfe auf alle mit der Herbeiführung der Einigung erforderlichen Tätigkeiten erstreckt."[1326] ◀

428 Jedenfalls beläuft sich die Vergleichsgebühr auch dann auf 1,5, wenn einem der Beteiligten VKH auch für den Abschluss des Vergleichs bewilligt worden ist, und ist unabhängig davon, ob das Gericht den Vergleich lediglich protokolliert oder ob es an dem Zustandekommen des Vergleichs mitgewirkt hat.[1327]

429 **4. Einstweilige Anordnung und Hauptsache.** Nach Nr. 3104 VV RVG erhält der Verfahrensbevollmächtigte im ersten Rechtszug für die Vertretung in einem Termin zur mündlichen Verhandlung grundsätzlich eine 1,2-Terminsgebühr,[1328] die wegen § 18 RVG grundsätzlich auch in einem einstweiligen Anordnungsverfahren anfällt. Dies gilt auch dann, wenn anlässlich eines Termins sowohl in der Hauptsache als auch über die einstweilige Anordnung verhandelt wird.[1329] Eine Anrechnung der Gebühren findet nicht statt, weil das RVG keine entsprechende Anrechnungsvorschrift enthält.[1330] Insbesondere ist Nr. 3104 Abs. 2 VV RVG nicht einschlägig, wenn keine Verhandlungen zur Einigung über im Hauptsache- oder Eilverfahren nicht rechtshängige Ansprüche geführt worden sind. Das gilt ebenso im Falle der Verbindung zweier Verfahren zur gemeinsamen Verhandlung.[1331]

430 Wird im Verfahren auf einstweilige Unterhaltsanordnung auch ein endgültiger Vergleich über den Unterhalt geschlossen, so ist für den Vergleich im Anordnungsverfahren und für den in der Hauptsache jeweils ein besonderer Wert festzusetzen.[1332] Die Einigungsgebühr hingegen entsteht nur einmal und im Haupt-

---

1325 OLG Stuttgart 18.2.2016 – 8 WF 339/15; Schneider NZFam 2015, 1052.

1326 OLG Stuttgart 18.2.2016 – 8 WF 339/15; Schneider, Augen auf beim Mehrwertvergleich in VKH-Mandaten, NZFam 2015, 451 (452); siehe auch Enders, Mehrvergleich im Prozesskostenhilfeverfahren – Abrechnung der Differenzkosten mit dem Mandanten, JurBüro 2016, 59.

1327 LAG Düsseldorf 25.9.2014 – 5 Sa 273/14, NJW-Spezial 2014, 700; 13.10.2014 – 13 Ta 342/14, NJW-Spezial 2014, 764; vgl. OLG Hamm 24.9.2015 – 6 WF 89/15, NZFam 2015, 1019.

1328 BGH 18.7.2006 – XI ZB 41/05, NJW 2006, 2927.

1329 OLG Oldenburg 26.9.2006 – 4 WF 109/06, FamRZ 2007, 575; aM OLG Hamm 25.9.2008 – II-6 WF 289/08, FamRZ 2009, 540.

1330 Zutreffend Gerold/Schmidt RVG § 17 Rn. 82.

1331 VGH München 17.4.2007 – 4 C 07.659, NVwZ-RR 2008, 504; für den Fall einer vorprozessualen Tätigkeit für mehrere Auftraggeber wegen verschiedener Gegenstände mit einem einheitlichen anschließenden Verfahren wegen sämtlicher Gegenstände vgl. OLG Koblenz 24.9.2008 – 14 W 590/08, FamRZ 2009, 1089.

1332 OLG Karlsruhe 19.1.2007 – 16 WF 178/06, FamRZ 2007, 1114; zum doppelten Anfall einer Terminsgebühr bei Verbindung zweier Verfahren zur gemeinsamen Verhandlung vgl. VGH München 17.4.2007 – 4 C 07.659, NVwZ-RR 2008, 504.

sacheverfahren; sie ist aus den zusammengerechneten Werten zu berechnen.[1333] Problematisch ist die Frage nach der Vergütung für einen **Zwischenvergleich**.[1334]

B. Beratungshilfe

Literatur: Büttner/Wrobel-Sachs/Gottschalk/Dürbeck, Prozess- und Verfahrenskostenhilfe – Beratungshilfe, 7. Aufl. 2014; Dörndorfer, Kostenhilferecht für Anfänger, 6. Aufl. 2014; Gerold/Schmidt RVG, 22. Aufl. 2015; Groß, Beratungshilfe – Prozesskostenhilfe – Verfahrenskostenhilfe, 12. Aufl. 2014; Lissner/Dietrich/Eilzer/Germann/Kessel, Beratungshilfe mit Prozess- und Verfahrenskostenhilfe, 2. Aufl. 2014; Mayer/Kroiß, RVG, 6. Aufl. 2013; Poller/Teubel, Gesamtes Kostenhilferecht, 2. Aufl. 2013.

Giers, Die Reform der Prozesskosten-, Verfahrenskosten- und Beratungshilfe, FamRZ 2013, 1341 ff.; Kilian, Die Bedeutung der Prozesskostenhilfe in der anwaltlichen Praxis, AnwBl 2012, 330 ff.; Lissner, Die Antragstellungsverfahren in der Beratungshilfe, AGS 2013, 105; Nickel, Das neue Beratungshilferecht, MDR 2013, 950; Stein, Gebührentipps für Familienrechtler, FamFR 2010, 31.

I. Allgemeines[1335]

Nach § 1 Abs. 1 BerHG wird Beratungshilfe (BerH) für die **Wahrnehmung von Rechten** gewährt. Erforderlich ist eine Wahrnehmung von Rechten **außerhalb eines gerichtlichen Verfahrens** oder im obligatorischen Güteverfahren nach § 15 a EGZPO. Da das **VKH-Prüfungsverfahren** bereits ein **gerichtliches Verfahren** darstellt,[1336] kann BerH lediglich bis zum Einreichen eines VKH-Antrags bei Gericht beansprucht werden.[1337] **Nach Einreichung eines VKH-Gesuchs** ist eine Inanspruchnahme der BerH **nicht mehr möglich**,[1338] es sei denn, der VKH-Antrag wird vor einer Entscheidung hierüber und formeller Zustellung des beabsichtigten Antrags zurückgenommen. Hingegen kann der **Antragsgegner** im VKH-Prüfungsverfahren bis zur Vornahme eigener Verfahrenshandlungen BerH in Anspruch nehmen, da er sich selbst noch nicht in einem gerichtlichen Verfahren befindet,[1339] auch wenn er zur Stellungnahme zum VKH-Gesuch des Antragstellers aufgefordert wird, sondern kann sich insbesondere darüber beraten lassen, ob er sich daran beteiligen soll.[1340]

431

Der **Anwalt** ist grundsätzlich **verpflichtet**, BerH zu gewähren; er kann diese nur aus wichtigem Grund im Einzelfall ablehnen (vgl. § 49 a Abs. 1 BRAO, § 11

432

1333 OLG Koblenz 22.1.2008 – 11 WF 24/08, FamRZ 2008, 1969; OLG Hamm 25.9.2008 – II-6 WF 289/08, FamRZ 2009, 540; zur Entstehung einer Einigungsgebühr bei außergerichtlicher Umgangsvereinbarung nach Instanzende, jedoch vor Rechtskraft der Entscheidung vgl. OLG Dresden 6.2.2008 – 21 WF 1142/07, FamRZ 2008, 1970.

1334 OLG Köln 12.11.2008 – 4 WF 122/08, FamRZ 2009, 714; zu weiteren Voraussetzungen bei Sorgerecht und Umgang vgl. OLG Celle 8.8.2008 – 17 WF 110/08, FamRZ 2009, 715.

1335 Heyder, Beratungshilfe – ein Prüfstein für die Justizpolitik, AnwBl 2007, 361; Fölsch, Beratungshilfe – Ein Kurzüberblick, NJW 2010, 350; Büte, Die Neuregelung des Rechts der Beratungshilfe, FuR 2013, 696; Nickel, Änderungen des Beratungshilferechts zum 1.1.2014, FamRB 2014, 17; Lissner/Schneider, Die neue Antragstellung in der Beratungshilfe, AGS 2014, 157; Nickel, Fehlerquellen im Umgang mit Beratungshilfe, NZFam 2015, 294.

1336 BGH 30.5.1984 – VIII ZR 298/83, NJW 1984, 2106.

1337 OLG Frankfurt/M. 19.5.1989 – 6 WF 63/89, JurBüro 1990, 1610; OLG München 17.2.1998 – 11 WF 1093/97, Rpfleger 1998, 253.

1338 Büttner/Wrobel-Sachs/Gottschalk/Dürbeck Rn. 918; Lissner Rpfleger 2007, 448 (449).

1339 OLG Frankfurt/M. 19.5.1989 – 6 WF 63/89, JurBüro 1990, 1610.

1340 Büttner/Wrobel-Sachs/Gottschalk/Dürbeck Rn. 918.

BerHG). Vor allem im Bereich des **Familienrechts** sieht er sich **überdurchschnittlich** häufig nicht nur mit (ratenfreier) VKH, sondern auch mit **BerH** konfrontiert. Im Gegensatz zur VKH kommt es hinsichtlich der Rechtsverfolgung jedoch nicht auf die Erfolgsaussichten an, da der Berechtigte oftmals erst durch die Beratung selbst über die Erfolgsaussicht seines Anliegens unterrichtet wird.[1341]

433 Eine Erklärung des Mandanten bei Mandatsbeginn, dass in seiner Person die Voraussetzungen für die Gewährung von BerH gegeben sind, ist dahin gehend auszulegen, dass er Beratung und Vertretung nur unter der Voraussetzung der BerH wünscht.[1342] Auch bei Vorliegen nur geringer[1343] Anhaltspunkte dafür, dass sein Mandant zum Kreis der nach dem BerHG Berechtigten gehört, ist der Rechtsanwalt gem. § 49 a BRAO verpflichtet, auf die Möglichkeit der BerH hinzuweisen.[1344]

434 Unterlässt der Anwalt den gebotenen Hinweis, liegt hierin eine **Pflichtverletzung** des Anwaltsvertrags gem. § 280 Abs. 1, aus der dem Mandanten ein Schadensersatzanspruch in einer dem anwaltlichen Gebührenanspruch entsprechenden Höhe erwächst.[1345] Dem Anwalt steht dann lediglich die Gebühr der Nr. 2500 VV RVG in Höhe von 15 EUR incl. der gesetzlichen Umsatzsteuer zu.[1346] Allerdings ist er nicht verpflichtet, den Mandanten ungefragt über dessen Pflicht, die anwaltliche Tätigkeit zu vergüten, und die Höhe des Honorars zu unterrichten.[1347] Vielmehr kann sich eine solche Verpflichtung nur aus besonderen Umständen des Einzelfalls nach Treu und Glauben ergeben.

435 Seit dem 1.1.2014 umfasst die BerH gem. § 2 Abs. 2 BerHG sämtliche Rechtsgebiete ohne die frühere Beschränkung hinsichtlich des Steuerrechts.[1348]

II. Keine anderen Möglichkeiten der Hilfe

436 Weitere negative Voraussetzung ist, dass andere Möglichkeiten der Hilfe nicht zur Verfügung stehen, deren Inanspruchnahme dem Rechtsuchenden zuzumuten ist (§ 1 Abs. 1 Nr. 2 BerHG). Diese anderen Möglichkeiten der Hilfe müssen für den Rechtsuchenden **geeignet, erlaubt, zumutbar** und kostenfrei sein[1349] und dürfen jedenfalls die Kosten von 15 EUR nicht übersteigen.[1350] Im Rahmen des Anhörungsstadiums[1351] liegt im Vorrang der kostenfreien Beratung durch die zuständige Behörde keine unzulässige Benachteiligung unbemittelter Bürger,[1352]

1341 Büttner/Wrobel-Sachs/Gottschalk/Dürbeck Rn. 913.
1342 OLG Celle 17.7.2009 – 3 U 139/09, NJW-RR 2010, 133.
1343 AG Marburg 6.2.2012 – 9 C 883/11.
1344 OLG Düsseldorf 27.11.2008 – I-10 W 109/08, JurBüro 2009, 133; OLG Hamm 30.4.2015 – I-28 U 88/14, AnwBl 2015, 901; vgl. AG Detmold 19.8.2013 – 6 C 184/13, FuR 2014, 115; siehe auch Gerold/Schmidt/Madert RVG § 44 Rn. 3 f.
1345 OLG Celle 17.7.2009 – 3 U 139/09, NJW-RR 2010, 133.
1346 OLG Oldenburg 23.6.2008 – 5 W 34/08, AnwBl 2008, 793.
1347 BGH 20.11.2008 – IX ZR 34/06, AGS 2010, 216; OLG Düsseldorf 21.6.2011 – I-24 U 155/10, FamRZ 2012, 746.
1348 Vgl. BVerfG 11.7.2008 – 8 WF 102/08, FamRZ 2008, 2178.
1349 Einzelheiten siehe Büttner/Wrobel-Sachs/Gottschalk/Dürbeck Rn. 943 ff.
1350 AG Weißenfels 30.5.2011 – 13 II 1318/10, Rpfleger 2011, 616; AG Halle 26.10.2011 – 103 II 3966/11.
1351 BVerfG 30.6.2009 – 1 BvR 470/09, FamRZ 2009, 1655; AG Halle 17.5.2011 – 193 II 695/11; 17.5.2011 – 103 II 435/11.
1352 BVerfG 12.6.2007 – 1 BvR 1014/07, FamRZ 2007, 1963; 14.12.2011 – 1 BvR 2735/11, FamRZ 2012, 509.

wohl aber im Rahmen eines Widerspruchsverfahrens gegen eine bereits ergangene Entscheidung der Behörde: Dort ist dem Ratsuchenden eine Beratung durch dieselbe Behörde, deren Entscheidung er angreifen will, nicht zuzumuten.[1353]

Nicht nur (stereotypisch) in **Unterhaltssachen betreffend Minderjährige**, sondern auch in **Umgangssachen** wird vertreten, dass BerH für eine Beratung durch einen Rechtsanwalt nur gewährt werden kann, nachdem eine Beratung durch das Jugendamt ergebnislos geblieben ist.[1354] Für die Beratung über einen Unterhaltsabänderungsantrag gilt dies jedoch nicht, wenn der Minderjährige bereits im ursprünglichen Unterhaltsverfahren anwaltlich vertreten war.[1355] Die unterhaltsrechtliche Beratung eines **Volljährigen** durch das Jugendamt ist unzumutbar.[1356]

Nachdem § 4 Abs. 1 RVG bereits durch das 2. KostRMoG dahin gehend erweitert worden ist, dass der Rechtsanwalt bei Vorliegen der Voraussetzungen für die Bewilligung von BerH ganz auf eine Vergütung verzichten kann (§ 4 Abs. 1 S. 3 RVG), war es erforderlich, § 1 Abs. 2 BerHG um die Klarstellung zu erweitern, dass diese Möglichkeit keine andere Möglichkeit der Hilfe iSv § 1 Abs. 1 Nr. 2 BerHG darstellt.

III. Sonstige Voraussetzungen

Ebenso wie im Falle der VKH wird auch BerH gem. § 1 Abs. 1 Nr. 3 BerHG bei **Mutwilligkeit** nicht gewährt. Dabei kommt es nicht auf die Mutwilligkeit der Rechtswahrnehmung an sich, sondern auf die Mutwilligkeit gerade der Inanspruchnahme von BerH an. Dadurch soll verhindert werden, dass eine Beratung auf Kosten der Staatskasse auch dort in Anspruch genommen wird, wo professioneller Rechtsrat nicht geboten erscheint.[1357]

Nach § 1 Abs. 3 BerHG liegt Mutwilligkeit dann vor, wenn BerH in Anspruch genommen wird, obwohl ein Rechtsuchender, der keine BerH beansprucht, **bei verständiger Würdigung aller Umstände** der Rechtsangelegenheit davon absehen würde, sich auf eigene Kosten rechtlich beraten oder vertreten zu lassen. Bei der Beurteilung der Mutwilligkeit sind gem. § 1 Abs. 3 S. 2 BerHG die **Kenntnisse und Fähigkeiten des Antragstellers** sowie seine besondere wirtschaftliche Lage zu berücksichtigen. Damit will der Gesetzgeber auf den jeweiligen konkreten Ratsuchenden abstellen und nicht etwa den Durchschnittsbürger als Vergleichsmaßstab heranziehen.[1358]

1353 So BVerfG 11.5.2009 – 1 BvR 1517/08, FamRZ 2009, 1811; 13.8.2009 – 1 BvR 2604/08, NJW-Spezial 2010, 59; vgl. aber OLG Karlsruhe 2.3.2012 – 2 WF 20/12, JurBüro 2012, 317.
1354 AG Zeven 14.8.2007 – 6 II 171/07, FamRZ 2008, 165; aA offenbar OLG Hamm 3.3.2011 – 8 WF 34/11, FamRZ 2011, 1604; Lissner, Die Aufgaben des Jugendamts als Ausschlusstatbestand für die Beratungshilfe, FamRB 2016, 32.
1355 AG Vechta 18.10.2011 – 4 II 1355/11, FamRZ 2012, 571.
1356 AG Köln 20.12.2007 – 364 UR II 573/07, FamRZ 2008, 2232 mAnm Kemper FamRZ 2009, 635.
1357 BT-Drs. 17/11472, 36.
1358 „Einkommensschwache Personen sind oftmals weniger rede- und noch weniger schreibgewandt": Groß BerHG § 1 Rn. 110.

441 Als ungeschriebenes Tatbestandsmerkmal ist weiterhin ein allgemeines **Rechts-schutzinteresse** erforderlich,[1359] weil derjenige, der nach anwaltlicher Beratung seine Rechte selbst wahrnehmen kann, nicht die weitergehenden Leistungen der Allgemeinheit in Anspruch nehmen darf.[1360] Dies ist zB dann gegeben, wenn die **Sachlage so kompliziert** ist, dass der Bedürftige auch nach anwaltlicher Beratung die Verwirklichung seiner Rechte nicht sachgerecht in die eigene Hand nehmen kann,[1361] also namentlich dann, wenn das Rechtsschutzziel bei der Gegenseite nur unter dem Eindruck eines anwaltlichen Schreibens Aussicht auf Erfolg bietet.[1362] Eine nur vorbeugende Beratung oder Vertretung ist unzureichend.[1363]

IV. Beratung und Vertretung

442 Nach § 2 Abs. 1 BerHG besteht die BerH in Beratung und – **soweit erforderlich** – in Vertretung. Nach § 2 Abs. 1 S. 2 BerHG ist eine Vertretung erforderlich, wenn der Rechtsuchende nach der Beratung angesichts des Umfangs, der Schwierigkeit oder der Bedeutung der Rechtsangelegenheit für ihn seine Rechte nicht selbst wahrnehmen kann. Das Gesetz entscheidet somit anhand des Verhältnisses zwischen Umfang, Schwierigkeit oder Bedeutung der Rechtsangelegenheit einerseits und der persönlichen Fähigkeiten des Rechtsuchenden andererseits über die Berechtigung zur Inanspruchnahme von BerH.[1364] Wie bei der Beurteilung der Mutwilligkeit in § 1 Abs. 3 BerHG ist auch hier die **individuelle Möglichkeit der Selbstvertretung** des konkreten Antragstellers, nicht des durchschnittlichen Rechtsuchenden maßgebend.[1365] Wann demnach eine Vertretung „erforderlich" ist, kann im Einzelfall schwierig zu beantworten sein.

443 Über die Erforderlichkeit der anwaltlichen Vertretung kann der Rechtspfleger nicht schon bei Erteilung des Berechtigungsscheins entscheiden, da zu diesem Zeitpunkt mangels Beratung noch gar nicht klar ist, ob eine anwaltliche Vertretung erforderlich wird. Einen auf „Beratung" beschränkten Berechtigungsschein gibt es daher nicht.[1366] Vielmehr soll die Erforderlichkeit der anwaltlichen Vertretung, die auf einer (nachprüfbaren) Ermessensentscheidung des Rechtsanwalts beruht, erst im Gebührenfestsetzungsverfahren geprüft werden.[1367] Die sich daraus ergebenden **misslichen Konsequenzen für die Anwaltspraxis** sind evident.

1359 Büttner/Wrobel-Sachs/Gottschalk/Dürbeck Rn. 960; im Falle der Erhebung von Einwendungen gegen eine Betriebskostenabrechnung vgl. AG Halle 26.10.2011 – 103 II 3966/11.
1360 Büttner/Wrobel-Sachs/Gottschalk/Dürbeck Rn. 968.
1361 Büttner/Wrobel-Sachs/Gottschalk/Dürbeck Rn. 968.
1362 AG Koblenz 18.6.1997 – 18 UR II 74/94, FamRZ 1998, 1038.
1363 BVerfG 9.1.2012 – 1 BvR 2852/11, FamRZ 2012, 509.
1364 Giers FamRZ 2013, 1341 (1345).
1365 BT-Drs. 17/11472, 37.
1366 LG Aachen 3.4.1996 – 3 T 22/96, AnwBl 1997, 293; AG Brühl 27.9.2011 – 85 II 673/11, NJW 2012, 243; Büttner/Wrobel-Sachs/Gottschalk/Dürbeck Rn. 969; Groß BerHG § 6 Rn. 3.
1367 LG Aachen 3.4.1996 – 3 T 22/96, AnwBl 1997, 293; AG Halle 16.1.2012 – 103 II 1861/10, FamRZ 2012, 1579; AG Brühl 27.9.2011 – 85 II 673/11, NJW 2012, 243; Büttner/Wrobel-Sachs/Gottschalk/Dürbeck Rn. 969; Groß BerHG § 6 Rn. 3.

V. Verfahren

1. Antrag.[1368] Nach § 1 Abs. 1 BerHG wird BerH nur auf Antrag gewährt. **444**
Nach § 4 Abs. 2 BerHG kann der Antrag **mündlich oder schriftlich** beim Amtsgericht gestellt werden. Für den schriftlichen Antrag besteht **Formularzwang**
(§ 13 BerHG iVm § 1 Abs. 2 S. 1 VO zur Einführung von Vordrucken). Dabei ist
der Sachverhalt im Antrag vollständig anzugeben (§ 4 Abs. 2 S. 2 BerHG), wobei

- die Verfolgung einer außergerichtlichen Rechtswahrnehmung,
- die fehlende Möglichkeit der Inanspruchnahme anderweitiger Hilfe,[1369]
- eine etwaige Möglichkeit zur Hilfeleistung durch sofortige Auskunft,
- fehlende Mutwilligkeit und die Möglichkeit zur Überprüfung bereits gewährter BerH für dieselbe Angelegenheit

ersichtlich sein muss.[1370]

In enger Anlehnung an die Regelungen zur Prozesskostenhilfe in den §§ 117 **445**
und 118 ZPO regelt § 4 BerHG die Erklärungspflichten des Rechtsuchenden bei
der Antragstellung in Bezug auf seine persönlichen und wirtschaftlichen Verhältnisse, die nach § 4 Abs. 2 S. 3 BerHG **glaubhaft** zu machen sind und deren Richtigkeit ggf. eidesstattlich zu versichern ist. Insbesondere sind die entsprechenden
Fragen im Antragsvordruck vollständig zu beantworten und – im Gegensatz zur
früheren Gesetzeslage – die erforderlichen Belege beizufügen.[1371] Die Anforderungen an die Glaubhaftmachung entsprechen denen bei der VKH.[1372] Gem. § 4
Abs. 5 BerHG lehnt das Gericht den Antrag auf Bewilligung von BerH ab, wenn
Angaben über persönliche und wirtschaftliche Verhältnisse nicht innerhalb einer
vom Gericht gesetzten Frist glaubhaft gemacht oder bestimmte Fragen nicht
oder ungenügend beantwortet werden.

Alternativ kann sich der Rechtsuchende nach § 6 Abs. 2 S. 1 BerHG unmittelbar **446**
mit dem Beratungsanliegen an einen Anwalt wenden und den Bewilligungsan-
trag nachträglich stellen. Seit dem 1.1.2014 ist der Antrag jedoch gem. § 6
Abs. 2 S. 2 BerHG **spätestens vier Wochen nach Beginn der Beratungshilfetätig-
keit** zu stellen.[1373] Die Ausschlussfrist wird nur durch einen vollständigen Antrag gewahrt.[1374] Die Frist beginnt mit dem Tag der realen Raterteilung.[1375] In
diesem Fall kann der Rechtsanwalt zunächst für den Rechtsuchenden einen Be-
willigungsantrag stellen und die Beratung erst nachher durchführen. Gewährt er
Beratung im Vertrauen auf die nachträgliche Bewilligung, handelt er angesichts
der eigenständigen Überprüfungsverpflichtung durch das Gericht insoweit **auf
eigenes Risiko.**[1376]

1368 Lissner/Schneider AGS 2014, 157.
1369 Kaum ernst zu nehmen: AG Helmstedt 28.5.2009 – 9 II 132/09, AGS 2009, 511 (an-
     derweitige Hilfemöglichkeit durch Gang in öffentliche Bibliothek hinsichtlich Tren-
     nungsfolgen!).
1370 Vgl. Lissner AGS 2013, 105.
1371 Büttner/Wrobel-Sachs/Gottschalk/Dürbeck Rn. 977; Groß BerHG § 4 Rn. 11.
1372 Büttner/Wrobel-Sachs/Gottschalk/Dürbeck Rn. 977.
1373 Vgl. BVerfG 16.1.2008 – 1 BvR 2392/07, NJW 2008, 1581; AG Marburg 17.7.2012
     – 87 II B 1107/12, JurBüro 2012, 595.
1374 AG Winsen/Luhe 30.7.2015 – 18 II 293/15.
1375 AG Königswinter 29.12.2014 – 4 II 525/14 BerH, FamRZ 2015, 950.
1376 LSG Niedersachsen-Bremen 13.5.2014 – L 11 AS 1360/12 NZB; „Allgemeine Mei-
     nung": Büttner/Wrobel-Sachs/Gottschalk/Dürbeck Rn. 984 mwN; Zuck, Praktische
     Hinweise zur Beratungshilfe, NJW 2012, 2170 (2171).

447 Der nachträgliche Antrag kann auch durch den Anwalt gestellt werden, der dabei das vom Rechtsuchenden zu unterzeichnende amtliche Formular benutzen muss.[1377] Voraussetzung wird allerdings auch weiterhin sein, dass bereits zu Beginn der Tätigkeit beabsichtigt war, eine anwaltliche Tätigkeit auf Beratungshilfebasis durchzuführen.[1378]

448 § 4 Abs. 6 BerHG regelt die **Mitteilungspflichten des Rechtsuchenden gegenüber der Beratungsperson** im Falle nachträglicher Antragstellung. Die Bestimmung steht in engem Zusammenhang zur Vergütungs- und Erstattungsregelung des § 8 a Abs. 4 BerHG, die der Beratungsperson auch bei Nichtvorliegen der persönlichen und wirtschaftlichen Voraussetzungen einen Vergütungsanspruch zugesteht, wenn sie glaubhaft macht, dass sie weder Kenntnis noch grob fahrlässige Unkenntnis vom Fehlen der Voraussetzungen hatte.

449 **2. Zuständigkeit. Örtlich zuständig** ist gem. § 4 Abs. 1 S. 1 BerHG das Amtsgericht, in dessen Bezirk der Rechtsuchende seinen allgemeinen Gerichtsstand hat. Dabei kommt es auf den Zeitpunkt des Eingangs des Antrags bei Gericht, nicht des Auftretens des Beratungsbedürfnisses an,[1379] ebenso nicht auf den Zeitpunkt der Gewährung der BerH.[1380] Dass die Entscheidung nach einem Umzug des Rechtsuchenden nach Inanspruchnahme der Beratung nicht am Ort des Kanzleisitzes des Anwalts erfolgt, ist hinzunehmen.[1381]

450 **Sachlich zuständig** ist das Amtsgericht unabhängig von der Art der Streitigkeit, also auch für Angelegenheiten aus dem Bereich des Verwaltungsrechts,[1382] dort gem. § 24 a Abs. 1 Nr. 2 RPflG der Rechtspfleger.

451 **3. Gewährung.** Unter bestimmten Voraussetzungen kann die BerH gem. § 3 Abs. 2 BerHG bereits durch das Amtsgericht, dort den Rechtspfleger gem. § 24 a Abs. 1 Nr. 2 RPflG gewährt werden, wenn dem Anliegen entweder durch eine **sofortige Auskunft** oder den Hinweis auf andere Hilfsmöglichkeiten entsprochen werden kann. Die gesetzliche Beschränkung auf eine „sofortige" Auskunft schließt aber in jedem Fall aus, dass der Rechtspfleger selbst Sachverhaltsermittlungen anstellt oder gar den Rechtsuchenden zu weiteren Terminen bestellt oder komplizierte Rechtsfragen prüft.[1383] Das Gleiche gilt im Falle der Möglichkeit der Gewährung von BerH durch die Aufnahme eines Antrags oder eine Erklärung, wozu das Amtsgericht in seiner Funktion als Rechtsantragsstelle verpflichtet ist.[1384]

452 Kann das Amtsgericht die BerH nicht sofort und selbst erledigen, stellt es dem Rechtsuchenden nach § 6 Abs. 1 BerHG auf den Antrag „unter genauer Bezeichnung der Angelegenheit"[1385] einen **Berechtigungsschein** aus. Damit ist für den

---

1377 OLG Bamberg 7.5.2007 – 5 W 25/07, FamRZ 2008, 526.
1378 AG Koblenz 17.7.2012 – 40 UR II 40/12, JurBüro 2013, 37.
1379 AG Koblenz 26.2.2003 – 40 UR IIa 33/03, JurBüro 2003, 369; 22.3.2006 – 40 UR IIa 735/05, FamRZ 2006, 1617; KG 2.9.2008 – 1 AR 17/08, NJOZ 2008, 4807; OLG Hamm 13.5.2008 – 15 Sbd 11/08, FamRZ 2008, 2294; Büttner/Wrobel-Sachs/Gottschalk/Dürbeck Rn. 970.
1380 LG Duisburg 12.12.2014 – 5 T 40/14, FamRZ 2015, 1317.
1381 Büttner/Wrobel-Sachs/Gottschalk/Dürbeck Rn. 972.
1382 OLG Stuttgart 26.7.1985 – 8 AR 5/85, JurBüro 1986, 120 (121).
1383 Büttner/Wrobel-Sachs/Gottschalk/Dürbeck Rn. 980.
1384 Büttner/Wrobel-Sachs/Gottschalk/Dürbeck Rn. 979.
1385 Vgl. § 6 Abs. 1 BerHG, das sind auch gerne mal „Trennung, Scheidung und die Folgen".

Rechtsuchenden gegenüber dem Anwalt seiner Wahl nachgewiesen, dass er zur Inanspruchnahme der BerH für diese Angelegenheit befugt ist.[1386]

4. Angelegenheit.[1387] Insbesondere im Bereich des Familienrechts, dort aus Anlass der Trennung und späterer Scheidung von Eheleuten, werden Rechtsanwälte immer wieder außergerichtlich für ihre Mandanten tätig, v.a. wegen Ehegatten- und Kindesunterhalt, Belästigungsverboten, der Herausgabe von persönlichen Gegenständen, der Zahlung eines Ausgleichsbetrages für Hausrat, der Freistellung von ehebedingten Verbindlichkeiten, bezüglich der Ausübung des Umgangsrechts mit dem gemeinsamen Kind der Eheleute sowie Zugewinnausgleich. Insoweit erteilen die Amtsgerichte regelmäßig nur einen Berechtigungsschein für BerH für die „Angelegenheit Scheidung und Folgesachen".[1388] In diesem Zusammenhang taucht regelmäßig die Frage auf, um wie viele Angelegenheiten es sich dabei tatsächlich iSv § 2 Abs. 2 BerHG handelt.[1389]   453

Das Gesetz selbst enthält **keine nähere Begriffsbestimmung.** Inzwischen wird   454
überwiegend vertreten, dass zwischen der Scheidung nebst den zugehörigen Folgesachen und Angelegenheiten im Zusammenhang mit der Trennung zu differenzieren ist zwischen

- der Scheidung als solcher,
- den Angelegenheiten im Zusammenhang mit dem persönlichen Verhältnis zu den Kindern (Personensorge, Umgangsrecht),
- den Angelegenheiten im Zusammenhang mit der Ehewohnung und dem Hausrat und
- den finanziellen Auswirkungen von Trennung und Scheidung (Unterhaltsansprüche, Güterrecht und Vermögensauseinandersetzung).

Im Ergebnis sind damit **insgesamt vier Komplexe** zu unterscheiden.[1390] Auf die   455
Anzahl der ausgegebenen Berechtigungsscheine kommt es jedenfalls **nicht** an.[1391]

5. Aufhebung der Bewilligungsentscheidung. Nach § 6 a BerHG kann das Gericht die Bewilligung **von Amts wegen** aufheben, wenn die Voraussetzungen für   456

1386 Büttner/Wrobel-Sachs/Gottschalk/Dürbeck Rn. 982.
1387 Lissner, Die „Angelegenheit" in der Beratungshilfe, FamRZ 2013, 1271; Schneider/
      Thiel, Umfang der Beratungshilfe für Trennung, Scheidungs- und Folgesachen, NZ-
      Fam 2016, 108.
1388 Nach Art einer „Vorratsentscheidung": OLG Köln 11.5.2010 – I-17 W 47/10,
      FamRZ 2011, 666.
1389 Onderka, Beratungshilfe: Trennung und deren Folgen sind verschiedene Angelegenhei-
      ten, FK 2009, 91; Kilian, Beratungshilfe – spart der Fiskus am falschen Ende?, ZRP
      2009, 9 m. Erwid. Müller-Piepenkötter ZRP 2009, 90.
1390 OLG München 26.2.2015 – 11 WF 1738/14, FamRZ 2015, 1825; OLG Frankfurt/M.
      12.5.2014 – 20 W 237/13, MDR 2014, 1152; OLG Schleswig 25.4.2013 – 9 W
      41/13, FamRZ 2014, 241; OLG Naumburg 28.3.2013 – 2 W 25/13, FamRZ 2014,
      238 (bis zu sechs Angelegenheiten); OLG Stuttgart 17.10.2012 – 8 W 379/11, FamRZ
      2013, 726; LG München 20.7.2011 – 13 T 17437/10, FF 2012, 211; OLG Celle
      14.7.2011 – 2 W 141/11, FamRZ 2011, 1894; OLG Nürnberg 29.3.2011 – 11 WF
      1590/10, FamRZ 2011, 1687; LG Darmstadt 10.11.2011 – 25 T 66/11, FamRZ
      2012, 812; siehe auch die Rechtsprechungsübersicht bei Schneider/Thiel NZFam
      2016, 108.
1391 OLG Köln 4.1.2010 – I-17 W 342/09, MDR 2010, 474; 11.5.2010 – I-17 W 47/10,
      FamRZ 2011, 666; OLG Rostock 29.11.2010 – 10 WF 124/10, FamRZ 2011, 834;
      OLG Koblenz 23.11.2011 – 4 W 554/11, JurBüro 2012, 419; OLG Naumburg
      28.3.2013 – 2 W 25/13, FamRZ 2014, 238; vgl. andererseits OLG München
      13.1.2014 – 11 WF 1863/13, AGS 2014, 354.

die BerH zum Zeitpunkt der Bewilligung nicht vorgelegen haben und seit der Bewilligung nicht mehr als ein Jahr vergangen ist. Damit regelt die Bestimmung die Aufhebung der Bewilligungsentscheidung bei **anfänglichem Fehlen der Bewilligungsvoraussetzungen**. Die Entscheidung hierüber steht im **Ermessen des Gerichts**. Dem Gericht steht hier ein weiter Ermessensspielraum zu („kann" statt „soll", vgl. § 124 Abs. 1 ZPO). Dadurch soll verhindert werden, dass die Staatskasse mit unter Umständen noch höheren Kosten belastet wird, weil sich die Aufhebung und die damit verbundenen Rückabwicklungsfolgen aus § 8 a BerHG nF unverhältnismäßig aufwendig gestalten können.

457 Nach § 6 a Abs. 2 BerHG nF kann **die Beratungsperson** die Aufhebung der Bewilligung beantragen, wenn der Rechtsuchende aufgrund der Beratung oder Vertretung, für die ihm BerH bewilligt wurde, **etwas erlangt** hat. Voraussetzung ist allerdings, dass die Beratungsperson

- **noch keine BerH-Vergütung** nach § 44 S. 1 RVG **beantragt hat und**
- den Rechtsuchenden **bei der Mandatsübernahme** auf die Möglichkeit der Antragstellung und der Aufhebung der Bewilligung sowie auf die sich für die Vergütung nach § 8 a Abs. 2 BerHG ergebenden Folgen **in Textform hingewiesen** hat. Das Gericht hebt den Beschluss über die Bewilligung von BerH nach Anhörung des Rechtsuchenden auf, wenn dieser aufgrund des Erlangten die Voraussetzungen hinsichtlich der persönlichen und wirtschaftlichen Verhältnisse für die Bewilligung von BerH nicht mehr erfüllt.

458 Bis zum 31.12.2013 erhielt die Beratungsperson auch dann keine höheren als die Gebühren nach den Nrn. 2500 ff. VV RVG, wenn beim Rechtsuchenden aufgrund der anwaltlichen Leistung ein erheblicher Vermögenszuwachs eintrat. Nur wenn ein materiellrechtlicher Anspruch gegen den Gegner bestand, konnte die Beratungsperson nach § 9 BerHG diesem gegenüber „die gesetzlichen Gebühren" realisieren. Bestand ein solcher Anspruch nicht, erhielt sie zusätzlich zu den Gebühren aus der Staatskasse vom Rechtsuchenden lediglich die sog „Schutzgebühr" gem. Nr. 2500 VV RVG in Höhe von derzeit 15 EUR, selbst wenn der Rechtsuchende aufgrund eines infolge der Hilfeleistung durch die Beratungsperson eingetretenen Vermögenszuwachses nicht mehr bedürftig war.[1392]

459 Ausdrücklich „zum Ausgleich dieser Schieflage" hat der Gesetzgeber der Beratungsperson nunmehr ein **Wahlrecht** eingeräumt, sich zwischen der geringen, aber sicheren Vergütung aus der Staatskasse und der Wahlanwaltsvergütung zu entscheiden und dazu ggf. einen Antrag auf Aufhebung der BerH zu stellen. Letzteres soll allerdings im Interesse zügiger Abwicklung und Klarheit für alle Beteiligten zeitlich nur möglich sein, solange der Festsetzungsantrag noch nicht gestellt ist (§ 6 a Abs. 2 S. 2 Nr. 1 BerHG). Zusätzlich ist erforderlich, dass die Beratungsperson den Rechtsuchenden bei Mandatsübernahme auf diese Möglichkeit sowie auf die sich hieraus für ihre Vergütung und das Rückforderungsrecht der Staatskasse nach § 8 a Abs. 2 BerHG ergebenden Folgen **hingewiesen** hat (§ 6 a Abs. 2 S. 2 Nr. 2 BerHG). Die dazu vorgesehene **Textform** soll dabei etwa auftretenden Beweisproblemen begegnen. Problematisch ist dies jedoch in den nicht seltenen Fällen, in denen erst im Laufe der Beratung festgestellt wird, dass ein Anspruch auf BerH besteht. Auf eine korrespondierende Anzeigepflicht des Ratsuchenden hat der Gesetzgeber bewusst verzichtet.[1393]

1392 BT-Drs. 17/11472, 41.
1393 Vgl. BT-Drs. 17/11472, 42.

6. Rechtsbehelfe.[1394] **a) Abweisung des Antrags auf BerH.** Die Ablehnung eines   **460**
BerH-Antrags erfordert eine förmliche Entscheidung.[1395] Nach § 7 BerHG ist
gegen den Beschluss, durch den der Antrag auf Gewährung von BerH zurückgewiesen oder die Bewilligung der BerH – von Amts wegen oder auf Antrag der
Beratungsperson – aufgehoben wird, nur die **Erinnerung** nach § 11 RPflG statthaft.[1396] § 6 Abs. 2 BerHG stellt kein eigenes Rechtsmittel dar.[1397] Die Erinnerung ist **unbefristet**, weil nach § 24 a RPflG die – unübersichtliche[1398] – Fristenregelung in § 11 Abs. 2 S. 1 RPflG im Rahmen der BerH nicht anzuwenden ist.
Sie kann auch nicht durch das Gericht befristet werden.[1399] Das ursprünglich in
§ 7 Abs. 2 BerHG noch vorgesehene **Erinnerungsrecht der Staatskasse**[1400] ist
nach den Beratungen im Rechtsausschuss entfallen.[1401]

Der **Amtsrichter entscheidet abschließend**, ein weiteres Rechtsmittel ist also   **461**
nicht gegeben.[1402] Wenngleich gem. § 5 BerHG – jedenfalls für das Bewilligungsverfahren[1403] – die Vorschriften des FamFG entsprechend gelten, bedeutet
dies nicht, dass damit auch die Beschwerde gem. §§ 58 ff. FamFG zulässig wäre;[1404] lediglich sind die Beschlüsse mit einer Rechtsbehelfsbelehrung zu versehen. Die Beschränkung des Rechtswegs auf die Erinnerung in § 7 BerHG hat das
BVerfG jedenfalls vor dem Inkrafttreten des FamFG für mit dem Grundgesetz
vereinbar erachtet.[1405]

Übersicht: **462**

- **Rechtsmittel:** Erinnerung (§ 6 Abs. 2 BerHG, § 11 RPflG)
- **Frist:** keine (§§ 24 a, 11 Abs. 2 RPflG)
- **Zuständig:** Amtsgericht
- **Weitere Rechtsmittel:** keine

1394 Zu den verschiedenen Rechtsbehelfen vgl. OLG Stuttgart 10.3.2009 – 8 W 85/09,
FamRZ 2009, 1242.
1395 BVerfG 29.4.2015 – 1 BvR 1849/11, FamRB 2015, 300; hierzu Lissner, Die Ablehnung der Beratungshilfe – die Schriftform und ihre Praxisauswirkungen, JurBüro
2015, 451.
1396 OLG Naumburg 25.11.2010 – 2 Wx 41/10, JurBüro 2011, 316; OLG Koblenz
28.11.2011 – 14 W 694/11, NJW 2012, 944; Büttner/Wrobel-Sachs/Gottschalk/
Dürbeck Rn. 992; aA LG Potsdam 12.1.2009 – 13 T 74/08, FamRZ 2009, 902 m.
abl. Anm. Lissner Rpfleger 2009, 390.
1397 Arnold/Meyer-Stolte/Herrmann/Rellermeyer/Hintzen, RPflG, 7. Aufl. 2009, RPflG
§ 24 a Rn. 24.
1398 Je nach Verfahren kann die Frist eine oder zwei Wochen oder einen oder sechs Monate betragen.
1399 AG Halle 6.3.2014 – 103 II 980/13, NJW-Spezial 2014, 284.
1400 Vgl. BT-Drs. 17/11472, 42.
1401 BT-Drs. 17/13538, 41.
1402 OLG Brandenburg 10.11.2010 – 13 Wx 3/10, FamRZ 2011, 583; 20.5.2011 – 13 Wx
3/11, RVGreport 2011, 351; OLG Celle 8.6.2010 – 2 W 149/10, FamRZ 2011, 495;
OLG Hamm 4.5.2010 – I-15 W 105/10, Rpfleger 2010, 601; LG Stendal 18.6.2009 –
25 T 122/09, NJW-RR 2010, 288; LG Berlin 5.10.2009 – 57 T 47/09, JurBüro 2010,
94; vgl. AG Halle (Saale) 18.1.2011 – 103 II 6570/10, AGS 2011, 84; Büttner/
Wrobel-Sachs/Gottschalk/Dürbeck Rn. 991; Groß BerHG § 6 Rn. 3; aA LG Potsdam
12.1.2009 – 13 T 74/08, FamRZ 2009, 902 mit abl. Anm. Götsche.
1403 OLG Koblenz 28.11.2011 – 14 W 694/11, NJW 2012, 944 m. krit. Anm. Erdrich
FamFR 2012, 37; OLG Hamm 31.5.2011 – I-32 Sbd 39/11, NJW-Spezial 2011, 571.
1404 OLG Hamm 4.5.2010 – I-15 W 105/10, Rpfleger 2010, 601; OLG Celle 8.6.2010 – 2
W 149/10, FamRZ 2011, 495; Groß BerHG § 6 Rn. 4.
1405 BVerfG 12.6.2007 – 1 BvR 1014/07, FamRZ 2007, 1963.

463 **b) Festsetzung von Beratungshilfegebühren.** Im Fall der BerH wird die Vergütung von dem Urkundsbeamten der Geschäftsstelle des in § 4 Abs. 1 BerHG bestimmten Gerichts festgesetzt (§ 55 Abs. 4 RVG). Gegen die Festsetzung von BerH-Gebühren ist ebenfalls die **Erinnerung** zulässig. Über sie entscheidet nach § 56 Abs. 1 S. 1 RVG **das Gericht des Rechtszugs**, bei dem die Festsetzung erfolgt ist. Im Fall der BerH entscheidet nach § 56 Abs. 1 S. 3 RVG das nach § 4 Abs. 1 BerHG allgemein zuständige **Amtsgericht.** Dessen Entscheidung ist jedoch hier **nicht abschließend**, vielmehr ist die Beschwerde gem. §§ 55 Abs. 4, 56, 33 RVG zulässig. Dabei gelten gem. § 56 Abs. 2 S. 1 RVG entsprechend

- im Verfahren über die **Erinnerung** § 33 Abs. 4 S. 1, Abs. 7 und 8 RVG,
- im Verfahren über die **Beschwerde** gegen die Entscheidung über die Erinnerung § 33 Abs. 3–8 RVG.

464 Damit ist die Beschwerde gem. § 33 Abs. 3 RVG zulässig, wenn der **Wert des Beschwerdegegenstands** 200 EUR übersteigt, oder wenn sie das Gericht, das die angefochtene Entscheidung erlassen hat, wegen der grundsätzlichen Bedeutung der zur Entscheidung stehenden Frage in dem Beschluss zulässt. Die **Frist** zur Einlegung beträgt **zwei Wochen** nach Zustellung der Entscheidung. Gem. § 33 Abs. 7 RVG ist die Beschwerde bei dem Gericht einzulegen, dessen Entscheidung angefochten wird, also dem Amtsgericht.

465 Gem. § 33 Abs. 4 RVG hat das Gericht der Beschwerde abzuhelfen, soweit es sie für zulässig und begründet hält. Im Übrigen ist sie unverzüglich dem **Beschwerdegericht** vorzulegen. Zuständiges Beschwerdegericht ist auch in Kostenfestsetzungssachen der BerH gem. § 119 Abs. 1 Nr. 1 lit. b GVG das **Landgericht.**[1406] Zwar gelten für das Verfahren der BerH gem. § 5 BerHG die Vorschriften des FamFG entsprechend. Dies gilt jedoch nur für die Gewährung der BerH als solche, nicht aber für das sich anschließende Kostenfestsetzungsverfahren, das den Vergütungsanspruch des Rechtsanwalts betrifft und sich nach den §§ 44 ff. RVG richtet.[1407] Auch aus der über § 56 Abs. 2 S. 1 RVG anzuwendenden Regelung in § 33 Abs. 4 S. 2 RVG lässt sich nicht ableiten, dass die Kostenfestsetzung für die BerH als Angelegenheit der freiwilligen Gerichtsbarkeit anzusehen ist.[1408] Das Landgericht ist an die **Zulassung** der Beschwerde gebunden. Die **Nichtzulassung** ist **unanfechtbar.**

466 Gem. § 33 Abs. 6 RVG ist eine **weitere Beschwerde** zulässig, wenn das Landgericht als Beschwerdegericht entschieden hat und es die weitere Beschwerde wegen der grundsätzlichen Bedeutung der zur Entscheidung stehenden Frage **zugelassen** hat. hat. Ersteres ist in Familiensachen der Fall, Letzteres sollte ggf. beantragt werden.

467 **Übersicht:**

- **Rechtsmittel**: Erinnerung (§ 11 RPflG)
- **Frist**: zwei Wochen (§ 33 Abs. 3 S. 3 RVG)
- **Zuständig**: Amtsgericht

1406 OLG Köln 11.10.2010 – I-17 W 141/10, FamRZ 2011, 919.
1407 OLG Hamm 31.5.2011 – I-32 Sbd 39/11, NJW-Spezial 2011, 571.
1408 OLG Köln 11.10.2010 – I-17 W 141/10, FamRZ 2011, 919; OLG Koblenz 28.11.2011 – 14 W 694/11, FamRZ 2012, 652; OLG Naumburg 11.3.2013 – 2 Wx 51/12, NJW 2013, 3798.

■ **Weitere Rechtsmittel:** Beschwerde; Voraussetzungen:
- Wert der Beschwer > 200 EUR,
- **Alt.:** vom Ausgangsgericht zugelassen.
- **Einreichung** bei: Amtsgericht
- **Entscheidung durch:** Landgericht
- Weitere Rechtsmittel: „Weitere Beschwerde"; Voraussetzungen:
  a) Entscheidung des Landgerichts als Beschwerdegericht und
  b) Zulassung der weiteren Beschwerde durch das Landgericht

c) Rechtsbehelfe der Staatskasse. Gegen die **Bewilligung von BerH** steht der 468
Staatskasse **kein Rechtsbehelf** zu. Dies ergibt sich zum einen aus dem Wortlaut
von § 7 BerHG nF, der zum einen „nur" die Erinnerung vorsieht, zum anderen
auch nur gegen den Beschluss, durch den der Antrag *zurückgewiesen* oder durch
den die Bewilligung – von Amts wegen oder auf Antrag der Beratungsperson –
wieder *aufgehoben* wird. § 11 Abs. 2 S. 1 RPflG, der die Erinnerung generell eröffnen würde, ist durch § 24 a Abs. 2 RPflG gerade ausdrücklich ausgeschlossen.[1409]

Gegen eine **Vergütungsfestsetzung** ist für die Staatskasse gem. § 56 Abs. 1 RVG 469
die **Erinnerung** eröffnet und auch „nach längerer Zeit" nicht verwirkt.[1410]

VI. Anwaltsgebühren

1. Gesetzliche Vergütung. Nach § 8 Abs. 1 BerHG richtet sich die Vergütung der 470
Beratungsperson allgemein nach den für die BerH geltenden Vorschriften des
RVG, wobei die Beratungsperson, die nicht Rechtsanwalt ist, insoweit einem
Rechtsanwalt gleichsteht. Die Neuregelung ist der Erweiterung des die BerH
leistenden Personenkreises nach § 3 Abs. 1 S. 2 BerHG geschuldet und dient der
Vermeidung sonst zusätzlich erforderlicher Vergütungsregelungen für jede weitere Berufsgruppe. Die Vergütung in BerH-Sachen richtet sich so einheitlich für alle Beratungspersonen nach den Vorschriften des RVG und ist nach § 44 RVG
iVm Nrn. 2500–2508 VV RVG abzurechnen.[1411]

Nur die **BerH-Gebühr** nach Nr. 2500 VV RVG schuldet der Rechtsuchende 471
selbst.[1412] Zwar entfällt auf alle Gebühren des RVG grundsätzlich auch die **Um-**
satzsteuer gem. Nr. 7008 VV RVG. Nach der Anm. zu Nr. 2500 VV jedoch werden neben der Beratungshilfegebühr keine „Auslagen" und damit auch keine
Umsatzsteuer erhoben, nachdem der Gesetzgeber die Umsatzsteuerregelung in
Teil 7 – Auslagen eingeordnet hat. Dies allerdings wohl zu Unrecht, denn unter
Aufwendungen iSv § 670 sind **freiwillige Vermögensopfer des Beauftragten** zu
verstehen, die dieser gezielt zur Erreichung des Auftragszwecks erbringt.[1413] Davon kann im Falle der Umsatzsteuer keine Rede sein.

Der Anwalt kann dem Rechtsuchenden die Beratungsgebühr im Einzelfall **erlas-** 472
sen. Für **zusätzliche Tätigkeiten,** etwa die Antragstellung auf Gewährung von

---

1409 Groß BerHG § 6 Rn. 9; Büttner/Wrobel-Sachs/Gottschalk/Dürbeck Rn. 993.
1410 AG Halle 16.1.2012 – 103 II 1861/10, FamRZ 2012, 1579.
1411 Zu den Ansprüchen gegenüber der Landeskasse vgl. Büttner/Wrobel-Sachs/Gott-
schalk/Dürbeck Rn. 1001 ff.
1412 Zur Behandlung der gesetzlichen Umsatzsteuer vgl. Henke AnwBl 2006, 484; eingehend Euba, Beratungshilfegebühr nach Nr. 2500 VV RVG und Umsatzsteuer,
RVGreport 2009, 281.
1413 BGH 10.11.1988 – III ZR 215/87, NJW 1989, 1284 (1285); BAG 14.10.2003 – 9
AZR 657/02, NJW 2004, 2036 (2037); Erman/Berger § 670 Rn. 7.

BerH oder die Erinnerung nach Ablehnung des Antrags, erhält der Anwalt **keine zusätzliche Vergütung.**[1414]

473 Für die Entstehung einer **Einigungsgebühr** nach Nr. 2508 VV RVG ist allein maßgebend, ob der Anwalt an der Herbeiführung der Einigung mitgewirkt[1415] hat und nicht, ob seine Hinzuziehung erforderlich war.[1416] Ausreichend ist, dass der Bevollmächtigte den Einigungs- oder Vergleichsvorschlag prüft, den von ihm vertretenen Beteiligten berät und (auch) aufgrund seiner Bemühungen die Einigung zustande kommt.[1417] Die Einigungsgebühr entsteht auch dann, wenn der Mandant ein Vergleichsangebot der Gegenseite annimmt, das gegenüber deren ursprünglichen Forderungen einen Teilverzicht beinhaltet.[1418] Diese Voraussetzung ist auch dann erfüllt, wenn erfolgreich eine modifizierte Annahme unter Anbieten einer Ratenzahlungsvereinbarung erklärt wird. In einem solchen Fall liegt auch nicht lediglich ein Anerkenntnis iSv Anm. Abs. 1 S. 1 Hs. 2 zu Nr. 1000 VV RVG vor.[1419]

474 Bei der **Festsetzung** der entstandenen Gebühren hat der Rechtsanwalt die Tatsachen, die die Verwirklichung der Gebührentatbestände ergeben, schlüssig darzulegen und glaubhaft zu machen; eine anwaltliche Versicherung zur Glaubhaftmachung ist grundsätzlich nicht geeignet.[1420] **Zuständig** ist auch insoweit dasjenige Gericht, in dessen Bezirk der Rechtsuchende seinen Gerichtsstand im Zeitpunkt des Eingangs des Antrags bei Gericht hat.[1421]

475 **2. Vergütungsvereinbarungen.**[1422] Nach § 8 Abs. 2 BerHG bewirkt die Bewilligung von BerH, dass die Beratungsperson gegen den Rechtsuchenden keinen Anspruch auf Vergütung mit Ausnahme der BerH-Gebühr (§ 44 S. 2 RVG) geltend machen kann, auch nicht in den Fällen nachträglicher Antragstellung (§ 6 Abs. 2 BerHG) bis zur Entscheidung durch das Gericht.

476 Jedoch hat sich der Gesetzgeber mit der Neuregelung von § 8 Abs. 2 BerHG zu Recht vom generellen Verbot von Vergütungsvereinbarungen verabschiedet, weil nicht die Beratungsperson, sondern der Rechtsuchende eine staatliche Sozialleistung begehrt und deshalb auch das Risiko deren Nichtgewährung zu tragen hat.[1423] Gleichzeitig errichtet die Neuregelung jedoch eine **Forderungssperre,** wenn und solange BerH bewilligt ist (S. 1) bzw. das Gericht im Falle nachträglicher Antragstellung noch keine Entscheidung über den Antrag getroffen hat (S. 2). Erst nachdem die Bewilligung wieder aufgehoben wurde oder das Gericht im Falle nachträglicher Antragstellung die Bewilligung abgelehnt hat, kann die

---

1414 Meyer, Gebührenansprüche des Rechtsanwalts für die Beschaffung eines Berechtigungsscheins nach dem BerHG für den Rechtsuchenden?, JurBüro 2011, 123.

1415 Mitursächlichkeit der anwaltlichen Tätigkeit beim Zustandekommen des Vergleichs reicht aus: KG 30.9.2011 – 1 Ws 66/09, JurBüro 2012, 466.

1416 AA AG Halle 29.11.2011 – 103 II 2102/11; vgl. AG Halle 2.7.2010 – 103 II 6552/09.

1417 OVG Münster 25.7.2011 – 6 E 584/11, NJW 2011, 3113.

1418 Auch ein nur geringfügiges Nachgeben ist ausreichend: OLG Koblenz 20.3.2012 – 14 W 138/12, JurBüro 2012, 469.

1419 OLG Naumburg 12.5.2011 – 2 Wx 25/11.

1420 AG Koblenz 7.7.2006 – 40 UR IIa 142/06, FamRZ 2007, 233.

1421 OLG Hamm 13.5.2008 – 15 Sbd 11/08, FamRZ 2008, 2294 mwN.

1422 OLG Karlsruhe 28.8.2014 – 2 U 2/14, NJW 2015, 418; Schneider, Aktuelle Rechtsprechung zur Vergütungsvereinbarung, NZFam 2015, 209; ders., Die Vergütungsvereinbarung des Rechtsanwalts – was Anwälte wissen sollten, AnwBl 2016, 178.

1423 BT-Drs. 17/11472, 42 (43).

Beratungsperson den Rechtsuchenden aus der Vergütungsvereinbarung in Anspruch nehmen.[1424]

3. Folgen aufgehobener Bewilligung. Im Anschluss an die Möglichkeit zur Aufhebung der Bewilligung gem. § 6 a BerHG sind auch die Folgen der Aufhebung für den Vergütungsanspruch der Beratungsperson ebenso wie die Voraussetzungen, unter denen die Staatskasse den Rechtsuchenden ggf. in Regress nehmen kann, umfassend in § 8 a BerHG nF geregelt: Wird die Bewilligung aufgehoben, bleibt der Vergütungsanspruch der Beratungsperson gegen die Staatskasse nach Abs. 1 S. 1 unberührt. **477**

Die Regelung berücksichtigt insbesondere, dass durch die vorangegangene Bewilligung ein Vertrauenstatbestand hinsichtlich der Vergütung geschaffen wurde, aufgrund dessen die Beratungshilfeleistung erfolgt ist, dh, auf die Bewilligung durch das Gericht darf sich die Beratungsperson also grundsätzlich verlassen. Darüber hinaus wird berücksichtigt, dass **478**

- die Beratungsperson, die mit der BerH-Leistung eine auf sie übertragene Aufgabe des Sozialstaates wahrnimmt, nicht mit dem Risiko einer späteren Aufhebungsentscheidung belastet werden und auf Vergütungsansprüche gegen den Rechtsuchenden selbst angewiesen sein soll und
- § 6 BerHG nF die vorherige Antragstellung auch deshalb zum Regelfall erhebt, weil Unsicherheiten über die Vergütung, wie sie in der Vergangenheit zu häufigen Auseinandersetzungen mit dem Gericht geführt haben, künftig vermieden werden sollen.

Ausnahmen sollen daher nach § 8 a Abs. 1 S. 2 BerHG nur dort gelten, wo kein schutzwürdiges Vertrauen vorhanden ist, nämlich wenn die Beratungsperson **479**

- Kenntnis oder grob fahrlässige Unkenntnis vom Fehlen der Bewilligungsvoraussetzungen (S. 2 Nr. 1) hatte oder
- den Antrag auf Aufhebung nach § 6 a BerHG nF selbst gestellt hat (S. 2 Nr. 2).

Unklar ist, anhand welcher **Kriterien** die Kenntnis oder grob fahrlässige Unkenntnis zu beurteilen ist. Sie kann sich zB aus einem vorangegangenen Mandat mit demselben Rechtsuchenden ergeben, sowohl hinsichtlich seiner Bedürftigkeit als auch hinsichtlich der Frage, ob er über Fähigkeiten verfügt, die die Inanspruchnahme der BerH als mutwillig iSv § 1 Abs. 3 BerHG erscheinen lassen. Vor allem über Letzteres wird man trefflich streiten können, weitere unerfreuliche Auseinandersetzungen mit dem Rechtspfleger sind programmiert. Die **Beweislast** trägt insoweit allerdings die Staatskasse. **480**

Nach § 8 a Abs. 2 BerHG nF kann die Beratungsperson **vom Rechtsuchenden Vergütung nach den allgemeinen Vorschriften verlangen,** wenn sie **481**

- keine Vergütung aus der Staatskasse fordert oder einbehält und
- den Rechtsuchenden bei der Mandatsübernahme auf die Möglichkeit der Aufhebung der Bewilligung sowie auf die sich für die Vergütung ergebenden Folgen hingewiesen hat.

Dabei ist eine bereits entrichtete **Beratungshilfegebühr** nach Nr. 2500 VV RVG auf den Vergütungsanspruch **anzurechnen.** Ein Verzicht auf die sichere, aber geringe Vergütung aus der Staatskasse zugunsten eines Direktanspruchs gegen den Rechtsuchenden kann für die Beratungsperson etwa dann attraktiv sein, wenn **482**

1424 BT-Drs. 17/11472, 43.

die Vergütung nach den allgemeinen Vorschriften höher ist und die Forderung gegen den Rechtsuchenden auch realisierbar erscheint, also insbesondere dann, wenn die Bewilligung aufgehoben wird, weil die persönlichen und wirtschaftlichen Voraussetzungen nicht vorgelegen haben.[1425]

483 Im Gegensatz zu § 6 a Abs. 2 S. 2 Nr. 2 BerHG nF bestimmt das Gesetz hier nicht, **in welcher Form** der Hinweis gem. § 8 a Abs. 2 Nr. 2 BerHG zu erfolgen hat. Eine Begründung hierzu enthalten die Materialien nicht. Aus Sicherheitsgründen dürfte es dringend geboten sein, auch diese Belehrung in Textform zu dokumentieren (siehe hierzu den **Beratungsauftrag** → Rn. 493).

484 § 8 a Abs. 4 BerHG bestimmt schließlich, dass die Beratungsperson vom Rechtsuchenden Vergütung nach den allgemeinen Vorschriften verlangen kann, wenn im Fall nachträglicher Antragstellung BerH nicht bewilligt wird und sie ihn bei der Mandatsübernahme hierauf hingewiesen hat; Abs. 2 S. 2 gilt entsprechend. Zwar bestimmt das Gesetz auch hier nicht, **in welcher Form** die Belehrung zu erfolgen hat. Es dürfte sich aber wiederum ein Hinweis in **Textform** dringend empfehlen.

485 **Nach alledem gilt:**

- Wird die Bewilligung der BerH nach § 6 a Abs. 1 BerHG **von Amts wegen aufgehoben,** steht es der Beratungsperson frei, die Vergütung unter den weiteren Voraussetzungen von § 8 a Abs. 1 und Abs. 2 BerHG entweder aus der Staatskasse oder vom Rechtsuchenden zu verlangen. Zusätzlich kann die Staatskasse in diesem Fall vom Rechtsuchenden gem. § 8 a Abs. 3 BerHG die Erstattung des von ihr an die Beratungsperson geleisteten und von dieser einbehaltenen Betrages verlangen.

- Wird die Bewilligung nach § 6 a Abs. 2 BerHG **auf Antrag aufgehoben,** steht der Beratungsperson kein Vergütungsanspruch gegen die Staatskasse, sondern nur gegenüber dem Rechtsuchenden und unter den weiteren Voraussetzungen von § 8 a Abs. 2 BerHG zu.

486 **4. Anspruchsübergang.** Ist der **Gegner verpflichtet,** dem Rechtsuchenden die **Kosten** der Wahrnehmung seiner Rechte **zu ersetzen,** hat er für die Tätigkeit der Beratungsperson die Vergütung nach den allgemeinen Vorschriften zu zahlen (§ 9 S. 1 BerHG). Ein solcher Kostenerstattungsanspruch kann sich aus materiellem Recht zB dann ergeben, wenn sich der Gegner als Schuldner im Verzug befunden hat oder sonst schadensersatzpflichtig geworden ist oder eine entsprechende Vereinbarung zwischen den Beteiligten besteht.[1426]

487 Dieser Ersatzanspruch geht gem. § 9 S. 2 BerHG auf die Beratungsperson über (**gesetzlicher Forderungsübergang**).[1427] Werden hierauf Zahlungen geleistet, muss sich der Anwalt diese nach § 58 Abs. 1 RVG auf die aus der Landeskasse zu zahlende BerH-Vergütung anrechnen lassen.[1428] Für die Geltendmachung des übergegangenen Anspruchs kann dem Antragsteller keine BerH mehr gewährt werden, da es sich insoweit nicht nur um die Verfolgung eigener Rechte handelt.[1429]

1425 BT-Drs. 17/11472, 43.
1426 Groß BerHG § 9 Rn. 2.
1427 OLG Naumburg 22.8.2011 – 2 Wx 30/11, Rpfleger 2012, 155.
1428 OLG Naumburg 22.8.2011 – 2 Wx 30/11, Rpfleger 2012, 155.
1429 AG Kiel 19.11.2012 – 7 II 4882/12, NJW-RR 2013, 640.

Weiter stellt sich die Frage nach dem Schicksal einer vom Rechtsuchenden be- 488
reits gezahlten Gebühr nach Nr. 2500 VV RVG. Die Frage ist **umstritten**:

- Nach einer Auffassung soll die Beratungsperson die sogenannte Schutzgebühr des § 8 BerHG behalten dürfen.[1430] Dagegen wird eingewandt, dass es hierfür an einem Rechtsgrund fehle; insbesondere habe der Rechtsuchende keinen über die gesetzlichen Regelgebühren hinausgehenden Anspruch gegen den Gegner.[1431]

- Nach einer anderen Auffassung ermäßigt sich der Übergang der Ersatzforderung gegen den Gegner entsprechend.[1432] Dagegen wird eingewandt, dass sich in diesem Fall der Rechtsuchende einen besonderen Titel verschaffen müsse. Das Gesetz ordnet den Abzug von 15 EUR oder der eventuell ermäßigten Gebühr gem. § 44 RVG nicht an.[1433]

- Schließlich wird vertreten, der Ausgleich müsse zwischen dem Rechtsuchenden und der Beratungsperson erfolgen. Soweit eine materielle Erstattungspflicht des Gegners iSv § 9 S. 1 BerHG bestehe, gebe es keinen Grund den unbemittelten Rechtsuchenden schlechter zu stellen als einen zahlenden Mandanten der Beratungsperson. Daher müsse die Beratungsperson ihrem Mandanten die bereits gezahlte Pauschalgebühr erstatten.[1434]

Richtigerweise darf die Beratungsperson eine bereits gezahlte **BerH-Gebühr** be- 489
halten:

Dass der Beratungsperson die Beratungsgebühr nach Nr. 2500 VV RVG zusteht, ist unbestritten. Es handelt sich um eine ganz normale Gebührenforderung, die mit ihrer Zahlung erlischt (§ 362 Abs. 1 BGB). Dass die Beratungsperson dem Rechtsuchenden diese Gebühr erlassen kann, ändert daran nichts. Vom Gegner erhält der Rechtsanwalt die gesetzliche Vergütung, ohne dass das Gesetz insoweit eine Kürzung anordnet. Zahlungen, die er erhält, sind vielmehr nur auf die Vergütung aus der Landeskasse anzurechnen (§ 59 Abs. 3, Abs. 1 RVG). Eine Rechtsgrundlage, vermöge derer der Ratsuchende diese Gebühr nach Zahlung der vollen Anwaltsgebühren durch den Gegner zurückverlangen könnte, ist nicht ersichtlich, im Gegenteil: Trotz des alten Meinungsstreits hat der Gesetzgeber bei der Neuregelung der BerH zum 1.1.2014 in § 8 a Abs. 2 BerHG eine Anrechnung der Schutzgebühr nur für den Fall vorgesehen, dass die Beratungsperson vom Rechtsuchenden Vergütung nach den allgemeinen Vorschriften nach Aufhebung der Bewilligung verlangt. Damit verbleibt die Schutzgebühr in Fällen nach § 9 BerHG beim Anwalt, der sie im Falle der Kostenerstattung durch den Gegner auch nicht an den Mandanten zurückzahlen muss.[1435]

1430 Lindemann/Trenk-Hinterberger, Beratungshilfegesetz, BerHG § 9 Rn. 5; Fraunholz/Keller/Schneider, RVG Vor § 44 Rn. 22; beide zitiert nach Groß BerHG § 9 Rn. 5.
1431 Groß BerHG § 9 Rn. 5.
1432 Schaich, Zum Inkrafttreten des Beratungshilfegesetzes, AnwBl 1981, 4; Dörndorfer Rn. 212.
1433 Groß BerHG § 9 Rn. 5 mwN; Mayer/Kroiß/Pukall VV 2500 Rn. 9.
1434 Groß BerHG § 9 Rn. 5; Lissner/Dietrich/Eilzer/Germann/Kessel Rn. 364; Büttner/Wrobel-Sachs/Gottschalk/Dürbeck Rn. 999; Dörndorfer Rn. 221; Mayer/Kroiß/Pukall VV 2500 Rn. 9; Poller/Teubel Teil 3 BerHG § 10 Rn. 10; T. Schmidt in: Herberger/Martinek/Rüßmann ua, jurisPK-BGB, 7. Aufl. 2014, Kostenrechtl. Hinw. in Familiensachen (Teil 16), Rn. 104.
1435 So auch Gerold/Schmidt/Mayer VV 2500 Rn. 20.

490 Hat jedoch der Mandant die Beratungshilfegebühr bei Entrichtung der Regelvergütung durch den Gegner noch nicht gezahlt, entfällt seine Zahlungsverpflichtung.[1436]

491 Gem. § 9 S. 3 BerHG kann der **Anspruchsübergang nicht zum Nachteil des Rechtsuchenden** geltend gemacht werden. Damit ist die Anwendung von § 367 Abs. 1 ausgeschlossen: Wenn nämlich nur eine Teilleistung auf die Schuld und die Kosten zu erlangen ist, hätten gem. § 367 Abs. 1 die Kosten Vorrang. Dann müsste der Rechtsuchende hinnehmen, dass die Teilleistung um die vollen Kosten der Beratungsperson gemindert würde. Diese Lösung wird durch S. 3 ausgeschlossen, der Gläubiger erhält sein Geld zuerst.[1437]

492 **Ebenfalls fraglich** ist schließlich, ob die vom Gegner des Rechtsuchenden ersetzten Rechtsanwaltskosten auch dann gem. § 58 RVG auf die von der Staatskasse zu zahlende Vergütung angerechnet werden, wenn die **Wahlanwaltsvergütung nicht vollständig erstattet** wurde:

- Nach überwiegender Auffassung ist dies der Fall, da in § 58 Abs. 1 RVG eine § 56 Abs. 2 RVG entsprechende Einschränkung der Anrechenbarkeit für die BerH fehlt.[1438] Zudem habe der Gesetzgeber der Beratungsperson bei der BerH nur eine Mindestvergütung sichern wollen.[1439]

- Allerdings wird auch vertreten, dass die vom Gegner erhaltenen Zahlungen zunächst auf die Wahlanwaltsvergütung anzurechnen sei und eine Anrechnung nach § 58 Abs. 1 RVG erst dann erfolgen dürfe, wenn der Wahlanwaltsvergütungsanspruch voll befriedigt sei.[1440]

VII. Auftragsmuster

493 ▶ Für die Durchführung des am ... erteilen Beratungs-/Vertretungsauftrags[1441] soll Beratungshilfe in Anspruch genommen werden. In diesem Zusammenhang bin ich darauf hingewiesen worden, dass

- bei Antragstellung nach Beginn der Beratung oder Vertretung der formgerechte, vollständige und mit allen erforderlichen Belegen versehene Antrag in jedem Fall bis **spätestens vier Wochen** nach Beginn der Beratung/Vertretung[1442] beim zuständigen Amtsgericht eingegangen sein muss, anderenfalls das Gericht den Antrag ablehnen wird (§ 4 Abs. 3, 5 BerHG),

- die Beratungsperson im Falle der **Ablehnung des nachträglichen Antrags** auf Gewährung von Beratungshilfe vom Rechtsuchenden **Vergütung nach den allgemeinen Vorschriften** verlangen kann, wobei eine etwa geleistete Beratungshilfegebühr (Nr. 2500 VV RVG) auf den Vergütungsanspruch anzurechnen ist (§ 8 a Abs. 4 BerHG),

- das Gericht die **Bewilligung von Amts wegen aufheben** kann, wenn die Voraussetzungen für die Beratungshilfe zum Zeitpunkt der Bewilligung nicht vorgelegen ha-

---

1436 Groß BerHG § 9 Rn. 5.
1437 Groß BerHG § 9 Rn. 6 mwN.
1438 LG Detmold 7.7.2011 – 3 T 5/11.
1439 OLG Naumburg NJOZ 2012, 1075; OLG Saarbrücken 24. 7.2009 – 5 W 148/09; OLG Celle NJW-RR 2011, 719; OLG Bamberg, NJOZ 2010, 989; AG Mosbach NJW-RR 2011, 698; AG Halle (Saale) 9.3.2011 – 103 II 8727/06; Gerold/Schmidt/Müller-Rabe RVG § 58 Rn. 32; Büttner/Wrobel-Sachs/Gottschalk/Dürbeck Rn. 999.
1440 LG Saarbrücken AGS 2009, 290; vgl. Hartung/Schons/Enders, RVG, 3. Aufl. 2017, RVG § 58 Rn. 34.
1441 Nichtzutreffendes streichen!
1442 Nichtzutreffendes streichen!

ben und seit der Bewilligung nicht mehr als ein Jahr vergangen ist (§ 6 a Abs. 1 BerHG),

– das Gericht die Bewilligung **auf Antrag der Beratungsperson aufheben** kann, wenn der Rechtsuchende aufgrund der Beratung oder Vertretung, für die ihm Beratungshilfe bewilligt wurde, **etwas erlangt** hat und der Rechtsuchende deshalb die Voraussetzungen hinsichtlich der persönlichen und wirtschaftlichen Verhältnisse für die Bewilligung von Beratungshilfe nicht mehr erfüllt und die Beratungsperson noch keine Beratungshilfevergütung nach § 44 S. 1 RVG beantragt hat (§ 6 a Abs. 2 BerHG),

– die Beratungsperson im Falle der **Aufhebung der Bewilligung** vom Rechtsuchenden in voller Höhe eine **Vergütung nach den allgemeinen Vorschriften** verlangen kann, wenn sie keine Vergütung aus der Staatskasse fordert oder einbehält, wobei eine etwa geleistete Beratungshilfegebühr (Nr. 2500 VV RVG) auf den Vergütungsanspruch anzurechnen ist (§ 8 a Abs. 2 BerHG).

– die Staatskasse im Falle der Aufhebung vom Rechtsuchenden **Erstattung** des von ihr an die Beratungsperson geleisteten und von dieser einbehaltenen Betrages verlangen kann (§ 8 a Abs. 3 BerHG).

Eine Abschrift dieser Hinweise habe ich erhalten und zur Kenntnis genommen.

(Ort, Datum, Unterschrift) ◀

Literatur: *Breidenbach/Henssler*, Mediation für Juristen, Konfliktbehandlung ohne gerichtliche Entscheidung, 1997; *Breidenbach*, Mediation, 1995; *Diez/Krabbe/Thomsen*, Familien-Mediation und Kinder, 2002; *Dulabaum*, Mediation: Das ABC, 4. Aufl. 2003; *Fisher/Ury/Patton*, Das Harvard-Konzept, 23. Aufl. 2006; *Fisher/Brown*, Gute Beziehungen. Die Kunst der Konfliktvermeidung, Konfliktlösung und Kooperation, 1989; *Friedman*, Die Scheidungsmediation. Anleitungen zu einer fairen Trennung, 1996; *Haft*, Verhandlung und Mediation – Die Alternative zum Rechtsstreit, 2000; *Haft/Schlieffen* (Hrsg.), Handbuch Mediation, 2002; *Haynes/Bastine/Ink/Mecke u.a.*, Scheidung ohne Verlierer, 2002; *Haynes u.a.*, Vom Konflikt zur Lösung, 2004; *Hohmann/Morawe*, Praxis der Familienmediation, 2. Aufl. 2014; *Jaede/Wolff/Zeller-König*, Gruppentraining mit Kindern aus Trennungs- und Scheidungsfamilien, 1996; *Kloweit/Gläßler* (Hrsg.), Mediationsgesetz, 2014; *Krabbe* (Hrsg.), Scheidung ohne Richter, Konfliktbearbeitung durch Verhandlungen, 1991; *Paul/Zurmühl*, Mediation – was ist das? Leitpfad für die Familienmediation, 2008; *Rapp*, Kuss oder Schluss, Mediation für alle, 2008; *Rapp*, Mediation anders lösen. Lesebuch Mediation, 2010; *Weiler*, Praxisbuch Mediation, 2008; *Köstler*, Mediation, 2010.

I. Was ist Mediation?

1 **1. Definition.** „Mediation ist ein vertrauliches und strukturiertes Verfahren, bei dem Parteien mithilfe eines oder mehrerer Mediatoren freiwillig und eigenverantwortlich eine einvernehmliche Beilegung ihres Konflikts anstreben."[1]

---

1 § 1 Abs. 1 Mediationsgesetz (MediationsG) vom 21.7.2012.

2. Abgrenzung zum kontradiktorischen Verfahren. Im kontradiktorischen Ver- 2
fahren

■ entscheidet ein Richter aufgrund gesetzlicher Normen,

■ gibt es Sieg oder Niederlage,

■ gilt das Prinzip „entweder/oder",

■ sind die Rechtsanwälte Vertreter der jeweiligen Konfliktpartei, sie sprechen
  für diese („Advocatus").

Im Mediationsverfahren 3

■ entscheidet nicht der „Dritte" (hier: der Mediator), die Konfliktparteien
  schaffen sich vielmehr ihr Recht selbst (Autonomie);

■ können beide Konfliktparteien gewinnen („win-win-Situation");

■ haben die unterschiedlichen Sichtweisen der Parteien ihre jeweilige Berechtigung, es gilt das Prinzip „und"

■ sind die Rechtsanwälte „nur" Rechtsberater und Gestalter, die abklären helfen, ob in der Mediation ein besseres Ergebnis gefunden wurde als in einem
  streitigen Verfahren eventuell erreicht werden könnte („Außenanwälte").

Das **Ziel einer Familienmediation** ist es, Lösungen für die jeweils anliegenden
Probleme zu finden, mit denen beide Parteien zufrieden sind. Das sind diese zu-
meist dann, wenn eine Lösung ihren Interessen und Bedürfnissen entspricht. Die
Ergebnisse, die in einer Mediation erarbeitet werden, müssen zudem für beide
Parteien besser sein als die, die vielleicht in einem streitigen Verfahren erzielt
werden könnten. Die Vorteile sind allerdings nicht nur merkantil zu beurteilen.

II. Wie funktioniert Mediation?

1. Die Prinzipien der Mediation. a) Offenheit/Informiertheit/Offenlegung. Die 4
Konfliktparteien verpflichten sich zur gegenseitigen Information über alle entscheidungserheblichen Vorgänge und Fakten, sie verpflichten sich, entsprechende Auskünfte zu erteilen und diese zu belegen. Generell gilt, dass Medianten in
einem Mediationsverfahren nicht schlechter gestellt sein dürfen als in einem
streitigen Verfahren vor Gericht. Wer Unterhaltsansprüche hat, hat auch Auskunftsansprüche und den Anspruch, diese Auskunft belegt zu bekommen. Das
bedeutet, dass in einem Mediationsverfahren, in dem das Thema Unterhalt für
Kinder oder Ehegatten geregelt werden soll, alle entscheidungserheblichen Informationen in belegter Form vorgelegt werden müssen.

Der **unterhaltspflichtige Mediant** hat ebenso Auskunft zu erteilen, wie er dies 5
auch in einem streitigen Verfahren tun müsste. Auch im Mediationsverfahren
muss der selbstständig Erwerbstätige die Gewinnermittlungen der letzten drei
Kalenderjahre nebst Steuererklärung, Steuerbescheiden und allen Anlagen vorlegen, und selbstverständlich muss auch der angestellt tätige Mediant die letzten
zwölf Gehaltsmitteilungen und den entsprechenden Steuerbescheid vorlegen.

Wenn die Parteien ihr Vermögen in einem Mediationsverfahren auseinanderset- 6
zen wollen, so besteht auch in einem Mediationsverfahren die Pflicht, das Vermögen zu belegen und zwar zum Stichtag, den das Gesetz vorschreibt oder zu
einem Stichtag, den die Parteien – in Kenntnis des gesetzlich normierten Stichtags – für sinnvoller halten; oft ist dies der Trennungszeitpunkt.

Diese **Auskunfts- und Belegverpflichtung** wird im Arbeitsbündnis zwingend ver- 7
einbart. In einem Mediationsverfahren sind die Zahlen über das Vermögen sowohl zu Beginn der Ehe ebenso wie über eventuelle Schenkungen während der

Ehe und über die Höhe des Vermögens am Ende der Ehe zu belegen. Dies gilt auch dann, wenn sich die Parteien über die Beträge einig sind, weil nur mit vorgelegten Belegen (§ 1379 Abs. 1 S. 2) die Sachlage überprüfbar ist und auch Vertrauen geschaffen wird.

8 Es ist wichtig und Aufgabe des Mediators, auf der Belegvorlage zu bestehen, obwohl manche Parteien, die in ein Mediationsverfahren kommen, sehr viel Interesse daran haben, möglichst alles friedlich zu regeln. Das Bestehen auf Belegen wird von den Medianten oft als Misstrauen ausgelegt, das die angestrebte Harmonie stören könnte. Es fällt ihnen häufig sehr schwer zuzugeben, dass sie kein Vertrauen mehr zum Partner haben. Dies gilt umso mehr, wenn sich derjenige, der die Belege fordert, an der Trennung schuldig fühlt.

9 Wenn aber im Arbeitsbündnis bereits vereinbart wurde, dass alle Zahlen belegt werden müssen, dann kann sich der Mediator auf diese Vereinbarung berufen und dafür Sorge tragen, dass tatsächlich alle entscheidungserheblichen Informationen auch belegt werden, ohne dass eine der beiden Parteien dies einfordern muss und sich dadurch möglicherweise dem Vorwurf des Misstrauens aussetzen müsste.

10 **b) Vertraulichkeit.** Die Konfliktparteien und der Mediator sollten regeln, ob und wie über die Inhalte und Ergebnisse der Mediation nach außen kommuniziert wird (für die Mediatoren → Rn. 117).

11 Wie die Parteien miteinander über die Ergebnisse und Informationen, die sie in der Mediation erlangen, umgehen, ist dem Willen beider Parteien überlassen; sie müssen sich nur darüber einig sein, wie sie dies handhaben wollen und dies **im Arbeitsbündnis festlegen.** Dabei kommt es maßgeblich auf den Willen der Parteien an. Vielfach ist ihnen die Vereinbarung von Vertraulichkeit über den Inhalt und das Ergebnis der Mediation von Bedeutung. Für das Mediationsverfahren ist jedoch in jedem Fall wichtig, dass die Frage der Vertraulichkeit thematisiert wird und die Parteien diesbezüglich Einvernehmen erzielen.

12 **c) Allparteilichkeit und Neutralität.** Der Mediator ist allen Parteien gleichermaßen verpflichtet und versucht, beide Parteien zu verstehen. Er ist für beide Konfliktparteien tätig. Beide Parteien haben ihn beauftragt, weshalb er nicht nur einseitig einen Auftraggeber vertreten darf. Mediation **verpflichtet den Mediator zur Neutralität**[2] **und Allparteilichkeit.**

13 Der Mediator ist bei Übernahme einer Mediation nicht Interessenvertreter einer Partei. Vielmehr wird ihm von zwei oder mehreren Parteien ein Beratungs- und Vermittlungsauftrag in einer Konfliktsituation erteilt. Dies widerspricht nicht dem anwaltlichen Grundsatz des § 43 a Abs. 4 BRAO, der dem Rechtsanwalt grundsätzlich die Vertretung widerstreitender Interessen wahrzunehmen verbietet.

14 Für den Anwalt, der als Mediator tätig ist, ist es deshalb auch aus eigenem Interesse wichtig, klar zu unterscheiden, in welcher Rolle er jeweils tätig ist, und dies auch zu dokumentieren.

§ 3 MediationsG verpflichtet den Mediator zur Offenlegung aller Umstände, die seine Unabhängigkeit und Neutralität beeinträchtigen könnten (§ 3 Abs. 1 MediationsG). Der Mediator darf nicht tätig werden, wenn er vor der Mediation in derselben Sache für eine Partei tätig gewesen ist und er darf auch nicht während

---

2 OLG Hamm KonSens 1999, 307 (308).

oder nach der Mediation für eine Partei tätig werden (§ 3 Abs. 2 MediationsG). Gleiches gilt für Sozietäten, Partnerschaften oder auch Bürogemeinschaften (§ 3 Abs. 3 MediationsG). Es ist also unzulässig, dass ein Rechtsanwalt einer Sozietät die Mediation führt und ein Sozius dann für einen der Beteiligten die Außenberatung erteilt.

Dies gilt auch dann, wenn die Mediation nicht zu Ende geführt werden konnte, **15** weil die Parteien keine einvernehmliche Lösung gefunden haben. Anderenfalls könnte ein Fall des Parteiverrats nach § 356 StGB[3] vorliegen. Dem Mediator ist die Pflicht auferlegt, über seine Person, seine Ausbildung und eine eventuelle Vorbefasstheit seiner selbst oder seiner Sozietätskollegen gegenüber den Medianten Auskunft zu erteilen (§ 3 MediationsG).

Die Verpflichtung zur Allparteilichkeit bedeutet, dass der Mediator versuchen **16** sollte, die unterschiedlichen Sichtweisen beider Konfliktpartner zu verstehen. Die Haltung des Mediators sollte die Vorstellung möglich machen, dass beide Sichtweisen ihre Daseinsberechtigung haben. Die Parteien dagegen glauben oftmals, dass es nur ein „entweder – oder" geben könne.

Diese Haltung, das „und" als Mediator zu wahren, ist häufig nicht einfach. Sie **17** ist mit einem **Balanceakt** zu vergleichen, bei dem jederzeit die Gefahr besteht, dass der Mediator seine „Mitte" verliert. Dies geschieht dann, wenn er einen der Beteiligten besser versteht als den anderen. Da hilft es nur, den Medianten gegenüber einzugestehen, dass es gerade schwierig ist, beide zu verstehen. Der Mediator sollte dann weiter nachfragen, bis er verstanden hat, was den bis dahin Unverstandenen tatsächlich bewegt. Wenn ein Verständnis nicht gelingt und der Mediator deshalb nicht mehr allparteilich sein kann, dann sollte er die Mediation beenden, nicht jedoch, bevor er über eine Supervision Hilfe in Anspruch genommen hat.

d) Eigenverantwortung/Autonomie. Die Konfliktpartner müssen in einem Me- **18** diationsprozess ihre Interessen und Bedürfnisse selbst wahrnehmen, also eigenverantwortlich handeln können (§ 1 Abs. 1 MediationsG). Der Mediator hat sich nicht nur zu Beginn, sondern auch während des gesamten Mediationsverfahrens davon zu überzeugen, dass die Medianten in der Lage sind, sich selbst zu vertreten und für ihre Ziele und Wünsche einzustehen. Jeder Konfliktpartner muss wissen, was er will, und diesen Willen auch äußern können. Eigenverantwortlich ist eine Konfliktpartei dann, wenn sie die Fähigkeit besitzt, Entscheidungen zu treffen und diese vor sich selbst und auch nach außen vertreten zu können.

Ein Mediationsverfahren ist dann **geeignet**, wenn folgende Voraussetzungen vor- **19** liegen:

Jeder Konfliktpartner **20**

- muss bereit sein, sich in gemeinsamen Gesprächen mit dem anderen Konfliktpartner auf Verhandlungen einzulassen,
- muss in Bezug auf die konkrete Regelung eines Problems ergebnisoffen sein,
- muss verhandlungsfähig und in der Lage sein, seine Interessen wahrzunehmen und zu vertreten,
- muss bereit und in der Lage sein, die Verantwortung für seine Entscheidung zu übernehmen.

---

3 BRAK-Mitteilungen 1996, 186 ff.

21 Beim Vorliegen nachfolgender Umstände könnte ein **Mediationsverfahren weniger geeignet** sein:

- Bei **Suchtproblemen** sollte auf alle Fälle ein Bewusstsein über die Problematik vorhanden sein und dieses außerhalb der Mediation therapiert werden.
- Wenn eine **Gewaltproblematik** vorliegt, sollten Mediatoren sehr genau den individuellen Fall prüfen. Wenn bei beiden Konfliktpartnern das Bewusstsein vorhanden ist, dass Gewalt keine Probleme löst, und wenn der Mediator von der zukünftigen Gewaltfreiheit überzeugt ist, ist ein Mediationsverfahren unter Umständen denkbar. Nach der Empfehlung Nr. R (98) des Ministerkomitees des Europarates an die Mitgliedstaaten über Familienmediation soll der Mediator „besonders berücksichtigen, ob zwischen den Parteien Gewalt aufgetreten ist oder künftig auftreten kann und welche Auswirkungen dies auf die Verhandlungspositionen der Parteien haben kann, und überlegen, ob unter diesen Umständen das Mediationsverfahren angebracht ist".[4]
- Manchmal sind auch **Schuldgefühle** bei einem der Medianten bei einer Trennung oder Scheidung so stark vorhanden, dass die Fähigkeit, seine Interessen zu vertreten, eingeschränkt ist. Auch dann sollte mit Vorsicht und guter rechtlicher Außenberatung verhindert werden, dass eine Benachteiligung geschieht.

22 e) **Freiwilligkeit.** Das Mediationsverfahren kann von den Konfliktparteien **jederzeit beendet** werden. Diese Entscheidung muss nicht begründet oder gerechtfertigt werden. Medianten werden ein Mediationsverfahren dann abbrechen, wenn dies keinen Sinn mehr für sie macht.

Jeder Konfliktpartner entscheidet für sich, ob das Mediationsverfahren für ihn geeignet ist, ob er es beginnen oder weiter fortführen möchte. Der Mediator kann nur aus wichtigem Grund eine Mediation abbrechen. Ein wichtiger Grund ist dann gegeben, wenn der Mediator das Verfahren als nicht mehr geeignet für den vorliegenden Konflikt sieht, er seine Neutralität und Allparteilichkeit nicht halten kann oder die Medianten das vereinbarte Honorar nicht leisten.

23 Die Konfliktpartner entscheiden üblicherweise auch selbst, ob sie an einem Mediationsverfahren teilnehmen möchten. Der Grundsatz der Freiwilligkeit könnte dann verletzt sein, wenn das Familiengericht dem Konfliktpaar ein **Mediationsverfahren auferlegt,** diese ein solches aber ablehnen.

24 Nach § 135 Abs. 1 FamFG kann das Gericht in Verfahren in Scheidungssachen und Folgesachen **anordnen,** dass „Ehegatten einzeln oder gemeinsam an einem kostenfreien Informationsgespräch über Mediation oder eine sonstige Möglichkeit der außergerichtlichen Streitbeilegung anhängiger Folgesachen bei einer von dem Gericht benannten Person oder Stelle teilnehmen und eine Bestätigung hierüber vorlegen".

25 Das bedeutet, dass streitende Parteien (Beteiligte) vom Familienrichter in ein Mediationsverfahren geschickt werden können, **ohne sich freiwillig dazu entschieden zu haben;** dies auch in Folgesachen wie Unterhalt, Güterrecht und Versorgungsausgleich. Zwar schreibt das Gesetz „nur" die Teilnahme an einem Informationsgespräch über Mediation vor. Wenn es dem informierenden Mediator gelingen sollte, den zu ihm „geschickten" Parteien die Sinnhaftigkeit eines Me-

---

4 KonSens 1998, 55 (56).

diationsverfahrens zu vermitteln, beginnt ein Mediationsverfahren, das sich nicht von anderen unterscheidet.

Von Freiwilligkeit kann sicher auch nicht die Rede sein, wenn das Gericht damit droht, nach § 150 Abs. 4 S. 2 FamFG die **Kosten** nach billigem Ermessen anderweitig zu verteilen: „Es kann dabei berücksichtigen, ob ein Beteiligter einer richterlichen Anordnung zur Teilnahme an einem Informationsgespräch nach § 135 Abs. 1 nicht nachgekommen ist, sofern der Beteiligte dies nicht genügend entschuldigt."

Studien in den USA und Norwegen sowie die Erfahrungen der letzten Jahre in   26
Deutschland haben aber gezeigt, dass die Quote der erfolgreich abgeschlossenen Verfahren unabhängig davon ist, ob die Streitenden zur Mediation geschickt wurden oder diese von Anfang an frei gewählt haben.

Es ist nicht notwendig, dass Medianten freiwillig in ein Mediationsverfahren kommen, sie sollten nur freiwillig dort bleiben. Ein hilfreicher Gesprächseinstieg mit „geschickten" – also unfreiwilligen – Medianten kann der Hinweis des Mediators sein, dass der Richter sie nicht ärgern wollte, wenn er sie in ein Mediationsverfahren geschickt hat, sondern sie vielmehr für autonome Menschen hält, die trotz Krise und persönlicher Enttäuschung in der Lage sind, selbst die Lösungen zu finden, mit denen beide einverstanden sein können. Oft haben die Parteien auch schon im Gerichtsverfahren lernen müssen, dass sie sich eines Obsiegens nie sicher sein können. Wenn dann die Information erfolgt, dass in der Mediation nichts geschehen kann, was einer oder eine ablehnt, verstehen die Parteien sehr schnell, dass in einem Mediationsverfahren statt Ohnmacht Macht gilt.

f) Zugang zu rechtlichen Informationen. Die Konfliktpartner lassen sich spätes-   27
tens vor der Unterzeichnung einer Vereinbarung durch je einen Rechtsanwalt juristisch parteilich beraten (§ 2 Abs. 6 S. 2 MediationsG). Das Ziel einer Mediation im Bereich von Trennung und Scheidung ist eine eigenverantwortliche Entscheidung der Konfliktpartner über die Frage, wie sie ihre rechtlichen Beziehungen regeln wollen. Jeder Konfliktpartner soll die Möglichkeit haben, sich mit dem anderen Konfliktpartner entweder neues eigenes Recht zu schaffen oder aber auf die Lösung des Gesetzgebers zurückzugreifen. Um diese **Wahlfreiheit** ausüben zu können, benötigen die Konfliktpartner den Vergleich zwischen den von ihnen gemeinsam in der Mediation entwickelten Lösungen und den gesetzlichen Regelungen. Abgesehen davon wollen sie in der Regel auch wissen, ob die Regelung, die sie selbst gefunden haben, vor Gericht Bestand hätte.[5]

Mediation ist **keine Konkurrenz** zum kontradiktorischen Verfahren, sondern   28
eine andere, auch in unser Rechtssystem durch das Mediationsgesetz eingebundene alternative Möglichkeit, Konflikte zu lösen.

Der Zugang und die Information über das Recht ist zwingender Bestandteil des   29
Mediationsverfahrens. Mindestens eine rechtliche Beratung, spätestens vor Unterzeichnung der vertraglichen Regelung, müssen die Konfliktpartner jeweils getrennt voneinander durch Rechtsanwälte erhalten, die einseitig und parteilich die – zu diesem Zeitpunkt nur angedachten, in einem Memorandum zusammengefassten – Regelungen überprüfen und ihre Mandanten beraten. Man kann darüber streiten, ob nur die einseitig beratenden Rechtsanwälte oder auch die Me-

---

5 Hohmann/Morawe, Praxis der Familienmediation, S. 83.

diatoren, die zugleich Anwälte sind, über das Recht informieren können. Im Sinne der Mediation sollten, außer in eindeutigen Fällen, in denen die Parteien in der Mediation zu fast ähnlichen Ergebnissen kommen, wie sie auch der Gesetzgeber vorgibt (Düsseldorfer Tabelle), die Parteien immer außerhalb der Mediation zusätzlich rechtlich beraten werden.

30 Der Anwaltsmediator sollte darauf hinweisen, dass ein Mediationsverfahren unter seiner Funktion als Mediator eine Information über das Recht mit umfasst, dass diese aber im Hinblick auf den beiderseitigen Auftrag als Mediator keine parteiliche **Rechtsberatung** sein kann. In diesem Zusammenhang weist er auf die zusätzliche Notwendigkeit zumindest einmaliger einseitiger anwaltlicher Beratung jeder Partei hin. Eine ähnliche Auffassung vertreten auch Breidenbach[6] und Henssler,[7] wonach Rechtsanwälte während ihrer Mediationstätigkeit auch Rechtsberatung erteilen dürfen.

31 Dass **Neutralität und Rechtsberatung** vereinbar sind, zeigt das Beispiel der Notare. Sie haben Neutralität zu wahren und sind daneben zur Rechtsberatung nicht nur berechtigt, sondern auch verpflichtet. Nach § 17 BeurkG hat der Notar über den Inhalt der inländischen Rechtsordnung zu beraten und zwar so umfassend und genau, wie ihm dies möglich ist. Die Grenze der Belehrungspflicht liegt in der Verpflichtung zur Unparteilichkeit.[8]

32 Ferner ist auf die Empfehlung Nr. R (98) 1 vom 21.1.1998 des Ministerkomitees des Europarates an die Mitgliedstaaten über Familienmediation[9] hinzuweisen. Nach Abschnitt III. soll der Mediator Rechtsauskünfte, jedoch keine Rechtsberatung erteilen.

33 Der richtige Zeitpunkt für die Einführung der Rechtsberatung in die Mediation hängt davon ab, wann dies im Ablauf des Verfahrens zweckmäßig erscheint. Dies beurteilen nicht die Medianten, sondern vorrangig der Mediator.[10]

34 Mediatoren mit dem Grundberuf des Anwaltes werden es oft erleben, dass die **Frage nach der Rechtslage** von den Medianten schon sehr früh gestellt wird („Sagen Sie mir doch, was mir zusteht, Sie als Anwältin wissen das doch"). Diese Frage steht für die Hoffnung der Medianten, doch möglichst schnell, durchaus auch einvernehmlich, alle anstehenden Probleme regeln zu können. Sehr selten ist den Medianten bekannt, dass sie beide miteinander entscheiden können, was jedem von ihnen „zustehen soll". Sie wissen oft gar nicht, dass der Gesetzgeber ihnen die Lösungen nicht aufzwingt, sondern nur für die Fälle Regelungen vorsieht, in denen es den Konfliktparteien gerade nicht gelingt, eine einvernehmliche Lösung zu finden. Würden die Medianten in dieser sehr frühen Phase des Mediationsverfahrens bereits die Informationen über die möglichen juristischen Lösungen erhalten, würden häufig eigene kreative und dem individuellen Bedarf wesentlich besser dienende Lösungen verhindert. Statt wirklicher Lösungen würden „nur" Kompromisse gefunden.

35 Die Medianten sollen vom Mediator über den Sinn der Außenberatung informiert werden. Aufgabe der Außenanwälte ist zunächst die Aufklärung über

---

6 Breidenbach, Mediation, S. 257.
7 Henssler, Anwaltliches Berufsrecht und Mediation, in: Breidenbach/Henssler (Hrsg.), Mediation für Juristen, S. 75 ff. (77).
8 Hohmann/Morawe S. 84.
9 Abgedruckt in KonSens 1998, 55 f.
10 Mähler/Mähler/Duss-von Werdt, Faire Scheidung durch Mediation, 1994, S. 55.

mögliche Lösungen, die der Gesetzgeber für den vorliegenden Fall vorgesehen hat. Das setzt die Konfliktparteien in die Lage, zu entscheiden, ob die mit dem Konfliktpartner selbst erarbeitete Lösung allen eigenen Interessen und Bedürfnissen besser gerecht wird als die vom Gesetzgeber und der Rechtsprechung vorgesehene. Mit dieser Information lassen sich die Medianten eher darauf ein, doch zunächst eigene Lösungen zu erarbeiten und diese dann erst später mit Unterstützung der Rechtsanwälte mit der rechtlichen Lösung abzugleichen. Wenn sich allerdings eine Konfliktpartei gar nicht vorstellen kann, dass ihr Forderungen zustehen könnten, kann es sinnvoll sein, beide Parteien zunächst einmal zu Außenanwälten in die Beratung zu schicken. Diese einseitige Beratung führt oft dazu, dass in der anschließenden Mediation Ansprüche und Bedürfnisse klarer geäußert und eventuell vorhandene, aber überzogene Erwartungen relativiert oder nicht bewusste Ansprüche aktiviert werden können.

Bei der Einführung der rechtlichen Lösungen besteht einerseits die Gefahr, dass **36** nur die rechtliche Lösung das Ergebnis der Mediation bestimmt. Andererseits bietet die Kenntnis der möglichen rechtlichen Lösung eine **Fairnesskontrolle**, zu der die Konfliktpartner unabdingbar verpflichtet werden sollten. Es kann nur auf Rechte oder Ansprüche verzichtet werden, wenn diese überhaupt bekannt sind.

Die **eigene Haltung des Mediators** zur Gewichtung und Bedeutung der rechtli- **37** chen Lösung beeinflusst auch die Einstellung der Medianten dazu. Es kann davon abhängen, welche Bedeutung der Mediator dem Recht gibt und wie hoch er andererseits die Fähigkeit zur Autonomie und Eigenverantwortung der Medianten einschätzt und sie ihnen auch zutraut. Es gibt aber auch Mediatoren, meist aus dem psychosozialen Bereich, die die rechtliche Information als eine Art „Zwangsjacke"[11] sehen, die den Mediationsprozess eventuell behindern könnte. In diesem Fall wäre es wichtig, dass der Mediator die rechtliche Beratung eher als eine Bereicherung erlebt, die die Konfliktpartner darin unterstützen kann, eine Lösung zu finden, die ihren Interessen und Bedürfnissen entspricht. Wenn ein Mediator ein Scheitern des Mediationsverfahrens und ein damit verbundenes Versagen seiner Person durch die Konfrontation und Auseinandersetzung der Parteien mit den rechtlichen Lösungen befürchtet, wird er diese Ängste mit großer Wahrscheinlichkeit auf die Medianten übertragen.

Die **Darstellung der rechtlichen Ansprüche und Pflichten** der Medianten im Me- **38** diationsverfahren wirkt oft auch als Blockade. Dies kann dann geschehen, wenn sich die Konfliktpartner während des Mediationsverfahrens in einem für sie schwierigen Prozess von ihren ursprünglichen Positionen entfernt haben und nun durch die Rechtsberatung mit diesen wieder konfrontiert werden. Sie haben im Mediationsverfahren miteinander herausgearbeitet, welche Interessen und Bedürfnisse sie haben, und begeben sich durch die Rechtsberatung wieder auf die ursprüngliche Positions- und Anspruchsebene. Damit kommen auch wieder alte Argumente und Schuldvorwürfe in die Debatte, die man längst überwunden glaubte. Diese „Feuerprobe" ist aber auch notwendig, damit die Medianten wirklich sicher sein können, durch die Mediation die beste Lösung gefunden zu haben. Der Mediator sollte die Konfliktpartner auf die Rechtsberatung durch die Außenanwälte vorbereiten.

---

11 Hohmann/Morawe S. 86.

39 Auch nach der Intention des Gesetzgebers können sich die Eheleute bis auf wenige Ausnahmen (Verzicht auf Kindes- oder Trennungsunterhalt) ihr eigenes Recht gestalten. Nur wenn sie hierzu nicht willens oder in der Lage sind, stellt der Gesetzgeber eine gesetzliche Regelung zur Verfügung. Eine derartige Vorbereitung wird den Gang zu den Außenanwälten erleichtern.

40 Nach der Beratung der Medianten durch die Außenanwälte bespricht der Mediator mit den Medianten die Ergebnisse der jeweiligen Rechtsberatung in der Mediation.

41 Es kann geschehen, dass die Beteiligten mit **unterschiedlichen Ergebnissen** aus der Rechtsberatung in die Mediation zurückkehren, weil die Anwälte unterschiedliche Rechtsauffassungen haben. Auch eine solche, für die Medianten oft nicht nachvollziehbare Situation, lässt sich für die Mediation nutzen. Die Medianten werden darauf hingewiesen, dass die Rechtslage durchaus nicht immer eindeutig ist und dass nicht nur Anwälte, sondern auch Gerichte unterschiedliche Rechtsauffassungen haben können.

42 Sie werden auch darauf hingewiesen, dass ein streitiges Verfahren zeitlich kaum einzuschätzen ist, die Kosten hoch sein können und das Ergebnis in der Regel ungewiss ist. Diese Unsicherheit macht den Medianten häufig deutlich, dass die bereits gefundene Lösung, die vielleicht nach der Rechtsberatung etwas modifiziert oder neu ausgehandelt werden muss, dann die beste Lösung für sie sein wird.

43 **2. Ablauf und Struktur des Verfahrens.** Das Verfahren gliedert sich in **fünf Phasen.**

44 **a) Phase 1: Arbeitsbündnis.** Hierzu gehören:
- die Klärung der Frage, ob Mediation das geeignete Verfahren ist;
- die Vorstellung des Mediationsverfahrens und seiner Prinzipien;
- die Klärung des Zeitplans und der Kosten;
- das Aushandeln der Grundregeln und Prinzipien der Mediation (Arbeitsbündnis).

45 In dieser Phase klären die Parteien und der Mediator, ob Mediation das geeignete Verfahren für die Parteien ist, und schließen ein entsprechendes Arbeitsbündnis.

46 Der Mediator erfragt deshalb den **aktuellen Stand** und klärt ab, ob
- bereits gerichtliche Verfahren anhängig sind;
- ob die Parteien verheiratet sind;
- seit wann sie getrennt leben;
- ob Kinder vorhanden sind und bei wem diese leben;
- ob es eventuell schon vorläufige Regelungen bezüglich des Unterhalts gibt.

47 Sollten **streitige Verfahren** anhängig sein, so kann ein Mediationsverfahren nur dann stattfinden, wenn die Gerichtsverfahren für die Dauer der Mediation ruhen (Waffenstillstand).

48 Der Mediator bespricht mit den Medianten ihre **Hoffnungen, Wünsche und Erwartungen** an das Mediationsverfahren und prüft, ob diese Vorstellungen mit den Methoden und den Prinzipien des Mediationsverfahrens vereinbar sind. Diese Hoffnungen an das Verfahren sollten sich noch nicht auf die Inhalte, also die zu regelnden Themen, beziehen. Es sollten eher die Hoffnungen an das Verfahren Mediation selbst sein, die abgefragt werden. Es sollte eher um Werte als

um Positionen gehen. Hoffnungen wie die nach Frieden, dem Wunsche – trotz aller Differenzen – nach gemeinsamer Elternschaft. Der Mediator sollte in diesem Zusammenhang dann auch die Frage stellen, wieso der Mediant denn hoffe, dass diese Wünsche eher in einem Mediationsverfahren verwirklicht werden könnten. Diese Hoffnungen können dann Motivation für das gesamte Mediationsverfahren sein. Vor allem dann, wenn beide gleiche oder ähnliche Wünsche äußern.

Wenn diese Motive, sich für ein mögliches Mediationsverfahren zu entscheiden, offengelegt wurden, erklärt der Mediator seinerseits dann den **Ablauf** und die **Prinzipien** des Mediationsverfahrens. Ein Mediationsverfahren kann nur dann stattfinden, wenn das Konfliktpaar mit den Grundregeln der Mediation einverstanden und bereit ist, diese Regeln einzuhalten. Die Grundregeln der Mediation finden sich in den unter → Rn. 4–42 beschriebenen Prinzipien wieder, insbesondere die der Offenheit und Offenlegung sowie die rechtliche Beratung durch Außenanwälte. 49

Daneben können in dem Arbeitsbündnis weitere **individuelle Verfahrensregeln** vereinbart werden wie 50

■ die Verpflichtung, während des Mediationsverfahrens keine Vermögensveränderungen ohne Zustimmung des anderen Partners durchzuführen;

■ rückständigen Unterhalt zu leisten, für den Fall eines vorzeitigen Abbruchs des Mediationsverfahrens;

■ die Festlegung des Honorars des Mediators.

In diesem **Mediationsvertrag**, dem Arbeitsbündnis, sind die Prinzipien der Mediation noch einmal aufgeführt und die Rechte und Pflichten des Mediators und der Medianten schriftlich fixiert. Dieses Arbeitsbündnis wird sowohl von den Parteien als auch von dem Mediator unterzeichnet. 51

Ein Mediationsverfahren ist nur dann sinnvoll, wenn die Parteien **ergebnisoffen** sind und sich die Regeln/Prinzipien zu Eigen machen wollen. Je sorgsamer diese Fragen – noch ganz unabhängig vom eigentlichen Konflikt – zu Beginn des Verfahrens erarbeitet und geklärt sind, umso leichter wird sich das Mediationsverfahren danach gestalten. 52

Natürlich ist es für streitende Parteien zu Beginn eines Mediationsverfahrens nicht einfach, zunächst nur über ein Arbeitsbündnis zu verhandeln statt über die Probleme, wegen derer sie eigentlich in das Verfahren gekommen sind. Es ist für sie auch nicht einfach, ergebnisoffen zu sein und zuzustimmen, von ihren bis dahin gewollten und für richtig empfundenen Positionen und fertigen Lösungen abzuweichen. Das gelingt nur, wenn sie verstehen, dass es in einem Mediationsverfahren eine Lösung geben wird, mit der sie beide einverstanden sein können. Es wird also eine Lösung geben, die anders sein wird als die bislang angedachte und erwünschte, aber diese neue Lösung wird den Vorteil haben, dass sie nicht nur passend für einen, sondern richtig und stimmig für alle Beteiligten sein wird. 53

Hilfreich ist oft, wenn den Parteien klar wird, dass sie in der Mediation **selbst entscheiden**, wie ihre Fragen geklärt werden. Kein Dritter bestimmt oder entscheidet. Die Lösungen können nur einvernehmlich miteinander gefunden und entschieden werden. Wenn aber der andere Partner, der mit am Tisch sitzt, das gleiche Ziel hat (nämlich, eine gemeinsame Lösung zu finden), ist es möglich, sich auf das Mediationsverfahren einzulassen, obwohl noch völlig unklar ist, 54 wie eine einvernehmliche Lösung tatsächlich aussehen könnte. Wenn sich eine Partei mit dem Ziel der beiderseitigen Zufriedenheit nicht anfreunden kann, ist Mediation nicht das geeignete Verfahren.

55 Es ist nicht nur kostensparend, wenn die Frage der Ergebnisoffenheit gleich zu Beginn des Mediationsverfahrens geklärt wird. Es dient auch der Beruhigung beider Konfliktpartner, wenn sie vom jeweils anderen Partner erfahren, dass dieser zum einen bereit ist, sich von seiner bisher angedachten Lösung zu verabschieden, und gleichzeitig eine Lösung anstrebt, die auch von beiden akzeptiert werden muss.

56 Phase 1 der Mediation endet mit der Unterzeichnung des Arbeitsbündnisses durch den Mediator und die Medianten.

57 **b) Phase 2: Die Themen.** Dazu gehören

- die gemeinsame Festlegung der Themen und deren Bearbeitungsreihenfolge;
- die Darlegung des Sachverhalts und die Bestandsaufnahme für die Bearbeitung der jeweiligen Themen.

Um die notwendige **Sachverhaltsermittlung** möglich machen zu können, erhalten die Parteien nach dem Abschluss des Arbeitsbündnisses Fragebögen über die laufenden Einnahmen, Ausgaben und das Vermögen. Sie werden diese Bögen ausfüllen und alle angegebenen Zahlen mit den entsprechenden Belegen in die nächste Sitzung mitbringen. Es ist wichtig, dass jede Partei diese Bögen alleine ausfüllt (Autonomie).

58 Wenn sich die Parteien jeweils selbst über alle Verbindlichkeiten, Verträge, Versicherungen und weiterer Verpflichtungen informieren, dient dies der Stärkung der Selbstständigkeit und der Auflösung alter Abhängigkeiten.

59 Das Konfliktpaar legt in Phase 2 ferner fest, welche **Themenbereiche** es gemeinsam klären will. Zu diesem Zweck bittet der Mediator jeden Konfliktpartner, die Themen, die er in der Mediation verhandeln und regeln möchte, zu benennen. Übliche Themen sind oft der Lebensmittelpunkt und der Umgang mit den Kindern, der Unterhalt eines Ehepartners, die Nutzung der Ehewohnung oder des gemeinsamen Hauses, die Teilung des Vermögens und des Zugewinns, der Pkw, die Rentenanwartschaften und eventuelle erbrechtliche Probleme.

60 In der Mediation werden nur diejenigen Themen bearbeitet, die von beiden Parteien besprochen und geregelt werden wollen. Es gilt auch hier wie sonst in der Mediation das **Konsensprinzip**. Wenn sich die Parteien nicht auf ein Thema einigen können, muss geklärt werden, ob Mediation dennoch bezüglich weiterer Themen, aber ohne dieses eine, auf das sich die Parteien nicht einigen können, stattfinden kann oder nicht. Wenn eine Konfliktpartei der Besprechung eines Themas nicht zustimmen kann, für den anderen das Mediationsverfahren aber nur dann möglich ist, wenn auch dieses Thema besprochen wird, kann Mediation nicht stattfinden.

61 Manchmal bereitet es einem Elternteil große Schwierigkeiten, wenn der andere Elternteil in der Mediation den **Lebensmittelpunkt der Kinder** infrage stellt. Auch hier wird sich die andere Partei nur dann auf das Mediationsverfahren einlassen, wenn sie sich einerseits von der Ergebnisoffenheit des anderen überzeugen kann und andererseits weiß, dass das Prinzip der Freiwilligkeit jederzeit einen Ausstieg aus dem Verfahren ermöglicht.

Gemeinsam legen die Konfliktpartner dann die **Reihenfolge** der Themen fest, die 62
in der Mediation bearbeitet werden sollen. Die Themen werden nacheinander
abgearbeitet. Um die einzelnen Themen zu bearbeiten, werden dann zunächst
alle Informationen, die für eine Entscheidung über das jeweilige Thema notwendig sind, gesammelt und, sofern es sich um Zahlen handelt, belegt.

Wenn es sich um Themen wie den Umgang des nicht betreuenden Elternteils 63
handelt, werden der Tagesablauf der Kinder, Schule, Freizeitaktivitäten und Arbeitszeiten der Eltern abgeklärt. Bei den Themen wie Unterhalt und Vermögen
werden die Auskünfte erteilt und belegt, die für eine Entscheidung notwendig
sind (s. Prinzip „Offenheit und Offenlegung").

Nachdem alle Themen abgearbeitet worden sind, soll es zu einer **Gesamtverein-** 64
barung hierüber kommen.

c) Phase 3: Die Bearbeitung der Themen unter Berücksichtigung der jeweiligen Parteiinteressen

- Wechsel von den Positionen zu den Interessen und Bedürfnissen; 65
- Anerkennung unterschiedlicher Sichtweisen.

Wenn alle Informationen für das jeweilige Thema bekannt und offengelegt sind,
ist es wichtig, dass die Parteien ihre Vorstellungen für die Regelung der jeweiligen Probleme formulieren. Die Vorstellungen sind in der Regel sehr unterschiedlich, sonst gäbe es keinen Konflikt.

In einem Mediationsverfahren bleibt es nicht nur bei der Formulierung dieser 66
„Positionen", es werden vielmehr die hinter diesen Positionen liegenden Interessen und Bedürfnisse beider Parteien herausgearbeitet. Damit kommt es zu einem
Wechsel von der Positionsebene („Ich will das") zu den Interessen und Bedürfnissen („Ich will das, weil ich dies oder jenes brauche").

Positionen werden durch Interessen bestimmt. Das Grundproblem von Men- 67
schen in Konfliktsituationen „liegt nicht in gegensätzlichen Positionen, sondern
im Konflikt beiderseitiger Nöte, Wünsche, Sorgen und Ängste".[12] Hinter gegensätzlichen Positionen liegen sowohl gemeinsame als auch sich widersprechende
Interessen. In Phase 3 unterstützt der Mediator die Medianten, die Interessen
und Bedürfnisse herauszufinden, die hinter den Positionen stehen.

Gerade in der **Trennungs- und Scheidungsmediation** ist das Leben des Paares, 68
das sich getrennt hat, von Ängsten geprägt:

- „Habe ich genügend finanzielle Mittel, um in Zukunft leben zu können?"
  oder:
- „Wie wird sich der Kontakt mit den Kindern entwickeln, wenn sie nicht
  mehr bei mir leben?"

Deshalb ist es in Phase 3 der Mediation wichtig, dass der Mediator den Kon- 69
fliktpartnern hilft, ihre grundlegenden Bedürfnisse herauszufinden und auszusprechen, damit nicht nur ihnen selbst klarer wird, was sie genau wollen und
brauchen, sondern auch dem Konfliktpartner. Wichtig ist in dieser Phase der Mediation dann vor allem, dass beide Parteien gegenseitig ihre Bedürfnisse verstehen. Dies muss nicht Zustimmung sein.

---

12 Fisher/Ury/Patton, Das Harvard-Konzept, S. 69.

d) Phase 4: Lösungsoptionen

70 ■ Sammlung verschiedenster Lösungsmöglichkeiten, ohne diese zu bewerten (Brainstorming).

■ Auswahl der Lösungsmöglichkeiten, die den Interessen und Bedürfnissen beider Parteien entsprechen.

Nachdem die Konfliktpartner in Phase 3 ihre Interessen und Bedürfnisse herausgearbeitet haben, entwickeln sie in Phase 4 Optionen für mögliche Lösungen ihrer Konflikte. Hierbei dürfen Phantasien, Utopien und alle möglichen Ideen ausgesprochen werden. Wichtig ist, dass zunächst jegliche Bewertung der infrage kommenden Lösungen unterbleiben muss. Eine zu frühzeitige Bewertung würde die Kreativität einschränken.[13]

71 Menschen in Konfliktsituationen haben häufig die Vorstellung, es handle sich um ein „Nullsummenspiel" – was einer gewinnt, muss der andere verlieren. Dadurch entsteht die Einstellung, „der kleinere Teil für dich, der größere für mich". Die Möglichkeiten, „den Kuchen zu vergrößern", werden oft nicht erkannt. Es können unter anderem neue Einnahmequellen gefunden werden (Teilvermietung des Hauses, Steigerung der Erwerbstätigkeit, Durchführung des „begrenzten Realsplittings") oder/und Verbindlichkeiten durch eine Umschuldung oder Senkung der Tilgungsraten gemindert werden.

72 Um möglichst viele Optionen zu finden, bietet sich als Methode ein **Brainstorming** an. Hierbei werden alle theoretisch infrage kommenden Lösungsvorschläge – am zweckmäßigsten auf einem Flipchart – vom Mediator gesammelt. Vereinbart wird zudem, dass zunächst ohne jede Bewertung alle Lösungsmöglichkeiten aufgeschrieben werden und erst dann, wenn die Sammlung abgeschlossen ist, bewertet wird, welche theoretisch möglichen Lösungen für beide Parteien infrage kommen. Der Maßstab und die Grundlage für die Bewertung der Optionen sind die zuvor herausgearbeiteten Interessen und Bedürfnisse der Parteien. Auf diese Weise verhandeln die Medianten eine gemeinsame Lösung, oft eine Mischung aus mehreren Optionen, und halten diese möglichen Lösungen in einem Memorandum zunächst fest.

73 Bei einer familienrechtlichen Mediation geht es häufig um eine Vielzahl von Themen, die alle nacheinander in der in Phase 2 festgelegten Reihenfolge abgearbeitet werden. Wenn (vorläufige) Lösungen für alle zu klärenden Punkte gefunden sind, werden zum Schluss die einzelnen Lösungen geprüft, ob diese auch **im Gesamtzusammenhang ausgewogen** sind.

74 Gerade bei einer Trennungs- und Scheidungsmediation sind die Themenbereiche eng miteinander verknüpft. Die Vermögensauseinandersetzung oder die Übernahme eines Miteigentumsanteils wird oft mit einer Unterhaltsregelung verknüpft; das Ziel der Mediation ist es, eine Gesamtvereinbarung über alle Themen zu finden.

e) Phase 5: Abschlussvereinbarung und rechtliche Gestaltung

75 ■ Vergleich der in der Mediation gefundenen Lösungen mit möglichen juristischen Chancen durch die jeweiligen beratenden Rechtsanwälte.

---

13 Hohmann/Morawe S. 157.

- Rechtliche Gestaltung.
- Vertragsabfassung und Unterzeichnung des Vertrages mit eventueller notarieller Beurkundung.

Nachdem die Medianten in Phase 4 einverständliche Lösungsmöglichkeiten erarbeitet haben, überprüfen sie diese in Phase 5 **mit den Außenanwälten**. In der Mediation soll eine bessere Lösung gefunden werden, weshalb ein Vergleich mit den eventuellen juristischen Ergebnissen und Möglichkeiten notwendig ist.

Nach der juristischen Beratung durch je einen Rechtsanwalt kommen die Parteien in die Mediation zurück, der Termin wird bereits vorher bestimmt, und sie berichten sich gegenseitig, was sie in der Rechtsberatung erfahren haben. Manchmal beginnen die Parteien in dieser Situation noch einmal heftig zu streiten. Oft werden die bis dahin gefundenen Lösungen nach der Rechtsberatung modifiziert. Ganz selten geschieht es, dass sich eine Partei gegen die Fortführung des Mediationsverfahrens entscheidet. Überwiegend raten die Außenanwälte den Parteien dazu, die in der Mediation gefundenen Lösungen vertraglich zu vereinbaren und beurkunden zu lassen. 76

Der Mediator, der als Rechtsanwalt oder Notar zugelassen ist, kann den **Vertrag** fertigen. Gehört der Mediator einer anderen Berufsgruppe an, wird einer der beratenden Außenanwälte die Formulierung der Abschlussvereinbarung vornehmen. Anschließend kann die Vereinbarung entweder durch einen Notar beurkundet oder gerichtlich protokolliert werden. Allerdings müssen sich in diesem Fall beide Parteien durch Anwälte vertreten lassen. Die notarielle Beurkundung kann daher für die Parteien kostengünstiger sein. 77

Für bestimmte Vereinbarungen ist die **notarielle Beurkundung zwingend** vorgeschrieben, zB für eine Einigung über Grundstücksangelegenheiten (§ 313 b), für güterrechtliche Fragen (§ 1410) vor Rechtskraft der Ehescheidung, für den Versorgungsausgleich (§ 1408 Abs. 2) oder für den nachehelichen Unterhalt (§ 1585 c). 78

Die **richterliche Protokollierung** im Scheidungsverfahren ersetzt die notarielle Urkunde (§ 127 a). Es ist also möglich, alle in einem Mediationsverfahren gefundenen Lösungen, auch die Übernahme eines Miteigentumsanteils an einem Grundstück in dem gerichtlich anhängigen Scheidungsverfahren zu protokollieren. Es ist nicht notwendig, dass die entsprechenden Folgesachen anhängig waren.[14] Für andere Vereinbarungen, wie etwa über den Umgang mit den Kindern oder über die Ehewohnung, gilt nicht einmal Schriftform. Zur Klarheit zwischen den Konfliktpartnern sollte die Abschlussvereinbarung trotzdem mindestens schriftlich fixiert und von den Parteien unterschrieben werden. 79

Es ist klar, dass die Vereinbarungen, die in einem Mediationsverfahren geschlossen werden, die gleiche Verlässlichkeit und Sicherheit bieten sollen wie ein gerichtlicher Vergleich oder ein Urteil. Es ist deshalb wie in einem streitigen Verfahren wichtig, dass die Vertragsgrundlagen korrekt in den Vertrag aufgenommen werden, um eventuell auch abändern zu können, ebenso sollte die Vereinbarung auch vollstreckbar sein. 80

Ob sich die Medianten in der Abschlussvereinbarung der Zwangsvollstreckung unterwerfen sollten, ist umstritten. Natürlich entscheiden die Medianten wie auch sonst bei einer notariellen Beurkundung ausschließlich selbst, ob sie eine 81

---

14 Palandt/Ellenberger § 127 a Rn. 2.

derartige Klausel in ihren Vertrag aufzunehmen wünschen. Sie sind jedoch durch ihre parteilich beratenden Anwälte auf diese Möglichkeit der Vertragsgestaltung hinzuweisen. Beim Begriff der „Zwangsvollstreckungsunterwerfung" entsteht manchmal bei den Medianten Widerstand und die Sorge, sich eventuell dem Konfliktpartner auszuliefern. An dieser Stelle sollten die Mediatoren die Medianten darauf hinweisen, dass eine solche Vereinbarung auch der Klarheit und Verlässlichkeit dient. Wehrt sich ein Mediant hartnäckig gegen die Vereinbarung einer Vollstreckungsklausel, sollte das Anlass sein, die Ernsthaftigkeit seines Bindungswillens an die gefundenen Lösungen zu erörtern.

82 In die Abschlussvereinbarung sollte allerdings auch für den Fall, dass Streitigkeiten aus dem Vertrag entstehen, Mediation als das Mittel der dann notwendigen Konfliktlösung vereinbart werden. Eine entsprechende **Mediationsvereinbarung** könnte lauten:

▶ Sollten aus der Vereinbarung, die in einem Mediationsverfahren zustande kam, Streitigkeiten entstehen, so verpflichten sich die Parteien, auch diese Streitigkeiten mit einem von einem Verband lizenzierten Mediator zu lösen. Sie verpflichten sich zu mindestens einer Sitzung.[15] Sollte eine der Parteien dies ablehnen, so verpflichtet sie sich, unabhängig vom eventuellen Obsiegen in einem streitigen Verfahren, die gesamten gerichtlichen und außergerichtlichen Kosten des Rechtsstreits zu übernehmen. ◀

III. Die Anwendung im Familienrecht nach FamFG

83 **1. Elterliche Sorge und Umgang.** Wenn Eltern in einem Mediationsverfahren die Folgen ihrer Trennung oder Scheidung besprechen und einvernehmliche Lösungen suchen wollen, dann ist die Frage, wo die gemeinsamen Kinder ihren **Lebensmittelpunkt** haben, selten im Streit. Überwiegend sind sich die Eltern, wenn sie freiwillig in ein Mediationsverfahren kommen, über diese grundlegende Thematik einig.

84 Wenn Eltern, die über das Aufenthaltsrecht ihrer Kinder streiten, vom Familiengericht in ein Infogespräch geschickt werden und sie dort freiwillig bleiben, ist es oft sehr sinnvoll, wenn der Mediator die **Reihenfolge der zu bearbeitenden Themen** vorschlägt (was er sonst nicht tut). Üblicherweise wollen Eltern zuerst die fundamentale Frage, wo die Kinder ihren Hauptlebensmittelpunkt haben sollen, vor der Frage des Umgangs des Kindes mit dem anderen Elternteil regeln. Es ist aber sehr sinnvoll, diese Reihenfolge zu verändern. Zuerst sollte abstrakt geregelt werden, wie der Umgang mit den Kindern für den Elternteil geregelt sein wird, bei dem die Kinder nicht ihren Lebensmittelpunkt haben werden, ohne dass schon feststeht, bei wem von beiden dies sein wird.

85 Wenn noch völlig offen ist, wie und bei wem die Kinder ihren Lebensmittelpunkt haben werden, kann eher ein sehr **offener und weitreichender Kindesumgang** vereinbart werden; es steht ja noch nicht fest, wer Nutznießer dieser sehr großzügigen Regelung sein wird. Oft erübrigt sich dann bei einem recht ausgeweiteten Besuchsrecht die generelle Frage nach dem Lebensmittelpunkt. Es geht nämlich oft gar nicht so sehr um die Frage, wo die Kinder ihren Lebensmittelpunkt haben werden, sondern eher um die Angst, dem betreuenden Elternteil ausgeliefert zu sein. Schließlich ist Vertrauen ja zunächst einmal nicht mehr vorhanden. Das Gefühl der Ohnmacht wird dann geringer, wenn der nicht haupt-

---

15 EuGH 14.6.2017 – Rs. C-75/16.

Morawe

sächlich betreuende Elternteil das Recht erhält, über die Ferienregelung und die Brückentage entscheiden zu können.

Werden die Folgesachen der Scheidung kontradiktorisch entschieden, ist das Recht, den Aufenthalt der Kinder zu bestimmen, leider häufiger streitig. Schließlich hat der Residenzort der Kinder meist Auswirkungen sowohl auf die Unterhaltsverpflichtung als auch auf die Berechtigung an der Ehewohnung. **86**

Der Umgang des nichtbetreuenden Elternteils mit den Kindern ist fast regelmäßig Thema einer Trennungs- und Scheidungsmediation. Sehr häufig geht es dem umgangsberechtigten Elternteil, überwiegend sind dies die Väter, primär darum, nicht nur zum „Zahlvater" und „Wochenendorganisator" degradiert zu werden, sondern auch nach der Trennung am Alltagsleben der Kinder teilnehmen zu können und in Entscheidungen über deren Zukunft eingebunden zu werden. Wenn diese Folgen einvernehmlich besprochen sind, klärt sich oft von selbst die Frage, wo die Kinder zukünftig leben sollen. Meist wird im Mediationsverfahren ein **großzügiges Umgangsrecht** vereinbart, welches die Gewähr gibt, dass der Vater auch am Alltag der Kinder teilhat. **87**

In der Mediation wird den Eltern auch meist klar, dass es wichtig ist, nicht den Kindern die Entscheidung zu überlassen, wo sie leben und wann sie mit wem Umgang haben. Vielmehr sollten diese Entscheidungen von den Eltern getroffen werden, im Idealfall von Vater und Mutter gemeinsam im Einvernehmen. **88**

Um die Medianten hierbei zu unterstützen, sind die Kinder häufig am Ende des Mediationsverfahrens in einer Sitzung mit den Eltern anwesend. Gerade bei pubertierenden Kindern ist diese deutlich gezeigte Gemeinsamkeit der Eltern – trotz ihrer Trennung – ein wichtiges Signal. Die Eltern stellen in dieser Sitzung den Kindern ihre Vereinbarung über die sie betreffenden Probleme vor. Umgangsmodalitäten werden erläutert und besprochen. Die Kinder haben die Möglichkeit und das Recht, eigene Wünsche und Interessen zu formulieren. Hierüber treffen die Eltern dann gemeinsame Entscheidungen, die sie in der Mediation wiederum ohne Anwesenheit der Kinder erarbeiten. **89**

Es kann vernünftig sein, Kinder zu Beginn der Mediation in das Mediationsverfahren einzubinden. Die Eltern erklären den Kindern dann, dass sie im Rahmen der Mediation die anliegenden Probleme einvernehmlich lösen werden. Den Kindern gibt dies die Sicherheit, dass die Eltern die Situation der von den Kindern meist als traumatisierend und dramatisch empfundenen Trennung „im Griff haben". Den Eltern selbst gibt es die Sicherheit, dass die Kinder informiert sind und falschen Fantasien vorgebeugt wird. Am wichtigsten ist die Botschaft, dass die Eltern alle Entscheidungen nur miteinander treffen werden. Diese Situation bringt Ruhe in den oft stürmischen Verlauf einer Trennung. **90**

2. Kindesunterhalt. Das von Eltern in einem Mediationsverfahren gefundene Unterhaltsergebnis gleicht nicht selten dem Betrag der Unterhaltstabellen und Leitlinien der Oberlandesgerichte. Dies hat etwas damit zu tun, dass die Tabellenbeträge „warenkorbabhängig" ermittelt werden und die Medianten in der Mediation den zu zahlenden Unterhalt ebenfalls nach dem konkreten Bedarf, dem zur Verfügung stehenden Einkommen und dem Alter der Kinder ermitteln. **91**

Wichtig ist, dass der Mediator darauf achtet, zu Beginn im Arbeitsbündnis zu vereinbaren, dass im Fall einer ergebnislosen Mediation der Unterhaltsberechtigte das Recht hat, **rückwirkend** Unterhalt geltend zu machen. Auf diese Weise wird verhindert, dass dem Unterhaltsberechtigten Schaden entsteht, weil andere **92**

Themen wie Hausrat, elterliche Sorge oder Umgangsmodalitäten vor der Unterhaltsfrage bearbeitet wurden, man aber dennoch nicht zu einem Konsens kam.

93 **3. Unterhalt des nicht verheirateten, betreuenden Elternteils.** Hier gilt das für den Kindesunterhalt Gesagte entsprechend. Auch hier sind die Ergebnisse, die von den Medianten erzielt werden, mit denen vergleichbar, die sich bei einer „klassischen" Unterhaltsberechnung ergeben. Bezüglich des Ehegatten- und Betreuungsunterhalts sollte auch bereits im Arbeitsbündnis vereinbart werden, dass bei vorzeitiger Beendigung des Mediationsverfahrens rückständiger Unterhalt geschuldet ist.

94 **4. Gemeinsame Immobilie.** Es gibt eigentlich kaum ein Thema, welches sich besser für ein Mediationsverfahren eignet als die Auseinandersetzung einer gemeinsamen Immobilie. Die Parteien sollten wissen, dass sie eine gemeinsame Immobilie im Streitfall nur in einem **Teilungsversteigerungsverfahren** auseinandersetzen können. Dies ist den Parteien meist nicht bekannt. Sie glauben vielmehr, dass eine Regelung über die Immobilie im Rahmen der Ehescheidung durch das Gericht entschieden werden kann. Im Scheidungsverfahren wird aber nur der Zugewinn bei bestehender Miteigentümergemeinschaft ausgeglichen (Ausnahme: § 1383, der allerdings nur sehr selten Anwendung findet).

95 Eine Teilungsversteigerung wird in einem streitigen Verfahren über den Zugewinnausgleich zwar manchmal als Drohgebärde eingesetzt, tatsächlich hinterlässt ein Teilungsversteigerungsverfahren oft jedoch nur Verlierer. Der Kaufpreiserlös in einem Versteigerungsverfahren bleibt meist hinter dem tatsächlichen Verkehrswert der Immobilie zurück. Oftmals wird nicht einmal der Preis erzielt, der die noch bestehenden Verbindlichkeiten deckt. Beide Parteien hätten dann nicht nur die Immobilie verloren, sondern auch noch weitere Verbindlichkeiten für die Immobile zu tragen.

96 Üblicherweise regeln die Mediationsparteien in einem Mediationsverfahren die Vermögensauseinandersetzung und die Aufteilung der gemeinsamen Immobilie zusammen mit dem Unterhalt in einem Vertrag. Eine Lösung ist häufig die, dass die **Nutzung der Immobilie unter Ausschluss des Teilungsversteigerungsverfahrens** für eine bestimmte Zeit geregelt wird und damit Unterhalt sowohl für die Kinder als auch für den Ehegatten verrechnet wird. Bei solchen Verträgen sollte dann auch geregelt werden, wer welche Investitionen und Reparaturen vorzunehmen hat, wer im Innenverhältnis die Hausverbindlichkeiten übernehmen soll und wie bei einer eventuellen späteren Veräußerung der Erlös verteilt wird.

97 Häufig übernimmt ein Partner auch die gemeinsame Immobilie als Alleineigentümer und zahlt den anderen Miteigentümer unter Verrechnung etwaiger Zugewinnausgleichsansprüche oder Unterhaltsabfindungen aus. Häufig wird so ein größerer finanzieller Spielraum geschaffen. Manchmal wird die Immobilie auch in Wohnungseigentum aufgeteilt und ein Teil veräußert, was zu einer Verringerung der Verbindlichkeiten führt.

98 **5. Hausrat und Zugewinn.** Manchmal wird in einem Mediationsverfahren auch **Hausrat** auseinandergesetzt, dies geschieht dann oft in Form der Realteilung. Der **Zugewinnausgleich** wird meist im Rahmen einer gesamten Vermögensauseinandersetzung geregelt.

99 Bemerkenswert ist, dass im Gegensatz zu den Vereinbarungen über Unterhalt, die zumeist mit den unterhaltsrechtlichen Leitlinien und Tabellen übereinstimmen, die Vereinbarungen, welche die Parteien im Mediationsverfahren für die

Vermögensauseinandersetzung und den Zugewinn erarbeiten, sich manchmal sehr von den gesetzlichen Regelungen über die Auseinandersetzung einer Zugewinngemeinschaft unterscheiden. Die Lösungen, welche die Parteien hier finden, entsprechen aber dem **Gerechtigkeitsgefühl der Parteien**, das oft nicht mit den Regeln über die Auseinandersetzung einer Zugewinngemeinschaft übereinstimmt.

Die Parteien berücksichtigen bei ihrer Auseinandersetzung **negatives Anfangsvermögen**, ebenso wie sie **Schenkungen und Erbschaften**, die in gemeinsames Eigentum investiert wurden, in voller Höhe ausgleichen. Sehr häufig regeln die Parteien den „Zugewinn" auch gänzlich anders, indem sie als ersten Stichtag für die Berechnung nicht die Heirat, sondern das gemeinsame Zusammenleben festlegen. Viele Paare heiraten heute oft erst dann, wenn die gemeinsame Immobilie bereits erstellt und man Jahre zusammen gewirtschaftet hat. Bei diesen Ergebnissen bleiben die Parteien meist auch nach der rechtlichen Außenberatung. Sie kommen nach dieser Beratung zurück in die Mediation und besprechen miteinander die Auskünfte, die sie von ihren jeweiligen Rechtsanwälten erhalten haben. **100**

Manchmal werden die ursprünglichen Ideen für die Vermögensauseinandersetzung modifiziert, ergänzt, konkretisiert, aber das, was als „gerecht" bei der zunächst gewählten Art der Auseinandersetzung in der Mediation erarbeitet wurde, bleibt meist auch nach der Rechtsberatung Bestandteil des Schlussvertrages. Wichtig ist aber, dass beide Parteien wissen, wie die rechtliche Lösung eventuell sein könnte und auf was sie gegenüber der gesetzlichen Lösung vielleicht verzichten oder was sie manchmal auch mehr leisten. **101**

Das, was die Parteien in dem Mediationsverfahren unter Berücksichtigung ihrer jeweiligen Interessen und Bedürfnisse erarbeitet haben, sollte der **Konfrontation mit den eventuell zu erzielenden juristischen Lösungen** standhalten. Wenn dies nicht der Fall ist, dann werden die Parteien im Mediationsverfahren weiterarbeiten, um eine Lösung zu finden, mit der beide auch unter Berücksichtigung der rechtlichen Situation einverstanden sein können. **102**

Für die Entscheidung, diese Lösung dennoch in einem Mediationsverfahren zu erarbeiten, ist oft – neben dem Wunsch nach einer autonomen Entscheidung – die Tatsache dienlich, dass der Ausgang eines streitigen Verfahrens immer ungewiss ist. Es gibt im streitigen Verfahren viele Unwägbarkeiten durch Sachverständigengutachten, Bewertungen und unterschiedliche Rechtsansichten oder auch Gesetzesänderungen. Gerichtliche Verfahren nehmen auch häufig sehr viel Zeit in Anspruch. Diese Unwägbarkeiten sind es, die die Medianten häufig dazu bewegen, doch wieder auf ihre eigene Lösung, welche ihnen ja zunächst gerecht und ausgewogen erschien, zurückzugreifen. **103**

6. Versorgungsausgleich. Bei einem Scheidungsverfahren wird über den Versorgungsausgleich im Verbund entschieden (§ 137 Abs. 2, 1 FamFG). Die Parteien sind in einem Mediationsverfahren innerhalb bestimmter Grenzen (Verbot des Supersplittings) in der Lage, einvernehmlich andere Lösungen für die Durchführung des Versorgungsausgleichs zu finden – die **Genehmigung** des Familiengerichts vorausgesetzt. Die Parteien können nach den Vorschriften des FamFG auch den Versorgungsausgleich nach § 1408 Abs. 2 gänzlich ausschließen. Das Gericht muss den Versorgungsausgleich nach Maßgabe der Vereinbarung der Parteien dann durchführen, wenn diese Vereinbarung wirksam und vollziehbar **104**

ist (§ 6 Abs. 2 VersAusglG), auch wenn innerhalb eines Jahres Scheidungsantrag eingereicht wird (§ 1408 Abs. 2 S. 2 aF ist entfallen).

105 Das Familiengericht wird eine in einem Mediationsverfahren von den Parteien gefundene Lösung dann genehmigen, wenn die Vereinbarung insgesamt ausgewogen erscheint, wenn sie vollziehbar ist (die Versorgungsträger eine Regelung zulassen und – falls notwendig – genehmigt haben), wenn die Formvorschriften (§ 7 VersAusglG) erfüllt sind und die Vereinbarung der richterlichen Inhalts- und Ausübungskontrolle standhält (§ 8 VersAusglG). Aus diesem Grund sollte die von den Parteien gefundene vermögensrechtliche Auseinandersetzung nicht zeitlich vor dem Scheidungstermin notariell protokolliert werden. Es könnte die Gefahr bestehen, dass das Familiengericht den im Mediationsverfahren angedachten Weg zur Regelung des Versorgungsausgleichs nicht genehmigt. Die vermögensrechtlichen Vereinbarungen und der Versorgungsausgleich sollten deshalb im Rahmen der Ehescheidung in einer **Scheidungsfolgenvereinbarung** vor dem Familiengericht zusammen protokolliert werden. So ist die größtmögliche Sicherheit dafür geschaffen, dass die Vereinbarung der Parteien der richterlichen Inhalts- und Ausübungskontrolle auch standhält (§§ 6 ff. VersAusglG).

106 **7. Erarbeitung von Eheverträgen vor oder während der Ehe.** Viele Jahre galt unter den Mediatoren die These, dass ein Mediationsverfahren nur möglich sein sollte, wenn Eheleute oder nicht verheiratete Paare entweder getrennt lebten oder sie sich für eine Trennung entschieden hatten. Es war üblich, nur die Folgen einer Trennung zu regeln. Mediation ist aber auch ein Mittel, **Konflikte, die zukünftig entstehen können,** zu vermeiden bzw. schon zuvor zu regeln. Dies gilt insbesondere bei der Erstellung von Eheverträgen vor oder während einer Ehe. Unterschiedliche Interessen gibt es durchaus nicht nur bei einer Trennung, sondern natürlich auch dann, wenn das zukünftige gemeinsame Zusammenleben geregelt werden soll. Einseitige, unausgewogene Eheverträge sind nicht selten Grund für ein späteres Scheitern einer Ehe.

107 Üblicherweise wollen die **zukünftigen Eheleute** einen Ehevertrag nicht über zwei, sondern nur mit Hilfe eines Anwalts regeln. Übersehen wird dabei aber, dass Eheverträge gerade für den Fall des Scheiterns der Ehe vereinbart werden und die Ehepartner dann sicherlich unterschiedliche Interessen und Bedürfnisse haben werden. Ein „gemeinsamer" Rechtsanwalt kann daher beide Heirats- oder Vertragswillige nicht interessengerecht vertreten.

108 Gerade zu Beginn einer Ehe können und wollen sich die Parteien oft nicht vorstellen, dass sie unterschiedliche Interessen haben könnten. Es besteht vielmehr der Wunsch nach Harmonie, der die Menschen zu Beginn einer Ehe häufig daran hindert, für den Krisenfall eine vertragliche Regelung zu treffen. Werden dennoch vertragliche Regelungen getroffen, hindert das Harmoniebedürfnis der Vertragspartner sie daran, sich über die eigenen Interessen und Bedürfnisse und die des Partners klar zu werden. Die Eheleute befürchten häufig, dass bei den Verhandlungen über einen Ehevertrag Unstimmigkeiten zu Tage treten könnten, die die Beziehung bereits zu Beginn der Ehe infrage stellen könnten.

109 Selbstverständlich ist es sinnvoll, sich zu Beginn einer Ehe Gedanken zu machen, wer die gemeinsamen Kinder betreuen wird und wie die Nachteile, die durch solch eine Betreuung beruflich für den Betreuenden entstehen könnten, im Falle einer Trennung oder auch im Falle des Todes auszugleichen sind. Wenn Menschen in diesem frühen Stadium ihrer Beziehung diese kritischen Punkte ange-

hen, finden sie leichter Lösungen als im Zeitpunkt des Scheiterns der Beziehung. Deshalb ist es sinnvoll, einen Ehevertrag zu Beginn einer Ehe in einem Mediationsverfahren zu erarbeiten, auf dessen Ausgewogenheit (beider Interessen und Bedürfnisse sind angedacht) und Bestandskraft man sich dann auch verlassen kann – soweit man das in Anbetracht der sich im Fluss befindlichen Rechtsprechung zur Inhaltskontrolle von Eheverträgen vorhersehen kann.

Der Mediator kann im Gegensatz zur einseitigen Beratung als Rechtsanwalt 110 durchaus unterschiedliche Interessen mit den Parteien gemeinsam besprechen. Der Rechtsanwalt als Mediator erteilt keine Rechtsberatung, wenn er mediiert, er führt vielmehr das Recht ein. Beraten über das Recht wird dann vor Abschluss des Ehevertrages durch die **Außenanwälte**. Dies wird zu Beginn des Mediationsverfahrens im Arbeitsbündnis vereinbart.

IV. Haftung des Mediators und des Rechtsanwalts

Für den anwaltlichen Mediator ist die Mediationstätigkeit gem. § 18 BORA eine 111 anwaltliche Berufsausübung. Nach einer Entscheidung des OLG Hamm[16] haftet ein Anwalt, der als Mediator tätig ist, aus **positiver Vertragsverletzung**, wenn er seine Aufgaben schlecht erfüllt und dadurch einem der Konfliktpartner einen Schaden zufügt.

Bei familienrechtlichen Mediationen kann ein **Schaden** entstehen, wenn etwa zu 112 Beginn der Mediation nicht klargestellt wird, dass bei deren Scheitern ab Beginn der Mediation rückständiger Unterhalt verlangt werden kann. Damit wird nicht nur Zeitdruck genommen, sondern auch verhindert, dass der Unterhaltsschuldner nur aus zeittaktischen Gründen dem Mediationsverfahren zustimmt.

Ein Schaden kann auch dann entstehen, wenn Eheleute (im Güterstand der Zu- 113 gewinngemeinschaft) getrennt leben, ein Scheidungsverfahren noch nicht anhängig ist, sie dennoch bereits in einem Mediationsverfahren ihr Vermögen aufteilen. Für die Parteien ist zu diesem Zeitpunkt eine Teilung des Vermögens gerecht und ausgewogen. Wird nicht unmittelbar danach das Scheidungsverfahren anhängig gemacht, kann wegen der Stichtagsbezogenheit des Zugewinnausgleichs die vermögensrechtliche Einigung der Parteien dann ungerecht werden, wenn ein Ehegatte sein Vermögen „verpulvert" und der andere gegebenenfalls erneut ausgleichspflichtig wird. Das kann schwierig sein, wenn der genaue Trennungszeitpunkt nicht klar ist. Hier sollte auch und gerade im Mediationsverfahren im Zweifel immer zu einer notariell beurkundeten Beendigung des Güterstandes geraten und dies zu Beweiszwecken auch protokolliert werden.

Ein Haftungsgrund könnte auch für die vertretenden **Rechtsanwälte** durch das 114 FamFG entstehen. Nach § 135 Abs. 1 FamFG werden die Beteiligten einer Scheidungssache in Folgesachen vom Gericht auf die Möglichkeit der Mediation hingewiesen. Unterstellt, die Beteiligten lassen sich auf ein Mediationsverfahren ein und bringen dieses auch erfolgreich zu Ende, dann werden sie ihren Rechtsanwälten vielleicht die Frage stellen, warum nicht sie, sondern erst der Richter auf die Möglichkeit eines Mediationsverfahrens hingewiesen hat. In diesem Fall wären eventuell erheblich geringere Kosten entstanden. Deshalb wird es jedem streitig beratenden Rechtsanwalt zu raten sein, zu Beginn des Mandats ausführ-

---

16 OLG Hamm KonSens 1999, 308 (309).

lich über ein Mediationsverfahren aufzuklären und diese Aufklärung schriftlich festzuhalten.

115 Dass auch Schäden entstehen können, wenn Fristen (Verjährung des Zugewinnausgleichsanspruchs) versäumt werden und mit Zeitablauf Beweismittel verloren gehen können, sollte jedem Mediator bewusst sein. Aus diesem Grund sollte der Rechtsanwalt seine Haftung auf Vorsatz und grobe Fahrlässigkeit zeitlich beschränken. Dies gilt allerdings nicht für **Notare**, die nach ihrer Berufsordnung ihre Haftung nicht einschränken dürfen.

Im Mediationsgesetz ist eine Regelung für Verjährung nicht vorgesehen, weil kein Handlungsbedarf gesehen wird. Nach § 203 S. 1 ist die Verjährung bereits gehemmt, wenn zwischen den Parteien Verhandlungen über die den Anspruch betreffenden Umstände schweben. Wichtig für den Mediator ist es deshalb, in Protokollen solche schwebenden Verhandlungen auch bezüglich des Streitgegenstandes deutlich zu machen.

116 Seit 1.12.1996 ist die Mediation bei den Vermögensschäden **mitversichertes Haftpflichtrisiko.**

V. Schweigepflicht und Zeugnisverweigerungsrecht

117 **1. Verschwiegenheitspflicht/Schweigepflicht.** Der auch als Rechtsanwalt zugelassene Mediator ist kraft Gesetzes zur Verschwiegenheit verpflichtet (§ 43 a Abs. 2 BRAO). Ein Verstoß des Mediators gegen diese Verpflichtung hat neben den standesrechtlichen auch strafrechtliche Konsequenzen gem. § 203 Abs. 1 StGB. Gleiches gilt auch für den Notar, der als Mediator tätig wird, § 18 BNotO. Sowohl Rechtsanwälte als auch Notare sind somit kraft Gesetzes zur Verschwiegenheit verpflichtet, ohne dass diese Verpflichtung auf Seiten des Mediators einer vertraglichen Vereinbarung zwingend bedarf. Zur Klarheit und Beruhigung der Medianten sollte sich der Mediator gleichwohl im Eingangsvertrag zur Verschwiegenheit verpflichten. Eine solche **Verpflichtung zur Verschwiegenheit im Eingangsvertrag** könnte lauten:

▶ Der Inhalt der Mediationsgespräche ist auch für den Mediator vertraulich. Er ist verpflichtet, keine Informationen und Erkenntnisse aus dem Mediationsverfahren ohne schriftliche Zustimmung der Beteiligten weiterzugeben.

Der Mediator soll vor Gericht nur dann eine Aussage machen dürfen, wenn alle Konfliktpartner ihn von der Schweigepflicht entbinden. Er weist die Medianten darauf hin, dass er sich bei Gerichtsverfahren nicht ohne deren Zustimmung als Zeuge zur Verfügung stellen wird.[17] ◀

Wenn der Mediator Rechtsanwalt ist, ist er gesetzlich zur **Verschwiegenheit** nach § 2 BORA verpflichtet. Ihm steht auch das entsprechende **Zeugnisverweigerungsrecht** nach § 53 Abs. 1 Nr. 3 StPO zu, da Mediation nach § 18 BORA anwaltliche Tätigkeit ist. Diese Pflicht zur Verschwiegenheit und das Recht, das Zeugnis zu verweigern, steht mit § 4 **MediationsG** auch den Mediatoren zu, die im Grundberuf nicht Rechtsanwälte sind.

118 **2. Zeugnisverweigerungsrecht.** Die Frage der Verpflichtung zur Verschwiegenheit der Mediatoren kraft Gesetzes oder Vereinbarung ist von der Frage zu trennen, ob der zur Verschwiegenheit Verpflichtete vor Gericht ein Zeugnisverwei-

---

17 Hohmann/Morawe S. 34.

gerungsrecht hat, wenn er trotz entsprechender Vereinbarung im Eingangsvertrag dennoch von einem der Medianten als Zeuge vor Gericht benannt wird.

Bei Rechtsanwälten und Notaren entspricht der materiell rechtlichen Schweigepflicht das verfahrensrechtliche Zeugnisverweigerungsrecht, welches in § 53 StPO für **Strafverfahren**, in § 383 ZPO für **Zivilverfahren** und in § 29 FamFG seinen gesetzlichen Ausdruck gefunden hat.[18] 119

Entsprechend wurde auch mit dem Mediationsgesetz sowohl in der ZPO als auch in allen auf sie verweisenden Verfahrensordnungen ein Zeugnisverweigerungsrecht für Mediatoren geschaffen.

VI. Supervision

Vor allem dann, wenn ein Mediator noch geringe Erfahrung hat, kommt es im Mediationsverfahren zu Situationen, in denen der Mediator **Hilfe durch Supervision** benötigt. Dies ist dann der Fall, wenn der Mediator aus der Balance geraten ist oder die Neutralität und Allparteilichkeit verloren hat. In solchen Augenblicken ist es erforderlich, die Situation aus einer distanzierten Position durch einen Dritten betrachten zu lassen. 120

Supervision kann dabei für Klarheit beim Mediator sorgen und schwierige Situationen und Schwachpunkte in den Mediationssitzungen herausarbeiten sowie eigene Themen des Mediators und daraus resultierende Sympathien und Antipathien bearbeiten. Supervisoren sollten, wenn sie eine Mediation supervidieren, auch gleichzeitig ausgebildete Mediatoren sein. 121

VII. Kosten des Mediationsverfahrens

1. Honorar des Mediators. Üblicherweise schließen die Mediatoren mit den Medianten eine **Vergütungsvereinbarung auf Stundenbasis.** Die üblichen Sätze für Familienmediationen liegen zwischen 250 **EUR bis zu 300 EUR pro Stunde** zuzüglich Mehrwertsteuer. Schriftform ist im Hinblick auf § 4 Abs. 1 RVG erforderlich. Die Vereinbarung über das Zeithonorar wird entweder in den Eingangsvertrag aufgenommen oder separat geregelt. 122

Wenn der Mediator Rechtsanwalt oder Notar ist, so kann er die entsprechende Schlussvereinbarung fertigen, als Notar auch protokollieren und diese dann im Rahmen der Vergleichsgebühr nach Nr. 1000 RVG-VV abrechnen. 123

Ein Hinweis sei bezüglich des Honorars der Rechtsanwälte erlaubt, deren Parteien nach § 135 FamFG in ein Mediationsverfahren geschickt werden. Gebührenrechtlich kann dem Parteivertreter nichts Besseres geschehen, da zum Zeitpunkt der mündlichen Verhandlung sowohl die Verfahrens- als auch die Terminsgebühr bereits entstanden sind. Ab diesem Zeitpunkt arbeitet der Rechtsanwalt, ohne dass weitere Gebühren anfallen. Wenn die Parteien jetzt in einem Mediationsverfahren den Rechtsstreit beenden und der streitige Anwalt das Mediationsergebnis protokolliert und auch als Außenanwalt über das gefundene Ergebnis berät (→ Rn. 27), verdient er die überhaupt nur noch mögliche Einigungsgebühr selbstverständlich auch. Allein auch aus diesen Gründen sollten sich Rechtsanwälte nicht gegen die Informationen über Mediation stellen und stattdessen ihre Mandanten ermuntern, an den Infogesprächen teilzunehmen

---

18 BLAH/Hartmann ZPO § 383 Rn. 15 ff.

und zu versuchen, in einem Mediationsverfahren auch zu Lösungen zu kommen.

124 **2. Verfahrenskostenhilfe/Beratungshilfe.** VKH und Beratungshilfe werden in Mediationsverfahren nicht gewährt. Allerdings sind inzwischen viele **Rechtsschutzversicherungen** bereit, auch in Familiensachen über den Rahmen der Erstberatung hinaus Kosten zu übernehmen. Dies sollte vorab von den Medianten mit der Rechtsschutzversicherung abgeklärt werden.

125 **3. Weitere Kosten für die Parteien.** Zu Beginn der Mediation vereinbaren die Parteien zwingend eine parteiliche Rechtsberatung. Für diese Tätigkeit vereinbaren die Parteien mit den **Außenanwälten** üblicherweise ein **Stundenhonorar.**

126 Für die Ehescheidung selbst entstehen dann die üblichen **Kosten nach dem RVG.** Da allerdings bei einer erfolgreichen Mediation alle Folgesachen geregelt sind, ist die Scheidung ohne Folgesachen günstiger. Zudem muss bei dieser Situation auch nur eine Partei anwaltlich vertreten sein. Anders ist dies natürlich, wenn die Folgesachen familiengerichtlich protokolliert werden.

127 **Unnötige Kosten** können den Parteien dann entstehen, wenn sie zunächst ein Mediationsverfahren beginnen, dieses aber ohne Schlussvereinbarung abbrechen und im Anschluss alle Folgesachen streitig durchführen. Dieses Risiko sollte den Parteien zu Beginn der Mediation bewusst sein. Sie haben dann die freie Entscheidung, das Kostenrisiko einzugehen oder nicht.

VIII. Ausbildung zum Mediator; Rechtsverordnung

128 Die Ausbildungsangebote sind vielfältig. Neben den drei Berufsverbänden – dem Bundesverband für Mediation (BM), der Bundesarbeitsgemeinschaft für Familienmediation (BAFM) und dem Verband Mediation in Wirtschaft und Arbeit (BMWA) – bieten auch private Unternehmen und der Deutsche Anwaltverein Ausbildungen an.

129 Die Berufsverbände sind sich darüber einig, dass eine adäquate Ausbildung eines Mediators mindestens 200 Stunden umfassen sollte. In diesen 200 Stunden sind 150 Stunden Lehrausbildung in einer interdisziplinär besetzten Teilnehmergruppe, 20 Stunden Arbeit in dieser Gruppe und 30 Stunden Supervision enthalten.

§ 5 MediationsG stellt die Aus- und Fortbildung der Mediatoren in deren eigene Verantwortung.

§ 6 MediationsG ermächtigte das Bundesjustizministerium, durch eine Rechtsverordnung nähere Bestimmungen über die Ausbildung zum zertifizierten Mediator und über die Fortbildung des zertifizierten Mediators zu erlassen.

130 Am 21.8.2016 erging die **Verordnung über die Aus- und Fortbildung von zertifizierten Mediatoren** (Zertifizierte-Mediatoren-Ausbidungsverordnung – ZMediatAusbV), welche am 1.9.2017 in Kraft tritt.

§§ 1 und 2 ZMediatAusbV regeln die Ausbildung, §§ 3 und 4 ZMediatAusbV die Fortbildungsverpflichtungen, § 7 ZMediatAusbV enthält die Übergangsbestimmungen. Zertifizierter Mediator darf sich danach nennen, wer zunächst in mindestens 120 Zeitstunden eine Ausbildung absolviert hat, deren Inhalte in einem Anhang zur Verordnung geregelt sind. Die für diese Ausbildung eingesetzten Lehrkräfte müssen die in § 5 ZMediatAusbV genannten Qualifikationen aufweisen. Abgeschlossen ist die Ausbildung mit einem Tätigkeitsnachweis über eine durchgeführte Mediation, die in Einzelsupervision supervidiert sein muss. Die Verordnung schreibt auch vor, dass jeder zertifizierte Mediator innerhalb der auf den Abschluss seiner Ausbildung folgenden zwei Jahre vier mit anschließender Einzelsupervision durchgeführte Mediationen nachzuweisen hat. Wenn diese Hürde genommen ist, werden keine weiteren Tätigkeitsnachweise mehr gefordert, aber innerhalb von vier Jahren nach Abschluss der Ausbildung insgesamt 40 Fortbildungsstunden. Die Inhalte sind frei wählbar. Die Übergangsbestimmungen nach § 7 ZMediatAusbV verlangen auch von den bereits tätigen Mediatoren die Durchführung von vier in Einzelsupervisionen durchgeführten Fällen und verpflichten auch zu der unter § 3 ZMediatAusbV vorgeschriebenen Fortbildung, deren Erfordernis, ähnlich der der Fachanwaltsordnung, nicht endet.[19] Es gibt bis zum Zeitpunkt Juni 2017 noch keine Zertifizierungsstelle. Bis zu deren wohl zu erwartender Gründung gilt die Eigenverantwortung der Mediatoren.

---

19 Constanze Eicher (Referentin des Referats Mediation im Bundesjustizministerium), Die neue Zertifizierungsverordnung, ZKM 2016, 160.

Stichwortverzeichnis

Die **fetten Zahlen** verweisen auf Paragrafen des angegebenen Gesetzes, die mageren auf Randnummern; Paragrafen ohne Gesetzesangabe sind solche des BGB. Auf die Schwerpunktbeiträge am Ende des Buches wird mit *SB* Bezug genommen.

A

Abänderung, Antrag *VersAusglG* **51** 8, übersehene Anrechte *VersAusglG* **51** 7, Wesentlichkeitsgrenze *VersAusglG* **51** 14

Abänderung und Überprüfung gerichtlicher Anordnungen 1696 1 ff., Änderung der Rechtslage **1696** 2, gerichtlich genehmigte Elterneinigung *SB 8* 73, triftige Gründe **1696** 2; *SB 8* 15, Veränderung maßgebender Umstände **1696** 2, Verfahren **1696** 3, Willensänderungen auf Seiten der Eltern **1696** 2, Zuwiderhandlungen gegen gerichtliche Anordnungen **1696** 2

Abänderung von altrechtlichen dynamischen Unterhaltstiteln 1612a 7

Abänderungsverfahren, anwaltliche Vergütung *SB 9* 247, örtliche Zuständigkeit *VersAusglG* **51** 22, Tenorierung der Verzinsungspflicht *VersAusglG* **51** 24

Abfindung, Steuern *VersAusglG* **23** 9

Abfindungshöhe, biometrische Aktualisierung *VersAusglG* **24** 4, Versicherungsmathematik *VersAusglG* **24** 2

Abgeltungsteuer *SB 7* 21

Abschichtung einer Gütergemeinschaft 1473 14 ff.

Abschiebung *GG Art.* **6** 31

Abstammung, Abstammungsnachweis **Vor 1591-1599** 9, anwaltliche Vertretung **Vor 1591-1599** 7, Begriff **Vor 1591-1599** 1 f., Einwilligung in genetische Untersuchung *siehe auch* Genetische Untersuchung zur Abstammung; Feststellung **Vor 1591-1599** 4, GenDG **Vor 1591-1599** 10, Gendiagnostik-Kommission (GEKO) **Vor 1591-1599** 10, genetische Untersuchung zur Abstammung – *siehe auch dort*; Gutachten **Vor 1591-1599** 10, Mutterschaft **Vor 1591-1599** 2 f., Nachweis **Vor 1591-1599** 4, Recht auf Kenntnis der eigenen Abstammung **Vor 1591-1599** 11, Standards **Vor 1591-1599** 10, Vaterschaft **Vor 1591-1599** 3 f., Verfahren **Vor 1591-1599** 4, Verfahrenskosten **Vor 1591-1599** 6, Verfahrenskostenhilfe

Vor 1591-1599 7, Verfahrenswert **Vor 1591-1599** 8

Abstammungssachen, Verfahrenswert *SB 9* 419

Abtrennung einer Kindschaftssache, anwaltliche Vergütung *SB 9* 226

Abwesenheitspflegschaft, Aufgabenkreis Pfleger **1911** 8 f., Aufhebung **1921** 1 f., bekannter Aufenthalt **1911** 5, Fürsorgebedürfnis für Vermögensangelegenheiten **1911** 7 ff., Todeserklärung **1921** 3, unbekannter Aufenthalt **1911** 4, Verfahren **1911** 10 f., Voraussetzungen **1911** 3

Additionsmethode 1578 46

Adoption, Aufhebung der Adoption **1759** 1 f. – *siehe auch dort*; Minderjährigenadoption *siehe dort*; Volljährigenadoption *siehe dort*; Zulässigkeit der Adoption *siehe dort*

Alleinerziehende, Entlastungsbetrag *SB 7* 36

Allgemeine Beschwerdeverfahren, anwaltliche Vergütung *SB 9* 254

Allgemeine Wertvorschriften *SB 9* 352 ff.

Altersphasenmodell 1569 3, **1570** 2, 11, 31, **1577** 23 ff.

Altersunterhalt *siehe* Unterhalt wegen Alters

Altersvorsorge, abzugsfähiger Aufwand beim Elternunterhalt **1603** 50, als Unterhaltsbedarf **1610** 4, bei selbstständiger Arbeit und Gewerbe **1603** 8, bei unselbstständiger Arbeit **1603** 3, nicht beim Bedarf der nichtehelichen Mutter **1615l** 17

Altersvorsorgeunterhalt, Berechnung **1578** 54, Rang **1578** 57, Sonderfälle **1578** 56, Trennungsunterhalt **1361** 31 ff., verfahrensmäßige Geltendmachung **1578** 58

Altersvorsorgevollmacht 1896 23 ff.

Amtsvormundschaft 1791b 1 ff., **1791c** 1 ff.

Anerkenntnis, vereinfachtes Verfahren *FamFG (Anh. zu § 1612a BGB)* 254 7

Anerkennung der Vaterschaft *siehe* Vaterschaftsanerkennung

Anfangsvermögen 1374 2 ff., Ausstattung **1374** 19, Beweislast **1374** 28 ff., Einkünfte **1374** 18 ff., Erwerb mit Rücksicht auf künftiges Erbrecht **1374** 10, Erwerb von

32 ff., Vermögensumschichtung 1577 20, Vertrauensschutz 1577 30, Verwertungssperre 1577 28 f., von Eltern gegenüber Kindern 1602 29 ff., von Enkeln gegenüber Großeltern 1602 37, wiederauflebender Unterhaltsanspruch 1577 33, Wirtschaftsgemeinschaft 1577 16, Wohnvorteil 1577 18, Zugewinnausgleich 1577 21, Zurechenbarkeit fiktiver Einkünfte 1602 4 f., Zusammenleben mit Drittem 1577 15, zusätzliche Altersvorsorge 1577 4

Bedürftigkeit des minderjährigen Kindes, Ausbildungsvergütung 1602 9 f., Erwerbsobliegenheit 1602 7, Halbwaisenrente 1602 13, Kindergeld 1602 15, Schülerarbeit 1602 8, Schüler-BAföG 1602 12, Unterhaltsvorschuss 1602 11, Vermögenseinsatz 1602 14

Bedürftigkeit des volljährigen Kindes, anteilige Haftung beider Eltern für Restbedarf 1602 28, Ausbildungsvergütung 1602 16 f., BAföG-Leistungen 1602 18, bei Wehr- oder Zivildienst 1602 19, Erwerbsobliegenheit 1602 21 f., Grundsicherung 1602 27, Kindergeld 1602 28, Nebeneinkünfte bei Ausbildung 1602 19, Vermögenseinsatz 1602 23 ff.

Beendigung der Vormundschaft, Amtsende des Gegenvormunds 1895 1, Ausschlussgründe 1886 3, Entlassung auf eigenen Antrag 1889 1 ff., Entlassung des Einzelvormunds 1886 1 ff., Entlassung des Jugendamts oder Vereins 1887 1 ff., Entlassung von Beamten und Religionsdienern 1888 1, Entlassungsgrund 1886 2, Gefährdung der Interessen 1886 2, Kenntnis 1893 2, Mitteilungspflichten 1894 1, Mitwirkung des Gegenvormunds 1891 1 f., Nachwirkungen 1882 2, Notgeschäftsführungsbefugnis und -pflicht 1882 2, 1895 2, Ordnungsmittel 1892 3, Rechnungslegung 1890 1 ff., Rechnungsprüfung 1892 1 ff., Rückgabe von Urkunden 1892 1, 1893 1 ff., Schlussabrechnung 1891 1, 1892 3, Todeserklärung des Mündels 1884 1, Verfahren 1886 6, 1887 5, 1889 4, Vermögensherausgabe 1890 1 ff., Verschollenheit des Mündels 1884 1, Wohl des Mündels 1887 3

Beerdigungskosten, Tod des Unterhaltsberechtigten 1615 4

Befreite Vormundschaft, Aufhebung durch das Gericht 1857 1, Befreiung des Jugendamtes 1857a 1 f., Befreiung des Vereins 1857 1, Befreiung durch die Mutter 1855 1 ff., Voraussetzungen 1856 1

Befreiungsanspruch 426 96 ff., *siehe auch* Freistellungsanspruch bei Gesamtschulden

Befristung des Unterhalts, Trennungsunterhalt 1361 39

Begrenzung des Unterhalts, Trennungsunterhalt 1361 39 f.

Begrenzung/Herabsetzung des Unterhalts *siehe auch* Herabsetzung und zeitliche Begrenzung des Unterhalts

Begründung der Lebenspartnerschaft *LPartG* 1 1 ff., Angehörige *LPartG* 1 7, eigener familienrechtlicher Status *LPartG* 1 9, gleichgeschlechtliche Partner *LPartG* 1 2, Hindernisse *LPartG* 1 7, Kosten *LPartG* 1 12, Missbrauchsfälle *LPartG* 1 8, Rechtsfolgen *LPartG* 1 9, Registrierung *LPartG* 1 4, übereinstimmende Willenserklärungen *LPartG* 1 3, Verfahren *LPartG* 1 11, Verlöbnis *LPartG* 1 10, zuständige Behörde *LPartG* 1 4 ff.

Begründung der Vormundschaft, Anordnung von Amts wegen 1774 1 ff., Benennung des Vormunds *siehe dort;* Fehlen der materiellen Voraussetzungen 1774 4, mehrere Vormünder 1775 1 ff., Ruhen des Sorgerechts 1773 4, Voraussetzungen 1773 2 ff.

Behandlungsvereinbarung 1901a 2 f.

Beiordnung, anwaltliche Vergütung *SB 9* 331 f., Verfahrenskostenhilfe *SB 9* 322

Beistand und Rücksicht 1618a 1 f.

Beistandschaft Vor 1712 1 ff., 1712 1 ff., Antrag 1712 11 ff., 1714 6, Antragsberechtigung 1713 1 ff., Asylbewerber/Flüchtlinge 1717 2, Aufgaben 1712 2 ff., Aufsicht 1716 8, Aufwandsentschädigung/Aufwendungsersatz 1716 12, Beendigung 1715 2 ff., 1717 3, Beratungshilfe **Vor** 1712 11, Beschränkung 1712 16, Beurkundung 1712 4, 10, Eintritt 1714 1 ff., Form 1712 13, gemeinsame elterliche Sorge 1713 3 ff., gewöhnlicher Aufenthalt des Kindes 1717 1 ff., Haftung 1716 10, Jugendamt, zuständiges 1714 3, Kindesentführung durch Elternteil 1717 4, Kosten **Vor** 1712 10, 1716 12, Meinungsverschiedenheiten 1716 6, Prozessstandschaft (gesetzliche) 1713 5, Schüleraustausch 1717 5, Titulierung von Unterhalt, Abänderungsantrag 1712 9, Tod des Kindes 1715 8, Tod eines Elternteiles 1715 8 f., Übergangsrecht **Vor** 1712 4, Umzug ins Ausland 1715 11, 1717 1 ff., Unterhaltsregelung 1712 6 ff., Vaterschaftsregelung 1712 3 ff., Verein als Beistand **Vor** 1712 3, Ver-

dort; vorsorgliche Bestellung **1908a** 1 ff.,
Weigerung **1898** 4
Betreuerbestellung, Berufsbetreuer **1897** 9,
Bestellung eines neuen Betreuers **1908c** 1,
Betreuungsbehörde **1897** 4, **1900** 6 ff., Betreuungsverein **1897** 4, **1900** 1 ff., Bindungen des Volljährigen **1897** 14, ehrenamtlicher Betreuer **1897** 9, Eignung **1897** 5,
Einverständnis **1897** 10, Einzelperson
1897 2, Grundsatz der Einzelbetreuung
1897 3, Interessenabwägung **1897** 14, Interessenkonflikte **1897** 7 ff., Kriterien **1897**
3 ff., Ungeeignetheit des Betreuers **1897** 7,
Verfahren **1897** 15 ff., Vorrang des Willens
des Betreuten **1897** 11, vorsorgliche Betreuerbestellung für Minderjährige **1908a**
1 ff.
Betreuung, Anwendung der Vormund-
schaftsregeln **1908i** 1 ff., ärztliche Maßnahmen **1904** 1 ff., Aufhebung oder Änderung der Betreuung **1908d** 1 ff., Aufsicht
des Betreuungsgerichts **1908i** 8, Behördenbetreuer **1908g** 1, Betreuungsverein **1908f**
1, Betreuungsverfügung **1901c** 1 ff., Einschränkung des Aufgabenbereichs **1908d**
7, Einwilligungsvorbehalt **1908d** 1 ff., Ende **1908i** 9, Erweiterung des Aufgabenbereichs **1908d** 8, Genehmigung des Betreuungsgerichts **1908i** 4, Genehmigung des
Betreuungsgerichts bei ärztlichen Maßnahmen *siehe dort*; Genehmigung des Betreuungsgerichts bei der Ausstattung **1908**
1 ff., Genehmigung des Betreuungsgerichts
bei der Unterbringung **1906** 1 ff. – *siehe
auch dort*; Genehmigung des Betreuungsgerichts bei Wohnungsauflösung **1907**
1 ff., Haftung **1908i** 6, Sterilisation **1905**
1 ff. – *siehe auch dort*; Umfang **1901** 1 ff.,
Unterbringung **1906** 1 ff., Verwaltung der
Gütergemeinschaft **1468** 2, Wohnungsauflösung **1907** 1 ff.
Betreuungsbehörde 1900 1 ff., **1908g** 1 ff.
Betreuungsbonus 1570 38
Betreuungsgericht, Genehmigung ärztlicher
Maßnahmen bei Betreuten **1904** 1 ff., *siehe
auch* Genehmigung des Betreuungsgerichts
bei ärztlichen Maßnahmen; Genehmigung
der Unterbringung *siehe* Genehmigung des
Betreuungsgerichts bei der Unterbringung;
Genehmigung der Wohnungsauflösung
1907 1 ff., Genehmigung einer Ausstattung
1908 1 ff., Genehmigung einer Sterilisation
1905 1 ff., *siehe* Sterilisation
Betreuungsunterhalt *siehe* Kinderbetreu-
ungsunterhalt

**Betreuungsunterhalt der nichtehelichen
Mutter 1615l** 14, *siehe auch* Unterhalt aus
Anlass der Geburt
**Betreuungsunterhalt des betreuenden El-
ternteils**, Dreijahresfrist **1615l** 26 f., Über-
schreitung der Dreijahresfrist **1615l** 30
**Betreuungsunterhalt des nichtehelichen Va-
ters 1615l** 31 f.
Betreuungsverein 1900 1 ff., **1908f** 1 ff.
Betreuungsverfügung 1901c 1 ff., Abliefe-
rungspflicht **1901c** 4 f.
Betriebliche Altersversorgung, Direktzusage
VersAusglG **45** 5 ff., Ehezeitanteil
VersAusglG **45** 18 ff., 26 ff., Hinterblie-
benenversorgung *VersAusglG* **45** 3, Leistungsdynamik *VersAusglG* **45** 22, Pensi-
onskassen *VersAusglG* **45** 8, Personenkreis
VersAusglG **45** 1, Quotierung, doppelte
VersAusglG **45** 29, Rechnungszins
VersAusglG **45** 24, Rententrend
VersAusglG **45** 22, unechte Direktversicherung *VersAusglG* **45** 7, Unterstützungskassen *VersAusglG* **45** 9, Unverfallbarkeit
VersAusglG **45** 10 ff., zeitratierliche Berechnung *VersAusglG* **45** 27, Zusatzversorgung des öffentlichen Dienstes *VersAusglG*
45 31 ff.
Betriebsrenten, korrespondierender Kapitalwert *VersAusglG* **47** 13
Beweislast, Anfangsvermögen **1374** 28 ff.,
Anfechtung der Vaterschaft **1600b** 3,
1600c 1, angemessene Erwerbstätigkeit
1574 24, Aufstockungsunterhalt **1573** 30,
Ausbildungsunterhalt **1575** 20, Auskunftsverfahren **1580** 20, Bedürftigkeit **1577** 34,
1602 38 f., bei anteiliger Haftung **1606** 14,
Billigkeitsunterhalt **1576** 11, Darlegungs-
und Beweislast bei Beschränkung oder Versagung des Unterhalts **1579** 60, des Enkelkindes bei Enkelunterhalt **1603** 72, ehebezogene Zuwendungen *SB* 1 62 f., Endvermögen **1375** 25 ff., Erbrecht der Lebenspartner *LPartG* **10** 8, Ersatzhaftung für
Ehegatten oder Lebenspartner **1608** 4, Ersatzhaftung Verwandter **1607** 15, Gesamtschuldnerausgleich **426** 5 f., 16 f., Getrenntleben **1567** 14, Härteklausel **1568**
19, **1611** 11, Herabsetzung und zeitliche
Begrenzung des Unterhalts **1578b** 28, Kin-
derbetreuungsunterhalt **1570** 44 f., Leistungsfähigkeit **1603** 78, nachehelicher Unterhalt **1569** 34 ff., Rangfolge mehrerer
Unterhaltsverpflichteter **1584** 6, Scheidungsverfahren **1565** 10, Sittenwidrigkeit
der Mithaftung **426** 16 f., Trennungsunter-

Einkommensermittlung *siehe* Unterhaltsrechtliche Einkommensermittlung

Einkommensprognose 1603 27

Einkommensteuer, Abrechnungsbescheid Steuererstattung *SB* 7 134, Aufteilung im Steuerrecht *SB* 7 116 ff., Aufteilung im Zivilrecht *SB* 7 135, Aufteilung nach Verhältnis der Einkünfte *SB* 7 163 ff., Aufteilung Steuererstattungen *SB* 7 126 ff., Aufteilung Steuernachzahlungen *SB* 7 118 ff., Erklärung *SB* 7 16, Steuervorauszahlungen *SB* 7 137, Veranlagung von Ehegatten *SB* 7 9

Einkommensteuertarif *SB* 7 1 ff., Durchschnittssteuersatz *SB* 7 5, Grenzsteuersatz *SB* 7 5, Grundtarif *SB* 7 1, Splittingtarif *SB* 7 1 – *siehe auch dort*

Einkünfte aus selbstständiger Arbeit und Gewerbe 1603 6 ff.

Einkünfte aus unselbstständiger Arbeit 1603 3 ff.

Einmalbetrag als Abfindung bei Wiederverheiratung *VersAusglG* 25 7

Einstweilige Anordnungen, anwaltliche Vergütung *SB* 9 241 ff., Gerichtskosten in Kindschaftssachen *SB* 9 561 ff., Gerichtskosten in übrigen Familiensachen *SB* 9 564 ff., Verfahrenswert *SB* 9 391 f.

Einwilligungsbedürftiges Rechtsgeschäft 1369 5 f., Unwirksamkeit 1368 1 ff.

Einwilligungsvorbehalt 1903 1 ff., 1908d 1 ff.

Einzelveranlagung *SB* 7 9 ff., 24 ff.

Elterliche Sorge *SB* 11 83 ff., Alleinsorge der nicht verheirateten Mutter 1626a 1 ff., Anerkennung und Vollstreckung von Entscheidungen *siehe* EheVO 2003; Aufsichtspflicht 1664 2, Beendigung der Sorge durch Todeserklärung 1677 2, Brüssel IIa-VO (EheVO 2003) *siehe* EheVO 2003; Entscheidungsbefugnisse des nicht sorgeberechtigten Elternteils 1687a 2, Erziehungsstil 1626 8, Familienpflege 1630 4, Fortführung der Geschäfte in Unkenntnis der Beendigung 1698a 2, Fortführung dringender Geschäfte nach Tod des Kindes 1698b 1 ff., gegenseitiges Einvernehmen 1627 2, gemeinsame Sorgeerklärung 1626b 1 ff., gerichtliche Entscheidung bei Meinungsverschiedenheiten der Eltern 1628 1 ff. – *siehe auch dort*; gerichtliche Maßnahmen bei Gefährdung des Kindeswohls 1666 1 ff. – *siehe auch dort*; gerichtliche Maßnahmen bei Verhinderung der Eltern 1693 2, gesamtschuldnerische Haftung 1664 2, Getrenntleben bei gemeinsamer - 1671 1 ff. –

siehe auch dort; Haftungsbeschränkung 1664 2, Herausgabe des Kindesvermögens 1698 1 ff., Kindeswohlprinzip 1697a 2, kleines Sorgerecht 1687b 2, Lebensmittelpunkt *SB* 11 83, Meinungsverschiedenheiten der Eltern 1626b 3, 1627 3, Meinungsverschiedenheiten zwischen Eltern und Pfleger 1630 3, Mitsorgeantrag des nicht verheirateten Vaters 1626a 4, Personensorge 1626 4 f. – *siehe auch dort*; Pflegerbestellung 1630 1 ff., 2, Rechnungslegung 1698 1 ff., 2, Ruhen der elterlichen Sorge 1675 1 ff. – *siehe auch dort*; sorgerechtliche Befugnisse des Ehegatten 1687b 1 ff., Sorgerechtsgutachten *SB* 8 1 ff., *siehe auch* Sachverständiger; Tod des Alleinsorgeberechtigten 1680 2, Todeserklärung eines Elternteils 1681 2, Übertragung bei Alleinsorge der Mutter 1678 2, Umgang 1626 9, 1684 1 ff., Umgangsrecht *SB* 11 85, Verbleibensanordnungen zugunsten von Bezugspersonen 1682 2 f., Verfahren 1626 10, Vermögenssorge 1626 6 – *siehe auch dort*; vertrauliche Geburt 1674a 1 ff., Vertretung des Kindes 1629 1 – *siehe auch dort*

Elterngeld *SB* 7 48, 114, 127, der nichtehelichen Mutter 1615l 20, Einsatz für minderjährige Kinder 1603 29 f.

Eltern-Kind-Verhältnis Vor 1616-1625 1, Anwendungsfälle in der Rechtsprechung 1618a 2, Ausstattung aus Elternvermögen 1624 1 ff., Ausstattung aus Kindesvermögen 1625 1, Dienstleistungen des Kindes 1619 1 ff., Haushaltsaufwendungen des volljährigen Kindes 1620 1, Pflicht zu Beistand und Rücksicht 1618a 1 f., unter Geschwistern 1618a 1

Elternunterhalt, Anspruch gegen verheiratetes Kind 1603 59 ff., Aufteilung Steuern *SB* 7 184 f., Aufwand für Altersvorsorge 1603 50, Bedarf der Eltern 1610 22 f., Bedürftigkeit 1602 29, Bedürftigkeit und Erwerbsobliegenheit 1602 30 f., Berechnungsbeispiele 1603 64, Eigenbedarf des Kindes 1603 47, fiktive Einkünfte des Kindes 1603 51, Heim- und Pflegekosten 1610 23, latente Unterhaltslast 1603 65, Leistungsfähigkeit bei Wohnvorteil des Kindes 1603 52, Leistungsfähigkeit des Kindes 1603 46, Lohnsteuer *SB* 7 185 f., Mindestbedarf des Ehegatten des Pflichtigen 1603 67, pauschaler Eigenbedarf bei verheiratetem Kind 1603 66 f., prägende Unterhaltslast 1603 65, Schonvermögen der Eltern

1602 32 ff., Schonvermögen des Kindes
1603 58, Selbstbehalt des Kindes 1603 47,
und Grundsicherung 1602 36, Verbindlichkeiten des Kindes 1603 48, Vermögenseinsatz der Eltern 1602 32 ff., Vermögenseinsatz des Kindes 1603 53 ff.

**Ende des Unterhaltsanspruchs Geschiede-
ner,** Lebenspartnerschaft 1586 1, Tod des
Berechtigten 1586 2, Tod des Pflichtigen
1586b 1 ff., Unterhalt für die Vergangenheit 1586 3, Wiederheirat 1586 1

Endgültige Wertfestsetzung SB 9 339 f.

Endvermögen 1375 1 ff., Anwartschaftrech-
te 1375 7, Auskunftsanspruch 1379 2 ff.,
Begriff 1375 2, Bestandsverzeichnis über
Endvermögen 1379 12, Beweislast 1375
25, illoyale Vermögensminderung 1375 17,
Miteigentum 1375 3, negatives 1375 10 ff.,
Schenkung 1375 18 f., Sicherheiten 1375
14, Stichtag 1375 2, Treuhänder 1375 8,
unentgeltliche Zuwendungen 1375 18 f.,
Verbindlichkeiten 1375 9 ff., Vermögensminderung in Benachteiligungsabsicht
1375 17 ff., Verschwendung 1375 20 f.,
Wertermittlung des Anfangs- und Endvermögens 1376 1 ff. – *siehe auch dort*

Enkelunterhalt, Bedarf Enkel 1610 25, Bedürftigkeit 1602 37, Darlegungs- und Beweislast des Enkelkindes 1603 72, Ersatzhaftung Großeltern 1603 68 ff., Erwerbsobliegenheit Großeltern 1603 74, Leistungsfähigkeit Großeltern 1603 68, nach §
1607 Abs. 1 1603 69 f., nach § 1607 Abs.
2 1603 71, Selbstbehalt Großeltern 1603
73, Verbindlichkeiten Großeltern 1603 75,
Vermögenseinsatz Großeltern 1603 77,
Wohnvorteil Großeltern 1603 76

Entlassung des Betreuers 1908b 1 ff., auf
Antrag 1908b 10 f., Berufsbetreuer 1908b
7, Vereins- und Behördenbetreuer 1908b
8 f., Verfahren 1908b 12 f., vorsätzlich falsche Erteilung einer Abrechnung 1908b 5,
wichtiger Grund 1908b 3

Entscheidungsbefugnisse der Pflegeperson
1688 1 ff., Angelegenheiten des täglichen
Lebens 1688 1 f., Beschränkung der Entscheidungsbefugnis 1688 2 f., familiengerichtliche Entscheidung 1688 3, Familienpflege 1688 2, Verbleibensanordnung 1688
3

Erbenhaftung 1586b 5 f., *siehe auch* Tod
einer Unterhaltspartei

Erbrecht der Lebenspartner LPartG 10 1 ff.,
Beweislast LPartG 10 8, binationale Partnerschaften LPartG Vor 1 13, erbrechtliche

Lösung LPartG 10 3, gesetzlicher Güterstand LPartG 10 2, Gütertrennung LPartG
10 3, Kosten LPartG 10 13, Pflichtteilsrecht LPartG 10 10, Steuerrecht LPartG
10 11, Testiermöglichkeiten LPartG 10 9,
Unterhalt nach Erbrechtsausschluss
LPartG 10 7, Verfahren LPartG 10 12,
Voraus LPartG 10 4, Wegfall des Erbrechts
LPartG 10 5 ff.

Erfolgshonorar SB 9 18

Erfüllungsverweigerung, Unterhalt für die
Vergangenheit 1613 16

Ergänzungspflegschaft, Anordnung 1909 3,
Aufgaben des Pflegers 1909 9, Auswahl
1909 8, Berufung als Ergänzungspfleger
1916 1 ff., Ende 1909 10, Ernennung
durch Erblasser und Dritte 1917 1 ff., Fürsorgebedürfnis 1909 6, Überbrückungspflegschaft 1909 1, Verfahren 1909 11 ff.,
Verhinderung 1909 3, Voraussetzung der
Anordnung 1909 3, Wohl des Kindes 1909
8

**Ersatzansprüche gegen Dritte beim Zuge-
winnausgleich** 1390 1 ff., Arrest 1390 8,
Auskunftspflicht Dritter 1390 2, Pflicht-
und Anstandsschenkung 1390 3

**Ersatzhaftung für Ehegatten oder Lebens-
partner,** Darlegungs- und Beweislast 1608
4

Ersatzhaftung Verwandter 1607 1 ff., Anspruchsübergang 1607 12 ff. – *siehe auch
dort*; bei Gleichrangigkeit 1607 1, bei Kindesunterhalt vom Nichtpflichtigen 1607
13, bei Unterhalt aus Anlass der Geburt
1615l 40, Benachteiligungsverbot (§ 1607
Abs. 4) 1607 14, Darlegungs- und Beweislast 1607 15, gerichtliche Geltendmachung
1607 16, Kriterien der Leistungsunfähigkeit 1607 5, nach § 1607 Abs. 1 1607 3,
nach § 1607 Abs. 2 1607 8 ff., nicht bei
fiktiven Einkünften 1607 6, Rangfolge der
Verpflichteten 1607 9, wegen Ausfalls des
Ehegatten/Lebenspartners 1608 3, wegen
erschwerter Rechtsverfolgung 1607 8 ff.,
wegen Leistungsunfähigkeit 1607 3 ff.,
Zeitraum 1607 4, 9

Ersatzhaftung von Großeltern, nach § 1607
Abs. 1 1603 69 f., nach § 1607 Abs. 2
1603 71

Erstinstanzliches Verfahren, Gegenstandswert SB 9 123 ff., Terminsgebühr SB 9
104 ff., Verfahrensgebühr SB 9 97 f.

Erstverfahren FamFG (Anh. zu § 1612a
BGB) 249 15

Gesamtschuld und Unterhalt 426 58 ff., Abzug beim Ehegattenunterhalt **426** 58, Berechnung des Unterhalts ohne Abzug der Schuldentilgung **426** 60, kein Abzug beim Kindesunterhalt **426** 59, nicht geltend gemachter Unterhalt **426** 61 ff.

Gesamtschuld und Zugewinnausgleich 426 71 ff., bereits getilgte Gesamtschulden **426** 77, kein stillschweigender Verzicht auf Ausgleich **426** 85 ff., noch offene Gesamtschulden **426** 85

Gesamtschuldnerausgleich 426 1 ff., Alleinverdiener-Ehe **426** 27, Befreiungsanspruch **426** 96 ff., bei alleinigem Wohnen im gemeinsamen Haus **426** 41 ff., bei Konsumkrediten **426** 52, bei Mietschulden **426** 54 f., bei Pkw-Kauf **426** 53, bei Steuerschulden **426** 56, Beweislast **426** 5 f., 16 f., Doppelberücksichtigung von Schulden **426** 86, Doppelverdiener-Ehe **426** 28 ff., Freistellungsanspruch **426** 96 ff., Schuldtilgungen nach der Trennung **426** 34 ff., 40, Schuldtilgungen während der Ehe **426** 27 ff., Sittenwidrigkeit der Mithaftung **426** 7 ff., Steuern **SB 7** 116 f., Stichtag **426** 37 ff., Unterhalt **426** 58 ff., Verfahrensrecht **426** 110, Zugewinnausgleich **426** 71 ff., **1372** 6, Zuständigkeit **426** 110

Geschäfte zur Deckung des Lebensbedarfs 1357 1 ff.

Geschäftsreisen, anwaltliche Vergütung **SB 9** 306 ff.

Geschiedenenunterhalt *siehe* Nachehelicher Unterhalt; Abgrenzung **1361** 1 f.

Gesetz zur Bekämpfung von Kinderehen 1303 1 ff.

Gesetz zur besseren Durchsetzung der Ausreisepflicht 1597 a 1 ff.

Gesteigerte Unterhaltpflicht, von Eltern für minderjährige Kinder **1603** 29 f., Wegfall der verschärften Haftung **1603** 35 ff.

Getrenntleben 1567 1 ff., *siehe auch* Scheidungsgründe; Auszug **1567** 2 ff., Beweislast **1567** 14, häusliche Gemeinschaft **1567** 1, innerhalb der Ehewohnung **1567** 5 ff., Restgemeinsamkeiten **1567** 5 ff., Scheinehe **1567** 10, steuerrechtlich **SB 7** 50, 58, Trennungsabsicht **1567** 10, Trennungsunterhalt **1361** 6 f., vereinfachtes Verfahren *FamFG (Anh. zu § 1612a BGB)* **250** 22, Versöhnung **1567** 11 ff.

Getrenntleben bei gemeinsamer elterlicher Sorge 1671 1 ff., Alleinsorge des Vaters **1671** 18 ff., Anhörungen **1671** 21 ff., Aufhebung der gemeinsamen Sorge **1671** 6 ff.,

beschleunigter Termin **1671** 20 ff., Bindungen des Kindes **1671** 16, einstweilige Anordnung **1671** 24 ff., Erziehungsungeeignetheit **1671** 11 f., Förderungsprinzip **1671** 14, Hinwirken auf Einvernehmen **1671** 27 ff., internationales Recht **1671** 3 ff., Kindeswille **1671** 17, Kindeswohl **1671** 8 ff.; **SB 8** 73, Kontinuität **1671** 15, Kooperationsunfähigkeit **1671** 8 ff., Kosten **1671** 30, Rechtsmittel **1671** 23 ff., Übertragung auf einen Elternteil **1671** 13 ff., Verfahrensbeistand **1671** 22 ff., Verfahrenskostenhilfe **1671** 25 ff., Verfahrenswert **1671** 26 ff., Zustimmung **1671** 7

Getrenntleben der Lebenspartner, Hausratsverteilung *LPartG* **13** 1 ff. – *siehe auch dort*; Unterhalt bei Getrenntleben *siehe dort*; Wohnungszuweisung *siehe dort*

Gewaltschutzgesetz *GewSchG* **1** ff., Anträge *GewSchG* **66** ff., anwaltliche Vergütung *GewSchG* **65** ff., auf Dauer angelegter gemeinsamer Haushalt *GewSchG* **25** ff., Beeinträchtigungs- und Vereitelungsverbote *GewSchG* **46** ff., Beweiserleichterung *GewSchG* **15**, einstweilige Anordnung *GewSchG* **60** ff., gerichtliche Maßnahmen *GewSchG* **3** ff., Gerichtsgebühren *GewSchG* **63**, Geschäftswert *GewSchG* **64**, Gewalt von Kindern gegen Eltern *GewSchG* **51**, Gewaltbegriff *GewSchG* **24**, Kosten *GewSchG* **63** ff., Münchner Modell *GewSchG* **72**, schriftliches Verlangen *GewSchG* **38** ff., Schutzanordnungen *GewSchG* **4** ff., **16** f., **68**, Stalking *GewSchG* **17**, Strafbarkeit *GewSchG* **53** ff., Verantwortlichkeit des Täters *GewSchG* **19**, Verfahrensrecht *GewSchG* **56** ff., Verfahrenswert **SB 9** 426 ff., Verhältnis zu § 1361 b *GewSchG* **21** ff., Verhältnis zu § 1666 *GewSchG* **49** f., Vollstreckung *GewSchG* **61** ff., vorläufiger Rechtsschutz *GewSchG* **60**, Wirksamkeit *GewSchG* **61**, Wohnungszuweisung *GewSchG* **20** ff., Zuständigkeiten *GewSchG* **56** ff.

Gleichgeschlechtliche Ehe *siehe* Ehe für alle

Gleichrang, anteilige Haftung **1606** 3

Gleichwertigkeit, von Bar- und Betreuungsunterhalt **1606** 4, **1610** 14

Grenzsteuersatz SB 7 3 ff.

Grundfreibetrag gem. EStG SB 7 2 ff.

Grundsatz der Eigenverantwortung 1569 1 ff.

Grundsicherung, beim Elternunterhalt **1602** 36, beim volljährigen Kind **1602** 27

Kostenentscheidung *SB* 9 457 f., vereinfachtes Verfahren *FamFG (Anh. zu § 1612a BGB)* 250 31, 253 15 ff.

Kostenerstattung *SB* 9 589 ff., Ehe- und Verbundverfahren *SB* 9 593 f., Familiensachen der freiwilligen Gerichtsbarkeit *SB* 9 596 ff., Familienstreitsachen *SB* 9 593 f., Zwangsvollstreckung *SB* 9 601

Kranken- und Pflegeversicherung, als Unterhaltsbedarf 1610 4, Bedarf volljähriger Kinder 1610 18, bei selbstständiger Arbeit oder Gewerbe 1603 8, bei unselbstständiger Arbeit 1603 3, beim Bedarf der nichtehelichen Mutter 1615l 17

Krankenvorsorgeunterhalt, Trennungsunterhalt 1361 33 f.

Krankheits- und Pflegevorsorgeunterhalt 1578 59 ff., Berechnung 1578 60, neben Altersvorsorgeunterhalt 1578 62, Rang 1578 64, verfahrensmäßige Geltendmachung 1578 65

Krankheitsunterhalt 1572 1 ff., *siehe auch* Unterhalt wegen Krankheit oder Gebrechen

Kriegsopferfürsorge *SB* 6 157

L

Lebenspartnerschaft *siehe* Eingetragene Lebenspartnerschaft

Lebenspartnerschaftsname *LPartG* 3 1 ff., Ausübung des Wahlrechtes *LPartG* 3 2 ff., binationale Partnerschaft *LPartG* Vor 1 11, Form und Zeitpunkt *LPartG* 3 3, Kosten *LPartG* 3 8, Namensrecht bei Beendigung der Partnerschaft *LPartG* 3 5 f., Verfahren *LPartG* 3 7, Widerruf *LPartG* 3 4

Lebenspartnerschaftsunterhalt *LPartG* 5 1 ff., Angemessenheit *LPartG* 5 2, binationale Partnerschaften *LPartG* Vor 1 12, für die Vergangenheit *LPartG* 5 6, für Kinder *LPartG* 5 4, Haushaltsführung *LPartG* 5 3, Kosten *LPartG* 5 13, Lebenspartnerschaftsvertrag *LPartG* 5 4, Pfändung des Unterhaltsanspruches *LPartG* 5 10, Rangfolge *LPartG* 5 8, Sonderbedarf *LPartG* 5 6, Tod des Berechtigten *LPartG* 5 9, Tod des Verpflichteten *LPartG* 5 9, Übergangsvorschriften *LPartG* 5 11, Überzahlung *LPartG* 5 5, Unterhaltspflicht *LPartG* 5 11, Verfahren *LPartG* 5 12, Verfahrenskostenvorschusspflicht *LPartG* 5 3, Verzicht *LPartG* 5 7

Lebenspartnerschaftsvertrag *LPartG* 7 1 ff., Beschränkung der Vertragsfreiheit *LPartG*
7 4, Form *LPartG* 7 2, Geschäftsfähigkeit *LPartG* 7 3, Inhaltskontrolle *LPartG* 7 1, Zugewinngemeinschaft *LPartG* 7 1

Leiblicher Vater, Auskunftspflicht 1686a 2, Verfahren 1686a 3

Leistungsfähigkeit 1581 1 ff., Abschreibungen 1603 7, als Unterhaltsvoraussetzung 1603 1, Altersvorsorge bei selbstständiger Tätigkeit 1603 8, Altersvorsorge bei unselbstständiger Tätigkeit 1603 3, Anforderungen 1581 4, Begründung durch Einkünfte 1603 2, bei Gütergemeinschaft 1583 2, bei Haushaltsersparnis wegen Zusammenlebens 1603 25, bei verheiratetem Kind 1603 59 ff., beim Trennungsunterhalt 1361 35 ff., Bemessung 1581 2 ff., Berechnungsbeispiele für Elternunterhalt 1603 64, berufsbedingte Aufwendungen 1603 4, Beweislast 1603 78, Dreiteilungsmethode 1581 6, 11 ff., Einkommensermittlung 1603 5 f., Einkünfte aus selbstständiger Arbeit und Gewerbe 1603 6 ff., Einkünfte aus unselbstständiger Arbeit 1603 3 ff., Elternunterhalt 1603 46, 48, 59 ff., Erwerbsobliegenheit 1581 4, Familienunterhalt 1360 15 f., fiktive Einkünfte 1581 4, freiwillige Leistungen Dritter 1603 20, Kindesunterhalt 1603 28, Kranken- und Pflegeversicherung bei selbstständiger Tätigkeit 1603 8, Kranken- und Pflegeversicherung bei unselbstständiger Tätigkeit 1603 3, künftige Einkommensänderung 1603 27, Mangelfall 1581 16, 28, Mindestselbstbehalt 1581 2, Nettoeinkommen 1603 3, Prognose der Einkommensentwicklung 1603 27, Rollenwechsel 1581 4, Selbstbehalt 1581 17 ff., 1603 24, Splittingvorteil 1581 6, und Verbindlichkeiten 1603 21 ff., Verbindlichkeiten 1581 9, Verbindlichkeiten des Kindes beim Elternunterhalt 1603 48, Verbraucherinsolvenz 1581 9, Vermögenseinsatz 1581 7 f., von Großeltern für Enkel 1603 68, wandelbare eheliche Lebensverhältnisse 1581 11 ff., wegen fiktiver Einkünfte 1603 9, weitere Unterhaltspflichten 1581 10 ff.

Leistungsfähigkeit von Eltern, bei minderjährigen Kindern 1603 29 ff., bei Übernahme der Haushaltsführung in neuer Ehe 1603 32, Erwerbsobliegenheit 1603 41, Erwerbsobliegenheit gegenüber minderjährigen Kindern 1603 31 f., Nebentätigkeit 1603 31 f., 41, Verbindlichkeiten 1603 33

Leistungsverweigerung wegen grober Unbilligkeit beim Zugewinnausgleich 1381 1 ff.,

U

holter Antrag *SB 10* 20, Zuständigkeit *SB 10* 23, Zustellung „demnächst" *SB 10* 76

Verfahrenskostenvorschuss, für volljähriges Kind **1610** 20, Kostenfestsetzungsverfahren **1360 a** 43, nicht beim Elternunterhalt **1610** 24, nicht beim Enkelunterhalt **1610** 25, Unterhalt aus Anlass der Geburt **1615l** 18, Unterhalt bei Getrenntleben der Lebenspartner *LPartG* **12** 5, Unterhaltsbedarf beim Minderjährigen **1610** 15, Verfahrenskostenvorschusspflicht **1360** a 24 ff., 41 ff.

Verfahrenskostenvorschusspflicht 1360 a 24 ff.; *LPartG* **5** 3

Verfahrensstandschaft *FamFG (Anh. zu §* 1612a BGB) 249 24

Verfahrensvorschriften, Formular *FamFG (Anh. zu § 1612a BGB)* **257** 1 ff., Formularzwang *FamFG (Anh. zu § 1612a BGB)* **257** 2 f., Jugendamt *FamFG (Anh. zu § 1612a BGB)* **257** 4, maschinelle Bearbeitung *FamFG (Anh. zu § 1612a BGB)* **257** 1, Protokollierung *FamFG (Anh. zu § 1612a BGB)* **257** 1 f., Unterschrift *FamFG (Anh. zu § 1612a BGB)* **257** 2 f., Weiterleitung *FamFG (Anh. zu § 1612a BGB)* **257** 3

Verfahrenswert *SB 9* 336 ff., Scheidungs- und Folgesachen **1565** 18 f., Trennungsunterhalt **1361** 55 f.

Verfassungsrecht *GG Art.* **6** 1 ff.

Verfügungen über Haushaltsgegenstände **1369** 1 ff., einwilligungsbedürftiges Rechtsgeschäft **1369** 5 f., Gebrauchsüberlassung **1369** 5, guter Glaube eines Dritten **1369** 6, Luxusgüter **1369** 4, Pkw **1369** 2 ff.

Verfügungen über Vermögen im Ganzen **1365** 1 ff., Einwilligung **1365** 10 ff., einwilligungsbedürftiges Rechtsgeschäft **1365** 2 ff., Einzeltheorie **1365** 6, Ersetzung der Zustimmung **1365** 12 ff., 16 f., Immobilien **1365** 4 f., nicht zustimmungsbedürftige Rechtsgeschäfte **1365** 9, ordnungsgemäße Verwaltung **1365** 12, positive Kenntnis **1365** 8, Veräußerungsverbot **1365** 10, Verfahren **1365** 15 ff.

Vergleichsgebühr, Gerichtskosten *SB 9* 570 ff.

Vergütung des Vormunds, Abschlagssätze **1836** 20, Anspruchsgegner **1836** 22 f., Anspruchsübergang **1836e** 8, berufsmäßige Vormundschaft **1836** 3 f., 12 f., ehrenamtlich tätiger Vormund **1836** 6, Einkommen der Eltern **1836e** 5, Frist **1836** 21, Gegenvormund **1836** 8, Höhe **1836** 10 ff., Ju-

gendamt **1836** 19, Schongrenze **1836e** 4, Stundenvergütungssätze **1836** 16, Tod des Mündels **1836e** 9 f., Verfahren **1836** 24, Voraussetzungen **1836** 5 ff.

Vergütungsvereinbarung *SB 9* 16 ff.

Verjährung **1585b** 5, *siehe auch* Unterhalt für die Vergangenheit

Verkehrsanwalt, Vergütung *SB 9* 118 ff.

Verlöbnis **1297** 1 ff.; *LPartG* **1** 9, Ersatzpflicht bei Rücktritt **1298** 1 ff., Rückgabe der Geschenke **1301** 1 ff., Unklagbarkeit **1297** 1 ff.

Vermittlungsverfahren nach § 165 FamFG, Vergütung *SB 9* 154

Vermögensbewertung *siehe* Wertermittlung des Anfangs- und Endvermögens

Vermögenseinsatz *siehe auch* Vermögensverwertung des Pflichtigen; Bedürftigkeit **1577** 26, berechtigter Eltern **1602** 32 ff., der Großeltern beim Enkelunterhalt **1603** 77, des berechtigten minderjährigen Kindes **1602** 14, des berechtigten volljährigen Kindes **1602** 23 ff., des Pflichtigen **1603** 14 ff., Leistungsfähigkeit **1581** 7 f., von pflichtigen Eltern bei minderjährigen Kindern **1603** 34, von pflichtigen Kindern gegenüber Eltern **1603** 53 ff.

Vermögenssorge, Anordnungen des Erblassers oder Zuwendenden **1639** 1 ff., Beschränkung **1638** 1 ff., Durchführung der Inventarisierung **1640** 3, Eingriff in die Vermögenssorge **1666** 16 ff., Ersatz von Aufwendungen **1648** 2, Erwerb mit Mitteln des Kindes **1646** 1 ff., genehmigungspflichtige Rechtsgeschäfte **1643** 2, Grundsätze wirtschaftlicher Vermögensverwaltung **1642** 2, Haftungsbeschränkung **1664** 2, Herausgabe des Kindesvermögens **1698** 1 ff., Inventarisierungspflicht **1640** 2, Maßnahmen bei Vermögensgefährdung **1667** 2, Mittelsurrogation **1646** 2, neues Erwerbsgeschäft **1645** 1 ff., Rechnungslegung **1698** 1 ff., Schenkungsverbot **1641** 2, Überlassung von Vermögensgegenständen an das Kind **1644** 2, Vermögensverzeichnis **1640** 1 ff., Verwendungsreihenfolge der Einkünfte **1649** 2

Vermögensverwertung, berechtigter Eltern **1602** 32 ff., berechtigter volljähriger Kinder **1602** 23 ff.

Vermögensverwertung des Pflichtigen **1581** 7 f., **1603** 17, beim Elternunterhalt **1603** 56 f., Einzelfälle **1603** 18, Familienheim **1603** 18

Vormundschaftliche Vermögenssorge, andere Anlegung **1811** 1 ff., Anlegung mit Sperrvermerk **1809** 1 ff., Anlegung von Mündelgeld **1806** 1 ff., Anordnung der Hinterlegung **1818** 1 f., Art der Anlegung **1807** 1 ff., Befreiung **1817** 1 ff., Genehmigung bei Hinterlegung **1819** 1 ff., Genehmigung für Geschäfte über Grundstücke **1821** 1 ff., Genehmigung für sonstige Geschäfte **1822** 1 ff., Genehmigung nach Umschreibung und Umwandlung **1820** 1 ff., genehmigungsfreie Geschäfte **1813** 1 ff., Hinterlegung von Inhaberpapieren **1814** 1 ff., Mitwirkung von Gegenvormund **1810** 1 ff., Schenkungen des Vormunds **1804** 1 ff., Sperrung von Buchforderungen **1816** 1 ff., Umschreibung und Umwandlung **1815** 1 f., Verfügungen über Forderungen und Wertpapiere **1812** 1 ff., Vermögenstrennung **1805** 1 ff., Vermögensverwaltung bei Erbschaft und Schenkung **1803** 1 ff., Vermögensverzeichnis **1802** 1 ff., Verzinsungspflicht **1834** 1 ff.

Vorname des Kindes Vor **1616-1625** 3

Vorsorgeaufwendungen gem. EStG, Aufteilung bei Ehegatten *SB 7* 151 f.

Vorsorgeunterhalt, Trennungsunterhalt **1361** 30 f.

Vorsorgevollmacht **1901c** 1 ff., Altersvorsorgevollmacht **1896** 23 ff., Patientenverfügung *siehe dort*; Unterschied zur Betreuungsverfügung **1901c** 4 f.

Vorversterbensrisiko *VersAusglG* 5 10

Vorzeitiger Zugewinnausgleich **1386** 1 ff., **1387** 1 ff.

W

Wahl-Zugewinngemeinschaft **1519** 1 ff.

Wandelbare eheliche Lebensverhältnisse, Leistungsfähigkeit **1581** 11 ff., Mangelfall **1609** 11, nachehelicher Unterhalt **1569** 2, 14, **1574** 12 f., Unterhaltsbedarf **1578** 21

Wechselmodell *SB 8* 81, Beistandschaft **1713** 4, Sorgerechtsgutachten *SB 8* 81

Werbungskosten gem. EStG, Lohnsteuer-Ermäßigung *SB 7* 41

Wertermittlung des Anfangs- und Endvermögens **1376** 1 ff., Abfindung **1376** 19, Abschreibungsgesellschaft **1376** 20, Aktienoptionsrecht **1376** 21, Anfangsvermögen Formel **1376** 81, Anwaltskanzlei **1376** 60 ff., Apotheke **1376** 24, Arbeitgeberdirektversicherung **1376** 45, Arztpraxis **1376** 25 ff., 79, Aussteuer **1376** 27, Berlin-

Darlehen **1376** 28, Bodenwert **1376** 32, Dauerschuldverhältnis **1376** 29, Einkommen-, Kirchensteuer **1376** 70 ff., Ertragswert **1376** 7 ff., fiktive Spekulationssteuern **1376** 74, Firmenwert **1376** 14, Fortführungswert **1376** 49, freiberufliche Praxis **1376** 7 ff., Geldforderungen **1376** 30, Gesamtschuld **1376** 31, Goodwill **1376** 14, Grundstücke **1376** 32 ff., Haushaltsgegenstände **1376** 35, Hochrechnung **1376** 81 ff., Hochzeitsgeschenke **1376** 12, Indexierung/Indizierung **1376** 81 ff., Indextabelle **1376** 82, Kaution **1376** 56, Kraftfahrzeuge **1376** 59, Kreditkarten **1376** 37, Kunstgegenstände **1376** 38, landwirtschaftlicher Betrieb **1376** 39 ff., latente Ertragsteuern **1376** 73, Leasingvertrag **1376** 43, Lebensversicherung **1376** 44 ff., Lebensversicherung mit Sicherungsabtretung **1376** 51, Leibgeding **1376** 22 ff., Leibrente **1376** 52 ff., Liquidationswert **1376** 15, Mittelwert **1376** 33, Nebenerwerbslandwirtschaft **1376** 42, Nießbrauch **1376** 57 f., Preisindex **1376** 81 ff., Rückfallklausel bei Grundstücken **1376** 64 ff., Sachverständigengutachten **1376** 16 ff., Schmuck **1376** 67, Steuerberaterpraxis **1376** 68 f., Steuerschulden **1376** 70 ff., Substanzwert/Sachwert **1376** 13, 36, Unterhaltsrückstände **1376** 75, Unternehmen **1376** 7 ff., 76, Veräußerungswert **1376** 5, Wertpapiere **1376** 77, Wiederbeschaffungs- oder Reproduktionswert **1376** 13, 38, Wiederbeschaffungswert **1376** 59, Wohnrechte **1376** 78, Zeitwert **1376** 49, Zerschlagungswert **1376** 15, Zinsen für Zugewinnausgleich **1376** 16 f.

Wertfestsetzung *SB 9* 337 ff., Beschwerde *SB 9* 343 ff., Gegenvorstellung *SB 9* 346

Widerrufsbeamten *VersAusglG* 2 1

Wiederaufleben des Unterhaltsanspruchs **1586a** 1 f.

Wiederverheiratung **1586** 1, *siehe auch* Ende des Unterhaltsanspruchs; Anspruch gegen den Versorgungsträger *VersAusglG* 27 110

Wiederverheiratung nach Todeserklärung **1319** 1, **1320** 1

Wirksamkeit von Anerkennung und Zustimmung, Heilung **1598** 1, Unwirksamkeit **1598** 1, Verfahren **1598** 1

Wirkungen der Ehe *siehe* Ehewirkungen

Wirkungen der Lebenspartnerschaft *LPartG* 2 1 ff., Ehegattensplitting *LPartG* 11 1, Eigentumsvermutung *LPartG* 8 1 ff., Famili-